Schweitzer Bibliothek €174

Kirchhof · **Einkommensteuergesetz** · Kommentar

Kirchhof
Einkommensteuergesetz

Kommentar

herausgegeben von

Professor Dr. Dres. h.c. Paul Kirchhof
Direktor des Instituts für Finanz- und Steuerrecht
Universität Heidelberg

Professor Dr. Roman Seer
Direktor des Instituts für Steuerrecht und Steuervollzug
Universität Bochum

18. neu bearbeitete Auflage

2019

ottoschmidt

Bearbeiter

Dr. Christina Avvento
Oberregierungsrätin, Wissenschaftliche Mitarbeiterin am BFH

Dr. Hans-Jochem von Beckerath
Professor, Hochschule Bonn-Rhein-Sieg
Vors. Richter am FG a. D.

Dipl.-Kfm. Walter Bode
Richter am BFH

Dr. Georg Crezelius
em. o. Professor, Universität Erlangen
Steuerberater, München

Dr. Thomas Eisgruber
Ministerialrat

Dr. Peter Fischer
Professor, Vors. Richter am BFH a. D.

Dr. Dietmar Gosch
Professor, Vors. Richter am BFH a. D.
Rechtsanwalt/Steuerberater, Hamburg

Dr. Monika Jachmann-Michel
Professorin, Vors. Richterin am BFH

Dr. Dres. h.c. Paul Kirchhof
o. Professor, Richter des BVerfG a. D.

Dr. Friederike Knaupp
Richterin am FG

Dr. Marcel Krumm
o. Professor, Universität Münster
Richter am FG

Dr. Hanno Kube, LL.M.
o. Professor, Universität Heidelberg

Dr. h.c. Rudolf Mellinghoff
Professor, Präsident des BFH

Dr. Eva Oertel
Oberregierungsrätin, München

Dr. Volker Pfirrmann
Richter am BFH

Dr. Jens Reddig
Richter am BFH

Dr. Wolfram Reiß
em. o. Professor,
Universität Erlangen-Nürnberg

Dr. Frank Schindler
Vorsitzender Richter am FG

Dr. Roman Seer
Professor, Universität Bochum

Dr. Christian Seiler
o. Professor, Universität Tübingen

Zitierempfehlung:
Verfasser in Kirchhof, EStG, 18. Aufl., § 1 Rn. 7

Bibliografische Information
der Deutschen Nationalbibliothek

Die Deutsche Nationalbibliothek verzeichnet diese Publikation in der Deutschen Nationalbibliografie; detaillierte bibliografische Daten sind im Internet über http://dnb.d-nb.de abrufbar.

Verlag Dr. Otto Schmidt KG
Gustav-Heinemann-Ufer 58, 50968 Köln
Tel. 02 21/9 37 38-01, Fax 02 21/9 37 38-9 43
info@otto-schmidt.de
www.otto-schmidt.de

ISBN 978-3-504-23101-9

Das verwendete Papier ist aus chlorfrei gebleichten Rohstoffen hergestellt, holz- und säurefrei, alterungsbeständig und umweltfreundlich.

Einbandgestaltung: Lichtenford, Mettmann
Satz: Schäper, Bonn
Druck und Verarbeitung: Kösel, Krugzell
Printed in Germany

Vorwort zur 18. Auflage

Unser Einkommensteuerrecht steht plötzlich in einer gänzlich veränderten Landschaft. Die internationalen Wirtschaftsbeziehungen sind von Schutzzoll, Handelshemmnissen, Abgrenzungen geprägt. Die weltweit tätigen Unternehmen bemühen sich umso mehr, nicht innerhalb einer Rechtsordnung heimisch zu sein, sondern unter den Rechtsordnungen wählen zu können. Wir werden uns im Finanz- und Digitalmarkt auf die ortlose Gesellschaft einstellen müssen. Die Digitalisierung erfasst im Algorithmus den typischen Sachverhalt, vernachlässigt die Besonderheiten des Einzelfalls, drängt auf Tatbestände der Soll- statt der Ist-Besteuerung. Die oft wenig prinzipienbewusste Gesetzgebung zum EStG scheint auf dem Weg zu einer neuen Systematik und Folgerichtigkeit, wenn sie insbesondere bei den Abschreibungen und der Steuerbarkeit von Veräußerungsgewinnen jeden Steuerpflichtigen deutlicher in der Realität seiner Erwerbsgrundlage erfasst – das Grundstück unterliegt Wertbewegungen und realisiert Veräußerungsgewinne, bei der Arbeitskraft ist dieses anders – und deshalb Anlass gibt, den Dualismus der Einkommensarten neu zu denken. Andererseits deutet der BFH in einigen Entscheidungen an, dass die Einkünfte weniger durch die sieben Erwerbsgrundlagen, aus denen sie erzielt werden, gerechtfertigt und geprägt seien, sie vielmehr als allgemeiner Einnahmetatbestand den bloßen Wertzufluss bezeichnen. Damit würden die „Einkünfte aus Leistungen" zu einem allgemeinen Auffangtatbestand einer Bereicherungssteuer. Das Welteinkommensprinzip müsste nicht notwendig auf eine staatliche Besteuerungshoheit zurückgenommen werden. Vor allem aber entfiele der rechtfertigende Grund für die Einkommensteuer – das Entstehen des Einkommens unter Nutzung der staatlichen Infra- und Wirtschaftsstruktur.

Diese Entwicklung verdient besondere Aufmerksamkeit. Deswegen freue ich mich, dass wir nunmehr die 18. Auflage unseres Kommentars mit dem bewährten Team hochrangiger Wissenschaftler und Richter vorlegen, wir diese erprobte Kommentatorengemeinschaft durch weitere prominente Autoren erweitern und erneuern können.

Wir danken Herrn Professor Dr. Georg Crezelius, der seit der ersten Auflage den § 5 und den § 4g bearbeitet, und Herrn Professor Dr. Wolfram Reiß, der – ebenfalls von Anfang an – die § 15, § 15b, § 16 und § 34a kommentiert hat. Beide Kollegen, die sich nunmehr aus unserer Gruppe der Autoren zurückziehen wollen, haben durch die Erläuterung von Schlüsselvorschriften des EStG wesentlich zum Gelingen unseres Gemeinschaftswerks beigetragen. Ihre Erkenntnisse und Einsichten werden auch in dieser und den nachfolgenden Auflagen weiterwirken.

Neu in unserem Kreis darf ich Herrn Professor Dr. Roman Seer, Herrn Professor Dr. Marcel Krumm und Herrn Richter am BFH Dr. Jens Reddig begrüßen. Der Kommentar ist für die Zukunft gerüstet.

Seit mehr als 20 Jahren arbeite ich an der Gründung, der Entfaltung und Erneuerung dieses Kommentars. Nun ist die Zeit gekommen, auch in der Herausgabe des Kommentars neue Impulse zu setzen, den Kreis der Autoren in die Jugendlichkeit unserer Steuerrechtswissenschaft zu führen, manches Vertraute kritisch neu zu bedenken. Ich habe mit Herrn Professor Dr. Roman Seer einen Mitherausgeber gewonnen, der als Kommentator vielfach bewährt und als Organisator – insbesondere als Vorsitzender der Deutschen Steuerjuristischen Gesellschaft – erfahren ist, der als Debattenredner, kollegialer Gesprächspartner und rechtspolitischer Kritiker allgemeine Aufmerksamkeit und Anerkennung gefunden hat. Ich werde diese und die kommende Auflage zusammen mit Herrn Seer verantworten, danach ihm die Aufgabe der Herausgeberschaft übergeben. Herr Seer hat bereits in dieser Auflage den § 16 neu, den § 3a erstmalig kommentiert. Machen Sie sich das Vergnügen, diese Texte zu lesen.

Selbstverständlich bleibe ich unserem Gemeinschaftswerk als Gründungsherausgeber verbunden. Ich bin mit Herrn Seer in einem stets inspirierenden Gespräch, gedenke dieses auch noch lange fortzusetzen. Ich bleibe weiterhin Autor des Kommentars, stehe den Mitautoren auch in Zukunft gerne für Dialog, Anregungen und Nachdenklichkeiten, ebenso für eine kritische Durchsicht eines Manuskripts zur Verfügung. Die persönlichen Begegnungen, die mit dieser Kommentargemeinschaft verbunden sind, werden sich fortsetzen. Vor allem aber freue ich mich weiterhin auf die Zuschriften unserer Leser, die unseren Kommentar mit Kritik, Einschätzungen und Ermutigungen begleiten.

Heidelberg, im Februar 2019

Paul Kirchhof

Aus dem Vorwort zur 9. Auflage

...

Unser Kommentar wird von wissenschaftlich denkenden Praktikern und praxiserfahrenen Wissenschaftlern geschrieben. Er bemüht sich stets um eine Dogmatik – ein aus der Autorität des EStG entwickeltes System –, eine verlässliche Information über die Gründe, die Wirkungen, auch die Unzulänglichkeiten einer Norm, will aber vor allem eine Verstehenshilfe für das Gesetz, die Rechtsprechung und die Verwaltungsvorschriften sein. Jeder, der das EStG in seinen Planungen und Gestaltungen zu beachten, einen Einspruch, eine Klage oder Revision zu begründen, der Finanzverwaltung ein kritischer Gesprächspartner zu sein, seinem Mandanten das Gesetz zu erklären hat oder es in eigener Sache verstehen will, wird – so hoffen wir – in unseren Kommentierungen Wissen, Anregungen, Warnungen und strukturelle Nachdenklichkeiten finden.

Die Einkommensteuer begründet ein Dauerrechtsverhältnis. Sie begleitet uns das gesamte Erwerbsleben im Erfolg von Gewinn oder auch Verlust, braucht deshalb eine nachhaltige Grundlage für den Umgang mit Gesetz und Recht. Wir bemühen uns in unserem Autorenkreis um diese Kontinuität. Die jährliche Auflage unseres Kommentars bildet grundsätzlich den Rechtsstand zum 1. Januar des Erscheinungsjahres ab und berücksichtigt alle erheblichen Gesetzesänderungen und die wesentliche Rechtsprechung seit dem Erscheinen der Vorauflage.

... Nun beginnen wir mit der 9. Auflage beim Verlag Dr. Otto Schmidt KG, Köln, eine grundlegende Erneuerung unseres Kommentars, der in Konzeption, Anspruch und Anliegen identisch bleibt, in der Art der Präsentation, der erleichterten Zugänglichkeit nicht zuletzt durch eine elektronische Version, der Lesbarkeit und Praxisnähe sich aber wesentlich verbessern dürfte. Anregungen, Einwände und Ergänzungen sind uns stets willkommen. Wir freuen uns zusammen mit dem Verlag auf den neuen gemeinsamen Weg.

Heidelberg, im Februar 2010

Paul Kirchhof

Bearbeiterverzeichnis

Dr. Christina Avvento Oberregierungsrätin, Wissenschaftliche Mitarbeiterin am BFH, München	§§ 37, 37a, 62–78
Prof. Dr. Hans-Jochem von Beckerath Vorsitzender Richter am FG a.D. Hochschule Bonn-Rhein-Sieg, St. Augustin	§§ 3, 3b, 3c, 15a
Dipl.-Kfm. Walter Bode Richter am BFH, München	§ 4
Prof. Dr. Georg Crezelius Universität Erlangen Steuerberater, München	§ 4g
Dr. Thomas Eisgruber Ministerialrat, Bayerisches Staatsministerium der Finanzen, für Landesentwicklung und Heimat, München	§§ 19, 19a, 37b–42g, 46, 50e, 52b, 100
Prof. Dr. Peter Fischer Vorsitzender Richter am BFH a.D.	§§ 10, 10a, 10c, 22, 22a, 35a, 35b, 50f, 79–99
Prof. Dr. Dietmar Gosch Vorsitzender Richter am BFH a.D. Rechtsanwalt/Steuerberater, Hamburg Christian-Albrechts-Universität, Kiel	§§ 1, 1a, 2a, 4b–4e, 4i, 4j, 5a, 6a, 17, 34c, 34d, 35, 36–37a, 48–50a, 50d, 50g–50j
Prof. Dr. Monika Jachmann-Michel Vorsitzende Richterin am BFH, München Ludwig-Maximilians-Universität, München	§§ 6b, 6c, 34f, 53
Prof. Dr. Dres. h.c. Paul Kirchhof Richter des BVerfG a.D. Ruprecht-Karls-Universität, Heidelberg	Einleitung, §§ 2, 8, 10b, 34g, 51–52a
Dr. Friederike Knaupp Richterin am FG, Nürnberg	§§ 43–45e, 50b
Prof. Dr. Marcel Krumm Westfälische Wilhelms-Universität Münster Richter am FG, Münster	§ 15
Prof. Dr. Hanno Kube, LL.M. Ruprecht-Karls-Universität, Heidelberg	§§ 13–14a, 23, 34b
Prof. Dr. h.c. Rudolf Mellinghoff Präsident des BFH, München Eberhard-Karls-Universität, Tübingen	§§ 9b, 9c, 10e, 10h, 10i, 21, 24, 24a, 33–34, 56–58
Dr. Eva Oertel Oberregierungsrätin, Bundesministerium der Finanzen, Berlin	§§ 9, 9a, 17, 20
Dr. Volker Pfirrmann Richter am BFH, München	§§ 4a, 6d, 7, 7a, 7c, 7d, 7f–7k, 10d, 10f, 10g, 11a, 11b, 18, 25, 32a–32d, 55
Dr. Jens Reddig Richter am BFH, München	§ 5

Prof. Dr. Wolfram Reiß Friedrich-Alexander-Universität, Erlangen-Nürnberg	§§ 15b, 34a
Dr. Frank Schindler Vorsitzender Richter am FG, Hamburg	§§ 4f, 5a, 5b, 6, 35
Prof. Dr. Roman Seer Ruhr Universität Bochum	§§ 3a, 16
Prof. Dr. Christian Seiler Eberhard-Karls-Universität, Tübingen	§§ 4h, 11, 12, 24b, 26–32

Inhaltsverzeichnis

Seite

Verzeichnis der abgekürzt zitierten Literatur

A/D/S[6]	Adler/Düring/Schmaltz, Rechnungslegung und Prüfung der Unternehmen, 6. Aufl. 2000
A/F/R	Ahrend/Förster/Rößler, Steuerrecht der betrieblichen Altersversorgung (Losebl.)
B/B	Bordewin/Brandt, Kommentar zum Einkommensteuergesetz (Losebl.)
BeBiKo[11]	Beck'scher Bilanz-Kommentar, 11. Aufl. 2018
BeckOK	Beck'scher Online-Kommentar
B/H GmbHG[21]	Baumbach/Hueck, GmbH-Gesetz, Kommentar, 21. Aufl. 2017
B/H HGB[38]	Baumbach/Hopt, Handelsgesetzbuch, Kommentar, 38. Aufl. 2018
Binz/Sorg[11]	Binz/Sorg, GmbH & Co. KG, 11. Aufl. 2010
Blümich	Blümich, Kommentar zu EStG, KStG, GewStG und Nebengesetzen (Losebl.)
Bordewin/Brandt	Bordewin/Brandt, Einkommensteuergesetz, Kommentar (Losebl.)
B/R/O[7]	Blomeyer/Rolfs/Otto, Betriebsrentengesetz, 7. Aufl. 2018
BStGB	Bundessteuergesetzbuch – Ein Reformentwurf zur Erneuerung des Steuerrechts, vorgelegt von Paul Kirchhof, 2011
Crezelius LB[2]	Crezelius, Steuerrecht II, 2. Aufl. 1994
D/P/M	Dötsch/Pung/Möhlenbrock, Die Körperschaftsteuer, Kommentar zum KStG, UmwStG und zu den einkommensteuerrechtlichen Vorschriften der Anteilseignerbesteuerung (Losebl.)
E/H	Ebling/Heuermann, Die Kindergeldauszahlung durch den Arbeitgeber, 1996
Ernst & Young	Ernst & Young, Körperschaftsteuergesetz-Kommentar (Losebl.)
E/S KStG[3]	Erle/Sauter, Körperschaftsteuergesetz, Kommentar, 3. Aufl. 2010
F/M	Frotscher/Maas, Kommentar zum Körperschaftsteuer- und Umwandlungssteuergesetz (Losebl.)
F/P/G	Felsmann/Pape/Giere/König, Einkommensbesteuerung der Land- und Forstwirte (Losebl.)
Frotscher/Geurts	Frotscher/Geurts, Kommentar zum Einkommensteuergesetz (Losebl.)
Fuhrmann[3]	Fuhrmann, Außensteuergesetz, Kommentar, 3. Aufl. 2017
F/W/B/S	Flick/Wassermeyer/Baumhoff/Schönfeld, Kommentar zum Außensteuerrecht (Losebl.)
F/W/K	Flick/Wassermeyer/Kempermann, DBA Deutschland–Schweiz, Kommentar (Losebl.)
Gl/Gür GewStG[9]	Glanegger/Güroff, Kommentar zum GewStG, 9. Aufl. 2017
Gl HGB[7]	Glanegger/Kirnberger/Kusterer/Ruß/Selder/Stuhlfelner, Handelsgesetzbuch, Kommentar, 7. Aufl. 2007
G/K/G/K	Gosch/Kroppen/Grotherr/Kraft, DBA-Kommentar (Losebl.)
Gosch	Gosch, Abgabenordnung, Finanzgerichtsordnung (Losebl.)
Gosch[3]	Gosch, Körperschaftsteuergesetz, Kommentar, 3. Aufl. 2015
Helmke/Bauer	Familienleistungsausgleich (Losebl.)
H/H/R	Herrmann/Heuer/Raupach, Kommentar zum Einkommensteuer- und Körperschaftsteuergesetz (Losebl.)
H/H/Sp	Hübschmann/Hepp/Spitaler, Kommentar zur Abgabenordnung und Finanzgerichtsordnung (Losebl.)
H/M/W	Hartz/Meeßen/Wolf, ABC-Führer Lohnsteuer (Losebl.)
Höfer BetrAVG ArbR	Höfer, Gesetz zur Verbesserung der betrieblichen Altersversorgung, Band I, Arbeitsrecht (Losebl.)
Hüttemann[4]	Hüttemann, Gemeinnützigkeits- und Spendenrecht, 4. Aufl. 2018
H/V/V	Höfer/Veit/Verhuven, Betriebsrentenrecht (BetrAVG) Band II: Steuerrecht/Sozialabgaben, HGB/IFRS (Losebl.)
H/W	Heuermann/Wagner, Lohnsteuer (Losebl.)
Jakob LB[4]	Jakob, Einkommensteuer, 4. Aufl. 2008
Jauernig[17]	Jauernig, Bürgerliches Gesetzbuch, Kommentar, 17. Aufl. 2018
K/F/K	Klein/Flockermann/Kühr, Handbuch des Einkommensteuerrechts (Losebl.)
Kirchhof/Ratschow	Kirchhof/Ratschow, Beck'scher Online-Kommentar zum Einkommensteuergesetz, 2018

K/K/B/M/H^{3}	Kanzler/Kraft/Bäuml/Marx/Hechtner, Einkommensteuergesetz, Kommentar, 3. Aufl. 2018
Klein^{14}	Klein, Abgabenordnung, Kommentar, 14. Aufl. 2018
Knobbe-Keuk^{9}	Knobbe-Keuk, Bilanz- und Unternehmenssteuerrecht, 9. Aufl. 1993
Korn	Korn, Einkommensteuergesetz, Kommentar (Losebl.)
Kruse	Kruse, Lehrbuch des Steuerrechts, Band I, Allgemeiner Teil, 1991
K/S/M	Kirchhof/Söhn/Mellinghoff, Einkommensteuergesetz, Kommentar (Losebl.)
K/W	Küting/Weber, Handbuch der Rechnungslegung (Losebl.)
Lademann	Lademann, Einkommensteuergesetz, Kommentar (Losebl.) Lademann, Umwandlungssteuergesetz, Kommentar, 2012
L/B/P	Littmann/Bitz/Pust, Das Einkommensteuerrecht (Losebl.)
Leingärtner	Leingärtner, Besteuerung der Landwirte (Losebl.)
Lenski/Steinberg	Lenski/Steinberg, Gewerbesteuergesetz, Kommentar (Losebl.)
Märkle/Hiller^{11}	Märkle/Hiller, Die Einkommensteuer bei Land- und Forstwirten, 11. Aufl. 2014
Meincke/Hannes/Holtz^{17}	Meincke/Hannes/Holtz, Erbschaftsteuer- und Schenkungsteuergesetz, Kommentar, 17. Aufl. 2018
Palandt^{78}	Palandt, Bürgerliches Gesetzbuch, Kommentar, 78. Aufl. 2019
Rau/Dürrwächter	Rau/Dürrwächter, Umsatzsteuergesetz, Kommentar (Losebl.)
R/H/vL^{3}	Rödder/Herlinghaus/van Lishaut, Umwandlungssteuergesetz, Kommentar, 3. Aufl. 2019
Schaumburg^{4}	Schaumburg, Internationales Steuerrecht, 4. Aufl. 2017
Schmidt^{37}	Schmidt, Einkommensteuergesetz, Kommentar, 37. Aufl. 2018
Schnitger/Fehrenbacher^{2}	Schnitger/Fehrenbacher, Körperschaftsteuergesetz, Kommentar, 2018
Scholz^{12}	Scholz, GmbH-Gesetz, Kommentar, 12. Aufl. 2018
S/K/K	Strunk/Kaminski/Köhler, Außensteuergesetz/Doppelbesteuerungsabkommen, Kommentar (Losebl.)
Streck^{9}	Streck, Körperschaftsteuergesetz, Kommentar, 9. Aufl. 2018
Tiedtke LB^{2}	Tiedtke, Einkommensteuer- und Bilanzsteuerrecht, 2. Aufl. 1995
Tipke/Lang^{23}	Tipke/Lang, Steuerrecht, 23. Aufl. 2018
T/K	Tipke/Kruse, Abgabenordnung/Finanzgerichtsordnung, Kommentar (Losebl.)
Vogel/Lehner^{6}	Vogel/Lehner, Doppelbesteuerungsabkommen, 6. Aufl. 2015
Wassermeyer	Wassermeyer, Doppelbesteuerungsabkommen, Kommentar (Losebl.)
W/M	Widmann/Mayer, Umwandlungsrecht (Losebl.)
W/R/S^{2}	Wassermeyer/Richter/Schnittker, Personengesellschaften im Internationalen Steuerrecht, 2. Aufl. 2015
W/S/M/H	Wendt/Suchanek/Möllmann/Heinemann, Gewerbesteuergesetz, Kommentar, 2019

Abkürzungsverzeichnis

A	Abschnitt (bei Richtlinien)
aA	anderer Ansicht, auf Aktien
aaO	am angegebenen Ort
AB	Ausführungsbestimmung(en)
abl.	ablehnend
ABlEG	Amtsblatt der EG
ABlEU	Amtsblatt der EU (ab 1.2.2003)
Abs.	Absatz
Abschn.	Abschnitt
abw.	abweichend
abzgl.	abzüglich
AcP	Archiv für die civilistische Praxis (Zeitschrift)
ADR	American Depository Receipt
AdV	Aussetzung der Vollziehung
aE	am Ende
AEAO	Anwendungserlass zur Abgabenordnung
AEUmwStG	Anwendungserlass zum Umwandlungssteuergesetz
AEUV	Vertrag über die Arbeitsweise der Europäischen Union
aF	alte Fassung
AfA	Absetzung für Abnutzung
AfaA	Absetzung für außergewöhnliche Abnutzung
AFG	Arbeitsförderungsgesetz
AfS	Absetzung für Substanzverringerung
AG	Aktiengesellschaft; auch „Die Aktiengesellschaft" (Zeitschrift)
ag. Belastung	außergewöhnliche Belastung
AIF	Alternativer Investmentfonds
AIFM-StAnpG	Gesetz zur Anpassung des Investmentsteuergesetzes und anderer Gesetze an das AIFM-Umsetzungsgesetz v. 18.12.2013, BGBl. I 2013, 4318
AIFM-UmsG	Gesetz zur Umsetzung der Richtlinie 2011/61/EU über die Verwalter alternativer Investmentfonds v. 4.7.2013, BGBl. I 2013, 1981
AIG	Auslandsinvestitionsgesetz
AK	Anschaffungskosten
AktG	Aktiengesetz
AktStR	Aktuelles Steuerrecht (Zeitschrift)
ALB	Allgemeine Versicherungsbedingungen für die Lebensversicherung
ALG	Gesetz über die Alterssicherung der Landwirte
allg.	allgemein
Alt.	Alternative
AltEinkG	Gesetz zur Neuordnung der einkommensteuerrechtlichen Behandlung von Altersvorsorgeaufwendungen und Altersbezügen v. 5.7.2004, BGBl. I 2004, 1427
AltvDV	Altersvorsorge-Durchführungsverordnung
AltvVerbG	Gesetz zur Verbesserung der steuerlichen Förderung der privaten Altersvorsorge v. 24.6.2013, BGBl. I 2013, 1667
AltZertG	Gesetz über die Zertifizierung von Altersvorsorgeverträgen v. 26.6.2001, BGBl. I 2001, 1310
amtl.	amtlich
AmtshilfeRLUmsG	Gesetz zur Umsetzung der Amtshilferichtlinie sowie zur Änderung steuerlicher Vorschriften v. 26.6.2013, BGBl. I 2013, 1809
Anh.	Anhang
Anm.	Anmerkung
Anspr.	Anspruch, Ansprüche
AO	Abgabenordnung
AOA	Authorized OECD Approach
AöR	Archiv des öffentlichen Rechts (Zeitschrift)
AO-StB	AO-Steuerberater (Zeitschrift)

AP	Arbeitsrechtliche Praxis (Nachschlagewerk des BAG)
ArbG	Arbeitgeber
ArbN	Arbeitnehmer
ArbnErfG	Gesetz über Arbeitnehmererfindungen
ArbPlSchG	Arbeitsplatzschutzgesetz
Arbverh.	Arbeitsverhältnis
Arg.	Argument
arg.	argumentum
arg. e contr.	argumentum e contrario
Art.	Artikel
ASR	Anwalt/Anwältin im Sozialrecht (Zeitschrift)
AStBV (St)	Anweisungen für das Straf- und Bußgeldverfahren (Steuer)
AStG	Außensteuergesetz
AsylVfG	Asylverfahrensgesetz
ATAD	Anti-Tax-Avoidance-Directive
AuA	Arbeit und Arbeitsrecht (Zeitschrift)
Aufl.	Auflage
AÜG	Arbeitnehmerüberlassungsgesetz
AUR	Agrar- und Umweltrecht (Zeitschrift)
ausf.	ausführlich
ausländ.	ausländisch
AuslG	Ausländergesetz
AuslInvestmG	Gesetz über den Vertrieb ausländischer Investmentanteile und über die Besteuerung der Erträge aus ausländischen Investmentanteilen
AUV	Auslandsumzugskostenverordnung
AV	Anlagevermögen
AVB	Allgemeine Versicherungsbedingungen
AVKiStG Bay.	Verordnung zur Ausführung des Kirchensteuergesetzes Bayern
AVmG	Altersvermögensgesetz v. 26.6.2001, BGBl. I 2001, 1310
Az.	Aktenzeichen
BA	Betriebsausgabe(n)
BAFin.	Bundesanstalt für Finanzdienstleistungsaufsicht
BAföG	Bundesausbildungsförderungsgesetz
BAG	Bundesarbeitsgericht
BAnz.	Bundesanzeiger
BauGB	Baugesetzbuch
BauR	Zeitschrift für das gesamte öffentliche und zivile Baurecht
bAV	betriebliche Altersversorgung
BAV	Bundesaufsichtsamt für das Versicherungswesen
BaWü.	Baden-Württemberg
Bay.	Bayern
BayLfSt	Bayerisches Landesamt für Steuern
BB	Betriebs-Berater (Zeitschrift)
BBankG	Gesetz über die Deutsche Bundesbank
BBiG	Berufsbildungsgesetz
BBK	Buchführung, Bilanzierung, Kostenrechnung (Zeitschrift)
BC	Zeitschrift für Bilanzierung, Rechnungswesen und Controlling
Bd.	Band
Bdbg.	Brandenburg
BdF	Bundesminister der Finanzen
BDI	Bundesverband der Deutschen Industrie
BE	Betriebseinnahme(n)
BeamtVG	Gesetz über die Versorgung der Beamten und Richter in Bund und Ländern
BEG	Bundesentschädigungsgesetz
Begr.	Begründung
Beil.	Beilage
BeitrRLUmsG	Gesetz zur Umsetzung der Beitreibungsrichtlinie sowie zur Änderung steuerlicher Vorschriften v. 7.12.2011, BGBl. I 2011, 2592

bej.	bejahend
Bek.	Bekanntmachung
BEPS-UmsG	Gesetz zur Umsetzung der Änderungen der EU-Amtshilferichtlinie und von weiteren Maßnahmen gegen Gewinnkürzungen und -verlagerungen v. 20.12.2016, BGBl. I 2016, 3000
BergbauG	Bergbaugesetz
BergPDV	Verordnung zur Durchführung des Gesetzes über Bergmannsprämien
BergPG	Gesetz über Bergmannsprämien
BerlinFG	Berlinförderungsgesetz
BErzGG	Bundeserziehungsgeldgesetz v. 6.12.1985, BGBl. I 1985, 2154
bes.	besonders
Beschl.	Beschluss
BeSt	Beratersicht zur Steuerrechtsprechung (Beilage zur EFG)
bestr.	bestritten
betr.	betreffend
BetrAufg.	Betriebsaufgabe
BetrAufsp.	Betriebsaufspaltung
BetrAV	Betriebliche Altersversorgung (Zeitschrift)
BetrAVG	Gesetz zur Verbesserung der betrieblichen Altersversorgung, seit 1.1.2005 Betriebsrentengesetz
BewG	Bewertungsgesetz
BewRL	Bewertungsrichtlinien
BFDG	Bundesfreiwilligendienst-Gesetz
BfF	Bundesamt für Finanzen
BFH	Bundesfinanzhof
BFHE	Sammlung der Entscheidungen des BFH (Zeitschrift)
BFH/NV	Sammlung der Entscheidungen des BFH (Zeitschrift)
BFH/PR	BFH-Richter kommentieren für die Praxis – Die Kommentierungssammlung zu BFH/NV (Zeitschrift)
BFH-PR	Entscheidungen des BFH für die Praxis der Steuerberatung (Zeitschrift)
BFuP	Betriebswirtschaftliche Forschung und Praxis (Zeitschrift)
BGB	Bürgerliches Gesetzbuch
BGBl.	Bundesgesetzblatt
BGH	Bundesgerichtshof
BilMoG	Bilanzrechtsmodernisierungsgesetz v. 25.5.2009, BGBl. I 2009, 1102
BilRUG	Bilanzrichtlinie-Umsetzungsgesetz v. 17.7.2015, BGBl. I 2015, 1245
BiRiLiG	Bilanzrichtliniengesetz
BJagdG	Bundesjagdgesetz
BKGG	Bundeskindergeldgesetz
BKR	Zeitschrift für Bank- und Kapitalmarktrecht
BMF	Bundesministerium der Finanzen
BMWi.	Bundesministerium für Wirtschaft
B+P	Zeitschrift für Betrieb und Personal
Bp.	Betriebsprüfung
BpO	Betriebsprüfordnung
BR	Bundesrat
BRD	Bundesrepublik Deutschland
BR-Drucks.	Bundesratsdrucksache
BReg.	Bundesregierung
BRH	Bundesrechnungshof
BRRG	Beamtenrechtsrahmengesetz
BSG	Bundessozialgericht
BsGaV	Betriebsstättengewinnaufteilungsverordnung v. 13.10.2014, BGBl. I 2014, 1603
Bsp.	Beispiel
bspw.	beispielsweise
BStBK	Bundessteuerberaterkammer
BStBl.	Bundessteuerblatt
BStGB	Bundessteuergesetzbuch – Ein Reformentwurf zur Erneuerung des Steuerrechts, vorgelegt von Paul Kirchhof

BT	Bundestag
BT-Drucks.	Bundestagsdrucksache
Buchst.	Buchstabe
BUKG	Bundesumzugskostengesetz
BundesRBereinG	Zweites Gesetz über die weitere Bereinigung von Bundesrecht v. 8.7.2016, BGBl. I 2016, 1594
BürgEntlG KV	Gesetz zur verbesserten steuerlichen Berücksichtigung von Vorsorgeaufwendungen v. 16.7.2009, BGBl. I 2009, 1959
BuW	Betrieb und Wirtschaft (Zeitschrift)
BV	Betriebsvermögen
BVerfG	Bundesverfassungsgericht
BVerfGE	Entscheidungen des Bundesverfassungsgerichts
BVerwG	Bundesverwaltungsgericht
BVG	Bundesversorgungsgesetz
BVGer.	Bundesverwaltungsgericht (Schweiz)
BVO	Bauverordnung
BWaldG	Bundeswaldgesetz
bzgl.	bezüglich
BZSt.	Bundeszentralamt für Steuern
bzw.	beziehungsweise
ca.	circa
CFC	Controlled Foreign Company
Chem.	Chemnitz
Cottb.	Cottbus
CR	Computer und Recht (Zeitschrift)
CRD IV-Umsetzungsgesetz	Gesetz zur Umsetzung der Richtlinie 2013/36/EU über den Zugang zur Tätigkeit von Kreditinstituten und die Beaufsichtigung von Kreditinstituten und Wertpapierfirmen und zur Anpassung des Aufsichtsrechts an die Verordnung (EU) Nr. 575/2013 über Aufsichtsanforderungen an Kreditinstitute und Wertpapierfirmen v. 28.8.2013, BGBl. I 2013, 3395
DA-FamBuStr.	Dienstanweisung zur Durchführung von Steuerstraf- und Ordnungswidrigkeitenverfahren im Zusammenhang mit dem steuerlichen Familienleistungsausgleich nach dem X. Abschnitt des EStG
DA-FamEStG	Dienstanweisung zur Durchführung des Familienleistungsausgleichs nach dem X. Abschnitt des EStG
DA-FamRb.	Dienstanweisung zur Durchführung von Rechtsbehelfsverfahren im Zusammenhang mit dem steuerlichen Familienleistungsausgleich nach dem X. Abschnitt des EStG
DA-KG	Dienstanweisung zum Kindergeld nach dem Einkommensteuergesetz
DA-üzV	Durchführungsanweisung zum über- und zwischenstaatlichen Recht
DB	Der Betrieb (Zeitschrift)
DBA	Doppelbesteuerungsabkommen
dementspr.	dementsprechend
DepotG	Depotgesetz
ders.	derselbe
dh.	das heißt
dies.	dieselbe
diff.	differenzierend
DIHT	Deutscher Industrie- und Handelstag
Dipl.	Diplom
DirektVers.	Direktversicherung
Diss.	Dissertation
DK	Der Konzern (Zeitschrift)
DM	Deutsche Mark
DMBilG	Gesetz über die Eröffnungsbilanz in Deutscher Mark und die Kapitalneufestsetzung
DM-EB	DM-Eröffnungsbilanz
Dok.	Dokument, Dokumetation
DÖV	Die öffentliche Verwaltung (Zeitschrift)

Drucks.	Drucksache
DRV	Deutsche Rentenversicherung (Zeitschrift)
DStG	Deutsche Steuergewerkschaft
DStJG	Deutsche Steuerjuristische Gesellschaft
DStR	Deutsches Steuerrecht (Zeitschrift)
DStRE	Deutsches Steuerrecht – Entscheidungsdienst (Zeitschrift)
DStRK	Deutsches Steuerrecht kurzgefaßt (Zeitschrift)
DStZ	Deutsche Steuer-Zeitung (seit 1980)
DStZ A und B	Deutsche Steuer-Zeitung Ausgabe A (bis 1979) und B (bis 1979)
DSWR	Datenverarbeitung – Steuer – Wirtschaft – Recht (Zeitschrift)
dt.	Deutsch
DtJTag	Deutscher Juristentag
Düss.	Düsseldorf
DVBl.	Deutsches Verwaltungsblatt (Zeitschrift)
-E	(Gesetzes-)Entwurf
EA	Europäische Atomgemeinschaft
EAG	Europäische Atomgemeinschaft
EAV	Ergebnisabführungsvertrag
EB	Eröffnungsbilanz
EbAV-UmsG	Gesetz zur Umsetzung der Richtlinie (EU) 2016/2341 des Europäischen Parlaments und des Rates vom 14. Dezember 2016 über die Tätigkeiten und die Beaufsichtigung von Einrichtungen der betrieblichen Altersversorgung v. 19.12.2018, BGBl. I 2018, 2672
ebd.	ebenda
EDR	European Depository Receipt
EEG	Erneuerbare-Energien-Gesetz
EFG	Entscheidungen der Finanzgerichte (Zeitschrift)
EFH	Einfamilienhaus
EG	Europäische Gemeinschaft
EGAO	Einführungsgesetz zur Abgabenordnung
EGBGB	Einführungsgesetz zum Bürgerlichen Gesetzbuch
EGHGB	Einführungsgesetz zum Handelsgesetzbuch
EGKS	Europäische Gemeinschaft für Kohle und Stahl
EGMR	Europäischer Gerichtshof für Menschenrechte
EGV	Vertrag zur Gründung der Europäischen Gemeinschaft in der Fassung des Vertrages von Amsterdam
Ehrenamts-stärkungsG	Gesetz zur Stärkung des Ehrenamts v. 21.3.2013, BGBl. I 2013, 556
EigRentG	Eigenheimrentengesetz
EigZulG	Eigenheimzulagengesetz
Einf.	Einführung
Einl.	Einleitung
einschl.	einschließlich
einschr.	einschränkend
EK	(verwendbares) Eigenkapital
ELR	European Law Reporter (Zeitschrift)
ELStAM	Elektronische LohnsteuerAbzugsMerkmale
EmoG	Gesetz zur Bevorrechtigung der Verwendung elektrisch betriebener Fahrzeuge v. 5.6.2015, BGBl. I 2015, 898
endg.	endgültig
Entsch.	Entscheidung
entspr.	entsprechend
Entw.	Entwurf
EntwLStG	Entwicklungsländer-Steuergesetz
ErbBstg	Erbfolgebesteuerung (Zeitschrift)
ErbSt	Erbschaft- und Schenkungsteuer
ErbStB	Der Erbschaft-Steuer-Berater (Zeitschrift)
ErbStG	Erbschaft- und Schenkungsteuergesetz
ErbStPfl.	Erbschaftsteuerpflicht(iger)

erbstpfl.	erbschaftsteuerpflichtig
Erf.	Erfurt
ErgLfg.	Ergänzungslieferung
Erl.	Erlass
ESt	Einkommensteuer
EStÄR	Einkommensteuer-Änderungsrichtlinien
EStB	Ertrag-Steuer-Berater (Zeitschrift)
EStDV	Einkommensteuer-Durchführungsverordnung
EStG	Einkommensteuergesetz
EStH	Amtliches Einkommensteuer-Handbuch
estl.	einkommensteuerlich
EStPfl.	Einkommensteuerpflicht(iger)
estpfl.	einkommensteuerpflichtig
EStR	Einkommensteuer-Richtlinien
EStZustV	Einkommensteuer-Zuständigkeitsverordnung
etc.	et cetera
eTIN	Electronic Taxpayer Identification Number
EU	Europäische Union
EU-AmtshilfeRL-UmsG	Gesetz zur Umsetzung der Änderungen der EU-Amtshilferichtlinie und von weiteren Maßnahmen gegen Gewinnkürzungen und -verlagerungen v. 20.12.2016, BGBl. I 2016, 3000
EuGH	Europäischer Gerichtshof
EuGHE	Sammlung der Entscheidungen des Europäischen Gerichtshofs
EU-Mobilitäts-RL-UmsG	Gesetz zur Umsetzung der EU-Mobilitäts-Richtlinie v. 21.12.2015, BGBl. I 2015, 2553
EuR	Europarecht (Zeitschrift)
EÜR	Einnahmenüberschussrechnung
EURLUmsG	Richtlinien-Umsetzungsgesetz v. 9.12.2004, BGBl. I 2004, 3310
EuZW	Europäische Zeitschrift für Wirtschaftsrecht
eV	eingetragener Verein
evtl.	eventuell
EVU	Energieversorgungsunternehmen
EW	Einheitswert
EWG	Europäische Wirtschaftsgemeinschaft
EWiR	Entscheidungen zum Wirtschaftsrecht (Zeitschrift)
EWIV	Europäische wirtschaftliche Interessenvereinigung
EWR	Europäischer Wirtschaftsraum
EWS	Europäisches Wirtschafts- und Steuerrecht (Zeitschrift)
EZ	Erhebungszeitraum
EZB	Europäische Zentralbank
F.	Fach
f., ff.	folgende Seite, folgende Seiten
F & E	Forschung und Entwicklung
FA, FÄ	Finanzamt, Finanzämter
FamEntlastG	Gesetz zur steuerlichen Entlastung der Familien sowie zur Anpassung weiterer steuerlicher Regelungen (Familienentlastungsgesetz) v. 29.11.2018, BGBl. I 2018, 2210
FamFG	Gesetz über das Verfahren in Familiensachen und in den Angelegenheiten der freiwilligen Gerichtsbarkeit
FamFördG	Familienförderungsgesetz
FamFR	Familienrecht und Familienverfahrensrecht (Zeitschrift)
FamRB	Der Familien-Rechts-Berater (Zeitschrift)
FamRZ	Zeitschrift für das gesamte Familienrecht
FELEG	Gesetz zur Förderung der Einstellung landwirtschaftlicher Erwerbstätigkeit
Ffm.	Frankfurt am Main
FG	Finanzgericht
FGG	Gesetz über die Freiwillige Gerichtsbarkeit
FGO	Finanzgerichtsordnung
Fifo	First in – first out

FinA	Finanzausschuss
FinBeh.	Finanzbehörde
FinMin.	Finanzministerium
FinSen.	Finanzsenat (or)
FinVerw.	Finanzverwaltung
FlaggenrechtsG	Flaggenrechtsgesetz
Fn.	Fußnote
FördG	Fördergebietsgesetz
FördWachsG	Gesetz zur steuerlichen Förderung von Wachstum und Beschäftigung
FPR	Familie – Partnerschaft – Recht (Zeitschrift)
FR	Finanz-Rundschau (Zeitschrift)
Freizügigkeits-ÄndG	Gesetz zur Änderung des Freizügigkeitsgesetzes/EU und weiterer Vorschriften v. 2.12.2014, BGBl. I 2014, 1922
FS	Festschrift, Festgabe
FSchAusglG	Forstschädenausgleichsgesetz
FuR	Familie und Recht (Zeitschrift)
FVG	Gesetz über die Finanzverwaltung
G	Gesetz
GAV	Gewinnabführungsvertrag
GBl.	Gesetzblatt
GbR	Gesellschaft bürgerlichen Rechts
GdB	Grad der Behinderung
GDL	Gesetz über die Ermittlung des Gewinns aus Land- und Forstwirtschaft nach Durchschnittssätzen
GDR	Global Depository Receipt
GebrMG	Gebrauchsmustergesetz
gem.	gemäß
GemVO	Gemeinnützigkeitsverordnung
GenG	Genossenschaftsgesetz
Ges.	Gesellschaft
GeschmMG	Geschmacksmustergesetz
gesetzl.	gesetzlich
GetreideG	Getreidegesetz
GewBetr.	Gewerbebetrieb
GewSt	Gewerbesteuer
GewStDV	GewStDV
GewStG	Gewerbesteuergesetz
GewStPfl.	Gewerbesteuerpflicht(iger)
gewstpfl.	gewerbesteuerpflichtig
GewStR	Gewerbesteuer-Richtlinie
GFlAusnVO	Geflügelfleischausnahmeverordnung
GFStRef.	Gesetz zur Fortsetzung der Unternehmensteuerreform v. 29.10.1997, BGBl. I 1997, 2590
GG	Grundgesetz
ggf.	gegebenenfalls
ggü.	gegenüber
GKKG	Gemeinsame konsolidierte Körperschaftsteuer-Bemessungsgrundlage
glA	gleicher Ansicht
GmbH	Gesellschaft mit beschränkter Haftung
GmbHG	Gesetz betreffend die GmbH
GmbHR	GmbH-Rundschau (Zeitschrift)
GmbH-StB	GmbH-Steuerberater (Zeitschrift)
GNOFÄ	Grundsätze zur Neuorganisation der Finanzämter und zur Änderung des Besteuerungsverfahrens
GoB	Grundsätze ordnungsgemäßer Buchführung
GPR	Zeitschrift für Gemeinschaftsprivatrecht
Gr.	Gruppe
GRCh	Charta der Grundrechte der Europäischen Union

grds.	grundsätzlich
GrESt	Grunderwerbsteuer
GrS	Großer Senat
GrSt	Grundsteuer
GrStG	Grundsteuergesetz
GRURInt	Gewerblicher Rechtsschutz und Urheberrecht, Internationaler Teil (Zeitschrift)
GRURPrax	Gewerblicher Rechtsschutz und Urheberrecht, Praxis im Immaterialgüter- und Wettbewerbsrecht (Zeitschrift)
GS	Gedächtnisschrift
GStB	Gestaltende Steuerberatung (Zeitschrift)
G'ter	Gesellschafter
GuV	Gewinn- und Verlust-Rechnung
GWG	geringwertige Wirtschaftsgüter
GWR	Gesellschafts- und Wirtschaftsrecht (Zeitschrift)
H	Hinweis der obersten Finanzbehörden des Bundes und der Länder im Rahmen des Amtlichen Einkommensteuerhandbuchs oder Lohnsteuerhandbuchs
ha.	Hektar
Hann.	Hannover
HB	Handelsbilanz
HBeglG 2004	Haushaltsbegleitgesetz 2004 v. 29.12.2003, BGBl. I 2003, 3076
Hbg.	Hamburg
Hess.	Hessen
HFA	Hauptfachausschuss des Instituts der Wirtschaftsprüfer
HFR	Höchstrichterliche Finanzrechtsprechung (Zeitschrift)
HFSt	Heidelberger Beiträge zum Finanz- und Steuerrecht
HGB	Handelsgesetzbuch
Hifo	Highest in – first out
HK	Herstellungskosten
hL	herrschende Lehre
hM	herrschende Meinung
HOAI	Verordnung über die Honorare für Architekten- und Ingenieurleistungen
HöfeO	Höfeordnung
hrsg.	herausgegeben
HS	Halbsatz
HStR	Handbuch des Staatsrechts
HZvNG	Gesetz zur Einführung einer kapitalgedeckten Hüttenknappschaftlichen Zusatzversicherung und zur Änderung anderer Gesetze
IAS	International Accounting Standard
idF	in der Fassung
ID-Nr.	Identifikationsnummer
idR	in der Regel
IDR	International Depository Receipt
idS	in dem/diesem Sinne
IdW	Institut der Wirtschaftsprüfer
iErg.	im Ergebnis
ieS	im engeren Sinne
IFRS	International Financial Reporting Standard
IFSt.	Institut Finanzen und Steuern
iHd.	in Höhe der/des
iHv.	in Höhe von
IIFS	Interdisziplinäres Zentrum für Internationales Finanz- und Steuerwesen der Universität Hamburg
im Allg.	im Allgemeinen
ImmoWertVO	Verordnung über die Grundsätze für die Ermittlung der Verkehrswerte von Grundstücken
Inf (INF)	Die Information über Steuer und Wirtschaft (Zeitschrift)
inländ.	inländisch

insbes.	Insbesondere
InsbürO	Zeitschrift für Insolvenzsachbearbeitung und Entschuldungsverfahren
intern.	international
IntStR	Internationales Steuerrecht
InvStG	Investmentsteuergesetz
InvStRefG	Gesetz zur Reform der Investmentbesteuerung (Investmentsteuerreformgesetz) v. 19.7.2016, BGBl. I 2016, 1730
InvZulG	Investitionszulagengesetz
iRd.	im Rahmen des/der
iRv.	im Rahmen von
iSd.	im Sinne des/der
ISR	Internationale Steuer-Rundschau (Zeitschrift)
IStR	Internationales Steuerrecht (Zeitschrift)
iSv.	im Sinne von
ITRB	IT-Rechtsberater (Zeitschrift)
iÜ	im Übrigen
iVm.	in Verbindung mit
IWB	Internationale Wirtschafts-Briefe (Zeitschrift)
iwS	im weiteren Sinne
iZ	im Zusammenhang
JArbSchG	Jugendarbeitsschutzgesetz
JAV	Verordnung über den Lohnsteuerjahresausgleich
Jb.	Jahrbuch
JbFfSt.	Jahrbuch der Fachanwälte für Steuerrecht
JbSozR	Jahrbuch des Sozialrechts der Gegenwart
Jg.	Jahrgang
jM	juris – Die Monatszeitschrift
JStG	Jahressteuergesetz
jur. Pers.	juristische Person(en)
jurisPR-ArbR	juris PraxisReport Arbeitsrecht (Zeitschrift)
jurisPR-FamR	juris PraxisReport Familienrecht (Zeitschrift)
jurisPR-Compl	juris PraxisReport Compliance & Investigations (Zeitschrift)
jurisPR-SteuerR	juris PraxisReport Steuerrecht (Zeitschrift)
JVEG	Justizvergütungs- und Entschädigungsgesetz
KAG	Kommunalabgabengesetz
KAGB	Kapitalanlagegesetzbuch
KAGG	Gesetz über Kapitalanlagegesellschaften
Kap.	Kapitel
KapErhStG	Gesetz über steuerrechtliche Maßnahmen bei Erhöhung des Nennkapitals aus Gesellschaftsmitteln
KapESt	Kapitalertragsteuer
KapGes.	Kapitalgesellschaft
KapVerm.	Kapitalvermögen
Karls.	Karlsruhe
K'dist	Kommanditist
KFG	Krankenhausfinanzierungsgesetz
Kfm., kfm.	Kaufmann, kaufmännisch
KFR	Kommentierte Finanzrechtsprechung (Zeitschrift)
Kfz.	Kraftfahrzeug
KG	Kommanditgesellschaft
KGaA	Kommanditgesellschaft auf Aktien
KindUG	Kindesunterhaltsgesetz
KiSt	Kirchensteuer
KiStPfl.	Kirchensteuerpflicht(iger)
kistpfl.	kirchensteuerpflichtig
Kj.	Kalenderjahr
km	Kilometer

Kobl.	Koblenz
KonTraG	Gesetz zur Kontrolle und Transparenz im Unternehmensbereich
KÖSDI	Kölner Steuerdialog (Zeitschrift)
krit.	kritisch
Kroatien-AnpG	Gesetz zur Anpassung des nationalen Steuerrechts an den Beitritt Kroatiens zur EU und zur Änderung weiterer steuerlicher Vorschriften v. 25.7.2014, BGBl. I 2014, 1266
KSI	Krisen-, Sanierungs- und Insolvenzberatung (Zeitschrift)
KSt	Körperschaftsteuer
KStDV	Körperschaftsteuer-Durchführungsverodnung
KStG	Körperschaftsteuergesetz
kstl.	körperschaftsteuerlich
KStPfl.	Körperschaftsteuerpflicht(iger)
kstpfl.	körperschaftsteuerpflichtig
KSzW	Kölner Schrift zum Wirtschaftsrecht (Zeitschrift)
KuG	Kunsturhebergesetz
KultPflAZV	Kulturpflanzen-Ausgleichszahlungs-Verordnung
KVSt	Kapitalverkehrsteuer
KVStDV	Kapitalverkehrsteuer-Durchführungsverordnung
KVStG	Kapitalverkehrsteuergesetz
KWG	Kreditwesengesetz
LaFG	Gesetz zur Förderung der bäuerlichen Landwirtschaft
LB	Lehrbuch
LeasingG	Leasinggeber
LeasingN	Leasingnehmer
LFD	Landesfinanzdirektion
lfd.	laufend
LfSt	Landesamt für Steuern
LG	Landgericht
Lifo	Last in – first out
lit.	Buchstabe
LizenzboxG	Gesetz gegen schädliche Steuerpraktiken im Zusammenhang mit Rechteüberlassungen v. 27.6.2017, BGBl. I 2017, 2074
Lkw	Lastkraftwagen
LMK	Kommentierte BGH-Rechtsprechung Lindenmaier-Möhring (Zeitschrift)
LoB	Limitation on Benefits
LöschG	Löschungsgesetz
Losebl.	Loseblattwerk
LPartG	Gesetz über die Eingetragene Lebenspartnerschaft
LSF	Landesamt für Steuern und Finanzen Sachsen
LSG	Landessozialgericht
LSt	Lohnsteuer
LStDV	Lohnsteuer-Durchführungsverordnung
LStJA	Lohnsteuerjahresausgleich
LStPfl.	Lohnsteuerpflicht(iger)
lstpfl.	lohnsteuerpflichtig
LStR	Lohnsteuerrichtlinien
LSW	Lexikon des Steuer- und Wirtschaftsrechts
lt.	laut
LuF	Land- und Forstwirtschaft
luf.	land- und forstwirtschaftlich
m.	mit
maW	mit anderen Worten
mE	meines Erachtens
Mgdb.	Magdeburg
MinBl.	Ministerialblatt
Mio.	Million, Millionen
MIP	Mitteilungen des Instituts für Parteienrecht (Zeitschrift)

Mitt. BayNot.	Mitteilungen des Bayerischen Notarvereins
MoMiG	Gesetz zur Modernisierung des GmbH-Rechts und zur Bekämpfung von Missbräuchen
MoRaKG	Gesetz zur Modernisierung der Rahmenbedingungen für Kapitalbeteiligungen v. 12.8.2008, BGBl. I 2008, 1672
MU'anteil	Mitunternehmeranteil
MU'er	Mitunternehmer
MU'schaft	Mitunternehmerschaft
MuSchG	Mutterschutzgesetz
MV	Mecklenburg-Vorpommern
mwN	mit weiteren Nachweisen
MwStSystRL	Mehrwertsteuersystemrichtlinie
mWv.	mit Wirkung vom
nat. Pers.	natürliche Person(en)
Nds.	Niedersachsen, niedersächsisch
nF	neue Fassung
NJ	Neue Justiz (Zeitschrift)
NJW	Neue Juristische Wochenschrift
NJW-RR	Neue Juristische Wochenschrift Rechtsprechungs-Report
npoR	Zeitschrift für das Recht der Non Profit-Organisationen
Nr.	Nummer, Nummern
nrkr.	nicht rechtskräftig
NRW	Nordrhein-Westfalen
NT	Nettotonne
Nürnb.	Nürnberg
NV	Nichtveranlagung
nv.	nicht veröffentlicht
NVwZ	Neue Zeitschrift für Verwaltungsrecht
NVwZ-RR	Neue Zeitschrift für Verwaltungsrecht Rechtsprechungs-Report
NWB	Neue Wirtschaftsbriefe (Zeitschrift)
NWB-EV	NWB Erben und Vermögen (Zeitschrift)
NZA	Neue Zeitschrift für Arbeitsrecht
NZB	Nichtzulassungsbeschwerde
NZFam	Neue Zeitschrift für Familienrecht
NZG	Neue Zeitschrift für Gesellschaftsrecht
NZKart	Neue Zeitschrift für Kartellrecht
NZS	Neue Zeitschrift für Sozialrecht
NZV	Neue Zeitschrift für Verkehrsrecht
oÄ	oder Ähnliches
oä.	oder ähnlich
OECD-MA	OECD-Musterabkommen zur Vermeidung der Doppelbesteuerung auf dem Gebiet der Steuern vom Einkommen und vom Vermögen
OECD-MK	Musterkommentar zum OECD-MA
OFD	Oberfinanzdirektion
öffentl.	öffentlich
OGAW	Organismus für gemeinsame Anlagen in Wertpapieren
OGAW-IV-UmsG	OGAW-IV-Umsetzungsgesetz v. 22.6.2011, BGBl. I 2011, 1126
OHG	Offene Handelsgesellschaft
ÖStZ	Österreichische Steuerzeitung
öVerfGH	österreichischer Verfassungsgerichtshof
OVGSt.	Preußisches Oberverwaltungsgericht in Steuersachen
öVwGH	österreichischer Verwaltungsgerichtshof
ParlStG	Gesetz über die Rechtsverhältnisse der Parlamentarischen Staatssekretäre
ParteiG	Parteiengesetz
PartGG	Gesetz über Partnerschaftsgesellschaften Angehöriger Freier Berufe v. 25.7.1994, BGBl. I 1994, 1744
PartGmbB	Partnerschaftsgesellschaft mit beschränkter Berufshaftung

PatentAO	Patentanwaltsordnung
PatentG	Patentgesetz
PB	Pauschbetrag
PBefG	Personenbeförderungsgesetz
Pers.	Person(en)
PersGes.	Personengesellschaft(en)
PersG'ter	Personengesellschafter
phG'ter	persönlich haftender Gesellschafter
PIStB	Praxis der internationalen Steuerberatung (Zeitschrift)
Pkw	Personenkraftwagen
PreußEStG	Preußisches Einkommensteuergesetz
ProgrVorb.	Progressionsvorbehalt
Prot.	Protokoll
ProtErklG	Gesetz zur Umsetzung der Protokollerklärung der Bundesregierung zum StVergAbG v. 22.12.2003, BGBl. I 2003, 2840
PStR	Praxis Steuerstrafrecht (Zeitschrift)
PSVaG	Pensionssicherungsverein auf Gegenseitigkeit
PV	Privatvermögen
R	Richtlinie (früher Abschnitt) der Einkommensteuer-Richtlinien
RA	Rechtsanwalt(-anwälte)
RAP	Rechnungsabgrenzungsposten
RdA	Recht der Arbeit (Zeitschrift)
RdE	Recht der Energiewirtschaft (Zeitschrift)
RdErl.	Runderlass
RdF	Recht der Finanzinstrumente (Zeitschrift)
RdVfg.	Rundverfügung
rechtl.	rechtlich
RefEntw.	Referentenentwurf
Reg.	Regierung
RegBegr.	Regierungsbegründung
RegEntw.	Regierungsentwurf
REIT	Real Estate Investment Trust
ReitG	Gesetz über die Schaffung deutscher Immobilien-Aktiengesellschaften mit börsennotierten Anteilen v. 27.5.2007, BGBl. I 2007, 914
resp.	respektive
REStG	Reichseinkommensteuergesetz
Rev.	Revision
RfE	Rücklage für Ersatzbeschaffung
RFH	Reichsfinanzhof
Rhld.	Rheinland
RhPf.	Rheinland-Pfalz
RIW	Recht der Internationalen Wirtschaft (bis 1974: AWD) (Zeitschrift)
rkr.	rechtskräftig
RL	Richtlinie
Rn.	Randnummer
RNotZ	Rheinische Notar-Zeitschrift
ROHGE	Entscheidungen des Reichsoberhandelsgerichts
RpflStud	Rechtspfleger Studienhefte (Zeitschrift)
Rs.	Rechtssache
Rspr.	Rechtsprechung
RVOrgG	Gesetz zur Organisationsreform in der gesetzlichen Rentenversicherung v. 9.12.2004, BGBl. I 2004, 3242
Rz.	Randziffer
S.	Satz, Seite
s.	siehe
sa.	siehe auch
SA	Sonderausgaben
Saarl.	Saarland

SaatVG	Saatgutverkehrsgesetz
Sachs.	Sachsen
SachsAnh.	Sachsen-Anhalt
SaDV	Sammelantrags-Datenträger-Verordnung
SAE	Sammlung Arbeitsrechtlicher Entscheidungen (Zeitschrift)
SAM	Steueranwaltsmagazin
SBV	Sonderbetriebsvermögen
SCE	Societas Cooperativa Europaea
SchlHol.	Schleswig-Holstein
Schr.	Schreiben
SchwbG	Schwerbehindertengesetz
SE	Societas Europaea
SEStEG	Gesetz über steuerliche Begleitmaßnahmen zur Einführung der Europäischen Gesellschaft und zur Änderung weiterer steuerrechtlicher Vorschriften v. 7.12.2006, BGBl. I 2006, 2782, ber. BGBl. I 2007, 68
SG	Sozialgericht
SGb.	Die Sozialgerichtsbarkeit (Zeitschrift)
SGB	Sozialgesetzbuch
sj.	steuer-journal.de (Zeitschrift)
Slg.	Sammlung
sog.	sogenannte(r)
SoldVersG	Soldatenversorgungsgesetz
SolZ	Solidaritätszuschlag
SolZG	Solidaritätszuschlagsgesetz
SortenschutzG	Sortenschutzgesetz
SozSich.	Soziale Sicherheit (Zeitschrift)
SozSichAbk.	Abkommen über Soziale Sicherheit
SozVers.	Sozialversicherung
Sp.	Spalte
SparZul.	Sparzulage
SpuRt	Zeitschrift für Sport und Recht
SRÜ	Seerechtsübereinkommen der Vereinten Nationen
st.	ständig
StADÜV	Steueranmeldungs-Datenübermittlungs-Verordnung v. 21.10.1998, BStBl. I 1998, 1292
StÄndG	Steueränderungsgesetz
StÄndG 2015	Steueränderungsgesetz 2015 v. 2.11.2015, BGBl. I 2015, 1834
StandOG	Standortsicherungsgesetz
StAuskV	Steuer-Auskunftsverordnung
StB	Der Steuerberater (Zeitschrift); auch Steuerbilanz
StBereinG	Gesetz zur Bereinigung von steuerlichen Vorschriften v. 22.12.1999, BGBl. I 1999, 2601
StBerG	Steuerberatungsgesetz
Stbg.	Die Steuerberatung (Zeitschrift)
StbJb.	Steuerberater-Jahrbuch
StBp.	Die steuerliche Betriebsprüfung (Zeitschrift)
StBürokrAbbG	Gesetz zur Modernisierung und Entbürokratisierung des Steuerverfahrens v. 20.12.2008, BGBl. I 2008, 2850
StBW	Steuerberater Woche (Zeitschrift)
StC	Steuer Consultant (Zeitschrift)
StDÜV	Steuerdaten-Übermittlungsverordnung
StEd	Steuer-Eildienst (Zeitschrift)
StEK	Steuererlasse in Karteiform, herausgegeben von Felix
StEntlG 1999/2000/2002	Steuerentlastungsgesetz 1999/2000/2002 v. 24.3.1999, BGBl. I 1999, 402
SteuerHBekG	Steuerhinterziehungsbekämpfungsgesetz v. 29.7.2009, BGBl. I 2009, 2302
SteuerHBekV	Steuerhinterziehungsbekämpfungs-Verordnung
SteuerStud.	Steuer & Studium (Zeitschrift)
Steufa.	Steuerfahndung
StEuglG	Steuer-Euroglättungsgesetz v. 19.12.2000, BGBl. I 2000, 1790
SteuK	Steuerrecht kurzgefaßt (Zeitschrift)

StEUVUmsG	Gesetz zur Umsetzung steuerlicher EU-Vorgaben sowie zur Änderung steuerlicher Vorschriften v. 8.4.2010, BGBl. I 2010, 386
stfrei	steuerfrei
StGB	Strafgesetzbuch
StKl.	Steuerklasse
StKonRep.	Steuerberaterkongress-Report
stl.	steuerlich
StLex.	Steuerlexikon
StMBG	Gesetz zur Bekämpfung des Missbrauchs und zur Bereinigung des Steuerrechts v. 21.12.1993, BGBl. I 1993, 2310
StPfl.	Steuerpflicht(iger)
stpfl.	steuerpflichtig
str.	strittig
StraBEG	Gesetz über die strafbefreiende Erklärung
StraFo	Strafverteidiger Forum (Zeitschrift)
StRefG	Steuerreformgesetz
StRehaHomG	Gesetz zur strafrechtlichen Rehabilitierung der nach dem 8. Mai 1945 wegen einvernehmlicher homosexueller Handlungen verurteilten Personen und zur Änderung des Einkommensteuergesetzes v. 17.7.2017, BGBl. I 2017, 2443
stRspr.	ständige Rechtsprechung
StSenkErgG	Steuersenkungsergänzungsgesetz v. 19.12.2000, BGBl. I 2000, 1812
StSenkG	Steuersenkungsgesetz v. 23.10.2000, BGBl. I 2000, 1433
StuB	Steuer und Bilanzen (Zeitschrift)
StudZR	Studentische Zeitschrift für Rechtswissenschaft Heidelberg
StUmgBG	Gesetz zur Bekämpfung der Steuerumgehung und zur Änderung weiterer steuerlicher Vorschriften (Steuerumgehungsbekämpfungsgesetz) v. 23.6.2017, BGBl. I 2017, 1682
StuW	Steuer und Wirtschaft (Zeitschrift)
StVereinfG	Steuervereinfachungsgesetz v. 1.1.2011, BGBl. I 2011, 2131
StVergAbG	Steuervergünstigungsabbaugesetz v. 16.5.2003, BGBl. I 2003, 660
StVj.	Steuerliche Vierteljahresschrift
StW	Die Steuer-Warte (Zeitschrift)
StWK	Steuer- und Wirtschaft-Kurzpost (Zeitschrift)
subj.	subjektiv
SuP	Sozialrecht + Praxis (Zeitschrift)
SvEV	Verordnung über die sozialversicherungsrechtliche Beurteilung von Zuwendungen des Arbeitgebers als Arbeitsentgelt
SVG	Soldatenversorgungsgesetz
SWI	Steuer & Wirtschaft International (Zeitschrift)
SWK	Steuer- und Wirtschaftskartei (Zeitschrift)
TB	Teilbetrieb
teilw.	teilweise
TGV	Trennungsgeldverordnung
Thür.	Thüringen, thüringer
TVG	Tarifvertragsgesetz
TW	Teilwert
Tz.	Teilziffer
ua.	unter anderem, auch: und andere(s)
uÄ	und Ähnliches
Ubg	Die Unternehmensbesteuerung (Zeitschrift)
UBGG	Gesetz über Unternehmensbeteiligungsgesellschaften
uE	unseres Erachtens
UG	Unternehmergesellschaft (haftungsbeschränkt)
UmwG	Umwandlungsgesetz
UmwStErl.	Umwandlungssteuererlass
UmwStG	Umwandlungssteuergesetz
UntStFG	Unternehmensteuerfortentwicklungsgesetz v. 20.12.2001, BGBl. I 2001, 3858
UntStRÄndG	Gesetz zur Änderung und Vereinfachung der Unternehmensbesteuerung und des steuerlichen Reisekostenrechts v. 20.2.2013, BGBl. I 2013, 285

UntStRefG	Unternehmensteuerreformgesetz
unzutr.	unzutreffend
UR	Umsatzsteuer-Rundschau (Zeitschrift)
UrhRG	Urheberrechtsgesetz
usf.	und so fort
USG	Unterhaltssicherungsgesetz
US-MA	US-Musterabkommen
USt	Umsatzsteuer
UStAE	Umsatzsteuer-Anwendungserlass
UStB	Umsatz-Steuer-Berater (Zeitschrift)
UStDV	Umsatzsteuer-Durchführungsverordnung
UStG	Umsatzsteuergesetz
UStPfl.	Umsatzsteuerpflicht
ustpfl.	umsatzsteuerpflichtig
usw.	und so weiter
uU	unter Umständen
UV	Umlaufvermögen
v.	vom, von
VA	Verwaltungsakt
VAG	Gesetz über die Beaufsichtigung der privaten Versicherungsunternehmen
VBL	Versorgungsanstalt des Bundes und der Länder
VBVG	Vormünder- und Betreuungsvergütungsgesetz
vEK	verwendbares Eigenkapital
VerfModG	Gesetz zur Modernisierung des Besteuerungsverfahrens v. 18.7.2016, BGBl. I 2016, 1679
VermBG	Vermögensbildungsgesetz
VermG	Gesetz zur Regelung offener Vermögensfragen
VersAusglG	Gesetz über den Versorgungsausgleich
VersSt	Versicherungsteuer
VerwArch	Verwaltungsarchiv (Zeitschrift)
Vfg.	Verfügung
VG	Verwaltungsgericht
vGA	verdeckte Gewinnausschüttung
vgl.	vergleiche
vH	vom Hundert
VO	Verordnung, Rechtsverordnung
vorl.	vorläufig
VorSt.	Vorsteuer
VSt	Vermögensteuer
VStR	Vermögensteuer-Richtlinien
vT	vom Tausend
VuV	Vermietung und Verpachtung
VVaG	Versicherungsverein auf Gegenseitigkeit
VVDStRL	Veröffentlichungen der Vereinigung der Deutschen Staatsrechtslehrer
VVG	Gesetz über den Versicherungsvertrag
VW	Versicherungswirtschaft (Zeitschrift)
VZ	Veranlagungszeitraum
WährG	Währungsgesetz
WBG	Wachstumsbeschleunigungsgesetz v. 22.12.2009, BGBl. I 2009, 3950, BGBl. I 2010, 534
WE	Wohnungseigentum (Zeitschrift)
WEG	Gesetz über das Wohnungseigentum und das Dauerwohnrecht
WertV	Wertermittlungsverordnung
WG	Wirtschaftsgut, Wirtschaftsgüter
wg.	wegen
WiGBl.	Gesetzblatt der Verwaltung des Vereinigten Wirtschaftsgebietes
wirtschaftl.	wirtschaftlich
Wj.	Wirtschaftsjahr
WK	Werbungskosten

WKBG	Gesetz zur Förderung von Wagniskapitalbeteiligungen
WM	Wertpapiermitteilungen (Zeitschrift)
WoBauG	Wohnungsbaugesetz
WoFG	Wohnraumförderungsgesetz
WoGG	Wohngeldgesetz
WoP	Wohnungsbauprämie
WPflG	Wehrpflichtgesetz
WPg	Die Wirtschaftsprüfung (Zeitschrift)
WP-Handbuch	Wirtschaftsprüferhandbuch
WpHG	Wertpapierhandelsgesetz
WPO	Wirtschaftsprüferordnung
WRV	Weimarer Reichsverfassung
WÜD	Wiener Übereinkommen über diplomatische Beziehungen
WÜK	Wiener Übereinkommen über konsularische Beziehungen
WuM	Wohnungs- und Mietrecht (Zeitschrift)
WZG	Warenzeichengesetz
ZaöRV	Zeitschrift für ausländisches öffentliches Recht und Völkerrecht
ZAR	Zeitschrift für Ausländerrecht und Ausländerpolitik
zB	zum Beispiel
ZBR	Zeitschrift für Beamtenrecht
ZDG	Zivildienstgesetz
ZErb	Zeitschrift für die Steuer- und Erbrechtspraxis
ZESAR	Zeitschrift für europäisches Sozial- und Arbeitsrecht
ZEV	Zeitschrift für Erbrecht und Vermögensnachfolge
ZfA	Zentrale Zulagenstelle für Altersvermögen
ZfBR	Zeitschrift für deutsches und internationales Bau- und Vergaberecht
ZfE	Zeitschrift für Erziehungswissenschaft
ZfF	Zeitschrift für das Fürsorgewesen
ZfgG	Zeitschrift für das gesamte Genossenschaftswesen
ZfIR	Zeitschrift für Immobilienrecht
ZFK	Zeitschrift für Kommunalfinanzen
ZfRV	Zeitschrift für Rechtsvergleichung, Internationales Privatrecht und Europarecht
zfs	Zeitschrift für Schadensrecht
ZG	Zeitschrift für Gesetzgebung
Ziff.	Ziffer
ZInsO	Zeitschrift für das gesamte Insolvenzrecht
ZIP	Zeitschrift für Wirtschaftsrecht
zit.	zitiert
ZIV	Zinsinformationsverordnung
ZKF	Zeitschrift für Kommunalfinanzen
ZLRL	Zins- und Lizenzgebühren-Richtlinie
ZMR	Zeitschrift für Miet- und Raumrecht
ZNotP	Zeitschrift für die Notarpraxis
Zollkodex-AnpG	Gesetz zur Anpassung der Abgabenordnung an den Zollkodex der Union und zur Änderung weiterer steuerlicher Vorschriften v. 22.12.2014, BGBl. I 2014, 2417
ZRFG	Zonenrandförderungsgesetz
ZRP	Zeitschrift für Rechtspolitik
ZSt.	Zeitschrift zum Stiftungswesen
ZSteu.	Zeitschrift für Steuern & Recht
ZStV	Zeitschrift für Stiftungs- und Vereinswesen
zT	zum Teil
ZTR	Zeitschrift für Tarifrecht
zust.	zustimmend
zutr.	zutreffend
ZVG	Zwangsversteigerungsgesetz
zw.	zwischen
zweifelh.	zweifelhaft
zzgl.	zuzüglich

Einleitung

Literatur: *Dieterich*, Systemgerechtigkeit und Kohärenz, 2014, 208, 559, 764 ff.; *Drüen/Hey/Mellinghoff*, 100 Jahre Steuerrechtsprechung in Deutschland 1918–2018, FS für den BFH, 2018; *P. Kirchhof*, Die Steuern, HStR, Bd. V, 3. Aufl., 2007, § 118; *P. Kirchhof*, Bundessteuergesetzbuch, Ein Reformentwurf, 2011; *P. Kirchhof*, Die verfassungsrechtlichen Grenzen rückwirkender Steuergesetze, DStR 2015, 717; P. Kirchhof, Die Gleichheit vor dem Steuergesetz – Maßstab und Missverständnis, StuW 2017, 3; *Kube/Mellinghoff/Morgenthaler/Palm/Puhl/Seiler*, Leitgedanken des Rechts, Bd. II, 2013, §§ 168 ff. (Ertragsteuern); *Moes*, Die Steuerfreiheit des Existenzminimums vor dem Bundesverfassungsgericht, 2011; *Schön*, Steuergesetzgebung zw. Markt und Grundgesetz, in: Rudolf Mellinghoff u.a. (Hrsg.), Die Erneuerung des Verfassungsstaates, 2003, 143 f.; *Seer/Wilms*, Der automatische Informationsaustausch als neuer OECD-Standard, StuW 2015, 118.

A. Grundgedanken des Einkommensteuerrechts

I. Rechtfertigung der Einkommensteuer. Die Steuer nimmt dem Pflichtigen einen Teil seines Erwerbserfolgs, ist aber zugleich **Bedingung seiner Freiheit zum Erwerb**. Zu dieser Freiheit gehört, dass der Staat die Erwerbstätigkeit – insbes. das Erzielen von Einkommen – grds. in privater Hand belässt, deshalb strukturell auf Staatsunternehmen verzichtet. Wenn der Staat seinen Finanzbedarf nicht aus staatseigenen Unternehmen deckt, muss er einen Teil des Erfolges privaten Wirtschaftens beanspruchen, also besteuern. Die Steuer ist eine Abgabe zur Finanzierung öffentlicher Aufgaben, die der Pflichtige ohne besondere Gegenleistung erbringt. Der Staat garantiert privates Wirtschaften in Freiheit. Der Bürger finanziert den Staat. Er darf nach Steuerzahlung erwarten, dass der Staat seine Pflichtaufgaben – Sicherheit, Gefahren- und Daseinsvorsorge – für jedermann unentgeltlich erfüllt. Die Steuer ist eine institutionelle Grundlage der Freiheit, solange sie maßvoll bemessen, auf die Schultern der Leistungsfähigen gleichmäßig verteilt, für jedermann verständlich ist und iRv. Erklärungs- und Anmeldepflichten individuell beurteilt werden kann. Die ESt konkretisiert die im Freiheitssystem angelegte Steuererwartung zu einer StPfl. Sie lässt die Allgemeinheit an dem individuellen Einkommen teilhaben, das der Einzelne durch Nutzung der allg. Erwerbsbedingungen erzielt hat. 1

Die Steuer ist eine Idee des Rechts. Während der Mensch, sein Lebensbedarf an Nahrung, Kleidung und Obdach, das WG eines Betriebes, ein Haus oder der Wertverzehr an diesen Gütern v. G vorgefunden werden, entsteht das Steuerschuldverhältnis zw. dem StPfl. und dem Staat allein durch gesetzliche Anordnung. Das Steuerrecht ist **auf gesetzliche Grundentsch. angewiesen** und hat sodann in deren Rahmen die Wirklichkeit realitätsgerecht aufzunehmen. Zudem handelt das Steuerrecht v. **Geldzahlungspflichten**, scheint also für so viele Entsch. und Kompromisse zugänglich, als eine Geldsumme in Euro teilbar ist. Auch deshalb braucht das Steuerrecht entwicklungsleitende Grundsätze der Belastungsgerechtigkeit, die ihm eine systematische Struktur und innere Folgerichtigkeit geben. 2

Einstweilen frei. 3

Im 19. Jahrhundert war das Steuerrecht v. Objektsteuern (Soll-Ertragsteuern) bestimmt, weil damals die Ist-Erträge nur geschätzt, nicht ermittelt werden konnten, der Gesetzgeber v. jedem Eigentümer eine ertragreiche Nutzung seines Eigentums (Vermögen, Gewerbekapital, Grundbesitz) erwartete, aber auch der schlichte – dem Gerichtsvollzieher geläufige – Gedanke vorherrschte, stl. dort etwas zu holen, wo etwas zu holen ist.[1] 4

1 Vgl. *Schremmer*, Steuern und Staatsfinanzen während der Industrialisierung Europas, 1994, 68 f.; *Schremmer*, Über „gerechte Steuern", 1994, 6 f. (13 f.).

Eine freiheitliche Wirtschaftsordnung legt es nahe, den Steuerzugriff **nicht beim Vermögensbestand**, sondern beim Vermögenserwerb (Einkommen) und bei der Vermögensverwendung (Umsatz) anzusetzen. Wenn der StPfl. jeweils freiwillig seine Arbeitskraft und sein Eigentum zur Disposition des Marktes stellt, erlebt er die Steuer auf das Einkommen als eine Bedingung seiner Erwerbsmöglichkeiten. Wenn er seine Kaufkraft am Markt einsetzt, erfährt er die Steuer als Verteuerung des Preises. Die ESt belastet das im Erwerbsleben Hinzuerworbene, wählt in diesem Zugriff auf das neu Erworbene eine schonende Form der Besteuerung.

5 **Die Ausgestaltung der ESt rechtfertigt sich** aus dem Gedanken, dass jeder, der die v. dieser Rechtsgemeinschaft bereitgestellten Erwerbsbedingungen – den inneren und äußeren Frieden, das Rechts- und Wirtschaftssystem, das Währungs- und Bankensystem, die gut ausgebildeten Arbeitskräfte, die mit Kredit, Wechsel und Internet vertrauten Kunden und deren Kaufkraft – genutzt hat, dafür auch die Rechtsgemeinschaft an diesem Erwerbserfolg stl. teilhaben lassen muss. Das Einkommen ist Ausdruck des Markterfolges eines StPfl., der auf seiner Leistung beruht, zugleich aber wesentlich v. der Bereitschaft der Nachfrager abhängt, das Leistungsangebot anzuerkennen und zu honorieren. Große Künstler und Erfinder haben ökonomisch wertvolle Spitzenleistungen erbracht, sind aber in Armut verstorben, weil die damalige Rechtsgemeinschaft noch nicht bereit oder in der Lage war, diese Leistung zu würdigen und zu entgelten. Die ESt belastet grds. die am Markt gewonnene Zahlungsfähigkeit. Sie ist nicht Bereicherungssteuer, sondern **Steuer auf das Erwerbseinkommen**. Der Leistungsempfang außerhalb des Marktes ist nicht steuerbar. Leistungen an sich selbst, insbes. die Wertschöpfung für den privaten Eigenbedarf und die Nutzung privater WG, bleiben stfrei. Entspr. ist der Aufwand für eine nicht erwerbswirtschaftliche Betätigung (sog. Liebhaberei) estrechtl. unerheblich.

6 Die ESt belastet das v. StPfl. tatsächlich erzielte Einkommen **(Ist-Besteuerung)** und berücksichtigt die persönlichen Verhältnisse des StPfl. (**Personensteuer**), erfasst nicht die Ertragsfähigkeit einer Erwerbsgrundlage, belastet nicht ein bestimmtes Objekt (Objektsteuer) in dem durchschnittlich möglichen Ertrag (Soll-Besteuerung). In der liberalen Marktwirtschaft des 19. Jahrhunderts wurde die Ertragsteuer nach vermuteter Leistungsfähigkeit bemessen. Besteuert wurde der auf Dauer erzielbare, geschätzte Reinertrag der drei Ertragsquellen Grund und Boden, Gebäude und GewBetr. Erzielte der jeweilige Eigentümer durch besonderes Geschick einen überdurchschnittlichen Ertrag, war dieser stfrei; die Steuer bot insoweit einen Anreiz für besondere Erwerbsanstrengungen. Blieb der Ertrag unterdurchschnittlich, musste der Steuerschuldner dennoch den erzielbaren Ertrag versteuern; fehlendes Geschick oder geringer Fleiß führte zu einem Steuernachteil. Die Steuer folgte dem liberalen Schlagwort „Freie Bahn dem Tüchtigen".[1] Das heutige EStG besteuert das Ist-Einkommen. Es belastet die **finanzielle Leistungsfähigkeit**,[2] die der StPfl. durch Nutzung seiner marktoffenen Erwerbsgrundlage erzielt hat. Steuerliche Gleichheit handelt nicht v. gleichen Rechtswert aller Personen, sondern v. der Gleichheit in der Finanzkraft des Einzelnen, die insbes. in der Personensteuer auf das Einkommen zum Ausdruck kommt.[3] Allerdings versucht der Gesetzgeber gegenwärtig, einer durch Steuergestaltung erreichten gleichheitswidrigen Besteuerung (Rn. 78 f.) mit Elementen einer Soll-Besteuerung entgegenzuwirken.

7 Die ESt besteuert progressiv. Die **Progression** belastet das Einkommen überproportional steigend, weil die Rechtsgemeinschaft dem StPfl. einen überproportional hohen Erwerb v. Einkommen ermöglicht hat, findet hingegen **keine Rechtfertigung in einem allg. Umverteilungsanliegen**. Freiheit heißt, sich v. anderen unterscheiden, also auch mehr Einkommen erwerben und behalten zu dürfen. Der Staat dürfte allenfalls umverteilen, wenn er nach den Gründen des Einkommenserwerbs, insbes. den schwer und leicht zu erschließenden Erwerbsquellen, fragt, nicht aber, wenn das EStG ausschließlich den Erwerbserfolg im Einkommen tatbestandlich aufnimmt. Wenn § 32d nunmehr eine Einheitssteuer v. 25 % für Einkünfte aus KapVerm. vorsieht und § 23 KStG einen Einheitssteuersatz – nunmehr v. 15 % – kennt, ist der Gedanke im Vordringen, besteuerbare Leistungsfähigkeit jeweils mit demselben Steuersatz zu belasten, dafür aber in der Bemessungsgrundlage möglichst keine Ausnahmen und Vermeidungsmöglichkeiten zu eröffnen. Kleinere Anfangseinkommen können durch Freibeträge oder auch eine verdeckte Progression – die Besteuerung nur eines Teils des Einkommens – entlastet werden.

---

1 *Schremmer*, Über „gerechte" Steuern. Ein Blick zurück ins 19. Jahrhundert, 1994, 16 f.

2 BVerfG v. 29.5.1990 – 1 BvL 20/84, 1 BvL 26/84, 1 BvL 4/86, BVerfGE 82, 60 (83 f.) = FR 1990, 449; v. 27.6.1991 – 2 BvR 1493/89, BVerfGE 84, 239 (268 f.) = FR 1991, 375; v. 10.11.1998 – 2 BvR 1057/91, 1226/91, 980/91, BVerfGE 99, 216 (232); v. 6.3.2002 – 2 BvL 17/99, BVerfGE 105, 73 (125 f.) = FR 2002, 391; v. 8.6.2004 – 2 BvL 5/00, BVerfGE 110, 412 (433); v. 21.6.2006 – 2 BvL 2/99, BVerfGE 116, 164 (180); v. 12.5.2009 – 2 BvL 1/00, BVerfGE 123, 111 = FR 2009, 873.

3 *Birk*, Das Leistungsfähigkeitsprinzip als Maßstab der Steuernormen, 1993, S. 6 f.; *Tipke*, Die Steuerrechtsordnung, Bd. I, 2. Aufl., 2000, 479 f.; *P. Kirchhof*, StuW 2017, 1.

Der Mensch erzielt sein Einkommen, um daraus seinen Lebensbedarf zu bestreiten, seinen zukünftigen Erwerb zu sichern und sich iÜ eine möglichst breite ökonomische Grundlage für die individuelle Lebensgestaltung zu schaffen. Diese Funktion des Einkommens bietet die Grundlage, auf die das Verfassungsrecht die ökonomische Selbstverantwortung des Freiheitsberechtigten und die Subsidiarität des Sozialstaates stützt. Die Garantie der Berufsfreiheit als Recht, Einkommen durch Arbeit zu erwerben, sowie der Eigentümerfreiheit als Recht, das erworbene Eigentum zu behalten und aus ihm Erträge zu erzielen, sichern dem StPfl., dass das zur Bestreitung des existenznotwendigen Bedarfs erforderliche Einkommen nicht versteuert wird,[1] dass seine Erwerbsaufwendungen berücksichtigt werden (§ 2 Rn. 11) und dass dem StPfl. ein eigenes Einkommen zur freiheitlichen Lebensgestaltung verbleibt. Steuerbar ist deshalb grds. das **frei verfügbare Einkommen**.[2] „Alle wesentlichen stpfl. Einnahmen sind eigentumsrechtl. geschützt."[3] Auch bei einer progressiven Steuer muss dem StPfl. mit hohem Einkommen „ein hohes, frei verfügbares Einkommen" verbleiben, das die Privatnützigkeit des Einkommens sichtbar macht.[4] 8

Das EStG baut auf dem Grundsatz der **Individualbesteuerung** auf,[5] erfasst also jeden StPfl. als Grundrechtsträger. Bei **Erwerbsgemeinschaften** – insbes. der GbR und der Personenhandelsgesellschaft – kann deren Gewinn zwar einheitlich und gesondert festgestellt werden, wird dann aber für die Zwecke der Individualbesteuerung jeweils dem einzelnen Beteiligten zugerechnet, dort in die individuelle Bemessungsgrundlage einbezogen und dem individuellen Progressionssatz unterworfen. Die PersGes. (MU'schaft) ist Steuersubjekt bei der Qualifikation und der Ermittlung der Einkünfte; der G'ter ist Subjekt der Einkünfteerzielung.[6] Ähnliches gilt für die Erwerbsgemeinschaft der **Ehe**, an der dem GG bes. gelegen ist (Art. 6 Abs. 1): Das in der ehelichen Erwerbsgemeinschaft erzielte Einkommen wird bei jedem Ehegatten zur Hälfte besteuert, weil die Ehe eine „Gemeinschaft des Erwerbs" bildet,[7] in der die Ehegatten die Aufgaben der Haushalts- und der Erwerbstätigkeit eheintern aufteilen. Für die **Familie** hat der Unterhaltsanspr. der Kinder gegen ihre Eltern zur Folge, dass der Unterhaltsbetrag den Eltern nicht zur Vfg. steht, also auch dort nicht stl. erfasst werden kann.[8] Allerdings ist der Gesetzgeber berechtigt, im Rahmen seiner Typisierungsbefugnis nicht den tatsächlich gezahlten oder den zivilrechtl. geschuldeten Unterhalt, sondern den Unterhaltsbedarf im erforderlichen Minimum zum Abzug v. der Bemessungsgrundlage vorzusehen.[9] Der Sozialstaat ergänzt den Freibetrag durch ein stfreies Kindergeld, damit auch die Eltern ohne oder mit kleinem Einkommen ihre Unterhaltspflicht erfüllen können. 9

Hat der Gesetzgeber die Steuerquelle „Einkommen" tatbestandlich erschlossen,[10] muss er die einmal getroffene Belastungsentsch. **folgerichtig und widerspruchsfrei** ausführen.[11] Hat der Sozialgesetzgeber das jährliche Existenzminimum mit – damals – 12 000 DM bemessen, der Einkommensteuergesetzgeber jedoch mit 5 600 DM, ist diese Regelung widersprüchlich und kann so vor dem Gleichheitssatz keinen Bestand haben.[12] Hat der Gesetzgeber die Steuerbarkeit der Kapitalerträge und eine entspr. Erklärungspflicht 10

---

1 BVerfG v. 25.9.1992 – 2 BvL 5/91, 2 BvL 8/91, 2 BvL 14/91, BVerfGE 87, 153 (169) = BStBl. II 1993, 413 (418) = FR 1992, 810.

2 BVerfG v. 18.1.2006 – 2 BvR 2194/99, BVerfGE 115, 97 (115 f.) = FR 2006, 635 = NJW 2006, 1191 (1194); v. 21.6.2006 – 2 BvL 2/99, BVerfGE 116, 164 (175) = NJW 2006, 2757 (2758).

3 BVerfG v. 6.3.2002 – 2 BvL 17/99, BVerfGE 105, 73 (131) = FR 2002, 391 m. Anm. *Fischer*.

4 BVerfG v. 18.1.2006 – 2 BvR 2194/99, BVerfGE 115, 97 (117) = FR 2006, 635 m. Anm. *Kanzler*.

5 BFH v. 17.12.2007 – GrS 2/04, BStBl. II 2008, 608 = FR 2008, 457.

6 BFH v. 11.4.2005 – GrS 2/02, BStBl. II 2005, 679 = FR 2005, 1056.

7 BVerfG v. 3.11.1982 – 1 BvR 620/78, 1 BvR 1335/78, 1 BvR 1104/79, 1 BvR 363/80, BVerfGE 61, 319 (345 ff.) = BStBl. II 1982, 717 (726).

8 BVerfG v. 25.9.1992 – 2 BvL 5/91, 2 BvL 8/91, 2 BvL 14/91, BVerfGE 87, 153 (170, 177) = BStBl. II 1993, 413 (418, 420) = FR 1992, 810; v. 10.11.1998 – 2 BvR 1057/91, 2 BvR 1226/91, 2 BvR 980/91, BVerfGE 99, 216 (231 ff.) = BStBl. II 1999, 182 (191).

9 BVerfG v. 29.5.1990 – 1 BvL 20/84, 1 BvL 26/84, 1 BvL 4/86, BVerfGE 82, 60 (94) = BStBl. II 1990, 653 (660) = FR 1990, 449; v. 25.9.1992 – 2 BvL 5/91, 2 BvL 8/91, 2 BvL 14/91, BVerfGE 87, 153 (170 f.) = BStBl. II 1993, 413 (418); v. 14.6.1994 – 1 BvR 1022/88, BVerfGE 91, 93 (111 ff.) = BStBl. II 1994, 909 (915) = FR 1994, 609; zur realitätsgerechten Bemessung BVerfG v. 10.11.1991 – 2 BvR 1057, 1226, 980/91, BVerfGE 99, 216 (233) = BStBl. II 1999, 182 (188).

10 BVerfG v. 27.6.1991 – 2 BvR 1493/89, BVerfGE 84, 239 (271) = BStBl. II 1991, 654 (665) = FR 1991, 375.

11 BVerfG v. 27.6.1991 – 2 BvR 1493/89, BVerfGE 84, 239 (271) = BStBl. II 1991, 654 (665) = FR 1991, 375; v. 25.9.1992 – 2 BvL 5, 8, 14/91, BVerfGE 87, 153 (170) = BStBl. II 1993, 413 (418); v. 22.6.1995 – 2 BvL 37/91, BVerfGE 93, 121 (136) = BStBl. II 1995, 655 (656); v. 7.5.1998 – 2 BvR 1991, 2004/95, BVerfGE 98, 106 (118) = BGBl. I 1998, 1526; v. 4.12.2002 – 2 BvR 400/98, 2 BvR 1735/00, BVerfGE 107, 27 (46) = BStBl. II 2003, 534 (540); v. 7.11.2006 – 1 BvL 10/02, BVerfGE 117, 1 (30) = BGBl. I 2007, 194; v. 12.10.2010 – 2 BvL 12/07, BVerfGE 127, 224 = FR 2007, 338.

12 BVerfG v. 25.9.1992 – 2 BvL 5/91, 2 BvL 8/91, 2 BvL 14/91, BVerfGE 87, 153 (170 f.) = BStBl. II 1993, 413 (418) = FR 1992, 810.

des StPfl. begründet, das Verfahrensrecht (§ 30a AO) aber eine Kontrolle dieser Erklärungen weitgehend ausgeschlossen, ist die folgerichtige Verwirklichung des Steueranspr nicht gewährleistet, der Gleichheitssatz also verletzt.[1] Die Besteuerung v. Spekulationsgewinnen aus Wertpapiergeschäften (§ 23) ist – jedenfalls für die VZ 1997, 1998 – verfassungswidrig, weil die Überprüfung an rechtl. und tatsächlichen Kontrollhindernissen scheitert.[2] Der Widerspruch zw. dem normativen Befehl der materiell pflichtbegründenden Steuernorm und der nicht auf Durchsetzung angelegten Erhebungsregel ist mit dem GG unvereinbar.[3] Das Folgerichtigkeitsgebot wird im Europarecht durch das Prinzip der **Kohärenz** verwirklicht (Rn. 80).

11 **II. Das EStG. 1. Struktur der Belastungsentscheidungen.** Das EStG besteuert die Einnahmen, die der StPfl. dank der v. der Rechtsgemeinschaft bereitgestellten ökonomischen und rechtl. Erwerbsbedingungen erzielen konnte. Von diesen **Erwerbseinnahmen** werden die **Aufwendungen** (BA und WK) abgezogen, mit denen der StPfl. seine Erwerbsgrundlage sichert und verbessert. Diese Verstetigung der Erwerbsgrundlage erhält dem StPfl. eine verlässliche Erwerbs-, dem Staat eine stetige Steuerquelle. Sodann wird die Bemessungsgrundlage um die **existenzsichernden Aufwendungen** des StPfl. und seiner Familie gemindert, weil der Erwerbende sein Einkommen zunächst für den notwendigen Unterhalt benötigt, er durch seinen Einkommenserwerb dem Grundsatz des eigenverantwortlichen Erwerbs und der Subsidiarität sozialstaatlicher Leistungen gerecht wird. Schließlich erlaubt das G einen beschränkten Abzug der **gemeinnützigen Zuwendungen**, bei denen der StPfl. sein Einkommen zur Finanzierung v. Gemeinwohlaufgaben einsetzt.

12 Diese einsichtigen und erprobten Prinzipien werden in einer eigenständigen estl. Tatbestandsbildung verwirklicht. Zunächst bringt der **Zustandstatbestand** der marktbezogenen Einkunftsquelle (§ 2 Abs. 1 S. 1 Nr. 1–7: LuF, GewBetr., freiberufliche Praxis, Arbeitsplatz, KapVerm., Objekte der VuV, sonstige Erwerbsgrundlagen) den rechtfertigenden Grund der ESt zum Ausdruck: Der Erwerbende erzielt sein Einkommen aus dieser Erwerbsgrundlage, die ihm den Markt erschließt und damit die v. der Rechtsgemeinschaft bereitgestellten Erwerbsmöglichkeiten nutzbar macht (§ 2 Rn. 7, 46ff.). Zweite Voraussetzung der Einkommensteuerschuld ist sodann der **Handlungstatbestand:** Nur wer seine Erwerbsgrundlage tatsächlich genutzt hat, „aus" der Erwerbsgrundlage Einkünfte „erzielt" (§ 2 Abs. 1 S. 1), ist Steuerschuldner. Die ESt belastet nicht als Sollertragsteuer die Ertragsfähigkeit, sondern besteuert nur denjenigen, der die Erwerbsgrundlage tatsächlich genutzt hat (§ 2 Rn. 8, 54ff.). Dritte Voraussetzung ist der **Erfolgstatbestand** des erzielten Einkommens, also der Vermögenszuwachs, den der StPfl. durch Nutzung des Markts erwirtschaftet hat (§ 2 Rn. 9, 85f.).

13 Diese Grundgedanken der Einkommensbesteuerung lassen sich in einem einfachen Besteuerungssystem erfassen: Estl. Bemessungsgrundlage sind die Erwerbseinnahmen abzgl. des erwerbssichernden Aufwands, abzgl. des existenzsichernden Aufwands und abzgl. der gemeinnützigen Zuwendungen. Die Systematik des EStG ist allerdings **deutlich komplizierter** (vgl. § 2 Rn. 37f.): Das zu versteuernde Einkommen wird aus der Summe der Einkünfte aus den sieben Einkunftsarten gebildet, die durch eine Vielzahl v. Abzugsbeträgen, auch den SA, und eine Fülle v. existenzsichernden Einzelpositionen gemindert wird, und es erreicht in den Zwischengrößen der Summe der Einkünfte, des Gesamtbetrags der Einkünfte und des Einkommens kaum Systematik und Plausibilität. Das „Einkommen" gibt der Steuer den Namen, ist aber systematisch nur eine Zwischensumme, nicht die Bemessungsgrundlage, auf die der Steuertarif angewandt wird.

14 Einstweilen frei.

15 Die ESt ist eine **progressive Steuer**, die einen existenznotwendigen Grundbedarf gänzlich verschont, dann linear progressiv ansteigt und schließlich bei Erreichen v. zwei Proportionalzonen (42 % und 45 %) wieder linear verläuft. Die gegenwärtige Gesetzgebung neigt dazu, den Anwendungsbereich der Progression immer mehr zu verkürzen. Die progressive Besteuerung nähert sich so einer linearen Besteuerung mit sozialer Anfangskomponente.

16 **2. Übermaß an Steuerlenkungen und Ausweichmöglichkeiten.** Die Belastungsprinzipien des EStG sind auf eine Regelbesteuerung angelegt, eine Belastung des jeweils erzielten Einkommens, die allg. und abstrakt für jedermann gilt und das Prinzip der Belastungsgleichheit verwirklicht. Doch diese Regelbesteuerung ist durch eine **Vielzahl v. Interventionstatbeständen, Steuersubventionen und gesetzlichen Formulierungsmängeln** durchbrochen. Die einsichtigen Grundgedanken des EStG werden durch Ausnahme- und Verfremdungstatbestände so überlagert, dass der Bürger die Regelbelastung kaum noch verstehen, der Planer sie kaum noch voraussehen kann. Die ESt scheint nicht mehr generell eine angemessene

---

1 BVerfG v. 27.6.1991 – 2 BvR 1493/89, BVerfGE 84, 239 (271) = BStBl. II 1991, 654 (665) = FR 1991, 375.
2 BVerfG v. 9.3.2004 – 2 BvL 17/02, BVerfGE 110, 94 (111) = BStBl. II 2005, 56 = FR 2004, 470; zur Verfassungsmäßigkeit der nach § 88a AO, § 5 Abs. 1 Nr. 6 FVG geführten Datensammlung über stl. Auslandsbeziehungen BVerfG v. 10.3.2008 – 1 BvR 2388/03, BVerfGE 120, 351 (359).
3 BVerfG v. 9.3.2004 – 2 BvL 17/02, BVerfGE 110, 94 (111) = BStBl. II 2005, 56 = FR 2004, 470.

Teilhabe des Staates am Erwerbserfolg des privaten Wirtschaftens zu vermitteln, sondern oft zur vermeidbaren Pflicht geworden zu sein, die nur der rechtl. Unbeholfene iHd. Regelbelastung erfüllt (Rn. 78 ff.).

Einstweilen frei. 17–18

Diese Lenkung- und Ausweichtatbestände sind gerade im EStG[1] **fragwürdig**. Sie drängen den StPfl. durch die Androhung v. Sonderbelastungen oder das Angebot v. Steuerentlastungen in Verhaltensweisen, die er allein aus ökonomischer Vernunft so nicht wählen würde.[2] Das EStG ist deswegen so zu reformieren, dass es dem StPfl. **die Freiheit zur ökonomischen Vernunft** zurückgibt, dem StPfl. mit dem Freiheitsvertrauen begegnet, das von ihm erwartet, er könne selbst entscheiden, wie er sein Einkommen verwenden werde. 19

Die Lenkungsteuern **durchbrechen die in den Regeltatbeständen verwirklichte Belastungsgleichheit** – die Besteuerung nach dem erzielten Einkommen – und sind deshalb als gesetzlich bewusst hergestellte Ungleichheit bes. rechtfertigungsbedürftig. Dies gilt umso mehr, wenn dem StPfl. ein Abzug v. der Bemessungsgrundlage gestattet wird, sodass iRd. **progressiven ESt** der gut Verdienende eine hohe Subvention, der gering Verdienende eine geringe Subvention erhält. Eine solche progressive Subvention, deren Höhe mit steigendem Einkommen überproportional wächst, ist üblich, aber ersichtlich gleichheitswidrig. Zudem erreicht der stl. überbrachte Lenkungsanreiz den Minderbemittelten idR nicht, während der gut Verdienende sich durch Zahlung die Freiheit erhalten kann, dem stl. Lenkungsanreiz auszuweichen. 20

Außerdem begründet die Lenkungsteuer einen **systemimmanenten Widerspruch**, wenn sie gleichzeitig durch Steuerentlastung die Vermeidung bestimmter, zB umweltschädlicher, Verhaltensweisen anregt, dennoch aber gleichbleibende oder möglichst steigende Erträge aus der ESt sichern will. Der Umweltminister wird auf eine größtmögliche Schonung der Umwelt, also auf verminderte Erträge aus der ESt hinwirken, der Finanzminister hingegen auf zumindest gleichbleibende Erträge, deswegen auf eine stetige Umweltbelastung. Die Gegenläufigkeit derartiger Motive organisiert eine institutionelle Befangenheit im Handeln der öffentlichen Hand und wird v. Bürger als widersprüchliche, also gleichheitswidrige Verhaltensanweisung empfunden. 21

Bietet der Bundesgesetzgeber Verschonungssubventionen für die ESt an, deren Ertrag zT den Ländern und Gemeinden zusteht (Art. 106 Abs. 3, 5, 7 GG), so gewährt er Subventionen **zulasten fremder Kassen**. Wählte er die Leistungssubvention, müsste er das Subventionsprogramm in voller Höhe aus Bundesmitteln finanzieren. Entscheidet er sich hingegen für die estl. Verschonungssubvention, bestimmt er den Subventionsinhalt, zwingt aber die Länder und Gemeinden zu mehr als hälftiger Mitfinanzierung. Entscheidung und Finanzierung fallen auseinander, werden nicht mehr v. demselben demokratischen Organ verantwortet. Zugleich verfremdet die Verschonungssubvention das bundesstaatliche Ertragszuteilungssystem und den Finanzausgleich. Sie mindert das Aufkommen aus der ESt durch bundesgesetzliche Subventionsangebote, obwohl den Ländern ihr Anteil an der ESt grds. in voller Höhe zusteht, sie ihre Erträge dann nach ihren haushaltsrechtl. Prioritätsentsch. verwenden mögen. Auch der Finanzausgleich stützt sich auf eine unzulängliche Bemessungsgrundlage, solange ein Ausgleichsbeteiligter (hier: der Bund) vorab Regelsteuereinnahmen anderer durch Steuerverschonung bereits verwendet hat. 22

Wird eine Subvention als Steuervergünstigung gewährt, entzieht sich diese Subvention **der jährlichen parlamentarischen Überprüfung iRd. Haushaltsgesetzgebung**. Eine Leistungssubvention muss für jedes Haushaltsjahr neu bewilligt werden. Eine Steuersubvention wird einmal im Steuergesetz beschlossen, wirkt dann für Jahrzehnte fort, ohne dass das Parlament diese Subvention jährlich überprüfen, das tatsächliche Subventionsvolumen kennen, die weitere Berechtigung der Subvention infrage stellen würde. Bei der Steuersubvention bedient sich der StPfl. selbst, indem er den Begünstigtentatbestand erfüllt. 23

Der Anteil des Staates und der Steuer am Bruttoinlandsprodukt wird verzerrt dargestellt, wenn Steuersubventionen staatliche Mindereinnahmen vorspiegeln, obwohl der Staat durch tatbestandsbedingte Lenkung bereits über ein Regelsteueraufkommen vorab verfügt hat. Die Verflechtung zw. staatlichen und privaten ökonomischen Handlungsprogrammen stört zudem das grundrechtl. Trennungsmodell v. freiheitsverpflichtetem Staat und freiheitsberechtigter Gesellschaft: Aus der Trennung v. Staatlichkeit und Privatwirtschaft wird ein Mischsystem der Kooperation zw. Staat und Wirtschaft. Dadurch werden Verantwortlichkeiten verwischt, Rechtsmaßstäbe relativiert, Staat und Markt in der Gefahr wechselseitiger Abhängigkeit verflochten. 24

---

1 Zum generellen Erfordernis sachlich rechtfertigender Gründe und zum Verbot eines gleichheitswidrigen Begünstigungsausschlusses vgl. BVerfG v. 17.12.2014 – 1 BvL 21/12, BVerfGE 138, 136 (232 ff.) = FR 2015, 160 m. Anm. *Bareis*.

2 Vgl. BGH v. 14.6.2004 – II ZR 393/02, BGHZ 159, 294 = NJW 2004, 2736; v. 25.4.2006 – XI ZR 106/05, BGHZ 167, 239; v. 16.5.2006 – XI ZR 6/04, BGHZ 168, 1.

B. Der verfassungsrechtliche Rahmen

25 **I. Anerkennung der Steuerart.** Die ESt ist **im GG** – wenn auch aus bundesstaatlichem Anlass – **anerkannt**. Die Finanzverfassung stützt sich zur Verteilung des Steueraufkommens zw. Bund und Ländern (Art. 106 GG) auf herkömmliche Steuertypen, anerkennt damit prinzipiell deren Belastungsgründe.[1] Die ESt ist nach Art. 106 Abs. 3 S. 1 GG eine Gemeinschaftsteuer, an deren Aufkommen Bund und Länder je zur Hälfte beteiligt sind (Abs. 3 S. 2) und v. dem die Gemeinden vorab einen Anteil erhalten (Abs. 5 S. 1).[2] Wenn Art. 106 Abs. 3 und 5 GG „das Aufkommen der ESt" dem Staat und seinen Untergliederungen zuweist, also die herkömmliche ESt als Ertragsquelle für Bund, Länder und Gemeinden anerkennt, billigt die Verfassung damit grds. die Erhebung der ESt in ihrer herkömmlichen Struktur. Der Ertragsberechtigte darf die Erträge aus dieser Steuerart entgegennehmen und verwenden, der StPfl. in dieser Steuerart belastet werden. Das GG weist in den Art. 105 und 106 die Besteuerungsbefugnis für die dort genannten Steuertypen dem jeweiligen Steuergesetzgeber und Ertragsberechtigten abschließend zu.[3] Jenseits dieser durch Art. 105 und 106 GG vorgegebenen Typusbegriffe darf der Steuergesetzgeber keine weiteren Steuern erheben; es besteht kein Steuererfindungsrecht.[4] Diese Schutz- und Begrenzungsfunktion der Finanzverfassung bewahrt den Bürger vor anderweitigen Steuern. Er darf darauf vertrauen, nur in dem durch die Finanzverfassung vorgegebenen Rahmen belastet zu werden.[5]

25a Wenn der Bundesgesetzgeber auf die Einf. solcher Steuern beschränkt ist, die der Steuerart nach unter den Katalog des Art. 106 GG fallen, darf er, weil er durch das EStG die Ertragsquelle „Einkommen" voll ausgeschöpft hat, daneben keine weitere Steuern auf das Einkommen vorsehen. Eine Ausnahme gilt für die GewSt, die in Art. 106 Abs. 6 S. 1 GG ausdrücklich vorgesehen und grds. in die Ertragshoheit der Gemeinden gewiesen ist. Der Bundesgesetzgeber darf die ESt nur insoweit neu gestalten, als die Ertrags- und Belastungswirkung, wie sie in der Verfassung vorgesehen ist, durch die Erhebung von weiteren Steuern nicht verändert oder unterlaufen wird. Diese **Schutz- und Begrenzungsfunktion** gilt der Steuerart „ESt", der Steuerertragsquelle des Einkommens, dem die ESt rechtfertigenden Belastungsgrund des Einkommens. Allerdings ist der Verfassungsbegriff „ESt" ein offener Typusbegriff, der die bisherige Entwicklung des EStG wenig geprägt und auch den Systemwechsel bei der KSt nicht beeinflusst hat. Die Schutz- und Begrenzungsfunktion der Finanzverfassung wirkt sich auch auf die übrigen Abgaben aus. Die Ertragsfähigkeit der Steuerquelle „Einkommen" und die Gleichheit der Abgabenbelastung durch das EStG wären nicht gewahrt, wenn der Einzelne neben den Steuern auf das Einkommen ohne besondere, die Abgabenerhebung – insbes. durch einen individuellen Leistungsaustausch – rechtfertigende Sachgründe zusätzlich belastet werden könnte.[6]

26 **II. Eingriff in das Eigentum.** Die klassischen Eingriffe staatlicher Polizei- und Finanzgewalt sind der historische Anlass für den **Gesetzesvorbehalt**,[7] der jeden stl. Eingriff von einem dazu ermächtigenden Par-

---

1 BVerfG v. 15.1.2008 – 1 BvL 2/04, BVerfGE 120, 1 (26) = FR 2008, 818 m. Anm. *Keß* – Abfärberegelung (für die GewSt); vgl. auch BVerfG v. 22.5.1962 – 1 BvR 301, 302/59, BVerfGE 14, 105 (111) – Branntweinmonopol; v. 20.12. 1966 – 1 BvR 320/57, 70/63, BVerfGE 21, 12 (26) – Allphasenumsatzsteuer; v. 1.4.1971 – 1 BvL 22/67, BVerfGE 31, 8 (16) – Glücksspielautomat; v. 19.3.1974 – 1 BvR 416/68, 767/68, 779/68, BVerfGE 37, 38 (45) – USt bei Kleinunternehmen; v. 4.6.1975 – 2 BvR 824/74, BVerfGE 40, 56 (60 ff.) – Vergnügungssteuergesetz; v. 23.3.1976 – 2 BvL 11/75, BVerfGE 42, 38 (40 ff.) – Vergnügungssteuer für den Betrieb von Spielapparaten; v. 26.2.1985 – 2 BvL 14/84, BVerfGE 69, 174 (183 f.) – Getränkesteuer; v. 22.6.1995 – 2 BvL 37/91, BVerfGE 93, 121 – VSt.

2 Der Bundesgesetzgeber hat von der Ermächtigung des Art. 106 Abs. 5 S. 2 GG Gebrauch gemacht und beteiligt durch das G zur Neuordnung der Gemeindefinanzen v. 1.1.1980 (GFRG, neu gefasst durch Bek. v. 10.3.2009, BGBl. I 2009, 502) die Gemeinden zu 15 % am Aufkommen der LSt, zu 15 % am Aufkommen der veranlagten ESt und zu 12 % am Aufkommen aus KapESt (§ 1 GFRG); die Spaltung des Beteiligungssatzes erklärt sich daraus, dass die Zinserträge nur zu rund 80 % von nat. Pers., iÜ von Körperschaften erzielt werden, das GG aber eine Beteiligung der Gemeinden am Ertrag aus der KSt nur iRd. interkommunalen Finanzausgleichs (Art. 106 Abs. 7 GG) aus Landeserträgen zulässt. Für das übrige Aufkommen der Gemeindesteuer sieht das GFRG – trotz Art. 106 Abs. 5 S. 1 GG – keine Beteiligung der Gemeinden vor; *Kempny/Reimer* in Heintzen (Hrsg.), Neuordnung der Finanzbeziehungen – Aufgabengerechte Finanzverteilung zwischen Bund, Ländern und Kommunen, Gutachten D zum 70. Deutschen Juristentag, 2014, D 57.

3 BVerfG v. 13.4.2017 – 2 BvL 6/13, BVerfGE 145, 171 (193 f.) – Kernbrennstoffsteuer; v. 15.1.2008 – 1 BvL 2/04, BVerfGE 120, 1 (26) – Abfärberegelung (für die GewSt); v. 22.6.1995 – 2 BvL 37/91, BVerfGE 93, 121 (134) – VSt; jeweils mwN.

4 BVerfG v. 13.4.2017 – 2 BvL 6/13, BVerfGE 145, 171 (199) – Kernbrennstoffsteuer.

5 BVerfG v. 13.4.2017 – 2 BvL 6/13, BVerfGE 145, 171 (200) – Kernbrennstoffsteuer.

6 Vgl. BVerfG v. 25.6.2014 – 1 BvR 668/10, 1 BvR 2104/10, BVerfGE 137, 1 (17 f.) – Straßenausbaubeiträge; v. 6.11. 2012 – 2 BvL 51, 52/06, BVerfGE 132, 334 (349 ff.) – Rückmeldegebühr Berlin; v. 19.3.2003 – 2 BvL 9, 10, 11, 12/98, BVerfGE 108, 1 (13) – Rückmeldegebühr BaWü.; v. 10.3.1998 – 1 BvR 178/97, BVerfGE 97, 332 (344 f.) – Kindergartengebühren.

7 *O. Meyer*, Deutsches Verwaltungsrecht, Bd. I, 1895, S. 245 ff.

lamentsgesetz abhängig macht.[1] Der Gesetzgeber ist bei Erlass des EStG an das GG gebunden (**Vorrang der Verfassung**, Art. 20 Abs. 3, Art. 1 Abs. 3 GG).

Das EStG muss die Maßstäbe der Besteuerung klar[2], wahrheitsgemäß[3] und folgerichtig regeln[4]. Dieser **Bestimmtheitsmaßstab** wird bei der weiteren Entwicklung des EStG zu einem komplexen, komplizierten und kaum noch verständlichen G zunehmende Bedeutung gewinnen. Der Straftatbestand der Steuerhinterziehung (§ 370 AO) setzt idR eine Steuerverkürzung voraus. Deshalb gelten die gesteigerten Bestimmtheitsanforderungen an das Strafgesetz (Art. 103 Abs. 2 GG).[5] Die Problematik rechtsstaatlicher Bestimmtheit verschärft sich, wenn die FinVerw. für den Gegenstand eines Strafverfahrens die Steuerschuld noch nicht festsetzen konnte, der Strafrichter von einer Festsetzung abweichen oder der präzisen Feststellung und Quantifizierung der Steuerschuld durch einen „Deal"[6] ausweichen will. 27

Das EStG greift auf das rechtl. Zugewiesene, verbindlich erworbene WG – die realisierte Forderung, die zugeflossene Einnahme –, also auf das Eigentum zu. Die ESt belastet den StPfl. nicht schon beim Erwerb, der Nutzung seiner Erwerbsgrundlage, sondern erst beim Erwerbserfolg, dem Gewinn oder Überschuss. Gegen diesen Steuerzugriff schützt nicht die Freiheit des Erwerbs (Art. 12 Abs. 1, Berufsfreiheit), sondern das Recht am Erworbenen (Art. 14 Abs. 1 GG, **Eigentümerfreiheit**).[7] Die besteuerte finanzielle Leistungsfähigkeit liegt nicht in der Möglichkeit zu erwerben, sondern im Erworbenen. Dieses besteht idR im **Geldvermögen**, das heute als Eigentum gleichermaßen geschützt ist wie das Sachvermögen, weil viele Eigentümer ihre ökonomische Grundlage individueller Freiheit in Lohnforderungen und Sozialversicherungsansprüchen finden.[8] Art. 12 Abs. 1 GG wäre nur einschlägig, wenn ein Steuergesetz mit „berufsregelnder Tendenz" den Erwerb behindern oder unterbinden[9] oder die Steuer den Pflichtigen hemmen würde, durch seinen Beruf die finanzielle Existenzgrundlage zu sichern.[10] Auch das Grundrecht der Vereinigungsfreiheit 28

---

1 BVerfG v. 28.10.1975, 2 BvR 883/73, 2 BvR 379/74, 2 BvR 497/74, 2 BvR 526/74, BVerfGE 40, 237 (249) – Rechtsschutzverfahren im Strafvollzug; v. 21.12.1977 – 1 BvL 1/75, 1 BvR 147/75, BVerfGE 47, 46 (78 f.) – Sexualkundeunterricht; v. 18.1.2006 – 2 BvR 2194/99, BVerfGE 115, 97 (111) = FR 2006, 635 m. Anm. *Kanzler* – Obergrenze für ESt und GewSt.

2 BVerfG v. 9.4.2003 – 1 BvL 1/01, 1 BvR 1749/01, BVerfGE 108, 52 (75) = FR 2003, 1035 m. Anm. *Greite* – Kindergeld; vgl. auch BVerfG v. 12.10.2010 – 2 BvL 59/06, BVerfGE 127, 335 (343 f.) – Verlustrechnung nach § 2 Abs. 3 EStG 1999/2000/2002 (Vorlage unzulässig).

3 BVerfG v. 19.3.2003 – 2 BvL 9/98, 2 BvL 10/98, 2 BvL 11/98, 2 BvL 12/98, BVerfGE 108, 1 (21 f.) – Rückmeldegebühr; BVerfG v. 12.2.2003 – 2 BvL 3/00, BVerfGE 107, 218 (256) – Besoldung Ost.

4 BVerfG v. 27.11.1990 – 1 BvR 402/87, BVerfGE 83, 130 (145) – Josefine Mutzenbacher.

5 BVerfG v. 6.5.1987 – 2 BvL 11/85, BVerfGE 75, 329 (340) – Umweltstrafrecht; v. 23.6.2010 – 2 BvR 2559/08, 2 BvR 105/09, 2 BvR 491/09, BVerfGE 126, 170 (194) – Untreue.

6 Dazu BVerfG v. 19.3.2013 – 2 BvR 2628/10, 2 BvR 2883/10, 2 BvR 2155/11, BVerfGE 133, 168 (200 f.) – Verständigung im Strafprozess.

7 Zu den Anfängen und der vorsichtigen, aber stetigen Entwicklung dieser Rspr. vgl. BVerfG v. 20.7.1954 – 1 BvR 459/52 ua., BVerfGE 4, 7 (12) – Investitionshilfe; v. 24.7.1962 – 2 BvL 15/61, 2 BvL 16/61, BVerfGE 14, 221 (241) – Fremdrentengesetz; v. 24.9.1965 – 1 BvR 228/65, BVerfGE 19, 119 (129) – Couponsteuer; v. 31.5.1990 – 2 BvL 12/88, 2 BvL 13/88, 2 BvR 1436/87, BVerfGE 82, 159 (190) – Absatzfonds: Die Eigentumsgarantie verbiete einen übermäßigen, erdrosselnden Eingriff, eine grundlegende Veränderung der Einkommens- und Vermögensverhältnisse des StPfl.; v. 25.9.1992 – 2 BvL 5/91, 2 BvL 8/91, 2 BvL 14/91, BVerfGE 87, 153 (160) = FR 1992, 810 – Grundfreibetrag: dem StPfl. müsse die grds. Privatnützigkeit des Erworbenen und die grds. Verfügungsbefugnis über die geschaffenen vermögenswerten Rechtspositionen verbleiben; v. 22.6.1995 – 2 BvL 37/91, BVerfGE 93, 121 (137) – Einheitsbewertung (Besteuerung in Grenzen der Sozialpflichtigkeit); v. 5.2.2002 – 2 BvR 305/93, 2 BvR 348/93, BVerfGE 105, 17 (30) = FR 2002, 1011 m. Anm. *Kanzler* – Sozialpfandbriefe: die Steuer betreffe den StPfl. in der Ausprägung seiner persönlichen Entfaltung im vermögensrechtl. Bereich (Art. 14 GG); v. 6.3.2002 – 2 BvL 17/99, BVerfGE 105, 73 (32) = FR 2002, 391 m. Anm. *Fischer* – Rentenbesteuerung: dürfe nicht zu einer – schrittweisen – Konfiskation führen; v. 18.1.2006 – 2 BvR 2194/99, BVerfGE 115, 97 (115) – ESt und GewSt: die Eigentumsgarantie schütze das private Innehaben und Nutzen vermögenswerter Rechte, deshalb greife ein Steuergesetz in den Schutzbereich der Eigentumsgarantie ein.

8 BVerfGE 45, 142 (179) – Kaufpreisanspruch; BVerfG v. 22.5.1979 – 1 BvL 9/75, BVerfGE 51, 193 (216 ff.) – Warenzeichen; v. 8.10.1985 – 1 BvL 17/83, 1 BvL 19/83, BVerfGE 70, 278 (286) – Steuerlicher Erstattungsanspruch; v. 8.3.1988 – 1 BvR 1092/84, BVerfGE 78, 58 (71) – Ausstattungsschutz; v. 30.11.1988 – 1 BvR 1301/84, BVerfGE 79, 174 (191) – Erbbaurecht; v. 9.1.1991 – 1 BvR 929/89, BVerfGE 83, 201 (209) – Vorkaufsrecht; v. 26.5.1993 – 1 BvR 208/93, BVerfGE 89, 1 (6) – Mieterrecht; vgl. auch BVerfG v. 19.6.1985 – 1 BvL 57/79, BVerfGE 70, 191 (199) – Fischereirechte; stRspr.

9 Vgl. zur Rspr. BVerfG v. 30.10.1961 – 1 BvR 833/59, BVerfGE 13, 181 (186) – Schankerlaubnissteuer, std. Rspr.; v. 8.4.1997 – 1 BvR 48/94, BVerfGE 95, 267 (302) – Altschulden; die Definition des BVerfG, Beruf sei die Erwerbstätigkeit, „die der Schaffung und Erhaltung der Lebensgrundlage dient", erläutert einen Regelfall, darf aber nicht in der tatbestandlichen Bestimmtheit verstanden werden, dass der Millionär, der in seinem wirtschaftlich gesicherten Leben eine Betätigung sucht und deshalb anwaltschaftlich tätig wird, nicht einen „Beruf" ausübe.

10 BVerfG v. 12.6.1990 – 1 BvR 355/86, stRspr.; v. 7.2.1990 – 1 BvR 26/84, BVerfGE 81, 242 (254) – Handelsvertreter.

(Art. 9 Abs. 1 GG) kann zu einem praktisch bedeutsamen Maßstab der Besteuerung werden, wenn die Wahl der Organisationsform nicht mehr Instrument zur Steuervermeidung, sondern zur Wirtschaftsgestaltung in ökonomischer Vernunft geworden ist.

29 Die Steuer ist der **Preis der Freiheit**. Deshalb ist die stl. Wegnahme von Geldeigentum strukturell nicht Enteignung, sondern Bedingung der Eigentumsgarantie. Art. 14 GG schützt nicht generell vor Steuerlasten, sondern vor einer für den Betroffenen übermäßigen Belastung der ökonomischen Grundlagen seiner individuellen Freiheit. Obwohl es einer Tradition deutscher Staatsphilosophie entspricht, dem Staat auch in Zeiten dringlichen Finanzbedarfs niemals den Zugriff auf mehr als die Hälfte des privaten Einkommens zu gestatten,[1] hat das BVerfG den Schutz des Privateigentums vor der Besteuerungsgewalt nur einmal in dieser Quantifizierung konkretisiert.[2] Im Übrigen hat es den Eigentumsschutz gegen eine übermäßige Steuer in stetigen Stufen verstärkt.[3]

30 Das aus der Eigentumsgarantie folgende **Verhältnismäßigkeitsprinzip** mit seinen Prinzipien der Geeignetheit, Erforderlichkeit und Zumutbarkeit läuft nicht leer, weil jede Steuer dem Staat allg. Haushaltsmittel zur Vfg. stellen würde. Zwar erscheint die Zahlung einer Geldsumme stets geeignet, den Staat mit Haushaltsmitteln auszustatten. Doch handelt der Verhältnismäßigkeitsgrundsatz nicht von diesen abstrakten Ertragswirkungen, sondern von dem konkreten Eingriff in die Vermögensrechtsposition des individuell erworbenen Einkommens. Wie das Recht der Gefahrenabwehr einen Eingriff nicht mit Blick auf das allg. Sicherheitsinteresse des Staates, sondern auf den konkreten Eingriff in die Freiheit des Störers oder Nichtstörers mäßigt, der Umweltschutz rechtl. Eingriffe nicht an der allg. Belastbarkeit der Industrie, sondern an der konkreten Betroffenheit des individuell in Anspr. genommenen Unternehmens misst, der medizinische Eingriff nicht durch die allg. Gesundheitspolitik, sondern durch die konkrete Heilungschance für den Patienten gerechtfertigt wird, so muss auch für den estl. Eingriff geprüft werden, ob die individuelle Rechtsposition des im jeweiligen VZ vom StPfl. erworbenen Einkommens unverhältnismäßig belastet wird. Die neuere Rspr. des BVerfG zu den rückwirkenden Steuergesetzen weist diesen Weg sehr anschaulich, wenn sie die „konkret verfestigte Vermögensposition" gegen rückwirkende Veränderungen schützt.[4]

Gegenwärtig gibt es auch in der Rspr. des BVerfG eine Entwicklungslinie, die in den stufenlosen Prüfungsmaßstab des Art. 3 GG die betroffenen Freiheitsrechte als Anlass für eine strengere Bindung des gleichheitsrechtl. Verhältnismäßigkeitsprinzips aufnimmt, damit dem Art. 14 GG bei der Kontrolle von Steuergesetzen „eine völlig untergeordnete Rolle" zuweist.[5] Hier ist die Entwicklung – auch zwischen den beiden Senaten – noch offen.[6] Einigkeit besteht darin, dass Gleichheits- und Freiheitsprüfung sich inhaltlich nicht decken.[7]

---

1 Friedrich der Große, Die politischen Testamente der Hohenzollern, bearbeitet von *R. Dietrich*, 1986, S. 499; BVerfG v. 22.6.1995, 2 BvL 37/91, BVerfGE 93, 121 (138) – VSt; jüngst *Mellinghoff*, BB 2018, M 4 (unter Hinweis auf *Flume*: „keine höhere Besteuerung als 50 %").

2 BVerfG v. 22.6.1995 – 2 BvL 37/91, BVerfGE 93, 121 (137) – VSt.

3 BVerfG v. 20.7.1954 – 1 BvR 459/52 ua., BVerfGE 4, 7 (12) – Investitionshilfe; v. 24.7.1962 – 2 BvL 15/61, 2 BvL 16/61, BVerfGE 14, 221 (241) – Fremdrentengesetz; v. 24.9.1965 – 1 BvR 228/65, BVerfGE 19, 119 (129) – Couponsteuer; v. 31.5.1990 – 2 BvL 12/88, 2 BvL 13/88, 2 BvR 1436/87, BVerfGE 82, 159 (190) – Absatzfonds: Die Eigentumsgarantie verbiete einen übermäßigen, erdrosselnden Eingriff, eine grundlegende Veränderung der Einkommens- und Vermögensverhältnisse des StPfl.; v. 25.9.1992 – 2 BvL 5/91, 2 BvL 8/91, 2 BvL 14/91, BVerfGE 87, 153 (160) = FR 1992, 810 – Grundfreibetrag: dem StPfl. müsse die grds. Privatnützigkeit des Erworbenen und die grds. Verfügungsbefugnis über die geschaffenen vermögenswerten Rechtspositionen verbleiben; v. 22.6.1995 – 2 BvL 37/91, BVerfGE 93, 121 (137) – VSt (Besteuerung in Grenzen der Sozialpflichtigkeit, sog. „Halbteilungsgrundsatz"); v. 5.2.2002 – 2 BvR 305/93, 2 BvR 348/93, BVerfGE 105, 17 (30) = FR 2002, 1011 m. Anm. *Kanzler* – Sozialpfandbriefe: die Steuer betreffe den StPfl. in der Ausprägung seiner persönlichen Entfaltung im vermögensrechtl. Bereich (Art. 14 GG); v. 6.3.2002 – 2 BvL 17/99, BVerfGE 105, 73 (32) = FR 2002, 391 m. Anm. *Fischer* – Rentenbesteuerung: dürfe nicht zu einer – schrittweisen – Konfiskation führen; v. 18.1.2006 – 2 BvR 2194/99, BVerfGE 115, 97 (115) – Obergrenze für ESt und GewSt: die Eigentumsgarantie schütze das private Innehaben und Nutzen vermögenswerter Rechte, deshalb greife ein Steuergesetz in den Schutzbereich der Eigentumsgarantie ein.

4 BVerfG v. 7.7.2010 – 2 BvL 14/02, 2 BvL 2/04, 2 BvL 13/05, BVerfGE 127, 1 (21) – Gewinne aus privaten Grundstücksveräußerungsgeschäften; v. 10.10.2012 – 1 BvL 6/07, BVerfGE 132, 302 (331) – Streubesitzbeteiligung; vgl. auch BVerfG v. 7.7.2010 – 2 BvL 1/03, 2 BvL 57/06, 2 BvL 58/06, BVerfGE 127, 31 (48 f.) – Fünftelregelung; v. 7.7.2010 – 2 BvR 748/05, 2 BvR 753/05, 2 BvR 1738/05, BVerfGE 127, 61 (67 f.) – Absenkung der Beteiligungsquote.

5 *Eichberger*, FS 100 Jahre BFH, 501 (502, Zit.), in Auseinandersetzung mit dem Urt. des BVerfG v. 17.12.2014 – 1 BvL 21/12, BVerfGE 138, 136 – ErbSt I, und v. 23.6.2015 – 1 BvL 13/11, BVerfGE 139, 285 (309 Rz. 70 f.) – GrESt.

6 Vgl. zB die Rspr. des Zweiten Senats des BVerfG v. 18.1.2006 – 2 BvR 2194/99, BVerfGE 115, 97 (108, 112 f.) – ESt und GewSt; v. 22.6.1995 – 2 BvL 37/91, BVerfGE 93, 121 (137) – VSt; der Erste Senat hat diese Frage mehrfach – teilw. ausdrücklich – dahinstehen lassen: BVerfG v. 14.1.2014 – 1 BvR 2998/11, 1 BvR 236/12, BVerfGE 135, 126 (141 Rn. 42) – Zweitwohnungssteuer; v. 25.6.2014 – 1 BvR 668/10, 1 BvR 2104/10, BVerfGE 137, 1 (17 Rn. 37) – wiederkehrende Straßenausbaubeiträge.

7 *Eichberger*, FS 100 Jahre BFH, 501 (507).

Die Freiheitsrechte schützen vor einem Belastungsübermaß, die Gleichheitsrechte vor einer ungerechtfertigten Belastungsdifferenzierung. Wenn der Staat bei der Intensität des Steuerzugriffs das Maß verlöre, schützen die Freiheitsrechte den StPfl. Wenn der Staat bei der Verteilung der Steuerlasten einzelne Gruppen oder StPfl. bevorzugen oder benachteiligen würde, bietet der Gleichheitssatz das Korrektiv.

Die Eigentumsgarantie mäßigt den Zugriff der Einzelsteuer, aber auch die stl. Gesamtbelastung. Sie schützt gegen ein Übermaß kumulativer Belastung durch mehrere Steuern,[1] enthält damit auch eine Steuerkonkurrenz- und eine Steuerkollisionsregel.

III. Gleichmaß der Besteuerung. Die Freiheitsrechte mäßigen die Intensität der Besteuerung. Das **Gleichheitsrecht** (Art. 3 Abs. GG) sichert die gleichmäßige Verteilung der Steuerlast je nach finanzieller Leistungsfähigkeit.[2] Dieses Leitprinzip des EStG ist in der Realität erst erkennbar, wenn der beobachtete Sachverhalt in der Perspektive der estl. Belastungsgründe beurteilt wird. Hat das EStG sich für den Besteuerungsgegenstand „Einkommen" oder bei der Bewertung für den gemeinen Wert entschieden, muss der Gesetzgeber „an einem solchen einmal gewählten und der Natur der Sache entspr. Grundsatz folgerichtig" festhalten.[3] 31

Art. 3 Abs. 1 GG – Alle Menschen sind vor dem Gesetz gleich – enthält zunächst einen **Differenzierungsauftrag**. Jeder Tatbestand des EStG unterscheidet, ob ein wirtschaftlicher Erfolg steuerbar oder nicht steuerbar ist, ob die Bemessungsgrundlage sich erhöht oder vermindert, wem das Einkommen zugerechnet wird. Gesetzgeben heißt unterscheiden. Doch fordert Art. 3 Abs. 1 für jede Unterscheidung den „vernünftigen oder sonstwie einleuchtenden Grund".[4] In diesem Maßstab ist anerkannt, dass das EStG nicht nur eine Frage der Logik ist, sondern auch des politischen Wollens, dass dieses aber nicht gesetzliche „Willkür" werden darf. Der Gesetzgeber hat mit der Entsch., das Einkommen zu belasten, eine sachgerechte Entsch. getroffen (Rn. 5). Die Verschonung des existenznotwendigen Aufwands ist verfassungsrechtl. geboten,[5] 32

---

1 BVerfG v. 22.6.1995 – 2 BvL 37/91, BVerfGE 93, 121 (137) – Zusammenwirken von ESt und VSt.

2 BVerfG v. 10.11.1998 – 2 BvR 1057/91, 2 BvR 1226/91, 2 BvR 980/91, BVerfGE 99, 216 (232) = FR 1999, 150 m. Anm. *Kanzler* – Kinderbetreuungskosten; v. 6.3.2002 – 2 BvL 17/99, BVerfGE 105, 73 (125) = FR 2002, 391 m. Anm. *Fischer* – Rentenbesteuerung; v. 4.12.2002 – 2 BvR 400/98, 2 BvR 1735/00, BVerfGE 107, 27 (46) = FR 2003, 568 m. Anm. *Kempermann* – Doppelte Haushaltsführung; ähnlich BVerfGE 116, 164 (180) – Tarifbegrenzung gewerblicher Einkünfte; BVerfGE 120, 1 (44) – Abfärberegelung; 121, 108 (119) – Wählervereinigung; BVerfGE 122, 210 (230 f.) – Pendlerpauschale; BVerfGE 127, 224 (247) – Pauschalierung eines Betriebsausgabenabzugsverbots.

3 BVerfGE 23, 242 (265) – Einheitswert von Grundstücken und Bewertung von Wertpapierbesitz; BVerfG v. 27.6.1991 – 2 BvR 1493/89, BVerfGE 84, 239 (271) = FR 1991, 375 m. Anm. *Felix* – Zinsurteil; v. 22.6.1995 – 2 BvL 37/91, BVerfGE 93, 121 (136) – Einheitsbewertung; v. 30.9.1998 – 2 BvR 1818/91, BVerfGE 99, 88 (95) = FR 1998, 1028 m. Anm. *Luttermann* – Verlustabzug; v. 11.11.1998 – 2 BvL 10/95, BVerfGE 99, 280 (290) = FR 1999, 254 – Aufwandsentschädigung-Ost; BVerfGE 116, 164 (180 f.) – Tarifbegrenzung gewerblicher Einkünfte; BVerfGE 117, 1 (31) – ErbSt (gesonderte Bewertung); BVerfGE 120, 1 (29) – Abfärberegelung; BVerfGE 123, 1 (19) – Jubiläumsrückstellung; BVerfGE 127, 224 (245) – Pauschalierung eines Betriebsausgabenabzugsverbots; v. 17.12.2014 – 1 BvL 21/12, BVerfGE 138, 136 (181) – ErbSt III; v. 24.3.2015 – 1 BvR 2880/11, BVerfGE 139, 1 (13) – GrESt Baulandumlegung; v. 23.6.2015 – 1 BvL 13/11, 1 BvL 14/11, BVerfGE 139, 285 (309) – GrESt; stRspr.

4 BVerfGE 1, 14 (52) – Südweststaat, BVerfGE 17, 319 (330) – Bayerische Bereitschaftspolizei; BVerfGE 24, 236 – Aktion Rumpelkammer; BVerfGE 42, 374 (388) – Pfandleihgewerbe; BVerfG v. 20.3.1979 – 1 BvR 111/74, 1 BvR 283/78, BVerfGE 51, 1 (23) – Rentenauszahlung; 75, 108 (157) – Künstlersozialversicherungsgesetz; v. 30.9.1987 – 2 BvR 933/82, BVerfGE 76, 256 (329) – Beamtenversorgung; v. 31.5.1990 – 2 BvL 12/88, 2 BvL 13/88, 2 BvR 1436/87, BVerfGE 82, 159 (180) – Absatzfonds; v. 13.11.1990 – 2 BvF 3/88, BVerfGE 83, 89 (107 f.) – Hundert-Prozent-Grenze im Beihilferecht; v. 5.2.1991 – 2 BvR 263/86, BVerfGE 83, 341 – Bahá'í; v. 27.6.1991 – 2 BvR 1493/89, BVerfGE 84, 239 (268) = FR 1991, 375 m. Anm. *Felix* – Kapitalertragsteuer; v. 23.3.1994 – 1 BvL 8/85, BVerfGE 90, 226 (239) – Kirchensteuer-Hebesatz; v. 16.5.1995 – 1 BvR 1087/91, BVerfGE 93, 1 – Kruzifix; v. 7.11.1995 – 2 BvR 413/88, 2 BvR 1300/93, BVerfGE 93, 319 (348 f.) – Wasserpfennig; v. 31.1.1996 – 2 BvL 39/93, 2 BvL 40/93, BVerfGE 93, 386 (397) – Auslandszuschlag; v. 13.5.1996 – 2 BvL 33/93, BVerfGE 94, 315 (326) – Zwangsarbeit; v. 19.12.2000 – 2 BvR 1500/97, BVerfGE 102, 370 – Zeugen Jehovas; v. 4.4.2001 – 2 BvL 7/98, BVerfGE 103, 310 (318) – Beschäftigungszeiten öffentlicher Dienst (MfS/AfNS); BVerfGE 104, 356 – Schächtverbot; v. 26.6.2002 – 1 BvR 670/91, BVerfGE 105, 279 – Warnung vor „Jugendsekten"; v. 9.4.2003 – 1 BvL 1/01, 1 BvR 1749/01, BVerfGE 108, 52 (67 f.) = FR 2003, 1035 m. Anm. *Greite* – Barunterhaltsanspruch; v. 24.9.2003 – 2 BvR 1436/02, BVerfGE 108, 282 – Kopftuchverbot; v. 9.12.2003 – 1 BvR 558/99, BVerfGE 109, 96 (123) – Alterssicherung für Landwirte; v. 9.3.2004 – 2 BvL 17/02, BVerfGE 110, 94 (112) = FR 2004, 470 m. Anm. *Jacob/Vieten* – Spekulationssteuer; BVerfGE 114, 258 (297 f.) – Private Altersvorsorge für Beamte; BVerfGE 115, 51 (61 f.) – Analoge Anwendung des § 79 Abs. 2 S. 3 BVerfGG; BVerfGE 123, 1 (23) – Spielgerätesteuer; die Formel wird auch im Erfordernis eines „vernünftigen, einleuchtenden Grundes" vereinfacht BVerfGE 76, 256 (329) – Beamtenversorgung; BVerfGE 90, 226 (239) – Bemessung des Arbeitslosengeldes; BVerfGE 108, 52 (67 f.) – Barunterhaltsanspruch; BVerfGE 123, 1 (23) – Spielgerätesteuer, stRspr.

5 BVerfG v. 22.2.1984 – 1 BvL 10/80, BVerfGE 66, 214 (223) = FR 1984, 340 – Zwangsläufige Unterhaltsaufwendungen; v. 25.9.1992 – 2 BvL 5/91, 2 BvL 8/91, 2 BvL 14/91, BVerfGE 87, 153 (172) = FR 1992, 810 – Grundfreibetrag; v. 10.11.1998 – 2 BvR 1057/91, 2 BvR 1226/91, 2 BvR 980/91, BVerfGE 99, 216 (293) = FR 1999, 150 m. Anm. *Kanzler* – Familienlastenausgleich; v. 16.3.2005 – 2 BvL 7/00, BVerfGE 112, 268 (281) = FR 2005, 759 – Kinderbetreuungskosten; BVerfGE 124, 282 (295) – Nichtanrechnung von Kindergeld auf Unterhalt.

folgt aus dem Freiheitsgedanken, wonach der Erwerbende sich und seine Familie selbst unterhält und nicht durch die ESt auf staatliche Leistungen angewiesen sein darf. Die Besteuerung der Einkünfte als Nettogröße (erwerbssicherndes Nettoprinzip) entspricht dem Prinzip einer Besteuerung des Erwerbserfolgs, ist deswegen für die Dauer der Geltung des Prinzips im EStG folgerichtig durchzuführen.[1]

33 Der Gleichheitssatz fordert für die Auswahl des Steuergegenstands und des Steuerschuldners Wirklichkeitsnähe (**Realitätsgerechtigkeit**)[2], eine sachgerechte Würdigung der tatsächlichen Gleichheit oder Ungleichheit in der durch das Einkommen vermittelten stl. **Leistungsfähigkeit**.[3] Der Gesetzgeber muss seine Leitgedanken und deren Ausführungen nachvollziehbar und **folgerichtig** verwirklichen, ein Mindestmaß an Objektivität und Angemessenheit der Lastenverteilung ersichtlich machen, eine allein im Willen des Gesetzgebers angelegte Differenzierung („Willkür") vermeiden.[4]

34 Das EStG verallgemeinert, **richtet sich wie jede Norm an der Normalität aus**. Jede allg. Regel wahrt Distanz zur einzelnen Person und zum einzelnen Fall. Dabei darf der Gesetzgeber allerdings nicht den atypischen Fall als Leitbild wählen, sondern hat sich realitätsgerecht am typischen Fall zu orientieren.[5] Das EStG erfasst unterschiedliche Sachverhalte in typisierten Tatbeständen, pauschaliert zählbare Sachverhalte in Zahlengrenzen, vergröbert im progressiven Tarif eine mit wachsendem Einkommen überproportional wachsende Leistungsfähigkeit. Dieses ist gesetzliche Normalität, nicht rechtfertigungsbedürftige Ausnahme. Das EStG rechtfertigt den Steuerzugriff verallgemeinernd in sieben Erwerbsgrundlagen (Einkunftsarten), typisiert den Einkommenszuwachs in der Währung des Euro, bemisst den Wertverzehr eines WG in einer Regelerwartung (Abschreibung), vermutet oder unterstellt Sachverhalte in Freibeträgen und Freigrenzen, begründet eine widerlegbare Vermutung im Abgeltungssteuersatz für Kapitaleinkünfte. Das EStG regelt den Einzelfall in einem generellen Maßstab, ist in dieser Verallgemeinerung grds. für Besonderheit und Individualität des Einzelfalls (die „Einzelfallgerechtigkeit") nicht zugänglich.[6] Von dieser gesetzlichen Verallgemeinerung sind allerdings die Durchbrechungen der Verallgemeinerung in **Ausnahmetypisierungen** zu unterscheiden, die den Gesetzesvollzug – insbes. in Massenverfahren – erleichtern,[7] zum Schutz der Privatsphäre, des Datenschutzes und des Persönlichkeitsschutzes konkretisierende Sachverhaltsermittlungen ausschließen,[8] den leicht fassbaren Sachverhalt dem nur erschwert feststellbaren

---

1 BVerfG v. 4.12.2002 – 2 BvR 400/98, 2 BvR 1735/00, BVerfGE 107, 27 (46) = FR 2003, 568 m. Anm. *Kempermann* – Doppelte Haushaltsführung; BVerfGE 122, 210 (230) – Pendlerpauschale.

2 BVerfGE 27, 142 (150) – Kinderzuschlag für „Enkelpflegekinder"; BVerfGE 39, 316 (329) – Kinderzuschuss in der Knappschaft; BVerfG v. 22.2.1984 – 1 BvL 10/80, BVerfGE 66, 214 (222) – Zwangsläufige Unterhaltsaufwendungen; v. 29.5.1990 – 1 BvL 20/84, 1 BvL 26/84, 1 BvL 4/86, BVerfGE 82, 60 (82 f.) – Steuerfreies Existenzminimum; v. 26.1. 1994 – 1 BvL 12/86, BVerfGE 89, 346 (353) – Ausbildungsfreibetrag; v. 22.6.1995 – 2 BvL 37/91, BVerfGE 93, 121 (134 f.) – Einheitsbewertung; v. 22.6.1995 – 2 BvR 552/91, BVerfGE 93, 165 (173 f.) – ErbSt (gesonderte Bewertung); v. 10.4.1997 – 2 BvL 77/92, BVerfGE 96, 1 (9) – Weihnachtsfreibetrag; v. 11.11.1998 – 2 BvL 10/95, BVerfGE 99, 280 (290) – Aufwandsentschädigung-Ost; v. 10.11.1998 – 2 BvL 42/93, BVerfGE 99, 246 (258 f.) – Kinderexistenzminimum; v. 7.12.1999 – 2 BvR 301/98, BVerfGE 101, 297 (310) – Häusliches Arbeitszimmer; v. 6.3.2002 – 2 BvL 17/99, BVerfGE 105, 73 (124 f.) – Rentenbesteuerung; v. 8.6.2004 – 2 BvL 5/00, BVerfGE 110, 412 (433) – Teilkindergeld; v. 16.3.2005 – 2 BvL 7/00, BVerfGE 112, 268 (278 f.) – Kinderbetreuungskosten; BVerfGE 116, 164 (183) – Tarifbegrenzung gewerblicher Einkünfte; BVerfGE 117, 1 (31 f.) – ErbSt; BVerfGE 125, 175 (225 ff.) – Hartz IV.

3 BVerfG v. 27.6.1991 – 2 BvR 1493/89, BVerfGE 84, 239 (268) – Kapitalertragsteuer; BVerfGE 107, 127 (146) – Doppelte Haushaltsführung; v. 16.3.2005 – 2 BvL 7/00, BVerfGE 112, 268 (279) – Kinderbetreuungskosten.

4 Seit BVerfGE 1, 14 (52) – Südweststaat, stetig wiederkehrend; BVerfG v. 8.4.1987 – 2 BvR 909/82, BVerfGE 75, 108 (157) – Künstlersozialversicherungsgesetz; v. 8.6.1988 – 2 BvL 9/85, 2 BvL 3/86, BVerfGE 78, 249 (287) – Fehlbelegungsabgabe; iÜ *P. Kirchhof* in Maunz/Dürig, GG, Art. 3 Rn. 429 (Stand: Mai 2015).

5 BVerfGE 27, 142 (150) – Kinderzuschlag für „Enkelpflegekinder"; BVerfG v. 16.3.2005 – 2 BvL 7/00, BVerfGE 112, 268 (280 f.) – Kinderbetreuungskosten; BVerfGE 117, 1 (31) – ErbSt; BVerfGE 120, 1 (30) – Abfärberegelung; zur historischen Methode *P. Kirchhof* in Maunz/Dürig, GG, Art. 3 Rn. 27 (Stand Mai 2015).

6 Zur Funktion der Allgemeinheit *G. Kirchhof*, Die Allgemeinheit des Gesetzes, 2009, 67 f. mwN.

7 BVerfGE 17, 337 (354) – Vordienstzeiten; BVerfGE 44, 283 (288) – Zweites Wohngeldgesetz; BVerfG v. 9.2.1982 – 2 BvL 6/78, 2 BvL 8/79, BVerfGE 60, 16 (48) – Härteausgleich; v. 31.5.1988 – 1 BvR 520/83, BVerfGE 78, 214 (228 f.) – Unterhaltsleistung ins Ausland; v. 29.5.1990 – 1 BvL 20/84, 1 BvL 26/84, 1 BvL 4/86, BVerfGE 82, 60 (102) – Steuerfreies Existenzminimum; v. 30.5.1990 – 1 BvL 2/83, 1 BvL 9/84, 1 BvL 10/84, 1 BvL 3/85, 1 BvL 11/89, 1 BvL 12/89, 1 BvL 13/89, 1 BvL 4/90, 1 BvR 764/86, BVerfGE 82, 126 (151 f.) – Kündigungsfristen für Arbeiter; v. 16.12.1997 – 1 BvL 3/89, BVerfGE 97, 103 (117) – Kindererziehungszeiten; v. 11.11.1998 – 2 BvL 10/95, BVerfGE 99, 280 (290) – Aufwandsentschädigung-Ost; v. 28.4.1999 – 1 BvR 1926/96, 1 BvR 485/97, BVerfGE 100, 104 (134) – Rentenanwartschaften der DDR (Ärzte); v. 6.3.2002 – 2 BvL 17/99, BVerfGE 105, 73 (127) – Rentenbesteuerung; v. 16.3.2005 – 2 BvL 7/00, BVerfGE 112, 268 (280) – Kinderbetreuungskosten; BVerfGE 117, 1 (31) – ErbSt.

8 BVerfG v. 17.7.1984 – 2 BvE 11/83, 2 BvE 15/83, BVerfGE 67, 100 (142 f.) – Flick-Untersuchungsausschuss; v. 27.6. 1991 – 2 BvR 1493/89, BVerfGE 84, 239 (279 ff.) – Kapitalertragsteuer; v. 7.12.1999 – 2 BvR 301/98, BVerfGE 101, 297 (310) – häusliches Arbeitszimmer.

vorziehen,[1] dem Gesetzesadressaten seine Mitwirkung beim Vollzug des Gesetzes (Einkommensteuererklärung)[2] erleichtern, eine gesetzliche Last unausweichlich machen (Rn. 36) oder dem Gesetzgeber bei unübersichtlichen Sachverhalten in einem hohen Grad der Allgemeinheit Gelegenheit zum Sammeln von Erfahrungen bieten.[3] Der Zeitablauf wird im Stichtagsprinzip typisiert.[4]

Bei den **Lenkungsteuern** belastet der Gesetzgeber einen staatlich unerwünschten Sachverhalt oder entlastet einen erwünschten Sachverhalt. Der StPfl. steht vor einer Wahlschuld: Entweder er verzichtet auf ein geplantes unternehmerisches Handeln oder auf einen angebotenen Steuervorteil. Diese Lenkungsteuern sind anerkannt, aber im Gesamtsystem einer freiheitlichen Verfassung, einer bundesstaatlichen Ertragsverteilung, einer jährlichen Bewilligung von Subventionen und einer „voraussetzungslos"[5] – unabhängig von einem erhaltenen Vorteil – erhobenen Steuer[6] ein Fremdkörper.[7] Das BVerfG hat in neuerer Rspr. die verfassungsrechtl. Maßstäbe an die Lenkungsteuern verschärft. Erste Voraussetzung einer zulässigen Lenkungsteuer ist die erkennbare Entsch. des Gesetzgebers für einen tatbestandlich ersichtlichen Lenkungszweck. Entstehen Anreize nur dadurch, dass tatsächlich veränderte Umstände – veraltete Einheitswerte – begünstigend wirken, kann diese rein faktische, parlamentarisch nicht bewusst verantwortete Anreizwirkung nicht als Lenkungsteuer gerechtfertigt werden.[8] Die Lenkungszwecke sind zielgenau und normenklar auszugestalten. Eine Lenkung auf der Bewertungsebene ist deshalb ungeeignet.[9] Der gesetzlich definierte und gerechtfertigte Lenkungszweck ist sodann Grund und Grenze der Ungleichbehandlung.[10] Lenkungszweck und Ausgestaltung des Begünstigungstatbestands sind so aufeinander abzustimmen, dass alle typischerweise Förderungswürdigen von dem Lenkungsangebot erreicht werden und die Förderung für alle Adressaten des fördernden G gerechtfertigt ist. Bei einer dementspr. Ausgestaltung des Förderungstatbestands wachsen idR die Anforderungen an die Folgerichtigkeit.[11] Innerhalb einer progressiv gestalteten Steuer – der ESt – bestimmt das BVerfG für die formale Gleichheit des Parteienrechts, dass für Parteispenden grds. ein steuerentlastender Abzug von der stl. Bemessungsgrundlage nicht oder nur im Rahmen einer nivellierenden „Normalspende" gewährt werden darf.[12] Dieser Maßstab ist für alle Abzüge von der Bemessungsgrundlage einer progressiven Steuer weiterzuentwickeln. 35

Die Realität einer ausufernden, überkomplizierten und detailbefangenen Gesetzgebung vermehrt die Anstrengungen zu einer **Steuergestaltung**, in der ein StPfl. der Steuerlast so weit als möglich auszuweichen sucht. Doch dieser Gestaltung sind gleichheitserhebliche Grenzen gesetzt. Im zivilrechtl. Vertrag können die Vertragspartner über die ihnen gehörenden Güter verfügen, nicht aber die gesetzlich zugeteilten, unausweichlichen Steuerlasten verändern. Zwar darf der StPfl. gesetzlich eröffnete Gestaltungsoptionen, Widersprüchlichkeiten und Formulierungsmängel zur Verringerung seiner Steuerschuld nutzen. Dieses ist legal.[13] Das BVerfG fordert aber vom Gesetzgeber, die gesetzliche Steuerschuld grds. als unvermeidlich auszugestalten, Gestaltungsoptionen und Ausweichmöglichkeiten zu vermeiden.[14] Bei der Beurteilung der 36

---

1 BVerfG v. 8.2.1983 – 1 BvL 28/79, BVerfGE 63, 119 (128) – Rentenausfallzeit; v. 14.5.1985 – 1 BvR 449/82, 1 BvR 523/82, 1 BvR 700/82, 1 BvR 728/82, BVerfGE 70, 1 (34) – Orthopädietechniker-Innung; BVerfGE 75, 108 (162) – Künstlersozialversicherungsgesetz.

2 BVerfGE 99, 216 (243) – Familienlastenausgleich.

3 BVerfG v. 14.5.1985 – 1 BvR 449/82, 1 BvR 523/82, 1 BvR 700/82, 1 BvR 728/82, BVerfGE 70, 1 (34) – Orthopädietechniker-Innung; v. 8.4.1987 – 2 BvR 909/82, BVerfGE 75, 108 (162) – Künstlersozialversicherungsgesetz.

4 BVerfG v. 16.12.1997 – 1 BvL 3/89, BVerfGE 97, 103 (114) – Kindererziehungszeiten; v. 23.11.1999 – 1 BvF 1/94, BVerfGE 101, 239 (270 f.) – Stichtagsregelung im Vermögensgesetz; BVerfGE 123, 111 (128) – Jubiläumsrückstellung.

5 *O. Mayer*, Deutsches Verwaltungsrecht, Bd. I, 3. Aufl. 1927, 316.

6 *Waldhoff*, Grundzüge des Finanzrechts des GG, in Isensee/Kirchhof, HStR Bd. V, 3. Aufl. 2005, § 116 Rn. 85.

7 Vgl. im Einzelnen *P. Kirchhof*, StuW 2017, 3 (14 f.).

8 BVerfG v. 22.6.1995 – 2 BvL 37/91, BVerfGE 93, 121 (147 f.) – VSt.

9 BVerfGE 117, 1 (34 f.) – ErbSt, uneinheitliche Abweichung vom gemeinen Wert.

10 BVerfGE 38, 61 (101) – Leberpfennig; ähnlich schon BVerfGE 19, 101 (116 f.) – Zweigstellensteuer für Wareneinzelhandelsunternehmen; BVerfGE 28, 227 (241 f.) – Steuerliche Privilegierung der Landwirte; *Wernsmann*, Steuerlenkung, FS P. Kirchhof, Bd. II, 2013, § 152 Rz. 21.

11 BVerfGE 122, 210 (244) – Pendlerpauschale; BVerfG v. 5.2.2002 – 2 BvR 305/93, 2 BvR 348/93, BVerfGE 105, 17 (32 f., Zitate auf S. 46 u. 47) – Sozialpfandbrief; vgl. auch BVerfG v. 20.4.2004 – 1 BvR 1748/99, 905/00, BVerfGE 110, 274 (293 f., 298 f.) – Ökosteuer, Anreiz zum Energiesparen, aber Steuerentlastungen, um die Wettbewerbsfähigkeit energieintensiver Unternehmen des produzierenden Gewerbes zu sichern.

12 BVerfGE 8, 51 (69) – Parteispendenurteil I (stl. Privilegierung von Parteispenden); BVerfG v. 9.4.1992 – 2 BvE 2/89, BVerfGE 85, 264 (316) – Parteienfinanzierung (Obergrenze).

13 *Hey*, Steuerplanungssicherheit als Rechtsproblem, 2002, S. 9, 11 f.; *Sieker*, Umgehungsgeschäft, 2011; *Hensel*, FS Zitelmann, 1923, S. 230.

14 BVerfG v. 10.11.1999 – 2 BvR 2861/93, BVerfGE 101, 151 (156 f.) – Schwarzwaldklinik, Umsatzsteuerbefreiung (GmbH & Co. KG); BVerfGE 120, 1 (52 ff., 55) – Abfärberegelung; BVerfGE 125, 1 (33 f.) – Körperschaftsteuerminderungspotenzial, Halbeinkünfteverfahren (keine Ausweichmöglichkeit durch „Schütt-aus-Leg-ein-Verfah-

estl. Bemessungsgrundlage ist festzustellen, welchen Belastungsgrund der StPfl. tatsächlich erfüllt hat. Die Form, die er einem Sachverhalt gegeben hat, ist unerheblich.[1] Dabei bietet der § 42 AO kaum eine Hilfe. Wenn der Interpret des EStG in steuerjuristischer Betrachtungsweise (Rn. 77) den rechtmäßigen Gebrauch des EStG vom rechtsmissbräuchlichen zu unterscheiden weiß, hat er die sachgerechte Subsumtion bereits geleistet. Hilfreich ist jedoch die Prüfung, ob der Vertrag stl. Rechtsfolgen haben kann.[2]

37 Der **EuGH** qualifiziert Vertragsbestimmungen, die „nicht die wirtschaftliche und geschäftliche Realität widerspiegeln, sondern eine rein künstliche, jeder wirtschaftlichen Realität bare Gestaltung darstellen", allein zu dem Zweck, einen Steuervorteil zu erlangen, als steuerunerheblich.[3]

38 **IV. Das EStG in der Zeit. 1. Gegenwartsgerechte Gesetzgebung in einem Dauerschuldverhältnis.** Das Einkommensteuerrechtsverhältnis ist ein **Dauerschuldverhältnis**, das durch jährliche Veranlagung der Jahressteuer (§ 2 Abs. 7, § 25 Abs. 1), durch Vorauszahlungen (§ 37), durch Einbehaltung bei jeder Lohnzahlung (§ 38 Abs. 3) und sonstigen Quellenabzug gegenwartsnah vollzogen wird. Dieses Dauerrechtsverhältnis setzt eine stetige, langfristig planbare Steuergesetzgebung voraus. Die Rechtswirklichkeit allerdings weist ins Gegenteil: Das EStG wird jährlich – und innerhalb eines Jahres oft vielfach – geändert, erfasst also den StPfl. in einem auf ständige Erneuerung angelegten gesetzlichen Pflichtverhältnis. Damit veranlasst das EStG in besonderer Weise die Frage nach Kontinuitätsgewähr und Vertrauensschutz ggü. dem Gesetzgeber.

39 Der Gesetzgeber hat die Aufgabe, die Gesetzeslage gegenwartsgerecht zu gestalten, das geltende Recht durch besseres Recht zu ersetzen. Deswegen darf der StPfl. nicht erwarten, das geltende Recht werde stets unverändert fortbestehen.[4] Das Rechtsstaatsprinzip verhindert idR **nicht eine Änderung des Rechts, sondern erhält gefestigte Rechtspositionen auch im geänderten G und fordert schonende Übergänge.** Dabei kann der Gesetzgeber auch die unter Geltung des früheren Rechts entstandenen Altfälle neu regeln, etwa eine nach früherem Recht genehmigte, erst jetzt als umweltbedrohend erkannte gewerbliche Anlage mit einem Nutzungsverbot und einer Abräumpflicht belegen. Das **EStG** aber ist in besonderer Weise **gegenwartsgebunden:** Es finanziert den gegenwärtigen staatlichen Finanzbedarf durch Teilhabe des Staates am gegenwärtigen Erwerbserfolg der StPfl. Das **Jährlichkeitsprinzip** (§ 2 Abs. 7, § 25 Abs. 1) ist ein materiell konstituierendes Merkmal des ESt: Es konkretisiert die **Belastungsgleichheit in der Zeit.** Wer heute die Infrastruktur der Erwerbsmöglichkeiten in Deutschland genutzt hat (Rn. 5), muss heute zur Finanzausstattung des Staates beitragen, nicht frühere Staatshaushalte finanzieren.

40 **2. Rückwirkende Gesetzgebung.** Recht kann dem Adressaten **nur Anweisungen für zukünftiges Verhalten** geben. Das EStG kann heute nur anordnen, dass morgen ESt gezahlt oder eine Erklärung abgegeben werden muss. Die Anordnung, der Adressat habe gestern zu zahlen und zu erklären, verlangt etwas Unmögliches, ist gegenstandslos. Das Problem rückwirkender Steuergesetze liegt deshalb nicht in der zeitlichen Aufeinanderfolge von vorausgehendem EStG und nachfolgender Erfüllung von dessen Anordnung, sondern in der Begründung zukünftiger Verhaltenspflichten, die an vergangene Sachverhalte anknüpfen.[5]

41 Die Zuständigkeit zur verbindlichen Regelung zukünftigen Verhaltens in vergangenen Tatbeständen hat die Verfassung nach einem klaren Zeitschema auf die drei Gewalten aufgeteilt. **Die Gesetzgebung ist mit der Zukunft befasst.** Sie darf vergangenes Verhalten nicht nachträglich belasten. Das G regelt grds. zukunftsverbindliche Vorschriften (Vorausschriften), die das Vertrauen der Gesetzesbetroffenen in die Verlässlichkeit und Berechenbarkeit dieses Rechts begründen, dem Freiheitsberechtigten die Sicherheit in dem für seine Freiheit geltenden Rechtsrahmen gewähren.[6]

---

ren" und „Leg-ein-Hol-zurück-Verfahren"); BVerfGE 138, 136 (232 ff.) – Verschonung des BV im Erbschaftsteuerrecht; vgl. auch BVerfGE 122, 374 (396) – „Anlagensplitting" ggü. dem EEG.

1 BVerfGE, aaO.

2 Zu Parallelentwicklungen in der privatrechtl. Begrenzung der Vertragsfreiheit vgl. BGH v. 24.4.1985 – IVb ZR 22/84, NJW 1985, 1833; v. 5.11.2008 – XII ZR 157/06, NJW 2009, 842 (845) – Verzicht auf künftige Unterhaltsvereinbarungen, durch die ein Sozialhilfeträger oder Familienangehöriger unterhaltspflichtig werden soll; v. 1.8.2013 – VII ZR 6/13, NJW 2013, 3167 – Schwarzarbeit, die mit dem Leistungsaustausch verbundene Steuern- und Sozialabgaben vermeiden soll; auch der bereicherungsrechtl. Anspruch auf Wertersatz gegen den Besteller wird verneint, BGH v. 10.4.2014 – VII ZR 241/13, NJW 2014, 1805.

3 EuGH v. 20.6.2013 – C-653/11 – Paul Newey, DB 2013, 1946; v. 17.12.2015 – C-419/14 – WebMindLicenses, UR 2016, 58 – für die „Steueroasen".

4 BVerfG v. 5.2.2002 – 2 BvR 305, 348/93, BVerfGE 105, 17 (40) = NJW 2002, 3009 – für sog. „ewige" Sozialpfandbriefe.

5 BVerfG v. 17.12.2013 – 1 BvL 5/08, BVerfGE 135, 1 = FR 2014, 326 (330).

6 BVerfG v. 17.12.2013 – 1 BvL 5/08, BVerfGE 135, 1 = FR 2014, 326 (330); v. 10.3.1971 – 2 BvL 3/68, BVerfGE 30, 272 (285); v. 22.3.1983 – 2 BvR 475/78, BVerfGE 63, 343 (357); v. 14.5.1986 – 2 BvL 2/83, BVerfGE 72, 200 (257 f.); v. 3.12.1997 – 2 BvR 882/97, BVerfGE 97, 67 (78); v. 5.2.2002 – 2 BvR 305, 348/93, BVerfGE 105, 17 (37); v. 27.9.2005 – 2 BvR 1387/02, BVerfGE 114, 258 (300 f.); v. 7.7.2010 – 2 BvL 14/02, 2 BvL 2/04, 2 BvL 13/05, BVerfGE 127, 1 (16); v. 10.10.2012 – 1 BvL 6/07, BVerfGE 132, 302 (317).

Die Verwaltung ist mit der Gegenwart befasst, regelt im VA verbindlich für den Gegenwartsfall die sich aus dem G ergebende Rechtsfolge. Der Vertrauensschutz des Adressaten ggü. der Exekutive stützt sich vor allem auf die Bestandskraft eines Steuerbescheids und den Erlöschensgrund der Verjährung, auch auf eine gefestigte Verwaltungspraxis, insbes. wenn sie durch allg. Dienstanweisungen (Verwaltungsvorschriften) publiziert worden ist (vgl. Rn. 64). 42

Die Rspr. ist die mit der Vergangenheit befasste Gewalt. Sie überprüft rückblickend, ob das G auf vergangene Sachverhalte zutr. angewandt worden ist. Die Gerichte bieten in dem grds. rechtskraftfähigen Urt. eine individuelle Vertrauensgrundlage. Doch die höchstrichterliche Rspr. veröffentlicht oft die tragenden Gründe ihrer Entsch. in gesetzesähnlich formulierten Leitsätzen, die bei den auf Rechtssicherheit angewiesenen StPfl. ebenfalls Vertrauensschutz begründen.[1] 43

Der **gesetzliche Zugriff auf die Vergangenheit gerät auch in Konflikt mit dem Demokratieprinzip.**[2] Der demokratische Gesetzgeber vermittelt eine Legitimation in der Zeit. Die demokratische Verantwortung des Parlaments ist auf Gegenwart und Zukunft bezogen. Frühere Gesetzgebungsentsch. sind in ihrer Zeit – insbes. unter anderen politischen Mehrheitsverhältnissen – getroffen worden. Der nachfolgende Gesetzgeber darf diese prinzipiell nicht rückwirkend revidieren. 44

Das **Rechsstaatsprinzip** und die **Grundrechte** garantieren im Zusammenwirken die **Verlässlichkeit der Rechtsordnung** als wesentliche Voraussetzung für die Selbstbestimmung über den eigenen Lebensentwurf und damit als eine **Grundbedingung freiheitlicher Verfassung**. Geschützt ist das Vertrauen in die Verlässlichkeit und Berechenbarkeit der unter Geltung des GG geschaffenen Rechtsordnung und der auf ihrer Grundlage erworbenen Rechte.[3] Vertrauensgrundlage ist die **Gewährleistungsfunktion des geltenden Rechts.**[4] Das G schafft Verbindlichkeiten, begründet für diese Geltungsvertrauen. Das auf dieser Rechtsgrundlage ins Werk gesetzte Vertrauen – **die Dispositionen** – sind **Folge, nicht Voraussetzung eines Rechtsvertrauens.** Rechtsstaatliche Verlässlichkeit und grundrechtl. Vertrauensschutz verbieten grds. G, die gewährtes Recht im Nachhinein durch schlechteres Recht ersetzen.[5] 45

Die jüngste Rspr. des BVerfG wandelt sich vom Schutz der im Vertrauen auf das G getroffenen und vollzogenen Entsch. **(Dispositionsschutz)** zum Schutz der im bisherigen G gewährten Rechte (**Schutz gefestigter Rechtspositionen**).[6] Gewährt das Recht dem Berechtigten ein auf Dauer gesichertes Recht, so gilt das Rückwirkungsverbot. Handelt jemand im Rahmen einer sich entwickelnden Rechtsordnung, so gilt das Gebot des schonenden Übergangs. Das Vertrauen des Gesetzesbetroffenen stützt sich nicht auf eine gesetzesbewusste Disposition, sondern auf den Inhalt des Gesetzesrechts, das teilweise Rechtspositionen auf Dauer verfestigt, teilweise Recht entwicklungsoffen gewährt. Wer eine **„auf geltendes Recht gegründete Rechtsposition“**,[7] einen **„aus dem bisherigen Recht erwachsenen konkreten Vermögensbestand“**,[8] eine **„konkret verfestigte Vermögensposition“**[9] erworben hat, ist gegen eine rückwirkende Änderung dieser Rechtsposition geschützt.[10] Der verfassungsrechtl. Schutz entsteht, weil der Betroffene andernfalls ein gefestigtes Recht verlöre.[11] Dieser Schutz begründet ein Verschlechterungsverbot, das für eine Abwä- 46

1 BFH v. 17.12.2007 – GrS 2/04, BStBl. II 2008, 608 = FR 2008, 457.

2 BVerfG v. 17.12.2013 – 1 BvL 5/08, BVerfGE 135, 1 = FR 2014, 326 (329).

3 BVerfG v. 17.12.2013 – 1 BvL 5/08, BVerfGE 135, 1 = FR 2014, 326 (330); v. 23.11.1999 – 1 BvF 1/94, BVerfGE 101, 239 (262); v. 10.10.2012 – 1 BvL 6/07, BVerfGE 132, 302 (317).

4 BVerfG v. 10.10.2014 – 1 BvL 6/07, BVerfGE 132, 302 (323) Rn. 54; v. 12.11.2015 – 1 BvR 2961/14, NVwZ 2016, 300 Rn. 65; v. 23.6.2015 – 1 BvL 13/11, 1 BvL 14/11, BVerfGE 139, 285 Rn. 57; zur Ermittlung des Gewinns bei Veräußerung nach Ablauf der ursprünglichen Spekulationsfrist BFH v. 6.5.2014 – IX R 27/13, FR 2016, 376.

5 Vgl. BVerfG v. 17.12.2013 – 1 BvL 5/08, BVerfGE 135, 1 = FR 2014, 326 (330); v. 14.5.1986 – 2 BvL 2/83, BVerfGE 72, 200 (257 f.); v. 3.12.1997 – 2 BvR 882/97, BVerfGE 97, 67 (78); v. 5.2.2002 – 2 BvR 305, 348/93, BVerfGE 105, 17 (37); v. 27.9.2005 – 2 BvR 1387/02, BVerfGE 114, 258 (300); v. 7.7.2010 – 2 BvL 14/02, 2 BvL 2/04, 2 BvL 13/05, BVerfGE 127, 1 (16); v. 10.10.2012 – 1 BvL 6/07, BVerfGE 132, 302 (317).

6 Vgl. zum Folgenden *P. Kirchhof*, DStR 2015, 717; *P. Kirchhof* in Maunz/Dürig, GG, Art. 3 Rn. 346 f. (Stand: Mai 2015).

7 BVerfG v. 7.7.2010 – 2 BvL 1/03, 2 BvL 57/06, 2 BvL 58/06, BVerfGE 127, 31 (47) – Fünftelregelung.

8 BVerfG v. 7.7.2010 – 2 BvL 1/03, 2 BvL 57/06, 2 BvL 58/06, BVerfGE 127, 31 (59) – Fünftelregelung.

9 BVerfG v. 7.7.2010 – 2 BvL 14/02, 2 BvL 2/04, 2 BvL 13/05, BVerfGE 127, 1 (21) – Gewinne aus privaten Grundstücksveräußerungsgeschäften.

10 BVerfG v. 7.7.2010 – 2 BvL 1/03, 2 BvL 57/06, 2 BvL 58/06, BVerfGE 127, 31 (59) – Fünftelregelung; v. 10.10.2012 – 1 BvL 6/07, BVerfGE 132, 302 (331) – Streubesitzbeteiligung.

11 BVerfG v. 7.7.2010 – 2 BvL 14/02, 2 BvL 2/04, 2 BvL 13/05, BVerfGE 127, 1 (18 f.) – Gewinne aus privaten Grundstücksveräußerungsgeschäften; v. 7.7.2010 – 2 BvL 1/03, 2 BvL 57/06, 2 BvL 58/06, BVerfGE 127, 31 (48 f.) – Fünftelregelung; v. 7.7.2010 – 2 BvR 748/05, 2 BvR 753/05, 2 BvR 1738/05, BVerfGE 127, 61 (67 f.) – Absenkung der Beteiligungsquote; v. 10.10.2012 – 1 BvL 6/07, BVerfGE 132, 302 (319) – Streubesitzbeteiligung.

gung von bisherigem Recht und neuem Recht grds. nicht zugänglich ist.[1] Eine Rechtsposition ist gefestigt, begründet damit das Rückwirkungsverbot, wenn die Steuerschuld bereits entstanden ist,[2] wenn Einkünfte zugeflossen sind,[3] wenn Wertsteigerungen durch Veräußerung realisiert worden sind,[4] wenn Wertsteigerungen in bestimmten Fristen freigestellt worden sind[5] oder wenn ein WG rechtl. jenseits der Steuerverstrickung verortet ist.[6] Diese gefestigten Rechtspositionen sind grds. gegen eine verschlechternde Rückwirkung geschützt.[7]

47 Bei dieser Rspr. hält das BVerfG zwar bisher **terminologisch** an der Unterscheidung zw. echter und unechter Rückwirkung – Rückbewirkung von Rechtsfolgen und tatbestandlicher Rückanknüpfung – fest, lässt diese Maßstäbe jedoch ineinander übergehen und entscheidet letztlich nach der gewährten Rechtsposition. Die rückwirkende Regelung innerhalb eines Veranlagungs- oder Erhebungszeitraums stehe „in vielerlei Hinsicht den Fällen echter Rückwirkung nahe", unterliege ähnlichen „gesteigerten Anforderungen".[8] Gelegentlich spricht das Gericht[9] von „unechter Rückwirkung mit gesteigerten Anforderungen". Die aktuellen Entscheidungsfälle zeigen, dass sich die Rspr. den Tatbeständen der gewährten Rechtsposition zuwendet.

48 Der Fall der **„ewigen" Sozialpfandbriefe** belegt das Verhältnis besonderer Bestandsgarantie und allgemeiner Gleichheitsgewähr. Das BVerfG prüft zunächst, welche Grundrechtsposition betroffen ist. Die Sozialpfandbriefe waren vor dem Jahre 1955 ausgegeben worden. Ihre Zinserträge waren steuerbefreit. Die Steuerbefreiung wurde 1992 aufgehoben. Die Garantie des Eigentums (Art. 14 GG), die Rechtsposition der Anleger, schützt den Kapitalstamm, dh. die Einlösungsgarantie des Geldes und den Zinsanspr. Die Aufhebung der Steuerbefreiung berührt nicht die Rückzahlung der Anlage zu dem vertraglich bestimmten Zeitpunkt, beeinträchtigt auch nicht den Zinsanspr. zw. Wertpapiergläubiger und Wertpapierschuldner. Allerdings wird der Kurswert des Papiers durch die Aufhebung der Steuerfreiheit gemindert. Dieser gesetzlich veranlasste Kurswert ist aber nicht Teil des Eigentums, weil er nicht durch Einsatz von Arbeit und Kapital erworben worden ist. Insoweit betrifft die Gesetzesänderung nicht eine nach Art. 14 GG verfestigte Rechtsposition. Es gilt nicht das Rückwirkungsverbot, sondern das allg. Gebot eines schonenden Über-

1 Für die Verhältnismäßigkeitsabwägung BVerfG v. 7.7.2010 – 2 BvL 14/02, 2 BvL 2/04, 2 BvL 13/05, BVerfGE 127, 1 (18 f.) – Gewinne aus privaten Grundstücksveräußerungsgeschäften; v. 7.7.2010 – 2 BvL 1/03, 2 BvL 57/06, 2 BvL 58/06, BVerfGE 127, 31 (48 f.) – Fünftelregelung; v. 7.7.2010 – 2 BvR 748/05, 2 BvR 753/05, 2 BvR 1738/05, BVerfGE 127, 61 (67 f.) – Absenkung der Beteiligungsquote; v. 10.10.2012 – 1 BvL 6/07, BVerfGE 132, 302 (319) – Streubesitzbeteiligung. In der traditionellen Unterscheidung zw. echter und unechter Rückwirkung gelten hier die Maßstäbe der echten Rückwirkung: BVerfG v. 14.5.1986 – 2 BvL 2/83, BStBl. II 1986, 628 = BVerfGE 72, 200 (241) – Deutsch-schweizerisches DBA; v. 3.12.1997 – 2 BvR 882/97, BVerfGE 97, 67 (78 f.) = FR 1998, 377 m. Anm. *Stapperfend* – Schiffsbauverträge; v. 7.7.2010 – 2 BvL 14/02, 2 BvL 2/04, 2 BvL 13/05, BVerfGE 127, 1 (17 ff.) – Gewinne aus privaten Grundstücksveräußerungsgeschäften; v. 7.7.2010 – 2 BvL 1/03, 2 BvL 57/06, 2 BvL 58/06, BVerfGE 127, 31 (47 ff.) – Fünftelregelung; v. 7.7.2010 – 2 BvR 748/05, 2 BvR 753/05, 2 BvR 1738/05, BVerfGE 127, 61 (75) – Absenkung der Beteiligungsquote; die auf den Einzelfall bereits angewandte gesetzliche Rechtsfolgenanordnung darf grds. nicht rückwirkend zum Nachteil des StPfl. verändert werden: BVerfGE 72, 200 (241) – Deutsch-schweizerisches DBA; BVerfGE 97, 67 (78 f.) – Schiffsbauverträge; BVerfGE 127, 31 (47) – Fünftelregelung.

2 Vgl. § 38 AO iVm. § 36 Abs. 1 EStG, § 25 Abs. 1 EStG, § 30 Nr. 3 KStG; dazu BVerfG v. 14.5.1986 – 2 BvL 2/83, BStBl. II 1986, 628 = BVerfGE 72, 200 (252 f.) – Deutsch-schweizerisches DBA; v. 3.12.1997 – 2 BvR 882/97, BVerfGE 97, 67 (80) = FR 1998, 377 m. Anm. *Stapperfend* – Schiffsbauverträge; v. 10.10.2012 – 1 BvL 6/07, BVerfGE 132, 302 (319) – Streubesitzbeteiligung.

3 BVerfG v. 7.7.2010 – 2 BvL 1/03, 2 BvL 57/06, 2 BvL 58/06, BVerfGE 127, 31 (59) – Fünftelregelung; v. 10.10.2012 – 1 BvL 6/07, BVerfGE 132, 302 (331) – Streubesitzbeteiligung; v. 7.7.2010 – 2 BvR 748/05 ua., BVerfGE 127, 61 (79) – Absenkung der Beteiligungsquote.

4 BVerfG v. 7.7.2010 – 2 BvL 14/02, 2 BvL 2/04, 2 BvL 13/05, BVerfGE 127, 1 (24) – Gewinne aus privaten Grundstücksveräußerungsgeschäften; v. 10.10.2012 – 1 BvL 6/07, BVerfGE 132, 302 (331) – Streubesitzbeteiligung; zur Zuordnung von Sonderabschreibungen und AfA-Beträgen BFH v. 6.5.2014 – IX R 27/13, FR 2016, 376.

5 BVerfG v. 7.7.2010 – 2 BvL 14/02 ua., BVerfGE 127, 1 (21) – Gewinne aus privaten Grundstücksveräußerungsgeschäften.

6 Vgl. BVerfG v. 7.7.2010 – 2 BvL 14/02 ua., BVerfGE 127, 1 (15) – Gewinne aus privaten Grundstücksveräußerungsgeschäften; zur Aufteilung von steuerbarem und nicht steuerbarem Veräußerungsgewinn sowie von Abschreibungen vgl. BFH v. 6.5.2014 – IX R 39/13, BStBl. II 2015, 459 = DStR 2014, 1756 (1759 ff.).

7 Vgl. im Einzelnen *P. Kirchhof*, Die verfassungsrechtlichen Grenzen rückwirkender Steuergesetze, DStR 2015, 717; vgl. auch BVerfG v. 17.12.2013 – 1 BvL 5/08, BVerfGE 135, 1 (13) – Verluste einer Kapitalanlagegesellschaft sowie BFH v. 26.2.2014 – I R 59/12, BStBl. II 2014, 1016 = FR 2014, 1033 = GmbHR 2014, 1099 Rn. 15, 28 (Vorlagebeschl.) – Mindestbesteuerung bei Definitiveffekten.

8 BVerfG v. 10.10.2012 – 1 BvL 6/07, BVerfGE 132, 302 (319) Rn. 45 – Streubesitzbeteiligung.

9 So noch BVerfG v. 7.7.2010 – 2 BvL 14/02 ua., BVerfGE 127, 1 (19 ff.) – Gewinne aus privaten Grundstücksveräußerungsgeschäften; v. 7.7.2010 – 2 BvL 1/03 ua., BVerfGE 127, 31 (47) – Fünftelregelung; v. 10.10.2012 – 1 BvL 6/07, BVerfGE 132, 302 (319) – Streubesitzbeteiligung.

gangs. Deshalb hat der Gesetzgeber zw. den geschützten Grundrechtspositionen und den Anliegen des Gemeinwohls abzuwägen. Dabei können unzumutbare Härten für Anleger entstehen, die kurz vor dem Jahre 1992 Sozialpfandbriefe erworben haben. Diese Härten wären Anlass für schonende Übergangsregelungen. Allerdings erlaubt in diesen Fällen das Privatrecht, den Begebungsvertrag wg. Änderung der Geschäftsgrundlage anzupassen. Deshalb ist die Härte im Zivilrecht zu vermeiden. Die Änderung des Steuergesetzes braucht keine Anpassungsregel.

Wenn bei einer gefestigten Rechtsposition das Rückwirkungsverbot gilt, bei entwicklungsoffenen Rechten 49
der Gesetzgeber hingegen schonende Übergänge zu schaffen hat, so endet das schützenswerte Vertrauen mit dem Ende des gewährten Rechts und je nach dem Inhalt der Pflicht zum schonenden Übergang. Bei der konkret verfestigten Rechtsposition darf der StPfl. grds. **bis zur Verkündung der neuregelnden Norm,**[1] also der verbindlichen Änderung der Rechtsposition, darauf vertrauen, dass seine bis dahin entstandene Rechtsposition fortbesteht. Die Gleichheit vor dem G gibt dem Betroffenen die Sicherheit, dass das im Gesetzblatt verkündete G gilt: Allerdings wird die Festigkeit einer Rechtsposition schon durch einen **endgültigen Gesetzesbeschluss** geschwächt.[2] Eine veröffentlichte **Beschlussempfehlung des Vermittlungsausschusses** an den Bundestag oder eine Zustimmung des Bundestags zum Vermittlungsvorschlag des Vermittlungsausschusses entsprechen dem endgültigen Gesetzesbeschluss des Bundestags, bezeichnen deshalb den zeitlichen Endpunkt, bis zu dem der StPfl. eine gefestigte Rechtsposition noch erwerben kann.[3] Bei einer noch in der Entwicklung begriffenen Rechtslage zerstört schon die **Einbringung des Gesetzesentwurfs** im Bundestag die Kontinuität einer fortwirkenden Rechtslage. Die Einbringung macht die gesetzlich geplante Gesetzesänderung öffentlich und bereitet die Rechtsbetroffenen auf die bevorstehende Gesetzesänderung vor.[4] Gleiches gilt für die Zuleitung eines Gesetzesvorhabens zum Bundesrat. Auch diese kann das Vertrauen in die bestehende Rechtslage zerstören.[5] Ab jetzt gilt das Gebot eines schonenden Übergangs.

Wenn der Gesetzgeber nicht nachträglich belastend[6] eine gesicherte individuelle Rechtsposition[7] mindern 50
darf,[8] so findet dieses rechtsstaatliche Rückwirkungsverbot und gleichheitsrechtl. Kontinuitätsgebot in der rechtsstaatlichen Rechtsgewähr[9] **nicht nur seinen Grund, sondern auch seine Grenze.**[10] Diese Grenzen des Vertrauensschutzes und der stetigen Gleichheit „vor dem Gesetz" sind für die Hauptanwendungsfälle,

1 BVerfG v. 7.7.2010 – 2 BvR 748/05 ua., BVerfGE 127, 61 (75) – Absenkung der Beteiligungsquote.
2 BVerfG v. 3.12.1997 – 2 BvR 882/97, BVerfGE 97, 67 (79) = FR 1998, 377 m. Anm. *Stapperfend* – Schiffsbauverträge.
3 BVerfG v. 8.6.1977 – 2 BvR 499/74, 2 BvR 1042/75, BVerfGE 45, 142 (167 f.) – EWG-Interventionsrecht; v. 23.11. 1999 – 1 BvF 1/94, BVerfGE 101, 239 (262) – Stichtagsregelung im Vermögensgesetz; v. 10.10.2012 – 1 BvL 6/07, BVerfGE 132, 302 (318) – Streubesitzbeteiligung; v. 17.12.2013 – 1 BvL 5/08, BVerfGE 135, 1 = FR 2014, 326 (330 Rn. 63) – Verluste einer KapGes.; stRspr.
4 BVerfG v. 14.11.1961 – 2 BvR 345/60, BVerfGE 13, 215 (224) – Lastenausgleich, Währungsumstellung; v. 23.3. 1971 – 2 BvL 2/66 ua., BVerfGE 30, 367 (388) – Stichtag der Vertreibung, Bundesentschädigungsgesetz; v. 17.12.2013 – 1 BvL 5/08, BVerfGE 135, 1 = FR 2014, 326 (330 Rn. 65) – Verluste einer KapGes.; v. 10.10.2012 – 1 BvL 6/07, BVerfGE 132, 302 (324) – Streubesitzbeteiligung.
5 BVerfG v. 10.4.2018 – 1 BvR 1236/11, BStBl. II 2018, 303 = FR 2018, 427 – GewStPfl. für Gewinne aus Veräußerung von Anteilen aus einer MU'schaft.
6 So ausdrücklich BVerfG v. 16.10.1968 – 1 BvL 7/62, BVerfGE 24, 220 (229) – Angestelltenversicherung; v. 20.10. 1971 – 1 BvR 757/66, BVerfGE 32, 111 (123) – Verfolgungsschäden in Österreichfällen; v. 17.1.1979 – 1 BvR 446/ 77 ua., BVerfGE 50, 177 (193) – Angestelltenversicherungs-Neuregelungsgesetz (Ausübung der Tätigkeit im Ausland); v. 23.11.1999 – 1 BvF 1/94, BVerfGE 101, 239 (262) – Stichtagsregelung im Vermögensgesetz; v. 2.5.2012 – 2 BvL 5/10, BVerfGE 131, 20 (36) – Ruhegehaltssatz; v. 17.12.2013 – 1 BvL 5/08, BVerfGE 135, 1 = FR 2014, 326 (330 Rn. 62) – Verluste einer KapGes.; dieses Kriterium ist nicht sonderlich erheblich, weil im Steuerrecht die Begünstigung des einen idR eine Belastung des anderen ist, deswegen insbes. auch die Problematik in Art. 3 Abs. 1 GG in diese Rückwirkungsrechtsprechung einbezogen wird; vgl. aber BVerfG v. 17.12.2013 – 1 BvL 5/08, BVerfGE 135, 1 = FR 2014, 326 (Rn. 97 ff. aE) – Verluste einer KapGes.
7 BVerfG v. 23.11.1999 – 1 BvF 1/94, BVerfGE 101, 239 (262) – Stichtagsregelung im Vermögensgesetz; v. 10.10. 2012 – 1 BvL 6/07, BVerfGE 132, 302 (317) – Streubesitzbeteiligung; v. 17.12.2013 – 1 BvL 5/08, BVerfGE 135, 1 = FR 2014, 326 (330) – Verluste einer KapGes.
8 BVerfG v. 8.6.1977 – 2 BvR 499/74 ua., BVerfGE 45, 142 (167 f.) – EWG-Interventionsrecht; v. 23.11.1999 – 1 BvF 1/94, BVerfGE 101, 239 (262) – Stichtagsregelung im Vermögensgesetz; v. 10.10.2012 – 1 BvL 6/07, BVerfGE 132, 302 (318) – Streubesitzbeteiligung; v. 17.12.2013 – 1 BvL 5/08, BVerfGE 135, 1 = FR 2014, 326 (330 Rn. 63) – Verluste einer KapGes.; stRspr.
9 BVerfG v. 8.6.1977 – 2 BvR 499/74 ua., BVerfGE 45, 142 (167 f.) – EWG-Interventionsrecht; v. 10.10.2012 – 1 BvL 6/07, BVerfGE 132, 302 (317 f.) – Streubesitzbeteiligung; v. 17.12.2013 – 1 BvL 5/08, BVerfGE 135, 1 = FR 2014, 326 (330 Rn. 62) – Verluste einer KapGes.
10 BVerfG v. 25.5.1993 – 1 BvR 1509/91, 1 BvR 1648/91, BVerfGE 88, 384 (404) – Anpassung der Bankkredite der DDR; v. 18.2.2009 – 1 BvR 3076/08, BVerfGE 122, 374 (394) – Ablehnung der einstweiligen Anordnung; v. 17.12. 2013 – 1 BvL 5/08, BVerfGE 135, 1 = FR 2014, 326 (330 Rn. 64) – Verluste einer KapGes.

in denen von vornherein ein Vertrauensschutz entfällt,[1] vom BVerfG in Fallgruppen typisiert worden. Einem Vertrauen in die Rechtslage fehlt die Basis bei a) unklarer Rechtslage,[2] b) bei ernsthaften Zweifeln an der Verfassungsmäßigkeit der Norm, c) bei Umgehungstatbeständen, d) beim Übergangsrecht insbes. von einer Rechtsordnung jenseits des GG hin zu der unter Geltung des GG geschaffenen Rechtsordnung,[3] e) in Bagatellfällen[4] sowie f) bei Lenkungsnormen, die im geltenden Recht wie in der freien Ordnung des Marktes eher als eine Maßnahme mit **„exemptorischem"** Charakter erscheinen, die nur einen geschwächten Vertrauensschutz allenfalls nach den Prinzipien eines verhältnismäßigen Übergangs erwarten dürfen.[5] Das Kriterium der **ernsthaften Zweifel an der Verfassungsmäßigkeit der Norm bedarf allerdings der Präzisierung**. Der Wegfall eines Gesetzesvertrauens setzt eine Offensichtlichkeit verfassungsrechtl. Bedenken, idR eine Beanstandung durch das BVerfG voraus. Eine Nichtigkeitserklärung stellt die Nichtgeltung des G von Anfang an förmlich fest.[6] Ordnet das BVerfG in einer Unvereinbarkeitserklärung die Fortgeltung eines als verfassungswidrig erkannten G bis zur Neuregelung an, dürfen Behörden und Gerichte dieses G grds. nicht mehr anwenden. Allerdings bietet häufig eine befristete Fortgeltungsanordnung eine förmliche Sicherheit. Diese Sicherheit im Übergang kann entfallen, wenn **die als verfassungswidrig befundenen Normen durch Steuergestaltung „exzessiv" genutzt worden sind**[7] **oder das Besteuerungsverfahren mit dem Ziel einer Meistbegünstigung durch Rechtsbehelfe „offengehalten" worden ist**. Der Betroffene muss in diesen Fällen hinnehmen, nach dem erwarteten, nunmehr korrekten Maßstab besteuert zu werden.[8] Erwägenswert erscheint auch, dass eine – bundesweit wirkende – **höchstrichterliche Vorlage des BFH an das BVerfG** (Art. 100 Abs. 1 GG) den Vertrauensschutz bei besonderer Überdehnung durch Steuergestaltung oder einem bewussten Offenhalten der Steuerbelastung durch Rechtsbehelfe entfallen lassen kann. Neu überdacht werden muss auch der Wegfall des **Vertrauensschutzes bei „Umgehungstatbeständen"**.[9] In der Grundsatzfrage, inwieweit der Gesetzesbetroffene durch Sachverhaltsgestaltung eine Ungleichheit vor dem G schaffen darf, hat die Rspr. des BVerfG und auch die des BGH die Grenzen privatrechtl. Gestaltung deutlicher definiert (Rn. 36). Ein G, das es ermöglicht, „durch bloße Wahl bestimmter Gestaltungen" die gesetzliche Belastung ohne rechtfertigenden Grund zu vermeiden oder Vergünstigungen ungerechtfertigt zu erreichen, verstößt gegen den allg. Gleichheitssatz.[10] Dieser Maßstab ergänzt die Rspr. zum strukturellen Vollzugsdefizit.[11] Wie dort ein strukturell defizitäres Vollzugsrecht die gleichheitsgerechte Anwendung des materiellen Rechts hindert, so gefährdet hier die vertragliche Gestaltung den im G angelegten gleichen Gesetzesvollzug und sucht eine individuelle begünstigende Ungleichheit herzustellen.

51 Ein G verfolgt Zukunftsinteressen. Diese dürfen grds. nicht rückwirkend verwirklicht werden. **Das Ziel, die Rechtslage „zu verbessern"**, ist nach der Rspr. des BVerfG nur ein allg. Änderungsinteresse und rechtfertigt nicht den rückwirkenden Zugriff. Das Ziel, **einen „zweckwidrig überschießenden Vergüns-**

---

1 Vgl. BVerfG v. 19.12.1961 – 2 BvL 6/59, BVerfGE 13, 261 (272) – rückwirkende Steuergesetzgebung; v. 23.3.1971 – 2 BvL 2/66 ua., BVerfGE 30, 367 (387) – Stichtag der Vertreibung, Bundesentschädigungsgesetz; v. 15.10.1996 – 1 BvL 44/92, 1 BvL 48/92, BVerfGE 95, 64 (86 f.) – Mietpreisbindung; v. 18.2.2009 – 1 BvR 3076/08, BVerfGE 122, 374 (393) – Ablehnung der einstweiligen Anordnung („Anlagensplitting" EEG).

2 BVerfG v. 17.12.2013 – 1 BvL 5/08, BVerfGE 135, 1 (13) – Verluste einer KapGes.; vgl. aber zu IV. aE.

3 BVerfG v. 25.5.1993 – 1 BvR 1509/91, 1 BvR 1648/91, BVerfGE 88, 384 (404) – Anpassung der Bankkredite der DDR; v. 23.11.1999 – 1 BvF 1/94, BVerfGE 101, 239 (262) – Stichtagsregelung im Vermögensgesetz.

4 BVerfG v. 23.3.1971 – 2 BvL 2/66 ua., BVerfGE 30, 367 (389) – Stichtag der Vertreibung, Bundesentschädigungsgesetz; v. 23.10.2013 – 1 BvR 1842/11, 1 BvR 1843/11, BVerfGE 134, 204 (233 Rn. 98) – Nutzungsvergütung für Urheber; v. 17.12.2013 – 1 BvL 5/08, BVerfGE 135, 1 = FR 2014, 326 (331 Rn. 65) – Verluste einer KapGes.

5 BVerfG v. 5.2.2002 – 2 BvR 305/93, 2 BvR 348/93, BVerfGE 105, 17 (46) – Sozialpfandbrief; ebenso BVerfG v. 7.7. 2010 – 2 BvL 1/03 ua., BVerfGE 127, 31 (55) – Fünftelregelung; vgl. auch BVerfG v. 14.5.1986 – 2 BvL 2/83, BStBl. II 1986, 628 = BVerfGE 72, 200 (245) – Deutsch-schweizerisches DBA.

6 BVerfG v. 11.10.1994 – 2 BvR 633/86, BVerfGE 91, 186 (207) – Kohlepfennig.

7 BVerfG v. 17.12.2014 – 1 BvL 21/12, DStR 2015, 31 = FR 2015, 160 Rn. 292 – Verschonung des BV im Erbschaftsteuerrecht.

8 BVerfG v. 23.6.2015 – 1 BvL 13/11, DStR 2015, 1678 (1688) – Ersatzbemessungsgrundlage im Grunderwerbsteuerrecht.

9 Wenn das neue ErbStG wieder Gestaltungsoptionen vorsieht, die das BVerfG mit Urt. v. 17.12.2014 – 1 BvL 21/12, BVerfGE 138, 136 (232 ff.) = FR 2015, 160 m. Anm. *Bareis*, für verfassungswidrig erklärt hat, so sind ernsthafte Zweifel an der Verfassungsmäßigkeit dieser Regelungen ersichtlich. Die Rechtsfolge (Teil- oder Gesamtnichtigkeit des ErbStG, vorübergehende Geltung des – verfassungswidrigen – alten oder neuen G) ist krit. zu bedenken.

10 So BFH v. 5.10.2011 – II R 9/11, FR 2012, 233 (Beitrittsaufforderung an das BMF, zu § 19 Abs. 1 iVm. §§ 13a, 13b ErbStG); sodann in ders. Sache BFH v. 27.9.2012 – II R 9/11, FR 2012, 1044 (Vorlage des ErbStG an das BVerfG wg. Verfassungswidrigkeit des § 19 Abs. 1 iVm. §§ 13a, 13b ErbStG 2009 mit der Folge einer „das gesamte Gesetz erfassenden verfassungswidrigen Fehlbesteuerung") und nunmehr BVerfG v. 17.12.2014 – 1 BvL 21/12, DStR 2015, 31 = FR 2015, 160 Rn. 246 – Verschonung des BV im Erbschaftsteuerrecht.

11 BVerfG v. 27.6.1991 – 2 BvR 1493/89, BVerfGE 84, 239 (271 ff.) = FR 1991, 375 m. Anm. *Felix* – Zinsurteil; v. 9.3. 2004 – 2 BvL 17/02, BVerfGE 110, 94 ff. = FR 2004, 470 m. Anm. *Jacob/Vieten* – Spekulationssteuer.

tigungseffekt abzubauen", schafft keine Dringlichkeit, die eine Rückwirkungsanordnung plausibel erscheinen ließe. Das Anliegen der **Missbrauchsbekämpfung** begründet nach der Rspr. des BVerfG in erster Linie ein Zukunftsinteresse, kein Vergangenheitsinteresse, rechtfertigt also ebenfalls keine Rückwirkung. Das staatliche Ertragsanliegen – einschl. **der „Gegenfinanzierung"** anderweitiger Steuerentlastungen – wird durch Regelungen für die Zukunft verwirklicht. Neuregelungen dürfen nicht allein wg. ihres Ertrags auf die Vergangenheit erstreckt werden.

3. Richterliche Klärung gesetzlicher Ungewissheiten. Das EStG ist – wie alle Normen – generell auslegungsfähig und auslegungsbedürftig. Allgemeine, dem zukünftigen, noch ungewissen Fall gewidmete Vorschriften können nicht so bestimmt sein, dass der Betroffene stets aus eigener Rechtskenntnis einer Norm die ihn treffende prägnante Rechtsfolge entnehmen kann. Vielfach wird die Rechtsfolge einer Vorschrift erst in einem gestuften Verwaltungs- und Gerichtsverfahren mit **Letztentscheidungskompetenz des BFH** geklärt. Damit stellt sich die Frage, ob der StPfl. auf die bei vertretbarer Auslegung eröffnete Chance vertrauen darf, die Rspr. werde seiner Auslegung zur Wirkung verhelfen, oder ob der **Gesetzgeber durch eine „klarstellende" Regelung** die ihm oder der FinVerw. einleuchtende Interpretation rückwirkend für verbindlich erklären darf. 52

Diese Frage ist für die Praxis des ESt-Rechts von besonderer Bedeutung. In der Komplexität, der Einzelfallorientierung und Widersprüchlichkeit des Steuerrechts ist es alltäglich, dass zweifelhafte Rechtsfragen bis zur Entsch. des BFH streitig bleiben. In solchen Rechtsstreitigkeiten beansprucht die FinVerw., ihre Rechtsauffassung über das Initiativrecht der BReg. im G rückwirkend zu verankern, sodass sie durch eine „klarstellende" Gesetzgebung in der Auslegungsfrage ungeachtet der Entsch. des BFH letztlich Recht bekäme.[1] Hier geht es wiederum um die Gewährleistungsfunktion der Rechtsordnung. Die Rspr. ist beauftragt, durch letztverbindliche Entsch. das geltende Steuergesetz auszulegen. Der Gesetzgeber darf bei ihm nicht opportun oder auch unvertretbar erscheinenden Rechtsprechungsergebnissen die Rspr. nicht durch rückwirkende Gesetzgebung korrigieren. 53

Das BVerfG[2] hat in der Entsch. über Verluste einer Kapitalanlageges. klargestellt, dass die KapGes. auf ein **G mit „offenem" Inhalt** vertrauen dürfe, wenn dieses G dem vertrauenden StPfl. die Chance eröffne, sich mit seiner vertretbaren Auslegung im Gerichtsverfahren durchzusetzen. Es ging um die Frage, ob KapGes. – praktisch insbes. Banken – berechtigt sind, **Wertverluste ihrer Anteile an Investmentfonds** für vergangene Jahre stl. gewinnmindernd geltend zu machen, während das G für den gleichen Zeitraum Gewinne grds. stfrei stellt. Selbstverständlich darf der Gesetzgeber für die Zukunft die von ihm für richtig gehaltene Regelung einführen. Für die „Altfälle" der Vergangenheit aber ist es Aufgabe der Fachgerichte, diese Rechtsfrage verbindlich zu entscheiden.[3] Das BVerfG betont erneut, dass die **Auslegung des einfachen Rechts Sache der Fachgerichte** ist, lässt eine Ultra-vires-Lehre anklingen, wie sie vom Europaverfassungsrecht her geläufig ist.[4] Diese fachgerichtlich geklärte oder noch zu klärende Rechtslage genießt Vertrauen, bindet aber das BVerfG nicht. Dieses prüft das für seine Entsch. entscheidungserhebliche einfache Recht selbst, beanstandet Auslegungsfehler allerdings nur dann, wenn sie auf einer grds. unrichtigen Anschauung von der Bedeutung des Verfassungsrechts, insbes. eines Grundrechts und seines Schutzbereichs, beruhen.[5] 54

Im Ergebnis ist die **Verlässlichkeit der Rechtsordnung „eine Grundbedingung freiheitlicher Verfassungen"**.[6] Der StPfl. muss sich jedoch darauf einstellen, dass die Gesetzesordnung im stetigen Wandel begriffen ist. Ein Vertrauen in eine unabänderliche Gesetzeslage gibt es nicht.[7] Deswegen muss er im Rahmen seines Pflichtverhältnisses die Gesetzgebung beobachten und sich im Zeitpunkt der Gesetzesverkündung, bei dringlichem Änderungsbedarf sogar schon bei der Ankündigung der Änderung, auf die Neuregelung einstellen.[8] Wenn das EStG seine allg. Belastungsprinzipien (§ 2 Rn. 1) fortentwickelt, in schonenden Übergängen zu einem anderen Steuersatz übergeht oder die Abschreibungs- und Rückstellungsmaßstäbe 55

---

1 Vgl. *Birk*, FR 2014, 326 (338, 340).

2 BVerfG v. 17.12.2013 – 1 BvL 5/08, BVerfGE 135, 1 = FR 2014, 326.

3 Vgl. auch BFH v. 11.12.2013 – I R 4/13, FR 2014, 480 = DStR 2014, 306 Rn. 53 f. (echt rückwirkende Neuregelung entgegen gegenläufiger, langjähriger Spruchpraxis des BFH, Zinsbesteuerung nach dem DBA Italien 1989); v. 20.8.2014 – I R 86/13, FR 2015, 86 m. Anm. *Mitschke* = DStR 2014, 2065 (echt rückwirkende Neuregelung der „Keinmalbesteuerung" trotz noch fehlender höchstrichterlicher Rspr.).

4 Vgl. BVerfG v. 12.10.1993 – 2 BvR 2134/92, 2 BvR 2159/92, BVerfGE 89, 155; v. 30.6.2009 – 2 BvE 2, 5/08 ua., BVerfGE 123, 267.

5 BVerfG v. 10.6.1964 – 1 BvR 37/63, BVerfGE 18, 85 (93); v. 17.12.2013 – 1 BvL 5/09, FR 2014, 326 (329); zu den verfassungserheblichen Grenzen stl. Gestaltungen vgl. Rn. 40 ff.

6 BVerfG v. 3.12.1997 – 2 BvR 882/97, BVerfGE 97, 67 (78) = FR 1998, 377 = NJW 1998, 1547.

7 BVerfG v. 5.2.2002 – 2 BvR 305, 348/93, BVerfGE 105, 17 (40) = NJW 2002, 3009.

8 BVerfG v. 3.12.1997 – 2 BvR 882/97, BVerfGE 97, 67 (82) = FR 1998, 377 = NJW 1998, 1547; v. 5.2.2002 – 2 BvR 305/93, 2 BvR 348/93, BVerfGE 105, 17 (37) = NJW 2002, 3009.

der Realität anpasst, ist dieses eine dem Gesetzgeber aufgegebene und v. StPfl. vorauszusehende gesetzliche Gestaltung. Soweit dabei allerdings bisher steuerunerhebliche Sachverhalte erstmals in die Steuererheblichkeit einbezogen werden, zB bisher nicht steuerverstrickte Beteiligungen für steuererheblich erklärt (§ 17 Rn. 34) oder bisherige Spekulationsgeschäfte in einem Paradigmenwechsel[1] als private Veräußerungsgeschäfte besteuert werden, ist eine Rückwirkung ausgeschlossen. Der Gesetzesadressat steht insoweit bisher außerhalb eines Steuerpflichtverhältnisses, braucht also das Steuerrecht in seiner Entwicklung noch nicht zu beobachten.

56 **4. Rückwirkende Einzelhandlungen, Wandel der Rechtsprechung.** Rückwirkende Einzelhandlungen **des StPfl.** sind im ESt-Recht beachtlich, wenn sie den steuererheblichen **Sachverhalt** verändern, nicht aber, wenn sie nur die steuerrechtl. **Rechtsfolge** vermeiden wollen. Wird bei einer Betriebsveräußerung der Kaufpreis oder der Veräußerungserlös rückwirkend geändert, etwa durch Anfechtung, Kaufpreisermäßigung oder Forderungsausfall, so erkennt auch das ESt-Recht diese rückwirkende Rechtshandlung an.[2] Ähnliches gilt auch – trotz § 158 Abs. 2 BGB – für den Eintritt einer auflösenden Bedingung.[3] Sehen hingegen Steuerklauseln die Rückgängigmachung einer vGA vor[4] oder wird ein Gewinnverteilungsbeschl. im Hinblick auf die Steuerrechtsfolge aufgehoben und rückabgewickelt,[5] so wird diese steuerbezogene Rückbewirkung im ESt-Recht nicht anerkannt. Für die Änderung v. Bilanzierungswahlrechten setzt § 4 Abs. 2 ausdrückliche Grenzen. Bei einer unvorhersehbaren, bes. schwerwiegenden Steuerbelastung kommt eine niedrigere Steuerfestsetzung aus Billigkeitsgründen (§ 163 AO) oder ein Erl. (§ 227 AO), nicht eine rückwirkende Aufhebung v. Geschäftsvorfällen in Betracht.[6]

57 Gegenüber der **Exekutive** gewährt der Vertrauensschutz vor allem die Bestandskraft eines Steuerbescheids, auch den Erlöschensgrund der Verjährung. Allerdings ist die Bestandsfähigkeit v. Steuerbescheiden gegenwärtig so durchbrochen, dass die Bescheide kaum noch Fälle abschließend regeln, Frieden stiften und Sicherheit schaffen. Die Verjährungsfristen sind zu lang und werden oft gehemmt, sodass auch hier das Vertrauen in einen Bescheid kaum einen endgültigen Haltepunkt findet. Das Vertrauen in eine v. der Exekutive gesetzte VO folgt den Regeln über den Vertrauensschutz v. G. Verwaltungsvorschriften bieten nur eine Vertrauensgrundlage, soweit sie zu einer kontinuierlichen Übung führen (Rn. 64).

58 Die **Rspr.** beschränkt sich nicht auf ein bloßes Nachsprechen von Vorgeschriebenem, sondern wendet den generell-abstrakten Gesetzestatbestand verdeutlichend, aktualisierend und vervollständigend auf den Einzelfall und die gegenwärtigen Fallgruppen an. Rspr. ist auch schöpferische Leistung, bildet das Recht fort,[7] kann deshalb auch Grundlage eines Vertrauensschutzes sein. Der BFH[8] lehnt sich bei einem **Wandel der Rspr.** an die Grundsätze an, die bei rückwirkenden G zu beachten sind. Das rechtstaatliche Kontinuitätsgebot wirkt mit dem individuellen Vertrauensschutz zugunsten des StPfl. zusammen und veranlasst den BFH, in Fällen besonderen Vertrauensschutzes die Rechtsfolgen einer neuen Rspr. erst für die Zukunft anzuordnen oder eine den StPfl. belastende Rspr.-Änderung mit einer Übergangsregelung zu verbinden.[9] Allerdings unterscheidet sich der Auftrag beider Gewalten grundlegend. Das G regelt die Zukunft. Der Richter beurteilt den vergangenen Sachverhalt. Der Kläger begehrt, Recht aus der Vergangenheit zu ändern. Ein Vertrauensschutz wird erst erforderlich, wenn der BFH seine Aufgabe nach §§ 11, 115 Abs. 2 Nr. 1 und 2 FGO erfüllt, das Recht richterlich fortzubilden und zu vereinheitlichen. Diese Aufgabe, aber auch das sachgerechte Zusammenwirken der Staatsorgane und der Wille der Rechtsbeteiligten zur Autorität hat zur Folge, dass jedenfalls die Grundsatzentsch. des BFH „de facto eine mehr oder minder große Breitenwirkung" entfalten,[10] das Gericht also ähnlich einem Normgeber tätig wird. Es veröffentlicht die tragenden Gründe seiner Entsch. oft in gesetzesähnlich formulierten **Leitsätzen**. Bei einer Abkehr v. einer bisherigen ständigen höchstrichterlichen Rspr. ändert sich für den Betroffenen die Rechtslage und damit die Vertrauensbasis. Insoweit ist Vertrauensschutz zu gewähren, der demjenigen ggü. einer rückwirkenden Gesetzgebung entspricht. Dies gilt jedenfalls dann, wenn der BFH eine langjährig – dort vier Jahrzehnte währende – ständige höchstrichterliche Rspr. aufgibt, die Auslegung des G nicht im Wege einfacher Subsumtion des Sachverhalts, sondern – gesetzgebungsähnlich – nur unter Zuhilfenahme abstrakter Rechtsprinzipien, Wertungen und Abwägungen gefunden worden ist und die betroffenen StPfl. auf die Aufrechterhal-

1 BFH v. 1.3.2005 – VIII R 92/03, BStBl. II 2005, 398 (401) = FR 2005, 647.
2 BFH v. 19.7.1993 – GrS 2/92, BStBl. II 1993, 897.
3 BFH v. 21.3.1996 – XI R 36/95, BStBl. II 1996, 399 (401).
4 BFH v. 29.4.1987 – I R 176/83, BStBl. II 1987, 733 = FR 1987, 456.
5 BFH v. 2.3.1988 – I B 58/87, BFH/NV 1989, 460.
6 BFH v. 2.8.1983 – VIII R 15/80, BStBl. II 1983, 736 = FR 1983, 619.
7 *Thiemann*, FS 100 Jahre BFH, 129 (130 f.).
8 BFH v. 17.12.2007 – GrS 2/04, BStBl. II 2008, 608 = FR 2008, 457.
9 *Levedag*, FS 100 Jahre BFH, 181 (197 ff.).
10 BFH v. 17.12.2007 – GrS 2/04, BStBl. II 2008, 608 Rn. 106 = FR 2008, 457.

tung dieser Rspr. mit Wirkung für die Vergangenheit – bis zur Veröffentlichung der die Rspr. ändernden Entsch. – vertrauen durften. Dementspr. hat der BFH für Altfälle Vertrauensschutz gewährt, ausdrücklich auch darauf hingewiesen, dass die FinVerw. auf der Grundlage der §§ 163 und 227 AO einen weitergehenden typisierenden Vertrauensschutz gewähren dürfe.[1] Ändert sich die Rspr. eines obersten Gerichtshofs des Bundes, die einer bisherigen Steuerfestsetzung zugrunde liegt, so darf der Steuerbescheid nach § 176 Abs. 1 S. 1 Nr. 3 AO nicht zuungunsten des StPfl. aufgehoben oder geändert werden.

Für das EStG wird der Vertrauensschutz ggü. dem Gesetzgeber wie ggü. Grundsatzänderungen höchstrichterlicher Rspr. eine **klare Grundlinie** finden, wenn das einkommensteuerrechtl. Dauerschuldverhältnis in den jeweiligen Grundtatbeständen des EStG Rechtskontinuität gewährt: Der Zustandstatbestand der Erwerbsgrundlage (§ 2 Rn. 7, 46) ist v. StPfl. auf Stetigkeit angelegt, kann deswegen nicht rückwirkend geändert, muss jedoch in der Zukunft auf Änderungen des EStG abgestimmt werden. Der Handlungstatbestand der Nutzung dieser Erwerbsgrundlage (§ 2 Rn. 8, 55 ff.) baut auf die im Zeitpunkt des Handelns geltenden Regelungen des EStG, die nicht nachträglich entzogen werden dürfen. Begründet der Nutzungstatbestand allerdings Dauerwirkungen, etwa eine Rückstellung oder eine Abschreibung, so unterliegen diese Wirkungen einem kontinuitätsgebundenen Anpassungsvorbehalt. Der Erfolgstatbestand des Gewinns oder Überschusses (§ 2 Rn. 9, 85) bemisst sich nach dem VZ, sollte deshalb nur in dieser Jährlichkeitsfolge mit Wirkung für den jeweils nächsten VZ geändert werden. In dieser Differenzierung könnten die gegenseitigen Rechtspflichten eines estl. Dauerrechtsverhältnisses auf die prinzipielle Auslegungsbedürftigkeit eines G und die darin angelegte Entwicklungsoffenheit des Rechtssatzes abgestimmt werden. 59

C. Erkenntnisquellen für Einkommensteuerrecht

I. Gesetz, Verordnung, Verwaltungsvorschrift. ESt-Recht ist Eingriffsrecht, belastet den StPfl. im Schutzbereich der Grundrechte und unterliegt deshalb dem **Gesetzesvorbehalt** (Rn. 26). Stl. Belastungen sind – neben den polizeilichen – der Anlass für die klassische Formel v. „Eingriff in Freiheit und Eigentum", der dem Gesetzgeber vorbehalten ist.[2] Außerdem bestimmt das EStG über die Höhe des Aufkommens einer Gemeinschaftsteuer (Art. 106 Abs. 3 S. 1 GG), das zur Hälfte den Ländern (Art. 106 Abs. 3 S. 2 GG) und anteilig auch den Gemeinden (Art. 106 Abs. 5 GG) zusteht. Deshalb bedarf es auch aus bundesstaatlichen Gründen einer gesetzlichen Regelung. Schließlich ist das EStG eine wesentliche Grundlage des parlamentarischen Budgetrechts (Art. 110 GG), v. Haushaltskontrolle und Entlastung (Art. 114 Abs. 2 GG), setzt deshalb ebenfalls einen generell abstrakten Maßstab der Planung und Kontrolle voraus, der zwar nicht den Rang eines Parlamentsgesetzes haben müsste, jedoch im Parlamentsgesetz seinen verlässlichsten Ausdruck findet. 60

Der Belastungsgrund für die ESt ist in der Wirklichkeit nicht konturenscharf abgebildet, der Zweck der Besteuerung scheint sich in einem allg., kaum begrenzten staatlichen Finanzbedarf zu verlieren. Ginge es allein um die Finanzierung des staatlichen Haushalts, wäre jede Steuer auch mit törichter Bemessungsgrundlage geeignet, diesen Zweck zu erfüllen. Doch wenn das EStG den Steuergegenstand (Einkommen), die Bemessungsgrundlage (zu versteuerndes Einkommen), den Steuerschuldner („wer Einkünfte erzielt"), den Steuersatz (14–45 %) und den Besteuerungszeitraum (Jahressteuer) bestimmt hat, gibt **dieser gesetzlich konkretisierte Belastungsgrund dem verfassungsrechtl. Gleichheitssatz und Übermaßverbot einen konkreten Inhalt:** Die ESt rechtfertigt sich nicht als beliebige – auch konfiskatorische, übermäßige, willkürliche – Ertragsquelle, sondern als maßvolle und gleichmäßige Teilhabe am privatnützigen Individualeinkommen. 61

Nach Art. 105 Abs. 2 iVm. Art. 106 Abs. 3 GG hat der Bund die **konkurrierende Gesetzgebung** über die ESt. Diese Organisationsnorm hat auch einen materiellen Gehalt. Sie erkennt grds. die ESt und ihre Erhebung (Rn. 25) an. Das EStG bedarf der **Zustimmung** des Bundesrates, weil sein Aufkommen den Ländern und Gemeinden teilw. zufließt (Art. 105 Abs. 3 iVm. Art. 106 Abs. 3 und 5 GG). V. dem Recht, den Gemeinden ein **Hebesatzrecht** für den Gemeindeanteil an der ESt einzuräumen (Art. 106 Abs. 5 S. 3 GG), hat der Bundesgesetzgeber bislang keinen Gebrauch gemacht. Das Hebesatzrecht könnte jedoch – wirtschaftskraftbezogen (Art. 28 Abs. 2 S. 3 GG) – eine Alt. zur fragwürdigen GewSt bieten. 62

Die **EStDV** und die **LStDV** sind VO, die im Rahmen einer gesetzlichen Ermächtigung (Art. 80 Abs. 1 S. 1 GG) nähere Regelungen zur Ausführung des EStG treffen.[3] In jüngster Zeit hat sich gerade zum EStG die 63

---

1 Dazu BFH v. 25.4.2013 – V R 2/13, DStR 2013, 1943.

2 *O. Mayer*, Deutsches Verwaltungsrecht I, 1825, 245; BVerfG v. 18.1.2006 – 2 BvR 2194/99, BVerfGE 115, 97 (111) = FR 2006, 635.

3 Zu den Anforderungen der gesetzlichen Ermächtigung vgl. BVerfG v. 5.3.1958 – 2 BvL 18/56, BVerfGE 7, 282 (302); v. 3.7.1962 – 2 BvR 15/62, BVerfGE 14, 174 (185); v. 25.11.1980 – 2 BvL 7/76, 2 BvL 8/76, 2 BvL 9/76, BVerfGE 55, 207 (225 f.); zum Zitiergebot des Art. 80 Abs. 1 S. 3 GG BVerfG v. 6.7.1999 – 2 BvF 3/90, BVerfGE 101, 1 (42).

Rechtspraxis entwickelt, dass der Gesetzgeber durch ein Artikelgesetz selbst die VO ändert oder ergänzt. Trotz der strengen Formenbindung des Rechtsetzungsverfahrens hat die Rspr. anerkannt, dass der Gesetzgeber im Rahmen einer gesetzlichen Änderung auch die VO anpassen darf (Begleitänderung).[1] Damit entsteht in den Formenbindungen des G eine neue VO, die v. der Exekutive geändert, nicht allein v. BVerfG überprüft und im Rang als VO – gesetzeskonform – interpretiert werden darf.

64 Die Verwaltung sichert durch allg. Dienstanweisungen (Verwaltungsvorschriften)[2] den bundeseinheitlichen Vollzug des EStG. Diese dienstlichen Anweisungen binden nachgeordnete Behörden und Bedienstete, können aber, wenn die **Verwaltungsvorschrift** zu einer ständigen Verwaltungsübung führt, über den Gleichheitssatz (Art. 3 GG) auch Außenwirkung entfalten, also den Steuerbürger berechtigen und die Gerichte verpflichten. Dies gilt insbes. für die **Ermessensrichtlinie**, durch die sich die Verwaltung für ihre Ermessensausübung in vergleichbaren Fällen eine Selbstbindung auferlegt, die auch die Gerichte beachten, weil das Gericht nicht sein Ermessen an die Stelle des Ermessens der Finanzbehörde setzt.[3] Auch **normkonkretisierende Verwaltungsvorschriften**, die weite und bes. auslegungsbedürftige Gesetzesbegriffe ausfüllen, entfalten eine Außen- und Bindungswirkung.[4] Insbes. AfA-Tabellen, BewRL, Richt- und Pauschsätze konkretisieren das G in der Autorität der Verwaltung verbindlich. Sonstige norminterpretierende Verwaltungsvorschriften klären Zweifelsfragen bei der Gesetzesauslegung, binden die Verwaltung für die Dauer der dadurch veranlassten Verwaltungsübung, unterliegen aber in vollem Umfang der Gerichtskontrolle.[5] Zuständig zum Erl. derartiger allg. Verwaltungsvorschriften ist nach Art. 108 Abs. 7 GG die BReg. mit Zustimmung des Bundesrates. Die BReg. schreibt mit Zustimmung des Bundesrates in den ESt-RL eine bewährte Verwaltungspraxis und Maßstäbe höchstrichterlicher BFH-Rspr. fest und schafft damit eine rechtstaatlich erhebliche Vertrauensgrundlage für den Gesetzesvollzug.[6] Ob der Bundesfinanzminister ggü. den die EStG verwaltenden Landesfinanzbehörden (Art. 108 Abs. 2 S. 1 GG) das Recht nur zu Einzelweisungen oder auch zu allg. Weisungen hat, ist umstritten.[7] § 21a FVG[8] sucht eine vermittelnde Lösung des kooperativen Föderalismus: Der Bundesfinanzminister darf mit Zustimmung der obersten Finanzbehörden der Länder einheitliche Verwaltungsgrundsätze bestimmen und allg. fachliche Weisungen erteilen.[9] Die Verwaltungspraxis der sog. BMF-Schr. gibt dem Bundesfinanzminister das Recht, mit Zustimmung der obersten Finanzbehörden der Länder den Text allg. Verwaltungsvorschriften vorzulegen, der allerdings erst bindet, wenn der Inhalt dieser Schr. v. den obersten Finanzbehörden der Länder als eigene Weisung an ihre nachgeordneten Behörden weitergegeben wird.[10] Die Weisung der obersten Finanzbehörden der Länder, den Inhalt des BMF-Schr. umzusetzen, ergeht idR auch durch generelle Anweisung.[11]

65 **II. Generelle Regel und individueller Sachverhalt.** Das EStG konkretisiert die StPfl. v. allg. Belastungsgrund bis zur individuellen Steuerschuld in sechs Stufen:

66 **1.** Zunächst muss jede gesetzliche Regelung **verallgemeinern**,[12] also das Rechtserhebliche tatbestandlich hervorheben und das Rechtsunerhebliche im Dunkel des nicht tatbestandlich Erfassten belassen. Das G erfasst die Realität in ihrer Normalität. Das EStG belastet die Erwerbseinnahmen, ohne zu unterscheiden, ob diese unter großer Anstrengung erarbeitet oder leichter Hand mitgenommen, ob sie nach langem Studium in einer kurzen Lebensarbeitszeit oder bei frühem Eintritt in das Erwerbsleben in einer langen Lebensarbeitszeit erzielt worden sind. Das EStG darf sich grds. am Regelfall orientieren und sichert in Regeltat-

1 Vgl. BVerfG v. 13.9.2005 – 2 BvF 2/03, BVerfGE 114, 196 (234 f.) sowie § 51 Rn. 15 f.
2 *Fritz Ossenbühl*, Die Verwaltungsvorschrift, in: HStR Bd. V, 2007, § 104 Rn. 4.
3 BFH v. 26.4.1995 – XI R 81/93, BStBl. II 1995, 754 (755 f.); v. 10.10.2001 – XI R 52/00, BStBl. II 2002, 201 (202) = FR 2002, 412.
4 *Ossenbühl*, in: HStR Bd. V, 2007, § 104 Rn. 71 f.; *Drüen* in T/K, Abgabenordnung, § 4 Rn. 25.
5 *Ossenbühl*, in: HStR Bd. V, 2007, § 104 Rn. 65; vgl. aber *Drüen* in T/K, Abgabenordnung, § 4 Rn. 85.
6 Gemeinsamer Senat der Obersten Gerichtshöfe des Bundes v. 19.10.1971 – GmS-OGB 3/70; BVerwGE 39, 355 (377); BFH v. 26.1.1994 – VI R 118/89, BStBl. II 1994, 329; v. 6.10.1994 – VI R 136/89, BStBl. II 1995, 184 = FR 1995, 151.
7 Befürwortend *Orlopp*, FS Franz Klein, 1994, 597 (598); verneinend *Schmidt*, FR 2008, 317 (318); *Schmitt*, DStJG 31 (2008), 101 (111 f.).
8 Neu eingeführt durch das Föderalismusreform-Begleitgesetz, BGBl. I 2006, 2098.
9 Dabei soll das Schweigen der Mehrheit der Länder als Zustimmung gelten, krit. dazu *Seer* in T/K, Abgabenordnung, § 21a FVG Rn. 3.
10 *Schmitt*, DStJG 31 (2008), 101 (116).
11 *Schmitt*, DStJG 31 (2008), 101 (117).
12 BVerfG v. 30.5.1990 – 1 BvL 2/83, 1 BvL 9/84, 1 BvL 10/84, 1 BvL 3/85, 1 BvL 11/89, 1 BvL 12/89, 1 BvL 13/89, 1 BvL 4/90, 1 BvR 764/86, BVerfGE 82, 126 (151) = BGBl. I 1990, 1727; v. 10.4.1997 – 2 BvL 77/92, BVerfGE 96, 1 (6) = BStBl. II 1997, 518 = FR 1997, 571; v. 9.12.2008 – 2 BvL 1, 2/07, 1, 2/08, BVerfGE 122, 210 (233).

beständen die Gleichheit vor dem G.[1] Das EStG unterscheidet in den sieben Einkunftsarten die Normalität des Wirtschaftslebens, grenzt die Erwerbs- v. der Privatsphäre nach Üblichkeit und Herkommen ab, anerkennt ag. Belastungen, die den einzelnen mehr belasten als die überwiegende Mehrzahl der StPfl.

2. Das EStG bildet seine Tatbestände nach sozialtypischen Befunden, erfasst dabei das Individuelle im Typus, verallgemeinert das Konkrete, vergröbert Unterschiedlichkeiten.[2] Die gesetzlichen Verallgemeinerungen müssen allerdings auf Belastungstatbestände angelegt sein, die alle betroffenen Gruppen und Regelungsgegenstände einschließen. Der Gesetzgeber muss realitätsgerecht den typischen Fall als Maßstab zugrunde legen.[3] Diese **Typisierungsbefugnis** sichert eher materielle Gleichheit als eine immer mehr individualisierende und spezialisierende Gesetzgebung,[4] wenn das EStG nicht den in der Lebenswirklichkeit vorgefundenen Regelfall, sondern den steuerbewusst gestalteten Sachverhalt zu erfassen hat. Das EStG sucht grds. den Kern des unausweichlichen Belastungsgrundes – den Zufluss des Erwerbseinkommens und den erwerbs- und existenzsichernden Aufwand[5] – tatbestandlich zu umgrenzen, knüpft nicht an veränderliche Einzelmerkmale eines gleichbleibenden Erwerbserfolgs an. Typisierende Belastungsgründe wählt das EStG insbes. im Zugriff auf das Erwerbseinkommen, in den AfA-Sätzen, im Existenzminimum und im progressiven Steuertarif.[6] 67

Der Gesetzgeber hat vor allem bei der Ordnung v. **Massenerscheinungen** und deren Abwicklung einen Raum für generalisierende, typisierende und pauschalierende Regelungen.[7] Gerade das Massenverwaltungsverfahren des EStG und seine jährliche Wiederholung im estl. Dauerschuldverhältnis brauchen einfach begreifbare und beweisbare Anknüpfungspunkte. Diese müssen realitätsgerecht[8] bemessen werden und den Kern des Belastungsgrundes treffen. 68

Daneben dient die Typisierung dem **Schutz der Privatsphäre**. Ursprünglich begegnete die ESt oder zumindest die Besteuerung des Gesamteinkommens grds. Einwänden, weil sie zu einem „inquisitorischen Eindringen in die Privatsphäre“ führe.[9] Heute erfassen gesetzliche Typisierungen an der Grenze zw. Erwerbs- und Privatbereich, zw. existenznotwendigem Bedarf und Lebensführungsaufwand, für die eheinterne Gestaltung v. Erwerbs- und Familientätigkeit sowie die Unterhaltsrechtsbeziehung innerhalb einer Familie Sachverhalte, die nach den Maßstäben des grundrechtl. Datenschutzes[10] ein individualisierendes behördliches Beobachten und Ermitteln zu fiskalischen Zwecken nicht rechtfertigen.[11] 69

Das rechtsstaatliche Gebot der Voraussehbarkeit und der Berechenbarkeit der Steuerlasten und die Besteuerungsgleichheit fordern eine Einfachheit und Klarheit des EStG, die auch dem nicht Steuerrechtskundigen erlauben könnte, in den estl. Alltagsfällen **seinen Erklärungspflichten sachgerecht zu genügen**.[12] Das BVerfG regt für die Vielzahl kinderbezogener Entlastungen an, diese in einem Grundtatbestand zu erfassen, dessen Voraussetzungen allein durch die Angabe familienbezogener Daten dargelegt und deshalb auch v. den nicht steuerberatenen StPfl. geltend gemacht werden können. Das Erfordernis eines einfachen, verständlichen Rechts gilt für das EStG in gesteigertem Maße, weil die ESt sich auf eine Steuererklärung stützt, deren Richtigkeit der StPfl. strafbewehrt verantworten muss, die strafrechtl. Bestimmtheitsanforderungen (Art. 103 Abs. 2 GG) sich deshalb auch auf das materielle ESt-Recht erstrecken. Allerdings wird 70

1 BVerfG v. 31.5.1990 – 2 BvL 12/88, 2 BvL 13/88, 2 BvR 1436/87, BVerfGE 82, 159 (185 f.) = BGBl. I 1990, 1728; v. 10.4.1997 – 2 BvL 77/92, BVerfGE 96, 1 (6) = BStBl. II 1997, 518 = FR 1997, 571.
2 BVerfG v. 22.6.1995 – 2 BvL 37/91, BVerfGE 93, 121 (140) = BStBl. II 1995, 655 (662); v. 10.11.1998 – 2 BvL 42/93, BVerfGE 99, 246 (264) = BStBl. II 1999, 174 (180 f.) = FR 1999, 139; v. 6.3.2002 – 2 BvL 17/99, BVerfGE 105, 73 (177) = BStBl. II 2002, 618 = FR 2002, 391; v. 11.1.2005 – 2 BvR 167/02, BVerfGE 112, 164 (180 f.) = FR 2005, 706 = NJW 2005, 1923.
3 BVerfG v. 9.12.2008 – 2 BvL 1, 2/07, 1, 2/08, BVerfGE 122, 210 (232 f.).
4 BVerfG v. 10.4.1997 – 2 BvL 77/92, BVerfGE 96, 1 (6) = BStBl. II 1997, 518 = FR 1997, 571.
5 Zu den Grenzen der Typisierung zw. einer – privat veranlassten – ersten Berufsausbildung und einer – beruflich veranlassten – nachfolgenden Ausbildung vgl. BFH v. 17.7.2014 – VI R 8/12, FR 2015, 40 m. Anm. *Trossen* = DStR 2014, 2216 (2224 f.).
6 BVerfG v. 25.9.1992 – 2 BvL 5/91, 2 BvL 8/91, 2 BvL 14/91, BVerfGE 87, 153 (172) = BStBl. II 1993, 413 (419) = FR 1992, 810.
7 BVerfG v. 30.5.1990 – 1 BvL 2/83, 1 BvL 9, 10/84, 1 BvL 3/85, 1 BvL 11, 12, 13/89, 1 BvL 4/90, 1 BvR 764/86, BVerfGE 82, 126 (151) = BGBl. I 1990, 1727; v. 8.10.1991 – 1 BvL 50/86, BVerfGE 84, 348 (359 f.) = BGBl. I 1991, 2170 = FR 1992, 70; v. 10.4.1997 – 2 BvL 77/92, BVerfGE 96, 1 (6) = BStBl. II 1997, 518; v. 9.12.2008 – 2 BvL 1, 2/07, 1, 2/08, BVerfGE 122, 210 (232 f.) = FR 1997, 571.
8 BVerfG v. 25.9.1992 – 2 BvL 5/91, 2 BvL 8/91, 2 BvL 14/91, BVerfGE 87, 153 (172) = BStBl. II 1993, 413 = FR 1992, 810; v. 10.11.1998 – 2 BvR 1057, 1226, 980/91, BVerfGE 99, 216 (233) = BStBl. II 1999, 182.
9 *K/S/M*, § 2 Rn. A 248 ff.; vgl. auch BVerfG v. 15.12.1983 – 1 BvR 209/83 ua., BVerfGE 65, 1 (43 ff.).
10 BVerfG v. 27.2.2008 – 1 BvR 370, 595/07, BVerfGE 120, 274 (310 ff.) mwN.
11 Vgl. auch BVerfG v. 7.12.1999 – 2 BvR 301/98, BVerfGE 101, 297 = BStBl. II 2000, 162 = FR 2000, 48.
12 BVerfG v. 10.11.1998 – 2 BvR 1057, 1226, 980/91, BVerfGE 99, 216 (243) = BStBl. II 1999, 182 (191 f.).

die elektronische Steuererklärung Maßstab und Verantwortlichkeit verändern.[1] Die Erklärung wird v. StPfl. nicht mehr persönlich wie ehemals „nach bestem Wissen und Gewissen" unterschrieben. Das Computerprogramm erzwingt Vereinfachung, allerdings eher nach Erfordernissen der Technik, weniger des Rechts. Erklärung und Freiheit werden programmiert. Der StPfl. wird in einer **programmierten Freiheit** erklären.[2]

70a 3. Die **Digitalisierung des Steuerrechts** drängt auf den steuerrechtl. Regelfall, sucht die Vielfalt der Lebenssachverhalte in der Vereinfachung des technischen Programms zu erfassen, bahnt den Übergang von einer Istbesteuerung zu einer Sollbesteuerung des Einkommens. Das ESt-Recht hat jährlich für etwa 40 Mill. StPfl. eine Zahllast festzusetzen, errechnet jährlich Erträge iHv. über 200 Mrd. Euro, ist auch wg. der zahlreichen Parallelfälle, der in Zahlen bemessenen und letztlich in einer zählbaren Rechtsfolge ausgedrückten Forderung darauf angelegt, durch Rechner angewandt zu werden und den Finanzbeamten in eine eher überprüfende Rolle zu drängen.[3] Die Digitalisierung diente ursprünglich der Informationsverarbeitung, entwickelt heute Programme, die den Gesetzesinterpreten unterstützen, teilw. auch ersetzen und langfristig auch den Gesetzesvollzug, die Steuerplanung und Steuererklärung zu übernehmen beginnen.[4] Diese Entwicklung steckt noch in den Kinderschuhen, wird aber schon jetzt als Chance der Vereinfachung, damit der Verständlichkeit und Vertrauenswürdigkeit des Steuerrechts erkennbar, zeigt aber auch die Gefahr, dass die Gesetzesauslegung in die Hände des Programmierers und der ihn lenkenden Gruppen gerät und damit die rechtstaatlich-demokratischen Grundsätze der Gesetzgebung elementar infrage gestellt werden. Offen ist auch, inwieweit das in seiner technischen Binnenlogik subtil entfaltete Programm sich gegen Rechtskontrolle von außen wehrt, inwieweit das umfassende Wissen des Programmkundigen Steuerungsmacht ggü. Unternehmen, Spezialmärkten und Maßstabsbildung begründet, damit Unternehmerverantwortung, Datenschutz, Privatsphäre und Gesetzesvorbehalt schwächt.

71 4. Der typisierende Gesetzestatbestand überlässt Details und Besonderheiten sowie Übergangsregelungen dem Verordnungsgeber. Wenn allerdings § 18 Abs. 1 Nr. 1 S. 2 die Einkünfte aus freiberuflicher Tätigkeit durch **nur beispielhafte** Katalogberufe erläutert und sodann deren Verallgemeinerung im Tatbestand „und ähnliche Berufe" fordert, §§ 19 und 20 die jeweiligen Einkünfte nicht tatbestandlich definieren, sondern nur in Schwerpunkten stichwortartig benennen, § 22 Nr. 3 S. 1 in den „Einkünften aus Leistungen" einen Tatbestand bildet, der als Auffangtatbestand eine Bereicherungssteuer formuliert, jedoch nur als Tatbestand der übrigen Markteinkommen gerechtfertigt ist, so sind diese unvollständigen Regelungen nur vertretbar, weil die Grundentsch. bereits in der gesetzesdirigierenden Vorschrift des § 2 (vgl. § 2 Rn. 21) getroffen sind. Der Gesetzesadressat muss die gesetzlichen Teilregelungen so weiterdenken, dass im Zusammenwirken v. § 2 und dem jeweiligen unvollständigen Tatbestand ein hinreichend bestimmter Gesamttatbestand entsteht.

72 5. Soweit das EStG der Auslegung bedarf, sind verantwortlicher **Erstinterpret** des G die Finanzbehörden, letztentscheidender **Zweitinterpret** die Finanzgerichtsbarkeit. Die Auslegung des EStG und die Fortbildung des ESt-Rechts gehören zu den anerkannten Aufgaben und Befugnissen der Gerichte.[5] Der BFH hat nach §§ 11 Abs. 4, 115 Abs. 2 FGO die Aufgabe, Recht fortzubilden und eine einheitliche Gesetzesanwendung zu sichern. Dementspr. veröffentlicht der BFH die tragenden Gründe seiner Rspr. oft in gesetzesähnlichen Formulierungen **(Leitsätzen)**. Der BMF veröffentlicht Urteile des BFH im BStBl., weist damit die Finanzbehörden an, in gleichgelagerten Fällen deren Rechtsgrundsätze anzuwenden. Gelegentlich ergeht aber ein sog. **„Nichtanwendungserlass"**, der die Verwaltung anweist, eine Sachentsch. nicht über den entschiedenen Einzelfall hinaus anzuwenden. Der gegenseitige Respekt der Staatsgewalten untereinander, die nach dem Gleichheitssatz gebotene Rechtsanwendungsgleichheit, Gründe der Rechtssicherheit[6] und der Wille der Verbände und Steuerbeteiligten zu einer konfliktschlichtenden Autorität fordern die Entwicklung eines Verfahrens, das der FinVerw. bei begründeten Bedenken[7] einen Nichtanwendungserlass gestattet, sie dann aber verpflichten sollte, die Rechtsfrage in einem anderen Fall nochmals dem BFH vorzulegen. Bestätigt der BFH dann seine Rechtsauffassung, ist dieses die verbindliche Grundlage für die allg., verlässliche Handhabung des G. Ein rückwirkendes „klarstellendes" **Nichtanwendungsgesetz** ist unzulässig (vgl. Rn. 52 f.).

---

1 Vgl. § 5b Rn. 1; *Seer/Wilms*, StuW 2015, 118.
2 *P. Kirchhof*, DStR 2018, 497 (501).
3 *G. Kirchhof*, FS 100 Jahre BFH, 361 (362 f.).
4 *Mellinghoff*, FS 100 Jahre BFH, 421 (423 f.).
5 Vgl. BVerfG v. 14.2.1973 – 1 BvR 112/65, BVerfGE 34, 269 (287 f.) = NJW 1973, 1221; v. 11.10.1978 – 1 BvR 84/74, BVerfGE 49, 304 (318 f.) = DVBl. 1978, 994; v. 14.1.1986 – 1 BvR 209, 221/79, BVerfGE 71, 354 (362 f.) = BStBl. II 1986, 376 (379); *Thiemann*, FS 100 Jahre BFH, 129 (130 f.); *Musil*, FS 100 Jahre BFH, 151 (160 ff.).
6 *Spindler*, DStR 2007, 1061 (1064 f.).
7 Vgl. dazu *Scholtz*, FS Franz Klein, 1994, 1041 (1048); *Spindler*, DStR 2007, 1061 (1064); *Voß*, DStR 2003, 441 (446); *Pezzer*, DStR 2004, 525 (530).

6. Die ESt **entsteht** mit Ablauf des VZ (§§ 25 Abs. 1, 36 Abs. 1 S. 1 EStG, § 38 AO), also idR des Kj. (§ 2 Abs. 7 S. 2 und 3), wird aber grds. erst einen Monat nach Erl. des Steuerbescheides **fällig** (§ 36 Abs. 4 S. 1). Die Besonderheiten des v. der Veranlagung getrennten Lohnsteuerverfahrens (§ 46) und die vorl. Erfüllung der Einkommensteuerschuld durch Vorauszahlung und andere Verrechnungsbeträge (§ 36 Abs. 2) bestätigen die Regel, dass das EStG zwar die Steuerschuld abschließend begründet, es aber in seinen Tatbeständen und Rechtsfolgen nicht so bestimmt ist, dass die individuelle Steuerschuld ohne ihre Verdeutlichung im Steuerbescheid unmittelbar aus dem G abgelesen werden könnte. Deshalb muss die auf die Einkommensteuererklärung (§ 25 Abs. 3 S. 1) aufbauende Einkommenbesteuerung in einem förmlichen Bescheid nach den Grundsätzen der Amtsermittlung und Kontrolle festgesetzt werden. Allerdings drängt die elektronische Erklärung zur Selbstveranlagung und einer eher kontrollierenden Verwaltung. Für den **strafrechtl. Erfolgstatbestand** der Steuerverkürzung sollte die Rspr. anerkennen, dass mit dem Steuerbescheid, der die Steuer zu gering festsetzt, der Erfolg der Steuerverkürzung konstitutiv bereits eingetreten, nicht erst der Steueranspr. gefährdet ist. 73

III. Eigenständige einkommensteuerliche Begriffsbildung und Auslegung. Die Anwendung des EStG trifft oft nicht auf den gesetzlich gemeinten Regelfall, sondern auf den durch steuerbewusste Sachverhaltsgestaltung bewirkten **Grenzfall**. Finanzbeamte und Richter stehen deshalb vor der Aufgabe, den Sachverhalt mit Blick auf seinen stl. erheblichen Kern der individuell erworbenen Finanzkraft (des Einkommens) zu ermitteln und diesen auch bei formalen und rechtstechnischen Ablenkungen als stl. Belastungsgrund zu erfassen. Dieser Auftrag wurde lange als „wirtschaftliche Betrachtungsweise" bezeichnet, findet heute in der Unbeachtlichkeit missbräuchlicher Gestaltungsmöglichkeiten des Rechts (§ 42 AO) eine Orientierungshilfe, fordert aber in der Sache eine eigenständige steuerjuristische Begriffsbildung und Sachverhaltserfassung. Dazu **bietet § 2 Abs. 1 die gesetzesdirigierenden Grundregeln** (vgl. § 2 Rn. 21). § 2 entwickelt eigenständige Begriffe, die das gesamte System des EStG prägen. Die sieben Erwerbsgrundlagen des § 2 Abs. 1 benennen den rechtfertigenden Grund der ESt. Der Handlungstatbestand des Erzielens v. Einkommen aus den sieben Erwerbsgrundlagen definiert den Steuerschuldner und das Zurechnungssubjekt. Die Abfolge v. Einkünfteermittlung, Summe der Einkünfte, Gesamtbetrag der Einkünfte, Einkommen und zu versteuerndes Einkommen bietet ein das gesamte G prägendes System. Die Zurechnung des Steuersubjekts zum Inland (§ 1) und das Jährlichkeitsprinzip (§ 2 Abs. 7) regeln die räumliche und zeitliche Zuordnung. 74

Knüpft eine Regelung des EStG an eine zivilrechtl. Gestaltung an, so folgt die Auslegung der steuerrechtl. Bestimmung nicht zwingend der zivilrechtl. Vorgabe. Auch gilt keine Vermutung, dass dem Zivilrecht entlehnte Tatbestandsmerkmale iSd. zivilrechtl. Verständnisses zu interpretieren seien.[1] Ein Vorrang oder eine Maßgeblichkeit der zivilrechtl. Würdigung der v. StPfl. gewählten Sachverhaltsgestaltung für die Auslegung des EStG besteht nicht, weil **Zivilrecht und Steuerrecht nebengeordnete, gleichrangige Teilrechtsordnungen im Rang v. Bundesgesetzen sind**, die denselben Sachverhalt aus einer je eigenen Perspektive und unter verschiedenen Wertungsgesichtspunkten beurteilen.[2] Der StPfl. kann zwar einen Sachverhalt vertraglich gestalten, nicht aber die steuerrechtl. Folgen dieser Gestaltung bestimmen. Insoweit gilt eine **Vorherigkeit** für die Anwendung des Zivilrechts, jedoch nicht ein Vorrang.[3] Das Zivilrecht regelt die Vertragsrechtsfolge, das Steuerrecht die Steuerrechtsfolge.[4] 75

Ob und inwieweit ein v. EStG übernommener Begriff aus einer anderen Teilrechtsordnung deren Inhalt teilt, muss jeweils durch Auslegung ermittelt werden. Wenn § 21 den Begriff der „Vermietung und Verpachtung" verwendet oder § 15 den des „Gewerbebetriebes", haben diese Begriffe eine besondere estrechtl., sich v. Zivilrecht (§ 21 Rn. 3 f.) und v. Gewerberecht (§ 15 Rn. 13) unterscheidende Bedeutung. Eine solche **„Relativität der Rechtsbegriffe"**[5] ist in einer widerspruchsfreien, aber je nach Sachbereichen differenzierten Rechtsordnung angelegt. Wenn andererseits § 26 den Begriff der Ehe, § 15 Abs. 1 S. 1 Nr. 2 den Begriff der OHG oder KG, § 10b Abs. 2 den Begriff der politischen Partei, § 7i den Begriff des Denkmals,[6] § 32a den Begriff des Euro verwenden, so meint diese Anknüpfung an statusbegründende Rechtsvorschriften anderer Teilrechtsordnungen den jeweiligen familien-, gesellschafts-, partei-, denkmal- oder währungsrechtl. Rechtsakt. Derartige ausdrückliche Verweise nehmen die angesprochene Norm in ihrer jeweiligen Entwicklung tatbestandlich in das EStG auf (dynamische Verweisung). 76

Das EStG ist in einer eigenständigen **steuerjuristischen Betrachtungsweise** auszulegen. Diese lockert nicht die Gebundenheit des Gesetzesadressaten durch das G, verstärkt vielmehr die Gebundenheit an das 77

1 BVerfG v. 27.12.1991 – 2 BvR 72/90, FR 1992, 270 = NJW 1992, 1219 f. (zur GrESt).
2 BVerfG v. 27.12.1991 – 2 BvR 72/90, FR 1992, 270 = NJW 1992, 1219.
3 BVerfG v. 27.12.1991 – 2 BvR 72/90, FR 1992, 270 = NJW 1992, 1219.
4 Im Einzelnen *P. Kirchhof* in Maunz/Dürig, GG, Art. 3 Rn. 151 ff. (Stand: Mai 2015).
5 *Engisch*, Einführung in das juristische Denken, 10. Aufl. 2005, 95.
6 Vgl. BFH v. 24.6.2009 – X R 8/08, BStBl. II 2009, 960 – grundsätzliche Bindung an Bescheinigung der Denkmalbehörde.

EStG. Eine steuerjuristische Auslegung des EStG nach dessen Sinn und Zweck erfasst den Sachverhalt des Einkommens auch dann, wenn der StPfl. einen nach EStG besteuerungswürdigen Sachverhalt in Form und vertragsrechtl. Gestaltung als nicht steuerbar darzustellen sucht. Diese eigenständige steuerjuristische Auslegung findet in § 2 seine Prinzipien, erübrigt den § 42 AO,[1] wonach der Steueranspr wie bei einer den wirtschaftlichen Verhältnissen angemessenen Gestaltung entsteht. Soweit durch eine Auslegung des EStG trotz des § 2 eine „Rechtsfolgelücke",[2] also eine ungerechtfertigte Steuerent- oder Steuerbelastung entstehen sollte, stellt sich die wiederum durch steuerjuristische Interpretation zu klärende Frage, ob das EStG Interpretationsräume öffnet, die – über die teleologische Auslegung hinausgreifend – durch die unmittelbar bindenden Vorgaben des GG zu schließen sind. Sollte das Auslegungsergebnis zu einer gleichheitswidrigen Steuerentlastung führen, wird idR eine **verfassungskonforme Auslegung** des EStG geboten sein.[3] Diese Auslegung versteht die Aussagen des EStG als Belastungsentsch. des Gesetzgebers, der die Vorgaben des GG beachtet und konkretisiert. Die Gesetzesbindung v. Verwaltung und Rspr. bindet zunächst durch das EStG, sodann durch das GG.

78 Die Vorherigkeit vertraglicher Wirtschaftsgestaltung wird zu **steuermindernden und steuervermeidenden Sachverhaltsgestaltungen** genutzt. Da gegenwärtig die Besteuerung des Einkommens bei der KapGes., der PersGes. und dem Einzelunternehmen verschieden ist, veranlassen diese unterschiedlichen Regelbelastungen bewusste Entsch. des Freiheitsberechtigten, die Rechtsform des Einzelkaufmanns, der PersGes. oder der KapGes. zu wählen. Weitere Gestaltungen ergeben sich aus den Leistungsverhältnissen zw. dem Unternehmen und seinen G'tern, aus Art und Umfang des dem Unternehmen gewidmeten Vermögens, aus der Thesaurierung oder Ausschüttung von Gewinnen, aus der Eigen- oder Fremdfinanzierung, aus der Unterscheidung zw. Gewinn- und Überschusseinkünften, aus der Grenzziehung zw. betrieblichem und privatem Bereich, aus der Verlagerung von Gewinnen ins Ausland oder in spätere VZ. Soweit das G ausdrückliche oder faktische Wahlmöglichkeiten eröffnet, ist deren Wahrnehmung legitim. Allerdings wird für das Steuerrecht vermehrt zu bedenken sein, inwieweit der privatrechtl. Vertrag zu einem Instrument werden darf, das stl. Ungleichheit herstellt. Der Vertrag ist Ausdruck der Freiheit der Bürger,[4] der in der Verständigung über Leistung und Gegenleistung das Maß eines angemessenen Tausches findet.[5] Dabei wird stets vorausgesetzt, dass die Vertragspartner sich ausschließlich über Rechte verständigen, über die sie verfügen dürfen. Demgegenüber teilt das Steuergesetz Steuerlasten gleichmäßig und maßvoll ohne und gegen den Willen der StPfl. zu. Deswegen muss die klassische Unterscheidung zw. iustitia commutativa und iustitia distributiva[6] neu zur Wirkung gebracht werden. Das Privatrecht[7] unterscheidet zw. den die Vertragspartner treffenden Vereinbarungsfolgen sowie einem Vertrag zulasten Dritter, der einen Dritten ohne sein Einverständnis unmittelbar belastet,[8] und dem Vertrag mit Belastungswirkung für Dritte, der nicht eigens in Rechtspositionen Dritter eingreift, aber auf Belastung Dritter angelegt ist.[9] Der BGH beanstandet insbes. einen Verzicht auf künftige Unterhaltsvereinbarungen, durch die ein Sozialhilfeträger oder Familienangehöriger unterhaltspflichtig werden soll.[10] Ähnliche Folgerungen zieht der BGH in seiner neueren Rspr. über die Leistung von „Schwarzarbeit", bei der ein Vertrag den Leistungsaustausch so gestaltet, dass er die mit dem Leistungsaustausch verbundenen Steuern und Sozialabgaben vermeiden soll.[11]

---

1 So bereits *E. Becker*, StuW 1924, 151; vgl. § 2 Rn. 3.

2 So die Gesetzesbegründung zu § 42 Abs. 2 AO, BT-Drucks. 14/6877, 52.

3 *E. Reimer*, FS 100 Jahre BFH, 227 (234 f.), *Trossen* FS 100 Jahre BFH.

4 *G. Hirsch* in FS P. Kirchhof, Bd. 2, 2013, § 109 Rn. 3 f.

5 *Rüthers/Fischer/Birk*, Rechtstheorie mit juristischer Methodenlehre, 6. Aufl. 2011, Rn. 361 f.

6 Zu deren Ursprüngen *Aristoteles*, Nikomachische Ethik, 1131a, 1 ff.; dazu *Rüthers/Fischer/Birk*, Rechtstheorie mit juristischer Methodenlehre, 6. Aufl. 2011, Rn. 361; *van Suntum*, Die unsichtbare Hand, 3. Aufl. 2005, 69 f.; *Isensee*, Privatautonomie, HStR Bd. VII, 3. Aufl. 2009, § 155 Rn. 14 f.

7 Zur Prüfung des „angemessenen" Tausches und einer „strukturell ungleichen Verhandlungsstärke" vgl. BVerfG v. 27.5.1992 – 2 BvF 1, 2/88, 2 BvF 1/89, 2 BvF 1/90, BVerfGE 86, 214 (234); vgl. iÜ BVerfG v. 7.2.1990 – 1 BvR 26/84, BVerfGE 81, 242 (254 f.); v. 6.2.2001 – 1 BvR 12/92, BverfGE 103, 89 (100 ff.).

8 *Gottwald* in Münchener Kommentar zum BGB, Bd. 2, 6. Aufl. 2012, § 328 Rn. 139; *Habersack*, Vertragsfreiheit und Drittinteresse, 1992, 30 f.

9 *Habersack*, Vertragsfreiheit und Drittinteresse, 1992, 55; *Martens*, Rechtsgeschäft und Drittinteresse, AcP 177 (977), 116 (165 f.); vgl. auch *Wiedemann*, SAE 1969, 2665 (2668) – Verbot der Erstreckung tariflicher Vergünstigungen auf gewerkschaftsfremde „Trittbrettfahrer" unzulässig.

10 Vgl. BGH v. 8.12.1982 – IVb ZR 333/81, BGHZ 86, 82 (89); v. 24.4.1985 – IVb ZR 22/84, NJW 1985, 1833; v. 17.9. 1986 – IVb ZR 59/85, NJW 1987, 1546; v. 5.11.2008 – XII ZR 157/06, NJW 2009, 842 (845); zu den dogmatischen Fragen: *Hess*, FamRZ 1996, 1981 (1982, 1985 ff.) mwN; vgl. auch *Sack/Fischinger* in Staudinger, Kommentar zum BGB, Buch 1: Allgemeiner Teil 5, Neubearbeitung 2014, § 138 Rn. 455.

11 BGH v. 1.8.2013 – VII ZR 6/13, NJW 2013, 3167 – Nichtigkeit gem. § 134 BGB iVm. § 1 Abs. 2 Nr. 2 SchwarzArbG; auch der bereicherungsrechtl. Anspr. auf Wertersatz gegen den Besteller wird verneint, BGH v. 10.4.2014 – VII ZR 241/13, NJW 2014, 1805.

Doch die Wege zu vertraglich vereinbarter Verschiedenheit und gesetzlich angeordneter Gleichheit sind noch nicht hinreichend scharf vorgezeichnet. Im Fall der **„Schwarzwaldklinik"** hat das BVerfG hervorgehoben, dass allein die vertraglich gewählte Rechtsform – eine kardiologische Klinik wurde vom Chefarzt, die andere von einer GmbH unter Verantwortung eines Chefarztes geführt – nicht zu unterschiedlichen Steuerbelastungen führen dürfe.[1] Im Fall des **„Anlagensplittings"** – die Aufteilung einer Biogasanlage auf mehrere Einheiten, die insgesamt höhere Vergütungen beanspruchen könnten – hat das BVerfG[2] der Gestaltung die Anerkennung versagt, weil sie „erkennbar der ausdrücklich erklärten gesetzgeberischen Regelungsintention" zuwiderlaufe. In seiner Entsch. zu den **Verschonungstatbeständen bei der ErbSt** hat das BVerfG[3] gesetzlich zugelassene Gestaltungsmöglichkeiten beanstandet, wenn diese zu Steuerminderbelastungen führen, wie sie vom G erkennbar nicht bezweckt und gleichheitsrechtl. nicht zu rechtfertigen sind. Verfassungswidrig waren deshalb Regelungen, die **(1) Betriebsspaltungen** zulassen, um die Steuerfreistellung für Betriebe mit bis zu 20 Beschäftigten auf Betriebe mit einer deutlich höheren Beschäftigungszahl zu erstrecken; die **(2)** eine Nichtberücksichtigung von 50 % des Verwaltungsvermögens durch mehrstöckige Gesellschaftsbeteiligungen im Konzern dank eines **Kaskadeneffekts** auf Betriebe mit einem Anteil von über 90 % Verwaltungsvermögen im Gesamtbetrieb erstreckten und die **(3)** eine – damalige – **Cash-Ges.**, deren Vermögen ausschließlich aus Geldforderungen bestand, weitgehend oder vollständig stfrei stellten.[4] Die FG seien allerdings gehalten, mithilfe des § 42 AO solchen Gestaltungspraktiken entgegenzuwirken, die zur Verfassungswidrigkeit einer Norm führen.[5] Diese drei verfassungswidrigen Gestaltungsangebote sind im neuen ErbStG im Kern wieder enthalten. Das BVerfG vertritt den Anspr. auf gleichheitsgerechte Besteuerung. Die Auffassung, eine gesetzliche,[6] nicht unbeträchtliche Schlechterstellung der PersGes. ggü. Einzelkaufleuten werde dadurch aufgefangen, dass den PersGes. die Möglichkeit offenstehe, der Benachteiligung durch gesellschaftsrechtl. Gestaltung auszuweichen,[7] wird nicht weiter vertreten. Eine gesetzliche Ausweichoption ist verfassungsrechtl. nur zulässig, wenn sie zweifelsfrei legal ist, keinen unzumutbaren Aufwand erfordert und kein nennenswertes finanzielles und rechtl. Risiko enthält.[8] **Beim Übergang vom Anrechnungs- zum Halbeinkünfteverfahren** konnten die Ausweichmöglichkeiten des „Schütt-aus-Leg-ein-Verfahrens" und des „Leg-ein-Hol-zurück-Verfahrens" die Ungleichbehandlung nicht auffangen, die mit dem Verlust von Körperschaftsteuerminderungspotenzial verbunden ist.[9] Damit ist eine stl. Ausweichoption durch vertragliche Gestaltung strukturell anerkannt, aber auf zweifelsfreie Gestaltungen mit zumutbarem Aufwand und ohne nennenswertes finanzielles und rechtl. Risiko beschränkt. Im Grundsatz gilt die Regel: Ein G, das es ermöglicht, „durch bloße Wahl bestimmter Gestaltungen" Steuerfreiheit oder Steuerentlastungen ohne rechtfertigenden Grund zu erreichen, verstößt gegen den allgemeinen Gleichheitssatz.[10] 79

IV. Einfluss des europäischen Rechts auf das EStG. Der Einfluss des Europarechts auf das EStG wächst.[11] Im Recht der EU ist das ESt-Recht Sache der Mitgliedstaaten, die sowohl über die Gesetzgebungs- wie auch über die Ertragshoheit verfügen. Die Regelung der direkten Steuern als solche fällt nicht in die Zuständigkeit der Union. Gleichwohl gewinnt das Europarecht Einfluss auch auf das EStG, insbes. wenn das Recht der direkten Steuern mittelbar oder unmittelbar diskriminiert, gegen die Grundfreiheiten verstößt oder den Binnenmarkt beeinträchtigen kann.[12] Würden allerdings die Grundfreiheiten im Steuerrecht unbegrenzt angewandt, hätte das zur Folge, dass die StPfl. die Orte, wo sie ihre Gewinne besteuern und ihre Verluste geltend machen, frei wählen könnten. Gewinne könnten frei innerhalb der Union in Niedrigsteuerländer, Verluste in Hochsteuerländer verlagert werden. Demgegenüber hat der EuGH, insbes. in der 80

1 BVerfG v. 10.11.1999 – 2 BvR 2861/93, BVerfGE 101, 151 (156f.); vgl. auch BVerfG v. 7.12.1999 – 2 BvR 301/98, BVerfGE 101, 297 (309) = FR 2000, 48.
2 BVerfG v. 18.2.2009 – 1 BvR 3076/08, BVerfGE 122, 374 (396) zur Rückwirkung des § 19 EEG 2009.
3 BVerfG v. 17.12.2014 – 1 BvL 21/12, BVerfGE 138, 136 (232ff.) Rn. 118ff., 213ff. = FR 2015, 160 m. Anm. *Bareis*.
4 BVerfG v. 17.12.2014 – 1 BvL 21/12, BVerfGE 138, 136 (232ff.) Rn. 256ff. = FR 2015, 160 m. Anm. *Bareis*.
5 BVerfG v. 17.12.2014 – 1 BvL 21/12, BVerfGE 138, 136 (232ff.) Rn. 255 = FR 2015, 160 m. Anm. *Bareis*.
6 Die Abfärberegelung des § 15 Abs. 3 Nr. 1 EStG.
7 BVerfG v. 15.1.2008 – 1 BvL 2/04, BVerfGE 120, 1 (52ff., 55) = FR 2008, 818 – Abfärberegelung nach § 15 Abs. 3 Nr. 1 EStG.
8 BVerfG v. 15.1.2008 – 1 BvL 2/04, BVerfGE 120, 1 (53) = FR 2008, 818.
9 BVerfG v. 17.11.2009 – 1 BvR 2192/05, BVerfGE 125, 1 (33f.) = FR 2010, 472.
10 So BFH v. 5.10.2011 – II R 9/11, BStBl. II 2012, 29 = FR 2012, 233 (Beitrittsaufforderung an das BMF, zu § 19 Abs. 1 iVm. §§ 13a, 13b ErbStG); vgl. nunmehr auch in ders. Sache BFH v. 27.9.2012 – II R 9/11, BFHE 238, 241 = FR 2012, 1044 (Vorlage des ErbStG an das BVerfG wg. Verfassungswidrigkeit des § 19 Abs. 1 iVm. §§ 13a, 13b ErbStG 2009 mit der Folge einer „das gesamte G erfassenden verfassungswidrigen Fehlbesteuerung"); nunmehr BVerfG v. 17.12.2014 – 1 BvL 21/12, BVerfGE 138, 136 (232ff.) Rn. 118ff., 213ff. = FR 2015, 160 m. Anm. *Bareis*.
11 Vgl. § 1 Rn. 3, 14; § 2a Rn. 2, 4; § 4 Rn. 222; § 6b Rn. 1; § 15 Rn. 159ff., 422; § 16 Rn. 207; § 32 Rn. 22; § 45e; § 48b Rn. 2; § 50g.
12 *Kokott*, FS 100 Jahre BFH, 735 (736).

Entsch. Marks & Spencer,[1] das rechtfertigende Erfordernis der Wahrung einer ausgewogenen Aufteilung der Steuerhoheit entwickelt. Bei der Bekämpfung von Missbrauch und Betrug im Steuerrecht bringt die Kommission, aber auch der EuGH das Verbot stl. Beihilfen aktuell vermehrt zur Wirkung.[2] Ob bei dieser Missbrauchsbekämpfung – hier gegen ein Verhalten der Mitgliedstaaten, bei den Grundfreiheiten gegen das Verhalten des StPfl. – eine Erneuerung des Steuerrechts erreichbar ist, die gegen Privileg und Interesseneinfluss immunisiert, oder ob in den Erfordernissen der Selektivität und der Beeinträchtigung des zwischenstaatlichen Handels das Beihilfeverbot weitgehend zurückgenommen wird, ist derzeit noch nicht absehbar (Rn. 82). Die Warenverkehrsfreiheit (Art. 34, 35 AEUV), die Arbeitnehmerfreizügigkeit (Art. 45 AEUV), die Niederlassungsfreiheit (Art. 49 AEUV), die Dienstleistungsfreiheit (Art. 56 AEUV) und die Kapitalverkehrsfreiheit (Art. 63 Abs. 1 AEUV) drängen für jede grenzüberschreitende Tätigkeit im Binnenmarkt auf die Beseitigung v. Hindernissen des freien Wirtschaftsverkehrs „zw. den Mitgliedstaaten“:[3] Die Marktfreiheiten verbieten als Diskriminierungsverbote generell jede rechtl. Benachteiligung des zwischenstaatlichen ggü. dem innerstaatlichen Wirtschaftsverkehr (gleichheitsrechtl. Inhalt der Grundfreiheiten).[4] Schlechterstellungen v. gebietsfremden natürlichen und jur. Pers. werden insbes. bei der Einkünfteermittlung, beim Tarif und bei stl. Nebenleistungen grds. in Frage gestellt. Die Grundfreiheiten schützen gegen eine diskriminierende Ungleichbehandlung v. ansässigen und nichtansässigen Pers. aus verschiedenen Mitgliedstaaten.[5] Sie können verletzt sein, wenn die Früchte einer grenzüberschreitenden Tätigkeit stärker belastet werden als diejenigen einer vergleichbaren Inlandstätigkeit.[6] Im Übrigen aber befinden sich Nichtansässige und Ansässige im Inland grds. nicht in einer gleichartigen Ausgangslage, so dass eine Differenzierung zw. unbeschränkter und beschränkter StPfl. den Grundfreiheiten nicht widerspricht.[7] Der EuGH erkannte in der Rs. „Bachmann“[8] das Arg. der **Kohärenz** – von lat. cohaerere, zusammenhängen[9] – des nationalen Steuersystems noch als Rechtfertigungsgrund für eine Ungleichbehandlung an. In der nachfolgenden Entsch. „Wielockx“[10] stellte das Gericht einschr. fest, dass die Kohärenz bereits auf der Ebene DBA zw. den Mitgliedstaaten sicherzustellen sei.[11] Die Kohärenz dient dazu, einen Eingriff in eine Grundfreiheit zu rechtfertigen (Schranke der Freiheit), ebenso aber auch dazu, die Rechtfertigung eines Eingriffs zu beschränken (Schranken-Schranke).[12] Die Mitgliedstaaten dürfen eine Grundfreiheit nur begrenzen, wenn die Freiheitsbeschränkung geeignet ist, die Verwirklichung der von einem Mitgliedstaat geltend gemachten Ziele so zu gewährleisten, dass sie „kohärent und systematisch“ zur Zielerreichung beiträgt.[13] Dieses Erfordernis nach einem **„sinnbildenden Zusammenhang“**,[14] einer **„systemischen Abgestimmtheit“**[15] kommt als Rechtsgestaltungsprinzip dem Folgerichtigkeitsgebot sehr nahe.[16] In ihrer grundrechtl. Schrankenfunktion wird die Kohärenz gleichheitsrechtl. verstanden,[17] aber auch als Ausdruck des Verhältnismäßigkeits-

1 EuGH v. 13.12.2005 – C-446/03, Slg. 2005, I-10837; dazu *Kokott*, FS 100 Jahre BFH, 735 (736).

2 *Kokott*, FS 100 Jahre BFH, 735 (745 f.).

3 *Cordewener*, Europäische Grundfreiheiten und nationales Steuerrecht, 2002, 39 ff. mwN.

4 Vgl. *Stapperfend*, FR 2003, 165 f.; *Englisch*, StuW 2003, 88 f.

5 EuGH v. 14.9.1999 – C-391/97 – Gschwind, BStBl. II 1999, 841 = FR 1999, 1076 = FR 1999, 1195; v. 16.5.2000 – C-87/99 – Zurstrassen, IStR 2000, 335; vgl. EuGH v. 12.5.1998 – C-336/96 – Gilly, IStR 1998, 336 = FR 1998, 847 m. Anm. *Dautzenberg*.

6 Vgl. *Cordewener*, Europäische Grundfreiheiten und nationales Steuerrecht, 2002, 976.

7 EuGH v. 14.2.1995 – C-279/93 – Schumacker, FR 1995, 224 = NJW 1995, 1207; vgl. *Kluge*, Das Internationale Steuerrecht, 4. Aufl. 2000, 137.

8 EuGH v. 28.1.1992 – C-204/90 – Bachmann, EuGHE 1992, I-249.

9 Vgl. *Schorkopf* in Grabitz/Hilf/Nettesheim, Das Recht der Europäischen Union, Art. 7 Rn. 11 (Stand: Juli 2010); *T. Mann*, DStR Beihefter 2015, 28 (29).

10 EuGH v. 11.8.1995 – C-80/94 – Wielockx, FR 1995, 647 = DB 1995, 2147.

11 Vgl. auch EuGH v. 26.10.1999 – C-297/97 – Eurowings, BStBl. II 1999, 851.

12 *Dieterich*, Systemgerechtigkeit und Kohärenz, 2014, 559.

13 EuGH v. 6.11.2003 – C-243/01 – Gambelli ua., Slg. 2003, I-13031 = NVwZ 2004, 87; v. 10.3.2009 – C-169/07 – Hartlauer, Slg. 2009, I-17051 = EuZW 2009, 298; v. 8.9.2010 – C-316/07 – Markus Stoß, Slg. 2010, I-8069.

14 *Schorkopf* in Grabitz/Hilf/Nettesheim, Das Recht der Europäischen Union, Art. 7 Rn. 11 (Stand: Juli 2010); *T. Mann*, DStR Beihefter 2015, 28 (29).

15 *Dieterich*, Systemgerechtigkeit und Kohärenz, 2014, 208.

16 *Haratsch/Koenig/Pechstein*, Europarecht, 7. Aufl. 2010, 367, die später, Europarecht, 8. Aufl. 2012, 379, das Kohärenzgebot als „erheblich strenger“ sehen, schließlich, Europarecht, 9. Aufl. 2014, 397, das Erfordernis einer kohärenten und systematischen Zweckerreichung als Forderung des allgemeinen Gleichheitssatzes, als Ausdruck einer Anwendung von Art. 20 GRCh verstehen; vgl. auch *Grzeszick*, VVDStRL 71 (2011), 49 (74); *Dieterich*, Systemgerechtigkeit und Kohärenz, 2014, 560, 764 f., der die Perspektive des generellen Verhältnisses zwischen Mitgliedstaat und EU als wesentlichen Unterschied zur Folgerichtigkeit betont; *T. Mann*, DStR Beihefter 2015, 28 (29).

17 *Haratsch/Koenig/Pechstein*, Europarecht, 9. Aufl. 2014; *Streinz/Kruis*, Unionsrechtliche Vorgaben und mitgliedstaatliche Gestaltungsspielräume im Bereich des Glücksspielrechts, NJW 2010, 3745 (3747); ähnlich *Dederer*, NJW 2010, 198 (200).

prinzips gedeutet.[1] „Kohärenz" könnte „der europarechtl. Begriff sein, unter dem über Gleichheit in der Union – bezogen auf Mitgliedstaaten und Unionsbürger – diskutiert wird".[2] Das Europarecht prägt das ESt-Recht mit primärrechtl.-richterlichen Direktiven und einem prekären Glossatorenrecht.[3] Der Gesetzgeber ergreift „Maßnahmen, die vor allem zur Anpassung des Steuerrechts an Recht und Rspr. der EU erforderlich sind"[4], erlässt ein „Gesetz zur Umsetzung steuerlicher EU-Vorgaben"[5], vermengt damit allerdings eigene Entsch. mit denen des Unionsrechts. Für die Umgehungstatbestände formuliert der EuGH am Bsp. der Steueroasen klare Grenzen.[6]Teilweise wird die Verwaltung nach EuGH-Entsch. vorläufig, rückwirkend, auch abschließend wie ein Ersatzgesetzgeber tätig.[7] Der Richter bemüht sich um eine unionsrechtskonforme Auslegung, um eine Vorlage an den EuGH zu vermeiden, sucht aber auch der Anwendung deutschen Rechts wegen Vorrangs des Europarechts auszuweichen.[8]

Der Lissabon-Vertrag hat die Charta der Grundrechte in den EU-Vertrag aufgenommen. Damit stellt sich erneut die Grundsatzfrage, inwieweit diese Grundrechte die Gestaltungsmacht der EU für die ESt erweitern. **Grundrechte begrenzen die Wahrnehmung bestehender Kompetenzen, begründen nicht selbst Zuständigkeiten**. Die weitere Entwicklung des Unionsrechts und der Rspr. des EuGH wird diese kompetenzbeschränkende, nicht kompetenzbegründende Funktion der Grundrechte zu bestätigen und zu entfalten haben.[9] Die Harmonisierung bedient sich grds. des Handlungsmittels der – grundrechtsgebundenen – RL (Art. 115 AEUV). Diese bindet den deutschen Mitgliedstaat im vorgegebenen Ziel, überlässt jedoch den innerstaatlichen Stellen die Wahl der Form und der Mittel (Art. 288 AEUV). Problematisch ist die Geltung der EU-Grundrechte in den Fällen, in denen Mitgliedstaaten bei Anwendung oder Umsetzung von Unionsrecht einen eigenen Entscheidungsraum haben.[10] Nach Meinung des EuGH[11] sind die Mitgliedstaaten auch an die EU-Grundrechte gebunden, soweit das EU-Recht normativer Ergänzung bedarf und die mitgliedstaatlichen Entsch. im Dienst einer unionsrechtl. Zielsetzung stehen.[12] Bestätigt eine mitgliedstaatliche Norm inhaltlich nur eine europäische Norm, insbes. auch eine RL, gelten die europäischen Grundrechte.[13] Hat der mitgliedstaatliche Gesetzgeber hingegen bei der Umsetzung von Unionsrecht einen Gestaltungsraum, ist er insoweit durch das Unionsrecht nicht determiniert, kann der Beschwerdeführer sich weiterhin auf die Grundrechte des GG berufen.[14] Wenn eine gefestigte Rspr. des EuGH[15] einer nicht rechtzeitig umgesetzten RL bei hinreichend bestimmten Tatbeständen zugunsten des Bürgers, nicht aber zulasten des Bürgers unmittelbare Wirkung zuspricht, trägt diese Differenzierung eine strukturelle Ungleichheit in das ESt-Recht. Das Regelungskonzept gerät in eine Schieflage, wenn – entgegen dem Willen des G- und Richtliniengebers – entlastende, nicht aber belastende Neuregelungen gelten. Auch hier bedarf das Europarecht der Überprüfung. 81

Bietet das EStG Subventionen an, sind diese vor dem Verbot staatlicher oder aus staatlichen Mitteln gewährter **Beihilfen** (Art. 107 AEUV) zu rechtfertigen.[16] Das unionsrechtl. Beihilfeverbot soll verhindern, 82

---

1 Vgl. *Lippert*, Das Kohärenzerfordernis des EuGH, EuR 2012, 90 (92); anknüpfend an das Kriterium der Geeignetheit EuGH v. 6.11.2003 – C-243/01 – Gambelli ua., Slg. 2003, I-13031 Rn. 67 f.; den legitimen Zweck benennend *Dederer*, NJW 2010, 198 (199).

2 *Schorkopf* in Grabitz/Hilf/Nettesheim, Das Recht der Europäischen Union, Art. 7 Rn. 23, vgl. dort auch Rn. 11 (Stand: Juli 2010).

3 *Hufeld*, Anwendung des europäischen Rechts, HStR, Bd. X, 3. Aufl. 2012, § 215 Rn. 18.

4 Vgl. BT-Drucks. 17/506, 18.

5 Amtl. Überschrift des G v. 8.4.2010, BGBl. I 2010, 386.

6 EuGH v. 20.6.2013 – C-653/11 – Paul Newey, DB 2013, 1946; v. 17.12.2015 – C-419/14 – WebMindLicenses, UR 2016, 58.

7 *Hey*, StuW 2010, 301 (307, 315).

8 Vgl. *Gosch*, Ubg 2009, 73 (74).

9 Krit. zur aktuellen Rspr. *P. Kirchhof*, NJW 2013, 1 (4); vgl. auch EuGH v. 26.2.2013 – C-617/10 – Åkerberg Fransson, NJW 2013, 1415; krit. dazu BVerfG v. 24.4.2013 – 1 BvR 1215/07, BVerfGE 133, 277 (313, Rn. 88) – Antiterrordatei.

10 *Herdegen*, Europarecht, 17. Aufl. 2015, § 8 Rn. 31.

11 EuGH v. 13.7.1989 – 5/88 – Wachauf, Slg. 1989, 2609 (2639 Rn. 19).

12 EuGH v. 21.12.2011 – C-411/10, Slg. 2011, I-13905 Rn. 64 ff. – Asylpolitik; *Herdegen* in Isensee/Kirchhof, Handbuch des Staatsrechts der Bundesrepublik Deutschland, Band X, 3. Aufl. 2012, § 211 Rn. 25.

13 BVerfG v. 2.3.2010 – 1 BvR 256/08, 1 BvR 263/08 und 1 BvR 586/08, BVerfGE 125, 260 (306 f.) – Vorratsdatenspeicherung; *Bergmann*, Handlexikon der EU, Grundrechtecharta der EU, 5. Aufl. 2015, Kap. V.

14 BVerfG v. 13.3.2007 – 1 BvF 1/05, BVerfGE 118, 79 (95) – Zuteilungsplan für Treibhausgas-Immissionsberechtigungen; v. 11.3.2008 – 1 BvR 256/08, BVerfGE 121, 1 (15) – Vorratsdatenspeicherung.

15 EuGH v. 6.10.1970 – C-9/70 – Grad/FA Traunstein, Slg. 1970, 825 (837 f.); v. 8.10.1987 – C-80/86 – Kolpinghuis Nijmwegen, Slg. 1987, 3969 Rn. 9; v. 12.5.1987 – C-372–374/85 – Oscar Traen ua., Slg. 1987, 2141 Rn. 24.

16 Vgl. zu den „Verrechnungsvereinbarungen" zw. Unternehmen und Behörden: Europäische Kommission, Pressemitteilung v. 11.6.2014, Brüssel/Statement by Vice President Almunia, 11.6.2014, Brüssel, betr. die IT-Unternehmen Apple (Irland), Starbucks (Niederlande) und die Fiat Finance and Trade (Luxemburg); dazu DB 2014, M 12.

dass sich die Mitgliedstaaten durch einen Subventionswettlauf wechselseitig schädigen und Unternehmen veranlasst werden, sich an einem nicht nach unternehmerischer Vernunft gewählten Ort anzusiedeln. Zudem sollen die Mitgliedstaaten vor einem politischen Druck bewahrt werden, ineffiziente Subventionen, zB zur Rettung unwirtschaftlich arbeitender Unternehmen, zu vergeben.[1] Dieses Beihilfeverbot erfasst die Steuersubvention, den Verzicht auf Steuereinnahmen ebenso wie die direkte Gewährung öffentlicher Mittel. Das Verbot wettbewerbsverfälschender Beihilfen trifft aber nur besondere, auswählend bevorzugende Regelungen, die bestimmte Unternehmen oder Produktionszweige begünstigen.[2] Die allg. Befugnis eines Mitgliedstaates, seine Steuerpolitik autonom zu gestalten, bleibt unberührt. Die Festlegung v. Steuersätzen, die Bestimmungen über Wertminderungen, Abschreibungen, Verlustvor- und -rücktrag stellen keine staatlichen Beihilfen dar, wenn sie für alle Unternehmen und Produktionszweige gleichermaßen gelten. Auch das Verfolgen allg. politischer Ziele durch Steuerlenkung, insbes. zur Förderung v. Beschäftigung, Ausbildung und F & E in einem Mitgliedstaat, ist zulässig.[3] Für bestehende Beihilferegelungen (Altbeihilfen) sieht Art. 108 Abs. 1 AEUV ein begleitendes repressives Überwachungsverfahren der Kommission vor, für die beabsichtigte Einf. oder Umgestaltung von Beihilfen (Neubeihilfen) regelt Art. 108 Abs. 3 AEUV ein präventives Überwachungsverfahren, das der Kommission das Recht gibt, schon mit der Anzeige der Neubeihilfe diese von Anfang an zu verhindern.[4]

1 *Ismer*, FS 100 Jahre BFH, 845 (846).
2 Mitteilung der Kommission über die Anwendung der Vorschriften über staatliche Beihilfen auf Maßnahmen im Bereich der direkten Unternehmensbesteuerung, ABlEG 1998 Nr. C 384, 3 (4).
3 Mitteilung der Kommission über die Anwendung der Vorschriften über staatliche Beihilfen auf Maßnahmen im Bereich der direkten Unternehmensbesteuerung, ABlEG 1998 Nr. C 384, 3 (5).
4 *Sutter*, FS 100 Jahre BFH, 825 (826 f.).

Einkommensteuergesetz (EStG)

idF der Bek. v. 8.10.2009 (BGBl. I 2009, 3366, ber. 3862),
zuletzt geändert durch G v. 19.12.2018 (BGBl. I 2018, 2672)

I. Steuerpflicht

§ 1 Steuerpflicht

(1) [1]Natürliche Personen, die im Inland einen Wohnsitz oder ihren gewöhnlichen Aufenthalt haben, sind unbeschränkt einkommensteuerpflichtig. [2]Zum Inland im Sinne dieses Gesetzes gehört auch der der Bundesrepublik Deutschland zustehende Anteil

1. an der ausschließlichen Wirtschaftszone, soweit dort
   a) die lebenden und nicht lebenden natürlichen Ressourcen der Gewässer über dem Meeresboden, des Meeresbodens und seines Untergrunds erforscht, ausgebeutet, erhalten oder bewirtschaftet werden,
   b) andere Tätigkeiten zur wirtschaftlichen Erforschung oder Ausbeutung der ausschließlichen Wirtschaftszone ausgeübt werden, wie beispielsweise die Energieerzeugung aus Wasser, Strömung und Wind oder
   c) künstliche Inseln errichtet oder genutzt werden und Anlagen und Bauwerke für die in den Buchstaben a und b genannten Zwecke errichtet oder genutzt werden, und
2. am Festlandsockel, soweit dort
   a) dessen natürliche Ressourcen erforscht oder ausgebeutet werden; natürliche Ressourcen in diesem Sinne sind die mineralischen und sonstigen nicht lebenden Ressourcen des Meeresbodens und seines Untergrunds sowie die zu den sesshaften Arten gehörenden Lebewesen, die im nutzbaren Stadium entweder unbeweglich auf oder unter dem Meeresboden verbleiben oder sich nur in ständigem körperlichen Kontakt mit dem Meeresboden oder seinem Untergrund fortbewegen können; oder
   b) künstliche Inseln errichtet oder genutzt werden und Anlagen und Bauwerke für die in Buchstabe a genannten Zwecke errichtet oder genutzt werden.

(2) [1]Unbeschränkt einkommensteuerpflichtig sind auch deutsche Staatsangehörige, die

1. im Inland weder einen Wohnsitz noch ihren gewöhnlichen Aufenthalt haben und
2. zu einer inländischen juristischen Person des öffentlichen Rechts in einem Dienstverhältnis stehen und dafür Arbeitslohn aus einer inländischen öffentlichen Kasse beziehen,

sowie zu ihrem Haushalt gehörende Angehörige, die die deutsche Staatsangehörigkeit besitzen oder keine Einkünfte oder nur Einkünfte beziehen, die ausschließlich im Inland einkommensteuerpflichtig sind. [2]Dies gilt nur für natürliche Personen, die in dem Staat, in dem sie ihren Wohnsitz oder ihren gewöhnlichen Aufenthalt haben, lediglich in einem der beschränkten Einkommensteuerpflicht ähnlichen Umfang zu einer Steuer vom Einkommen herangezogen werden.

(3) [1]Auf Antrag werden auch natürliche Personen als unbeschränkt einkommensteuerpflichtig behandelt, die im Inland weder einen Wohnsitz noch ihren gewöhnlichen Aufenthalt haben, soweit sie inländische Einkünfte im Sinne des § 49 haben. [2]Dies gilt nur, wenn ihre Einkünfte im Kalenderjahr mindestens zu 90 Prozent der deutschen Einkommensteuer unterliegen oder die nicht der deutschen Einkommensteuer unterliegenden Einkünfte den Grundfreibetrag nach § 32a Absatz 1 Satz 2 Nummer 1 nicht übersteigen; dieser Betrag ist zu kürzen, soweit es nach den Verhältnissen im Wohnsitzstaat des Steuerpflichtigen notwendig und angemessen ist. [3]Inländische Einkünfte, die nach einem Abkommen zur Vermeidung der Doppelbesteuerung nur der Höhe nach beschränkt besteuert werden dürfen, gelten hierbei als nicht der deutschen Einkommensteuer unterliegend. [4]Unberücksichtigt bleiben bei der Ermittlung der Einkünfte nach Satz 2 nicht der deutschen Einkommensteuer unterliegende Einkünfte, die im Ausland nicht besteuert werden, soweit vergleichbare Einkünfte im Inland steuerfrei sind. [5]Weitere Voraussetzung ist, dass die Höhe der nicht der deutschen Einkommensteuer unterliegenden Einkünfte durch eine Bescheinigung der zuständigen ausländischen Steuerbehörde nachgewiesen wird. [6]Der Steuerabzug nach § 50a ist ungeachtet der Sätze 1 bis 4 vorzunehmen.

(4) Natürliche Personen, die im Inland weder einen Wohnsitz noch ihren gewöhnlichen Aufenthalt haben, sind vorbehaltlich der Absätze 2 und 3 und des § 1a beschränkt einkommensteuerpflichtig, wenn sie inländische Einkünfte im Sinne des § 49 haben.

Verwaltung: BMF v. 30.12.1996, BStBl. I 1996, 1506; v. 25.11.1999, BStBl. I 1999, 990; v. 4.10.2011, BStBl. I 2011, 961; v. 18.11.2013, BStBl. I 2013, 1462; v. 20.10.2016, BStBl. I 2016, 1183.

Literatur: *Behrendt/Wischott/Krüger*, Praxisfragen zu deutschen Besteuerungsrechten im Zusammenhang mit Offshore-Windparks in der deutschen ausschließlichen Wirtschaftszone, BB 2012, 1827; *Büchl-Winter*, Steuerliche Fragen im Zusammenhang mit der Errichtung von Offshore-Windparks, KSzW 2013, 362; *Ehlers*, Meeresfreiheit und aquitorale Ordnung – Zur Entwicklung des Seerechts, VerwArch 2013, 406; *Hawlitschek*, Gedanken zur geplanten (vermeintlichen) Erweiterung des Inlandsbegriffs für die Ertragsteuern, IStR 2015, 413; *Hille/Herrmann*, Besteuerung von Offshore-Anlagen, RdE 2008, 237; *Kudert/Glowienka*, Grenzpendlerbesteuerung – Eine Analyse der Optionen beschränkt einkommensteuerpflichtiger ArbN aus dem EWR, StuW 2010, 278; *Maciejewski/Theilen*, Steuern an ihren Grenzen: Der (erweiterte) Inlandsbegriff im deutschen Ertragsteuerrecht und seine völkerrechtlichen Bezüge, IStR 2013, 846; *Maciejewski/Theilen*, Von vermeintlichen Klarstellungen und zunehmenden Besteuerungsrechten: Der reformierte erweiterte Inlandsbegriff, IStR 2016, 401; *Petry*, Die Ertragsbesteuerung auf dem deutschen Festlandsockel und in der deutschen ausschließlichen Wirtschaftszone, 2008; *Schön*, Die beschränkte StPfl. zw. europäischem Gemeinschaftsrecht und deutschem Verfassungsrecht, DStR 1995, 119; *Schön*, Das „Schumacker"-Urteil des EuGH und seine Auswirkungen auf die beschränkte EStPfl., DStR 1995, 585; *Waldhoff/Engler*, Die Küste im deutschen Ertragsteuerrecht, FR 2012, 254; frühere Literatur s. 10. Aufl.

A. Grundaussagen der Vorschrift

1 **I. Regelungsgegenstand und Bedeutung.** Die ESt ist eine Personen- oder Individualsteuer. Vor diesem Hintergrund regelt § 1 als Grundlagenvorschrift die StPfl. – einen Begriff, der im EStG nicht einheitlich verwendet wird: In persönlicher Hinsicht **(persönliche StPfl.)** bestimmt sie, wer Schuldner der deutschen ESt ist und mit seinen Einkünften in sachlicher Hinsicht **(sachliche StPfl.)** nach Maßgabe der §§ 2 ff. (unbeschränkte StPfl.; § 1 Abs. 1–3) und der §§ 49 ff. (beschränkte StPfl.; § 1 Abs. 4) unterfällt. Die **unbeschränkte StPfl.** (Abs. 1) knüpft zwar – als Ausdruck des sog. **Territorialitätsprinzips** – an einen inländ. Wohnsitz oder alternativ den gewöhnlichen Aufenthalt an. Sie erstreckt sich (vorbehaltlich begrenzender Vorschriften, insbes. in den DBA, dort vorzugsweise in Gestalt der sog. Freistellungsmethode) jedoch auf sämtliche (nach **§ 2 Abs. 1** der ESt unterliegende) in- und ausländ. Einkünfte (**Welteinkommens-, Totalitäts- oder Universalitätsprinzip**). Zur verfassungsrechtl. Einschätzung s. Rn. 2. Zum Begriff der inländ. in Abgrenzung zu ausländ. Einkünften s. § 49 Abs. 2 (sog. **erweiterte unbeschränkte StPfl.**) erweitert diesen Anwendungsbereich auf solche Pers., die zwar nicht im Inland ansässig sind, jedoch bestimmte inländ. Einkünfte aus öffentl. Kassen beziehen. Abs. 3 (sog. **fiktive unbeschränkte StPfl.**) ermöglicht es bestimmten, im Inland ebenfalls nicht ansässigen Pers., sich auf Antrag als unbeschränkt stpfl. behandeln zu lassen. Abs. 4 erfasst als Residualvorschrift die **beschränkte StPfl.** (**Territorialitätsprinzip**).

1a Auch der Entw. eines **BStGB**[1] unterscheidet zw. einer unbeschränkten und einer beschränkten StPfl.: Die unbeschränkte StPfl. wird danach territorial nach wie vor mit einer Ansässigkeit verknüpft; sie erfasst das

1 *Kirchhof*, BStGB, 2011.

Welteinkommen (§ 61 Abs. 1 BStGB-Entw.), unter Einschluss v. Einkünften „aus ausländ. Erwerbshandeln" (§ 63 Abs. 1 S. 1 BStGB-Entw.). Davon abgegrenzt wird die beschränkte StPfl. für inländ. Einkünfte als solche „aus inländ. Erwerbshandeln" (§ 62 Abs. 1 S. 1 und 2 BStGB-Entw.), wobei ein nutzentheoretischer Legitimationsansatz gewählt wird: „Inländ. Erwerbshandeln nutzt in Deutschland belegene Erwerbsgrundlagen" (§ 62 Abs. 1 S. 3 BStGB-Entw.). Möglicherweise vereinfachen diese Ansätze denn doch (zu) sehr; sie dürften einer eingriffsfesten Konturierung der Steuertatbestände, welche v. Art. 20 Abs. 3 GG eingefordert wird, kaum hinreichend Rechnung tragen.

II. Verfassungsmäßigkeit und Unionsrechtskonformität. Ungeachtet der erheblichen Schlechterstellung der beschränkt ggü. den unbeschränkt StPfl. wird § 1 und die sich hieraus ergebende Grundunterscheidung für **verfassungsrechtl. unbedenklich** gehalten, weil die Gesamtbelastung der beschränkt StPfl. in keinem Fall höher ist als die der unbeschränkt StPfl. Die Tragfähigkeit dieser Begr. ist zweifelh.; letztlich rechtfertigt sich die Unterscheidung zw. unbeschränkt und beschränkt StPfl. wohl (nur) aus Gründen der Praktikabilität und der Unmöglichkeit, andernfalls drohende Mehrfachbegünstigungen bei Pers., die aus mehreren Staaten Einkünfte erzielen, zu vermeiden. Das gilt auch für das die unbeschränkte StPfl. tragende Welteinkommensprinzip (s. Rn. 1). Gerechtfertigt wird dieses letztlich (1.) mit dem Leistungsfähigkeitsprinzip, mit dem es sich im Grds nicht vertrage, exterritorial erwirtschaftete, leistungssteigernde Einkünfte unbesteuert zu lassen, und (2.) mit dem Nutzengedanken, wonach die Steuer das „Entgelt" für den „Nutzen" darstellt, den der Bürger aus der konkreten Wirtschaftsordnung für die Einkünftezuordnung zieht.[1] Beide Argumentationsstränge sind anfechtbar. Im Grunde erweist es sich als gleichheitswidrig, ggf. sogar als enteignend, wenn der Staat Zugriff auf Einkunftsbestandteile nimmt, die gänzlich unabhängig v. seiner Volkswirtschaft erwirtschaftet worden sind. Auch der in diesem Zusammenhang übliche Hinweis auf den Abschluss v. DBA erscheint zweifelh., weil der einzelne StPfl. sich nicht dagegen wehren kann, wenn der Staat, in dem er seinen Lebensmittelpunkt hat und den Großteil seines Einkommens erwirtschaftet, mit jenem Staat, in dem er über eine Wohnung und über weitere, geringe Einkünfte verfügt, kein DBA abschließen will[2] (s. auch § 49 Rn. 109 zu § 49 Abs. 3). Auch hier sind es deshalb letztlich nur wieder Zweckmäßigkeitsgesichtspunkte, die die Ausweitung des Besteuerungszugriffs tragen.[3] Gleichheitsrechtliche Einwände stützen sich schließlich zu Recht auf das „Zufallsprinzip", nach welchem der Gesetzgeber die Zugriffstatbestände der beschränkten StPfl. ausgewählt hat (s. § 49 Rn. 3, § 50a Rn. 1). 2

Soweit **unionsrechtl.** Bedenken ggü. § 1 bestanden (allg. Diskriminierungsverbot, ArbN-Freizügigkeit, Niederlassungsfreiheit, vgl. Art. 18, Art. 45 ff., Art. 49 ff. AEUV, s. Rn. 14), sind diese durch § 1 Abs. 3 und § 1a weitgehend (aber nicht uneingeschränkt, s. Rn. 18) ausgeräumt.[4] Ungeachtet sonstiger Regeln des internationalen Steuerrechts werden hiernach sog. Grenzpendlern aus EU-Mitgliedstaaten dieselben persönlichen Abzüge und Tarifvergünstigungen (insbes. der Splitting-Tarif) wie unbeschränkt StPfl. gewährt, soweit sie im Ansässigkeitsstaat so geringe Einkünfte (= höchstens 10 % oder nicht mehr als den Grundfreibetrag bzw. – bis zum VZ 2007 – 6 136 Euro, Abs. 3 S. 2, Rn. 18 f.) haben, dass es dort nicht zu einer effektiven Berücksichtigung ihrer persönlichen Lasten kommen kann. Der EuGH[5] hat klargestellt, dass in diesen quantitativen Begrenzungen im Grundsatz kein Unionsrechtsverstoß liegt. Ein Gebietsfremder, der einen höheren Teil seiner Gesamteinkünfte im Wohnsitzstaat erzielt, sei mit einem Gebietsansässigen insoweit nicht vergleichbar. Die persönlichen Verhältnisse und der Familienstand seien stl. prinzipiell im Wohnsitzstaat zu berücksichtigen.[6] Abw. verhält es sich immer nur dann, wenn der beschränkt stpfl. Gebietsfremde im Wohnsitzstaat keine Berücksichtigung der persönlichen Verhältnisse erreichen kann, weil seine dortigen Einkünfte stfrei sind.[7] (Jedenfalls) unter solchen Umständen sind dieser Personengruppe auch Steuersubventionen zu gewähren, 3

1 Vgl. zB *Schaumburg*[3], Rn. 5.53 ff. mwN.

2 Zutr. *Frick/Corino*, IStR 2001, 351 f.

3 Zutr. *Schaumburg*[3], Rn. 5.60; s. auch *Mössner*, Besteuerung v. Einkommen, 2000, 253 ff.

4 Die Einfügung dieser Vorschriften erfolgte durch das JStG 1996 als Folge insbes. des sog. Schumacker-Urteils des EuGH v. 14.2.1995 – Rs. C-279/93, EuGHE 1995, 228, zu nichtselbständiger Tätigkeit; vgl. ebenso EuGH v. 11.8.1995 – Rs. C-80/94 – Wielockx, EuGHE 1995, 2493 zu selbständiger Tätigkeit; s. zur Entwicklung der EuGH-Rspr. im Einzelnen *F/W/B/S*, § 1 Rn. 25 ff.

5 ZB EuGH v. 14.9.1999 – Rs. C-391/97 – Gschwind, BStBl. II 1999, 841; bestätigt durch BFH v. 15.5.2002 – I R 40/01, BStBl. II 2002, 660 für die Gewährung des Splitting-Tarifs gem. § 1a Abs. 1 Nr. 2; EuGH v. 5.7.2005 – Rs. C-376/03 – D, IStR 2005, 483 (zur niederländischen VSt); **aA** zB *F/W/B/S*, § 1 Rn. 46; *H/H/R*, vor §§ 1, 1a Rn. 40; *Herzig/Dautzenberg*, DB 1997, 8 (13); *Saß*, DB 1998, 1607; *Saß*, FR 1998, 1 (4).

6 StRspr. des EuGH seit EuGH v. 14.2.1995 – Rs. C-279/93 – Schumacker, BB 1995, 438; dagegen zu Recht krit. in einer eingehenden Analyse dieser Rspr. *M. Lang*. RIW 2005, 336; s. auch überzeugend *Wattel*, ET 2000, 210; 375 (376); *Hahn*, IStR 2003, 58 (66): primärer Ansatz im Quellenstaat oder anteilig in beiden Staaten.

7 EuGH v. 1.7.2004 – Rs. C-169/03 – Wallentin, IStR 2004, 688.

wie zB die an sich inlandsbezogenen EigZul.[1] Derzeit unbeantwortet bleibt insoweit lediglich, wie ein beschränkt StPfl. zu behandeln ist, der (fast) ausschließlich Einkünfte aus Drittstaaten bezieht; seine persönlichen Verhältnisse bleiben gänzlich unberücksichtigt. Darin könnte eine Diskriminierung iSv. Art. 24 Abs. 1 OECD-MA zu sehen sein. Gleichermaßen verhält es sich bei den Vergünstigungen, die § 1a lediglich EG-Marktbürgern gewährt, Drittstaatenangehörigen jedoch nicht (s. auch § 50 Abs. 2 S. 1 Nr. 4b und Nr. 5 iVm. § 50 Abs. 2 S. 7, 50 Abs. 5 S. 2 Nr. 2 aF, dort Rn. 24).[2] Unbeschadet dessen hat der EuGH[3] aber auch klargestellt, dass dem Territorialitätsgedanken solange keine einen Gleichbehandlungsverstoß rechtfertigende Wirkung beizumessen sein kann, wie Auslands- und Inlandseinkünfte objektiv vergleichbar sind. Dem Territorialitätsgedanken kommt deswegen innerhalb der Union für den Ansässigkeitsstaat kaum noch Bedeutung zu, allenfalls bei der konkreten Ausgestaltung der beschränkten StPfl. im Quellenstaat. Zugleich überlässt der EuGH[4] es jedoch der Freiheit der Mitgliedstaaten, in bilateralen DBA den Angehörigen des einen Vertragsstaates Steuervorteile einzuräumen, welche es dem Angehörigen eines anderen Vertragsstaates in dem mit diesem geschlossenen DBA versagt. Beide Personengruppen sollen nicht vergleichbar sein; ein vielfach befürworteter[5] Grundsatz der DBA-Meistbegünstigung wird v. EuGH damit strikt abgelehnt.

4 **III. Verhältnis zu anderen Vorschriften.** Die Frage nach der unbeschränkten oder beschränkten StPfl. iSv. § 1 beantwortet sich allein nach innerstaatlichem Recht, nicht nach ggf. hiervon abw. Regelungen in **DBA**, die allerdings das Besteuerungsrecht einem anderen Staat zuweisen können. Spezialgesetzliche Modifikationen der unbeschränkten StPfl. enthalten das **NATO-Truppenstatut**[6] für Truppenmitglieder (Steuerfreiheit gem. Art. 10 Abs. 4) sowie das hierzu ergangene **Zusatzabkommen**[7] für deren Angehörige und das zivile Gefolge (Steuerfreiheit gem. Art. 68 Abs. 4), das **WÜD**[8] und das **WÜK**[9] für deutsche Diplomaten und Konsuln (nicht aber Wahlkonsuln), einschl. des Verwaltungs- und technischen Personals und der zum Haushalt gehörenden Familienmitglieder, wonach die Einkommensbesteuerung im Tätigkeitsstaat höchstens in dem Umfang zulässig ist, der der deutschen beschränkten StPfl. entspricht (Art. 34, 37 WÜD; Art. 49 WÜK; vgl. im Einzelnen § 26 Rn. 12);[10] das Prot. über die Vorrechte und Befreiungen der EU[11] (Steuerfreiheit gem. Art. 19 AEUV); das Übereinkommen über die Vorrechte und Immunitäten der Vereinten Nationen[12] (Steuerfreiheit gem. Art. 5 Abs. 18b). Ergänzend zu § 1 regelt **§ 2 AStG** die sog. erweiterte beschränkte StPfl. (beschränkte StPfl. nat. Pers., die in den letzten zehn Jahren nach Beendigung ihrer mindestens fünfjährigen unbeschränkten StPfl. als Deutsche nunmehr in einem Niedrigsteuerland ansässig sind oder wesentliche wirtschaftliche Interessen im Inland haben). Diese Erweiterung der StPfl. dünkt unionsrechtswidrig,[13] was sich aber überwiegend nicht auswirkt, da niedrig besteuerte Wegzugstaaten idR Drittstaaten sein werden. Unabhängig davon sind iRd. § 2 AStG sämtliche inländ. iSv. § 49 Abs. 1 und nicht ausländ. Einkünfte iSv. § 34d einzubeziehen, eine Ausgrenzung der beschränkt stpfl. Einkünfte gem. § 1 Abs. 4 iVm. § 49 Abs. 1 verträgt sich weder mit Regelungswortlaut noch -sinn; die StPfl. gem. § 2 AStG steht zwar als solche selbständig neben jener gem. § 1 Abs. 4 und stellt hiervon keine Teilmenge dar,[14] sie baut jedoch auf der beschränkten StPfl. auf und nimmt diese in ihren Regelungsbereich mit auf.[15]

1 EuGH v. 17.1.2008 – Rs. C-152/05 – Kommission ./. Deutschland, BStBl. II 2008, 326; dem folgend, aber zugleich einschr. für „originär" gem. § 1 Abs. 1 unbeschränkt StPfl. BFH v. 20.10.2010 – IX R 20/09, BStBl. II 2011, 342 (erstaunlicherweise ohne Anrufung des EuGH in Annahme einer sog. acte claire-Situation, die auch die Vorinstanz FG BaWü. v. 23.4.2010 – 3 K 3441/08, EFG 2009, 1279, annahm – das allerdings mit exakt umgekehrten Vorzeichen zugunsten des StPfl.!).

2 S. *Schnitger*, IStR 2002, 711 (713); *Fekar/Schnitger*, SWI 2002, 76.

3 EuGH v. 7.9.2004 – Rs. C-319/02 – Manninen, GmbHR 2004, 1346 Tz. 49.

4 ZB EuGH v. 5.7.2005 – Rs. C-376/03 – D, IStR 2005, 483; BFH v. 9.11.2005 – I R 27/03, BStBl. II 2006, 564. Krit. *Rödder/Schönfeld*, IStR 2005, 523 mit einer angreifbaren (und bislang fremden) Unterscheidung zw. der (vom EuGH ausdrücklich abgelehnten) Meistbegünstigungsgewährung im Quellenstaat und einer solchen im Ansässigkeitsstaat; s. auch *Thömmes*, IWB F 11a, 887; *M. Lang*, SWI 2005, 365; *Cloer*, EWS 2005, 423.

5 ZB *Thömmes*, JbFfSt. 1995/96, 49 (64 ff.); *Rädler*, FS Debatin, 1997, 267; *Kraft/Robra*, RIW 2005, 247.

6 V. 19.6.1951, BGBl. II 1961, 1190.

7 V. 3.8.1959, BGBl. II 1961, 1218.

8 V. 18.4.1961, BGBl. II 1964, 957.

9 V. 24.4.1963, BGBl. II 1969, 1585; BGBl. II 1971, 1285.

10 S. auch FG Berlin-Bdbg. v. 18.4.2018 – 1 K 1252/15, EFG 2018, 1200.

11 V. 8.4.1965, BGBl. II 1965, 1482; *Koschyk*, IWB F. 11 Gr 2, 319.

12 V. 13.2.1946, BGBl. II 1980, 941; BMF v. 27.5.1981, StEK EStG § 1 Nr. 13.

13 Eingehend *F/W/B/S*, § 2 AStG Rn. 22; **aA** FG München v. 21.11.2011 – 8 K 628/08, EFG 2012, 587 (durch BFH v. 26.6.2013 – I R 4/12, BFH/NV 2013, 1925 aus Verfahrensgründen aufgehoben).

14 BFH v. 30.8.1995 – I R 10/95, BStBl. II 1995, 868.

15 HM und Verwaltungspraxis, vgl. BFH v. 19.12.2007 – I R 19/06, BStBl. II 2010, 398; v. 16.12.2008 – I R 23/07 nv.; *S/K/K*, § 2 AStG Rn. 60 ff. mwN; BMF v. 14.5.2004, BStBl. I 2004 Sondernummer 1/04 Tz. 2.5.0.1. – Zu daraus uU folgenden Besteuerungsvorteilen ggü. der ‚einfachen' beschränkten StPfl. s. *Haase/Dorn*, IStR 2013, 909.

– Wegen der Beziehung zw. § 1 Abs. 2 und 3 zu **§ 1a** s. dort Rn. 1. Zum Verhältnis v. § 1 Abs. 3 zur Wegzugsbesteuerung nach **§ 6 AStG** iVm. § 17 s. Rn. 27, auch § 17 Rn. 10, und zu **§ 50d Abs. 8 und 9** s. § 50d Rn. 35 ff. Die Beschränkungen, denen der SA-Abzug gem. § 10a Abs. 1 iVm. §§ 79 ff. bei Beendigung der unbeschränkten StPfl. gem. § 1 Abs. 1 und 3 im Hinblick auf die sog. Riester-Rente unterworfen sind (§ 95 Abs. 1 iVm. § 93), verstoßen gegen die ArbN-Freizügigkeit (Art. 45, Art. 12 AEUV).[1] Zur Beanspruchung v. Kindergeld gem. **§§ 62 ff.** s. § 62 Abs. 1 Nr. 1 iVm. § 1 Abs. 2 und 3; Voraussetzung dafür ist die unbeschränkte StPfl. gem. § 1 Abs. 1, 2 oder 3 und erfordert für den letzteren Fall der fiktiven unbeschränkten StPfl. (§ 1 Abs. 3) einen entspr. Antrag ggü. dem zuständigen FA[2], dem zudem (für die betr. Monate[3] und hierbei veranlassungsbezogen,[4] bei Überschusseinkünften bislang[5] nach Maßgabe des jeweiligen Zuflusses, § 11[6]) stattgegeben worden sein muss („... behandelt wird", § 62 Abs. 1 Nr. 2 lit. b).[7] – Einen solchen, an § 1 Abs. 1 angelehnten Inlandsbezug enthält schließlich auch die sog. Bauabzugsteuer gem. **§ 48 ff.**

B. Unbeschränkte Steuerpflicht (Abs. 1)

I. Natürliche Person. Unbeschränkt stpfl. sind nach **Abs. 1 S. 1** (nur) **nat. Pers.** (§ 1 BGB), die im Inland einen Wohnsitz oder ihren gewöhnlichen Aufenthalt haben. Abzustellen ist stets auf jede einzelne Pers., auch bei Ehegatten, Kindern, G'ter v. KapGes. oder PersGes. Staatsangehörigkeit, Geschäftsfähigkeit, Verfügungsbeschränkungen ua. sind unbeachtlich. Die StPfl. beginnt mit der Geburt und endet mit dem Tod, wobei die Besteuerung des Erblassers und des Erben (Gesamtrechtsnachfolger, § 1922 BGB) im Todesjahr zwei getrennte Veranlagungen erfordert (s. § 2 Rn. 83).[8] Nach dem Tode bezogene Einkünfte des Erblassers sind solche des Erben. Zur unbeschränkten StPfl. v. jur. Pers. s. § 1 Abs. 1 KStG. 5

II. Inland. Inland iSv. **Abs. 1 S. 1** ist das Gebiet der BRD, abgegrenzt nach den hoheitlichen Grenzen, also einschl. der Drei-Meilen-Zone, des sog. Küstenmeeres (Zwölf-Seemeilen-Zone) nach Maßgabe v. Art. 3 des Seerechtsübereinkommens (SRÜ) der Vereinten Nationen v. 10.12.1982[9], der Freihäfen, Zollausschlussgebiete[10] und Handelsschiffe unter deutscher Flagge gem. FlaggenrechtsG v. 8.2.51,[11] solange sie sich in inländ. Gewässern oder auf hoher See[12] und nicht in ausländ. Gewässern[13] befinden. Auch Flugzeuge gelten nur so lange als Inland, wie sie deutsches Hoheitsgebiet oder völkerrechtl. Niemandsland überfliegen; die Luftsäule oberhalb der Staatsfläche gehört zu derselben des betr. Staates.[14] Daraus kann ein Besteuerungsrecht für Satelliten uÄ folgen. Im Inland belegene Grundstücke ausländ. Gebietskörperschaften gehören auch im Falle ihrer Exterritorialität zum Inland, ebenso wie umgekehrt im Eigentum deutscher Gebietskörperschaften stehende Grundstücke zum Ausland gehören. 6

Dem Gesetzgeber erschien der so bestimmte Inlandsbegriff als zu schmal. In Anbetracht des Umstands, dass zunehmend Aktivitäten im Bereich des Festlandsockels und der ausschließlichen Wirtschaftszone an Bedeutung gewinnen, wurde der räumliche Zugriffsbereich deswegen – abgeleitet v. den in Rn. 6 erwähnten Rechten, die sich aus dem UN-Seerechtsübereinkommen v. 10.12.1982 ergeben – wiederholt ausgedehnt, zuletzt nochmals spürbar durch das **StÄndG 2015**[15]. Ziel dieser Ausdehnung ist es erklärtermaßen, Vorteilen bei ausländ. StPfl. im Offshore-Bereich im Vergleich zu inländ. StPfl. entgegenzutreten.[16] 6a

---

1 EuGH v. 10.9.2009 – Rs. C-269/07 – Kommission ./. Deutschland, IStR 2009, 696; *O. Schmidt*, PISTB 2010, 107.
2 BFH v. 24.5.2012 – III R 14/10, BStBl. II 2012, 897.
3 BFH v. 18.7.2013 – III R 59/11, BStBl. II 2014, 843; v. 24.10.2012 – V R 43/11, BStBl. II 2013, 491; v. 18.4.2013 – VI R 70/11, BFH/NV 2013, 1554; v. 14.3.2018 – III R 5/17, BStBl. II 2018, 482.
4 BFH v. 14.3.2018 – III R 5/17, BStBl. II 2018, 482.
5 Tendenziell neuerdings abw. in Richtung einer allg. Geltung des Veranlassungsprinzips BFH v. 14.3.2018 – III R 5/17, BStBl. II 2018, 482, m. Anm. *Wendl*, DStRK 2018, 206.
6 BFH v. 24.10.2012 – V R 43/11, BStBl. II 2013, 491; v. 16.5.2013 – III R 58/11, BFH/NV 2014, 145; v. 16.5.2013 – III R 63/10, BFH/NV 2014, 12; v. 18.7.2013 – III R 59/11, BStBl. II 2014, 843; v. 24.7.2013 – XI R 8/12, BFH/NV 2014, 495; v. 5.9.2013 – XI R 26/12, BFH/NV 2014, 313; v. 12.3.2015 – III R 14/14, BStBl. II 2015, 850.
7 BFH v. 8.8.2013 – III R 22/12, BStBl. II 2014, 838; v. 18.7.2013 – III R 9/09, BStBl. II 2014, 802; v. 24.5.2012 – III R 14/10, BStBl. II 2012, 897 (entgegen BFH v. 20.11.2008 – III R 53/05, BFH/NV 2009, 564 (allerdings zu § 1 Abs. 1); v. 20.3.2013 – XI R 37/11, BFH/NV 2013, 1170; v. 16.5.2013, BFH/NV 2014, 12; *H/H/R*, § 62 Rn. 7; *K/S/M*, § 62 Rn. B 72.
8 ZB BFH v. 17.5.1972 – I R 126/70, BStBl. II 1972, 621.
9 BGBl. I 1994, 1798. – S. die Proklamation der BReg. über die Ausweitung des deutschen Küstenmeeres in Nord- und Ostsee v. 11.11.1994, BGBl. II 1994, 3428.
10 BFH v. 13.4.1989 – IV R 196/85, BStBl. II 1989, 614.
11 BGBl. I 1951, 79.
12 BFH v. 13.2.1974 – I R 219/71, BStBl. II 1974, 361; eingehend *Maciejewski/Theilen*, IStR 2013, 846.
13 BFH v. 5.10.1977 – I R 250/75, BStBl. II 1978, 50.
14 Vgl. BFH v. 14.12.1988 – I R 148/87, BStBl. II 1989, 319.
15 G v. 2.11.2015, BGBl. I 2015, 1834.
16 BT-Drucks. 18/4902, 41; sa. *Hawlitschek*, IStR 2015, 413.

Die Erweiterungen finden sich gleichermaßen in § 1 Abs. 3 KStG, § 2 Abs. 7 Nr. 1 und 2 GewStG. Zum Inland gehört danach v. VZ 2016 an über die Abgrenzung in Abs. 1 S. 1 hinaus:

6b Gem. **Abs. 1 S. 1 Nr. 1** der Deutschland zustehende Anteil an der **ausschließlichen Wirtschaftszone**, soweit dort **(1)** die lebenden und nicht lebenden natürlichen Ressourcen der Gewässer über dem Meeresboden, des Meeresbodens und seines Untergrunds erforscht, ausgebeutet, erhalten oder bewirtschaftet werden **(Abs. 1 S. 2 Nr. 1 lit. a)** **(2)** andere Tätigkeiten zur wirtschaftl. Erforschung oder Ausbeutung der ausschließlichen Wirtschaftszone ausgeübt werden, wie bspw. die Energieerzeugung aus Wasser, Strömung und Wind **(Abs. 1 S. 2 Nr. 1 lit. b)** oder **(3)** künstliche Inseln errichtet oder genutzt werden und Anlagen und Bauwerke für die in den Buchst. a und b genannten Zwecke errichtet oder genutzt werden **(Abs. 1 S. 2 Nr. 1 lit. c)**.

6c Gem. **Abs. 1 S. 1 Nr. 2** der Deutschland zustehende Anteil am **Festlandsockel**, also die 200-Seemeilen-Zone (= sog. ausschließliche Wirtschaftszone) gem. Art. 55, 57 SRÜ,[1] das aber nur, soweit dort **(1)** dessen natürliche Ressourcen erforscht oder ausgebeutet werden (= vermittels Bohrinseln und ähnlichen Anlagen, wohl auch bereits in ihrer Bauphase)[2]; natürliche Ressourcen idS sind kraft G die mineralischen und sonstigen nicht lebenden Ressourcen des Meeresbodens und seines Untergrunds sowie die zu den sesshaften Arten gehörenden Lebewesen, die im nutzbaren Stadium entweder unbeweglich auf oder unter dem Meeresboden verbleiben oder sich nur in ständigem körperlichem Kontakt mit dem Meeresboden oder seinem Untergrund fortbewegen können (**Abs. 1 S. 2 Nr. 2 lit. a**); oder soweit dort **(2)** künstliche Inseln errichtet oder genutzt werden und Anlagen und Bauwerke für die in Buchst. a genannten Zwecke errichtet oder genutzt werden (**Abs. 1 S. 2 Nr. 2 lit. b**).

6d Letzteres – die Inlandsausdehnung auf den Anteil am Festlandsockel – entspricht § 1 Abs. 1 S. 2 Nr. 1 aF, der seinen Ausdehnungsbereich allerdings darauf beschränkte, soweit dort Naturschätze des Meeresgrundes oder des Meeresuntergrundes erforscht oder ausgebeutet werden. § 1 Abs. 1 S. 2 Nr. 1 wiederum entspricht § 1 Abs. 1 S. 2 Nr. 2 aF, wonach sich das Inland auch auf den Anteil an der ausschließlichen Wirtschaftszone erstreckte, soweit dort Energieerzeugungsanlagen errichtet oder betrieben werden, die erneuerbare Energien nutzen, in erster Linie also durch Offshore-Windkraftanlagen und -parks. In Abs. 1 S. 2 aF war erst durch das Kroatien-AnpG v. 25.7.2014[3] **Nr. 2** neu eingefügt worden. Der dort beschriebene Tatbestand fand sich zwar auch schon zuvor – vom VZ 2008 an – im G wieder, war bis dato aber Teil des (einheitlichen und nicht untergliederten) S. 2. Die Erweiterung war ausweislich der Gesetzesmaterialien „klarstellend“,[4] tatsächlich jedoch eindeutig konstitutiv (und deshalb zutr. erstmals mWv. VZ 2015 an [s. § 52 Abs. 1 idF des Kroatien-AnpG] anzuwenden).

6e In **§ 22a AO** und **§ 4 Abs. 3 S. 3 GewStG**, jeweils idF des Kroatien-AnpG, wird – in finanzverfassungsrechtl. allerdings nach wie vor[5] zweifelh. Weise[6] – die örtliche Zuständigkeit der jeweiligen Landesregierung für die Fälle des § 1 Abs. 1 S. 2 nach dem sog. „Äquidistanzprinzip“ festgelegt.[7]

6f **Nach wie vor umstr.** bleibt, ob dadurch eine unbeschränkte StPfl. auch bezogen auf entspr. Nebentätigkeiten auf den betr. Anlagen ausgelöst werden kann, weil es zB beim Wohnen auf einer Bohrinsel an der erforderlichen Unmittelbarkeit – iS eines funktionalen Zusammenhangs – mit Ausbeutemaßnahmen fehlt. Gleiches gilt für bestimmte, mit der originären Energieerzeugung nicht direkt iZ stehende Tätigkeiten (zB Wartungsarbeiten, gastronomische Leistungen, Netzbetrieb, auch Baumaßnahmen bei Errichtung der Explorationsanlagen usf.). Das ist iErg. aber zu bejahen. Zwar mag der auch hier bestehende Bezug zu dem Festlandsockel und die ausschließliche Wirtschaftszone verwirren. Doch wird durch Abs. 1 S. 2 lediglich der Inlandsbegriff spezifiziert und werden bestimmte Tätigkeiten insoweit nicht ausgeblendet.[8] Auch lässt

---

1 S. die Proklamation der Bundesrepublik über die Errichtung einer ausschließlichen Wirtschaftszone in der Nordsee und Ostsee, BGBl. II 1994, 3769. S. grundlegend *Ehlers*, VerwArch 2013, 406; *Büchl-Winter*, KSzW 2013, 362.

2 *Maciejewski/Theilen*, IStR 2013, 846; *Petry*, Die Ertragsbesteuerung auf dem deutschen Festlandsockel und in der deutschen ausschließlichen Wirtschaftszone, 2008, 99; **aA** *Behrendt/Wischott/Krüger*, BB 2012, 1827 (1829, insbes. Fn. 24).

3 BGBl. I 2014, 1266.

4 BT-Drucks. 18/1529, 63.

5 *Lenski/Steinberg*, § 4 GewStG Rn. 18; *Markus/Maurer*, NVwZ 2012, 604; *Behrendt/Wischott/Krüger*, BB 2012, 1827; *Ehlers*, VerwArch 2013, 406; *J. Becker*, BB 2014, 2270; **aA** *Waldhoff/Engler*, FR 2012, 254 (261); *Waffenschmidt*, FR 2013, 268 (269).

6 *J. Becker*, BB 2014, 2270; *Blümich*, § 4 GewStG Rn. 15a.

7 BR-Drucks. 184/14, 87.

8 Die hier bis zur 13. Aufl. vertretene Auffassung wird aufgegeben; zutr. deswegen *Maciejewski/Theilen*, IStR 2013, 846; *Petry*, Die Ertragsbesteuerung auf dem deutschen Festlandsockel und in der deutschen ausschließlichen Wirtschaftszone, 2008, 112; **aA** *Behrendt/Wischott/Krüger*, BB 2012, 1827.

sich eine funktionale Verknüpfung zw. Wohnsitz oder gewöhnlichem Aufenthalt einerseits und den in Abs. 1 S. 2 genannten Zwecken andererseits begründen.[1]

III. Wohnsitz. Gem. **§ 8 AO** liegt der Wohnsitz dort, wo jemand **eine** (= nicht ausschließliche) Wohnung uU innehat, die darauf schließen lassen, dass er die Wohnung beibehalten[2] oder benutzen wird. Maßgeblich für die Beurteilung nach tatsächlichen und wirtschaftlichen Gesichtspunkten sind sämtliche objektiven Umstände des Einzelfalles[3] im jeweiligen VZ.[4] Darauf, ob der Betr. über **weitere Wohnungen** im Ausland verfügt,[5] und ob er dort seinen Lebensmittelpunkt hat,[6] kommt es nicht an (s. aber auch Rn. 1). Das Innehaben eines solchen Wohnsitzes sollte deshalb nicht daran scheitern, dass ein Ausländer nur mit Kurzzeitvisa einreist, er deren zeitliche Beschränkungen einhält und sich jährlich tatsächlich nur einmal für wenige Wochen im Inland aufhält.[7] Abzustellen ist (erneut, Rn. 5) auf den jeweiligen StPfl., also auch bei Eheleuten auf die jeweiligen Ehepartner.[8] 7

IV. Gewöhnlicher Aufenthalt. Auch bzgl. des ggü. dem Begriff der Wohnung subsidiären[9]) Begriffs **des** (= nicht eines) gewöhnlichen Aufenthalts ist auf die AO (§ 9) Rückgriff zu nehmen. Gewöhnlicher Aufenthalt ist danach dort, wo sich jemand uU aufhält, die erkennen lassen, dass er an diesem Ort oder in diesem Gebiet nicht nur vorübergehend verweilt (**§ 9 S. 1 AO**). Ein zeitlich zusammenhängender und allenfalls kurzfristig[10] unterbrochener (zB infolge Dienst- oder Erholungsreisen, Wochenendheimfahrten, Heimaturlaube bei Gastarbeitern[11]) Aufenthalt im Inland v. mehr als sechs Monaten ist stets und v. Beginn an als gewöhnlicher Aufenthalt anzusehen (**§ 9 S. 2 AO**), es sei denn, der Aufenthalt erfolgt zu Besuchs-, Urlaubs- oä. privaten Zwecken und dauert insgesamt nicht länger als ein Jahr (**§ 9 S. 3 AO**). Ausschlaggebend für Begr. und Beendigung des gewöhnlichen Aufenthalts ist idR die körperliche An- oder Abwesenheit, nicht zB polizeiliche Anmeldungen, An- bzw. Abwesenheitsgründe uÄ.[12] Dass die nat. Pers. anderweitig im Ausland über eine Wohnung verfügt, ist unbeachtlich und hindert die Existenz eines inländ. gewöhnlichen Aufenthalts nicht.[13] 8

C. Erweiterte unbeschränkte Steuerpflicht (Abs. 2)

I. Überblick. In Abs. 2 erweitert § 1 für einen beschränkten Personenkreis die unbeschränkte StPfl. kraft Fiktion (sog. erweiterte unbeschränkte StPfl.). Sind die tatbestandlichen Voraussetzungen dieser Fiktion erfüllt, findet Abs. 1 uneingeschränkt Anwendung. Als lediglich subsidiäre, unselbständige Form der unbeschränkten StPfl. knüpft die erweiterte unbeschränkte StPfl. sonach an die Rechtsfolgen v. Abs. 1 an (s. Rn. 13). Zweck dieser Fiktion ist es, einerseits bestimmten Pers. die mit der beschränkten StPfl. verbundenen Nachteile (insbes. fehlende Berücksichtigung persönlicher Besteuerungsmerkmale) zu nehmen, anderseits sog. weiße Einkünfte durch gänzliche Nichtbesteuerung zu vermeiden. Die erweiterte unbeschränkte StPfl. steht demnach sowohl zu Abs. 1 als auch zu Abs. 4 in einem Spezialitätsverhältnis. Sie endet in jenem Augenblick, in welchem die eine oder andere tatbestandliche Voraussetzung entfällt: Bei Begr. eines inländ. Wohnsitzes tritt StPfl. gem. Abs. 1 ein, bei anderweitigen inländ. Einkünften ohne Begr. eines solchen Wohnsitzes besteht beschränkte StPfl. gem. Abs. 4. Zu Abs. 3 steht Abs. 2 im Verhältnis der Gleichrangigkeit. 9

II. Personenkreis (Abs. 2 S. 1). Einbezogen sind **nat. Pers.** mit **deutscher Staatsangehörigkeit**, die **nicht im Inland** (und zwar tatsächlich, nicht nur kraft gesetzlicher Fiktion, zB nach NATO-Truppenstatut[14]) an- 10

---

1 *Maciejewski/Theilen*, IStR 2013, 846; *Blümich*, § 1 Rn. 176; *Hille/Herrmann*, RdE 2008, 237 (242); *Waldhoff/Engler*, FR 2012, 254 (257f.); *K/S/M*, § 1 Rn. B 39; **aA** *H/H/R*, § 1 Rn. 99; *L/B/P*, § 1 Rn. 64; *Schmidt*[37], § 1 Rn. 30ff.; *Schaumburg*[3], Rn. 5.32.

2 Der Bezug einer Auslandswohnung wg. beruflich bedingten Auslandsaufenthalts v. unbestimmter Dauer ändert daran nichts; zutr. FG München v. 14.5.2018 – 7 K 846/17, EFG 2018, 1240 m. Anm. *Forchhammer*.

3 BFH v. 14.11.1969 – III R 95/68, BStBl. II 1970, 153; sa. BFH v. 10.4.2013 – I R 50/12, BFH/NV 2013, 1909; v. 13.11. 2013 – I R 38/13, ISR 2014, 233 mit Anm. *Böhmer* (jeweils zu dem sog. Stand-by-Zimmer eines Piloten).

4 BFH v. 6.3.1968 – I 38/65, BStBl. II 1968, 439.

5 BFH v. 4.6.1975 – I R 250/73, BStBl. II 1975, 708.

6 BFH v. 19.3.1997 – I R 69/96, BStBl. II 1997, 447; v. 24.1.2001 – I R 100/99, IStR 2001, 349 mit Anm. *Frick/Corino*; v. 19.3.2002 – I R 15/01, IStR 2002, 707; v. 24.7.2018 – I R 58/16, juris; womöglich **aA** FG BaWü. v. 7.10.2015 – 1 K 2833/12, EFG 2017, 411 (Rev. I R 74/16).

7 **AA** FG Hbg. v. 12.4.2018 – 1 K 202/16, EFG 2018, 1079 m. Anm. *Tiemann* (NZB III B 65/18).

8 FG Hbg. v. 12.4.2018 – 1 K 202/16, EFG 2018, 1079 m. Anm. *Tiemann* (NZB III B 65/18).

9 BFH v. 29.10.1959 – IV 129/58 S, BStBl. III 1960, 61; v. 28.8.1968 – I 254/65, BStBl. II 1968, 818.

10 Vgl. BFH v. 27.4.2005 – I R 112/04, BFH/NV 2005, 1756 zu einem mehr als 2-jährigen Auslandsstudium.

11 *T/K*, § 9 AO Rn. 11.

12 *T/K*, § 11 AO Rn. 14ff.

13 BFH v. 6.2.1985 – I R 23/82, BStBl. II 1985, 331; v. 25.5.1988 – I R 225/82, BStBl. II 1988, 944; v. 22.6.2011 – I R 26/ 10, BFH/NV 2011, 2001.

14 S. dazu umfassend *Kußmaul/Nothof*, IStR 2018, 491.

sässig (Wohnsitz, gewöhnlicher Aufenthalt) sind (**§ 1 Abs. 2 S. 1 Nr. 1**), **zugleich** aber (**1**) – insoweit abw. zu § 50d Abs. 7 (s. dort Rn. 34) – zu einer **inländ.**[1] **Pers. des öffentl. Rechts** (Körperschaften, Anstalten, Stiftungen des öffentl. Rechts; nicht zB das Goethe-Institut[2]) in einem Dienstverhältnis stehen (vgl. § 49 Abs. 1 Nr. 4 Rn. 65 ff., abw. zur Regelung dort allerdings nicht im Falle eines Dienstverhältnisses zu einem anderen Dienstherrn[3]) **und** – insoweit in Einklang mit § 50d Abs. 7 – (**2**) dafür Arbeitslohn aus einer **inländ. öffentl. Kasse** beziehen (**§ 1 Abs. 2 S. 1 Nr. 2**; **Kassenstaatsprinzip**, vgl. § 3 Nr. 64). Arbeitslohn wird aus einer öffentl. Kasse bezogen, wenn die betr. Körperschaft des öffentl. Rechts der Dienstaufsicht und ihr Finanzgebaren der Prüfung durch die öffentl. Hand unterliegt.[4] Zum Haushalt dieser hiernach unbeschränkt stpfl. Pers. gehörende **Angehörige** (vgl. § 15 AO), die ihrerseits über die deutsche Staatsangehörigkeit verfügen **oder** aber keine Einkünfte **oder** nur Einkünfte beziehen, die ausschließlich im Inland (gem. § 2 Abs. 1) estpfl.[5] sind, werden in die erweiterte unbeschränkte StPfl. mit einbezogen (§ 1 Abs. 2 S. 1 HS 2).[6] Die inländ. StPfl. der Angehörigeneinkünfte beurteilt sich nach deutschem Steuerrecht, dies aber unter Berücksichtigung v. DBA; das Besteuerungsrecht muss hiernach Deutschland zugewiesen sein. Die erforderliche **Haushaltszugehörigkeit** ist bei einheitlicher Wirtschaftsführung in gemeinsamer Wohnung gegeben (vgl. § 33a Abs. 3 S. 1 Nr. 1[7]). Vorübergehende und einvernehmliche häusliche Abwesenheiten schaden nicht. Um eine ausschließliche inländ. Besteuerung iSv. Abs. 2 S. 1 handelt es sich nur bei StFreistellung im Wohnsitzstaat (nach dortigem Recht, aufgrund DBA), nicht aber bei DBA-Zuweisung der Besteuerung zum Wohnsitzstaat oder im Falle der Steueranrechnung nach DBA. – **Konkret betroffen** sind in erster Linie (deutsche) Diplomaten im Auslandsdienst, Auslandslehrer,[8] Auslandskorrespondenten, **nicht** jedoch (deutsche) Bedienstete der EU und der UNO (Rn. 4) sowie ausländ. Diplomaten, auch nicht, wenn sie im Inland ansässig sind.[9]

11 **III. Sachvoraussetzungen (Abs. 2 S. 2).** Die vorerwähnten nat. Pers. (**Auslandsbediensteten**) dürfen in dem Staat, in dem sie ansässig sind, lediglich in einem der beschränkten StPfl. ähnlichen Umfang zur Einkommenbesteuerung herangezogen werden (Abs. 2 S. 2). Maßgebend hierfür ist das (abstrakte) ausländ. Steuerrecht,[10] allerdings unter Beachtung der nach deutschem ESt-Recht prägenden Merkmale für das Vorliegen der beschränkten StPfl. (s. dazu Rn. 29).[11] **Inlandsbedienstete** v. inländ. jur. Pers. des öffentl. Rechts mit ausländ. Wohnsitz sind im Wohnsitzstaat idR unbeschränkt estpfl. und damit im Inland nur beschränkt und nicht erweitert unbeschränkt stpfl.[12] Zur Besteuerung (deutscher) Diplomaten und Konsuln s. Rn. 4. Auf die tatsächliche Heranziehung zur ESt oder auf die tatsächliche Steuerentrichtung im Wohnsitzstaat kommt es nicht an; ausschlaggebend sind die objektiven Umstände.

12 Für **Angehörige** wirkt sich die Einschränkung gem. Abs. 2 S. 2 nur dann aus, wenn sie nicht deutscher Staatsangehörigkeit sind; andernfalls sind sie ohnehin nur betroffen, wenn sie keine oder nur im Inland stpfl. Einkünfte haben (Abs. 2 S. 1, Rn. 10).

13 **IV. Rechtsfolgen.** Liegen die Voraussetzungen der erweiterten unbeschränkten StPfl. vor, gilt (abw. v. Abs. 3, s. Rn. 17) uneingeschränkt Gleiches wie bei Abs. 1. Von der StPfl. erfasst werden sonach nicht nur die v. der öffentl. Kasse bezogenen, vielmehr alle Einkünfte (Welteinkommensprinzip). Entspr. StPfl. mit ausländ. Ehepartnern können bei keinen oder ggf. geringfügigen Einkünften gem. § 1 Abs. 3 und/oder § 1a Abs. 1 Nr. 2 (wobei die jew. Einkunftsgrenzen gesondert zu prüfen sind)[13] Zusammenveranlagung mit Splitting-Tarif und Einreihung in die LSt-Klasse III (§ 38b S. 2 Nr. 3 lit. a iVm. S. 3, § 39 Abs. 2 S. 2,

1 Nicht internationale oder europäische Organisationen, BMF v. 27.5.1981, StEK EStG § 1 Nr. 13.
2 BFH v. 22.2.2006 – I R 60/05, BStBl. II 2007, 106 – dort auch zur verfassungsrechtl. Beurteilung dieser Unterscheidung.
3 BFH v. 2.3.1988 – I R 96/84, BStBl. II 1988, 768; v. 14.11.1986 – VI R 209/82, BStBl. II 1989, 351 (353); v. 4.12.1991 – I R 38/91, BStBl. II 1992, 548; v. 12.10.1995 – I R 39/95, BStBl. II 1996, 87.
4 BFH v. 7.8.1986 – IV R 228/82, BStBl. II 1986, 848; v. 5.9.2001 – I R 88/00, BFH/NV 2002, 623; *K/S/M*, § 1 Rn. C 55.
5 ErbStPflicht oÄ schadet also nicht.
6 S. auch FG Berlin-Bdbg. v. 18.4.2018 – 1 K 1252/15, EFG 2018, 1198.
7 Dazu R 33a 3 Abs. 1 EStR, ferner BMF v. 10.5.1985, BStBl. I 1985, 189 (§ 33c); sa. BFH v. 13.12.1985 – VI R 203/84, BStBl. II 1986, 344.
8 Vgl. BMF v. 10.11.1994, BStBl. I 1994, 853 (USA); v. 17.6.1996, BStBl. I 1996, 688 (Ecuador, Kolumbien).
9 BFH v. 13.11.1996 – I R 119/95, BFH/NV 1997, 664; FinMin. Nds. v. 26.1.1995, FR 1995, 241.
10 BFH v. 9.10.1985 – I R 271/81, BFHE 145, 44; v. 22.2.2006 – I R 60/05, BStBl. II 2007, 106; FG Berlin-Bdbg. v. 18.4.2018 – 1 K 1252/15, EFG 2018, 1198.
11 Insofern (iErg. und losgelöst v. den tatrichterlichen Feststellungen, vgl. § 118 Abs. 2 FGO) nicht gänzlich zweifelsfrei BFH v. 22.2.2006 – I R 60/05, BStBl. II 2007, 106 zur Rechtslage in China, wo die Verwirklichung des subj. Nettoprinzips weitgehend unbekannt ist (vgl. *Wassermeyer*, DBA, Anh. China Rn. 53).
12 Vgl. BFH v. 5.9.2001 – I R 88/00, BFH/NV 2002, 623.
13 R 1 EStR 2012.

§ 39c Abs. 3 aF) beanspruchen. Zu den Rechtsfolgen bei Entfallen der (oder einer der) Voraussetzungen des § 1 Abs. 2 s. Rn. 9. Nicht ganz eindeutig ist es, ob die aus § 1 Abs. 2 hergeleitete unbeschränkte StPfl. automatisch die Ansässigkeitserfordernisse des Art. 4 Abs. 1 OECD-MA erfüllt.[1]

D. Fingierte unbeschränkte Steuerpflicht (Abs. 3)

I. Grundgedanke. Abs. 3 enthält (mit erstmaliger Anwendung v. VZ 1996 an) die gesetzgeberische Reaktion auf das „Schumacker-Urteil" des EuGH (Rn. 3). Betroffen hiervon waren sog. Grenzpendler, die ihre wesentlichen Einkünfte im Inland erzielen, jedoch im (EU-)Ausland ansässig sind. Der EuGH sah es als unvereinbar mit den EU-rechtl. Grundfreiheiten (Diskriminierungsverbot) an, dass solche Pers. die Nachteile der beschränkten StPfl. (insbes. Nichtberücksichtigung persönlicher Leistungsmerkmale) zu erleiden haben und schlechter behandelt werden als Inländer unter vergleichbaren Umständen. Der Gesetzgeber hat daraufhin unter bestimmten Umständen und Voraussetzungen (s. iErg. Rn. 16 ff.)[2] eine unbeschränkte StPfl. fingiert, um den Bedenken Rechnung zu tragen. 14

Als Spezialregelung geht Abs. 3 ebenso wie Abs. 2 der beschränkten StPfl. gem. Abs. 4 vor, tritt aber hinter Abs. 2 zurück. IÜ betrifft die Ansässigkeitsfiktion des Abs. 3 allein die Frage der Behandlung als (fiktiv) unbeschränkt stpfl. und strahlt nicht auf die Ansässigkeit gem. Art. 4 Abs. 1 und 2 OECD-MA aus.[3] Mittels eines Antrags gem. § 1 Abs. 3 kann es gelingen, der Wegzugsbesteuerung gem. § 6 AStG (iVm. § 17) zu „entgehen", s. Rn. 27, § 17 Rn. 30. Für die Rückfallklauseln des § 50d Abs. 8 und 9 bleibt § 1 Abs. 3 ohne Bedeutung; s. § 50d Rn. 35 ff. 15

II. Erfasster Personenkreis. Erfasst werden **alle nat. Pers.** mit **Wohnsitz** (§ 8 AO) oder **gewöhnlichem Aufenthalt** (§ 9 S. 1 AO) **im Ausland**, soweit sie unter den besonderen Voraussetzungen der Abs. 2–4 inländ. Einkünfte iSv. § 49 beziehen. Fiktiv unbeschränkt stpfl. sind sonach nicht nur **Grenzpendler** im eigentlichen Sinne, sondern alle Pers., die die Voraussetzungen des Abs. 3 erfüllen. Welcher **Einkunftsart** die betr. Einkünfte zuzuordnen sind, ist ebenso unbeachtlich wie ein persönliches Tätigwerden des StPfl. im Inland. Ggf. genügen zB Einkünfte aus VuV aus einem im Inland belegenen Grundstück. Gleichermaßen besteht **keine Beschränkung** auf EU-Staatsangehörige oder -Ansässige. Ehegatten, Kinder und im Haushalt lebende sonstige Angehörige werden indes nur einbezogen, wenn sie ihrerseits die Voraussetzungen des Abs. 3 erfüllen. Zu den Begrenzungen, die sich aus § 1a für Grenzpendler ergeben, s. dort Rn. 1. 16

III. Sachvoraussetzungen. 1. Inländische Einkünfte iSv. § 49 (Abs. 3 S. 1). Der – einzelne – StPfl. muss (inländ.) Einkünfte iSv. **§ 49** (s. im Einzelnen Rn. 27) erzielen (unabhängig v. der Einkunftsart, s. Rn. 16). **Nur** mit diesen Einkünften („soweit") wird der StPfl. als unbeschränkt stpfl. behandelt. Die fiktive unbeschränkte StPfl. gem. Abs. 3 umfasst also ausnahmsweise nicht das Welteinkommen, sondern nur eine Teilmenge davon. Abkommensrechtl. Zuordnungen und Besteuerungsrechte ausländ. Einkünfte bleiben unberührt. 17

2. Relative Einschränkung gem. Abs. 3 S. 2 HS 1 Alt. 1, Abs. 3 S. 3 und 4. Die fiktive unbeschränkte StPfl. wird zum weiteren dadurch eingeschränkt, dass der StPfl. mit seinen **Einkünften mindestens zu 90 %** der deutschen ESt unterliegt **(relative Grenze)**,[4] Abs. 3 S. 2 HS 1 Alt. 1. Es sind also zwei Teilbeträge zu ermitteln, die zusammen die Summe der Einkünfte iSd. § 2 Abs. 3 ergeben (s. Rn. 19). Je geringer die Gesamteinkünfte hiernach sind, desto geringer ist folglich auch der Betrag, der die beschränkte StPfl. auslöst, weil die 90 %-Grenze überschritten ist (Beispiel: Bei Gesamteinkünften v. 15 000 Euro dürfen die nicht der inländ. Besteuerung unterfallenden Einkünfte nicht mehr als 1 499,99 Euro betragen). 18

Die **Einkünftequalifikation** und die **Einkünfteermittlung** richten sich (nach **Währungsumrechnung** in Euro) gem. § 2 Abs. 1, 2 und 3[5] unter Einschluss aller steuerbaren und stpfl. (Inlands- und Auslands-)Einkünfte (mit und ohne Inlandsbezug und abw. v. Gegenstand der fiktiv unbeschränkten StPfl., s. Rn. 18, 19

---

1 Vgl. *Vogel/Lehner*[6], Art. 28 OECD-MA Rn. 17; zweifelnd *Staringer*, in Lang/Schuch/Staringer, Die Ansässigkeit im Recht der DBA, S. 79.

2 S. auch die übersichtliche Vfg. der OFD Ffm. v. 27.2.2012, DB 2012, 1239 sowie v. 22.2.2012, DB 2012, 1240.

3 BFH v. 20.9.2006 – I R 13/02, IStR 2007, 148 (= Schlussurt. „Ritter-Coulais", unter Korrektur v. BFH v. 13.11.2002 – I R 67/01, BStBl. II 2003, 587); v. 2.9.2009 – I R 90/08, BStBl. II 2010, 394; *Schaumburg*[3], Rn. 5.42; *K/S/M*, § 1 Rn. D 195 ff.

4 Diese Grenze ist umstritten: Die EU-Kommission verlangte ihre Senkung auf 75 % (ABl. EG Nr. L v. 10.2.1994, 22); krit. auch *H/H/R*, § 1 Rn. 265; *Kaefer*, IStR 1997, 758; *Förster*, DStR 2018, 1405 (1410). Hingegen hat der EuGH sie als unbedenklich bestätigt (EuGH v. 14.9.1999 – Rs. C-391/97 – Gschwind, DStR 1999, 1609; zust. *Göttsche*; s. Rn. 3; EuGH v. 27.6.1996 – C-107/94, EuGHE 1996, I-3089 – Asscher); neue Zweifel könnten sich indessen aus EuGH v. 10.5.2012 – C-39/10 – Kommission ./. Estland, IStR 2012, 466, ergeben. Offen bleibt nach wie vor, wie es sich bei einem Gebietsfremden nicht mit Ansässigkeitsstaats-, sondern mit Drittstaateneinkünften verhält.

5 Vgl. BFH v. 12.11.1986 – I R 222/82, BStBl. II 1987, 256 zu § 2 AG-Grenzgänger Niederlande.

nicht nur jener nach § 49), also den Welteinkünften,[1] nach deutschem Steuerrecht.[2] Abweichungen zw. ausländ. und deutschem Steuerrecht sind nach Maßgabe des deutschen Steuerrechts aufzulösen.[3] Aus Vereinfachungsgründen sind idR aber die nach ausländ. Recht ermittelten Beträge zu übernehmen.[4] BA und WK, SA usw. Frei- und Pauschbeträge (zB § 20 Abs. 4, § 9a) sind prozentual nach den in- und ausländ. Einnahmen aufzuteilen.

20 Die in die Wesentlichkeitsberechnung einzubeziehenden Einkünfte müssen der deutschen **ESt unterliegen**, also im Inland steuerbar sein.[5] Auf ein tatsächliches Unterliegen kommt es nicht an. Dennoch sollen zu den betr. inländ. Einkünften (gem. § 3) **stfreie** inländ. Einkünfte (ebenso wie Einkünfte, die aufgrund zwischenstaatlicher oder multilateraler Vereinbarungen von nationalen Steuern der jeweiligen Staaten befreit sind)[6] nicht gehören.[7] Das ist nicht zweifelsfrei, weil derartige Einkünfte steuerbar sind und damit jedenfalls „abstrakt" der deutschen ESt unterliegen, auch wenn sie den StPfl. nicht belasten. Die Situation ist hier vergleichbar mit jener in § 8 Abs. 1 iVm. Abs. 3 AStG und dem dort verlangten Hinzurechnungserfordernis, dass die Zwischeneinkünfte im Ausland „einer niedrigen Besteuerung unterliegen"; der BFH[8] hat dazu die „abstrakte" Besteuerung (nach Maßgabe des Rechts des betr. ausländ. Staates) genügen lassen. Ähnlich verhält es sich hinsichtlich jener inländ. Einkünfte, die nach dem einschlägigen **DBA** (und nicht aufgrund unilateraler Anordnung) ausschließlich im jeweiligen Ansässigkeitsstaat zu besteuern und deswegen im Inland stfrei sind.[9] Einzubeziehen sind des Weiteren Kapitaleinkünfte, die nach § 32d Abs. 1 und § 43 Abs. 5 der sog. Abgeltungsteuer unterfallen; § 2 Abs. 5b ändert daran nichts, weil danach nur einschlägige Kapitaleinkünfte im Allgemeinen, nicht aber qualifiziert „inländ." Kapitaleinkünfte iSv. § 1 Abs. 3 im Besonderen ausgespart werden.[10] Kapitaleinkünfte sind zudem auch vollen Umfangs zu berücksichtigen, nicht nach § 3 Nr. 40 lit. a lediglich zu 40 % infolge des kstl. Teilwertverfahrens; denn § 3 Nr. 40 lit. a S. 1 verbindet seine Anwendung „nur" mit dem Subsidiaritätsprinzip nach § 20 Abs. 8, bleibt ansonsten indessen ausgespart.[11] **Nicht** einzubeziehen sind demggü. aber gem. **Abs. 3 S. 3** inländ. Einkünfte, die (ebenfalls: nur) nach **DBA** im Inland lediglich **ihrer Höhe nach** beschränkt (in Anbetracht der v. § 1 Abs. 3 unterstellten Inbound-Konstellation idR im Wege des Quellensteuerabzugs, nicht aber im Wege der Steueranrechnung gem. § 34c)[12] besteuert werden dürfen (und für die Deutschland deswegen kein ausschließliches Besteuerungsrecht zusteht).[13] Das sind in erster Linie im Inland nach § 49 Abs. 1 Nr. 5 beschränkt stpfl. Dividenden und Zinsen (vgl. Art. 10 und 11 OECD-MA). Die Nichtberücksichtigung solcher Einkünfte iRd. Einkunftsgrenzen des § 1 Abs. 3 S. 2 beruht darauf, dass in solchen Fällen beiden Vertragsstaaten das Besteuerungsrecht zusteht und infolgedessen zulasten des StPfl. eine doppelte Einbeziehung ausgelöst werden könnte; derjenige Vertragsstaat, dem auf die betr. Einkünfte nur ein beschränktes Quellenbesteuerungsrecht zusteht, soll deswegen zurückstehen.[14] Nicht idS lediglich ihrer Höhe nach stpfl. sind die betr. Auslandseinkünfte jedoch, soweit das DBA bei Vereinbarung der Freistellungsmethode ihre Einbeziehung in den ProgrVorb. zugesteht. Zur Reichweite der Ausschlussregelung in

---

1 Vgl. EuGH v. 14.9.1999 – Rs. C-391/97 – Gschwind, DStR 1999, 1609 (dort Rn. 29) mit Anm. *Göttsche.*

2 Vgl. BFH v. 12.11.1986 – I R 222/82, BStBl. II 1987, 256; v. 28.6.2005 – I R 114/04, BStBl. II 2005, 835; v. 20.8.2008 – I R 78/07, BStBl. II 2009, 708.

3 BFH v. 20.8.2008 – I R 78/07, BStBl. II 2009, 708.

4 BFH v. 1.6.1995 – V R 144/92, BMF v. 25.8.1995, DStR 1995, 1470.

5 BFH v. 1.10.2014 – I R 18/13, BStBl. II 2015, 474 (deshalb zutr. abl. für den Nutzungswert einer eigengenutzten Wohnung); FG Köln v. 29.1.2013 – 1 K 3219/11, EFG 2013, 1307; FG Düss. v. 5.12.2017 – 10 K 1232/16 E, EFG 2018, 631 (Rev. I R 3/18), beide betr. Krankengeld; zB *Blümich*, § 1 Rn. 252.

6 S. zB nach Art. 13 Abs. 2 Prot. über die Vorrechte und Befreiungen der EG v. 8.4.1965, BGBl. II 1965, 1453 (1482); s. dazu – bezogen auf § 1 Abs. 3 – OFD Ffm. v. 21.3.2013 – S 2102 A - 8 - St 56, FR 2013, 390.

7 BMF v. 30.12.1996, BStBl. I 1996, 1506; BFH v. 2.9.2009 – I R 90/08, IStR 2009, 817; s. auch *F/W/B/S*, § 1 Rn. 153; BFH v. 14.8.1991 – I R 133/90, BStBl. II 1992, 88 und OFD Düss. v. 14.7.1998, DStR 1998, 1963 zu ausländ. Arbeitslosengeld; BFH v. 28.6.2005 – I R 114/04, BStBl. II 2005, 835 zu ausländ. Lohnersatzleistungen.

8 BFH v. 9.7.2003 – I R 82/01, BStBl. II 2004, 4; v. 9.7.2003 – I R 82/01, IStR 2003, 818 ff. mit Anm. *KB*; *Kraft*; *Nitzschke.*

9 BMF v. 30.12.1996, BStBl. I 1996, 1506 Tz. 1; s. aber auch BFH v. 14.8.1991 – I R 133/90, BStBl. II 1992, 88. – Die hier insoweit bislang vertretene andere Rechtsauffassung wird aufgegeben.

10 BFH v. 12.8.2015 – I R 18/14, BStBl. II 2016, 201; FG Köln v. 22.2.2017 – 4 K 2163/13, EFG 2017, 1072 m. Anm. *Kahler*, *Weiss*, IWB 2017, 746; FinMin. SchlHol. v. 3.5.2016, IStR 2016, 516. – S. dazu auch FG Münster v. 7.12. 2016 – 11 K 2115/15 E, EFG 2017, 294 (m. Anm. *Pichler*; *Weiss*, ISR 2017, 80; *Gühne*, NWB 2017, 1511), sowie FG Düss. v. 5.12.2017 – 10 K 1232/16 E, EFG 2018, 631 (Rev. I R 3/18), beide abgrenzend mit Blick auf die (Nicht-) Einbeziehung ausländ. Kapitaleinkünfte in den ProgrVorb. bei einem gem. § 1 Abs. 3 fiktiv unbeschränkt StPfl.

11 Zutr. FG Köln v. 22.2.2017 – 4 K 2163/13, EFG 2017, 1072; *Weiss*, IWB 2017, 746.

12 *Lademann*, § 1 Rn. 231; **aA** *K/S/M*, § 1 Rn. D 73.

13 BFH v. 13.11.2002 – I R 67/01, BStBl. II 2003, 587.

14 *H/H/R*, § 1 Rn. 278.

Abs. 3 S. 3 s. iÜ Rn. 27. Auch Einkünfte aus **Drittstaaten** (zB aus Reisetätigkeiten, vgl. Art. 15 Abs. 1 OECD-MA) gehören deshalb und vor diesem Hintergrund zu den nicht der deutschen ESt unterliegenden Auslandseinkünften;[1] sie berechtigen auch dann nicht zur Anwendung des Abs. 3, wenn sie im Ansässigkeitsstaat aufgrund Abkommensrecht ebenfalls nicht berücksichtigt werden. Das ist gleichheitsrechtl. bedenklich, da Staatsangehörige v. Nicht-DBA-Staaten ohne Grund bevorteilt werden.[2] Jedenfalls ist diese Situation aus unionsrechtl. Sicht nicht hinnehmbar, weil sie genau zu jener Konstellation führen kann, die der EuGH[3] als diskriminierend ansieht, nämlich jene, dass die personenbezogenen Steuervergünstigungen dem StPfl. weder im Wohnsitz- noch im Tätigkeitsstaat gewährt werden. Um einen unionsrechtskonformen Rechtszustand herzustellen, wurde deswegen Abs. 3 um einen neuen S. 4 ergänzt: Entspr. im Ausland stfreie Einkünfte bleiben hiernach (vom VZ 2008 an, auf Antrag für EG-/EWR-Angehörige auch früher, s. § 52 Abs. 1a idF des JStG 2008) unberücksichtigt, vorausgesetzt, vergleichbare Einkünfte sind auch im Inland stfrei, **Abs. 3 S. 4**. Die zuvorige Sichtweise, wonach unbeachtlich sein sollte, ob die betr. Einkünfte im Ausland stfrei sind, ist damit hinfällig. Umgekehrt lässt § 1 Abs. 3 S. 4 nicht den Schluss zu, dass Einkünfte, die im Ausland stpfl. sind, nur deswegen in die Wesentlichkeitsgrenze einbezogen werden, weil sie im Inland stfrei wären; solches gebieten weder Regelungswortlaut noch Regelungssinn der Ergänzungsregelung.[4] Zudem sollen Auslandseinkünfte nach wie vor nicht in gem. § 3 stfreie „umzuqualifizieren" sein.[5] Eine (andere und uU vorrangig) in diesem Zusammenhang zu stellende Frage ist freilich jene, ob nicht die StPfl. zB ausländ. Lohnersatzleistungen angesichts der Steuerfreiheit entspr. Bezüge aus inländ. Sozialkassen (vgl. zB § 3 Nr. 1c und d, 2, 7, 17, 22, 23–25, 28, 37, 46–48, 57–59, 61, 67–69) einen Unionsrechtsverstoß[6] nach sich zieht.[7] Bejaht man dies,[8] wären solche Einkünfte v. vornherein (und unbeschadet der Frage der Steuerbarkeit auch stfreier Einkünfte, s. oben) nicht in die Einkünfteermittlung einzubeziehen; diese Frage stellt sich freilich immer nur dann, wenn die betr. Einkünfte überhaupt solche sind, die v. der beschränkten StPfl. nach § 49 erfasst werden (sa. zu § 1a Abs. 1 Nr. 2, § 1a Rn. 9).

Nicht in die Grenzwertberechnung einzubeziehen ist auch gem. §§ 40 bis 40b pauschal besteuerter Arbeitslohn; es handelt sich bei der Pauschalsteuer um eine Unternehmenssteuer eigener Art des ArbG.[9] **Negative Einkünfte** sind hingegen – allerdings unter dem Vorbehalt ihrer Abzugsfähigkeit (s. aber § 2a) – mit positiven Einkünften zu verrechnen; die Beschränkungen des § 50 Abs. 2 aF blieben (bis zum VZ 2008) unanwendbar. 21

3. Absolute Einschränkung gem. Abs. 3 S. 2 HS 1 Alt. 2 und HS 2, Abs. 3 S. 3 und 4. Für den Fall, dass der Auslandsanteil an den Gesamtbezügen die Grenze v. 10 % überschreitet, sieht Abs. 3 S. 2 HS 1 Alt. 2 eine alternative Begrenzung in Gestalt eines **absoluten Grenzwerts vor.** Dieser Grenzwert betrug bis zum VZ 2007 6 136 Euro, seitdem bemisst er sich an der Höhe des Grundfreibetrags gem. § 32a Abs. 1 S. 2 Nr. 1 und ist durch diesen dynamisiert; er belief sich im VZ 2009 auf 7 834 Euro, ab VZ 2010 auf 8 004 Euro, im VZ 2013 auf 8 130 Euro, im VZ 2014 auf 8 354 Euro, im VZ 2015 auf 8 472 Euro, im VZ 2016 auf 8 652 Euro und beläuft sich ab dem VZ 2017 auf 8 820 Euro. Bezugszeitgröße ist immer das **Kj.**; erfüllt der StPfl. den Grenzwert nur in einem Teil des Kj., erfüllt er die Voraussetzungen also nicht.[10] Die hiernach nicht der deutschen 22

---

1 BFH v. 20.8.2003 – I R 72/02, BFH/NV 2004, 321.

2 *Lüdicke*, IStR 1996, 111; *Schaumburg*[4], Rn. 6.44; *F/W/B/S*, § 1 Rn. 155; solche Bedenken teilt der BFH allerdings nicht; der die Existenz oder Nichtexistenz eines DBA als tauglichen Differenzierungsgrund ansieht, s. BFH v. 24.1.2001 – I R 100/99, IStR 2001, 349 (350).

3 EuGH v. 14.9.1999 – Rs. C-391/97 – Gschwind, BStBl. II 1999, 841; v. 16.5.2000 – Rs. C-87/99 – Zurstrassen, Slg. 2000, I-3337; v. 25.1.2007 – Rs. C-329/05 – Meindl, IStR 2007, 143.

4 S. dazu – bezogen auf niederländisches und in den Niederlanden stpfl. Arbeitslosengeld – BFH v. 1.10.2014 – I R 18/13, BStBl. II 2015, 474; FG Köln v. 29.1.2013 – 1 K 3219/11, EFG 2013, 1307.

5 BFH v. 28.10.1981 – I R 156/78, BStBl. II 1982, 88; OFD Düss. v. 14.7.1998, DStR 1998, 1963.

6 *K/S/M*, § 3 Rn. A 964 ff. So denn auch zu § 3 Nr. 26: EuGH v. 18.12.2007 – C-281/06, Slg. 2007, I-12231 „Jundt" (auf Vorabentscheidungsersuchen BFH v. 1.3.2006 – XI R 43/02, BStBl. II 2006, 685); unbeantwortet v. BFH v. 14.8.1991 – I R 133/90, BStBl. II 1992, 88; v. 28.6.2005 – I R 114/04, BStBl. II 2005, 835. S. aber auch zu § 3 Nr. 64: EuGH v. 15.9.2011 – Rs. C-240/10 – Schulz-Delzers und Schulz, BStBl. II 2013, 56.

7 Und daraus folgend dann ggf. sogar einen Verfassungsverstoß, und zwar deswegen, weil bei einem unterstellten Unionsrechtsverstoß zunächst die inlandsinduzierte Unterscheidung der Steuerbefreiung „geltungserhaltend", damit zugleich uU aber auch der tragende Grund für die Steuerbefreiung insgesamt entfiele. Vgl. dazu österr. VfGH v. 30.9.2010 – G 29-33/10-6, G 49/10-8, G 50/10-6, AFS 10/2010, s. dazu § 34c Rn. 36.

8 Verneint für § 3 Nr. 2: FG Köln v. 20.4.2012 – 4 K 1943/09, EFG 2012, 1677 (trotz Rev.-Zulassung durch das FG rkr.); offen BFH v. 1.10.2014 – I R 18/13, BStBl. II 2015, 474; s. aber auch OFD Koblenz v. 29.2.2012, DStR 2012, 1923: billigkeitsweise Nichtanwendung v. § 3 Nr. 2 bei EU-/EWR-/Schweiz-Lohnersatzleistungen an im Inland unbeschränkt StPfl. „im Vorgriff auf eine gesetzliche Neuregelung"; krit. *Schmidt*[37], § 3 ABC „Ausland": keine Rechtsgrundlage.

9 *H/H/R*, § 1 Rn. 266; vgl. auch BT-Drucks. 12/6476, 12 zu § 50a Abs. 4 aF.

10 S. dazu EuGH v. 18.6.2015 – Rs. C-9/14 – Kibeck, ISR 2015, 293 (mit Anm. *Henze*) zu einer niederländischen Rs.

ESt unterfallenden Einkünfte (zur Ermittlung s. Rn. 18ff.) dürfen den so definierten absoluten Betrag nicht überschreiten. Dieser jew absolute Grenzwert ist seinerseits zu kürzen, soweit dies nach den Verhältnissen des Wohnsitzstaates (= Lebensverhältnisse, Kaufkraft) notwendig und angemessen ist (Abs. 3 S. 2 HS 2). Das entspricht § 32 Abs. 6 S. 4 für die Gewährung des Kinderfreibetrages für ein nicht unbeschränkt stpfl. Kind, § 33a Abs. 1 S. 5 für die Anerkennung v. Aufwendungen für den Unterhalt einer nicht unbeschränkt stpfl. Pers. als ag Belastung. Die FinVerw. orientiert sich deswegen zu Recht – und ohne Verstoß gegen Unionsrecht[1] – an der dazu ergangenen Ländergruppeneinteilung.[2] In Fällen, in denen ein im VZ in verschiedenen europäischen und anderen Staaten ansässiger StPfl. sowohl inländische als auch ausländische Einkünfte erzielt und die Ansässigkeitsstaaten zu unterschiedlichen Ländergruppen gehören, ist analog zu R 33a.4 Abs. 1 EStR zeitanteilig aufzuteilen. In die Berechnungen gem. Abs. 3 S. 2 werden nur die v. Abs. 3 S. 1 erfassten Einkünfte einbezogen, andere Einkünfte sind v. vornherein auszuscheiden und unterliegen ggf. dem ProgrVorb. gem. § 32b Abs. 1 Nr. 5, § 32b Abs. 1 Nr. 3 aF IÜ gilt auch hier § 1 Abs. 3 S. 3 (Rn. 20).

23 **4. Bescheinigung der ausländischen Finanzbehörde (Abs. 3 S. 5).** Materielle Voraussetzung[3] (nicht bloßes Beweismittel) ist gem. Abs. 3 S. 5, dass die Höhe der nicht der deutschen Besteuerung unterliegenden Einkünfte (Abs. 3 S. 3) durch eine Bescheinigung der zuständigen ausländ. Steuerbehörde nachgewiesen wird. Ggf. – bei Fehlen entspr. Einkünfte im Ausland – ist (prinzipiell und unter dem Vorbehalt einer tatsächlichen Unmöglichkeit)[4] eine sog. Nullbescheinigung beizubringen; für einen Dispens v. dem Nachweiserfordernis gibt der Tatbestand nichts her.[5] – Die FinVerw.[6] verlangt bei Einkünften aus EU- und EWR-Staaten den (in drei aufeinander folgenden VZ nur einmaligen) Nachweis auf amtlichem Vordruck[7], ansonsten[8] genügt eine anderweitige Bescheinigung, in Zweifelsfällen auch der deutschen Auslandsvertretung.[9] Unbeschadet dessen, daß die Einkünfte nach deutschem Recht zu ermitteln sind (Rn. 19), können aus Praktikabilitätsgründen die nach ausländ. Recht ermittelten Beträge idR übernommen werden;[10] Bindungswirkung kommt der Bescheinigung jedoch nicht zu.[11] Im LSt-Abzugsverfahren ist der Nachweis (vom VZ 2004 an ausnahmslos) durch Vorlage der Anlage Grenzpendler EU/EWR zu führen; die Vorlage zB eines Steuerbescheides genügt nicht (mehr).[12]

24 **5. Steuerabzug gem. § 50a (Abs. 3 S. 6).** Ungeachtet der Behandlung der StPfl. gem. § 1 Abs. 3 S. 1 als eine unbeschränkte bleibt es – insoweit systemwidrig und nur zur Sicherung des inländ. Steueraufkommens – beim Steuerabzug gem. § 50a, welcher hier allerdings entgegen § 50 Abs. 2 S. 1 nicht abgeltend wirkt; die einbehaltenen Steuern sind iRd. durchzuführenden Veranlagung nach Maßgabe v. § 36 Abs. 2 S. 2 Nr. 2 anzurechnen, s. Rn. 27).[13] Zum betroffenen Personenkreis s. § 50a Abs. 1.

25 **IV. Verfahren.** Den betroffenen StPfl. (Rn. 16) steht ein **Wahlrecht** zu, ob sie gem. § 1 Abs. 3 oder gem. § 50 Abs. 1 besteuert werden wollen; die Besteuerung (durch Veranlagung, vgl. § 46 Abs. 2 Nr. 7b oder Nr. 8, nach der bis zum VZ 1995 geltenden Regelung bei Erreichen der dort genannten Einkunftsgrenzen auch gem. § 46 Abs. 1 aF[14]) erfordert deshalb einen (formlosen) **Antrag** (idR iRd. Veranlagungsbegehrens,

---

1 BFH v. 8.9.2010 – I R 28/10, BStBl. II 2011, 269.
2 BMF v. 20.10.2016, BStBl. I 2016, 1183 (ab VZ 2017); zuvor BMF v. 18.11.2013, BStBl. I 2013, 1462 (ab VZ 2014); v. 4.10.2011, BStBl. I 2011, 961 (ab VZ 2012).
3 BFH v. 8.9.2010 – I R 80/09, BStBl. II 2011, 447; FG Bdbg. v. 17.8.2005 – 4 K 1467/01, EFG 2005, 1706; FG Nds. v. 28.2.2007 – 2 K 381/05, EFG 2007, 1442; *K/S/M* § 1 Rn. D 151; *L/B/P*, § 1 Rn. 137; **aA** *Lademann*, § 1 Rn. 286; *Hahn*, jurisPR-SteuerR 37/2011 Anm. 2 (mit insoweit aber unzutr. Verallgemeinerung der unionsrechtl. Sichtweise v. EuGH v. 30.6.2011 – Rs. C-262/09 – Meilicke II, GmbHR 2011, 875: bloße Beweislastanforderung).
4 S. auch FG Bdbg. v. 17.8.2005 – 4 K 1467/01, EFG 2005, 1706: Nachweisverzicht bei unstreitigem Fehlen v. Auslandseinkünften.
5 BFH v. 8.9.2010 – I R 80/09, BStBl. II 2011, 447 (ua. unter Hinweis auf den Praktikabilitätsaspekt der leichten Überprüfbarkeit); **aA** *H/H/R*, § 1 Rn. 285; *K/S/M*, § 1 Rn. D 152; *Herlinghaus*, EFG 2007, 1442.
6 BMF v. 30.12.1996, BStBl. I 1996, 1506 iVm. BMF v. 25.11.1999, BStBl. I 1999, 990; OFD Ffm. v. 21.3.2013 – S 2102 A - 13 - St 56, FR 2013, 390.
7 Insoweit abl. BFH v. 8.9.2010 – I R 80/09, BStBl. II 2011, 447; dagegen aber nach wie vor OFD Ffm. v. 24.7.2014 – S 2102 A - 13 - St 56 (dort auch zu Besonderheiten im Hinblick auf Großbritannien).
8 Und für eine Übergangsfrist bis zum 31.12.2006 auch für StPfl. aus Mitgliedstaaten, die in 2004 der EU beigetreten sind, vgl. Bayerisches Landesamt für Steuern, DB 2005, 2207.
9 OFD Kobl. v. 24.1.1997, DStR 1997, 617.
10 BMF v. 30.12.1996, BStBl. I 1996, 1506.
11 BFH v. 28.6.2005 – I R 114/04, BStBl. II 2005, 835; FG Köln v. 20.4.2012 – 4 K 1943/09, EFG 2012, 1677 (beide für den Fall, daß die Einkünfte in der Bescheinigung des Ansässigkeitsstaates entweder nicht oder als steuerfreie Einkünfte ausgewiesen sind).
12 OFD Berlin v. 25.6.2004, DStR 2004, 1216.
13 *K/S/M*, § 1 Rn. D 192; **aA** *Lademann*, § 1 Rn. 289.
14 BFH v. 20.8.2003 – I R 72/02, BFH/NV 2004, 321; insoweit offen gelassen v. BFH v. 19.1.2000 – I R 30/99, BStBl. II 2000, 657.

ggf. aber auch isoliert und mit eigenständiger Verbescheidung durch das FA). Er ist v. jeweiligen StPfl. (auch bei zusammenveranlagten Ehegatten) uneingeschränkt für sämtliche Einkünfte eines VZ und für jeden VZ erneut zu stellen, idR nach dessen jeweiligen Ablauf, generell nur begrenzt durch die allg. Verjährungsfristen (§§ 169 ff. AO).[1] Allerdings war im Falle der Antragsveranlagung (vorbehaltlich ihrer Verfassungsmäßigkeit)[2] die frühere und seit dem VZ 2008 entfallene Zweijahresfrist gem. § 46 Abs. 2 Nr. 8 S. 2 zu beachten.[3] IÜ kann der Antrag bis zum Eintritt der Bestandskraft eines ESt-Bescheides oder bis zum Ergehen eines FG-Urteils[4] gestellt und widerrufen werden. Er kann überdies hilfsweise gestellt werden, zB bei einem (vorrangigen) anderweitigen Streit mit dem FA über die Besteuerung.[5] Zur Zuständigkeit s. § 19 Abs. 2 S. 2 AO;[6] § 41a Abs. 1 S. 1 Nr. 1. Die Umdeutung des Antrags gem. § 1 Abs. 3 in ein allg. Erstattungsbegehren (gem. § 50d Abs. 1 S. 1 analog, s. dort Rn. 9) kommt (ebenso wie in eine anderweitige Veranlagungsmöglichkeit außerhalb v. § 1 Abs. 3) nur ausnahmsweise und dann in Betracht, wenn sich ein solches Begehren aus dem Antrag unmissverständlich ergibt.

V. Rechtsfolgen. Fiktiv unbeschränkt stpfl. ArbN haben gem. § 39 Abs. 1 und 2 S. 2 beim Betriebsstätten- 26
FA (zur Zuständigkeit bei mehreren inländ. ArbG s. § 39 Abs. 2 S. 3) entspr. LSt-Abzugsmerkmale zu veranlassen, die nach § 39e dem ArbG mitzuteilen sind; zur erstmaligen Anwendung s. § 52 Abs. 50g. Bis dahin hatten fiktiv unbeschränkt stpfl. ArbN ihrem ArbG eine LSt-Bescheinigung des Betriebsstätten-FA gem. § 39c Abs. 4 aF vorzulegen. Sie sind v. zuständigen Betriebsstätten-FA v. Amts wegen zu veranlagen (§ 46 Abs. 2 Nr. 7 lit. b). Zum Wegfall der Abgeltungswirkung des § 50 Abs. 2 S. 1, § 50 Abs. 5 S. 1 aF bei fehlenden Voraussetzungen für die fiktiv unbeschränkte StPfl. s. § 50 Abs. 2 Nr. 4, § 50 Abs. 5 S. 2 Nr. 1 aF (§ 50 Rn. 20). Bei StPfl. mit anderen Einkünften bedarf es gem. § 46 Abs. 2 Nr. 8 eines entspr. Antrags (s. Rn. 25). Liegen zugleich die Voraussetzungen des **§ 1a** vor, ermöglicht die Einstufung als unbeschränkt StPfl. die Zusammenveranlagung mit dem im Ausland wohnenden, nicht dauernd getrennt lebenden Ehegatten und die Gewährung des Splittingtarifs. Andernfalls bleibt es bei der StKl. Abs. 1 (§ 38b Nr. 1).

In die durchzuführende Veranlagung sind (ggf. unter Anrechnung v. Steuerabzugsbeträgen gem. § 50a 27
iVm. Abs. 3 S. 6, s. Rn. 24) **alle** beschränkt stpfl. Einkünfte einzubeziehen, auch jene, für die Deutschland nach einem DBA nur **ein der Höhe nach beschränktes Besteuerungsrecht** hat. Aus Abs. 3 S. 3 ergibt sich insoweit nichts anderes, weil diese Ausschlussregelung sich nur auf die Berechnung der Einkunftsgrenzen des Abs. 3 S. 2 bezieht („hierbei", Rn. 20).[7] Allerdings bleibt hinsichtlich des Besteuerungsumfanges Art. 10 Abs. 2 OECD-MA zu beachten, wonach Deutschland als dem Quellenstaat lediglich ein beschränktes Besteuerungsrecht (idR v. 15 %) zusteht. Denn Erstattungsmöglichkeiten bestehen keine: § 50d Abs. 1 ist in derartigen Fällen unanwendbar, weil die veranlagte Steuer nicht im Wege des Steuerabzugs erhoben wurde; § 50 Abs. 3, § 50 Abs. 6 aF ist unanwendbar, weil die betr. Einkünfte keine ausländ. sind.[8] Wie die Höchstbegrenzung praktisch durchzusetzen ist, ist indes umstr. Teilw wird vertreten, auf die im Inland einem nur beschränkten Besteuerungsrecht unterworfenen Einkünfte sei der ProgrVorb. (§ 32b Abs. 1 Nr. 5 1. Satzteil, § 32b Abs. 1 Nr. 3 letzter HS aF) anzuwenden.[9] Teilw. wird eine quotale Aufteilung der Gesamtsteuer mit anschließender Reduzierung des Steuersatzes für die betr. Einkünfte befürwortet.[10] Letzteres ist richtig: Die Einkünfte bleiben inländ. StPfl. und ProgrVorb. schließen einander aus. Allein die quotale Reduzierung sichert den korrekten Einklang mit den abkommensrechtl. Vorgaben.[11] – Handelt es sich bei diesen Einkünften um Dividenden, folgte aus ihrer Einbeziehung in die Veranlagung zugleich die Anrechnung v. KSt gem. § 36 Abs. 2 S. 2 Nr. 3 aF; § 36 Abs. 2 S. 3 Nr. 3 S. 4e aF ist entspr. einschr. auszulegen. Will man diesen Weg nicht gehen, wäre die Nichtanrechnung auch insoweit (s. 1. Aufl., § 36 Rn. 24) unionsrechtwidrig. – **Nicht** zu den inländ. beschränkt stpfl. Einkünften gehören auch solche aus der Veräuße-

1 S. auch BFH v. 24.5.2012 – III R 14/10, DStR 2012, 1385.
2 S. insoweit die (in der Hauptsache erledigten) Normenkontrollersuchen des BFH v. 22.5.2006 – VI R 46/05, BStBl. II 2006, 820; v. 22.5.2006 – VI R 49/04, BStBl. II 2006, 808.
3 Vgl. BFH v. 19.1.2000 – I R 30/99, BStBl. II 2000, 657; v. 27.4.2000 – I R 71/99, BFH/NV 2001, 299; 1454; v. 20.8. 2003 – I R 72/02, BFH/NV 2004, 321 (auch zur erstmaligen Anwendung v. § 1 Abs. 3, § 1a für VZ vor 1996, s. dazu § 1a Rn. 2); OFD Berlin v. 20.9.1996, DStR 1996, 1973; offenbar **aA** *H/H/R*, § 1 Rn. 255.
4 Nicht aber mehr im Rev.-Verfahren vor dem BFH, vgl. BFH v. 17.4.1996 – I R 78/95, BStBl. II 1996, 571; BMF v. 30.12.1996, BStBl. I 1996, 1506.
5 S. zB BFH v. 19.10.2010 – I R 109/09, BStBl. II 2011, 443.
6 S. aber auch OFD Düss. und Münster v. 12.10.2004, DB 2004, 2294 für den Fall des Weg- oder Zuzugs des StPfl.
7 BFH v. 13.11.2002 – I R 67/01, BStBl. II 2003, 587; *Saß*, DB 1996, 295 (296); *Benecke/Schnitger*, IStR 2003, 649; *H/H/R*, § 1 Rn. 278 aE.
8 *Wassermeyer*, DBA, Art. 10 MA Rn. 55.
9 *Kaefer*, BB 1995, 1615 (1619); *Lüdicke*, IStR 1996, 111 (112).
10 *Saß*, DB 1996, 295 (296); *L/B/P*, § 1 Rn. 92g.
11 So auch BFH v. 13.11.2002 – I R 67/01, BStBl. II 2003, 587; s. dazu *Benecke/Schnitger*, IStR 2003, 649 (653) mit Hinweis auf die entspr. Verwaltungspraxis auch bei unbeschränkt StPfl.

rung v. Beteiligungen an ausländ. KapGes. iSv. **§ 6 AStG** (iVm. § 17), dessen Rechtswirkungen sich folglich mittels Antrags nach § 1 Abs. 3 im Inland so lange „vermeiden" lassen, wie die die betraglichen Einschränkungen des Abs. 3 S. 3 (Rn. 18, 22) nicht überschritten werden. Denn dessen Tatbestandsvoraussetzungen sind bei unbeschränkter StPfl. gem. Abs. 3 nicht erfüllt, weil das Ende der unbeschränkten StPfl. nicht – wie aber danach erforderlich („durch") – auf der Aufgabe des Wohnsitzes oder gewöhnlichen Aufenthalts beruht.[1] Allerdings greift bei einem Wegzug in einen DBA-Staat in diesem Fall idR der Ersatztatbestand des § 6 Abs. 1 S. 2 Nr. 2 AStG[2] (s. dazu auch § 49 Rn. 7). Und bei erst späterer Antragstellung gem. § 1 Abs. 3 ist zu gewärtigen, dass dann der Auffangtatbestand des § 6 Abs. 1 S. 2 Nr. 4 AStG einschlägig wird, welcher wiederum keine Stundungsmöglichkeit gem. § 6 Abs. 5 S. 3 Nr. 1–3 AStG ermöglicht.[3]

E. Beschränkte Steuerpflicht (Abs. 4)

28 Nat. Pers. mit inländ. Einkünften iSv. **§ 49** sind beschränkt stpfl., wenn sie im Inland weder über Wohnsitz (§ 8 AO) noch gewöhnlichen Aufenthalt (§ 9 AO) verfügen und auch nicht gem. § 1 Abs. 2, 3 sowie § 1a unbeschränkt stpfl. sind. § 1 Abs. 1–3 gehen Abs. 4 sonach vor und sperren dessen Anwendung. Zur beschränkten StPfl. v. KapGes. s. § 49 Rn. 7a.

29 Die beschränkte StPfl. erfasst im Ausgangspunkt zwar nicht anders als die unbeschränkte StPfl. die der ESt unterliegenden Einkünfte iSv. § 2 Abs. 1 S. 1. Abw. v. der unbeschränkten StPfl. erfordert die beschränkte StPfl. indes den **Inlandsbezug** derjenigen Einkünfte, die dem Steuerzugriff ausgesetzt werden, und inlandsbezogene Merkmale, um die zu besteuernde Betätigung zu qualifizieren (Belegenheits-, Betriebsstätten-, Arbeitsort- und Verwertungsprinzip, s. § 49 Rn. 1). Das hat zum einen zur Folge, dass Steuersubjekt und Steuerobjekt nicht strikt getrennt sind (s. aber auch Rn. 30). Zum anderen bedingt der Inlandsbezug eine eher zufällige und systematisch unabgestimmte Auswahl der beschränkt stpfl. Einkünfte, insbes. dann, wenn sich für diese eine inländ. Anknüpfung nur schwer herstellen lässt, so bei den Einkünften aus KapVerm. und solchen gewerblichen oder selbständigen Tätigkeiten, die keine inländ. feste Geschäftseinrichtung voraussetzen. Zu den Besonderheiten der beschränkten StPfl. gehören schließlich gewisse objektsteuerartige Züge: **Persönliche Verhältnisse** des einzelnen Individuums bleiben grds. ausgespart (SA, Freibeträge), bei denjenigen Einkünften, die dem abgeltenden Steuerabzug gem. § 50 Abs. 2 S. 1, § 50 Abs. 5 S. 1 aF unterworfen sind, auch BA und WK. Zu den darin liegenden gleichheitsrechtl. Bedenken im Hinblick auf das objektive Netto- und das Leistungsfähigkeitsprinzip s. § 49 Rn. 3.

30 Unbeschadet der Verknüpfung zw. Steuersubjekt und Steuerobjekt muss auch bei der beschränkten StPfl. im Kern zw. den persönlichen und den sachlichen Voraussetzungen für die Steuererhebung unterschieden werden: Die beschränkte StPfl. beginnt, sobald die betr. Pers. den Tatbestand des Abs. 4 (iVm. § 49 Abs. 1) **abstrakt verwirklicht**, also inländ. Einkünfte erzielen kann und dabei nicht oder nicht mehr über einen inländ. Wohnsitz oder gewöhnlichen Aufenthalt verfügt.[4] Im jeweils umgekehrten Fall endet sie. **Ob** in zeitlicher Hinsicht im Inland tatsächlich beschränkt stpfl. Einkünfte vorliegen, bestimmt sich nicht – wie bei der unbeschränkten StPfl. – nach dem Zuflusszeitpunkt der betr. Einkünfte, sondern nach einem **Veranlassungszusammenhang** mit entspr. stpfl. Tätigkeiten im Inland (s. zB § 49 Rn. 64).[5]

31 Zum Wechsel der StPfl. während des Kj. s. § 2 Abs. 7 S. 3, zu der daraus erwachsenden Mitteilungspflicht des StPfl. ggü. dem FA zur Änderung der LSt-Abzugsmerkmale gem. § 39 s. § 39 Abs. 7.

§ 1a [Fiktive unbeschränkte Steuerpflicht von EU-/EWR-Angehörigen]

(1) Für Staatsangehörige eines Mitgliedstaates der Europäischen Union oder eines Staates, auf den das Abkommen über den Europäischen Wirtschaftsraum anwendbar ist, die nach § 1 Absatz 1 unbeschränkt einkommensteuerpflichtig sind oder die nach § 1 Absatz 3 als unbeschränkt einkommensteuerpflichtig zu behandeln sind, gilt bei Anwendung von § 10 Absatz 1a und § 26 Absatz 1 Satz 1 Folgendes:

1. **Aufwendungen im Sinne des § 10 Absatz 1a sind auch dann als Sonderausgaben abziehbar, wenn der Empfänger der Leistung oder Zahlung nicht unbeschränkt einkommensteuerpflichtig ist. [2]Voraussetzung ist, dass**

1 Zutr. *Haase*, AStG/DBA, § 6 AStG Rn. 64; *F/W/B/S*, § 6 AStG Rn. 40; **aA** *Blümich*, § 6 AStG Rn. 29.
2 *Ostertun/Reimer*, Wegzugsbesteuerung, 2007, 71.
3 *Haase*, AStG/DBA, § 6 AStG Rn. 64.
4 S. bereits RFH v. 2.8.1940 – I 191/40, RFHE 49, 179.
5 Vgl. BFH v. 19.12.2001 – I R 63/00, BStBl. II 2003, 302.

a) der Empfänger seinen Wohnsitz oder gewöhnlichen Aufenthalt im Hoheitsgebiet eines anderen Mitgliedstaates der Europäischen Union oder eines Staates hat, auf den das Abkommen über den Europäischen Wirtschaftsraum Anwendung findet, und

b) die Besteuerung der nach § 10 Absatz 1a zu berücksichtigenden Leistung oder Zahlung beim Empfänger durch eine Bescheinigung der zuständigen ausländischen Steuerbehörde nachgewiesen wird;

2. der nicht dauernd getrennt lebende Ehegatte ohne Wohnsitz oder gewöhnlichen Aufenthalt im Inland wird auf Antrag für die Anwendung des § 26 Absatz 1 Satz 1 als unbeschränkt einkommensteuerpflichtig behandelt. [2]Nummer 1 Satz 2 gilt entsprechend. [3]Bei Anwendung des § 1 Absatz 3 Satz 2 ist auf die Einkünfte beider Ehegatten abzustellen und der Grundfreibetrag nach § 32a Absatz 1 Satz 2 Nummer 1 zu verdoppeln.

(2) Für unbeschränkt einkommensteuerpflichtige Personen im Sinne des § 1 Absatz 2, die die Voraussetzungen des § 1 Absatz 3 Satz 2 bis 5 erfüllen, und für unbeschränkt einkommensteuerpflichtige Personen im Sinne des § 1 Absatz 3, die die Voraussetzungen des § 1 Absatz 2 Satz 1 Nummer 1 und 2 erfüllen und an einem ausländischen Dienstort tätig sind, gilt die Regelung des Absatzes 1 Nummer 2 entsprechend mit der Maßgabe, dass auf Wohnsitz oder gewöhnlichen Aufenthalt im Staat des ausländischen Dienstortes abzustellen ist.

Literatur: S. den Literaturnachweis zu § 1.

A. Grundaussagen der Vorschrift

1 § 1a ergänzt § 1 Abs. 1–3, insbes. § 1 Abs. 3, und ist wie diese Vorschrift (§ 1 Rn. 14) eine Reaktion auf das Schumacker-Urteil des EuGH.[1] **EU-Grenzpendlern**, die im Inland nicht ansässig sind, hier aber den Großteil ihrer Einkünfte erwirtschaften, sind danach dieselben familien- und personenbezogenen Steuervergünstigungen zu gewähren wie Inländern. Das G erreicht diese unions- und verfassungsrechtl. Vorgaben, indem es **(1)** den im EU/EWR-Ausland ansässigen StPfl. als unbeschränkt stpfl. behandelt (**§ 1 Abs. 3**) und **(2)** die in **§ 1a Abs. 1 Nr. 1 iVm. § 10 Abs. 1a** (§ 1a Abs. 1 Nr. 1, 1a, 1b und 2 aF) benannten familienbezogenen Entlastungen den jeweiligen EU/EWR-Staatsangehörigen auch dann gewährt, wenn der zugrunde liegende Sachverhalt nicht im In-, sondern im Ausland verwirklicht wird. Überdies werden diese Entlastungen aus Gründen der Gleichbehandlung auch solchen EU/EWR-Staatsangehörigen gewährt, die ohnehin im Inland ansässig und damit unbeschränkt stpfl. sind (**§ 1 Abs. 1**). Zu den dadurch aber zugleich bedingten, Art. 24 Abs. 1 OECD-MA widersprechenden Diskriminierungen v. Drittstaatenangehörigen s. § 1 Rn. 3. – In **Abs. 2** enthält § 1a außerdem noch Sonderregelungen zur Sicherstellung des deutschen sog. Beamtenprivilegs (für StPfl. iSv. § 1 Abs. 2 sowie § 1 Abs. 3, s. Rn. 14 ff.).

2 Seinem **sachlichen Anwendungsbereich** nach ist § 1a **abschließend**; weitere Steuervergünstigungen können hiernach nicht gewährt werden, zB § 33b Abs. 5 oder nach dem EigZulG.[2] Bei Anwendung des § 1a im VZ nicht der deutschen ESt unterliegende Einkünfte unterfallen dem **ProgrVorb.** des **§ 32b Abs. 1 S. 1 Nr. 5** (§ 32b Abs. 1 Nr. 3 aF), s. dazu auch Rn. 18 sowie zu § 1 Abs. 3 § 1 Rn. 20. In **zeitlicher Hinsicht** gilt § 1a grds. v. VZ 1996 an, gem. § 52 Abs. 2 S. 1 idF des JStG 1996 auf Antrag auch bereits für noch nicht

1 EuGH v. 14.2.1995 – Rs. C-279/93, FR 1995, 224 m. Anm. *Waterkamp-Faupel*.
2 BFH v. 20.7.2018 – IX R 26/17, BFH/NV 2018, 1246 (abgrenzend ggü. EuGH v. 17.1.2008 – C-152/05 – Kommission ./. Bundesrepublik Deutschland, BStBl. II 2008, 326); BMF v. 13.3.2008, BStBl. I 2008, 539.

bestandskräftig veranlagte VZ zuvor[1] (s. auch § 1 Rn. 25). § 1a Abs. 1 Nr. 1a aF (jetzt § 1a Abs. 1 Nr. 1 iVm. § 10 Abs. 1a Nr. 2), der Wegfall der bisherigen Einkünftebegrenzung gem. § 1 Abs. 3 S. 2–4 in § 1a Abs. 1 S. 1 sowie die Substitution der fixen betragsmäßigen Grenze durch den Grundfreibetrag in § 1a Nr. 2 S. 3 finden v. VZ 2008 an Anwendung. § 1a Abs. 2 ist für StPfl. iSv. § 1 Abs. 2 gem. § 52 Abs. 1 idF des JStG 1997 erst v. VZ 1997 an anwendbar, gem. Verwaltungserlass[2] jedoch bereits v. VZ 1996 an. § 1a Abs. 1 Nr. 1b aF (jetzt § 1a Abs. 1 Nr. 1 iVm. § 10 Abs. 1a Nr. 3 und 4) wurde mit Wirkung v. VZ 2010 durch das JStG 2010 eingefügt.

B. Familienbezogene Entlastungen für EU- und EWR-Staatsangehörige (Abs. 1)

3 **I. Begünstigter Personenkreis.** § 1a betrifft nur **Staatsangehörige** eines Mitgliedstaates der EU (neben Deutschland Belgien, Dänemark, Finnland, Frankreich, Griechenland, Großbritannien, Irland, Italien, Luxemburg, Niederlande, Österreich, Portugal, Spanien, Schweden, seit dem 1.5.2004[3] auch Estland, Lettland, Litauen, Malta, Polen, Slowakei, Slowenien, Tschechien, Ungarn und – der griechische Teil v. – Zypern, seit dem 1.1.2007 überdies Bulgarien und Rumänien und seit dem 1.7.2013 schließlich auch Kroatien) oder des EWR (Island, Norwegen, Liechtenstein). Erfasst werden v. den Vergünstigungen gleichermaßen „über" das am 21.6.1999 abgeschlossene und am 1.6.2002 in Kraft getretene EU-Freizügigkeitsabkommen[4] in der Schweiz Ansässige (s. auch § 17 Rn. 10, § 50 Rn. 17).[5] StPfl. mit Staatsangehörigkeiten aus anderen Staaten werden ausnahmslos nicht einbezogen, auch nicht solche aus Staaten, die mit der EU assoziiert sind (insbes. die Türkei[6]). Unionsrechtl. Bedenken bestehen insoweit nicht, auch verfassungsrechtl. soll sich die Ungleichbehandlung durch die eingegangene Verpflichtung zur Herstellung einer EU rechtfertigen lassen. Letzteres erscheint weder gleichheits- noch abkommenrechtl. unbedenklich: Die Staatsangehörigkeit taugt (auch) unter Einbeziehung der EU-Mitgliedstaaten nicht als tragfähiges Differenzierungsmerkmal;[7] überdies wirkt die Anknüpfung an die EU-Staatsangehörigkeit ggü. Ausländern aus Drittstaaten abkommensrechtl. diskriminierend (vgl. Art. 24 OECD-MA). In der Praxis werden vor allem unbeschränkt stpfl. türkische Staatsangehörige mit Familienangehörigen in der Türkei benachteiligt.[8]

4 **II. Sachliche Voraussetzungen.** Neben der Anknüpfung an die Staatsangehörigkeit erfordert § 1a Abs. 1 das Vorliegen der Voraussetzungen der fiktiven unbeschränkten StPflicht gem. **§ 1 Abs. 3** oder der unbeschränkten StPflicht gem. **§ 1 Abs. 1**, Letzteres bis zum VZ 2007 aber nur dann, wenn **zusätzlich** die Voraussetzungen nach **§ 1 Abs. 3 S. 2–4** erfüllt waren; seitdem ist diese Einschränkung für den SA-Abzug aus Gründen der Gleichbehandlung der intakten und der gescheiterten Ehe bezogen auf EStpfl, die die Zusammenveranlagung mit ihrem im Ausland lebenden Ehegatten gem. § 1 Abs. 1 Nr. 2 beantragen, ersatzlos entfallen. Zuvor musste der unbeschränkt StPfl. den in § 1 Abs. 3 S. 2–4 genannten Einkunftsgrenzen unterliegen, wenn er über ausländ. Einkünfte verfügt. Diese Einschränkung sollte sicherzustellen, dass die familienbezogenen Entlastungen nicht in einem Drittstaat berücksichtigt werden. Bei dem Personenkreis gem. § 1a Abs. 2 iVm. 1 Abs. 2 bedurfte es dessen nicht, weil die Begrenzungen gem. § 1 Abs. 3 S. 2–4 hiernach ohnehin einzuhalten sind.

5 **III. Familienbezogene Steuerentlastungen. 1. Grundsätzliches.** Erfüllt der StPfl. die unter Rn. 3 und 4 geforderten persönlichen und sachlichen Voraussetzungen, werden ihm gem. Abs. 1 die familienbezogenen Steuervergünstigungen auch für solche Aufwendungen gewährt, die ihrerseits an sich einen Inlands-

---

1 Zu Einzelheiten s. BFH v. 19.1.2000 – I R 30/99, BStBl. II 2000, 657; v. 27.4.2000 – I R 71/99, BFH/NV 2001, 299; v. 27.4.2000 – I R 107/99, BFH/NV 2000, 1454 für den Fall eines fehlenden Steuerbescheides (zB bei Nicht-EU-Ausländern oder beim LSt-Abzug); s. auch BMF v. 30.12.1996, BStBl. I 1996, 1506; v. 6.12.1995, BStBl. I 1995, 803; einschr. BFH v. 20.8.2003 – I R 72/02, BFH/NV 2004, 321.

2 BMF v. 19.3.1996, BStBl. I 1996, 373.

3 Da es sich bei der ESt um eine Jahressteuer handelt, ist betr. die Einkunftsgrenzen iSd. § 1 Abs. 3, ggf. iVm. § 1a Abs. 1 Nr. 2 auch die Zeit v. 1.1. bis 30.4.2004 einzubeziehen, vgl. OFD Berlin v. 9.7.2004, DStR 2004, 1216.

4 BGBl. III 2001, 811.

5 EuGH v. 28.2.2013 – Rs. C-425/11 – Ettwein, IStR 2013, 353, mit Anm. *Cloer/Vogel*, DB 2013, 1141; *Sunde*, IStR 2013, 568; *v. Brocke*, IWB 2013, 226; sa. FG BaWü. v. 18.4.2013 – 3 K 825/13, juris, als dazu ergangene Folge- und Schlussentscheidung. Die FinVerw. legt die Vorschrift idS aus, vgl. BMF v. 16.9.2013, BStBl. I 2013, 1325, eröffnet die Besteuerungsvorteile auf die Schweiz allerdings lediglich „passiv", aber nicht „aktiv" auch für Schweizer Staatsangehörige. Das dürfte dem Unionsvertrag widersprechen und überdies Probleme aus Sicht des abkommensrechtl. Diskriminierungsverbots machen; zutr. *Lüdicke*, IStR 2013, 928.

6 EuGH v. 30.9.1987 – Rs. C-12/86 – Demirel, EuGHE 1987, 3719 (3753); v. 5.10.1994 – Rs. C-355/93 – Eroglu, RIW 1995, 778; FG Düss. v. 15.3.1988 – 9 K 23/87 L, EFG 1989, 121; FG München v. 30.9.1998 – 1 K 3801/97, EFG 1999, 167; FG Hbg. v. 9.12.1999 – II 236/98, EFG 2000, 866.

7 *Kumpf/Roth*, StuW 1996, 259 (261 f.); *Lüdicke*, IStR 1996, 111 (113); **aA** *H/H/R*, § 1a Rn. 8; *Kuschel*, IStR 1995, 368 (371).

8 S. auch EuGH v. 6.6.1995 – Rs. C-434/93 – Bozkurt, RIW 1995, 779.

bezug der Angehörigen (Ehegatten und Kinder, darüber hinaus gem. § 2 Abs. 8 EStG und § 1 EStDV auch eingetragene Lebenspartner) verlangen, der hier jedoch fehlt, weil die unterhaltsberechtigten Angehörigen weder im Inland über einen Wohnsitz noch über einen gewöhnlichen Aufenthalt verfügen. Es sind dies die Vergünstigungen gem. **§ 10 Abs. 1a** (bis zur Änderung durch das Zollkodex-AnpG[1]: § 10 Abs. 1 Nr. 1) **und § 26 Abs. 1 S. 1**, bis zum VZ 2003 auch gem. § 32 Abs. 7 aF und bis zum VZ 2000 überdies gem. § 33c Abs. 1 aF. Erforderlich ist aber in jedem Fall, dass die betr. Angehörigen über einen Wohnsitz oder einen ständigen Aufenthalt in einem EU-/EWR-Staat verfügen (Rn. 3) oder zu einem Haushalt gehören, der in einem solchen Staat belegen ist (§ 1 Rn. 16).

2. Unterhaltszahlungen an geschiedene und getrennt lebende Ehegatten (Realsplitting, Abs. 1 Nr. 1). Abs. 1 Nr. 1 S. 1 ermöglicht **iVm. § 10 Abs. 1a** (§ 10 Abs. 1 Nr. 1 aF) den SA-Abzug v. Unterhaltszahlungen an den geschiedenen oder dauernd getrennt lebenden Ehegatten auch dann, wenn der Empfänger nicht unbeschränkt estpfl. ist, vorausgesetzt, er ist im EU-/EWR-Bereich ansässig (Abs. 1 Nr. 1 S. 2 lit. a, Abs. 1 Nr. 1 S. 2 aF) und die Besteuerung der Unterhaltszahlungen beim Empfänger wird durch eine Bescheinigung der ausländ. Steuerbehörde nachgewiesen (Abs. 1 Nr. 1 S. 2 lit. b, Abs. 1 Nr. 1 S. 3 aF).[2] Die Bescheinigung tritt an die Stelle der ansonsten gem. § 10 Abs. 1a Nr. 1 (§ 10 Abs. 1 Nr. 1 aF) erforderlichen Zustimmung des empfangenden Ehegatten. Auf die Art der ausländ. Besteuerung, insbes. einer tatsächlichen Steuererhebung, kommt es ebenso wenig an wie auf die Staatsangehörigkeit des unterhaltsberechtigten Ehegatten. Andererseits scheidet der SA-Abzug aus, falls die Unterhaltszahlungen im EU-Ausland stfrei sind; ein Verstoß gegen Art. 18 Abs. 1 und 21 Abs. 1 AEUV liegt darin nicht.[3] Die beschriebene Wechselwirkung bestätigt vielmehr die im G systematisch angelegte Korrespondenz zw. StAbzug und StErfassung. S. aber auch § 50 Rn. 1. Zu den formalen Anforderungen an den Nachweis s. § 1 Abs. 3 S. 4 (§ 1 Rn. 23). Wird die Bescheinigung erst nachträglich vorgelegt, greift § 175 Abs. 1 S. 1 Nr. 2 AO. Fehlt es an den Voraussetzungen des Abs. 1 Nr. 1, können die Unterhaltsaufwendungen ggf. als ag. Belastung (§ 33a Abs. 1) abgezogen werden. 6

3. Auf besonderen Verpflichtungsgründen beruhende Versorgungsleistungen (Abs. 1 Nr. 1, Abs. 1 Nr. 1a aF). Abs. 1 Nr. 1 S. 2 iVm. § 10 Abs. 1a Nr. 2 (Abs. 1 Nr. 1a aF iVm. § 10 Abs. 1 Nr. 1a aF) bestimmt, dass der Abzug als SA für Versorgungsleistungen, die auf bes. Verpflichtungsgründen beruhen, auch dann greift, wenn der Empfänger entgegen den Anforderungen des § 10 Abs. 1a Nr. 2 (§ 10 Abs. 1 Nr. 1a aF) nicht iSv. § 1 Abs. 1 unbeschränkt stpfl. ist, vorausgesetzt, er wohnt in einem Mitgliedstaat der EU oder des ERW und er weist die Besteuerung der Versorgungsleistungen in seinem Heimatland nach (Abs. 1 Nr. 1 S. 2 Nr. 1 lit. b, Abs. 1 Nr. 1a S. 2 iVm. Nr. 1 S. 2 und 3 aF). Davon abzugrenzen ist die Frage danach, ob der SA-Abzugsausschluss in § 50 Abs. 1 S. 3 als solcher bei einem beschränkt stpfl. EU-/EWR-Ansässigen unionsrechtskompatibel ist oder ob dieser Ausschluss mit dem Erfordernis einer materiell-korrespondierenden Besteuerung beim Leistungsempfänger gerechtfertigt werden kann. S. dazu § 50 Rn. 1 (dort Fn.). 7

4. Ausgleichszahlungen iRd. Versorgungsausgleichs (Abs. 1 Nr. 1, Abs. 1 Nr. 1b aF). Gleiches wie nach Abs. 1 Nr. 1 S. 2 iVm. § 10 Abs. 1a Nr. 2 (Abs. 1 Nr. 1a aF) gilt nach Abs. 1 Nr. 1 iVm. § 10 Abs. 1a Nr. 3 und 4 (Abs. 1 Nr. 1b idF des JStG 2010) auch für Ausgleichszahlungen iRd. Versorgungsausgleichs, deren Rechtsgrund §§ 20, 21, 22 und 26 VersAusglG[4], §§ 1587f., 1587g, 1587i BGB aF[5] und § 3a VersorgAusglHärteG aF[6] sind (bzw. waren). § 10 Abs. 1a Nr. 4 (§ 10 Abs. 1 Nr. 1b aF) setzt für den entspr. Abzug als SA die unbeschränkte StPfl. der ausgleichsberechtigten Pers. voraus. § 1a Abs. 1 S. 1 sieht davon für Ansässige in der EU oder im EWR ab. Voraussetzungen sind hier wie dort diejenigen des § 1a Abs. 1 Nr. 1 S. 2 (§ 1a Abs. 1 Nr. 1 S. 2 und 3 aF, vgl. Abs. 1 Nr. 1b S. 2 aF). 7a

5. Zusammenveranlagung (Ehegatten-Splitting, Abs. 1 Nr. 2). Gem. **§ 1a Abs. 1 Nr. 2 S. 1** ist – aber nur auf (schriftlichen oder zu Prot. gegebenen, vgl. § 26 Abs. 2 S. 2, 3) Antrag des StPfl.[7] – die Zusammenveranlagung gem. § 26 Abs. 1 S. 1 (mit Splittingvorteil, § 32a Abs. 5) oder die Einreihung in die LSt-Klasse III[8] mit Pflichtveranlagung (s. § 46 Abs. 2 Nr. 7 lit. b) auch dann zu gewähren, wenn der nicht dauernd ge- 8

1 G v. 22.12.2014, BGBl. I 2014, 2417.
2 Dieses Nachweiserfordernis könnte unionsrechtswidrig sein, vgl. BFH v. 22.7.2003 – XI R 5/02, BStBl. II 2003, 851.
3 EuGH v. 12.7.2005 – Rs. C-403/03 – Schempp, FR 2005, 902 m. Anm. *Kanzler*.
4 G. v. 1.9.2009, BGBl. I 2009, 700, geändert durch Art. 9d G. v. 15.7.2009, BGBl. I 2009, 1939; BGBl. I 2010, 340.
5 Aufgehoben durch VersAusglG v. 1.9.2009, BGBl. I 2009, 700.
6 IdF des VersorgAusglMaßnG v. 8.12.1986, BGBl. I 1986, 2317; aufgehoben durch VersAusglG v. 1.9.2009, BGBl. I 2009, 700.
7 Zur Frist s. BFH v. 13.8.1997 – I R 65/95, BStBl. II 1998, 21.
8 Für StPfl. aus den zehn zum 1.5.2004 beigetretenen neuen EG-Staaten erst ab 1.5.2004, s. OFD Berlin v. 25.6.2004, DStR 2004, 1216 (unter 2.2).

trennt lebende Ehegatte keinen Wohnsitz oder gewöhnlichen Aufenthalt im Inland, sondern im EU-/EWR-Bereich **(Abs. 1 Nr. 2 iVm. Nr. 1 S. 2)** hat (s. im Einzelnen § 26 Rn. 13). Zur Gewährung des Splittingtarifs auch für StPfl. gem. § 1 Abs. 2 s. § 1a Abs. 2 (Rn. 17). Dass demgegenüber StPfl. mit nicht im EG-Ausland lebenden Ehegatten nicht zusammenveranlagt werden können, ist gleichheitsrechtl. unbedenklich.[1]

9 Um **Doppelentlastungen** zu vermeiden, gelten die relativen und absoluten Einkunftsgrenzen gem. § 1 Abs. 3 S. 2 nicht nur für den (gem. 1 Abs. 3 fiktiven) StPfl., sondern auch für die Einkünfte des betr. Ehegatten: Zusammenveranlagt wird nur dann, wenn die (in- und ausländ.) Einkünfte beider Ehegatten gemeinsam diese Grenzen nicht überschreiten; der Grenzbetrag für nicht der deutschen ESt unterliegende Einkünfte iHd. Grundfreibetrags gem. § 32a Abs. 1 S. 2 Nr. 1 (bis zum VZ 2007: iHv. 6136 Euro, seitdem 7664 Euro) ist dabei zu verdoppeln (bis zum VZ 2007 also auf 12272 Euro, im VZ 2008 auf 15328 Euro, im VZ 2009 auf 15668 Euro, ab VZ 2010 bis VZ 2015 auf 16008 Euro, ab VZ 2016 auf 17740 Euro) (§ 1a Abs. 1 Nr. 2 S. 3), wobei es nicht darauf ankommt, wie sich die ausländ. Einkünfte bis zu diesem verdoppelten Betrag auf die Ehegatten verteilen. Fraglich war in der Vergangenheit allerdings, ob Letzteres auch für die Einkunftsgrenzen des § 1 Abs. 3 als „Einstieg" in die Betragsverdoppelung nach § 1a Abs. 1 Nr. 2 S. 3 gilt. Die FinVerw.[2] hatte das verneint; sie stellte zunächst allein auf den StPfl. ab und prüfte bei diesem isoliert, ob er den Erfordernissen des § 1 Abs. 3 genügt. Richtigerweise verlangt das G eine solche „Erheblichkeitsstufung" der erzielten inländ. Einkünfte nicht. § 1a Abs. 2 S. 3 verdoppelt die betr. Grenzbeträge „bei Anwendung des § 1 Abs. 3 S. 2" und erweitert damit die Bezugsnorm in ihrem Anwendungsbereich insgesamt.[3] Dem hat sich die FinVerw. nunmehr denn auch angeschlossen.[4] – Unabhängig davon findet die Ländergruppeneinteilung (s. § 1 Abs. 3 S. 2 HS 2, § 1 Rn. 22) Anwendung. Sie orientiert sich an dem Staat des gemeinsamen (ehelichen) Wohnsitzes (= ein Ehegatte hat einen doppelten Wohnsitz), andernfalls – wenn ein gemeinsamer (Ehe-)Wohnsitz nicht ermittelbar ist – an den Verhältnissen im jew. Ansässigkeitsstaat.[5] – Das alles gilt v. VZ 2008 an (Rn. 4) allein für den gem. **§ 1 Abs. 3** fiktiv unbeschränkt StPfl., jedoch wie sich bereits aus dem texteinleitenden „bei Anwendung des § 1 Abs. 3" in § 1a Abs. 1 Nr. 2 S. 3 ergibt, nicht (mehr) auch für den gem. § 1 Abs. 1 originär unbeschränkt StPfl.[6] IdS hängt die Gewährung der Zusammenveranlagung der fiktiv unbeschränkt stpfl. nat. Pers. nach § 1 Abs. 3 davon ab, dass nicht nur diese Pers. mit ihren Inlandseinkünften (s. § 1 Rn. 20), sondern auch der betr. Ehegatte mit seinen Einkünften solche iSd. § 49 bezieht; der sachliche Anwendungsbereich wird in diesem Punkt durch § 1a Abs. 1 Nr. 2 also nicht erweitert.[7]

9a Die quantitativen Einkünfteerfordernisse sind (nicht anders als bei § 1 Abs. 3 auch, s. dort Rn. 18ff.) unionsrechtl. unbedenklich.[8] Allerdings verneint der EuGH[9] die EU-Rechtsverträglichkeit, wenn die Zusammenveranlagung infolge Überschreitens der Einkünfte des im EU-Ausland lebenden Ehegatten versagt wird, obschon dessen Einkünfte (Lohnersatzleistungen) in dem betr. Mitgliedstaat stfrei sind und bei dem deswegen der stl. Ehevorteil gänzlich leerläuft.[10] Dem ist vor dem Hintergrund beizupflichten, dass entspr. Lohnersatzleistungen im Inland ebenfalls stfrei sind (s. § 1 Rn. 20) und der Splittingvorteil dennoch gewährt wird, darüber hinaus jedoch nicht, weil es andernfalls zu einer nicht gerechtfertigten Günstigerstellung des Gebietsfremden käme.[11] Insbes. hängt die Einbeziehung der ausländ. Einkünfte nicht davon ab, dass vergleichbare Einkünfte im Inland stpfl. wären.[12]

10 Die Bescheinigung der ausländ. Steuerbehörde über die Höhe der nicht der deutschen ESt unterliegenden Einkünfte (§ 1 Abs. 3 S. 4) muss sich auch auf die Einkünfte des Ehegatten beziehen.

---

1 BFH v. 22.2.2006 – I R 60/05, BStBl. II 2007, 106; v. 30.3.2011 – I R 63/10, BStBl. II 2011, 747; v. 22.10.2014 – I B 101/13, BFH/NV 2015, 201.

2 R 1 S. 3 EStR; OFD Nds. v. 16.8.2016, IStR 2017, 44.

3 BFH v. 1.10.2014 – I R 18/13, BStBl. II 2015, 474, mit Anm. *Melkonyan/Katarzyna*, IWB 2015, 227; v. 6.5.2015 – I R 16/14, DStR 2015, 2273 = ISR 2016, 14 m. Anm. *Weiss*; FG Köln v. 4.7.2013 – 11 V 1596/13, EFG 2013, 1565 (AdV); *Lademann*, § 1a Rn. 7; *Frotscher/Geurts*, § 1a Rn. 31; **aA** *Schmidt*[37], § 1a Rn. 20; vgl. auch FG BaWü. v. 17.4.2013 – 14 K 2879/12, EFG 2013, 1304.

4 OFD Nds. v. 16.8.2016, IStR 2017, 44.

5 Vgl. FinSen. Berlin v. 18.3.2010, EStG-Kartei BE § 1a EStG Nr. 1002; OFD Ffm. v. 21.3.2013 – S 2102 A - 13 - St 56, FR 2013, 390.

6 BFH v. 8.9.2010 – I R 28/10, BStBl. II 2011, 269.

7 BFH v. 1.10.2014 – I R 18/13, BStBl. II 2015, 474.

8 BFH v. 15.5.2002 – I R 40/01, BStBl. II 2002, 660.

9 EuGH v. 25.1.2007 – C-329/05, IStR 2007, 143 – Meindl (auf Vorlage BFH v. 28.6.2005 – I R 114/04, BStBl. II 2005, 835).

10 S. auch EuGH v. 12.7.2005 – Rs. C-403/03 – Schempp, FR 2005, 902 m. Anm. *Kanzler*.

11 BFH v. 20.8.2008 – I R 78/07, BStBl. II 2009, 708.

12 BFH v. 1.10.2014 – I R 18/13, BStBl. II 2015, 474.

6. Haushaltsfreibetrag (Abs. 1 Nr. 3 aF). Zur Gewährung des Haushaltsfreibetrags gem. § 32 Abs. 7 aF bis zu dessen ersatzloser Aufhebung durch das HBeglG 2004 s. Abs. 1 Nr. 3 aF und dazu 9. Aufl. Rn. 11. 11

7. Kinderbetreuungskosten (Abs. 1 Nr. 4 aF). Zur – v. § 33c Abs. 1 aF abw. – Behandlung v. Kinderbetreuungskosten eines alleinstehenden StPfl. für ein nicht unbeschränkt stpfl., aber im EU/EWR-Bereich lebendes Kind als ag. Belastung bis zum VZ 1999 s. Abs. 1 Nr. 4 aF und dazu 9. Aufl. Rn. 12f. 12

Einstweilen frei. 13

C. Entlastungen für Angehörige des öffentlichen Dienstes (Abs. 2)

Die in Abs. 1 Nr. 2–4 (nicht aber Nr. 1) aufgeführten familienbezogenen Steuerentlastungen werden gem. Abs. 2 auch solchen StPfl. gewährt, die **nicht Staatsangehörige** eines EU-/EWR-Staates und deren Familienangehörige nicht im EU-/EWR-Bereich ansässig sind. 14

Der Anwendungsbereich wird aber nur für solche StPfl. erweitert, die **entweder (1)** unbeschränkt stpfl. iSv. § 1 Abs. 2 sind und dabei zugleich die besonderen Voraussetzungen des § 1 Abs. 3 S. 2–4 erfüllen **oder (2)** die fiktiv beschränkt stpfl. iSv. § 1 Abs. 3 sind und dabei zugleich die Voraussetzungen v. § 1 Abs. 2 S. 1 Nr. 1 und 2 erfüllen **und** die **(3)** an einem ausländ. (nicht nur EU/EWR-)Dienstort tätig sind, die also **nicht nur privat** im Ausland wohnen, vielmehr dort in einem **aktiven öffentl. Dienstverhältnis**[1] stehen und deren Einkünfte aufgrund der **Kassenstaatsklausel** der deutschen Besteuerung unterliegen (§ 1 Abs. 2 S. 1 Nr. 2); Beschäftigte im inländ. öffentl. Dienst oder Versorgungsempfänger mit bloßem Auslandswohnsitz fallen hierunter nicht. Damit deckt sich der angesprochene Personenkreis im Ausgangspunkt mit jenen StPfl., die bereits nach § 1 Abs. 2 im Inland unbeschränkt stpfl. sind. Gleichwohl bedeutet dies nicht, dass solchen StPfl. vorbehaltlos familienbezogene Steuervergünstigungen gewährt werden können; oftmals fehlt es an den tatbestandlichen Voraussetzungen (deutsche Staatsangehörigkeit; keine oder nur geringe Einkünfte des Angehörigen, vgl. § 1 Abs. 2 S. 1 HS 2). Überdies besteht nach § 1 Abs. 2 S. 2 das Erfordernis einer **beschränkten** EStPflicht im Ausland; § 1 Abs. 2 stellt insoweit die spiegelbildliche unbeschränkte StPflicht im Inland sicher. Bei Pers., die mit ihren Kassenstaatseinkünften im Ausland indes **unbeschränkt** stpfl. sind, greift § 1 Abs. 2 nicht; in Betracht kommt lediglich die erweiterte unbeschränkte StPflicht gem. § 1 Abs. 3. Für beide Sachverhalte will der Gesetzgeber in § 1a Abs. 2 Abhilfe schaffen. Ihm ging es darum, bei entspr. Pers. eine Schlechterstellung zu vermeiden. Gelungen ist ihm dies allerdings nur um den Preis einer Vorschrift, deren Regelungszusammenhänge in rechtsstaatlich bedenklicher Weise dunkel bleiben und die sich auch einem mit der Materie einigermaßen Vertrauten nur nach Anfertigung einer Planskizze erschließen. 15

Dass letztere Einschätzung richtig ist, zeigt sich exemplarisch auch dann, wenn der betr. Bedienstete wiederum in **das Inland versetzt** wird und hier einen **Wohnsitz begründet**, sein nicht dauernd getrennt lebender Ehegatte/Lebenspartner jedoch **im Ausland verbleibt**. § 1a Abs. 2 und die Gewährung des Splittingvorteils scheiden dann aus. Die FinVerw. gewährt für diese Situation aber einen sachlichen Billigkeitserweis, sofern die Voraussetzungen des § 1 Abs. 3 S. 2 erfüllt sind und dem Umzug des Ehegatten/Lebenspartners „ein in § 12 Abs. 2 und 3 BUKG genannter Hinderungsgrund entgegensteht“ (sic!).[2] 15a

Sind die persönlichen und sachlichen Anwendungsvoraussetzungen des Abs. 2 erfüllt, gilt Abs. 1 Nr. 2 und 3 entspr. mit der Maßgabe, dass – anstelle der lokalen Anknüpfung im EU-/EWR-Ausland – auf Wohnsitz, gewöhnlichen Aufenthalt, Wohnung oder Haushalt im Staat des jeweiligen ausländ. Dienstortes abzustellen ist. **Beispiel:** Ein Auslandslehrer mit US-amerikanischer Staatsangehörigkeit, der in Argentinien tätig ist und der der deutschen Kassenstaatsklausel unterfällt, kann in Deutschland mit seiner ebenfalls US-amerikanischen Ehefrau zusammen zur ESt veranlagt werden, wenn beide Eheleute die Voraussetzungen in § 1 Abs. 3 S. 2–5 erfüllen, insbes. die dort in S. 2 genannten Einkunftsgrenzen einhalten. 16

D. Verfahren

§ 1a findet bei der **ESt-Veranlagung** gem. § 1 Abs. 1 oder 3 Anwendung (s. dazu § 1 Rn. 25). Der gem. § 1a Abs. 1 Nr. 2 erforderliche Antrag, der konkludent durch die Abgabe der gemeinsamen ESt-Erklärung gestellt werden kann, liegt in der Geltendmachung des Ehegatten-Splittings. Für den LSt-Abzug und die Feststellung der LSt-Abzugsmerkmale gelten § 38b Abs. 1 S. 3, § 39 Abs. 2 S. 2 und 3, § 38b Abs. 3, § 39c Abs. 4 aF (zur Anwendung s. § 52 Abs. 50g). Beim Wechsel der Verhältnisse im VZ richten sich die Rechtsfolgen nicht nach § 1a, sondern nach den jeweilig anzuwendenden Steuervergünstigungsvorschriften. Zum Wechsel v. der bisher unbeschränkten in die beschränkte StPflicht infolge Wohnsitzverlegung s. 17

1 BT-Drucks. 13/1558, 405.
2 OFD Ffm. v. 21.3.2013 – S 2102 A - 13 - St 56, FR 2013, 390.

§ 2 Abs. 7 S. 3, zu der daraus erwachsenden Mitteilungspflicht des StPfl. ggü. dem FA zur Änderung der LSt-Abzugsmerkmale gem. § 39 s. § 39 Abs. 7.

18 Lehnt das FA den Antrag ab und veranlagt es einen oder beide Ehegatten/Lebenspartner einzeln, kann die Zusammenveranlagung v. jedem der Ehegatten/Lebenspartner (auch dem nur im Ausland ohne jeden Inlandsbezug Ansässigen) im Rahmen eines **Verpflichtungsbegehrens** (Einspruch, Klage, s. § 40 Abs. 1 Alt. 2 FGO) beansprucht werden.[1] Sa. § 26 Rn. 33 f. Die Ablehnung kann ggü. einem Ehegatten/Lebenspartner, der im Inland seinerseits über keine Einkünfte verfügt, (sozusagen als „Dritt-Ablehnung") auch in Gestalt der Einzelveranlagung des anderen Ehegatten/Lebenspartners zum Ausdruck kommen.[2] Er ist schon deswegen beschwert, weil auch er infolge der Zusammenveranlagung zum einen in den wirtschaftlichen Vorteil des Splittingtarifs gelangt, zum anderen Gesamtschuldner (§ 44 AO) wird und ggf. auch den ProgrVorb. gem. § 32b Abs. 1 S. 1 Nr. 5 auslöst. Einer wechselseitigen (notwendigen) Beiladung gem. § 60 Abs. 1 FGO soll es dafür nicht bedürfen; das ist zweifelhaft; sa. § 26 Rn. 34. Die Bestandskraft einer bereits ergangenen Einzelveranlagung ggü. einem der Ehegatten/Lebenspartner steht der Durchführung der Zusammenveranlagung nicht entgegen.[3]

II. Einkommen

1. Sachliche Voraussetzungen für die Besteuerung

§ 2 Umfang der Besteuerung, Begriffsbestimmungen

(1) [1]Der Einkommensteuer unterliegen

1. Einkünfte aus Land- und Forstwirtschaft,

2. Einkünfte aus Gewerbebetrieb,

3. Einkünfte aus selbständiger Arbeit,

4. Einkünfte aus nichtselbständiger Arbeit,

5. Einkünfte aus Kapitalvermögen,

6. Einkünfte aus Vermietung und Verpachtung,

7. sonstige Einkünfte im Sinne des § 22,

die der Steuerpflichtige während seiner unbeschränkten Einkommensteuerpflicht oder als inländische Einkünfte während seiner beschränkten Einkommensteuerpflicht erzielt. [2]Zu welcher Einkunftsart die Einkünfte im einzelnen Fall gehören, bestimmt sich nach den §§ 13 bis 24.

(2) [1]Einkünfte sind

1. bei Land- und Forstwirtschaft, Gewerbebetrieb und selbständiger Arbeit der Gewinn (§§ 4 bis 7k und § 13a)

2. bei den anderen Einkunftsarten der Überschuss der Einnahmen über die Werbungskosten (§§ 8 bis 9a).

[2]Bei Einkünften aus Kapitalvermögen tritt § 20 Absatz 9 vorbehaltlich der Regelung in § 32d Absatz 2 an die Stelle der §§ 9 und 9a.

(3) Die Summe der Einkünfte, vermindert um den Altersentlastungsbetrag, den Entlastungsbetrag für Alleinerziehende und den Abzug nach § 13 Absatz 3, ist der Gesamtbetrag der Einkünfte.

(4) Der Gesamtbetrag der Einkünfte, vermindert um die Sonderausgaben und die außergewöhnlichen Belastungen, ist das Einkommen.

(5) [1]Das Einkommen, vermindert um die Freibeträge nach § 32 Absatz 6 und um die sonstigen vom Einkommen abzuziehenden Beträge, ist das zu versteuernde Einkommen; dieses bildet die Bemes-

1 FG BaWü. v. 18.4.2013 – 3 K 825/13, juris.

2 BFH v. 1.10.2014 – I R 18/13, BStBl. II 2015, 474; v. 6.5.2015 – I R 16/14, DStR 2015, 2273 = ISR 2016, 14 m. Anm. *Weiss*; iErg. ebenso bereits BFH v. 20.8.2008 – I R 78/07, BStBl. II 2009, 708.

3 BFH v. 8.9.2010 – I R 28/10, BStBl. II 2011, 269; v. 1.10.2014 – I R 18/13, BStBl. II 2015, 474; FG BaWü. v. 18.4.2013 – 3 K 825/13, juris; BFH v. 18.11.1977 – VI R 71/75, BStBl. II 1978, 215.

sungsgrundlage für die tarifliche Einkommensteuer. [2]Knüpfen andere Gesetze an den Begriff des zu versteuernden Einkommens an, ist für deren Zweck das Einkommen in allen Fällen des § 32 um die Freibeträge nach § 32 Absatz 6 zu vermindern.

(5a) [1]Knüpfen außersteuerliche Rechtsnormen an die in den vorstehenden Absätzen definierten Begriffe (Einkünfte, Summe der Einkünfte, Gesamtbetrag der Einkünfte, Einkommen, zu versteuerndes Einkommen) an, erhöhen sich für deren Zwecke diese Größen um die nach § 32d Absatz 1 und nach § 43 Absatz 5 zu besteuernden Beträge sowie um die nach § 3 Nummer 40 steuerfreien Beträge und mindern sich um die nach § 3c Absatz 2 nicht abziehbaren Beträge. [2]Knüpfen außersteuerliche Rechtsnormen an die in den Absätzen 1 bis 3 genannten Begriffe (Einkünfte, Summe der Einkünfte, Gesamtbetrag der Einkünfte) an, mindern sich für deren Zwecke diese Größen um die nach § 10 Absatz 1 Nummer 5 abziehbaren Kinderbetreuungskosten.

(5b) Soweit Rechtsnormen dieses Gesetzes an die in den vorstehenden Absätzen definierten Begriffe (Einkünfte, Summe der Einkünfte, Gesamtbetrag der Einkünfte, Einkommen, zu versteuerndes Einkommen) anknüpfen, sind Kapitalerträge nach § 32d Absatz 1 und § 43 Absatz 5 nicht einzubeziehen.

(6) [1]Die tarifliche Einkommensteuer, vermindert um die anzurechnenden ausländischen Steuern und die Steuerermäßigungen, vermehrt um die Steuer nach § 32d Absatz 3 und 4, die Steuer nach § 34c Absatz 5 und den Zuschlag nach § 3 Absatz 4 Satz 2 des Forstschäden-Ausgleichsgesetzes in der Fassung der Bekanntmachung vom 26. August 1985 (BGBl. I S. 1756), das zuletzt durch Artikel 18 des Gesetzes vom 19. Dezember 2008 (BGBl. I S. 2794) geändert worden ist, in der jeweils geltenden Fassung, ist die festzusetzende Einkommensteuer. [2]Wurde der Gesamtbetrag der Einkünfte in den Fällen des § 10a Absatz 2 um Sonderausgaben nach § 10a Absatz 1 gemindert, ist für die Ermittlung der festzusetzenden Einkommensteuer der Anspruch auf Zulage nach Abschnitt XI der tariflichen Einkommensteuer hinzuzurechnen; bei der Ermittlung der dem Steuerpflichtigen zustehenden Zulage bleibt die Erhöhung der Grundzulage nach § 84 Satz 2 außer Betracht. [3]Wird das Einkommen in den Fällen des § 31 um die Freibeträge nach § 32 Absatz 6 gemindert, ist der Anspruch auf Kindergeld nach Abschnitt X der tariflichen Einkommensteuer hinzuzurechnen.

(7) [1]Die Einkommensteuer ist eine Jahressteuer. [2]Die Grundlagen für ihre Festsetzung sind jeweils für ein Kalenderjahr zu ermitteln. [3]Besteht während eines Kalenderjahres sowohl unbeschränkte als auch beschränkte Einkommensteuerpflicht, so sind die während der beschränkten Einkommensteuerpflicht erzielten inländischen Einkünfte in eine Veranlagung zur unbeschränkten Einkommensteuerpflicht einzubeziehen.

(8) Die Regelungen dieses Gesetzes zu Ehegatten und Ehen sind auch auf Lebenspartner und Lebenspartnerschaften anzuwenden.

Literatur: *Von Arnauld*, Das Existenzminimum, in: Von Arnauld/Musil, Strukturfragen des Sozialverfassungsrechts, 2009, 251; *Christ*, Gleichstellung eingetragener Lebenspartner mit Eheleuten im Einkommensteuerrecht, FamRB 2013, 257; *Drüen*, Leitlinien des Unternehmenssteuerrechts, DStZ 2014, 564; *Drüen/Hey/Mellinghoff*, 100 Jahre Steuerrechtsprechung in Deutschland 1918–2018, FS für den BFH, 2018; *Kempny*, Steuerrecht und Verfassungsrecht, StuW 2014, 185; *P. Kirchhof*, Legalität, Gestaltungsfreiheit und Belastungsgleichheit als Grundlagen der Besteuerung, DStJG 33 (2010), 9; *P. Kirchhof*, Leistungsfähigkeit und Erwerbseinkommen – Zur Rechtfertigung und gerechtfertigten Anwendung des Einkommensteuergesetzes, FS Lang, 2010, 451; *P. Kirchhof*, Die Gleichheit vor dem Steuergesetz – Maßstab und Missverständnis, StuW 2017, 3; *Kube*, Stand und Perspektiven der Ehegatten- und Familienbesteuerung, StuW 2016, 332; *Moes*, Die Steuerfreiheit des Existenzminimums vor dem Bundesverfassungsgericht, 2011; *Schuster*, Die neuere BFH-Rechtsprechung zur Steuer in der Insolvenz – Fiskusprivileg versus Gläubigergleichbehandlung, DStR 2013, 1509; *Seer*, Insolvenz, Sanierung und Ertragsteuern – verfassungs- und europarechtliche Überlegungen, FR 2014; *M. Vogel*, Die Auslegung privatrechtlich geprägter Begriffe des Ertragsteuerrechts, 2015.

A. Grundaussagen der Vorschrift

1 **I. Prinzipien einkommensteuerlicher Belastung. 1. Regelungsgegenstand.** § 2 regelt den Belastungsgrund der ESt, das gesetzl. System, nach dem der Steuergegenstand „Einkommen" erfasst und besteuert, einem Subjekt und einem Zeitraum zugeordnet werden soll. Besteuert wird der unter den Erwerbsbedingungen in Deutschland erzielte Zuwachs an finanzieller Leistungsfähigkeit, das individuelle **Erwerbseinkommen**, das der StPfl. in dieser Rechtsgemeinschaft erworben hat und deshalb hier versteuern muss (Einl. Rn. 5).[1] Diese Grundentscheidungen geben der in der Finanzverfassung (Art. 106 Abs. 3 GG) vorgesehenen und insoweit als Steuerart anerkannten[2] ESt ihre konkrete Gestalt. § 2 enthält die gesetzl. Konzeption des steuerbaren Einkommens und regelt den **systemprägenden Ausgangstatbestand** des EStG, der – für die Dauer seiner Geltung – gem. Art. 3 GG folgerichtig und widerspruchsfrei[3] im EStG ausgeführt und in der Anwendung dieses G verwirklicht werden muss. § 2 begründet damit die Leitgedanken, an denen die ESt-Gesetzgebung und die Anwendung des EStG auszurichten sind. § 2 ist die **das EStG dirigierende Norm, der Navigator** des EStG. Er bildet damit – gemeinsam mit dem für das Steuersubjekt einschlägigen § 1 – das Fundament, um das Verfassungsgebot der Tatbestandsmäßigkeit der Besteuerung zu erfüllen.[4]

2 § 2 regelt den **Steuergegenstand** (Einkünfte aus den sieben Einkunftsarten), das **Steuersubjekt** (der StPfl., der Einkünfte erzielt), die **Bemessungsgrundlage** (Einkünfte, Abs. 2, Summe der Einkünfte, Gesamtbetrag der Einkünfte, Abs. 3, Einkommen, Abs. 4, zu versteuerndes Einkommens, Abs. 5) und den **Besteuerungs-**

1 *P. Kirchhof*, DStJG 24 (2001), 9; *J. Lang*, DStJG 4 (1980), 54; für eine Übersicht über die Vermögenszugangs-, Quellen- und Markteinkommenstheorie *P. Kirchhof* in K/S/M, § 2 Rn. A 285 ff.; A 470 ff.; *Ratschow* in Blümich, § 2 Rn. 32.

2 Vgl. BVerfG v. 24.1.1962 – 1 BvR 845/58, BVerfGE 13, 331 (348); v. 13.5.1969 – 1 BvR 25/65, BVerfGE 26, 1 (8); v. 25.10.1977 – 1 BvR 15/75, BVerfGE 46, 224 (236); v. 15.1.2008 – 1 BvL 2/04, BVerfGE 120, 1 (27) = FR 2008, 818; v. 13.4.2017 – 2 BvL 6/13, BVerfGE 145, 171 (199) – Kernbrennstoffsteuer.

3 BVerfG v. 27.6.1991 – 2 BvR 1493/89, BVerfGE 84, 239 (271) = BStBl. II 1991, 654 ff. = FR 1991, 375; v. 25.9.1992 – 2 BvL 5, 8, 14/91, BVerfGE 87, 153 (170) = BStBl. II 1993, 413; v. 22.6.1995 – 2 BvL 37/91, BVerfGE 93, 121 (136) = BStBl. II 1995, 655 (656); v. 7.5.1998 – 2 BvR 1991, 2004/95, BVerfGE 98, 106 (118) = BStBl. I 1998, 1518 (1526); v. 9.3.2004 – 2 BvL 17/02, BVerfGE 110, 94 (111) = BStBl. II 2005, 56 = FR 2004, 470; stRspr.

4 *H/H/R*, § 2 Anm. 17.

zeitraum (Jahressteuer, Abs. 7). Außerdem regelt Abs. 6 die festzusetzende ESt. Diese Besteuerungsprinzipien bilden – ergänzt um den Steuertarif (§ 32a) – die Besteuerungsgrundlagen, an denen sich das gesamte EStG ausrichtet. § 2 ist Grundtatbestand der nachfolgenden Vorschriften. Er gibt ihnen tatbestandliche Vollständigkeit, wenn diese eine Einkunftsart nur exemplarisch erläutern (§§ 18 Abs. 1 Nr. 1 S. 2; 19 Abs. 1 S. 1; 20 Abs. 1), wenn die Bemessungsgrundlage des Gewinns eher bilanzrechtl. (§ 4 f.), die des Überschusses nur in den Grundtatbeständen der Einnahmen und WK (§ 8 f.) geregelt wird, wenn das Jährlichkeitsprinzip weniger in seiner materiellen Bedeutung und mehr als formales Prinzip in Einzelvorschriften aufgenommen wird.

§ 2 wirkt für das gesamte EStG als **Auslegungshilfe**, die eine Tatbestandsergänzung durch § 42 AO[1] erübrigt. Der Missbrauchstatbestand des § 42 AO setzt die Unterscheidung zw. dem Gebrauch und dem Missbrauch v. Gestaltungsmöglichkeiten des Rechts voraus, betrifft also „eigentlich eine Auslegungsfrage".[2] Der „Missbrauch" ist nichts anderes als ein fehlgeschlagener Subsumtionsversuch. Um diesen zu erkennen, bietet § 2 als lex specialis einen besonderen, die Eigenheiten der ESt benennenden Grundtatbestand, der einen Rückgriff auf den § 42 AO erübrigt und verbietet.[3] § 2 regelt die **Grundbegriffe**, die allg. im EStG gelten und bei späterer Verwendung im G grds. nicht abw. ausgelegt werden dürfen.[4] 3

§ 2 trifft die Belastungsentscheidung, die einer Dogmatik des EStRechts – der Systembildung unter Autorität des EStG – ihre Grundlage gibt, dem Gebot einer **folgerichtigen** und **widerspruchsfreien** Gesetzgebung und Gesetzesanwendung[5] den Ausgangspunkt bietet, deshalb bei der **verfassungskonformen Auslegung**[6] zw. den verfassungsrechtl. Freiheits- und Gleichheitssätzen sowie der Einzelvorschrift des EStG vermittelt und für den Gesetzgeber den Belastungsgrundgedanken benennt, den er für die Geltung dieses EStG folgerichtig weiterzuführen und in eine Bemessungsgrundlage umzusetzen hat.[7] Diese gesetzesdirigierende Funktion des § 2 gewinnt aktuelle Bedeutung insbes., wenn das Bilanzrecht sich ggü. dem materiellen Steuerrecht zu verselbständigen droht, Einzeltatbestände unvollständig sind, die Einkünfte aus KapVerm. sich ggü. der folgerichtigen ESt-Besteuerung verselbständigen und die Steuergestaltung einen Orientierungstatbestand der Belastungsgleichheit braucht. 4

Die ESt ist eine **Personensteuer**. Sie erfasst die im Einkommen ersichtliche finanzielle Leistungsfähigkeit der einzelnen nat. Pers. Sie wird daher v. Grundsatz der Individualbesteuerung und v. Prinzip der Besteuerung nach der individuellen Leistungsfähigkeit beherrscht. Stpfl ist der Mensch, der die Einkünfte „erzielt" (Abs. 1 S. 1). Die Steuer knüpft also an die persönliche individuelle Leistungsfähigkeit des StPfl. an, verwirklicht damit das verfassungsrechtl. fundierte Gebot der Besteuerung nach der finanziellen Leistungsfähigkeit der einzelnen Person.[8] Die nat. Pers. ist das Zurechnungssubjekt der v. ihr erzielten Einkünfte (Abs. 1).[9] Steuersubjekt ist nur die nat. Pers., der Mensch (§ 1 Abs. 1 S. 1). Die Fähigkeit, EStSubjekt zu sein, beginnt mit der Geburt und endet mit dem Tode. Auch der Neugeborene, der zB ein vermietetes Grundstück geerbt hat, ist Subjekt der dadurch begründeten ESt. Einkünfte, die nach dem Tode zufließen, werden dem Rechtsnachfolger zugerechnet. 5

Die ESt belastet nach § 2 „das zu versteuernde Einkommen", einen Zuwachs an disponiblem Einkommen, der dem EStPfl. die Möglichkeit gibt, einen Teil des Hinzuerworbenen an den Steuerstaat abzugeben. Der StPfl. darf nur in dem Einkommen besteuert werden, über das er – nach Abzug der erwerbssichernden und der existenzsichernden Aufwendungen – verfügen kann. Die Erfassung der durch die ESt belasteten individuellen Leistungsfähigkeit im disponiblen Einkommen[10] hat in der Verfassungsrechtspre- 6

1 Zur österreichischen Terminologie zw. „Innentheorie" und „Außentheorie" vgl. *P. Fischer* in *H/H/Sp*, § 42 AO Rn. 71 f. mN.
2 *E. Becker*, Reichsabgabenordnung, 9. Aufl., § 5 Anm. 4b; *A. Hensel*, Zur Dogmatik des Begriffs der Steuerumgehung, Bonner FS für Zitelmann, 1923, 222 f. (284), hält demgegenüber diesen „freirechtl. Standpunkt" für verfehlt.
3 *P. Kirchhof*, DStJG 33 (2010), 9.
4 BFH v. 22.5.2006 – VI R 50/04, BStBl. II 2006, 801 = FR 2006, 1137.
5 BVerfG v. 24.4.1991 – 1 BvR 1341/90, BVerfGE 84, 153 (179) – Zinsurteil; v. 6.3.2002 – 2 BvL 17/99, BVerfGE 105, 73 (112) = FR 2002, 391 m. Anm. *Fischer* – Rentenbesteuerung; v. 5.2.2002 – 2 BvR 305, 348/93, BVerfGE 105, 17 (47) – Sozialpfandbriefe; v. 7.11.2006 – 1 BvL 10/02, BVerfGE 117, 1 (30) = FR 2007, 338 – Bewertung im Erbschaftsteuerrecht; stRspr.
6 *P. Kirchhof*, Die Steuer, in: Isensee/Kirchhof (Hrsg.), HStR, 3. Aufl., Bd. V, 2007, § 118 Rn. 174 f.; zu deren Grenzen BVerfG v. 10.10.2012 – 1 BvL 6/07, BVerfGE 132, 302 (322) – Dividendenausschüttungen bei der GewSt.; krit. zur Folgerichtigkeitsrechtsprechung *Kempny*, StuW 2014, 185 (198).
7 *P. Kirchhof*, Die Steuer, in: Isensee/Kirchhof (Hrsg.), HStR, 3. Aufl., Bd. V, 2007, § 118 Rn. 178.
8 BFH v. 28.7.2004 – XI R 54/99, BStBl. II 2005, 262.
9 BFH v. 17.12.2007 – GrS 2/04, BStBl. II 2008, 608 Rn. 65 = FR 2008, 457 m. Anm. *Kanzler*.
10 Zur Ausgangsdebatte vgl. *Wagner*, Finanzwissenschaft, Bd. 2, 2. Aufl. 1890, 444; *P. Kirchhof*, Gutachten zum 57. DJT sowie die darauf ergangene Beschlussfassung DJT 1988, N214–N216.

chung[1] als Verfassungsprinzip vor allem für das subjektive – persönliche – Nettoprinzip Anerkennung gefunden. Der Ausgangstatbestand der „Einkünfte" (Abs. 1 und 2) bezeichnet einen Betriebsvermögenszuwachs (Gewinn) oder Einnahmen, die die WK übersteigen (Überschuss). Die weiteren **Abzugstatbestände** des Abs. 3 **„vermindern"** diese Ausgangsgröße um weitere Abzugspositionen, verringern aber den Erfolg in einem Steuerjahr allenfalls auf null. Die ESt ist im § 2 darauf angelegt, einen **Totalerfolg** (Totalgewinn, Totalüberschuss) zu belasten. Negative Ergebnisse sind grds. unerheblich. Übersteigen die in einem bestimmten VZ angefallenen Erwerbsaufwendungen die im selben Besteuerungsabschnitt erzielten Erwerbsbezüge, so erlaubt § 10d zwar „aus Gründen der Steuergerechtigkeit"[2] einen periodenübergreifenden Verlustabzug; das System der Ermittlung des zu versteuernden Einkommens wird durch diese Vorschrift jedoch nicht berührt.[3] Besondere Verlustabzugsbeschränkungen begrenzen die Erheblichkeit eines Verlustes zudem auf eine oder einzelne Einkunftsarten. Damit ist der Grundtatbestand des EStG als ein **Erfolgstatbestand** definiert. Für die Abzugstatbestände sind nur diejenigen Vorkehrungen des StPfl. erheblich, die objektiv auf einen Jahreserfolg ausgerichtet sind. Unerheblich ist das persönliche Vorhaben einer Gewinnerzielungsabsicht (Rn. 57, 60).

7 **2. Grundtatbestand.** Abs. 1 regelt den Grundtatbestand des steuerbaren Einkommens in drei tatbestandsbegründenden Merkmalen[4]: Erstes Merkmal ist der **Zustandstatbestand** der marktbezogenen Einkunftsquelle, der Erwerbsgrundlage der erwerbenden Pers. § 2 Abs. 1 verdeutlicht die sieben Einkunftsarten (LuF, GewBetr., selbständige Arbeit, nichtselbständige Arbeit, KapVerm., VuV, sonstige Erwerbsgrundlagen). Der Zustandstatbestand bringt den rechtfertigenden Grund für die ESt zum Ausdruck. Er ermöglicht dem Erwerbenden, durch eine marktbezogene Erwerbsgrundlage den Markt und damit die durch die Rechtsgemeinschaft bereitgestellten Erwerbsmöglichkeiten (Frieden, Rechtsordnung und Gerichtsschutz, Währungs- und Bankenwesen, ausgebildete Arbeitskräfte und Arbeitsteilung, inländ. Nachfragekraft) zu nutzen.[5] Die sieben Einkunftsarten bringen eine je gleiche Leistungsfähigkeit zum Ausdruck; eine Ungleichbehandlung bedarf besonderer Rechtfertigung (Rn. 93).[6]

8 Zweite Voraussetzung der ESt-Schuld – der StPfl. „erzielt" Einkünfte „aus" einer der sieben Erwerbsgrundlagen – ist der **Handlungstatbestand:** Er bezeichnet die Nutzung der Erwerbsgrundlage, verbindet den Zustandstatbestand (Erwerbsgrundlage) mit dem Erfolgstatbestand (Einkommen). Nur wer tatsächlich seine Erwerbsgrundlage (Zustandstatbestand) genutzt hat (Erwerbshandeln), kommt als Steuerschuldner in Betracht. Wer dank seiner Erwerbsgrundlage erwerben könnte, aber auf den Erwerb verzichtet, ist nicht stpfl. Die ESt belastet nicht die berufliche Fähigkeit, erwerben zu können, sondern die finanzielle Leistungsfähigkeit dessen, der erworben hat. Das EStG misst die stl. Leistungsfähigkeit nicht – wie bei den Objektsteuern des 19. Jahrhunderts – an dem auf Dauer und im Durchschnitt erzielbaren, geschätzten Reinertrag der Erwerbsquellen,[7] was den überdurchschnittlich erwerbstüchtigen Bürger bevorzugen, den unterdurchschnittlich erwerbsfähigen Bürger hingegen benachteiligen würde, sondern rechtfertigt die Steuer aus der erfolgreichen Nutzung des allg. Marktes.[8] Der Handlungstatbestand bestimmt subjektbezogen[9] die Pers., die eine Erwerbsgrundlage nutzt, die Einnahmen erzielt und Aufwendungen tätigt. Das so definierte Steuersubjekt ist damit grds.[10] die Person, der Einnahmen und Aufwand zugerechnet werden. Stpfl. ist nach Abs. 1 S. 1, wer Einkünfte aus den dort genannten Erwerbsgrundlagen „erzielt", wer als Eigentümer, Nutzungsberechtigter, tatsächlich Nutzender die Bestimmungsbefugnisse über die Erwerbsgrundlage innehat und ausübt[11].

---

1 Wohl erstmals thematisiert v. BVerfG v. 23.11.1976 – 1 BvR 150/75, BVerfGE 43, 108 (113 f.), dann als Verfassungsprinzip anerkannt, jedenfalls für das subjektive – persönliche – Nettoprinzip: BVerfG v. 29.5.1990 – 1 BvL 20/84 ua., BVerfGE 82, 60 = FR 1990, 449; v. 12.6.1990 – 1 BvL 72/86; BVerfGE 82, 158 = FR 1990, 448; v. 4.12.2002 – 2 BvR 400/98, 1735/00, BVerfGE 107, 28 (49); v. 9.12.2008 – 2 BvL 1/07 ua., BVerfGE 122, 210 (234 f.); eine kritische Darstellung bei *Moes*, Die Steuerfreiheit des Existenzminimums vor dem BVerfG, 2011, 107 f. (151 f.).

2 BFH v. 31.3.2008 – III B 90/06, BFH/NV 2008, 1318.

3 BFH v. 17.12.2007 – GrS 2/04, BStBl. II 2008, 608 = FR 2008, 457 m. Anm. *Kanzler*; vgl. aber Rn. 11 aE.

4 Zust. *H/H/R*, § 2 Anm. 51.

5 *P. Kirchhof*, FS Lang, 2010, 451 f.; die Marktbezogenheit des Zustandstatbestands wird jedoch schwächer, wenn die sonstigen Leistungen (§ 22 Nr. 1, 1a, 1c, 5) zum Teil Transfereinkünfte und damit vom Markt unabhängige Einkunftsquellen erfassen; die Erwerbsgrundlage hier gänzlich verneinend *H/H/R*, § 2 Anm. 69.

6 BVerfG v. 21.6.2006 – 2 BvL 2/99, NJW 2006, 2757 (2758).

7 Vgl. *Schremmer*, 15 ff.

8 BFH v. 13.12.2001 – IV R 86/99, BStBl. II 2002, 80 = FR 2002, 351 – „Beteiligung am allg. wirtschaftlichen Verkehr" für LuF, v. 17.12.2007 – GrS 2/04, BStBl. II 2008, 608 = FR 2008, 457 (Nichtvererblichkeit des Verlustabzugs).

9 BFH v. 23.8.1999 – GrS 2/97, BStBl. II 1999, 782 (784 f.) = FR 1999, 1173.

10 Vgl. aber BFH v. 23.8.1999 – GrS 5/97, BStBl. II 1999, 774 (776) = FR 1999, 1180; v. 23.8.1999 – GrS 1/97, BStBl. II 1999, 778 (779) = FR 1999, 1167 m. Anm. *Fischer*; v. 23.8.1999 – GrS 2/97, BStBl. II 1999, 782 (784 f.) = FR 1999, 1173 m. Anm. *Fischer*; v. 23.8.1999 – GrS 3/97, BStBl. II 1999, 787 (788) = FR 1999, 1179.

11 BFH v. 19.2.2013 – IX R 31/11, BFH/NV 2013, 1075.

Der Handlungstatbestand bezeichnet im Nutzungsvorgang auch die steuererheblichen Vermögensbewegungen (Rn. 55 ff.).

Dritte Voraussetzung der Steuerschuld ist der **Erfolgstatbestand:** Der ESt unterliegen die durch Nutzung der Erwerbsgrundlage erzielten Einkünfte, also der Vermögenszuwachs, den der StPfl. durch Nutzung seiner Erwerbsgrundlage erwirtschaftet hat. Nur die positiven Einkünfte (Gewinn, Überschuss) führen zu einer StPfl., die negativen Einkünfte (Verlust, Fehlbetrag) lösen keine Steuererstattung aus; sie können allenfalls in anderen Besteuerungszeiträumen die positiven Einkünfte mindern. 9

3. Erwerbssichernder Aufwand, Veranlassungsprinzip, Nettoprinzip. Nach Abs. 2 sind nur die **Einkünfte** steuerbar, also die Erwerbseinnahmen abzgl. der Erwerbsaufwendungen. Einkünfte sind der Gewinn (§§ 4–7k) oder der Überschuss der Erwerbseinnahmen über die WK (§§ 8–9a). Die ESt erfasst grds. im Überschuss der Einnahmen über die WK (Abs. 2 S. 1 Nr. 2) nur den erzielten Zuwachs, den Hinzuerwerb, nicht aber die Veränderungen im Vermögen des StPfl. Beim Einkommen der Landwirte, der Gewerbetreibenden und der selbständig Berufstätigen hingegen würde eine Einkommensbesteuerung ohne Berücksichtigung der Entwicklung des BV (Gewinn, § 4) den rechtfertigenden Grund der ESt verfehlen: Ein Kfm. kann einen erheblichen Einnahmeüberschuss erzielt haben, zugleich aber einen Warenbestand als unverkäuflich aussondern müssen; ein Landwirt kann seine Ernte gut verkauft, seine Viehherde aber durch eine Seuche verloren haben. Das iErg. eines Geldbetrages scheinbar günstige Jahr bringt einen wirtschaftlichen Verlust.[1] Deswegen wird der Gewinn grds. durch den Betriebsvermögensvergleich ermittelt (§ 4 Abs. 1 S. 1 EStG): Zunächst werden die wertmäßigen Veränderungen des BV aE (Schlusskapital) und am Anfang (Anfangskapital) des Ermittlungszeitraums verglichen, sodann privat veranlasste Wertveränderungen der Bilanz (Entnahmen und Einlagen) neutralisiert. Bei diesem Betriebsvermögensvergleich bilden die BE und die BA keinen vergleichserheblichen Tatbestand. Der bloße Vermögenstausch ist unbeachtlich. Das Zuflussprinzip (§ 11 Abs. 1) und die Regel über den Zeitpunkt der Vereinnahmung und Verausgabung finden keine Anwendung (§ 11 Abs. 1 S. 5, Abs. 2 S. 6). Es gilt das Realisationsprinzip (§ 252 Abs. 1 Nr. 4 HGB) und der Grundsatz der periodengerechten Gewinnermittlung (§ 252 Abs. 1 Nr. 5 HGB). Die Lohneinkünfte und die Sozialversicherungseinkünfte hingegen stammen aus einer Einkunftsquelle, die einem anderen gehört – dem ArbG oder dem die Sozialversicherungsleistungen erbringenden Versicherungsträger. Die Wertentwicklungen dieser Erwerbsgrundlagen können deshalb dem Lohnempfänger und dem Versicherungsnehmer nicht zugerechnet werden. Die Einkünfte aus KapVerm. (§ 20) und aus VuV (§ 21) sowie die Einkünfte aus privaten Veräußerungsgeschäften (§ 22 Abs. 1 Nr. 2, § 23) setzen die erwerbswirtschaftliche Herrschaft des Einkünftebeziehers über das Finanzkapital, über die vermieteten und verpachteten Grundstücke und Sachinbegriffe, über veräußerte Aktien und Grundstücke voraus. Deswegen werden diese Überschusseinkünfte den Gewinneinkünften angenähert (§ 20 Abs. 2, § 23 Abs. 1 und 2, § 17 EStG). Die Einkünfte aus Leistungen (§ 22 Abs. 1 Nr. 3) werden idR aus Erwerbsgrundlagen erzielt, die dem Leistungsempfänger nicht gehören. Dieser **Dualismus der Einkünfteermittlung** (§ 2 Abs. 2, Rn. 90 f.) hat seinen historischen Ursprung in der Quellentheorie, die alle Erträge aus dauernden Quellen der Gütererzeugung zur Bestreitung der persönlichen Bedürfnisse belastet,[2] und der Reinvermögenszuwachstheorie, die den Wertzuwachs des bewirtschafteten Vermögens belastet.[3] Der heutige Dualismus des § 2 Abs. 2 ist nicht lediglich ein „pragmatischer Weg" zw. den beiden Theorien,[4] sondern erkennt die strukturerhebliche **Unterscheidung zw. Einkommen aus eigener Erwerbsgrundlage** ***und*** **Einkommen aus fremder Erwerbsgrundlage** an. Der unternehmerische Erfolg spiegelt sich im Erwerbsvermögen, der aus der Nutzung fremder Erwerbsgrundlagen erzielte Erfolg in dem Einkommenszufluss. In der praktischen Anwendung dieser Regelungen gibt es aber Überschneidungen und Annäherungen (Rn. 22). Die Gewinnermittlung geht grds. der Überschussermittlung vor (§ 19 Abs. 1 S. 1 – „nichtselbständig", § 20 Abs. 8, § 21 Abs. 3, § 22 Nr. 1 S. 1). 10

Die abziehbaren Erwerbsaufwendungen werden – für Gewinn- und Überschusseinkünfte gleich – nach dem **Veranlassungsprinzip** beurteilt. Aufwendungen sind stl. abziehbar, wenn sie nach einer wertenden Betrachtung mit einer Einkunftsart in einem stl. anzuerkennenden wirtschaftlichen Zusammenhang stehen und deshalb erwerblich veranlasst sind.[5] Sind die Aufwendungen der Erwerbssphäre zuzurechnen, so 10a

1 *Hensel*, 240 f.
2 *Fuisting*, Die Preußischen direkten Steuern, Bd. 4, 1902, S. 110.
3 *Von Schanz*, Der Einkommensbegriff und die Einkommensteuergesetze, Finanzarchiv 13 (1896), 1; *von Schanz*, Der privatwirtschaftliche Einkommensbegriff, Finanzarchiv 39 (1922), 505; dort: „Reinvermögenszugangstheorie".
4 So ausdrücklich die Begründung zum RStG, Entwurf v. 29.11.1919, Verhandlung der verfassunggebenden Nationalversammlung, RT-Drucks. Bd. 340, Nr. 1624 = Finanzarchiv 37 (1920), 591 (593).
5 BFH v. 21.9.2009 – GrS 1/06, BStBl. II 2010, 672 = FR 2010, 225 m. Anm. *Kempermann*; v. 19.1.2017 – VI R 37/15, BStBl. II 2017, 526.

entscheidet der StPfl. im Rahmen seiner Erwerbsfreiheit, welchen Aufwand er in welcher Höhe tätigt.[1] Lassen sich Erwerbs- und Privatsphäre nicht klar trennen oder bleiben Fälle völlig untergeordneter privater oder erwerblicher Mitveranlassung,[2] so ist die Mitveranlassung für die Qualifikation als erwerblich oder privat unerheblich. Die Aufwendungen werden grds. einheitlich zugeordnet. Ist eine private und eine erwerbliche Mitveranlassung deutlich erkennbar (**gemischt veranlasste Aufwendungen**), so sind die privaten und die erwerblichen Teile zu trennen und die so ermittelten erwerblichen Aufwendungen abzuziehen.[3] Nach § 4 Abs. 5 dürfen „Betriebsausgaben" im Grenzbereich zw. Privat- und Erwerbssphäre den Gewinn nicht mindern. Für die Höhe der Aufwendungen ist grds. unerheblich, ob diese üblich, angemessen und zweckdienlich sind. Die Höhe bestimmt der StPfl. in seiner Erwerbsfreiheit.[4] Aufwendungen, die die Lebensführung berühren, dürfen aber nach § 4 Abs. 5 Nr. 7 den Gewinn nicht mindern, soweit „sie nach allgemeiner Verkehrsauffassung als unangemessen anzusehen sind".

11 Abs. 2 verankert das **objektive – erwerbsbezogene – Nettoprinzip**. Dieses Nettoprinzip besteuert nur die Einkünfte als Nettogrößen (Gewinn oder Überschuss der Einnahmen über die WK), verwirklicht damit das sachliche, objektive Leistungsfähigkeitsprinzip.[5] Die wirtschaftliche Leistungsfähigkeit des Steuersubjekts wird ermittelt, indem die erwirtschafteten steuerbaren Einnahmen und die zur Erzielung dieser Einnahmen aufgewandten Ausgaben gegeneinander ausgeglichen werden.[6] Was für den Erwerb ausgegeben worden ist, sichert den Erwerb und die Steuerquelle, steht dem StPfl. nicht – auch nicht für die Steuerzahlung – zur Vfg. Das Nettoprinzip ist einfachgesetzl. in § 2 Abs. 2 als gesetzesdirigierendes Prinzip angelegt,[7] muss für die Dauer seiner Geltung nach dem Maßstab des Gleichheitssatzes (Art. 3 Abs. 1 GG) folgerichtig und widerspruchsfrei umgesetzt werden.[8] Die Erwerbsaufwendungen sind grundsätzlich im Veranlagungs- oder Erhebungszeitraum abzuziehen. Sieht der Gesetzgeber auch einen periodenübergreifenden Verlustausgleich vor, so hat er dabei einen Gestaltungsraum, darf den Ausgleich jedoch nicht völlig ausschließen.[9] Verfassungsrechtl. zulässig sind Verlustausgleichsbeschränkungen, die den Verlustausgleich nicht versagen, sondern lediglich zeitlich strecken, solange die Abzugsfähigkeit von Verlusten nicht in ihrem Kernbereich betroffen und gänzlich ausgeschlossen ist.[10] Dabei kann der Gesetzgeber im Rahmen seiner Typisierungsbefugnis auch in Kauf nehmen, dass die zeitliche Streckung des Verlustvortrags das Risiko für den einkommenswirksamen Abzug des Verlustes erhöht, weil „naturgemäß keine Gewissheit besteht, die Verluste in Zukunft verrechnen zu können".[11] Das erwerbssichernde Nettoprinzip ist historisch selbstverständliche Grundlage der ESt.[12] Die Entwicklung und Nutzung der Erwerbsgrundlage sollte als Erwerbs- und Besteuerungsgrundlage erhalten, deswegen stl. verschont werden. Eine Besteuerung der Einkünfte war und ist das rechtspolitische Ideal[13] und wird auch international weitgehend anerkannt.[14] Im Kern ist eine Besteuerung nur der Einkünfte tatbestandlich gesichert, aber immer wieder neuen Anfragen einer veränderten Rechtswirklichkeit ausgesetzt. Dies gilt gegenwärtig vor allem für die Unterscheidung

1 Vgl. BVerfG v. 23.1.1990 – 1 BvL 4/87, BStBl. II 1990, 483 (Rn. 28).
2 Die Verwaltung bemisst diesen Anteil auf 10 %, BMF v. 6.7.2010, BStBl. II 2010, 614 (Rn. 12).
3 BFH v. 21.9.2009 – GrS 1/06, BStBl. II 2010, 672 = FR 2010, 225 m. Anm. *Kempermann*.
4 BVerfG v. 2.10.1969 – 1 BvL 12/68, BStBl. II 1970, 140 (Rn. 24); BVerfG v. 23.1.1990 – 1 BvL 4/87, BStBl. II 1990, 483.
5 BVerfG v. 4.12.2002 – 2 BvL 400/98, 1735/00, BVerfGE 107, 28 (46); v. 9.12.2008 – 2 BvL 1/07 ua., BVerfGE 122, 210 (230f.); *Tipke*, Die Steuerrechtsordnung, 2. Aufl. 2003, 763; *Birk*, FS P. Kirchhof, Bd. II 2013, § 147 Rn. 13; *Lambrecht*, FS P. Kirchhof, Bd. II 2013, § 170 Rn. 9.
6 BFH v. 26.2.2014 – I R 59/12, FR 2014, 1033 m. Anm. *Hallerbach* = BFH/NV 2014, 1674 Rn. 18.
7 BVerfG v. 12.5.2009 – 2 BvL 1/00, BVerfGE 123, 111 = FR 2009, 873; **aA** wohl *H/H/R*, § 2 Anm. 11.
8 BVerfG v. 12.10.2010 – 1 BvL 12/07, BVerfGE 127, 224 = FR 2010, 1141.
9 BVerfG v. 30.9.1998 – 2 BvR 1818/91, BVerfGE 99, 88 = FR 1998, 1028; zur Mindestbesteuerung mit Definitiveffekt vgl. Vorlagebeschl. des BFH v. 26.2.2014 – I R 59/12, FR 2014, 1033 m. Anm. *Hallerbach* = BFH/NV 2014, 1674 Rn. 30f.
10 BFH v. 5.6.2002 – I R 115/00, BFH/NV 2002, 1549; v. 29.4.2005 – IX B 127/04, BStBl. II 2005, 609; v. 26.2.2014 – I R 59/12, FR 2014, 1033 m. Anm. *Hallerbach* = BFH/NV 2014, 1674 Rn. 22ff., dort Rn. 30ff. zur Verfassungswidrigkeit einer Mindestbesteuerung mit Definitiveffekt; v. 16.6.2015 – IX R 26/14, DStR 2015, 2321 (2324).
11 BFH v. 22.8.2012 – I R 9/11, FR 2013, 213 = DStR 2012, 3435 (3437).
12 *Mann*, Steuerpolitische Ideale: Vergleichende Studien zur Geschichte der ökonomischen und politischen Idee und ihres Wirkens in der öffentlichen Meinung 1600–1935, 1937, S. 147.
13 *Popitz* bezeichnet die ESt als „Königin der Steuer": *Popitz*, Handwörterbuch der Staatswissenschaften, Bd. 5, 4. Aufl. 1923, S. 402; *Lampe* erlebt in ihr die „Zentralsonne", die nur von „Trabantensteuern" umgeben werde: *Lampe*, Reine Theorie der Finanzreform, Finanzarchiv, NF, Bd. 2 (1934), S. 218 (222); *Schumpeter* sieht in der ESt „die reinste – und technisch und juristisch schönste – Gestalt des Steuergedankens überhaupt": *Schumpeter*, Ökonomie und Soziologie der Einkommensteuer, Der deutsche Volkswirt, IV, 1929/1930, S. 380ff. (zitiert nach *Mann*, Fn. 12, S. 359).
14 *Tipke*, Die Steuerrechtsordnung, 2. Aufl. 2003, 763 mwN.

zw. Berufsausbildung und Berufsfortbildung,[1] für vorab entstandene[2] und nachträgliche Werbungskosten[3] und für Geldbußen mit Abschöpfungsanteil.[4] Eine Durchbrechung des Nettoprinzips bedarf nach der gesetzl. Ausgangsentscheidung besonderer Rechtfertigung.[5] Allerdings können beruflich ebenso wie privat veranlasste Aufwendungen pauschaliert und gekürzt werden.[6] Jede gesetzl. Regelung muss verallgemeinern. Dem Gesetzgeber steht vor allem bei der Ordnung v. Massenerscheinungen und deren Abwicklung ein **Gestaltungsraum für generalisierende, typisierende und pauschalierende Regelungen** offen.[7] Der Gleichheitssatz fordert nicht eine immer mehr individualisierende und spezialisierende Gesetzgebung, die letztlich die Gleichmäßigkeit des Gesetzesvollzugs gefährdet, sondern verlangt die Regelung eines allg. verständlichen und möglichst unausweichlichen Belastungsgrundes. Deswegen darf der Gesetzgeber, wie es bei der Typisierung des existenznotwendigen Mindestbedarfs,[8] bei Freibeträgen,[9] bei der AfA, bei der Mindestbesteuerung[10] und im progressiven Tarif[11] geläufig ist, einen steuererheblichen Vorgang im typischen Lebensvorgang erfassen und individuell gestaltbare Besonderheiten unberücksichtigt lassen, um die materielle Belastungsgleichheit zu gewährleisten, die Verwirklichung des Steueranspruchs verfahrensrechtl. zu erleichtern, dabei die für den Staat verfügbaren personellen und finanziellen Mittel zu berücksichtigen. Eine Typisierung kann auch Privatsphäre und persönliche Daten sichern. Schließlich kann die Typisierung Lebenssachverhalte übersichtlicher und verständlicher machen, den stl. Belastungsgrund verdeutlichen und in das Bewusstsein rücken.[12]

4. Existenzsichernder Aufwand. Der Begriff „Einkommen“ skizziert den Belastungsgrund des EStG und gibt dem G seinen Namen, gewinnt im System des § 2 aber nur die Funktion einer technischen Zwischengröße.[13] Nach § 2 Abs. 4 ist Einkommen der Gesamtbetrag der Einkünfte, vermindert um die SA (§§ 10 ff.) und die ag. Belastungen (§§ 33–33c). Mit der Abziehbarkeit der dem StPfl. zwangsläufig erwachsenen, unvermeidbaren Privatausgaben vollzieht Abs. 4 den ersten Schritt, um das existenzsichernde Nettoprinzip zur Geltung zu bringen und die ESt auf die individuelle Leistungsfähigkeit auszurichten. Das grds. nicht verfügbare, also **indisponible Einkommen** kann nicht Bemessungsgrundlage der ESt sein.[14] 12

Die persönliche Leistungsfähigkeit berücksichtigt das EStG im **subj., persönlichen Nettoprinzip**, indem es nur das disponible Einkommen belastet, das jenseits der „unvermeidbaren oder zwangsläufigen“ Aufwendungen übrigbleibt.[15] Zwangsläufig sind dabei einmal der existenzsichernde Mindestbedarf des StPfl., sodann auch die rechtl. vorgegebenen Aufwendungen zur Finanzierung gegenwärtiger oder zukünftiger Bedürfnisse des StPfl. oder Dritter. Systematisch entlastet das EStG das persönlich indisponible Einkommen durch vier Entlastungstatbestände: Durch den in den Tarif eingebauten **Grundfreibetrag** (§ 32a Abs. 1 S. 1 Nr. 1), der das zur Existenzsicherung benötigte Einkommen (Existenzminimum) freistellt; durch **SA** (§§ 10–10i), notwendige oder in unserer Kulturordnung übliche Privatausgaben, die für den StPfl. nicht

---

1 BFH v. 17.7.2014 – VI R 61/11, juris, Rn. 40 f.
2 BFH v. 17.7.2014 – VI R 61/11, juris, Rn. 42.
3 BFH v. 8.4.2014 – IX R 45/13, FR 2014, 650 = DStR 2014, 996.
4 BFH v. 7.11.2013 – IV R 4/12, FR 2014, 528.
5 BVerfG v. 21.6.2006 – 2 BvL 2/99, BVerfGE 116, 164 (184 f.).
6 BVerfG v. 7.12.1999 – 2 BvR 301/98, BVerfGE 101, 297 (309) = FR 2000, 48; stRspr.
7 BFH v. 21.9.2009 – GrS 1/06, FR 2010, 225 = DB 2010, 143 ff. zur Aufteilung gemischter Aufwendungen.
8 Vgl. BVerfG v. 25.9.1992 – 2 BvL 5/91, 2 BvL 8/91, 2 BvL 14/91, BVerfGE 87, 153 (169 ff.) = BStBl. II 1993, 413 ff. = FR 1992, 810.
9 BVerfG v. 10.4.1997 – 2 BvL 77/92, BVerfGE 96, 1 (2 f.) = BStBl. II 1997, 518 (519) = FR 1997, 571.
10 Vgl. BFH v. 26.2.2014 – I R 59/12, FR 2014, 1033 m. Anm. *Hallerbach* = BFH/NV 2014, 1674 Rn. 20 f.
11 Zur Besonderheit einer Belastung der Kapitaleinkünfte mit einer Definitivsteuer, die in einem linearen Satz den absetzbaren Aufwand und den Progressionssatz in Durchschnittswerten typisiert, vgl. BVerfG v. 27.6.1991 – 2 BvR 1493/89, BVerfGE 84, 239 = FR 1991, 375 m. Anm. *Felix* und BFH v. 29.4.2014 – VIII R 9/13, FR 2014, 1100 = BFH/NV 2014, 1617 Rn. 24.
12 BVerfG v. 29.11.1989 – 1 BvR 1402/87, 1 BvR 1528/87, BVerfGE 81, 108 (117) = BStBl. II 1990, 479 (480 ff.) = FR 1990, 143; v. 8.10.1991 – 1 BvL 50/86, BVerfGE 84, 348 (364) = BGBl. I 1991, 2170 = FR 1992, 70; v. 10.4.1997 – 2 BvL 77/92, BVerfGE 96, 1 (6 f.) = BStBl. II 1997, 518 (519) = FR 1997, 571.
13 *Musil* in H/H/R, § 2 Anm. 10, 800 (Stand: Juli 2015) (Ergebnis eines bloßen Rechenvorgangs); *Naujok* in B/B/B, § 2 Rn. 160 f. (Rechenschritt); *Weber-Grellet* in Schmidt[36], § 2 Rn. 61 (Besteuerungsgrundlage, nicht Bemessungsgrundlage); *Ratschow* in Blümich, § 2 Rn. 160 (Stand: November 2014) (Zwischengröße); *Jäschke* in Lademann, § 2 Rn. 331 (Stand: September 2015) (Besteuerungsgrundlage, nicht Bemessungsgrundlage); *G. Kirchhof* in Kirchhof/Ratschow, § 2 Rn. 297 (Stand: 2018) (Zwischengröße in der Prüffolge des § 2).
14 BVerfG v. 4.12.2002 – 2 BvR 400/98, 1735/00, BVerfGE 107, 27 (49) = BStBl. II 2003, 534; v. 16.3.2005 – 2 BvL 7/00, BVerfGE 112, 268 (280) = BGBl. I 2005, 1622 = FR 2005, 759.
15 BVerfG v. 4.12.2002 – 2 BvR 400/98, 1735/00, BVerfGE 107, 27 (49) = BStBl. II 2003, 534; v. 16.3.2005 – 2 BvL 7/00, BVerfGE 112, 268 (280) = BGBl. I 2005, 1622 = FR 2005, 759; zu den historischen und ideellen Grundlagen: *v. Arnauld*, Das Existenzminimum, 251 ff.

verfügbar sind; **ag. Belastungen** (§§ 33–33b), also Aufwendungen, die den normalen StPfl. nicht treffen, den Betroffenen vielmehr zwangsläufig höher belasten als die überwiegende Mehrzahl der anderen vergleichbaren StPfl.; und durch **Freibeträge für Kinder** (§ 32 Abs. 6) und das – vor allem für Eltern mit geringem oder ohne Einkommen bedeutsame – Kindergeld (§ 31, §§ 62f.). Im Übrigen sind die Kosten persönlicher Lebensführung nach § 12 nicht abziehbar. Diese Aufwendungen gehören zur Einkommensverwendung, berühren also die Bemessungsgrundlage der ESt nicht.

13 Die Besteuerung des individuellen Zuwachses an Finanzkraft muss den existenznotwendigen Mindestbedarf verschonen, weil die Finanzierung des Daseins des StPfl. und seiner Familie dem Recht des Staates auf Besteuerung vorgeht,[1] das lebensnotwendige Einkommen für die Besteuerung nicht verfügbar ist,[2] der Staat iÜ bei Besteuerung des Existenzminimums eine entspr. Armenunterstützung zu zahlen hätte.[3] Das EStG begrenzt deshalb die Besteuerung auf die **persönliche Leistungsfähigkeit** in einem systematischen Dreistufenverhältnis: durch den Abzug v. SA und ag. Belastungen (§ 2 Abs. 4), durch den Abzug der Kinderfreibeträge des § 32 Abs. 6 (§ 2 Abs. 5) sowie des Grundfreibetrags (§ 32a). Die individuelle Leistungsfähigkeit wird also erst durch ein Zusammenwirken v. § 2 Abs. 4 und 5 sowie § 32a voll berücksichtigt. Die Zwischengröße des Einkommens wird nach Abs. 5 neben den Kinderfreibeträgen um sonstige v. Einkommen abzuziehende Beträge – derzeit nur um den Härteausgleich nach § 46 Abs. 3 EStG, § 70 EStDV – vermindert.

14 **5. Das Abzugssystem.** In der Abzugstechnik folgt § 2 weniger Prinzipien und mehr pragmatischen Folgen von Rechenschritten. Aus den einzelnen Einkünften des Abs. 2 wird die **Summe der Einkünfte** gebildet, diese sodann nach Abs. 3 um drei – systemwidrige – Abzugstatbestände des Altersentlastungsbetrags (§ 24a), des Entlastungsbetrags für Alleinerziehende (§ 24b) und eines Landwirtschaftsfreibetrages (§ 13 Abs. 3) vermindert. So entsteht der **Gesamtbetrag der Einkünfte**. Die Ergebnisse aus den einzelnen Einkunftsarten werden demnach zunächst zusammengerechnet. Dabei können innerhalb der einzelnen Einkunftsart wie in der Summe der Einkünfte positive Einkünfte (Gewinn, Überschuss) oder negative Einkünfte (Verlust, Fehlbetrag) entstehen. Negative Einkünfte werden zunächst mit positiven Einkünften ders. Einkunftsart ausgeglichen[4] (interner – horizontaler – Verlustausgleich). Sodann werden verbleibende positive und negative Einkünfte verschiedener Einkunftsarten miteinander ausgeglichen (externer – vertikaler – Verlustausgleich). Der grds. vollständige Ausgleich unter den Einkunftsarten bestätigt, dass die sieben Einkunftsarten nicht verschiedene Belastungsgründe enthalten und nicht unterschiedliche Belastungen rechtfertigen, sondern gleichwertige Tatbestände nebeneinanderstellen, die den einheitlichen Belastungsgrund des Erwerbseinkommens erfassen sollen. Die Summe der Einkünfte drückt die dem StPfl. zuzurechnenden Gesamteinkünfte aus. Wird sie dann nach den drei weiteren Abzügen zum „Gesamtbetrag der Einkünfte" (Abs. 3), so ist trotz der gesetzl. Terminologie der Tatbestand „Einkünfte" bereits verlassen und der Übergang zum **„Einkommen"** (Abs. 4) begonnen. Das System der Abs. 2–4, insbes. die Unterscheidung zw. den Einkünften und dem Einkommen trennt systematisch die erwerbssichernden v. den existenzsichernden Aufwendungen. Bei der Ermittlung des **zu versteuernden Einkommens** sind zunächst die Einkünfte (Abs. 2) zu ermitteln. Hier werden die Erwerbseinnahmen um die Erwerbsaufwendungen vermindert. Vom Gesamtbetrag der Einkünfte sind existenzsichernde Aufwendungen (SA und ag. Belastungen) abzuziehen. Das System des § 2 macht deutlich, dass der Abzug der erwerbssichernden Aufwendungen dem der existenzsichernden Aufwendungen vorgeht.[5] Tatsächlich dient das Einkommen aber zunächst zur Sicherung der Existenz, erst danach zur Sicherung des Erwerbs. Im System des § 2 und damit des EStG gilt jedoch systematisch die umgekehrte Rang- und Reihenfolge.

15 Das **zu versteuernde Einkommen** bildet die Bemessungsgrundlage der ESt. Dieser Rechtfertigungsgrund der ESt belastet im Kerntatbestand die Erwerbseinnahmen abzgl. der Erwerbsausgaben abzgl. des – typisierten – Existenzbedarfs. Neben den Abzug der Erwerbsausgaben (sachliche, objektive Leistungsfähigkeit) tritt der Abzug der existenzsichernden Aufwendungen (persönliche, subjektive Leistungsfähigkeit). Die ESt greift nur zu, nachdem der StPfl. mit seinen erwerbssichernden Aufwendungen seine Erwerbsgrundlage und mit seinen existenzsichernden Aufwendungen seine und seiner Familie Existenz gesichert hat. Im wirtschaftlichen Bedarf sichert das Einkommen zunächst die Existenz, dann den Erwerb und wird danach zur „geprägten Freiheit":[6] Der Mensch erwirbt Einkommen, um zunächst davon zu leben, danach seinen

---

1 *Vocke*, Grundzüge der Finanzwissenschaft, 1894, S. 182.

2 *Wagner*, Finanzwissenschaft, 2. Teil, 2. Aufl. 1890, S. 456; *Neumann*, Die progressive Einkommensteuer im Staats- und Gemeindehaushalt, Schriften des Vereins für Socialpolitik, Bd. VIII, 1874, S. 402 ff.

3 Vgl. *Moll*, Probleme der Finanzwissenschaft: methodologische und finanztheoretische Untersuchungen, 1924, S. 358.

4 BFH v. 26.1.1995 – IV R 23/93, BStBl. II 1995, 467 (470) = FR 1995, 585.

5 BFH v. 1.2.2006 – X B 166/05, BStBl. II 2006, 420 = FR 2006, 512.

6 BVerfG v. 31.3.1998 – 2 BvR 1877/97, 2 BvR 50/98, BVerfGE 97, 350 (371) – Euro – für das Geld, lehnt sich dabei an ein Wort F. Dostojewskis an (F. Dostojewski, Aufzeichnungen aus einem Totenhaus, 1994, 25).

Erwerb zu sichern und dann sein Leben finanzwirtschaftlich frei zu gestalten. Das EStG folgt mit der umgekehrten Reihenfolge seinem Thema: Es regelt die Sozialpflichtigkeit des Einkommens, weniger die sozialen Existenzbedingungen des Menschen.

Die existenzsichernden Aufwendungen sind in den – derzeit noch nicht vereinheitlichten[1] – Tatbeständen des Existenzminimums **typisiert**. Die Unterhaltsverpflichtungen des StPfl. in Ehe, Familie und Lebenspartnerschaft gehen oft deutlich über dieses Minimum hinaus, sind insoweit aus versteuertem Einkommen zu erfüllen. Bei den erwerbssichernden Aufwendungen hingegen lässt das EStG idR den tatsächlichen, v. StPfl. willentlich bestimmten Aufwand zum Abzug zu. 16

6. Tarif. Auf das zu versteuernde Einkommen ist die ESt-Tarifformel (§ 32a Abs. 1 oder 5) anzuwenden. Der Tarif des § 32a Abs. 1 S. 2 stellt den **Grundfreibetrag** bis 9 168 Euro pro Jahr frei, regelt dann zwei aufeinanderfolgende **Progressionszonen** v. 9 169 Euro bis 14 254 Euro sowie v. 14 255 Euro bis 55 960 Euro, lässt dann zwei **Proportionalzonen** folgen (42 % v. 55 961 Euro bis 265 326 Euro sowie 45 % ab 265 327 Euro). Die progressive Besteuerung[2] rechtfertigt sich aus der Tatsache, dass der StPfl. mit steigendem Einkommen den v. der Rechtsgemeinschaft organisierten und getragenen Markt überproportional nutzen konnte (Einl. Rn. 5) und dementspr. zur Finanzierung der Staatsaufgaben beitragen soll. Je mehr Einkommen allerdings in der Proportionalzone unbesteuert bleibt und je früher die Proportionalstufen erreicht werden, desto mehr wandelt sich der progressive ESt-Tarif zu einem linearen Tarif mit sozialstaatlicher Anfangskomponente. Aus der Anwendung des Tarifs auf das zu versteuernde Einkommen ergibt sich die **tarifliche ESt**. Von der tariflichen ESt werden nach Abs. 6 S. 1 sodann bestimmte Beträge abgezogen und hinzugerechnet. Das Ergebnis ist die **festzusetzende ESt.** 17

7. Gegenwartsgerechte Besteuerung. Nach Abs. 7 ist die ESt eine **Jahressteuer** (Rn. 112 ff.). Ihre Grundlagen sind nach Abs. 7 S. 2 jeweils für ein Kj. zu ermitteln. Erst mit der Bemessung des Einkommens pro Zeiteinheit werden die Regelungen der Einkommensbesteuerung handhabbar.[3] Die im Jahressteuerprinzip enthaltene Zuordnung v. Einkommen und Zeit drückt ein **materielles Prinzip der Einkommensbesteuerung** aus: Die Besteuerung des am gegenwärtigen Markt erwirtschafteten Einkommens finanziert den gegenwärtigen staatlichen Finanzbedarf in einer gegenwartsgerechten Progression. Das Einkommen befriedigt den Finanzbedarf des Einkommensbeziehers in der Gegenwart und ermöglicht dem Staat die stl. Teilhabe zur Finanzierung seiner Gegenwartsaufgaben (Rn. 120). Würde das Jahreseinkommen v. heute auch mit der ESt mehrerer vorausgehender oder nachfolgender Jahre belastet, so wäre diese Steuerkumulation offensichtlich übermäßig und verfassungswidrig.[4] Als Besteuerungsgegenstand gänzlich ungeeignet wäre das Lebenseinkommen. Es bezeichnet einen Erwerbserfolg, der im Zeitpunkt des stl. Zugriffs aE des Lebenseinkommens nicht mehr verfügbar zu sein braucht, vielmehr v. jeweiligen Konsum- oder Sparverhalten des StPfl. und seinem Dispositionsgeschick abhängt. Zudem würde die kumulative Belastung des noch unversteuerten Gesamteinkommens – idR der Vermögenssubstanz – mit ESt und ErbSt die Struktur des Privateigentums zerschlagen. Die Belastung des Einkommens nahe der jeweiligen Gegenwart ist damit eine Zentralforderung materieller Steuergerechtigkeit.[5] 18

Die Bemessungsgrundlage der ESt wird nach zwei Methoden, dem Zuflussprinzip und dem Realisationsprinzip, dem jeweiligen Besteuerungsjahr zugeordnet. Das **Zuflussprinzip** berücksichtigt die Zahlungsvorgänge. Es gilt bei den Überschusseinkünften und – jedenfalls im Ansatz – bei der Gewinnermittlung nach § 4 Abs. 3. Aufwendungen allerdings werden vielfach auf mehrere Perioden verteilt. Das **Realisationsprinzip** gilt bei der Gewinnermittlung durch Vermögensvergleich (§§ 4 Abs. 1, 5). Dabei wird nicht schon die Wertsteigerung ruhender Vermögensgegenstände erfasst, sondern die Realisation v. Wertsteigerung oder Wertverlust, wenn der Unternehmer seine Leistung erbracht hat und deshalb seine Forderung geltend machen kann. Ein Aufwand ist erst realisiert, wenn er sich nicht in einem WG wiederfindet. Deshalb bleiben die Kosten für den Wareneinkauf ergebnisneutral, ebenso der an einen ArbN gezahlte Lohn, der für die Fertigung eines WG eingesetzt wird. Erst mit dem Einsatz der Ware oder des gefertigten Gutes realisiert sich der Aufwand. Aufwendungen, die keinen greifbaren bleibenden Wert hervorbringen, zB Mieten und Zinsen, mindern den Gewinn im Zeitpunkt der Aufwendung. Das Zufluss- und das Realisationsprinzip nähern somit beide Methoden der Einkünfteermittlung einander an. Beiden Prinzipien ist gemeinsam, 19

1 Vgl. aber BVerfG v. 10.11.1998 – 2 BvR 1057, 1226, 980/91, BVerfGE 99, 216 (217, LS 3b) = BStBl. II 1999, 182 (183 ff.).

2 Vgl. *P. Kirchhof*, EStGB, § 2 Rn. 30 ff.; *Tipke*, StRO I2, 403 ff.; *Elicker*, StuW 2000, 3 ff.; *Bareis*, FS Offerhaus, 1999, 1053 ff.

3 Vgl. BFH v. 24.10.2001 – X R 153/97, BStBl. II 2002, 75 = FR 2002, 209 m. Anm. *Weber-Grellet*.

4 Vgl. zum kumulativen Grundrechtseingriff *Gregor Kirchhof*, Kumulative Belastung durch unterschiedliche staatliche Maßnahmen, NJW 2006, 732 f.

5 Vgl. *K. Vogel*, DStZ/A 1977, 5 (8 f.); *P. Kirchhof*, DJT 57 F 75 ff.

dass nicht bloße Wertsteigerungen, sondern nur tatsächlich verwirklichte Vermögensmehrungen der Besteuerung unterworfen werden; insoweit kann man von einem allgemeinen Realisationsprinzip sprechen.[1] Ein solches Realisationsprinzip wird freilich durchbrochen, soweit die Abgrenzung von nicht steuerbarer Privat- und steuerverstrickter Erwerbssphäre die Aufdeckung im BV gebildeter stiller Reserven erforderlich macht.[2]

20 Lediglich die Bemessung der ESt in der **Zeiteinheit eines Jahres** (365 Tage) ist eine eher technische Vorschrift. Die Periodenabgrenzung braucht eine quantifizierte, formale Bestimmung des VZ nach dem Kalender. Sie verwirklicht die gegenwartsnahe staatliche Teilhabe am Erfolg privater Marktteilhabe, die materielle Belastungsgleichheit in der Zeit. Soweit die formale Zuordnung v. Einkommen zu einem Veranlagungsjahr der materiellen Zugehörigkeit widerspricht, sieht das EStG Korrekturen vor (vgl. insbes. § 34). Der Verlustabzug des § 10d betrifft nicht das System der Ermittlung v. Einkünften und Einkommen, sondern erlaubt aus Gründen der Steuergerechtigkeit, den negativen Gesamtbetrag der Einkünfte mit positiven Einkünften des früheren oder der nachfolgenden Jahre zu saldieren.[3] Der Verlustabzug sichert die estl. Erwerbsgrundlage und die Verfügbarkeit des Gegenwartseinkommens und mäßigt den gegenwärtigen Zugriff der ESt nach dem Prinzip des disponiblen Einkommens, lässt aber den Grundsatz der gegenwartsnahen Besteuerung strukturell unberührt.[4] Ein uneingeschränkter Verlustvortrag ist verfassungsrechtl. nicht garantiert. Verlustausgleichsbeschränkungen, die den Verlustausgleich nicht versagen, sondern lediglich zeitlich strecken, sind verfassungsrechtl. unbedenklich, auch wenn sich dadurch das Risiko für den einkommenswirksamen Abzug des Verlustes erhöht.[5]

21 **II. Gesetzesdirigierende Kraft des § 2. 1. Vorgabe für eine widerspruchsfreie Bestimmung der Bemessungsgrundlage.** § 2 beansprucht gesetzesdirigierende, die Steuerbelastung rechtfertigende Kraft für das gesamte EStG und seine Anwendung. Er benennt die **Leitgedanken des EStG**,[6] denen die Gesetzesauslegung und auch – solange § 2 gilt – der Gesetzgeber zu folgen hat. § 2 ist der **Navigator des EStG**. Das EStG ist nach den Vorgaben des § 2 **folgerichtig und widerspruchsfrei**[7] zu gestalten und zu vollziehen. Dieses gilt zunächst für die Gleichordnung der sieben Einkunftsarten (Abs. 1), die keine Belastungsunterschiede rechtfertigen,[8] vielmehr in der Summierung der Einkünfte (Abs. 3) miteinander vermischt und ihrer Eigenständigkeit beraubt werden. Die Einkunftsarten sind lediglich Zugangstatbestände für einen einheitlichen Belastungsgrund. Arbeits- und Kapitaleinkünfte sind gleichermaßen steuerbar. Allerdings macht Abs. 5b v. diesem systemprägenden Prinzip für die privaten Kapitalerträge ausdrücklich eine Ausnahme und unterwirft diese Erträge einer Abgeltungssteuer mit einem widerlegbaren Einheitssteuersatz v. 25 %. Diese Systemdurchbrechung entsteht aus dem Erfordernis eines vereinfachten Quellenabzugsverfahrens im internationalen Finanzmarkt, ist materiell vor dem Gleichheitssatz (Art. 3 Abs. 1 GG) durch die Vorbelastung mit KSt und die Nichtberücksichtigung von Aufwendungen zu rechtfertigen. Jeder erzielte Euro vermittelt grds. die gleiche besteuerbare Leistungsfähigkeit. Das gilt für die unternehmerischen Erträge (§§ 13, 15 Abs. 1 Nr. 1, 18) und die Erträge aus Beteiligungen an einer PersGes. (§ 15 Abs. 1 Nr. 2), an einer KapGes. (§ 20 Abs. 1 Nr. 1) oder einer stillen Beteiligung (§ 20 Abs. 1 Nr. 4). Auch die Leistungsfähigkeit durch Erträge aus Geld oder Kapital (§ 20 Abs. 1 Nr. 7), aus unbeweglichem (§ 21 Abs. 1 Nr. 1) oder beweglichem Vermögen (§ 22 Nr. 3), aus eigentumsfähigen (§ 21 Abs. 1 Nr. 3) und forderungsähnlichen Rechten (§ 22 Nr. 1) ist je erzieltem Euro gleich. Das Einkommen aus Arbeit (§§ 18, 19) darf jedenfalls nicht höher besteuert werden als das Einkommen aus Kapital. Die Vorgabe folgerichtiger und widerspruchsfreier Gestaltung des EStG hat jedoch nicht zur Folge, dass einzelne Begriffe – vor allem im Verhältnis zum Zivilrecht, aber auch innerhalb des EStG – stets einheitlich zu verstehen sind (s. auch Rn. 28 ff.).[9]

22 Sodann erfasst Abs. 2 den Gewinn und den Überschuss einheitlich in der Zwischengröße **Einkünfte**. Der Unternehmer erwirtschaftet seinen Gewinn in seiner Erwerbsgrundlage, muss deshalb sein BV in die Ge-

1 *H/H/R*, § 2 Anm. 12.
2 *H/H/R*, § 2 Anm. 12.
3 BFH v. 24.8.2001 – IV R 169/2000, BStBl. II 2002, 250; v. 31.3.2008 – III B 90/06, BFH/NV 2008, 1318.
4 Vgl. ins. § 34: zur Einbettung des § 34 in die Systematik des § 2 BFH v. 29.6.2008 – X R 15/06, BFH/NV 2009, 138.
5 BFH v. 22.8.2012 – I R 9/11, FR 2013, 213 = DStR 2012, 2435 (2438); v. 16.6.2015 – IX R 26/14, DStR 2015, 2321 (2324).
6 Vgl. dazu *J. Lang* in FS für P. Kirchhof, Bd. II, 2009, § 168; *Eisgruber*, aaO, § 169; *Lambrecht*, aaO, § 170; *v. Beckerath*, aaO, § 171; *Bode*, aaO, § 172; *Mellinghoff*, aaO, § 174.
7 BVerfG v. 27.6.1991 – 2 BvR 1493/89, BVerfGE 84, 239 (271) = BStBl. II 1991, 654 ff. = FR 1991, 375 m. Anm. *Felix*; v. 25.9.1992 – 2 BvL 5, 8, 14/91, BVerfGE 87, 153 (170) = BStBl. II 1993, 413; v. 22.6.1995 – 2 BvL 37/91, BVerfGE 93, 121 (136) = BStBl. II 1995, 655 (656); v. 7.5.1998 – 2 BvR 1991, 2004/95, BVerfGE 98, 106 (118) = BStBl. I 1998, 1518 (1526); stRspr.
8 BVerfG v. 21.6.2006 – 2 BvL 2/99, BVerfGE 116, 64 (181).
9 *M. Vogel*, Die Auslegung privatrechtlich geprägter Begriffe des Ertragsteuerrechts, 2015, 226 ff., 239 ff.

winnermittlung einbeziehen. Die Lohneinkünfte und die Sozialversicherungseinkünfte hingegen stammen aus einer Einkunftsquelle, die einem anderen – dem ArbG und dem Versicherungsträger – gehört. Die Wertentwicklung dieser Erwerbsgrundlage kann deshalb dem Lohnempfänger und dem Versicherungsnehmer nicht zugerechnet werden. Im Übrigen nähern sich aber die Ermittlungsmethoden einander an. Das Realisationsprinzip der Gewinnermittlung und das Zuflussprinzip der Überschussermittlung führen die Einkünfteermittlung im Erfordernis eines tatsächlichen Liquiditätszuflusses zusammen.[1] § 9 Abs. 1 Nr. 7 (AfA) nähert die Überschussermittlung der Gewinnermittlung an, wenn er einen Wertverzehr in der Vermögenssubstanz auch bei der Überschussermittlung zulässt. Auch die Besteuerung v. Gewinnen aus der Veräußerung v. PV, das als Erwerbsgrundlage dient (§§ 17, 20, 23), schwächt den Dualismus ab. Eine Berücksichtigung ersichtlich fassbarer Verluste in diesem PV deutet sich allgemein an.[2] Die vereinfachte Gewinnermittlung nach § 4 Abs. 3 ermittelt einen Überschuss der BE über die BA. Doch auch diese „technische Vereinfachung" ist auf die Ermittlung des „Totalgewinns" angelegt, sodass viele gesetzl. Abweichungen v. Zu- und Abflussprinzip diese Ermittlungsmethode dem Betriebsvermögensvergleich annähern. Die Tatbestände der BA und der WK werden trotz unterschiedlicher Gesetzesformulierung (vgl. § 4 Abs. 4 und § 9 Abs. 1 S. 1) angleichend nach dem Veranlassungsprinzip ausgelegt (§ 9 Rn. 21).[3] Die Einkünfte ergeben sich aus den Erwerbseinnahmen abzgl. der Erwerbsaufwendungen. Erwerbsaufwendungen sind alle Vermögensminderungen, die der StPfl. durch sein Erwerbshandeln veranlasst. Auch ohne ausdrückliche tatbestandliche Anordnung umfasst der Begriff der Einkünfte nicht nur die positiven, sondern ebenso die negativen Einkünfte, also Verlust und WK-Überschuss.[4]

Schließlich fordern Abs. 4 und 5 zusätzlich den Abzug der **existenzsichernden Aufwendungen**, anerkennen also die verfassungsrechtl. geschützte Erwerbsfreiheit des StPfl. als ökonomische Grundlage individueller Existenz (Art. 12 Abs. 1 GG), stimmen Steuerrecht und Sozialrecht in der Verschonung und Sicherung des Elementarbedarfs aufeinander ab und vermeiden so auch eine steuerveranlasste staatliche Sozialhilfe. Das Einkommen erfüllt zunächst die Funktion, die wirtschaftliche Existenzgrundlage des Einzelnen und seiner Familie aufgrund eigener Erwerbsanstrengung zu sichern. Deshalb fordert die Verfassung zunächst den tariflichen Grundfreibetrag als Verschonung des existenznotwendigen Grundbedarfs,[5] sodann eine Besteuerung der Ehegatten[6] und Lebenspartnerschaften (Rn. 132) als Erwerbsgemeinschaft mit der Möglichkeit des Splittings (§§ 26, 26b) sowie die Kinderfreibeträge, in denen die durch Unterhaltspflichten verminderte Leistungsfähigkeit der Eltern berücksichtigt wird.[7] 23

Fügt man dieses Belastungsprinzip (Erwerbseinnahmen abzgl. Erwerbsaufwendungen und abzgl. existenzsichernder Aufwendungen) in das Zeitprinzip der Jahressteuer (Abs. 7) ein, so gestaltet § 2 das Verfassungsprinzip der **Personenbesteuerung nach individueller Leistungsfähigkeit** systemprägend aus. Der in § 2 systematisch geordnete Belastungsgrund der ESt formt diese Steuer verfassungskonform und bietet in seinen Kernaussagen den Anknüpfungstatbestand für Verhältnismäßigkeit und Gleichheit. 24

Die Reichweite der **gesetzesdirigierenden Wirkung** des § 2 wird beträchtlich erweitert, wenn andere Steuergesetze auf § 2 EStG verweisen. § 8 Abs. 1 S. 1 KStG knüpft für die Ermittlung des Einkommens im Grundsatz an die Vorschriften des EStG, damit zunächst an § 2 an. Mittelbar wirkt § 2 in das KiSt-Recht hinein, wenn die KiSt-Gesetze der Länder die Bemessungsgrundlage der KiSt durch Modifikation der festzusetzenden ESt (Abs. 6) ermitteln (§ 51a Rn. 5). Entsprechendes gilt für den SolZ (§ 3 Abs. 2 SolZG). Grundsatzwirkung entfaltet § 2 auch für die GewSt, wenn § 7 GewStG an den „nach den Vorschriften des EStG und des KStG" zu ermittelnden Gewinn anknüpft, damit die dirigierende Kraft von § 2 auch auf das GewStR lenkt, dann aber vor allem auf die §§ 4–7 verweist.[8] Knüpfen außerstl. Rechtsnormen an § 2 an, wird diese Verweisung durch § 2 Abs. 5a modifiziert (Rn. 108 ff.). 25

2. Gesetzliches Schuldverhältnis und Gesetzesauslegung. a) Kein Vertrag mit Belastungswirkung für Dritte (den Steuergläubiger). § 2 gibt dem estgesetzl. Schuldverhältnis ein Profil, das die **unausweichliche, gleichheitsgerechte Steuerlast** v. der in Vertragsfreiheit gewählten Sachverhaltsgestaltung unterschei- 26

---

1 Vgl. BVerfG v. 10.10.2012 – 1 BvL 6/07, BVerfGE 132, 302 (331).
2 BFH v. 24.10.2017 – VIII R 13/15, BFH/NV 2018, 280 = FR 2018, 1062 Rn. 11.
3 BFH v. 29.4.1999 – IV R 40/97, BStBl. II 1999, 828 (832) = FR 1999, 896; *K/S/M*, § 9 Rn. B 171 ff.; *Tipke/Lang*[22], § 8 Rn. 213 ff.
4 BFH v. 21.9.2006 – VI R 52/04, BFHE 215, 144 = BStBl. II 2007, 45 = FR 2006, 1135.
5 BVerfG v. 25.9.1992 – 2 BvL 5/91, 2 BvL 8/91, 2 BvL 14/91, BVerfGE 87, 153 (154) = FR 1992, 810.
6 BVerfG v. 3.11.1982 – 1 BvR 620/78, 1 BvR 1335/78, 1 BvR 1104/79, 1 BvR 363/80, BVerfGE 61, 319 (345 f.) – Ehegattensplitting.
7 BVerfG v. 29.5.1990 – 1 BvL 20/84, 1 BvL 26/84, 1 BvL 4/86, BVerfGE 82, 60 (88) = FR 1990, 449; v. 25.9.1992 – 2 BvL 5/91, 2 BvL 8/91, 2 BvL 14/91, BVerfGE 87, 153 (170) = FR 1992, 810; v. 14.6.1994 – 1 BvR 1022/88, BVerfGE 91, 93 (111 f.) = FR 1994, 609; v. 29.10.2002 – 1 BvL 16/95, 17/95, 16/97, BVerfGE 106, 166 (179).
8 Zur unterschiedlichen Prägung der ESt und der GewSt BFH v. 23.2.2017 – III R 35/14, BStBl. II 2017, 757 Rn. 25.

det. Selbstverständlich darf jeder StPfl. seine Erwerbs- und Wirtschaftsverhältnisse iRd. Vertragsfreiheit nach Belieben gestalten, sich dabei auch bemühen, Steuerlasten zu vermeiden. Ebenso selbstverständlich ist, dass die Steuerlast durch das G zugeteilt wird, also nicht der Disposition des StPfl. unterliegt. Zivilrecht und Steuerrecht stimmen überein, eine private Vereinbarung zu Lasten Dritter[1] – der öffentl. Hand – nicht anzuerkennen. Der BGH, das BVerfG und der EuGH entwickeln gegenwärtig Maßstäbe, um die Verbindlichkeit steuerverkürzender Verträge infrage zu stellen und die Bedingungen der Steuergestaltung enger zu fassen (Einl. Rn. 43 ff.). Eine vertragliche Abrede ist unwirksam, wenn sie objektiv darauf angelegt ist, einen Dritten – den Staat und die übrigen Steuerzahler – zugunsten der Vertragspartner zu belasten. Der Gesetzgeber hat das Steuerrecht so zu gestalten, dass die Steuerlast möglichst unausweichlich ist.[2] Ein Steuergesetz, das es ermöglicht, durch bloße Wahl bestimmter Gestaltungen Steuerfreiheit oder Steuerentlastung ohne rechtfertigenden Grund zu erreichen, verstößt gegen den allgemeinen Gleichheitssatz (Einl. Rn. 36).

27 Ob ein Vertrag einen **Steuertatbestand vermeidet** oder einen **steuerbegründenden Sachverhalt verschleiert**, beantwortet für die ESt vor allem der § 2. Der StPfl. vermeidet den Steuertatbestand, wenn er eine ertragbringende Tätigkeit unterlässt, mag er dieses auch in der Absicht tun, die ESt zu mindern. Er darf sein Kapital so anlegen, dass sein Einkommen aus KapVerm. mit der Abgeltungssteuer v. 25 % belastet wird. Er darf seine estpfl. Erwerbsgrundlage verjubeln oder verspielen, ohne dass ihn der Vorwurf träfe, er habe dadurch estpfl. Erträge verhindert. Hat er aber Einkommen erzielt, ist die Steuerlast unvermeidlich. § 2 bestimmt, dass die Pers., die eine der Erwerbsgrundlagen des Abs. 1 S. 1 Nr. 1–7 nutzen und dadurch zu versteuerndes Einkommen erzielen kann, unvermeidlich der ESt unterliegt.

28 **b) Auslegung des EStG strikt nach dessen Regeln.** Bei der **steuerjuristischen Auslegung** des § 2 (Einl. Rn. 77) ist deshalb die eigenständige Aussage des EStG zu ermitteln. Der Tatbestand „Land- und Forstwirtschaft" (Abs. 1 S. 1 Nr. 1) fordert deshalb eine eigene, estl. Auslegung, die insbes. unabhängig davon ist, ob das Unternehmen nach § 3 Abs. 2 iVm. § 2 HGB eingetragen und deshalb Kann-Kfm. ist. Wenn § 2 Abs. 1 S. 1 Nr. 2, § 15 Abs. 1 S. 1 v. „Gewerbetrieb" spricht, so ist dieser Begriff des GewBetr. nicht mit dem zivilrechtl. (§ 196 Abs. 2 Nr. 1, 7, § 1822 Nr. 3, 4 BGB) oder dem handelsrechtl. Begriff des GewBetr. (§ 1, 2 HGB) identisch. Die Eigenschaft als eingetragener Scheinkaufmann (§ 5 HGB) begründet keine Gewerblichkeit iSd. § 15 (§ 15 Rn. 13). Die „selbständige Arbeit" (§ 2 Abs. 1 S. 1 Nr. 3, § 18) wählt die persönliche Qualifikation und die berufsständische Zulassung des Freiberuflers als ein Indiz für die selbständige, v. GewBetr. abgehobene Arbeit, ohne aber diesen Vorgaben strikt zu folgen. Einkünfte aus KapVerm. (§ 2 Abs. 1 S. 1 Nr. 5, § 20) bewahren ihre Eigenart, selbst wenn eine vermögensverwaltende Ges. als OHG oder KG in das Handelsregister eingetragen ist (§ 105 Abs. 2, 161 HGB). „Einkünfte aus VuV" (§ 2 Abs. 1 Nr. 6, § 21 Abs. 1 S. 1) beschränken sich nicht auf diejenigen aus einem Miet- und Pachtvertrag, bezeichnen vielmehr alle Einkünfte, die aus der zeitlich begrenzten entgeltlichen Überlassung zum Gebrauch oder zur Nutzung v. unbeweglichen Gegenständen des PV und damit zusammenhängenden Rechten erzielt werden (§ 21 Rn. 1). Diese Auslegung des EStG folgt nicht einer „wirtschaftlichen", sondern einer juristischen Methode, einer strikt den Regeln des EStG folgenden Interpretationsweise. Sie beurteilt einen vorgefundenen[3] Sachverhalt am Maßstab des EStG.

29 Andererseits entfalten nichtsteuerliche G **Tatbestandswirkung im Steuerrecht**, wenn das EStG an einen in der übrigen Rechtsordnung begründeten Status anknüpft. **Statusbegriffe** dienen der verlässlichen Strukturierung des Rechts. Sie haben deshalb eine über das den Status begründende Rechtsgebiet hinausgehende Ordnungsfunktion, schaffen ein gesetzesübergreifendes System.[4] Eine autonome Auslegung der Statusbegriffe im Steuerrecht wäre auch nicht folgerichtig, verstieße deshalb gegen den allgemeinen Gleichheitssatz (Art. 3 Abs. 1 GG).[5] Wenn § 15 Abs. 1 S. 2 Nr. 2 die Begriffe OHG oder KG verwendet, § 26 an den Tatbestand „Ehe" anknüpft (s. auch Rn. 30), § 10b Abs. 2 politische Parteien iSd. § 2 ParteiG[6] meint, § 32a v. „Euro" spricht und damit in einem förmlichen, währungsrechtl. begründeten Nominalismus den Vorgaben des Währungsrechts folgt, so schließt sich das EStG ausdrücklich dem vorgefundenen, in anderen G geschaffenen Recht an und verzichtet insoweit auf eine eigene Wertung.[7] Anderes gilt für

1 *P. Kirchhof* in Maunz/Dürig, GG, Art. 3 Abs. 1 (2015) Rn. 151 ff.
2 BVerfG v. 10.4.1997 – 2 BvL 77/92, BVerfGE 96, 1 (6) = FR 1997, 571; v. 10.11.1999 – 2 BvR 2861/93, BVerfGE 101, 151 (156 f.); v. 7.12.1999 – 2 BvR 301/98, BVerfGE 101, 297 (309) = FR 2000, 48.
3 „Steuerklauseln", die Verträge nur gelten lassen wollen, wenn deren stl. Beurteilung der Erwartung der Vertragspartner entspricht, dürften unwirksam sein; offengelassen in BFH v. 19.8.2003 – VIII R 67/02, BStBl. II 2004, 107 = FR 2004, 105 m. Anm. *Weber-Grellet*.
4 *M. Vogel*, Die Auslegung privatrechtlich geprägter Begriffe des Ertragsteuerrechts, 2015, 212 ff.
5 *M. Vogel*, aaO, 234 ff.
6 BFH v. 7.12.1990 – X R 1/85, BStBl. II 1991, 508.
7 Zur steuermitgestaltenden Wirkung v. Verwaltungsakten vgl. BFH v. 24.6.2009 – X R 8/08, BStBl. II 2009, 960 – Sanierungsgebiet, Denkmal.

den Status der Kindschaft. Das Steuerrecht erweitert den zivilrechtl. Kindesbegriff in § 32 Abs. 1 Nr. 2 um Pflegekinder (§ 32 Rn. 3 ff.).[1]

Für **Begriffe der privaten Lebensführung** folgt das Steuerrecht grds. dem zivilrechtl. Verständnis. Das Prinzip der Besteuerung nach der individuellen Leistungsfähigkeit fordert die steuerliche Berücksichtigung zwangsläufiger existenzsichernder Aufwendungen; die Zwangsläufigkeit folgt regelmäßig aus der zivilrechtl. Verpflichtung zur Leistung.[2] Zudem fordern die Vorgaben des allgemeinen Persönlichkeitsrechts aus Art. 2 Abs. 1 iVm. Art. 1 Abs. 1 GG ein zivilrechtsakzessorisches Verständnis der Begriffe aus dem Bereich der privaten Lebensführung: Dem Staat ist es mit zunehmender Nähe des Steuertatbestands zum Persönlichkeitskern verwehrt, die für die Tatbestandsverwirklichung bedeutsamen Motive des StPfl. zu ermitteln. An solche Motive – sei es den Beweggrund für die Eheschließung oder den Grund für eine Leistung an das Kind des StPfl. – darf der Staat keine Rechtsfolgen knüpfen. Die staatliche Motivforschung lässt sich vermeiden, wenn das Steuerrecht die formale Erfüllung der durch das Privatrecht ausgeformten Tatbestände – die Eheschließung oder die Unterhaltszahlung – zu Steuertatbeständen macht. 30

c) Spezialität des § 2 gegenüber § 42 AO. Bei rechtl. **Mehrfachqualifikation** eines Sachverhalts hat das EStG die Frage zu beantworten, welche Qualifikation für die ESt maßgeblich ist. Wenn der Vater seinem studierenden Sohn für zwei Jahre Forderungen aus einem Wertpapier abtritt oder einen Nießbrauch einräumt, um die Zinserträge dem Sohn stl. zuzuweisen und dort eine niedrigere Progression und Freibeträge zu erreichen, so erfüllt diese Rechtseinräumung zugleich familienrechtl. Unterhaltsverpflichtungen. Ob der Vater dadurch sein Einkommen verwendet oder der Sohn Einkünfte „aus“ der **Erwerbsgrundlage** „Kapitalvermögen“ erzielt, hängt v. dem estl. Tatbestand der Erwerbsgrundlage, seiner Nutzung und seines Nutzungserfolges ab.[3] Der bloß abtretende Vater hat seine Erwerbsgrundlage behalten, nutzt diese durch Rechtszuweisung an seinen Sohn, bleibt also EStSubjekt. Erst wenn der Sohn die Verfügungsgewalt über die Erwerbsgrundlage gewinnt, er nach Übertragung der Wertpapiere den Zustandstatbestand erfüllt, wird er Steuersubjekt für deren Nutzung. 31

Einnahmen, Aufwendungen und sonstige Abzugstatbestände werden demjenigen **zugerechnet**, der die Erwerbsgrundlage nutzt, also aus ihr **„Einkünfte erzielt“**. Dieser Nutzungstatbestand bestimmt den Gesamtplan,[4] nach dem Ausweich- und Korrekturgeschäfte beurteilt werden, definiert die Einheit des Nutzungsvorgangs,[5] wenn der StPfl. diesen in Einzelakte zerlegen will, ordnet auch Gewinn und Verlust räumlich der Volkswirtschaft und damit dem Hoheitsträger zu, in dessen Gebiet die Nutzung stattfindet. 32

Der Erfolgstatbestand v. **Gewinn** und **Überschuss** qualifiziert die Wertbewegungen, wirkt gesetzesdirigierend inbes., wenn ein Maßstab des Fremdvergleichs[6] die Angemessenheit v. Entgelten und Aufwendungen, die vGA, Einlagen und Entnahmen beurteilt. Entscheidend ist, ob Einnahme und Aufwendung, Wertbewegung und Kapitalzuführung als Ergebnis einer Nutzung der Erwerbsgrundlage verstanden werden können. Wer bei der Zuordnung zu Erwerb oder privater Lebensführung nach **der Prognose eines langfristigen Erfolgs** („Total“gewinn und „Total“überschuss)[7] fragt, leistet nichts anderes als die Subsumtion des Tatbestandes, ob die Nutzung der Erwerbsgrundlage auf den Erfolgstatbestand des Einkommens oder die persönliche Lebensgestaltung angelegt ist. 33

§ 2 iVm. § 1 EStG regelt auch die **örtliche Zuordnung** grds. nach dem Wohnort oder gewöhnlichen Aufenthalt, § 1 Abs. 1 KStG nach Geschäftsleitung oder Sitz im Inland. Diese typisierende Zuordnung darf wiederum nicht – wie bei einer Schiffsflagge, deren Wahl über das anzuwendende nationale Steuerrecht entscheiden soll, – als Einladung zur gewillkürten Wahl des einschlägigen Steuerrechts missdeutet, muss vielmehr als Typusbegriff verstanden werden. Grds. hat der Gesetzgeber und iRd. G der Gesetzesanwender den rechtfertigenden Grund der ESt zur Wirkung zu bringen. Jede Volkswirtschaft, jeder Steuerstaat bezieht seinen Steueranspruch auf die Erwerbsgrundlage, die Nutzungsarten, die Gewinne und Verluste, die in seiner Erwerbsgemeinschaft entstanden sind. 34

---

1 *M. Vogel*, aaO, 72 ff.

2 *M. Vogel*, aaO, 268 f.

3 Zur Übertragung v. Einkommensquellen vgl. *H. G. Ruppe*, Übertragung v. Einkunftsquellen ins Steuerrecht, DStJG 1, 1978, 7 f.; vgl. auch BFH v. 14.12.1976 – VIII R 146/73, BStBl. II, 1977, 115; v. 18.12.1990 – VIII R 290/82, BStBl. II 1991, 391 = FR 1991, 291.

4 Zur bis heute aufrechterhaltenen Gesamtplanbetrachtung BFH v. 17.12.2014 – IV R 57/11, FR 2015, 522 (524) mwN und m. Anm. *Wendt*.

5 BVerfG v. 27.12.1991 – 2 BvR 72/90, BStBl. II 1992, 212 (213 f.) = FR 1992, 270 – GrESt bei Erwerb eines Grundstücksteils und nachfolgender Errichtung einer Eigentumswohnung.

6 *Wassermeyer*, Veranlassung und Fremdvergleich, FS Offerhaus, 1999, 405.

7 Vgl. BFH v. 7.11.2001 – I R 14/01, BStBl. II 2002, 861 = FR 2002, 634 m. Anm. *Kempermann*; v. 26.2.2004 – IV R 43/02, BStBl. II 2004, 455 (457) = FR 2004, 648; grds. zu „Liebhaberei“ BFH v. 25.6.1984 – GrS 4/82, BStBl. II 1984, 751 (766) = FR 1984, 619; vgl. auch *Stöber*, FR 2017, 801.

35 Abs. 7 definiert die ESt sodann als **Jahressteuer**. Auch hier wird ein gesetzesdirigierendes materielles Prinzip begründet: Wer in diesem Jahr die staatlich gestützten Grundlagen für Markt und Erwerb nutzen konnte, muss in diesem Jahr zur Finanzierung des Staatshaushaltes beitragen. Einnahmen und Aufwendungen sind nach ihrem Entstehenszeitpunkt in das jeweilige Jahr einzuordnen.

36 Diese Konzeption einer steuerjuristischen Betrachtungsweise dient zugleich der **Verständlichkeit** und **Vereinfachung.**[1] Gegenwärtig treffen wir – etwa bei den Finanzprodukten (zur Entwicklung vgl. § 20 Rn. 32 f.), bei Organisationsformen für KapGes.,[2] Basisgesellschaften,[3] Betriebsspaltungen,[4] Hin- und Rückerwerb,[5] – auf komplexe Sachverhalte, die weder der Anlageberater noch der Vorstand eines Unternehmens und schon gar nicht der Aufsichtsrat verstehen, deswegen auch nicht verantworten können. Der Anleger kann den rechtl. und steuererheblichen Vorgang gedanklich nicht nachvollziehen, gibt also Vertragserklärungen ohne Kenntnis und Verständnis ab, höhlt damit die Rationalität der Vertragsfreiheit und der Wahrnehmung v. Grundrechten aus. § 2 begründet keine eigene Methodenlehre für die Auslegung des EStG, regelt aber die verbindlichen Grundgedanken der ESt, bietet damit die wesentlichen Auslegungshilfen. **§ 2 wird damit zum lex specialis ggü. § 42 AO**. Er sagt, wie das EStG sachgerecht – nicht missbräuchlich – auszuüben ist. Auslegungen gegen die Leitgedanken des EStG sind verfehlt, rechtl. unerheblich.

37 **3. Gesetzestechnisches Binnensystem.** Die Begriffe des § 2 bilden darüber hinaus ein Abzugssystem, das die Terminologie des gesamten EStG bestimmt[6] und die Anwendungsfolge der einzelnen Abzugstatbestände vorschreibt. Dieses Rechensystem folgt den materiellen Prinzipien des § 2 (Rn. 15)[7]: Die Summe der Einkünfte bezeichnet die aus einer Erwerbsgrundlage durch deren Nutzung erzielten Erwerbseinnahmen abzgl. der Erwerbsaufwendungen (erwerbssicherndes Nettoprinzip) und rechnet diese dem StPfl. zu. Die „Summe" entspricht dem Gedanken der synthetischen ESt. Der Schritt zu dem Gesamtbetrag der Einkünfte vollzieht sozialstaatliche und typisierende Abzugs- und Hinzurechnungsbeträge. Der Schritt vom Gesamtbetrag der Einkünfte zum Einkommen ergänzt das objektive Nettoprinzip durch das subjektive Nettoprinzip, das dann – auf dem Weg zum versteuernden Einkommen – insbes. durch die Freibeträge für Kinder verwirklicht wird. Das zu versteuernde Einkommen ist Bemessungsgrundlage für die tarifliche ESt, die im Grundfreibetrag ein weiteres Element des existenzsichernden Nettoprinzips enthält. Die Abzüge und Zuschläge von der tariflichen ESt justieren das Leistungsfähigkeitsprinzip, stimmen Einzelsteuern aufeinander ab, berücksichtigen ausländ. Steuern, gewähren Entlastungen für Zuwendungen und regeln sozialstaatliche Besonderheiten. Die ESt wird schließlich als Jahressteuer – nach dem Periodizitätsprinzip – festgesetzt. Das BMF hat in den **EStR** zu § 2 diese Reihenfolge zur Ermittlung der festzusetzenden ESt schematisch dargestellt:

R 2. Umfang der Besteuerung

(1) Das zu versteuernde Einkommen ist wie folgt zu ermitteln:

1		Summe der Einkünfte aus den Einkunftsarten
2	=	Summe der Einkünfte
3	–	Altersentlastungsbetrag (§ 24a EStG)
4	–	Entlastungsbetrag für Alleinerziehende (§ 24b EStG)
5	–	Freibetrag für Land- und Forstwirte (§ 13 Abs. 3 EStG)
6	+	Hinzurechnungsbetrag (§ 52 Abs. 3 S. 5 EStG sowie § 8 Abs. 5 S. 2 AIG)
7	=	Gesamtbetrag der Einkünfte (§ 2 Abs. 3 EStG)
8	–	Verlustabzug nach § 10d EStG
9	–	SA (§§ 10, 10a, 10b, 10c EStG)

1 Der österreichische Verfassungsgerichtshof stellt zur Tatbestandsklarheit fest, dass „eine Norm, zu deren Sinnermittlung subtile verfassungsrechtl. Kenntnisse, qualifizierte juristische Befähigung und Erfahrung bzw. geradezu archivarischer Fleiß erforderlich sind", nicht verbindlich sei (Österreichischer Verfassungsgerichtshof, VfSlg. 3130/1956). Dem rechtstaatlichen Prinzip widersprächen Normen, „wenn nur mit Hilfe subtiler Sachkenntnis, außerordentlicher methodischer Fähigkeiten und einer gewissen Lust zum Lösen v. Denksport-Aufgaben verstanden werden kann, welche Anordnung überhaupt getroffen werden soll" (Österreichischer Verfassungsgerichtshof, VfSlg. 12420/1990).

2 Krit. hier BVerfG v. 10.11.1999 – 2 BvR 2861/93, BVerfGE 101, 151 (156 f.) – Schwarzwaldklinik.

3 Vgl. BFH v. 24.2.1976 – VIII R 155/71, BStBl. II 1977, 265; v. 28.1.1992 – VIII R 7/88, BStBl. II 1993, 84; zur Problematik der Verrechnungspreise: *Flick/Wassermeyer/Baumhoff*, Außensteuerrecht, Stand: Mai 2003, § 1 Rn. 8 f.; *Koenig/Pahlke*, Abgabenordnung: AO, 2. Aufl. 2009, § 42 Rn. 79.

4 BFH v. 5.10.2011 – II R 9/11, BStBl. II 2012, 29 = FR 2012, 233 (zum ErbStG).

5 *Peter Fischer*, H/H/Sp, § 42 AO Rn. 417 f.

6 BFH v. 22.5.2006 – VI R 50/04, FR 2006, 1137 = BB 2006, 2055; FG Münster v. 27.4.2006 – 8 K 1375/03 E, EFG 2006, 1427.

7 *G. Kirchhof* in Kirchhof/Ratschow, § 2 Rn. 11.

10 – ag. Belastungen (§§ 33 bis 33b EStG)
11 – Steuerbegünstigung der zu Wohnzwecken genutzten Wohnungen, Gebäude und Baudenkmale sowie der schutzwürdigen Kulturgüter (§§ 10e bis 10i EStG; § 52 Abs. 21 S. 6 EStG idF v. 16.4.1997, BGBl. I, 821 und § 7 FördG)
12 + Erstattungsüberhänge (§ 10 Abs. 4b S. 3 EStG)
13 + zuzurechnendes Einkommen gem. § 15 Abs. 1 AStG

14 = Einkommen (§ 2 Abs. 4 EStG)
15 – Freibeträge für Kinder (§§ 31, 32 Abs. 6 EStG)
16 – Härteausgleich nach § 46 Abs. 3 EStG, § 70 EStDV

17 = zu versteuerndes Einkommen (§ 2 Abs. 5 EStG).

Die festzusetzende ESt ist gem. R 2 (2) nach folgendem Schema zu ermitteln: 38

1 Steuerbetrag
   a) nach § 32a Abs. 1, 5, § 50 Abs. 1 S. 2 EStG oder
   b) nach dem bei Anwendung des ProgrVorb. (§ 32b EStG) oder der Steuersatzbegrenzung sich ergebenden Steuersatz
2 + Steuer aufgrund Berechnung nach den §§ 34, 34b EStG
3 + Steuer aufgrund der Berechnung nach § 34a Abs. 1, 4 bis 6 EStG

4 = tarifliche ESt (§ 32a Abs. 1, 5 EStG)
5 – Minderungsbetrag nach Punkt 11 Ziff. 2 des Schlussprotokolls zu Art. 23 DBA Belgien in der durch Art. 2 des Zusatzabkommens v. 5.11.2002 geänderten Fassung (BGBl. II 2003, 1615)
6 – ausländ. Steuern nach § 34c Abs. 1 und 6 EStG, § 12 AStG
7 – Steuerermäßigung nach § 35 EStG
8 – Steuerermäßigung für StPfl. mit Kindern bei Inanspruchnahme erhöhter Absetzungen für Wohngebäude oder der Steuerbegünstigungen für eigengenutztes Wohneigentum (§ 34f Abs. 1, 2 EStG)
9 – Steuerermäßigung bei Zuwendungen an politische Parteien und unabhängige Wählervereinigungen (§ 34g EStG)
10 – Steuermäßigung nach § 34f Abs. 3 EStG
11 – Steuerermäßigung nach § 35a EStG
12 – Ermäßigung bei Belastung mit Erbschaftsteuer (§ 35b EStG)
13 + Steuer aufgrund der Berechnung nach § 32d Abs. 3 u. 4 EStG
14 + Steuern nach § 34c Abs. 5 EStG
15 + Nachsteuer nach § 10 Abs. 5 EStG iVm. § 30 EStDV
16 + Zuschlag nach § 3 Abs. 4 S. 2 Forstschäden-Ausgleichsgesetz
17 + Anspr. auf Zulage für Altersvorsorge, wenn Beiträge als Sonderausgaben abgezogen worden sind (§ 10a Abs. 2 EStG)[1]
18 + Anspr. auf Kindergeld oder vergleichbare Leistungen, soweit in den Fällen des § 31 EStG das Einkommen um Freibeträge für Kinder gemindert wurde

19 = festzusetzende ESt (§ 2 Abs. 6 EStG).

B. Einkünfte (Abs. 1 und 2)

I. Erzielen von Einkünften (Abs. 1). 1. Bedeutung unterschiedlicher Einkunftsarten. Das EStG belastet nur die in Abs. 1 S. 1 aufgezählten **sieben Einkunftsarten**. Dieser Einkünftekatalog typisiert den Ausgangstatbestand der ESt wirklichkeitsnah und realitätsgerecht, nennt die die ESt begründenden Erwerbsgrundlagen (Rn. 7, 46 ff.) abschließend. Einnahmen außerhalb dieses Erwerbsgeschehens sind nicht steuerbar. Dies gilt für den Fund, die Schenkung, Gewinne aus Spiel, Lotterie oder Wette, soweit sie nicht aufgrund einer Erwerbsgrundlage (Rn. 46)[2] erzielt worden sind.[3] Auch Preise für das Lebenswerk, Ersatz eines Schadens im Privatvermögen, Schmerzensgeld, Aufwandsentschädigung für das Ehrenamt, private Wertschöpfung sind nicht durch Nutzung einer Erwerbsgrundlage erzielt worden.[4] 39

Die Zuordnung v. Einkünften zu einer Einkunftsart führt im **Dualismus** der Einkunftsarten zu unterschiedlichen Maßstäben der Einkünfteermittlung. Der Unternehmer bewirtschaftet seine Erwerbsgrundlage, erzielt seinen Gewinn deswegen in der Entwicklung seines BV. Dem Empfänger von Lohn oder von Sozialversicherungsleistungen fließen Einkünfte aus einer fremden Erwerbsgrundlage zu, die dem ArbG oder dem Sozialversicherungsträger gehört. Diese Zuflüsse berücksichtigen die Wertentwicklung des fremden BV nicht. Diese unterschiedlichen Ermittlungsmethoden sind in der Reinvermögenszuwachstheorie[5] 40

1 Wenn Beiträge als SA abgezogen worden sind (§ 10a Abs. 2 EStG).
2 BFH v. 19.7.1990 – IV R 82/89, BStBl. II 1991, 333 = FR 1990, 674.
3 BFH v. 24.4.2012 – IX R 6/10, BStBl. II 2012, 581 = FR 2012, 928 m. Anm. *Binnewies*.
4 Vgl. im Einzelnen *H/H/R*, § 2 Anm. 80 und 56.
5 *Von Schanz*, Der Einkommensbegriff und die Einkommensteuergesetze, Finanzarchiv 13, 1896, 1, dort: „Reinvermögenszugangstheorie".

und der Quellentheorie[1] vorgezeichnet, wurden vom REStGB 1920[2] in einem „pragmatischen Weg“[3] kombiniert, müssen heute aber als Ausdruck unterschiedlicher Wirtschaftsformen – der Unternehmensbewirtschaftung und des Zuflusses aus Teilhabe an fremden Erwerbsquellen – materiell verstanden werden. In dieser Tatbestandsdifferenzierung sind sie sachgerecht,[4] dürfen aber in der weiteren Berücksichtigung der so ermittelten Einkünfte nicht zu Belastungsunterschieden führen (Rn. 10). Innerhalb der Gewinnermittlung begründet das G einen Gegensatz zw. der ermittlungstechnisch komplizierten Bilanzierung und der ermittlungstechnisch einfacheren Überschussrechnung nach § 4 Abs. 3. Der Gewinn aus LuF wird oft nur nach Durchschnittssätzen ermittelt (§ 13a). Bei den Überschusseinkünften sichern einzelne Vorschriften (§§ 17, 20 Abs. 2, 22 Nr. 2 iVm. § 23) die Steuerbarkeit auch der Veräußerungseinkünfte. Zur Abgeltungssteuer s. Rn. 112.

41 Die Einkunftsart bestimmt auch die **Art der Steuererhebung**. Bei den Einkünften aus nichtselbständiger Arbeit wird die ESt durch Abzug v. Arbeitslohn (LSt, § 38 f.), bei den Kapitalerträgen durch Abzug v. Kapitalertrag (KapESt, § 43 ff.) erhoben. Die Abgeltungsteuer für Einkünfte aus KapVerm. mit einem Regelsteuersatz v. linear 25 % (§ 32d Abs. 1 S. 1) macht nunmehr diese Steuerart zu einer Schedulensteuer.[5] § 50a kennt einen Steuerabzug der ESt bei beschränkt StPfl. bestimmter Einkunftsarten oder Unterarten.

42 **Verlustausgleich** und **Verlustabzug**[6] sind je nach Einkunftsart beschränkt: § 4 Abs. 5 und § 12 Nr. 1 S. 2 verbieten den Abzug v. Erwerbsaufwendungen, welche die private Lebensführung berühren. §§ 5 Abs. 3, 4, 4a, 4b begründen Passivierungsverbote für Rückstellungen. § 2a beschränkt die Verlustverrechnung bei Auslandseinkünften, § 15 Abs. 4 die aus gewerblicher Tierzucht, aus Termingeschäften und bestimmten Beteiligungen, § 15a die eines K'disten, § 20 Abs. 6 die aus KapVerm., § 22 Nr. 3 S. 3 die aus Einkünften aus Leistungen, § 23 Abs. 3 S. 7 ff. die aus privaten Veräußerungsgeschäften.

43 **Befreiungen** (§§ 3, 3b), **Freibeträge** (§§ 13 Abs. 3, 14a, 16 Abs. 4, 17 Abs. 3, 18 Abs. 3 S. 2, 19 Abs. 2, 20 Abs. 9, 24a) und **Freigrenzen** (§§ 22 Nr. 3 S. 2, 23 Abs. 3 S. 5) werden nach Einkunftsarten unterschieden. Veräußerungseinkünfte bei den Überschusseinkünften werden nur bei bestimmten Einkunftsarten (§§ 20 Abs. 2, 22 Nr. 2 iVm. § 23, vgl. auch § 17) besteuert. Die Besteuerung der Alterseinkünfte unterscheidet Beamtenpensionen, die gesetzl. Rentenversicherung, die betriebliche Altersversorgung und die allg. vorsorgend wirkende Vermögensbildung.

44 Die Erwerbsaufwendungen werden je nach Einkunftsart unterschiedlich **pauschaliert**. § 3 Nr. 26 regelt die stfreie Aufwandsentschädigung für nebenberuflich tätige Übungsleiter, § 9 Abs. 1 Nr. 4, Abs. 2 die Entfernungspauschale bei Überschusseinkünften, § 9a Abs. 1 S. 1 den ArbN-PB, den Versorgungspauschbetrag und den Werbungskostenpauschbetrag, § 20 Abs. 9 den Sparer-PB. § 51 Abs. 1 Nr. 1 Buchst. c enthält eine Verordnungsermächtigung zur Pauschalierung bestimmter BA. Einzelne Einkunftsarten beanspruchen auch besondere Steuerermäßigungen. Das gilt für die außerordentlichen Einkünfte des § 34 Abs. 2, für die außerordentlichen Einkünfte aus Forstwirtschaft (§ 34b), für ausländ. Einkünfte (§§ 34c und 34d), für Einkünfte aus LuF (§ 34e), für Einkünfte aus GewBetr. (§ 35) und für haushaltsnahe Beschäftigungsverhältnisse (§ 35a).

45 Die Qualifikation als gewerbliche Einkünfte hat die **Gewerbesteuerbarkeit** zur Folge (§ 2 Abs. 1 S. 2 GewStG).[7] Diese Steuerbelastung allerdings wird durch die typisierte Anrechnung der GewSt nach § 35 teilw. rückgängig gemacht.

Auch die Frage, ob Einkünfte **Inlandseinkünfte** sind, hängt v. der Einkunftsart ab (§ 49).

46 **2. Zustandstatbestand: Erwerbsgrundlage. a) Die sieben Einkunftsarten.** § 2 Abs. 1 S. 1 regelt die einzelnen Einkünfte insbes. im Typus ihrer Erwerbsgrundlage, verweist aber für die Einkünftearten „im Einzelnen“ auf die §§ 13–24 (§ 2 Abs. 1 S. 2). **Die sieben Erwerbsgrundlagen rechtfertigen die Steuerbarkeit der Einkünfte** im Zugang zu den von Markt und Rechtsordnung gebotenen Erwerbsgrundlagen (Einl. Rn. 5), unterscheiden die steuererhebliche Erwerbssphäre von der steuerunerheblichen Privatsphäre, grenzen die Einkünfte v. der Einkommensverwendung – der Konsumsphäre – ab, unterscheiden die ESt

---

1 *Fuisting*, Die Preußischen direkten Steuern, Bd. 4, 1902, S. 110.
2 REStG v. 29.3.1920, RGBl. 1920, 359.
3 So ausdrücklich die Begründung zum REStG, Entwurf v. 29.11.1919, Verhandlungen der verfassunggebenden Nationalversammlung, RT-Drucks. Bd. 340, Nr. 1624 = Finanzarchiv 37 (1920), 591 (593).
4 Zum Gebot grundsätzlicher Gleichbehandlung BVerfG v. 30.9.1998 – 2 BvR 1818/91, BVerfGE 99, 88 = FR 1998, 1028 m. Anm. *Luttermann*; BFH v. 28.11.1977 – GrS 2 bis 3/77, BStBl. II 1978, 105.
5 *G. Kirchhof*, DStR 2009, Beihefter zu Heft 49, 135.
6 Der Verlustabzug (§ 10d) betrifft nicht die Einkünfteermittlung, sondern einen nachfolgenden Saldierungsausgleich, BFH v. 31.3.2008 – III B 90/06, BFH/NV 2008, 1318.
7 Vgl. BFH v. 27.3.2001 – I R 78/99, BStBl. II 2001, 449 (450 f.) = FR 2001, 836 m. Anm. *Pezzer*.

auch v. der Erbschaft- und Schenkungsteuer. Die sieben Einkunftsarten bilden die Grundlage, aus der das G das Erzielen v. Einkünften, den Zuwachs an individueller finanzieller Leistungsfähigkeit erwartet. Zw. den einzelnen Einkunftsarten besteht trotz gelegentlich angeordneter (partieller) Subsidiarität keine Rangfolge. Die sieben Einkunftsarten stehen gleichrangig nebeneinander.[1] Nach Abs. 1 S. 2 regeln die §§ 13 bis 24 im Einzelnen, zu welcher Einkunftsart die Einkünfte gehören. Diese §§ bestimmen allerdings nicht nur die Einkunftsart, die Erwerbsgrundlage, sondern auch die Einkünfteermittlung (§§ 13a, 16 Abs. 2, 17 Abs. 2, 22 Nr. 1, 23 Abs. 3).[2] Nicht Systematik, sondern Pragmatik prägt das EStG.

Die Erwerbsgrundlage **LuF** (§ 13 Rn. 2) bezeichnet die Urproduktion, die Bewirtschaftung des Bodens und die Verwertung der dadurch gewonnenen Erzeugnisse pflanzlicher oder tierischer Art. Sie hat neben den spezifischen Merkmalen der LuF auch die positiven Merkmale des GewBetr. (Selbständigkeit, Nachhaltigkeit, Gewinnerzielungsabsicht, Teilnahme am allg. wirtschaftlichen Verkehr, Rn. 48) zu erfüllen. Landwirtschaft zielt auf die Produktion pflanzlicher und tierischer Erzeugnisse oder v. Futtermitteln für die Tierhaltung. Forstwirtschaft ist die Bodenbewirtschaftung zur Gewinnung v. Walderzeugnissen, vor allem v. Holz. Neben dem Grundtatbestand des luf. Betriebs erstreckt sich die Erwerbsgrundlage LuF insbes. auf luf. Nebenbetriebe (§ 13 Abs. 2 Nr. 1) sowie den Nutzungswert der Wohnung des Land- und Forstwirts (§ 13 Abs. 2 Nr. 2). Eine bauliche, industrielle oder spekulative Bewirtschaftung des Bodens verändert die Einkünfteart und führt idR zu gewerblichen Einkünften. 47

Der Typusbegriff des **GewBetr.**[3] (§ 15 Rn. 11 ff.) bezeichnet jede selbständige nachhaltige Bewirtschaftung einer kapitalgeprägten Erwerbsgrundlage, um durch Beteiligung am allg. wirtschaftlichen Verkehr Gewinn zu erzielen, wenn die Betätigung weder als Ausübung v. LuF noch als Ausübung eines freien Berufs noch als eine andere selbständige Arbeit anzusehen ist (§ 15 Abs. 2 S. 1). Die selbständige Tätigkeit ist dadurch gekennzeichnet, dass sie auf eigene Rechnung (Unternehmerrisiko) und in eigener Verantwortung (Unternehmerinitiative) ausgeübt wird.[4] Die „Absicht, Gewinn zu erzielen“ (§ 15 Abs. 2 S. 1), begründet keinen subj. Tatbestand, sondern bezeichnet die objektiv auf den Erwerb, die Gewinnerzielung angelegte Erwerbsgrundlage (Rn. 56 ff.). Der Begriff des „Betriebs“ wird zwar im EStG oft verwendet, dort aber als hinreichend klar verstanden und deshalb nicht definiert.[5] Vor allem aber folgt die Unterscheidung zw. Unternehmen und Unternehmern im EStG – aber auch im KStG und insbes. im GewStG – keinem klaren Prinzip. Eine folgerichtige Rechtsformangemessenheit ist bisher nicht erreicht.[6] 48

Die Erwerbsgrundlage der **selbständigen Arbeit** (§ 18 Rn. 1 f.) hat in der Selbständigkeit, der Nachhaltigkeit, der Gewinnerzielungsabsicht sowie der Teilnahme am allg. wirtschaftlichen Verkehr den gleichen Ausgangspunkt wie der GewBetr. (Rn. 48), unterscheidet sich jedoch erheblich v. der zweiten Einkunftsart dadurch, dass die „Arbeit“ und nicht der Betrieb die wesentliche Erwerbsgrundlage ist. Der Selbständige erwirbt vor allem mit dem Kopf und weniger durch Kapital. § 18 Abs. 1 Nr. 1 erläutert die selbständige Arbeit durch die „freiberufliche Tätigkeit“. In diesem Begriff klingen die „artes liberales“, die früheren freien, nicht ständegebundenen Künste an, die in § 18 in drei Kategorien verdeutlicht werden: Bestimmte intellektuelle Tätigkeiten, sodann die Kategorie der Katalogberufe und schließlich die der den Katalogberufen „ähnlichen Berufe“.[7] Der „ähnliche“ Beruf ist – soll er nicht als Auftrag zur Analogie verstanden werden – nach der Vorgabe des § 2 Abs. 1 S. 1 Nr. 3 zu qualifizieren: Die Selbständigkeit stützt sich auf Arbeit, nicht auf einen Betrieb, meint damit die Erwerbsarbeit auf der Grundlage höchstpersönlicher Qualifikation zur Selbständigkeit. Erwerbsgrundlage ist die Kanzlei, die Praxis, das Atelier, das Büro. 49

Die Erwerbsgrundlage eines nicht selbständig Arbeitenden, des **ArbN** (§ 19 Rn. 12), bietet der v. ArbG zugewiesene Arbeitsplatz, an dem eine weisungsgebundene, organisatorisch eingegliederte und damit unselbständig tätige Pers. ihre Erwerbstätigkeit ohne eigenes Vermögensrisiko ausübt. Der ArbN erhält idR Gehalt und Lohn (§ 19 Abs. 1 S. 1 Nr. 1), nicht einen v. Jahresergebnis abhängigen Gewinn. Vor allem aber trägt der ArbN kein Risiko für das in seinem Arbeitsplatz eingesetzte Kapital. Im Gegensatz zum „selbstän- 50

---

1 *H/H/R*, § 2 Anm. 87.
2 *H/H/R*, § 2 Anm. 501.
3 BFH v. 25.6.1984 – GrS 4/82, BStBl. II 1984, 751 (763) = FR 1984, 619; v. 9.4.2003 – X R 21/00, BStBl. II 2003, 520 = FR 2003, 666; v. 14.7.2016 – IV R 34/13, DStR 2016, 2697 f.; v. 20.12.2017 – I R 98/15, DStR 2018, 449.
4 BFH v. 31.7.1990 – I R 173/83, BStBl. II 1991, 66.
5 *Herlinghaus*, FR 2014, 441 (442).
6 *Drüen*, DStZ 2014, 564 (565 ff.), dort insbes. zur Funktionsänderung der GewSt; zur Doppelbelastung durch ESt und ErbSt *Crezelius*, BB 2012, 2979 (2982 f.).
7 *Hey* in *Tipke/Lang*[22], § 8 Rn. 423, 427; BFH v. 23.11.2000 – IV R 48/99, BStBl. II 2001, 241 (243) = FR 2001, 303 m. Anm. *Kempermann*; v. 8.10.2008 – VIII R 74/05, BStBl. II 2009, 238 = FR 2009, 671; zum nicht abschließenden Katalog des § 18 Abs. 1 S. 3 BFH v. 15.6.2010 – VIII R 14/09, FR 2010, 1049; vgl. auch BFH v. 14.5.2014 – VIII R 18/11, FR 2015, 374 (gewerbliche Tätigkeit eines Politikberaters) m. Anm. *Kanzler*; v. 18.6.2015 – VI R 77/12, FR 2015, 1086 (Telefoninterviewer als ArbN) m. Anm. *Bergkemper*.

dig" tätigen StPfl. übernimmt der ArbN kein Unternehmerrisiko, er entfaltet idR auch keine Unternehmerinitiative.[1] Der Tatbestand des § 2 Abs. 1 S. 1 Nr. 4 behält eigenständige Bedeutung auch ggü. § 19 Abs. 1 S. 1, weil § 19 die Einkünfte aus nichtselbständiger Arbeit nicht abschließend definiert, vielfach nur exemplarisch Typusbegriffe benennt, die zu den Einkünften aus nicht selbständiger Arbeit „gehören".

51 Die Erwerbsgrundlage des **KapVerm.** (§ 20 Rn. 5) bezeichnet angelegtes Finanzkapital des PV, die Ertragsgrundlagen Geld und Kapital, die stille Beteiligung an einer PersGes., die Beteiligung an einer KapGes. Der StPfl. überlässt Kapital, wird im Gegenzug an den Erträgen aus dessen Nutzung beteiligt, ohne jedoch Einfluss auf die unternehmerischen Entsch. bei der konkreten Verwendung des überlassenen Kapitals zu haben. Der StPfl. trägt damit zwar regelmäßig ein Vermögensrisiko, entfaltet aber keine Unternehmerinitiative. Mit der Einf. der Abgeltungssteuer ab dem Jahr 2009 werden die Kapitaleinkünfte durch Sonderregelungen (Veräußerungseinkünfte, begrenzter Werbungskostenabzug und Verlustausgleich, grds. Einheitssteuersatz, Quellenabzug) zu einer Schedulenbesteuerung. § 2 Abs. 1 S. 1 Nr. 5 bewahrt seine eigenständige Bedeutung ggü. § 20 Abs. 1, weil § 20 wiederum nicht die Einkünfte aus KapVerm. definiert, sondern nur exemplarisch Typentatbestände benennt, die zu diesen Einkünften „gehören". Die Abgrenzung von Unternehmen und Unternehmer, von Unternehmer und Kapitalanleger, von „qualifizierten" Anteilseignern und „betrieblichen Kapitalanlegern" hat bisher noch keine klare Struktur gewonnen.[2]

52 Die **Erwerbsgrundlage VuV** (§ 21 Rn. 3 f.) umfasst das Sach- und Realvermögen (unbewegliches Vermögen, Sachinbegriffe, Rechte, die entgeltlich zur Nutzung überlassen worden sind) des PV. Die Tatbestände der VuV sind nicht mit denen des BGB identisch, umfassen vielmehr jede entgeltliche Überlassung der genannten WG zur Nutzung auf Zeit, ohne nach dem Rechtsgrund für die Nutzungsüberlassung zu fragen (§ 21 Rn. 3).[3] Die Überlassung einzelner beweglicher Sachen kann den Einkünften des § 22 Nr. 3 unterfallen.

53 Die Erwerbsgrundlage **Sonstige Einkünfte** begründet nicht einen Auffangtatbestand, erfasst nach ausdrücklicher Bestimmung des § 2 Abs. 1 S. 1 Nr. 7 lediglich die in § 22 genannten Belastungsgründe der wiederkehrenden Leistungen (§ 22 Rn. 2 ff.), der privaten Veräußerungsgeschäfte des § 23, bestimmter marktoffenbarer Leistungen durch Nutzung des allg. Marktes (§ 22 Rn. 66) sowie der Abgeordnetenbezüge (§ 22 Rn. 75).[4] Die Erwerbsgrundlage bei wiederkehrenden Bezügen ist die erworbene Anwartschaft, bei den privaten Veräußerungsgeschäften meist das Grundstück oder ein Wertpapier (§ 23 Abs. 1 S. 1 Nr. 1 und 2), bei den „Einkünften aus Leistungen" (§ 22 Nr. 3) die Vermittlung und Nutzungsüberlassung v. Sachen und Rechten sowie sonstige Zugangswege zum Markt, die einen Erwerb dem allg. wirtschaftlichen Verkehr zuordnen und v. der Privatsphäre ausnehmen.[5] Der BFH versteht unter „sonstiger Leistung" jedes erwerbswirtschaftliche Verhalten,[6] das Gegenstand eines entgeltlichen Vertrages sein kann und das eine Gegenleistung auslöst,[7] betont dabei aber, dass auch die sonstige Leistung nur das Ergebnis einer Erwerbstätigkeit oder Vermögensnutzung meint, also die allg. Merkmale des Erzielens v. Einkünften (§ 2), die Erwerbsgrundlage und deren entgeltliche Nutzung, voraussetzt.[8] Bei privater Lebenshilfe fehlt es an der Erwerbsgrundlage, an ersichtlichen Vorkehrungen zur Einkünfteerzielung.[9] Vermögensbezogene Leistungen sind nur entgeltlich, wenn der Leistende auf sein Vermögen ändernd einwirkt und dafür ein Entgelt empfängt. Wett- und Spielerfolge sind nur steuerbar, wenn der Empfänger erwerbsgerichtet eine Erwerbsgrundlage geschaffen und diese durch aktive Beteiligung am Spielgeschehen genutzt hat.[10] Die sonstigen Einkünfte „iSd. § 22" **öffnen den Grundtatbestand der ESt also nicht für jede Bereicherung**, sondern setzen die Tatbestandsfolge v. Zustandstatbestand, Handlungstatbestand und Erfolgstatbestand des EStG voraus. Die ESt ist eine Erwerbseinkommensteuer, keine Bereicherungssteuer, § 2 Abs. 1 Nr. 7 deshalb eine Ergänzungs-, keine Auffangnorm. Grundsätzlich ist ausgeschlossen, mit derselben Handlung sowohl eine freigiebige Zuwendung zu verwirklichen (§ 7 ErbStG) als auch wirtschaftlich am Markt teilzunehmen (§ 2 EStG).[11]

---

1 *M. Vogel*, Die Auslegung privatrechtlich geprägter Begriffe des Ertragsteuerrechts, 2015, 81 f.
2 *Drüen*, DStZ 2014, 564 (567) mwN.
3 *M. Vogel*, aaO, 86 ff.
4 BFH v. 14.9.1999 – IX R 88/95, BStBl. II 1999, 776 = FR 1999, 1379 m. Anm. *Fischer*; FG Sachs. v. 12.5.2004, FGReport 2004, 78 – nachbarschaftliche Hilfsleistungen.
5 BFH v. 16.12.1998 – X R 125/97, BFH/NV 1999, 917; v. 24.4.2012 – IX R 6/10, FR 2012, 928 (930).
6 BFH v. 14.9.1999 – IX R 88/95, BStBl. II 1999, 776; v. 24.4.2012 – IX R 6/10, FR 2012, 928 (930).
7 BFH v. 24.8.2006 – IX R 32/04, BStBl. II 2007, 44 = FR 2007, 201 (Reugeld); v. 28.11.2007 – IX R 39/06, BStBl. II 2008, 469 = FR 2008, 637 m. Anm. *Bode* (Preisgeld für Kandidaten einer Fernsehshow), v. 25.2.2009 – IX R 33/07, BFH/NV 2009, 1253 (Prozesskostenzuschuss).
8 BFH v. 24.8.2006 – IX R 32/04, BStBl. II 2007, 44 = FR 2007, 201; zum Erfordernis des entgeltlichen Vertrags BFH v. 16.6.2015 – IX R 26/14, FR 2015, 1143 m. Anm. *Bode* = DStR 2015, 2321 (2322) – Bestechungsgelder.
9 BFH v. 14.9.1999 – IX R 88/95, BStBl. II 1999, 776 = FR 1999, 1379 m. Anm. *Fischer*.
10 BFH v. 24.4.2012 – IX R 6/10, BStBl. II 2012, 581 = FR 2012, 928 m. Anm. *Binnewies*.
11 BFH v. 12.9.2011 – VIII B 70/09, juris.

b) Erwerbseinkünfte, nicht Markteinkünfte. Die historische Entgegensetzung von „**ursprünglichem** (echtem) und **abgeleitetem** (unechtem) **Einkommen**" unterscheidet die stl. Belastbarkeit je nachdem, ob ein Einkommen von dem Produzenten selbst geschaffen oder der Natur abgewonnen ist, ob das Einkommen Folge des Tauschverkehrs ist, also aus dem Markt- und Tauschverkehr abgeleitet oder privat geschaffen wird.[1] Vereinzelt wird nur die Steuer auf das abgeleitete Markt- oder Tauschverkehrs-Einkommen anerkannt.[2] Diese Differenzierung kommt der Besteuerung des Produktions- und des Markteinkommens nahe. 53a

Doch die ESt ist **keine allgemeine Bereicherungssteuer.** Der Markt ist für das ursprüngliche Einkommen – der Bauer erntet das Korn, der Müller mahlt das Mehl – nicht erheblich,[3] sondern allenfalls für die Realisierung dieses Einkommens. Der bloße Zuwachs an finanzieller Leistungskraft – die Schenkung und die Erbschaft, der Spiel- und der Lotteriegewinn, die Ernte im Privatgarten und die im Hobbykeller gebauten Möbel – werden nicht besteuert. Es ist unerheblich, ob Einkünfte innerhalb oder außerhalb des Markts, ob sie privatwirtschaftlich oder hoheitlich erwirtschaftet werden. Die **Privatentnahme** ereignet sich jenseits des Markts, greift aber auf die Erwerbsgrundlage des StPfl. zu und erzielt insoweit ein Erwerbseinkommen.[4] Auch der **absetzbare Erwerbsaufwand** setzt den betrieblichen Anlass, nicht eine Marktwirkung voraus. Er bleibt abziehbar, auch wenn er der späteren Privatentnahme dient oder sich als Fehlnutzung – der Betriebsunfall – erweist. Auch für die **Übertragung von Einkommen** ist unerheblich, ob Eltern ihren Kindern Erwerbsquellen am Markt oder familiär übertragen. Entscheidend ist, ob der Zustandstatbestand der Erwerbsquelle übertragen wird und nicht nur eine Nutzung dieser bei den Eltern verbleibenden Erwerbsquelle. Wesentlich ist nicht der Markt, sondern das steuerjuristische Eigentum an der Erwerbsgrundlage.[5] Das geltende EStG besteuert nicht das „**Markteinkommen**",[6] sondern das Einkommen aus einer Erwerbsgrundlage.

3. Handlungstatbestand: Nutzung. a) Erzielen von Einkünften. Aus dem Zustandstatbestand der Erwerbsgrundlage, der in § 2 Abs. 1 S. 1 Nr. 1–7 abschließend, wenn auch ergänzungsbedürftig (§§ 13 ff.) geregelt ist, leitet sich der Handlungstatbestand, die **Nutzung der vorhandenen Erwerbsgrundlage**, ab. Der ESt unterliegen Einkünfte „aus" der Erwerbsgrundlage, „die der StPfl. ... erzielt". Der Handlungstatbestand hat die Funktion, dem handelnden Subjekt die Erwerbseinnahmen zuzurechnen, also das Steuersubjekt zu bestimmen, dabei insbes. die Einkommenserzielung von der Einkommensverwendung zu unterscheiden,[7] weiterhin den Aufwand tatbestandlich zuzuordnen, die steuererhebliche Erwerbssphäre v. der Privatsphäre nach dem typischen Tätigkeits„bild" abzugrenzen,[8] schließlich die erzielten Einkünfte zeitlich[9] und räumlich (§ 1 EStG, § 1 KStG, §§ 8 ff. AO) zuzuordnen. Der Handlungstatbestand wird vom StPfl. verwirklicht. Deshalb ist es grds. unerheblich, ob mit der Einkünfteerzielung durch den StPfl. ein Aufwand des Geschäftspartners korrespondiert.[10] 54

b) Nutzen der Erwerbsgrundlage. aa) Grundsätzliches. Einkommensteuerbar ist **nur das Erwerbseinkommen**, das durch Nutzung der in Abs. 1 S. 1 genannten Erwerbsgrundlagen erzielt worden ist. Die Wertschöpfung in der Privatsphäre, das Eigenverbrauchseinkommen[11]), wird nicht v. allg. Markt abgeleitet und ist deshalb, obwohl es die Leistungsfähigkeit erhöht, nicht einkommensteuerbar (zur Rechtfertigung: Einl. Rn. 4 ff.). Kein Erwerbseinkommen begründen insbes. die Nutzung der eigenen Wohnung oder des eigenen Hauses (§ 21 Rn. 75 ff.); eine Entschädigung des Straßenbauamtes für die Wertminderung eines Grundstücks wegen Verkehrslärms;[12] die Pflege eines Angehörigen in der familiären Lebensgemeinschaft;[13] die private Wertschöpfung durch eigene Arbeitskraft, zB der Bau des eigenen Heims durch den Maurer; Erlöse aus der Veräußerung v. Gegenständen des PV, soweit nicht Erwerbsgrundlagen (§§ 17, 20 Abs. 2, 23) veräußert werden; Schadensersatzleistungen für private Schäden;[14] Ehrenpreise, die für das Lebenswerk oder 55

1 *Murhard*, Theorie und Politik der Besteuerung, 1834, S. 427.
2 Darstellung bei *Schmoller*, Die Lehre vom Einkommen in ihrem Zusammenhang mit den Grundprinzipien der Steuerlehre, Zeitschrift für die gesamte Staatswissenschaft 19 (1863), S. 1 (7).
3 *Roscher*, System der Volkswirtschaft, Bd. I, 5. Aufl. 1864, S. 307.
4 *G. Kirchhof* in Kirchhof/Ratschow, § 2 Rz. 150.
5 BFH v. 19.2.2013 – IX R 31/11, BFH/NV 2013, 1075.
6 *W. Schön*, Unternehmerrisiko und Unternehmerinitiative im Lichte der Einkommenstheorien, Steuerrechtsprechung – Steuergesetz – Steuerreform, FS für Offerhaus, 1999, S. 385 (395 f.); *Tipke*, Die Steuerrechtsordnung II, 2. Aufl. 2003, S. 629 f.; *Hey* in Tipke/Lang[22], § 7 Rz. 31.
7 *H/H/R*, § 2 Anm. 59.
8 BFH v. 3.7.1995 – GrS 1/93, BStBl. II 1995, 617 (619) = FR 1995, 649; v. 10.12.2001 – GrS 1/98, BStBl. II 2002, 291 (292) = FR 2002, 452.
9 *K/S/M*, § 2 Rn. A 105 ff., B 180 ff.
10 *H/H/R*, § 2 Anm. 62.
11 *Lang*, 251.
12 FG München v. 3.3.2004 – 9 K 2400/03, EFG 2004, 1120.
13 BFH v. 14.9.1999 – IX R 88/95, BStBl. II 1999, 776 = FR 1999, 1379 m. Anm. *Fischer*.
14 BFH v. 25.10.1994 – VIII R 79/91, BStBl. II 1995, 121 (123 ff.) = FR 1995, 59.

eine bestimmte Grundhaltung, nicht für eine einzelne im Wettbewerb ausgelobte Leistung[1] zugesprochen worden sind.[2] Nicht einkommensteuerbar sind auch Gewinne aus Rennwetten und Glücksspiel, weil der Spieler nicht eine eigene Erwerbsgrundlage nutzt, sondern eine Chance kauft.[3] Einen Grenzfall bildet das Preisgeld für die erfolgreiche Teilnahme eines Kandidaten einer Fernsehshow, der sich aktiv gestaltend seinen Preis durch Wissen oder Geschick verdient und sich in ein Lohnrechtsverhältnis eingliedert.[4] Nebenleistungen sollten grds. das stl. Schicksal der Hauptleistung teilen.[5] Verzugs- und Prozesszinsen sind grds. (vgl. aber § 20 Abs. 8) Kapitalerträge.[6] Erstattete Rückzahlungszinsen zur Investitionszulage sind trotz Nichtsteuerbarkeit der Zulage BE; sie sind nicht durch die Zulage, sondern durch die Nutzung der Erwerbsgrundlage des Betriebskapitals veranlasst.[7] Das Reugeld nutzt keine Erwerbsgrundlage, sondern hat Entschädigungscharakter;[8] es enthält eine bloße Folgevereinbarung beim Rücktritt v. einem Kaufvertrag, der in die Sphäre der nicht steuerbaren Vermögensumschichtung gehört.[9] Keine steuerbaren Einkünfte sind Erbschaften und Schenkungen;[10] Kapitalanfälle aus privaten Lebensversicherungen, Aussteuern und Almosen sowie die Weiterleitung einer Provision des Versicherungsvertreters an den Versicherungsnehmer.[11]

56 **bb) Erzielen „aus" einer Erwerbsgrundlage.** Einkünfte sind „aus" einer Erwerbsgrundlage „erzielt", wenn die durch objektive Vorkehrungen auf den Erwerb ausgerichtete Erwerbsgrundlage[12] genutzt worden ist. Die nach objektiven Beweisanzeichen zu bestimmende[13] **Erwerbsgerichtetheit** – in § 15 Abs. 2 S. 1 unglücklich subjektivierend **Gewinnerzielungsabsicht** genannt – fehlt bei der auf private Bedürfnisbefriedigung und privates Erleben angelegten Nutzung eines WG, das nicht Erwerbsgrundlage ist (sog. **„Liebhaberei"**),[14] ebenso bei einer gemeinnützigen Tätigkeit (§ 10b). Veranlasst die Liebhaberei einen Aufwand oder Verlust, so sind diese unbeachtlich.[15] Die Liebhaberei wird nicht bereits durch eine Erwerbsgrundlage ausgeschlossen.[16]

57 **cc) Erwerbsgerichtetheit als Prüfungsmaßstab, Erwerbsprognose, „Gewinnerzielungsabsicht".** Die ESt belastet das **tatsächlich erzielte Einkommen**, auch wenn dieses v. StPfl. nicht beabsichtigt war. Hat ein Aktionär seine Bank mit der Veräußerung seiner Beteiligungen beauftragt, war die Veräußerung aber versehentlich unterblieben, so muss der – unerwartete – Gewinn aus der Beteiligung versteuert werden. Ein noch willenloses Kind, das einen GewBetr. erbt, wird die Steuer auf seine Erträge nicht vermeiden, weil ihm die Gewinnerzielungsabsicht fehlt; selbst eine Unzurechnungsfähigkeit seiner Vertreter würde ihm die Steuer nicht ersparen. Und ein ungewollter Aufwand, etwa durch einen Betriebsunfall, wird den Gewinn mindern.

---

1 Vgl. BFH v. 28.11.2007 – I R 39/06, BFH/NV 2008, 614.
2 BFH v. 9.5.1985 – IV R 184/82, BStBl. II 1985, 427f = FR 1985, 540.
3 IErg. ebenso BFH v. 19.7.1990 – IV R 82/89, BStBl. II 1991, 333 = FR 1990, 674; v. 28.11.2007 – IX R 39/06, BStBl. II 2008, 469 = FR 2008, 637 m. Anm. *Bode*.
4 Für eine Steuerbarkeit BFH v. 28.11.2007 – IX R 39/06, BStBl. II 2008, 469 = FR 2008, 637 m. Anm. *Bode* (Datingshow, in der ein Teilnehmer eine „schauspielähnliche" Leistung erbringt); iErg. ebenso BFH v. 24.4.2012 – IX R 6/10, FR 2012, 928 (930f.) („Big Brother", der Teilnehmer erhofft sich einen vom Publikumsentscheid abhängigen „Projektgewinn", muss sich aber monatelang in einem Lohnrechtsverhältnis innerhalb eines abgeschlossenen Wohngeländes aufhalten und fotografieren lassen).
5 Für eine prinzipielle Steuerbarkeit wegen eines Zuwachses an finanzieller Leistungsfähigkeit BFH v. 25.6.1984 – GrS 4/82, BStBl. II 1984, 751 = FR 1984, 619; v. 30.6.2009 – VIII B 8/09, BFH/NV 2009, 1977.
6 BFH v. 29.9.1981 – VIII R 39/79, BStBl. II 1982, 113; v. 25.10.1994 – VIII R 79/91, BStBl. II 1995, 121; v. 24.5.2011 – VIII R 3/09, FR 2012, 419; zu Verzugs- und Prozesszinsen als Entgelte für die unfreiwillige Vorenthaltung von Kapital (erzwungene Kapitalüberlassung) vgl. BFH v. 24.5.2011 – VIII R 3/09, FR 2012, 419.
7 BFH v. 1.9.2008 – IV B 131/07, BFH/NV 2009, 133; § 3c Rn. 45.
8 BFH v. 24.8.2006 – IX R 32/04, BStBl. II 2007, 44 = FR 2007, 201.
9 BFH v. 24.8.2006 – IX R 32/04, BStBl. II 2007, 44 = FR 2007, 201; anders bei der Bestellung eines Vorkaufsrecht BFH v. 26.4.1977 – VIII R 2/75, BStBl. II 1977, 631.
10 Vgl. § 1 Abs. 1 ErbStG.
11 BFH v. 2.3.2004 – IX R 62/02, BFH/NV 2004, 952.
12 BFH v. 25.6.1984 – GrS 4/82, BStBl. II 1984, 751 (765) = FR 1984, 619.
13 BFH v. 25.6.1984 – GrS 4/82, BStBl. II 1984, 751 (767) = FR 1984, 619; *P. Kirchhof*, DStR 2007, Beihefter zu Heft 39, 11; vgl. nunmehr auch *Jochum*, FS 100 Jahre BFH, 341 (dort diff. insbes. zu § 42 AO, Konzeption und Plan, Angemessenheitskriterien).
14 BFH v. 25.6.1984 – GrS 4/82, BStBl. II 1984, 751 = FR 1984, 619; zur tatsächlichen Würdigung der Sachverhalte BFH v. 20.9.2012 – IV R 43/10, BFH/NV 2013, 408; im Einzelnen *Ratschow* in Blümich, § 2 Rn. 121; zur Frage, ob eine KapGes. eine außerbetriebliche Sphäre, damit einen „Liebhabereibetrieb" haben kann, vgl. BFH v. 15.2.2012 – I B 97/11, BStBl. II 2012, 697 = FR 2012, 531; v. 22.8.2012 – I R 9/11, FR 2013, 213 = DStR 2012, 2425 (2439).
15 BFH v. 25.6.1984 – GrS 4/82, BStBl. II 1984, 751 (766) = FR 1984, 619.
16 BFH v. 6.3.2003 – IV R 26/01, BStBl. II 2003, 702 = FR 2003, 795 (auch bei § 13a aF Gewinnerzielungsabsicht zu prüfen – s. jetzt aber § 13a Abs. 3 S. 3; dazu § 13a Rn. 18; anders noch BFH v. 1.12.1988 – IV R 72/87, BStBl. II 1989, 234 = FR 1989, 204).

Umgekehrt kann ein ins Werk gesetzter **beabsichtigter „Totalverlust“** steuererheblich sein, wenn ein Firmengründer nach fünf Jahren bei enttäuschendem Geschäftsverlauf seine Firma aufgibt, um höhere Verluste zu vermeiden. Die „Gewinnerzielungsabsicht“ (§ 15 Abs. 2 S. 3, vgl. auch § 15 Abs. 2 S. 1, Abs. 3 S. 1, § 4 Abs. 5 S. 2) bezeichnet begrifflich eine innere Tatsache, meint aber keinen subj. Tatbestand, sondern die Erwerbsgerichtetheit v. Zustands-, Handlungs- und Erfolgstatbestand. Steuererheblich handelt, wer eine Erwerbsgrundlage (Zustandstatbestand) nutzt und dabei Vorkehrungen für einen Erwerb trifft (Handlungstatbestand), dadurch Gewinn oder Überschuss (Erfolgstatbestand) erzielt. Maßgeblich ist das Erwerbshandeln, nicht der Erwerbswille.[1] 58

Ob ein Handeln dem Erwerb oder der privaten Lebensführung dient, entscheidet grds. der Handelnde. 59
Hat er Erwerbsvorkehrungen getroffen, die auf Nutzung einer Erwerbsgrundlage, auf einen Vermögenszuwachs[2] (**Erwerbsprognose,**[3] **Gewinnprognose für eine größere Zahl von Jahren,**[4] **„Überschussprognose“,**[5] **bisher Totalgewinn, Totalüberschuss**, Rn. 86 ff.)[6] gerichtet sind, ist der Vorgang steuererheblich. Bei typischen Erwerbstätigkeiten wie den Katalogberufen des § 18 ist die Erwerbsgerichtetheit nicht schon durch langjährige Verluste widerlegt, sondern erst dann, wenn die verlustbringende Tätigkeit typischerweise **bestimmt und geeignet ist, persönliche Neigungen zu befriedigen oder wirtschaftliche Vorteile außerhalb der Einkunftssphäre zu erlangen.**[7] Umgekehrt kann eine Erwerbsgerichtetheit des Handelns nicht unterstellt werden, weil private Motive oder persönliche Neigungen – dort für die Renovierung und den Ausbau einer Ferienwohnung – nicht feststellbar sind.[8] Auch für die Vermietung v. Immobilien gilt die typisierende Vermutung, dass sie erwerbsgerichtet ist; die Rspr. hat einen nicht abschließenden[9] Katalog v. Fallgruppen gebildet, in denen wegen besonderer Umstände die Erwerbsgerichtetheit zu prüfen ist.[10] Bei einer auf Dauer angelegten Vermietertätigkeit wird die Überschussabsicht vermutet, bei Ferienwohnungen jedoch nur dann, wenn sie ausschließlich an Feriengäste vermietet und in der übrigen Zeit für diese Vermietung bereitgehalten wird.[11] Entfaltet der StPfl. keinerlei Vermietungsbemühen, fehlt es an der Erwerbsgerichtetheit.[12] Besteht nach objektiver Beurteilung keine Erwerbsgrundlage, weil aufgrund der ersichtlichen Entwicklung der Einrichtung – der Weinverkauf im Privathaus – eindeutig feststeht, dass sie nicht für einen nachhaltigen Erwerbserfolg genutzt werden kann, fehlt es am Handlungstatbestand der

---

1 So ausdrücklich § 8 Abs. 2 S. 2 KStG; auch § 4 Abs. 1 S. 2 KStG.

2 BFH 30.9.1997 – IX R 80/94, BStBl. II 1998, 771 (772) = FR 1998, 97.

3 *G. Kirchhof* in Kirchhof/Ratschow, § 2 Rn. 200.

4 BFH v. 25.6.1984 – GrS 4/82, BStBl. II 1984, 751.

5 BFH v. 12.7.2014 – IX R 21/15, BFH/NV 2016, 1695 Rn. 32.

6 BFH v. 9.7.2002 – IX R 57/00, FR 2002, 1182 = DStR 2002, 1609 (1610); v. 9.7.2002 – IX R 47/99, FR 2002, 1180 = DStR 2002, 1611 (1613); v. 6.11.2001 – IX R 97/00, BStBl. II 2002, 726 = FR 2002, 385; v. 12.9.2002 – IV R 60/01, FR 2003, 135 = DStR 2002, 2161 (2162).

7 Zur neueren Rspr. vgl. BFH v. 25.11.2004 – IV R 8/03, BFH/NV 2005, 854; v. 14.7.2003 – IV B 81/01, BStBl. II 2003, 804 = FR 2003, 1094 und v. 24.8.2000 – IV R 46/99, BStBl. II 2000, 674 = FR 2000, 1364 – Weinbaubetrieb; v. 7.11.2001 – I R 14/01, FR 2002, 634 m. Anm. *Kempermann* = DStR 2002, 667 – Turnierteilnahme; v. 27.3.2001 – X B 60/00, BFH/NV 2001, 1381 – Erfindertätigkeit; v. 30.1.1996 – IX R 80/90, BStBl. II 1997, 23 = FR 1996, 418 m. Anm. *Drenseck* – Hausgarten; v. 16.4.2002 – X B 102/01, BFH/NV 2002, 1045 – Solarium; v. 31.5.2001 – IV R 81/99, BStBl. II 2002, 276 = FR 2001, 1008 – Steuerberater; v. 15.7.1996 – IV R 70/95, BFH/NV 1997, 115 – Universitätsassistent; v. 27.1.2000 – IV R 33/99, BStBl. II 2000, 227 = FR 2000, 621 m. Anm. *Fischer* – Pferdezucht; v. 2.8.1994 – VIII R 55/93, BFH/NV 1995, 866 – Tennishalle; v. 29.8.2002 – V R 8/02, DStR 2002, 1949; v. 15.2.2005 – IX R 53/03, BFH/NV 2005, 1059 – Ferienwohnung; v. 10.4.2002 – III B 73/01, BFH/NV 2002, 1025 – Bootvercharterung; v. 23.10.1992 – VI R 59/91, BStBl. II 1993, 303 = FR 1993, 401; v. 27.12.2004 – IV B 16/03, BFH/NV 2005, 1078 – Sport; v. 26.3.1993 – III S 42/92, BStBl. II 1993, 723; v. 1.3.2005 – IX B 170/04, BFH/NV 2005, 1066 – Segeljacht; v. 2.7.1993 – III R 70/92, BStBl. II 1994, 102 = FR 1994, 91 – Segelsportservice; v. 18.5.1995 – IV R 31/94, BStBl. II 1995, 718 = FR 1995, 748 – Tanzschule; v. 13.4.2000 – XI B 17–19/99, BFH/NV 2000, 1200 – Schriftsteller; v. 14.9.1994 – IX R 71/93, BStBl. II 1995, 116 = FR 1995, 57 – Mietkaufmodell; v. 26.1.2000 – IX R 77/98, BFH/NV 2000, 1081 – Motorboot; v. 23.8.2000 – X R 106/97, BFH/NV 2001, 160 – Versicherungsagentur; v. 12.9.2002 – IV R 60/01, FR 2003, 135 = DStR 2002, 2161 – Architekt; v. 26.2.2004 – IV R 43/02, BStBl. II 2004, 455 = FR 2004, 648 – Arztpraxis; v. 20.1.2005 – IV R 6/03, BFH/NV 2005, 1511 – Forstbetrieb; v. 23.1.2013 – X B 84/12, BFH/NV 2013, 771 Rn. 11, 14 – Patchworken; v. 5.3.2013 – X B 98/11, BFH/NV 2013, 924 (925) – Unterstützung eines minderjährigen Sportlers; vgl. insbes. *K/S/M*, § 2 Rn. B 400 mit detaillierten Einzelnachweisen.

8 BFH v. 31.1.2017 – IX R 23/16, BFH/NV 2017, 897 Rn. 22.

9 BFH v. 10.5.2007 – IX R 7/07, FR 2008, 134 = BB 2007, 2221.

10 BFH v. 22.1.2013 – IX R 13/12, BStBl. II 2013, 533 = FR 2013, 738 – vorübergehender Leerstand; vgl. auch v. 11.12.2012 – IX R 14/12, FR 2013, 465; v. 18.1.2013 – IX B 143/12, BFH/NV 2013, 554 – Vermietung einer im eigenen Haus gelegenen Ferienwohnung; v. 21.8.2013 – X B 150/12, BFH/NV 2013, 1784 – Vermietung von Wohnmobilen.

11 BFH v. 19.8.2008 – IX R 39/07, BStBl. II 2009, 138 = FR 2009, 435; v. 22.9.2009 – IX B 82/09, BFH/NV 2010, 36; vgl. nunmehr auch BFH v. 21.1.2014 – IX R 37/12, FR 2014, 900 = BFH/NV 2014, 1135 – zur Vermietung mehrerer Objekte auf der Grundlage verschiedener Rechtsverhältnisse.

12 BFH v. 11.8.2010 – IX R 3/10, FR 2011, 186 = DStR 2010, 2345 (2347): keine „Einkünfteerzielungsabsicht“.

Nutzung.[1] Erhält ein zu Unrecht in Anspruch genommener Bürge bei der Rückzahlung vom Bürgschaftsgläubiger Verzugszinsen, so nutzt er die erzwungene Kapitalüberlassung als Erwerbsgrundlage (Zustandstatbestand), muss die Verzugszinsen deshalb als Kapitalerträge (§ 20 Abs. 1 Nr. 7) versteuern, es sei denn, es stehen den Verzugszinsen höhere Schuldzinsen aus einem Darlehen gegenüber, das der vermeintliche Bürge für seine ungerechtfertigte Inanspruchnahme aus der Bürgschaft aufgenommen hat.[2] Ein wichtiges Indiz für die Unterscheidung zw. erwerbswirtschaftlicher Nutzung und privater Lebensführung bietet das Verhalten, ob und wie der StPfl. auf längere Verlustphasen reagiert und durch Umstrukturierungsmaßnahmen gegensteuert.[3] In der Anlaufphase ist bei einem Betrieb grds. mit Verlusten zu rechnen, es sei denn, er wird vom StPfl. so betrieben, dass er von vornherein nicht in der Lage ist, nachhaltige Gewinne zu erzielen, und deswegen nach objektiver Beurteilung von Anfang an keine Einkunftsquelle iSd. Einkommensteuerrechts schafft.[4] Mit dem begrenzten WK-Abzug bei Einkünften aus KapVerm. durch die Abgeltungsteuer werden Verluste aus dieser Erwerbsgrundlage unmöglich; sie ist daher immer auf ein positives Gesamtergebnis gerichtet.[5]

60 Die Rspr. ermittelt diese **„Gewinnerzielungsabsicht"** aus dem betätigten Willen, der in äußeren Umständen greifbar ist.[6] Grund und Boden bieten keine Erwerbsgrundlage (der LuF), wenn eine sehr geringe Nutzfläche nur Erträge erlaubt, wie sie ein Gartenbesitzer für Eigenbedarfszwecke erzielt.[7] Maßgeblich ist nicht die innere Vorstellung des StPfl., sondern das, was der StPfl. dank seines Willens tatsächlich bewirkt. Den Handlungstatbestand erfüllt, wer dem Erwerb nachgeht und nicht sein persönliches Leben gestaltet. Erzielt er bei der Nutzung seiner Erwerbsgrundlage absichtslos einen **Zufallsgewinn**, so bleibt dieser steuerbar; verursacht er bei der Erwerbshandlung **ungewollt einen Aufwand**, bleibt dieser steuererheblich. Die Erwerbsgrundlage (**Zustandstatbestand**) grenzt sich v. der Privatsphäre – der privaten Wertschöpfung, der „Liebhaberei", der häuslichen Pflege – nach dem Maßstab ab, ob die Einrichtung bestimmt und geeignet ist, Einkünfte zu erzielen oder der privaten Lebensführung zu dienen. Die private Pflege,[8] das Eigenverbrauchseinkommen (Rn. 53a) und die „Liebhaberei" (Rn. 56) unterscheiden zw. einem Lebenskreis, der auf private Bedürfnisbefriedigung angelegt, und der Erwerbsgrundlage, die der Vermögensmehrung am Markt gewidmet ist. Allerdings hat der BFH[9] Rechtsgrundsätze entwickelt, wonach der StPfl. mit Einkünfteerzielungsabsicht handelt, wenn – objektiv – die Prognose eines nachhaltigen Erfolgs positiv ausfällt, und – subj. – er die Verluste nicht aus persönlichen Gründen oder Neigungen hingenommen hat.[10] Diese Maßstäbe betreffen aber ausschließlich Fälle der negativen Einkünfte.[11] Auch in diesen Fällen wird der StPfl. nicht zur Darlegung seiner subj. Vorstellungen vernommen, sondern er wird an seinen objektiven Vorkehrungen und Handlungsumständen gemessen, sein Handeln dementsprechend der Erwerbs- oder der Privatsphäre zugeordnet. Das Steuerrecht belastet grds. die objektiv vorgefundene finanzielle Leistungsfähigkeit, generell nicht die Motive des StPfl.[12] Das **BVerwG**[13] beurteilt die „Gewinnerzielungsabsicht" in ähnlicher Weise nach der objektiven Dauerhaftigkeit und Nachhaltigkeit, wenn eine landwirtschaftliche Betätigung einen im Außenbereich privilegierten landwirtschaftlichen Betrieb rechtfertigen soll.

61 Wenn der **EuGH**[14] bei der Gründung einer Ges. im niedrigbesteuernden Ausland prüft, ob die Niederlassungsfreiheit rechtsmissbräuchlich durch eine „rein künstliche Gestaltung" genutzt worden sei und dabei anhand eines **„Motivtestes"** ermitteln will, ob mit der Gestaltung eine Steuerminderung oder ein Erwerb beabsichtigt sei, wird dieser Test nicht weiterführen. Eine juristische Pers. strebt immer nach einem mög-

---

1 IErg. ebenso BFH v. 27.5.2009 – X R 62/06, nv.
2 BFH v. 24.5.2011 – VIII R 3/09, FR 2012, 419 f.
3 BFH v. 15.11.1984 – IV R 139/81, BStBl. II 1985, 205 = FR 1985, 242; v. 26.2.2004 – IV R 43/02, BStBl. II 2004, 455 (457) = FR 2004, 648; v. 21.7.2004 – X R 33/03, BStBl. II 2004, 1063 = FR 2005, 314 m. Anm. *Freiherr v. Proff zu Irnich*; v. 17.11.2004 – X R 62/01, BStBl. II 2005, 336 = FR 2005, 590.
4 BFH v. 10.4.2013 – X B 106/12, BFH/NV 2013, 1090.
5 *Streck*, NWB 29/2007, 2445, der Liebhaberei bei KapVerm. schon in den VZ 2007 und 2008 wegen der positiven Totalgewinnprognose ab 1.1.2009 nur noch in Ausnahmefällen für denkbar hält.
6 BFH v. 9.7.2002 – IX R 47/99, FR 2002, 1180 = DStR 2002, 1611 (1612 f.); v. 22.4.1998 – XI R 10/97, BStBl. II 1998, 663 = FR 1998, 841; BFH v. 25.6.1984 – GrS 4/82, BStBl. II 1984, 751 = FR 1984, 619; *Escher*, 14.
7 BFH v. 5.5.2011 – IV R 48/08, FR 2011, 907 m. Anm. *Kanzler*.
8 BFH v. 14.9.1999 – IX R 88/95, BStBl. II 1999, 776 = FR 1999, 1379 m. Anm. *Fischer*.
9 BFH v. 25.6.1984 – GrS 4/82, BStBl. II 1984, 751 = FR 1984, 619; v. 30.6.2009 – VIII B 8/09, BFH/NV 2009, 1977.
10 Vgl. auch BFH v. 28.8.2008 – VI R 50/06, BStBl. II 2009, 243.
11 BFH v. 30.6.2009 – VIII B 8/09, BFH/NV 2009, 1977.
12 Zur objektivierten, jeweils normspezifischen sog. „Gesamtplanrechtsprechung" vgl. BFH v. 22.10.2013 – X R 14/11, BStBl. II 2014, 158 = FR 2014, 228 m. Anm. *Prinz* sowie *Herlinghaus*, FR 2014, 441 (442); v. 17.12.2014 – IV R 57/11, FR 2015, 522 m. Anm. *Wendt*; vgl. auch *Stöber*, FR 2017, 801.
13 BVerwG v. 11.10.2012 – 4 C 9.11, DVBl. 2013, 511 – Schafhaltung, m. Anm. *Ziegler*, DVBl. 2013, 792.
14 EuGH v. 12.9.2006 – Rs. C-196/04, ABlEU 2006 C 281, 5 = FR 2006, 987 m. Anm. *Lieber* = DStR 2006, 1686.

lichst hohen Nettogewinn und hat deswegen stets den Marktgewinn, aber auch die Steuerminderung im Sinn. Rechtserheblich ist allein – insoweit übereinstimmend mit der Entsch. des EuGH –, ob im Ausland eine eigene Erwerbsgrundlage begründet worden ist, ob also Erwerbsräume, Erwerbspersonal und eine Erwerbsausrüstung objektiv erkennbar sind. Hat ein Unternehmer im Ausland eine Tätigkeitsgrundlage – er betreibt in der Schweiz ein Pferdegestüt –, gewinnt er aber hin und wieder mit seinen Pferden auch in Deutschland Preisgelder, so beurteilt sich die StPflicht dieser Preise danach, ob er in der Schweiz eine Erwerbsgrundlage oder eine „Liebhaberei" betreibt.[1] Ob er in Deutschland an den Pferderennen in Gewinnerzielungsabsicht teilnimmt, ist unerheblich, solange die Erwerbsgrundlage fehlt.[2]

Für den Handlungstatbestand der Nutzung unterscheidet der BFH zw. **gewerblichem Grundstückshandel** 62
und bloßer **Vermögensverwaltung** nach dem objektiven Kriterium, ob substantielle Vermögenswerte durch Umschichtung genutzt oder aus zu erhaltenden Substanzwerten Früchte gezogen werden.[3] Die Drei-Objekt-Grenze[4] bietet im Dienste der Rechtssicherheit eine widerlegbare Typisierung von Handel mit Grundstücken und Fruchtziehung aus Grundstücken. Die Absicht der Beteiligten ist unerheblich.[5] Veräußert ein Soldat, der in fünf Jahren an verschiedenen Orten seinen Dienst zu erfüllen hat, viermal sein Familienhaus, so handelt er jeweils in privater Abwicklung seiner dienstlichen Versetzung, nutzt aber keine ihm zustehende Erwerbsgrundlage, mag er sich auch stets bemühen, seine Grundstücke mit Gewinn zu veräußern.[6] Andererseits nutzt bereits eine Erwerbsgrundlage, wer ein Grundstück schon vor oder während seiner Bebauung verkauft.[7] Hat der StPfl. ein Grundstück in der Absicht gekauft, aus diesem durch einen späteren Verkauf Gewinn zu erzielen, scheitert dieses Vorhaben aber an fehlender Nachfrage und der Ablehnung eines Bauantrags, und unternimmt der StPfl. auch 22 Jahre nach dem Ankauf des Grundstücks keine ernsthaften Anstrengungen für ein gewinnbringendes Bebauungs- und Bewertungskonzept, setzt er vielmehr auf „glückliche Umstände", die die Immobilienpreise über einen sehr langen Zeitraum wieder steigen lassen, so nimmt der StPfl. Verluste aus Gründen hin, die nicht mehr im Bereich der stl. erheblichen Einkünfteerzielung liegen. Eine derartig lange Haltephase für Grundstücke ist nach der Wertung des § 23 Abs. 1 S. 1 Nr. 1 regelmäßig privater Natur. Wird der Betrieb eines ehemals gewerblichen Grundstückshandels weder umstrukturiert noch aufgegeben, kommt es zum Strukturwandel, zur Liebhaberei.[8]

Den Tatbestand des § 21 Abs. 1 S. 1 (**VuV**) erschließt der BFH durch die typisierende Annahme, dass die 63
langfristige Vermietung[9] trotz über längere Zeiträume anfallender WK-Überschüsse idR letztlich zu positiven Einkünften führt.[10] Diese gesetzl. Prognose bietet einen objektiven Maßstab, der ein Erwerbshandeln kraft gesetzl. Anordnung unterstellt. Steht eine Wohnung nach vorheriger, auf Dauer angelegter Vermietung leer, so bemisst sich die „Vermietungsabsicht" nach den „ernsthaften und nachhaltigen Vermietungsbemühungen" und dem Bereithalten der Räume zur Vermietung.[11] Kann der Eigentümer einer Wohnanlage, die in einem völlig maroden Zustand ist, diese deshalb – trotz erhöhter Sanierungsaufwendungen und mehrfacher Vermietungsbemühungen – weder tatsächlich noch rechtl. zu einer vermietbaren Erwerbsgrundlage gestalten, fehlt es an der Nutzungshandlung, der „Einkünfteerzielungsabsicht".[12]

Auch bei **gescheiterten Erwerbsvorgängen** ist zu unterscheiden, ob der StPfl. in der Erwerbssphäre oder 64
in einem anderen Lebensbereich gehandelt hat. Beteiligt sich der StPfl. an einem betrügerischen Schneeballsystem, setzt also sein Kapital ein, um Gewinne zu erzielen, erleidet aber tatsächliche Verluste, so will dieser Anleger nicht betrogen werden, erwartet vielmehr, sein Kapital werde am Kapitalmarkt Erträge erwirtschaften. Zwar ist das Kapital überhaupt nicht angelegt worden. Entscheidend aber ist, „wie sich das jeweilige Rechtsgeschäft aus der Sicht des … Leistungsempfängers bei objektiver Betrachtungsweise dar-

1 BFH v. 7.11.2001 – I R 14/01, BStBl. II 2002, 861 = FR 2002, 634 m. Anm. *Kempermann.*
2 BFH v. 7.11.2001 – I R 14/01, BStBl. II 2002, 861 = FR 2002, 634 m. Anm. *Kempermann.*
3 BFH v. 25.6.1984 – GrS 4/82, BStBl. II 1984, 751 = FR 1984, 619; v. 10.12.2001 – I R 44–51/99, BStBl. II 2002, 271; vgl. nunmehr BFH v. 16.2.2009 – X R 48/07, nv.; v. 18.8.2009 – X R 25/06, BStBl. II 2009, 965 = FR 2010, 79.
4 Die Typisierung, wonach gewerblicher Grundstückshandel nicht vorliegt, wenn der StPfl. nicht mehr als drei Objekte in fünf Jahren anschafft oder veräußert, erreicht eine eher schwache Indizwirkung, weil der Begriff „Objekt" ungenau ist, BFH v. 5.5.2011 – IV R 34/08, FR 2011, 807 (Häuserzeile), iÜ bleiben die Erwerbsvorkehrungen letztlich entscheidend, BFH v. 30.9.2010 – IV R 44/08, FR 2011, 710.
5 BFH v. 16.9.2008 – X B 158/07, BFH/NV 2008, 2024; v. 18.8.2009 – X R 25/06, BStBl. II 2009, 965 = FR 2010, 79 (dort im Gegensatz zur Eigenqualifikation des StPfl.).
6 BFH v. 23.1.1991 – X R 105–107/88, BStBl. II 1991, 519 = FR 1991, 265; v. 16.10.2002 – X R 74/99, BStBl. II 2003, 245 = FR 2003, 297 m. Anm. *Weber-Grellet.*
7 Vgl. BFH v. 10.12.2001 – GrS 1/98, BStBl. II 2002, 291 (294) = FR 2002, 452.
8 BFH v. 5.4.2017 – X R 6/15, DStR 2017, 2028.
9 Vgl. BFH v. 22.9.2009 – IX B 82/09, BFH/NV 2010, 36; v. 22.1.2013 – IX R 19/11, FR 2013, 768.
10 BFH v. 30.9.1997 – IX R 80/94, BStBl. II 1998, 771 = FR 1998, 97.
11 BFH v. 12.6.2013 – IX R 38/12, FR 2014, 132 (133).
12 BFH v. 31.1.2017 – IX R 17/16, DStRK 2017, 144.

stellen musste"[1], ob der StPfl. also in eine Erwerbsgrundlage und deren Nutzung investiert hat. Wenn Aufwendungen – insbes. bei Firmengründungen, in der Forschung und Entwicklung, bei der Erschließung neuer Märkte und Kundengruppen – erfolglos bleiben, war die Nutzungshandlung dennoch auf einen Erfolg angelegt. Nichts anderes gilt, wenn das Erwerbsvorhaben des betrogenen Kapitalanlegers schon in der Erwerbsgrundlage scheitert.[2]

65 Die Erwerbsgerichtetheit setzt somit eine gegenwärtige Nutzung einer Erwerbsgrundlage[3] und einen zukünftigen Erwerbserfolg voraus, verlangt also eine Erfolgsprognose, die nach den gegenwärtigen Nutzungsvorkehrungen, dem typischen „Bild" der Tätigkeit, vermutet wird.[4] Die **Feststellungslast** für die Erwerbsgerichtetheit trägt im Zweifel der StPfl.[5] Beweisanzeichen für die Erwerbsgerichtetheit ist die auf Dauer angelegte Erfüllung der steuerbegründenden Tatbestandsmerkmale.[6] Umgekehrt weisen Tätigkeiten, die typischerweise aus persönlicher Neigung (Hobby) ausgeübt werden, auf eine private Betätigung.[7]

66 Die **Prognose eines Nachhaltigkeitserfolgs** für „eine größere Zahl von Jahren"[8] – bisher: Totalgewinn oder Totalüberschuss[9] – aus der Nutzung einer Erwerbsgrundlage berücksichtigt negative Einkünfte aufgrund v. steuerrechtl. Subventions- und Lenkungsnormen nur, wenn ohne die Berücksichtigung der Lenkungszweck verfehlt würde. Bei einer auf Dauer angelegten Erwerbstätigkeit können **Subventions- und Lenkungsnormen** zwar grds. außer Ansatz bleiben.[10] Fördert ein G eine Investitionsmaßnahme aber nicht durch eine stl. Leistung (Steuervergütung), die dem StPfl. endg. verbleiben soll, sondern wählt es das Instrument einer Steuerstundung, die zu einem Ausgleich in späteren Zeiträumen und damit nicht zu einem endg. verbleibenden Steuervorteil führt, so muss diese mit der beabsichtigten Nutzung zusammenhängende Steuervergünstigung in die Prognose einbezogen werden.[11] Andernfalls könnte der StPfl. insbes. systemwidrig HK geltend machen, die – bezogen auf die Gesamtdauer der Nutzung – nicht durch das Bemühen um Einkünfte, sondern durch die angestrebte Eigennutzung veranlasst sind.[12] Da Steuerbefreiungen voraussetzen, dass die begünstigten Vermögensmehrungen steuerbar sind, müssen auch steuerbefreite Erträge in die Prüfung der Erwerbsgerichtetheit einbezogen werden.[13]

67 **dd) Umfang der Nutzung: Fruchtziehung und Verwaltung, Segmentierung, Aufspaltung.** Die Prüfung der Erwerbsgerichtetheit bezieht sich auf die Erwerbsgrundlage. Was Teil dieser Erwerbsgrundlage ist, bestimmt sich in steuerjuristischer Betrachtungsweise nach der Erwerbshandlung und den dadurch veranlassten Aufwendungen. Bei einer KapGes. umfasst die Erwerbsgrundlage das gesamte Handeln der Ges.; sie verfügt grds. über **keine Privatsphäre;**[14] **der Tatbestand einer Liebhaberei bedarf hier besonderer Begr.**[15] Die Übernahme v. verlustträchtigen Geschäften im Interesse des G'ters führt zu vGA.[16]

68 Werden steuerunerhebliche Privathandlungen mit steuerbegründenden Erwerbshandlungen vermengt, zB eine Ferienwohnung in das BV eingebracht, um sie Geschäftsfreunden zur Vfg. zu stellen, so ist die einheitlich vollzogene Tätigkeit steuerrechtl. in eine Liebhaberei und eine erwerbswirtschaftliche Tätigkeit

1 BFH v. 14.12.2004 – VIII R 5/02, BStBl. II 2005, 739 (741) = FR 2005, 1157.
2 Vgl. im Einzelnen: *P. Kirchhof*, DStR 2007, Beihefter zu Heft 39, 11 (14 f.).
3 Krit. zu einer ex-post-Beurteilung und einer dementspr. vorläufigen Steuerfestsetzung (§ 165 AO) BFH v. 25.10. 1989 – X R 109/87, BStBl. II 1990, 278 = FR 1990, 197; v. 4.9.2008 – IV R 1/07, BStBl. II 2009, 335; *Ratschow* in Blümich, § 2 Rn. 120.
4 BFH v. 10.12.2001 – GrS 1/98, BStBl. II 2002, 291 = FR 2002, 452; einschr. BFH v. 22.4.1998 – XI R 10/97, BStBl. II 1998, 663 = FR 1998, 841 (langjährige Verluste eines RA wurden anerkannt).
5 BFH v. 14.9.1994 – IX R 71/93, BStBl. II 1995, 116 = FR 1995, 57; v. 9.7.2002 – IX R 47/99, FR 2002, 1180 = DStR 2002, 1611 (1613); BFH v. 9.7.2003 – IX R 48/02, BFH/NV 2004, 170, mit dem Versuch einer Systematisierung *Adamek*, EFG 2005, 193.
6 Vgl. BFH v. 30.9.1997 – IX R 80/94, BStBl. II 1998, 771 = FR 1998, 97 – auf Dauer angelegte Vermietungstätigkeit.
7 Vgl. BFH v. 22.4.1998 – XI R 10/97, BStBl. II 1998, 663 = FR 1998, 841 und v. 17.6.1998 – XI R 64/97, BStBl. II 1998, 727 = FR 1998, 1027; BVerfG v. 30.9.1998 – 2 BvR 1818/91, FR 1998, 1028 = DStR 1998, 1743; BFH v. 9.3. 1999 – X B 156/98, BFH/NV 1999, 1204; *Schmidt*[36], § 2 Rn. 23.
8 BFH v. 25.6.1984 – GrS 4/82, BStBl. II 1984, 751 = FR 1984, 619.
9 Krit. dazu *G. Kirchhof* in Kirchhof/Ratschow, § 2 Rn. 200.
10 BFH v. 30.9.1997 – IX R 80/94, BStBl. II 1998, 771 = FR 1998, 97; *Heuermann*, DStZ 2004, 13; s. aber BFH v. 6.3. 2003 – IV R 26/01, BStBl. II 2003, 702 = FR 2003, 795.
11 BFH v. 9.7.2002 – IX R 57/00, FR 2002, 1182 = DStR 2002, 1609 (1611).
12 BFH v. 9.7.2002 – IX R 57/00, FR 2002, 1182 = DStR 2002, 1609 (1611).
13 *Groh*, DB 1984, 2424; **aA** *F/P/G*, Rn. A 197a (für nach §§ 14, 14a stfrei gestellte Beträge).
14 BFH v. 15.2.2012 – I B 97/11, BStBl. II 2012, 697 = FR 2012, 531; v. 22.8.2012 – I R 9/11, FR 2013, 213 = DStR 2012, 2435 (2439).
15 Vgl. *Pezzer*, StuW 1998, 76; *Weber-Grellet*, DStR 1998, 873 (876).
16 Die Abgrenzung zum Eigeninteresse ist anhand der Kriterien zur Liebhaberei zu prüfen (BFH v. 15.5.2002 – I R 92/00, BFHE 199, 217 = FR 2002, 1175 m. Anm. *Pezzer*).

aufzuspalten **(Segmentierung)**. Da oft Handlungen der persönlichen Lebensgestaltung als Erwerbshandlungen ausgegeben werden, kommt dieser Segmentierung die steuerjuristische Aufgabe zu, einen Erwerbszusammenhang anzuerkennen oder die Lebensgestaltung v. der Erwerbshandlung abzugrenzen. Ob die Pferdezucht privates Hobby ist oder Bestandteil eines landwirtschaftlichen Betriebes, ob die Reisen in alle Welt durch eine Kiwizucht veranlasst waren, ob die philosophischen und naturwissenschaftlichen Publikationen eines RA Teil seiner Anwaltstätigkeit sind, fordert eine steuerjuristische Beurteilung der Erwerbshandlung und der dazu erforderlichen Aufwendungen.[1]

Im Rahmen der **Vermögensverwaltung** richtet sich der Umfang der Erwerbsgrundlage nach der Natur des 69
jeweiligen Vermögensgutes.[2] Die Veräußerung v. Grundstücken bleibt Vermögensverwaltung, wenn der StPfl. nicht substantielle Vermögenswerte durch Umschichten nutzt, sondern den Grundbesitz erhält, um ihn durch VuV zu nutzen (§ 15 Rn. 116).[3] Überlässt der StPfl. bei Einkünften aus VuV mehrere Objekte entgeltlich zur Nutzung, ist idR die Erwerbsgerichtetheit für jedes Objekt getrennt zu beurteilen.[4] In Ausnahmefällen ist jedoch auch eine Zusammenfassung v. Immobilien möglich, wenn sie auf der Grundlage eines einheitlichen Gesamtplans des StPfl. vermietet werden. Bei **Kapitalanlagen** ist die Grenzlinie zw. steuerbarer und nicht steuerbarer Sphäre in ihrem exakten Verlauf jeweils gesondert für die einzelnen Kapitalanlage- und Ertragsformen des § 20 zu ermitteln. Die Ausgestaltung des einzelnen Steuertatbestandes ist maßgebend für die Frage, wie weit die steuererhebliche Sphäre reicht (§ 20 Rn. 84 ff. zu Verlusten des stillen G'ters; § 20 Rn. 114 zu Kapitalverlusten bei § 20 Abs. 1 Nr. 7; § 20 Rn. 135 zur Erfassung v. Wertänderungen iRd. Marktrendite); die Steuerbarkeit privater Veräußerungsgewinne (§ 20 Abs. 2) bezieht hier die Erwerbsgrundlage folgerichtig in die steuererhebliche Erwerbssphäre ein.

Das erwerbswirtschaftliche Handeln ist **ein einheitlicher wirtschaftlicher Akt**, für den die Erwerbsgerich- 70
tetheit nur einheitlich geprüft werden kann.[5] Wer sich an einer KapGes. beteiligt, begründet nur eine Erwerbsgrundlage. Die Erwerbsgerichtetheit kann sich dann nicht danach unterscheiden, ob die Ges. nicht ausschüttet, um mit entspr. höherem Gewinn liquidiert zu werden, oder die Ges. so hohe Ausschüttungen vornimmt, dass die Liquidation zu einem Verlust führt. Die Verlängerung der Fristen iRd. § 23 hat auch für die Einkünfte aus VuV die Notwendigkeit einer Gesamtbetrachtung erhöht.[6] Bei einer auf Dauer angelegten, unbefristeten Vermietung eines Grundstücks ist grds. v. einer Erwerbsgerichtetheit auszugehen,[7] mag der StPfl. auch später aufgrund eines neu gefassten Entschlusses veräußern.[8] Hingegen spricht als widerlegbares Beweisanzeichen für das Fehlen der Erwerbsgerichtetheit, dass der StPfl. in der Zeit seiner nicht auf Dauer angelegten Vermietungstätigkeit kein positives Gesamtergebnis erreicht hat,[9] dass der StPfl. das bebaute Grundstück innerhalb eines engen zeitlichen Zusammenhangs – v. idR bis zu 5 Jahren – seit Anschaffung oder Herstellung wieder veräußert und innerhalb dieser Zeit insgesamt nur einen Werbungskostenüberschuss erzielt.[10] Je kürzer der Abstand zw. der Anschaffung oder Errichtung des Objekts und der nachfolgenden Veräußerung ist, umso mehr spricht dies gegen eine auf Dauer angelegte Erwerbstätigkeit und für einen v. Anfang an bestehenden Veräußerungsplan.[11]

Eine Erwerbsgrundlage lässt sich grds. **nicht in eine verlustvermittelnde und eine erwerbsdienliche Ein-** 71
kunftsart aufspalten. Vielmehr sind die Einkünfte nach dem Handlungsplan des StPfl. zuzuordnen.[12]

---

1 BFH v. 16.5.2002 – IV R 19/00, BStBl. II 2002, 692 = FR 2003, 42 – Jagd und LuF; v. 28.11.1985 – IV R 178/83, BStBl. II 1986, 293 – Pferdezucht und LuF; v. 19.1.1989 – IV R 62/88, BFH/NV 1989, 775 – Fernreisen bei Kiwizucht; v. 23.5.1985 – IV R 84/82, BStBl. II 1985, 515 = FR 1985, 588 – philosophische Publikationen eines RA; v. 15.11.2006 – XI R 58/04, BFH/NV 2007, 434 – Heilfastenklinik und Arztpraxis.

2 BFH v. 1.6.2004 – IX R 35/01, FR 2004, 1059 = DStR 2004, 1166 – zur Abgrenzung eines gewerblichen Wertpapierhandels v. privater Vermögensverwaltung.

3 BFH v. 10.12.2001 – GrS 1/98, BStBl. II 2002, 291 (292) = FR 2002, 452.

4 Vgl. § 9 Rn. 13 ; s. auch *Heuermann*, DStZ 2004, 11 ff.

5 Vgl. aber Rn. 88 und BFH v. 29.3.2001 – IV R 88/99, FR 2001, 729 = BB 2001, 1337 – Klärung der Einkunftsart vor der Liebhaberei, für Nutzungswert der Wohnung.

6 BFH v. 5.4.2017 – X R 6/15, DStR 2017, 2028.

7 BFH v. 30.9.1997 – IX R 80/94, BStBl. II 1998, 771 = FR 1998, 97.

8 BFH v. 9.7.2002 – IX R 57/00, FR 2002, 1182 = DStR 2002, 1609 (1610); v. 9.7.2002 – IX R 47/99, FR 2002, 1180 = DStR 2002, 1611 (1612); v. 4.11.2003 – IX R 55/02, BFH/NV 2004, 484.

9 BFH v. 14.9.1994 – IX R 71/93, BStBl. II 1995, 116 = FR 1995, 57 – Beteiligung an einem Bauherrenmodell mit Rückkaufsangebot oder Verkaufsgarantie.

10 BFH v. 9.7.2002 – IX R 47/99, FR 2002, 1180 = DStR 2002, 1611 (1613) unter Hinweis auf BFH v. 10.12.2001 – GrS 1/98, BStBl. II 2002, 291 = FR 2002, 452 – Fünfjahresfrist beim gewerblichen Grundstückshandel; v. 9.7.2002 – IX R 47/99, BStBl. II 2003, 580 = FR 2002, 1180; v. 28.2.2007 – IX B 161/06, BFH/NV 2007, 1477; jetzt auch BFH v. 11.8.2010 – IX R 3/10, FR 2011, 186 = DStR 2010, 2345 (2347) – Frist zw. Renovierungsbeginn und Vermietung.

11 BFH v. 9.7.2002 – IX R 47/99, FR 2002, 1180 = DStR 2002, 1611 (1613).

12 *Pezzer*, StuW 2000, 466 (§ 2 Abs. 1 „lediglich technischer Natur").

Wer aus einer nebenberuflich ausgeübten freiberuflichen Tätigkeit einen Verlust hinnimmt, um damit für den nicht selbständig ausgeübten Hauptberuf Vorteile anzustreben, kann diesen Verlust als WK abziehen.[1] Entspr. muss für Verluste aus KapVerm. gelten, wenn diese mit Blick auf erwartete positive – steuerbare – Einkünfte aus der Veräußerung hingenommen werden.[2]

72 **c) Zurechnung.** Die Einkünfte hat **derjenige zu versteuern, der die Einkünfte „erzielt"** (§ 2 Abs. 1 S. 1). Der Nutzungstatbestand bestimmt also, wer die Steuer zu zahlen hat (Steuerschuldner). Gelegentlich trifft das EStG eine ausdrückliche Anordnung über die Zurechnung von Einkünften (§§ 20 Abs. 5, 24 Nr. 2, 28). Der Gewinn wird dem Einzelunternehmer zugerechnet, der seine Erwerbsgrundlage genutzt und dabei diesen Gewinn erzielt hat.[3] Gleiches gilt – in ausdrücklicher Gleichstellung mit dem Einzelunternehmer – für den MU'er, dem die Ergebnisse, Gewinn und Verlust der gemeinschaftlichen Tätigkeit in einer PersGes. anteilig als originäre eigene Einkünfte zugerechnet werden.[4] Die Einkünfte werden nicht von der PersGes., sondern von den MU'ern erzielt. Nur der MU'er ist Subjekt der Einkünfteerzielung.[5] Bei den Überschusseinkünften „erzielt" derjenige die Einkünfte, der im Entstehungszeitpunkt über die Einkünfte disponieren kann. Zurechnungssubjekt ist grundsätzlich der zivilrechtl. Rechtsinhaber.[6] Bei einer verzinslichen Kapitalforderung erzielt die Zinseinkünfte in der Regel der Gläubiger, der dem Schuldner die Nutzung des Kapitalbetrags gegen Entgelt überlässt. Das gilt sogar für den zivilrechtl. Inhaber eines „Sperrkontos", über das der Kontoinhaber vorerst – dort bis zu einem rechtskräftigen Urteil zugunsten des Kontoinhabers – nicht frei verfügen kann, weil der Kontoinhaber trotz Verpfändung des Guthabens an eine Bank Verfügungsberechtigter ist. Besondere persönliche Härten sind durch Billigkeitsentscheid zu mildern.[7] Einkünfte aus VuV erzielt, wer als Inhaber – Eigentümer, sonstiger Nutzungsberechtigter, tatsächlich Nutzender – die maßgebenden wirtschaftlichen Dispositionsbefugnisse über das Nutzungsobjekt – die vermietbare Sache – innehat und damit eine Vermietertätigkeit selbst ausübt.[8] Die durch Verlagerung einer Einkunftsquelle im Familienverbund bezweckte Steuerminderung scheitert, wenn die Einkunftsquelle weiterhin beim alten Inhaber bleibt oder die besonderen Anforderungen an die Anerkennung von Rechtsgeschäften zw. nahestehenden Personen nicht beachtet werden (Rn. 78).[9] Zur Eindämmung der intern. Steuergestaltung enthält das Außensteuerrecht besondere Zurechnungstatbestände (§§ 5, 15 AStG). Dabei sind die europäischen Grundfreiheiten zu beachten.[10]

73 **d) Mehrere Nutzer: Personengesellschaft, Ehe, Übertragung von Erwerbsgrundlagen, Nießbrauch.** Nutzen **mehrere Pers. gemeinsam eine Erwerbsgrundlage**, so erzielen sie originär Einkünfte aus dieser Erwerbsgrundlage je nach ihrem Anteil an der Leistungserbringung (Rn. 72). Bei der PersGes. erfüllen den Handlungstatbestand des Nutzens der Erwerbsgrundlage (Erzielen v. Einkünften) die jeweiligen G'ter, nicht die Ges., die nach § 1 kein ESt-Subjekt und nach §§ 1 bis 3 KStG kein Körperschaftsteuersubjekt ist (§ 15 Rn. 162). Die G'ter nutzen als MU'er gemeinsam handelnd die Erwerbsgrundlage (Zustandstatbestand). Allerdings ist die PersGes. zivilrechtl. und wirtschaftlich eine verselbständigte Wirkungs- und Handlungseinheit.[11] Die gemeinsame Nutzung einer verselbständigten Erwerbsgrundlage veranlasst ein zweistufiges Ermittlungsverfahren: Auf der ersten Stufe wird ermittelt, ob und welche Einkünfte die Ges. aufgrund ihrer Tätigkeit erzielt. Sodann wird festgestellt, ob und wie sich diese Einkünfte auf die Steuer der dahinter stehenden G'ter auswirken.

74 Die **PersGes.** ist im EStRecht damit **Zurechnungssubjekt** für die Gewinnerzielung, Gewinnermittlung und Einkünftequalifikation, sie ist Gewinnermittlungs-, nicht Steuersubjekt.[12] Nach der – für alle Gewinn

1 BFH v. 22.7.1993 – VI R 122/92, BStBl. II 1994, 510 = FR 1993, 844 – Konzerttätigkeit eines Musikpädagogen; FG Hbg. v. 22.9.1989 – I 89/86, EFG 1990, 628 – künstlerische Tätigkeit eines Professors für künstlerische Gestaltung.
2 **AA** *Wirtz*, FR 2003, 711.
3 Ausf. *H/H/R*, § 2 Anm. 100 ff.
4 BFH v. 3.5.1993 – GrS 3/92, BStBl. II 1993, 616.
5 BFH v. 3.2.2010 – IV R 26/07, BStBl. II 2010, 751 = FR 2010, 628; ausdrücklich sowohl für Einkünfte aus GewBetr. als auch für Einkünfte aus freiberuflicher Tätigkeit BFH v. 15.11.2011 – VIII R 12/09, BStBl. II 2012, 207 = FR 2012, 639.
6 BFH v. 23.4.1980 – VIII R 156/75, BStBl. II 1980, 643 = FR 1980, 496 (für Einkünfte aus KapVerm.); für einen Ausnahmefall eines anderen als des zivilrechtlichen Darlehensgläubigers bei steuerjur. Betrachtungsweise BFH v. 7.9.2005 – VIII R 80/99, BFH/NV 2006, 57; *H/H/R*, § 2 Anm. 131.
7 BFH v. 28.9.2011 – VIII R 10/08, BStBl. II 2012, 315 = FR 2012, 489.
8 BFH v. 19.2.2013 – IX R 31/11, BFH/NV 2013, 1075 – Erbbauzinsen.
9 *H/H/R*, § 2 Anm. 104, 170 ff.
10 *H/H/R*, § 2 Anm. 104, 108.
11 *K/S/M*, § 15 Rn. E 41;. für einen Vergleich des zivilrechtl. Verständnisses mit der ertragsteuerlichen Auslegung des Begriffs der PersGes. *M. Vogel*, Die Auslegung privatrechtlich geprägter Begriffe des Ertragsteuerrechts, 2015, 101 f., 104 ff., 107 f.
12 BFH v. 9.5.2000 – VIII R 41/99, BStBl. II 2000, 686 (689) = FR 2000, 1081 m. Anm. *Weber-Grellet*; v. 25.2.1991 – GrS 7/89, BStBl. II 1991, 691 (692 ff.) = FR 1991, 253 = FR 1991, 270; v. 3.7.1995 – GrS 1/93, BStBl. II 1995, 617 (618 ff.) = FR 1995, 649; v. 26.11.1996 – VIII R 42/94, BStBl. II 1998, 328 = FR 1997, 444; *H/H/R*, § 2 Anm. 165 ff.

einkünfte anzuwendenden – Regel der MU'schaft (§ 15 Abs. 1 S. 1 Nr. 2, § 13 Abs. 7, § 18 Abs. 4 S. 2) werden die Anteile am Gewinn einer PersGes. den G'tern als Einkünfte zugerechnet und dort jeweils versteuert. Der Anteil jedes G'ters am Gewinn der PersGes. wird v. diesem G'ter „erzielt".[1] Sodann wird der MU'er dem Einzelunternehmer, der keine Verträge mit sich selbst schließen kann, insoweit angenähert, als ihm nach § 15 Abs. 1 Nr. 2 S. 1 HS 2 Sondervergütungen für Leistungen an die Ges. hinzugerechnet werden.[2]

75 Die Erwerbsgemeinschaft der **Ehe** ist idR Zugewinngemeinschaft (Gütertrennung mit Zugewinnausgleich bei Beendigung des Güterstandes) und hat keine unmittelbaren[3] Folgen für die Zurechnung der Einkünfte. Jedem Ehegatten werden – wie bei der Gütertrennung – die v. ihm bezogenen Einkünfte zugerechnet. Der Zugewinnausgleich bleibt als Ausgleich unter Lebenden ein Vorgang in der estl. unerheblichen Vermögenssphäre; bei Tod eines Ehegatten treten erbschaftsteuerrechtl. Folgen ein. Allerdings findet die Erwerbsgemeinschaft der zusammenlebenden Eheleute in der Zusammenveranlagung (§ 26, § 26b) „eine an dem Schutzgebot (Art. 6 Abs. 1 GG) und der wirtschaftlichen Leistungsfähigkeit der Ehepaare (Art. 3 Abs. 1 GG) orientierte sachgerechte Besteuerung",[4] die anerkennt, dass beide Ehegatten – unabhängig v. der eheinternen Aufteilung der Erwerbs- und der Familienarbeit – gleichermaßen zum Erwerb des Einkommens beigetragen haben. Auch ein nicht erwerbstätiger Ehegatte nutzt insoweit die Erwerbsgrundlage, aus der die Ehe ihr Einkommen erzielt. Diese Zurechnung entspricht der Gleichberechtigung der Ehegatten, die grds. gleiche Verfügungsmacht über das in ihrer Ehe erzielte Einkommen beanspruchen.[5] Die eheliche Erwerbsgemeinschaft hat insoweit die Unterhaltsgemeinschaft abgelöst. Die Zusammenveranlagung schwächt die Progression ab, gewährt jedem Ehegatten individuelle Freibeträge und Abzugsmöglichkeiten, vereinfacht die Steuererklärung und vermeidet eine Benachteiligung v. Eheleuten mit mittleren und kleineren Einkommen ggü. Eheleuten mit hohen Einkommen, die durch Beteiligungsvereinbarungen ihr Gesamteinkommen aufteilen und dadurch die Steuerprogression wie beim Ehegattensplitting – und auch einem Familiensplitting – mindern können.

76 Grds. nutzt der StPfl. in Erfolg und Aufwand die ihm selbst steuerjuristisch zuzurechnende Erwerbsgrundlage; ob diese zivilrechtl. in seinem Eigentum steht, ist unerheblich. Je schwächer allerdings die Qualifikationskraft der Nutzungshandlung ist (Wertpapiere, stiller G'ter), desto strenger sind die steuerjuristischen Zurechnungserfordernisse für die Erwerbsgrundlage. Werden **Erwerbsgrundlagen auf einen neuen Rechtsträger übertragen** und nutzt dieser nunmehr seine neue Erwerbsgrundlage, so werden künftige Erwerbseinnahmen und Erwerbsausgaben dem neuen Rechtsträger zugerechnet.[6] Mit der Übertragung der Erwerbsgrundlage und ihrer Nutzung endet die estl. Verantwortlichkeit des Übertragenden. Bei minderjährigen Übertragungsempfängern muss eine unentgeltlich übertragene Erwerbsgrundlage endg. – ohne Rückforderungsvorbehalt – übertragen werden. AK und HK eines genutzten WG können ohne Übergang der Erwerbsgrundlagen steuerrechtl. nicht übertragen oder zugewendet werden. Zu den Verlusten des Erblassers vgl. Rn. 83.

77 Der **Nießbrauch**[7] (§ 21 Rn. 33 f.) wurde für das Steuerrecht neu entdeckt, um insbes. unter Angehörigen Erwerbsgrundlagen v. unterhaltspflichtigen Nießbrauchsbestellern (Eigentümern) auf den unterhaltsberechtigten Nießbraucher zu übertragen. Auch hier ist die Übertragung v. Nutzungsrechten steuerwirksam, wenn der Nießbraucher selbst die Erwerbsgrundlage nutzt (§ 21 Rn. 36).

78 **e) Mehrere Rechtsgründe, Fremdvergleich, Drittaufwand.** Der estl. Handlungstatbestand der Nutzung einer Erwerbsgrundlage bestimmt insbes. auch die Steuererheblichkeit einer Einnahme oder einer Aufwendung, der mehrere Rechtsgründe zugrunde liegen und die je nach Rechtsgrund den steuererheblichen Vorgang als Erzielen v. Einkommen oder als Einkommensverwendung qualifizieren. Bei Verträgen zw. verbundenen Unternehmen ist der Leistungsaustausch zu „fremdüblichen Preisen" von gesellschaftlichen Zuwendungen, insbes. den vGA, zu unterscheiden. Bei **Verträgen unter Familienangehörigen** (§ 15 Rn. 217 ff.) ist zu prüfen, ob sie eine Erwerbsgrundlage zur Nutzung übertragen oder Unterhaltspflichten erfüllen. Wesentliches Anzeichen für die Übertragung oder Begr. einer Erwerbsgrundlage ist die ernstliche

---

1 BFH v. 15.11.2011 – VIII R 12/09, BStBl. II 2012, 207 = FR 2012, 639.
2 Zum Fehlen einer steuerrechtl. Trennlinie zw. Unternehmen und Unternehmer bei der PersGes. vgl. *Drüen*, DStZ 2014, 564 (567).
3 S. zu den mittelbaren Folgen *H/H/R*, § 2 Anm. 181 ff.
4 BVerfG v. 3.11.1982 – 1 BvR 620/78, 1335/78, 1104/79, 363/80, BVerfGE 61, 319 (347) = BStBl. II 1982, 717 (718 ff.).
5 Zum Modellfall des „Oder-Kontos" BVerfG (Kammerbeschluss) v. 7.11.1995 – 2 BvR 802/90, BStBl. II 1996, 34 = FR 1996, 18; vgl. auch BFH v. 23.11.2011 – II R 33/10, FR 2012, 739 = DStR 2012, 796; *Kube*, StuW 2016, 332.
6 Vgl. BFH v. 16.5.2001 – I R 76/99, BStBl. II 2002, 487 (490) = FR 2001, 1051; v. 13.5.1980 – VIII R 128/78, BStBl. II 1981, 299 = FR 1980, 517; *H/H/R*, § 2 Anm. 160.
7 Vgl. *K/S/M*, § 2 Rn. B 246 f.

Vereinbarung, die tatsächliche Erfüllung und ein angemessenes Entgelt **(Fremdvergleich)**.[1] Der stl. Anerkennung eines Wirtschaftsüberlassungsvertrags zw. nahen Angehörigen – dort: dem Abzug der Gegenleistung für die Nutzungsüberlassung als BA – steht nicht entgegen, dass ein unangemessen niedriges Entgelt als Gegenleistung vereinbart wurde, sofern das Missverhältnis nicht auf einen Mangel des geschäftlichen Bindungswillens schließen lässt. Übersteigen die Leistungen des Nutzungsberechtigten hingegen das marktübliche Entgelt, kann es sich insoweit um eine Unterhaltsleistung handeln, die nach § 12 Nr. 2 nicht als BA abziehbar ist.[2] Eine zivilrechtl. Unwirksamkeit des Vertrags – etwa wegen Formmangels – hat für die steuerrechtl. Anerkennung v. Verträgen zw. Angehörigen „nur indizielle Bedeutung".[3] Auch bei der **vGA** hat der Nutzungstatbestand das unter mehreren Rechtsgeschäftsbeziehungen steuererhebliche Rechtsverhältnis zu qualifizieren (§ 20 Rn. 50 ff.). Der Tatbestand **„einander nahestehende Personen"** wird als unbestimmter Rechtsbegriff von der Rspr. je nach betroffener Norm (§ 32d Abs. 2 Nr. 1 lit. a EStG, § 1 Abs. 2 AStG, § 138 InsO) gesondert ausgelegt.[4] Nutzen Ehegatten bei hälftigem Miteigentum ein häusliches Arbeitszimmer gemeinsam, kann jeder Nutzende die Aufwendungen für das häusliche Arbeitszimmer, die er getragen hat, einkünftemindernd geltend machen, sofern die Voraussetzungen des § 4 Abs. 5 S. 1 Nr. 6b S. 2 (kein anderer Arbeitsplatz) in seiner Person vorliegen.[5] Nutzen die Ehegatten das häusliche Arbeitszimmer an einem jeweils ausreichenden Arbeitsplatz gemeinsam, sind die Kosten jedem Ehepartner grds. zur Hälfte zuzuordnen.[6]

79 Die Zurechnung v. Erfolg und Aufwand zunächst nach dem Handlungstatbestand der Nutzung und erst entspr. der Nutzung nach dem Zustandstatbestand der Erwerbsgrundlage zeigt sich am deutlichsten beim **Drittaufwand**, bei dem ein Dritter die Kosten trägt, die durch die Nutzungshandlung des StPfl. veranlasst sind. Aufwand ist grds. der Einsatz eigener Mittel. Dieser eigene Aufwand ist stl. abziehbar. Ein Drittaufwand hingegen kann steuerrechtl. grds. nicht geltend gemacht werden.[7] Der v. einem Dritten getragene Aufwand belastet den StPfl. nicht, mindert also seine Leistungsfähigkeit nicht. Erwerbsaufwendungen sind jedoch abziehbar, wenn der StPfl. sie zwar einem Dritten – zB dem Ehegatten iZ mit dem Eigentumserwerb eines WG – leistet, diese jedoch dem Erwerb des StPfl. dienen.[8] Ersetzt der StPfl. einem anderen – auch seinem Ehegatten – Aufwendungen für eine Bürgschaft, die v. diesem im Erwerbsinteresse des StPfl. – zugunsten v. dessen KapGes. – übernommen worden waren, erbringt der StPfl. eigene Aufwendungen.[9] Nutzt der Nichteigentümer-Ehegatte betrieblich einen Gebäudeteil, so sind seine Aufwendungen für AfA stl. nur zu berücksichtigen, wenn er die AK getragen hat.[10] Zahlungen von einem gemeinsamen Konto der Ehegatten gelten – unabhängig davon, aus wessen Mitteln das Guthaben auf dem Konto stammt – als jeweils für Rechnung desjenigen geleistet, der den Betrag schuldet, sofern keine besonderen Vereinbarungen getroffen worden sind.[11] Zu Einzelfragen vgl. § 4 Rn. 171 ff.

80 **f) Gemischte Tätigkeit.** Kann dieselbe Tätigkeit **mehreren Erwerbsgrundlagen zugeordnet** werden, ist sie weitestgehend so zu trennen, dass sich die Sachverhaltsbestandteile den verschiedenen Erwerbsgrund-

1 BVerfG v. 7.11.1995 – 2 BvR 802/90, BStBl. II 1996, 34 = FR 1996, 18 m. Anm. *Pezzer*; zur Differenzierung des Fremdvergleichs bei Darlehensverträgen zw. nahen Angehörigen je nach Anlass der Darlehensaufnahme vgl. BFH v. 22.10.2013 – X R 26/11, FR 2014, 180 (181 f.) m. Anm. *Kanzler*; v. 29.4.2014 – VIII R 9/13, BFH/NV 2014, 1617 Rn. 26; zur Beweiserhebung und Beweiswürdigung bei Verträgen unter nahen Angehörigen BFH v. 31.1.2014 – X B 52/13, BFH/NV 2014, 860 Rn. 69 f.; vgl. auch FG Münster v. 7.12.2016 – 13 K 4037/13 K,F, DStRE 2018, 430 (433 ff.) (Rev. I R 4/17).

2 BFH v. 12.7.2017 – VI R 59/15, DStR 2017, 2164 Rn. 33; zum Fremdvergleich bei einer Kombination von Mietvertrag und voraussetzungslos widerruflichen Schenkungsversprechen zw. StPfl. und seiner Mutter vgl. BFH v. 4.10.2016 – IX R 8/16, BStBl. II 2017, 273 Rn. 23 ff.

3 BFH v. 7.6.2006 – IX R 4/04, BStBl. II 2007, 294 = FR 2007, 91 in Modifikation v. BFH v. 13.7.1999 – VIII R 29/97, BStBl. II 2000, 386 = FR 1999, 1358 = FR 2000, 810.

4 BFH v. 29.4.2014 – VIII R 9/13, FR 2014, 1100 = BFH/NV 2014, 1617 Rn. 18 f.

5 BFH v. 15.12.2016 – VI R 53/12, BStBl. II 2017, 938 Rn. 9 f., 20, 26 f. = FR 2017, 846 m. Anm. *Bergkemper* – Änderung der Rspr.

6 BFH v. 15.12.2016 – VI R 53/12, BStBl. II 2017, 938 Rn. 26 = FR 2017, 846 m. Anm. *Bergkemper*.

7 BFH v. 23.8.1999 – GrS 2/97, BStBl. II 1999, 782 (784 ff.) = FR 1999, 1173; v. 23.8.1999 – GrS 5/97, BStBl. II 1999, 774 (776) = FR 1999, 1180; v. 23.8.1999 – GrS 1/97, BStBl. II 1999, 778 (779 ff.) = FR 1999, 1167; v. 23.8.1999 – GrS 3/97, BStBl. II 1999, 787 (788) = FR 1999, 1179; v. 15.7.2014 – X R 24/12, BStBl. II 2015, 132 = FR 2015, 411 (412); bei Nutzung eines zum BV gehörenden Pkw keine BA; Nutzung des Pkw ist beim anderen Ehegatten mit 1 %-Regel abgegolten; keine zusätzliche Nutzungsentnahme.

8 Vgl. BFH v. 15.1.2008 – IX R 45/07, DStR 2008, 495; v. 25.6.2008 – X R 36/05, FR 2009, 391 = DStR 2008, 2204 – kein Drittaufwand bei abgekürztem Zahlungs- und Vertragsweg.

9 BFH v. 12.12.2000 – VIII R 22/92, BStBl. II 2001, 385 = FR 2001, 690 – nachträgliche AK für einen Gesellschaftsanteil iSd. § 17.

10 BFH v. 21.2.2017 – VIII R 10/14, BStBl. II 2017, 819 Rn. 17 ff.

11 BFH v. 21.2.2017 – VIII R 10/14, BStBl. II 2017, 819 Rn. 21, 23.

lagen zuordnen lassen.[1] Nur soweit diese Trennung nicht möglich ist, weil die Gesamttätigkeit nach der Verkehrsanschauung als eine einheitliche Tätigkeit anzusehen ist,[2] sind die Einkünfte einheitlich zu qualifizieren.[3]

g) Steuergegenstand und Steuersubjekt. § 2 bestimmt also den Steuergegenstand und das Steuersubjekt. Gegenstand der Einkommensbesteuerung ist das durch Nutzung einer Erwerbsgrundlage erzielte Einkommen. **Steuersubjekt ist die nat. Pers.** (§ 1), die durch Nutzung der ihr zuzurechnenden Erwerbsgrundlage das Einkommen erzielt. Das ESt-Schuldverhältnis beginnt mit der Vollendung der Geburt und endet mit dem Tod. 81

Die ESt bezieht somit nach dem Grundsatz der **Individualbesteuerung** die Bemessungsgrundlage und den progressiven Tarif auf die einzelne nat Pers. Jede Pers. hat die durch Nutzung ihrer Erwerbsgrundlage erzielten Einkünfte zu versteuern und kann die in ihrer Pers. entstandenen Abzugstatbestände geltend machen. 82

h) Erbfall. Im Erbfall tritt der Erbe grds. **als Gesamtrechtsnachfolger** sowohl in die materielle als auch die verfahrensrechtl. abgabenrechtl. Stellung des Erblassers ein.[4] Der Übergang der Forderungen und Schulden aus dem Steuerschuldverhältnis auf den Rechtsnachfolger (§ 45 Abs. 1 S. 1 AO) gilt aber nicht für höchstpersönliche Verhältnisse und unlösbar mit der Pers. des Rechtsvorgängers verknüpfte Umstände; diese gehen nicht auf den Gesamtrechtsnachfolger über.[5] Ob eine Rechtsposition wegen ihres höchstpersönlichen Charakters und ihrer unlösbaren Verknüpfung mit dem Rechtsinhaber nicht auf den Gesamtrechtsnachfolger übergeht, bestimmt sich nach den materiellen Vorgaben des jeweiligen Einzelsteuergesetzes. Die **Vererblichkeit steuerrechtl. Verluste** des Erblassers scheint sich dementspr. nach § 10d zu richten. Der dort geregelte Verlustrücktrag und Verlustvortrag betrifft aber nur den Verlustausgleich zw. verschiedenen Zeitperioden, enthält keine ausdrückliche Aussage zu einem Verlustausgleich unter Pers.[6] Insoweit muss auf die das EStG dirigierende Regel des § 2 Abs. 1 zurückgegriffen werden, die den Grundsatz der Individualbesteuerung begründet und die einzelne nat. Pers. zum Zurechnungssubjekt der v. ihr erzielten Einkünfte macht.[7] Die persönliche StPflicht aber erstreckt sich auf die Lebenszeit einer Pers.; sie endet mit ihrem Tod. Erblasser und Erbe sind verschiedene Rechtssubjekte, die jeweils mit ihrer Erwerbsgrundlage, ihrer Nutzungshandlung und ihrem Nutzungserfolg zur ESt herangezogen werden. Den in Abs. 1 angelegten Grundsätzen des EStRechts entspricht es, dass ein StPfl. Aufwendungen und Verluste eines Dritten nicht abziehen kann.[8] Wäre der stl. Verlustabzug vererblich, würde der Erbe nicht nach dem Prinzip seiner individuellen Leistungsfähigkeit besteuert, sondern einen Drittaufwand abziehen können.[9] 83

Diese nicht abziehbaren negativen Einkünfte – die „negative Leistungsfähigkeit" – des Erblassers[10] ist zu unterscheiden v. den Erblasserschulden, die gem. § 1967 BGB auf den Erben übergehen.

Für die **gespaltene Tatbestandsverwirklichung**, in welcher der Einkünfteerzielungstatbestand teils durch den Rechtsvorgänger und teils durch den Rechtsnachfolger verwirklicht wird, rechnet § 24 Nr. 2 die v. Rechtsvorgänger erfüllten Tatbestandmerkmale dem Rechtsnachfolger zu. Dieser nur für den Überschussrechner des § 2 Abs. 2 S. 1 Nr. 2, § 11 geltende Sondertatbestand[11] beantwortet jedoch nicht die Frage der Vererblichkeit des Verlustabzugs, weil dort der Erblasser den Tatbestand des Erzielens v. Einkünften bereits in vollem Umfang erfüllt hat, für die in § 24 Nr. 2 angeordnete Tatbestandsverklammerung also kein Anlass mehr besteht.[12] Entspr. gilt für andere Fälle der Tatbestandsspaltung: Vom Erben nachträglich ge- 84

1 BFH v. 21.12.1976 – VIII R 27/72, BStBl. II 1977, 244; v. 11.7.1991 – IV R 102/90, BStBl. II 1992, 413 (freiberuflicher Schauspieler macht Werbeaufnahmen); v. 19.2.1998 – IV R 11/97, BStBl. II 1998, 603 = FR 1998, 890; v. 22.1.2003 – X R 37/00, BStBl. II 2003, 464; *H/H/R*, § 2 Anm. 92.

2 BFH v. 21.12.1976 – VIII R 27/72, BStBl. II 1977, 244; v. 22.1.2003 – X R 37/00, BStBl. II 2003, 464.

3 BFH v. 21.12.1976 – VIII R 27/72, BStBl. II 1977, 244; v. 14.1.2004 – X R 7/02, BFH/NV 2004, 945 (Ferienwohnung mit Hotelservice); *H/H/R*, § 2 Anm. 92; vgl. auch die „Abfärberegelung" des § 15 Abs. 3, dazu BVerfG v. 15.1.2008 – 1 BvL 2/04, BVerfGE 120, 1 (53) = FR 2008, 818.

4 BFH v. 17.12.2007 – GrS 2/04, BStBl. II 2008, 608 = FR 2008, 457; v. 17.6.1997, BStBl. II 1997, 802; v. 20.3.2002 – II R 53/99, BStBl. II 2002, 441 = FR 2002, 729 m. Anm. *Viskorf*.

5 BFH v. 11.11.1971 – V R 111/68, BStBl. II 1972, 80; v. 15.3.2000 – X R 130/97, BStBl. II 2001, 530 = FR 2000, 820.

6 BFH v. 17.12.2007 – GrS 2/04, BStBl. II, 2008, 608 Rn. 64 = FR 2008, 457.

7 BFH v. 17.12.2007 – GrS 2/04, BStBl. II, 2008, 608 Rn. 65 = FR 2008, 457.

8 BFH v. 23.8.1999 – GrS 1/97, BStBl. II 1999, 778 = FR 1999, 1167; v. 23.8.1999 – GrS 3/97, BStBl. II 1999, 787 = FR 1999, 1179.

9 BFH v. 17.12.2007 – GrS 2/04, BStBl. II 2008, 608 = FR 2008, 457.

10 BFH v. 17.12.2007 – GrS 2/04, BStBl. II, 2008, 608 Rn. 70 = FR 2008, 457.

11 Verallgemeinernd angewandt bei *H/H/R*, § 2 Anm. 161 mwN.

12 BFH v. 17.12.2007 – GrS 2/04, BStBl. II, 2008, 608 Rn. 75 f. = FR 2008, 457.

zahlte KiSt. sind SA des Erben. Auch wenn § 6 Abs. 3 im Widerstreit zur personalen Struktur des ESt-Rechts eine interpersonelle Übertragung der stillen Reserven auf den Rechtsnachfolger anordnet, betrifft dieses einen Sonderfall der gespaltenen Tatbestandsverwirklichung, in dem der Rechtsvorgänger bereits mit der Anschaffung der WG und der Bildung der im Buchwert ruhenden stillen Reserven den Grundstein dafür gelegt hat, dass der Betriebsübernehmer spätere betriebliche Einkünfte erzielt; bei der unentgeltlichen Übertragung einzelner WG des BV bleibt es bei der Besteuerung des Rechtsvorgängers sowie des Rechtsnachfolgers nach ihrer jeweiligen individuellen Leistungsfähigkeit.[1] § 6 Abs. 1 handelt dabei – im Gegensatz zu § 10d – v. strikt an die Erwerbsgrundlage gebundenen Werten. Entspr. Erwägungen gelten für andere – atypische – Regelungen (Fortführung der v. Rechtsvorgänger begonnenen Sonderabschreibungen nach § 7b aF, die Bestimmung anschaffungsnahen Aufwands beim Erben unter Einbeziehung der Verhältnisse beim Erblasser, die Zurechnung der v. Erblasser vorgenommenen Anschaffung einer Immobilie beim Erben iRd. § 22 Nr. 2 iVm. § 23).[2] Schließlich unterscheidet sich eine Umwandlung v. Erbfall grds. dadurch, dass die Gesamtrechtsnachfolge nicht unentgeltlich ist, die Umwandlung vielmehr wesentliche Elemente eines entgeltlichen Tauschgeschäftes enthält.[3] IErg. hat der BFH seine frühere Rspr. aufgegeben, jedoch angeordnet, dass die bisherige gegenteilige Rspr. des BFH aus Gründen des Vertrauensschutzes in allen Altfällen bis zur amtlichen Veröffentlichung des BFH-Beschlusses[4] anzuwenden ist.[5]

85 **4. Erfolgstatbestand: Gewinn und Überschuss.** Die ESt ist **keine Bereicherungssteuer**; nicht jeder Vermögenszuwachs begründet eine Einkommensteuerbarkeit. Vielmehr nimmt der Staat über die ESt am Erfolg individuellen Erwerbsstrebens durch Nutzung einer den Zugang zum Markt verschaffenden Erwerbsgrundlage teil. Ist die Erwerbsgrundlage nicht auf Vermögensmehrung ausgelegt oder zielt die Nutzung dieser Erwerbsgrundlage nicht auf das Erwirtschaften eines Vermögenszuwachses, so dienen Vorkehrungen und Tätigkeit nicht der Einkünfteerzielung, sondern anderen Zwecken, idR der Gestaltung des persönlichen Lebens (**Liebhaberei**, Rn. 56[6]). Die nicht auf Erwerb, nicht auf den Erfolg eines Einkommens angelegte Tätigkeit ist estrechtl. unerheblich (Rn. 39).

86 Das Erfordernis der Erwerbsvorkehrungen (Zustandstatbestand, Rn. 7, 46 ff.) und der Erwerbshandlung (Handlungstatbestand, Rn. 8, 56 ff.) bietet den Maßstab, um die – nur anfänglich negative Einkünfte erbringende – Erwerbsvorbereitung v. den Steuersparmodellen abzugrenzen, deren wirtschaftlicher Erfolg lediglich in den ersparten Steuern liegt oder die Lebensführungskosten als Erwerbsaufwand umqualifizieren sollen. Unter § 2 Abs. 2 S. 1 Nr. 1–7 fallen nur solche positiven oder negativen Einkünfte, die aus einer auf einen **nachhaltigen Erfolg („Totalerfolg")** angelegten Erwerbstätigkeit erwachsen (Rn. 59 f.).[7] Dabei bemisst sich der Dauererfolg nach stl. Grundsätzen, selbst wenn Einnahmen aus Subventionsgründen nicht erfasst werden.[8] Die „Gewinnerzielungsabsicht" (Rn. 57) bezeichnet die objektiven Vorkehrungen (Rn. 59 ff.) des Unternehmers, sein BV durch einen Gewinn über die Dauer seiner Betriebsinhaberschaft zu mehren.[9] Bei den Überschusseinkünften kommt es darauf an, dass der StPfl. auf die voraussichtliche Dauer der Betätigung oder Vermögensnutzung einen Gesamtüberschuss der Einnahmen über die WK erwirtschaftet.[10] Dabei machen es der Dualismus der Einkunftsarten und einkunftsspezifische Besonderheiten erforderlich, zunächst die Einkunftsart zu klären, bevor die Frage der Liebhaberei zu prüfen ist:[11] Ein Gesamtgewinn entsteht, wenn neue WG erwirtschaftet werden oder bestehende an Wert gewinnen; Veräußerungsgewinne werden grds. berücksichtigt. Ein Gesamtüberschuss entsteht, wenn Einnahmen zugeflossen und WK abgeflossen sind. Veräußerungsgewinne sind nur erheblich, soweit Erwerbsgrundlagen veräußert werden (§§ 20 Abs. 2, 22 Nr. 2 iVm. § 23 Abs. 1 S. 1). Die Voraussetzung einer auf „Total"erfolg angelegten Erwerbstätigkeit schließt nicht aus, dass ein Wechsel eintreten kann zw. stl. erheblicher Erwerbstätigkeit und Liebhaberei.[12] Der systematisierende Leitgedanke, die Zurechnung einer Einnahme und einer Ausgabe zur Erwerbssphäre müsse **korrespondieren**, also gleichermaßen als Erwerbseinnahme

---

1 BFH v. 17.12.2007 – GrS 2/04, BStBl. II, 2008, 608 Rn. 79 f. = FR 2008, 457.
2 BFH v. 17.12.2007 – GrS 2/0, BStBl. II, 2008, 608 Rn. 87.
3 BFH v. 17.12.2007 – GrS 2/04, BStBl. II, 2008, 608 Rn. 89 = FR 2008, 457.
4 Veröffentlicht im BStBl. II 2008, 608 am 18.8.2008; auf diesen Zeitpunkt hat das BMF die erstmalige Anwendung hinausgeschoben, BMF v. 24.7.2008, BStBl. I 2008, 809.
5 BFH v. 17.12.2007 – GrS 2/04, BStBl. II, 2008, 608 Rn. 90, 97, 110 = FR 2008, 457.
6 BFH v. 23.10.1992 – VI R 59/91, BStBl. II 1993, 303 (304) = FR 1993, 401; v. 17.6.1998 – XI R 64/97, BStBl. II 1998, 727 f. = FR 1998, 1027; v. 17.5.2000 – X R 87/98, BStBl. II 2000, 667 (670 f.) = FR 2000, 1221.
7 Vgl. BFH v. 15.12.1999 – X R 23/95, BStBl. II 2000, 267 (270) = FR 2000, 462.
8 BFH v. 6.3.2003 – IV R 26/01, BStBl. II 2003, 702 = FR 2003, 795 m. Anm. *Kanzler* zur Durchschnittsbesteuerung nach § 13a.
9 BFH v. 28.11.1985 – IV R 178/83, BStBl. II 1986, 293.
10 BFH v. 15.12.1999 – X R 23/95, BStBl. II 2000, 267 (270) = FR 2000, 462.
11 BFH v. 29.3.2001 – IV R 88/99, FR 2001, 729 = BB 2001, 1337.
12 BFH v. 5.4.2017 – X R 6/15, BStBl. II 2017, 2028 (2030 f.).

und Erwerbsaufwendung qualifiziert werden, ist in G und Rspr. noch nicht grds. aufgenommen worden.[1] Das Grundprinzip, die Nutzung der Erwerbsgrundlage begründe gleichermaßen Erwerbseinnahmen und Erwerbsaufwendungen, bestimme also den Einkünftetatbestand, ist anerkannt, die ausnahmslose Geltung dieses Prinzips jedoch umstritten.

Der zeitliche Maßstab für die Beurteilung eines Gesamterfolgs bestimmt sich nach der jeweiligen Erwerbsgrundlage und deren Nutzung: Bei einem Firmengründer oder einem Erfinder wird man fünf Jahre Erwerbsvorbereitungszeit anerkennen, einen Gewinn erst danach erwarten dürfen. In der Forstwirtschaft werden dem Förster 100 Jahre zw. Anpflanzung und Holzernte zugebilligt, obwohl dieser StPfl. aus dieser Anpflanzung erst für seinen Erben einen Gewinn erwartet. Bei Leibrenten richtet sich die Erfolgsprognose im Regelfall nach der voraussichtlichen Laufzeit anhand der aktuellen Sterbetafel.[2] Beim ArbN hingegen, der v. seinem Lohn lebt, wird man einen monatlichen, jedenfalls einen jährlichen Überschuss voraussetzen dürfen. Bei dem Anleger v. Finanzkapital dürfte die Regel gelten, dass er Kapital ausschließlich einsetzt, um Kapital zu mehren; die Anlage ist in ihrem Typus erwerbsbezogen.[3] Entscheidend ist die Erfolgsprognose nach den Erkenntnismöglichkeiten beim Vertragsschluss.[4] Das Nebeneinander des Erfordernisses einer auf Erfolg angelegten Erwerbstätigkeit einerseits und des Jahressteuerprinzips andererseits macht in Zweifelsfällen einen Blick in die Zukunft erforderlich. Dieser Aufgabe sucht das FA durch eine vorläufige Festsetzung der Steuer gem. § 165 AO zu entsprechen.[5] 87

Schwerwiegende nachträgliche Veränderungen können einen Beurteilungswechsel für spätere VZ rechtfertigen, wenn im Rahmen einer erneuten, aktualisierten Prognose ein Gesamterfolg entgegen der ursprünglichen Erwartung nicht erwirtschaftet werden kann und es dem StPfl. möglich und zumutbar ist, auf die veränderte Situation, zB durch Umschuldung, zu reagieren.[6] Bei der Feststellung der objektiv negativen Gewinnprognose sind die in der Vergangenheit erzielten Gewinne bedeutungslos, sodass der angestrebte Gewinn aE einer Berufstätigkeit nur noch die verbliebenen Jahre umfasst.[7] Selbst bei einer negativen Erfolgsprognose muss hinzukommen, dass die verlustbringende Tätigkeit typischerweise dazu bestimmt und geeignet ist, persönliche Neigungen zu befriedigen oder wirtschaftliche Vorteile außerhalb der Einkunftssphäre zu erlangen.[8] Nach diesen Maßstäben hat der BFH[9] anerkannt, dass der Betrieb einer Steuerberaterkanzlei – ebenso wie der Betrieb einer Rechtsanwaltskanzlei – typischerweise auf die Erzielung v. Gewinnen iSd. § 18 Abs. 1 gerichtet ist, deshalb ein Anscheinsbeweis für das Bestehen einer „Gewinnerzielungsabsicht" bestehe,[10] dieser Beweis allerdings durch die Feststellung widerlegt werde, dass der StPfl. die Praxis trotz der Verluste weiter betreiben wolle, um seinem Sohn nach Abschluss der Ausbildung die Praxisübernahme zu ermöglichen. Der BFH sieht hierin eine private Veranlassung für die Hinnahme der Verluste. Diese Rspr. zum Erhalt einer Familienerwerbsgrundlage ist mit Blick auf Art. 6 Abs. 1 GG fragwürdig. Nach den Erfordernissen der „Totalerfolgsprognose" und einer Erwerbstätigkeit lassen sich die Ferienwohnungen,[11] die Mietkaufmodelle und die Verlustzuweisungsgesellschaften[12] oft als nicht dem Erwerb dienende Vorkehrungen und Handlungen qualifizieren und deshalb als estrechtl. unbeachtlich behandeln. 88

Der Erfolg der Einkünfte wird durch eine Geldrechnung ermittelt, die dem **Nominalwertprinzip** (Grundsatz: ein Euro = ein Euro) folgt. Bei einer Geldentwertung verfälscht diese Geldrechnung die Maßgrößen 89

1 Vgl. zur Verzinsung von Steuernachforderungen (zu geringe Vorleistungen auf die entstandene Steuerschuld) und Steuererstattungen (auf Rückzahlung von Überzahlung) BFH v. 15.2.2012 – I B 97/11, BStBl. II 2012, 697 = FR 2012, 531; v. 12.11.2013 – VIII R 36/10, FR 2014, 429.
2 BFH v. 16.9.2004 – X R 25/01, FR 2005, 499 = DStRE 2005, 136.
3 Zurückhaltender BFH v. 15.12.1999 – X R 23/95, BStBl. II 2000, 267 = FR 2000, 462, wonach es feste zeitliche Vorgaben nicht gebe, deswegen ein Totalüberschuss bei einer Leibrentenversicherung nach 39 Jahren als ausreichend anerkannt wird.
4 BFH v. 16.9.2004 – X R 25/01, FR 2005, 499 = DStRE 2005, 136 (137).
5 Krit. zu einer ex-post-Beurteilung und einer dementspr. vorläufigen Steuerfestsetzung (§ 165 AO) BFH v. 25.10.1989 – X R 109/87, BStBl. II 1990, 278 = FR 1990, 197; v. 4.9.2008 – IV R 1/07, BStBl. II 2009, 335; *Ratschow* in Blümich, § 2 Rn. 120.
6 BFH v. 15.12.1999 – X R 23/95, BStBl. II 2000 267 (273) = FR 2000, 462.
7 BFH v. 26.2.2004 – IV R 43/02, BStBl. II 2004, 455 = FR 2004, 648.
8 BFH v. 31.5.2001 – IV R 81/99, BStBl. II 2002, 276 = FR 2001, 1008; v. 4.8.1994 – VI R 94/93, BStBl. II 1994, 944 (945) = FR 1995, 105; v. 10.9.1991 – VIII R 39/86, BStBl. II 1992, 328 (329) = FR 1991, 749; v. 12.9.2002 – IV R 60/01, BStBl. II 2003, 85 = FR 2003, 135; v. 6.3.2003 – XI R 46/01, BStBl. II 2003, 602 = FR 2003, 727.
9 BFH v. 31.5.2001 – IV R 81/99, FR 2001, 1008 = BB 2001, 1723.
10 S. aber für langjährige Verluste einer RA-Kanzlei BFH v. 14.12.2004 – XI R 6/02, BStBl. II 2005, 392 = FR 2005, 744.
11 BFH v. 7.6.1994 – IX R 125/92, BFH/NV 1994, 858 (859).
12 BFH v. 12.12.1995 – VIII R 59/92, BStBl. II 1996, 219 (222) = FR 1996, 317.

der steuerbaren Einkünfte: Nominelle Vermögenswertsteigerungen bewirken bei Veräußerung Scheingewinne, verursachen andererseits als inflationsbedingte Geldwertverluste Schuldnergewinne. Der Währungsnominalismus gilt auch für Aufwand und AfA, selbst wenn diese bei steigenden Preisen die Wiederbeschaffungskosten nicht decken. Jedenfalls für die Überschussermittlung nach § 2 Abs. 2 S. 1 Nr. 2, § 11 müssen Einnahmen und Ausgaben – unabhängig v. ihrer zeitlichen Zuordnung – mit derselben Maßgröße erfasst werden.[1] Das Bewertungsrecht hingegen sucht betrieblichen Aufwand und Gewinn periodengerecht zuzuordnen (§ 6 Rn. 2 ; dort auch Rn. 147 ff. zum Abzinsungsgebot). Eine Inflation veranlasst eine **„kalte Steuerprogression"** ohne Änderung des gesetzl. Progressionssatzes, weil sie gleichbleibende Realeinkommen nominal erhöht und damit einem erhöhten Progressionssatz unterwirft. Dennoch müssen die Einkünfte nach dem Nominalwertprinzip ermittelt werden.[2] Eine Indexierung könnte die Inflation beschleunigen und wäre praktisch so kompliziert, dass die Steuergleichheit ernstlich gefährdet würde. Eine Berücksichtigung abgezinster Werte würde das Nominalwertprinzip unterlaufen.[3] Allerdings wäre es verfassungsrechtl. unbedenklich, die Geldwertabhängigkeit und damit die gesteigerte Inflationsanfälligkeit v. Kapitaleinkünften bei der Besteuerung zu berücksichtigen und die Kapitalbildung als Quelle der Altersversorgung oder als sonstige existenzsichernde Versorgungsgrundlage gesondert zu würdigen.[4] Eine Staatsintervention durch Niedrigzinspolitik nimmt dem KapVerm. die in Art. 14 Abs. 1 GG garantierte Privatnützigkeit dieses Eigentums, zerstört damit durch staatlichen Eingriff auch die in § 2 Abs. 1 Nr. 5, § 20 vorausgesetzte Erwerbsgrundlage des KapVerm., die Fähigkeit, Zinsen zu erzielen. Einkünfte in einer fremden Währung sind zum Tageskurs in Euro umzurechnen[5] (§ 8 Rn. 15).

90 **II. Quantifizierung der Einkünfte in der Steuerbemessungsgrundlage (Abs. 2).** Während Abs. 1 den Steuergegenstand („der ESt unterliegen") bestimmt, vollzieht Abs. 2 den ersten Schritt, um diesen Gegenstand in der Steuerbemessungsgrundlage der **Einkünfte** in Zahlen auszudrücken. Dieser Grundtatbestand ist die Ausgangsnorm für das gesamte EStG. Einkünfte sind nach Abs. 2 die Erwerbseinnahmen abzgl. der Erwerbsaufwendungen.[6] Steuerbar ist nicht der Zufluss, sondern der Zuwachs. Dieser Saldotatbestand der Einkünfte wird nach Abs. 2 als **Gewinn** oder als **Überschuss** ermittelt (vgl. auch Rn. 10). Der Tatbestand der „Einkünfte" stützt sich insbes. bei der Gewinnermittlung auf Bewertungen und Prognosen, vermutet oder fingiert bei (grenzüberschreitenden) Wirtschaftsverflechtungen Sachverhalte unverfälschter Marktbedingungen, stützt sich bei einer eigenständigen Steuerbilanzpolitik mit einer „Restmaßgeblichkeit" der handelsrechtl. GoB (§ 5) auf steuerliche Wahlrechte.[7]

91 Dieser Dualismus der Einkünfteermittlung führt zu wesentlichen Belastungsunterschieden und ist eine Hauptursache für komplizierte Steuervermeidungsgestaltungen und Streitigkeiten zur Abgrenzung v. Einkunftsarten. Einsichtig ist die Grundsatzunterscheidung, wonach der Unternehmer seinen Gewinn durch Bewirtschaftung seines Unternehmens erzielt, er also die Wertbewegungen im BV in die Gewinnermittlung einbeziehen muss, während der Empfänger von Lohn und Sozialversicherungsansprüchen Einkünfte aus fremder Quelle – die des ArbG und des Sozialversicherungsträgers – entgegennimmt, deshalb nur die aus der Quelle fließenden Einkünfte versteuern muss (Rn. 40). Die **Gewinneinkünfte** (Abs. 2 Nr. 1) erfassen die unternehmerischen Einkünfte im Gewinn (§§ 4–7k und § 13a). Das JStG 2010 hat § 13a in die Klammer eingefügt, um klarzustellen, dass die nach § 13a ermittelten Einkünfte aus LuF Gewinneinkünfte darstellen.[8] Die ebenfalls zu den Gewinneinkünften rechnende, aber stark entlastende Tonnagebesteuerung (§ 5a) ist eine Subvention für die deutsche Seeschifffahrt,[9] dürfte aber eine Begünstigung sein, die mit dem Gleichheitssatz, ebenso mit dem europäischen Beihilferecht, nicht vereinbar ist.[10] Der Gewinnbegriff des § 4 Abs. 1 S. 1 folgt in der Ermittlungsmethode – nicht im Belastungsgedanken – der Reinvermögenszugangstheorie, die als Gewinn das Gesamtergebnis einer unternehmerischen Betätigung einschl. Gewinnen und Verlusten aus der Veräußerung v. WG des BV erfasst. Die nichtunternehmerischen **Überschusseinkünfte** (Abs. 2 Nr. 2) werden in dem Überschuss der Einnahmen über die WK (§§ 8, 9, 9a), also nach dem Ermittlungskonzept der Quellentheorie erfasst, das nur die Erträge ständig fließender Quellen, nicht die Quelle selbst als wirtschaftliche Leistungsfähigkeit versteht. Der Gewinn sucht die Einkünfte aus dem

1 BFH v. 15.12.1999 – X R 23/95, BStBl. II 2000, 267 (271) = FR 2000, 462.
2 BVerfG v. 19.12.1978 – 1 BvR 335, 427, 811/76, BVerfGE 50, 57 (77 ff.) – BStBl. II 1979, 308 ff.
3 BFH v. 15.12.1999 – X R 23/95, BStBl. II 2000, 267 (271) = FR 2000, 462.
4 BVerfG v. 27.6.1991 – 2 BvR 1493/89, BVerfGE 84, 239 (282) = BStBl. II 1991, 654 (664 ff.) = FR 1991, 375 m. Anm. *Felix.*
5 BFH v. 13.9.1989 – I R 117/87, BStBl. II 1990, 57 (59) = FR 1990, 58.
6 *K/S/M*, § 2 Rn. A 52 ff.
7 *Drüen*, DStZ 2014, 564 (567 f.).
8 Amtl. Begr. zum JStG 2010, BT-Drucks. 17/2249, 50 zu Nr. 3 Buchst. a.
9 Vgl. BFH v. 29.11.2012 – IV R 47/09, BStBl. II 2013, 32 = FR 2013, 458 m. Anm. *Kanzler.*
10 *Gosch* in § 5a Rn. 1; *Bode*, Leitgedanken des Rechts, Bd. II, 2013, § 172 Rn. 16; *Naujok* in B/B/B, § 2 Rn. 118.

Unternehmen zu erfassen, der Überschuss erfasst den fremdbestimmten Zufluss. Der Gewinn stützt sich auf eine buchungstechnisch komplizierte Bilanzierung, die Überschussrechnung auf eine einfache Kassenrechnung. Gewinn und Verlust werden durch die Aufwendungen und die Erträge bestimmt, die dem Wj. „unabhängig v. den Zeitpunkten der entspr. Zahlungen" (§ 252 Abs. 1 Nr. 5 HGB) zuzuordnen sind. Der Überschuss folgt dem Prinzip des Zu- und Abflusses, der Erlangung der Verfügungsmacht[1] (§ 11). Das Realisationsprinzip der Gewinnermittlung und das Zuflussprinzip der Überschussermittlung führen die Ermittlungsmethoden im tatsächlichen Liquiditätszufluss zusammen.[2] Gewinn entsteht, wenn neue WG erwirtschaftet werden oder bestehende an Wert gewinnen. Die Kassenrechnung ist vorrangig eine Geldrechnung. Der Gewinn erfasst alle Veräußerungseinkünfte und die Wertabgrenzung des BV durch Einlagen und Entnahmen. Bei den Überschusseinkünften hingegen entwickelt sich neuerdings eine Tendenz, bei Einkünften, die die Herrschaft über eine eigene Erwerbsgrundlage voraussetzen, nunmehr Einkünfte aus der Veräußerung der Erwerbsgrundlage ebenfalls zu besteuern (§ 20 Abs. 2, § 22 Nr. 2 iVm. § 23; auch § 17 für Beteiligungen, die zum privaten Stammvermögen gehören). Der Gewinn wird nach verschiedenen Arten ermittelt, die v. der Gewinneinkunftsart, aber auch davon abhängt, dass der StPfl. gesetzl. buchführungspflichtig ist oder freiwillig Bücher führt. Im Bereich der Überschusseinkünfte gibt es nur die Überschussrechnung. Das verfassungsrechtl. Erfordernis einer einfachen, verständlichen, den Belastungsgrund allg. sichtbar machenden Besteuerung fordert hier eine grundlegende Reform, die möglichst die Unterscheidung verschiedener Einkunftsarten auf die Unterschiede zw. Betriebsertrag und Arbeits- oder Altersentgelt zurücknimmt, dann beim Quellenabzug Überschusseinkünfte, bei der Veranlagung Gewinne ermittelt.[3] Gerade bei der Einkünfteermittlung erweist sich, dass die Einfachheit der Besteuerung Bedingung ihrer Gerechtigkeit ist.

§ 32d Abs. 1 erfasst die ihrer Natur nach nicht einer bestimmten Person zugeordnete und geografisch nicht gebundene **Erwerbsgrundlage „Finanzkapital"** dadurch, dass er alle Kapitaleinkünfte – unabhängig von ihrer Anlageform und buchtechnischen Erfassung – an der Quelle besteuert und mit einer Definitivsteuer belastet, die in einem linearen Satz den absetzbaren Aufwand und den Progressionssatz in Durchschnittswerten typisiert.[4] Nach § 2 Abs. 2 S. 2 iVm. § 20 Abs. 9 ist bei der Ermittlung der **Einkünfte aus KapVerm.** der Abzug der tatsächlichen WK ausgeschlossen. Abzuziehen ist ein pauschalierter Sparer-PB. Diese Pauschbeträge dürfen nicht höher sein als die nach § 20 Abs. 6 verrechneten Kapitalerträge (§ 20 Abs. 9). Soweit diese Sonderregelung gilt (vgl. § 32d Abs. 2), finden die Paragraphen über die WK und die Werbungskostenpauschbeträge (§§ 9, 9a) keine Anwendung. Dieser durch das UntStRefG v. 14.8.2007[5] eingeführte Abs. 2 S. 2 stellt klar, dass die in § 20 Abs. 9 geregelte Begrenzung des Werbungskostenabzugs den unbegrenzten Werbungskostenabzug nach § 9 und 9a ausschließt. IÜ aber sind die Einnahmen nach § 2 Abs. 2 S. 1, § 8 zu ermitteln (vgl. auch Rn. 90 f.). 92

C. Summe und Gesamtbetrag der Einkünfte (Abs. 3)

I. Summierung. Die positiven und negativen Ergebnisse der einzelnen Einkunftsarten sind in einer Summe zusammenzufassen (Abs. 3). Diese Zusammenfassung bestätigt die Gleichwertigkeit der einzelnen Einkunftsarten und der Einkünfteermittlungsmethoden. Alle Einkünfte des StPfl. (persönliche und sachliche Universalität) werden grds. gleichmäßig besteuert (**synthetische ESt**). Die Ausnahmefälle einer Schedulensteuer[6] bedürfen jeweils gesonderter Rechtfertigung. Die Zusammenfassung aller Einkünfte in einer rechnerischen Zwischengröße **gleicht grds. zw. positiven und negativen Einkünften aus**. Die Summe der Einkünfte ist der bei der Zusammenrechnung dieser Einkünfte im Veranlagungsverfahren entstehende Saldo. Zunächst werden negative Einkünfte einer Einkunftsart mit positiven Einkünften derselben Einkunftsart ausgeglichen (**horizontaler Verlustausgleich**).[7] Danach werden positive und negative Einkünfte verschiedener Einkunftsarten ausgeglichen (**vertikaler Verlustausgleich**). Dieser Verlustausgleich – die Saldierung der negativen mit den positiven Einkünften innerhalb einer Steuerperiode – bemisst die auf die Pers. des EStPfl. bezogene Leistungsfähigkeit nach dem objektiven Nettoprinzip, vollzieht folgerichtig den wichtigsten Schritt zur Besteuerung des Gesamteinkommens einer Pers. innerhalb einer Steuerperiode. Dementspr. steht der **Verlustausgleich** grds. nur demjenigen StPfl. zu, der den Verlust erlitten und ihn 93

1 BFH v. 1.2.2007 – VI R 73/04, DStRE 2007, 1004; v. 24.2.2011 – VI R 21/10, FR 2011, 720 = DStR 2011, 804.
2 BVerfG v. 10.10.2012 – 1 BvL 6/07, BVerfGE 132, 302 (331).
3 *P. Kirchhof*, BStGB, 2011, Leitgedanken, Rn. 47.
4 BFH v. 29.4.2014 – VIII R 9/13, BFH/NV 2014, 1617 Rn. 24 ff. = FR 2014, 1100; zur Abgrenzung von Unternehmer und Kapitalanleger vgl. *Drüen*, DStZ 2014, 564 (567).
5 BGBl. I 2007, 1912; BStBl. I 2007, 630.
6 Vgl. die Tonnagebesteuerung, § 5a, die Besteuerung der Land- und Forstwirte, § 13a, die Sonderbehandlung der Kapitalerträge, § 2 Abs. 5b (Rn. 112).
7 BFH v. 3.6.1975 – VIII R 209/72, BStBl. II 1975, 698.

wirtschaftlich getragen hat.[1] Ausnahmsweise ist jedoch der vertikale Verlustausgleich vor dem horizontalen Verlustausgleich durchzuführen, soweit ein Verlust andernfalls im horizontalen Verlustausgleich mit tarifermäßigten Einkünften ausgeglichen würde.[2] Beim Verlustausgleich von und mit Auslandseinkünften ist die Ausgestaltung des jeweils anwendbaren DBA (Anrechnungsmethode oder Freistellungsmethode) entscheidend.[3] An diesen Verlustausgleich schließt sich dann der **Verlustabzug** an, der eine die Steuerperiode übergreifende Verlustverrechnung gestattet und zwar zunächst durch einen **Verlustrücktrag** in den unmittelbar vorangegangenen VZ, sodann durch einen **Verlustvortrag** in die folgenden VZ ohne zeitliche Begrenzung. Der Verlustabzug ist der Höhe nach begrenzt (§ 10d Abs. 1 und 2). Darüber hinaus sind die vielfältigen besonderen Verlustausgleichsbeschränkungen zu beachten.[4] Zur Unvererblichkeit der Verluste des Erblassers vgl. Rn. 83. Die quellenbezogene Mindestbesteuerung des Abs. 3 S. 2–8 idF StEntlG 1999/2000/2002, die inzwischen durch einen begrenzten Verlustabzug (§ 10d) ersetzt wurde, wird v. BFH[5] für die Altfälle berichtigend und vereinfachend ausgelegt: § 2 Abs. 3 wolle verzerrte Abbildungen der wirtschaftlichen Leistungsfähigkeit als Maßstab der ESt-Besteuerung beim Verlustausgleich korrigieren. Der Tatbestand „negative Summen der Einkünfte" erfasse „negative Einkünfte", die nicht (tatsächlich) wirtschaftlich erzielt wurden. So werden Wirkungen v. Sonderabschreibungen, die dem Leistungsfähigkeitsprinzip widersprechen, über gegenläufige Normen korrigiert.

94 Die **Zusammenveranlagung** nach § 26b führt durch das Zusammenrechnen der Einkünfte zu einem Verlustausgleich.[6] Bei Ehegatten, die eine Zusammenveranlagung nach § 26b gewählt haben, wird nur eine Summe der Einkünfte gebildet; die getrennt ermittelten Einkünfte beider Ehegatten werden also zusammengerechnet.

95 **Verluste bleiben unbeachtlich**, wenn sie außerhalb der Erwerbsgrundlage und deren Nutzung entstanden sind, zB bei der „Liebhaberei" oder bei Veräußerung v. PV, das nicht als Erwerbsgrundlage dient. Ausgaben, die mit stfreien Einnahmen in unmittelbarem wirtschaftlichen Zusammenhang stehen, dürfen schon generell nach § 3c Abs. 1 nicht als Erwerbsaufwand abgezogen werden. Ein ähnliches Abzugsverbot gilt für Erwerbsaufwendungen, die den StPfl. in seiner Privatsphäre berühren (§ 4 Abs. 5, § 12, Nr. 1 S. 2). Entspr. gilt für die Einschränkung oder das Verbot v. Rückstellungen (§ 5 Abs. 3, Abs. 4, Abs. 4a, Abs. 4b, vgl. auch § 6a). Beschränkt ist die Verlustverrechnung bei Auslandseinkünften (§ 2a), der gewerblichen Tierzucht und Tierhaltung (§ 15 Abs. 4 S. 1), bei Termingeschäften (§ 15 Abs. 4 S. 3–5), bei stillen Gesellschaften ua. (§ 15 Abs. 4 S. 6–8), bei Verlusten eines K'disten (§ 15a), Verlusten aus KapVerm. (§ 20 Abs. 6 S. 2–6, vgl. auch § 43a Abs. 3), bei Einkünften aus sonstigen Leistungen (§ 22 Nr. 3 S. 3–6), bei privaten Veräußerungsgeschäften (§ 23 Abs. 3 S. 7–9, vgl. auch § 20 Abs. 6 S. 1). Die in einem anderen Staat erzielten Verluste sind ebenfalls nicht abziehbar, wenn dem anderen Staat durch ein DBA das Besteuerungsrecht für Einkünfte dieser Art zugewiesen ist.[7] Werden die Einkünfte unbeschränkt StPfl. durch Quellenabzug erfasst (LSt, KapESt), können die StPfl. nach § 46 Abs. 2 Nr. 8 Veranlagung beantragen und iRd. Veranlagungsverfahrens die Verlustverrechnung erreichen. Diese Beschränkungen und Verbote des Verlustausgleichs folgen nicht einem in § 2 angelegten Grundgedanken, bedürfen deshalb gesonderter Rechtfertigung.

96 Bei einer **Insolvenz**[8] hat der Fiskus grds. nicht mehr – wie ehemals in § 61 KO – Vorrechte. Nach § 1 Abs. 1 InsO sind alle Gläubiger des Schuldners gemeinschaftlich zu befriedigen. Die Insolvenzmasse bildet ein Sondervermögen, das gegen Verfügungen des Schuldners und gegen Zugriffe der Gläubiger abgeschirmt ist. Alle persönlichen Gläubiger werden in einem einheitlichen Gesamtvollstreckungsverfahren zusammengefasst. Sie können ihre Rechte nur im Kollektiv durchsetzen. Ihre Forderungen werden gleichmäßig und gemeinschaftlich befriedigt.[9] Die Schuldnerkrise fordert eine Knappheitsentscheidung, nach der die Gläubiger die Insolvenzmasse untereinander verteilen oder auch versuchen, die Erwerbsgrundlage des Schuldners zu erhalten, um sich aus zukünftigen Erträgen zu befriedigen.[10] Diese Gleichstellung des

1 BFH v. 4.12.1991 – I R 74/89, BStBl. II 1992, 432; BMF v. 11.7.2002, BStBl. I 2002, 667; *v. Groll*, FS F. J. Haas, 1996, 149.
2 *H/H/R*, § 2 Anm. 557.
3 *H/H/R*, § 2 Anm. 554, 561.
4 *H/H/R*, § 2 Anm. 551; zur Verfassungsmäßigkeit einer Verlustausgleichsbeschränkung, die den Verlustausgleich zeitlich streckt, aber nicht versagt, BFH v. 26.2.2014 – I R 59/12, BFH/NV 2014, 1674 = FR 2014, 1033 Rn. 22.
5 BFH v. 9.3.2011 – IX R 56/05, FR 2011, 673; v. 9.3.2011 – IX R 72/04, FR 2011, 677 m. Anm. *Bode*.
6 BFH v. 23.8.1977 – VIII R 120/74, BStBl. II 1978, 8.
7 BFH v. 11.3.1970 – I B 50/68, I B 3/69, BStBl. II 1970, 569; vgl. auch EuGH v. 15.5.2008 – Rs. C-414/06 – Lidl, GmbHR 2008, 709 = FR 2008, 831.
8 *M. Krumm*, Steuervollzug und formelle Insolvenz, 2009; *Meyer*, FS für den BFH, 659.
9 *M. Krumm*, Steuervollzug und formelle Insolvenz, 2009, 140.
10 Vgl. im Einzelnen *Seer*, FR 2014, 721 (722 ff.), dort auch zu den Ermessenstatbeständen der Finanzbehörde.

Steueranspruchs mit den Anspr. aller anderen Gläubiger[1] ist für die ESt nicht zwingend, weil die ESt die Teilhabe am wirtschaftlichen Erfolg des Schuldners vermittelt, nicht auf Vereinbarungen mit einem in seiner finanziellen Leistungsfähigkeit geschwächten Schuldner zurückgeht. Sie ist allenfalls aus dem Sanierungsziel des Insolvenzrechts zu rechtfertigen. Ist der **Steueranspr. nach Verfahrenseröffnung begründet**, ist er als Masseverbindlichkeit (§ 55 InsO) vorweg aus der Insolvenzmasse zu befriedigen.[2] Die Zuordnung zu Insolvenzforderungen und Masseverbindlichkeiten bestimmt sich ausschließlich nach dem Zeitpunkt der insolvenzrechtl. Begründung des Vermögensanspruchs, nicht nach der stl. Entstehung der Forderung, die nach § 38 AO iVm. § 36 Abs. 1 EStG vom Ablauf des VZ abhinge. Entscheidend ist, wann der Rechtsgrund für den Steueranspr. gelegt, der gesetzl. Besteuerungstatbestand verwirklicht worden ist. Den insolvenzerheblichen Zeitpunkt benennt die InsO; die Frage, wann die Voraussetzungen dieses Zeitpunkts erreicht sind, beantwortet das Steuerrecht.[3] Die Steuerforderung ist iSd. Insolvenzrechts begründet, wenn der Besteuerungstatbestand – insbes. die Einkünfte nach § 2 Abs. 1 – dem Grunde und der Höhe nach erfüllt ist. Diese Rspr. löst sich vom formalen Kriterium des VZ und weist damit einzelne Parallelen zu neueren Maßstäben rückverweisender Steuergesetzgebung auf (Einl. Rn. 46 ff.). Die während eines VZ erzielten Einkünfte und der sich daraus ergebende Steueranspr. sind danach aufzuteilen, ob die Einkünfte vor oder nach Insolvenzeröffnung erzielt worden sind.[4] Für die ESt – und dort insbes. bei außerordentlichen Erträgen – ist deswegen die „Realisationshandlung" entscheidend, mag sie der StPfl. selbst oder der Insolvenzverwalter im Rahmen seiner Verwaltungsbefugnis vorgenommen haben.[5] Diese Grundsätze gelten auch dann, wenn stille Reserven vor Eröffnung des Insolvenzverfahrens entstanden, aber nach Eröffnung realisiert worden sind. Der Wertzuwachs ist für die Verwirklichung des Steueranspr. unerheblich. Er unterliegt erst dann der Besteuerung, wenn ein steuerauslösender Tatbestand Gewinne realisiert.[6] Das FA darf diese Masseverbindlichkeit in voller Höhe durch ESt-Bescheid – auch ggü. dem Insolvenzverwalter[7] – geltend machen.[8] Während des Verfahrens entstehende Steueransprüche, die Art der Einkünfte und die Berechnung von deren Höhe richtet sich unverändert nach stl. Grundsätzen.[9] Verluste, die vor und während des Insolvenzverfahrens entstanden sind, können deshalb in einen Verlustausgleich einfließen.[10] Positive wie negative Einkünfte werden weiterhin dem Insolvenzschuldner zugerechnet. Scheidet ein G'ter einer PersGes. aufgrund der Eröffnung des Insolvenzverfahrens aus der Ges. aus, ist die ESt, die sich aufgrund des Auseinandersetzungsguthabens ergibt, Masseverbindlichkeit.[11] Die **USt** ist beim Unternehmen ein durchlaufender Posten, „von vornherein zur Weiterleitung an das Finanzamt bestimmt".[12] Die vom Unternehmer für den Fiskus vereinnahmte USt gehört nicht zu seinem Vermögen, sondern wird nur treuhänderisch als Fremdgeld für den Staat erhoben.[13] Zur Steuerfreiheit der sog. Sanierungsgewinne vgl. § 3a.

Ein Verlustausgleich, auch ein Verlustabzug mit **im Insolvenzverfahren erlittenen Verlusten**, ist grds. möglich.[14] Bei Zusammenveranlagung ist der Ehegatte zum Verlustausgleich und zum Verlustabzug auch dann berechtigt, wenn die Einkünfte, auf die sich die Verluste auswirken, allein v. anderen Ehegatten erzielt worden sind.[15] Verluste, die ein nicht voll haftender G'ter einer PersGes., bspw. ein K'dist, im Insolvenzverfahren erleidet, sind ausgleichsfähig, wenn und soweit der Verlustausgleich nach § 15a nicht ausgeschlossen ist. Hat eine PersGes. nach Eröffnung des Insolvenzverfahrens Verluste erwirtschaftet, werden diese nach § 15 Abs. 1 – in den Grenzen des § 15a – den G'tern zugerechnet und kommen diesen stl. zugute. Wirtschaftlich wurden die Verluste auch in der Insolvenz v. den G'tern getragen.[16] Verluste werden den G'tern einer insolventen PersGes. aber dann nicht mehr zugerechnet, wenn der Geschäftsbetrieb eingestellt wird und auch die G'ter ihren Haftungsverpflichtungen aus § 128 HGB dauerhaft nicht nachkommen können.[17] 97

1 *Meyer*, FS für den BFH, 659 (666 ff.).
2 BFH v. 16.5.2013 – IV R 23/11, BStBl. II 2013, 759 Rn. 18 = FR 2014, 243 m. Anm. *Roth* = FR 2014, 129.
3 BFH v. 16.5.2013 – IV R 23/11, BStBl. II 2013, 759 Rn. 19 = FR 2014, 243 m. Anm. *Roth* = FR 2014, 129.
4 *Schuster*, DStR 2013, 1509 (1511).
5 BFH v. 16.5.2013 – IV R 23/11, BStBl. II 2013, 759 Rn. 23 = FR 2014, 243 m. Anm. *Roth* = FR 2014, 129.
6 BFH v. 16.5.2013 – IV R 23/11, BStBl. II 2013, 759 Rn. 25 = FR 2014, 243 m. Anm. *Roth* = FR 2014, 129.
7 Zu Besonderheiten der Zwangsverwaltung BFH v. 10.2.2015 – IX R 23/14, DStR 2015, 1307 = FR 2015, 622.
8 BFH v. 16.5.2013 – IV R 23/11, BStBl. II 2013, 759 Rn. 27 = FR 2014, 243 m. Anm. *Roth* = FR 2014, 129.
9 BFH v. 25.7.1995 – VIII R 61/94, BFH/NV 1996, 118 – noch zum Konkursverfahren.
10 BFH v. 5.3.2008 – X R 60/04, FR 2008, 1155 = BFH/NV 2008, 1569 – zum Konkursverfahren.
11 BFH v. 3.8.2016 – X R 25/14, BFH/NV 2017, 317 Rn. 20, 29 ff.
12 BFH v. 29.1.2009 – V R 64/07, BStBl. II 2009, 682.
13 *Schuster*, DStR 2013, 1509 (1511), auch unter Verweis auf EuGH v. 20.10.1993 – Rs. C-10/92, ABlEG 1993 Nr. C 312, 3 = UR 1994, 116: „öffentliche Gelder".
14 BFH v. 8.2.1995 – I R 17/94, BStBl. II 1995, 692 = FR 1995, 473 (noch zur alten KO).
15 BFH v. 4.9.1969 – IV R 288/66, BStBl. II 1969, 726 f. (noch zur alten KO).
16 *Statkiewicz*, 101 ff.; s. auch BFH v. 9.11.1994 – I R 5/94, BStBl. II 1995, 255 = FR 1995, 281 (zum Zinsabschlag); *Frotscher*[6], 134; *Bringewat/Waza*[6], Rn. 698; *Hess/Mitlehner*, Rn. 708.
17 *Statkiewicz*, 155 ff.

98 **II. Gesamtbetrag der Einkünfte.** Die „Summe der Einkünfte" bildet lediglich eine Zwischensumme der Einkünfte. Nach § 2 Abs. 3 entsteht erst der Gesamtbetrag der Einkünfte, wenn die Summe der Einkünfte um den Altersentlastungsbetrag (§ 24a), den Entlastungsbetrag für Alleinerziehende (§ 24b) und den Landwirtschaftsfreibetrag nach § 13 Abs. 3 vermindert worden ist. Die **„Summe"** und der **„Gesamtbetrag"** begründen – sprachlich eher dasselbe besagend – ermittlungstechnisch jeweils eine selbständige Zwischengröße.

99 Der **Verlustausgleich** innerhalb einer Steuerperiode vollzieht sich bei Bildung der Summe der Einkünfte (§ 2 Abs. 2, 3). Der überperiodische **Verlustabzug** hingegen betrifft nach § 10d Abs. 1 S. 1 die „negativen Einkünfte, die bei der Ermittlung des Gesamtbetrags der Einkünfte nicht ausgeglichen werden,", berührt also die Ermittlung der Einkünfte nicht.[1]

D. Einkommen (Abs. 4), individualgerechte Bemessung der Einkommensteuer

100 Das „Einkommen" ist lediglich eine Zwischengröße. Nach § 2 Abs. 4 wird es aus dem Gesamtbetrag der Einkünfte (Abs. 3) gebildet, vermindert um die SA (§§ 10–10c, vgl. auch § 9c Abs. 2) sowie die ag. Belastungen. Das „Einkommen" (Abs. 4) verwirklicht in einem ersten Schritt das **subj., personenbezogene, existenzsichernde Nettoprinzip**. Abs. 4 erlaubt den **Abzug privat veranlasster, zwangsläufiger Ausgaben**. Der Mensch verdient sein Einkommen, um davon zu leben, seinen Erwerb zu sichern und schließlich die ökonomische Grundlage für freiheitliches Konsumieren, Sparen und Investieren zu schaffen. Das subjektive – persönliche – Nettoprinzip erkennt das freiheitsrechtl. Selbsthilfeprinzip an, wonach der freie Mensch zunächst seinen Eigenbedarf sichert (Art. 2 Abs. 1 GG), seine Erwerbstätigkeit in den Dienst der eigenen Bedürfnisse stellt (Art. 12 Abs. 1 GG) und das Erworbene zum Privatnutzen einsetzt (Art. 14 Abs. 1 GG). Soweit diese Einkommensverwendung zur eigenen Lebensgestaltung „unvermeidbar und zwangsläufig" ist, den eigenen „Mindestbedarf", das Existenzminimum des StPfl. deckt,[2] oder Unterhaltszahlungen betrifft, zu denen der StPfl. verpflichtet ist,[3] kann der StPfl. über dieses Einkommen nicht – auch nicht zur Steuerzahlung – verfügen. Die Besteuerung nur des disponiblen Einkommens[4] handelt somit von der Leistungsfähigkeit des StPfl., bemisst die ESt individualgerecht. Das Gegenkonzept einer überindividuellen Besteuerung nach einem **ökonomischen „Effizienz"prinzip**,[5] das durch Einsatz der vorhandenen Erwerbsmittel einen größtmöglichen Erwerbserfolg (Bruttoinlandsprodukt) erwirtschaften will,[6] ist damit zurückgewiesen. Das Wachstum wird nicht allein am Bruttoinlandsprodukt, sondern an der Zukunft der Gesellschaft in ihren Leistungsträgern und heranwachsenden Kindern gemessen. Die Aufmerksamkeit der Ökonomie gilt vorrangig dem Betrieb, weniger dem einzelnen Menschen und seiner Familie; sie widmet sich den Einkünften und nicht dem Einkommen. Das EStG hingegen berücksichtigt den individuellen Existenzbedarf, beschränkt die Abziehbarkeit des existenznotwendigen Aufwands allerdings auf ein typisiertes allgemeines Minimum,[7] weil der Lebensführungsaufwand individuell sehr unterschiedlich freiheitlich definiert wird, der tatsächlich gezahlte Unterhalt vom Willen und den Einkommens- und Vermögensverhältnissen der Beteiligten abhängt, damit der Steuerzugriff auf das frei verfügbare Einkommen weitreichend willentlich gestaltet werden könnte. Da der freiheitliche Staat darauf setzt, dass der Freiheitsberechtigte seinen Lebensbedarf selbst befriedigt, steht ein indisponibles Einkommen nicht zur Verfügung des StPfl., muss deshalb von der einkommensteuerlichen Bemessungsgrundlage abgesetzt werden.[8] Eigenvorsorge hat Vorrang vor staatlicher Fürsorge. Wenn der Staat dem Bedürftigen ein Existenzminimum aus

1 BFH v. 31.3.2008 – III B 90/06, BFH/NV 2008, 1318.
2 BVerfG v. 28.5.1957 – 2 BvO 5/56, BVerfGE 7, 28 (45 f.); v. 9.12.2008 – 2 BvL 1/07 ua., BVerfGE 122, 210 (234 f.) – Pendlerpauschale.
3 BVerfG v. 29.5.1990 – 1 BvL 20/84 ua., BVerfGE 82, 60 (91) = FR 1990, 449 – Existenzminimum I; v. 13.8.2008 – 2 BvL 1/06, BVerfGE 120, 125 (174) – Kranken- und Pflegeversicherung; vgl. auch schon BVerfG v. 23.11.1976 – 1 BvR 150/75, BVerfGE 43, 108 – Unterhaltsleistungen I.
4 Ursprünglich als Grundlage für das objektive und das subjektive Nettoprinzip verstanden, *Wagner*, Finanzwissenschaft, Bd. 2, 2. Aufl. 1890, 444 f.
5 *Moes*, Steuerfreiheit des Existenzminimums vor dem Bundesverfassungsgericht, 2011, 36.
6 *Homburg*, Allgemeine Steuerlehre, 6. Aufl. 2010, 141 f.; aus juristischer Sicht: *Wernsmann*, Verhaltenslenkung in einem rationalen Steuersystem, 2005, 111 f.
7 BVerfG v. 10.11.1998 – 2 BvL 42/93, BVerfGE 99, 246 (259) = FR 1999, 139, in Parallele zum Existenzminimum des Sozialhilferechts; ähnlich BVerfG v. 29.5.1990 – 1 BvL 20/84 ua., BVerfGE 82, 60 (94) = FR 1990, 449; v. 25.9.1992 – 2 BvL 5/91 ua., BVerfGE 87, 153 (170 f.) = FR 1992, 810 – Grundfreibetrag; v. 13.8.2008 – 2 BvL 1/06, BVerfGE 120, 125 – Kranken- und Pflegeversicherung.
8 BVerfG v. 29.5.1990 – 1 BvL 20/84 ua., BVerfGE 82, 60 (90) = FR 1990, 449 – Existenzminimum; v. 4.12.2002 – 2 BvR 400/98, 1735/00, BVerfGE 107, 28 (48 f.) – doppelte Haushaltsführung; v. 9.12.2008 – 2 BvL 1/07 ua., BVerfGE 122, 210 (234 f.) – Pendlerpauschale.

allgemeinen Haushaltsmitteln finanziert, muss er dem StPfl. bei Besteuerung seines Einkommens zumindest einen gleichen Betrag belassen.[1]

Die einkommensteuerliche Verschonung des Existenzminimums belässt dem StPfl. einen **Lebensstandard** zumindest **auf Sozialhilfeniveau**.[2] Diese Typisierung entspricht dem Konzept des EStG, den indisponiblen, unausweichlichen Lebensbedarf des StPfl. zu schonen. Seine Lebensführungskosten iÜ muss er aus versteuertem Einkommen finanzieren. Soweit SA und ag. Belastungen zur Sicherung der Existenzgrundlage und der lebensnotwendigen Bedürfnisse des StPfl. dienen,[3] gehören diese Aufwendungen zu dem existenznotwendigen Bedarf, dessen Absetzung verfassungsrechtl. garantiert ist.[4] Bei der Familie gehört zum existenzsichernden Bedarf neben dem sächlichen Existenzminimum auch der Betreuungs- und Erziehungsbedarf.[5] Innerhalb der Familie schulden die Eltern ihren Kindern das sächliche Existenzminimum, aber auch Betreuung und Erziehung. Bei Alleinstehenden[6] wie bei gemeinsam erziehenden und betreuenden Eltern[7] ist der typisierte Betreuungs- und Erziehungsbedarf zusätzlich von der einkommensteuerlichen Bemessungsgrundlage abzuziehen. In einem System sozialversicherungsrechtl. Vorsorge, das einen – idR über der Sozialhilfe liegenden[8] – Lebensstandard sichern soll, stellt sich zudem die Frage, ob nach dem subjektiven Nettoprinzip auch Vorsorgeaufwendungen abziehbar sein müssen, „soweit sie eine Mindestvorsorge für eine sozialgerechte, persönliche und familiäre Existenz ermöglichen sollen".[9] Die Pflichtbeiträge zur gesetzl. SozVers. erscheinen dem Grunde und der Höhe nach zwangsläufig, also indisponibel.[10] Das BVerfG hat allerdings in der Entscheidung über die Abzugsfähigkeit von Kranken- und Pflegeversicherungsbeiträgen[11] gesagt, dass der Tatbestand der „Zwangsläufigkeit" nach dem Gebot der Folgerichtigkeit nicht erzwinge, dass jedenfalls Ausgaben bis zur Höhe der Pflichtsozialversicherungsbeiträge von der einkommensteuerlichen Bemessungsgrundlage abgezogen werden müssten. Diesem Grundsatz entspricht das Rentenurteil des BVerfG,[12] in dem die Entscheidung, ob Renten vor- oder nachgelagert besteuert werden, ausdrücklich dem Gesetzgeber überlassen wird.[13] 101

Das EStG berücksichtigt traditionell unvermeidbare – zwangsläufige und indisponible – Privatausgaben im Tatbestand der **SA** und der **ag. Belastungen**. Die Abziehbarkeit dieser Ausgaben wird im „Sonder"tatbestand der SA allein durch die abschließende gesetzl. Aufzählung dieser abziehbaren Privataufwendungen definiert.[14] Die ag. Belastungen sind „ihrer Rechtsnatur nach" „mit den SA verwandt".[15] Eine ag. Belastung liegt vor, wenn einem StPfl. zwangsläufig größere Aufwendungen als der überwiegenden Mehrzahl der StPfl. gleicher Einkommensverhältnisse, gleicher Vermögensverhältnisse und gleichen Familienstands erwachsen (§ 33 Abs. 1)[16] und der StPfl. sich ihnen aus rechtl., tatsächlichen oder sittlichen Gründen nicht entziehen kann. Dieser Tatbestand der Außergewöhnlichkeit wird dem Existenznotwendigen angenähert, wenn Aufwendungen für „existenznotwendige Gegenstände" als abziehbar erörtert werden.[17] Beim Abzug 102

1 BVerfG v. 25.9.1992 – 2 BvL 5/91 ua., BVerfGE 87, 153 (172) = FR 1992, 810 – Grundfreibetrag; v. 13.8.2008 – 2 BvL 1/06, BVerfGE 120, 125 (154 f.) – Kranken- und Pflegeversicherung. Zur Sozialstaatsgarantie des Existenzminimums BVerfG v. 18.6.1995 – 1 BvL 4/74, BVerfGE 40, 121.
2 BVerfG v. 13.8.2008 – 2 BvL 1/06, BVerfGE 120, 125 (156 f.) – Kranken- und Pflegeversicherung.
3 Vgl. die Formulierung des § 33 Abs. 2 S. 4, dazu BFH v. 18.5.2017 – VI R 9/16, DStR 2017, 1808 (1809 ff.) – Absetzung von Aufwendungen nur für die materielle, wirtschaftliche Lebensgrundlage, nicht für immaterielle Lebensvoraussetzungen.
4 BVerfG v. 13.8.2008 – 2 BvL 1/06, BVerfGE 120, 125 (158 f.) – Kranken- und Pflegeversicherung.
5 BVerfG v. 10.11.1998 – 2 BvR 1057/91 ua., BStBl. II 1999, 182 = BVerfGE 99, 216 (234), insoweit nicht mit dem Sozialhilfebedarf rechnerisch verbunden.
6 BVerfG v. 3.11.1982 – 1 BvR 620/78 ua., BVerfGE 61, 319 (354 f.) – Ehegattensplitting.
7 BVerfG v. 10.11.1998 – 2 BvR 1057/91 ua., BStBl. II 1999, 182 = BVerfGE 99, 216 (241 f.) – Familienlastenausgleich.
8 BVerfG v. 13.8.2008 – 2 BvL 1/06, BVerfGE 120, 125 (156) – Kranken- und Pflegeversicherung.
9 BFH v. 14.12.2005 – X R 20/04, BStBl. 2011, 351 (374).
10 Vgl. BVerfG v. 11.1.2005 – 2 BvR 167/02, BVerfGE 112, 164 (178) = FR 2005, 706 – Jahresgrenzbetrag.
11 BVerfG v. 13.8.2008 – 2 BvL 1/06, BVerfGE 120, 125 (157 ff.).
12 BVerfG v. 6.3.2002 – 2 BvL 17/99, BVerfGE 105, 73 – Rentenbesteuerung; ebenso v. 13.2.2008 – 2 BvL 1220/04, BVerfGE 120, 169 (178 f.) – Vorsorgeaufwendungen.
13 *Moes*, Die Steuerfreiheit des Existenzminimums vor dem BVerfG, 2011, 163.
14 BFH v. 4.2.2010 – X R 10/08, FR 2010, 619 = DStR 2010, 739 (741); *K/S/M*, § 10 Rn. A 43, B 143.
15 BFH v. 4.2.2010 – X R 10/08, FR 2010, 619 = DStR 2010, 739 (741).
16 BFH v. 26.2.1998 – III R 59/97, BStBl. II 1998, 605 = FR 1998, 799; v. 4.2.2010 – X R 10/08, FR 2010, 619 = DStR 2010, 739 (741).
17 BFH v. 9.8.2001 – III R 6/01, BStBl. II 2002, 240 – Asbestsanierung eines Wohnhauses; v. 23.5.2002 – III R 52/99, BStBl. II 2002, 592 – Formaldehydverseuchte Möbel; v. 11.11.2010 – VI R 16/09, BStBl. II 2011, 966; v. 29.3.2012 – VI R 21/11, FR 2011, 1127 (1128); v. 29.3.2012 – VI R 47/10, FR 2012, 1130 – Asbestsanierung eines Wohnhausdaches; v. 29.3.2012 – VI R 70/10, FR 2012, 1137 – Sanierung eines mit Echtem Hausschwamm befallenen (Eigentums-)Wohnhauses.

von Kinderbetreuungskosten[1] und von Unterhaltsleistungen an stpfl. geschiedene Ehegatten und nicht stpfl. Empfänger (Kinder)[2] hat der Gesetzgeber zwar noch keine systematisch strikte Zuordnung zw. Erwerbsaufwendungen, SA, ag. Belastungen und Steuerkonkurrenzen gefunden. Die Angemessenheit eines privaten Existenzbedarfs gewinnt aber im Existenzminimum und in der Parallele zum Sozialhilferecht einen praktikablen Maßstab.[3] Ähnliches gilt für die Krankheitskosten als zwangsläufige außergewöhnliche Belastungen,[4] für die Pflichtsozialversicherungsbeiträge,[5] für die Kranken- und Pflegeversicherungsbeiträge[6] und für die vor allem von der Gleichheit in der Zeit – der Alternative der vor- oder nachgelagerten Besteuerung – handelnden Rentenbesteuerung.[7] Bei der Nichtabziehbarkeit von nicht einkünftebezogenen Steuerberatungskosten[8] wird die Zwangsläufigkeit dieser Kosten vernachlässigt.

102a Ebenfalls vom Gesamtbetrag der Einkünfte abgezogen werden – wenn auch in § 2 Abs. 4 nicht erwähnt – der **Verlustabzug** nach § 10d, die Steuerbegünstigung der zu eigenen Wohnzwecken genutzten **Wohnung im eigenen Haus** (§ 10e), die Steuerbegünstigung der zu eigenen Zwecken genutzten **Baudenkmale** und Gebäude in **Sanierungsgebieten** und städtebaulichen Entwicklungsbereichen (§ 10f) und die Steuerbegünstigung für schutzwürdige **Kulturgüter**, die weder zur Einkünfteerzielung noch zu eigenen Wohnzwecken genutzt werden (§ 10g), sowie der **Erstattungsüberhang** nach § 10 Abs. 4b S. 2.

103 Im Ergebnis entfaltet die Definition des „Einkommens" in § 2 Abs. 4 **eine eher verhaltene gesetzesdirigierende Kraft**, weil Abs. 4 seine Verminderungstatbestände ausschließlich durch Verweis auf die SA und die ag. Belastungen definiert, damit deren Tatbestandsschärfen und -unschärfen aufnimmt. Doch der Kern des subjektiven Nettoprinzips ist klar. Abziehbar sind die existenzsichernden Aufwendungen. Dieser Entlastungsgedanke ist – wie das gesamte EStG, etwa im Tarif, in den AfA-Sätzen, in der beschränkten Abziehbarkeit von WK, im beschränkten Verlustausgleich – für Typisierungen zugänglich. Im Kern werden die existenzsichernden Aufwendungen in dem wegen eines Existenzbedarfs indisponiblen Einkommen definiert. Abziehbar sind die existenznotwendigen, deshalb zwangsläufigen Privataufwendungen in Höhe des „Notwendigen". Dabei regeln die SA, soweit sie vom disponiblen Einkommen handeln, die regelmäßigen Abzugstatbestände. Die ag. Belastungen betreffen jedenfalls in § 33 existenzbedrohende Belastungen im Einzelfall. Bei den regelmäßigen Belastungen ist Typisierungsmaßstab wiederum die Parallele zum Sozialhilferecht.

104 Abs. 4 gibt somit eine **Definition des Einkommens**, bezeichnet damit allerdings weder den Steuergegenstand noch die Bemessungsgrundlage der ESt, sondern lediglich eine Zwischengröße für weitere Abzugstatbestände. Das „Einkommen" des Abs. 4 drückt nicht die Leistungsfähigkeit aus, die durch die ESt erfasst werden soll. Das „Einkommen" gibt der ESt zwar ihren Namen, bleibt aber eine **rechnerische Zwischengröße**. Soweit andere Gesetze an das Einkommen anknüpfen, ist nicht diese Zwischengröße des Abs. 4 gemeint (Abs. 5a).

E. Zu versteuerndes Einkommen (Abs. 5)

105 Die **Bemessungsgrundlage** für die **tarifliche ESt** bildet das „zu versteuernde Einkommen". Abs. 5 S. 1 berechnet diese Bemessungsgrundlage nach dem Einkommen, vermindert um den Kinderfreibetrag nach § 32 Abs. 6. Diese Verschonung des „Existenzminimums" eines Kindes (vgl. §§ 31, 32, 37 Abs. 3 S. 12, 51, 53)[9] ist ein weiterer Schritt, um das existenzsichernde Nettoprinzip zu verwirklichen. Die Bemessungsgrundlage wird zudem um „sonstige v. Einkommen abzuziehende Beträge" gemindert. Als ein solcher Betrag kommt derzeit lediglich der Härteausgleich nach § 46 Abs. 3 in Betracht. Dieses zu versteuernde Einkommen bildet nach Abs. 5 S. 1 HS 2 die Bemessungsgrundlage für die tarifliche ESt (vgl. auch § 32a Abs. 1 S. 1).

106 Das BVerfG[10] fordert, dass die existenzsichernden Aufwendungen **in einem einheitlichen Tatbestand zusammengefasst** und für jeden StPfl. einheitlich gehandhabt werden. Deshalb muss insbes. der letzte Schritt

---

1 BFH v. 5.7.2012 – III R 80/09, BStBl. II 2012, 816 = FR 2013, 138 m. Anm. *Greite*; vgl. auch v. 9.2.2012 – III R 67/09, BStBl. II 2012, 567 = FR 2012, 972 m. Anm. *Greite*.
2 Vgl. BFH v. 26.10.2011 – X B 4/11, BFH/NV 2012, 214.
3 BFH v. 26.10.2011 – X B 4/11, BFH/NV 2012, 214.
4 BFH v. 1.2.2001 – III R 22/00, BStBl. II 2001, 543 = FR 2001, 749 m. Anm. *Kanzler*.
5 BVerfG v. 11.1.2005 – 2 BvR 167/02, BVerfGE 112, 164 (178) = FR 2005, 706 – Jahresgrenzbetrag.
6 BVerfG v. 13.2.2008 – 2 BvL 1/06, BVerfGE 120, 125 (157 ff.) – Kranken- und Pflegeversicherung.
7 BVerfG v. 6.3.2002 – 2 BvL 17/99, BVerfGE 105, 73 = FR 2002, 391 m. Anm. *Fischer* – Rentenurteil.
8 BFH v. 4.2.2010 – X R 10/08, FR 2010, 619 = DStR 2010, 739 (741) – dort insbes. wegen der Parallele zu den sozialhilferechtlichen Gewährleistungen.
9 Der Begriff „Existenzminimum" wird ausdrücklich nur im EStG verwendet, *v. Arnauld*, Strukturfragen des Sozialverfassungsrechts, 2007, 251 (263).
10 BVerfG v. 10.11.1998 – 2 BvR 1057, 1226, 980/91, BVerfGE 99, 216 (217, Leitsatz 3. b) = BStBl. II 1999, 182.

bei der Entwicklung der estl. Bemessungsgrundlage klarer und einfacher den verfassungsrechtl. gebotenen Abzugstatbestand des existenzsichernden Familienaufwands ausdrücken und unabhängig v. Mitwirkungshandlungen des StPfl. zur Wirkung bringen.

Knüpfen andere Gesetze an den Begriff des zu versteuernden Einkommens an, so ist das Einkommen stets um die Kinderfreibeträge (§ 32 Abs. 6) zu vermindern, mag auch tatsächlich Kindergeld bezogen oder für den StPfl. günstiger sein (vgl. §§ 91, 62 ff.). 107

F. Maßstabgebung für außersteuerliche Rechtsnormen (Abs. 5a)

Das Teileinkünfteverfahren (§§ 3 Nr. 40, 3c) und die Abgeltungsteuer (§§ 43 Abs. 5, 32d Abs. 1) regeln Besonderheiten der Kapitalerträge, die nicht die finanzielle Leistungsfähigkeit des StPfl. betreffen, sondern Steuerkonkurrenzen. Deswegen erhöhen sich für Leistungsgesetze, die die individuelle Leistungsfähigkeit durch Verweis auf die Abs. 2 bis 5 definieren, die Begriffe Einkünfte, Summe der Einkünfte, Gesamtbetrag der Einkünfte, Einkommen, zu versteuerndes Einkommen für die Zwecke dieser außerstl. Rechtsnormen um die nach § 3 Nr. 40 stfreien Einnahmen und mindern sich um die nach § 3c Abs. 2 nicht abziehbaren Beträge. Auch die nach §§ 32d Abs. 1, 43 Abs. 5 zu besteuernden Beträge sind den Größen der Abs. 2 bis 5 hinzuzurechnen. Für außerstl. Zwecke ist nur die Höhe der Einkünfte maßgebend, nicht die Tatsache, dass ein Teil der Einkünfte gesondert besteuert wird.[1] Würden bei Leistungsgesetzen die Kapitaleinkünfte nicht mehr voll berücksichtigt, so würde die Zahl der Leistungsberechtigten entgegen dem Leistungsprogramm des G erhöht. Nach S. 2[2] mindern sich die Zwischengrößen Einkünfte, Summe der Einkünfte und Gesamtbetrag der Einkünfte, soweit außersteuerliche Rechtsnormen an diese Begriffe anknüpfen, um die Kinderbetreuungskosten, die nach § 10 Abs. 1 Nr. 5 abziehbar sind (vgl. hierzu § 10 Rn. 38a ff.). Kinderbetreuungskosten sind hier nur noch als SA, nicht als WK und BA abziehbar. 108

Außerstl. Rechtsnormen sind Rechtsnormen, die **nicht unmittelbar Geltung für Steuern haben** und deshalb auch nicht in den unmittelbaren Anwendungsbereich der AO fallen (§ 1 Abs. 1 AO). Hierzu gehören auch Gesetze, für die die AO nach ausdrücklicher Regelung nur entspr. anzuwenden ist (zB § 15 EigZulG, § 14 Abs. 2 VermBG, § 8 WoPG, § 5 Abs. 1 InvZulG 2005). Stl. Anknüpfungen an die Begriffe der vorstehenden Abs. 2–5 berücksichtigen dagegen folgerichtig auch die estl. Sonderregelungen des Teileinkünfteverfahrens (zB § 7 GewStG, §§ 1, 2, 5 und 7 AStG).[3] 109

Abs. 5a S. 1 ordnet als Rechtsfolge an, dass sich die für außerstl. Zwecke erheblichen Beträge erhöhen. Diese Formulierung lässt offen, ob die Hinzurechnung den in Abs. 3–5 vorgesehenen Abzügen vorausgeht oder nachfolgt. Eine Gleichstellung mit den Beziehern anderer Einkünfte wird aber nur erreicht, wenn die abgeltungsbesteuerten Kapitalerträge hinzugerechnet werden, **bevor** ein Verlustabzug nach § 10d oder SA und ag. Belastungen abgezogen worden sind. Insbes. für die Bemessungsgrundlage des § 10d sind in diesen Fällen die Kapitalerträge zu berücksichtigen. Die leistungsbewilligende Behörde wird eine Schattenveranlagung durchzuführen haben, bei der die Kapitalerträge in die Ermittlung der Summe der Einkünfte nach Abs. 3 einzubeziehen sind. In diesen Fällen wird der StPfl. jedoch idR den Antrag nach § 32d Abs. 6 (Günstigerprüfung) stellen. Dann ist klar geregelt, dass die Abzüge nach Abs. 3 ff. auch v. den Kapitalerträgen vorzunehmen sind. S. 2 sieht für die dort genannten Begriffe eine Minderung um die Kinderbetreuungskosten vor. 110

Abs. 5a S. 1 enthält somit die Klarstellung, dass die Sonderregeln des Teileinkünfteverfahrens und typisierend auch der Abgeltungsteuer eine Kollisionsregel für das Verhältnis v. KSt und ESt begründen, die Systematik des ESt-Rechts aber nicht berühren. Ähnliche Vorbehalte für den Begriff des Einkommens (Rn. 100) und den Begriff „zu versteuerndes Einkommen" (Rn. 105) fordern jedoch eine **grundlegende Überprüfung der einkommensteuerlichen Begriffsbildung**, die zunächst im Binnensystem des EStG folgerichtig sein muss, dann im Zusammenwirken mit dem Steuerrecht iÜ modifiziert werden mag, jedoch in ihrer tatbestandlichen Erfassung der besteuerbaren finanziellen Leistungsfähigkeit vorbehaltlos einen Anknüpfungspunkt für andere Leistungs-, Finanzierungs- und Abgabengesetze bieten könnte. Abs. 5a S. 1 hat für die ESt keine Bedeutung. 111

G. Schedulenbesteuerung der Abgeltungsteuer (Abs. 5b)

Nach Abs. 5b werden die Einkünfte aus KapVerm., die der Abgeltungsteuer unterliegen, **vollständig v. den anderen Einkünften** getrennt. Die KapESt nach § 43 Abs. 5 wirkt nur abgeltend, wenn die in dieser Art besteuerten Einkünfte v. der üblichen Einkünfteermittlung ausgenommen bleiben. Diese Kapitalerträge sind deshalb in die Ausgangsbegriffe der Abs. 2–5 nicht einzubeziehen. 112

---

1 BT-Drucks. 16/4841, 46.
2 Eingefügt durch G. v. 1.11.2011, BGBl. I 2011, 2131.
3 Bis VZ 2008 noch Halbeinkünfteverfahren.

113 Die Sonderregel des Abs. 5b durchbricht den Grundsatz einer **synthetischen ESt**, die grds. alle Einkünfte gleich belastet. Die synthetische ESt wird durch eine Schedulenbesteuerung ersetzt.[1] Einkünfte aus KapVerm. sind ihrer Struktur nach einer bestimmten Person nur flüchtig zugeordnet, geografisch nicht an eine bestimmte Erwerbsgrundlage gebunden, idR schon bei der KapGes. vorbelastet. Deshalb erscheint es vertretbar, diese Einnahmen einer Bruttobesteuerung, vermindert nur um einen Sparer-PB (§ 20 Abs. 9, § 2 Abs. 2 S. 2), zu unterwerfen, sie dann aber mit dem Abgeltungsteuersatz von 25 % (§ 32d Abs. 1) zu belasten. Für diesen Quellenabzug im Massenverfahren ist es möglich, diese Einkünfte mit einer Definitivsteuer zu belasten, die in einem linearen Satz den absetzbaren Aufwand und den Progressionssatz in Durchschnittswerten typisiert.[2]

114 Abs. 5b regelt die Rechtsfolge, dass bei der stufenweisen Ermittlung des zu versteuernden Einkommens der Abzug der tatsächlichen WK ausgeschlossen ist (§ 20 Abs. 9), insofern also die „Einkünfte" nicht nach Abs. 2 S. 1 Nr. 2 gebildet werden. Die Einkünfte aus KapVerm. bleiben außerhalb der Summe der Einkünfte und des Gesamtbetrags der Einkünfte. SA und ag. Belastungen werden nicht abgezogen. Der einzig abziehbare private Aufwand ist nach § 32d Abs. 1 S. 3 die KiSt. Die Einkünfte aus KapVerm. werden auch bei der Ermittlung des höchstmöglichen Abzugs nach § 10d nicht einbezogen; auch hier ist jedoch ein Antrag nach § 32d Abs. 6 möglich.[3]

H. Tarifliche und festzusetzende Einkommensteuer (Abs. 6 und 7)

115 **I. Tarifliche Einkommensteuer und Abzüge.** Die tarifliche ESt ist der **Steuerbetrag**, der sich durch Anwendung des ESt-Tarifs (§ 32a) auf das zu versteuernde Einkommen (§ 2 Abs. 5 S. 1) ergibt. Abs. 6 regelt den Rechenweg von der tariflichen zur festzusetzenden ESt. Das Schema zur Ermittlung des zu versteuernden Einkommens und der festzusetzenden ESt ist in EStR 2 abgedruckt (Rn. 37 f.). Abweichungen von der tariflichen ESt ergeben sich aus dem ProgrVorb. des § 32b, aus dem besonderen Pauschaltarif für Einkünfte aus KapVerm. (§ 32d), der typisierenden Verteilung der außerordentlichen Einkünfte nach § 34, dem begünstigenden Steuersatz für nicht entnommene Gewinne nach § 34a und der Steuerermäßigungen bei Einkünften aus außerordentlicher Holznutzung nach § 34b.

115a Die tarifliche ESt ist nach Abs. 6 S. 1 zu **vermindern** um die anzurechnende ausländ. Steuer (§ 34c Abs. 1 und 6, § 12 AStG) und die Steuerermäßigungen nach § 34f (Baukindergeld), § 34g (Parteizuwendungen), § 35a (haushaltsnahe Dienstleistungen) sowie nach zwei Steuerkonkurrenzregeln – die Steuerermäßigung bei kumulativer GewSt (§ 35) und bei Vorbelastung mit ErbSt (§ 35b). **Hinzuzurechnen** sind Steuern auf Kapitalerträge nach § 32d Abs. 3 und 4, die pauschalierte Steuer auf ausländ. Einkünfte (§ 34c Abs. 5) und der Zuschlag nach § 3 Abs. 4 S. 2 des Forstschäden-AusgleichG. Nach § 2 Abs. 6 S. 2 sind danach **Altersvorsorgezulagen** zur tariflichen ESt zu addieren, falls Doppelbegünstigungen drohen.[4] Für „Berufseinsteiger" gilt nach § 2 Abs. 6 S. 2 HS 2 eine Ausnahme.[5] Eine Doppelbegünstigung ist nach § 2 Abs. 6 S. 2 auch durch Hinzurechnung des ausgezahlten **Kindergeldes** zu verhindern, wenn Eltern den für sie günstigeren Kinderfreibetrag genutzt haben, nun aber nicht zusätzlich durch das als Steuervergütung monatlich ausgezahlte Kindergeld (§ 31 S. 3) begünstigt werden sollen. Das Kindergeld ist der festzusetzenden ESt hinzuzurechnen. Dies ergibt sich aus § 31 S. 4. § 2 Abs. 6 S. 3 ist insoweit nur deklaratorisch.[6]

116 Die tarifliche ESt und deren Minderung zur festzusetzenden ESt sind eher technische Abzugs- und Zurechnungsanweisungen, entwickeln **keine systemprägende Kraft**. Die Minderung der tariflichen ESt bleibt v. der Progression unabhängig. Das gilt insbes., wenn Steuerbeträge (ausländ. Steuern) oder Beträge, die wie Steuern betrachtet werden sollen (Kindergeld), berücksichtigt werden. Abs. 6 verschafft Sondervorschriften des EStG Zugang zu der das EStG dirigierenden Grundsatznorm des § 2, ohne dass sie Systemaussagen enthielten. Die bewusste Systemdurchbrechung des Abs. 2 S. 2, Abs. 5b nimmt eine Ermittlungsvorschrift in den § 2 auf, die sich ihrerseits vor diesem Folgerichtigkeitsgebot bewähren muss.

117 Die festzusetzende ESt (Abs. 6) bezeichnet die **ESt-Schuld**. Sie ist auch – in den Modifikationen des § 51a – **Steuermaßstab** für die Festsetzung und Erhebung v. Zuschlagsteuern. Praktische Bedeutung gewinnt sie für die KiSt.

1 *Englisch*, StuW 2007, 221 (222); *Hey*, BB 2007, 1303 (1308); *G. Kirchhof*, DStR 2009, Beihefter zu Heft 49, 135; *H/H/R*, § 2 Anm. 16.
2 BFH v. 29.4.2014 – VIII R 9/13, FR 2014, 1100 = BFH/NV 2014, 1617 Rn. 24; vgl. auch BVerfG v. 27.6.1991 – 2 BvR 1493/89, BVerfGE 84, 239 = FR 1991, 375 m. Anm. *Felix*.
3 Zur Bindungswirkung des Verlustfeststellungsbescheides an den Einkommensteuerbescheid vgl. BFH v. 9.5.2017 – VIII R 40/15, BStBl. II 2017, 1049.
4 *Ratschow* in Blümich, § 2 Rn. 171.
5 Vgl. im Einzelnen *Musil* in H/H/R, § 2 Anm. 882.
6 *Ratschow* in Blümich, § 2 Rn. 171.

II. Steuertarif (Abs. 6). Der Steuertarif der ESt klingt im § 2 nur im Abs. 5 S. 1 und im Abs. 6 S. 1 an, gehört aber zu den systemprägenden Vorschriften des EStG. Der **Grundtarif** – geregelt im § 32a Abs. 1 – beginnt mit einem Grundfreibetrag. Wer ein Einkommen unter dieser Summe bezieht, muss keine ESt bezahlen. Danach folgen zwei **Progressionszonen** v. 14 % bis 42 %. Sodann folgen zwei **Proportionalzonen** von 42 % und 45 % (Rn. 17). In dieser Konzeption nähert sich der Tarif immer mehr einer Linearbelastung mit anfänglicher, aber in den Massenverfahren höchst bedeutsamer Sozialentlastung. Die Spitzenbelastung wird vielfach durch Steuergestaltungen vermieden. Diese Besteuerungsformel wird in der Praxis durch Tabellen umgesetzt. Der Tarif ist kein Stufentarif, sodass die Tabellenwerte nur für das angegebene Einkommen, nicht für dazwischenliegende Werte zutreffen. Der Grundtarif wird durch besondere Tarife, insbes. den Splittingtarif, begünstigte Steuersätze für außerordentliche Einkünfte, den ProgrVorb., verminderte Steuersätze für thesaurierte Gewinne und durch die Abgeltungssteuer für Kapitaleinkünfte weiter modifiziert. Diese Regelung ist für den StPfl. nicht verständlich, verweigert den Dialog mit ihm in der offensichtlichsten Belastungsentscheidung des G, nimmt dem Gesetzesadressaten die Möglichkeit, durch Lektüre des Gesetzestextes zu erfahren, wie hoch die ihn treffende Steuerbelastung ist. Der Steuertarif zeigt – neben der Bemessungsgrundlage – die Dringlichkeit einer Reform, die das EStG einfach, verständlich, erklärbar und damit gerecht macht. Der Gesetzgeber könnte für bestimmte Einkommen eine Belastung mit 14 Cent pro Euro, mit 20 Cent, mit 25 Cent usw. vorsehen, sodann jedem StPfl. sagen, wie viel Euro pro Jahreseinkommen er zu bezahlen hat. 118

Das deutsche EStRecht kennt **seit 1891 einen progressiven Tarif** – damals in Preußen v. 0,67 bis 4 %. Mehrere, mit wachsender Bemessungsgrundlage ansteigende Steuersätze sollten das Besitzeinkommen ggü. dem Arbeitseinkommen stärker belasten, in der Geschichte der bürgerlichen Sozialreform teilw. auch höher belastbares „Luxuseinkommen“ und sogar „überflüssiges“ Einkommen definieren. Heute bietet der progressive Tarif einen der Gründe für eine durch viele Ausnahmeregelungen und Vermeidungsstrategien durchlöcherte Bemessungsgrundlage. Die Progression verleitet zu unwirtschaftlichen und sinnwidrigen Steuervermeidungstechniken, verursacht offensichtliche Gleichheitswidrigkeiten, wenn eine Steuersubvention durch Abzug v. der Bemessungsgrundlage gewährt wird, das höhere Einkommen deshalb höher entlastet wird als das niedrigere. Die Progression erfasst auch das Einkommen nicht gleichheitsgerecht und rechtsformneutral, wenn das Körperschaftsteuerrecht und nunmehr auch die ESt lineare Steuersätze kennen. Das Nominalwertprinzip führt bei steigendem Nominalwert zu einer **„kalten Progression“**, erhöht also stetig die Steuerlast, ohne dass darüber in einem förmlichen Gesetzgebungsverfahren beschlossen worden wäre. Die Progression führt auch zu materiellen Verwerfungen, wenn Einkünfte in mehreren VZ erwirtschaftet werden, dann aber in einem VZ geballt anfallen (§ 34). Die Progression verfehlt ihr eigenes Prinzip, wenn bei der Besteuerung, insbes. bei den Abgeltungssteuern, nur ein Teil des Einkommens bekannt ist oder wenn – wie bei der Pauschalbesteuerung v. Arbeitslohn – der Empfänger einer stpfl. Leistung unbekannt ist. Zudem veranlasst der progressive Steuertarif eine Fülle v. Sonderregeln, die das Recht komplizierter machen: die besonderen Veranlagungsformen für Ehegatten, die Tarifbegrenzung für tarifliche Einkünfte, der modifizierte Steuersatz für außergewöhnliche Einkünfte, einzelne Rücklagen, die Sonderregelung des Unterhalts für den geschiedenen Ehegatten, die Pauschalierung bei der LSt oder bei Leistungen durch Dritte, der ProgrVorb., das Teileinkünfteverfahren, die Korrektur der proportionalen Vorbelastung mit KapESt und der progressiven Vorbelastung mit LSt. Diese Vorschriften wären entbehrlich oder könnten systematisch vereinfacht werden, wenn es keine Progression gäbe und steigende Einkommen entspr. ihrer Höhe proportional höher besteuert würden. 119

III. Jahressteuerprinzip (Abs. 7). Nach Abs. 7 S. 1 ist die ESt eine Jahressteuer, erfasst demnach nicht den einzelnen Geschäftsvorfall in seinem Einkommenserfolg, sondern das aus der Erwerbstätigkeit erzielte Gesamtergebnis pro Jahr. Die ESt belastet das zu versteuernde Einkommen eines zurückliegenden Kj. (§ 2 Abs. 7 S. 1 und 2, § 25 Abs. 1) – das **Jahreseinkommen** – und entsteht mit Ablauf des VZ (§ 36 Abs. 1). Die ESt wird nach Ablauf des VZ (§ 25 Abs. 1) veranlagt und bemisst sich nach dem individuellen Erwerbserfolg innerhalb dieses Jahres. Der ESt-Tarif ist ein Jahrestarif; § 32a gewinnt erst durch § 2 Abs. 7 seinen konkreten Inhalt. Der StPfl. hat für den abgelaufenen VZ seine ESt-Erklärung abzugeben (§ 25 Abs. 3 S. 1). Die Grundregel des Jährlichkeitsprinzips wird in vielen nachfolgenden Vorschriften bestätigt (§ 4 Abs. 1 S. 1, § 7, § 10 Abs. 1 Nr. 1, Nr. 7, § 10b, § 24a, § 33a Abs. 1, 2, § 33b Abs. 6), bleibt aber iÜ für die Zurechnung v. Erwerbseinnahmen und Erwerbsaufwendungen, für Typisierungs- und Pauschalierungsbeträge, für Freibeträge und Freigrenzen, für Einkommensgrenzen und insbes. die Steuerprogression konstitutiv. Abs. 7 S. 2 definiert diese Größen als Jahresbeträge. Zugleich besagt Abs. 7 S. 2, dass die nach Abs. 3–5 gebildeten Zwischengrößen (Summe der Einkünfte, Gesamtbetrag der Einkünfte, Einkommen, zu versteuerndes Einkommen) ebenfalls Jahresbeträge sind und die tarifliche sowie die festzusetzende ESt (Abs. 6) sich auf das jeweilige Kalender- oder Wj. (§ 4a) bezieht. Das Kindergeld wird entspr. seiner Funktion als Unterhaltszahlung monatlich ausgezahlt, schafft damit Anwendungspro- 120 bleme.[1] Die AfA kann im Jahr der Anschaffung und des Ausscheidens der WG aus dem BV nur anteilig für die Monate der Zugehörigkeit des WG zum BV in Anspr. genommen werden (§ 7 Abs. 1 S. 4, Abs. 2 S. 3). Ein Insolvenzverfahren beeinflusst den Ermittlungszeitraum der ESt nicht. Die Regeln der Abschnittsbesteuerung sind auch in diesem Verfahren zu beachten.[2]

121 Die Abschnittsbesteuerung (§ 25 Abs. 1) verpflichtet das FA, in jedem VZ die Besteuerungsgrundlagen erneut zu prüfen und rechtl. zu würdigen. Ein **Vertrauenstatbestand**, der über die im Steuerbescheid für einen VZ zugrunde gelegte Entsch. hinausgeht, entsteht nicht.[3]

122 Das Jahresprinzip ist ein **materielles Besteuerungsprinzip**.[4] Ihm entspricht auf der Ausgabenseite des Staates der jährliche Haushaltsplan. Der Staat finanziert sich in seinem gegenwärtigen Bedarf durch Teilhabe am gegenwärtigen Einkommenserfolg gegenwärtiger individueller Nutzung der Erwerbsgrundlage. Erwerbseinnahmen werden zeitgebunden mit den Erwerbsausgaben verrechnet, die existenzsichernden Aufwendungen dem gegenwartsnahen Lebensbedarf zugerechnet. Die abschnittsweise Einkommensbesteuerung verteilt die individuelle Steuerlast zeitgerecht und verstetigt das staatliche Aufkommen aus der ESt entspr. der Ertragskraft und der Nutzbarkeit der jeweils v. der Rechtsgemeinschaft bereitgestellten Erwerbsmöglichkeiten. Nach § 4a kann der Gewinnermittlungszeitraum je nach tatsächlichem Wj. **abw. festgesetzt** werden. § 34 bestätigt das Prinzip der Jahresbesteuerung für **außerordentliche Einkünfte**, die langfristig erzielt worden sind, aber formal in einem Jahr zufließen und deswegen progressionsmindernd gesondert zu belasten sind. § 37 verstetigt das ESt-Aufkommen durch die Verpflichtung zu **Vorauszahlungen** auf die voraussichtliche ESt-Schuld für den lfd. VZ. Eine Besteuerung des **Lebenseinkommens** verfehlte die Gleichheit in der Zeit, gefährdete iÜ die freiheitliche Eigentumsordnung, weil sie dem StPfl. zunächst das Einkommen voll als Eigenes zur privatnützigen Disposition überlassen, zum Lebensende dann aber das vermeintlich Eigene kumulativ mit ESt und ErbSt belasten und so privatwirtschaftlich gewachsene Strukturen zerstören würde. Laufende Steuervorauszahlungen auf dieses Lebenseinkommen könnten diesen Strukturfehler nicht lösen, würden vielmehr nach Vermutung Soll-Einkommen besteuern, bei einer ergänzenden Endbesteuerung auf gleiche Probleme treffen oder aber die Erstattung zu viel gezahlter Steuern dem Rechtsnachfolger zuweisen.

123 Allerdings steht die grds. jährliche Abschnittsbesteuerung in einem Spannungsverhältnis zum objektiven Nettoprinzip, wenn die Erwerbsaufwendungen die Erwerbseinnahmen im Veranlagungs- oder Erhebungszeitraum übersteigen, sich damit die Frage des **periodenübergreifenden Verlustausgleichs** (§ 10d) stellt. Dieser Prinzipienkonflikt ist zu einem schonenden Ausgleich zu bringen. Er ist jedenfalls dann verfassungsrechtl. nicht zu beanstanden, wenn das G den Verlustausgleich nicht versagt, sondern zeitlich streckt.[5] Auch garantiert das GG nicht einen uneingeschränkten Verlustvortrag, der eine Beschränkung des Verlustvortrags auf bestimmte Einkunftsarten oder auf bestimmte, durch BV-Vergleich ermittelte Betriebsverluste ausschließen würde.[6] Eine Mindestbesteuerung dürfte jedoch auf Bedenken treffen, wenn der Verlust bei der Ermittlung des Einkommens endgültig keine Wirkungen haben wird (**„Definitiveffekt“**).[7] Solche Wirkungen können insbes. bei der Liquidation kstpfl. Unternehmen auftreten, wenn es sich dort um zeitlich begrenzt wirkende Projektgesellschaften handelt, ebenso bei bestimmten Unternehmensgegenständen (zB langfristiger Fertigung) und in Sanierungsfällen.[8] Das BVerfG[9] hat zu § 8c Abs. 1 S. 1 KStG hervorgehoben, die Bekämpfung von legalen, jedoch unerwünschten, dem Gesetzeszweck von § 10d EStG zuwiderlaufenden Steuergestaltungen – insbes. des Handels mit vortragsfähigen Verlusten (sog. Mantelkauf) – sei legitim und rechtfertige grds. Ungleichbehandlungen. Die Regel, das Steuersubjekt, das den Verlust nutzen möchte, müsse mit demjenigen Steuersubjekt identisch sein, das den Verlust erlitten habe, sei sachgerecht. Wenn jedoch ein schädlicher Beteiligungserwerb bei Anteilsübertragungen von mehr als 25 % des gezeichneten Kapitals an einer KapGes. an einen Erwerber als Tatbestand für einen

1 BFH v. 15.1.2003 – VIII R 72/99, BFH/NV 2003, 898; v. 4.11.2003 – VIII R 43/02, FR 2004, 421 = BFH/NV 2004, 405.
2 BFH v. 8.6.1972 – IV R 129/66, BStBl. II 1972, 784; *Musil* in H/H/R, § 2 Anm. 901, 912.
3 BFH v. 13.12.1989 – X R 208/87, BStBl. II 1990, 274; v. 21.8.2012 – VIII R 11/11, BStBl. II 2013, 117 = FR 2013, 326 (328 f.).
4 **AA** *Musil* in H/H/R, § 2 Anm. 900; *Ratschow* in Blümich, § 2 Rn. 175.
5 Vgl. BFH v. 1.7.2009 – I R 76/08, BStBl. II 2010, 1061 = FR 2010, 92; v. 26.8.2010 – I B 49/10, BStBl. II 2011, 826 = FR 2011, 75 m. Anm. *Buciek*; v. 22.8.2012 – I R 9/11, FR 2013, 213 = DStR 2012, 2435.
6 BVerfG, Kammerbeschl. v. 8.3.1978 – I BvR 117/78, HFR 1978, 293; vgl. aber auch BVerfG v. 30.9.1998 – 2 BvR 1818/91, BVerfGE 99, 88 = FR 1998, 1028 – völliger Ausschluss der Verlustverrechnung bei lfd. Einkünften aus Vermietung beweglicher Gegenstände (§ 22 Nr. 3 S. 3 EStG 1983).
7 BFH v. 26.2.2014 – I R 59/12, BFH/NV 2014, 1674 = FR 2014, 1033 Rn. 22 f., 28 f.
8 BFH v. 22.8.2012 – I R 9/11, FR 2013, 213 = DStR 2012, 2435 (2438).
9 BVerfG v. 29.3.2017 – 2 BvL 6/11, FR 2017, 577 m. Anm. *Suchanek* = DStR 2017, 1094.

Identitätswechsel dienen solle, fehle dem der sachliche Grund, weil die wirtschaftliche Identität bei einer KapGes. nicht allein durch die Person des Anteilseigners, sondern vor allem durch den Unternehmensgegenstand und das BV bestimmt werde. Ein Anteilserwerb zw. 25 % und 50 % erfasse nicht typisierend die Einflussmöglichkeit des Erwerbers.

Besteht eine StPflicht nicht während des ganzen Kj., ist idR der kürzere Zeitraum der Ermittlungszeitraum, nicht der VZ (§ 25). Der Tarif des § 32a ist dann auf das tatsächlich erzielte zu versteuernde Einkommen anzuwenden. Auch bei einem **Wechsel v. der unbeschränkten zur beschränkten StPflicht** und umgekehrt gilt das Jahressteuerprinzip fort. Gem. Abs. 7 S. 3 ist eine einheitliche Jahresveranlagung erforderlich, bei der die Summe der Einkünfte aus sämtlichen Einkünften der unbeschränkten StPflicht (Welteinkommensprinzip, s. § 1 Rn. 1) zzgl. der inländ. Einkünfte nach § 49 ermittelt wird, die vor oder nach Bestehen der unbeschränkten StPfl. erzielt wurden.[1] Dabei werden wegen des ProgrVorb. auch die ausländ. Einkünfte einbezogen, die aufgrund v. DBA im Inland nicht der Besteuerung unterliegen.[2] Insoweit trifft das DBA keine Aussagen über Art und Ausmaß der inländ. Besteuerung.[3] Für diese Einkünfte tritt keine Abgeltungswirkung nach § 50 Abs. 2 S. 1 ein. Die Veranlagungsart und der maßgebliche Tarif bestimmen sich nach dem Sachverhalt in der Zeit der unbeschränkten StPflicht. Diese Regelung des S. 3 beseitigt die zuvor bestehende Ungleichbehandlung. Bisher wurde als Jahreseinkommen nur das Einkommen angesetzt, das der StPfl. während der Dauer seiner unbeschränkten EStPflicht innerhalb eines Kj. bezogen hat.[4] Es widerspricht der Besteuerung nach der Leistungsfähigkeit, wenn ein Teil der Einkünfte pauschal und damit definitiv besteuert wird, obwohl eine Veranlagung durchzuführen ist. 124

Das Jährlichkeitsprinzip bringt die Steuer zum Entstehen, verliert aber an Bedeutung für die Schranken **rückwirkender Gesetzgebung** (Einl. Rn. 46). 125

I. Prinzipiennorm

§ 2 regelt somit die Ausgangstatbestände, die dem gesamten EStG zugrunde liegen: die Norm skizziert den **Steuergegenstand**, entwickelt die **Bemessungsgrundlage** in den sieben **Zustandstatbeständen** der sieben Einkunftsarten, regelt den **Handlungstatbestand** des „Erzielens“ der Einkünfte „aus“ diesen Erwerbsgrundlagen sowie den **Erfolgstatbestand**, der sich aus den Einkünften, der Summe der Einkünfte, dem Gesamtbetrag der Einkünfte, dem Einkommen und dem zu versteuernden Einkommen ergibt. § 2 enthält auch – im Zusammenwirken mit § 1 – die Definition des **Steuersubjekts:** Der StPfl., der Einkünfte erzielt – als Inländer mit seinem Welteinkommen, als Nicht-Inländer mit seinen inländ. Einkünften. Der **Steuertarif** wird im Stichwort der ESt (Abs. 1 S. 1), noch deutlicher in der „tariflichen Einkommensteuer“ (Abs. 5 S. 1) und der festzusetzenden ESt (Abs. 6 S. 1) angesprochen, gehört zu den normdirigierenden und systemprägenden Prinzipien des EStG. Gleiches gilt für die in Abs. 7 geregelte **Jahressteuer**. Die ESt ist ohne Jährlichkeitsprinzip nicht zu erheben. Schließlich stellt § 2 die verschiedenen Grundtatbestände der ESt in einen Zusammenhang, rechnet insbes. dem die Einkünfte erzielenden StPfl. Vermögensmehrungen und Vermögensminderungen, Einnahmen und Ausgaben zu, benennt den Berechtigten der existenzsichernden Abzüge, definiert den Steuerschuldner für die Besteuerungsperiode, die v. dieser Periode abhängigen Einzeltatbestände und Tarife, gibt damit auch der Unterscheidung zw. unbeschränkter und beschränkter StPflicht eine tatbestandliche Grundlage. § 2 enthält die v. Einkommensteuergesetzgeber geregelten Kerntatbestände, die eine Einkommenbesteuerung rechtfertigen, die in den nachfolgenden §§ des EStG näher ausgeführten Belastungsgründe im Kern vorwegnehmen, **damit der Gesetzesentwicklung und der Gesetzesauslegung prinzipielle Maximen vorgeben**. Der Gleichheitssatz des Art. 3 Abs. 1 GG fordert insbes. eine folgerichtige und widerspruchsfreie Einkommensteuergesetzgebung: Für die Dauer der Geltung dieser Prinzipien des § 2 muss jede Abweichung v. diesen Grundsätzen vor dem Gleichheitssatz des Art. 3 Abs. 1 GG ausdrücklich gerechtfertigt werden (Einl. Rn. 31). 126

§ 2 zeigt aber in der Fülle insbes. seiner Abzugstatbestände, der Ausgestaltung der KapESt als Schedulensteuer, den vielfältigen Abstufungen der tariflichen und der festzusetzenden ESt die grundlegende **Gefährdung der ESt** in ihrer inneren Rechtfertigung und deren Ersichtlichkeit. Die Prinzipiennorm des § 2 macht den Reformbedarf für das EStG bewusst und benennt die überzeugenden Grundprinzipien dieser Steuer. Zu diesen muss das EStG zurückkehren. 127

---

1 Zur Berechnung der LSt nach einem Wechsel BFH v. 25.8.2009 – I R 33/08, BStBl. II 2010, 150 = FR 2010, 182.
2 BFH v. 15.5.2002 – I R 40/01, BStBl. II 2002, 660 = FR 2002, 1008.
3 *Mössner*, IStR 2002, 242.
4 BFH v. 27.7.1994 – I R 25/94, BStBl. II 1995, 127.

J. Lebenspartnerschaften

128 **I. Umsetzung eines Verfassungsgerichtsbeschlusses.** Das **LPartG**[1] hat das Rechtsinstitut der eingetragenen Lebenspartnerschaft eingeführt, das zwei Personen gleichen Geschlechts ermöglicht, vor dem Standesbeamten eine Partnerschaft auf Lebenszeit zu begründen (§ 1 Abs. 1 LPartG). Die Lebenspartnerschaft ist eine Erwerbsgemeinschaft, insoweit den – zum vertraglichen Splitten des gemeinsam erzielten Gewinns berechtigten – Personen- und Kapitalgesellschaften ähnlich. Sie ist ebenso Gemeinschaft des Erwerbs und des Verbrauchs, insoweit der Ehe ähnlich. Das BVerfG betont in seiner Entsch. zur Zusammenveranlagung der Lebenspartner die Ähnlichkeit zur Ehe, fordert deshalb, die einkommensteuerrechtl. Vorschriften zu den Ehegatten auch auf die Lebenspartner anzuwenden.[2] Die Neuregelung des § 2 Abs. 8 zieht daraus die gesetzl. Konsequenzen. Dem folgend sind nach dem neu gefassten § 1 EStDV die Regelungen der EStDV zu Ehegatten und Ehen auch auf Lebenspartnerschaften und Lebenspartner anwendbar.

129 Nach dem G zur Änderung des EStG in Umsetzung der Entsch. des BVerfG vom 7.5.2013[3] sind die einkommensteuerrechtl. Vorschriften zu Ehegatten und Ehen auch auf Lebenspartner und Lebenspartnerschaften anzuwenden. Nunmehr ist der bislang nur den Eheleuten zustehende einkommensteuerrechtl. Splittingtarif **auch eingetragenen Lebenspartnern zu gewähren**. Die Zusammenveranlagung wirkt verwaltungsvereinfachend. Unterhaltsaufwendungen innerhalb der Lebenspartnerschaft müssen nicht mehr gesondert geltend gemacht und nachgewiesen werden. Statt zwei Steuererklärungen muss nur noch eine gemeinsame Erklärung abgegeben werden.[4] Ob die Zusammenveranlagung auch im Vergleich zur Einzelveranlagung entlastet, hängt von den Einkommensunterschieden unter den Partnern ab. Oft haben Angehörige der betroffenen Sozialgruppe ähnliche Einkommen, bei denen die Anwendung des Splittingtarifs nicht entlastet oder sogar benachteiligt.[5] Nach § 52 Abs. 2a ist die Neuregelung in allen Fällen anzuwenden, in denen die ESt noch nicht bestandskräftig festgesetzt ist. Die eingetragene Lebenspartnerschaft ist erst seit dem 1.8.2001 gesetzl. begründet worden. Die rückwirkende Anwendung des Splittingtarifs gilt aber für den gesamten VZ 2001, soweit die Steuerveranlagungen noch nicht bestandskräftig sind, dh. insbes., solange die ESt-Veranlagung nicht ruhend gestellt wurde, unter dem Vorbehalt der Nachprüfung ergangen ist oder eine Antragsveranlagung für einen Lebenspartner noch möglich ist.[6]

130 Die Benennung des Änderungsgesetzes und seine sehr knappe Begründung machen deutlich, dass der Gesetzgeber die Entsch. des BVerfG vom 7.5.2013[7] umsetzen, sich dabei aber **auf das in dieser Entsch. Angeordnete beschränken wollte**. Der Entsch. zur einkommensteuerlichen Zusammenveranlagung war ein Beschl. zum Grunderwerbsteuergesetz[8] vorausgegangen, wonach bei Grundstücksübertragungen auch zw. eingetragenen Lebenspartnern keine Grunderwerbsteuer anfällt. Auch bei der Erbschaft- und Schenkungsteuer sind die eingetragenen Lebenspartner den Ehegatten gleichzustellen.[9] Die eingetragenen Lebenspartner werden dort wie Ehegatten der Steuerklasse I zugeordnet. Wird die eingetragene Lebenspartnerschaft aufgehoben, gilt für den ehemaligen Lebenspartner die Steuerklasse II. Beide Lebensformen seien in vergleichbarer Weise rechtl. verbindlich verfasst. Auch Lebenspartner seien einander zur Fürsorge und Unterstützung sowie zur gemeinsamen Lebensgestaltung verpflichtet, trügen füreinander Verantwortung, seien im Güterrecht, Unterhaltsrecht, Scheidungsrecht, dem Recht der Stiefkindadoption, dem Versorgungsausgleich und der Hinterbliebenenversorgung einander angeglichen.[10] Der Gesetzgeber habe die Lebenspartnerschaft in einer der Ehe vergleichbaren Weise „als umfassende institutionalisierte Verantwortungsgemeinschaft“ gefasst. Das Splittingverfahren verstehe die Ehe „als Gemeinschaft des Erwerbs und Verbrauchs“, ziehe die steuerpolitische Konsequenz und logische steuerrechtl. Folgerung einer derartigen Gemeinschaft in einer progressiven Besteuerung. Für die Lebenspartnerschaft gelte ebenso die Zugewinngemeinschaft und der Versorgungsausgleich, sodass der Gesetzeszweck einer von der Einkommensverteilung unter den Partnern unabhängigen stl. Gleichbehandlung auch diese Gemeinschaften bestimme.[11] Das BVerfG[12] hat den Gesetzgeber verpflichtet, den festgestellten Verfassungsverstoß rückwirkend zum Zeitpunkt der Einführung des Instituts der Lebenspartnerschaft (1.8.2001) zu beseitigen, soweit deren Veranlagungen noch nicht be-

1 G v. 16.2.2001, BGBl. I 2001, 260, zuletzt geändert durch Art. 8 G vom 7.5.2013, BGBl. I 2013, 1122.
2 BVerfG v. 7.5.2013 – 2 BvR 909/06, FamRZ 2013, 1103.
3 G v. 15.7.2013, BGBl. I 2013, 2397.
4 BT-Drucks. 17/13870, 4.
5 *Gebhardt*, EStB 2013, 315 (316).
6 Vgl. im Einzelnen *Christ*, FamRB 2013, 257 (258).
7 2 BvR 909/06, FamRZ 2013, 1103.
8 BVerfG v. 18.7.2012 – 1 BvR 16/77, BVerfGE 132, 179 (188).
9 BVerfG v. 21.7.2010 – 1 BvR 611/07, BVerfGE 126, 400 (416 f.).
10 Vgl. BVerfG v. 7.7.2009 – 1 BvR 1164/07, BVerfGE 124, 199 (206 f.); v. 18.7.2012 – 1 BvL 16/11, BVerfGE 132, 179 (190 f.).
11 BVerfG v. 18.7.2012 – 1 BvL 16/11, BVerfGE 132, 179 Rn. 93 ff.
12 BVerfG v. 18.7.2012 – 1 BvL 16/11, BVerfGE 132, 179 Rn. 104 f.

standskräftig durchgeführt sind. Insoweit erfasst die Rückwirkung den VZ 2001 (§ 52 Abs. 2a). Haben – noch nicht eintragungsfähige – Lebenspartner vorher – im VZ 2000 – einen notariell beurkundeten Partnerschaftsvertrag geschlossen, so können sie eine Gleichstellung mit Ehegatten vor Inkrafttreten des LPartG nicht beanspruchen, mögen sie auch die stärkste gegenseitige Verbindung vereinbart haben.[1]

Die Vorschrift über die Gleichbehandlung von Ehegatten und Lebenspartnern **gehört nicht in die gesetzesdirigierende Norm des § 2** (vgl. Rn. 21). Sie betrifft den Anwendungsbereich des Splittingverfahrens, nicht Leitgedanken und System des EStG, an dem sich die weiteren Vorschriften des EStG und deren Auslegung ausrichten. Die systematisch verfehlte Zuordnung wird mit dem Ziel der Neuregelung erklärt, die Gleichbehandlung von Ehegatten und Lebenspartnern „als Generalnorm" für das gesamte EStG zu regeln.[2] 131

II. Voraussetzungen der Gleichstellung. Eingetragene Lebenspartner können sich zusammen zur ESt veranlagen lassen, wenn beide Partner unbeschränkt estpfl. sind, also grds. ihren Wohnsitz oder dauernden Aufenthalt in Deutschland haben, sie nicht dauernd getrennt leben und beide Partner sich für die Zusammenveranlagung entscheiden. Gibt ein Partner keine Erklärung über die Art der Veranlagung ab, wird nach § 26 Abs. 3 gemeinsam veranlagt. Beantragt ein Partner eine Einzelveranlagung, ist eine Zusammenveranlagung ausgeschlossen (§ 26 Abs. 2 S. 1). 132

Verstirbt der Partner einer eingetragenen Lebenspartnerschaft, gewährt § 32a Abs. 6 dem Überlebenden für das Folgejahr den Splittingtarif. Er wird mit seinen Einkünften so gestellt, als wäre er zusammen zu veranlagen. Diese Fiktion entfällt bei Wiederverheiratung. 133

Nimmt der Partner einer eingetragenen Lebenspartnerschaft **Kinder des anderen Partners in den gemeinsamen Haushalt** auf, so erstreckt § 2 Abs. 8 auch den § 63 Abs. 1 S. 1 Nr. 2 auf diese Partnerschaft. Es besteht ein Kindergeldanspruch für die in den Haushalt aufgenommenen Kinder des eingetragenen Lebenspartners. § 52 Abs. 2a bestimmt zwar, dass § 2 Abs. 8 nur bei noch nicht bestandskräftigen „Einkommensteuer"festsetzungen Anwendung finden soll. Diese Regelung gilt jedoch entspr. für noch nicht bestandskräftige Kindergeldfestsetzungen.[3] § 2 Abs. 8 stellt Ehegatten und Lebenspartner für das gesamte ESt-Recht, mithin auch für das in dem X. Abschn. des EStG geregelte Kindergeldrecht, gleich.[4] Zudem wird das Kindergeld als Steuervergütung gezahlt. Die Gleichbehandlung von Lebenspartnern und Ehegatten vermeidet hier Wertungswidersprüche zwischen ESt und Kindergeldfestsetzungen.[5] § 2 Abs. 8 findet auf verschiedengeschlechtliche Partner einer nicht ehelichen Lebensgemeinschaft keine Anwendung.[6] 134

Ab VZ 2013 gibt es nur noch die Zusammenveranlagung und die Einzelveranlagung. Bei zusammenlebenden eingetragenen Lebenspartnern gilt die Wahlveranlagung, bei getrennt lebenden eingetragenen Lebenspartnern die Pflichtveranlagung. 135

Die praktischen Folgen der Neuregelung dürften gering sein. Der Gesetzesentwurf[7] hat für das Jahr 2013 mit Steuermindereinnahmen iHv. 175 Mio. Euro, für das Jahr 2014 von 40 Mio. Euro gerechnet. 136

III. Schwindende Bedeutung des Abs. 8. Das G v. 20.7.2017[8] hat die auf Lebenszeit geschlossene Ehe (§ 1353 BGB) auch für Personen gleichen Geschlechts geöffnet. Nach dem durch das gleiche G eingeführten § 20a LPartG wird eine eingetragene Lebenspartnerschaft in eine Ehe umgewandelt, wenn die Partner gegenseitig persönlich bei gleichzeitiger Anwesenheit erklären, miteinander eine Ehe auf Lebenszeit führen zu wollen. § 2 Abs. 1 behält praktische Bedeutung für bereits eingegangene und fortgeführte Lebenspartnerschaften. 137

§ 2a Negative Einkünfte mit Bezug zu Drittstaaten

(1) [1]Negative Einkünfte

1. **aus einer in einem Drittstaat belegenen land- und forstwirtschaftlichen Betriebsstätte,**
2. **aus einer in einem Drittstaat belegenen gewerblichen Betriebsstätte,**
3. a) **aus dem Ansatz des niedrigeren Teilwerts eines zu einem Betriebsvermögen gehörenden Anteils an einer Drittstaaten-Körperschaft oder**

---

1 BFH v. 26.6.2014 – III R 14/05, FR 2014, 1047 m. Anm. *Kanzler*.
2 BT-Drucks. 17/13870, 6; vgl. BT-Drucks. 17/14567, 2f.
3 BFH v. 8.8.2013 – VI R 76/12, BStBl. II 2014, 36 = FR 2014, 348.
4 BT-Drucks. 17/13870, 6.
5 BFH v. 8.8.2013 – VI R 76/12, BStBl. II 2014, 36 = FR 2014, 348.
6 BFH v. 26.4.2017 – III B 100/16, BStBl. II 2017, 903 Rn. 9, 10, 12.
7 BT-Drucks. 17/12370.
8 BGBl. I 2017, 2787.

b) aus der Veräußerung oder Entnahme eines zu einem Betriebsvermögen gehörenden Anteils an einer Drittstaaten-Körperschaft oder aus der Auflösung oder Herabsetzung des Kapitals einer Drittstaaten-Körperschaft,

4. in den Fällen des § 17 bei einem Anteil an einer Drittstaaten-Kapitalgesellschaft,

5. aus der Beteiligung an einem Handelsgewerbe als stiller Gesellschafter und aus partiarischen Darlehen, wenn der Schuldner Wohnsitz, Sitz oder Geschäftsleitung in einem Drittstaat hat,

6. a) aus der Vermietung oder der Verpachtung von unbeweglichem Vermögen oder von Sachinbegriffen, wenn diese in einem Drittstaat belegen sind, oder

   b) aus der entgeltlichen Überlassung von Schiffen, sofern der Überlassende nicht nachweist, dass diese ausschließlich oder fast ausschließlich in einem anderen Staat als einem Drittstaat eingesetzt worden sind, es sei denn, es handelt sich um Handelsschiffe, die

      aa) von einem Vercharterer ausgerüstet überlassen oder

      bb) an in einem anderen als in einem Drittstaat ansässige Ausrüster, die die Voraussetzungen des § 510 Absatz 1 des Handelsgesetzbuchs erfüllen, überlassen oder

      cc) insgesamt nur vorübergehend an in einem Drittstaat ansässige Ausrüster, die die Voraussetzungen des § 510 Absatz 1 des Handelsgesetzbuchs erfüllen, überlassen

      worden sind, oder

   c) aus dem Ansatz des niedrigeren Teilwerts oder der Übertragung eines zu einem Betriebsvermögen gehörenden Wirtschaftsguts im Sinne der Buchstaben a und b,

7. a) aus dem Ansatz des niedrigeren Teilwerts, der Veräußerung oder Entnahme eines zu einem Betriebsvermögen gehörenden Anteils an

   b) aus der Auflösung oder Herabsetzung des Kapitals,

   c) in den Fällen des § 17 bei einem Anteil an

   einer Körperschaft mit Sitz oder Geschäftsleitung in einem anderen Staat als einem Drittstaat, soweit die negativen Einkünfte auf einen der in den Nummern 1 bis 6 genannten Tatbestände zurückzuführen sind,

dürfen nur mit positiven Einkünften der jeweils selben Art und, mit Ausnahme der Fälle der Nummer 6 Buchstabe b, aus demselben Staat, in den Fällen der Nummer 7 auf Grund von Tatbeständen der jeweils selben Art aus demselben Staat, ausgeglichen werden; sie dürfen auch nicht nach § 10d abgezogen werden. [2]Den negativen Einkünften sind Gewinnminderungen gleichgestellt. [3]Soweit die negativen Einkünfte nicht nach Satz 1 ausgeglichen werden können, mindern sie die positiven Einkünfte der jeweils selben Art, die der Steuerpflichtige in den folgenden Veranlagungszeiträumen aus demselben Staat, in den Fällen der Nummer 7 auf Grund von Tatbeständen der jeweils selben Art aus demselben Staat, erzielt. [4]Die Minderung ist nur insoweit zulässig, als die negativen Einkünfte in den vorangegangenen Veranlagungszeiträumen nicht berücksichtigt werden konnten (verbleibende negative Einkünfte). [5]Die am Schluss eines Veranlagungszeitraums verbleibenden negativen Einkünfte sind gesondert festzustellen; § 10d Absatz 4 gilt sinngemäß.

(2) [1]Absatz 1 Satz 1 Nummer 2 ist nicht anzuwenden, wenn der Steuerpflichtige nachweist, dass die negativen Einkünfte aus einer gewerblichen Betriebsstätte in einem Drittstaat stammen, die ausschließlich oder fast ausschließlich die Herstellung oder Lieferung von Waren, außer Waffen, die Gewinnung von Bodenschätzen sowie die Bewirkung gewerblicher Leistungen zum Gegenstand hat, soweit diese nicht in der Errichtung oder dem Betrieb von Anlagen, die dem Fremdenverkehr dienen, oder in der Vermietung oder der Verpachtung von Wirtschaftsgütern einschließlich der Überlassung von Rechten, Plänen, Mustern, Verfahren, Erfahrungen und Kenntnissen bestehen; das unmittelbare Halten einer Beteiligung von mindestens einem Viertel am Nennkapital einer Kapitalgesellschaft, die ausschließlich oder fast ausschließlich die vorgenannten Tätigkeiten zum Gegenstand hat, sowie die mit dem Halten der Beteiligung in Zusammenhang stehende Finanzierung gilt als Bewirkung gewerblicher Leistungen, wenn die Kapitalgesellschaft weder ihre Geschäftsleitung noch ihren Sitz im Inland hat. [2]Absatz 1 Satz 1 Nummer 3 und 4 ist nicht anzuwenden, wenn der Steuerpflichtige nachweist, dass die in Satz 1 genannten Voraussetzungen bei der Körperschaft entweder seit ihrer Gründung oder während der letzten fünf Jahre vor und in dem Veranlagungszeitraum vorgelegen haben, in dem die negativen Einkünfte bezogen werden.

(2a) [1]Bei der Anwendung der Absätze 1 und 2 sind

1. als Drittstaaten die Staaten anzusehen, die nicht Mitgliedstaaten der Europäischen Union sind;

2. **Drittstaaten-Körperschaften und Drittstaaten-Kapitalgesellschaften solche, die weder ihre Geschäftsleitung noch ihren Sitz in einem Mitgliedstaat der Europäischen Union haben.**

[2]Bei Anwendung des Satzes 1 sind den Mitgliedstaaten der Europäischen Union die Staaten gleichgestellt, auf die das Abkommen über den Europäischen Wirtschaftsraum anwendbar ist, sofern zwischen der Bundesrepublik Deutschland und dem anderen Staat auf Grund der Amtshilferichtlinie gemäß § 2 Absatz 2 des EU-Amtshilfegesetzes oder einer vergleichbaren zwei- oder mehrseitigen Vereinbarung Auskünfte erteilt werden, die erforderlich sind, um die Besteuerung durchzuführen.

(3) [1]Sind nach einem Abkommen zur Vermeidung der Doppelbesteuerung bei einem unbeschränkt Steuerpflichtigen aus einer in einem ausländischen Staat belegenen Betriebsstätte stammende Einkünfte aus gewerblicher Tätigkeit von der Einkommensteuer zu befreien, so ist auf Antrag des Steuerpflichtigen ein Verlust, der sich nach den Vorschriften des inländischen Steuerrechts bei diesen Einkünften ergibt, bei der Ermittlung des Gesamtbetrags der Einkünfte abzuziehen, soweit er vom Steuerpflichtigen ausgeglichen oder abgezogen werden könnte, wenn die Einkünfte nicht von der Einkommensteuer zu befreien wären, und soweit er nach diesem Abkommen zu befreiende positive Einkünfte aus gewerblicher Tätigkeit aus anderen in diesem ausländischen Staat belegenen Betriebsstätten übersteigt. [2]Soweit der Verlust dabei nicht ausgeglichen wird, ist bei Vorliegen der Voraussetzungen des § 10d der Verlustabzug zulässig. [3]Der nach den Sätzen 1 und 2 abgezogene Betrag ist, soweit sich in einem der folgenden Veranlagungszeiträume bei den nach diesem Abkommen zu befreienden Einkünften aus gewerblicher Tätigkeit aus in diesem ausländischen Staat belegenen Betriebsstätten insgesamt ein positiver Betrag ergibt, in dem betreffenden Veranlagungszeitraum bei der Ermittlung des Gesamtbetrags der Einkünfte wieder hinzuzurechnen. [4]Satz 3 ist nicht anzuwenden, wenn der Steuerpflichtige nachweist, daß nach den für ihn geltenden Vorschriften des ausländischen Staates ein Abzug von Verlusten in anderen Jahren als dem Verlustjahr allgemein nicht beansprucht werden kann. [5]Der am Schluß eines Veranlagungszeitraums nach den Sätzen 3 und 4 der Hinzurechnung unterliegende und noch nicht hinzugerechnete (verbleibende) Betrag ist gesondert festzustellen; § 10d Abs. 3 gilt entsprechend. [6]In die gesonderte Feststellung nach Satz 5 einzubeziehen ist der nach § 2 Abs. 1 Satz 3 und 4 des Gesetzes über steuerliche Maßnahmen bei Auslandsinvestitionen der deutschen Wirtschaft vom 18. August 1969 (BGBl. I, 1214), das zuletzt durch Artikel 8 des Gesetzes vom 25. Juli 1988 (BGBl. I, 1093) geändert worden ist, der Hinzurechnung unterliegende und noch nicht hinzugerechnete Betrag.

(4) [1]Wird eine in einem ausländischen Staat belegene Betriebsstätte

1. *in eine Kapitalgesellschaft umgewandelt oder*
2. *entgeltlich oder unentgeltlich übertragen oder*
3. *aufgegeben, jedoch die ursprünglich von der Betriebsstätte ausgeübte Geschäftstätigkeit ganz oder teilweise von einer Gesellschaft, an der der inländische Steuerpflichtige zu mindestens 10 Prozent unmittelbar oder mittelbar beteiligt ist, oder von einer ihm nahe stehenden Person im Sinne des § 1 Absatz 2 des Außensteuergesetzes fortgeführt,*

so ist ein nach Absatz 3 Satz 1 und 2 abgezogener Verlust, soweit er nach Absatz 3 Satz 3 nicht wieder hinzugerechnet worden ist oder nicht noch hinzuzurechnen ist, im Veranlagungszeitraum der Umwandlung, Übertragung oder Aufgabe in entsprechender Anwendung des Absatzes 3 Satz 3 dem Gesamtbetrag der Einkünfte hinzuzurechnen. [2]Satz 1 gilt entsprechend bei Beendigung der unbeschränkten Einkommensteuerpflicht (§ 1 Absatz 1) durch Aufgabe des Wohnsitzes oder des gewöhnlichen Aufenthalts oder bei Beendigung der unbeschränkten Körperschaftsteuerpflicht (§ 1 Absatz 1 des Körperschaftsteuergesetzes) durch Verlegung des Sitzes oder des Orts der Geschäftsleitung sowie bei unbeschränkter Einkommensteuerpflicht (§ 1 Absatz 1) oder unbeschränkter Körperschaftsteuerpflicht (§ 1 Absatz 1 des Körperschaftsteuergesetzes) bei Beendigung der Ansässigkeit im Inland auf Grund der Bestimmungen eines Abkommens zur Vermeidung der Doppelbesteuerung.

Verwaltung: Leitfaden der FinVerw. zur Besteuerung ausländ. Einkünfte bei unbeschränkt stpfl. nat. Pers. (zB OFD Münster v. 17.11.2008, S 2118a - 20 - St 45 - 32); BMF v. 30.7.2008, BStBl. I 2008, 810 – aufgehoben für Steuertatbestände, die nach dem 31.12.2008 verwirklicht werden durch BMF v. 23.4.2010, BStBl. I 2010, 391; BMF v. 4.8.2008, BStBl. I 2008, 837 (Nichtanwendung) – aufgehoben für Steuertatbestände, die nach dem 31.12.2008 verwirklicht werden durch BMF v. 23.4.2010, BStBl. I 2010, 391; BMF v. 13.7.2009, BStBl. I 2009, 835 (Nichtanwendung); OFD Kobl. v. 16.6.2009 S 2118 A - St 33.3.

Literaturauswahl: *Ackermann/Höft*, Die steuerliche Berücksichtigung grenzüberschreitender Verluste – das endgültige Finale der finalen Verluste?, EuZW 2016, 258; *Altvater*, Niederlassungsfreiheit vs. nationale Besteuerungsbefugnisse: Eine (Trend-)Analyse der aktuellen EuGH-Rspr., DB 2009, 1201; *Bernütz/Loll*, Finaler Betriebsstättenverlust und negativer ProgrVorb. Bei (Freiberufler-)PersGes., DStR 2015, 1226; *Brandis*, Finale Verluste nach dem EuGH-Urt. „Bevola", DStR 2018, 2051; *Breuninger/Ernst*, Abschied v. Abzug endg. gewordener ausländischer Betriebsstättenverluste im Inland? Kein „Import-Stopp" nach der EuGH-Entscheidung Wannsee!, DStR 2009, 1981; *v. Brocke*, Lidl Belgium und die praktischen Folgen, DStR 2008, 2201; *v. Brocke*, Die unendliche Geschichte der finalen Verluste: ein neuer Akt durch die Rs. C-650/16 Bevola, SAM 2018, 99; *v. Brocke/Auer*, Abzug finaler ausländ. Betriebsstättenverluste, DStR 2011, 57; *Bron*, Das Inlandsparadoxon des § 2a beim Verkauf v. KapGes.-Anteilen und seine Lösung, IStR 2013, 951; *Cloer/Leich*, Aufgabe der finalen Verluste?, IWB 2014, 923 (928); *Cloer/Sejdija/Vogel*, Rechtssache Timac Agro Deutschland – Das Ende der Berücksichtigung finaler Verluste?, SWI 2016, 81; *Cordewener*, Grenzüberschreitende Verlustberücksichtigung im Europäischen Recht, DStJG 28 (2005), 255; *Cordewener*, Die EuGH-Rspr. zur stl. Berücksichtigung v. („finalen") Auslandsverlusten – noch immer kein Finale in Sicht, EuZW 2015, 295; *Cordewener*, Cross-Border Loss Compensation and EU Fundamental Freedoms: The ‚Final Losses' Doctrine Is Still Alive!, EC Tax Review 2018, 230; *Ditz/Plansky*, Aktuelle Entwicklungen bei der Berücksichtigung ausländischer Betriebsstättenverluste, DB 2009, 1669; *Ditz/Schönfeld*, Abzug v. umrechnungsbedingten Währungsverlusten, DB 2008, 1458; *Eisenbarth*, Grenzüberschreitende Verlustverrechnung als Kerngebiet des Europäischen Steuerrechts, 2011; *Eisendle*, Grenzüberschreitende Verlustverrechnung im Jahre 11 nach Marks & Spencer – Status quo der EuGH-Rspr. zur Berücksichtigung v. Auslandsverlusten kraft Unionsrecht, ISR 2016, 37; *Feltes*, Verlustausgleichsbeschränkung nach § 2a und ProgrVorb., 2011; *Gebhardt/Quilitzsch*, Berücksichtigung finaler Betriebsstättenverluste im Rahmen der GewSt, FR 2011, 359; *Goebel/S. Schmidt*, Grenzüberschreitende Verlustverrechnung und das JStG 2009 – Anwendung des ProgrVorb. bei Einkünften aus gewerblichen EU-/EWR- und Drittstaats-Betriebsstätten, IStR 2009, 620; *Graßl/Schmolke*, Finale Betriebsstättenverluste nach dem EuGH-Urt. Bevola, Ubg 2018, 575; *Haslehner*, Das EuGH-Urt. Wannsee im Vergleich mit AMID, Shell und Lidl Belgium – Betriebsstättenverluste und kein Ende, SWI 2008, 561; *Hechtner*, Das neue Zusammenspiel v. besonderer Verlustverrechnungsbeschränkung nach § 2a und ProgrVorb. durch das JStG 2009: ProgrVorb. nur noch für steuerfreie Sozialleistungen und Immobilienfondsanleger, DStZ 2009, 47; *Heckerodt/Schulz*, Berücksichtigung ausländ. Betriebsstättenverluste unter dem Aspekt des Finalitätsgrundsatzes, DStR 2018, 1457; *Henze*, Die „objektive Vergleichbarkeit der Situationen" als Element der Prüfung steuerrechtlicher Normen am Maßstab der Grundfreiheiten, FS Gosch, 2016, 137; *Heurung/Engel*, Grenzüberschreitende Berücksichtigung v. Betriebsstättenverlusten in der EU. Klärung weiterer Zweifelsfragen durch den BFH, GmbHR 2010, 1065; *Heurung/Engel/Thiedemann*, Ertragsteuerliche Organschaft im Lichte des Europarechts, FR 2011, 212; *Hey*, Finale Verluste im nationalen und europäischen Recht, FS Gosch, 2016, 161; *Hohenwarter*, Verlustverwertung im Konzern, 2010; *Hornig*, Neue Hürden für ausländische Betriebsstättenverluste innerhalb der EU, PIStB 2009, 19; IFSt-Arbeitsgruppe, Einf. einer modernen Gruppenbesteuerung – Ein Reformvorschlag, 2011, IFSt Nr. 471/2011; *Hufeld*, Grenzüberschreitende Verlustverrechnung als subjektives Recht – Normative Grundlagen, aktuelle Rspr. und GKKB, Ubg 2011, 504; *Intemann*, Berücksichtigung finaler ausländischer Betriebsstättenverluste,

IWB 2010, 713; *Jung/Mielke*, Zusammenhang des Urt. des BFH v. 22.2.2017 (I R 2/15) und des „Timac Agro Deutschland"-Urt., IStR 2017, 497; *Kahlenberg*, Ist die Figur der finalen Verluste letztlich doch nur ein Mythos?, NWB 2016, 1723; *Kaminski/Melhem/Hundrieser*, Anwendung v. § 8d KStG auf § 2a-Verluste, ISR 2018, 301; *Karrenbrock*, Die stl. Berücksichtigung ausländ. Betriebsstättenverluste im Inland – Eine Untersuchung unter dem verfassungsrechtl. Aspekt der Folgerichtigkeit, 2013; *Kessler*, Inländische Berücksichtigung ausländischer Betriebsstättenverluste, IFSt. Nr. 421/2004; *Kessler/Philipp*, Zur gemeinschaftsrechtlichen Notwendigkeit der inländischen Berücksichtigung „finaler" Verluste aus EU-Betriebsstätten – Anm. zur BFH-Judikatur und deren Folgefragen, IStR 2010, 865; *Knipping*, Das BMF-Schreiben zum BFH-Folgeurteil in der Rs. Lidl Belgium, IStR 2010, 49; *Knipping*, Zur Frage des Definitivcharakters ausländischer Betriebsstättenverluste im Sinne des EuGH-Urt. in der Rs. Lidl Belgium bei fehlender Möglichkeit eines interperiodischen Verlustausgleichs im Betriebsstättenstaat, IStR 2009, 275; *Kögel*, Finale Verluste: Einige Verfahrensprobleme und ein Lösungsvorschlag, FS Gosch, 2016, 205; *Kögel*, Finale Verluste nach Timac Agro, IWB 2017, 7; *Kopec/Wellmann*, Kein Finale für die finalen Verluste – Berücksichtigung v. definitiven Betriebsstättenverlusten nach dem EuGH-Urt. Bevola, ISR 2019, 7; *Kraft*, Praktische Implikationen der Neupositionierung der EuGH-Rspr. zur Rechtsfigur „finaler Verluste", NWB 2018, 2384; *Kube*, Grenzüberschreitende Verlustverrechnung und die Zuordnung v. Verantwortung, IStR 2008, 305; *Kußmaul/Delarber*, Zur aktuellen Rspr. zu finalen ausländ. Betriebsstättenverlusten, Ubg 2010, 900; *Lamprecht*, Betriebsstättenverluste, Verlustvortragsrecht und Aufteilung der Besteuerungsbefugnisse nach dem Urt. des EuGH in der Rs. KR Wannsee, IStR 2008, 766; *M. Lang*, Ist die Rspr. des EuGH zu den finalen Verlusten am Ende?, in Schön/Heber, Grundfragen des Europäischen Steuerrechts, 2015, 63; *Löprick/Meger*, Gegenwärtige Entwicklungen bei den finalen Verlusten, StuB 2018, 805; *Mitschke*, Grenzüberschreitende Berücksichtigung v. Betriebsstättenverlusten, FR 2011, 24; *Musil*, Was sind finale Verluste? DB 2011, 2451; *Mutscher*, Wannsee: Nachversteuerungspflicht auch gem. § 2a Abs. 4?, IStR 2009, 293; *Niemann/Dodos*, Verrechnung v. finalen Auslandsverlusten auch nach Timac Agro!, DStR 2016, 1057; *C. Pohl*, Berücksichtigung ausländischer Betriebsstättenverluste, IWB 2010, 626; *Pongs*, Können Verluste nach § 2a vererbt werden?, DStR 2018, 2010; *Prokisch*, Grenzüberschreitende Verlustberücksichtigung, DStJG 28 (2005), 229; *Quilitzsch*, Die Finalität v. Betriebsstättenverlusten, DB 2010, 2757; *Rehm/Nagler*, Neues v. der grenzüberschreitenden Verlustverrechnung, IStR 2008, 129; *Richter*, Aktuelle Entwicklungen zur Berücksichtigung finaler ausländischer Betriebsstättenverluste im Ansässigkeitsstaat, BB 2010, 2734; *Rinker*, Grenzüberschreitende Berücksichtigung v. Betriebsstättenverlusten in der EU vor dem Hintergrund der aktuellen Rspr., 2011; *Rublack*, Berücksichtigung finaler Auslandsverluste, IFSt Nr. 472/2011; *Schiefer/Scheuch*, Finale Betriebsstättenverluste: EuGH schränkt Berücksichtigung weiter ein, NWB 2016, 701; *Schnitger* in Brunsbach/Endres/Lüdicke/Schnitger, Deutsche Abkommenspolitik – Trends und Entwicklungen 2011/2012, IFSt Nr. 480/2012, 87; *Schnitger*, EuGH in der Rs. Timac Agro zu finalen ausländischen Betriebsstättenverlusten – War es das bei der Freistellungsmethode?, IStR 2016, 72; *Schnitger*, Ausländische Verluste im Unionsrecht, in Lüdicke/Schnitker/Spengel, FS Endres, 2016, 361; *Scholten/Griemla*, Beteiligungsstrukturen im Problemfeld des § 2a – Der einstufige Grundfall, IStR 2007, 306, – Der mehrstufige Kombinationsfall, IStR 2007, 346, – Die Abgrenzung einer fast ausschließlichen aktiven Tätigkeit nach § 2a Abs. 2, IStR 2007, 615; *Schulz-Trieglaff*, Das Ende der „finalen Verluste", StuB 2016, 918; *Schulz-Trieglaff*, Das Ende der finalen Verluste nach Unionsrecht, IWB 2017, 578; *Schulz-Trieglaff*, Das Ende der finalen Verluste: Spektakuläre Änderung in der Rspr. des BFH, StuB 2017, 593; *Schulz-Trieglaff*, Klarstellung zur Berücksichtigung finaler Betriebsstättenverluste, StuB 2018, 590; *Schulz-Trieglaff*, Die EuGH-Entsch. v. 12.6.2018 „A/S Bevola, Jens W. Trock ApS": Keine erneute Änderung der EuGH-Rspr. nach „Timac Agro Deutschland GmbH"!, IStR 2018, 777; *Schumacher*, Das EuGH-Urt. Timac Agro – Was bleibt von der Rechtsfigur der finalen Verluste übrig?, IStR 2016, 473; *Schwenke*, Grenzüberschreitender Verlusttransfer – EuGH-Rechtsprechung und Reaktionen des Gesetzgebers, Ubg 2010, 325; *Spengel/Matenaer*, Grenzüberschreitende Verrechnung v. Betriebsstättenverlusten – ein krit. Vergleich der EuGH-Rspr., IStR 2010, 817; *Stöber*, Die grenzüberschreitende Verlustverrechnung in Europa, DStZ 2016, 582; *Sydow/Fehling*, Nachversteuerung grenzüberschreitender Betriebsstättenverluste, IWB 2010, 392; *Wangler/Gühne*, Inländ. Nutzung ausländ. Betriebsstättenverluste, FR 2010, 1113; *Wittkowski/Lindscheid*, Berücksichtigung ausländischer Betriebsstättenverluste nach dem JStG 2009, IStR 2009, 225 und 621; frühere Literatur s. 10. Aufl.

A. Grundaussagen der Vorschrift

I. Regelungsgegenstand. Abs. 1, 2 und 2a: Nach dem **Welteinkommensprinzip** gehören zur unbeschränkten StPflicht grds. sämtliche inländ. und ausländ. (positiven und negativen) Einkünfte. In Einklang hiermit sind auch negative Einkünfte prinzipiell in den Verlustausgleich einzubeziehen. Einschränkungen können sich zum einen aus **DBA** ergeben (Freistellungsmethode), zum anderen ergeben sich solche aus Abs. 1, zwar einerseits nur für negative Einkünfte, andererseits aber unabhängig v. der Existenz eines DBA. Das bedeutet: **Positive Einkünfte** werden immer erfasst, entweder unter Erhöhung der Gesamteinkünfte (bei Fehlen eines DBA, bei Anwendung der DBA-Anrechnungsmethode oder auch im Falle einer DBA-Rückfallklausel) oder des positiven ProgrVorb. (bei Anwendung der Freistellungsmethode). **Negative Einkünfte** (= Verluste) dürfen indes lediglich mit ausländ. Einkünften der jeweils selben Art aus demselben Staat ausgeglichen werden (per country limitation); nur in diesem Umfang sind sie auch rück- und vortragsfähig. Sie erhöhen nach Auffassung des BFH auch nicht den negativen ProgrVorb., selbst dann nicht, wenn dies nach DBA möglich wäre[1] (s. aber auch Rn. 48). (Rück-)Ausnahmen hiervon bestehen allerdings bei bestimmten aktiven Tätigkeiten gem. Abs. 2. 1

1 BFH v. 17.10.1990 – I R 182/87, BStBl. II 1991, 136; v. 13.5.1993 – IV R 69/92, BFH/NV 1994, 100.

2 Der BFH[1] und auch das BVerfG[2] halten die Vorschrift (bislang) für **verfassungsmäßig**. Im Schrifttum[3] wird dies allerdings zunehmend bezweifelt. Diese Zweifel könnten neue Nahrung erhalten haben, nachdem das BVerfG[4] das mit § 2a Abs. 1 praktisch identische Verlustabzugsverbot in § 22 Nr. 3 S. 3 aF für nichtig erklärt hat. Es erscheint bedenklich, lediglich Verluste aus bestimmten Auslandsaktivitäten stl. unberücksichtigt zu lassen, Gewinne hingegen einzubeziehen. Die dadurch bedingte Ungleichbehandlung und zugleich die Ungleichbehandlung ggü. StPfl. mit entspr. sowie mit anderen inländ. Einkünften verstößt gegen das Gleichheitsgebot, insbes. das Leistungsfähigkeitsprinzip (Nettoprinzip). Vorgebrachte Rechtfertigungsgründe (Vermeidung unerwünschter Investitionen uÄ, Lenkungszwecke) sind entgegen der Rspr. des BFH jedenfalls nicht vorbehaltlos tragfähig, schon gar nicht, wenn sie typisierend sämtliche einschlägigen Auslandsverluste treffen.

3 Diese Ungleichbehandlung begründet aber nicht nur gleichheits-, sondern vor allem **unionsrechtl. Bedenken** an der Rechtswirksamkeit der Regelung, weil Auslandsverluste stl. hierdurch ungünstiger behandelt werden als Inlandsverluste.[5] Tangiert sind die Niederlassungs- und die Kapitalverkehrsfreiheit (Art. 49, 63 AEUV).[6] Dies betrifft Abs. 1 ebenso wie Abs. 3 und 4 idF des StÄndG 1999 ff. Dementspr. hat der EuGH[7] Abs. 1 S. 1 Nr. 3 lit. a (Teilwertabschreibung auf ausländ. KapGes.-Anteile, s. Rn. 20) ebenso als unionsrechtswidrig angesehen wie den Ausschluss des Abzugs v. VuV-Verlusten aus der im anderen Mitgliedstaat belegenen Immobilie (Abs. 1 S. 1 Nr. 6 lit. a).[8] Gleichermaßen liegt es bei dem pauschalen Verlustabzugsausschluss bestimmter passiver oder nicht erwünschter Tätigkeiten in Abs. 2 S. 1 und 2 (s. Rn. 39). Er hat überdies der Abzugsbeschränkung für Verluste v. Auslandsbetriebsstätten Grenzen gesetzt (s. dazu Rn. 5 f.). Auch die Kommission der EG sah in den bisherigen Beschränkungen eine EG-Vertragsverletzung. Angesichts dessen hat der Gesetzgeber des **JStG 2009** sich veranlasst gesehen, § 2a zu **„europäisieren“** und fortan (vom VZ 2009 an, aber auch für alle noch nicht bestandskräftig festgesetzte Fälle, vgl. § 52 Abs. 3 S. 2 f.) nicht mehr „Negative Einkünfte mit Auslandsbezug“ (so die bisherige amtliche Normüberschrift), sondern bloß noch „Negative Einkünfte mit Bezug zu Drittstaaten“ (so die nunmehrige amtliche Normüberschrift) den Abzugsbeschränkungen zu unterwerfen. Was unter „Drittstaaten“ (in Abgrenzung zu EU- und EWR-Staaten) zu verstehen ist, wird in Abs. 2a gesetzlich bestimmt. Der „Ausschluss“ der Drittstaaten bleibt unions- und verfassungsrechtl. beanstandungsfrei, s. Rn. 15.

4 **Abs. 3 und 4:** Abs. 3, 4 betrifft zwar ebenfalls Auslandsverluste, abw. v. Abs. 1, 2 geht es indes hier nicht darum, ansonsten nach dem Welteinkommensprinzip gegebene Abzugs- und Ausgleichsmöglichkeiten einzuschränken, vielmehr umgekehrt darum, im Sinne dieses Prinzips solche Abzugs- und Ausgleichsmöglichkeiten zu eröffnen: Ist in einem mit Deutschland abgeschlossenen DBA die Freistellungsmethode vereinbart und findet sonach das Territorialitätsprinzip Anwendung, sind nach ständiger (aber zu Recht[9] umstrittener)

---

1 BFH v. 17.10.1990 – I R 182/87, BStBl. II 1991, 136; v. 26.3.1991 – IX R 162/85, BStBl. II 1991, 704; v. 5.9.1991 – IV R 40/90, BStBl. II 1992, 192.

2 BVerfG v. 31.5.1988 – 1 BvR 520/83, BVerfGE 78, 214 (226) – Zwischenzeitlich sind weitere Verfassungsbeschwerden ohne Begr. nicht zur Entsch. angenommen worden (BVerfG v. 27.3./17.4./20.4.1998; vgl. IStR 1998, 344 [376]), so dass die FinVerw. diesbezügliche Rechtsbehelfsverfahren nicht mehr ruhen lässt, vgl. OFD Berlin v. 25.6.1998, FR 1998, 702.

3 ZB *Schaumburg*, FS Tipke, 1995, 125 (133); *Schaumburg*, DStJG 24 (2001), 225 (245 ff.); *Loritz/Wagner*, BB 1991, 2266; *Kessler*, IFSt Nr. 421/2004, passim, insbes. 39 ff.; *Kessler*, in: Lehner, Verluste im nationalen und Internationalen Steuerrecht, 2004, 83 (109 ff.); *Prokisch*, DStJG 28 (2005), 229 (234); **aA** *F/W/B/S*, § 2a Rn. 42 f.; *K/S/M*, § 2a Rn. A 55 ff., A 56k, A 59, jeweils mwN.

4 BVerfG v. 30.9.1998 – 2 BvR 1818/91, FR 1998, 1028 m. Anm. *Luttermann*. – Vor diesem (auch zeitlichen) Hintergrund scheint es durchaus zweifelh., dass die Nichtannahme einschlägiger Verfassungsbeschwerden (s. Rn. 2) tatsächlich das letzte Wort darstellt.

5 Vgl. umfassend die Analyse und Empfehlung der EG-Kommission in deren Mitteilung v. 19.12.2006 KOM(2006), 824.

6 ZB *Schaumburg*, DStJG 24 (2001), 225 (243 ff.) mwN; *Dautzenberg*, FR 2001, 809; *Rädler/Lausterer*, FS W. Müller, 2001, 339; *K/S/M*, § 2a Rn. A 45 ff.; umfassend *Cordewener*, DStJG 28 (2005), 255 (292 ff.) mwN; s. auch eindeutig in diese Richtung EuGH v. 12.9.2002 – C-431/01, RIW 2003, 548 – „Mertens“.

7 EuGH v. 29.3.2007 – C-347/04, BStBl. II 2007, 492 „Rewe Zentralfinanz“; s. dazu *Balmes/Ribbrock*, BB 2007, 926; *Gosch*, BFH-PR 2007, 220; *Rainer*, DStR 2007, 667; *Rehm/Nagler*, GmbHR 2007, 500. § 2a Abs. 1 und 2 wurde seitdem in Bezug auf die EU-/EWR-Mitgliedstaaten seitens der FinVerw. nicht mehr angewandt, allerdings infolge fehlender Amtshilfe mit Ausnahme v. Liechtenstein, s. BMF v. 30.7.2008, BStBl. I 2008, 810 (s. auch schon zuvor BMF v. 11.6.2007, BStBl. I 2007, 488).

8 EuGH v. 16.10.2008 – C-527/06, IStR 2008, 805 „Renneberg“ (mit Anm. *Lavrelashvili/Müller*, PIStB 2008, 317); v. 15.10.2009 – C-35/08, DB 2009, 2353 „Busley/Cibrian“.

9 Eingehend *Kögel*, FS Gosch, 2016, 205, dort auch zu der „historischen“ Entwicklung der sog. Symmetriethese.

Rspr. des BFH (auch) ausländ. negative Einkünfte[1] v. der inländ. Besteuerung ausgenommen. Gem. Abs. 3 S. 1 aF konnte ein unbeschränkt StPfl. jedoch beantragen,[2] (ausländ.) Betriebsstättenverluste, die ausschließlich nach den Vorschriften des deutschen Steuerrechts zu ermitteln sind,[3] im Wege des Verlustausgleichs oder -abzugs (Abs. 3 S. 2 aF iVm. § 10d) anzusetzen, soweit diese Verluste anderweitige Betriebsstättengewinne aus demselben DBA-Staat überstiegen.[4] Es handelte sich hierbei zunächst einmal um eine Subventionsnorm, die in Gestalt eines treaty overriding darauf abzielte, Auslandsinvestitionen zu fördern; zugleich entsprach sie aber dem Leistungsfähigkeitsprinzip. Die Abzugsmöglichkeit ist v. **VZ 1999 an aufgehoben** worden. Gründe hierfür waren[5] **(1)** die Schwierigkeiten die geltend gemachten Verluste zu dokumentieren und über viele Zeiträume zu „kontrollieren", **(2)** systematische Bedenken ggü. dem erwähnten Umstand, dass abkommensbefreite Gewinne unberücksichtigt bleiben, Verluste aber angesetzt werden können, und **(3)** die Überlegung, dass die Verluste bereits über den ProgrVorb. hinreichend berücksichtigt seien.

II. Unionsrechtliche Fragen und Einschätzungen. 1. Ausgangslage: Abzugsausschluss. Geblieben (zunächst bis zum VZ 2008, vgl. § 52 Abs. 3 S. 3 idF des StBereinG 1999, nunmehr ad infinitum, vgl. § 52 Abs. 3 S. 3 idF des JStG 2008) ist allerdings die in § 2a Abs. 3 S. 3–6 und Abs. 4 (letzterer idF v. § 52 Abs. 3 S. 5) – und mit Ausnahmen in § 2a Abs. 3 S. 4 und Abs. 4 S. 2 aF – bestimmte Verpflichtung, die zuvor ausgeglichenen oder abgezogenen Verluste in späteren Jahren (durch Hinzurechnung) nachzuversteuern, wenn entspr. Betriebsstättengewinne erzielt werden. Damit reduziert sich die Bedeutung der Abs. 3 und 4 auf die Einräumung v. Zins- und Liquiditätsvorteilen für „Alt-Verlust-Abzugsfälle", was im Hinblick auf die EU-Diskriminierungsverbote **unionsrechtl. Bedenken** aufgeworfen hat[6] (s. auch Rn. 2), dies, wie nach Ergehen des EuGH-Urteils in der Rs. **„Lidl Belgium"**[7] festzustehen schien (s. aber nachfolgend Rn. 5b zur neueren Entwicklung), iErg. und im Grundsatz jedoch zu Unrecht:[8] Die Nichtberücksichtigung der ausländ. Betriebsstättenverluste korreliert danach mit der abkommensrechtl. Freistellung der ausländ. Betriebsstättengewinne (s. Rn. 4). Beides betrifft nicht die Art und Weise der (inländ.) Besteuerung und zieht insoweit keine Ungleichbehandlungen nach sich, vielmehr führt dies in Einklang mit den DBA und unbeschadet der abkommensrechtl. sog. Schrankenwirkung zu einer in sich „stimmigen" und kohärenten („symmetrischen") Zuweisung des Besteuerungsrechts.[9] Es ist den Mitgliedstaaten im Grundsatz deswegen unbenommen, ihre Besteuerungshoheiten in der geschilderten Weise mittels DBA voneinander abzugrenzen. Allerdings: Es war nach Auffassung des EuGH zwingend erforderlich, ausländ. Verluste aus Gründen der Verhältnismäßigkeit für den Fall abzuziehen, dass sie im Quellenstaat (oder ggf. auch einem Drittstaat) weder für vergangene noch für zukünftige VZ realisiert werden können (was ebenso wie die Verluste als solche v. StPfl. nachzuweisen ist) und damit definitiv sind (**„finale Verluste"**).[10] Diese Sichtweise fügte sich nahtlos in die Spruchpraxis des EuGH zur grenzüberschreitenden Verlustberücksichtigung bei (konzernierten) Tochter-KapGes. ein, nämlich in der Rs. **„Marks & Spencer"** (dort bezogen auf das britische Konzernsteuerrecht, des sog. group relief).[11] Diese Spruchpraxis war auch keineswegs (so aber wohl die FinVerw., Rn. 5a) durch das nachfolgende EuGH-Urt. **„X-Holding"**[12] infrage zu stellen und war dadurch 5

1 StRspr. seit RFH RStBl. 1935, 1358, zB BFH v. 8.3.1989 – X R 181/87, BStBl. II 1989, 541; v. 8.3.1989 – X R 148/87, BFH/NV 1990, 154; v. 17.10.1990 – I R 182/87, BStBl. II 1991, 136; *Wassermeyer*, Art. 23A Rn. 57 mwN; **aA** demgegenüber der österreichische VwGH, der den Abzug der Auslandsverluste zugelassen hat (s. IStR 2001, 754 mit Anm. FW; *Vogel*, IStR 2002, 91; *Portner*, IStR 2005, 376), ebenso der luxemburgische tribunal administratif (s. *Winandy*, IStR 2005, 594); s. auch zB *Vogel* in Vogel/Lehner[5], Art. 23 Rn. 46 ff.; *Ismer* in Vogel/Lehner[6], Art. 23 Rn. 14 ff., 52 ff.; *Prokisch*, DStJG 28 (2005), 229 (236 ff.) mwN; *Cordewener*, DStR 2004, 1634.

2 Wobei das Antragserfordernis als solches keine gemeinschaftsrechtl. Bedenken aufwarf, vgl. BFH v. 28.6.2006 – I R 47/05.

3 BFH v. 17.11.1999 – I R 7/99, BStBl. II 2000, 605.

4 Einschl. nicht ausgeglichener Altverluste aus VZ vor 1991 gem. § 2a idF des StändG 1992 (BGBl. I 1992, 297): BFH v. 30.6.2005 – IV R 31/04, BStBl. II 2005, 641.

5 Vgl. BT-Drucks. 14/23, 167.

6 S. dazu zB *Saß*, DB 2001, 508; *Saß*, FR 2001, 159; *Dautzenberg*, FR 2001, 809 (812 ff.); *K/S/M*, § 2a Rn. A 45 ff.

7 EuGH v. 15.5.2008 – C-414/06, DStR 2008, 1030, und nachfolgend BFH v. 17.7.2008 – I R 84/04, BStBl. II 2009, 630; s. auch bereits zuvor *Hahn*, IStR 2001, 465; *Bernhard*, IStR 2001, 366.

8 **AA** *Hahn*, IStR 2001, 465; *Bernhard*, IStR 2001, 366.

9 Grds. **aA** *Karrenbrock*, Die stl. Berücksichtigung ausländ. Betriebsstättenverluste im Inland, 164 ff.

10 S. ebenso zB *Englisch*, IStR 2006, 22; *Herzig/Wagner*, Der Konzern 2006, 176 (178 f.); *Herzig/Wagner*, DStR 2006, 1 (10) Fn. 103; s. auch *Hey*, GmbHR 2006, 113 (122); *Sutter*, EuZW 2006, 87 (88); *Balmes/Grammel/Sedemund*, BB 2006, 1474 (1477 f.); *Saß*, DB 2006, 123 (124); *Thömmes*, IWB 2013, 821.

11 EuGH v. 13.12.2005 – C-446/03, FR 2006, 177 – „Marks and Spencer".

12 EuGH v. 25.2.2010 – C-337/08, DStR 2010, 427 – „X-Holding". S. dazu zutreff. *Witt*, Ubg 2010, 737; aber auch *Mitschke*, DStR 2010, 1368; *Mitschke*, FR 2011, 24; *Musil*, DB 2011, 2451; *Rainer*, EuZW 2010, 515; *Englisch*, IStR 2010, 215; *v. Brocke*, IWB 2010, 198; *Hohenwarter-Mayr*, SWI 2010, 163; auch *Günkel/Wagner*, Ubg 2010, 603 (616 f.).

nicht überholt: Jenes Urt. erging (allein) zum Gruppenzugang der ausländ. Tochter-KapGes. zur (niederländ.) „fiscale eenheid"; der EuGH versagte ein uneingeschränktes Zugangs- und damit zugleich Verlustabzugs-Wahlrecht. Das betraf uU die EU-Rechtskonformität der körperschaftsteuerl. Organschaft (§§ 14 ff. KStG)[1], nicht aber die Frage des ‚finalen' Verlustabzugs, wozu der EuGH sich in jener Entsch. nicht geäußert hat[2] und sich infolge der ihm gestellten Vorlagefrage auch nicht äußern musste. Es gab deswegen auch keine Veranlassung, die Frage nach der Berücksichtigung ‚finaler' Verluste dem EuGH abermals vorzulegen. In der Folgezeit gab und gibt es dann jedoch – ausgehend v. der Anschluss-Streitfrage danach, wann v. finalen Verlusten überhaupt gesprochen werden kann – ein beträchtliches Hin und Her, das die Frage der „Verlustfinalität" zu einer steuerrechtl. Spezialfrage für Kenner und Genießer hat werden lassen. S. dazu und zur weiteren, sehr verschlungenen und zwischenzeitlich geradezu „historisch" anmutenden Entwicklung Rn. 5a, 5b. S. iÜ auch das vergleichbare Problem iZ mit Währungsverlusten Rn. 18. – Zum möglichen Unionsrechtsverstoß durch die Übergangsregelung der Neuregelungen s. Rn. 7.

5a **2. Ausnahme: „Verlustfinalität". a) Die wechselvolle „Geschichte" der „finalen Verluste". Wann** Verlustabzüge idS „final" sind und worin diese „Finalität" begründet ist, ließ sich bis dato (und lässt sich angesichts zwar eingeforderter,[3] aber nach wie vor mangelnder gesetzl. vorgegebener Konturierungen bis heute) nicht ganz klar abgrenzen. Insbesondere war fraglich, welche Rolle es spielt, ob dies **im Tatsächlichen** (zB Liquidation, endg. Aufgabe der Betriebsstätte; Umwandlung in eine Tochter-KapGes., vgl. auch – und insoweit v. BFH ausdrücklich in beispielhaften Bezug genommen[4] – die entspr. Fallkonstellationen in Abs. 4 S. 1 Nr. 1–3) **oder im Rechtlichen** (fehlende Abzugsmöglichkeiten nach dem Steuerrecht des Betriebsstättenstaats) wurzelt. Der EuGH[5] hat in der Rs. **„Krankenheim Ruhesitz am Wannsee-Seniorenheimstatt"** letztlich unmissverständlich zum Ausdruck gebracht, dass rechtl. Verlustabzugsbeschränkungen im Quellenstaat den Ansässigkeitsstaat dann nicht zur Verlustberücksichtigung verpflichten, wenn beide Staaten sich in einem DBA auf eine entspr. Zuteilung der Besteuerungsrechte verständigt haben; unter solchen (Rahmen-)Bedingungen werden die Verlustabzugsbeschränkungen mithin nicht zum Nachteil des Ansässigkeitsstaates „exportiert" („Import-Stop").[6] Dennoch blieben Zweifel und offene Fragen: Der EuGH äußerte sich entspr. der ihm gestellten Vorlagefrage und -situation lediglich zu der Besonderheit einer sog. Nachversteuerung gem. Abs. 3 (Abs. 4 aF), also einer kraft Treaty override asymmetrischen Regelungslage, und sah diese wegen „Kohärenz" als gerechtfertigt an. Es wurde nun geltend gemacht,[7] die „Wannsee"-Entscheidung betreffe in diesen Zusammenhängen lediglich den Fall des im anderen Mitgliedsstaat unionsrechtswidrig versagten Verlustabzugsausschlusses. Der EuGH habe mit der „Wannsee"-Entscheidung die Grundsätze des Urt. „Lidl Belgium" auch keineswegs allg. relativieren wollen.[8] Beidem hatte sich der BFH (und in Annahme einer sog. acte claire-Situation ohne abermals den EuGH anzurufen) zutr. widersetzt: Die Äußerungen des EuGH wirkten – wie sich danach im Urt. „K" denn auch bestätigt hatte[9] – absolut und bestimmten besagten Import-Stopp v. Verlustabzugsbeschränkungen und -ausschlüssen für den Ansässigkeitsstaat generell, für die (jetzige) symmetrische[10] ebenso wie für die (frühere, s. dazu auch Rn. 50) asymmetrische[11] Regelungslage. Auch darauf, ob die Abzugsbeschränkung oder der Ab-

1 S. dazu FG Nds. v. 11.2.2010 – 6 K 406/08, EFG 2010, 815 (durch BFH v. 9.11.2010 – I R 16/10, FR 2011, 487, aus anderen Gründen [s. Rn. 5c Fn. 2] bestätigt); FG Rh-Pf. v. 17.3.2010 – 1 K 2406/07, DStRE 2010, 802 (Rev. I R 34/10 zurückgenommen). S. aber auch BFH v. 7.12.2011 – I R 30/08, BStBl. II 2012, 507; v. 17.9.2014 – I R 30/13, DStR 2014, 2561 (beides zur gewerbesteuerlichen Organschaft); ferner das v. der EU-Kommission gegen Deutschland eingeleitete (und mittlerweile durch die Neukonzeption der §§ 14 ff. KStG überholte) Vertragsverletzungsverfahren wg. der vertragsverletzenden Anforderungen an die Organträgereigenschaft gem. § 14 KStG: Pressemitteilung IP/10/1253 v. 30.9.2010.

2 **AA** *Schulz-Trieglaff*, ISR 2013, 216 (218 f.).

3 S. die entspr. „Prüfbitte" des BR an die BReg. (BR-Drucks. 302/12, 61).

4 BFH v. 9.6.2010 – I R 107/09, FR 2010, 896 m. Anm. *Buciek*.

5 EuGH v. 23.10.2008 – C-157/07, IStR 2008, 769.

6 Dem grds. wegen mangelnder Folgerichtigkeit widersprechend *Karrenbrock*, Die stl. Berücksichtigung ausländ. Betriebsstättenverluste im Inland, 173 ff.

7 ZB *Rehm/Nagler*, GmbHR 2008, 1175; *Knipping*, IStR 2009, 275; *v. Brocke*, DStR 2008, 2201; *Schnitger*, IWB F 11 Gr 2, 830; *Ditz/Plansky*, DB 2009, 1669 (1672); *Spengel/Matenaer*, IStR 2010, 817, 819; **aA** *Lamprecht*, IStR 2008, 766; *Lühn*, BB 2009, 90; *Altvater*, DB 2009, 1201 (1205).

8 ZB *Breuninger/Ernst*, DStR 2009, 1981; *Hohenwarter*, Verlustverwertung im Konzern, 2010, S. 332 f.; **aA** *Lamprecht*, IStR 2008, 766 (768); *Englisch*, H&I 2009/1, 42; *Cordewener*, IWB F.11, Gr. 2, 990; *Kessler/Philipp*, IStR 2010, 865; *Quilitzsch*, DB 2010, 2757 (2758).

9 EuGH v. 7.11.2013 – C-322/11 – K, IStR 2013, 913 mit Anm. *Benecke/Staats*; s. dazu auch *Thömmes*, IWB 2013, 821; *St. Müller*, ISR 2013, 425.

10 BFH v. 9.6.2010 – I R 100/09, BStBl. II 2010, 1065; ebenso FG BaWü. v. 8.7.2014 – 4 K 1134/12, DStRE 2015, 1293.

11 BFH v. 3.2.2010 – I R 23/09, BStBl. II 2010, 599 (die dagegen erhobene Verfassungsbeschwerde wurde nicht angenommen, BVerfG v. 13.7.2010 – 2 BvR 1177/10); FG Rh-Pf. v. 5.5.2010 – 5 K 2408/08, DStRE 2010, 1239 (für

zugsausschluss im anderen Staat in nicht diskriminierender Weise ausgeschlossen wird, kam es nicht an. Denn für den Ansässigkeitsstaat waren die innerstaatlichen Verhältnisse im Quellenstaat insoweit unbeachtlich. Dennoch blieb es aus Sicht des BFH dabei, dass die beschriebenen tatsächlichen Gegebenheiten für die Annahme einer Finalität der Verluste prinzipiell – und iS einer **‚ultima ratio'-Ausfallbürgschaft** des Ansässigkeitsstaats im Kontext zwischenstaatl. Verantwortungs(ver)teilung und zugleich als (territorialrechtl.) Rückausnahme zur abkommensrechtl. symmetrischen Einkünftefreistellung[1] – beachtlich waren.[2] Der BFH trat damit der FinVerw. entgegen, die Letzteres verneint(e), sich offenbar durch das EuGH-Urt. „X-Holding" (s. Rn. 5) bestätigt sieht und allein auf die besagte rechtl. Möglichkeit einer Verlustberücksichtigung im Quellenstaat abstellen wollte; bestehe eine derartige Möglichkeit, entfalle ein Abzugszwang auch bei endg. Verlustfinalität im Ansässigkeitsstaat.[3] Genährt werden konnte dieses restriktive Verständnis ggf. durch die Schlussanträge der Generalanwältin *Kokott* v. 19.7.2012 in der Rs. C-123/11 „A"[4] (denen sich der Generalanwalt *Mengozzi* in seinen Schlussanträgen v. 21.3.2013 in der Rs. C-322/11 „K" angeschlossen[5] und die die Generalanwältin *Kokott* in ihren Schlussanträgen v. 23.10.2014 in der Rs. C-172/13, Kommission ./. UK noch pointiert und abermals bekräftigt hatte)[6]: (Alleiniger) Rechtfertigungsgrund für den Grundfreiheitsverstoß sei fortan die („Zauberformel" v. der) angemessenen „Wahrung der Aufteilung der Besteuerungsbefugnisse", und danach blieben auch finale Auslandsverluste stets ausgesperrt. Der EuGH hatte sich diesem Verständnis in dem Urt. in jener Rs. „A"[7] (und ebenso in der zitierten Rs. „K")[8] aber nicht angeschlossen. Er blieb vielmehr seiner bisherigen Linie treu und verlangt bei entspr. (und streng verstandenem) **Nachw. des StPfl.** die Verlustberücksichtigung im Ansässigkeitsstaat selbst bei einer Tochter-Ges. **Voraussetzung war allerdings**, dass (**1**) im anderen Staat überhaupt eine Verlustabzugsmöglichkeit bestand – *jegliche* unilaterale Abzugsbeschränkungen und -verbote „sperrten" die Verlustausschöpfung auch im Inland[9] – und dass (**2**) wirklich *alle* jene Möglichkeiten des Verlustabzugs im anderen Staat ausgeschöpft worden waren. Für eine „bloße" Betriebsstätte musste das umso mehr gelten. Der BFH hatte[10] also keinen Grund, seine Spruchpraxis zu ändern (s. bereits Rn. 5), sie war höchstens fallbezogen zu verfeinern.[11] Ein (vorläufiger) Schlussstrich konnte trotzdem nicht gezogen werden, weil das FG Köln nochmals „das Faß aufgemacht"[12] und dem EuGH die Frage nach der „Finalität" v. Auslandsverlusten nach den beschriebenen Schlussanträgen der Generalanwältin *Kokott* und *Mengozzi* gestellt hatte.[13]

Verlust aus Vermietung eines Ferienhauses). – S. aber auch zu den Grenzen einer Nachversteuerung bei der asymmetrischen Situation (zur insoweit in gewisser Weise vergleichbaren dänischen Regelungslage) EuGH v. 17.7.2014 – C-48/13 – Nordea Bank Danmark A/S, IStR 2014, 563 (mit Anm. *Mitschke*, IStR 2014, 565; *Englisch*, IStR 2014, 561). Eine Aussage zu den ‚finalen' Verlusten enthält das Urt. (wenn auch wider Erwarten, vgl. *Mitschke*, IStR 2014, 381) nicht; der EuGH hatte dazu iErg. keine Veranlassung, weil die dänische Regelungslage auch ausländ. Einkünfte erfasste (was aber nicht als arg. e contr. bedeutet, dass bei vereinbarter Freistellung finale Verluste ausschieden; so aber – überinterpretierend – *Henze*, ISR 2014, 311 (312 ff.); *Benecke/Staats*, IStR 2014, 862; *Blöchle/Dumser*, IWB 2014, 773 (775); *Englisch*, IStR 2014, 561; s. denn auch zutr. krit. *St. Müller*, ISR 2014, 415).

1 S. zutr. *Hufeld*, Ubg 2011, 504; s. auch *Eisenbarth*, Grenzüberschreitende Verlustverrechnung als Kerngebiet des Europäischen Steuerrechts, 2011, 224 ff., 234 ff.

2 BFH v. 9.6.2010 – I R 107/09, FR 2010, 896 m. Anm. *Buciek*; s. auch bereits BFH v. 17.7.2008 – I R 84/04, BStBl. II 2009, 630 (= Folgeurteil „Lidl Belgium").

3 BMF v. 13.7.2009, BStBl. I 2009, 835 (= Nichtanwendung des Folgeurt. „Lidl Belgium" BFH v. 17.7.2008 – I R 84/04, BStBl. II 2009, 630); BayLfSt v. 19.2.2010, DB 2010, 476 („Argumentationspapier"); *Mitschke*, FR 2011, 24.

4 FR 2012, 809 mit Anm. *Benecke/Staats*; s. auch *St. Müller*, ISR 2012, 25.

5 IStR 2013, 312.

6 Dazu (zutr. krit.) *St. Müller*, ISR 2014, 415.

7 EuGH v. 21.2.2013 – C-123/11 – A, DStR 2013, 392 mit Anm. *Hruschka*; *Schulz-Trieglaff*, ISR 2013, 216; *Musil*, FR 2013, 374.

8 EuGH v. 7.11.2013 – C-322/11 – K, DStR 2013, 2441 (zum Verlustabzug aus dem Verkauf einer in einem anderen Mitgliedstaat belegenen Immobilie); den insoweit sehr grundsätzlichen und konträren Schlussanträgen des Generalanwalts *Mengozzi* v. 21.3.2013 (IStR 2013, 312) hat sich der EuGH in der Sache nicht angeschlossen.

9 Explizit EuGH v. 3.2.2015 – C-172/13 – Kommission ./. United Kingdom, IStR 2015, 137; *Benecke/Staats*, IStR 2015, 140; *St. Müller*, ISR 2015, 140; *Hackethal*, EWS 2015, 32.

10 BFH v. 5.2.2014 – I R 48/11, FR 2014, 714; zust. *Heinsen/Nagler*, GmbHR 2014, 611; *St. Müller*, ISR 2014, 204; (wie immer) abl. *Mitschke*, IStR 2014, 381; dem BFH folgend FG Hbg. v. 6.8.2014 – 2 K 355/12, EFG 2014, 2084 m. Anm. *Zimmermann* (Rev. I R 17/16, v. BFH zugelassen); *Kögel*, IStR 2015, 664, IWB 2017, 7, und in FS Gosch, 2016, 205; FG Düss. v. 28.10.2014 – 6 K 50/10 K, EFG 2015, 313 m. Anm. *Henningfeld* (Rev. I R 18/16, ebenfalls v. BFH zugelassen, wurde aber zwischenzeitlich zurückgenommen); krit. aber FG Hbg. v. 23.9.2014 – 6 K 224/13, IStR 2015, 405 m. Anm. *Barche*.

11 **AA** *Hruschka*, DStR 2013, 396 (397).

12 „A never ending story"; sa. *Zimmermann*, EFG 2014, 2088.

13 FG Köln v. 19.2.2014 – 13 K 3906/09, IStR 2014, 733.

5b Zwischenzeitlich stand danach aber fest: **(1)** Die Vorlage erfolgte zu Recht, und **(2)** die Verwirrung ist (war?) größer als je zuvor. Denn der **EuGH** hat durch das Urt. in der Rs. **Timac Agro**[1] auf die besagte Vorlage hin seine Rspr. zwar (unbeschadet einiger, aber bei diesem Gericht ja schon vertrauter Ungereimtheiten in der Begründung) im Kern verstetigt, das aber nur für den Fall der „objektiven Vergleichbarkeit der Situationen".[2] Eine solche Vergleichbarkeit hat der Gerichtshof verneint, wenn die Mitgliedstaaten in einem DBA die Freistellungsmethode vereinbart haben und deshalb positive wie negative Einkünfte „symmetrisch" v. der Bemessungsgrundlage ausgenommen sind (str., s. Rn. 4). Diese neuerliche Sichtweise zur Freistellungsmethode deckt(e, s. Rn. 5c) sich prinzipiell mit jener, welche der BFH in anderem Zusammenhang (nämlich des sog. Treaty overriding) vertreten hat (s. dazu iErg. § 50d Rn. 35a und 35b, sa. § 34c Rn. 16). Der EuGH hat die danach notwendige Vergleichbarkeit aber angenommen, wenn der Mitgliedstaat „freiwillig" und trotz bilateral vereinbarter Freistellungsmethode den asymmetrischen Verlustabzug mit anschließender Nachversteuerung ermöglicht. Im Regelfall der symmetrischen Aussperrung v. Gewinnen und Verlusten verhalte es sich aber ex ovo nicht so und deswegen scheide ein Verstoß gegen die Grundfreiheiten aus, und das (wohl) nicht nur in Gestalt des AEUV-Diskriminierungs-, vielmehr auch des AEUV-Beschränkungsverbots.[3] Denn auch Letzteres – das Beschränkungsverbot – verlangt nach st. Spruchpraxis des EuGH auf der ersten Stufe die Vergleichbarkeitsprüfung. So gesehen schien die Entsch. bezogen auf die finalen Verluste einen fulminanten Paradigmenwechsel zu eröffnen und zuzutreffen, was *M. Lang*[4] geäußert hat: „Die Marks & Spencer-Rspr. ist am Ende." So ganz über jeden Zweifel erhaben war aber auch diese Schlussfolgerung (allen Auguren zum Trotze)[5] nicht, die Frage nach den finalen Verlusten schien, um nochmals *M. Lang* anzuführen, eben doch nicht zu Ende: Zum einen wäre zu erwarten, dass ein solcher Paradigmenwechsel v. EuGH auch explizit dargetan, nicht aber einem Kaffeesatzlesen überantwortet wird und er bloß „schleichend" erfolgt.[6] Und zum anderen spielte ein uU verbleibender Verstoß gegen das (fortbestehende) Beschränkungsverbot in casu (der – wie gesagt – eine „asymmetrische" Situation betraf) ohnehin keine Rolle, weil es schlechterdings an einer entspr. „finalen" Situation fehlte.[7] Außerdem drohen weitere Ungereimtheiten, wenn der Mitgliedstaat die vereinbarte Freistellungsmethode unilateral im Wege eines Treaty override überspielt und dadurch die Anrechnungsmethode anordnet („switch over"), gelangt man dann doch wieder zurück zur Vergleichbarkeit der Situationen.[8]

5c Aus alledem dünkte es als zwingend, dem EuGH nochmals die Gelegenheit zu einem letzten (?) Wort zu geben. Der **BFH**[9] hat ihm ein solches Wort allerdings (vorerst?) nicht gewährt, vielmehr „klein beigegeben", seine Rspr. schlankerhand geändert und die Tür zu den finalen Verlusten geschlossen (besser und eher: zugeworfen).[10] Das war (wie hier in der Vorauflage bereits prognostiziert) höchst voreilig. Denn auf Vorabentscheidungsersuchen des (dänischen) Østre Landsret v. 19.12.2016[11] in der Rs. C-650/16 – **A/S Bevola und Jens W. Trock ApS ./. Skatteministeriet**[12] hat der EuGH nun eine abermalige Volte[13] (in Ge-

1 EuGH v. 17.12.2015 – C-388/14 – Timac Agro Deutschland, BStBl. II 2016, 362 = FR 2016, 126 m. Anm. *Schlücke*.

2 Dazu ebenso grds. wie spezifisch *Henze*, FS Gosch, 137.

3 Einschränkend *Schnitger*, IStR 2016, 637 (641), bezogen auf die GewSt infolge des dort durch § 7 S. 8 GewStG bewirkten Verstoßes gegen das gewstl. Territorialitätsprinzip und die dadurch bedingte (sachlich begrenzte und fiktive) Einbeziehung v. Gewinnen ausländ. Betriebsstätten (zweifelh.).

4 *M. Lang* in Schön/Heber, Grundfragen des Europäischen Steuerrechts, 2015, 63 (84).

5 So die **hM:** *Schnitger*, IStR 2016, 72; *Cloer/Sejdija/Vogel*, SWI 2016, 81; *Schiefer/Scheuch*, NWB 2016, 701; *Benecke/Staats*, IStR 2016, 80; *Mitschke*, FR 2016, 132; *Patzner/Nagler*, GmbHR 2016, 176; *St. Müller*, ISR 2016, 54; *Eisendle*, ISR 2016, 37; *Schulz-Trieglaff*, StuB 2016, 225; *Stöber*, DStZ 2016, 582; *Ackermann/Höft*, EuZW 2016, 258; *Schulz-Trieglaff*, StuB 2016, 918; sowie FG München v. 31.5.2016 – 7 V 3044/15, EFG 2016, 1232 (AdV-Beschl.) mit Anm. *Forchhammer*.

6 Überraschenderweise erkennt *Forchhammer* (Anm. in EFG 2016, 1232; ähnlich *Schulz-Trieglaff*, StuB 2016, 918) in dem Urt. des EuGH lediglich eine „Präzisierung" und eine „begrüßenswert klare Sprache" des EuGH (!). Welcher Text lag ihm vor?

7 Ebenso *Niemann/Dodos*, DStR 2016, 1057; in diese Richtung wohl auch *Kahlenberg*, NWB 2016, 1723; sa. *Schumacher*, IStR 2016, 473.

8 Zutr. *Schnitger*, FS Endres, 2016, 361, 370.

9 BFH v. 22.2.2017 – I R 2/15, BStBl. II 2017, 709; dem beflissen folgend FG Münster v. 28.3.2017 – 12 K 3541/14, DStRE 2018, 789 (Rev. I R 49/17), und v. 28.3.2017 – 12 K 3545/14, EFG 2017, 1740 m. Anm. *Schober* (Rev. I R 48/17).

10 Sa. *Schön* und *Gosch*, JbFfSt. 2016/2017, 13 ff.; *Patzner/Nagler*, GmbHR 2016, 176; *Kögel*, IWB 2017, 7, *Stöber*, DStZ 2016, 582.

11 ABlEU 2017 Nr. C 63, 18.

12 DStR 2018, 1353.

13 *Mitschke* (!), Ubg 2018, 467 (468): „völlige Kehrtwende"; sa. wahrhaft bildhaft *Cordewener*, EC Tax Review 2018, 230 (235), der dort die „previous episodes of the ‚final losses saga'" mit dem plötzlichen Wiederauftauchen des zuvor – in der achten Staffel – verstorbenen Bobby Ewing in der 10. Staffel der TV-Serie Dallas vergleicht.

stalt einer vorgeblichen Abgrenzung) vollzogen.[1] Der EuGH ist den dazu ergangenen Schlussanträgen des Generalanwalts *Campos Sánches-Bordona* v. 17.1.2018 gefolgt. Er unterscheidet zw. „echten finalen Verlusten" (infolge Betriebsstättenaufgabe, abgrenzend zu lfd. Verlusten) und restituiert für solche Verluste explizit die „alte" Marks & Spencer- und Lidl Belgium-Spruchpraxis. Der Gerichtshof bejaht in feinsinniger Abgrenzung zu den EuGH-Urt. Nordea Bank Danmark und Timac Agro Deutschland einen Unionsrechtsverstoß (Art. 49 AEUV), weil andernfalls solche Verluste „im luftleeren Raum" verblieben und infolgedessen (und immerhin!) das Leistungsfähigkeitsprinzip[2] verletzt werde. MaW: (Nur) Für diese Situation der „finalen" Verluste bei Einstellung oder Aufgabe der ausländ. Betriebsstätte wird die prinzipielle Nichtvergleichbarkeit symmetrisch „ausgesparter" Einkünfte v. Inlands- und Auslandsbetriebsstätten (sei es durch DBA, sei es durch nationale Rechtssetzung)[3] rechtsmethodisch ausnahmsweise überwunden (und gelangt man deshalb auch in die weiteren Prüfungsstufen). – Man mag die stereotyp am Schluss fast jedes Steuerrechtsaufsatzes stehenden Worte kaum wiederholen, aber „man darf gespannt" und „es wird abzuwarten" sein, wie sich der BFH nun neuerlich positioniert.[4] Gelegenheit dazu hat er in der anhängigen (und v. ihm immerhin selbst zugelassenen) Rev. I R 17/16[5] sowie in den ebenfalls anhängigen Rev. I R 48/17, I R 49/17[6] und I R 32/18.[7] Vielleicht wartet er zunächst die beiden Vorabentscheidungsersuchen des schwedischen Högsta förvaltningsdomstolen an den EuGH zur Berücksichtigung finaler Verluste gebietsfremder Tochter-Ges. ab (Rs. C-607/17 – Memira Holding[8] und Rs. C-608/17 – Holmen[9]). Oder – zumindest und noch besser – er liest zuvor diese Kommentierung.

b) Einzelfragen. Folgt man ungeachtet der nach wie vor unübersichtlichen Gemengelage der früheren und zwischenzeitlich aufgegebenen (und nun vermutlich wieder „restituierten") Spruchpraxis des BFH[10], ist im Regelfall für die Frage, wann v. finalen Verlusten die Rede sein kann, nicht danach zu forschen, ob der StPfl. die Betriebsstätte aufgibt, um sich den Verlustabzug im Inland zu erhalten. Ausreichend ist insofern die „schlichte" tatsächliche Finalität der Verlustberücksichtigung im Quellenstaat (und zwar iS einer „Vollfinalität", also zB der vollbeendeten Liquidation, nicht aber bloß deren Beschließung); deren willentliche Herbeiführung ist insbes. nicht rechtsmissbräuchlich iSv. § 42 AO, sondern Ausfluss der unternehmerischen Gestaltungsfreiheit. Anders kann es sich allenfalls in (Extrem-)Situationen verhalten, wenn der Betriebsstättenaufgabe kurzfristig deren Neuinstallation nachfolgt und das Auslandssteuerrecht zugleich eine Verlustübertragung auf die neue Betriebsstätte ausschließt. Ähnlich wird es sich bei der Veräußerung der Betriebsstätte oder deren „Umwandlung" an oder in eine KapGes. verhalten (vorausgesetzt, die KapGes. kann die Betriebsstättenverluste nach ausländ. Steuerrecht nicht als eigene abziehen), und zwar im Grundsatz unabhängig davon, ob der Veräußerung oder Umwandlung (ggf. auch) das Motiv einer Verlustnutzung im Inland zugrunde liegt, denn auch diese unternehmerische Entsch. wurzelt im Tatsächlichen, nicht im Rechtliche, und ist jenseits eines Missbrauchsvorwurfs im Einzelfall entspr. zu würdigen. Für einen allg. Vorbehalt der **„Gestaltungsanfälligkeit"** ist kein Raum, ebenso wenig wie zB bei Überlegungen, sich die Switch-over-Regelungen des § 50d Abs. 9 Nr. 2 oder auch des § 20 Abs. 2 AStG[11] zur Verlustnutzung instrumentell zunutze zu machen; der Gestaltungsfreiheit lässt sich insoweit nur bi- oder multilateral begeg- 5d

---

1 ZB *Heckerodt/Schulz*, DStR 2018, 1457; *Schlücke*, FR 2018, 648; *Kraft*, IStR 2018, 508; *Graßl/Schmolke*, Ubg 2018, 575; *v. Brocke*, SAM 2018, 99; *Kahlenberg*, Ubg 2018, 470; *Kahle/Braun/Burger*, FR 2018, 717; *Trossen*, Ubg 2018, 472; *Mitschke*, Ubg 2018, 467 (468); *Löprick/Meger*, StuB 2018, 805; *Kraft*, NWB 2018, 2384; *Kopec/Wellmann*, ISR 2019, 7; **aA** *Schulz-Trieglaff*, StuB 2018, 590, sowie IStR 2018, 777, der in einer recht eigenwillig-wohlfeilen Interpretation der jüngsten EuGH-Entsch. nur eine „Klarstellung" bisheriger Positionen erkennen will (einmal mehr, s. Rn. 5b, möglicherweise nach Lektüre einer anderen, der Allgemeinheit unbekannten EuGH-Entsch.?).

2 Wobei die eigentliche Ursache des Verstoßes gegen das Leistungsfähigkeitsprinzip die v. BFH in st. Spruchpraxis „symmetrisch" aufgefasste Freistellung der ausländ. Einkünfte ist (s. dazu Rn. 4); zutr. dazu *Kahle/Braun/Burger*, FR 2018, 717; *Mitschke*, Ubg 2018, 467 (468 f.); sa. *Kögel*, FS Gosch, 205 ff.

3 Diese zweifelsfreie Gleichbehandlung durch den EuGH in der Rs. C-650/16 – A/S Bevola und Jens W. Trock ApS ./. Skatteministeriet (dort Rz. 36 f.) wird v. *Schulz-Trieglaff*, StuB 2018, 590, einmal mehr gründlich missverstanden.

4 S. auch *Brandis*, DStR 2018, 2051; *Kopec/Wellmann*, ISR 2019, 7 (16 f.).

5 Vorinstanz: FG Hbg. v. 6.8.2014 – 2 K 355/12, EFG 2014, 2084 m. Anm. *Zimmermann* und *Kögel*, IStR 2015, 664; die Rev. I R 18/16 gegen FG Düss. v. 28.10.2014 – 6 K 50/10 K, EFG 2015, 313, wurde zwischenzeitlich zurückgenommen.

6 Vorinstanz: FG Münster v. 28.3.2017 – 12 K 3541/14, DStRE 2018, 789 (Rev. I R 49/17), und v. 28.3.2017 – 12 K 3545/14, EFG 2017, 1740 m. Anm. *Schober* (Rev. I R 48/17).

7 Vorinstanz: FG Hess. v. 4.9.2018 – 4 K 385/17, EFG 2018, 1876 (mit krit. Anm. *Mitschke*, IStR 2018, 923).

8 ABlEU 2018, Nr. C 5, 23.

9 ABlEU 2018, Nr. C 5, 24.

10 Konsequent deshalb BFH v. 5.2.2014 – I R 48/11, FR 2014, 714.

11 S. dazu *Becker/Loose/Misere*, IStR 2016, 353; *Strunk/Kaminski/Köhler*, AStG/DBA, § 20 AStG Rn. 131; *Richter*, IStR 2010, 1; **aA** *Lademann*, § 20 AStG Rn. 212.

nen.[1] Allerdings verbietet das Unionsrecht es dem (nationalen) Gesetzgeber nicht, sein Be- und Nachweisrecht bei strukturell missbrauchsanfälligen Gestaltungen restriktiv zu handhaben; so gesehen geht es an, verwaltungsseitig das Prinzip der Beweisnähe und Beweissphäre zu nutzen und den „finalen" Verlustabzug v. entspr. Nachweiserfordernissen des StPfl. bis hin zu einer typisierten Beweislastumkehr abhängig zu machen.[2] – Nach Veräußerung oder Umwandlung der Betriebsstätte an oder in eine KapGes. im Ausland weiterhin nutzbare (Alt-)Betriebsstättenverluste sind demnach (Neu-)Verluste der KapGes. **Kein Fall der tatsächlichen „Finalität"** idS liegt hingegen vor, wenn die Betriebsstätte erst nach Ablauf eines Abzugsbeschränkungszeitraums im Ausland aufgegeben wird; die Rechtsbeschränkung ist dann ‚überholend' kausal; lediglich (Neu-)Verluste aus der Zeit zw. dem Ende des Verlustabzugszeitraums und der tatsächlichen Betriebsstättenaufgabe wirken „final".[3] Kein Fall der (tatsächlichen wie rechtlichen) „Finalität" dürfte auch für (Auslands-)Verluste gegeben sein, welche vor Begr. der unbeschränkten StPfl. entstanden sind, solche unterfallen allein dem Steuerrecht des Wegzugsstaats und sind im Zuzugsstaat nicht einzubeziehen.[4] So oder so geht es stets immer (nur) um die **lfd. ‚finalen' Auslandsverluste**; eine Verrechnung mit etwaigen (betriebsstättenaufgabebedingt realisierten) stillen Reserven findet insoweit nicht statt.[5] Letzteres ist auch zu beachten, wenn der Veräußerung der Betriebsstätte die Übertragung v. WG in eine EU-KapGes. vorausgegangen, eine Entstrickungsbesteuerung seinerzeit aber unterblieben ist, weil die dafür erforderlichen Voraussetzungen des § 4 Abs. 1 S. 3 und 4 (oder des § 12 Abs. 1 KStG) tatbestandlich nicht erfüllt sind (s. dazu § 36 Rn. 26); das nachlaufende deutsche Besteuerungsrecht für die stillen Reserven in den übertragenen WG ist auf den Entstrickungsvorgang und die Wertverhältnisse in jenem Zeitpunkt zu projizieren, was wiederum im späteren Veräußerungszeitpunkt geringere oder gar entfallende „finale" Verluste zur Folge hat. – In jedem Fall bestehen sicherlich auch vor dem Hintergrund des Unionsrechts Wertungsfreiräume und bleibt zu hoffen, dass der Gesetzgeber irgendwann tätig wird und den Finalitätsbegriff (in unionsrechtskonformer Weise) definitorisch und verbindlich vorgibt.[6]

5e **c) Zeitbezüge; Verfahrensrecht; Verlustermittlung.** Nach wie vor fehlen auch jedwede normative Regeln dazu, die EuGH-Rspr. innerstaatlich umzusetzen. Geboten ist dies namentlich zu der Frage, in welchem VZ die „finalen" Verluste abzuziehen (und ggf. gesondert festzustellen) sind. De lege lata erscheint es naheliegender, den Abzug „phasenversetzt" **im VZ der „Finalität"** vorzunehmen; zuvor käme der Abzug auch im Quellenstaat nicht in Betracht[7] und bis dahin schirmt die „Freistellungssymmetrie" die Verluste auch ungestört vor der Inlandsberücksichtigung ab. Diesen Weg hat denn auch der BFH eingeschlagen.[8] Er hat dabei zugleich verdeutlicht, dass die Auslandsverluste fortan – nach Eintritt der „Finalität" – gewissermaßen zu Inlandsverlusten werden und allen Vor- und Nachteilen des innerstaatlichen Rechts (Verlustvortrag und -rücktrag, Mindeststeuer) unterfallen. Denkbar wäre es sicher auch (gewesen), ein rückwirkendes Ereignis (vgl. § 175 Abs. 1 S. 1 Nr. 2 AO) anzunehmen und den Abzug („phasengleich") auf das Verlustentstehungsjahr zurückzuprojizieren.[9] Das entspräche der Regelungslage gem. **§ 10d**

---

1 S. auch *Quilitzsch*, DB 2010, 2757; **aA** *Schulz-Trieglaff*, ISR 2013, 216.

2 Das alles wird sehr schön entwickelt v. *Eisenbarth*, Grenzüberschreitende Verlustverrechnung als Kerngebiet des Europäischen Steuerrechts, 2011, 237 ff.

3 BFH v. 9.6.2010 – I R 100/09, BStBl. II 2010, 1065.

4 *Gosch*, BFH/PR 2010, 274; so iErg. auch österreichischer VwGH v. 28.5.2009 – 2008/15/0034, öRdW 2009, 546; FG Düss. v. 17.1.2012 – 13 K 1501/10 F, EFG 2012, 1150 (rkr.) (zu Verlusten gem. § 23 Abs. 3 S. 9 iVm. § 10d Abs. 4); **aA** aber BFH v. 24.2.2010 – IX R 57/09, FR 2010, 706 (unter Aufhebung der insoweit zutr. Vorentsch. des FG Nds. v. 28.4.2009 – 13 K 22/07, EFG 2009, 2039).

5 **AA** *Benecke/Staats*, IStR 2010, 668 (669).

6 S. ebenso bereits IFSt-Arbeitsgruppe, IFSt Nr. 471/2011, 73 ff. (die es als vertretbar ansieht, die ‚Finalität' – zunächst – eng zu verstehen, um dem EuGH die Möglichkeit zur abschließenden Klärung vorzugeben); ähnlich, jedoch – im Sinne einer inhaltlich unbeschränkten und lediglich zeitlich begrenzten ‚Finalität' – weitergehend *Rublack*, IFSt Nr. 472/2011, 37 ff.; sa. *Brandis*, DStR 2018, 2051 mwN.

7 ZB *Rehfeld*, IWB 2008, 1027 (1029); *Englisch*, IStR 2008, 405; sa. EuGH v. 23.10.2008 – C-157/07, IStR 2008, 769; offen BFH v. 17.7.2008, BStBl. II 2009, 630; BMF v. 13.7.2009, BStBl. I 2009, 630.

8 BFH v. 9.6.2010 – I R 107/09, FR 2010, 896 m. Anm. *Buciek*; dem folgend FG Düss. v. 25.10.2011 – 13 K 2775/06 E, F, EFG 2012, 1123 (rkr.) (zu sog. Holland-Fonds); FG Hbg. v. 6.8.2014 – 2 K 355/12, EFG 2014, 2084 m. Anm. *Zimmermann* (Rev. I R 17/16); sa. BFH v. 9.11.2010 – I R 16/10, FR 2011, 489 (Vorinstanz: FG Nds. v. 11.2. 2010 – 6 K 406/08, EFG 2010, 815); FG RhPf. v. 17.3.2010 – 1 K 2406/07, DStRE 2010, 802 (Rev. I R 34/10 zurückgenommen), jeweils nicht zu Betriebsstättenverlusten, sondern zur Frage der Unionsrechtmäßigkeit des EAV gem. § 14 KStG; sa. zu Tochter-KapGes. EuGH v. 3.2.2015 – C-172/13, DStR 2015, 337.

9 So FG Hbg. v. 18.11.2009 – 6 K 147/08, EFG 2010, 265 (Vorinstanz zu BFH v. 9.6.2010 – I R 107/09, FR 2010, 896 m. Anm. *Buciek*); wohl auch *Dörfler/Ribbock*, BB 2008, 2557; *v. Brocke*, DStR 2008, 2201; *Cordewener*, IWB 2009, 441 (449); *Mayr*, BB 2008, 1816; *Hohenwarter*, Verlustverwertung im Konzern, 2010, 532 ff.; offen noch BFH v. 17.7. 2008 – I R 84/04, BStBl. II 2009, 630 (Schlussurteil „Lidl Belgium"); s. dazu auch *Gosch*, BFH/PR 2008, 491, einerseits, *KB*, IStR 2008, 705, andererseits.

Abs. 4, welcher („finale") Auslandsverluste indes (bislang) nicht erfasst und welcher demzufolge tatbestandlich zu „kurz" greift. Aus diesem Grunde ist die Verlustfeststellung im Hinblick auf die ‚Finalität' ggü. der Veranlagung auch nicht vorrangig und hat insoweit keine Grundlagenwirkung.[1] Letzterer Umstand ist deshalb schwerlich geeignet, die beschriebene EuGH-Rspr. bei „finalen" Verlusten schon aus Verfahrensgründen eines fehlenden einschlägigen Verlustfeststellungsbescheids v. vornherein unangewandt zu belassen; denn es gibt keinen unionsrechtl. Zwang, Auslandsverluste gesondert festzustellen. In die gesonderte Feststellung gem. § 10d Abs. 4 sind die „finalen" Verluste vielmehr erst nach jenem VZ einzubeziehen, in dem sie infolge der unionsrechtl. Anforderungen erstmals berücksichtigt werden mussten und konnten und dadurch zu innerstaatl. Verlusten wurden. Erst v. diesem VZ an ist auch nach der Neuregelung des **§ 10d Abs. 4 S. 4 und 5 idF des JStG 2010**[2] und der darin angeordneten Quasi-Grundlagenwirkung des ESt-/KSt-Bescheids für die gesonderte Verlustfeststellung eine nachträgliche Einbeziehung solcher Verluste ausgeschlossen, wenn sich diese nicht bereits aus der Steuerfestsetzung und den dabei zugrunde gelegten Besteuerungsgrundlagen ergeben.

Ohnehin bleibt es in der Praxis schwierig, den **„Finalitätszeitpunkt"** punktgenau festzumachen. Viele Fragen sind hier unbeantwortet: Entscheidet bei einer Betriebsstättenaufgabe der Entschluss zur Aufgabe, der letzte Zeitpunkt, in dem dieser Beschl. ‚final' umgesetzt wird oder ein etwaiger registerrechtl. Vollzug?[3] Abermals fehlen einschlägige gesetzliche Vorschriften und sind solche dringend einzufordern.[4] S. aber auch Rn. 5a (aE). – Der Verlust- und Finalitätsnachweis (**objektive Feststellungslast**) ist durch den StPfl. zu erbringen (s. Rn. 5). Dabei dürfen die einschlägigen nationalen Regelungen die Nutzung finaler Verluste **nicht „praktisch unmöglich machen"**; doch räumt der EuGH[5] dem nationalen Gesetzgeber einen großen Handlungsspielraum ein, sodass iErg. eine **De-facto-Versagung** im Raum steht,[6] die viele tiefschürfende Gedanken zu diesem Thema letzten Endes erübrigt (und uU sogar den Willkürgedanken auf den Plan rufen kann).[7] 5f

Wie auch andernorts im Kontext v. § 2a (s. Rn. 4, 12, 18) richtet sich die **Verlustermittlung** im „Finalitätsjahr" **nach deutschem Steuerrecht**, nicht nach ausländ.[8] Es kann also der im Ausland vorgetragene (und dort ggf. festgestellte) Verlust nicht schlicht und eins zu eins übernommen werden. Ob sich das zugunsten oder zuungunsten des StPfl. auswirkt, hängt dann vom Einzelfall ab. Ggf. wäre aber auch daran zu denken, den finalen Verlust seiner Höhe nach ‚oben' durch den nach ausländ. Recht ermittelten Betrag zu begrenzen. Auch das alles macht die Angelegenheit jedenfalls höchst unpraktikabel und streitanfällig – und auch das bedarf deswegen einer gesetzlichen Antwort. 5g

d) Rechtswirkungen. Die Abziehbarkeit „finaler" Verluste ist für die Fälle des § 4 Abs. 1 ebenso einschlägig wie für jene des § 4 Abs. 3.[9] Hier wie dort sind die Auslandsverluste als fortan quasi-inländ. Verluste **allen einschlägigen nationalen Verlustvorschriften unterworfen** (zB § 10d EStG, § 8c KStG, auch dem ProgrVorb. gem. § 32b Abs. 1 S. 1 Nr. 3, s. Rn. 48a). In Einbringungs- bzw. Verschmelzungsfällen gebührt der Abzug der übertragenden Ges., sodass der Verlust im Zuge der Umwandlung (partiell) untergeht (vgl. § 12 Abs. 3 UmwStG). Im Übrigen wirkt sich der Verlustabzug gleichermaßen für die ESt/KSt wie für die GewSt (vgl. § 7 S. 1 GewStG) aus;[10] die ‚negative Kürzung' gem. § 9 Nr. 3 GewStG und der „strukturelle In- 5h

---

1 So letztlich auch der BFH v. 9.6.2010 – I R 107/09, FR 2010, 896 m. Anm. *Buciek*; uU **aA** aber BFH v. 24.2.2010 – IX R 57/09, FR 2010, 706; dazu *Gosch*, BFH/PR 2010, 405; zweifelnd *v. Brocke/Auer*, DStR 2011, 57 (59).
2 Und zugleich gegen BFH v. 17.9.2008 – IX R 70/06, BStBl. II 2009, 897.
3 Die Probleme verschärfen sich bezogen auf (Tochter-)KapGes., für die aus EU-Gründen Organschaftsstrukturen über die Grenze eingefordert werden, vgl. FG RhPf. v. 17.3.2010 – 1 K 2406/07, EFG 2010, 1632 (Rev. I R 34/10 zurückgenommen); FG Nds. v. 11.2.2010 – 6 K 406/08, EFG 2010, 815 (in der anschließenden Rev. hat der BFH sich aber auch insoweit zu dem ‚VZ der Verlustfinalität' bekannt, vgl. BFH v. 9.11.2010 – I R 16/10, DStR 2010, 169). Eine Unionsrechtswidrigkeit bej. wären dann finale Verluste in einem VZ abziehbar, in dem eine (verlustübernahme-)vertragliche Beziehung nicht mehr existiert. S. zutr. auch *Witt*, Ubg 2010, 733 (744).
4 S. auch BFH v. 5.2.2014 – I R 48/11, FR 2014, 714: „bedauerlicherweise".
5 EuGH v. 3.2.2015 – C-172/13 – Kommission ./. United Kingdom, IStR 2015, 137; s. dazu *Linn/Oumar*, IWB 2015, 259; *Möller*, BB 2015, 616; *Lachmayer*, ÖStZ 2015, 168; *Benecke/Staats*, IStR 2015, 140; *St. Müller*, ISR 2015, 140; *Hackethal*, EWS 2015, 32.
6 S. auch *Kahlenberg*, NWB 2016, 1723: „Mythos".
7 Zutr. *Cordewener*, EuZW 2015, 295.
8 FG Hbg. v. 6.8.2014 – 2 K 355/12, EFG 2014, 2084 (Rev. I R 17/16).
9 FG RhPf. v. 31.8.2010 – 3 K 1314/07, EFG 2010, 2009; sa. FG Hbg. v. 23.9.2014 – 6 K 224/13, IStR 2015, 405 m. Anm. *Barche*.
10 BFH v. 9.6.2010 – I R 107/09, DStR 2010, 1611; FG Hess. v. 4.9.2018 – 4 K 385/17, EFG 2018, 1876 (Rev. I R 32/18) (mit krit. Anm. *Mitschke*, IStR 2018, 923); *Roser*, Ubg 2010, 30 (38 ff.); *Schön*, IStR 2004, 289 (294); *Blümich*, § 9 GewStG Rn. 221b; sa. *Richter*, BB 2010, 2734, den Abzug aber insoweit unzutr. nur auf solche Betriebsstättenstaaten verengend, die eine der GewSt vergleichbare Steuer kennen; *Bier*, DStJG 35 (2012), 219 (242 f.); jetzt auch

landsbezug" der GewSt widersprechen dem schon deshalb nicht, weil § 9 Nr. 3 GewStG als unilateral symmetrische Einkommensausschlussregelung (ebenfalls) einseitig nur Auslandsbetriebsstätten, jedoch nicht Inlandsbetriebsstätten trifft und deswegen jedenfalls bei ‚finalen' Verlusten allg. – also sowohl bei zwischenstaatlich vereinbarter Freistellungs- wie Anrechnungsmethode – zulasten der Ausfallbürgschaft des Ansässigkeitsstaats unangewandt bleiben muss.[1] Die Aufteilung des Besteuerungssubstrats, die prinzipiell als probate Rechtfertigung v. Eingriffen in die EU-Grundfreiheiten taugt und sich sowohl auf vertraglich (= zB DBA) wie einseitig (= zB § 9 Nr. 3 GewStG) festgelegte Maßnahmen erstreckt,[2] versagt bei Eintritt der ‚Finalität' gleichermaßen; das gewstl. „ertragsorientierte Objektprinzip" (s. § 35 Rn. 2) wird deshalb in diesem Punkt unionsrechtl. „gelenkt" und – wie auch vielfach andernorts – entspr. modifiziert. Ohne Auswirkung bleibt der Verlustabzug insoweit allerdings für PersGes., obschon solche aus Abkommenssicht infolge ihrer Steuertransparenz Betriebsstätten ihrer G'ter (MU'er) iSv. Art. 5 OECD-MA vermitteln; denn § 8 Nr. 8 GewStG sperrt den Abzug v. Verlusten bei der Ermittlung des Gewerbeertrags (im Wege einer Hinzurechnung) sowohl für inländ. wie für ausländ. PersGes., sodass hier eine ausnahmsweise Durchbrechung der DBA-Freistellungssymmetrie aus unionsrechtl. (Gleichbehandlungs-)Gründen nicht geboten ist.

6 **III. Anwendungsbereich.** In **persönlicher Hinsicht** betrifft § 2a unbeschränkt StPfl., beschränkt StPfl. hingegen regelmäßig nicht, weil ausländ. Einkünfte bei diesen im Inland ohnehin nicht besteuert werden. Nur ausnahmsweise fallen innerhalb einer v. der beschränkten StPflicht erfassten inländ. Betriebsstätte ausländ. Einkünfte an.

7 In **sachlicher Hinsicht** betroffen sind negative ausländ. Einkünfte, die ihrerseits nicht bereits nach DBA v. der inländ. Besteuerung freigestellt sind. § 2a Abs. 1 findet sonach nur in Nicht-DBA-Fällen sowie in jenen DBA-Fällen Anwendung, in denen sich die Bundesrepublik das Besteuerungsrecht vorbehalten hat oder in denen die Anrechnungsmethode gilt. Infolge der Änderungen durch das JStG 2009 sind ausländ. negative Einkünfte nicht mehr generell, sondern nur noch sog. Drittstaateneinkünfte betroffen, s. Rn. 11 ff. Wegen der Abgrenzung und der Ermittlung der negativen Einkünfte s. Rn. 11 f.

8 In **zeitlicher Hinsicht** ist § 2a grds. erstmals v. VZ 1983 an, in seiner Fassung bis zur Änderung durch das JStG 2009 grds. erstmals im VZ 1999 an anzuwenden (§ 52 Abs. 1 S. 1 idF des StEntlG 1999 ff.). Zu den Ausnahmen für § 2a Abs. 1 S. 1 Nr. 6 lit. b s. § 52 Abs. 3 S. 1 (dazu Rn. 30). Die bisherigen Abs. 3 und 4 sind v. VZ 1999 an entfallen. Wegen der beschränkten Weitergeltung v. § 2a Abs. 3 S. 3–6 für die VZ 1999–2005 s. **§ 52 Abs. 3 S. 2–5** und v. VZ 2006 an s. **§ 52 Abs. 3 S. 6** idF des SEStEG[3] (dazu Rn. 55) und nunmehr idF des JStG 2008 (s. Rn. 5). Die Regelungsfassung des JStG 2009 ist in allen Fällen anzuwenden, in denen die Steuer noch nicht bestandskräftig festgesetzt ist, s. § 52 Abs. 3 S. 2 Bei der Anwendung der bisherigen Fassung verbleibt es nur für bestandskräftig gem. § 2a Abs. 1 S. 5 festgestellte negative Einkünfte, s. § 52 Abs. 3 S. 3. Es ist nicht auszuschließen, dass in dieser auf bestandskräftige Feststellungsbescheide angeordneten Zäsur jedenfalls für Folgejahre eine (abermalige, s. Rn. 5) Unionsrechtswidrigkeit gesehen werden muss.[4]

9 **IV. Verhältnis zu anderen Vorschriften.** § 2a steht mit vergleichbaren Verlustausgleichsbeschränkungen (zB **§ 2 Abs. 3 aF, § 2b aF, § 15a, § 17 Abs. 2 S. 4, § 22 Nr. 3 S. 3 und 4, § 23 Abs. 3 S. 7 bis 10**, § 23 Abs. 3 S. 8 und 9 aF) im Verhältnis wechselseitigen Ausschlusses nach dem Maßstab der jeweiligen Regelungsreichweite: Der weiterreichende Ausschluss geht vor.[5] Umgekehrt richtet sich die Verlustverrechnung verrechenbarer Verluste für den StPfl. nach dem Grundsatz der Meistbegünstigung (dh. grds. Vorrang v. § 15a Abs. 2 und 3 vor § 2a[6]). Zum Verhältnis zum ProgrVorb. gem. § 32b Abs. 2 Nr. 2 s. Rn. 48. Zum Verhältnis v. § 8d KStG und § 2a und hierbei noch nicht verrechneten Drittstaatenverlusten s. *Kaminski/Melhem/Hundrieser*, ISR 2018, 301: Einbeziehung in den Regelungsbereich des § 8d KStG und damit „absperrend" ggü. § 8c KStG, jedoch keine Einbeziehung in die fortführungsgebundenen Verlustvorträge nach § 8d KStG.

Gl/Gür GewStG[9], § 9 Nr. 3 Rn. 1a; **aA** (und das verkennend) *Rehm/Nagler*, GmbHR 2010, 1001; *Kußmaul/Delarber*, Ubg 2010, 900 (903 f.); *Wangler/Gühne*, FR 2010, 1113 (1119); *Benecke/Staats*, IStR 2010, 669; *Mitschke*, FR 2011, 24 (25); *Gebhardt/Quilitzsch*, FR 2011, 359; *Schnitger*, IFSt Nr. 480/2012, 104, unter Hinweis auf *Lehner*, FS Wassermeyer, 2005, 241 (257), weil sich die betr. Norm „als Teil eines (gemeineuropäischen) Bestands v. äquivalenztheoretisch fundierten Rechtfertigungs- und Zuordnungsnormen erweist"; ähnlich *Karrenbrock*, Die steuerliche Berücksichtigung ausländischer Betriebsstättenverluste im Inland, 208 ff.

1 Zutr. *Sedemund/Wegner*, FR 2010, 885; *Heurung/Engel*, GmbHR 2010, 1071; *Witt*, Ubg 2010, 737 (744).

2 ZB EuGH v. 23.6.2006 – C-513/03 – van Hilten-van der Heijden, IStR 2006, 309 (dort Rn. 47).

3 G v. 7.12.2006, BStBl. I 2006, 2782.

4 S. auch *Frotscher/Geurts*, § 2a Rn. 14b.

5 Vgl. BFH v. 26.11.1997 – I R 63/97, BFH/NV 1998, 680 zu § 15a Abs. 1, 5 Nr. 3; s. auch *K/S/M*, § 2a Rn. A 23.

6 *H/H/R*, § 2a Rn. 14; *K/S/M*, § 15a Rn. A 54 ff.; s. auch FinVerw., zB OFD Nürnb. v. 23.12.1998, StEK EStG § 1 Nr. 67, dort Tz. 5.1.

Statt einer Anrechnung ausländ. Steuer auf negative ausländ. Einkünfte gem. § 34c Abs. 1 kommt idR nur ein Steuerabzug gem. **§ 34c Abs. 2** in Betracht.[1] 10

B. Verlustausgleichs- und -abzugsbeschränkung für negative ausländische Einkünfte aus Drittstaaten (Abs. 1, 2 und 2a)

I. Negative ausländische Einkünfte aus Drittstaaten (Abs. 1, 2a). Negative Einkünfte iSv. § 2a und diesen gem. § 2a Abs. 1 S. 2 gleich gestellte Gewinnminderungen sind **Verluste** und der Einkunftsart nach im Grundsatz solche iSv. § 2 Abs. 1, diese allerdings beschränkt auf (abschließend) bestimmte Einkunftsquellen und Tätigkeiten. In **Umkehrung** der sog. **isolierenden Betrachtungsweise** (vgl. § 49 Abs. 2, s. dort § 49 Rn. 103 ff.) kommt es dabei allein auf die im Ausland verwirklichten Tatbestandsmerkmale an[2] und bleiben die Verhältnisse im Inland unberücksichtigt. Die sog. Subsidiaritätsklauseln und der dadurch bestimmte Vorrang der Einkunftsarten (zB in § 20 Abs. 3; § 21 Abs. 3, § 15 Abs. 3, auch § 8 Abs. 2 KStG[3]) finden keine Anwendung; maßgeblich ist ausnahmslos die tatsächlich verwirklichte Einkunftsart,[4] und das gilt auch für Sonder-BA iSv. § 15 Abs. 1 S. 2 Nr. 2, welchen nur ein Inlands-, jedoch kein Drittstaatenbezug zukommt.[5] Auch insoweit (und nur) bei gewerblichen Verlusten gem. Abs. 1 S. 1 Nr. 2 kann es sich (gegenüber Abs. 1 S. 1 Nr. 3, 5 oder 6 lit. a) allerdings anders verhalten, wenn das betr. WG einer ausländ. gewerblichen Betriebsstätte zuzuordnen ist.[6] Insofern besteht Übereinstimmung mit der Abkommensrechtslage (vgl. den Betriebsstättenvorbehalt in Art. 10 Abs. 3, Art. 11 Abs. 3, Art. 12 Abs. 2 OECD-MA, zu den Unterschieden bei der Zuordnung s. aber Rn. 18).[7] Zur rechtsfolgenmäßigen Beschränkung des Verlustausgleichs auf Einkünfte derselben Art s. Rn. 42. 11

Die **Ermittlung** der negativen Einkünfte (und damit auch die Frage danach, ob sich überhaupt negative Einkünfte ergeben) richtet sich nach der für den StPfl. maßgeblichen Gewinnermittlungsmethode und nach dem hiernach anzuwendenden deutschen Steuerrecht, nicht danach, welche Einkunftsart bei umgekehrt isolierter Betrachtung (Rn. 11) verwirklicht wurde (zB gem. § 4, § 5 Abs. 1 bei einem inländ. Gewerbetreibenden für Einkünfte aus VuV).[8] 12

Der erforderliche – nunmehr auf sog. Drittstaaten (Rn. 14) beschränkte – **Auslandsbezug** ergibt sich aus den einzelnen Tatbeständen (s. auch § 34d, § 49 Abs. 1). Zum **Auslandsbegriff** s. § 1 Rn. 6; hoheitsfreie Zonen sollen nicht als Ausland gelten („ausländ. Staat").[9] 13

Was ausländ. **Drittstaaten** iSv. Abs. 1 und 2 sind, wird in **Abs. 2a** legaldefiniert. Es sind dies zunächst alle Staaten, die **nicht** Mitgliedstaaten der EU sind, **Abs. 2a S. 1 Nr. 1**. Drittstaaten waren damit bis zu ihrem Beitritt zur EU zum 1.5.2004 auch die seinerzeit beigetretenen Staaten, also Estland, Lettland, Litauen, Polen, Slowakei, Slowenien, Tschechien, Ungarn, Malta und Zypern, bis zum 1.1.2007 überdies Bulgarien und Rumänien und bis zum 1.7.2013 Kroatien; Betriebsstättenverluste des VZ 2004 aus jenen Staaten sind also den Beschränkungen des § 2a unterworfen. Den EU-Mitgliedstaaten gleichgestellt sind nach **Abs. 2a S. 2** die EWR-Staaten, sofern im Wege einer zwischenstaatlichen Gegenseitigkeit aufgrund der EG-Amtshilfe-RL[10], zuletzt geändert durch EG-RL 2006/98 EWG[11], oder einer vergleichbaren zwei- oder mehrseitigen Vereinbarung wechselseitig diejenigen Auskünfte erteilt werden, die zur Durchführung der Besteuerung erforderlich sind, also alle EWR-Staaten, mittlerweile (infolge des im September 2009 vereinbarten 14

---

1 OFD Ffm. v. 25.8.1994, RIW 1995, 78 Tz. 2.3.
2 S. BFH v. 13.5.1993 – IV R 69/92, BFH/NV 1994, 100.
3 § 8 Abs. 2 KStG gilt allerdings ohnehin nicht für ausländ. KapGes., s. zB BFH v. 2.2.1994 – I B 143/93, BFH/NV 1994, 864; v. 27.8.1997 – I R 8/97, BStBl. II 1998, 163.
4 HM; vgl. BFH v. 21.8.1990 – VIII R 271/84, BStBl. II 1991, 126 (129); v. 13.5.1993 – IV R 69/92, BFH/NV 1994, 100 (101); v. 31.3.2004 – I R 71/03, BStBl. II 2004, 742 (zum gleichlautenden § 2 Abs. 1 S. 1 AIG aF); BT-Drucks. 9/2074, 64; OFD Münster v. 27.7.1983, StEK EStG § 2a Nr. 5; *K/S/M*, § 2a Rn. B 4 ff.; **aA** zB *Vogel*, BB 1983, 180.
5 Zutr. FG Nürnb. v. 11.2.2015 – 3 K 1557/13, EFG 2015, 1175.
6 S. BFH v. 17.11.1999 – I R 7/99, BStBl. II 2000, 605; OFD Nürnb. v. 23.12.1998, StEK EStG § 1 Nr. 67 dort Anh. 4 Tz. 1.2.1; **aA** *F/W/B/S*, § 2a Rn. 127.
7 ZB BFH v. 27.2.1991 – I R 15/89, BStBl. II 1991, 444; v. 26.2.1992 – I R 85/91, BStBl. II 1992, 937; v. 30.8.1995 – I R 112/94, BStBl. II 1996, 563; *Gosch*, StBp. 2003, 157; *Gosch*, FS Wassermeyer, 2005, 263 (269 f.); aber neuerdings str., s. zB *Strunk/Kaminski*, IStR 2003, 181 unter Hinweis auf BFH v. 7.8.2002 – I R 10/01, BStBl. II 2002, 848; s. auch *Wassermeyer*, Besteuerungspraxis bei grenzüberschreitender Tätigkeit, 2003, 208 ff.; *Gosch*, FS Wassermeyer, 2005, 263 (276 ff.); *Wolff*, FS Wassermeyer, 2005, 647 ff.
8 *K/S/M*, § 2a Rn. B 12.
9 OFD Berlin v. 19.3.1997, DStR 1997, 661, zu Recht krit. *Korn*, § 2a Rn. 69.
10 77/799/EWG v. 19.12.1977, ABlEG Nr. L 336, 15.
11 V. 20.11.2006, ABlEU Nr. L 363, 129. Nach dem AmtshilfeRLUmsG-E soll in Abs. 2a S. 2 die Formulierung „Amtshilferichtlinie gemäß § 2 Abs. 2 des EUAttiG" aufgenommen werden.

„TIEA" = „Tax Information Exchange Agreement" zum Austausch v. steuerlich relevanten Informationen zw. den Behörden ab 1.1.2010[1] sowie des am 19.12.2012 in Kraft getretenen DBA[2]) auch Liechtenstein;[3] trotz der EU-Freizügigkeitsabkommen (s. dazu § 1a Rn. 3, § 17 Rn. 10, § 50 Rn. 17) aber nicht die Schweiz.[4] In Einklang hiermit sind **Drittstaaten-Körperschaften** und **Drittstaaten-KapGes.** solche, die weder ihre Geschäftsleitung noch ihren Sitz in einem Mitgliedstaat der EU oder einem im Wege der Gegenseitigkeit zum Auskunftsverkehr verpflichteten EWR-Staat haben, **Abs. 2a S. 1 Nr. 2**. – Zur entspr. Zugrundelegung dieser Definition des Abs. 2a auch in der bes. Fälligkeitsregelung des § 36 Abs. 5 für die sog. finale BetrAufg. gem. § 16 Abs. 3a s. § 36 Rn. 25 ff.

15 Die „Schlechterbehandlung" der Drittstaatenverluste ggü. solchen, die aus EU-Staaten resultieren, ist aus Sicht des **Unionsrechts** gerechtfertigt.[5] Soweit ggü. dieser „Ungleichbehandlung" der Drittstaaten in bestimmten Zusammenhängen abermals Bedenken aus Sicht des **Unionsrechts** lt. geworden sind[6], sind solche ungerechtfertigt: Zwar mag in der einen oder der anderen Konstellation nicht die Niederlassungsfreiheit (Art. 49 AEUV), sondern die Kapitalverkehrfreiheit (Art. 63 AEUV) einschlägig sein (Rn. 3),[7] der prinzipiell drittstaatenerstreckende erga omnes-Wirkung zukommt. IdR wird daraus jedoch kein Nektar gesaugt werden können, weil die Finanzbehörden für die Verlustberücksichtigung auf Auslandsinformationen angewiesen sind; erschwerte Maßnahmen der Steueraufsicht und der Steuerkontrolle sind jedoch geeignet, die Drittstaatenwirkung der Kapitalverkehrsfreiheit zurückzufahren. Das gilt eben auch für § 2a (Abs. 1 S. 1 Nr. 4, 5, 6 lit. a und b, 7 lit. c).[8] Ob zudem die sog. Stand still-Klausel des Art. 64 Abs. 1 AEUV greift, ist dagegen eher zu bezweifeln, weil es im Allg. an der dafür notwendigen Direktinvestition mangeln wird. – Auch die Orientierung an dem Auskunftsstandard der EG-Amtshilfe-RL in § 2a Abs. 2a S. 2 dürfte als solche unionsrechtl. unbeanstandet bleiben, s. Rn. 14.

16 **II. Land- und forstwirtschaftliche Einkünfte (Abs. 1 S. 1 Nr. 1).** Erfasst werden negative Einkünfte jedwelcher Art (aus Misswirtschaft, aber auch zB aus Missernten, Naturkatastrophen) aus einer in einem ausländ. Staat belegenen **luf. Betriebsstätte** (§ 12 AO), unabhängig v. der Einkunftsart. Ob es sich um den Teil eines inländ. oder um einen eigenen ausländ. luf. Betrieb handelt, ist unbeachtlich. Der ausländ. LuF-Betrieb mit inländ. Grundbesitz wird also einbezogen. Gleichermaßen soll es sich im umgekehrten Fall des luf. genutzten Grundbesitzes im Ausland mit inländ. Ort der Geschäftsleitung verhalten;[9] es erscheint indessen fraglich, ob die bloße Belegenheit eine ausländ. Betriebsstätte begründet und zur Verlustbeschränkung führt.[10] Ansonsten sind die luf. Tätigkeiten nach den Maßstäben v. § 13 zu anderen Tätigkeiten abzugrenzen. Der Produktivitätsvorbehalt des § 2a Abs. 2 greift für luf. Einkünfte (und zwar in gleichheitsrechtl. unbedenklicher Weise) auch dann nicht, wenn die Verluste aus aktiver Bewirtschaftung resultieren, s. Rn. 34.

17 Infolge der durchgängig vereinbarten Freistellung der LuF in den DBA (vgl. Art. 6 Abs. 1 OECD-MA) kommt § 2a Abs. 1 S. 1 Nr. 1 keine große Bedeutung zu.

---

1 S. dazu *Kraft*, IStR 2010, 440; *Hosp*, IWB 2010, 592; *Hosp/Langer*, PIStB 2011, 182; *Birke*, PIStR 2010, 199; *Spatscheck*, SAM 2010, 7.

2 BGBl. I 2013, 507.

3 Zur früheren Beurteilung s. BMF v. 30.7.2008, BStBl. I 2008, 810. – Die durchgängige ‚Diskreditierung' Liechtensteins (vgl. neben § 2a Abs. 2a und § 36 Abs. 5 gleichermaßen § 6 Abs. 5 S. 2, § 8 Abs. 2 S. 2 AStG, § 146 Abs. 2a S. 2 AO) genügte aber wohl den unionsrechtlichen Anforderungen (obschon die mangelnde Amtshilfebereitschaft des Fürstentums bei Abschluss des EWR-Vertrages allseits bekannt war und ein freiheitsausschließender Vorbehalt gleichwohl nicht getroffen wurde), vgl. auch EuGH v. 28.10.2010 – C-72/09 – Établissements Rimbaud SA, IStR 2010, 842 mit krit. Anm. *Wenz/Wünsche*; s. auch BFH v. 22.12.2010 – I R 84/09, FR 2011, 623 (dort zu § 15 AStG aF) mit krit. Anm. *Daragan*, IStR 2011, 584.

4 FG Münster v. 22.9.2011 – 2 K 2779/06 E, F, juris; v. 23.2.2016 – 12 K 2146/13 E, F, juris; v. 23.2.2016 – 12 K 2144/13 E, F, juris; v. 23.2.2016 – 12 K 2145/13 E, F, juris.

5 Vgl. EuGH v. 6.11.2007 – C-415/06 – Stahlwerk Ergste Westig GmbH, DB 2007, 2747 und nachfolgend BFH v. 11.3.2008 – I R 116/04, BFH/NV 2008, 1161; *Ditz/Plansky*, DB 2009, 1669, 1673.

6 *Wittkowski/Lindscheid*, IStR 2009, 225 (229).

7 Prinzipiell verneinend jedoch EuGH v. 6.11.2007 – C-415/06, DB 2007, 2747 „Stahlwerk Ergste Westig GmbH" und nachfolgend BFH v. 11.3.2008 – I R 116/04, BFH/NV 2008, 1161 (dort bezogen auf die Beteiligung an einer ausländ. PersGes.), krit. *Obser*, DStR 2008, 1087.

8 Vgl. auch BFH v. 26.11.2008 – I R 7/08, FR 2009, 761 (dagegen gerichtete Verfassungsbeschwerde des FA (!) nicht angenommen: BVerfG v. 11.4.2012 – 2 BvR 862/09, Ubg 2012, 409)); v. 25.8.2009 – I R 88, 89/07, DStR 2009, 2295; EuGH v. 11.10.2007 – C-451/05 – Elisa, Slg. 2007, I-8251.

9 So – im Hinblick auf die (Nicht-)Einbeziehung der betr. Einkünfte in den ProgrVorb. gem. § 32b Abs. 1 S. 2 Nr. 1 – BFH v. 2.4.2014 – I R 68/12, ISR 2014, 274 mit (zust.) Anm. *Krain*; *K/S/M*, § 2a Rn. B 27; *Blümich*, § 2a Rn. 54, § 32b Rn. 67; das Urt. wird v. der FinVerw. angewandt, s. OFD NRW v. 27.8.2014, IStR 2014, 783. Anders verhält es sich nach Maßgabe v. Art. 5 OECD-MA, s. zB BFH v. 27.10.2011 – I R 26/11, BStBl. II 2012, 457 (zum DBA-Spanien aF). Zum Problem und zu den unterschiedlichen Zuordnungsmaßstäben s. auch *Holthaus*, IStR 2014, 766.

10 *H/H/R*, § 32b Rn. 128, § 2a Rn. 27.

III. Gewerbliche Einkünfte (Abs. 1 S. 1 Nr. 2). Die Ausgleichsbeschränkung nach § 2a Abs. 1 S. 1 Nr. 2 setzt negative Einkünfte aus einer im Ausland „belegenen" (= „unterhaltenen", vgl. § 49 Abs. 1 Nr. 2 lit. a, dort § 49 Rn. 12) **gewerblichen Betriebsstätte** voraus. § 2a ist als innerstaatliche Vorschrift unilateral zu verstehen; die einschlägigen tatbestandlichen Begriffe bestimmen sich sonach ausschließlich nach innerstaatlichem Recht, Betriebsstätte also gem. **§ 12 AO**, GewBetr. gem. § 15 Abs. 2. Betriebsstätten sind sonach feste Geschäftseinrichtungen oder Anlagen, die der Tätigkeit des Unternehmens dienen. Darin einbezogen sind die unselbständige Zweigniederlassung eines Inlandsbetriebs, der Auslandsbetrieb des im Inland unbeschränkt StPfl., auch wenn er über keine inländ. Betriebsstätte verfügt; die Beteiligung an PersGes. im Ausland,[1] nicht die Einschaltung ausländ. Subunternehmer durch einen Filmfonds.[2] Gewerblich ist auch die Vermietung und das Verleasen v. Flugzeugen (s. Rn. 28).[3] Die negativen Betriebsstätteneinkünfte sind nach deutschem Recht zu ermitteln (s. Rn. 4); ihre Zugehörigkeit zur ausländ. Betriebsstätte bestimmt sich nach den Maßstäben der wirtschaftlichen Veranlassung,[4] nicht – wie idR nach Abkommensrecht[5] – anhand einer „tatsächlichen" Zugehörigkeit v. WG. Zum (umstrittenen) Vorrang des Abs. 1 S. 1 Nr. 2 ggü. Abs. 1 S. 1 Nr. 3, 5 und 6 s. Rn. 11. **Im Ausland belegen** ist eine Betriebsstätte, wenn sich die feste Geschäftseinrichtung oder Anlage im Ausland befindet. Bloße Auslandsgeschäfte v. Inland aus, ohne Vorliegen einer ausländ. Betriebsstätte, genügen nicht, ebenso wenig wie (nur) das Vorhandensein eines ständigen Vertreters. Existiert eine solche Betriebsstätte aber, erfasst § 2a alle damit in Zusammenhang stehenden Einkünfte, auch Aufgaben- und Veräußerungsverluste. Allerdings bestimmt sich die Betriebsstättenzugehörigkeit nicht nach DBA-Grundsätzen und des hiernach für die Betriebsstättenvorbehalte in Art. 10 Abs. 4, 11 Abs. 4, 12 Abs. 3 OECD-MA geltenden Prinzips der tatsächlich-funktionalen Zuordnung.[6] Zu der (in jedem Wj. für jede Betriebsstätte neu zu prüfenden) Rückausnahme (Aktivitätsvorbehalt) s. Abs. 2 (Rn. 34 ff.). 18

Währungsverluste, die sich bei Umrechnung des der Betriebsstätte zugeführten Dotationskapitals ergeben, sind bei einer wertenden Veranlassung (nicht anders als entspr. Währungsgewinne) der Betriebsstätte und nicht dem Stammhaus zuzuordnen[7] und stellen infolgedessen regelmäßig sog. weiße (negative) Einkünfte dar; der Betriebsstättenstaat hat vor dem Hintergrund der abkommensrechtl. Verteilung des Besteuerungszugriffs in Art. 7 OECD-MA keinen Grund, solche Verluste iRd. in seiner Währung ausgewiesenen Betriebsstättenergebnisses zu berücksichtigen. Wie der EuGH in der Rs. **Deutsche Shell** entschieden hat, verstößt es allerdings (unbeschadet der unionsrechtl. Akzeptanz der sog. Symmetriethese und unbeschadet auch der Frage nach den sog. finalen Verlusten, s. Rn. 5) gegen die unionsrechtl. Anforderungen, wenn die Währungsverluste infolge des Abzugsausschlusses weder im Ansässigkeits- noch im Quellenstaat berücksichtigt werden und dadurch in ein stl. „Niemandsland" fallen.[8] Dem ist in casu schon deswegen nicht zu folgen, weil die stl. Nichtberücksichtigung hier nicht in § 2a begründet ist, sondern in dem Umstand der verschiedenen Währungshoheiten; dieser Umstand kann jedoch mittels des Unionsrechts nicht ausgeglichen werden. Folgt man dem EuGH jedoch in der Sache, dann wäre wohl iErg. gleichermaßen zB für vergeblichen Aufwand infolge einer gescheiterten Betriebsstättengründung zu entscheiden (s. dazu allerdings auch § 49 Rn. 107a).[9] Allerdings ist das alles einzuschränken, wenn v. vornherein (nach nationalem Recht) keine Ungleichbehandlung besteht, weil Gewinne wie Verluste nach innerstaatlichem Recht „spiegelbildlich" und „neutral" behandelt werden, so zB bei der GewSt in § 9 Nr. 2 GewStG einerseits und § 8 Nr. 8 GewStG andererseits für die Beteiligung an inländ. und ausländ. PersGes.,[10] und das gilt dann 18a

1 Vgl. BFH v. 17.11.1999 – I R 7/99, BStBl. II 2000, 605.
2 BMF v. 23.2.2001, BStBl. I 2001, 175 (179) Tz. 40; dazu *Budeit/Borggreve*, DB 2001, 887 (894 f.).
3 OFD Ffm. v. 17.5.2002, DB 2002, 1408.
4 BFH v. 17.11.1999 – I R 7/99, BStBl. II 2000, 605 bezogen auf ein einer US-PersGes. gewährtes Darlehen.
5 ZB BFH v. 27.2.1991 – I R 15/89, BStBl. II 1991, 444; v. 31.5.1995 – I R 74/93, BStBl. II 1995, 683.
6 FG Münster v. 12.12.2006 – 13 K 5352/01 F, EFG 2007, 1025 (Rev. I R 16/07 in der Hauptsache erledigt).
7 BFH v. 16.2.1996 – I R 43/95, BStBl. II 1997, 128; v. 18.9.1996 – I R 69/95, BFH/NV 1997, 408; s. auch BFH v. 7.11.2001 – I R 3/01, BStBl. II 2002, 865; **aA** zB *Ditz/Schönfeld*, DB 2008, 1458.
8 EuGH v. 28.2.2008 – C-293/06 – Deutsche Shell, IStR 2008, 224.
9 S. – allerdings zu Unrecht unter Bezug auf die ‚Verlustfinalität' (so auch *Haase*, ISR 2014, 273 [274]) – FG Köln v. 13.3.2013 – 10 K 2067/12, EFG 2013, 1430; die dagegen erhobene Rev. I R 40/13 ist nach entspr. Hinweis des BFH v. FA (trotz Verfahrensbeitritts des BMF nach § 122 Abs. 2 FGO) denn auch zurückgenommen worden. Allg. zur Abzugsbeschränkung v. vergeblichem Gründungsaufwand bei Anwendung der DBA-Freistellungsmethode BFH v. 26.2.1014 – I R 56/12, BStBl. II 2014, 703; dazu umfassend (auch im Kontext v. § 2a) *Heinsen/Wendland*, GmbHR 2014, 1033; § 49 Rn. 107a.
10 BFH v. 2.12.2015 – I R 13/14, DStR 2016, 853, dort bezogen auf Währungsverluste und in argumentativer Anlehnung an EuGH v. 10.6.2015 – C-686/13 – X, IStR 2015, 557, m. Anm. *Eiling/Oppel*, ISR 2015, 328; bezogen auf § 8b Abs. 3 S. 4 ff. KStG auch *Buschmann*, DB 2015, 1856. Mit einer „Einschränkung" der Aussagen zur Finalität speziell zum Abzug von Währungsverlusten in EuGH v. 28.2.2008 – C-293/06 – Deutsche Shell (BStBl. II 2009, 976) hat das, entgegen der Annahme des BFH, allerdings nichts zu tun. Sa. *Blümich*, § 9 GewStG Rn. 221c ff.

mit umgekehrtem Ergebnis auch für die strukturelle Asymmetrie, qualifiziert man veräußerungsbedingte Währungsverluste bei § 8b Abs. 2 KStG als preisbeeinflussende Veräußerungskosten, unterwirft aber zugleich veräußerungsbedingte Währungsgewinne der StPfl. (s. § 17 Rn. 84);[1] Letzteres wäre wohl unionsrechtswidrig. – Zu den damit zusammenhängenden verfahrensrechtl. Fragen s. die parallele Lage bei den sog. finalen Verlusten, Rn. 49.

19 Wie bei der LuF (Rn. 17) ist die Bedeutung der Verlustbeschränkung durch DBA-Freistellungen (vgl. 7 OECD-MA) reduziert.

20 **IV. Anteile an ausländischen Körperschaften (Abs. 1 S. 1 Nr. 3).** § 2a Abs. 1 S. 1 Nr. 3 erfasst bestimmte Wertminderungen aus Beteiligungen („Anteilen", vgl. § 17 Abs. 1 S. 3, dort Rn. 40 ff.) an einer **ausländ. Körperschaft**, sofern die (ihrer Höhe nach beliebige) Beteiligung zu einem **inländ. BV** (bei den Einkunftsarten gem. § 2 Abs. 1–3) gehört. **Grund** für die – ggü. § 2a Abs. 1 Nr. 1 subsidiären – Beschränkungen ist zum einen die ansonsten bestehende Ungleichbehandlung zu ausländ. Betriebsstätten gem. § 2a Abs. 1 S. 1 Nr. 1, 2, zum anderen die Befürchtung, diese Beschränkungen würden durch Zwischenschaltung ausländ. KapGes. umgangen. Um dieses zu vermeiden, stellt Abs. 1 Nr. 3 die genannten Gewinnminderungen den negativen Einkünften fiktiv gleich und unterwirft sie den Abzugsbeschränkungen des Abs. 1 dadurch selbst dann, wenn das Gesamtergebnis der betr. Einkunftsart positiv ist. Zur Unverträglichkeit dieser Beschränkung mit den unionsrechtl. Diskriminierungsverboten s. EuGH v. 29.3.2007[2] und allg. Rn. 2; die praktische Bedeutung dieser Unverträglichkeit ist infolge des generellen Abzugsausschlusses v. Teilwertabschreibungen gem. § 8b Abs. 3 KStG v. VZ 2001 an jedoch eher gering.

21 Im Einzelnen werden folgende Tatbestände erfasst: Einkünfte **(1)** aus (verlust- oder ausschüttungsbedingten) **Teilwertabschreibungen (Abs. 1 S. 1 Nr. 3 lit. a)**, die als solche zulässig sein müssen (vgl. zB die vorrangig zu prüfenden § 6 Abs. 1 Nr. 2 S. 2; § 8b Abs. 3 KStG[3]; s. aber auch die den Anwendungsausschluss restituierenden Ausnahmen in § 8b Abs. 7 und 8 KStG), **(2)** aus der vollständigen oder teilw. **Veräußerung** (= jede entgeltliche Anteilsübertragung, einschl. Tausch, Einbringung, nicht: verdeckte Einlage, s. im Einzelnen § 17 Rn. 47) **oder Entnahme** (vgl. § 4 Abs. 1 S. 1) der Beteiligung; **(3)** aus der **Auflösung oder Kapitalherabsetzung** (jeweils **Abs. 1 S. 1 Nr. 3 lit. b**). Bei der Kapitalherabsetzung ist die Rückzahlung v. Buchwert der Beteiligung abzuziehen, nicht aber im Verhältnis des herabgesetzten zum nominellen Kapital zu mindern.[4] Infolgedessen läuft Abs. 1 Nr. 3 lit. b insoweit leer und wirkt sich nur iRd. Verlustverrechnung zu anderen Verlusten gem. Abs. 1 Nr. 3 aus. Ob eine Auflösung oder Kapitalherabsetzung verwirklicht ist, richtet sich insoweit nach dem für die ausländ. Körperschaft einschlägigen ausländ. Zivilrecht.[5] UU kann es zur Abzugssperre auch für Inlandsverluste aus der Beteiligung der Auslands-KapGes. an einer inländ. MU'schaft kommen; das mag regelungsüberschießend sein, ist jedoch de lege lata hinzunehmen.[6]

22 **Ausländ. Körperschaften** sind solche, die weder über Sitz (§ 11 AO) noch Geschäftsleitung (§ 10 AO) im Inland verfügen und deshalb im Inland nicht unbeschränkt stpfl. sind (§§ 1, 2 KStG). Ggf. bedarf es der Qualifizierung ausländ. Ges. durch „Typenvergleich", ob sie einer inländ. Körperschaft entsprechen.[7] Erfüllt die ausländ. Ges. nicht die Voraussetzungen einer Körperschaft iSv. § 1 Abs. 1 Nr. 1–4 KStG, kommt allenfalls eine Verlustbeschränkung gem. § 2a Abs. 1 S. 1 Nr. 1, 2 oder 6 in Betracht. Auszuscheiden sind Körperschaften, die lediglich als funktionslose Zwischen-Ges. (Basis-Ges.) fungieren und deshalb stl. unbeachtet bleiben (§ 42 AO).

23 Die Verlustausgleichsbeschränkung entfällt jedoch gem. **Abs. 2 S. 2**, wenn der StPfl. nachweist, dass die ausländ. KapGes. entweder seit ihrer Gründung oder während der letzten fünf Jahre vor und in dem maßgeblichen VZ selbst ein aktive Tätigkeit iSv. Abs. 2 S. 1 ausgeübt hat.

24 **V. Anteile an ausländischen Kapitalgesellschaften (Abs. 1 S. 1 Nr. 4).** Im Unterschied zu § 2a Abs. 1 S. 1 Nr. 3, der Beteiligungen an ausländ. Körperschaften im BV voraussetzt, beschränkt § 2a Abs. 1 S. 1 Nr. 4 auch negative Einkünfte gem. § 17 aus **privaten Beteiligungen** an (ausländ.) KapGes. ohne Sitz (§ 11 AO) und Geschäftsleitung (§ 10 AO) im Inland. KapGes. idS sind solche nach inländ. Ges.-Recht, er-

---

1 S. dazu BFH v. 2.12.2015 – I R 13/14, BStBl. II 2016, 927; *Blümich*, § 9 GewStG Rn. 221 f.; dem folgend FG Berlin.-Bdbg. v. 10.2.2016 – 11 K 12212/13, EFG 2016, 1629 m. Anm. *Schmitz-Herscheidt* (Rev. I R 20/16).
2 EuGH v. 29.3.2007 – C-347/04 – Rewe Zentralfinanz, DStR 2007, 662.
3 S. dazu auch BFH v. 13.10.2010 – I R 79/09, FR 2011, 475 m. Anm. *Kanzler*: § 8b Abs. 3 KStG ist auch bei „Definitivwerden" der Abschreibung verfassungs- und unionsrechtskonform.
4 Vgl. BFH v. 14.10.1992 – I R 1/91, BStBl. II 1993, 189.
5 Vgl. BFH v. 22.2.1989 – I R 11/85, BStBl. II 1989, 794 zu § 17; **aA** *K/S/M*, § 2a Rn. B 49k.
6 **AA** *Bron*, IStR 2013, 951.
7 BFH v. 19.3.1996 – VIII R 15/94, BStBl. II 1996, 312; v. 23.6.1992 – IX R 182/87, BStBl. II 1992, 972; s. aber auch BFH v. 24.3.1998 – I R 49/96, BStBl. II 1998, 649 (651); v. 10.11.1998 – I R 91, 102/97, BStBl. II 1999, 306 (308); EuGH v. 9.3.1999 – C-212/97 – Centros, FR 1999, 449 m. Anm. *Dautzenberg*; *Meilicke*, DB 1999, 627.

neut (Rn. 22) aber auch solchen, die einem Typenvergleich standhalten. Der Rechtsfähigkeit des ausländ. KapGes. bedarf es jedenfalls innerhalb der EU nicht (zur Relativierung der sog. Sitztheorie s. § 17 Rn. 124). Auch iÜ entsprechen die Beteiligungsvoraussetzungen denen des § 17 Abs. 1 S. 3. Erfasst werden ausschließlich iSd. § 17 qualifizierte Beteiligungen. Unter die Regelung fallen die sämtliche in § 17 bestimmten Realisationstatbestände, in erster Linie (lfd.) Veräußerungsverluste, aber auch Verluste aus verdeckten Einlagen, aus Liquidation oder Kapitalherabsetzung (§ 17 Abs. 4, § 17 Rn. 120 ff.), erneut (Rn. 18) allerdings nur, wenn die Aktivitätsklausel gem. § 2a Abs. 2 S. 2 erfüllt ist. Nicht erfasst sind Verluste aus TW-AfA. Ebenso wie die Einkünfte nach § 2a Abs. 1 S. 1 Nr. 3 gehören auch Einkünfte nach Nr. 4 zu den ausländ. Einkünften gem. § 34d Nr. 4b, für die das Besteuerungsrecht idR nach DBA dem Wohnsitzstaat zugewiesen ist.

Zum etwaigen Anwendungsvorrang v. **§ 23 Abs. 3 S. 7 bis 10**, § 23 Abs. 3 S. 8 und 9 aF sowie **§ 17 Abs. 2 S. 4** s. Rn. 9. Vorrangig sind auch **§ 3 Nr. 40 S. 1c**, **§ 3c Abs. 2**, so dass iErg. entspr. Verluste nach Maßgabe des (früheren Halb- und) nunmehrigen Teileinkünftegrundsatzes nur zu 60 % (bzw. zuvor: hälftig) unter das Verrechnungsverbot des § 2a Abs. 1 S. 1 Nr. 4 fallen.[1] 25

VI. Stille Beteiligungen und partiarische Darlehen (Abs. 1 S. 1 Nr. 5). § 2a Abs. 1 S. 1 Nr. 5 erfasst Verluste aus (typischen[2]) **stillen Beteiligungen** iSv. § 20 Abs. 1 Nr. 4 und (praktisch kaum vorstellbare) Verluste aus **partiarischen Darlehen** (= gewinn- ebenso wie auch umsatzabhängige Verzinsung[3]), wenn der Schuldner Wohnsitz[4] (§ 8 AO), Sitz (§ 10 AO) oder Geschäftsleitung (§ 11 AO)[5] im Ausland hat, jedoch nicht, wenn sie einer ausländ. gewerblichen Betriebsstätte (Abs. 1 S. 1 Nr. 2) zuzuordnen sind (str., s. Rn. 11).[6] Ist Schuldnerin eine PersGes., ist nicht auf diese, sondern auf die G'ter abzustellen.[7] Sog. Dual-resident-Strukturen reichen aus.[8] Verluste aus atypisch stillen Beteiligungen unterfallen als gewerbliche MU'schaften hingegen Abs. 1 S. 1 Nr. 2. Das führt zu der misslichen und bedenklichen Folge, dass stille Beteiligungen auch dann den Beschränkungen des § 2a unterworfen sind, wenn sie sich als wirtschaftlich sinnvoll iSv. Abs. 2 erweisen; anders als für Abs. 1 S. 1 Nr. 2 gilt der Aktivitätsvorbehalt gem. Abs. 2 für Abs. 1 S. 1 Nr. 5 nicht – die daneben stehende (weitere) Verlustverrechnungsbeschränkung des § 20 Abs. 1 Nr. 4 S. 2 iVm. § 15 Abs. 4 S. 6 bis 8 ist ggü. § 2a Abs. 1 S. 1 Nr. 5 nachrangig.[9] 26

Einbezogen werden lfd. Verluste bis zur Höhe der stillen Einlage (§ 232 Abs. 2 HGB; vgl. aber § 15a)[10] sowie eigene Aufwendungen iZ mit der Beteiligung (zB Reise-, Finanzierungskosten uÄ),[11] ggf. auch aus vorbereitenden Tätigkeiten iZ mit gescheiterten Beteiligungen,[12] nicht jedoch Verluste aus TW-AfA (s. Rn. 24), Veräußerungen sowie Entnahmen. Vereinbaren die G'ter eine Verlustteilhabe des still Beteiligten über dessen Einlage hinaus und entsteht dadurch ein negatives Einlagekonto,[13] geht § 15a specialiter vor. 27

VII. Vermietung und Verpachtung (Abs. 1 S. 1 Nr. 6). Von § 2a Abs. 1 S. 1 Nr. 6 erfasst werden negative Einkünfte **(1)** aus VuV v. **unbeweglichem Vermögen** (Grundstücke, Gebäude, Gebäudeteile, im Inland registrierten Schiffe[14] und Rechte, vgl. § 21 Abs. 1 Nr. 1, davon abw. jedoch nicht in der Luftfahrzeugrolle eingetragene Flugzeuge, weil die Registrierung dort keinen Nachweis über die Belegenheit gibt[15]) oder **Sachinbegriffen** (§ 21 Abs. 1 Nr. 2), wenn diese(s) im Ausland belegen (vgl. § 34d Nr. 7) sind (ist) **(Abs. 1 S. 1 Nr. 6 lit. a)**, **(2)** aus der entgeltlichen Überlassung (nicht registrierter) **Schiffe** (§ 22 Nr. 3), wenn diese nicht ausschließlich oder fast ausschließlich (s. dazu Rn. 34) im Inland eingesetzt werden, ausgenommen allerdings die entgeltliche Überlassung v. Schiffen in bestimmten Fällen der Bare-boat-Vercharterung **(Abs. 1 S. 1 Nr. 6 lit. b)**, sowie **(3)** aus **Teilwertabschreibungen oder Übertragungen** (Veräußerungen, 28

---

1 R 2a Abs. 8 EStR; *F/W/B/S*, § 2a Rn. 209.
2 Atypisch stille Beteiligungen unterfallen § 2a Abs. 1 Nr. 2.
3 BFH v. 25.3.1992 – I R 41/91, BStBl. II 1992, 889; v. 13.9.2000 – I R 61/99, BStBl. II 2001, 67.
4 Bei Doppelwohnsitz genügt der Lebensmittelpunkt; **aA** *K/S/M*, § 2a Rn. B 57.
5 Auch bei PersGes.; **aA** *K/S/M*, § 2a Rn. B 58: Wohnsitz des G'ters.
6 BFH v. 17.11.1999 – I R 7/99, BStBl. II 2000, 605; die hier noch bis zur 3. Aufl. vertretene **aA** wird aufgegeben.
7 *K/S/M*, § 2a Rn. B 58; **aA** *F/W/B/S*, § 2a Rn. 229.
8 *Korn*, § 2a Rn. 107.
9 Vgl. BMF v. 19.11.2008, BStBl. I 2008, 970; *F/W/B/S*, § 2a Rn. 222.
10 Vgl. § 20 Abs. 1 Nr. 4; BFH v. 24.3.1998 – I R 83/97, BStBl. II 1998, 601.
11 *Blümich*, § 2a Rn. 107; *F/W/B/S*, § 2a Rn. 222 ff., 225; **aA** *K/S/M*, § 2a Rn. B 73.
12 BFH v. 17.12.1998 – I B 80/98, BStBl. II 1999, 293: nicht ernstlich zweifelh.; s. auch KB, IStR 1999, 185; sch, DStR 1999, 135; *Gosch*, StBp. 1999, 135.
13 S. dazu BFH v. 23.7.2002 – VIII R 36/01, BStBl. II 2002, 858.
14 FG Saarl. v. 16.11.2005 – 1 K 333/01, EFG 2006, 172; *K/S/M*, § 2a Rn. B 63; **aA** FG Düss. v. 20.2.2001 – 13 K 1707/96 E, EFG 2001, 831; *Korn*, § 2a Rn. 108; *F/W/B/S*, § 2a Rn. 255, 273, die insoweit § 2a Abs. 1 S. 1 Nr. 6 lit. b als vorrangig ansehen.
15 Zutr. OFD Ffm. v. 17.5.2002, DB 2002, 1408 in Abgrenzung zu BFH v. 2.5.2000 – IX R 71/96, BStBl. II 2000, 467.

Entnahmen) v. im BV gehaltenen WG iSv. Abs. 1 S. 1 Nr. 6 lit. a und b **(Abs. 1 S. 1 Nr. 6 lit. c)**. Von Abs. 1 S. 1 Nr. 6 lit. a 1. Alt. erfasst sind sonach auch Verluste aus der Veräußerung v. Mietzinsforderungen iZ mit den betr. VuV, nach (umstritten) Ansicht des BFH[1] (wegen § 21 Abs. 2 aF) gleichermaßen negative Einkünfte aus der Selbstnutzung eines ausländ. Hauses oder einer ausländ. Wohnung. Insgesamt handelt es sich bei Abs. 1 S. 1 Nr. 6 um eine lückenfüllende Regelung zu Abs. 1 S. 1 Nr. 2, der stets (und nur) dann eingreift, wenn die betr. VuV gewerblicher Natur ist, sei es originär, sei es auch im Rahmen einer **BetrAufsp.**[2] Auf die Zuordnung zu einer bestimmten Einkunftsart kommt es für die Anwendung v. Abs. 1 S. 1 Nr. 6 nicht an. Da entspr. Einkünfte aus VuV **abkommensrechtl.** infolge ihrer Belegenheit durchweg (Ausnahme: Anrechnung gem. Art. 24 Abs. 1 DBA-Brasilien, Art. 24 Abs. 1 Nr. 1a [zwischenzeitlich gekündigt], Art. 1c DBA-Schweiz; Art. 23 Abs. 1b und 1a DBA-Spanien) v. der deutschen Besteuerung ausgenommen werden, läuft § 2a Abs. 1 S. 1 Nr. 6 weitgehend leer.

29 **Abs. 1 S. 1 Nr. 6 lit. a:** Anders als die Verluste aus der VuV v. unbeweglichem Vermögen und v. Sachinbegriffen wird die stl. Berücksichtigung ausländ. Verluste aus der Überlassung v. **Rechten** (§ 21 Abs. 1 Nr. 3) nur dann gem. § 2a beschränkt, wenn sie gewerblich ist (§ 2a Abs. 1 S. 1 Nr. 2). Nicht erfasst werden auch Verluste aus VuV v. beweglichen Sachen im Ausland (vgl. aber insoweit die Verlustausgleichsbeschränkungen in § 22 Nr. 3 S. 3, 4). Auf der anderen S. erfasst § 2a Abs. 1 S. 1 Nr. 6 lit. a auch gewerbliche Verluste gem. § 21 Abs. 3, sofern es sich sie nicht bereits um solche iSv. § 2a Abs. 1 S. 1 Nr. 2 handelt.

30 **Abs. 1 S. 1 Nr. 6 lit. b:** Abs. 1 S. 1 Nr. 6 lit. b zielt insbes. auf die sog. Bare-boat-Vercharterung unbemannter Freizeitschiffe (Yachten), die in ausländ. Häfen liegen. Mit dieser Zielsetzung unterfielen Verluste aus der entgeltlichen Überlassung nicht registrierter Schiffe, die aufgrund eines **vor dem 31.12.1999** rechtswirksam abgeschlossenen obligatorischen Vertrages oder gleichstehenden Rechtsaktes erzielt wurden (**§ 52 Abs. 3 S. 1**), gem. **Abs. 1 S. 1 Nr. 6 lit. b aF** nur dann der Abzugsbeschränkung des § 2a, wenn sie nicht tatsächlich der inländ. Besteuerung (beim Mieter oder Pächter) unterlagen.[3] Nach **Abs. 1 S. 1 Nr. 6 lit. b idF des StBereinG 1999** wird seitdem statt auf diese Besteuerung auf den – ausschließlichen oder fast ausschließlichen (s. dazu Abs. 2 S. 1, Rn. 34) – **Einsatz der Schiffe** im Inland abgestellt (**1. Ausnahme**). Das ist der Fall, wenn das Schiff tatsächlich im geografischen, nicht im rechtl. Inland eingesetzt wird (= tatsächliche Nutzung ohne Liegezeiten); der Einsatz eines flaggenrechtl. deutschen Schiffs auf hoher See genügt also nicht, ebenso wenig die Vercharterung v. einem deutschen Hafen aus.[4] Ein solcher Einsatz iSd. Abs. 1 S. 1 Nr. 6 lit. b muss v. Überlassenden – für das jew einzelne Schiff – **nachgewiesen** werden; ihn trifft die obj Feststellungslast. Gelingt der Nachweis, unterliegen der Ausnahme jegliche schiffsbezogenen negativen Einnahmen einschl. solche aus (funktional zuzuordnenden) Hilfs-, nicht aber aus bloßen Nebengeschäften. **Daneben** bleibt der Verlustabzug gem. **Abs. 1 S. 1 Nr. 6 lit. b aa), bb), cc)** ausnahmsweise auch bei überwiegendem Einsatz der Schiffe im Ausland erhalten, **vorausgesetzt**, es handelt sich um **Handelsschiffe** (= Seeschiffe zur Beförderung v. Pers. und/oder Gütern mit eigenem Antrieb, keine Binnenschiffe[5]), die **alternativ** wie folgt überlassen worden sind (**2. Ausnahme**): **(erstens: Abs. 1 S. 1 Nr. 6 lit. b aa)** ausgerüstet (insbes. durch Gestellung der Mannschaft, sog. crewing charter) v. einem Vercharterer[6] (vgl. § 5a Abs. 2 S. 2), worunter ggf. auch – bei Weitervercharterung – ein Letztvercharteter zu verstehen ist,[7] **(zweitens: Abs. 1 S. 1 Nr. 6 lit. b bb)** an im Inland ansässige Ausrüster iSd. § 510 Abs. 1 HGB (= Verwender eines fremden Schiffs für eigene Rechnung)[8] oder **(drittens: Abs. 1 S. 1 Nr. 6 lit. b cc)** insgesamt (= bezogen auf sämtliche überlassenen Schiffe)[9] nur vorübergehend (= bezogen auf den jew VZ an weniger als an 183 Tagen)[10] an im Ausland ansässige Ausrüster iSd. § 510 Abs. 1 HGB. § 510 Abs. 1 HGB hat das SeeHRefG v. 20.4.2013[11] mit Wirkung ab 25.4.2013 durch § 477 Abs. 1 und 2 HGB ersetzt; § 2a wurde aber bislang nicht angepasst (was aber in den in Bezug genommenen Ausnahmefällen [wohl] nicht zur Verlustabzugssperre führt, sondern zur Weitergeltung der bisherigen Regelung für Zwecke des Verlustabzugs).[12] Die unterschiedliche Behandlung v. in- und ausländ. Nutzern (Ausrüstern) begegnet EG-rechtl.

1 BFH v. 24.9.1985 – IX R 143/83, BStBl. II 1986, 287; v. 11.4.1990 – I R 63/88, BFH/NV 1990, 705; s. aber *K/S/M*, § 2a Rn. B 64.
2 **AA** *Krabbe*, RIW 1983, 42.
3 Vgl. dazu eingehend *F/W/B/S*, § 2a Rn. 274; s. auch FG Düss. v. 20.2.2001 – 13 K 1707/96 E, EFG 2001, 831.
4 *F/W/B/S*, § 2a Rn. 259; **aA** *K/S/M*, § 2a Rn. B 66i.
5 Zum Begriff s. BFH v. 14.11.1985 – IV R 170/83, BStBl. II 1986, 60.
6 S. auch BFH v. 7.12.1989 – IV R 86/88, BStBl. II 1990, 433.
7 Vgl. BFH v. 7.12.1989 – IV R 86/88, BStBl. II 1990, 433.
8 Vgl. BFH v. 28.4.1964 – I 391/61 U, BStBl. III 1964, 457.
9 *F/W/B/S*, § 2a Rn. 264 ff.
10 *F/W/B/S*, § 2a Rn. 264 ff.
11 G zur Reform des Seehandelsrechts v. 20.4.2013, BGBl. I 2013, 831.
12 Ausf. hierzu *F/W/B/S*, § 2a Rn. 251.

Bedenken.[1] Greift die Abzugsbeschränkung, findet die per country limitation keine Anwendung (§ 2a Abs. 1 S. 1, Rn. 42). Unabhängig davon ist die Verlustverrechnungsbeschränkung des § 22 Nr. 3 S. 3 und 4 bei Vorliegen der Voraussetzungen v. § 2a Abs. 1 S. 1 Nr. 6 lit. b vorrangig, s. auch Rn. 9.[2] – (Nur) iÜ und v. diesen beiden Ausnahmegruppen abgesehen unterliegen die Verluste (ggf. auch nur zeitanteilig)[3] den Verrechnungsbeschränkungen: Ob die Schiffe BV oder PV sind, ist unbeachtlich. Es genügt jedwede Form der **Nutzungsüberlassung** (auch gewerblicher Art, Leasing) v. Schiffen jedweder Art, sofern sie der „schwimmenden" Fortbewegung aus eigener oder fremder Kraft dienen, gleichviel, unter welcher Flagge sie fahren.

Abs. 1 S. 1 Nr. 6 lit. c: Ähnlich wie Abs. 1 S. 1 Nr. 3 und 4 ergänzt Abs. 1 S. 1 Nr. 6 lit. c die Abzugsbeschränkung auf verlustähnliche Sachverhalte der Wertminderung **(Teilwertabschreibungen, Veräußerungsverluste)** für solche WG des ausländ. unbeweglichen BV gem. Abs. 1 S. 1 Nr. 6 lit. a und b, die nicht gem. Abs. 1 S. 1 Nr. 3 aus der Einschaltung einer KapGes. resultieren. 31

VIII. Verluste aus zwischengeschalteten Inlandsbeteiligungen (Abs. 1 S. 1 Nr. 7). Abs. 1 S. 1 Nr. 7 enthält weitere **Auffangtatbestände** zu Nr. 1–6 für jene Fälle, in denen versucht wird, der Verlustbeschränkung durch Zwischenschaltung einer inländ. Beteiligungs-Ges. auszuweichen, indem dadurch ausländ. in inländ. Beteiligungsverluste umgewandelt und die infolge der Verluste wertgeminderten Kapitalbeteiligungen abgeschrieben werden; Abs. 1 S. 1 Nr. 7 dient sonach dazu, Umgehungsversuche zu verhindern. 32

Ihren tatbestandlichen Voraussetzungen nach entspricht die Vorschrift den Regelungen in Abs. 1 S. 1 Nr. 1–6. Allerdings fehlt der hiernach erforderliche **Auslandbezug**, weil auf die zwischengeschaltete (inländ.) KapGes. abzustellen ist. Infolgedessen ist Abs. 1 auf die zwischengeschaltete Körperschaft mit Sitz oder Geschäftsleitung im Inland unmittelbar anzuwenden; der Auslandsbezug wird lediglich fingiert. Es kann erhebliche Schwierigkeiten bereiten, im Einzelfall festzustellen, worauf die Vermögensverluste bei der KapGes. zurückzuführen sind, vor allem dann, wenn diese durch mehrere v. § 2a erfasste Tätigkeiten verursacht sind (s. auch Rn. 43). Ggf. kommt lediglich ein partielles Abzugsverbot in Betracht. Für die objektive Feststellungslast gelten insoweit die allg. Regeln, dh. sie trifft die FinVerw., nicht den StPfl.[4] 33

IX. Verlustabzugsausgleichs- und -abzugsbeschränkung für bestimmte ausländische Einkünfte (Abs. 2). § 2a Abs. 2 enthält die sog. **Aktivitäts- oder Produktivitätsklausel** (ähnlich wie in § 5 AIG aF, § 1 Abs. 3 EntwLStG aF, § 8 Abs. 2 AStG, § 26 Abs. 2 KStG aF): § 2a Abs. 1 ist danach bei bestimmten Einkünften nicht anzuwenden, die nach Ansicht des Gesetzgebers als volkswirtschaftlich bes. sinnvoll einzustufen sind (was wiederum im Gegenschluss erlaubt, andere Einkünfte trotz entspr. Produktivität nicht gleichermaßen zu begünstigen).[5] Betroffen sind in erster Linie Einkünfte gem. Abs. 1 S. 1 Nr. 2 aus einer ausländ. Betriebsstätte **(Abs. 2 S. 1)**, daneben auch Einkünfte gem. Abs. 1 S. 1 Nr. 3, 4 **(Abs. 2 S. 2)**. Voraussetzung ist in jedem Fall, dass die begünstigten Tätigkeiten **ausschließlich oder fast ausschließlich** ausgeübt werden.[6] Der Abgrenzungsmaßstab ist (schon aus Gründen der vereinfachten Ermittlung) in Anlehnung an § 8 Abs. 2 AStG aF auf mindestens 90 % (s. ebenso zB § 7g Abs. 1 S. 2 Nr. 2b, Abs. 4 S. 1) der betr. Bruttoerträge in jedem Wj.[7] zu taxieren. Dies und die weiteren tatbestandlichen Voraussetzungen sind v. StPfl. **nachzuweisen**[8] (Abs. 2 S. 2). Zu diesen nachzuweisenden Voraussetzungen gehören die beschriebenen Aktivitätserfordernisse, nicht aber der Umstand, dass die negativen Einkünfte „aus einer gewerblichen Betriebsstätte in einem Drittstaat stammen". Dieser Bezug greift nur textlich die Formulierung in Abs. 1 auf; er eröffnet insbes. nicht die Anwendung des ProgrVorb. (s. dazu Rn. 48a).[9] 34

1. Einkünfte aus einer ausländischen Betriebsstätte (Abs. 2 S. 1). In die Aktivitätsklausel einbezogen sind gem. **Abs. 2 S. 1** (letztlich mit gleichheitsrechtl. nicht unbedenklicher Beliebigkeit[10]) im Einzelnen: 35

---

1 *Tetzlaff/Schallock*, IWB Fach 3 Gr 3, 1325; *Lüdicke*, DB 1999, 1922.
2 Zutr. *F/W/B/S*, § 2a Rn. 253, 260.
3 *F/W/B/S*, § 2a Rn. 260.
4 *Krabbe*, IStR 1992, 57; *F/W/B/S*, § 2a Rn. 303.
5 Vgl. BFH v. 12.12.1990 – I R 127/88, BFH/NV 1992, 104; v. 13.5.1993 – IV R 69/92, BFH/NV 1994, 100; (für luf. Einkünfte); **aA** *Schaumburg*[4], Rn. 5.80.
6 Zur Zuordnung v. Verlusten zu Beginn bzw. aE einer Tätigkeit s. R 2a Abs. 3 S. 3 EStR.
7 Vgl. R 2a Abs. 3 EStR iVm. BMF v. 14.5.2004, BStBl. I 2004, Sonder-Nr. 1/04 Tz. 9.0.1, aber str.: **aA** *F/W/B/S*, § 2a Rn. 376: Aufwendungen; *Lademann*, § 2a Rn. 87; *Blümich*, § 2a Rn. 96: Betriebsergebnis, ggf. zzgl. verwendetes BV; *K/S/M*, § 2a Rn. C 8: Gesamtcharakter der Betriebsstätte; *Scholten/Griemla*, IStR 2007, 615: (tatsächliche und kalkulatorische) Kosten des internen Rechnungswesens.
8 Vgl. BFH v. 9.7.1986 – I B 36/86, BStBl. II 1987, 487.
9 Zutr. FG Münster v. 21.3.2014 – 4 K 2292/11, EFG 2014, 1003; FG Köln v. 1.7.2015 – 1 K 555/13, EFG 2015, 2067 mit Anm. *Wendt*; FG München v. 23.11.2015 – 7 K 3198/14, EFG 2016, 703 mit Anm. *Pfützenreuter* (Rev. I R 1/16 wurde zurückgenommen).
10 Vgl. auch *Wassermeyer*, IStR 2000, 65 (68).

(1) Herstellung und Lieferung v. Waren, ausgenommen Waffen, **(2)** Gewinnung v. Bodenschätzen sowie (= und/oder) **(3)** gewerbliche Leistungen, ausgenommen die in Abs. 2 aufgeführten.

36 **a) Warengeschäfte. Waren** iSv. Abs. 2 S. 1 sind (alle körperlichen) beweglichen Sachen (vgl. § 1 Abs. 2 Nr. 1 HGB, § 90 BGB),[1] also einschl. Strom- und ähnliche Energien, aber **nicht:** Grundstücke (str. und zweifelh.,[2] s. auch Rn. 39), Rechte (auch nicht Wertpapiere oder sonstige nicht verbriefte Rechte des Umlaufvermögens, vgl. § 266 Abs. 2 HGB),[3] immaterielle WG, insbes. nicht deren Herstellung (Filme), damit auch nicht v. Software uÄ (sa. § 49 Rn. 85, 94); insbes. Letzteres zeigt eindringlich, dass der Aktivitätskatalog „modernisierungsbedürftig" ist.[4] Es handelt sich idR um WG des Umlauf-, ggf. aber auch des Anlagevermögens. Wegen der Begriffe Lieferung = Anschaffung und Herstellung s. § 6 Rn. 27 ff., 49 ff. Eine Ausnahme besteht auch für Waffen, richtiger Ansicht nach jeglicher Art und nicht nur solche, die unter das WaffenG (dort § 1) fallen, und deshalb einschl. v. Munition,[5] aber ausschließlich militärischer Ausrüstung.[6]

37 **Herstellung** ist jegliche Warenproduktion (Voll- oder Teilfertigung) im eigenen Betrieb, unter Verwendung eigenen oder auch angeschafften und weiterverarbeiteten Materials. Die Einrichtung v. Produktionsstätten gehört nicht dazu.[7] **Lieferung** enthält das Verschaffen wirtschaftlicher Verfügungsmacht, und zwar sowohl an selbst hergestellten als auch an angeschafften WG. Verleasen v. Waren ist kein Liefern, ggf. aber das Bewirken gewerblicher Leistungen.

38 **b) Bodenschatzgewinnung.** Bodenschätze sind Bodenbestandteile, die als Rohstoffe verwendbar sind. Von der Regelung erfasst ist die Gewinnung (Urproduktion, Förderung, Veräußerung), aber (in Folge der funktionalen Betrachtungsweise) auch der Transport und die Verarbeitung v. Bodenschätzen, ferner das (ggf. vergebliche) Aufsuchen zum Zwecke der Gewinnung (Exploration). Der Vorgang kann auch als gewerbliche Tätigkeit begünstigt sein (Rn. 18).

39 **c) Gewerbliche Leistungen.** Gewerbliche Leistungen iSv. Abs. 2 sind solche, die keine Lieferung v. Waren sind. Der Handel mit Immobilien (s. aber Rn. 36) kann allenfalls dazugehören, wenn es nicht nur um die bloße Grundstückslieferung geht.[8] Ob gewerbliche Leistungen vorliegen, bestimmt sich nach der Art der Tätigkeit („originäre Gewerblichkeit") und unbeschadet der Rechtsform des StPfl.; eine bloße gewerbliche Prägung gem. § 15 Abs. 3 Nr. 2 genügt im Falle einer „originären" Vermögensverwaltung also nicht.[9] **Einschränkende Ausnahmen: (1)** Errichtung und Betrieb v. Fremdenverkehrsanlagen, zB Hotel, Schwimmbäder, Ferienanlage, Sportanlagen, nicht jedoch nur mittelbar dem Fremdenverkehr dienende Anlagen wie zB Gaststätten, Reisebüros, Messen, auch nicht die Aufteilung eines bisherigen Hotels in Eigentumswohnungen und deren Verkauf im sog. „Time-Sharing-Modell" zur zeitweisen Nutzung.[10] Identität zw. Anlagenerrichtendem und Betreiber ist nicht vonnöten (wichtig zB bei Bauherrengemeinschaften);[11] **(2)** gewerbliche VuV v. WG einschl. der Überlassung v. Rechten, Plänen, Muster, Verfahren, Erfahrungen und Kenntnissen (zB Patentverwertung, Filmverleih, Leasing, Lizenzübertragung). Abw. v. Abs. 1 Nr. 6 lit. a verlangt das G keine Auslandsbelegenheit der vermieteten WG. Einbezogen sind ungeachtet ihrer Gewerblichkeit auch (inländ.) Besitz-Ges. mit ausländ. Betriebs-Ges. im Rahmen einer BetrAufsp.[12] Der Gesetzgeber wollte solche überwiegend passiven Tätigkeiten v. der Verlustverrechnungsmöglichkeit ausnehmen, denen aus seiner Sicht kein erkennbarer Nutzen für die deutsche Volkswirtschaft zukommt oder die in nicht unerheblichem Umfang zu unerwünschten Steuersparmöglichkeiten genutzt werden.[13] Diese pauschale Missbrauchsabwehr verträgt sich allerdings einmal mehr nicht mit EG-Recht, und dies selbst dann nicht, falls der Verlustabzug als solcher v. EuGH nicht eingefordert werden sollte (s. Rn. 2, 5); denn nachdem der Gesetzgeber gem. Abs. 2 den Verlustabzug ermöglicht, muss er dies auch in sich „kon-

---

1 Auch Standardsoftware, vgl. BFH v. 28.10.2008 – IX R 22/08, BStBl. II 2009, 527.
2 BFH v. 18.7.2001 – I R 70/00, BStBl. II 2003, 48; v. 18.12.2013 – I B 80/13; *L/B/P*, § 2a Rn. 38; *F/W/B/S*, § 2a Rn. 377; *H/H/R*, § 2a Rn. 107. Vgl. auch die Rspr. zur gewstl. Beurteilung v. Grundpfandrechten bei Grundstückshändlern als Dauerschulden, zB BFH v. 7.8.1990 – VIII R 423/83, BStBl. II 1991, 23 und v. 18.4.1991 – IV R 6/90, BStBl. II 1991, 584, ferner v. 3.7.1987 – III R 7/86, BStBl. II 1987, 728.
3 Vgl. BFH v. 7.8.1990 – VIII R 423/83, BStBl. II 1991, 23.
4 Gleichermaßen zu eng: Art. 22 Abs. 1 lit. d S. 1 deutsche DBA-Verhandlungsgrundlage, s. BMF v. 17.4.2013 – IV B 2 - S 1301/10/10022 - 32 – DOK 2012/0214500, IStR-Beihefter 10/2013.
5 **AA** BFH v. 30.4.2003 – I R 95/02, FR 2003, 1237, dies aber wohl gegen das Regelungstelos nur wegen einer unklaren Regelungsfassung.
6 **AA** OFD Düss., DB 1975, 1772; *F/W/B/S*, § 2a Rn. 378.
7 **AA** *F/W/B/S*, § 2a Rn. 379.
8 BFH v. 7.8.1990 – VIII R 423/83, BStBl. II 1991, 23.
9 ZB *Schmidt/Heinz*, IStR 2009, 43; *Korn*, § 2a Rn. 159.
10 BFH v. 7.8.1990 – VIII R 423/83, BStBl. II 1991, 23.
11 *K/S/M*, § 2a Rn. C 19.
12 *K/S/M*, § 2a Rn. C 21; **aA** *H/H/R*, § 2a Rn. 117.
13 BFH v. 17.10.1990 – I R 182/87, BStBl. II 1991, 136; BT-Drucks. 9/2074, 62.

sistent" und diskriminierungsfrei umsetzen.[1] **Erweiternde Ausnahmen** ergeben sich kraft gesetzlicher Fiktion („gilt") aus dem sog. **Holdingprivileg** (**§ 2a Abs. 2 letzter HS 2**, vgl. auch zB § 8a Abs. 4 S. 1 KStG aF), und zwar (**1**) dem Halten einer Beteiligung, wenn die ausländ. Betriebsstätte zumindest einem Viertel am Nennkapital einer KapGes. beteiligt ist, die ihrerseits weder Sitz noch Geschäftsleitung im Inland hat und die ausschließlich oder fast ausschließlich begünstigte Tätigkeiten zum Gegenstand hat, und (**2**) der mit dem Halten der Beteiligung in Zusammenhang stehende Finanzierung (Kredit zum Beteiligungserwerb, auch G'ter-Darlehen[2]). Die aktive Tätigkeit der Beteiligungs-Ges. „schlägt" dann auf die ausländ. KapGes. durch. Voraussetzung ist, dass die Holdingfunktion **unmittelbar** wahrgenommen wird; die Einschaltung einer Zwischenholding und v. Treuhändern schadet, ebenso das Halten über eine (in- oder ausländ.) PersGes., weil es auf eine tatsächliche Unmittelbarkeit und nicht auf eine stl. ggf. abw. Zuordnung ankommt.[3] Nicht erforderlich ist, dass die KapGes. im selben Staat wie die Betriebsstätte (= **Landesholding**) oder im wirtschaftlichen Zusammenhang mit dieser tätig ist (= **Funktionsholding**). – Die Verrechnung v. Verlusten aus gewerblicher Tierzucht wird gem. § 15 Abs. 4 beschränkt.

Die Voraussetzungen des Aktivitätsvorbehalts sind für jede Betriebsstätte für jedes Wj. nach Maßgabe des Verhältnisses der jeweiligen Bruttoerträge gesondert zu prüfen.[4] Ein Verlustausgleich zw. einer aktiven und einer nicht aktiven gewerblichen Betriebsstätte soll grds. (Ausnahme: Umqualifizierung einer Tätigkeit v. passiv in aktiv aufgrund gesetzlicher Neuregelung)[5] nicht zulässig sein,[6] und zwar auch dann, wenn sich innerhalb v. zwei VZ das Verhältnis v. passiver zu aktiver Tätigkeit geändert hat.[7] 40

2. Weitere Beteiligungsverluste (Abs. 2 S. 2). Handelt es sich bei den negativen Einkünften um solche aus Beteiligungen iSv. Abs. 1 S. 1 Nr. 3 und 4 (und damit nicht zugleich um solche aus einer ausländ. Betriebsstätte iSv. Abs. 1 Nr. 2), wird die Begünstigung nach **Abs. 2 S. 2** ebenfalls gewährt, wenn die Beteiligungs-Ges. ihrerseits – wegen der fehlenden Bezugnahme auf Abs. 1 Nr. 2: im In- wie im Ausland – die Aktivitätsvoraussetzungen v. Abs. 2 S. 1 erfüllt, und zwar entweder seit ihrer Gründung oder während der letzten fünf Jahre und im fraglichen VZ. Diese Einschränkung soll Verlustverlagerungen aus passiven Zeiträumen in aktive Zeiträume verhindern. Auch (Rn. 34) dafür trifft die **objektive Feststellungslast** den StPfl. 41

X. Rechtsfolgen. 1. Beschränkung des Verlustausgleichs (Abs. 1 S. 1). Abs. 1 führt vor allem zur Beschränkung des Verlustausgleichs auf positive Einkünfte derselben Art **und** aus demselben Staat, Abs. 1 S. 1.[8] **Einkünfte derselben Art** folgen nach zutr. hM der Einteilung der Einkünftegruppen in Abs. 1 S. 1 Nr. 1–7, ausgenommen Nr. 3 und 4, die zusammengefasst werden.[9] Zu nummernübergreifenden Verrechnungen kann es auch kommen, wenn die Voraussetzungen der Nr. 3, 4 oder 5[10] und gleichzeitig einer der anderen Nummern (insbes. Nr. 1, 2) erfüllt werden, idR nicht aber bei Gewinnausschüttungen, die sich keinem bestimmten Beteiligungsgewinn zuordnen lassen. Dass es sich bei den betr. Einkünften um außerordentliche (tarifbegünstigte) gem. § 34 Abs. 2 handelt, steht der Verrechnung nicht entgegen;[11] solche Einkünfte sind deswegen auch nicht Gegenstand der Verlustfeststellung nach § 2a Abs. 1 S. 5.[12] Zur Verrechnung solcher Einkünfte (erstmals v. VZ 2001 an) beim ProgrVorb. gem. § 32b Abs. 2 Nr. 2 s. Rn. 48. **Nicht** miteinander verrechenbar sind indes aktive positive mit passiven negativen Einkünften, weder gem. Abs. 1 Nr. 2 noch nach Abs. 1 Nr. 3 und 4; str., s. Rn. 40. Die Anwendung v. § 3 Nr. 40 und § 3c geht der Verlustrechnung vor (Rn. 25). – Innerhalb derselben Gr. bleibt der Verlustausgleich unbeschränkt, auch bei zusammenveranlagten Ehegatten, die gemeinsam als StPfl. behandelt werden (§ 26b).[13] Voraussetzung ist immer (**Ausnahme:** Verluste gem. Abs. 1 S. 1 Nr. 6 lit. b[14]), dass die **Verluste aus demselben Staat** 42

---

1 BFH v. 29.1.2008 – I R 85/06, BStBl. II 2008, 671 (gestützt auf EuGH v. 29.3.2007 – C-347/04 – Rewe Zentralfinanz, BStBl. II 2007, 492), bestätigt durch BFH v. 10.8.2011 – I R 45/10, BStBl. II 2012, 118; **aA** BMF v. 4.8.2008, BStBl. I 2008, 837 (Nichtanwendung), zwischenzeitlich aufgehoben durch BMF v. 23.4.2010, BStBl. I 2010, 391, für Sachverhalte, die nach dem 31.12.2008 verwirklicht werden.
2 *K/S/M*, § 2a Rn. C 16i.
3 **AA** *K/S/M*, § 2a Rn. C 16h.
4 R 2a Abs. 3 EStR.
5 OFD Nürnb. v. 23.12.1998, StEK EStG § 1 Nr. 67, dort Anh. 4 Tz. 1.5.3.
6 R 2a Abs. 2 S. 2 EstR; *K/S/M*, § 2a Rn. B 81; **aA** (mit guten Gründen) *F/W/B/S*, § 2a Rn. 325.
7 OFD Nürnb. v. 23.12.1998, StEK EStG § 1 Nr. 67, dort Anh. 4 Tz. 1.5.3.
8 R 2a Abs. 7 EstR.
9 R 2a Abs. 1 S. 1 und 2 EstR.
10 S. BFH v. 17.11.1999 – I R 7/99, BStBl. II 2000, 605.
11 BMF v. 20.2.2001, BStBl. I 2001, 172; s. auch BFH v. 26.1.1995 – IV R 23/93, BStBl. II 1995, 467 zu § 15 Abs. 4 und § 15a.
12 BFH v. 25.11.2014 – I R 84/13, BFH/NV 2015, 664.
13 R 2a Abs. 7 EStR; zu § 15a Abs. 4: BFH v. 6.7.1989 – IV R 116/87, BStBl. II 1989, 787; v. 20.4.1989 – V R 130/84, BFH/NV 1990, 232.
14 R 2a Abs. 6 EStR.

stammen (Verluststaat, per country limitation). Darauf, dass einheitliche Verlustquellen zugrunde liegen, kommt es ebenso wenig an wie darauf, dass die Einkünfte denselben Einkunftsarten zugehören. Der Verlustausgleich soll allerdings unterbleiben, wenn hinsichtlich der entspr. positiven Einkünfte eine DBA-Rückfallklausel (**„subject-to-tax-Klausel"**)[1] greift,[2] wonach Einkünfte nicht aus dem DBA-Staat stammen, wenn sie dort nicht besteuert werden.[3] Die „Vererbung" nicht ausgeglichener oder nicht verrechneter negativer Einkünfte auf den Gesamtrechtsnachfolger war nach früherer (und zutr.), aber umstrittener[4] Rspr. des BFH[5] im Falle einer tatsächlichen wirtschaftlichen Belastung des Erben zulässig.[6] S. § 2 Rn. 83, § 10d Rn. 6 mwN. Nach dem Beschl. des GrS des BFH v. 17.12.2007 – GrS 2/04[7] soll der Verlustabzug indes (aus vielfältigen dogmatischen Überlegungen) ausgeschlossen sein, das aus Gründen eines rechtsprechungs-„selbstkreierten"[8] (und die FinVerw. wohl auch nicht bindenden) Vertrauensschutzes allerdings erst bei Eintritt des Todes vor Veröffentlichung jenes Beschlusses; das schlägt prinzipiell auch auf § 2a Abs. 1 durch.[9]

43 Die oben angegebenen Grundsätze (Rn. 42) finden auch für **Abs. 1 S. 1 Nr. 7** Anwendung, ungeachtet der insoweit abw. Gesetzesformulierung, wonach es nicht auf positive Einkünfte, sondern auf Tatbestände der jeweils selben Art ankommt.[10] Der Unterschied hängt mit der Einbeziehung inländ. KapGes. zusammen, auf deren Zwischenschaltung die betr. Einkünfte des StPfl. letztlich beruhen. Abs. 1 S. 1 Nr. 7 erzwingt also eine Ausdehnung auf ein anderes Zurechnungssubjekt. Positive Einkünfte aus denselben Tatbeständen der Abs. 1 S. 1 Nr. 7 werden allerdings nur selten anfallen und noch seltener überhaupt nachweisbar sein. Denn etwaige Gewinne aus denselben Tatbeständen sind den (zwischengeschalteten) KapGes. und nicht dem Anteilseignern als StPfl. zuzurechnen. Sie wirken sich bei diesem allenfalls über Gewinnausschüttungen aus und lassen sich dann nicht mehr einer Ursache iSv. Abs. 1 S. 1 Nr. 7 zuordnen (Rn. 33). Eine schätzweise Aufteilung dürfte mangels Tatbestandsmäßigkeit nicht in Betracht kommen.

Beispiele für einen entspr. Verlustausgleich aus demselben Tatbestand: Teilwertzuschreibungen (vgl. § 6 Abs. 1 Nr. 2 S. 3) infolge Liquidationsgewinnen nach vorheriger Teilwertabschreibung, Gewinne aus Anteilsveräußerung oder -entnahme, Auflösung oder Kapitalherabsetzung.

44 **Vorrangiger Verlustausgleich gem. Abs. 1.** Verfügt der StPfl. sowohl über voll nach § 10d als auch über nur beschränkt nach § 2a Abs. 1 ausgleichsfähige Verluste, so sind zunächst – vor dem Ausgleich der Verluste aus derselben Einkunftsart – die Verluste gem. § 2a Abs. 1 zu verrechnen. Das folgt daraus, dass der Ausgleich entspr. positiver und negativer Verluste Vorrang hat.[11]

45 **2. Beschränkung des Verlustabzugs (Abs. 1 S. 1 letzter HS; Abs. 1 S. 3 und 4).** Nach den tatbestandlichen Maßgaben, in dem hiernach der Verlustausgleich beschränkt ist, schließt **§ 2a Abs. 1 S. 1 letzter HS** auch den **Verlustabzug gem. § 10d** in Gänze aus. Abzugsfähig bleiben insoweit lediglich jene Verluste, die nach § 2a Abs. 2 auch ausgeglichen werden können. Der Ausschluss v. § 10d ist insoweit systemgerecht und deswegen letztlich nur deklaratorischer Natur.

46 Unabhängig davon trifft **Abs. 1 S. 3** eigenständige Regelungen über einen **(beschränkten) Verlustvortrag:** In jenem Umfang, in dem Abs. 1 S. 1 den beschränkten Verlustausgleich ermöglicht, wird danach für die verbleibenden negativen Einkünfte der Verlustvortrag in den nachfolgenden VZ (zeitlich unbegrenzt) er-

---

1 ZB Art. 23 Abs. 2 DBA-USA 1989; Art. 23 Abs. 1 S. 1 DBA-Schweden; Art. 24 Abs. 3 DBA-Dänemark; allg. *Vogel*, IStR-Beihefter 24/1997.
2 R 2a Abs. 1 S. 5 EStR, aber zweifelh., vgl. auch *F/W/B/S*, § 2a Rn. 98, 340; OFD Münster v. 22.1.1997, FR 1997, 503.
3 Vgl. BFH v. 5.2.1992 – I R 158/90, BStBl. II 1992, 660; v. 11.6.1996 – I R 8/96, BStBl. II 1997, 117.
4 S. zum Meinungsstand zB *Müller-Franken*, StuW 2004, 109 mwN.
5 BFH v. 5.5.1999 – XI R 1/97, BStBl. II 1999, 653; v. 16.5.2001 – I R 76/99, BStBl. II 2002, 487; *K/S/M*, § 2 Rn. D 160 ff., § 10d Rn. A 243 ff., jeweils zu § 10d.
6 So nach wie vor (noch) die FinVerw., vgl. BMF v. 26.7.2002, BStBl. I 2002, 667; R 2a Abs. 4 EStR; H 10d EStH; s. auch BFH v. 28.7.2004 – XI R 54/99, BStBl. II 2005, 262.
7 BFH v. 17.12.2007 – GrS 2/04, BStBl. II 2008, 608. Der Beschl. wird seitens der FinVerw. prinzipiell angewandt (s. BMF v. 24.7.2008, BStBl. I 2008, 809; FinMin. SchlHol. v. 23.3.2011, DStR 2011, 1427) und hat mittlerweile auch Gefolgschaft im BFH gefunden (zB BFH v. 11.7.2017 – IX R 36/15, DStR 2017, 2098).
8 Zur rechtsmethodischen Problematik s. zB eindringlich *M. Fischer*, DStR 2008, 697; H/H/Sp, § 4 Rn. 188 ff., speziell Rn. 184 ff., mwN.
9 R 10d Abs. 9 S. 9 EStR; FinMin. SchlHol. v. 23.3.2011, DStR 2011, 1427; *H/H/R*, § 2a Rn. 94; *Dötsch*, DStR 2008, 641; *B/B/B*, § 2a Rn. 114; *Brandenberg*, JbFfSt. 2012/2013, 815; *Riedel*, ISR 2017, 283; **aA** FG Düss v. 20.12.2016 – 13 K 897/16 F, EFG 2017, 577 m. Anm. *Pfützenreuter*, *Riedel*, ISR 2017, 285, und *Pongs*, DStR 2018, 2010 (Rev. I R 23/17, zuvor IX R 5/17); *Rickert*, DStR 2010, 410; *Blümich*, § 2a Rn. 132; *L/B/P*, § 2a Rn. 182; *Korn*, § 2a Rn. 149; *F/W/B/S*, § 2a Rn. 316.
10 R 2a Abs. 1 S. 3 und 4 EStR.
11 BFH v. 26.1.1995 – IV R 23/93, BStBl. II 1995, 467 (470).

öffnet, abw. v. § 10d allerdings nicht als SA, sondern als BA. Eine Rücktragsmöglichkeit wird nicht eingeräumt. Verbleibende negative Verluste sind solche, die nach gescheitertem Verlustausgleich gem. Abs. 1 S. 1 (wegen fehlender entspr. positiver Einkünfte) verbleiben (Abs. 1 S. 4). Sie sind (ggf. auch nach § 180 Nr. 2 lit. a AO) gesondert festzustellen (§ 2a Abs. 1 S. 5 iVm. § 10d Abs. 4), uU auch für Zwecke des ProgrVorb.[1] Ein Wahlrecht zw. Verlustausgleich und Verlustabzug (und damit die Möglichkeit zur Nachholung eines zunächst unterlassenen Ausgleichs) besteht folglich nicht, ebenso wenig wie die Möglichkeit des Verlustrücktrages. Der Sache nach bezieht sich der Verlustvortrag – nicht anders als der Verlustausgleich (Rn. 42) – jeweils auf Einkünfte derselben Art aus demselben Staat. In den Vorteil des beschränkten Verlustabzugs gelangt nur **derjenige StPfl.**, der den Verlust erlitten hat. Zur (umstrittenen) Rechtslage bei der Erbfolge sowie zum Verlustabzug bei Ehegatten s. Rn. 42. Bei Umwandlung einer Körperschaft in eine PersGes. sperrt § 4 Abs. 2 S. 2 UmwStG/aF den Verlustabzug, gleichermaßen verhält es sich gem. § 12 Abs. 3 (iVm. § 4 Abs. 2 S. 2) UmwStG 2006 – insoweit abw. v. § 12 Abs. 3 S. 2 UmwStG 1995 – bei Verschmelzung einer Körperschaft auf eine andere Körperschaft.[2]

Konkurrieren verbleibende negative Einkünfte gem. § 10d und § 2a Abs. 1, geht der Abzug nach § 2a vor 47
(Abs. 1 S. 1 letzter HS). Das ist für den StPfl. v. Vorteil, weil dann der großzügigere Abzug nach § 10d erhalten bleibt, auch wenn sich in den folgenden VZ eine Abzugsmöglichkeit nach § 2a nicht ergibt.

3. Progressionsvorbehalt. Bis zum VZ 2008 (s. Rn. 8) ging § 2a im Verhältnis (nur) zum negativen 48
ProgrVorb. **(§ 32b)** ebenfalls vor, und zwar grds. unabhängig davon, ob ein DBA anwendbar war oder nicht.[3] Denn auch dann, wenn ein DBA den negativen ProgrVorb. vorsieht, setzt dies voraus, dass die betr. Verluste nach innerstaatlichem Recht überhaupt zu berücksichtigen sind. Das aber ist bis zum VZ 2008 wegen § 2a gerade nicht der Fall (s. aber auch Rn. 4 f.).[4] Das gilt sowohl im Hinblick auf § 32b Abs. 1 S. 1 Nr. 3 idF bis zum VZ 1995 (nach Maßgabe der seinerzeit durchzuführenden „Schattenveranlagung") als auch im Hinblick auf den v. VZ 1996 an vollzogenen Systemwechsel zur sog. Hinzurechnungsmethode; an der Maßgeblichkeit der deutschen Einkommensermittlungsregeln hat sich dadurch nichts geändert.[5] Eine denkbare Kollision mit DBA-Recht bestand unabhängig davon aber auch deswegen nicht, weil alleinige Rechtsgrundlage für die Anwendung des ProgrVorb. nach geläuterter Rechtserkenntnis des BFH[6] § 32b, nicht jedoch das einschlägige DBA ist; ein DBA kann die Berücksichtigung eines ProgrVorb. allenfalls explizit verbieten; diese Rspr. wurde durch das JStG 2007 in § 32b Abs. 1 Nr. 3 aF, jetzt § 32b Abs. 1 S. 1 Nr. 3, verankert. So gesehen ist es dem deutschen Gesetzgeber grds. unbenommen, die Reichweite des ProgrVorb. zu bestimmen. Das ändert freilich nichts daran, dass der (isolierte) Ausschluss des negativen ProgrVorb. dem Leistungsfähigkeitsgedanken widerspricht und überdies gegen die EU-rechtl. Freiheiten (Niederlassungs-, Kapitalverkehrsfreiheit, Art. 49, 63 AEUV) verstoßen kann (s. Rn. 2, 5).[7]

Vom VZ 2009 an: Um dem letzteren Vorwurf und zugleich Einnahmeverlusten „durch die Hintertür" 48a
vorzubeugen, hat der Gesetzgeber des JStG 2009 das Zusammenspiel v. § 2a einerseits und § 32b andererseits mit Wirkung v. VZ 2009 an konzeptionell grundlegend verändert: Für **Drittstaatenverluste** verbleibt es zwar uneingeschränkt bei dem schon bisherigen „Durchschlagen" v. § 2a Abs. 1 und 2 auf den ProgrVorb.[8] Für Verluste aus EU/EWR-Staaten wurden mit § 32b Abs. 1 S. 2 und 3 aber neue „Sperren" geschaffen: Obschon nach § 2a **Verluste aus Nicht-Drittstaaten** (vgl. dazu § 2a Abs. 2a iVm. § 32b Abs. 1 S. 3, Rn. 11 ff.) nunmehr prinzipiell abzugsfähig sind, verhindert **§ 32b Abs. 1 S. 2 und 3** (iVm. Abs. 1 S. 1 Nr. 3) den ProgrVorb. in den Fällen der abkommensrechtl. Freistellung (Art. 23A OECD-MA) sowohl für positive als auch für negative Einkünfte aus EU-/EWR-Staaten. Grund für diese flächendeckende Ausweitung der Vorbehaltssperre – betr. positiver Gewinne zugunsten, betr. negativer Gewinne zu Lasten „aller"

---

1 OFD Nürnb. v. 23.12.1998, StEK EStG § 1 Nr. 67, dort Anh. 4 Tz. 1.7.; OFD Rhld. und Münster IStR 2007, 447, dort auch zur Verrechnungsreihenfolge mit ao. Einkünften gem. §§ 34, 34b im jew. Folgejahr; s. dazu auch BFH v. 25.11. 2014 – I R 84/13, BFH/NV 2015, 664.
2 Dazu zB *Hierstetter/Schwarz*, DB 2002, 1963.
3 BFH v. 17.10.1990 – I R 182/87, BStBl. II 1991, 136; v. 12.12.1990 – I R 127/88, BFH/NV 1992, 104; v. 13.5.1993 – IV R 69/92, BFH/NV 1994, 100; v. 13.11.2002 – I R 13/02, BStBl. II 2003, 795; v. 31.3.2004 – I R 71/03, BStBl. II 2004, 742 (746); H 32b EStH; *K/S/M*, § 2a Rn. A 28b ff., und § 32b Rn. A 30 f.; **aA** *Beck*, IStR 2007, 53; *H/H/R*, § 32b Rn. 23, sowie in *F/W/B/S*, § 2a Rn. 91.
4 S. ebenso zu § 3c Abs. 1 BFH v. 20.9.2006 – I R 59/05, BStBl. II 2007, 756.
5 Im Ergebnis ebenso BFH v. 12.1.2011 – I R 35/10, BStBl. II 2011, 494.
6 BFH v. 19.12.2001 – I R 63/00, BStBl. II 2003, 302; umfassend zur Problematik s. *K/S/M*, § 2a Rn. A 42 ff.; BFH v. 15.5.2002 – I R 40/01, BStBl. II 2002, 660.
7 EuGH v. 21.2.2006 – C-152/03 – Ritter-Coulais, FR 2006, 466 und nachfolgend BFH v. 20.9.2006 – I R 13/02, IStR 2007, 148; s. dazu BMF v. 24.11.2006, BStBl. I 2006, 763; EuGH v. 18.7.2007 – C-182/06 – Lakebrink und Peters-Lakebrink, IStR 2007, 642; s. auch abgrenzend zu Drittstaaten FG Hbg. v. 22.8.2006 – 7 K 255/04, EFG 2007, 105.
8 Zutr. *Wittkowski/Lindscheid*, IStR 2009, 225 (227 f.) und 621; **aA** *Goebel/S. Schmidt*, IStR 2009, 620.

(s. dazu allg. § 50 Rn. 6) – ist (offenbar) die Befürchtung eines abermaligen Diskriminierungsverstoßes infolge mangelnder Folgerichtigkeit der gesetzgeberischen Entsch. (insbes. auch im Hinblick auf solche Betriebsstättenverluste, die nicht die Aktivitätserfordernisse des § 2a Abs. 2 S. 1 erfüllen und die deswegen bei der auch für den ProgrVorb. stl. maßgebenden Einkünfteermittlung unberücksichtigt bleiben müssen).[1] Abzugsfähig sind iRd. Steuersatzberechnung fortan nur noch EU/EWR-Betriebsstättenverluste aus aktiven Betätigungen gem. § 2a Abs. 2 S. 1 iVm. § 32b Abs. 1 S. 2 Nr. 2 HS 2.[2] S. dazu auch § 32b Rn. 18. Einzubeziehen sind dabei prinzipiell auch sog. finale Verluste (dazu Rn. 5 ff.).[3] – Zur Verrechnung gem. § 34 Abs. 2 begünstigter Einkünfte beim ProgrVorb. s. § 32b Abs. 2 Nr. 2 und Rn. 42. Zur gesonderten Feststellung verbleibender negativer Einkünfte iSd. § 2a Abs. 1 S. 3 s. Rn. 46, 49.

49 **XI. Verfahren.** Werden die negativen ausländ. Einkünfte v. einer Personenmehrheit bezogen, ist über Art, Höhe und Abziehbarkeit der Verluste (einschl. Verfassungsmäßigkeit des § 2a, auch der Hinzurechnungs- sowie Nachversteuerungsvoraussetzungen gem. Abs. 3 S. 3 aF[4] und Abs. 4 Nr. 2 aF[5]) iRd. **einheitlichen und gesonderten Feststellung** gem. § 180 Abs. 5 Nr. 1 oder auch § 180 Abs. 1 Nr. 2 lit. a AO zu entscheiden.[6] Verbleibende negative Einkünfte sind gem. § 10d Abs. 4 gesondert festzustellen, wobei sich diese Feststellung „an sich" auf die rechtl. und tatsächlichen Voraussetzungen beschränkt, unter denen die Verluste zu berücksichtigen sind, und sich nicht darauf erstreckt, wie sie bei der Veranlagung zum Ansatz kommen.[7] Durch § 10d Abs. 4 S. 4 idF des JStG 2010 kommt der Steuerfestsetzung für die Feststellung v. Verlusten, die nach dem 13.12.2010 erklärt werden (vgl. § 52 Abs. 25 S. 5 idF des JStG 2010), allerdings Grundlagenwirkung zu und wird insoweit eine Korrespondenz zw. Festsetzung einerseits und Feststellung andererseits hergestellt. – Parallele gesonderte Feststellungen gem. § 10d und § 15a stehen unabhängig und auch dann ohne wechselseitige Bindungswirkungen nebeneinander, wenn es zu inhaltlich überschneidenden Feststellungen kommt.

C. Hinzurechnungsbesteuerung bei Auslandsverlusten (Abs. 3 S. 3–6, Abs. 4 iVm. § 52 Abs. 3 S. 3–6)

50 **I. Grundsätzliches.** Für den Fall, dass der StPfl. in den Vorjahren **(letztmals im VZ 1998)** den Verlustausgleich oder -abzug gem. Abs. 3 S. 1 und 2 aF für Verluste aus ausländ. gewerblichen Betriebsstätten beantragt hat, die infolge der Symmetriethese (Rn. 5) an sich aufgrund abkommensrechtl. Freistellung im Inland steuerbefreit sind – maW dann, wenn von dem früheren asymmetrischen Abzugsmodell Gebrauch gemacht worden ist –, sieht § 2a Abs. 3 S. 3 aF sowie – **erstmals v. VZ 1999** an – § 2a Abs. 4 idF v. § 52 Abs. 3 S. 5 und 6 **Nachversteuerungstatbestände** in den Folgejahren vor, und zwar gem. **§ 52 Abs. 3 S. 3 bis 8** (§ 52 Abs. 3 S. 3 bis 6 idF des JStG 2008) ohne zeitliche Begrenzung (s. Rn. 5). Nachzuversteuern ist idS (nach wie vor, s. aber auch Rn. 42) auch beim Erben als Gesamtrechtsnachfolger, weil Verlustabzug und Nachsteuer „zwei Seiten der Medaille" iS einer systematisch miteinander verklammerten „gespaltenen Tatbestandsverwirklichung" sein sollen.[8] Gleichermaßen soll es nach Auffassung der FinVerw.[9] beim Übergang eines verbleibenden Verlustvortrags gem. § 10d Abs. 4 S. 2 iRd. UmwStG liegen, was sich allerdings wegen des abschließenden Charakters der spezifisch stl. Rechtsnachfolgeanordnung in § 12 Abs. 3, § 15 Abs. 1 S. 1, Abs. 4 UmwStG verbietet.[10] Die vorherige Verlustberücksichtigung wird hiernach gem. Abs. 3 S. 3, 5 und 6 aF **korrigiert, (1)** soweit sich bei den nach DBA befreiten Betriebsstätteneinkünften in

---

1 *Wittkowski/Lindscheid*, IStR 2009, 225 (227 f.); *Schmidt/Heinz*, IStR 2009, 43. *Ditz/Plansky*, DB 2009, 1669 (1672 f.) geben zu bedenken, dass jedenfalls ein negativer ProgrVorb. unbeschadet einer Gleichbehandlung mit dem positiven ProgrVorb. unionsrechtl. geboten sein könnte; **aA** aber (zu Recht) FG München v. 23.11.2015 – 7 K 3198/14, EFG 2016, 703 mit Anm. *Pfützenreuter* (Rev. I R 1/16 wurde zurückgenommen).

2 Zu dem insoweit nur eingeschränkten Querverweis auf § 2a Abs. 2 S. 1 in § 32b Abs. 1 S. 2 Nr. 2 s. BFH v. 26.1. 2017 – I R 66/15, BFH/NV 2017, 726, m. Anm. *Kahlenberg*, ISR 2017, 286, *Kahlenberg*, IWB 2017, 467, und *Rogge*, BB 2017, 2213. – Zu den betriebswirtschaftlichen Wirkungen des ProgrVorb. bei ausländ. Betriebsstätteneinkünften s. *Förster*, ZfB 2010, 99.

3 *Bernütz/Loll*, DStR 2015, 1226; sa. *Goebel/S. Schmidt*, IStR 2009, 620.

4 BFH v. 16.11.1989 – IV R 143/85, BStBl. II 1990, 204; v. 9.6.1999 – I R 40/98, BFH/NV 2000, 168.

5 BFH v. 28.11.2007 – I R 25/07, BFH/NV 2008, 1097.

6 S. auch BFH v. 18.12.1989 – IV B 37/89, BFH/NV 1990, 570; v. 24.7.2013 – I R 57/11, BStBl. II 2016, 633; v. 3.8. 2017 – IV R 7/14, BFH/NV 2018, 31 (zu § 15a Abs. 4); sa. BFH v. 2.12.2015 – I R 13/14, DStR 2016, 853 (dort zu Währungsverlusten, dazu Rn. 18).

7 BFH v. 20.9.1989 – X R 180/87, BStBl. II 1990, 112; v. 30.4.1991 – VIII R 68/86, BStBl. II 1991, 873; v. 18.7.2001 – I R 70/00, BStBl. II 2003, 48.

8 S. R 2a Abs. 4 EStR; BFH v. 25.8.2010 – I R 13/09, BStBl. II 2011, 113; FinMin. SchlHol. v. 23.3.2011, DStR 2011, 1427.

9 R 2a Abs. 4 EStR.

10 BFH v. 29.2.2012 – I R 16/11, BStBl. II 2014, 440 mit Anm. *Hahn*, jurisPR-SteuerR 40/2012 Anm. 5; *Weiss/Brühl*, Ubg 2018, 22 (27 ff.).

demselben ausländ. Staat insgesamt ein positiver Betrag ergibt **(Abs. 3 S. 3)**, **oder (2)** wenn die betr. ausländ. Betriebsstätte in eine KapGes. umgewandelt, wenn sie übertragen oder aufgegeben wird **(Abs. 4 idF v. § 52 Abs. 3 S. 5 bis 7), v. VZ 2006 an** überdies in Entstrickungsfällen **(Abs. 4 idF v. § 52 Abs. 3 S. 8)**. Die dazu bestehenden Ausnahmeregelungen in Abs. 3 S. 4 und Abs. 4 S. 2 aF (Rn. 57) – nicht aber auch die entspr. Regelungen in § 2 Abs. 1 S. 4 AIG für Altverluste[1] – fanden v. VZ 1999 an keine Anwendung mehr (vgl. § 52 Abs. 3 S. 3 und 5 aF). Aus diesen Neuerungen, insbes. aus den erst nachträglich durch das StBereinG 1999 geschaffenen und nicht zwingend gewinnabhängigen Nachversteuerungstatbeständen in § 2a Abs. 4 Nr. 2 und 3 idF v. § 52 Abs. 3 S. 7 und 8 (§ 52 Abs. 3 S. 5 aF), konnten sich bei Vorliegen entspr. Dispositionen uU ungerechtfertigte und verfassungsrechtl. unzulässige Rückwirkungen in abgeschlossene Sachverhalte ergeben.[2] – In unionsrechtl. Hinsicht ist die Nachversteuerung gem. Abs. 3 prinzipiell „unverdächtig“; sie ist stimmig („kohärent“) auf den zuvorigen Verlustabzug abgestimmt und hilft, ungerechtfertigte doppelte Verlustinanspruchnahmen („double dip“) zu vermeiden.[3] Bedenken könnten allerdings auch insoweit die Nachversteuerungstatbestände des Abs. 4 Nr. 2 und 3 idF v. § 52 Abs. 3 S. 7 und 8 (§ 52 Abs. 3 S. 5 aF) wecken, zum einen, weil sie die besagte systembildende „Kohärenz“ durchbrechen, zum anderen, weil sie zwar nachversteuerungsvermeidende Gestaltungen verhindern mögen (s. Rn. 5a), dabei jedoch keinen Gegenbeweis im Einzelfall zulassen;[4] Kollisionen können sich überdies aus Unionssicht ergeben, weil die Nachversteuerungstatbestände ggf. über ihr Ziel hinausschießen und zB durch eine Betriebsstättenveräußerung ausgelöst werden, obwohl daraus keine verlustaufholenden Gewinne bewirkt werden; der EuGH hat derartige Überlegungen jedoch nicht aufgegriffen.[5] Immerhin hat er aber zuerkannt, dass die Nachversteuerung (auch deshalb) ihrerseits mit einer „finalen“ Verlustsituation zusammentreffen kann; die Abzugsmöglichkeit der Verluste bestimmt sich dann unabhängig von Abs. 4 nach den allg. (jedoch höchst restriktiv gehandhabten) Regeln zur „Finalität“ (s. dazu Rn. 5).[6]

II. Hinzurechnung bei späteren Gewinnen (Abs. 3 S. 3–6). 1. Hinzurechnungstatbestand. Gegenstand der Hinzurechnung ist der (positive) Saldo **aller** stfreien Gewinne und Verluste aus (sämtlichen, alten wie neuen) gewerblichen Betriebsstätten des betr. StPfl. in dem betr. Staat. Eine Verrechnung mit den Ergebnissen aus Betriebsstätten dritter Staaten findet nicht statt. Die hinzuzurechnenden Beträge korrespondieren mit jenen, die gem. Abs. 3 S. 1 und 2 abgezogen worden sind, und sind gleichermaßen nach Maßgabe des deutschen Steuerrechts zu ermitteln; abw. ausländ. Gewinnermittlungsvorschriften (zB Nichtzulassung v. Wertberichtigungen, unterschiedliche AfA-Sätze und zeitliche Gewinnabgrenzungen) wirken sich nicht aus.[7] Als Folge des Umstandes, dass nicht der Gewinn der ausländ. Betriebsstätte besteuert wird (was DBA-rechtl. unzulässig wäre), an diesen vielmehr nur formal angeknüpft wird, um den Korrekturposten zu Abs. 1 zu ermitteln, sind allerdings nicht nur (wie nach Abs. 1) die Ergebnisse der aktiv tätigen gewerblichen Betriebsstätten einzubeziehen, sondern auch solche aus passiver Tätigkeit. Aus gleichem Grunde entfallen auch Steuervergünstigungen (zB Freibeträge gem. § 16 Abs. 4; Kürzungen gem. § 34 Abs. 2). 51

Die Hinzurechnung gem. Abs. 3 S. 3 wird **begrenzt (1)** durch die tatsächlich nach Abs. 1 und 2 abgezogenen Verlustbeträge und **(2)** durch die Höhe der zurechenbaren Gewinne. Der „Verbrauch“ der zuvor entstandenen Verluste über den Ausgleich oder Abzug gem. Abs. 1 und 2 ist jedoch nicht erforderlich. Verbleibende Gewinne aus dem ausländ. Betriebsstättenstaat nach vollem Ausgleich der Verluste werden dem ProgrVorb. unterworfen (§ 32b).[8] 52

---

1 Vgl. *F/W/B/S* § 2a EStG Rn. 560.

2 Insoweit jedoch verneinend BFH v. 22.2.2017 – I R 2/15, BStBl. II 2017, 709; FG Köln v. 5.2.2009 – 9 K 654/03, EFG 2009, 1754 (als Vorinstanz zu BFH v. 3.2.2010 – I R 23/09, BStBl. II 2010, 599); auch BFH v. 28.11.2007 – I R 25/07, BFH/NV 2008, 1097, sowie FG München v. 25.10.2005 – 6 K 4796/03, EFG 2006, 420 (als Vorinstanz zu BFH v. 16.12.2008 – I R 96/05, BFH/NV 2009, 744 für einen Sonderfall); FG Düss. v. 22.7.2011 – 1 K 4383/09 F, EFG 2011, 1969 (aus anderen Gründen durch BFH v. 24.7.2013 – I R 57/11, BStBl. II 2016, 633, aufgehoben); sa. *Jung/Bartelt/Rode*, IStR 2016, 30; *F/W/B/S*, § 2a Rn. 566; **aA** *Hey/Gloßner*, IStR 2001, 233; *Offerhaus*, DB 2001, 556.

3 EuGH v. 23.10.2008 – C-157/07 – Krankenheim Ruhesitz am Wannsee-Seniorenheimstatt, IStR 2008, 769; v. 17.12. 2015 – C-388/14 – Timac Agro Deutschland, BStBl. II 2016, 362; BFH v. 22.2.2017 – I R 2/15, BStBl. II 2017, 709; *Jung/Bartelt/Rode*, IStR 2016, 30.

4 *Mutscher*, IStR 2009, 293; jedoch verneinend BFH v. 22.2.2017 – I R 2/15, BStBl. II 2017, 709.

5 EuGH v. 17.12.2015 – C-388/14 – Timac Agro Deutschland, BStBl. II 2016, 362 (auf Vorabentscheidungsersuchen des FG Köln v. 19.2.2014 – 13 K 3906/09, IStR 2014, 733, m. Anm. *Cloer/Leich*, IWB 2014, 923; s. dazu auch *Schiefer*, ISR 2013, 220 und IStR 2014, 261; BFH v. 5.2.2014 – I R 48/11, FR 2014, 714 (dort das Problem aber offenlassend); verneinend BFH v. 22.2.2017 – I R 2/15, BStBl. II 2017, 709, m. Anm. *Spies/Zolles*, ISR 2017, 277; *Schulz-Trieglaff*, StuB 2017, 593.

6 EuGH v. 17.12.2015 – C-388/14 – Timac Agro Deutschland, BStBl. II 2016, 362.

7 BFH v. 2.3.1989 – IV R 128/86, BStBl. II 1989, 543; H 2a EStH 2005.

8 OFD München v. 17.2.1997, RIW 1997, 533.

53 **2. Wegfall der Hinzurechnung (Abs. 3 S. 4 aF). Bis zum VZ 1998** (Rn. 4) ließ sich die Hinzurechnung vermeiden, indem der StPfl. (in jedem VZ und für jeden Einzelfall[1]) nachwies, dass nach den für ihn geltenden Regeln des ausländ. Staates ein Abzug der entstandenen Verluste in anderen Jahren (ggf. sonach auch nur in einem anderen Jahr)[2] als dem Verlustjahr „allgemein" nicht beansprucht werden konnte. Ausschlaggebend war also das **abstrakte**[3] Fehlen jedwelchen überperiodischen Verlustabzugs (gleichviel, ob in Gestalt eines Verlustrück- oder -vortrags) im Ausland, mithin die bloße Möglichkeit der Beanspruchung, nicht die tatsächliche Handhabung beim StPfl. Die Gefahr einer Doppelvergünstigung bestand dann nicht; der Verlustausgleich oder -abzug im Inland blieb definitiv. Er blieb dies nach dem ausdrücklichen Wortlaut des Abs. 3 S. 4 unabhängig davon (und systemwidrig) auch, wenn im Ausland zwar kein Verlustabzug, aber ein Verlustausgleich vorgesehen war, nach (zweifelh.) Ansicht der FinVerw. desgleichen bei einer im Ausland vorgeschriebenen pauschalierenden Gewinnermittlung ohne Verlustabzug für bestimmte Einkunftsarten.[4] UU konnten Verluste deswegen trotz Abs. 3 S. 1 iErg. leerlaufen, was EG-rechtl. Bedenken aufwirft. In diesem Zusammenhang fragte Abs. 3 S. 4 aF aber nicht danach, warum der Verlustabzug im Ausland fehlte und ob dieses Fehlen seinerseits unionsrechts- oder abkommenswidrig war.[5] – Die Feststellungslast für das im Ausland gegebene Abzugsverbot traf den StPfl. (s. auch § 90 Abs. 2 AO), sie entband FA und FG indes nicht v. entspr. Amtsermittlungen.[6] Bei erst nachträglichem Bekanntwerden des Abzugsverbots fand § 173 Abs. 1 S. 1 Nr. 2 AO Anwendung.

54 **3. Verfahren.** Der nicht durch Hinzurechnung verbrauchte (verbleibende) Verlust ist ebenso wie jener infolge Hinzurechnungsausschlusses iSv. § 2a Abs. 3 S. 4 aF[7] zum Ende jedes VZ entspr. § 10d Abs. 4 **gesondert festzustellen (Abs. 3 S. 5).**[8] In die gesonderte Feststellung sind noch nicht hinzugerechnete Beträge iSv. § 2 Abs. 1 S. 3, 4 AIG aF einzubeziehen **(Abs. 3 S. 6).** Zur gesonderten Feststellung bei Personenmehrheiten s. Rn. 49.

55 **III. Hinzurechnung aufgrund Ersatzrealisation (§ 2a Abs. 4 idF v. § 52 Abs. 3 S. 5–8). 1. Hinzurechnungstatbestände (§ 2a Abs. 4 idF v. § 52 Abs. 3 S. 5–8).** Abs. 4 soll Gestaltungen vorbeugen, die darauf abzielen, der Nachversteuerung gem. Abs. 3 S. 3 zu entgehen. Der Gesetzgeber hat aus diesem Grunde v. VZ 1999 an gewinnunabhängige Ersatzrealisationstatbestände geschaffen: Vor allem bei zwischenzeitlicher **Umwandlung** einer ausländ. Betriebsstätte in eine selbständige KapGes. (s. Rn. 56) sind hiernach gem. Abs. 3 S. 1, 2 ausgeglichene oder abgezogene und bislang nicht hinzugerechnete Verluste unmittelbar im Zeitpunkt der Umwandlung nachzuversteuern (**§ 2a Abs. 4 Nr. 1** idF v. § 52 Abs. 3 S. 5 bis 8). Dem gleichbehandelt wird (entgegen Abs. 4 aF) die entgeltliche oder unentgeltliche **Übertragung** der Betriebsstätte[9] (**§ 2a Abs. 4 Nr. 2** idF v. § 52 Abs. 3 S. 5 bis 8) **oder** ihre **Aufgabe** unter ggf. auch nur teilw. Fortführung der ursprünglich v. ihr ausgeübten Geschäftstätigkeit, sei es v. einer Ges., an der der inländ. StPfl. zumindest 10 % unmittelbar oder mittelbar beteiligt ist, sei es v. einer diesem nahe stehenden Pers. iSd. § 1 Abs. 2 AStG (**§ 2a Abs. 4 Nr. 3** idF v. § 52 Abs. 3 S. 5 bis 8). Maßgebend ist hier jeweils der VZ der Übertragung oder Aufgabe. Die Nachversteuerung erfolgt entspr. Abs. 3 S. 3, abw. hiervon allerdings unter Hinzurechnung aller noch nicht korrigierten oder korrigierbaren Verluste; auf die konkrete Höhe des erzielten Gewinns kommt es nicht an,[10] insbes. erfolgt keine Verrechnung mit den auflaufenden Gewinnen der KapGes.[11] Die Regelung tritt in einschlägigen Fällen der Umwandlung hinter die (vom VZ 1999 ohnehin zwingend und ausnahmslos vorzunehmende, s. Rn. 53) Hinzurechnung gem. Abs. 3 zurück („soweit …") und fungiert daher iErg. nur als Auffangtatbestand. **Vom VZ 2006 an** wird nach Maßgabe v. **§ 2a Abs. 4 S. 2 idF v. § 52 Abs. 3 S. 8** (S. 6 idF des SEStEG)[12] überdies (in Einklang mit Art. 10 Abs. 1 S. 2 Fusions-RL) sichergestellt, dass auch in den Fällen der sog. **Entstrickung** infolge Wegfalls der unbeschränkten StPflicht aufgrund der Verlegung des Wohnsitzes (§ 1 Abs. 1) oder des Sitzes oder Orts der Geschäfts-

---

1 OFD Münster, DStR 1986, 686.
2 **AA** *K/S/M*, § 2a Rn. E 38.
3 OFD Ffm. v. 13.6.1996, DStR 1996, 1528; OFD Berlin v. 19.3.1997, DStR 1997, 661; *K/S/M*, § 2a Rn. E 38; *F/W/B/S*, § 2a Rn. 551; s. auch BFH v. 29.11.2006 – I R 45/05, BStBl. II 2007, 398 (Vorabentscheidungsersuchen zu EuGH v. 23.10.2008 – C-157/07 – Krankenheim Ruhesitz am Wannsee-Seniorenheimstatt, IStR 2008, 769).
4 OFD Ffm. v. 22.5.2000, DB 2000, 1440; **aA** (zutr.) *K/S/M*, § 2a Rn. E 41.
5 Vgl. BFH v. 29.11.2006 – I R 45/05, BStBl. II 2007, 398 (Vorabentscheidungsersuchen zu EuGH v. 23.10.2008 – C-157/07 – Krankenheim Ruhesitz am Wannsee-Seniorenheimstatt, IStR 2008, 769, s. dazu Rn. 5).
6 BFH v. 13.10.1983 – I R 11/79, BStBl. II 1984, 181; v. 8.3.1989 – X R 181/87, BStBl. II 1989, 541.
7 BFH v. 9.6.1999 – I R 40/98, BFH/NV 2000, 168.
8 Zu Einzelheiten OFD Berlin v. 19.3.1997, DStR 1997, 661.
9 Einbezogen sind auch Veräußerungen des MU'er-Anteils an einer PersGes. mit ausländ. Betriebsstätte; *K/S/M*, § 2a Rn. F 22; **aA** *H/H/R*, § 2a Rn. 130; uU auch BFH v. 30.4.1991 – VIII R 68/86, BStBl. II 1991, 873 (zu § 2 Abs. 1 S. 3 AIG, dort betr. eine nachversteuerungsauslösende Umwandlung).
10 BFH v. 28.11.2007 – I R 25/07, BFH/NV 2008, 1097 mwN.
11 *Blümich*, § 2a Rn. 201 ff.; **aA** *F/W/B/S*, § 2a Rn. 586.
12 V. 7.12.2006, BGBl. I 2006, 2782.

leitung (§ 1 Abs. 1 KStG) sowie bei Beendigung der Ansässigkeit im Inland aufgrund DBA (Art. 4 OECD-MA) iRd. § 2a eine Nachversteuerung abgezogener Verluste zu erfolgen hat.

Begrifflich handelt es sich bei **Umwandlungen** iSv. § 2a Abs. 4 Nr. 1 idF v. § 52 Abs. 3 S. 7 und 8 (§ 52 Abs. 3 S. 5 und 6 aF), aber auch bereits zuvor iSv. § 2a Abs. 4 aF, untechnisch[1] um alle Sachverhalte, in denen die bisherige Betriebsstätte ihre Zuordnung zum Inlandsbetrieb verliert und in eine (ausländ.) KapGes. aufgeht, in erster Linie also durch Einbringung der Betriebsstätte gegen Gewährung v. Gesellschaftsrechten. **Veräußerungen** iSv. § 2a Abs. 4 Nr. 2 idF v. § 52 Abs. 3 S. 7 und 8 (§ 52 Abs. 3 S. 5 und 6 aF) sind solche gegen Entgelt oder als Tauschvorgang,[2] unentgeltlich gem. § 6 Abs. 3.[3] Eine entgeltliche Übertragung bzw. Veräußerung einer ausländ. Betriebsstätte liegt auch darin, dass ein MU'er einer PersGes., die über eine ausländ. Betriebsstätte verfügt, seinen MU'er-Anteil veräußert.[4] Zur **Aufgabe** einer Betriebsstätte iSv. § 2a Abs. 4 Nr. 3 idF v. § 52 Abs. 3 S. 7 und 8 (§ 52 Abs. 3 S. 5 und 6 aF) s. § 16 Abs. 3. Ob die ursprüngliche Geschäftstätigkeit der Betriebsstätte durch den Ges. oder eine ihm nahe stehende Pers. **fortgeführt** wird, entscheidet sich nach dem Gesamtbild der Verhältnisse, ist aber ebenfalls weit zu verstehen. Umfang und Dauer der Fortführung sind unbeachtlich (arg. contr § 8 Abs. 4 KStG aF). Infolge der Ausdehnung der Nachversteuerungstatbestände gem. § 52 Abs. 3 S. 7 und 8 (§ 52 Abs. 3 S. 5 und 6 aF) haben sich frühere Gestaltungsempfehlungen, der Hinzurechnung durch gewinnneutrale Einbringung eines inländ. Betriebs oder aller MU'er-Anteile an einer inländ. PersGes. in eine KapGes.,[5] weitgehend erledigt. 56

2. Wegfall der Hinzurechnung (Abs. 4 S. 2 aF). Bis zum VZ 1998 (Rn. 4) befreite Abs. 4 S. 2 aF – parallel zu Abs. 3 S. 4 aF (Rn. 53) – v. der Hinzurechnung, wenn der StPfl. den Nachweis über einen fehlenden Verlustabzug im Ausland erbringen konnte, sei es bezogen auf die umgewandelte Betriebsstätte (Abs. 4 S. 2 Nr. 1 iVm. Abs. 3 S. 4 aF), sei es bezogen auf die aufnehmende KapGes. (Abs. 4 S. 2 Nr. 2 aF). Diese Ausnahme ist durch das StBereinG 1999 v. VZ 2000 ungeachtet der fortbestehenden Weitergeltung v. Abs. 4 endg. abgeschafft worden, was in Einzelfällen verfassungsrechtl. Bedenken aufwerfen kann (s. Rn. 4). 57

2. Steuerfreie Einnahmen

§ 3

[1]**Steuerfrei sind ...**

(Die Fortsetzung des Gesetzestextes mit den einzelnen Befreiungstatbeständen ist deren jeweiliger Kommentierung unmittelbar vorangestellt.)

§ 4 EStDV

§ 4 Steuerfreie Einnahmen

Die Vorschriften der Lohnsteuer-Durchführungsverordnung über die Steuerpflicht oder die Steuerfreiheit von Einnahmen aus nichtselbständiger Arbeit sind bei der Veranlagung anzuwenden.

Regelungsgegenstand: § 3 enthält in seinen 71 Nummern einen Katalog „stfreie Einnahmen". § 3 fehlt allerdings jegliche sachliche Ordnung und die Reihenfolge der getroffenen Einzelregelungen ist zufällig. Der RefEntw. zur Umsetzung der „Petersberger Steuervorschläge" wollte die Befreiungsvorschriften in folgende Gruppen zusammenfassen: Sozialleistungen, Entschädigungs- und Versorgungsleistungen, Zuwendungen zur Förderung v. Wissenschaft und Forschung, Bildung und Erziehung, Kunst und Kultur, Anerkenntniszuwendungen, Bezüge aufgrund v. Dienstleistungen zur Erfüllung der Wehr- oder Zivildienstpflicht, Aufwendungsersatz-Leistungen, Einnahmen aus einem Dienstverhältnis sowie BE oder Einnahmen aus Vermögenswerten. 1

Der Zweck zahlreicher Befreiungen ist unklar. Dies erschwert eine teleologische Auslegung und veranlasst die Frage nach einem Verstoß gegen Art. 3 Abs. 1 bzw. 14 Abs. 2 GG. Unter dem Gesichtspunkt der **Sys-** 2

1 R 2a Abs. 5 S. 1 EStR. Sa. *F/W/B/S*, § 2a Rn. 569; BFH v. 5.2.2014 – I R 48/11, FR 2014, 714; v. 30.4.1991 – VIII R 68/86, BStBl. II 1991, 873.
2 BFH v. 30.4.1991 – VIII R 68/86, BStBl. II 1991, 873: Tausch der Anteile an einer inländ. KG gegen Anteile einer ausländ. KapGes. bei fortbestehender Betriebsstätte.
3 R 2a Abs. 5 EStR.
4 BFH v. 28.11.2007 – I R 25/07, BFH/NV 2008, 1097.
5 *Krüger*, Stbg. 1996, 544.

temgerechtigkeit ist nach den Zielsetzungen der einzelnen Befreiungen zu fragen und zu prüfen, ob sie die Durchbrechung des Grundsatzes der Besteuerung rechtfertigen. Dabei lassen sich Vereinfachungsbefreiungen, Ausgrenzungsbefreiungen und Sozialzwecknormen unterscheiden. Fehlt es an einer sachlichen Rechtfertigung für die Befreiung, ist die verfassungswidrige Begünstigung durch den Benachteiligten allerdings regelmäßig nicht zu rügen, wenn ausgeschlossen ist, dass der Gesetzgeber ihn bei einer Beseitigung des Verfassungsverstoßes in die Begünstigung einbezieht (Rn. 30 mwN).

3 **Systematische Einordnung:** § 3 ordnet die ausnahmsweise **Nichtberücksichtigung v. Einnahmen** an. Dieser systematische Ansatzpunkt wird vernebelt, wenn § 3 „Leistungen", „Ausgaben", „Beiträge" oder „Zuwendungen" befreit, und er wird verlassen, wenn § 3 auch Einnahmen für stfrei erklärt, die ohnehin nicht steuerbar sind.

4 **Rechtsentwicklung:** Schon das Preußische EStG enthielt eine dem heutigen § 3 vergleichbare Vorschrift. Der Katalog der Befreiungen wurde im Laufe der Jahre st. geändert, insbes. erweitert und inhaltlich sowie in seinen Formulierungen umgestaltet. Die „ESt-Kommission zur Steuerfreistellung des Existenzminimums ab 1996 und zur Reform der ESt" hat – erfolglos – vorgeschlagen, die Steuerbefreiungen der §§ 3 und 3b weitgehend entfallen zu lassen.[1] Im Jahr 2018 hat das G zur Vermeidung von Umsatzsteuerausfällen beim Handel mit Waren im Internet und zur Änderung weiterer stl. Vorschriften v. 11.12.2018[2] § 3 Nr. 26, 26a, 34, 36, 56 und 63 geändert sowie § 3 Nr. 15 und § 3 Nr. 37 neu eingeführt.

§ 3 Nr. 1 [Sozialleistungen]

a) **Leistungen aus einer Krankenversicherung, aus einer Pflegeversicherung und aus der gesetzlichen Unfallversicherung,**

b) **Sachleistungen und Kinderzuschüsse aus den gesetzlichen Rentenversicherungen einschließlich der Sachleistungen nach dem Gesetz über die Alterssicherung der Landwirte,**

c) **Übergangsgeld nach dem Sechsten Buch Sozialgesetzbuch und Geldleistungen nach den §§ 10, 36 bis 39 des Gesetzes über die Alterssicherung der Landwirte,**

d) **das Mutterschaftsgeld nach dem Mutterschutzgesetz, der Reichsversicherungsordnung und dem Gesetz über die Krankenversicherung der Landwirte, die Sonderunterstützung für im Familienhaushalt beschäftigte Frauen, der Zuschuss zum Mutterschaftsgeld nach dem Mutterschutzgesetz sowie der Zuschuss bei Beschäftigungsverboten für die Zeit vor oder nach einer Entbindung sowie für den Entbindungstag während einer Elternzeit nach beamtenrechtlichen Vorschriften;**

5 **§ 3 Nr. 1 lit. a** knüpft bei der Befreiung der Leistungen aus der **gesetzlichen Krankenversicherung** an deren Regelung im SGB an und überlässt diesem die nähere Bestimmung der befreiten Leistungen. Befreit werden Sach- und Geldleistungen. Die Verweisung ist nicht auf die Fälle der Pflichtversicherung beschränkt und schließt Leistungen an Hinterbliebene ein. „Leistungen aus einer Krankenversicherung" sind auch die Leistungen aus einer **vertraglichen Krankenversicherung**, und zwar aus einer Krankheitskostenversicherung, aus einer **Krankenhaustagegeldversicherung** als einer zusätzlichen Krankheitskostenversicherung mit dem besonderen Ziel, die Krankenhauskosten abzudecken[3], und auch – wegen der Nähe zum Krankengeld der gesetzlichen Krankenversicherung – aus einer **Krankentagegeldversicherung**, die Versicherungsschutz gegen Verdienstausfall bieten soll.[4] Dagegen sind Lohnfortzahlungen des ArbG (oder Dritter) im Krankheitsfall nicht begünstigt.[5] Alters-, Pensions- und Unterstützungskassen sind keine Einrichtungen, die der Versicherung gegen Krankheit dienen. Ausländ. Betriebskrankenkassen können Krankenkassen iSd. Nr. 1 lit. a sein.[6] Eine Krankenversicherung kann ausnahmsweise dem **BV** zuzurechnen

1 BB 1994, Beil. Nr. 24, 5f.
2 BGBl. I 2018, 2338.
3 BFH v. 22.10.1971 – VI R 242/69, BStBl. II 1972, 177.
4 BFH v. 22.5.1969 – IV R 144/68, BStBl. II 1969, 489; v. 7.10.1982 – IV R 32/80, BStBl. II 1983, 101 (104); FG MV v. 20.12.2006 – 3 K 384/05, EFG 2007, 995 (Praxis-Ausfallversicherung, die fortlaufende Betriebskosten ersetzen soll, keine Versicherung zum Ausgleich krankheitsbedingter Kosten).
5 FG BaWü. v. 3.12.1997 – EFG 1998, 718, EFG 1998, 718 (zu „Taggeld"zahlungen v. Schweizer ArbG); FG BaWü. v. 12.12.2000 – 2 K 164/00, EFG 2005, 851 (zu Krankentagegeldzahlungen aus einer vom ArbG abgeschlossenen Kollektivversicherung als stpfl. Arbeitslohn); vgl. aber auch FG BaWü. v. 22.9.2004 – 2 K 49/00, EFG 2005, 98 (zu Krankentagegeldzahlungen aus einem Kollektivversicherungsverhältnis als Versicherungsleistungen iSv. Nr. 1 lit. a).
6 BFH v. 26.5.1998 – VI R 9/96, BStBl. II 1998, 581.

sein, zB bei einer Versicherung gegen eine typische Berufskrankheit.[1] Für die Zuordnung zum betrieblichen Bereich ist entscheidend, ob die versicherte Gefahr durch den Betrieb veranlasst wird, nicht, welche Aufwendungen oder Schäden bei Eintritt des Versicherungsfalls vom Versicherer zu ersetzen sind.[2] Gefahren, die in der Person des Betriebsinhabers begründet sind, wie etwa das allg. Lebensrisiko, zu erkranken oder Opfer eines Unfalls zu werden, stellen grds. außerbetriebliche Risiken dar. Gefahren, die darin bestehen, dass betrieblich genutzte Gegenstände durch Unfall, Brand, Sturm, Wassereinbruch oä. Ereignisse zerstört oder beschädigt werden, stellen betriebliche Risiken dar.[3] Die Versicherungsleistungen sind auch dann stfrei[4], die Versicherungsprämien allerdings nach § 3c v. Abzug ausgenommen.[5] Die Befreiung der Leistungen „aus einer **Pflegeversicherung**" umfasst alle Leistungen aus der im SGB XI geregelten gesetzlichen und aus den vertraglichen Pflegeversicherungen. Nr. 1 lit. a begünstigt den Pflegebedürftigen. Bezüge der Pflegepersonen werden v. Nr. 26 und Nr. 36 befreit. Leistungen der **gesetzlichen Unfallversicherung** werden nach dem SGB VII erbracht. Begünstigt sind auch Leistungen aufgrund freiwilliger Beiträge zur gesetzlichen Unfallversicherung[6], Leistungen aus einer ausländ. gesetzlichen Unfallversicherung[7] und einer Betriebsinhaberversicherung kraft Satzung.[8] Leistungen aus vertraglichen Unfallversicherungen sind nicht befreit und auch nicht – sofern steuerbar – Schadensrenten, die aufgrund der Haftpflichtversicherung eines Schädigers gezahlt werden.[9]

§ 3 Nr. 1 lit. b verweist auf die Leistungstatbestände des SGB VI. Auch der Begriff der **Sachleistungen** differenziert lediglich zw. den gesetzlich vorgesehenen Leistungen. **Kinderzuschüsse** erhalten nach § 270 SGB VI nur noch Berechtigte, die schon vor dem 1.1.1992 Anspr. auf einen Kinderzuschuss hatten. Nach einer Entscheidung des BFH v. 31.8.2011 verstößt es nicht gegen Art. 3 Abs. 1 GG, dass nur die Kinderzuschüsse der gesetzlichen Rentenversicherungen und nicht auch die der berufsständischen Versorgungseinrichtungen stfrei sind. Die Kinderzuschüsse der berufsständischen Versorgungseinrichtungen unterlägen keiner vergleichbaren betragsmäßigen Einschränkung. Außerdem könnten die berufsständischen Kinderzuschüsse zusätzlich zum steuerrechtlich geregelten Familienleistungsausgleich (Kindergeld oder Freibeträge) gewährt werden, während der Kinderzuschuss aus der gesetzlichen Rentenversicherung den Kindergeldanspruch verdränge und in die Günstigerprüfung des § 31 S. 4 einfließe.[10] 6

§ 3 Nr. 1 lit. c befreit das Übergangsgeld nach dem SGB VI und die Geldleistungen nach den §§ 10, 36–39 ALG. Begleitend zu Rehabilitationsleistungen wird nach näherer Maßgabe der §§ 20 ff. SGB VI ein **Übergangsgeld** gezahlt. Nach **§ 10 ALG** werden die Kosten für eine Betriebs- oder Haushaltshilfe übernommen. §§ 36, 37 und 39 ALG sehen die Übernahme der Kosten für eine Ersatzkraft bei Arbeitsunfähigkeit, Schwangerschaft und Kuren vor und § 38 ALG ein Überbrückungsgeld beim Tod eines versicherten Landwirts. Nach einer – EU-rechtl. fragwürdigen – Entscheidung des FG BaWü. fallen unter Nr. 1 lit. c nur Leistungen des deutschen Rentenversicherungsträgers.[11] 7

Mutterschaftsgeld iSv. § 3 Nr. 1 lit. d wird nach § 13 Abs. 1 MuSchG, § 200 Abs. 2 RVO und § 29 KVLG gezahlt. § 12 MuSchG sah eine **Sonderunterstützung** für im Familienhaushalt beschäftigte Frauen vor, wurde jedoch bereits durch G v. 20.12.1996 gestrichen. Nach § 14 MuSchG wird das Mutterschaftsgeld durch einen **Zuschuss** des ArbG ergänzt. Das Dienstrechtsneuordnungsgesetz v. 5.2.2009 hat die Befreiung der Zuschüsse nach § 4a Mutterschutz-VO oder einer entspr. Landesregelung durch die Befreiung des **Zuschusses bei Beschäftigungsverboten** für die Zeit vor oder nach einer Entbindung sowie für den Entbindungstag während einer Elternzeit nach beamtenrechtl. Vorschriften ersetzt. Es sollte damit lediglich redaktionell der Verweis auf konkrete Vorschriften der Mutterschutz-VO jeweils durch eine inhaltliche Umschreibung des Zuschusses für Beamtinnen, die während einer Elternzeit schwanger werden, ersetzt werden.[12] Nicht befreit ist der Mutterschutzlohn nach § 11 MuSchG. Das Entbindungsgeld nach § 200b RVO und § 31 KVLG ist nach § 3 Nr. 1 lit. a stfrei. 8

1 BFH v. 7.10.1982 – IV R 32/80, BStBl. II 1983, 101 (103).
2 BFH v. 19.5.2009 – VIII R 6/07, BStBl. II 2010, 168.
3 BFH v. 19.5.2009 – VIII R 6/07, BStBl. II 2010, 168 (170).
4 BFH v. 22.5.1969 – IV R 144/68, BStBl. II 1969, 489 (491).
5 BFH v. 22.5.1969 – IV R 144/68, BStBl. II 1969, 489 (490); *K/S/M*, § 3 Rn. B 1a/70 (BV).
6 OFD Mgdb. v. 9.7.2004, DStR 2004, 1607.
7 BFH v. 15.4.1996 – VI R 98/95, BStBl. II 1996, 478 (480).
8 FG SchlHol. v. 10.4.1957, EFG 1958, 3.
9 FG Kassel v. 17.7.1956, EFG 1956, 387.
10 BFH v. 31.8.2011 – X R 11/10, BStBl. II 2012, 312.
11 FG BaWü. v. 25.7.1995 – 11 K 235/93, EFG 1996, 209; zurückverwiesen ohne Sachentscheidung durch BFH v. 15.4.1996 – VI R 98/95, BStBl. II 1996, 478.
12 BT-Drucks. 16/10850, 248.

§ 3 Nr. 2 [Leistungen der Arbeitsförderung]

a) das Arbeitslosengeld, das Teilarbeitslosengeld, das Kurzarbeitergeld, der Zuschuss zum Arbeitsentgelt, das Übergangsgeld, der Gründungszuschuss nach dem Dritten Buch Sozialgesetzbuch sowie die übrigen Leistungen nach dem Dritten Buch Sozialgesetzbuch und den entsprechenden Programmen des Bundes und der Länder, soweit sie Arbeitnehmern oder Arbeitsuchenden oder zur Förderung der Aus- oder Weiterbildung oder Existenzgründung der Empfänger gewährt werden,

b) das Insolvenzgeld, Leistungen auf Grund der in § 169 und § 175 Absatz 2 des Dritten Buches Sozialgesetzbuch genannten Ansprüche sowie Zahlungen des Arbeitgebers an einen Sozialleistungsträger auf Grund des gesetzlichen Forderungsübergangs nach § 115 Absatz 1 des Zehnten Buches Sozialgesetzbuch, wenn ein Insolvenzereignis nach § 165 Absatz 1 Satz 2 auch in Verbindung mit Satz 3 des Dritten Buches Sozialgesetzbuch vorliegt,

c) die Arbeitslosenbeihilfe nach dem Soldatenversorgungsgesetz,

d) Leistungen zur Sicherung des Lebensunterhalts und zur Eingliederung in Arbeit nach dem Zweiten Buch Sozialgesetzbuch,

e) mit den in den Nummern 1 bis 2 Buchstabe d genannten Leistungen vergleichbare Leistungen ausländischer Rechtsträger, die ihren Sitz in einem Mitgliedstaat der Europäischen Union, in einem Staat, auf den das Abkommen über den Europäischen Wirtschaftsraum Anwendung findet oder in der Schweiz haben;

9 § 3 Nr. 2 befreit **Leistungen zur Arbeitsförderung**, vor allem Leistungen nach dem SGB III. § 3 Nr. 2 zählt hierzu bestimmte Leistungen wie das Arbeitslosengeld, Teilarbeitslosengeld etc. inhaltlich auf, verweist daneben aber auch auf gesetzliche Regelungen im SGB III und die in diesen Regelungen vorgesehenen Leistungen. Das Verständnis des Befreiungstatbestands war in der Vergangenheit dadurch erschwert, dass Leistungen – wie zB das Winterausfallgeld, die Arbeitslosenhilfe oder das Unterhaltsgeld – für stfrei erklärt wurden, die schon seit Längerem nicht mehr gewährt werden. Ebenso erschwerend war es, dass nebeneinander auf die Leistungen nach dem SGB III und dem AFG verwiesen wurde, obwohl das AFG schon mit Wirkung ab 1.1.1998 aufgehoben und durch die Regelungen der Arbeitsförderung im SGB III ersetzt wurde[1]: Durch das **Kroatien-AnpG v. 25.7.2014**[2] wurde Nr. 2 zum 1.1.2015 neu gefasst. Es wurden die Befreiungen von Leistungen, die nicht mehr gewährt werden, gestrichen und ebenso die Verweise auf nicht mehr bestehende gesetzliche Regelungen wie das Arbeitsförderungsgesetz. Nr. 2 wurde neu gegliedert, durch Buchstaben unterteilt und die Befreiung nach Nr. 2a und Nr. 2b in den Befreiungstatbestand der Nr. 2 einbezogen.

10 **Nr. 2 lit. a** befreit die Leistungen nach dem SGB III und den entspr. Programmen des Bundes und der Länder, soweit sie ArbN oder Arbeitsuchenden oder zur Förderung der Aus- oder Weiterbildung oder Existenzgründung der Empfänger gewährt werden. Das **Arbeitslosen- und das Teilarbeitslosengeld** werden nach §§ 136 ff. SGB III und § 162 SGB III und das **Kurzarbeitergeld** nach §§ 95 ff. SGB III gezahlt. Steuerfrei ist allerdings nur das Kurzarbeitergeld selbst, nicht aber Zahlungen zur Aufstockung eines (Transfer-)Kurzarbeitergeldes, die von einer Transfergesellschaft geleistet werden.[3] Der **Zuschuss zum Arbeitsentgelt** ist in § 417 SGB III vorgesehen. §§ 119 ff. SGB III regeln ein **Übergangsgeld**. Das G zur Fortentwicklung der Grundsicherung für Arbeitsuchende hat in § 93 SGB III einen **Gründungszuschuss** eingeführt und § 3 Nr. 2 auf diesen erweitert.[4] Zu den **„übrigen Leistungen"** gehören als Leistungen **an ArbN** das Saison-Kurzarbeitergeld nach § 101 SGB III, das Wintergeld als Zuschuss-Wintergeld oder Mehraufwands-Wintergeld nach § 102 SGB III. Als Leistungen **an Arbeitsuchende** befreit sind die Leistungen zur Beratung und Vermittlung nach §§ 29 ff. SGB III, die Kostenübernahme nach § 44 Abs. 1 SGB III, die Kostenübernahme nach § 45 Abs. 1 SGB III und die Fördermaßnahmen nach §§ 48 ff. SGB III. Leistungen zur Förderung der **Aus- und Weiterbildung** sind zB die berufsvorbereitenden Bildungsmaßnahmen nach § 51 SGB III oder die Berufsausbildungsbeihilfen nach §§ 56 ff. SGB III. Die Begriffe des ArbN, Arbeitsuchenden, der Aus- oder Weiterbildung sind iSd. SGB III, nicht iSd. EStG zu verstehen.[5] Existenzgründerzuschüsse nach anderen Regelungen als dem SGB III (weil § 3 Nr. 2 nicht analog anwend-

---

1 BGBl. I 1997, 594; vgl. iE: *K/S/M* § 3 Nr. 2 Rn. B 2/11.
2 BGBl. I 2014, 1266.
3 BAG v. 16.12.2015 – 5 AZR 567/14, BAGE 154, 8; FG Köln v. 6.12.2017 – 14 K 1918/17, EFG 2018, 540 (Rev. IX R 4/18).
4 BGBl. I 2006, 1706.
5 *K/S/M*, § 3 Rn. B 2/57.

bar ist)[1], Übergangsgebührnisse nach § 11 SVG[2] und Lohnkostenzuschüsse der Agentur für Arbeit[3] sind nicht stfrei.

Nr. 2 lit. b befreit das **Insolvenzgeld**. Außerdem werden **Leistungen aufgrund der in § 169 und § 175 Abs. 2 SGB III genannten Anspr.** befreit. **Zahlt die Agentur für Arbeit** Insolvenzgeld, so gehen nach § 169 SGB III die Anspr. der ArbN auf Arbeitsentgelt auf die Bundesagentur über. Leistet der ehemalige ArbG auf diese übergeleiteten Anspr., so bleiben diese Bezüge stfrei. Entspr. gilt für die nach § 175 Abs. 2 SGB III (= § 141n Abs. 2 AFG) entrichteten Sozialversicherungsbeiträge. Schließlich werden Zahlungen des ArbG an alle Sozialleistungsträger aufgrund des gesetzlichen Forderungsübergangs nach § 115 Abs. 1 SGB X von der Besteuerung ausgenommen,[4] wenn über das Vermögen des ArbG ein Insolvenzverfahren eröffnet worden ist oder einer der Fälle des § 165 Abs. 1 Nr. 2 oder 3 SGB III vorliegt.[5] 11

Nr. 2 lit. c führt die bis 2014 in Nr. 2a enthaltene Befreiung fort. Allerdings wurde die bisherige Befreiung der Arbeitslosenhilfe gestrichen, da der entspr. Leistungstatbestand bereits zum 1.1.2005 aufgehoben worden war.[6] Nr. 2 lit. c erklärt – parallel zu der Befreiung des Arbeitslosengeldes durch § 3 Nr. 2 lit. a – die **Arbeitslosenbeihilfe** nach § 86a Abs. 1 SVG für stfrei. Diese wird an ehemalige Soldaten auf Zeit erbracht, die nach einer Wehrdienstzeit v. mindestens zwei Jahren arbeitslos sind. 12

Nr. 2 lit. d führt die bis 2014 in Nr. 2b enthaltene Befreiung fort. Das SGB II sieht in §§ 14–18e **„Leistungen zur Eingliederung in Arbeit"** vor. Nach § 16 Abs. 1 SGB II kann die Agentur für Arbeit im Einzelnen in § 16 Abs. 1 SGB II aufgezählte, im SGB III geregelte Leistungen erbringen. **„Leistungen zur Sicherung des Lebensunterhalts"** sind in §§ 19–35 SGB II geregelt. Nach § 19 SGB II erhalten erwerbsfähige Hilfsbedürftige als **Arbeitslosengeld II** Leistungen zur Sicherung des Lebensunterhalts (Regelleistungen nach § 20 SGB II und Leistungen für Mehrbedarfe nach § 21 SGB II) einschl. der Kosten für Unterkunft und Heizung (nach Maßgabe v. § 22 SGB II) sowie einen befristeten Zuschlag (nach Maßgabe des § 24 SGB II).[7] Nicht erwerbsfähige Angehörige bekommen nach § 19 Abs. 1 SGB II **Sozialgeld**, das sich an dem Arbeitslosengeld II orientiert. Bei Aufnahme einer Erwerbstätigkeit kann nach § 16b SGB II ein **Einstiegsgeld** gezahlt werden. 12a

Nr. 2 lit. d **entspricht den Befreiungen nach Nr. 2 lit. a und Nr. 11**. Nr. 2 lit. d befreit als Leistungen zur Sicherung des Lebensunterhalts das Arbeitslosengeld II, das Sozialgeld und das Einstiegsgeld, während nach Nr. 2 lit. a das Arbeitslosengeld, das Teilarbeitslosengeld, das Kurzarbeitergeld etc. und nach Nr. 11 Leistungen der Sozialhilfe stfrei sind. Nr. 2 lit. d befreit als Leistungen zur Eingliederung in Arbeit die in § 16 Abs. 1 SGB II aufgezählten, im SGB III geregelten Leistungen. Er entspricht damit der Befreiungsvorschrift der Nr. 2 lit. a, soweit es sich um Leistungen an „Arbeitnehmer oder Arbeitsuchende oder zur Ausbildung oder Weiterbildung der Empfänger" iSv. Nr. 2 lit. a handelt. Nr. 2 lit. d geht seinem Wortlaut nach allerdings über die Befreiung nach Nr. 2 lit. a hinaus, soweit er als Leistungen zur Eingliederung nach § 16 Abs. 1 SGB II auch „Leistungen an Arbeitgeber" und „Leistungen an Träger" einbezieht. Diese Leistungen sind v. der Steuerbefreiung der Nr. 2 lit. a ausgenommen.[8] Sie werden nicht an ArbN oder Arbeitsuchende oder zur Ausbildung oder Weiterbildung der Empfänger erbracht. Der systematische Zusammenhang mit Nr. 2 lit. a und die Gesetzesbegründung (bloße „Folgeänderungen")[9] sprechen dafür, diese Leistungen auch iRv. Nr. 2 lit. d v. der Steuerbefreiung auszunehmen.[10] 12b

Bis 2014 waren ausländ. Leistungen nicht stfrei, weil diese nicht aufgrund des SGB III gezahlt wurden, auf das Nr. 2 aF Bezug nahm.[11] Das Kroatien-AnpG v. 25.7.2014[12] hat nunmehr Nr. 2 lit. e eingeführt, um die EU-rechtlich gebotene Gleichbehandlung zu gewährleisten. Zugleich sollte den Interessen der Grenzpendler zur Schweiz Rechnung getragen werden.[13] Es werden die **Leistungen ausländ. Rechtsträger**, die ihren Sitz in einem EU-/EWR-Mitgliedstaat oder in der Schweiz haben, ebenfalls befreit, wenn sie mit den in § 3 Nr. 1–2 lit. d genannten Leistungen vergleichbar sind. 12c

1 BFH v. 9.10.1996 – XI R 35/96, BStBl. II 1997, 125 = FR 1997, 60 m. Anm. *Bergkemper*; v. 26.6.2002 – IV R 39/01, BStBl. II 2002, 697 = FR 2003, 46; v. 13.2.2008 – IX R 63/06, BFH/NV 2008, 1138.
2 FG Münster v. 30.5.1996 – 6 K 722/95 L, EFG 1997, 147.
3 BFH v. 25.9.2002 – IV B 139/00, BFH/NV 2003, 158; FG SachsAnh. v. 25.6.2013 – 5 K 600/08, EFG 2013, 1856 (rkr.).
4 Zur Steuerbarkeit als Arbeitslohn: BFH v. 15.11.2007 – VI R 66/03, BStBl. II 2008, 375 = FR 2008, 427 m. Anm. *Bergkemper*.
5 BFH v. 15.11.2007 – VI R 66/03, BStBl. II 2008, 375 = FR 2008, 427 m. Anm. *Bergkemper*; BT-Drucks. 184/14, 78.
6 BT-Drucks. 184/14, 78.
7 Hierzu OFD Münster v. 13.1.2006, DStR 2006, 235.
8 *K/S/M*, § 3 Nr. 2 Rn. B 2/58.
9 BR-Drucks. 558/03, 196.
10 So auch Hess. FG v. 13.2.2013 – 4 K 1346/11, EFG 2013, 764 (Rev. VIII R 17/13); offengelassen von BFH v. 29.8.2017 – VIII R 17/13, BStBl. II 2018, 408.
11 BFH v. 15.8.1991 – I R 133/90, BStBl. II 1992, 88.
12 BGBl. I 2014, 1266.
13 BR-Drucks. 184/14, 77.

§ 3 Nr. 3 [Abfindung von Renten, anderen Versorgungsansprüchen uÄ]

a) Rentenabfindungen nach § 107 des Sechsten Buches Sozialgesetzbuch, nach § 21 des Beamtenversorgungsgesetzes oder entsprechendem Landesrecht und nach § 43 des Soldatenversorgungsgesetzes in Verbindung mit § 21 des Beamtenversorgungsgesetzes,

b) Beitragserstattungen an den Versicherten nach den §§ 210 und 286d des Sechsten Buches Sozialgesetzbuch sowie nach den §§ 204, 205 und 207 des Sechsten Buches Sozialgesetzbuch, Beitragserstattungen nach den §§ 75 und 117 des Gesetzes über die Alterssicherung der Landwirte und nach § 26 des Vierten Buches Sozialgesetzbuch,

c) Leistungen aus berufsständischen Versorgungseinrichtungen, die den Leistungen nach den Buchstaben a und b entsprechen,

d) Kapitalabfindungen und Ausgleichszahlungen nach § 48 des Beamtenversorgungsgesetzes oder entsprechendem Landesrecht und nach den §§ 28 bis 35 und 38 des Soldatenversorgungsgesetzes;

13 § 3 Nr. 3 befreite in der Vergangenheit „Kapitalabfindungen auf Grund der gesetzlichen Rentenversicherung und auf Grund der Beamten-(Pensions-)Gesetze".[1] Durch das JStG 2007 wurde § 3 Nr. 3 neugefasst. Mit dieser Neufassung sollte der Anwendungsbereich aus Gleichbehandlungsgründen auf die berufsständischen Versorgungseinrichtungen ausgedehnt sowie klargestellt werden, auf welche Leistungen sich die Stfreiheit bezieht.[2]

14 **§ 3 Nr. 3 lit. a** befreit die Zahlungen zur **Abfindung einer Witwen- oder Witwerrente** wegen Wiederheirat des Berechtigten, die in § 107 SGB VI, § 21 BeamtVG und § 43 SVG geregelt sind. Die Verwendung des Begriffs „Rentenabfindungen" ist im Fall des § 21 BeamtVG allerdings sprachlich unpassend, da keine (Witwen-)Renten abgefunden, sondern ein „Witwengeld" und eine „Witwenabfindung" gezahlt werden. Nach **§ 3 Nr. 3 lit. b** ist die Erstattung v. Versichertenbeiträgen in Fällen stfrei, in denen das mit der Einbeziehung in die Rentenversicherung verfolgte Ziel eines Rentenanspruchs nicht oder voraussichtlich nicht erreicht oder nicht vollständig erreicht werden kann (§§ 210, 286d SGB VI, §§ 75, 117 ALG), die Erstattung v. freiwilligen Beiträgen im Zusammenhang mit Nachzahlungen v. Beiträgen in besonderen Fällen (§§ 204, 205 und 207 SGB VI) sowie die Erstattung der v. Versicherten zu Unrecht geleisteten Beiträge (§ 26 SGB IV). Aus Gründen der Gleichbehandlung befreit **§ 3 Nr. 3 lit. c** die den Leistungen nach § 3 Nr. 3 lit. a und b entspr. Leistungen aus berufsständischen Versorgungseinrichtungen.[3] Berufsständische Versorgungseinrichtungen sind die aufgrund gesetzlicher Pflichtmitgliedschaft bestehenden Altersversorgungseinrichtungen für freie Berufe. Für die Anwendbarkeit des § 3 Nr. 3 lit. c kommt es nicht darauf an, ob zugleich die tatbestandlichen Voraussetzungen einer Rentenbeitragserstattung nach der für verbeamtete Rentenversicherte maßgeblichen Vorschrift des § 210 Abs. 1a iVm. Abs. 2 SGB VI gegeben sind. Zwar verweist § 3 Nr. 3 lit. c auf § 3 Nr. 3 lit. b. Diese Verweisung erstreckt sich nach dem Wortlaut der Vorschrift jedoch nur darauf, dass sich die jeweiligen Leistungen, nicht dagegen ihre jeweiligen Voraussetzungen entsprechen müssen. Maßgebend ist, ob die Leistung einer Leistung iSv. § 3 Nr. 3 lit. a oder b ihrer Art nach gleichkommt.[4] **§ 3 Nr. 3 lit. d** befreit Kapitalabfindungen und Ausgleichszahlungen nach § 48 BeamtVG (Ausgleich bei besonderen Altersgrenzen) oder entspr. Landesrecht und nach §§ 28–35 und 38 SVG (Kapitalabfindung statt Ruhegehalt; Ausgleich bei Altersgrenzen). Einbezogen wurden auch die Leistungen nach entspr. Landesrecht, da nach der Übertragung der Gesetzgebungskompetenz für die Versorgung der Landesbeamten auf die Länder nicht auszuschließen ist, dass die Länder künftig eigene Regelungen treffen, die an die Stelle des BeamtVG treten.[5] Abfindungen aufgrund eines mit dem Betriebsrat vereinbarten Sozialplans[6] oder aufgrund sonstiger vertraglicher Vereinbarungen[7] fallen – wie bisher – nicht unter § 3 Nr. 3. Auch Leistungen einer Schweizer Pensionskasse fallen nicht unter § 3 Nr. 3.[8]

1 Zur Anwendung von § 3 Nr. 3 a.F. auf die Zahlungen einer öffentlich-rechtlichen Pensionskasse in der Schweiz an eine inländische Grenzgängerin: FG BaWü. v. 28.4.2010 – 3 K 1464/08, EFG 2011, 1798.
2 BT-Drucks. 16/3325, 10.
3 Zur Steuerfreiheit von zurückerstatteten Pflichtbeiträgen an das Versorgungswerk für Rechtsanwälte: FG RhPf. v. 13.12.2016 – 3 K 1266/15, EFG 2017, 283 (Rev. X R 3/17).
4 BFH v. 10.10.2017 – X R 3/17, DB 2018, 423.
5 BT-Drucks. 16/3368, 37.
6 BFH v. 15.12.1995 – VI R 50/95, BStBl. II 1996, 169 (171).
7 BFH v. 14.8.2012 – IX B 45/12, juris.
8 FG BaWü. v. 23.10.2009 – 11 K 4308/08, EFG 2010, 220.

§ 3 Nr. 4 [Leistungen an Soldaten, Polizisten und Feuerwehrangehörige]

bei Angehörigen der Bundeswehr, der Bundespolizei, der Zollverwaltung, der Bereitschaftspolizei der Länder, der Vollzugspolizei und der Berufsfeuerwehr der Länder und Gemeinden und bei Vollzugsbeamten der Kriminalpolizei des Bundes, der Länder und Gemeinden

a) der Geldwert der ihnen aus Dienstbeständen überlassenen Dienstkleidung,

b) Einkleidungsbeihilfen und Abnutzungsentschädigungen für die Dienstkleidung der zum Tragen oder Bereithalten von Dienstkleidung Verpflichteten und für dienstlich notwendige Kleidungsstücke der Vollzugsbeamten der Kriminalpolizei sowie der Angehörigen der Zollverwaltung,

c) im Einsatz gewährte Verpflegung oder Verpflegungszuschüsse,

d) der Geldwert der auf Grund gesetzlicher Vorschriften gewährten Heilfürsorge;

„Angehörige der **Bundeswehr**" sind nur die Berufssoldaten, nicht Wehrpflichtige und zivile Bedienstete. 15
Die Befreiung wird über den Gesetzeswortlaut hinaus auch auf die zur Kriminalpolizei abgeordneten Beamten der **Schutzpolizei** angewandt.[1] Angehörige der Berufsfeuerwehr (nicht: einer freiwilligen **Feuerwehr**) sind nur begünstigt, wenn Träger ein Land oder eine Gemeinde ist. Durch das Kroatien-AnpG v. 25.7.2014[2] wurde die Befreiung, die bisher nur für Angehörige des Zollfahndungsdienstes bestand, auf sämtliche Dienstkleidungsträger der Zollverwaltung ausgedehnt.[3] Der Begriff der **Dienstkleidung** ist aus dem Leistungsrecht übernommen und meint „eine einheitliche, v. den gewöhnlichen Zivilanzügen abw. Kleidung, die den Träger nach außen hin als Angehörigen einer bestimmten Verwaltung oder als Träger bestimmter staatlicher Befugnisse kenntlich macht". Nr. 4 belässt **Einkleidungsbeihilfen** und Abnutzungsentschädigungen auch dann stfrei, wenn sie nicht für „typische Berufskleidung" geleistet werden. Nr. 4 ist – anders als Nr. 16 – nicht als Befreiung v. WK-Ersatz konzipiert.[4] Nur „im Einsatz" gewährte **Verpflegung** und Verpflegungszuschüsse, nicht die im üblichen Dienstbetrieb (zB bei der kasernierten Bereitschaftspolizei) abgegebene Verpflegung wird befreit. Die für die Heilfürsorge geforderte Gewährung **„aufgrund gesetzlicher Vorschriften"** soll nicht nur eingrenzen, sondern zugleich verdeutlichen, dass die gesetzliche Normierung für die Steuerfreiheit jeglicher Heilfürsorge (auch die freie Behandlung „erkrankter Ehegatten und unterhaltsberechtigter Kinder") ausreicht.

§ 3 Nr. 5 [Leistungen an Wehr-, Zivil- und Freiwilligendienstleistende]

a) die Geld- und Sachbezüge, die Wehrpflichtige während des Wehrdienstes nach § 4 des Wehrpflichtgesetzes erhalten,

b) die Geld- und Sachbezüge, die Zivildienstleistende nach § 35 des Zivildienstgesetzes erhalten,

c) der nach § 2 Absatz 1 des Wehrsoldgesetzes an Soldaten im Sinne des § 1 Absatz 1 des Wehrsoldgesetzes gezahlte Wehrsold,

d) die an Reservistinnen und Reservisten der Bundeswehr im Sinne des § 1 des Reservistinnen- und Reservistengesetzes nach dem Wehrsoldgesetz gezahlten Bezüge,

e) die Heilfürsorge, die Soldaten nach § 6 des Wehrsoldgesetzes und Zivildienstleistende nach § 35 des Zivildienstgesetzes erhalten,

f) das an Personen, die einen in § 32 Absatz 4 Satz 1 Nummer 2 Buchstabe d genannten Freiwilligendienst leisten, gezahlte Taschengeld oder eine vergleichbare Geldleistung;

Literatur: *Nacke*, Entwurf des Jahressteuergesetzes 2013, DB 2012, 2117.

Das Amtshilferichtlinie-Umsetzungsgesetz vom 26.6.2013[5] hat Nr. 5 neu gefasst und der **Änderung des Wehrpflichtgesetzes** durch das Wehrrechtsänderungsgesetz 2011 vom 28.4.2011[6] Rechnung getragen, 16

---

1 BMF v. 15.4.1981, FR 1981, 303.
2 BGBl. I 2014, 1266.
3 BR-Drucks. 184/14, 23 (78).
4 *K/S/M*, § 3 Rn. B 4/42 ff.; beachte allerdings die Tendenz in der Rspr. des BFH zu § 3 Nr. 12 (Rn. 32) und § 3 Nr. 13 (Rn. 33), sachlich nicht gerechtfertigte Differenzierungen selbst entgegen der klaren Gesetzeskonzeption im Wege der Auslegung einzuebnen.
5 BGBl. I 2013, 1809.
6 BGBl. I 2011, 678.

durch das die Wehrpflicht ab dem 1.7.2011 ausgesetzt und durch den freiwilligen Wehrdienst mit einer Dauer von bis zu 23 Monaten ersetzt wurde. Nachdem zunächst eine Aufhebung der Steuerbefreiung geplant war, wurde die Befreiung in der nachfolgenden Diskussion beibehalten und gegenüber der bisherigen Fassung erweitert.[1] Nach § 52 Abs. 4g S. 2 idF des Amtshilferichtlinie-Umsetzungsgesetzes ist Nr. 5 in der am 29.6.2013 geltenden [alten] Fassung weiterhin anzuwenden für freiwillig Wehrdienst Leistende, die das Dienstverhältnis vor dem 1.1.2014 begonnen haben.

16a **Nr. 5 lit. a** befreit weiterhin die Geld- und Sachbezüge an **Wehrpflichtige** iSd. § 4 des Wehrpflichtgesetzes und die Vorteile aus der unentgeltlichen gruppenärztlichen Versorgung.

16b Ebenso wird von **Nr. 5 lit. b** die Steuerfreiheit für die an **Zivildienstleistende** nach § 35 Zivildienstgesetz geleisteten Geld- und Sachbezüge beibehalten.

16c Befreit werden nach **Nr. 5 lit. c** auch Bezüge von Soldaten iSd. § 1 Abs. 1 des Wehrsoldgesetzes, dh. von **freiwilligen Wehrdienst** und freiwillige Wehrübungen Leistenden. Bei ihnen wird allerdings nur noch der „Wehrsold nach § 2 Abs. 1 Wehrsoldgesetz“ stfrei gestellt. Die weiteren Bezüge, zB das nach § 8 Wehrsoldgesetz gezahlte Dienstgeld, der Wehrdienstzuschlag, besondere Zuwendungen sowie unentgeltliche Unterkunft und Verpflegung, sind stpfl.[2]

16d Auf Vorschlag des FinA wurden in **Nr. 5 lit. d** auch die an **Reservistinnen und Reservisten** der Bundeswehr iSd. Reservistinnen- und Reservistengesetzes gezahlten Bezüge befreit. Vor dem Hintergrund der mit der Unterbrechung des normalen Berufslebens für die betroffenen Reservisten verbundenen besonderen Belastung werden die Bezüge der Reservisten vollständig von der Besteuerung ausgenommen.[3]

16e Wie zuvor wird auch in der Neufassung von Nr. 5 die **Heilfürsorge**, die Soldaten nach § 6 Wehrsoldgesetz und Zivildienstleistende nach § 35 Zivildienstgesetz erhalten, von **Nr. 5 lit. e** freigestellt.

16f **Nr. 5 lit. f** befreit das an Personen, die einen in § 32 Abs. 4 Satz 1 Nr. 2 lit. d genannten **Freiwilligendienst** leisten, gezahlte Taschengeld oder eine vergleichbare Geldleistung. Nach dem Gesetzentwurf der BReg. sollte zunächst nur das nach § 2 des Bundesfreiwilligendienstgesetzes an Freiwillige im Sinne dieses Gesetzes gezahlte Taschengeld befreit werden.[4] Auf Initiative des Bundesrats[5] und Vorschlag des FinA[6] wurden dann aber allg. das Taschengeld oder vergleichbare Geldleistungen von Personen, die einen in § 32 Abs. 4 Satz 1 Nr. 2 lit. a genannten Freiwilligendienst leisten, stfrei gestellt. In § 32 Abs. 4 Satz 1 Nr. 2 lit. d werden ua. das freiwillige soziale Jahr, das freiwillige ökologische Jahr und der Bundesfreiwilligendienst genannt.

§ 3 Nr. 6 [Versorgungsbezüge von Wehrdienst- und Zivildienstbeschädigten]

Bezüge, die auf Grund gesetzlicher Vorschriften aus öffentlichen Mitteln versorgungshalber an Wehrdienstbeschädigte, im Freiwilligen Wehrdienst Beschädigte, Zivildienstbeschädigte und im Bundesfreiwilligendienst Beschädigte oder ihre Hinterbliebenen, Kriegsbeschädigte, Kriegshinterbliebene und ihnen gleichgestellte Personen gezahlt werden, soweit es sich nicht um Bezüge handelt, die auf Grund der Dienstzeit gewährt werden. ²Gleichgestellte im Sinne des Satzes 1 sind auch Personen, die Anspruch auf Leistungen nach dem Bundesversorgungsgesetz oder auf Unfallfürsorgeleistungen nach dem Soldatenversorgungsgesetz, Beamtenversorgungsgesetz oder vergleichbarem Landesrecht haben;

17 §§ 80–86 SVG sehen Versorgungsbezüge für **Wehrdienstbeschädigte** und ihre Hinterbliebenen vor, §§ 47 ff. ZDG für Zivildienstbeschädigte und ihre Hinterbliebenen. Das Kroatien-AnpG v. 25.7.2014[7] hat klargestellt, dass auch Personen, die während des Freiwilligen Wehrdienstes oder des Bundesfreiwilligendienstes einen Schaden erleiden, zu den Begünstigten zählen.[8] Das BVG sieht Leistungen für Kriegsbeschädigte und -hinterbliebene vor. Wer zu den **„gleichgestellten Pers.“** zählt, ergibt sich aus § 82 BVG und

1 *Nacke*, DB 2012, 2117.
2 BR-Drucks. 302/12, 83.
3 BT-Drucks. 17/11220, 34.
4 BT-Drucks. 17/10000, 14.
5 BR-Drucks. 302/12 (Beschluss), 4.
6 BT-Drucks. 17/11220, 34; vgl. auch *Hechtner*, Öffentliche Anhörung, Protokoll Nr. 17/100, 81.
7 BGBl. I 2014, 1266.
8 BT-Drucks. 18/1995, 114.

R 3.6 LStR. Nach dem durch das Kroatien-AnpG v. 25.7.2014[1] neu eingeführten S. 2 sind Gleichgestellte auch Pers., die Anspr. auf Leistungen nach dem BVG oder auf Unfallfürsorgeleistungen nach dem SVG, BVG oder vergleichbarem Landesrecht haben. In der Gesetzesbegründung heißt es hierzu, der BFH habe die Steuerfreiheit dieser Leistungen für Beamte, die im zivilen Dienst einen gefährlichen Dienst ausüben, zuletzt infrage gestellt. Nach den LStR seien diese Leistungen auch schon in der Vergangenheit stfrei gewesen. Die gesetzliche Neufassung stelle klar, dass diese Leistungen auch zukünftig stfrei seien. Unter dem Gesichtspunkt der Gleichbehandlung wäre es nicht gerechtfertigt, die an einen Soldaten gezahlte Entschädigung stfrei zu belassen, die aufgrund einer vergleichbaren Beschädigung an einem im zivilen Bereich tätigen Beamten gezahlte Entschädigung aber stpfl. zu behandeln.[2] Die Bezüge müssen aufgrund gesetzlicher Vorschriften aus öffentl. Mitteln (auch ausländ.[3]) **versorgungshalber**, dh. aufgrund versorgungsrechtl. Bestimmungen, erbracht werden. Sie dürfen nicht „**aufgrund der Dienstzeit** gewährt werden", dh. Grund oder Höhe der Zahlung dürfen nicht v. der Dauer der Dienstleistung oder der Angehörigkeit zu einem der Dienste abhängen. Befreit ist zB der Unfallausgleich nach § 35 BeamtVG[4] und der Unterhaltsbeitrag nach § 38 BeamtVG,[5] nicht dagegen das Unfallruhegehalt nach § 36 BeamtVG.[6]

§ 3 Nr. 7 [Ausgleichsleistungen nach dem Lastenausgleichsgesetz uÄ]

Ausgleichsleistungen nach dem Lastenausgleichsgesetz, Leistungen nach dem Flüchtlingshilfegesetz, dem Bundesvertriebenengesetz, dem Reparationsschädengesetz, dem Vertriebenenzuwendungsgesetz, dem NS-Verfolgtenentschädigungsgesetz sowie Leistungen nach dem Entschädigungsgesetz und nach dem Ausgleichsleistungsgesetz, soweit sie nicht Kapitalerträge im Sinne des § 20 Absatz 1 Nummer 7 und Absatz 2 sind;

Nr. 7 befreit Leistungen, mit denen nur eine Minderung der Leistungsfähigkeit ausgeglichen wird. Stfrei sind nicht die Erträge aus den nach dem Entschädigungs- und Ausgleichsleistungsgesetz zugeteilten Schuldverschreibungen.[7] Die Steuerbefreiung bezieht sich nur auf die Entschädigung als solche. Wird die Entschädigung verzinst, so schlägt die Stfreiheit der Ausgleichsleistung als Kapitalforderung nach § 3 Nr. 7 nicht auf die Zinszahlung durch.[8] 18

§ 3 Nr. 8 [Leistungen zur Wiedergutmachung nationalsozialistischen Unrechts]

Geldrenten, Kapitalentschädigungen und Leistungen im Heilverfahren, die auf Grund gesetzlicher Vorschriften zur Wiedergutmachung nationalsozialistischen Unrechts gewährt werden. [2]Die Steuerpflicht von Bezügen aus einem aus Wiedergutmachungsgründen neu begründeten oder wieder begründeten Dienstverhältnis sowie von Bezügen aus einem früheren Dienstverhältnis, die aus Wiedergutmachungsgründen neu gewährt oder wieder gewährt werden, bleibt unberührt;

Nr. 8 S. 1 verweist auf die gesetzlichen Vorschriften zur Wiedergutmachung nationalsozialistischen Unrechts und befreit die danach gewährten Geldrenten, Kapitalentschädigungen und Leistungen im Heilverfahren. Nr. 8 S. 2 stellt klar, dass nur die eigentliche Entschädigungsleistung stfrei ist.[9] 19

---

1 BGBl. I 2014, 1266.
2 BT-Drucks. 18/1995, 114.
3 BFH v. 22.1.1997 – I R 152/94, BStBl. II 1997, 358 = FR 1997, 348; vgl. hierzu allerdings *K/S/M*, § 3 Rn. B 6/55 (ausländ. öffentl. Mittel).
4 BFH v. 15.5.1992 – VI R 19/90, BStBl. II 1992, 1035; v. 16.1.1998 – VI R 5/96, BStBl. II 1998, 303 = FR 1998, 424 m. Anm. *Daube*.
5 BFH v. 16.1.1998 – VI R 5/96, BStBl. II 1998, 303 = FR 1998, 424 m. Anm. *Daube*.
6 BFH v. 29.5.2008 – VI R 25/07, BStBl. II 2009, 150 = FR 2009, 39 m. Anm. *Bergkemper*; v. 8.3.1957 – VI 28/55 U, BStBl. III 1957, 174; v. 16.1.1998 – VI R 5/96, BStBl. II 1998, 303 = FR 1998, 424 m. Anm. *Daube*; FG RhPf. v. 13.2.2007 – 3 K 1435/03, EFG 2007, 992.
7 Zu diesen Schuldverschreibungen: *Lohr*, Kapitalanlage nach der Unternehmenssteuerreform, 2001, 138 f.
8 FG Hbg. v. 31.5.2011 – 1 K 207/10, EFG 2012, 60 (61).
9 BFH v. 20.5.1980 – VIII R 64/78, BStBl. II 1981, 6.

§ 3 Nr. 8a

Renten wegen Alters und Renten wegen verminderter Erwerbsfähigkeit aus der gesetzlichen Rentenversicherung, die an Verfolgte im Sinne des § 1 des Bundesentschädigungsgesetzes gezahlt werden, wenn rentenrechtliche Zeiten auf Grund der Verfolgung in der Rente enthalten sind. ²Renten wegen Todes aus der gesetzlichen Rentenversicherung, wenn der verstorbene Versicherte Verfolgter im Sinne des § 1 des Bundesentschädigungsgesetzes war und wenn rentenrechtliche Zeiten auf Grund der Verfolgung in dieser Rente enthalten sind;

19a Nr. 8a befreit in S. 1 Renten aus der gesetzlichen Rentenversicherung, die wegen Alters oder wegen verminderter Erwerbsfähigkeit an Verfolgte iSd. § 1 BEG gezahlt werden, wenn rentenrechtliche Zeiten auf Grund der Verfolgung in der Rente enthalten sind. S. 2 trifft die entsprechende Regelung bei Renten wegen Todes, wenn der verstorbene Versicherte die Voraussetzungen des S. 1 erfüllte.

19b Nr. 8a wurde durch das BeitrRLUmsG v. 7.12.2011 neu eingefügt.[1] In der **Gesetzesbegründung** heißt es, Schwerpunkt der Regelung seien die Fälle, in denen die Rentenzahlbarmachung wesentlich oder ausschließlich auf Anrechnungszeiten zum Ausgleich von Schäden in der SozVers. für Zeiten der Verfolgung bzw. auf Zeiten der Beschäftigung in einem Ghetto während der Verfolgungszeit beruhe. Zur Kompensation von Nachteilen in der Altersversorgung würden Verfolgten, die nationalsozialistischem Unrecht ausgesetzt und iSd. § 1 BEG anerkannt worden seien, sozialversicherungsrechtliche Anrechnungszeiten gewährt. Dabei handele es sich nicht um Entschädigungs- oder Wiedergutmachungsleistungen, sondern um die Kompensation eines für die Verfolgten entstandenen Nachteils in der Alterssicherung. Hierfür bestünden unterschiedliche sozialversicherungsrechtliche Rechtsgrundlagen wie etwa das G zur Zahlbarmachung von Renten aus Beschäftigungen in einem Ghetto (ZRBG), das G zur Regelung der Wiedergutmachung nationalsozialistischen Unrecht in der SozVers. (WGSVG) und das Fremdrentengesetz (FRG), auf deren Grundlage eine Sozialversicherungsrente an Verfolgte ermittelt bzw. zahlbar gemacht werde.[2]

19c Nr. 8a ordnet eine Steuerbefreiung der Renten an Verfolgte an, wenn rentenrechtliche Zeiten auf Grund der Verfolgung in der Rente enthalten sind. Die Gesetzesbegründung zu Nr. 8a verweist hierzu darauf, dass **„zur Kompensation von Nachteilen in der Altersversorgung"** Verfolgten sozialversicherungsrechtliche Anrechnungszeiten gewährt würden. Dabei handele es sich nicht um Entschädigungs- oder Wiedergutmachungsleistungen, sondern um die Kompensation eines für die Verfolgten entstandenen Nachteils in der Alterssicherung.[3] Dieser Grund kann jedoch nur die Gewährung der Anrechnungszeiten rechtfertigen, nicht jedoch die Steuerbefreiung. Außerdem befreit Nr. 8a die Renten nicht nur insoweit, als sie auf der Anrechnung von rentenrechtlichen Zeiten auf Grund der Verfolgung beruhen, sondern er befreit sie insgesamt, wenn nur rentenrechtliche Zeiten auf Grund der Verfolgung in der Rente enthalten sind. In der Begr. der BReg. heißt es, Schwerpunkt der Regelung seien die Fälle, in denen die Rentenzahlbarmachung wesentlich oder ausschließlich auf Anrechnungszeiten zum Ausgleich von Schäden der SozVers. für Zeiten der Verfolgung bzw. auf Zeiten der Beschäftigung in einem Ghetto während der Verfolgungszeit beruhe.[4] Auch wenn Schwerpunkt der Regelung die vorgenannten Fällen sein sollten, bestehen dennoch Bedenken, ob nicht eine sachlich nicht gerechtfertigte Ungleichbehandlung iSd. Art. 3 Abs. 1 GG vorliegt, wenn Renten an Verfolgte auch insoweit freigestellt werden, als sie nicht auf rentenrechtlichen Zeiten auf Grund der Verfolgung beruhen, während derartige Renten bei anderen Rentenbeziehern stpfl. sind. Es ist fraglich, ob allein die Schwierigkeit einer Differenzierung diese Ungleichbehandlung rechtfertigen kann.

19d Nr. 8a S. 1 begünstigt nur Renten, die an **„Verfolgte iSd. § 1 BEG"** gezahlt werden. Und Nr. 8a S. 2 befreit Renten nur, wenn der verstorbene Versicherte Verfolgter iSd. § 1 BEG war. Verfolgter iSd. § 1 Abs. 1 BEG ist, wer aus Gründen politischer Gegnerschaft gegen den Nationalsozialismus oder aus Gründen der Rasse, des Glaubens oder Weltanschauung durch nationalsozialistische Gewaltmaßnahmen verfolgt worden ist und hierdurch Schaden an Leben, Körper, Gesundheit, Freiheit, Eigentum, Vermögen, in seinem beruflichen oder in seinem wirtschaftlichen Fortkommen erlitten hat. Diesen Verfolgten iSd. § 1 Abs. 1 BEG werden durch bestimmte nationalsozialistische Gewaltmaßnahmen Verfolgte iSd. § 1 Abs. 2 BEG gleichgestellt. Als Verfolgte gelten nach § 1 Abs. 3 BEG auch die im Einzelnen in § 1 Abs. 3 BEG bezeichneten Hinterbliebenen und Geschädigten.

19e Nr. 8a befreit Renten wegen Alters, verminderter Erwerbsfähigkeit und wegen Todes, wenn rentenrechtliche Zeiten auf Grund der Verfolgung in der Rente enthalten sind. **Anrechnungszeiten** zum Ausgleich

1 BGBl. I 2011, 2592.
2 BR-Drucks. 253/11, 70.
3 BR-Drucks. 253/11, 70.
4 BR-Drucks. 253/11, 70.

von Schäden in der SozVers. für Zeiten der Verfolgung bzw. Zeiten der Beschäftigung in einem Ghetto während der Verfolgungszeit werden zB nach dem G zur Zahlbarmachung von Renten aus Beschäftigungen in einem Ghetto (ZRBG), dem G zur Regelung der Wiedergutmachung nationalsozialistischen Unrechts in der SozVers. (WGSVG) und dem Fremdrentengesetz (FRG) gewährt.

§ 3 Nr. 9 [Erstattungen an Pflegepersonen]

Erstattungen nach § 23 Absatz 2 Satz 1 Nummer 3 und 4 sowie nach § 39 Absatz 4 Satz 2 des Achten Buches Sozialgesetzbuch;

Förderung v. Kindern unter drei Jahren: Der Gesetzgeber hat mit dem G zur Förderung v. Kindern unter drei Jahren in Tageseinrichtungen und in Kindertagespflege (Kinderförderungsgesetz – KiföG)[1] v. 10.12. 2008 Maßnahmen zur Verbesserung der **Rahmenbedingungen für das Aufwachsen v. Kindern** und für die Vereinbarkeit v. Familie und Erwerbsleben ergriffen. In das SGB VIII wurde die Verpflichtung aufgenommen, für Kinder im Alter unter drei Jahren Plätze in Tageseinrichtungen und in Kindertagespflege vorzuhalten. Außerdem wurde die Entlohnung der Pflegepersonen verbessert. 20

Erstattungen nach § 23 Abs. 2 S. 1 Nr. 3 und 4 SGB VIII: Im Rahmen der Regelungen zur „Förderung v. Kindern in Tageseinrichtungen und in Kindertagespflege" werden nach § 23 Abs. 2 S. 1 Nr. 3 SGB VIII Tagespflegepersonen die nachgewiesenen Aufwendungen für Beiträge zu einer **Unfallversicherung** sowie die hälftigen nachgewiesenen Aufwendungen zu einer angemessenen **Alterssicherung** durch einen Träger der öffentl. Jugendhilfe erstattet. Außerdem werden auf Grund der Neuregelung durch das KiföG nach § 23 Abs. 2 S. 1 Nr. 4 SGB VIII die Hälfte der nachgewiesenen Aufwendungen zu einer angemessenen **Krankenversicherung und Pflegeversicherung** erstattet. Die Tagespflegeperson soll – wie ein ArbN oder ein nach dem Künstlersozialversicherungsgesetz pflichtversicherter Künstler – nur noch eine Beitragshälfte der Zukunftssicherungsleistungen selbst aufbringen.[2] Die **Steuerbefreiung** der Erstattungen nach § 23 Abs. 2 S. 1 Nr. 3 und 4 SGB VIII soll der besonderen Stellung der Tagespflegepersonen auch stl. Rechnung tragen. Der Gesetzgeber wollte – vergleichbar § 3 Nr. 14, 57 und 62 – eine Steuerbefreiungsvorschrift schaffen, die die Zukunfts- und Krankheitsvorsorge (Zahlungen der Träger der öffentl. Jugendhilfe zugunsten der Tagespflegepersonen) stl. entlastet. Die Zahlungen der Träger der öffentl. Jugendhilfe sollen ebenso behandelt werden wie nach § 3 Nr. 62 v. der ESt befreite ArbG-Anteile zur Pflichtversicherung der ArbN.[3] Der Gesetzgeber ist davon ausgegangen, dass es sich bei den Erstattungen nach § 23 Abs. 1 S. 1 Nr. 3 und Nr. 4 SGB VIII um stpfl. **Einnahmen aus freiberuflicher Tätigkeit iSd. § 18 Abs. 1 Nr. 1** handelt.[4] 21

Erstattungen nach § 39 Abs. 4 S. 2 SGB VIII: Im Rahmen der „Vorschriften für die Hilfe zur Erziehung und die Eingliederungshilfe für seelisch behinderte Kinder und Jugendliche" sieht § 39 SGB VIII lfd. Leistungen zur Unterbringung außerhalb des Elternhauses vor. Nach **§ 39 Abs. 4 S. 2 SGB VIII** umfassen die lfd. Leistungen auch die Erstattung nachgewiesener Aufwendungen für die Beiträge zu einer Unfallversicherung sowie die hälftige Erstattung nachgewiesener Aufwendungen zu einer angemessenen Alterssicherung der Pflegepersonen. Nr. 9 erklärt diese Erstattungen für **stfrei**. Der Gesetzgeber ist davon ausgegangen, dass iRd. Vollzeitpflege vereinnahmte Gelder zwar nach dem BMF-Schr. v. 20.11.2007 bei einer Betreuung v. bis zu sechs Kindern grds. stfreie Beihilfen iSd. Nr. 11 seien, so dass auch die in § 39 Abs. 4 S. 2 SGB VIII vorgesehenen Erstattungen für die Beiträge zur Alterssicherung und Unfallversicherung grds. stfr seien. Jedoch seien diese Erstattungen in den Fällen der stpfl. Bereitschaftspflge (sog. Platzhaltegelder) oder bei einer Betreuung v. mehr als sechs Kindern bisher als stpfl. Einnahmen aus § 18 Abs. 1 Nr. 1 behandelt worden. Aus Gründen der Gleichbehandlung seien auch diese Erstattungen stfrei zu stellen.[5] 22

---

1 KiföG v. 10.12.2008, BGBl. I 2008, 2403.
2 BT-Drucks. 16/10357, 35.
3 BT-Drucks. 16/10357, 35.
4 BT-Drucks. 16/10357, 35; BMF v. 17.12.2007, BStBl. I 2008, 17 zur „einkommensteuerrechtl. Behandlung der Geldleistungen für Kinder in Kindertagespflege".
5 BT-Drucks. 16/10357, 36, vgl. auch BMF v. 21.4.2011, BStBl. I 2011, 487 zu F.

§ 3 Nr. 10 [Einnahmen einer Gastfamilie für die Aufnahme eines behinderten Menschen]

Einnahmen einer Gastfamilie für die Aufnahme eines behinderten oder von Behinderung bedrohten Menschen nach § 2 Absatz 1 des Neunten Buches Sozialgesetzbuch zur Pflege, Betreuung, Unterbringung und Verpflegung, die auf Leistungen eines Leistungsträgers nach dem Sozialgesetzbuch beruhen. [2]Für Einnahmen im Sinne des Satzes 1, die nicht auf Leistungen eines Leistungsträgers nach dem Sozialgesetzbuch beruhen, gilt Entsprechendes bis zur Höhe der Leistungen nach dem Zwölften Buch Sozialgesetzbuch. [3]Überschreiten die auf Grund der in Satz 1 bezeichneten Tätigkeit bezogenen Einnahmen der Gastfamilie den steuerfreien Betrag, dürfen die mit der Tätigkeit in unmittelbarem wirtschaftlichen Zusammenhang stehenden Ausgaben abweichend von § 3c nur insoweit als Betriebsausgaben abgezogen werden, als sie den Betrag der steuerfreien Einnahmen übersteigen;

Literatur: *Nacke*, Die einkommensteuerlichen Änderungen durch das Jahressteuergesetz 2009, DB 2008, 2792.

23 Nr. 10 befreit die Einnahmen, die einer Gastfamilie für Pflege, Betreuung, Unterkunft und Verpflegung eines behinderten oder v. Behinderung bedrohten Menschen zufließen. Die Befreiung besteht sowohl für Einnahmen, die auf Leistungen eines Sozialleistungsträgers beruhen, als auch für Einnahmen aus Zuwendungen eines selbst zahlenden behinderten oder v. Behinderung bedrohten Menschen. Die Befreiung wurde durch das JStG 2009 eingeführt.[1] Nr. 10 ist nur deklaratorisch, soweit nur ein „Leistungsaustausch innerhalb der Familie" vorliegt.[2] Nr. 10 ist eine Sozialzwecknorm, mit der die Aufnahme v. Behinderten in Gastfamilien und damit die Teilhabe des Behinderten am Leben in der Ges. außerhalb v. Einrichtungen der Behindertenhilfe gefördert werden soll.

24 **Nr. 10 S. 1** befreit Einnahmen einer Gastfamilie für die Aufnahme eines behinderten oder v. Behinderung bedrohten Menschen nach § 2 Abs. 1 SGB IX zur Pflege, Betreuung, Unterbringung und Verpflegung. **Gastfamilien** sind neben den Angehörigen des behinderten Menschen Familien mit und ohne Kinder, Lebensgemeinschaften, alleinerziehende oder alleinstehende Pers.[3] Auch eine alleinstehende Pers. kann eine „Familie" sein. Eine „Gast"-familie ist auch dann anzunehmen, wenn der Behinderte bei Angehörigen untergebracht ist, dh. Gastfamilie kann auch die eigene Familie sein. Auch die Unterbringung bei Geschwistern, Eltern oder Kindern des Behinderten ist begünstigt. Zu beachten ist dabei, dass Leistungen iRd. familiären Zusammenlebens ohnehin nicht steuerbar sind. Der Wortlaut (**„Einnahmen … für die Aufnahme eines behinderten oder von Behinderung bedrohten Menschen nach § 2 Absatz 1 des Neunten Buches Sozialgesetzbuch"**) legt die Annahme nahe, dass die Leistungen befreit werden sollen, die nach § 2 Abs. 1 SGB IX an die Gastfamilie erbracht werden. Aus dem Inhalt v. § 2 Abs. 1 SGB IX ergibt sich jedoch, dass mit diesem Verweis nur die Tatbestandsmerkmale „behindert" und „von Behinderung bedroht" bestimmt werden sollen. Nach § 2 Abs. 1 SGB IX sind Menschen mit Behinderungen Menschen, die körperliche, seelische, geistige oder Sinnesbeeinträchtigungen haben, die sie in Wechselwirkung mit einstellungs- und umweltbedingten Barrieren an der gleichberechtigten Teilhabe an der Gesellschaft mit hoher Wahrscheinlichkeit länger als sechs Monate hindern können. Sie sind v. Behinderung bedroht, wenn die Beeinträchtigung zu erwarten ist. Nr. 10 S. 1 begünstigt Einnahmen für die Aufnahme **„zur Pflege, Betreuung, Unterbringung und Verpflegung"**. Es ist nicht ersichtlich, dass bestimmte Leistungen eines Leistungsträgers nach dem SGB an eine Gastfamilie für die Aufnahme eines behinderten Menschen damit v. dem Befreiungstatbestand ausgeschlossen werden sollten.

25 Die Einnahmen müssen **„auf Leistungen eines Leistungsträges nach dem SGB beruhen"**. Nach § 1 SGB IX erhalten Menschen mit Behinderung oder von Behinderung bedrohte Menschen **Leistungen nach dem SGB IX** und den für die Rehabilitationsträger geltenden Leistungsgesetzen. Träger der Leistungen können nach § 6 SGB IX sein: die gesetzlichen Krankenkassen, die Bundesagentur für Arbeit, die Träger der gesetzlichen Unfallversicherung, die Träger der gesetzlichen Rentenversicherung, die Träger der Alterssicherung der Landwirte, die Träger der Kriegsopferversorgung und die Träger der Kriegsopferfürsorge, die Träger der öffentl. Jugendhilfe und die Träger der Eingliederungshilfe. Nach § 80 SGB IX werden insbes. Leistungen zur Betreuung in einer Pflegefamilie und nach §§ 90 ff. SGB IX besondere Leistungen zur selbstbestimmten Lebensführung für Menschen mit Behinderungen erbracht. Nach der Gesetzesbegründung sind auch Einnahmen eingeschlossen, die aus einem **Persönlichen Budget** (§ 29 SGB IX) stammen.[4] Nach

---

1 BGBl. I 2008, 2794.
2 BFH v. 14.9.1999 – IX R 88/95, BStBl. II 1999, 776; BT-Drucks. 13/1558, 152 f.
3 BT-Drucks. 16/11108, 14.
4 BT-Drucks. 16/11108, 14.

§ 29 Abs. 1 SGB IX können Leistungen zur Teilhabe auch durch ein Persönliches Budget ausgeführt werden, um dem Leistungsberechtigten in eigener Verantwortung ein möglichst selbstbestimmtes Leben zu ermöglichen. Im Rahmen des **SGB XII – Sozialhilfe** – regeln die §§ 53–60 SGB XII die Eingliederungshilfe für behinderte Menschen. Träger der Sozialhilfe sind nach § 3 Abs. 1 SGB XII die örtlichen Träger, dh. die kreisfreien Städte und Kreise, und die überörtlichen Träger, die nach § 3 Abs. 3 SGB XII v. den Ländern bestimmt werden. Nach § 53 Abs. 4 SGB XII gelten für die Leistungen zur Teilhabe die Vorschriften des SGB IX, soweit sich aus dem SGB XII und den aufgrund dieses Buches erlassenen RechtsVO nichts Abweichendes ergibt. Die Zuständigkeit und die Voraussetzungen für die Leistungen zur Teilhabe richten sich nach dem SGB XII. Gem. § 54 Abs. 3 SGB XII ist auch die Hilfe für die Betreuung in einer Pflegefamilie eine Leistung der Eingliederungshilfe. In der Gesetzesbegründung heißt es außerdem, dass Leistungen für Pflegeleistungen an Selbstzahler, die auf **Leistungen der sozialen Pflegeversicherung** beruhen, ebenfalls nach Nr. 10 S. 1 befreit sind.[1] Diese Auffassung entspricht dem Wortlaut des Nr. 10 S. 1, der nur verlangt, dass die Einnahmen auf Leistungen eines Leistungsträgers „nach dem SGB" beruhen. Sie müssen nicht zwingend auf dem „SGB – Neuntes Buch" beruhen.

Leistungen v. anderen als Sozialleistungsträgern (Nr. 10 S. 2): Nach Nr. 10 S. 2 gilt für Einnahmen iSv. S. 1, die nicht auf Leistungen eines Leistungsträgers nach dem SGB beruhen, Entspr. bis zur Höhe der Leistungen nach dem SGB XII. Diese Regelung des Nr. 10 S. 2 stellt Gastfamilien gleich, die ihre Einnahmen ganz oder überwiegend aus Zuwendungen eines in ihren Haushalt aufgenommenen selbst zahlenden behinderten oder v. Behinderung bedrohten Menschen generieren. Während sich die Begrenzung der Steuerbefreiung nach Nr. 10 S. 1 daraus ergibt, dass nur Leistungen eines Leistungsträgers nach dem SGB befreit werden, begrenzt Nr. 10 S. 2 die Befreiung **auf die Höhe der Leistungen nach dem SGB XII**. In der Gesetzesbegründung heißt es, die Einnahmen dürften den bei Bedürftigkeit v. der Sozialhilfe aufzubringenden Gesamtbetrag nicht überschreiten. Nach **§ 63 SGB XII** können bei häuslicher Pflege Leistungen nach §§ 64a–64f SGB XII erbracht werden. § 64a SGB XII sieht ein Pflegegeld iHd. Betrags nach **§ 37 Abs. 1 SGB XI** vor (316 Euro für Pflegebedürftige des Pflegegrades 2, 545 Euro für Pflegebedürftige des Pflegegrades 3, 728 Euro für Pflegebedürftige des Pflegegrades 4, 901 Euro für Pflegebedürftige des Pflegegrades 5). Daneben können nach Maßgabe des § 65 SGB XII andere Leistungen erbracht werden. 26

Abzugsbegrenzung nach Nr. 10 S. 3: Nr. 10 S. 3 bestimmt, dass dann, wenn die aufgrund der in S. 1 bezeichneten Tätigkeit bezogenen Einnahmen der Gastfamilie den stfreien Betrag überschreiten, die mit der Tätigkeit in unmittelbarem wirtschaftlichen Zusammenhang stehenden Ausgaben abw. v. § 3c nur insoweit als BA abgezogen werden dürfen, als sie den **Betrag der stfreien Einnahmen übersteigen**. Diese Abzugsbegrenzung entspricht der Regelung der Nr. 26 S. 2. Überschreiten die tatsächlichen Einnahmen den stfreien Betrag, dürfen die Ausgaben als BA nur abgezogen werden, soweit sie den Betrag der stfreien Einnahmen übersteigen. In Höhe des stfreien Betrages sollen die Ausgaben mit den stfreien Einnahmen abgegolten sein. Der Abzug ist dann in voller Höhe des übersteigenden Betrages und nicht nur entspr. dem Verhältnis v. stpfl. und stfreien Einnahmen zugelassen. Nr. 10 S. 3 trifft – zumindest seinem Wortlaut nach – keine Regelung für den Fall, dass die **Einnahmen den nach Nr. 10 stfreien Betrag nicht überschreiten**. Es könnte dann § 3c Abs. 1 zur Anwendung kommen, mit der Folge, dass die Ausgaben, da nur mit stfreien Einnahmen zusammenhängend, in vollem Umfang vom Abzug ausgenommen sind. Es ist nicht plausibel, warum ein Abzug der übersteigenden Ausgaben möglich sein soll, wenn die Einnahmen den nach Nr. 10 stfreien Betrag übersteigen, dagegen ausgeschlossen sein soll, wenn sie diesen unterschreiten. Die Wertung des Nr. 10 S. 3 muss deshalb auch in diesem Fall berücksichtigt werden. Die Ausgaben müssen, soweit sie die stfreien Einnahmen übersteigen, abzugsfähig sein. Der BFH hat in seinem Urt. v. 20.12.2017 eine andere Lösung vorgezogen. Er legt § 3c Abs. 1 mit dem Tatbestandsmerkmal „soweit" dahin aus, dass die Ausgaben nur bis zur Höhe der stfreien Einnahmen vom Abzug ausgenommen sind (ausf. Rn. 51).[2] 27

§ 3 Nr. 11 [Bezüge aus öffentlichen Mitteln wegen Hilfsbedürftigkeit uÄ]

Bezüge aus öffentlichen Mitteln oder aus Mitteln einer öffentlichen Stiftung, die wegen Hilfsbedürftigkeit oder als Beihilfe zu dem Zweck bewilligt werden, die Erziehung oder Ausbildung, die Wissenschaft oder Kunst unmittelbar zu fördern. [2]Darunter fallen nicht Kinderzuschläge und Kinderbeihilfen, die auf Grund der Besoldungsgesetze, besonderer Tarife oder ähnlicher Vorschriften

1 BT-Drucks. 16/11108, 14.
2 BFH v. 20.12.2017 – III R 23/15, FR 2018, 564.

gewährt werden. [3]Voraussetzung für die Steuerfreiheit ist, dass der Empfänger mit den Bezügen nicht zu einer bestimmten wissenschaftlichen oder künstlerischen Gegenleistung oder zu einer bestimmten Arbeitnehmertätigkeit verpflichtet wird. [4]Den Bezügen aus öffentlichen Mitteln wegen Hilfsbedürftigkeit gleichgestellt sind Beitragsermäßigungen und Prämienrückzahlungen eines Trägers der gesetzlichen Krankenversicherung für nicht in Anspruch genommene Beihilfeleistungen;

Literatur: *Lippert*, Gewinnermittlung bei Einkünften aus Aufnahme von Heimkindern iSd. § 34 SGB VIII, DStR 2011, 300.

28 Der Begriff der **Hilfsbedürftigkeit** lässt sich § 53 AO entnehmen.[1] Steuerbefreit sind die „wegen Hilfsbedürftigkeit" bewilligten Bezüge nur für den Hilfsbedürftigen selbst, nicht für die Betreuungsperson.[2] Für diese gilt § 3 Nr. 36. Der Begriff der **Erziehung** findet sich in § 52 Abs. 2 S. 1 AO, Art. 6 Abs. 2 GG, § 1631 BGB.[3] Der Begriff der **Ausbildung** lässt sich in Anlehnung an die Abgrenzung v. Aus- und Fortbildung im Rahmen v. §§ 9, 10 bestimmen. Bei den Begriffen der **Wissenschaft** und **Kunst** kann an die Erkenntnisse zur Auslegung v. Art. 5 Abs. 3 GG angeknüpft werden. Nr. 11 verlangt in ihrer 2. Alt eine **unmittelbare Förderung.**[4] Eine unmittelbare Förderung der Erziehung liegt vor, wenn die Zuwendungen aus öffentl. Mitteln die Erziehung ohne ein Dazwischentreten weiterer Ereignisse beeinflussen.[5] Eine unmittelbare Förderung der Erziehung (aus öffentl. Mitteln) wird bejaht bei an Pflegeeltern geleisteten Erziehungsgeldern aus öffentl. Mitteln der Jugendhilfe, die dazu bestimmt sind, die in den Haushalt der Pflegeeltern dauerhaft aufgenommenen Kinder zu fördern,[6] und bei den Zahlungen der Jugendämter nach § 32 SGB VIII für die Erziehung in einer Tagesgruppe.[7] Die Erziehung wird dagegen nicht unmittelbar gefördert, wenn iRd. Vollzeitpflege nach § 33 SGB VIII sog. Platzhaltekosten und Bereitschaftsgelder unabhängig von der tatsächlichen Aufnahme von Kindern geleistet werden.[8] Eine „unmittelbare" Förderung der Erziehung wird verneint, wenn die Aufnahme des Kindes oder des Jugendlichen in den Haushalt der Pflegeperson aufseiten der Pflegeperson als Erwerbstätigkeit anzusehen ist. Hiervon wird ausgegangen, wenn Leistungen nach § 35 SGB VIII erbracht werden („intensive sozialpädagogische Einzelbetreuung"). Aufgrund des Vergütungscharakters der gezahlten Gelder komme eine Steuerbefreiung nicht in Betracht.[9] Die Ausbildung einer Pers. kann schon durch die Übernahme der Lebenshaltungskosten unmittelbar gefördert werden. Eine unmittelbare Förderung der Wissenschaft oder Kunst erfolgt dagegen nur, soweit die sachlichen Voraussetzungen zur Ausübung einer wissenschaftlichen oder künstlerischen Tätigkeit geschaffen werden, zB durch den Erwerb v. Hilfsmitteln.[10] Nr. 11 fordert in ihrer 2. Alt. eine Bewilligung **„als Beihilfe"**. Sie verlangt damit eine freiwillige, einseitige und uneigennützige Unterstützung unter Übernahme einer gewissen Eigenleistung.[11] Die Zahlungen müssen an jemanden erfolgen, der nach der Vorstellung der bewilligenden Stelle einer Beihilfe bedarf.[12] Im Rahmen der Vollzeitpflege nach § 33 SGB VIII gezahltes Pflegegeld und anlassbezogene Beihilfen und Zuschüsse sind stfreie Beihilfen iSd. Nr. 11, welche die Erziehung unmittelbar fördern, sofern keine Erwerbstätigkeit vorliegt. Von einer nichterwerbsmäßigen Pflege wird ausgegangen, wenn bis zu sechs Kinder im Haushalt aufgenommen werden. Werden mehr als sechs Kinder gleichzeitig aufgenommen, wird eine Erwerbstätigkeit vermutet und eine „Beihilfe" verneint.[13] Auch bei Einnahmen einer Fachfamilie gem. § 34 SGB VII iRd. Heimerziehung liegt wegen des Entgelt-

1 Zur Problematik der Steuerfreiheit der im öffentl. Dienst gewährten Beihilfen: *K/S/M*, § 3 Rn. B 11/70 (Beihilfen im öffentl. Dienst); BFH v. 6.2.2013 – VI R 28/11, BStBl. II 2013, 572 (573); zur Subvention v. Gewerbetreibenden: BFH v. 3.7.1986 – IV R 109/84, BStBl. II 1986, 806 (807); v. 9.4.1975 – I R 251/72, BStBl. II 1975, 577 (578); FG Berlin v. 11.1.1968 – V 95/66, EFG 1968, 512.

2 FG Nds. v. 30.9.2002 – 1 K 56/98, EFG 2003, 287.

3 Zu sog. Erziehungsgeldern: BFH v. 5.11.2014 – VIII R 29/11, BFH/NV 2015, 1024; v. 25.6.1984 – GrS 4/82, BStBl. II 1984, 751; v. 17.5.1990 – IV R 14/87, BStBl. II 1990, 1018; BMF v. 13.4.2007, DStR 2007, 857; zum Begriff der Erziehung vgl. auch BFH v. 21.12.1965 – V 24/62 U, BStBl. III 1966, 182.

4 Hierzu BFH v. 5.11.2014 – VIII R 27/11, juris.

5 BFH v. 5.11.2014 – VIII R 29/11, BStBl. II 2017, 432; FG Berlin-Bdbg. v. 30.1.2018 – 9 K 9105/16, juris (Rev. VIII R 27/18).

6 BFH v. 5.11.2014 – VIII R 29/11, BFH/NV 2015, 1024.

7 BMF v. 21.4.2011, BStBl. I 2011, 487 zu B.

8 BMF v. 21.4.2011, BStBl. I 2011, 487 zu A.

9 FG Berlin-Bdbg. v. 30.1.2018 – 9 K 9105/16, juris (Rev. VIII R 27/18).

10 BFH v. 27.4.2006 – IV R 41/04, BFH/NV 2006, 1923; v. 4.5.1972 – IV 133/64, BStBl. II 1972, 566 (568); FG SchlHol. v. 15.3.2000 – I 210/95, EFG 2000, 787 (788).

11 BFH v. 28.6.1984 – IV R 49/83, BStBl. II 1984, 571 (Pflegeeltern); v. 23.9.1998 – XI R 11/98, BStBl. II 1999, 133 (Kinderhaus).

12 BFH v. 19.6.1997 – IV R 26/96, BStBl. II 1997, 652.

13 BMF v. 21.4.2011, BStBl. I 2011, 487 zu A; vgl. auch BFH v. 28.6.1984 – IV R 49/83, BStBl. II 1984, 571; v. 17.5.1990 – IV R 14/87, BStBl. II 1990, 1018.

charakters der Zahlungen keine Beihilfe iSd. Nr. 11 vor.[1] Es ist eine erzieherische Tätigkeit iSd. § 18 gegeben, sofern die Tätigkeit leitend und eigenverantwortlich ausgeübt wird.[2] Dasselbe gilt für die Zahlungen des Jugendamtes für eine intensive sozial-pädagogische Einzelbetreuung iSd. § 35 SGB VIII.[3] Begünstigt sind nur Bezüge aus **öffentl. Mitteln**, dh. aus einem Haushalt der öffentl. Hand. Denn über Mittel aus einem öffentl. Haushalt darf nur nach Maßgabe der haushaltsrechtl. Vorschriften verfügt werden und deren Verwendung unterliegt im Einzelnen gesetzlich geregelter Kontrolle[4] (nicht: Streikgelder[5] oder Zahlungen einer AG, auch wenn deren Aktien ausschließlich einer öffentl.-rechtl. Körperschaft gehören[6]). Leistungen nach § 39 SGB VIII an Pflegefamilien/Pflegestellen, die über einen zwischengeschalteten Träger der freien Jugendhilfe geleistet werden, werden nur dann als Beihilfen „aus öffentl. Mitteln" als stfrei behandelt, wenn der Pflegeperson das Pflegegeld direkt v. örtlichen Jugendamt bewilligt worden ist, so dass das Geld bei den zwischengeschalteten Trägern nur einen sogenannten durchlaufenden Posten darstellt, nicht dagegen, wenn freie Träger den örtlichen Jugendämtern Pflegepersonen zur Vfg. stellen, diese Pflegepersonen vergüten und den Jugendämtern dann die gezahlten Pflegegelder in Rechnung stellen.[7] Gleichgestellt sind die Bezüge aus Mitteln einer öffentl. Stiftung. Nr. 11 S. 2 nimmt **Kinderzuschläge und -beihilfen** v. der Befreiung aus, die durch das Dienstverhältnis veranlasst sind. Diese sollen als Teil der Besoldung behandelt werden.[8] Nr. 11 S. 3 setzt voraus, dass der Empfänger der Bezüge nicht zu einer bestimmten wissenschaftlichen oder künstlerischen **Gegenleistung** oder zu einer bestimmten ArbN-Tätigkeit verpflichtet wird. Denn bei einem Leistungsaustauschverhältnis führte Nr. 11 zu einer nicht gerechtfertigten Bevorzugung v. öffentl. ggü. privaten Arbeit- bzw. Auftraggebern. Mit dem JStG 2007 wurde klargestellt, dass nur die Verpflichtung zu einer „bestimmten" ArbN-Tätigkeit schädlich ist. Eine allg Verpflichtung zur Aufnahme einer ArbN-Tätigkeit steht einer Befreiung nicht entgegen.

Nach Nr. 11 S. 4 sind den Bezügen aus öffentl. Mitteln wegen Hilfsbedürftigkeit **Beitragsermäßigungen und Prämienrückzahlungen eines Trägers der gesetzlichen Krankenversicherung** für nicht in Anspr genommene Beitragsleistungen gleichgestellt. Die gesetzlichen Krankenkassen und deren Verbände – so die Begr.[9] – beschäftigten noch ca. 13 000 Angestellte, die bei Krankheit einen Anspr auf Beihilfe nach beamtenrechtl. Vorschriften hätten und für den verbleibenden Anteil der Krankheitskosten lediglich eine Teilversicherung benötigten, welche nach § 14 SGB V in Anspr. genommen werden könne. Die gesetzgeberische Absicht des § 14 SGB V habe ursprünglich darin bestanden, die Beschäftigten mit Beihilfeanspruch bei ihrem ArbG als Träger der gesetzlichen Krankenversicherung zu einem um den Beihilfeanteil verminderten Beitragssatz versichern zu können. In der Praxis werde der Weg einer Erstattung der auf privatärztlicher Basis entstandenen Aufwendungen zu einem Teil über die Beihilfe und zum anderen Teil über die Auszahlung aus Versicherungsmitteln jedoch oft nicht beschritten. Stattdessen würden kraft Satzung in vollem Umfang Sachleistungen der gesetzlichen Krankenversicherung gewährt, was nicht nur für den Träger kostengünstiger sei, sondern auch eine Gleichbehandlung der Mitarbeiter des Unternehmens mit dem übrigen Mitgliederkreis ermögliche. Die Versicherungsprämie stelle damit einen ermäßigten Beitrag zur freiwilligen gesetzlichen Kranken(voll-)versicherung dar. Im Gegenzug verzichte der Angestellte auf seinen Beihilfeanspruch. Auf Grund des Beschl. des BFH v. 28.10.2004 – VI B 176/03 (BFH/NV 2005, 205) ergebe sich eine Besteuerung der anstelle v. Beihilfeleistungen gewährten Beitragsermäßigung. Dies führe zu einer Schlechterstellung im Vergleich zu Beamten und ArbN mit Beihilfeanspruch, welche zu einer Abwanderung der Beschäftigten v. ihrer eigenen Krankenkasse führe. Da die für die gesetzliche Krankenversicherung kostengünstigste Form der Versicherung ihrer eigenen Beschäftigen weiterhin erhalten bleiben solle, werde durch die Änderung in § 3 eine Gleichstellung mit Beihilfeleistungen erreicht. Nachdem die genannte Problematik auch nach Wegfall der Ermäßigungsmöglichkeiten (Änderung des § 243 SGB V) und Ersatz durch Prämienrückzahlungen nach § 53 Abs. 6 SGB V zum 1.1.2009 unverändert weiter bestehe, seien auch die dann iRd. Teilkostenmodells gewährten Prämienrückzahlungen stfrei zu stellen. Nr. 11 S. 4 erklärt deshalb Beitragsermäßigungen und Prämienrückzahlungen für nicht in Anspr. genommene Beihil- 29

1 BMF v. 21.4.2011, BStBl. I 2011, 487 zu C; vgl. auch BFH v. 17.5.1990 – IV R 14/87, BStBl. II 1990, 1018; FG Köln v. 22.9.2010 – 4 K 478/07, EFG 2011, 311; v. 30.6.2011 – 10 K 1229/09, EFG 2012, 103.
2 *Lippert*, DStR 2011, 300 (301).
3 BMF v. 21.4.2011, BStBl. I 2011, 487 zu D.
4 BFH v. 19.7.1972 – I R 109/70, BStBl. II 1972, 839 (840); v. 9.4.1975 – I R 251/72, BStBl. II 1975, 577 (578); v. 28.6.1984 – IV R 49/83, BStBl. II 1984, 571 (572); zum Erfordernis einer offenen Verausgabung: BFH v. 9.4.1975 – I R 251/72, BStBl. II 1975, 577 (579); *K/S/M*, § 3 Rn. B 11/80 (offene Verausgabung).
5 BFH v. 30.3.1982 – III R 150/80, BStBl. II 1982, 552 (555).
6 FG Münster v. 28.2.1996 – 11 K 2409/95 L, EFG 1996, 687; **aA** FG Düss. v. 3.6.2004 – 12 K 210/02 H(L), EFG 2004, 1502.
7 BMF v. 21.4.2011, BStBl. I 2011, 487.
8 Vgl. allerdings Nr. 1 lit. b zu Kinderzuschüssen und § 3 Nr. 24 zum Kindergeld.
9 BT-Drucks. 16/3950, 45.

feleistungen für stfrei. Er knüpft damit an die Steuerfreiheit der Beihilfeleistungen an und dehnt sie aus. Es ist aber gerade höchst zweifelh., ob die Beihilfen im öffentl. Dienst zu Recht als nach § 3 Nr. 11 stfrei behandelt werden. Die Annahme, die Beihilfen seien Bezüge wegen Hilfsbedürftigkeit, entspricht nicht der Realität.[1] Selbst wenn die Gleichstellung zu rechtfertigen ist, hat der Gesetzgeber in jedem Fall einen weiteren Beitrag zur Verkomplizierung des Einkommensteuerrechts geleistet.

§ 3 Nr. 12 [Aus öffentlichen Kassen gezahlte Aufwandsentschädigungen]

aus einer Bundeskasse oder Landeskasse gezahlte Bezüge, die zum einen

a) in einem Bundesgesetz oder Landesgesetz,

b) auf Grundlage einer bundesgesetzlichen oder landesgesetzlichen Ermächtigung beruhenden Bestimmung oder

c) von der Bundesregierung oder einer Landesregierung

als Aufwandsentschädigung festgesetzt sind und die zum anderen jeweils auch als Aufwandsentschädigung im Haushaltsplan ausgewiesen werden. ²Das Gleiche gilt für andere Bezüge, die als Aufwandsentschädigung aus öffentlichen Kassen an öffentliche Dienste leistende Personen gezahlt werden, soweit nicht festgestellt wird, dass sie für Verdienstausfall oder Zeitverlust gewährt werden oder den Aufwand, der dem Empfänger erwächst, offenbar übersteigen;

30 Nr. 12 befreit aus öffentl. Kassen gezahlte Aufwandsentschädigungen. Er knüpft an den leistungsrechtl. Vorgang der Entschädigung v. Aufwand an und unterstellt aus Vereinfachungsgründen erstens, dass nur tatsächlich entstandener Aufwand entschädigt wird, und zweitens, dass der entschädigte Aufwand als WK bzw. BA zu berücksichtigen wäre. In den Fällen der Nr. 12 S. 1 sei die Zahlung auf eine Entscheidung besonders hochrangiger staatlicher Stellen zurückzuführen. In den Fällen der Nr. 12 S. 2 lässt der Gesetzgeber die Steuerbefreiung erst entfallen, wenn festgestellt wird, dass die Entschädigungen für Verdienstausfall oder Zeitverlust gewährt werden oder den Aufwand offenbar übersteigen. Nach einer Entsch. des FG BaWü. ist Nr. 12 ggü. Nr. 13 nachrangig, dh., Reisekostenvergütungen sollen nicht unter Nr. 12 subsumiert werden können.[2] Das BVerfG hat **Nr. 12 S. 1** für **verfassungswidrig** (allerdings weiter anwendbar) erachtet. Nr. 12 S. 1 bevorzuge die Empfänger v. Zuwendungen aus einer Bundes- oder Landeskasse im Vergleich zur Allgemeinheit und den Empfängern v. Zuwendungen aus privaten Kassen.[3] Allerdings hat die 1. Kammer des 2. Senats des BVerfG in einem Nichtannahmebeschluss v. 26.7.2010 die Steuerfreiheit der nach den Abgeordnetengesetzen des Bundes und der Länder gewährten Abgeordnetenpauschalen als dem Grunde nach sachlich gerechtfertigt angesehen. Die sachliche Rechtfertigung ergebe sich aus der besonderen Stellung des Abgeordnetenmandats. Die Abgeordnetenpauschale entspreche weniger einer WK-Pauschale als eher einem pauschalen Auslagenersatz für Kosten, deren tatsächlicher Anfall vermutet werde. Die Steuerfreiheit der Aufwandsentschädigung diene der Vereinfachung und der Vermeidung von Abgrenzungsschwierigkeiten.[4] Der BFH wendet § 3 Nr. 12 S. 1 weiter an, da § 3 Nr. 12 S. 1 für den Ersatz von Aufwendungen, die ihrer Art nach WK oder BA sind, verfassungskonform sei[5]. **Nr. 12 S. 2** hat der BFH in der Vergangenheit im Hinblick auf die gegen ihn bestehenden verfassungsrechtl. Bedenken dahin ausgelegt, dass nur als WK oder BA abziehbare Aufwendungen zu berücksichtigen sind.[6] Diese Rspr. ist jedoch durch die Entscheidung des BVerfG zu Nr. 12 S. 1 überholt (Rn. 32).[7] Bei der Norm des § 3 Nr. 12 stellt sich in besonderem Maße die Frage, ob und wie ein Nichtbegünstigter eine verfassungswidrige Begünstigung **rügen** kann. Da sich der Verfassungsverstoß regelmäßig nur durch Aufhebung der Begünstigung beseitigen lässt, kann der Benachteiligte nicht die Aufnahme in den Kreis der Begünstigten ein-

---

1 *K/S/M*, § 3 Rn. B 11/80 „Beihilfe im öffentl. Dienst".
2 FG BaWü. v. 10.3.2015 – 6 K 1433/12, EFG 2015, 1249 (Rev. VI R 23/15).
3 BVerfG v. 11.11.1998 – 2 BvL 10/95, BVerfGE 99, 280 = BStBl. II 1999, 502 = FR 1999, 254; zu der aus der angeordneten Fortwirkung sich ergebenden Frage, inwieweit Aufwendungen nach § 3c v. Abzug ausgeschlossen sind: BFH v. 26.3.2002 – VI R 26/00, BStBl. II 2002, 823 = FR 2002, 1306; v. 26.3.2002 – VI R 45/00, BStBl. II 2002, 827 = FR 2002, 1310; v. 26.3.2002 – VI R 25/00, BFH/NV 2002, 1290.
4 BVerfG v. 26.7.2010 – 2 BvR 2227/08, 2 BvR 2228/08, StBW 2010, 721 = DStRE 2010, 1058.
5 BFH v. 17.10.2012 – VIII R 57/09, BStBl. II 2013, 799 = FR 2013, 517.
6 BFH v. 9.7.1992 – IV R 7/91, BStBl. II 1993, 50.
7 BVerfG v. 11.11.1998 – 2 BvL 10/95, BStBl. II 1999, 502; *Bergkemper*, FR 1999, 517.

klagen.[1] Für ihn kommt nur im Ausnahmefall eine Konkurrentenklage in Betracht. Nach einer Kammerentscheidung des BVerfG ist in den Fällen, in denen die Verfassungswidrigkeit einer Steuerrechtsnorm geltend gemacht wird, die nur bestimmte Personen oder Gruppen begünstigt, für die Entscheidungserheblichkeit darauf abzustellen, ob es ausgeschlossen ist, dass der Gesetzgeber eine für den StPfl. günstige Regelung verabschiedet. Die Entscheidungserheblichkeit fehle, wenn der Gesetzgeber an der Schaffung einer für den Kläger günstigeren Regelung aus Rechtsgründen oder aus offenkundigen sachlichen Gründen gehindert sei.[2]

Nr. 12 S. 1 setzt eine Zahlung (nicht: Sachbezüge) aus einer **Bundes- oder Landeskasse** voraus. Eine 31
„Bundes"- oder „Landes"-Kasse soll in besonderem Maße Gewähr bieten, dass Leistungen nicht zu Unrecht erbracht werden. Die Bezüge müssen als **Aufwandsentschädigung festgesetzt** sein, wobei Nr. 12 S. 1 hierfür sechs Möglichkeiten vorsieht. Außerdem muss die Aufwandsentschädigung im Haushaltsplan **ausgewiesen** sein und so eine zusätzliche parlamentarische Kontrolle erfahren haben. Der BFH hatte mit Urteil v. 17.10.2012 entschieden, dass das Erfordernis des Ausweises im Haushaltsplan nur für die beiden letzten Alternativen (Festsetzung durch Bundes- oder Landesregierung) gelte.[3] Der Gesetzgeber hat auf diese Rspr. reagiert und im Kroatien-AnpG v. 25.7.2014[4] den verschiedenen Möglichkeiten der Festsetzung als Aufwandsentschädigung die Buchst. a bis c zugeordnet und zusätzlich die Worte „zum anderen jeweils auch" eingeführt. Er wollte sicherstellen, dass sich das Gebot „als Aufwandsentschädigung im Haushaltsplan ausgewiesen werden" auf alle sechs Möglichkeiten der Festsetzung stfreier Aufwandsentschädigungen bezieht. Bei der Aufstellung des Haushaltsplans träfen die parlamentarischen Gremien mit der Ausweisung „als Aufwandsentschädigung" die Entscheidung über die Steuerfreiheit der Bezüge, an die die FinVerw. dann gebunden sei.[5]

In den Fällen der **Nr. 12 S. 2** knüpft die Befreiung an eine Zahlung aus einer **öffentl. Kasse** an. Die Rspr. 32
nimmt eine öffentl. Kasse an, wenn diese „einer dienstaufsichtlichen Prüfung der Finanzgebarung durch die öffentl. Hand unterliegt".[6] Die Bezüge müssen **„als Aufwandsentschädigung"** gezahlt werden, dh. zur Abgeltung v. Aufwendungen. Nach der Rspr. des BFH ist der Begriff der Aufwendungen iSd. WK-und BA-Begriffs zu interpretieren.[7] So soll zB ein öffentlich-rechtlicher ArbG stfreie Aufwandsentschädigungen für ein häusliches Arbeitszimmer bis zu 1 250 Euro jährlich leisten können, soweit sichergestellt ist, dass entspr. Aufwendungen entstanden sind.[8] Diese Rspr. ist jedoch durch den Beschluss des BVerfG v. 11.11. 1998 überholt, nach dem der Tatbestand des Aufwands iSv. Nr. 12 S. 2 auch die Abgeltung v. Verdienstausfall und Zeitverlust umfasst.[9] Die Zahlung muss an **öffentl. Dienste** leistende Pers. erfolgen. Öffentliche Dienste leistet, wer im Dienst einer Pers. des öffentl. Rechts steht und nicht in der fiskalischen Verwaltung beschäftigt wird.[10] Nach der Rspr. des BFH gehört zu den öffentlichen Diensten neben der Ausübung einer eigentlich hoheitlichen Tätigkeit der Gesamtbereich der hoheitlichen Verwaltung einschl. der schlichten Hoheitsverwaltung, nicht dagegen die Betätigung in einem Betrieb gewerblicher Art von Körperschaften des öffentl. Rechts.[11] Es ist eine Tätigkeit in Ausübung öffentl. Gewalt erforderlich, mithin eine Tätigkeit, die einer öffentl.-rechtl. Körperschaft eigentümlich und vorbehalten ist. Damit soll sichergestellt werden, dass nur Aufwandsentschädigungen für die Wahrnehmung solcher Tätigkeiten stfrei bleiben, mit denen die öffentl. Hand ihren eigentlichen Aufgaben nachgeht.[12] Nr. 12 S. 2 stellt – anders als S. 1 – die Steuer-

---

1 BFH v. 23.8.1991 – VI B 44/91, BStBl. II 1991, 885; v. 11.9.2008 – VI R 63/04, BFH/NV 2008, 2018 (Abgeordnetenpauschale); vgl. allerdings: BVerfG v. 11.11.1998, 2 BvL 10/95, BStBl. II 1999, 502 = FR 1999, 254; *K/S/M*, § 3 Rn. A 780 f.; *Völlmeke*, NJW 1992, 1345.

2 BVerfG v. 26.7.2010 – 2 BvR 2227/08, 2 BvR 2228/08, StBW 2010, 721 = DStRE 2010, 1058.

3 BFH v. 17.10.2012 – VIII R 57/09, BStBl. II 2013, 799 = FR 2013, 517.

4 BGBl. I 2014, 1266.

5 BT-Drucks. 18/1995, 114.

6 BFH v. 7.8.1986 – IV R 228/82, BStBl. II 1986, 848; v. 1.4.1971 – IV 113/65, BStBl. II 1971, 519 (521) = FR 1972, 130; zur Beschränkung auf inländ. Kassen: BFH v. 3.12.1982 – VI R 84/79, BStBl. II 1983, 219 (220) = FR 1983, 203; zur Kritik an dieser Definition: *K/S/M*, § 3 Rn. B 12/67 ff.; vgl auch FG Nürnb. v. 8.6.2017 – 4 K 334/16, EFG 2018, 355 (NZB VI B 75/17).

7 BFH v. 29.11.2006 – VI R 3/04, BStBl. II 2007, 308 = FR 2007, 498 m. Anm. *Bergkemper* mwN; FG Berlin-Bdbg. v. 19.3.2008 – 12 K 2459/05 B, EFG 2008, 1100 (1101).

8 FG Berlin-Bdbg. v. 22.6.2011 – 12 K 12068/11, EFG 2012, 500.

9 BVerfG v. 11.11.1998 – 2 BvL 10/95, BStBl. II 1999, 502 = FR 1999, 254; **aA** BFH v. 29.11.2006 – VI R 3/04, BStBl. II 2007, 308 = FR 2007, 498 m. Anm. *Bergkemper*.

10 BFH v. 20.12.1972 – VI R 309/68, BStBl. II 1973, 401 (402); v. 31.1.1975 – VI R 171/74, BStBl. II 1975, 563 (565); v. 19.1.1990 – VI R 42/86, BStBl. II 1990, 679 = FR 1990, 485; FG Berlin-Bdbg. v. 19.3.2008 – 12 K 2459/05 B, EFG 2008, 1100 (1101).

11 BFH v. 13.8.1971 – VI R 391/69, BStBl. II 1971, 818; SchlHol. FG v. 3.3.2011 – 3 K 180/09, EFG 2011, 2129 mwN.

12 BFH v. 27.8.2013 – VIII R 34/11, BStBl. II 2014, 248 = FR 2014, 188 (Versorgungswerk).

befreiung unter den Vorbehalt **„soweit nicht festgestellt wird**, dass sie für Verdienstausfall oder Zeitverlust gewährt werden oder den Aufwand offenbar übersteigen". Nr. 12 S. 2 schränkt die Steuerbefreiung damit in Richtung auf den WK-Begriff ein, bewirkt jedoch nicht, dass iErg. nur WK-Ersatz stfrei wäre.[1] Der BFH hat in der Vergangenheit versucht, den verfassungsrechtl. Bedenken gegen Nr. 12 Rechnung zu tragen und die Besserstellung der Empfänger v. Bezügen aus öffentl. Kassen darauf zu beschränken, dass bei der Nachprüfung, ob die Erstattungen BA oder WK abdecken, nicht „kleinlich" verfahren werden dürfe.[2] Es sei nicht zu prüfen, welche Aufwendungen dem einzelnen StPfl. entstanden seien, sondern ob Personen in gleicher dienstlicher Stellung im Durchschnitt der Jahre Aufwendungen etwa in der Höhe der Aufwandsentschädigung erwachsen.[3] Nach der Rspr. des BVerfG scheidet diese Lösung aus.[4] Der Gesetzgeber sollte der Entscheidung des BVerfG Rechnung tragen und § 3 Nr. 12 streichen. Da eine Zahlung nur für den Zeitverlust die Steuerfreiheit ausschließt, besteht zB keine Steuerfreiheit für Entschädigungszahlungen nach § 41 Abs. 3 S. 2 SGB IV, da diese gerade als Zahlungen für den Zeitverlust vorgesehen sind.[5]

§ 3 Nr. 13 [Reisekostenvergütungen uÄ aus öffentlichen Kassen]

die aus öffentlichen Kassen gezahlten Reisekostenvergütungen, Umzugskostenvergütungen und Trennungsgelder. ²Die als Reisekostenvergütungen gezahlten Vergütungen für Verpflegung sind nur insoweit steuerfrei, als sie die Pauschbeträge nach § 9 Absatz 4a nicht übersteigen; Trennungsgelder sind nur insoweit steuerfrei, als sie die nach § 9 Absatz 1 Satz 3 Nummer 5 und Absatz 4a abziehbaren Aufwendungen nicht übersteigen;

Literatur: *Weber*, Die Reform des Reisekostenrechts: Auswirkungen auf die Erstattung von Reisekosten aus Sicht des Arbeitgebers, Beil. zu NWB 9/2013, 21.

33 § 3 Nr. 13 wurde durch das Gesetz zur Änderung und Vereinfachung der Unternehmensbesteuerung und des steuerlichen Reisekostenrechts v. 20.2.2013[6] neu gefasst. Es handelt sich bei den Änderungen der Nr. 13 im Wesentlichen um Folgeänderungen zu den Neuregelungen in § 9. Es sollen die Regelungen zum stfreien WK-Ersatz mit den Regelungen zum WK-Abzug korrespondieren.

33a **Nr. 13 Satz 1** erklärt die aus öffentlichen Kassen (vgl. Rn. 32) gezahlten **Reisekostenvergütungen, Umzugskostenvergütungen und Trennungsgelder** für stfrei. Der Begriff der „Reisekosten" ist allerdings nunmehr iSd. Neuregelung des § 9 Abs. 1 Satz 3 Nr. 4a zu verstehen als Aufwendungen für beruflich veranlasste Fahrten, die nicht Fahrten zw. Wohnung und erster Tätigkeitsstätte sowie keine Familienheimfahrten sind[7] (zum Begriff der Reisekosten vgl. auch § 9 Rn. 45). Entspr. gilt für den Begriff der Trennungsgelder nach Änderung der Regelungen für die doppelte Haushaltsführung in § 9.

33b In **Nr. 13 Satz 2, 1. HS** werden die als Reisekostenvergütungen gezahlten Vergütungen für **„Verpflegung"** nur für stfrei erklärt, soweit sie die Pauschbeträge nach § 9 Abs. 4a nicht übersteigen. Bisher wurden die Vergütungen für „Verpflegungsmehraufwendungen" befreit. Die Neufassung fragt nicht mehr danach, ob die Vergütungen für Mehraufwendungen gezahlt werden, dh. für Aufwendungen, welche die Beträge übersteigen, die ohne die Reise angefallen wären. Allerdings spricht der Gesetzgeber in § 9 Abs. 4a weiterhin von „Mehraufwendungen … für die Verpflegung". In Nr. 13 Satz 2, 1. HS wurde außerdem die Verweisung auf die Pauschbeträge nach § 4 Abs. 5 Satz 1 Nr. 5 durch die Verweisung auf die **„Pauschbeträge nach § 9 Abs. 4a"** ersetzt. Diese Änderung trägt dem Umstand Rechnung, dass bisher der Abzug von Verpflegungsmehraufwendungen in § 4 Abs. 5 Satz 1 Nr. 5 geregelt war, dh. im Bereich der BA, und diese Regelung über den Verweis in § 9 Abs. 5 auch iRd. WK anwendbar war, nunmehr aber die Reisekosten umfassend in § 9 geregelt sind und ein Verweis auf diese Regelung in § 4 Abs. 5 Satz 1 Nr. 5 aufgenommen wurde. Durch den Verweis in Nr. 13 Satz 2, 1. HS auf § 9 Abs. 4a nF wurde aber nicht nur der Verlagerung der Regelung von § 4 Abs. 5 Satz 1 Nr. 5 nach § 9 Abs. 4a Rechnung getragen, sondern zugleich der mate-

1 *K/S/M*, § 3 Rn. B 12/96; *Bergkemper*, FR 1999, 517.
2 BFH v. 9.7.1992 – IV R 7/91, BStBl. II 1993, 50 (51) mwN; vgl. auch R 3.12 Abs. 2 S. 4 LStR 2008; FG SachsAnh. v. 15.1.2002 – 4 K 30368/99, EFG 2002, 744; FG Düss. v. 18.10.2002 – 8 K 1803/02 E, EFG 2005, 937; FG Berlin v. 3.4. 2006 – 2 B 2460/05, EFG 2006, 1251; FG Hess. v. 24.6.2013 – 3 K 2837/11, EFG 2013, 1820 (rkr.).
3 BFH v. 13.10.2006 – XI B 129/05, juris; vgl. auch FG Thür. v. 13.9.2017 – 3 K 170/17, EFG 2018, 543 (Rev. VIII R 5/18).
4 BVerfG v. 11.11.1998 – 2 BvL 10/95, BStBl. II 1999, 502 = FR 1999, 254; bereits: *K/S/M*, § 3 Rn. B 12/101 ff.
5 FG Nürnb. v. 6.10.2017 – 4 K 858/16, EFG 2018, 198 (rkr.).
6 BGBl. I 2013, 285.
7 Ausf. *K/S/M*, § 3 Nr. 13 Rn. B 13/56.

riell neue Inhalt des § 9 Abs. 4a korrespondierend in die Regelung zum stfreien WK-Ersatz übernommen, zB die Ersetzung der dreistufigen Staffelung durch eine zweistufige Staffelung oder die Neuberechnung der Dreimonatsfrist.

In **Nr. 13 Satz 2, 2. HS** wurde betr. die Zahlung von **Trennungsgeldern** die bisherige **Verweisung auf § 9 Abs. 1 Satz 3 Nr. 5** beibehalten. Diese Verweisung hat durch die Neuregelung der steuerlichen Berücksichtigung einer doppelten Haushaltsführung in § 9 Abs. 1 Satz 3 Nr. 5 jedoch einen völlig neuen Inhalt erhalten (zu der Neufassung von § 9 Abs. 1 Satz 3 Nr. 5: § 9 Rn. 102). Ebenso wie in Nr. 13 Satz 2, 1. HS wurde auch in Nr. 13 Satz 2, 2. HS für Trennungsgelder die Verweisung auf § 4 Abs. 5 Satz 1 Nr. 5 durch die **Verweisung auf § 9 Abs. 4a** und die dorthin übernommene und neu gestaltete Regelung über Pauschalen für Verpflegungsmehraufwendungen ersetzt. 33c

§ 3 Nr. 14 [Krankenversicherungszuschüsse an Rentner]

Zuschüsse eines Trägers der gesetzlichen Rentenversicherung zu den Aufwendungen eines Rentners für seine Krankenversicherung und von dem gesetzlichen Rentenversicherungsträger getragene Anteile (§ 249a des Fünften Buches Sozialgesetzbuch) an den Beiträgen für die gesetzliche Krankenversicherung;

Nr. 14, 1. Alt. soll eine **Vereinfachung** erreichen. Es soll eine stl. Erfassung des (an freiwillig oder privat Versicherte gezahlten) Zuschusses und der Abzug des mit dem Zuschuss geleisteten Krankenversicherungsbeitrags als SA erübrigt werden. Nr. 14, 2. Alt. wurde durch das JStG 2009 eingeführt und soll klarstellen, dass auch bei in der gesetzlichen Krankenversicherung pflichtversicherten Rentnern die Beitragsanteile, die der Träger der gesetzlichen Rentenversicherung trägt, unter die Steuerbefreiungsvorschrift des Nr. 14 fallen. 34

§ 3 Nr. 15 [Fahrtkostenzuschüsse des Arbeitgebers][1]

[1]Zuschüsse des Arbeitgebers, die zusätzlich zum ohnehin geschuldeten Arbeitslohn zu den Aufwendungen des Arbeitnehmers für Fahrten mit öffentlichen Verkehrsmitteln im Linienverkehr (ohne Luftverkehr) zwischen Wohnung und erster Tätigkeitsstätte und nach § 9 Absatz 1 Satz 3 Nummer 4a Satz 3 sowie für Fahrten im öffentlichen Personennahverkehr gezahlt werden. [2]Das Gleiche gilt für die unentgeltliche oder verbilligte Nutzung öffentlicher Verkehrsmittel im Linienverkehr (ohne Luftverkehr) für Fahrten zwischen Wohnung und erster Tätigkeitsstätte und nach § 9 Absatz 1 Satz 3 Nummer 4a Satz 3 sowie für Fahrten im öffentlichen Personennahverkehr, die der Arbeitnehmer auf Grund seines Dienstverhältnisses zusätzlich zum ohnehin geschuldeten Arbeitslohn in Anspruch nehmen kann. [3]Die nach den Sätzen 1 und 2 steuerfreien Leistungen mindern den nach § 9 Absatz 1 Satz 3 Nummer 4 Satz 2 abziehbaren Betrag;

§ 3 Nr. 34 aF enthielt bereits eine § 3 Nr. 15 nF ähnliche Regelung. § 3 Nr. 34 aF wurde durch das StandOG v. 13.9.1993[2] eingeführt und befreite ArbG-Leistungen (Zuschüsse und Sachbezüge) für Fahrten zw. Wohnung und Arbeitsstätte mit öffentl. Verkehrsmitteln im Linienverkehr. Diese Regelung wurde jedoch durch das HBeglG v. 29.12.2003[3] aufgehoben. Das **G zur Vermeidung von Umsatzsteuerausfällen beim Handel mit Waren im Internet und zur Änderung weiterer stl. Vorschriften** v. 11.12.2018[4] hat die Befreiung von ArbG-Leistungen zu den Aufwendungen für die Nutzung öffentl. Verkehrsmittel im Linienverkehr zw. Wohnung und erster Tätigkeitsstätte wieder eingeführt und zugleich auf private Fahrten im öffentl. Personennahverkehr erweitert. 35

§ 3 Nr. 15 enthält eine **konstitutive Steuerbefreiung**. ArbG-Leistungen für Fahrten zw. Wohnung und erster Tätigkeitsstätte iSv. § 9 Abs. 4 sowie Fahrten nach § 9 Abs. 1 S. 3 Nr. 4a S. 3 zählen – ebenso wie sonstige Fahrten im öffentl. Personennahverkehr – zum stpfl. Arbeitslohn. Diese konnten bisher nur iRd. 35a

---

1 In § 3 wurde mWv. 1.1.2019 Nummer 15 eingefügt (G zur Vermeidung von Umsatzsteuerausfällen beim Handel mit Waren im Internet und zur Änderung weiterer stl. Vorschriften v. 11.12.2018, BGBl. I 2018, 2338).
2 BGBl. I 1993, 1569.
3 BGBl. I 2003, 3076.
4 BGBl. I 2018, 2338.

§ 8 Abs. 2 Satz 11 bis zu der Freigrenze von 44 Euro außer Ansatz bleiben, wobei für die Einhaltung der Freigrenze auch alle anderen Sachbezüge zu berücksichtigen waren.[1]

35b § 3 Nr. 15 wurde eingeführt mit dem **Ziel**, ArbN verstärkt zur Nutzung öffentl. Verkehrsmittel im Linienverkehr zu veranlassen und die durch den motorisierten Individualverkehr entstehenden Umwelt- und Verkehrsbelastungen sowie den Energieverbrauch zu senken. Die ArbN erhalten einen Anreiz zur Nutzung öffentl. Verkehrsmittel auf dem Weg zur Arbeit. Die zeitlich uneingeschränkte Nutzung des öffentl. Personennahverkehrs – so die Gesetzesbegründung – biete daneben die größtmögliche Mobilität und Flexibilität in der Freizeit.[2] Die Steuerbefreiung entlaste auch den ArbG. Es werde die häufig genutzte Pauschalbesteuerung nach § 40 Abs. 2 S. 2 hinfällig und es entfalle die Einbeziehung in die Prüfung der 44-Euro-Grenze.[3]

35c **§ 3 Nr. 15 Satz 1** befreit **„Zuschüsse"** des ArbG zu den Aufwendungen des ArbN. Gemeint ist damit die finanzielle Beteiligung des ArbG an den Aufwendungen zum Erwerb von Fahrausweisen (Einzel- oder Zeitkarten). Stfrei ist auch die vollständige Übernahme der Aufwendungen. Zwar setzt der Begriff des Zuschusses dem Wortlaut nach eine verbleibende Eigenleistung voraus. Andererseits wäre jedoch die Forderung nach einem minimalen Eigenanteil unverständlich und befreit § 3 Nr. 15 S. 2 nicht nur die verbilligte, sondern auch die unentgeltliche Nutzung. Die Zuschüsse müssen **zusätzlich zum ohnehin geschuldeten Arbeitslohn** erbracht werden. Allerdings ist es gerade im Fall des § 3 Nr. 15 möglich, die Zuschüsse anstelle einer Gehaltserhöhung zu gewähren (ausf. zu dieser Tatbestandsvoraussetzung in § 3 Nr. 33 Rn. 62). Die Zuschüsse müssen **zu den Aufwendungen des ArbN für Fahrten** zw. Wohnung und Tätigkeitsstätte mit öffentl. Verkehrsmitteln im Linienverkehr gezahlt werden. Dies bedeutet, dass dem ArbN tatsächlich Aufwendungen für Fahrten mit öffentl. Verkehrsmitteln im Linienverkehr entstanden sein müssen und der ArbG diese bezuschusst hat. § 3 Nr. 15 S. 1 begünstigt Zuschüsse zu **Fahrten zw. Wohnung und erster Tätigkeitsstätte** und Fahrten nach § 9 Abs. 1 S. 3 Nr. 4a S. 3. Zu den Fahrten nach § 9 Abs. 1 S. 3 Nr. 4a S. 3 zählen Fahrten zu einem weiträumigen Tätigkeitsgebiet oder Fahrten zu einem vom ArbG dauerhaft festgelegten Sammelpunkt (zB Busdepot oder Fährhafen).[4] Die Steuerfreiheit besteht allerdings auch dann, wenn der bezuschusste Fahrausweis auch für andere, private Fahrten genutzt werden kann.[5] Die Fahrten müssen **mit öffentl. Verkehrsmitteln im Linienverkehr** durchgeführt werden, also mit Verkehrsmitteln wie Bahnen, Bussen, Schiffen und auch Flugzeugen, die nach festem Fahrplan verkehren. Die Steuerfreiheit von Leistungen für die Nutzung eines Taxis wird durch die Worte „im Linienverkehr" ausgeschlossen.[6] Durch den Klammerzusatz („ohne Luftverkehr") wird klargestellt, dass Zuschüsse zur Nutzung eines Flugzeugs – entspr. der Regelung in § 9 Abs. 1 S. 3 Nr. 4 S. 3 – nicht befreit werden.[7] Anders als von § 3 Nr. 34 aF werden von § 3 Nr. 15 S. 1 auch Zuschüsse zu Aufwendungen für private **„Fahrten im öffentlichen Personennahverkehr"** befreit. Es soll die entspr. Mobilität in der Freizeit gefördert werden. Allerdings wird nur die Nutzung im öffentlichen Personennahverkehr gefördert, nicht die Nutzung öffentlicher Verkehrsmittel außerhalb des öffentlichen Personennahverkehrs, die bei den Fahrten zwischen Wohnung und Tätigkeitsstätte ebenfalls begünstigt ist. „Öffentlicher Personennahverkehr" meint den Personenverkehr als Teil des öffentl. Verkehrs iRd. Grundversorgung auf Straßen, Schienen und zu Wasser im Nahbereich.

35d Nach **§ 3 Nr. 15 Satz 2** ist auch die unentgeltliche oder verbilligte Nutzung öffentl. Verkehrsmittel im Linienverkehr für Fahrten zw. Wohnung und erster Tätigkeitsstätte und nach § 9 Abs. 1 S. 3 Nr. 4a S. 3 sowie zu Fahrten im öffentl. Personennahverkehr, die der ArbN aufgrund seines Dienstverhältnisses zusätzlich zum ohnehin geschuldeten Arbeitslohn in Anspr. nehmen kann, befreit. Eine **unentgeltliche oder verbilligte Nutzung** öffentl. Verkehrsmittel aufgrund des Dienstverhältnisses liegt vor allem bei den sog. Job-Tickets vor. Diese kann der ArbN aufgrund seines Dienstverhältnisses in Anspr. nehmen. Der ArbG erbringt jedoch keine finanziellen Leistungen an den ArbN, sondern schließt ein Abkommen mit einem Dritten (Verkehrbetrieb) ab, aufgrund dessen dieser die Fahrausweise zu ermäßigten Preisen überlässt. Unter § 3 Nr. 15 S. 2 fallen außerdem die Fälle, in denen der ArbG selbst die Fahrausweise unentgeltlich oder verbilligt zur Verfügung stellt, nachdem er sie zuvor zu einem höheren Tarif erworben hat.[8] Ferner wird die unentgeltliche oder verbilligte Nutzung öffentlicher Verkehrsmittel durch die bei den Verkehrsbetrieben beschäftigten ArbN geregelt. Der ArbN muss die verbilligte Nutzung **zusätzlich zum ohnehin geschuldeten Arbeitslohn** in Anspr. nehmen können. Dieser Voraussetzung dürfte zumindest bei den sog. Job-Tickets keine praktische Bedeutung zukommen.

---

1 BR-Drucks. 372/18 (Beschl.), 5.
2 BR-Drucks. 372/18 (Beschl.), 6.
3 BR-Drucks. 372/18 (Beschl.), 6.
4 BR-Drucks. 372/18 (Beschl.), 5.
5 So zu § 3 Nr. 34 aF: FinMin. NRW, DB 2001, 232.
6 BR-Drucks. 372/18 (Beschl.), 6.
7 Vgl. BT-Drucks. 19/5595, 16.
8 BT-Drucks. 12/5016, 85.

Nach **§ 3 Nr. 15 S. 3** mindern die nach § 3 Nr. 15 S. 1 und 2 stfreien Leistungen den nach § 9 Abs. 1 S. 3 Nr. 4 S. 2 abziehbaren Betrag, dh. die Entfernungspauschale. Diese Anrechnung soll eine systemwidrige Überbegünstigung ggü. ArbN verhindern, die die betr. Aufwendungen selbst aus ihrem versteuerten Einkommen bezahlen.[1] In dem Gesetzentwurf der BReg. war zunächst vorgesehen, dass die nach § 3 Nr. 15 stfreien Zuschüsse und Sachbezüge die Entfernungspauschale nicht mindern sollten. Nach der Gesetzesbegr. sollte diese – systemfremde – doppelte Begünstigung dem Ziel der verstärkten Nutzung öffentl. Verkehrsmittel im Linienverkehr dienen.[2] 35e

§ 3 Nr. 16 [Reisekostenvergütungen uÄ in der Privatwirtschaft]

die Vergütungen, die Arbeitnehmer außerhalb des öffentlichen Dienstes von ihrem Arbeitgeber zur Erstattung von Reisekosten, Umzugskosten oder Mehraufwendungen bei doppelter Haushaltsführung erhalten, soweit sie die nach § 9 als Werbungskosten abziehbaren Aufwendungen nicht übersteigen;

Literatur: *Weber*, Die Reform des Reisekostenrechts: Auswirkungen auf die Erstattung von Reisekosten aus Sicht des Arbeitgebers, Beil. zu NWB 9/2013, 21.

Nr. 16 wurde durch das **Gesetz zur Änderung und Vereinfachung der Unternehmensbesteuerung und des steuerlichen Reisekostenrechts** v. 20.2.2013[3] neu gefasst. Es handelt sich um eine Folgeänderung zu der Neuregelung von § 9. Der Gesetzgeber hat die Verweisung in Nr. 16 aF auf die Verpflegungspauschbeträge in § 4 Abs. 5 Satz 1 Nr. 5 entfallen lassen, da diese Regelungen in § 9 Abs. 4a übernommen und dort neu gestaltet wurden. Zugleich hat er die Regelung der Nr. 16 erheblich vereinfacht und klarer formuliert. Bisher waren Vergütungen zur Erstattung von Reisekosten, Umzugskosten oder Mehraufwendungen wegen doppelter Haushaltsführung stfrei, soweit sie die beruflich veranlassten Mehraufwendungen nicht überstiegen. Darüber hinaus wurde die Steuerbefreiung bei Verpflegungsmehraufwand durch den Verweis auf die Verpflegungspauschbeträge, bei Familienheimfahrten durch den Verweis auf die Pauschbeträge nach § 9 Abs. 1 Satz 3 Nr. 4 und bei doppelter Haushaltsführung allg. durch Verweis auf die Regelungen des § 9 Abs. 1 Satz 3 Nr. 5 und Abs. 5 sowie § 4 Abs. 5 Satz 1 Nr. 5 eingeschränkt. Der Gesetzgeber hat nunmehr einfacher und wesentlich klarer geregelt, dass Vergütungen zur Erstattung von Reisekosten, Umzugskosten oder von Mehraufwendungen bei doppelter Haushaltsführung stfrei sind, soweit sie die nach § 9 als WK abziehbaren Aufwendungen nicht übersteigen. Aufwendungen, die der ArbN als WK abziehen kann, kann der ArbG (im Bereich der Reisekosten, Umzugskosten oder bei doppelter Haushaltsführung) stfrei erstatten.[4] 36

Der Gesetzgeber knüpft bei den Tatbestandsmerkmalen Reisekosten, Umzugskosten und Mehraufwendungen wegen doppelter Haushaltsführung dem Wortlaut nach nicht an § 9 an, sondern verweist nur hinsichtlich der Höhe der stfrei erstattungsfähigen Beträge auf § 9. Er verwendet zudem mit dem Begriff der Reisekosten einen Begriff, der sich so nicht in § 9 findet. Dennoch ist davon auszugehen, dass auch insoweit eine korrespondierende Regelung zu § 9 getroffen werden sollte. Aufwendungen, die der ArbN als WK abziehen kann, soll der ArbG stfrei erstatten können. Der Begriff der **Reisekosten** ist dementspr. iSd. Neuregelung des § 9 Abs. 1 Satz 3 Nr. 4a als Aufwendungen für beruflich veranlasste Fahrten zu verstehen, die nicht Fahrten zw. Wohnung und erster Tätigkeitsstätte sowie keine Familienheimfahrten sind. **Umzugskosten** können stfrei erstattet werden, wenn es sich um einen beruflich veranlassten Umzug handelt. Ob **Mehraufwendungen bei doppelter Haushaltsführung** vorliegen, ergibt sich aus den Regelungen des § 9. Nach einem BMF-Schr. v. 30.9.2013 soll der ArbG bei ArbN in den Steuerklassen III, IV oder V weiterhin ohne Weiteres unterstellen dürfen, dass sie einen eigenen Hausstand haben, an dem sie sich finanziell beteiligen. Bei anderen ArbN soll der ArbG einen eigenen Hausstand nur dann annehmen dürfen, wenn sie eine entspr. schriftliche Erklärung vorlegen. Die Kosten der Zweitwohnung am Ort der ersten Tätigkeitsstätte im Inland soll der ArbG weiterhin nach R 9.11 Abs. 10 Satz 7 Nr. 3 LStR 2013 stfrei erstatten dürfen.[5] 37

Einstweilen frei. 38–39

1 BT-Drucks. 19/5595, 82.
2 BR-Drucks. 372/18 (Beschl.), 6.
3 BGBl. I 2013, 285.
4 Zur Qualifizierung von Mitnahmepauschalen (= kein WK-Ersatz): FG RhPf. v. 8.11.2016 – 3 K 2578/14, EFG 2016, 2035 (rkr.).
5 BMF v. 30.9.2013, BStBl. I 2013, 1279 Rz. 102.

§ 3 Nr. 17 [Beitragszuschüsse nach § 32 ALG]

Zuschüsse zum Beitrag nach § 32 des Gesetzes über die Alterssicherung der Landwirte;

40 Landwirtschaftliche Unternehmer erhalten gem. § 32 ALG eine Entlastung v. ihren Beiträgen zur landwirtschaftlichen SozVers. Diese Beitragszuschüsse werden ebenso befreit wie zB die Leistungen des ArbG für die Zukunftssicherung des ArbN.

§ 3 Nr. 18 [Aufgeld für betriebliche Darlehen an die Lastenausgleichsbank]

das Aufgeld für ein an die Bank für Vertriebene und Geschädigte (Lastenausgleichsbank) zugunsten des Ausgleichsfonds (§ 5 des Lastenausgleichsgesetzes) gegebenes Darlehen, wenn das Darlehen nach § 7f des Gesetzes in der Fassung der Bekanntmachung vom 15. September 1953 (BGBl. I S. 1355) im Jahr der Hingabe als Betriebsausgabe abzugsfähig war;

41 Bei diesen Darlehen konnte die Darlehenshingabe als BA abgesetzt werden, die Tilgungsbeträge waren als BE zu erfassen. Die Darlehen waren unverzinslich, und es wurden lediglich – die für stfrei erklärten – Aufgelder gezahlt.

§ 3 Nr. 19

(weggefallen)

42 *Benutzerhinweis: Nr. 19 wurde durch das StVereinfG 2011 v. 1.11.2011*[1] *aufgehoben, da das EntschädigungsG zum 31.12.1992 außer Kraft getreten ist. Nach § 3 Abs. 2 des Gesetzes über die Heimkehrerstiftung v. 21.12.1992 können allerdings weiterhin an ehemalige Kriegsgefangene auch Leistungen zur Minderung von Nachteilen in der gesetzlichen Rentenversicherung gewährt werden (Rentenzusatzleistungen). § 52 Abs. 4a S. 4 bestimmt deshalb, dass auf diese fortlaufenden Leistungen nach dem G über die Heimkehrerstiftung Nr. 19 in der bisherigen Fassung weiter anzuwenden ist.*[2]

§ 3 Nr. 20 [Zuwendungen aus Mitteln des Bundespräsidenten]

die aus öffentlichen Mitteln des Bundespräsidenten aus sittlichen oder sozialen Gründen gewährten Zuwendungen an besonders verdiente Personen oder ihre Hinterbliebenen;

43 Dem Zuwendungsmotiv widerspräche es, wenn die Leistungsempfänger wiederum zur Finanzierung der Belange der Gemeinschaft herangezogen würden.

44–45 Einstweilen frei.

§ 3 Nr. 21

(weggefallen)

§ 3 Nr. 22

(weggefallen)

1 BGBl. I 2011, 2131.
2 BT-Drucks. 17/5125, 34.

§ 3 Nr. 23 [Leistungen an Verfolgte]

die Leistungen nach dem Häftlingshilfegesetz, dem Strafrechtlichen Rehabilitierungsgesetz, dem Verwaltungsrechtlichen Rehabilitierungsgesetz, dem Beruflichen Rehabilitierungsgesetz und dem Gesetz zur strafrechtlichen Rehabilitierung der nach dem 8. Mai 1945 wegen einvernehmlicher homosexueller Handlungen verurteilten Personen;

Nr. 23 befreit Leistungen an Pers., die nach 1945 aus politischen Gründen in Gebieten außerhalb der Bundesrepublik in Gewahrsam genommen wurden, und an Pers., die in der Zeit v. 1945–1990 im Beitrittsgebiet verfolgt wurden. Durch das StrRehaHomG v. 17.7.2017[1] wurde die Befreiung nach Nr. 23 auf die Leistungen nach dem StrRehaHomG ausgedehnt. Dieses Gesetz sieht vor, dass diejenigen, die wg. einvernehmlicher sexueller Handlungen als Täter verurteilt wurden, rehabilitiert werden, indem die strafgerichtlichen Urt. aufgehoben werden. Außerdem sieht § 5 des G eine Entschädigung von 3 000 Euro je aufgehobenes Urt. und 1 500 Euro je angefangenes Jahr erlittener Freiheitsentziehung vor. Die Entschädigungsleistungen sind nach der Gesetzesbegründung analog den Leistungen nach dem HäftlingshilfeG, dem Strafrechtlichen, dem Verwaltungsrechtlichen und dem Beruflichen RehabilitierungsG steuerbefreit. Hiermit sollte sichergestellt werden, dass die Entschädigungsbeträge den Rehabilitierten für die Zwecke zur Verfügung stehen, für die sie bestimmt sind, nämlich als Genugtuung für die erlittene Verurteilung und den Freiheitsentzug.[2] 46

§ 3 Nr. 24 [Kindergeld]

Leistungen, die auf Grund des Bundeskindergeldgesetzes gewährt werden;

Seit der Regelung in §§ 62–78 wird Kindergeld nach dem BKGG nur noch an bestimmte beschränkt estpfl. Pers. sowie Pers., die Kindergeld für sich selbst erhalten, gezahlt. Die ausdrückliche Steuerbefreiung wurde wieder eingeführt, da das Kindergeld nach dem BKGG nicht als Steuervergütung, sondern als Sozialleistung durch die Arbeitsverwaltung gewährt wird. 47

§ 3 Nr. 25 [Entschädigungen nach dem Infektionsschutzgesetz]

Entschädigungen nach dem Infektionsschutzgesetz vom 20. Juli 2000 (BGBl. I S. 1045);

Entschädigungen werden an Pers. gezahlt, die als Träger v. Krankheitserregern Verboten in der Ausübung ihrer Erwerbstätigkeit unterworfen werden. Daneben sieht das Infektionsschutzgesetz Anspr. bei Impfschäden und der Vernichtung oder Beschädigung v. Gegenständen vor. 48

§ 3 Nr. 26 [Freibetrag zur Förderung gemeinnütziger Tätigkeiten]

Einnahmen aus nebenberuflichen Tätigkeiten als Übungsleiter, Ausbilder, Erzieher, Betreuer oder vergleichbaren nebenberuflichen Tätigkeiten, aus nebenberuflichen künstlerischen Tätigkeiten oder der nebenberuflichen Pflege alter, kranker oder behinderter Menschen im Dienst oder im Auftrag einer juristischen Person des öffentlichen Rechts, die in einem Mitgliedstaat der Europäischen Union, in einem Staat, auf den das Abkommen über den Europäischen Wirtschaftsraum Anwendung findet, oder in der Schweiz belegen ist, oder einer unter § 5 Absatz 1 Nummer 9 des Körperschaftsteuergesetzes fallenden Einrichtung zur Förderung gemeinnütziger, mildtätiger und kirchlicher Zwecke (§§ 52 bis 54 der Abgabenordnung) bis zur Höhe von insgesamt 2 400 Euro im Jahr. [2]Überschreiten die Einnahmen für die in Satz 1 bezeichneten Tätigkeiten den steuerfreien Betrag, dürfen die mit den nebenberuflichen Tätigkeiten in unmittelbarem wirtschaftlichen Zusammenhang stehenden Ausgaben abweichend von § 3c nur insoweit als Betriebsausgaben oder Werbungskosten abgezogen werden, als sie den Betrag der steuerfreien Einnahmen übersteigen;

1 BGBl. I 2017, 2443 (2445).
2 BT-Drucks. 18/12038, 25.

Literatur: *Bender*, Die Nebenberuflichkeit nach § 3 Nr. 26 und § 3 Nr. 26a EStG, DStR 2015, 2257; *Fuchs*, Steuerliche Behandlung nebenberuflicher Tätigkeiten für einen Verein, GStB 2006, 272; *Heffinger*, Bedeutung des § 3 Nr. 26 Satz 2 EStG im Verhältnis zu § 3c Abs. 1 EStG, DStZ 2018, 433; *Jochum*, Privilegierung der Einnahmen aus nebenberuflicher Tätigkeit im Bereich der wissenschaftlichen Ausbildung und Prüfung, NJW 2002, 1983; *Krebbers*, Stärkt das Ehrenamtsstärkungsgesetz das Ehrenamt? – Steuerliche Änderungen im Gemeinnützigkeits- und Zuwendungsrecht, BB 2013, 2071; *Myßen*, Ehrenamt und Steuerrecht unter besonderer Berücksichtigung der Neuregelung der sog. Übungsleiterpauschale – Teil II, INF 2000, 168; *Obermair*, Abzug von Ausgaben bei steuerfreien Einnahmen als Übungsleiter, DStR 2016, 1583.

49 Nr. 26 S. 1 enthält eine Freibetragsregelung, die Einnahmen für die in S. 1 genannten Tätigkeiten bis zur Höhe v. insgesamt 2 400 Euro befreit.[1] § 3 Nr. 26 kommt allerdings nur zur Anwendung, wenn die Tätigkeit mit Überschusserzielungsabsicht ausgeübt wird. An dieser fehlt es, wenn die Einnahmen lediglich dazu dienen, in pauschalierender Weise die Selbstkosten zu decken. Die Prüfung der Überschusserzielungsabsicht ist insbes. dann notwendig, wenn die Ausgaben die Einnahmen deutlich übersteigen.[2] Zentrales Tatbestandsmerkmal ist die Voraussetzung, dass eine **„Tätigkeit zur Förderung gemeinnütziger, mildtätiger oder kirchlicher Zwecke"** vorliegt. Diese Tatbestandsvoraussetzung ist zwar hinter der Voraussetzung „im Dienst oder Auftrag einer … Einrichtung" platziert, beschreibt jedoch nicht die Körperschaft, sondern ist selbständiges Tatbestandsmerkmal. Nr. 26 ist eine Vorschrift zur Förderung gemeinnütziger Tätigkeit und nicht – zumindest nicht primär – eine Vorschrift zur Förderung v. gemeinnützigen Zwecken dienenden Körperschaften.[3] Zur Bestimmung des Inhalts der Begriffe „gemeinnützig", „mildtätig" und „kirchlich" verweist § 3 Nr. 26 ausdrücklich auf die §§ 52–54 AO.[4] Die v. § 3 Nr. 26 begünstigte Tätigkeit muss **für eine jurist. Pers. des öffentl. Rechts … oder eine unter § 5 Abs. 1 Nr. 9 KStG fallende Einrichtung** und damit für Organisationen erbracht werden, die – zumindest, soweit es sich um inländ jurist. Pers. oder nach § 5 Abs. 1 Nr. 9 KStG befreite Körperschaften handelt – nach § 10b spendenempfangsberechtigt sind. Diese Voraussetzung ist Folge der gesetzgeberischen Grundentscheidung für die gemeinnützige Tätigkeit v. KSt-Subjekten als Gegenstand der gemeinnützigkeitsabhängigen Steuervergünstigungen. Das JStG 2009 v. 19.12.2008 hat der Entscheidung des EuGH v. 18.12.2007[5] Rechnung getragen und lässt, nachdem bis dahin eine Tätigkeit für eine „inländische" jurist. Pers. des öffentl. Rechts vorausgesetzt wurde, auch eine Tätigkeit für eine jurist. Pers. des öffentl. Rechts, die in einem Mitgliedstaat der EU oder in einem Staat belegen ist, auf den das Abkommen über den EWR Anwendung findet, ausreichen. Das G zur Vermeidung von Umsatzsteuerausfällen beim Handel mit Waren im Internet und zur Änderung weiterer stl. Vorschriften v. 11.12.2018[6] hat die Tätigkeit für eine jur. Pers. des öffentl. Rechts einbezogen, die in der Schweiz belegen ist. Der Gesetzgeber hat damit die Entsch. des EuGH v. 21.9.2016 in der Sache Radgen umgesetzt. Der EuGH hatte beanstandet, dass für eine Lehrtätigkeit im Dienst einer in der Schweiz ansässigen jur. Pers. des öffentl. Rechts keine Steuerbefreiung gewährt wurde.[7] § 3 Nr. 26 ist in der neuen Fassung nach § 52 Abs. 4 S. 4 in allen offenen Fällen anzuwenden. Die Formulierung **„im Dienst oder im Auftrag"** weist darauf hin, dass die Tätigkeit selbständig oder unselbständig geleistet werden kann und Einkünfte aus selbständiger Tätigkeit, nichtselbständiger Arbeit und aus GewBetr. befreit werden.

50 Nr. 26 verlangt, dass gerade die Tätigkeit, für welche die Aufwandsentschädigung gewährt wird, einen die Gemeinnützigkeit begründenden Inhalt hat (zB nicht: Reinigungsarbeiten, Buchführung). Dabei lassen sich drei Fallgruppen unterscheiden: 1. die Tätigkeit als Übungsleiter, Ausbilder, Erzieher, Betreuer oder eine vergleichbare Tätigkeit, 2. die künstlerische Tätigkeit und 3. die Pflege alter, kranker oder behinderter Menschen. Ein **Übungsleiter** leitet Übungen, in denen Menschen ihre Fähigkeiten selbst entwickeln.[8] Die Tätigkeit als **Ausbilder** beinhaltet die Vermittlung geistiger und leiblicher Fähigkeiten an andere Menschen durch Entwicklung bei ihnen vorhandener Anlagen.[9] Der **Erzieher** wirkt auf Menschen ein, um sie geistig und körperlich in Richtung auf ein bestimmtes Erziehungsziel zu formen. Mit der Aufnahme der Tätigkeit des **Betreuers** in den Katalog der Nr. 26 sollte derjenige begünstigt werden, der durch einen direkten päda-

---

1 Klarstellung durch StBereinG 1999 – vgl. BT-Drucks. 14/2035, 3; zur Fassung bis einschl. VZ 1999: BFH v. 30.1.1986 – IV R 247/84, BStBl. II 1986, 401 (402) = FR 1986, 360; v. 15.2.1990 – IV R 87/89, BStBl. II 1990, 686 = FR 1990, 544.

2 BFH v. 20.12.2017 – III R 23/15, DB 2018, 867= FR 2018, 564.

3 *K/S/M*, § 3 Rn. B 26/50 ff.

4 Zur Gemeinnützigkeit auch bei abgeschlossenem Personenkreis: BFH v. 26.3.1992 – IV R 71/91, BFH/NV 1993, 290.

5 EuGH v. 18.12.2007 – C-281/06, IStR 2008, 220.

6 BGBl. I 2018, 2338.

7 EuGH v. 21.9.2016 – Rs. C-478/15 – Radgen, ISR 2016, 439.

8 BFH v. 23.1.1986 – IV R 24/84, BStBl. II 1986, 398 = FR 1986, 356.

9 BFH v. 23.1.1986 – IV R 24/84, BStBl. II 1986, 398 = FR 1986, 356.

gogisch ausgerichteten persönlichen Kontakt auf die v. ihm betreute Pers. einwirkt.[1] Nach der Gesetzesbegründung muss auch die Tätigkeit eines Betreuers eine pädagogische Ausrichtung haben.[2] Ein ehrenamtlicher Versichertenberater fällt deshalb nicht in den Anwendungsbereich der Nr. 26.[3] Eine Tätigkeit ist den genannten Tätigkeiten **„vergleichbar"**, wenn sie wie diese eine pädagogische Ausrichtung hat, wenn auf andere Menschen durch persönlichen Kontakt Einfluss genommen wird, um auf diese Weise geistige und körperliche Fähigkeiten zu entwickeln und zu fördern[4] (zB: Arbeitsgemeinschaftsleiter,[5] Betreuer v. Ausländern oder Betreuer in Ferienlagern, Chorleiter,[6] Dirigent, Erste-Hilfe-Ausbilder, Ausbilder bei der Feuerwehr,[7] Jugendgruppenleiter, Jugendwart, Leiter der Außenstelle einer Volkshochschule,[8] Mannschaftsbetreuer, Prüfungsausschussmitglied,[9] Schwimmausbilder, Trainer, nicht: schriftstellerische Tätigkeit,[10] Hilfe im Sanitäts- oder Rettungsdienst,[11] Verfassen eines Rundfunkessays,[12] Diskussionsleiter,[13] Gerätewart, Hausmeister, Kassierer, Platzwart, Putzfrau, Schiedsrichter, Tierbetreuer, Pferdetrainer, Verbandsfunktionär, Vorstandsmitglied, Zeitschriftenvertreiber, Turnierrichter im Pferdesport,[14] zweifelh.: Korrekturassistent[15]). Eine **künstlerische Tätigkeit** ist eine eigenschöpferische Tätigkeit mit einer gewissen Gestaltungshöhe, die aufgrund einer persönlichen Begabung Gegenstände oder unkörperliche Gestaltungen hervorbringt.[16] Im Hinblick darauf, dass Nr. 26 nur eine nebenberufliche Tätigkeit erfasst und nur Einnahmen bis 2 400 Euro befreit, kann eine künstlerische Tätigkeit auch dann vorliegen, wenn sie die eigentliche künstlerische (Haupt-)Tätigkeit unterstützt und ergänzt, sofern sie Teil des gesamten künstlerischen Geschehens ist[17] (Statist;[18] nicht Trauerredner[19] oder Klavierstimmer[20]). Eine Pflege **„alter Menschen"** liegt vor, wenn bei jemandem, der älter als 64 Jahre ist, eine gesteigerte Hilfsbedürftigkeit gegeben ist, die nicht schon altersunabhängig auf eine konkrete Krankheit zurückzuführen ist. **„Krankheit"** wird definiert als jede mehr oder weniger schwer wiegende körperliche, geistige oder seelische Störung, die an bestimmten Symptomen erkennbar ist. Begünstigt sind auch Sofortmaßnahmen ggü. Schwerkranken und Verunglückten durch Rettungssanitäter und Ersthelfer.[21] Als **„behindert"** wird ein StPfl. angesehen, der sich in einem regelwidrigen körperlichen, geistigen oder seelischen Zustand befindet, der nicht nur vorübergehend besteht. **„Pflege"** meint in Anlehnung an § 33b Abs. 6 die körperliche Betreuung bei den Verrichtungen des täglichen Lebens.[22] Soweit dabei auch hauswirtschaftliche Arbeiten zu verrichten sind, gehören diese mit zu der Pflegetätigkeit. Bedenken bestehen, wenn sich die Tätigkeit ausschließlich auf die Leistung hauswirtschaftlicher Arbeiten erstreckt oder ausschließlich persönliche Zuwendungen umfasst (Unterhaltung, Begleitung).[23] Das FG BaWü. hat auch die Tätigkeit eines Fahrers einer Einrichtung der teilstationären Tagespflege für alte Menschen unter den Begriff der „Pflege" subsumiert. Die Tätigkeit des Fahrers erschöpfe sich nicht in einer nur mittelbaren Hilfe durch eine Sachleistung, die Beförderung. Die Hilfe beim Verlassen und Aufsuchen der Wohnung enthalte pflegerische Elemente.[24] Die Pflege alter, kranker oder behinderter Menschen umfasst auch die **Bereitschaftszeiten**, zB iRd. Hintergrunddienstes des Hausnotrufs.[25]

---

1 Ausf.: *Myßen*, INF 2000, 168 (169); FG SachsAnh. v. 20.8.2002 – 1 K 145/02, EFG 2002, 1579 (Pressearbeit).
2 BT-Drucks. 14/2017, 16.
3 BFH v. 3.7.2018 – VIII R 28/15, DB 2018, 2151; FG Nürnb. v. 6.10.2017 – 4 K 858/16, EFG 2018, 198 (rkr.).
4 BFH v. 17.10.1991 – IV R 106/90, BStBl. II 1992, 176 (177) = FR 1992, 368; v. 23.1.1986 – IV R 24/84, BStBl. II 1986, 398 = FR 1986, 356 (Schulleiter).
5 OFD Münster v. 6.11.1989, FR 1989, 758.
6 FG RhPf. v. 4.7.1985 – 3 K 252/83, EFG 1986, 9.
7 FinMin. Sachs. v. 22.6.1994, FR 1994, 584.
8 BFH v. 23.1.1986 – IV R 24/84, BStBl. II 1986, 398 = FR 1986, 356.
9 BFH v. 23.6.1988 – IV R 21/86, BStBl. II 1988, 890 = FR 1988, 586.
10 BFH v. 17.10.1991 – IV R 106/90, BStBl. II 1992, 176 (177) = FR 1992, 368.
11 BFH v. 4.8.1994 – VI R 94/93, BStBl. II 1994, 944 = FR 1995, 105.
12 BFH v. 17.10.1991 – IV R 106/90, BStBl. II 1992, 176 = FR 1992, 368.
13 FG Nds. v. 16.7.1997 – XII 332/94, EFG 1997, 1517.
14 FG Nürnb. v. 15.4.2015 – 5 K 1723/12, EFG 2015, 1425 (Rev. VIII B 57/15).
15 Bej. FG Münster v. 8.11.1994 – 6 K 3408/94 E, EFG 1995, 415; FG Berlin v. 12.10.2004 – 5 K 5316/03, EFG 2005, 340; **aA** FG München v. 29.4.1997 – 2 K 2893/94, EFG 1997, 1095.
16 Zur Organistentätigkeit: OFD Ffm. v. 3.5.2000, DStZ 2000, 728; zum Statisten: SächsFG v. 6.3.2006 – 3 K 370/04, EFG 2006, 1036.
17 BFH v. 18.4.2007 – XI R 21/06, BStBl. II 2007, 702 = FR 2007, 1118.
18 BFH v. 18.4.2007 – XI R 21/06, BStBl. II 2007, 702 = FR 2007, 1118.
19 BFH v. 29.7.1981 – I R 183/79, BStBl. II 1982, 22 = FR 1982, 49.
20 BFH v. 22.3.1990 – IV R 145/88, BStBl. II 1990, 643 = FR 1990, 489.
21 FG Köln v. 25.2.2015 – 3 K 1350/12, EFG 2015, 1507 (rkr.).
22 BFH v. 20.2.2002 – VI B 85/99, BFH/NV 2002, 784 (keine Notarzttätigkeit).
23 *K/S/M*, § 3 Rn. B 26/102.
24 FG BaWü. v. 8.3.2018 – 3 K 888/16, EFG 2018, 1058 (Rev. VI R 9/18).
25 FG Köln v. 25.2.2015 – 3 K 1350/12, EFG 2015, 1507 (rkr.).

51 Der BFH beurteilt die **Nebenberuflichkeit** anhand der ausgeübten Tätigkeit als solcher und sieht den Zeitaufwand als entscheidendes Kriterium für die Unterscheidung zw. haupt- und nebenberuflicher Tätigkeit an. Er geht v. einer nebenberuflichen Tätigkeit dann aus, wenn die zu beurteilende Tätigkeit den StPfl. v. zeitlichen Umfang her – im Verhältnis zum voll Erwerbstätigen – nur zu 33 ⅓ % in Anspr. nimmt.[1] Ein Überschreiten der Drittelgrenze ist unschädlich, wenn zB Rettungssanitäter maximal den in Nr. 26 genannten Betrag erhalten und iÜ unentgeltlich tätig werden.[2] Eine weitere Beschäftigung für denselben ArbG wird dann als Teil einer nicht selbstständigen Haupttätigkeit angesehen, wenn zw. beiden Tätigkeiten ein unmittelbarer Zusammenhang besteht. Ein solcher kann dann angenommen werden, wenn beide Tätigkeiten gleichartig sind, der StPfl. mit der Nebentätigkeit eine ihm aus seinem Dienstverhältnis – faktisch oder rechtlich – obliegende Nebenpflicht erfüllt oder auch in der zusätzlichen Tätigkeit der Weisung und Kontrolle des Dienstherrn unterliegt.[3] Als Teil der Haupttätigkeit als Arzt wurde die Tätigkeit als „Lehrarzt"[4] und auch die Vortragstätigkeit eines Hochschulprofessors qualifiziert.[5] Der **Freibetrag** betrug bis einschl. VZ 2012 2 100 Euro und wurde durch das Ehrenamtsstärkungsgesetz vom 21.3.2013[6] auf 2 400 Euro angehoben, um bürgerschaftliches Engagement gezielt zu fördern und gleichzeitig bürokratische Hemmnisse bei Engagierten und Körperschaften abzubauen.[7] Er ist ein Jahresbetrag. Er ist nicht zeitanteilig aufzuteilen, wenn die begünstigte Tätigkeit lediglich wenige Monate ausgeübt wird. Er wird auch dann nur einmal gewährt, wenn der StPfl. mehrere steuerbegünstigte Tätigkeiten parallel ausübt[8] oder in einem Jahr Einnahmen aus einer in mehreren Jahren ausgeübten Tätigkeit iSv. Nr. 26 bezieht.[9] Nach Nr. 26 S. 2 dürfen **WK** und **BA** dann, wenn die Einnahmen den Freibetrag v. 2 400 Euro überschreiten, nur abgezogen werden, soweit sie den Betrag der stfreien Einnahmen (also 2 400 Euro) übersteigen.[10] Nr. 26 S. 2 ist lex specialis zu § 3c Abs. 1; nach § 3c Abs. 1 wären die Ausgaben nach dem Verhältnis von stfreien zu stpfl. Einnahmen aufzuteilen.[11] Die Regelung der Nr. 26 S. 2 muss – entgegen ihrem Wortlaut – auch auf den Fall übertragen werden, dass die Einnahmen den stfreien Betrag v. 2 400 Euro nicht überschreiten. Die WK und BA müssen auch dann nach Nr. 26 S. 2 abzugsfähig sein, soweit sie den Betrag der stfreien Einnahmen übersteigen.[12] Der BFH hat allerdings § 3 Nr. 26 S. 2 – unter Hinweis auf seinen Wortlaut – für nicht anwendbar erklärt, wenn die Einnahmen innerhalb des Freibetrags liegen und die Aufwendungen die Einnahmen überschreiten. Er hält § 3c Abs. 1 für anwendbar. In einem Fall, in dem ausschließlich stfreie Einnahmen erzielt worden seien, sei § 3c Abs. 1 mit der Formulierung „soweit" dahin auszulegen, dass die Ausgaben nur bis zur Höhe der stfreien Einnahmen vom Abzug ausgeschlossen seien.[13] Diese Auffassung ist nicht

1 BFH v. 30.3.1990 – VI R 188/87, BStBl. II 1990, 854 (856) = FR 1990, 609; vgl. auch BFH v. 10.8.1990 – VI R 48/89, BFH/NV 1991, 296; v. 14.6.1991 – VI R 69/89, BFH/NV 1991, 811; zur Nebenberuflichkeit der Prüfungstätigkeit eines Hochschullehrers: BFH v. 29.1.1987 – IV R 189/85, BStBl. II 1987, 783 = FR 1987, 284; zum Unterricht eines Arztes an einer Krankenpflegeschule: BFH v. 26.3.1992 – IV R 34/91, BStBl. II 1993, 20 = FR 1993, 295; zur Bildung eines Durchschnittswertes: BFH v. 30.3.1990 – VI R 188/87, BStBl. II 1990, 854 (856) = FR 1990, 609; vgl. auch FG München v. 29.4.1997 – 2 K 2893/94, EFG 1997, 1095 (Mehrarbeit); FG Nds. v. 12.3.1996 – I 141/93, EFG 1996, 909 (Teil des Hauptberufs); neuerdings krit. zu der Drittelgrenze mit beachtlichen Argumenten: *Bender*, DStR 2015, 2257.

2 FG Köln v. 25.2.2015 – 3 K 1350/12, EFG 2015, 1507 (rkr.).

3 BFH v. 11.12.2017 – VI B 75/17, juris; FG SchlHol. v. 7.3.2018 – 2 K 174/17, EFG 2018, 925 (rkr.); FG Düss. v. 29.2.2012 – 7 K 4364/10 L, EFG 2012, 1314 (Betreuer im „Offenen Ganztag" mit zusätzlichen Arbeitsgemeinschaften); FG Nürnb. v. 8.6.2017 – 4 K 334/16, EFG 2018, 355 (ehrenamtliche Tätigkeit von Mitarbeitern eines Rettungsdienstes) (NZB VI B 75/17); BFH v. 29.1.1987 – IV R 189/85, BStBl. II 1987, 783 = FR 1987, 284; v. 30.3.1990 – VI R 188/87, BStBl. II 1990, 854 = FR 1990, 609.

4 FG SchlHol. v. 7.3.2018 – 2 K 174/17, EFG 2018, 925 (rkr.).

5 FG Köln v. 19.10.2017 – 15 K 2006/16, juris (NZB VIII B 5/18).

6 BGBl. I 2013, 556.

7 BT-Drucks. 17/11316, 5.

8 BFH v. 30.3.1990 – VI R 188/87, BStBl. II 1990, 854 (856) = FR 1990, 609; v. 15.2.1990 – IV R 87/89, BStBl. II 1990, 686 = FR 1990, 544; v. 23.6.1988 – IV R 21/86, BStBl. II 1988, 890 = FR 1988, 586.

9 BFH v. 15.2.1990 – IV R 87/89, BStBl. II 1990, 686 = FR 1990, 544.

10 *Niermann*, DB 2000, 108; *Myßen*, INF 2000, 168 (172); vgl. auch BFH v. 6.7.2005 – XI R 61/04, BStBl. II 2006, 163 = FR 2005, 1250.

11 **AA** BFH v. 20.12.2017 – III R 23/15, DB 2018, 867 = FR 2018, 564, nach dessen Auffassung § 3 Nr. 26 S. 2 ggü. § 3c Abs. 1 nur deklaratorisch ist.

12 *K/S/M*, § 3 Rn. B 26/151; FG Thür. v. 30.9.2015 – 3 K 480/14, EFG 2015, 2163 (Rev. III R 23/15); FG Berlin-Bdbg. v. 5.12.2007 – 7 K 3121/05 B, EFG 2008, 1535; FG RhPf. v. 25.5.2011 – 2 K 1996/10, EFG 2011, 1596; *Rosenke*, EFG 2011, 1597; *Dürr*, FR 2016, 849; *Wüllenkemper*, EFG 2005, 343 (344); in diesem Sinne auch BFH v. 6.7.2005 – XI R 61/04, BStBl. II 2006, 163 = FR 2005, 1250 (zu Nr. 26 aF); FG SchlHol. v. 9.12.2002 – 3 K 172/01, EFG 2005, 342; **aA** R 3.26 Abs. 9 S. 1 LStR; BMF v. 25.11.2008, BStBl. I 2008, 985 Tz. 9; *Myßen*, INF 2000, 168 (172); *Obermair*, DStR 2016, 1583.

13 BFH v. 20.12.2017 – III R 23/15, DB 2018, 867 = FR 2018, 564.

unproblematisch, da Aufwendungen eines Wj. auch der Erzielung stpfl. Einnahmen in späteren Wj. dienen können. Außerdem stellt sich die Frage, warum der Gesetzgeber dann überhaupt die Spezialregelung des § 3 Nr. 26 S. 2 geschaffen hat.[1] Die Formulierung „abweichend von § 3c" lässt erkennen, dass der Gesetzgeber § 3 Nr. 26 S. 2 nicht nur als deklaratorische Regelung eingeführt hat.[2]

§ 3 Nr. 26a [Einnahmen aus nebenberuflichen Tätigkeiten]

Einnahmen aus nebenberuflichen Tätigkeiten im Dienst oder Auftrag einer juristischen Person des öffentlichen Rechts, die in einem Mitgliedstaat der Europäischen Union, in einem Staat, auf den das Abkommen über den Europäischen Wirtschaftsraum Anwendung findet, oder in der Schweiz belegen ist, oder einer unter § 5 Absatz 1 Nummer 9 des Körperschaftsteuergesetzes fallenden Einrichtung zur Förderung gemeinnütziger, mildtätiger und kirchlicher Zwecke (§§ 52 bis 54 der Abgabenordnung) bis zur Höhe von insgesamt 720 Euro im Jahr. [2]Die Steuerbefreiung ist ausgeschlossen, wenn für die Einnahmen aus der Tätigkeit – ganz oder teilweise – eine Steuerbefreiung nach § 3 Nummer 12, 26 oder 26b gewährt wird. [3]Überschreiten die Einnahmen für die in Satz 1 bezeichneten Tätigkeiten den steuerfreien Betrag, dürfen die mit den nebenberuflichen Tätigkeiten in unmittelbarem wirtschaftlichen Zusammenhang stehenden Ausgaben abweichend von § 3c nur insoweit als Betriebsausgaben oder Werbungskosten abgezogen werden, als sie den Betrag der steuerfreien Einnahmen übersteigen;

Literatur: *Schauhoff/Kirchhain*, Das Gesetz zur weiteren Stärkung des bürgerschaftlichen Engagements, DStR 2007, 1985.

Nr. 26a wurde durch das G. zur weiteren Stärkung des bürgerschaftlichen Engagements v. 21.9.2007 auf 52
Vorschlag des Finanzausschusses eingefügt.[3] Es wurde ein allg. Freibetrag für Einnahmen aus nebenberuflicher Tätigkeit im gemeinnützigen, mildtätigen oder kirchlichen Bereich iHv. 500 Euro eingeführt. Mit dem Freibetrag soll pauschal der Aufwand, der den nebenberuflich Tätigen durch ihre Beschäftigung entsteht, abgegolten werden.[4] Durch das Ehrenamtsstärkungsgesetz vom 21.3.2013[5] ist der Freibetrag von 500 Euro auf 720 Euro angehoben worden, um – so die Gesetzesbegründung – „bürgerschaftliches Engagement gezielt zu fördern und gleichzeitig bürokratische Hemmnisse bei Engagierten und Körperschaften abzubauen".[6] Nach einer Entsch. des BFH v. 25.4.2012 stellt es keine verfassungswidrige Ungleichbehandlung dar, nur diejenigen zu begünstigen, die Einnahmen aus einer nebenberuflichen gemeinnützigen Tätigkeit erzielen, nicht aber jene, die aus solchen Tätigkeiten keine Einnahmen erzielen.[7]

Nr. 26a S. 1 befreit – eben so wie Nr. 26 – „Einnahmen aus nichtselbständiger Tätigkeit im Dienst oder 53
Auftrag einer jur. Pers. des öffentl. Rechts … oder einer unter § 5 Abs. 1 Nr. 9 des KStG fallenden Einrichtung zur Förderung gemeinnütziger, mildtätiger und kirchlicher Zwecke (§§ 52 bis 54 der AO)". Durch das JStG 2009 wurde in Nr. 26a – wie in Nr. 26 – die Beschränkung auf Tätigkeiten für „inländische" jur. Pers. des öffentl. Rechts beseitigt. Durch das G zur Vermeidung von Umsatzsteuerausfällen beim Handel mit Waren im Internet und zur Änderung weiterer stl. Vorschriften v. 11.12.2018[8] wurde in § 3 Nr. 26a – wie in § 3 Nr. 26 – die Entsch. des EuGH in der Sache Radgen umgesetzt und auch die Tätigkeit für eine jur. Pers. des öffentl. Rechts, die in der Schweiz belegen ist, in die Steuerbefreiung einbezogen (Rn. 49). Er verzichtet auf die zusätzliche Voraussetzung, dass die Einnahmen aus einer Tätigkeit „als Übungsleiter, Ausbilder, Erzieher, Betreuer oder vergleichbaren Tätigkeit, aus nebenberuflicher künstlerischer Tätigkeit oder der nebenberuflichen Pflege alter, kranker oder behinderter Menschen" stammen müssen. Nr. 26a verlangt damit nicht, dass gerade die Tätigkeit, für welche die Aufwandsentschädigung gewährt wird, einen die Gemeinnützigkeit begründenden Inhalt hat. Es sollen **allg. Einnahmen aus nebenberuflicher Tätigkeit im gemeinnützigen, mildtätigen oder kirchlichen Bereich** begünstigt werden, also auch die Vorstandstätigkeit oder die Erledigung der Buchführungsarbeiten.[9]

---

1 So auch *Selder*, jurisPR-SteuerR 23/2018 Anm. 3.
2 *Heffinger*, DStZ 2018, 433 (434).
3 BT-Drucks. 16/5926, 7.
4 BT-Drucks. 16/5985, 11; vgl. allerdings BMF v. 14.10.2009 (FR 2009, 1076) zu den gemeinnützigkeitsrechtlichen Folgen von in der Satzung nicht geregelten Zahlungen an Vorstandsmitglieder.
5 BGBl. I 2013, 556.
6 BT-Drucks. 17/11316, 5.
7 BFH v. 25.4.2012 – VIII B 202/11, BFH/NV 2012, 1330.
8 BGBl. I 2018, 2338.
9 BMF v. 21.11.2014, BStBl. I 2014, 1581.

54 Nach Nr. 26a S. 2 ist die Steuerbefreiung ausgeschlossen, wenn für die Einnahmen aus der Tätigkeit – ganz oder teilw. – eine Steuerbefreiung nach Nr. 12, 26 oder 26b gewährt wird. Der Freibetrag nach Nr. 26a soll – bezogen auf die gesamten Einnahmen aus der jeweiligen nebenberuflichen Tätigkeit – **nicht zusätzlich** zu den Steuerbefreiungen nach Nr. 12, 26 oder 26a gewährt werden[1] (zum Verhältnis von Nr. 26a und Nr. 26b: Rn. 55h). Bei dem Freibetrag der Nr. 26a handelt es sich um einen **Jahresbetrag**, der auch dann nur einmal zu gewähren ist, wenn der StPfl. verschiedene nebenberufliche Tätigkeiten ausübt.[2]

55 Nr. 26a S. 3 bestimmt **mit identischem Wortlaut wie Nr. 26 S. 2**, dass dann, wenn die Einnahmen den stfr Betrag überschreiten, die im Zusammenhang stehenden Ausgaben abw. v. § 3c nur insoweit als BA oder WK abgezogen werden dürfen, als sie den Betrag der stfr Einnahmen übersteigen. Nach der Gesetzesbegründung sind dann, wenn die als BA oder WK abziehbaren Aufwendungen höher sind als der Freibetrag, die gesamten Aufwendungen nachzuweisen oder glaubhaft zu machen.[3]

§ 3 Nr. 26b [Aufwandsentschädigungen]

Aufwandsentschädigungen nach § 1835a des Bürgerlichen Gesetzbuchs, soweit sie zusammen mit den steuerfreien Einnahmen im Sinne der Nummer 26 den Freibetrag nach Nummer 26 Satz 1 nicht überschreiten. ²Nummer 26 Satz 2 gilt entsprechend;

Literatur: *Tegelkamp/Krüger*, Der Fiskus und das Ehrenamt, ZErb 2011, 125.

55a Nr. 26b befreit Aufwandsentschädigungen, die ehrenamtliche Betreuer, Vormünder und Pfleger erhalten, soweit diese Entschädigungen zusammen mit den steuerfreien Einnahmen iSd. Nr. 26 den Freibetrag nach Nr. 26 S. 1 nicht überschreiten. Der BR hatte sich bereits in seiner Stellungnahme zu dem Entw. eines Gesetzes zur weiteren Stärkung des bürgerschaftlichen Engagements[4], in seiner Stellungnahme zum Jahressteuergesetz 2008[5], in seiner Stellungnahme zu dem Entw. eines Gesetzes zur Änderung des Erb- und Verjährungsrechts[6] sowie in seiner Entschließung zum G zur Neuregelung der zivilrechtlichen Vorschriften des Heimgesetzes nach der Föderalismusreform[7] für die Schaffung eines Steuerfreibetrags für ehrenamtliche Betreuer in Höhe der Übungsleiterpauschale von 2 100 Euro ausgesprochen. Auf den erneuten Vorschlag des BR in einer Stellungnahme zum **JStG 2010**[8] wurde dieser Vorschlag vom Finanzausschuss befürwortet[9] und der vorgeschlagene Freibetrag durch das Jahressteuergesetz 2010[10] – nach § 52 Abs. 4b erstmals anzuwenden für den Veranlagungszeitraum 2011 – eingeführt. Der BFH hat mit Urt. v. 17.10.2012 entschieden, dass Aufwandsentschädigungen ehrenamtlicher Betreuer vor Inkrafttreten von Nr. 26b nach Nr. 12 S. 1 stfrei waren.[11]

55b Die Aufwandsentschädigungen der ehrenamtlichen Betreuer sind nach § 22 Nr. 3 **steuerbar**, allerdings gem. § 22 Nr. 3 S. 2 nicht einkommensteuerpflichtig, wenn sie den Betrag von 256 Euro nicht übersteigen. Demgegenüber sind die Bezüge von Berufsbetreuern als Einkünfte aus selbstständiger Arbeit iSd. § 18 Abs. 1 Nr. 3 zu qualifizieren.[12] Eine berufsmäßige Betreuung dürfte in Anlehnung an § 1 Abs. 1 VBVG idR dann anzunehmen sein, wenn der Vormund mehr als zehn Vormundschaften führt oder die für die Führung der Vormundschaft erforderliche Zeit voraussichtlich 20 Wochenstunden nicht unterschreitet.[13]

55c Nr. 26b ergänzt die Befreiungstatbestände der Nrn. 26 und 26a. **Nr. 26** gewährt einen Freibetrag von 2 100 Euro für Einnahmen aus nebenberuflichen Tätigkeiten im Dienst oder Auftrag einer jur. Pers. des öf-

1 BT-Drucks. 16/5985, 11.
2 BFH v. 3.7.2018 – VIII R 28/15, DB 2018, 2151.
3 BT-Drucks. 16/5985, 11.
4 BR-Drucks. 117/07 (Beschluss), 1.
5 BR-Drucks. 544/07 (Beschluss), 6 ff.
6 BR-Drucks. 96/08 (Beschluss), 9 ff.
7 BR-Drucks. 566/09 (Beschluss), 1; BR-Drucks. 566/2/09.
8 BR-Drucks. 318/10 (Beschluss), 4.
9 BT-Drucks. 17/3549, 18 f.
10 BGBl. I 2010, 1768.
11 BFH v. 17.10.2012 – VIII R 57/09, BStBl. II 2013, 799.
12 BFH v. 15.6.2010 – VI R 10/09, BStBl. II 2010, 906 (907); v. 17.10.2012 – VIII R 57/09, BStBl. II 2013, 799 (800).
13 In diesem Sinne auch OFD Nds. in einem „Merkblatt über die steuerliche Behandlung von Aufwandsentschädigungen nach §§ 1835, 1835a BGB für ehrenamtliche Betreuer(innen) und Berufsbetreuer(innen)", S. 5 f. (abrufbar über den Internet-Auftritt der OFD Nds.); FG BaWü. v. 24.9.2009 – 3 K 1350/08, EFG 2010, 120 (berufsmäßige Betreuung im steuerlichen Sinne jedenfalls bei Vorliegen der Voraussetzungen des § 1836 Abs. 1 BGB); vgl. auch *Tegelkamp/Krüger*, ZErb 2011, 125 (127).

fentl. Rechts oder einer unter § 5 Abs. 1 Nr. 9 KStG fallenden Einrichtung, wenn die Tätigkeit einen die Gemeinnützigkeit begründenden Inhalt hat. **Nr. 26a** gewährt einen Freibetrag von 500 Euro für Tätigkeiten im Dienst oder Auftrag der Institutionen iSd. Nr. 26, wenn die Tätigkeit keinen die Gemeinnützigkeit begründenden Inhalt hat. **Nr. 26b** dehnt die Steuerbefreiung der Nr. 26 auf Aufwandsentschädigungen aus, die ehrenamtliche Betreuer, Vormünder und Pfleger nicht im Dienst oder Auftrag einer der in Nr. 26 oder 26a genannten Institutionen, sondern nach § 1835a BGB erhalten. Der BR ist in seiner Stellungnahme zum G zur Stärkung des bürgerschaftlichen Engagements[1] und zum JStG 2008[2] zu Recht davon ausgegangen, dass eine Anwendung von Nr. 26 in den Fällen des § 1835a BGB daran scheitere, dass die Betreuungsleistung nicht im Dienst oder Auftrag des Vormundschaftsgerichts, sondern der betreuten Pers. erbracht werde.[3] Er ist ebenso in seiner Stellungnahme zum JStG 2008 zu Recht davon ausgegangen, dass aus demselben Grund auch die Voraussetzungen von Nr. 26a in den Fällen des § 1835a BGB nicht vorlägen.[4] Der BMF hat allerdings in seinem Anwendungserlass zu Nr. 26a angenommen, dass rechtl. Betreuer auf Grund der rechtlichen und tatsächlichen Ausgestaltung des Vormundschafts- und Betreuungswesens im Dienst oder Auftrag einer jur. Pers. des öffentl. Rechts handeln.[5] Diese Auffassung hat in der Folge auch der BR in seiner Stellungnahme zum JStG 2010 vertreten.[6] Nimmt man eine derartige Anwendbarkeit von Nr. 26a an, so ist es konsequent, dass Nr. 26a S. 2 nF das Verhältnis beider Befreiungsvorschriften zueinander in der Weise regelt, dass er die Steuerbefreiung nach Nr. 26a ausschließt, wenn für die Einnahmen aus der Tätigkeit eine Steuerbefreiung nach Nr. 26b gewährt wird. Legt man die überzeugenderen Ausführungen des BR in seiner früheren Stellungnahme zugrunde, hätte es dieser Regelung in Nr. 26a nicht bedurft, da in den Fällen der Nr. 26b die Voraussetzungen der Nr. 26a ohnehin nicht erfüllt sind.

55d Die Befreiungsnorm der Nr. 26b wurde eingeführt, weil eine Besteuerung der Aufwandsentschädigungen nach § 1835a BGB im Widerspruch zu dem Charakter dieser Aufwandsentschädigung stehe, um Prüfaufwand zu vermeiden und die zunehmende Belastung der öffentl. Haushalte mit Ausgaben für Berufsbetreuungen zu begrenzen. Die ehrenamtlichen Betreuer könnten ihre Auslagen entweder in Form der Einzelabrechnung oder als jährliche Pauschale iHv. 323 Euro geltend machen. Diese Aufwandspauschale bleibe nach Abzug des Steuerfreibetrags von 500 Euro und der Freigrenze von 256 Euro steuerfrei, wenn ein Familienangehöriger ein oder zwei Betreuungen übernehme. Übernehme dagegen jemand mehrere ehrenamtliche Betreuungen, müsse er einen Teil der Aufwandspauschale versteuern oder alle Einzelausgaben zum Nachweis seiner WK festhalten. Dies aber **widerspreche dem Charakter der Pauschale**, die der Betreuungsperson gerade den Aufwand ersparen solle, über jeden Besuch, Behördengang und jede weitere Tätigkeit für den Betreuten einen Nachweis führen zu müssen. Gleichzeitig sollten die Pauschalen die Gerichte von dem mit einer Einzelabrechnung verbundenen Prüfaufwand entlasten. Außerdem entstehe auch **bei den Finanzämtern für die Kontrolle der Nachweise ein vermeidbarer Prüfaufwand**. Die Ausgestaltung der Besteuerung der Aufwandspauschale habe in der Vergangenheit bereits etliche ehrenamtlich tätige Betreuungspersonen veranlasst, um ihre Entlassung nachzusuchen. Die Alternative zur ehrenamtlichen Betreuung aber sei die vermehrte Bestellung von Berufsbetreuern. Die Ausgaben bei einer Berufsbetreuung aber lägen im ersten Jahr bei der höchsten Vergütungsstufe zw. 1 848 und 2 970 Euro. Die Stärkung des ehrenamtlichen Engagements helfe, die **zunehmende Belastung der öffentl. Haushalte mit Ausgaben für Berufsbetreuungen zu begrenzen**. Diese Überlegungen träfen genauso für ehrenamtliche Vormünder und Pfleger zu, bei denen die Interessenlage nach §§ 1835, 1835a, 1908i, 1915 BGB identisch sei.[7]

55e § 3 Nr. 26b befreit **„Aufwandsentschädigungen nach § 1835a des Bürgerlichen Gesetzbuches"**. § 1835a BGB regelt im Anschluss an § 1835 BGB eine Aufwandspauschale für einen Vormund. Nach **§ 1835 Abs. 1 BGB** kann der Vormund iSd. §§ 1793 ff. BGB, wenn er zum Zweck der Führung der Vormundschaft Aufwendungen macht, nach §§ 669, 670 BGB von dem Mündel Vorschuss oder Ersatz verlangen. Gemäß § 1835 Abs. 4 BGB kann der Vormund, wenn der Mündel mittellos ist, Vorschuss und Ersatz aus der Staatskasse fordern. Zur Abgeltung dieses Anspr. kann der Vormund nach **§ 1835a BGB** für jede Vormundschaft einen Geldbetrag verlangen, der für ein Jahr dem Neunzehnfachen dessen entspricht, was einem Zeugen als Höchstbetrag für eine Stunde versäumter Arbeitszeit nach § 22 JVEG gewährt werden kann. Nach § 22 JVEG – beträgt die Vergütung zurzeit maximal 17 Euro, so dass sich eine Pauschale von 323 Euro ergibt. § 1835a Abs. 1 S. 1 BGB sieht eine Aufwandspauschale nur für eine Vormundschaft vor, „für die ihm keine Vergütung zusteht". Nach § 1836 Abs. 1 S. 1 BGB wird die Vormundschaft grds. unent-

1 BR-Drucks. 117/07 (Beschluss), 1.
2 BR-Drucks. 544/07 (Beschluss), 6 ff.
3 Vgl. auch *Tegelkamp/Krüger*, ZErb 2011, 125 (127).
4 BR-Drucks. 544/07, 7.
5 BMF v. 25.11.2008, BStBl. I 2008, 985 Tz. 3.
6 BR-Drucks. 318/1/10, 4; BR-Drucks. 318/10 (Beschluss), 3.
7 BR-Drucks. 318/10 (Beschluss), 4 f.

geltlich geführt. Sie wird nach § 1836 Abs. 1 S. 2 BGB ausnahmsweise entgeltlich geführt, wenn das Gericht bei der Bestellung des Vormunds feststellt, dass der Vormund die Vormundschaft berufsmäßig führt. Gemäß § 1 Abs. 1 S. 2 VBVG liegt Berufsmäßigkeit vor, wenn der Vormund mehr als zehn Vormundschaften führt oder die für die Führung der Vormundschaft erforderliche Zeit voraussichtlich 20 Wochenstunden nicht unterschreitet. Die Regelung des § 1835a BGB gilt gem. **§ 1908i BGB** entspr. in den Fällen der Betreuung für ehrenamtliche rechtl. Betreuer iSv. §§ 1896 ff. BGB, wenn das Betreuungsgericht gem. **§ 1896 BGB** jemandem einen Betreuer bestellt hat, der auf Grund einer psychischen Krankheit oder einer körperlichen, geistigen oder seelischen Behinderung seine Angelegenheiten nicht besorgen kann. Die für die Vormundschaft geltenden Vorschriften finden wiederum nach **§ 1915 BGB** auf die Pflegschaft und für den ehrenamtlichen Pfleger iSd. §§ 1909 ff. BGB entspr. Anwendung. Nicht befreit ist der **Aufwandsersatz nach § 1835 BGB**. Dieser Aufwandsersatz führt zu nach § 18 Abs. 1 Nr. 3 steuerbaren Einnahmen (vgl. Rn. 55b). Allerdings kann der Vormund die ihm entstandenen Aufwendungen als BA gegenrechnen. Dies dürfte insoweit unproblematisch sein, als er diese Aufwendungen ohnehin schon, um den Aufwendungsersatz zu bekommen, nachweisen muss. Allerdings verbleibt die Prüfung, ob jeglicher Aufwand, der ihm ersetzt worden ist, auch als BA berücksichtigungsfähig ist. So gelten zB nach § 1835 Abs. 3 BGB als Aufwand auch solche Dienste des Vormunds, die zu seinem Gewerbe oder zu seinem Beruf gehören.

55f § 3 Nr. 26b befreit die Aufwandsentschädigung nach § 1835a BGB, **„soweit sie zusammen mit den steuerfreien Einnahmen iSd. Nr. 26 den Freibetrag nach Nr. 26 S. 1 nicht überschreiten“**. Die Befreiung nach Nr. 26b besteht damit nicht neben der Befreiung nach Nr. 26, sondern Nr. 26b erweitert Nr. 26. Er nennt weitere Einnahmen, die den Freibetrag nach Nr. 26 ausschöpfen können. Diese Zusammenrechnung entspricht den Stellungnahmen des BR, auf dessen Vorschlag hin § 3 Nr. 26b eingeführt wurde. Er stellte fest, dass eine unmittelbare Aufnahme des ehrenamtlichen rechtl. Betreuers in Nr. 26 daran scheitere, dass die Betreuungsleistung nicht im Dienst oder Auftrag des Vormundschaftsgerichts, sondern unmittelbar ggü. der betreuten Pers. erbracht werde. Andererseits ergebe sich eine gewisse Nähe zu Nr. 26 durch die Einwilligung und Genehmigung, die der Betreuer beim Vormundschaftsgericht einholen müsse, und dadurch, dass er dessen Kontrolle unterliege. Dies rechtfertige es, die Steuerbefreiung eng an Nr. 26 zu koppeln.[1] Es ist deshalb verständlich, dass der Freibetrag für nebenberufliche Tätigkeiten iSv. Nr. 26 und Tätigkeiten iSv. Nr. 26b in gleicher Weise nur einmal gewährt wird wie für mehrere nebenberufliche Tätigkeiten iSv. Nr. 26. Erzielt allerdings ein Steuerpflichtiger bereits mit einer oder mehreren Tätigkeiten iSv. Nr. 26 Einnahmen iHv. 2 100 Euro, besteht für ihn kein Anreiz, sich darüber hinaus noch als Vormund oder Betreuer zu engagieren.[2]

55g Das **Verhältnis von § 3 Nr. 26a und Nr. 26b** wird demgegenüber durch Nr. 26a S. 2 bestimmt, der eine Steuerbefreiung nach Nr. 26a S. 1 ausschließt, wenn für die Einnahmen aus der Tätigkeit – ganz oder teil. – eine Steuerbefreiung nach Nr. 12, Nr. 26 oder Nr. 26b in Anspr. genommen wird. Dies bedeutet, dass dann, wenn Nr. 26b für eine Tätigkeit als Betreuer, Vormund oder Pfleger in Anspr. genommen wird, für diese konkrete Tätigkeit keine Befreiung nach Nr. 26a in Betracht kommt. Nicht ausgeschlossen wird allerdings, dass die Freibeträge nach Nr. 26a und Nr. 26b nebeneinander für verschiedene Tätigkeiten in Anspr. genommen werden. Das steht im Einklang damit, dass auch die Freibeträge nach Nr. 26 und Nr. 26a nebeneinander für verschiedene Tätigkeiten in Anspr. genommen werden können. Das Nebeneinander der Freibeträge nach Nr. 26a und Nr. 26b für verschiedene Tätigkeiten steht allerdings nicht im Einklang damit, dass Nr. 26b ein derartiges Nebeneinander für die Freibeträge nach Nr. 26 und Nr. 26b bei verschiedenen Tätigkeiten iSv. Nr. 26 und Nr. 26b ausschließt und den Freibetrag insgesamt nur bis zur Höhe von 2 100 Euro vorsieht.

55h Nach **Nr. 26b S. 2** gilt Nr. 26 S. 2 entspr. Es dürfen WK und BA dann, wenn die Einnahmen den Freibetrag von 2 100 Euro überschreiten, nur abgezogen werden, soweit sie den Betrag der steuerfreien Einnahmen (also 2 100 Euro) übersteigen. Liegen die Einnahmen über 2 100 Euro und die Ausgaben unter 2 100 Euro, sind die Ausgaben in voller Höhe vom Abzug ausgenommen. Liegen Einnahmen und Ausgaben über 2 100 Euro, sind die Ausgaben, welche die Einnahmen übersteigen, abzugsfähig. Sind die **Einnahmen nicht höher als 2 100 Euro, wohl aber die Ausgaben**, müssen die Ausgaben – abweichend vom Wortlaut der Nr. 26 S. 2 – auch dann insoweit zum Abzug zugelassen werden, als sie die stfreien Einnahmen übersteigen (Rn. 51 mwN). Nr. 26b S. 2 iVm. Nr. 26 S. 1 mutet allerdings dem Steuerpflichtigen gerade den Nachweis von Aufwendungen wieder zu, der von § 1835a BGB und Nr. 26b S. 1 erübrigt werden soll. Außerdem drohen Nachteile aus der Steuerbefreiung der Nr. 26b, wenn der Freibetrag nach Nr. 26 schon weitgehend durch Tätigkeiten iSv. Nr. 26 ausgeschöpft wird, bei dieser Tätigkeit aber anders als bei der Tätigkeit iSv. Nr. 26b keine WK oder BA angefallen sind.

1 BR-Drucks. 117/07 (Beschluss), 2.
2 *Tegelkamp/Krüger*, ZErb 2011, 125 (131).

§ 3 Nr. 27 [Freibetrag für Produktionsaufgaberente und Ausgleichsgeld]

der Grundbetrag der Produktionsaufgaberente und das Ausgleichsgeld nach dem Gesetz zur Förderung der Einstellung der landwirtschaftlichen Erwerbstätigkeit bis zum Höchstbetrag von 18 407 Euro;

Produktionsaufgaberente und **Ausgleichsgeld** sollen „wie Abfindungen"[1] erst nach Abzug eines Freibetrages der ESt unterliegen.[2] 56

§ 3 Nr. 28 [Leistungen zur Förderung der Altersteilzeit]

die Aufstockungsbeträge im Sinne des § 3 Absatz 1 Nummer 1 Buchstabe a sowie die Beiträge und Aufwendungen im Sinne des § 3 Absatz 1 Nummer 1 Buchstabe b und des § 4 Absatz 2 des Altersteilzeitgesetzes, die Zuschläge, die versicherungsfrei Beschäftigte im Sinne des § 27 Absatz 1 Nummer 1 bis 3 des Dritten Buches Sozialgesetzbuch zur Aufstockung der Bezüge bei Altersteilzeit nach beamtenrechtlichen Vorschriften oder Grundsätzen erhalten sowie die Zahlungen des Arbeitgebers zur Übernahme der Beiträge im Sinne des § 187a des Sechsten Buches Sozialgesetzbuch, soweit sie 50 Prozent der Beiträge nicht übersteigen;

Nr. 28 befreit beim ArbN die Aufstockungsbeträge, Beiträge und Aufwendungen, die er v. seinem ArbG bei 57 einer Vereinbarung v. Teilzeitarbeit nach dem **ATZG** erhält. Ihm soll ein zusätzlicher Anreiz geboten werden, v. dem Angebot zur Altersteilzeitarbeit Gebrauch zu machen. Nach diesem Gesetzeszweck kommt die Steuerbefreiung nur dem ArbN zugute, der die persönlichen Voraussetzungen des ATZG erfüllt[3] (dh. ua.: es muss die Arbeitszeit vermindert werden und es darf der ArbN nicht vertraglich v. der Arbeitsleistung in der Anwartschaftsphase freigestellt werden)[4], hängt aber nicht davon ab, ob der ArbG auf der freigewordenen Stelle tatsächlich einen arbeitslos gemeldeten ArbN beschäftigt.[5] § 3 Nr. 28 befreit mit den Zuschlägen, die **versicherungsfrei Beschäftigte iSd. § 27 Abs. 1 Nr. 1–3 SGB III** zur Aufstockung der Bezüge bei Altersteilzeit erhalten, nicht nur die Zuschläge nach § 6 Abs. 2 BBesG, sondern auch die Zuschläge, die andere versicherungsfrei Beschäftigte mit beamtenähnlichem Status (zB Kirchenbeamte und Pfarrer) erhalten, sofern die Altersteilzeitregelungen beamtenrechtl. Vorschriften oder Grundsätzen entspr.[6] Befreit sind ferner die Zahlungen des ArbG zur Übernahme der Beiträge iSd. **§ 187a SGB VI** (Beiträge zum Ausgleich v. Rentenminderungen wegen vorzeitiger Inanspruchnahme), soweit sie 50 % der Beiträge nicht übersteigen.

§ 3 Nr. 29 [Gehälter und Bezüge der Diplomaten und Konsulatsangehörigen]

das Gehalt und die Bezüge,

a) **die die diplomatischen Vertreter ausländischer Staaten, die ihnen zugewiesenen Beamten und die in ihren Diensten stehenden Personen erhalten. [2]Dies gilt nicht für deutsche Staatsangehörige oder für im Inland ständig ansässige Personen;**

b) **der Berufskonsuln, der Konsulatsangehörigen und ihres Personals, soweit sie Angehörige des Entsendestaates sind. [2]Dies gilt nicht für Personen, die im Inland ständig ansässig sind oder außerhalb ihres Amtes oder Dienstes einen Beruf, ein Gewerbe oder eine andere gewinnbringende Tätigkeit ausüben;**

Mit Nr. 29 soll im Wege internationalen Entgegenkommens völkerrechtl. Vorstellungen entsprochen wer- 58 den. Das erklärt auch die vorgenommenen Differenzierungen: Die Freistellung nur des Gehalts und der Bezüge folgt allg. Regeln des Völkerrechts. Dass die Botschaftsangehörigen nicht die deutsche Staatsange-

1 So BT-Drucks. 11/2972, 19 (unter Bezugnahme auf § 3 Nr. 9 aF).
2 Im Einzelnen: R 3.27 EStR.
3 FG Nds. v. 14.6.2007 – 11 K 541/06, EFG 2007, 1410 (Mehrarbeit bei Stundenreduzierung).
4 FG Hess. v. 3.12.2007 – 11 K 2422/06, EFG 2008, 781.
5 Ausf.: *K/S/M*, § 3 Rn. B 28/39 ff.; FG Nds. v. 14.6.2007 – 11 K 541/06, EFG 2007, 1410.
6 BT-Drucks. 14/6877, 24.

hörigkeit haben oder im Inland ständig ansässig sein dürfen und dass die Konsulatsangehörigen nicht im Inland ständig ansässig sein und außerhalb ihres Amtes oder Dienstes keine gewinnbringende Tätigkeit ausüben dürfen, entspricht internationaler Übung. Eine über Nr. 29 hinausgehende Steuerbefreiung kann sich aus den zu Gewohnheitsrecht erstarkten Wiener Übereinkommen ergeben (zB für Bezüge der zum Haushalt gehörenden Familienmitglieder; Bezüge v. Wahlkonsuln; Befreiung auch anderer Einkünfte, deren Quelle sich im Empfangsstaat befindet).[1]

§ 3 Nr. 30 [Werkzeuggeld]

Entschädigungen für die betriebliche Benutzung von Werkzeugen eines Arbeitnehmers (Werkzeuggeld), soweit sie die entsprechenden Aufwendungen des Arbeitnehmers nicht offensichtlich übersteigen;

59 Nr. 30 befreit – wie Nr. 13, 16 – WK-Ersatz des ArbG. Der Begriff **Entschädigung** meint dementspr. iSv. WK-Ersatz den Ersatz der regelmäßigen AfA der Werkzeuge, die üblichen Betriebs-, Instandhaltungs- und Instandsetzungskosten sowie die Kosten der Beförderung der Werkzeuge zw. Wohnung und Einsatzstelle, nicht dagegen Zahlungen für Zeitaufwand des ArbN (zB für Reinigung und Wartung der Werkzeuge).[2] **Betriebliche Benutzung** meint die Abgrenzung zur Benutzung für private Zwecke. **Werkzeuge** sind „Geräte zur Bearbeitung v. Werkstoffen" oder „Arbeitsgeräte zur Verrichtung handwerklicher Arbeiten" (nicht zB: ein Wachhund,[3] eine Schreibmaschine, ein PC,[4] ein Musikinstrument[5]). Die Entschädigungen dürfen die Aufwendungen **nicht offensichtlich übersteigen**. Dies bedeutet, dass der ArbG die Aufwendungen großzügig schätzen kann.

§ 3 Nr. 31 [Überlassung und Barablösung von typischer Berufskleidung]

die typische Berufskleidung, die der Arbeitgeber seinem Arbeitnehmer unentgeltlich oder verbilligt überlässt; dasselbe gilt für eine Barablösung eines nicht nur einzelvertraglichen Anspruchs auf Gestellung von typischer Berufskleidung, wenn die Barablösung betrieblich veranlasst ist und die entsprechenden Aufwendungen des Arbeitnehmers nicht offensichtlich übersteigt;

60 Nr. 31 verwendet den Begriff der **typischen Berufskleidung** iSv. § 9 Abs. 1 S. 3 Nr. 6 (zu § 9 Rn. 133). Typische Berufskleidung ist Bekleidung, die ihrer Beschaffenheit nach objektiv nahezu ausschließlich für die berufliche Verwendung bestimmt und wegen der Eigenart des Berufs nötig ist (wie etwa bei Uniformen, Amtstrachten, Kittel und Schutzkleidung). Zwar dient auch die typische Berufskleidung neben ihrer besonderen beruflichen Zweckbestimmung regelmäßig ebenfalls dem allg. menschlichen Bedürfnis, bekleidet zu sein, und damit der allg. Lebensführung. Nach der ausdrücklichen Regelung des § 9 Abs. 1 S. 3 Nr. 6 tritt der berufliche Bezug bei typischer Berufskleidung jedoch derart in den Vordergrund, dass der Bezug zur allg. Lebensführung hier nach dem ausdrücklichen Willen des Gesetzgebers zu vernachlässigen ist.[6] Handelt es sich bei der überlassenen Kleidung nicht um typische Berufskleidung, bleibt zu prüfen, ob steuerbarer Arbeitslohn vorliegt (objektive Bereicherung; überwiegend eigenbetriebliches Interesse).[7] Unter das Tatbestandsmerkmal der **„Überlassung"** fällt sowohl das vorübergehende Zurverfügungstellen als auch die Übereignung. Eine „Überlassung" von typischer Berufskleidung dürfte auch anzunehmen sein, wenn der ArbG die Reinigung der Berufskleidung übernimmt. Ob er wechselnde gereinigte Kleidungsstücke überlässt oder dieselben Kleidungsstücke reinigt, kann sachlich keinen Unterschied begründen.[8] Nur

1 *K/S/M*, § 3 Rn. B 29/26 f.
2 R 19 S. 4, 5 LStR.
3 BMF v. 24.4.1990, StE 1990, 165.
4 R 19 S. 2 LStR.
5 BFH v. 21.8.1995 – VI R 30/95, BStBl. II 1995, 906.
6 FG Nürnb. v. 24.10.2014 – 7 K 1704/13, EFG 2015, 1162.
7 *K/S/M*, § 3 Rn. B 31/5; BFH v. 22.6.2006 – VI R 21/05, BStBl. II 2006, 915 (Gestellung bürgerlicher Kleidung nicht zwangsläufig Arbeitslohn); v. 11.4.2006 – VI R 60/02, BStBl. II 2006, 691 (Arbeitslohn bei Überlassung v. hochwertigen Kleidungsstücken); FG Berlin-Bdbg. v. 14.5.2014 – 7 K 7031/11, EFG 2014, 1569 (Rev. VI R 37/14).
8 Zur Reinigung von typischer Berufskleidung FG Nürnb. v. 24.10.2014 – 7 K 1704/13, EFG 2015, 1162.

die **Barablösung** eines „nicht nur einzelvertraglichen Anspr." wird für stfrei erklärt. Ein derartiger Anspr. kann sich zB nach Unfallverhütungsvorschriften, Tarifvertrag oder Betriebsvereinbarung ergeben. Die Barablösung als solche muss **betrieblich veranlasst** sein, zB wenn die Beschaffung der Kleidungsstücke durch den ArbN für den ArbG vorteilhaft ist. Die Barablösung darf die entspr. Aufwendungen **nicht offensichtlich übersteigen**. Dem ArbG wird insoweit eine Schätzungsbefugnis eingeräumt. Ein Mehrbetrag ist stpfl.

§ 3 Nr. 32 [Sammelbeförderung von Arbeitnehmern zwischen Wohnung und Arbeitsstätte]

die unentgeltliche oder verbilligte Sammelbeförderung eines Arbeitnehmers zwischen Wohnung und erster Tätigkeitsstätte sowie bei Fahrten nach § 9 Absatz 1 Satz 3 Nummer 4a Satz 3 mit einem vom Arbeitgeber gestellten Beförderungsmittel, soweit die Sammelbeförderung für den betrieblichen Einsatz des Arbeitnehmers notwendig ist;

Für stfrei erklärt wird nur die Beförderung zw. **Wohnung und erster Tätigkeitsstätte** und die Beförderung bei Fahrten eines ArbN, der zwar keine erste Tätigkeitsstätte hat, aber zur Aufnahme seiner Tätigkeit dauerhaft denselben Ort oder dasselbe weiträumige Tätigkeitsgebiet iSv. § 9 Abs. 1 S. 3 Nr. 4a S. 3 aufzusuchen hat.[1] Bei sonstigen Beförderungen, zB zw. verschiedenen Einsatzstellen, scheidet die Annahme v. steuerbarem Arbeitslohn v. vornherein aus. **Sammelbeförderung** meint die durch den ArbG organisierte oder zumindest veranlasste Beförderung mehrerer ArbN; sie darf nicht auf dem Entschluss eines ArbN beruhen[2] (nicht: Einzelbeförderung eines leitenden Angestellten). Die Übernahme der ArbN-Beförderung bedarf grds. einer besonderen Rechtsgrundlage. Dies kann etwa ein Tarifvertrag oder eine Betriebsvereinbarung sein.[3] **„Vom ArbG gestellt"** ist das Beförderungsmittel (Omnibus, Kleinbus, Pkw, Flugzeug), wenn es vom ArbG oder in dessen Auftrag v. einem Dritten eingesetzt wird. Der BFH hat dahinstehen lassen, ob ein ArbG ein Fahrzeug auch dann noch zur Beförderung (weiterer) ArbN „gestellen", dh. zur Vfg. stellen kann, wenn der ArbG einem ArbN einen Dienstwagen auch für private Zwecke uneingeschränkt überlässt. Befördere der ArbN auf seinem Weg zur Arbeitsstätte noch weitere Kollegen dorthin, werde es der ArbN selbst sein, der regelmäßig das Fahrzeug zur Vfg. stellen und den Transport organisieren werde.[4] Nach R 3.32 LStR ist die **Notwendigkeit einer Sammelbeförderung** zB anzunehmen, wenn die Beförderung mit öffentl. Verkehrsmitteln nicht oder nur mit unverhältnismäßig hohem Zeitaufwand durchgeführt werden könnte, die ArbN an st. wechselnden Tätigkeitsstätten oder verschiedenen Stellen eines weiträumigen Arbeitsgebiets eingesetzt werden oder der Arbeitsablauf eine gleichzeitige Arbeitsaufnahme der beförderten ArbN erfordert. 61

§ 3 Nr. 33 [Leistungen des Arbeitgebers für vorschulische Kinderbetreuung]

zusätzlich zum ohnehin geschuldeten Arbeitslohn erbrachte Leistungen des Arbeitgebers zur Unterbringung und Betreuung von nicht schulpflichtigen Kindern der Arbeitnehmer in Kindergärten oder vergleichbaren Einrichtungen;

§ 3 Nr. 33 befreit **„Leistungen"** zur Unterbringung und Betreuung von Kindern in Kindergärten oder vergleichbaren Einrichtungen. Es kann ein Sachbezug in Form der Bereitstellung eines Betriebskindergartenplatzes oder einer vergleichbaren Einrichtung vorliegen. Es kann auch ein stfreier geldwerter Vorteil in der Form gegeben sein, dass der ArbG Zahlungen an eine betriebsfremde Einrichtung erbringt und dem ArbN einen Kindergartenplatz in einem betriebsfremden Kindergarten bietet. Auch Geldleistungen des ArbG sind von § 3 Nr. 33 befreit. § 3 Nr. 33 wurde gerade eingeführt mit dem Ziel, die Rechtslage für Geld- und Sachleistungen zu vereinheitlichen. Geldleistungen können in der Form erbracht werden, dass der ArbG 62

1 Vgl. zu der insoweit erfolgten Änderung durch das Kroatien-AnpG v. 25.7.2014, BGBl. I 2014, 1266: BR-Drucks. 184/14, 3 (60).
2 BFH v. 29.1.2009 – VI R 56/07, BStBl. II 2010, 1067 (1069) = FR 2011, 341.
3 BFH v. 29.1.2009 – VI R 56/07, BStBl. II 2010, 1067 (1069) = FR 2011, 341.
4 BFH v. 29.1.2009 – VI R 56/07, BStBl. II 2010, 1067 (1069) = FR 2011, 341; vgl. auch die Vorinstanz: FG SchlHol. v. 29.11.2007 – 5 K 143/05, EFG 2008, 283.

Barzuwendungen an betriebsfremde Einrichtungen leistet, oder in der Form, dass der ArbG dem ArbN die Kosten für die Unterbringung und Betreuung seiner Kinder in einem Kindergarten oder einer vergleichbaren Einrichtung erstattet. Nach R 3.33 Abs. 1 S. 2 LStR gilt eine Steuerbefreiung auch, wenn der nicht beim ArbG beschäftigte Elternteil die Aufwendungen trägt.

62a Befreit sind nur Leistungen zur Unterbringung und Betreuung in **„Kindergärten und vergleichbaren Einrichtungen"**. Mit „Kindergärten" sind sowohl betriebliche als auch außerbetriebliche Kindergärten gemeint. „Vergleichbare Einrichtungen" sind zB Schulkindergärten, Kindertagesstätten, Kinderkrippen, Tagesmütter und Ganztagespflegestellen. Nicht begünstigt ist die alleinige Betreuung im Haushalt durch Hausgehilfinnen oder Kinderfrauen.

62b Gefördert wird die **„Unterbringung und Betreuung"**. Die „Unterbringung" schließt die Unterkunft und Verpflegung ein. Der Begriff der „Betreuung" lässt sich in Anlehnung an § 10 Abs. 1 Nr. 5, der Aufwendungen für Dienstleistungen zur Betreuung als Sonderausgaben zum Abzug zulässt, als eine Maßnahme der behütenden und beaufsichtigenden Personensorge definieren.

62c Begünstigt sind nur Leistungen zur Unterbringung und Betreuung von **„nicht schulpflichtigen Kindern"**. Ob ein Kind schulpflichtig ist, richtet sich nach dem jeweiligen landesrechtlichen Schulgesetz.[1] Nach R 3.33 Abs. 3 S. 3 LStR ist die Schulpflicht aus Vereinfachungsgründen nicht zu prüfen bei Kindern, die

- das 6. Lebensjahr noch nicht vollendet haben oder
- im lfd. Kj. das 6. Lebensjahr nach dem 30. Juni vollendet haben, es sei denn, sie sind vorzeitig eingeschult worden, oder
- im lfd. Kj. das 6. Lebensjahr vor dem 1. Juli vollendet haben, in den Monaten Januar bis Juli dieses Jahres.

62d Die Leistungen müssen **zusätzlich zum ohnehin geschuldeten Arbeitslohn** erbracht werden. Nach der Entsch. des BFH v. 19.9.2012 werden Leistungen dann „zusätzlich zum ohnehin geschuldeten Arbeitslohn" erbracht, wenn sie zu den Lohnzahlungen hinzukommen, die entweder durch Vereinbarung oder etwa durch eine dauernde Übung arbeitsrechtlich geschuldet sind. Der „ohnehin geschuldete Arbeitslohn" sei – so der BFH – der Arbeitslohn, auf den zumindest im Zeitpunkt der Zahlung ein verbindlicher Rechtsanspr. bestehe. Wenn das Gesetz davon Leistungen unterscheide, die „zusätzlich zum ohnehin geschuldeten Arbeitslohn" erbracht werden, könnten derartige Leistungen nur noch freiwillige Leistungen sein, also solche, auf die der ArbN keinen arbeitsrechtlichen Anspr. habe. Damit seien auch arbeitsrechtlich geschuldete Zusatzleistungen nicht begünstigt. An diesem Ergebnis ändere es nichts, dass auch freiwillige Leistungen über das arbeitsrechtliche Institut der betrieblichen Übung zum ohnehin geschuldeten Arbeitslohn erbracht werden könnten. Hier Änderungen vorzunehmen, sei Aufgabe des Gesetzgebers.[2] Der BFH hat damit seine Rspr. verschärft. Er war zuvor davon ausgegangen, dass es ausreicht, wenn die zweckbestimmte Leistung „zu dem Arbeitslohn hinzukommt, den der ArbG aus anderen Gründen schuldet"[3]. Dass die zusätzliche Leistung auf freiwilliger Basis erfolgen muss, hatte der BFH bisher nicht gefordert. Die FinVerw. hat allerdings mit Erl. v. 22.5.2013 an ihrer bisherigen Auffassung in R 3.33 Abs. 5 S. 1 LStR zugunsten der StPfl. festgehalten: Komme die zweckbestimmte Leistung zu dem Arbeitslohn hinzu, den der ArbG schulde, sei das Tatbestandsmerkmal „zusätzlich zum ohnehin geschuldeten Arbeitslohn" auch dann erfüllt, wenn der ArbN arbeitsvertraglich oder aufgrund einer anderen arbeits- oder dienstrechtlichen Rechtsgrundlage einen Anspr. auf die Leistung habe.[4] Nach R 3.33 Abs. 1 S. 2 LStR besteht die Steuerfreiheit auch dann, wenn der nicht beim ArbG beschäftigte Elternteil die Aufwendungen trägt.

§ 3 Nr. 34 [Leistungen des Arbeitgebers zur Prävention und Gesundheitsförderung][5]

zusätzlich zum ohnehin geschuldeten Arbeitslohn erbrachte Leistungen des Arbeitgebers zur Verhinderung und Verminderung von Krankheitsrisiken und zur Förderung der Gesundheit in Betrieben, die hinsichtlich Qualität, Zweckbindung, Zielgerichtetheit und Zertifizierung den Anforde-

1 Vgl. hierzu FG BaWü. v. 20.4.2005 – 2 K 51/03, EFG 2005, 1172.
2 BFH v. 19.9.2012 – VI R 54/11, BStBl. II 2013, 395.
3 BFH v. 15.5.1998 – VI R 127/97, BStBl. II 1998, 518.
4 BMF v. 22.5.2013, BStBl. I 2013, 728; vgl. auch *Arndt*, GStB 2013, 295.
5 § 3 Nr. 34 wurde mWv. 1.1.2019 neu gefasst (G zur Vermeidung von Umsatzsteuerausfällen beim Handel mit Waren im Internet und zur Änderung weiterer stl. Vorschriften v. 11.12.2018, BGBl. I 2018, 2338). Der Wortlaut der Vorschrift lautete bis 31.12.2018 wie folgt:

rungen der §§ 20 und 20b des Fünften Buches Sozialgesetzbuch genügen, soweit sie 500 Euro im Kalenderjahr nicht übersteigen;

Literatur: *Nacke*, Die einkommensteuerlichen Änderungen durch das Jahressteuergesetz 2009, DB 2008, 2792; *Niermann*, JStG 2009 und Steuerbürokratieabbaugesetz: Änderungen bei der Arbeitnehmerbesteuerung, DB 2009, 138.

Leistungen des ArbG zur Gesundheitsförderung. Allgemein gesundheitspräventive Maßnahmen liegen nicht im überwiegend eigenbetrieblichen Interesse des ArbG und führen zu einem Lohnzufluss.[1] Nr. 34 befreit aber Leistungen des ArbG zur Verhinderung und Verminderung von Krankheitsrisiken und zur Förderung der Gesundheit im Betrieb bis zu 500 Euro im Jahr. Allerdings müssen die Leistungen hinsichtlich Qualität, Zweckbindung, Zielgerichtetheit und Zertifizierung den Anforderungen der §§ 20, 20b SGB V genügen. Die Befreiung wurde durch das JStG 2009 eingeführt.[2] Der Gesetzgeber hat bei der Einführung von Nr. 34 nicht nur zur Eingrenzung der Steuerbefreiung auf §§ 20, 20a SGB V Bezug genommen, sondern hat sich auch mit den damaligen Tatbestandsvoraussetzungen der „Verbesserung des allgemeinen Gesundheitszustandes" und der „betrieblichen Gesundheitsförderung" an den Vorgaben des § 20 Abs. 1 S. 1 SGB V aF und des § 20a Abs. 1 SGB V aF orientiert. Durch das PräventionsG v. 17.7.2015[3] wurden die Förderungsziele neu formuliert, ein Zertifizierungsverfahren für die förderungswürdigen Maßnahmen eingeführt und die Regelung des § 20a SGB V nach § 20b SGB V übernommen. Nr. 34 ist in seinen Anknüpfungen und Verweisungen auf das SGB V allerdings zunächst nicht angepasst worden. Das G zur Vermeidung von Umsatzsteuerausfällen beim Handel mit Waren im Internet und zur Änderung weiterer stl. Vorschriften v. 11.12.2018[4] hat dies nachgeholt. Nr. 34 ist eine Sozialzwecknorm, mit der die Bereitschaft des ArbG erhöht werden soll, seinen ArbN Dienstleistungen zur Verhinderung und Verminderung von Krankheitsrisiken sowie zur betrieblichen Gesundheitsförderung anzubieten und entspr. Barzuschüsse für die Durchführung derartiger Maßnahmen zu leisten.[5] 63

Verhinderung und Verminderung von Krankheitsrisiken. Der Gesetzgeber grenzt nicht nur die Steuerbefreiung der Nr. 34 durch die Bezugnahme auf die Anforderungen der §§ 20 und 20b SGB V ein, sondern orientiert sich schon bei den Tatbestandsvoraussetzungen der „Verhinderung und Verminderung von Krankheitsrisiken" und der „Förderung der Gesundheit im Betrieb" an den Vorgaben aus dem SGB V. Nach § 20 Abs. 1 SGB V sieht die Krankenkasse in der Satzung „Leistungen zur Verhinderung und Verminderung von Krankheitsrisiken (primäre Prävention)" sowie zur Förderung des selbstbestimmten gesundheitsorientierten Handelns der Versicherten (Gesundheitsförderung) vor. Die Krankenkasse legt dabei die Handlungsfelder und Kriterien nach § 20 Abs. 2 SGB V zugrunde. Nach § 20 Abs. 2 SGB V berücksichtigt die Krankenkasse die folgenden Gesundheitsziele: 63a

1. Diabetes mellitus Typ 2: Erkrankungsrisiko senken, Erkrankte früh erkennen und behandeln,
2. Brustkrebs: Mortalität vermindern, Lebensqualität erhöhen,
3. Tabakkonsum reduzieren,
4. gesund aufwachsen: Lebenskompetenz, Bewegung, Ernährung
5. gesundheitliche Kompetenz erhöhen, Souveränität der Patientinnen und Patienten stärken,
6. depressive Erkrankungen: verhindern, früh erkennen, nachhaltig behandeln,
7. gesund älter werden und
8. Alkoholkonsum reduzieren.

Förderung der Gesundheit im Betrieb. Nach § 20b SGB V fördern die Krankenkassen mit „Leistungen zur Gesundheitsförderung in Betrieben (betriebliche Gesundheitsförderung)" insbes. den Aufbau und die Stärkung gesundheitsfördernder Strukturen. Hierzu erheben sie unter Beteiligung der Versicherten und der Verantwortlichen für den Betrieb sowie der Betriebsärzte und der Fachkräfte für Arbeitssicherheit die gesundheitliche Situation einschließlich ihrer Risiken und Potenziale und entwickeln Vorschläge zur Verbesserung der gesundheitlichen Situation sowie zur Stärkung der gesundheitlichen Ressourcen und Fähigkeiten und unterstützen deren Umsetzung. 63b

---

„zusätzlich zum ohnehin geschuldeten Arbeitslohn erbrachte Leistungen des Arbeitgebers zur Verbesserung des allgemeinen Gesundheitszustands und der betrieblichen Gesundheitsförderung, die hinsichtlich Qualität, Zweckbindung und Zielgerichtetheit den Anforderungen der §§ 20 und 20a des Fünften Buches Sozialgesetzbuch genügen, soweit sie 500 Euro im Kalenderjahr nicht übersteigen;"

1 FG Düss. v. 18.4.2013 – 16 K 922/12 L, EFG 2013, 1358 (Rev. VI R 28/13).
2 G v. 19.12.2008, BGBl. I 2008, 2794.
3 BGBl. I 2015, 1368.
4 BGBl. I 2018, 2338.
5 BT-Drucks. 16/10189, 62.

64 Unter die Tatbestandsvoraussetzung **„Leistungen des ArbG"** fallen auch Barleistungen des ArbG an die ArbN, die diese für extern durchgeführte Maßnahmen aufwenden. In der Gesetzesbegründung wird darauf hingewiesen, dass insbes ArbG kleiner oder mittlerer Unternehmen nicht in dem Maße wie große Unternehmen eigene Gesundheitsförderungsmaßnahmen durchführen können und auf bestehende, externe Angebote angewiesen seien.[1] Nach der Gesetzesbegründung soll die Übernahme bzw. Bezuschussung v. Mitgliedsbeiträgen an **Sportvereine und Fitnessstudios** nicht steuerbefreit sein.[2] Unter die Steuerbefreiung falle aber auch, wenn durch den ArbG ein Zuschuss für Maßnahmen gewährt werde, die Fitnessstudios oder Sportvereine anbieten und die den fachlichen Anforderungen des Leitfadens Prävention der Krankenkassen gerecht werden.[3]

65 **Zusätzlich zum ohnehin geschuldeten Arbeitslohn erbrachte Leistungen des ArbG.** Die Leistungen des ArbG zur Gesundheitsförderung sind nur dann stfrei, wenn es sich um zusätzlich zum ohnehin geschuldeten Arbeitslohn erbrachte Leistungen des ArbG handelt. Nach dem Urteil des BFH v. 19.9.2012 werden Leistungen dann „zusätzlich zum ohnehin geschuldeten Arbeitslohn" erbracht, wenn sie zu den Lohnzahlungen hinzukommen, die entweder durch Vereinbarung oder etwa durch eine dauernde Übung arbeitsrechtlich geschuldet werden. Es könne sich nur um freiwillige Leistungen handeln, auf die der ArbN keinen arbeitsrechtlichen Anspr. habe. Es seien auch arbeitsrechtlich geschuldete Zusatzleistungen nicht begünstigt.[4] Allerdings hält die FinVerw. an der bisherigen großzügigen Auslegung fest, nach der die zweckbestimmte Leistung lediglich zu dem Arbeitslohn hinzukommen muss, den der ArbG aus anderen Gründen schuldet (Rn. 62). Eine **Umwandlung** v. stpfl. Arbeitslohn in stfreie Leistungen ist nicht zulässig. Die stfreien Leistungen müssen zusätzlich zu dem Arbeitslohn, auf den der ArbN bereits einen Rechtsanspruch hat, gezahlt werden.[5] Wird eine zweckbestimmte Leistung unter Anrechnung auf den vereinbarten Arbeitslohn oder durch Umwandlung (Umwidmung) des vereinbarten Arbeitslohns gewährt, liegt auch dann keine zusätzliche Leistung vor, wenn die Umwandlung auf Grund einer tarifvertraglichen **Öffnungsklausel** erfolgt.[6] Eine zusätzliche Leistung liegt auch dann nicht vor, wenn sie **unter Anrechnung auf eine freiwillige Sonderzahlung** (zB Weihnachtsgeld) erbracht wird.[7] Es ist unerheblich, ob die zusätzliche Leistung ihrerseits vom ArbG **geschuldet oder freiwillig** gewährt wird.[8] Ebenso ist es unschädlich, wenn der ArbG verschiedene zweckgebundene **Leistungen zur Auswahl** anbietet.[9]

66 **Die Anforderungen der §§ 20, 20b SGB V.** § 3 Nr. 34 befreit nur solche Leistungen, „die hinsichtlich Qualität, Zweckbindung, Zielgerichtetheit und Zertifizierung den Anforderungen der §§ 20 und 20b des Fünften Buches SGB genügen". Nach § 20 Abs. 2 S. 1 SGB V regelt der Spitzenverband der Krankenkassen die Qualitätskriterien für Leistungen zur Verhinderung und Verminderung von Krankheitsrisiken und bestimmt nach § 20 Abs. 2 S. 2 SGB V die Anforderungen und ein einheitliches Verfahren für die Zertifizierung von Leistungsangeboten durch die Krankenkassen. Dementsprechend soll die Zertifizierung nach der Gesetzesbegr.[10] künftig auch zwingend für die Anerkennung der Steuerbefreiung sein. Diese Maßgeblichkeit der Zertifizierung für die stl. Förderung lässt sich mit dem Wortlaut von § 3 Nr. 34 begründen und damit, dass ggü. der bisherigen Fassung das Wort „Zertifizierung" neu eingefügt wurde. In der Literatur wird allerdings auch die Auffassung vertreten, dass eine Zertifizierung nicht gefordert werden könne und im Wege der Einzelfallprüfung durch das FA auch vergleichbare Leistungen anerkannt werden könnten.[11] Es wurde iRd. Expertenanhörung auch darauf hingewiesen, dass Unternehmen ihre lohnsteuerfreien Maßnahmen häufig nicht von den Krankenkassen begleiten lassen. Maßnahmen der betrieblichen Gesundheitsförderung seien dann bes. wirksam, wenn sie individuell gestaltet seien. Bei einer individuellen Gestaltung sei eine Zertifizierung aber nur schwer und (zeit-)aufwendig möglich.[12] Nach einer Entsch. des FG Bremen v. 11.2.2016[13] ist die hinreichende Qualität zu unterstellen, wenn Maßnahmen durch Physiotherapeuten, Heilpraktiker oder qualifizierte Fitnesstrainer erbracht werden. § 20b Abs. 1 S. 1 SGB V sieht vor,

1 BT-Drucks. 16/10189, 62.
2 Vgl. hierzu: *Nacke*, DB 2008, 2792 (2793); so auch FG Nds. v. 13.3.2018 – 14 K 204/16, EFG 2018, 942 (Rev. VI R 14/18).
3 BT-Drucks. 16/10189, 62; *Nacke*, DB 2008, 2792 (2793).
4 BFH v. 19.9.2012 – VI R 54/11, BStBl. II 2013, 398.
5 Vgl. R 3.33 S. 2 LStR.
6 Vgl. R 3.33 S. 4, 5 LStR.
7 BFH v. 15.5.1998 – VI R 127/97, BStBl. II 1998, 518; v. 16.10.1998 – VI R 12/98, BFH/NV 1999, 466.
8 Vgl. R 3.33 S. 7 LStR.
9 R 3.33 S. 8 LStR.
10 BR-Drucks. 372/18, 46.
11 *Ross* in Frotscher/Geurts, § 3 Nr. 34 Rn. 4; *Nacke* in K/K/B/M/H[3], § 3 Rn. 266; vgl. auch *Hechtner*, BT-Prot. Nr. 19/17, Anlage 12, S. 2.
12 BT-Prot. Nr. 19/17, Anlage 11, S. 8.
13 FG Bremen v. 11.2.2016 – 1 K 80/15 (5), BB 2016, 870.

dass die Krankenkassen mit „Leistungen zur Gesundheitsförderung in Betrieben" insbes. den Aufbau und die Stärkung gesundheitsfördernder Strukturen fördern. Nach § 20b Abs. 1 S. 3 SGB V gilt § 20 Abs. 5 S. 1 SGB V entspr., dh., eine Leistung kann erbracht werden, wenn diese von einer Krankenkasse oder von einem zur Wahrnehmung dieser Aufgaben befugten Dritten zertifiziert ist. Es fallen somit gesundheitsfördernde Maßnahmen in Betrieben, die den vom Spitzenverband der Krankenkassen festgelegten Kriterien entsprechen, unter die Befreiung der Nr. 34.[1]

Freibetrag von 500 Euro. Die Leistungen zur Gesundheitsförderung sind nur stfrei, soweit sie 500 Euro im Kj. nicht übersteigen. In der Gesetzesbegründung heißt es hierzu, die Steuerbefreiung werde „auf den als ausreichend angesehenen jährlichen Höchstbetrag v. 500 Euro je ArbN beschränkt".[2] 67

§ 3 Nr. 34a [Betreuung von Angehörigen]

zusätzlich zum ohnehin geschuldeten Arbeitslohn erbrachte Leistungen des Arbeitgebers

a) an ein Dienstleistungsunternehmen, das den Arbeitnehmer hinsichtlich der Betreuung von Kindern oder pflegebedürftigen Angehörigen berät oder hierfür Betreuungspersonen vermittelt, sowie

b) zur kurzfristigen Betreuung von Kindern im Sinne des § 32 Absatz 1, die das 14. Lebensjahr noch nicht vollendet haben oder die wegen einer vor Vollendung des 25. Lebensjahres eingetretenen körperlichen, geistigen oder seelischen Behinderung außerstande sind, sich selbst zu unterhalten, oder pflegebedürftigen Angehörigen des Arbeitnehmers, wenn die Betreuung aus zwingenden und beruflich veranlassten Gründen notwendig ist, auch wenn sie im privaten Haushalt des Arbeitnehmers stattfindet, soweit die Leistungen 600 Euro im Kalenderjahr nicht übersteigen;

§ 3 Nr. 34a befreit Dienstleistungen von Fremdfirmen iZ mit der Betreuung von Angehörigen des ArbN, die vom ArbG bezahlt werden. Außerdem befreit werden Kosten zur kurzfristigen Betreuung von Kindern. Diese Befreiungsvorschrift der Nr. 34a wurde durch das ZollkodexAnpG[3] eingeführt. Mit der Steuerbefreiung sollen die **Rahmenbedingungen für die Vereinbarkeit von Beruf und Familie verbessert** werden. Um den Beschäftigten, die nach der Elternteilzeit in den Beruf zurückkehren, den Wiedereinstieg zu erleichtern oder ArbN, die Angehörige pflegen, zu unterstützen, erhält der ArbG die Möglichkeit, an seine ArbN stfreie Serviceleistungen zu erbringen.[4] Die Steuerbefreiung der Nr. 34a tritt neben die Befreiung der Nr. 33 für Unterbringungskosten von nicht schulpflichtigen Kindern in Kindergärten und der Nr. 34 für Leistungen des ArbG zur Gesundheitsförderung des ArbN. 67a

Nr. 34a lit. a befreit Leistungen des ArbG an ein Dienstleistungsunternehmen, das den ArbN hinsichtlich der Betreuung von Kindern oder pflegebedürftigen Angehörigen berät oder hierfür Betreuungspersonen vermittelt. Es werden **Beratungs- und Vermittlungsleistungen**, die von Fremdfirmen angeboten und durch den ArbG beauftragt werden, befreit. Die Zweckbestimmung ist nach der Gesetzesbegr. wie in den Fällen der Nr. 33 und 34 durch entspr. Belege im Lohnkonto nachzuweisen.[5] 67b

Nach **Nr. 34a lit. b** kann der ArbG – zusätzlich zu der Befreiung der lit. a – bestimmte Betreuungskosten, die kurzfristig aus zwingenden, beruflich veranlassten Gründen entstehen, stfrei ersetzen. Dazu gehören nach der Gesetzesbegr. Aufwendungen für eine zusätzliche, außergewöhnliche – also außerhalb der regelmäßig üblicherweise erforderlichen – Betreuung, die zB durch dienstlich veranlasste Fortbildungsmaßnahmen des ArbN, einen zwingenden beruflichen Einsatz zu außergewöhnlichen Dienstzeiten oder bei Krankheit eines Kindes bzw. pflegebedürftigen Angehörigen notwendig wird. Es werden damit auch Betreuungskosten in eng umgrenztem Rahmen steuerlich begünstigt, wenn sie im Privathaushalt des ArbN anfallen.[6] 67c

Die Steuerbefreiung besteht nur, soweit die Leistungen **600 Euro im Kj.** nicht übersteigen. Der Gesetzgeber wollte damit eine „gewisse typisierte sachliche Begrenzung der Steuerbefreiung" erreichen. 67d

Die Leistungen müssen „zusätzlich zum ohnehin geschuldeten Arbeitslohn" erbracht werden. Es soll damit sichergestellt werden, dass die Steuerbefreiung allein für Leistungen beansprucht werden kann, die der 67e

1 BR-Drucks. 372/18, 46.
2 BT-Drucks. 16/10189, 62.
3 G v. 22.12.2014, BGBl. I 2014, 2417.
4 BT-Drucks. 18/3017, 49; zu dem Gesetzesvorschlag des BR zur Fassung von Nr. 34a: BT-Drucks. 18/3017, 27.
5 BT-Drucks. 18/3017, 50.
6 BT-Drucks. 18/3017, 50.

ArbG zusätzlich für den Zweck „bessere Vereinbarkeit von Familie und Beruf" erbringt. Für Leistungen, die unter Anrechnung auf den vereinbarten Arbeitslohn (Entgeltumwandlung) erbracht werden, soll die Steuerfreiheit hingegen nicht beansprucht werden können.[1]

§ 3 Nr. 35 [Einnahmen der früheren Postbeamten]

die Einnahmen der bei der Deutsche Post AG, Deutsche Postbank AG oder Deutsche Telekom AG beschäftigten Beamten, soweit die Einnahmen ohne Neuordnung des Postwesens und der Telekommunikation nach den Nummern 11 bis 13 und 64 steuerfrei wären;

68 Nr. 35 wurde im Zuge der Neuordnung des Postwesens und der Telekommunikation eingeführt. Die bei den Nachfolgeunternehmen der Deutschen Bundespost beschäftigten Beamten sollen in Bezug auf die Steuerbefreiungen nach Nr. 11–13 und 64 weiterhin wie unmittelbare Bundesbeamte behandelt werden.[2]

§ 3 Nr. 36 [Einnahmen für Pflegeleistungen]

Einnahmen für Leistungen zu körperbezogenen Pflegemaßnahmen, pflegerischen Betreuungsmaßnahmen oder Hilfen bei der Haushaltsführung bis zur Höhe des Pflegegeldes nach § 37 des Elften Buches Sozialgesetzbuch, mindestens aber bis zur Höhe des Entlastungsbetrages nach § 45b Absatz 1 Satz 1 des Elften Buches Sozialgesetzbuch, wenn diese Leistungen von Angehörigen des Pflegebedürftigen oder von anderen Personen, die damit eine sittliche Pflicht im Sinne des § 33 Absatz 2 gegenüber dem Pflegebedürftigen erfüllen, erbracht werden. ²Entsprechendes gilt, wenn der Pflegebedürftige vergleichbare Leistungen aus privaten Versicherungsverträgen nach den Vorgaben des Elften Buches Sozialgesetzbuch oder nach den Beihilfevorschriften für häusliche Pflege erhält;

Literatur: *Kanzler*, Pflegeleistungen, Sittenpflicht und Steuerfreiheit – Zur Auslegung einer neuen Steuerbefreiung, FR 1996, 189.

69 Bei den **Einnahmen für Pflegeleistungen** wird es sich im Regelfall um das weitergeleitete Pflegegeld aus der Pflegeversicherung handeln. Eine dementspr. Herkunft der Mittel wird tatbestandlich – trotz des Wortlauts der Nr. 36 S. 2 – allerdings nicht vorausgesetzt. Die Steuerfreiheit kann auch für Einnahmen iRd. Verhinderungspflege (§ 39 SGB XI) oder für Einnahmen geltend gemacht werden, die über den Entlastungsbetrag gem. § 45b Abs. 1 S. 1 SGB XI erstattet werden.[3] Die Befreiung gilt auch für Fälle, in denen ein Anspr. aus der Pflegeversicherung nicht besteht, nicht geltend gemacht wird oder in denen ein Dritter die Pflegeperson bezahlt. Einnahmen sind nicht nur Geldzahlungen, sondern auch Sachbezüge, wie zB eine Pkw-Überlassung. Mit der Formulierung **„Leistungen zu körperbezogenen Pflegemaßnahmen, pflegerischen Betreuungsmaßnahmen oder Hilfen bei der Haushaltsführung"** knüpft der Befreiungstatbestand an die gleichlautenden Begriffe des SGB XI an. Nach § 36 SGB XI haben Pflegebedürftige der Pflegegrade 2 bis 5 bei häuslicher Pflege Anspr. auf „körperbezogene Pflegemaßnahmen und pflegerische Betreuungsmaßnahmen sowie auf Hilfen bei der Haushaltsführung als Sachleistung (häusliche Pflegehilfe)". Der Begriff der körperbezogenen Pflegemaßnahmen bezieht sich insbes. auf Beeinträchtigungen der Selbstständigkeit oder der Fähigkeiten in den Modulen Mobilität und Selbstversorgung. Pflegerische Betreuungsmaßnahmen umfassen Unterstützung und sonstige Hilfe im häuslichen Umfeld des Pflegebedürftigen und seiner Familie (vgl. § 36 Abs. 2 S. 3 SGB XI). Bei den „Hilfen bei der Haushaltsführung" handelt es sich um Hilfen bei typischen Hausarbeiten wie Einkaufen, Kochen, Reinigung der Wohnung, Spülen, Wechseln und Waschen der Wäsche, aber auch um Unterstützung bei den für die alltägliche Lebensführung notwendigen geschäftlichen Belangen. Erbringt der Pflegende nur pflegerische Betreuungsmaßnahmen oder nur die Hilfen bei der Haushaltsführung, also nur einen Teil der Leistungen, die mit dem Pflegegeld abgedeckt sind, steht ihm dennoch der volle Freibetrag zu. Der Wortlaut der Nr. 36 S. 1 sieht insoweit keine Aufteilung vor. **Pflegebedürftig** sind nach § 14 Abs. 1 SGB XI Pers., die gesundheitlich bedingte Beeinträchtigungen der Selbstständigkeit oder der Fähigkeiten aufweisen und deshalb der Hilfe durch andere bedürfen. Eine Definition des **Angehörigen** enthält § 15 AO. Neben Angehörigen werden Pers. begünstigt,

1 BT-Drucks. 18/3017, 50.
2 BT-Drucks. 12/8060, 204; BT-Drucks. 15/1562, 32.
3 BR-Drucks. 372/18, 38.

die mit der Pflege eine **sittliche Pflicht** iSd. § 33 Abs. 2 erfüllen, zB Partner einer eheähnlichen oder gleichgeschlechtlichen Lebensgemeinschaft. **Stfrei** sind Einnahmen bis zur Höhe des Pflegegeldes nach § 37 SGB XI, dh. für Pflegebedürftige des 2. Pflegegrades 316 Euro, des 3. Pflegegrades 545 Euro, des 4. Pflegegrades 720 Euro und des 5. Pflegegrades 901 Euro monatlich. Für den übersteigenden Betrag kommt eine Besteuerung als Einkünfte aus nichtselbständiger Arbeit oder als wiederkehrende Bezüge nach § 22 Nr. 3 in Betracht. Allerdings sind für die Pflege v. Angehörigen empfangene Beträge grds. nicht zu versteuern.[1] Wird ein Pflegebedürftiger v. mehreren Pers. gepflegt, so steht jeder Pflegeperson der volle Freibetrag zu. Anspruch auf Pflegegeld besteht nach der Neuregelung durch das Zweite PflegestärkungsG v. 21.12. 2015[2] nur für die Pflegegrade 2 bis 5, die den bis dahin bestehenden Pflegestufen 1 bis 3 entsprechen. Pflegebedürftige mit einem Pflegegrad 1 erhalten einen Entlastungsbetrag nach § 45b Abs. 1 S. 1 SGB XI. Dementspr. waren die Fälle des Pflegegrades 1 von Nr. 36 S. 1 zunächst nicht erfasst. Diese „Regelungslücke"[3] hat das G zur Verhinderung von Umsatzsteuerausfällen beim Handel mit Waren im Internet und zur Änderung weiterer stl. Vorschriften v. 11.12.2018[4] mit der Ergänzung „mindestens aber bis zur Höhe des Entlastungsbetrages nach § 45b Abs. 1 S. 1 SGB XI" geschlossen.[5]

Nr. 36 S. 2 befreit – ebenso wie Nr. 36 S. 1 – nicht die Bezüge des Pflegebedürftigen – diese Befreiung nimmt § 3 Nr. 1 lit. a (bzw. § 3 Nr. 11) vor –, sondern die Bezüge der Pflegepersonen, und zwar die aus der Weiterleitung v. Geldern des Pflegebedürftigen aus privaten Pflegeversicherungen und Beihilfen. Nr. 36 S. 2 ist gegenüber Nr. 36 S. 1 nur deklaratorisch. Nr. 36 S. 2 stellt klar, dass die Regelung des Satzes 1 auch für vergleichbare Leistungen aus privaten Versicherungsverträgen und nach den Beihilfevorschriften für häusliche Pflege gilt. Die Einbeziehung des Entlastungsbetrags nach § 45 SGB XI durch Nr. 36 S. 1 gilt entspr. iRd. Satzes 2. Nach der Verordnung über Beihilfe in Krankheits-, Pflege- und Geburtsfällen (Bundesbeihilfeverordnung – BBhV)[6] wird eine Pauschalbeihilfe gem. § 38a Abs. 4 BBhV gezahlt, wenn die Pflegeleistungen in häuslicher Pflege nicht von Fachkräften erbracht werden. Gem. § 39b BBhV sind beim Pflegegrad 1 auch entspr. Aufwendungen beihilfefähig, wie zB für den Entlastungsbetrag nach § 45b SGB XI.[7] 70

§ 3 Nr. 37 [Überlassung eines betrieblichen Fahrrads][8]

zusätzlich zum ohnehin geschuldeten Arbeitslohn vom Arbeitgeber gewährte Vorteile für die Überlassung eines betrieblichen Fahrrads, das kein Kraftfahrzeug im Sinne des § 6 Absatz 1 Nummer 4 Satz 2 ist;

Die Überlassung von Kfz. iSd. § 6 Abs. 1 Nr. 4 S. 2 vom ArbG an den ArbN zur privaten Nutzung führt nach § 8 Abs. 2 S. 2 zu **stpfl. Arbeitslohn**. Allerdings ist die Überlassung von Elektrofahrzeugen nach **§ 8 Abs. 2 S. 4 iVm. § 6 Abs. 1 Nr. 4 S. 3** begünstigt und sind die gewährten Vorteile für das elektrische Aufladen eines Elektrofahrzeugs nach **§ 3 Nr. 46** stfrei. Zu den begünstigten Fahrzeugen zählen auch Elektrofahrräder, wenn diese als Kfz. einzuordnen sind (Rn. 127b). Das G zur Vermeidung von Umsatzsteuerausfällen beim Handel mit Waren im Internet und zur Änderung weiterer stl. Vorschriften v. 11.12.2018[9] hat diese Regelungen für Elektrofahrräder um die Begünstigung von Fahrrädern, die kein Kfz. iSv. § 6 Abs. 1 Nr. 4 S. 2 sind, ergänzt. Nach **§ 6 Abs. 1 Nr. 4 S. 6** nF bleibt die private Nutzung eines betrieblichen Fahrrads, das kein Kfz. iSv. § 6 Abs. 1 Nr. 4 S. 2 ist, außer Ansatz. Und nach **§ 3 Nr. 37** sind vom ArbG gewährte Vorteile für die Überlassung eines betrieblichen Fahrrads, das kein Kfz. iSd. § 6 Abs. 1 Nr. 4 S. 2 ist, stfrei. Nach der Gesetzesbegründung soll die in § 3 Nr. 37 geregelte Steuerbefreiung das umweltfreundliche Engagement der Nutzer von Fahrrädern und der ArbG honorieren, die die private Nutzung, die Nutzung für Fahrten zw. Wohnung und erster Tätigkeitsstätte und für Familienheimfahrten unentgeltlich oder verbilligt ermöglichen. § 3 Nr. 37 sei ein weiterer Baustein zur Förderung der Elektromobilität und der umweltverträglichen Mobilität.[10] 71

1 BFH v. 14.9.1999 – IX R 88/95, BStBl. II 1999, 776; BT-Drucks. 13/1558, 152 f.
2 BGBl. I 2015, 2424.
3 BR-Drucks. 372/18, 39.
4 BGBl. I 2018, 2338.
5 BR-Drucks. 372/18, 39.
6 VO v. 13.2.2009 (BGBl. I 2009, 326), zuletzt geändert durch VO v. 25.10.2016 (BGBl. I 2016, 2403).
7 BR-Drucks. 372/18, 39.
8 In § 3 wurde mWv. 1.1.2019 Nummer 37 eingefügt (G zur Vermeidung von Umsatzsteuerausfällen beim Handel mit Waren im Internet und zur Änderung weiterer stl. Vorschriften v. 11.12.2018, BGBl. I 2018, 2338).
9 BGBl. I 2018, 2338.
10 BT-Drucks. 19/5595, 82.

71a § 3 Nr. 37 gilt für **Fahrräder, die kein Kraftfahrzeug iSd. § 6 Abs. 1 N. 4 S. 2** sind. § 3 Nr. 37 gilt damit sowohl für Elektrofahrräder als auch für andere Fahrräder. Ist jedoch ein Elektrofahrrad verkehrsrechtlich als Kfz. einzuordnen (zB Elektrofahrräder, deren Motor auch Geschwindigkeiten über 25 km/h unterstützt), sind für die Bewertung der Überlassung die Regelungen der „Dienstwagenbesteuerung" (§ 8 Abs. 2 S. 2 bis 5 iVm. § 6 Abs. 1 Nr. 4 S. 2) anzuwenden, und zwar mit der Halbierung der Bemessungsgrundlage für Elektrofahrzeuge.[1]

71b § 3 Nr. 37 gilt nur für **„zusätzlich zum ohnehin gewährten Arbeitslohn"** vom ArbG gewährte Vorteile. § 3 Nr. 37 entspricht damit insoweit § 3 Nr. 46 (Rn. 127b und 67).

71c Nach **§ 9 Abs. 1 S. 3 Nr. 4** mindern die nach § 3 Nr. 37 stfreien Sachbezüge den nach Satz 2 abziehbaren Betrag, dh. die Entfernungspauschale, nicht, und § 3c Abs. 1 ist nicht anzuwenden. Der Gesetzgeber hat damit für das Verhältnis von § 3 Nr. 37 und § 9 Abs. 1 S. 3 Nr. 4 die Regelung getroffen, die auch zunächst für das Verhältnis von § 3 Nr. 15 und § 9 Abs. 1 S. 3 Nr. 4 vorgesehen war (Rn. 35e), dh., es kommt in den Fällen des § 3 Nr. 37 zu einer **Doppelbegünstigung**. Der Gesetzgeber hat diese in Kauf genommen mit der Begr., die Freistellungsbeträge seien relativ gering und eine Anrechnung auf die Entfernungspauschale administrativ kaum möglich.[2]

§ 3 Nr. 38 [Sachprämien aus Kundenbindungsprogrammen]

Sachprämien, die der Steuerpflichtige für die persönliche Inanspruchnahme von Dienstleistungen von Unternehmen unentgeltlich erhält, die diese zum Zwecke der Kundenbindung im allgemeinen Geschäftsverkehr in einem jedermann zugänglichen planmäßigen Verfahren gewähren, soweit der Wert der Prämien 1 080 Euro im Kalenderjahr nicht übersteigt;

Literatur: *Giloy*, Pauschalierung der Einkommensteuer für Sachprämien aus Kundenbindungsprogrammen, BB 1998, 717; *Heinze*, Rechtliche Einordnung der Vergünstigungen aus Miles & More Bonusprogrammen, DB 1996, 2490; *Lühn*, Bonus-Punkte aus Kundenbindungsprogrammen – Zuordnung und Versteuerung, BB 2007, 2713; *Thomas*, Die Besteuerung von Sachprämien aus Kundenbindungsprogrammen – Eine gesetzgeberische Glanzleistung?, DStR 1997, 305.

72 Anlass für die Einführung v. Nr. 38 war das v. der Lufthansa AG angebotene Bonusprogramm Miles & More für Vielflieger. Um dieses Kundenbindungsprogramm nicht zu gefährden, wurde Nr. 38 – und die Pauschalierungsregelung des § 37a – eingeführt. Der Gesetzgeber hat sich um eine abstrakte Formulierung der Begünstigung bemüht, bei der einzelne Tatbestandsvoraussetzungen jedoch nicht als sachliche Differenzierungskriterien, sondern nur als Umschreibung des konkreten Regelungsanlasses zu begreifen sind. **Sachprämien** sind in Anlehnung an § 8 II Leistungen, die nicht in Geld bestehen (zB Freiflüge, Hotelübernachtungen). Diese müssen für die **persönliche Inanspruchnahme** v. Dienstleistungen gewährt werden. Nach der Gesetzesbegründung entspricht diese Voraussetzung den angebotenen Bonusprogrammen und unterscheidet die Prämien v. anderen Boni, die üblicherweise dem Erwerber einer Leistung zugute kommen. Die Prämien müssen für **Dienstleistungen** (zum Begriff: § 8 III) gewährt werden, weil nur bei diesen – so die Begr. – eine Anknüpfung an die persönliche Inanspruchnahme möglich sei.[3] Nr. 38 hat damit Bedeutung für die Bonusprogramme v. LuftfahrtGes., Mietwagenunternehmen, Hotelketten. **Unentgeltlich** wird die Prämie nur gewährt, wenn die Zuwendung kein offenes oder verdecktes Entgelt für eine Gegenleistung ist. Die Prämie muss **zum Zweck der Kundenbindung** gewährt werden. Eine einmalige Werbeprämie reicht insoweit nicht aus, und auch nicht Prämien, die zum Leistungsanreiz oder zur Entlohnung eingesetzt werden. Im **allg. Geschäftsverkehr** werden die Prämien geleistet, wenn sie Bestandteil des allg. zugänglichen Leistungsangebots des Unternehmens sind. Ein **jedermann zugängliches planmäßiges Verfahren** verlangt, dass der Kreis der Kunden keinen Einschränkungen unterliegt und die Prämiengewährung nicht v. Fall zu Fall in das Belieben des Unternehmens gestellt ist. Die Sachprämien sind nur **bis zu 1 080 Euro** im Kj. stfrei. Der Höchstbetrag ist kundenbezogen und kann auch bei Prämien v. verschiedenen Dienstleistungsunternehmen nur einmal in Anspr. genommen werden. Die Prämien sind nach § 8 II 1 mit den um übliche Preisnachlässe geminderten üblichen Endpreisen am Abgabeort anzusetzen. Wurden Prämien bezogen, die den Betrag v. 1 080 Euro überschreiten, stellt sich erneut die Frage der Steuerbarkeit (BE; Arbeitslohn beim Verzicht des ArbG auf dienstliche Verwendung der Bonuspunkte).[4] Auf

1 BT-Drucks. 19/5595, 82.
2 BT-Drucks. 19/5595, 83.
3 BT-Drucks. 13/5952, 93.
4 Zur Steuerbarkeit: *K/S/M*, § 3 Rn. B 38/8 ff., § 37a Rn. A 14; *Bauer/Krets*, BB 2002, 2066; *Thomas*, DStR 1997, 305; *Strömer*, BB 1993, 705.

den Freibetrag sind auch nichtsteuerbare Prämien auszurechnen.[1] § 37a bietet die Möglichkeit der Pauschalierung durch das die Prämien gewährende Unternehmen.

§ 3 Nr. 39 [Mitarbeiterkapitalbeteiligung]

der Vorteil des Arbeitnehmers im Rahmen eines gegenwärtigen Dienstverhältnisses aus der unentgeltlichen oder verbilligten Überlassung von Vermögensbeteiligungen im Sinne des § 2 Absatz 1 Nummer 1 Buchstabe a, b und f bis l und Absatz 2 bis 5 des Fünften Vermögensbildungsgesetzes in der Fassung der Bekanntmachung v. 4. März 1994 (BGBl. I S. 406), zuletzt geändert durch Artikel 2 des Gesetzes v. 7. März 2009 (BGBl. I S. 451), in der jeweils geltenden Fassung, am Unternehmen des Arbeitgebers, soweit der Vorteil insgesamt 360 Euro im Kalenderjahr nicht übersteigt. [2]Voraussetzung für die Steuerfreiheit ist, dass die Beteiligung mindestens allen Arbeitnehmern offensteht, die im Zeitpunkt der Bekanntgabe des Angebots ein Jahr oder länger ununterbrochen in einem gegenwärtigen Dienstverhältnis zum Unternehmen stehen. [3]Als Unternehmen des Arbeitgebers im Sinne des Satzes 1 gilt auch ein Unternehmen im Sinne des § 18 des Aktiengesetzes. [4]Als Wert der Vermögensbeteiligung ist der gemeine Wert anzusetzen;

Literatur: *Breinersdorfer*, Praktische Aspekte des neuen Mitarbeiterkapitalbeteiligungsgesetzes, DStR 2009, 453; *Hasbargen/Schmitt/Betz*, Aktuelle Entwicklungen bei der Besteuerung von Mitarbeiterbeteiligungsmodellen, BB 2010, 1951; *Kracht*, Mitarbeiterbeteiligung: Der Staat fördert Investments der Belegschaft ab 2009 stärker, GStB 2009, 473; *Lingemann/Gotham/Marchal*, Arbeitsrechtliche Fallstricke im neuen Mitarbeiterkapitalbeteiligungsgesetz, DB 2010, 446; *Marquart*, Leitlinien zum Zufluss und zur Einkünftequalifizierung bei Mitarbeiterkapitalbeteiligungen, FR 2013, 980; *Niermann*, Lohnsteuerliche Behandlung der Überlassung von Vermögensbeteiligungen ab 2009, DB 2010, 79; ders., Steuerliche Förderung von Mitarbeiterkapitalbeteiligungen durch das neue Mitarbeiterkapitalbeteiligungsgesetz, DB 2009, 473; *Schmidt*, Steuerliche Entwicklungen in Gesetzgebung, Verwaltung und Rechtsprechung zu Mitarbeiter- und Managementbeteiligungen im Jahr 2008, DStR 2009, 1986; *Stockum/Bender*, Steuerliche Rahmenbedingungen für Mitarbeiterbeteiligungen in Deutschland – erste praktische Erfahrungen mit dem neuen Mitarbeiterkapitalbeteiligungsgesetz, BB 2009, 1948; *Wünnemann*, Anwendungsregeln zum Mitarbeiterkapitalbeteiligungsgesetz – BMF-Schreiben v. 8.12.2009, DStR 2009, 2674, DStR 2010, 31.

A. Förderung der Mitarbeiterkapitalbeteiligung

Nr. 39 normiert einen Freibetrag v. 360 Euro für die Überlassung v. Mitarbeiterkapitalbeteiligungen. Es 73
wird die direkte Beteiligung am Unternehmen des ArbG und die Beteiligung an einem Mitarbeiterbeteiligungs-Sondervermögen gefördert. Nr. 39 wurde durch das Mitarbeiterkapitalbeteiligungsgesetz v. 7.3. 2009[2] eingeführt. Die Vorschrift hat § 19a aF abgelöst, der bis dahin die Überlassung v. Vermögensbeteiligungen an ArbN förderte. Nr. 39 gilt für alle Lohnzahlungszeiträume des Jahres 2009 (bei lfd. Arbeitslohn) und für alle Zuflusszeitpunkte im Jahr 2009 (bei sonstigen Bezügen).[3] Das StEUVUmsG[4] hat § 3 Nr. 39 – in Umsetzung der Koalitionsvereinbarung von CDU/CSU und FDP – geändert und die Voraussetzung des § 3 Nr. 39 S. 2 lit. a (Freiwilligkeit; „On-Top-Leistung", Ausschluss der Barlohnumwandlung) entfallen lassen. Das Kroatien-AnpG v. 25.7.2014[5] hat den Verweis auf § 2 Abs. 1 Nr. 1 lit. d 5. VermBG

1 *K/S/M*, § 3 Rn. B 38/46; *Thomas*, DStR 1997, 305; **aA** *Frotscher*, § 3 Nr. 38 Rn. 197k.
2 BGBl. I 2009, 451.
3 Vgl. iE sowie zur Bestandsschutzregelung des § 52 Abs. 35 für § 19a: *Niermann*, DB 2009, 473 (474).
4 G v. 8.4.2010, BGBl. I 2010, 386.
5 BGBl. I 2014, 1266.

gestrichen, weil die Regelungen zum Mitarbeiterbeteiligungs-Sondervermögen im Investmentgesetz durch das AIFM-UmsG v. 4.7.2013[1] aufgehoben wurden. Zweck der Nr. 39 ist es, die stl. Förderung der Mitarbeiterkapitalbeteiligung iRd. EStG und des 5. VermBG zu erweitern.

B. Freibetrag für die Überlassung von Beteiligungen am Unternehmen des Arbeitgebers (S. 1)

74 **I. Inhalt.** Nr. 39 S. 1 erklärt den Vorteil des ArbN im Rahmen eines gegenwärtigen Dienstverhältnisses aus der unentgeltlichen oder verbilligten Überlassung v. Vermögensbeteiligungen iSd. § 2 Abs. 1 Nr. 1 lit. a, b und d bis l und Abs. 2–5 5. VermBG am Unternehmen des ArbG für stfrei, soweit der Vorteil insgesamt 360 Euro im Kj. nicht übersteigt.

75 **II. Vorteil aus unentgeltlicher oder verbilligter Überlassung.** Nr. 39 S. 1 befreit den **„Vorteil"** … aus der unentgeltlichen oder verbilligten Überlassung v. Vermögensbeteiligungen. Der Begriff des „Vorteils" entspricht dem Tatbestandsmerkmal des § 19 Abs. 1 Nr. 1, der zu den Einkünften aus nicht selbständiger Arbeit die „Vorteile" für eine Beschäftigung im öffentl. oder privaten Dienst rechnet. Gemeint ist eine objektive Bereicherung als Komponente des Arbeitslohnbegriffs. Nach R 19a Abs. 3 S. 3 LStR 2008 ist die Übernahme der mit der Überlassung v. Vermögensbeteiligungen verbundenen Nebenkosten durch den ArbG, zB Notariatsgebühren, Eintrittsgelder im Zusammenhang mit Geschäftsguthaben einer Genossenschaft und Kosten für Registereintragungen, kein Arbeitslohn. Dann wird man die Nebenkosten auch nicht als Bestandteil des geldwerten Vorteils iSv. Nr. 39 ansehen können, der den Freibetrag der Nr. 39 verbraucht. Nr. 39 fordert einen Vorteil „aus der **unentgeltlichen** oder **verbilligten** Überlassung" v. Vermögensbeteiligungen. Der Befreiungstatbestand bezeichnet damit den Fall, dass die Vermögensbeteiligung ohne Gegenleistung oder mit einer Gegenleistung überlassen wird, die unter dem gemeinen Wert liegt. Der gemeine Wert, den Nr. 39 S. 4 als Maßstab für den Wert der Vermögensbeteiligung bestimmt, ist insoweit auch für die Frage maßgebend, ob eine verbilligte Überlassung vorliegt. Nr. 39 S. 1 befreit nur Vorteile aus der unentgeltlichen oder verbilligten **„Überlassung"** v. Vermögensbeteiligungen. Die Befreiung ist damit auf Sachbezüge beschränkt. Geldleistungen des ArbG zum Erwerb v. Vermögensbeteiligungen sind nicht begünstigt.

76 **III. Zuwendung an einen Arbeitnehmer im Rahmen eines gegenwärtigen Dienstverhältnisses.** Begünstigt sind nur Vorteile **„des ArbN"**. Der Empfänger muss ArbN iSv. § 1 Abs. 1 LStDV sein. Der Begriff des ArbN ist, auch wenn § 3 Nr. 39 S. 1 die zu überlassenden Vermögensbeteiligungen durch Verweisung auf das 5. VermBG beschreibt, im steuerrechtl. Sinne zu verstehen. Der steuerrechtl. Begriff des ArbN ist nicht deckungsgleich mit dem des Arbeitsrechts. So können auch Organe jur. Pers. (zB Geschäftsführer einer GmbH, Vorstandsmitglieder einer AG) begünstigt eine Vermögensbeteiligung erhalten. MU'er, die auf Grund eines Arbeitsvertrages mit der PersGes. für diese als ArbN tätig werden, erzielen nach § 15 Abs. 1 S. 1 Nr. 2 Einkünfte aus GewBetr. und sind damit keine ArbN im steuerrechtl. Sinne. Eine Steuerfreiheit zugunsten beherrschender G'ter-Geschäftsführer scheidet allerdings aus, wenn – etwa mangels ausdrücklicher Regelung im Anstellungsvertrag – kstl. vGA vorliegen und somit keine Einkünfte iSv. § 19.[2] Wird eine Vermögensbeteiligung an einen Dritten überlassen, kann der durch die unentgeltliche oder verbilligte Überlassung der Vermögensbeteiligung entstehende Vorteil Arbeitslohn des ArbN sein. Dem Wortlaut nach sind auch in diesem Fall die Voraussetzungen der Nr. 39 erfüllt. Die Begünstigung nach Nr. 39 entspricht in diesem Fall aber nicht dem Zweck der Nr. 39, die Beteiligung des ArbN am Unternehmen des ArbG zu fördern.[3] Die Gegenansicht verweist darauf, dass der ArbN ohnehin nicht gehindert sei, eine Vermögensbeteiligung unmittelbar nach der Überlassung durch den ArbG an einen Dritten weiterzuleiten.[4]

77 Der Vorteil muss „im Rahmen eines … **Dienstverhältnisses**" überlassen werden. Nach § 1 Abs. 2 LStDV liegt ein Dienstverhältnis vor, wenn der Angestellte (Beschäftigte) dem ArbG seine Arbeitskraft schuldet. Dies ist der Fall, wenn die tätige Pers. in der Betätigung ihres geschäftlichen Willens unter der Leitung de ArbG steht oder im geschäftlichen Organismus des ArbG dessen Weisungen zu folgen verpflichtet ist. Die Steuerfreiheit setzt – anders als etwa die Steuerbefreiung nach Nr. 63 – nicht voraus, dass die ArbG-Leistungen im Rahmen eines ersten Dienstverhältnisses gewährt werden. Sie gilt daher auch für ArbN, die dem ArbG eine LStKarte mit der StKlasse VI vorgelegt haben.[5] Nr. 39 verlangt außerdem, dass die Überlassung im Rahmen eines **„gegenwärtigen"** Dienstverhältnisses erfolgt. Diese Voraussetzung ist erfüllt,

1 BGBl. I 2013, 1981; vgl. auch die Anpassung des 5. VermBG durch das AIFM-StAnpG v. 18.12.2013 (BGBl. I 2013, 4318).
2 *Niermann*, DB 2009, 473.
3 *Altehoefer*, DStZ 1984, 61; *Moritz*, BB 1980, 1741; *H/H/R*, § 19a Anm. 29.
4 *K/S/M*, § 19a Rn. B 5; *Schmidt*[28], § 19a Rn. 20.
5 *Niermann* DB 2009, 473.

wenn der Vorteil aus der Überlassung der Vermögensbeteiligung als Arbeitslohn für eine aktive Tätigkeit anzusehen ist. Es ist nicht erforderlich, dass das Dienstverhältnis in diesem Zeitpunkt noch besteht. Der „Rahmen" des gegenwärtigen Dienstverhältnisses ist wirtschaftlich, nicht zeitlich zu verstehen. Die Vermögensbeteiligung muss als Gegenleistung für die in einem bestimmten Jahr erbrachte Arbeitsleistung überlassen werden und darf nicht Ausfluss einer Gegenleistung für die im gesamten Arbeitsleben erbrachte Arbeitsleistung oder eine Vorauszahlung für künftige Arbeitsleistung darstellen.[1] Die Überlassung v. Belegschaftsaktien an Altersteilzeitkräfte ist danach steuerbegünstigt, und zwar auch dann, wenn die Arbeitsleistung bereits in früheren Kj. angespart und das Arbverh. zu Beginn der zweiten Vorruhestandsphase arbeitsrechtl. beendet wurde.[2] Betriebsrentner können dagegen den Freibetrag nicht in Anspr. nehmen, auch wenn sie im Zeitpunkt der Überlassung eine Pension und damit Einkünfte aus nichtselbständiger Arbeit beziehen.[3] Ein gegenwärtiges Dienstverhältnis wird überwiegend auch dann angenommen, wenn durch G das Ruhen des Arbverh. angeordnet wird (zB: Einberufung des ArbN zum Wehrdienst oder zum Zivildienst; während des Mutterschutzes oder des Erziehungsurlaubs)[4], aber auch dann, wenn durch eine Verrechnung zw. ArbG und ArbN das Dienstverhältnis zum Ruhen gebracht worden ist (zB der ArbN für eine bestimmte Zeit v. einer Konzernobergesellschaft zu einer Tochtergesellschaft versetzt wird).[5]

Nr. 39 verlangt nur einen Vorteil aus der unentgeltlichen oder verbilligten Überlassung v. Vermögensbeteiligungen „im Rahmen eines gegenwärtigen Dienstverhältnisses". Es genügt eine **mittelbare Überlassung** durch den ArbG. Der ArbG kann einen fremden Unternehmer als Erfüllungsgehilfen einschalten, zB bei der Überlassung v. Wertpapieren ein Kreditinstitut.[6] Es kann jedes fremde Unternehmen auf Veranlassung des ArbG dem ArbN zB börsennotierte oder nicht börsennotierte Aktien des ArbG überlassen. Der Vorteil kann **auch v. einem Dritten** „im Rahmen eines Dienstverhältnisses" zugewendet werden, wenn diese Zuwendung durch den Dritten durch das Dienstverhältnis veranlasst ist. Der Vorteil muss aus Sicht des ArbN mit Rücksicht auf das Dienstverhältnis eingeräumt werden, so dass sich der geldwerte Vorteil im weitesten Sinne als Gegenleistung für das Zurverfügungstellen der individuellen Arbeitskraft des ArbN darstellt.[7] 78

Nr. 39 enthält keine Einschränkung dahin, dass der Vorteil aus der Überlassung einer Vermögensbeteiligung nur im Rahmen eines einzigen Dienstverhältnisses begünstigt ist. Der ArbN kann die Steuerbegünstigung für jedes Dienstverhältnis gesondert in Anspr. nehmen, wenn im Kj. nacheinander oder nebeneinander **mehrere Dienstverhältnisse** bestehen. Nr. 39 kann bei einem unterjährigen ArbG-Wechsel oder bei parallelen Arbverh. auch mehrfach in Anspr. genommen werden.[8] 79

IV. Vermögensbeteiligungen iSv. § 2 Abs. 1 Nr. 1 lit. a, b und f–l und Abs. 2–5 5. VermBG am Unternehmen des Arbeitgebers. Das 5. VermBG fördert die Vermögensbeteiligung v. ArbN. Legt der ArbG für den ArbN Geldleistungen in den in § 2 5. VermBG aufgelisteten Anlageformen an, so hat der ArbN Anspr. auf eine SparZul., wenn sein Einkommen bei nach § 2 Abs. 1 Nr. 1–3, Abs. 2–4 5. VermBG angelegten Leistungen die Einkommensgrenze v. 20 000 Euro und bei nach § 2 Abs. 1 Nr. 4 und 5 5. VermBG angelegten Leistungen die Einkommensgrenze v. 17 900 Euro nicht überschreitet. Die SparZul. beträgt 20 % der nach § 2 Abs. 1 Nr. 1–3, Abs. 2–4 VermBG angelegten Leistungen, soweit sie 400 Euro nicht übersteigen, und 9 % der nach § 2 Abs. 1 Nr. 4 und 5 5. VermBG angelegten Leistungen, soweit sie 470 Euro nicht übersteigen. § 3 Nr. 39 verweist auf die Anlageformen des 5. VermBG und führt damit im Umfang der Verweisung eine parallele Förderung durch SparZul. und Steuerbefreiung herbei. Nr. 39 knüpft zur Bezeichnung der steuerbegünstigten Vermögensbeteiligungen an das 5. VermBG an, schränkt diese Anknüpfung aber dadurch ein, dass es sich um Beteiligungen **„am Unternehmen des ArbG"** handeln muss. Die stl. Förderung der Beteiligung am Produktivkapital soll primär die Bindung des ArbN an das Unternehmen „seines" ArbG fördern, einen Beitrag zur „corporate identity" und einen Beitrag zur Stabilisierung der Finanzverhältnisse des Unternehmens des ArbG leisten.[9] Eine Beteiligung „am Unternehmen des ArbG" iSv. § 3 Nr. 39 S. 1 liegt nicht vor, wenn die Beteiligung nicht direkt, sondern mittelbar bzw. indirekt über eine Mitarbeiterbeteiligungsgesellschaft gehalten wird. Unschädlich ist es allerdings, wenn die Mitarbeiterbeteiligungsgesellschaft selbst wiederum ein Unternehmen des ArbG iSv. § 3 Nr. 39 S. 3 ist. Ebenso ist es unschädlich, wenn der Erwerb von Beteiligungen am Unternehmen des ArbG durch 80

1 *K/S/M*, § 19a Rn. B 10.
2 § 19a Rn. 1; *K/S/M*, § 19a Rn. B 10.
3 *K/S/M*, § 19a Rn. B 10.
4 *K/S/M*, § 19a Rn. B 11.
5 *K/S/M*, § 19a Rn. B 11.
6 Hierzu BFH v. 2.3.1962 – VI 255/60 U, BStBl. III 1962, 214.
7 BFH v. 22.3.1985 – VI R 170/82, BStBl. II 1985, 529 = FR 1985, 511; v. 23.7.2001 – VI B 63/99, BFH/NV 2001, 1557.
8 BT-Drucks. 16/10531, 15; *Niermann*, DB 2009, 473.
9 *Breinersdorfer*, DStR 2009, 453 (454).

eine Bruchteilsgemeinschaft oder eine Gesamthandsgemeinschaft der ArbN erfolgt.[1] Die **Anlageform des § 2 Abs. 1 Nr. 1 lit. c 5. VermBG ist v. der Verweisung ausgenommen**. Nach § 2 Abs. 1 Nr. 1 lit. c 5. VermBG werden Sparbeiträge zum Erwerb v. Anteilen an OGAW-Sondervermögen sowie an als Sondervermögen aufgelegten offenen Publikums-AIF nach den §§ 218 und 219 KAGB sowie v. Anteilen an offenen EU-Sondervermögen und offenen ausländ. AIF begünstigt. Der Finanzausschuss begründete den Ausschluss v. § 2 Abs. 1 Nr. 1 lit. c 5. VermBG damit, eine Beteiligung „am Unternehmen des ArbG" liege hier nicht vor. Dies gelte auch dann, wenn das Sondervermögen Vermögenswerte des ArbG beinhalte (insbes. Aktien).[2]

81 **§ 2 Abs. 1 Nr. 1 lit. a 5. VermBG** begünstigt Sparbeiträge zum Erwerb v. **Aktien**, die v. ArbG ausgegeben werden oder an einer deutschen Börse zum regulierten Markt zugelassen oder in den geregelten Freiverkehr einbezogen sind. Aktien können v. AG oder v. KGaA ausgegeben werden. Da Nr. 39 S. 1 nur Vermögensbeteiligungen „am Unternehmen des ArbG" erfasst, kommt nur die Überlassung v. eigenen Aktien als nach Nr. 39 begünstigte Anlageform in Betracht.[3] Nach § 2 Abs. 2 S. 1 5. VermBG, auf den § 3 Nr. 39 S. 1 verweist, stehen allerdings Aktien eines Unternehmens, das iSd. § 18 Abs. 1 AktG mit dem Unternehmen des ArbG als herrschendes Unternehmen verbunden ist, Aktien iSd. § 2 Abs. 1 Nr. 1 lit. a 5. VermBG gleich (zur Einbeziehung v. Konzernunternehmen nach § 3 Nr. 39 S. 3: Rn. 93). Nach der Rspr. des BFH steht es einem Zufluss nicht entgegen, wenn der Mitarbeiter auf Grund einer **Sperr- bzw. Haltefrist** die Aktien für eine bestimmte Zeit nicht veräußern kann. Aktienrechtlich und wirtschaftlich ist der Mitarbeiter bereits von dem Augenblick an Inhaber der Aktie, in dem sie auf seinen Namen im Depot einer Bank hinterlegt wird. Sowohl das Stimmrecht als auch der Dividendenanspr. stehen dem ArbN unabhängig von der Vereinbarung einer Sperr- bzw. Haltefrist bereits zum Zeitpunkt der Hinterlegung auf dem Depot zu.[4] Der Annahme des Zuflusses steht es nach der Rspr. des BFH auch nicht entgegen, wenn ein Mitarbeiter auf Grund einer **Verfallklausel** bei vorzeitiger Auflösung des Arbeitsverhältnisses zur Rückübertragung der Aktien verpflichtet ist. Ein etwaiger Gewinn aus der Rückübertragung der Aktien auf den ArbG ist nicht Arbeitslohn iSd. § 19, sondern als Veräußerungsgewinn zu besteuern.[5] Ist der ArbN verpflichtet, die erworbenen Anteile mit der Beendigung des Arbeitsverhältnisses nach einem festen Kurs zurückzuübertragen und erzielt er dabei einen Veräußerungsverlust, so liegt nach BFH nicht schon deshalb ein hinreichender Zusammenhang mit dem Arbeitsverhältnis vor, weil die Beendigung des Arbeitsverhältnisses Anlass des Anteilsverkaufs war. Erforderlich ist vielmehr, dass ein solcher Verlust in einem einkommensteuerrechtlich erheblichen Veranlassungszusammenhang zum Arbeitsverhältnis steht und nicht auf der Nutzung der Beteiligung als Kapitalertragsquelle beruht.[6] Ist der ArbN verpflichtet, die Aktien bei seinem Ausscheiden unentgeltlich zurückzuübertragen, liegen negative Einnahmen[7] bzw. WK[8] vor. Deren Höhe ist nicht nach dem gemeinen Wert der Aktien zum Zeitpunkt der Rückgabe, sondern nach dem Wert der Aktien zum Gewährungszeitpunkt zu bemessen.[9] Räumt der ArbG dem ArbN eine **Aktienoption** ein, so fällt der Erwerb des Optionsrechts nicht in den Anlagekatalog des § 2 Abs. 1 Nr. 1 5. VermBG.[10] Nimmt man allerdings einen Zufluss des geldwerten Vorteils erst mit Ausübung der Option an,[11] so erwirbt der ArbN Aktien mit der Besonderheit, dass er über den Zeitpunkt des Erwerbs entscheidet.[12]

82 **§ 2 Abs. 1 Nr. 1 lit. b 5. VermBG** begünstigt Sparbeiträge zum Erwerb v. Wandelschuldverschreibungen, Gewinnschuldverschreibungen und Namensschuldverschreibungen. **Wandelschuldverschreibungen** sind nach § 221 Abs. 1 AktG Schuldverschreibungen einer AG. Sie verbriefen neben einem festverzinslichen v. Unternehmensgewinn unabhängigen Forderungsrecht ein unentziehbares Umtauschrecht oder Bezugsrecht auf eigene Aktien des Emittenten. **Gewinnschuldverschreibungen** sind nach § 221 Abs. 1 AktG Schuldverschreibungen, bei denen die Rechte der Gläubiger mit Gewinnanteilen v. Aktionären in Verbin-

1 BMF v. 8.12.2009, BStBl. I 2009, 1513 Tz. 1.1.2; hierzu *Hasbargen/Schmitt/Betz*, BB 2010, 1951 (1952).
2 BT-Drucks. 16/11679, 21.
3 BT-Drucks. 16/11679, 21.
4 BFH v. 30.9.2008 – VI R 67/05, BStBl. II 2009, 282 = FR 2009, 485 m. Anm. *Bergkemper*.
5 BFH v. 30.9.2008 – VI R 67/05, BStBl. II 2009, 282 = FR 2009, 485 m. Anm. *Bergkemper*.
6 BFH v. 17.9.2009 – VI R 24/08, BStBl. II 2010, 198 = FR 2010, 239 m. Anm. *Bergkemper*; vgl. auch *Hasbargen/Schmitt/Betz*, BB 2010, 1951 (1956).
7 FG Berlin-Bdbg. v. 19.3.2008 – 12 K 9231/07, EFG 2008, 1280.
8 FG Düss. v. 20.3.2008 – 16 K 4752/05 E, EFG 2008, 1194.
9 BFH v. 17.9.2009 – VI R 17/08, BStBl. II 2010, 299 = FR 2010, 179 m. Anm. *Bergkemper*; FG Berlin-Bdbg. v. 19.3.2008 – 12 K 9231/07, EFG 2008, 1280; *Schmitt*, DStR 2009, 1986 (1990); **aA** *Hasbargen/Schmitt/Betz*, BB 2010, 1951 (1956).
10 BMF v. 18.12.2009, BStBl. I 2009, 1513 Tz. 1.1.2.
11 BFH v. 24.1.2001 – I R 119/98, BStBl. II 2001, 512 = FR 2001, 743; v. 20.11.2008 – VI R 25/05, BStBl. II 2009, 382 = FR 2009, 625 m. Anm. *Bergkemper*.
12 *Hasbargen/Schmitt/Betz*, BB 2010, 1951 (1952).

dung gebracht werden. Es werden Schuldverschreibungen nur in der Form v. Wandel- und Gewinnschuldverschreibungen gefördert, da der Gesetzgeber davon ausgeht, dass sonstige festverzinsliche Schuldverschreibungen lediglich dem Geldsparen dienen und keine wirtschaftliche Beteiligung am Unternehmen begründen. Werden Wandel- oder Gewinnschuldverschreibungen als Namensschuldverschreibungen ausgegeben, verlangt § 2 Abs. 1 Nr. 1 lit. b 5. VermBG, dass die Anspr. des ArbN durch ein Kreditinstitut verbürgt oder durch ein Versicherungsunternehmen privatrechtl. gesichert sind. Der ArbN soll vor einer Insolvenz geschützt werden. Außerdem soll dem Werksparkassenverbot des § 3 Nr. 1 KWG entsprochen werden. Nach § 2 Abs. 3 S. 5. VermBG setzt die Anlage in Gewinnschuldverschreibungen, in denen neben der gewinnabhängigen Verzinsung eine gewinnunabhängige Mindestverzinsung zugesagt wird, voraus, dass der Aussteller in der Gewinnschuldverschreibung erklärt, die gewinnunabhängige Mindestverzinsung werde im Regelfall die Hälfte der Gesamtverzinsung nicht überschreiten, oder die gewinnunabhängige Mindestverzinsung zum Zeitpunkt der Ausgabe der Gewinnschuldverschreibung die Hälfte der Emissionsrendite festverzinslicher Wertpapiere nicht überschreitet, die in den Monatsberichten der Deutschen Bundesbank für den viertletzten Kalendermonat ausgewiesen wird, der dem Kalendermonat der Ausgabe vorausgeht. Nr. 39 S. 1 fordert, dass es sich bei den Wandel- und Gewinnschuldverschreibungen um v. ArbG ausgegebene Schuldverschreibungen handeln muss, wobei allerdings § 2 Abs. 2 S. 1 5. VermBG Schuldverschreibungen eines mit dem Unternehmen des ArbG verbundenen herrschenden Unternehmens einbezieht und § 3 Nr. 39 S. 3 Schuldverschreibungen eines Konzernunternehmens allg. gleichstellt (hierzu Rn. 93).

Einstweilen frei. 83

§ 2 Abs. 1 Nr. 1 lit. f 5. VermBG fördert den Erwerb v. Genussscheinen, wenn mit den Genussscheinen 84
das Recht am Gewinn des Unternehmens des ArbG bzw. des herrschenden Unternehmens iSv. § 2 Abs. 2 S. 1 5. VermBG oder eines Konzernunternehmens (§ 3 Nr. 39 S. 3) verbunden ist. Der ArbN darf allerdings nicht als MU'er iSd. § 15 Abs. 1 S. 1 Nr. 2 anzusehen sein. Nach § 2 Abs. 4 S. 5. VermBG ist die Zusage der Rückzahlung zum Nennwert schädlich. Ist neben dem Recht am Gewinn eine gewinnunabhängige Mindestverzinsung zugesagt, gilt nach § 2 Abs. 4 S. 5. VermBG die Regelung des § 2 Abs. 3 5. VermBG für Gewinnschuldverschreibungen (Rn. 82) entspr.

Geschäftsguthaben bei einer Genossenschaft werden nur bei inländ. Genossenschaften nach **§ 2 Abs. 1** 85
Nr. 1 lit. g 5. VermBG gefördert. § 2 Abs. 1 Nr. 1 lit. g 5. VermBG begünstigt die Überlassung v. Geschäftsguthaben nicht nur, wenn die Genossenschaft der ArbG ist, § 3 Nr. 39 S. 1 grenzt die stl. Förderung aber auf die Überlassung v. Vermögensbeteiligungen „am Unternehmen des ArbG" ein, wobei § 2 Abs. 2 S. 2 5. VermBG allerdings ein mit dem Unternehmen des ArbG verbundenes herrschendes Unternehmen gleichstellt und § 3 Nr. 39 S. 3 die Beteiligung am Konzernunternehmen allg. ausreichen lässt.

§ 2 Abs. 1 Nr. 1 lit. h 5. VermBG fördert die Überlassung v. Stammeinlagen oder Geschäftsanteilen an ei- 86
ner GmbH nur, wenn es sich um eine inländ. GmbH handelt und die Ges. das Unternehmen des ArbG ist, sie das herrschende Unternehmen ggü. dem Unternehmen des ArbG (§ 2 Abs. 2 S. 3 5. VermBG) oder ein Konzernunternehmen (§ 3 Nr. 39 S. 3) ist. GmbH-Anteile können nach § 15 Abs. 3 GmbHG nur durch einen in notarieller Form geschlossenen Vertrag übertragen werden. Deshalb wird diese Form der Beteiligung für einen größeren Teilnehmerkreis nur als mittelbare Beteiligung in Betracht kommen.[1]

Nach **§ 2 Abs. 1 Nr. 1 lit. i 5. VermBG** wird die Beteiligung als stiller G'ter am Unternehmen des ArbG 87
gefördert. Der ArbN darf nicht als MU'er iSd. § 15 Abs. 1 S. 1 Nr. 2 anzusehen sein. Nach § 2 Abs. 2 S. 4 5. VermBG steht die Beteiligung als stiller G'ter an einem Unternehmen, das iSd. § 18 Abs. 1 AktG als herrschendes Unternehmen mit dem Unternehmen des ArbG verbunden ist oder das auf Grund eines Vertrages mit dem ArbG an dessen Unternehmen gesellschaftsrechtl. beteiligt ist, einer Beteiligung als stiller G'ter am Unternehmen des ArbG iSd. § 2 Abs. 1 Nr. 1 lit. i 5. VermBG gleich. Nach § 3 Nr. 39 S. 3 gilt als Unternehmen des ArbG auch ein Konzernunternehmen iSd. § 18 AktG.

Darlehensforderungen gegen den ArbG fördert **§ 2 Abs. 1 Nr. 1 lit. k 5. VermBG** nur, wenn auf dessen 88
Kosten die Anspr. des ArbN aus dem Darlehensvertrag durch ein Kreditinstitut verbürgt oder durch ein Versicherungsunternehmen privatrechtl. gesichert sind und das Kreditinstitut oder Versicherungsunternehmen im Inland zum Geschäftsbetrieb befugt ist. Der geförderte Darlehensbetrag kann zur Absicherung des Arbeitsplatzes eingesetzt werden, zB dadurch, dass der ArbN im Falle der Beendigung des Arbeitsverhältnisses ein Kündigungsrecht für das Darlehen eingeräumt bekommt. In diesem Fall können die Einnahmen aus dem Darlehen wegen des Bezugs zum Arbeitsverhältnis als Lohneinkünfte und nicht Kapitaleinkünfte zu qualifizieren sein, so dass die Einkünfte der progressiven ESt und nicht der Abgeltungsteuer unterliegen. Die Verzinsung kann gewinnabhängig sein. Bei einer gewinnabhängigen Verzinsung stellt sich

1 *Lingemann/Gotham/Marchal*, DB 2010, 446 (447).

allerdings das Problem der Abgrenzung zur stillen Ges., bei der – anders als bei der Darlehensforderung gegen den ArbG iSd. § 2 Abs. 1 Nr. 1 lit. k 5. VermBG – eine Insolvenzsicherung nicht vorausgesetzt wird. Nach § 2 Abs. 2 S. 5 5. VermBG steht eine Darlehensforderung gegen ein Unternehmen, das als herrschendes Unternehmen mit dem Unternehmen des ArbG verbunden ist, einer Darlehensforderung iSv. § 2 Abs. 1 Nr. 1 lit. k 5. VermBG gleich und nach § 3 Nr. 39 S. 3 gilt als Unternehmen des ArbG auch ein Konzernunternehmen iSd. § 18 AktG.

89 Neben der Überlassung v. Genussscheinen nach § 2 Abs. 1 Nr. 1 lit. f 5. VermBG werden v. **§ 2 Abs. 1 Nr. 1 lit. l 5. VermBG** auch Genussrechte am Unternehmen des ArbG, einem Unternehmen, das als herrschendes Unternehmen mit dem Unternehmen des ArbG verbunden ist (§ 2 Abs. 2 S. 5 5. VermBG) oder einem sonstigen Konzernunternehmen (§ 3 Nr. 39 S. 3) gefördert, wenn damit das Recht am Gewinn dieses Unternehmens verbunden ist, der ArbN nicht als MU'er iSd. § 15 Abs. 1 S. 1 Nr. 2 anzusehen ist und über das Genussrecht kein Genussschein iSd. lit. f ausgegeben wird.

90 **V. Höchstbetrag von 360 Euro.** Der Vorteil aus der unentgeltlichen oder verbilligten Überlassung der Vermögensbeteiligung ist nur stfrei, soweit der Vorteil insges 360 Euro im Kj. nicht übersteigt. Der stfreie Höchstbetrag wurde v. 135 Euro auf 360 Euro erhöht, die Regelung zur Begrenzung auf den halben Wert der Beteiligung in § 19a aber nicht übernommen. Der ArbN kann die stl. Förderung in Anspr. nehmen, ohne einen Eigenbeitrag zu leisten oder einen geldwerten Vorteil zu versteuern.

91 Einstweilen frei.

C. Die Öffnungsklausel nach S. 2

92 Die Beteiligung muss nach **Nr. 39 S. 2** mindestens allen ArbN offenstehen, die im Zeitpunkt der Bekanntgabe des Angebots ein Jahr oder länger ununterbrochen in einem gegenwärtigen Dienstverhältnis zum Unternehmen stehen. Der Gesetzentwurf der BReg. sah als Voraussetzung zunächst vor, dass die Beteiligung allen Beschäftigten des Unternehmens offenstehen müsse, allerdings beim Konzernunternehmen nicht den Beschäftigten der übrigen Konzernunternehmen. Es sollte eine Diskriminierung einzelner Beschäftigungsgruppen verhindert werden.[1] Der Bundesrat regte die Prüfung an, ob die stl. Förderung der Mitarbeiterkapitalbeteiligung auch dann gewährt werden könne, wenn sie nicht allen Beschäftigten, sondern nur einer Beschäftigtengruppe, die zuvor nach objektiven Kriterien einheitlich festgelegt worden sei, gewährt werde. Dadurch wäre es weiterhin möglich, eine Beteiligung am arbeitgebenden Unternehmen etwa **in Abhängigkeit zur Betriebszugehörigkeit** zu gewähren.[2] Der Finanzausschuss schlug hierauf vor, in Nr. 39 S. 2 vorauszusetzen, dass die Beteiligung mindestens allen ArbN offenstehen müsse, die im Zeitpunkt der Bekanntgabe des Angebots **ein Jahr oder länger ununterbrochen in einem gegenwärtigen Dienstverhältnis zum Unternehmen** stehen. Um für alle Beteiligten Unsicherheiten bei der stl. Beurteilung zu vermeiden, würden die Voraussetzungen für die Stfreiheit bezogen auf den begünstigten Personenkreis in einfacher Weise festgeschrieben. Die Zielsetzung, Diskriminierungen einzelner Gruppen durch Ausschluss v. den Beteiligungen zu verhindern, werde dadurch nicht beeinträchtigt. Die Jahresfrist würde aus stl. Sicht als einziger sachlicher Differenzierungsgrund festgeschrieben. Die Regelung in Nr. 39 S. 2 schließe jedoch nicht aus, dass auch ArbN steuerbegünstigt Vermögensbeteiligungen erhielten, die kürzer als ein Jahr in einem Dienstverhältnis zum Unternehmen stünden. Eine weitergehende arbeitsrechtl. Verpflichtung zur Gleichbehandlung bleibe v. der stl. Regelung in Nr. 39 S. 2 unberührt.[3] Unklar ist allerdings, ab wann Unterschiede in den Fördermodalitäten dazu führen, dass mehrere Angebote vorliegen, zB wenn die v. ArbG angebotene Vermögensbeteiligung für Führungskräfte eine längere Sperrfrist vorsieht. Die längere Sperrfrist könnte hier dazu führen, dass den Führungskräften gegenüber ein eigenes Angebot vorliegt und damit zwei Angebote mit unterschiedlichem Adressatenkreis mit der Folge, dass die Voraussetzungen der Nr. 39 S. 2 für beide Angebote nicht erfüllt sind.[4]

D. Unternehmen des Arbeitgebers (S. 3)

93 Nach § 3 Nr. 39 S. 3 gilt als Unternehmen des ArbG iSd. S. 1 auch ein Unternehmen iSd. § 18 AktG. Nach § 18 Abs. 1 AktG bilden, wenn ein herrschendes und ein oder mehrere abhängige Unternehmen unter der einheitlichen Leitung des herrschenden Unternehmens zusammengefasst sind, diese einen Konzern; die einzelnen Unternehmen sind Konzernunternehmen. Sind rechtl. selbständige Unternehmen, ohne dass das eine Unternehmen v. dem anderen abhängig ist, unter einheitlicher Leitung zusammengefasst, so bil-

1 BT-Drucks. 16/10531, 15.
2 BT-Drucks. 16/10721, 1.
3 BT-Drucks. 16/11679, 6, 21.
4 *Breinersdorfer*, DStR 2009, 453 (456).

den sie nach § 18 Abs. 2 AktG auch einen Konzern; die einzelnen Unternehmen sind Konzernunternehmen. § 3 Nr. 39 S. 2 lässt es danach ausreichen, wenn der ArbN eine Vermögensbeteiligung nicht am Unternehmen des ArbG, sondern an einem Konzernunternehmen erhält. Es gelten ArbG, die dem gleichen Konzern iSd. § 18 AktG angehören, als ArbG iSd. § 3 Nr. 39 S. 1.[1] § 3 Nr. 39 S. 3 geht damit über die Regelung des § 2 Abs. 2 5. VermBG hinaus, auf die § 3 Nr. 39 S. 1 verweist. § 2 Abs. 2 5. VermBG stellt lediglich die Beteiligung an einem Unternehmen, das als herrschendes Unternehmen iSd. § 18 Abs. 1 AktG anzusehen ist, der Beteiligung am Unternehmen des ArbG gleich.

E. Wert der Vermögensbeteiligung (S. 4)

§ 3 Nr. 39 S. 4 hat die bisher in § 19a Abs. 2 S. 1 enthaltene Regelung übernommen, dass als Wert der Vermögensbeteiligung der gemeine Wert anzusetzen ist. Nach § 9 Abs. 2 S. 1 BewG wird der gemeine Wert durch den Preis bestimmt, der im gewöhnlichen Geschäftsverkehr nach der Beschaffenheit des WG bei einer Veräußerung zu erzielen wäre.[2] Die bisherige Regelung in § 19a Abs. 2, nach der es in bestimmten Fällen auf den Tag der Beschlussfassung ankam, wurde nicht in die Neuregelung übernommen. Zum einen – so die Begr. – habe sich gezeigt, dass die Regelung nicht einfach zu handhaben sei. Zum anderen könne sie im Einzelfall zu einem Nachteil beim ArbN führen, wenn zB zw. Beschlusstag und Erlangen der wirtschaftlichen Verfügungsmacht ein größerer Zeitraum liege (zB bei der Überlassung v. Aktien und sinkenden Kursen). Der Zuflusszeitpunkt bestimme sich nach den allg. lohnstl. Regelungen. Ein Zufluss v. Arbeitslohn liege hiernach vor, wenn der ArbN über die Vermögensbeteiligung wirtschaftlich verfügen könne.[3] Es kommt nicht auf den Tag der Ausbuchung beim zuwendenden Unternehmen, sondern auf den Zeitpunkt der Wertstellung im Depot des ArbN an.[4] Dies kann zu praktischen Problemen führen, wenn der ArbG das Angebot einer Vermögensbeteiligung **nicht auf einen Stichtag bezieht** und abwickelt, sondern über einen gewissen Zeitraum aufrecht erhält. Es muss dann in jedem Einzelfall die Vermögensbeteiligung im Zeitpunkt der Überlassung neu bewertet werden.[5] Ein BMF-Schreiben v. 8.12.2009 sieht Vereinfachungsregelungen vor: Aus Vereinfachungsgründen könne die Ermittlung des Wertes der Vermögensbeteiligung beim einzelnen ArbN am Tag der Ausbuchung beim Überlassenden oder dessen Erfüllungsgehilfen erfolgen; es könne auch auf den Vortag der Ausbuchung abgestellt werden. Bei allen begünstigten ArbN könne aber auch der durchschnittliche Wert der Vermögensbeteiligungen angesetzt werden, wenn das Zeitfenster der Überlassungen nicht mehr als einen Monat betrage. Dies gelte jeweils im Lohnsteuerabzugs- und Veranlagungsverfahren.[6] Außerdem besteht, auch wenn grds. der Tag der Einbuchung in das jeweilige Depot des Mitarbeiters maßgebend ist, für die Beteiligten die Möglichkeit, den Zufluss durch **Abschluss eines Treuhandvertrages** vorzuverlagern. Es kann zB das Unternehmen oder ein Dritter (zB eine Bank) die Vermögensbeteiligung mit Ablauf eines bestimmten Tages treuhänderisch für die Mitarbeiter halten.[7] Die Bundesregierung hat im Übrigen darauf hingewiesen, dass Bewertungsschwierigkeiten vermieden würden, wenn der ArbG im Fall einer Verbilligung den Preisvorteil in Form eines Festbetrags (fester Abschlag auf den Kaufpreis) gewähre. In einem solchen Fall stehe bereits bei Beschlussfassung oder der Entscheidung des ArbN über die Annahme eines Angebots des ArbG fest, wie hoch der geldwerte Vorteil letztlich sein werde. Der stfreie Höchstbetrag von 360 Euro könne so auch punktgenau genutzt werden.[8] 94

§ 3 Nr. 40 [Teileinkünfteverfahren]

40 Prozent

a) der Betriebsvermögensmehrungen oder Einnahmen aus der Veräußerung oder der Entnahme von Anteilen an Körperschaften, Personenvereinigungen und Vermögensmassen, deren Leistungen beim Empfänger zu Einnahmen im Sinne des § 20 Absatz 1 Nummer 1 und 9 gehören, oder an einer Organgesellschaft im Sinne des § 14 oder § 17 des Körperschaftsteuergesetzes, oder aus deren Auflösung oder Herabsetzung von deren Nennkapital oder aus dem Ansatz eines solchen Wirtschaftsguts mit dem Wert, der sich nach § 6 Absatz 1 Nummer 2 Satz 3 ergibt, so-

1 BT-Drucks. 16/10531, 15.
2 FG Berlin-Bdbg. v. 10.3.2011 – 9 K 7341/02 B, EFG 2011, 2162.
3 BR-Drucks. 632/08, 14; vgl. auch BT-Drucks. 17/813, 7.
4 BFH v. 1.2.2007 – VI R 73/04, DStRE 2007, 1007; *Breinersdorfer*, DStR 2009, 453 (456).
5 *Breinersdorfer*, DStR 2009, 453 (456).
6 BMF v. 8.12.2009, BStBl. I 2009, 1513 Tz. 1.3; 1.6.
7 *Stockum/Bender*, BB 2009, 1948 (1952); FG Thüringen v. 9.4.2003 – III 313/02, EFG 2004, 334.
8 BT-Drucks. 17/813, 7.

weit sie zu den Einkünften aus Land- und Forstwirtschaft, aus Gewerbebetrieb oder aus selbständiger Arbeit gehören. [2]Dies gilt nicht, soweit der Ansatz des niedrigeren Teilwerts in vollem Umfang zu einer Gewinnminderung geführt hat und soweit diese Gewinnminderung nicht durch Ansatz eines Werts, der sich nach § 6 Absatz 1 Nummer 2 Satz 3 ergibt, ausgeglichen worden ist. [3]Satz 1 gilt außer für Betriebsvermögensmehrungen aus dem Ansatz mit dem Wert, der sich nach § 6 Absatz 1 Nummer 2 Satz 3 ergibt, ebenfalls nicht, soweit Abzüge nach § 6b oder ähnliche Abzüge voll steuerwirksam vorgenommen worden sind,

b) des Veräußerungspreises im Sinne des § 16 Absatz 2, soweit er auf die Veräußerung von Anteilen an Körperschaften, Personenvereinigungen und Vermögensmassen entfällt, deren Leistungen beim Empfänger zu Einnahmen im Sinne des § 20 Absatz 1 Nummer 1 und 9 gehören, oder an einer Organgesellschaft im Sinne des § 14 oder § 17 des Körperschaftsteuergesetzes. [2]Satz 1 ist in den Fällen des § 16 Absatz 3 entsprechend anzuwenden. [3]Buchstabe a Satz 3 gilt entsprechend,

c) des Veräußerungspreises oder des gemeinen Werts im Sinne des § 17 Absatz 2. [2]Satz 1 ist in den Fällen des § 17 Absatz 4 entsprechend anzuwenden,

d) der Bezüge im Sinne des § 20 Absatz 1 Nummer 1 und der Einnahmen im Sinne des § 20 Absatz 1 Nummer 9. [2]Dies gilt nur, soweit sie das Einkommen der leistenden Körperschaft nicht gemindert haben. [3]Satz 1 Buchstabe d Satz 2 gilt nicht, soweit eine verdeckte Gewinnausschüttung das Einkommen einer dem Steuerpflichtigen nahe stehenden Person erhöht hat und § 32a des Körperschaftsteuergesetzes auf die Veranlagung dieser nahe stehenden Person keine Anwendung findet,

e) der Bezüge im Sinne des § 20 Absatz 1 Nummer 2,

f) der besonderen Entgelte oder Vorteile im Sinne des § 20 Absatz 3, die neben den in § 20 Absatz 1 Nummer 1 und Absatz 2 Satz 1 Nummer 2 Buchstabe a bezeichneten Einnahmen oder an deren Stelle gewährt werden,

g) des Gewinns aus der Veräußerung von Dividendenscheinen und sonstigen Ansprüchen im Sinne des § 20 Absatz 2 Satz 1 Nummer 2 Buchstabe a,

h) des Gewinns aus der Abtretung von Dividendenansprüchen oder sonstigen Ansprüchen im Sinne des § 20 Absatz 2 Satz 1 Nummer 2 Buchstabe a in Verbindung mit § 20 Absatz 2 Satz 2,

i) der Bezüge im Sinne des § 22 Nummer 1 Satz 2, soweit diese von einer nicht von der Körperschaftsteuer befreiten Körperschaft, Personenvereinigung oder Vermögensmasse stammen.

[2]Dies gilt für Satz 1 Buchstabe d bis h nur in Verbindung mit § 20 Absatz 8. [3]Satz 1 Buchstabe a, b und d bis h ist nicht anzuwenden auf Anteile, die bei Kreditinstituten und Finanzdienstleistungsinstituten dem Handelsbestand im Sinne des § 340e Absatz 3 des Handelsgesetzbuchs zuzuordnen sind; Gleiches gilt für Anteile, die bei Finanzunternehmen im Sinne des Kreditwesengesetzes, an denen Kreditinstitute oder Finanzdienstleistungsinstitute unmittelbar oder mittelbar zu mehr als 50 Prozent beteiligt sind, zum Zeitpunkt des Zugangs zum Betriebsvermögen als Umlaufvermögen auszuweisen sind. [4]Satz 1 ist nicht anzuwenden bei Anteilen an Unterstützungskassen;

Literatur: *Bogenschütz/Tibo*, Erneute Änderung des § 8b KStG und weiterer Vorschriften betreffend den Eigenhandel von Banken und Finanzdienstleistern – Auswirkungen auf Unternehmen außerhalb der Kreditwirtschaft, DB 2001, 8; *Dorenkamp*, Die nachgelagerte Besteuerung der sog. „Riester-Rente" einkommensteuerlich ein großer Wurf, zumindest für den Regelfall, StuW 2001, 253; *Dötsch/Pung*, JStG 2007: Die Änderungen des KStG und des GewStG, DB 2007, 11; *Grotherr*, Das neue Körperschaftsteuersystem mit Anteilseignerentlastung bei der Besteuerung von Einkünften aus Beteiligungen, DB 2000, 849; *Haisch/Helios/Niedling*, AmtshilfeRLUmsG: Änderungen im Finanzierungsausgleich, DB 2013, 1444; *Haritz*, Unternehmensteuerreform 2001: Begünstigte Veräußerungsgewinne bei einbringungsgeborenen Anteilen, DStR 2000, 1537; *Herzig/Dautzenberg*, Die deutsche Steuerreform ab 1999 und ihre Aspekte für das deutsche Außensteuerrecht und das internationale Steuerrecht, DB 2000, 12; *Joisten/Vossel*, Anwendung des Teileinkünfteverfahrens auf Streubesitzdividenden gem. § 8b Abs. 4 KStG?, FR 2014, 794, *van Lishaut*, Die

Reform der Unternehmensbesteuerung aus Gesellschaftersicht, StuW 2000, 182: *Nacke/Intemann*, Ausgewählte Probleme des Halbeinkünfteverfahrens, DB 2002, 756; *Rathke/Ritter*, Anwendbarkeit des Teileinkünfteverfahrens bei KapGes. auf Erträge aus Streubesitzbeteiligungen, DStR 2014, 1207, *Schirmer*, Macht § 3 Nr. 40 Buchst. a Satz 2 EStG aus tatsächlichen Verlusten steuerpflichtige Gewinne? – Zur Verfügung der OFD Düsseldorf, FR 2003, 739; *Schön*, Zum Entwurf eines Steuersenkungsgesetzes, StuW 2000, 151; *Sterner/Balmes*, Vermögensverwaltende Kapitalgesellschaften und Holdingkapitalgesellschaften – Chance oder Steuerfalle?, FR 2002, 993; *Seibt*, Unternehmenskauf und -verkauf nach dem Steuersenkungsgesetz; DStR 2000, 2061; *Sell*, § 3 Nr. 40 Buchst. a Einkommensteuergesetz/§ 3c Abs. 2 Einkommensteuergesetz wohl nicht im Gleichklang mit § 8b Abs. 2 und 3 KStG, DB 2004, 2290; *Strahl*, Kapitaleinkünfte bei Kapitalgesellschaften, Stbg. 2010, 152; *Zieren/Adrian*, Die „Zuschreibungs-Falle", DB 2006, 299.

A. Nr. 40 iRd. Teileinkünfteverfahrens

Nr. 40 ist eine zentrale Vorschrift iRd. **Teileinkünfteverfahrens** (zu diesem: § 20 Rn. 62 ff.). Die Doppelbelastung des Gewinns v. Körperschaften wird dadurch in pauschaler Form vermieden, dass auf der Ebene der Körperschaft eine KSt v. (nur) 15 % erhoben und beim Anteilseigner die ausgeschütteten Gewinne nach Nr. 40 nur zu 60 % angesetzt werden. § 3 Nr. 40 gilt für Bezüge aus Beteiligungen iSv. § 20 Abs. 1 Nr. 1, 2, 9, Abs. 2 S. 1 Nr. 2 lit. a, Abs. 3 (§ 3 Nr. 40 S. 1 lit. d–h), allerdings nur dann, wenn diese nach § 20 Abs. 8 einer anderen Einkunftsart als der des § 20 zuzurechnen sind (§ 3 Nr. 40 S. 2), sowie für bestimmte nach § 22 Nr. 1 S. 2 steuerbare Bezüge (§ 3 Nr. 40 S. 1 lit. i). Ebenfalls zu 40 % befreit sind die steuerbaren Erträge aus der Veräußerung v. Anteilen an Körperschaften, also Erträge aus der Veräußerung v. Anteilen im BV und Einnahmen aus der Veräußerung v. Anteilen unter den Voraussetzungen der §§ 17 und 23 (§ 3 Nr. 40 S. 1 lit. a, b, c). Der Veräußerungsgewinn wird als wirtschaftliches Gegenstück künftig erwarteter Gewinnausschüttungen verstanden (iE Rn. 178). Gleichgestellt sind Erträge aus der Entnahme, der Auflösung, der Herabsetzung des Nennkapitals, dem Wertansatz nach § 6 Abs. 1 Nr. 2 S. 3 oder der verdeckten Einlage (§ 3 Nr. 40 S. 1 lit. a, c). 95

Nach dem System des Teileinkünfteverfahrens steht die Befreiung der Beteiligungserträge iSv. § 20 Abs. 1 Nr. 1 im Vordergrund. Diese Befreiung wird erweitert um die Befreiung der Beteiligungserträge nach den weiteren Einkünftetatbeständen des § 20 und ausgedehnt auf Veräußerungsgewinne (vgl. Rn. 112). § 3 Nr. 40 hat allerdings einen anderen äußeren **Aufbau**. Er orientiert sich an der Reihenfolge der Einkünftetatbestände im EStG und befreit zunächst in § 3 Nr. 40 S. 1 lit. a BV-Mehrungen iSv. §§ 4 Abs. 1 und 5 Abs. 1 und zuletzt in § 3 Nr. 40 S. 1 lit. i 40 % der Bezüge iSd. § 22 Nr. 1 S. 2. 96

§ 3 Nr. 40 schränkt die Einkünftetatbestände ein, wird seinerseits aber dadurch eingegrenzt, dass WK und BA nach **§ 3c Abs. 2** ebenfalls nur zu 60 % abgezogen werden dürfen. § 3c Abs. 2 ergänzt § 3 Nr. 40 zu der Gesamtaussage, dass Einkünfte, die bereits einer Belastung v. 15 % KöSt unterlegen haben, der ESt nur zu 60 % unterworfen werden. § 3 Nr. 40 findet eine Parallele in **§ 8b**, der bei einer Körperschaft die Bezüge iSv. § 3 Nr. 40 v. der Besteuerung ausnimmt. Die durch § 3 Nr. 40 iVm. § 3c eintretende Minderung des stpfl. Gewinns wirkt sich auch auf die Höhe des Gewerbeertrags nach § 7 GewStG aus.[1] Nach § 7 S. 4 GewStG sind §§ 3 Nr. 40, 3c Abs. 2 auch bei der Ermittlung des Gewerbeertrags einer MU'schaft anzuwenden, soweit nat. Pers. unmittelbar oder mittelbar über eine PersGes. beteiligt sind, iÜ § 8b KStG.[2] Allerdings schreibt § 8 Nr. 5 GewStG vor, dass die teilbefreiten Ausschüttungserträge dem Gewerbeertrag hinzugerechnet werden, soweit sie nicht die Voraussetzungen des § 9 Nr. 2a oder 7 GewStG erfüllen. Nach **§ 51a Abs. 2** ist für die KiSt. das zu versteuernde Einkommen um die nach § 3 Nr. 40 stfreien Beträge zu erhöhen. Bei der einheitlichen und gesonderten Feststellung von Besteuerungsgrundlagen können die Einkünfte, die dem Teileinkünfteverfahren unterliegen, **„brutto"** festgestellt werden, sofern erkennbar ist, dass zur Ermittlung der stpfl. Einkünfte ein zusätzlicher Rechenschritt erforderlich ist.[3] Über die Steuerfreistellung nach § 3 Nr. 40 ist bei PersGes. auf der Ebene des Feststellungsverfahrens („Netto-Methode") – nicht erst im Festsetzungsverfahren des Folgebescheids (ESt-Bescheid) – zu entscheiden („Brutto-Methode").[4] Es können nach BFH die Einkünfte allerdings „brutto" festgestellt werden, sofern aus den weiteren Feststellungen zweifelsfrei erkennbar ist, dass zur Ermittlung der stpfl. Einkünfte ein weiterer Rechenschritt mit Anwendung der §§ 3 Nr. 40, 3c Abs. 2 erforderlich ist.[5] 97

Durch das UntStRG 2008 wurde der KSt-Satz v. 25 % auf 15 % gesenkt. Korrespondierend hierzu wurde das **Halbeinkünfteverfahren zu einem Teileinkünfteverfahren** umgeformt, bei dem nicht die Hälfte, sondern nur 40 % der dem Anteilseigner zufließenden Einkünfte stfr. sind. Der Entlastung auf Ebene der Kör- 98

1 BT-Drucks. 14/2683, 113; *Grotherr*, BB 2000, 849 (851).
2 FG Düss. v. 12.1.2004 – 17 V 5799/03 A (G), EFG 2004, 849 mwN.
3 BFH v. 18.7.2012 – X R 28/10, BStBl. II 2013, 444 = FR 2013, 726.
4 FG München v. 25.7.2017 – 2 K 310/16, EFG 2018, 928 mwN (Rev. IV R 5/18); *K/S/M*, § 3 Rn. B 40/60 mwN; **aA** *Erhard* in Blümich, § 3 Nr. 40 Rn. 5; offengelassen von BFH v. 10.5.2016 – IX R 4/15, FR 2016, 1147.
5 BFH v. 18.7.2012 – X R 28/10, BStBl. II 2013, 444.

perschaft entspr. so eine Mehrbelastung auf Ebene des Anteilseigners. Während allerdings die Absenkung des KSt-Satzes bereits für den VZ 2008 erfolgt ist, ist die Neuregelung des § 3 Nr. 40 – zeitlich parallel zur Einführung der Abgeltungsteuer – erst für den VZ 2009 in Kraft getreten. Durch das UntStRG wurde nicht nur das Halb- durch das Teileinkünfteverfahren ersetzt, sondern zugleich die Befreiung auf betriebliche Einkünfte begrenzt. Bei Beteiligungseinkünften im PV tritt die Abgeltungsteuer nach § 20 iVm. § 32d an die Stelle des bisherigen Halbeinkünfteverfahrens. Nach § 3 Nr. 40 S. 2 gilt § 3 Nr. 40 S. 1 lit. d–h nicht mehr „auch iVm. § 20", sondern „nur iVm. § 20 Abs. 8". Im Rahmen der Abgeltungsteuer wird allerdings der Vorbelastung der Beteiligungserträge – anders als v. § 3 Nr. 40 – nicht Rechnung getragen. Beteiligungserträge werden wie Zinsen dem Sondertarif v. 25 % unterworfen (hierzu § 20 Rn. 29).

99 Nach § 52a Abs. 3 ist § 3 Nr. 40 nF ab dem VZ 2009 anzuwenden.[1] § 3 Nr. 40 aF ist allerdings weiter anwendbar bei Veräußerungsgeschäften, bei denen § 23 Abs. 1 S. 1 Nr. 2 aF nach dem 31.12.2008 Anwendung findet.

B. Veräußerungs-, Entnahme-, Auflösungs- und Aufstockungserträge im Betriebsvermögen (S. 1 lit. a)

100 § 3 Nr. 40 S. 1 lit. d befreit nicht nur – entspr. dem Grundgedanken des Teileinkünfteverfahrens – 40 % der Bezüge iSv. § 20 Abs. 1 Nr. 1 und 9. § 3 Nr. 40 S. 1 lit. a befreit über diese Regelung des § 3 Nr. 40 S. 1 lit. d hinaus BV-Mehrungen und Einnahmen aus der **Veräußerung v. Anteilen** an Körperschaften, deren Leistungen beim Empfänger zu Einnahmen iSd. § 20 Abs. 1 Nr. 1 und 9 gehören, soweit diese BV-Mehrungen und Einnahmen zu den Gewinneinkünften zählen. Körperschaft und Anteilseigner sollen nicht gezwungen sein, Ausschüttungen vorzunehmen, um den Anteilseigner in den Genuss der Steuerbefreiung des § 3 Nr. 40 S. 1 lit. d, S. 2 kommen zu lassen. Der Gesetzgeber geht davon aus, der Veräußerungserlös werde für offene Rücklagen, stille Reserven und einen Ertragswert gezahlt. Die Gewinne, die als offene Rücklagen im Unternehmen verblieben seien, seien bereits mit KSt belastet. Stille Reserven und Ertragswert würden bei ihrer zukünftigen Realisierung bei der Körperschaft belastet.[2] Auch die Veräußerung einer Organbeteiligung fällt unter das Teileinkünfteverfahren[3], selbst wenn eine Organschaft keine Einnahmen iSd. § 20 Abs. 1 Nr. 1 begründet.

101 Die **Entnahme** v. Anteilen ist deren Veräußerung gleichgestellt, (auch: die Entnahme in Form einer verdeckten Einlage des Ges.-Anteils in eine andere KapGes.; die Entnahme in Form der Überführung v. Anteilen in eine ausländ. Betriebsstätte). Ebenso sind auch 40 % der Erträge aus der **Auflösung der Körperschaft** und aus der **Herabsetzung v. deren Nennkapital** befreit. Für diese Erträge gelten dieselben Überlegungen wie für die Veräußerungserlöse (Rn. 178). Eine entspr. Freistellung besteht für Erträge aus einer **Aufstockung des Wertansatzes** für eine Beteiligung nach § 6 Abs. 1 Nr. 2 S. 3 iVm. Nr. 1 S. 4. Hiervon gilt allerdings nach **§ 3 Nr. 40 S. 1 lit. a S. 2** eine Ausnahme, wenn die Aufstockung des Wertansatzes lediglich eine Teilwertabschreibung rückgängig macht, die in vollem Umfang zu einer Gewinnminderung geführt hat und diese (noch) nicht durch einen Wertansatz nach § 6 Abs. 1 Nr. 2 S. 3 ausgeglichen worden ist. Dann soll auch die nunmehr erfolgte Rückgängigmachung der Teilwertabschreibung in vollem Umfang zu einer Gewinnerhöhung führen.[4] § 3 Nr. 40 S. 1 lit. a S. 2 gilt auch für den Fall, dass ein mit dem TW bewerteter Anteil veräußert oder entnommen wird. Das SEStEG hat **Nr. 40 S. 1 lit. a S. 3** angefügt, nach der die Steuerbefreiung nach Nr. 40 S. 1 lit. a S. 1 ebenfalls nicht bestehen soll, soweit Abzüge nach § 6b oder ähnliche Abzüge voll steuerwirksam vorgenommen worden sind. Nach § 6b Abs. 10 S. 3 sind bei der Übertragung auf Anteile an KapGes. die AK um den Veräußerungsgewinn einschl. des nach § 3 Nr. 40 S. 1 lit. a und b stfreien Betrags zu mindern. Es wird der gesamte Gewinn übertragen, da auch eine spätere Veräußerung dieser Anteile wieder dem Teileinkünfteverfahren unterliegt (zu § 6b Rn. 35). Wurde allerdings vor der zeitlichen Geltung des Teileinkünfteverfahrens ein voll steuerwirksamer Abzug nach § 6b vorgenommen, darf – ebenso wie bei der Wertaufholung nach einer früheren, voll steuerwirksamen Teilwertabschreibung – die Steuerbefreiung für Veräußerungsgewinne nicht gelten.[5] Dem Abzug nach § 6b „ähnliche Abzüge" sind zB die Begünstigungen nach § 30 BergbauRatG zur Förderung des Steinkohlebergbaus.[6]

---

1 Zur erstmaligen Anwendung von § 3 Nr. 40 aF: BFH v. 11.11.2009 – IX R 57/08, BStBl. II 2010, 607 = FR 2010, 626.
2 *Van Lishaut*, StuW 2000, 182 (191); *Herzig/Dautzenberg*, DB 2000, 12 (19); *Schön*, StuW 2000, 151 (154).
3 BT-Drucks. 638/01, 2, 47.
4 Zur Berechnung im Zusammenhang mit einer Veräußerung: *Schirmer*, FR 2003, 1231; zum fehlenden Gleichklang mit § 8b KStG: *Sell*, DB 2004, 2290; zur Berechnung auch: *Zieren/Adrian*, DB 2006, 299.
5 BR-Drucks. 542/06, 42.
6 BR-Drucks. 542/06, 42.

C. Veräußerungs- und Aufgabeerlöse iSv. § 16 (S. 1 lit. b)

§ 3 Nr. 40 S. 1 lit. b ergänzt die Befreiung der Veräußerungserlöse nach S. 1 lit. a. Wird ein Betrieb, TB oder MU'anteil veräußert, so ist der Veräußerungspreis iSv. § 16 Abs. 2 zu 40 % stfrei, soweit er auf die Veräußerung v. Anteilen an Körperschaften entfällt, deren Leistungen beim Empfänger zu den Einnahmen iSd. § 20 Abs. 1 Nr. 1 oder 9 gehören, oder an einer Organgesellschaft.[1] Nach § 16 Abs. 1 Nr. 1 S. 2 gilt als TB auch die das gesamte Nennkapital umfassende Beteiligung an einer KapGes. Wird eine derartige Beteiligung veräußert, kann unter den Voraussetzungen des § 16 Abs. 4 ein Freibetrag v. 45 000 Euro abgezogen werden und es muss der Restbetrag nur zu 40 % versteuert werden.[2] IÜ sind 40 % des Veräußerungspreises nur stfrei, soweit er auf die Veräußerung des Anteils an der Körperschaft entfällt.[3] Der Kaufpreis muss nach der modifizierten Stufentheorie nach dem Verhältnis der TW aufgeteilt werden (zu § 15 Rn. 321). § 3 Nr. 40 S. 1 lit. b enthält allerdings keine § 3 Nr. 40 S. 1 lit. a S. 2 entspr. Einschränkung für die Fälle der mittelbaren Veräußerung teilwertberichtigter Anteile. Nach **§ 3 Nr. 40 S. 1 lit. b S. 2** ist dessen S. 1 lit. b S. 1 in den Fällen des § 16 Abs. 3 S. 1, also bei Aufgabe des GewBetr. oder eines Anteils iSv. § 16 Abs. 1 Nr. 2 oder 3, entspr. anzuwenden. Eine Aufgabe des GewBetr. ist nach § 16 Abs. 3 S. 2 auch gegeben bei einer Realteilung, bei der eine Beteiligung auf den einzelnen G'ter übertragen wird, wenn ein Betrieb ins Ausland verlegt wird und die stillen Reserven dadurch der deutschen Besteuerung entzogen werden, bei einer Beendigung einer BetrAufsp. durch Entflechtung oder wenn die Voraussetzungen eines Verpächterwahlrechts entfallen. 102

§ 3 Nr. 40 S. 1 lit. b S. 3 ordnet die entspr. Geltung v. § 3 Nr. 40 S. 1 lit. a S. 3 an. Die in § 3 Nr. 40 S. 1 lit. a S. 3 erfasste Fallgruppe, dass in der Vergangenheit auf die AK v. Anteilen Rücklagen nach § 6b oder vergleichbare Abzüge übertragen worden sind, kann auch in den Fällen des § 3 Nr. 40 S. 1 lit. b relevant sein, zB bei Veräußerung eines Betriebs, zu dessen BV solche Anteile gehören. 103

§ 3 Nr. 40 S. 1 lit. b befreit 40 % des Veräußerungspreises. Nach § 3c Abs. 2 sind die Veräußerungskosten und der Wert der Anteile im BV nur zu 60 % zu berücksichtigen. Der stpfl. Teil des Veräußerungsgewinns, der nach § 3 Nr. 40 S. 1 lit. b teilw. steuerbefreit ist, zählt gem. § 34 Abs. 2 Nr. 1 nicht zu den außerordentlichen Einkünften. Der bereits durch das Teileinkünfteverfahren begünstigte Gewinn wird zur Verhinderung einer Doppelbegünstigung aus der ermäßigten Besteuerung herausgenommen.[4] 104

Dem Wortlaut nach gilt § 3 Nr. 40 S. 1 lit. b nur für Veräußerungs- und Aufgabeerlöse iSv. § 16, nach systematischem Zusammenhang und Zweck muss er jedoch auch für mittelbare Anteilsveräußerungen im Rahmen v. Vorgängen nach §§ 18 Abs. 3 und 14 gelten. 105

D. Veräußerungserlöse iSv. § 17 (S. 1 lit. c)

Der Gesetzgeber hat im Zuge der Einführung des Halbeinkünfteverfahrens die Beteiligungsgrenze des § 17 auf 1 % herabgesetzt, da ansonsten für den Anteilseigner ein Anreiz bestanden hätte, auf Ausschüttungen zu verzichten und später seinen Anteil stfrei zu veräußern.[5] Gleichzeitig werden aber die Veräußerungserlöse in den Befreiungstatbestand des § 3 Nr. 40 einbezogen und den Gewinnen aus der Veräußerung v. Anteilen im BV (§ 3 Nr. 40 S. 1 lit. a) gleichbehandelt. Die Regelung des § 17 und die Teilbefreiung der Veräußerungserlöse iSv. § 17 gilt fort, obwohl Erlöse aus der Veräußerung privaten KapVerm. seit Einführung der Abgeltungsteuer allg. v. § 20 Abs. 2 erfasst werden (hierzu § 20 Rn. 22). § 3 Nr. 40 S. 1 lit. c S. 1 ist bei einer Veräußerung gegen wiederkehrende Leistungen auch bei Wahl der Zuflussbesteuerung anwendbar, selbst wenn die FinVerw. in diesem Fall von nachträglichen Einnahmen aus GewBetr. gem. § 15 iVm. § 24 Nr. 2 und nicht von einem Veräußerungsgewinn ausgeht.[6] Nach § 17 Abs. 1 S. 2 steht die **verdeckte Einlage** in eine KapGes. der Veräußerung der Anteile gleich. Nach § 17 Abs. 2 S. 2 tritt in diesen Fällen an die Stelle des Veräußerungspreises der Anteile ihr gemeiner Wert. Nach **§ 17 Abs. 4** sind § 17 Abs. 1–3 entspr. anzuwenden, wenn eine KapGes. aufgelöst oder wenn ihr Kapital herabgesetzt und zurückgezahlt wird oder wenn EK iSv. § 27 KStG ausgeschüttet oder zurückgezahlt wird. Auch in diesen Fällen – wie in den entspr. Fällen des § 3 Nr. 40 S. 1 lit. a – besteht nach § 3 Nr. 40 S. 1 lit. c S. 2 eine Steuerbefreiung. 106

E. Bezüge iSv. § 20 Abs. 1 Nr. 1, 9 (S. 1 lit. d)

Die Bezüge aus Beteiligungen iSv. § 20 Abs. 1 Nr. 1 (offene und vGA; Vorabausschüttungen; auch aus Beteiligungen an ausländ. Ges., die einer inländ. Körperschaft iSv. § 20 Abs. 1 Nr. 1 vergleichbar sind) wer- 107

---

1 Zur Aufteilung des Kaufpreises: *Leibt*, DStR 2000, 2061 (2071); *Nacke/Intermann*, DB 2002, 756 (759).
2 *Grotherr*, BB 2000, 849 (857).
3 Zur Aufteilung bei Veräußerung gegen wiederkehrende Leistungen: BMF v. 3.8.2004, DB 2004, 1751 (1752).
4 BT-Drucks. 14/2683, 116.
5 *Grotherr*, BB 2000, 849 (856).
6 BFH v. 18.11.2014 – IX R 4/14, BStBl. II 2015, 526 = FR 2015, 807; vgl. auch BMF v. 3.8.2004, DB 2004, 1751.

den nur zu 60 % erfasst.[1] Entspr. muss für die Bezüge v. Körperschaften iSv. § 1 Abs. 1 Nr. 3–5 KStG gelten, soweit für diese durch den Ergänzungstatbestand des § 20 Abs. 1 Nr. 9 eine StPflicht begründet wird (§ 20 Rn. 109). § 3 Nr. 40 S. 1 lit. d S. 1 befreit auch Bezüge v. ausländ. Körperschaften. Er unterstellt auf der Ebene der Körperschaft eine der deutschen KSt vergleichbare Vorbelastung. Es erfolgt allerdings bei niedrig besteuerten passiven Einkünften eine Hinzurechnungsbesteuerung nach §§ 7 ff. AStG (Rn. 118). § 3 Nr. 40 S. 1 lit. d S. 1 begünstigt nur Einnahmen iSv. § 20 Abs. 1 Nr. 9, nicht iSv. § 20 Abs. 1 Nr. 10, da die in § 20 Abs. 1 Nr. 10 angesprochenen Leistungen nur v. Personen iSd. § 1 KStG bezogen werden können. Nach **§ 3 Nr. 40 S. 2** gilt die Steuerbefreiung des § 3 Nr. 40 S. 1 lit. d S. 1 allerdings nur dann, wenn die Einnahmen nach § 20 Abs. 8 einer anderen Einkunftsart als der des § 20 zuzurechnen sind.

108 **§ 3 Nr. 40 S. 1 lit. d S. 2** soll – ebenso wie § 32a KStG – bei vGA eine **korrespondierende Besteuerung v. Körperschaft und Anteilseigner** gewährleisten. Die Grundsätze des Teileinkünfteverfahrens sollen nicht angewandt werden, wenn der ausgeschüttete Gewinn auf der Ebene der Körperschaft die stl. Bemessungsgrundlage gemindert hat. Einkommensminderung meint auch die verhinderte Vermögensvermehrung.[2] Eine schädliche Minderung des Einkommens liegt auch in den Fällen des § 8 Abs. 3 S. 2 KStG vor, in denen bei der Körperschaft noch keine erstmalige Veranlagung durchgeführt wurde.[3] Ob der Ansatz im KSt-Bescheid zu einer Steuerbelastung geführt hat, ist unerheblich. Betroffen v. § 3 Nr. 40 S. 1 lit. d S. 2 sind auch inländ. G'ter ausländ. Ges. **§ 3 Nr. 40 S. 1 lit. d S. 3** normiert eine Ausnahme v. der Ausnahme des § 3 Nr. 40 S. 1 lit. d S. 2. Von dem Grundsatz des § 3 Nr. 40 S. 1 lit. d S. 2, nach dem vGA beim G'ter der vollen Besteuerung unterliegen, soweit sie bei der leistenden Körperschaft das Einkommen gemindert haben, nimmt § 3 Nr. 40 S. 1 lit. d S. 3 bestimmte Dreieckskonstellationen aus, in denen die vGA bereits bei einer nahe stehenden Person der Besteuerung unterlegen haben und die Veranlagung der nahe stehenden Person trotz § 32a KStG nicht geändert werden kann (zB weil die nahe stehende Person im Ausland ansässig ist).[4]

108a § 3 Nr. 40 S. 1 lit. d S. 2 wurde durch das Amtshilferichtlinie-Umsetzungsgesetz v. 26.6.2013[5] neu gefasst. Bis zu dieser Neufassung galt § 3 Nr. 40 S. 1 lit. d S. 2 nur „für sonstige Bezüge iSd. § 20 Abs. 1 Nr. 1 S. 2 und die Einnahmen iSd. § 20 Abs. 1 Nr. 9 S. 1 zweiter Halbsatz" und erläuterte die Minderung des Einkommens der leistenden Körperschaft durch den Klammerzusatz „(§ 8 Absatz 3 Satz 2 des Körperschaftsteuergesetzes)". Durch die allgemeinere Fassung wurde die „korrespondierende Besteuerung" ausgedehnt. Der Gesetzgeber wollte die Fälle der sog. hybriden Finanzierung und der unterschiedlichen Qualifizierung der Leistungen der Kapitalnehmer einerseits und der Bezüge der Kapitalgeber andererseits in die Regelung der korrespondierenden Besteuerung einbeziehen. Bei der hybriden Finanzierung handle es sich – so die Gesetzesbegr. – um die Hingabe von Kapital, das wegen der Konditionen der Kapitalhingabe in einem Staat als Fremdkapital, im anderen Staat als Eigenkapital qualifiziert werde. Die unterschiedliche Einordnung führe dazu, dass Vergütungen für die Kapitalüberlassung im Quellenstaat als BA (Fremdkapitalzinsen) abgezogen und im Empfängerstaat als Dividenden ermäßigt oder gar nicht besteuert würden. Mit der Ausdehnung der korrespondierenden Besteuerung werde erreicht, dass Zahlungen, die nach deutscher Qualifizierung Dividenden darstellten, nur noch dann von der Bemessungsgrundlage freigestellt würden, wenn sie im Quellenstaat keine BA darstellten.[6] Die Regelung des § 3 Nr. 40 S. 1 lit. d S. 2 wurde auch iRd. Abgeltungsteuer nachvollzogen. Der Abgeltungsteuersatz von 25 % kommt nicht in den Fällen zur Anwendung, in denen die Zahlung bei der leistenden Körperschaft das Einkommen gemindert hat. Sofern die Zahlung bei der leistenden Körperschaft als BA berücksichtigt wurde, unterliegen die Erträge beim Anteilseigner dem tariflichen Einkommensteuersatz.

109 Besteht eine **Organschaft** zu einem Personenunternehmen als Organträger und hat das Organ nach § 8b KStG stfreie Ausschüttungs- oder Veräußerungserträge erzielt, entfällt die Befreiung nach § 8b KStG nach § 15 KStG. Es muss jedoch § 3 Nr. 40 S. 1 lit. a und d angewendet werden. Das zugerechnete Einkommen muss wie eine Ausschüttung iSv. § 20 Abs. 1 Nr. 1 behandelt werden.

F. Bezüge iSv. § 20 Abs. 1 Nr. 2, Abs. 3, Abs. 2 S. 1 Nr. 2 lit. a, Abs. 2 S. 2 (S. 1 lit. e–h)

110 § 3 Nr. 40 S. 1 lit. e befreit 40 % der **Bezüge iSv. § 20 Abs. 1 Nr. 2** aufgrund einer Kapitalherabsetzung, soweit Nennkapital zurückgezahlt wird, das auf der Umwandlung v. Rücklagen beruht, die aus dem Gewinn

1 Zur fehlenden Anwendbarkeit auf sonstige Kapitalerträge: FG München v. 25.7.2015 – 2 K 310/16, EFG 2018, 928 (Rev. IV R 5/18).
2 *Dötsch/Pung*, DB 2007, 11.
3 BR-Drucks. 622/06, 65.
4 BT-Drucks. 16/3368, 37 f. (mit ausf. Beispiel).
5 BGBl. I 2013, 1809.
6 BR-Drucks. 302/12 (Beschl.), 7; *Haisch/Helios/Niedling*, DB 2013, 1444.

gebildet worden waren. **§ 20 Abs. 3** ergänzt die Besteuerungstatbestände des § 20 Abs. 1 Nr. 1–2 und rechnet besondere Entgelte oder Vorteile zu den Einnahmen aus KapVerm., die neben den Einnahmen iSv. § 20 Abs. 1 und 2 oder an deren Stelle gewährt werden (§ 20 Rn. 148). § 3 Nr. 40 S. 1 lit. f befreit auch diese Bezüge zur Hälfte. **§ 20 Abs. 2 S. 1 Nr. 2 lit. a** regelt den Fall, dass der Veräußerer seine Stammrechte behält und nur den Gewinnanteil veräußert. Es werden dann nicht erst die später zufließenden Dividenden, sondern bereits die Einnahmen aus der Veräußerung des Dividendenscheins und sonstiger Anspr. erfasst (§ 20 Rn. 125) – und v. § 3 Nr. 40 S. 1 lit. g zur Hälfte befreit. Nach **§ 20 Abs. 2 S. 2**, auf den § 3 Nr. 40 S. 1 lit. h verweist, gilt § 20 Abs. 2 S. 1 Nr. 2 lit. a sinngemäß für die Einnahmen aus der Abtretung v. Dividenden oder sonstigen Anspr., wenn die dazugehörigen Anteilsrechte nicht in einzelnen Wertpapieren verbrieft sind. Gem. **§ 3 Nr. 40 S. 2** gilt die Steuerbefreiung nach § 3 Nr. 40 S. 1 lit. d–h allerdings nur, wenn die Einnahmen nach § 20 Abs. 8 einer anderen Einkunftsart als der des § 20 zuzurechnen sind.

G. Bezüge iSv. § 22 Nr. 1 S. 2 (S. 1 lit. i)

Die nach § 22 Nr. 1 S. 2 HS 2 dem Empfänger zuzurechnenden Bezüge werden bei diesem in vollem Umfang besteuert, wenn sie v. einer v. der KSt befreiten Körperschaft stammen und damit nicht mit KSt vorbelastet sind. Die Bezüge v. nicht befreiten Körperschaften, die mit KSt (15 %) vorbelastet sind, werden nach den Grundsätzen des Teileinkünfteverfahrens nach § 3 Nr. 40 S. 1 lit. i anteilig befreit.[1] 111

§ 3 Nr. 40 sieht keine Steuerbefreiung in den Fällen des § 22 Nr. 5, dh. bei Leistungen aus Altersvorsorgeverträgen, vor, die auf Erträgen des in Aktien oder GmbH-Anteilen angelegten Altersvorsorgevermögens beruhen. Auch § 22 Nr. 5 enthält keine – dem § 40 Nr. 2 KAGG entspr. – Regelung über eine Anwendung v. § 3 Nr. 40.[2] 112

H. Begrenzung auf betriebliche Erträge (S. 2)

Das UntStRFG 2008 hat in § 3 Nr. 40 S. 2 das Wort „auch“ durch das Wort „nur“ und die Angabe „§ 20 Abs. 3“ durch die Angabe „§ 20 Abs. 8“ ersetzt. Die Steuerbefreiung gilt für S. 1 lit. d–h nicht mehr „auch iVm. § 20 Abs. 3“, sondern „nur iVm. § 20 Abs. 8“. Es wird nicht das Teileinkünfteverfahren auf die Fälle ausgedehnt, in denen die Einkünfte aus KapVerm. anderen Einkunftsarten als der des § 20 zuzuordnen sind, sondern es wird das Teileinkünfteverfahren auf Kapitaleinkünfte im betrieblichen Bereich v. Personenunternehmen (sowie auf die Veräußerung v. Anteilen an KapGes. iSv. § 17) beschränkt. Bei nat. Pers. wird bei den übrigen Kapitaleinkünften des PV das Teileinkünfteverfahren nicht angewandt. Diese unterliegen der Abgeltungsteuer. 113

Nach § 8b Abs. 4 S. 1 KStG sind **Streubesitzdividenden** nicht gem. § 8b Abs. 1 S. 1 KStG v. der Steuer befreit, sondern bei der Ermittlung des Einkommens zu berücksichtigen. In der Literatur wird die Auffassung vertreten, dass bei Anwendung von § 8b Abs. 4 S. 1 KStG die 40-prozentige Steuerbefreiung des § 3 Nr. 40 zu gewähren sei. Einer Anwendung des Teileinkünfteverfahrens stehe § 3 Nr. 40 S. 2 und die Subsidiaritätsklausel des § 20 Abs. 8 nicht entgegen. Denn § 8 Abs. 2 KStG besage lediglich, dass die vom StPfl. bezogenen Einkünfte als Einkünfte aus Gewerbebetrieb „zu behandeln“ seien. Mit der Suspendierung der Steuerbefreiung des § 8b Abs. 1 KStG durch § 8b Abs. 4 S. 1 KStG entfalle die lex-specialis-Wirkung von § 8b Abs. 1 KStG.[3] Gegen diese Auffassung wird allerdings zu Recht eingewandt, dass § 3 Nr. 40 auf nat. Pers. als Anteilseigner abgestimmt sei und vor allem eine Anwendung von § 3 Nr. 40 nur inländ. Körperschaften zugutekomme.[4] 113a

I. Ausnahme für Eigenhandel der Banken (S. 3)

§ 3 Nr. 40 S. 3 soll den Eigenhandel der Banken v. dem Teileinkünfteverfahren ausnehmen und für diesen iZ mit der Verlustverrechnungsregelung des § 15 Abs. 4 (§ 15 Rn. 409 ff.) die volle Ausgleichsfähigkeit und Verrechenbarkeit v. Verlusten aus Aktien und Aktienderivatgeschäften erhalten. Betroffen v. der Ausnahmeregelung sind nach § 3 Nr. 40 S. 3 HS 1 **Kreditinstitute** (vgl. § 1 Abs. 1 KWG) und **Finanzdienstleistungsinstitute** (vgl. § 1 Abs. 1a KWG). Das Teileinkünfteverfahren soll nicht angewandt werden auf Anteile, die dem Handelsbestand iSv. § 340e Abs. 3 HGB zuzuordnen sind. In der Vergangenheit war für die Abgrenzung auf die Zuordnung zum Handelsbuch iSd. KWG, also auf aufsichtsrechtliche Grundsätze abzustellen. Aufgrund der Neuregelung durch das BEPS-UmsG sind nunmehr handelsrechtliche Grundsätze maßgebend. Zum Handelsbestand iSd. HGB zählen diejenigen Finanzinstrumente, die weder der Liquidi- 114

1 BT-Drucks. 14/2683, 115; BT-Drucks. 14/3366, 14 f.
2 *Dorenkamp*, StuW 2001, 253 (262).
3 *Rathke/Ritter*, DStR 2014, 1207.
4 *Joisten/Vossel*, FR 2014, 794; vgl. auch *Rüsch/Moritz*, DStR 2015, 2305.

tätsreserve noch dem Anlagebestand zuzuordnen sind. Dem Handelsbestand sind alle Finanzinstrumente zuzuordnen, die mit der Absicht einer kurzfristigen Erzielung eines Eigenhandelserfolgs erworben werden.[1] Nach § 3 Nr. 40 S. 3 HS 2 gilt Gleiches für **Finanzunternehmen**, an denen Kreditinstitute oder Finanzdienstleistungsinstitute zu mehr als 50 % beteiligt sind. Finanzunternehmen sind Gesellschaften, deren Haupttätigkeit ua. darin besteht, Beteiligungen zu erwerben.[2] Die Ausdehnung auf Finanzunternehmen soll verhindern, dass Kreditinstitute über Gestaltungen mit verbundenen Finanzunternehmen Erträge oder Veräußerungsgewinne aus Anleihen stfrei vereinnahmen oder nur verlustträchtige Anteile in dem Kreditinstitut selbst verbleiben. Bei ihnen ist das Teileinkünfteverfahren nicht anzuwenden auf Anteile, die zum Zeitpunkt des Zugangs zum BV als UV auszuweisen sind. Für die Frage der Zuordnung zum UV oder AV gelten die allg. handelsrechtlichen Grundsätze (§ 247 Abs. 2 HGB).[3] § 3 Nr. 40 S. 3 schließt auch die Anwendung v. § 3 Nr. 40 S. 1 lit. d aus, sodass auch die Dividenden – trotz ihrer Vorbelastung durch KSt – voll stpfl. sind.

J. Ausnahme für Anteile an Unterstützungskassen

115 Durch das StÄndG 2015[4] wurde im § 3 Nr. 40 S. 4 angefügt, nach dem § 3 Nr. 40 S. 1 bei Anteilen an Unterstützungskassen nicht anzuwenden ist. Die Neuregelung soll dem Umstand Rechnung tragen, dass Zuwendungen eines Trägerunternehmens an eine Unterstützungskasse **unter den Voraussetzungen des § 4d als BA abziehbar sind.** Kommt es im Anschluss an derartige Zuwendungen aus der Beteiligung an der Unterstützungskasse beim Trägerunternehmen zulässigerweise zu Vermögensmehrungen, die den Tatbestand des § 3 Nr. 40 erfüllen, werden diese ihre Grundlage in den ursprünglichen Zuwendungen haben. Würde man § 3 Nr. 40 auf diese Mehrungen anwenden, würden damit die BA, die seinerzeit bei der Zuwendung geltend gemacht wurden, nicht vollumfänglich ausgeglichen. Die Anfügung von S. 4 in § 3 Nr. 40 soll diesen Ausgleich herstellen.[5]

§ 3 Nr. 40a [Carried Interest]

40 Prozent der Vergütungen im Sinne des § 18 Absatz 1 Nummer 4;

Literatur: *Anzinger/Jekerle*, Entwicklungen in der Besteuerung des Carried Interest in Deutschland, Großbritannien und den Vereinigten Staaten von Amerika – Denkanstöße aus der neuen Welt?, IStR 2008, 821; *Bauer/Gemmecke*, Verabschiedung des Gesetzes zur Förderung von Wagniskapital, DStR 2004, 1470; *Behrens*, Besteuerung des Carried Interest nach dem Halbeinkünfteverfahren, FR 2004, 1211; *Desens/Kathstede*, Zur Abziehbarkeit der Aufwendungen eines Carry-Holders – eine steuersystematische Analyse, FR 2005, 863; *Friederichs/Köhler*, Gesetz zur Förderung von Wagniskapital, DB 2004, 1638; *Helios/Wiesbrock*, Der Regierungsentwurf des Gesetzes zur Förderung von Wagniskapitalbeteiligungen (Wagniskapitalbeteiligungsgesetz – WKBG), DStR 2007, 1793; *Watrin/Stuffert*, BB-Forum: Steuerbegünstigung für das Carried Interest, BB 2004, 1888; *Weber-Grellet*, Besteuerung des Carried-Interest (§ 18 Abs. 1 Nr. 4 EStG), DStR 2018, 992.

115a Bei Beteiligungsfonds (Venture Capital- oder Private Equity-Fonds), die außerbörsliches **Wagniskapital** zur Vfg. stellen, erhalten die Initiatoren des Fonds einen erhöhten disproportionalen Anteil am Gewinn aus der Veräußerung v. Beteiligungen an Portfoliounternehmen (sog. Carried Interest). Vor Einführung v. § 18 Abs. 1 Nr. 4, § 3 Nr. 40a war heftig umstritten, wie das Carried Interest zu behandeln ist (Veräußerungsgewinn einer vermögensverwaltenden Ges.; voll stpfl. Einnahme; echter Gewinn – bzw. Überschussanteil).[6] Der Gesetzgeber hat sich – nach unterschiedlichen Gesetzentwürfen[7] – entschlossen, das Carried Interest in § 18 Abs. 1 Nr. 4 als stpfl. Tätigkeitsvergütung zu qualifizieren und in § 3 Nr. 40a anteilig zu befreien.[8] Die Vergütungen waren zunächst zur Hälfte stfrei. Die Befreiung wurde „entspr. der Fortentwicklung des Halbeinkünfteverfahrens in § 3 Nr. 40"[9] und „zur Gegenfinanzierung" der Begünstigungen des WKBG durch das MoRaKG auf 40 % eingeschränkt.

---

1 BR-Drucks. 406/16, 57; FG München v. 17.4.2018 – 12 K 273/18, juris (Rev. IV R 15/18).
2 Ausf. FG München v. 17.4.2018 – 12 K/273/18, juris (Rev. IV R 15/18).
3 BR-Drucks. 406/16, 58.
4 G v. 2.11.2015, BGBl. I 2015, 1834.
5 BT-Drucks. 121/5, 45.
6 *Friederichs/Köhler*, DB 2004, 1638; *Behrens*, FR 2004, 1211 (1212).
7 BT-Drucks. 15/1405 (§§ 2c, 17); BMF v. 16.12.2003, BStBl. I 2004, 40 (verdecktes Entgelt iSv. §§ 18, 15); BT-Drucks. 15/3189, 3 (Anfügung von § 3 Nr. 40 S. 1 lit. k; Unterschied v. Gewinnanteil und lfd. Zahlungen).
8 BT-Drucks. 15/3336, 5; zur zeitlichen Anwendung: § 52 Abs. 4c.
9 BT-Drucks. 16/9829, 4; *Helios/Wiesbrock*, DStR 2007, 1793 (1800); ausf. zur Einordnung *Weber-Grellet*, DStR 2018, 992.

§ 18 Abs. 1 Nr. 4 rechnet zu den Einkünften aus selbständiger Arbeit Einkünfte, die ein Beteiligter aus einer vermögensverwaltenden **Ges. oder Gemeinschaft** erhält, deren **Zweck im Erwerb, Halten oder in der Veräußerung v. Anteilen an KapGes.** besteht.[1] Mit dieser Beschränkung sollen andere vermögensverwaltende Ges. oder Gemeinschaften, die nicht als Wagnis-KapGes. anzusehen sind, vom Teileinkünfteverfahren ausgeschlossen bleiben.[2] Die Einkünfte müssen als Vergütungen für **Leistungen zur Förderung des Ges.- oder Gemeinschaftszwecks** erzielt werden, und der Anspr. auf die Vergütung **unter der Voraussetzung eingeräumt worden sein, dass die G'ter oder Gemeinschafter ihr eingezahltes Kapital vollständig zurückerhalten**. Der Gesetzgeber hat davon abgesehen, die Steuerbefreiung – wie nach den vorangegangenen Entw. – davon abhängig zu machen, dass der Gewinn aus der Veräußerung v. Anteilen der Ges. oder Gemeinschaft an einer KapGes. für die Zahlung des Carried Interest verwandt wird. Er hat berücksichtigt, dass dem Empfänger des Carried Interest häufig nicht bekannt ist, aus welchen Mitteln der Fonds diese Forderung begleicht. Es sei auf das Wesen des Carried Interest als erfolgsabhängige Tätigkeitsvergütung abzustellen.[3] Problematisch ist allerdings, dass der Gesetzgeber trotz dieser veränderten Sichtweise daran festgehalten hat, das Teileinkünfteverfahren anzuwenden.[4] Die Anwendung des Teileinkünfteverfahrens war nachvollziehbar, solange es um die Behandlung des Gewinns aus der Veräußerung v. Anteilen an einer KapGes. ging. Die Anwendung des Teileinkünfteverfahrens auf erfolgsabhängige Tätigkeitsvergütungen eines PersG'ters ist jedoch nicht plausibel. Allein der Umstand, dass der Rechtsgrund für die Zahlung des Carried Interest regelmäßig mit den erfolgreichen vorangegangenen Anteilsveräußerungen gesetzt wurde, reicht nicht aus. § 18 Abs. 1 Nr. 4 erfasst nur den **disproportionalen Gewinnanteil** (Anteil an Veräußerungsgewinnen, Dividenden, Zinsen etc.). Die Behandlung des proportionalen Anteils bleibt unverändert.[5] Nach § 18 Abs. 1 Nr. 4 ist **§ 15 Abs. 3 nicht anzuwenden**, dh. das sog. Carried Interest wird stets im Rahmen einer selbständigen Tätigkeit vereinnahmt. Dies gilt selbst in den Fällen, in denen der sog. Carry Holder eine gewerblich geprägte PersGes. ist. 116

Die Definition des zu begünstigenden Carried Interest wird in § 18 Abs. 1 Nr. 4 vorgenommen, so dass sich **§ 3 Nr. 40a** auf einen Verweis auf diese Vorschrift beschränken kann. Durch die Umstellung v. § 3 Nr. 40 S. 1 lit. k nach § 3 Nr. 40a sollte sichergestellt werden, dass die Befreiungsvorschrift auch in den Fällen angewandt wird, in denen der Empfänger des Carried Interest eine KapGes. ist.[6] Nach **§ 52 Abs. 4c** ist § 3 Nr. 40a auf Vergütungen iSv. § 18 Abs. 1 Nr. 4 anzuwenden, wenn die Ges. nach dem 31.3.2002 gegründet worden ist und soweit die Vergütungen im Zusammenhang mit der Veräußerung v. Anteilen an KapGes. stehen, die nach dem 7.11.2003 erworben worden sind[7] (zu **Aufwendungen** im Zusammenhang mit dem Carried Interest: § 3c Rn. 30). § 3 Nr. 40a idF des Art. 3 des G v. 12.8.2008 ist erstmals auf Vergütungen iSd. § 18 Abs. 1 Nr. 4 anzuwenden, wenn die vermögensverwaltende Ges. nach dem 31.12.2008 gegründet worden ist. Durch die Gründung eines Fonds bis zum Ende des Jahres 2008 war es danach noch möglich, die hälftige Steuerbefreiung des Carried Interest zu sichern. 117

§ 3 Nr. 41 [Entlastung bei Hinzurechnungsbesteuerung]

a) **Gewinnausschüttungen, soweit für das Kalenderjahr oder Wirtschaftsjahr, in dem sie bezogen werden, oder für die vorangegangenen sieben Kalenderjahre oder Wirtschaftsjahre aus einer Beteiligung an derselben ausländischen Gesellschaft Hinzurechnungsbeträge (§ 10 Absatz 2 des Außensteuergesetzes) der Einkommensteuer unterlegen haben, § 11 Absatz 1 und 2 des Außensteuergesetzes in der Fassung des Artikels 12 des Gesetzes vom 21. Dezember 1993 (BGBl. I S. 2310) nicht anzuwenden war und der Steuerpflichtige dies nachweist; § 3c Absatz 2 gilt entsprechend;**

b) **Gewinne aus der Veräußerung eines Anteils an einer ausländischen Kapitalgesellschaft sowie aus deren Auflösung oder Herabsetzung ihres Kapitals, soweit für das Kalenderjahr oder Wirtschaftsjahr, in dem sie bezogen werden, oder für die vorangegangenen sieben Kalenderjahre**

1 Zur Definition der Tatbestandsmerkmale des § 18 Abs. 1 Nr. 4 im Einzelnen vgl. zu § 18 sowie *Behrens*, FR 2004, 1211 (1212ff.).
2 BT-Drucks. 15/3336, 6.
3 BT-Drucks. 15/3336, 6; krit. zu dieser Qualifizierung: *Watrin/Stuffert*, BB 2004, 1888 (1889).
4 So ausdr. BT-Drucks. 15/3336, 5.
5 *Desens/Kathstede*, FR 2005, 863 (865); *Friederichs/Köhler*, DB 2004, 1638 (1639).
6 Vgl. allerdings die Bedenken v. *Watrin/Stuffert*, BB 2004, 1888 (1889) wegen des Verweises auf § 18 Abs. 1 Nr. 4; zu ausländ. KapGes. als Carry-Beziehern: *Friederichs/Köhler*, DB 2004, 1638.
7 Vgl. die entspr. Regelung in BMF v. 16.12.2003, BStBl. I 2004, 40; ausf. zu den Altfällen: *Friederichs/Köhler*, DB 2004, 1638 (1639).

oder Wirtschaftsjahre aus einer Beteiligung an derselben ausländischen Gesellschaft Hinzurechnungsbeträge (§ 10 Absatz 2 des Außensteuergesetzes) der Einkommensteuer unterlegen haben, § 11 Absatz 1 und 2 des Außensteuergesetzes in der Fassung des Artikels 12 des Gesetzes vom 21. Dezember 1993 (BGBl. I S. 2310) nicht anzuwenden war, der Steuerpflichtige dies nachweist und der Hinzurechnungsbetrag ihm nicht als Gewinnanteil zugeflossen ist.

[2]Die Prüfung, ob Hinzurechnungsbeträge der Einkommensteuer unterlegen haben, erfolgt im Rahmen der gesonderten Feststellung nach § 18 des Außensteuergesetzes;

Literatur: *Lieber*, Neuregelung der Hinzurechnungsbesteuerung durch das Unternehmenssteuerfortentwicklungsgesetz, FR 2002, 139; *Rättig/Protzen*, Die „neue Hinzurechnungsbesteuerung" der §§ 7–14 AStG in der Fassung des UntStFG – Problembereiche und Gestaltungshinweise, IStR 2002, 123.

118 Die **Hinzurechnungsbesteuerung nach §§ 7 ff. AStG** soll die Abschirmwirkung im Ausland niedrig besteuerter Ges. mit „passiven" Einkünften durchbrechen und eine ausreichende Vorbelastung der nach dem Teileinkünfteverfahren auf Anteilseignerebene zu 40 % befreiten Gewinne herstellen. Sie greift bei **Niedrigbesteuerung** der ausländ. Zwischen-Ges. iSd. § 8 Abs. 3 AStG ein, dh. bei einer Ertragsbesteuerung v. weniger als 25 %. Erforderlich ist, dass unbeschränkt StPfl. allein oder zusammen mit anderen Pers. iSd. § 2 AStG mehr als 50 % der Anteile oder Stimmrechte zuzurechnen sind. Bei Zwischeneinkünften mit Kapitalanlagecharakter reicht eine **Beteiligung** v. 1 % oder es wird sogar auf eine Mindestbeteiligung verzichtet. Bei den Einkünften der ausländ. Ges. muss es sich um **passive Einkünfte** handeln. Sie dürfen nicht aus aktiver Tätigkeit iSd. § 8 Abs. 1 AStG stammen. Der Hinzurechnungsbetrag wird als fiktive Dividende in die stl. Einkünfte des inländ. Anteilseigners einbezogen. Bei einer nat. Pers. mit einer Beteiligung im PV liegen Einkünfte aus KapVerm. vor, bei einer Beteiligung im BV Einkünfte aus GewBetr., LuF oder selbständiger Arbeit. Auf den Hinzurechnungsbetrag als fiktive Dividende ist weder § 8b Abs. 1 KStG noch § 3 Nr. 40 anzuwenden (§ 10 Abs. 2 AStG).

119 Um eine **zweifache Besteuerung der gleichen Gewinne** iRd. Hinzurechnungsbesteuerung und der Besteuerung der nachfolgenden tatsächlichen Ausschüttung zu vermeiden, wurde vor Einführung des Halbeinkünfteverfahrens nach § 11 AStG aF der Hinzurechnungsbetrag um ausgeschüttete Gewinnanteile (mit Rückwirkung über die letzten 4 Kj.) gekürzt. Als Folge der Einführung des Halb- und Teileinkünfteverfahrens ist die Hinzurechnungsbesteuerung nach den §§ 7–14 AStG jetzt grds. definitiv. § 3 Nr. 41 vermeidet nunmehr[1] eine Überbesteuerung, indem er die Dividenden v. der ausländ. Ges. und Gewinne aus der Veräußerung v. Anteilen an ihr sowie aus ihrer Auflösung oder der Herabsetzung ihres Kapitels stfrei stellt. Nach § 52 Abs. 4c ist § 3 Nr. 41 (wenn Wj. = Kj.) auf Ausschüttungen ab 1.1.2001, auf Veräußerungen ab 1.1.2002 anwendbar.

120 **§ 3 Nr. 41 lit. a** erklärt Gewinnausschüttungen für stfrei, soweit für das Kj. oder Wj., in dem sie bezogen werden, oder für die vorangegangenen sieben Jahre aus einer Beteiligung an derselben ausländ. Ges. Hinzurechnungsbeträge iSd. § 10 Abs. 2 AStG der ESt unterlegen haben. Hinzurechnungsverpflichteter und Ausschüttungsempfänger müssen identisch sein. Der „ESt unterlegen" haben die Hinzurechnungsbeträge, wenn sie in ESt-Bescheiden angesetzt wurden. Ob die Steuerforderungen uneinbringlich waren oder wegen Zahlungsverjährung nicht erfüllt wurden, ist unerheblich. Der Gesetzgeber geht davon aus, dass zw. dem Zeitpunkt der Hinzurechnungsbesteuerung und dem der Ausschüttung mehrere Jahre liegen können. Er sieht es deshalb als gerechtfertigt an, auch Gewinnausschüttungen freizustellen, die **in einem überschaubaren Zeitraum (sieben Jahre) nach der Hinzurechnungsbesteuerung** erfolgen.[2] Da nach § 10 Abs. 2 S. 1 AStG der Hinzurechnungsbetrag erst nach Ablauf des Wj. der Zwischen-Ges. als zugeflossen gilt, ist maßgebend, ob in diesen Kj. oder Wj. oder in den sieben vorangegangenen Hinzurechnungsbeträge der ESt unterlegen haben. Voraussetzung für die Befreiung ist, dass **§ 11 Abs. 1 und 2 AStG** aF nicht anzuwenden waren, dh. es darf keine Ausschüttung erfolgt sein, die zu einer Kürzung der Hinzurechnungsbesteuerung berechtigte. Der StPfl. muss die Hinzurechnungsbesteuerung und das Fehlen v. zur Kürzung berechtigenden Ausschüttungen nachweisen (vor allem anhand der Bescheide über die ges Feststellung gem. § 18 AStG). Für Ausgaben, die mit den nach Nr. 41 S. 1 lit. a stfreien Gewinnausschüttungen im Zusammenhang stehen, soll nach Nr. 41 S. 1 lit. a das Gleiche gelten wie in Fällen v. Ausschüttungen ausländ. Ges., in denen keine Hinzurechnungsbesteuerung stattgefunden hat: § 3c Abs. 2 soll entspr. angewandt werden.[3] Diese Anwendung v. § 3c Abs. 2 stößt auf systematische Bedenken, da auf der Einnahmenseite das Teileinkünfteverfahren nicht gilt. Bei der Hinzurechnungsbesteuerung findet § 3 Nr. 40 keine Anwendung, so dass sich trotz der Freistellung der Gewinnausschüttungen eine Besteuerung zu 100 % ergibt, der nur ein un-

1 Zur zwischenzeitlichen Regelung durch das StSenkG: *K/S/M*, § 3 Nr. 41 Rn. B 41/6.
2 BT-Drucks. 638/01, 48.
3 BT-Drucks. 14/7344, 13 f.

eingeschränkter Abzug entspräche.[1] In diesem Sinne hat auch FG Bremen entschieden, dass das pauschale BA-Abzugsverbot des § 8b Abs. 5 KStG iHv. 5 % nicht anwendbar ist, wenn Gewinnausschüttungen zuvor der Hinzurechnungsbesteuerung nach §§ 7–10 AStG unterlegen haben.[2] Die Ausgaben, die mit den nach Nr. 41 S. 1 lit. a stfreien Gewinnausschüttungen zusammenhängen, sind v. den Ausgaben abzugrenzen, die mit den stpfl. Hinzurechnungsbeträgen zusammenhängen und die uneingeschränkt abzugsfähig sein sollen (zB im Fall der Fremdfinanzierung der Beteiligung). § 3c Abs. 2 dürfte nur auf Ausgaben zu beziehen sein, die mit der Gewinnausschüttung selbst zusammenhängen (zB: Fahrt zur Hauptversammlung; Kontoführungsgebühren). Nr. 41 S. 1 lit. a ist nach § 8 Abs. 1 KStG auch auf **Körperschaften** als Anteilseigner anwendbar. Keine Anwendung sollen dann allerdings § 8b Abs. 5 S. 1 KStG (und § 3c Abs. 1) finden.[3]

Nr. 41 S. 1 lit. b ergänzt Nr. 41 S. 1 lit. a. Er belässt Gewinne (Differenz zw. Veräußerungserlös und AK sowie Veräußerungskosten) aus der Veräußerung eines Anteils an der ausländ. Ges. (sowie Gewinne aus deren Auflösung oder der Herabsetzung ihres Kapitals) insoweit stfrei, als die Einkünfte der Ges. der Hinzurechnungsbesteuerung unterlegen haben.[4] Voraussetzung ist, dass keine Ausschüttung erfolgt ist, die nach § 11 Abs. 1, 2 AStG aF zu einer Kürzung der Hinzurechnungsbesteuerung berechtigte und es darf der Hinzurechnungsbetrag nicht (mit der Folge des § 3 Nr. 41 S. 1 lit. a) als Gewinnanteil zugeflossen sein. 121

Die Prüfung, ob Hinzurechnungsbeträge der ESt unterlegen haben, soll nicht durch die örtlichen Wohnsitz-FÄ, sondern iRd. ges Feststellung nach § 18 AStG (durch die in den meisten Bundesländern zentral zuständigen FÄ) erfolgen (Nr. 41 S. 2).[5] Festzustellen ist, in welcher Höhe, für welches Kj. oder Wj. und aus welcher ausländ. Ges. Hinzurechnungsbeträge der ESt unterlegen haben. Ob die Hinzurechnungsbeträge „der ESt unterlegen" haben, also in die ESt-Festsetzung einbezogen wurden, wird das Feststellungs-FA allerdings nur mit Hilfe des Wohnsitz-FA feststellen können. 122

§ 3 Nr. 42 [Zuwendungen auf Grund des Fulbright-Abkommens]

die Zuwendungen, die auf Grund des Fulbright-Abkommens gezahlt werden;

Das Fulbright-Abkommen mit den USA regelt die Durchführung v. Austauschvorhaben zum Zweck der Aus- oder Weiterbildung. Die Befreiung soll verhindern, dass die Mittel zT zur Steuerzahlung verwendet werden müssen. 123

§ 3 Nr. 43 [Ehrensold für Künstler und Zuwendungen aus Mitteln der Deutschen Künstlerhilfe]

der Ehrensold für Künstler sowie Zuwendungen aus Mitteln der Deutschen Künstlerhilfe, wenn es sich um Bezüge aus öffentlichen Mitteln handelt, die wegen der Bedürftigkeit des Künstlers gezahlt werden;

Der **Ehrensold für Künstler** wird aus zweckgebundenen Landesmitteln an verdiente Künstler geleistet. Zuwendungen aus Mitteln der Deutschen **Künstlerhilfe** erhalten vor allem ältere, um das Kunstschaffen verdiente Künstler zur Sicherung ihres Lebensunterhalts. Die eingrenzenden Voraussetzungen („wenn …") gelten nur für die 2. Alt. und entsprechen denen der Nr. 11 (öffentliche Mittel, Hilfsbedürftigkeit). 124

§ 3 Nr. 44 [Stipendien]

Stipendien, die aus öffentlichen Mitteln oder von zwischenstaatlichen oder überstaatlichen Einrichtungen, denen die Bundesrepublik Deutschland als Mitglied angehört, zur Förderung der Forschung oder zur Förderung der wissenschaftlichen oder künstlerischen Ausbildung oder Fortbil-

---

1 *Rättig/Protzen*, IStR 2002, 123 (128).
2 FG Bremen v. 15.10.2015 – 1 K 4/15 (5), EFG 2016, 675 (Rev. I R 84/15).
3 FG Bremen v. 15.10.2015 – 1 K 4/15 (5), EFG 2016, 675 (Rev. I R 84/15).
4 Zu Veräußerungsgewinnen der Zwischen-Ges. dagegen: § 11 AStG nF.
5 BT-Drucks. 638/01, 1 (Beschluss); BT-Drucks. 14/6882, 14.

dung gewährt werden. [2]Das Gleiche gilt für Stipendien, die zu den in Satz 1 bezeichneten Zwecken von einer Einrichtung, die von einer Körperschaft des öffentlichen Rechts errichtet ist oder verwaltet wird, oder von einer Körperschaft, Personenvereinigung oder Vermögensmasse im Sinne des § 5 Absatz 1 Nummer 9 des Körperschaftsteuergesetzes gegeben werden. [3]Voraussetzung für die Steuerfreiheit ist, dass

a) die Stipendien einen für die Erfüllung der Forschungsaufgabe oder für die Bestreitung des Lebensunterhalts und die Deckung des Ausbildungsbedarfs erforderlichen Betrag nicht übersteigen und nach den von dem Geber erlassenen Richtlinien vergeben werden,

b) der Empfänger im Zusammenhang mit dem Stipendium nicht zu einer bestimmten wissenschaftlichen oder künstlerischen Gegenleistung oder zu einer bestimmten Arbeitnehmertätigkeit verpflichtet ist;

125 Nr. 44 befreit Stipendien, die eine bestimmte Herkunft aufweisen, zu den bezeichneten Zwecken gewährt werden und die unter S. 3 lit. a und b aufgeführten Voraussetzungen erfüllen.[1] **„Stipendium"** meint eine Studienbeihilfe, eine Geldunterstützung für Studierende. Die Stipendien müssen **aus öffentl. Mitteln** (vgl. zu Nr. 11) oder v. den in Nr. 44 S. 2 genannten Einrichtungen oder Körperschaften stammen.[2] Nur dann erscheint es dem Gesetzgeber ausreichend gesichert, dass nur unterstützenswerte Leistungen gefördert werden. Nr. 44 S. 2 begünstigt Stipendien einer Körperschaft iSv. § 5 Abs. 1 Nr. 9 KStG, wobei § 5 Abs. 2 Nr. 2 KStG beschränkt steuerpflichtige Gesellschaften aus Staaten der EU und des EWR iSd. § 5 Abs. 1 Nr. 9 KStG den inländ. steuerbegünstigen Institutionen gleichstellt. Auch wenn § 5 Abs. 2 Nr. 2 KStG von „beschränkt steuerpflichtigen Gesellschaften" spricht, fordert Nr. 44 S. 2 damit nicht, dass die Körperschaft gem. § 5 Abs. 1 Nr. 9 KStG tatsächlich im konkreten Fall befreit sein muss. Es muss sich lediglich um eine Körperschaft iSv. § 5 Abs. 1 Nr. 9 KStG handeln. Hierzu reicht es bei gemeinschaftskonformer Auslegung aus, wenn die Körperschaft, wenn sie inländ. Einkünfte erzielte, von der Körperschaftsteuer befreit wäre.[3] Nr. 44 S. 1 setzte bisher voraus, dass die Stipendien **„unmittelbar"** aus den in Nr. 44 S. 1 genannten Quellen stammen mussten. Die Stipendienmittel durften nicht zunächst an eine Stelle gezahlt werden, die dann ihrerseits die Stipendien an die Stipendiaten weiterleitete.[4] Diese Voraussetzung wurde durch das StVereinfG 2011 v. 1.11.2011[5] gestrichen. Mit dieser Neuregelung erstreckt sich die Steuerfreiheit nunmehr auch auf solche Stipendien, die lediglich „mittelbar" dem privilegierten Zweck zu Gute kommen. Das Erfordernis der Unmittelbarkeit der Zahlungen habe – so die Begr. – in der Verwaltungspraxis Schwierigkeiten bei der Sachverhaltsermittlung bereitet und darüber hinaus zu Ungleichbehandlungen geführt. Verwaltungspraktisch entfalle mit der Tatbestandsvoraussetzung „unmittelbar" eine streitanfällige Tatbestandsvoraussetzung. Insbesondere bedürfe es keiner Feststellungen mehr dazu, ob die Verausgabung der für die Stipendien verwendeten Mittel beim Zahlenden selbst nach haushaltsrechtlichen Vorschriften erfolge und ihre Verwendung einer gesetzlich geregelten Kontrolle unterliege. Gerade für Stipendien, die aus überstaatlichen Einrichtungen gewährt würden und dem Stipendiaten aus verwaltungstechnischen Gründen nicht unmittelbar gewährt würden, werde damit auch eine Ungleichbehandlung beseitigt.[6] Die Stipendien müssen **zu bestimmten Zwecken** gewährt werden. Hierbei können die Tatbestandsmerkmale **Ausbildung und Fortbildung** in Anlehnung an die zu § 9 gefundenen Abgrenzungen, die Begriffe der Forschung, der wissenschaftlichen und künstlerischen Ausbildung in Anlehnung an die Definition zu § 52 Abs. 2 Nr. 1 AO[7] und die Begriffe der **Kunst und der Wissenschaft** in Anlehnung an die Definition zu Art. 5 Abs. 3 GG bestimmt werden. Nach **Nr. 44 S. 3 lit. a** darf ein Forschungsstipendium den für die Erfüllung der Forschungsaufgabe erforderlichen Betrag nicht überschreiten; dabei erstreckt sich die Steuerfreiheit eines Forschungsstipendiums – trotz des Wortlauts v. Nr. 44 S. 3 lit. a – auch auf die zur Bestreitung des Lebensunterhalts dienenden Zuwendungen.[8] Ist das Stipendium zur Förderung der Aus- oder Fortbildung gegeben, darf es nicht höher sein als für die Bestreitung des Lebensunterhaltes und die Deckung des Ausbildungsbedarfs notwendig. Das Stipendium darf den **„für die Bestreitung des Lebensunterhalts erforderlichen Betrag"** nicht übersteigen. Mangels konkreter Regelungen sind die insoweit erforderlichen Aufwendungen nach der Verkehrsauffas-

1 Zur Nichtberücksichtigung von Stipendien iSv. § 3 Nr. 44 bei der Elterngeldberechnung: BSG v. 12.6.2018 – B 10 EG 1/18 B, juris.
2 FG Thür. v. 15.3.2000 – III 54/99, EFG 2000, 1137 (zu Stipendien einer privaten AG); FG BaWü. v. 12.12.2007 – 3 K 209/03, EFG 2008, 670 (zu Stipendien eines im Inland nicht kstpfl. im Ausland ansässigen Stipendiengebers).
3 BFH v. 15.9.2010 – X R 33/08, BStBl. II 2011, 637.
4 **AA** für die Fälle der Nr. 44 S. 2: FG BaWü. v. 12.12.2007 – 3 K 209/03, EFG 2008, 670 (673).
5 BGBl. I 2011, 2131.
6 BT-Drucks. 17/5125, 35.
7 Zu den Begriffen auch: BFH v. 1.10.2012 – III B 128/11, BFH/NV 2013, 29.
8 BFH v. 20.3.2003 – IV R 15/01, BStBl. II 2004, 190 = FR 2003, 966.

sung zu bestimmen. Dabei ist unter Lebensbedarf die Gesamtheit der Mittel zu verstehen, die benötigt werden, um dem Einzelnen ein menschenwürdiges Leben in einem sozialen Umfeld zu sichern. Er umfasst die für den lfd. Lebensunterhalt unentbehrlichen Aufwendungen für Wohnung, Verpflegung, Kleidung, Ausbildung, Gesundheit, angemessene Freizeitgestaltung und andere notwendige Ausgaben dieser Art. Die Leistungen nach dem BAföG sind nicht als Höchstsätze für die Anerkennung von Stipendien iSv. § 3 Nr. 44 anzusehen. Es ist bei der Besteuerung des „erforderlichen Lebensunterhalts" vielmehr das Alter der Stipendiaten, ihre akademische Vorbildung sowie deren nach der Verkehrsauffassung erforderliche typische Lebenshaltungskosten in ihrer konkreten sozialen Situation zu berücksichtigen.[1] Die Stipendien müssen außerdem nach den **v. Geber erlassenen RL** vergeben werden.[2] Verfügt eine Stiftung über keine Vergaberichtlinien, in denen konkret festgelegt ist, nach welchen Kriterien die Stiftungsmittel vergeben werden, scheidet eine Steuerbefreiung aus.[3] Nach **Nr. 44 S. 3 lit. b** muss das Stipendium „uneigennützig" gegeben werden. Allerdings ist eine geringfügige Gegenleistung (zB ein Forscher überlässt einige Exemplare seiner geförderten Arbeit) nicht schädlich. Bis zum JStG 2007 forderte Nr. 44 S. 3 lit. c für Fortbildungsstipendien, dass im Zeitpunkt der erstmaligen Gewährung der Abschluss der Berufsausbildung des Empfängers nicht länger als zehn Jahre zurückliegt. Diese Voraussetzung wurde gestrichen mit der Begr., dem Aspekt des lebenslangen Lernens müsse ein erhebliches Gewicht beigemessen werden, so dass die Begrenzung der Nr. 44 S. 3 lit. c nicht mehr zeitgemäß sei.[4] Die Prüfung, ob die Voraussetzungen der Nr. 44 vorliegen, hat das FA vorzunehmen, das für die Veranlagung des Stipendiengebers zuständig ist (wäre). Dieses hat auf Anforderung eine Bescheinigung nach Nr. 44 S. 3 lit. a, b zu erteilen.[5]

§ 3 Nr. 45 [Datenverarbeitungsgeräte und Telekommunikationsgeräte]

die Vorteile des Arbeitnehmers aus der privaten Nutzung von betrieblichen Datenverarbeitungsgeräten und Telekommunikationsgeräten sowie deren Zubehör, aus zur privaten Nutzung überlassenen System- und Anwendungsprogrammen, die der Arbeitgeber auch in seinem Betrieb einsetzt, und aus den im Zusammenhang mit diesen Zuwendungen erbrachten Dienstleistungen. [2]Satz 1 gilt entsprechend für Steuerpflichtige, denen die Vorteile im Rahmen einer Tätigkeit zugewendet werden, für die sie eine Aufwandsentschädigung im Sinne des § 3 Nummer 12 erhalten;

Literatur: *Fischer*, Zweifelsfragen zur Steuerbefreiung der privaten Nutzung von betrieblichen PC und Telekommunikationsgeräten durch Arbeitnehmer, DStR 2001, 201; *Fissenewert*, Keine Steuerbefreiung für die Privatnutzung von Telekommunikationsgeräten (§ 3 Nr. 45 EStG) bei Satellitennavigationsanlagen und vergleichbarer Technik, FR 2005, 882; *Harder/Buschner*, Steuerliche Neuregelungen im Zusammenhang mit der Nutzung von Personalcomputern, Internet und anderen Telekommunikationseinrichtungen, INF 2001, 133; *Macher*, Die lohnsteuerliche Behandlung von Telekommunikationsleistungen, DStZ 2002, 315.

Durch das **Gesetz zur Änderung des Investitionszulagengesetzes 1999** v. 20.12.2000[6] wurde die Befrei- 126
ung der „Vorteile des ArbN aus der Privatnutzung von betrieblichen Personalcomputern und Telekommunikationsgeräten" eingeführt. Die Befreiung sollte die Verwendung und Verbreitung des Internets fördern. Zugleich sollte ein Beitrag zur Steuervereinfachung geleistet werden. Es sollte die schwierige Abgrenzung zw. betrieblicher und privater Nutzung entfallen und Erfassungs- und Bewertungsaufwand vermieden werden.[7] Das **Neunte Gesetz zur Änderung des Gemeindefinanzreformgesetzes** v. 8.5.2012[8] hat § 3 Nr. 45 neu gefasst. Der Gesetzgeber ging davon aus, § 3 Nr. 45 sei im Jahr 2000 eingeführt worden, um ArbN, die an ihrem Arbeitsplatz mit Personalcomputern arbeiten, auch zu Hause mit der notwendigen Hardware auszurüsten, um ihre Fertigkeiten im Umgang mit den Geräten zu verbessern und sie in die Lage zu versetzen, betriebliche Vorgänge auch zu Hause zu bearbeiten.[9] Es sei jedoch geboten, die Befreiungsvorschrift an die zwischenzeitliche Entwicklung anzupassen und zugleich die Befreiung auszuweiten. Die Anpassung diene der Unterstützung der Förderung von Heimarbeit und der Steuervereinfachung.[10] Es wurde der Begriff „Personalcomputer" durch den allg. Begriff „Datenverarbeitungsgerät" ersetzt, um

1 BFH v. 24.2.2015 – VIII R 43/12, BStBl. II 2015, 691.
2 Vgl. hierzu FG Münster v. 16.5.2013 – 2 K 3208/11 E, EFG 2014, 19 („Ordnung für Graduiertenförderung") (rkr.).
3 FG RhPf. v. 9.12.2014 – 3 K 2197/11, EFG 2015, 358.
4 BR-Drucks. 622/06, 66.
5 R 3.44 EStR.
6 BGBl. I 2000, 1850.
7 BT-Drucks. 14/4626, 3, 6.
8 BGBl. I 2012, 1030.
9 BT-Drucks. 17/8867, 10.
10 BT-Drucks. 17/8867, 11.

auch neuere Geräte wie Smartphones oder Tablets zu umfassen. Außerdem wurden zusätzlich Vorteile aus der Privatnutzung von System- und Anwendungsprogrammen, die dem ArbN überlassen werden, befreit, nachdem bis zu der Neufassung die Überlassung von Software nur dann stfrei war, wenn sie auf einem betrieblichen Personalcomputer installiert war, den der ArbN privat nutzt.[1] Durch das Zollkodex-AnpG[2] wurde auf Vorschlag des BR in Nr. 45 S. 2 angefügt und die Befreiung erweitert. Es soll ua. erreicht werden, dass die Personen iSd. Nr. 12 S. 2 im Umgang mit den Geräten iSd. Nr. 45 S. 1 geübter werden.[3]

126a § 3 Nr. 45 ist nicht nur als Lenkungsbefreiung zur Verfolgung eines außerfiskalischen Zwecks (Verbreitung des Internets, Heimarbeit) problematisch. Es bestehen auch Bedenken, ob § 3 Nr. 45 entspr. den vorgegebenen Gesetzeszwecken folgerichtig ausgestaltet wurde. Der Gesetzgeber hat den Zweck des § 3 Nr. 45 zunächst darin gesehen, die Verwendung und Verbreitung des Internets zu fördern. Dieser Zweck rechtfertigte allerdings nicht die Begünstigung der Nutzung von Personalcomputern auch zu anderen Zwecken sowie die Begünstigung der Nutzung allg. von Telekommunikationsgeräten. Bei der Neufassung von § 3 Nr. 45 ist der Gesetzgeber nunmehr davon ausgegangen, § 3 Nr. 45 diene der Förderung von Heimarbeit und der Steuervereinfachung. Wenn § 3 Nr. 45 die Heimarbeit fördern soll, ist allerdings nicht verständlich, warum auch die private Nutzung von betrieblichen Datenverarbeitungs- und Telekommunikationsgeräten im Betrieb begünstigt wird. Ebenso ist nicht plausibel, warum zur Förderung der Heimarbeit die Vorteile aus der „privaten" Nutzung befreit werden müssen. Kein Grund ist auch dafür ersichtlich, dass nur die Heimarbeit von ArbN gefördert wird.[4] Ebenso fragwürdig ist, dass § 3 Nr. 45 die private Nutzung betrieblicher Einrichtungen während der Arbeitszeit begünstigt. Wenn § 3 Nr. 45 eine Steuervereinfachung erreichen soll, hätte man auch die private Nutzung von betrieblichen Kfz befreien können, die in der Praxis zu erheblichen Bewertungs- und Abgrenzungsfragen führt.

126b § 3 Nr. 45 befreit nur Vorteile von **ArbN** (einschl. des Rechtsnachfolgers iSv. § 1 Abs. 1 S. 1 LStDV), nicht von Gewerbetreibenden und Freiberuflern.[5] Befreit werden die Vorteile aus der Nutzung von **Datenverarbeitungsgeräten**. Durch die Neufassung von § 3 Nr. 45 (Rn. 126) wurde der Begriff des **Personalcomputers** durch den des Datenverarbeitungsgerätes ersetzt, um begrifflich – neben Notebooks und Laptops – auch Geräte wie Smartphones oder Tablets zu erfassen. Gemeint ist die Hardware (Prozessor, Grafikkarte, Soundkarte, RAM-Speicher, Festplattenspeicher, CD-ROM-/DVD-Laufwerk) nebst Zubehör wie Monitor, Drucker, Scanner, Modem, ISDN-Karte). § 3 Nr. 45 bezieht in seiner Neufassung das **„Zubehör"** ausdrücklich ein. Mit § 3 Nr. 45 sollte nur die Nutzung und Verbreitung des Internets gefördert werden. **Telekommunikationsgeräte** sind nach Wortlaut und Sprachgebrauch aber auch Telefon, Faxgerät und Handy.[6] **Betriebliche Geräte** sind solche Geräte, die der ArbG (oder auch ein Dritter) dem ArbN iRd. Dienstverhältnisses überlässt (vgl. § 8 Abs. 2 S. 2 „betriebliche" Kfz.) – auch gemietete und geleaste Geräte und auch Geräte in der Privatwohnung des ArbN. Der ArbG muss wirtschaftlicher Eigentümer sein.[7] Das Gerät darf nicht in das Eigentum des ArbN übergegangen sein (zur Pauschalierung nach § 40 Abs. 2 S. 1 Nr. 5 bei Schenkung v. PC: § 40 Rn. 24; zur gemischten Nutzung v. Geräten des ArbN: § 9 Rn. 97; zum Ersatz der Aufwendungen durch ArbG: Rn. 131).[8] Auch wirtschaftliches Eigentum des ArbN ist schädlich (zB auf Grund einer Vereinbarung, das Gerät später zum Restwert zu übernehmen). Ein „betriebliches Gerät" hat das Sächsische FG verneint, wenn bei einem vom ArbG geleasten Gerät in Bezug auf das überlassene Gerät die vom Leasinggeber abgeleitete rechtliche Position von dem ArbG als Leasingnehmer auf den ArbN weitergegeben wird und dem Rückgabeanspruch am Ende der Nutzungszeit keine wirtschaftliche Bedeutung zukommt.[9] Vorteile aus der **privaten Nutzung** (auch durch einen anderen Nutzer als den ArbN) sind stfrei. Dabei ist das Verhältnis v. privater und beruflicher Nutzung unerheblich. Auch eine vorübergehende Überlassung zur ausschließlich privaten Nutzung ist möglich. Ob das Gerät im Büro oder in der Wohnung privat genutzt wird, ist unerheblich. Die Befreiung umfasst alle **Vorteile**, die dem ArbN durch die Nutzung entstehen, sowohl die Vorteile aus der Übernahme der Gerätekosten als auch die Vorteile aus der Übernahme der Grund- und Verbindungsentgelte.

1 R 3.45 S. 2 LStR; BT-Drucks. 17/8867, 12.
2 G v. 22.12.2014, BGBl. I 2014, 2417.
3 BT-Drucks. 18/3158, 30.
4 Vgl. hierzu BFH v. 21.6.2006 – XI R 50/05, BStBl. II 2006, 715; FG Sachs. v. 8.2.2006 – 4 K 1435/02, EFG 2006, 1761.
5 BMF v. 6.5.2002, DStR 2002, 999; BFH v. 21.6.2006 – XI R 50/05, BStBl. II 2006, 715; FG Sachs. v. 8.2.2006 – 4 K 1435/02, EFG 2006, 1761.
6 Ausf. zum Begriff der Telekommunikation und zu Navigationsgeräten als Telekommunikationsgeräte: FG Düss. v. 4.6.2004 – 18 K 879/03 E, EFG 2004, 1357; BFH v. 16.2.2005 – VI R 37/04, BStBl. II 2005, 563; *Fissenewert*, FR 2005, 882.
7 Zur parallelen Problematik betrieblicher Kfz.: BFH v. 26.7.2001 – VI R 122/99, BStBl. II 2001, 844; v. 6.11.2001 – VI R 62/96, BStBl. II 2002, 370; v. 6.11.2001 – VI R 54/00, BStBl. II 2002, 164.
8 *Macher*, DStZ 2002, 315.
9 FG Sachs. v. 2.11.2017 – 8 K 870/17, juris (rkr.).

§ 3 Nr. 45 befreit in seiner Neufassung auch die Vorteile aus „zur privaten Nutzung überlassenen **System- und Anwendungsprogrammen**". Bis zu dieser Ausweitung der Befreiung war die Überlassung von Software nur dann stfrei, wenn sie auf einem betrieblichen Personalcomputer installiert war, den der ArbN privat nutzt.[1] Begünstigt ist die Überlassung von Systemprogrammen (zB Betriebssystem, Virenscanner, Browser)[2] und Anwendungsprogrammen. Zur privaten Nutzung überlassene System- und Anwendungsprogramme unterliegen allerdings nur dann der Steuerbefreiung, **wenn der ArbG sie auch in seinem Betrieb einsetzt**. Der Gesetzgeber wollte mit dieser Einschränkung der Gefahr einer stfreien Überlassung von Spielprogrammen oder Ähnlichem zur privaten Nutzung begegnen.[3] Der Gesetzgeber wollte insbes. geldwerte Vorteile aus der privaten Nutzung unentgeltlich oder verbilligt überlassener System- und Anwendungsprogramme im Rahmen sog. Home-Use-Programme stfrei stellen, bei denen der ArbG mit einem Softwareanbieter eine sog. Volumenlizenzvereinbarung für Software abschließt, die auch für den ArbN eine private Nutzung der Software auf dem privaten Personalcomputer ermöglicht.[4] Befreit werden nicht nur die Vorteile aus der privaten Nutzung der betrieblichen Geräte und Programme, sondern auch die Vorteile **„aus den im Zusammenhang mit diesen Zuwendungen erbrachten Dienstleistungen"**. Welche Vorstellung der Gesetzgeber mit dieser Tatbestandsvoraussetzung verbunden hat, lässt sich den Gesetzesmaterialien nicht entnehmen. Vermutlich dürfte die Dienstleistung gemeint sein, die von dem ArbG an den ArbN im Zusammenhang mit der Überlassung der Geräte und Programme erbracht wird, wie zB die Hilfe bei der Installation oder die Hilfe bei auftretenden Problemen. 126c

Durch das Zollkodex-AnpG[5] wurde die Steuerbefreiung des S. 1 auf StPfl. ausgedehnt, denen die Vorteile iSd. S. 1 im Rahmen einer Tätigkeit zugewendet werden, für die sie eine **Aufwandsentschädigung iSd. Nr. 12 erhalten**. Mit der Erweiterung der Steuerbefreiung soll bei den öffentl. Dienste leistenden und idR. ehrenamtlich tätigen Personen, die Aufwandsentschädigungen nach Nr. 12 aus öffentl. Kassen erhalten, erreicht werden, dass sie im Umgang mit den Geräten iSd. S. 1, die primär iZ mit den ausgeübten öffentl. Diensten verwendet werden, geübter werden. Gleichzeitig liege die Befreiung im besonderen Interesse der die Geräte zur Verfügung stellenden öffentl. Kassen, weil sie iRd. digitalen Umstellung ihrer Verwaltung zukünftig ausschließlich elektronische Dokumente einsetzen möchten.[6] Die Anknüpfung von Nr. 45 S. 2 an den Erhalt einer Aufwandsentschädigung führt allerdings zu dem Ergebnis, dass die StPfl., die ohne eine Entschädigung iSd. Nr. 12 tätig werden, auch keine Vorteile iSd. der Nr. 45 S. 2 stfrei erhalten. 126d

§ 3 Nr. 46 [Förderung der Elektromobilität]

zusätzlich zum ohnehin geschuldeten Arbeitslohn vom Arbeitgeber gewährte Vorteile für das elektrische Aufladen eines Elektrofahrzeugs oder Hybridelektrofahrzeugs im Sinne des § 6 Absatz 1 Nummer 4 Satz 2 zweiter Halbsatz an einer ortsfesten betrieblichen Einrichtung des Arbeitgebers oder eines verbundenen Unternehmens (§ 1 des Aktiengesetzes) und für die zur privaten Nutzung überlassene betriebliche Ladevorrichtung;

Verwaltung: BMF v. 14.12.2016, BStBl. I 2016, 1446; BMF v. 26.10.2017, FR 2018, 385.

Literatur: *Hüsing*, Im Koalitionsvertrag vereinbarte Förderung der Elektromobilität: Wie viel bringt die Sonderabschreibung?, DB 2018, 1417; *Kußmaul/Kloster*, Maßnahmen zur steuerlichen Förderung der Elektromobilität, BB 2016, 1817.

§ 3 Nr. 46 wurde durch das G zur steuerlichen Förderung von Elektromobilität im Straßenverkehr v. 7.11. 2016[7] eingeführt. Das Land Hessen hatte bereits in einem **Gesetzesantrag v. 24.3.201** eine Steuerbefreiung vorgeschlagen für „zusätzlich zum ohnehin geschuldeten Arbeitslohn vom Arbeitgeber gewährte Vorteile für das elektrische Aufladen eines privaten Elektrofahrzeugs oder Hybridelektrofahrzeugs im Sinne des § 6 Absatz 1 Nummer 4 Satz 2". Mit dieser Steuerbefreiung werde das umweltfreundliche Engagement der Besitzer von Elektrofahrzeugen und deren ArbG honoriert, die Aufladungen im Betrieb oder anderswo kostenfrei oder verbilligt ermöglichen. Dies sei ein weiterer Baustein zur Förderung der Elektromobilität.[8] Dieser 127

1 R 3.45 S. 2 LStR; BT-Drucks. 17/8867, 12.
2 BT-Drucks. 17/8867, 12.
3 BT-Drucks. 17/8867, 11.
4 BT-Drucks. 17/8867, 12.
5 G v. 22.12.2014, BGBl. I 2014, 2417.
6 BT-Drucks. 18/3158, 30, 105.
7 BGBl. I 2016, 2498.
8 BR-Drucks. 114/1, 4; vgl. auch BR-Drucks. 114/1 (Beschl.), Anlage 1; BT-Drucks. 18/864, 2.

Gesetzesantrag wurde im Jahr 2016 wieder aufgegriffen. Der Gesetzestext wurde im **Entwurf der BReg.** allerdings um folgende Wörter ergänzt: „im Betrieb des Arbeitgebers und für die zur privaten Nutzung überlassene betriebliche Ladevorrichtung". Durch das Abstellen auf den Betrieb des ArbG solle sichergestellt werden, dass sich der jeweilige ArbG selbst unmittelbar an dem Ausbau der Ladeinfrastruktur beteiligt. Zudem würden Vorteile aus der vom ArbG zur privaten Nutzung überlassenen betrieblichen Ladevorrichtung einbezogen. Für die Nutzung eines Elektrofahrzeugs reiche es nicht aus, wenn es nur im Betrieb des ArbG aufgeladen werde.[1] Die **Ausschüsse** schlugen allerdings zwei Änderungen vor. Es sollte das Wort „privaten" gestrichen werden. Mit der bisherigen Formulierung komme die Anwendung nicht für vom ArbG dem ArbN zur Nutzung überlassene Fahrzeuge in Betracht.[2] Außerdem wurde vorgeschlagen, die Wörter „im Betrieb des Arbeitgebers" durch die Wörter „an einer ortsfesten betrieblichen Einrichtung des Arbeitgebers eines verbundenen Unternehmens (§ 1 AktG) oder eines vom Arbeitgeber bestimmten Dritten" zu ersetzen. Es sei sachgerecht, das stfreie Aufladen nicht auf die Betriebsstätte des ArbG zu beschränken, sondern auch auf alle Einrichtungen der mit dem ArbG verbundenen Unternehmen auszudehnen. Des Weiteren solle auch das Aufladen zumindest dort zugelassen werden, wo ein fremder Dritter die Ladestation betreibe.[3] Der **FinA** änderte in seiner Beschlussempfehlung vom 21.9.2016 den Entwurf, strich das Wort „privaten" und bezog damit auch das elektrische Aufladen eines vom ArbN privat genutzten betrieblichen Kfz. in die Steuerfreiheit ein. Er ging davon aus, dass bei der Ermittlung des geldwerten Vorteils aus der privaten Nutzung eines Dienstwagens nach der 1 %-Methode der vom ArbG gestellte Ladestrom abgegolten sei und sich die Frage der Steuerfreiheit nicht stelle.[4] Es sollten aber auch die ArbN begünstigt werden, die den geldwerten Vorteil für die private Nutzung nach der Fahrtenbuchmethode ermitteln.[5] Außerdem wurde die Formulierung „im Betrieb des Arbeitgebers" durch die Formulierung „an einer ortsfesten betrieblichen Einrichtung des Arbeitgebers oder eines verbundenen Unternehmens (§ 1 AktG)" ersetzt. Es sollte insoweit eine Präzisierung erfolgen.[6] Nicht weiterverfolgt wurde der Vorschlag, auch das Aufladen an einer Einrichtung eines „vom Arbeitgeber bestimmten Dritten" zu begünstigen. IRd. Sachverständigenanhörung war eingewandt worden, dass es nicht der Intention des G entspreche, auch das Aufladen außerhalb des Betriebs bei einem Dritten zu begünstigen. Es stellten sich zudem Abgrenzungsfragen und Kontrollprobleme.[7] In dieser vom FinA vorgeschlagenen Fassung wurde der Entwurf vom Bundestag angenommen.[8]

127a Die Steuerbefreiung der Nr. 46 ist eine von mehreren stl. Maßnahmen zur **Förderung der Elektromobilität** (vgl. § 6 Abs. 1 Nr. 4 S. 2 HS 2, § 40 Abs. 2 S. 1 Nr. 6). Die Neuregelung fügt sich in den **Katalog des § 3** ein, der auch aus anderen Lenkungs- und Fördermotiven heraus bestimmte ArbG-Leistungen stfrei stellt (zB Kinderbetreuung in Nr. 33, gesundheitsfördernde Maßnahmen in Nr. 34, Vermögensbeteiligungen in Nr. 39, private Nutzung betrieblicher Datenverarbeitungs- und Telekommunikationsgeräte in Nr. 4).[9] Nr. 46 ist damit auch genauso problematisch wie die anderen Befreiungsvorschriften als Lenkungsbefreiungen zur Verfolgung außerfiskalischer Zwecke (Rn. 126a).

127b Nr. 46 befreit nur **„zusätzlich zum ohnehin geschuldeten Arbeitslohn vom Arbeitgeber gewährte Vorteile"**. Die Steuerbefreiung soll im Falle der Entgeltumwandlung ausgeschlossen sein. Befreit werden die Vorteile für das elektrische Aufladen eines **„Elektrofahrzeugs oder Hybridelektrofahrzeugs im Sinne des § 6 Absatz 1 Nummer 4 Satz 2 zweiter Halbsatz"**. § 6 Abs. 1 Nr. 4 S. 2 HS 2 definiert Elektrofahrzeuge als „Fahrzeuge mit Antrieb ausschließlich durch Elektromotoren, die ganz oder überwiegend aus mechanischen oder elektrochemischen Energiespeichern oder aus emissionsfrei betriebenen Energiewandlern gespeist werden". Nach dem Verzeichnis des Kraftfahrtbundesamtes zur Systematisierung von Kfz. und ihren Anhängern weisen die Codierungen 0004 und 0015 im Feld 10 der Zulassungsbescheinigung ein Elektrofahrzeug in diesem Sinne aus.[10] Hybridelektrofahrzeug ist ein Hybridfahrzeug, das zum Zweck des mechanischen Antriebs aus einem Betriebskraftstoff und einer Speichereinrichtung für elektrische Energie (zB Batterie, Kondensator, Schwungrad mit Generator) elektrische Energie/Leistung bezieht. Nach dem Verzeichnis des Kraftfahrtbundesamtes zur Systematisierung von Kfz. und ihren Anhängern (Stand: Mai 2016) weisen folgende Codierungen im Feld 10 der Zulassungsbescheinigung ein Hybridelektrofahrzeug in diesem Sinne aus: 0016 bis 0019 und 0025 bis 0031.[11] Zu den begünstigten Fahrzeugen zählen auch

---

1 Gesetzes-E der BReg., BT-Drucks. 18/8828, 8, 13.
2 BR-Drucks. 277/1/16, 1; vgl. auch BR-Drucks. 277/16 (Beschl.), 1.
3 BR-Drucks. 277/1/16, 2.
4 BT-Drucks. 18/9239, 4.
5 BT-Drucks. 18/9688, 8.
6 BT-Drucks. 18/9688, 8.
7 BT-Protokoll Nr. 18/8, 24, 41.
8 BR-Drucks. 23/16.
9 BR-Drucks. 114/1, 4.
10 BMF v. 14.12.2016, BStBl. I 2016, 1446 Rz. 7.
11 BMF v. 14.12.2016, BStBl. I 2016, 1446 Rz. 9.

Elektrofahrräder, wenn diese verkehrsrechtlich als Kfz. einzuordnen sind (zB gelten Elektrofahrräder, deren Motor auch Geschwindigkeiten über 25 Kilometer pro Stunde unterstützt, als Kfz.). Nach einem BMF-Schr. v. 26.10.2017 sollen aus Billigkeitsgründen vom ArbG gewährte Vorteile für das elektrische Aufladen von Elektrofahrrädern, die verkehrsrechtlich nicht als Kfz. einzuordnen sind, nicht zum Arbeitslohn rechnen (zur Überlassung von betrieblichen Fahrrädern, die kein Kfz. iSd. § 6 Abs. 1 Nr. 4 S. 2 sind: Rn. 71 ff.).[1] Bei dem Fahrzeug kann es sich um ein privates Fahrzeug des ArbN oder auch um ein dem ArbN vom ArbG zur privaten Nutzung überlassenes betriebliches Fahrzeug handeln. Es werden damit auch die ArbN begünstigt, die den geldwerten Vorteil für die private Nutzung des betrieblichen Fahrzeugs nach der Fahrtenbuchmethode ermitteln. Bei der Ermittlung nach der 1 %-Methode wäre der vom ArbG gestellte Ladestrom ohnehin abgegolten (Rn. 127). Das Aufladen kann **„an einer ortsfesten betrieblichen Einrichtung des Arbeitgebers oder eines verbundenen Unternehmens (§ 1 AktG)"** erfolgen. Der Gesetzgeber hat mit dieser Formulierung die zuvor vorgeschlagene Fassung „im Betrieb des Arbeitgebers" präzisiert (Rn. 127). Er hat auch die Einrichtung eines verbundenen Unternehmens einbezogen, nicht dagegen das Aufladen an einer Einrichtung eines vom ArbG bestimmten Dritten (Rn. 127). Die Steuerbefreiung gilt nach der Gesetzesbegründung auch für Leiharbeitnehmer im Betrieb des Entleihers.[2]

Nr. 46 befreit neben den Vorteilen für das elektrische Aufladen auch die Vorteile **„für die zur privaten Nutzung überlassene betriebliche Ladevorrichtung"**. Diese Befreiung korrespondiert mit der Neuregelung des § 40 Abs. 2 S. 1 Nr. 6, nach welcher der ArbG die LSt mit einem Pauschsteuersatz von 2 % erheben kann, wenn er dem ArbN unentgeltlich oder verbilligt die Ladevorrichtung übereignet oder Zuschüsse zu den Aufwendungen für den Erwerb oder die Nutzung zahlt. Der von der Ladevorrichtung bezogene Ladestrom fällt nicht unter die Steuerbefreiung der 2. Alt. der Nr. 46. „**Ladevorrichtung**" meint nach der Gesetzesbegründung die „gesamte Ladeinfrastruktur einschließlich Zubehör und in diesem Zusammenhang erbrachter Dienstleistungen (beispielsweise die Installation oder Inbetriebnahme der Ladevorrichtung)".[3] Es dürften nicht nur bewegliche Teile („überlassene") iSv. Adaptern oder Steckern usw. gemeint sein, sondern auch Komponenten einer Ladestation.[4] Als notwendiges Zubehör kommen zB aufpreispflichtige Schnell-Ladekabel, die nicht zur Basisausstattung der Fahrzeuge gehören und die insbes. auch zur Ladung an öffentlichen Ladevorrichtungen notwendig sind, in Betracht.[5] **Private Nutzung** ist jede Nutzung der Ladevorrichtung durch den ArbN außerhalb der betrieblichen Nutzung für den ArbG. Stfrei ist nach dem Anwendungserlass zu Nr. 46 deshalb auch die Nutzung der zeitweise überlassenen betrieblichen Ladevorrichtung im Rahmen anderer Einkunftsarten des ArbN (zB lädt der ArbN sein privates Elektrofahrzeug auf und fährt zu einem Vermietungsobjekt).[6] 127c

§ 3 Nr. 47 [Leistungen nach dem Arbeitsplatzschutzgesetz]

Leistungen nach § 14a Absatz 4 und § 14b des Arbeitsplatzschutzgesetzes;

Nach **§ 14a Abs. 4 ArbPlSchG** werden einem wehrpflichtigen ArbN v. ihm geleistete Vorsorgeaufwendungen erstattet. **§ 14b ArbPlSchG** trifft eine entspr. Regelung für Beiträge zu einer öffentl.-rechtl. Versicherungs- oder Versorgungseinrichtung oder die freiwillige Versicherung in der gesetzlichen Rentenversicherung und damit vor allem für andere Pers. als ArbN. 128

§ 3 Nr. 48 [Leistungen nach dem Unterhaltssicherungsgesetz]

Leistungen nach dem Unterhaltssicherungsgesetz mit Ausnahme der Leistungen nach § 7 des Unterhaltssicherungsgesetzes;

Das USG regelt die „Leistungen an Reservistendienst Leistende" und die Leistungen „zur Sicherung des Unterhalts der Angehörigen von freiwilligen Wehrdienst Leistenden". Als **Leistungen an Reservisten-** 129

1 BMF v. 26.10.2017, FR 2018, 385 Rz. 10; vgl. auch BR-Drucks. 372/18 (Beschl.), 3, zur Ausdehnung der Neuregelung des § 6 Abs. 1 Nr. 4 auf Pedelecs und (Elektro-)Fahrräder.
2 BT-Drucks. 18/9688, 8; vgl. auch BMF v. 14.12.2016, BStBl. I 2016, 1446 Rz. 16.
3 Gesetzes-E der BReg., BT-Drucks. 18/8828, 13.
4 BT-Protokoll Nr. 18/8, 40.
5 *Kußmaul/Kloster*, BB 2016, 1817 (1819).
6 BMF v. 14.12.2016, BStBl. I 2016, 1446 Rz. 21.

dienst Leistende wird ArbN nach § 6 USG der Verdienstausfall iHd. um die gesetzlichen Abzüge verminderten Arbeitsentgelts ersetzt. Selbstständige erhalten nach § 7 USG für jeden Tag eine Entschädigung iHv. Dreihundertsechzigstel der sich aus dem Einkommensteuerbescheid ergebenden Einkünfte. Gewährt werden außerdem eine Reservistendienstleistungsprämie und Zuschläge nach § 10 USG. Nach einer Entsch. des FG Berlin-Brandenburg können pensionierte Berufssoldaten, die Reservistendienst leisten, durch den Dienst entstehende Aufwendungen nach § 3c Abs. 1 nicht als WK abziehen. Dieser Unterschied beim Werbungskostenabzug zw. aktiven und pensionierten Berufssoldaten sei verfassungsgemäß.[1] **Freiwilligen Wehrdienst Leistenden** werden nach § 13 USG Aufwendungen für Wohnraum erstattet und bei vorheriger Selbstständigkeit nach § 14 USG eine Wirtschaftsbeihilfe gewährt. Für Angehörige werden freiwilligen Wehrdienst Leistenden 80 % bzw. 20 % des Wehrsoldes bzw. des Wehrdienstzuschlags gezahlt. Außerdem werden die Beiträge für Kranken- und Pflegeversicherung der Angehörigen erstattet.

130 Die Leistungen nach dem USG werden nur **„mit Ausnahme der Leistungen nach § 7 USG“** befreit. Dies sind die „Leistungen an Selbstständige“. Reservistendienst Leistende, die Inhaberin oder Inhaber eines Betriebs der LuF oder eines GewBetr. sind oder die eine selbstständige Tätigkeit ausüben, erhalten für die ihnen entgehenden Einkünfte jeden Tag eine Entschädigung iHv. Dreihundertsechzigstel der Summe der sich aus dem Einkommensteuerbescheid ergebenden Einkünfte, höchstens jedoch 430 Euro je Tag.

§ 3 Nr. 49

(weggefallen)

§ 3 Nr. 50 [Durchlaufende Gelder und Auslagenersatz]

die Beträge, die der Arbeitnehmer vom Arbeitgeber erhält, um sie für ihn auszugeben (durchlaufende Gelder), und die Beträge, durch die Auslagen des Arbeitnehmers für den Arbeitgeber ersetzt werden (Auslagenersatz);

Literatur: *IFSt.* Zur Abgrenzung von steuerfreiem Auslagenersatz und steuerfreiem Werbungskostenersatz, Grüner Brief Nr. 297, 1990.

131 Nr. 50 soll klarstellen, dass durchlaufende Gelder und Auslagenersatz kein Arbeitslohn sind, weil sie beim ArbN keinen Vermögenszuwachs begründen (§ 2 Rn. 85). Anders als § 4 Abs. 3 S. 2 gilt § 3 Nr. 50 (nur) für **ArbN** auf der Empfänger- und ArbG auf der Geberseite. „Durchlaufende Gelder“ und „Auslagenersatz“ unterscheiden sich dadurch, dass einmal der ArbG, einmal der ArbN in Vorleistung tritt. Gemeinsam ist ihnen, dass Beträge **„für den ArbG“** ausgegeben werden. Die Rspr. nimmt – in Abgrenzung zum WK-Ersatz – Ausgaben „für den ArbG“ an, wenn diese ausschließlich oder doch bei Weitem überwiegend durch die Belange des ArbG bedingt und v. diesem veranlasst oder gebilligt sind.[2] Das Interesse an den Ausgaben ist jedoch als Kriterium für die Abgrenzung v. Ausgaben- und WK-Ersatz nicht geeignet, denn die Interessen v. ArbG und ArbN werden bei zahlreichen Ausgaben gleichgerichtet sein (zB Schutzmaßnahmen). Anzuknüpfen ist daran, dass Nr. 50 die fehlende Steuerbarkeit als Arbeitslohn klarstellen soll. Arbeitslohn setzt eine objektive Bereicherung des ArbN voraus, und diese Bereicherung muss sich als Gegenleistung für die Zurverfügungstellung der individuellen Arbeitskraft darstellen. Bei durchlaufenden Geldern und Auslagenersatz fehlt es an einer Vermehrung des Vermögens des ArbN.[3] Das Geld, das der ArbN erhält, um es für den ArbG auszugeben (durchlaufende Gelder), geht nicht in sein Vermögen (iSv. erwirtschaftetem Einkommen) ein, sondern der StPfl. verwaltet dieses Geld als fremdes und gibt es als Geld des ArbG – wie ein Treuhänder – an dessen Stelle aus. Beim Auslagenersatz erhält der ArbN Geld, das lediglich Beträge ausgleicht, die er dem ArbN aus seinem Vermögen vorübergehend zur Vfg. gestellt hat. „Für den ArbG“ gibt der ArbN Beträge dann aus, wenn der ArbG die Ausgaben zu tragen hat. Dies ist in erster Linie nach Arbeitsrecht zu beurteilen. Es ist die arbeitsrechtl. Regelung der Kostentragung maß-

---

1 FG Berlin-Bdbg. v. 16.8.2017 – 3 K 3118/17, EFG 2017, 1665; vgl. auch die Anm. von *Weinschütz*, EFG 2017, 1668.

2 BFH v. 19.1.1976 – VI R 227/72, BStBl. II 1976, 231 (232 mwN); vgl. auch BFH v. 21.9.1995 – VI R 30/95, BStBl. II 1995, 906 (907) = FR 1996, 136 m. Anm. *Bergkemper*; v. 7.6.2002 – VI R 145/99, BStBl. II 2002, 829 = FR 2002, 1126 m. Anm. *Kanzler*; v. 5.4.2006 – IX R 109/00, BStBl. II 2006, 541 = FR 2006, 736 m. Anm. *Bergkemper*; v. 28.3.2006 – VI R 24/03, BStBl. II 2006, 473 = FR 2006, 697.

3 *IFSt.*, 35; **aA** *Heinze*, DB 1996, 2490 (2491).

gebend.[1] Es kommt darauf an, ob der ArbG Kosten aus dem Verantwortungsbereich des ArbN übernimmt oder Kosten aus seinem Verantwortungsbereich trägt.[2] So ist es zB grds. Sache des ArbG, die Kosten für reine Dienstreisen zu tragen[3] – einschl. beruflich veranlasster Unfallkosten –, nicht dagegen die Kosten für Urlaubsreisen.[4] Ebenso ist es grds. Sache des ArbG, die notwendigen Hilfsmittel zu stellen, mit denen die vom ArbN geschuldete individuelle Arbeitskraft in das zu schaffende Werk umgesetzt wird.[5] Sache des ArbG ist es zB auch, Maßnahmen zum Schutz und der Werterhaltung v. den ArbN überlassenen Dienstwagen zu treffen (etwa: Unterstellen in Garage).[6] Allg. ist es Sache des ArbG, die für die Durchführung der Arbeiten notwendigen Ausgaben zu tragen. Nicht vom ArbG zu tragen sind dagegen persönliche, vom Arbeitslohn zu bestreitende Aufwendungen des ArbN, wie die Ausgaben für private Angelegenheiten des ArbN (zB die Mitgliedschaft in einem Golfclub) oder vom ArbN zu tragende Aufwendungen für berufliche Zwecke. Zu diesen zählen zB die Aufwendungen für Fahrten zw. Wohnung und Arbeitsstätte, denn der ArbN hat nach den arbeitsrechtl. Regelungen seine Arbeitskraft dem ArbG grds. am Ort der Arbeitsstätte zur Vfg. zu stellen. Die Kosten fallen in den Verantwortungsbereich des ArbN.[7] Ebenso gehören zu den persönlichen, vom Arbeitslohn zu bestreitenden Aufwendungen des ArbN die Aufwendungen für Arbeitskleidung[8] (nicht dagegen: Arbeitsschutzkleidung, die nach öffentl.-rechtl. Vorschriften zu tragen ist), Beköstigung, Umzugskosten, die infolge des Dienstantritts anfallen, oder Vorstellungskosten.[9] Qualifiziert man die Lohnschuld als Holschuld, sind auch Kosten für die Führung eines Gehaltskontos vom ArbN zu tragen und ist ihr Ersatz kein Auslagenersatz.[10] Ebenso sind nicht vom ArbG zu tragen: Bewirtungskosten, die dem ArbN durch die Bewirtung v. Geschäftsfreunden in seiner Wohnung entstehen,[11] Heimarbeiterzuschläge,[12] Hundegelder,[13] Mitgliedsbeiträge bei geselligen Vereinigungen,[14] Ersatz für auf einer Dienstreise verloren gegangene oder beschädigte Gegenstände des PV,[15] Fehlgeldentschädigungen[16] und Aufwendungen für Sicherheitsmaßnahmen am Wohnhaus eines Vorstandmitglieds einer Bank.[17] Betriebliche Übung und arbeitsvertragliche Vereinbarungen – insbes. Tarifverträge – können die beiderseitige Ausgabenzuständigkeit konkretisieren.[18] Ausgaben, die an sich der ArbN und nicht der ArbG zu tragen hat, werden allerdings nicht deshalb zu Ausgaben des ArbG, weil der ArbG sich zu der Kostenübernahme verpflichtet hat.[19] Ausgaben „für den ArbG“ liegen zB auch dann nicht vor, wenn im Arbeitsvertrag vereinbart wurde, dass der ArbG die Aufwendungen für eine doppelte Haushaltsführung oder für die Fahrten Wohnung/Arbeitsstätte trägt. Es ist zw. Vereinbarungen, mit denen die beiderseitigen Verpflichtungen zur Kostentragung abgegrenzt und präzisiert werden, und Vereinbarungen zu unterscheiden, durch die der ArbG sich verpflichtet, an sich vom ArbN zu tragende Kosten zu übernehmen. Stfrei sind die erhaltenen **„Beträge“**. Bei einer pauschalen Abgeltung wird grds. stpfl. Arbeitslohn angenommen. Eine Ausnahme hiervon wird zugelassen, wenn es sich um kleinere Beträge handelt, die erfahrungsgemäß den durchschnittlich entstehenden Aufwand nicht übersteigen[20] bzw. „wenn der Aufwand regelmäßig wiederkehrt und die pauschale Abgeltung im Großen und Ganzen dem tatsächlichen Aufwand entspr.“.[21] R 3.50 Abs. 2 S. 2 LStR sieht allerdings vor, dass pauschaler Auslagenersatz ausnahmsweise stfrei bleiben kann,

1 *IFSt.*, 53; *IFSt.*, DB 1990, 1893.
2 *Thomas*, DStR 2014, 497.
3 BFH v. 5.11.1971 – VI R 207/68, BStBl. II 1972, 137 (Außenmonteure).
4 FG Köln v. 3.12.1996 – 7 K 2800/93, EFG 1997, 859.
5 *Schmidt*, FR 1995, 465; *IFSt.*, 58; BFH v. 28.3.2006 – VI R 24/03, BStBl. II 2006, 473 = FR 2006, 697.
6 BFH v. 7.6.2002 – VI R 145/99, BStBl. II 2002, 829 = FR 2002, 1126 m. Anm. *Kanzler*.
7 *Thomas*, DStR 2014, 497.
8 *v. Bornhaupt*, StuW 1990, 46 (50); **aA** FG Düss. v. 29.4.1970 – V 208/68 L, EFG 1970, 595 (Kleidergelder für Orchestermitglieder); vgl. auch FG Berlin v. 22.2.2005 – 7 K 4312/01, EFG 2005, 1344.
9 *Schaub*, Arbeitsrechtshandbuch, 13. Aufl. 2009, 854 f.
10 *IFSt.*, 68 f.
11 BFH v. 10.6.1966 – VI 261/64, BStBl. III 1966, 607.
12 *v. Bornhaupt*, StuW 1990, 46 (56).
13 BMF v. 24.4.1990, StEK EStG § 3 Nr. 465 (Ausnahme bei Eigentum der WachGes. und Einzelabrechnung).
14 BFH v. 27.2.1959 – VI 271/57 U, BStBl. III 1959, 230.
15 BFH v. 30.11.1993 – VI R 21/92, BStBl. II 1994, 256.
16 *IFSt.*, 60; **aA** BFH v. 11.7.1969 – VI 68/65, BStBl. II 1970, 69.
17 BFH v. 5.4.2006 – IX R 109/00, BStBl. II 2006, 541 = FR 2006, 736 m. Anm. *Bergkemper*.
18 BFH v. 5.11.1971 – VI R 207/68, BStBl. II 1972, 137; v. 11.7.1969 – VI 68/65, BStBl. II 1970, 69; v. 28.3.2006 – VI R 24/03, BStBl. II 2006, 473 = FR 2006, 697.
19 Ähnlich: *IFSt.*, DB 1990, 1893 (1894).
20 BFH v. 6.3.1980 – VI R 65/77, BStBl. II 1980, 289 (291) = FR 1980, 362; FG SchlHol. v. 19.4.2005 – 3 K 50337/03, EFG 2005, 1173.
21 BFH v. 21.9.1995 – VI R 30/95, BStBl. II 1995, 906 = FR 1996, 136 m. Anm. *Bergkemper*; v. 2.10.2003 – IV R 4/02, BStBl. II 2004, 129 = FR 2004, 286 (Erziehungshilfe); FG Saarl. v. 9.7.2009 – 1 K 1312/04, EFG 2010, 29 (zu vom ArbG geleisteten Pflegegeldern).

wenn er regelmäßig wiederkehrt und der ArbN die entstandenen Aufwendungen für einen repräsentativen Zeitraum v. drei Monaten im Einzelnen nachweist. Dementspr. können bei Telekommunikationsaufwendungen gem. R 3.50 Abs. 2 S. 3 LStR auch die Aufwendungen für das Nutzungsentgelt einer Telefonanlage sowie für den Grundpreis der Anschlüsse entspr. dem beruflichen Anteil der Verbindungsentgelte (Telefon und Internet) stfrei ersetzt werden (nach R 3.50 Abs. 2 S. 4 LStR ohne Einzelnachweis: 20 %, höchstens 20 Euro monatlich; nach R 3.50 Abs. 2 S. 5 LStR: repräsentativer Zeitraum v. drei Monaten).[1]

§ 3 Nr. 51 [Trinkgelder]

Trinkgelder, die anlässlich einer Arbeitsleistung dem Arbeitnehmer von Dritten freiwillig und ohne dass ein Rechtsanspruch auf sie besteht, zusätzlich zu dem Betrag gegeben werden, der für diese Arbeitsleistung zu zahlen ist;

Literatur: *Kloubert*, Die Steuerbarkeit von Drittleistungen beim Lohnsteuerabzug am Beispiel der Trinkgeldzahlung, DStR 2000, 231; *Kruse*, Über das Trinkgeld, StuW 2001, 366; *Völlmeke*, Probleme bei der Trinkgeldbesteuerung, DStR 1998, 157; *Wobst*, Der Trinkgeldbegriff des § 3 Nr. 51 EStG, DStR 2015, 868; *Zumbansen/Kim*, Zur Gleichbehandlung von Arbeitsentgelt und Trinkgeldern aus steuer- und arbeitsrechtlicher Sicht, BB 1999, 2454.

132 Nr. 51 befreit ArbN-Trinkgelder. Die Befreiung ist **konstitutiv**, denn Trinkgelder werden vom BFH in ständiger Rspr. als Arbeitslohn qualifiziert, der v. Dritten geleistet wird.[2] Mit dieser Befreiung soll ein **Niedriglohnsektor entlastet** und sollen **Erhebungsprobleme vermieden** werden.[3] Nicht plausibel ist allerdings, warum nur Trinkgelder v. ArbN, nicht v. Unternehmern (zB selbständigen Taxifahrern oder Gepäckträgern) befreit werden.[4]

133 **Trinkgelder** sind Geld- und auch Sachzuwendungen, die zusätzlich zum Entgelt für die erbrachte Leistung gewährt werden. § 107 Abs. 3 S. 2 GewO definiert Trinkgeld als Geldbetrag, den ein Dritter ohne rechtliche Verpflichtung dem ArbN zusätzlich zu einer dem ArbG geschuldeten Leistung zahlt.[5] Trinkgelder sind ohne betragsmäßige Begrenzung befreit.[6] Allerdings wird man für extrem wertvolle Geschenke eine Begrenzung der Steuerbefreiung aus dem Begriff des Trinkgeldes ableiten können. Nicht als stfreies Trinkgeld qualifiziert hat der BFH die Sonderzahlung einer Konzernmutter, die diese nach der Veräußerung ihrer Tochtergesellschaft an deren ArbN geleistet hatte. Es habe kein gast- oder kundenähnliches Rechtsverhältnis bestanden.[7] Wegen Fehlens eines „gast- oder kundenähnlichen Rechtsverhältnisses" wurden auch die freiwilligen Zahlungen eines Klinikdirektors an Angestellte des Krankenhauses nicht als Trinkgelder qualifiziert,[8] ebenso nicht die freiwilligen Zahlungen eines Notars an Notarassessoren für Vertretungen.[9] Aus dem Spielbanktronc finanzierte Zahlungen an die ArbN der Spielbank hat der BFH nicht als Trinkgelder angesehen. Der Begriff des Trinkgeldes setze ein „Mindestmaß an persönlicher Beziehung" zwischen Trinkgeldgeber und Trinkgeldnehmer voraus. Außerdem habe der Croupier die Gelder tatsächlich und rechtl. nicht von einem Dritten, sondern von seinem ArbG erhalten.[10] Trinkgelder sind allerdings – wohl auch nach Auffassung des BFH – in den Fällen einer „Poolung von Einnahmen" anzuerkennen, wenn Trinkgelder in eine gemeinsame Kasse eingezahlt werden, zB im Friseurgewerbe oder bei einer zentralen Kasse im Gaststättenbereich.[11] Eine entspr. Problematik stellt sich bei Richtfestgeldern, wenn der Bauunternehmer bei der Verteilung nach Art eines Treuhänders eingeschaltet wird.[12] Nach dem Zweck der Nr. 51 erscheint es nicht gerechtfertigt, in diesen Fällen eine Steuerbefreiung zu versagen.[13] Dementspr.

---

1 *Macher*, DStZ 2002, 315 (318).
2 BFH v. 19.2.1999 – VI R 43/95, BStBl. II 1999, 361 mwN; vgl. auch BT-Drucks. 14/9428, 7.
3 BT-Drucks. 14/9029, 3; 14/9061, 3; 14/9428, 1.
4 FG Berlin v. 12.6.2006 – 9 K 9093/06, EFG 2006, 1405: verfassungsrechtl. Bedenken, allerdings keine Vorlage an das BVerfG, da der BFH keine Zweifel an der Verfassungsmäßigkeit habe erkennen lassen (?).
5 Für eine Übernahme dieser Definition *Wobst*, DStR 2015, 868.
6 Zu Trinkgeldern ohne Grundlohn: FG Münster v. 9.7.2003 – 8 K 5308/02 L, EFG 2003, 1549.
7 BFH v. 3.5.2007 – VI R 37/05, BStBl. II 2007, 712 = FR 2007, 976 m. Anm. *Bergkemper*.
8 FG Hbg. v. 30.3.2009 – 6 K 45/08, EFG 2009, 1367.
9 BFH v. 10.3.2015 – VI R 6/14, BStBl. II 2015, 767.
10 BFH v. 18.12.2008 – VI R 49/06, BStBl. II 2009, 820; v. 22.10.1996 – III R 240/94, BStBl. II 1997, 346 (347) = FR 1997, 227.
11 BFH v. 18.12.2008 – VI R 49/06, BStBl. II 2009, 820; v. 18.8.2005 – VI B 40/05, BFH/NV 2005, 2190.
12 FG Nürnb. v. 20.8.1974 – II 2/71, EFG 1974, 565.
13 *K/S/M*, § 3 Rn. B 51/57; FG Bdbg. v. 15.12.2005 – 5 K 1742/04, EFG 2006, 630; vgl. auch BFH v. 22.10.1996 – III R 240/94, BStBl. II 1997, 346 (347) = FR 1997, 227; v. 18.8.2005 – VI B 40/05, BFH/NV 2005, 2190.

hat der BFH auch Trinkgeldauszahlungen, die v. ArbG nach tarifvertraglichen Vereinbarungen an ArbN einer Spielbank aus dem gesammelten Trinkgeldaufkommen an Saalassistenten gezahlt wurden, als stfreies Trinkgeld qualifiziert.[1] Die Forderung, das Trinkgeld müsse **„anlässlich einer Arbeitsleistung"** gegeben werden, knüpft an die Auslegungsgrundsätze zur Steuerbarkeit v. Zahlungen durch Dritte an. Bei einer Lohnzahlung durch Dritte muss sich die Zahlung als Gegenleistung für eine konkrete Arbeitsleistung darstellen (§ 19 Rn. 55, 62, 68). Anders als bei der ursprünglich vorgesehenen Formulierung „anlässlich einer Dienstleistung"[2] werden auch Trinkgelder an ArbN des Handels (Verkaufsfahrer, -personal) befreit. Begünstigt sind nur Trinkgelder **„von Dritten"**. Nur bei diesen bestehen Bedenken gegen deren Steuerbarkeit als Arbeitslohn und nur bei diesen muss der ArbG v. den ArbN Angaben über die erhaltenen Trinkgelder fordern. Anders als nach der zunächst vorgeschlagenen Formulierung „von Kunden oder Gästen" werden auch Trinkgelder an Krankenhauspersonal v. Angehörigen der Patienten befreit.[3] Dritter ist, wer nicht ArbG oder ArbN ist.[4] Es ist unschädlich, wenn das Trinkgeld in eine gemeinsame Kasse eingebracht und dann aufgeteilt wird oder über den ArbG zugewendet wird. Die Tatbestandsvoraussetzung **„freiwillig und ohne dass ein Rechtsanspr auf sie besteht"** schließt sowohl den Fall aus, dass der ArbG (oder der ArbN) einen Rechtsanspr gegen den Dritten hat als auch den Fall, dass der ArbN einen Anspr. auf Trinkgeld gegen den ArbG hat.[5] Keine Steuerbefreiung besteht danach zB bei den Metergeldern im Möbeltransportgewerbe[6] oder beim Bedienungszuschlag im Gaststättengewerbe. Die Trinkgelder müssen **„zusätzlich zu dem Betrag gegeben werden, der für diese Arbeitsleistung zu zahlen ist"**. Gemeint ist, dass das Trinkgeld zusätzlich zu dem Betrag gegeben werden muss, den der Dienstleistungsempfänger für die Arbeitsleistung an den ArbG zu zahlen hat (nicht zu dem Betrag, den der ArbG dem ArbN für die Arbeitsleistung zu zahlen hat).[7] Trinkgeld- und Entgeltzahler müssen nicht identisch sein. Es sind zB auch Trinkgelder an Postzusteller stfrei. Ebenso ist es ausreichend, wenn die Arbeitsleistung über einen Mitgliedsbeitrag bezahlt wird, so dass auch Trinkgelder v. Mitgliedern eines Automobilvereins an Pannenhelfer stfrei sind.[8]

§ 3 Nr. 52

(weggefallen)

§ 3 Nr. 53 [Übertragung von Wertguthaben]

die Übertragung von Wertguthaben nach § 7f Absatz 1 Satz 1 Nummer 2 des Vierten Buches Sozialgesetzbuch auf die Deutsche Rentenversicherung Bund. ²Die Leistungen aus dem Wertguthaben durch die Deutsche Rentenversicherung Bund gehören zu den Einkünften aus nichtselbständiger Arbeit im Sinne des § 19. ³Von ihnen ist Lohnsteuer einzubehalten;

Literatur: *Hüsgen/Sigmund*, Zum Entwurf eines BMF-Schreibens zu Zeitwertkonten-Modellen, DStZ 2008, 806.

Übertragung v. Wertguthaben und nachfolgende Besteuerung: § 3 Nr. 53 befreit die Übertragung v. Wertguthaben nach § 7f Abs. 1 S. 2 Nr. 2 SGB IV auf die Deutsche Rentenversicherung Bund und bestimmt zugleich, dass die späteren Leistungen aus den Wertguthaben zu den Einkünften aus nichtselbständiger Arbeit gehören und v. ihnen LSt einzubehalten ist. § 3 Nr. 53 wurde durch das JStG 2009 eingeführt.[9] Die Befreiung gilt nach § 52 Abs. 1 erstmals für den VZ 2009. § 3 Nr. 53 soll die **Portabilitätsregelung des § 7f Abs. 1 SGB IV flankieren**. Das Wertguthaben soll, ohne dass hieran eine Steuerzahlung anknüpft, bei Beendigung einer Beschäftigung erhalten bleiben. Der ArbN soll auch durch § 3 Nr. 53 S. 2 und 3 so gestellt werden, wie er bei Weiterbeschäftigung stl. gestanden hätte. 134

1 BFH v. 18.6.2015 – VI R 37/14, DStR 2015, 2226.
2 BT-Drucks. 14/9428, 5.
3 BT-Drucks. 14/9428, 5.
4 FG Nds. v. 8.3.2005 – 1 K 10938/03, EFG 2005, 852 und FG Hbg. v. 27.4.2005 – II 374/03, EFG 2005, 1411 zu Sonderzahlungen an ArbN eines konzernverbundenen Unternehmens.
5 *K/S/M*, § 3 Rn. B 51/91; BFH v. 9.3.1965 – VI 109/62 U, BStBl. III 1965, 426; FG Bdbg. v. 9.3.2005 – 4 V 205/05, EFG 2005, 1097 (1099); v. 15.12.2005 – 5 K 1742/04, EFG 2006, 630 (Spielbankenmitarbeiter).
6 BFH 9.3.1965 – VI 109/62 U, BStBl. III 1965, 426.
7 BT-Drucks. 14/9029, 3; zu Trinkgeldern ohne Grundlohn: FG Münster v. 9.7.2003 – 8 K 5308/02 L, EFG 2003, 1549; FG Hbg. v. 20.4.2010 – 3 K 58/09, EFG 2010, 1300 (Spielgeld für Striptease-Tänzer nicht von Dritten „gegeben").
8 BT-Drucks. 14/9428, 7; **aA** *Korn*, § 3 Rn. 135.1.
9 BGBl. I 2008, 2794.

135 **Übertragung v. Wertguthaben nach § 7f Abs. 1 S. 1 Nr. 2 SGB IV (§ 3 Nr. 53 S. 1):** Bei **Zeitwertkonten** vereinbaren ArbG und ArbN, dass der ArbN künftig fällig werdenden Arbeitslohn nicht sofort ausbezahlt erhält, sondern dieser Arbeitslohn beim ArbG nur betragsmäßig erfasst wird, um ihn im Zusammenhang mit einer vollen oder teilw. Arbeitsfreistellung vor Beendigung des Dienstverhältnisses auszuzahlen. Weder die Vereinbarung eines Zeitwertkontos noch die Wertgutschrift auf diesem Konto führen zum Zufluss v. Arbeitslohn, sofern die getroffene Vereinbarung bestimmten Voraussetzungen entspricht. Erst die Auszahlung des Guthabens während der Freistellung löst Zufluss v. Arbeitslohn und damit eine Besteuerung aus.[1]

136 **§ 7f Abs. 1 SGB IV** eröffnet die Möglichkeit, bei Beendigung einer Beschäftigung ein im vorangehenden Beschäftigungsverhältnis aufgebautes Wertgutachten zu erhalten und nicht als Störfall auflösen zu müssen. Nach § 7f Abs. 1 SGB IV kann der Beschäftigte bei Beendigung der Beschäftigung durch schriftliche Erklärung ggü. dem bisherigen ArbG verlangen, dass das Wertguthaben nach § 7b SGB IV

1. **auf den neuen ArbG übertragen** wird, wenn dieser mit dem Beschäftigten eine Wertguthabenvereinbarung nach § 7b SGB IV abgeschlossen und der Übertragung zugestimmt hat,
2. **auf die Deutsche Rentenversicherung Bund** übertragen wird, wenn das Wertguthaben einschl. des Gesamtsozialversicherungsbeitrags einen Betrag in Höhe des Sechsfachen der monatlichen Bezugsgröße übersteigt; die Rückübertragung ist in diesem Fall ausgeschlossen.

Nach der Übertragung sind die mit dem Wertguthaben verbundenen ArbGPflichten vom neuen ArbG oder v. der Deutschen Rentenversicherung Bund zu erfüllen. Nach § 7f Abs. 2 SGB IV kann im Fall der Übertragung auf die Deutsche Rentenversicherung Bund der Beschäftigte das Wertguthaben für Zeiten der Freistellung v. der Arbeitsleistung und Zeiten der Verringerung der vertraglich vereinbarten Arbeitszeit nach § 7c Abs. 1 SGB IV sowie auch außerhalb eines Arbverh. für die in § 7c Abs. 1 Nr. 2 lit. a SGB IV genannten Zeiten in Anspr. nehmen. § 7f Abs. 3 SGB IV sieht vor, dass die Deutsche Rentenversicherung Bund die ihr übertragenen Wertguthaben einschl. des darin enthaltenen Gesamtsozialversicherungsbeitrags als ihr übertragene Aufgabe bis zu deren endg. Auflösung getrennt v. ihrem sonstigen Vermögen treuhänderisch verwaltet. Die Wertguthaben sind nach den Vorschriften über die Anlage der Mittel v. Versicherungsträgern nach dem Vierten Teil des Vierten Abschn. des SGB IV anzulegen.

137 Im Fall des § 7f Abs. 1 S. 1 Nr. 1 SGB IV tritt der neue ArbG an die Stelle des alten ArbG und übernimmt im Wege der Schuldübernahme die Verpflichtungen aus dem Wertguthabenvertrag. Einer ausdrücklichen Steuerfreistellung bedarf es in diesem Fall nicht. Die Leistungen aus dem Wertguthaben durch den neuen ArbG gehören bereits nach den allg. Regeln zu den Einkünften aus nichtselbständiger Arbeit, v. denen er bei Auszahlung LSt einzubehalten hat.[2] Im Fall des **§ 7f Abs. 1 S. 1 Nr. 2 SGB IV**, also bei der Übertragung des Wertguthabens auf die Deutsche Rentenversicherung Bund (zB im Fall des Anknüpfens einer selbständigen Tätigkeit oder einer Phase der Nichtbeschäftigung an eine Beschäftigung), soll ebenfalls die Übertragung keine Besteuerung auslösen.

138 **Besteuerung der späteren Leistungen aus den Wertguthaben (§ 3 Nr. 53 S. 2 und 3):** Nach § 3 Nr. 53 S. 2 gehören die Leistungen aus dem Wertguthaben durch die Deutsche Rentenversicherung Bund zu den Einkünften aus nichtselbständiger Arbeit iSd. § 19. Und § 3 Nr. 53 S. 3 schreibt vor, dass v. den Leistungen iSd. Nr. 53 S. 2 LSt einzubehalten ist. Es soll sich bei den Leistungen der Deutschen Rentenversicherung Bund aus dem Wertguthaben weiterhin um Einkünfte aus nichtselbständiger Arbeit handeln, für die die Deutsche Rentenversicherung die LSt einzubehalten hat.

§ 3 Nr. 54 [Zinsen aus Entschädigungsansprüchen für deutsche Auslandsbonds]

Zinsen aus Entschädigungsansprüchen für deutsche Auslandsbonds im Sinne der §§ 52 bis 54 des Bereinigungsgesetzes für deutsche Auslandsbonds in der im Bundesgesetzblatt Teil III, Gliederungsnummer 4139-2, veröffentlichten bereinigten Fassung, soweit sich die Entschädigungsansprüche gegen den Bund oder die Länder richten. [2]Das Gleiche gilt für die Zinsen aus Schuldverschreibungen und Schuldbuchforderungen, die nach den §§ 9, 10 und 14 des Gesetzes zur näheren Regelung der Entschädigungsansprüche für Auslandsbonds in der im Bundesgesetzblatt Teil III, Gliederungsnummer 4139-3, veröffentlichten bereinigten Fassung vom Bund oder von den Ländern für Entschädigungsansprüche erteilt oder eingetragen werden;

1 BT-Drucks. 16/11108, 14f.
2 BT-Drucks. 16/11108, 15.

§§ 52–54 AuslWBG sehen Entschädigungsansprüche für den Fall vor, dass vor 1945 ausgegebene Auslandsbonds nicht angemeldet und damit kraftlos geworden sind. § 3 Nr. 54 befreit – im Hinblick auf § 3a aF – die Zinsen, die im Rahmen dieser Entschädigungsansprüche als Teil der Entschädigung gezahlt werden, sowie die Zinsen aus Schuldverschreibungen, die zur Abgeltung v. Entschädigungsansprüchen begründet wurden. 139

§ 3 Nr. 55 [Übertragungswert von Versorgungsanwartschaften]

der in den Fällen des § 4 Absatz 2 Nummer 2 und Absatz 3 des Betriebsrentengesetzes vom 19. Dezember 1974 (BGBl. I S. 3610), das zuletzt durch Artikel 8 des Gesetzes vom 5. Juli 2004 (BGBl. I S. 1427) geändert worden ist, in der jeweils geltenden Fassung geleistete Übertragungswert nach § 4 Absatz 5 des Betriebsrentengesetzes, wenn die betriebliche Altersversorgung beim ehemaligen und neuen Arbeitgeber über einen Pensionsfonds, eine Pensionskasse oder ein Unternehmen der Lebensversicherung durchgeführt wird; dies gilt auch, wenn eine Versorgungsanwartschaft aus einer betrieblichen Altersversorgung auf Grund vertraglicher Vereinbarung ohne Fristerfordernis unverfallbar ist. [2]Satz 1 gilt auch, wenn der Übertragungswert vom ehemaligen Arbeitgeber oder von einer Unterstützungskasse an den neuen Arbeitgeber oder eine andere Unterstützungskasse geleistet wird. [3]Die Leistungen des neuen Arbeitgebers, der Unterstützungskasse, des Pensionsfonds, der Pensionskasse oder des Unternehmens der Lebensversicherung auf Grund des Betrags nach Satz 1 und 2 gehören zu den Einkünften, zu denen die Leistungen gehören würden, wenn die Übertragung nach § 4 Absatz 2 Nummer 2 und Absatz 3 des Betriebsrentengesetzes nicht stattgefunden hätte;

Verwaltung: BMF v. 6.12.2017, BStBl. I 2018, 147.

Literatur: *Niermann*, Alterseinkünftegesetz – Die steuerlichen Änderungen in der betrieblichen Altersversorgung, DB 2004, 1449; *Seifert*, Überblick über das Alterseinkünftegesetz, GStB 2004, 239.

§ 4 Betriebsrentengesetz – BetrAVG – regelt die Übertragung v. Versorgungsanwartschaften und Versorgungsverpflichtungen in den Fällen des ArbG-Wechsels. Er bestimmt, wie die einzelnen Betriebsrentenanwartschaften vom ArbN zum neuen ArbG mitgenommen werden können. **§ 4 Abs. 2 BetrAVG** regelt die Übertragung im Einvernehmen v. bisherigem ArbG, neuem ArbG und ArbN. Es kann die Versorgungszusage vom neuen ArbG übernommen werden (§ 4 Abs. 2 Nr. 1 BetrAVG), oder es kann der Wert der vom ArbN erworbenen Anwartschaft auf betriebliche Altersversorgung (Übertragungswert) auf den neuen ArbG übertragen werden, wenn dieser eine wertgleiche Zusage erteilt (§ 4 Abs. 2 Nr. 2 BetrAVG). Nach **§ 4 Abs. 3 BetrAVG** kann der ArbN innerhalb eines Jahres nach Beendigung des Arbverh. v. seinem ehemaligen ArbG verlangen, dass der Übertragungswert auf den neuen ArbG oder auf die Versorgungseinrichtung des neuen ArbG übertragen wird, wenn die betriebliche Altersversorgung über einen Pensionsfonds, eine Pensionskasse oder einen DirektVers. durchgeführt worden ist, und der Übertragungswert die Beitragsbemessungsgrenze in der Rentenversicherung nicht übersteigt. Der Übertragungswert entspricht nach **§ 4 Abs. 5 BetrAVG** dem Barwert der nach § 2 BetrAVG bemessenen künftigen Versorgungsleistung bzw. dem gebildeten Kapital im Zeitpunkt der Übertragung. 140

§ 3 Nr. 55 S. 1 gewährleistet, dass keine st Folgerungen aus der Übertragung nach § 4 Abs. 2 Nr. 2 oder Abs. 3 BetrAVG gezogen werden. Er befreit den vom bisherigen ArbG geleisteten Übertragungswert nach § 4 Abs. 5 BetrAVG, wenn die betriebliche Altersversorgung sowohl beim ehemaligen als auch beim neuen ArbG über einen externen Versorgungsträger (Pensionsfonds, Pensionskasse, Unternehmen der Lebensversicherung) durchgeführt wird (zur Übertragung v. Versorgungsverpflichtungen bei Betriebsschließungen nach § 4 Abs. 4 BetrAVG: § 3 Nr. 65 S. 2, BMF v. 31.3.2010[1]). 141

Durch das BetriebsrentenstärkungsG v. 17.8.2017[2] wurde in § 3 Nr. 55 **S. 1 Halbsatz 2** eingefügt. Der Gesetzgeber wollte damit eine Regelungslücke schließen. Die Regelungen für die Übertragung von Versorgungsanwartschaften in § 3 Nr. 55 S. 1 sollen auch für Versorgungsanwartschaften aus einer betrieblichen Altersversorgung aufgrund vertraglicher Vereinbarung gelten. Da § 3 Nr. 55 S. 1 HS 1 einen direkten Verweis auf § 4 Abs. 2 Nr. 2 BetrAVG enthält, wurden dem Wortlaut nach nur die in § 1b Abs. 1 S. 1 BetrAVG legal definierten, gesetzlich unverfallbaren Anwartschaften stl. begünstigt. Welche stl. Folgen bei der Übertragung von vertraglich unverfallbaren Anwartschaften eintreten, ließ § 3 Nr. 55 bisher offen. Vor dem Hintergrund des Zwecks der Stärkung der betrieblichen Altersversorgung sah der Gesetzgeber aber 141a

1 BMF v. 31.3.2010, BStBl. I 2010, 270 Tz. 284.
2 BGBl. I 2017, 3214.

keinen Grund, warum die Übertragung von Versorgungsanwartschaften einer betrieblichen Altersversorgung aufgrund vertraglicher Vereinbarungen ohne Fristerfordernis nicht steuerbegünstigt sein sollte.[1] Auch bei einer aufgrund vertraglicher Vereinbarung unverfallbaren Versorgungsanwartschaft ist allerdings nur die Übertragung von einem externen Versorgungsträger iSv. Nr. 55 S. 1 HS 1 auf einen externen Versorgungsträger iSv. Nr. 55 S. 1 begünstigt und auch nur die Übertragung in der Weise, dass der Wert der vom ArbN erworbenen Anwartschaft in einen Kapitalbetrag umgerechnet und dieser auf den neuen ArbG übertragen wird, der eine wertgleiche Zusage erteilt.

142 Nach **Nr. 55 S. 2** gilt die Steuerbefreiung nach S. 1 auch, wenn der Übertragungswert vom ehemaligen ArbG oder v. einer Unterstützungskasse an den neuen ArbG oder eine andere Unterstützungskasse geleistet wird. Steuerfreiheit besteht dagegen nach dem Wortlaut v. § 3 Nr. 55 S. 1 und S. 2 nicht, wenn die betriebliche Altersversorgung beim alten ArbG über einen **externen Versorgungsträger** durchgeführt wurde, während sie beim neuen ArbG als **Direktzusage** ausgestaltet ist oder über eine **Unterstützungskasse** erfolgt.[2] In diesem Fall sind Leistungen des externen Versorgungsträgers kein Arbeitslohn, soweit die Zahlungen auf lohnversteuerten Beiträgen beruhen und nach § 22 Nr. 5 zu erfassen, soweit sie auf nach § 3 Nr. 63 stfreien Beiträgen basieren.[3] § 3 Nr. 55 findet auch dann keine Anwendung, wenn die betriebliche Altersversorgung beim alten ArbG als Direktzusage ausgestaltet war oder über eine Unterstützungskasse abgewickelt wurde, während sie beim neuen ArbG über einen externen Versorgungsträger abgewickelt wird. In diesem Fall können die Zahlungen unter Anwendung der Vervielfältigungsregelung des § 3 Nr. 63 S. 4 stfrei sein. Ansonsten sind die Zahlungen der LSt zu unterwerfen, wobei auf Einmalzahlungen die Fünftelungsregelung des § 34 Anwendung finden kann.[4]

143 **§ 3 Nr. 55 S. 3** bestimmt – nach dem Vorbild des § 3 Nr. 65 S. 3 –, dass die Leistungen des neuen ArbG, der Unterstützungskasse, des Pensionsfonds, der Pensionskasse oder des Unternehmens der Lebensversicherung aufgrund der Beiträge nach S. 1 und 2 zu den Einkünften gehören, zu denen die ursprünglich zugesagten Leistungen gehört hätten. Wurden zB nach § 3 Nr. 63 stfreie Beiträge an eine Pensionskasse geleistet und die Altersversorgung dann auf einen Pensionsfonds übertragen, sind die späteren Versorgungsleistungen nach § 22 Nr. 5 zu versteuern. Ebenso bleibt es in den Fällen des § 3 Nr. 55 S. 2 bei einer vollständigen Besteuerung der Versorgungsleistungen nach Maßgabe v. § 19 Abs. 2. Der Gesetzgeber wollte mit der Regelung des § 3 Nr. 55 S. 3 eine Rückabwicklung der stl. Behandlung der Beitragsleistungen an einen Pensionsfonds, eine Pensionskasse oder eine DirektVers. vor der Übertragung (Steuerfreiheit nach § 3 Nr. 63, individuelle Besteuerung, Besteuerung nach § 40b) vermeiden.[5]

§ 3 Nr. 55a [Versorgungsausgleich bei interner Teilung]

die nach § 10 des Versorgungsausgleichsgesetzes vom 3. April 2009 (BGBl. I S. 700) in der jeweils geltenden Fassung (interne Teilung) durchgeführte Übertragung von Anrechten für die ausgleichsberechtigte Person zu Lasten von Anrechten der ausgleichspflichtigen Person. [2]Die Leistungen aus diesen Anrechten gehören bei der ausgleichsberechtigten Person zu den Einkünften, zu denen die Leistungen bei der ausgleichspflichtigen Person gehören würden, wenn die interne Teilung nicht stattgefunden hätte;

144 **Übertragung von Anrechten iRd. Versorgungsausgleichs:** Der Gesetzgeber hat mit dem G zur Strukturreform des Versorgungsausgleichs (VAStrRefG) v. 3.4.2009 im Versorgungsausgleichsgesetz (VersAusglG) den Versorgungsausgleich zw. geschiedenen Ehegatten neu geregelt und zugleich in § 3 die Befreiungsvorschriften der Nr. 55a (für den Fall der internen Teilung) und der Nr. 55b (für den Fall der externen Teilung) eingefügt. Nr. 55a soll die Übertragung v. Anrechten v. stl. Belastung befreien. Zugleich soll sichergestellt werden, dass die späteren Leistungen aus diesen Anrechten bei den ausgleichsberechtigten Pers. zu den Einkünften gerechnet werden, zu denen sie bei der ausgleichsverpflichteten Pers. gehört hätten.

145 **Übertragung im Wege der internen Teilung nach § 10 VersAusglG (S. 1):** Nach § 1 VersAusglG sind zum Versorgungsausgleich die in der Ehezeit erworbenen Anteile v. Anrechten jeweils zur Hälfte zw. den ge-

---

1 BT-Drucks. 18/11286, 59; BMF v. 6.12.2017, BStBl. I 2018, 147 Rz. 59.
2 *Niermann*, DB 2004, 1449 (1457); *Seifert*, GStB 2004, 239 (256); vgl. allerdings BT-Drucks. 15/2150, 32 (zur Anwendung v. Nr. 65 S. 3 im Fall der Übertragung v. einer Direktzusage oder einer Unterstützungskasse auf eine Pensionskasse oder einen Pensionsfonds).
3 Vgl. iErg.: *Niermann*, DB 2004, 1449 (1457).
4 *Niermann*, DB 2004, 1449 (1458).
5 BT-Drucks. 15/2150, 32.

schiedenen Ehegatten zu teilen. Die Anrechte sind idR nach den §§ 10–13 VersAusglG intern zu teilen (nur ausnahmsweise extern nach §§ 14–17 VersAusglG). Diese interne Teilung erfolgt nach **§ 10 Abs. 1 VersAusglG** in der Weise, dass das Familiengericht für die ausgleichsberechtigte Pers. zu Lasten des Anrechts der ausgleichspflichtigen Pers. ein Anrecht in Höhe des Ausgleichswertes bei dem Versorgungsträger überträgt, bei dem das Anrecht der ausgleichspflichtigen Pers. besteht. Bestehen für beide Ehegatten Anrechte gleicher Art, erfolgt nach § 10 Abs. 2 VersAusglG ein Ausgleich in Höhe des Wertunterschiedes. **§ 3 Nr. 55a S. 1** befreit die nach § 10 VersAusglG durchgeführte Übertragung v. Anrechten. Nach der Gesetzesbegründung sollen sich durch den Versorgungsausgleich in Form der internen Teilung keine belastenden stl. Konsequenzen ergeben. Es werde klargestellt, dass die interne Teilung **sowohl für die ausgleichspflichtige als auch für die ausgleichsberechtigte Pers.** steuerneutral sei. Die ausgleichsberechtigte Pers. erlange bzgl. des neu begründeten Anrechts die gleiche Rechtsstellung wie die ausgleichspflichtige.[1] § 3 Nr. 55a S. 2 ist nicht entspr. anwendbar auf nach § 1587i BGB (= §§ 20–26 VersAusglG) abgetretene Versorgungsansprüche. Sowohl bei dem internen als auch bei dem externen Versorgungsausgleich handelt es sich um die Aufteilung von Versorgungsanspr. durch das Familiengericht iRd. Scheidung. Die rein zivilrechtl. Abtretung von Versorgungsanspr. nach § 1587i BGB steht der Aufteilung durch das Familiengericht nicht gleich.[2]

Qualifizierung der späteren Leistungen aus den Anrechten (S. 2). § 3 Nr. 55a S. 2 bestimmt – nach dem 146
Vorbild der Nr. 55 S. 3 und der Nr. 65 S. 3, dass nach der internen Teilung die (späteren) Versorgungsleistungen bei der ausgleichsberechtigten Pers. so besteuert werden, wie die Leistungen aus dem Anrecht bei der ausgleichspflichtigen Pers. ohne Berücksichtigung der Teilung zu besteuern wären. Die späteren Versorgungsleistungen führen zu Einkünften iSv. § 19, § 20 oder § 22.[3] Entspr. der Regelung des § 3 Nr. 55a S. 2 bestimmt **§ 19 Abs. 1 S. 1 Nr. 2 nF**, dass zu den Einkünften aus nichtselbständiger Arbeit auch Bezüge und Vorteile aus früheren Dienstleistungen gehören, soweit sie vom ArbG ausgleichspflichtiger Pers. an ausgleichsberechtigte Pers. infolge einer nach §§ 10 oder 14 VersAusglG durchgeführten Teilung geleistet werden. Werden Rentenanwartschaften in den Versorgungsausgleich einbezogen, könnten sich für die ausgleichsberechtigte Pers. beim späteren Rentenbezug Probleme ergeben, die für die Besteuerung erforderlichen Daten zu erhalten. **§ 22 Nr. 1 S. 3 lit. a, bb) S. 2** ordnet deshalb die entspr. Geltung v. § 4 Abs. 1 VersAusglG an, der entspr. Auskunftsanspr gegen den früheren Ehegatten und den Versorgungsträger vorsieht.

Die Regelung des § 3 Nr. 55a S. 2 wird ergänzt durch **§ 52 Abs. 36 S. 10** für den Fall, dass ein Anrecht aus 147
einem Versicherungsvertrag übertragen wird. Der Gesetzgeber ist davon ausgegangen, dass der Transfer eines Anwartschaftsrechtes aus einem Versicherungsvertrag im Wege der internen Teilung (dh. die Anspr. werden auf einen anderen Vertrag bei dem gleichen Versicherungsunternehmen übertragen) auf Grund eines richterlichen Gestaltungsaktes weder einen Erlebensfall noch einen Rückkauf darstellt, deshalb steuerneutral zu behandeln ist und § 3 Nr. 55a erst gar nicht zur Anwendung kommt. Um bei der Besteuerung der Erträge aus dem Versicherungsvertrag eine Gleichbehandlung beider Ehegatten zu gewährleisten, bedarf es aber einer gesetzlichen Fiktion hinsichtlich des Zeitpunkts des Vertragsabschlusses. Ohne diese Fiktion könnte die ausgleichsberechtigte Pers. die in § 20 Abs. 1 Nr. 6 S. 2 in der bis zum 31.12.2004 geltenden Fassung geregelte Steuerbefreiung für vor dem 1.1.2005 abgeschlossene Verträge nicht in Anspr. nehmen. Außerdem würde die Frist für den hälftigen Unterschiedsbetrag nach § 20 Abs. 1 Nr. 6 S. 2 in der derzeitigen Fassung neu zu laufen beginnen. Die ausgleichsberechtigte Pers. wäre dadurch schlechter als die ausgleichspflichtige Pers. gestellt. Der Gesetzgeber hat deshalb in § 52 Abs. 36 S. 10 bestimmt, dass im Fall der internen Teilung der Vertrag der ausgleichsberechtigten Pers. zu dem **gleichen Zeitpunkt als abgeschlossen gilt wie derjenige der ausgleichspflichtigen Pers.** Es soll unabhängig davon, ob das Anrecht auf einen neuen oder einen bereits bestehenden Versicherungsvertrag der ausgleichsberechtigten Pers. übertragen wird, auf den Vertragsabschluss der ausgleichspflichtigen Pers. abgestellt werden. Das übertragene Anrecht wird in beiden Fällen wie ein Vertrag gegen Einmalbeitrag behandelt.[4]

§ 3 Nr. 55b [Versorgungsausgleich bei externer Teilung]

der nach § 14 des Versorgungsausgleichsgesetzes (externe Teilung) geleistete Ausgleichswert zur Begründung von Anrechten für die ausgleichsberechtigte Person zu Lasten von Anrechten der ausgleichspflichtigen Person, soweit Leistungen aus diesen Anrechten zu steuerpflichtigen Einkünften nach den §§ 19, 20 und 22 führen würden. [2]Satz 1 gilt nicht, soweit Leistungen, die auf dem be-

1 BR-Drucks. 343/08, 255.
2 BFH v. 9.12.2014 – X R 7/14, BFH/NV 2015, 824; FG Hbg. v. 5.6.2015 – 6 K 32/15, FamRZ 2016, 674.
3 BR-Drucks. 343/08, 255.
4 BR-Drucks. 343/88, 259.

gründeten Anrecht beruhen, bei der ausgleichsberechtigten Person zu Einkünften nach § 20 Absatz 1 Nummer 6 oder § 22 Nummer 1 Satz 3 Buchstabe a Doppelbuchstabe bb führen würden. [3]Der Versorgungsträger der ausgleichspflichtigen Person hat den Versorgungsträger der ausgleichsberechtigten Person über die für die Besteuerung der Leistungen erforderlichen Grundlagen zu informieren. [4]Dies gilt nicht, wenn der Versorgungsträger der ausgleichsberechtigten Person die Grundlagen bereits kennt oder aus den bei ihm vorhandenen Daten feststellen kann und dieser Umstand dem Versorgungsträger der ausgleichspflichtigen Person mitgeteilt worden ist;

148 **Begründung von Anrechten zum Versorgungsaugleich:** Mit dem G zur Strukturreform des Versorgungsausgleichs (VAStrRefG) v. 3.4.2009 wurde im Versorgungsausgleichsgesetz (VersAusglG) der Versorgungsausgleich zw. geschiedenen Ehegatten neu geregelt. Gleichzeitig wurde zum Einen Nr. 55a neu eingeführt, die sicherstellt, dass die Übertragung v. Anrechten im Wege der sog. internen Teilung stl. neutral behandelt wird, und zum anderen Nr. 55b, die eine Steuerbefreiung für den Fall der externen Teilung regelt, dh. die Begr. v. Anrechten für die ausgleichsberechtigte Pers. bei einem anderen Versorgungsträger.

149 **Befreiung von Einkünften nach §§ 19, 20, 22 bei externer Teilung (S. 1):** Der Versorgungsausgleich erfolgt grds. im Wege der internen Teilung nach § 10 VersAusglG durch Übertragung eines Anrechts für die ausgleichsberechtigte Pers. zu Lasten des Anrechts der ausgleichspflichtigen Pers. bei dem Versorgungsträger, bei dem das Anrecht der ausgleichspflichtigen Pers. besteht. Ausnahmsweise kann ein Versorgungsausgleich aber auch im Wege der externen Teilung nach §§ 14–17 VersAusglG erfolgen, und zwar in den Fällen des § 14 Abs. 2 VersAusglG (Vereinbarung zw. ausgleichsberechtigter Pers. und Versorgungsträger oder auf Verlangen des Versorgungsträgers) oder in den Fällen des § 16 Abs. 1 oder 2 VersAusglG (bei Anrechten aus einem öffentl.-rechtl. Dienst- oder Amtsverhältnis). Die externe Teilung erfolgt nach **§ 14 VersAusglG** in der Weise, dass das Familiengericht für die ausgleichberechtigte Pers. zu Lasten des Anrechts der ausgleichspflichtigen Pers. ein Anrecht in Höhe des Ausgleichswertes bei einem anderen Versorgungsträger als demjenigen begründet, bei dem das Anrecht der ausgleichspflichtigen Pers. besteht. **§ 3 Nr. 55b S. 1** befreit den nach § 14 VersAusglG geleisteten Ausgleichswert zur Begr. v. Anrechten für die ausgleichsberechtigte Pers. zu Lasten v. Anrechten der ausgleichspflichtigen Pers., soweit Leistungen aus diesen Anrechten zu Einkünften nach §§ 19, 20 oder 22 führen würden. Der Gesetzgeber ist davon ausgegangen, dass bereits bei Leistung des Ausgleichswertes der ausgleichspflichtigen Pers. stpfl. Einkünfte nach §§ 19, 20 oder 22 zugerechnet werden müssten und sich der Versorgungsausgleich selbst dann auf der Vermögensebene vollziehen würde. Er wollte mit Nr. 55b S. 1 sicherstellen, dass sich bei externer Teilung **keine belastenden stl. Konsequenzen** ergeben. Es soll die Besteuerung auf die spätere Auszahlungsphase und auf die ausgleichsberechtigte Pers. verschoben werden.[1]

150 **Die Ausnahmereglung des S. 2:** Nach § 3 Nr. 55b S. 2 gilt die Befreiung nach S. 1 nicht, soweit Leistungen, die auf dem begründeten Anrecht beruhen, bei der ausgleichsberechtigten Pers. zu Einkünften nach § 20 Abs. 1 Nr. 6 oder § 22 Nr. 1 S. 3 lit. a, bb) führen würden. Diese Regelung soll eine **Besteuerungslücke vermeiden**, die dadurch entstehen könnte, dass Mittel aus der betrieblichen Altersversorgung oder der nach § 10a und Abschn. XI des EStG geförderten Altersvorsorge auf Vorsorgeprodukte übertragen werden, deren Leistungen nach § 20 Abs. 1 Nr. 6 oder § 22 Nr. 1 S. 3 lit. a, bb) nur eingeschränkt der Besteuerung unterliegen.[2] Der Gesetzgeber ist davon ausgegangen, dass dann, wenn die Übertragung auf ein Vorsorgeprodukt erfolgt, welches nach § 22 Nr. 1 S. 3 lit. a, aa) der Besteuerung unterliegt, kein Fall des S. 2 vorliegt, sondern S. 1 anzuwenden ist. Die alten Sicherungssysteme, deren Leistungen nach § 22 Nr. 1 S. 3 lit. a, aa) besteuert würden, würden schrittweise in eine vollständige nachgelagerte Besteuerung überführt. Für die Übergangsphase werde aus Vereinfachungsgründen auf die Einführung einer Sonderregelung verzichtet.[3]

151 **Informationspflicht des Versorgungsträgers (S. 3 und 4):** Nach Nr. 55b S. 3 hat der Versorgungsträger der ausgleichspflichtigen Pers. dem Versorgungsträger der ausgleichsberechtigten Pers. die für die Besteuerung der Leistungen erforderlichen Grundlagen mitzuteilen und so die sachgerechte Erfassung, Dokumentation und Mitteilung der stl. zu erfassenden Leistungen für die ausgleichsberechtigte Pers. sicherzustellen.[4] Nr. 55b S. 4 soll überflüssige Mitteilungen vermeiden, wenn dem Versorgungsträger der ausgleichsberechtigten Pers. die für die Besteuerung der Leistungen erforderlichen Grundlagen ohnehin bekannt sind.[5] § 3 Nr. 55b S. 3 und 4 wird ergänzt durch § 22 Nr. 1 S. 3 lit. a, bb) S. 2, der die entspr. Anwendung des § 4 Abs. 1 VersAusglG anordnet (hierzu bereits zu Rn. 146).

1 BR-Drucks. 343/08, 256.
2 BR-Drucks. 343/08, 256.
3 BR-Drucks. 343/08, 256.
4 BR-Drucks. 343/08, 256.
5 BR-Drucks. 343/08, 257.

Die Besteuerung der ausgleichsberechtigten Person: § 3 Nr. 55b wird hinsichtlich der Besteuerung der späteren Leistungen bei der ausgleichsberechtigten Pers. ergänzt durch **§ 19 Abs. 1 S. 1 Nr. 2 nF**, der bestimmt, dass zu den Einkünften aus nichtselbständiger Arbeit Bezüge und Vorteile aus früheren Dienstleistungen gehören, auch soweit sie vom ArbG ausgleichspflichtiger Pers. an ausgleichsberechtigte Pers. in Folge einer nach § 10 oder § 14 VersAusglG durchgeführten Teilung geleistet werden. § 19 Abs. 1 S. 1 Nr. 2 soll sicherstellen, dass es sich bei den Leistungen, die die ausgleichsberechtigte Pers. auf Grund der Teilung später aus einer Direktzusage oder v. einer Unterstützungskasse erhält, um Einkünfte aus nichtselbständiger Arbeit handelt. Die ausgleichspflichtige Pers. soll Einkünfte aus nichtselbständiger Arbeit nur hinsichtlich der verbleibenden Leistungen versteuern.[1] Außerdem wurde **§ 22 Nr. 5 S. 2** ergänzt und sichergestellt, dass die Leistungen, die auf den nach § 3 Nr. 55b S. 1 stfrei gestellten Ausgleichswerten beruhen, nach § 22 Nr. 5 S. 1 nachgelagert besteuert werden. In der Gesetzesbegründung heißt es hierzu, als Folge der Neuregelung in § 22 Nr. 5 S. 2 werde damit bei der ausgleichsberechtigten Pers. nur der Teil der Versorgungsleistung der nachgelagerten Besteuerung unterworfen, der auch bei der ausgleichspflichtigen Pers. der vollständigen nachgelagerten Besteuerung unterlegen hätte. Der Teil der Versorgungsleistung, der auf dem nicht nach § 3 Nr. 55b S. 1 stfreien Ausgleichswert und damit letztlich auf nicht geförderten Beiträgen der ausgleichspflichtigen Pers. beruhe, unterliege auch bei der ausgleichsberechtigten Pers. nach Maßgabe des § 22 Nr. 5 S. 2 lit. a–c der Besteuerung.[2] Nach § 3 Nr. 55b S. 2 besteht keine Steuerbefreiung nach S. 1, soweit die Leistungen aus dem begründeten Anrecht nicht der nachgelagerten Besteuerung unterliegen. Dementspr. begründet § 22 Nr. 5 S. 2 für diesen Teil der Versorgungsleistungen auch keine nachgelagerte Besteuerung. Wird ein Anrecht in Form eines Versicherungsvertrages begründet, so bestimmt **§ 52 Abs. 36 S. 12** – ebenso wie für den Fall der internen Teilung auch für den Fall der externen Teilung –, dass dieser Vertrag insoweit zu dem gleichen Zeitpunkt als abgeschlossen gilt wie derjenige der ausgleichspflichtigen Pers. (vgl. Rn. 147). 152

§ 3 Nr. 55c [Übertragung von Altersvorsorgevermögen]

Übertragungen von Altersvorsorgevermögen im Sinne des § 92 auf einen anderen auf den Namen des Steuerpflichtigen lautenden Altersvorsorgevertrag (§ 1 Absatz 1 Satz 1 Nummer 10 Buchstabe b des Altersvorsorgeverträge-Zertifizierungsgesetzes), soweit die Leistungen zu steuerpflichtigen Einkünften nach § 22 Nummer 5 führen würden. [2]Dies gilt entsprechend

a) wenn Anwartschaften aus einer betrieblichen Altersversorgung, die über einen Pensionsfonds, eine Pensionskasse oder ein Unternehmen der Lebensversicherung (Direktversicherung) durchgeführt wird, lediglich auf einen anderen Träger einer betrieblichen Altersversorgung in Form eines Pensionsfonds, einer Pensionskasse oder eines Unternehmens der Lebensversicherung (Direktversicherung) übertragen werden, soweit keine Zahlungen unmittelbar an den Arbeitnehmer erfolgen,

b) wenn Anwartschaften der betrieblichen Altersversorgung abgefunden werden, soweit das Altersvorsorgevermögen zugunsten eines auf den Namen des Steuerpflichtigen lautenden Altersvorsorgevertrages geleistet wird,

c) wenn im Fall des Todes des Steuerpflichtigen das Altersvorsorgevermögen auf einen auf den Namen des Ehegatten lautenden Altersvorsorgevertrag übertragen wird, wenn die Ehegatten im Zeitpunkt des Todes des Zulageberechtigten nicht dauernd getrennt gelebt haben (§ 26 Absatz 1) und ihren Wohnsitz oder gewöhnlichen Aufenthalt in einem Mitgliedstaat der Europäischen Union oder einem Staat hatten, auf den das Abkommen über den Europäischen Wirtschaftsraum anwendbar ist;

Verwaltung: BMF v. 6.12.2017, BStBl. I 2018, 147.

Übertragung von Altersvorsorgevermögen: Mit dem Beitreibungsrichtlinie-Umsetzungsgesetz – BeitrRLUmsG – v. 7.12.2011[3] wurde § 3 Nr. 55c neu eingeführt. Er soll entspr. der bisherigen Verwaltungspraxis erreichen, dass sich aus einer Übertragung von Altersvorsorgevermögen aus Altersvorsorgeverträgen, bei denen Vermögen gebildet wird, und aus Verträgen der nach § 82 Abs. 2 förderbaren bAV auf einen anderen Altersvorsorgevertrag in bestimmten Fällen keine belastenden steuerlichen Konsequenzen ergeben, so- 152a

1 BR-Drucks. 343/08, 257.
2 BR-Drucks. 343/08, 258.
3 G v. 7.12.2011, BGBl. I 2011, 2592.

weit die sich aus dem übertragenen Vermögen ergebenden Leistungen im Auszahlungszeitpunkt nach § 22 Nr. 5 besteuert werden.[1] § 3 Nr. 55c ergänzt § 3 Nr. 55, der gewährleistet, dass keine steuerlichen Folgen aus einer Übertragung von Versorgungsanwartschaften nach § 4 Abs. 2 Nr. 2 und Abs. 3 BetrAVG in den Fällen des ArbG-Wechsels gezogen werden. Er ergänzt auch § 3 Nr. 55a und b, welche die Übertragung von Versorgungsrechten durch interne und externe Teilung steuerneutral zulassen.

152b **Übertragung auf einen anderen Vertrag (S. 1):** § 3 Nr. 55c S. 1 regelt die Übertragung von Altersvorsorgevermögen auf einen anderen auf den Namen des StPfl. lautenden Altersvorsorgevertrag. Er gilt für „Übertragungen von **Altersvorsorgevermögen iSd. § 92**". Nach § 92 hat der Anbieter dem Zulageberechtigten jährlich eine Bescheinigung nach amtl. vorgeschriebenem Vordruck zu erteilen, in der uA nach § 92 S. 1 Nr. 5 der „Stand des Altersvorsorgevermögens" auszuweisen ist. § 3 Nr. 55c S. 1 befreit die „Übertragung auf einen anderen auf den Namen des StPfl. lautenden Altersvorsorgevertrag". Nach § 1 AltZertG liegt ein **„Altersvorsorgevertrag"** vor, wenn zw. dem Anbieter und einer nat. Pers. eine Vereinbarung in deutscher Sprache geschlossen wird, welche die im Einzelnen in § 1 Abs. 1 Nr. 2–11 AltZertG aufgeführten Anforderungen erfüllt. Gemäß § 1 Abs. 1a AltZertG gilt als Altersvorsorgevertrag auch ein Vertrag über ein Darlehen für eine wohnungswirtschaftliche Verwendung. Zu der **„Übertragung"** auf den anderen Altersvorsorgevertrag verweist § 3 Nr. 55c auf § 1 Abs. 1 S. 1 Nr. 10 Buchst. b AltZertG. Dieser bestimmt, dass der Altersvorsorgevertrag dem Vertragspartner bis zum Beginn der Auszahlungsphase einen Anspr. gewähren muss, „den Vertrag mit einer Frist von drei Monaten zum Ende eines Kalendervierteljahres zu kündigen, um das gebildete Kapital auf einen anderen auf seinen Namen lautenden Altersvorsorgevertrag mit einer Vertragsgestaltung nach diesem Absatz desselben oder eines anderen Anbieters übertragen zu lassen". Die Befreiung erfolgt, **„soweit die Leistungen zu stpfl. Einkünften nach § 22 Nr. 5 führen würden"**. Damit wird eine Steuerbefreiung der Übertragung normiert, soweit die sich aus dem übertragenen Vermögen ergebenden Leistungen im Auszahlungszeitpunkt nach § 22 Nr. 5 S. 1 besteuert werden. Es dürfte aber auch eine Befreiung gewollt sein, soweit eine Besteuerung nach § 22 Nr. 5 S. 2 iVm. § 22 Nr. 1 S. 3 Buchst. a oder § 20 Abs. 1 Nr. 6 erfolgt. Auch insoweit liegt dem Wortlaut nach eine Besteuerung nach § 22 Nr. 5 vor. § 22 Nr. 5 S. 2 ordnet auch nur die „entspr." Anwendung von § 22 Nr. 1 S. 3 Buchst. a, § 20 Abs. 1 Nr. 6 S. 1 und § 20 Abs. 1 Nr. 6 S. 2 an. Außerdem heißt es in der Gesetzesbegr., es werde der Teil des Übertragungswertes stfrei gestellt, der sonst im Zeitpunkt der Übertragung zu stpfl. Einkünften führen würde. Soweit der Übertragungswert nicht zu stpfl. Einkünften führe, (weil es sich zB um nicht zu besteuernde Zinsen aus einem Lebensversicherungsvertrag handele), greife die Steuerfreistellung nicht ein.[2] Der Gesetzgeber grenzt damit zw. stpfl. und nicht stpfl. Einkünften ab und nicht zw. nach § 22 Nr. 5 S. 1 und nach § 22 Nr. 5 S. 2 stpfl. Einkünften.

152c **Rechtsfolgen der Übertragung:** Die Übertragung von Altersvorsorgevermögen auf einen anderen auf den Namen des StPfl. lautenden Altersvorsorgevertrag stellt nach § 93 Abs. 2 S. 1 **keine schädliche Verwendung** dar, dh. es sind nicht nach § 93 Abs. 1 S. 1 die auf das ausgezahlte geförderte Altersvorsorgevermögen entfallenden Zulagen und die nach § 10a Abs. 4 gesondert festgestellten Beträge (Rückzahlungsbeträge) zurückzuzahlen. Ob und in welchem Umfang die **Übertragung zu steuerbaren Einnahmen** führt und inwieweit § 3 Nr. 55c dementspr. konstitutiv oder nur deklaratorisch ist, ist fraglich. Die Gesetzesbegr. spricht einerseits davon, die Neuregelung „stelle klar", dass sich aus der Übertragung keine belastenden steuerlichen Konsequenzen ergeben, andererseits heißt es, es werde der Teil des Übertragungswertes stfrei gestellt, der sonst im Zeitpunkt der Übertragung zu stpfl. Einkünften führen würde. § 22 Nr. 5 S. 3 regelt, dass in den Fällen des § 93 Abs. 1 S. 1 und 2, dh. in den Fällen der schädlichen Verwendung, das ausgezahlte geförderte Altersvorsorgevermögen nach Abzug der Zulagen iSd. Abschnitts XI als Leistung iSd. § 22 Nr. 5 S. 2 gilt. Dies bedeutet, dass im Regelfall der Unterschiedsbetrag zw. dem schädlich verwendeten Altersvorsorgevermögen vermindert um die zurückgezahlten Altersvorsorgezulagen und den auf sie entrichteten Beiträgen der Besteuerung unterliegt.[3] Für den Fall der nicht schädlichen Verwendung iSv. § 93 Abs. 2 S. 2 fehlt eine (ausdrückliche) Regelung in § 22 Nr. 5. Man könnte für diesen Fall aus der Regelung des § 22 Nr. 5 S. 3 den Schluss ziehen, dass auch bei einer nicht schädlichen Verwendung eine „Leistung aus dem Altersvorsorgevertrag" vorliegt. Aus dem Verweis von § 22 Nr. 5 S. 3 auf S. 2 könnte man für den Fall der schädlichen Verwendung den Umkehrschluss ziehen, dass in diesem Fall – soweit eine Förderung erfolgt ist – eine Leistung iSv. § 22 Nr. 5 S. 1 vorliegt. Hierfür spricht, dass man auch in den Fällen der Übertragung einer bAV bei einem ArbG-Wechsel von einer Steuerbarkeit des Übertragungswertes nach § 22 Nr. 5 – und Steuerfreiheit nach § 3 Nr. 55 – ausgeht.[4] Der Gesetzgeber ist allerdings wohl nicht von

1 BT-Drucks. 17/7524, 12.
2 BT-Drucks. 17/7524, 12.
3 *H/H/R*, § 22 Anm. 506.
4 *Niermann*, DB 2004, 1449 (1457); *K/S/M*, § 3 Nr. 55 Rn. B 55/12; vgl. auch BT-Drucks. 15/2150, 32.

einer Anwendung von § 22 Nr. 5 S. 1 ausgegangen, sondern hat anscheinend angenommen, dass die angesammelten noch nicht besteuerten Erträge zu versteuern seien.[1] Denn der Finanzausschuss führt in seiner Begr. zu § 3 Nr. 55c aus, es werde der Teil des Übertragungswertes stfrei gestellt, der sonst im Zeitpunkt der Übertragung zu stpfl. Einkünften führen würde. Soweit der Übertragungswert nicht zu stpfl. Einkünften führe (weil es sich zB um nicht zu besteuernde Zuschüsse aus einem Lebensversicherungsvertrag handele), greife die Stfreiheit nicht ein. § 3 Nr. 55c betrifft **nicht die spätere Auszahlung** aus dem aufnehmenden Altersversorgungsvertrag, sondern nur die Übertragung auf einen anderen Altersvorsorgevertrag. Die spätere Auszahlung unterliegt insoweit der vollständigen Besteuerung, soweit sie auch ohne die Übertragung der Besteuerung unterlegen hätte.[2]

Übertragung auf einen anderen externen Versorgungsträger (S. 2 Buchst. a): Die Steuerbefreiung nach S. 1 gilt entspr., wenn Anwartschaften aus einer bAV lediglich von einem externen auf einen anderen externen Versorgungsträger (Pensionsfonds, Pensionskasse oder Unternehmen der Lebensversicherung) übertragen werden. Diese Regelung wurde durch das BetriebsrentenstärkungsG v. 17.8.2017[3] eingefügt. Der Gesetzgeber wollte mit dieser Regelung dem Umstand Rechnung tragen, dass es in der Praxis immer wieder vorkommt, dass Anwartschaften aus einer bAV auch ohne ArbG-Wechsel von einem externen auf einen anderen externen Versorgungsträger übertragen werden.[4] Er wollte entspr. den Regelungen für den Fall der Übertragung des Altersvorsorgevermögens klarstellen, dass solche Übertragungen steuerneutral sind, soweit iZ mit der Übertragung keine Zahlungen unmittelbar an den ArbN erfolgen. Der Gesetzgeber ist davon ausgegangen, dass die Übertragung iÜ zu keiner Novation iSd. § 20 Abs. 1 Nr. 6 führe, wenn sich iZ mit der Übertragung die vertraglichen Hauptpflichten (insbes. die Versicherungssumme, die Laufzeit oder die abgesicherten biometrischen Risiken) nicht ändern.[5] Die Besteuerung der Leistungen nach § 22 Nr. 5 erfolgt so, als wenn die Übertragung nicht stattgefunden hätte. Eine Anpassung von § 22 Nr. 5 hat der Gesetzgeber nicht für erforderlich erachtet, da § 22 Nr. 5 allgemein auf § 3 Nr. 55c und nicht auf die einzelnen Tatbestände von § 3 Nr. 55c S. 2 verweist.[6] 152d

Nr. 55c S. 2 Buchst. a knüpft mit seinen Tatbestandsvoraussetzungen an die Regelungen der bAV im BetrAVG an. § 1 Abs. 1 BetrAVG definiert **betriebliche Altersversorgung** dahin, dass einem ArbN Leistungen der Alters-, Invaliditäts- oder Hinterbliebenenversorgung aus Anlass seines Arbverh. vom ArbG zugesagt werden. § 1b BetrAVG regelt, dass einem ArbN, dem Leistungen aus der bAV zugesagt worden sind, die **Anwartschaft** (unverfallbar) erhalten bleibt, wenn das Arbverh. vor Eintritt des Versorgungsfalls, jedoch nach Eintritt des 25. Lebensjahres endet und die Versorgungszusage zu diesem Zeitpunkt mindestens fünf Jahre bestanden hat. 152e

Nr. 55c S. 2 Buchst. a regelt den Fall, dass bei einem fortbestehenden Dienstverhältnis eine Anwartschaft aus einer bAV über einen externen Versorgungsträger **„lediglich"** auf einen anderen externen Träger einer bAV **übertragen wird**.[7] Er unterscheidet sich insoweit von der Regelung der Nr. 55c S. 2 Buchst. b, der den Fall regelt, dass eine Anwartschaft der bAV abgefunden und das Altersvorsorgevermögen zugunsten eines auf den Namen des StPfl. lautenden Altersvorsorgevertrags geleistet wird. Der Gesetzgeber geht für den Fall der Nr. 55c S. 2 Buchst. a davon aus, dass eine derartige Übertragung steuerneutral ist, setzt dabei aber voraus, dass iZ mit der Übertragung **keine Zahlungen unmittelbar an den ArbN** erfolgen. 152f

Abfindung von Anwartschaften der betrieblichen Altersversorgung (S. 2 Buchst. b): § 3 Nr. 55c S. 1 gilt gem. S. 2 entspr., wenn Anwartschaften der bAV abgefunden werden, soweit das Altersvorsorgevermögen zugunsten eines auf den Namen des StPfl. lautenden Altersvorsorgevertrages geleistet wird. § 3 Nr. 55c S. 2 Buchst. b ergänzt § 3 Nr. 55, der die Übertragung von Versorgungsanwartschaften in den Fällen des ArbG-Wechsels stfrei stellt. 152g

Nach **§ 82 Abs. 2 S. 1** gehören zu den Altersvorsorgebeiträgen auch die aus dem individuell versteuerten Arbeitslohn des ArbN geleisteten Beiträge an einen Pensionsfonds, eine Pensionskasse oder eine Direktversicherung zum Aufbau einer kapitalgedeckten **betrieblichen Altersversorgung** und Beiträge des ArbN, wenn dieser sie im Fall der zunächst durch Entgeltumwandlung (§ 1a BetrAVG) finanzierten und nach § 3 Nr. 63 oder § 10a und § 79 ff. geförderten kapitalgedeckten **betrieblichen Altersversorgung** nach Maßgabe des § 1a Abs. 4, § 1b Abs. 5 S. 1 Nr. 2 und § 22 Abs. 3 Nr. 1 Buchst. a BetrAVG selbst erbringt. Nach § 82 Abs. 2 S. 3 stehen §§ 3 und 4 BetrAVG dem vorbehaltlich des § 93 nicht entgegen, dh. es steht der In- 152h

1 Vgl. hierzu auch *H/H/R*, § 22 Anm. 506 zu § 22 Nr. 5 S. 6 aF; *H/H/R*, § 93 Anm. 16.
2 BT-Drucks. 17/7524, 12.
3 BGBl. I 2017, 3214.
4 BT-Drucks. 18/11286, 59.
5 BT-Drucks. 18/11286, 59.
6 BT-Drucks. 18/11286, 59.
7 BMF v. 6.12.2017, BStBl. I 2018, 147 Rz. 63.

anspruchnahme der Altersvorsorgezulage nicht generell entgegen, dass Anspr. aus der bAV unter bestimmten Voraussetzungen **gem. § 3 BetrAVG abgefunden** oder gem. § 4 BetrAVG übertragen werden können. Damit die staatlichen Förderungen erhalten bleiben, ist jedoch nach § 93 Abs. 2 S. 3 in den Fällen des § 3 BetrAVG erforderlich, dass der Abfindungsbetrag zugunsten eines auf den Namen des Zulageberechtigten lautenden Altersvorsorgevertrags geleistet wird. Entspr. befreit auch § 3 Nr. 55c S. 2 die Übertragung von Altersvorsorgevermögen, wenn Anwartschaften der bAV abgefunden werden nur, **soweit das Altersvorsorgevermögen zugunsten eines auf den Namen des StPfl. lautenden Altersvorsorgevertrags geleistet wird.**

152i **Rechtsfolgen:** Die Übertragung ist nach § 93 Abs. 2 S. 3 keine schädliche Verwendung. Die Übertragung führt nach § 3 Nr. 55c S. 2 auch nicht zu stpfl. Einnahmen. Die Befreiung ist konstitutiv. Ohne die Befreiungsvorschrift des § 3 Nr. 55c S. 2 Buchst. b wären die Beträge aus der Abfindung einer bAV nach § 3 BetrAVG – ebenso wie in den Fällen des ArbG-Wechsels, die § 3 Nr. 55 regelt – nach § 22 Nr. 5 zu besteuern, soweit die Leistungen auf nicht lohnversteuerten stfreien Beiträgen beruhen.[1] Beruhen die Abfindungsbeträge auf nach § 82 Abs. 2 S. 1 geförderten Beiträgen, ist § 3 Nr. 55c S. 2 Buchst. b in gleicher Weise konstitutiv wie § 3 Nr. 55c S. 1 (Rn. 152c).[2]

152j **Übertragung auf den Ehegatten (S. 2 Buchst. c):** § 3 Nr. 55c S. 2 Buchst. c ordnet die entspr. Geltung von § 3 Nr. 55c S. 1 an, wenn im Fall des Todes des StPfl. das Altersvorsorgevermögen auf einen **auf den Namen des Ehegatten lautenden Altersvorsorgevertrag** übertragen wird. Allerdings dürfen die Ehegatten im Zeitpunkt des Todes des Zulageberechtigten nicht dauernd getrennt gelebt haben (§ 26 Abs. 1) und müssen ihren Wohnsitz oder gewöhnlichen Aufenthalt in einem Mitgliedstaat der Europäischen Union oder einem EWR-Staat gehabt haben.

152k Diese Regelung entspr. der Regelung des **§ 93 Abs. 1 S. 4 Buchst. c,** nach dem eine Rückzahlungsverpflichtung nicht für den Teil der Zulagen und der Steuerermäßigung besteht, der auf gefördertes Altersvorsorgevermögen entfällt, das im Fall des Todes des Zulageberechtigten auf einen auf den Namen des Ehegatten lautenden Altersvorsorgevertrag übertragen wird – wobei § 93 Abs. 1 S. 4 Buchst. c dieselben Voraussetzungen an das Zusammenleben im Zeitpunkt des Todes und den Wohnsitz der Ehegatten aufstellt wie § 3 Nr. 55 S. 2 Buchst. c. Die Übertragung stellt ausnahmsweise keine schädliche Verwendung dar.

152l Die Übertragung löst **keine Besteuerung hinsichtlich des Übertragungswertes** aus. Lediglich die später dem überlebenden Ehegatten zufließenden Rentenzahlungen unterliegen der nachgelagerten Besteuerung nach § 22 Nr. 5. Die Auszahlungsphase darf allerdings erst beginnen, wenn der überlebende Ehegatte die entspr. Alterskriterien erfüllt.[3]

§ 3 Nr. 55d [Übertragung von Anrechten auf Basisrente]

Übertragungen von Anrechten aus einem nach § 5a Altersvorsorgeverträge-Zertifizierungsgesetz zertifizierten Vertrag auf einen anderen auf den Namen des Steuerpflichtigen lautenden nach § 5a Altersvorsorgeverträge-Zertifizierungsgesetz zertifizierten Vertrag;

152m **Übertragung von Anrechten aus einem Vertrag iSv. § 5a AltZertG:** § 3 Nr. 55d wurde – zusammen mit § 3 Nr. 55c und Nr. 55e – durch das BeitrRLUmsG v. 7.12.2011[4] eingeführt. Er soll die bisherige Verwaltungspraxis aufnehmen, nach der die Übertragung von Anrechten aus einem nach § 5a AltZertG zertifizierten Vertrag auf einen anderen auf den Namen des StPfl. lautenden nach § 5a AltZertG zertifizierten Vertrag steuerneutral möglich ist.[5] § 3 Nr. 55d trifft die der Regelung des § 3 Nr. 55c für Altersvorsorgeverträge entspr. Regelung für Basisrentenverträge.

152n Befreit werden Übertragungen von Anrechten aus einem nach § 5a AltZertG zertifizierten Vertrag. § 5a AltZertG regelt die Zertifizierung von **Basisrentenverträgen**. Nach § 2 Abs. 1 AltZertG liegt ein Basisrentenvertrag vor, wenn zw. dem Anbieter und einer nat. Pers. eine Vereinbarung in deutscher Sprache geschlossen wird, die die Voraussetzungen des § 10 Abs. 1 Nr. 2 Buchst. b erfüllt. § 10 Abs. 1 Nr. 2 Buchst. b

1 *K/S/M*, § 3 Nr. 55 Rn. B 55/12; *Niermann*, DB 2004, 1449 (1457); *H/H/R*, § 93 Anm. 16.
2 *H/H/R*, § 93 Anm. 16.
3 *H/H/R*, § 93 Anm. 12.
4 G v. 7.12.2011, BGBl. I 2011, 2592.
5 BT-Drucks. 17/7524, 12.

lässt den SA-Abzug von Beiträgen des StPfl. zum Aufbau einer eigenen kapitalgedeckten Altersversorgung zu, wenn der Vertrag nur die Zahlung einer monatlichen auf das Leben des StPfl. bezogenen lebenslangen Leibrente nicht vor Vollendung des 60. Lebensjahres oder die ergänzende Absicherung des Eintritts der Berufsunfähigkeit, der verminderten Erwerbsfähigkeit oder von Hinterbliebenen vorsieht. Nach § 5a AltZertG erteilt die Zertifizierungsstelle die **Zertifizierung** eines Basisrentenvertrags nach § 2 Abs. 3 AltZertG, wenn ihr die nach dem AltZertG erforderlichen Angaben und Unterlagen vorliegen sowie die Vertragsbedingungen die Voraussetzungen des § 10 Abs. 1 Nr. 2 Buchst. b erfüllen und der Anbieter den Anforderungen des § 2 Abs. 2 AltZertG entspricht. § 3 Nr. 55d setzt die Übertragung der Anrechte aus einem nach § 5a AltZertG zertifizierten Vertrag **auf einen anderen nach § 5a AltZertG zertifizierten Vertrag** voraus.

Rechtsfolgen der Übertragung: Die Übertragung der Anrechte aus einem Basisrentenvertrag iSd. § 5a AltZertG auf einen anderen Vertrag iSd. § 5a AltZertG stellt keine schädliche Verwendung dar.[1] Die Übertragung des Übertragungswertes auf einen anderen Vertrag führt nach § 3 Nr. 55d nicht zu stpfl. Einkünften. § 3 Nr. 55d ist insoweit konstitutiv. Die Übertragung könnte ohne die Regelung des § 3 Nr. 55d zur Zurechnung von Einkünften nach § 22 Nr. 1 S. 3 lit. a, aa führen. § 22 Nr. 1 Satz 3 lit. a, aa erfasst alle Leistungen, unabhängig davon, ob sie als Rente oder als einmalige Leistung (Kapitalauszahlung, Abfindung) ausgezahlt werden.[2] Die Steuerbefreiung betrifft allerdings lediglich den Übertragungsvorgang als solchen. Die spätere Auszahlung aus dem aufnehmenden zertifizierten Vertrag unterliegt insoweit der vollständigen Besteuerung, soweit sie auch ohne die Übertragung der Besteuerung unterlegen hätte. Da die Übertragung nach § 3 Nr. 55d zu stfreien Einnahmen führt, ist ein SA-Abzug für den übertragenen Betrag wegen der Regelung des § 10 Abs. 2 S. 1 Nr. 1 nicht möglich.[3] 152o

§ 3 Nr. 55e [Anrechte bei einer zwischen- oder überstaatlichen Einrichtung]

die auf Grund eines Abkommens mit einer zwischen- oder überstaatlichen Einrichtung übertragenen Werte von Anrechten auf Altersversorgung, soweit diese zur Begründung von Anrechten auf Altersversorgung bei einer zwischen- oder überstaatlichen Einrichtung dienen. ²Die Leistungen auf Grund des Betrags nach Satz 1 gehören zu den Einkünften, zu denen die Leistungen gehören, die die übernehmende Versorgungseinrichtung im Übrigen erbringt;

Anrechte auf Altersversorgung bei einer zwischen- oder überstaatlichen Einrichtung: § 3 Nr. 55e wurde – zusammen mit § 3 Nr. 55c und d – durch das BeitrRLUmsG v. 7.12.2011[4] eingeführt. Die Befreiung soll sicherstellen, dass die Übertragung von Anrechten auf Altersversorgung auf Grund eines Abkommens mit einer zwischen- oder überstaatlichen Einrichtung steuerneutral ist, soweit diese zur Begr. von Anrechten auf Altersversorgung bei einer zwischen- oder überstaatlichen Einrichtung dient. Die Steuerfreistellung ist davon abhängig, ob es tatsächlich zu einer Steuerpflicht der Altersleistungen des neuen Versorgungsträgers in Deutschland kommt oder ob Deutschland bspw. auf Grund von DBA oder der Verordnung (Euratom, EGKS, EWG) 549/69 des Rates vom 25.3.1969[5] kein Besteuerungsrecht hat.[6] 152p

Rechtsfolgen: § 3 Nr. 55e befreit die **Übertragung** von Anrechten, soweit diese zur Begr. von Anrechten dienen. Soweit der Übertragungswert nicht zur Begr. eines neuen Anrechts genutzt wird – weil bspw. ein überschüssiger, für die Versorgung beim neuen Versorgungsträger nicht benötigter Betrag, an den StPfl. ausgezahlt wird – greift die Steuerfreistellung nicht. Da die Übertragung nach § 3 Nr. 55e zu stfreien Einnahmen führt, ist ein **SA-Abzug** für den übertragenen Betrag wegen der Regelung des § 10 Abs. 3 S. 1 Nr. 1 nicht möglich. Für die **Leistungen auf Grund des Betrags nach § 3 Nr. 55e S. 1**, dh für die Leistungen aus dem übertragenen Vermögen, bestimmt **§ 3 Nr. 55e S. 2**, dass diese steuerlich zu den Einkünften gehören, zu denen die Leistungen gehören, welche die übernehmende Versorgungseinrichtung iÜ erbringt. Es kommt folglich nicht darauf an, zu welchen Einkünften die Leistungen gehören würden, wenn die Übertragung nicht stattgefunden hätte. 152q

---

1 *Jansen/Myßen/Killat-Risthaus*, Renten, Raten, dauernde Lasten[14], S. 407; BMF v. 24.2.2005, BStBl. I 2005, 429 Tz. 90.
2 BMF v. 24.2.2005, BStBl. I 2005, 429 Tz. 90.
3 BT-Drucks. 17/7524, 12.
4 G v. 7.12.2011, BGBl. I 2011, 2592.
5 Abl. L 74 v. 27.3.1969, 1.
6 BT-Drucks. 17/7524, 12.

§ 3 Nr. 56 [Zuwendungen des Arbeitgebers an eine Pensionskasse]

Zuwendungen des Arbeitgebers nach § 19 Absatz 1 Satz 1 Nummer 3 Satz 1 aus dem ersten Dienstverhältnis an eine Pensionskasse zum Aufbau einer nicht kapitalgedeckten betrieblichen Altersversorgung, bei der eine Auszahlung der zugesagten Alters-, Invaliditäts- oder Hinterbliebenenversorgung entsprechend § 82 Absatz 2 Satz 2 vorgesehen ist, soweit diese Zuwendungen im Kalenderjahr 2 Prozent der Beitragsbemessungsgrenze in der allgemeinen Rentenversicherung nicht übersteigen. [2]Der in Satz 1 genannte Höchstbetrag erhöht sich ab 1. Januar 2020 auf 3 Prozent und ab 1. Januar 2025 auf 4 Prozent der Beitragsbemessungsgrenze in der allgemeinen Rentenversicherung. [3]Die Beträge nach den Sätzen 1 und 2 sind jeweils um die nach § 3 Nummer 63 Satz 1, 3 oder Satz 4 steuerfreien Beträge zu mindern;

Verwaltung: BMF v. 6.12.2017, BStBl. I 2018, 147.

153 Nr. 56 dehnt die sog. **nachgelagerte Besteuerung** aus. Während Nr. 63 Beitragszahlungen an Pensionsfonds, Pensionskassen und an DirektVers. iRd. kapitalgedeckten bAV befreit – und Nr. 66 die Überleitung einer bAV in Form der Direktzusage oder über eine Unterstützungskasse auf einen Pensionsfonds v. der Besteuerung ausnimmt –, begünstigt Nr. 56 Zahlungen an eine Pensionskasse iRd. umlagefinanzierten Altersversorgung.

154 § 3 Nr. 56 befreit **Zuwendungen des ArbG nach § 19 Abs. 1 S. 1 Nr. 3 S. 1** und verweist damit auf eine zeitgleich mit § 3 Nr. 56 eingeführte Neuregelung, nach der „lfd. Beiträge und lfd. Zuwendungen des ArbG aus einem bestehenden Dienstverhältnis an einen Pensionsfonds, eine Pensionskasse oder für eine DirektVers. für eine betriebliche Altersversorgung" ausdrücklich zu den Einkünften aus nichtselbständiger Arbeit gerechnet werden. Dass der Gesetzgeber in Nr. 63 v. „Beiträgen des ArbG", dagegen in Nr. 56 v. „Zuwendungen des ArbG" spricht, dürfte darauf beruhen, dass in Nr. 56 die umlagefinanzierte bAV begünstigt wird, in Nr. 63 dagegen die kapitalgedeckte bAV. So verweist die Gesetzesbegründung zu § 19 Abs. 1 S. 1 Nr. 3 S. 1 darauf, dass zu den Zuwendungen die Umlagen zählten, die der ArbG für eine umlagefinanzierte bAV zahle.[1] Nr. 56 begünstigt nur Zuwendungen **„aus dem ersten Dienstverhältnis"**. Diese Eingrenzung soll – wie das gleichlautende Tatbestandsmerkmal in Nr. 63 – die einfache und unbürokratische Anwendung der Steuerbefreiung sichern (zur Auslegung: Rn. 165).

155 Befreit werden Zuwendungen an eine **Pensionskasse**. Eine Pensionskasse ist nach § 1b Abs. 3 BetrAVG eine vom ArbG unabhängige rechtsfähige Versorgungseinrichtung, die dem ArbN oder seinen Hinterbliebenen Rechtsanspruch auf künftige Leistungen einräumt. § 19 Abs. 1 S. 1 Nr. 3 S. 1 qualifiziert Zuwendungen an eine Pensionskasse dem Grundsatz nach als Arbeitslohn. Während Nr. 63 Beiträge zum Aufbau einer kapitalgedeckten bAV befreit, befreit Nr. 56 nur Zuwendungen **„zum Aufbau einer nicht kapitalgedeckten betrieblichen Altersversorgung"**, also einer umlagefinanzierten Altersversorgung. Parallel zu Nr. 63 fordert Nr. 56, dass es sich um eine Altersversorgung handelt, **„bei der eine Auszahlung der zugesagten Alters-, Invaliditäts- oder Hinterbliebenenversorgung entspr. § 82 Abs. 2 S. 2 vorgesehen ist"**. § 82 Abs. 2 S. 2 setzt eine Vereinbarung voraus, nach der die monatlichen Leistungen in Form einer lebenslangen Leibrente oder als Ratenzahlungen im Rahmen eines Auszahlungsplans mit einer anschließenden Teilkapitalverrentung ab spätestens dem 85. Lebensjahr ausgezahlt werden und die Leistungen während der gesamten Auszahlungsphase gleichbleiben oder steigen. Es können bis zu zwölf Monatsleistungen in einer Auszahlung zusammengefasst und bis zu 30 % des zu Beginn der Auszahlungsphase zur Verfügung stehenden Kapitals außerhalb der monatlichen Leistungen ausgezahlt werden; ein vereinbartes und nicht ausgeübtes Kapitalwahlrecht ist unschädlich. Bei der reinen Beitragszusage nach § 1 Abs. 2 Nr. 2a BetrAVG ist es unschädlich, wenn die Leistungen während der Auszahlungsphase sinken. Das G zur Vermeidung von Umsatzsteuerausfällen beim Handel mit Waren im Internet und zur Änderung weiterer stl. Vorschriften v. 11.12.2018[2] hat in § 82 Abs. 2 S. 2 den vorherigen Verweis auf § 1 Abs. 1 S. 1 Nr. 4 AltZertG durch eine eigenständige neue Regelung der für die bAV erforderlichen Vorgabe hinsichtlich der Auszahlungsformen ersetzt und hat, um inhaltliche Doppelungen zu vermeiden, in Nr. 56 auf § 82 Abs. 2 S. 2 verwiesen.[3] Wie iRv. Nr. 63, so lässt der Gesetzgeber es auch bei Nr. 56 ausreichen, dass die Auszahlung in Form einer Rente oder eines Auszahlungsplans **„vorgesehen ist"**. Die Option, statt der Rentenleistung eine Einmalkapitalauszahlung zu wählen, soll die Steuerbefreiung nicht v. vornherein ausschließen (vgl. Rn. 164).

156 Abw. v. Nr. 63 lässt Nr. 56 zunächst Zuwendungen nur bis maximal **2 % der Beitragsbemessungsgrenze** in der allg. Rentenversicherung stfrei und erhöht diesen Höchstbetrag ab 1.1.2020 auf 3 % und ab 1.1.2025

1 BR-Drucks. 622/06, 66.
2 BGBl. I 2018, 2338.
3 BR-Drucks. 372/18, 39.

auf 4 %. Bis zum BetriebsrentenstärkungsG v. 17.8.2017[1] befreite Nr. 56 S. 1 die Zuwendungen nur bis 1 % der Beitragsbemessungsgrenze und Nr. 56 S. 2 sah eine Erhöhung des Höchstbetrags ab 1.1.2014 auf 2 % vor. Diese Regelung wurde redaktionell durch die Neufassung bereinigt.[2] Ein **zusätzlicher Höchstbetrag** iHv. 1 800 Euro wurde in Nr. 56 nicht vorgesehen, da für mögliche übersteigende Zuwendungen des ArbG – anders als bei der kapitalgedeckten bAV an einen Pensionsfonds oder eine DirektVers. – weiterhin die Anwendung der Pauschalbesteuerung nach § 40 Abs. 1 und 2 möglich ist.[3] Die (Höchst-)Beträge nach Nr. 56 S. 1 und 2 sind jeweils um die nach Nr. 63 S. 1, 3 oder S. 4 stfreien Beträge zu mindern. Es wird so eine kumulative Förderung verhindert. Die durch stfreie Zuwendungen nach § 3 Nr. 56 erworbenen Versorgungsleistungen werden – wie bei der der kapitalgedeckten bAV – gem. § 22 Nr. 5 vollständig besteuert.[4]

§ 3 Nr. 57 [Leistungen der Künstlersozialkasse]

die Beträge, die die Künstlersozialkasse zugunsten des nach dem Künstlersozialversicherungsgesetz Versicherten aus dem Aufkommen von Künstlersozialabgabe und Bundeszuschuss an einen Träger der Sozialversicherung oder an den Versicherten zahlt;

Nach dem Künstlersozialversicherungsgesetz – KSVG – sind selbständige Künstler und Publizisten in der 157
Renten-, Kranken- und Pflegeversicherung pflichtversichert. Die Mittel werden durch Beitragsanteile der Versicherten, die Künstlersozialabgabe sowie einen Bundeszuschuss aufgebracht. Die Künstlersozialkasse erhebt die Beiträge, überweist sie an die Sozialversicherungsträger und gewährt Künstlern und Publizisten, die v. der Krankenversicherungspflicht befreit sind, einen Zuschuss zu ihren Kranken- und Pflegeversicherungsbeiträgen. Nr. 57 befreit diese Zahlungen, soweit sie aus dem Aufkommen der Künstlersozialabgabe und des Bundeszuschusses stammen. Sie sollen mit den v. Nr. 62 befreiten ArbG-Beiträgen gleichbehandelt werden.

§ 3 Nr. 58 [Leistungen nach dem Wohngeldgesetz]

das Wohngeld nach dem Wohngeldgesetz, die sonstigen Leistungen aus öffentlichen Haushalten oder Zweckvermögen zur Senkung der Miete oder Belastung im Sinne des § 11 Absatz 2 Nummer 4 des Wohngeldgesetzes sowie öffentliche Zuschüsse zur Deckung laufender Aufwendungen und Zinsvorteile bei Darlehen, die aus öffentlichen Haushalten gewährt werden, für eine zu eigenen Wohnzwecken genutzte Wohnung im eigenen Haus oder eine zu eigenen Wohnzwecken genutzte Eigentumswohnung, soweit die Zuschüsse und Zinsvorteile die Vorteile aus einer entsprechenden Förderung mit öffentlichen Mitteln nach dem Zweiten Wohnungsbaugesetz, dem Wohnraumförderungsgesetz oder einem Landesgesetz zur Wohnraumförderung nicht überschreiten, der Zuschuss für die Wohneigentumsbildung in innerstädtischen Altbauquartieren nach den Regelungen zum Stadtumbau Ost in den Verwaltungsvereinbarungen über die Gewährung von Finanzhilfen des Bundes an die Länder nach Artikel 104a Absatz 4 des Grundgesetzes zur Förderung städtebaulicher Maßnahmen;

Nach dem **Wohngeldgesetz – WoGG** – wird Wohngeld als Miet- oder Lastenzuschuss zur Miete oder Be- 158
lastung aus dem Kapitaldienst und der Bewirtschaftung gezahlt. Antragsberechtigt sind Mieter und Nutzungsberechtigte v. Wohnraum, für einen Lastenzuschuss vor allem der Eigentümer eines eigengenutzten Eigenheimes oder einer Eigentumswohnung. Das G zur Neuregelung des Wohngeldrechts und zur Änderung der SGB[5] hat die bisherige Befreiung des „Wohngeldes nach dem Wohngeldsondergesetz“ und der „sonstigen Leistungen zur Senkung der Miete oder Belastung iSd. § 38 des WoGG“ durch die Befreiung der „sonstigen Leistungen aus öffentl. Haushalten oder Zweckvermögen zur Senkung der Miete oder Belastung iSd. **§ 11 Abs. 2 Nr. 4 des WoGG**“ ersetzt. Es sollten damit lediglich die Verweisungen an das neu gefasste WoGG angepasst werden.[6] § 11 Abs. 2 Nr. 4 WoGG erfasst Leistungen aus öffentl. Haushalten oder Zweckvermögen, insbes. Leistungen zur Wohnkostenentlastung nach dem II. WoBauG, dem WoFG und entspr. G der Länder an den Mieter oder selbstnutzenden Eigentümer. Befreit sind ferner **öffentl. Zu-**

1 BGBl. I 2017, 3214.
2 BT-Drucks. 18/11286, 59.
3 BR-Drucks. 622/06, 66.
4 BR-Drucks. 622/06, 66.
5 BGBl. I 2008, 1856.
6 BR-Drucks. 559/07, 113.

schüsse und **Zinsvorteile** bei Darlehen aus öffentl. Haushalten für eine zu eigenen Wohnzwecken genutzte eigene Wohnung. Die letztgenannten Zuschüsse und Zinsvorteile dürfen allerdings die Vorteile aus einer entspr. Förderung nach dem II. WoBauG und dem WoFG (das das II. WoBauG ersetzt hat) oder einem Landesgesetz zur Wohnraumförderung[1] nicht überschreiten. Begünstigt sind nur Zinsvorteile bei Darlehen „aus öffentlichen Haushalten". Der Haushalt einer Handwerkskammer ist – so das FG Münster[2] – kein öffentl. Haushalt iSv. § 3 Nr. 58. Ebenfalls begünstigt ist der Zuschuss für die Wohneigentumsbildung nach den **Regelungen zum Stadtumbau Ost**, mit dem seit 2002 die Modernisierung und Instandsetzung v. Altbauwohnungen durch selbstnutzende Erwerber gefördert wird.[3]

§ 3 Nr. 59 [Wohnkostenentlastung für Mieter bei Arbeitsverhältnissen]

die Zusatzförderung nach § 88e des Zweiten Wohnungsbaugesetzes und nach § 51f des Wohnungsbaugesetzes für das Saarland und Geldleistungen, die ein Mieter zum Zwecke der Wohnkostenentlastung nach dem Wohnraumförderungsgesetz oder einem Landesgesetz zur Wohnraumförderung erhält, soweit die Einkünfte dem Mieter zuzurechnen sind, und die Vorteile aus einer mietweisen Wohnungsüberlassung im Zusammenhang mit einem Arbeitsverhältnis, soweit sie die Vorteile aus einer entsprechenden Förderung nach dem Zweiten Wohnungsbaugesetz, nach dem Wohnraumförderungsgesetz oder einem Landesgesetz zur Wohnraumförderung nicht überschreiten;

159 Nach § 88d II. WoBauG können Mittel zur Förderung des sozialen Wohnungsbaus nach Maßgabe einer zw. dem Darlehens- oder Zuschussgeber und dem Bauherrn abzuschließenden Vereinbarung (über Höhe und Einsatzart der Mittel, Belegungsrechte, Höhe des Mietzinses etc.) vergeben werden.[4] **§ 88e II. WoBauG** knüpft an diese Regelung an und sieht eine Zusatzförderung zum Zwecke einer einkommensorientierten Wohnkostenbelastung des jeweiligen Mieters und einer dementspr. Sicherstellung der durch die Förderzusage festgelegten Mietzahlung vor. § 3 Nr. 59 erklärt diese Zusatzförderung für stfrei, **soweit die Einkünfte dem Mieter zuzurechnen sind**. Das II. WoBauG wurde zwar durch das WoFG ersetzt,[5] es gelten aber nach § 48 WoFG die auf der Grundlage des II. WoBauG eingegangenen Verpflichtungen und erlassenen Bescheide fort. **§ 51f WoBauG Saarl.** trifft eine § 88e II. WoBauG entspr. Regelung für das Saarl. § 3 Nr. 59 befreit in seiner 3. Alt. die **Geldleistungen, die ein Mieter zur Wohnkostenentlastung nach dem WoFG oder einem Landesgesetz zur Wohnraumförderung erhält**. Gem. § 7 Nr. 1 WoFG iVm. § 13 WoFG können Wohnkostenentlastungen durch Bestimmung höchstzulässiger Mieten unterhalb v. ortsüblichen Vergleichsmieten oder auch sonstige Maßnahmen vorgesehen werden. Befreit sind nur die Geldleistungen, die ein Mieter, nicht diejenigen, die der Vermieter oder Eigentümer bekommt. Neben den staatlichen Leistungen nach den WoBauGen und den WoFG befreit § 3 Nr. 59 **Mietvorteile aus einer Wohnungsüberlassung im Zusammenhang mit einem Arbverh**. Es sollen Vorteile aus einer einkommensorientierten Förderung iSv. § 88e II. WoBauG, sofern sie im Rahmen eines Arbverh. erfolgt, in gleicher Weise stfrei sein wie iRd. allg. Wohnungsbauförderung. Es sollen Mietvorteile, die auf den Mietpreisbeschränkungen nach dem II. WoBauG und dem WoBauG Saarl. beruhen, auch dann stfrei bleiben, wenn sie in Zusammenhang mit einem Arbverh. stehen und es sollen auch sonstige Mietvorteile, die unabhängig v. den gesetzlichen Regelungen gewährt werden, stfrei bleiben, **soweit sie die Vorteile aus einer entspr. Förderung nach dem II. WoBauG oder den WoFG nicht überschreiten**. Diese Einschränkung bedeutet nicht nur eine betragsmäßige Begrenzung. Nach BFH ist § 3 Nr. 59 seinem Sinn und Zweck nach auf Fälle beschränkt, in denen die Vorteile auf der Förderung nach dem II. WoBauG beruhen.[6]

§ 3 Nr. 60 [Leistungen an Arbeitnehmer der Montanindustrie]

Leistungen aus öffentlichen Mitteln an Arbeitnehmer des Steinkohlen-, Pechkohlen- und Erzbergbaues, des Braunkohlentiefbaues und der Eisen- und Stahlindustrie aus Anlass von Stilllegungs-, Einschränkungs-, Umstellungs- oder Rationalisierungsmaßnahmen;

1 BT-Drucks. 16/814, 11, 24.
2 FG Münster v. 21.9.2016 – 7 K 990/12 E, EFG 2016, 1852 (Rev. VI R 37/16).
3 BR-Drucks. 891/01; BT-Drucks. 14/7340, 9; BT-Drucks. 14/7341, 21.
4 Zur Behandlung der Fördermittel als Einnahmen aus VuV: BFH v. 14.10.2003 – IX R 60/02, BStBl. II 2004, 14.
5 BGBl. I 2001, 2376.
6 BFH v. 16.2.2005 – VI R 58/03, BStBl. II 2005, 750.

Leistungen iSv. Nr. 60 wurden zB aufgrund des G zur Anpassung und Gesundung des deutschen Steinkohlenbergbaus und der deutschen Steinkohlenbergbaugebiete erbracht. 160

§ 3 Nr. 61 [Leistungen nach dem Entwicklungshelfer-Gesetz]

Leistungen nach § 4 Absatz 1 Nummer 2, § 7 Absatz 3, §§ 9, 10 Absatz 1, §§ 13, 15 des Entwicklungshelfer-Gesetzes;

Die Steuerbefreiung soll den Entwicklungshelfer stl. so stellen, als ob er in der gesetzlichen Kranken-, Unfall- oder Arbeitslosenversicherung versichert wäre. 161

§ 3 Nr. 62 [Ausgaben des Arbeitgebers für die Zukunftssicherung des Arbeitnehmers]

Ausgaben des Arbeitgebers für die Zukunftssicherung des Arbeitnehmers, soweit der Arbeitgeber dazu nach sozialversicherungsrechtlichen oder anderen gesetzlichen Vorschriften oder nach einer auf gesetzlicher Ermächtigung beruhenden Bestimmung verpflichtet ist, und es sich nicht um Zuwendungen oder Beiträge des Arbeitgebers nach den Nummern 56, 63 und 63a handelt. [2]Den Ausgaben des Arbeitgebers für die Zukunftssicherung, die auf Grund gesetzlicher Verpflichtung geleistet werden, werden gleichgestellt Zuschüsse des Arbeitgebers zu den Aufwendungen des Arbeitnehmers

a) für eine Lebensversicherung,

b) für die freiwillige Versicherung in der gesetzlichen Rentenversicherung,

c) für eine öffentlich-rechtliche Versicherungs- oder Versorgungseinrichtung seiner Berufsgruppe,

wenn der Arbeitnehmer von der Versicherungspflicht in der gesetzlichen Rentenversicherung befreit worden ist. [3]Die Zuschüsse sind nur insoweit steuerfrei, als sie insgesamt bei Befreiung von der Versicherungspflicht in der allgemeinen Rentenversicherung die Hälfte und bei Befreiung von der Versicherungspflicht in der knappschaftlichen Rentenversicherung zwei Drittel der Gesamtaufwendungen des Arbeitnehmers nicht übersteigen und nicht höher sind als der Betrag, der als Arbeitgeberanteil bei Versicherungspflicht in der allgemeinen Rentenversicherung oder in der knappschaftlichen Rentenversicherung zu zahlen wäre;

Nr. 62 S. 1 befreit Ausgaben des ArbG für die **Zukunftssicherung** des ArbN. § 2 Abs. 2 Nr. 3 LStDV definiert diese als Leistungen eines ArbG, um den ArbN oder eine diesem nahe stehende Pers. für den Fall der Krankheit, des Unfalls, der Invalidität, des Alters oder des Todes abzusichern.[1] Zahlungen eines österreichischen ArbG zugunsten eines in Deutschland ansässigen ArbN an eine betriebliche Versorgungskasse nach § 6 Abs. 1 S. 1 des österreichischen Betrieblichen Mitarbeiter- und Selbstständigenversorgungsgesetzes sind nach Auffassung des 12. Senats des FG München nicht nach § 3 Nr. 62 stfrei, da sie vom ArbG weder für den Fall der Krankheit, des Unfalls, des Alters oder des Todes (iSv. § 2 Abs. 2 Nr. 3 S. 1 LStDV) zu leisten sind, sondern eine Abfertigungs-, dh. Abfindungszahlung, garantieren sollen.[2] Nach Ansicht des 13. Senats des FG München meint der Begriff „Zukunftssicherung" allerdings sämtliche Maßnahmen, die geeignet sind, die finanzielle Zukunft des ArbN gegen Unwägbarkeiten des Lebens abzusichern.[3] Begünstigt sind nur Leistungen für **ArbN** iSv. § 19, nicht zB für Gewerbetreibende.[4] Dementspr. fallen auch ArbG-Anteile für einen K'disten, die zu den Vergütungen iSv. § 15 Abs. 1 S. 1 Nr. 2 rechnen, nicht unter § 3 Nr. 62.[5] § 3 Nr. 62 sieht – deklaratorisch[6] – eine Ausnahme v. der grds. StPflicht (die § 2 Abs. 2 Nr. 3 LStDV klarstellt[7]) 162

1 FG München v. 7.6.2016 – 12 K 734/16, EFG 2016, 1506 (Rev. VI R 27/16) (nicht: Verlust des Arbeitsplatzes).
2 FG München v. 7.6.2016 – 12 K 734/16, EFG 2016, 1506 (Rev. VI R 27/16).
3 FG München v. 31.3.2017 – 13 K 2270/15, juris (Rev. VI R 20/17).
4 BFH v. 27.2.1991 – XI R 24/88, BFH/NV 1991, 453; BVerfG v. 2.5.1978 – 1 BvR 136/78, HFR 1978, 293; BFH v. 8.4.1992 – XI R 37/88, BStBl. II 1992, 812.
5 BFH v. 8.4.1992 – XI R 37/88, BStBl. II 1992, 812; FG BaWü. v. 17.3.2005 – 14 K 172/00, EFG 2005, 949; ausf. hierzu: *Paus*, DStZ 2006, 336 (337).
6 BFH v. 6.6.2002 – VI R 178/97, BStBl. II 2003, 34; FG Nds. v. 30.11.2016 – 9 K 143/15, EFG 2017, 470.
7 BFH v. 27.5.1993 – VI R 19/92, BStBl. II 1994, 246.

nur vor, soweit der ArbG **nach gesetzlichen (auch ausländ.)**[1] **Vorschriften** oder einer auf gesetzlicher Ermächtigung beruhenden Bestimmung verpflichtet ist. Unter § 3 Nr. 62 S. 1 fallen danach als Ausgaben nach **sozialversicherungsrechtl. Vorschriften** die Beitragsanteile des ArbG zur Krankenversicherung des ArbN[2] (nach § 249 Abs. 1 SGB V bei krankenversicherungspflichtigen ArbN; nach § 257 Abs. 1 SGB V, § 61 Abs. 1 SGB XI bei in der gesetzlichen Krankenversicherung freiwillig versicherten ArbN; nach § 257 Abs. 2 SGB V, § 61 Abs. 2 SGB XI bei ArbN mit privater Kranken- und Pflegeversicherung[3]; nach §§ 8, 8a SGB IV bei geringfügig Beschäftigten; nach § 249 Abs. 2 SGB V zB bei Beziehern v. Kurzarbeitergeld), die Beiträge des ArbG zur gesetzlichen Unfallversicherung (nach § 150 Abs. 1 SGB VII; nicht dagegen Beiträge zu einer Gruppenunfallversicherung[4]), die Beiträge zur gesetzlichen Rentenversicherung (nach § 168 Abs. 1 Nr. 1 SGB VI; nach § 172 Abs. 2 SGB VI zu berufsständischen Versorgungseinrichtungen bei Befreiung v. der gesetzlichen Rentenversicherung), die Beiträge zur Arbeitslosenversicherung nach § 346 SGB III, die Beiträge nach § 6 Abs. 3 SachbezV und die Beiträge nach ausländ. Sozialversicherungsrecht nach Maßgabe v. R 3.50 Abs. 1 S. 2 LStR. Die von einem Schweizer ArbG geleisteten Beiträge an eine Pensionskasse sind lediglich im obligatorischen Bereich nach Maßgabe der in Art. 16 BVG genannten Prozente nach § 3 Nr. 62 S. 1 stfrei.[5] Bei der Frage, ob eine gesetzliche Verpflichtung zur Leistung v. Zuschüssen zur SozVers. besteht, kann sich erneut die Frage nach der ArbN-Eigenschaft des Empfängers stellen, denn eine gesetzliche Verpflichtung zur Leistung v. Zuschüssen besteht nicht, wenn es sich nicht um einen ArbN iSd. Sozialversicherungsrechts handelt.[6] Beherrschende GmbH-Geschäftsführer stehen grds. nicht in einem abhängigen Beschäftigungsverhältnis,[7] beim G'ter-Geschäftsführer – auch mit einer geringen Kapitalbeteiligung – kann es an einer ArbN-Eigenschaft fehlen, wenn er über einen besonderen tatsächlichen Einfluss auf die Ges. verfügt.[8] Ein GmbH-G'ter, der bei der GmbH angestellt ist und nicht zum Geschäftsführer bestellt ist, steht grds. in einem abhängigen Beschäftigungsverhältnis.[9] Allerdings kann die rechtl. bestehende Abhängigkeit durch die tatsächlichen Verhältnisse überlagert sein.[10] Bei Vorstandmitgliedern einer AG kann ein abhängiges Beschäftigungsverhältnis vorliegen, so dass ihnen ein Krankenversicherungszuschuss nach § 257 SGB V und ein Pflegeversicherungszuschuss nach § 61 Abs. 1, 2 SGB XI gezahlt werden kann;[11] nach § 1 S. 4 SGB VI sind allerdings Vorstandsmitglieder nicht versicherungspflichtig.[12] Entscheidungen der Sozialversicherungsbehörden über die Sozialversicherungspflicht sind v. den Finanzbehörden grds. zu respektieren.[13] Selbst bei einer Änderung der Rechtsansicht des Versicherungsträgers hin zum Wegfall der Versicherungspflicht entfällt die Steuerfreiheit nachfolgender Zahlungen nach der Rspr. des BFH erst ab dem Zeitpunkt der Entscheidung.[14] Die Einstufung eines StPfl. als ArbN durch die Krankenkasse entfaltet aber keine Bindungswirkung iSv. § 175 Abs. 1 Nr. 1 AO.[15] Gesetzliche Verpflichtungen **nach anderen als sozialversicherungsrechtl. Bestimmungen** ergeben sich hinsichtlich der Beiträge nach § 10 BetrAVG an den Träger der Insolvenzsicherung oder der Beiträge nach § 4 Abs. 2 ElternteilzeitVO. Eine Verpflichtung nach „einer auf gesetzlicher Ermächtigung beruhenden Bestimmung" kann sich aus einer zwischenstaatlichen Vereinbarung ergeben, wenn diese Vereinbarung selbst auf einer gesetzlichen Bestimmung iSd. Nr. 62 S. 1 Alt. 3 beruht und die Vereinbarung die ArbG inhaltlich zum Abschluss einer Krankenversicherung verpflichtet.[16] **Keine Befreiung** besteht für Leistungen, die freiwillig, aufgrund

1 BFH v. 18.5.2004 – VI R 11/01, BStBl. II 2004, 1014; vgl. auch FG Düss. v. 6.4.2006 – 15 K 3630/04, EFG 2006, 1495.
2 BFH v. 22.7.2008 – VI R 56/05, BStBl. II 2008, 894; R 3.62 LStR; FG München v. 9.3.2018 – 6 K 2641/17, EFG 2018, 1030 (rkr.).
3 Beachte allerdings FG Köln v. 7.12.2004 – 1 K 1393/99, EFG 2006, 561 (zu Zuschüssen zur privaten Krankenversicherung eines ArbN mit Wohnsitz in den Niederlanden).
4 FG Hess. v. 24.3.1992 – 4 K 1112/88, EFG 1993, 56.
5 FG BaWü. v. 28.4.2010 – 3 K 4156/08, EFG 2011, 1716 mwN; BFH v. 25.1.2017 – X R 51/14, BFH/NV 2017, 1015; v. 1.10.2015 – X R 43/11, BStBl. II 2016, 685.
6 FG BaWü. v. 8.9.1994 – 3 K 285/88, EFG 1995, 194; FG Hess. v. 2.7.1996 – 2 K 1187/94, EFG 1996, 1201; FG BaWü. v. 20.9.1996 – 9 K 65/92, EFG 1997, 393.
7 BFH v. 10.10.2002 – VI R 95/99, BStBl. II 2002, 886; FG SachsAnh. v. 1.6.2001 – 1 K 105/98, EFG 2001, 1486; FG BaWü. v. 30.11.2000 – 14 K 124/99, EFG 2001, 533.
8 FG Düss. v. 17.12.1993 – 14 K 5416/91 H (L), EFG 1994, 566; BSG v. 14.12.1999 – B 2 U 48/98 R, HFR 2001, 287; vgl. auch FG BaWü. v. 13.12.2000 – 14 K 124/99, EFG 2001, 553.
9 BFH v. 2.12.2005 – VI R 16/03, BFH/NV 2006, 544.
10 BFH v. 2.12.2005 – VI R 16/03, BFH/NV 2006, 544; FG BaWü. v. 8.9.1994 – 3 K 285/88, EFG 1995, 194; FG Hess. v. 2.7.1996 – 2 K 1187/94, EFG 1996, 1201.
11 FinMin. BaWü. v. 8.8.1997, DStR 1997, 1405; aber FG Nds. v. 25.3.2003 – 15 K 642/99, EFG 2004, 184 (idR keine Beschäftigten iSv. § 7 Abs. 1 SGB IV); ebenso FG Köln v. 15.12.2005 – 10 K 2143/04, EFG 2006, 953.
12 FinMin. BaWü. v. 8.8.1997, DStR 1997, 1405; FG BaWü. v. 15.2.2000 – 1 K 38/96, EFG 2000, 542.
13 BFH v. 6.6.2002 – VI R 178/97, BStBl. II 2003, 34; v. 21.1.2010 – VI R 52/08, BStBl. II 2010, 703.
14 BFH v. 21.1.2010 – VI R 52/08, BStBl. II 2010, 703.
15 FG Nds. v. 22.5.2003 – 10 K 535/99, EFG 2004, 469.
16 BFH v. 14.4.2011 – VI R 24/10, BStBl. II 2011, 767 (769).

eines Tarifvertrags,[1] einer Tarifordnung,[2] einer Betriebsvereinbarung oder eines Einzelarbeitsvertrags erbracht werden.[3] Nr. 62 S. 1 setzt voraus, dass es sich bei den Ausgaben des ArbG für die Zukunftssicherung des ArbN nicht um Zuwendungen oder Beiträge des ArbG nach **Nr. 56, Nr. 63 oder Nr. 63a** handelt. Durch das BetriebsrentenstärkungsG v. 17.8.2017[4] wurde neben den Verweisen auf Nr. 65 und Nr. 63 auch der Verweis auf die Neuregelung der Nr. 63a in Nr. 62 aufgenommen.[5] Nr. 63a befreit Sicherungsbeiträge des ArbG nach § 23 Abs. 1 BetrAVG, soweit sie nicht unmittelbar dem einzelnen ArbN gutgeschrieben oder zugerechnet werden. Diese Beiträge sollen nicht unter Nr. 62, sondern ausschließlich unter Nr. 63a fallen.[6] In den Fällen der Nr. 56, 63 und 63a unterliegen die späteren Versorgungsleistungen nach § 22 Nr. 5 der vollen nachgelagerten Besteuerung. Demgegenüber sind Beiträge des ArbG für die Zukunftssicherung des ArbN, zu denen der ArbG gesetzlich verpflichtet ist, ohne betragsmäßige Begrenzung befreit. Die späteren Versorgungsleistungen werden, soweit sie die Voraussetzung des § 10 Abs. 1 Nr. 2 lit. b erfüllen, in die vollständige nachgelagerte Besteuerung überführt, ansonsten nach § 22 Nr. 1 S. 3 lit. a, bb) mit dem Ertragsanteil besteuert. Der Gesetzgeber hat einen Vorrang der Steuerbefreiung nach Nr. 56, 63 und 63a vor Nr. 62 bestimmt. Es soll sichergestellt werden, dass Versorgungsleistungen, die aus Zuwendungen und Beiträgen iSv. Nr. 56, 63 oder 63a resultieren, der vollen nachgelagerten Besteuerung unterliegen. Außerdem soll die Steuerfreiheit nach Nr. 62 auch dann ausgeschlossen sein, wenn die Höchstbeträge nach Nr. 56, 63 oder 63a ausgeschöpft sind.[7]

Nr. 62 S. 2 stellt die v. **der Rentenversicherungspflicht befreiten** ArbN den rentenversicherungspflichtigen ArbN gleich. Der ArbN muss „v. der Versicherungspflicht befreit" worden sein.[8] Keine Steuerbefreiung besteht, wenn der ArbN kraft G versicherungsfrei ist.[9] Bei Vorstandsmitgliedern handelt es sich nicht um von der gesetzlichen Versicherungspflicht befreite ArbN; sie gehören vielmehr zu dem kraft Gesetzes nicht versicherungspflichtigen Personenkreis.[10] Ebenso genügt es nicht, wenn zwar in der Vergangenheit eine Befreiung erfolgt ist, dieser Versicherungsstatus aber nicht mehr fortbesteht, zB ein ArbN nach der versicherungsrechtl. Befreiung zum Vorstandsmitglied einer AG bestellt wird und als solcher nicht versicherungspflichtig ist.[11] Begünstigt sind nur Zuschüsse zu **Aufwendungen für eine Lebensversicherung, für die freiwillige Versicherung in der gesetzlichen Rentenversicherung und für eine öffentl.-rechtl. Versicherungs- oder Versorgungseinrichtung** seiner Berufsgruppe. 163

Nr. 62 S. 3 begrenzt die Befreiung entspr. dem Grundgedanken, ArbN unabhängig v. der Versicherungspflicht gleich zu behandeln.[12] **Nr. 62 S. 4** regelte in der Vergangenheit, dass Nr. 62 S. 2 und 3 sinngemäß für Beiträge des ArbG zur Pensionskasse gelten, wenn der ArbN bei diesem ArbG nicht im Inland beschäftigt ist und der ArbG keine Beiträge zur gesetzlichen Rentenversicherung im Inland leistet. Diese Regelung sollte eine Benachteiligung der Grenzgänger zur Schweiz verhindern. Nr. 62 S. 4 wurde durch das BetriebsrentenstärkungsG v. 17.8.2017[13] aufgehoben, da die Regelung durch verschiedene Gesetzesänderungen sowie die BFH-Rspr. zwischenzeitlich überholt war.[14] Die Beiträge zur ersten Säule des schweizerischen Altersvorsorgesystems (staatliche Vorsorge-AHV IV) und zur zweiten Säule (berufliche Vorsorge-Pensionskassen), soweit zu ihnen eine Verpflichtung besteht, sind nach Nr. 62 S. 1 stfrei.[15] Eine zusätzliche 163a

1 BFH v. 7.5.2009 – VI R 8/07, BStBl. II 2010, 194; FG BaWü. v. 27.5.2004 – 8 K 266/01, EFG 2004, 1505; FG Düss. v. 6.4.2006 – 15 K 3630/04 H (L), EFG 2006, 1495; anders dagegen für den Fall der Allgemeinverbindlichkeitserklärung BFH v. 13.9.2007 – VI R 16/06, BStBl. II 2008, 394.
2 BFH v. 7.5.2009 – VI R 8/07, BStBl. II 2010, 194, 198 (Umlagezahlungen an die VBL); BFH v. 6.11.1970 – VI 385/65, BStBl. II 1971, 22; FG Berlin v. 5.5.1998 – 5305/96, EFG 1998, 1570; **aA** FG Sachs. v. 20.6.2001 – 7 K 2353/99, EFG 2001, 1264; vgl. allerdings BFH v. 13.9.2007 – VI R 16/06, BStBl. II 2008, 394; v. 27.6.2006 – IX R 77/01, BFH/NV 2006, 2242.
3 Zu Leistungen eines inländ. ArbG an ausländ. ArbN auf vertraglicher Grundlage und einem fehlenden Verstoß gegen EU-Recht: BFH v. 28.5.2009 – VI R 27/06, BStBl. II 2009, 857.
4 BGBl. I 2017, 3214.
5 BT-Drucks. 18/11286, 21.
6 BT-Drucks. 18/11286, 59.
7 BT-Drucks. 16/10189, 63.
8 Zu den verschiedenen Befreiungsmöglichkeiten: R 3.62 Abs. 3 S. 1 LStR.
9 BFH v. 9.10.1992 – VI R 47/91, BStBl. II 1993, 169 (170); R 3.62 Abs. 3 S. 2 LStR; FG SchlHol. v. 12.5.1999 – III 1146/94, EFG 1999, 760.
10 BFH v. 24.9.2013 – VI R 8/11, BStBl. II 2014, 124 = FR 2014, 75 mwN.
11 BFH v. 10.10.2002 – VI R 95/99, BStBl. II 2002, 886; FG Düss. v. 20.8.1993 – 6 V 3068/93 A(E), EFG 1994, 283; FG BaWü. v. 15.2.2000 – 1 K 38/96, EFG 2000, 542.
12 Zur Änderung v. § 3 Nr. 62 S. 3 durch das RVOrgG infolge der Neuorganisation der gesetzlichen Rentenversicherung: BT-Drucks. 15/3654, 91.
13 BGBl. I 2017, 3214.
14 BT-Drucks. 18/11286, 60.
15 BT-Drucks. 18/11286, 60.

Steuerfreiheit nach Nr. 62 S. 4 in den Grenzen der Nr. 62 S. 3 könne – so die Gesetzesbegründung – nur noch dann in Betracht kommen, wenn der Anrechnungsbetrag nach Nr. 62 S. 1 sehr niedrig sei. Das sei wg. der weitreichenden Steuerfreiheit der ArbG-Beiträge nach Nr. 62 S. 1 praktisch nicht mehr der Fall.[1] Der Gesetzgeber hielt eine Aufhebung von Nr. 65 S. 4 auch deshalb für geboten, weil die überobligatorischen Leistungen keiner nachgelagerten Besteuerung unterliegen und die Beiträge daher aus systematischen und Gleichbehandlungsgründen nicht stfrei sein dürften.[2]

§ 3 Nr. 63 [Beiträge des Arbeitgebers an Pensionsfonds, Pensionskassen oder für Direktversicherungen]

Beiträge des Arbeitgebers aus dem ersten Dienstverhältnis an einen Pensionsfonds, eine Pensionskasse oder für eine Direktversicherung zum Aufbau einer kapitalgedeckten betrieblichen Altersversorgung, bei der eine Auszahlung der zugesagten Alters-, Invaliditäts- oder Hinterbliebenenversorgungsleistungen entsprechend § 82 Absatz 2 Satz 2 vorgesehen ist, soweit die Beiträge im Kalenderjahr 8 Prozent der Beitragsbemessungsgrenze in der allgemeinen Rentenversicherung nicht übersteigen. ²Dies gilt nicht, soweit der Arbeitnehmer nach § 1a Absatz 3 des Betriebsrentengesetzes verlangt hat, dass die Voraussetzungen für eine Förderung nach § 10a oder Abschnitt XI erfüllt werden. ³Aus Anlass der Beendigung des Dienstverhältnisses geleistete Beiträge im Sinne des Satzes 1 sind steuerfrei, soweit sie 4 Prozent der Beitragsbemessungsgrenze in der allgemeinen Rentenversicherung, vervielfältigt mit der Anzahl der Kalenderjahre, in denen das Dienstverhältnis des Arbeitnehmers zu dem Arbeitgeber bestanden hat, höchstens jedoch zehn Kalenderjahre, nicht übersteigen. ⁴Beiträge im Sinne des Satzes 1, die für Kalenderjahre nachgezahlt werden, in denen das erste Dienstverhältnis ruhte und vom Arbeitgeber im Inland kein steuerpflichtiger Arbeitslohn bezogen wurde, sind steuerfrei, soweit sie 8 Prozent der Beitragsbemessungsgrenze in der allgemeinen Rentenversicherung, vervielfältigt mit der Anzahl dieser Kalenderjahre, höchstens jedoch zehn Kalenderjahre, nicht übersteigen;

Verwaltung: BMF v. 6.12.2017, BStBl. I 2018, 147.

Literatur: *Bick/Strohner*, Grundzüge der betrieblichen Altersversorgung nach den Änderungen durch das Alterseinkünftegesetz, DStR 2005, 1033; *Birk*, Verfassungsfragen der Neuregelung der betrieblichen Altersversorgung, BB 2002, 229; *Friedrich/Weigel*, Die steuerliche Behandlung verschiedener Finanzierungsmodelle bei der Auslagerung unmittelbarer Versorgungszusagen und Unterstützungskassenzusagen auf einen Pensionsfonds, DB 2004, 2282; *Koss*, Entwurf des Betriebsrentenstärkungsgesetzes, DB 2017, 391; *Niermann*, Alterseinkünftegesetz – Die steuerlichen Änderungen in der betrieblichen Altersversorgung, DB 2004, 1449; *Plenker*, Steuer- und sozialversicherungsrechtliche Besonderheiten bei der bAV aufgrund des Betriebsrentenstärkungsgesetzes ab 1.1.2018, DB 2018, 81; *Wellisch/Näth*, Änderungen bei der betrieblichen Altersvorsorge durch das Alterseinkünftegesetz unter Berücksichtigung des BMF-Schreibens v. 17.11.2004, BB 2005, 18.

164 Das AVmG fördert die private Altersvorsorge durch eine progressionsunabhängige Zulage nach §§ 79 ff. und einen zusätzlichen SA-Abzug nach § 10a. Zugleich unterstützt das AVmG die bAV, wobei es die Direktzusage, die Unterstützungskasse, die Pensionskasse, die DirektVers. und den Pensionsfonds als Durchführungswege vorsieht. Nr. 63 befreit, um den Aufbau der Alterssicherung iRd. betrieblichen Altersvorsorge zu unterstützen, ArbG-Beiträge (auch aufgrund v. Entgeltumwandlungen) an eine Pensionskasse, einen Pensionsfonds und eine DirektVers. (auch in anderen EU-Staaten und ggf. Drittstaaten).[3] Bei Direktzusagen und Beiträgen an eine Unterstützungskasse bedurfte es keiner Steuerbefreiung und einer Regelung über eine nachgelagerte Besteuerung, da hier der lohnstl. Zufluss ohnehin erst im Zeitpunkt der Auszahlung angenommen wird. Eine **Pensionskasse** ist nach § 1b Abs. 3 BetrAVG eine v. ArbG unabhängige rechtsfähige Versorgungseinrichtung, die dem ArbN oder seinen Hinterbliebenen Rechtsanspr auf künftige Leistungen einräumt.[4] Zuwendungen des ArbG sind nach Maßgabe des § 4c als BA abzugsfähig. Die Beitragsleistungen sind beim ArbN grds. (ohne § 3 Nr. 63) sofort zufließender stpfl. Arbeitslohn.[5] Die späteren Leistungen aus der Pensionskasse werden grds. nach § 22 Nr. 1 S. 3 mit dem Ertragsanteil besteuert. Ein **Pensionsfonds** ist nach § 236 AVG eine rechtsfähige Versorgungseinrichtung, die im Wege des

1 BT-Drucks. 18/11286, 60.
2 BT-Drucks. 18/11286, 60.
3 Hierzu iErg. OFD Rheinland v. 6.4.2011, DStZ 2011, 809.
4 FG SchlHol. v. 5.11.2008 – 2 K 5/07, EFG 2009, 270 (271 zu Zusatzversorgungseinrichtungen des öffentl. Dienstes).
5 BFH v. 12.9.2001 – VI R 154/99, BStBl. II 2002, 22; v. 9.12.2010 – VI R 57/08, DB 2011, 688.

Kapitaldeckungsverfahrens Leistungen der bAV für einen oder mehrere ArbG zugunsten von ArbN erbringt, die Höhe der Leistungen oder die Höhe der für diese Leistungen zu entrichtenden künftigen Beiträge nicht für alle vorgesehenen Leistungsfälle durch versicherungsförmige Garantien zusagen darf, den ArbN einen eigenen Anspr. auf Leistung gegen den Pensionsfonds einräumt und verpflichtet ist, Altersvorsorgeleistungen als lebenslange Zahlung oder als Einmalkapitalzahlung zu erbringen. Als Rechtsformen sind nach § 237 Abs. 3 Nr. 1 VAG nur die AG und der Pensionsfondsverein auf Gegenseitigkeit vorgesehen. Die Beiträge des ArbG sind nach Maßgabe des § 4e Abs. 1, 2 als BA abzugsfähig. Die Leistungen des ArbG sind beim ArbN grds. (ohne § 3 Nr. 63) nach § 19 Abs. 1 S. 1 Nr. 3 S. 1 stpfl. Arbeitslohn, da der ArbN ggü. dem Pensionsfonds einen unmittelbaren Rechtsanspr auf Versorgung erhält. Die späteren Leistungen des Pensionsfonds sind mit dem Ertragsanteil stpfl. Bei einer **DirektVers.** leistet der ArbG Beiträge an ein Versicherungsunternehmen. Der ArbN erhält einen Rechtsanspr gegen das Versicherungsunternehmen mit der Folge, dass ihm iHd. Beiträge nach § 19 Abs. 1 S. 1 Nr. 3 S. 1 Arbeitslohn zufließt. Befreit sind nur die Beiträge **„zum Aufbau einer kapitalgedeckten betrieblichen Altersversorgung“**[1] (vgl. allerdings § 3 Nr. 56 zur Begünstigung der umlagefinanzierten Altersversorgung). Eine „betriebliche“ Altersversorgung liegt nach § 1 BetrAVG vor, wenn der ArbN aus Anlass seines Arbverh. v. ArbG Leistungen zur Absicherung mindestens eines biometrischen Risikos (Alter, Tod, Invalidität) zugesagt bekommt und Anspr. auf diese Leistungen erst mit dem Eintritt des biometrischen Ereignisses fällig werden.[2] Im Falle einer Kombination v. Umlage- und Kapitaldeckungsverfahren sind nur diejenigen Beiträge nach Nr. 63 (vgl. aber Nr. 56) stfrei, die im Kapitaldeckungsverfahren erhoben werden (getrennte Verwaltung und Abrechnung beider Vermögensmassen; Trennungsprinzip).[3] Begünstigt sind nur die Beiträge zum Aufbau einer kapitalgedeckten bAV, bei der eine Auszahlung **entspr. § 82 Abs. 2 S. 2** vorgesehen ist. Das G zur Vermeidung von Umsatzsteuerausfällen beim Handel mit Waren im Internet und zur Änderung weiterer stl. Vorschriften v. 11.12.2018 hat in § 82 Abs. 2 S. 2 den vorherigen Verweis auf § 1 Abs. 1 S. 1 Nr. 4 AltZertG durch eine eigenständige neue Regelung der für die bAV erforderlichen Vorgaben hinsichtlich der Auszahlungsformen ersetzt und hat, um inhaltliche Doppelungen zu vermeiden, sowohl in § 3 Nr. 56 als auch in § 3 Nr. 63 auf § 82 Abs. 2 S. 2 verwiesen (vgl. Rn. 155).[4] Mit dem Wort „vorgesehen“ wollte der Gesetzgeber zum Ausdruck bringen, dass eine Steuerbefreiung nur dann ausgeschlossen ist, wenn ausschließlich eine Einmalkapitalauszahlung erfolgen soll. Die Option, statt Rentenleistungen eine Einmalkapitalauszahlung zu wählen, sollte die Steuerfreiheit nicht v. vornherein ausschließen.[5] Der BFH hat es allerdings in einer Entsch. v. 20.9.2016 als zweifelh. angesehen, ob die Voraussetzungen der Steuerbefreiung auch bei Vereinbarung eines Kapitalwahlrechts erfüllt sind. Nr. 63 setze voraus, dass die Auszahlung „in Form einer Rente oder eines Auszahlungsplans“ vorgesehen sei. Damit stehe ein Kapitalwahlrecht außerhalb der aufgeführten Auszahlungsformen.[6] Nr. 63 befreit die **Beiträge des ArbG** (lfd. oder Einmalbeiträge) an eine Pensionskasse, einen Pensionsfonds oder eine DirektVers. mit der Folge, dass die späteren Leistungen, soweit sie auf den stfrei belassenen Beiträgen beruhen, nach § 22 Nr. 5 besteuert werden (zur Übergangsregelung bei „Bestandsrentnern“: § 52 Abs. 34b). „Beiträge des ArbG“ sind alle Beiträge, die v. ArbG als Versicherungsnehmer selbst geschuldet und an die Versorgungseinrichtung geleistet werden. Für die Qualifizierung einer Zahlung als Beitrag des ArbG ist die versicherungsvertragliche Außenverpflichtung maßgeblich. Es kommt dagegen nicht darauf an, wer die Versicherungsbeiträge finanziert, dh durch sie wirtschaftlich belastet wird. So können auch Finanzierungsanteile der ArbN, die in dem Gesamtversicherungsbeitrag des ArbG an eine Pensionskasse enthalten sind, als ArbG-Beiträge nach Nr. 63 stfrei sein.[7] Stfrei sind sowohl die Beiträge des ArbG, die zusätzlich zum ohnehin geschuldeten Arbeitslohn erbracht werden, als auch Beiträge des ArbG, die durch Gehaltsumwandlung des ArbN finanziert werden.[8] Keine Beiträge des ArbG liegen vor, wenn der ArbN Eigenbeiträge aus dem Arbeitsentgelt erbringt.[9] Dies gilt auch, wenn sie v. ArbG abgeführt werden.[10] Die Steuerfreiheit besteht nur, wenn der v. ArbG gezahlte Beitrag nach bestimmten individuellen Kriterien dem einzelnen ArbN zugeordnet wird (keine Durchschnittsfinanzierung).[11]

1 BFH v. 7.5.2009 – VI R 8/07, BStBl. II 2010, 198 (zu Umlagezahlungen an die VBL).
2 Ausf. BMF v. 17.11.2004, BStBl. I 2004, 1065 Tz. 154 ff.; BMF v. 31.3.2010, BStBl. I 2010, 270 Tz. 247.
3 BT-Drucks. 15/2150, 32; vgl. auch *Niermann*, DB 2004, 1449 (1450).
4 BGBl. I 2018, 2338; BR-Drucks. 372/18, 39.
5 *Wellisch/Näth*, BB 2005, 18 (19) – auch zu den Folgen der Auszahlung als Einmalkapital.
6 BFH v. 20.9.2016 – X R 23/15, BStBl. II 2017, 347 = FR 2017, 437.
7 BFH v. 9.12.2010 – VI R 57/08, BStBl. II 2011, 978; v. 9.12.2010 – VI R 23/09, BFH/NV 2011, 972.
8 FG SchlHol. v. 5.11.2008 – 2 K 5/07, EFG 2009, 270 (271).
9 FG SchlHol. v. 5.11.2008 – 2 K 5/07, EFG 2009, 270 (271).
10 FG Köln v. 19.3.2009 – 2 K 659/07, EFG 2009, 1105 m. Anm. v. *Herlinghaus*.
11 BMF v. 17.11.2004, BStBl. I 2004, 1065 Tz. 172; BMF v. 31.3.2010, BStBl. I 2010, 270 Tz. 267; *Niermann*, DB 2004, 1449 (1450).

165 Befreit werden Beiträge **„aus dem ersten Dienstverhältnis“**. Diese Begrenzung soll die einfache und unbürokratische Anwendung der Steuerbefreiung sichern. Unter einem ersten Dienstverhältnis – so die Gesetzesbegründung – sei eine Beschäftigung zu verstehen, für die die LSt nicht nach der StKl VI zu erheben sei (§ 38b S. 2 Nr. 6). Für die Auslegung des Tatbestandsmerkmals des „ersten Dienstverhältnisses“ lässt sich an die Auslegung des entspr. Tatbestandsmerkmals in § 40b Abs. 2 S. 1 anknüpfen („nicht aus einem ersten Dienstverhältnis bezogen werden“). Der BFH hat hierzu entschieden, nach § 38b S. 2 Nr. 6 gelte die StKl VI für die Einbehaltung der LSt aus dem zweiten und weiteren Dienstverhältnis. Dem ArbN stehe ein Bestimmungsrecht zu, dass ein bestimmtes Dienstverhältnis sein zweites oder weiteres und mithin nicht sein erstes sein solle. Diese Ausübung des Bestimmungsrechts nach § 38b S. 2 Nr. 6 sei für den ArbG auch für die Pauschalierung der LSt nach § 40b bindend.[1] Ob ein erstes Dienstverhältnis vorliegt, ist dem ArbG über die abgerufenen ELStAM-Daten bekannt.[2] Bei dem ersten Dienstverhältnis kann es sich auch um ein weiter bestehendes Dienstverhältnis ohne Anspr. auf Arbeitslohn handeln (zB während der Elternzeit, der Pflegezeit oder des Bezugs von Krankengeld).[3] Hat der ArbN im Falle einer geringfügigen Beschäftigung für ein erstes Dienstverhältnis eine Freistellungsbescheinigung (§ 39a Abs. 6 aF) vorgelegt oder wird die pauschale LSt nach § 40a erhoben, soll – so die Gesetzesbegründung – die Steuerbefreiung nach § 3 Nr. 63 auch möglich sein.[4] In diesen Fällen soll, da die ELStAM nicht abgerufen werden können, mittels Erklärung des ArbN dokumentiert werden, dass es sich um ein erstes Dienstverhältnis handelt.[5]

166 Die Befreiung besteht nur für Beiträge, **soweit sie im Kj. 8 % der Beitragsbemessungsgrenze in der allg. Rentenversicherung**[6] nicht übersteigen.[7] Diese Höchstgrenze entspr. den SA-Höchstbeträgen nach § 10a Abs. 1 und dem Mindesteigenbeitrag nach § 86 Abs. 1 in der sog. Endstufe ab dem VZ 2008 und dem Entgeltumwandlungsbetrag nach § 1a BetrAVG. Bis zu der Neuregelung durch das BetriebsrentenstärkungsG v. 17.8.2017[8] betrug die Höchstgrenze 4 % der Beitragsbemessungsgrenze. Außerdem erhöhte sich der Höchstbetrag nach § 3 Nr. 63 S. 3 aF um 1 800 Euro, wenn die Beiträge aufgrund einer Versorgungszusage geleistet wurden, die nach dem 31.12.2004 erteilt wurde. Das BetriebsrentenstärkungsG hat die Angabe „4 %“ durch die Angabe „8 %“ ersetzt und den zusätzlichen Höchstbetrag von 1 800 Euro gestrichen. Diese Zusammenfassung – so die Begr. – führe zu einer erheblichen Vereinfachung im Lohnabzugsverfahren.[9] Die Höchstgrenze von 8 % der Beitragsbemessungsgrenze führt bei einer Beitragsbemessungsgrenze von 76 200 Euro (= Wert für 2017) zu einem stfreien Höchstbetrag von 6 096 Euro (= 76 200 Euro × 8 %). Bei Beiträgen an Pensionskassen und -fonds besteht ein Wahlrecht, welche Beiträge stfrei bleiben sollen. Aufgrund des AltEinkG ist die Voraussetzung entfallen, dass die Beiträge **„insgesamt“** im Kj. die Beitragsbemessungsgrenze nicht überschreiten dürfen, durch die das Fördervolumen bei ArbG-Wechsel je Kj. begrenzt wurde. Der Gesetzgeber hat die Steuerbefreiung auf eine arbeitgeberbezogene Betrachtung umgestellt und so die Handhabung in Fällen des ArbG-Wechsels vereinfacht. Der ArbN kann zwar – so die Gesetzesbegründung –, wenn er sein erstes Dienstverhältnis im Laufe des Kj. wechsele (nicht bei Gesamtrechtsnachfolge oder Betriebsübergang nach § 613a BGB), im neuen Dienstverhältnis den Höchstbetrag des § 3 Nr. 63 erneut in Anspr. nehmen.[10] Anders als § 3 Nr. 63 S. 1 bestimmt allerdings § 2 Abs. 2 Nr. 5 ArbEntGVO, dass die Befreiung weiterhin nur „insgesamt“ im Kj. zur Anwendung kommt. Im Falle eines ArbG-Wechsels muss der neue ArbG damit im Hinblick auf ein sozialversicherungsrechtl. Haftungsrisiko weiterhin prüfen, ob und in welcher Höhe die Steuerfreiheit nach § 3 Nr. 63 ausgeschöpft wurde.[11] Soweit der Beitrag über 8 % der Beitragsbemessungsgrenze hinausgeht, kann die Förderung durch Zulage und SA-Abzug nach §§ 10a, 79 ff. in Anspr. genommen werden, wenn der Beitrag individuell (nicht pauschal nach § 40b) versteuert wird und der Beitragserhebung unterworfen wird. Welche Bedeutung der Begrenzung auf 8 % der Beitragsbemessungsgrenze zukommt, hängt vor allem davon ab, ob die Steuerbefreiung nach Nr. 66 auf eine einmalige Anwendung beschränkt ist (Rn. 177). Besteht eine solche Beschränkung

1 BFH v. 12.8.1996 – VI R 27/96, BStBl. II 1997, 143.
2 BT-Drucks. 18/11286, 61.
3 *Plenker*, DB 2018, 81.
4 BT-Drucks. 14/5150, 34.
5 BMF v. 6.12.2017, BStBl. I 2018, 147 Rz. 24.
6 Zur Änderung v. § 3 Nr. 63 S. 1 durch das RVOrgG infolge der Neuorganisation der gesetzlichen Rentenversicherung: BT-Drucks. 15/3654, 91; Zur Maßgeblichkeit der Bemessungsgrenze für alle Bundesländer: BT-Drucks. 14/5146, 143; BT-Drucks. 14/5150, 43; BMF v. 17.11.2004, BStBl. I 2004, 1065 Tz. 173; BMF v. 31.3.2010, BStBl. I 2010, 270 Tz. 268.
7 Zur Verneinung von Arbeitslohn bei Zahlungen des ArbG, die nicht zur Finanzierung der Versorgungsanwartschaft des ArbN verwendet werden: FG Münster v. 28.5.2009 – 11 K 1990/05 E, EFG 2009, 1533.
8 BGBl. I 2017, 3214.
9 BT-Drucks. 18/11286, 60.
10 BT-Drucks. 15/2150, 32 f.
11 *Seifert*, GStB 2004, 239 (257).

nicht, können Mittel in nahezu beliebigem Umfang stfrei an Pensionsfonds abgeführt werden, indem der ArbG dem ArbN zunächst eine Pensionszusage erteilt, um dann die Versorgungsanwartschaft gem. Nr. 66 auf einen Pensionsfonds zu übertragen. Die Höchstgrenze der Nr. 63 dürfte bei Einmalzahlungen des ArbG zur Deckung eines Fehlbetrags zu Problemen führen.

Nach **§ 3 Nr. 63 S. 2** scheidet eine Steuerbefreiung aus, soweit der ArbN nach § 1a Abs. 3 BetrAVG die individuelle Besteuerung der Beiträge zur bAV verlangt hat, um die Möglichkeiten der staatlichen Förderung nach §§ 10a, 79 ff. in Anspr. nehmen zu können. Eine Steuerbefreiung ist schon dann ausgeschlossen, wenn der ArbN „verlangt hat", dass die Voraussetzungen nach § 10a oder §§ 79 ff. erfüllt werden, nicht erst dann, wenn tatsächlich ein SA-Abzug vorgenommen oder die Zulage gewährt wird – allerdings nur, „soweit" er sein Verlangen gestellt hat, also uU nur für einen Teilbetrag. 167

Nr. 63 S. 3 eröffnet die Möglichkeit, Abfindungszahlungen oder Wertguthaben aus Arbeitszeitkonten stfrei für den Aufbau einer kapitalgedeckten bAV zu nutzen. Der Gesetzgeber wollte hiermit einen Ersatz für den Wegfall v. § 40b und damit auch der bisherigen Vervielfältigungsregelung (§ 40b Abs. 2 S. 3 und 4) schaffen.[1] Beiträge, die der ArbG für den ArbN aus Anlass der Beendigung des Dienstverhältnisses an Pensionskassen, Pensionsfonds oder für DirektVers. erbracht hat, sind stfrei, soweit sie 4 % der Beitragsbemessungsgrenze in der allg. Rentenversicherung, vervielfältigt mit der Anzahl der Kj., in denen das Dienstverhältnis des ArbN zu dem ArbG bestanden hat, höchstens jedoch 10 Kj., nicht übersteigen.[2] Durch das BetriebsrentenstärkungsG v. 17.8.2017[3] wurde die bis dahin vorgesehene Gegenrechnung der nach Nr. 63 stfreien Beträge, die der ArbG in den letzten sieben Jahren erbracht hat, gestrichen.[4] 168

Durch das BetriebsrentenstärkungsG[5] wurde **Nr. 63 S. 4** neu gefasst. Dieser sieht nunmehr vor, dass Beiträge steuerbegünstigt nachgezahlt werden können. Der Gesetzgeber wollte mit dieser Neuregelung der Tatsache Rechnung tragen, dass durch Zeiten, in denen im Inland bei ruhendem Dienstverhältnis kein stpfl. Arbeitslohn bezogen wird, häufig Lücken in der bAV entstehen, zB bei Entsendung ins Ausland, bei Elternzeit oder einem Sabbatjahr. Für alle Nachzahlungen gilt einheitlich die Beitragsbemessungsgrenze des Jahres der Zahlung.[6] Nach Nr. 63 S. 4 sind **„Beiträge iSd. S. 1"** stfrei, dh., es muss sich um Beiträge aus dem ersten Dienstverhältnis handeln. Der Nachweis, dass ein erstes Dienstverhältnis vorliegt, ist vom ArbG zu führen, zB über die abgerufenen ELStAM-Daten.[7] Es muss sich um Beiträge an einen Pensionsfonds, eine Pensionskasse oder für eine Direktversicherung handeln. Sie müssen dem Aufbau einer kapitalgedeckten bAV dienen. Es muss zudem eine Auszahlung entspr. § 82 Abs. 2 S. 2 vorgesehen sein. Die Beiträge müssen **„nachgezahlt"** werden für vergangene Kj. Allerdings ist nicht jede Nachzahlung für vergangene Dienstjahre begünstigt wie in den Fällen von Nr. 63 S. 3. Begünstigt ist nur die Nachzahlung für Kj., in denen das erste **Dienstverhältnis ruhte** und vom ArbG im Inland **kein stpfl. Arbeitslohn** gezahlt wurde. Nr. 63 S. 4 entspricht insoweit dem gesetzgeberischen Anliegen, die Möglichkeit zu bieten, „Versorgungslücken" in der bAV zu schließen. In der Gesetzesbegründung wird Nr. 63 S. 4 als **Jahres-Regelung** verstanden, dh., es sollen nur Kj. zu berücksichtigen sein, in denen vom ArbG im Inland vom 1.1. bis zum 31.12. kein stpfl. Arbeitslohn bezogen wurde. Es sollen dabei auch Kj. vor 2018 berücksichtigt werden, sofern die Nachzahlung ab dem 1.1.2018 (dem Inkrafttreten der Neuregelung der Nr. 63 S. 4) erfolgt.[8] Die Begrenzung der Nachzahlung auf **zehn Kalenderjahre** soll der Begrenzung der Steuerausfälle dienen.[9] Die FinVerw. vertritt die Auffassung, die Nachholung müsse im **Zusammenhang mit dem Ruhen** des Dienstverhältnisses stehen. Von einem solchen Zusammenhang könne ausgegangen werden, wenn die Beiträge spätestens bis zum Ende des Kj., das auf das Ende der Ruhensphase folgt, nachgezahlt werden.[10] Die Nachholung könne in einem Betrag oder in mehreren Teilbeträgen erfolgen.[11] Diese Auffassung stößt auf Bedenken. Es ist nicht plausibel, warum eine Nachzahlung zum Schließen einer Versorgungslücke nicht auch mehrere Jahre später noch möglich sein soll. 169

Stfrei nachgezahlt werden können Beiträge bis zu **8 % der Beitragsbemessungsgrenze** in der allg. Rentenversicherung, vervielfältigt mit der Anzahl der Kj., in denen das Dienstverhältnis ruhte und vom ArbG im 169a

1 BT-Drucks. 15/2150, 33; zum Ausschluss der Inanspruchnahme beider Regelungen: § 52 Abs. 6 S. 3.
2 BMF v. 6.12.2017, BStBl. I 2018, 147 Rz. 44.
3 BGBl. I 2017, 3214.
4 BT-Drucks. 18/11286, 61.
5 G v. 17.8.2017, BGBl. I 2017, 3214.
6 BT-Drucks. 18/11286, 61.
7 BMF v. 6.12.2017, BStBl. I 2018, 147 Rz. 47.
8 BT-Drucks. 18/11286, 61.
9 BT-Drucks. 18/11286, 61.
10 BMF v. 6.12.2017, BStBl. I 2018, 147 Rz. 40; *Plenker*, DB 2018, 81 (83).
11 BMF v. 6.12.2017, BStBl. I 2018, 147 Rz. 49.

Inland kein stpfl. Arbeitslohn bezogen wurde. Der Gesetzgeber orientiert sich an der Regelung der Nr. 63 S. 1 und ermöglicht es, den ArbN so zu stellen, als ob von vornherein die Beiträge zur bAV geleistet worden wären. Nach der Gesetzesbegründung soll für alle Nachzahlungen einheitlich die **Beitragsbemessungsgrenze** des Jahres der Zahlung gelten.[1]

§ 3 Nr. 63a [Sicherungsbeiträge des Arbeitgebers]

Sicherungsbeiträge des Arbeitgebers nach § 23 Absatz 1 des Betriebsrentengesetzes, soweit sie nicht unmittelbar dem einzelnen Arbeitnehmer gutgeschrieben oder zugerechnet werden;

Literatur: *Plenker*, Steuer- und sozialversicherungsrechtliche Besonderheiten bei der bAV aufgrund des Betriebsrentenstärkungsgesetzes ab 1.1.2018, DB 2018, 81.

169b § 3 Nr. 63a wurde durch das **BetriebsrentenstärkungsG** v. 17.8.2017[2] neu eingefügt. Dieses hat die Möglichkeit eröffnet, auf tariflicher Grundlage **reine Beitragszusagen** einzuführen, bei denen keine Mindest- bzw. Garantieleistungen der durchführenden Einrichtungen mehr vorgesehen sind. Die Leistungsansprüche der ArbN richten sich ausschließlich gegen den Pensionsfonds, die Pensionskasse oder die Direktversicherung. Es entfällt die bisherige Einstandspflicht des ArbG nach § 1 Abs. 1 S. 3 BetrAVG.[3] Im Zusammenhang mit der reinen Beitragszusage hat der Gesetzgeber die Regelung des **§ 23 Abs. 1 BetrAVG** eingeführt. § 23 Abs. 1 BetrAVG sieht im Hinblick auf den Wegfall der Einstandspflicht des ArbG vor, dass im Tarifvertrag ein zusätzlicher Beitrag des ArbG festgelegt werden soll, wobei dieser Beitrag nicht zwingend ist. Dieser Zusatzbeitrag könne – so die Gesetzesbegründung – dazu genutzt werden, die Betriebsrenten (Versorgungsleistungen) etwa dadurch zusätzlich abzusichern, dass die Versorgungseinrichtung einen höheren Kapitaldeckungsgrad oder eine konservativere Kapitalanlage realisiert.

169c § 3 Nr. 63a „flankiert" – so die Gesetzesbegründung – diese Regelung des § 23 Abs. 1 BetrAVG. Zusatzbeiträge des ArbG iSd. § 23 Abs. 1 BetrAVG, die dem einzelnen ArbN nicht unmittelbar gutgeschrieben oder zugerechnet werden, sondern zunächst zur Absicherung der reinen Beitragszusage genutzt werden, bleiben im Zeitpunkt der Leistung des ArbG an die Versorgungseinrichtung stfrei. Dies werde – so die Gesetzesbegründung[4] – ausdrücklich klargestellt.

169d Für Zusatzbeiträge, die **unmittelbar dem einzelnen ArbN gutgeschrieben bzw. zugerechnet** werden, gelten die gleichen stl. Regelungen wie für die übrigen Beiträge des ArbG an einen Pensionsfonds, eine Pensionskasse oder für eine DirektVers. zum Aufbau einer betrieblichen Altersversorgung (zB Steuerfreiheit nach § 3 Nr. 63, Förderung nach § 10a und Abschn. XI beim ArbN).[5]

169e Soweit dem ArbN aus den zur Absicherung der Beitragszusage genutzten und nach Nr. 63a stfreien Zusatzbeiträgen des ArbG **später Betriebsrenten** (Versorgungsleistungen) oder andere Vorteile zufließen, sind diese vollständig zu besteuern, genau wie die Leistungen, die zB auf nach Nr. 63a stfreien oder nach § 10a und Abschn. XI geförderten Beiträgen beruhen.[6]

§ 3 Nr. 64 [Auslandszuschläge, Kaufkraftausgleich]

bei Arbeitnehmern, die zu einer inländischen juristischen Person des öffentlichen Rechts in einem Dienstverhältnis stehen und dafür Arbeitslohn aus einer inländischen öffentlichen Kasse beziehen, die Bezüge für eine Tätigkeit im Ausland insoweit, als sie den Arbeitslohn übersteigen, der dem Arbeitnehmer bei einer gleichwertigen Tätigkeit am Ort der zahlenden öffentlichen Kasse zustehen würde. ²Satz 1 gilt auch, wenn das Dienstverhältnis zu einer anderen Person besteht, die den Arbeitslohn entsprechend den im Sinne des Satzes 1 geltenden Vorschriften ermittelt, der Arbeitslohn aus einer öffentlichen Kasse gezahlt wird und ganz oder im Wesentlichen aus öffentlichen Mitteln aufgebracht wird. ³Bei anderen für einen begrenzten Zeitraum in das Ausland entsandten Arbeit-

1 BT-Drucks. 18/11286, 61; *Plenker*, DB 2017, 1545 (1547).
2 BGBl. I 2017, 3214.
3 *Plenker*, DB 2018, 81 (85).
4 BT-Drucks. 18/11286, 61.
5 BT-Drucks. 18/11286, 61.
6 BT-Drucks. 18/11286, 61.

nehmern, die dort einen Wohnsitz oder gewöhnlichen Aufenthalt haben, ist der ihnen von einem inländischen Arbeitgeber gewährte Kaufkraftausgleich steuerfrei, soweit er den für vergleichbare Auslandsdienstbezüge nach § 55 des Bundesbesoldungsgesetzes zulässigen Betrag nicht übersteigt;

Nr. 64 befreit in **S. 1** die Bezüge v. Auslandsbediensteten, soweit sie den Arbeitslohn übersteigen, der dem ArbN im Inland gezahlt würde (Auslandszuschlag, Auslandsverwendungszuschlag, Auslandskinderzuschlag, Mietzuschuss).[1] Nach der Rspr. des EuGH ist § 3 Nr. 64 seinem Wesen nach nur auf außerhalb Deutschlands arbeitende StPfl. anwendbar, nicht auf StPfl., die in Deutschland arbeiten. Hiervon ausgehend verstoße es nicht gegen EU-Recht, wenn Zulagen nach § 3 Nr. 64 für stfrei erklärt werden und bei der Bemessung des Steuersatzes nicht durch einen Progressionsvorbehalt berücksichtigt werden, während Kaufkraftzulagen, die in Deutschland arbeitende Beamte eines anderen Staates beziehen, bei der Bestimmung des Steuersatzes berücksichtigt werden. Zulagen nach § 3 Nr. 64, die es lediglich dem StPfl. ermöglichen sollen, trotz höherer Lebenshaltungskosten im Ausland dieselben Lebensbedingungen beizubehalten, die er in Deutschland genossen habe, steigerten nicht die Leistungsfähigkeit des StPfl. Die Zulagen des ausländischen Beamten seien dagegen dazu bestimmt, die Entlohnung an die Lebenshaltungskosten anzupassen.[2] **Nr. 64 S. 2** dehnt die Befreiung auf Mitarbeiter(innen) v. Einrichtungen aus, bei denen der Arbeitslohn aus einer öffentl. Kasse gezahlt und aus öffentl. Mitteln aufgebracht wird (zB des Deutschen Akademischen Austauschdienstes, des Deutschen Entwicklungsdienstes, der Ges. für technische Zusammenarbeit).[3] § 3 Nr. 64 S. 2 soll § 50d Abs. 4 (Kassenstaatsprinzip für Bezüge aus öffentl. Kassen) Rechnung tragen und verhindern, dass – anders als bei ArbN iSv. S. 1 – nicht nur das Inlandsgehalt, sondern auch die Auslandsdienstbezüge (mit Ausnahme des Kaufkraftausgleichs) wie der Auslandskinderzuschlag und der Mietzuschuss versteuert werden müssen.[4] **Nr. 64 S. 3** begründet eine vergleichbare Steuerbefreiung für andere ArbN, die „für einen begrenzten Zeitraum" ins Ausland entsandt sind (dh. es muss bei der Entsendung eine Rückkehr vorgesehen sein) und dort ihren Wohnsitz oder gewöhnlichen Aufenthalt haben (zur Definition: §§ 8, 9 AO). Befreit wird ein gewährter Kaufkraftausgleich, dh. der Teil des Arbeitslohns, der zum Ausgleich v. Kaufkraftunterschieden gezahlt wird.[5] 170

§ 3 Nr. 65 [Leistungen zur Insolvenzsicherung von Versorgungsanwartschaften]

a) **Beiträge des Trägers der Insolvenzsicherung (§ 14 des Betriebsrentengesetzes) zugunsten eines Versorgungsberechtigten und seiner Hinterbliebenen an eine Pensionskasse oder ein Unternehmen der Lebensversicherung zur Ablösung von Verpflichtungen, die der Träger der Insolvenzsicherung im Sicherungsfall gegenüber dem Versorgungsberechtigten und seinen Hinterbliebenen hat,**

b) **Leistungen zur Übernahme von Versorgungsleistungen oder unverfallbaren Versorgungsanwartschaften durch eine Pensionskasse oder ein Unternehmen der Lebensversicherung in den in § 4 Absatz 4 des Betriebsrentengesetzes bezeichneten Fällen,**

c) **der Erwerb von Ansprüchen durch den Arbeitnehmer gegenüber einem Dritten im Fall der Eröffnung des Insolvenzverfahrens oder in den Fällen des § 7 Absatz 1 Satz 4 des Betriebsrentengesetzes, soweit der Dritte neben dem Arbeitgeber für die Erfüllung von Ansprüchen auf Grund bestehender Versorgungsverpflichtungen oder Versorgungsanwartschaften gegenüber dem Arbeitnehmer und dessen Hinterbliebenen einsteht; dies gilt entsprechend, wenn der Dritte für Wertguthaben aus einer Vereinbarung über die Altersteilzeit nach dem Altersteilzeitgesetz vom 23. Juli 1996 (BGBl. I S. 1078), zuletzt geändert durch Artikel 234 der Verordnung vom 31. Oktober 2006 (BGBl. I S. 2407), in der jeweils geltenden Fassung oder auf Grund von Wertguthaben aus einem Arbeitszeitkonto in den im ersten Halbsatz genannten Fällen für den Arbeitgeber einsteht, und**

1 BFH v. 15.3.2000 – I R 28/99, BStBl. II 2002, 238 (nicht: Tagegelder der EU, da keine inländ. öffentl. Kasse), FG Berlin-Bdbg. v. 4.12.2009 – 9 K 9161/07, EFG 2010, 470.
2 EuGH v. 15.9.2011 – C-240/10 – Cathy Schulz-Delzers, Pascal Schulz/FA Stuttgart III, BStBl. II 2013, 56.
3 BT-Drucks. 14/6877, 24; FG Berlin-Bdbg. v. 14.12.2017 – 9 K 9057/16, juris (rkr.).
4 BT-Drucks. 14/6877, 24.
5 BFH v. 23.11.2000 – VI R 38/97, BStBl. II 2001, 132 (kein Schulgeldersatz); FG Hbg. v. 21.11.1996 – V 161/94, EFG 1997, 1385 (zur Ungleichbehandlung gegenüber durch S. 1 und 2 Begünstigten); zur Höhe des Kaufkraftausgleichs bei den verschiedenen Ländern: BMF v. 4.10.2010, BStBl. I 2010, 760.

d) der Erwerb von Ansprüchen durch den Arbeitnehmer im Zusammenhang mit dem Eintritt in die Versicherung nach § 8 Absatz 3 des Betriebsrentengesetzes.

[2]In den Fällen nach Buchstabe a, b und c gehören die Leistungen der Pensionskasse, des Unternehmens der Lebensversicherung oder des Dritten zu den Einkünften, zu denen jene Leistungen gehören würden, die ohne Eintritt eines Falles nach Buchstabe a, b und c zu erbringen wären. [3]Soweit sie zu den Einkünften aus nichtselbständiger Arbeit im Sinne des § 19 gehören, ist von ihnen Lohnsteuer einzubehalten. [4]Für die Erhebung der Lohnsteuer gelten die Pensionskasse, das Unternehmen der Lebensversicherung oder der Dritte als Arbeitgeber und der Leistungsempfänger als Arbeitnehmer. [5]Im Fall des Buchstaben d gehören die Versorgungsleistungen des Unternehmens der Lebensversicherung oder der Pensionskasse, soweit sie auf Beiträgen beruhen, die bis zum Eintritt des Arbeitnehmers in die Versicherung geleistet wurden, zu den sonstigen Einkünften im Sinne des § 22 Nummer 5 Satz 1; soweit der Arbeitnehmer in den Fällen des § 8 Absatz 3 des Betriebsrentengesetzes die Versicherung mit eigenen Beiträgen fortgesetzt hat, sind die auf diesen Beiträgen beruhenden Versorgungsleistungen sonstige Einkünfte im Sinne des § 22 Nummer 5 Satz 1 oder Satz 2;

Literatur: *Niermann*, Jahressteuergesetz 2007: Lohnsteuerfreie Absicherung von Direktzusagen durch Contractual Trust Agreements, DB 2006, 2595.

171 **Nr. 65 S. 1 lit. a** befreit die Leistungen des Trägers der Insolvenzsicherung, die ArbN auch im Fall der Insolvenz des ArbG in den Genuss der ihnen zugesagten Zukunftssicherungsleistungen kommen lassen. **Nr. 65 S. 1 lit. b** soll dem ArbG die Möglichkeit eröffnen, Verpflichtungen aus v. ihm erteilten Versorgungsversprechen ohne lohnstl. Belastung auf eine Pensionskasse oder ein Lebensversicherungsunternehmen zu übertragen.

172 **Nr. 65 S. 1 lit. c** soll dem Umstand Rechnung tragen, dass die ArbG die Anspr. der ArbN aus einer betrieblichen Altersversorgung für den Fall der Insolvenz häufig über die gesetzlich eingerichtete Insolvenzsicherung durch den Pensions-Sicherungs-Verein hinaus zusätzlich privatrechtl. absichern, zB durch Treuhandkonstruktionen, durch die insbes. der Zugriff des Insolvenzverwalters auf die ganz oder teilw. unter „wirtschaftlicher Beteiligung“ des ArbN (etwa durch Entgeltumwandlung) erworbenen Anspr. auf Leistungen der betrieblichen Altersversorgung verhindert wird. Der ArbG überträgt im Rahmen einer Verwaltungstreuhand Vermögenswerte auf einen Treuhänder. Der ArbG bleibt weiterhin wirtschaftlicher Eigentümer dieser Vermögenswerte. Der Treuhänder wird verpflichtet, das Treuhandvermögen nach den Vorgaben des ArbG zu verwalten. Neben der Verwaltungstreuhand wird durch einen Vertrag zugunsten der versorgungsberechtigten ArbN eine Verpflichtung des Treuhänders ggü. den Versorgungsberechtigten begründet. Jeder Versorgungsberechtigte kann ab Eintritt des Sicherungsfalles (Insolvenz des ArbG) vom Treuhänder Befriedigung seiner Versorgungsansprüche verlangen. Die FinVerw. ging bis zu der Neuregelung davon aus, dass dem ArbN in Höhe des beim Treuhänder gebildeten Deckungskapitals ein stpfl. Vorteil zufließt, da bei Eintritt des Insolvenzfalles der zunächst aufschiebend bedingte Anspr. gegen den Treuhänder zum Vollrecht erstarkt.[1] **Nr. 65 S. 1 lit. c, 1. HS** stellt sicher, dass das Einstehen eines Dritten für die Erfüllung v. Anspr. aufgrund bestehender Versorgungsverpflichtungen oder Versorgungsanwartschaften im Falle der Eröffnung des Insolvenzverfahrens oder in den Fällen des § 7 Abs. 1 S. 4 des Betriebsrentengesetzes (Gleichstellung mit der Eröffnung des Insolvenzverfahrens) nicht zu stl. Konsequenzen für den ArbN oder dessen Hinterbliebene führt. Es wird damit berücksichtigt, dass die Insolvenzsicherung nicht zu neuen oder höheren Anspr. führt, sondern nur die bereits vorhandenen Anspr. für den Fall der Insolvenz des ArbG schützt und außerdem beim ArbN bzw. dessen Hinterbliebenen Geldleistungen zu dem betr. Zeitpunkt regelmäßig nicht zufließen.[2] **Nr. 65 S. 1 lit. c, HS 2** ordnet die Steuerfreistellung entspr. an, wenn neben den Anspr. der ArbN auf Leistungen der betrieblichen Altersversorgung auch Anspr. bei Altersteilzeitmodellen oder aus Arbeitszeitkonten gesichert werden.[3] Nach § 52 Abs. 8 gilt § 3 Nr. 65 S. 1 lit. c für alle noch nicht bestandskräftigen Fälle. Keine gesetzliche Regelung hat der Gesetzgeber für die Fälle getroffen, in denen die auf Direktzusagen beruhenden Pensionsverpflichtungen **auf eine (konzerneigene) Pensionsgesellschaft ausgelagert** werden. Die BReg. hat eine gesetzliche Regelung nicht für erforderlich gehalten, weil es sich bei dieser Auslagerung nicht um einen aus der Sicht des ArbN stl. relevanten Vorgang handle.[4]

172a Das BetriebsrentenstärkungsG v. 17.8.2017[5] hat in **Nr. 65 S. 1 lit. d** angefügt. Dieser befreit den „Erwerb von Anspr. durch den ArbN iZ mit dem Eintritt in die Versicherung nach § 8 Abs. 3 des Betriebsrentenge-

1 *Niermann*, DB 2006, 2595.
2 BR-Drucks. 622/06, 67.
3 BR-Drucks. 622/06, 67; zu Wertguthaben aus Arbeitszeitkonten: *Niermann*, DB 2002, 2124.
4 *Niermann*, DB 2006, 2595 (2596).
5 BGBl. I 2017, 3214.

setzes“. § 8 Abs. 3 BetrAVG gibt dem ArbN im Insolvenzfall des ArbG das Recht, eine auf sein Leben abgeschlossene Rückdeckungsversicherung fortzusetzen. Macht der ArbN von diesem Recht Gebrauch, fließt ihm grds. ein zu besteuernder Vorteil aus dem aktiven Beschäftigungsverhältnis zu. Eine Besteuerung widerspräche jedoch dem Grundgedanken der nachgelagerten Besteuerung. Der Erwerb der Anspr. aus der Rückdeckungsversicherung wird deshalb über den neuen Buchst. d stfrei gestellt.[1] Mit der Formulierung „im Zusammenhang mit dem Eintritt in die Versicherung“ soll dem Umstand Rechnung getragen werden, dass sich die Rückdeckungsversicherung ggf. auch auf Zusagebestandteile erstreckt, die nicht dem gesetzlichen Insolvenzschutz durch den Pensionssicherungsverein unterfallen. Im Übrigen werden auch Anspr. umfasst, die auf noch nach Eröffnung des Insolvenzverfahrens erbrachten Leistungen beruhen.[2]

Nr. 65 S. 2–4 enthalten Regelungen, nach denen die an die Berechtigten zu erbringenden Versorgungsleistungen so behandelt werden, als wenn der Sicherungsfall nicht eingetreten wäre. Die Insolvenz des ArbG soll sich stl. beim ArbN weder zum Nachteil noch zum Vorteil auswirken.[3] Nach einer Entsch. des FG Düss. bestehen an der Regelung der Nr. 65 S. 2 weder im Hinblick auf die Gesetzgebungskompetenz noch auf die systematische Stellung der Vorschrift im EStG Zweifel an der Verfassungsmäßigkeit. Dem Gesetzgeber war es im Rahmen seiner Gestaltungsfreiheit unbenommen, die Insolvenzsicherung durch den Pensionssicherungsverein für die Begünstigten stl. neutral zu gestalten.[4] 173

Nr. 65 S. 5 wurde zusammen mit dem neuen Befreiungstatbestand in Nr. 65 S. 1 lit. d durch das BetriebsrentenstärkungsG[5] eingeführt und regelt die stl. Behandlung der späteren Versorgungsleistungen. Nach **Nr. 65 S. 5 HS. 1** gehören die späteren Versorgungsleistungen aus einer Rückdeckungsversicherung, in die der ArbN eingetreten ist, soweit sie auf Beiträgen beruhen, die bis zum Eintritt des ArbN in die Versicherung geleistet wurden, zu den sonstigen Einkünften iSd. § 22 Nr. 5 S. 1. Der ArbN versteuert so die gesamten Leistungen aus der fortgeführten Versicherung nach § 22 und nicht teilweise auch nach § 19. Er muss in der Einkommensteuererklärung keine Aufteilung vornehmen. Das Versicherungsunternehmen muss keinen LSt-Abzug durchführen, sondern nur nach § 22a die Rentenbezugsmitteilung übermitteln.[6] Dies gilt nach einem BMF-Schr. v. 6.12.2017 auch für beherrschende G'ter-Geschäftsführer einer GmbH.[7] **Nr. 65 S. 5 HS. 2** ordnet die Besteuerung nach § 22 Nr. 5 S. 1 oder S. 2 auch für die Fälle an, in denen der ArbN die Versicherung mit eigenen Beiträgen fortgesetzt hat. Danach sind Leistungen, die auf geförderten Beiträgen beruhen, voll nachgelagert zu besteuern. Die auf nicht geförderten Beiträgen beruhenden Leistungen werden systematisch zutr. nur mit dem Ertragsanteil besteuert. Auch die besonderen Regelungen des § 20 Abs. 1 Nr. 6 für Lebensversicherungen können unter den entspr. Voraussetzungen zur Anwendung kommen.[8] 173a

§ 3 Nr. 66 [Leistungen an Pensionsfonds zur Übernahme von Versorgungen]

Leistungen eines Arbeitgebers oder einer Unterstützungskasse an einen Pensionsfonds zur Übernahme bestehender Versorgungsverpflichtungen oder Versorgungsanwartschaften durch den Pensionsfonds, wenn ein Antrag nach § 4d Absatz 3 oder § 4e Absatz 3 gestellt worden ist;

Literatur: *Briese*, Übertragungen von Pensionsanwartschaften und Pensionsverpflichtungen auf einen Pensionsfonds, DB 2006, 2424.

Nr. 66 regelt die Überleitung einer betrieblichen Altersversorgung in Form der Direktzusage oder über eine Unterstützungskasse auf eine Altersversorgung durch einen Pensionsfonds.[9] Bei der **Direktzusage** verpflichtet sich der ArbG ggü. dem ArbN unmittelbar zu Leistungen im Versorgungsfall. Der ArbG kann nach § 6a eine Rückstellung bilden. Beim ArbN fehlt es an einem Zufluss in der Anwartschaftsphase, 174

1 BT-Drucks. 18/11286, 62.
2 BT-Drucks. 18/11286, 62.
3 FG BaWü. v. 17.3.2005 – 14 K 172/00, EFG 2005, 949.
4 FG Düss. v. 24.3.2004 – 16 K 1685/03 E, juris.
5 G v. 17.8.2017, BGBl. I 2017, 3214.
6 BT-Drucks. 18/11286, 62.
7 BMF v. 6.12.2017, BStBl. I 2018, 147 Rz. 54.
8 BT-Drucks. 18/11286, 62.
9 Zu den arbeitsrechtl. möglichen Übertragungsfällen: *Langohr-Plato*, INF 2001, 518 (521); zur Übertragung auf einen Pensionsfonds: *Mühlberger/Schwinger/Paulweber*, DB 2006, 635.

spätere Leistungen sind nachträglicher Arbeitslohn. Eine **Unterstützungskasse** ist eine vom ArbG unabhängige rechtsfähige Versorgungseinrichtung, die dem ArbN oder seinen Hinterbliebenen künftige Leistungen nur in Aussicht stellt, dh. einen (formellen) Rechtsanspruch nicht gewährt. Ein BA-Abzug ist nach Maßgabe des § 4d möglich. Bei ArbN fehlt es zunächst an einem Zufluss v. Arbeitslohn, die späteren Leistungen sind nachträglicher Arbeitslohn. Das AVmG eröffnet mit Nr. 66 die Möglichkeit, die Versorgungsverpflichtungen und -anwartschaften in diesen Durchführungswegen **lohnsteuer- und beitragsfrei auf einen Pensionsfonds** überzuleiten.

175 Nr. 66 befreit Leistungen des ArbG zur Übernahme einer **Versorgungsverpflichtung** aus einer Direktzusage sowie Leistungen einer Unterstützungskasse zur Übernahme einer **Versorgungsanwartschaft**. Ohne die Regelung der Nr. 66 läge stpfl. Arbeitslohn vor, da der ArbN nunmehr gegen den Pensionsfonds einen unmittelbaren Rechtsanspr auf Versorgung erhält. Die späteren Versorgungsleistungen des Pensionsfonds unterliegen nach § 22 Nr. 5 der vollen Besteuerung.[1] Nach BMF gilt die Steuerfreiheit nur für Leistungen an den Pensionsfonds zur Übernahme bereits erdienter Versorgungsanwartschaften. Zahlungen an den Pensionsfonds für künftig noch zu erdienende Anwartschaften sind dagegen nur in dem begrenzten Rahmen der Nr. 63 stfrei. Die bis zum Zeitpunkt der Übertragung bereits erdienten, entgeltlich übertragenen Versorgungsanwartschaften sind grds. mit dem stl. ausfinanzierbaren Teil, mindestens aber in Höhe des zeitanteilig quotierten Versorgungsanteiles nach § 2 Abs. 1 oder 5a des Betriebsrentengesetzes zu berücksichtigen. Soll eine Versorgungsanwartschaft eines Aktiven aus einer Pensionszusage auf einen Pensionsfonds übertragen werden, ergibt sich der erdiente Teil der Anwartschaft als Quotient des TW gem. § 6a Abs. 3 S. 2 Nr. 1 zum Barwert der künftigen Pensionsleistungen, jeweils ermittelt auf den Übertragungszeitpunkt.[2]

176 Voraussetzung für die Befreiung ist allerdings, dass der ArbG im Fall der Direktzusage v. seinem **Wahlrecht nach § 4e Abs. 3** Gebrauch macht. Bei der Überleitung einer Altersversorgung im Wege der Direktzusage auf einen Pensionsfonds ist eine Rückstellung nach § 6a aufzulösen, andererseits sind aber die Beiträge nach § 4e Abs. 1, 2 als BA absetzbar. Der StPfl. (ArbG) kann nach § 4e Abs. 3 beantragen, die iHd. Differenz zw. dem Zahlbetrag an den Pensionsfonds und dem Auflösungsbetrag der Rückstellung entstehenden BA (die sich aus der Unterbewertung der Pensionsrückstellung mit dem gesetzlichen Zinsfuß v. 6 % ggü. dem Barwert der Versorgungsverpflichtung nach versicherungsmathematischen Grundsätzen ergibt) auf die folgenden zehn Wj. gleichmäßig zu verteilen. Im Fall der Überleitung v. einer Unterstützungskasse bedarf es einer **Wahlrechtsausübung nach § 4d Abs. 3**. Es verbleibt bei einer derartigen Überleitung bei dem BA-Abzug für die bisherigen Zuwendungen. Da beim Pensionsfonds anders als bei der Unterstützungskasse ein Rechtsanspr eingeräumt wird, sind hier aber regelmäßig zusätzliche Leistungen des ArbG erforderlich. Nach § 4d Abs. 3 können auf Antrag des ArbG diese zusätzlichen Leistungen an die Unterstützungskasse in den dem Wj. der Zuwendung folgenden zehn Wj. gleichmäßig verteilt als BA abgezogen werden. Diese zusätzlichen Voraussetzungen der Wahlrechtsausübung nach § 4d Abs. 3 oder § 4e Abs. 3 dürften in der Praxis **nicht unproblematisch** sein. Die Steuerfreiheit wird v. einem Antrag des ArbG abhängig gemacht, der für diesen regelmäßig ungünstig ist. Stellt der ArbG den Antrag nicht, entfällt die Steuerbefreiung der Nr. 66 und der ArbN muss den Betrag der vom ArbG oder der Unterstützungskasse an den Pensionsfonds erbrachten Leistungen (iHv. Pensionsrückstellung und Zusatzleistungen) versteuern, ohne dass ihm liquide Mittel zufließen.[3]

177 Nr. 66 ist ihrem Wortlaut nach nicht **auf eine einmalige Anwendung beschränkt**, enthält keine Höchstbetragsbegrenzung etwa nach dem Vorbild der Nr. 63 S. 4 und auch keine Beschränkung auf die Umwandlung v. Versorgungsverpflichtungen und -anwartschaften, die vor dem 1.1.2002 begründet wurden.[4] Der systematische Zusammenhang mit Nr. 63 und der Zweck der Nr. 66 sprechen zwar für eine derartige Beschränkung. Ansonsten kann die Begrenzung der Nr. 63 auf 4 % der Beitragsbemessungsgrundlage dadurch unterlaufen werden, dass der ArbG dem ArbN zunächst eine Pensionszusage erteilt, um dann die Versorgungsverpflichtung nach Nr. 66 stfrei auf einen Pensionsfonds zu übertragen. Im Wege der Gesetzesauslegung erscheint eine Einschränkung allerdings nicht möglich, weil verschiedene Möglichkeiten für eine Einschränkung bestehen. Nicht ausgeschlossen ist es aber, in den Fällen, in denen aufgrund eines Gesamtplans gehandelt wird, die Beiträge des ArbG am Maßstab der Nr. 63 zu messen.

1 BT-Drucks. 14/5150, 34; beachte aber: § 52 Abs. 34b.
2 BMF v. 26.10.2006, BStBl. I 2006, 709 Rn. 2 ff.; *Briese*, DB 2006, 2424.
3 *Dorenkamp*, StuW 2001, 253 Fn. 4; *Niermann*, DB 2001, 1380 (1382).
4 *Dorenkamp*, StuW 2001, 253.

§ 3 Nr. 67 [Erziehungsgeld, Elterngeld]

a) das Erziehungsgeld nach dem Bundeserziehungsgeldgesetz und vergleichbare Leistungen der Länder,

b) das Elterngeld nach dem Bundeselterngeld- und Elternzeitgesetz und vergleichbare Leistungen der Länder,

c) Leistungen für Kindererziehung an Mütter der Geburtsjahrgänge vor 1921 nach den §§ 294 bis 299 des Sechsten Buches Sozialgesetzbuch sowie

d) Zuschläge, die nach den §§ 50a bis 50e des Beamtenversorgungsgesetzes oder nach den §§ 70 bis 74 des Soldatenversorgungsgesetzes oder nach vergleichbaren Regelungen der Länder für ein vor dem 1. Januar 2015 geborenes Kind oder für eine vor dem 1. Januar 2015 begonnene Zeit der Pflege einer pflegebedürftigen Person zu gewähren sind; im Falle des Zusammentreffens von Zeiten für mehrere Kinder nach § 50b des Beamtenversorgungsgesetzes oder § 71 des Soldatenversorgungsgesetzes oder nach vergleichbaren Regelungen der Länder gilt dies, wenn eines der Kinder vor dem 1. Januar 2015 geboren ist;

Literatur: *Hartmann*, Elterngeld und Elternzeit ab 1.1.2007, INF 2007, 36.

Nr. 67 lit. a befreit das **Erziehungsgeld** nach dem **BErzGG** und „vergleichbare Leistungen der Länder“, zu denen vor allem im Anschluss an das Erziehungsgeld gezahlte Landeserziehungsgelder gehören. Das Bundeselterngeld- und Elternzeitgesetz – BEEG – hat das **Elterngeld** eingeführt, welches das Erziehungsgeld ablöst und Eltern in der Zeit v. Tag der Geburt bis zur Vollendung des 14. Lebensmonats des Kindes gezahlt wird (lit. b). Die „Leistungen für Kindererziehung an **Mütter der Geburtsjahrgänge vor 1921**“ (lit. c) sollen die Benachteiligungen der vor dem 1.1.1921 geborenen Mütter ausgleichen, die nach dem Hinterbliebenenrenten-Neuordnungsgesetz nicht in den Genuss einer rentenbegründenden bzw. -steigernden Anrechnung v. Zeiten der Kindererziehung gekommen sind. Demgegenüber unterliegt der Rentenanteil, der als Ausgleich für Kindererziehungszeiten gezahlt wird – ohne Verstoß gegen Art. 6 GG oder Art. 3 Abs. 1 GG – der Besteuerung.[1] 178

Befreit werden nach Nr. 67 lit. d außerdem der **Kindererziehungszuschlag** nach § 50a BeamtVG, der Kinderergänzungszuschlag nach § 50b BeamtVG, der Kinderzuschlag zum Witwengeld nach § 50c BeamtVG, der Pflege- und Kinderpflegeergänzungszuschlag nach § 50d BeamtVG, die nach § 50e BeamtVG vorübergehend gewährten Zuschläge sowie die entspr. Zuschläge nach §§ 70–74 SVG.[2] Durch das Zollkodex-AnpG v. 22.12.2014[3] hat der Gesetzgeber die Steuerbefreiung nach lit. d auf die Zuschläge nach den „vergleichbaren Regelungen der Länder“ ausgedehnt, da nach der Föderalismusreform die Regelungen des Beamtenversorgungsgesetzes für Landesbeamte nur noch fortgelten, solange das jeweilige Land v. seiner nunmehr bestehenden ausschließlichen Gesetzgebungskompetenz keinen Gebrauch gemacht hat.[4] Vor allem aber hat der Gesetzgeber im Zollkodex-AnpG die Steuerbefreiung abgeschafft, soweit die Zuschläge für ein nach dem 31.12. 2014 eingetretenes Ereignis gewährt werden. Der Gesetzgeber hat damit der Entsch. des BVerfG Rechnung getragen, nach der die frühere unterschiedliche Besteuerung v. Renten aus der gesetzlichen Rentenversicherung und Beamtenpensionen verfassungswidrig war. Danach sei auch die bisherige steuerliche Besserstellung v. Zuschlägen für Kindererziehungszeiten, die in den Versorgungsbezügen enthalten seien, ggü. den Kinderziehungszuschlägen in der Rente nicht mehr gerechtfertigt. Allerdings sollte im Hinblick auf die Übergangsfristen bei der Besteuerung der Altersrenten auch die Änderung von Nr. 67 nicht sofort Wirkung entfalten.[5] 178a

§ 3 Nr. 68 [Leistungen nach dem Anti-D-Hilfegesetz]

die Hilfen nach dem Gesetz über die Hilfe für durch Anti-D-Immunprophylaxe mit dem Hepatitis-C-Virus infizierte Personen vom 2. August 2000 (BGBl. I S. 1270);

Das Anti-D-Hilfegesetz soll die Situation der durch Anti-D-Immunprophylaxe in der ehemaligen DDR mit Hepatitis-C-Viren infizierten Frauen verbessern. Es sieht eine monatliche Rente, eine Einmalzahlung 179

1 FG Münster v. 7.9.2011 – 6 K 1500/05 E, EFG 2012, 709.
2 BT-Drucks. 14/7681, 75.
3 BGBl. I 2014, 2417.
4 BT-Drucks. 18/3017, 50.
5 BT-Drucks. 18/3017, 50 f.; vgl. auch zum abw. Vorschlag des BR: BT-Drucks. 18/3158, 31 und zur Ablehnung dieses Vorschlags durch die BReg.: BT-Drucks. 18/3158, 106.

– beide in der Höhe gestaffelt nach der Minderung der Erwerbsfähigkeit – und begleitende Regelungen, insbes. zur Heilbehandlung sowie Hilfen für Hinterbliebene vor. Nr. 68 befreit diese Hilfen v. der ESt.[1]

§ 3 Nr. 69 [Leistungen nach dem HIV-Hilfegesetz]

die von der Stiftung „Humanitäre Hilfe für durch Blutprodukte HIV-infizierte Personen" nach dem HIV-Hilfegesetz vom 24. Juli 1995 (BGBl. I S. 972) gewährten Leistungen;

180 Das Anti-D-Hilfegesetz v. 2.8.2000[2] hat die entspr. Befreiung in § 17 Abs. 1 HIV-Hilfegesetz durch § 3 Nr. 69 ersetzt.[3]

§ 3 Nr. 70 [Exit tax]

die Hälfte

a) der Betriebsvermögensmehrungen oder Einnahmen aus der Veräußerung von Grund und Boden und Gebäuden, die am 1. Januar 2007 mindestens fünf Jahre zum Anlagevermögen eines inländischen Betriebsvermögens des Steuerpflichtigen gehören, wenn diese auf Grund eines nach dem 31. Dezember 2006 und vor dem 1. Januar 2010 rechtswirksam abgeschlossenen obligatorischen Vertrages an eine REIT-Aktiengesellschaft oder einen Vor-REIT veräußert werden,

b) der Betriebsvermögensmehrungen, die auf Grund der Eintragung eines Steuerpflichtigen in das Handelsregister als REIT-Aktiengesellschaft im Sinne des REIT-Gesetzes vom 28. Mai 2007 (BGBl. I S. 914) durch Anwendung des § 13 Absatz 1 und 3 Satz 1 des Körperschaftsteuergesetzes auf Grund und Boden und Gebäude entstehen, wenn diese Wirtschaftsgüter vor dem 1. Januar 2005 angeschafft oder hergestellt wurden, und die Schlussbilanz im Sinne des § 13 Absatz 1 und 3 des Körperschaftsteuergesetzes auf einen Zeitpunkt vor dem 1. Januar 2010 aufzustellen ist.

[2]Satz 1 ist nicht anzuwenden,

a) wenn der Steuerpflichtige den Betrieb veräußert oder aufgibt und der Veräußerungsgewinn nach § 34 besteuert wird,

b) soweit der Steuerpflichtige von den Regelungen der §§ 6b und 6c Gebrauch macht,

c) soweit der Ansatz des niedrigeren Teilwerts in vollem Umfang zu einer Gewinnminderung geführt hat und soweit diese Gewinnminderung nicht durch den Ansatz eines Werts, der sich nach § 6 Absatz 1 Nummer 1 Satz 4 ergibt, ausgeglichen worden ist,

d) wenn im Fall des Satzes 1 Buchstabe a der Buchwert zuzüglich der Veräußerungskosten den Veräußerungserlös oder im Fall des Satzes 1 Buchstabe b der Buchwert den Teilwert übersteigt. [2]Ermittelt der Steuerpflichtige den Gewinn nach § 4 Absatz 3, treten an die Stelle des Buchwerts die Anschaffungs- oder Herstellungskosten verringert um die vorgenommenen Absetzungen für Abnutzung oder Substanzverringerung,

e) soweit vom Steuerpflichtigen in der Vergangenheit Abzüge bei den Anschaffungs- oder Herstellungskosten von Wirtschaftsgütern im Sinne des Satzes 1 nach § 6b oder ähnliche Abzüge voll steuerwirksam vorgenommen worden sind,

f) wenn es sich um eine Übertragung im Zusammenhang mit Rechtsvorgängen handelt, die dem Umwandlungssteuergesetz unterliegen und die Übertragung zu einem Wert unterhalb des gemeinen Werts erfolgt.

[3]Die Steuerbefreiung entfällt rückwirkend, wenn

a) innerhalb eines Zeitraums von vier Jahren seit dem Vertragsschluss im Sinne des Satzes 1 Buchstabe a der Erwerber oder innerhalb eines Zeitraums von vier Jahren nach dem Stichtag der Schlussbilanz im Sinne des Satzes 1 Buchstabe b die REIT-Aktiengesellschaft den Grund und Boden oder das Gebäude veräußert,

---

1 BT-Drucks. 14/2958, 11.
2 BGBl. I 2000, 1270 (1272).
3 BT-Drucks. 14/2958, 11.

b) der Vor-REIT oder ein anderer Vor-REIT als sein Gesamtrechtsnachfolger den Status als Vor-REIT gemäß § 10 Absatz 3 Satz 1 des REIT-Gesetzes verliert,

c) die REIT-Aktiengesellschaft innerhalb eines Zeitraums von vier Jahren seit dem Vertragsschluss im Sinne des Satzes 1 Buchstabe a oder nach dem Stichtag der Schlussbilanz im Sinne des Satzes 1 Buchstabe b in keinem Veranlagungszeitraum die Voraussetzungen für die Steuerbefreiung erfüllt,

d) die Steuerbefreiung der REIT-Aktiengesellschaft innerhalb eines Zeitraums von vier Jahren seit dem Vertragsschluss im Sinne des Satzes 1 Buchstabe a oder nach dem Stichtag der Schlussbilanz im Sinne des Satzes 1 Buchstabe b endet,

e) das Bundeszentralamt für Steuern dem Erwerber im Sinne des Satzes 1 Buchstabe a den Status als Vor-REIT im Sinne des § 2 Satz 4 des REIT-Gesetzes vom 28. Mai 2007 (BGBl. I S. 914) bestandskräftig aberkannt hat.

[4]Die Steuerbefreiung entfällt auch rückwirkend, wenn die Wirtschaftsgüter im Sinne des Satzes 1 Buchstabe a vom Erwerber an den Veräußerer oder eine ihm nahe stehende Person im Sinne des § 1 Absatz 2 des Außensteuergesetzes überlassen werden und der Veräußerer oder eine ihm nahe stehende Person im Sinne des § 1 Absatz 2 des Außensteuergesetzes nach Ablauf einer Frist von zwei Jahren seit Eintragung des Erwerbers als REIT-Aktiengesellschaft in das Handelsregister an dieser mittelbar oder unmittelbar zu mehr als 50 Prozent beteiligt ist. [5]Der Grundstückserwerber haftet für die sich aus dem rückwirkenden Wegfall der Steuerbefreiung ergebenden Steuern;

Literatur: *Breinersdorfer/Schütz*, German Real Estate Investment Trust (G-REIT) – Ein Problemaufriss aus Sicht des Fiskus, DB 2007, 1487; *Claßen*, Mobilisierung von Unternehmensimmobilien mit G-REITs, DStZ 2008, 641; *Gröpl*, Ausgewählte Steuerrechtsfragen der neuen REIT-Aktiengesellschaft, DStZ 2008, 62; *Klühs/Schmidtbleicher*, Besteuerung ausländischer Anleger nach dem RegEntw. zur Einf. deutscher REITs, IStR 2007, 16; *Korezkij*, REITG: Exit-Tax bei der Übertragung von Immobilien auf eine REIT-AG und beim steuerlichen Statuswechsel, BB 2007, 1698; *Kracht*, Immobilieninvestments: alte und neue Gestaltungsmöglichkeiten mit REITs, GStB 2007, 107; *Lieber/Schönfeld*, Sicherstellung einer angemessenen deutschen Besteuerung der ausländischen Anteilseigner eines deutschen REIT, IStR 2006, 126; *Schacht/Gänsler*, REITs in Deutschland und Großbritannien – ein Vergleich, IStR 2007, 99; *Schimmelschmidt/Tauser/Lagarrigue*, Immobilieninvestitionen deutscher Investoren in französische REITs, IStR 2006, 120; *Sieker/Göckeler/Köster*, Das Gesetz zur Schaffung deutscher Immobilien-Aktiengesellschaften mit börsennotierten Anteilen (REITG), DB 2007, 933; *Spoerr/Hollands/Jakob*, Verfassungsrechtliche Rechtfertigung steuerrechtlicher Sonderregelungen zur transparenten Besteuerung von REITs, DStR 2007, 49; *Stoschek/Dammann*, Internationale Systeme der Besteuerung von REITs, IStR 2006, 403.

A. Das Gesetz über deutsche Immobilien-AG mit börsennotierten Anteilen

Das G zur Schaffung deutscher Immobilien-AG mit börsennotierten Anteilen v. 28.5.2007[1] hat in seinem 181
Art. 1 das G über deutsche Immobilien-AG mit börsennotierten Anteilen (REIT-G) eingeführt. Es soll durch Vorgaben zum Unternehmensgegenstand (Halten und Veräußerung v. unbeweglichem Vermögen außer Bestandsmietwohnimmobilien), zum Grundkapital (15 Mio. Euro), zur Börsennotierung (Zulassung in einem Mitgliedstaat der EU oder EWR), zum Streubesitz (15 % mit jeweils weniger als 3 % der Stimmrechte; bei Zulassung mindestens 25 %), zur Kreditaufnahme (bis zu 60 % des GesVermögens) und zur Mindesthöhe der Ausschüttung (mindestens 90 %) ein Sondertypus der AG geschaffen werden. Dieser ist v. der KSt und GewSt befreit. Die ausgeschütteten Gewinne werden bei den Aktionären transparent ohne Teileinkünfteverfahren besteuert. Außerdem sieht Art. 2 des G zur Schaffung deutscher Immobilien-AG eine hälftige Steuerbefreiung in § 3 Nr. 70 und ein Halbabzugsverbot in § 3c Abs. 3 vor. Es wird durch eine hälftige Steuerbefreiung v. BV-Mehrungen und Einnahmen aus der Veräußerung v. Grund und Boden und Gebäuden, die seit mindestens fünf Jahren zum Anlagevermögen eines inländ. BV gehören, in der Zeit v. 31.12.2006 bis 1.1.2010 der Verkauf v. Betriebsgrundstücken an REITs gefördert. Nach § 3c

1 BGBl. I 2007, 914.

Abs. 3 wird – nach dem Vorbild des § 3 Nr. 40 und des § 3c Abs. 2 – entspr. der hälftigen Steuerbefreiung auch nur ein hälftiger Abzug der iZ stehenden BA und BV-Minderungen zugelassen.[1]

B. Hälftige Steuerbefreiung (S. 1)

182 **I. Inhalt.** Nr. 70 S. 1 erklärt in lit. a die Hälfte der BV-Mehrungen oder Einnahmen aus der Veräußerung v. Grund und Boden und Gebäuden an eine REIT-AG oder einen Vor-REIT für stfrei und normiert eine entspr. hälftige Steuerbefreiung in lit. b, wenn ein Wechsel in den REIT-Status erfolgt und nach § 13 KStG die stillen Reserven in Grund und Boden und Gebäuden aufzudecken sind.

183 **II. Veräußerung an REIT-AGs oder Vor-REITs (lit. a).** Nr. 70 begünstigt die Veräußerung „an eine **REIT-AG oder einen Vor-REIT**". Diese Tatbestandvoraussetzung, die Veräußerung an einen REIT, steht nach dem Zweck der Befreiungsvorschrift im Vordergrund. Nr. 70 soll zwar auch „die Aktivierung v. bisher volkswirtschaftlich nicht optimal genutztem Kapital ermöglichen".[2] Primärer Zweck der Nr. 70 ist jedoch – auch wenn bereits der Entw. eines G zur Verbesserung der stl. Standortbedingungen eine Begünstigung der Gewinne aus Immobilienveräußerungen vorgesehen hat[3] –, den Verkauf v. Grundstücken an REITs zu fördern.[4] Es soll eine „Anschubförderung" geleistet werden. Dem entspr. die Einf. v. Nr. 70 durch das G zur Schaffung deutscher Immobilien-AG mit börsennotierten Anteilen, die Befristung der Steuerbefreiung und der rückwirkende Wegfall der Befreiung nach Nr. 70 S. 3. Die REIT-AG wird v. § 1 REITG, der Vor-REIT v. § 2 REITG definiert. Die Veräußerung auch an Vor-REIT wird ebenfalls begünstigt, um bereits vor der Börsenzulassung die steuerbegünstigte Veräußerung v. Immobilien zu ermöglichen. Der Status als Vor-REIT oder REIT-AG muss im Zeitpunkt der „Veräußerung" bestehen. EU-rechtl. nicht unproblematisch erscheint, dass Nr. 70 nur die Veräußerung an REIT-AG begünstigt, § 1 Abs. 2 REITG für diese aber verlangt, dass sie ihren Sitz in Deutschland haben.

184 Begünstigt ist nur die Veräußerung v. **Grund und Boden und Gebäuden**. Diese Voraussetzung entspr. dem Unternehmensgegenstand der REIT-AG (vgl. § 1 REITG). Wird ein Gesamtkaufpreis für Grund und Boden und Gebäude sowie anderes unbewegliches (§ 3 Abs. 8 REITG) oder bewegliches Vermögen vereinbart, ist eine Aufteilung auf begünstigte und nicht begünstigte WG erforderlich. Der Grund und Boden oder/und das Gebäude müssen am 1.1.2007 mindestens fünf Jahre **zum Anlagevermögen** eines inländ. BV des StPfl. gehören. Dieses Tatbestandsmerkmal entspr. der Zielsetzung, neben der Förderung der REIT's „gleichzeitig" bisher volkswirtschaftlich nicht optimal genutztes Kapital zu aktivieren.[5] V. der Steuerbegünstigung profitieren nicht die Immobilien, die innerhalb der letzten fünf Jahre auf einen anderen StPfl. übertragen wurden, Immobilien des Umlaufvermögens und Immobilien des PV. Nicht begünstigt sind damit auch Einnahmen aus privaten Veräußerungensgeschäften iSv. §§ 22 Nr. 2, 23 Abs. 1 Nr. 1. Die hälftige Befreiung setzt eine **Veräußerung** voraus, dh. eine entgeltliche Übertragung des wirtschaftlichen Eigentums. Erforderlich ist, dass der obligatorische Vertrag **nach dem 31.12.2006 und vor dem 1.1.2010** abgeschlossen wird. Denn es soll der Verkauf v. Grundstücken und Gebäuden an REITs nicht auf Dauer begünstigt werden, sondern nur in der Anfangsphase dieser Anlageform. Befreit ist die **Hälfte der BV-Mehrungen und der Einnahmen aus der Veräußerung**. § 3 Nr. 70 soll sowohl bei einer Gewinnermittlung durch BV-Vergleich als auch bei einer Gewinnermittlung nach § 4 Abs. 3 gelten. Er greift auch dann ein, wenn Grund und Boden oder/und Gebäude nicht isoliert veräußert werden. § 3 Nr. 70 S. 2 lit. a schließt die Begünstigung nur aus, wenn die Veräußerung im Rahmen einer Betriebsveräußerung erfolgt und gleichzeitig der Veräußerungsgewinn nach § 34 besteuert wird. Die Befreiung zur Hälfte stimmt nicht betragsmäßig mit dem Befreiungsumfang iRd. Teileinkünfteverfahrens nach Nr. 40 überein. Eine inhaltliche Verbindung zum Teileinkünfteverfahren besteht – ebenso wie bei der Befreiung des Carried Interest durch Nr. 40a – nicht. So unterliegen zB in Frankreich nur 16,5 % der stillen Reserven einer Besteuerung.[6] Die hälftige Befreiung vermindert über § 7 S. 1 GewStG die Bemessungsgrundlage für die GewSt und bewirkt insoweit auch eine gewerbestl. Entlastung.

185 **III. Übergang in den REIT-Status (lit. b).** Nr. 70 S. 1 lit. b befreit die Hälfte der BV-Mehrungen, die auf Grund der Eintragung eines Stpfl in das Handelsregister als REIT-AG iSd. REIT-G durch Anwendung des § 13 Abs. 1 und 3 S. 1 KStG auf Grund und Boden und Gebäude entstehen, wenn diese WG vor dem 1.1.

1 BR-Drucks. 779/06; zu den nachfolgenden Änderungsvorschlägen des Bundesrates: BR-Drucks. 779/1/06, BT-Drucks. 16/4036.
2 BR-Drucks. 779/06, 41.
3 BT-Drucks. 15/5554.
4 Vgl. die entspr. Abstufung der Zielsetzung in BR-Drucks. 779/06, 41.
5 Vgl. insoweit bereits den Entw. eines G zur Verbesserung der stl. Standortbestimmungen (BT-Drucks. 15/5554) zur zeitlich befristeten stl. Begünstigung der Gewinne aus Immobilienveräußerungen.
6 *Schultz/Thießen*, DB 2006, 2144 (2146); *Stoschek/Dammann*, IStR 2006, 403 (407).

2005 angeschafft oder hergestellt wurden, und die Schlussbilanz iSd. § 13 Abs. 1 und 3 KStG auf einen Zeitpunkt vor dem 1.1.2010 aufzustellen ist. Es sollen die beim **Wechsel einer stpfl. AG in den steuerbefreiten REIT-Status** aufzudeckenden stillen Reserven in Grund und Boden und Gebäude ebenfalls nur zur Hälfte besteuert werden. Grund und Boden und Gebäude sollen begünstigt werden, wenn diese zwei Jahre vor dem rückwirkenden Inkrafttreten am 1.1.2007 angeschafft oder hergestellt wurden.[1] Anders als in den Fällen der Veräußerung v. Immobilien an einen REIT beträgt die sog. Vorbesitzzeit hier also nur zwei Jahre.[2]

Wird eine stpfl. Körperschaft, Personenvereinigung oder Vermögensmasse v. der KSt befreit, so hat sie nach **§ 13 Abs. 1 KStG** auf den Zeitpunkt, in dem die StPflicht endet, eine Schlussbilanz aufzustellen. Nach § 13 Abs. 3 S. 1 KStG sind in der Schlussbilanz iSd. § 13 Abs. 1 KStG die WG mit den TW anzusetzen. Es erfolgt eine Aufdeckung der stillen Reserven. Diese Schlussbesteuerung beim Ausscheiden aus der StPflicht und dem Übergang in den Status als steuerbefreite Körperschaft wird v. Nr. 70 S. 1 lit. b eingeschränkt. Soweit BV-Mehrungen aus dem Teilwertansatz bei Grund und Boden und Gebäuden entstehen, sollen diese BV-Mehrungen, wenn der Übergang in den stfreien REIT-Status erfolgt, **ebenso zur Hälfte stfrei sein wie bei der Veräußerung derartiger WG an eine REIT-AG oder einen Vor-REIT**. Voraussetzung ist allerdings, dass die WG vor dem 1.1.2005 angeschafft wurden und die Schlussbilanz auf einen Zeitpunkt vor dem 1.1.2010 aufzustellen ist. § 3 Nr. 70 S. 1 lit. b entspricht insoweit der Regelung des § 13 Abs. 4 KStG. Dieser bestimmt, dass dann, wenn die Steuerbefreiung auf Grund des § 5 Abs. 1 Nr. 9 KStG beginnt (Körperschaftsteuerbefreiung für Körperschaften, die ausschließlich und unmittelbar gemeinnützigen, mildtätigen oder kirchlichen Zwecken dienen), die WG, die der Förderung steuerbegünstigter Zwecke iSd. § 9 Abs. 1 Nr. 2 KStG (Spendenabzug) dienen, in der Schlussbilanz mit den Buchwerten anzusetzen sind. 186

C. Ausnahmekatalog (S. 2)

Die Steuerbefreiung nach Nr. 70 S. 1 besteht nach **S. 2 lit. a** nicht, wenn der StPfl. den Betrieb veräußert oder aufgibt und der Veräußerungsgewinn nach § 34 besteuert wird. Nach Auffassung des Gesetzgebers ist die Betriebsveräußerung und -aufgabe bereits durch §§ 16 Abs. 4 und 34 begünstigt, so dass es keines zusätzlichen stl. Anreizes bedürfe. S. 1 ist auch dann nicht anwendbar, wenn die Anwendung günstiger wäre als die Steuerbegünstigung nach § 34 Abs. 1. Nach **S. 2 lit. b** ist die hälftige Steuerbefreiung ausgeschlossen, wenn der StPfl. v. der Möglichkeit der Übertragung stiller Reserven oder der Rücklagenbildung bei Veräußerung v. Grund und Boden sowie Gebäuden gem. §§ 6b, 6c Gebrauch macht. Der StPfl. kann sich für oder gegen die Anwendung v. §§ 6b, 6c entscheiden und damit zw. §§ 6b, 6c und § 3 Nr. 70 wählen.[3] Hat der StPfl. in einem Wj. vor der Veräußerung des Grund und Bodens oder Gebäudes eine Teilwertabschreibung vorgenommen, die in vollem Umfang steuerwirksam gewesen ist, ist nach **S. 2 lit. c** der S. 1 insoweit nicht anwendbar, als der Veräußerungserlös auf die Wertsteigerung entfällt, die bis zum Veräußerungszeitpunkt eingetreten und noch nicht durch eine Wertaufholung nach § 6 Abs. 1 Nr. 1 S. 4 erfasst ist. **S. 2 lit. d** trifft eine Regelung für den Fall, dass der StPfl. Grund und Boden und Gebäude mit Verlust veräußert. Die Steuerbefreiung nach S. 1 würde hier im Zusammenwirken mit dem Halbabzugsverbot nach § 3c Abs. 3 iErg. dazu führen, dass der Verlust nur zur Hälfte berücksichtigt würde. Da Nr. 70 aber eine Vorschrift zur Förderung der Veräußerung v. Grundstücken und Gebäuden an REIT ist, soll § 3 Nr. 70 – und damit auch § 3c Abs. 3 – in Verlustfällen nicht zur Anwendung kommen.[4] Nach **S. 2 lit. e** soll die Steuerfreistellung auch nicht bestehen, soweit der StPfl. in der Vergangenheit Abzüge bei den AK oder HK v. WG iSd. S. 1 nach § 6b oä. Abzüge voll steuerwirksam vorgenommen hat. Diese Regelung entspricht der Bestimmung der Nr. 70 S. 2 lit. c, welche die Steuerbefreiung ausschließt, soweit der Ansatz des niedrigeren TW in vollem Umfang zu einer Gewinnminderung geführt hat. Es soll ausgeschlossen werden, dass eine über § 6b aufgeschobene voll stpfl. Realisierung v. stillen Reserven nunmehr über § 3 Nr. 70 S. 1 nur noch zur Hälfte stpfl. ist. Entspr. dem zuletzt im SEStEG (vgl. Nr. 40 S. 1 lit. a S. 3)[5] normierten Grundsatz, dass eine hälftige Veräußerungsgewinnbefreiung nicht in Betracht kommt, wenn in früheren Jahren eine voll steuerwirksame Teilwertabschreibung oder ein voll steuerwirksamer Abzug nach § 6b oder hiermit vergleichbare Abzüge vorgenommen worden sind, hat der Gesetzgeber eine hälftige Steuerbefreiung des auf einen Abzug nach § 6b oder hiermit vergleichbaren Abzug entfallenden Teils des Veräußerungserlöses ebenfalls als nicht gerechtfertigt angesehen.[6] **S. 2 lit. f** normiert eine Ausnahme für Rechtsvorgänge nach dem UmwStG. Bei Übertragungsvorgängen, die unter das UmwStG fallen, haben StPfl. die Möglichkeit, die Übertragung zum gemeinen Wert, Buchwert oder einem Zwischenwert durch- 187

1 BT-Drucks. 16/4779, 67.
2 *Kann/Just/Krämer*, DStR 2007, 787 (791).
3 BR-Drucks. 779/06, 41.
4 BR-Drucks. 779/06, 42.
5 Vgl. auch BT-Drucks. 16/2710, 27.
6 BT-Drucks. 16/4026, 35.

zuführen (vgl. zB § 11 Abs. 2 und § 20 Abs. 2 UmwStG idF des SEStEG). Nur im Fall des Ansatzes mit dem gemeinen Wert kommt es zu einer Realisierung sämtlicher stiller Reserven, so dass nach Auffassung des Gesetzgebers auch nur in diesem Fall die Gewährung der hälftigen Steuerbefreiung erforderlich ist. Der StPfl. hat durch die Wahl der Übertragung zum gemeinen Wert die Möglichkeit, **die für ihn günstige Variante zu wählen**. Zudem erfolgten – so die Gesetzesbegründung – Vermögensübertragungen, Umwandlungen, Verschmelzungen usw. regelmäßig aus anderen Gründen als der Realisierung stiller Reserven. Es käme daher lediglich zu Mitnahmeeffekten.[1]

D. Rückwirkender Wegfall der Befreiung (S. 3)

188 Während Nr. 70 S. 2 Ausnahmen v. der Steuerbefreiung vorsieht und eine Steuerbefreiung in bestimmten Fällen v. vornherein versagt, in denen der Gesetzgeber eine Steuerbefreiung als nicht geboten ansieht, regelt S. 3, dass in bestimmten Fällen die Steuerbefreiung rückwirkend wegfällt, wenn **bestimmte Voraussetzungen im Anschluss an die Veräußerung der Immobilie nicht erfüllt werden**. Aus der Sicht eines potentiellen Veräußerers sind diese Regelungen über den rückwirkenden Wegfall der hälftigen Steuerbefreiung problematisch, da die Gründe für den rückwirkenden Wegfall der Befreiung in der Sphäre des Erwerbers liegen. Die Steuerbefreiung entfällt nach S. **3 lit. a**, wenn die REIT-AG den Grund und Boden und das Gebäude innerhalb eines Zeitraums v. vier Jahren seit dem Vertragsschluss iSd. S. 1 lit. a oder innerhalb eines Zeitraums v. vier Jahren nach dem Stichtag der Schlussbilanz iSd. S. 1 lit. b veräußert. Diese Bedingung entspricht § 14 REITG, der sich gegen einen Immobilienhandel durch die REIT-AG wendet. Die REIT-AG darf nach § 14 Abs. 1 REITG **keinen Immobilienhandel** betreiben, der v. § 14 Abs. 2 REITG angenommen wird, wenn die REIT-AG innerhalb eines Zeitraums v. fünf Jahren Bruttoerlöse aus der Veräußerung v. unbeweglichem Vermögen erzielt, die mehr als die Hälfte des Wertes des durchschnittlichen Bestandes an unbeweglichem Vermögen innerhalb desselben Zeitraums ausmachen. Für den Veräußerer besteht auf Grund der Regelung in S. 3 lit. a ein latentes Steuerrisiko, das sich nicht nur auf den Kaufpreis auswirken dürfte, sondern das auch eine entspr. Absicherung in den Verträgen verlangt. Nach **S. 3 lit. b** entfällt die Steuerbefreiung, wenn der Vor-REIT oder ein anderer Vor-REIT als sein Gesamtrechtsnachfolger den Status als Vor-REIT gem. § 10 Abs. 3 S. 1 REITG verliert. Die Veräußerung an Vor-REITs wurde nur deshalb in die Begünstigung einbezogen, um zeitlich bereits vor der Börsenzulassung die steuerbegünstigte Veräußerung v. Immobilien zu ermöglichen. Die Begünstigung steht jedoch unter der Bedingung, dass der Vor-REIT als REIT-AG eingetragen wird bzw. den Status als Vor-REIT nicht verliert. S. 3 lit. b war zunächst dahin gefasst, dass die Steuerbefreiung entfällt, wenn der Vor-REIT nicht innerhalb v. vier Jahren seit dem Vertragsabschluss nach S. 1 lit. a als REIT-AG in das Handelsregister eingetragen wird. S. 3 lit. b hat jedoch durch das G zur Umsetzung der RL 2009/65/EG zur Koordinierung der Rechts- und Verwaltungsvorschriften betr. bestimmte Organismen für gemeinsame Anlagen in Wertpapieren (OGAW-IV-Umsetzungsgesetz – OGAW-IV-UmsG) v. 22.6.2011[2] die heutige Fassung erhalten. Diese Änderung wurde damit begründet, dass auf Grund der Finanzmarktkrise und der dadurch ausgelösten Unsicherheiten das Börsenumfeld neuen Börsengängen in der letzten Zeit krit. ggü. gestanden habe. Diese widrigen Umstände seien bei Schaffung des REITG nicht vorauszusehen gewesen und hätten außerhalb des Einflussbereichs der Vor-REITs gelegen. Es sei deshalb geboten, die Frist für die Erlangung des REIT-Status zu verlängern und hierdurch dem rückwirkenden Entfall der hälftigen Steuerbefreiung entgegenzuwirken. Nach der bis dahin geltenden Regelung habe eine Aktiengesellschaft binnen drei Jahren ab ihrer Registrierung als Vor-REIT den ausstehenden Börsengang nachholen müssen, um den REIT-Status zu erlangen. Diese Drei-Jahres-Frist könne von der BaFin im Rahmen einer Einzelfallprüfung auf Antrag um ein Jahr verlängert werden. § 10 Abs. 2 REITG nF sehe vor, diese Ermächtigung der BaFin, einem Vor-REIT auf Antrag ein Jahr Fristverlängerung zu gewähren, auf ein weiteres Jahr zu erstrecken („3 + 1 + 1"-Lösung). Es handele sich hierbei wie bisher um eine von der BaFin vorzunehmende Einzelfallprüfung. Die steuerliche Frist für den rückwirkenden Entfall der Exit Tax orientiere sich zukünftig an der aufsichtsrechtlichen Frist in § 10 Abs. 2 REITG, um einem Auseinanderfallen der aufsichtsrechtlichen und steuerlichen Beurteilung entgegenzuwirken. Durch die Fristverlängerung in § 10 Abs. 2 REITG werde somit auch der steuerliche Bestandschutz für die gewährte hälftige Steuerbefreiung bei Veräußerung von Grundstücken an Vor-REITs über das Jahr 2011 hinaus verlängert.[3] Die Steuerbefreiung entfällt nach **S. 3 lit. c** rückwirkend, wenn die REIT-AG innerhalb eines Zeitraums v. vier Jahren seit dem Vertragsschluss iSd. S. 1 lit. a oder nach dem Stichtag der Schlussbilanz iSd. S. 1 lit. b in keinem VZ die Voraussetzungen für die Steuerbefreiung erfüllt. Diese Regelung wurde auf Vorschlag des BR aufgenommen. Die Ausnahmeregelung der Nr. 70 S. 3 lit. b über den Wegfall der hälftigen Steuerbefreiung, wenn der Vor-REIT nicht

1 Vgl. bereits BT-Drucks. 15/5554, 13; BT-Drucks. 16/4026, 35.
2 BGBl. I 2011, 1126.
3 BT-Drucks. 17/4510, 89.

eingetragen werde (bzw., wenn er den Status als Vor-REIT gem. § 10 Abs. 3 S. 1 REITG verliere), diene der zielgerichteten Gewährung der hälftigen Steuerbefreiung. Grund und Boden und Gebäude könnten jedoch auch an eine REIT-AG veräußert werden, die später in keinem VZ die Voraussetzungen für die Steuerbefreiung erfülle (zB wegen Verlust der Börsenzulassung nach § 18 Abs. 1 REITG). Auch in diesem Fall sei die Gewährung der hälftigen Steuerbefreiung nicht gerechtfertigt, weil es sich um eine Veräußerung an eine letztlich stpfl. KapGes. handele.[1] **Nr. 70 S. 3 lit. d** ergänzt die Regelung des S. 3 lit. c. Die hälftige Steuerbefreiung soll nicht nur dann entfallen, wenn die REIT-AG die Voraussetzungen für die Steuerbefreiung innerhalb v. vier Jahren in keinem VZ erfüllt, sondern auch dann, wenn die Steuerbefreiung der REIT-AG innerhalb eines Zeitraums v. vier Jahren endet. Die Ausnahmeregelung der Nr. 70 S. 3 lit. e ergänzt S. 3 lit. b. Während S. 3 lit. b die hälftige Steuerbefreiung rückwirkend entfallen lässt, wenn der Vor-REIT, an den die Immobilie veräußert wurde, nicht als REIT-AG eingetragen wird, versagt S. 3 lit. e rückwirkend die hälftige Befreiung, wenn das BZSt dem Erwerber iSd. S. 1 lit. a den Status als Vor-REIT iSd. § 2 S. 4 REITG bestandskräftig aberkannt hat. Nach § 2 S. 2 REITG hat der Vor-REIT zum Ende des auf die Registrierung folgenden Geschäftsjahres ggü. dem BZSt nachzuweisen, dass sein Unternehmensgegenstand iSd. § 1 Abs. 1, 1. HS REITG beschränkt ist. Zum Ende des dem Jahr der Anmeldung folgenden und jedes darauf folgenden Geschäftsjahres hat der Vor-REIT auf Aufforderung des BZSt innerhalb einer in der Aufforderung bestimmten Frist durch Vorlage v. geeigneten, v. einem Wirtschaftsprüfer testierten Unterlagen nachzuweisen, dass er die Voraussetzungen des § 12 erfüllt. Erfüllt der Vor-REIT zum Ende des dem Jahr der Anmeldung folgenden oder eines späteren Geschäftsjahres die Voraussetzungen des § 12 und des § 1 Abs. 1, 1. HS REITG nicht oder nicht mehr, entfällt der Status als Vor-REIT zum Ende dieses Geschäftsjahres.

E. Sale-and-Lease-Back-Fälle mit fortdauernder Beteiligung des Veräußerers (S. 4)

Die Steuerbefreiung entfällt auch dann rückwirkend, wenn die WG iSd. S. 1 lit. a vom Erwerber an den Veräußerer oder eine ihm nahestehende Pers. iSd. § 1 Abs. 2 des AStG überlassen werden und der Veräußerer oder eine ihm nahestehende Pers. iSd. § 1 Abs. 2 des AStG nach Ablauf einer Frist v. zwei Jahren seit Eintragung des Erwerbers als REIT-AG in das Handelsregister an dieser mittelbar oder unmittelbar zu mehr als 50 % beteiligt ist. Nr. 70 S. 4 regelt, dass in Fällen des Sale-and-Lease-Back der Veräußerer der Immobilie den Erwerber nur eine gewisse Anfangszeit beherrschen darf. Für die Börseneinführung und eine kurze Zeit danach soll der Veräußerer die Möglichkeit haben, durch seine Beteiligung an der REIT-AG zu zeigen, dass er hinter dem Vorhaben steht. Auf Dauer soll aber durch Rückführung auch der mittelbaren Beteiligung der Charakter der REIT-AG als **Kapitalmarktprodukt** zum Tragen kommen. Nr. 70 S. 4 soll zugleich auch rein stl. motivierte Gestaltungen durch Übertragung des Grundbesitzes eines Konzerns auf eine REIT-AG bei unveränderter Nutzung der Immobilien verhindern.[2] Der Gesetzgeber wollte befürchtete Steuerausfälle aus Sale-and-Lease-Back-Transaktionen dadurch (mittelbar) eindämmen, dass die Steuerbefreiung nur dann gewährt wird, wenn der Veräußerer/Leasingnehmer die Kontrolle vor Ablauf v. zwei Jahren seit Beginn der Steuerbefreiung des REITG aufgibt.[3] 189

F. Haftung des Erwerbers in den Fällen der S. 3 und 4 (S. 5)

Der Grundstückserwerber haftet nach Nr. 70 S. 5 für die sich aus dem rückwirkenden Wegfall der Steuerbefreiung nach S. 3 und 4 ergebenden Steuern. Der Gesetzgeber hat insoweit Vorsorge gegen Steuerausfälle auf Grund einer Insolvenz des Veräußerers getroffen. Diese Haftung berücksichtigt, dass der rückwirkende Wegfall der Steuerbefreiung – zumindest in den Fällen des S. 3 – seine Ursache in der **Sphäre des Erwerbers** hat. Die REIT-AG hat die Immobilie weiter veräußert (lit. a), der Vor-REIT wird nicht als REIT-AG eingetragen (lit. b), die REIT-AG erfüllt nicht die Voraussetzungen für die Befreiung (lit. c), die Steuerbefreiung endet (lit. d) oder der Status als Vor-REIT wird aberkannt (lit. e). IdR werden Veräußerer und Erwerber ohnehin in dem Übertragungsvertrag eine Regelung getroffen haben, nach welcher der v. dem Erwerber verursachte Wegfall der Steuerbefreiung diesen zum Ausgleich verpflichtet. 190

§ 3 Nr. 71 [Invest-Zuschuss für Wagniskapital]

der aus einer öffentlichen Kasse gezahlte Zuschuss

a) für den Erwerb eines Anteils an einer Kapitalgesellschaft in Höhe von 20 Prozent der Anschaffungskosten, höchstens jedoch 100 000 Euro. ²Voraussetzung ist, dass

---

1 BT-Drucks. 16/4026, 36.
2 BT-Drucks. 16/4779, 67.
3 *Sieker/Göckeler/Köster*, DB 2007, 933 (943).

aa) der Anteil an der Kapitalgesellschaft länger als drei Jahre gehalten wird,

bb) die Kapitalgesellschaft, deren Anteil erworben wird,

aaa) nicht älter ist als sieben Jahre, wobei das Datum der Eintragung der Gesellschaft in das Handelsregister maßgeblich ist,

bbb) weniger als 50 Mitarbeiter (Vollzeitäquivalente) hat,

ccc) einen Jahresumsatz oder eine Jahresbilanzsumme von höchstens 10 Millionen Euro hat und

ddd) nicht an einem regulierten Markt notiert ist und keine solche Notierung vorbereitet,

cc) der Zuschussempfänger das 18. Lebensjahr vollendet hat oder eine GmbH oder Unternehmergesellschaft ist, bei der mindestens ein Gesellschafter das 18. Lebensjahr vollendet hat und

dd) für den Erwerb des Anteils kein Fremdkapital eingesetzt wird. [3]Wird der Anteil von einer GmbH oder Unternehmergesellschaft im Sinne von Doppelbuchstabe cc erworben, gehören auch solche Darlehen zum Fremdkapital, die der GmbH oder Unternehmergesellschaft von ihren Anteilseignern gewährt werden und die von der GmbH oder Unternehmergesellschaft zum Erwerb des Anteils eingesetzt werden.

b) anlässlich der Veräußerung eines Anteils an einer Kapitalgesellschaft im Sinne von Buchstabe a in Höhe von 25 Prozent des Veräußerungsgewinns, wenn

aa) der Veräußerer eine natürliche Person ist,

bb) bei Erwerb des veräußerten Anteils bereits ein Zuschuss im Sinne von Buchstabe a gezahlt und nicht zurückgefordert wurde,

cc) der veräußerte Anteil frühestens drei Jahre (Mindesthaltedauer) und spätestens zehn Jahre (Höchsthaltedauer) nach Anteilserwerb veräußert wurde,

dd) der Veräußerungsgewinn nach Satz 2 mindestens 2 000 Euro beträgt und

ee) der Zuschuss auf 80 Prozent der Anschaffungskosten begrenzt ist.

[2]Veräußerungsgewinn im Sinne von Satz 1 ist der Betrag, um den der Veräußerungspreis die Anschaffungskosten einschließlich eines gezahlten Agios übersteigt. [3]Erwerbsneben- und Veräußerungskosten sind nicht zu berücksichtigen.

Literatur: *Cölln*, Die steuerliche Behandlung von INVEST-Zuschüssen für Wagniskapital, DStR 2016, 2560; *Cölln*, Erneut: Die steuerliche Behandlung von INVEST-Zuschüssen für Wagniskapital, DStR 2017, 1185.

191 2013 wurde der „Investitionszuschuss Wagniskapital" eingeführt, der als **„Invest-Zuschuss für Wagniskapital"** in einer RL v. 2.4.2014 modifiziert fortgeführt wurde. Mit dem Invest-Zuschuss sollten private Investoren – insbes. sog. Business Angels (erfahrene Unternehmer, die angehende Entrepreneure mit finanziellen Mitteln und Praxiserfahrung unterstützen) – dazu angeregt werden, jungen innovativen Unternehmen privates Wagniskapital zur Verfügung zu stellen. Der Investor erhielt 20 % des Ausgabepreises seiner Beteiligung über den Zuschuss zurückerstattet, wenn die Beteiligung für mindestens drei Jahre gehalten wurde.[1]

192 Duch das Zollkodex-AnpG v. 22.12.2014[2] wurde dieser „Invest-Zuschuss für Wagniskapital" befreit. Der Gesetzgeber ist davon ausgegangen, dass diese Zuschüsse grds. stpfl. BE seien. Wird die Beteiligung an der förderungsfähigen KapGes. im BV des Zuwendungsempfängers gehalten oder vereinnahmt den Zuschuss eine Business-Angel-Ges., so liegt eine steuerbare BE vor.[3] Allerdings dürften bei einem privaten Investor, der sich an einer KapGes. beteiligt, keine BE, sondern Einkünfte aus KapVerm. iSd. § 20 vorliegen.[4] Die Steuerbefreiung sollte – so der Gesetzgeber – die steuerrechtl. **Rahmenbedingungen für Wagniskapitalfinanzierungen nachhaltig verbessern** und so mehr privates Beteiligungskapital als bislang mobilisieren. Die Steuerbefreiung sei notwendig, damit der allein aus Bundesmitteln gezahlte Zuschuss nicht durch eine Besteuerung teilweise wirkungslos wird.[5] Der **BR** hatte **vorgeschlagen**, Nr. 71 dahin zu fassen, dass Zuschüsse des Bundesministeriums für Wirtschaft und Energie nach der Invest-Zuschuss-Richtlinie, ver-

1 RL zur Bezuschussung v. Wagniskapital privater Investoren für junge innovative Unternehmen – Invest-Zuschuss für Wagniskapital – v. 2.4.2014, Bundesanzeiger v. 17.4.2014.
2 BGBl. I 2014, 2417.
3 *Cölln*, DStR 2017, 1185 (1188 f.).
4 So iErg. auch *Cölln*, DStR 2016, 2560 (2563).
5 BT-Drucks. 18/3017, 45.

gleichbare Zuschüsse eines Landes sowie vergleichbare Zuschüsse anderer EU-Staaten befreit werden sollten, wenn das Bundesministerium die Vergleichbarkeit bescheinigt. Der BR war der Auffassung, die in dem RegEntw. geregelten Tatbestandsmerkmale seien zwar an die Vergabebedingungen des Invest-Zuschusses angelehnt, könnten aber eine Beschränkung weder auf den Personenkreis der „Business Angels" noch auf „Wagniskapital" herbeiführen. Außerdem müssten die FÄ die einzelnen Tatbestandsmerkmale der Nr. 71 zusätzlich prüfen.[1] Der Vorschlag wurde jedoch v. der BReg. abgelehnt. Die Kriterien der Nr. 71 entsprächen inhaltsgleich den Kriterien für den Invest-Zuschuss. Die Steuerbefreiung sei zielgenau auf diesen zugeschnitten. Es sei wichtig, die Kriterien für die Gewährung in Nr. 71 aufzunehmen. Andernfalls könnte das Zuschussprogramm inhaltlich massiv verändert werden, ohne dass die Steuerbefreiung entfiele.[2]

Durch das **G gegen schädliche Steuerpraktiken im Zusammenhang mit Rechteüberlassungen** v. 27.6. 193
2017[3] ist Nr. 71 neu gefasst und erweitert worden. Es sollte damit die Steuerbefreiung von Zuschüssen nach den Invest-Programmen an die neuen Förderbedingungen der Förderrichtlinie zur Bezuschussung von Wagniskapital privater Investoren für junge innovative Unternehmen – Invest-Zuschuss für Wagniskapital – v. 12.12.2016[4] angepasst werden. Ein Anpassungsbedarf ergab sich beim Erwerbszuschuss ua. aufgrund der Verdoppelung der Förderungshöchstbeträge auf 100 000 Euro (§ 3 Nr. 71 Buchst. a), der Erweiterung der förderungsfähigen Ges. (Zulassung von Unternehmergesellschaften) und der Änderung beim Höchstalter der begünstigten KapGes. (Herabsetzung von zehn auf sieben Jahre). Mit der neuen Förderrichtlinie wurde zudem ein zusätzlicher (Exit-)Zuschuss eingeführt, der bei gewinnbringender Veräußerung von Anteilen an KapGes. gezahlt wird, bei deren Erwerb bereits ein Erwerbszuschuss geleistet wurde. Die Steuerbefreiung auch des Exit-Zuschusses wurde als notwendig angesehen, damit dieser nicht durch eine Besteuerung teilweise wirkungslos werde.[5]

Nr. 71 erklärt nicht den „Invest-Zuschuss für Wagniskapital", der nach der RL v. 12.12.2016 v. Bundes- 194
ministerium für Wirtschaft und Energie gewährt wird, für stfrei. Nr. 71 formuliert vielmehr abstrakt Anforderungen an den gehaltenen Anteil, an die KapGes., deren Anteile erworben werden, an den Zuschussempfänger und an die Finanzierung des Beteiligungskapitals. Der in Nr. 71 geregelte Freibetrag und die geregelten Voraussetzungen sind jedoch die **Förderungsbeträge und die Voraussetzungen, welche die Zuschussrichtlinie vorsieht**.[6]

Nr. 71 Buchst. a S. 1 befreit die **Zuschüsse zum Anteilserwerb**. Die Zuschüsse müssen aus einer „öffent- 195
lichen Kasse" gezahlt werden. Eine öffentliche Kasse (iSd. § 3 Nr. 12 S. 2) ist eine Kasse, deren Zahlungen sich als Zahlung der öffentlichen Hand im öffentlich-rechtlichen (hoheitlichen) Bereich darstellen. Bei dem Investzuschuss für Wagniskapital ist dieses Tatbestandsmerkmal unproblematisch erfüllt, da dieser von dem Bundesministerium für Wirtschaft und Energie gewährt wird. „Zuschüsse" sind Vermögensvorteile, die ein Zuschussgeber zur Förderung eines – zumindest auch – in seinem Interesse liegenden Zwecks dem Zuschussempfänger zuwendet. Der Begriff der „Anschaffungskosten" von Anteilen an einer KapGes. findet sich in § 20 Abs. 4, der den Gewinn iSd. § 20 Abs. 2 als Unterschied der Einnahmen aus der Veräußerung und der AK definiert. Der Begriff der „Kapitalgesellschaft" lässt sich in Anlehnung an die Definition des entspr. Begriffs in § 1 Abs. 1 Nr. 1 KStG definieren. Der Begriff des „Anteils" an einer KapGes. findet sich in § 20 Abs. 2 Nr. 1. Begünstigt sind nur Zuschüsse iHv. „20 % der AK, höchstens jedoch 100 000 Euro". Diese Tatbestandsvoraussetzung erklärt sich aus dem Ansatz des Gesetzgebers, den Investzuschuss für Wagniskapital mit den Tatbestandsvoraussetzungen der Nr. 71 abzubilden. Nach Absch. 5 der RL beträgt die Höhe der Objektförderung 20 % des Ausgabepreises der Anteile. Nach Abschnitt 4.3 der RL werden maximal Beteiligungen eines Investors bis zu einem Betrag von 500 000 Euro bezuschusst, sodass die maximale Fördersumme nach Abschnitt 5 Abs. 2 der RL 100 000 Euro beträgt.

Nach Nr. 71 Buchst. a S. 2 müssen das Unternehmen und der Zuwendungsempfänger (Investor) mehrere 196
Voraussetzungen erfüllen, die im Wesentlichen zugleich Voraussetzungen für den Erhalt des Zuschusses sind.

Nach Nr. 71 Buchst. a S. 2 **Doppelbuchst. aa** muss der Anteil an der KapGes länger als drei Jahre gehalten 197
werden. Diese Voraussetzung entspricht Abschnitt 4.1.2 der RL. Danach muss der Zuwendungsempfänger die erworbenen, neu ausgegebenen Anteile vollständig mindestens drei Jahre nach Abschluss des/der Gesellschaftsvertrags/Satzung/Beteiligungsvertrags halten (sog. Mindesthaltedauer).

1 BT-Drucks. 18/3158, 10.
2 BT-Drucks. 18/3158, 100 f.
3 BGBl. I 2017, 2074.
4 BAnz. AT v. 23.12.2016.
5 BT-Drucks. 18/12128, 29; *Cölln*, DStR 2017, 1185.
6 *Cölln*, DStR 2017, 1185 (1191).

198 Die KapGes., deren Anteile erworben werden, muss die Voraussetzungen von Nr. 71 Buchst. a S. 2 **Doppelbuchst. bb** Dreifachbuchst. aaa bis ddd erfüllen, wobei diese Voraussetzungen ebenfalls im Wesentlichen nach Abschnitt 4.1.1 der RL zu beachten sind. Diese Voraussetzungen sollen gewährleisten, dass dem Zweck des Investzuschusses und der Steuerbefreiung entsprochen wird, den Zugang jüngerer innovativer Unternehmen zu Wagniskapital und damit die Kapitalausstattung dieser Unternehmen zu verbessern. Nach Nr. 71 Buchst. a S. 2 Doppelbuchst. bb **Dreifachbuchst. aaa** darf die KapGes., deren Anteile erworben werden, nicht älter als sieben Jahre sein, wobei das Datum der Eintragung in das Handelsregister maßgebend ist. Abschnitt 4.1.1 der RL fordert ebenfalls, dass „das Unternehmen" nicht älter als sieben Jahre sein darf, und Anlage A Abschnitt II erläutert dies dahin, dass seit Gründung des Unternehmens nicht mehr als sieben Jahre vergangen sein dürfen. Nr. 71 Buchst. a S. 2 Doppelbuchst. bb **Dreifachbuchst. bbb** verlangt, dass die KapGes. weniger als 50 Mitarbeiter (Vollzeitäquivalente) hat. Nr. 71 Buchst. a S. 2 Doppelbuchst. bb **Dreifachbuchst. ccc** fordert, dass sie einen Jahresumsatz oder eine Jahresbilanzsumme von höchstens 10 Mio. Euro hat. Abschnitt 4.1.1 der RL setzt voraus, dass es sich um ein kleines Unternehmen iSd. Definition der EU-Kommission handeln muss, und nennt hierzu dieselben Kriterien wie Nr. 71 Buchst. a S. 2 Doppelbuchst. bb Dreifachbuchst. ccc. Nr. 71 Buchst. a S. 2 Doppelbuchst. bb **Dreifachbuchst. ddd** fordert, dass das Unternehmen nicht an einem regulierten Markt notiert ist und keine solche Notierung vorbereitet. Nach Abschnitt 4.1.1 der RL dürfen darüber hinaus keine Vereinbarungen darüber bestehen, dass das Unternehmen Tochtergesellschaft eines anderen Unternehmens wird, das diese Voraussetzungen nicht erfüllt.

199 An den Zuschussempfänger stellt Nr. 71 Buchst. a S. 2 **Doppelbuchst. cc** die Forderung, dass dieser das 18. Lebensjahr vollendet haben muss oder eine GmbH ist, bei der mindestens ein G'ter das 18. Lebensjahr vollendet hat. Diese Forderung entspricht Abschnitt 4.1.2 der RL, nach der der Zuwendungsempfänger eine volljährige, nat. Pers. sein muss, die ihren Hauptwohnsitz im EWR hat. Die Regelung für den Fall, dass der Zuwendungsempfänger eine GmbH ist, berücksichtigt die Regelung in Abschnitt 3 S. 2 der Richtlinie, nach der sich eine nat. Pers. einer Beteiligungs-GmbH bedienen kann, um die Beteiligung einzugehen und zu halten (Business-Angel-GmbH).

200 Für den Erwerb des Anteils darf nach Nr. 71 Buchst. a S. 2 **Doppelbuchst. dd** kein Fremdkapital eingesetzt werden. Diese Forderung entspricht der Regelung in Abschnitt 4.1.2 Abs. 2 der RL. Wurden die Gesellschaftsanteile durch den Einsatz von Fremdkapital erworben und damit die Voraussetzungen für die Gewährung des Invest-Zuschusses nicht erfüllt, so ist die Steuerbefreiung auch dann nicht gegeben, wenn der gewährte Invest-Zuschuss nicht zurückgefordert wird.[1]

201 **Nr. 71 Buchst. b** befreit die sogenannten **Exitzuschüsse**, die nach der RL v. 12.12.2016 gewährt werden. Wie in den Fällen des Buchst. a muss die Zahlung aus einer „öffentlichen Kasse" erfolgen und es muss sich um einen „Zuschuss" handeln. Es muss ein Zuschuss „anlässlich der Veräußerung eines Anteils an einer Kapitalgesellschaft" iSv. Buchst. a sein.

202 Befreit wird der aus einer öffentlichen Kasse gezahlte Zuschuss „in Höhe von 25 % des Veräußerungsgewinns". Befreit wird nicht der Veräußerungsgewinn zu 25 %, sondern der in Höhe von 25 % des Veräußerungsgewinns gezahlte Zuschuss. Nr. 71 Buchst. b S. 2 enthält eine Legaldefinition des Veräußerungsgewinns. Veräußerungsgewinn iSv. S. 1 ist der Betrag, um den der Veräußerungspreis die AK einschließlich eines gezahlten Agios übersteigt. Erwerbsneben- und Veräußerungskosten sind nicht zu berücksichtigen. Nach Abschnitt 5.2 der RL soll für die Bestimmung der AK der in dem Gesellschaftsvertrag/Satzung/Beteiligungsvertrag/Wandlung genannte und zum Zeitpunkt des Abschlusses des Veräußerungsvertrags wirksam werdende Betrag herangezogen werden. Für den Veräußerungspreis wird der im Veräußerungsvertrag genannte und zum Zeitpunkt der Antragstellung tatsächlich gezahlte Betrag zugrunde gelegt. Der Exitzuschuss wird nach Abschnitt 5.2 der RL iHv. 25 % des Veräußerungsgewinns gewährt. Die auf den Veräußerungsgewinn anfallende Steuer wird pauschal mit 25 % angenommen. Der Veräußerer erhält den Betrag als pauschale Kompensation der auf den Veräußerungsgewinn entfallenden Steuer und Nr. 71 Buchst. b stellt diesen Zuschuss dem Sinn und Zweck des Zuschusses entspr. stfrei.

203 Nr. 71 Buchst. b Doppelbuchst. aa bis ee enthalten Anforderungen für die Steuerfreiheit, die den Voraussetzungen des Abschnitts 4.2 der RL für die Inanspruchnahme des Exitzuschusses entsprechen. Nach Buchst. b **Doppelbuchst. aa** muss der Veräußerer eine nat. Pers. sein. Diese Anforderung entspricht der Voraussetzung für die Gewährung des Exitzuschusses, wie sie in Abschnitt 4.2 der RL formuliert ist. Buchst. b **Doppelbuchst. bb** fordert, dass beim Erwerb des veräußerten Anteils bereits ein Zuschuss iSv. Buchst. a gezahlt und nicht zurückgefordert wurde. Nach Abschnitt 4.2 der RL darf der Erwerbszuschuss bis zur Bescheidung über den Antrag auf den Exitzuschuss nicht von dem Bundesamt für Wirtschaft und

---

1 FinBeh. Hbg. v. 24.7.2017, DStR 2017, 2389.

Ausfuhrkontrolle – BAFA – zurückgefordert sein und es dürfen bis dahin keine Gründe für eine Rückforderung vorgelegen haben. Buchst. b **Doppelbuchst. cc** schreibt eine Mindesthaltedauer von drei und eine Höchsthaltedauer von zehn Jahren nach Anteilserwerb vor. Abschnitt 4.2 der RL ergänzt diese zeitlichen Vorgaben um die Forderung, dass der Antrag auf Auszahlung des Exitzuschusses spätestens drei Monate nach der Veräußerung gestellt werden muss. Der Veräußerungsgewinn nach Buchst. b S. 2 muss nach Buchst. b **Doppelbuchst. dd** mindestens 2 000 Euro betragen. Auch diese Anforderung entspricht Abschnitt 4.2 der RL. Der Exitzuschuss wird nach Buchst. b **Doppelbuchst. ee** nur stfrei gestellt, sofern dieser 80 % der AK der Beteiligung nicht übersteigt. Damit soll dem Umstand Rechnung getragen werden, dass der ursprüngliche Anteilserwerb bereits mit 20 % bezuschusst wurde.[1]

§ 3a Sanierungserträge

(1) [1]Betriebsvermögensmehrungen oder Betriebseinnahmen aus einem Schuldenerlass zum Zwecke einer unternehmensbezogenen Sanierung im Sinne des Absatzes 2 (Sanierungsertrag) sind steuerfrei. [2]Sind Betriebsvermögensmehrungen oder Betriebseinnahmen aus einem Schuldenerlass nach Satz 1 steuerfrei, sind steuerliche Wahlrechte in dem Jahr, in dem ein Sanierungsertrag erzielt wird (Sanierungsjahr), und im Folgejahr im zu sanierenden Unternehmen gewinnmindernd auszuüben. [3]Insbesondere ist der niedrigere Teilwert, der nach § 6 Absatz 1 Nummer 1 Satz 2 und Nummer 2 Satz 2 angesetzt werden kann, im Sanierungsjahr und im Folgejahr anzusetzen.

(2) Eine unternehmensbezogene Sanierung liegt vor, wenn der Steuerpflichtige für den Zeitpunkt des Schuldenerlasses die Sanierungsbedürftigkeit und die Sanierungsfähigkeit des Unternehmens, die Sanierungseignung des betrieblich begründeten Schuldenerlasses und die Sanierungsabsicht der Gläubiger nachweist.

(3) [1]Nicht abziehbare Beträge im Sinne des § 3c Absatz 4, die in Veranlagungszeiträumen vor dem Sanierungsjahr und im Sanierungsjahr anzusetzen sind, mindern den Sanierungsertrag. [2]Dieser Betrag mindert nacheinander

1. **den auf Grund einer Verpflichtungsübertragung im Sinne des § 4f Absatz 1 Satz 1 in den dem Wirtschaftsjahr der Übertragung nachfolgenden 14 Jahren verteilt abziehbaren Aufwand des zu sanierenden Unternehmens, es sei denn, der Aufwand ist gemäß § 4f Absatz 1 Satz 7 auf einen Rechtsnachfolger übergegangen, der die Verpflichtung übernommen hat und insoweit der Regelung des § 5 Absatz 7 unterliegt. [3]Entsprechendes gilt in Fällen des § 4f Absatz 2;**
2. **den nach § 15a ausgleichsfähigen oder verrechenbaren Verlust des Unternehmers (Mitunternehmers) des zu sanierenden Unternehmens des Sanierungsjahrs;**
3. **den zum Ende des dem Sanierungsjahr vorangegangenen Wirtschaftsjahrs nach § 15a festgestellten verrechenbaren Verlust des Unternehmers (Mitunternehmers) des zu sanierenden Unternehmens;**
4. **den nach § 15b ausgleichsfähigen oder verrechenbaren Verlust derselben Einkunftsquelle des Unternehmers (Mitunternehmers) des Sanierungsjahrs; bei der Verlustermittlung bleibt der Sanierungsertrag unberücksichtigt;**
5. **den zum Ende des dem Sanierungsjahr vorangegangenen Jahrs nach § 15b festgestellten verrechenbaren Verlust derselben Einkunftsquelle des Unternehmers (Mitunternehmers);**
6. **den nach § 15 Absatz 4 ausgleichsfähigen oder nicht abziehbaren Verlust des zu sanierenden Unternehmens des Sanierungsjahrs;**
7. **den zum Ende des dem Sanierungsjahr vorangegangenen Jahrs nach § 15 Absatz 4 festgestellten in Verbindung mit § 10d Absatz 4 verbleibenden Verlustvortrag, soweit er auf das zu sanierende Unternehmen entfällt;**
8. **den Verlust des Sanierungsjahrs des zu sanierenden Unternehmens;**
9. **den ausgleichsfähigen Verlust aus allen Einkunftsarten des Veranlagungszeitraums, in dem das Sanierungsjahr endet;**
10. **im Sanierungsjahr ungeachtet des § 10d Absatz 2 den nach § 10d Absatz 4 zum Ende des Vorjahrs gesondert festgestellten Verlustvortrag;**

---

1 *Cölln*, DStR 2017, 1185 (1191).

11. **in der nachfolgenden Reihenfolge den zum Ende des Vorjahrs festgestellten und den im Sanierungsjahr entstehenden verrechenbaren Verlust oder die negativen Einkünfte**
    a) **nach § 15a,**
    b) **nach § 15b anderer Einkunftsquellen,**
    c) **nach § 15 Absatz 4 anderer Betriebe und Mitunternehmeranteile,**
    d) **nach § 2a,**
    e) **nach § 2b,**
    f) **nach § 23 Absatz 3 Satz 7 und 8,**
    g) **nach sonstigen Vorschriften;**
12. **ungeachtet der Beträge des § 10d Absatz 1 Satz 1 die negativen Einkünfte nach § 10d Absatz 1 Satz 1 des Folgejahrs. [3]Ein Verlustrücktrag nach § 10d Absatz 1 Satz 1 ist nur möglich, soweit die Beträge nach § 10d Absatz 1 Satz 1 durch den verbleibenden Sanierungsertrag im Sinne des Satzes 4 nicht überschritten werden;**
13. **den zum Ende des Vorjahrs festgestellten und den im Sanierungsjahr entstehenden**
    a) **Zinsvortrag nach § 4h Absatz 1 Satz 5,**
    b) **EBITDA-Vortrag nach § 4h Absatz 1 Satz 3. [3]Die Minderung des EBITDA-Vortrags des Sanierungsjahrs und der EBITDA-Vorträge aus vorangegangenen Wirtschaftsjahren erfolgt in ihrer zeitlichen Reihenfolge.**

[3]Übersteigt der geminderte Sanierungsertrag nach Satz 1 die nach Satz 2 mindernden Beträge, mindern sich insoweit nach Maßgabe des Satzes 2 auch der verteilt abziehbare Aufwand, Verluste, negative Einkünfte, Zinsvorträge oder EBITDA-Vorträge einer dem Steuerpflichtigen nahestehenden Person, wenn diese die erlassenen Schulden innerhalb eines Zeitraums von fünf Jahren vor dem Schuldenerlass auf das zu sanierende Unternehmen übertragen hat und soweit der entsprechende verteilt abziehbare Aufwand, die Verluste, negativen Einkünfte, Zinsvorträge oder EBITDA-Vorträge zum Ablauf des Wirtschaftsjahrs der Übertragung bereits entstanden waren. [4]Der sich nach den Sätzen 2 und 3 ergebende Betrag ist der verbleibende Sanierungsertrag. [5]Die nach den Sätzen 2 und 3 mindernden Beträge bleiben endgültig außer Ansatz und nehmen an den entsprechenden Feststellungen der verrechenbaren Verluste, verbleibenden Verlustvorträge und sonstigen Feststellungen nicht teil.

(4) [1]Sind Einkünfte aus Land- und Forstwirtschaft, Gewerbebetrieb oder selbständiger Arbeit nach § 180 Absatz 1 Satz 1 Nummer 2 Buchstabe a oder b der Abgabenordnung gesondert festzustellen, ist auch die Höhe des Sanierungsertrags nach Absatz 1 Satz 1 sowie die Höhe der nach Absatz 3 Satz 2 Nummer 1 bis 6 und 13 mindernden Beträge gesondert festzustellen. [2]Zuständig für die gesonderte Feststellung nach Satz 1 ist das Finanzamt, das für die gesonderte Feststellung nach § 180 Absatz 1 Satz 1 Nummer 2 der Abgabenordnung zuständig ist. [3]Wurden verrechenbare Verluste und Verlustvorträge ohne Berücksichtigung des Absatzes 3 Satz 2 bereits festgestellt oder ändern sich die nach Absatz 3 Satz 2 mindernden Beträge, ist der entsprechende Feststellungsbescheid insoweit zu ändern. [4]Das gilt auch dann, wenn der Feststellungsbescheid bereits bestandskräftig geworden ist; die Feststellungsfrist endet insoweit nicht, bevor die Festsetzungsfrist des Einkommensteuerbescheids oder Körperschaftsteuerbescheids für das Sanierungsjahr abgelaufen ist.

(5) [1]Erträge aus einer nach den §§ 286 ff. der Insolvenzordnung erteilten Restschuldbefreiung, einem Schuldenerlass auf Grund eines außergerichtlichen Schuldenbereinigungsplans zur Vermeidung eines Verbraucherinsolvenzverfahrens nach den §§ 304 ff. der Insolvenzordnung oder auf Grund eines Schuldenbereinigungsplans, dem in einem Verbraucherinsolvenzverfahren zugestimmt wurde oder wenn diese Zustimmung durch das Gericht ersetzt wurde, sind, soweit es sich um Betriebsvermögensmehrungen oder Betriebseinnahmen handelt, ebenfalls steuerfrei, auch wenn die Voraussetzungen einer unternehmensbezogenen Sanierung im Sinne des Absatzes 2 nicht vorliegen. [2]Absatz 3 gilt entsprechend.

Verwaltung: BMF v. 27.3.2003, BStBl. I 2003, 240 (ertragsteuerliche Behandlung von Sanierungsgewinnen, Steuerstundung und Steuererlass aus sachlichen Billigkeitsgründen); ergänzt durch BMF v. 22.12.2009, BStBl. I 2010, 18 (ertragsteuerliche Behandlung von Gewinnen aus einem Planinsolvenzverfahren, aus einer erteilten Restschuldbefreiung oder einer Verbraucherinsolvenz); BMF v. 27.4.2017, BStBl. I 2017, 741 (Sanierungserlass, Beschl. des GrS des BFH v. 28.11.2016 – GrS 1/15); BMF v. 29.3.2018, BStBl. I 2018, 588 (ertragsteuerliche Behandlung von Sanierungsgewinnen, Auswirkungen der BFH-Urt. v. 23.8.2017 – I R 52/14, X R 38/15).

Literatur: *Desens*, Die neue Besteuerung von Sanierungserträgen, FR 2017, 981; *Förster*, Die Entscheidung des Großen Senats des BFH zum Sanierungserlass und ihre Folgen, FR 2017, 1002; *Förster/Hechtner*, Steuerbefreiung von Sanierungsgewinnen gem. §§ 3a, 3c Abs. 4 EStG, DB 2017, 1536; *Förster/Hechtner*, Neue gesetzliche Rahmenbedingungen im Sanierungssteuerrecht, DB 2019, 10; *Hey*, Steuerbefreiung für Sanierungsgewinne und EU-Beihilferecht, FR 2017, 453; *Kanzler*, Die Reanimation des steuerfreien Sanierungsgewinns, FR 2018, 794; *Kanzler*, Das Sanierungsprivileg als Spielball zwischen den drei Gewalten, NWB 2017, 1078; *Kölbl/Neumann*, Gewinne und Verluste bei der Sanierung von Unternehmen, Ubg 2018, 273 (Teil I), 324 (Teil II); *Krumm*, Sanierungsgewinne und Gewerbesteuer, DB 2015, 2714; *Möhlenbrock/Gragert*, Reform der Besteuerung von Sanierungsgewinnen/-erträgen, FR 2017, 994; *Seer*, Insolvenz, Sanierung und Ertragsteuern – verfassungs- und europarechtliche Überlegungen, FR 2014, 721; *Uhländer*, Die Besteuerung von Sanierungsgewinnen im Fokus der Gewaltenteilung, DB 2017, 2761; *Weiss*, Die gesetzliche Neuregelung des Sanierungssteuerrechts, StuB 2017, 581.

A. Grundaussagen der Vorschrift

I. Regelungsgegenstand. Der durch Art. 2 Nr. 2 des LizenzboxG[1] eingefügte § 3a stellt sog. **Sanierungserträge** (zum Begriff s. Rn. 13 f.) von der ESt frei. Die Sanierung eines in die Krise geratenen Unternehmens setzt idR voraus, dass die wesentlichen Gläubiger dem Unternehmen Schulden erlassen. Ein solcher Erl. führt infolge des Wegfalls von Verbindlichkeiten bilanziell notwendigerweise zu einem stpfl. Ertrag. Mit diesem „Buchertrag" ist aber kein Liquiditätszuwachs und keine Steuerzahlungsfähigkeit verbunden. Vielmehr ermöglicht der Forderungsverzicht überhaupt erst, dass das Unternehmen in Zukunft (wieder) an wirtschaftlicher Leistungsfähigkeit gewinnen kann. Vor diesem Hintergrund befreit das deutsche Einkommen- und Körperschaftsteuerrecht in einer fast 100-jährigen Tradition auf über die Zeit unterschiedliche Art und Weise Sanierungsgewinne von der ESt.[2] Nachdem der frühere Befreiungstatbestand des § 3 Nr. 66 aF[3] 1

1 G v. 27.6.2017, BGBl. I 2017, 2074 (2076).
2 Zur Historie s. *Seer*, FR 2014, 721 (724 ff.).
3 Eingeführt durch Art. 2 Nr. 1 lit. b des KSt-ReformG v. 31.8.1976, BGBl. I 1976, 2597 (2617). § 3 Nr. 66 aF hatte den schlichten Wortlaut, dass „Erhöhungen des Betriebsvermögens, die dadurch entstehen, daß Schulden zum Zweck der Sanierung ganz oder teilweise erlassen werden", stfrei bleiben.

zum 31.12.1997 abgeschafft worden war,[1] mehrten sich aber Zweifel, ob die stattdessen auf der Grundlage des BMF-Schr. v. 27.3.2003[2] aus sachlicher Unbilligkeit ausgesprochenen Erlasse über eine hinreichende gesetzliche Grundlage verfügten.[3] Der **Große Senat des BFH** hat diese Zweifel mit Beschl. v. 28.11.2016[4] (abw. vom Vorlagebeschl.) bestätigt und entschieden, dass der Sanierungsgewinne steuerlich freistellende Verwaltungserlass des BMF gegen den Grundsatz der Gesetzmäßigkeit der Verwaltung verstoße. Diese Entsch. hätte zur Folge, dass Sanierungsgewinne – wie jede andere Betriebsvermögensmehrung – voll stpfl. würden, obwohl mit ihnen kein Steuersubstrat verbunden ist. Volkswirtschaftlich sinnvolle Unternehmenssanierungen drohten an der dadurch ausgelösten Steuerlast zu scheitern.[5] Vor diesem Hintergrund hat der Gesetzgeber als Reaktion auf die sanierungsunfreundliche Entsch. des GrS des BFH die (rückwirkend anwendbaren, s. Rn. 6) gesetzlichen Vorschriften des § 3a EStG sowie der §§ 7b GewStG ua. geschaffen, um dem Vorbehalt des Gesetzes (Art. 20 Abs. 3 GG) zu genügen.

2 **II. Systematische Einordnung.** Auf der Grundlage des Beschl. des GrS v. 28.11.2016 handelt es sich bei § 3a um eine besonders rechtfertigungsbedürftige **Sozial**- bzw. **Lenkungszwecknorm**.[6] Der GrS qualifiziert den Steuererlass für Sanierungserträge als Subvention, die wirtschafts- und arbeitsmarktpolitischen Zwecken dient. Dabei wird aber der bloße Buchgewinncharakter sog. Sanierungserträge ausgeblendet. Eine stl. Leistungsfähigkeit (angelsächsisch: „ability-to-pay") zeigt sich nicht schon in einem durch einen Forderungsverzicht eintretenden Buchgewinn und der sanierungsbedingten Vermeidung einer Insolvenz. Der Forderungsverzicht selbst löst noch keine gesteigerte wirtschaftliche Leistungsfähigkeit des Empfängers aus, sondern bildet lediglich die Voraussetzung zur Erlangung zukünftiger wirtschaftlicher Leistungsfähigkeit (s. Rn. 1). Bei einer Sanierung verzichten Fremdgläubiger typischerweise ganz oder teilweise auf Forderungen, die sie für wirtschaftlich wertlos halten, *weil* der StPfl. nicht (mehr) leistungsfähig ist. Deshalb kann § 3a als **Fiskalzwecknorm** verstanden werden, die den in § 2 Abs. 1 verankerten Steuertatbestand im Sinne einer das Übermaßverbot achtenden eigentumsschonenden Besteuerung teleologisch reduziert.[7] Soweit dagegen ein Sozial-/Lenkungszwecknormcharakter in den Vordergrund gestellt wird, dient der gleichzeitig vorgebrachte Hinweis auf das leistungsfähigkeitswahrende Übermaßverbot zumindest der Rechtfertigung der mit § 3a verbundenen Einschränkung der vollen Bilanzgewinn-Besteuerung.[8] Unabhängig davon füllt das mit dem LizenzboxG eingeführte Regelungsregime der §§ 3a, 3c Abs. 4 iVm. §§ 7b GewStG ua. eine normative Regelungslücke an der Schnittstelle von Steuer- und Insolvenzrecht im Sinne eines **Sanierungssteuerrechts**.[9]

3 **III. Sachlicher und persönlicher Anwendungsbereich.** In sachlicher Hinsicht beschränkt sich die Steuerbefreiung nach **Abs. 1** grds. auf **unternehmensbezogene Sanierungen** (zum Kreis s. Rn. 19 ff.). In den in **Abs. 5** abschließend aufgezählten Fällen erstreckt sie sich ausnahmsweise auch auf **unternehmerbezogene Sanierungen** (s. Rn. 61 ff.). Nach dem Normzweck und der Erfahrung mit der Befreiungsvorschrift des § 3 Nr. 66 aF[10] soll jede Form von Doppelbegünstigungen vermieden werden. Die Steuerbefreiung ist daher nur **ultima ratio.**[11] Bevor der StPfl. die Steuerfreiheit des Sanierungsertrags genießt, hat er alle Steuerminderungspotenziale zu nutzen. Nach **Abs. 1 S. 2** hat er zunächst durch entspr. Ausübung seiner bilanziellen Wahlrechte mögliche stille Lasten zu heben (s. Rn. 15 ff.). Sodann gibt **Abs. 3** eine detaillierte Reihenfolge des Verlustuntergangs unter Anknüpfung an die einschlägigen Verlustverrechnungs- und ausgleichsmöglichkeiten des EStG vor (s. Rn. 35 ff.). Erst nachdem diese Instrumente ausgeschöpft worden sind, greift die Steuerbefreiung für den nach den vorrangigen Verrechnungen verbleibenden Sanierungsertrag (s. Rn. 34).

4 Abs. 1 S. 1 spricht sowohl von Betriebsvermögensmehrungen als auch von BE aus einem Schuldenerlass. Damit macht das Gesetz deutlich, dass nicht nur bei einer **bilanziellen Gewinnermittlung** iSd. § 4 Abs. 1,

---

1 Art. 1 Nr. 1 UntStRefG v. 29.10.1997, BGBl. I 1997, 2590.
2 BMF v. 27.3.2003, BStBl. I 2003, 240.
3 Zum Streitstand s. den Vorlagebeschl. des BFH v. 25.3.2015 – X R 23/13, BStBl. II 2015, 696 Rn. 20 ff. = FR 2015, 895 m. Anm. *Kanzler*.
4 BFH v. 28.11.2016 – GrS 1/15, BStBl. II 2017, 393.
5 Bericht des FinA zu § 3a, BT-Drucks. 18/12128, 31.
6 BFH v. 28.11.2016 – GrS 1/15, BStBl. II 2017, 393 Rn. 116 ff.; dem folgen etwa *Kanzler* in K/K/B/M/H³, § 3a Rn. 2; *Bleschick* in BeckOK, § 3a Rn. 1.
7 Siehe *Seer*, FR 2014, 721 (724); *Krumm*, DB 2015, 2714 (2715): „gesetzesverstehender Dispens"; so auch der Vorlagebeschl. des BFH v. 25.3.2015 – X R 23/13, BStBl. II 2015, 696 Rn. 88 = FR 2015, 895 m. Anm. *Kanzler*; *Hey*, FR 2017, 453 (455).
8 *Kanzler* in K/K/B/M/H³, § 3a Rn. 2; *Bleschick* in BeckOK, § 3a Rn. 1.
9 Nach Auffassung des FinA, BT-Drucks. 18/12128, 31, löst es einen Zielkonflikt zw. dem Besteuerungs- und dem Insolvenzverfahren; dazu auch aus verfassungsrechtl. Blickwinkel *Seer*, FR 2014, 721.
10 § 3 Nr. 66 aF wurde aufgehoben, weil die Verlustvorträge ungeachtet des stfreien Sanierungsgewinns bestehen bleiben konnten, s. *Seer*, FR 2010, 306 (307 f.); *Seer*, FR 2014, 721 (726 f.).
11 Treffend *Krumm* in Blümich, § 3a Rn. 1, 9.

§ 5, sondern auch im Falle einer **EÜR** iSd. § 4 Abs. 3 ein Sanierungsertrag stfrei ist (s. Rn. 14). Dementsprechend kann die Steuerbefreiung des § 3a auch auf sog. **Sondergewinne iSd. § 13a Abs. 7** anwendbar sein.[1] Sie beschränkt sich aber auf die **Gewinneinkunftsarten des § 2 Abs. 2 Nr. 1**; nicht erfasst werden Überschusseinkünfte iSd. § 2 Abs. 2 Nr. 2. Von ihrem Charakter her ist die Steuerbefreiung eines Sanierungsertrags auch im Bereich der sog. Tonnagebesteuerung iSd. § 5a ausgeschlossen.

§ 3a gilt für **unbeschränkt** oder **beschränkt stpfl. natürliche Personen**, die Gewinneinkünfte iSd. § 2 Abs. 2 Nr. 1 oder § 49 Abs. 1 Nr. 1–3 verwirklichen. Bezieht sich der Sanierungsertrag auf eine **ausländ. Betriebsstätte**, deren Gewinn nach einem DBA von der deutschen ESt freigestellt wird, mindert § 3a allenfalls den Progressionsvorbehalt. Kraft der Verweisung des § 8 Abs. 1 KStG findet § 3a auch auf kstpfl. Subjekte (insb. auf KapGes.) sinngemäß Anwendung. 5

IV. Zeitlicher Anwendungsbereich. Der Gesetzgeber hat für die Neuregelung des § 3a[2] eine **rückwirkende Geltung** auf den Tag nach der Veröffentlichung des Beschl. des GrS des BFH v. 28.11.2016 (= **9.2. 2017**) vorgesehen (§ 52 Abs. 4a S. 1). Für Steuerfälle, in denen der Steuererlass früher ausgesprochen oder in denen bis zu dem Stichtag dahingehend eine verbindliche Auskunft erteilt wurde, sollte der sog. Sanierungserlass v. 27.3.2003 (s. Rn. 1) aus Vertrauensschutzgründen weiterhin anwendbar bleiben.[3] Dem widersprach jedoch der BFH in zwei Urteilen, die sich der Entsch. des GrS v. 28.11.2016 auch für die Vergangenheit anschlossen.[4] Angesichts der damit für den Zeitraum vor dem 9.2.2017 eingetretenen Rechtsunsicherheit[5] hat das G zur Vermeidung von Umsatzsteuerausfällen beim Handel mit Waren im Internet und zur Änderung weiterer stl. Vorschriften („JStG 2018") v. 11.12.2018 in Art. 2 Nr. 5 lit. b die Übergangsregelung des § 52 Abs. 4a um einen weiteren Satz ergänzt.[6] Danach ist § 3a **auf Antrag des StPfl.** auch in den Fällen anzuwenden, in denen die Schulden **vor dem 9.2.2017** erlassen wurden. Im Ergebnis ist § 3a nach § 52 Abs. 4a S. 1 **ab dem 9.2.2017 von Amts wegen** anwendbar.[7] Für davor liegende Sanierungsmaßnahmen hängt die rückwirkende Anwendung des § 3a von einem Antrag des StPfl. ab (§ 52 Abs. 4a S. 3). Nicht ganz verständlich ist, warum der Gesetzgeber die Übergangsregel des § 52 Abs. 4a S. 2 nicht aufgehoben hat. Danach soll § 3a (auch) nach dem 8.2.2017 nicht anwendbar sein, wenn dem StPfl. auf Antrag aus Vertrauensschutzgründen Billigkeitsmaßnahmen iSd. § 163 Abs. 1 S. 2, §§ 222, 227 AO zu gewähren sind. Vorstellbar ist eine solche Fallkonstellation allenfalls, wenn der StPfl. hinsichtlich eines Sanierungserlasses über eine verbindliche Auskunft iSd. § 89 Abs. 2 AO, welche die FinBeh. für Zeiträume nach dem 8.2.2017 bindet,[8] verfügt.[9] 6

Die Gesamtregelung des § 3a einschl. der Anordnung einer rückwirkenden Geltung sollte nach Art. 6 des LizenzboxG[10] erst an dem Tag in Kraft treten, an dem die **Europäische Kommission** durch Beschl. feststellt, dass die Regelungen des § 3a entweder keine staatliche Beihilfe iSd. Art. 107 Abs. 1 AEUV oder eine mit dem Binnenmarkt vereinbare Beihilfe darstellen.[11] Mit diesem **Inkrafttretensvorbehalt** wollte der Gesetzgeber dem Umstand Rechnung tragen, dass die Bundesrepublik Deutschland hinsichtlich der Frage, ob § 3a eine (unzulässige) staatliche Beihilfe ist, bei der EU-Kommission ein **Notifizierungsverfahren** eingeleitet hatte. Jedoch hat die EU-Kommission auf die Anzeige des BMF hin keinen formellen Beschl., sondern nur einen sog. **letter of comfort**[12] verfasst. Darin hat die EU-Kommission der Bundesregierung im 7

1 *Desens*, FR 2017, 981 (983); *Förster/Hechtner*, DB 2017, 1536 (1537); *Krumm* in Blümich, § 3a Rn. 13.
2 § 52 Abs. 4a idF des LizenzboxG v. 27.6.2017, BGBl. I 2017, 2074 (2077f.).
3 So ausdrücklich FinA zu § 3a, BT-Drucks. 18/12128, 33 zu Nr. 4 lit. a, mit Hinweis auf BMF v. 27.4.2017, BStBl. I 2017, 741.
4 BFH v. 23.8.2017 – I R 52/14, BStBl. II 2018, 232 Rn. 28ff.; v. 23.8.2017 – X R 38/15, BStBl. II 2018, 236 Rn. 19; dazu aber Nichtanwendungserl. des BMF v. 29.3.2018, BStBl. I 2018, 588.
5 Siehe nur *Hiller/Baschnagel*, DStZ 2018, 537 („BFH vs. BMF, ein Kräftemessen in [bisher] vier Runden").
6 BGBl. I 2018, 2338 (2340).
7 Das **Antragswahlrecht** besteht wg. des Verweises in § 8 Abs. 1 S. 1 KStG auch für die **KSt.** § 36 Abs. 2c S. 3 GewStG nF („JStG 2018") statuiert das Wahlrecht zudem für die **GewSt.** Die Wahlrechte können dabei sogar zw. den Steuerarten unterschiedlich ausgeübt werden, s. FinA, BT-Drucks. 19/5955, 79 („eigenständiges gewerbesteuerliches Antragsrecht"); *Förster/Hechtner*, DB 2019, 10 (11).
8 Zur Bindungswirkung einer verbindlichen Auskunft s. *Seer* in T/K, § 89 AO Rn. 50f., 56: kein automatisches Außerkrafttreten der verbindlichen Auskunft bei einer bloßen Rspr.-Änderung.
9 Angesichts der abl. BFH-Rspr. hält *Kanzler* in K/K/B/M/H³, § 3a Rn. 10, die Übergangsregel des § 52 Abs. 4a S. 2 dagegen (mE unrichtigerweise) für „obsolet".
10 G v. 27.6.2017, BGBl. I 2017, 2074.
11 Zur eingehenden Kritik an dem unklaren Inkrafttreten der Vorschrift s. 17. Aufl., Rn. 5ff.
12 Dabei handelt es sich um ein – regelmäßig unveröffentlichtes – dem anfragenden Mitgliedstaat übersandtes Bestätigungsschreiben über den Abschluss einer Prüfung, dem zwar keine Bindungswirkung zukommt, das aber einen Dispositionsschutz vermittelt, s. *Brandau/Neckenich/Reich/Reimer*, BB 2017, 1175 (1179); *Kanzler* in K/K/B/M/H³, § 3a Rn. 9 Fn. 25.

Juli 2018 bestätigt, dass die angezeigten Sanierungsbestimmungen als sog. Altregelungen[1] ohne Verstoß gegen Art. 107 AEUV (und ohne vorheriges Notifizierungsverfahren iSd. Art. 108 Abs. 3 AEUV) in Kraft treten können.[2] Diese Entwicklung hat den Gesetzgeber bewogen, in Art. 19 des „JStG 2018" v. 11.12.2018[3] den mit Rücksicht auf das Notifizierungsverfahren geschaffenen Inkrafttretensvorbehalt ersatzlos aufzuheben. Damit ist § 3a **seit dem 15.12.2018** in Kraft (s. Art. 20 Abs. 1 „JStG 2018").

8 Mit dem „letter of comfort" ist das Notifizierungsverfahren zwar formlos beendet worden. Jedoch hindert dies kein nationales Gericht (zB FG, BFH), die unionsrechtl. Beihilfenfrage im Wege eines Vorabentscheidungsersuchens (Art. 267 AEUV) dem EuGH zur Klärung vorzulegen. In einem solchen Verfahren könnte der EuGH ungeachtet der Ansicht der EU-Kommission nach wie vor zum Ergebnis einer unzulässigen Beihilfe gelangen.[4] Da der „letter of comfort" aber zugunsten der StPfl. einen Dispositionsschutz entfaltet, wäre § 3a **nur mit Wirkung für die Zukunft** aufzuheben oder zu ändern. Vor diesem Hintergrund sind die Regelungen der § 3a, §§ 7b GewStG ua. nun (ungeachtet ihrer beträchtlichen Komplexität) geeignet, den betroffenen Akteuren **Planungssicherheit** zu geben.

9 **V. Verhältnis zu anderen Vorschriften.** Innerhalb des **EStG** hängt mit der Steuerbefreiung des § 3a das **Abzugsverbot des § 3c Abs. 4** systematisch zusammen (dazu näher § 3c Rn. 45 ff.). Im **Körperschaftsteuerrecht** gelten Steuerbefreiung und Abzugsverbot über § 8 Abs. 1 S. 1 KStG (= dynamische Blankettverweisung)[5]. Lediglich § 3a Abs. 5 (s. Rn. 61 ff.) betrifft einzig nat. Pers., da die dort aufgezählten Tatbestände nicht für Körperschaften gelten. Spezialregelungen zur Behandlung des Sanierungsertrags bei zusammengefassten Betrieben gewerblicher Art, Eigengesellschaften und deren Sparten enthalten § 8 Abs. 8 S. 6 u. Abs. 9 S. 9 KStG.[6] § 8c Abs. 2 und § 8d Abs. 1 S. 9 KStG stellen den Vorrang der §§ 8c, 8d KStG vor dem Verlustverrechnungsschema des § 3a Abs. 3 (dazu Rn. 31 ff.) sicher.[7] Die Steuerbefreiung des § 3a und das mit ihr zusammenhängende Abzugsverbot des § 3c Abs. 4 finden gem. § 15 S. 1 Nr. 1 S. 2 und 3 KStG auch auf Organgesellschaften Anwendung. Zur Verlustverrechnung nach § 3a Abs. 3 enthält § 15 S. 1 Nr. 1a KStG eine organschaftliche Spezialregel.[8]

10 Die Steuerbefreiung des Sanierungsertrags erstreckt sich gem. **§ 7b GewStG** auch auf die **GewSt.**[9] Damit wird die Sanierung von Unternehmen im Vergleich zur früheren Verwaltungspraxis, bei der jede einzelne Gemeinde für die GewSt eine eigene Billigkeitsentscheidung iSd. §§ 163, 222, 227 AO zu treffen hatte,[10] deutlich erleichtert.

11 Der Sanierungsertrag unterliegt grds. **nicht** der **Schenkungsteuer**. Ein Forderungsverzicht zum Zwecke der Sanierung ist keine freigebige Zuwendung iSd. § 7 Abs. 1 Nr. 1 ErbStG, da es bereits am Tatbestand der Entreicherung des Zuwendenden fehlt.[11] Zudem wird es bei einem zw. fremden Dritten zum Zwecke der Unternehmenssanierung ausgesprochenen Forderungsverzicht am Willen des Verzichtenden zur Freigebigkeit nach § 7 Abs. 1 Nr. 1 ErbStG fehlen.[12]

12 § 3a ist im Verhältnis zu **§§ 163, 227 AO** lex specialis. Noch nicht geklärt ist, ob § 3a abschließender Natur ist und einen Erl. aus Billigkeitsgründen ausschließt, wenn es dem StPfl. misslingt, die Sanierungsvoraussetzungen (s. Rn. 19 ff.) nachzuweisen.[13] Selbst wenn man die Anwendung der §§ 163, 227 AO als leges ge-

---

1 Zur Kontinuität der stl. Verschonung von Sanierungsgewinnen *Seer*, FR 2014, 721 (724 ff.); *Hey*, FR 2017, 453 (455, mit Fn. 20); *Calliess/Ruffert*, EUV/AEUV, 5. Aufl. 2016, Art. 108 Rn. 3; *Ismer* in H/H/R, Einf. EStG Anm. 519 ff.

2 Den Inhalt des „letter of comfort" referieren *Völkel*, DB 2018, 2080; *Kanzler*, FR 2018, 794 (795), wo er mit Recht die Intransparenz eines solchen Verfahrens rügt. Der englischsprachige Wortlaut des Schr. ist abgedruckt bei *Förster/Hechtner*, DB 2019, 10 (11).

3 BGBl. I 2018, 2338 (2353).

4 Der EuGH hat aber jüngst das EU-Beihilfenrecht mit Augenmaß angewandt und sowohl die Sanierungsklausel des § 8c Abs. 1a KStG als auch die Konzernklausel des § 6a GrEStG nicht beanstandet, s. EuGH v. 28.6.2018 – C-203/16 P, ECLI:EU:C:2018:505 – Heitkamp BauHolding; EuGH (Große Kammer) v. 19.12.2018 – C-374/17, ECLI:EU:C:2018:1024 –A-Brauerei.

5 Bezeichnung von *Schallmoser* in H/H/R, § 8 KStG Anm. 52.

6 Dazu im Überblick *Bleschick* in BeckOK, § 3a Rn. 66 f.; ausf. *Frotscher* in Frotscher/Drüen, KStG, § 8 Rn. 654a, 674a.

7 Dazu *Suchanek/Rüsch* in H/H/R, § 8d KStG Anm. 48; der FinA hält die Regelungen für „klarstellend", s. BT-Drucks. 18/12128, 34.

8 Dazu näher FinA, BT-Drucks. 18/12128, 35; *Frotscher* in Frotscher/Drüen, KStG, § 15 Rn. 24a ff.

9 Ausf. dazu die aktuelle Kommentierung v. *Desens* in W/S/M/H, § 7b GewStG Rn. 1 ff.

10 Dazu bereits krit. *Seer*, FR 2010, 306 (309 f.); später *Hageböke*, FR 2015, 539; *Hageböke/Hasbach*, FR 2016, 1018.

11 FG RhPf. v. 15.9.2005 – 4 K 2436/02, EFG 2005, 1890; RFH v. 26.2.1942 – III E 15/41, RStBl. 1942, 803, ließ es an der mangelnden Bereicherung des Schuldners scheitern; **aA**, aber unklar: *Kanzler* in K/K/B/M/H[3], § 3a Rn. 27.

12 Siehe *Esskandari* in von Oertzen/Loose, ErbStG, 2017, § 7 Rn. 237.

13 So *Kanzler* in K/K/B/M/H[3], § 3a Rn. 28; **aA** aber *Bleschick* in BeckOK, § 3a Rn. 96.

nerales richtigerweise nicht kategorisch ausschließt, bleiben die Wertungen des § 3a zu beachten. So dürfen durch einen Erl. die Verlustverrechnungsanordnungen des § 3a Abs. 3 nicht unterlaufen werden. Es bleiben für einen Erl. aus Billigkeitsgründen daher nur Umstände übrig, die nicht bereits im Tatbestand des § 3a vertypt worden sind. Dies schränkt den praktischen Anwendungsbereich der §§ 163, 227 AO im Bereich von Sanierungen ganz erheblich ein.

B. Unternehmensbezogene Sanierung (Abs. 1 und 2)

I. Sanierungsertrag nach Abs. 1. 1. Betriebsvermögensmehrungen/Betriebseinnahmen (Abs. 1 S. 1). Abs. 1 stellt **BV-Mehrungen** stfrei, die durch Schuldenerlasse verursacht werden. Damit ist der bei einem BV-Vergleich iSd. § 4 Abs. 1, § 5 auch schon gem. § 3 Nr. 66 aF durch Wegfall der betrieblichen Verbindlichkeit entstehende Sanierungsgewinn (Buchgewinn) gemeint. Dieser Sanierungsgewinn entsteht in dem Zeitpunkt, in dem die wirtschaftliche Belastung des Schuldners entfällt, dh., wenn dieser mit Sicherheit nicht mehr mit einer Inanspruchnahme durch den Gläubiger zu rechnen braucht.[1] Die BV-Mehrung muss durch einen Schuldenerlass (s. Rn. 29 f.) zum Zwecke einer unternehmensbezogenen Sanierung verursacht werden. Auf der Ebene des Gläubigers bewirkt die Sanierungsmaßnahme eine Vermögensminderung und führt im BV-Bereich zu Aufwand (falls zuvor bereits eine gewinnmindernde TW-AfA auf die Forderung vorgenommen worden ist: Aufwand iHd. des Restbuchwerts).[2] 13

Weitergehend als § 3 Nr. 66 aF nennt Abs. 1 S. 1 als möglichen Sanierungsertrag auch **Betriebseinnahmen**. Damit will das G entspr. Gewinne aus einer **EÜR iSd. § 4 Abs. 3** freistellen. Allerdings führt ein Forderungsverzicht allein bei einer EÜR zu keiner BE; ebenso führt das bloße Eingehen einer betrieblichen Schuld zu keiner BA. Etwas anderes wird aber im Interesse der Gesamtgewinngleichheit angenommen, soweit die Verbindlichkeit durch die Anschaffung oder Herstellung von WG des AV (einschl. der GWG) oder des UV veranlasst war und es durch Abschreibungen, den Sofortabzug oder Veräußerungen (s. § 4 Abs. 3 S. 4) zu einem Betriebsausgabenabzug gekommen ist.[3] Der Erl. anderer Verbindlichkeiten begründet jedoch erst nach einem Übergang zum Bestandsvergleich einen Sanierungsertrag.[4] 14

2. Hebung stiller Lasten durch Wahlrechtsausübungen (Abs. 1 Sätze 2, 3). Entsprechend dem Ultima-ratio-Prinzip (s. Rn. 3) verpflichtet **Abs. 1 S. 2** den StPfl., etwaige Wahlrechte im **Sanierungsjahr** (= Kj. der Erzielung des Sanierungsertrags) und im **Folgejahr** gewinnmindernd auszuüben. Ziel ist es zu verhindern, dass der StPfl. stille Lasten über die Sanierungsphase hinweg rettet und diese Verluste dann später (ungeschmälert) mit Gewinnen verrechnet.[5] Dazu soll ein größtmögliches Verlustausgleichsvolumen hergestellt werden.[6] Aus den Wahlrechten werden daher **obligatorische Befolgungsanordnungen**. Bei MU'schaften gilt dies nicht nur für den Gesamthandsbereich, sondern auch für das SBV des einzelnen MU'ers.[7] 15

Das Gesetz macht keinerlei Einschränkungen dahingehend, welche Wahlrechte in welchem quantitativen Umfang erfasst werden. Daraus wird geschlossen, dass alle stl. Wahlrechte unbeschränkt – auch über den Sanierungsertrag hinausgehend – gewinnmindernd auszuüben seien.[8] In der Tat ordnet **Abs. 3 S. 2 Nr. 8** an 8. Stelle die Minderung des verbleibenden Sanierungsertrags um den Verlust des Sanierungsjahres ohne jegliche quantitative Begrenzung an (s. Rn. 40). Damit erweist sich Abs. 1 S. 2 aber als **deutlich überschießend**, indem er im Sanierungsjahr durch die Wahlrechte ggf. neue Verluste schaffen lässt und der Sanierungsertrag schon mit vorjahresbezogenen Posten gem. Abs. 3 S. 2 Nr. 1–7 vollständig verrechnet worden sein kann.[9] Daher ist der Tatbestand des Abs. 1 S. 2, 3 iVm. Abs. 3 S. 2 teleologisch dahingehend zu reduzieren, dass dieser zur Wahlrechtsausübung nur insoweit zwingt, als dies zur Verrechnung mit einem geminderten Sanierungsertrag gem. Abs. 3 S. 2 (also zur Vermeidung von Doppelbegünstigungen) erforderlich ist.[10] 16

Abs. 1 S. 2 zählt die stl. Wahlrechte nicht explizit auf. Beispielhaft erwähnt **Abs. 1 S. 3** lediglich die **TW-AfA nach § 6 Abs. 1 Nr. 1 S. 2, Nr. 2 S. 2** (s. dazu § 6 Rn. 101 ff.). Neben den in § 5 Abs. 1 S. 2 angespro- 17

---

1 *Levedag* in Schmidt[37], § 3a Rn. 10.
2 *Kanzler* in K/K/B/M/H[3], § 3a Rn. 20; *Bleschick* in BeckOK, § 3a Rn. 46.2.
3 Siehe BFH v. 31.8.1972 – IV R 93/67, BStBl. II 1973, 51; *Desens*, FR 2017, 981 (983); *Förster/Hechtner*, DB 2017, 1536 (1537); *Kanzler* in H/H/R, § 4 Anm. 560; *Loschelder* in Schmidt[37], § 4 Rn. 404.
4 *Kanzler* in K/K/B/M/H[3], § 3a Rn. 54.
5 *Krumm* in Blümich, § 3a Rn. 34; *Bleschick* in BeckOK, § 3a Rn. 282.
6 FinA, BT-Drucks. 18/12128, 31.
7 *Kahlert/Schmidt*, DStR 2017, 1897 (1901); *Krumm* in Blümich, § 3a Rn. 34; *Bleschick* in BeckOK, § 3a Rn. 251.
8 *Desens*, FR 2017, 981 (989); *Levedag* in Schmidt[37], § 3a Rn. 33; *Bleschick* in BeckOK, § 3a Rn. 251.
9 Das erkennen auch *Desens*, FR 2017, 981 (989); *Levedag* in Schmidt[37], § 3a Rn. 33.
10 So vertreten v. *Förster/Hechtner*, DB 2017, 1536 (1543); *Krumm* in Blümich, § 3a Rn. 34. Für die dort außerdem geforderte weitergehende Unterscheidung nach dem Subventionscharakter des Wahlrechts fehlt jedoch jeglicher gesetzlicher Anhaltspunkt.

chenen bilanziellen stl. Wahlrechten gehören dazu auch außerbilanzielle stl. Wahlrechte. Steuerbilanzielle Wahlrechte sind etwa die AfA-Methode nach § 7, die vorgenannte TW-AfA, erhöhte AfA, Sonder-AfA, Sofortabschreibungen nach § 6 Abs. 2 (GWG), Poolabschreibungen nach § 6 Abs. 2a, der Abzug von den AK/HK nach § 6b Abs. 1, 3 S. 2, die Lifo-Bewertung gem. § 6 Abs. 1 Nr. 2a, die Bildung und Auflösung stfreier Rücklagen gem. § 6b Abs. 3, § 6c oder der Abzug von Zuschüssen bei den AK/HK gem. R 6.5 Abs. 2 EStR.[1]

18 Abs. 1 S. 2, 3 dienen allein dazu, stille Lasten zu heben. Sie zwingen nicht dazu, im Sanierungsjahr oder im Folgejahr die **Bildung stiller Reserven zu verhindern**. Deshalb ist es dem StPfl. durchaus erlaubt, im Sanierungs- oder Folgejahr etwa eine Rücklage nach § 6b zu bilden oder einen Investitionsabzugsbetrag nach § 7g in Anspr. zu nehmen.[2]

19 **II. Begriff der unternehmensbezogenen Sanierung (Abs. 2). 1. Anknüpfung an das BMF-Schreiben v. 27.3.2003.** Der Sanierungsertrag ist nach Abs. 1 S. 1 nur stfrei, wenn der Schuldenerlass einer unternehmensbezogenen Sanierung dient. Dazu muss der StPfl. nach Abs. 2 die folgenden Merkmale bezogen auf den Zeitpunkt des Schuldenerlasses nachweisen (s. Rn. 28):

- Sanierungsbedürftigkeit des Unternehmens (s. Rn. 20),
- Sanierungsfähigkeit des Unternehmens (s. Rn. 21),
- Sanierungseignung des Schuldenerlasses (s. Rn. 22),
- Sanierungsabsicht der Gläubiger (s. Rn. 27).

Diese **kumulativ** zu erfüllenden Tatbestandsmerkmale entsprechen den in Rn. 4 des BMF-Schr. v. 27.3. 2003 für einen sog. Sanierungserlass aufgestellten Merkmalen.[3] Sie waren zuvor im Wesentlichen vom BFH bereits für die Anwendung der Steuerbefreiung des § 3 Nr. 66 aF entwickelt worden. Lediglich das Merkmal der Sanierungsfähigkeit war neben der Sanierungsbedürftigkeit von der Rspr. nicht ausdrücklich benannt worden (dazu s. Rn. 21).[4] Es kann daher die zu § 3 Nr. 66 aF ergangene Rspr. grds. auch im Bereich des § 3a angewandt werden. Das BMF-Schr. v. 27.3.2003 ging in Rn. 4 (S. 2) davon aus, dass die genannten vier Voraussetzungen ohne Weiteres erfüllt sind, wenn ein **Sanierungsplan** (s. § 1 S. 1 InsO) vorliegt.[5] Davon darf man auch unter der Geltung von § 3a Abs. 2 ausgehen.[6]

20 **2. Sanierungsbedürftigkeit des Unternehmens.** Das Unternehmen ist sanierungsbedürftig, wenn es ohne die Sanierung nicht fortgeführt werden kann. Maßgebend ist die zum Zeitpunkt des Schuldenerlasses bestehende Ertrags- und Finanzlage des Unternehmens unter besonderer Berücksichtigung der Möglichkeiten zur Tilgung der Verbindlichkeiten, dh. insbes. das Verhältnis der liquiden Mittel zur Höhe der Schuldenlast, die Gesamtleistungsfähigkeit des Unternehmens und ggf. auch die Höhe des PV.[7] Die Sanierungsbedürftigkeit ist jedenfalls dann zu bejahen, wenn der Insolvenzantragsgrund der **drohenden Zahlungsunfähigkeit** iSd. § 18 InsO vorliegt.[8] Dagegen ist die Überschuldung (s. § 19 InsO) allein noch kein Grund, die Sanierungsbedürftigkeit anzunehmen, wenn die übrigen Umstände wie eigene Umsätze, Umsatz- und Bruttorendite einen Zusammenbruch des Unternehmens ausschließen und noch keine Zahlungsunfähigkeit droht.[9] Unbeschadet dessen wird man die Sanierungsbedürftigkeit aber auch schon in einem früheren Stadium einer Unternehmenskrise annehmen können, wenn das Unternehmen kreditunwürdig geworden ist, dh., am Kapitalmarkt zu marktüblichen Bedingungen keinen Kredit mehr erhält.[10] Der Forderungserlass durch eine Mehrheit von Gläubigern ist ein Anzeichen sowohl für die Sanierungsbedürftigkeit als auch für das Vorliegen einer Sanierungsabsicht (s. Rn. 27).[11] Bei einem Personenunternehmen ist zudem die Höhe des PV des Einzelunternehmers oder eines phG'ters zu berücksichtigen.[12] Bei einer MU'schaft ist auf die

---

1 Siehe die instruktive Aufzählung v. *Förster/Hechtner*, DB 2017, 1536 (1542).

2 *Förster/Hechtner*, DB 2017, 1536 (1542); *Kahlert/Schmidt*, DStR 2017, 1897 (1902); *Krumm* in Blümich, § 3a Rn. 34; **aA** *Desens*, FR 2017, 981 (989).

3 BMF v. 27.3.2003, BStBl. I 2003, 240 Rn. 4.

4 Aus der Rspr. s. BFH v. 7.2.1985 – IV R 177/83, BStBl. II 1985, 504; v. 14.3.1990 – I R 64/85, BStBl. II 1990, 810; v. 14.3.1990 – I R 106/85, BStBl. II 1990, 813; v. 18.12.1990 – VIII R 39/87, BStBl. II 1991, 784; v. 19.3.1993 – III R 79/91, BFH/NV 1993, 536.

5 Zur Bedeutung eines Sanierungsplans sa. BFH v. 10.4.2003 – IV R 63/01, BStBl. II 2004, 9.

6 Nach dem FinA, BT-Drucks. 18/12128, 31, entspricht § 3a Abs. 2 der bisher im Sanierungserlass enthaltenen Verwaltungsauffassung; sa. *Möhlenbrock/Gragert*, FR 2017, 994 (996).

7 BFH v. 14.3.1990 – I R 64/85, BStBl. II 1990, 810 (812); v. 28.11.2016 – GrS 1/15, BStBl. II 2017, 393 Rn. 62.

8 *Förster/Hechtner*, DB 2017, 1536 (1538); *Krumm* in Blümich, § 3a Rn. 23.

9 BFH v. 14.3.1990 – I R 129/85, BStBl. II 1990, 955 (958); v. 26.2.1998 – III B 214/96, juris Rn. 4.

10 *Förster/Hechtner*, DB 2017, 1536 (1538); sa. *Eilers/Bühring*, Sanierungssteuerrecht, 2012, Rn. 2.42.

11 BFH v. 14.3.1990 – I R 64/85, BStBl. II 1990, 810 (812); zust. *Bleschick* in BeckOK, § 3a Rn. 285.

12 BFH v. 22.11.1983 – VIII R 14/81, BStBl. II 1984, 472 (474); v. 27.1.1998 – VIII R 64/96, BStBl. II 1998, 537 (538); v. 10.4.2003 – IV R 63/01, BStBl. II 2004, 9 (10); v. 12.12.2013 – X R 39/10, BStBl. II 2014, 572 Rn. 19, 25; *Kanzler* in K/K/B/M/H[3], § 3a Rn. 109.

Verhältnisse der Ges. abzustellen; ein Forderungsverzicht im Bereich des SBV ist grds. irrelevant.[1] Eine (zB im Rahmen eines sog. Schutzschirmverfahrens iSd. § 270b InsO) angestrebte sog. **strategische Insolvenz** muss nicht gleichbedeutend mit der Sanierungsbedürftigkeit des Unternehmens sein; vielmehr sind die vorgenannten Kriterien selbständig zu prüfen.[2]

21 **3. Sanierungsfähigkeit des Unternehmens.** Das Merkmal der Sanierungsfähigkeit des Unternehmens wurde von der Rspr. zusätzlich zur Sanierungsbedürftigkeit des Unternehmens und der Sanierungseignung des Schuldenerlasses (s. Rn. 22 f.) nicht besonders erwähnt. Ein sanierungsbedürftiges Unternehmen, das schlechterdings nicht mehr sanierungsfähig ist, wird auch durch einen Schuldenerlass der Gläubiger nicht mehr zu retten sein. Dann fehlt es aber auch an der Sanierungseignung des Schuldenerlasses. Es bleibt letztlich nur die Insolvenz und Zerschlagung des Unternehmens. Die Steuerfreiheit des § 3a würde sich dann praktisch nicht (mehr) auswirken. Letztlich wird das Merkmal der Sanierungsfähigkeit des Unternehmens vom Merkmal der Sanierungseignung des Schuldenerlasses absorbiert und vermag allenfalls klarzustellen, dass es um die **Sanierung des Unternehmens**, das fortbestehen können muss, und nicht um eine unternehmerbezogene Sanierung (s. Rn. 61 ff.) geht.[3]

22 **4. Sanierungseignung des Schuldenerlasses.** Der Schuldenerlass muss ein unverzichtbarer (Teil-)Beitrag zur Verhinderung des Zusammenbruchs des Unternehmens und zur Wiederherstellung dessen (dauerhafter) Ertragsfähigkeit sein.[4] Die Sanierungseignung des Schuldenerlasses ist zu verneinen, wenn dieser das sanierungsbedürftige Unternehmen zwar vor dem Zusammenbruch bewahrt, hierdurch jedoch die Ertragsfähigkeit nicht wiederhergestellt wird.[5] Daher ist zur Begr. der Sanierungseignung darzulegen, welche Zahlungsverpflichtungen das Unternehmen im Zeitpunkt des Schuldenerlasses hatte, wie weit diese Verpflichtungen aus dem lfd. Geschäft erfüllt werden können und ob nach Fortfall der erlassenen Schulden die Zahlungsfähigkeit als gesichert angesehen werden kann.[6] Sind diese Voraussetzung gegeben, ändert sich an der Sanierungseignung auch nichts dadurch, dass der StPfl. als Einzelunternehmer sein Unternehmen aufgibt.[7] Bei Vorliegen eines Insolvenzplans lässt sich die Sanierungseignung der obligatorischen Finanzplanung entnehmen.[8]

23 Die Sanierungseignung muss **im Zeitpunkt des Schuldenerlasses** bestanden haben. Nachträglich eintretende Umstände, die das Gelingen der Sanierung verhindert haben, ändern an der Beurteilung nichts.[9]

24 **5. Betriebliche Begründung des Schuldenerlasses.** Abs. 2 fordert einen betrieblich begründeten Schuldenerlass. Damit werden zunächst **privat veranlasste Schuldenerlasse** negativ ausgegrenzt. Nach hM werden darüber hinaus aber auch Schuldenerlasse, die im **Gesellschaftsverhältnis** zu einer PersGes. oder KapGes. (iVm. § 8 Abs. 1 KStG) begründet sind, dem Anwendungsbereich des § 3a entzogen.[10] Von einer betriebliche Veranlassung ist jedenfalls dann auszugehen, wenn der Schuldenerlass des G'ters dem entspricht, was auch andere (Fremd-)Gläubiger als Sanierungsbeitrag erbringen; die G'ter-Stellung löst dann keine abw. Rechtsfolge aus.[11] Beteiligen sich dagegen keine Fremdgläubiger an dem Forderungserlass, wird der Schuldenerlass des G'ters idR durch das Gesellschaftsverhältnis veranlasst sein.[12]

25 Ein privat veranlasster Schuldenerlass kann eine freigebige Zuwendung (§ 7 Abs. 1 Nr. 1 ErbStG) sein und Schenkungsteuer auslösen (zur Abgrenzung sa. Rn. 11). Beruht der Schuldenerlass durch den G'ter einer **KapGes.** auf dem Gesellschaftsverhältnis, liegt iHd. des noch werthaltigen Teils eine **verdeckte Einlage**

---

1 BFH v. 3.7.1997 – IV R 31/96, BStBl. II 1997, 690 (691); einschr. aber BFH v. 27.1.1998 – VIII R 64/96, BStBl. II 1998, 537 (538); *Kanzler* in K/K/B/M/H³, § 3a Rn. 110.
2 *Kanzler* in K/K/B/M/H³, § 3a Rn. 112.
3 *Krumm* in Blümich, § 3a Rn. 24; weniger klar die Abgrenzung bei *Kanzler* in K/K/B/M/H³, § 3a Rn. 113; *Bleschick* in BeckOK, § 3a Rn. 295.
4 BFH v. 22.1.1985 – VIII R 37/84, BStBl. II 1985, 501 (503 f.); v. 12.12.2013 – X R 39/10, BStBl. II 2014, 572 Rn. 30: es reicht, wenn der Schuldenerlass zusammen mit anderen Maßnahmen das Überleben des Betriebs sichert; sa. BFH v. 31.1.1991 – IV R 84/89, BFH/NV 1991, 821; v. 17.11.2004 – I R 11/04, BFH/NV 2005, 1027.
5 BFH v. 25.2.1972 – VIII R 30/66, BStBl. II 1972, 531; v. 12.12.2013 – X R 39/10, BStBl. II 2014, 572 Rn. 30.
6 Zusammenfassend iSd. bisherigen Rspr. zu § 3 Nr. 66 aF: BFH v. 17.2.1999 – IV B 153/97, BFH/NV 1999, 929; v. 12.12.2013 – X R 39/10, BStBl. II 2014, 572 Rn. 30; *Krumm* in Blümich, § 3a Rn. 24.
7 BFH v. 14.3.1990 – I R 64/85, BStBl. II 1990, 810 (812); v. 19.3.1991 – VIII R 214/85, BStBl. II 1991, 633 (635); v. 28.11.2016 – GrS 1/15, BStBl. II 2017, 393 Rn. 63.
8 *Krumm* in Blümich, § 3a Rn. 24.
9 BFH v. 20.2.1986 – IV R 172/84, BFH/NV 1987, 493; v. 28.11.2016 – GrS 1/15, BStBl. II 2017, 393 Rn. 63.
10 *Desens*, FR 2017, 981 (983); *Kahlert/Schmidt*, DStR 2017, 1897 (1900 f.); *Krumm* in Blümich, § 3a Rn. 26; *Levedag* in Schmidt³⁷, § 3a Rn. 26 f.; *Bleschick* in BeckOK, § 3a Rn. 302; **aA** *Förster/Hechtner*, DB 2017, 1536 (1539).
11 Siehe im Einzelnen *Krumm* in Blümich, § 3a Rn. 26, dort auch zu der Frage, wie sich der Untergang einer nachrangigen G'ter-Forderung nach § 225 Abs. 1 InsO iZ mit einem Insolvenzplan auswirkt.
12 BFH v. 31.7.1991 – VIII R 23/89, BStBl. II 1992, 375 (377 f.); v. 29.7.1997 – VIII R 57/94, BStBl. II 1998, 652 (654).

vor, die insoweit den innerbetrieblichen Ertrag außerbilanziell neutralisiert.[1] In Höhe des nicht (mehr) werthaltigen Teils führt der Schuldenerlass bilanziell aber zu einem **stpfl. Gewinn**, der nach der hM nicht nach § 3a steuerbefreit ist. Im Lichte des mit § 3a verfolgten Zwecks (s. Rn. 1 f.) überzeugt diese Einschränkung des § 3a aber nicht. Gerade der G'ter einer KapGes. wird bei einem Erl. seiner Forderungen gegen die KapGes. idR eine Sanierungsabsicht (zum Merkmal s. Rn. 27) verfolgen.[2] Ebenso kann der Schuldenerlass durch den G'ter im Einzelfall geeignet sein, die Sanierung der KapGes. auch dann zu bewirken, wenn keine weiteren Gläubiger auf ihre Forderungen verzichten.

26 Eine andere Rechtsfolge ergibt sich, wenn der G'ter einer **PersGes.** seiner PersGes. (MU'schaft) – ebenfalls durch das Gesellschaftsverhältnis veranlasst – Schulden erlässt. Verzichtet der MU'er auf ein G'ter-Darlehen, liegt unabhängig von dessen Werthaltigkeit eine Einbringung aus dem SBV in das Gesamthandsvermögen der MU'schaft vor, die gem. **§ 6 Abs. 5 S. 3 Nr. 2** korrespondierend mit dem Buchwert anzusetzen ist; auf der Ebene der Gesamthand entsteht dadurch keine BV-Mehrung, die nach § 3a stfrei zu stellen wäre.[3] Letztlich wird „funktionales Eigenkapital"[4] in echtes EK der MU'schaft erfolgsneutral umgewandelt. Entsprechend dem Grundsatz der korrespondierenden Bilanzierung ändert sich an der Erfolgsneutralität auch dann nichts, wenn das G'ter-Darlehen mit einem zum Passivierungsverbot des § 5 Abs. 2a führenden Rangrücktritt verbunden ist.[5] Wird einem MU'er eine im SBV passivierte Schuld erlassen, fehlt es am Tatbestand einer unternehmensbezogenen Sanierung, obwohl das SBV dem Betrieb der MU'schaft dient.[6]

27 **6. Sanierungsabsicht der Gläubiger.** Der die Schulden erlassende Gläubiger muss gem. Abs. 2 mit Sanierungsabsicht handeln. An das Vorliegen der Sanierungsabsicht sind aber keine strengen Anforderungen zu stellen.[7] Der Gläubiger braucht den Erl. nicht aus selbstlosen Motiven zu gewähren; vielmehr sind eigennützige Motive unschädlich, soweit die **Sanierungsabsicht zumindest mitentscheidend** ist. Dass der Gläubiger mit dem Forderungserlass typischerweise eigene Motive verfolgt und der Erl. nur das Mittel zum Zweck ist, einen Teil seiner Restforderung oder eine Geschäftsverbindung zu retten, stellt die Sanierungsabsicht nicht infrage.[8] Beteiligen sich mehrere Gläubiger an einem Schuldenerlass, kann ihnen eine Sanierungsabsicht ohne Weiteres unterstellt werden.[9] Dasselbe gilt idR bei Vorliegen eines Sanierungsplans (s. Rn. 19). Dieser sollte aber Darlegungen zur Sanierungsbedürftigkeit/-fähigkeit des Unternehmens, zur Sanierungseignung des Schuldenerlasses sowie zu den Motiven der Gläubiger enthalten.[10] Im Einzelfall ist die Sanierungsabsicht besonders zu prüfen, wenn nur ein einzelner Gläubiger eine Schuld erlässt.[11]

28 **7. Nachweis durch den Steuerpflichtigen.** Die Voraussetzungen der unternehmensbezogenen Sanierung hat der StPfl. nach Abs. 2 für den Zeitpunkt des Schuldenerlasses nachzuweisen. Zwar hängt die Steuerbefreiung nicht von einem Antrag des StPfl. ab. Ihn trifft aber nach Abs. 2 ausdrücklich die Feststellungslast. Damit erhält er ein **faktisches Wahlrecht**, indem er diesen Nachweis unterlassen kann.[12] Dies

---

1 BFH v. 15.4.2015 – I R 44/14, BStBl. II 2015, 769 Rn. 18; v. 10.8.2016 – I R 25/15, BStBl. II 2017, 670 Rn. 15 ff. (zu Rangrücktrittsvereinbarungen); *Levedag* in Schmidt[37], § 3a Rn. 26.

2 Zutr. *Förster/Hechtner*, DB 2017, 1536 (1539).

3 *Erhardt/Zeller*, DStR 2012, 1636 (1637 f.); *Herbst/Stegemann*, DStR 2017, 2081 (2082); *Uhländer*, DB 2017, 2761 (2766 f.); *Levedag/Kulosa* in Schmidt[37], § 3a Rn. 27, § 6 Rn. 699 aE; *Kanzler* in K/K/B/M/H[3], § 3a Rn. 71: Die Forderung geht zum Buchwert aus dem SBV in das Gesamthandsvermögen der MU'schaft über und erlischt durch Konfusion.

4 BFH v. 16.3.2017 – IV R 1/15, BStBl. II 2017, 943 Rn. 45 (dort auch zum Grundsatz der korrespondierenden Bilanzierung).

5 Zutr. *Levedag* in Schmidt[37], § 3a Rn. 27; solange der Rangrücktritt besteht, ist die Verbindlichkeit nach § 5 Abs. 2a im Gesamthandsvermögen nicht zu passivieren und umgekehrt im SBV auch nicht zu aktivieren, s. BFH v. 28.9. 2016 – II R 64/14, BStBl. II 2017, 104 Rn. 18 ff. mwN. Bei einem Verzicht durch den G'ter ändert sich auf beiden Ebenen (Gesamthandsvermögen-SBV) daher folgerichtig nichts.

6 *Kahlert/Schmidt*, DStR 2017, 1897 (1902); *Levedag* in Schmidt[37], § 3a Rn. 28.

7 So bereits zu § 3 Nr. 66 aF: BFH v. 26.2.1988 – III R 257/84, BFH/NV 1989, 436; v. 22.1.1991 – VIII R 12/88, BFH/NV 1991, 806.

8 BFH v. 12.10.2005 – X R 20/03, BFH/NV 2006, 713; *Krumm* in Blümich, § 3a Rn. 25; *Bleschick* in BeckOK, § 3a Rn. 237.

9 BFH v. 14.3.1990 – I R 64/85, BStBl. II 1990, 810 (812); *Krumm* in Blümich, § 3a Rn. 25; *Bleschick* in BeckOK, § 3a Rn. 238.

10 So BFH v. 24.3.2015 – X B 127/14, BFH/NV 2015, 809 Rn. 14, zum BMF-Schr. v. 27.3.2003.

11 Siehe dazu etwa BFH v. 16.5.2002 – IV R 11/01, BStBl. II 2002, 854: Sanierungsabsicht zu bejahen, wenn der einzige Fremdgläubiger einer Besitz-PersGes. einen Teil ihrer Schulden erlässt, zugleich ein G'ter auf den ihm ggü. der Ges. zustehenden Rentenanspruch verzichtet und der Hauptlieferant der Betriebs-Ges. an diese einen nicht rückzahlbaren Zuschuss leistet.

12 *Kanzler* in K/K/B/M/H[3], § 3a Rn. 117; *Bleschick* in BeckOK, § 3a Rn. 239; *Desens*, FR 2017, 981 (984); *Förster/Hechtner*, DB 2017, 1536 (1539); **aA** *Levedag* in Schmidt[37], § 3a Rn. 29.

kann aus unterschiedlichen Gründen im Einzelfall Sinn machen.[1] Allerdings sind an den Nachweis der Sanierungsabsicht keine überhöhten Anforderungen zu stellen (s. Rn. 27). Das Gericht ist an keine förmlichen Beweismittel gebunden; es gelten die Grundsätze des Freibeweises. Eine Glaubhaftmachung der inneren Tatsache „Sanierungsabsicht" durch äußerliche Indizien reicht aus. Die Konsentierung eines Sanierungsplans lässt eine diesem zugrunde liegende Sanierungsabsicht der Gläubiger ebenso vermuten wie der Umstand, dass mehrere (Fremd-)Gläubiger ihre Forderungen in einer konsentierten Aktion ganz oder teilweise erlassen.

III. Begriff des Schuldenerlasses. Das Gesetz spricht in Abs. 1 und 2 vom „Schuldenerlass" zum Zwecke einer unternehmensbezogenen Sanierung. Der Begriff ist nicht etwa zivilrechtlich eng auf einen **Erlassvertrag iSd. § 397 Abs. 1 BGB** zu beschränken. Darunter fällt zunächst auch ein **negatives Schuldanerkenntnis iSd. § 397 Abs. 2 BGB.** Der FinA des Deutschen BT nennt darüber hinaus den Forderungsverzicht im Rahmen eines **Insolvenzplanverfahrens (§§ 217 ff. InsO)**, das nicht auf die Zerschlagung des Unternehmens gerichtet ist.[2] Ein solcher Forderungsverzicht unterscheidet sich vom Erl. iSd. § 397 Abs. 1 BGB dadurch, dass die Forderung nicht untergeht, sondern lediglich nicht durchsetzbar ist. Der entscheidende Grund für ein erweitertes steuerrechtliches Verständnis des Begriffs „Schuldenerlass" ist die damit verbundene bilanzsteuerrechtliche Entlastung der Passivseite, die zu einer **bilanziellen BV-Mehrung** (und damit zu einer Erhöhung des steuerbaren Gewinns) führt.[3] Wenn § 3c Abs. 4 S. 3 die iZ mit einem **Schuldenerlass gegen Besserungsschein**[4] stehenden Aufwendungen nicht zum Abzug zulassen will, lässt dies erkennen, dass der Gesetzgeber diese Art eines auflösend bedingten Forderungsverzichts ebenfalls als Schuldenerlass iSd. § 3a versteht.[5] Ein durch den Besserungsfall auflösend bedingter Forderungsverzicht wandelt für die Dauer der Krise das Fremdkapital in Eigenkapital um (s. § 5 Rn. 237 „Besserungsschein"); der sich daraus ergebende Bilanzgewinn ist dem Zweck des § 3a (s. Rn. 1 f.) entspr. stfrei zu stellen. Gleiches gilt für einen sog. **Dept Equity Swap**, wo der Gläubiger einen Ges.-Anteil an der Schuldner-Ges. erwirbt und im Austausch als Neu-G'ter dann der Ges. seine Forderung erlässt[6]. Unseres Erachtens gilt das auch, wenn der Gläubiger (= Neu-G'ter) seine Forderung zum wirklichen Wert in die Ges. einbringt und diese durch Konfusion mit der Schuld erlischt, sodass ein Buchgewinn (= Sanierungsgewinn) entsteht. Denn auf die jeweilige technische Ausgestaltung kann es nach dem Normzweck nicht ankommen.[7] Daher führt bei der gebotenen wirtschaftlichen Betrachtungsweise auch ein sog. **Debt Buy Back**, bei dem der Schuldner dem Gläubiger die Forderung unterhalb des Nennwerts abkauft und iHd. Differenz zw. Nennwert und Kaufpreis der Forderung durch Konfusion ein Buchgewinn entsteht, zur Steuerfreiheit.[8] 29

Noch keinen Schuldenerlass iSd. § 3a bewirkt dagegen ein **einfacher Rangrücktritt**, dh. die Abrede, erst nach anderen Gläubigern befriedigt zu werden.[9] Da die Schuld bestehen bleibt, entsteht bei Vereinbarung eines Rangrücktritts grds. noch kein Buchgewinn.[10] Etwas anderes ist aber bei einem **spezifizierten Rangrücktritt** anzunehmen, wonach die Verbindlichkeit nur aus künftigen Gewinnen oder Liquiditätsüberschüssen zu tilgen ist.[11] Da bei einem solchen Schuldabänderungsvertrag das Passivierungsverbot des **§ 5 Abs. 2a** greift[12] und dadurch vergleichbar dem Fall eines Forderungsverzichts mit Besserungsverpflichtung (s. Rn. 29) ein Buchgewinn entsteht, ist entspr. seinem Normzweck § 3a anzuwenden. 30

---

1 *Bleschick* in BeckOK, § 3a Rn. 239, nennt als Bsp., dem Abzugsverbot des § 3c Abs. 4, der Aufdeckung stiller Lasten nach Abs. 1 S. 2 oder Verlustverrechnungen iSd. Abs. 3 zu entgehen.
2 FinA, BT-Drucks. 18/12128, 31.
3 *Krumm* in Blümich, § 3a Rn. 20.
4 Zum Charakter eines Forderungserlasses/verzichts mit Besserungsabrede s. BFH v. 21.4.2009 – II R 57/07, BStBl. II 2009, 606; v. 24.10.2017 – VIII R 19/16, BFHE 262, 1 Rn. 29.
5 *Desens*, FR 2017, 981 (983); *Levedag* in Schmidt[37], § 3a Rn. 13; *Krumm* in Blümich, § 3a Rn. 20; *Kanzler* in K/K/B/M/H[3], § 3a Rn. 80.
6 *Desens*, FR 2017, 981 (983); *Förster/Hechtner*, DB 2017, 1536 (1538); *Kahlert/Schmidt*, DStR 2017, 1897 (1900); *Levedag* in Schmidt[37], § 3a Rn. 16; *Krumm* in Blümich, § 3a Rn. 20.
7 Zutr. *Levedag* in Schmidt[37], § 3a Rn. 16; *Kahlert/Schmidt*, DStR 2017, 1897 (1900).
8 Überzeugend *Kahlert/Schmidt*, DStR 2017, 1897 (1899 f.); *Desens*, FR 2017, 981 (983); *Levedag* in Schmidt[37], § 3a Rn. 16; *Kanzler* in K/K/B/M/H[3], § 3a Rn. 82.
9 *Kanzler* in K/K/B/M/H[3], § 3a Rn. 85; s. aber *Krumm* in Blümich, § 3a Rn. 20.
10 Zur Passivierung von Verbindlichkeiten bei bestehendem Rangrücktritt s. FG Münster v. 13.9.2018 – 10 K 504/15 K,G,F, juris (Rev. XI R 32/18).
11 *Desens*, FR 2017, 981 (983); *Förster/Hechtner*, DB 2017, 1536 (1538); *Levedag* in Schmidt[37], § 3a Rn. 15; *Bleschick* in BeckOK, § 3a Rn. 211.
12 BFH v. 30.11.2011 – I R 100/10, BStBl. II 2012, 332 Rn. 12 ff.; v. 15.4.2015 – I R 44/14, BStBl. II 2015, 769 Rn. 10; v. 28.9.2016 – II R 64/14, BStBl. II 2017, 104 Rn. 18 f.

C. Verrechnung des Sanierungsertrags mit Steuerminderungspotenzial (Abs. 3)

31 **I. Grundsätze der Verrechnungsregelung.** Die Regelungen des Abs. 3 dienen der **Vermeidung einer Doppelberücksichtigung von Verlusten** (s. Rn. 3). Die Ausgangsgröße des Sanierungsertrags (s. Rn. 13 ff.) wird in einem ersten Schritt gem. **Abs. 3 S. 1** um die nach § 3c Abs. 4 nicht abzugsfähigen Sanierungsaufwendungen gemindert (**geminderter Sanierungsertrag**). Der geminderte Sanierungsertrag bildet den Sanierungsertrag zutr. als **Nettogröße** ab und verhindert, dass sich die Steuerbefreiung durch Kumulation des Abzugsverbots des § 3c Abs. 4 mit den Verlustkompensationen des Abs. 3 S. 2, 3 zu einem stl. Nachteil verkehrt.[1]

32 Der geminderte Sanierungsertrag (Rn. 31) mindert sodann in der in **Abs. 3 S. 2** genannten **Reihenfolge** („nacheinander") die in **Abs. 3 S. 2 Nr. 1–13** genannten Positionen. Die Verrechnung nach Abs. 3 S. 2 ist bloße Rechtsfolge eines positiven geminderten Sanierungsertrags, nicht aber Voraussetzung für die Steuerbefreiung nach Abs. 1 S. 1.[2] Der Katalog schreckt aufgrund seines Umfangs und seiner Komplexität ab. Im Vergleich zur früheren Rechtslage sorgt er aber für eine gewisse Rechtssicherheit bei der Beantwortung der Frage, welche Positionen den Sanierungsertrag überhaupt mindern, und wenn ja, in welcher Rangfolge.[3] Es lassen sich die folgenden Fallgruppen unterscheiden: **Abs. 3 S. 2 Nr. 1–8** erfassen Verluste des zu sanierenden Unternehmens bzw. dessen MU'er aus den Vorjahren oder dem Sanierungsjahr. Dies ist sachlich gerechtfertigt und entspricht im Wesentlichen dem bereits im BMF-Schr. v. 27.3.2003 verankerten Grundgedanken.[4] In dem weiteren Kanon der in **Abs. 3 S. 2 Nr. 9–13** aufgeführten Verrechnungsgrößen sind auch Positionen enthalten, die das sanierungsbedürftige Unternehmen nicht betreffen.[5] Nach den Gesetzesmotiven sollen bei **zusammen veranlagten Ehegatten (eingetragenen Lebenspartnern)** auch die lfd. negativen Einkünfte und Verlustvorträge des anderen Ehegatten/Lebenspartners zu mindern sein.[6] Zwar entspricht das der zum sog. Sanierungserlass v. 27.3.2003 vertretenen gängigen Verwaltungsmeinung.[7] Diese **Verletzung des Subjektsteuerprinzips** lässt sich dem Wortlaut des S. 2 aber nicht entnehmen und ist abzulehnen.[8] Zumindest insoweit erweist sich der Katalog als fiskalisch überdimensioniert.[9]

33 **Abs. 3 S. 3** erweitert die Saldierung mit dem geminderten Sanierungsertrag auch auf **Steuerminderungspotenziale** einer **nahestehenden Person**, wenn diese die erlassenen Schulden innerhalb eines Zeitraums von fünf Jahren vor dem Schuldenerlass auf das zu sanierende Unternehmen übertragen hat und soweit der entspr. verteilte Aufwand, die Verluste, negativen Einkünfte, Zinsvorträge oder EBITDA-Vorträge zum Ablauf des Wj. der Übertragung bereits entstanden waren. Die Vorschrift dient der **typisierten Missbrauchsabwehr** und soll verhindern, dass das zu sanierende Unternehmen (inkl. seiner Schulden) nach §§ 20, 24 UmwStG auf einen anderen Rechtsträger übertragen wird und die Steuerminderungspotenziale beim übertragenden Rechtsträger verbleiben.[10] Die Vorschrift des Abs. 3 S. 3 ist aber ggü. den Saldierungen des Abs. 3 S. 2 Nr. 1–13 **nachrangig** und findet nur Anwendung, wenn und soweit die Minderungen nach Abs. 3 S. 1, 2 beim StPfl. dessen Sanierungsertrag nicht vollständig verbraucht haben.[11]

34 **Abs. 3 S. 5** ordnet den **Untergang** der nach S. 2, 3 verrechneten **Steuerminderungspotenziale** an. Diese bleiben danach „endgültig" außer Ansatz und nehmen an den entspr. Verlust(vortrags-)feststellungen nicht teil. Der sich nach Abzug der Steuerminderungspotenziale ergebende Betrag ist schließlich der stfreie **„verbleibende Sanierungsertrag"** (**Abs. 3 S. 4**).

35 **II. Reihenfolge der Verlust-/Aufwandsverrechnung (Abs. 3 S. 2).** Abs. 3 S. 2 ordnet ein **Verrechnungsschema** in der nachfolgenden Reihung **verbindlich** an:

---

1 Siehe *Desens*, FR 2017, 981 (986).
2 *Kahlert/Schmidt*, DStR 2017, 1897 (1903); *Levedag* in Schmidt[37], § 3a Rn. 37.
3 *Desens*, FR 2017, 981 (986).
4 BMF v. 27.3.2003, BStBl. I 2003, 240 Rn. 8.
5 Abs. 3 S. 2 Nr. 11 lit. g enthält darüber hinaus noch eine **Öffnungsklausel** (dazu Rn. 46).
6 FinA, BT-Drucks. 18/12128, 32.
7 So etwa OFD Nds. v. 12.7.2017 – S 2140 - 8 St 244, StEK AO § 163 Nr. 314, unter 3.2.
8 *Förster/Hechtner*, DB 2017, 1536 (1541); *Kanzler* in K/K/B/M/H[3], § 3a Rn. 145, die hilfsweise zur Wahl der Einzelveranlagung nach § 26a raten; abl. auch *Levedag* in Schmidt[37], § 3a Rn. 39; dagegen wollen *Desens*, FR 2017, 981 (987); *Bleschick* in BeckOK, § 3a Rn. 369, danach unterscheiden, an welcher Stelle die jeweilige Steuerminderungsposition greift (bereits bei der Einkünfteermittlung des anderen Ehegatten/Lebenspartners oder erst bei der Bildung der Summe der Einkünfte oder gar nach dem Gesamtbetrag der Einkünfte).
9 *Desens*, FR 2017, 981 (986), rechtfertigt dies mit dem Umstand, dass die Rspr. etwa die Sanierungsbedürftigkeit eines Einzelunternehmens auch nur dann bejahe, wenn der StPfl. sein PV zur Sanierung einsetzt (s. Rn. 20).
10 FinA, BT-Drucks. 18/12128, 32; s. *Desens*, FR 2017, 983 (989 ff.); *Suchanek/Schaaf/Hannweber*, WPg 2017, 909 (913 ff.).
11 *Förster/Hechtner*, DB 2017, 1536 (1542); *Bleschick* in BeckOK, § 3a Rn. 478.

1. Verpflichtungsübernahmen nach § 4f (Nr. 1). Nach Nr. 1 hat der geminderte Sanierungsertrag den aufgrund einer Verpflichtungsübernahme iSd. § 4f verteilt abziehbaren Aufwand zu reduzieren. § 4f schränkt die **Hebung stiller Reserven** im Falle einer Schuldübernahme bzw. eines Schuldbeitritts/einer Erfüllungsübernahme (s. § 4f Abs. 2) ein (zum Sinn und Zweck s. § 4f Rn. 1 ff.). Wenn § 3a Abs. 1 S. 2 zur Minderung des Sanierungsertrags die Hebung stiller Reserven durch entspr. Wahlrechtsausübung anordnet, ist es folgerichtig, auch den gem. § 4f Abs. 1 S. 1 zeitlich gestreckten Aufwand mit dem Sanierungsertrag zu verrechnen. Hinzuzurechnen kann aber nur der Aufwand des zu sanierenden Unternehmens sein, soweit er noch vorhanden und nicht bereits nach § 4f Abs. 1 S. 7 auf einen Rechtsnachfolger übergegangen ist (dazu s. § 4f Rn. 20 f.).[1] 36

2. Verluste iSd. § 15a (Nr. 2, 3). Nach **Nr. 2** gehen **im Sanierungsjahr** ausgleichsfähige und verrechenbare Verluste des MU'ers des zu sanierenden Unternehmens (s. § 15a Rn. 22 f.) iHd. Saldierung mit dem geminderten Sanierungsertrag unter. **Nr. 3** ordnet dies außerdem für die zum Ende des dem Sanierungsjahr vorangegangenen Wj. festgestellten Verluste (s. § 15a Abs. 4) an. 37

3. Verluste aus Steuerstundungsmodellen iSd. § 15b (Nr. 4, 5). Der geminderte Sanierungsertrag ist mit den nicht ausgleichsfähigen bzw. bisher nicht ausgeglichenen Verlusten aus einem Steuerstundungsmodell zu saldieren. Es muss sich um **dieselbe Einkunftsquelle** des zu sanierenden Unternehmens handeln, sodass die praktische Relevanz der beiden Ziffern wohl gering sein wird. **Nr. 4** betrifft den im Sanierungsjahr entstandenen Verlust iSd. § 15b Abs. 1 (s. dazu § 15b Rn. 18 ff.). **Nr. 5** sieht eine Verrechnung des zum Ende des dem Sanierungsjahr vorangehenden Wj. nach § 15b Abs. 4 festgestellten Verlustes derselben Einkunftsquelle vor. 38

4. Verluste aus gewerblicher Tierzucht/-haltung iSd. § 15 Abs. 4 (Nr. 6, 7). Entsprechende Regelungen sehen **Nr. 6, 7** für die Minderung des Sanierungsertrags um Verluste aus gewerblicher Tierzucht/-haltung (s. dazu § 15 Rn. 409 ff.) vor. Es muss sich also ebenfalls um **dieselbe Einkunftsquelle** handeln; dh., der Gegenstand des sanierungsbedürftigen Unternehmens muss eine gewerbliche Tierzucht/-haltung sein. Die beiden Saldierungsregeln besitzen daher ebenfalls kaum praktische Relevanz. 39

5. Unternehmensbezogener Verlust des Sanierungsjahres (Nr. 8). Etwas anderes gilt für den Verrechnungstatbestand der Nr. 8, wonach der geminderte Sanierungsertrag den vom zu sanierenden Unternehmen im **Sanierungsjahr** erlittenen **laufenden Verlust** reduziert. Diese Verrechnung bildet einen praktisch wichtigen **Kernsaldierungstatbestand**. An dieser Stelle wirkt sich auch die von Abs. 1 S. 2 geforderte Hebung stiller Lasten, die den unternehmensbezogenen Verlust erhöht (s. Rn. 15 f.), durch die Kompensation mit dem Sanierungsertrag aus. 40

6. Andere Verluste aus allen Einkunftsarten des Sanierungsjahres (Nr. 9). Diese weitergehende Verlustverrechnung bezieht sich nicht mehr auf das zu sanierende Unternehmen (zur Kritik s. Rn. 32), sondern auf den StPfl. Die Gesetzesbegründung stellt klar, dass dadurch **der horizontale Verlustausgleich** innerhalb einer Einkunftsart (s. § 2 Rn. 93) nicht ausgeschlossen sein soll.[2] Ob daraus im Umkehrschluss gefolgert werden muss, dass der **vertikale Verlustausgleich** zw. unterschiedlichen Einkunftsarten vor der Verrechnung mit dem geminderten Sanierungsertrag ausgeschlossen ist, erscheint unklar. Die Formulierung des Wortlauts „aus allen Einkunftsarten" lässt mE beide Auslegungsvarianten zu.[3] Vorzugswürdig ist es jedoch, dem systemtragenden objektiven Nettoprinzip (s. § 2 Rn. 93) entspr. zunächst einen vertikalen Verlustausgleich zw. „allen Einkunftsarten" vorzunehmen und erst den danach verbleibenden Verlust mit dem geminderten Sanierungsertrag zu verrechnen.[4] 41

Nach der Gesetzesbegründung sollen auch im Sanierungsjahr von einem **zusammen veranlagten Ehegatten** (folgerichtig nach § 2 Abs. 8: oder von einem **eingetragenen Lebenspartner**) erlittene Verluste in die Verrechnung einzubeziehen sein (s. Rn. 32). Folgt man dem unter Missachtung des Subjektprinzips, ist aber zunächst sowohl ein horizontaler als auch ein vertikaler Verlustausgleich aller Einkunftsarten unter 42

---

1 *Förster/Hechtner*, DB 2017, 1536 (1541). Der Wortlaut spricht missverständlich von einem in „dem Wirtschaftsjahr der Übertragung nachfolgenden 14 Jahren verteilt abziehbaren Aufwand des zu sanierenden Unternehmens". Damit wird nur der Regelungsgehalt des § 4f beschrieben. Der im Übertragungsjahr berücksichtigte Aufwand ist iÜ im Verlust des Sanierungsjahres (s. Abs. 3 S. 2 Nr. 8) oder (bei einer weiter zurückliegenden Übertragung) im Verlustvortrag (s. Abs. 3 S. 2 Nr. 10) enthalten. Die von *Kanzler* in K/K/B/M/H³, § 3a Rn. 147; *Bleschick* in BeckOK, § 3a Rn. 382, behauptete Lücke existiert daher nicht.

2 FinA, BT-Drucks. 18/12128, 32.

3 *Desens*, FR 2017, 981 (987), nimmt den Wortlaut als Beleg für einen vertikalen Verlustausgleich; *Förster/Hechtner*, DB 2017, 1536 (1541), werten ihn entgegengesetzt als Hinweis für den Ausschluss des vertikalen Verlustausgleichs.

4 So auch *Desens*, FR 2017, 981 (986 f.); *Krumm* in Blümich, § 3a Rn. 44; *Kanzler* in K/K/B/M/H³, § 3a Rn. 152; *Bleschick* in BeckOK, § 3a Rn. 432.

Einschluss des anderen Ehegatten/Lebenspartners durchzuführen, bevor der danach verbleibende Verlust mit dem geminderten Sanierungsertrag des Ehegatten/Lebenspartners verrechnet wird.[1]

43 **7. Festgestellter Verlustvortrag iSd. § 10d (Nr. 10).** Gegenüber den Verlusten im Sanierungsjahr (s. Rn. 40) nachrangig ist der **aus Vorjahren** stammende Verlustvortrag (s. § 10d Rn. 15 ff.) mit dem geminderten Sanierungsertrag zu verrechnen. Diese Verrechnungsnorm gehört systematisch zum **Kernverrechnungstatbestand** des Abs. 3 S. 2 Nr. 8 und ist ebenfalls höchst praxisrelevant. Soweit nach vorrangigen Saldierungen ein geminderter Sanierungsertrag noch vorhanden ist, führt dieser „ungeachtet des § 10d Abs. 2“, also ohne Rücksicht auf die dort verankerten Beschränkungen des Verlustabzugs (sog. Mindestbesteuerung, s. § 10d Rn. 16), zum Untergang des Verlustvortrags. Dies entspricht der Normintention, eine doppelte Verlustberücksichtigung kategorisch auszuschließen (s. Rn. 3).

44 Auch im Anwendungsbereich der Nr. 10 sollen nach der Gesetzesbegründung die von **Ehegatten/Lebenspartnern** in den Vorjahren erzielten Verluste nach dem zum Ende des Vorjahres gesondert festgestellten Stand zu berücksichtigen sein (krit. Rn. 32).

45 **8. Verluste aus besonderen Verlustverrechnungskreisen (Nr. 11).** In der vom Gesetz unter Nr. 11 vorgegebenen **Buchstabenreihenfolge a)–g)** verringern sich die dort genannten Verlustvorträge, Verluste (negativen Einkünfte) um den geminderten Sanierungsertrag. Im Unterschied zu den in den Nr. 2–7 aufgezeigten Fallgruppen handelt es sich um Verluste, die gerade **nicht im zu sanierenden Unternehmen entstanden** sind: **§ 15a** (aus anderen MU'anteilen), **§ 15b** (aus anderen Einkunftsquellen), **§ 15 Abs. 4** (aus anderen Betrieben/MU'anteilen), **§ 2a**, **§ 2b** (aF = Vorgänger-Vorschrift zu § 15b)[2], **§ 23 Abs. 3 S. 7, 8** (Verluste aus privaten Veräußerungsgeschäften). Mit Nr. 11 bringt der Gesetzgeber profiskalisch alle möglichen Verlustausgleichspotenziale in Stellung, obwohl sie im Einzelfall stl. gar nicht mit Gewinnen aus dem zu sanierenden Unternehmen verrechenbar wären. Die Vorschrift besitzt insgesamt einen **deutlich überschießenden Charakter**.

46 Zum Schluss der Nr. 11 führt **Buchstabe g** eine **Öffnungsklausel** ein. Mit dem unklaren Begriff „sonstige Vorschriften“ dürften weitere **Verlustverrechnungsvorschriften** gemeint sein:[3] zB **§ 20 Abs. 6** (Verluste aus KapVerm.), **§ 22 Nr. 3 S. 4** (Verluste aus sonstigen Leistungen). Innerhalb des Buchstabens g existiert keine besondere gesetzliche Reihenfolge, sodass nach dem Grundsatz der Meistbegünstigung zu verfahren ist.

47 Bei der Verrechnung unterscheidet Nr. 11 zw. den zum Ende des Vorjahres festgestellten Verlusten und den im Sanierungsjahr entstehenden, verrechenbaren Verlusten. Die Aufzählung lässt sich so vorstellen, dass bezogen auf die in den Buchstaben genannten Verlustkategorien zunächst der jeweils für das Vorjahr festgestellte Verlust und sodann der im Sanierungsjahr entstandene Verlust verrechnet wird.[4]

48 Zur Berücksichtigung von Verlusten von zusammen veranlagten Ehegatten/Lebenspartnern s. Rn. 32.

49 **9. Verluste des Folgejahres – Verlustrücktrag iSd. § 10d Abs. 1 (Nr. 12).** Der geminderte Sanierungsertrag soll nachrangig auch mit den rücktragsfähigen Verlusten iSd. § 10d Abs. 1, die in dem auf das Sanierungsjahr folgenden VZ entstanden sind, zu saldieren sein. Dabei gelten die in § 10d Abs. 1 enthaltenen **Höchstbeträge von 1 bzw. 2 Mio. Euro nicht** („ungeachtet der Beträge des § 10d Abs. 1 Satz 1“; ebenso wie für den Verlustvortrag, s. zu Nr. 10 Rn. 43).[5] Die Verrechnung des geminderten Sanierungsertrags mit dem Verlustrücktragsvolumen führt zu dessen Untergang. Nur soweit negative Einkünfte in den Grenzen der Höchstbeträge von 1 bzw. 2 Mio. Euro nach der Verrechnung mit dem geminderten Sanierungsertrag noch vorhanden sind, bleiben sie zur Saldierung mit anderen positiven Einkünften des StPfl. bzw. dessen Ehegatten/Lebenspartners nach **Nr. 12 S. 2** noch saldierungsfähig.

50 Die Gesetzesbegründung spricht im Hinblick auf zusammen veranlagte Ehegatten (gleich zu behandeln: eingetragene Lebenspartner) nur vom Verlustvortrag (s. Rn. 44), nicht vom Verlustrücktrag.[6] Es ist daher unklar, ob Verluste des zusammen veranlagten Ehegatten/Lebenspartners ebenfalls durch den geminderten Sanierungsertrag kompensiert werden sollen. Nach der hier vertretenen Auffassung sind die Verluste von Ehegatten/Lebenspartnern generell außer Ansatz zu lassen (s. Rn. 32).

---

1 So auch zum Sanierungserlass v. 27.3.2003: OFD Nds. v. 12.7.2017 – S 2140 - 8 - St 244, StEK AO § 163 Nr. 314, unter 3.2.; wie hier *Förster/Hechtner*, DB 2017, 1536 (1541).

2 Durch das G v. 22.12.2005, BGBl. I 2005, 3683, ist § 15b an die Stelle von § 2b aF (s. Wortlaut des StEntlG 1999/2000/2002 v. 24.3.1999, BGBl. I 1999, 402 f.) getreten.

3 *Förster/Hechtner*, DB 2017, 1536 (1541); *Kanzler* in K/K/B/M/H³, § 3a Rn. 154: Auffangregel für alle Tatbestände, die nicht in den Buchst. a bis f geregelt sind.

4 *Kanzler* in K/K/B/M/H³, § 3a Rn. 154.

5 *Förster/Hechtner*, DB 2017, 1536 (1541); *Kanzler* in K/K/B/M/H³, § 3a Rn. 155.

6 FinA, BT-Drucks. 18/12128, 32.

10. Zins- und EBITDA-Vortrag nach § 4h (Nr. 13). Als Letztes reduziert der geminderte Sanierungsertrag gem. **lit. a** den zum Ende des vorangegangenen Wj. festgestellten und den im Sanierungsjahr entstehenden Zinsvortrag iSd. § 4h Abs. 1 S. 5 (s. dazu § 4h Rn. 22) sowie nachrangig gem. **lit. b** den sog. EBITDA-Vortrag iSd. § 4h Abs. 1 S. 3 (s. dazu § 4h Rn. 21). Der Gesetzgeber unterstellt hier typisierend, dass der nach § 4h vorzutragende Zinsaufwand bei Abzugsfähigkeit zu einem Verlustvortrag (s. Nr. 10, s. Rn. 43 f.) geführt hätte.[1] 51

Nr. 13 lit. b S. 2 gibt eine Reihenfolge zur Minderung des EBITDA-Vortrags nach Alter vor: je älter der EBITDA-Vortrag, je vorrangiger ist er zu reduzieren. Aufgrund der Buchstabenreihenfolge ist aber zunächst der Zinsvortrag zu mindern. Dabei ist zunächst der zum Ende des Vorjahres festgestellte Zinsvortrag und sodann der im Sanierungsjahr entstandene Zinsvortrag zu saldieren (s.a. Rn. 47). An dieser Unterstellung sind berechtigte Zweifel anzumelden. Wenn dem typischerweise so wäre, hätte es einer Zinsschranke wohl nicht bedurft.[2] 52

D. Gesonderte Feststellung des Sanierungsertrags und der Verrechnungspotenziale (Abs. 4)

I. Gegenstände der gesonderten Feststellung (Abs. 4 S. 1). Abs. 4 S. 1 ordnet in den Fällen des **§ 180 Abs. 1 S. 1 Nr. 2 lit. a und b AO** eine gesonderte Feststellung 53

des Sanierungsertrags iSd. Abs. 1 S. 1 (s. Rn. 13 f.) und

der Steuerminderungspotenziale iSd. Abs. 3 S. 2 Nr. 1–6, 13 (s. Rn. 35 ff.) an.

Im Unterschied zu der ähnlich ausgestalteten Vorschrift des § 34a Abs. 10 sind diese Feststellungen nicht bloß fakultativ (zum dortigen Hintergrund s. § 34a Rn. 85), sondern **obligatorisch** zu treffen. Die Feststellungspflicht besteht zum einen, wenn eine **MU'schaft** einen Sanierungsertrag iSd. Abs. 1 S. 1 erzielt (§ 180 Abs. 1 S. 1 Nr. 2 lit. a). Zum anderen wird aber auch der Fall erfasst, dass für die Feststellung des Gewinns eines **Einzelunternehmens** nach § 18 Abs. 1 Nr. 1–3 AO (LuF-Betrieb, GewBetr., selbständige Tätigkeit) ein anderes FA als das Wohnsitz-FA des Einzelunternehmers (§ 19 Abs. 1 AO) zuständig ist (§ 180 Abs. 1 S. 1 Nr. 2 lit. b).

Die gesonderte (und bei einer MU'schaft einheitliche) Feststellung des Sanierungsertrags sowie der Verrechnungspotenziale ist grds. sachgerecht, weil das Feststellungs-FA sachnäher mit den relevanten Umständen befasst ist und widersprüchliche Entscheidungen der Wohnsitz-FÄ zu vermeiden sind.[3] **Nicht gesondert festgestellt** wird aber der **geminderte Sanierungsertrag** iSd. Abs. 2 S. 1. Die **nicht abzugsfähigen Sanierungsaufwendungen iSd. § 3c Abs. 4** werden daher nicht gesondert festgestellt und sind lediglich unselbständiger Bestandteil des Gewinns/Verlustes und des „geminderten Sanierungsertrags" (s. Rn. 31). Verfahrensrechtlich wäre eine gesonderte Feststellung dieser Größe aber sachgerecht (s. § 3c Rn. 50, wo von einer stillschweigenden Feststellungsermächtigung ausgegangen wird, mE zweifelh.).[4] 54

Die Beschränkung der gesonderten (und ggf. einheitlichen) Feststellungen auf die Verrechnungspotenziale des Abs. 3 S. 2 Nr. 1–6, 13 ist nicht selbsterklärend. Nachvollziehbar ist die Beschränkung des Feststellungskreises auf das sanierungsbedürftige Unternehmen. Dazu zählen zunächst die Verrechnungspotenziale des Abs. 3 S. 2 Nr. 1–8 (s. Rn. 32). Dass **Nr. 8** nicht besonders genannt wird, findet seinen Grund wohl darin, dass in den von § 180 Abs. 1 S. 1 Nr. 2 lit. a und b AO erfassten Fällen das Ergebnis des Sanierungsjahres (also auch ein Verlust des Sanierungsjahres) sowieso gesondert (und ggf. einheitlich) festgestellt werden muss. Allerdings bedarf es noch der entscheidungserheblichen Feststellung, welcher Teil des Verlustes im Sanierungsjahr vom geminderten Sanierungsgewinn iSd. Abs. 2 S. 1 absorbiert wird. Diese Feststellung wird verbindlich ggf. erst im Feststellungsbescheid iSd. § 10d Abs. 4 über den zum Schluss des Sanierungs-VZ verbleibenden Verlustvortrag getroffen. Was die ebenfalls ausgeklammerte **Nr. 7** von den festzustellenden Größen des Abs. 3 S. 2 Nr. 2–6 substanziell unterscheidet, ist unklar, soll aber an dieser Stelle mangels nennenswerter Praxisrelevanz dahingestellt bleiben. Die Einbeziehung der **Nr. 13** in den verbindlichen Feststellungskreis rechtfertigt sich dadurch, dass es sich ebenfalls um unternehmensbezogene Größen (Zins-/EBITDA-Vortrag) handelt. 55

II. Zuständiges Finanzamt (Abs. 4 S. 2). Abs. 4 S. 2 verweist konsequenterweise auf die für § 180 Abs. 1 S. 1 Nr. 2 geltenden Zuständigkeiten. Für die Feststellung von Besteuerungsgrundlagen der MU'schaften und Einzelunternehmen sind nach § 18 Abs. 1 Nr. 1–3 AO zuständig: Lage-FA (bei LuF-Betrieben), Betriebs-FA (bei GewBetr.) oder das Tätigkeits-FA (bei selbständiger Arbeit).[5] 56

---

1 So angenommen von FinA, BT-Drucks. 18/12128, 32.
2 Berechtigte Kritik v. *Desens*, FR 2017, 981 (988).
3 *Förster/Hechtner*, DB 2017, 1536 (1544); *Krumm* in Blümich, § 3a Rn. 52; *Bleschick* in BeckOK, § 3a Rn. 546.
4 So in der ursprünglichen Fassung des BR-Vorschlags vorgesehen (BR-Drucks. 59/17 [Beschl.], 11 f., 17), in der Endfassung aber entfallen (s. FinA, BT-Drucks. 18/12128, 13–17, 32 f., ohne Begr.).
5 Zu Einzelheiten s. *Drüen* in T/K, § 18 AO Rn. 5–11.

57 **III. Korrekturnorm und Bestandskraft (Abs. 4 S. 3 und 4). Abs. 4 S. 3** statuiert eine **selbständige Korrekturvorschrift** iSd. § 172 Abs. 1 S. 1 Nr. 2 lit. d iVm. § 181 Abs. 1 S. 1. Abs. 4 S. 3 nennt die folgenden Korrekturanlässe:

- verrechenbare Verluste/Verlustvorträge wurden ohne Berücksichtigung des Abs. 3 S. 2 festgestellt,
- es ändern sich die nach Abs. 3 S. 2 mindernden Beträge.

Mit dem letztgenannten Fall wird nach dem Normzweck (gerade) auch die Variante erfasst, dass das Verrechnungspotenzial des Abs. 3 S. 2 **fehlerhaft** bei einer Verlustfeststellung berücksichtigt worden ist.[1]

58 Die Vorschrift bezieht sich nicht auf die Korrektur des den Sanierungsertrag und teilweise die Verrechnungspotenziale gesondert feststellenden Bescheids iSd. Abs. 4 S. 1 (dazu Rn. 53). Für diesen bleiben die allg. Vorschriften der AO maßgebend. Vielmehr geht es um die Auswirkung auf **von Verrechnungen nach Abs. 3 S. 2 betroffene Verlustfeststellungsbescheide.**[2] Nicht geklärt ist, ob sich die Korrekturvorschrift auf die Folgewirkungen des Feststellungsbescheids iSd. Abs. 4 S. 1 beschränkt (dh. auf die in Abs. 3 S. 2 Nr. 1–6, 13 genannten Positionen). Angesichts des von § 175 Abs. 1 S. 1 Nr. 1 AO bereits abgedeckten Grundlagen-Folgebescheid-Verhältnisses hätte Abs. 4 S. 3 dann wohl bloß deklaratorischen Charakter. Da sich Abs. 4 S. 3 aber auf den vollständigen Katalog des Abs. 3 S. 2 bezieht, ist vielmehr davon auszugehen, dass die Korrekturvorschrift **auch die Positionen des Abs. 3 S. 2 Nr. 7–12** erfasst.

59 Ergeben sich Veränderungen der Höhe der nach § 3c Abs. 4 nicht abzugsfähigen Sanierungsaufwendungen, findet die **selbständige Korrekturvorschrift des § 3c Abs. 4 S. 5** Anwendung (dazu s. § 3c Rn. 50). Sie sichert, dass ein in einem Feststellungs- oder Steuerbescheid überhöhter Betriebsausgabenabzug noch nachträglich korrigiert werden kann. Dies ist wohl auch der Grund, weshalb der Gesetzgeber die gesonderte Feststellung nicht abzugsfähiger Sanierungsaufwendungen (s. Rn. 54) für nicht erforderlich gehalten hat.

60 **Abs. 4 S. 4 HS 1** stellt klar, dass die Korrektur nach Abs. 4 S. 3 die (materielle) Bestandskraft der jeweiligen Feststellungsbescheide durchbricht. **Abs. 4 S. 4 HS 2** enthält für die **Feststellungsfristen** der jeweiligen Verlustfeststellungsbescheide eine spezielle **Ablaufhemmung**, die an den Ablauf der für das jeweilige Sanierungsjahr (gemeint ist das Kj. der Sanierungsmaßnahme)[3] jeweils geltenden Festsetzungsfristen der ESt- oder KSt-Bescheide gekoppelt ist.

E. Unternehmerbezogene Sanierung (Abs. 5)

61 **I. Abschließender Katalog des Abs. 5 S. 1.** In Ergänzung zum sog. Sanierungserlass v. 27.3.2003 (s. Rn. 1, 19) sah bereits das BMF-Schr. v. 22.12.2009 die Begünstigung bestimmter unternehmerbezogener Sanierungen vor.[4] An die dortige Regelung knüpft die Regelung des Abs. 5 an. Die begünstigten Sanierungsmaßnahmen betreffen ausschließlich **nat. Pers.** und werden **abschließend** aufgeführt:

- Ertrag aus einer **Restschuldbefreiung** nach §§ 286 ff. InsO,
- Ertrag aus einem Schuldenerlass aufgrund eines **außergerichtlichen Schuldenbereinigungsplans** zur Verhinderung eines Verbraucherinsolvenzverfahrens iSd. §§ 304 ff. InsO,
- Ertrag aus einem Schuldenerlass aufgrund eines **Schuldenbereinigungsplans**, dem in einem **Verbraucherinsolvenzverfahren** iSd. §§ 304 ff. InsO zugestimmt bzw. die Zustimmung durch das Gericht ersetzt wird.

Durch eine dieser Sanierungsmaßnahmen muss dem StPfl. ein betrieblicher Sanierungsertrag (BV-Mehrung oder BE, s. Rn. 13 f.) entstanden sein. Dabei ist der nach § 3a stfreie Sanierungsertrag grds. erst **im Jahr der Schuldbefreiung** zu erfassen.[5] Eine praktisch nicht seltene Ausnahme gilt für den Fall, dass der Betrieb zwischenzeitlich aufgegeben (s. § 16 Abs. 3) wird. In diesem Fall ist die Schuldbefreiung ein Ereignis iSd. **§ 175 Abs. 1 S. 1 Nr. 2 AO** mit stl. Rückwirkung auf den Zeitpunkt der BetrAufg.[6] Da sich die Verbraucherinsolvenz – bei überschaubaren Verhältnissen (s. § 304 Abs. 2 InsO) – gem. § 304 Abs. 1 S. 2 InsO

1 Zutr. *Bleschick* in BeckOK, § 3a Rn. 568.
2 Siehe FinA, BT-Drucks. 18/12128, 32, der nur von den aufgrund der Nichtberücksichtigung des Verlustverbrauchs nach Abs. 3 fehlerhaften Verlustfeststellungen spricht.
3 Siehe *Kanzler* in K/K/B/M/H[3], § 3a Rn. 172; *G. Förster/Hechtner*, DB 2017, 1536 (1544).
4 BMF v. 22.12.2009, BStBl. I 2010, 18.
5 So BFH v. 3.2.2016 – X R 25/12, BStBl. II 2016, 391 Rn. 46; v. 13.12.2016 – X R 4/15, BStBl. II 2017, 786 Rn. 25: ab dem Zeitpunkt des Gerichtsbeschlusses über die Restschuldbefreiung (§ 300 InsO) wandelt sich die bisher nicht erfüllte Forderung in eine unvollkommene Verbindlichkeit (sog. Naturalobligation), deren Erfüllung von da ab – dh. ex nunc – freiwillig möglich ist, jedoch nicht erzwungen werden kann. Zu diesem Zeitpunkt ist die Schuld erfolgswirksam auszubuchen, s. BFH v. 13.12.2016, aaO, Rn. 32 ff.
6 BFH v. 13.12.2016 – X R 4/15, BStBl. II 2017, 786 Rn. 45 ff.; FinA, BT-Drucks. 18/12128, 33; *Levedag* in Schmidt[37], § 3a Rn. 47.

auch auf **ehemals selbständige wirtschaftliche Tätigkeiten** nat. Pers. beziehen kann, ist es möglich, dass es im Rahmen eines Schuldenbereinigungsplans iSd. § 308 InsO durch ganz oder teilw. wirkende Schuldenerlasse/Forderungsverzichte zu einem betrieblichen Sanierungsertrag iSd. Abs. 1 S. 1 eines bereits aufgegebenen Betriebs kommt. Dasselbe gilt, wenn den bisher ausgeübten Betrieb betreffende Schuldenerlasse in einem außergerichtlichen Schuldenbereinigungsplan (s. § 305 Abs. 1 Nr. 4 InsO) vereinbart werden.

II. Keine Anwendung des Absatzes 2. Der Sanierungsertrag ist nach Abs. 5 S. 1 auch dann stfrei, wenn 62
die Voraussetzungen des Abs. 2 nicht vorliegen. Diese ausdrücklich formulierte Irrelevanz der Voraussetzungen des Abs. 2 bedeutet, dass der StPfl. dessen **Voraussetzungen** (Sanierungsbedürftigkeit/-fähigkeit des Unternehmens, Sanierungseignung des Schuldenerlasses, Sanierungsabsicht) **nicht nachzuweisen** hat. Damit entfällt zugleich auch die Möglichkeit eines faktischen Wahlrechts (s. dazu Rn. 28). Da Abs. 5 nur auf Abs. 3 (s. Rn. 31 ff.) und nicht auf Abs. 1 Sätze 2 und 3 verweist, besteht auch kein Zwang, stille Lasten durch die Ausübung bilanzieller und außerbilanzieller Wahlrechte zu heben (s. dazu Rn. 15 ff.).[1]

III. Weitere Regelungen (Abs. 5 S. 2). Nach Abs. 5 S. 2 sind die Regelungen des Abs. 3 auf die unterneh- 63
merbezogenen Sanierungen entspr. anwendbar. Dies bedeutet zunächst, dass die auch bei einer unternehmerbezogenen Sanierung nach § 3c Abs. 4 **nicht abzugsfähigen Sanierungsaufwendungen** gem. Abs. 3 S. 1 den Sanierungsertrag mindern (s. Rn. 31). Des Weiteren ist der geminderte Sanierungsertrag mit dem in Abs. 3 S. 2 Nr. 1–13 genannten **Steuerminderungspotenzial** zu verrechnen, sodass auch bei einer unternehmerbezogenen Sanierung das Verlustpotenzial iHd. Verrechnung untergeht (s. dazu Rn. 35 ff.). Die verfahrensrechtliche Vorschrift des **Abs. 4** findet auch auf die unternehmerbezogenen Sanierungen Anwendung.

§ 3b Steuerfreiheit von Zuschlägen für Sonntags-, Feiertags- oder Nachtarbeit

(1) Steuerfrei sind Zuschläge, die für tatsächlich geleistete Sonntags-, Feiertags- oder Nachtarbeit neben dem Grundlohn gezahlt werden, soweit sie

1. **für Nachtarbeit 25 Prozent,**
2. **vorbehaltlich der Nummern 3 und 4 für Sonntagsarbeit 50 Prozent,**
3. **vorbehaltlich der Nummer 4 für Arbeit am 31. Dezember ab 14 Uhr und an den gesetzlichen Feiertagen 125 Prozent,**
4. **für Arbeit am 24. Dezember ab 14 Uhr, am 25. und 26. Dezember sowie am 1. Mai 150 Prozent**

des Grundlohns nicht übersteigen.

(2) [1]Grundlohn ist der laufende Arbeitslohn, der dem Arbeitnehmer bei der für ihn maßgebenden regelmäßigen Arbeitszeit für den jeweiligen Lohnzahlungszeitraum zusteht; er ist in einen Stundenlohn umzurechnen und mit höchstens 50 Euro anzusetzen. [2]Nachtarbeit ist die Arbeit in der Zeit von 20 Uhr bis 6 Uhr. [3]Sonntagsarbeit und Feiertagsarbeit ist die Arbeit in der Zeit von 0 Uhr bis 24 Uhr des jeweiligen Tages. [4]Die gesetzlichen Feiertage werden durch die am Ort der Arbeitsstätte geltenden Vorschriften bestimmt.

(3) Wenn die Nachtarbeit vor 0 Uhr aufgenommen wird, gilt abweichend von den Absätzen 1 und 2 Folgendes:

1. **Für Nachtarbeit in der Zeit von 0 Uhr bis 4 Uhr erhöht sich der Zuschlagssatz auf 40 Prozent,**
2. **als Sonntagsarbeit und Feiertagsarbeit gilt auch die Arbeit in der Zeit von 0 Uhr bis 4 Uhr des auf den Sonntag oder Feiertag folgenden Tages.**

Literatur: *Tipke*, Rechtsschutz gegen Privilegien Dritter, FR 2006, 949; *Wernsmann*, Der Schutz des Sonntags im Steuerrecht, ZRP 2010, 124, *Wesselbaum-Neugebauer*, Steuerfreier Zuschlag für Sonntags-, Feiertags- oder Nachtarbeit nicht für Gesellschafter-Geschäftsführer? Zur Zulässigkeit einer generellen Umqualifizierung, DStZ 2006, 691.

1 *G. Förster/Hechtner*, DB 2017, 1536 (1540); *Levedag* in Schmidt[37], § 3a Rn. 48; *Kanzler* in K/K/B/M/H[3], § 3a Rn. 175.

A. Grundaussagen der Vorschrift

1 § 3b ist seit langem als sachlich nicht gerechtfertigt und rechtspolitisch verfehlt erkannt.[1] Sonn-, Feiertags- und Nachtarbeit ist nicht förderungswürdig. Die Arbeit an Sonn- und Feiertagen steht im Widerspruch zu den öffentl.-rechtl. Vorschriften zum Schutz der Sonn- und Feiertagsruhe. Rechtspolitisch ist es Sache des ArbG, ein Sonderentgelt für die Sonn-, Feiertags- und Nachtarbeit zu zahlen, und nicht Sache der Allgemeinheit, sich durch Steuervergünstigung an der Vergütung dieser Arbeit zu beteiligen. Dennoch sind bisher alle Versuche, § 3b aufzuheben, gescheitert.[2] Der BFH hat zutreffend entschieden, dass es nicht von Verfassungs wegen geboten ist, die Steuerbefreiung des § 3b auf Gefahrenzulagen und Zulagen im Kampfmittelräumdienst auszudehnen.[3]

B. Grundtatbestand (Abs. 1 und 2)

2 § 3b normiert keinen allg. Freibetrag bei Sonn-, Feiertags- und Nachtarbeit, sondern knüpft die Befreiung an entspr. **„Zuschläge"** des ArbG.[4] Diese müssen **„neben** dem Grundlohn" gezahlt werden. Es reicht nicht aus, wenn sich der Entgeltanteil aus dem wegen ungünstiger Arbeitszeit erhöhten Arbeitslohn herausrechnen lässt.[5] Es soll so sichergestellt werden, dass nur das Entgelt für die in der Sonn-, Feiertags- und Nachtarbeit liegende Erschwernis bezuschusst und die Anwendung v. Abs. 1 Nr. 1–4 erleichtert wird. Mit dem Grundlohn muss die Arbeitsleistung als solche abgegolten werden und mit dem Zuschlag, dass die Arbeit zu ungünstigen Zeiten geleistet wird.[6] Nach der **Definition des Grundlohns** in Abs. 2 S. 1 bleiben einmalige Bezüge wie Weihnachtsgeld, Urlaubsgeld, Jubiläumszuwendungen, Gratifikationen etc. sowie Zuschläge für Mehr- und Überarbeit außer Ansatz. Dagegen sind dem Basisgrundlohn Grundlohnzusätze wie Erschwerniszulagen, Fahrtkostenzuschüsse und regelmäßig und fortlaufend gezahlte Wechselschichtzuschläge[7] hinzuzurechnen. Der lfd. Arbeitslohn kann der Höhe nach schwanken. Er kann aus einem feststehenden Basisgrundlohn und einer variablen „Grundlohnergänzung" bestehen (die nicht gewährt wird, wenn ein vereinbarter durchschnittlicher Auszahlungsbetrag pro tatsächlich geleisteter Arbeitsstunde bereits mit der Summe aus Basisgrundlohn, Urlaubs-Weihnachtsgeld, ArbG-Zuschuss zu den vermögenswirksamen Leistungen und den Zuschlägen iSv. § 3b erreicht wird).[8] Der Grundlohn ist in einen Stundenlohn umzurechnen.[9] Die Definition des Grundlohns verdeutlicht, dass § 3b nur **ArbN** und nach § 19 steuerbare Einnahmen begünstigt.[10] Die Zuschläge müssen **gezahlt** werden. Die Abgeltung durch Freistellung oder zusätzlichen Urlaub reicht nicht aus.[11] Die Zuschläge müssen **„für"** Sonn-, Feiertags- und Nachtarbeit geleistet werden, dh. die Zahlung muss eine entspr. subj. Zweckbestimmung haben.[12] Hieran fehlt es, wenn der ArbN aufgrund der Arbeit an einem Feiertag einen Anspr. auf einen bezahlten freien Tag erworben hat und dieser Freizeitanspruch nachfolgend durch eine Vergütung abgegolten wird. Denn diese Abgeltung ist Entschädigung für den nicht erhaltenen freien Tag.[13] Begünstigt sind nur Zuschläge ausschließlich für Sonn-, Feiertags- und Nachtarbeit, nicht Mischzuschläge, die auch andere Erschwernisse – zB Mehrarbeit – abdecken.[14] Keine Steuerfreiheit besteht für Zulagen für Dienste zu wechselnden Zeiten, die vor allem die Belastung des Biorhythmus durch häufig wechselnde Arbeitszeiten (und einen hohen Anteil an Nachtdiensten) abgelten sollen.[15] Ergibt sich aber aus der Zusammenrechnung verschiedener Zuschlagsarten ein Mischzuschlag und enthält die Zahlungsgrundlage ausreichend bestimmte Angaben, aus denen der Anteil für Sonn-, Feiertags- und Nachtarbeit dem Grunde und der Höhe nach abgeleitet

---

1 *Kirchhof*, Stbg. 1997, 197 (195); *Wernsmann*, ZRP 2010, 214; *K/S/M*, § 3b Rn. A 111 ff., A 261 mwN; *Tipke*, FR 2006, 949.
2 *Wernsmann*, ZRP 2010, 124 (126), *Tipke*, FR 2006, 949 (951); *Wisser*, DStZ 2000, 822.
3 BFH v. 15.9.2011 – VI R 6/09, BStBl. II 2012, 144.
4 BFH v. 6.9.1957 – VI 125/56 U, BStBl. III 1957, 387.
5 BFH v. 28.11.1990 – VI R 144/87, BStBl. II 1991, 296; v. 6.9.1957 – VI 125/56 U, BStBl. III 1957, 387; v. 29.3.2000 – VI B 399/98, BFH/NV 2000, 1093; FG BaWü. v. 21.10.2013 – 6 K 4246/11, EFG 2015, 106 (Rev. VI R 61/14).
6 BFH v. 11.11.2010 – VI B 72/10, BFH/NV 2011, 254.
7 BFH v. 7.7.2005 – IX R 81/98, DStR 2005, 1936.
8 BFH v. 17.6.2010 – VI R 50/09, BStBl. II 2011, 43.
9 Zu dieser Umrechnung: R 3b Abs. 2 Nr. 3 LStR.
10 BFH v. 21.5.1987 – IV R 339/84, BStBl. II 1987, 625; v. 19.3.1997 – I R 75/96, BStBl. II 1997, 577 (nicht vGA).
11 BFH v. 18.9.1981 – VI R 44/77, BStBl. II 1981, 801.
12 BFH v. 15.2.2017 – VI R 30/16, BStBl. II 2017, 644.
13 BFH v. 9.6.2005 – IX R 68/03, BFH/NV 2006, 37; v. 18.9.1981 – VI R 44/77, BStBl. II 1981, 801; FG Düss. v. 8.4.2003 – 3 K 1950/01 E, EFG 2003, 1069; zu Zuschlägen wegen Abwesenheitszeiten: FG Münster v. 18.9.2003 – 8 K 4659/99 E, L, Ki, EFG 2004, 26.
14 BFH v. 14.6.1967 – VI R 226/66, BStBl. III 1967, 609 (610); FG BaWü. v. 5.11.1986 – II (III) 316/82, EFG 1987, 108; FG Düss. v. 6.4.2000 – 17 K 1331/97 E, EFG 2000, 918.
15 BFH v. 15.2.2017 – VI R 30/16, BStBl. II 2017, 644.

werden kann, so ist der entspr. Anteil stfrei[1] (zu Grundlohnergänzungszahlungen vgl. Rn. 4 „Grundlohnergänzung"). Die Zuschläge müssen **„für tatsächlich geleistete"** Sonntags-, Feiertags- oder Nachtarbeit gezahlt werden. Es soll gewährleistet werden, dass nur Zuschläge stfrei bleiben, bei denen betragsmäßig genau feststeht, dass sie für Sonntags-, Feiertags- oder Nachtarbeit geleistet wurden.[2] Es sind grds. Einzelaufstellungen der tatsächlich erbrachten Arbeitsstunden zu Sonn-, Feiertags- und Nachtarbeit erforderlich.[3] Pauschalen werden nur dann als Zahlung „für tatsächlich geleistete" Sonn-, Feiertags- und Nachtarbeit anerkannt, wenn sie nach dem Willen v. ArbG und ArbN als Abschlagzahlungen oder Vorschüsse auf eine spätere Einzelabrechnung geleistet werden, der ArbG entspr. die geleisteten Arbeitsstunden auflistet und spätestens bei Abschluss des Lohnkontos abrechnet.[4] Zahlt der ArbG eine pauschale Zulage „zur Abgeltung für Mehr-, Wochenend-, Feiertags- und Nachtarbeit", so ist diese auch dann nicht teilw. stfrei, wenn der ArbN bei der ESt-Veranlagung eine Aufstellung über die von ihm geleisteten und dem Grunde nach begünstigten Sonntags-, Feiertags- und Nachtstunden vorlegt.[5] Diese Grundsätze gelten auch bei einem ausländ. ArbG.[6] Stimmt die Summe der Pauschalzahlungen mit der Summe der für den in Betracht kommenden Zeitraum ermittelten Zuschläge nicht überein und hat der ArbN weniger zuschlagpflichtige Stunden geleistet, als durch die Pauschalzahlungen abgegolten sind, so ist die Differenz zw. der Pauschale und dem sich bei der Einzelabrechnung ergebenden Betrag stpfl. Arbeitslohn.[7] Ein pauschaler Zuschlag erfüllt die Voraussetzungen des § 3b selbst dann nicht, wenn bei seiner Ermittlung davon ausgegangen wurde, dass die zu leistende Arbeit in etwa der entspricht, die bei Einzelberechnung der Zuschläge zu einem ähnlichen Ergebnis führen würde.[8] Der fehlende Nachweis tatsächlich erbrachter Arbeitsleistungen kann nicht durch eine Modellrechnung ersetzt werden.[9] Der Aufzeichnung der tatsächlich erbrachten Arbeitsstunden zur Nachtzeit und einer jährlichen Abrechnung gem. § 41b Abs. 1 Nr. 1 S. 1 bedarf es jedoch ausnahmsweise dann nicht, wenn die Arbeitsstunden fast ausschließlich zur Nachtzeit (§ 3b Abs. 2 S. 2) zu erbringen sind und die Zuschläge vertragsgemäß so bemessen sind, dass sie auch unter Einbeziehung von Urlaub und sonstigen Fehlzeiten – aufs Jahr bezogen – die Voraussetzungen der Steuerfreiheit erfüllen.[10] Das FG BaWü. hat Zuschläge für stfrei erklärt, wenn der ArbG zwar zunächst LSt für Schichtzulagen abgeführt hat, die Behandlung aber auf einem bloßen Programmierungsfehler beruhte.[11] Die Tatbestandsmerkmale der **Sonn-, Feiertags- und Nachtarbeit** definiert Abs. 2 S. 2–4.[12] Abs. 1 verlangt die **tatsächliche Leistung** v. Sonn-, Feiertags- und Nachtarbeit.[13] Stfrei sind nicht im Krankheitsfall, bei Mutterschutz[14], Urlaub[15] oder einer Freistellung v. Betriebsratsmitgliedern[16] gezahlte Zuschläge, wohl aber Zuschläge für die Leistung v. Rufbereitschaft an Sonn- und Feiertagen.[17] Abs. 1 begünstigt Zuschläge für Sonn-, Feiertags- und Nachtarbeit nur, soweit sie bestimmte **Höchstgrenzen** nicht überschreiten. Diese werden als %-Sätze des Grundlohns festgelegt, um zu verhindern, dass die Zuschläge zu Lasten des Grundlohns erhöht und so eine nicht gerechtfertigte StBefreiung erlangt wird. Bei Nachtarbeit an Sonn- und Feiertagen kann die Befreiung nach Abs. 1 Nr. 2–4 neben der nach Abs. 1 Nr. 1 in Anspr. genommen werden. Ist ein Sonntag zugleich Feiertag, ist der Höchstbetrag für Feiertage maßgebend. Nach Abs. 2 S. 1 gilt für die Stundenlohnbasis eine **Höchstgrenze v. 50 Euro**. Es sollte damit einer Inanspruchnahme der StFreiheit durch einkom-

1 BFH v. 13.10.1989 – VI R 79/86, BStBl. II 1991, 8; BMF v. 28.12.1990, BStBl. I 1991, 57; zum Zusammentreffen mit Mehrarbeitszuschlägen: R 3b Abs. 5 LStR.
2 FG BaWü. v. 23.3.2017 – 1 K 3342/15, EFG 2017, 1076 (rkr.).
3 BFH v. 22.10.2009 – VI R 16/08, BFH/NV 2010, 201; FG Nds. v. 17.12.2010 – 11 K 15/10, EFG 2011, 1555.
4 BFH v. 8.12.2011 – VI R 18/11, DB 2012, 378; v. 16.12.2010 – VI R 27/10, DB 2011, 396; v. 20.10.2004 – I R 4/04, BFH/NV 2005, 725; v. 28.11.1990 – VI R 90/87, BStBl. II 1991, 293; v. 23.10.1992 – VI R 55/91, BStBl. II 1993, 314; R 3b Abs. 7 LStR.
5 FG Nds. v. 24.9.2015 – 14 K 232/14, EFG 2015, 2165.
6 FG BaWü. v. 20.6.2012 – 14 K 4685/09, EFG 2012, 1822.
7 BFH v. 16.12.2010 – VI R 27/10, BStBl. II 2012, 288.
8 FG BaWü. v. 8.3.2010 – 6 K 2/08, EFG 2010, 1871 (Zulagen im Flugverkehr).
9 BFH v. 25.5.2005 – IX R 72/02, BStBl. II 2005, 725.
10 BFH v. 8.12.2011 – VI R 18/11, BStBl. II 2012, 291; v. 22.10.2009 – VI R 16/08, BFH/NV 2010, 201.
11 FG BaWü. v. 23.3.2017 – 1 K 3342/15, EFG 2017, 1076 (NZB VI B 45/17).
12 BFH v. 3.8.1984 – VI R 129/79, BStBl. II 1984, 809 (Feiertagsarbeit); Übersicht über die Feiertage: *Nipperdey*, Arbeitsrecht, Nr. 250, Losebl.
13 FG Münster v. 13.3.2008 – 3 K 4804/05 L, EFG 2008, 1012; zum Nachweis: BFH v. 28.11.1990 – VI R 56/90, BStBl. II 1991, 298; FG SchlHol. v. 26.2.2002 – V 82/02, EFG 2002, 601.
14 BFH v. 26.10.1984 – VI R 199/80, BStBl. II 1985, 57; FG Köln v. 26.6.2008 – 15 K 4337/07, EFG 2008, 1600; BFH v. 27.5.2009 – VI B 69/08, BStBl. II 2009, 730 (keine verfassungs- oder europarechtl. Bedenken wegen einer etwaigen Diskriminierung v. Frauen).
15 BFH v. 28.6.1957 – VI 84/56 U, BStBl. III 1957, 302.
16 BFH v. 3.5.1974 – VI R 211/71, BStBl. II 1974, 646.
17 BFH v. 27.8.2002 – VI R 64/96, BStBl. II 2002, 883.

mensstarke Profisportler (Fußball-, Eishockey-, Basketball-Bundesliga) begegnet werden. Stfrei sind Zuschläge nur, soweit sie die Prozentsätze des Abs. 1 v. einem Stundenlohn v. max 50 Euro (entspr. Monatslohn: 8 000 Euro und Jahresarbeitslohn 100 000 Euro) nicht überschreiten.[1]

C. Erweiterte Begünstigung (Abs. 3)

3 Abs. 3 sieht eine zusätzliche Begünstigung vor für die Arbeit zur **„Kernnachtzeit"**, wenn die Nachtarbeit vor 0.00 Uhr aufgenommen wurde. Der Gesetzgeber geht bei dieser Arbeitszeit v. einer bes. starken Belastung aus. Es wird in Abs. 3 Nr. 1 der Zuschlagssatz für Nachtarbeit iHv. 25 % auf 40 % für (vor 0.00 Uhr aufgenommene) Nachtarbeit in der Zeit v. 0.00 bis 4.00 Uhr erhöht. Außerdem dehnt Abs. 3 Nr. 2 die StBefreiung für Sonntags- und Feiertagszuschläge auf das Schichtende am folgenden Tag aus, um zu vermeiden, dass in der betr. Nacht die bes. belastende Arbeit zw. 0.00 Uhr und 4.00 Uhr stl. weniger begünstigt wird als die Arbeit vor 0.00 Uhr.

D. Einzelnachweise

4 **Änderung von Steuerbescheiden:** Nach einer Entsch. des Nds. FG trifft den StPfl. kein grobes Verschulden iSv. § 173 Abs. 1 Nr. 2 AO am nachträglichen Bekanntwerden der Tatsache, dass sein ArbG nach Betriebsvereinbarung zu zahlende, gem. § 3b stfreie Zuschläge als stpfl. Arbeitslohn behandelt hat (FG Nds. v. 23.3.2017 – 3 K 78/16, juris [NZB VI B 47/17]).

Ärzte: Bereitschaftsdienstvergütungen enthalten regelmäßig Grundlohn und werden für Sonn-, Feiertags, Nacht- und Mehrarbeit gezahlt. Sie sind grds. nicht begünstigt (BFH v. 24.11.1989 – VI R 92/88, BStBl. II 1990, 315; zur Rufbereitschaft: FG SchlHol. v. 29.8.1996 – V 378/96, EFG 1997, 200; FG Berlin-Bdbg. v. 24.3.2010 – 3 K 6251/06 B, EFG 2010, 1677).

Altersteilzeit: Werden Zuschläge nach § 3b iRd. Altersteilzeit erst in der Freistellungsphase ausgezahlt und deshalb verzinst, so sind die Zinsen – da sie ihre Ursache allein in der späteren Auszahlung haben – nicht stfrei (BMF v. 27.4.2000, DB 2000, 1000).

Apotheker: Eine ohne Aufgliederung pauschal gezahlte Vergütung für Notdienstbereitschaft ist nicht begünstigt (OFD Hbg. v. 21.2.1983, StEK EStG § 3b Nr. 24).

Arbeitsfreier Tag: Nur Zuschläge, die für Sonn-, Feiertags- und Nachtarbeit gezahlt werden, sind begünstigt, nicht die Abgeltung v. Sonn-, Feiertags- und Nachtarbeit durch Gewährung v. arbeitsfreien Tagen oder Zahlungen zur Abgeltung eines für Feiertagsarbeit gewährten freien Tages (BFH v. 9.6.2005 – IX R 68/03, BFH/NV 2006, 37; v. 18.9.1981 – VI R 44/77, BStBl. II 1981, 801).

Bäcker werden durch Abs. 3 erweitert begünstigt, wenn ihre Arbeitszeit vor 0.00 Uhr beginnt (zu Zuschlägen in der Brotindustrie: FinMin. Bay. v. 22.6.1981, StEK EStG § 3b Nr. 19).

Bahn, Post: Die Schichtzulagen für tatsächlich geleistete Nachtarbeit sind nach § 3b begünstigt (FinMin. Bdbg. v. 23.7.1993, DB 1993, 1696).

Bereitschaftsdienst: Werden Bereitschaftsdienste pauschal zusätzlich zum Grundlohn ohne Rücksicht darauf vergütet, ob die Tätigkeit an einem Samstag oder einem Sonntag erbracht wird, handelt es sich nicht um stfreie Zuschläge iSv. § 3b (BFH v. 29.11.2016 – VI R 61/14, BStBl. II 2017, 718 = DB 2017, 520; vgl. auch *Geserich*, jurisPR-SteuerR 17/2017 Anm. 2).

Blockmodelle s. Zeitversetzte Auszahlung

Bordpersonal: Mehrflugstundenvergütungen sind stpfl. (FG Hess. v. 15.8.2002 – 12 K 4680/99, EFG 2002, 1581; FG Hess. v. 4.7.1991 – 13 K 2597/89, EFG 1992, 7; FG München v. 6.8.1999 – 8 K 1181/98, EFG 1999, 1170), ebenso Flugzulagen (FG Hbg. v. 27.5.1999 – V 236/96, EFG 1999, 1008; FG BaWü. v. 8.3.2010 – 6 K 2/08; EFG 2010, 1871). Schichtzulagen werden v. der Verw. als stfrei behandelt (FinMin. Nds. v. 8.4. 1991, StEK EStG § 3b Nr. 45; OFD Köln v. 29.11.1982, StEK EStG § 3b Nr. 26; OFD Köln v. 20.6.1985, StEK EStG § 3b Nr. 31; FinMin. NRW v. 6.7.1998, StEK EStG § 3b Nr. 56), allerdings zu Unrecht (FG Hess. v. 27.6.2002 – 5 K 5571/00, EFG 2002, 1214; FG Hess. v. 4.7.1991 – 13 K 2597/89, EFG 1992, 7).

Drucker sollten durch Abs. 3 Nr. 2 begünstigt werden (FinMin. Hess. v. 23.12.1992, StEK EStG § 3b Nr. 48). Zur pauschalen Abgeltung v. auch nachts, sonn- und feiertags zu leistender Mehr- und Schichtarbeit gezahlte Zuschläge sind nicht stfrei (FG BaWü. v. 5.11.1986 – II (III) 316/82, EFG 1987, 108; FinMin. Sachs. v. 10.3.1992, DStR 1992, 617; FinMin. Hess. v. 23.12.1992, DStR 1993, 205).

Erschwerniszulagenverordnung (EZulV): Nach einer Entsch. des Nds. FG sind die nach der EZulV v. 1.10.2013 an Polizeibeamte gezahlten Zulagen auch dann stfrei, wenn zunächst eine Pauschale als Vorschuss gezahlt wird, aber eine spätere Einzelabrechnung erfolgt. Dass nicht jede geleistete Nachtdienst-

1 BT-Drucks. 15/1945, 16.

stunde in gleicher Weise mit einer Prämie belohnt werde, sei unerheblich (FG Nds. v. 25.5.2016 – 2 K 11208/15, EFG 2016, 1069 [Rev. VI R 20/16]); sa. zum Stichwort „Polizei".

Fluglotsen: Zulagen zum Ausgleich für die mit der Schichtarbeit verbundenen allg. Erschwernisse sind nicht begünstigt (BFH v. 14.6.1967 – VI R 226/66, BStBl. III 1967, 609; FG RhPf. v. 23.7.1981 – II 338/78, EFG 1982, 232).

Freizeitausgleich s. Arbeitsfreier Tag; Wahlmöglichkeit

Gaststätten- und Hotelgewerbe: Keine Herausrechnung eines begünstigten Zuschlages bei sog. Prozentempfängern (BMF v. 13.11.1975, FR 1975, 601).

Gefahrenzulage: Erhält ein ArbN für eine Arbeit in der Zeit von 20 Uhr bis 6 Uhr eine Gefahrenzulage, so handelt es sich, obwohl sie für Arbeit zur Nachtzeit gezahlt wird, um keinen Nachtarbeitszuschlag, da die Gefahrenzulage nicht für Arbeit zu einer bestimmten Zeit gezahlt wird.

Geschäftsführer: Zuschläge, die einem Geschäftsführer für Sonn-, Feiertags- und Nachtarbeit gezahlt werden, sind idR vGA (BFH v. 27.3.2012 – VIII R 27/09, BFH/NV 2012, 1127; v. 13.12.2006 – VIII R 31/05, BStBl. 2007, 393 mwN; zur Anwendung der abw. früheren Verwaltungsanweisungen BFH v. 16.3.2004 – VIII R 33/02, BStBl. II 2004, 927), müssen es aber nicht immer sein (BFH v. 14.7.2004 – I R 111/03, BStBl. II 2005, 307; v. 13.12.2006 – VIII R 31/05, BStBl. II 2007, 393).

Grundlohnergänzung: Im Fall des BFH-Urteils vom 17.6.2010 (VI R 50/09, StBW 2010, 817) zahlte der ArbG eine sog. Grundlohnergänzung, wenn mit der Summe aus Basisgrundlohn, Urlaubs-, Weihnachtsgeld, dem ArbG-Zuschuss zu den vermögenswirksamen Leistungen und den Zuschlägen für Sonntags-, Feiertags- oder Nachtarbeit ein festgelegter durchschnittlicher Auszahlungsbetrag nicht erreicht war. Der BFH sah die von § 3b verlangte Trennung von Grundlohn und Zuschlägen auch in diesem Fall als gewahrt an. Es sei nicht erforderlich, dass der lfd. Arbeitslohn jeweils der Höhe nach feststehe. Auch wenn die Zuschläge durch die Grundlohnergänzung beeinflusst würden, handele es sich weder um ein schädliches Herausrechnen von Zuschlägen aus einem Gesamtbruttolohn noch könnten deshalb die Zuschläge als pauschale Abschlagszahlungen qualifiziert werden.

Insolvenzgeld: Das iRd. ProgrVorb. zu berücksichtigende Insolvenzgeld ist nicht um jene Beträge zu kürzen, die außerhalb der Insolvenz als Sonn-, Feiertags- und Nachtarbeitszuschläge hypothetisch nach § 3b stfrei wären (FG Nds. v. 17.5.2005 – 16 K 20150/03, EFG 2005, 1670).

Krankenhauspersonal: Sog. „Nachtschwestern" erfüllen regelmäßig die Voraussetzungen des Abs. 3.

Krankheit: Im Krankheitsfall gezahlte Zuschläge sind nicht stfrei.

Lohnsteuerabzugsverfahren: Der ArbN kann die Steuerfreiheit iRd. Einkommensteuerveranlagung auch dann geltend machen, wenn der ArbG die Zuschläge im LStAbzugsverfahren nicht als stfrei behandelt hat (BFH v. 29.11.2017 – VI B 45/17, juris).

Mindestlohn: Zuschläge für Sonntags-, Feiertags- oder Nachtarbeit sind mindestlohnwirksam (BAG v. 17.1.2018 – 5 AZR 69/17, NJW 2018, 2568).

Mitbestimmung: Vereinbarungen zwischen ArbG und ArbN über die Behandlung eines Teils des Arbeitsentgelts als Übungsleiterpauschale iSd. § 3 Nr. 26 unterliegen nicht der Mitbestimmung des Betriebsrats (LAG Düss. v. 6.7.2018 – 10 TaBV 14/18, juris).

Nachweis: Der Nachweis über die Voraussetzungen stfrei Zuschläge ist regelmäßig durch Einzelnachweis der geleisteten Stunden, aber auch durch Beweismittel anderer Art zu erbringen (FG SchlHol. v. 26.2.2002 – V 82/02, EFG 2002, 601).

Nahverkehrsbetriebe: Tarifliche Zuschläge für eine Tätigkeit an lt. Dienstplan freien Tagen sind nicht begünstigt (FinMin. SchlHol., StEK EStG § 3b Nr. 7).

Pfändbarkeit: Zuschläge für Sonn- und Feiertagsarbeit sind unpfändbar, soweit sie den Rahmen des Üblichen nicht übersteigen. Einen Anhaltspunkt für den üblichen Rahmen bietet § 3b (LG Darmstadt v. 23.2.2017 – 5 T 729/16, InsbürO 2017, 514 = juris).

Polizei: Die einem Polizeibeamten gezahlte Zulage für Dienst zu wechselnden Zeiten nach § 17a EZulV ist nach dem Urt. des BFH v. 15.2.2017 (VI R 30/16, BStBl. II 2017, 644) nicht nach § 3b stfrei. Sie wird nicht ausschließlich für Sonntags-, Feiertags- und/oder Nachtarbeit gezahlt, sondern im Hinblick auf die besondere Belastung des Biorhythmus durch häufig wechselnde Arbeitszeiten und einen hohen Anteil an Nachtdienststunden.

Raumausstatter: Nachtarbeitszuschläge sind nur stfrei, soweit sie für tatsächlich geleistete Nachtarbeit gezahlt werden.

Rufbereitschaft: Zuschläge zur Rufbereitschaftsentschädigung können nach § 3b stfrei sein (BFH v. 27.8.2002 – VI R 64/96, BStBl. II 2002, 883).

Wahlmöglichkeit: Sieht der Tarifvertrag für Feiertagsarbeit wahlweise einen Freizeitausgleich oder einen Lohnzuschlag vor und wird dieser gewählt, ist § 3b anwendbar (FG Düss. v. 26.3.2004 – 18 K 6806/00 E, EFG 2004, 1285; FG Nds. v. 10.6.2004 – 11 K 408/02, EFG 2005, 583).

Wechselschichtzulagen: Zulagen, die auch im Hinblick darauf gezahlt werden, dass Sonntags-, Feiertags- und Nachtarbeit zu leisten ist, sind nicht begünstigt. Regelmäßig und fortlaufend gezahlte Wechselschichtzuschläge sind dem Grundlohn zuzurechnen (Rn. 2; BFH v. 7.7.2005 – IX R 81/98, BStBl. II 2005, 888).

Wohnung: Lohnzuschläge wegen tatsächlich geleisteter Sonntagsarbeit sind auch dann stfrei, wenn die Arbeit nicht am regelmäßigen Arbeitsplatz, sondern in der Privatwohnung des ArbN geleistet wird (FG Münster v. 14.11.1995 – 15 K 3202/93 L, EFG 1996, 209).

Zeitungszustellern zusätzlich zum Stücklohn gezahlte Nachtzuschläge sind stfrei (FG Münster v. 14.11. 1995 – 15 K 3202/93 L, EFG 1996, 209).

Zeitversetzte Auszahlung: In R 3b Abs. 8 LStR wird klargestellt, dass die StFreiheit v. Zuschlägen auch bei zeitversetzter Auszahlung grds. erhalten bleibt. Voraussetzung sei jedoch, dass vor der Leistung der begünstigten Arbeit bestimmt werde, dass ein stfreier Zuschlag – ggf. teilw. – als Wertguthaben auf ein Arbeitszeitkonto genommen und getrennt ausgewiesen werde. Diese gelte zB in Fällen der Altersteilzeit bei Aufteilung in Arbeits- und Freistellungsphase (sog. Blockmodelle). Lohn zu versteuern ist allerdings ein aufgrund der späteren Auszahlung geleisteter Zinsbetrag.

§ 3c Anteilige Abzüge

(1) Ausgaben dürfen, soweit sie mit steuerfreien Einnahmen in unmittelbarem wirtschaftlichen Zusammenhang stehen, nicht als Betriebsausgaben oder Werbungskosten abgezogen werden; Absatz 2 bleibt unberührt.

(2) [1]Betriebsvermögensminderungen, Betriebsausgaben, Veräußerungskosten oder Werbungskosten, die mit den dem § 3 Nummer 40 zugrunde liegenden Betriebsvermögensmehrungen oder Einnahmen oder mit Vergütungen nach § 3 Nummer 40a in wirtschaftlichem Zusammenhang stehen, dürfen unabhängig davon, in welchem Veranlagungszeitraum die Betriebsvermögensmehrungen oder Einnahmen anfallen, bei der Ermittlung der Einkünfte nur zu 60 Prozent abgezogen werden; Entsprechendes gilt, wenn bei der Ermittlung der Einkünfte der Wert des Betriebsvermögens oder des Anteils am Betriebsvermögen oder die Anschaffungs- oder Herstellungskosten oder der an deren Stelle tretende Wert mindernd zu berücksichtigen sind. [2]Satz 1 ist auch für Betriebsvermögensminderungen oder Betriebsausgaben im Zusammenhang mit einer Darlehensforderung oder aus der Inanspruchnahme von Sicherheiten anzuwenden, die für ein Darlehen hingegeben wurden, wenn das Darlehen oder die Sicherheit von einem Steuerpflichtigen gewährt wird, der zu mehr als einem Viertel unmittelbar oder mittelbar am Grund- oder Stammkapital der Körperschaft, der das Darlehen gewährt wurde, beteiligt ist oder war. [3]Satz 2 ist insoweit nicht anzuwenden, als nachgewiesen wird, dass auch ein fremder Dritter das Darlehen bei sonst gleichen Umständen gewährt oder noch nicht zurückgefordert hätte; dabei sind nur die eigenen Sicherungsmittel der Körperschaft zu berücksichtigen. [4]Die Sätze 2 und 3 gelten entsprechend für Forderungen aus Rechtshandlungen, die einer Darlehensgewährung wirtschaftlich vergleichbar sind. [5]Gewinne aus dem Ansatz des nach § 6 Absatz 1 Nummer 2 Satz 3 maßgeblichen Werts bleiben bei der Ermittlung der Einkünfte außer Ansatz, soweit auf die vorangegangene Teilwertabschreibung Satz 2 angewendet worden ist. [6]Satz 1 ist außerdem ungeachtet eines wirtschaftlichen Zusammenhangs mit den dem § 3 Nummer 40 zugrunde liegenden Betriebsvermögensmehrungen oder Einnahmen oder mit Vergütungen nach § 3 Nummer 40a auch auf Betriebsvermögensminderungen, Betriebsausgaben oder Veräußerungskosten eines Gesellschafters einer Körperschaft anzuwenden, soweit diese mit einer im Gesellschaftsverhältnis veranlassten unentgeltlichen Überlassung von Wirtschaftsgütern an diese Körperschaft oder bei einer teilentgeltlichen Überlassung von Wirtschaftsgütern mit dem unentgeltlichen Teil in Zusammenhang stehen und der Steuerpflichtige zu mehr als einem Viertel unmittelbar oder mittelbar am Grund- oder Stammkapital dieser Körperschaft beteiligt ist oder war. [7]Für die Anwendung des Satzes 1 ist die Absicht zur Erzielung von Betriebsvermögensmehrungen oder Einnahmen im Sinne des § 3 Nummer 40 oder von Vergütungen im Sinne des § 3 Nummer 40a ausreichend. [8]Satz 1 gilt auch für Wertminderungen des Anteils an einer Organgesellschaft, die nicht auf Gewinnausschüttungen zurückzuführen sind. [9]§ 8b Absatz 10 des Körperschaftsteuergesetzes gilt sinngemäß.

(3) Betriebsvermögensminderungen, Betriebsausgaben oder Veräußerungskosten, die mit den Betriebsvermögensmehrungen oder Einnahmen im Sinne des § 3 Nummer 70 in wirtschaftlichem Zusammenhang stehen, dürfen unabhängig davon, in welchem Veranlagungszeitraum die Betriebsvermögensmehrungen oder Einnahmen anfallen, nur zur Hälfte abgezogen werden.

(4) [1]Betriebsvermögensminderungen oder Betriebsausgaben, die mit einem steuerfreien Sanierungsertrag im Sinne des § 3a in unmittelbarem wirtschaftlichem Zusammenhang stehen, dürfen unabhängig davon, in welchem Veranlagungszeitraum der Sanierungsertrag entsteht, nicht abgezogen werden. [2]Satz 1 gilt nicht, soweit Betriebsvermögensminderungen oder Betriebsausgaben zur Erhöhung von Verlustvorträgen geführt haben, die nach Maßgabe der in § 3a Absatz 3 getroffenen Regelungen entfallen. [3]Zu den Betriebsvermögensminderungen oder Betriebsausgaben im Sinne des Satzes 1 gehören auch Aufwendungen im Zusammenhang mit einem Besserungsschein und vergleichbare Aufwendungen. [4]Satz 1 gilt für Betriebsvermögensminderungen oder Betriebsausgaben, die nach dem Sanierungsjahr entstehen, nur insoweit, als noch ein verbleibender Sanierungsertrag im Sinne von § 3a Absatz 3 Satz 4 vorhanden ist. [5]Wurden Betriebsvermögensminderungen oder Betriebsausgaben im Sinne des Satzes 1 bereits bei einer Steuerfestsetzung oder einer gesonderten Feststellung nach § 180 Absatz 1 Satz 1 der Abgabenordnung gewinnmindernd berücksichtigt, ist der entsprechende Steuer- oder Feststellungsbescheid insoweit zu ändern. [6]Das gilt auch dann, wenn der Steuer- oder Feststellungsbescheid bereits bestandskräftig geworden ist; die Festsetzungsfrist endet insoweit nicht, bevor die Festsetzungsfrist für das Sanierungsjahr abgelaufen ist.

Literatur: *Bäuml*, Das Halbabzugsverbot des § 3c Abs. 2 EStG im Fokus von Rechtsprechung und steuerlicher Betriebsprüfung, DStZ 2008, 107; *Bareis*, Ein fataler Konstruktionsfehler des Teileinkünfteverfahrens – zugleich ergänzende Anmerkungen zum BFH-Urt. v. 6.5.2014 (IX R 19/13, FR 2014, 987), FR 2015, 1; *Beck*, Die Besteuerung von Beteiligungen an körperschaftsteuerlichen Steuersubjekten im Einkommen- und Körperschaftsteuerrecht, 2004; *Bron/Seidel*, Wann gilt das Halbabzugsverbot des § 3c Abs. 2 EStG noch?, DStZ 2009, 859; *Doetsch/Pung*, Zur Reichweite des Teilabzugsverbots nach § 3c Abs. 2 EStG, DB 2010, 977; *Förster*, Steuerbefreiung von Sanierungsgewinnen gem. §§ 3a, 3c Abs. 4 EStG, DB 2017, 1536; *Förster*, Das Abzugsverbot gem. § 3c Abs. 2 EStG nach JStG 2010 und BMF-Schreiben vom 8.11.2010, GmbHR 2011, 393; *Forst*, Vermeidung der Beschränkungen gem. § 3c Abs. 2 S. 1 EStG und § 15a EStG bei Personengesellschaften, Ubg. 2010, 194; *Frotscher*, Die Ausgabenabzugsbeschränkung nach § 3c EStG und ihre Auswirkung auf Finanzierungsentscheidungen, DStR 2001, 2045; *Häuselmann*, Das Ende des „Steuerschlupflochs“ Wertpapierleihe, DStR 2007, 1379; *Intemann*, Halbabzugsverbot bei Auflösungsverlusten nach § 17 EStG kann vermieden werden, GStB 2009, 348; *Kaufmann/Stolte*, Verlustnutzung nach dem BFH-Urteil v. 25.6.2009, FR 2009, 1151, zum Halbabzugsverbot bei Auflösungsverlust, FR 2009, 1121; *Kraft/Kraft*, Die Rechtsprechung des BFH zu § 3c EStG und dem DBA-Schachtelprivileg, FS Debatin, 1997, 235; *Kratzsch*, Neue Bedenken gegen das Halbabzugsverfahren des § 3c Abs. 2 EStG, GStB 06, 250; *van Lishaut*, Die Reform der Unternehmensbesteuerung aus Gesellschaftersicht, StuW 2000, 182; *Maiterth/Wirth*, Anmerkungen zur unendlichen Diskussion über Beteiligungsaufwendungen bei Kapitalgesellschaften aus steuersystematischer Sicht, DStR 2004, 433; *Nacke*, Reichweite des Teilabzugsverbots gem. § 3c Abs. 2 EStG, FR 2011, 699; *Nanjok*, Kein Halbabzugsverbot bei fehlenden Einnahmen, BB 2009, 2128; *Ott*, Verbilligte Nutzungsüberlassungen an Kapitalgesellschaften und Wertverluste von Gesellschafterdarlehen nach § 3c Abs. 2 EStG, DStZ 2016, 14; *Schmitger/Beldstein*, Wertpapierpensionsgeschäfte und Wertpapierleihe – Wirtschaftliches Eigentum und UntStRefG 2008, IStR 2008, 202; *Schulte/Behnes*, Verdeckte Gewinnausschüttungen bei verbundenen Unternehmen unter Berücksichtigung von § 3 EStG und § 8b Abs. 5 KStG, DB

2004, 1525; *Stiller*, § 3c Abs. 2 EStG: Die Achillesferse des deutschen Teileinkünfteverfahrens, StuW 2011, 75; *Uhländer*, Die Besteuerung von Sanierungsgewinnen in laufenden Verfahren, DB 2017, 1224; *Wüllenkemper*, Rückfluss von Aufwendungen im Einkommensteuerrecht, 1987.

A. Grundaussagen der Vorschrift

1 **§ 3c Abs. 1** ergänzt die Regelungen über die StBefreiung v. Einnahmen und korrigiert das umfassend formulierte Abzugsgebot der §§ 9 Abs. 1, 4 Abs. 4, das für alle Erwerbsaufwendungen iZ mit steuerbaren Einnahmen gilt, entspr. dem Netto-, dem Belastungs- und dem Bereicherungsprinzip. Wenn §§ 9 Abs. 1, 4 Abs. 4 auf der Grundlage des objektiven **Nettoprinzips** den Aufwand zum Abzug zulassen, der durch die Einnahmeerzielung veranlasst ist, dann ist die Abzugsfähigkeit v. Aufwendungen zur Erzielung v. stfreien Einnahmen ein „ungerechtfertigtes superfluum".[1] §§ 9 Abs. 1, 4 Abs. 4 berücksichtigen Ausgaben wegen ihrer Belastungswirkung **(Belastungsprinzip)**. Werden WK oder BA stfrei ersetzt (zB Reisekostenerstattungen nach § 3 Nr. 16), wird dem Belastungsprinzip durch ein Abzugsverbot für die ersetzten Ausgaben nach § 3c Abs. 1 entsprochen.[2] Nach dem **Bereicherungsprinzip** ist eine Besteuerung v. Einnahmen nur gerechtfertigt, weil und wenn diese eine Bereicherung bedeuten. Qualifiziert man entspr. dem Bereicherungsprinzip Aufwendungen, mit denen steuerbare Einnahmen zurückgezahlt werden, als WK,[3] so begründet § 3c Abs. 1 ein Abzugsverbot für die Fälle, in denen die Einnahmen stfrei waren (Bsp.: Rückzahlung v. nach § 3 Nr. 34 stfreien Leistungen zur Gesundheitsförderung oder nach § 3 Nr. 64 stfreien Auslandszuschlägen).[4] Nach der Rspr. des BFH soll § 3c Abs. 1 dagegen „einen doppelten stl. Vorteil vermeiden".[5] Dies ist zumindest ungenau. Denn StBefreiungen haben nicht stets Begünstigungscharakter (zB Befreiung v. staatlichen Nettoleistungen in § 3 Nr. 4, 5, 8, 21, 25, 48). Außerdem können StBefreiungen und Abzugsverbot nach § 3c Abs. 1 auch zu einem stl. Nachteil führen (Bsp.: Abzugsverbot für vergebliche Aufwendungen zur Erzielung stfreier Einnahmen oder Abzugsverbot für Aufwendungen, die Einnahmen übersteigen).

2 **§ 3c Abs. 2** ist eine **Komplementärregelung** iRd. Teileinkünfteverfahrens (zu diesem: § 20 Rn. 45). § 3 Nr. 40 erklärt die Beteiligungserträge und die Einnahmen aus der Veräußerung der Beteiligung für zu 40 % stfrei und § 3c Abs. 2 regelt, dass die mit den Einnahmen iSv. § 3 Nr. 40 zusammenhängenden Aufwendungen nur zu 60 % abziehbar sind. Dies erscheint zunächst plausibel, wenn die Erträge nur zu 60 % besteuert werden, korrespondierend nur den Teilabzug der Aufwendungen zuzulassen. Nach der Grundidee des Teileinkünfteverfahrens, wie sie in der Gesetzesbegründung formuliert wurde,[6] ist § 3 Nr. 40 allerdings nur ein steuertechnisches Instrument, um durch die Kombination v. KSt und hälftiger bzw. 60 %iger ESt zu einer Einmalbelastung zu kommen. Dann aber besteht für eine Einschränkung des objektiven Nettoprinzips **keine sachliche Rechtfertigung**. Die Erwerbsaufwendungen müssten, wie bei anderen Einkünften auch, vollständig abziehbar sein.[7] Entgegen der Auffassung des BMF kann man nicht einerseits bei der Besteuerung der Einnahmen Körperschaft und Anteilseigner als Einheit betrachten und eine Einmalbesteuerung begründen und andererseits der Behandlung v. Aufwendungen eine rechtssubjektbezogene Betrachtungsweise zugrunde legen und zw. der Besteuerungsebene der Körperschaft und des Anteilseigners unterscheiden.[8] Da sich die Aufwendungen – anders als die Dividenden – auf der Ebene der KSt noch nicht ausgewirkt haben, müssten sie beim Anteilseigner ungeschmälert zum Abzug zugelassen werden.[9] Auch der Einwand, wenn die Erträge im Ausland besteuert würden, sei nicht einzusehen, warum der deutsche Fiskus die Aufwendungen voll zum Abzug zulassen solle,[10] kann die systemwidrige Behandlung des

1 *Ruppe*, DStJG 1 (1980), 103 (108); FG Hess. v. 10.12.2002 – 4 K 1044/99, EFG 2003, 1120; *Kraft/Kraft*, FS Debatin, 235 (251).
2 BFH v. 20.9.2006 – I R 59/05, BStBl. II 2007, 756 (760) = FR 2007, 398; v. 6.7.2005 – XI R 61/04, FR 2005, 1250 = BFH/NV 2005, 2110; v. 28.5.1998 – X R 32/97, BStBl. II 1998, 565 = FR 1998, 885; FG RhPf. v. 5.2.2010 – 1 K 2623/08, EFG 2011, 30.
3 Hierzu *K/S/M*, § 9 Rn. B 227 ff., § 8 Rn. B 49.
4 BFH v. 12.12.1958 – VI 25/57 U, BStBl. III 1959, 96; FG Nürnb. v. 23.11.1979 – V 178/79, EFG 1980, 175; *K/S/M*, § 9 Rn. B 235.
5 BFH v. 6.7.2005 – XI R 61/04, FR 2005, 1250 = BFH/NV 2005, 2110; v. 26.3.2002 – VI R 26/00, FR 2002, 1306 = BFH/NV 2002, 1085; v. 14.11.1986 – VI R 226/80, BStBl. II 1987, 385 (386) = FR 1987, 206.
6 BT-Drucks. 14/2683, 94 ff.
7 *Nacke*, FR 2011, 689 ff.; *Englisch*, FR 2008, 230; *Beck*, 148; *Schön*, StuW 2000, 153; *Schön*, FR 2001, 380; *Pezzer*, StuW 2000, 148; *Hundsdoerfer*, BB 2001, 2242 (2245); *Harenberg*, FR 2002, 768 (770); *Kratzsch*, GStB 2006, 250; **aA** FG Nds. v. 8.11.2005 – 15 K 646/04, EFG 2006, 1404.
8 Bericht der BReg., FR 2001, Beil. Nr. 11, 22; *Pezzer*, DStJG 25 (2002), 37 (55 f.); FG BaWü. v. 13.7.2006 – 10 K 366/03, EFG 2007, 526.
9 *Englisch*, FR 2008, 230 (231).
10 *Van Lishaut*, StuW 2000, 182 (195); FG Hess. v. 10.12.2002 – 4 K 1044/99, EFG 2003, 1120.

Inlandsfalls nicht rechtfertigen – zumal der Gesetzgeber das BA-Abzugsverbot in § 8b Abs. 5 KStG auf 5 % der Dividende begrenzt hat. Sachlich begründet erscheint allerdings, dass bei Veräußerungsgewinnen, wenn der Veräußerungspreis zu 40 % befreit wird, auch der Buchwert nur zu 60 % angesetzt wird.[1] Hieran anknüpfend ist der BFH in einem Urteil v. 19.6.2007 den verfassungsrechtl. Bedenken gegen § 3c Abs. 2 iErg. nicht gefolgt. Die Durchbrechung des Nettoprinzips sei sachlich gerechtfertigt, weil sich der Gesetzgeber dafür entschieden habe, die Gewinne aus dem Verkauf v. Beteiligungen ebenso zur Hälfte bzw. 40 % stfrei zu belassen wie die lfd. Gewinnausschüttungen. Da es aber für Veräußerungsvorgänge sachgerecht sei, dem Veräußerungspreis auch nur die Hälfte bzw. 60 % der AK gegenüberzustellen, hätte er den systematischen Gleichlauf auf der Ausgabenseite durchbrochen, wenn er die lfd. Aufwendungen in voller Höhe zum Abzug zugelassen hätte.[2] Nach dieser Argumentation wäre dann allerdings eine gesetzgeberische Inkonsequenz (Halbabzugsverbot) durch eine zweite umstrittene[3] gesetzgeberische Entscheidung (hälftige Befreiung auch v. Veräußerungserlösen) vom BFH (denn der Gesetzgeber hat die Überlegungen des BFH offensichtlich nicht angestellt) geheilt worden.[4] Der BFH überträgt das bei den AK aus rein technischen Gründen erzwungene Teilabzugsverbot (wenn er 60 % der Veräußerungsgewinne erfassen will) zu Unrecht auf sonstige Beteiligungsaufwendungen.[5] Es bestehen fundamentale Wertungsdivergenzen zw. den vom BFH betrachteten Konstellationen: Der bloß hälftige Ansatz der AK dient der Verwirklichung des gesetzgeberischen Belastungsideals einer ertragsteuerlichen Einmalbelastung von – auf Basis ökonomischer Äquivalenzbetrachtungen fingierter – Gewinnausschüttungen (in Höhe der Differenz zw. AK und Veräußerungserlös). Demgegenüber negiert die nur eingeschränkte Abziehbarkeit von Beteiligungsaufwendungen die spiegelbildlich gebotene volle Entlastungswirkung von Erwerbsaufwendungen.[6] § 3c Abs. 2 steht in einem engen Zusammenhang mit **§ 8b Abs. 5 KStG**, der in Fällen der Beteiligung einer Körperschaft ein pauschales BA-Abzugsverbot iHv. 5 % der Dividenden regelt.[7] Mit dieser Regelung werden (nunmehr) Beteiligungen v. Körperschaften an ausländ. und an inländ. Körperschaften gleich behandelt, ohne dass allerdings die Ungleichbehandlung v. nat. Pers. und Körperschaften als Beteiligten überzeugen könnte. Neben dem Teilabzugsverbot für Ausgaben iZ mit teilbefreiten Einnahmen iSv. § 3 Nr. 40 besteht auch ein Teilabzugsverbot für Ausgaben iZ mit teilbefreiten Vergütungen nach **§ 3 Nr. 40a**. Es ist umstritten, ob die Korrekturen iSv. §§ 3 Nr. 40, 3c Abs. 2 bereits bei der Ermittlung der Einkünfte der PersGes vom BetriebsFA in der **gesonderten und einheitlichen Feststellung** der Einkünfte vorgenommen werden müssen oder die Anwendung des Teilabzugsverbots erst im Besteuerungsverfahren des G'ters erfolgen darf.[8]

§ 3c Abs. 3 soll sicherstellen, dass in den Fällen, in denen § 3 Nr. 70 zur Anwendung kommt, der hälftigen StBefreiung auch nur ein entspr. Abzug der im wirtschaftlichen Zusammenhang mit der Veräußerung stehenden BA und BV-Minderungen gegenübersteht. 3

Während § 3c Abs. 1 auf Regelungen im **PreußEStG** zurückgeht,[9] wurde § 3c Abs. 2 durch das **StSenkG** in 2000 eingeführt. Nach § 52 Abs. 8a ist § 3c Abs. 2 erstmals auf Aufwendungen anzuwenden, die mit Erträgen in wirtschaftlichem Zusammenhang stehen, für die § 3 Nr. 40 Anwendung findet. § 3 Nr. 40 gilt grds.[10] ab dem Jahr 2002. Dementspr. besteht ein Zusammenhang iSv. § 52 Abs. 8a auch nur für Ausgaben, die der G'ter in 2002 geleistet hat. Für Ausgaben in 2001 besteht ein solcher Zusammenhang grds. nicht (Ausnahme, wenn Zusammenhang mit vom Anrechnungsverfahren erfassten Einnahmen v. vornherein ausgeschlossen, zB bei Neugründung in 2001).[11] Wenn ausländische Aktien im Jahr 2001 veräußert wurden und der Erlös zur Hälfte stfrei belassen wurde, fehlt es bei einer Gewinnermittlung nach § 4 Abs. 3 an einer gesetzlichen Grundlage, die im Jahr 2000 – vor Einf. des Halbeinkünfteverfahrens – gezahlten AK korrespondierend 4

1 Hierzu: BFH v. 27.10.2005 – IX R 15/05, FR 2006, 291 = BFH/NV 2006, 191; *Heuermann*, DB 2005, 2708 (2709); aA *Nacke*, FR 2011, 689 (701 f.).
2 BFH v. 19.6.2007 – VIII R 69/05, BStBl. II 2008, 551 = FR 2008, 227 m. Anm. *Englisch*.
3 *Nacke*, FR 2011, 689 (701); *Van Lishaut*, StuW 2000, 182 (191); *Herzig/Dautzenberg*, DB 2000, 12 (19); *Schön*, StuW 2000, 151 (154).
4 Krit. auch: *Englisch*, FR 2008, 230 (231); *Intemann*, DB 2007, 2797; *Hamdan/Hamdan*, DStZ 2007, 730; *Paus*, DStZ 2008, 145; *Otto*, DStR 2008, 228; vgl. allerdings BVerfG v. 9.2.2010 – 2 BvR 2221/07, juris (nicht zur Entsch. angenommen).
5 *Stiller*, StuW 2011, 75 (76 f.).
6 *Englisch*, FR 2008, 230 (232); vgl. auch *Bareis*, FR 2015, 1 (Behandlung von Verlusten als Konstruktionsfehler des Teileinkünfteverfahrens).
7 Zur Vereinbarkeit v. §§ 8b Abs. 3 S. 1, 8b Abs. 5 S. 1 KStG mit Art. 3 Abs. 1 GG: *Müller*, FR 2011, 309.
8 FG München v. 29.7.2010 – 15 K 3156/08, EFG 2010, 1887 mwN.
9 *K/S/M*, § 3c Rn. A 61 ff.
10 S. dazu *Kirchhof*, EStG, KompaktKommentar, 8. Aufl. 2008, § 3 Rn. 115.
11 BFH v. 27.3.2007 – VIII R 10/06, BStBl. II 2007, 866 = FR 2007, 1071; zur Besteuerungslücke bei Anschaffung v. Aktien im Jahr 2000 und Veräußerung im Jahr 2001 iRv § 4 Abs. 3: FG Düss. v. 27.10.2009 – 17 K 1039/08 F, EFG 2010, 393; BFH v. 13.12.2012 – IV R 51/09, BStBl. II 2013, 203.

auch nur zur Hälfte zum Abzug zuzulassen.[1] § 3c wurde durch das **UntStFG** und das Steuerbeamten-Ausbildungsgesetz geändert. In 2006 wurde die Regelung für Aufwendungen iZ mit einbringungsgeborenen Anteilen in § 3c Abs. 2 S. 3, 4 gestrichen – allerdings für weiter anwendbar erklärt für einbringungsgeborene Anteile iSv. § 21 UmwStG aF. Das **UntStRefG 2008** hat in § 3c Abs. 2 S. 3 die sinngemäße Geltung v. § 8b Abs. 10 KStG normiert und korrespondierend zu der Reduzierung der Freistellung in § 3 Nr. 40 v. 50 auf 40 % in § 3c Abs. 2 nF den Höchstsatz für den Abzug korrespondierender Aufwendungen v. 50 auf 60 % erhöht. Nach § 52a Abs. 4 ist § 3c Abs. 2 S. 1 in dieser Form erstmals ab dem VZ 2009 anzuwenden. § 3c Abs. 2 S. 1 aF ist weiter anzuwenden bei Veräußerungsgeschäften, bei denen § 23 Abs. 1 S. 1 Nr. 2 aF Anwendung findet. Durch das **MoRaKG** wurde in § 3c Abs. 2 S. 1 ein Teilabzugsverbot für Ausgaben iZ mit dem nach § 3 Nr. 40a stfreien carried interest geregelt. Das **JStG 2010** hat § 3c Abs. 2 S. 7 neu eingeführt, nach dem für die Anwendung von § 3c Abs. 2 S. 1 die Absicht zur Erzielung von Einnahmen iSv. § 3 Nr. 40 oder von Vergütungen iSv. § 3 Nr. 40a ausreicht. Das **Zollkodex-AnpG** hat die Regelungen zu Gesellschafterdarlehen und der Überlassung von WG durch G'ter in § 3c Abs. 2 S. 2–6 neu eingeführt.

B. Abzugsverbot bei steuerfreien Einnahmen (Abs. 1)

5 **I. Grundsatz.** Abs. 1 schließt Ausgaben, soweit sie mit stfreien Einnahmen in unmittelbarem wirtschaftlichem Zusammenhang stehen, vom Abzug als BA oder WK aus.

6 **II. Zusammenhang zwischen Ausgaben und Einnahmen.** Nach Abs. 1 ist der „Zusammenhang" mit stfreien Einnahmen schädlich für den Abzug der Ausgaben. Dieser schädliche Zusammenhang ist unterschiedlich zu definieren, je nachdem, welcher Ausgabenart die betr. Erwerbsaufwendungen zuzurechnen sind (vgl. Rn. 1).

7 § 3c Abs. 1 schränkt das Abzugsgebot der §§ 9 Abs. 1, 4 Abs. 4 entspr. dem objektiven Nettoprinzip ein. Es sollen nur Ausgaben, die durch die Erzielung stpfl. (nicht stfreier) Einnahmen veranlasst sind, zum Abzug zugelassen werden. Dementspr. ist der v. § 3c Abs. 1 geforderte Zusammenhang zw. Ausgaben und stfreien Einnahmen iSv. §§ 9 Abs. 1, 4 Abs. 4 als **Veranlassungszusammenhang** zu begreifen.[2] § 3c Abs. 1 greift mit dem Tatbestandsmerkmal des wirtschaftlichen Zusammenhangs lediglich das entspr. Merkmal der §§ 9 Abs. 1 S. 3 Nr. 1, 21a Abs. 3 Nr. 1 aF, 50 Abs. 1 S. 1 und des § 103 BewG auf.

8 Eine andere Art v. „Zusammenhang" mit stfreien Einnahmen weisen die Ausgaben auf, die (zB nach § 3 Nr. 13 oder Nr. 16) stfrei ersetzt werden.[3] Für sie folgt ein Abzugsverbot aus dem den §§ 9 Abs. 1, 4 Abs. 4 zugrunde liegenden Belastungsprinzip (Rn. 1). Bei stfreiem Ausgabenersatz begründet der **Charakter der Einnahmen als Ausgabenersatz** den wirtschaftlichen Zusammenhang iSv. § 3c Abs. 1.[4] Der zum Abzugsverbot führende schädliche Zusammenhang besteht hier nicht mit den Einnahmen, auf welche die Erwerbstätigkeit gerichtet ist, sondern mit den Einnahmen, welche die Aufwendungen erstatten.

9 Werden Einnahmen zurückgezahlt oder erstattet, so verlangt das Bereicherungsprinzip die Berücksichtigung der Rückzahlung oder Erstattung als negative Einnahmen oder WK. Waren die Einnahmen allerdings stfrei, bedarf es eines Abzugsverbotes (Rn. 1). Der schädliche „Zusammenhang" besteht in diesem Fall zu den zugeflossenen **Einnahmen, die zurückgezahlt oder erstattet wurden**, aber stfrei waren.

10 **III. Forderung eines „unmittelbaren wirtschaftlichen" Zusammenhangs.** Aus §§ 9 Abs. 1 S. 3 Nr. 1, 21a Abs. 3a Nr. 1 aF, 50 Abs. 1 S. 1 und § 103 Abs. 1 BewG folgt, dass mit dem Tatbestandsmerkmal des **wirtschaftlichen** Zusammenhangs der Veranlassungszusammenhang iSv. §§ 9 Abs. 1, 4 Abs. 4 gemeint ist.[5] Es wird verdeutlicht, dass allein ein rechtl. Zusammenhang nicht ausreicht. Der zusätzlichen Forderung nach einem **„unmittelbaren"** wirtschaftlichen Zusammenhang ist keine Bedeutung beizumessen. Das Tatbestandsmerkmal der Unmittelbarkeit (Verknüpfung ohne das Dazwischentreten anderer, nicht unmaßgeblicher Ursachen) ist zu unbestimmt, um konsensfähige und einheitliche Ergebnisse zu erzielen.[6] Dieses Erfordernis wurde 1934 in die Vorgängervorschrift des § 3c Abs. 1 aus der Diskussion um den WK-Begriff übernommen. Es wurde fortgeführt, obwohl sich bei der Diskussion um den WK-Begriff die Erkenntnis durchgesetzt hat, dass dem Unmittelbarkeitskriterium keine Bedeutung beizumessen ist.[7] Auf-

1 FG Düss. v. 27.10.2009 – 17 K 1039/08 F, EFG 2010, 393; nachfolgend BFH v. 13.12.2012 – IV R 51/09, BStBl. II 2013, 203 = FR 2013, 375 m. Anm. *Schmitz-Herscheidt*.
2 *Kraft/Kraft*, FS Debatin, 235 f.
3 So nunmehr auch BFH v. 6.7.2005 – XI R 61/04, FR 2005, 1250 = BFH/NV 2005, 2110.
4 BFH v. 20.9.2006 – I R 59/05, BStBl. II 2007, 756 (760) = FR 2007, 398; v. 28.5.1998 – X R 32/97, BStBl. II 1998, 565 = FR 1998, 885; v. 6.7.2005 – XI R 61/04, FR 2005, 1250 = BFH/NV 2005, 2110.
5 *Wassermeyer*, DB 1998, 642.
6 *Ruppe*, DStJG 1 (1980), 103; *Wüllenkemper*, 57 ff.
7 *K/S/M*, § 3c Rn. B 40 ff.

wendungen, die iZ mit steuerbaren Einnahmen stehen, sind nach § 9 Abs. 1 abzugsfähige WK; hiervon nimmt § 3c Abs. 1 – ohne weitere Differenzierung nach der Art des Zusammenhangs – Ausgaben aus, die iZ mit solchen Einnahmen stehen, die zwar steuerbar, aber stfrei sind. Der BFH misst demgegenüber dem Tatbestandsmerkmal der Unmittelbarkeit Bedeutung zu. Für die Annahme eines „unmittelbaren" Zusammenhangs sei zu fordern, dass die Einnahmen und Ausgaben durch dasselbe Ereignis veranlasst sind. Dies erfordere eine klar abgrenzbare Beziehung zw. diesem Tatbestandsmerkmal im Sinne einer unlösbaren wirtschaftlichen Verbindung, somit eine Verbindung ohne das Dazwischentreten anderer Ursachen, die zudem konkret feststellbar sein müsse. Ein für die Anwendung des § 3c nicht ausreichender mittelbarer Zusammenhang bestehe ua., wenn Ausgaben auch und nicht aufteilbar iZ mit nicht stfreien Einnahmen stünden.[1] Die Ausgaben müssten mit den stfreien Einnahmen in einem unlösbaren Zusammenhang stehen. Sie dürften ohne diese nicht anfallen. Ein bloßer Veranlassungszusammenhang reiche nicht.[2] Diese Kriterien sind aus dem Tatbestandsmerkmal der Unmittelbarkeit nicht abzuleiten, äußerst unbestimmt und führen zu nicht nachvollziehbaren Ergebnissen.

IV. Begrenzung des Abzugsverbotes („soweit"). Abs. 1 enthält mit dem Tatbestandsmerkmal „soweit" für Ausgaben, die durch die Erzielung stfreier und stpfl. Einnahmen veranlasst sind, ein – der Höhe nach nicht begrenztes – Aufteilungsgebot dem Grunde nach.[3] Ausgaben zur Erzielung stfreier Einnahmen (zB Kosten für einen Prozess zur Zahlung stfreien Wehrsoldes) sind auch dann vom Abzug ausgenommen, wenn sie die stfreien Einnahmen übersteigen.[4] 11

Bei Ausgaben, die stfrei ersetzt werden (vgl. zB nach § 3 Nr. 16), ist dagegen das Abzugsverbot auf die Höhe der stfreien Ersatzleistungen begrenzt. Das Abzugsverbot basiert bei dieser Fallgruppe auf dem Gedanken, dass ein Abzug der Ausgaben wegen des Fehlens einer Belastung sachlich nicht gerechtfertigt ist. An einer Belastung aber fehlt es nur, soweit tatsächlich Ersatz geleistet worden ist.[5] 12

Auch bei Ausgaben, mit denen stfreie Einnahmen zurückgezahlt werden, gilt Abs. 1 nur, soweit den Ausgaben der Höhe nach stfreie Einnahmen entsprechen. Auch hier ist ein Abzugsverbot als Ausnahme nur gerechtfertigt, soweit die Rückzahlungsleistungen stfreie Beträge betreffen.[6] 13

V. Ausgaben, Einnahmen, Betriebsausgaben und Werbungskosten. Der Gesetzgeber verwendet den Begriff der **„Einnahmen"** als Oberbegriff für Einnahmen iSv. § 8 Abs. 1, BE und Erträge.[7] Auch bei Ausgaben zur Erzielung v. stfreien BE und Erträgen iSv. § 2 Abs. 1 Nr. 1–3 ist ein Abzug nicht gerechtfertigt. Dem Begriff der Einnahmen entspr. der Begriff der **„Ausgaben"** als Oberbegriff für BA, WK und betrieblichen Aufwand (AfA, Teilwertabschreibung, RAP usw.).[8] **„WK"** und **„BA"** sind iSv. §§ 9 Abs. 1, 4 Abs. 4 zu verstehen. Der Begriff der **„Abzüge"** in der Überschrift v. § 3c wird durch die Formulierung „dürfen nicht abgezogen werden" erläutert und meint Minderungsposten iRd. Einkünfteermittlung. 14

VI. Steuerfreiheit der Einnahmen. Abs. 1 ist nicht anzuwenden bei **deklaratorischen Steuerbefreiungen**. Denn Aufwendungen iZ mit nicht steuerbaren Einnahmen erfüllen schon nicht den WK- oder BA-Begriff. 15

Abs. 1 gilt – entgegen älterer BFH-Rspr.[9] – auch nicht bei nur irrtümlich oder bewusst v. der Verwaltung **stfrei belassenen Einnahmen**. Das materielle Recht verlangt, die falsche Behandlung der Einnahmen zu korrigieren und keinen Ausgleich durch ebenfalls falsche Behandlung v. iZ stehenden Aufwendungen (insbes. in Form v. Rückzahlungsbeträgen) vorzunehmen. Ansonsten werden die verfahrensrechtl. Regeln für die Behandlung der Einnahmen (Verjährungs- und Änderungsvorschriften) umgangen.[10] 16

---

1 BFH v. 20.10.2004 – I R 11/03, BStBl. II 2005, 581 mwN = FR 2005, 304 m. Anm. *Weber-Grellet*.
2 BFH v. 11.2.1993 – VI R 66/91, BStBl. II 1993, 450; v. 24.4.2007 – I R 93/03, BStBl. II 2008, 132 = FR 2007, 1062; **aA** und für die Aufteilung von Gemeinkosten FG Köln v. 11.12.2014 – 10 K 2892/14, EFG 2015, 573.
3 FG BaWü. v. 18.3.2008 – 4 K 284/06, EFG 2008, 1122.
4 BFH v. 24.3.2011 – VI R 11/10, BStBl. II 2011, 829; v. 6.7.2005 – XI R 61/04, FR 2005, 1250 = BFH/NV 2005, 2110.
5 BFH v. 24.3.2011 – VI R 11/10, BStBl. II 2011, 829; v. 6.7.2005 – XI R 61/04, FR 2005, 1250 = BFH/NV 2005, 2110; v. 9.6.1989 – VI R 33/86, BStBl. II 1990, 119 = FR 1989, 746; v. 15.11.1991 – VI R 81/88, BStBl. II 1992, 367 = FR 1992, 409 m. Anm. *von Bornhaupt*; vgl. auch FG Düss. v. 28.11.2006 – 10 K 4008/04 E, EFG 2007, 744; BFH v. 13.12.2007 – VI R 73/06, BFH/NV 2008, 936.
6 FG Nürnb. v. 23.11.1979 – V 178/79, EFG 1980, 175.
7 Zur Unanwendbarkeit auf Einlagen: BFH v. 21.12.1977 – I R 20/76, BStBl. II 1978, 346; auf Darlehen: BFH v. 20.10.2004 – I R 11/03, BStBl. II 2005, 581 = FR 2005, 304 m. Anm. *Weber-Grellet*; auf den Hinzurechnungsbetrag nach § 10 Abs. 1 S. 1 AStG: BFH v. 7.9.2005 – I R 118/04, BStBl. II 2006, 537 = FR 2006, 236 m. Anm. *Kempermann*.
8 Zu „ersparten Aufwendungen" als Ausgaben: *Schulte/Behnes*, DB 2004, 1525; Rn. 80 „ersparte Aufwendungen".
9 BFH v. 14.11.1986 – VI R 209/82, BStBl. II 1989, 351.
10 In diesem Sinne auch BFH v. 26.2.2002 – IX R 20/98, BStBl. II 2002, 796 (798) = FR 2002, 726 m. Anm. *Weber-Grellet*; v. 7.7.2004 – X R 26/01, BStBl. II 2005, 145 = FR 2005, 267.

17 Abs. 1 ist außerdem nicht anzuwenden bei sog. **„qualifizierten Steuerbefreiungen"**. Bestimmte StBefreiungen verlangen ihrem Zweck nach eine uneingeschränkte Befreiung und sind – soweit der Gesetzgeber nicht selbst eine Anwendung v. Abs. 1 ausschließt – im Wege der teleologischen Reduktion des Abs. 1 aus dessen Anwendungsbereich auszunehmen.[1] Eine derartige qualifizierte (oder unechte, technische) StBefreiung kommt in Betracht, wenn Einnahmen befreit werden, die schon in anderer technischer Form zur ESt herangezogen wurden,[2] wenn ausländ. Einkünfte im Inland befreit, aber im Ausland belastet sind[3] oder aber bei der Befreiung der Trinkgelder nach § 3 Nr. 51 oder der Befreiung v. staatlichen Nettoleistungen.[4]

C. Teilabzugsverfahren (Abs. 2)

18 **I. Grundsatz.** Nach § 3c Abs. 2 S. 1 sind Ausgaben, die mit nach § 3 Nr. 40 stfreien Einnahmen in wirtschaftlichem Zusammenhang stehen, zu 40 % vom Abzug ausgeschlossen (zu systematischem Zusammenhang und Verfassungsmäßigkeit des § 3c Abs. 2: Rn. 2).

19 **II. Zusammenhang zwischen Ausgaben und Einnahmen.** § 3c Abs. 2 S. 1 verlangt – wie Abs. 1 – einen **„wirtschaftlichen Zusammenhang"** zw. den der Abzugsbeschränkung zu unterwerfenden Ausgaben und den nach § 3 Nr. 40 stfreien Einnahmen. Dementspr. ist der wirtschaftliche Zusammenhang auch im Rahmen v. § 3c Abs. 2 S. 1 grds. als Veranlassungszusammenhang iSv. §§ 9 Abs. 1, 4 Abs. 4 zu verstehen (vgl. Rn. 10). Allerdings ist der „wirtschaftliche Zusammenhang" iSv. § 3c Abs. 2 S. 1 in besonderem Maße an dem **Grundgedanken des Teileinkünfteverfahrens** orientiert. Um eine wirtschaftliche Doppelbelastung zu vermeiden, soll der (ausgeschüttete) körperschaftliche Gewinn auf der Ebene des Anteilseigners nur zu 60 % erfasst werden. Dementspr. müssen im Zusammenwirken v. § 3 Nr. 40 und § 3c Abs. 2 S. 1 **Beteiligungen als Einkunftsquellen** abgegrenzt werden. Die einkunftsrelevante Tätigkeit des StPfl. ist aufzuspalten, und es sind die Einkünfte (als Saldo aus Einnahmen und Ausgaben) aus der einzelnen Beteiligung zu isolieren.[5] Den Tatbeständen des § 3 Nr. 40 ist zu entnehmen, dass nach **lfd. Beteiligungserträgen einerseits und Veräußerungsgewinnen** andererseits zu differenzieren ist; hierbei kann – da die Veräußerungsgewinne in Sondertatbeständen wie §§ 16, 17 erfasst werden – auf zu diesen Sondertatbeständen erarbeitete Erkenntnisse zurückgegriffen werden. § 3c Abs. 2 S. 1 begründet eine **Abzugsbeschränkung auf der Ebene des Anteilseigners**, nicht dagegen auf der Ebene der Körperschaft. Insoweit bedarf es einer Abgrenzung in personeller und zugleich sachlicher Hinsicht. Der Unternehmensgewinn der Körperschaft einschl. der „Sonderausgaben" ihrer Anteilseigner wird in zwei personell verschieden zuzuordnende und strikt zu trennende Ebenen geschichtet.

20 Abs. 2 S. 1 verlangt – anders als Abs. 1 – nur einen wirtschaftlichen, keinen **unmittelbaren** wirtschaftlichen Zusammenhang.[6] Der Gesetzgeber verzichtet damit auf ein ohnehin unsystematisches, v. ihm als überflüssig erkanntes Tatbestandsmerkmal (Rn. 10), das gerade im Rahmen v. Abs. 2 S. 1 nur irreführend sein könnte. § 3c Abs. 2 S. 1 schränkt außerdem den Abzug v. Ausgaben ein, „die" mit Einnahmen iSv. § 3 Nr. 40 zusammenhängen, während § 3c Abs. 1 Ausgaben vom Abzug ausnimmt, **„soweit"** sie mit stfreien Einnahmen iZ stehen. Auch diesem Unterschied kommt iErg keine Bedeutung zu. In beiden Fällen muss Sinn und Zweck des Abzugsverbots dessen Reichweite bestimmen (vgl. Rn. 13).

21 Die Abzugsbeschränkung des § 3c Abs. 2 S. 1 gilt **unabhängig davon, in welchem VZ die Einnahmen iSv. § 3 Nr. 40 anfallen**. Der Gesetzgeber ist damit der – systematisch unzutr.[7] – Ansicht des BFH begegnet, der zur Frage des Abzugs v. Aufwendungen iZ mit stfreien Schachteldividenden die Auffassung vertreten hatte, das Abzugsverbot bestehe nur iHd. im selben VZ zugeflossenen stfreien Dividenden.[8]

22 Einstweilen frei.

23 **III. Ausgaben iSv. § 3c Abs. 2 S. 1.** Der Begriff der **BV-Minderungen** lässt sich aus § 4 Abs. 1 ableiten, der Begriff der **BA** wird in § 4 Abs. 4 und der Begriff der **WK** in § 9 Abs. 1 S. 1 definiert. Der Begriff der **Veräußerungskosten** findet sich in §§ 16 Abs. 2 S. 1, 17 Abs. 2 S. 1. Der **Wert des BV** und der **Wert des Anteils am BV** sind Tatbestandsmerkmale des § 16 Abs. 2, die AK sind Tatbestandsmerkmale des § 17 Abs. 2, **AK und HK** sind Tatbestandsmerkmale des § 23 Abs. 3. Der „an deren Stelle tretende Wert" ist nach § 23 Abs. 3 S. 2 zB der nach § 6 Abs. 1 Nr. 4, 316 Abs. 3 oder §§ 20, 21 UmwStG angesetzte Wert.

---

1 *K/S/M*, § 3c Rn. B 178; *Riewald*, DStR 1953, 153 (154); *Frotscher*, DStR 2001, 254; *Wüllenkemper*, 56 ff.
2 *Riewald*, DStR 1953, 153 (154).
3 *Frotscher*, DStR 2001, 2045.
4 *Wüllenkemper*, 56 ff.; zu Trinkgeldern vgl. Rn. 42 „Trinkgeld".
5 Zur Abgrenzung bei der GmbH und atypischen Still: *Löhr*, BB 2002, 2361.
6 FG Münster v. 28.5.2004 – 11 K 1743/03 E, EFG 2004, 1507.
7 *Kraft/Kraft*, FS Debatin, 235 ff.
8 *K/S/M*, § 3c Rn. B 115 f.

Nach den Einkünfteermittlungsvorschriften der §§ 4 Abs. 1, 4 Abs. 4, 9 Abs. 1 S. 1 und iRd. Einkünftetatbestände der §§ 16 Abs. 2, 17 Abs. 2 und 23 Abs. 3 ist zu entscheiden, ob bestimmte „Ausgaben" dem Grunde und der Höhe nach abzugsfähig sind. § 3c Abs. 2 knüpft an diese Entscheidungen an und verlangt lediglich die selbständige Entscheidung, ob die Ausgaben den erforderlichen (schädlichen) Zusammenhang iSv. § 3c Abs. 2 aufweisen. Ist dies der Fall, begrenzt § 3c Abs. 2 S. 1 den Abzug auf 60 %. 24

IV. Einnahmen iSv. § 3c Abs. 2 S. 1. § 3 Nr. 40 S. 1 lit. a befreit zu 40 % Veräußerungs-, Entnahme-, Auflösungs- und Aufstockungseinnahmen im BV (§ 3 Rn. 100). Nach § 3c Abs. 2 S. 1 sind die mit diesen Einnahmen iZ stehenden **BV-Minderungen (Ausbuchung der Beteiligung) und Veräußerungskosten** ebenfalls nur zu 60 % zu berücksichtigen. Da § 3 Nr. 40 S. 1 lit. a 40 % des Veräußerungspreises unabhängig davon befreit, ob dieser größer ist als die entstehende BV-Minderung, werden auch Veräußerungsverluste aus dem Verkauf v. Anteilen an Körperschaften iErg. nur noch zu 60 % berücksichtigt.[1] Da BV-Mehrungen aus dem Ansatz eines WG mit dem höheren TW nach § 3 Nr. 40 S. 1 lit. a grds. (vgl. § 3 Nr. 40 S. 1 lit. a S. 2) nur zu 60 % erfasst werden, sind entspr. BV-Minderungen aufgrund v. Teilwertabschreibungen nur zu 60 % gewinnmindernd zu berücksichtigen.[2] § 3 Nr. 40 S. 1 lit. a S. 2 geht davon aus, dass der niedrigere Teilwertansatz grds. nicht in vollem Umfang zu einer Gewinnminderung führt. Teilwertabschreibungen auf Darlehensforderungen unterliegen auch dann nicht dem Teilabzugsverbot des § 3c Abs. 2 S. 1, wenn sie kapitalersetzend sind. Die Darlehensforderung ist neben der Beteiligung ein eigenständiges WG (Rn. 45 „Teilwertabschreibungen auf G'ter-Darlehen"). 25

Nach **§ 3 Nr. 40 S. 1 lit. b** ist 40 % des Veräußerungspreises befreit, soweit dieser auf die Veräußerung einer Beteiligung entfällt (§ 3 Rn. 104 ff.). § 3c Abs. 2 S. 1 ergänzt diese Regelung zu der Gesamtaussage, dass der anteilige Veräußerungsgewinn iSv. § 16 Abs. 2 nur zu 60 % besteuert werden soll. Es sind die Veräußerungskosten und der Wert des BV oder der Wert des Anteils am BV iSv. § 16 Abs. 2 S. 1, soweit diese auf die Beteiligung entfallen, nach § 3c Abs. 2 S. 1 nur zu 60 % zu berücksichtigen (vgl. auch Rn. 45 „MU'anteile"). 26

§ 3 Nr. 40 S. 1 lit. c befreit 40 % des Veräußerungspreises oder des gemeinen Wertes iSv. § 17 Abs. 2. Wie im Fall des § 3 Nr. 40 S. 1 lit. b (Rn. 26) sind die Veräußerungs- und die AK iSv. § 17 Abs. 2 nur zu 60 % zu berücksichtigen. 27

Aufgrund der StBefreiung der Bezüge iSv. § 20 Abs. 1 Nr. 1 und 9 nach **§ 3 Nr. 40 S. 1 lit. d** muss zw. den verschiedenen Kapitalanlagen iSv. § 20 unterschieden und müssen BA wie zB Finanzierungsaufwendungen und Verwaltungskosten den einzelnen Beteiligungen zugeordnet werden. Eine entspr. Zuordnung ist bei den v. **§ 3 Nr. 40 S. 1 lit. e–h** befreiten Einnahmen vorzunehmen. 28

Bei den v. **§ 3 Nr. 40 S. 1 lit. i** befreiten Bezügen iSv. § 22 Nr. 1 S. 2 dürfte, soweit beim Empfänger überhaupt Ausgaben anfallen, die Zuordnung keine besonderen Probleme bereiten. 29

Das MoRaKG v. 4.7.2008 hat § 3c Abs. 2 S. 1 auf Aufwendungen erstreckt, die mit **„Vergütungen nach § 3 Nr. 40a"** in wirtschaftlichem Zusammenhang stehen. Bevor diese Regelung in § 3c Abs. 2 S. 1 getroffen wurde, bestand keine ausdrückliche Regelung, wie Aufwendungen, die mit Vergütungen nach § 3 Nr. 40a iZ stehen, zu behandeln sind. Sie fielen nicht unter § 3c Abs. 2, denn dieser bezog sich nur auf § 3 Nr. 40.[3] Auch eine analoge Anwendung v. § 3c Abs. 2 kam nicht in Betracht, da § 3 Nr. 40a nicht dem Teileinkünfteverfahren zuzurechnen ist. Es war § 3c Abs. 1 anzuwenden und danach die Hälfte bzw. 40 % der Aufwendungen des Carry-Holders, die mit seiner Stellung als Initiator zusammenhängen, vom Abzug ausgenommen, und zwar – entgegen der Auffassung v. Desens/Kathstede[4] – ohne Begrenzung auf die Höhe der Einnahmen. Der Gesetzgeber hat nunmehr die Systematik der §§ 3 Nr. 40 und 3c Abs. 2 S. 1 „klarstellend" auf das anteilig stfreie Carried Interest übertragen. § 3c Abs. 2 S. 1 trifft eine Regelung für **„Vergütungen nach § 3 Nr. 40a"**, und § 3 Nr. 40a befreit „Vergütungen iSd. § 18 Abs. 1 Nr. 4". Ebenso wie diese Vergütungen iSd. § 18 Abs. 1 Nr. 4 v. anderen Erwerbseinnahmen zu unterscheiden sind, die der Carry-Holder beziehen kann, sind auch die Aufwendungen des Carry-Holders iSv. § 3c Abs. 2 S. 1 iVm. § 3 Nr. 40a v. anderen Aufwendungen des Carry-Holders zu unterscheiden. Aufwendungen können einem Carry-Holder **durch seine eigene Kapitalbeteiligung** entstehen, es können ihm Aufwendungen dadurch entstehen, dass er zugleich **Aufgaben der lfd. Geschäftsführung** wahrnimmt, und es können ihm Aufwendungen entstehen, die mit seiner **Sonderstellung als Initiator** zusammenhängen, der letztverbindlich Investitionsentscheidungen trifft und seine Erfahrungen und Netzwerke einbringt.[5] Aufwendungen der 30

1 So iErg auch *Grotherr*, BB 2000, 849 (860).
2 *Grotherr*, BB 2000, 849 (860).
3 So auch *Desens/Kathstede*, FR 2005, 863 (867).
4 *Desens/Kathstede*, FR 2005, 863 (870).
5 *Desens/Kathstede*, FR 2005, 863 (865 f.).

ersten Gruppe (zB Finanzierungskosten) können einem Teilabzugsverbot nach § 3c Abs. 2 S. 1 unterliegen, wenn die Beteiligung im BV gehalten wird oder nach § 3c Abs. 2 iVm. § 32d Abs. 2 Nr. 3 optiert wurde. Sie können auch nach § 20 Abs. 9 vom Abzug ausgenommen sein. Aufwendungen der zweiten Gruppe können im Rahmen v. Einkünften aus nichtselbständiger Tätigkeit als WK abzugsfähig sein oder im Rahmen einer selbständigen Tätigkeit als BA. Aufwendungen der dritten Gruppe dagegen fallen unter § 3c Abs. 2 S. 1 iVm. § 3 Nr. 40a.

30a **V. Gesellschafterdarlehen (Abs. 2 S. 2–5).** Die **FinVerw.** war der Auffassung, auch bei einem im betrieblichen Bereich gewährten Darlehen, das ein G'ter seiner KapGes. gebe, sei der Aufwand in Form einer Teilwertabschreibung nach dem Veranlassungszusammenhang im Hinblick auf die zukünftigen Erträge zu beurteilen. Erfolge eine Darlehensgewährung zu fremdüblichen Konditionen (Zinsen, Sicherheiten), stehe das Darlehen mit vollumfänglich stpfl. Zinserträgen in einem Veranlassungszusammenhang. Erfolge die Darlehensgewährung hingegen unentgeltlich oder teilentgeltlich, dh. nicht zu fremdüblichen Konditionen, stehe das Darlehen mit nach § 3 Nr. 40 teilweise stfreien Beteiligungserträgen in einem wirtschaftlichen Zusammenhang, sodass § 3c Abs. 2 zur Anwendung komme. Seien fremdunüblich keine Sicherheiten gestellt worden, so sei der Anwendungsbereich des § 3c Abs. 2 zumindest teilweise erfüllt. Werde das Darlehen in der Krise nicht zurückgefordert, so sei § 3c Abs. 2 in vollem Umfang anzuwenden.[1] In der **Rspr. der FG und von der hM in der Literatur** wurde demgegenüber die Ansicht vertreten, § 3c Abs. 2 greife nicht ein. Darlehensforderungen stünden als eigenständige WG neben der Beteiligung. Ein Zusammenhang bestehe lediglich zw. der Stellung als G'ter und der Darlehensgewährung, nicht jedoch zw. dem Wertverlust und der Erzielung von Beteiligungserträgen.[2] Der **BFH** hat sich mit zwei Entsch. v. 18.4.2012 der zweiten Auffassung angeschlossen. Wg. der Selbstständigkeit von Darlehensforderung und Beteiligung seien Wertminderungen getrennt nach den für das jeweilige WG zur Anwendung kommenden Vorschriften zu beurteilen. § 3c Abs. 2 beziehe sich auf § 3 Nr. 40. Die Vorschriften des § 3 Nr. 40 S. 1 lit. a–c und j, die insbes. Einnahmen aus der Verwertung der Substanz des Kapitalanteils beträfen, verknüpften das Halbeinkünfteverfahren ausweislich ihres Wortlauts nur mit dem Kapitalanteil als solchem. Substanzgewinne aus einer Wertsteigerung oder Veräußerung einer Darlehensforderung seien von § 3 Nr. 40 S. 1 lit. a–c und j nicht erfasst und damit voll stpfl. Umgekehrt könne das Abzugsverbot des § 3c Abs. 1 S. 1 nicht substanzbezogene Wertminderungen oder Verluste von Darlehensforderungen erfassen.[3] Der **Gesetzgeber** ist davon ausgegangen, dass diese Auslegung des BFH den Wertungen des Gesetzgebers zum Teileinkünfteverfahren nach § 3 Nr. 40 iVm. § 3c Abs. 2 widerspreche. Er hat deshalb im **Zollkodex-AnpG** v. 22.12.2014[4] den Anwendungsbereich des § 3c Abs. 2 durch die gesetzliche Neuregelung in § 3c Abs. 2 S. 2–5 auch auf die Fälle v. Substanzverlusten aufgrund der Hingabe v. Darlehen an die Körperschaft zu aus gesellschaftsrechtl. Gründen nicht fremdüblichen Konditionen ausgedehnt.

30b Nach **§ 3c Abs. 2 S. 2** ist S. 1, dh. das Teilabzugsverbot, auch für BV-Minderungen oder BA iZ mit einer Darlehensforderung oder aus der Inanspruchnahme von Sicherheiten anzuwenden, die für ein Darlehen hingegeben wurden, wenn das Darlehen oder die Sicherheit von einem StPfl. gewährt wird, der zu mehr als einem Viertel unmittelbar oder mittelbar am Grund- oder Stammkapital der Körperschaft, für die das Darlehen gewährt wurde, beteiligt ist oder war. Die FinVerw. hatte zuvor angenommen, dass ein Darlehen mit nach § 3 Nr. 40 teilw. stfreien Beteiligungserträgen in einem wirtschaftlichen Zusammenhang stehe, wenn es zu fremdunüblichen Konditionen gewährt werde. § 3c Abs. 2 S. 2 nimmt eine derartige Veranlassung durch die Beteiligung bei StPfl. an, die **zu mehr als einem Viertel** (wesentlich) beteiligt sind, und § 3c Abs. 2 S. 3 eröffnet lediglich die Möglichkeit, den unterstellten Veranlassungszusammenhang zu widerlegen, wenn die Fremdüblichkeit nachgewiesen wird. Der Gesetzgeber geht davon aus, dass dann, wenn Darlehen an eine Körperschaft gewährt werden, an der der G'ter maßgeblich beteiligt ist und deren Anteile er im BV hält, diese mit nach § 3 Nr. 40 teilw. stfreien Beteiligungserträgen zumindest in einem mittelbaren wirtschaftlichen Zusammenhang stehen, sodass eine Anwendung v. § 3c Abs. 2 S. 1 gerechtfertigt sei.[5] StPfl. mit einer Beteiligung unter 25 % werden vom Wortlaut des § 3c Abs. 2 S. 2 nicht erfasst. Es erscheint allerdings möglich, dass die FinVerw. in diesen Fällen die frühere BFH-Rspr. weiter anwenden wird, sodass lfd. Aufwendungen bei nicht qualifiziert beteiligten StPfl. nur zu 60 % als BA abgezogen wer-

1 BMF v. 8.11.2010, BStBl. I 2010, 1292; so auch: *Neumann*, Ubg 2008, 749 (761); *Neumann/Stümpel*, GmbHR 2008, 749 (761); *van Lishaut*, FR 2001, 1137; *H/H/R*, § 3c Rn. 62.

2 FG Berlin-Bdbg. v. 20.1.2010 – 8 K 254/07, EFG 2010, 1111; FG Düss. v. 20.1.2010 – 2 K 4581/07 F, EFG 2010, 944; *Nacke*, FR 2011, 699 (706); *Schmidt-Hageböke*, DStR 2002, 1202; *Schulze zur Wiesche*, GmbHR 2007, 847; *Henning/Pankoke*, DB 2009, 1844; *Eberhard*, DStR 2009, 2226; *Förster*, GmbHR 2011, 393 (400).

3 BFH v. 18.4.2012 – X R 5/10, BStBl. II 2013, 785; v. 18.4.2012 – X R 7/10, BStBl. II 2013, 785; vgl. auch *Hoffmann*, DStR 2012, 1324.

4 BGBl. I 2014, 2417.

5 BReg., BT-Drucks. 18/3017, 46.

den können, während substanzbezogene Aufwendungen zu 100 % berücksichtigt werden.[1] Gesetzessystematisch ist dies abzulehnen. Das Teilabzugsverbot erfasst nunmehr neben lfd. Aufwendungen auch **substanzbezogene Aufwendungen und Substanzverluste** bei Darlehensverhältnissen. Das Abzugsverbot gilt auch für die Inanspruchnahme des G'ters aus einer Bürgschaft oder aus anderen Sicherheiten, wenn der G'ter die Beteiligung im BV hält und die Bürgschaftsaufwendungen deshalb grds. BA wären. § 3c Abs. 2 S. 2 weicht auch insoweit v. der vorherigen Verwaltungsauffassung und auch von der Regelung in § 3c Abs. 2 S. 6 für Nutzungsüberlassungen ab, als § 3c Abs. 2 S. 2 und 3 bei fehlender Fremdüblichkeit eine **uneingeschränkte Anwendung von § 3c Abs. 2 S. 1** vorsieht. Nach dem BMF-Schr. v. 8.11.2010 sollte dann, wenn sich die Fremdunüblichkeit aus der Höhe des Darlehenszinses ergibt, die Darlehensüberlassung also teilentgeltlich erfolgte, eine Aufteilung in eine vollentgeltliche und eine unentgeltliche Überlassung erfolgen und der Anwendungsbereich – anders als nach § 3c Abs. 2 und 3 – nur teilweise eröffnet sein. Der Anwendungsbereich sollte außerdem nur teilweise eröffnet sein, wenn das Darlehen zwar voll verzinslich war, aber keine Sicherheit gestellt wurde.[2] Auch nach § 3c Abs. 2 S. 6 ist bei einer teilentgeltlichen Nutzungsüberlassung § 3c Abs. 2 S. 1 nicht uneingeschränkt anzuwenden, sondern nur, soweit die Aufwendungen bei einer teilentgeltlichen Überlassung mit dem unentgeltlichen Teil in Zusammenhang stehen.

Gem. **§ 3c Abs. 2 S. 3** ist S. 2 insoweit nicht anzuwenden, als nachgewiesen wird, dass auch ein fremder Dritter das Darlehen bei sonst gleichen Umständen gewährt oder nicht zurückgefordert hätte; dabei seien nur die eigenen Sicherungsmittel der Körperschaft zu berücksichtigen. Der Nachweis dürfte bei einem ungesicherten Darlehen allenfalls dann gelingen, wenn die Bonität der KapGes. bei Darlehenshingabe so gut war, dass sie nur mit eigenen Sicherungsmitteln, also ohne die Bürgschaft des G'ters, ein Darlehen in gleicher Höhe v. einem fremden Dritten erhalten hätte. 30c

Nach **§ 3c Abs. 2 S. 4** gelten S. 2 und 3 entspr. für Forderungen aus Rechtshandlungen, die einer Darlehensgewährung wirtschaftlich vergleichbar sind (sog. Darlehenssubstitute). Nach der Gesetzesbegr. zu dem wortgleichen § 8b Abs. 3 S. 4 ff. KStG sollen zu den erfassten Darlehenssubstituten insbes. Forderungen aus Lieferungen und Leistungen und Mietforderungen gehören.[3] Bleiben in einer Krisensituation Forderungen aus Lieferungen und Leistungen ggü. der GmbH über einen längeren Zeitraum „stehen", so können diese Forderungen dem Teilabzugsverbot des § 3c Abs. 2 S. 1 unterfallen.[4] 30d

§ 3c Abs. 2 S. 5 regelt, dass Gewinne aus dem Ansatz des nach § 6 Abs. 1 Nr. 2 S. 3 maßgeblichen Wertes bei der Ermittlung der Einkünfte außer Ansatz bleiben, soweit auf die vorangegangene Teilwertabschreibung S. 2 angewendet worden ist. Nach der Gesetzesbegr. sollte entspr. den Aussagen in Nr. 5 des BMF-Schr. v. 8.11.2010[5] durch die Aufnahme einer dem § 8b Abs. 3 S. 8 KStG entspr. Regelung eine Übermaßbesteuerung vermieden werden, indem klargestellt wird, dass spätere Wertaufholungen nach einer vorausgegangenen Teilwertabschreibung oder vergleichbare Sachverhalte nicht der vollen Besteuerung unterliegen.[6] Dies bedeutet, dass Gewinne aus einer Teilwertaufholung sich nicht auswirken, „soweit" auf die vorangegangene Teilwertabschreibung S. 2 angewendet wurde, also grds. zu 40 %. 30e

VI. Nutzungsüberlassungen (Abs. 2 S. 6). Nach der **Entsch. des BFH v. 28.2.2013** ist für die Anwendung des § 3c Abs. 2 bei einer Nutzungsüberlassung des G'ters an seine KapGes. wie folgt zu differenzieren: Erfolgt die Nutzungsüberlassung zu Konditionen, die einem Fremdvergleich standhalten, sei davon auszugehen, dass voll stpfl. Einnahmen aus der Nutzungsüberlassung erwirtschaftet werden sollen; die Aufwendungen des G'ters unterfielen nicht § 3c Abs. 2. Erfolge die Nutzungsüberlassung unentgeltlich, komme eine Berücksichtigung der mit der Nutzungsüberlassung zusammenhängenden Aufwendungen (zB Refinanzierungskosten, Erhaltungsaufwendungen) ebenfalls in Betracht. Dies beruhe auf der Überlegung, dass der gewährte Nutzungsvorteil den Gewinn der Ges. erhöhe, an dem der G'ter teilnehme. In diesem Fall stünden die Aufwendungen mit nach § 3 Nr. 40 teilweise stfreien Erträgen im Zusammenhang und es gelte für sie § 3c Abs. 2. Würden WG verbilligt überlassen, sei eine anteilige Kürzung der Aufwendungen vorzunehmen. Auszugehen sei dabei regelmäßig von dem Verhältnis des tatsächlich gezahlten zum fremdüblichen Pachtentgelt. Nur in dem prozentualen Umfang, zu dem das tatsächlich gezahlte Pachtentgelt hinter dem fremdüblichen Entgelt zurückbleibe, unterfielen die Aufwendungen dem Teilabzugsverbot; iÜ seien sie in vollem Umfang abzugsfähig.[7] In Anlehnung an diese BFH-Rspr. hat der Ge- 30f

---

1 *Ott*, DStZ 2016, 14 (16).
2 BMF v. 8.11.2010, BStBl. I 2010, 1292 zu 2.
3 BT-Drucks. 16/6290, 73.
4 *Ott*, DStZ 2016, 14 (23).
5 BStBl. I 2010, 1292.
6 BReg., BT-Drucks. 18/3017, 46.
7 BFH v. 28.2.2013 – IV R 4/11, BStBl. II 2013, 802.

setzgeber im **Zollkodex-AnpG v. 22.12.2014**[1] iZ mit der Neuregelung v. Abs. 2 S. 2–5, mit welcher er dem BFH-Urt. des X. Senats vom 18.4.2012[2] entgegengetreten ist, gleichzeitig auch die Frage der unentgeltlichen oder teilentgeltlichen Überlassung von WG durch einen G'ter an seine Körperschaft geregelt. Der Gesetzgeber wollte sicherstellen, dass in Übereinstimmung mit Nr. 1 des BMF-Schr. v. 8.11.2010 das Teilabzugsverbot des § 3c Abs. 2 auch für BV-Minderungen, BA oder Veräußerungskosten iZ mit einer Überlassung von WG an eine KapGes., an der der Überlassende beteiligt ist, gilt, wenn diese Überlassung aus gesellschaftsrechtl. Gründen zu nicht fremdüblichen Konditionen erfolgt (insbes. bei Überlassung v. WG im Rahmen einer BetrAufsp.). Denn in diesem Fall – so die Begr. – hingen die BV-Minderungen, BA oder Veräußerungskosten ganz oder teilweise mit den aus dem Betriebsunternehmen erwarteten Einkünften des G'ters, nämlich den Beteiligungserträgen in Form von Gewinnausschüttungen/Dividenden und den Gewinnen aus einer zukünftigen Veräußerung oder Entnahme des Anteils zusammen.[3]

30g Nach § 3c Abs. 2 S. 6 ist das Teilabzugsverbot des S. 1 ungeachtet eines wirtschaftlichen Zusammenhangs mit den dem § 3 Nr. 40 zugrunde liegenden BV-Mehrungen oder Einnahmen oder mit Vergütungen nach § 3 Nr. 40a auch auf BV-Minderungen, BA oder Veräußerungskosten eines G'ters einer Körperschaft anzuwenden, soweit diese mit einer im Gesellschaftsverhältnis veranlassten unentgeltlichen Überlassung v. WG an diese Körperschaft oder bei einer teilentgeltlichen Überlassung v. WG mit dem unentgeltlichen Teil in Zusammenhang stehen und der StPfl. zu mehr als einem Viertel unmittelbar oder mittelbar am Grund- oder Stammkapital der Körperschaft beteiligt ist oder war. § 3c Abs. 2 S. 6 ordnet die Geltung des Teilabzugsverbots „**ungeachtet eines wirtschaftlichen Zusammenhangs** mit den dem § 3 Nr. 40 zugrunde liegenden BV-Mehrungen oder Einnahmen oder mit Vergütungen nach § 3 Nr. 40a" an. Er nimmt diesen Zusammenhang nicht – wie in § 3c Abs. 2 S. 2 und 3 – an, sondern erklärt diesen – unsystematisch – für die Anwendung von § 3c Abs. 2 S. 1 für irrelevant. Er schreibt die Anwendung von § 3c Abs. 2 S. 1 nicht – wie § 3c Abs. 2 S. 2 – vor, wenn eine qualifizierte Beteiligung des G'ters besteht, und verweist auf die Möglichkeit des Nachweises der Fremdüblichkeit, sondern er sieht die Anwendung von § 3c Abs. 2 S. 1 vor, wenn eine unentgeltliche oder teilentgeltliche Überlassung vorliegt und eine qualifizierte Beteiligung gegeben ist. Allerdings soll das Teilabzugsverbot – anders als nach § 3c Abs. 2 S. 2 und 3 bei einer fremdunüblichen Darlehensgewährung – bei einer teilentgeltlichen Überlassung nicht uneingeschränkt gelten, sondern nur, soweit die Aufwendungen mit dem unentgeltlichen Teil im Zusammenhang stehen. Nach § 3c Abs. 2 S. 6 sind auch **„Betriebsvermögensminderungen"** und **„Veräußerungskosten"** dem Teilabzugsverbot unterworfen, obwohl ein Veranlassungszusammenhang zw. der Veräußerung und der verbilligten Überlassung regelmäßig fehlen wird. Dies entspricht allerdings der Aussage des § 3c Abs. 2 S. 6, dass das Teilabzugsverbot „ungeachtet eines wirtschaftlichen Zusammenhangs mit Beteiligungserträgen" gilt. Unter den Begriff „Betriebsvermögensminderungen" dürfte nach dem Wortlaut auch ein Buchwertabgang bei der Veräußerung oder Entnahme von verbilligt überlassenen WG zu subsumieren sein. Dann allerdings wären sowohl im Gewinn- als auch im Verlustfall BV-Minderungen in Form eines Buchwertabgangs vom Teilabzugsverbot erfasst, obwohl der Veräußerungspreis bzw. Entnahmewert in vollem Umfang stpfl. ist.[4]

30h **VII. Zusammenhang durch Einnahmenerzielungsabsicht (Abs. 2 S. 7).** § 3c Abs. 2 S. 7 setzt einen wirtschaftlichen Zusammenhang mit nach § 3 Nr. 40 oder § 3 Nr. 40a stfreien Einnahmen voraus. Gemeint ist damit ein Veranlassungszusammenhang iSv. §§ 9 Abs. 1, 4 Abs. 4 (Rn. 19) wie auch in den Fällen des § 3c Abs. 1 (Rn. 7). Ein derartiger Zusammenhang mit stfreien Einnahmen kann auch dann bestehen, wenn diese tatsächlich nicht erzielt werden. Es gilt insoweit dasselbe wie für WK. Diese behalten ihre Rechtsqualität auch dann, wenn keine stpfl. Einnahmen anfallen. § 3c Abs. 2 S. 2 ist insoweit nur klarstellend, wenn er anordnet, dass für die Anwendung von S. 1 die Absicht zur Erzielung von Einnahmen iSv. § 3 Nr. 40 oder von Vergütungen iSv. § 3 Nr. 40a ausreicht.

30i § 3c Abs. 2 S. 7 wurde durch das JStG 2010[5] eingefügt, weil der IX. Senat des BFH eine andere als die vorstehende Auffassung vertreten hatte. Der IX. Senat des BFH hat mit Urteil v. 25.6.2009[6] entschieden, der Abzug von Erwerbsaufwand iZ mit Einkünften nach § 17 Abs. 1 und Abs. 4 sei jedenfalls dann nicht nach § 3c Abs. 2 S. 1 begrenzt, wenn der StPfl. keine durch seine Beteiligung vermittelten Einnahmen erzielt habe. Nach § 3c Abs. 2 S. 1 dürften Ausgaben, die mit § 3 Nr. 40 zugrunde liegenden Einnahmen in wirtschaftlichen Zusammenhang stünden, nur zur Hälfte abgezogen werden. Fielen keine Einnahmen an,

1 BGBl. I 2014, 2417.
2 BFH v. 18.4.2012 – X R 5/10, BStBl. II 2013, 785 = FR 2012, 868.
3 BReg., BT-Drucks. 18/3017, 46.
4 *Ott*, DStZ 2016, 14 (19).
5 G v. 8.12.2010, BGBl. I 2010, 1768.
6 BFH v. 25.6.2009 – IX R 42/08, BStBl. II 2010, 220 = FR 2009, 1151 m. Anm. *Bode*; vgl. auch BFH v. 14.7.2009 – IX R 8/09, BFH/NV 2010, 399.

komme eine hälftige Steuerbefreiung nach § 3 Nr. 40 nicht in Betracht. Folgerichtig trete die nach § 3c Abs. 2 S. 1 maßgebende Bedingung dafür, entsprechende Aufwendungen nur zur Hälfte zu berücksichtigen, nicht ein. Denn diese stünden nicht – wie § 3c Abs. 2 S. 1 schon dem Wortlaut nach für die hälftige Kürzung verlange – in wirtschaftlichem Zusammenhang mit lediglich zur Hälfte anzusetzenden Einnahmen. Dies entspreche dem Gesetzeszweck des Halbabzugsverbots, eine Doppelbegünstigung auszuschließen.[1] Der BFH beruft sich auf den Wortlaut von § 3c Abs. 2 S. 1, trägt aber nicht dem Umstand Rechnung, dass § 3c Abs. 1 in gleicher Weise wie § 3c Abs. 2 einen Zusammenhang mit stfreien Einnahmen voraussetzt, für § 3c Abs. 1 aber stets – ausgehend vom Nettoprinzip (Rn. 1) – ein Abzugsverbot auch für vergebliche Ausgaben zur Erzielung stfreier Einnahmen angenommen wurde. Der BFH geht davon aus, bei stfreien Einnahmen solle ein doppelter steuerlicher Vorteil durch den zusätzlichen Abzug von mit diesen zusammenhängenden Aufwendungen vermieden werden. Dies ist nicht zutr. Steuerbefreiungen haben durchaus nicht immer Begünstigungscharakter (Rn. 1). Außerdem können Steuerbefreiung und Abzugsverbot, wenn die Ausgaben höher als die Einnahmen sind, auch zu einem steuerl. Nachteil führen (Rn. 1). Gerade das Teilabzugsverbot des § 3c Abs. 2 S. 1 hat nicht den Zweck, eine Doppelbegünstigung auszuschließen. § 3c Abs. 2 S. 1 ist vielmehr als Komplementärregelung zu verstehen, welche die anteilige Befreiung der Einnahmen steuertechnisch zu der Gesamtaussage einer anteiligen Befreiung der Einkünfte des Anteilseigners ergänzt. Selbst wenn keine stpfl. Einkünfte entstehen, weil zB die Ausschüttungen aus dem steuerlichen Einlagekonto (= Einnahmen iSd. § 3 Nr. 40 lit. c) die AK nicht übersteigen, dürfen die AK nur hälftig bzw. anteilig abgezogen werden.[2] Hinzu kommt, dass die Auffassung des BFH zu verfahrensrechtl. Problemen führte, wenn Aufwendungen getätigt werden, sich aber erst in weiter Zukunft ergeben wird, ob Einnahmen erzielt werden.[3] Vom Ergebnis her war es auch unbefriedigend, kein Abzugsverbot anzunehmen, wenn keine Einnahmen anfallen, ein solches aber zu bejahen, wenn minimale Einnahmen erzielt werden.[4] Wer eine Beteiligung erworben hat, die an Wert verloren hat, hätte ab einem bestimmten Punkt nur noch daran interessiert sein können, den Wert vollständig zu vernichten, damit er die AK voll und nicht nur anteilig geltend machen kann. Bei Beteiligungsinvestitionen hätten Gewinnausschüttungen zurückgehalten werden müssen, bis feststeht, dass die Investition insges. zu einem Erfolg wird.[5] Wäre es im Zuge der Liquidation der Ges. zu einer betragsmäßig geringen vGA gekommen, hätte dies zu völlig unverhältnismäßigen steuerlichen Konsequenzen führen können. Die FinVerw hat deshalb zu Recht auf die Rspr. des BFH mit einem Nichtanwendungserlass reagiert.[6] Der BFH ist diesem Nichtanwendungserlass schon eineinhalb Monate später mit einem Beschl. entgegengetreten, in dem er es als geklärt bezeichnete, dass Erwerbsaufwand nicht mehr begrenzt abziehbar ist, wenn dem StPfl. keine Einnahmen zufließen.[7] Die FinVerw hat hierauf die Neuregelung in § 3c Abs. 2 S. 7 veranlasst. Die BReg hat diese Neuregelung damit begründet, ein Verzicht auf die Änderungen hätte erhebliche Mindereinnahmen zur Folge. Das Teilabzugsverbot solle nur ein unvollständiger „Baustein" innerhalb des gesamten Regelungswerkes zum Teileinkünfteverfahren sein, nach dem sich Gewinne und Verluste gleichermaßen nur anteilig auf die Einkommensteuer auswirken sollten. Zudem wäre die vom BFH vorgenommene Auslegung nicht praktikabel, da sie eine lfd., rückwirkende Anpassung erforderlich machen würde, wenn in späteren Jahren Einnahmen anfielen.[8]

Die Neuregelung gilt nach § 52 Abs. 8a S. 3 allerdings erst mit Wirkung ab VZ 2011.[9] Da die FinVerw. im Vorgriff auf die Neuregelung ihren Nichtanwendungserlass aufgehoben hat[10], wird für die Zeit bis zum Inkrafttreten der Neuregelung die BFH-Rspr. angewandt, dh. für Aufwendungen und Verluste, die spätestens im VZ 2010 zu berücksichtigen sind (bei abweichendem Wj., wenn sie spätestens im Wj. 2009/2010 30j

1 BFH v. 25.6.2009 – IX R 42/08, BStBl. II 2010, 220 = FR 2009, 1151 m. Anm. *Bode*.
2 *Bron/Seidel*, DStZ 2009, 859 (863).
3 *Bron/Seidel*, DStZ 2009, 859 (864); *Intemann*, GStB 2009, 348 (350); *Dötsch/Pung*, DB 2010, 977; *Förster*, GmbHR 2011, 393 (395: Einnahmen als rückwirkendes Ereignis iSv. § 175 Abs. 1 S. 1 Nr. 2 AO); vgl. nunmehr auch BFH v. 2.9.2014 – IX R 43/13, BStBl. II 2015, 257 (259) = FR 2015, 378 = GmbHR 2015, 211.
4 FG Düss. v. 9.7.2010 – 1 K 337/07 E, EFG 2010, 1676; v. 14.4.2010 – 2 K 2190/07 F, EFG 2010, 1589; OFD Rhld. v. 6.7.2010, DB 2010, 1560; *Bron/Seidel*, DStZ 2009, 859 (862); *Intemann*, GStB 2009, 348 (349); auch *Naujok*, BB 2009, 2128 (2129); *Dötsch/Pung*, DB 2010, 977 (978); vgl. auch FG Düss. v. 2.12.2010 – 8 K 3349/06 E, juris (Anwendung v. § 3c Abs. 2 S. 1 bei nach § 20 UmwStG fingiertem Veräußerungspreis).
5 *Bron/Seidel*, DStZ 2009, 859 (864); zu weiteren sich aus dem Urteil ergebenden Gestaltungsmöglichkeiten: *Kaufmann/Stolte*, FR 2009, 112; vgl. auch FG RhPf. v. 12.11.2009, DStZ 2010, 90 zum Teilabzugsverbot bei Einnahmen vor Anwendung v. § 3 Nr. 40.
6 BMF v. 15.2.2010, BStBl. I 2010, 181.
7 BFH v. 18.3.2010 – IX B 227/09, BStBl. II 2010, 627 = FR 2010, 715.
8 BT-Drucks. 17/2249, 50.
9 Vgl. BT-Drucks. 17/2249, 73.
10 BMF v. 28.6.2010, DStR 2010, 1337.

des Anteilseigners realisiert wurden).[1] Nach einer Entscheidung des Nds. FG soll es für die Anwendung des § 3c Abs. 2 S. 2 nach der Übergangsregelung des § 52 Abs. 8a S. 3 allein darauf ankommen, dass der Auflösungsverlust in einem VZ ab 2011 entstanden ist. Ob eine Einnahmeerzielung zu dieser Zeit noch angestrebt wurde, sei unerheblich.[2] Eine Anwendung der BFH-Rspr. kommt grds. nicht in Betracht, wenn Einnahmen angefallen sind, wobei es unerheblich ist, ob die Einnahmen bis zum Ende des VZ 2010 oder in den VZ 2011ff. anfallen. Unschädlich sind dagegen Einnahmen, die vor Inkrafttreten des Halb- bzw. Teileinkünfteverfahrens angefallen waren.[3] Diese vorübergehende Anwendung der BFH-Rspr. auf VZe bis einschl. VZ 2010 hat zur Folge, dass die Reichweite der BFH-Rspr. noch in mehreren Revisionsverfahren vom BFH geklärt werden musste bzw. noch geklärt werden muss. So hat der **BFH** in der Zwischenzeit entschieden, dass **kein Teilabzugsverbot** besteht bei einen bloß symbolischen Kaufpreis von 1 Euro. Wer objektiv wertlose Anteile zu einem symbolischen Kaufpreis zB von 1 Euro veräußere, „vereinbare damit kein Entgelt", sondern wähle diese Gestaltung regelmäßig aus buchungstechnischen Gründen.[4] Ebenso besteht nach der Rspr. des BFH kein Teilabzugsverbot iRv. § 17 bei (noch) dem Anrechnungsverfahren unterliegenden Ausschüttungen.[5] Nach einer Entscheidung des Nds. FG soll das Teilabzugsverbot keine Anwendung finden, wenn der StPfl. in früheren Jahren bereits Anteile verkauft hat und dadurch (nach § 3 Nr. 40 hälftig stfreie) Einnahmen erzielt wurden.[6] Ein **Teilabzugsverbot** soll dagegen bei einem Veräußerungsverlust bestehen, auch wenn nur geringfügige Veräußerungseinnahmen erzielt wurden.[7] Ein Teilabzugsverbot soll bei nach § 20 UmwStG fingiertem Kaufpreis gegeben sein.[8] Ein Teilabzugsverbot wurde bejaht für den Fall eines Auflösungsverlustes nach § 17 EStG bei Vorliegen von Einnahmen auf der Ertragsebene[9] und auch bei der Rückzahlung eines Teils des Stammkapitals in Form v. Liquidationsraten.[10] Ein Teilabzugsverbot soll auch eingreifen bei nur geringfügigen Veräußerungseinnahmen und AK vor Einführung des Halbeinkünfteverfahrens.[11] Das Teilabzugsverbot sei nicht auf die durch Einnahmen abgedeckten Aufwendungen begrenzt.[12] Nach Auffassung des FG Münster ist § 3c Abs. 2 auch dann anzuwenden, wenn der bei Veräußerung einer Beteiligung erzielte Preis die AK der Beteiligung deutlich unterschreitet.[13] Das Teilabzugsverbot – so das FG Münster in einer weiteren Entscheidung – gelte, solange künftig noch Einnahmen anfallen können.[14] Nach einer Entscheidung des FG Nds. greift das Teilabzugsverbot, wenn in Liquidationsfällen Liquidationserlöse ausgekehrt werden. Denn nach § 3 Nr. 40 lit. c S. 2 iVm. § 17 Abs. 4 S. 1 1. Alt. werde bei einer Liquidation das zurückgezahlte Vermögen der KapGes. als zu 60 v.H. stpfl. Einnahme erfasst, sodass auch die Auflösungs- und AK nach § 3c Abs. 2 S. 1 nur zu 60 v.H. zum Abzug zuzulassen seien.[15] Nach Auffassung des 5. Senats des FG Münster sind laufende Zinsausgaben nach § 3c Abs. 2 nur teilweise abziehbar, auch wenn keine Dividendeneinnahmen erzielt werden. Die Rspr. des BFH, die ein Abzugsverbot bei fehlenden Einnahmen verneine, betreffe nur die Anwendbarkeit des § 3c Abs. 2 im Fall von – endgültigen – Veräußerungsverlusten iSd. § 17 im Rahmen einer Liquidation der Ges.[16] Nach der **OFD Nds.** sind schädliche Einnahmen, die eine volle Verlustberücksichtigung nach § 17 ausschließen: offene oder verdeckte Gewinnausschüttungen (§ 20 Abs. 1 Nr. 1), Veräußerungserlöse (§ 17 Abs. 2), Kapitalrückzahlungen (§ 17 Abs. 4), Zuflüsse aus der Auskehrung von WG iRd. Abwicklung in Liquidations- und Insolvenzfällen und Ausschüttungen aus dem steuerlichen Einlagekonto nach § 27 KStG. Bei einem nur symbolischen Kaufpreis von 1 Euro sei zwar das Teilabzugsverbot nicht einschlägig, beruhe der Kaufpreis von 1 Euro aber auf einer Wertermittlung und spiegele den Wert der Beteiligung wider, liege eine schädliche Einnahme vor. Das Teilabzugsverbot sei bei einer im BV gehaltenen Beteiligung an einer KapGes. zu beachten, solange nicht endgültig ausgeschlossen werden könne, dass künftig noch BA aus dieser Beteiligung anfallen.[17]

1 *Förster*, GmbHR 2011, 393 (394).
2 FG Nds. v. 6.9.2013 – 3 K 230/13, EFG 2014, 118 (Rev. IX R 43/13).
3 *Förster*, GmbHR 2011, 393 (395).
4 BFH v. 6.4.2011 – IX R 61/10, BStBl. II 2012, 8 = FR 2011, 865 m. Anm. *Bode*.
5 BFH v. 6.4.2011 – IX R 28/10, BStBl. II 2011, 814 = FR 2011, 1105.
6 FG Nds. v. 13.3.2013 – 4 K 332/11, DStRE 2014, 261 (Rev. IX R 13/13).
7 BFH v. 6.4.2011 – IX R 40/10, BStBl. II 2011, 785 = FR 2011, 911 m. Anm. *Nacke*.
8 BFH v. 7.2.2012 – IX R 1/11, BFH/NV 2012, 937.
9 BFH v. 18.3.2010 – IX B 227/09, BStBl. II 2010, 627 = FR 2010, 715.
10 BFH 6.5.2014 – IX R 19/13, BStBl. II 2014, 682.
11 BFH v. 6.4.2011 – IX R 29/10, BFH/NV 2011, 2025.
12 BFH v. 20.4.2011 – I R 97/10, BStBl. II 2011, 815 = FR 2011, 1102.
13 FG Münster v. 15.12.2010 – 10 K 2061/05 E, EFG 2011, 950 (Rev. IX R 4/11).
14 FG Münster v. 23.3.2011 – 7 K 2793/07 E, EFG 2011, 1135 (Rev. X R 17/11).
15 Nieders. FG v. 19.5.2011 – 11 K 496/10, EFG 2012, 1326.
16 FG Münster v. 10.1.2013 – 5 K 4513/09 E, EFG 2013, 1014 (Rev. I R 26/13); **aA** FG Münster v. 4.10.2012 – 9 K 3060/10, EFG 2013, 204 (rkr.).
17 OFD Nds. v. 11.5.2012, DStR 2012, 1387; kritisch: KÖSDI 2012, 18085f.

VIII. Teilabzug bei Organgesellschaftsanteilen (Abs. 2 S. 8). Nach Abs. 2 S. 8 sollen in Organschaftsverhältnissen abführungsbedingte Wertminderungen stl. nur zu 60 % berücksichtigt werden (zu Organschaftsfragen iÜ: Rn. 45 „Organschaft“). Es soll dem sog. Organschaftsmodell begegnet werden.[1] Bei diesem erfolgt nach Begr. eine Organschaft zw. einer zu errichtenden PersGes. und einer Ziel-GmbH ein interner asset-deal zw. Organ und Organträger, dessen Ertragswirkung durch eine abführungsbedingte Teilwertabschreibung ausgeglichen wird.[2] Abs. 2 S. 8 nimmt dem Modell durch die Berücksichtigung der Teilwertabschreibung nur zu 60 % seine Attraktivität.[3] 31

IX. Sinngemäße Geltung von § 8b Abs. 10 KStG (Abs. 2 S. 9). § 3c Abs. 2 S. 9 – angefügt durch das UStRFG 2008 mit Wirkung ab 31.12.2007 – ordnet die sinngemäße Geltung v. § 8b Abs. 10 KStG an. 32

Bei Wertpapierdarlehensgeschäften (**„Wertpapierleihgeschäften“**) übereignet der Darlehensgeber („Verleiher“) dem Darlehensnehmer („Entleiher“) börsengehandelte Wertpapiere, wie zB Aktien. Der Darlehensnehmer verpflichtet sich, nach Ablauf der Leihfrist Wertpapiere in der gleichen Ausstattung zurück zu übereignen. Als Gegenleistung für die Überlassung der Wertpapiere erhält der Darlehensgeber eine Darlehensgebühr. Zusätzlich muss der Darlehensnehmer dem Darlehensgeber regelmäßig eine Ausgleichszahlung leisten, wenn während des Darlehensgeschäfts Zins- oder Dividendenzahlungen erfolgen. Mit der Wertpapierleihe wird das wirtschaftliche Eigentum an den Wertpapieren (Aktien) auf den Entleiher übertragen, ohne dass dies beim Verleiher einen Realisationstatbestand darstellt, der zur Aufdeckung stiller Reserven führt. Mangels Umsatzakt liegt auch keine Veräußerung iSd. § 8b Abs. 2 KStG vor. Beim Entleiher liegt ein Anschaffungstatbestand vor, der bilanzrechtl. mit der Passivierung einer Rückgabeverbindlichkeit zu kompensieren ist. Sind Gegenstand einer Wertpapierleihe Aktien, so bezieht die entleihende Körperschaft aus den entliehenen Aktien nach § 8b Abs. 1 KStG stfreie Dividenden und leistet Dividendenausgleichszahlungen, die gem. § 8b Abs. 5 KStG abziehbare BA sind. Die verleihende Körperschaft würde an sich anstelle v. nach § 8b Abs. 1 KStG stfreien Dividenden nunmehr stpfl. Dividendenausgleichszahlungen beziehen. Dies ist allerdings gem. § 8b Abs. 7 KStG nicht der Fall bei Kredit- und Finanzdienstleistungsinstituten für ihren Aktien-Handelsbestand und bei Finanzunternehmen für ihr Aktien-Umlaufvermögen und gem. § 8b Abs. 8 KStG bei Lebens- und Krankenversicherungsunternehmen für ihre Aktienkapitalanlagen. Bei diesen Verleihern werden Dividenden und Dividendenausgleichszahlungen in gleicher Weise besteuert.[4] 33

Dem aus dieser Konstellation sich eröffnenden Steuersparmodell ist der Gesetzgeber mit § 8b Abs. 10 KStG entgegengetreten. § 8b Abs. 10 KStG nF beseitigt den bei einem Entleiher entstehenden Steuervorteil dadurch, dass die für die Überlassung v. Anteilen geleisteten Entgelte nicht als BA abgezogen werden dürfen, wenn sie an einen Verleiher („überlassende Körperschaft“) geleistet werden, auf den hinsichtlich der überlassenen Teile § 8b Abs. 7 oder 8 KStG anzuwenden ist oder auf den aus anderen Gründen die StFreistellung des § 8b Abs. 1 oder 2 KStG oder vergleichbare ausländ. Vorschriften nicht anzuwenden sind.[5] Es soll der mit der Wertpapierleihe angestrebte Vorteil, die volle **Abziehbarkeit der Kompensationszahlungen beim Entleiher**, versagt werden. 34

Der Gesetzgeber hat in § 3c Abs. 2 S. 9 die **sinngemäße Geltung v. § 8b Abs. 10 KStG** angeordnet. Es soll in den Fällen, in denen der Entleiher estpfl. ist, nach § 3c Abs. 2 S. 4 der BA-Abzug für die Kompensationszahlung zu 40 % ausgeschlossen sein. Das 40 %ige BA-Abzugsverbot soll auch in Fällen gelten, in denen der Entleiher keine Kompensationszahlungen im eigentlichen Sinne leisten müsse, sondern im Gegenzug eine Einkunftsquelle (zB Schuldverschreibungen) überlässt (§ 8b Abs. 10 S. 2 KStG).[6] 35

D. Halbabzugsbegrenzung (Abs. 3)

I. Grundsätzliches. § 3 Nr. 70 befreit die Hälfte der BV-Mehrungen oder Einnahmen aus der Veräußerung v. Grund und Boden an REIT-AGs und Vor-REITs sowie die Hälfte der BV-Mehrungen aus der Aufdeckung der stillen Reserven im Zeitpunkt des Wechsels einer stpfl. AG in den stbefreiten REIT-Status. Korrespondierend hierzu begrenzt. § 3c Abs. 3 den Abzug v. BV-Minderungen, BA oder Veräußerungskosten, die mit den BV-Mehrungen oder Einnahmen iSd. § 3 Nr. 70 in wirtschaftlichem Zusammenhang stehen, unabhängig davon, in welchem VZ die BV-Mehrungen oder Einnahmen anfallen, auf die Hälfte. 36

---

1 BT-Drucks. 14/7344, 15.
2 *Blumers/Beinert/Witt*, DStR 2002, 234 (235).
3 *Beinert/van Lishaut*, FR 2001, 1137 (1148); *Prinz*, FR 2002, 66 (70); *Rödder/Schumacher*, DStR 2002, 105 (106); *H/H/R*, § 3c Rn. 67.
4 Zum Ganzen: *Häuselmann*, DStR 2007, 1379; *Schnitger/Bildstein*, IStR 2006, 202.
5 *Häuselmann*, DStR 2007, 1379; *Rödder*, Beihefter zu DStR 2007, Heft 40, 19.
6 BT-Drucks. 16/4841, 47.

37 **II. Tatbestandliche Voraussetzungen.** Abs. 3 trifft eine Regelung für **„BV-Minderungen, BA oder Veräußerungskosten"**. Während der Gesetzgeber in Abs. 1 „Ausgaben" vom Abzug ausnimmt, soweit sie mit stfreien Einnahmen iZ stehen, trifft er in Abs. 3 – wie zuvor schon in Abs. 2 – eine detailliertere Regelung. Den Tatbestandsmerkmalen der BV-Minderungen, BA und Veräußerungskosten entsprechen die Tatbestandsmerkmale der „BV-Mehrungen" und der „Einnahmen aus der Veräußerung" in § 3 Nr. 70. Anders als in § 3c Abs. 2 konnte der Gesetzgeber auf das Tatbestandsmerkmal der WK verzichten, da § 3 Nr. 70 S. 1 lit. a nur die Veräußerung v. Anlagevermögen eines inländ. BV regelt und § 3 Nr. 70 S. 1 lit. b die Aufdeckung v. stillen Reserven im BV einer AG. Der Begriff der „BV-Minderung" lässt sich aus § 4 Abs. 1 ableiten, der Begriff der „Betriebsausgaben" wird in § 4 Abs. 4 definiert und der Begriff der „Veräußerungskosten" findet sich in §§ 16 Abs. 2 S. 1, 17 Abs. 2 S. 1.

38 BV-Minderungen, BA und Veräußerungskosten, „die mit den BV-Mehrungen oder Einnahmen iSd. § 3 Nr. 70 **in wirtschaftlichem Zusammenhang stehen"**, dürfen nur zur Hälfte abgezogen werden. Das Tatbestandsmerkmal des wirtschaftlichen Zusammenhangs ist in demselben Sinne zu verstehen wie in § 3c Abs. 1. Es meint grds. einen Veranlassungszusammenhang iSv. § 4 Abs. 4. § 3 Nr. 70 befreit die Hälfte der BV-Minderungen oder Einnahmen aus der Veräußerung v. Grund und Boden und Gebäuden, die zum Anlagevermögen eines inländ. BV gehören. § 3c Abs. 3 nimmt entspr. insbes. die Hälfte der BV-Minderungen in Form des Buchwertabgangs („des Werts des BVs") vom Abzug aus. Bei BA und Veräußerungskosten iSv. § 3c Abs. 3 wird sich in der Praxis das Problem der Abgrenzung v. den lfd. anfallenden nicht aktivierpflichtigen und voll abzugsfähigen Verwaltungs-, Instandhaltungs- und Instandsetzungsaufwendungen stellen.[1]

39 § 3c Abs. 3 nimmt BV-Minderungen, BA und Veräußerungskosten, die mit den **BV-Mehrungen oder Einnahmen iSd. § 3 Nr. 70** in wirtschaftlichem Zusammenhang stehen, zur Hälfte vom Abzug aus. § 3c Abs. 3 verweist auf § 3 Nr. 70 und die dort zur Hälfte für stfrei erklärten BV-Mehrungen und Einnahmen. § 3 Nr. 70 S. 1 lit. a befreit die BV-Mehrungen und Einnahmen aus der Veräußerung v. Grund und Boden und Gebäuden, die zum Anlagevermögen eines inländ. BV gehören. § 3c Abs. 3 nimmt dementspr. die BV-Minderungen durch das Ausscheiden der entspr. WG aus dem BV und die iZ angefallenen Veräußerungskosten vom Abzug aus. § 3 Nr. 70 S. 1 lit. b befreit die Hälfte der BV-Mehrungen, die auf Grund der Eintragung als REIT-AG durch Anwendung des § 13 Abs. 1 und 3 S. 1 KStG auf Grund und Boden und Gebäude entstehen. Da die BV-Mehrung sich in diesem Fall bereits als Saldo (TW ./. Buchwert) darstellt, kommt § 3c Abs. 3 in diesem Fall eine geringere Bedeutung zu.

40 § 3c Abs. 3 lässt – ebenso wie § 3c Abs. 2 – BV-Minderungen, BA und Veräußerungskosten, die mit den BV-Mehrungen oder Einnahmen iSd. § 3 Nr. 70 in wirtschaftlichem Zusammenhang stehen, **„unabhängig davon, in welchem VZ die BV-Mehrungen oder Einnahmen anfallen"**, nur zur Hälfte zum Abzug zu. Der Gesetzgeber schließt auch im Rahmen v. § 3c Abs. 3 die Anwendung der Rspr. des BFH aus, nach der Aufwendungen für Schachtelbeteiligungen aus ausländ. Ges. nur bis zur Höhe der in demselben VZ angefallenen Dividenden vom Abzug ausgeschlossen waren. Es muss über den Wortlaut des § 3c Abs. 3 hinaus – wie in den Fällen des § 3c Abs. 2 – ein Halbabzugsverbot unabhängig v. der Höhe der Erwerbseinnahmen gelten.

41 § 3c Abs. 3 begrenzt den Abzug v. BV-Minderungen, BA oder Veräußerungskosten, „die" mit den BV-Mehrungen oder Einnahmen iSd. § 3 Nr. 70 in wirtschaftlichem Zusammenhang stehen. § 3c Abs. 3 unterscheidet sich damit – ebenso wie Abs. 2 – v. Abs. 1, der Aufwendungen vom Abzug ausnimmt, „soweit" sie mit stfreien Einnahmen iZ stehen. Diesen unterschiedlichen Formulierungen ist allerdings keine Bedeutung beizumessen. Denn es muss sowohl in den Fällen des Abs. 1 als auch in den Fällen des Abs. 2 und 3 der Sinn und Zweck des Abzugsverbots dessen Reichweite bestimmen.

42 **III. Angeordnete Rechtsfolge.** § 3c Abs. 3 ordnet für die v. ihm beschriebenen BV-Minderungen, BA und Veräußerungskosten die Begrenzung des Abzugs auf die Hälfte an. Diese Rechtsfolgenanordnung ist unproblematisch, soweit § 3 Nr. 70 S. 1 die Befreiung der Hälfte der BV-Mehrungen oder Einnahmen aus der Veräußerung v. Grund und Boden und Gebäuden und der BV-Minderungen aus der Aufdeckung der stillen Reserven beim Übergang in den REIT-Status anordnet.

43 § 3 Nr. 70 S. 2 normiert eine Reihe v. Ausnahmen v. der Befreiungsvorschrift des § 3 Nr. 70 S. 1, zB dass § 3 Nr. 70 S. 1 **nicht anzuwenden ist**, wenn der Stpfl den Betrieb veräußert oder aufgibt und der Veräußerungsgewinn nach § 34 besteuert wird. In diesen Fällen, in denen ausnahmsweise die hälftige Befreiung nach § 3 Nr. 70 S. 1 nicht eingreift, entfällt korrespondierend auch die Halbabzugsbegrenzung des § 3c Abs. 3. Dies folgt aus Sinn und Zweck des § 3c Abs. 3, lässt sich aber auch aus seinem Wortlaut entneh-

1 *Korezkij*, BB 2007, 1698 (1701).

men. In diesen Fällen liegen die v. § 3c Abs. 3 vorausgesetzten „BV-Mehrungen oder Einnahmen iSd. § 3 Nr. 70" nicht vor.

§ 3 Nr. 70 S. 3 sieht vor, dass die StBefreiung nach § 3 Nr. 70 **in bestimmten Fällen rückwirkend entfällt**, zB wenn innerhalb eines Zeitraums v. vier Jahren der Erwerber den Grund und Boden oder das Gebäude veräußert. Entfällt in dieser Weise die StBefreiung rückwirkend, muss auch die Halbabzugsbegrenzung rückwirkend entfallen. Eine Halbabzugsbegrenzung ist nach ihrem Sinn und Zweck nicht mehr gerechtfertigt. Es liegen rückwirkend keine „BV-Mehrungen oder Einnahmen iSd. § 3 Nr. 70" mehr vor. 44

E. Abzugsverbot bei Sanierungserträgen (Abs. 4)

§ 3c Abs. 4 wurde durch das LizenzboxG v. 27.6.2017[1] neu eingeführt. Es werden BV-Minderungen und BA, die mit einem stfreien Sanierungsertrag iSd. § 3a in unmittelbarem wirtschaftlichen Zusammenhang stehen, vom Abzug ausgeschlossen. § 3c Abs. 4 wurde zusammen mit § 3a neu geregelt, der BV-Mehrungen oder BE aus einem Schuldenerlass zum Zweck einer unternehmensbezogenen Sanierung stfrei stellt.[2] Art. 6 Abs. 2 LizenzboxG regelt, dass Art. 2 des G mit der Regelung von § 3c Abs. 4 an dem Tag in Kraft tritt, an dem die Europäische Kommission durch Beschl. feststellt, dass die Regelungen des LizenzboxG entweder keine staatliche Beihilfe oder eine mit dem Binnenmarkt vereinbare Beihilfe darstellen. Die EU-Kommission hat die Steuerbefreiung für Sanierungsgewinne für mit dem europäischen Beihilferecht vereinbar erklärt – allerdings nur in Form eines sog. „comfort letter" und nicht in Gestalt eines förmlichen Beschlusses, sodass ein erneutes Handeln des Gesetzgebers notwendig wurde. Dieser hat inzwischen in Art. 19 des G zur Vermeidung von Umsatzsteuerausfällen beim Handel mit Waren im Internet und zur Änderung weiterer stl. Vorschriften v. 11.12.2018[3] Art. 6 Abs. 2 LizenzboxG aufgehoben und das Inkrafttreten des § 3c Abs. 4 am Tag nach der Verkündung des LizenzboxG angeordnet. 45

§ 3c Abs. 4 S. 1 nimmt BV-Minderungen und BA, die mit einem stfreien Sanierungsertrag iSd. § 3a in einem wirtschaftlichen Zusammenhang stehen, unabhängig davon vom Abzug aus, in welchem VZ der Sanierungsertrag entsteht. § 3c Abs. 4 S. 1 folgt damit der Regelung des § 3c Abs. 2 S. 1, der ebenfalls zutr. den zeitlichen Zusammenhang als nicht maßgebend ansieht. Die Regelung des § 3c Abs. 4 S. 1 wird allerdings für BV-Minderungen und BA, die nach dem Sanierungsjahr entstehen, durch § 3c Abs. 4 S. 4 modifiziert (vgl. auch § 3c Abs. 4 S. 2). 46

§ 3c Abs. 4 S. 2 bestimmt, dass S. 1 nicht gilt, soweit BV-Minderungen oder BA zur Erhöhung von Verlustvorträgen geführt haben, die nach Maßgabe der in § 3a Abs. 3 getroffenen Regelungen entfallen. Bleiben die BV-Minderungen oder BA bereits wg. der Streichung der Verlustvorträge iErg. unberücksichtigt, bedarf es keines Abzugsverbots mehr und müssen dementspr. auch Veranlagungen früherer Jahre nicht geändert werden. 47

Nach **§ 3c Abs. 4 S. 3** gehören zu den BV-Minderungen oder BA iSd. § 3c Abs. 1 auch Aufwendungen iZ mit einem Besserungsschein und vergleichbare Aufwendungen. Nach der Begr. des BR zu seinem Vorschlag des § 3c Abs. 4 sind BV-Minderungen und BA, die in unmittelbarem wirtschaftlichem Zusammenhang mit dem Sanierungsgewinn stehen, insbes. Zahlungen auf Besserungsscheine und Sanierungskosten. Zu den Sanierungskosten zählen dabei alle Aufwendungen, die unmittelbar der Erlangung von Sanierungsbeiträgen der Gläubiger dienen (zB Kosten für den Sanierungsplan und die Sanierungsberatung). Dies gilt unabhängig davon, ob die Aufwendungen tatsächlich zu einer entspr. BV-Mehrung führen. So sind bspw. die Kosten für Vergleichsverhandlungen mit den Gläubigern auch dann vollumfänglich als Sanierungskosten zu beurteilen, wenn es tatsächlich nicht zu einem Vergleich mit allen Gläubigern kommt.[4] 48

Nach **§ 3c Abs. 4 S. 4** gilt S. 1 für BV-Minderungen und BA, die nach dem Sanierungsjahr entstehen, nur insoweit, als noch ein verbleibender Sanierungsertrag iSv. § 3a Abs. 3 S. 4 vorhanden ist. § 3a Abs. 3 S. 4 definiert als „verbleibenden Sanierungsertrag" den sich nach § 3a Abs. 3 S. 2 und 3 ergebenden Betrag. 49

§ 3a Abs. 4 S. 1 bestimmt, dass dann, wenn die Besteuerungsgrundlagen nach § 180 AO gesondert festgestellt werden, auch die Höhe des Sanierungsertrags gesondert festzustellen ist. In der Fassung des Bundesratsvorschlags hatte § 3c Abs. 4 noch die entspr. Anwendung der Regelung des § 3a angeordnet.[5] § 3c Abs. 4 in seiner Endfassung verzichtet auf diese ausdrückliche Regelung, dass auch die vom Abzug ausgenommenen BV-Minderungen und BA festzustellen sind, geht hiervon jedoch stillschweigend bei der Regelung des § 3c Abs. 4 S. 5 aus. **§ 3c Abs. 4 S. 5** regelt, dass dann, wenn die nach § 3c Abs. 4 S. 1 vom Ab- 50

1 BGBl. I 2017, 2074.
2 Hierzu *Uhländer*, DB 2017, 1224.
3 BGBl. I 2018, 2338.
4 BR-Drucks. 59/17 (Beschl.), 17; vgl. auch FinA, BT-Drucks. 18/12128, 34.
5 BR-Drucks. 59/17 (Beschl.), 17.

zug ausgenommenen BV-Minderungen oder BA bereits in einem der Sanierung vorangegangenen VZ – ohne die Berücksichtigung von § 3c Abs. 4 S. 1 – steuermindernd abgezogen worden sind, der entspr. Steuer- oder Feststellungsbescheid nach § 3c Abs. 4 S. 5 zu ändern ist. Dies gilt gem. **§ 3c Abs. 4 S. 6** auch dann, wenn der Steuer- oder Feststellungsbescheid bereits bestandskräftig geworden ist; die Feststellungsfrist endet insoweit nicht, bevor die Festsetzungsfrist für das Sanierungsjahr abgelaufen ist.

F. Einzelnachweise (ABC)

51 **Abfindungen:** Zahlungen zur Erstattung v. Abfindungen sind bis zur Höhe des Freibetrages des § 3 Nr. 9 aF nicht als WK abzugsfähig (FG Bdbg. v. 23.1.1996 – 3 K 179/95 E, juris). Die Rückzahlung einer stfreien Abfindung, die ein StPfl. freiwillig gem. § 88 BeamtVG **bei einer erneuten Berufung in ein Beamtenverhältnis** leistet, kann als WK bei den Einkünften aus nichtselbständiger Arbeit abgezogen werden (BFH v. 27.5.1983 – VI R 2/80, nv.).

Abgeordnete: Nach einer Entscheidung des FG Berlin-Bdbg v. 13.6.2012 (12 K 12096/09, EFG 2012, 1725) stehen die Aufwendungen eines Abgeordneten für ein Wahlprüfungsverfahren nicht im Zusammenhang mit einer stfreien Kostenpauschale für Schreibarbeiten, Porto etc. und sind daher als WK abzugsfähig.

Annuitätshilfen: WK bei den Einkünften aus VuV in Form v. Schuldzinsen sind um die aus öffentl. Mitteln als Zinszuschuss gewährten Annuitätshilfen zu kürzen (FG Berlin v. 15.1.1980 – V 276/78, EFG 1980, 435).

Arbeitsförderung: Die gem. § 3 Nr. 2 stfreien Leistungen nach den §§ 44 ff. AFG (= §§ 153 ff. SGB III) sind nach BFH nicht als Einheit, sondern nach ihrer jeweiligen Bedeutung zu würdigen: Ausgaben für Kursgebühren, Mehraufwendungen für Verpflegung, Übernachtungskosten und Fahrtaufwendungen sind bis zur Höhe der gezahlten Zuschüsse vom Abzug ausgeschlossen (BFH v. 4.3.1977 – VI R 213/75, BStBl. II 1977, 507; vgl. auch FG München v. 17.9.1976 – V 119/73, EFG 1977, 6). Nach BFH (BFH v. 13.10.2003 – VI R 71/02, BStBl. II 2004, 890 = FR 2004, 89) können Aufwendungen für eine erstmalige, vom Arbeitsamt unterstützte Berufsausbildung zur Bürokauffrau WK sein, soweit sie die Kostenerstattungen nach § 45 AFG (= §§ 79, 81 SGB III) übersteigen. Das Unterhaltsgeld iSd. § 44 AFG (= §§ 77, 153 SGB III aF) sei nicht nach § 3c Abs. 1 anzurechnen.

Arbeitszimmer: Aufwendungen für ein Arbeitszimmer sind aufzuteilen, wenn das Arbeitszimmer auch für eine Tätigkeit genutzt wird, die mit stfreien Einnahmen iZ steht (vgl. FG Berlin v. 21.6.1985 – III 289/83, EFG 1986, 173; FG RhPf. v. 24.2.1986 – 5 K 266/85, EFG 1986, 282). Von Bedeutung ist dabei, ob die Aufwendungen für das Arbeitszimmer durch eine Tätigkeit zur Erzielung stfreier Einnahmen veranlasst sind oder ob es sich um Aufwendungen handelt, die stfrei ersetzt werden.

ArbN-PB: Das in Abs. 1 enthaltene Abzugsverbot betr. WK gilt auch für den ArbN-PB (FG FG Düss. v. 12.12.2002 – 14 K 6509/01 Kg, EFG 2003, 630 mwN). Nach einer Entscheidung des Sächs FG (Sächs FG v. 27.2.1997 – 2 K 317/95, EFG 1997, 795) ist der ArbN-PB, wenn der StPfl. neben dem lfd. Arbeitslohn eine teils nach § 3 Nr. 9 aF stfreie, teils nach § 34 Abs. 1 begünstigte Abfindung bezieht, grds. vorrangig v. den dem Normaltarif unterliegenden lfd. Bezügen abzuziehen. Demgegenüber ist nach FG Köln der ArbN-PB bei gleichzeitigem Bezug v. lfd. Arbeitslohn und einer vom ArbG gewährten Entschädigung iSv. § 24 Nr. 1 lit. a im Verhältnis der Lohnbestandteile aufzuteilen (FG Köln v. 12.3.1997 – 2 K 4934/95, EFG 1997, 797).

Aufgabeverluste s. Veräußerungsverluste.

Aufwandsentschädigung: Erhält der ArbN eine nach § 3 Nr. 12 stfreie Aufwandsentschädigung für auf Dienstgängen entstandene Zehrkosten, kann er Verpflegungsmehraufwand nur als WK geltend machen, soweit die Aufwendungen die erhaltene Entschädigung übersteigen (BFH v. 28.1.1988 – IV R 186/85, BStBl. II 1988, 635; v. 13.10.2006 – XI B 129/05, juris; FG Thür. v. 13.9.2017 – 3 K 170/17, EFG 2018, 543 [Rev. VIII R 5/18]). Erhält ein Bürgermeister eine Dienstaufwandsentschädigung ausbezahlt, die seine gesamten beruflich veranlassten Aufwendungen ersetzen soll, so kann er nur insoweit WK geltend machen, als die Aufwendungen die Entschädigung übersteigen (BFH v. 9.6.1989 – VI R 33/86, BStBl. II 1990, 119 = FR 1989, 746). Nach FG BaWü. (v. 4.2.1998 – 2 K 85/96, EFG 1998, 724) sind durch die den Bürgermeistern gewährten Dienstaufwandsentschädigungen grds. alle durch den Dienst veranlassten Aufwendungen abgegolten (aA FG Münster v. 18.4.1978 – VI 521/77 E, EFG 1978, 586). In demselben Sinne hat das FG BaWü. (v. 28.11.1985 – III 403/82, EFG 1986, 183) einen Abzug v. Verpflegungsmehraufwendungen, die einem Lehrer anlässlich eines Schulausfluges entstanden waren, als WK abgelehnt, da er im folgenden VZ nach § 3 Nr. 13 stfreien Aufwandsersatz erhalten hatte. Allerdings hat der BFH (BFH v. 26.3.2002 – VI R 26/00, BStBl. II 2002, 823 = FR 2002, 1306) die v. § 3 Nr. 12 S. 1 als Aufwandsentschädigung stfrei gezahlte Zulage für eine Tätigkeit im Beitrittsgebiet nicht als Leistung qualifiziert, mit der die Fahrtaufwendungen des Klägers ersetzt worden seien, sodass der Kläger übersteigende Aufwendungen hätte geltend machen können. Der BFH hat vielmehr eine Zuwendung angenommen, die überwiegend als Stellenzulage zu qualifizieren sei, sodass eine Aufteilung der WK nach dem Verhältnis v. stfreien zu stpfl. Einnahmen zu erfolgen habe.

Ausbildungsdarlehen: Aufwendungen für einen Zuschlag, den der Empfänger eines Ausbildungsdarlehens neben der Rückzahlung des Darlehens und etwaigen Zinsen (die vom Abzugsverbot des Abs. 1 erfasst werden) zu entrichten hat, sind nur dann nach Abs. 1 vom Abzug als WK oder BA ausgeschlossen, wenn der nahezu ausschließliche Zweck des Zuschlags auf die Abgeltung des Zinsnachteils des Darlehensgebers gerichtet ist. Der Zuschlag ist dagegen abziehbar, wenn er überwiegend als Druckmittel zur Einhaltung der vorvertraglichen Verpflichtung zur Eingehung eines langfristigen Arbverh. dienen soll (BFH v. 22.1.1993 – VI R 95/89, BFH/NV 1993, 414).

Ausbildungskosten: Als WK anzuerkennende Ausbildungskosten sind gem. § 3c Abs. 1 um unmittelbar damit zusammenhängende stfreie Einnahmen zu kürzen (FG Münster v. 24.1.2018 – 7 K 1007/17 E,F, EFG 2018, 549 [Rev. VI R 3/18]). S. auch Berufsausbildungskosten.

Ausgleichszulage: Bei im Ausland tätigen Lehrern, die v. der Zentralstelle für Auslandsschulwesen eine Ausgleichszulage erhalten, sollen nach BFH (BFH v. 14.11.1986 – VI R 209/82, BStBl. II 1989, 351) WK aus ihrem Dienstverhältnis mit dem ausländ. Schulträger nur entspr. dem Verhältnis des stfreien Teils der Zulage zum Gesamtbetrag der Zulage abziehbar sein. Diese Entscheidung stößt vor allem deshalb auf Bedenken, weil der BFH Abs. 1 unabhängig davon für anwendbar hält, ob die Ausgleichszulage zu Recht oder zu Unrecht als stfrei behandelt wurde.

Ausländische Einkünfte: Nach BFH (v. 16.3.1994 – I R 42/93 BStBl. II 1994, 799 = FR 1994, 682) ist § 3c Abs. 1 bei der Ermittlung ausländ. Einkünfte iSd. § 34 nicht analog anwendbar. Nach FG Berlin-Bdbg. (v. 24.6.2009 – 12 K 9380/04 B, EFG 2009, 1630) verletzt das Abzugsverbot für mit stfr. ausl. Einkünften iZ stehende WK gem. § 3c nicht die in Art. 45 AEUV gewährleistete ArbN-Freizügigkeit.

Auslandstätigkeit: Aufwendungen für eine Auslandstätigkeit, bei der keine im Inland steuerbaren Einnahmen anfallen, sind nicht als WK abziehbar, ohne dass allerdings Abs. 1 Anwendung findet (FG Nürnb. v. 19.4.1978 – V 105/77, EFG 1978, 423; vgl. auch FG Düss. v. 28.9.1978 – VIII 185/74 E, EFG 1979, 219; BFH v. 20.7.1973 – VI R 198/69, BStBl. II 1973, 732). Ein Abzug v. **Aufwendungen für Fremdsprachenunterricht** scheidet aus, wenn eine Fremdsprache wegen einer im Ausland angestrebten Tätigkeit erlernt wird, die zu nicht der inländ. Besteuerung unterliegenden Einkünften führt (BFH v. 24.4.1992 – VI R 141/89, BStBl. II 1992, 666 = FR 1992, 543 m. Anm. Söffing). **Vorab entstandene WK**, die durch eine nichtselbständige Tätigkeit im Ausland veranlasst sind, mindern bei entspr. ProgrVorb. – so der BFH – auch dann den Steuersatz, wenn künftig die inländ. StPfl. entfällt. Zu diesem Ergebnis führe auch die Anwendung v. Abs. 1, wobei die Frage, ob neben den DBA-Regelungen über die Freistellung v. Einkünften überhaupt Raum für eine Anwendung des Abs. 1 sei, offen bleiben könne (BFH v. 6.10.1993 – I R 32/93, BStBl. II 1994, 113 = FR 1994, 95 m. Anm. Meyer).

Auslandstrennungsgeld: Wird stfreies Auslandstrennungsgeld gezahlt, so sind die Aufwendungen für doppelte Haushaltsführung bis zur Höhe der Trennungszulage vom Abzug ausgeschlossen (BFH v. 14.11.1986 – VI R 226/80, BStBl. II 1987, 385 [386] = FR 1987, 206; v. 15.1.1988 – VI R 107/84, BFH/NV 1988, 494; vgl. auch FG München v. 30.1.1986 – VI 207/82 E, EFG 1986, 341).

Auslandszulagen: Bezieht ein StPfl. neben seinem Grundgehalt zusätzlich nach § 3 Nr. 64 stfreie Auslandszulagen, sind seine WK regelmäßig zu dem Teil nicht abziehbar, der dem Verhältnis der stfreien Einnahmen zu den Gesamteinnahmen entspricht (BFH v. 11.2.1993 – VI R 66/91, BStBl. II 1993, 450 = FR 1993, 497; v. 13.8.1997 – I R 65/95, BStBl. II 1998, 21 = FR 1998, 110; v. 14.11.1986 – VI R 209/82, BStBl. II 1989, 351). Allerdings hat der BFH (BFH v. 28.10.1994 – VI R 70/94, BFH/NV 1995, 505) entschieden, ein v. seinem ArbG zu einem Lehrgang abgeordneter ArbN könne die **Pkw-Kosten zu den Lehrgangsorten** abzgl. der ArbG-Erstattung als WK geltend machen; § 3c Abs. 1 stehe dem WK-Abzug auch dann nicht entgegen, wenn der Lehrgangsbesuch im Hinblick auf einen geplanten Auslandseinsatz angeordnet worden sei und für den Auslandseinsatz eine nach § 3 Nr. 64 stfreie Auslandszulage gezahlt werde.

Außensteuergesetz: Nach BFH (BFH v. 7.9.2005 – I R 118/04, BStBl. II 2006, 537 = FR 2006, 236 m. Anm. Kempermann) ist der Hinzurechnungsbetrag nach §§ 7, 10 AStG keine Einnahme iSd. § 3c Abs. 1. Es handele sich um einen Einkünfteerhöhungsbetrag, der die Einkünfte aus KapVerm. oder den Gewinn außerhalb der Überschussrechnung iSd. § 2 Abs. 2 S. 1 Nr. 2 oder der Gewinnermittlung iSv. § 2 Abs. 2 S. 1 Nr. 1 erhöhe.

BAföG: Als WK anzuerkennende Ausbildungskosten sind bei einem BAföG-Empfänger nach § 3c Abs. 1 vom Abzug ausgenommen, soweit BAföG-Leistungen für die Ausbildung und nicht den Lebensunterhalt gewährt werden (FG Münster v. 24.1.2018 – 7 K 1007/17,E,F, EFG 2018, 549 [Rev. VI R 3/18]).

Berufsausbildungskosten: Nach BFH soll allein die Möglichkeit, dass die Berufstätigkeit später auch im Ausland ausgeübt werden könnte, keinen unmittelbaren wirtschaftlichen Zusammenhang iSv. § 3c Abs. 1

begründen (Ausbildung zum Berufspiloten und nachfolgende Berufstätigkeit im Ausland). Es mangele an einem „unlösbaren" Zusammenhang. Es fehle an „einer erkennbaren und abgrenzbaren Beziehung zwischen Aufwendungen und künftigen Einnahmen". Die Aufwendungen stünden mit den stfreien Einnahmen nicht in einem solchen Zusammenhang, „dass sie ohne diese nicht angefallen wären" (BFH v. 28.7. 2011 - VI R 5/10, BStBl. II 2012, 553 = FR 2011, 1169).

Berufskleidung: Erhält ein Orchestermusiker ein nach § 3 Nr. 31 stfreies Kleidergeld, so sind seine Aufwendungen für Berufskleidung bis zur Höhe des stfreien Kleidergeldes auch dann nach § 3c Abs. 1 nicht als WK absetzbar, wenn es sich um typische Berufskleidung iSv. § 9 Abs. 1 Nr. 6 handelt. Zu berücksichtigen sind nicht nur die Kleidergeldzahlungen, die im Jahr der Anschaffung der Berufskleidung geleistet wurden, sondern auch die Zahlungen früherer – und späterer – Jahre (vgl. FG Hess. v. 21.1.1994 – 13 K 1351/93, EFG 1994, 700).

Betriebsaufspaltung s. Nutzungsüberlassung.

Bezugsrecht: Die Halbeinkünftebesteuerung nach § 3 Nr. 40 S. 1 lit. j aF für private Veräußerungsgeschäfte iSv. § 23 Abs. 3 umfasste die Veräußerung eines durch Kapitalerhöhung entstandenen Bezugsrechts. Deshalb war darauf auch § 3c Abs. 2 S. 1, 2. HS anzuwenden, dh. die AK waren nur zur Hälfte absetzbar (BFH v. 27.10.2005 - IX R 15/05, FR 2006, 291 = BFH/NV 2006, 191).

Bruttomethode: Nach einer Entscheidung des FG Münster ist es nicht erforderlich, dass die Korrekturen iSv. § 3 Nr. 40, § 3c Abs. 2 bereits bei der Ermittlung der Einkünfte der PersGes. vom BetriebsFA in der gesonderten und einheitlichen Feststellung vorgenommen werden (FG Münster v. 29.7.2010 – 15 K 3156/08, EFG 2010, 1887).

Darlehensaufnahme: Mit der Gewährung eines Darlehens ist dem StPfl. keine Einnahme iSd. Abs. 1 zugeflossen (BFH v. 23.2.2005 - VII R 63/03, BStBl. II 2005, 591).

Darlehensforderungen s. G'ter-Darlehensforderungen und Teilwertabschreibungen auf G'ter-Darlehen.

DBA: Soweit nach DBA nicht ohnehin „Einkünfte", sondern Einnahmen befreit sind, sind mit diesen Einnahmen zusammenhängende Ausgaben vom Abzug ausgeschlossen (BFH v. 29.1.1986 – I R 22/85, BStBl. II 1986, 479, 481 = FR 1986, 363; v. 3.12.1982 – VI R 228/80, BStBl. II 1983, 567 [569] = FR 1983, 250; v. 21.4.1971 – I R 97/68, BStBl. II 1971, 694).

Dienstleistungen s. Nutzungsüberlassung.

Dienstreisen: ArbN können die anlässlich v. Dienstreisen erwachsenen Aufwendungen als WK geltend machen, soweit sie der ArbG nicht nach § 3 Nr. 16 stfrei erstattet hat (BFH v. 6.3.1980 – VI R 65/77, BStBl. II 1980, 289, 291 = FR 1980, 362).

EG-/EU-Bedienstete: Ein StPfl., der Dienstbezüge von der EG/EU erhält, kann damit iZ stehende Aufwendungen nicht als WK bei der Veranlagung zur deutschen Est geltend machen (Hess. FG v. 1.9.2010 – 10 K 989/10, EFG 2011, 647).

Eingliederungszuschüsse: Der BFH hat offengelassen, ob Eingliederungszuschüsse an ArbG nach dem SGB II nach § 3 Nr. 2d stfrei sind (oder eine Steuerfreiheit nur für Leistungen an ArbN besteht). Wären die Zuschüsse stfrei, bestünde ein unmittelbarer Zusammenhang mit den Lohnzahlungen an die ArbN, sodass diese nach § 3c Abs. 1 vom Abzug ausgenommen wären (BFH v. 29.8.2017 – VIII R 17/13, BStBl. II 2018, 408).

Einlage: Eine Einlage ist keine „stfreie Einnahme", Abs. 1 somit auch nicht anwendbar (BFH v. 21.12.1977 – I R 20/76, BStBl. II 1978, 346, 347; vgl. auch Meyer/Sievers, DStR 1986, 819, 820 zum Abzug v. BA iZ mit einem Gewinn aus der Entnahme einer selbstgenutzten Wohnung aus dem BV).

Eintrittsgelder: Zahlt ein Genosse beim Eintritt in eine Kreditgenossenschaft zur Abgeltung des mit dem Eintritt verbundenen Aufwands ein einmaliges Eintrittsgeld und ist dieses stfrei, so ist der mit dem Eintritt in wirtschaftlichem Zusammenhang stehende Aufwand in Höhe des Eintrittsgeldes vom Abzug ausgeschlossen (BFH v. 19.2.1964 – I 179/62 U, BStBl. III 64, 277).

Entschädigungen: Ist eine aus öffentl. Mitteln gezahlte Hochwasserentschädigung stfrei, so können die iRd. Entschädigung zur Beseitigung der Hochwasserschäden gemachten Aufwendungen nicht als BA abgezogen werden (RFH RStBl. 1942, 1138).

Ersparte Aufwendungen: Keine Ausgaben iSv. Abs. 1 sind infolge einer vGA ersparte Aufwendungen, soweit sich ein Abzugsverbot nicht ergeben hätte, wenn der Leistungsaustausch fremdüblich gestaltet worden wäre (Schulte/Behnes, DB 2004, 1525).

EU-Zulagen: Erhält ein an eine Europaschule abgeordneter Lehrer neben seinen stpfl. Dienstbezügen eine stfreie Zulage, so sind die mit seiner Tätigkeit zusammenhängenden WK nur im Verhältnis der stpfl. Bezüge zu den Gesamtbezügen abzugsfähig (FG RhPf. v. 14.6.1999 – 5 K 2673/97, EFG 2000, 56).

Fahrtkosten: Beteiligt sich der ArbN im Falle der Kfz.-Gestellung teilw. an den Kosten der Fahrten Wohnung/Arbeitsstätte dergestalt, dass er den die Pauschbeträge des § 9 Abs. 1 S. 3 Nr. 4 übersteigenden Kostenanteil übernimmt und wird der Nutzungswert insgesamt nicht dem LSt-Abzug unterworfen, kann der ArbN für diese Fahrten auch keine WK geltend machen (BFH v. 8.2.1996 – VI B 133/95, BFH/NV 1996, 473).

Forschungszuschüsse: Ausgaben für Forschungsarbeiten sind nach § 3c Abs. 1 bis zur Höhe der nach § 3 Nr. 44 stfreien Zuschüsse vom Abzug ausgeschossen (BFH v. 7.12.1967 – IV R 33/67, BStBl. II 1968, 149).

GewSt auf Streubesitzdividenden: Fraglich ist, ob für einen betrieblichen Anleger die GewSt, die rechnerisch auf Streubesitzdividenden iSd. § 8 Abs. 5 GewStG entfällt, eine nur zu 60 % abzugsfähige Ausgabe iSv. § 3c Abs. 2 darstellt. Ernst & Young, § 3c EStG Rn. 87, 65 und Kessler/Kahl (DB 2002, 1017) verneinen dies mit der Begr., die GewSt laste auf dem Betrieb als Ganzem. Fischer (DStR 2002, 610, 613 f.) hält es für fraglich, ob der Objektsteuercharakter der GewSt zur Begr. des Fehlens eines wirtschaftlichen Zusammenhangs herangezogen werden kann. Systematisch falle es schwer, die GewSt auf Dividenden im gewerblichen Bereich bei nat. Pers. nicht unter § 3c Abs. 2 zu fassen. Beinert/Mikus (DB 2002, 1467, 1471) meinen, für die **Anwendung v. § 3c Abs. 2** spreche, dass die Dividenden immerhin die gewstl. Bemessungsgrundlage erhöhten. Fischer und Beinert/Mikus ist zuzustimmen.

GmbH und atypisch Still: Für die Sonder-BA des atypisch still beteiligten G'ters stellt sich im Hinblick auf die im Sonder-BV gehaltenen GmbH-Anteile die Frage, inwieweit sie der Verlustabzugsbeschränkung des Abs. 2 unterfallen. Die Sonder-BA müssen – so Löhr – danach unterschieden werden, ob sie durch schuldrechtl. begründete Leistungen, die atypisch stille Ges. (die Innengesellschaft), durch das Gesellschaftsverhältnis zur GmbH oder durch die atypisch stille Ges. und das Gesellschaftsverhältnis mit der GmbH zusammen veranlasst sind. Nach der Auffassung v. Löhr können die Sonder-BA grds. nur insoweit dem hälftigen bzw. 40 %igen Abzugsverbot unterliegen, wie sie durch das Gesellschaftsverhältnis zur GmbH selbst veranlasst sind (vgl. im Einzelnen: Löhr, BB 2002, 2361).

G'ter-Darlehen: Erwirbt eine PersGes. die Beteiligung an einer KapGes. mit Darlehen ihrer G'ter, sind die Zinszahlungen der PersGes. nur zur Hälfte abzugsfähig, die Zinseinnahmen der G'ter als Sonder-BE mangels Befreiungstatbestand voll stpfl. und Sonder-BA der G'ter für Refinanzierungszinsen voll absetzbar (*K/S/M*, § 3c Rn. C 175 ff.; **aA** Korn, § 3c Rn. 23.4 ff.; s. auch Teilwertabschreibungen auf G'ter-Darlehen).

Insolvenz-/Konkursausfallgeld: Führt ein ArbN in dem Zeitraum, für den er Konkursausfallgeld erhält, Fahrten Wohnung/Arbeitsstätte durch, sind nach BFH die Aufwendungen als WK abziehbar. Zw den Aufwendungen und dem Konkursausfallgeld bestehe kein unmittelbarer wirtschaftlicher Zusammenhang. Die Fahrten dienten der Erbringung der arbeitstäglich geschuldeten Dienstleistung. Das Konkursausfallgeld erhalte der ArbN jedoch nicht für die Erbringung seiner Dienstleistung, sondern wegen der Zahlungsunfähigkeit des ArbG (BFH v. 23.11.2000 – VI R 93/98, BStBl. II 2001, 199 [200] = FR 2001, 309 m. Anm. Kanzler).

Investitionszulagen: Investitionszulagen sind stfreie Einnahmen (vgl. H 2 EStH; Paulus, BB 1984, 1462, 1465; **aA** Schmidt, DB 1984, 326: nicht steuerbar). Dementspr. sind Aufwendungen, die durch die Beantragung und Vereinnahmung v. Investitionszulagen veranlasst sind (wie zB anteilige Löhne und Gehälter oder Honorare für die mit der Beantragung und Verbuchung betrauten Mitarbeiter oder Berater oder auch Gebühren für öffentl.-rechtl. Bescheinigungen), nach Abs. 1 vom Abzug ausgeschlossen (**aA** FinSen. Berlin v. 21.11.1985, DB 1986, 149; Schmidt, DB 1984, 1375, 1376; Schmidt, DB 1984, 326). Zinsen, die auf eine zurückzuzahlende Investitionszulage zu leisten sind, sind als BA abziehbar. Bei der „Weitergabe" v. Investitionszulagen ist Abs. 1 nicht anwendbar (Bordewin, BB 1965, 788; Paulus, BB 1984, 1462).

Investmentsteuerrecht: Ob WK iSv. § 3 InvStG in einem unmittelbaren wirtschaftlichen Zusammenhang mit den Einnahmen stehen, ist unter Rückgriff auf die zu § 3c Abs. 1 entwickelten Grundsätze zu klären (BFH v. 30.1.2018 – VIII R 20/14, juris).

Kapitalabfindungen: Die Kürzung, die bei Kapitalabfindungen nach § 74 Abs. 2 BVG ggü. der Summe der lfd. Rentenbezüge eintritt, stellt keinen Aufwand dar und wäre, selbst wenn Aufwand anzunehmen wäre, nach § 3c Abs. 1 vom Abzug ausgeschlossen (BFH v. 8.6.1966 – VI 3/65, BStBl. III 1966, 537, 538).

Krankenversicherungsbeiträge: Nach BFH (BFH v. 22.5.1969 – IV R 144/68, BStBl. II 1969, 489) führt die StFreiheit v. Krankenversicherungsleistungen nach § 3 Nr. 1 lit. a zu einem Verbot des Abzugs als BA für die Krankenversicherungsbeiträge (offengelassen v. BFH v. 7.10.1982 – IV R 32/80, BStBl. II 1983, 101 = FR 1983, 118).

Krankheitskosten: Aufwendungen zur Heilung einer Berufskrankheit sind nicht als BA abzugsfähig, soweit ihnen Erstattungen aus einer Krankenversicherung gegenüberstehen (FG Nds. v. 28.8.1979 – VI E 287/77, EFG 1980, 65).

Kriminalbeamte: Verpflegungsmehraufwand v. Kriminalbeamten ist nach Abs. 1 vom Abzug ausgeschlossen, soweit Pauschbeträge für Verpflegungsmehraufwand bei Außendiensttätigkeit gezahlt werden (FG Berlin v. 10.3.1978 – III 52/77, EFG 1978, 478).

Mehrheit v. Beteiligungen: Geschäftsführungskosten einer PersGes.-Holding, die mehrere Beteiligungen verwaltet, – ebenso wie Verwaltungskosten (insbes. Regie- und Kontrollkosten), Kosten für Dienstleistungen und Nutzungsüberlassungen, die auf die Gesamtheit aller Beteiligungen entfallen – sind nach Herzig (DB 2003, 1459, 1466) in voller Höhe abziehbar. Nach Herzig fordert Abs. 2 mit dem Tatbestandsmerkmal des wirtschaftlichen Zusammenhangs einen **konkreten Veranlassungszusammenhang** mit einer einzelnen Beteiligung. Dem ist nicht zuzustimmen (so auch Dötsch in D/J/P/W, § 3c EStG nF Rn. 30). Ein wirtschaftlicher Zusammenhang ist zu bejahen. Die Aufwendungen können nicht dadurch voll abziehbar werden, dass nicht nur **eine, sondern mehrere Beteiligungen** bestehen.

MU'anteile: § 3c Abs. 2 S. 1 iVm. § 3 Nr. 40 S. 1 lit. b verlangt eine Kaufpreisaufteilung bei Veräußerungen. **Bei der Veräußerung v. MU'anteilen** ist der Teil, der auf die Beteiligung an einer KapGes. entfällt, dem Teileinkünfteverfahren zu unterwerfen, wenn der MU'er eine nat. Pers. ist (und v. der Besteuerung auszunehmen, wenn MU'er eine KapGes. ist). Eine Kaufpreisaufteilung ist aber **schon im Zeitpunkt des Erwerbs** erforderlich. Wird ein MU'anteil erworben und fremdfinanziert und hält die MU'schaft Anteile an einer KapGes., so dürfen als Sonder-BA anzusetzende Fremdfinanzierungszinsen, soweit sie anteilig auf den Erwerb der Anteile an der v. der MU'schaft gehaltenen KapGes. entfallen, bei einer nat. Pers. lediglich zu 60 % abgezogen werden (Starke, FR 2001, 25 f.; Nacke, DB 2002, 756, 762). Ist nicht eine nat. Pers., sondern eine Körperschaft beteiligt, so waren bis zur Neuregelung durch das ProtokollerklärungsG die anteiligen Zinsen nach § 3c Abs. 1 in vollem Umfang vom Abzug ausgeschlossen. Nunmehr gilt das pauschale BA-Abzugsverbot nach § 8b Abs. 5 KStG.

Nebenberufliche Tätigkeiten: Für § 3 Nr. 26 aF hat der BFH (BFH v. 6.7.2005 – XI R 61/04, BStBl. II 2006, 163 = FR 2005, 1250) entschieden, das Abzugsverbot basiere in den Fällen des Aufwendungsersatzes auf der Annahme, dass ein Abzug wegen des Fehlens einer Belastung nicht gerechtfertigt sei; an einer Belastung fehle es aber nur, soweit tatsächlich Ersatz geleistet worden sei. Das Ergebnis werde bestätigt, wenn man § 3 Nr. 26 eine ähnliche Wirkung wie einer BA-/WK-Pauschale beimesse; die Pauschalierung komme nicht in Betracht, wenn höhere WK nachgewiesen würden. Das FG BaWü. (v. 3.2.1993 – 2 K 140/88, EFG 1993, 712) hat Aufwendungen eines ArbN, welche mit einer **ehrenamtlichen Tätigkeit** zusammenhingen, für abziehbar erachtet, wenn die ehrenamtliche Tätigkeit mit dem Beruf in enger Verbindung stehe und deren freiwillige Übernahme das berufliche Fortkommen fördern sollte.

Nutzungsüberlassung s. Rn. 30d.

Auch wenn die Nutzungsüberlassung im Einzelfall (vorrangig) erfolgt, um Beteiligungserträge zu erzielen, gilt das Teilabzugsverbot gleichwohl nicht für Aufwendungen, die sich auf die Substanz der dem BV zugehörigen, zur Nutzung an die KapGes. überlassenen WG beziehen. Der BFH verweist insoweit auf seine Rspr. zu Teilwertabschreibungen von Darlehensforderungen (s. „Teilwertabschreibungen auf G'ter-Darlehen"). Die für Darlehensforderungen entwickelten Grundsätze müssten auch für substanzbezogene Wertminderungen von anderen WG des BV gelten. Auch insoweit sei zu berücksichtigen, dass Substanzgewinne aus der Veräußerung oder Entnahmen voll stpfl. seien und dementsprechend Wertminderungen nicht dem Teilabzugsverbot unterfallen könnten (BFH v. 28.2.2013 – IV R 49/11, BStBl. II 2013, 802; v. 17.7.2013 – X R 17/11, BStBl. II 2013, 817 = FR 2014, 21).

Optionsprämien: Anteilseigner können bestehende Aktienbestände durch eine Verkaufsoption gegen einen möglichen Kursverfall absichern. Die gezahlte Optionsprämie reduziert den Veräußerungsgewinn bzw. erhöht den Veräußerungsverlust. Ist der Veräußerungspreis nach § 3 Nr. 40 nur zu 60 % zu erfassen, wirkt sich nach § 3c Abs. 2 die Optionsprämie ebenfalls nur zu 60 % aus. Lässt der Anteilseigner die Option verfallen, ist das Optionsrecht auszubuchen. Auch in diesem Fall dürfen sich die Aufwendungen für die Option nach § 3c Abs. 2 nur zu 60 % auswirken (insoweit **aA** Häuselmann/Wagner, BB 2002, 2170, 2171; Ernst & Young, § 3c EStG Rn. 34 zur Berücksichtigung v. Optionsprämien nach § 8b Abs. 2 KStG, § 3c Abs. 1 für VZ vor 2004).

§ 3c Abs. 2 ist entspr. anzuwenden, wenn künftige Erwerbe durch Erwerb einer **Kaufoption** gegen einen möglichen Kursanstieg abgesichert werden. Wird eine Option ausgeübt, so stellt die Optionsprämie einen Teil der Anschaffungsnebenkosten dar. Lässt der Optionsinhaber die Option verfallen, so handelt es sich um Aufwendungen zur Erzielung v. nach § 3 Nr. 40 zu 40 % stbefreiten Einnahmen (**aA** Häuselmann/Wagner, BB 2002, 2170; Ernst & Young, § 3c EStG Rn. 61 f.).

Organschaft: Bei Organschaften zu nat. Pers. oder PersGes. fällt nach § 3 Nr. 40 S. 1 lit. a auch die Veräußerung einer Organbeteiligung unter das Teileinkünfteverfahren. Damit sind auch iZ stehende Aufwendungen (zB Refinanzierungsaufwand; Veräußerungskosten) nur zu 60 % abzugsfähig (Beinert/van Lishaut, FR 2001, 1037, 1044).

Kumulieren Gewinnausschüttungen aus vororganschaftlicher Zeit mit organschaftlichen Ergebnisabführungen innerhalb eines VZ, ist eine quotale Aufteilung der Finanzierungsaufwendungen geboten, sodass die mit der Gewinnausschüttung iZ stehenden Aufwendungen dem Teilabzugsverbot des § 3c Abs. 2 unterliegen (FG Saarl. v. 1.2.2016 – 1 K 1145/12, EFG 2016, 1013 [Rev. VIII R 4/16]).

Pachtentgelt s. Nutzungsüberlassung.

Prozesskosten: Prozesskosten zum Erhalt stfreier Einnahmen sind vom Abzug ausgeschlossen (BFH v. 22.1.1993 – VI R 95/89, BFH/NV 1993, 414).

Refinanzierungskosten s. G'ter-Darlehen.

Reisekostenerstattung: Eine Reisekostenerstattung, die im Folgejahr stfrei erfolgt, hindert den WK-Abzug im Entstehungsjahr (FG BaWü. v. 28.11.1985 – III 403/82, EFG 1986, 183). Aufwendungen für Fahrten zw. Wohnung und Arbeitsstätte sind wegen des Abzugsverbots des § 3c Abs. 1 nicht als WK abziehbar, wenn der StPfl. nach § 3 Nr. 13 stfreie Reisekostenvergütungen des öffentl. Dienstes erhält, bei deren Bemessung neben der Wegstrecke zum Zielort auch der Weg bis zur Dienststätte zugrunde gelegt wird (BFH v. 9.6.1989 – VI R 33/86, BStBl. II 1990, 119 = FR 1989, 746; FG Nds. v. 12.3.1997 – II (VIII) 57/93, EFG 1997, 941).

Rentenversicherungsbeiträge: Abs. 1 findet keine Anwendung auf Schuldzinsen für einen Kredit zur Nachentrichtung freiwilliger Beiträge zur Angestelltenversicherung (BFH v. 21.7.1981 – VIII R 32/80, BStBl. II 1982, 41 = FR 1982, 22).

Rückzahlung: Das FG Nürnb. hat Beiträge, die eine erneut in das Beamtenverhältnis berufene Beamtin für die Rückzahlung einer stfreien Abfindung aufgewandt hatte, nur bis zur Höhe der Abfindung vom Abzug ausgeschlossen (FG Nürnb. v. 23.11.1979 – V 178/79, EFG 1980, 175). Der BFH (v. 27.5.1983 – VI R 2/80, nv., juris-DokNr. 440342) hat diese Entscheidung nicht bestätigt, sondern die Rückzahlungsbeträge uneingeschränkt zum Abzug zugelassen. Er hat dies damit begründet, dass die Rückzahlung nicht in unmittelbarem wirtschaftlichem Zusammenhang mit der früheren stfreien Abfindung stehe, sondern allein dazu diene, die zukünftigen stpfl. Einnahmen der Beamtin zu erhöhen (vgl. auch zum Stichwort „Abfindungen").

Speditionskosten: Speditionskosten eines ArbN iZ mit einem beruflich veranlassten Umzug, die der ArbG erstattet hat, sind nach Abs. 1 vom Abzug ausgenommen (BFH v. 24.8.1995 – IV R 27/94, BStBl. II 1995, 895 [896] = FR 1996, 65).

Stille Gesellschaft s. Unterbeteiligung.

Studienkosten: Nach BFH (v. 9.11.1976 – VI R 139/74, BStBl. II 1977, 207) sind Mehraufwendungen wegen doppelter Haushaltsführung bei dem Empfänger eines nach § 3 Nr. 44 stfreien Stipendiums nicht abzugsfähig; § 3c Abs. 1 schließe den Abzug aus, weil das Stipendium zum Ausgleich der geltend gemachten Mehraufwendungen gewährt worden sei.

Tarifbegünstigte Einkünfte: § 3c Abs. 1 gilt nicht für tarifbegünstigte Einkünfte zB nach § 17 Abs. 2 BerlinFG aF (BFH v. 25.10.1979 – VIII R 153/78, BStBl. II 1980, 352 = FR 1980, 176).

Teilwertabschreibungen von G'ter-Darlehen s. Rn. 30a.

Trinkgeld: § 3 Nr. 51 enthält eine „qualifizierte StBefreiung" (Rn. 17). Er befreit Trinkgelder aus Vereinfachungsgründen. Diesem Zweck widerspräche es, auf Aufwendungen iZ mit stfreien Trinkgeldern (zB Aufwendungen eines Kellners für Fahrten Wohnung/Arbeitsstätte) § 3c Abs. 1 anzuwenden und die Höhe der Trinkgeldeinnahmen nur für die Frage der Aufteilung der Fahrtkosten und ähnlicher Aufwendungen zu ermitteln.

Umwandlungskosten: Bei StFreiheit des Übernahmegewinns können Umwandlungskosten nicht als BA abgezogen werden (FG Köln v. 21.8.1996 – 13 K 6812/95, EFG 1997, 329).

Umzugsaufwendungen: Aufwendungen für einen Umzug ins Ausland sind nach Abs. 1 vom Abzug ausgenommen, wenn die zukünftigen Einkünfte nicht der inländ. Besteuerung unterliegen. Sie können allerdings den Steuersatz mindern, wenn es sich um vorab entstandene WK handelt. Entspr. gilt für die Aufwendungen für den Rückumzug eines auf begrenzte Zeit vom Ausland in das Inland abgeordneten Ausländers (FG Hess. v. 11.4.2000 – 13 K 1828/99, EFG 2000, 993; FG SchlHol. v. 10.11.2004 – 1 K 377/01, EFG 2005, 1925; vgl. auch Turnbull/Fink, DB 1989, 1844 sowie „Auslandstätigkeiten").

Unterbeteiligung; stille Ges.: Bei der typischen Unterbeteiligung an einer Beteiligung an einer KapGes. bezieht der Unterbeteiligte Einnahmen iSv. § 20 Abs. 1 Nr. 4 bzw. Nr. 7, die nicht nach § 3 Nr. 40 begünstigt sind. Die Zahlungen des Hauptbeteiligten an den Unterbeteiligten unterliegen dagegen dem Teilabzugsverbot des § 3c Abs. 2 (*K/S/M*, § 3c Rn. C 167 f.). Entspr. gilt für die typisch stille Ges. (*K/S/M*, § 3c Rn. C 170 ff.).

Unterhaltssicherung: Pensionierte Berufssoldaten, die Reservistendienst leisten und nach § 6 USG gem. § 3 Nr. 48 stfreie Verdienstausfallentschädigungen erhalten, können durch den Dienst entstehende Aufwendungen nicht abziehen (FG Berlin-Bdbg. v. 16.8.2017 – 3 K 3118/17, EFG 2017, 1665).

Verfahren: Nach einer Entscheidung des FG München vom 29.7.2010 (15 K 3156/08, EFG 2010, 1887) ist es nicht erforderlich, dass die Korrekturen iSv. §§ 3 Nr. 40, 3c Abs. 2 vom BetriebsFA in der gesonderten und einheitlichen Feststellung vorgenommen werden. Es sei zulässig, im Feststellungsverfahren die zur Anwendung des Teileinkünfteverfahrens erforderlichen Besteuerungsgrundlagen als „andere Besteuerungsgrundlagen“ iSv. § 180 Abs. 1 Nr. 2 lit. a AO festzustellen und das Teileinkünfteverfahren erst im Besteuerungsverfahren des G'ters durchzuführen.

Verschmelzung: Im Fall der Verschmelzung auf eine andere Körperschaft bleibt bei der übernehmenden Körperschaft ein etwaiger Übernahmegewinn außer Ansatz. Sofern der übernehmenden Körperschaft iZ mit der Übernahme Kosten (zB für Rechtsberatung, Beurkundung) entstehen, findet Abs. 1 keine Anwendung. Diese Kosten mindern den stpfl. lfd. Gewinn, wenn sie nicht als objektbezogene AK zu aktivieren sind (BFH v. 22.4.1998 - I R 83/96, BStBl. II 1998, 698 = FR 1998, 903; vgl. auch „Umwandlungskosten“).

Versicherungsprämien: Auch Leistungen aus einer Krankenversicherung, die dem betrieblichen Bereich zuzurechnen ist, sind stfrei. Nach Abs. 1 folgt aus dieser StFreiheit zugleich die Nichtabzugsfähigkeit der Versicherungsprämien – jedenfalls, sofern der Betriebsinhaber zugleich der Versicherte ist und ihm die stfreien Versicherungsleistungen zufließen (BFH v. 22.5.1969 - IV R 144/68, BStBl. II 69, 489; offengelassen v. BFH v. 7.10.1982 - IV R 32/80, BStBl. II 1983, 101 [104] = FR 1983, 118). Beiträge zur gesetzlichen Unfallversicherung sind nach Abs. 1 grds. nicht abzugsfähig (BFH v. 14.3.1972 - VIII R 26/67, BStBl. II 1972, 536, 537). Beiträge zur gesetzlichen Unfallversicherung, die ein Unternehmer für seine Beschäftigten entrichtet, sind allerdings BA, da der Unternehmer diese nicht zum Erhalt stfreier Leistungen, sondern zum Schutz seiner ArbN aufwendet (so auch Schmidt, FR 1990, 478; Beul, DStR 1965, 158; unentschieden: BFH v. 7.10.1982 - IV R 32/80, BStBl. II 1983, 101 [103] = FR 1983, 118).

vGA: Auch diese werden nach § 3 Nr. 40 nur zu 60 % erfasst, iZ stehende Aufwendungen nach § 3c Abs. 2 S. 1 nur zu 60 % zum Abzug zugelassen. Bei einem **unangemessenen Geschäftsführergehalt** bisher den Einnahmen iSv. § 19 zuzuordnende Aufwendungen sind uU weiterhin voll im Rahmen v. § 19 abzugsfähig (Fahrtaufwendungen; Arbeitszimmer; Beiträge für einen Berufsverband). Aufwendungen iZ mit einem nicht anzuerkennenden Arbverh. (zB LSt; Sozialversicherungsbeiträge) können aber auch durch den Versuch verursacht sein, KSt durch Konstruktion eines Arbverh. zu sparen. Es handelt sich dann um Aufwendungen auf die Beteiligung, die nach § 3c Abs. 2 zu 60 % abzugsfähig sind (*K/S/M*, § 3c Rn. C 146 f.; FG Hbg. v. 23.8.1989 - VII 136/88, EFG 1990, 170; BFH v. 8.2.1983 - VIII R 27/80, BStBl. II 1983, 496 = FR 1983, 356 = FR 1983, 512; v. 26.10.1987 - GrS 2/86, BStBl. II 1988, 348 = FR 1988, 160).

Bei einer vGA in Form einer **verbilligten Nutzungsüberlassung**, liegen beim Anteilseigner fiktive BA bzw. WK vor, wenn die Mietzinsen als BA bzw. WK abzugsfähig gewesen wären (BFH v. 26.10.1987 - GrS 2/86, BStBl. II 1988, 348 = FR 1988, 160). Auf diese ist Abs. 2 nicht anzuwenden, da der Mietaufwand Aufwand für die Nutzung, kein Aufwand iZ mit der vGA ist (Schulte/Behnes, DB 2004, 1525, BFH v. 15.11.1960 - I 189/59 S, BStBl. III 61, 80).

Vorteilsgewährung: Gewährt der Anteilseigner durch un- oder teilentgeltliche Nutzungsüberlassungen oder Dienstleistungen der Körperschaft Vorteile (zB bei einer BetrAufsp. zur Verlustnutzung), so sind Finanzierungs- und Verwaltungskosten, die beim Anteilseigner anfallen, anteilig durch das Halten der Beteiligung verursacht und nach Abs. 2 nur zu 60 % abzugsfähig (FG Bremen v. 27.4.2006 - 1 K 204/05 (6), EFG 2006, 1234; Alber, GStB 2001, 100, 101; Engelke/Clemens, DStR 2002, 285, 286; Herzig, DB 2003, 1459, 1466; **aA** Kessler/Reitsam, DB 2003, 2139, 2141; Beinert/Mikus, DB 2002, 1469; vgl. auch zum Stichwort „Nutzungsüberlassung“).

Wegzug: Zieht ein StPfl. ins Ausland und erzielt er in der Folge Einkünfte, die nur der Besteuerung im Ausland unterliegen, stellt sich Frage, ob zuvor getätigte Aufwendungen, die im Zusammenhang mit der späteren Tätigkeit stehen, nach § 3c Abs. 1 vom Abzug ausgenommen sind. Dies ist zB vom FG RhPf. für den Fall eine Pilotenausbildung und späterer Anstellung in Österreich bejaht worden (FG RhPf. v. 28.10. 2008 - 3 K 2129/06, DStRE 2009, 876; vgl. auch BaWü. v. 30.1.2008 - 2 K 145/05, EFG 2008, 669; BFH v. 20.9.2006 - I R 59/05, BStBl. II 2007, 756 = FR 2007, 398; zum Ganzen vgl. auch Podewils, DStZ 2011, 238). Der BFH hat allerdings in seinem Urteil v. 28.7.2011 entschieden, allein die Möglichkeit, dass die Berufstätigkeit später im Ausland ausgeübt werden könnte, begründe keinen unmittelbaren wirtschaftlichen Zusammenhang iSv. § 3c Abs. 1 (Ausbildung eines Berufspiloten und nachfolgende Berufstätigkeit im Ausland). Es mangele an einem unlösbaren Zusammenhang. Es fehle an einer „erkennbaren und abgrenzbaren Beziehung zw. Aufwendung und künftigen Einnahmen“ (BFH v. 28.7.2011 - VI R 5/10, BStBl. II 2012, 553 = FR 2011, 1169).

Wehrsold: Aufwendungen Wehrpflichtiger für Familienheimfahrten sind nach Abs. 1 vom Abzug ausgeschlossen (BFH v. 5.12.1969 - VI B 74/69, BStBl. II 1970, 210). Gleiches gilt für die Aufwendungen v. Reserveoffizieren, die eine Wehrübung ableisten, auch dann, wenn ihnen weiter Arbeitslohn gezahlt wird (FG BaWü. v. 13.3.1975 - VII (Ia) 214/73, EFG 1975, 297).

Wertpapiergebundene Pensionszusagen: Bei wertpapiergebundenen Pensionszusagen kann der ArbG die Erträge aus der Wertpapieranlage (Dividenden und Gewinne aus der Veräußerung) zu 60 % stfrei vereinnahmen. Andererseits darf er für die eingegangene Verpflichtung zur künftigen Pensionszahlung eine Rückstellung bilden. Es ist fraglich, ob die Aufwendungen für eine derartige Pensionsrückstellung nach § 3c Abs. 2 zu 40 % vom Abzug ausgenommen sind. Wellisch/Bartlitz (DStR 2003, 1642; vgl. auch Dötsch in D/J/P/W, § 3c EStG nF Rn. 9) verneinen dies mit der Begr., die Finanzierung der Pensionsleistungen durch stfreie Einnahmen allein reiche für die Annahme eines unmittelbaren wirtschaftlichen Zusammenhangs nicht aus.

Wertpapierorientierte Verzinsung v. Arbeitszeitkonten: Vereinbaren ArbG und ArbN, Vergütungsansprüche nicht sofort nach erbrachter Arbeit, sondern erst in einer Freistellungsphase auszuzahlen, so können diese Vergütungsansprüche in Arbeitszeitkonten eingestellt und in Abhängigkeit v. der Entwicklung bestimmter am Kapitalmarkt angelegter Vermögenswerte – insbes. Aktien oder Fondsanteile – verzinst werden. Der ArbG kann in diesem Fall, wenn er die ihm zur Vfg. stehenden Mittel entspr. am Kapitalmarkt in Beteiligungen investiert, die **Erträge aus der Anlage** (Dividenden und Gewinne aus der Veräußerung) zu 40 % stfrei vereinnahmen. Andererseits darf er für die eingegangene Verpflichtung eine Rückstellung bilden. Es ist fraglich, ob die **Aufwendungen für eine derartige Rückstellung** nach § 3c Abs. 2 zu 40 % vom Abzug ausgenommen sind. Wellisch/Bartlitz (DStR 2003, 1642, 1644) verneinen dies mit der Begr., allein die Verwendung v. stfreien Einnahmen zur Finanzierung der eingegangenen Verpflichtungen reiche nicht aus, um ein Abzugsverbot anzunehmen.

Wirtschaftlicher Geschäftsbetrieb: Ausgaben dürfen nicht als BA eines wirtschaftlichen Geschäftsbetriebs abgezogen werden, soweit sie in unmittelbarem wirtschaftlichem Zusammenhang mit den stfreien Einnahmen eines Zweckbetriebs stehen (BFH v. 27.3.1991 – I R 31/89, BStBl. II 1992, 103 = FR 1991, 668; v. 5.2. 1992 – I R 59/91, BFH/NV 1993, 341; **aA** Lang/Seer, FR 1994, 521).

Zinsen: Schuldzinsen für einen Kredit zum Erwerb v. Wertpapieren mit stfreien Zinsen sind nicht nur bis zur Höhe der stfreien Einnahmen vom Abzug ausgeschlossen.

Zuschüsse: Aufwandsersatz in der Form v. Zuschüssen führt zu einem Abzugsverbot für Ausgaben iHd. geleisteten Zuschüsse (BFH v. 4.3.1977 – VI R 213/75, BStBl. II 1977, 507, 508 für Zuschüsse nach dem AFG: BFH v. 7.12.1967 – IV R 33/67, BStBl. II 68, 149 für Forschungszuschüsse und BFH v. 9.11.1976 – VI R 139/74, BStBl. II 1977, 207, 208 für Stipendien). Bezieht allerdings ein Orchester neben seinen sonstigen Einnahmen nach § 3 Nr. 11 stfreie öffentl. Zuschüsse, die nicht zur Deckung v. BA bestimmt sind, so sind die BA zu dem Teil nicht abziehbar, der dem Verhältnis der stfreien Einnahmen zu den Gesamteinnahmen entspricht (FG BaWü. v. 15.7.2004 – 3 K 377/01, EFG 2004, 1815).

3. Gewinn

§ 4 Gewinnbegriff im Allgemeinen

(1) [1]Gewinn ist der Unterschiedsbetrag zwischen dem Betriebsvermögen am Schluss des Wirtschaftsjahres und dem Betriebsvermögen am Schluss des vorangegangenen Wirtschaftsjahres, vermehrt um den Wert der Entnahmen und vermindert um den Wert der Einlagen. [2]Entnahmen sind alle Wirtschaftsgüter (Barentnahmen, Waren, Erzeugnisse, Nutzungen und Leistungen), die der Steuerpflichtige dem Betrieb für sich, für seinen Haushalt oder für andere betriebsfremde Zwecke im Laufe des Wirtschaftsjahres entnommen hat. [3]Einer Entnahme für betriebsfremde Zwecke steht der Ausschluss oder die Beschränkung des Besteuerungsrechts der Bundesrepublik Deutschland hinsichtlich des Gewinns aus der Veräußerung oder der Nutzung eines Wirtschaftsguts gleich. [4]Ein Ausschluss oder eine Beschränkung des Besteuerungsrechts hinsichtlich des Gewinns aus der Veräußerung eines Wirtschaftsguts liegt insbesondere vor, wenn ein bisher einer inländischen Betriebsstätte des Steuerpflichtigen zuzuordnendes Wirtschaftsgut einer ausländischen Betriebsstätte zuzuordnen ist. [5]Satz 3 gilt nicht für Anteile an einer Europäischen Gesellschaft oder Europäischen Genossenschaft in den Fällen

1. **einer Sitzverlegung der Europäischen Gesellschaft nach Artikel 8 der Verordnung (EG) Nr. 2157/2001 des Rates vom 8. Oktober 2001 über das Statut der Europäischen Gesellschaft (SE) (ABl. EG Nr. L 294 S. 1), zuletzt geändert durch die Verordnung (EG) Nr. 885/2004 des Rates vom 26. April 2004 (ABl. EU Nr. L 168 S. 1), und**
2. **einer Sitzverlegung der Europäischen Genossenschaft nach Artikel 7 der Verordnung (EG) Nr. 1435/2003 des Rates vom 22. Juli 2003 über das Statut der Europäischen Genossenschaft (SCE) (ABl. EU Nr. L 207 S. 1).**

[6]Ein Wirtschaftsgut wird nicht dadurch entnommen, dass der Steuerpflichtige zur Gewinnermittlung nach § 13a übergeht. [7]Eine Änderung der Nutzung eines Wirtschaftsguts, die bei Gewinnermittlung nach Satz 1 keine Entnahme ist, ist auch bei Gewinnermittlung nach § 13a keine Entnahme. [8]Einlagen sind alle Wirtschaftsgüter (Bareinzahlungen und sonstige Wirtschaftsgüter), die der Steuerpflichtige dem Betrieb im Laufe des Wirtschaftsjahres zugeführt hat; einer Einlage steht die Begründung des Besteuerungsrechts der Bundesrepublik Deutschland hinsichtlich des Gewinns aus der Veräußerung eines Wirtschaftsguts gleich. [9]Bei der Ermittlung des Gewinns sind die Vorschriften über die Betriebsausgaben, über die Bewertung und über die Absetzung für Abnutzung oder Substanzverringerung zu befolgen.

(2) [1]Der Steuerpflichtige darf die Vermögensübersicht (Bilanz) auch nach ihrer Einreichung beim Finanzamt ändern, soweit sie den Grundsätzen ordnungsmäßiger Buchführung unter Befolgung der Vorschriften dieses Gesetzes nicht entspricht; diese Änderung ist nicht zulässig, wenn die Vermögensübersicht (Bilanz) einer Steuerfestsetzung zugrunde liegt, die nicht mehr aufgehoben oder geändert werden kann. [2]Darüber hinaus ist eine Änderung der Vermögensübersicht (Bilanz) nur zulässig, wenn sie in einem engen zeitlichen und sachlichen Zusammenhang mit einer Änderung nach Satz 1 steht und soweit die Auswirkung der Änderung nach Satz 1 auf den Gewinn reicht.

(3) [1]Steuerpflichtige, die nicht auf Grund gesetzlicher Vorschriften verpflichtet sind, Bücher zu führen und regelmäßig Abschlüsse zu machen, und die auch keine Bücher führen und keine Abschlüsse machen, können als Gewinn den Überschuss der Betriebseinnahmen über die Betriebsausgaben ansetzen. [2]Hierbei scheiden Betriebseinnahmen und Betriebsausgaben aus, die im Namen und für Rechnung eines anderen vereinnahmt und verausgabt werden (durchlaufende Posten). [3]Die Vorschriften über die Bewertungsfreiheit für geringwertige Wirtschaftsgüter (§ 6 Absatz 2), die Bildung eines Sammelpostens (§ 6 Absatz 2a) und über die Absetzung für Abnutzung oder Substanzverringerung sind zu befolgen. [4]Die Anschaffungs- oder Herstellungskosten für nicht abnutzbare Wirtschaftsgüter des Anlagevermögens, für Anteile an Kapitalgesellschaften, für Wertpapiere und vergleichbare nicht verbriefte Forderungen und Rechte, für Grund und Boden sowie Gebäude des Umlaufvermögens sind erst im Zeitpunkt des Zuflusses des Veräußerungserlöses oder bei Entnahme im Zeitpunkt der Entnahme als Betriebsausgaben zu berücksichtigen. [5]Die Wirtschaftsgüter des Anlagevermögens und Wirtschaftsgüter des Umlaufvermögens im Sinne des Satzes 4 sind unter Angabe des Tages der Anschaffung oder Herstellung und der Anschaffungs- oder Herstellungskosten oder des an deren Stelle getretenen Werts in besondere, laufend zu führende Verzeichnisse aufzunehmen.

(4) Betriebsausgaben sind die Aufwendungen, die durch den Betrieb veranlasst sind.

(4a) [1]Schuldzinsen sind nach Maßgabe der Sätze 2 bis 4 nicht abziehbar, wenn Überentnahmen getätigt worden sind. [2]Eine Überentnahme ist der Betrag, um den die Entnahmen die Summe des Gewinns und der Einlagen des Wirtschaftsjahres übersteigen. [3]Die nicht abziehbaren Schuldzinsen werden typisiert mit 6 Prozent der Überentnahme des Wirtschaftsjahres zuzüglich der Überentnahmen vorangegangener Wirtschaftsjahre und abzüglich der Beträge, um die in den vorangegangenen Wirtschaftsjahren der Gewinn und die Einlagen die Entnahmen überstiegen haben (Unterentnahmen), ermittelt; bei der Ermittlung der Überentnahme ist vom Gewinn ohne Berücksichtigung der nach Maßgabe dieses Absatzes nicht abziehbaren Schuldzinsen auszugehen. [4]Der sich dabei ergebende Betrag, höchstens jedoch der um 2050 Euro verminderte Betrag der im Wirtschaftsjahr angefallenen Schuldzinsen, ist dem Gewinn hinzuzurechnen. [5]Der Abzug von Schuldzinsen für Darlehen zur Finanzierung von Anschaffungs- oder Herstellungskosten von Wirtschaftsgütern des Anlagevermögens bleibt unberührt. [6]Die Sätze 1 bis 5 sind bei Gewinnermittlung nach § 4 Absatz 3 sinngemäß anzuwenden; hierzu sind Entnahmen und Einlagen gesondert aufzuzeichnen.

(5) [1]Die folgenden Betriebsausgaben dürfen den Gewinn nicht mindern:

1. Aufwendungen für Geschenke an Personen, die nicht Arbeitnehmer des Steuerpflichtigen sind. [2]Satz 1 gilt nicht, wenn die Anschaffungs- oder Herstellungskosten der dem Empfänger im Wirtschaftsjahr zugewendeten Gegenstände insgesamt 35 Euro nicht übersteigen;
2. Aufwendungen für die Bewirtung von Personen aus geschäftlichem Anlass, soweit sie 70 Prozent der Aufwendungen übersteigen, die nach der allgemeinen Verkehrsauffassung als angemessen anzusehen und deren Höhe und betriebliche Veranlassung nachgewiesen sind. [2]Zum Nachweis der Höhe und der betrieblichen Veranlassung der Aufwendungen hat der Steuerpflichtige schriftlich die folgenden Angaben zu machen: Ort, Tag, Teilnehmer und Anlass der Bewirtung sowie Höhe der Aufwendungen. [3]Hat die Bewirtung in einer Gaststätte

stattgefunden, so genügen Angaben zu dem Anlass und den Teilnehmern der Bewirtung; die Rechnung über die Bewirtung ist beizufügen;

3. Aufwendungen für Einrichtungen des Steuerpflichtigen, soweit sie der Bewirtung, Beherbergung oder Unterhaltung von Personen, die nicht Arbeitnehmer des Steuerpflichtigen sind, dienen (Gästehäuser) und sich außerhalb des Orts eines Betriebs des Steuerpflichtigen befinden;
4. Aufwendungen für Jagd oder Fischerei, für Segeljachten oder Motorjachten sowie für ähnliche Zwecke und für die hiermit zusammenhängenden Bewirtungen;
5. Mehraufwendungen für die Verpflegung des Steuerpflichtigen. [2]Wird der Steuerpflichtige vorübergehend von seiner Wohnung und dem Mittelpunkt seiner dauerhaft angelegten betrieblichen Tätigkeit entfernt betrieblich tätig, sind die Mehraufwendungen für Verpflegung nach Maßgabe des § 9 Absatz 4a abziehbar;
6. Aufwendungen für die Wege des Steuerpflichtigen zwischen Wohnung und Betriebsstätte und für Familienheimfahrten, soweit in den folgenden Sätzen nichts anderes bestimmt ist. [2]Zur Abgeltung dieser Aufwendungen ist § 9 Absatz 1 Satz 3 Nummer 4 Satz 2 bis 6 und Nummer 5 Satz 5 bis 7 und Absatz 2 entsprechend anzuwenden. [3]Bei der Nutzung eines Kraftfahrzeugs dürfen die Aufwendungen in Höhe des positiven Unterschiedsbetrags zwischen 0,03 Prozent des inländischen Listenpreises im Sinne des § 6 Absatz 1 Nummer 4 Satz 2 des Kraftfahrzeugs im Zeitpunkt der Erstzulassung je Kalendermonat für jeden Entfernungskilometer und dem sich nach § 9 Absatz 1 Satz 3 Nummer 4 Satz 2 bis 6 oder Absatz 2 ergebenden Betrag sowie Aufwendungen für Familienheimfahrten in Höhe des positiven Unterschiedsbetrags zwischen 0,002 Prozent des inländischen Listenpreises im Sinne des § 6 Absatz 1 Nummer 4 Satz 2 für jeden Entfernungskilometer und dem sich nach § 9 Absatz 1 Satz 3 Nummer 5 Satz 5 bis 7 oder Absatz 2 ergebenden Betrag den Gewinn nicht mindern; ermittelt der Steuerpflichtige die private Nutzung des Kraftfahrzeugs nach § 6 Absatz 1 Nummer 4 Satz 1 oder Satz 3, treten an die Stelle des mit 0,03 oder 0,002 Prozent des inländischen Listenpreises ermittelten Betrags für Fahrten zwischen Wohnung und Betriebsstätte und für Familienheimfahrten die auf diese Fahrten entfallenden tatsächlichen Aufwendungen; § 6 Absatz 1 Nummer 4 Satz 3 zweiter Halbsatz gilt sinngemäß;

6a. die Mehraufwendungen für eine betrieblich veranlasste doppelte Haushaltsführung, soweit sie die nach § 9 Absatz 1 Satz 3 Nummer 5 Satz 1 bis 4 abziehbaren Beträge und die Mehraufwendungen für betrieblich veranlasste Übernachtungen, soweit sie die nach § 9 Absatz 1 Satz 3 Nummer 5a abziehbaren Beträge übersteigen;

6b. Aufwendungen für ein häusliches Arbeitszimmer sowie die Kosten der Ausstattung. [2]Dies gilt nicht, wenn für die betriebliche oder berufliche Tätigkeit kein anderer Arbeitsplatz zur Verfügung steht. [3]In diesem Fall wird die Höhe der abziehbaren Aufwendungen auf 1 250 Euro begrenzt; die Beschränkung der Höhe nach gilt nicht, wenn das Arbeitszimmer den Mittelpunkt der gesamten betrieblichen und beruflichen Betätigung bildet;

7. andere als die in den Nummern 1 bis 6 und 6b bezeichneten Aufwendungen, die die Lebensführung des Steuerpflichtigen oder anderer Personen berühren, soweit sie nach allgemeiner Verkehrsauffassung als unangemessen anzusehen sind;
8. von einem Gericht oder einer Behörde im Geltungsbereich dieses Gesetzes oder von Organen der Europäischen Union festgesetzte Geldbußen, Ordnungsgelder und Verwarnungsgelder. [2]Dasselbe gilt für Leistungen zur Erfüllung von Auflagen oder Weisungen, die in einem berufsgerichtlichen Verfahren erteilt werden, soweit die Auflagen oder Weisungen nicht lediglich der Wiedergutmachung des durch die Tat verursachten Schadens dienen. [3]Die Rückzahlung von Ausgaben im Sinne der Sätze 1 und 2 darf den Gewinn nicht erhöhen. [4]Das Abzugsverbot für Geldbußen gilt nicht, soweit der wirtschaftliche Vorteil, der durch den Gesetzesverstoß erlangt wurde, abgeschöpft worden ist, wenn die Steuern vom Einkommen und Ertrag, die auf den wirtschaftlichen Vorteil entfallen, nicht abgezogen worden sind; Satz 3 ist insoweit nicht anzuwenden;

8a. Zinsen auf hinterzogene Steuern nach § 235 der Abgabenordnung;

9. Ausgleichszahlungen, die in den Fällen der §§ 14 und 17 des Körperschaftsteuergesetzes an außenstehende Anteilseigner geleistet werden;
10. die Zuwendung von Vorteilen sowie damit zusammenhängende Aufwendungen, wenn die Zuwendung der Vorteile eine rechtswidrige Handlung darstellt, die den Tatbestand eines Straf-

gesetzes oder eines Gesetzes verwirklicht, das die Ahndung mit einer Geldbuße zulässt. [2]Gerichte, Staatsanwaltschaften oder Verwaltungsbehörden haben Tatsachen, die sie dienstlich erfahren und die den Verdacht einer Tat im Sinne des Satzes 1 begründen, der Finanzbehörde für Zwecke des Besteuerungsverfahrens und zur Verfolgung von Steuerstraftaten und Steuerordnungswidrigkeiten mitzuteilen. [3]Die Finanzbehörde teilt Tatsachen, die den Verdacht einer Straftat oder einer Ordnungswidrigkeit im Sinne des Satzes 1 begründen, der Staatsanwaltschaft oder der Verwaltungsbehörde mit. [4]Diese unterrichten die Finanzbehörde von dem Ausgang des Verfahrens und den zugrundeliegenden Tatsachen;

11. **Aufwendungen, die mit unmittelbaren oder mittelbaren Zuwendungen von nicht einlagefähigen Vorteilen an natürliche oder juristische Personen oder Personengesellschaften zur Verwendung in Betrieben in tatsächlichem oder wirtschaftlichem Zusammenhang stehen, deren Gewinn nach § 5a Absatz 1 ermittelt wird;**
12. **Zuschläge nach § 162 Absatz 4 der Abgabenordnung;**
13. **Jahresbeiträge nach § 12 Absatz 2 des Restrukturierungsfondsgesetzes.**

[2]Das Abzugsverbot gilt nicht, soweit die in den Nummern 2 bis 4 bezeichneten Zwecke Gegenstand einer mit Gewinnabsicht ausgeübten Betätigung des Steuerpflichtigen sind. [3]§ 12 Nummer 1 bleibt unberührt.

(5a) (weggefallen)

(5b) Die Gewerbesteuer und die darauf entfallenden Nebenleistungen sind keine Betriebsausgaben.

(6) Aufwendungen zur Förderung staatspolitischer Zwecke (§ 10b Absatz 2) sind keine Betriebsausgaben.

(7) [1]Aufwendungen im Sinne des Absatzes 5 Satz 1 Nummer 1 bis 4, 6b und 7 sind einzeln und getrennt von den sonstigen Betriebsausgaben aufzuzeichnen. [2]Soweit diese Aufwendungen nicht bereits nach Absatz 5 vom Abzug ausgeschlossen sind, dürfen sie bei der Gewinnermittlung nur berücksichtigt werden, wenn sie nach Satz 1 besonders aufgezeichnet sind.

(8) Für Erhaltungsaufwand bei Gebäuden in Sanierungsgebieten und städtebaulichen Entwicklungsbereichen sowie bei Baudenkmalen gelten die §§ 11a und 11b entsprechend.

(9) [1]Aufwendungen des Steuerpflichtigen für seine Berufsausbildung oder für sein Studium sind nur dann Betriebsausgaben, wenn der Steuerpflichtige zuvor bereits eine Erstausbildung (Berufsausbildung oder Studium) abgeschlossen hat. [2]§ 9 Absatz 6 Satz 2 bis 5 gilt entsprechend.

§§ 6–8 EStDV

§ 6 Eröffnung, Erwerb, Aufgabe und Veräußerung eines Betriebs

(1) Wird ein Betrieb eröffnet oder erworben, so tritt bei der Ermittlung des Gewinns an die Stelle des Betriebsvermögens am Schluss des vorangegangenen Wirtschaftsjahrs das Betriebsvermögen im Zeitpunkt der Eröffnung oder des Erwerbs des Betriebs.

(2) Wird ein Betrieb aufgegeben oder veräußert, so tritt bei der Ermittlung des Gewinns an die Stelle des Betriebsvermögens am Schluss des Wirtschaftsjahrs das Betriebsvermögen im Zeitpunkt der Aufgabe oder der Veräußerung des Betriebs.

§ 7 (weggefallen)

§ 8 Eigenbetrieblich genutzte Grundstücke von untergeordnetem Wert

Eigenbetrieblich genutzte Grundstücksteile brauchen nicht als Betriebsvermögen behandelt zu werden, wenn ihr Wert nicht mehr als ein Fünftel des gemeinen Werts des gesamten Grundstücks und nicht mehr als 20 500 Euro beträgt.

Verwaltungsanweisungen: BMF v. 18.5.2000, BStBl. I 2000, 587 und v. 13.8.2008, BStBl. I 2008, 845 (Bilanzänderung nach § 4 Abs. 2 S. 2 EStG); BMF v. 10.10.2002, BStBl. I 2002, 1031 (Abzugsverbot für die Zuwendung von Vorteilen iSd. § 4 Abs. 5 S. 1 Nr. 10 EStG); BMF v. 12.6.2006, BStBl. I 2006, 416 (Ermittlung der nicht abziehbaren Schuldzinsen nach § 4 Abs. 4a EStG); BMF v. 7.7.2008, BStBl. I 2008, 717 (Abziehbarkeit von zugewendeten Aufwendungen in Fällen des sog. abgekürzten Vertragswegs); BMF v. 20.5.2009, BStBl. I 2009, 671 und v. 18.11.2011, BStBl. I 2011, 1278 (Finale Entnahme und finale Betriebsaufgabe); BMF v. 6.7.2010, BStBl. I 2010, 614 (Steuerliche Beurteilung gemischter Aufwendungen); BMF v. 8.12. 2011, BStBl. I 2011, 1259 (Pauschbeträge für Verpflegungsmehraufwendungen und Übernachtungskosten ab 1.1.2012); BMF v. 9.2.2012, BStBl. I 2012, 184 (Gewinnermittlung bei Betrieben gewerblicher Art; Auswirkung der Doppik auf das Wahlrecht nach § 4 Abs. 3 EStG); BMF v. 5.6.2014, BStBl. I 2014, 835 (Nutzung eines betrieblichen Kfz. für private Fahrten zw. Wohnung und Betriebsstätte/erster Tätigkeitsstätte und Familienheimfahrten; Nutzung von Elektro- und Hybridelektrofahrzeugen); BMF v. 24.10.2014, BStBl. I 2014, 1412 (Ergänztes BMF-Schr. zur Reform des steuerlichen Reisekostenrechts ab 1.1.2014 – betr. Arbeitnehmer); BMF v. 23.12.2014, BStBl. I 2015, 26 (Ertragsteuerliche Beurteilung von Aufwendungen für Fahrten zw. Wohnung und Betriebsstätte und von Reisekosten unter Berücksichtigung der Reform des steuerlichen Reisekostenrechts zum 1.1.2014, Anwendung bei der Gewinnermittlung); BMF v. 6.10. 2017, BStBl. I 2017, 1320 (Einkommensteuerliche Behandlung der Aufwendungen für ein häusliches Arbeitszimmer nach § 4 Abs. 5 S. 1 Nr. 6b, § 9 Abs. 5 und § 10 Abs. 1 Nr. 7 EStG); BMF v. 9.10.2017, BStBl. I 2017, 1381 (Standardisierte Einnahmenüberschussrechnung nach § 60 Abs. 4 EStDV; Anlage EÜR 2017); BMF v. 17.10.2018, BStBl. I 2018, 1038 (Standardisierte Einnahmenüberschussrechnung nach § 60 Abs. 4 EStDV; Anlage EÜR 2018); BMF v. 26.10.2018, BStBl. I 2018, 1104 (Passive Entstrickung aufgrund erstmaliger Anwendung eines DBA); BMF v. 2.11.2018, BStBl. I 2018, 1207 (Betrieblicher Schuldzinsenabzug nach § 4 Abs. 4a EStG).

A. Grundaussagen der Vorschrift

1 **I. § 4 im Einkommensteuersystem. 1. Arten der Gewinnermittlung.** Nach verfassungsrechtlichen Maßstäben soll das Ertragsteuerrecht auf eine gleichheitsgerechte Abbildung finanzieller Leistungsfähigkeit abzielen. Gleichwohl sieht das EStG – neben dem in § 2 Abs. 2 angelegten Dualismus der Einkünfteermittlung – für Einkünfte i.S. des § 2 Abs. 2 S. 1 Nr. 1 verschiedene **Arten der Gewinnermittlung** vor.[1] Allerdings ist § 4 EStG für die Gewinnermittlung eine **zentrale Norm**.

2 Für bilanzierende Gewerbetreibende, die aufgrund gesetzlicher Vorschriften verpflichtet sind, Bücher zu führen und regelmäßig Abschlüsse zu machen, oder die ohne eine solche Verpflichtung Bücher führen und regelmäßig Abschlüsse machen, gilt der „qualifizierte" Betriebsvermögensvergleich des **§ 5 Abs. 1 S. 1 i.V.m. § 4 Abs. 1**, Land- und Forstwirte ermitteln im Regelfall den Gewinn nach Durchschnittssätzen gem. **§ 13a** und der Gewinn aus selbständiger Arbeit ermittelt sich im Regelfall durch EÜR nach **§ 4 Abs. 3** (Rn. 132 ff.). Für den Betrieb v. Handelsschiffen kann seit 1999 nach **§ 5a** wahlweise der Gewinn ertragsunabhängig im Wege der Tonnagesteuer ermittelt werden.

2a Als **selbständige Gewinnermittlungsvorschrift** ist **§ 4 Abs. 1** – insoweit ohne den Verweis des § 5 Abs. 1 S. 1 auf die handelsrechtlichen Grundsätze ordnungsgemäßer Buchführung – insbes. für buchführungspflichtige Land- und Forstwirte und freiwillig bilanzierende Freiberufler von Bedeutung (Rn. 27). Trotz des fehlenden Rückgriffs auf handelsrechtliche Grundlagen ist der allein auf § 4 Abs. 1 gestützte Bestandsvergleich jedoch gegenüber dem Betriebsvermögensvergleich nach § 5 nicht „unvollständig".[2]

3 Gegenüber der Gewinnermittlung nach § 4 Abs. 3 sieht der BFH in ständiger Rspr. den **Betriebsvermögensvergleich** nach § 4 Abs. 1 als **die Regel** an, ohne jedoch ein Über- und Unterordnungsverhältnis von Bestandsvergleich und EÜR anzunehmen.[3]

4 § 4 regelt mit den Begriffen Betrieb, BV, BE, BA, Entnahmen, Einlagen, Bilanzänderung, Bilanzberichtigung, Bilanzenzusammenhang die **grundlegenden Begriffe** und Grundsätze zur Ermittlung des Gewinns iSd. § 2 Abs. 2 S. 1 Nr. 1. Die genannten Begriffe finden in gleicher Weise auf die Gewinnermittlung buchführender Gewerbetreibender Anwendung. Dies bedeutet allerdings nicht, dass ein an der jeweiligen Problemstellung ausgerichtetes normenspezifisches Verständnis v. vornherein nicht in Betracht kommt. So

1 Krit. dazu zB *Prinz*, FR 2010, 917.
2 Näher dazu *Prinz*, FR 2010, 917 (921 f.).
3 Vgl. BFH v. 21.7.2009 – X R 46/08, BFH/NV 2010, 186 mwN.

wird etwa der Umfang des BV durch das Berufsbild, welches der in § 18 Nr. 1 genannten freiberuflichen Tätigkeit zugrunde liegt, geprägt und begrenzt, und zwar mit der Folge, dass WG, die gemessen an den Erfordernissen dieses Leitbilds als berufsfremd anzusehen sind, selbst im Falle ihrer Bilanzierung nicht als gewillkürtes BV (Rn. 39) dieser Einkunftsart qualifiziert werden können.[1]

Der Begriff der **Bilanz** wird in § 4 Abs. 2 in einem Klammerzusatz als Synonym zum Begriff der Vermögensübersicht verwendet, im Übrigen aber in § 4 nicht näher definiert. Nach § 242 Abs. 1 HGB ist Bilanz der für den Schluss eines jeden Geschäftsjahrs aufzustellende Abschluss, der das Verhältnis des Vermögens und der Schulden des Kaufmanns darstellt. Auf der Aktivseite der Bilanz wird das zum Bilanzstichtag vorhandene Vermögen, auf der Passivseite werden die Schulden (Fremdkapital) abgebildet. Als Differenz von Aktiva und Passiva ergibt sich das (Eigen-)Kapital oder Betriebsreinvermögen zum Bilanzstichtag; eine Bilanz lässt sich folglich auch als Vermögensübersicht definieren, die das Betriebsreinvermögen (EK) zum Bilanzstichtag feststellt. Dieses **Betriebsreinvermögen (EK)** ist gemeint, wenn in Abs. 1 S. 1 von **BV** die Rede ist.[2] Ist der Gewinn nach Abs. 1 zu ermitteln, ist der Steuererklärung eine Abschrift der Bilanz beizufügen (§ 60 Abs. 1 S. 1 EStDV). Werden Bücher geführt, die den Grundsätzen der doppelten Buchführung entsprechen, ist auch eine **GuV**-Rechnung beizufügen (§ 60 Abs. 1 S. 2 EStDV); während sich der Bilanz die Zusammensetzung des Vermögens zum Bilanzstichtag entnehmen lässt, enthält die GuV eine Gegenüberstellung der Aufwendungen und Erträge des Wj. (vgl. auch § 242 Abs. 2 HGB). Bilanz und GuV bilden den Jahresabschluss (§ 242 Abs. 3 HGB). 4a

2. Betriebliche Veranlassung. Die betriebliche Veranlassung ist einheitlich für die Begriffe BV, BE und BA (dazu auch Rn. 170) zu bestimmen. Vor dem Hintergrund der das EStG kennzeichnenden Trennung v. Erwerbs- und Privatsphäre kommt es darauf an, ob das **auslösende Moment** für die BE, die BA, das BV dem betrieblichen Bereich zuzuordnen ist.[3] Dies ist eine Wertungsfrage des konkreten Sachverhalts.[4] Für den steuerrechtl. Zusammenhang ist allein entscheidend, ob ein tatsächlicher oder wirtschaftlicher Zusammenhang mit dem Betrieb bzw. einer betrieblichen Einkunftsart gegeben ist.[5] Ein nur rechtl. Zusammenhang (Hypothek für betrieblichen Kredit auf Privatgrundstück) genügt nicht. Ein Verschulden oder ein Gesetzesverstoß schließen eine betriebliche Veranlassung nicht aus (s. aber Abs. 5 S. 1 Nr. 8, Rn. 222),[6] eine strafbare Handlung kann aber den betrieblichen Zusammenhang unterbrechen.[7] Der Zusammenhang ist für jeden Sachverhalt gesondert zu prüfen. Zwar bleibt ein überwiegend betrieblich genutzter Pkw auch während einer privaten Fahrt BV, die Aufwendungen, die durch die Fahrt entstehen, sind aber keine BA. Der betriebliche Zusammenhang wird insoweit unterbrochen. Ist das unmittelbar auslösende Moment stl. nicht eindeutig, sind die Gesamtumstände maßgeblich, bei einem Unfall ist der Anlass der Fahrt entscheidend, bei dem Untergang v. Rechten und Forderungen, ob sie BV waren, bei Schadenersatzpflichten, ob sie im Betrieb begründet sind. Eine private Mitveranlassung kann die betriebliche Veranlassung aber unbeachtlich machen (§ 12 Rn. 3 ff.). 5

Anders als bei WK (§ 9 Abs. 1 S. 1) deutet der Wortlaut des § 4 Abs. 4 darauf hin, dass eine objektive Veranlassung und keine subj. Zielrichtung maßgebend ist. Gleichwohl wird im Bereich der abzugsfähigen Aufwendungen heute[8] eine einheitliche und grds. objektive Beziehung zur betrieblichen Sphäre verlangt, soweit es um BA geht. Danach ist eine betriebliche Veranlassung nicht gegeben, wenn schon bei einer objektiven Betrachtung der sachliche Zusammenhang mit der betrieblichen Sphäre nicht mehr begründet werden kann. Allerdings steht dem Steuersubjekt innerhalb des durch objektive Bedingungen maßgebenden Rahmens ein Entscheidungsspielraum zu, ob, mit welchen Gütern und auf welche Art und Weise es betrieblich tätig werden will. Soweit sich der StPfl. auf die Zuordnung zur betrieblichen Sphäre beruft, obliegt es ihm, darzulegen, dass das Auslösungselement in der Betriebssphäre gegeben ist, also private Elemente (§ 12) ausgeschlossen sind.[9] Die Anforderungen an den Nachweis der betrieblichen Veranlassung steigen, je stärker die private Lebensführung berührt ist und je mehr die Unüblichkeit zunimmt.[10] Wenn dieser Schluss nicht gezogen werden kann, dann trifft den StPfl. die **Beweislast/Feststellungslast**.[11] Wird ein der Lebenserfah- 6

1 BFH v. 24.8.1989 – IV R 80/88, BStBl. II 1990, 17 = FR 1990, 16; *Woerner*, StbJb. 1989/90, 207 (220).
2 Vgl. zB *Weber-Grellet*, Bilanzsteuerrecht[16], Rn. 24; *K/S/M*, § 4 Rn. A 10 und B 161.
3 BFH v. 4.7.1990 – GrS 2–3/88, BStBl. II 1990, 817 = FR 1990, 708.
4 Vgl. *Offerhaus*, BB 1979, 617, 620.
5 BFH v. 4.7.1990 – GrS 2–3/88, BStBl. II 1990, 817 = FR 1990, 708.
6 BFH v. 28.11.1977 – GrS 2–3/77, BStBl. II 1978, 105 (verschuldeter Autounfall).
7 FG München v. 30.9.1998 – 1 K 774/96, EFG 1999, 108 (Versicherungsbetrug mit betrieblichen Pkw).
8 BFH v. 21.11.1983 – GrS 2/82, BStBl. II 1984, 160 = FR 1984, 177; v. 4.7.1990 – GrS 2–3/88, BStBl. 1990, 817.
9 BFH v. 23.11.1988 – X R 17/86, BStBl. II 1989, 405 = FR 1989, 365.
10 BFH v. 21.8.1985 – I R 73/82, BStBl. II 1986, 250 = FR 1986, 125.
11 BFH v. 24.6.1976 – IV R 101/75, BStBl. II 1976, 562; v. 29.7.2015 – IV R 16/12, BFH/NV 2015, 1572 = GmbHR 2015, 1173.

rung widersprechender Sachverhalt behauptet, so begründet nicht bereits die bloße Behauptung eines derartigen Ausnahmesachverhalts eine gewisse Wahrscheinlichkeit für die Richtigkeit des Vorbringens.[1] Der Beweiswert eigener Erklärungen und Aufzeichnungen (zu Telefonaufzeichnungen § 12 Rn. 8) steigt mit der allg. Lebenserfahrung, dass eine betriebliche Veranlassung in vergleichbaren Fällen vorliegt. Es darf aber auch nicht zu einem Nachteil des StPfl. führen, wenn er bspw. nicht den Nachweis erbringen kann, dass die BA einem bei Fehlen eines natürlichen Interessengegensatzes der Vertragspartner anzustellenden Fremdvergleich[2] standhält, wenn ihm dies (bei Auslandssachverhalten) rechtl. nicht zugemutet werden kann.[3]

7 **II. Gewinn- und Überschussrechnungen.** Die wesentlichste Konsequenz des deutschen Einkunftsartensystems ist der sog. **Dualismus der Einkunftsermittlung**, der in § 2 Abs. 2 fixiert wird (s. § 2 Rn. 1): Einkünfte aus LuF, GewBetr. und selbständiger Arbeit werden als **Gewinn** (§§ 4–7k), die übrigen Einkünfte als **Überschuss** der Einnahmen über die WK (§§ 8–9a) definiert. Die dogmatischen und praktischen Auswirkungen dieses Dualismus sind im G nicht ausdrücklich erwähnt, sondern ergeben sich mittelbar aus den anwendbaren Normen der Einkunftsermittlung.

8 Die wichtigste Konsequenz der dualistischen Einkünfteermittlung besteht in der Besteuerung oder Nichtbesteuerung v. **realisierten Wertsteigerungen** des zur Einkünfteerzielung eingesetzten Vermögens. Die Zuordnung v. Einkünften zu einer Einkunftsart entscheidet über die Art der Einkunftsermittlung (§ 2 Abs. 2) und damit darüber, ob der im Regelfall durch BV-Vergleich ermittelte Gewinn (§ 4 Abs. 1, § 5 Abs. 1 S. 1) oder nur der Überschuss der Einnahmen (§ 8) über die WK (§ 9) der Besteuerung zugrunde zu legen sind. Da bei den Gewinneinkünften alle zum BV gehörenden **WG steuerverstrickt** sind, hat jede erfolgswirksame Umschichtung des eingesetzten BV Einfluss auf den wirtschaftlichen Erfolg. Veräußert der StPfl. Gegenstände des BV und erzielt er einen Veräußerungserlös, der über dem letzten Bilanzansatz liegt, dann fließt der Mehrerlös in die Gewinnermittlung ein. Entspr. gilt für einen **Mindererlös**, wenn der Veräußerungserlös den letzten Bilanzansatz unterschreitet. Realisierte Wertsteigerungen und -minderungen des eingesetzten Vermögens sind also im Bereich der Gewinneinkunftsarten grds. steuerbar. §§ 14, 16, 18 Abs. 3 bestätigen dies für den Sonderfall der Betriebsveräußerung.

9 Nach dem Grundgedanken des EStG soll/sollte die soeben beschriebene Konzeption bei den **Überschusseinkünften** nach § 2 Abs. 2 S. 1 Nr. 2 gerade nicht gelten. In diesem Bereich wird entweder kein Vermögen eingesetzt (nichtselbständige Arbeit) oder es werden/wurden allein die **Erträge des Vermögens** besteuert (KapVerm., VuV), so dass es auf eine Veränderung des Wertes der WG nicht ankommt. In Konsequenz davon wurden realisierte Wertsteigerungen des PV bislang nur ausnahmsweise in den Fällen der §§ 17, 23 und des § 22 UmwStG (sperrfristbehaftete Anteile) erfasst.[4] Die dualistische Einkunftsermittlung führt/führte also zu **erheblichen Belastungsdifferenzen** zw. den beiden Gruppen der Einkunftsarten, was zT als verfassungsrechtl. bedenklich betrachtet wird und in der Praxis Rspr. und FinVerw. dazu verführt, im Zweifel gewerbliche Einkünfte anzunehmen. Durch das Abgeltungsteuersystem der §§ 20 Abs. 2, 32d Abs. 1 ist der Dualismus der Einkunftsarten weitgehend aufgeweicht worden. Nur außerhalb des Abgeltungsteuersystems bleibt es dabei, dass realisierte Wertsteigerungen des PV nur ausnahmsweise steuerrechtl. erheblich sind.

10 **III. Gewinnermittlungsarten.** Nach der Kernaussage des Abs. 1 S. 1 ist „Gewinn … der Unterschiedsbetrag zw. dem BV am Schluss des Wj. und dem BV am Schluss des vorangegangenen Wj., vermehrt um den Wert der Entnahmen und vermindert um den Wert der Einlagen". Danach soll sich der wirtschaftliche Erfolg in einem **Bestandsvergleich** ausdrücken, der die Vermögensmehrungen oder -minderungen widerspiegelt, die innerhalb der Steuerperiode erwirtschaftet worden sind. Zu ermitteln sind die Wertbewegungen des gesamten für die steuerbare Tätigkeit eingesetzten oder aus ihr entstehenden Vermögens, des sog. BV (s. Rn. 32 ff.). Den Vergleichsmaßstab bilden das BV am Schluss eines Wj. und das BV am Anfang. Die auf das Wj. bezogene Differenz dieser beiden Gesamtvermögensgrößen stellt den Erfolg, dh. den Gewinn oder Verlust der entspr. Steuerperiode dar. Die Gewinnermittlung durch BV-Vergleich orientiert sich folglich nicht in erster Linie an tatsächlichen Zahlungsvorgängen; soweit für die Besteuerung an wirtschaftliche Vorgänge angeknüpft wird, die nicht mit einem gleichzeitigen Mittelzufluss verbunden sind, verstößt dies jedoch verfassungsrechtl. nicht gegen das Leistungsfähigkeitsprinzip.[5]

11 Für diejenigen StPfl. mit Gewinneinkünften, die nicht zur Buchführung verpflichtet sind und auch freiwillig keine Bücher führen, eröffnet § 4 Abs. 3 eine ggü. der Gewinnermittlung nach § 4 Abs. 1 **vereinfachte**

1 BFH v. 27.9.1991 – VI R 1/90, BStBl. II 1992, 195 = FR 1992, 165 m. Anm. *Urban*.
2 Vgl. dazu zB BFH v. 29.7.2015 – IV R 16/12, BFH/NV 2015, 1572 = GmbHR 2015, 1173.
3 Vgl. BFH v. 17.10.2001 – I R 103/00, BStBl. II 2004, 171 = FR 2002, 154.
4 Anders § 23 idF RegEntw. StVergAbG.
5 Vgl. BFH v. 27.10.2015 – X R 28/12, BStBl. II 2016, 81 = FR 2016, 318 Rn. 68 mwN.

Form der Gewinnermittlung. Sie können „als Gewinn den Überschuss der BE über die BA" ansetzen. Die Gewinnermittlung nach § 4 Abs. 3 ist mit der Ermittlung v. Überschusseinkünften iSd. § 2 Abs. 2 S. 1 Nr. 2 technisch vergleichbar, weil der Gewinn durch Überschuss der zugeflossenen BE über die abgeflossenen BA ermittelt wird. Da die bilanzielle Feststellung des betrieblichen EK entfällt, sind (doppelte) Buchführung, Bewertung und Inventur entbehrlich. Gleichwohl ist § 4 Abs. 3 in materieller Hinsicht eine **Vorschrift zur Ermittlung des Gewinns** (s. Rn. 136). Die Bezugsgrößen der Gewinnermittlung sind bei § 4 Abs. 1 der Ertrag und Aufwand innerhalb einer bestimmten Steuerperiode, bei § 4 Abs. 3 die Einnahmen und Ausgaben im entspr. Zeitraum. Da nach der Technik des § 4 Abs. 3 reine Geldvorgänge erfasst werden, verzichtet das EStG hier iErg. auf eine periodengerechte Gewinnermittlung. Im Unterschied zu den Überschusseinkunftsarten iSd. § 2 Abs. 2 S. 1 Nr. 2 sind die betrieblichen **WG steuerverstrickt**. Stille Reserven werden entweder im Zeitpunkt ihrer Realisierung (Zufluss des Veräußerungserlöses) oder Entnahme erfasst. Umgekehrt wirken sich realisierte Wertminderungen auf das betriebliche Ergebnis aus. Nach dem **Grundsatz der Totalgewinngleichheit** müssen im Ganzen und auf Dauer gesehen beide Gewinnermittlungsarten zu demselben oder jedenfalls einem im Wesentlichen gleichen Gesamtergebnis führen.[1] Eine rein **zeitlich unterschiedliche Erfassung des Gewinns** ist aber in der Struktur des BV-Vergleichs einerseits und der EÜR andererseits schon durch die unterschiedlichen Grundsätze des Realisationsprinzips einerseits und des Zufluss- und Abflussprinzips andererseits (vgl. § 11 Abs. 1 S. 5, Abs. 2 S. 6) angelegt und steht deshalb einer (im Wesentlichen) gleichen Erfassung des Totalgewinns nicht entgegen.[2] Vom Zeitpunkt der Gewinnverwirklichung abgesehen sind die allg. Tatbestandsmerkmale (WG, BV, BE, BA) in dem gleichen Sinne zu verstehen. Bei § 4 Abs. 3 sind Einlagen und Entnahmen insoweit relevant, als die Identität des totalen Gewinns durch die Vorgänge tangiert wird (s. Rn. 143).

§ 5 Abs. 1 betrifft Gewerbetreibende, die aufgrund gesetzlicher Vorschriften verpflichtet sind, Bücher zu führen und regelmäßig Abschlüsse zu machen, oder dies freiwillig tun. § 5 ist unter systematischen Gesichtspunkten als spezialgesetzliche **Sonderregelung** zur allg. Bestimmung des § 4 Abs. 1 zu qualifizieren, doch sind aufgrund der materiell-rechtl. Querbeziehungen keine bedeutenden Unterschiede bzgl. der Rechtsfolgen gegeben (s. Rn. 3). Die nach § 5 Abs. 1 S. 1 zu beachtenden handelsrechtl. GoB sind, wie § 4 Abs. 2 erkennen lässt, in allg. Weise auch bei der Gewinnermittlung nach § 4 Abs. 1 zu beachten. Ergänzend neigt die Rspr. dazu, die Sondertatbestände der §§ 5 Abs. 2–5 als spezielle steuerrechtl. GoB in entspr. Weise auch iRd. Bestandsvergleichs nach § 4 Abs. 1 anzuwenden.[3] 12

IV. Gewinn und abzugsfähige Aufwendungen. Nach der Systematik des EStG werden im Bereich der Gewinneinkunftsarten **betrieblich/beruflich veranlasste Aufwendungen** als BA für abzugsfähig erklärt (§§ 2 Abs. 2 S. 1 Nr. 1, 4 Abs. 4). Dies beruht auf dem Gedanken, dass der StPfl. dasjenige, was er für unternehmerische oder berufliche Zwecke verausgabt, nicht zugleich für private Zwecke, für seinen privaten Konsum, ausgeben kann. Solche Ausgaben müssen demnach die Bemessungsgrundlage „Einkommen" schmälern.[4] Sie sind v. den BE abzuziehen. Wenn der StPfl. Ausgaben für private Zwecke vornimmt, liegen **Privataufwendungen** vor, welche die steuerrechtl. Bemessungsgrundlage grds. unberührt lassen und mithin „nach Steuern" zu tätigen sind. Im Einzelnen bestimmt der insoweit rein deklaratorische § 12 Nr. 1 S. 1, dass die für den Haushalt des StPfl. und für den Unterhalt seiner Familienangehörigen aufgewendeten Beträge nicht abgezogen werden dürfen (§ 12 Rn. 2). 13

Ein **Abzugsverbot** für **Ausgaben ohne privaten Charakter** sieht § 3c Abs. 1 vor. Die Vorschrift ist iZ mit den stfreien Einnahmen des § 3 zu sehen. Da bei stfreien Einnahmen kein doppelter steuerrechtl. Vorteil durch einen zusätzlichen Abzug damit unmittelbar zusammenhängender Aufwendungen erzielt werden soll, ist es einsichtig, dass hier ausnahmsweise unternehmerisch oder beruflich veranlasste Aufwendungen nicht abzugsfähig sind.[5] 14

Im Rahmen des BV-Vergleichs nach § 4 Abs. 1 ergibt sich der Gewinn aus dem Unterschied des betrieblichen EK an zwei aufeinanderfolgenden Bilanzstichtagen, bereinigt um den Wert der Entnahmen und der Einlagen. Dabei entspricht das Ergebnis der Gewinnermittlung nicht in allen Fällen dem **stpfl. Gewinn** nach § 2 Abs. 2 S. 1 Nr. 1. Zur Ermittlung dieser Größe sind insbes. **stfreie BE** abzusetzen (vgl. § 3), die mit stfreien BE im unmittelbaren wirtschaftlichen Zusammenhang stehenden BA hinzuzurechnen (§ 3c) und v. Abzug **ausgeschlossene BA** gem. § 4 Abs. 5 S. 1 Nr. 1–12 wieder hinzuzuaddieren. Vermindert sich das EK zw. den zwei aufeinanderfolgenden Bilanzstichtagen, liegt ein **Verlust** vor, welcher innerhalb ders. 15

1 ZB BFH v. 3.8.2017 – IV R 12/14, BStBl. II 2018, 20 Rn. 20 mwN.
2 BFH v. 3.8.2017 – IV R 12/14, BStBl. II 2018, 20 Rn. 20.
3 BFH v. 8.11.1979 – IV R 145/77, BStBl. II 1980, 146 = FR 1980, 172; v. 20.11.1980 – IV R 126/78, BStBl. II 1981, 398 = FR 1981, 251.
4 *Tipke*, DStJG (1985), 1 (5).
5 BFH v. 4.3.1977 – VI R 213/75, BStBl. II 1977, 507 (508).

Einkunftsart mit Gewinnen voll ausgeglichen werden kann. Der Begriff „Gewinn" wird im EStG nicht in dem üblichen Sprachgebrauch als Gegensatz v. Verlust verwendet, sondern schließt ein negatives Ergebnis ein.[1]

16 **V. Gewinn und nichtbetriebliche Sphäre. 1. Betriebsausgaben.** Der Begriff der BA (§ 4 Abs. 4) ist der Gegenbegriff zur Entnahme. Während eine Entnahme (§ 4 Abs. 1 S. 2) einen Wertabgang für betriebsfremde Zwecke voraussetzt, ist die BA **betrieblich veranlasst.**[2]

17 Nach allg. Meinung hat der BA-Begriff **zentrale Bedeutung** für die Ermittlung der Nettoeinkünfte in allen Bereichen der Gewinnermittlung nach § 2 Abs. 2 S. 1 Nr. 1. Diese zentrale Bedeutung ist aus dem Wortlaut der §§ 4 Abs. 1, Abs. 3, 5 Abs. 1 S. 1 nicht unmittelbar erkennbar, weil der Wortlaut des G nahe legt, dass der Begriff der BA nur bei der Gewinnermittlung nach § 4 Abs. 3 v. Belang sei. Hingegen wird der Gewinn nach §§ 4 Abs. 1, 5 Abs. 1 S. 1 als Unterschiedsbetrag zw. dem BV am Schluss des Wj. und dem BV am Schluss des vorangegangenen Wj. definiert, vermehrt um den Wert der Entnahmen und vermindert um den Wert der Einlagen. In dieser Umschreibung braucht der Begriff der BA allerdings nicht unmittelbar enthalten zu sein, weil sich deren Berücksichtigung schon **mittelbar über den Entnahmebegriff** ergibt.

18 Die als BA abzugsfähigen Aufwendungen werden üblicherweise unterteilt in sofort abzugsfähige BA, in nichtabzugsfähige BA (vgl. § 4 Abs. 5) und in solche Aufwendungen, die iZ mit der Anschaffung oder Herstellung eines WG angefallen sind. Die Rspr. des BFH geht davon aus, dass auch Abschreibungen BA sind.[3] Das setzt voraus, dass der Begriff der BA alles das bezeichnet, was üblicherweise in einer Gewinn- und Verlustrechnung als **Aufwandsposten** erscheint. Nach diesem Verständnis sind BA mit dem Aufwand der betr. Rechnungsperiode gleichzusetzen.

19 Nach hier vertretener Auffassung sind die späteren Abschreibungen die auf spätere Rechnungsperioden verlagerten BA. Die Verausgabung v. AK und HK für ein WG sind ihrer Bedeutung nach BA, die aber aufgrund der Aktivierung nicht sofort abzugsfähig sind. Aus dem Gesichtspunkt der zeitlich verteilten BA folgt, dass die betriebliche Veranlassung nicht nur im Zeitpunkt der Anschaffung oder Herstellung des WG zu prüfen ist, sondern während der Gesamtdauer der Zugehörigkeit des WG zum BV bestehen bleiben muss. Hier wird der innere Zusammenhang mit dem Entnahmebegriff deutlich, denn eine nicht mehr bestehende Zugehörigkeit eines WG zum BV unterbricht die betriebliche Veranlassung und führt zur Verwirklichung des Entnahmetatbestands.

20 Bei den Gewinneinkünften bezeichnet das G die entstehenden Erwerbsaufwendungen als BA (§ 2 Abs. 2 S. 1 Nr. 1, § 4 Abs. 4). Danach sind BA diejenigen Aufwendungen, die betrieblich veranlasst sind. Die eigentliche Schwierigkeit bei der Auslegung des BA-Begriffs liegt in der **Konkretisierung des Veranlassungsgedankens**. Da der Veranlassungsgedanke nicht im Sinne einer Conditio-sine-qua-non-Formel ausgelegt werden kann, müssen wertende Gesichtspunkte entwickelt werden, nach denen eine Abgrenzung zur Privatsphäre zu erfolgen hat (sa. Rn. 161, 170). Von der Rspr. des BFH wird die betriebliche Veranlassung v. Aufwendungen anerkannt, wenn sie **objektiv mit dem Betrieb zusammenhängen** und **subj. dem Betrieb zu dienen bestimmt** sind.[4] Dabei sei ein objektiver Zusammenhang stets Voraussetzung für die Anerkennung der Aufwendung als BA, die subj. Absicht, den Betrieb (oder Beruf) zu fördern, bilde hingegen kein zwingendes Erfordernis, weil zB auch unfreiwillige Aufwendungen nach dem Nettoprinzip als BA anzuerkennen seien.

21 Soweit ein objektiver Zusammenhang gegeben ist, verbleibt dem StPfl. ein subj. **Entscheidungsspielraum**, den Betriebsumfang und damit den Umfang der betrieblichen Veranlassung v. Aufwendungen zu bestimmen.[5] Den StPfl. trifft allerdings in Zweifelsfällen die sog. **Feststellungslast**, dh. er muss anhand nachprüfbarer Tatsachen darlegen, dass die konkrete Aufwendung im tatsächlichen oder wirtschaftlichen Zusammenhang mit einer konkreten Gewinnerzielungsabsicht angefallen ist. Die Art der Buchung bildet dabei nur ein Indiz.[6] Eine betriebliche Veranlassung lässt sich ohne weiteres feststellen, wenn Aufwendungen für Mitarbeiter, angemietete Betriebsräume oder Betriebssteuern getätigt werden. Eine betriebliche Veranlassung ist gegeben, wenn Aufwendungen iZ mit einem WG des BV stehen (zB Reparaturkosten). Einer er-

1 BFH v. 26.10.1987 – GrS 2/86, BStBl. II 1988, 348 = FR 1988, 160.
2 Dazu zB *Kröger*, StuW 78, 289; *Prinz*, StuW 1996, 267; *Tipke*, StuW 1979, 193; *Wassermeyer*, StuW 1982, 352.
3 BFH v. 28.11.1977 – GrS 2–3/77, BStBl. II 1978, 105; v. 18.2.1982 – IV R 85/79, BStBl. II 1982, 397 = FR 1982, 419.
4 BFH v. 28.11.1977 – GrS 2–3/77, BStBl. II 1978, 105; v. 21.11.1983 – GrS 2/82, BStBl. II 1984, 160 = FR 1984, 177; v. 4.7.1990 – GrS 2–3/88, BStBl. II 1990, 817.
5 BFH v. 4.7.1990 – GrS 2–3/88, BStBl. II 1990, 817 = FR 1990, 708; v. 25.11.1993 – IV R 37/93, BStBl. II 1994, 350 = FR 1994, 362.
6 BFH v. 13.12.1984 – VIII R 296/81, BStBl. II 1985, 325 = FR 1985, 301; v. 26.11.1997 – X R 146/94, BFH/NV 1998, 961.

gänzenden wertenden Bestimmung bedarf es allerdings, wenn Umstände, welche den in Frage stehenden Aufwendungen unmittelbar vorgelagert sind, dem **neutralen Bereich** zuzuordnen sind (zB Beschädigung eines Kfz. bei einer Betriebsfahrt durch Fremdeinwirkung). Die betriebliche Veranlassung wird unterbrochen, wenn private Gründe in den Vordergrund treten (etwa Beschädigung eines betrieblichen Kfz. bei einer Privatfahrt oder infolge übermäßigen Alkoholgenusses); hier scheidet ein Abzug als BA aus.[1]

Da die normative Konkretisierung des Veranlassungsprinzips einen Wertungsvorgang darstellt, lassen sich in **Grenzfällen** unterschiedliche Rechtsauffassungen kaum vermeiden. Die daraus resultierende Rechtsunsicherheit wird zu einem gewissen Teil durch ein steuerrechtl. „case law" korrigiert, mit dem die Rspr. das Veranlassungsprinzip Einzelfall für Einzelfall konkretisiert. So neigt der BFH bspw. dazu, eine betriebliche Veranlassung anzunehmen, wenn Aufwendungen getätigt werden, um **günstige betriebliche Rahmenbedingungen** zu schaffen, was dazu führt, dass etwa Aufwendungen, die dem Kultur- und Sportsponsoring dienen, oder allg. berufs- und wirtschaftspolitische Aufwendungen regelmäßig als BA anerkannt werden können.[2] Im Einzelfall kann die Abgrenzung aber problematisch sein, weil die konkrete betriebliche Veranlassung deutlich überwiegen muss. 22

Die abstrakt gesehen eindeutige Unterscheidung zw. abzugsfähigen BA und nichtabzugsfähigen Privataufwendungen lässt sich im konkreten Lebenssachverhalt oftmals deshalb schwer durchführen, weil viele Aufwendungen sowohl die Sphäre der steuerbaren Einkunftserzielung als auch die **Privatsphäre** betreffen. Für solche sog. **gemischten Aufwendungen** statuierte § 12 Nr. 1 S. 2 nach bisheriger Rspr. ein Abzugsverbot (§ 12 Rn. 3 ff.). Zu den nicht abzugsfähigen Aufwendungen gehören auch die Ausgaben für die Lebensführung, die die wirtschaftliche oder gesellschaftliche Stellung des StPfl. mit sich bringen, selbst wenn sie zur Förderung des Berufs oder der Tätigkeit des StPfl. erfolgen (sog. Repräsentationsaufwendungen). Das Aufteilungsverbot des § 12 Nr. 1 S. 2 wurde zunächst als totales Abzugsverbot der einschlägigen Aufwendungen ausgelegt. Mit der Entsch. v. 21.9.2009[3] ist der GrS des BFH v. dieser Einschätzung abgerückt; danach enthält die Vorschrift für gemischte Aufwendungen **kein allgemeines Aufteilungs- und Abzugsverbot**. Gemischte Aufwendungen, bei denen sich betriebliche und private Anteile abgrenzen lassen, sind nunmehr aufzuteilen, wenn die betriebliche oder private Veranlassung nicht v. völlig untergeordneter Bedeutung ist;[4] ein Abzug der Aufwendungen kommt jedoch auch weiterhin insgesamt nicht in Betracht, wenn die – für sich gesehen jeweils nicht unbedeutenden – betrieblichen und privaten Veranlassungsbeiträge so ineinander greifen, dass eine Trennung nicht möglich und eine Grundlage für die Schätzung nicht erkennbar ist.[5] 23

Einstweilen frei. 24–25

2. Entnahmen und Einlagen. Entnahmen und Einlagen haben auf den Gewinn keinen Einfluss. Abs. 1 S. 1 drückt dies so aus, dass bei Gewinnermittlung durch BV-Vergleich der Wert der Entnahmen zuzurechnen und der Wert der Einlagen abzurechnen ist. Der innere Grund für diese Regelung ist darin zu sehen, dass nur dasjenige als **Substrat der Einkommensbesteuerung** dienen soll, was **durch den Betrieb erwirtschaftet** worden ist, nicht aber diejenigen Vermögensabgänge und -zuwächse, die ihre Veranlassung in der außerbetrieblichen Sphäre haben. Entnahme und Einlage sind damit der jeweils gegenläufige Begriff zu BA und BE. Entnahmen beziehen sich auf entzogene Werte, die durch den Betrieb erwirtschaftet und demzufolge zu besteuern sind, während Einlagen dem Betrieb v. außen zugeführt worden sind und deshalb keinen Einfluss auf die Bemessungsgrundlage der ESt haben dürfen. Ohne die Korrekturen durch Entnahmen und Einlagen würde das betriebliche Ergebnis durch Vorgänge beeinflusst, die keinen Zusammenhang mit der eigentlich unternehmerischen Tätigkeit haben. Letztlich sind Entnahmen und Einlagen Ausfluss der strikten Trennung des EStG zw. betrieblicher Sphäre einerseits und privater Sphäre andererseits. 26

B. Gewinnermittlung durch Betriebsvermögensvergleich (Abs. 1)

Literatur (Auswahl jüngerer Veröffentlichungen): *Birkenfeld/Fuest/Kaminski/Kempermann/Kessler/Offerhaus/Widmann/Wassermeyer*, Die Systematik der sog. Entstrickungsbesteuerung, DB 2010, 1776; *Horschitz/Groß/Fanck/Guschl/Kirschbaum/Schustek*, Bilanzsteuerrecht und Buchführung, 15. Aufl. 2018; *Kanzler*, Kap. 21. Gewinnermittlungszeitraum, Abgrenzung und Voraussetzungen der Gewinnermittlungsarten, und Kap. 29. Betriebsvermögensvergleich (§§ 4 Abs. 1, 5 EStG), in: *Leingärtner*, Besteuerung der Landwirte (Loseblatt); *Prinz*, Bilanzieller Betriebsver-

1 Näher *Schmidt*[37], § 4 Rn. 28.
2 BFH v. 4.3.1986 – VIII R 188/84, BStBl. II 1986, 373 = FR 1986, 306; v. 12.9.1990 – I R 65/86, BStBl. II 1991, 258; *Schmidt*[37], § 4 Rn. 520 „Sponsoring".
3 BFH v. 21.9.2009 – GrS 1/06, BStBl. II 2010, 672 = FR 2010, 225 m. Anm. *Kempermann*; zu den Folgerungen der FinVerw. BMF v. 6.7.2010, BStBl. I 2010, 614.
4 Ausführlich hierzu zB *Blümich*, § 4 Rn. 567; BMF v. 6.7.2010, BStBl. I 2010, 614 Tz. 8 ff.
5 So zutr. BMF v. 6.7.2010, BStBl. I 2010, 614 Tz. 17.

mögensvergleich als Grundform leistungsfähigkeitsentsprechender Gewinnermittlung, FR 2010, 917; *Prinz/Kanzler*, Handbuch Bilanzsteuerrecht, 3. Aufl. 2018; *Schumann*, Überblick über das aktuelle Bilanzsteuerrecht, SteuerStud. 2010, 571; *Weber-Grellet*, Grundfragen und Zukunft der Gewinnermittlung, DB 2010, 2298; *Weber-Grellet*, Bilanzsteuerrecht, 16. Aufl. 2018; *Weber-Grellet*, BB-Rechtsprechungsreport zu 2017 veröffentlichten bilanzsteuerrechtlichen BFH-Urteilen, BB 2018, 43; *Weber-Grellet*, 100 Jahre Bilanzrechtsprechung durch RFH und BFH, BB 2018, 2347.

27 **I. Persönlicher Anwendungsbereich.** Abs. 1 betrifft selbständig Tätige (§ 18), die zwar nach § 141 AO v. der Buchführungspflicht ausgenommen sind, jedoch freiwillig Bücher führen und regelmäßig Abschlüsse machen,[1] Land- und Forstwirte, die nach § 140 AO (vgl. § 13 Rn. 48) oder § 141 Abs. 1 AO (vgl. § 13 Rn. 49) buchführungspflichtig sind, freiwillig buchführende Land- und Forstwirte, die zwar die Voraussetzungen des § 13a Abs. 1 S. 1 (Gewinnermittlung nach Durchschnittssätzen) erfüllen, jedoch (für mindestens vier Jahre) die Gewinnermittlung nach Abs. 1 beantragen (§ 13a Abs. 2), oder deren Gewinn aus anderen Gründen nicht nach § 13a EStG zu ermitteln ist,[2] Gewinne ausländ. Betriebsstätten, soweit diese für die inländ. Besteuerung unbeschränkt einkommen- oder kstpfl. Pers. v. Bedeutung sind,[3] sowie Gewinne ausländ. PersGes., die über keine Betriebsstätte/ständigen Vertreter im Inland verfügen, soweit Gewinnanteile für die inländ. Besteuerung unbeschränkt stpfl. G'ter, etwa iZ mit dem ProgrVorb., v. Bedeutung sind,[4] die Gewinnschätzung bei nicht buchführungspflichtigen Gewerbetreibenden (§ 15), die nicht freiwillig Bücher führen und für die die Wahl der Gewinnermittlung nach § 4 Abs. 3 nicht festgestellt werden kann.[5] Hingegen gilt bei Gewerbetreibenden § 5, der in seinem Abs. 1 S. 1 auf den BV-Vergleich nach § 4 Abs. 1 S. 1 verweist,[6] sofern sie zur Buchführung verpflichtet sind oder freiwillig Bücher führen und regelmäßig Abschlüsse machen.[7]

28 **II. Steuerrechtlicher Gewinnbegriff (Abs. 1 S. 1). 1. Gesetzliche Definition.** Abs. 1 ist die Grundnorm der Gewinnermittlung, die bei Gewerbetreibenden durch die Sonderregelung des § 5 ergänzt wird.[8] Gegenüber der Gewinnermittlung nach Abs. 3 ist der BV-Vergleich nach Abs. 1 die **Regelgewinnermittlungsart.**[9] Nach Abs. 1 S. 1 besteht der stl. Gewinn **aus zwei Elementen:** dem Unterschiedsbetrag zweier BV und dessen Korrektur um den Wert v. Entnahmen und Einlagen. Zur Ermittlung des Unterschiedsbetrags wird das BV am Schluss des Wj. (Endvermögen) dem BV am Schluss des vorausgegangenen Wj. (Anfangsvermögen) gegenübergestellt; bei Betriebseröffnung oder -erwerb tritt an die Stelle des BV am Schluss des vorangegangenen Wj. das BV im Zeitpunkt der Eröffnung oder des Erwerbs des Betriebs (§ 6 Abs. 1 EStDV), bei BetrAufg. oder -veräußerung tritt an die Stelle des BV am Schluss des Wj. das BV im Zeitpunkt der Aufgabe oder der Veräußerung des Betriebs (§ 6 Abs. 2 EStDV). Das Ergebnis wird um den Wert der Entnahmen erhöht und um den Wert der Einlagen gekürzt.[10] Rechnerisch ermittelt sich der stl. Gewinn (bzw. Verlust) demnach wie folgt: BV am Schluss des Wj ./. BV am Schluss des vorangegangenen Wj. + Entnahmen im Wj ./. Einlagen im Wj.

29 **2. Betriebsvermögensvergleich.** Unter **BV** ist in diesem Zusammenhang (zum Begriff auch Rn. 32) das (jeweils) **eingesetzte EK** als Differenz zw. der Summe aller aktiven WG und der Summe aller passiven WG im weitesten Sinne zu verstehen. Alle WG, die als BV zu qualifizieren sind (s. Rn. 4a, 35 ff.), müssen in einer **geschlossenen Buchführung** erfasst sein. Zum Schluss eines jeden Wj. ist eine mengen- und wertmäßige **Bestandsaufnahme** (Inventur) durchzuführen und zu einem Jahresabschluss zusammenzufassen. Bei der Ermittlung des Gewinns sind die Vorschriften über die BA, über die Bewertung und über die AfA oder Substanzverringerung zu befolgen (§ 4 Abs. 1 S. 9). Der Gewinn ist **periodisch für ein Wj.** zu ermitteln (vgl. § 4a Abs. 1). Da die Veranlagung jeweils für das Kj. erfolgt (vgl. § 2 Abs. 7), ist der Gewinn des abw. Wj. nach § 4a Abs. 2 dem Kj. zuzuordnen. Der steuerrechtl. Gewinnbegriff schließt ein negatives Ergebnis (Verlust) mit ein.

---

1 Vgl. auch H 18.2 „Buchführung" EStH.
2 Vgl. auch R 4.1 Abs. 1 EStR; näher zur Gewinnermittlung durch BV-Vergleich bei Land- und Forstwirten *H/H/R*, Vor §§ 4–7 Anm. 5; *Leingärtner*, Kap. 21 Rn. 54 ff.
3 BFH v. 16.2.1996 – I R 43/95, BStBl. II 1997, 128 = FR 1996, 600; zur Ermittlung und Umrechnung ausländ. Gewinneinkünfte *Baranowski*, DB 1992, 240.
4 BFH v. 13.9.1989 – I R 117/87, BStBl. II 1990, 57 = FR 1990, 58; v. 22.5.1991 – I R 32/90, BStBl. II 1992, 94 = FR 1991, 724; v. 1.10.1992 – I B 43/92, BFH/NV 1993, 156.
5 Vgl. H 4.1 „Gewinnschätzung" EStH, mwN.
6 Zum „Verweisungsgeflecht" zw. § 4 und § 5 auch *H/H/R*, Vor §§ 4–7 EStG Anm. 23.
7 Vgl. R 4.1. Abs. 2 S. 1 EStR.
8 Vgl. auch *Weber-Grellet*, DB 2010, 2298.
9 BFH v. 19.3.2009 – IV R 57/07, BStBl. II 2009, 659 mwN; *Weber-Grellet*, DB 2010, 2298 unter Hinweis auf BFH v. 21.7.2009 – X R 46/08, BFH/NV 2010, 186.
10 Insoweit ist auch v. einer zweistufigen Gewinnermittlung die Rede, vgl. *H/H/R*, § 4 Anm. 30 mwN; *Blümich*, § 4 Rn. 109 f.; *Prinz*, FR 2010, 917 (921).

Die Gewinnermittlung nach Abs. 1 kann statt als BV-Vergleich auch als **Eigenkapitalvergleich** bezeichnet werden, zumal buchmäßig erfolgsneutrale Umschichtungen des BV (Aktiv-/Passivtausch, Bilanzverkürzung und -verlängerung) weder das EK noch den Gewinn berühren. Da die **Differenz des BV** (EK) allein noch keinen Aufschluss über den in einem Wj. im Betrieb erwirtschafteten Gewinn bzw. Verlust gibt, bedarf es zur Gewinnermittlung noch der **Korrektur** um im Betrieb erwirtschaftete und daher den Differenzbetrag iSv. Abs. 1 S. 1 erhöhende Entnahmen sowie um nicht im Betrieb erwirtschaftete und deshalb den Unterschiedsbetrag mindernde Einlagen (vgl. auch Rn. 26 und 85). 30

Das EStG kennt keinen allg. Realisationstatbestand „Steuerentstrickung", weder dahin gehend, dass es immer zur gewinnwirksamen **Aufdeckung v.** buchmäßig entstandenen **stillen Reserven** kommt, wenn ein WG das BV verlässt oder das Besteuerungsrecht im Inland nicht mehr gesichert ist, noch in der Form, dass angesammelte stille Reserven nicht erfolgswirksam aufzudecken sind, wenn ihre spätere Besteuerung im Inland gesichert ist.[1] Zu einer Gewinnrealisierung und damit zu einem Gewinn im steuerrechtl. Sinne kommt es nur, wenn ein **Realisierungstatbestand** (entspr. dem steuerrechtl. Prinzip der Tatbestandsmäßigkeit) im Einzelfall gegeben ist oder wenn der durch das SEStEG[2] (nebst § 12 Abs. 1 KStG) eingeführte Abs. 1 S. 3 (Rn. 105 ff.) eingreift. Das steuerrechtl. Tatbestandsmäßigkeitsprinzip kollidiert hier mit dem Interesse des Fiskus, während der unternehmerischen Tätigkeit angesammelte Reserven zu erfassen, wenn ein Steuerzugriff in der Folgezeit nicht mehr möglich ist. 31

Zu einer Realisation kommt es regelmäßig nur, wenn das **WG** aus dem BV **ausscheidet**. Dies kann durch eine Lösung des betrieblichen Zusammenhangs geschehen (Entnahme, BetrAufg.) oder durch eine Veräußerung des einzelnen WG oder des gesamten Betriebs. Eine Absicht der Gewinnrealisierung ist nicht erforderlich. Trotz Ausscheidens aus dem BV kennt das EStG in den §§ 6 Abs. 3, Abs. 5, 6b realisationsverhindernde Regelungen. Umgekehrt können Gewinnwirkungen auch ohne Veräußerung oder Entnahme entstehen, wenn Wertabschreibungen wieder rückgängig gemacht werden müssen oder wenn die Gewinnermittlungsart gewechselt wird (Rn. 242 ff.). Nach dem Wortlaut des § 16 Abs. 3 S. 1 gilt auch die BetrAufg. als Veräußerung, sie ist aber ein Entnahmevorgang eigener Art (Totalentnahme),[3] da sich in diesen Fällen nicht die Zuordnung des WG zur Pers. verändert, sondern nur zur Vermögensart (BV – PV). Als Veräußerung zählt auch der Tausch (§ 6 Rn. 226). Besteht das Tauschgeschäft in der Hingabe v. Betrieben gegen Gewährung neuer Anteile an Ges., gehen die Regelungen des UmwStG vor (§ 16 Rn. 16 ff.). Zur Realisation bei Beendigung einer BetrAufsp. § 15 Rn. 115.

III. Betriebsvermögen und Privatvermögen. 1. Begriff des Betriebsvermögens. Vom EStG wird der Begriff des BV an mehreren Stellen erwähnt (vgl. § 4 Abs. 1, § 5 Abs. 1 S. 1, § 6 Abs. 1 S. 1), doch fehlt eine erläuternde Definition. Der Begriff wird in **zwei unterschiedlichen Bedeutungszusammenhängen** verwendet. Einmal steht er für die Summe aller (aktiven und passiven) WG und ist damit bilanzrechtl. identisch mit dem Begriff des EK (s. Rn. 4a, 29). In einer zweiten Bedeutung bezeichnet er eine **Eigenschaft**, die diesen WG zukommen muss, um als betriebliche in den BV-Vergleich und damit die stl. Gewinnermittlung einbezogen zu werden. Das **PV** des StPfl. darf in dem für stl. Zwecke erforderlichen Inventar und in der Steuerbilanz nicht erscheinen. IErg. kommt es bei einem (Einzel-)Unternehmer immer zu einer **Spaltung des (zivilrechtl.) Gesamtvermögens** für stl. Zwecke. 32

Die **Abgrenzung des BV v. PV** ist für die ESt deshalb v. grundlegender Bedeutung, weil aufgrund der dualistischen Einkünfteermittlung (§ 2 Abs. 2) grds. nur iRd. Gewinneinkunftsarten realisierte Wertsteigerungen des zur Einkunftserzielung eingesetzten Vermögens stl. erfasst werden (vgl. aber nunmehr § 20 Abs. 2). Wird demnach iRd. Gewinnermittlung ein WG dem BV zugeordnet, dann folgt daraus, dass dessen **Wertänderungen steuerrelevant** sind. Eine Steuerverstrickung ist somit notwendige Konsequenz der Qualifizierung eines WG als BV. 33

BV entsteht dann, wenn ein WG einen **sachlichen** Bezug zu einem Betrieb erhält **und/oder** in **personeller** Sicht die Zuständigkeit des Betriebsinhabers begründet wird. Typische Sachverhalte sind die Eröffnung eines Betriebs, der Erwerb eines Betriebs, der entgeltliche oder unentgeltliche Erwerb eines WG aus betrieblicher Veranlassung, die Herstellung in der Betriebssphäre oder die Einlage eines Guts aus dem PV in das BV. Handelt es sich um einen unentgeltlichen Erwerb des Betriebs, ohne dass eine betriebliche Veranlassung festgestellt werden kann (Schenkung), dann wird das BV in der Pers. des Rechtsnachfolgers fortgeführt. § 6 Abs. 3, der dem Wortlaut nach nur die Bewertung betrifft, setzt dies voraus. Ist ein WG bislang BV, dann führt die **Auflösung des sachlichen oder persönlichen Zusammenhangs** mit dem Betrieb 34

1 BFH v. 11.12.1984 – IX R 27/82, BStBl. II 1985, 250 = FR 1985, 300; vgl. auch BFH v. 17.7.2008 – I R 77/06, BStBl. II 2009, 464 = FR 2008, 1149.
2 BGBl. I 2006, 2782.
3 BFH v. 13.12.1983 – VIII R 90/81, BStBl. II 1984, 474 = FR 1984, 316; vgl. auch zB BFH v. 14.1.2010 – IV R 55/07, BFH/NV 2010, 1075.

zum Ende der BV-Eigenschaft.[1] Dabei liegt die Lösung des persönlichen Zusammenhangs vor, wenn das WG entgeltlich oder unentgeltlich übertragen wird, wenn das Substrat des Betriebs veräußert wird oder wenn der Betriebsinhaber/StPfl. stirbt. Der sachliche Zusammenhang ist durch eine Entnahme oder eine BetrAufg. beendet. Wird der tatsächliche Zusammenhang mit der betrieblichen Sphäre durch Verlust gelöst (Untergang, Diebstahl, Zerstörung des WG), dann ist der Restbuchwert des WG aus dem BV auszubuchen (bzgl. der stillen Reserven, die sich in dem WG bis zu seinem Verlust gebildet hatten, tritt keine Gewinnrealisierung ein).[2] Der VIII. Senat des BFH hatte den GrS mit der Frage angerufen, ob in die Bewertung der Nutzungsentnahme (auch) die im Buchwertansatz eines Pkw ruhenden stillen Reserven einzubeziehen sind, wenn der zum BV gehörende Pkw während einer privat veranlassten Fahrt durch Unfall zerstört oder beschädigt wird,[3] die Vorlage jedoch später zurückgenommen und v. einer erneuten Vorlage abgesehen (vgl. auch Rn. 88).[4]

35 Zum BV gehören alle **WG, die dem Betrieb zu dienen bestimmt** sind. Dies lässt sich nicht abstrakt beurteilen, sondern muss konkret nach funktionalen Gesichtspunkten geprüft werden. Entscheidend ist, ob im Einzelfall ein sachlicher **betrieblicher Zusammenhang** gegeben ist. Nach welchem Kriterium das Vorliegen eines betrieblichen Zusammenhangs bestimmt werden muss, ist nicht abschließend geklärt. Die rechtsdogmatische Begr. befindet sich im Fluss.

36 **2. Vermögensarten. a) Dreiteilung.** Herkömmlicherweise wird zw. notwendigem und gewillkürtem BV sowie notwendigem PV unterschieden. Zum **notwendigen BV** gehören die WG, deren Erwerb durch den Betrieb veranlasst ist, die also mit dem Betrieb in einem sachlichen Zusammenhang stehen, so dass sie ausschließlich und **unmittelbar** für (eigen-)betriebliche Zwecke des StPfl. genutzt werden.[5] WG, die weder notwendiges BV sind (weil sie den Zwecken des Betriebs nicht unmittelbar dienen) noch notwendiges PV, können nach stRspr. des BFH als sog. **gewillkürtes BV** bei der Gewinnermittlung nach Abs. 1 und § 5 berücksichtigt werden, wenn sie **objektiv geeignet** und v. Betriebsinhaber erkennbar (subj.) dazu **bestimmt** sind, den Betrieb zu fördern.[6] **Notwendiges PV** schließlich sind Gegenstände, die in keiner Beziehung zum Betrieb stehen können, die also den **privaten Zwecken** des StPfl. oder seiner Angehörigen dienen.

37 Nach anderer Auffassung soll die BV-Eigenschaft nach dem **Veranlassungsprinzip** (Rn. 166) bestimmt werden: Betrieblich veranlasste Aufwendungen (Abs. 4) schaffen, wenn sie WG bilden, betriebliche WG und folglich BV. Es sei deswegen sachgerecht, auf das in Abs. 4 kodifizierte Veranlassungsprinzip auch für die Bestimmung des BV zurückzugreifen, weil es bei der Bestimmung des BV und der BA um das gleichgerichtete Ziel gehe, das Vermögen und die wirtschaftlichen Tätigkeiten des StPfl. den betrieblichen Einkunftsquellen zuzuordnen und ggü. den anderen Einkunftsarten des EStG sowie dem privaten Lebensführungsbereich abzugrenzen.[7] Praktische Konsequenzen können sich daraus im Bereich der sog. **gemischtgenutzten WG** ergeben, deren Anschaffung teils betrieblich und teils privat veranlasst ist. Hier müsste – auch bei gemischt genutzten beweglichen WG – entweder in Höhe des betrieblich veranlassten Teils der AK ein eigenständiges WG angenommen werden[8] oder, soweit trotz Aufgabe des sog. Aufteilungs- und Abzugsverbot des § 12 Nr. 1 S. 2[9] ein BA-Abzug insgesamt ausscheidet, auch insgesamt die BV-Eigenschaft verneint werden.

38 Der BFH konkretisiert jedoch das Zurechnungskriterium der betrieblichen Veranlassung weitgehend dadurch, dass er innerhalb des betrieblichen Vermögensbereichs weiter zw. notwendigem und gewillkürtem BV unterscheidet (Rn. 36). Dabei sind WG grds. **einheitlich** zuzuordnen, dh. WG gehören entweder voll zum BV oder voll zum PV, so dass ein gemischt genutztes WG grds. nicht in einen betrieblich und einen privat genutzten Teil aufgeteilt werden kann (Rn. 67); zur Ausnahme bei der Aufteilung v. gemischt genutzten Grundstücken Rn. 68 ff. Gemischt genutzte WG können nicht BV werden, wenn sich private und

---

1 BFH v. 31.1.1985 – IV R 130/82, BStBl. II 1985, 395 = FR 1985, 444.
2 BFH v. 24.5.1989 – I R 213/85, BStBl. II 1990, 8 = FR 1989, 682.
3 BFH v. 23.1.2001 – VIII R 48/98, BStBl. II 2001, 395 = FR 2001, 590.
4 BFH v. 14.10.2003 – VIII R 48/98, BFH/NV 2004, 331; v. 16.4.2004 – VIII R 48/98, BStBl. II 2004, 725.
5 ZB BFH v. 6.3.1991 – X R 57/88, BStBl. II 1991, 829 = FR 1991, 450 m. Anm. *Schmidt*; v. 26.8.2005 – X B 98/05, BStBl. II 2005, 833 = FR 2006, 26 betr. BetrAufsp.; v. 12.6.2013 – X R 2/10, BStBl. II 2013, 907 = FR 2014, 64 m. Anm. *Bode* mwN.
6 ZB BFH v. 31.1.1985 – IV R 130/82, BStBl. II 1985, 395 = FR 1985, 444, v. 7.4.1992 – VIII R 86/87, BStBl. II 1993, 21 = FR 1992, 750; v. 24.1.2008 – IV R 45/05, BStBl. II 2009, 449 = FR 2008, 1164; v. 23.9.2009 – IV R 5/07, BFH/NV 2010, 612; vgl. auch R 4.2 Abs. 1 S. 3 EStR.
7 *Wassermeyer*, DStJG 3 (1980), 315; *Woerner*, StbJb. 1989/90, 207 sowie teils auch die Rspr. des BFH, zB BFH v. 11.11.1987 – I R 7/84, BStBl. II 1988, 424 = FR 1988, 130; v. 28.9.1990 – III R 51/89, BStBl. II 1991, 27; vgl. auch *Schmidt*[37], § 4 Rn. 108.
8 Vgl. zu dieser Ansicht die Literatur-Nachweise bei *Blümich*, § 4 Rn. 272 und 348.
9 Im Einzelnen BFH v. 21.9.2009 – GrS 1/06, BStBl. II 2010, 672 = FR 2010, 225 m. Anm. *Kempermann*.

betriebliche Nutzung nicht leicht und zweifelsfrei trennen lassen;[1] dieser Grundsatz dürfte auch gelten, wenn aus § 12 Nr. 1 S. 2 kein allgemeines Aufteilungs- und Abzugsverbot abzuleiten ist. Allerdings wirkt sich nach der Rspr. des BFH die anteilige AfA als BA aus, wenn die betriebliche Nutzung eines gemischt genutzten WG nicht v. untergeordneter Bedeutung ist und sich der betriebliche Nutzungsanteil leicht und einwandfrei anhand v. Unterlagen nach objektiv nachprüfbaren Merkmalen – ggf. im Wege der Schätzung – v. den nicht abzugsfähigen Kosten der Lebenshaltung trennen lässt.[2]

Der Kritik an der ertragsteuerrechtl. Dreiteilung des Vermögens, für die sich im EStG kein Anhaltspunkt findet, wäre im Grundsatz zuzustimmen, wenn es für die Frage der Anschaffung, Herstellung und der Einlage des betr. WG allein auf die betriebliche Veranlassung iSd. Abs. 4 ankäme, mithin den Begriffen BV und BA iRd. stl. Gewinnermittlung funktional eine nämliche Bedeutung zukäme. Dies ist indes nicht zwingend. Denn nach der Systematik des Abs. 1 wird der Gewinn als Saldo v. BE und BA um den **Wert der Entnahmen und Einlagen korrigiert**. Wenn es um die Abgrenzung des BV v. PV geht, kommt deswegen eine Auslegung des Veranlassungsprinzips dahin gehend in Betracht, dass auch WG als BV erfasst werden, deren Wertabgaben teilw. nicht zu BA führen, weil eine **spätere Korrektur** als Nutzungsentnahme erfolgen kann. Dies hinderte nicht, den Grundsatz, dass jegliche WG nur in toto dem BV oder dem PV zugeordnet werden könnten, aufzugeben und den jeweiligen Gegenstand anteilig dem BV und dem PV zuzuweisen, wie auch die Behandlung gemischt genutzter bebauter Grundstücke zeigt (Rn. 68 ff.). Soweit sich bei der Veräußerung eines zum BV gehörenden, jedoch teilw. privat genutzten WG der gesamte Unterschiedsbetrag zw. Buchwert und Veräußerungserlös den Gewinn iSd. §§ 4 und 5 erhöht[3] (entsprechendes gilt bei der Entnahme[4]), also auch diejenigen stillen Reserven erfolgswirksam aufgedeckt werden, die auf die anteilige private Nutzung des WG entfallen, werden indes gegen eine Aufteilung insbes. Gesichtspunkte der Rechtskontinuität und – jedenfalls nachvollziehbar – der Praktikabilität geltend gemacht, soweit Wechsel der Nutzungsverhältnisse jeweils andere Bilanzansätze mit Folgen für die gewinnwirksame Aufdeckung stiller Reserven und die AfA-Bemessungsgrundlage hätten.[5] 39

b) Notwendiges Betriebsvermögen. Nach zwischenzeitlich stRspr. des BFH ist ein WG dem notwendigen BV zuzuordnen, wenn es dem Betrieb **unmittelbar dient** und **objektiv erkennbar** zum unmittelbaren Einsatz im Betrieb **bestimmt** ist.[6] Dies setzt nicht voraus, dass das WG für den Betrieb notwendig (iSv. erforderlich), wesentlich oder unentbehrlich ist.[7] Ebenso wenig ist eine tatsächliche Nutzung erforderlich; es genügt, dass dem WG eine anderweitige betriebliche Funktion, etwa als Vorratsvermögen, zugewiesen ist. Die Zweckbestimmung erfordert jedoch eine endgültige Funktionszuweisung.[8] Als notwendiges BV zu qualifizierende WG rechnen **ohne weitere Einlagehandlung** (Erklärung oder Buchung) zum BV. Ein WG des notwendigen BV kann nicht entnommen werden, solange sich die Beziehung zum Betrieb nicht ändert (vgl. auch Rn. 87).[9] Die BV-Eigenschaft einer Forstfläche endet mit Aufgabe; diese ist bei verbleibendem Baumbestand zu verneinen.[10] Fehlen WG des notwendigen BV in der Bilanz, so wird die rechtliche Beurteilung der Zugehörigkeit des WG zum notwendigen BV nicht berührt;[11] vielmehr ist die Bilanz fehlerhaft und muss im Wege der Bilanzberichtigung (Rn. 116 ff.) richtiggestellt werden. Bei einem bilanzierenden StPfl. ist die **verspätete Erfassung** notwendigen BV demnach eine fehlerberichtigende Einbuchung, bei der sich der Bilanzansatz nach dem Wert richtet, mit dem das bisher zu Unrecht nicht bilanzierte WG bei v. Anfang an richtiger Bilanzierung zu Buche stehen würde.[12] 40

Eine **enge betriebliche Beziehung** weisen typischerweise Fabrikationsgebäude, Maschinen, sonstige Fabrikationsanlagen, Verwaltungsgebäude und Einrichtungsgegenstände des Betriebes auf. Des Weiteren wickelt der Unternehmer **branchenübliche Geschäfte** üblicherweise im betrieblichen Bereich ab. WG, die 41

---

1 BFH v. 20.11.1980 – IV R 8/78, BStBl. II 1981, 201 = FR 1981, 231 bei einer betrieblich und privat genutzten Schwimmhalle.
2 BFH v. 25.10.1985 – III R 173/80, BFH/NV 1986, 281 mwN bzgl. Waschmaschinen und Heimbügler.
3 Vgl. BFH v. 10.1.1991 – IV B 105/89, BFH/NV 1991, 386 mwN.
4 Vgl. *Schmidt*[37], § 4 Rn. 53.
5 Näher dazu *Blümich*, § 4 Rn. 272 und 348; *H/H/R*, § 4 Anm. 44 f.; *K/S/M*, § 4 Rn. B 83.
6 ZB BFH v. 30.4.1975 – I R 111/73, BStBl. II 1975, 582; v. 13.11.1996 – XI R 31/95, BStBl. II 1997, 247 = FR 1997, 264; v. 8.12.1993 – XI R 18/93, BStBl. II 1994, 296 = FR 1994, 252; v. 13.6.2002 – III B 13/01, BFH/NV 2002, 1301.
7 BFH v. 23.7.1975 – I R 6/73, BStBl. II 1976, 179; v. 1.10.1981 – IV R 147/79, BStBl. II 1982, 250; v. 10.11.2004 – XI R 32/01, BStBl. II 2005, 431 = FR 2005, 804; v. 25.2.2009 – X B 44/08, BFH/NV 2009, 771 mwN.
8 BFH v. 10.10.2017 – X R 1/16, BStBl. II 2018, 181 Rn. 27 mwN.
9 BFH v. 20.6.1985 – IV R 36/83, BStBl. II 1985, 654 = FR 1985, 623.
10 BFH v. 18.5.2000 – IV R 27/98, BStBl. II 2000, 524 = FR 2000, 1053.
11 BFH v. 2.9.2008 – X R 32/05, BStBl. II 2009, 634 = FR 2009, 954 m. Anm. *Wendt* mwN; v. 10.10.2017 – X R 1/16, BStBl. II 2018, 181 Rn. 27 mwN.
12 BFH v. 22.6.2010 – VIII R 3/08, BStBl. II 2010, 1035.

Gegenstand dieser Geschäfte sind (Waren, Vorräte, Abbaurechte, im Betrieb genutzte Patente), dienen daher idR dem Betrieb und sind dem notwendigen BV zuzurechnen. Einschränkend wird vertreten, dass eine **Aussonderung privater Geschäftsvorfälle** aus ständig im Betrieb vorkommenden Geschäften nicht schlechthin ausgeschlossen werden könne.[1] Für die Zuordnung zum notwendigen BV reicht es für sich allein **nicht** aus, dass ein WG mit **betrieblichen Mitteln** erworben wird[2] oder der **Sicherung betrieblicher Kredite** dient oder für betriebliche Kredite verpfändet wird.[3] Eine **Beteiligung** gehört dann zum notwendigen BV, wenn sie unmittelbar für eigenbetriebliche Zwecke genutzt wird. Sie muss dazu bestimmt sein, die gewerbliche Betätigung des StPfl. entscheidend zu fördern oder dazu dienen, den Absatz v. Produkten des StPfl. zu gewährleisten.[4] An der somit erforderlichen Funktionszuweisung fehlt es dann, wenn der Einsatz des WG im Betrieb als möglich in Betracht kommt, aber noch nicht sicher ist.[5] Freiwillig gezeichnete Genossenschaftsanteile sind nur dann notwendiges BV, wenn sie für das Unternehmen eine konkrete und unmittelbare Funktion besitzen.[6] Eine Beteiligung kann auch dann notwendiges BV eines Einzelunternehmens sein, wenn die Aktivitäten der Beteiligungsgesellschaft nicht unmittelbar dem Einzelunternehmen des StPfl., das über die Rechtsfigur der BetrAufsp. eine als gewerblich qualifizierte Vermietungstätigkeit ausübt, sondern der Betriebsgesellschaft zugutekommen.[7] Die Zuordnung der Beteiligung an einer Komplementär-GmbH zum notwendigen BV eines BetrAufsp.-Besitzunternehmens setzt voraus, dass die Komplementär-GmbH entscheidenden Einfluss auf den Geschäftsbetrieb der Ges. (GmbH & Co. KG) besitzt, die aufgrund ihrer intensiven und dauerhaften Geschäftsbeziehungen zum Betriebsunternehmen die gewerbliche Betätigung des StPfl. entscheidend fördert; außerdem ist erforderlich, dass der StPfl. seinerseits durch das Halten der Beteiligung an der Komplementär-GmbH in der Lage ist, deren Einfluss auf das geschäftliche Verhalten der GmbH & Co. KG maßgeblich zu fördern.[8]

42 Bei **gemischt-genutzten WG** liegt notwendiges BV vor, wenn sie voraussichtlich überwiegend für betriebliche Zwecke genutzt werden. „Überwiegend" heißt, dass die voraussichtliche betriebliche Nutzung mehr als 50 % beträgt.[9] In diesem Fall stellt das WG in vollem Umfang notwendiges BV dar (zur Aufteilung v. gemischt-genutzten Gebäuden Rn. 68 ff.).

43 **c) Gewillkürtes Betriebsvermögen.** Nach der Rspr. des BFH kommen als gewillkürtes BV solche WG in Betracht, die objektiv dazu geeignet und erkennbar dazu bestimmt sind, den Betrieb zu fördern, und weder notwendiges BV noch notwendiges PV sind.[10] An dieser Definition wird zu Recht kritisiert, dass sie sich iErg. nicht eignet, das gewillkürte v. notwendigen BV abzugrenzen, da eine objektive Eignung und Bestimmung auch bei den WG des notwendigen BV vorausgesetzt wird. Vielmehr geht es beim gewillkürten BV darum, WG zu erfassen, die erkennbar dazu bestimmt sind, **den Betrieb mittelbar**, zB durch Einnahmen in Gestalt v. Vermögenserträgen, **zu fördern.**[11] Dieser sog. mittelbare Sachzusammenhang ist auch bei solchen WG gegeben, die dazu bestimmt sind, erst später dem BV unmittelbar zu dienen, bei denen also gegenwärtig nur ein potenzieller Sachzusammenhang besteht. WG, die den **Betrieb mittelbar oder potenziell fördern**, werden als sog. **neutrale WG** bezeichnet. Fehlt eine eindeutige Beziehung zum betrieblichen oder privaten Bereich, steht es dem Unternehmer weitgehend frei zu bestimmen, ob er das zunächst neutrale WG der Förderung betrieblicher Zwecke widmen will oder nicht.[12]

44 Typische Beispiele sind **fremdbetrieblich** oder zu fremden Wohnzwecken **genutzte Gebäudeteile** und als Kapitalanlage erworbene **Wertpapiere**. Wertpapiere dienen der Kapitalstärkung und damit mittelbar dem Betrieb. Der Umstand, dass Wertpapiere wegen der Kursschwankungen risikobehaftet sind, steht der Be-

1 BFH v. 13.11.1996 – XI R 31/95, BStBl. II 1997, 247 = FR 1997, 264; v. 12.12.2002 – III R 20/01, BStBl. II 2003, 297 = FR 2003, 399 m. Anm. *Weber-Grellet*; *Blümich*, § 4 Rn. 358; *Schmidt*[37], § 4 Rn. 148.
2 BFH v. 14.11.1972 – VIII R 100/69, BStBl. II 1973, 289; v. 18.12.1996 – XI R 52/95, BStBl. II 1997, 351 = FR 1997, 336 m. Anm. *Wendt*; v. 21.3.1997 – IV B 53/96, BFH/NV 1997, 651; *Schmidt*[37], § 4 Rn. 153 mwN.
3 BFH v. 17.3.1966 – IV 186/63, BStBl. III 66, 350; v. 4.4.1973 – I R 159/71, BStBl. II 1973, 628; v. 17.4.1985 – I R 101/81, BStBl. II 1985, 510 = FR 1985, 439; v. 5.6.1985 – I R 289/81, BStBl. II 1985, 619 = FR 1985, 589.
4 StRspr., zB BFH v. 12.6.2013 – X R 2/10, BStBl. II 2013, 907 = FR 2014, 64 m. Anm. *Bode* mwN.
5 BFH v. 3.10.1989 – VIII R 328/84, BFH/NV 1990, 361; v. 22.11.2002 – X B 92/02, BFH/NV 2003, 320.
6 BFH v. 4.2.1998 – XI R 45/97, BStBl. II 1998, 301 = FR 1998, 559 bzgl. Apothekergenossenschaft.
7 BFH v. 20.4.2005 – X R 2/03, BStBl. II 2005, 694 = FR 2005, 1149; v. 12.6.2013 – X R 2/10, BStBl. II 2013, 907 = FR 2014, 64 m. Anm. *Bode*.
8 BFH v. 12.6.2013 – X R 2/10, BStBl. II 2013, 907 = FR 2014, 64 m. Anm. *Bode*.
9 BFH v. 13.3.1964 – IV 158/61 S, BStBl. III 1964, 455 („50 %-Urteil"); R 4.2 Abs. 1 S. 4 EStR.
10 BFH v. 30.4.1975 – I R 111/73, BStBl. II 1975, 582; v. 11.10.1979 – IV R 125/76, BStBl. II 1980, 40 = FR 1980, 123; v. 7.4.1992 – VIII R 86/87, BStBl. II 1993, 21 = FR 1992, 750; aus jüngerer Zeit zB BFH v. 10.10.2017 – X R 1/16, BStBl. II 2018, 181 Rn. 31, mwN.
11 BFH v. 31.1.1985 – IV R 130/82, BStBl. II 1985, 395 = FR 1985, 444; *Weber-Grellet*, Bilanzsteuerrecht[16], Rn. 153, 157.
12 BFH v. 14.8.2014 – IV R 56/11, BFH/NV 2015, 317 Rn. 22; v. 10.10.2017 – X R 1/16, BStBl. II 2018, 181 Rn. 32.

handlung als gewillkürtes BV nicht entgegen, da gerade das Unternehmerrisiko ein wesentliches Merkmal für den Gewerbetreibenden ist. Allerdings muss der StPfl. in Grenzfällen darlegen, welche Motive ihn dazu veranlasst haben, das WG als gewillkürtes BV zu behandeln. Werden WG angeschafft, bei deren Erwerb bereits erkennbar ist, dass sie dem **Betrieb keinen Nutzen**, sondern nur Verluste bringen werden (sog. betriebsschädliche WG), kommt eine Zuordnung zum BV nicht in Betracht.[1] **Branchenuntypische Termin- und Optionsgeschäfte** stellen regelmäßig kein gewillkürtes BV dar, auch wenn generell die Möglichkeit besteht, damit Gewinne zu erzielen.[2] Die objektive Eignung v. (Devisen-)Termingeschäften zur Förderung des Betriebs ist bei branchenfremden Unternehmen nicht ohne weiteres ausgeschlossen, unterliegt aber wegen der hohen Risikoträchtigkeit der Geschäfte strengen Anforderungen.[3] Der BFH sieht diese Art v. Geschäften „in der Nähe v. Spiel und Wette".

In den dargestellten Grenzen (die Bildung gewillkürten BV muss betrieblich veranlasst sein, dh. das WG muss objektiv „betriebsdienlich" sein[4]) können **Gewerbetreibende** den Umfang ihres Geschäftsbetriebs grds. **frei bestimmen**. Bei **Land- und Forstwirten und Freiberuflern** grenzt das jeweilige Berufsbild den betrieblichen Bereich weiter ein. WG, die gemessen an den Erfordernissen dieses Leitbilds als **berufsfremd** („wesensfremd") anzusehen sind, können nicht zum BV dieser Einkunftsart gewillkürt werden.[5] Deswegen können zB Wertpapiere nur dann als gewillkürtes BV eines Freiberuflers gewidmet werden, wenn ausschließlich betriebliche Gründe für ihren Erwerb maßgeblich waren.[6] Geldanlagen sind nach der restriktiven Rspr. des BFH nur in sehr eingeschränktem Umfang möglich.[7] Geldgeschäfte eines Freiberuflers (Darlehen, Bürgschaft) sind grds. berufsfremd, es sei denn, es geht um Hilfsgeschäfte ohne eigenes wirtschaftliches Gewicht.[8] Ein Darlehen, welches v. Besitzunternehmen einer BetrAufsp. einer KapGes. ausgereicht wird, die Geschäftspartner der Betriebs-KapGes. ist, soll grds. notwendiges BV des Besitzunternehmens sein.[9] 45

Eine Fallgruppe gewillkürten BV betrifft **gemischt-genutzte WG**, die nur zT im Betrieb eingesetzt werden. Dazu gehören WG, deren **betrieblicher Nutzungsanteil zw. 10 und 50 %** liegt.[10] Beträgt der betriebliche Nutzungsanteil mehr als 50 %, stellt das WG notwendiges BV dar, liegt der betriebliche Nutzungsanteil unter 10 %, ist das WG zwingend dem PV zuzuordnen. Bei einem betrieblichen Nutzungsanteil v. mind. 10 % bis zu 50 % hat der StPfl. ein **Wahlrecht**, das WG als gewillkürtes BV oder als PV zu behandeln. 46

Während sich beim notwendigen BV die Pflicht zum Ausweis in der steuerrechtl. Gewinnermittlung aus der betrieblichen Funktion ergibt, kommt es bei den WG des gewillkürten BV neben der betrieblichen Funktion zusätzlich entscheidend auf den **äußerlich erkennbaren Willen** des StPfl. an, das WG als BV oder PV zu behandeln. Unabhängig von der Gewinnermittlungsart verlangt deshalb eine Zuordnung zum gewillkürten BV, dass dies unmissverständlich, zeitnah und unumkehrbar dokumentiert wird. Die Widmung eines WG zu betrieblichen Zwecken wird – abgesehen von seiner tatsächlichen Nutzung – **idR** durch den Ausweis der damit zusammenhängenden Aufwendungen und Erträge in der **Buchführung** und durch dessen Aktivierung zum Ausdruck gebracht.[11] Der Ausweis ist in der lfd. Buchführung vorzunehmen. Eine rückwirkende Einbuchung – etwa zum Jahresende oder bei den vorbereitenden Abschlussbuchungen – ist wegen der nachträglichen Gestaltungsmöglichkeiten nicht zulässig. Ebenso wenig kommt es darauf an, welches Motiv den StPfl. dazu veranlasst hat, das WG zu bilanzieren oder nicht zu bilanzieren. Als objektiver Anknüpfungspunkt dient allein der **tatsächliche Geschehensablauf**. Allerdings ist die Dok. im Buchführungswerk kein konstitutives Merkmal für die betriebliche Widmung; an ihre Stelle können auch andere unmissverständliche Bekundungen treten. Deswegen kann die Bilanz auch berichtigt werden, wenn das WG erkennbar gegen den Willen des StPfl. in die Buchführung aufgenommen wurde.[12] 47

---

1 BFH v. 5.2.1970 – IV 186/64, BStBl. II 1970, 492 (Übernahme einer Bürgschaft); v. 25.2.1982 – IV R 25/78, BStBl. II 1982, 461 = FR 1982, 334 (Gemäldekauf); v. 11.7.1996 – IV R 67/95, BFH/NV 1997, 114 (Waren-, insbes. Goldtermingeschäfte).

2 BFH v. 19.2.1997 – XI R 1/96, BStBl. II 1997, 399 = FR 1997, 409; v. 20.4.1999 – VIII R 63/96, BStBl. II 1999, 466 = FR 1999, 799.

3 BFH v. 20.4.1999 – VIII R 63/96, BStBl. II 1999, 466 = FR 1999, 799.

4 BFH v. 24.2.2000 – IV R 6/99, BStBl. II 2000, 297.

5 BFH v. 24.8.1989 – IV R 80/88, BStBl. II 1990, 17 = FR 1990, 16.

6 BFH v. 10.6.1998 – IV B 54/97, BFH/NV 1998, 1477.

7 BFH v. 24.2.2000 – IV R 6/99, BStBl. II 2000, 297: kein gewillkürtes BV bei Erwerb verzinslicher Anleihen für künftigen Pkw-Kauf.

8 BFH v. 31.5.2001 – IV R 49/00, BStBl. II 2001, 828 = FR 2001, 956 m. Anm. *Kempermann*.

9 BFH v. 25.11.2004 – IV R 7/03, BStBl. II 2005, 354.

10 Vgl. R 4.2 Abs. 1 S. 6 EStR.

11 BFH v. 22.9.1993 – X R 37/91, BStBl. II 1994, 172; v. 5.3.2002 – IV B 22/01, FR 2002, 678 m. Anm. *Seeger* = BFH/NV 2002, 860; aus jüngerer Zeit zB BFH v. 10.10.2017 – X R 1/16, BStBl. II 2018, 181 Rn. 32, mwN.

12 BFH v. 13.10.1983 – I R 76/79, BStBl. II 1984, 294 = FR 1984, 205; v. 8.12.1993 – XI R 18/93, BStBl. II 1994, 296 = FR 1994, 252; *Blümich*, § 4 Rn. 367 mwN.

48–51 Einstweilen frei.

52 **d) Notwendiges Privatvermögen.** Hierzu zählen WG, die in keiner Beziehung zum Betrieb stehen können, sondern **privaten Zwecken dienen**, dh. der privaten Lebensführung des StPfl. oder seiner Angehörigen. Dazu gehören typischerweise Kleidung, Hausrat, Schmuck, Gebäude, soweit sie eigenen Wohnzwecken dienen, oder ein vorwiegend aus verwandtschaftlichen Gründen gegebenes Darlehen.[1]

53 **3. Qualifikation von Wirtschaftsgütern und Schulden als Betriebsvermögen/Privatvermögen.** Forderungen werden nach ihrer Entstehung zugeordnet. Ist die Entstehung betrieblich veranlasst, gehört die Forderung zum notwendigen BV, sonst rechnet sie zum PV. Sie behält diese Eigenschaft, bis sie erlischt oder entnommen wird. Typisches Bsp. sind Forderungen aus dem Verkauf v. Waren oder v. WG des Anlagevermögens. Gewillkürtes BV kommt hier nicht in Betracht.[2] Bei Betriebsveräußerungen entsteht aus dem Veräußerungsgeschäft eine Forderung, die zu BV wird und diese Qualität mit Betriebsbeendigung verliert.[3]

54 **Geldbestände** können aktives oder zu passivierendes BV sein, wobei es wiederum auf die betriebliche Veranlassung (Rn. 5, 20) ankommt, letztlich also darauf, ob die liquiden Mittel einem betrieblichen Vorgang zuzuordnen sind. Die BV-Eigenschaft bleibt erhalten, solange der Geldbestand nicht für außerbetriebliche Zwecke entnommen wird. Gleiches gilt für Forderungen, so dass bspw. die Verbuchung einer privaten Einnahme auf einem betrieblichen Konto als Einlage zu qualifizieren ist, die Verbuchung v. privaten Aufwendungen als Entnahme.[4]

55 Geht es um die Zugehörigkeit eines **Versicherungsanspruchs** zum BV bzw. um die Qualifikation der **Versicherungsprämie** als BA, so kommt es aufgrund des Veranlassungsprinzips darauf an, ob die Versicherung ein betriebliches oder privates Risiko abdeckt. Zu den dem PV zuzuordnenden Personenversicherungen gehören neben der Sterbegeld- und Aussteuerversicherung, der Versicherung gegen das Risiko einer Entführung,[5] der allg. Rechtsschutzversicherung, der Verkehrs-Rechtsschutzversicherung, der privaten Haftpflichtversicherung, der Rentenversicherung v. Selbständigen auch die Kranken- und Krankengeldtageversicherung.[6] Gleiches gilt für Lebensversicherungen, die auf den Todesfall des Unternehmers oder eines Angehörigen abgeschlossen werden, und zwar auch dann, wenn die Versicherung einer PersGes. der Absicherung eines betrieblichen Kredits dient.[7]

56 Sachversicherungen für WG des BV sind betrieblich veranlasst und daher dem BV zuzurechnen, dies gilt bspw. für Diebstahl- oder Brandschadensversicherungen oder eine Delkredereversicherung gegen Forderungsausfälle.[8]

57 Die **Beteiligung** an einer gewerblich tätigen **PersGes.** ist notwendiges BV in der Art und Weise, dass der beteiligte G'ter an den WG beteiligt ist, die sich im BV der Beteiligungsgesellschaft befinden.[9] Auch wenn die Beteiligung an einer PersGes. zum notwendigen BV eines Einzelunternehmers gehört, kommt ihr für die Gewinnermittlung keine besondere Bedeutung zu; sie wird nicht als solche bilanziert, denn eine Beteiligung an einer PersGes. bildet steuerrechtlich kein selbständiges WG.[10] Wird ein Gesellschaftsanteil an einer vermögensverwaltenden PersGes. v. einem G'ter im gewerblichen BV gehalten, führt dies dazu, dass die Anteile dieses G'ters an den WG der PersGes bei ihm BV sind; sie sind diesem G'ter getrennt zuzurechnen und – unbeschadet der Einkünftequalifizierung bei der Ges. – sind die Gewinne aus der Veräußerung v. WG durch die PersGes bei ihm anteilig zu erfassen.[11] Die **Beteiligung** an einer **KapGes.** kann bei dem Anteilseigner notwendiges oder gewillkürtes BV darstellen, wobei es auf die Höhe der Beteiligung – anders bei § 17 Abs. 1 S. 1 – nicht ankommt.[12] Die Beteiligung an der KapGes. zählt dann zum notwendigen BV, wenn sie unmittelbar für eigenbetriebliche Zwecke genutzt wird, indem sie entweder die Tätigkeit entscheidend fördern oder den Produktabsatz des StPfl. gewährleisten soll.[13] Dieser Grundsatz gilt

1 BFH v. 22.7.1966 – VI 12/65, BStBl. III 1966, 542; v. 11.3.1980 – VIII R 151/76, BStBl. II 1980, 740 = FR 1980, 543.
2 *Schmidt*[37], § 4 Rn. 217.
3 BFH v. 9.11.1999 – II R 45/97, BFH/NV 2000, 686.
4 BFH v. 13.10.1998 – VIII R 61/96, BFH/NV 1999, 463.
5 BFH v. 30.10.1980 – IV R 27/77, BStBl. II 1981, 303 = FR 1981, 202; diff. *Wunderlich*, DStR 1996, 2003.
6 BFH v. 22.5.1969 – IV R 144/68, BStBl. II 1969, 489: kein BV, obwohl die Leistungen der Deckung lfd. betrieblicher Unkosten dienen sollen.
7 BFH v. 11.5.1989 – IV R 56/87, BStBl. II 1989, 657 = FR 1989, 580.
8 Vgl. BFH v. 3.10.1985 – IV R 16/83, BFH/NV 1986, 208.
9 BFH v. 6.7.1995 – IV R 30/93, BStBl. II 1995, 831 = FR 1996, 23.
10 BFH v. 29.9.1976 – I R 171/75, BStBl. II 1977, 259; v. 19.2.1981 – IV R 41/78, BStBl. II 1981, 730 = FR 1981, 492; v. 7.11.2006 – IV B 34/06, BFH/NV 2007, 265.
11 BFH v. 11.4.2005 – GrS 2/02, BStBl. II 2005, 679 = FR 2005, 1026 m. Anm. *Kempermann*.
12 BFH v. 8.12.1993 – XI R 18/93, BStBl. II 1994, 296 = FR 1994, 252.
13 FG Düss. v. 7.12.1999 – 3 K 1526/92 E, GmbHR 2000, 192, NZB zurückgewiesen durch BFH v. 12.2.2001 – X B 34/00, StuB 2001, 658; BFH v. 3.10.1989 – VIII R 328/84, BFH/NV 1990, 361.

auch für die Beteiligung eines Freiberuflers an einer KapGes., wenn der Betrieb der KapGes. der freiberuflichen Tätigkeit nicht wesensfremd ist.[1] Für die BV-Eigenschaft ist es aber nicht ausreichend, dass es zu normalen und wie unter fremden Dritten durchgeführten Geschäftsbeziehungen zw. dem Unternehmen und der Beteiligungs-KapGes. kommt.[2]

Umgekehrt können **Verbindlichkeiten** notwendiges BV oder PV sein. Auch hier scheidet eine Zuordnung zum gewillkürten BV aus. Entspr. dem **Anlass ihrer Entstehung** stellt die Verbindlichkeit notwendiges BV dar, wenn sie durch einen betrieblichen Vorgang ausgelöst ist und dadurch ein tatsächlicher oder wirtschaftlicher Zusammenhang mit dem Betrieb entsteht.[3] Dies ist der Fall, wenn die Fremdmittel für die Anschaffung oder Herstellung v. WG des BV verwendet, wenn mit den Fremdmitteln betrieblich veranlasste Aufwendungen (zB Mietzinsen, Lohnkosten) beglichen oder andere Betriebsschulden abgelöst werden. Dabei ist es unerheblich, ob dem Betrieb genügend liquide Eigenmittel zur Vfg. gestanden haben oder inwieweit PV vorhanden war, das zur Finanzierung des betrieblichen Vorgangs hätte verwendet werden können. Die Verbindlichkeit aus einem gemischten Kontokorrentkonto ist in eine betriebliche und private Schuld aufzuteilen.[4] Ein gemischtes Kontokorrentkonto liegt vor, wenn über dieses Konto sowohl betriebliche als auch private Zahlungsvorgänge abgewickelt werden. Zur Neuregelung des Abs. 4a ab 1.1.1999 und zum sog. Zwei- bzw. Mehrkontenmodell vgl. Rn. 185 ff. 58

Auch bei der Frage, ob eine Verbindlichkeit zum BV zählt, kommt es auf den **Veranlassungsgedanken** (Rn. 5, 20) an. Ein allein rechtl. Zusammenhang ist nicht ausreichend, so dass die Bilanzierung in der HB nicht über die steuerrechtl. Passivierung entscheiden kann.[5] Wird ein WG gemischt genutzt, dann ist diese Betrachtungsweise auch auf der Passivseite für die BV-Eigenschaft der Verbindlichkeit maßgebend.[6] Verbindlichkeiten, die nicht betrieblich veranlasst sind, zählen zum notwendigen PV, bspw. Zugewinnausgleichsschulden[7] oder Pflichtteilsverbindlichkeiten. Insbes. die letztgenannte Fallgruppe ist nicht unproblematisch, wenn die Pflichtteilsbegleichung allein dazu dient, den Betrieb zu erhalten; hier ist sicherlich eine betriebliche Veranlassung gegeben, die jedoch damit überspielt werden soll, dass es sich um einen Vorgang der Privatsphäre handelt. Auch Zinsen, die in derartigen Sachverhalten aufgenommen sind, können nicht mehr nach der (früheren) Sekundärfolgen-Rspr. als BA abgezogen werden.[8] 59

In der **zeitlichen Dimension** existiert die Verbindlichkeit als BV im Grundsatz so lange, bis sie erlischt.[9] Das ist zutr., denn aufgrund des Anlasses der Entstehung der Verbindlichkeit als BV ist sie objektiv mit dem Betrieb verbunden. Vor diesem Hintergrund ist es problematisch, dass nach der Rspr. des BFH dies nicht mehr gilt, wenn der Betrieb **veräußert** oder aufgegeben wird. Gibt der StPfl. den Betrieb auf und setzt er nicht die vorhandenen aktiven WG zur Schuldentilgung ein, so sollen die verbleibenden Verbindlichkeiten dann insoweit keine Betriebsschulden mehr sein, wie sie durch Verwertung der aktiven WG hätten getilgt werden können (Grundsatz des Vorrangs der Schuldenberichtigung).[10] Wird aber der Kredit umgewidmet und für eine andere Einkunftsquelle eingesetzt, dann können die dann entstehenden Schuldzinsen wegen des neuen wirtschaftlichen Zusammenhangs BA oder WK sein.[11] 60

Ist die Verbindlichkeit **verjährt**, dann handelt es sich zwar noch um eine rechtl., jedoch wegen der Einredebehaftetheit nicht mehr um eine wirtschaftliche Belastung. Die Schuld darf dann nicht mehr passiviert werden, wenn sich der schuldende Unternehmer entschlossen hat, die Einrede der Verjährung zu erheben bzw. wenn zu unterstellen ist, dass er sich auf die Verjährung beruft.[12] 61

Bei **Bürgschaftsverbindlichkeiten** ist zu passivieren, wenn die Übernahme der Bürgschaft betrieblich veranlasst ist, so dass notwendiges BV existiert. Ohne betriebliche Veranlassung handelt es sich um PV, insbes. im Verhältnis der PersGes. zum MU'er.[13] Eine Bürgschaftsverpflichtung ist erst dann zu passivieren, 62

1 BFH v. 27.6.1996 – IV B 101/95, BFH/NV 1997, 99.
2 Vgl. BFH v. 31.1.1991 – IV R 2/90, BStBl. II 1991, 786 = FR 1991, 592; v. 23.1.1992 – XI R 36/88, BStBl. II 1992, 721 = FR 1992, 587.
3 BFH v. 4.7.1990 – GrS 2–3/88, BStBl. II 1990, 817 = FR 1990, 708.
4 BFH v. 4.7.1990 – GrS 2–3/88, BStBl. II 1990, 817 = FR 1990, 708.
5 BFH v. 11.12.1980 – I R 61/79, BStBl. II 1981, 461 = FR 1981, 305; v. 17.4.1985 – I R 101/81, BStBl. II 1985, 510 = FR 1985, 439.
6 BFH v. 7.11.1991 – IV R 57/90, BStBl. II 1992, 141 = FR 1992, 105 m. Anm. *Söffing*.
7 BFH v. 8.12.1992 – IX R 68/89, BStBl. II 1993, 434 = FR 1993, 540 m. Anm. *Drenseck*.
8 BMF v. 11.8.1994, BStBl. I 1994, 603.
9 BFH v. 4.7.1990 – GrS 2–3/88, BStBl. II 1990, 817 = FR 1990, 708.
10 BFH v. 11.12.1980 – I R 174/78, BStBl. II 1981, 463 = FR 1981, 332; v. 21.11.1989 – IX R 10/84, BStBl. II 1990, 213 = FR 1990, 155; v. 28.3.2007 – X R 15/04, BStBl. II 2007, 642 = FR 2007, 1025.
11 BFH v. 7.7.1998 – VIII R 5/96, BStBl. II 1999, 209 = FR 1999, 204.
12 BFH v. 3.6.1992 – X R 50/91, BFH/NV 1992, 741.
13 BFH v. 2.6.1976 – I R 136/74, BStBl. II 1976, 668; v. 12.7.1990 – IV R 37/89, BStBl. II 1991, 64 = FR 1991, 51.

wenn dem Bürgen die Inanspruchnahme droht.[1] Zu einer Gewinnminderung kommt es dann nur, wenn der zu aktivierende Rückgriffsanspruch des Bürgen gegen den Hauptschuldner aufgrund einer Wertminderung abzuschreiben ist.

63 Hat ein G'ter **Ausgleichszahlungen** für veruntreute BE an seine Mit-G'ter zu zahlen, so kann die Ausgleichszahlung betrieblich oder außerbetrieblich veranlasst sein.

Von einer außerbetrieblichen Veranlassung ist auszugehen, wenn Inhaber des Kontos die Ges. ist, die Zahlungen als BE der Ges. behandelt werden und der Gewinn nach dem allg. Schlüssel verteilt wird. In diesem Fall stellt die Unterschlagung durch den G'ter ebenso wie die Entwendung durch einen Nicht-G'ter einen zunächst gewinnmindernden Aufwand dar, der durch die Schadensersatzpflicht des G'ters ausgeglichen wird. Aus der Sicht des G'ters ist die **Schadensersatzverpflichtung** nicht durch den Betrieb, sondern privat veranlasst, so dass auch die Finanzierung dieser Verpflichtung dem privaten Bereich zuzuordnen ist.

Werden hingegen Einnahmen, die an sich der Ges. zustehen, auf ein Konto des veruntreuenden G'ters geleistet und so zunächst bei ihm als Sonder-BE erfasst, so sind die Ausgleichszahlungen betrieblich veranlasst und stellen bei ihm Sonder-BA dar. Werden die Ausgleichszahlungen durch einen Kredit getilgt, so sind die Schuldzinsen demnach auch als Sonder-BA abzugsfähig.[2]

64 Da eine **KapGes.** aufgrund § 8 Abs. 2 KStG zwingend gewerbliche Einkünfte hat, sind die iRd. GewBetr. der KapGes. zur Einkunftserzielung eingesetzten WG im Grundsatz BV, wenn sie denn der KapGes. zuzurechnen sind. Daraus folgt umgekehrt, dass ein Vermögensgegenstand, der dem KapG'ter zivilrechtl. zuzurechnen ist, nicht allein dadurch BV der KapGes. wird, dass er v. ihr genutzt wird. Letztlich ist dies die Konsequenz des zivilrechtl. Trennungsprinzips (jur. Pers.) sowie des Umstandes, dass eine KapGes. nach der Rspr. des BFH[3] **keine Privatsphäre**, sondern allein eine betriebliche Sphäre innehaben kann. Infolgedessen gibt es bei einer KapGes. auch keine Liebhaberei.[4] Bei einer **PersGes.**, bei welcher nicht das Trennungsprinzip der jur. Pers. gilt, liegt es anders: Auch wenn nicht die PersGes. als solche, sondern der G'ter (Mitunternehmer) Subjekt der Einkünfteerzielung ist (§ 15 Abs. 1 S. 1 Nr. 2),[5] können die G'ter in ihrer gesamthänderischen Verbundenheit sowohl gewerbliche als auch andere Einkünfte erzielen.[6] Bei einer gewerblich tätigen und bilanzierenden PersGes. ist ein WG, das zivilrechtlich **Gesamthandsvermögen** der PersGes. ist und deshalb in ihrer HB auszuweisen ist, wegen der Maßgeblichkeit der HB für die StB (§ 5 Abs. 1 S. 1) grds. auch einkommensteuerrechtlich BV der PersGes.[7] Die handelsrechtliche Zurechnung eines WG zum Gesellschaftsvermögen ist jedoch nicht allein maßgeblich für dessen Zuordnung zum steuerlich relevanten BV der gewerblich tätigen Mitunternehmerschaft. Vielmehr kommt unter Heranziehung der steuerrechtlichen Gewinnermittlungsvorschriften (insbes. § 4), nur solchen WG die Eigenschaft des BV zu, die v. den Mitunternehmern bzw. der MU'schaft dazu eingesetzt werden, dem Betrieb zur Gewinnerzielung iRd. nachhaltigen Betätigung zu dienen. WG des Gesellschaftsvermögens gehören daher nicht zum BV, wenn ihre Zugehörigkeit zum Gesellschaftsvermögen nicht **betrieblich veranlasst** ist.[8] Diese Einschränkung gilt demnach für solche WG, die zwar zum Gesamthandsvermögen der PersGes. gehören, jedoch nach ihrer Funktion als notwendiges PV angesehen werden müssen. Das gilt auch, wenn das WG in der HB ausgewiesen ist. Dient bspw. ein WG v. Anfang an und auf Dauer der privaten Lebensführung eines oder mehrerer PersG'ter,[9] dann fehlt jedwede betriebliche Veranlassung des WG, so dass insoweit die Maßgeblichkeit der HB hinter die Grundsätze über die Abgrenzung zw. BV und PV zurückzutreten hat.[10] Gleiches gilt, wenn ein zunächst der betrieblichen Sphäre zuzuordnendes WG in der Folgezeit privat genutzt wird. Auch hier endet die BV-Eigenschaft des WG, und zwar durch Entnahme.[11]

---

1 BFH v. 19.3.1975 – I R 173/73, BStBl. II 1975, 614; v. 19.1.1989 – IV R 2/87, BStBl. II 1989, 393.
2 BFH v. 8.6.2000 – IV R 39/99, BStBl. II 2000, 670 = FR 2001, 30 m. Anm. *Kempermann*; v. 14.12.2000 – IV R 16/00, BStBl. II 2001, 238 = FR 2001, 405 m. Anm. *Kempermann*.
3 BFH v. 4.12.1996 – I R 54/95, BFHE 182, 123 = FR 1997, 311; v. 8.7.1998 – I R 123/97, BFHE 186, 540 = FR 1998, 1091 m. Anm. *Pezzer*; v. 8.8.2001 – I R 106/99, BStBl. II 2003, 487.
4 Str., vgl. *Pezzer*, StuW 1998, 76; *Weber-Grellet*, DStR 1998, 873 (876).
5 Vgl. BFH v. 3.7.1995 – GrS 1/93, BStBl. II 1995, 617 = FR 1995, 649; v. 15.4.2010 – IV B 105/09, BStBl. II 2010, 971 = FR 2010, 760 m. Anm. *Kanzler*.
6 Vgl. BFH v. 11.4.2005 – GrS 2/02, BStBl. II 2005, 679 = FR 2005, 1026 m. Anm. *Kempermann*.
7 Vgl. BFH v. 15.11.1978 – I R 57/76, BStBl. II 1979, 257.
8 BFH v. 6.3.2003 – IV R 21/01, BFH/NV 2003, 1542; v. 9.1.2009 – IV B 25/08, BFH/NV 2009, 754.
9 BFH v. 6.6.1973 – I R 194/71, BStBl. II 1973, 705; weitere Beispiele für die Verneinung einer betrieblichen Veranlassung s. BFH v. 6.3.2003 – IV R 21/01, BFH/NV 2003, 1542 mwN.
10 BFH v. 11.5.1989 – IV R 56/87, BStBl. II 1989, 657 = FR 1989, 580.
11 Vgl. BFH v. 19.6.1973 – I R 201/71, BStBl. II 1973, 706 betr. private Bebauung eines Grundstücks für alle PersG'ter.

In Abweichung v. der HB erfasst der steuerrechtl. BV-Begriff auch WG, die zwar im zivilrechtl. Eigentum eines PersG'ters stehen, jedoch der Beteiligung im weitesten Sinne dienen; es geht um das **Sonder-BV** (§ 15 Rn. 327 ff.). 65

4. Zuordnung von Wirtschaftsgütern. a) Wirtschaftsgut. Das WG (§ 6 Abs. 1) bildet die **bilanzsteuerrechtl. Grundeinheit**; die Begriffsdefinition[1] bestimmt maßgeblich den Umfang des nach Abs. 1 und § 5 zu ermittelnden Gewinns.[2] Für BV iSd. Abs. 1 und § 5 geht der GrS des BFH[3] davon aus, dass dieses nicht nur aus positiven, sondern auch aus negativen WG besteht. Der steuerbilanzielle Begriff des **aktiven WG** entspricht grds. dem Begriff des Vermögensgegenstandes iSd. HGB[4] (im Einzelnen § 5 Rn. 55 ff.). Er ist jedoch weit gespannt.[5] Nach stRspr. des BFH ist WG jeder greifbare betriebliche Vorteil, für den der Erwerber eines Betriebs etwas aufwenden würde.[6] Es muss sich um einen Gegenstand handeln, der nach der Verkehrsanschauung einer besonderen Bewertung zugänglich ist,[7] wobei WG und wertbildende Faktoren abzugrenzen sind.[8] Dabei ist die Frage, wann ein selbständig bewertbares WG vorliegt, v. den Fällen zu unterscheiden, in denen mehrere eigenständige WG in einer sog. **Bewertungseinheit** zusammengefasst werden. Der auch im Bereich des Abs. 1 zu beachtende **Grundsatz der Einzelbewertung** schließt nicht aus, dass bei der Bewertung einzelner (aktiver und passiver) WG gleichzeitig negative und positive Sachverhalte zu berücksichtigen sind (kompensatorische Bewertung) (§ 5 Rn. 50).[9] Soweit (handelsbilanzielle) **Schulden** als „verkehrsfähiges negatives" WG[10] angesehen werden, spricht zwar mit *Kanzler* gegen diese Terminologie, dass der Begriff „WG" regelmäßig ohne einen Zusatz für die Aktivseite der Bilanz verwendet wird.[11] Indes kann es stl. auch außerhalb der StB von Bedeutung sein, dass der BFH in stRspr.[12] Schulden bzw. Verbindlichkeiten als negative WG bezeichnet;[13] deshalb sollte daran festgehalten werden. 66

b) Grundsätzlich einheitliche Zuordnung. WG sind grds. einheitlich entweder voll dem BV oder voll dem PV zuzuordnen (dazu auch Rn. 38).[14] Deshalb dürfen auch gemischt genutzte WG grds. nicht in einen betrieblich und einen privat genutzten Teil aufgeteilt werden (vgl. auch Rn. 38). WG, die nicht Grundstücke oder Grundstücksteile sind und die zu mehr als 50 % eigenbetrieblich genutzt werden, sind deshalb in vollem Umfang notwendiges BV. Werden sie zu mehr als 90 % privat genutzt, gehören sie in vollem Umfang zum notwendigen PV. Bei einer betrieblichen Nutzung v. mind. 10 % bis zu 50 % ist eine Zuordnung dieser WG zum gewillkürten BV in vollem Umfang möglich.[15] Die vollständige Zuordnung zum BV bei gemischter Nutzung wird systematisch durch den Ansatz der Nutzungsentnahme mit den Kosten korrigiert. Bei einer typisierten Bestimmung dieser Kosten (etwa bei der privaten Nutzung des betrieblichen Kfz.) ergeben sich real Wertdifferenzen. Für den lfd. Gewinn ergibt sich durch die vollständige Zuordnung keine Abweichung ggü. einer lediglich anteiligen Aktivierung unter Nichtbeachtung der privaten Nutzung. Bei einer Veräußerung oder Entnahme des WG erhöht auch die Aufdeckung jener stillen Reserven den Gewinn, die der anteiligen privaten Nutzung des WG zuzuordnen wären.[16] Gegen eine anteilige Bilanzierung eines WG spricht allerdings, dass dann schon jede Änderung des Nutzungsanteils zu Einlagen und Entnahmen führen würde, denn der privat genutzte Anteil wäre dann immer notwendiges PV. Dies führte 67

1 Zur Entwicklung des Begriffs zB *Weber-Grellet*, BB 2018, 2347 (2348), mwN.
2 Vgl. auch zB *H/H/R*, Vor §§ 4–7 Anm. 100 f.
3 BFH v. 7.8.2000 – GrS 2/99, BStBl. II 2000, 632 = FR 2000, 1126 m. Anm. *Kempermann*.
4 BFH v. 26.10.1987 – GrS 2/86, BStBl. II 1988, 348 (352) = FR 1988, 160; v. 7.8.2000 – GrS 2/99, BStBl. II 2000, 632 = FR 2000, 1126 m. Anm. *Kempermann*; *Blümich*, § 5 Rn. 303a; zum teilw. nicht übereinstimmenden Begriffsinhalt *H/H/R*, Vor §§ 4–7 Anm. 116; vgl. auch *K/S/M*, § 4 Rn. B 73 mwN.
5 Vgl. zB BFH v. 30.9.2010 – IV R 28/08, BStBl. II 2011, 406 = FR 2011, 282 m. Anm. *Kanzler*.
6 ZB BFH v. 7.8.2000 – GrS 2/99, BStBl. II 2000, 632 = FR 2000, 1126 m. Anm. *Kempermann*; v. 7.9.2005 – VIII R 1/03, BStBl. II 2006, 298 = FR 2006, 227; v. 10.3.2016 – IV R 41/13, BStBl. II 2016, 984 Rn. 26. *Weber-Grellet*, DB 2010, 2298 (2299) hält allerdings eine fehlende Grunddefinition (ua.) des WG und die Unklarheit über deren Voraussetzungen für problematisch.
7 BFH v. 3.9.2002 – I B 144/01, BFH/NV 2003, 154 mwN.
8 BFH v. 10.3.2016 – IV R 41/13, BStBl. II 2016, 984 Rn. 29 ff.
9 Zum Handelsrecht: *A/D/S*[6], § 252 HGB Rn. 48; *B/H*, GmbHG[21], § 42 Rn. 16; *Kupsch*, FS Forster, 1992, 339 (350); *Schmidt*[37], § 6 Rn. 7.
10 Vgl. BFH v. 17.12.2007 – GrS 2/04, BStBl. II 2008, 608 (613) = FR 2008, 457 m. Anm. *Kanzler*.
11 Vgl. *H/H/R*, Vor §§ 4–7 Anm. 101 und 118.
12 ZB BFH v. 23.3.1998 – II R 14/95, BFH/NV 1998, 1334; v. 17.4.2007 – IX R 44/05, BFH/NV 2007, 1834; v. 6.5.2010 – IV R 52/08, BStBl. II 2011, 261 = FR 2010, 941 m. Anm. *Kempermann*.
13 Vgl. BFH v. 16.2.2012 – IV B 57/11, BFH/NV 2012, 1108, zur Frage, ob WG iSd. § 5a Abs. 4 S. 1 auch Fremdwährungsverbindlichkeiten sein können.
14 Vgl. auch *Blümich*, § 4 Rn. 344 (Einheitlichkeitsgrundsatz), 347 (Grundsatz der Unteilbarkeit); *H/H/R*, § 4 Anm. 44 und *Schmidt*[37], § 4 Rn. 206 (jeweils: Grundsatz der Unteilbarkeit), jeweils mwN.
15 Vgl. R 4.2 Abs. 1 S. 4–6 EStR.
16 Sa. *Schmidt*[37], § 4 Rn. 53.

nicht nur zu tatsächlichen Schwierigkeiten in der Sachverhaltsermittlung, sondern ua. auch zu einem anderen Verständnis des Entnahme- und Einlagetatbestands (vgl. auch Rn. 39).

68 **c) Besondere Zuordnungsregeln bei Grundstücken.** Die Regel, dass auch gemischt genutzte WG nur einheitlich dem BV oder PV zuzurechnen sind, erfährt für **Grundstücke** Ausnahmen. Entgegen dem zivilrechtl. Grundsatz, dass Gebäude einem einheitlichen Vermögensgegenstand „Grundstück“ zugehören (sie sind wesentlicher Bestandteil des Grundstücks, §§ 90, 93, 94, 946 BGB), sind Grund und Boden und Gebäude im Steuerrecht **unterschiedliche WG**. Schon handelsbilanzrechtl. wird zw. **Grund und Boden** und **Gebäude** als selbständigen WG unterschieden.[1] **Unbebaute** Grundstücke zählen zum BV, wenn sie dem Betrieb dienen oder ihn fördern, wobei sich der Zusammenhang auch aus einer tatsächlichen Nutzung ergeben kann. Grds. muss auch die Zuordnung eines unbebauten Grundstücks zum BV oder PV, so es einheitlich genutzt wird, einheitlich erfolgen.[2] Bei einem **bebauten** Grundstück teilt der Grund und Boden das Schicksal des Gebäudes als BV oder PV.[3] Wird ein privates Grundstück mit einem Betriebsgebäude bebaut, dann gilt es in das BV als eingelegt. Wird ein Betriebsgrundstück privat bebaut, dann wird es im Wege der Entnahme PV.[4]

68a Weiterhin sind **Gebäudeteile**, die nicht in einem einheitlichen Nutzungs- und Funktionszusammenhang mit dem Gebäude stehen, selbständige WG;[5] dabei ist ein Gebäudeteil selbständig, wenn er besonderen Zwecken dient.[6] So sind Gebäudeteile, die an andere Betriebe für deren betriebliche Nutzung überlassen werden, ein selbständiges WG. Fremdbetrieblich und zu fremden Wohnzwecken genutzte Gebäudeteile können als gewillkürtes BV behandelt werden.[7] Da es sich insoweit um ein neutrales WG handelt, muss ein objektiver betrieblicher Zusammenhang bestehen und das WG muss geeignet sein, den Betrieb zu fördern. Auch soweit der **Grund und Boden** einem **Gebäudeteil** zuzurechnen ist, teilt er das Schicksal und die Zuordnung des Gebäudeteils.[8] Bei unterschiedlicher Nutzung des Gebäudes ist der Grund und Boden den einzelnen Gebäudeteilen anteilig zuzurechnen. Dabei ist grds. das Verhältnis der Nutzflächen des Gebäudes zueinander entscheidend (quotenmäßige Aufteilung). Eine v. der Gebäudenutzung abw. Zuordnung ist möglich, wenn einzelne Teile unterschiedlich genutzt werden, etwa ein Teil des Grundstücks privat bebaut wurde und ein anderer Teil als betrieblicher Lagerplatz genutzt wird (flächenmäßige Aufteilung). Werden unterirdische Teile eines Grundstücks bes. genutzt (zB Erdöllagerung[9] oder für U-Bahnbau[10]), kommt eine wertmäßige Aufteilung in Betracht.

68b Des Weiteren entspricht es allg. Grundsätzen der betrieblichen Gewinnermittlung, dass **gemischt genutzte Gebäude** in mehrere WG aufgeteilt werden können. Wird ein Gebäude teils eigenbetrieblich, teils fremdbetrieblich, teils zu eigenen und teils durch Vermietung zu fremden Wohnzwecken genutzt, so ist **jeder** der vier unterschiedlich genutzten Gebäudeteile ein **besonderes WG** iSd. § 6 Abs. 1, weil das Gebäude in **verschiedenen Nutzungs- und Funktionszusammenhängen** steht.[11] Durch diese Regel können Schwierigkeiten bei der Aufteilung v. Einnahmen und Ausgaben vermieden werden. Voraussetzung für die Aufteilung ist allerdings, dass einzelne Teile des Gebäudes in einem v. der sonstigen Nutzung eindeutig und nicht nur zeitweise abw. Nutzungs- und Funktionszusammenhang zu sehen sind. Ein einheitlicher Nutzungs- und Funktionszusammenhang ist regelmäßig nicht geeignet, mehrere getrennt stehende Baulichkeiten zu einem WG zusammenzufassen; handelt es sich nicht um zwei wirtschaftlich selbständige Gebäude, sondern um ein Haupt- und ein übliches Nebengebäude (zB Garage), das ausschließlich dienende Funktion hat, wird der Zusammenhang auch nicht durch eine betriebliche Mitnutzung des Nebengebäudes gelöst.[12] Innerhalb des Gebäudes sind dabei abgeschlossene Räume – nicht ein Teil davon – die kleinste Einheit, die einer gesonderten Zuordnung fähig ist.[13] Eigenbetrieblich genutzte Gebäudeteile sind

1 BFH v. 16.7.1968 – GrS 7/67, BStBl. II 1969, 108; zum Sonderfall v. Bodenschätzen vgl. BFH v. 23.11.1993 – IX R 84/92, BStBl. II 1994, 292 = FR 1994, 323; v. 19.7.1994 – VIII R 75/91, BStBl. II 1994, 846 = FR 1994, 712; *Seeger*, Freundesgabe Haas, 1996, 343 ff.

2 ZB BFH v. 23.9.2009 – IV R 70/06, BStBl. II 2010, 270 mwN.

3 Vgl. BFH v. 27.1.1977 – I R 48/75, BStBl. II 1977, 388; H 4.2 (7) „Anteilige Zugehörigkeit von Grund und Boden“ EStH.

4 BFH v. 27.1.1977 – I R 48/75, BStBl. II 1977, 388.

5 ZB BFH v. 10.10.2017 – X R 1/16, BStBl. II 2018, 181 Rn. 17, mwN.

6 R 4.2 Abs. 3 S. 1 und 2 EStR.

7 R 4.2 Abs. 9 EStR.

8 H 4.2 (7) „Anteilige Zugehörigkeit von Grund und Boden“ EStH.

9 BFH v. 14.10.1982 – IV R 19/79, BStBl. II 1983, 203 = FR 1983, 193.

10 BFH v. 18.8.1977 – VIII R 7/74, BStBl. II 1977, 796 (bei Privatgrundstück); FG Nürnb. v. 1.2.1984 – V 49/82, EFG 1984, 390 (bei Betriebsgrundstück).

11 Vgl. zB BFH v. 23.8.1999 – GrS 5/97, BStBl. II 1999, 774 = FR 1999, 1180 m. Anm. *Fischer*, unter C.1. mwN; v. 10.10.2017 – X R 1/16, BStBl. II 2018, 181 Rn. 18, mwN; R 4.2 Abs. 4 S. 1 EStR.

12 Vgl. BFH v. 28.6.1983 – VIII R 179/79, BStBl. II 1984, 196 = FR 1984, 118.

13 BFH v. 10.10.2017 – X R 1/16, BStBl. II 2018, 181 Rn. 22.

notwendiges BV, ein zu eigenen Wohnzwecken genutzter Gebäudeteil ist notwendiges PV. Die übrigen Nutzungseinheiten eines Gebäudes können nur einheitlich dem gewillkürten BV zugeordnet werden; eine weitergehende Unterteilung nach eigenbetrieblichen Funktionen scheidet aus.[1] Auch wenn ein Gebäude oder Gebäudeteil fremdbetrieblich genutzt wird, handelt es sich auch dann um ein einheitliches WG, wenn es verschiedenen Pers. zu unterschiedlichen betrieblichen Nutzungen überlassen wird.[2] Voraussetzung für die Behandlung als gewillkürtes BV ist neben der Förderungsbestimmt- und -geeignetheit, dass ein gewisser objektiver Zusammenhang mit dem Betrieb besteht.[3] Wird ein Miteigentumsanteil am Gebäude hinzuerworben, soll die bisherige bilanzielle Zuordnung der Nutzungseinheiten nicht für den hinzuerworbenen Anteil bindend sein.[4]

Der **Wert** der einzelnen Gebäudeteile bestimmt sich nach den Nutzflächen.[5] Eine Aufteilung nach dem Verhältnis v. Ertragswerten ist nicht zulässig.[6] Nach § 8 EStDV brauchen eigenbetrieblich genutzte Grundstücksteile v. **untergeordneter Bedeutung** nicht als notwendiges BV bilanziert zu werden. Untergeordnet ist ein Grundstücksteil, wenn sein Wert nicht mehr als ein Fünftel des gemeinen Werts des gesamten Grundstücks und nicht mehr als 20 500 Euro beträgt. Die Wahl ist durch den StPfl. bei Erwerb, Herstellung oder Nutzungsänderung durch Bilanzierung oder Nichtbilanzierung auszuüben. **Unselbständige Gebäudeteile**, die der gesamten Nutzung des Gebäudes dienen (zB Treppenhaus, Fahrstuhl, Heizungsanlagen, Hausmeisterwohnung), sind nicht in die Aufteilung mit einzubeziehen, sondern anteilig nach der übrigen Gebäudenutzung aufzuteilen und zuzuordnen. 68c

Nutzungsänderungen (Raumverlagerungen uÄ) innerhalb eines Gebäudes (zB der StPfl. nutzt einen anderen Raum als betriebliches Arbeitszimmer) führen nicht zwingend zu anteiligen Entnahmen und Einlagen. Die Rspr. der FG[7] unterstellt, dass ein abstrakter Nutzungsanteil am Gebäude aktiviert ist, so dass die räumliche Verlagerung v. Betriebsteilen („Raumtausch") innerhalb eines Gebäudes nicht zu einer Entnahme führt, wenn sich die betrieblich genutzte Fläche per saldo nicht verkleinert, folglich der **ideelle (quotale) Anteil** am Gebäude nicht sinkt. Auch führt die bloße Nutzungsänderung bei einem WG noch nicht zu einer Entnahme, wenn ein WG zwar seinen Charakter als notwendiges BV verliert, jedoch nicht zu notwendigem PV wird (**„geduldetes BV"**); deshalb bleibt eine frei gewordene Grundstücksfläche BV (keine Entnahme), wenn ihre spätere betriebliche Nutzung objektiv möglich ist.[8] 68d

d) Folgen der Zuordnung zum Betriebsvermögen bei Grundstücken. Gehört ein Gebäude oder ein Gebäudeteil zum BV, so sind die durch die Baulichkeiten und den Grund und Boden veranlassten Aufwendungen BA. Erträge aus der Nutzung oder Veräußerung des Gebäudes sowie des dazugehörenden Grund und Bodens sind BE. Allein durch Veräußerung oder Entnahme kann die BV-Eigenschaft enden. Nur ausnahmsweise kann zum Buchwert ausgebucht werden, wenn eine Veräußerung oder Entnahme zuvor nicht erfasst wurde und die Veranlagung der betr. Periode nicht mehr korrigiert werden kann.[9] 69

5. Rückstellungsverbote und Gewinnermittlung nach Abs. 1. Die Bildung v. **Rückstellungen** ist auch bei der stl. Gewinnermittlung nach Abs. 1 S. 1 zulässig.[10] Wenn Rückstellungen als sog. **Wirtschaftslast** bei der stl. Gewinnermittlung nach Abs. 1 zu berücksichtigen sind, stellt sich die Frage, ob die **Sondervorschriften für Rückstellungen** in § 5 Abs. 3–4b auch beim BV-Vergleich nach Abs. 1 anwendbar sind. Bezweifelt worden ist, dass **Rückstellungsverbote** auf bilanzierende Freiberufler und Land- und Forstwirte anwendbar sind.[11] So erscheint nach Auffassung v. *Crezelius* eine analoge Anwendung deshalb problematisch, weil abgesehen v. dem allg. Fiskalzweck ein überzeugender steuerspezifischer Bilanzzweck die Rückstellungsverbote nicht begründe; mit allg. Hinweisen auf steuerrechtl. GoB (vgl. § 4 Abs. 2)[12] oder den Vorrang der Leistungsfähigkeit lasse es sich nicht rechtfertigen, dass der Steuerstaat besser gestellt werden 70

---

1 BFH v. 29.9.1994 – III R 80/92, BStBl. II 1995, 72; v. 18.11.1997 – VIII R 71/96, BFH/NV 1998, 575.
2 R 4.2 Abs. 4 S. 4 EStR.
3 R 4.2 Abs. 9 EStR; für nicht zu privaten Wohnzwecken genutzte Gebäudeteile, die schon vor dem 1.1.1999 dem BV zugeordnet wurden, reicht es aus, wenn das Gebäude zu mehr als die Hälfte aus anderen Gründen bereits BV ist (R 4.2 Abs. 10 S. 2 EStR 2008: Fortgeltung der Regelung der EStR 1999).
4 BFH v. 8.3.1990 – IV R 60/89, BStBl. II 1994, 559 = FR 1990, 581.
5 BFH v. 23.8.1999 – GrS 5/97, BStBl. II 1999, 774 = FR 1999, 1180 m. Anm. *Fischer*.
6 BFH v. 15.2.2001 – III R 20/99, BStBl. II 2003, 635 = FR 2001, 595 m. Anm. *Wendt*.
7 FG BaWü. v. 6.9.1994 – 4 K 201/92, EFG 1995, 107 mwN.
8 BFH v. 6.11.1991 – XI R 27/90, BStBl. II 1993, 391 = FR 1993, 362; vgl. auch *H/H/R*, § 4 Anm. 156 mwN.
9 BFH v. 21.6.1972 – I R 189/69, BStBl. II 1972, 874; v. 21.10.1976 – IV R 222/72, BStBl. II 1977, 148.
10 *K/S/M*, § 5 Rn. D 23.
11 Näher zur Diskussion zB *Kanzler*, FR 1998, 421 mwN.
12 Auch nach stRspr. des BFH sind die materiellen GoB auch für nichtgewerblich tätige Unternehmer, die ihren Gewinn durch BV-Vergleich nach Abs. 1 ermitteln, zu beachten, zB BFH v. 20.3.2003 – IV R 37/02, BFH/NV 2003, 1403.

soll als der Inhaber oder Anteilseigner des Unternehmens.[1] Vertritt man indes die Auffassung, dass auch für den Ansatz des BV nach § 4 Abs. 1 die GoB maßgebend sind,[2] so gelten als explizite steuerliche Ausnahmen v. den GoB auch § 5 Abs. 3–4b für die Gewinnermittlung nach Abs. 1 entsprechend.[3]

71 **6. Zurechnung eines Wirtschaftsguts beim Steuerpflichtigen. a) Allgemeine Zurechnungsgrundsätze.** Ein WG ist nur dann in die Steuerbilanz aufzunehmen, wenn es dem StPfl. **persönlich zuzurechnen** ist. Zugerechnet werden WG dem Eigentümer. WG, die im Rahmen eines Nutzungsüberlassungsverhältnisses (Miete, Pacht) im Betrieb eingesetzt werden, sind dem StPfl. nicht persönlich zuzurechnen. Allerdings ist bislang nicht abschließend geklärt, wie sich die Zurechnungsfrage beantwortet. Eine eigenständige **bilanzsteuerrechtl. Zurechnungsnorm** fehlt. Deshalb erscheint es naheliegend, auf § 39 AO zurückzugreifen. § 39 Abs. 1 AO bestimmt, dass WG dem **zivilrechtl. Eigentümer** zuzurechnen sind. In § 39 Abs. 2 AO sind dann Ausnahmen v. diesem Grundsatz kodifiziert. Soweit § 39 Abs. 2 AO einschlägig ist, wird die Zurechnungsfrage anhand des sog. **wirtschaftlichen Eigentums** beantwortet.[4]

72 Es stellt sich bereits beim BV-Vergleich nach Abs. 1 das üblicherweise iZ mit dem Maßgeblichkeitsgrundsatz des § 5 Abs. 1 S. 1 erörterte Problem, ob § 39 Abs. 2 AO als **stl. Gewinnermittlungsvorschrift** und insbes. als Gewinnrealisierungsvorschrift qualifiziert werden kann. Über § 5 Abs. 1 S. 1 erlangen auch die handelsrechtl. personellen Zurechnungsnormen Geltung. Wenn man hier für einen Vorrang der speziellen Gewinnermittlungsnorm des § 5 Abs. 1 S. 1 ggü. der allg. Zurechnung v. WG nach § 39 AO plädiert, weil der Sinn des § 39 AO nicht darin besteht, eine Regelung über die Ansätze in der für die stl. Gewinnermittlung maßgebenden Bilanz zu treffen, muss dies auch für den allg. BV-Vergleich nach § 4 Abs. 1 gelten.[5]

73 Das dargestellte dogmatische Problem hat nur **geringe praktische Bedeutung**, da beide Methoden im Regelfall zu gleichen Ergebnissen führen. Eine Ausnahme gilt beim unberechtigten **bösgläubigen Eigenbesitzer** eines WG. Der Eigenbesitzer übt die tatsächliche Gewalt über das WG in der Weise aus, dass er das fremde Eigentum als ihm gehörig betrachtet (§ 872 BGB). Da er zwar nicht berechtigt ist, das WG zu besitzen, ihm aber Nutzen und Lasten aus dem WG tatsächlich zufließen, wird er aufgrund dieser faktischen Machtposition als wirtschaftlicher Eigentümer des WG angesehen (§ 39 Abs. 2 Nr. 1 S. 2 AO). Für die HB ist eine persönliche Zurechnung des WG nach den **Grundsätzen einer vorsichtigen Vermögensermittlung** abzulehnen, weil der StPfl. davon ausgehen muss, dass er den Besitz aufgrund seiner mangelnden Berechtigung jederzeit verlieren und der Vermögensgegenstand in materiell-rechtl. Hinsicht keinen Beitrag zur Deckung seiner Zahlungsverpflichtungen leisten kann.

74 Da keine geschriebenen konkreten handelsrechtl. GoB über die subj. Zurechnung v. WG bestehen, stellt sich die Frage, in welchen Fällen handelsrechtl. bei der persönlichen Zurechnung v. zivilrechtl. Eigentum abgewichen werden muss. Auch handelsrechtl. wird die Zurechnung v. Vermögensgegenständen **üblicherweise anhand wirtschaftlicher Kriterien** entschieden,[6] so dass sich die Begr. an dem wenig konkreten Begriff des sog. wirtschaftlichen Eigentums bei § 39 Abs. 2 AO orientiert. Dem ist aus juristischer Sicht entgegenzutreten. Zwar ist es im Grundsatz nicht zu beanstanden, dass sich die bilanzrechtl. Zuordnung nicht ausschließlich nach dem zivilrechtl. Eigentum richtet, doch müssen dann immer noch **rechtl. Kriterien** für die bilanzrechtl. Zuordnung des Gegenstandes maßgeblich sein.

75 Die in der Praxis vorkommenden Problemfälle sind wie folgt zu lösen: Beim **Eigentumsvorbehalt**, bei der **Sicherungsübereignung** sowie bei (fremdnützig) **treuhänderisch** gebundenen Vermögensgegenständen fallen zivilrechtl. Nutzungsbefugnis und formale Eigentumsposition/Rechtsmacht auseinander. Trotzdem bestehen keine Bedenken, die jeweiligen Gegenstände bei Eigentumsvorbehaltskäufer/Sicherungsgeber/Treugeber zu bilanzieren, weil Letzteren nach dem Innenverhältnis Nutzen und Lasten (Chancen und Risi-

---

1 *Crezelius* in Kirchhof[9] unter Hinweis auf *Crezelius*, DB 1994, 689; *Kraus/Grünewald*, FS Beisse, 1997, 285; *Stobbe*, FR 1997, 361; **aA** *Pezzer*, DStJG 14 (1991), 3 (17 ff.); *Weber-Grellet*, DB 1994, 288; *Weber-Grellet*, DB 1997, 385.

2 BFH v. 27.11.1997 – IV R 95/96, BStBl. II 1998, 375 unter 1; vgl. auch BFH v. 5.11.2014 – VIII R 13/12, BStBl. II 2015, 523 Rn. 30.

3 Vgl. *Kanzler*, FR 1998, 421 (424); *H/H/R*, Vor §§ 4–7 Anm. 23; für eine Anwendung bei Land- und Forstwirten sinngemäß auch *Leingärtner*, Kap. 32 Rn. 1.

4 IdS bei § 4 Abs. 1 *Blümich*, § 4 Rn. 282; *Schmidt*[37], § 4 Rn. 128.

5 Für Vorrang des § 5 Abs. 1; *Knobbe-Keuk*[9], § 4 Abs. 3 Rn. 2c mwN; **aA** *Beisse*, BB 1980, 637 (§ 39 AO als handelsrechtl. Gewohnheitsrecht); eingehend *Stengel*, Die persönliche Zurechnung v. Wirtschaftsgütern im Einkommensteuerrecht, 1990, 127 ff.; zur Rspr. des BFH vgl. BFH v. 10.7.1980 – IV R 136/77, BStBl. II 1981, 84 = FR 1980, 597: Vorrang des Handelsrechts; v. 5.5.1983 – IV R 43/80, BStBl. II 1983, 631 = FR 1983, 535: Vorrang des § 39 AO (aber als bsp. hafter Ausdruck entspr. GoB); v. 14.5.2002 – VIII R 30/98, BStBl. II 2002, 741 = FR 2002, 1119 m. Anm. Kanzler: handelsrechtliche Zurechnung v. Vermögensgegenständen entspricht im Wesentlichen der Regelung des § 39 Abs. 2 Nr. 1 S. 1 AO.

6 *BeBiKo*[11], § 246 HGB Rn. 5 ff.

ken) zuzurechnen sind. In allen Fällen wird nur die bilanzrechtl. Konsequenz aus der Beurteilung der zivilrechtl. Interessenlage gezogen.[1] Das mag als wirtschaftliche Betrachtungsweise bezeichnet werden, doch steht dahinter die zutr. Analyse und Einordnung der Rechtsstellung des Vorbehaltskäufers als Anwartschaftsberechtigten bzw. der Gedanke der durch das Innenverhältnis gebundenen Außenmacht des Treuhänders/Sicherungsnehmers.

b) Einzelfälle. aa) Leasing. Definition: Als Leasing werden alle Vertragstypen bezeichnet, die eine befristete Überlassung v. WG regeln, sich aber v. üblichen, idR kurzfristig kündbaren Miet- und Pachtverträgen unterscheiden und wirtschaftlich Ratenkaufverträgen sehr nahe kommen. Regelmäßig ist das überlassene WG im Interesse des Leasingnehmers (LeasingN) v. Leasinggeber (LeasingG) angeschafft worden. Wirtschaftlich handelt es sich meist um die Finanzierung einer Investition. Zivilrechtl. werden insbes. Finanzierungsleasingverträge meist als atypische Mietverträge behandelt.[2] Aus dieser Behandlung können aber keine Erkenntnisse für die stl. Beurteilung gewonnen werden. Die Zuordnung v. **Leasing-Gegenständen** hängt v. der Vertragsgestaltung im Einzelfall ab und richtet sich in der Praxis nach den v. der Steuerrechtsprechung und -verwaltung entwickelten Grundsätzen.[3] Ist der LeasingG auf Dauer wirtschaftlich v. Einwirkungen auf das Leasinggut ausgeschlossen, ist es dem LeasingN zuzurechnen. Bei Verträgen mit Kauf- oder Verlängerungsoptionen kommt es darauf an, welche Wahrscheinlichkeit für eine Optionsausübung spricht. 76

Typen: In der Praxis sind Operatingleasing,[4] Herstellerleasing,[5] Spezialleasing, Finanzierungsleasing (als Voll- oder Teilamortisationsverträge) und das sale-and-lease-back-leasing üblich. Beim Operatingleasing handelt es sich idR nur kurze oder mittelfristige Laufzeiten im Verhältnis zur Nutzungsdauer. Eine Grundmietzeit wird oft nicht vereinbart. Vertragsgegenstand sind meist jederzeit auch an andere vermiet- oder veräußerbare Standard-WG oder WG, die einem hohen technischen oder wirtschaftlichen Wandel unterliegen (zB EDV-Anlagen). Die WG werden dem LeasingG zugerechnet.

Beim Herstellerleasing wurde das WG v. LeasingG hergestellt. Die Zurechnung richtet sich nach den Grundsätzen des Finanzierungsleasing. Beim Spezialleasing ist der überlassene Gegenstand auf die Verhältnisse des LeasingN zugeschnitten und nur bei ihm sinnvoll verwendbar. Das WG ist ohne Rücksicht auf Grundmietzeit und Optionsklauseln dem LeasingN zuzurechnen.[6] Beim sale-and-lease-back wird das WG v. Nutzenden erworben und über eine Leasing-Ges. diesem zurückvermietet.[7] Die Zurechnung richtet sich nach den Grundsätzen des Finanzierungsleasing.

Finanzierungsleasing: Ein Finanzierungsleasing setzt voraus, dass der Vertrag über eine sog. Grundmietzeit abgeschlossen wird, während der keine ordentliche Kündigung möglich ist. Bei Vollamortisationsverträgen (full-pay-out) deckt der LeasingN mit den Leasingraten mindestens alle AK oder HK und sämtliche Nebenkosten inkl der Finanzierungskosten des LeasingG für das Leasinggut. Bei Teilamortisationsverträgen (non-full-pay-out) wird die Vollamortisation erst durch Ausübung eines Andienungsrechts des LeasingG, durch Vertragsverlängerung, eine Abschlusszahlung oder den Verkauf des Leasingguts durch den LeasingG an einen Dritten erreicht. Für eine v. zivilrechtl. Eigentum abw. Zurechnung zum LeasingN kommt es darauf an, ob die Chance der Wertsteigerung und das Risiko einer Wertminderung (Untergang oder Verschlechterung des WG) beim LeasingN liegt. Bei **Vollamortisationsverträgen** wird das WG dem LeasingN in vier Fallvarianten zugerechnet. Dem LeasingN zugerechnet wird, wenn die Grundmietzeit mehr als 90 % der betriebsgewöhnlichen Nutzungsdauer nach der amtlichen AfA-Tabelle[8] beträgt, da der LeasingN in diesen Fällen den LeasingG für die gewöhnliche Nutzungsdauer v. der Einwirkung ausschließen kann. Eine Änderung der AfA-Tabelle ändert die Zurechnung nicht rückwirkend.[9] Beträgt die Grundmietzeit weniger als 40 %[10] der betriebsgewöhnlichen Nutzungsdauer, wird dem LeasingN zugerechnet, da eine Vollamortisation in so kurzer Zeit wirtschaftlich einem Ratenkauf gleichkommt. Bei einer Grundmietzeit zw. 40 und 90 % der betriebsgewöhnlichen Nutzungsdauer wird dem LeasingN das Leasinggut

1 Ausf. *Crezelius*, DB 1993, 2019 (2021 f.); auch BFH v. 15.7.1997 – VIII R 56/93, BStBl. II 1998, 152 = FR 1997, 913 betr. Vereinbarungs-Treuhand.
2 *Palandt*[78], Einf. vor § 535 BGB Rn. 37 ff.; näher zur Dogmatik *Greiner*, NJW 2012, 961.
3 Vgl. BFH v. 26.1.1970 – IV R 144/66, BStBl. II 1970, 264; v. 30.5.1984 – I R 146/81, BStBl. II 1984, 825 = FR 1984, 566; BMF v. 19.4.1971, BStBl. I 1971, 264; v. 21.3.1972, BStBl. I 1972, 188; v. 22.12.1975, EStH 2012, Anh. 21 III; v. 23.12.1991, BStBl. I 1992, 13.
4 FG MV v. 27.8.1997 – 1 K 200/95, EFG 1997, 1536.
5 BFH v. 5.2.1987 – IV R 105/84, BStBl. II 1987, 448 = FR 1987, 289.
6 BMF v. 19.4.1971, BStBl. I 1971, 264 Tz. III 4; v. 23.12.1991, BStBl. I 1992, 13 Tz. II 1 aa; BFH v. 13.10.2016 – IV R 33/13, BFHE 255, 386 = FR 2017, 527 m. Anm. *Wendt*, Rn. 43 mwN.
7 BFH v. 13.10.2016 – IV R 33/13, BFHE 255, 386 = FR 2017, 527 m. Anm. *Wendt*, Rn. 45 ff. mwN.
8 Zum Nachweis einer kürzeren Nutzungsdauer FG Düss. v. 13.3.1996 – 16 K 121/91 Inv, EFG 1996, 935.
9 BMF v. 13.5.1998, DB 1998, 1060.
10 In der Praxis selten (*Bordewin*, NWB F 17, 1435 = NWB 1996, 1813).

nur zugerechnet, wenn ihm oder einer ihm nahe stehenden Pers.[1] eine Option zusteht, zu einem unter dem Marktpreis liegenden Betrag das Leasinggut zu erwerben (Kaufoption) oder den Vertrag zu verlängern (Mietverlängerungsoption). In beiden Fällen kann davon ausgegangen werden, dass der LeasingN sein Optionsrecht ausübt und damit den LeasingG v. der Einwirkung auf das Leasinggut ausschließt. Bei der Kaufoption ist das jedenfalls dann der Fall, wenn der vereinbarte Kaufpreis niedriger ist als der Buchwert im Zeitpunkt der Veräußerung bei einer linearen AfA wäre. Bei der Mietverlängerungsoption muss die Anschlussmiete geringer sein, als die lineare AfA oder – bei einem niedrigeren gemeinen Wert im Optionszeitpunkt – eine lineare AfA aus dem gemeinen Wert auf die Restnutzungsdauer nach amtl AfA-Tabelle. Wie eine Mietverlängerungsoption wird eine Mietverlängerungsklausel behandelt, nach der eine Vertragsverlängerung nach Ablauf der Grundmietzeit vorgesehen ist, falls keine Partei kündigt.[2] Dem LeasingN wird schließlich das Leasinggut auch dann zugerechnet, wenn ihm nach Ablauf der Grundmietzeit ein Entschädigungsanspruch in Höhe des Zeitwerts zusteht.[3] Bei **Teilamortisationsverträgen** mit Grundmietzeiten zw. 40 und 90 % der betriebsgewöhnlichen Nutzungsdauer wird das Leasinggut dann dem LeasingN zugerechnet, wenn er das Risiko der Wertminderung in vollem Umfang trägt und an der Chance der Wertsteigerung ganz überwiegend (zu mehr als 75 %) beteiligt ist.[4] Werden Andienungsrechte des LeasingG, eine Aufteilung des Mehrerlöses oder eine Anrechnung des Veräußerungserlöses auf eine Abschlusszahlung des LeasingN vereinbart, wird das Leasinggut dem LeasingG zugerechnet, wenn ihm zumindest 25 % der Wertsteigerungen zustehen und die Chance der Wertsteigerung werthaltig ist.[5] Nach neuer Rspr. des BFH kommt wirtschaftl. Eigentum des LeasingN nicht in Betracht, wenn die betriebsgewöhnliche Nutzungsdauer des Leasinggegenstands länger als die Grundmietzeit ist und dem LeasingG ein Andienungsrecht eingeräumt ist.[6] Bei **Immobilienleasingverträgen** gelten grds. die gleichen Maßstäbe. Für das Gebäude ist eine betriebsgewöhnliche Nutzungsdauer v. 50 Jahren zugrunde zu legen, die sich in den Fällen des § 7 Abs. 4 Nr. 1 auf 25 Jahre verkürzen soll.[7] Ob ein niedriger Kaufpreis vorliegt, bestimmt sich nach den Buchwerten unter Zugrundelegung einer linearen AfA und den AK des Grund und Bodens. Bei Mietverlängerungsoptionen kommt es darauf an, ob die Anschlussmiete nicht mehr als 75 % der üblichen Miete beträgt. Der Grund und Boden wird dem LeasingN nur zugerechnet, wenn ihm das Gebäude zugerechnet wird und der Vertrag eine Kaufoption enthält. Bei Teilamortisationsverträgen mit Kauf- oder Mietverlängerungsoptionen wird das Leasinggut nur dann dem LeasingN zugerechnet, wenn er typische Risiken eines Eigentümer trägt, etwa die Gefahr des zufälligen Untergangs, wenn sich in einem solchen Fall seine Leistungspflichten nicht mindern oder er gar zur Wiederherstellung verpflichtet ist. Zum Leasing im kommunalen Bereich s. Sächsisches FinMin. v. 15.2.1993, BB 1993, 696, und OFD München v. 28.1.2005, ESt-Kartei BY, § 4 EStG, Karte 1.1.2.

77 Bei Verkauf der Forderung auf die künftigen Leasingraten mit Übergang des Bonitätsrisikos auf den Käufer (echte Forfaitierung) hat der Leasinggeber einen passiven RAP für den Verkaufserlös zu bilden, dieser ist grds. linear und nicht nach dem Kostenverlauf aufzulösen.[8]

Verbleibt hingegen das Bonitätsrisiko hinsichtlich der abgetretenen Forderungen beim Verkäufer (sog. unechte Forfaitierung), liegt ein Darlehensverhältnis vor.[9]

Behält sich der Leasinggeber ggü. dem Leasingnehmer bei Abschluss des Leasingvertrags das Recht auf ein unwiderrufliches Kaufangebot des Leasingnehmers nach Ablauf der Grundmietzeit vor (sog. Andienungsrecht) und forfaitiert er die ihm nach Ausübung dieses Andienungsrechts zustehenden künftigen Anspr. aus der Verwertung des jeweiligen Leasinggegenstandes an einen Dritten (sog. Restwertforfaitierung aus Teilarmortisations-Leasingverträgen), so ist die Zahlung des Dritten als ein Darlehen an den Leasinggeber zu beurteilen. Die Forfaitierungserlöse sind somit nicht passiv abzugrenzen, sondern als Verbindlichkeiten auszuweisen und bis zum Ablauf der Grundmietzeit ratierlich aufzuzinsen;[10] nach **aA** ist der Forfaitierungserlös wie eine Anzahlung zu passivieren.[11]

1 BFH v. 8.6.1995 – IV R 67/94, BFH/NV 1996, 101.
2 BMF v. 19.4.1971, BStBl. I 1971, 264, unter II.2.c.
3 OFD Düss. v. 15.3.1976, DB 1976, 940.
4 BMF v. 22.12.1975, EStH 2012, Anh. 21 III; **aA** FG Saarl. v. 14.10.1993 – 1 K 127/93, EFG 1994, 241 (Mehrerlösbeteiligung nicht notwendig).
5 FG Nds. v. 21.3.1991 – II 740/89, EFG 1992, 167.
6 BFH v. 13.10.2016 – IV R 33/13, BFHE 255, 386 = FR 2017, 527 m. Anm. *Wendt*, Rn. 31 ff.
7 BMF v. 9.6.1987, BStBl. I 1987, 440.
8 BFH v. 24.7.1996 – I R 94/95, BStBl. II 1997, 122 = FR 1996, 785; BMF v. 9.1.1996, BStBl. I 1996, 9.
9 BFH v. 11.12.1986 – IV R 185/83, BStBl. II 1987, 443 = FR 1987, 291; BMF v. 9.1.1996, BStBl. I 1996, 9.
10 BFH v. 8.11.2000 – I R 37/99, BStBl. II 2001, 722 = FR 2001, 211.
11 BMF v. 9.1.1996, BStBl. I 1996, 9; **aA** jetzt aber EStH 2014, H 5.6 „Forfaitierung von Forderungen aus Leasing-Verträgen".

bb) Factoring. Beim Factoring ist zw. **echtem** und **unechtem Factoring** zu unterscheiden. Übernimmt der Forderungsaufkäufer das Ausfallrisiko (echtes Factoring), dann ist die Forderung in der Bilanz des Käufers (Factor, Zessionar) zu aktivieren, und zwar unter Berücksichtigung der Abreden im Innenverhältnis (Zinsen, Sperrbeträge) und unter Beachtung etwaiger Verlustrisiken.[1] Verbleibt dagegen das Ausfallrisiko beim Forderungsverkäufer (unechtes Factoring), so hat dieser die Forderung unter Berücksichtigung des Ausfallrisikos weiterhin zu bilanzieren, weil die abgetretene Forderung hier nur zu einer treuhandähnlichen Position führt.[2] 78

cc) Pensionsgeschäfte. Bei Pensionsgeschäften ist wie folgt zu differenzieren: Von einem echten (Wertpapier) Pensionsgeschäft wird – vorwiegend in der Kreditwirtschaft – gesprochen, wenn der Pensionsnehmer den Gegenstand zu einem im Voraus bestimmten oder v. Pensionsgeber noch zu bestimmenden Zeitpunkt gegen Entrichtung eines bestimmten Betrages auf den Pensionsgeber rückübertragen muss; besteht kein Rücknahmerecht des Pensionsgebers, liegt ein unechtes Pensionsgeschäft vor.[3] Beim **echten Pensionsgeschäft** ist weiterhin beim Pensionsgeber zu bilanzieren.[4] Voraussetzung ist aber, dass das echte Pensionsgeschäft Sicherungscharakter hat.[5] Da im Falle eines Sicherungsgeschäfts der übertragene Gegenstand mit Erlöschen der gesicherten Forderung entweder automatisch an den Sicherungsgeber zurückfällt oder dieser zumindest einen Rückübertragungsanspruch hat, ist es – ebenso wie bei der normalen Sicherungsübereignung – gerechtfertigt, dem auch bilanziell durch fortdauernde Bilanzierung beim Pensionsgeber Rechnung zu tragen. Beim **unechten Pensionsgeschäft** ist das übertragene WG dem Pensionsnehmer zuzurechnen.[6] Die dargestellten Grundsätze werden handelsrechtl. durch § 340b HGB für den Sonderbereich der Bilanzierung bei Kreditinstituten dahingehend modifiziert, dass beim echten Pensionsgeschäft stets beim Pensionsgeber zu bilanzieren ist. Dieser Vorschrift könnte unmittelbar über § 5 Abs. 1 S. 1 und mittelbar bei § 4 Abs. 1 Bedeutung zukommen. Die Berücksichtigung iRd. stl. Gewinnermittlung scheidet allerdings aus, weil es sich nicht um die Kodifizierung v. auf alle Kaufleute anwendbaren GoB handelt. Die Regelung hat ihre Ursache in den Besonderheiten der Bilanzierungspraxis der Banken. § 340b HGB enthält mithin keine Lösung des Problems, wie Pensionsgeschäfte im allg. Bilanzrecht und im Steuerbilanzrecht zu behandeln sind.[7] 79

dd) Zurechnung von Wertpapiergeschäften. Das wirtschaftl. Eigentum an Aktien, die im Rahmen einer sog. **Wertpapierleihe** (Sachdarlehen) an den Entleiher zivilrechtl. übereignet wurden, kann ausnahmsweise beim Verleiher verbleiben, wenn die Gesamtwürdigung der Umstände des Einzelfalls ergibt, dass dem Entleiher lediglich eine formale zivilrechtl. Rechtsposition verschafft werden sollte.[8] Im Grundsatz sind dem Darlehensnehmer als zivilrechtl. Eigentümer aber die iRd. Darlehens übereigneten Wertpapiere auch wirtschaftl. zuzurechnen.[9] Die in BMF v. 11.11.2016 näher ausgeführten Grundsätze gelten entspr. für andere Wertpapiergeschäfte, soweit das Wertminderungsrisiko nach einer Gesamtwürdigung der Umstände nicht übergegangen ist. Hierzu gehören insbes. Repo-Geschäfte, Wertpapierpensionsgeschäfte iSd. § 340b HGB und Kassa-Geschäfte.[10] 79a

ee) Zurechnung unter Ehegatten/Lebenspartnern. Für die Frage, wie unter **Ehegatten** (auch im Folgenden: bzw. Lebenspartnern) zugerechnet wird, ist zw. zwei **Fallgruppen** zu unterscheiden: Sind die Ehegatten **beide MU'er**, dann sind alle in ihre Zuständigkeit fallenden WG BV der v. den Ehegatten gebildeten MU'schaft. Dabei ist darauf hinzuweisen, dass sich die Ehegatten-MU'schaft nicht allein aus dem Umstand der Ehe ergeben kann, vielmehr muss die tatsächliche Verhaltensweise der Ehegatten die MU'schaft nach § 15 Abs. 1 S. 1 Nr. 2 ergeben.[11] Auch Ehegatten sind nur dann MU'er eines Betriebs, wenn zw. ihnen ein Gesellschaftsvertrag zustande gekommen ist, der den Anforderungen entsprechen muss, die an Verträge zw. nahen Angehörigen zu stellen sind. Derartige Verträge sind nur zu berücksichtigen, wenn sie rechtswirksam zustande gekommen sind, einem Fremdvergleich standhalten und auch tatsächlich vollzogen werden.[12] Das ist zutr., denn das Steuerrecht kann nicht an die zivilrechtl. Rspr.[13] anknüpfen, weil es dort 80

1 Vgl. *A/D/S*[6], § 266 HGB Rn. 123; *Knobbe-Keuk*[9], § 4 Abs. 3 Rn. 1.
2 *Knobbe-Keuk*[9], § 4 Abs. 3 Rn. 1; näher dazu zB. *Blümich*, § 5 Rn. 740 „Factoring".
3 Vgl. *BeBiKo*[11], § 246 HGB Rn. 24 ff.
4 *BeBiKo*[11], § 246 HGB Rn. 25.
5 BFH v. 29.11.1982 – GrS 1/81, BStBl. II 1983, 272 = FR 1983, 275; v. 23.11.1983 – I R 147/78, BStBl. II 1984, 217 = FR 1984, 151; *Schmidt*[37], § 5 Rn. 270 „Pensionsgeschäfte".
6 *Blümich*, § 5 Rn. 1083; *Offerhaus*, BB 1983, 870.
7 **AA** *Schmidt*[37], § 5 Rn. 270 „Pensionsgeschäfte" mwN; *Blümich*, § 5 Rn. 1082: „entspricht einem allg. GoB".
8 BFH v. 18.8.2015 – I R 88/13, BStBl. II 2016, 961; BMF v. 11.11.2016. BStBl. I 2016, 1324.
9 BMF v. 11.11.2016. BStBl. I 2016, 1324 unter II.
10 BMF v. 11.11.2016. BStBl. I 2016, 1324 unter IV.
11 BFH v. 27.1.1994 – IV R 26/93, BStBl. II 1994, 462 = FR 1994, 397 m. Anm. *Söffing*.
12 BFH v. 14.8.1986 – IV R 341/84, BStBl. II 1987, 23 = FR 1987, 18.
13 BGH v. 14.3.1990 – XII ZR 98/88, NJW-RR 1990, 736.

um die Ausfüllung v. Lücken des ehelichen Güterrechts geht, im Steuerrecht demgegenüber um die Begr. eines Eingriffstatbestandes durch die MU'schaft. Auch die Zusammenveranlagung führt als solche nicht zur MU'schaft, weil § 26b keinen Einfluss auf die Art der Einkunftsermittlung hat. In der zweiten Fallgruppe ist nur **ein Ehegatte MU'er**, der andere nur Miteigentümer eines Vermögensgegenstandes/WG. In zwei Ausnahmesituationen kann der unternehmerisch tätige Ehegatte den zivilrechtl. dem anderen Ehegatten zustehenden Miteigentumsanteil in seinem eigenen BV aktivieren: Im Fall des wirtschaftlichen Eigentums[1] und wenn der andere Ehegatte gestattet, aus betrieblichen Gründen auf dem gemeinschaftlichen Grundvermögen auf eigene Kosten ein Betriebsgebäude zu errichten und ohne Zeitbegrenzung ohne Gegenleistung zu nutzen. In der letzten Variante kann der unternehmerisch tätige Ehegatte die vollen HK wie HK eines eigenen WG aktivieren.[2] Ansonsten wird – wenn der Unternehmer-Ehegatte mit eigenen Mitteln ein Gebäude auf einem auch dem Nichtunternehmer-Ehegatten gehörenden Grundstück errichtet und wenn keine abw. Vereinbarungen zw. den Eheleuten getroffen werden – der Nichtunternehmer-Ehegatte sowohl zivilrechtl. als auch wirtschaftl. Eigentümer des auf seinen Miteigentumsanteil entfallenden Gebäudeteils. Dieser Gebäudeteil gehört zu seinem PV.[3] Sind die Ehegatten bspw. hälftig Miteigentümer eines v. dem einen Ehegatten zu 60 % betrieblich genutzten Gebäudes, dann zählen nur 30 % des Gebäudes zum BV.[4]

81 **ff) Bauten auf fremdem Grund und Boden, Mieterein- und -umbauten.** Probleme ergeben sich, wenn **Bauten auf fremden Grundstücken** sowie Mieterein- und -umbauten bilanziert werden müssen. Hier stellt sich die Frage, wann es sich bei dem betr. Bau um ein WG handelt, das im rechtl. oder „wirtschaftlichen" Eigentum des StPfl. (Bauherrn) steht. In der neueren steuerrechtl. Rspr. zeichnet sich hier eine eigenständige, v. Zivil- und Handelsbilanzrecht abw. Entwicklung ab.[5] Fest steht, dass Bauten auf fremden Grundstücken dann aktiviert werden können, wenn sie aufgrund eines **dinglichen Rechts** an dem fremden Grundstück dort errichtet sind. Sie stehen dann im Eigentum des Bauenden (vgl. § 95 Abs. 1 S. 2 BGB). Entspr. gilt für Bauten, die im Rahmen eines Miet- oder Pachtverhältnisses errichtet und mit dem Grund und Boden nicht fest oder nur zu **einem vorübergehenden Zweck** verbunden sind. Auch in diesem Fall ist der Bauende Eigentümer (§ 95 Abs. 1 S. 1 BGB). Fehlt es daran, kommt es nach neuester Rspr.[6] für die Begr. v. wirtschaftlichem Eigentum darauf an, ob der StPfl. den zivilrechtl. Eigentümer v. der Nutzung ausschließen kann und ob bei Beendigung der Eigennutzung ein Anspr. auf Entschädigung nach §§ 951, 812 BGB besteht.[7] Darüber hinaus soll nach der Rspr. des BFH wirtschaftliches Eigentum an **Mietereinbauten** anzunehmen sein, wenn die Nutzungsdauer kürzer als die Mietzeit ist, der Mieter die Sachen nach Ablauf der Mietzeit entfernen muss oder darf[8] oder wenn er nach Beendigung des Nutzungsverhältnisses einen **Anspr. auf Entschädigung** in Höhe des Restwerts der Einbauten besitzt.[9] Nach gleichen Maßstäben beurteilt sich die Aktivierung v. **Bauten auf fremdem Grund und Boden**.[10] Da es der Rspr. des BFH vorwiegend darum geht, das (steuerrechtl.) Nettoprinzip zu wahren, läuft diese Argumentation bezogen auf den BV-Vergleich auf eine Unterordnung (bei § 5 Abs. 1 S. 1 unmittelbar zu beachtender) handelsbilanzrechtl. Grundsätze durch ein vorrangiges steuerrechtl. Prinzip hinaus.[11] Soweit die Rspr. des VIII. Senats des BFH[12] darauf abstellt, ob dem Bauherrn gegen den Grundstückseigentümer ein Ausgleichsanspruch nach

1 BFH v. 11.6.1997 – XI R 77/96, BStBl. II 1997, 774 = FR 1997, 766.
2 BFH v. 30.1.1995 – GrS 4/92, BStBl. II 1995, 281 = FR 1995, 268 m. Anm. *Kanzler*; vgl. *Eisgruber*, DStR 1997, 522; *Groh*, BB 1996, 1487.
3 BFH v. 9.3.2016 – X R 46/14, BStBl. II 2016, 976 = FR 2016, 900 Rn. 38 f. mwN; dem folgend BMF v. 16.12.2016, BStBl. I 2016, 1431 Rn. 1; krit. zu den Folgerungen des BMF (aaO Rn. 2 ff.) bzgl. der ertragstl. Behandlung der v. Betriebsinhaber getragenen Aufwendungen *Weber-Grellet*, BB 2017, 176; sa. *Guschl*, DStZ 2017, 483.
4 BFH v. 8.3.1990 – IV R 60/89, BStBl. II 1994, 559 = FR 1990, 581; zweifelnd *Schmidt*[37], § 4 Rn. 135.
5 Vgl. zum Handelsrecht BGH v. 6.11.1995 – II ZR 164/94, DStR 1996, 187 (gesicherte Rechtsposition notwendig); zur Diskussion *Eisgruber*, DStR 1997, 522; *Groh*, BB 1996, 1487; *Gschwendtner*, FS Beisse, 1997, 215 ff.; *Rometsch*, FS Flick, 1997, 555 ff.; *Sauren*, DStR 1998, 706.
6 BFH v. 14.5.2002 – VIII R 30/98, BStBl. II 2002, 741 = FR 2002, 1119 m. Anm. *Kanzler* (die Entsch. erging mit ausdrücklicher Zustimmung des II. Senats); glA für § 10e BFH v. 18.7.2001 – X R 23/99, BStBl. II 2002, 281 = FR 2001, 1287; v. 20.11.2003 – III R 4/02, BStBl. II 2004, 305 = FR 2004, 367 m. Anm. *Fischer*.
7 So schon früher Teile der Lit. zB *Groth*, BB 1996, 1487; *Weber-Grellet*, DB 1995, 2550; *Eisgruber*, DStR 1997, 522.
8 BFH v. 15.10.1996 – VIII R 44/94, BStBl. II 1997, 533 = FR 1997, 525; v. 7.10.1997 – VIII R 63/95, BFH/NV 1998, 1202.
9 BFH v. 11.6.1997 – XI R 77/96, BStBl. II 1997, 774 = FR 1997, 766; v. 4.2.1998 – XI R 35/97, BStBl. II 1998, 542 = FR 1998, 529; krit. *Sauren*, DStR 1998, 706; **aA** BFH v. 27.11.1996 – X R 92/92, BStBl. II 1998, 97 = FR 1997, 261 m. Anm. *Weber-Grellet* zum wirtschaftlichen Eigentum bei § 10e; vgl. des Weiteren *Blümich*, § 5 Rn. 1017 mwN.
10 *Blümich*, § 5 Rn. 740 „Bauten auf fremdem Grund und Boden", mwN.
11 Vgl. BFH v. 30.1.1995 – GrS 4/92, BStBl. II 1995, 281 = FR 1995, 268 m. Anm. *Kanzler*; *Drenseck*, DStR 1995, 509; vgl. auch *Groh*, BB 1996, 1487.
12 BFH v. 14.5.2002 – VIII R 30/98, BStBl. II 2002, 741 = FR 2002, 1119 m. Anm. *Kanzler*.

§§ 951, 812 BGB zusteht, wird allerdings zur Begr. wirtschaftlichen Eigentums letztlich doch an die zivilrechtliche Situation angeknüpft. Für die Berechtigung v. **AfA** ist die Frage, ob der StPfl. Eigentümer eines WG ist, nicht v. Bedeutung; ausschlaggebend ist vielmehr, ob er Aufwendungen im eigenen betrieblichen Interesse trägt.[1] Denn das allen Einkunftsarten zugrunde liegende Nettoprinzip gebietet grds. den Abzug der v. StPfl. zur Einkunftserzielung getätigten Aufwendungen auch dann, wenn und soweit diese Aufwendungen auf **in fremdem Eigentum stehende WG** erbracht werden;[2] in diesen Fällen wird der Aufwand bilanztechnisch „wie ein materielles Wirtschaftsgut" behandelt, dh die HK für ein fremdes Gebäude sind als Posten für die Verteilung eigenen Aufwands zu aktivieren und nach den für Gebäude geltenden AfA-Regeln abzuschreiben.[3] Diese Grundsätze gelten auch für Eheleute, die zur ESt zusammen veranlagt werden.[4]

Schuldrechtliche oder dingliche **Nutzungsrechte** sind nach der Rspr. des BFH als eigenständige immaterielle WG zu qualifizieren, wenn sie auf bestimmte Zeit oder immerwährend eine „gesicherte Rechtsposition" gewähren, wobei eine Aktivierung unzulässig ist, wenn ihnen ein schwebendes Geschäft zugrunde liegt.[5] Vorbehaltene Nutzungsrechte sind auch bei Veräußerung des WG nicht aktivierbar und können nicht mit dem TW in das eigene BV eingelegt werden.[6] 82

7. Betriebsvermögen bei Personengesellschaften und Kapitalgesellschaften. Bei **PersGes.**, die ihren Gewinn durch BV-Vergleich nach Abs. 1 ermitteln, gehört regelmäßig zum notw. BV das gesamte zum Betrieb der PersGes. eingesetzte Gesamthandsvermögen. PersGes. haben keine eigene Privatsphäre. Allerdings ist bei ihnen der Gesellschaftsbereich einschl. Sonder-BV der G'ter v. außerbetrieblichen Bereich der G'ter abzugrenzen.[7] Soweit es bei den v. der Ges. erworbenen WG an einer betrieblichen Veranlassung fehlt, sind diese zwar zivilrechtl. Bestandteil des Gesamthandsvermögens, aber **steuerrechtl. als PV** (der G'ter) zu qualifizieren. So bildet etwa die Lebensversicherungsforderung zur Abfindung der Hinterbliebenen eines verstorbenen G'ters kein BV der PersGes. Die v. der Ges. gezahlten Prämien sind, da der privaten Sphäre der G'ter zuzuordnen, nicht zum Abzug zuzulassen.[8] 83

Hinsichtlich der Frage, wem die zum Gesamthandsvermögen einer PersGes. gehörigen WG zuzurechnen sind, ist zwischen unternehmerisch tätigen und vermögensverwaltenden PersGes. zu unterscheiden. Der Gesellschaftsanteil an einer PersGes. ist kein (eigenständiges) immaterielles WG.[9] Vielmehr verkörpert die gesellschaftsrechtliche Beteiligung nach § 39 Abs. 2 Nr. 2 AO die quotale Berechtigung des G'ters an den zum Gesamthandsvermögen gehörenden WG. Bei der **gewerblich tätigen** PersGes (MU'schaft), die als Steuerrechtssubjekt bei der Ermittlung der Einkünfte anzusehen ist,[10] wird jedoch § 39 Abs. 2 Nr. 2 AO durch § 15 Abs. 1 S. 1 Nr. 2 S. 1 HS. 1 verdrängt.[11] Deshalb wird bei der unternehmerisch tätigen PersGes. zivilrechtl. Gesamthandsvermögen steuerrechtlich als BV der Ges. behandelt. Die rein **vermögensverwaltende** PersGes. ist hingegen kein Steuerrechtssubjekt der Einkünfteermittlung; insoweit verbleibt es bei der Zuordnung nach § 39 Abs. 2 Nr. 2 AO, dh., WG des Gesamthandsvermögens sind anteilig den beteiligten G'tern zuzurechnen (sog. Bruchteilsbetrachtung) und Gewinne aus der Veräußerung von WG der PersGes. sind anteilig beim G'ter zu erfassen (Transparenzprinzip),[12] bei dem dann die Qualifikation und Ermittlung der Einkünfte erfolgt. Ist eine gewerbl. PersGes. als G'ter an einer vermögensverw. PersGes. beteiligt (sog. **ZebraGes.**), so sind auch ihr nach § 39 Abs. 2 Nr. 2 AO die einzelnen WG des Gesamthandsvermögens der vermögensverw. PersGes. zuzurechnen; dies bedeutet, dass in einer StB der gewerbl. PersGes. die Anteile an den betr. WG[13] und nicht etwa ein WG „Gesellschaftsanteil" auszuweisen sind. Über- 83a

1 ZB BFH v. 21.2.2017 – VIII R 10/14, BStBl. II 2017, 819 Rn. 17; v. 6.12.2017 – VI R 41/15, BStBl. II 2018, 355 Rn. 14, mwN.
2 Vgl. zB BFH v. 12.7.2017 – VI R 59/15, BStBl. II 2018, 461 = FR 2018, 182 Rn. 16, mwN.
3 ZB BFH v. 25.2.2010 – IV R 2/07, BStBl. II 2010, 670 = FR 2010, 660 m. Anm. *Kanzler* mwN; v. 21.2.2017 – VIII R 10/14, BStBl. II 2017, 819 Rn. 17, mwN.
4 BFH v. 6.12.2017 – VI R 41/15, BStBl. II 2018, 355 Rn. 15 mwN.
5 BFH v. 9.8.1989 – X R 20/86, BStBl. II 1990, 128 = FR 1989, 713; v. 19.6.1997 – IV R 16/95, BStBl. II 1997, 808 = FR 1997, 810 m. Anm. *Stobbe*; v. 14.3.2006 – I R 109/04, BFH/NV 2006, 1812; jetzt grds. zust. *Schmidt*[37], § 5 Rn. 176.
6 BFH v. 30.11.1989 – IV R 76/88, BFH/NV 1991, 457; v. 30.1.1995 – GrS 4/92, BStBl. II 1995, 281 = FR 1995, 268 m. Anm. *Kanzler*.
7 BFH v. 26.10.1987 – GrS 2/86, BStBl. II 1988, 348 = FR 1988, 160; v. 28.9.1995 – IV R 39/94, BStBl. II 1996, 276 = FR 1996, 145; s. auch zB *Schmidt*[37], § 4 Rn. 175.
8 BFH v. 6.2.1992 – IV R 30/91, BStBl. II 1992, 653 = FR 1992, 575; bei späterer privater Widmung kommt keine Entnahme in Betracht (zB bei Bebauung eines Grundstücks der Ges. für Wohnzwecke der G'ter); BFH v. 30.6.1987 – VIII R 353/82, BStBl. II 1988, 418 = FR 1988, 104; krit. *Knobbe-Keuk*[9], § 10 Rn. I.
9 BFH v. 6.5.2010 – IV R 52/08, BStBl. II 2011, 261 Rn. 13 = FR 2010, 941 m. Anm. *Kempermann*.
10 ZB BFH v. 14.4.2011 – IV R 8/10, BStBl. II 2011, 709 Rn. 29 = FR 2011, 667 mwN.
11 BFH v. 26.4.2012 – IV R 44/09, FR 2013, 68 m. Anm. *Kempermann* = BFH/NV 2012, 1513 Rn. 18 mwN.
12 BFH v. 26.4.2012 – IV R 44/09, FR 2013, 68 m. Anm. *Kempermann* = BFH/NV 2012, 1513 Rn. 19 mwN.
13 So zutr. *Wendt*, BFH/PR 2012, 354 (355); vgl. auch *Bode*, NWB 2012, 3076 (3077).

trägt der gewerbl. tätige G'ter einer vermögensverw. PersGes. ein WG seines BV in das Gesamthandsvermögen der vermögensverw. PersGes., so zählt dieses WG folglich weiterhin (jetzt) anteilig zu seinem BV, wobei es sich wegen der Nutzung durch einen Dritten jetzt um **gewillkürtes BV** (Rn. 43) handeln dürfte.[1] Die Übertragung kann deshalb stl. nicht zur Aufdeckung der stillen Reserven bei dem G'ter führen, soweit dieser an der ZebraGes. betriebl. beteiligt ist.[2]

84 Da eine **KapGes.** ausnahmslos gewerbliche Einkünfte erzielt (vgl. § 8 Abs. 2 KStG), stellen die dazu eingesetzten WG **notwendiges BV** dar (Rn. 64). Werden WG der KapGes. durch die G'ter ausschließlich privat genutzt, löst dies den betrieblichen Zusammenhang nicht und führt allenfalls zur Annahme einer **vGA** gem. § 8 Abs. 3 S. 2 KStG in Höhe des Nutzungswertes. Umgekehrt führt die Nutzung v. WG, die den G'tern zivilrechtl. zuzurechnen sind, steuerrechtl. nicht zu (Sonder-)BV der KapGes. Auch die Einlage eines Nutzungswerts wird hier nicht zugelassen.[3] Nach neuester Rspr. des BFH besitzt die KapGes. auch dann **keine Privatsphäre**, wenn sie „Liebhaberei" betreibt.[4] Die im Bereich der Liebhaberei genutzten WG sind danach als BV zu werten; das Ergebnis der KapGes. ist um entspr. vGA iSd. § 8 Abs. 3 S. 2 KStG zu korrigieren. Das ist zutr., weil das KStRecht mit seinem Trennungsprinzip zw. juristischer Pers. und Anteilseigner konsequenterweise auch dazu führt, dass bzgl. einer möglichen Privatsphäre die Idee der juristischen Pers. maßgebend sein muss.

85 **IV. Entnahmen und Einlagen (Abs. 1 S. 2 und 8 HS 1). 1. Sinn und Zweck.** Im Unterschied zu stpfl. BE und abziehbaren BA haben Entnahmen und Einlagen **auf den Gewinn keinen Einfluss**, dh. Entnahmen dürfen den Gewinn nicht mindern und Einlagen den Gewinn nicht erhöhen. Nach Abs. 1 S. 1 ist deshalb bei der Gewinnermittlung durch BV-Vergleich der Wert der Entnahmen zuzurechnen und der Wert der Einlagen abzuziehen (vgl. Rn. 28, 30). Substrat der Einkommensbesteuerung soll nur sein, was durch den Betrieb erwirtschaftet worden ist (vgl. auch Rn. 26), nicht zu berücksichtigen sind diejenigen Vermögensabgänge und -zuwächse, die ihre Ursache in der **außerbetrieblichen Sphäre** haben. Entnahmen sind durch den Betrieb erwirtschaftet und demzufolge zu versteuern. Daher ist der Vorgang als Entnahme zu beurteilen, wenn ein WG das BV aus betriebsfremden Gründen ohne angemessene Gegenleistung verlässt.[5] Einlagen hingegen sind dem Betrieb v. außen zugeführt worden und dürfen daher nicht v. der ESt erfasst werden.

86 **2. Entnahmevoraussetzungen (Abs. 1 S. 2).** Nach der Legaldefinition des Abs. 1 S. 2 sind Entnahmen alle WG (Bareinnahmen, Waren, Erzeugnisse, Nutzungen und Leistungen), die der StPfl. dem Betrieb für sich, für seinen Haushalt oder andere betriebsfremde Zwecke entzogen hat. Dabei handelt es sich um keine exakte Erläuterung des Begriffs. Systematisch ist zw. **Sach- bzw. Substanzentnahmen** (Entnahmen v. WG) und Entnahmen v. **Nutzungen und Leistungen** zu unterscheiden. Eine Sachentnahme setzt die Überführung des WG v. BV in das PV voraus.[6] Eine Nutzung führt nicht dazu, dass das WG selbst entnommen wird. Somit besteht der gewinnerhöhende „Wert der Entnahme" (Abs. 1 S. 1) nicht in dem Substanzwert, sondern in den für betriebsfremde Zwecke aufgewendeten Kosten, die in die stl. Gewinnermittlung einbezogen werden müssen.

87 Eine **Sachentnahme** bezieht sich auf die Substanz des WG. Gegenstand der Entnahme ist ein bilanzierbares WG (zB Bargeld, Wertpapiere, Waren), das der StPfl. unmittelbar – als notwendiges BV – für betriebliche Zwecke nutzt, oder das – als gewillkürtes BV – v. StPfl. dazu bestimmt ist, den Betrieb mittelbar durch Einnahmen in Form v. Vermögenserträgen zu fördern. Bei einem WG des **notwendigen BV** liegt immer dann eine Entnahme vor, wenn der **betriebliche Funktionszusammenhang endg. gelöst** und das WG dadurch zur notwendigem PV wird; die bloße Erklärung der Entnahme genügt nicht.[7] Allerdings setzt die Entnahme notwendigen BV regelmäßig einen Entnahmewillen und eine Entnahmehandlung – ggf. auch als schlüssiges Verhalten[8] – voraus, durch die eine unmissverständliche endg. Trennung des WG v. BV herbeigeführt wird.[9] Der möglicherweise auf eine Entnahme gerichtete Wille allein genügt nicht, wenn es an einer entspr. Handlung fehlt, durch die dieser Wille nach außen erkennbar zum Ausdruck

1 Näher *Wendt*, BFH/PR 2012, 354 (355).
2 BFH v. 26.4.2012 – IV R 44/09, FR 2013, 68 m. Anm. *Kempermann* = BFH/NV 2012, 1513.
3 BFH v. 26.10.1987 – GrS 2/86, BStBl. II 1988, 348 = FR 1988, 160.
4 BFH v. 4.12.1996 – I R 54/95, BFHE 182, 123 = FR 1997, 311; v. 8.7.1998 – I R 123/97, BFHE 186, 540 = FR 1998, 1091 m. Anm. *Pezzer*; v. 19.11.2003 – I R 33/02, BFH/NV 2004, 445.
5 ZB BFH v. 21.6.2012 – IV R 1/08, FR 2012, 1079 m. Anm. *Kempermann* = BFH/NV 2012, 1536 Rn. 24; v. 19.9.2012 – IV R 11/12, FR 2012, 1153 m. Anm. *Kempermann* = BFH/NV 2012, 1880 Rn. 13.
6 ZB BFH v. 3.9.2009 – IV R 61/06, BFH/NV 2010, 404.
7 Vgl. zB BFH v. 23.9.2009 – IV R 70/06, BStBl. II 2010, 270.
8 ZB BFH v. 23.9.2009 – IV R 70/06, BStBl. II 2010, 270.
9 Vgl. zB BFH v. 31.1.1985 – IV R 130/82, BStBl. II 1985, 395 = FR 1985, 444; v. 14.5.2009 – IV R 44/06, BStBl. II 2009, 811 = FR 2010, 92.

kommt.[1] Eine solche Entnahmehandlung liegt etwa dann vor, wenn ein Gegenstand des notwendigen BV aus privatem Anlass verschenkt wird. Eine Entnahmebuchung ist in diesen Fällen nicht zwingende Voraussetzung für die Entnahme.[2] Vielmehr kann eine Entnahme aus dem notwendigen BV (auch dem notwendigen Gesamthandsvermögen oder notwendigen Sonder-BV bei einer PersGes) **nicht ohne Nutzungsänderung** durch reinen Buchungsakt entnommen werden.[3] Bei einem (bilanzierten) WG des **gewillkürten BV** ist zwar eine Entnahme auch ohne Nutzungsänderung jederzeit möglich (die Zuordnung zum BV hängt maßgeblich v. Willen des StPfl. ab), doch muss dann der **Entnahmewille eindeutig dokumentiert** werden. Deshalb kommt in diesen Fällen der buchmäßigen Behandlung durch den StPfl. eine maßgebende Bedeutung zu.[4] Dies schließt jedoch nicht aus, in anderen Umständen eine schlüssige, auf die Zuordnung des WG zum PV gerichtete Entnahmehandlung zu sehen.[5] Ein zunächst gemischt genutztes Grundstück verliert die Eigenschaft als BV nicht dadurch, dass es zu fremden Wohnzwecken vermietet wird.[6]

Eine **Nutzungsentnahme** liegt vor, wenn ein WG vorübergehend für betriebsfremde Zwecke verwendet 88
wird (zB private Nutzung eines betrieblichen Kfz. oder eines betrieblichen Telefons). Bei der Nutzungsentnahme wird nicht der Wert der privaten Nutzung angesetzt, vielmehr der durch diese verursachte Aufwand. Die außerbetrieblich veranlasste verbilligte Vermietung einer zum BV gehörenden Wohnung stellt eine Nutzungsentnahme dar, weil § 21 Abs. 2 S. 2 aF auf Gewinneinkünfte nicht entspr. anzuwenden ist.[7] Eine **Leistungsentnahme** ist anzunehmen, wenn Leistungen zu betriebsfremden Zwecken erfolgen (zB außerbetrieblicher Einsatz der Arbeitskraft v. ArbN). Die **eigene Arbeitskraft** des StPfl. stellt keine entnahmefähige Nutzung dar; Tätigkeiten dieser Art vollziehen sich ausschließlich im privaten Bereich, so dass es an einer betrieblichen Wertabgabe fehlt (zB Behandlung v. Angehörigen durch einen Arzt).[8] Stellt der StPfl. ein WG unter Einsatz seiner Arbeitskraft im BV her und entnimmt er das fertige WG, erfolgt die Entnahme mit dem TW einschl. des Werts der Arbeitsleistung (§ 6 Abs. 1 Nr. 4 S. 1).[9] Der VIII. Senat des BFH hatte den GrS angerufen bzgl. der Frage, ob in die Bewertung der Nutzungsentnahme die im Buchwertansatz des PKW ruhenden stillen Reserven einzubeziehen sind, wenn der zum BV gehörende PKW während einer privat veranlassten Fahrt durch Unfall zerstört oder erheblich beschädigt wird, denn § 6 Abs. 1 Nr. 4 S. 1 regele nur die Bewertung v. Sachentnahmen und treffe für die Bewertung v. Nutzungsentnahmen keine Aussage.[10] Später hat der VIII. Senat den Vorlagebeschluss aus verfahrensrechtl. Gründen wieder aufgehoben.[11] Er bleibt jedoch bei seiner Auffassung, dass eine Nutzungsentnahme iHd. Differenz zw. den TW vor und nach dem Unfall vorliege und im Einklang mit dem Veranlassungsprinzip die Versicherungsleistung als private Vermögensmehrung zu qualifizieren sei.[12]

Eine Entnahme ist durch eine eindeutige **Entnahmehandlung**, durch **schlüssiges Verhalten** oder durch 89
einen **Rechtsvorgang** möglich. Eine Entnahme durch einen Rechtsvorgang (sa. Rn. 90) liegt immer dann vor, wenn sich die Rechtszuständigkeit für das WG ändert.[13] Subjektiv setzt der Entnahmetatbestand zwar einen entspr. **Entnahmewillen** voraus, doch ist dieser schon dann gegeben, wenn das WG zu einer bestimmten **außerbetrieblichen Nutzung** verwendet werden soll oder wenn die Rechtszuständigkeit auf einen Betriebsfremden übergeht. Unbeachtlich sind dagegen Motive und Absichten, die den StPfl. zur Entnahme veranlasst haben.[14] Nicht erforderlich ist es, dass der StPfl. ein auf die Realisierung eines Gewinns gerichtetes Rechtsfolgenbewusstsein besitzt und sich eine ungefähre Vorstellung über das Ausmaß der Gewinnverwirklichung macht. Deshalb ist ein entspr. **Irrtum für den Entnahmetatbestand unbeachtlich**. Das kann für den StPfl. vor allem auch deshalb zu ungünstigen Folgen führen, weil die Entnahme als tatsächlicher Vorgang nur in die Zukunft wirken kann, also eine **Rückwirkung ausgeschlossen** ist.[15] Der

1 BFH v. 11.12.2002 – XI R 48/00, BFH/NV 2003, 895.
2 Vgl. R 4.3 Abs. 3 S. 3 und 4 EStR.
3 BFH v. 3.9.2009 – IV R 61/06, BFH/NV 2010, 404 mwN.
4 Vgl. BFH v. 25.11.1997 – VIII R 4/94, BStBl. II 1998, 461 = FR 1998, 493 mwN; dabei gegen voreilige Wertungen *H/H/R*, § 4 Anm. 155.
5 BFH v. 19.6.1975 – VIII R 13/74, BStBl. II 1975, 811; v. 20.9.1995 – X R 46/94, BFH/NV 1996, 393.
6 BFH v. 10.11.2004 – XI R 31/03, BStBl. II 2005, 334 = FR 2005, 684 m. Anm. *Wendt*.
7 BFH v. 29.4.1999 – IV R 49/97, BStBl. II 1999, 652 = FR 1999, 816 m. Anm. *Kanzler*.
8 BFH v. 4.8.1959 – I 69/58 U, BStBl. III 1959, 421; v. 9.7.1987 – IV R 87/85, BStBl. II 1988, 342 = FR 1987, 528.
9 BFH v. 4.8.1959 – I 69/58 U, BStBl. III 1959, 421; vgl. auch BFH v. 31.8.1994 – X R 66/92, BFH/NV 1995, 391.
10 BFH v. 23.1.2001 – VIII R 48/98, BStBl. II 2001, 395 = FR 2001, 590; anders BFH v. 24.5.1989 – I R 213/85, BStBl. II 1990, 8 = FR 1989, 682.
11 BFH v. 14.10.2003 – VIII R 48/98, BFH/NV 2004, 331.
12 BFH v. 16.3.2004 – VIII R 48/98, BStBl. II 2004, 725.
13 BFH v. 5.7.2018 – VI R 67/15, DStR 2018, 2325 Rn. 14, mwN.
14 BFH v. 6.11.1973 – VIII R 12/71, BStBl. II 1974, 67; v. 16.3.1983 – IV R 36/79, BStBl. II 1983, 459 = FR 1983, 359 (462); v. 31.1.1985 – IV R 130/82, BStBl. II 1985, 395 (396 f.) = FR 1985, 444.
15 BFH v. 15.11.1990 – IV R 97/82, BStBl. II 1991, 226; *Blümich*, § 4 Rn. 447 mwN.

Entnahmewille ist v. **Berichtigungswillen** abzugrenzen, der nur die Richtigstellung eines falschen Bilanzansatzes zum Inhalt hat. Die Ausbuchung eines WG mit gewinneutraler Wirkung setzt eine unrichtige Bilanzierung dieses WG voraus, das dann grds. nur mit dem Buchwert aus seinem scheinbaren Zusammenhang mit dem BV gelöst werden kann; hingegen kann die Verknüpfung eines WG mit dem BV grds. nur durch eine gewinnwirksame Entnahme gelöst werden; eine unrichtige Ausbuchung ist rückgängig zu machen.[1] Eine **Veräußerung** geht einer gewinnrealisierenden Entnahme vor, so dass ein bilanziertes WG nach der Veräußerung dann nicht mehr rückwirkend zu einem früheren Stichtag durch Entnahme ausgebucht werden kann, wenn die Bilanz erst nach Veräußerung des WG aufgestellt wird.[2]

90 Nach der Rspr. des BFH kann in bes. gelagerten Fällen ein die **Entnahmehandlung substituierender Rechtsvorgang**, der das WG aus dem BV ausscheiden lässt, genügen, um den Entnahmetatbestand zu erfüllen. Hierzu zählt die sog. **Totalentnahme** (BetrAufg.) bei Beendigung einer BetrAufsp. wegen des Wegfalls des sog. einheitlichen geschäftlichen Betätigungswillens; der BFH geht hierbei davon aus, dass ein gewerblicher Betrieb in der Form der BetrAufsp. ohne personelle Verflechtung nicht denkbar ist und der StPfl. dann auch ohne ausdrückliche BetrAufg.-erklärung die wesentlichen Grundlagen des Betriebs (Besitzunternehmen) in einem einheitlichen Vorgang in sein PV überführt.[3] Der BFH begründet die BetrAufg. insoweit mit dem Vorliegen eines die Aufgabehandlung substituierenden „Rechtsvorgangs". Eine BetrAufg. mit der Folge der Versteuerung der stillen Reserven des BV scheidet allerdings auch bei Fehlen einer personellen Verflechtung aus, wenn die gewerbliche Tätigkeit zunächst nur ruhen soll (**ruhender Gewerbebetrieb, Betriebsunterbrechung**).[4] Ein Ruhen der gewerblichen Tätigkeit ist nicht nur dann anzunehmen, wenn die Voraussetzungen einer Betriebsverpachtung vorliegen, sondern ua. auch dann, wenn ein Gewerbetreibender den seinem bisherigen Betrieb das Gepräge gebenden Grundbesitz vermögensverwaltend vorhält oder die Vermietung v. bisher zum BV gehörendem Grundbesitz wie bisher fortführt und sich weder aus den äußerlich erkennbaren Umständen eindeutig ergibt, dass der Betrieb endg. aufgegeben werden soll, noch eine eindeutige Erklärung dieses Inhalts ggü. dem FA abgegeben worden ist.[5] In Fällen des sog. **Strukturwandels** eines bislang gewerblichen Betriebs in einen luf Betrieb hat der GrS des BFH die Verwirklichung des Entnahmetatbestands verneint.[6] Der Strukturwandel sei nicht als Rechtsvorgang zu verstehen, weil es sich um ein „tatsächliches" Geschehen handele. In gleicher Weise ordnet der BFH die Umqualifizierung eines luf Betriebs in **„Liebhaberei"** nicht als einen die Entnahmehandlung oder die BetrAufg.-maßnahmen substitutierenden Rechtsvorgang ein; vielmehr bedarf es der Erklärung der BetrAufg.[7] Die Rspr. des BFH, die einen die Entnahmehandlung substituierenden Rechtsvorgang genügen lässt, wird mit guten Gründen kritisiert, weil sie iErg. statt eines Entwidmungsaktes des StPfl., wie ihn der Wortlaut des G nahe legt, den Eintritt der „Entstrickung" des WG genügen lässt.[8]

91 Eine Entnahme kann nach der Legaldefinition in Abs. 1 S. 2 nicht nur für private („für sich, für seinen Haushalt"), sondern auch für **andere betriebsfremde Zwecke** erfolgen. Unter anderen betriebsfremden Zwecken müssen Zwecke eines anderen Betriebes verstanden werden. Hieraus folgt, dass der Entnahmetatbestand v. **Begriff des Betriebs** abhängig ist. Über dessen Inhalt besteht keine abschließende Klarheit. Das Meinungsspektrum reicht v. der Summe aller Betriebe iSd. § 2 Abs. 2 S. 1 Nr. 1 eines StPfl. bis zu jedem einzelnen Betrieb gleich welcher Einkunftsart.[9] In letzterem Fall wird jedes **organisatorisch selbständige Gebilde** als Betrieb angesehen. Der BFH hatte sich zunächst nicht auf einen bestimmten Betriebsbegriff festgelegt und stellte für das Vorliegen einer Entnahme – ergebnisorientiert[10] – allein darauf ab, ob die spätere steuerrechtl. Erfassung der stillen Reserven sichergestellt ist (sog. finaler Entnahmebegriff).[11] Der Standpunkt des BFH ist im Schrifttum kritisiert worden.[12] Schließlich hielt der I. Senat des BFH an

---

1 BFH v. 1.12.1976 – I R 73/74, BStBl. II 1977, 315 (318); v. 21.7.1982 – I R 97/78, BStBl. II 1983, 288 = FR 1982, 569; v. 16.3.1983 – IV R 36/79, BStBl. II 1983, 459 (462 f.) = FR 1983, 359.
2 BFH v. 12.9.2002 – IV R 66/00, BStBl. II 2002, 815 = FR 2002, 1304 m. Anm. *Kanzler*.
3 BFH v. 15.12.1988 – IV R 36/84, BStBl. II 1989, 363 = FR 1989, 332; v. 19.12.2007 – I R 111/05, BStBl. II 2008, 536 = FR 2008, 878.
4 BFH v. 11.5.1999 – VIII R 72/96, BStBl. II 2002, 722 = FR 1999, 903 m. Anm. *Weber-Grellet*; v. 6.11.2008 – IV R 51/07, BStBl. II 2009, 303 = FR 2009, 718.
5 BFH v. 11.5.1999 – VIII R 72/96, BStBl. II 2002, 722 = FR 1999, 903 m. Anm. *Weber-Grellet*.
6 BFH v. 7.10.1974 – GrS 1/73, BStBl. II 1975, 168.
7 BFH v. 29.10.1981 – IV R 138/78, BStBl. II 1982, 381 = FR 1982, 176.
8 Vgl. *Knobbe-Keuk*[9], § 7 Abs. 5 S. 2, 3.
9 Ausf. zu den verschiedenen Varianten des Betriebsbegriffs *H/H/R*, Vor §§ 4–7 Anm. 89 mwN; s. weiterhin *Blümich*, § 4 Rn. 61 ff.; *K/S/M*, § 4 Rn. B 50 ff.
10 Vgl. *K/S/M*, § 4 Rn. B 113.
11 BFH v. 7.10.1974 – GrS 1/73, BStBl. II 1975, 168; näher zur Rechtsentwicklung des finalen Entnahmebegriffs *Blümich*, § 4 Rn. 476 ff.; *H/H/R*, § 4 Anm. 190 ff.; *Brähler/Bensmann*, DStZ 2011, 702.
12 Näher *H/H/R*, § 4 Anm. 194 mwN; sa. *Blümich*, § 4 Rn. 478.

der sog. Theorie der finalen Entnahme nicht mehr fest.[1] Die Überführung eines WG in eine ausländische Betriebsstätte des gleichen Unternehmers führe nicht zur Lösung des bisherigen betrieblichen Funktionszusammenhangs und könne deshalb mangels Außenumsatzes nicht als Gewinnrealisierungstatbestand angesehen werden. Abkommensrechtl. werde nach heutiger Erkenntnis die spätere Besteuerung im Inland entstandener stiller Reserven durch eine Freistellung ausländ. Betriebsstättengewinne nicht beeinträchtigt. Nachdem für den Gesetzgeber unklar war, ob der BFH seine Rspr. auch nach Einfügung des Abs. 1 S. 3 idF des SEStEG (vgl. Rn. 105, 107 f.) fortführen wird, zielt **§ 52 Abs. 8b S. 2** idF des JStG 2010[2] darauf ab, die der BFH-Rspr. entgegen stehenden Grundsätze der Tz. 2.6.1 des Betriebsstätten-Erlasses[3] gesetzlich festzuschreiben und damit die Grundsätze der **Theorie der finalen Entnahme** aus der früheren BFH-Rspr. gesetzlich umzusetzen.[4] Umstritten ist, ob die Neuregelung eine verfassungsrechtlich unzulässige **Rückwirkung** entfaltet (Rn. 108). Für die Anwendung des **§ 4 Abs. 4a** geht der BFH davon aus, dass der final verstandene Entnahmebegriff des § 4 Abs. 1 S. 2 zu modifizieren ist (Rn. 189).[5]

Hinsichtlich des Betriebsbegriffs dürfte sich der Streit um den finalen Entnahmebegriff[6] seit den Neuregelungen des § 6 Abs. 3 und 5 idF des StEntlG 1999/2000/2002 (BGBl. I 1999, 402) weitgehend erledigt haben. Den neuen Regelungen liegt ein **enger Betriebsbegriff** zugrunde;[7] das **finale Element** der Sicherstellung der Besteuerung stiller Reserven ist erst bei der **Bewertung** nach § 6 Abs. 5 S. 1 („sofern …") zu berücksichtigen. Wird ein WG v. einem Einzel-Betrieb in einen anderen Einzel-Betrieb desselben StPfl. **überführt**, so handelt es sich zwar um eine Entnahme, doch sind nach § 6 Abs. 5 **S. 1** zwingend die **Buchwerte** zu übernehmen; abw. v. dem seitens der FinVerw. zuvor eingeräumten Wahlrecht ist der StPfl. seither gehindert, die stillen Reserven aufzudecken. Entspr. gilt nach § 6 Abs. 5 **S. 2**, wenn der StPfl. ein WG v. seinem Einzel-BV in sein Sonder-BV überführt oder wenn der StPfl. an verschiedenen MU'schaften beteiligt ist und ein WG v. dem einen Sonder-BV in dasjenige der anderen MU'schaft überführt. 92

Umgekehrt waren nach § 6 Abs. 5 **S. 3** idF des StEntlG 1999/2000/2002 die Rechtsfolgen, wenn ein WG zw. dem Gesamthandsvermögen der MU'schaft und dem Einzel-BV oder Sonder-BV des MU'ers (oder vice versa) oder zw. den Sonder-BV verschiedener MU derselben MU'schaft **dinglich übertragen** wurde. Hier ordnete § 6 Abs. 5 S. 3 idF des StEntlG 1999/2000/2002 zwingend den Ansatz des TW an und entzog damit dem auf einem finalen Entnahmeverständnis begründeten Wahlrecht zur Buchwertfortführung die Grundlage. Nach der **Neufassung** des § 6 Abs. 5 S. 3 (Ausnahme: § 6 Abs. 5 S. 4) durch das StSenkG (BGBl. I 2000, 1433) und das UntStFG (BGBl. I 2001, 3858) sind ua. auch unentgeltliche Übertragungsvorgänge zw. betrieblicher G'ter-Sphäre (Sonder-BV) und Gesellschaftssphäre (Gesamthandsvermögen) sowie zw. den Sonder-BV verschiedener MU'er derselben MU'schaft, die **nach dem 31.12.2000** (vgl. § 52 Abs. 16a) erfolgen, zwingend zum **Buchwert** vorzunehmen.[8] 93

Der G'ter einer **PersGes.** kann WG aus einem ihm zugeordneten BV (zB SonderBV bei der gleichen PersGes. oder bei einer SchwesterPersGes.) an die Ges. wie ein fremder Dritter entgeltlich veräußern.[9] Da das BV einer PersGes. nach ständiger Rspr. und Verwaltungspraxis neben dem Gesamthandsvermögen auch 93a

---

1 BFH v. 17.7.2008 – I R 77/06, BStBl. II 2009, 464 = FR 2008, 1149; v. 28.10.2009 – I R 99/08, BStBl. II 2011, 1019 = FR 2010, 183 m. Anm. *Mitschke*; dazu BMF v. 20.5.2009, BStBl. I 2009, 671; v. 18.11.2011, BStBl. I 2011, 1278.
2 BGBl. I 2010, 1768 (1775).
3 BMF v. 24.12.1999, BStBl. I 1999, 1076.
4 Vgl. BT-Drucks. 17/2823, 3 f.; BT-Drucks. 17/3549, 21 f.; zur historischen Entwicklung der Theorie und europarechtl. Bewertung der Regelung des JStG 2010 *Brähler/Bensmann*, DStZ 2011, 702.
5 BFH v. 22.9.2011 – IV R 33/08, BStBl. II 2012, 10 = FR 2012, 77 m. Anm. *Wendt*; dem folgend BMF v. 18.2.2013, BStBl. I 2013, 197.
6 Zur Kritik der Aufgabe des finalen Entnahmebegriffs zB *H/H/R*, § 4 Anm. 194 mwN.
7 So auch *Tipke/Lang*[23], § 9 Rn. 361; zust. *K/S/M*, § 4 Rn. B 54; *H/H/R*, § 4 Anm. 191.
8 Ob die Übertragung eines WG des Gesamthandsvermögens einer PersGes. auf eine beteiligungsidentische Schwester-PersGes., bei der stl. eine Einlage an eine vorangegangene Entnahme anschließt, zur Aufdeckung stiller Reserven führt, war zw. dem I. Senat des BFH (v. 25.11.2009 – I R 72/08, BStBl. II 2010, 471 = FR 2010, 381 m. Anm. *Wendt*) und dem IV. Senat des BFH (v. 15.4.2010 – IV B 105/09, BStBl. II 2010, 971 = FR 2010, 760 m. Anm. *Kanzler* – in verfassungskonformer Auslegung des § 6 Abs. 5 S. 3 für eine Buchwertfortführung) streitig; s. auch BMF v. 29.10. 2010, BStBl. I 2010, 1206; entgegen der Auffassung des IV. Senats FG Berlin-Bdbg. v. 20.3.2012 – 11 K 11149/07, EFG 2012, 1235 (rkr.); dem IV. Senat folgend FG Nds. v. 31.5.2012 – 1 K 271/10, BB 2012, 2556 (Rev. IV R 28/12 – Verfahren ausgesetzt durch BFH v. 27.12.2013 – IV R 28/12, BFH/NV 2014, 535). Mit Beschl. v. 10.4.2013 – I R 80/ 12 (FR 2013, 1084 = BFH/NV 2013, 1834) hat der I. Senat nunmehr unter Anschluss an die verfassungsrechtl. Zweifel des IV. Senats (so auch *Oellerich*, NWB 2013, 3444) eine Entscheidung des BVerfG darüber eingeholt, ob § 6 Abs. 5 S. 3 idF des UntStFG insoweit gegen Art. 3 Abs. 1 GG verstößt, als hiernach eine Übertragung von WG zwischen beteiligungsidentischen PersGes. nicht zum Buchwert möglich ist (Az. beim BVerfG: 2 BvL 8/13).
9 BFH v. 21.6.2012 – IV R 1/08, FR 2012, 1079 m. Anm. *Kempermann* = BFH/NV 2012, 1536 Rn. 19; v. 19.9.2012 – IV R 11/12, FR 2012, 1153 m. Anm. *Kempermann* = BFH/NV 2012, 1880 Rn. 9, jeweils mwN.

das SonderBV in der Hand ihrer G'ter umfasst, geht der IV. Senat des BFH davon aus, dass der Vorgang nicht schon als eine Entnahme iS des § 4 Abs. 1 S. 2 angesehen werden kann, wenn ein WG durch eine Transaktion von einem Teil des BV der PersGes. in einen anderen Teil desselben BV wechselt.[1] Soweit in anderen Fällen das Entgelt hinter dem Verkehrswert des WG zurückbleibt, wird die Übertragung unentgeltlich durchgeführt und führt – mangels angemessenen Entgelts – zu einer Entnahme. Auch insoweit ist dann zu prüfen, ob die vorgenannten Vorschriften im betr. VZ entgegen der Grundregel des § 6 Abs. 1 Nr. 4 S. 1 (Bewertung mit dem TW) eine privilegierte Bewertung der Entnahme zum Buchwert zulassen.[2]

94 Soweit § 6 Abs. 5 S. 1 einschlägig ist (ggf. über § 6 Abs. 5 S. 2 und 3), stellt sich wie bisher die Frage, wann eine Besteuerung der **stillen Reserven sichergestellt** ist („sofern ..."). Das Erfordernis der weiteren Verstrickung der stillen Reserven bezieht sich jedenfalls auf die ESt. Nach einer älteren Entsch. des BFH muss die Erfassung der stillen Reserven auch für die **GewSt** gewährleistet sein.[3] Eine Entnahme wurde dagegen für den Sonderfall verneint, dass wegen Einstellung des GewBetr. GewSt nicht mehr anfallen kann.[4] Da sich der Gewerbeertrag nach § 7 GewStG an dem nach den Vorschriften des EStG zu ermittelnden Gewinn aus GewBetr. orientiert und nicht umgekehrt, spricht dies rechtssystematisch gegen die Berücksichtigung der gewerbesteuerrechtl. Folgen bei der Auslegung des Entnahmetatbestands.[5]

95 **3. Entnahmefolgen.** Wird ein WG in das PV überführt, verliert es seine **Eigenschaft als BV**. Des Weiteren können mit der Entnahme **Gewinnauswirkungen** verbunden sein. In Höhe des Buchwertes wirkt sich die Entnahme als Korrekturposten im Gesamtergebnis gewinnneutral aus. Darüber hinaus führt die Entnahme im Regelfall zur **Aufdeckung der stillen Reserven** (vgl. § 6 Abs. 1 Nr. 4 S. 1 – Ansatz mit TW). Auf die Aufdeckung stiller Reserven kann bei Sachspenden verzichtet werden (§ 6 Abs. 1 Nr. 4 S. 4). Soweit die privilegierende Bewertungsvorschrift des § 6 Abs. 5 S. 1 einschlägig ist (ggf. über § 6 Abs. 5 S. 2 oder 3), sind die Buchwerte zwingend fortzuführen. Entspr. gilt in den Fällen des § 6 Abs. 3. Bei Gewinnermittlung durch EÜR sind vom TW des entnommenen WG iSv. **§ 4 Abs. 3 S. 4** die AK im Zeitpunkt der Entnahme als BA abzuziehen.[6]

96 Die Bemessungsgrundlage für die AfA eines Gebäudes ändert sich, wenn der StPfl. es aus dem BV in das PV überführt und dabei die stillen Reserven aufgedeckt werden.[7] Das ist zutr., weil die Überführung einen anschaffungsähnlichen Vorgang darstellt, so dass auch § 7 Abs. 5 einschlägig ist.

97 Bzgl. der **Feststellungslast** für den Tatbestand der Entnahme gilt Folgendes: Zwar hat die Partei, die sich auf einen ihr günstigen Tatbestand beruft, dies grds. zu beweisen. Dies wäre bei einer Entnahme das FA, weil die Versteuerung der in einem WG enthaltenen stillen Reserven die Zugehörigkeit zum BV voraussetzt. Steht allerdings fest, dass das WG ursprünglich BV war und wird geltend gemacht, dass schon in einer früheren Besteuerungsperiode eine Entnahme stattgefunden hat, dann trägt die objektive Beweislast/Feststellungslast für die frühere Entnahme der StPfl.[8]

98 In bestimmten **Bagatellfällen** sollen die Rechtsfolgen der Entnahme nicht eintreten. So verneint der BFH grds. die Entnahme eines WG „seiner Substanz nach", wenn dieses nur vorübergehend für private Zwecke genutzt wird.[9] Im Bereich der Nutzungs- und Leistungsentnahme wird eine Bagatellgrenze berücksichtigt, wenn die Förderung des Betriebs bei weitem überwiegt und die Lebensführung ganz in den Hintergrund tritt.[10]

99 Im Grundsatz ist eine Entnahme dem Unternehmer **zuzurechnen**, der den Entnahmetatbestand in Pers. verwirklicht hat. Probleme bereitet dies, soweit es um **MU'schaften** geht. Handelt es sich um eine **Entnahme aus dem Sonder-BV**, ist der Entnahmegewinn dem entnehmenden MU'er mit Sonder-BV zu-

1 Vgl BFH v. 19.9.2012 – IV R 11/12, FR 2012, 1153 m. Anm. *Kempermann* = BFH/NV 2012, 1880 Rn. 14; § 6 Abs. 5 S. 3 in seiner derzeit gültigen Fassung wird insoweit als deklaratorische Bewertungsvorschrift verstanden.
2 Vgl. BFH v. 21.6.2012 – IV R 1/08, FR 2012, 1079 m. Anm. *Kempermann* = BFH/NV 2012, 1536 (zur im VZ 1999 gültigen Rechtslage); v. 19.9.2012 – IV R 11/12, FR 2012, 1153 m. Anm. *Kempermann* = BFH/NV 2012, 1880 (zur gegenwärtigen Rechtslage).
3 BFH v. 16.3.1967 – IV 72/65, BStBl. III 1967, 318 (319 f.).
4 BFH v. 9.12.1986 – VIII R 26/80, BStBl. II 1987, 342 = FR 1987, 176.
5 Verneinend auch *H/H/R*, § 6 Anm. 1507 (unter „Verhältnis zu § 7 GewStG"), 1536 und 1540.
6 Dazu zB BFH v. 6.12.2017 – VI R 68/15, BFH/NV 2018, 566 Rn. 20.
7 BFH v. 27.8.1998 – III R 96/96, BFH/NV 1999, 758.
8 Vgl. zB BFH v. 7.2.2002 – IV R 32/01, BFH/NV 2002, 1135, mwN; v. 26.2.2010 – IV B 25/09, BVH/NV 2010, 1116.
9 BFH v. 11.4.1989 – VIII R 266/84, BStBl. II 1989, 621 = FR 1989, 457; v. 28.11.1991 – XI R 39/89, BFH/NV 1992, 310; vgl. auch *Blümich*, § 4 Rn. 495 „Bagatellgrenze".
10 BFH v. 13.3.1964 – IV 158/61 S, BStBl. III 1964, 455; *Blümich*, § 4 Rn. 495 „Bagatellgrenze".

zurechnen. Geht es um die **Entnahme** eines WG **aus dem Gesamthandsvermögen,**[1] so soll ein Entnahmegewinn ein Teil des lfd. Steuerbilanzgewinns der MU'schaft (auf erster Stufe) sein, der allen G'tern – entspr. dem allgemeinen Gewinnverteilungsschlüssel – anteilig zugerechnet wird, soweit nicht eine vor der Entnahme getroffene und betrieblich veranlasste Abrede der G'ter eine andere Zurechnung (an den begünstigten G'ter) vorsieht.[2] Der BFH geht allerdings idR v. einer insoweit – stillschweigend – geänderten Gewinnverteilungsabrede aus (Folge: Zurechnung ausschließlich beim begünstigten G'ter); andererseits zieht der BFH insbes. bei FamilienGes. auch eine Schenkung der stillen Reserven an den begünstigten G'ter in Betracht, wonach der Entnahmegewinn anteilig das Kapitalkonto des zuwendenden G'ters erhöht.[3] Findet eine Zurechnung der Entnahme aus dem Gesellschaftsvermögen an alle MU'er statt, dann verbirgt sich dahinter auch ein gesellschaftsrechtl. Problem, weil es zu einer Steuerbelastung auch derjenigen G'ter kommt, welche die Entnahme nicht getätigt haben. Dem ist ggf. durch eine gesellschaftsvertragliche Klausel zu begegnen.

4. Einlagevoraussetzungen (Abs. 1 S. 8 HS 1). Einlagen sind alle WG („Bareinzahlungen und sonstige WG"), die der StPfl. dem Betrieb im Laufe des Wj. (privat) zugeführt hat (Abs. 1 S. 8 HS 1). Obwohl der Klammerzusatz für den Begriff „WG" nur Bareinzahlungen und sonstige WG nennt und nach der Rspr. nur bilanzierungsfähige WG Gegenstand einer Einlage iSv. Abs. 1 sein können,[4] werden – entspr. der Nutzungsentnahme (Rn. 88) – auch **Aufwendungen** für betriebliche Zwecke eines im PV gehaltenen WG als einlagefähig angesehen (sog. Aufwandseinlage).[5] Hierdurch werden auch Aufwendungen iZ mit der Nutzung v. eigenem betriebsfremdem Vermögen (zB betriebliche Nutzung eines Kfz. des PV) im System des BV-Vergleichs nach Abs. 1 erfasst.[6] Die schlichte **Nutzung fremden Vermögens** zu betrieblichen Zwecken bleibt generell unberücksichtigt, dh. die Zuführung schlichter Nutzungen durch den Betriebsinhaber führt nicht zu einer Einlage iHd. Nutzungswerts.[7] Nachdem sog. **Drittaufwand** auf die Gewinnermittlung keinen Einfluss hat (s. Rn. 171 ff.),[8] stellt sich die Frage, was noch zum Aufwand des StPfl. zählt und was als Aufwand des Dritten zu werten ist. Man ist sich weitgehend darüber einig, dass Zahlungen eines Dritten im Wege des sog. **abgekürzten Zahlungsweges** noch als Aufwendungen des StPfl. anzusehen sind.[9] Außerdem erkennt die jüngere BFH-Rspr. an, dass dem StPfl. v. einem Dritten getragener Aufwand auch ohne Ersatzpflicht oder Kostentragung im Innenverhältnis unter bestimmten Voraussetzungen im Wege des **abgekürzten Vertragswegs** als eigener Aufwand zugerechnet werden kann.[10] Die Abgrenzung v. steuerlich unbeachtlichem „echten Drittaufwand" v. dem dem StPfl. als eigener Aufwand zuzurechnenden „unechten Drittaufwand" ist v. den Grundsätzen der Irrelevanz der Mittelherkunft und dem Zuwendungsgedanken einerseits sowie dem sog. Kostentragungsprinzip andererseits bestimmt.[11] Schuldet der StPfl. dem Dritten (dem Zahlenden) im Innenverhältnis Ersatz, liegt stets Aufwand des StPfl. vor; schuldet er keinen Ersatz, so führt die Zuwendung geschenkter Mittel an den StPfl. und das Bestreiten v. AK oder Aufwand mit diesen Mitteln zu eigenem Aufwand des StPfl. (sog. Zuwendungsgedanke). Entsprechend soll in Fällen des abgekürzten Vertragswegs der Abzug solchen Aufwands beim StPfl. jedenfalls dann zu- 100

1 Zur Entnahme bei unentgeltlicher Übertragung v. WG einer PersGes. in das PV ihrer G'ter s. BFH v. 24.6.1982 – IV R 151/79, BStBl. II 1982, 751 = FR 1982, 621; zur – verdeckten – Entnahme bei Veräußerung v. WG einer PersGes. an ihre G'ter zum unangemessen niedrigen Preis BFH v. 19.7.1984 – IV R 198/91, BFH/NV 1986, 77; v. 25.7.2000 – VIII R 46/99, FR 2000, 1336 m. Anm. *Kempermann* = BFH/NV 2000, 1549.

2 Vgl. BFH v. 28.9.1995 – IV R 39/94, BStBl. II 1996, 276 = FR 1996, 145 mit Darstellung des Streitstands; dazu *Gosch*, StBp. 1996, 79.

3 BFH v. 28.9.1995 – IV R 39/94, BStBl. II 1996, 276 = FR 1996, 145.

4 Vgl. BFH v. 26.10.1987 – GrS 2/86, BStBl. II 1988, 348 = FR 1988, 160.

5 Vgl. zu Terminologie und Begriffsinhalt auch *Blümich*, § 4 Rn. 520 „Aufwandseinlage"; *H/H/R*, § 4 Anm. 295 „Nutzungs- und Leistungseinlage", Anm. 320 „Aufwandseinlage" und „Nutzungseinlage".

6 Näher dazu BFH v. 26.10.1987 – GrS 2/86, BStBl. II 1988, 348 = FR 1988, 160.

7 Vgl. BFH v. 26.10.1987 – GrS 2/86, BStBl. II 1988, 348 = FR 1988, 160.

8 Zur Problematik des sog. Drittaufwands BFH v. 30.1.1995 – GrS 4/92, BStBl. II 1995, 281 = FR 1995, 268 m. Anm. *Kanzler*; v. 23.8.1999 – GrS 5/97, BStBl. II 1999, 774 = FR 1999, 1180 m. Anm. *Fischer*; v. 23.8.1999 – GrS 2/97, BStBl. II 1999, 782 = FR 1999, 1173 m. Anm. *Fischer*; v. 23.8.1999 – GrS 1/97, BStBl. II 1999, 778 = FR 1999, 1167 m. Anm. *Fischer*.

9 Vgl. nur BFH v. 23.8.1999 – GrS 2/97, BStBl. II 1999, 782 = FR 1999, 1173 m. Anm. *Fischer*, mwN.

10 Bejahend für WK (§ 9) BFH v. 15.11.2005 – IX R 25/03, BStBl. II 2006, 623 = FR 2006, 229; v. 15.1.2008 – IX R 45/07, BStBl. II 2008, 572, dem sich für den BA-Abzug (§ 4 Abs. 4) BMF v. 7.7.2008, BStBl. I 2008, 717 angeschlossen hat; bestätigend BFH v. 28.9.2010 – IX R 42/09, FR 2010, 1151 = DStR 2010, 2391; verneinend für die Aufwandszurechnung bei Kreditverhältnissen BFH v. 25.6.2008 – X R 36/05, FR 2009, 391 = BFH/NV 2008, 2093, mwN zur Kritik im Schrifttum; bej. jedenfalls für „Bargeschäfte des täglichen Lebens" BFH v. 24.2.2000 – IV R 75/98, BStBl. II 2000, 314 = FR 2000, 770; noch offengelassen in BFH v. 23.8.1999 – GrS 2/97, BStBl. II 1999, 782 = FR 1999, 1173 m. Anm. *Fischer*.

11 Vgl. BFH v. 25.6.2008 – X R 36/05, FR 2009, 391 = BFH/NV 2008, 2093.

lässig sein, wenn der Dritte (der Zahlende) im Innenverhältnis dem StPfl. – wie beim abgekürzten Zahlungsweg – steuerlich betrachtet einen Geldbetrag zum Bestreiten des Aufwands zuwendet.[1] Auch bei der Bewertung einer Einlage nach § 6 Abs. 1 Nr. 5 kann sich iÜ die Frage stellen, wie **Drittaufwendungen zur Anschaffung/Herstellung eines WG** zu behandeln sind, welches der StPfl. als sein eigenes Vermögen zur Erzielung v. Einkünften einsetzt (zB ein geschenktes WG). Im Fall der Einzelrechtsnachfolge (Schenkung) können Anschaffung, Herstellung oder Entnahme des Schenkenden dem Beschenkten nicht zugerechnet werden.[2] Ein unentgeltlich erworbenes WG ist mit dem TW (§ 6 Abs. 1 Nr. 5 HS 1) in das BV einzulegen und davon ist die AfA vorzunehmen.[3]

101 Da dem Einlagetatbestand iRd. steuerrechtl. Gewinnermittlung eine zu dem Entnahmetatbestand **spiegelbildliche Funktion** zukommt, müssen die Tatbestandsvoraussetzungen in vergleichbarer Weise ausgelegt werden. Das gilt allerdings aufgrund des unterschiedlichen Wortlauts **nicht für den Gegenstand** v. Einlage und Entnahme. Anders als Abs. 1 S. 2 erwähnt Abs. 1 S. 8 für die Definition des Einlagebegriffs nicht auch Nutzungen und Leistungen. **Nutzungen** sind demnach nur einlagefähig, wenn sie einen feststellbaren wirtschaftlichen Wert haben, es sich also wie grds. bei Nutzungsrechten[4] um ein WG handelt, das auch nach handelsrechtl. Maßstäben aktiviert werden könnte.[5] Nach einem Vorlagebeschluss des I. Senats des BFH[6] sollte es auf die Bilanzierungsfähigkeit des Nutzungsrechts nicht ankommen, da in Parallele zum Entnahmebegriff **jeder geldwerte Vorteil** als Einlageobjekt in Betracht kommen sollte. Dieser Auffassung ist der GrS des BFH nicht gefolgt.[7] Der GrS des BFH hat an der bisherigen Rspr. festgehalten und den Begriff des WG auch für Einlagen nach bilanzrechtl. Maßstäben bestimmt. Danach können **reine Nutzungsvorteile** nicht aktiviert werden; die Zuführung schlichter Nutzungen durch den Betriebsinhaber führt nicht zu einer Einlage in Höhe des Nutzungswerts (vgl. auch Rn. 100). Etwas anderes gilt nur dann, wenn es sich um dingliche oder obligatorische **Nutzungsrechte** handelt, welche die abstrakten Voraussetzungen des WG-Begriffs erfüllen.

102 Da es sich beim Einlagetatbestand materiell um eine Korrekturnorm handelt, sind derartige Korrekturen bei **offenen** und **verdeckten Einlagen/Entnahmen** geboten.[8] Von einer **verdeckten** Einlage wird gesprochen, wenn der Einlagetatbestand nicht als solcher gekennzeichnet ist, sondern unter einer anderen Form erfolgt, zB als Veräußerungserlös oder Mietentgelt usf. Bei einer KapGes. sind verdeckte Einlagen – im Gegensatz zu offenen Einlagen gegen Gewährung v. Gesellschaftsrechten – Zuwendungen eines einlagefähigen Vermögensvorteils seitens eines Anteilseigners oder einer ihm nahe stehenden Pers. an seine KapGes. ohne wertadäquate Gegenleistung, die ihre Ursache im Gesellschaftsverhältnis haben.[9] Eine solche verdeckte Einlage liegt auch vor, wenn eine 100 % betragende Beteiligung an einer KapGes. aus einem BV in eine andere KapGes. eingelegt wird. Es kommt zur Gewinnrealisierung, auch wenn der Einbringende die Beteiligung an der aufnehmenden KapGes. ebenfalls im BV hält.[10] Die Rspr. hat den Begriff im Bereich der KapGes. entwickelt, wobei zu berücksichtigen ist, dass zwar nach **§ 8 Abs. 3 S. 2 KStG** die Regelung über die vGA den Bestimmungen des EStG über die Entnahme vorgeht, die Vorschriften des EStG über Einlagen jedoch anwendbar bleiben.[11] Dabei kann der Anteilseigner einer KapGes. nicht nur durch Zuführung eines WG, sondern auch durch den **Verzicht** auf eine **Forderung** ggü. der Ges. eine verdeckte Einlage bewirken. Ein derartiger Verzicht führt durch den Wegfall der vorher passivierten Verbindlichkeit (G'ter-Darlehen) bei der KapGes. zu einer Vermögensmehrung, die nach handelsrechtl. Grundsätzen als Gewinn ausgewiesen werden kann. Steuerrechtl. handelt es sich demgegenüber um eine verdeckte Einlage, wenn der Erl. seine Ursache im Gesellschaftsverhältnis hat.[12] Der Verzicht eines G'ters auf eine Forderung gegen die KapGes. führt zu einer verdeckten Einlage allein mit dem **werthaltigen** Teil, dem TW, auf der

1 BFH v. 25.6.2008 – X R 36/05, FR 2009, 391 = BFH/NV 2008, 2093.
2 BFH v. 5.12.1996 – IV R 83/95, BStBl. II 1997, 287 = FR 1997, 375; zum verbilligten Erwerb zB BFH v. 9.11.2000 – IV R 45/99, BStBl. II 2001, 190 = FR 2001, 305.
3 BFH v. 5.12.1996 – IV R 83/95, BStBl. II 1997, 287 = FR 1997, 375; v. 14.2.2007 – XI R 18/06, BStBl. II 2009, 957 = FR 2007, 845.
4 Vgl. auch *H/H/R*, § 4 Anm. 295.
5 BFH v. 22.1.1980 – VIII R 74/77, BStBl. II 1980, 244 = FR 1980, 197.
6 BFH v. 20.8.1986 – I R 41/82, BStBl. II 1987, 65.
7 BFH v. 26.10.1987 – GrS 2/86, BStBl. II 1988, 348 = FR 1988, 160; dazu *Groh*, DB 1988, 514, 571.
8 Vgl. BFH v. 9.9.1986 – VIII R 159/85, BStBl. II 1987, 257 = FR 1987, 95.
9 Vgl. zB BFH v. 4.3.2009 – I R 32/08, FR 2009, 1005 = BFH/NV 2009, 1207; v. 14.7.2009 – IX R 6/09, BFH/NV 2010, 397.
10 BFH v. 20.7.2005 – X R 22/02, BStBl. II 2006, 457.
11 BFH v. 26.10.1987 – GrS 2/86, BStBl. II 1988, 348 = FR 1988, 160; dazu auch *Groh*, DB 1988, 514, 571.
12 BFH v. 9.6.1997 – GrS 1/94, BStBl. II 1998, 307 = FR 1997, 723; v. 19.5.1982 – I R 102/79, BStBl. II 1982, 631 = FR 1982, 441; v. 24.5.1984 – I R 166/78, BStBl. II 1984, 747 = FR 1984, 540; v. 19.7.1994 – VIII R 58/92, BStBl. II 1995, 362 = FR 1995, 343.

Ebene der KapGes. Es kommt zu einer Einlage in Höhe des TW der Forderung im Verzichtszeitpunkt auch dann, wenn das Darlehen vor dem Verzicht eigenkapitalersetzenden Charakter hatte.[1] Der **nicht werthaltige** Teil ist lfd. Gewinn der KapGes., der entweder nach § 23 Abs. 1 KStG zu versteuern ist bzw. einen vorhandenen Verlustvortrag abbaut. Auf der Ebene des Anteilseigners/G'ters kommt es iHd. verdeckten Einlage mit dem werthaltigen Teil zu einem entspr. Zufluss, insbes. bei werthaltigen Pensionsanwartschaften. Diese v. GrS des BFH vertretenen Auswirkungen sind konsequent, weil sie auch die zivilrechtl. Situation widerspiegeln. Würde nämlich der Anteilseigner mit dem G'ter-Darlehen eine Kapitalerhöhung vornehmen wollen, dann käme es nur in Höhe des werthaltigen Teils zu einer für die Kapitalerhöhung verwendbaren Sacheinlage.

Der Tatbestand der Einlage verlangt wie derjenige der Entnahme (Rn. 89) eine **eindeutige Handlung**, wobei schlüssiges Verhalten genügt. Indizien können zB sein, dass der StPfl. ein WG selbst bewirtschaftet oder zumindest die Absicht hat, das WG so bald wie möglich selbst zu bewirtschaften.[2] Ergänzend bedarf es eines entspr. **Einlagewillens**. Der Einlagewille fehlt zB, wenn der StPfl. ein WG einbucht, weil er irrtümlich der Ansicht ist, es handele sich um notwendiges BV.[3] Irrtümer über die Folgen der Einlagehandlung sind hingegen – wie bei der Entnahme (Rn. 88) – unbeachtlich. 103

5. Einlagefolgen. Einlagen wirken zwar nach dem Rechenschema in Abs. 1 S. 1 betrachtet gewinnmindernd. Da sie jedoch der Korrektur einer sonst erfolgswirksamen Buchung dienen, sind sie im Gesamtergebnis erfolgsneutral. Sichergestellt wird dies durch die Bewertung der Einlagen mit dem TW im Zeitpunkt der Zuführung (§ 6 Abs. 1 Nr. 5 S. 1). Dadurch werden im BV-Vergleich nur solche Wertänderungen berücksichtigt, die während der Zeit der Zugehörigkeit zum BV entstanden sind. Zuvor im privaten Bereich eingetretene Werterhöhungen oder Wertminderungen bleiben grds. unberücksichtigt. Etwas anderes gilt, wenn das zugeführte WG innerhalb der letzten drei Jahre vor dem Zeitpunkt der Zuführung angeschafft oder hergestellt wurde (§ 6 Abs. 1 Nr. 5 S. 1 lit. a) oder wenn die Einlage in einer wesentlichen Beteiligung iSd. § 17 besteht (§ 6 Abs. 1 Nr. 5 S. 1 lit. b). Da die Überführung der Anteile nicht als Veräußerung zu werten ist, soll durch die letztgenannte Regelung sichergestellt werden, dass bei einer etwaigen späteren Veräußerung der im BV gehaltenen Beteiligung auch die im PV eingetretene Wertsteigerung stl. erfasst wird, wie dies auch bei einer Veräußerung aus dem PV nach § 17 der Fall gewesen wäre. 104

Zu beachten ist allerdings, dass nach der Rspr. des I. Senats des BFH eine Sacheinlage gegen Gewährung v. Gesellschaftsrechten in der Konstellation der Überpari-Emission (§ 272 Abs. 2 Nr. 1 HGB) als vollentgeltliches Rechtsgeschäft zu behandeln ist, so dass keine (verdeckte) Einlage in Betracht kommt.[4]

V. Wechsel zur Gewinnermittlung nach § 13a und Nutzungsänderung (Abs. 1 S. 6 und 7). Ein WG wird nicht dadurch entnommen, dass der StPfl. zur Gewinnermittlung nach § 13a (Gewinnermittlung nach Durchschnittssätzen) übergeht (S. 6). Außerdem führt die Änderung der Nutzung eines WG, die bei der Gewinnermittlung nach Abs. 1 S. 1 (BV-Vergleich) keine Entnahme ist, auch bei der Gewinnermittlung nach § 13a zu keiner (Zwangs-)Entnahme (S. 7). S. 6 soll vermeiden, dass gewillkürtes BV bei Wechsel der Gewinnermittlungsart zu PV wird. Nachdem der BFH auch bei der Gewinnermittlung nach Abs. 3 die Bildung v. gewillkürtem BV zugelassen hat,[5] bezieht sich S. 6 nur noch auf die Gewinnermittlung nach § 13a.[6] S. 7 betrifft den Fall, dass ein zum notwendigen BV zählendes WG infolge einer Nutzungsänderung zu gewillkürtem BV (nicht PV) wird; das WG bleibt dann auch bei der Gewinnermittlung nach § 13a im BV. 104a

VI. Entstrickung und Verstrickung (Abs. 1 S. 3, 5, 8 HS 2; Abs. 1 S. 4). 1. Grundgedanke. Entnahmen und Einlagen sind v. dem Sinn getragen, dass außerbetriebliche Vorgänge keinen Einfluss auf den Gewinn haben sollen. IErg. soll allein das betriebliche Ergebnis steuerrechtl. erfasst werden. Ähnlich gelagert ist die Frage der **Entstrickung:** Das deutsche **Besteuerungsrecht** soll gesichert werden, wenn WG des BV in ausländ. Betriebsstätten überführt werden. Hierzu ist mit dem SEStEG v. 7.12.2006[7] § 4 Abs. 1 **S. 3** eingeführt worden. Danach wird der **Entnahme** für betriebsfremde Zwecke der Ausschluss oder die Beschränkung 105

---

1 BFH v. 16.5.2001 – I B 143/00, FR 2001, 954 m. Anm. *Weber-Grellet* = BFH/NV 2001, 1353; v. 28.11.2001 – I R 30/01, BFH/NV 2002, 677.
2 Vgl. BFH v. 17.5.2018 – VI R 73/15, juris Rn. 57, und v. 17.5.2018 – VI R 66/15, DStR 2018, 2135 Rn. 47, jeweils mwN, für luf. Flurstücke.
3 BFH v. 4.4.1973 – I R 159/71, BStBl. II 1973, 628.
4 BFH v. 24.4.2007 – I R 35/05, BStBl. II 2008, 253 = FR 2007, 1064; v. 7.4.2010 – I R 55/09, FR 2010, 1090 = BFH/NV 2010, 1924.
5 BFH v. 2.10.2003 – IV R 13/03, BStBl. II 2004, 985 = FR 2004, 90.
6 Näher zur Rechtsentwicklung *H/H/R*, § 4 Anm. 260 f.; zum Übergang zur Tonnagebesteuerung (§ 5a) *H/H/R*, § 4 Anm. 261.
7 BGBl. I 2006, 2782; näher zur Rechtsentwicklung *H/H/R*, § 4 Anm. 221.

des deutschen Besteuerungsrechts (gewissermaßen als außerbetrieblicher Vorgang) gleichgestellt.[1] Ausnahmen gelten im Anwendungsbereich des Abs. 1 **S. 5** (s. Rn. 109). Korrespondierend kommt es zur **Verstrickung** nach Abs. 1 S. 8 HS 2, wonach die Begr. des deutschen Besteuerungsrechts hinsichtlich des Gewinns aus der Veräußerung eines WG einer **Einlage** gleichsteht. Die Änderungen durch das SEStEG sind **erstmals** auf Wj. anzuwenden, die nach dem 31.12.2005 enden, so dass sie erstmals im Wj. 06 bzw. im Wj. 05/06 gelten (§ 52 Abs. 8b idF des SEStEG; S. 1 idF des JStG 2010); die damit verbundene unechte Rückwirkung für das Jahr 2006 ist wg. des überwiegenden Interesses des Gesetzgebers an einer Neuregelung verfassungsrechtl. zulässig.[2] Durch das **JStG 2010**[3] wurde nach Abs. 1 S. 3 aufgrund der Stellungnahme des Bundesrats[4] und der Empfehlung des Finanzausschusses[5] ein **neuer S. 4** eingefügt, nach dem ein Ausschluss oder eine Beschränkung des Besteuerungsrechts hinsichtlich des Gewinns aus der Veräußerung eines WG insbes. vorliegt, wenn ein bisher einer inländischen Betriebsstätte des StPfl. zuzuordnendes WG einer ausländischen Betriebsstätte zuzuordnen ist (Rn. 108, auch zur Verfassungsmäßigkeit des § 52 Abs. 8b S. 2 idF des JStG 2010).

106 Mit den durch das SEStEG eingefügten Entstrickungsvorschriften soll die Besteuerung der stillen Reserven derjenigen WG des BV sichergestellt werden, an denen das deutsche Besteuerungsrecht beschränkt wird.[6] Im deutschen Steuerrecht gibt es keinen **allg. Entstrickungsgrundsatz**, wonach stille Reserven in WG stets aufzudecken und zu versteuern sind, wenn das WG künftig nicht mehr in die Gewinnermittlung einzubeziehen ist (sa. Rn. 31).[7] Das Gesetzmäßigkeitsprinzip (Art. 20 Abs. 3 GG) verlangt für den Besteuerungszugriff und damit auch für die Entstrickung einen konkreten, subsumtionsfähigen Tatbestand. Es handelt sich daher bei dem (nebst § 12 Abs. 1 KStG) durch das SEStEG eingeführten Abs. 1 S. 3 entgegen der Gesetzesbegründung[8] nicht um eine klarstellende Regelung, sondern um die **konstitutive** Formulierung eines Entstrickungstatbestands.[9] Im Laufe des Gesetzgebungsverfahrens zum SEStEG hat der Gesetzgeber diese Rechtsverschärfung erkannt und eine Milderung und Ausnahme v. der Entstrickung in **§ 4g** geschaffen.

106a **EU-Rechtskonformität (Abs. 1 S. 3 und 4):** Diese umstr. Rechtsfrage[10] dürfte mit der Entsch. des EuGH in der Rs. C-657/13[11] jedenfalls grds. geklärt sein.[12] Das FG Düss.[13] hatte auch unter Berücksichtigung der Streckung der stl. Belastung nach § 4g[14] die Verhältnismäßigkeit des Abs. 1 S. 3 und 4 verneint und dem EuGH die Rechtsfrage vorgelegt, ob es mit der Niederlassungsfreiheit des Art. 49 AEUV vereinbar ist, wenn für den Fall der Übertragung eines WG von einer inländ. auf eine ausländ. Betriebsstätte desselben Unternehmens eine nationale Regelung bestimmt, dass eine Entnahme für betriebsfremde Zwecke vorliegt, mit der Folge, dass es durch Aufdeckung stiller Reserven zu einem Entnahmegewinn kommt, und eine weitere nationale Regelung die Möglichkeit eröffnet, den Entnahmegewinn gleichmäßig auf fünf (nach § 4g) oder zehn Wj. (nach BMF v. 24.12.1999)[15] zu verteilen. Der **EuGH** hat die Vorlagefrage dahin beantwortet, dass Art. 49 AEUV dahin auszulegen ist, dass er einer Steuerregelung eines Mitgliedstaats wie Abs. 1 S. 3 und 4 nicht entgegensteht, die im Fall der Überführung von WG einer in diesem Mitgliedstaat ansässigen Ges. in eine Betriebsstätte dieser Ges. in einem anderen Mitgliedstaat vorsieht, dass die mit diesen WG verbundenen, in diesem ersten Mitgliedstaat gebildeten stillen Reserven aufgedeckt und besteuert werden und die Steuer auf diese stillen Reserven auf zehn Jahre gestaffelt erhoben wird. Die Beschränkung der Niederlassungsfreiheit sei aus unionsrechtlich anerkannten **zwingenden Gründen des Allgemeininte-**

1 Krit. *Wassermeyer*, DB 2006, 1176; *Birkenfeld* ua., DB 2010, 1776.
2 So zutr. *H/H/R*, § 4 Anm. 223.
3 BGBl. I 2010, 1768.
4 BT-Drucks. 17/2823, 3.
5 BT-Drucks. 17/3549, 15.
6 Regierungsvorlage zum SEStEG, BT-Drucks. 16/2710, 26 und 28.
7 Vgl. die Aufzählung einzelner Entstrickungstatbestände in BT-Drucks. 16/2710, 26; *Förster*, DB 2007, 72 (72), ua. mit Hinweis auf BFH v. 10.2.1972 – I R 205/66, BStBl. II 1972, 455; v. 14.6.1988 – VIII R 387/83, BStBl. II 1989, 187 = FR 1988, 671; darüber hinaus wurde auf die vom BFH entwickelte – allerdings mit BFH v. 17.7.2008 – I R 77/06, BStBl. II 2009, 464 = FR 2008, 1149, ua. mangels hinreichender Gesetzesgrundlage aufgegebene – Rspr. zum finalen Entnahmebegriff hingewiesen.
8 BT-Drucks. 16/2710, 28.
9 Wie hier *Carl*, KÖSDI 2007, 15401 f.; *Förster*, DB 2007, 72 (72); *H/H/R*, § 4 Anm. 224.
10 Näher *H/H/R*, § 4 Anm. 225 f. mwN.
11 EuGH v. 21.5.2015 – Rs. C-657/13 – Verder LabTec, FR 2015, 600 = GmbHR 2015, 942 = DStR 2015, 1166; ausf. zur Entwicklung der EuGH-Rspr. *H/H/R*, § 4 Anm. 225 f. mwN, dabei diff. für die Zeit vor und nach EuGH v. 29.11.2011 – Rs. C-371/10 – National Grid Indus, FR 2012, 25; sa. *Kahle/Beinert*, FR 2015, 585 (587 ff.).
12 So auch *Musil* in *H/H/R*, § 4 Anm. 220 und 226, der – mwN – eine „gewisse Konsolidierung" feststellt.
13 FG Düss. v. 5.12.2013 – 8 K 3664/11 F, EFG 2014, 119.
14 Nach *Musil*, FR 2011, 545, gewährt § 4g ausreichende Entlastung; sa. *Musil* in *H/H/R*, § 4 Anm. 226; krit. hingegen zB *Brähler/Bensmann*, DStZ 2011, 702.
15 Vgl. BMF v. 24.12.1999, BStBl. I 1999, 1076 Tz. 2.6.1.

resses (hier begründet ua. durch die Wahrung der Aufteilung der Besteuerungsbefugnis zw. den Mitgliedstaaten und den Grundsatz der stl. Territorialität) objektiv **gerechtfertigt**. Hinsichtlich einer auf fünf Jahre (vgl. § 4g) gestaffelten Erhebung der Steuer auf die stillen Reserven statt einer sofortigen Erhebung hat der EuGH[1] auf seine Rspr.[2] verwiesen, wonach dies als eine **verhältnismäßige** Maßnahme angesehen worden sei, um das Ziel der Wahrung der Aufteilung der Besteuerungsbefugnis zw. den betr. Mitgliedstaaten zu erreichen. In der Literatur werden allerdings weiterhin Zweifel an der Unionsrechtskonformität des die Vorschrift des Abs. 1 S. 3 und 4 begleitenden **§ 4g** geäußert, weil jene Norm zahlreiche Übertragungsvorgänge nicht erfasse.[3] Auf der Grundlage von EuGH C-657/13 hat das **FG Düss.** mit nrkr. Urt. v. 19.11. 2015[4] Abs. 1 S. 3 und 4 als unionsrechtl. (und verfassungsrechtl.) unbedenklich eingestuft.

2. Einzelne Wirtschaftsgüter (Abs. 1 S. 3 und 4). Unter der Entstrickung eines einzelnen WG des BV ist ein Vorgang zu verstehen, durch den stille Reserven dieses WG der deutschen Besteuerung beim StPfl. entzogen werden.[5] Abs. 1 S. 3 enthält insoweit vier Entstrickungstatbestände, nämlich den Ausschluss bzw. die Beschränkung des Besteuerungsrechts bzgl. des Veräußerungsgewinns und bzgl. des Gewinns aus der Nutzung eines WG (näher Rn. 108).[6] Nach dem finalen Entnahmebegriff[7] war schon vor Einfügung des Abs. 1 S. 3 v. einer Entnahme auszugehen, wenn ein WG aus dem inländ. Stammhaus eines unbeschränkt StPfl. in eine ausländ. Betriebsstätte überführt wird, deren Gewinn durch **DBA** bei der deutschen Besteuerung freigestellt ist. Handelt es sich hingegen um eine Betriebsstätte in einem DBA-Staat, bei dem die **Anrechnungsmethode** gilt, oder geht es um einen Nicht-DBA-Staat, so kam es zuvor nicht zur Aufdeckung der stillen Reserven, wenn die Erfassung der stillen Reserven gewährleistet war.[8] Der Neuregelung (Abs. 1 S. 3) geht es in erster Linie darum, stille Reserven v. WG zu erfassen, die v. einem inländ. Betrieb in eine Anrechnungsbetriebsstätte überführt werden oder in eine ausländ. Betriebsstätte, deren Gewinn aufgrund eines DBA v. der inländ. Besteuerung freigestellt ist.[9] Ein Ausschluss des deutschen Besteuerungsrechts hinsichtlich des Veräußerungsgewinns dürfte auch vorliegen, wenn ein unbeschränkt StPfl. WG aus einer ausländ. Anrechnungsbetriebsstätte in eine ausländ. Freistellungsbetriebsstätte überführt, wenn ein beschränkt StPfl. WG aus einer inländ. Betriebsstätte in das ausländ. Stammhaus oder eine ausländ. Betriebsstätte überführt.[10] Umstr. ist die Fallgruppe, in der ein WG durch Abschluss eines DBA aus der deutschen Besteuerungshoheit ausscheidet. Stellt man darauf ab, dass es sich nicht um einen Vorgang handelt, der dem StPfl. zugerechnet werden kann, scheidet hier eine Entnahme im Wege der Entstrickung aus.[11] Das BMF[12] vertritt hingegen die Ansicht, dass (ua.) § 4 Abs. 1 S. 3 keine Handlung des StPfl. voraussetze. Der Tatbestand des Ausschlusses oder der Beschränkung des Besteuerungsrechts der Bundesrepublik Deutschland könne unabhängig von einer Handlung des StPfl. durch eine Änderung der rechtl. Ausgangssituation ausgelöst werden – sog. **passive Entstrickung**. Danach treten in einem solchen Fall die Rechtsfolgen der Entstrickung im Zeitpunkt der erstmaligen Anwendbarkeit des erstmals abgeschlossenen oder revidierten DBA ein. 107

Abs. 1 S. 3 formuliert einen **allg. Entstrickungstatbestand**, der sich an den Entnahmebegriff anlehnt und an den Ausschluss oder die Beschränkung des Besteuerungsrechts der BRD anknüpft. Abs. 1 S. 3 erfasst nicht nur die Fälle des Ausschlusses des Besteuerungsrechts, vielmehr schon dessen **Beschränkung** im Hinblick auf den **Gewinn aus der Veräußerung** des WG. Bei Überführung eines WG aus einem inländ. Stammhaus in eine Anrechnungsbetriebsstätte im Ausland liegt eine Beschränkung des deutschen Besteuerungsrechts darin, dass auf einen zukünftigen Gewinn aus der Veräußerung des WG ausländ. Steuern anzurechnen sind. Der Wortlaut der Norm legt es nahe, dass es allein darauf ankommt, dass das deutsche Besteuerungsrecht abstrakt durch die Anrechnungsverpflichtung beschränkt wird. Weiterhin greift Abs. 1 S. 3 ein, wenn das deutsche Besteuerungsrecht nur hinsichtlich des **Gewinns aus der Nutzung** eines WG ausgeschlossen oder beschränkt wird. In Betracht kommen insoweit Fälle, in denen WG einer ausländ. Betriebsstätte dauerhaft oder vorübergehend überlassen werden oder WG nicht allein im Inland, sondern 108

---

1 EuGH v. 21.5.2015 – Rs. C-657/13 – Verder LabTec, FR 2015, 600 = GmbHR 2015, 942 = DStR 2015, 1166 Rn. 52.
2 EuGH v. 23.1.2014 – Rs. C-164/12 – DMC, FR 2014, 466 m. Anm. *Musil* = GmbHR 2014, 210 = DStR 2014, 193 Rn. 64.
3 *Kahle/Beinert*, FR 2015, 585 (590) mwN.
4 FG Düss. v. 15.11.2015 – 8 K 3664/11 F, EFG 2016, 209; das (wieder) beim I. Senat des BFH anhängige Revisionsverfahren (Az. I R 99/15) ist bis zur Entsch. des BVerfG in dem Verfahren 2 BvL 8/13 ausgesetzt.
5 *Förster*, DB 2007, 72 mwN.
6 Vgl. auch *H/H/R*, § 4 Anm. 227.
7 Theorie der finalen Entnahme aufgegeben mit BFH v. 17.7.2008 – I R 77/06, BStBl. II 2009, 464 = FR 2008, 1149.
8 BMF v. 24.12.1999, BStBl. I 1999, 1076 Tz. 2.6.1.
9 Vgl. BT-Drucks. 16/2710, 28.
10 *Förster*, DB 2007, 72 (73).
11 *Förster*, DB 2007, 72 (73); **aA** *Stadler/Elser*, BB 2006, Beil. Nr. 8, 20.
12 BMF v. 26.10.2018, BStBl. I 2018, 1104.

auch in einer oder mehreren ausländ. Betriebsstätten genutzt werden.[1] Die Neuregelung in Abs. 1 S. 3 erfasst jedenfalls Sachverhalte, in denen das WG der Auslandsbetriebsstätte zuzuordnen ist; der durch das **JStG 2010**[2] eingefügte **neue Abs. 1 S. 4** (Rn. 105) soll diese Variante als den Hauptanwendungsfall des Abs. 1 S. 3 mittels eines Regelbeispiels klarstellen, das – wie auch die Formulierung in § 4g – an die Zuordnung eines WG, das bisher zB einem inländischen BV zugeordnet war, zu einer ausländischen Betriebsstätte anknüpft.[3] Str. ist die Reichweite v. Abs. 1 S. 3, wenn ein WG vorübergehend in der Auslandsbetriebsstätte genutzt wird und die daraus resultierenden Erträge der ausländ. Besteuerung unterliegen; zwar handelt es sich auch insoweit um eine Beschränkung der deutschen Besteuerung, bei vorübergehender Nutzungsüberlassung eines WG spricht jedoch auch der Wortlaut der Parallelnorm des § 12 Abs. 1 KStG („Überlassung des WG zum gemeinen Wert") dafür, dass dann Abs. 1 S. 3 (fingierte Entnahme des Gewinns aus der Nutzung) nur im Hinblick auf die **Nutzung als solche** anzuwenden ist.[4] IErg. kann es aufgrund der fiktiven Entstrickung bei Nutzungsüberlassungen zu Doppelbesteuerungen kommen, wenn der Auslandsstaat, in dem die WG tatsächlich genutzt werden, keine Abmilderung der Betriebsstättenbesteuerung um die (fiktive) Nutzungsvergütung kennt. Nach **§ 52 Abs. 8b S. 2 idF des JStG 2010** gilt Abs. 1 **S. 3** für Wj., die vor dem 1.1.2006 enden, für Fälle der Überführung v. WG in eine ausländische Betriebsstätte des unbeschränkt StPfl., deren Einkünfte durch ein DBA freigestellt sind oder wenn das WG beim beschränkt StPfl. nicht mehr einer inländischen Betriebsstätte zuzuordnen ist; der Gesetzgeber wollte damit entgegen BFH v. 17.7.2008 – I R 77/06[5] die Theorie der finalen Entnahme gesetzlich umsetzen (vgl. Rn. 91 mwN). Sieht man die Neuregelung des Abs. 1 S. 3 als konstitutiv an (Rn. 106), so entfaltet § 52 Abs. 8b S. 2 für Wj., die vor dem 1.1.2006 enden, eine echte **Rückwirkung**.[6] Diese liegt im Steuerrecht (nur) vor, wenn der Gesetzgeber eine bereits entstandene Steuerschuld nachträglich abändert, und ist grds. verfassungsrechtl. unzulässig.[7] Ausnahmsweise tritt das Rückwirkungsverbot, das seinen Grund im Vertrauensschutz hat, jedoch dann zurück, wenn sich kein schützenswertes Vertrauen auf den Bestand des geltenden Rechts bilden konnte.[8] Stellt man entscheidend darauf ab, dass Abs. 1 S. 3 die langjährig praktizierte, vom BFH erst mit Urt. v. 17.7.2008[9] aufgegebene Theorie der finalen Entnahme aufgegriffen hat,[10] ist hier ein entgegenstehendes Vertrauen wohl (noch) zu verneinen.[11] Dies gilt dann erst recht bei Annahme einer grds. verfassungsrechtl. zulässigen unechten Rückwirkung für das Jahr 2006 (Rn. 105). Abs. 1 **S. 4** idF des JStG 2010 gilt in allen Fällen, in denen Abs. 1 S. 3 anzuwenden ist (§ 52 Abs. 8b S. 3).

109 **3. Ausnahmen (Abs. 1 S. 5).** Die Vorschrift formuliert eine Ausnahme v. allg. Entstrickungstatbestand in Abs. 1 S. 3, wenn es um eine Sitzverlegung einer **SE** oder einer **SCE** nach Art. 10d Abs. 2 Fusionsrichtlinie geht. Die zunächst vorgesehene Regelung, wonach eine spätere Veräußerung derartiger Anteile ungeachtet der Regelungen in einem DBA so zu besteuern ist, als ob keine Sitzverlegung stattgefunden habe, wurde in § 15 Abs. 1a S. 1 aufgenommen. Ein späterer Gewinn aus der Veräußerung solcher Anteile oder aus der Verwirklichung etwaiger Ersatztatbestände wird unter Inkaufnahme auch eines **treaty override** der deutschen Besteuerung unterstellt; damit wird die Sitzverlegung negiert. Letztlich werden das deutsche Besteuerungsrecht prolongiert und solche stillen Reserven in den Anteilen einer SE oder SCE in Deutschland besteuert, die erst nach der Sitzverlegung aufgelaufen sind.[12]

110 **4. Verstrickung (Abs. 1 S. 8 HS 2).** Korrespondierend zu Abs. 1 S. 3 hat der Gesetzgeber in Abs. 1 S. 8 einen **allg. Verstrickungstatbestand** geschaffen. Die Begr. des Besteuerungsrechts der BRD führt zu einer Verstrickung, indem diese **fiktiv** als **Einlage** behandelt wird. Wie bei der Entnahme ist der gemeine Wert anzusetzen. Steuersystematisch fällt auf, dass anders als beim Entstrickungstatbestand in Abs. 1 S. 3 die Beschränkung des Besteuerungsrechts hier die Erstarkung des Besteuerungsrechts nicht erfasst wird. Das ist ein **Systembruch**, weil Sachverhalte denkbar sind, in denen neben der Begr. des deutschen Besteuerungs-

1 Vgl. auch *Blümich*, § 4 Rn. 488; *Rödder/Schumacher*, DStR 2006, 1481 (1484).
2 BGBl. I 2010, 1768 (1769).
3 Vgl. BT-Drucks. 17/2823, 3; BT-Drucks. 17/3549, 19.
4 Vgl. *Blümich*, § 4 Rn. 488 mwN; *H/H/R*, § 4 Anm. 232, jeweils mwN; wohl weitergehend zu verstehen bei *Werra/Teiche*, DB 2006, 1455 (1456).
5 BFH v. 17.7.2008 – I R 77/06, BStBl. II 2009, 464 = FR 2008, 1149.
6 Ebenso *Musil*, FR 2011, 545; *Musil* in *H/H/R*, § 4 Anm. 224.
7 ZB BVerfG v. 7.7.2010 – 2 BvL 14/02 ua., BVerfGE 127, 1.
8 ZB BFH v. 19.4.2012 – VI R 74/10, BStBl. II 2012, 577 mwN.
9 BFH v. 17.7.2008 – I R 77/06, BStBl. II 2009, 464 = FR 2008, 1149.
10 Vgl. BT-Drucks. 17/3549, 22; FG Düss. v. 19.11.2015 – 8 K 3664/11 F, EFG 2016, 209 (Rev. I R 99/15); *Mitschke*, FR 2011, 706 (erstmalige Kodifizierung ständiger BFH-Rspr. und Verwaltungspraxis).
11 AA *Musil*, FR 2011, 545; *Musil* in *H/H/R*, § 4 Anm. 224 mwN – die bloße Intention, eine früher von FinVerw. und Rspr. einheitlich vertretene Auffassung (gemeint hier Theorie der finalen Entnahme) nachträglich zu kodifizieren, reicht nicht.
12 Krit. *Förster*, DB 2007, 72 (75 f.) mwN; *Werra/Teiche*, DB 2006, 1455 (1457 f.).

rechts auch die Erstarkung in Betracht kommt, zB durch Änderungen in einem DBA. § 4 Abs. 1 S. 8 ist über § 8 Abs. 1 KStG auch bei Körperschaften anwendbar.

Wenn nach § 6 Abs. 1 Nr. 5a das fiktiv eingelegte WG mit dem gemeinen Wert angesetzt wird, dann kommt es nicht darauf an, ob der Auslandsstaat das WG mit einem geringeren Wert aus seiner Besteuerungshoheit entlässt.[1] Aufgrund dessen ergibt sich für die in das deutsche Besteuerungsrecht überführten WG je nach Wertentwicklung eine stfreie Höherbewertung. Liegt allerdings der Entstrickungswert in dem Auslandsstaat über dem nach deutschem Recht ermittelten gemeinen Wert, so ergibt sich eine Doppelbesteuerung. Von Abs. 1 S. 8 erfasst ist auch die Verstrickung v. Sachgesamtheiten. Nicht umgesetzt worden ist das erörterte Konzept, an den nach dem jeweiligen ausländ. Steuerrecht maßgeblichen Entstrickungswert anzuknüpfen. Anders als bei der Entstrickung ist bei der Verstrickung nicht geregelt, dass der Wechsel v. einem beschränkten zum unbeschränkten deutschen Besteuerungsrecht als fiktive Einlage zu behandeln ist, denn das entsprechende WG war bereits steuerverstrickt.[2] 111

C. Bilanzenzusammenhang, Bilanzberichtigung, Bilanzänderung (Abs. 2)

Literatur (Auswahl jüngerer Veröffentlichungen): *Grützner*, Zulässigkeit einer Bilanzänderung nach § 4 Abs. 2 Satz 2 EStG, BBK 2011, 726; *Kanzler*, Bilanzkorrekturen, Systematische Darstellung von Bilanzberichtigung und Bilanzänderung, NWB 2012, 2374; *Kanzler*, Bilanzzusammenhang, Bilanzberichtigung und Bilanzänderung, in Prinz/Kanzler, Handbuch Bilanzsteuerrecht, 3. Aufl. 2018, 277 ff.; *Prinz*, Erwägungen und Anregungen zur Auslegung des bilanzkorrigierenden Fehlerbegriffs, DB 2011, 2162.

I. Bilanzenzusammenhang. Der auf Abs. 1 S. 1 beruhende Grundsatz des Bilanzenzusammenhangs bedeutet, dass das **Endvermögen eines Wj. stets zugleich das Anfangsvermögen für das folgende Wj.** darstellen muss. Dieser Bilanzenzusammenhang darf grds. nicht durchbrochen werden. Nach der Rspr. des BFH ist das maßgebende BV (EK) zum Schluss eines Wj. das bei der Veranlagung dieses Jahres tatsächlich angesetzte BV. Es ist auch dann zwingend in der Anfangsbilanz des unmittelbar folgenden Wj. auszuweisen, wenn sich bei korrekter Anwendung der steuerrechtl. Bilanzierungsvorschriften in der Schlussbilanz ein **anderes BV** ergeben hätte (sog. formeller Bilanzenzusammenhang).[3] Damit soll neben der fortlaufenden vor allem auch die **lückenlose** Erfassung des Gewinns eines Betriebs gewährleistet werden. Rein betriebliche Vorgänge, die iRd. Bilanzierung und Bewertung fehlerhaft behandelt wurden, gleichen sich regelmäßig im Folgejahr bzw. in den Folgejahren wieder aus, so dass der **Totalgewinn** (vgl. Rn. 11) des Betriebs hierdurch nicht beeinträchtigt wird, sondern lediglich Gewinnverlagerungen eintreten (sog. Zweischneidigkeit der Bilanz). Die sog. **Fehlertransportfunktion** des formellen Bilanzenzusammenhangs[4] gewährleistet zwar nicht die Sicherstellung des materiell richtigen Periodengewinns, aber zumindest die Erfassung des richtigen Totalgewinns. 112

Das Verhältnis zw. Bilanzenzusammenhang und Bilanzberichtigung (s. Rn. 116) lässt sich unterschiedlich bestimmen, wobei der Gesetzgeber den früheren Streit um den Vorrang von materiellem (Rn. 114) oder formellem Bilanzenzusammenhang[5] inzwischen zugunsten des letztgenannten Grundsatzes entschieden hat (Rn. 113a). Wird ein Bilanzierungsfehler erst einige Zeit nach der Aufstellung der Bilanz aufgedeckt, so gebietet der **materielle** Grundsatz der periodischen Gewinnermittlung stets – dh. unabhängig davon, ob verfahrensrechtlich die Möglichkeit einer Änderung besteht – die **rückwirkende Berichtigung an der Fehlerquelle** und – wegen des Grundsatzes der Identität v. Schlussbilanz und Anfangsbilanz des Folgejahres – der Bilanzen der späteren Jahre, soweit der Fehler diese ebenfalls beeinflusst hat. Hingegen müssen nach dem v. BFH vertretenen Grundsatz des **formellen Bilanzenzusammenhangs**[6] – dessen Geltung nicht auf die Berichtigung des bilanziellen Ausweises von WG beschränkt ist, sondern grds. alle in die Vermögensübersicht (Bilanz) aufgenommenen Bilanzposten (auch passive, wie zB Verbindlichkeiten) umfasst[7] – Bilanzen für Zwecke der Veranlagung und der Gewinnfeststellung zwar grds. im Fehlerjahr und in den Folgejahren berichtigt werden.[8] Nach der Rspr. des BFH sind jedoch der Berichtigung der im Zeitpunkt der Aufdeckung des Fehlers schon vorliegenden Bilanzen **verfahrensrechtl. Schranken** gesetzt: Die verfahrensrechtl. Berich- 113

1 *Dötsch/Pung*, DB 2006, 2648 (2651).
2 Vgl. BT-Drucks. 16/2710, 28.
3 BFH v. 27.3.1962 – I 136/60 S, BStBl. III 1962, 273; v. 13.1.1977 – IV R 9/73, BStBl. II 1977, 472; v. 26.6.1996 – XI R 41/95, BStBl. II 1996, 601 = FR 1996, 828.
4 Vgl. *K/S/M*, § 4 Rn. C 46; *Blümich*, § 4 Rn. 948.
5 Sa. *Kanzler*, NWB 2012, 2374 (2375).
6 Nach BFH v. 10.12.1991 – VIII R 17/87, BStBl. II 1992, 650 = FR 1992, 542, abzuleiten aus § 4 Abs. 1 S. 1.
7 BFH v. 25.6.2014 – I R 29/13, BFH/NV 2015, 27 Rn. 25; v. 19.8.2015 – X R 30/12, BFH/NV 2016, 203 Rn. 33, jeweils mwN; zur Anwendung der Grundsätze auch auf RAP und Beteiligungen an PersGes., nicht aber auf Entnahmen, s. BFH v. 8.2.2017 – X B 138/16, BFH/NV 2017, 579 Rn. 36 ff., mwN.
8 ZB BFH v. 9.5.2012 – X R 38/10, BStBl. II 2012, 725 Rn. 22 = FR 2012, 1121 m. Anm. *Prinz*.

tigung eines unrichtigen Bilanzansatzes in einer Anfangsbilanz ist nicht zulässig, wenn diese als Schlussbilanz der Veranlagung eines früheren Jahres zugrunde gelegen hat, die nicht mehr berichtigt werden darf, oder wenn der sich bei einer Berichtigung dieser Bilanz ergebende höhere Steueranspruch verjährt wäre.[1] Ist eine Berichtigung im Fehlerjahr nicht mehr möglich, weil die Feststellungs- oder Steuerbescheide bereits formell und materiell bestandskräftig sind, ist die erfolgswirksame Korrektur (erst) in der Schlussbilanz des ersten Jahres nachzuholen, in der sie mit steuerlicher Wirkung möglich ist.[2] Wurden also bspw. die AK oder HK eines abnutzbaren WG des AV in einem bestandskräftig veranlagten Jahr nur unvollständig aktiviert, führt der Grundsatz des formellen Bilanzenzusammenhangs zu einer erfolgswirksamen Nachaktivierung im ersten, verfahrensrechtlich noch offenen Jahr.[3] Wird ein für das BV am Schluss des Wj. maßgebender Wertansatz korrigiert, der sich auf den Gewinn der Folgejahre auswirkt, dann ist dies ein Ereignis mit stl. Rückwirkung hinsichtl. der Veranlagung der Folgejahre.[4] Die Gewinnauswirkung einer Entnahme, die der StPfl. in einem bestandskräftig veranlagten Vorjahr getätigt, aber bilanziell nicht berücksichtigt hatte, darf nach der Rspr. des BFH nicht im ersten offenen Jahr nachgeholt werden; ist das entnommene WG fälschlich weiterhin bilanziert worden, hat sich die erforderliche Bilanzkorrektur auf die erfolgsneutrale Ausbuchung des WG im ersten offenen Jahr zu beschränken.[5] Ob eine im ersten verfahrensrechtl. offenen Jahr vorzunehmende Korrektur erfolgswirksam oder erfolgsneutral vorzunehmen ist, richtet sich danach, ob der im bestandskräftig veranlagten Jahr unterlaufene Bilanzierungsfehler seinerseits erfolgswirksam oder erfolgsneutral war; dabei ist die bilanzielle Erfassung des gesamten Geschäftsvorfalls zu betrachten.[6]

113a Die Lehre v. formellen Bilanzzusammenhang hat das JStG 2007 v. 13.12.2006[7] durch Einfügung des 2. HS. in § 4 Abs. 2 S. 1 **gesetzlich verankert**. Danach ist eine Änderung nicht zulässig, wenn die Vermögensübersicht (Bilanz) einer Steuerfestsetzung zugrunde liegt, die nicht mehr aufgehoben oder geändert werden kann. Die Bilanzberichtigung ist – positiv ausgedrückt – nunmehr davon abhängig, dass alle Steuerfestsetzungen, auf die sich die Bilanzberichtigung auswirken würde, verfahrensrechtlich noch änderbar sind.[8] Abs. 2 S. 1 idF des JStG 2007 ist erstmals auf die Berichtigung v. Bilanzen anzuwenden, auf denen die Einkommensteuerfestsetzungen in den VZ ab 2007 beruhen, selbst wenn bei abweichendem Wj. eine Besteuerungslücke entsteht.[9]

114 Die Auffassung v. Vorrang des formellen Bilanzenzusammenhangs ist immer wieder **kritisiert** worden.[10] Die Bindung an die der Vorjahresbesteuerung zugrunde gelegte „Veranlagungsbilanz“ statt an die materiell richtige Bilanz verstoße gegen das Prinzip der Abschnittsbesteuerung (§ 2 Abs. 7) und gegen grundlegende Prinzipien des Verfahrensrechts, indem sie sich über die Bestandskraft der Veranlagung hinwegsetze. IErg. werde auch das Rechtsinstitut der Verjährung v. Steueransprüchen außer Kraft gesetzt. Auf der Grundlage der gebotenen strikten Trennung zw. Verfahrensrecht und materiellem Recht sei die Berichtigung nach materiellem Recht immer an der Fehlerquelle vorzunehmen, und zwar unabhängig v. der Möglichkeit ihres „verfahrensmäßigen Vollzugs“. Maßgebend sei mithin der sog. **materielle Bilanzenzusammenhang**.

115 Für die Lehre des formellen Bilanzenzusammenhangs sprechen indes ua Gesichtspunkte der Praktikabilität und der Rechtssicherheit, zumal sich diese Rechtsauffassung nunmehr auch ausdrücklich im G wiederfindet (Rn. 113a).[11]

116 **II. Bilanzberichtigung. 1. Voraussetzungen.** Eine Bilanzberichtigung (Abs. 2 S. 1) liegt vor, wenn eine zivilrechtl. existente, dh. eine ordnungsgemäß festgestellte und unterschriebene (vgl. § 245 HGB) Bilanz (Rn. 4a) nachträglich korrigiert wird, weil sie **unrichtig**, dh. fehlerhaft ist. Ein Ansatz in der Bilanz ist unrichtig, wenn er unzulässig ist, dh. gegen zwingende Vorschriften des ESt-Rechts oder des Handelsrechts oder gegen die einkommensteuerrechtl. zu beachtenden GoB verstößt.[12] Der fehlerhafte Ansatz muss

1 BFH v. 29.11.1965 – GrS 1/65 S, BStBl. III 1966, 142; v. 21.10.1976 – IV R 222/72, BStBl. II 1977, 148; v. 16.5.1990 – X R 72/87, BStBl. II 1990, 1044 = FR 1990, 716; v. 31.1.2013 – GrS 1/10, BStBl. II 2013, 317 Rn. 77 = FR 2013, 699 m. Anm. *Prinz*; v. 5.6.2014 – IV R 29/11, BFH/NV 2014, 1538 Rn. 18.

2 ZB BFH v. 10.12.1992 – IV R 118/90, BStBl. II 1994, 381 = FR 1993, 497; v. 9.5.2012 – X R 38/10, BStBl. II 2012, 725 Rn. 22 = FR 2012, 1121 m. Anm. *Prinz*.

3 Im Einzelnen BFH v. 9.5.2012 – X R 38/10, BStBl. II 2012, 725 = FR 2012, 1121 m. Anm. *Prinz*.

4 BFH v. 30.6.2005 – IV R 11/04, BStBl. II 2005, 809 = FR 2006, 82.

5 ZB BFH v. 8.2.2017 – X B 138/16, juris, Rn. 38 mwN.

6 Näher BFH v. 29.5.2015 – X R 37/13, BFH/NV 2016, 536 Rn. 57 ff.

7 BGBl. I 2006, 2878.

8 Vgl. auch BFH v. 19.7.2011 – IV R 53/09, BStBl. II 2011, 1017 = FR 2012, 177.

9 IE BFH v. 19.7.2011 – IV R 53/09, BStBl. II 2011, 1017 = FR 2012, 177.

10 *Knobbe-Keuk*[9], § 3 V 2 mwN; vgl. auch *Flies*, DStZ 1997, 135; *Groh*, DB 1998, 1931; *Stapperfend*, FR 1998, 822; zusammenfassend auch *Blümich*, § 4 Rn. 949.

11 Näher hierzu *Blümich*, § 4 Rn. 950; *Schmidt*[37], § 4 Rn. 703.

12 R 4.4 Abs. 1 S. 2 EStR.

durch einen richtigen Ansatz ersetzt werden. Dies war nach bisheriger Rechtslage der Fall, wenn der Bilanzansatz **objektiv gegen ein handelsrechtl. und steuerrechtl. Bilanzierungsgebot oder -verbot verstieß** (also kein Wahlrecht bestand) und der StPfl. diesen Verstoß nach dem im Zeitpunkt der Bilanzerstellung bestehenden Erkenntnismöglichkeiten über die zum Bilanzstichtag gegebenen objektiven Verhältnisse **bei pflichtgemäßer und gewissenhafter Prüfung erkennen** konnte (sog. **normativ-subj. Fehlerbegriff**, oft auch nur als „subj." Fehlerbegriff bezeichnet).[1] Fehlte es an der subj. Erkenntnismöglichkeit des StPfl., war die jeweilige Bilanz nicht fehlerhaft, so dass eine verfahrensrechtl. Bilanzberichtigung sowohl zu diesem Stichtag als auch eine Berichtigung der darauf beruhenden Veranlagung ausschied. Eine später bekannt gewordene Tatsache, welche die objektive Fehlerhaftigkeit zum Bilanzstichtag erkennen ließ, konnte nach § 173 AO nicht „zu einer höheren oder niedrigeren Steuer führen". Ebenso wenig ließ sich der objektive Fehler als „Rechtsfehler" nach § 177 AO im Wege der Saldierung berichtigen. Denn die Bilanz war „richtig".[2] Die **spätere Erkenntnis** der zutr. tatsächlichen Verhältnisse war erst in der **nächsten Schlussbilanz** zu berücksichtigen und musste dort auch berücksichtigt werden, sollte diese nicht fehlerhaft werden.[3] Dementsprechend ging auch die FinVerw. von der Unzulässigkeit einer Bilanzberichtigung aus, wenn der Bilanzansatz im Zeitpunkt der Bilanzaufstellung subj. richtig war.[4] Mit Beschl. v. 31.1.2013 hat der GrS des BFH den **subj. Fehlerbegriff hinsichtlich bilanzieller Rechtsfragen aufgeben.**[5] Über die Anwendung des subj. Fehlerbegriffs auf Fälle, in denen der StPfl. bei der Bilanzierung von unzutreffenden **Tatsachen** (Prognosen oder Schätzungen) ausgegangen ist, ohne dabei gegen die ihm obliegenden Sorgfaltspflichten verstoßen zu haben, hat der GrS nicht entschieden;[6] insoweit ist weiterhin von der Gültigkeit des subj. Fehlerbegriffs für Tatsachenfragen auszugehen.[7] Der I. Senat des BFH, der seiner Auslegung des § 4 Abs. 2 S. 1 wiederholt den subj. Fehlerbegriff zugrunde gelegt hatte,[8] hatte dem GrS die Rechtsfrage vorgelegt, ob das FA iRd. ertragstl. Gewinnermittlung in Bezug auf zum Zeitpunkt der Bilanzaufstellung ungeklärte bilanzrechtliche Rechtsfragen an die Auffassung gebunden ist, die der v. StPfl. aufgestellten Bilanz zugrunde liegt, wenn diese Rechtsauffassung aus der Sicht eines ordentlichen und gewissenhaften Kaufmanns vertretbar war.[9] Der I. Senat hatte es dabei für vorzugswürdig gehalten, den subj. Fehlerbegriff nicht auf die Beurteilung bilanzrechtlicher Rechtsfragen zu erstrecken. Dem ist der GrS gefolgt. Danach ist das FA iRd. ertragsteuerrechtl. Gewinnermittlung **auch dann nicht** an die rechtl. Beurteilung **gebunden**, die der vom StPfl. aufgestellten Bilanz (und deren einzelnen Ansätzen) zugrunde liegt, wenn diese Beurteilung aus der Sicht eines ordentlichen und gewissenhaften Kaufmanns im Zeitpunkt der Bilanzaufstellung vertretbar war. Maßgeblich ist vielmehr im Interesse einer gesetzmäßigen, dh. insbes. gleichmäßigen Besteuerung die **objektiv richtige Rechtslage.**[10] Dies gilt auch für eine im Zeitpunkt der Bilanzaufstellung von Verwaltung und Rspr. praktizierte, später aber **geänderte Rechtsauffassung.**[11] Insoweit hat der GrS den subj. Fehlerbegriff auch für den Fall einer geänderten „objektiven" Rechtslage aufgegeben.[12] Das FA hat somit einen Bilanzierungsfehler des StPfl. grds. bei der Steuerfestsetzung oder Gewinnfeststellung für den VZ zu berichtigen, in dem der Fehler erstmals aufgetreten ist und steuerliche Auswirkungen hat. Das gilt auch dann, wenn die Bilanzierung auf einer später geänderten Rspr. beruht. Liegt die fehlerhafte Bilanz einem Steuer- oder Feststellungsbescheid zugrunde, der aus verfahrensrechtlichen Gründen nicht mehr geändert werden kann, so ist nach dem Grundsatz des formellen Bilanzzusammenhangs der unrichtige Bilanzansatz grds. bei der ersten Steuerfestsetzung oder Gewinnfeststellung richtigzustellen, in der dies unter Beachtung der für den Eintritt der Bestandskraft und der Verjährung maßgeblichen Vorschriften möglich ist.[13]

---

1 BFH v. 11.10.1960 – I 56/60 U, BStBl. III 1961, 3; v. 12.11.1992 – IV R 59/91, BStBl. II 1993, 392 = FR 1993, 360; näher zur Begrifflichkeit *K/S/M*, § 4 Rn. C 42.

2 *Schmidt*[37], § 4 Rn. 687.

3 BFH v. 25.4.1990 – I R 78/85, BFH/NV 1990, 630.

4 Vgl. R 4.4 Abs. 1 S. 3 EStR 2012.

5 BFH v. 31.1.2013 – GrS 1/10, BStBl. II 2013, 317 = FR 2013, 699 m. Anm. *Prinz*; zust. zB *K/S/M*, § 4 Rn. C 45; *Weber-Grellet*, DStR 2013, 729.

6 BFH v. 31.1.2013 – GrS 1/10, BStBl. II 2013, 317 Rn. 78 = FR 2013, 699 m. Anm. *Prinz*.

7 In diesem Sinne auch die Vorlage BFH v. 7.4.2010 – I R 77/08, BStBl. II 2010, 739 = FR 2010, 796 m. Anm. *Prinz*; *Prinz*, DB 2011, 2162 – „zwingende" Anwendung.

8 ZB BFH v. 17.7.2008 – I R 85/07, BStBl. II 2008, 924 = FR 2009, 386; v. 23.1.2008 – I R 40/07, BStBl. II 2008, 669 = FR 2008, 1063.

9 BFH v. 7.4.2010 – I R 77/08, BStBl. II 2010, 739 = FR 2010, 796 m. Anm. *Prinz*.

10 Vgl. BFH v. 31.1.2013 – GrS 1/10, BStBl. II 2013, 317 Rn. 61 = FR 2013, 699 m. Anm. *Prinz*.

11 Zur bisherigen Rspr. zur Bilanzberichtigung bei ungeklärter Rechtslage vgl. BFH v. 5.4.2006 – I R 46/04, BStBl. II 2006, 688 = FR 2006, 828; v. 5.6.2007 – I R 47/06, BStBl. II 2007, 818 = FR 2008, 88 m. Anm. *Prinz*; v. 23.1.2008 – I R 40/07, BStBl. II 2008, 669 = FR 2008, 1063; zu Folgerungen aus der bisherigen Rspr. auch *Rödder/Hageböke*, Ubg 2008, 401; *Prinz*, DB 2011, 2162.

12 Vgl. auch *Kanzler*, NWB 2013, 1405; zu Folgerungen für Nichtanwendungserlasse *Oser*, DB 2013, 2466.

13 BFH v. 31.1.2013 – GrS 1/10, BStBl. II 2013, 317 Rn. 77 mwN = FR 2013, 699 m. Anm. *Prinz*.

117 Der Beschl. des GrS v. 31.1.2013[1] betrifft unmittelbar nur die Vorlagefrage einer Bindung des FA an die eingereichte Bilanz. Dem steht nicht entgegen, dass Bilanzberichtigungen iSv. Abs. 2 S. 1 **nur der StPfl. selbst** vornehmen darf. Denn die vom GrS behandelte Abweichung von der Gewinnermittlung des StPfl. iRd. Steuerfestsetzung ist keine Bilanzberichtigung, sondern eine eigenständige Ermittlung der Besteuerungsgrundlagen durch das FA, der Abs. 2 nicht entgegensteht.[2] Mittelbar betrifft der Beschl. des GrS auch die Voraussetzungen, unter denen der StPfl. – iS eines **Wahlrechts**[3] – eine Bilanz berichtigen darf. Im Einzelfall kann der StPfl. aber auch zur (stl. nachteiligen) Bilanzberichtigung **verpflichtet** sein, etwa wenn er durch Selbstanzeige die Fehlerhaftigkeit der Bilanz erklärt[4] oder sich eine entspr. Rechtspflicht aus einem rkr. Urt. ergibt.[5] Besteht diese Verpflichtung nicht und weicht das FA fehlerhaft v. der Bilanz ab, wird dieser Bilanzierungsfehler nicht Teil der maßgeblichen Steuerbilanz, dh. insoweit entsteht keine v. der Bilanz des StPfl. abw. „Veranlagungsbilanz", die im Folgejahr über den Bilanzenzusammenhang korrigiert werden kann.

118 **2. Bestandskräftige und nicht bestandskräftige Veranlagung.** Erkennt der StPfl., dass ein Bilanzansatz zu seinen Gunsten fehlerhaft ist, dann ist er v. sich aus verpflichtet, diesen zu berichtigen und dies zusammen mit einer berichtigten StErklärung dem FA anzuzeigen (vgl. § 153 Abs. 1 AO). Werden Bilanzierungsfehler erst später, etwa im Rahmen einer Außenprüfung, festgestellt, ist die Berichtigung in all den Fällen durchzuführen, in denen die **Steuerfestsetzungen noch nicht durchgeführt oder nicht bestandskräftig** sind (vgl. § 4 Abs. 2 S. 1 HS 2). Der fehlerhafte Bilanzansatz ist zu dem Stichtag zu berichtigen, zu dem der Fehler gemacht wurde. Verfahrensrechtl. Hindernisse stehen dem nicht entgegen. Wurde eine Steuer unter dem Vorbehalt der Nachprüfung (vgl. § 164 AO) festgesetzt, kann die Steuerfestsetzung und damit auch der fehlerhafte Bilanzansatz jederzeit berichtigt werden. Entspr. gilt, wenn eine Steuerfestsetzung nach § 165 AO vorl. durchgeführt wurde oder wenn eine Steuerfestsetzung nicht bestandskräftig geworden ist, weil ein Rechtsbehelf eingelegt wurde.

119 **Bestandskräftige Steuerfestsetzungen** dürfen nur dann geändert werden, wenn hierfür eine **Korrekturmöglichkeit nach der AO** (vgl. insbes. §§ 172–174 AO) besteht. Eine Bilanzberichtigung ist dann gem. § 4 Abs. 2 S. 1 HS 2 nicht mehr möglich. In den genannten Fällen ist der fehlerhafte Bilanzansatz iRd. einschlägigen Korrekturbestimmung berichtigungsfähig. Problematisch erweist es sich erst, wenn die Steuerfestsetzungen **verfahrensrechtl. nicht mehr abänderbar** sind. Hier sind unter Zugrundelegung der Rechtsprechungspraxis des BFH prinzipiell drei Fehlergruppen zu unterscheiden:

120 Soweit sich der Fehler bisher **stl. noch nicht ausgewirkt** hat, darf – unter Durchbrechung der Prämisse des formellen Bilanzenzusammenhangs (Rn. 113)[6] – bis zum Jahr des Fehlers, dh. der Fehlerquelle, zurückberichtigt werden. Regelmäßig erfolgt technisch eine Berichtigung der Anfangs- oder der Schlussbilanz des ersten noch änderbaren Jahres. Denn es ist in diesen Fällen nicht notwendig, auch die Bilanzen der veranlagungsmäßig nicht mehr änderbaren Jahre zu berichtigen.

121 Hat sich der Bilanzierungsfehler in der Vergangenheit bereits **stl. auf den Gewinn ausgewirkt**, so verbietet der v. BFH vertretene Grundsatz des sog. formellen Bilanzenzusammenhangs (s. Rn. 113) im Regelfall eine Berichtigung an der Fehlerquelle, dh. dem Wj., in dem der fehlerhafte Bilanzansatz erstmalig vorgenommen wurde. Hier ist die fehlerhafte Bilanzierung grds. **in der Schlussbilanz des ersten noch änderbaren Jahres erfolgswirksam** richtig zu stellen. Allerdings gilt dies nicht, wenn sich der seinerzeitige Fehler aufgrund der Zweischneidigkeit der Bilanz in folgenden (nicht mehr änderbaren Jahren) **bereits wieder ausgeglichen** hat. Ist etwa in früheren nicht mehr änderbaren Wj. eine stl. überhöhte AfA vorgenommen worden, muss diese nicht in der ersten noch änderbaren Schlussbilanz gewinnwirksam korrigiert werden, denn die früher zuviel vorgenommene AfA gleiche sich iRd. Bilanzenzusammenhangs während der restlichen Abschreibungsdauer aus.[7]

122 Als eine dritte Fehlergruppe lassen sich die Fälle zusammenfassen, bei denen unter Durchbrechung des Bilanzenzusammenhangs die Anfangsbilanz des ersten Jahres, für das die Steuerfestsetzung noch geändert werden kann, zu berichtigen ist (s. Rn. 123 ff.).

---

1 BFH v. 31.1.2013 – GrS 1/10, BStBl. II 2013, 317 = FR 2013, 699 m. Anm. *Prinz*.
2 BFH v. 31.1.2013 – GrS 1/10, BStBl. II 2013, 317 Rn. 73 mwN = FR 2013, 699 m. Anm. *Prinz*.
3 Vgl. auch *K/S/M*, § 4 Rn. C 57 mwN.
4 BFH v. 4.11.1999 – IV R 70/98, BStBl. II 2000, 129 = FR 2000, 268 m. Anm. *Weber-Grellet*; vgl. auch BFH v. 28.4.1998 – VIII R 46/96, BStBl. II 1998, 443 = FR 1998, 650 m. Anm. *Wacker* = FR 1998, 733 m. Anm. *Paus*.
5 BFH v. 4.11.1999 – IV R 70/98, BStBl. II 2000, 129 = FR 2000, 268 m. Anm. *Weber-Grellet*.
6 Vgl. BFH v. 28.4.1998 – VIII R 46/96, BStBl. II 1998, 443 mwN = FR 1998, 650 m. Anm. *Wacker* = FR 1998, 733 m. Anm. *Paus*; v. 9.5.2012 – X R 38/10, BStBl. II 2012, 725 Rn. 23 = FR 2012, 1121 m. Anm. *Prinz*.
7 BFH v. 4.5.1993 – VIII R 14/90, BStBl. II 1993, 661 = FR 1993, 569.

3. Ausnahmen. Der Grundsatz des formellen Bilanzenzusammenhangs erfährt nach der Rspr. des BFH in verschiedenen Konstellationen **Durchbrechungen**. Dies gilt zunächst für die bereits angesprochenen Fälle, dass sich ein fehlerhafter Bilanzansatz bisher stl. noch nicht ausgewirkt hat. Nach dem sog. **Auswirkungsvorbehalt** ist hier ausnahmsweise eine Berichtigung an der Fehlerquelle vorzunehmen, weil die Höhe der veranlassten Steuer unberührt bleibt.[1] 123

Eine weitere Durchbrechung des sog. formellen Bilanzenzusammenhangs wird v. der Rspr. des BFH angenommen, wenn der StPfl. einen **Bilanzposten bewusst falsch ansetzt**, um dadurch ungerechtfertigt Steuervorteile zu erlangen.[2] Dieses Verhalten wird als Verstoß gegen Treu und Glauben gewertet; der StPfl. muss sich deshalb so behandeln lassen, als habe er den Bilanzansatz richtig gewählt. Hat etwa der StPfl. in einem Wj. willkürlich Abschreibungen unterlassen, um sie in späteren Jahren nachholen zu können, dann können diese nicht mehr nachgeholt werden; der StPfl. ist so zu stellen, als habe er die Abschreibungen in den Vorjahren richtig vorgenommen. Für einen Verstoß gegen Treu und Glauben genügt nicht, dass der StPfl. die Bilanzierung wegen eines Rechtsirrtums unterließ oder außersteuerrechtl. Gründe dafür ursächlich waren.[3] 124

Eine Durchbrechung des Bilanzenzusammenhangs wird v. der Rspr. für notwendig erachtet, wenn in der **EB** ein fehlerhafter Bilanzansatz besteht. Dies sei notwendig, weil deren Ansätze nicht den Gewinn zweier Wj. beeinflusst habe und ihnen demgemäß auch keine „zweischneidige" Relevanz für das Besteuerungsverfahren zukommen könne.[4] 125

Des Weiteren geht die Rspr. des BFH davon aus, dass v. Anfang an **zu Unrecht aktivierte WG**[5] erfolgsneutral auszubuchen seien und dass **nicht berücksichtigte Entnahmen**[6] und **Einlagen**[7] so anzusetzen seien, wie dies bei v. Anfang richtiger Behandlung der Fall gewesen wäre. Schließlich erfolgt aus tatsächlichen Gründen in **(freien) Schätzungsfällen** eine Anknüpfung an das Vorjahresendvermögen.[8] 126

III. Bilanzänderung. 1. Begriff und Voraussetzungen. Bei der Bilanzänderung (Abs. 2 S. 2) geht es um den Ersatz eines gewählten handels- und steuerrechtl. **zulässigen** Bilanzansatzes durch einen anderen handels- und steuerrechtl. ebenfalls zulässigen und damit richtigen Ansatz.[9] Die Bilanzänderung setzt mithin voraus, dass das Handels- und Steuerrecht dem StPfl. einen Spielraum für den Bilanzansatz gewährt, dh. ein **Bilanzierungs- bzw. Bewertungswahlrecht** besteht.[10] Die Bilanzänderung bezieht sich nur auf Bilanzansätze; Geschäftsvorgänge (zB Umwidmung v. gewillkürtem BV in PV und vice versa) können nicht rückgängig gemacht werden.[11] 127

Die Bilanzänderung ist regelmäßig auf ein Bewertungswahlrecht bezogen. Danach lässt sich bspw. die Abschreibungsmethode ändern, nicht aber der AfA-Zeitraum, bei dem es sich lediglich um eine **Einschätzungsprärogative**, ein sog. uneigentliches Wahlrecht handelt.[12] Schließlich soll auch in den Fällen, in denen der StPfl. „subj." richtig einen objektiv unrichtigen Bilanzansatz gewählt hat, nicht nur die Möglichkeit der Bilanzberichtigung (mangels Fehlerhaftigkeit), sondern auch die Möglichkeit einer Bilanzänderung nicht gegeben sein, weil kein Bilanzierungswahlrecht bestanden habe. Dies wird zu Recht kritisiert, weil der StPfl. nicht gehindert werden dürfe, eine neue Bilanz aufzustellen, welche die objektive Unrichtigkeit der alten Bilanz korrigiert.[13] 128

Der StPfl. kann **bis zur Einreichung** der Bilanz beim FA die Bilanzansätze beliebig ändern. Nach diesem Zeitpunkt verhielt es sich nach früherer Rechtslage so, dass eine Änderung **mit Zustimmung des FA** möglich war (§ 4 Abs. 2 S. 2 aF). Das FA musste die Zustimmung zur Änderung erteilen, wenn diese möglich und wirtschaftlich begründet war.[14] Im StEntlG 1999/2000/2002 v. 24.3.1999[15] war zunächst vorgesehen, dass ab dem 1.1.1999 die Möglichkeit einer Bilanzänderung **nach Einreichung** der Bilanz **vollständig für** 129

1 BFH v. 7.5.1969 – I R 47/67, BStBl. II 1969, 464; *Blümich*, § 4 Rn. 953 und 1009; *K/S/M*, § 4 Rn. C 51.
2 BFH v. 3.7.1956 – I 344/55 U, BStBl. III 1956, 250; krit. nach Einfügung v. Abs. 2 S. 1 2. HS. *Blümich*, § 4 Rn. 1011.
3 BFH v. 3.7.1980 – IV R 31/77, BStBl. II 1981, 255 = FR 1980, 595.
4 BFH v. 19.1.1982 – VIII R 21/77, BStBl. II 1982, 456 = FR 1982, 279; sa. *Blümich*, § 4 Rn. 959.
5 BFH v. 21.6.1972 – I R 189/69, BStBl. II 1972, 874; v. 9.9.1980 – VIII R 64/79, BStBl. II 1981, 125 = FR 1981, 75.
6 BFH v. 19.6.1973 – I R 201/71, BStBl. II 1973, 706; v. 14.12.1982 – VIII R 53/81, BStBl. II 1983, 303 = FR 1983, 254.
7 BFH v. 19.1.1982 – VIII R 21/77, BStBl. II 1982, 456 = FR 1982, 279.
8 *Blümich*, § 4 Rn. 958; *K/S/M*, § 4 Rn. C 51.
9 BFH v. 9.4.1981 – I R 191/77, BStBl. II 1981, 620 = FR 1981, 514; vgl. auch R 4.4 Abs. 2 EStR; *H/H/R*, § 4 Anm. 460.
10 BFH v. 21.1.1992 – VIII R 72/87, BStBl. II 1992, 958 = FR 1992, 726; v. 7.3.1996 – IV R 34/95, BStBl. II 1996, 568 = FR 1996, 562: Ansatzwahlrecht bei Bildung einer gewinnmindernden Rücklage nach § 6b.
11 BFH v. 5.11.1953 – IV 38/53 U, BStBl. III 1954, 4.
12 Vgl. *Blümich*, § 4 Rn. 1027 mwN.
13 *Knobbe-Keuk*[9], § 3 Abs. 5 S. 4.
14 BFH v. 19.2.1976 – IV R 195/75, BStBl. II 1976, 417.
15 BGBl. I 1999, 402.

alle offenen Veranlagungen entfalle (§ 4 Abs. 2 S. 2 idF des StEntlG). Diese Neuregelung ist ganz überwiegend sowohl rechtspolitisch als auch verfassungsrechtl. krit. bewertet worden. Bei der Bilanzänderung geht es abw. v. der Gesetzesbegründung[1] bei genauerer Betrachtung nicht darum, dem StPfl. „Gestaltungsspielräume zu eröffnen", sondern namentlich iZ mit bisher nicht absehbaren Ergebnissen der Bp. den Erwartungshorizont der zunächst ausgeübten Wahlrechtsentscheidung zu erhalten. Der Gesetzgeber hat dieser Kritik zT Rechnung getragen und im StBereinG 1999 v. 22.12.1999[2] die gerade abgeschaffte Möglichkeit der Bilanzänderung insoweit wieder eingeführt, wie ein **enger zeitlicher und sachlicher Zusammenhang mit einer Bilanzberichtigung** besteht, insbes. infolge einer Außenprüfung, und betragsmäßig auf die Änderung durch die Bilanzberichtigung begrenzt. Die Vorschrift ist auf alle offenen Veranlagungen, also auch für VZ vor 1999 anwendbar. Zur Auslegung der Vorschrift hat sich das BMF geäußert.[3] Bilanzberichtigungen, die zulässige Änderungen nach sich ziehen können, sind anderweitige Ansätze v. aktiven und passiven WG sowie v. RAP in der Steuerbilanz, wenn die bisherigen Wertansätze unrichtig waren. Dem v. G geforderten engen zeitlichen Zusammenhang ist nach dem weiten Verständnis der FinVerw. bereits Genüge getan, wenn sich beide Maßnahmen auf dies. Bilanz beziehen und die Bilanz unverzüglich nach der Berichtigung geändert wird. Damit ist die Änderungsmöglichkeit namentlich nicht auf die Bilanzposition beschränkt, die zuvor berichtigt worden ist. Entgegen dem BMF-Schr. v. 18.5.2000 liegt der geforderte Zusammenhang auch vor, wenn eine fehlerhafte Verbuchung v. Entnahmen und Einlagen eine Gewinnänderung bei der Bilanzberichtigung verursacht;[4] insoweit ist nach BMF v. 13.8.2008[5] das zuvor genannte BMF-Schr. nicht weiter anzuwenden. Zugleich weist jedoch die FinVerw. unter Bezug auf BFH v. 23.1.2008[6] darauf hin, dass Änderungen des Gewinns aufgrund der Berücksichtigung außerbilanzieller Hinzu- oder Abrechnungen keinen Bilanzansatz berühren; eine Bilanzänderung iSd § 4 Abs. 2 S. 2 ist insoweit auch weiterhin nicht zulässig. Bei einer MU'schaft ist nicht der einzelne MU'er, sondern die PersGes. Steuerrechtssubjekt bei der Ermittlung der Einkünfte;[7] deshalb kann ein enger sachlicher Zusammenhang als Voraussetzung für eine Bilanzänderung auch zwischen Gesamthandsbilanz und Ergänzungs- oder Sonderbilanz sowie zwischen den Ergänzungs- und Sonderbilanzen der einzelnen MU'er bestehen.[8]

130 Wird nach Maßgabe des § 4 Abs. 2 S. 2 zum Ausgleich einer Bilanzberichtigung eine geänderte **Ausübung stl. Wahlrechte** geltend gemacht, ist im Hinblick auf die Änderung des § 5 Abs. 1 durch das G zur Modernisierung des Bilanzrechts (BilMoG) v. 25.5.2009[9] und die damit verbundene Aufgabe des Grundsatzes der umgekehrten Maßgeblichkeit[10] zu unterscheiden zw. Wj., die vor dem 1.1.2009 enden, und Wj., die nach dem 31.12.2008 enden. Für erstgen. Wj. können stl. Wahlrechte nur bei gleichlautendem Ansatz in der HB in Anspruch genommen werden; dabei gelten für die Änderung der HB die Voraussetzungen des § 4 Abs. 2 S. 2 nicht. Für einen Antrag auf Bilanzänderung ist deshalb stets erforderlich, dass dem FA eine geänderte HB vorgelegt wird.[11] Für nach dem 31.12.2008 endende Wj. ist nach § 5 Abs. 1 S. 1 idF des BilMoG für den Schluss des Wj. das BV anzusetzen (§ 4 Abs. 1 S. 1), das nach den handelsrechtl. GoB auszuweisen ist, es sei denn, iRd. Ausübung eines stl. Wahlrechts wird oder wurde ein anderer Ansatz gewählt.[12] Stl. Wahlrechte können damit unabhängig von der HB ausgeübt werden; Voraussetzung hierfür ist nach § 5 Abs. 1 S. 2 nF, dass die WG in ein besonderes, lfd. zu führendes Verzeichnis aufgenommen werden. Wird ein steuerliches Wahlrecht im Wege der Bilanzänderung erstmals ausgeübt, ist dies folglich durch eine Aufzeichnung nach § 5 Abs. 1 S. 2 zu dokumentieren.[13] Die Vorlage einer geänderten HB ist hingegen nicht mehr erforderlich.[14] Bewertungswahlrechte, die in der HB ausgeübt werden können, ohne dass eine eigenständige stl. Regelung besteht,[15] wirken über die fortbestehende Maßgeblichkeit auch auf die StB, dh., der Wertansatz in der HB bleibt für die StB bindend; insoweit gelten bei Anträgen auf Bilanzänderung die für vor dem 1.1.2009 endende Wj. genannten Grundsätze weiter.[16]

---

1 BT-Drucks. 14/23 v. 9.11.1998, 168.
2 BGBl. I 1999, 2601.
3 BMF v. 18.5.2000, BStBl. I 2000, 587, teilw. überholt durch BMF v. 13.8.2008, BStBl. I 2008, 845.
4 BFH v. 31.5.2007 – IV R 54/05, BStBl. II 2008, 665 = FR 2008, 85 m. Anm. *Wendt*.
5 BStBl. I 2008, 845.
6 BFH v. 23.1.2008 – I R 40/07, BStBl. II 2008, 669 = FR 2008, 1063.
7 ZB BFH v. 1.7.2010 – IV R 34/07, BFH/NV 2010, 2246 mwN.
8 Nach OFD Münster v. 13.7.2012 – S 2141 - 63 - St 12-23, juris, ist vorgesehen, die EStR iRd. EStÄR 2012 um eine entsprechende Aussage zu ergänzen.
9 BGBl. I 2009, 1102, BStBl. I 2009, 650.
10 So auch *Schmidt*[37], § 5 Rn. 26.
11 OFD Chemnitz v. 29.12.2011, DB 2012, 376.
12 Zur geänderten Rechtslage auch BMF v. 12.3.2010, BStBl. I 2010, 239.
13 Näher BMF v. 12.3.2010, BStBl. I 2010, 239 Rn. 19 ff.
14 OFD Chemnitz v. 29.12.2011, DB 2012, 376.
15 Vgl. BMF v. 12.3.2010, BStBl. I 2010, 239 Rn. 5 ff.
16 Vgl. auch OFD Chemnitz v. 29.12.2011, DB 2012, 376.

2. Rechtsfolgen. Eine zulässige Bilanzänderung hat zur Folge, dass der zunächst gewählte Bilanzansatz durch den neuen zulässigen Ansatz **rückwirkend ersetzt** wird. Die geänderte Schlussbilanz ist der Gewinnermittlung und der Veranlagung zugrunde zu legen. Damit hat der gewählte Bilanzansatz wegen des Bilanzenzusammenhangs eine entspr. **Korrektur** der nunmehr fehlerhaften **Bilanzansätze der Folgejahre** zur Folge. 131

D. Überschussrechnung (Abs. 3)

Literatur (Auswahl jüngerer Veröffentlichungen): *Drüen*, Zur Wahl der steuerlichen Gewinnermittlungsart, DStR 1999, 1589; *Gunsenheimer*, Die Einnahmenüberschussrechnung nach § 4 Abs. 3 EStG, 15. Aufl. 2019; *Happe*, Aktuelle Entwicklungen zur Einnahmen-Überschussrechnung, BBK 2012, 224; *Jennemann*, Anwendbarkeit des § 4 Abs. 3 Satz 4 Alt. 2 EStG beim Handel mit Gold, FR 2013, 253; *Korn*, Brennpunkte der Einnahmeüberschussrechnung nach § 4 Abs. 3 EStG, KÖSDI 2006, 14368; *Korn*, Gewinnermittlung nach § 4 Abs. 3 EStG – Entschiedenes und Offenes, KÖSDI 2014, 19001; *Levedag*, Neues zur Einnahmenüberschussrechnung, NWB 2015, 3323; *Ritzrow*, Gewinnermittlung nach § 4 Abs. 3 EStG, EStB 2011, 74.

I. Anwendungsbereich. Bei Überschussrechnungen nach dem Zufluss- und Abflussprinzip tritt die periodengerechte Zuordnung der positiven und negativen Erfolgsbeiträge hinter den Zweck der Vereinfachung der Gewinnermittlung zurück,[1] auch wenn der Grundsatz der Totalgewinngleichheit (Rn. 11) gilt. Deshalb ist der Anwendungsbereich der EÜR nach § 4 Abs. 3 eingeschränkt. Nach Abs. 3 S. 1 können StPfl. den Überschuss der BE über die BA als Gewinn ansetzen, wenn sie nicht aufgrund gesetzlicher Vorschriften verpflichtet sind, Bücher zu führen und regelmäßig Abschlüsse zu machen, und wenn sie ebenso wenig freiwillig Bücher führen. Das Recht zur Wahl einer Gewinnermittlung durch EÜR entfällt erst mit der Erstellung eines Jahresabschlusses und nicht bereits mit der Errichtung einer Buchführung oder der Aufstellung einer EB.[2] IÜ muss ein StPfl. die ggü. dem FA wirksam getroffene Entscheidung, den Gewinn durch EÜR zu ermitteln, nicht jährlich wiederholen.[3] In den persönlichen Anwendungsbereich fallen im Einzelnen **selbständig Tätige** iSd. § 18 (mangels Buchführungspflicht), Land- und Forstwirte, soweit sie weder kraft gesetzlicher Verpflichtung noch freiwillig Bücher führen und – ggf. auf Antrag – ihren Gewinn nicht nach Durchschnittssätzen ermitteln (vgl. § 13a Abs. 1, 2). Bei Gewerbetreibenden besteht keine außersteuerrechtl. Buchführungspflicht, wenn es sich um sog. **Kleingewerbetreibende** handelt, deren Unternehmen nach Art und Umfang keinen in kfm. Weise eingerichteten Geschäftsbetrieb erfordert und die nicht freiwillig in das Handelsregister eingetragen sind (vgl. § 2 HGB). Soweit sich für diese gewerblichen Unternehmer keine stl. Buchführungspflicht aus § 141 Abs. 1 Nr. 1 oder 4 AO ergibt und sie nicht freiwillig Bücher führen, ist die Gewinnermittlung durch EÜR nach § 4 Abs. 3 durchzuführen. Das Wahlrecht nach Abs. 3 Satz 1 ist für einen **atypisch stillen G'ter** ausgeschlossen, wenn der Geschäftsinhaber bilanziert.[4] 132

EÜR und Steuererklärung: Wird der Gewinn nach § 4 Abs. 3 ermittelt, so ist nach § 60 Abs. 4 S. 1 EStDV die EÜR nach amtlich vorgeschriebenem Datensatz durch **Datenfernübertragung** zu übermitteln.[5] Die Vorschrift stellt eine wirksame Rechtsgrundlage für die Pflicht zur Abgabe der Anlage EÜR dar.[6] Die Regelung, nach der bei BE von weniger als 17 500 Euro der Steuererklärung anstelle des Vordrucks eine formlose Gewinnermittlung beigefügt werden durfte, besteht ab dem VZ 2017 nicht mehr fort.[7] Auf Antrag kann das FA entspr. § 150 Abs. 8 AO in **Härtefällen** auf die Übermittlung der standardisierten EÜR nach amtlich vorgeschriebenem Datensatz durch Datenfernübertragung verzichten.[8] In diesem Fall ist der Steuererklärung eine Gewinnermittlung nach amtlich vorgeschriebenem Vordruck beizufügen (§ 60 Abs. 4 S. 2 EStDV). Regelungen über den formellen Mindestinhalt der **Aufzeichnungen**, die bei der EÜR zu führen sind, enthält § 4 Abs. 3 – mit Ausnahme des Satzes 5 – nicht.[9] 132a

II. Systematik. 1. Betriebsvermögen. Grds ist die Gewinnermittlung nach Abs. 3 eine Ist-Rechnung, weil sie BE im Zeitpunkt ihrer Vereinnahmung und BA im Zeitpunkt der Verausgabung für maßgebend hält. Gleichwohl handelt es sich **nicht** um eine reine **Geldrechnung**, was sich bspw. bei der Anschaffung und Veräußerung v. WG (Rn. 147) zeigt. IÜ geht die Gewinnermittlung nach Abs. 3 nicht v. einem eigenen eigenständigen Gewinnbegriff aus. Zwar kann und wird das Jahresergebnis v. einem durch Bestands- 133

1 ZB auch *Tipke/Lang*[23], § 9 Rn. 551; zu den Folgen der Geltung des Zu- und Abflussprinzips iRd. EÜR auch *Blümich*, § 4 Rn. 154.
2 BFH v. 19.3.2009 – IV R 57/07, BStBl. II 2009, 659.
3 BFH v. 24.9.2008 – X R 58/06, BStBl. II 2009, 368 = FR 2009, 621.
4 BFH v. 25.6.2014 – I R 24/13, BStBl. II 2015, 141 = FR 2015, 330 m. Anm. *Kanzler.*
5 Bekanntgabe des Datensatzes unter www.elster.de (vgl. BMF v. 17.10.2018, BStBl. I 2018, 1038).
6 Vgl. iErg. BFH v. 16.11.2011 – X R 18/09, BStBl. II 2012, 129 = FR 2012, 226 m. Anm. *Kempermann.*
7 BMF v. 9.10.2017, BStBl. I 2017, 1381.
8 BMF v. 9.10.2017, BStBl. I 2017, 1381; v. 17.10.2018, BStBl. I 2018, 1038.
9 Näher dazu zB BFH v. 12.7.2017 – X B 16/17, BFH/NV 2017, 1204 mwN.

vergleich ermittelten Periodengewinn abweichen. Auf die gesamte Lebensdauer des Betriebs gesehen gleichen sich jedoch Abweichungen wieder aus. BV-Vergleich und EÜR führen (im Wesentlichen) zu dem gleichen Totalgewinn (Rn. 11).[1]

134 Die (vereinfachte) Gewinnermittlung nach Abs. 3 ist vorderhand buchungstechnisch einfach, weil sie keine Kassenführung, keine Bestandskonten und keine Inventur voraussetzt. Trotzdem bestehen bestimmte **Aufzeichnungspflichten** für BE und BA, so dass iErg. doch eine gewisse „Buchhaltung" erforderlich ist.[2] Es ist auch ein Verzeichnis des abnutzbaren Anlagevermögens zu führen (§ 4 Abs. 3 S. 5), die BA sind gesondert aufzuzeichnen (§ 4 Abs. 7), und es ist ein Verzeichnis der geringwertigen Anlagegüter anzulegen (§ 6 Abs. 2 S. 4). Aufzeichnungspflichten ergeben sich auch, soweit es um die Anerkennung v. gewillkürtem BV geht (vgl. Rn. 137). Materiell können die Vereinfachungseffekte zur Besteuerung wirtschaftlich nicht getätigter Gewinne/Verluste führen,[3] wenn bspw. in der Periode 01 Waren angeschafft und bezahlt worden sind, demnach eine BA entsteht, obwohl materiell ein Verlust nicht eingetreten ist.

135 Aus dem Prinzip der Totalgewinngleichheit (Rn. 11), das für die Gewinnermittlungen nach § 4 Abs. 1 und 3 gilt, folgt, dass auch die Aufzeichnungen einer Gewinnermittlung nach § 4 Abs. 3 so klar und vollständig sein müssen, dass sie einem sachverständigen Dritten in vertretbarer Zeit den Umfang der Einkünfte plausibel machen; das Fehlen einer Verpflichtung zur förmlichen Aufzeichnung der BE oder BA in Form einer (doppelten) Buchführung kann schon aus Gründen der Gleichmäßigkeit der Besteuerung nicht bedeuten, dass das FA die nach § 4 Abs. 3 erklärten Gewinne oder Verluste ungeprüft übernehmen müsste.[4] Fehlen Einzelaufzeichnungen, so kann allerdings bei sonstigem Nachweis das FA allein darauf keine Gewinnerhöhung durch **Schätzung** nach § 162 Abs. 2 S. 2 AO stützen; denn auch formelle Buchführungsmängel berechtigen nach stRspr. nur insoweit zur Schätzung, als sie Anlass geben, die sachliche Richtigkeit des Buchführungsergebnisses anzuzweifeln.[5] Allerdings verdient eine EÜR nur bei Vorlage geordneter und vollständiger Belege Vertrauen und kann für sich die Vermutung der Richtigkeit in Anspruch nehmen.[6] Entsprechend allg. Grundsätzen trägt der StPfl. die Feststellungslast für den Abzug einer BA. Das bedeutet, dass dann, wenn die betriebliche Veranlassung nicht bewiesen werden kann, das FA keine BA ansetzt. Ist demgegenüber nur die Höhe der BA nicht bewiesen, dann sind die angefallenen Aufwendungen zu schätzen.[7]

136 Bei der Gewinnermittlung nach § 4 Abs. 3 wird zwar nicht das BV an zwei aufeinanderfolgenden Stichtagen bewertet; das bedeutet indes nicht, dass es hier kein BV gäbe. Die EÜR nach § 4 Abs. 3 ist nur in technischer Hinsicht mit der Ermittlung v. Überschusseinkünften (vgl. § 2 Abs. 2 S. 1 Nr. 2) vergleichbar, indem der Gewinn durch Überschuss der zugeflossenen BE über die abgeflossenen BA ermittelt wird. Gleichwohl handelt es sich bei der **vereinfachten Gewinnermittlung** nach § 4 Abs. 3 um eine Gewinnermittlung iSd. § 2 Abs. 2 S. 1 Nr. 1, die im Hinblick auf den Gesamtgewinn zum gleichen Ergebnis wie die Gewinnermittlung nach § 4 Abs. 1 führen muss. Es gilt der Grundsatz der **Totalgewinngleichheit** (s. Rn. 11).[8] Mithin werden iErg. auch bei § 4 Abs. 3 Wertänderungen des BV erfasst; der Unterschied zu § 4 Abs. 1 besteht allein darin, dass sich die **Wertänderungen nicht auch zeitgleich** (periodengerecht) auf den Gewinn auswirken müssen. Nach dem Vereinfachungsmodell des § 4 Abs. 3 sind Wertänderungen des BV erst zu erfassen, wenn sie sich kassenmäßig in Form v. BE im **Zuflusszeitpunkt** (§ 11 Abs. 1) oder als BA im **Zeitpunkt des Abflusses** (§ 11 Abs. 2) niederschlagen. Das **BV** wird in gleicher Weise wie bei § 4 Abs. 1 **steuerverstrickt**, mit der Konsequenz, dass (realisierte) Wertsteigerungen des zur Einkunftserzielung eingesetzten Vermögens besteuert werden. Forderungen und Schulden entstehen auch bei § 4 Abs. 3 als BV, sie haben zunächst nur keinen Einfluss auf den Gewinn.

137 Ein systematischer Bruch zw. Abs. 1 und 3 bestand darin, dass die früher herrschende Praxis die Möglichkeit der Bildung v. **gewillkürtem BV** im Bereich des Abs. 3 aus Rechtsgründen ausschließen wollte, weil es nicht in gesetzlich angeordneten Aufzeichnungen dokumentierbar sei.[9] Diese Differenzierung fand jedoch im G keine Stütze. Sie widersprach in systematischer Hinsicht dem Grundsatz der Totalgewinngleichheit (Rn. 11) und wurde durch die Regelung des Abs. 1 S. 3 nicht gedeckt. Zumindest wurden die praktischen Probleme da-

1 ZB BFH v. v. 3.8.2017 – IV R 12/14, BStBl. II 2018, 20 Rn. 20 mwN.
2 BFH v. 2.3.1982 – VIII R 255/80, BStBl. II 1984, 504 = FR 1985, 570; v. 26.2.2004 – XI R 25/02, FR 2004, 766 = BFH/NV 2004, 858: Einzelaufzeichnungspflichten.
3 *Pickert*, DB 1994, 1581.
4 So zutr. FG Saarl. v. 21.6.2012 – 1 K 1124/10, EFG 2012, 1816; iErg. ebenso FG Nürnb. v. 8.5.2012 – 2 K 1122/2009, DStRE 2013, 304.
5 BFH v. 12.12.2017 – VIII R 5/14, BFH/NV 2018, 602 Rn. 38, mwN.
6 BFH v. 15.4.1999 – IV R 68/98, BStBl. II 1999, 481 mwN = FR 1999, 853 m. Anm. *Kanzler*.
7 BFH v. 7.4.1992 – VI R 113/88, BStBl. II 1992, 854 = FR 1992, 510 m. Anm. *von Bornhaupt*.
8 BFH v. 2.9.1971 – IV 342/65, BStBl. II 1972, 334; v. 23.5.1991 – IV R 48/90, BStBl. II 1991, 796 = FR 1991, 694.
9 BFH v. 12.2.1976 – IV R 188/74, BStBl. II 1976, 663; R 13 Abs. 17, R 16 Abs. 6 EStR; **aA** – obiter dictum – BFH v. 22.9.1993 – X R 37/91, BStBl. II 1994, 172.

durch entschärft, dass beim Wechsel der Gewinnermittlungsart v. Abs. 1 zu 3 WG, die bisher gewillkürtes BV waren, nach Abs. 1 S. 3 nicht als gewinnrealisierende Entnahme in das PV gewertet wurden. An einer Entnahme fehlte es auch, wenn sich die Nutzung notwendigen BV dahingehend änderte, dass nur noch die Voraussetzungen gewillkürten BV vorlagen. Man bezeichnete den Vorgang gelegentlich auch als sog. **geduldetes BV.**[1] IErg. ging es der Rspr. letztlich darum, die aus einer mangelnden Kontrolle resultierende steuergünstige Ent- bzw. Verstrickung v. WG zu verhindern. Dieser Aspekt rechtfertigte es allerdings nicht, die Bildung gewillkürten BV im Bereich des Abs. 3 zu negieren, sondern allein, strengere Anforderungen an den Nachweis der Einlagehandlung zu stellen. Der BFH[2] lässt nunmehr auch bei Abs. 3 gewillkürtes BV zu. Im Hinblick auf die Kontrollierbarkeit hält es der BFH jedoch für erforderlich, dass der Akt der erstmaligen Zuordnung eines WG zum gewillkürten BV unmissverständlich in einer solchen Weise dokumentiert wird, dass ein sachverständiger Dritter ohne weitere Erklärung des StPfl. die Zugehörigkeit des WG zum BV erkennen kann. Ausreichend soll die Aufnahme in das betriebliche Bestandsverzeichnis sein. Das BMF[3] hat sich diesen Grundsätzen der Rspr. im Wesentlichen angeschlossen. Die Aufzeichnungen haben danach zeitnah zu erfolgen und sind mit der EÜR einzureichen. Alternativ soll auch eine zeitnahe, schriftliche Erklärung über die Zuordnung des WG zum BV ggü. dem FA ausreichen. Im Zweifel sollte der v. BMF eingeräumten Möglichkeit Gebrauch gemacht werden, die Zuführung zum BV zu erklären, wobei die Rechtsgrundlage dafür offen bleibt.

2. Betriebseinnahmen und Betriebsausgaben. Im Gegensatz zu den Überschusseinkünften (§ 8 Abs. 1) gibt es für den Bereich der Gewinneinkünfte keine Definition des **BE-Begriffs.** Für die Gewinnermittlung nach § 4 Abs. 1 ist dies entbehrlich, denn dort beantwortet sich die Frage der Erfassung v. Vermögensmehrungen nach der Zugehörigkeit zum BV. Bei der Gewinnermittlung nach § 4 Abs. 3 ist der Begriff der BE v. grundlegender Bedeutung, weil hier die **zugeflossenen BE Substrat der Gewinnermittlung** sind. In Anlehnung an § 8 Abs. 1 werden unter BE all diejenigen Zugänge v. **WG in Form v. Geld oder Geldeswert** verstanden, die durch den Betrieb veranlasst sind.[4] Betrieblich veranlasst sind alle lfd. und einmaligen, außerordentlichen Einnahmen aus betrieblichen Tätigkeiten und Geschäften einschl. sog. Hilfsgeschäften (Veräußerung v. WG des AV oder Tauschgeschäfte) und Nebentätigkeiten. Auch zu Unrecht erstattete Vorsteuern sind BE.[5] Bestehen die Einnahmen in Geldeswert (Sachwerte), dann sind sie entspr. § 8 Abs. 2 S. 1 mit den Endpreisen am Abgabeort anzusetzen. 138

Allerdings werden nur **erfolgswirksame Zugänge** als BE erfasst. So wird die Gewährung oder Aufnahme v. Darlehen trotz betrieblicher Veranlassung nicht berücksichtigt, denn solche Vorgänge führen zu keiner wirtschaftlichen Veränderung v. Vermögenspositionen.[6] Des Weiteren ist die Subsumtion v. Einnahmen in Geldeswert (Sachwerte) unter den BE-Begriff dogmatisch nicht ganz überzeugend und wirft insbes. komplizierte Bewertungsprobleme auf. Macht man mit der Erfassung auch geldwerter Vorteile Ernst, dann müssten konsequenterweise auch Gegenleistungen für BA (Kauf eines WG gegen Geld) zu BE führen. Gegenleistungen für BA führen aber deshalb nicht zu BE, da iRd. vereinfachten Gewinnermittlung nach Abs. 3 alle **Geschäftsvorfälle nur einfach berücksichtigt** werden, so dass außer Betracht bleibt, dass mit jeder BA regelmäßig ein Zugang v. Werten verbunden ist. Ein weiteres Problem besteht darin, dass grds. auch **Forderungen** Geldwert besitzen, ihr Zugang gleichwohl zu keiner BE iSd. Abs. 3 führt.[7] Dies wird damit begründet, dass sie lediglich den (potentiellen) Leistungsanspruch und noch nicht die (tatsächlichen) zugeflossenen Einnahmen repräsentieren.[8] Auf den tatsächlichen Zu- bzw. Abfluss kommt es ausnahmsweise dann nicht an, wenn es sich um **regelmäßig wiederkehrende** Einnahmen oder Ausgaben handelt, die kurze Zeit vor oder nach Beendigung des Kj. ihrer wirtschaftlichen Zugehörigkeit zu- oder abfließen (vgl. § 11 Abs. 1 S. 2, Abs. 2 S. 2).[9] 139

Vermögensmehrungen, die ein StPfl. **aufgrund privater Anlässe** (Erbschaften, Schenkungen usw.) erfährt, sind mangels betrieblicher Veranlassung **keine BE**. BE können auch **nach Betriebsbeendigung** anfallen (vgl. § 24 Nr. 2); dabei sind nachträgliche Einkünfte nach einer BetrAufg. nicht mehr durch BV-Vergleich, sondern in sinngemäßer Anwendung des § 4 Abs. 3 unter Berücksichtigung des Zu- und Abflussprinzips gem. § 11 zu ermitteln.[10] 140

---

1 Vgl. *Schmidt*[37], § 4 Rn. 360 „Geduldetes BV" („Begriff überflüssig").
2 BFH v. 2.10.2003 – IV R 13/03, BStBl. II 2004, 985 = FR 2004, 90.
3 BMF v. 17.11.2004, BStBl. I 2004, 1064; näher *Lohse/Zauziger*, DStR 2005, 850.
4 BFH v. 1.10.1993 – III R 32/92, BStBl. II 1994, 179 = FR 1994, 149; v. 18.5.1995 – IV R 43/93, BFH/NV 1996, 26.
5 BFH v. 12.11.2014 – X R 39/13, BFH/NV 2015, 486 mwN.
6 BFH v. 19.2.1975 – I R 154/73, BStBl. II 1975, 441; v. 15.11.1990 – IV R 103/89, BStBl. II 1991, 228 = FR 1991, 228.
7 BFH v. 16.1.1975 – IV R 180/71, BStBl. II 1975, 526.
8 So iErg. *K/S/M*, § 4 Rn. D 114; zur Frage, ob der Zufluss ein Begriffsmerkmal der BE ist, *Schmidt*[37], § 4 Rn. 421.
9 BFH v. 24.3.1993 – X R 55/91, BStBl. II 1993, 499.
10 Vgl. BFH v. 23.2.2012 – IV R 31/09, BFH/NV 2012, 1448 (mwN) unter Aufgabe v. BFH v. 6.3.1997 – IV R 47/95, BStBl. II 1997, 509 = FR 1997, 526; näher auch *Schmidt*[37], § 4 Rn. 446 mwN.

141 **BA** sind nach Abs. 4 alle Aufwendungen (Geld- oder Sachleistungen), die durch den Betrieb veranlasst sind. Voraussetzung ist auch hier die **Erfolgswirksamkeit des Vorgangs**, weswegen bspw. die Rückzahlung eines Darlehens nicht zu einer BA führt. Dagegen sind Zinszahlungen erfolgswirksam, ebenso der Verlust einer Darlehensforderung aus betrieblichen Gründen. **Kursverluste** aus der Tilgung eines Fremdwährungsdarlehens sind im Zeitpunkt der Tilgung BA.[1] **Geldverluste** führen zum BA-Abzug, wenn das schadenstiftende Ereignis, dh. das den Verlust „auslösende Moment" iSd. Veranlassungsprinzips dem betrieblichen Bereich zuzurechnen ist. Dabei ist es unerheblich, ob das entwendete Geld zum PV oder BV des StPfl. gehörte.[2] Kann das den Verlust bewirkende Ereignis nicht eindeutig zugeordnet werden (zB Einbruchsdiebstahl, höhere Gewalt), wird der Veranlassungszusammenhang danach beurteilt, ob der betroffene Geldbestand dem BV zuzurechnen war.[3] Bei der Gewinnermittlung nach Abs. 3 gibt es grds. keine Nachholung eines unterbliebenen BA-Abzugs.[4] AK und HK für UV mindern daher einen späteren Veräußerungsgewinn, wenn der BA-Abzug unterblieben war. Der Abzug v. zu Unrecht als HK erfassten BA kann in späteren VZ nicht nachgeholt werden.[5]

142 Nicht als gewinnerhöhende Einnahmen oder gewinnmindernde Ausgaben zu erfassen sind sog. **durchlaufende Posten** (Abs. 3 S. 2). Die Regelung gilt zwar unmittelbar nur im Falle der Gewinnermittlung durch EÜR; sie beschreibt jedoch Grundsätze, die auch iRd. Gewinnermittlung durch BV-Vergleich in dem Sinne zu beachten sind, dass die Gewinnneutralität des Vorgangs durch die Aktivierung und Passivierung gleich hoher Wertzugänge und Wertabgänge sichergestellt wird.[6] Entscheidend ist, dass Einnahme und Ausgabe zu einem einheitlichen Vorgang dergestalt verklammert werden, dass beide Geldbewegungen in fremdem Namen und für fremde Rechnung erfolgen.[7] Davon abzugrenzen sind **eigene Verbindlichkeiten** des StPfl., die er regelmäßig auf Dritte abwälzen kann, zB Aufwendungen für Telefon und Porto. Ein Bsp. für durchlaufende Posten sind Gerichtskosten, die ein RA für das Gericht v. seinem Mandanten annimmt und an das Gericht weiterleitet.[8] Fremdgelder, die ein RA in fremdem Namen und für fremde Rechnung beigetrieben hat, verlieren jedoch nach Ansicht des BFH ihre Eigenschaft als durchlaufende Posten auch dann nicht, wenn er diese für eigene Zwecke verwendet.[9] Ist ein Betrag zunächst als durchlaufender Posten behandelt worden, wird die Forderung jedoch später uneinbringlich, dann wird der Betrag in dem Jahr als BA abziehbar, in dem erstmals nicht mehr mit einer Erstattung gerechnet werden kann.[10]

143 Da bei der EÜR nur betrieblich veranlasste Einnahmen und Ausgaben als Gewinn zu erfassen sind, muss eine **Korrektur um Entnahmen und Einlagen** vorgenommen werden, soweit sie Einfluss auf den Gewinn haben können.[11] Aus dem Grundsatz der Totalgewinngleichheit (Rn. 11) folgt, dass Entnahmen und Einlagen nach § 6 Abs. 1 Nr. 4 und 5 mit dem TW anzusetzen sind.[12] Ansonsten wäre das Betriebsergebnis bei § 4 Abs. 1 und § 4 Abs. 3 nicht übereinstimmend. Erfolgt eine **Sachentnahme**, sind nach der Technik der sog. Kassenzurechnung die Erwerbskosten, soweit sie noch nicht abgeschrieben sind, als BA zu erfassen und dem Entnahmewert gegenüberzustellen. **Nutzungsentnahmen** sind gewinnerhöhend iHd. Kosten anzusetzen, die bei eigener betrieblicher Nutzung entstanden wären. Bei der privaten Nutzung eines betrieblichen Kfz. gilt die pauschale Bewertung des privaten Nutzungswerts (§ 6 Abs. 1 Nr. 4 S. 2) entspr. **Geldeinlagen** und **Geldentnahmen** sind bei der EÜR nicht zu erfassen. Das ist damit zu begründen, dass der „Buchwert" v. Geld dessen „TW" entspricht und sich deshalb entspr. Entnahmen oder Einlagen nicht auf den Gewinn auswirken.[13] Zur stl. Behandlung von bei Praxiseinbringung zurückbehaltenen Forderungen s. Rn. 152a.

144 Die **Hingabe** eines **Darlehens** aus betrieblichem Anlass ist keine BA.[14] Infolgedessen ist die Rückzahlung des Darlehens keine BE. Um BE handelt es sich jedoch bei den Zinsen und Nebenleistungen, die gezahlt

---

1 BFH v. 15.11.1990 – IV R 103/89, BStBl. II 1991, 228 = FR 1991, 228.
2 BFH v. 6.5.1976 – IV R 79/73, BStBl. II 1976, 560; v. 28.1.1993 – IV R 131/91, BStBl. II 1993, 509.
3 BFH v. 28.11.1991 – XI R 35/89, BStBl. II 1992, 343 = FR 1992, 288; *Blümich*, § 4 Rn. 204 mwN.
4 BFH v. 30.6.2005 – IV R 20/04, BStBl. II 2005, 758 = FR 2005, 1248 m. Anm. *Kanzler*; dazu *Korn*, KÖSDI 2005, 14807.
5 BFH v. 21.6.2006 – XI R 49/05, FR 2006, 933 = DStR 2006, 1499.
6 Näher BFH v. 6.9.2018 – IV R 26/16, BFH/NV 2018, 1260 Rn. 39 u. 41.
7 Vgl. BFH v. 16.12.2014 – VIII R 19/12, BStBl. II 2015, 643 = FR 2015, 799 m. Anm. *Kanzler*.
8 BFH v. 11.12.1996 – IV B 54/96, BFH/NV 1997, 290.
9 BFH v. 16.12.2014 – VIII R 19/12, BStBl. II 2015, 643 = FR 2015, 799 m. Anm. *Kanzler*; wohl zust. *Levedag*, NWB 2015, 3323; zu Recht krit. *Kanzler*, FR 2015, 802; sa. FinMin. SachsAnh. v. 2.10.2015 – 46-S 2142-15, juris.
10 R 4.5 Abs. 2 S. 3 EStR.
11 BFH v. 16.1.1975 – IV R 180/71, BStBl. II 1975, 526; v. 22.1.1980 – VIII R 74/77, BStBl. II 1980, 244 = FR 1980, 197; sa. *K/S/M*, § 4 Rn. D 119 ff.
12 BFH v. 31.10.1978 – VIII R 196/77, BStBl. II 1979, 401; *K/S/M*, § 4 Rn. D 121.
13 Zu weiteren Aspekten *K/S/M*, § 4 Rn. D 120. Für die Auslegung des § 4 Abs. 4a sind solche Überlegungen allerdings nicht maßgeblich, vgl. BFH v. 21.8.2012 – VIII R 32/09, BStBl. II 2013, 16 Rn. 18 ff.; sa. Rn. 193.
14 BFH v. 8.10.1969 – I R 94/67, BStBl. II 1970, 44.

werden. Fällt die Darlehensforderung ganz oder zT aus, dann ist der Verlust in dem Zeitpunkt als BA zu behandeln, in welchem er endg. feststeht.[1] All dies ist steuersystematisch stimmig, weil der StPfl. bei Hingabe v. Darlehensmitteln AK für ein nicht abnutzbares WG aufwendet, so dass der Vorgang in der Gewinnermittlung nach Abs. 3 zunächst unberücksichtigt zu bleiben hat. Gleiches gilt für **Entnahmen** und **Einlagen** v. **Geld**, wobei die Begriffe Einlage und Entnahme voraussetzen, dass es sich um eine außerbetriebliche Veranlassung handelt. Fließt das Geld dem Unternehmer betrieblich veranlasst zu, dann handelt es sich um eine BE, im umgekehrten Fall um eine BA. Fällt eine Forderung weg, so ist zunächst davon auszugehen, dass die Entstehung, die Wertberichtigung und der Ausfall einer Forderung den Gewinn nach Abs. 3 grds. nicht beeinflussen, weil es sich um ein nicht abnutzbares WG des Anlagevermögens handelt. Der Erl. der Forderung aus privaten Gründen kann aber zu einem Entnahmegewinn führen. IÜ wird der Gewinn erst durch einen Zahlungseingang beeinflusst. Erlässt der StPfl. eine Forderung in einem früheren Zeitpunkt, und zwar betrieblich veranlasst, dann kann der Vorgang den Gewinn nicht berühren.

Die Kassenrechnung des § 4 Abs. 3 führt in Kombination mit dem Abflussprinzip des § 11 Abs. 2 grds. dazu, dass sich Ausgaben des StPfl. regelmäßig für die Steuerperiode auswirken, in welcher sie effektiv geleistet worden sind. Anders als bei der bilanziellen Gewinnermittlung gibt es bei der EÜR grds. **keinen Periodisierungsmechanismus** dergestalt, dass Ausgaben, die zu betrieblich genutzten WG führen, über die betriebsgewöhnliche Nutzungsdauer des erlangten Guts verteilt werden. Deswegen führt die Zahlung angeschaffter Waren (des UV) sofort und in vollem Umfang zu BA, wobei sich in der Praxis häufig das Problem stellt, wie einerseits die Grenze zum AV und andererseits die Grenze zum PV zu ziehen ist (zB Anschaffung v. Dentalgold durch einen Zahnarzt).[2] Übermäßige Verzerrungen des Periodenergebnisses werden durch Abs. 3 S. 3 und S. 4 unterbunden. Nach **§ 4 Abs. 3 S. 3** sind die Vorschriften über die Bewertungsfreiheit geringwertiger WG (**§ 6 Abs. 2**), die Bildung eines Sammelpostens (**§ 6 Abs. 2a**) und über die **AfA** oder **Substanzverringerung** zu befolgen; auch die Regelungen über erhöhte Absetzungen und über Sonderabschreibungen gelten.[3] Nach **§ 4 Abs. 3 S. 4** sind AK oder HK ua. (zu weiteren WG s. Rn. 146) für **nicht abnutzbare WG des Anlagevermögens** erst im Zeitpunkt des Zuflusses des Veräußerungserlöses oder bei Entnahme erst im Zeitpunkt der Entnahme als BA zu berücksichtigen. Eine **TW-Abschreibung** nach § 6 Abs. 1 ist jedoch bei der Gewinnermittlung nach § 4 Abs. 3 nicht zulässig.[4] Nach überwiegender Meinung richtet sich hinsichtlich der AfA der für die Gewinnermittlung relevante Zeitpunkt nicht nach § 11 und dem Zeitpunkt der Zahlung, sondern nach der Sonderregelung des § 7 und dem Zeitpunkt der Anschaffung (§ 9a EStDV). 145

Nach früherer Rechtslage galt **§ 4 Abs. 3 S. 4** nur für nicht abnutzbare WG des AV (Rn. 145), so dass die AK von WG des UV sofort BA waren.[5] § 4 Abs. 3 S. 4 idF des **G zur Eindämmung missbräuchlicher Steuergestaltungen** v. 28.4.2006[6] (Anwendungsregelung § 52 Abs. 6 S. 3) führt dazu, dass auch für Anteile an KapGes., für Wertpapiere und vergleichbare nicht verbriefte Forderungen und Rechte, für Grund und Boden sowie Gebäude des UV nicht mehr das Abflussprinzip angewandt wird. Bei den betroffenen WG wird steuerrechtl. die Unterscheidung v. AV und UV negiert, um Steuerstundungseffekten entgegenzutreten, bei denen AK in sofort abzugsfähige BA umgewandelt werden. Gleichwohl haben sich jedenfalls vor Einfügung des § 15b Abs. 3a iRd. Abs. 3 S. 4 insbes. im Edelmetallhandel weiterhin Gestaltungsmöglichkeiten ergeben. So hat sich bspw. das sog. Modell „Goldfinger" ua. zunutze gemacht, dass zum UV gehörige Goldbarren (**physisches Gold**) keine mit Wertpapieren vergleichbare nicht verbriefte Forderungen oder Rechte iSd. Abs. 3 S. 4 Alt. 3 sind.[7] Auch die Anschaffung eines **Rückdeckungsanspruchs** ist regelmäßig keine von Abs. 3 S. 4 erfasste Anschaffung von Wertpapieren und vergleichbaren, nicht verbrieften Forderungen und Rechten des UV.[8] Neben WG des AV sind auch WG des UV iSd. Abs. 3 S. 4 in besondere, lfd. zu führende **Verzeichnisse** aufzunehmen (**Abs. 3 S. 5**). AK/HK sind für sie im Zeitpunkt des Zuflusses eines Veräußerungserlöses oder im Zeitpunkt der Entnahme als BA zu erfassen. 146

---

1 BFH v. 11.3.1976 – IV R 185/71, BStBl. II 1976, 380.
2 Vgl. BFH v. 12.7.1990 – IV R 137/89, IV R 138/89, BStBl. II 1991, 13 = FR 1991, 81; v. 26.5.1994 – IV R 101/93, BStBl. II 1994, 750 = FR 1994, 671.
3 R 4.5 Abs. 3 S. 3 EStR.
4 BFH v. 21.6.2006 – XI R 49/05, BStBl. II 2006, 712; v. 5.11.2015 – III R 13/13, BStBl. II 2016, 468.
5 Vgl. BFH v. 12.7.1990 – IV R 137/89, IV R 138/89, BStBl. II 1991, 13 = FR 1991, 81; zur nicht möglichen Nachholung BFH v. 30.6.2005 – IV R 20/04, FR 2005, 1248 m. Anm. *Kanzler* = DStR 2005, 1600; BT-Drucks. 16/634, 10.
6 BGBl. I 2006, 1095; zur Entstehungsgeschichte von Abs. 3 S. 4 auch BFH v. 19.1.2017 – IV R 10/14, BStBl. II 2017, 466 Rn. 35 ff.
7 Näher BFH v. 19.1.2017 – IV R 10/14, BStBl. II 2017, 466, zur Beurteilung v. physischem Gold Rn. 31 ff.; v. 19.1.2017 – IV R 50/14, BStBl. II 2017, 456, zur Beurteilung v. Goldbarren Rn. 81 ff.; *Jennemann*, FR 2013, 253; sa. H 4.5 Abs. 2 „Gold" EStH.
8 BFH v. 12.12.2017 – VIII R 9/14, BStBl. II 2018, 387.

147 **3. Anschaffungs- und Veräußerungsvorgänge.** Bei Anschaffung oder Herstellung v. UV fallen außerhalb des Anwendungsbereichs des Abs. 3 S. 4 nF (Rn. 146) mit der Zahlung des Kaufpreises oder der Material- oder Fertigungskosten BA an.[1] Der Veräußerungserlös ist als BE im Zeitpunkt des Zuflusses zu erfassen. Werden **abnutzbare WG des Anlagevermögens** angeschafft oder hergestellt, wirkt sich nur die AfA gewinnmindernd aus. Im Veräußerungsfall ist Abs. 3 S. 4 entspr. heranzuziehen und dem Veräußerungserlös als BE ist der Restwert des WG als BA gegenüberzustellen. Der Veräußerungserlös ist dabei im Jahr der Zahlung zu erfassen, während der „Restbuchwert" grds. im Jahr der Veräußerung ohne Rücksicht auf die Zahlung den Gewinn mindert.[2] Die Anschaffung oder Herstellung eines **nicht abnutzbaren WG des Anlagevermögens** bleibt zunächst ohne Gewinnauswirkung; die AK oder HK werden im Jahr der Anschaffung oder Herstellung in ein Verzeichnis aufgenommen. Bei künftiger Veräußerung wird der Veräußerungserlös um den aufgezeichneten Buchwert gekürzt.

148 Scheiden WG betrieblich veranlasst aus dem Betrieb aus, **ohne dass sie veräußert** oder in anderer betriebstypischer Weise verwendet worden sind (Brand, Diebstahl usw.), dann hängt die steuerrechtl. Qualifizierung iRd. vereinfachten Gewinnermittlung nach Abs. 3 davon ab, ob die AK oder HK des betr. WG schon als BA berücksichtigt worden sind. Handelt es sich um abnutzbare WG des Anlagevermögens, dann waren wegen Abs. 3 S. 3 nur die bisherige Jahres-AfA BA, so dass der Restbuchwert im Jahr des Ausscheidens als BA anzusehen ist. Der Wortlaut des Abs. 3 S. 4 enthält insoweit eine Regelungslücke, weil kein Fall der Entnahme und Veräußerung vorliegt. Es wird jedoch als unstrittig angesehen, dass die Bestimmung entspr. anzuwenden ist.[3]

149 Im Falle einer **Betriebsveräußerung** oder BetrAufg. ist zur Ermittlung des Veräußerungs- bzw. Aufgabegewinns nach § 16 Abs. 1, 3 ein Wechsel der Gewinnermittlungsart v. § 4 Abs. 3 auf § 4 Abs. 1 erforderlich (§ 16 Abs. 2 S. 2). Dies erfordert eine **Korrektur** einzelner Geschäftsvorfälle am Maßstab des BV-Vergleichs (s. Rn. 242 ff.). Geschäftsvorfälle, die nach dem Prinzip der Kassenrechnung bisher nicht erfasst worden sind, aber beim BV-Vergleich entspr. berücksichtigt werden müssen, sind auszuweisen; Entspr. gilt für spiegelbildliche Fälle. Gewinnkorrekturen sind dem lfd. und nicht dem Veräußerungsgewinn zuzuordnen.

150 Der StPfl., der seinen Betrieb veräußert oder ihn aufgibt, muss so behandelt werden, als ob er im Augenblick der Veräußerung oder Aufgabe zur Gewinnermittlung durch Bestandsvergleich nach Abs. 1 übergegangen wäre. Die daraufhin erforderlichen Hinzurechnungen und Abrechnungen sind nicht beim Veräußerungsgewinn/Veräußerungsverlust, sondern beim **lfd. Gewinn/Verlust** der Periode der Veräußerung vorzunehmen.[4] Anders als beim Wechsel v. der EÜR zum BV-Vergleich können die dem Gewinn hinzuzurechnenden Beträge nicht auf drei Jahre verteilt werden. Wenn der StPfl. auf den Zeitpunkt der Betriebsveräußerung oder BetrAufg. keine Schlussbilanz aufstellt, können die in späteren Perioden gezahlten Steuern und andere Aufwendungen, die durch den ehemaligen Betrieb veranlasst worden sind, als nachträgliche BA zu berücksichtigen sein und auch zu nachträglich wirksamen Verlusten führen, sofern dadurch keine ungerechtfertigten Steuervorteile erlangt werden.[5]

151 Im Falle der **unentgeltlichen Übertragung** des Betriebs, TB oder (Teil-)MU'anteils (§ 6 Abs. 3) kann wie auch beim Erbfall der Übergang zum BV-Vergleich unterbleiben, wenn denn der/die Rechtsnachfolger den Betrieb fortführen. Das ist deshalb gerechtfertigt, weil insoweit ein Eintritt in die Position des Vorgängers stattfindet.

152 Wird ein Betrieb, bei dem der Gewinn nach § 4 Abs. 3 EStG ermittelt wird, nach **§ 24 UmwStG** in eine PersGes. eingebracht, dann kann die aufnehmende PersGes. die eingebrachten WG mit den TW oder Buchwerten, aber auch mit einem Zwischenwert, ansetzen (§ 24 Abs. 2 UmwStG). Wird der **Teilwertansatz** gewählt, kommt es für den Einbringenden zu einem Einbringungsgewinn, der jedoch nur dann begünstigt ist, wenn der einbringende Unternehmer eine Einbringungsbilanz und die Ges. eine EB erstellen.[6] All dies gilt auch dann, wenn der Gewinn nach § 4 Abs. 3 ermittelt wird. Die Einbringungsbilanz bedeutet für den Einbringenden den Übergang v. der EÜR zum BV-Vergleich.[7] Es kann sich daher neben dem Einbringungsgewinn auch ein Übergangsgewinn ergeben. Die Ges. kann nach Erstellung der EB ihren Gewinn nach Abs. 3 ermitteln.

1 BFH v. 12.7.1990 – IV R 137/89, IV R 138/89, BStBl. II 1991, 13 = FR 1991, 81.
2 BFH v. 16.2.1995 – IV R 29/94, BStBl. II 1995, 635 = FR 1995, 697.
3 Vgl. *Blümich*, § 4 Rn. 164 und 202.
4 BFH v. 23.11.1961 – IV 98/60 S, BStBl. III 1962, 199.
5 BFH v. 13.5.1980 – VIII R 84/79, BStBl. II 1980, 692 = FR 1980, 497.
6 Vgl. BFH v. 5.4.1984 – IV R 88/80, BStBl. II 1984, 518 = FR 1984, 451.
7 BFH v. 5.4.1984 – IV R 88/80, BStBl. II 1984, 518 = FR 1984, 451.

Werden von einem StPfl., der seinen Gewinn nach § 4 Abs. 3 ermittelt, anlässlich einer **Praxiseinbringung** nach § 24 UmwStG **Forderungen zurückbehalten**, die dem Grunde und der Höhe nach unstreitig sind, gehen diese nach Ansicht des XI. Senats des BFH nicht zwangsläufig in das PV des Einbringenden über; erklärt der StPfl. nicht ausdrücklich eine Entnahme der zurückbehaltenen, betriebl. begründeten Forderungen ins PV, kann er diese vielmehr auch ohne Betrieb als Restbetriebsvermögen behandeln und schrittweise einziehen; insoweit kann von einer Erfassung der Forderungen als Übergangsgewinn abgesehen werden und eine Versteuerung der Einnahmen erst bei Zufluss erfolgen.[1] Nachdem die Entscheidung des VIII. Senats nicht im BStBl. veröffentlicht wurde, hat der VIII. Senat des BFH nunmehr das BMF zum Beitritt in einem Revisionsverfahren aufgefordert, in dem der Zeitpunkt der Besteuerung von zurückbehaltenen Forderungen anlässlich der Einbringung einer Einzelpraxis in eine Sozietät streitig ist.[2] 152a

E. Betriebseinnahmen

Literatur: *Giloy*, Zum Begriff der Betriebseinnahmen, FR 1975, 157; *Prinz*, Veranlassungsprinzip, StuW 1996, 267; *Tipke*, Zur Abgrenzung zw. Betriebs- oder Berufssphäre v. der Privatsphäre im Einkommensteuerrecht, StuW 1979, 183.

I. Begriff. Der Begriff der **BE** ist im EStG **nicht definiert**. Er wird nur iZ mit der EÜR nach § 4 Abs. 3 verwendet, doch geht die herrschende Praxis zutr. davon aus, dass er auch im Bereich der Gewinnermittlung durch BV-Vergleich eine notwendige Entsprechung zum Begriff der BA bildet. Nach dem in Anlehnung an § 8 Abs. 1 und in § 4 Abs. 4 verankerten Veranlassungsprinzip sind nach der Rspr. des BFH BE alle **Zugänge in Geld oder Geldeswert, die durch den Betrieb veranlasst** (und keine Einlage) sind.[3] Unter der Prämisse, dass bei den Gewinneinkünften iSd. § 2 Abs. 2 S. 1 Nr. 1 ein einheitlicher Begriff der BE – unabhängig v. der konkreten Gewinnermittlungsart – gilt, sind nicht nur zugeflossene Einnahmen iSd. § 11 zu erfassen (ein Zufluss iSv. § 11 ist dem Begriff der BE allerdings nicht stets immanent[4]), sondern auch sonstige nach den allg. Gewinnrealisierungstatbeständen anzusetzende, betrieblich veranlasste Wertzugänge. 153

Als BE sind nur **tatsächlich erzielte Einnahmen** anzusehen. Dabei können BE auch vorliegen, wenn der StPfl. als Betriebsinhaber **unentgeltliche Zuwendungen** erhält, mit denen weder ein zuvor begründeter Rechtsanspr. erfüllt, noch eine in der Vergangenheit erbrachte Leistung vergütet werden soll; erforderlich ist nur, dass die Zuwendung einen wirtschaftl. Bezug zum Betrieb aufweist.[5] **Fiktive Einnahmen** sind grds. keine BE. Soweit bei der EÜR die Auflösung der Rücklagen nach § 6b oder § 7g gem. § 6c Abs. 1 oder § 7g Abs. 6 aF als (fiktive) BE behandelt wird, handelt es sich nur um eine technische Rückgängigmachung der als (fiktive) BA gewährten Rücklage. Rein fiktive Gewinnerhöhungen sind aber die Zinszuschläge nach § 6b Abs. 7 oder § 7g Abs. 5 aF.[6] Verzichtet der StPfl. v. vornherein auf ein Entgelt, entsteht weder eine betriebliche Forderung, noch eine BE. Die Verwendung v. Sachwerten oder Personalkosten ist ebenso wie ein nachträglicher Verzicht aus privaten Gründen als Entnahme zu werten. Ersparte Aufwendungen führen mangels eines Wertzugangs nicht zu (fiktiven) BE.[7] Wird dem StPfl. ein zinsloses Darlehen gewährt, ist dieser Vorgang insgesamt neutral, also weder BE, noch BA iHd. ersparten Zinsen.

Im Grundsatz ist es steuersystematisch unschädlich, dass das G den Begriff der BE nur in Abs. 3 erwähnt. Es ist nämlich davon auszugehen, dass beim BV-Vergleich die Erfassung v. Vermögensmehrungen v. der Zugehörigkeit eines WG zum BV abhängig ist. Insofern hat der Begriff der BE allein die Funktion, eine abgekürzte Bezeichnung für eine **gewinnwirksame Vermögensmehrung** zu liefern. Wenn der Begriff der BE auch iRd. BV-Vergleichs angewendet wird, dann ist es konsequent, dass der Zufluss kein Begriffsmerkmal der BE darstellt, sondern allein ein Element, das aufgrund des Gesetzeswortlauts bei der Gewinnermittlung nach Abs. 3 hinzutritt. All dies entspricht der parallelen Situation bei der BA, bei der ebenfalls der Abfluss aufgrund der Anwendung dieses Begriffs beim BV-Vergleich kein konstitutives Element ist. Infolgedessen ist es auch ohne Bedeutung, ob ein Rechtsanspruch auf die jeweilige Einnahme besteht und ob sich ein Zugang im BV ergibt.[8] Der nach dem BV-Vergleich sich ergebende stl. Gewinn ist um alle betrieblich veranlassten Wertzugänge zu erhöhen. Bei einem Bilanzierenden sind Sachleistungen oder Nutzungen als BE außerbilanziell zu erfassen, wenn sie sich nicht zur betrieblichen Nutzung eignen oder dazu nicht bestimmt sind.[9] Es kann in Anlehnung an §§ 4 Abs. 4, 8 Abs. 1 allein darum gehen, dass eine BE dann gege- 154

1 BFH v. 14.11.2007 – XI R 32/06, BFH/NV 2008, 385.
2 BFH v. 26.6.2012 – VIII R 41/09, BFH/NV 2012, 1648.
3 BFH v. 21.11.1963 – IV 345/61 S, BStBl. III 1964, 183; v. 17.4.1986 – IV R 115/84, BStBl. II 1986, 607 = FR 1986, 414; v. 26.9.1995 – VIII R 35/93, BStBl. II 1996, 273 = FR 1996, 212.
4 Vgl. *Blümich*, § 4 Rn. 523.
5 BFH v. 30.11.2016 – VIII R 41/14, BFH/NV 2017, 1180 Rn. 17 mwN.
6 *Kirchhof*[7], § 7a Rn. 51.
7 BFH v. 22.7.1988 – III R 175/85, BStBl. II 1988, 995 = FR 1989, 105; *Blümich*, § 4 Rn. 526.
8 BFH v. 26.6.1991 – XI R 24/89, BStBl. II 1991, 877 = FR 1991, 724.
9 BFH v. 26.9.1995 – VIII R 35/93, BStBl. II 1996, 273 = FR 1996, 212.

ben ist, wenn dem StPfl. Geld oder geldwerte Güter zuzurechnen sind, die aus betrieblichem Anlass aus einer Teilnahme am Marktgeschehen resultieren.

155 **II. Betriebliche Veranlassung und Zurechnung.** BE sind nur dann gegeben, wenn ein Wertzugang stattgefunden hat, der durch den Betrieb veranlasst ist. Dies muss im Bereich der steuerrechtl. Gewinnermittlung (BV, BE, BA) nach eigenständigen steuerrechtl. Wertungen und im Grundsatz (vgl. aber Rn. 4) einheitlich beurteilt werden. Danach ist eine betriebliche Veranlassung zu bejahen, wenn ein **objektiver wirtschaftlicher oder tatsächlicher Zusammenhang mit dem Betrieb** besteht. Subj Merkmale sind grds. unbeachtlich, da der Zugang v. Einnahmen regelmäßig nicht v. Willen des StPfl. abhängt, sondern auf Vermögensverfügungen Dritter beruht.[1] Die Beurteilung der betrieblichen Veranlassung erfolgt **isoliert aus der Sicht des StPfl.** und ist insbes. unabhängig davon, ob auf Seiten des Gebers steuerrelevante Erwerbsaufwendungen vorliegen. Deshalb ist es bspw. unerheblich, ob die Aufwendungen auf Geberseite dem Abzugsverbot des Abs. 5 unterliegen.[2] Die Rspr. des BFH versteht den Begriff der BE, also die Kausalität durch die betriebliche Tätigkeit, sehr weit. Es soll weder erforderlich sein, dass der Vermögenszuwachs im Betrieb erwirtschaftet wurde, noch, dass der Spfl einen Rechtsanspruch auf den Vermögenszuwachs hat. Demnach sollen BA auch vorliegen, wenn ein Betriebsinhaber unentgeltliche (!) Leistungsfähigkeitssteigerungen erhält, mit denen weder ein zuvor begründeter Rechtsanspruch erfüllt, noch eine in der Vergangenheit erbrachte Leistung vergütet werden soll.[3] IErg. sind also selbst „zufällige" Leistungsfähigkeitssteigerungen betrieblicher Gewinn, wenn denn eine Kausalität mit der betrieblichen Tätigkeit besteht.

156 Als BE sind im Einzelnen alle lfd. und einmaligen, außerordentlichen Einnahmen aus betrieblichen Tätigkeiten und Geschäften einschl. der Nebentätigkeiten und sog. Hilfsgeschäfte (zB Veräußerung v. WG des Anlagevermögens) anzusehen. Die Entgelte aus der Nutzungsüberlassung v. WG des BV sind immer BE, unabhängig v. Willen des StPfl.[4] Dass die Zuwendung **unentgeltlich** oder ohne Rechtspflicht erfolgt, schließt eine betriebliche Veranlassung nicht aus. Deshalb führt eine aus betrieblichen Gründen erlangte Schenkung ebenso zu BE (vgl. § 6 Abs. 4) wie ein Schulderlass zum Zwecke der Sanierung. Die BE begründende betriebliche Veranlassung setzt **keine betriebliche Verwendung** des erlangten Vorteils voraus.[5] Unerheblich ist auch, dass der Vorteil nur mittelbar dem StPfl. und **unmittelbar Dritten** zugute kommt. Deswegen liegen beim StPfl. BE vor, wenn seinen Familienangehörigen aus betrieblichen Gründen ein kostenloser Auslandsaufenthalt eingeräumt wird.[6] Die BE sind hier dem **StPfl. persönlich zuzurechnen**, weil er den Tatbestand der in §§ 13–18 beschriebenen Handlungen erfüllt. Wertzugänge, die durch **private Umstände veranlasst** sind, führen zu keinen BE (zB übliche Geburtstagsgeschenke oder Umschichtungen in der privaten Vermögenssphäre), eine private Mitveranlassung hindert hingegen die Annahme einer BE nicht.

BE aus **Nebentätigkeiten** liegen vor, wenn die entgeltauslösende Handlung zwar nicht zur eigentlichen betrieblichen Zweckbestimmung gehört, aber ein wirtschaftliche Zusammenhang mit dem Betrieb besteht. Dazu gehören die berufliche Mitwirkung an Prüfungen, die Erstellung berufsbezogener Gutachten oder Aufwandsentschädigungen für ein berufsbezogenes Ehrenamt.[7] Die bloße Verwertung beruflicher Kenntnisse oder Fähigkeiten ist nur dann betrieblich veranlasst, wenn sie bei berufstypischen Geschäften eingesetzt werden. Bei riskanten Nebengeschäften[8] (zB Wetteinnahmen v. Trabrennfahrer[9]) ist ein Zusammenhang mit dem Betrieb idR auszuschließen.

157 Sind die Einnahmen ihrer Art nach **teils dem betrieblichen, teils auch dem privaten Bereich** zuzuordnen, findet eine Aufteilung statt (zB Entschädigungszahlung für die Aufgabe v. Wohn- und Geschäftsraum).[10] Besonderheiten bestehen, wenn die Einnahmen bereits **dem Grunde nach** sowohl betrieblich als auch privat veranlasst sind. Da das nach früherer Rechtsansicht des BFH dem § 12 Nr. 1 S. 2 zu entnehmende sog. Aufteilungs- und Abzugsverbot bei gemischt veranlassten Einnahmen bereits bisher nach

---

1 BFH v. 22.7.1988 – III R 175/85, BStBl. II 1988, 995 = FR 1989, 105; v. 26.9.1995 – VIII R 35/93, BStBl. II 1996, 273 = FR 1996, 212.

2 BFH v. 13.12.1973 – I R 136/72, BStBl. II 1974, 210; v. 26.9.1995 – VIII R 35/93, BStBl. II 1996, 273 = FR 1996, 212.

3 BFH v. 2.9.2008 – X R 25/07, BStBl. II 2010, 550 = FR 2009, 389 m. Anm. *Wendt* betr. Gewinn aus einem Los, welches ein selbständiger Vertriebsmitarbeiter für die Erzielung bestimmter Umsätze erhält.

4 BFH v. 27.3.1974 – I R 44/73, BStBl. II 1974, 488.

5 BFH v. 26.9.1995 – VIII R 35/93, BStBl. II 1996, 273 = FR 1996, 212; v. 9.10.1996 – XI R 35/96, BStBl. II 1997, 125 = FR 1997, 60 m. Anm. *Bergkemper*.

6 BFH v. 26.11.1997 – X R 146/94, BFH/NV 1998, 961.

7 BFH v. 26.2.1988 – III R 241/84, BStBl. II 1988, 615; OFD Mgdb. v. 28.3.2002, DStR 2002, 1046.

8 Anders, wenn Siegchance Hauptgeschäft ist (zB Rennstall BFH v. 19.7.1990 – IV R 82/89, BStBl. II 1991, 333 = FR 1990, 674).

9 BFH v. 24.10.1969 – IV R 139/68, BStBl. II 1970, 411.

10 Vgl. auch *K/S/M*, § 4 Rn. B 102 – „Aufteilung nach Veranlassungsbeiträgen".

überwiegender Ansicht nicht sinngemäß herangezogen werden konnte,[1] stellt sich die Frage, ob die neueste Rspr. des GrS[2] auch bzgl. der Einnahmen eine Entwicklung zu einer stärkeren Aufteilung einleitet. Nach der bisherigen Rspr. des BFH liegen allerdings BE bereits dann vor, wenn der Wertzugang durch einen **nicht völlig untergeordneten betriebsbezogenen Umstand ausgelöst** worden ist.[3] Dies hat regelmäßig zur Folge, dass der gesamte zugegangene Vermögenswert als BE zu erfassen ist; grds. ist aber eine (schätzweise) Aufteilung zulässig.[4]

BE liegen des Weiteren dann vor, wenn in der Vergangenheit als BA abziehbare Aufwendungen entweder v. **Empfänger zurückgezahlt** oder **v. dritter S. aus betrieblichen Gründen ersetzt** werden.[5] Da die Zahlung privater Steuern nach der Systematik des EStG (vgl. § 12 Nr. 3) der Privatsphäre zuzuordnen ist, führt eine evtl. spätere **Erstattung entspr. Steuerzahlungen** nicht zu BE, wenn diese v. FA vorgenommen wird. Erfolgt die Erstattung v. dritter S. in Form v. Schadensersatz, weil eine fehlerhafte Beratung des Dritten zu einer vermeidbaren Belastung mit privaten Steuern geführt hat, dann darf diese Erstattung ebenso wenig als BE qualifiziert werden.[6] In dem Sonderfall, dass früher **nicht abziehbare BA** ersetzt oder erstattet werden, geht die Rspr. des BFH davon aus, dass es sich um stpfl. BE handelt. Eine im Wege des Umkehrschlusses zu § 3c gezogene StFreiheit wird ausgeschlossen.[7] Diese Praxis führt zu der iErg. wenig überzeugenden Konsequenz, dass bspw. die Erstattung v. nach § 4 Abs. 5 S. 1 Nr. 10 nicht abzugsfähigen Schmiergeldern zu stpfl. BE führt. Nach hier vertretener Ansicht liegt der Sonderregelung des § 4 Abs. 5 S. 1 Nr. 8 S. 3 ein systemkonformer (vgl. § 3c Abs. 1) und deshalb allg. analogiefähiger Rechtsgedanke zugrunde. 158

Schon § 24 Nr. 2 zeigt, dass BE auch **vor Beginn** des Betriebes und **nach** seiner **Beendigung** anfallen können, wobei jedoch umstritten war, ob für solche Sachverhalte die Technik des BV-Vergleichs oder wahlweise die EÜR angewendet werden kann.[8] Jedenfalls dann, wenn eine Gewinnermittlung nach §§ 4 Abs. 1, 5 nicht erstellt worden ist, sollten die Grundsätze der EÜR Anwendung finden. Nach neuerer Rspr. sind nachträgliche Einkünfte nach einer Betriebsaufgabe nicht mehr durch BV-Vergleich, sondern in sinngemäßer Anwendung des § 4 Abs. 3 unter Berücksichtigung des Zu- und Abflussprinzips gem. § 11 zu ermitteln; ein Wahlrecht besteht nicht.[9] Dies ist damit zu begründen, dass ein BV-Vergleich iS einer Gegenüberstellung des Aktiv- und des Passivvermögens ab dem Zeitpunkt einer Betriebsveräußerung oder einer Betriebsaufgabe nicht mehr möglich ist.[10] 159

III. Abgrenzung zu Einlagen und Entnahmen. Die Begriffe der BE und der **Einlage** weisen insofern Gemeinsamkeiten auf, als es sich in beiden Fällen um **BV-Mehrungen** handelt. Ein erster Unterschied liegt darin, dass der Zuführungszweck der Einlage notwendigerweise in der **betrieblichen Verwendung** liegen muss, während es bei BE allein auf die **betriebliche Veranlassung** der Einnahme unabhängig v. der betrieblichen Verwendung ankommt.[11] Der in dogmatischer Hinsicht wesentliche Unterschied besteht darin, dass BE (und BA) ihren Grund im betrieblichen Wirtschaftsgeschehen (bzw. in der Teilnahme am Marktgeschehen, Rn. 154) haben, während der Grund v. Einlage (und Entnahme) in **der außerbetrieblichen Sphäre** des StPfl. liegt. Allein der betrieblich erwirtschaftete Gewinn soll jedoch das Substrat der Besteuerung bei den Gewinneinkünften bilden.[12] Wird bspw. dem StPfl. eine betriebliche Schuld erlassen, dann ist der dadurch ausgelöste Wertzugang betrieblich veranlasst (BE), wenn der Erl. etwa zum Zwecke der Sanierung des Schuldners erfolgt. Wollte dagegen der Gläubiger den StPfl. erkennbar aus persönlichen (privaten) Gründen unentgeltlich bereichern und erlässt er zu diesem Zweck eine betriebliche Schuld, dann ist dieser Vorgang als private Vermögensmehrung zu werten, die in derselben juristischen Sekunde zu einer Einlage des StPfl. in das BV führt.[13] 160

---

1 *Blümich*, § 4 Rn. 534; *Schmidt*[37], § 4 Rn. 444.
2 BFH v. 21.9.2009 – GrS 1/06, BStBl. II 2010, 672 = FR 2010, 225 m. Anm. *Kempermann*.
3 BFH v. 14.3.1989 – I R 83/85, BStBl. II 1989, 650 = FR 1989, 453; v. 6.9.1990 – IV R 125/89, BStBl. II 1990, 1028 = FR 1991, 13 m. Anm. *Söffing*.
4 Vgl. *Blümich*, § 4 Rn. 534; *Schmidt*[37], § 4 Rn. 444.
5 BFH v. 29.7.1976 – IV R 172/72, BStBl. II 1976, 781; *Blümich*, § 4 Rn. 543.
6 *Blümich*, § 4 Rn. 545 („actus contrarius"); *Schwedhelm/Olbing*, BB 1994, 1612; vgl. auch BFH v. 4.12.1991 – I R 26/91, BStBl. II 1992, 686.
7 BFH v. 28.5.1968 – IV R 65/67, BStBl. II 1968, 581; *Blümich*, § 4 Rn. 544; **aA** *Schmidt*[36], § 4 Rn. 460 „Abfindungen (5/b)".
8 Vgl. BFH v. 6.3.1997 – IV R 47/95, BStBl. II 1997, 509 = FR 1997, 526; v. 22.9.1999 – XI R 46/98, BStBl. II 2000, 120 = FR 2000, 199 m. Anm. *Wendt*; *Schmidt*[36], § 4 Rn. 446.
9 BFH v. 23.2.2012 – IV R 31/09, BFH/NV 2012, 1448.
10 Ausf. BFH v. 23.2.2012 – IV R 31/09, BFH/NV 2012, 1448 Rn. 32f.
11 BFH v. 26.11.1997 – X R 146/94, BFH/NV 1998, 961.
12 BFH v. 13.12.1973 – I R 136/72, BStBl. II 1974, 210; v. 16.1.1975 – IV R 180/71, BStBl. II 1975, 526.
13 BFH v. 12.3.1970 – IV R 39/69, BStBl. II 1970, 518.

F. Betriebsausgaben (Abs. 4–9)

161 **I. Begriff und steuersystematische Abgrenzungen. 1. Veranlassungsprinzip und nichtbetriebliche Sphäre.** Nach der Definition des Abs. 4 sind BA Aufwendungen, die **durch den Betrieb veranlasst** sind. Die betriebliche Veranlassung (sa. Rn. 170) ist das entscheidende Merkmal für die Abzugsfähigkeit v. Aufwendungen, wobei der BFH das sog. **Veranlassungsprinzip**[1] auch auf den WK-Abzug bei den Überschusseinkünften ausgedehnt hat,[2] obwohl § 9 Abs. 1 S. 1 „final" formuliert ist (sa. § 9 Rn. 21). Die Frage, inwieweit dabei Kausalitätsüberlegungen eine Rolle spielen, ist umstritten.[3] Jedenfalls müssen Ausgaben **objektiv** mit dem Betrieb zusammenhängen und – soweit sie auf einer Willensentscheidung des StPfl. beruhen – **subjektiv** dazu bestimmt sein, dem Betrieb zu dienen.[4] Allgemeiner ist auch die Rede davon, dass BA in einem wirtschaftl. Zusammenhang mit einer der Einkunftsarten des EStG stehen müssen.[5] BA bei einer **PersGes.** sind die Ausgaben, die durch den Betrieb dieser Ges. oder – als Sonder-BA – durch die Beteiligung der G'ter an der PersGes. veranlasst sind.[6] Bei den BA ist der dem StPfl. verbleibende subjektive Entscheidungsspielraum regelmäßig größer als bei den BE, weil es der StPfl. in der Hand hat, den Betriebsumfang und damit den Umfang der betrieblichen Veranlassung v. Aufwendungen zu bestimmen.[7]

162 Ein objektiver Zusammenhang mit dem Betrieb besteht, wenn die Ausgaben mit bestimmten BE in Verbindung stehen (zB lfd. Betriebsaufwendungen wie gezahlte Arbeitslöhne, Betriebssteuern oder Mietaufwand) oder wenn sie geeignet sind, die Geschäftstätigkeit des StPfl. allg. zu fördern (s. Rn. 20). Besteht ein eindeutiger objektiver Zusammenhang, können auch ohne oder gegen den Willen des StPfl. anfallende Aufwendungen BA sein (zB Diebstahl v. Gegenständen des BV oder deren Zerstörung bzw. Verlust).

163 Liegt eine betriebliche Veranlassung vor, mindert die Aufwendung als BA den Gewinn. Es ist dabei unerheblich, ob die Aufwendung zweckmäßig, angemessen oder nützlich ist. Ebenso ist ein Abzug möglich, wenn die Aufwendung nicht zum erhofften Erfolg führt. Ohne Bedeutung ist es auch, ob die Aufwendung im lfd. Betrieb, bereits vor Aufnahme der betrieblichen Tätigkeit (sog. vorweggenommene BA) oder erst nach Aufgabe des Geschäftsbetriebs anfällt (sog. nachträgliche BA). Grds können nur die eigenen Aufwendungen des Betriebsinhabers als BA abgezogen werden (zum sog. Drittaufwand Rn. 171 ff.).

164 **Kosten der privaten Lebensführung** sind nicht abzugsfähig (§ 12 Nr. 1). Hier treten in der Praxis eine Vielzahl v. Abgrenzungsschwierigkeiten auf. Die jüngste Rspr. des GrS des BFH[8] stellt hier eine Kehrtwende dar. Während früher der Grundsatz der Trennung v. Einkommenserzielung und Einkommensverwendung stärker als das Nettoprinzip gewichtet wurde, besitzt nunmehr das objektive Nettoprinzip eine höhere Stellung. Durch eine möglichst veranlassungsgemäße Aufteilung der betrieblichen und privaten Aufwendungen soll einerseits einer am Postulat des sog. Leistungsfähigkeitsprinzips orientierten Einkunftsermittlung Rechnung getragen werden und andererseits durch eine Aufteilung der entstandenen Kosten Manipulationen ausreichend Einhalt geboten werden (vgl. § 12 Rn. 3 ff.).

165 **2. Systematik.** Nach der Idee des sog. **objektiven Nettoprinzips** mindern BA im Grundsatz den Gewinn. Von diesem Prinzip abw. sieht das G einige besondere Regelungen vor, die den Abzug v. Aufwendungen, die ihrer Natur nach BA sind, ausnahmsweise ausschließen. **Nicht abziehbare BA** führen zwar zu einer Vermögensminderung, sie dürfen aber v. der estl. Bemessungsgrundlage nicht abgezogen werden. Sie werden entweder nicht gebucht (zB bei Abs. 3) oder außerhalb der Bilanz dem Gewinn hinzugerechnet.[9]

166 Aus dem System des sog. objektiven Nettoprinzips folgt zunächst, dass Ausgaben, die iZ mit **stfreien Einnahmen** stehen, nicht als BA berücksichtigt werden dürfen (§ 3c Abs. 1). Dies folgt aus der korrespondierenden Nichterfassung der BE. Daher kommen auch vorab entstandene BA nicht in Betracht, wenn es nicht zu der nach § 3 befreiten Tätigkeit kommt.[10] IÜ geht es dem Gesetzgeber vor allem darum, die tat-

---

1 Ausf. dazu *Wacker*, BB 2018, 2519.

2 Vgl. nur BFH v. 28.11.1977 – GrS 2–3/77, BStBl. II 1978, 105.

3 Bspw. ist nach *Hey* in Tipke/Lang[23], § 8 Rn. 208, der Begriff der Veranlassung durch die Kausalbeziehung zw. einer finalen Handlung und dem Erfolg von Bezügen und Aufwendungen gekennzeichnet; nach *Wacker*, BB 2018, 2519, ist es Anliegen des Veranlassungsprinzips, die systematischen Vorgaben des Ertragsteuerrechts inhaltlich auszuformen (Zurechnungs- statt Kausalitätsprinzip); ähnlich *Blümich*, § 4 Rn. 557, ua. unter Bezug auf BFH v. 15.1.2015 – I R 48/13, BStBl. II 2015, 713 (Rn. 23 mwN) – steuerrechtl. eigenständige Zurechnungslehre selektiver Wertung.

4 ZB BFH v. 12.7.2017 – VI R 59/15, BStBl. II 2018, 46 = FR 2018, 1821 Rn. 15.

5 BFH v. 30.11.2017 – IV R 22/15, BFH/NV 2018, 335 Rn. 17.

6 BFH v. 30.11.2017 – IV R 22/15, BFH/NV 2018, 335 Rn. 17 mwN.

7 Vgl. BFH v. 4.11.2004 – III R 5/03, BStBl. II 2005, 277 = FR 2005, 548 m. Anm. *Kanzler*; *Schmidt*[37], § 4 Rn. 480.

8 BFH v. 21.9.2009 – GrS 1/06, BStBl. II 2010, 672 = FR 2010, 225 m. Anm. *Kempermann*; auch BFH v. 5.2.2010 – IV B 57/09, BFH/NV 2010, 880.

9 *Schmidt*[37], § 4 Rn. 491.

10 BFH v. 6.7.2005 – XI R 61/04, BStBl. II 2006, 163 = FR 2005, 1250.

sächlichen Schwierigkeiten, die bei der Abgrenzung zw. dem betrieblichen Bereich und der **privaten Lebensführung** auftreten, in pauschalierender Weise zu lösen und Missbräuchen des StPfl. vorzubeugen. So stellt **Abs. 6** klar, dass Ausgaben zur Förderung staatspolitischer Zwecke (zB Spenden und Mitgliedsbeiträge an politische Parteien) generell als privat veranlasst anzusehen sind, selbst wenn die Ausgaben einen Bezug zur unternehmerischen Tätigkeit aufweisen (s. Rn. 238). Die Regel des **Abs. 4a** zielt bei Schuldzinsen darauf ab, die betrieblich veranlassten (gewinnmindernd abzugsfähigen) v. den privat veranlassten (nicht als BA zu wertenden) Zinsen abzugrenzen (s. Rn. 185 ff.). Bei den in **Abs. 5** im Einzelnen aufgeführten Fällen werden BA entweder nur als beschränkt abziehbar oder als nicht abziehbar behandelt, weil die Zuordnung dieser Aufwendungen zur betrieblichen oder privaten Sphäre zweifelh. sein kann oder weil Missbräuchen begegnet werden soll. Einen Systembruch bildet das Abzugsverbot für Bestechungs- und Schmiergelder (Abs. 5 S. 1 Nr. 10), die eindeutig betrieblich veranlasst sind (s. Rn. 228). Denn nach dem Prinzip der Nettobesteuerung sind bei der Gewinnermittlung alle betrieblich veranlassten BE und BA unabhängig davon zu berücksichtigen, ob ein Verstoß gegen gesetzliche Vorschriften vorliegt (vgl. § 40 AO). **§ 4 Abs. 5 S. 1 Nr. 10** führt zu einer **Einschränkung des sog. objektiven Nettoprinzips**. Nach Ansicht des BVerfG[1] ist eine Durchbrechung bei „Vorliegen wichtiger Gründe" gerechtfertigt, doch sind der Finanzbedarf der öffentl. Hand oder die objektive G- oder Sittenwidrigkeit v. BA kein wichtiger Grund. Das weitreichende Abzugsverbot beim häuslichen Arbeitszimmer (Abs. 5 S. 1 Nr. 6b) hat der Gesetzgeber durch das JStG 2010 teilw. wieder zurückgenommen (im Einzelnen Rn. 215 ff.). Der neue **Abs. 9** soll die Grundentscheidung des Gesetzgebers verdeutlichen, dass die erste Berufsausbildung und das Erststudium als Erstausbildung der privaten Lebensführung zuzuordnen sind (näher Rn. 241a und Rn. 257 unter „Ausbildungskosten").

Schließlich versagt der Gesetzgeber den BA-Abzug, wenn der StPfl. bestimmten formalen Voraussetzungen nicht genügt. So verlangt **§ 4 Abs. 7** eine **gesonderte Aufzeichnung**, bei deren Nichterfüllung das Fehlen einer betrieblichen Veranlassung vermutet wird. Nach § 160 Abs. 1 AO wird der BA-Abzug ausgeschlossen, wenn der StPfl. dem FA die **Auskunft über den Empfänger** der Ausgaben verweigert. Hier beruht das Abzugsverbot auf dem mangelnden Nachweis der betrieblichen Veranlassung. 167

II. Abzugsfähige Betriebsausgaben (Abs. 4). 1. Begriff. Abzugsfähige BA sind Aufwendungen, die durch den Betrieb veranlasst sind und – mangels gesetzlichen Abzugsverbots – den Gewinn mindern. Der Begriff der **„Aufwendungen"** wird im EStG nach heute wohl hM als Oberbegriff für tatsächliche Ausgaben (alle Güter, die in Geld oder Geldeswert bestehen und bei StPfl. abfließen) und betrieblichen Aufwand (erfolgswirksamer Wertverzehr, wie zB AfA) verwendet und ist damit iS aller Wertabflüsse zu verstehen, die **nicht Entnahmen** sind.[2] Der bloße Verzicht auf die Erzielung von Einnahmen aus eigenen Mitteln, die zB zur vorzeitigen Zahlung eines Kaufpreises verwendet werden, führt noch nicht zu Aufwendungen des StPfl.[3] 168

Einstweilen frei. 169

2. Veranlassung. Eine betriebliche Veranlassung der Aufwendungen ist gegeben, wenn sie **objektiv** mit dem Betrieb zusammenhängen und **subj.** dem Betrieb zu dienen bestimmt sind.[4] Ob und inwieweit Aufwendungen durch den Betrieb veranlasst sind, hängt von den Gründen ab, aus denen der StPfl. die Aufwendungen tätigt. Die Gründe bilden das **„auslösende Moment"**, das den StPfl. bewogen hat, die Kosten zu tragen.[5] Das Veranlassungsprinzip ist damit nicht nach strafrechtl. oder zivilrechtl. Bedingungstheorien zu bewerten, sondern durch eine **steuerrechtl. eigenständige Wertung** (zur Parallele bei BE s. Rn. 155). Bei **gegenseitigen Verträgen** sind die zivilrechtl. Vereinbarungen grds. auch für Zwecke der Besteuerung maßgebend, da der natürliche Interessengegensatz der Vertragspartner im Allgemeinen die Vermutung begründet, dass Ausgaben, die auf einem gegenseitigen Vertrag beruhen, auch iSd. § 4 Abs. 4 durch den Betrieb veranlasst sind.[6] Ob **Verträge zw. nahen Angehörigen** durch die Einkunftserzielung (hier § 4 Abs. 4) veranlasst oder aber durch private Zuwendungs- oder Unterhaltsüberlegungen (§ 12 Nr. 1 und 2) motiviert sind, ist nach der Gesamtheit der objektiven Gegebenheiten zu beurteilen.[7] Ein **Verschulden** des 170

---

1 BVerfG v. 26.10.1994 – 2 BvR 445/91, BVerfGE 91, 228 (238).

2 Vgl. zB BFH v. 16.7.2015 – III R 33/14, BStBl. II 2016, 44 = FR 2016, 220 mwN; v. 10.10.2017 – X R 33/16, BStBl. II 2018, 185 = FR 2018, 361 Rn. 23, mwN; näher zum gewandelten Verständnis des Begriffs der Aufwendungen *K/S/M*, § 4 Rn. E 20 ff.

3 BFH v. 9.5.2017 – VIII R 1/14, BFH/NV 2017, 1418 Rn. 55 mwN.

4 BFH v. 21.11.1983 – GrS 2/82, BStBl. II 1984, 160 = FR 1984, 177 unter C.I.2.a aa; v. 4.7.1990 – GrS 2–3/88, BStBl. II 1990, 817 unter C.II.2; näher aus jüngerer Zeit zB BFH v. 15.12.2016 – IV R 22/14, BFH/NV 2017, 454 Rn. 12 mwN.

5 ZB BFH v. 12.7.2017 – VI R 59/15, BStBl. II 2018, 461 Rn. 15 mwN; v. 30.11.2017 – IV R 22/15, BFH/NV 2018, 335 Rn. 17, mwN.

6 Näher BFH v. 8.12.2016 – IV R 5/13, BFH/NV 2017, 451 Rn. 15.

7 Näher zB BFH v. 12.7.2017 – VI R 59/15, BStBl. II 2018, 461 = FR 2018, 182 Rn. 19, mwN; v. 13.7.2017 – VI R 62/15, BStBl. II 2018, 15 Rn. 17 mwN.

StPfl. – auch in Gestalt eines strafbaren, ordnungswidrigen oder „unmoralischen" Verhaltens – steht der betrieblichen Veranlassung von Aufwendungen wg. der Wertneutralität der Besteuerung und des Leistungsfähigkeitsprinzips grds. nicht entgegen.[1] Auch setzt der BA-Abzug nicht ausnahmslos voraus, dass den entspr. Aufwendungen ein nachgewiesener **Leistungserfolg** gegenübersteht.[2] Ausreichend ist auch ein **mittelbarer** Veranlassungszusammenhang, wobei auch insoweit die konkrete betriebliche Tätigkeit das auslösende Moment für die Entstehung der Aufwendungen sein muss.[3] Zu den BA gehören auch Aufwendungen, die durch die Nutzung **fremder WG** für eigene betriebliche Zwecke veranlasst sind (sa. Rn. 81).[4] Die objektive Beweislast (Feststellungslast) für die betriebliche Veranlassung von Ausgaben trägt der StPfl.[5]

171 **3. Zurechnung, insbes. Drittaufwand.** Der BA-Abzug setzt voraus, dass die betrieblich veranlassten Aufwendungen v. StPfl. auch persönlich „geleistet" worden sind, dh. die Aufwendungen müssen **dem StPfl. persönlich zurechenbar** sein.[6] Das ist stets der Fall, wenn der StPfl. die Aufwendungen selbst tätigt, und zwar unabhängig davon, wie die Finanzierung konkret erfolgt (zB betriebliche oder private Mittel bzw. Fremdmittel). Werden WG eines Dritten entgeltlich genutzt, ist jenes Entgelt als BA anzusehen. Soweit sich der StPfl. verpflichtet, Aufwendungen für im Betrieb genutzte WG Dritter zu übernehmen, sind diese als BA absetzbar. So ist entscheidend für die Berechtigung zum Abzug von AK durch AfA als BA nicht das Eigentum am WG, für das die Absetzung als Aufwand berücksichtigt werden soll, sondern dass der StPfl. die Aufwendungen im eigenen betrieblichen Interesse selbst trägt (sa. Rn. 81).[7] Werden weitere **Aufwendungen freiwillig** getätigt, kommt es entscheidend darauf an, inwieweit ein eigenbetriebliches Interesse des StPfl. noch bejaht werden kann.[8] Schwierigkeiten ergeben sich, wenn es um die Frage geht, sog. **Drittaufwand** dem StPfl. persönlich zuzurechnen.

172 Die **Ermittlung der Einkünfte** iSd. § 2 Abs. 1, 2 EStG ist **subjektbezogen.**[9] Nach dem Grundsatz der Besteuerung nach der persönlichen Leistungsfähigkeit und nach den für die Gewinnermittlung geltenden allg. Grundsätzen muss jede Aufwendung, die in der Gewinn- und Verlustrechnung angesetzt werden soll, das EK des StPfl. mindern, dh. er darf bei der Gewinnermittlung nur die ihm persönlich zuzurechnenden Einnahmen und Aufwendungen berücksichtigen. Bei der Gewinn-/Überschussermittlung – anders bei Abzug v. SA (§ 10 Rn. 6) und ag Belastung (§ 26b: „sodann") – stehen sich auch zusammen veranlagte Eheleute wie Fremde gegenüber.[10] **Drittaufwand** liegt vor, wenn ein Dritter Kosten trägt, die durch die Einkunftserzielung des StPfl. veranlasst sind.[11] Entspr. (anteilige) **AK/HK** des v. StPfl. unentgeltliche genutzten WG können diesem zivilrechtl. und steuerrechtl. nicht – auch nicht entspr. § 11d EStDV – übertragen oder zugewendet werden. Dieser erhält insoweit (nur) eine Nutzungsmöglichkeit und kein Teil des WG. Er wird idR weder dessen wirtschaftlicher Eigentümer (Rn. 74), noch ist die Nutzungsmöglichkeit ein abschreibbares WG oder ein Teil des WG. Der StPfl., der insoweit keinen eigenen Aufwand hat, erzielt gerade infolge der unentgeltlichen Nutzungsüberlassung einen höheren Ertrag.

173 Der GrS des BFH hat die Dogmatik des **Eigenaufwands** abgekoppelt v. einem anzusetzenden **„eigenen" WG.** Wer mit Duldung/Erlaubnis des zivilrechtl. Eigentümers Verwendungen auf dessen Eigentum macht, hat idR kein „eigenes" ihm zuzurechnendes WG und – so auch der BGH[12] – erst recht kein wirtschaftliches Eigentum an der geschaffenen/gemehrten (Gebäude-)Substanz.[13] Nach dem objektiven Nettoprinzip (§ 4 Rn. 165) ist entscheidend, dass der StPfl. die eigenen Aufwendungen auf fremdes Eigentum in seinem eigenen betrieblichen/beruflichen Interesse trägt.[14] Diesen seinen Eigenaufwand kann er als BA/WK und, sofern AK/HK, **„bilanztechnisch wie ein materielles WG"** nach den Regeln über die (auch erhöhte) AfA

1 ZB BFH v. 17.11.2015 – X R 3/14, BFH/NV 2016, 853 Rn. 20.
2 Näher dazu BFH v. 17.11.2015 – X R 3/14, BFH/NV 2016, 853 Rn. 21 f.
3 BFH v. 30.11.2017 – IV R 22/15, BFH/NV 2018, 335 Rn. 17.
4 BFH v. 12.7.2017 – VI R 59/15, BStBl. II 2018, 461 = FR 2018, 182 Rn. 16, mwN.
5 BFH v. 29.7.2015 – IV R 16/12, BFH/NV 2015, 1572 = GmbHR 2015, 1173.
6 BFH v. 20.9.1990 – IV R 300/84, BStBl. II 1991, 82; v. 21.2.2017 – VIII R 10/14, BStBl. II 2017, 819 Rn. 17 f.; *K/S/M*, § 4 Rn. E 170 f. mwN.
7 BFH v. 21.2.2017 – VIII R 10/14, BStBl. II 2017, 819 Rn. 17 mwN.
8 BFH v. 5.9.1991 – IV R 40/90, BStBl. II 1992, 192 = FR 1992, 103; *K/S/M*, § 4 Rn. E 178 ff.
9 ZB BFH v. 21.2.2017 – VIII R 10/14, BStBl. II 2017, 819 Rn. 18.
10 BFH v. 23.8.1999 – GrS 1/97, BStBl. II 1999, 778 = FR 1999, 1167 m. Anm. *Fischer*, zu C.II.1. mwN; aus jüngerer Zeit zB BFH v. 6.12.2017 – VI R 41/15, BStBl. II 2018, 355 Rn. 15.
11 BFH v. 30.1.1995 – GrS 4/92, BStBl. II 1995, 281 = FR 1995, 268 m. Anm. *Kanzler*, zu C.I.; v. 23.8.1999 – GrS 2/97, BStBl. II 1999, 782 = FR 1999, 1173 m. Anm. *Fischer*.
12 BGH v. 6.11.1995 – II ZR 164/94, BB 1996, 155.
13 BFH v. 23.8.1999 – GrS 2/97, BStBl. II 1999, 782 = FR 1999, 1173 m. Anm. *Fischer*, C.IV.1.c, cc.
14 BFH v. 30.1.1995 – GrS 4/92, BStBl. II 1995, 281 = FR 1995, 268 m. Anm. *Kanzler*, zu C.I., II. aE; v. 23.8.1999 – GrS 1/97, BStBl. II 1999, 778 = FR 1999, 1167 m. Anm. *Fischer*.

abschreiben (sa. Rn. 180),[1] auch wenn – wie im Regelfall[2] – die Voraussetzungen eines bilanzierbaren WG nicht vorliegen. Die Aufwendungen für ein Gebäude – „mit AK/HK vergleichbar" – sind nach den für Gebäude geltenden AfA-Regeln abzuschreiben. Es handelt sich hierbei, sofern keine eigenes WG anzusetzen ist, um einen spezifisch steuerrechtl. – evtl. außerbilanziellen – Rechnungsposten zum Abspeichern v. Aufwand.

Im Anschluss an seine Entsch. GrS 4/92, die Praxisräume betrifft, hat der GrS des BFH zur Zurechnung v. durch einen **Ehegatten getätigtem Aufwand** für ein betrieblich/beruflich genutztes Arbeitszimmer in einer im Mit oder Alleineigentum des anderen Ehegatten stehenden Immobilie entschieden. Sind Eheleute **Miteigentümer** eines Grundstücks und errichten sie darauf gemeinsam ein Gebäude oder erwerben sie eine Eigentumswohnung zu Miteigentum, ist grds. davon auszugehen, dass jeder v. ihnen AK/HK entspr. seinem Miteigentumsanteil getragen hat; dies gilt unabhängig davon, wie viel er tatsächlich an eigenen Mitteln dazu beigetragen hat.[3] Sind die finanziellen Beiträge der Eheleute unterschiedlich hoch, dann hat sowohl zivilrechtl. als auch steuerrechtl. der Ehegatte, der aus eigenen Mitteln mehr als der andere beigesteuert hat, das Mehr seinem Ehegatten mit der Folge zugewandt, dass jeder v. ihnen so anzusehen ist, als habe er die seinem Anteil entspr. AK/HK selbst getragen.[4] Dementspr. sind **auch** die gemeinsam getragenen **lfd. Aufwendungen**, soweit sie **grundstücksorientiert** (anderes gilt für nutzungsorientierte Aufwendungen, Rn. 176) sind (zB Schuldzinsen auf den Anschaffungskredit, Grundsteuern, allg. Reparaturkosten, Versicherungsprämien und ähnliche Kosten), nur **entspr. den Miteigentumsanteilen** als BA/WK abziehbar.[5] Etwas anderes gilt dann, wenn ein Ehegatte sich an den AK für das Miteigentum des anderen Ehegatten beteiligt, um die Wohnung teilweise zu betrieblichen/beruflichen Zwecken nutzen zu können. Davon kann dann auszugehen sein, wenn nur ein Ehegatte Einkünfte erzielt oder jedenfalls erheblich höhere als der Ehepartner und er sich deshalb mit einem **deutlich höheren Beitrag** an den AK beteiligt als der andere. In diesem Fall ist dieser Beitrag, soweit er die anteiligen AK des betrieblich/beruflich genutzten Raums deckt, von dem **nutzenden Ehepartner** als in seinem betrieblichen/beruflichen Interesse aufgewendet anzusehen mit der Folge, dass er für die Zeit der Nutzung zu AfA als BA/WK berechtigt ist.[6] Erwerben Eheleute gleichzeitig **jeweils** einander gleiche Eigentumswohnungen **als Alleineigentümer** aus gemeinsamen Mitteln, von denen eine zu gemeinsamen Wohnzwecken genutzt wird, und nutzt der Nichteigentümer-Ehegatte in dieser Wohnung einen Raum (Arbeitszimmer) alleine zu betrieblichen/beruflichen Zwecken, kann er die darauf entfallenden AK hingegen grds. **nicht** als **eigene BA/WK** (AfA) geltend machen, auch **nicht** die das Arbeitszimmer betr. **lfd. grundstücksorientierten Aufwendungen**.[7] Denn solange keine besonderen Abmachungen getroffen worden sind, ist jede Zahlung entweder der einen oder der anderen Wohnung (evtl. schätzungsweise) zuzuordnen. Soweit sie einer der Wohnungen zugeordnet ist, ist sie – entspr. den Grundsätzen beim Erwerb v. Miteigentum – zugleich in vollem Umfang als für Rechnung des jeweiligen Eigentümers aufgewendet anzusehen. Gleichgültig ist, aus wessen Mitteln die Zahlung im Einzelfall stammt. Das gilt auch für Zins- und Tilgungsleistungen auf die Darlehensschuld (§ 426 Abs. 1 BGB). Damit folgt die Zurechnung der Aufwendungen grds. der von den StPfl. getroffenen Entsch., getrennt Eigentum zu erwerben.[8] Beim Erwerb von Alleineigentum gilt jedoch etwas anderes, wenn der Nichteigentümer-Ehegatte sich an den AK der Wohnung seines Ehegatten beteiligt, um sie teilweise zu betrieblichen/beruflichen Zwecken nutzen zu können.[9] Die Grundsätze über die Abziehbarkeit v. Eigenaufwand sind **nicht anwendbar**, wenn in tatsächlicher Hinsicht nicht davon auszugehen ist, dass der Nichteigentümer-Ehegatte selbst einen Beitrag zu den AK der dem Ehepartner gehörenden Wohnung, in der er selbst ein Arbeitszimmer alleine nutzt, geleistet hat. Entsprechendes gilt grds., wenn (nur) **ein Ehegatte Alleineigentum** erwirbt.[10] Allein aufgrund der Tatsache, dass der StPfl. **gemeinsam mit seinem Ehepartner ein Arbeitszimmer** in der jenem gehörenden Wohnung nutzt, sind ihm die anteiligen AK/HK des Arbeitszimmers entspr. seiner Nutzung zur Vornahme v. AfA **nicht** zuzurechnen; die Befugnis zur AfA auf 174

1 BFH v. 30.1.1995 – GrS 4/92, BStBl. II 1995, 281 = FR 1995, 268 m. Anm. *Kanzler* – zu Praxisräumen; v. 21.2.2017 – VIII R 10/14, BStBl. II 2017, 819 Rn. 17 mwN.
2 Vgl. BFH v. 23.8.1999 – GrS 1/97, BStBl. II 1999, 778 = FR 1999, 1167 m. Anm. *Fischer*, unter C.I.2.
3 BFH v. 23.8.1999 – GrS 2/97, BStBl. II 1999, 782 = FR 1999, 1173 m. Anm. *Fischer*, unter C.I.1; sa. zB BFH v. 6.12. 2017 – VI R 41/15, BStBl. II 2018, 355 Rn. 17.
4 ZB BFH v. 6.12.2017 – VI R 41/15, BStBl. II 2018, 355 Rn. 17, mwN.
5 BFH v. 6.12.2017 – VI R 41/15, BStBl. II 2018, 355 Rn. 17, unter Bezug auf BFH v. 23.8.1999 – GrS 2/97, BStBl. II 1999, 782 = FR 1999, 1173 m. Anm. *Fischer*, unter C.V.1.
6 BFH v. 6.12.2017 – VI R 41/15, BStBl. II 2018, 355 Rn. 19, unter Bezug auf BFH v. 23.8.1999 – GrS 2/97, BStBl. II 1999, 782 = FR 1999, 1173 m. Anm. *Fischer*, unter C.I.2.
7 BFH v. 23.8.1999 – GrS 2/97, BStBl. II 1999, 782 = FR 1999, 1173 m. Anm. *Fischer*.
8 BFH v. 23.8.1999 – GrS 2/97, BStBl. II 1999, 782 = FR 1999, 1173 m. Anm. *Fischer*, unter C.I.1.
9 Näher BFH v. 23.8.1999 – GrS 2/97, BStBl. II 1999, 782 = FR 1999, 1173 m. Anm. *Fischer*, unter C.I.1.
10 BFH v. 23.8.1999 – GrS 1/97, BStBl. II 1999, 778 = FR 1999, 1167 m. Anm. *Fischer*.

die gesamten AK/HK des Arbeitszimmers steht, wenn der Raum insgesamt betrieblich/beruflich genutzt wird, bei zusammen veranlagten Ehegatten dem Eigentümer-Ehegatten zu.[1] Beteiligt sich der StPfl. aber – zB durch Einsatz eines v. ihm aufgenommenen Darlehens – an den AK/HK eines Gebäudes, **das seinem Ehepartner gehört** und in dem der StPfl. einen Raum (Arbeitszimmer) für seine betrieblichen/beruflichen Zwecke nutzt, kann er für die Dauer der betrieblichen/beruflichen Nutzung die auf diesen Raum entfallenden eigenen Aufwendungen („wie AK/HK") grds. als BA/WK (AfA) geltend machen; Bemessungsgrundlage der AfA sind die auf das Arbeitszimmer entfallenden AK/HK, soweit sie der Kostenbeteiligung des StPfl. entsprechen.[2] Er muss allerdings die Aufwendungen tatsächlich tragen. Das ist auch dann der Fall, wenn er (Mit-)Schuldner (§ 421 BGB) eines Darlehens ist, mit dem die Anschaffung oder Herstellung des Gebäudes finanziert wird und bei dem er die Tilgungen mitträgt; sein Tilgungsbeitrag muss die AK/HK des Arbeitszimmers decken („vorrangige Zuordnung der Aufwendungen").[3] Soweit der Finanzierungsbeitrag über die AK/HK des Arbeitszimmers hinausgeht, ist er dem Eigentümer als AK/HK des Gebäudes zuzurechnen. Dies gilt auch für den auf das Arbeitszimmer entfallenden und stl. noch nicht verbrauchten Aufwand, wenn die berufliche Nutzung endet. Ehegatten, die gemeinsam die HK des v. ihnen bewohnten Hauses getragen haben und die darin **jeweils einen Raum** für eigenbetriebliche/berufliche Zwecke nutzen, können jeweils die auf diesen Raum entfallenden HK für die Dauer der betrieblichen/beruflichen Nutzung als BA (AfA) geltend machen.[4]

175 Einstweilen frei.

176 Die vom BFH für die AfA-Befugnis für ein Arbeitszimmer entwickelten Grundsätze gelten grds. entspr. für den Abzug **lfd. Aufwendungen** für ein solches (Rn. 174). Sofern keine besonderen Vereinbarungen getroffen werden, wird eine Zahlung jeweils für Rechnung desjenigen geleistet, der den Betrag schuldet, bei Zahlung v. einem **gemeinsamen Konto** der Eheleute unabhängig davon, aus wessen Mitteln das Guthaben auf dem Konto stammte. Entsprechendes gilt für lfd. Aufwendungen zulasten des gemeinsamen Kontos von Ehegatten, die mit dem Eigentum oder dessen Erwerb iZ stehen (**grundstücksbezogene Aufwendungen**, Rn. 174); sie sind als von dem Eigentümer-Ehegatten selbst geleistet anzusehen (sa. Rn. 177). Insofern besteht kein Unterschied zu den Anschaffungs- und Herstellungsaufwendungen.[5] Es gelten jedoch **zwei Ausnahmen:**[6] **(1)** BA/WK beim nutzenden Nichteigentümer-Ehegatten können das Arbeitszimmer betr. Aufwendungen sein, die dieser **in Absprache mit dem Eigentümer** selbst übernimmt. **(2)** Laufende Aufwendungen zulasten des gemeinsamen Kontos, die das v. dem Nichteigentümer genutzte Arbeitszimmer betreffen, können dessen BA/WK sein, soweit sie allein durch die Nutzung des Arbeitszimmers entstanden sind, zB anteilige Energiekosten, nur das Arbeitszimmer betr. Reparaturkosten und ähnliche Aufwendungen (**nutzungsorientierte Aufwendungen**).[7] Nutzt der Nichteigentümer das Arbeitszimmer mit Zustimmung des Eigentümers alleine für seine betrieblichen/beruflichen Zwecke, übernimmt er seinen Beitrag zum gemeinsamen Konto und den lfd. Kosten insoweit für eigene Rechnung und im eigenen beruflichen Interesse.

177 **Aufwendungen**, die **„aus einem Topf"** gezahlt werden, dh. aus Vermögen, zu dem beide Eheleute beigetragen haben, oder aus Darlehensmitteln, die zu Lasten beider Eheleute aufgenommen worden sind (§ 421 BGB), werden der Immobilie des Eigentümerehegatten zugeordnet und sind in vollem Umfang als für dessen Rechnung aufgewendet anzusehen. Dies gilt auch für Zins- und Tilgungsleistungen auf die Darlehensschuld (§ 426 Abs. 1 BGB). Nehmen **Eheleute gemeinsam** ein **gesamtschuldnerisches Darlehen** zur Finanzierung eines vermieteten Gebäudes auf, das einem v. ihnen gehört, sind die Schuldzinsen in vollem Umfang als WK bei den Einkünften aus VuV des Eigentümerehegatten abziehbar. Nimmt ein Ehegatte allein ein Darlehen zur Finanzierung eines vermieteten Gebäudes auf, das dem anderen Ehegatten gehört, sind die Schuldzinsen nicht abziehbar, es sei denn, der Eigentümerehegatte hat sie aus eigenen Mitteln bezahlt (s. unten). Auch insoweit gilt grds.: Sofern keine besonderen Vereinbarungen getroffen sind, wird eine Zahlung jeweils für Rechnung desjenigen geleistet, der den Betrag schuldet (Rn. 176). Keine Abziehbarkeit hingegen v. Kosten für ein **Darlehen, das ein Ehegatte allein zur Finanzierung der Immobilie des anderen Ehegatten aufgenommen** hat: Dann leistet der Nichteigentümer-Ehegatte als alleiniger Schuldner der Zinsverpflichtung die Zahlungen für eine bürgerlich-rechtl. allein ihn treffende Verbindlichkeit.[8] Die Immobilie des anderen Ehegatten wird aus Darlehensmitteln finanziert, die der

1 BFH v. 23.8.1999 – GrS 3/97, BStBl. II 1999, 787 = FR 1999, 1179 m. Anm. *Fischer*.
2 BFH v. 23.8.1999 – GrS 1/97, BStBl. II 1999, 778 = FR 1999, 1167 m. Anm. *Fischer*.
3 BFH v. 23.8.1999 – GrS 1/97, BStBl. II 1999, 778 = FR 1999, 1167 m. Anm. *Fischer*, C.II.2.
4 BFH v. 23.8.1999 – GrS 5/97, BStBl. II 1999, 774 = FR 1999, 1180 m. Anm. *Fischer*.
5 BFH v. 23.8.1999 – GrS 2/97, BStBl. II 1999, 782 = FR 1999, 1173 m. Anm. *Fischer*, unter C.V.1.
6 BFH v. 23.8.1999 – GrS 2/97, BStBl. II 1999, 782 = FR 1999, 1173 m. Anm. *Fischer*, unter C.V.2.
7 Vgl. BFH v. 23.8.1999 – GrS 2/97, BStBl. II 1999, 782 = FR 1999, 1173 m. Anm. *Fischer*, unter C.V.
8 BFH v. 2.12.1999 – IX R 45/95, BStBl. II 2000, 310; v. 2.12.1999 – IX R 21/96, BStBl. II 2000, 312; Anm. *Fischer*, FR 2000, 662.

Nichteigentümer-Ehegatte allein auf seine Rechnung beschafft und dem Eigentümer-Ehegatten zur Vfg. stellt.[1] Dies gilt auch, wenn der Nichteigentümer-Ehegatte erst nach einer Umschuldung Alleinschuldner des Darlehens ist.[2] Art. 6 GG steht dieser Beurteilung nicht entgegen.[3] **Bezahlt** aber der **Eigentümer-Ehegatte** die Zinsen **aus eigenen Mitteln**, bilden sie bei ihm abziehbare BA/WK, auch wenn der Nichteigentümer-Ehegatte alleiniger Schuldner des Darlehens ist. Denn dann hat der Eigentümer-Ehegatte die Zinsen für das zur Finanzierung seiner Immobilie aufgenommene und verwendete Darlehen tatsächlich selbst getragen. Dies ist auch der Fall, wenn Mieteinnahmen mit der Maßgabe auf das Konto des Ehepartners überwiesen werden, dass dieser daraus die Schuldzinsen entrichten soll. **Empfehlenswert** ist es, dies zu dokumentieren und/oder mit dem Schuldner-Ehegatten einen weiteren Darlehensvertrag zu schließen. Sind die Darlehen für die vermietete Immobilie eines Ehegatten teils v. den Eheleuten gemeinschaftlich, teils allein v. Nichteigentümer-Ehegatten aufgenommen worden und wird der Zahlungsverkehr für die Immobilie insgesamt über ein Konto des Nichteigentümer-Ehegatten abgewickelt, so werden aus den v. Eigentümer-Ehegatten auf dieses Konto geleisteten eigenen Mitteln (hier: Mieteinnahmen) vorrangig die lfd. Aufwendungen für die Immobilie und die Schuldzinsen für die gemeinschaftlich aufgenommenen Darlehen abgedeckt. Denn im Zweifel ist davon auszugehen, dass der Eigentümer-Ehegatte zunächst die bürgerlich-rechtl. v. ihm selbst geschuldeten Aufwendungen bezahlt; nur soweit die eingesetzten Eigenmittel (Mieteinnahmen) des Eigentümer-Ehegatten darüber hinaus auch die allein v. Nichteigentümer-Ehegatten geschuldeten Zinsen abzudecken vermögen, sind diese Zinsen als WK des Eigentümer-Ehegatten abziehbar.

Aufwendungen eines Dritten können allerdings im Falle der sog. **Abkürzung des Zahlungswegs** als Aufwendungen des StPfl. zu werten sein. 178 Dies bedeutet die Zuwendung eines Geldbetrags an den StPfl. in der Weise, dass der Zuwendende im Einvernehmen mit dem StPfl. „mit Drittleistungswillen" dessen Schuld für dessen Rechnung durch Leistung an den Gläubiger tilgt (§ 267 Abs. 1 BGB), statt ihm den Geldbetrag unmittelbar zu geben.[4] Anderes gilt, wenn der Dritte auf eine eigene Verbindlichkeit leistet, ohne dass der StPfl. ihm Aufwendungsersatz schuldet.[5] Weiterhin bejaht der BFH die Abziehbarkeit v. Aufwendungen Dritter (in den entschiedenen Fällen als WK) im Fall des sog. **abgekürzten Vertragswegs:**[6] Schließt ein Dritter im eigenen Namen, aber im Interesse des StPfl. einen Vertrag und leistet er selbst die geschuldeten Zahlungen, so sind die Aufwendungen als solche des StPfl. abziehbar, wenn der Dritte dem StPfl. den Betrag zuwendet;[7] es kommt nicht mehr darauf an, ob es sich um Bargeschäfte des täglichen Lebens handelt.[8] Bei Dauerschuldverhältnissen führt eine Abkürzung des Vertragswegs dagegen nicht zu abziehbaren Aufwendungen des StPfl.[9] Überlässt ein G'ter ein in seinem Alleineigentum stehendes bebautes Grundstück der Ges., handelt er sowohl bei Anschaffung oder Herstellung des Gebäudes wie auch bei Zahlung der lfd. Kosten im eigenen Interesse.[10]

Die Grundsätze über die Nichtabziehbarkeit v. Drittaufwand – grds. keine AK des G'ters – gelten auch, 179 wenn ein Nicht-G'ter als Bürge im eigenen Namen für die Verbindlichkeiten einer GmbH in Anspr. genommen wird[11] oder wenn der Dritte (zB ein Angehöriger eines GmbH-G'ters) mit einem Darlehen an die GmbH ausfällt.[12] Anderes gilt bei einer mittelbaren verdeckten Einlage.[13] S. im Einzelnen § 17 Rn. 47, 101. Sind die Aufwendungen des G'ters für **ein der KapGes. unentgeltlich überlassenes WG** nach dem Ergebnis einer am Maßstab des Fremdvergleichs durchgeführten Gesamtwürdigung privat (mit-)veranlasst

1 BFH v. 24.2.2000 – IV R 75/98, BStBl. II 2000, 314 = FR 2000, 770.
2 BFH v. 2.12.1999 – IX R 21/96, BStBl. II 2000, 312 = FR 2000, 659.
3 BFH v. 5.7.2000 – IX B 60/98, BFH/NV 2000, 1344 mwN.
4 BFH v. 23.8.1999 – GrS 2/97, BStBl. II 1999, 782 = FR 1999, 1173 m. Anm. *Fischer*, zu C.IV.1. c, aa; v. 24.2.2000 – IV R 75/98, BStBl. II 2000, 314 = FR 2000, 770.
5 BFH v. 12.12.2000 – VIII R 22/92, BStBl. II 2001, 385 = FR 2001, 690; v. 12.12.2000 – VIII R 34/94, BFH/NV 2001, 757; v. 12.12.2000 – VIII R 36/97, BFH/NV 2001, 761, IV.1. – Bürgschaft eines Dritten.
6 Noch offen gelassen BFH v. 23.8.1999 – GrS 2/97, BStBl. II 1999, 782 = FR 1999, 1173 m. Anm. *Fischer*, zu C.IV.1.c, bb.
7 BFH v. 15.1.2008 – IX R 45/07, BStBl. II 2008, 572, im Anschluss an BFH v. 15.11.2005 – IX R 25/03, BStBl. II 2006, 623 = FR 2006, 229; dem folgend jetzt BMF v. 7.7.2008, BStBl. I 2008, 717, unter Aufhebung v. BMF v. 9.8.2006, BStBl. I 2006, 492.
8 Vgl. auch *Blümich*, § 4 Rn. 579.
9 BFH v. 24.2.2000 – IV R 75/98, BStBl. II 2000, 314 = FR 2000, 770 – betr. (nur) v. einem Ehegatten aufgenommenes Darlehen; sa. *Blümich*, § 4 Rn. 579 mwN.
10 BFH v. 28.3.2000 – VIII R 68/96, FR 2000, 981 = BFH/NV 2000, 1278.
11 BFH v. 12.12.2000 – VIII R 22/92, BStBl. II 2001, 385 = FR 2001, 690; v. 12.12.2000 – VIII R 34/94, BFH/NV 2001, 757; v. 12.12.2000 – VIII R 36/97, BFH/NV 2001, 761.
12 BFH v. 12.12.2000 – VIII R 52/93, BStBl. II 2001, 286 = FR 2001, 701 m. Anm. *Weber-Grellet*.
13 BFH v. 12.12.2000 – VIII R 62/93, BStBl. II 2001, 234 = FR 2001, 599.

und daher nicht abziehbar, können die Aufwendungen nach den Grundsätzen über den Drittaufwand nicht v. den Mit-G'tern abgezogen werden.[1]

180 Vom Problem der subj. Zurechnung v. Aufwand zu trennen ist die Frage, wann dem auf fremdem Grundstück Bauenden für Zwecke der Bilanzierung (§ 266 Abs. 2 Aktivseite A II. Nr. 1 HGB trifft insoweit keine materielle Aussage) und demzufolge der Zurechnung der stillen Reserven sowie iZ mit Fördertatbeständen ein **„eigenes" WG zugerechnet** werden kann. Nach früherer Rspr. des BFH[2] setzte die Aktivierung v. Aufwendungen wie HK für ein materielles WG einen Anspr. des StPfl. nach § 951 iVm. § 812 BGB voraus, weil der StPfl. die Aufwendungen sonst dem rechtlichen Eigentümer zuwende und damit gem. § 12 Nr. 2 seine Berechtigung, die Aufwendungen abzuziehen, verliere. Diese Rspr. ist nach neuer Auffassung des BFH[3] durch den Beschl. des GrS des BFH v. 23.8.1999[4] überholt. Danach trägt der StPfl. die HK für ein fremdes Gebäude bereits dann im eigenen betrieblichen Interesse, wenn er das Gebäude alleine betrieblich nutzt. Deshalb sind die v. StPfl. getragenen HK eines fremden Gebäudes, das er zu betrieblichen Zwecken nutzen darf, nunmehr bilanztechnisch „wie ein materielles Wirtschaftsgut" zu behandeln und nach den für Gebäude geltenden AfA-Regeln abzuschreiben.[5]

181 **4. Zeitpunkt.** Die Frage, **wann** Aufwendungen steuermindernd **zu berücksichtigen** sind (zeitliche Zuordnung), hängt maßgeblich v. der **konkreten Gewinnermittlungsmethode** ab. Beim BV-Vergleich nach Abs. 1 kommt es darauf an, wann betrieblicher Aufwand entsteht. Dies bestimmt sich analog den GoB und etwaiger modifizierender bilanzsteuerrechtl. Vorschriften. IErg. können BA danach in Form v. Aufwand bereits vor oder erst nach dem betrieblich veranlassten Abfluss v. Gütern in Geld oder Geldeswert vorliegen. Im Bereich der EÜR nach § 4 Abs. 3 ist grds. der Zeitpunkt der Leistung entscheidend (vgl. § 11 Abs. 2 S. 1 analog). Entspr. Anwendung findet auch § 11 Abs. 2 S. 2. Besonderheiten gelten in den Fällen des § 4 Abs. 3 S. 3, 4 (s. Rn. 147).

182 Wenn es bei der Gewinnermittlung nach § 4 Abs. 3 auf das Abflussprinzip und damit auf die tatsächliche, zeitpunktbezogene Vermögensminderung ankommt, dann liegt es bei Geld oder geldwerten Gütern so, dass es auf den Zeitpunkt ankommt, in dem der StPfl. die wirtschaftliche Verfügungsgewalt über das Substrat verliert. Allein bei regelmäßig wiederkehrenden Ausgaben macht § 11 Abs. 2 S. 2 die Ausnahme, dass die BA der Periode zugeordnet wird, der sie wirtschaftlich zuzurechnen ist, sofern sie kurz vor Beginn oder kurz nach Beendigung der Periode abgeflossen ist.

183 Bei **abnutzbaren WG** des **AV** sind nach § 4 Abs. 3 S. 3 die Vorschriften über die AfA oder Substanzverringerung (§§ 6 Abs. 2 S. 1, 7 Abs. 1–3) zu befolgen. Werden also die AK und HK verteilt auf die betriebsgewöhnliche Nutzungsdauer erfolgswirksam, dann erfolgt kein voller BA-Abzug im Leistungszeitpunkt, es sei denn, es handelt sich um einen Fall des § 6 Abs. 2 S. 1. Bei nicht abnutzbaren WG des BV fallen BA erst im Zeitpunkt des Zuflusses des Veräußerungserlöses oder der Entnahme an (§ 4 Abs. 3 S. 4).

184 Anders als in den Fällen des § 4 Abs. 3 kommt es beim **BV-Vergleich** vorrangig auf die Gewinnermittlungsvorschriften an. Aufgrund § 5 Abs. 1 sind demzufolge die GoB und die entspr. steuerrechtl. Regelungen zu beachten. Im Prinzip mindern Aufwendungen schon die Einkünfte der Periode, in welcher sie als Verpflichtung verursacht sind und deshalb als Verbindlichkeiten oder Rückstellungen zu passivieren sind. Sind die Aufwendungen für abnutzbare WG des Anlagevermögens nicht im Zahlungsjahr erfolgswirksam, sondern über die betriebsgewöhnliche Nutzungsdauer zu verteilen, so kommt es zu einem Abzug zeitanteilig in Höhe des AfA-Betrages (§ 6 Abs. 2 S. 1). Schließlich liegt eine Abweichung v. § 11 Abs. 2 S. 1 darin, dass die periodengerechte Gewinnermittlung auch zu einem **periodengerechten BA-Abzug** führen muss.[6] Daher sind für Ausgaben vor dem Bilanzstichtag, soweit sie Aufwand für eine bestimmte Zeit nach dem Stichtag darstellen, aktive RAP zu bilden (§ 5 Abs. 5 S. 1 Nr. 1).

III. Besonderheiten bei Schuldzinsen (Abs. 4a)

Literatur (Auswahl): *Schmudlach*, Zinseszinsen als Investitionszinsen iSd. § 4 Abs. 4a Satz 5 EStG, NWB 2017, 855; *Weber-Grellet*, Schuldzinsenabzug nach § 4 Abs. 4a EStG – Rechtsprechung und neue Entwicklungen, DB 2012, 1889; *Weiland*, Schuldzinsenabzug bei kreditfinanziertem Umlaufvermögen und Überentnahmen, DStR 2012, 372.

185 Eine **Verbindlichkeit** ist Betriebsschuld, wenn sie durch einen betrieblichen Vorgang begründet ist (s. Rn. 58). Aus diesem aus dem Veranlassungsprinzip abgeleiteten Zurechnungskriterium folgt, dass es für die Zuord-

1 BFH v. 28.3.2000 – VIII R 68/96, FR 2000, 981 = BFH/NV 2000, 1278.
2 ZB. BFH v. 22.4.1998 – X R 101/95, BFH/NV 1998, 1481; v. 11.6.1997 – XI R 77/96, BStBl. II 1997, 774 = FR 1997, 766; v. 10.4.1997 – IV R 12/96, BStBl. II 1997, 718 = FR 1997, 853; v. 11.8.1993 – X R 82/90, BFH/NV 1994, 169; v. 11.12.1987 – III R 188/81, BStBl. II 1988, 493.
3 BFH v. 25.2.2010 – IV R 2/07, BStBl. II 2010, 670 = FR 2010, 660 m. Anm. *Kanzler*.
4 BFH v. 23.8.1999 – GrS 1/97, BStBl. II 1999, 778 = FR 1999, 1167 m. Anm. *Fischer*.
5 IE BFH v. 25.2.2010 – IV R 2/07, BStBl. II 2010, 670 = FR 2010, 660 m. Anm. *Kanzler*.
6 Vgl. BFH v. 7.12.1967 – GrS 1/67, BStBl. II 1968, 268.

nung der Verbindlichkeit entscheidend auf die **tatsächliche Verwendung** der Darlehensmittel ankommt.[1] Deshalb können **Schuldzinsen** nur dann als BA abgezogen werden, wenn mit den Darlehensmitteln betrieblich veranlasste Aufwendungen getätigt werden. Daran ist auch nach Einf. des § 4 Abs. 4a durch das StBereinG 1999 (Rn. 187) festzuhalten; die Prüfung der betrieblichen Veranlassung v. Schuldzinsen ordnet der BFH nunmehr der **ersten Stufe** einer zweistufigen Prüfung (Rn. 187a) zu.[2] Bei einem sog. **gemischten Kontokorrentkonto**, über welches sowohl betriebliche als auch private Zahlungsvorgänge abgewickelt werden, hat dies zur Folge, dass bei einem negativen Kontostand privat veranlasste Abbuchungen als private Kreditaufnahme zu werten sind, aus dem die **nicht abziehbaren privaten Schuldzinsenanteile** nach der (bankühlichen und gewohnheitsrechtl. anerkannten) sog. Zinszahlenstaffelrechnung exakt zu berechnen[3] oder in plausibler Weise zu schätzen sind, soweit mit der Zinsstaffelmethode ein für FA und FG unzumutbarer Ermittlungsaufwand verbunden ist.[4] Wenn demnach der StPfl. v. seinem betrieblichen Bankkonto mit negativem Kontostand einen privaten Rechnungsbetrag überweist, hat er einen Privatkredit in Anspr. genommen und es kommt insoweit kein Schuldzinsenabzug in Betracht. Für den StPfl. günstig wirkt es sich aus, dass der BFH alle **Geldeingänge vorrangig zur Tilgung des Privatkredits** als verwendet ansieht, also keine anteilige Tilgung verlangt.[5]

Die Zuordnung einer **Verbindlichkeit zum PV** lässt sich dadurch **vermeiden**, dass der StPfl. nicht die Pri- 186
vatschuld v. seinem betrieblichen Konto überweist, sondern er zuvor die Valuta **in sein PV entnimmt**, wodurch sich der negative Stand des Kontos in Höhe des entnommenen Betrags erhöht; der Darlehensbetrag, der letztlich durch die Entnahme des StPfl. aus dem Betrieb veranlasst ist, wird als Betriebskredit mit abziehbaren Schuldzinsen behandelt.[6] Des Weiteren lässt sich eine (teilw.) Zuordnung der Verbindlichkeit zum PV durch die Gestaltung eines – von der FinVerw. auch im Lichte des § 4 Abs. 4a grds. anerkannten[7] – sog. **Zwei-Konten-Modells** vermeiden, bei dem auf einem ersten Konto alle BE und Privatentnahmen gebucht werden und auf einem zweiten Konto der betriebliche Finanzierungsbedarf abgewickelt wird, indem alle BA durch Kontokorrent-Kredit finanziert werden. Wird allerdings ein Darlehen nicht zur Finanzierung betrieblicher Aufwendungen, sondern tatsächlich zur Finanzierung einer Entnahme verwendet, ist dieses Darlehen außerbetrieblich veranlasst.[8] Der GrS des BFH hat das sog. Zwei-Konten-Modell (Mehrkontenmodell) nicht als Gestaltungsmissbrauch iSd. § 42 AO qualifiziert, weil aus der **Finanzierungsfreiheit des Unternehmers** folge, dass es ihm freistehe, wie er seine Verbindlichkeiten finanziert.[9]

Der Gesetzgeber hat auf die steuerrechtl. Anerkennung des Zwei-Konten-Modells durch den BFH in 187
„rechtsprechungsüberholender" Weise reagiert[10] und in § 4 Abs. 4a idF des StBereinG 1999 v. 22.12.1999[11] eine die oben dargestellte Rechtslage **überlagernde Regelung** geschaffen, die den BA-Abzug für Schuldzinsen, die nach dem 31.12.1998 wirtschaftlich entstehen (§ 52 Abs. 11 S. 1 idF des StBereinG 1999; heute § 52 Abs. 6 S. 1), einschränkt.[12] Dabei hat der Gesetzgeber die kurz zuvor durch das StEntlG 1999/2000/2002 v. 24.3.1999[13] eingeführte, jedoch stark kritisierte[14] Regelung des Schuldzinsenabzugsverbots (Abs. 4a

1 BFH v. 6.2.1987 – III R 203/83, BStBl. II 1987, 423 = FR 1987, 424; v. 4.7.1990 – GrS 2–3/88, BStBl. II 1990, 817 = FR 1990, 708; Gleiches gilt für die Vermögenseinlage eines stillen G'ters: BFH v. 6.3.2003 – XI R 24/02, BStBl. II 2003, 656 = FR 2003, 723 m. Anm. *Wendt*; sa. BFH v. 23.2.2012 – IV R 19/08, FR 2012, 772 m. Anm. *Wendt* = BFH/NV 2012, 1215.

2 BFH v. 21.9.2005 – X R 46/04, BStBl. II 2006, 125 = FR 2006, 280 m. Anm. *Wendt*; v. 21.9.2005 – X R 47/03, BStBl. II 2006, 504 = FR 2006, 283 m. Anm. *Wendt*; v. 3.3.2011 – IV R 53/07, BStBl. II 2011, 688 = FR 2011, 764 m. Anm. *Wendt*; v. 23.2.2012 – IV R 19/08, FR 2012, 772 m. Anm. *Wendt* = BFH/NV 2012, 1215; vgl. auch BMF v. 17.11.2005, BStBl. I 2005, 1019 Tz. 1 ff.

3 Zu Berechnungsbeispielen vgl. BFH v. 4.7.1990 – GrS 2–3/88, BStBl. II 1990, 817 = FR 1990, 708; BMF v. 10.11.1993, BStBl. I 1993, 930 Rn. 14 ff.

4 BFH v. 4.7.1990 – GrS 2–3/88, BStBl. II 1990, 817 = FR 1990, 708; dazu auch BMF 2.11.2018, BStBl. I 2018, 1207 Rn. 3 mit Verweis auf BMF v. 10.11.1993, BStBl. I 1993, 930 Rn. 11–18.

5 BFH v. 11.12.1990 – VIII R 190/85, BStBl. II 1991, 390 = FR 1991, 264 m. Anm. *Schmidt*; v. 8.12.1997 – GrS 1–2/95, BStBl. II 1998, 193 = FR 1998, 147 m. Anm. *Seer*.

6 BFH v. 5.6.1985 – I R 289/81, BStBl. II 1985, 619 = FR 1985, 589; v. 15.11.1990 – IV R 97/82, BStBl. II 1991, 226 (238).

7 BMF v. 2.11.2018, BStBl. I 2018, 1207 Rn. 4 ff. m. Bsp.

8 So zu Recht BMF v. 2.11.2018, BStBl. I 2018, 1207 Rn. 4.

9 BFH v. 8.12.1997 – GrS 1–2/95, BStBl. II 1998, 193 = FR 1998, 147 m. Anm. *Seer*.

10 Dazu auch zB BFH v. 23.3.2011 – X R 28/09, BStBl. II 2011, 753 Rn. 30, mwN.

11 BGBl. I 1999, 2601.

12 Dazu *Bauer/Eggers*, StuB 2000, 225; *Hegemann/Querbach*, DStR 2000, 408 ff.; *Korn/Strahl*, KÖSDI 2000, 12281 ff.; *Meyer/Ball*, INF 2000, 76 ff.

13 BGBl. I 1999, 402.

14 Vgl. die Nachweise in *H/H/R*, § 4 Anm. 1030.

aF) rückwirkend völlig neu konzipiert (jedoch keine echte Rückwirkung für den VZ 1999).[1] Allerdings durfte der StPfl. jedenfalls bis zur Einbringung des StEntlG 1999/2000/2002 darauf vertrauen, dass sich der betriebl. Schuldzinsenabzug nach dem v. der Rspr. entwickelten Mehrkontenmodell berechnet.[2] Durch das StBereinG 1999 wurde das in § 4 Abs. 4a aF enthaltene Konzept der liquiditätsbezogenen Beurteilung[3] zugunsten eines (buch-)kapitalbezogenen Konzepts aufgegeben. Nach der Neukonzeption wird der Schuldzinsenabzug nach Abs. 4a S. 2 nur insoweit eingeschränkt, als der StPfl. sog. **„Überentnahmen"** tätigt. Weil die (formell verfassungsgemäße[4]) Vorschrift damit an private Ursachen anknüpft, hält sie der BFH unter dem Blickwinkel des Nettoprinzips für verfassungsrechtlich unbedenklich.[5] Die Vorschrift ist nach § 52 Abs. 6 S. 5 erstmals für Wj. anzuwenden, die nach dem 31.12.1998 enden. Die Über- oder Unterentnahmen vorangegangener Wj. bleiben unberücksichtigt (§ 52 Abs. 6 S. 6; erstmals § 52 Abs. 11 S. 2 idF des StÄndG 2001 v. 20.12.2001[6]). Bei einem vom Kj. abweichenden Wj. bleiben die vor dem 1.1.1999 getätigten Über- und Unterentnahmen unberücksichtigt.[7] Der **Anfangsbestand** ist daher **mit 0 DM anzusetzen**.[8] Nach Ansicht des BFH sind jedoch in den **VZ 1999 und 2000** auch Unterentnahmen (nicht Überentnahmen) aus Wj., die vor dem 1.1.1999 geendet haben, zu berücksichtigen.[9] Dem ist das BMF begrenzt auf die VZ 1999 und 2000 gefolgt.[10] Für die Ermittlung der zum 1.1.1999 bestehenden Unterentnahmen ist lt. Verwaltung[11] eine Rückschau bis zur Betriebseröffnung erforderlich und ist der Anfangsbestand des Kapitalkontos wie eine Einlage zu berücksichtigen. Zur Vereinfachung soll aber der Wert des Kapitalkontos am Ende des vor dem 1.1.1999 endenden Wj. zugrunde gelegt werden können.

187a Zu beachten ist (vgl. auch Rn. 185), dass Abs. 4a **nur für betrieblich veranlasste** Schuldzinsen gilt.[12] Dies erfordert im Hinblick auf die stl. Abziehbarkeit eine **zweistufige Prüfung**. Zuerst ist zu prüfen, ob und inwieweit die Schuldzinsen (Rn. 188) betrieblich veranlasste Aufwendungen sind.[13] In einem zweiten Schritt muss dann geprüft werden, ob der BA-Abzug im Hinblick auf Überentnahmen durch § 4 Abs. 4a eingeschränkt ist.[14]

188 Nach BMF v. 2.11.2018[15] gehören zu den im Wj. angefallenen **Schuldzinsen** alle Aufwendungen zur Erlangung und Sicherung eines Kredits einschl. der Nebenkosten der Darlehensaufnahme und der Geldbeschaffungskosten; Nachzahlungs-, Aussetzungs- und Stundungszinsen iSd AO sind ebenfalls in die nach § 4 Abs. 4a zu kürzenden Zinsen einzubeziehen.[16] § 4 Abs. 4a S. 5 nimmt allerdings Zinsen für Darlehen aus der Abzugsbeschränkung aus, wenn diese zur Finanzierung von AK oder HK betrieblicher Anlagegüter verwendet werden (Rn. 192a).

189 Nach Abs. 4a S. 2 ist der Begriff der **Überentnahme** legal definiert als der Betrag, um den die **Entnahmen die Summe des Gewinns und der Einlagen des Wj. übersteigen**. Umgekehrt ist nach Abs. 4a S. 3 eine sog. Unterentnahme der Betrag, um den der Gewinn und die Einlagen die Entnahmen des Wj. überstei-

---

1 BFH v. 23.3.2011 – X R 28/09, BStBl. II 2011, 753 Rn. 25 f., mwN.
2 BFH v. 23.3.2011 – X R 28/09, BStBl. II 2011, 753, mwN; näher dazu *Horlemann*, FR 2011, 990.
3 Vgl. *Blümich*, § 4 Rn. 596.
4 Vgl. BFH v. 13.2.2009 – VIII B 73/08, BFH/NV 2009, 920 mwN, unter Berücksichtigung v. BVerfG v. 15.1.2008 – 2 BvL 12/01, BVerfGE 120, 56.
5 BFH v. 7.3.2006 – X R 44/04, BStBl. II 2006, 588 = FR 2006, 732 m. Anm. *Wendt*.
6 BGBl. I 2001, 3794 = BStBl. I 2002, 4.
7 BFH v. 23.3.2011 – X R 28/09, BStBl. II 2011, 753, in verfassungskonformer Auslegung des § 4 Abs. 4a iVm. § 52 Abs. 11 S. 1 aF für Überentnahmen des Kj. 1998; BMF v. 2.11.2018, BStBl. I 2018, 1207 Rn. 43.
8 BMF v. 2.11.2018, BStBl. I 2018, 1207 Rn. 43.
9 BFH v. 21.9.2005 – X R 47/03, BStBl. II 2006, 504 = FR 2006, 283 m. Anm. *Wendt*, für § 52 Abs. 11 S. 1 idF des StBereinG v. 22.12.1999.
10 BMF v. 12.6.2006, BStBl. I 2006, 416 (nicht aufgehoben durch BMF v. 2.11.2018, BStBl. I 2018, 1207) unter 1.; anders unter 4. für **VZ ab 2001**, dort unter Bezug auf § 52 Abs. 11 S. 2 idF des StÄndG 2001 v. 20.12.2001 (BGBl. I 2001, 3794 = BStBl. I 2002, 4); zur Verfassungsmäßigkeit jener Vorschrift BFH v. 9.5.2012 – X R 30/06, BStBl. II 2012, 667 = FR 2013, 281 (Verfassungsbeschwerde [Az. 2 BvR 1868/12] nicht zur Entsch. angenommen).
11 BMF v. 12.6.2006, BStBl. I 2006, 416, unter 2.
12 ZB BFH v. 3.3.2011 – IV R 53/07, BStBl. II 2011, 688 Rn. 25, mwN = FR 2011, 764 m. Anm. *Wendt*; BMF v. 2.11. 2018, BStBl. I 2018, 1207 Rn. 1.
13 Näher BFH v. 3.3.2011 – IV R 53/07, BStBl. II 2011, 688 = FR 2011, 764 m. Anm. *Wendt*, zu einem Außenprüfungsfall.
14 Näher auch hierzu BFH v. 3.3.2011 – IV R 53/07, BStBl. II 2011, 688 = FR 2011, 764 m. Anm. *Wendt*; darin billigt der BFH einen konkreten, im Rahmen einer Außenprüfung angewandten Berechnungsmodus; dabei krit. zur Optimierung des Schuldzinsenabzugs nach *Graf*, DStR 2000, 1465 („umgekehrtes Zwei-Konten-Modell"); zu Gestaltungsüberlegungen auch *Obermeier*, NWB 2000, 3110; weiterhin BFH v. 23.2.2012 – IV R 19/08, FR 2012, 772 m. Anm. *Wendt* = BFH/NV 2012, 1215.
15 BStBl. I 2018, 1207 Rn. 19, unter Bezug auf BFH v. 1.10.2002 – IX R 72/99, BStBl. II 2003, 399.
16 Nach *Schmidt*[37], § 4 Rn. 523, ist diese Auslegung des Begriffs der Schuldzinsen nicht zwingend (zu weit).

gen. Entnahmen iSd. Abs. 4a sind mangels einer besonderen Definition in dieser Vorschrift grds. in Anknüpfung an die Legaldefinition in Abs. 1 Satz 2 zu bestimmen.[1] Die Feststellung einer Überentnahme ist aus der Bilanz (zu EÜR Rn. 193) abzuleiten, da Abs. 4a S. 2 terminologisch an die in Abs. 1 S. 1 verwendeten Begriffe (Entnahme, Einlage, Gewinn) anknüpft. Es gilt der allg. Gewinnbegriff des § 4 Abs. 1 S. 1, so dass gewinnmindernde Abschreibungen und Rücklagen nicht ausgesondert werden.[2] Allerdings ist die Begrenzung des Schuldzinsenabzugs nach § 4 Abs. 4a **betriebsbezogen** auszulegen,[3] so dass der Entnahmebegriff des § 4 Abs. 1 S. 2 – so er final verstanden wird (vgl. Rn. 91) – für § 4 Abs. 4a zu modifizieren ist.[4] Deshalb stellt jede Überführung oder Übertragung eines WG aus dem betrieblichen Bereich des StPfl. in einen anderen betrieblichen Bereich desselben oder eines anderen StPfl. grds. eine **Entnahme** beim abgebenden und eine **Einlage** beim aufnehmenden Betrieb iSd. Abs. 4a S. 2 dar.[5] Auch wenn der Vorgang nach § 6 Abs. 5 zu Buchwerten erfolgt, ist nach Auffassung der FinVerw. die Überführung oder Übertragung von WG aus einem BV in ein anderes BV als Entnahme aus dem abgebenden BV und als Einlage in das aufnehmende BV zu behandeln.[6] Bei der Ermittlung der Überentnahmen iSd. § 4 Abs. 4a sind auch Entnahmen von WG zu berücksichtigen, die bereits **vor der Einführung der Vorschrift** in den Betrieb eingelegt worden sind.[7] Eine Entnahme bzw. eine Einlage iSd. § 4 Abs. 4a liegt allerdings *nicht* vor, soweit ein Betrieb oder MU'anteil – letzterer umfasst sowohl den Anteil am Gesamthandsvermögen als auch das dem einzelnen MU'er zuzurechnende SBV – gem. § 6 Abs. 3 **unentgeltlich** übertragen worden ist.[8] Denn bei der unentgeltlichen Betriebs- oder MU'anteilsübertragung rückt der Rechtsnachfolger in die Rechtsposition des Rechtsvorgängers ein. Zutreffend sieht der BFH auch die geänderte BV-mäßige Zuordnung eines WG während des Bestehens einer **mitunternehmerischen BetrAufsp.** weder als eine Entnahme beim abgebenden Betrieb (dort bleibt das WG „latentes" Sonder-BV) noch als eine Einlage beim aufnehmenden Betrieb iSd. § 4 Abs. 4a an, wenn der Vorgang zum Buchwert stattgefunden hat.[9] Zu den Entnahmen gehören auch Sachentnahmen einschl. Nutzungsentnahmen. Nichtabziehbare BA sind keine Entnahmen und bleiben daher unberücksichtigt (Rn. 190). Als Einlage wird auch die Zuführung v. WG bei Betriebseröffnung, frühestens aber seit dem 1.1.1999, angesehen (maßgebend sind Entnahmen und Einlagen der Totalperiode, s. unten).[10] „Gewinn" iSd. § 4 Abs. 4a S. 2 ist auch ein **Verlust**; nichts anderes gilt bei der Berechnung der Unterentnahme iSv. § 4 Abs. 4a S. 3 (Rn. 192), weil der Gewinnbegriff in den verschiedenen Tatbeständen des § 4 nicht unterschiedlich auszulegen ist.[11] Dahinter steht der Gedanke, dass das durch Entnahmen und Verluste geminderte Eigenkapital nur noch in gemindertem Umfang für sanktionslose Entnahmen zur Verfügung steht.[12] Davon ist nach Ansicht des BFH insoweit im Wege teleologischer Reduktion des § 4 Abs. 4a S. 2 eine Ausnahme geboten, als Verluste für sich genommen nicht zu einer Kürzung des Schuldzinsenabzugs führen dürfen. In einem Verlustjahr darf deshalb bei isolierter Betrachtung dieses Jahres die Überentnahme nicht höher sein als die Entnahme und auch nicht höher als die Differenz zw. Entnahme und Einlage. Die Überentnahme des aktuellen Wj. ist auf den Entnahmenüberschuss begrenzt. Übersteigen umgekehrt die Einlagen die Entnahmen, wird der Einlagenüberschuss mit dem Verlust verrechnet, so dass der Verlust die Unterentnahme dieses Jahres ggf. bis auf null mindert.[13]

Nicht abziehbare BA dürfen aufgrund Abs. 5 den Gewinn nicht mindern. Es handelt sich um BA, die 190
trotz ihrer betrieblichen Veranlassung außerhalb der Gewinnermittlung zugerechnet werden. Da es sich gleichwohl um BA handelt, scheidet eine Zuordnung zu den Entnahmen nach Abs. 4a aus. Angesichts des

1 ZB BFH v. 12.12.2013 – IV R 17/10, BStBl. II 2014, 316 Rn. 18 mwN; v. 24.11.2016 – IV R 46/13, BStBl. II 2017, 268 = FR 2017, 1012 Rn. 12; sa. BMF v. 2.11.2018, BStBl. I 2018, 1207 Rn. 8. Dies gilt auch für die EÜR, vgl. BFH v. 21.8.2012 – VIII R 32/09, BStBl. II 2013, 16 Rn. 18.

2 BFH v. 7.3.2006 – X R 44/04, BStBl. II 2006, 588 = FR 2006, 732 m. Anm. *Wendt*; BMF v. 2.11.2018, BStBl. I 2018, 1207 Rn. 8.

3 BFH v. 12.12.2013 – IV R 17/10, BStBl. II 2014, 316 Rn. 18 mwN; BMF v. 2.11.2018, BStBl. I 2018, 1207 Rn. 27.

4 BFH v. 22.9.2011 – IV R 33/08, BStBl. II 2012, 576 = FR 2012, 77 m. Anm. *Wendt*.

5 BFH v. 22.9.2011 – IV R 33/08, BStBl. II 2012, 10 Rn. 16 = FR 2012, 77 m. Anm. *Wendt*; BMF v. 2.11.2018, BStBl. I 2018, 1207 Rn. 9.

6 BMF v. 2.11.2018, BStBl. I 2018, 1207 Rn. 10.

7 BFH v. 24.11.2016 – IV R 46/13, BStBl. II 2017, 268 = FR 2017, 1012.

8 BFH v. 22.9.2011 – IV R 33/08, BStBl. II 2012, 10 Rn. 17 = FR 2012, 77 m. Anm. *Wendt*; v. 12.12.2013 – IV R 17/10, BStBl. II 2014, 316 Rn. 19; BMF v. 2.11.2018, BStBl. I 2018, 1207 Rn. 11.

9 BFH v. 22.9.2011 – IV R 33/08, BStBl. II 2012, 10 = FR 2012, 77 m. Anm. *Wendt* (dem folgend BMF v. 2.11.2018, BStBl. I 2018, 1207 Rn. 12); offengelassen hat der BFH den Fall eines BV-Transfers unter Aufdeckung stiller Reserven (dann eine Entnahme bzw. Einlage bej. *Witt*, DStR 2011, 2141).

10 BFH v. 14.3.2018 – X R 17/16, BStBl. II 2018, 744 Rn. 34 f.; BMF v. 2.11.2018, BStBl. I 2018, 1207 Rn. 16.

11 BFH v. 14.3.2018 – X R 17/16, BStBl. II 2018, 744 Rn. 22; BMF v. 2.11.2018, BStBl. I 2018, 1207 Rn. 8.

12 Vgl. *Hallerbach*, NWB 2018, 3220 (3221 f.).

13 BFH v. 14.3.2018 – X R 17/16, BStBl. II 2018, 744 Rn. 23 f. mwN; sa. Bsp. bei *Hallerbach*, NWB 2018, 3220 (3222 f.).

Gesetzeswortlauts ist es allerdings zweifelh., ob sie nicht zugunsten der StPfl. durch Minderung der Überentnahmen den Gewinn des Abs. 4a S. 2 erhöhen.[1]

191 Einstweilen frei.

192 Die **Bemessungsgrundlage** und die daraus abzuleitende **Höhe der nicht abzugsfähigen Zinsen** ist in Abs. 4a S. 3–5 geregelt. **Abs. 4a S. 3** ordnet eine **periodenübergreifende** Berechnung der Bemessungsgrundlage an.[2] Nach dem Wortlaut der Vorschrift werden die nicht abziehbaren Schuldzinsen typisiert mit 6 % der Überentnahme des Wj. zzgl. der Überentnahmen vorangegangener Wj. und abzgl. der Unterentnahmen vorangegangener Wj. ermittelt. Abs. 4a S. 3 ist aber so auszulegen, dass „Überentnahmen des lfd. und vorangegangener Wj. abzgl. Unterentnahmen des lfd. und vorangegangener Wj." die Bemessungsgrundlage für die typisierte Zinsberechnung bilden (Addition aller Überentnahmen und Unterentnahmen der Totalperiode).[3] Eine Überentnahme liegt dabei auch vor, wenn sie sich lediglich aus Überentnahmen vorangegangener Wj. ergibt.[4] Der kumulierte Entnahmenüberschuss errechnet sich damit aus den Entnahmen der Totalperiode abzgl. der Einlagen der Totalperiode, dh. seit der Betriebseröffnung, frühestens aber seit dem 1.1.1999.[5] Dabei gelten auch bei der Berechnung der Übernahme nach Abs. 4a S. 3 die Grundsätze zur Berücksichtigung von **Verlusten** (Rn. 189). Nach Auffassung des BFH sind in einem ersten Schritt etwaige Verluste bei der Ermittlung der Bemessungsgrundlage nach Abs. 4a S. 3 uneingeschränkt zu berücksichtigen, sodass sie rechnerisch in die Überentnahme des einzelnen Wj. und in die Bemessungsgrundlage der Totalperiode eingehen. Weil ein Verlust aber für sich genommen keine Überentnahme begründen darf, ist in einem zweiten Schritt im Wege der teleologischen Reduktion die Bemessungsgrundlage der nicht abziehbaren Schuldzinsen des aktuellen Jahres auf den kumulierten Entnahmenüberschuss der Totalperiode zu begrenzen.[6] Bei der pauschalen Kürzung handelt es sich um einen Berechnungsmodus, bei dem die Gewinnauswirkung der Rechtsfolge nicht zu berücksichtigen ist (Abs. 4a S. 3 HS 2).[7] Der pauschal ermittelte Betrag, höchstens jedoch der um 2 050 Euro verminderte Betrag der im Wj. angefallenen Schuldzinsen, ist nach **Abs. 4a S. 4** dem Gewinn hinzuzurechnen.[8] Obwohl bei MU'schaften die Schuldzinsenhinzurechnung nach § 4 Abs. 4a gesellschafterbezogen zu bestimmen ist (sa. Rn. 194), steht der sog. Mindestabzug nach S. 4 nicht jedem MU'er in voller Höhe zu; er ist vielmehr gesellschaftsbezogen und entspr. den Schuldzinsenanteilen der einzelnen MU'er aufzuteilen.[9] Schuldzinsen iSd. Abs. 4a S. 5 (Rn. 192a) sind bei der Aufteilung des Kürzungsbetrags nach Abs. 4a S. 4 nicht zu berücksichtigen.

192a Eine **Ausnahme** von der Abzugsbeschränkung sieht der Gesetzgeber lediglich in § 4 **Abs. 4a S. 5** vor. Nach dieser Vorschrift bleibt der Abzug von Schuldzinsen für Darlehen zur Finanzierung v. AK oder HK v. **WG des AV** unberührt. Ihr Abzug ist also unbeschränkt möglich.[10] Abs. 4a S. 5 umfasst auch Verzugs- und Zinseszinsen für Investitionsdarlehen.[11] Die auf die Finanzierung v. **UV** entfallenden Schuldzinsen sind hingegen nicht ungekürzt abziehbar;[12] dies gilt auch, wenn das UV anlässlich einer Betriebseröffnung angeschafft wird.[13] Die auf die Finanzierung von WG des AV entfallenden und deshalb nach Abs. 4a S. 5 **begünstigten Zinsen** sind **vorab** von den insgesamt entstandenen betriebl. Schuldzinsen **abzuziehen** und nur die übrigen betrieblich veranlassten Zinsen werden der Abzugsbeschränkung nach § 4 Abs. 4a unterworfen.[14] Es ist *nicht* erforderlich, dass zur Finanzierung von AK oder HK von WG des AV ein gesondertes Darlehen aufgenommen wird.[15] Vielmehr kommt es ausschließlich auf die tatsächliche Verwendung

1 Dagegen *Wendt*, FR 2000, 417 (424).
2 Vgl. BFH v. 14.3.2018 – X R 17/16, BStBl. II 2018, 744 Rn. 25; *Hallerbach*, NWB 2018, 3220 (3223).
3 Vgl. BFH v. 14.3.2018 – X R 17/16, BStBl. II 2018, 744 Rn. 25; BMF v. 2.11.2018, BStBl. I 2018, 1207 Rn. 20 f.; *Wendt*, FR 2000, 417 (427 f.).
4 BFH v. 17.8.2010 – VIII R 42/07, BStBl. II 2010, 1041 Rn. 18; BMF v. 2.11.2018, BStBl. I 2018, 1207 Rn. 20.
5 BFH v. 14.3.2018 – X R 17/16, BStBl. II 2018, 744 Rn. 19 und 27; BMF v. 2.11.2018, BStBl. I 2018, 1207 Rn. 16.
6 IErg. BFH v. 14.3.2018 – X R 17/16, BStBl. II 2018, 744 Rn. 26 ff.; zust. *Hallerbach*, NWB 2018, 3220 (3226), weil so die Eigenkapitalminderung durch einen Verlust zutr. erfasst werde.
7 BMF v. 2.11.2018, BStBl. I 2018, 1207 Rn. 18.
8 Vgl. BMF v. 2.11.2018, BStBl. I 2018, 1207 Rn. 16 f. m. Bsp.
9 Vgl. BFH v. 29.3.2007 – IV R 72/02, BStBl. II 2008, 420 = FR 2007, 1058 m. Anm. *Wältermann*, mwN auch zur Gegenansicht; jetzt auch BMF v. 2.11.2018, BStBl. I 2018, 1207 Rn. 28 f. m. Bsp.
10 BFH v. 23.2.2012 – IV R 19/08, FR 2012, 772 m. Anm. *Wendt* = BFH/NV 2012, 1215; BMF v. 2.11.2018, BStBl. I 2018, 1207 Rn. 23.
11 BFH v. 7.7.2016 – III R 26/15, BStBl. II 2016, 837 Rn. 22; BMF v. 2.11.2018, BStBl. I 2018, 1207 Rn. 23.
12 BFH v. 23.3.2011 – X R 28/09, BStBl. II 2011, 753 = FR 2011, 960; krit. aus betriebswirtschaftl. Sicht *Weiland*, DStR 2012, 372; zust. BMF v. 2.11.2018, BStBl. I 2018, 1207 Rn. 23.
13 BFH v. 27.10.2011 – III R 60/09, BFH/NV 2012, 576.
14 BFH v. 23.2.2012 – IV R 19/08, BStBl. II 2013, 151 = FR 2012, 772 m. Anm. *Wendt*, Rn. 28.
15 So jetzt auch BMF v. 2.11.2018, BStBl. I 2018, 1207 Rn. 24, unter Anschluss an BFH v. 23.2.2012 – IV R 19/08, BStBl. II 2013, 151 Rn. 21 = FR 2012, 772 m. Anm. *Wendt*.

der Darlehensmittel an. Zum Schuldzinsenabzug bei auf ein **Kontokorrentkonto** ausgezahltem Investitionsdarlehen hat sich der BFH[1] der Auffassung der FinVerw. insoweit angeschlossen, als unwiderlegbar zu vermuten ist, dass auf ein Kontokorrentkonto ausgezahlte Darlehensmittel zur Finanzierung solcher AK oder HK v. WG des AV verwendet wurden, die innerhalb v. 30 Tagen vor oder nach Auszahlung der Darlehensmittel tatsächlich über das entsprechende Kontokorrentkonto finanziert wurden. Gleiches gilt, wenn das Kontokorrentkonto belastet und anschließend eine Umschuldung in ein Darlehen vorgenommen wird.[2] Beträgt der Zeitraum mehr als 30 Tage, hat der BFH dem StPfl. die Möglichkeit eingeräumt, den erforderlichen Finanzierungszusammenhang zw. Auszahlung der Darlehensmittel auf ein Kontokorrentkonto und Bezahlung v. AK oder HK v. WG des AV im Einzelfall nachzuweisen.[3] Dem hat sich das BMF jetzt angeschlossen.[4] **Kontokorrentzinsen** sind nicht von der Regelung des Abs. 4a S. 5 ausgeschlossen, weil AK oder HK v. WG des AV auch über ein Kontokorrentkonto finanziert werden können;[5] der in der Vorschrift verwendete **Begriff des Darlehens** ist im Hinblick auf den Zweck der Regelung, Finanzierungskosten für AV v. der Abzugsbeschränkung auszunehmen, weit zu fassen. Soweit die ursprüngliche, anders lautende Verwaltungsauffassung darin begründet gewesen sein mag, dass sich der durch eine Investition veranlasste Zins wegen des meist stark schwankenden Schuldsaldos auf dem Kontokorrentkonto nur schwer ermitteln lässt,[6] hat der BFH eine hinreichend praktikable Lösung aufgezeigt: Die für ein Kontokorrentkonto anfallenden betriebl. Kontokorrentzinsen sind auf die Finanzierung v. AK oder HK v. WG des AV einerseits und auf die Finanzierung v. sonstigem betriebl. Aufwand andererseits aufzuteilen, wobei die Aufteilung nach der **Zinszahlenstaffelmethode** bzw. ggf. durch Schätzung vorzunehmen ist; bei einem gemischten Kontokorrent erfordert dies die Aufteilung in drei Unterkonten.[7] Auch dem hat sich das BMF angeschlossen.[8] Wird ein gesondertes Darlehen aufgenommen, mit dem **teilweise** WG des AV finanziert werden, muss der StPfl. nachweisen, inwieweit Schuldzinsen auf entspr. AK oder HK entfallen.[9]

Gem. **Abs. 4a S. 6** ist die gesamte Regelung bei der **Gewinnermittlung nach Abs. 3** sinngemäß anzuwenden; hierzu müssen ab dem Jahr 2000 alle Entnahmen und Einlagen gesondert aufgezeichnet werden (§ 52 Abs. 11 S. 4 aF), und zwar unabhängig davon, ob derzeit überhaupt Kredit in Anspr. genommen wird.[10] Entnahmen und Einlagen von Geld sind für die Anwendung des § 4 Abs. 4a bei der Gewinnermittlung nach § 4 Abs. 3 ebenso zu beurteilen wie bei der Gewinnermittlung nach § 4 Abs. 1.[11] Werden ab dem Jahr 2000 die erforderlichen Aufzeichnungen nicht geführt, sind zumindest die nach § 4 Abs. 4a S. 5 privilegierten Schuldzinsen für „Investitionsdarlehen" sowie tatsächlich entstandene nicht begünstigte Schuldzinsen bis zum Sockelbetrag iHv. 2050 Euro als BA abziehbar.[12] Bei der Gewinnermittlung nach **§ 5a** oder **§ 13a** findet § 4 Abs. 4a keine Anwendung.[13] 193

Abs. 4a lässt offen, wie sich das Schuldzinsenabzugsverbot bei **PersGes.** auswirkt. Nachdem Abs. 4a eine **betriebsbezogene** Gewinnhinzurechnung ist,[14] muss der Hinzurechnungsbetrag auch für jede einzelne MU'schaft ermittelt werden.[15] Ist der StPfl. zB an zwei PersGes. beteiligt, ist die Begrenzung des Schuldzinsenabzugs für den Betrieb der jeweiligen MU'schaft eigenständig zu bestimmen.[16] Der Begriff der Überentnahme sowie die ihn bestimmenden Merkmale (Einlage, Entnahme, Gewinn und ggf. Verlust) sind hingegen **gesellschafterbezogen** auszulegen.[17] Bei der Bestimmung der Überentnahme iSv. Abs. 4a sind neben Veränderungen der Ergänzungsbilanzen auch die im SBV erzielten Gewinne (Sonder-BE abzgl. Sonder-BA, zB wegen Schuldzinsen) sowie die diesen Vermögensbereich betreffenden (individuellen) Ein- 194

---

1 BFH v. 23.2.2012 – IV R 19/08, BStBl. II 2013, 151 = FR 2012, 772 m. Anm. *Wendt*.
2 BMF v. 2.11.2018, BStBl. I 2018, 1207 Rn. 24.
3 Näher BFH v. 23.2.2012 – IV R 19/08, BStBl. II 2013, 151 Rn. 17 = FR 2012, 772 m. Anm. *Wendt*.
4 BMF v. 2.11.2018, BStBl. I 2018, 1207 Rn. 24.
5 BFH v. 23.2.2012 – IV R 19/08, BStBl. II 2013, 151 Rn. 21 = FR 2012, 772 m. Anm. *Wendt*; BMF v. 2.11.2018, BStBl. I 2018, 1207 Rn. 25.
6 Vgl. *Wendt*, FR 2012, 775.
7 Im Einzelnen BFH v. 23.2.2012 – IV R 19/08, BStBl. II 2013, 151 Rn. 26f. = FR 2012, 772 m. Anm. *Wendt*; zu Erwägungen de lege ferenda („Typisierung") s. *Wendt*, FR 2012, 775 (776).
8 Vgl. BMF v. 2.11.2018, BStBl. I 2018, 1207 Rn. 25.
9 BMF v. 2.11.2018, BStBl. I 2018, 1207 Rn. 26.
10 *Wendt*, FR 2000, 417 (430f.).
11 BFH v. 21.8.2012 – VIII R 32/09, BStBl. II 2013, 16 Rn. 19; BMF v. 2.11.2018, BStBl. I 2018, 1207 Rn. 40.
12 BMF v. 2.11.2018, BStBl. I 2018, 1207 Rn. 41.
13 BMF v. 2.11.2018, BStBl. I 2018, 1207 Rn. 42.
14 BFH v. 22.9.2011 – IV R 33/08, BStBl. II 2012, 10 Rn. 16 mwN = FR 2012, 77 m. Anm. *Wendt*; BMF v. 2.11.2018, BStBl. I 2018, 1207 Rn. 27.
15 BMF v. 2.11.2018, BStBl. I 2018, 1207 Rn. 27.
16 BFH v. 29.3.2007 – IV R 72/02, BStBl. II 2008, 420 = FR 2007, 1058 m. Anm. *Wältermann*.
17 So jetzt BMF v. 2.11.2018, BStBl. I 2018, 1207 Rn. 27, unter Bezug auf BFH v. 29.3.2007 – IV R 72/02, BStBl. II 2008, 420 = FR 2007, 1058 m. Anm. *Wältermann*.

lagen und Entnahmen zu berücksichtigen.[1] Ausgehend davon sind Schuldzinsen bei der Ermittlung des Hinzurechnungsbetrags gem. Abs. 4a *nicht* zu berücksichtigen, soweit die Gewinnauswirkung im Gesamthandsvermögen (Gesellschaftsbilanz) durch die Hinzurechnung der Schuldzinsen als **Sondervergütung** gem. § 15 Abs. 1 S. 1 Nr. 2 S. 1 HS 2 wieder neutralisiert worden ist.[2] Dementsprechend sind zB die einer PersGes. entstandenen Schuldzinsen für ein Darlehen des unmittelbar oder mittelbar über eine oder mehrere PersGes. beteiligten G'ters iRd. Hinzurechnung gem. Abs. 4a nicht zu berücksichtigen, soweit sie zugleich als Sondervergütung behandelt worden sind.[3] Ein Investitionsdarlehen iSd. Abs. 4a S. 5 liegt auch dann vor, wenn die Darlehensverbindlichkeit zwar im SBV auszuweisen ist, die Darlehensmittel aber zur Finanzierung von AK oder HK von WG des AV des Gesamthandsvermögens eingesetzt werden.[4]

195 Einstweilen frei.

196 **IV. Beschränkt abziehbare und nicht abzugsfähige Betriebsausgaben (Abs. 5). 1. Systematik.** Der „Schlüssel zum Verständnis des Abs. 5"[5] ist Abs. 5 S. 1 Nr. 7, wonach andere als die enumerativ bezeichneten nicht abzugsfähigen Aufwendungen, die die Lebensführung des StPfl. oder anderer Pers. berühren, nicht abzugsfähig sind, weil sie nach allg. Verkehrsauffassung als unangemessen anzusehen sind.[6] Die Vorschrift will verhindern, dass unangemessener betrieblicher Repräsentationsaufwand bei der ESt berücksichtigt wird, weil dieser Teil verdeckt privat veranlasst ist. Abs. 5 S. 1 Nr. 7 formuliert damit einen **allg. Grundsatz**, der durch die speziellen Abzugsverbote in Abs. 5 S. 1 Nr. 1–6b konkretisiert wird. In den letztgenannten Fällen entscheidet der Gesetzgeber **typisierend** die private Veranlassung.[7] Darüber hinaus enthalten Abs. 5 S. 1 Nr. 8, 8a, 10 besondere Regeln zum Schutz der Gesamtrechtsordnung. Erfasst werden Geldbußen usw., Zinsen auf hinterzogene Betriebssteuern, sowie Bestechungs- und Schmiergelder.

197 **2. Abzugsverbote des Abs. 5 S. 1. a) Geschenke (Nr. 1).** Aufwendungen für Geschenke an Pers., die nicht ArbN des StPfl. sind, dürfen den Gewinn nicht mindern (Abs. 5 S. 1 Nr. 1 S. 1). Dies gilt nicht, wenn die AK oder HK der dem Empfänger im Wj. zugewendeten Gegenstände insgesamt 35 Euro nicht übersteigen (Abs. 5 S. 1 Nr. 1 S. 2).[8] Ein Geschenk im Sinne dieses Abzugsverbots ist eine **betrieblich veranlasste unentgeltliche Zuwendung** an einen Dritten. Nach überzeugender hM ist der Geschenkbegriff des § 4 Abs. 5 S. 1 Nr. 1 mit demjenigen der bürgerlich-rechtl. Schenkung iSd. § 516 BGB gleichzusetzen.[9] In subj. Hinsicht kommt es deshalb nicht allein auf den Willen des Gebers an; erforderlich ist vielmehr ein Einigsein beider Parteien über die Unentgeltlichkeit im schenkungsrechtl. Sinn (vgl. § 516 Abs. 1 BGB). Der IV. Senat des BFH ist hingegen in einer älteren Entsch. davon ausgegangen, dass allein auf den Willen des Gebers abzustellen sei.[10]

198 **Unentgeltlichkeit** liegt vor, wenn die Zuwendung nicht als Gegenleistung für eine bestimmte Leistung des Empfängers gedacht ist und nicht in einem unmittelbaren zeitlichen oder wirtschaftl. Zusammenhang mit einer solchen Leistung steht.[11] Auf (einseitige) Motive des Zuwendenden kommt es nicht an. Deswegen wird die Unentgeltlichkeit der Zuwendung nicht schon dadurch ausgeschlossen, dass der StPfl. mit ihr den Zweck verfolgt, Geschäftsbeziehungen zu verbessern, zu sichern oder für ein Erzeugnis zu werben.[12] Keine Geschenke sind bspw. Trinkgelder oder Zugaben iSd. vormaligen Zugabeverordnung.[13] Auch Schmiergelder und Bestechungsgelder sind keine Geschenke, wenn sie vereinbarungsgemäß dazu bezahlt werden, ei-

---

1 BFH v. 29.3.2007 – IV R 72/02, BStBl. II 2008, 420 = FR 2007, 1058 m. Anm. *Wältermann*; BMF v. 2.11.2018, BStBl. I 2018, 1207 Rn. 27.
2 BFH v. 12.2.2014 – IV R 22/10, BStBl. II 2014, 621 Rn. 24 = FR 2014, 765 m. Anm. *Wendt*; BMF v. 2.11.2018, BStBl. I 2018, 1207 Rn. 30.
3 Näher BFH v. 12.2.2014 – IV R 22/10, BStBl. II 2014, 621 = FR 2014, 765 m. Anm. *Wendt*; dem folgend BMF v. 2.11.2018, BStBl. I 2018, 1207 Rn. 30.
4 Näher BMF v. 2.11.2018, BStBl. I 2018, 1207 Rn. 32ff.
5 BFH v. 30.7.1980 – I R 111/77, BStBl. II 1981, 58 (59) = FR 1981, 48.
6 *Tipke/Lang*[23], § 8 Rn. 287, bezeichnet Abs. 5 S. 1 Nr. 7 insofern als „fehlplaziert".
7 Zur Frage, ob bei einzelnen Regelungen der Typisierungsspielraum verfassungswidrig überschritten wird, *Tipke/Lang*[23], § 8 Rn. 292.
8 Die im Vermittlungsverfahren des HBeglG 2004 aufgenommene Regelung, nach der die begrenzte Abzugsfähigkeit der Aufwendungen für Geschenke entspr. dem Vorschlag aus der sog. Koch-Steinbrück-Liste auf 35 Euro gesenkt wurde, wurde durch das G zur bestätigenden Regelung verschiedener steuerlicher und verkehrsrechtlicher Vorschriften des HBeglG 2004 v. 5.4.2011 (BGBl. I 2011, 554) inhaltlich bestätigt, indem § 4 Abs. 5 S. 1 Nr. 1 S. 2 EStG idF des HBeglG 2004 wiederholend neu gefasst wurde (vgl. BT-Drucks. 17/3632, 9).
9 ZB BFH v. 23.6.1993 – I R 14/93, BStBl. II 1993, 806; v. 12.10.2010 – I R 99/09, BFH/NV 2011, 650; H 4.10 (2–4) „Geschenk" EStH; *Blümich*, § 4 Rn. 700 mwN.
10 BFH v. 18.2.1982 – IV R 46/78, BStBl. II 1982, 394 = FR 1982, 305.
11 ZB BFH v. 30.3.2017 – IV R 13/14, BStBl. II 2017, 892 Rn. 11 mwN.
12 Vgl. R 4.10 Abs. 4 S. 3 EStR.
13 BFH v. 28.11.1986 – III B 54/85, BStBl. II 1987, 296 = FR 1987, 285; v. 12.10.2010 – I R 99/09, BFH/NV 2011, 650.

nen bestimmten „Auftrag“ zu erhalten.[1] Darüber hinaus soll das Abzugsverbot nicht gelten, wenn die zugewendeten WG **beim Empfänger ausschließlich betrieblich genutzt** werden können (zB Fachbücher, Ärztemuster).[2]

Ausnahme v. Abzugsverbot nach § 4 Abs. 5 S. 1 Nr. 1 S. 2: Die 35-Euro-Grenze ist überschritten, wenn in einem Wj. die AK oder HK der einem Empfänger zugewendeten Geschenke zusammengerechnet 35 Euro übersteigen. Die Übernahme der pauschalen ESt nach § **37b** für ein Geschenk unterliegt als weiteres Geschenk dem Abzugsverbot des § 4 Abs. 5 S. 1 Nr. 1, soweit bereits der Wert des Geschenks selbst oder zusammen mit der übernommenen pauschalen ESt den Betrag von 35 Euro übersteigt.[3] Da es sich bei diesem Betrag um eine sog. **Freigrenze** handelt, entfällt bei höherwertigen Geschenken jeder Abzug. 199

Die AK und HK sind nach allg. Grundsätzen zu ermitteln und umfassen auch die Kosten der Kennzeichnung als Werbeträger.[4] Dazu rechnet auch die **USt**, wenn sie nicht als VorSt. abziehbar ist. Bei abziehbarer VorSt. ist jedoch § 9b zu beachten. Handelt es sich um gebrauchte WG, dann kommt es gegen § 6 Abs. 1 Nr. 4 auf fiktive AK oder HK an. Nach § 15 Abs. 1a Nr. 1 UStG berechtigen Aufwendungen für Geschenke nicht zum Vorsteuerabzug, wenn ertragsteuerrechtl. der Abzug ausgeschlossen ist.[5] Die nicht abziehbare VorSt. ist nach § 12 Nr. 3 eine nicht abzugsfähige Ausgabe. Anderes gilt aber für die USt, die nach § 15 Abs. 2, 4 UStG nicht abziehbar ist. Diese kann lfd. BA oder Teil der AK oder HK sein. 200

b) Bewirtungsaufwendungen (Nr. 2). Aufwendungen für die Bewirtung v. Pers. aus geschäftlichem Anlass sind nicht abzugsfähig, soweit sie nach der allg. Verkehrsauffassung als unangemessen anzusehen sind. **Angemessene** Bewirtungskosten, deren Höhe und betriebliche Veranlassung nachgewiesen sind, sind nur iHv. 70 % abzugsfähig.[6] Der Abzugsbeschränkung unterfallen alle Aufwendungen, bei denen ein sachlicher Zusammenhang mit der Bewirtung (Darreichung von Speisen und Getränken) besteht; dies kann sachlich mit der Bewirtung im Zusammenhang stehende Aufwendungen für Service, Dekoration, Musik etc. einschließen.[7] Zum **Nachweis** hat der StPfl. die in Abs. 5 S. 1 Nr. 2 S. 2, 3 aufgeführten Angaben schriftlich zu machen. Bei Bewirtung in einer Gaststätte ergeben sich die Voraussetzungen zur Erfüllung der Nachweispflicht aus S. 3, der lex specialis zu S. 2 ist; die Beifügung der Rechnung kann deshalb nicht durch Angaben nach S. 2 – also durch Eigenbelege – ersetzt werden.[8] Beim Nachweis handelt sich hierbei um eine unabdingbare materiell-rechtliche Voraussetzung für den BA-Abzug. Deswegen können auch Journalisten die geforderten Angaben zu Teilnehmern und Anlass idR nicht unter Berufung auf das Pressegeheimnis verweigern.[9] Das Gleiche gilt für RA im Hinblick auf die anwaltliche Schweigepflicht.[10] Die über Bewirtungen in einer Gaststätte ausgestellten Rechnungen iSd. § 4 Abs. 5 S. 1 Nr. 2 S. 3 müssen, sofern es sich nicht um Rechnungen über Kleinbeträge iSd. UStDV handelt, den Namen des bewirtenden StPfl. enthalten.[11] Die unterbliebene Angabe des Bewirtenden im amtl. vorgeschriebenen Bewirtungsvordruck kann auch noch nachträglich im Rechtsbehelfsverfahren nachgeholt werden.[12] Nach der Rspr. des BFH dürfen an die Aufzeichnungspflichten keine überzogenen Anforderungen gestellt werden, wenn ihr Zweck, die entspr. Aufwendungen leicht nachprüfen zu können, nicht gefährdet ist.[13] Dem Erfordernis getrennter Aufzeichnungen nach **Abs. 7 S. 1** ist deshalb Genüge getan, wenn auf einem Buchführungskonto sowohl die beschränkt abzugsfähigen Bewirtungskosten als auch die unbeschränkt abzugsfähigen Aufmerksamkeiten gebucht werden. Offenkundige einzelne Fehlbuchungen sind unter Berücksichtigung des Rechtsgedankens des § 129 AO (offenbare Unrichtigkeit) unschädlich. Dem Gebot der Einzelaufzeichnung ist auch dann Rechnung getragen, wenn ein Gastwirt Sammelrechnungen für mehrere Bewirtungen erteilt oder mit Kre- 201

---

1 BFH v. 18.2.1982 – IV R 46/78, BStBl. II 1982, 394 = FR 1982, 305.
2 Vgl. R 4.10 Abs. 2 S. 4 EStR.
3 BFH v. 30.3.2017 – IV R 13/14, BStBl. II 2017, 892, wobei die FinVerw. die Vereinfachungsregelung in BMF v. 19.5.2015, BStBl. I 2015, 468 Rn. 25, weiter anwendet. Danach ist bei der Prüfung der Freigrenze des § 4 Abs. 5 S. 1 Nr. 1 S. 2 aus Vereinfachungsgründen allein auf den Betrag der Zuwendung abzustellen. Die übernommene Steuer ist nicht mit einzubeziehen.
4 R 4.10 Abs. 3 S. 1 EStR.
5 Abschn. 15.6 UStAE.
6 § 4 Abs. 5 S. 1 Nr. 2 S. 1 EStG idF des HBeglG 2004, durch den die begrenzte Abzugsfähigkeit der Bewirtungsaufwendungen entspr. dem Vorschlag aus der sog. Koch-Steinbrück-Liste in einem Schritt auf 70 % gesenkt wurde, wurde durch das G zur bestätigenden Regelung verschiedener steuerlicher und verkehrsrechtlicher Vorschriften des HBeglG 2004 v. 5.4.2011 (BGBl. I 2011, 554) wiederholend neu gefasst (vgl. BT-Drucks. 17/3632, 9).
7 BFH v. 7.9.2011 – I R 12/11, BStBl. II 2012, 194 = FR 2012, 412 Rn. 12.
8 BFH v. 18.4.2012 – X R 57/09, BStBl. II 2012, 770 = FR 2013, 30 m. Anm. *Kanzler.*
9 BFH v. 15.1.1998 – IV R 81/96, BStBl. II 1998, 263.
10 BFH v. 26.2.2004 – IV R 50/01, BStBl. II 2004, 502 = FR 2004, 723.
11 BFH v. 18.4.2012 – X R 57/09, BStBl. II 2012, 770 = FR 2013, 30 m. Anm. *Kanzler* mwN.
12 BFH v. 19.3.1998 – IV R 40/95, BStBl. II 1998, 610 = FR 1998, 657.
13 BFH v. 19.8.1999 – IV R 20/99, FR 2000, 326.

ditkarte bezahlt wird und eine Abrechnung mehrere getrennte Bewirtungen mit entspr. Belegen umfasst. Die Aufzeichnungspflichten nach Abs. 7 gelten nach stRspr. auch für StPfl., die ihren Gewinn nach Abs. 3 ermitteln.[1] Sie können auch nicht durch eine geordnete Ablage v. Belegen ersetzt werden.[2] Der Pflicht zur getrennten Aufzeichnung v. Bewirtungskosten ist nur genügt, wenn diese Aufwendungen jeweils v. Anfang an, fortlaufend, zeitnah und gesondert v. sonstigen BA schriftlich festgehalten werden.[3]

202 Als **Bewirtung** iSd. Vorschrift ist jede Darreichung von Speisen, Getränken oder sonstigen Genussmitteln zum sofortigen Verzehr zu verstehen; es kommt nicht darauf an, ob die Beköstigung der bewirteten Person im Vordergrund steht oder die Bewirtung (aus der Sicht des Bewirtenden) auch bzw. in erster Linie der Werbung oder der Repräsentation dient.[4] Werden daneben noch andere Leistungen erbracht und steht der insgesamt geforderte Preis in einem offensichtlichen Missverhältnis zu dem Wert der verzehrten Speisen und/oder Getränke, richtet sich die Beurteilung der Aufwendungen nicht mehr nach Abs. 5 S. 1 Nr. 2, sondern nach Nr. 7.[5] Abs. 5 S. 1 Nr. 2 gilt auch nicht, wenn und soweit die Bewirtung Gegenstand eines Austauschverhältnisses iS. eines Leistungsaustausches ist.[6] Der gesetzl. nicht definierte Begriff **„aus geschäftlichem Anlass"** umfasst die Bewirtung insbes. von solchen Personen, zu denen Geschäftsbeziehungen bestehen oder angebahnt werden sollen; er schließt nur die Bewirtung eigener Arbeitnehmer aus.[7] Er ist nicht identisch mit der „Veranlassung durch den Betrieb" (§ 4 Abs. 4) bzw. der **betrieblichen Veranlassung**.[8] Da die Bewirtung v. ArbN des eigenen Betriebs (betriebsinterne ArbN-Bewirtung) nicht geschäftlich, sondern nur betrieblich veranlasst ist, können hier die BA in voller Höhe abgezogen werden. Des Weiteren ist der Begriff des geschäftlichen Anlasses nicht identisch mit dem Begriff der beruflichen Veranlassung (§ 9 Abs. 1 S. 1). Deshalb greift § 4 Abs. 5 S. 1 Nr. 2, soweit er über § 9 Abs. 5 auch für Bewirtungsaufwendungen eines ArbN gilt, auch nicht, wenn ein ArbN aus beruflichem Anlass Aufwendungen für die Bewirtung v. Arbeitskollegen trägt.[9] Bei **privater Mitveranlassung** greift anders als nach früherer Rspr. nicht stets das Abzugsverbot des § 12 Nr. 1 S. 2 ein (näher § 12 Rn. 8). Eine solche Mitveranlassung liegt regelmäßig vor, wenn die Bewirtung v. Geschäftsfreunden in der Wohnung oder zum privaten Anlass (Geburtstagsfeier) außerhalb der Wohnung erfolgt.[10] Trotz des herausgehobenen persönlichen Ereignisses (Feier anlässlich eines Geburtstags) kann sich aus den übrigen Umständen des einzelnen Falls ergeben, dass die Kosten für eine solche Feier ausnahmsweise ganz oder teilweise beruflich/betrieblich veranlasst sind.[11]

203 Für die Beurteilung der **Angemessenheit** der Bewirtungsaufwendungen stellt der BFH auf die einzelne Bewirtungsveranstaltung und nicht auf die einzelne bewirtete Pers. oder auf den Jahresaufwand an Bewirtungskosten ab.[12] Sie beurteilt sich nach der allg. Verkehrsauffassung und damit nach den Umständen des Einzelfalls (Größe des Unternehmens, Art und Umfang der Geschäftsbeziehungen, Stellung des Geschäftsfreundes usf.).

204 **Systematisches Verhältnis** v. Abs. 5 S. 1 Nr. 2 **zu Abs. 5 S. 1 Nr. 1** (Geschenke): Soweit die nicht durch Bewirtungsleistungen geprägte Veranstaltung als unentgeltliche vermögenswerte Zuwendung iSd. Abs. 5 S. 1 Nr. 1 zu werten ist (zB Auslands- oder Urlaubsreisen),[13] sind auch die hierbei anfallenden Aufwendungen für Speisen und Getränke aufgrund ihres „akzessorischen Charakters" dem Abzugsverbot nach Nr. 1 unterworfen.[14] Steht dagegen die Darreichung v. Speisen und/oder Getränken eindeutig im Vordergrund, handelt es sich um Bewirtungsaufwendungen iSd. Abs. 5 S. 1 Nr. 2.[15]

204a Nach § 4 **Abs. 5 S. 2** gilt das in S. 1 Nr. 2 bestimmte Abzugsverbot nicht, soweit der in S. 1 Nr. 2 bezeichnete Zweck der Bewirtung Gegenstand einer mit Gewinnabsicht ausgeübten Betätigung des StPfl. ist. Diese

---

1 BFH v. 26.10.1988 – X R 25/87, BFH/NV 1989, 571; v. 14.9.1989 – IV R 122/88, BFH/NV 1990, 495; v. 13.5.2004 – IV R 47/02, BFH/NV 2004, 1402.
2 BFH v. 26.6.1989 – IV B 66/88, BFH/NV 1990, 165; v. 13.5.2004 – IV R 47/02, BFH/NV 2004, 1402.
3 BFH v. 13.5.2004 – IV R 47/02, BFH/NV 2004, 1402.
4 BFH v. 26.4.2018 – X R 24/17, BFH/NV 2018, 1180 Rn. 13 mwN; zu Nebenkosten (Trinkgelder, Taxi) vgl. *Schmidt*[37], § 4 Rn. 545.
5 BFH v. 16.2.1990 – III R 21/86, BStBl. II 1990, 575 = FR 1990, 390.
6 BFH v. 26.4.2018 – X R 24/17, BFH/NV 2018, 1180 Rn. 14 mwN.
7 BFH v. 7.9.2011 – I R 12/11, BStBl. II 2012, 194 Rn. 11 = FR 2012, 412.
8 Vgl. zB BFH v. 18.9.2007 – I R 75/06, BStBl. II 2008, 116; v. 10.7.2008 – VI R 26/07, BFH/NV 2008, 1831, mwN.
9 BFH v. 10.7.2008 – VI R 26/07, BFH/NV 2008, 1831; v. 20.1.2016 – VI R 24/15, BStBl. II 2016, 744 = FR 2016, 997 – Feier eines Dienstjubiläums.
10 BFH v. 12.12.1968 – IV R 150/68, BStBl. II 1969, 239; v. 15.5.1986 – IV R 184/83, BFH/NV 1986, 657.
11 BFH v. 10.11.2016 – VI R 7/16, BStBl. I 2017, 409 Rn. 13 f. und 18.
12 BFH v. 16.2.1990 – III R 21/86, BStBl. II 1990, 575 = FR 1990, 390.
13 Vgl. BFH v. 23.6.1993 – I R 14/93, BStBl. II 1993, 806.
14 *Blümich*, § 4 Rn. 719.
15 R 4.10 Abs. 5 S. 2 EStR; *Blümich*, § 4 Rn. 719; einschr. BFH v. 3.2.1993 – I R 57/92, BFH/NV 1993, 530.

Ausnahme betrifft nur Bewirtungen, welche unmittelbar Gegenstand der erwerbsbezogenen bewirtenden Tätigkeit sind. Deshalb unterliegen Aufwendungen im Zusammenhang mit Bewirtungen (Bewirtungen von Kunden und Lieferanten; Galaempfang zum Betriebsjubiläum) auch bei einem erwerbsbezogen bewirtenden Unternehmen (zB Hotelbetrieb mit Restaurants und Veranstaltungsräumen) der Abzugsbeschränkung des § 4 Abs. 5 S. 1 Nr. 2.[1]

c) Gästehäuser (Nr. 3). Abs. 5 S. 1 Nr. 3 ordnet Aufwendungen für nicht am Ort des Betriebs gelegene Gästehäuser allg. als unangemessenen Repräsentationsaufwand ein. Nach der Vorschrift sind Aufwendungen für Einrichtungen des StPfl., soweit sie der Bewirtung, Beherbergung oder Unterhaltung v. Pers., die nicht ArbN des StPfl. sind, dienen (Gästehäuser) und sich außerhalb des Orts eines Betriebs des StPfl. befinden, nicht abziehbar. Abs. 5 S. 1 Nr. 3 ist nicht anwendbar, wenn der StPfl. das Gästehaus mit Gewinnerzielungsabsicht, etwa als Pension, betreibt. 205

Eine **Einrichtung** des StPfl. liegt nicht nur dann vor, wenn sich das Gästehaus in seinem Eigentum befindet, sondern auch dann, wenn das Gästehaus dauerhaft angemietet oder gepachtet ist.[2] Als **Betrieb** gelten auch Zweigniederlassungen und Betriebsstätten mit einer gewissen Selbständigkeit, die üblicherweise v. Geschäftsfreunden besucht werden.[3] Der **Ort des Betriebs** bestimmt sich regelmäßig nach den politischen Gemeindegrenzen, doch können im Ausnahmefall auch Vorortgemeinden einbezogen werden, wenn sie räumlich und verkehrstechnisch zur Betriebsgemeinde gehören.[4] Zu den **Aufwendungen** iSd. Abs. 5 S. 1 Nr. 3 gehören alle mit der Anschaffung, Herstellung und Unterhaltung iZ stehenden Kosten einschl. AfA,[5] Personalkosten und Zinsen. Die reinen Bewirtungsaufwendungen sind dagegen allein unter Abs. 5 S. 1 Nr. 2 subsumierbar.[6] 206

Abs. 5 S. 1 Nr. 3 betrifft ausschließlich betrieblich genutzte Gästehäuser. Soweit es im Eigentum des StPfl. steht, ist es deshalb als **BV** zu qualifizieren. Hieraus folgt, dass im Falle einer Veräußerung oder Entnahme ein entspr. Gewinn voll zu versteuern ist. Dabei dürfen nach der Rspr. des BFH die auf das Gebäude bisher vorgenommenen, aber infolge der außerbilanziellen Hinzurechnung nicht gewinnmindernd berücksichtigten AfA nicht gegengerechnet werden.[7] Zur Berechnung des Veräußerungsgewinns sind dem Veräußerungserlös folglich die um die jährliche AfA geminderten AK oder HK des Gebäudes (aktueller Buchwert) gegenüberzustellen. 207

Verlangt der StPfl. v. den beherbergten Gästen einen Kostenbeitrag als Ersatz seiner (nicht abzugsfähigen) Aufwendungen iSd. Abs. 5 S. 1 Nr. 3, stellt sich die Frage, ob es sich hierbei um zwar steuerbare, aber nicht stpfl. BE handelt. Da hier ein unmittelbarer Zusammenhang mit den nicht abziehbaren BA besteht, spricht der allg. Rechtsgedanke, der § 4 Abs. 5 S. 1 Nr. 8 S. 3 und für den umgekehrten Fall § 3c Abs. 1 zugrunde liegt, dafür, dass der Aufwendungsersatz nicht als BE zu versteuern ist.[8] 208

d) Aufwendungen für Jagd usw. (Nr. 4). § 4 Abs. 5 S. 1 Nr. 4 ordnet ein Abzugsverbot für beispielhaft aufgezählte besondere Repräsentationsaufwendungen an, die zwar durch den Betrieb veranlasst sind (§ 4 Abs. 4), die jedoch „im Interesse der Steuergerechtigkeit und des sozialen Friedens" nicht durch den Abzug v. stpfl. Gewinn „auf die Allgemeinheit abgewälzt" werden sollen; soweit in der Versagung des Abzugs der Ausgaben ein Verstoß gegen das objektive Nettoprinzip liegt, ist dieser jedenfalls durch den typisiert angenommenen **Zusammenhang mit der Lebensführung** des StPfl. oder seiner Geschäftsfreunde gerechtfertigt.[9] Das Abzugsverbot soll deshalb nur für Aufwendungen gelten, die eine Berührung zur Lebensführung und zur wirtschaftlichen und gesellschaftlichen Stellung der durch sie begünstigten Geschäftsfreunde des StPfl. haben.[10] Weil das Gesetz einen solchen Zusammenhang bei Vorliegen der Voraussetzungen des § 4 Abs. 5 S. 1 Nr. 4 typisiert annimmt, gilt das Abzugsverbot auch für **Körperschaftsteuersubjekte**, die nach der Rspr. des BFH keine außerbetriebliche Sphäre haben können.[11] Im Übrigen bleibt gem. § 4 Abs. 5 S. 3 die Vorschrift des § 12 Nr. 1 unberührt. 209

---

1 BFH v. 7.9.2011 – I R 12/11, BStBl. II 2012, 194 = FR 2012, 412.
2 *Blümich*, § 4 Rn. 746 mwN.
3 R 4.10 Abs. 10 S. 3 EStR.
4 BFH v. 9.4.1968 – I 156/65, BStBl. II 1968, 603.
5 BFH v. 20.8.1986 – I R 29/85, BStBl. II 1987, 108 = FR 1986, 648.
6 Vgl. auch *Schmidt*[37], § 4 Rn. 562.
7 BFH v. 12.12.1973 – VIII R 40/69, BStBl. II 1974, 207; vgl. auch BFH v. 8.10.1987 – IV R 5/85, BStBl. II 1987, 853.
8 So auch *Schmidt*[37], § 4 Rn. 564.
9 BFH v. 2.8.2012 – IV R 25/09, FR 2013, 37 = BFH/NV 2012, 1714 Rn. 8 mwN.
10 BFH v. 2.8.2012 – IV R 25/09, FR 2013, 37 = BFH/NV 2012, 1714 Rn. 8 mwN.
11 BFH v. 2.8.2012 – IV R 25/09, FR 2013, 37 = BFH/NV 2012, 1714 Rn. 8 mwN; v. 14.10.2015 – I R 74/13, FR 2016, 623 m. Anm. *Wendt* = BFH/NV 2016, 631 Rn. 9.

210 Abs. 5 S. 1 Nr. 4 betrifft im Einzelnen Aufwendungen für Jagd oder Fischerei, für Segeljachten[1] oder Motorjachten sowie für ähnliche Zwecke und für die hiermit zusammenhängenden Bewirtungen. Unter den Begriff der Aufwendungen für **„ähnliche Zwecke"** fallen Aufwendungen, die der sportlichen Betätigung, der Unterhaltung von Geschäftsfreunden, der Freizeitgestaltung oder der Repräsentation dienen,[2] zB Aufwendungen für Schwimmbecken, Sportflugzeuge, Tennisplätze oder Golfplätze.[3] Dabei ist es unerheblich, ob es sich um eigene oder gepachtete Einrichtungen handelt. Das Abzugsverbot greift nicht ein, wenn die Anlagen und Einrichtungen mit Gewinnerzielungsabsicht betrieben werden (Abs. 5 S. 2) oder **nur ArbN** zur Vfg. stehen.[4] Des Weiteren soll Abs. 5 S. 1 Nr. 4 teleologisch einschr. ausgelegt werden, wenn Repräsentation oder Freizeitgestaltung nicht im Vordergrund stehen (zB gemietetes Konferenzschiff, „schwimmender Besprechungsraum", reines Transportmittel).[5] Auch Golfturniere, die nicht über die betriebliche Veranlassung (zB Werbeeffekt) hinaus zusätzlich einem besonderen Repräsentationszweck dienen, können zu BA führen.[6] Ebenso sind Kosten für Fahrten zw. Wohnung und Betriebsstätte mit einem Schiff nicht nach § 4 Abs. 5 S. 1 Nr. 4 generell v. Abzug ausgeschlossen.[7] Im Gegensatz dazu sind die Aufwendungen für ein Oldtimer-Flugzeug nicht abziehbar, da es zwar Werbezwecken dient, Ziel des Abs. 5 S. 1 Nr. 4 aber gerade die Vereinfachung ist und das WG so eingesetzt wird, dass es bei typisierender Betrachtung dazu geeignet ist, Geschäftsfreunde zu unterhalten oder privaten Neigungen nachzugehen.[8]

211 **e) Mehraufwendungen für Verpflegung (Nr. 5).** Mit dem „G zur Änderung und Vereinfachung der Unternehmensbesteuerung und des steuerlichen Reisekostenrechts" v. 20.2.2013[9] hat der Gesetzgeber angestrebt, im Bereich des stl. Reisekostenrechts „ein ausgewogenes Gesamtmodell mit Vereinfachungen in den Bereichen Fahrtkosten, Verpflegungsmehraufwendungen und Übernachtungskosten" umzusetzen.[10] Danach wurde die stl. Berücksichtigung von Reisekosten mit Wirkung **ab 1.1.2014** umfassend in § 9 geregelt. Der bisher in § 4 Abs. 5 S. 1 Nr. 5 aF geregelte Abzug von Verpflegungsmehraufwendungen, der über den Verweis in § 9 Abs. 5 auch iRd. WK anwendbar war, wurde in den neu eingefügten **§ 9 Abs. 4a** (Pauschalen für Verpflegungsmehraufwendungen, näher § 9 Rn. 87 ff.) überführt.[11] **§ 4 Abs. 5 S. 1 Nr. 5 nF**, nach dessen S. 1 Mehraufwendungen für die Verpflegung des StPfl. den Gewinn nicht mindern dürfen, enthält in S. 2 einen entspr. Verweis: Wird der StPfl. vorübergehend von seiner Wohnung und dem Mittelpunkt seiner dauerhaft angelegten betrieblichen Tätigkeit[12] entfernt betrieblich tätig, sind die Mehraufwendungen für Verpflegung nach Maßgabe des § 9 Abs. 4a abziehbar. Das ergänzte BMF-Schr. v. 24.10.2014[13] zur Reform des stl. Reisekostenrechts ab 1.1.2014 nimmt unter II.2. zur stl. Berücksichtigung von Verpflegungsmehraufwendungen nach § 9 Abs. 4a Stellung. Das BMF-Schr. v. 23.12.2014 weist ua. darauf hin, dass der Begriff des Mittelpunkts der dauerhaft angelegten betrieblichen Tätigkeit des StPfl. iSd. § 4 Abs. 5 S. 1 Nr. 5 dem Begriff der ersten Betriebsstätte entspricht, der in dem Schr. näher definiert wird.[14] Zu den Pauschbeträgen für Verpflegungsmehraufwendungen für betrieblich (und beruflich) veranlasste Auslands(dienst)reisen ab 1.1.2018 s. BMF-Schr. v. 8.11.2017[15].

212 **f) Fahrtkosten (Nr. 6).** Aufwendungen für Fahrten zw. Wohnung und Betriebsstätte[16] werden teilw. der Erwerbssphäre zugeordnet,[17] andererseits wird ihre private Mitveranlassung anerkannt (vgl. § 9 Rn. 44).

---

1 BFH v. 7.2.2007 – I R 27–29/05, FR 2007, 888 m. Anm. *Pezzer* = BFH/NV 2007, 1230; v. 2.8.2012 – IV R 25/09, FR 2013, 37 = BFH/NV 2012, 1714.
2 BFH v. 14.10.2015 – I R 74/13, FR 2016, 623 m. Anm. *Wendt* = BFH/NV 2016, 631 Rn. 8 mwN.
3 Weitere Bsp.: Halten von Reitpferden (BFH v. 11.8.1994 – I B 235/93, BFH/NV 1995, 205); Pkw-Oldtimer (BFH v. 10.8.2011 – I B 42/11, BFH/NV 2011, 2097); Rennwagen (BFH v. 22.12.2008 – III B 154/07, BFH/NV 2009, 579).
4 BFH v. 30.7.1980 – I R 111/77, BStBl. II 1981, 58 = FR 1981, 48.
5 BFH v. 3.2.1993 – I R 18/92, BStBl. II 1993, 367 = FR 1993, 396; v. 10.5.2001 – IV R 6/00, BStBl. II 2001, 575 = FR 2001, 842 m. Anm. *Kanzler*; krit. *Blümich*, § 4 Rn. 754.
6 BA bejahend: BFH v. 14.10.2015 – I R 74/13, FR 2016, 623 m. Anm. *Wendt* = BFH/NV 2016, 631; BA verneinend: BFH v. 16.12.2015 – IV R 24/13, FR 2016, 625 m. Anm. *Wendt* = BFH/NV 2016, 652.
7 BFH v. 10.5.2001 – IV R 6/00, BStBl. II 2001, 575 = FR 2001, 842 m. Anm. *Kanzler*.
8 BFH v. 7.2.2007 – I R 27–29/05, FR 2007, 888 m. Anm. *Pezzer* = BFH/NV 2007, 1230.
9 BGBl. I 2013, 285.
10 BT-Drucks. 17/10774, 9; näher zu Einzelregelungen zB *Seifert*, DStZ 2012, 720.
11 Näher BT-Drucks. 17/10774, 15 ff.
12 Zum Begriff des Tätigkeitsmittelpunkts zB BFH v. 29.11.2016 – VI R 39/15, BFH/NV 2017, 722 Rn. 12; v. 29.11.2016 – VI R 19/16, BFH/NV 2017, 447 Rn. 11 ff. (jeweils noch zu § 4 Abs. 5 S. 1 Nr. 5 aF).
13 BStBl. I 2014, 1412 (das Schr. ersetzt BMF v. 30.9.2013, BStBl. I 2013, 1279).
14 BMF v. 23.12.2014, BStBl. I 2015, 26 Rn. 9.
15 BStBl. I 2017, 1457.
16 Zum Begriff der Betriebsstätte iSd. § 4 Abs. 5 S. 1 Nr. 6 s. zB BFH v. 29.4.2014 – VIII R 33/10, BStBl. II 2014, 777 mwN; v. 11.11.2014 – VIII R 47/11, HFR 2015, 944; v. 13.5.2015 – III R 59/13, BFH/NV 2015, 1365; v. 17.1.2017 – VIII R 33/14, BFH/NV 2017, 1013 Rn. 16 zur Betriebsstätte einer PersGes.
17 *Hennrichs*, BB 2004, 584; *Tipke/Lang*[23], § 8 Rn. 261.

Es ist eine steuerpolitische Entscheidung, ob nach dem sog. Werkstorprinzip die Erwerbssphäre erst am Arbeitsplatz beginnt; verfassungsrechtl. Voraussetzung ist jedoch stets die hinreichend folgerichtige Ausgestaltung der v. Gesetzgeber getroffenen Belastungsentscheidung oder das Vorliegen eines besonderen sachlichen Grundes für eine Ausnahme v. einer folgerichtigen Umsetzung und Konkretisierung steuergesetzlicher Belastungsentscheidungen. Durch das StÄndG 2007 war bestimmt worden, dass Aufwendungen für Fahrten zw. Wohnung und Betriebsstätte keine Erwerbsaufwendungen sind/waren (**Abs. 5a aF**). Das BVerfG[1] hat nach den genannten Maßstäben in der § 4 Abs. 5a aF entsprechenden Vorschrift des § 9 Abs. 2 S. 1 iVm. S. 2 einen Verstoß gegen den Gleichheitssatz gesehen. Mit G v. 20.4.2009[2] ist die vor dem StÄndG 2007 geltende Rechtslage wieder hergestellt worden. Im Rahmen der Neuregelung des stl. Reisekostenrechts zum 1.1.2014 durch G v. 20.2.2013[3] (sa. Rn. 211 und § 9 Rn. 42) wurden in Nr. 6 die Verweise auf den gleichzeitig geänderten § 9 redaktionell angepasst. Danach ist zur Abgeltung der Fahrtkosten § 9 Abs. 1 S. 3 Nr. 4 S. 2 bis 6, Nr. 5 S. 5 bis 7 und Abs. 2 entspr. anzuwenden (§ 4 **Abs. 5 Nr. 6 S. 2**). Nach § 4 Abs. 5 S. 1 **Nr. 6 S. 3 HS 1** dürfen bei der Nutzung eines Kfz. die Aufwendungen iHd. **positiven Unterschiedsbetrags** zw. 0,03 % des inländ. Listenpreises nach § 6 Abs. 1 Nr. 4 S. 2 im Zeitpunkt der Erstzulassung je Kalendermonat für jeden Entfernungskilometer und dem sich nach § 9 Abs. 1 S. 3 Nr. 4 S. 2 bis 6 oder Abs. 2 ergebenden Betrag sowie Aufwendungen für Familienheimfahrten in Höhe des positiven Unterschiedsbetrags zw. 0,002 % des inländ. Listenpreises und dem sich nach § 9 Abs. 1 S. 3 Nr. 5 S. 5 bis 7 oder Abs. 2 ergebenden Betrags den Gewinn nicht mindern.[4] Der positive Unterschiedsbetrag ist bei Anwendung der 1 %-Regelung auch dann unter Ansatz von 0,03 % des inländ. Listenpreises des Fahrzeugs je Kalendermonat zu berechnen, wenn der StPfl. im Monat durchschnittlich weniger als 15 Fahrten (als Grundlage der gesetzl. Typisierung und Pauschalierung) zur Betriebsstätte unternommen hat.[5] Um die pauschale Ermittlung nichtabzugsfähiger BA für Wegeaufwendungen zw. Wohnung und Betriebsstätte zu vermeiden, räumt § 4 Abs. 5 S. 1 **Nr. 6 S. 3 HS 2** iVm. § 6 Abs. 1 Nr. 4 S. 3 nur die Möglichkeit ein, ein **Fahrtenbuch** (§ 6 Rn. 173) zu führen.[6] Bei Nachweis der Nutzung durch ein ordnungsgemäßes Fahrtenbuch treten anstelle des vorgenannten Betrags die auf Fahrten zur Wohnung und Betriebsstätte und Familienheimfahrten entfallenden tatsächlichen Aufwendungen.

Das BMF-Schr. v. 23.12.2014 zu den Folgerungen aus der Reform des stl. Reisekostenrechts zum 1.1.2014 für die Gewinnermittlung enthält für Aufwendungen für Wege zw. Wohnung und Betriebsstätte eine Begriffsbestimmung zur (ersten) **Betriebsstätte** (mit Bsp.).[7] 213

Für Fahrtaufwendungen zu **mehreren Tätigkeitsstätten** iZ mit der Erzielung von Gewinneinkünften gelten die für die Einsatzwechseltätigkeit von ArbN entwickelten **Ausnahmen** von der Abzugsbeschränkung des § 9 Abs. 1 S. 3 Nr. 4, sofern die Tätigkeit des Unternehmers der Tätigkeit von ArbN – entspr. der früheren Terminologie – als solche an ständig wechselnden Einsatzstellen entspricht.[8] 213a

Durch Art. 2 Nr. 4 lit. a AmtshilfeRLUmsG v. 26.6.2013[9] wurde § 4 Abs. 5 S. 1 Nr. 6 S. 3 aE dahin ergänzt, 213b dass **§ 6 Abs. 1 Nr. 4 S. 3 HS 2** (idF von Art. 2 Nr. 5 lit. a bb AmtshilfeRLUmsG) **sinngemäß** gilt. Ermittelt der StPfl. die auf die private Nutzung entfallenden Aufwendungen nach der Fahrtenbuchmethode, so sind nach jener Vorschrift bei Elektrofahrzeugen und Hybridelektrofahrzeugen[10] die der Berechnung einer Entnahme zugrunde zu legenden, insgesamt entstandenen Aufwendungen um in pauschaler Höhe festgelegte Aufwendungen, die auf das Batteriesystem entfallen, zu mindern.[11] Entsprechend ist zu verfahren, wenn der StPfl. die auf die private Nutzung entfallenden Aufwendungen nach der Fahrtenbuchmethode ermittelt und die nicht als BA abziehbaren Aufwendungen für Fahrten zw. Wohnung und Betriebsstätte der Unterschiedsbetrag zw. tatsächlichen Aufwendungen und Entfernungspauschale ist.[12] § 6 Abs. 1 Nr. 4 S. 3 idF des AmtshilfeRLUmsG ist gem. § 52 Abs. 1 S. 1 idF des AmtshilfeRLUmsG erstmals für den VZ 2013 anwendbar und nach § 52 Abs. 16 S. 11 idF des AmtshilfeRLUmsG für Elektro- bzw. Hybridelektrofahrzeuge anzuwenden, die vor dem 1.1.2023 angeschafft werden.

---

1 BVerfG v. 9.12.2008 – 2 BvL 1/07, 2 BvL 2/07, 2 BvL 1/08, 2 BvL 2/08, BFH/NV 2009, 338, FR 2009, 74.
2 BGBl. I 2009, 774; dazu BMF v. 23.4.2009, BStBl. I 2009, 539.
3 BGBl. I 2013, 285.
4 Dazu auch BFH v. 20.8.2015 – III B 108/14, BFH/NV 2015, 1575.
5 BFH v. 12.6.2018 – VIII R 14/15, BB 2018, 2543 Rn. 30.
6 BFH v. 12.6.2018 – VIII R 14/15, BB 2018, 2543 Rn. 29 mwN, auch zur Gegenansicht.
7 BMF v. 23.12.2014, BStBl. I 2015, 26 Rn. 1 ff.; näher zum Entw. dieses Schr. *Niermann*, DB 2014, 1708.
8 BFH v. 11.11.2014 – VIII R 47/11, HFR 2015, 944 mwN.
9 BGBl. I 2013, 1809.
10 Zu den Begriffen BMF v. 5.6.2014, BStBl. I 2014, 835 Rn. 1 f.
11 Näher dazu BMF v. 5.6.2014, BStBl. I 2014, 835 Rn. 3 ff.
12 Vgl. auch BT-Drucks. 17/12375, 36.

214 **g) Doppelte Haushaltsführung (Nr. 6a).** Die Einfügung der Vorschrift mit Wirkung ab 1.1.2014 erfolgte iRd. Neuregelung des Reisekostenrechts (Rn. 211). Danach dürfen die Mehraufwendungen für eine betriebl. veranlasste doppelte Haushaltsführung den Gewinn nicht mindern, soweit sie die nach § 9 Abs. 1 S. 3 Nr. 5 S. 1 bis 4 in seiner ab dem VZ 2014 gültigen Fassung abziehbaren Beträge übersteigen; Mehraufwendungen für betriebl. veranlasste Übernachtungen dürfen den Gewinn nicht mindern, soweit sie die nach § 9 Abs. 1 S. 3 Nr. 5a abziehbaren Beträge übersteigen. Demnach sind die lohnsteuerlichen Regelungen zu den Mehraufwendungen bei doppelter Haushaltsführung dem Grunde und der Höhe nach entspr. anzuwenden.[1]

215 **h) Arbeitszimmer (Nr. 6b).** Abs. 5 S. 1 Nr. 6b S. 1 normiert für häusliche Arbeitszimmer ein **generelles Abzugsverbot** v. BA, unabhängig v. der betrieblichen/beruflichen Veranlassung. Ausnahmsweise waren nach S. 2 der Vorschrift idF des StÄndG 2007 die Arbeitszimmeraufwendungen **unbegrenzt abziehbar**, wenn das Arbeitszimmer den Mittelpunkt der gesamten betrieblichen **und** beruflichen Betätigung bildete. Nach dem Beschl. des BVerfG v. 6.7.2010 war diese Regelung nicht mit Art. 3 Abs. 1 GG vereinbar.[2] Das BVerfG verpflichtete den Gesetzgeber daher zu einer auf den 1.1.2007 rückwirkenden Neuregelung. Dem trägt die Neufassung des Abs. 5 S. 1 Nr. 6b S. 2 und 3 durch das JStG 2010 Rechnung. Danach sind Arbeitszimmeraufwendungen bis zu einer Höhe v. 1 250 Euro abziehbar, wenn für die betriebliche oder berufliche Tätigkeit kein anderer Arbeitsplatz zur Vfg. steht. Die Beschränkung der Höhe nach gilt nach S. 3 der Vorschrift nicht, wenn das Arbeitszimmer den Mittelpunkt der gesamten betrieblichen und beruflichen Tätigkeit bildet. Nach § 52 Abs. 12 S. 10 idF des JStG 2010 gilt die Neuregelung rückwirkend für alle offenen Fälle ab dem VZ 2007, soweit noch kein unanfechtbarer Steuerbescheid vorliegt. Ausgenommen sind Bescheide, die nach § 164 AO unter Vorbehalt der Nachprüfung oder gem. § 164 Abs. 1 S. 2 Nr. 2 oder 3 AO ergangen sind.[3] Wird der Gewinn nach einem v. Kj. abweichenden Wj. ermittelt, ist die Vorschrift ab 1.1.2007 anzuwenden.[4]

216 Das Abzugsverbot greift nur ein, wenn es sich um ein **häusliches Arbeitszimmer** handelt; bei einem außerhäuslichen Arbeitszimmer greift es nicht.[5] Der Begriff ist im Gesetz nicht näher bestimmt; nach der Rspr. des BFH erfasst die Bestimmung das häusliche Büro, dh. einen Arbeitsraum, der seiner Lage, Funktion und Ausstattung nach in die häusliche Sphäre des StPfl. eingebunden ist und vorwiegend der Erledigung gedanklicher, schriftlicher, verwaltungstechnischer oder -organisatorischer Arbeiten dient.[6] Aus dem Wesen des Typus des „häuslichen Arbeitszimmers" folgt, dass seine Grenzen fließend sind und dass es Übergangsformen gibt.[7] Ob ein Raum als häusliches Arbeitszimmer anzusehen ist, lässt sich daher nicht generell, sondern nur aufgrund einer Gesamtwürdigung der Umstände des Einzelfalls beurteilen.[8] Eine untergeordnete private Mitbenutzung (< 10 %) sieht die FinVerw. als unschädlich an;[9] s. dazu aber Rn. 216c. Ein häusliches Arbeitszimmer muss von dem privaten Wohnbereich stets klar abgegrenzt sein, wobei sich die Abgrenzung in festen baulichen Elementen manifestieren muss.[10] In die häusliche Sphäre eingebunden ist ein Arbeitszimmer regelmäßig dann, wenn der Raum eine bauliche Einheit mit dem Wohnteil bildet und damit grds. zum privaten Bereich des StPfl. gehört.[11] Daher ist ein Arbeitszimmer, das sich in einem selbstgenutzten EFH befindet, grds. ein häusliches Arbeitszimmer. Dies betrifft nicht nur die eigentlichen Wohnräume, sondern ebenso Zubehörräume.[12] In diesem Sinne hat der BFH die „Häuslichkeit" eines Arbeitszimmers grds. bejaht, das sich im Keller[13] oder im Dachgeschoss[14] des v. StPfl. bewohnten Einfamilienhauses befindet. Gleiches gilt für ein Arbeitszimmer in einem Anbau zum Einfamilienhaus, der nur v.

1 Vgl. auch BMF-Schr. v. 23.12.2014, BStBl. I 2015, 26 Rn. 13.
2 BVerfG v. 6.7.2010 – 2 BvL 13/09, BGBl. I 2010, 1157 ff. = FR 2010, 804 m. Anm. *Greite*; zu den verfahrensrechtlichen Folgerungen bis zum Inkrafttreten der gesetzlichen Neuregelung BMF v. 15.12.2010, BStBl. I 2010, 1497.
3 *Hörster*, NWB 2010, 4168.
4 So noch ausdrücklich BMF v. 2.3.2011, BStBl. I 2011, 195 Rn. 26.
5 ZB BFH v. 6.12.2017 – VI R 41/15, BStBl. II 2018, 355 Rn. 9 mwN.
6 ZB BFH v. 18.4.2012 – X R 57/09, BStBl. II 2012, 770 Rn. 38 = FR 2013, 30 m. Anm. *Kanzler*; v. 26.2.2014 – VI R 40/12, BStBl. II 2014, 568 = FR 2014, 654 m. Anm. *Kanzler* (zu Telearbeitsplatz); v. 8.3.2017 – IX R 52/14, BFH/NV 2017, 1017 Rn. 11; v. 6.12.2017 – VI R 41/15, BStBl. II 2018, 355 Rn. 10 mwN; näher zum Begriff auch BMF v. 6.10.2017, BStBl. I 2017, 1320 Rn. 3 ff.
7 BFH v. 18.4.2012 – X R 57/09, BStBl. II 2012, 770 Rn. 39 = FR 2013, 30 m. Anm. *Kanzler*.
8 ZB BFH v. 23.9.1999 – VI R 74/98, BStBl. II 2000, 7 = FR 1999, 1369, dazu Anm. *Drüen*, HFR 2000, 98; v. 16.10.2002 – XI R 89/00, BStBl. II 2003, 185 = FR 2003, 304; v. 26.3.2009 – VI R 15/07, BStBl. II 2009, 598 = FR 2009, 1011.
9 BMF v. 6.10.2017, BStBl. I 2017, 1320 Rn. 3.
10 BFH v. 13.12.2016 – X R 18/12, BStBl. II 2017, 450 = FR 2017, 975 Rn. 30 mwN.
11 BFH v. 16.10.2002 – XI R 89/00, BStBl. II 2003, 185 = FR 2003, 304.
12 BFH v. 26.2.2003 – VI R 156/01, BStBl. II 2004, 75 = FR 2003, 730.
13 BFH v. 19.9.2002 – VI R 70/01, BStBl. II 2003, 139 = FR 2003, 250.
14 BFH v. 26.2.2003 – VI R 156/01, BStBl. II 2004, 75 = FR 2003, 730.

straßenabgewandten Garten aus betreten werden kann.[1] Auch ein Raum, der sich im Keller eines Mehrfamilienhauses befindet, soll ein „häusliches" Arbeitszimmer sein, wenn dieser Raum ein zur privat genutzten Wohnung des StPfl. gehörender Hobbyraum ist.[2] Gehören die im Keller eines Mehrfamilienhauses als Arbeitszimmer genutzten Räumlichkeiten nicht zur Privatwohnung des StPfl., da es sich insbes. nicht um Zubehörräume dieser Wohnung, sondern um zusätzlich angemietete Räumlichkeiten handelt, so stellt das Arbeitszimmer hingegen ein **„außerhäusliches"** Arbeitszimmer dar.[3] Andererseits soll eine in einem Mehrfamilienhaus zusätzlich angemietete Wohnung jedenfalls dann der häuslichen Sphäre des StPfl. zuzurechnen sein, wenn sie unmittelbar an dessen Privatwohnung angrenzt bzw. dieser auf derselben Etage direkt gegenüberliegt. Denn in diesen Fällen begründet die unmittelbare räumliche Nähe der zusätzlichen Wohnung zur Privatwohnung die notwendige innere Verbindung mit der privaten Lebenssphäre des StPfl.[4] Räumlichkeiten, die im Dachgeschoss eines Mehrfamilienhauses liegen, aber nicht zur Privatwohnung des StPfl. gehören, stellen im Regelfall ein „außerhäusliches" Arbeitszimmer dar. Als Abgrenzungskriterium soll hier ein auch v. fremden Dritten genutztes Treppenhaus zw. beiden Bereichen dienen.[5] Dagegen fallen Räume, die ihrer Ausstattung und Funktion nach nicht einem Büro entsprechen (zB Betriebsräume, Lagerräume, Ausstellungsräume, Lager, Werkstatt, Arztpraxis), nicht unter die Abzugsbeschränkung, selbst wenn diese ihrer Lage nach mit dem Wohnraum des StPfl. verbunden und so in dessen häusliche Sphäre eingebunden sind (Rn. 216a).[6]

Der Begriff des häuslichen Arbeitszimmers ist abzugrenzen von **betriebsstättenähnlichen Räumen**, für die die Abzugsbeschränkung des § 4 Abs. 5 S. 1 Nr. 6b EStG nicht gilt.[7] Denn betrieblich/beruflich genutzte Räume, die in die häusliche Sphäre des StPfl. eingebunden sind, können durch ihre – für eine büromäßige Nutzung untypische – Ausstattung und eine damit zusammenhängende Funktionszuweisung ein betriebsstättenähnliches Gepräge erlangen.[8] Bspw.[9] können technische Anlagen und Schallschutzmaßnahmen dem betreffenden Raum das Gepräge eines häuslichen Tonstudios geben;[10] auch eine als Behandlungsraum ausgestattete und über einen separaten Eingang für Patienten leicht zugängliche Notfallpraxis im selbst genutzten EFH ist kein häusliches Arbeitszimmer,[11] und auch kein in dem Einlagern und Aufbewahren betriebl. Bedarfsgegenstände gewidmetes und entsprechend eingerichtetes Warenlager.[12] Der BFH stellt ua. auch auf eine nach außen erkennbare **Widmung** der Räumlichkeiten **für den Publikumsverkehr** ab,[13] ohne dass ein solcher Publikumsverkehr tatsächlich stattfinden muss.[14] Deshalb stellt der häusliche Arbeitsraum eines ausschließlich als Gutachter tätigen Arztes mangels Publikumsverkehrs keine Arztpraxis, sondern ein häusliches Arbeitszimmer dar.[15] Auch wenn ein Schauspieler einen Raum in der eigenen Wohnung, der in einer für Arbeitszimmer typischen Weise möbliert und ausgestattet ist, für berufliche Zwecke nutzt, die keine spezielle andere Ausstattung erfordern (ua. Texte lernen, Stimmübungen), handelt es sich stl. um ein häusliches Arbeitszimmer und nicht um einen betriebsstättenähnlichen Raum.[16] Ohne Bedeutung für die Qualifizierung als Arbeitszimmer ist es, ob der Raum eine Betriebsstätte iSd. § 12 AO darstellt.[17] 216a

Begehrt der StPfl. den BA-Abzug für **mehrere** in seine häusliche Sphäre eingebundene **Räume**, ist die Qualifizierung als häusliches Arbeitszimmer grds. für jeden Raum gesondert vorzunehmen. Eine gemeinsame Qualifizierung kommt nur dann in Betracht, wenn die Räume eine funktionale Einheit bilden. Denn 216b

1 BFH v. 13.11.2002 – VI R 164/00, BStBl. II 2003, 350 = FR 2003, 402.
2 BFH v. 26.2.2003 – VI R 130/01, BStBl. II 2004, 74 = FR 2003, 853.
3 BFH v. 26.2.2003 – VI R 160/99, BStBl. II 2003, 515 = FR 2003, 728.
4 BFH v. 26.2.2003 – VI R 124/01, BStBl. II 2004, 69 = FR 2003, 784; v. 26.2.2003 – VI R 125/01, BStBl. II 2004, 72 = FR 2003, 786.
5 BFH v. 18.8.2005 – VI R 39/04, BStBl. II 2006, 428 = FR 2006, 506 m. Anm. *Bergkemper*.
6 BMF v. 6.10.2017, BStBl. I 2017, 1320 Rn. 5; BFH v. 28.8.2003 – IV R 53/01, BStBl. II 2004, 55 = FR 2004, 165; v. 26.3.2009 – VI R 15/07, BStBl. II 2009, 598 = FR 2009, 1011.
7 Vgl. auch BFH v. 18.4.2012 – X R 57/09, BStBl. II 2012, 770 Rn. 39 mwN = FR 2013, 30 m. Anm. *Kanzler*.
8 BFH v. 9.8.2011 – VIII R 4/09, BFH/NV 2012, 200 Rn. 18 mwN.
9 Weitere Abgrenzungsbeispiele in BMF v. 6.10.2017, BStBl. I 2017, 1320 Rn. 5.
10 ZB BFH v. 28.8.2003 – IV R 53/01, BStBl. II 2004, 55 = FR 2004, 165.
11 ZB BFH v. 5.12.2002 – IV R 7/01, BStBl. II 2003, 463 = FR 2003, 515; v. 20.11.2003 – IV R 3/02, BStBl. II 2005, 203 = FR 2004, 842.
12 BFH v. 22.11.2006 – X R 1/05, BStBl. II 2007, 304 = FR 2007, 563; zu Lagerraum auch BFH v. 19.9.2002 – VI R 70/01, BStBl. II 2003, 139 = FR 2003, 250; v. 19.3.2003 – VI R 40/01, BFH/NV 2003, 1163.
13 Vgl. BFH v. 5.12.2002 – IV R 7/01, BStBl. II 2003, 463 = FR 2003, 515, unter 1.b.; v. 20.11.2003 – IV R 3/02, BStBl. II 2005, 203 = FR 2004, 842 Rn. 18 f.
14 BFH v. 9.5.2017 – X B 23/17, BFH/NV 2017, 1170 Rn. 13 und 16.
15 BFH v. 23.1.2003 – IV R 71/00, BStBl. II 2004, 43 = FR 2003, 617 m. Anm. *Kempermann*.
16 BFH v. 9.8.2011 – VIII R 4/09, BFH/NV 2012, 200.
17 BFH v. 18.4.2012 – X R 57/09, BStBl. II 2012, 770 Rn. 39 mwN = FR 2013, 30 m. Anm. *Kanzler*.

es kann keinen Unterschied machen, ob aufgrund der räumlichen Situation die Nutzung in einem oder in mehreren Räumen erfolgt.[1]

216c Höchstrichterlich nunmehr geklärt ist die Frage, ob nach den vom GrS des BFH in seinem Beschl. v. 21.9. 2009[2] entwickelten Grundsätzen (auch) eine **Aufteilung** der Aufwendungen für ein auch zur Einkünfteerzielung genutztes Arbeitszimmer (oder auch für andere, in die häusliche Sphäre eingebundene Räume) bei nicht nur untergeordneter privater Mitbenutzung in Betracht kommt. Der IX. Senat des BFH hatte die Frage der Aufteilbarkeit der Kosten für ein häusliches Arbeitszimmer dem GrS des BFH vorgelegt;[3] nach Ansicht des GrS ist – wie sich auch aus der Anknüpfung des Gesetzgebers an den „überkommenen Typusbegriff des Arbeitszimmers" und dem Gesetzeszweck einer sachgerechten Abgrenzung des beruflichen und des privaten Bereichs des StPfl. entnehmen lasse – ein häusliches Arbeitszimmer iSv. § 4 Abs. 5 Satz 1 Nr. 6b ein Raum, der seiner Ausstattung nach der Erzielung von Einnahmen dient und ausschließlich oder nahezu ausschließlich zur Erzielung von Einkünften genutzt wird; nach der daran anknüpfenden Rspr. des BFH gilt Entsprechendes bei anderen, in die häusliche Sphäre eingebundenen (Neben-)Räumen.[4]

217 Vom Wortlaut des Abzugsverbots (§ 4 Abs. 5 S. 1 Nr. 6b S. 1) werden ausdrücklich auch die **Kosten der Ausstattung** des Arbeitszimmers erfasst. Dies legt zwar ein weites Verständnis nahe, doch hat sich inzwischen die Meinung durchgesetzt, dass hiervon **Arbeitsmittel**, dh. solche WG, die unmittelbar zur betrieblichen Nutzung bestimmt sind (zB Bücherschrank, Computer, Schreibtisch), ausgenommen sind.[5] Luxusgegenstände gehören zu den nach § 12 Nr. 1 nicht abziehbaren Aufwendungen;[6] zu Abgrenzungsproblemen § 4 Rn. 220.

217a Die auf ein häusliches Arbeitszimmer **anteilig entfallenden Aufwendungen** sind grds. nach dem Verhältnis der Fläche des Arbeitszimmers zu der nach §§ 42 bis 44 der Zweiten Berechnungsverordnung oder nach der Wohnflächenverordnung berechneten Wohnfläche der Wohnung (einschl. des Arbeitszimmers) zu ermitteln.[7] Werden betrieblich oder beruflich genutzte Nebenräume in die Kostenberechnung einbezogen, sind die abziehbaren Kosten nach dem Verhältnis des gesamten betrieblich oder beruflich genutzten Bereichs (betrieblich oder beruflich genutzte Haupt- und Nebenräume) zu der Gesamtfläche aller Räume des Gebäudes zu berechnen.[8]

218 Nach Abs. 5 S. 1 Nr. 6b S. 3 kommt ein **unbegrenzter** Abzug in Betracht, wenn das häusliche Arbeitszimmer den **Mittelpunkt der gesamten** betrieblichen **und** beruflichen **Tätigkeit** des StPfl. bildet. Der Begriff des Tätigkeitsmittelpunkts ist ein eigenständiger Rechtsbegriff, der weder mit dem Begriff der regelmäßigen Arbeitsstätte noch mit demjenigen der Betriebsstätte übereinstimmt. Die Feststellung des Tätigkeitsmittelpunkts kann nur im Wege einer umfassenden Würdigung der Gesamttätigkeit erfolgen. Maßgeblich ist insoweit, wo der StPfl. diejenigen Handlungen erbringt, die für den konkret ausgeübten Beruf wesentlich und **prägend** sind. Damit bestimmt sich der Mittelpunkt nach dem inhaltlichen (**qualitativen**) Schwerpunkt der betrieblichen und beruflichen Betätigung.[9] Der BFH[10] sieht es als ausreichend an, wenn

---

1 BFH v. 18.4.2012 – X R 57/09, BStBl. II 2012, 770 Rn. 41 mwN = FR 2013, 30 m. Anm. *Kanzler*.

2 BFH v. 21.9.2009 – GrS 1/06, BStBl. II 2010, 672 = FR 2010, 225 m. Anm. *Kempermann*.

3 BFH v. 21.11.2013 – IX R 23/12, BStBl. II 2014, 312 = FR 2014, 371 m. Anm. *Kanzler*.

4 BFH v. 27.7.2015 – GrS 1/14, BStBl. II 2016, 265 = FR 2016, 314; Folgeentsch. zB BFH v. 16.2.2016 – IX R 23/12, BFH/NV 2016, 912; v. 17.2.2016 – X R 32/11, BStBl. II 2016, 708 = FR 2016, 964 – Arbeitsecke; v. 17.2.2016 – X R 1/13, BFH/NV 2016, 913 – zeitlich in nicht unerheblichem Umfang privat genutztes Arbeitszimmer; v. 17.2.2016 – X R 26/13, BStBl. II 2016, 611 = FR 2016, 782 – keine Aufteilung auch bei gemischt genutzten Nebenräumen; v. 22.3.2016 – VIII R 24/12, BStBl. II 2016, 884 – ebenso bei nicht dem Typus des häuslichen Arbeitszimmers entspr. eingerichtetem Raum; v. 8.3.2017 – IX R 52/14, BFH/NV 2017, 1017 Rn. 12.

5 BFH v. 27.9.1996 – VI R 47/96, BStBl. II 1997, 68 = FR 1997, 92 m. Anm. *Söffing*; v. 21.11.1997 – VI R 4/97, BStBl. II 1998, 351 = FR 1998, 195; BMF v. 6.10.2017, BStBl. I 2017, 1320 Rn. 8; s. dort auch Rn. 6 mit Bsp. zur positiven Abgrenzung der Aufwendungen.

6 BFH v. 30.10.1990 – VIII R 42/87, BStBl. II 1991, 340 = FR 1991, 235; BMF v. 6.10.2017, BStBl. I 2017, 1320 Rn. 7.

7 Näher BMF v. 6.10.2017, BStBl. I 2017, 1320 Rn. 6a.

8 BMF v. 6.10.2017, BStBl. I 2017, 1320 Rn. 6a.

9 So auch BMF v. 6.10.2017, BStBl. I 2017, 1320 Rn. 9; Bsp. aus der Rspr.: BFH v. 13.11.2002 – VI R 82/01, BStBl. II 2004, 62 = FR 2003, 521; v. 13.11.2002 – VI R 104/01, BStBl. II 2004, 65; v. 13.11.2002 – VI R 28/02, BStBl. II 2004, 59 = FR 2003, 518; v. 9.4.2003 – X R 75/00, BFH/NV 2003, 917; das häusliche Arbeitszimmer als den Mittelpunkt einer teils im Arbeitszimmer, teils außer Haus ausgeübten betrieblichen und beruflichen Tätigkeit bei für Kfz.-Sachverständigen BFH v. 21.2.2003 – VI R 84/02, BFH/NV 2003, 1042; für Vertriebsingenieur BFH v. 29.4. 2003 – VI R 86/01, BFH/NV 2003, 1174; für Arztpraxis-Consultant BFH v. 29.4.2003 – VI R 78/02, BStBl. II 2004, 76 = FR 2003, 783; verneinend für Produkt- und Fachberaterin BFH v. 13.11.2002 – VI R 82/01, BStBl. II 2004, 62 = FR 2003, 521; für gutachterliche Tätigkeit einer Ärztin des Medizinischen Dienstes der Krankenkassen BFH v. 23.1.2003 – IV R 71/00, BStBl. II 2004, 43 = FR 2003, 617 m. Anm. *Kempermann*; für Klavierlehrerin BFH v. 9.6. 2015 – VIII R 8/13, juris, mwN.

10 BFH v. 16.12.2004 – IV R 19/03, FR 2005, 492 = DStR 2005, 232.

der qualitative Schwerpunkt der Haupttätigkeit im Arbeitszimmer liegt. Dem zeitlichen Umfang der Nutzung des häuslichen Arbeitszimmers kommt lediglich indizielle Bedeutung zu.[1] So kann das häusliche Arbeitszimmer eines Außendienstmitarbeiters auch dann den Mittelpunkt der gesamten betrieblichen und beruflichen Betätigung bilden, wenn der StPfl. einen nicht unerheblichen Teil seiner Arbeitszeit im Außendienst verbringt. Dies setzt jedoch voraus, dass den außerhäuslichen Tätigkeiten lediglich eine untergeordnete Bedeutung ggü. den im Arbeitszimmer verrichteten Tätigkeiten zukommt.[2] Häusliches Arbeitszimmer und Außendienst können nicht gleichermaßen Mittelpunkt der beruflichen Betätigung sein.[3] Ein Telearbeitsplatz, an dem der StPfl. qualitativ gleichwertige Arbeitsleistung in zeitlich größerem Ausmaß als am betrieblichen Arbeitsplatz erbringt, ermöglicht einen unbegrenzten Abzug auch vorab entstandener WK.[4] Probleme ergeben sich vor allem, wenn der StPfl. **mehrere voneinander unabhängige** Tätigkeiten ausübt, v. denen nur eine im Wesentlichen im häuslichen Bereich stattfindet.[5] Nach der Rspr. des BFH kann der Mittelpunkt der gesamten betrieblichen und beruflichen Tätigkeit nicht im Wege einer verfassungskonformen Auslegung isoliert für einzelne Tätigkeiten, sondern nur für sämtliche Tätigkeiten bestimmt werden.[6] Der Umstand, dass der qualitative Schwerpunkt einzelner Tätigkeiten nicht im häuslichen Arbeitszimmer liegt, schließt nicht aus, dass das Arbeitszimmer Mittelpunkt der Gesamttätigkeit ist.[7] Kann die Gesamttätigkeit keinem konkreten Tätigkeitsschwerpunkt zugeordnet werden, bildet das Arbeitszimmer nicht den Mittelpunkt der beruflichen Tätigkeit.[8] Wird ein häusliches Arbeitszimmer während einer Phase der Erwerbslosigkeit zur Vorbereitung auf die künftige Erwerbstätigkeit genutzt, richtet sich die Abzugsfähigkeit danach, ob die Voraussetzungen für einen Abzug für die zukünftige Tätigkeit zutreffen.[9]

Bildete das Arbeitszimmer **nicht** den Mittelpunkt der gesamten betrieblichen **und** beruflichen Betätigung, 218a
waren Arbeitszimmeraufwendungen nach Abs. 5 S. 1 Nr. 6b idF des StÄndG 2007 grds. v. Abzug ausgeschlossen. Die Neuregelung durch das **JStG 2010** stellt den Rechtszustand bis zu den Änderungen durch das StÄndG 2007 nicht wieder her. Ein begrenzter Abzug iHv. 1 250 Euro für den Fall, dass der betriebliche oder berufliche Nutzungsanteil mehr als 50 % beträgt, ist in der Neufassung der Vorschrift nicht enthalten. Vielmehr stellt S. 2 der Vorschrift idF des JStG 2010 für den auf 1 250 Euro begrenzten Abzug darauf ab, ob dem ArbN für die betriebliche **oder** berufliche Tätigkeit kein anderer Arbeitsplatz zur Vfg. steht.[10] Verfassungsrechtlich zu beanstanden ist dies nicht; steht dem ArbN ein weiterer Arbeitsplatz zur Verfügung, ist auch nach der Einschätzung des BVerfG der Nutzungsanteil nur ein schwaches Indiz für die Notwendigkeit des häuslichen Arbeitszimmers und somit für die berufliche Veranlassung der Aufwendungen.[11] Ein **anderer Arbeitsplatz** steht dem StPfl. dann zur Verfügung, wenn dieser ihn in dem konkret erforderlichen Umfang und in der konkret erforderlichen Art und Weise tatsächlich nutzen kann.[12] Er muss außerhalb der häuslichen Sphäre des StPfl. zur Verfügung stehen.[13] Ein Raum ist allerdings nicht zur Erledigung büromäßiger Arbeiten geeignet, wenn wegen Sanierungsbedarfs Gesundheitsgefahr besteht.[14] Die Erforderlichkeit des häuslichen Arbeitszimmers entfällt nicht bereits dann, wenn dem StPfl. irgendein Arbeitsplatz zur Vfg. steht, sondern nur dann, wenn dieser Arbeitsplatz grds. so beschaffen ist, dass der StPfl. auf das häusliche Arbeitszimmer nicht angewiesen ist.[15] Auch nicht jeder Schreibtischarbeitsplatz eines Selbständigen in seinen Betriebsräumen, den dieser nur in den Abendstunden oder an den Wochenenden nutzen kann, stellt zwangsläufig einen anderen Arbeitsplatz iSd. § 4 Abs. 5 S. 1 Nr. 6b S. 2 EStG dar.[16]

1 BFH v. 13.11.2002 – VI R 82/01, BStBl. II 2004, 62 = FR 2003, 521; v. 13.11.2002 – VI R 104/01, BStBl. II 2004, 65; v. 13.11.2002 – VI R 28/02, BStBl. II 2004, 59 = FR 2003, 518; v. 9.4.2003 – X R 75/00, BFH/NV 2003, 917; ebenso BMF v. 6.10.2017, BStBl. I 2017, 1320 Rn. 10.
2 BFH v. 13.11.2002 – VI R 104/01, BStBl. II 2004, 65; v. 21.2.2003 – VI R 84/02, BFH/NV 2003, 1042; v. 29.4.2003 – VI R 78/02, BStBl. II 2004, 76 = FR 2003, 783.
3 BFH v. 21.2.2003 – VI R 14/02, BStBl. II 2004, 68 = FR 2003, 622.
4 BFH v. 23.5.2006 – VI R 21/03, BStBl. II 2006, 600 = FR 2006, 695 m. Anm. *Bergkemper.*
5 *Schmidt*[37], § 4 Rn. 596.
6 BFH v. 23.9.1999 – VI R 74/98, BStBl. II 2000, 7 = FR 1999, 1369; dem iErg. folgend BMF v. 2.3.2011, BStBl. I 2011, 195, Rn. 12.
7 BFH v. 13.10.2003 – VI R 27/02, BStBl. II 2004, 771 = FR 2004, 279 m. Anm. *Bergkemper.*
8 BFH v. 26.6.2003 – IV R 9/03, BStBl. II 2004, 50 = FR 2003, 1134.
9 BFH v. 2.12.2005 – VI R 63/03, BStBl. II 2006, 329 = FR 2006, 470 m. Anm. *Bergkemper.*
10 Ausführlich zur Neuregelung BMF v. 6.10.2017, BStBl. I 2017, 1320 Rn. 14 ff.
11 BVerfG v. 6.7.2010 – 2 BvL 13/09, FR 2010, 804 m. Anm. *Greite* = BGBl. I 2010, 1157 ff.
12 Vgl. BFH v. 26.2.2014 – VI R 40/12, BStBl. II 2014, 568 mwN = FR 2014, 654 m. Anm. *Kanzler.*
13 BFH v. 9.5.2017 – VIII R 15/15, BStBl. I 2017, 956 Rn. 14.
14 BFH v. 26.2.2014 – VI R 11/12, BStBl. II 2014, 674.
15 BFH v. 7.8.2003 – VI R 17/01, BStBl. II 2004, 78; v. 26.2.2014 – VI R 40/12, BStBl. II 2014, 568 = FR 2014, 654 m. Anm. *Kanzler*; BMF v. 2.3.2011, BStBl. I 2011, 195, Rn. 15.
16 BFH v. 22.2.2017 – III R 9/16, BStBl. II 2017, 698 = FR 2017, 972 Rn. 22.

Nach Auffassung der FinVerw. ist anderer Arbeitsplatz iSd. Abs. 5 S. 1 Nr. 6b S. 2 allerdings grds. jeder Arbeitsplatz, der zur Erledigung büromäßiger Arbeiten geeignet ist; unbeachtlich sollen mithin grds. die konkreten Arbeitsbedingungen und Umstände sein.[1] Nach dem objektiven Nettoprinzip sollte Maßstab der Eignung jedoch die konkret ausgeübte betriebliche/berufliche Tätigkeit sein; danach kann es im Einzelfall geboten sein, unter einem „anderen Arbeitsplatz" nur einen eigenen (individuell zugeordneten), räumlich abgeschlossenen Arbeitsbereich zu verstehen (keine Schalterhalle, Großraumbüro uÄ).[2] Übt ein StPfl. **mehrere** betriebliche **oder** berufliche Tätigkeiten nebeneinander aus, ist für **jede** Tätigkeit zu prüfen, ob ein anderer Arbeitsplatz zur Vfg. steht. Dabei kommt es nicht darauf an, ob ein für eine Tätigkeit zur Vfg. stehender Arbeitsplatz auch für eine andere Tätigkeit genutzt werden kann.[3]

218b Bei Nutzung des Arbeitszimmer durch **mehrere StPfl.** (zB Ehegatten) darf jeder Nutzende die Aufwendungen abziehen, die er getragen hat, wenn die Voraussetzungen des § 4 Abs. 5 S. 1 Nr. 6b S. 2 oder 3 in seiner Pers. vorliegen.[4] Die Frage, ob bei Nutzung eines häuslichen Arbeitszimmers durch eine andere Person der **Höchstbetrag** v. 1 250 Euro – **objektbezogen** – insgesamt nur einmal zu gewähren oder – **personenbezogen** – zweifach anzuwenden ist, hat der BFH nunmehr zugunsten einer personenbezogenen Anwendung der Abzugsbegrenzung entschieden.[5] Dem hat sich die FinVerw. angeschlossen.[6] Deshalb kann jeder Nutzende die Aufwendungen, die er getragen hat, entweder unbegrenzt, bis zum Höchstbetrag von 1 250 Euro oder gar nicht abziehen.[7] Der personenbezogene Höchstbetrag begrenzt den Abzug von Aufwendungen eines StPfl. auch bei der Nutzung von **mehreren** häuslichen **Arbeitszimmern** in verschiedenen Haushalten typisierend auf 1 250 Euro.[8] Nutzen **mehrere Personen** (zB Ehegatten) ein Arbeitszimmer gemeinsam, so sind die Voraussetzungen des § 4 Abs. 5 S. 1 Nr. 6b bezogen auf die einzelne stpfl. Person zu prüfen.[9] Nutzen Miteigentümer das Arbeitszimmer gemeinsam zur Erzielung von Einkünften, kann jeder die seinem Anteil entsprechenden und von ihm getragenen Aufwendungen (zB AfA, Schuldzinsen) als BA/WK abziehen;[10] sa. Rn. 174. Dasselbe gilt für Mietzahlungen für eine durch Ehegatten oder Lebenspartner gemeinsam gemietete Wohnung.[11] **Ändern** sich die Nutzungsverhältnisse innerhalb eines Wj. oder Kj., können nur die auf den Zeitraum, in dem das Arbeitszimmer den Mittelpunkt der gesamten betrieblichen und beruflichen Betätigung bildet, entfallenden Aufwendungen in voller Höhe abgezogen werden. Für den übrigen Zeitraum kommt ein beschränkter Abzug nur in Betracht, wenn für die betriebliche oder berufliche Betätigung kein anderer Arbeitsplatz zur Vfg. steht. Den Höchstbetrag v. 1 250 Euro lässt die FinVerw. aber auch bei **nicht ganzjähriger Nutzung** eines häuslichen Arbeitszimmers in **voller** Höhe zum Abzug zu.[12] Bei der Nutzung eines häuslichen Arbeitszimmers im Rahmen **mehrerer Einkunftsarten** ist der Höchstbetrag von 1 250 Euro nicht nach den zeitlichen Nutzungsanteilen in Teilhöchstbeträge aufzuteilen; vielmehr kann er durch die dem Grunde nach abzugsfähigen Aufwendungen in voller Höhe ausgeschöpft werden.[13] Zu besonderen Aufzeichnungspflichten nach § 4 Abs. 7 s. § 4 Rn. 240.

218c Die Zuordnung der betr. Räumlichkeiten zum **notwendigen BV** und die daraus folgende Steuerbarkeit des Veräußerungs- bzw. Aufgabegewinns stehen nach Auffassung des BFH der Qualifizierung dieser Räumlichkeiten als häusliches Arbeitszimmer iSd. § 4 Abs. 5 S. 1 Nr. 6b und der daraus folgenden Abzugsbeschränkung nicht entgegen.[14] Die nicht vollständige Abziehbarkeit der AfA auf ein zum BV gehörendes WG kann zwar zu einer einkommensteuerrechtl. Doppelbelastung führen, wenn der Buchwert dieses WG ohne Minderung um die sich stl. nicht oder nicht in vollem Umfang auswirkende AfA in die Ermittlung eines Veräußerungs- oder Aufgabegewinns einbezogen wird. Dies sieht der BFH jedoch iErg. als ein Pro-

---

1 BMF v. 6.10.2017, BStBl. I 2017, 1320 Rn. 14, unter Bezug auf BFH v. 7.8.2003 – VI R 17/01, BStBl. II 2004, 78.
2 **AA** BMF v. 6.10.2017, BStBl. I 2017, 1320 Rn. 14, gleichfalls unter Bezug auf BFH v. 7.8.2003 – VI R 17/01, BStBl. II 2004, 78; krit. auch *Kanzler* in *Kanzler/Nacke*, Steuerrecht aktuell, Spezial Steuergesetzgebung 2010/2011, 38.
3 So zutr. auch BMF v. 6.10.2017, BStBl. I 2017, 1320 Rn. 16.
4 Näher dazu BMF v. 6.10.2017, BStBl. I 2017, 1320 Rn. 21.
5 BFH v. 15.12.2016 – VI R 53/12, BStBl. II 2017, 938 = FR 2017, 846; v. 15.12.2016 – VI R 86/13, BStBl. II 2017, 941 = FR 2017, 844.
6 BMF v. 6.10.2017, BStBl. I 2017, 1320 Rn. 21 mit Bsp.
7 BMF v. 6.10.2017, BStBl. I 2017, 1320 Rn. 21.
8 BFH v. 9.5.2017 – VIII R 15/15, BStBl. II 2017, 956 Rn. 21 mwN.
9 BFH v. 15.12.2016 – VI R 53/12, BStBl. II 2017, 938 = FR 2017, 846; v. 15.12.2016 – VI R 86/13, BStBl. II 2017, 941 = FR 2017, 844.
10 BFH v. 15.12.2016 – VI R 86/13, BStBl. II 2017, 941 = FR 2017, 844 Rn. 18; BMF v. 6.10.2017, BStBl. I 2017, 1320 Rn. 21.
11 BFH v. 15.12.2016 – VI R 86/13, BStBl. II 2017, 941 = FR 2017, 844 Rn. 18; BMF v. 6.10.2017, BStBl. I 2017, 1320 Rn. 21.
12 IE BMF v. 2.3.2011, BStBl. I 2011, 195, Rn. 22.
13 BFH v. 25.4.2017 – VIII R 52/13, BStBl. II 2017, 949 Rn. 41.
14 BFH v. 18.4.2012 – X R 57/09, BStBl. II 2012, 770 Rn. 55 = FR 2013, 30 m. Anm. *Kanzler*.

blem des VZ an, dem der entspr. Gewinn zuzuordnen ist. In obiter dicta ist der BFH zudem davon ausgegangen, dass nach dem Gebot der Besteuerung nach der finanziellen Leistungsfähigkeit der früheren Abzugsbegrenzung bei der späteren Erfassung eines Veräußerungs- bzw. Aufgabe- oder Entnahmegewinns Rechnung zu tragen sei, etwa durch teleologische Reduktion des Gewinnrealisierungstatbestands;[1] eine abschließende Entscheidung dieser Frage steht allerdings aus.

Zur **Zurechnung** von Aufwendungen eines Ehegatten für ein betrieblich/beruflich genutztes Arbeitszimmer in einer im Mit- oder Alleineigentum des anderen Ehegatten stehenden Immobilie s. Rn. 174. 218d

i) Unangemessene Aufwendungen (Nr. 7). Ob eine Aufwendung notwendig, angemessen, üblich und geeignet oder zweckmäßig ist, ist für die betriebliche/berufliche Veranlassung grds. unerheblich. Soweit nicht schon § 4 Abs. 5 Nr. 1–6, § 6b, § 6 Abs. 7 einschlägig sind, ordnet jedoch § 4 Abs. 5 S. 1 Nr. 7 an, dass Aufwendungen, die die Lebensführung des StPfl. oder anderer Pers. berühren, nicht abzugsfähig sind, soweit sie nach allg. Verkehrsauffassung als unangemessen anzusehen sind. 219

Die Vorschrift lässt die Zuordnung angeschaffter WG zum BV unberührt;[2] sie regelt allein den Abzug aller BA einschl. AfA gem. § 7 (auch erhöhter Absetzungen und Sonder-AfA);[3] auch die durch die Bildung einer Rücklage nach § 7g Abs. 3 aF eintretende Gewinnminderung fällt in ihren Anwendungsbereich.[4] Sie will verhindern, dass **unangemessener betrieblicher Repräsentationsaufwand** bei der ESt berücksichtigt wird.[5] Es geht oftmals darum, ob für weite Teile der Bevölkerung als Luxusaufwendungen geltende Ausgaben (zB Luxus-Pkw, Teppiche, antike Möbel) steuerrechtl. erheblich sein können.[6] IErg. wird gleichsam eine private Mitveranlassung vermutet, so dass der StPfl. beweisen muss, dass eine angemessene betriebliche Veranlassung gegeben ist. 220

Im konkreten Fall ist eine Kosten-Nutzen-Analyse eines ordentlichen und gewissenhaften StPfl. durchzuführen. Nach der Rspr. des BFH ist zu prüfen, ob ein solcher StPfl. – ungeachtet seiner Freiheit, den Umfang seiner Erwerbsaufwendungen selbst bestimmen zu dürfen – angesichts der erwarteten Vorteile und Kosten die Aufwendungen ebenfalls auf sich genommen haben würde.[7] Dieser **Fremdvergleich** erfordert relativierende Maßstäbe, wobei die Größe des Unternehmens, die Höhe des Umsatzes und Gewinns, Art der Tätigkeit, Branchenüblichkeit usw. zu berücksichtigen sind. Sind die Aufwendungen als unangemessen zu werten, bedeutet dies eine **Aufteilung** in einen abziehbaren und einen nicht abziehbaren Teil (Begrenzung der Höhe nach).[8] 221

j) Geldbußen usw. (Nr. 8). Gegen den StPfl. festgesetzte Geldbußen, Ordnungsgelder und Verwarnungsgelder, die ausschließlich mit einem betrieblichen/beruflichen Fehlverhalten in Zusammenhang stehen, sind als BA zu qualifizieren. Abs. 5 S. 1 Nr. 8 ordnet an, dass Geldbußen, Ordnungsgelder und Verwarnungsgelder, die v. einem Gericht oder einer Behörde im Geltungsbereich des EStG oder v. Organen der Europäischen Union festgesetzt werden, nicht als BA abzugsfähig sind (zu Geldstrafen vgl. § 12 Nr. 4). Mit dem verfassungsrechtl. Prinzip der Besteuerung nach der wirtschaftlichen Leistungsfähigkeit ist weder eine Regelung vereinbar, die dem Täter seinen Gewinn sowohl unter ordnungswidrigkeitsrechtl. als auch unter steuerrechtl. Gesichtspunkten voll belässt, noch eine Regelung, welche die vollständige Abschöpfung nach ordnungswidrigkeitsrechtl. Grundsätzen mit einer zusätzlichen steuerrechtl. Belastung verbindet.[9] Einschränkend gilt deshalb das Abzugsverbot für Geldbußen *nicht*, soweit mit ihnen auch der durch den Gesetzesverstoß erlangte **wirtschaftliche Vorteil abgeschöpft** wird und dabei die auf den Abschöpfungsanteil entfallende Ertragsbelastung nicht berücksichtigt worden ist (Abs. 5 S. 1 Nr. 8 S. 4). Dies bedeutet 222

---

1 Vgl. BFH v. 28.8.2003 – IV R 38/01, BFH/NV 2004, 327; v. 6.7.2005 – XI R 87/03, BStBl. II 2006, 18 = FR 2006, 227 m. Anm. *Bergkemper*; offengelassen in BFH v. 18.4.2012 – X R 57/09, BStBl. II 2012, 770 = FR 2013, 30 m. Anm. *Kanzler*.

2 Zur stl. Behandlung der Veräußerung von WG, die vom (teilweisen) Abzugsverbot des § 4 Abs. 5 betroffen sind, s. BFH v. 25.3.2015 – X R 14/12, BFH/NV 2015, 973 = FR 2015, 943 mwN.

3 BFH v. 20.8.1986 – I R 80/83, BStBl. II 1986, 904; v. 20.8.1986 – I R 29/85, BStBl. II 1987, 108 = FR 1986, 648; v. 10.10.2017 – X R 33/16, BStBl. II 2018, 185 = FR 2018, 361; zur Unangemessenheit von BA auch bei notwendigem BV zB BFH v. 5.2.2007 – IV B 73/05, BFH/NV 2007, 1106 (Reparaturkosten etc. bei betrieblich genutztem Oldtimer).

4 BFH v. 10.10.2017 – X R 33/16, BStBl. II 2018, 185 = FR 2018, 361 Rn. 26.

5 BFH v. 10.10.2017 – X R 33/16, BStBl. II 2018, 185 = FR 2018, 361 Rn. 29.

6 Vgl. BFH v. 20.8.1986 – I R 80/83, BStBl. II 1986, 904; v. 23.5.1991 – V R 108/86, BFH/NV 1992, 207; v. 19.3.2002 – IV B 50/00, BFH/NV 2002, 1145.

7 ZB BFH v. 29.4.2014 – VIII R 20/12, BStBl. II 2014, 679 = FR 2014, 815; v. 19.1.2017 – VI R 37/15, BStBl. II 2017, 526 Rn. 21.

8 Tendenziell anders BFH v. 16.2.1990 – III R 21/86, BStBl. II 1990, 575 = FR 1990, 390 in Richtung eines Abzugsverbots dem Grunde nach.

9 BVerfG v. 23.1.1990 – 1 BvL 4–7/87, BVerfGE 81, 228 = BStBl. II 1990, 483.

etwa im Falle einer (kartellrechtl.)[1] Geldbuße, die sich an den durch den Wettbewerbsverstoß erlangten Mehrerlösen orientiert, dass diese jedenfalls insoweit stl. abzugsfähig bleibt, als hierdurch zugleich und zwangsläufig wirtschaftliche Vorteile abgeschöpft werden.[2] Wenn die festgesetzte Buße insgesamt über den abgeschöpften wirtschaftlichen Vorteil hinausgeht, bedeutet dies, dass allein der „Ahndungsteil" nicht abzugsfähig ist. Falls die Buße den abgeschöpften wirtschaftlichen Vorteil insgesamt nicht übersteigt, bleibt die Abzugsfähigkeit jedenfalls insoweit erhalten, als die regulären gesetzlichen Höchstbeträge der Bußgeldbemessung – also nicht jene um die Mehrerlöse erhöhten Beträge – überschritten werden. Damit bleibt gleichsam als „Sockelbetrag" ein nicht abzugsfähiger Ahndungsteil in jedem Fall erhalten.[3] Zur Frage der Berücksichtigung der ertragstl. Belastung des wirtschaftlichen Vorteils ist zu beachten, dass Geldbußen, die wegen EU-Wettbewerbsrechtsverstößen anfallen, in ständiger Verwaltungspraxis der Kommission und der europäischen Gerichte „brutto", dh. ohne Berücksichtigung der steuerrechtl. Auswirkungen in den Mitgliedstaaten, festgesetzt werden.[4] Damit könnte auch bei einer solchen Geldbuße der Anwendungsbereich des Abs. 5 S. 1 Nr. 8 S. 4 und die zumindest teilw. Abzugsmöglichkeit der Geldbuße eröffnet sein. Die EStR 2012 gehen allerdings – wohl im Einvernehmen mit der Kommission, die in der Abzugsfähigkeit von ihr unter dem Gesichtspunkt der Spezial- und Generalprävention[5] verhängter Geldbußen eine Schmälerung der erwünschten Sanktionswirkung sieht – davon aus, dass die von der Kommission festgesetzten Geldbußen wg. Verstoßes gegen das Wettbewerbsrecht **keinen Anteil** enthalten, der den rechtswidrig erlangten wirtschaftl. Vorteil abschöpft, und deshalb in vollem Umfang dem BA-Abzugsverbot unterliegen.[6] Dem ist das FG Münster im Ergebnis für einen dort zu entscheidenden Einzelfall gefolgt.[7] Auf die dagegen eingelegte Revision hat der IV. Senat des BFH erkannt, dass jedenfalls der zur Bemessung von Geldbußen nach Art. 23 Abs. 3 EGV 1/2003 zu errechnende **Grundbetrag** keinen Abschöpfungsteil enthält.[8] Daraus folgt, dass die Geldbuße auch nicht teilweise nach Abs. 5 S. 1 Nr. 8 S. 4 HS 1 als BA abziehbar ist, wenn sich die Bemessung einer von der Europäischen Kommission wegen eines Kartellrechtsverstoßes verhängten Geldbuße **allein** nach dem Grundbetrag richtet, der ggf. anschließend auf den Höchstbetrag nach Art. 23 Abs. 2 S. 2 EGV 1/2003 gekürzt wird. Der I. Senat des BFH ist zwar davon ausgegangen, dass EU-Geldbußen vor allem der Ahndung des Kartellverstoßes und der Abschreckung potenzieller Nachahmer dienen; dies schließe jedoch nicht aus, dass solche Geldbußen **zugleich** eine **Abschöpfung** des Mehrerlöses und damit des wirtschaftl. Vorteils iSv. Abs. 5 S. 1 Nr. 8 S. 4 bewirken könnten.[9] Im Anschluss an die Rspr. des IV. Senats des BFH hat das FG Münster für eine EU-Kartellgeldbuße entschieden, dass eine stl. begünstigte Gewinnabschöpfung nach Abs. 5 S. 1 Nr. 8 S. 4 HS 1 nur bei entsprechender Zwecksetzung des Festsetzungsorgans gegeben sein kann.[10] Eine größere Klarheit und Bestimmtheit der Kommissionsentscheidungen hinsichtlich der Annahme eines Abschöpfungsteils könnte deshalb die steuerrechtl. Beurteilung der Abzugsfähigkeit von EU-Geldbußen deutlich erleichtern.[11] Nicht entschieden ist bislang, ob eine nach deutschem Recht zulässige teilweise stl. Abzugsfähigkeit von EU-Geldbußen gegen das Beihilfeverbot iSv. Art. 107 Abs. 1 AEUV verstößt[12] und wie in diesem Fall der Widerspruch europarechtl. Maßstäbe zu den v. BVerfG[13] aufgestellten Grundsätzen zu Abs. 5 S. 1 Nr. 8 zu lösen wäre.

223 Zu den **Geldbußen** gehören alle Sanktionen, die nach dem Recht Deutschlands oder nach den Verträgen der EU so bezeichnet sind.[14] **Ordnungsgelder** sind in Verfahrensordnungen oder verfahrensrechtl. Vor-

---

1 Näher dazu auch *Haase/Geils*, BB 2015, 2583; *Drüen/Kersting*, Steuerrechtliche Abzugsfähigkeit von Kartellgeldbußen des Bundeskartellamtes, 2016; *Rogge*, DB 2017, 1112.

2 BFH v. 9.6.1999 – I R 100/97, BStBl. II 1999, 658 = FR 1999, 1058; v. 24.3.2004 – I B 203/03, BFH/NV 2004, 959; zur Frage der Rückstellungsbildung vgl. BFH v. 9.6.1999 – I R 64/97, BStBl. II 1999, 656 = FR 1999, 1062 m. Anm. *Weber-Grellet*.

3 *Gosch*, DStR 1999, 1523 f.

4 *Lüdeke/Skala*, BB 2004, 1436 (1440) mit Hinweis auf EuGH v. 15.7.1970 – C-44/69, Slg. 1970, 733 (Rn. 51) wonach die EU-Kommission nicht verpflichtet ist, bei der Festsetzung solcher Geldbußen die Unterschiede zw. dem Steuerrecht der Mitgliedstaaten zu berücksichtigen.

5 Vgl. Leitlinien für das Verfahren zur Festsetzung von Geldbußen gem. Art. 23 Abs. 2 lit. a der Verordnung (EG) Nr. 1/2003 (2006/C 210/02), ABlEU Nr. C 210 v. 1.9.2006, 2, unter Einleitung, Ziff. 4.

6 Vgl. R 4.13 Abs. 3 S. 4 EStR.

7 FG Münster v. 18.11.2011 – 14 K 1535/09 F, EFG 2012, 1030.

8 BFH v. 7.11.2013 – IV R 4/12, BStBl. II 2014, 306 = FR 2014, 528; krit. aus steuer- und kartellrechtl. Sicht *Eilers/Klusmann*, NZKart 2014, 294; aus kartellrechtl. Sicht *Haus*, DB 2014, 2066.

9 BFH v. 23.3.2004 – I B 203/03, BFH/NV 2004, 959.

10 FG Münster v. 22.12.2017 – 4 K 1099/15 G,F,Zerl, EFG 2018, 380 m. Anm. *Reddig* (nrkr., NZB IV B 7/18).

11 *Bode*, DB 2014, 395.

12 Verneinend *Drüen/Kersting*, Steuerrechtliche Abzugsfähigkeit von Kartellgeldbußen des Bundeskartellamtes, 2016, Rn. 56, insbes., weil dem Normadressaten kein selektiver Vorteil verschafft werde.

13 BVerfG v. 23.1.1990 – 1 BvL 4–7/87, BVerfGE 81, 228 = BStBl. II 1990, 483.

14 Vgl. R 4.13 Abs. 2 EStR.

schriften so bezeichnete Unrechtsfolgen (zB Ordnungsgeld wegen Verstoßes gegen ein Unterlassungsurteil nach § 890 ZPO).[1] Das Abzugsverbot gilt nicht für das **Zwangsgeld**, welches lediglich ein Beugemittel darstellt, mit dessen Hilfe eine Handlung erzwungen werden soll. Ein persönliches Unwerturteil ist mit dessen Verhängung nicht verbunden. **Verwarnungsgelder** sind die so bezeichneten geldlichen Einbußen des § 56 OWiG, die dem Betroffenen aus Anlass einer geringfügigen Ordnungswidrigkeit mit seinem Einverständnis auferlegt werden, um der Verwarnung Nachdruck zu verleihen (zB Verwarnung wegen falschen Parkens).[2]

Schließlich ordnet Abs. 5 S. 1 Nr. 8 S. 2 auch ein Abzugsverbot für Leistungen zur Erfüllung v. Aufl. und Weisungen an, die in einem **berufsgerichtlichen Verfahren** erteilt werden, soweit die Aufl. und Weisungen nicht lediglich der Wiedergutmachung des durch die Tat verursachten Schadens dienen (zB Einstellung eines berufsgerichtlichen Verfahrens gegen die Aufl. der Spende eines bestimmten Geldbetrags an eine gemeinnützige Organisation). Die Vorschrift greift nicht ein, wenn die Aufl. und Weisungen dazu dienen, den verursachten Schaden wieder gut zu machen. Es handelt sich hierbei um Schadensersatzverpflichtungen, die nur durch entspr. Zwang gesichert sind (zB Vermögensschäden aufgrund einer ärztlichen Fehlbehandlung). 224

Soweit iZ mit einer Geldbuße oä. Sanktionen **Verfahrenskosten** entstehen (zB Gerichts- und Anwaltsgebühren), sind diese unabhängig davon, ob die Sanktion selbst nach Abs. 5 S. 1 Nr. 8 v. Abzug ausgeschlossen ist, als BA abziehbar. Für den Sonderfall, dass nach Abs. 5 S. 1 Nr. 8 nicht abziehbare BA später **wieder zurückgezahlt** werden, regelt Abs. 5 S. 1 Nr. 8 S. 3, dass die Rückzahlung v. Ausgaben iSd. S. 1 und 2 nicht als gewinnerhöhende BE zu erfassen ist. In der Praxis spielt die Vorschrift eine Rolle bei EU-Geldbußen, weil diese bereits vollstreckt werden können, bevor der Bußgeldbescheid in Rechtskraft erwachsen ist. 225

k) Hinterziehungszinsen (Nr. 8a). Hinterzogene **Betriebssteuern** (zB USt, GewSt) sind als BA abzugsfähig. Die mit den hinterzogenen Steuern anfallenden Zinsen gem. § 235 AO dürfen nach § 4 Abs. 5 S. 1 Nr. 8a nicht als BA abgezogen werden. Die Vorschrift bezweckt, den wirtschaftlichen Vorteil aus der Steuerhinterziehung beim StPfl. abzuschöpfen. 226

l) Organschaft (Nr. 9). Das Abzugsverbot nach Abs. 5 S. 1 Nr. 9 betrifft die Organschaft iSd. §§ 14, 17 und 18 KStG bzw. ab VZ 2014[3] iSd. §§ 14 und 17 KStG. Durch das Kroatien-AnpG v. 25.7.2014[4] wurde der Verweis in Abs. 5 S. 1 Nr. 9 auf § 18 KStG entfernt, nachdem jene Vorschrift durch das UntStRÄndG[5] aufgehoben wurde.[6] Durch den Abschluss eines GAVs (§ 291 Abs. 1 AktG) werden außenstehende Anteilseigner benachteiligt, weil sie ihr mitgliedschaftliches Gewinnbeteiligungsrecht verlieren. In ihrem Interesse ordnet § 304 Abs. 1 S. 1 AktG an, dass ein GAV einen angemessenen Ausgleich für die außenstehenden Anteilseigner vorsehen muss (sog. Dividendengarantie). Die Ausgleichszahlungen können v. der Organgesellschaft oder v. Organträger geleistet werden. Abs. 5 S. 1 Nr. 9 ordnet an, dass diese Ausgleichszahlungen nicht abzugsfähig sind. Sie sind v. der Organgesellschaft als eigenes Einkommen zu versteuern (vgl. § 16 KStG). Steuersystematisch liegt die Verwendung v. Einkommen vor und damit keine betrieblich veranlasste Leistung, die den Gewinn mindern darf. 227

m) Bestechungs- und Schmiergelder (Nr. 10). Werden iZ mit der beruflichen/betrieblichen Tätigkeit Bestechungs- und Schmiergelder an Dritte gezahlt, handelt es sich steuersystematisch um BA (vgl. auch Rn. 166). § 4 Abs. 5 S. 1 Nr. 10 S. 1 normiert hier ein weit reichendes Abzugsverbot, welches durch das StEntlG 1999/2000/2002 v. 24.3.1999 (BGBl. I 1999, 402) verschärft worden ist.[7] Nach der Neufassung greift das Abzugsverbot ein, wenn die Zuwendung der Vorteile eine rechtswidrige Handlung darstellt, die den Tatbestand eines Strafgesetzes oder eines G verwirklicht, das die Ahndung mit einer Geldbuße zulässt. Abw. v. der bisherigen Rechtslage kommt es für die Frage des Abzugsverbotes nicht mehr darauf an, ob der Zuwendende oder der Empfänger wegen dieser Zuwendung rkr. verurteilt oder gegen ihn ein Bußgeld verhängt worden ist. Nach dem Wortlaut genügt die **objektive Erfüllung des rechtswidrigen Tatbestandes**, ein Verschulden des Zuwendenden ist nicht erforderlich.[8] Ob ein Strafantrag gestellt worden ist, ist ebenso ohne Bedeutung. Schließlich werden nunmehr auch Bestechungsaufwendungen an **ausländ.** Amtsträger, Richter und Abgeordnete und solche der EU-Gremien erfasst.[9] 228

---

1 Vgl. R 4.13 Abs. 4 EStR.
2 Vgl. R 4.13 Abs. 5 EStR.
3 § 52 Abs. 1 idF des Art. 2 Nr. 34 des Kroatien-AnpG v. 25.7.2014 (BGBl. I 2014, 1266).
4 BGBl. I 2014, 1266.
5 G v. 20.2.2013, BGBl. I 2013, 285.
6 Vgl. auch BT-Drucks. 18/1529, 50.
7 Vgl. BMF v. 10.10.2002, BStBl. I 2002, 1031, Rn. 1 f.; *Park*, DStR 1999, 1097; *Gotzens*, DStR 2005, 673; *Wichterich/Glockemann*, INF 2000, 1 (40).
8 S. auch R 4.14 S. 1 EStR.
9 Vgl. auch R 4.14 S. 2 EStR.

229 Abw. v. Entw. des StEntlG 1999/2000/2002 (Rn. 228) hat der Gesetzgeber auf eine abschließende Aufzählung der objektiven (Straf)Tatbestände verzichtet. Im Entw. waren aufgeführt: §§ 108b, 108e, 299, 300, 333, 334, 335 StGB, ergänzt durch Art. 2 §§ 1 und 2 des G zum Übereinkommen über den Schutz der finanziellen Interessen der EU v. 10.9.1998 (BGBl. II 1998, 2340) und Art. 2 §§ 1–3 des G v. 10.9.1998 zu dem Übereinkommen v. 17.12.1997 über die Bekämpfung der Bestechung ausländ. Amtsträger im internationalen Geschäftsverkehr (BGBl. II 1998, 2327), § 48 Wehrstrafgesetzbuch, § 119 Abs. 1 BVerfGG, § 21 Abs. 2 iVm. § 81 Abs. 1 Nr. 1 UWG, § 405 Abs. 3 Nr. 3, 7 AktG usw. Als Straftatbestände kommen insbes. Bestechung (§ 334 StGB), Vorteilgewährung (§ 333 StGB) oder die Bestechung im geschäftlichen Verkehr (§ 299 Abs. 2 StGB) in Betracht.[1] Die Finanzbehörde trifft dabei die Feststellungslast. Ein Vorteil ist dabei jede Leistung, auf die der Empfänger keinen rechtl. begründeten Anspr. hat und die diesen materiell oder immateriell in seiner wirtschaftlichen, persönlichen oder rechtl. Situation objektiv besser stellt. Eine Zuwendung kam für die Anwendung der Vorschrift nur durch eine BA des StPfl. verursacht werden. Wendet der StPfl. für den Vorteil selbst nichts auf, sondern verzichtet er nur auf Erträge (zB unentgeltliche Dienstleistungen, verbilligte oder zinslose Darlehen oder die Gewährung eines Rabatts), ist Abs. 5 S. 1 Nr. 10 nicht anzuwenden, auch wenn der Empfänger bereichert ist. Die zuwendende Handlung muss dem StPfl. zuzurechnen sein, dessen Einkünfte durch die BA vermindert werden. Bei Handlungen eines Mitarbeiters ist das zumindest dann der Fall, wenn die Handlung nachträglich genehmigt wird. Hinsichtlich der Bestechung mit Auslandsbezug wird durch das EU-BestG sowohl der Amtsträgerbegriff, als auch die Geltung des deutschen Strafrechts auf im Ausland begangene Taten ausgeweitet.[2]

230 Das Abzugsverbot richtet sich sowohl gegen die Gewährung v. Vorteilen in Form v. **Geldleistungen** als auch in Form v. **Sachleistungen** einschl. der **damit zusammenhängenden Aufwendungen** (zB Reise-, Transport-, Telefon-, Verteidigungskosten). Zutr. hat deshalb der X. Senat des BFH entschieden, dass das Abzugsverbot nicht nur die Bestechungsgelder als solche, sondern auch die Kosten eines nachfolgenden Strafverfahrens sowie Aufwendungen, die aufgrund einer im Strafurteil ausgesprochenen Verfallsanordnung entstehen, erfasst.[3] Zu beachten ist allerdings, dass zur Vermeidung einer verfassungswidrigen Doppelbelastung das Abzugsverbot für **verfallene Beträge** nicht gilt, bei denen das Strafgericht die Ertragsteuerbelastung bei der Bemessung des Verfallsbetrags nicht mindernd berücksichtigt hat.[4] Insoweit gelten die gleichen Erwägungen wie bei Abs. 5 S. 1 Nr. 8 S. 4 (vgl. Rn. 222).

231 Abs. 5 S. 1 Nr. 10 S. 2 normiert eine **Mitteilungspflicht** für Gerichte, Staatsanwaltschaften oder Verwaltungsbehörden an die Finanzbehörden in Bezug auf Tatsachen, die sie dienstlich erfahren haben und die den Verdacht einer Tat iSd. S. 1 begründen. Abs. 5 S. 1 Nr. 10 S. 3 entspricht inhaltlich Abs. 5 S. 1 Nr. 10 S. 2 aF und legt umgekehrt den Finanzbehörden eine entspr. Mitteilungspflicht ggü. Staatsanwaltschaft und Verwaltungsbehörden auf; ein Verdacht iSd. Abs. 5 Nr. 10 S. 3, der die Information der Strafverfolgungsbehörden gebietet, besteht, wenn ein Anfangsverdacht iSd. Strafrechts gegeben ist; es müssen also zureichende tatsächliche Anhaltspunkte für eine Tat nach Abs. 5 Nr. 10 S. 1 vorliegen.[5]

232 Die Neuregelung findet erstmals auf Zuwendungen Anwendung, die im ersten nach dem 31.12.1998 beginnenden Wj. geleistet werden (§ 52 Abs. 12 idF des StEntlG 1999/2000/2002) oder bei abw. Wj. gem. § 4a für Zahlungen im Wj., das nach dem 31.12.1998 endet.

233 **n) „Tonnagesteuer" (Nr. 11).** Die Regelung[6] sieht vor, dass Aufwendungen die mit unmittelbaren oder mittelbaren Zuwendungen v. nicht einlagefähigen Vorteilen an nat oder jur. Pers. oder PersGes. zur Verwendung in Betrieben in tatsächlichem oder wirtschaftlichem Zusammenhang stehen, deren Gewinn nach § 5a Abs. 1 ermittelt wird, nicht abzugsfähige BA darstellen. § 5a Abs. 1 regelt die „Tonnagesteuer". Dies ist eine alternative Form der Gewinnermittlung in der Seeschifffahrt, bei welcher der Gewinn in Abhängigkeit v. der Schiffsgröße pauschal ermittelt wird und unabhängig v. der Höhe des tatsächlichen Gewinns der Besteuerung zugrunde gelegt wird. Durch die Nutzung der Rechtsinstitute der kapitalistischen BetrAufsp., der kstl. Organschaft sowie der Rspr. des BFH zur unentgeltlichen Nutzungseinlage konnten iZ mit der Anwendung der Vorschrift des § 5a erhebliche Steuerminimierungen erreicht werden, indem die Erträge aus dem Betrieb eines Handelsschiffes in einer Betriebs-KapGes. durch Ansatz des pauschaliert ermittelten Gewinns besteuert wurden, während die damit iZ stehenden BA in einer Besitz-KapGes. deren

1 Weitere Beispiele sind in H 4.14 EStH unter „Zuwendungen" aufgeführt.
2 IErg. BMF v. 10.10.2002, BStBl. I 2002, 1031 Rn. 17 ff.
3 BFH v. 14.5.2014 – X R 23/12, BStBl. II 2014, 684 = FR 2014, 858; zu Folgerungen zB *Schneider/Perrar*, DB 2014, 2428.
4 BFH v. 14.5.2014 – X R 23/12, BStBl. II 2014, 684 = FR 2014, 858.
5 BFH v. 14.7.2008 – VII B 92/08, BStBl. II 2008, 850; H 4.14 „Mitteilungspflicht" EStH.
6 Eingefügt durch das G zur Umsetzung der Protokollerklärung der BReg. zur Vermittlungsempfehlung zum StVergAbG v. 22.12.2003, BGBl. I 2003, 2840.

Gewinn in voller Höhe minderten. Durch die Regelung des § 4 Abs. 5 S. 1 Nr. 11 werden solche dem Sinn und Zweck der „Tonnagesteuer" entgegenstehenden Gestaltungen (Betriebsaufspaltungsmodell) zur vollen Berücksichtigung v. BA neben der pauschalen Gewinnermittlung ab 2004 ausgeschlossen.

o) Zuschläge nach § 162 Abs. 4 AO (Nr. 12). Wird aufgrund einer nicht den Vorgaben der AO (§ 90 Abs. 3 AO) entspr. Dok. ausländ. Geschäftsbeziehungen ein Zuschlag gem. § 162 Abs. 4 AO erhoben, ist dieser nicht als BA abzugsfähig. 234

p) Beiträge nach dem Restrukturierungsfondsgesetz (Nr. 13). Jahresbeiträge, die beitragspflichtige Kreditinstitute nach § 12 Abs. 2 RestrukturierungsfondsG erstmalig zum 30.9.2011 an den Restrukturierungsfonds zu leisten haben, sind nicht als BA abzugsfähig. Abs. 5 S. 1 Nr. 13 wurde durch Art. 8 Nr. 1 des RestrukturierungsG v. 9.12.2010[1] eingefügt. Die Vorschrift ist erstmals für Wj. anzuwenden, die nach dem 30.9.2010 beginnen (§ 52 Abs. 12 S. 10 idF des Art. 8 Nr. 2 RestrukturierungsG). Durch die Jahresbeiträge sollen Bankgeschäfte, v. denen „systemische Risiken" ausgehen können, gezielt belastet und damit verteuert werden.[2] Diesem Lenkungsziel dient auch das korrespondierende Abzugsverbot in Abs. 5 S. 1 Nr. 13. Sonderbeiträge iSv. § 12 Abs. 3 RestrukturierungsfondsG haben dagegen vorrangig Finanzierungsfunktion und unterliegen daher nicht dem Abzugsverbot. 234a

3. Rückausnahmen (Abs. 5 S. 2). Nach Abs. 5 S. 2 gelten die Abzugsverbote der Nr. 2 bis 4 nicht, wenn die dort genannten Zwecke Gegenstand einer mit Gewinnerzielungsabsicht ausgeübten Betätigung sind. Die Rückausnahme macht deutlich, dass es sich bei den Abzugsverboten aus der Sicht des Gesetzgebers um potientielle Missbrauchs- bzw. Liebhabereikonstellationen handelt (vgl. Rn. 196). 235

4. Aufwendungen nach § 12 Nr. 1 (Abs. 5 S. 3). Die Prüfung, ob Aufwendungen betrieblich veranlasst (§ 4 Abs. 4) sind und ob und inwieweit gemischte Aufwendungen nach § 12 Nr. 1 S. 2 (S. 1 ist lediglich deklaratorisch) abziehbar sind (s. auch Rn. 164), ist der Prüfung vorgreiflich, ob ein Abzugsverbot nach § 4 Abs. 5 S. 1 zum Tragen kommt.[3] § 4 Abs. 5 S. 3 stellt dies nochmals ausdrücklich klar. Nach dem hier zugrunde liegenden Verständnis müsste die Regelung systematisch bereits bei § 4 Abs. 4 angesiedelt werden. 236

V. Gewerbesteuer keine Betriebsausgabe (Abs. 5b). Für EZ, die nach dem 31.12.2007 enden, gilt nach dem durch UntStReformG 2008 v. 14.8.2007[4] eingefügten § 4 Abs. 5b ein BA-Abzugsverbot für die GewSt und die darauf entfallenden Nebenleistungen (§ 52 Abs. 12 S. 7). Der Gesetzgeber will die Steuerbelastungstransparenz erhöhen, indem die wechselseitige Beeinflussung der Bemessungsgrundlagen der ESt/KSt und der GewSt wegfällt.[5] Die Kompensation der GewSt, die zuvor im Bereich der ESt durch den BA-Abzug und die Anrechnung des 1,8fachen GewSt-Messbetrags auf die ESt erfolgte, wird auf die erhöhte (3,8) Anrechnung (§ 35) beschränkt. Eine vollständige Kompensation ist verfassungsrechtl. nicht geboten.[6] Auch nach Ansicht des BFH verstößt § 4 Abs. 5b nicht gegen die Verfassung.[7] Aufgrund der betrieblichen Veranlassung der GewSt und des Objektsteuercharakters ist indes die Formulierung „keine Betriebsausgaben" verfehlt.[8] Die eingeschlossenen Nebenleistungen umfassen Säumniszuschläge, Verspätungszuschläge, Zinsen und Zwangsgelder; wohl nicht betroffen sind die Finanzierungsaufwendungen für Gewerbesteuerzahlungen bei KapGes.[9] Erstattungen v. GewSt führen nicht zu stpfl. BE. Aufgrund Abs. 5b ergeben sich Konsequenzen für sog. Gewerbesteuerklauseln bei PersGes.[10] Die ggü. einer PersGes. festgesetzte und von dieser entrichtete GewSt wird ohne besondere vertragliche Regelung als Aufwandsposten von allen G'tern nach dem allg. Gewinnverteilungsschlüssel anteilig getragen. Wird abw. hiervon die von einer PersGes. geschuldete GewSt aufgrund einer gesellschaftsvertraglichen Vereinbarung von einzelnen G'tern dieser PersGes. zT „übernommen" bzw. diesen von der Ges. in Rechnung gestellt, so handelt es sich um eine Gewinnverteilungsabrede, die auch ungeachtet des § 4 Abs. 5b den stl. Gewinn der PersGes. nicht mindern darf.[11] 237

---

1 BGBl. I 2010, 1900 (1930); in Art. 8 dieses Gesetzes ist das RestrukturierungsfondsG geregelt; näher zu RestruktuierungsG zB *Schuster/Westpfahl*, DB 2011, 221 und 282; *Feyerabend/Behnes/Helios*, DB 2011, Beil. 4, 30 zu den steuerl. Aspekten des Gesetzes.
2 Vgl. BR-Drucks. 534/10, 129.
3 Vgl. auch *Blümich*, § 4 Rn. 673.
4 BGBl. I 2007, 1912.
5 BT-Drucks. 16/4841, 47.
6 Vgl. BVerfG v. 15.1.2008 – 1 BvL 2/04, BVerfGE 120, 1.
7 Für den Bereich der KSt BFH v. 16.1.2014 – I R 21/12, BStBl. II 2014, 531 = FR 2014, 695 m. Anm. *Nöcker* (BVerfG 2 BvR 1559/14); für den Bereich der ESt BFH v. 22.10.2014 – X R 19/12, BFH/NV 2015, 482 (ohne eigene Begründung) und v. 10.9.2015 – IV R 8/13, BStBl. II 2015, 1046 = FR 2016, 71 m. Anm. *Nöcker* = GmbHR 2015, 1282.
8 Krit. auch *Tipke/Lang*[23], § 8 Rn. 288; vgl. auch BFH v. 10.9.2015 – IV R 8/13, BStBl. II 2015, 1046 = FR 2016, 71 m. Anm. *Nöcker* = GmbHR 2015, 1282, Rn. 17.
9 *Bergemann/Markl/Althof*, DStR 2007, 693, 694.
10 Dazu *Plambeck*, DStR 2010, 1553.
11 Näher BFH v. 19.7.2018 – IV R 14/16, DB 2018, 2669 = DStR 2018, 2259 Rn. 39 ff.

238 **VI. Aufwendungen zur Förderung staatspolitischer Zwecke (Abs. 6).** Aufwendungen zur Förderung staatspolitischer Zwecke (§ 10b Abs. 2) sind, wie der Wortlaut des § 4 Abs. 6 zum Ausdruck bringt, keine BA. Die Vorschrift hat nach zutr. Ansicht[1] lediglich **deklaratorische Bedeutung**, weil dies bereits aus § 12 Nr. 1 folgt. Entspr. Zuwendungen gründen sich auf die **persönlichkeitsbezogene** politische Einstellung des StPfl. Dies ist auch dann der Fall, wenn Zuwendungen an verschiedene Parteien mit gegensätzlichen Programmen erfolgen, weil ein solches Verhalten die ebenfalls persönlichkeitsbezogene demokratische Gesinnung zum Ausdruck bringt.[2]

239 § 4 Abs. 6 nimmt **gegenständlich** ausdrücklich auf den Sonderausgabentatbestand des § 10b Abs. 2 Bezug. Dort sind Mitgliedsbeiträge und Spenden an politische Parteien iSd. § 2 ParteiG genannt. Der Spendenbegriff umfasst auch Sachleistungen. Dagegen liegt keine Spende vor, wenn eine konkrete Gegenleistung rechtsgeschäftlich vereinbart ist. Insoweit findet auch § 4 Abs. 6 keine Anwendung.

240 **VII. Besondere Aufzeichnungspflichten (Abs. 7).** Materiell-rechtl. Voraussetzung der Abzugsfähigkeit v. BA iSd. § 4 Abs. 5 Nr. 1 bis 4, 6b und 7 ist – wie sich aus Abs. 7 S. 2 ergibt – eine einzelne und v. den sonstigen BA getrennte Aufzeichnung.[3] Der FinVerw. soll so die Überprüfung dieser die Lebensführung betr. Aufwendungen erleichtert werden. Im Rahmen des BV-Vergleichs ist eine Buchung auf separaten Konten notwendig, während StPfl. mit EÜR eine Unterteilung der BA vornehmen müssen. Die besondere Aufzeichnungspflicht ist materiell-rechtl. Voraussetzung des BA-Abzugs. Eine Pflichtverletzung führt zu einem Abzugsverbot der betr. BA. Bei Aufwendungen für ein häusl. Arbeitszimmer lässt die FinVerw. Erleichterungen zu.[4]

241 **VIII. Erhaltungsaufwand gem. §§ 11a, 11b (Abs. 8).** § 4 Abs. 8 enthält eine Sondervorschrift für Erhaltungsaufwand in Sanierungsgebieten und städtebaulichen Entwicklungsbereichen sowie bei Baudenkmälern. Die Vorschrift öffnet die Sonderregeln der §§ 11a, 11b, in denen ein Wahlrecht zur Verteilung solchen Aufwands auf 2 bis 5 Jahre eingeräumt wird, für die Gewinnermittlung durch BV-Vergleich.

241a **IX. Aufwendungen für erstmalige Berufsausbildung oder ein Erststudium (Abs. 9).** Nach dem durch das BeitrRLUmsG v. 7.12.2011[5] auf Empfehlung des Finanzausschusses des Deutschen Bundestags (BT-Drucks. 17/7469, 24) eingefügten, in jener Fassung bis zum 31.12.2014 gültigen Abs. 9 sind Aufwendungen des StPfl. für seine erstmalige Berufsausbildung oder für ein Erststudium, das zugleich eine Erstausbildung vermittelt, **keine Betriebsausgaben**. Mit diesem Abzugsverbot soll die Grundentscheidung des Gesetzgebers verdeutlicht werden, dass die erste Berufsausbildung und das Erststudium als Erstausbildung der privaten Lebensführung zuzuordnen sind (im Einzelnen BT-Drucks. 17/7524, 10). Näher hierzu Rn. 257 unter „Ausbildungskosten". Zu den begleitenden Neuregelungen in § 9 Abs. 6 s. § 9 Rn. 144ff., in § 10 Abs. 1 Nr. 7 s. § 10 Rn. 40ff. Nach § 52 Abs. 12 S. 11 idF des BeitrRLUmsG ist § 4 Abs. 9 – wie auch die begleitenden Neuregelungen – rückwirkend für VZ ab 2004 anzuwenden. Dem Gesetzgeber war es auch unter dem Gesichtspunkt des verfassungsrechtl. gewährleisteten Vertrauensschutzes nicht verwehrt, eine Rechtslage rückwirkend festzuschreiben, die vor der Neuorientierung der Rspr. des VI. Senats des BFH zu Berufsausbildungskosten (im Einzelnen Rn. 257) einer gefestigten höchstrichterlichen Rspr. und einheitlichen Rechtspraxis entsprach.[6]

241b Durch das Zollkodex-AnpG v. 22.12.2014[7] wurde Abs. 9 unter Berufung auf die bereits im BeitrRLUmsG artikulierte gesetzgeberische Grundentscheidung (Rn. 241a) und unter gleichzeitiger Aufhebung des § 12 Nr. 5 mWv. 1.1.2015 (nach § 52 Abs. 1 ist die Neuregelung anzuwenden ab dem VZ 2015) dahin gefasst, dass Aufwendungen des StPfl. für seine Berufsausbildung oder für sein Studium nur dann BA sind, wenn der StPfl. zuvor bereits eine Erstausbildung (Berufsausbildung oder Studium) abgeschlossen hat. Dabei gilt § 9 Abs. 6 S. 2 bis 5 idF des Zollkodex-AnpG, der eine Berufsausbildung als Erstausbildung erstmals näher definiert, entsprechend. Danach muss eine **erste Berufsausbildung** bestimmten **zeitlichen und qualitativen Anforderungen** genügen.[8] Der VI. Senat des BFH hatte nämlich mit Urt. v. 28.2.2013[9] in Fortführung

---

1 Vgl. zB *Blümich*, § 4 Rn. 926.
2 BFH v. 4.3.1986 – VIII R 188/84, BStBl. II 1986, 373 = FR 1986, 306; vgl. auch RFH, RStBl. 1930, 671; BFH v. 17.5.1952 – I D 1/52 S, BStBl. III 1952, 228.
3 Vgl. auch BFH v. 27.3.2007 – I B 125/06, BFH/NV 2007, 1305, mwN.
4 BMF v. 2.3.2011, BStBl. I 2011, 195, Rn. 25.
5 BGBl. I 2011, 2592.
6 So jetzt auch – mit ausführlicher Begründung – BFH v. 5.11.2013 – VIII R 22/12, BStBl. II 2014, 165 = FR 2014, 275; die Verfassungsmäßigkeit der rückwirkenden Anwendung des § 9 Abs. 6 EStG idF des BeitrRLUmsG bejahend BFH v. 17.7.2014 – VI R 2/12, BFH/NV 2014, 1954 Rn. 109ff.
7 BGBl. I 2014, 2417.
8 Ausführlich dazu BR-Drucks. 432/14, 46ff.
9 BFH v. 28.2.2013 – VI R 6/12, BStBl. II 2015, 180.

seiner bisherigen Rspr., aber entgegen BMF v. 22.9.2010[1], entschieden, dass eine erstmalige Berufsausbildung weder ein Berufsausbildungsverhältnis nach dem Berufsbildungsgesetz noch eine bestimmte Ausbildungsdauer oder eine formale Abschlussprüfung voraussetzt. S. näher auch § 9 Rn. 147 ff. zu § 9 Abs. 6.

G. Wechsel der Gewinnermittlungsart

Literatur: *Holler*, Wechsel der Gewinnermittlungsart im Einkommensteuerrecht, 1992; *Kanzler*, Der Wechsel der Gewinnermittlungsart, FR 1999, 225; *Kanzler*, Wechsel der Gewinnermittlungsart, in *H/H/R*, Vor §§ 4–7 Anm. 40 ff.

I. Zulässigkeit und Wahlrecht. Das EStG geht, wie die Regelungen der § 4 Abs. 1 S. 6, § 16 Abs. 2 S. 2 erkennen lassen, v. der Möglichkeit oder Notwendigkeit eines Wechsels der Gewinnermittlungsart aus, ohne nähere Bestimmungen zu treffen. Da die Gewinnermittlungsarten an bestimmte **Normativbestimmungen** geknüpft sind, kann ein Wechsel der Gewinnermittlungsart erforderlich werden, weil die bisherigen Voraussetzungen nicht mehr erfüllt sind, zB im Fall des § 141 Abs. 1 AO nach einem Hinweis der FinBeh. iSd. § 141 Abs. 2 AO. **Grds.** steht es dem StPfl. aber **frei**, in Ausübung seines Wahlrechts zw. verschiedenen Gewinnermittlungsarten die einmal gewählte Gewinnermittlungsart wieder zu wechseln. Grds. nur begrenzt durch die Bestandskraft der Steuerfestsetzung ist es zulässig, v. der EÜR gem. § 4 Abs. 3 zum BV-Vergleich (Abs. 1) zu wechseln. Notwendig ist dies, wenn eine Veräußerung oder Aufgabe des Betriebs erfolgt (vgl. § 16 Abs. 2 S. 2). Der StPfl. ist jedoch nicht verpflichtet, im Zeitpunkt des Strukturwandels zur Liebhaberei zum BV-Vergleich überzugehen und einen daraus resultierenden Übergangsgewinn zu ermitteln und zu versteuern.[2] Ein freiwilliger Wechsel von der EÜR zum BV-Vergleich scheidet aus, wenn der StPfl. nicht zeitnah zu Beginn des Gewinnermittlungszeitraums eine Eröffnungsbilanz aufgestellt und eine kfm. Buchführung eingerichtet hat.[3] Eine **Bindung** an die getroffene Wahl besteht in den Fällen des § 13a Abs. 2 S. 1 für vier Jahre und des § 5a Abs. 3 S. 7 nF für zehn Jahre. Das bedeutet indes nicht, dass ein StPfl., der einen Antrag nach § 13a Abs. 2 gestellt hat, für seinen Betrieb iSd. § 13a Abs. 1 während des Zeitraums von vier Wj. nicht zw. BV-Vergleich und EÜR wechseln darf.[4] Nicht möglich ist ein erneuter Wechsel der Gewinnermittlungsart zur EÜR ohne wirtschaftlichen Grund, wenn die Verteilung des Übergangsgewinns auf drei Jahre beantragt war.[5] Auch ist nach wirksam ausgeübter Wahl ein **wiederholter** Wechsel der Gewinnermittlungsart für das gleiche Wj. auch vor Eintritt der Bestandskraft nur bei Vorliegen eines besonderen Grundes zulässig; dazu zählt nicht der bloße Irrtum über die stl. Folgen dieser Wahl.[6] 242

Der Wechsel der Gewinnermittlungsart lässt den **Bestand des Betriebs und die Zusammensetzung des BV unberührt**.[7] Deswegen führt er weder zur Aufdeckung stiller Reserven noch zu Entnahmen oder Einlagen (vgl. Abs. 1 S. 6). Aus dem Grundsatz der sog. **Totalgewinngleichheit** (Rn. 11) folgt allerdings, dass ein Wechsel der Gewinnermittlungsart nicht dazu führen darf, betriebliche Vorgänge überhaupt nicht oder doppelt zu erfassen. Deshalb müssen **Korrekturen** erfolgen, welche nach der Rspr. des BFH bereits im Übergangsjahr auf der Grundlage einer **Übergangsbilanz** und nicht erst bei Veräußerung oder Aufgabe des Betriebs vorzunehmen sind.[8] Die einzelnen v. der Rspr. des BFH entwickelten Grundsätze zur Vornahme v. Zu- und Abrechnungen sind in R 4.6 EStR zusammengefasst und in der Anlage zu R. 4.6 EStR[9] systematisch aufgelistet. Dort sind die regelmäßig vorkommenden Korrekturposten aufgenommen; die Übersicht der Anlage zu R. 4.6 EStR ist mithin nicht erschöpfend. 243

Wechselt der StPfl. v. der EÜR zum BV-Vergleich, sind alle Vorgänge der Vergangenheit zu berücksichtigen, die sich bisher iRd. EÜR noch nicht auf den Gewinn ausgewirkt haben.[10] Geht der StPfl. v. BV-Vergleich zur EÜR über, gilt Entspr. (R 4.6 Abs. 2 EStR). 244

II. Übergang von Überschussrechnung zum Betriebsvermögensvergleich. Da sich bei der EÜR gem. § 4 Abs. 3 regelmäßig andere Periodengewinne ergeben als beim BV-Vergleich nach Abs. 1, müssen diejenigen betrieblichen Vorgänge, die sich bisher bei der **Kassenrechnung noch nicht ausgewirkt** haben und 245

1 BMF v. 22.9.2010, BStBl. I 2010, 721.
2 BFH v. 11.5.2016 – X R 61/14, BFH/NV 2016, 1371.
3 BFH v. 5.11.2015 – III R 13/13, BStBl. II 2016, 468 = GmbHR 2016, 600 mwN.
4 BFH v. 2.6.2016 – IV R 39/13, BStBl. II 2017, 154 = FR 2017, 93.
5 BFH v. 9.11.2000 – IV R 18/00, BStBl. II 2001, 102 = FR 2001, 202 m. Anm. *Kanzler*.
6 Näher BFH v. 2.6.2016 – IV R 39/13, BStBl. II 2017, 154 = FR 2017, 93; H 4.5 Abs. 1 „Wahl der Gewinnermittlungsart" EStH.
7 BFH v. 21.11.1973 – I R 252/71, BStBl. II 1974, 314; *Kanzler*, FR 1999, 225.
8 BFH v. 21.11.1973 – I R 252/71, BStBl. II 1974, 314; v. 1.2.1990 – IV R 39/89, BStBl. II 1990, 495; *Kanzler*, FR 1999, 225.
9 EStH 2017, 1234.
10 Vgl. H 4.6 „Wechsel zum BV-Vergleich" EStH, mwN.

die sich bei den **künftigen BV-Vergleichen nicht mehr auswirken** werden, im Jahr des Übergangs korrigiert werden; fällt der Wechsel mit dem Wechsel des Wj. zusammen, so ist der Übergangsgewinn in dem neuen Wj. zu erfassen.[1] Ausgaben für WG des UV (zB Rohstoffe, Hilfs- und Betriebsstoffe, Fertigerzeugnisse) haben im Bereich des Abs. 3 unmittelbar zu BA geführt und die angeschafften WG waren auch nicht als BE auszuweisen (s. Rn. 139). Im Rahmen des BV-Vergleichs wären sie dagegen zu aktivieren gewesen und wirken sich nach dem Wechsel der Gewinnermittlungsart über den Materialeinsatz oder den Wareneinsatz gewinnmindernd aus. Wegen der ansonsten doppelten Abzugsfähigkeit ist hier eine Hinzurechnung vorzunehmen. Entspr. gilt für Kundenforderungen. Diese waren bisher nach dem Kassenprinzip mangels Zuflusses noch nicht zu erfassen, während sie im Bereich des BV-Vergleichs erfolgswirksam zu aktivieren waren, soweit nicht die Grundsätze des sog. schwebenden Geschäfts dem entgegenstehen. Eine spätere Zahlung wäre erfolgsneutral. Deshalb muss hier ebenso eine Hinzurechnung erfolgen. Verbindlichkeiten und Rückstellungen haben auf das Ergebnis nach Abs. 3 bisher keinen Einfluss gehabt. Sie sind deshalb als Abrechnungsposten in die Korrekturrechnung einzustellen. Denn die spätere Zahlung führt zu einer erfolgsneutralen Bilanzverkürzung und hätte deshalb auf den Gewinn keine Auswirkung mehr.

246 Eine Korrektur muss auch für diejenigen Vorgänge durchgeführt werden, die sich bei den **bisherigen EÜR bereits auf den Gewinn ausgewirkt** haben und die sich bei den **künftigen BV-Vergleichen noch einmal auswirken** würden (zB BA, die in der EB zu einem aktiven RAP führen, weil sich deren spätere Auflösung noch einmal als BA auswirken würde).

247 Auszugehen ist v. der Anfangs- bzw. Übergangsbilanz,[2] in der einzelne WG nach dem Wechsel zum BV-Vergleich mit den Werten anzusetzen sind, mit denen sie zu Buch stehen würden, wenn v. Anfang an der Gewinn durch BV-Vergleich ermittelt worden wäre. Der Vorgang ist nicht als Einlage zu werten, es findet also eine durch den Teilwertansatz bedingte Aufdeckung stiller Reserven nicht statt. Deswegen wäre es terminologisch zumindest ungenau, v. einer „Eröffnungsbilanz" zu sprechen (vgl. § 6 Abs. 1 Nr. 6, 5). Im nächsten Schritt muss jeder Bilanzposten der Übergangsbilanz dahingehend untersucht werden, ob eine Korrektur (Hinzurechnung bzw. Abrechnung) notwendig ist. Der Übergang ist erst mit einer zeitnahen Bilanz wirksam ausgeübt.[3]

248 Bei dem Übergangsgewinn liegt lfd. Gewinn vor, demzufolge bei der GewSt lfd. Gewerbeertrag.[4] Scheidet ein PersG'ter aus der **MU'schaft** aus, die ihren Gewinn nach Abs. 3 ermittelt, so ist bei der Feststellung der für die Berechnung des Veräußerungsgewinns erforderliche Buchwert so zu behandeln, als wäre im Augenblick des Ausscheidens zur Gewinnermittlung durch BV-Vergleich nach Abs. 1 übergegangen worden.[5] Steuersystematisch gesehen ist der Übergangsgewinn ein Teil der Einkünfte, die der ausscheidende G'ter nach § 2 Abs. 1 S. 1 erzielt hat. Noch nicht zugeflossene Forderungen der Ges. sind nunmehr entgegen dem Zuflussprinzip vor Erfüllung anzusetzen. Bei Realteilung einer MU'schaft (§ 16 Rn. 235), die ihren Gewinn durch EÜR ermittelt, ist grds. kein Übergang zum Bestandsvergleich notwendig, wenn die WG in den Einzelunternehmen der Realteiler unter Buchwertfortführung (vgl. § 16 Abs. 3 S. 2 HS. 1) übernommen werden und die EÜR beibehalten wird.[6]

249 Entsteht aufgrund der vorzunehmenden Korrekturen ein **außergewöhnlich hoher Gewinn** und damit eine außergewöhnlich hohe Steuer, kann v. StPfl. zur Vermeidung v. Härten beantragt werden, dass der Zurechnungsbetrag gleichmäßig auf das Jahr des Übergangs und das folgende Jahr bzw. die beiden folgenden Jahre verteilt wird (R 4.6 Abs. 1 S. 2 EStR).

250 **III. Übergang vom Betriebsvermögensvergleich zur Überschussrechnung.** Geht der StPfl. v. BV-Vergleich zur EÜR über (das Wahlrecht nach § 4 Abs. 3 muss nicht jährlich neu ausgeübt werden)[7], führt dies ausgehend von der letzten erstellten Bilanz zu einer Überleitungsrechnung; durch Gewinnkorrekturen in dieser Überleitungsrechnung wird sichergestellt, dass betriebliche Vorgänge wie BA und BE erfasst werden, die ansonsten wg. der unterschiedlichen Systematik des Bestandsvergleichs einerseits und der EÜR andererseits nicht oder aber doppelt erfasst würden.[8] Die erforderlichen Korrekturen müssen ebenso wie im umgekehrten Fall grds. im ersten Jahr nach dem Wechsel vorgenommen werden.[9] Korrekturen müssen

1 BFH v. 1.10.2015 – X R 32/13, BStBl. II 2016, 139 = FR 2016, 224 Rn. 14 mwN.
2 BFH v. 12.12.1985 – IV R 225/83, BStBl. II 1986, 392; *Kanzler*, FR 1999, 225, 231.
3 BFH v. 19.10.2005 – XI R 4/04, FR 2006, 280 = DStR 2006, 16 mit Anm. *Schulze-Osterloh*, BB 2006, 436.
4 BFH v. 24.10.1972 – VIII R 32/67, BStBl. II 1973, 233.
5 BFH v. 19.8.1999 – IV R 67/98, BStBl. II 2000, 179; krit. *Kanzler*, FR 2000, 100.
6 FG Nds. v. 19.4.1984 – VI 408/83, EFG 1984, 598; BFH v. 11.4.2013 – III R 32/12, BStBl. II 2014, 242 = FR 2013, 1080 m. Anm. *Kanzler*; **aA** *H/H/R*, Vor §§ 4–7 Anm. 69.
7 BFH v. 24.9.2008 – X R 58/06, BStBl. II 2009, 368 = FR 2009, 621.
8 BFH v. 16.12.2014 – VIII R 45/12, BStBl. II 2015, 759 = FR 2015, 754 m. Anm. *Weber-Grellet*, mwN.
9 R 4.6 Abs. 2 EStR.

vorgenommen werden, wenn sich betriebliche Vorgänge bisher schon auf den Betrieb ausgewirkt haben und bei den späteren EÜR ein zweites Mal auswirken würden oder wenn sich infolge des Wechsels betriebliche Vorgänge überhaupt nicht als BE oder BA erfassen lassen würden.[1] Gewillkürtes BV gilt als nicht entnommen (vgl. Abs. 1 S. 3). Nach Ansicht der FinVerw. ist – anders als beim Wechsel v. BV-Vergleich zur EÜR[2] – eine Verteilung eines außergewöhnlich hohen Korrekturgewinns auf mehrere Jahre nicht zulässig.[3] Diese unterschiedliche Sichtweise beruht darauf, dass der Übergang zur EÜR freiwillig erfolgt, während ein Wechsel zum BV-Vergleich in aller Regel zwingend durchzuführen ist.

Kommt es bei der Berechnung des Übergangsgewinns zu Fehlern, dann können diese allein durch die Berichtigung der Veranlagung des Übergangsjahres korrigiert werden, und sie müssen mit einem Rechtsbehelf gegen diesen Bescheid angefochten werden.[4] Es kommt auch nicht zu einem Ausgleich bei einem weiteren Wechsel der Gewinnermittlungsart, wenn die einzelne Bilanzposition nicht mehr existiert.[5] Wird v. der EÜR zum BV-Vergleich übergegangen, dann besteht bei Buchwerteinbringung kein Anspr. auf Billigkeitsverteilung eines Übergangsgewinns.[6] 251

IV. Korrektur. 1. Korrekturen mit anderen Gewinnermittlungen. Beim Wechsel der Gewinnermittlungsart iZ **mit § 13a** müssen Korrekturen entspr. den oben dargestellten allg. Grundsätzen durchgeführt werden.[7] Dabei ist zu beachten, dass die Gewinnermittlung nach § 13a teilw. auf den Grundsätzen des § 4 Abs. 1 und teilw. auf denen der EÜR gem. § 4 Abs. 3 beruht. 252

Erfolgt die Gewinnermittlung im Wege der **Schätzung** (vgl. § 162 AO), ist zunächst zu beachten, dass diese nach der früher herrschenden Praxis als eine Gewinnermittlung iSd. § 4 Abs. 1 qualifiziert wurde.[8] Dies würde dazu führen, dass die (einmalige) Gewinnschätzung im Bereich des § 4 Abs. 3 zwangsläufig einen **zweifachen Wechsel** der Gewinnermittlungsart zur Folge hätte (im ersten Wj. nach § 4 Abs. 3, im zweiten geschätzten Wj. nach § 4 Abs. 1, im dritten Wj. wieder nach § 4 Abs. 3). Nach zutr. Ansicht sind bei einem derartigen schätzungsbedingten Wechsel der Gewinnermittlungsart **keine Korrekturen** vorzunehmen, da die für die Korrekturen wesentlichen Positionen gerade unbekannt sind.[9] Mögliche Korrekturen sind bereits bei der Schätzung zu berücksichtigen. Das dargestellte Problem wird vermieden, wenn man mit der neueren Rspr. des BFH bei der Gewinnschätzung iRd. EÜR **nicht mehr zwingend einen Wechsel** der Gewinnermittlungsart verlangt, sondern den Gewinn nach dem geschätzten Unterschied v. BE und BA ermittelt.[10] 253

2. Korrektur bei Betriebsveräußerung, Betriebsaufgabe und unentgeltlicher Übertragung. Veräußert ein StPfl., der zuvor den Gewinn durch EÜR ermittelt hat, den Betrieb oder erfolgt eine **BetrAufg.** iSd. § 16 Abs. 3, muss er so behandelt werden, als sei er im Augenblick der Veräußerung oder Aufgabe des Betriebs zum BV-Vergleich übergegangen (§ 16 Abs. 2 S. 2). Die Verteilung eines Übergangsgewinns ist dann nicht zulässig, vielmehr sind die nötigen Zu- und Abrechnungen beim lfd. Gewinn des letzten Wj. zu berücksichtigen.[11] 254

Die **unentgeltliche** Betriebsübertragung einschl. des Betriebsübergangs v. Todes wegen löst als solche keinen Wechsel der Gewinnermittlungsart aus. Der Rechtsnachfolger tritt bilanzsteuerrechtl. in die Stellung des Rechtsvorgängers ein (vgl. § 6 Abs. 3). Soweit der Rechtsnachfolger die Gewinnermittlung wechselt, sind bei den Korrekturen auch die Verhältnisse des Rechtsvorgängers zu beachten.[12] 255

H. ABC der Betriebseinnahmen

Abfindungen: Der Begriff der Abfindungen lässt sich nicht eindeutig bestimmen. Herkömmlich versteht man darunter einmalige Geldleistungen zur Abgeltung v. Rechtsansprüchen. Ähnlich, zT synonym verwendet werden die Begriffe Ablösebeträge, Abstandszahlungen, Ausgleichszahlungen, Entschädigungen 256

1 Vgl. Anlage zu R 4.6 EStR (EStH, 1204).
2 Vgl. R 4.6 Abs. 1 S. 4 EStR.
3 H 4.6 „Keine Verteilung des Übergangsgewinns" EStH, unter Bezug auf BFH v. 3.10.1961 – I 236/60 U, BStBl. III 1961, 565.
4 BFH v. 5.10.1973 – VIII R 20/68, BStBl. II 1974, 303.
5 BFH v. 23.7.1970 – V 270/65, BStBl. II 1970, 745.
6 BFH v. 13.9.2001 – IV R 13/01, BStBl. II 2002, 287 = FR 2002, 212 m. Anm. *Kanzler*.
7 BFH v. 27.11.1997 – IV R 33/97, BStBl. II 1998, 145 = FR 1998, 198; vgl. auch BFH v. 17.3.1988 – IV R 82/87, BStBl. II 1988, 770 = FR 1988, 509; v. 5.12.1996 – IV R 81/95, BFH/NV 1997, 394; sa. *K/S/M*, § 4 Rn. D 62.
8 RFH, RStBl. 1932, 736; BFH v. 8.3.1956 – IV 87/55 U, BStBl. III 1956, 235.
9 RFH, RStBl. 1941, 924.
10 BFH v. 2.3.1982 – VIII R 255/80, BStBl. II 1984, 504.
11 Vgl. R 4.6 Abs. 1 S. 3 EStR; BFH v. 13.9.2001 – IV R 13/01, BStBl. II 2002, 287 = FR 2002, 212.
12 BFH v. 1.4.1971 – I R 184/69, BStBl. II 1971, 526.

oder Schadensersatz. Die Behandlung v. Abfindungen richtet sich nach dem allg. BE-Begriff. Danach sind alle betrieblich veranlassten Wertzugänge als BE zu erfassen. Die Abfindung kann zum steuerbegünstigten Veräußerungsgewinn iSd. §§ 14, 16, 18 Abs. 3, 34 führen oder auch eine steuerbegünstigte Entschädigung für entgehende Einnahmen iSd. § 24 Nr. 1a, 34 bilden. Abfindungen bezwecken den Wertausgleich für die Aufgabe v. rechtl. Positionen, zB Entschädigung für Minderung des Werts des Grund und Bodens gegen Errichtung einer Wassertransportleitung (BFH v. 10.8.1978 – IV R 181/77, BStBl. II 1979, 103); Entschädigung für die Wertminderung des Grund und Bodens wegen Errichtung einer Ferngasleitung (BFH v. 24.3. 1982 – IV R 96/78, BStBl. II 1982, 643 = FR 1982, 389); Entschädigung für den Abriss und die Verlegung eines Gebäudes (BFH v. 12.3.1969 – I 97/65, BStBl. II 1969, 381).

Abstandszahlungen: Der Begriff wird zT synonym mit „Abfindungen" verwendet. Herkömmlicherweise bezeichnet man als Abstandszahlungen Entgelte für die (vorzeitige) Aufgabe v. Rechten aus einem Vertrag oder das Weichen aus einer rechtl. gesicherten Position, zB Verzicht auf die Nutzung der Praxisräume durch einen Freiberufler gegen Abfindung (BFH v. 8.10.1964 – IV 365/62 U, BStBl. III 1965, 12); Verzicht auf betriebliches Vorkaufsrecht beim Land- und Forstwirt (BFH v. 3.6.1976 – IV R 236/71, BStBl. II 1977, 62).

Abtretung: Im Falle der entgeltlichen Veräußerung einer Forderung steht die Abtretung einer Bezahlung gleich. Gleiches gilt, wenn dem StPfl. eine Forderung an Zahlung Statt übertragen worden ist (BFH v. 22.4. 1966 – VI 137/65, BStBl. III 1966, 394).

Agenturgeschäfte: Aus Agenturgeschäften vereinnahmte Beträge sind auch bei Bestandsvergleich keine BE, die Weiterleitung führt nicht zu BA. Werden die Beträge privat verwendet und dann zwecks Ersetzung ein Darlehen aufgenommen, sind die Zinsen keine BA (BFH v. 4.11.2004 – III R 5/03, BStBl. II 2005, 277 = FR 2005, 548 m. Anm. *Kanzler*).

Ausgleichszahlungen des Handelsvertreters: Ausgleichszahlungen nach § 89b HGB gehören zu den lfd. BE und nicht zu den Veräußerungsgewinnen oder dem Ersatz für entgangene oder entgehende Einnahmen (BFH v. 22.10.1959 – IV 118/59 S, BStBl. III 1960, 21; v. 9.2.2011 – IV R 37/08, BFH/NV 2011, 1120, mwN). Die Anwendbarkeit des § 34 wird allerdings durch die Vorschrift des § 24 Nr. 1 Buchst. c sichergestellt. Als Ausgleichszahlungen an Handelsvertreter iSd. §§ 24 Nr. 1 Buchst. c, 34 Abs. 2 Nr. 2 gelten auch die Ausgleichsansprüche der Versicherungsvertreter, denn diese erhalten über § 89b Abs. 5 HGB einen Ausgleichsanspruch, der grds. dem eines Handelsvertreters entspricht (BFH v. 9.2.2011 – IV R 37/08, BFH/NV 2011, 1120). Zur analogen Anwendung des § 24 Nr. 1 lit. c bei Vertragshändlern (Eigenhändlern): BFH v. 12.10.1999 – VIII R 21/97, BStBl. II 2000, 220.

Betriebsunterbrechungsversicherungen: Entspr. Versicherungsleistungen führen beim StPfl. zu BE. Werden neben den lfd. Betriebskosten auch entgangene Gewinne erstattet, handelt es sich um Entschädigungen iSd. § 24 Nr. 1 lit. a.

Darlehen: Zinsen aus einem ausgereichten Darlehen gehören zu den BE, wenn die Darlehensforderung als solche als BV zu beurteilen ist.

Dienstbarkeiten: Entgelte aus der Einräumung einer beschränkt persönlichen Dienstbarkeit an einem Grundstück, das dem BV zurechnet, ist immer BE (zu Entgelten bei Grundstücken in PV s. § 21 Rn. 48 „Dienstbarkeit").

Druckbeihilfen: Druckbeihilfen, die dem StPfl. im Rahmen eines Betriebs für die erstmalige Veröffentlichung wissenschaftlicher Forschungen gewährt werden, sind BE (OFD Ffm. v. 23.3.1995, FR 1995, 482).

Ehrenamt: Bezüge und Aufwandsentschädigungen, die der StPfl. im Rahmen einer ehrenamtlichen Tätigkeit namentlich in Berufs- und Standesorganisationen erhält, sind BE, soweit das Ehrenamt mit Rücksicht auf den Beruf/Betrieb des StPfl. übernommen wurde (zB bzgl. Aufwandsentschädigungen eines ehrenamtlich tätigen Präsidenten einer Berufskammer BFH v. 26.2.1988 – III R 241/84, BStBl. II 1988, 615).

Eigenprovisionen: Vergütungen, die ein Vermittler v. Beteiligungen an PersGes. (Publikums-KG) v. einem Dritten (Emissionshaus) für die Zeichnung eigener Beteiligungen an diesen Gesellschaften erhält („Eigenprovisionen"), sind regelmäßig BE im Rahmen seiner gewerbl. Vermittlungstätigkeit (BFH v. 14.3. 2012 – X R 24/10, BStBl. II 2012, 498 = FR 2012, 768 m. Anm. *Kanzler*).

Entschädigungen: Vgl. auch „Abfindungen". Entschädigungen für den Wegfall v. Einnahmen sind so zu versteuern, wie die Einnahmen zu versteuern gewesen wären. Deswegen sind Entschädigungen für stpfl. BE unabhängig v. § 24 Nr. 1 lit. a als stpfl. Einnahmen zu erfassen (zB Ausgleich für Verlust eines Bauauftrags, BFH v. 27.7.1978 – IV R 153/77, BStBl. II 1979, 69; Stornierung eines Architektenauftrags, BFH v. 27.7.1978 – IV R 149/77, BStBl. II 1979, 66; Entschädigungen für entgehende Einnahmen aus der Bewirtschaftung luf Flächen, BFH v. 15.3.1994 – IX R 45/91, BStBl. II 1994, 840 = FR 1994, 719). Entschädigungen für stfreie BE sind in gleicher Weise stfrei (str.; **aA** BFH v. 26.3.1992 – IV R 74/90, BStBl. II 1993, 96 = FR 1993, 50 zum Ersatz aktivierungspflichtiger GrSt als BE). In jedem Fall führt Ersatz nichtbetrieblicher

Einnahmen nicht zu BE (zB Ersatz der Investitionszulage, BFH v. 16.8.1978 – I R 73/76, BStBl. II 1979, 120; offen BFH v. 4.12.1991 – I R 26/91, BStBl. II 1992, 686).

Erbbaurecht: Erbbauzins ist lfd. BE, kein ratenweiser Veräußerungserlös, soweit das Grundstück zum BV des Erbbauverpflichteten gehört (BFH v. 20.11.1980 – IV R 126/78, BStBl. II 1981, 398 = FR 1981, 251). Die Übernahme der Erschließungskosten durch den Berechtigten gehört dabei zum Entgelt für die Nutzung des Grundstücks (BFH v. 20.11.1980 – IV R 126/78, BStBl. II 1981, 398 = FR 1981, 251).

Erbfall: Der Erbfall führt beim Erben nicht zu BE, weil der Erwerb v. Todes wegen dem privaten Vermögensbereich zuzuordnen ist (BFH v. 14.4.1992 – VIII R 6/87, BStBl. II 1993, 275 = FR 1993, 229). Zu BV vgl. § 6 Abs. 3. Eine Erbschaft zugunsten eines GewBetr. kann lt. BFH v. 14.3.2006 bei tatsächlichem und wirtschaftlichem Zusammenhang mit der gewerblichen Tätigkeit als BE gelten (BFH v. 14.3.2006 – VIII R 60/03, BStBl. II 2006, 650); das ist abzulehnen, da die Erbschaft privat erfolgt und ErbSt auslöst.

Erlass: Betrieblich bedingter Erl. einer Schuld führt beim Schuldner zu BE. Umgekehrt verhält es sich, wenn die Schuld aus privaten Gründen (zB wegen verwandtschaftlicher Beziehungen) erlassen wird (BFH v. 12.3.1970 – IV R 39/69, BStBl. II 1970, 518: Vermögensmehrung in der Privatsphäre, die zur Einlage iSd. Abs. 1 S. 7 führt). Es liegt auch keine BE vor, wenn der StPfl. den Gläubiger beerbt und hierdurch die Schuld erlischt (BFH v. 16.4.1991 – VIII R 100/87, BStBl. II 1992, 234 = FR 1991, 665).

Ersparte Betriebsausgaben: Ersparte BA sind keine BE.

Erstattung v. Betriebsausgaben: Erstattung v. BA führt zu BE (zB bzgl. Geldersatz aus betrieblicher Unterschlagung BFH v. 6.5.1976 – IV R 79/73, BStBl. II 1976, 560). Bei Erstattung nicht abzugsfähiger BA tendiert die Praxis zu BE (BFH v. 15.12.1976 – I R 4/75, BStBl. II 1977, 220; v. 25.4.1990 – I R 70/88, BStBl. II 1990, 1086 = FR 1991, 26 m. Anm. *Seeger*; v. 26.3.1992 – IV R 74/90, BStBl. II 1993, 96 = FR 1993, 50; **aA** BFH v. 18.6.1998 – IV R 61/97, BStBl. II 1998, 621 = FR 1998, 994).

Erziehungs-/Pflegegeld: Solche Gelder können BE sein, wenn die Unterbringung der Kinder dem Erwerbszweck der Pflegeeltern (sog. Kostkinder) dient. Eine erwerbsmäßige Pflege ist gegeben, wenn das Erziehungs- bzw. Pflegegeld die wesentliche Erwerbsgrundlage darstellt; „BMF v. 7.2.1990 (BStBl. I 1990, 109) hat die Erwerbsmäßigkeit bei einer Betreuung v. bis zu fünf Pers. verneint" BMF v. 20.11.2007 (BStBl. I 2007, 824) für Kinder in Vollzeitpflege bei einer Betreuung v. bis zu sechs Kindern.

Fiktive Einnahmen: Fiktive Einnahmen sind keine BE (vgl. Rn. 153).

Förderbeiträge: Förderbeiträge zB zur Bereitstellung v. Arbeits- und Ausbildungsplätzen für Schwerbehinderte sind BE (BMF v. 24.4.1979, StEK § 4 BetrEinn Nr. 20).

Geschenke: Unentgeltliche Zuwendungen sind BE, wenn sie betrieblich veranlasst sind.

Hilfsgeschäfte: BE sind nicht nur die Entgelte für veräußerte WG des UV oder sonstige geschäftliche oder berufliche Leistungen, sondern auch die aus sog. Hilfs- oder Nebengeschäften herrührenden Einnahmen, sofern sich diese iRd. Betriebs halten, zB Veräußerung v. WG des AV.

Incentive-Reisen: Incentive-Reisen (§ 19 Rn. 78 „Prämien und Incentives"; dort auch zur Bewertung) sind wie andere durch einen Geschäftspartner zugewendete Reisen Sachleistungen. Der Geldwert ist als BE zu erfassen (BFH v. 26.9.1995 – VIII R 35/93, BStBl. II 1996, 273 = FR 1996, 212; v. 6.10.2004 – X R 36/03, BFH/NV 2005, 682), auch dann, wenn das gewährende Unternehmen die Aufwendungen nicht als BA ansetzen darf (BMF v. 14.10.1996, BStBl. I 1996, 1192).

Insassenunfallversicherung: Die Besonderheit der Insassenunfallversicherung besteht darin, dass sich erst bei Eintritt des Versicherungsfalls feststellen lässt, wer Versicherter gewesen ist. Die Versicherung gehört zum BV, wenn sie für ein Fahrzeug abgeschlossen wird, das seinerseits dem BV zuzurechnen ist (BFH v. 15.12.1977 – IV R 78/74, BStBl. II 1978, 212). Ereignet sich der Unfall auf einer privat veranlassten Fahrt, entsteht der Versicherungsanspruch im PV. Deswegen liegen keine BE vor (BFH v. 15.12.1977 – IV R 78/74, BStBl. II 1978, 212).

Investitionszulagen: Investitionszulagen sind keine steuerbaren Einnahmen iSd. EStG und damit auch keine BE. Vgl. auch „Zuschüsse, Zulagen".

Kapitalertragsteuer und Körperschaftsteuer-Anrechnungsanspruch: Die im Falle der Gewinnausschüttung einbehaltene KapESt ist bei Beteiligung einer PersGes. an einer KapGes. Teil des Beteiligungsertrags und damit als Einnahme der PersGes. und Entnahme ihres G'ters zu behandeln. Dagegen entsteht die (nach altem Recht) anzurechnende KSt originär im Sonder-BV des G'ters (BFH v. 22.11.1995 – I R 114/94, BStBl. II 1996, 531 = FR 1996, 324).

Kippgebühren: Stehen Kippgebühren, die v. Firmen zu zahlen sind, die in einer ausgebeuteten Kiesgrube zwecks Rekultivierung des Geländes ihren Bodenaushub zur Wiederauffüllung abladen, dem Unternehmen zu, das die Kiesausbeute betreibt, so handelt es sich bei den Kippgebühren um BE. Stehen die Gebühren dagegen dem Grundstückseigentümer zu, der die Kiesausbeute nicht selbst betreibt, können Einnahmen bei den Einkünften aus LuF vorliegen, wenn der Grundstückseigentümer selbst Landwirt und Forstwirt ist, das Gelände zu seinem luf BV gehört und er die Auffüllung mit dem Zweck betreibt, das Gelände sobald wie möglich wieder luf nutzbar zu machen. Das Auffüllen einer ausgekiesten Kiesgrube zum Zweck der Rekultivierung ist etwas grds. anderes als der genehmigungsbedürftige gewerbliche Betrieb einer Mülldeponie (BFH v. 23.5.1985 – IV R 27/82, BFH/NV 1986, 85).

Lebensversicherungen: Versicherungsleistungen aus Lebensversicherungen sind BE, wenn die versicherte Pers. weder Einzelunternehmer noch MU'er der bezugsberechtigten PersGes. ist (OFD München v. 23.3. 1987, StEK § 4 BetrEinn Nr. 44; s. auch OFD München, FR 1993, 484).

Liebhaberei: Bei Vorliegen einer steuerrechtl. Liebhaberei sind die Einnahmen der Privatsphäre des StPfl. zuzuordnen, mithin keine BE.

Mobilfunkverträge: Im Zeitpunkt, in dem das Mobiltelefon BV wird, führt eine verbilligte Überlassung zu BE, doch ist ein passiver RAP zu bilden (BMF v. 20.6.2005, BStBl. I 2005, 801). § 6 Abs. 2 ist anwendbar.

Nebentätigkeiten: Einnahmen aus Nebentätigkeiten sind BE, wenn sie iRd. Betriebs anfallen (zB Tätigkeit als Aufsichtsratsmitglied oder Mitwirkung an Prüfungen).

Optionsrechte: Einnahmen aus Optionsgeschäften sind BE, wenn sie betrieblich veranlasst sind. Der Erwerb des Optionsrechts ist keine BE, es sei denn, das Optionsrecht ist übertragbar.

Pfandgelder: Die Bilanzierung v. Pfandgut und Pfandgeld hängt v. den zivilrechtlichen Ansprüchen und Verpflichtungen ab, die in der Pers. des StPfl. bestehen. Allerdings soll für die bilanzielle Behandlung der Eigentumsübergang unerheblich sein (BFH v. 6.10.2009 – I R 36/07, BStBl. II 2010, 232; dazu *Buciek*, FR 2010, 175).

Praxisgebühr: Der (mit Wirkung vom 1.1.2013 durch G v. 20.12.2012, BGBl. I 2012, 2789 abgeschaffte) sich nach §§ 28 Abs. 4, 61 S. 2 SGB V ergebende, einmal im Kalendervierteljahr zu leistende Beitrag für ärztliche, zahnärztliche oder psychotherapeutische Versorgung (sog. Praxisgebühr) ist nach BMF v. 25.5. 2004 (BStBl. I 2004, 526) BE und kein durchlaufender Posten.

Preise: Preise, deren Verleihung in erster Linie dazu bestimmt ist, das Gesamtwerk eines StPfl. oder seine Persönlichkeit zu würdigen, sind keine BE (BFH v. 9.5.1985 – IV R 184/82, BStBl. II 1985, 427 = FR 1985, 540). IÜ sind Preise, wenn sie mit einer bestimmten Gegenleistung in Zusammenhang stehen, BE (BMF v. 5.9.1996, BStBl. I 1996, 1150, geändert durch BMF v. 23.12.2002, BStBl. I 2003, 76, zB Preis für einen Kunstgewerbegegenstand auf einer Ausstellung, BFH v. 1.10.1964 – IV 183/62 U, BStBl. III 1964, 629); Preis bei einem Ideenwettbewerb für Architekten (BFH v. 16.1.1975 – IV R 75/74, BStBl. II 1975, 558); Geldpreise mit Zuschusscharakter, die betrieblich verwendet werden müssen (BFH v. 14.3.1989 – I R 83/85, BStBl. II 1989, 650 = FR 1989, 453); Preis bei einer Schönheitskonkurrenz (FG RhPf. v. 19.7.1995 – 1 K 2199/93, EFG 1996, 52); s. auch „Incentive-Reisen". Preise bei Preisausschreibungen und Verlosungen können BE sein, wenn der StPfl. nur deshalb an der Verlosung teilnehmen konnte, weil er im Rahmen seiner beruflichen/betrieblichen Betätigung eine besondere Leistung erbracht hat (BFH v. 15.12.1977 – VI R 150/75, BStBl. II 1978, 239; v. 25.11.1993 – VI R 45/93, BStBl. II 1994, 254 = FR 1994, 224 bzgl. v. ArbG veranstalteten Verlosungen). Stfrei nach § 3 Nr. 11 sind Preise aus öffentl. Mitteln, die für Kulturfilme gewährt werden (keine Spielfilme vgl. OFD Ffm. v. 29.3.1984, StEK EStG § 3 Nr. 353). Ein Zusammenhang mit dem Betrieb besteht auch, wenn der Zweck des Preises die Förderung der betrieblichen Tätigkeit ist, ohne dass er den Charakter einer Gegenleistung für eine bestimmte Leistung hat (BFH v. 14.3.1989 – I R 83/85, BStBl. II 1989, 650 = FR 1989, 453 bzgl. Preis für einen Handwerker, der in der Meisterprüfung herausragende Leistungen erzielt hat, zur Förderung selbständiger Tätigkeit).

Preisnachlass: Ein Preisnachlass, den ein Verkäufer dem StPfl. beim Kauf eines privat genutzten WG mit Rücksicht auf die zw. ihnen bestehende Geschäftsbeziehung gewährt, ist BE im Betrieb des Käufers (BFH v. 13.3.1991 – X R 24/89, BFH/NV 1991, 537).

Rücklage für Ersatzbeschaffung: Scheidet ein WG infolge höherer Gewalt (zB Brand, Diebstahl, Erdbeben, Sturm, Überschwemmung, Unterschlagung) oder infolge bzw. zur Vermeidung eines behördlichen Eingriffs (BFH v. 14.11.1990 – X R 85/87, BStBl. II 1991, 222 = FR 1991, 170 bzgl. Veräußerung infolge Bauverbots; BFH v. 10.6.1992 – I R 9/91, BStBl. II 1993, 41 bzgl. Enteignung) aus dem BV aus, steht es dem StPfl. frei, die Gewinnrealisierung in der Weise zu vermeiden, dass entweder die stillen Reserven im Wj. des Ausscheidens auf ein angeschafftes/hergestelltes Ersatz-WG übertragen werden oder noch im Wj. des Ausscheidens gewinnmindernd eine RfE gebildet wird, die in angemessener Frist in einem der kommenden Wj. auf ein Ersatz-WG übertragen oder aufgelöst werden muss. Die v. Rspr. entwickelten Grundsätze sollen Gewohnheitsrecht sein (BFH v. 11.12.1984 – IX R 27/82, BStBl. II 1985, 250 = FR 1985, 300; v. 18.9.1987 – III R 254/84, BStBl. II 1988, 330). Die Grundsätze gelten sinngemäß bei Beschädigung eines WG. Erfolgswirksame Auflösung erfolgt, wenn das aus dem BV ausgeschiedene oder beschädigte WG nicht durch ein wirtschaftlich gleichartiges und ebenso genutztes WG ersetzt wird (BFH v. 29.4.1999 – IV

R 7/98, BStBl. II 1999, 488 = FR 1999, 850 m. Anm. *Kanzler*). Ebenso wird eine Erweiterungsfähigkeit abgelehnt (BFH v. 14.11.1990 - X R 85/87, BStBl. II 1991, 222 = FR 1991, 170; v. 24.3.1992 - VIII R 48/90, BStBl. II 1993, 93 = FR 1992, 684). Eine in zulässiger Weise gebildete Rücklage kann auch fortgeführt werden, wenn der StPfl. v. der Gewinnermittlung durch BV-Vergleich (Abs. 1) zur EÜR nach Abs. 3 übergeht (BFH v. 29.4.1999 - IV R 7/98, BStBl. II 1999, 488 = FR 1999, 850 m. Anm. *Kanzler*). Bei Gewinnschätzung und EÜR scheidet RfE aus (BFH v. 29.4.1999 - IV R 7/98, BStBl. II 1999, 488 = FR 1999, 850 m. Anm. *Kanzler*; v. 4.2.1999 - IV R 57/97, BStBl. II 1999, 602 = FR 1999, 608 m. Anm. *Kanzler*). Nach R 6.6 Abs. 2 EStR kann auch bei Ausscheiden eines WG aus dem BV infolge eines unverschuldeten Verkehrsunfalls eine RfE gebildet werden; die Beschränkung auf Elementarereignisse wäre nicht sachgerecht (BFH v. 14.10.1999 - IV R 15/99, BStBl. II 2001, 130 = FR 2000, 328 m. Anm. *Kanzler*). RfE können nur gebildet werden, wenn das ErsatzWG in demselben Betrieb angeschafft oder hergestellt wird, dem auch das entzogene WG diente. Das gilt nicht, wenn die durch Enteignung oder höhere Gewalt entstandene Zwangslage den Fortbestand des bisherigen Betriebs gefährdet oder beeinträchtigt (BFH v. 22.1.2004 - IV R 65/02, BStBl. II 2004, 421 = FR 2004, 599).

Sanierungsgewinn: Maßnahmen, die die finanzielle Gesundung eines notleidenden Unternehmens bezwecken, führen beim StPfl. (Schuldner) zu BE. Klassischer Fall ist der Schuldenerlass. Wird dagegen ein für den StPfl. nachteiliger Vertrag aufgehoben oder der Zinssatz für die Zukunft ermäßigt, liegen keine BE vor (RFH RStBl. 1931, 195; RFH RStBl. 1938, 239). Die früher in § 3 Nr. 66 vorgesehene Steuerfreiheit wurde durch das Gesetz zur Fortsetzung der Unternehmenssteuerreform v. 29.10.1997 (BGBl. I 1997, 2590, BStBl. I 1997, 928) mit Wirkung ab VZ 1998 abgeschafft. Liegen allerdings die Voraussetzungen des früheren § 3 Nr. 66 vor (dazu BFH v. 10.4.2003 - IV R 63/01, BStBl. II 2004, 9 = FR 2003, 1126 m. Anm. *Kanzler*; v. 17.11.2004 - I R 11/04, BFH/NV 2005, 1027; *Kanzler*, FR 2003, 480), dann werden im Fall der unternehmensbezogenen Sanierung (zum Begriff BMF v. 27.3.2003, BStBl. I 2003, 240 Rn. 1; BFH v. 14.7.2010 - X R 34/08, BStBl. II 2010, 916 = FR 2010, 1099 m. Anm. *Kanzler*) v. der FinVerw. Billigkeitsmaßnahmen nach §§ 163, 222, 227 AO gewährt (BMF v. 27.3.2003, BStBl. I 2003, 240; zum Rechtscharakter des Erl. BFH v. 25.4.2012 - I R 24/11, FR 2013, 43 m. Anm. *Eilers/Bühring* = BFH/NV 2012, 1516). Jedoch ist der Sanierungsgewinn zunächst mit Verlusten und Verlustvorträgen zu verrechnen. Erst der dann verbleibende Betrag ist ein „Sanierungsgewinn" (näher *Janssen*, DStR 2003, 1055). Nach Auffassung des FG München (FG München v. 12.12.2007 - 1 K 4487/06, FR 2008, 1114 m. Anm. *Kanzler* = EFG 2008, 247) sind die im BMF-Schr. v. 27.3.2003, BStBl. I 2003, 240 gewährten Billigkeitsmaßnahmen ohne gesetzliche Grundlage. Der X. Senat des BFH hat dem Großen Senat die - von ihm verneinte - Rechtsfrage zur Entsch. vorgelegt, ob BMF v. 27.3.2003 (ergänzt durch BMF v. 22.10.2009, BStBl. I 2010, 18) gegen den Grundsatz der Gesetzmäßigkeit der Verwaltung verstößt (BFH v. 25.3.2015 - X R 23/13, BStBl. II 2015, 696 = FR 2015, 895 = GmbHR 2015, 817, mit ausf. Darstellung der Rspr. des BFH und der Instanzgerichte). Die FinVerw. wendet den Sanierungserlass einstweilen uneingeschränkt weiter an (FinMin. SchlHol. v. 9.10.2015, ESt-Kurzinfo Nr. 2015/23).

Schadensersatz: Vgl. auch „Abfindung", „Entschädigung". Schadensersatzleistungen führen zu BE, soweit sie den Verlust, die Zerstörung oder die Beschädigung eines WG im BV ausgleichen sollen (BFH v. 22.8.1984 - I R 198/80, BStBl. II 1985, 126 = FR 1985, 80); der betrieblichen Veranlassung der zum Ausgleich eines zerstörten oder gestohlenen WG des BV gezahlten Versicherungsleistung steht eine private Nutzung dieses WG nicht entgegen (BFH v. 13.5.2009 - VIII R 57/07, HFR 2010, 245; **aA** *K/S/M*, § 4 Rn. E 762: neutrales verlustauslösendes Ereignis, Aufteilung nach Nutzungsanteil). Ersatzleistungen für persönliche Rechtsgüter (Leben, Gesundheit, allg. Persönlichkeitsrecht) sind der privaten nicht steuerbaren Sphäre zuzuordnen und deshalb keine BE (BFH v. 29.10.1963 - VI 290/62 U, BStBl. III 1964, 12). Entspr. gilt für die Zahlung v. Schmerzensgeld (BFH v. 29.10.1959 - IV 235/58 U, BStBl. III 1960, 87). Betriebliche Veranlassung liegt vor bei: Ersatz für mangelhafte Lieferung oder Leistung, Ersatzschäden durch höhere Gewalt, Ersatz für Beschlagnahme v. BV, Abfindung für Geschäftslokalverlegung, Abfindung für Verzicht auf Nutzung v. Praxisräumen (BFH v. 8.10.1964 - IV 365/62 U, BStBl. III 1965, 12). Schadensersatz, den ein Steuerberater oder Haftpflichtversicherer wegen einer v. Berater zu vertretenden zu hohen ESt-Festsetzung leistet, führt beim Mandanten zu keiner BE (BFH v. 18.6.1998 - IV R 61/97, BStBl. II 1998, 621 = FR 1998, 994). S. auch „Versicherungsleistungen".

Schmiergeldzahlungen: Schmiergelder, die der StPfl. erhält, sind bei betrieblicher Veranlassung BE.

Spiel- oder Wettgewinne: Gewinne bei Glücksspielen sind Privateinnahmen, weil Spiele oder Wetten grds. eine private Betätigung darstellen (BFH v. 16.9.1970 - I R 133/68, BStBl. II 1970, 865). Das gilt auch dann, wenn besondere berufliche Kenntnisse ausgenützt werden (BFH v. 24.10.1969 - IV R 139/68, BStBl. II 1970, 411). Dagegen können Einnahmen eines Berufsspielers (BFH v. 11.11.1993 - XI R 48/91, BFH/NV 1994, 622) oder aus spekulativen Warentermingeschäften, soweit die Termingeschäfte gewerblich betrieben werden, zu BE führen (BFH v. 6.12.1983 - VIII R 172/83, BStBl. II 1984, 132 = FR 1984, 287).

Steuern: Erstattete Betriebssteuern führen zu BE. Die Erstattung nicht abziehbarer Steuern ist nicht betrieblich veranlasst.

Stille Reserven: Stille Reserven sind, soweit sie realisiert werden, BE. Bei Veräußerung bestimmter WG des Anlagevermögens ist nach § 6b uU eine Übertragung stiller Reserven möglich.

Trinkgeldeinnahmen: Trinkgelder, die der StPfl. im Rahmen seiner selbständigen Tätigkeit erhält (zB Taxifahrer), sind BE. Vgl. auch § 3 Nr. 51.

Versicherungsleistungen: Die Einordnung v. Versicherungsleistungen hängt davon ab, ob der Versicherungsvertrag zum BV oder zum PV gehört. Dies hängt davon ab, ob durch den Versicherungsabschluss berufliche oder private Risiken abgedeckt werden (BFH v. 21.5.1987 – IV R 80/85, BStBl. II 1987, 710 = FR 1987, 504). Dient die Versicherung der Absicherung beruflicher Risiken, sind die entspr. Versicherungsleistungen BE. Versicherungen über Risiken, die in der Pers. des Betriebsinhabers begründet sind, decken grds. private Risiken ab. Deshalb führen Leistungen iZ mit **Krankenversicherung** und **Krankentagegeldversicherung** bzw. **Krankenhaustagegeldversicherung** nicht zu BE. Etwas anderes gilt, wenn ein beruflich erhöhtes Risiko abgedeckt werden soll, zB die Versicherung ausschließlich auf typische Berufskrankheiten beschränkt wird (BFH v. 7.10.1982 – IV R 32/80, BStBl. II 1983, 101 = FR 1983, 118). Zur StFreiheit vgl. § 3 Nr. 1 lit. a. **Lebensversicherungen**, die auf das Leben des Unternehmers oder eines MU'ers des Betriebs oder eines nahen Angehörigen abgeschlossen sind (einschl. Risikolebensversicherung und Versicherung auf den Lebens- oder Todesfall) decken ein privates Risiko ab. Das gilt auch dann, wenn die Versicherung der Absicherung eines betrieblichen Bankkredits dient. Versicherungsleistungen sind folglich keine BE (BFH v. 10.4.1990 – VIII R 63/88, BStBl. II 1990, 1017 = FR 1990, 715). BE sind dagegen Leistungen aus Versicherungen zugunsten Dritter, insbes. ArbN, soweit den Dritten nicht ein eigener Anspr. gegen die Versicherung zusteht. Bei **Rechtsschutzversicherungen** sind die Versicherungsleistungen dann BE, wenn die Inanspruchnahme der Versicherung auf einem betrieblichen Vorgang beruht. Entspr. gilt für **Haftpflichtversicherung** (zB eines RA oder Steuerberaters für berufliche Risiken). Mit **Unfallversicherungen** werden regelmäßig nur private Risiken abgedeckt. BE liegen deshalb nur dann vor, wenn durch die Ausübung des Berufs ein erhöhtes Risiko geschaffen und der Abschluss des Versicherungsvertrags entscheidend der Absicherung dieses Risikos dient (BFH v. 11.5.1989 – IV R 56/87, BStBl. II 1989, 657 = FR 1989, 580 zur korrespondierenden Frage des BA-Abzugs). Leistungen aus **Sachversicherungen** (zB gegen Brandschäden, Diebstahl, Unwetter, Beschädigung, Zerstörung), die sich auf WG des BV beziehen, führen zu BE (BFH v. 3.10.1985 – IV R 16/83, BFH/NV 1986, 208 bzgl. Leistungen aus einer Brandschadensversicherung). Wird das versicherte Gebäude nur teilw. betrieblich genutzt, führt dies nur anteilig zu BE. Leistungen aufgrund einer **Betriebsunterbrechungsversicherung** führen zu BE (BFH v. 18.7.1968 – I 224/65, BStBl. II 1968, 737; v. 9.12.1982 – IV R 54/80, BStBl. II 1983, 371 = FR 1983, 253). Die Leistung der Kaskoversicherung wegen Diebstahls eines zum BV gehörenden Pkw ist zumindest im Umfang der betrieblichen Nutzung auch dann BE, wenn der Diebstahl während des Parkens vor der Wohnung des Betriebsinhabers und vor einer geplanten Privatfahrt begangen wurde (BFH v. 20.11.2003 – IV R 31/02, BStBl. II 2006, 7 = FR 2004, 468); das Parken vor dem Privathaus wie auch in der Betriebs- oder Privatgarage unterbricht nicht einen betrieblichen Nutzungszusammenhang (BFH v. 13.5.2009 – VIII R 57/07, HFR 2010, 245); s. auch „Schadensersatz".

Versorgungsrenten: Bei Versorgungsrenten ist zw. betrieblichen und privaten Versorgungsrenten zu unterscheiden. Eine Rente, die aus betrieblichen Gründen als Gegenleistung für früher im Betrieb erbrachte Leistungen und nicht aus privaten Gründen oder als Gegenleistung für die Übertragung v. WG bezahlt wird, führt beim Zahlungsempfänger zu nachträglichen BE (§ 21 Nr. 2; vgl. auch H 22.3 EStH). Auch bei gleichzeitiger Betriebsübertragung wird die betriebliche Versorgungsrente beidseitig als unentgeltlich und nicht zT als Veräußerung behandelt, und zwar unabhängig v. Wertverhältnis (BFH v. 27.4.1977 – I R 12/74, BStBl. II 1977, 603; v. 15.7.1991 – GrS 1/90, BStBl. II 1992, 78 = FR 1991, 742 m. Anm. *Schmidt*). Sie kommt vor allem bei PersGes., ausnahmsweise bei Einzelunternehmen, vor (BFH v. 26.1.1978 – IV R 62/77, BStBl. II 1978, 301). Versorgungsrenten an Familienangehörige beruhen im Zweifel auf privaten Gründen (BFH v. 16.11.1972 – IV R 38/68, BStBl. II 1973, 184; v. 26.3.1987 – IV R 58/85, BFH/NV 1987, 770). **Private Versorgungsrenten** führen beim Berechtigten nicht zu BE, sondern sind mit dem Ertragsanteil nach § 22 Nr. 1a zu versteuern.

Zuschüsse, Zulagen: Ein Zuschuss ist ein Vermögensvorteil, den ein Zuschussgeber zur Förderung eines – zumindest auch – in seinem Interesse liegenden Zwecks dem Zuschussempfänger zuwendet (R 6.5 Abs. 1 EStR). Regelmäßig liegt kein Zuschuss vor, wenn ein unmittelbarer Zusammenhang mit einer Leistung des Zuschussempfängers feststellbar ist (dazu näher BFH v. 29.4.1982 – IV R 177/78, BStBl. II 1982, 591 = FR 1982, 513). Zuschüsse sind BE, wenn ein wirtschaftlicher Zusammenhang mit dem Betrieb besteht und wenn Einlagen, Aktivierung oder steuerneutrale Behandlung nach R 6.5 EStR oder StFreiheit nach anderen Vorschriften ausscheiden (BFH v. 3.7.1986 – IV R 109/84, BStBl. II 1986, 806 = FR 1986, 542). Öffentliche

Zuschüsse zur Liquiditätsstärkung eines Betriebs nach dem Städtebauförderungsgesetz sind BE (BFH v. 17.9.1987 – III R 225/83, BStBl. II 1988, 324 = FR 1988, 170); ebenso zB Zuschüsse aus öffentlichen Mitteln für betriebl. Investitionen in WG des AV (sog. Investitionszuschüsse) (BFH v. 27.4.2000 – I R 12/98, BFH/NV 2000, 1365; v. 3.8.2005 – I B 242/04, BFH/NV 2005, 2210 mwN), Eingliederungsbeihilfen gem. §§ 39 ff. BSHG an eine Werkstatt für Behinderte (BFH v. 17.9.1992 – I R 45/91, BFH/NV 1993, 170); Leistungen zur Förderung v. Existenzgründern (BFH v. 9.10.1996 – XI R 35/96, BStBl. II 1997, 125 = FR 1997, 60 m. Anm. *Bergkemper*); Fördermittel nach dem G zur wirtschaftlichen Sicherung der Krankenhäuser und zur Regelung der Krankenhauspflegesätze (BFH v. 19.7.1995 – I R 56/94, BStBl. II 1996, 28 = FR 1996, 106).

I. ABC der Betriebsausgaben

Abbruchkosten: Abbruchkosten führen nicht in jedem Fall zu sofort abzugsfähigen BA. Wird ein Gebäude bereits in Abbruchsabsicht erworben, sind die Aufwendungen HK des neuen Gebäudes (BFH v. 15.11.1978 – I R 2/76, BStBl. II 1979, 299) oder, bei Erwerb wirtschaftlich verbrauchter Gebäude, AK des Grund und Bodens (BFH v. 15.2.1989 – X R 97/87, BStBl. II 1989, 604 = FR 1989, 430). Sofort absetzbare BA (einschl. Restwert des abgebrochenen Gebäudes) sind gegeben, wenn der StPfl. das Gebäude auf einem ihm gehörenden Grundstück errichtet hatte (BFH v. 3.12.1964 – IV 422/62 S, BStBl. III 1965, 323; v. 28.3. 1973 – I R 115/71, BStBl. II 1973, 678). Das Gleiche gilt beim Erwerb ohne Abbruchsabsicht (BFH v. 12.6. 1978 – GrS 1/77, BStBl. II 1978, 620). 257

Abfindungen: Abfindungen (Abstandszahlungen, Entschädigungen usw.) können als BA abgesetzt werden, wenn sie aus der Sicht des Leistenden betrieblich veranlasst sind (zB BFH v. 28.8.1974 – I R 66/72, BStBl. II 1975, 56: Nichtübernahme eines Warenlagers; BFH v. 4.6.1991 – X R 136/87, BStBl. II 1992, 70 = FR 1992, 19: „Entschädigungszahlungen" für Bindung an Verkaufsangebot).

Abschreibungen: Abschreibungen sind BA, unabhängig davon, nach welcher Methode sie vorgenommen werden.

Abwehrkosten: Abwehrkosten sind Aufwendungen zur Verhinderung oder Minderung eines Schadens oder einer Beeinträchtigung im weitesten Sinne. Sie sind BA, wenn sie erkennbar im Interesse des Betriebes und nicht nur des Betriebsinhabers gemacht werden (vgl. BFH v. 27.2. 1975 – I R 11/72, BStBl. II 1975, 611), zB zur Wahrung des Rufs als ehrlicher Kfm. (nicht der persönlichen Ehre) durch Bezahlung fremder Geschäftsschulden aus eigenem betrieblichen Interesse.

Angehörige: Bei der stl. Anerkennung v. Dienst- bzw. Arbeitsverhältnissen zw. Ehegatten und zw. Eltern und Kindern ist die Rspr. zurückhaltend, da aufgrund eines vielfach fehlenden wirtschaftlichen Interessengegensatzes die Gefahr besteht, dass missbräuchlich Vermögensverschiebungen nur vorgetäuscht oder aus privaten Motiven vorgenommen werden, ohne dass sie durch einen steuerbaren Leistungsaustausch veranlasst wären. Das gezahlte Entgelt soll sich beim „arbeitgebenden" Angehörigen als Aufwendung (BA/WK) auswirken (bei gewerblichen Unternehmen mit Auswirkung auch auf die GewSt), während für das gezahlte Entgelt durch StBefreiungen (§§ 3 Nr. 16, 30–34), pauschale WK (§ 9a) und pauschale Lohnversteuerungsmöglichkeiten (§§ 40–40b) keine entspr. Einkommenserhöhung eintritt.

(1) Dienstverhältnisse zw. Ehegatten (bzw. Lebenspartnern). Dieser Gefahr sucht die Rspr. für Dienstverhältnisse zw. Ehegatten (die hierfür geltenden Rechtsgrundsätze sind entspr. auch auf Lebenspartner anzuwenden, vgl. § 2 Abs. 8) durch besondere Anforderungen an den Nachweis des wirtschaftlich motivierten Leistungsaustausches zu begegnen (BFH v. 27.6.2002 – III B 38/02, BFH/NV 2002, 1443). Auf die innere Willensrichtung schließt sie aus äußerlich erkennbaren Indizien. Maßgeblich für die Anerkennung eines Arbverh. zw. Ehegatten ist danach, dass es **eindeutig** (zu den Anforderungen der Eindeutigkeit, s. BFH v. 8.10.1986 – I R 209/82, BFH/NV 1988, 434 zu Arbeitsleitung und -zeit, BFH v. 8.3.1962 – IV 168/60 U, BStBl. III 1962, 218 zur Höhe des Arbeitslohns, BFH v. 29.11.1988 – VIII R 83/82, BStBl. II 1989, 281 = FR 1989, 139 und v. 31.5.1989 – III R 154/86, FR 1989, 647 = BB 1990, 332 zu Barlohn, Tantieme; BFH v. 10.3.1988 – IV R 214/85, BStBl. II 1988, 877 = FR 1988, 582 zu Weihnachts-/Urlaubsgeld) und ernstlich vereinbart wurde, **entspr. vollzogen** wird sowie in Vereinbarung und Vollzug dem entspricht, was unter Fremden üblich ist (**Fremdvergleich**; BFH v. 27.11.1989 – GrS 1/88, BStBl. II 1990, 160 mwN; zur Vereinbarkeit mit Art. 6 und 3 Abs. 1 GG s. BVerfG v. 7.11.1995 – 2 BvR 802/90, BStBl. II 1996, 34 = FR 1996, 18 m. Anm. *Pezzer* mwN). Nach diesen Maßstäben wird die Anerkennung eines Dienstverhältnisses zw. Ehegatten insbes. abgelehnt, wenn die Dienstverpflichtung nicht über übliche Unterhaltsleistungen hinausgeht (BFH v. 23.6.1988 – IV R 129/86, BFH/NV 1989, 219; nicht ausreichend zB Reinigung des Arbeitszimmers durch Ehefrau, BFH v. 27.10.1978 – VI R 166, 173, 174/76, BStBl. II 1979, 80, oder gelegentliche Hilfeleistung, die in ehelicher Lebensgemeinschaft üblicherweise auf familienrechtl. Grundlage erbracht wird, BFH v. 12.10.1988 – X R 2/86, BStBl. II 1989, 354 = FR 1989, 301); bei wechselseitiger Verpflichtung zum Einsatz der vollen Arbeitskraft (BFH v. 26.2.1969 – I R 165/66, BStBl. II 1969, 315; ebenso im Einzelfall auch für wechselseitige Teilzeitarbeitsverhältnisse FG Nds. v. 7.9.1994 – IX 269/92, EFG 1995,

62; s. auch *Kottke*, DStR 1998, 1706); bei Unterarbeitsverhältnissen, soweit nicht branchenüblich (BFH v. 6.3.1995 – VI R 86/94, BStBl. II 1995, 394 = FR 1995, 411; v. 22.11.1996 – VI R 20/94, BStBl. II 1997, 187 = FR 1997, 260; FG Hbg. v. 2.12.1994 – V 80/92, EFG 1995, 427); bei fehlender Abführung v. LSt oder Sozialversicherungsbeiträgen (BFH v. 7.2.1990 – I R 126/84, BFH/NV 1991, 582 – zumindest Indiz gegen Ernsthaftigkeit der Vereinbarung); bei Auszahlung des Arbeitslohns auf ein Konto des ArbG-Ehegatten, über das der ArbN-Ehegatte nicht (mit-)verfügungsberechtigt ist (BFH v. 5.2.1997 – X R 145/94, BFH/NV 1997, 347; zu den Fällen bei gemeinsamer Verfügungsmacht s. jedoch Rn. 40); anteilsmäßig soweit Entgelte (im betriebsinternen Fremdvergleich mit familienfremden ArbN, hilfsweise im externen Vergleich mit anderen Betrieben, BFH v. 27.11.1989 – GrS 1/88, BStBl. II 1990, 160) überhöht sind (BFH v. 30.3.1983 – I R 209/81, BStBl. II 1983, 664 = FR 1983, 514 – Zukunftssicherungsleistungen; v. 13.3.1986 – IV R 176/84, BStBl. II 1986, 601 = FR 1986, 515 – Gewinnbeteiligung; v. 18.12.1984 – VIII R 95/84, BStBl. II 1985, 327 = FR 1985, 356 sowie FG Münster v. 29.8.1995 – 11 K 5575/93 E, EFG 1996, 259 – Abfindungszahlungen). Pensions- und Tantiemezusagen können auch dann anerkannt werden, wenn keine vergleichbaren ArbN im Betrieb beschäftigt werden (BFH v. 18.12.2001 – VIII R 69/98, BStBl. II 2002, 353 = FR 2002, 580). Die Angemessenheit muss dabei nicht nur für die Gesamtheit der Bezüge, sondern auch für einzelne Bezugsteile und ihr Verhältnis zum Aktivlohn zu bejahen sein (BFH v. 31.5.1989 – III R 154/86, FR 1989, 647 = BB 1990, 332; FG BaWü. v. 29.9.1995 – 14 K 10/93, EFG 1996, 133); soweit Vergütungen erst nach Beginn des Zeitraums, für den sie gezahlt werden sollen, vereinbart werden (Nachzahlungsverbot, BFH v. 21.8.1985 – I R 73/82, BStBl. II 1986, 250 = FR 1986, 125). Besondere Anforderungen gelten für die Anerkennung v. Aufwendungen des ArbG für die betriebliche Altersversorgung des ArbN-Ehegatten (BMF v. 4.9.1984, BStBl. I 1984, 495), die ua. nicht zu dessen Überversorgung (über 75 % der letzten Aktivbezüge) führen dürfen (BFH v. 16.5.1995 – XI R 87/93, BStBl. II 1995, 873 = FR 1995, 820). In diesen Fällen scheitert der Abzug der Aufwendungen beim Leistenden ebenso wie die Zurechnung als Arbeitslohn beim Empfänger. Bei Änderung aufgrund Bp. idR bei Zusammenveranlagung Auswirkung im selben Bescheid; bei Auswirken in mehreren Bescheiden (zB getrennte Veranlagung oder zeitlichem Auseinanderfallen der Auswirkung) keine Änderung nach §§ 174 oder 175 Abs. 1 Nr. 2 AO (BFH v. 11.7.1991 – IV R 52/90, BStBl. II 1992, 126; v. 26.1.1994 – X R 57/89, BStBl. II 1994, 597 = FR 1994, 438); es liegen aber nach BFH v. 2.8.1994 – VIII R 65/93, BStBl. II 1995, 264 idR die Voraussetzungen des § 173 AO vor (Feststellungen der Bp. als neue Tatsache für Veranlagung des Ehegatten-ArbN). Als **unschädlich** hat dagegen die Rspr. im Einzelfall angesehen: fehlende Schriftform der Vereinbarung (BFH v. 24.3.1983 – IV R 240/80, BStBl. II 1983, 663 = FR 1983, 513; zur mündlichen Änderung BFH v. 20.4.1999 – VIII R 81/94, FR 1999, 1050 = BFH/NV 1999, 1457; schädlich aber soweit Schriftform wegen NachweisG – BGBl. I 1995, 946; dazu *Schiefer*, DB 1995, 1910; *Hohmeister*, BB 1996, 2406 – für Arbeitsvertrag notwendig ist); unüblich niedriger Lohn (BFH v. 28.7.1983 – IV R 103/82, BStBl. II 1984, 60 = FR 1984, 99 – auch bei krassem Missverhältnis; mE zu Unrecht, krit. auch *L/B/P*, § 19 Rn. 603; einschr. BFH v. 22.3.1990 – IV R 115/89, BStBl. II 1990, 776 = FR 1990, 680: negative Indizwirkung); Vereinbarung einer ca.-Arbeitszeit, wenn die Unklarheit auf der Eigenart des Arbverh. beruht (BFH v. 21.8.1984 – VIII R 66/80, nv. – Gelegenheitshandel); Überweisung des Arbeitslohns auf ein Konto des ArbG-Ehegatten, über das der ArbN-Ehegatte (mit-)verfügungsbefugt ist, bzw. ein gemeinsames Konto der Ehegatten (Oder-Konto, BVerfG v. 7.11.1995 – 2 BvR 802/90, BStBl. II 1996, 34 = FR 1996, 18 m. Anm. *Pezzer*; die gegenteilige frühere Rspr., BFH v. 27.11.1989 – GrS 1/88, BStBl. II 1990, 160, ist insoweit überholt, BFH v. 5.2.1997 – X R 145/94, BFH/NV 1997, 347); darlehensweise Überlassung des Arbeitslohns nach Gehaltszahlung (BFH v. 10.2.1988 – VIII R 72/84, BFH/NV 1989, 291 und v. 31.10.1989 – VIII R 293/84, BFH/NV 1990, 759) oder deren Angebot (BFH v. 17.7.1984 – VIII R 69/84, BStBl. II 1986, 48 = FR 1985, 76 = FR 1986, 299 und v. 18.10.1989 – I R 203/84, BStBl. II 1990, 68; nicht aber bei nur stillschweigender Umbuchung) – und zwar (wegen zu trennender Beurteilung v. Arbeits- und Darlehensverhältnissen) auch dann, wenn das Darlehen zinslos und ohne Sicherheit gewährt wird; spätere Verwendung des zugeflossenen Arbeitslohns zugunsten des ArbG-Ehegatten (BFH v. 17.7.1984 – VIII R 69/84, BFHE 142, 215 = FR 1985, 76 = FR 1986, 299 – Darlehen; v. 4.11.1986 – VIII R 82/85, BStBl. II 1987, 336 = FR 1987, 202 – Schenkung); ausnahmsweise auch bei unregelmäßiger Auszahlung des Arbeitslohns über mehrere Jahre (BFH v. 26.6.1996 – X R 155/94, BFH/NV 1997, 182 bei langjähriger vertragsgemäßer Abwicklung und unter Abführung der LSt und Sozialversicherungsbeiträge für den fraglichen Zeitraum; strenger die bisherige Rspr., zuletzt BFH v. 21.11.1995 – VIII B 35/95, BFH/NV 1996, 329 mwN). Entscheidend ist in allen Fällen die **Gesamtwürdigung** aller objektiven Einzelkriterien und Indizien unabhängig v. geringfügigen Abweichungen einzelner Sachverhaltsmerkmale v. Üblichen (BFH v. 7.5.1996 – IX R 69/94, BStBl. II 1997, 196 = FR 1996, 678; v. 28.1.1997 – IX R 23/94, BStBl. II 1997, 655 = FR 1997, 612; v. 12.7.2017 – VI R 59/15, BFH/NV 2017, 1527 Rn. 19; zur Gewichtung der Einzelumstände BFH v. 25.7.1991 – XI R 30/89, XI R 31/89, BStBl. II 1991, 842 = FR 1991, 659; s. auch BFH v. 18.4.2000 – VIII R 74/96, BFH/NV 2001, 152 zu Darlehen). Ebenso wie bei Darlehensverträgen zw. nahen Angehörigen (vgl. Rn. 257 unter Darlehen) ist bei Arbeitsverhältnissen die **Intensität** der erforderlichen

Prüfung der Fremdüblichkeit der Vertragsbedingungen auch vom Anlass des Vertragsschlusses abhängig (BFH v. 17.7.2013 – X R 31/12, BStBl. II 2013, 1015; dazu auch *Kanzler*, FR 2014, 128; *Kulosa*, DB 2014, 972 [976]).

(2) Dienstverhältnisse zw. Eltern und Kindern. Die Anforderungen an Dienstverhältnisse zw. Ehegatten gelten für solche zw. Eltern und ihren (minder- oder volljährigen) Kindern grds. **entspr.** (BFH v. 9.12. 1993 – IV R 14/92, BStBl. II 1994, 298 = FR 1994, 254 m. Anm. *Söffing*). Bei volljährigen Kindern werden an den Nachweis des vertraglichen Bindungswillens (nicht an den Fremdvergleich) zT weniger strenge Anforderungen als bei Ehegattenarbeitsverhältnissen gestellt (BFH v. 18.5.1983 – I R 20/77, BStBl. II 1983, 562 = FR 1983, 461). Arbeitsverträge mit Kindern unter 14 Jahren und voll schulpflichtigen Jugendlichen sind idR nichtig und steuerrechtl. nicht anzuerkennen (s. §§ 2, 5, 7 JArbSchG; Ausnahme insbes. für Jugendliche über 15 während der Schulferien, § 5 Abs. 4 JArbSchG). Für die Wirksamkeit eines Arbeitsvertrages mit minderjährigen Kindern in anderen Fällen soll die Bestellung eines Ergänzungspflegers entbehrlich sein (BFH v. 7.6.2006 – IX R 4/04, FR 2007, 91 = DStRE 2006, 1372, Anm. *Heuermann*, StBP 2006, 355, R 4.8 Abs. 3 S. 1 EStR; anders noch FG SchlHol. v. 11.9.1990 – III 342/87, EFG 1991, 66, notwendig, soweit nicht Ausbildungsverhältnis). Nicht Gegenstand eines Dienstverhältnisses können gelegentliche Hilfeleistungen v. Kindern bei untergeordneten Tätigkeiten sein, die üblicherweise nicht auf arbeitsrechtl., sondern auf familienrechtl. Grundlage (§ 1619 BGB) erbracht werden (BFH v. 9.12.1993 – IV R 14/92, BStBl. II 1994, 298 = FR 1994, 254 m. Anm. *Söffing*, zB Entgegennahme v. Telefonanrufen, Botengänge, Chauffeurdienste; anders bei nicht nur gelegentlicher Aushilfstätigkeit, BFH v. 25.1.1989 – X R 168/87, BStBl. II 1989, 453 = FR 1989, 327; v. 30.6.1989 – III R 130/86, BFH/NV 1990, 224). Die Gewährung freier Wohnung und Verpflegung kann zwar Teil der Arbeitsvergütung sein, bei voll im Betrieb mitarbeitenden Kindern muss der monatliche Barlohn jedoch mindestens 100 Euro betragen und zusammen mit evtl. Sachleistungen die sozialversicherungsrechtl. Freigrenze überschreiten (R 4.8 Abs. 3 S. 3 EStR; näher *Blümich*, § 4 Rn. 940 „Arbeitsverträge mit Angehörigen", „Arbeitsverträge zw. Ehegatten", „Arbeitsverträge mit Kindern"). Unterarbeitsverträge werden idR nicht anerkannt (BFH v. 6.3.1995 – VI R 86/94, BStBl. II 1995, 394; **aA** *Felix* FR 1996, 735).

(3) Dienstverhältnisse zw. sonstigen nahestehenden Personen. Für sonstige nahestehende Pers. (Verlobte, nichteheliche Lebensgemeinschaft, Geschwister usw.) gelten die besonderen Anforderungen für die Anerkennung v. Dienstverhältnissen zw. Ehegatten grds. nicht (zu Verlobten BFH v. 17.1.1985 – IV R 149/84, BFH/NV 1986, 148; v. 22.4.1998 – X R 163/94, BFH/NV 1999, 24; zur nicht ehelichen Lebensgemeinschaft BFH v. 14.4.1988 – IV R 225/85, BStBl. II 1988, 670 = FR 1988, 503). Diese Ungleichbehandlung ist bei länger bestehenden nichtehelichen Lebensgemeinschaften zweifelh., da die Motivlage dann der einer ehelichen Gemeinschaft ähnlich ist. Die Nichtanerkennung eines Vertrages bei Ehegatten würde dann nur auf einem schädlichen Tatbestandsmerkmal „Ehe" beruhen. Das ist aber wegen des besonderen Schutzes der Ehe in Art. 6 GG nicht hinnehmbar. Darüber hinaus kann auch bei anderen nahestehenden Pers. beim Vorliegen **besonderer Anhaltspunkte** davon auszugehen sein, dass ein Leistungsaustausch nicht auf arbeitsvertraglicher Grundlage, sondern auf privaten Motiven beruht und daher stl. unbeachtlich ist (BFH v. 14.4.1988 – IV R 225/85, BStBl. II 1988, 670 = FR 1988, 503; FG Nds. v. 7.9.1994 – IX 269/92, EFG 1995, 62 – wechselseitiges Arbverh. bei nichtehelicher Lebensgemeinschaft).

Anlaufkosten: Anlaufkosten (Gründungs-, Erweiterungs- und Emissionskosten) sind betrieblich veranlasst und führen zu sofort abziehbaren BA, sofern sie nicht aktiviert werden müssen oder das G ihren Abzug aus anderen Gründen ausschließt (BFH v. 26.7.1989 – I R 56/84, BStBl. II 1989, 1027 = FR 1990, 53). Vgl. zu Konzeptionskosten BFH v. 21.5.1992 – IV R 107/90, BFH/NV 1993, 296; v. 11.1.1994 – IX R 82/91, BStBl. II 1995, 166; BMF v. 1.3.1995, BStBl. I 1995, 167 (Nichtanwendungserlass) zu Kosten der Eigenkapitalbeschaffung bei PersGes.

Annehmlichkeiten: Annehmlichkeiten (Aufmerksamkeiten) sind im Geschäftsverkehr übliche Zuwendungen ohne wesentlichen wirtschaftlichen Wert (zB Blumen, Genussmittel v. geringem Wert). Sie werden nicht als Geschenk angesehen und fallen daher auch nicht unter das Abzugsverbot des Abs. 5 S. 1 Nr. 1. Soweit sie betrieblich veranlasst sind, erfolgt BA-Abzug in voller Höhe.

Arbeitslohn: Aufwendungen des Unternehmers für ArbN sind dem Grunde nach stets BA. Für die Höhe ist der tatsächliche Aufwand ohne Rücksicht auf die Besteuerung beim ArbN maßgeblich. Auch die Arbeitgeberanteile zur gesetzlichen SozVers. des ArbN sind BA. Besonderheiten gelten bei Arbeitsverhältnissen mit Angehörigen (vgl. „Angehörige"). Ein Arbeitsvertrag zw. Ehegatten ist jedenfalls dann nicht anzuerkennen, wenn die Tätigkeitsbeschreibung lt. Arbeitsvertrag nicht dem tatsächlichen Arbeitsgebiet des Ehegatten-ArbN entspricht und jährliche Gehaltserhöhungen deswegen auf das Vorhandensein außerbetrieblicher Gründe hinweisen, weil sie nicht den allg. Tariferhöhungen entsprechen (BFH v. 10.10.1997 – X B 59/97, BFH/NV 1998, 448). Eine verantwortungsvolle Stellung und ein überdurchschnittlicher Arbeitseinsatz rechtfertigen bei Angemessenheit der Gesamtbezüge Tantiemezahlungen an Angehörige, die infolge hoher Gewinne vorübergehend sogar 50 % der monatlichen Gesamtbezüge ausmachen (FG Düss. v. 13.8.1998 – 8 K 4039/97 G, F, EFG 1998, 1504). Soweit eine Mitbeschäftigung einer Hausgehilfin/Kinderpflegerin im Betrieb vorliegt, führte nach früherer Rspr. der betriebliche Lohnanteil zu BA, nicht der Privatanteil, selbst wenn durch deren Beschäftigung die Berufstätigkeit des StPfl. erst ermöglicht wurde (BFH v. 26.6.1996 – XI R 15/85, BStBl. II 1997, 33 = FR 1996, 716; vgl. zur verfassungsrechtl. Beurteilung auch BFH v. 2.12.1998 – X R 48/97, BFH/NV 1999, 1192, dort zu WK). In den VZ 2002 bis 2005 sind **erwerbsbedingte Kinderbetreuungskosten** nach Maßgabe des § 33c, in den VZ 2006 bis 2008 nach § 4f („wie BA"), in den VZ 2009 bis 2011 nach § 9c Abs. 1 („wie BA") und ab dem VZ 2012 – ohne Differenzierung nach erwerbsbedingten und nicht erwerbsbedingten Kinderbetreuungskosten – nach § 10 Abs. 1 Nr. 5 abziehbar. Subsidiär (vgl. § 35a Abs. 5 S. 1) kann seit dem VZ 2003 die Steuerermäßigung nach § 35a in Betracht kommen.

Arbeitsmittel: Aufwendungen für Arbeitsmittel (Gegenstände, die der StPfl. nach Art, Verwendungszweck und tatsächlicher Nutzung für seine betriebliche Tätigkeit benötigt) sind BA. Nichtabziehbarkeit der Arbeitsmittel kann sich im Einzelfall aus § 12 Nr. 1 ergeben, wenn diese auch der Lebensführung dienen (BFH v. 21.5.1992 – IV R 70/91, BStBl. II 1992, 1015 = FR 1992, 772). Dabei kommt es für die Abziehbarkeit von Aufwendungen für betrieblich genutzte Gegenstände, die auch privat genutzt werden können, bei der Entscheidung, ob nicht abziehbare Aufwendungen für die Lebenshaltung vorliegen, im Allgemeinen weniger auf den objektiven Charakter des angeschafften Gegenstands an, sondern vielmehr auf die Funktion des Gegenstands im Einzelfall, also den tatsächlichen Verwendungszweck (vgl. BFH v. 20.5.2010 – VI R 53/09, BStBl. II 2011, 723 = FR 2011, 238 mwN, dort für WK). Bei einem gemischt genutzten Gegenstand ist nach den Grundsätzen des GrS des BFH im Beschl. v. 21.9.2009 – GrS 1/06 (BStBl. II 2010, 672 = FR 2010, 225 m. Anm. *Kempermann*) eine Aufteilung in Betracht zu ziehen (vgl. auch BFH v. 20.5. 2010 – VI R 53/09, BStBl. II 2011, 723 = FR 2011, 238). Überdies erfolgt im konkreten Fall eine Angemessenheitsprüfung nach § 4 Abs. 5 S. 1 Nr. 7. S. ergänzend auch § 9 Rn. 135 ff.

Arbeitszimmer vgl. Rn. 215 ff.

Ausbildungskosten: Nach früherer Rspr. waren Ausbildungskosten – anders als Fortbildungskosten – keine BA, und zwar selbst dann nicht, wenn die Ausbildung dazu diente, den Ausgebildeten auf eine Tätigkeit im Betrieb des StPfl. oder auf die Übernahme des Betriebs vorzubereiten (BFH v. 29.10.1997 – X R 129/94, BStBl. II 1998, 149 = FR 1998, 282). In seiner späteren Rspr. hatte der BFH jedoch unter ausdrücklicher Änderung dieser Grundsätze Ausbildungskosten eines StPfl. für einen zweiten Beruf (Umschulungsmaßnahmen) als vorweggenommene BA anerkannt (BFH v. 4.12.2002 – VI R 120/01, BStBl. II 2003, 403 = FR 2003, 195; v. 13.2.2003 – IV R 44/01, BStBl. II 2003, 698 = FR 2003, 721 m. Anm. *Kanzler*). Gleiches galt für ein berufsbegleitendes erstmaliges Hochschulstudium (BFH v. 17.12.2002 – VI R 137/01, BStBl. II 2003, 407 = FR 2003, 199 m. Anm. *Bergkemper*; v. 29.4.2003 – VI R 86/99, BStBl. II 2003, 749 = FR 2003, 725 m. Anm. *Bergkemper*) sowie für Aufwendungen einer erstmaligen Berufsausbildung (BFH v. 27.5.2003 – VI R 33/01, BStBl. II 2004, 884 = FR 2003, 849 m. Anm. *Balke*). In Reaktion auf diese Rspr.-Änderung hatte der Gesetzgeber mit dem G zur Änderung der AO und weiterer Gesetze (BGBl. I 2004, 1753) § 10 Abs. 1 Nr. 7 geändert und den neuen § 12 Nr. 5 eingeführt. Danach galt rückwirkend zum 1.1.2004, dass Aufwendungen für ein Erststudium oder eine erste Berufsausbildung als BA/WK nur abgezogen werden können, wenn diese im Rahmen eines Dienstverhältnisses stattfinden. Anderenfalls blieb nur die Möglichkeit des auf 4000 Euro begrenzten SA-Abzugs nach § 10 Abs. 1 Nr. 7. Gleichwohl hat BFH v. 28.7.2011 – VI R 7/10 (BStBl. II 2012, 557 = FR 2011, 856) in „Fortentwicklung" v. BFH v. 20.7.2006 – VI R 26/05 (BStBl. II 2006, 764 = FR 2006, 1037 m. Anm. *Bergkemper*) entschieden, dass Aufwendungen für ein im Anschluss an das Abitur durchgeführtes Medizinstudium auch unter Geltung des § 12 Nr. 5 als vorab entstandene WK anzuerkennen sein könnten (Voraussetzung ist die berufliche Veranlassung der Aufwendungen); Gleiches hat BFH v. 28.7.2011 – VI R 5/10 (BStBl. II 2012, 553 = FR 2011, 1169) und VI R 8/09 (BFH/NV 2011, 2038) für die Ausbildung zum Berufspiloten entschieden. Auch in BFH v. 28.7.2011 – VI R 38/10 (BStBl. II 2012, 561 = FR 2011, 859 m. Anm. *Kanzler*) wird die Ansicht vertreten, dass Aufwendungen für eine erstmalige Berufsausbildung auch unter Geltung des § 12 Nr. 5 als vorab entstandene WK anzuerkennen sein könnten, denn § 12 Nr. 5 lasse ebenso wie § 10 Abs. 1 Nr. 7 den Vorrang des WK-bzw. BA-Abzugs unberührt (näher zur Kritik s. § 10 Rn. 41 mwN). Der Gesetzgeber hat erneut mit einem „Nichtanwendungsgesetz" reagiert. Auf Vorschlag des Finanzausschusses des Deutschen Bundestags (BT-Drucks. 17/7469, 24; 17/7524, 10) wurde durch das **BeitrRLUmsG** v. 7.12.2011 (BGBl. I 2011, 2592) in einem neu angefügten **§ 4 Abs. 9** (sa. Rn. 241a) ein entsprechendes Abzugsverbot geregelt (für WK in einem neu angefügten § 9 Abs. 6 EStG, s. im Einzelnen § 9 Rn. 147 ff.). Damit soll die Grundentscheidung des Gesetzgebers verdeutlicht werden, dass die erste Berufsausbildung und das Erststudium als Erstausbildung der privaten Lebensführung zuzuordnen sind. Die nach § 52 Abs. 12 S. 11 idF des BeitrRLUmsG rückwirkend für VZ ab 2004 anzuwendende Neuregelung wird begleitet v. einer erstmals für den VZ 2012 geltenden Erhöhung der Höchstgrenze des Sonderausgabenabzugs nach § 10 Abs. 1 Nr. 7 v. 4000 Euro auf

6000 Euro (s. auch § 10 Rn. 42). Zwar weist BFH v. 28.7.2011 – VI R 7/10 (BStBl. II 2012, 557 = FR 2011, 856) darauf hin, dass auch bei einem auf multikausale und multifinale Wirkungszusammenhänge gestützten weiten Typisierungsspielraum des Gesetzgebers (BVerfG v. 9.12.2008 – 2 BvL 1/07 ua., BVerfGE 122, 210, C.II.4.) die estrechtl. Berücksichtigung „privat veranlassten" Aufwands (sinngemäß die typisierende Zuordnung privat mitveranlasster Aufwendungen zur privaten Lebensführung) nicht ohne weiteres zur Disposition des Gesetzgebers stehe. Bei der verfassungsrechtl. Beurteilung des neu formulierten Abzugsverbots ist jedoch neben dem erweiterten Sonderausgabenabzug ua. auch die umfassende staatl. Förderung der beruflichen Erstausbildung einschl. des Erststudiums durch direkte oder mittelbare Zuwendungen und Investitionen in die Infrastruktur (Schulen, Hochschulen) zu berücksichtigen. Dabei spricht auch das öffentl. Interesse an einer gleichheitsgerechten Ausgestaltung der Bildungschancen dafür, dass verfassungsrechtl. bei Aufwendungen für die berufliche Erstausbildung kein uneingeschränkter BA- oder WK-Abzug geboten ist. Soweit die Neuregelung als bloße „Klarstellung" einer bestehenden gesetzl. Grundentscheidung verstanden wird, ist auch die rückwirkende Anwendung des Nichtanwendungsgesetzes verfassungsrechtl. nicht zu beanstanden (zur Verfassungsmäßigkeit der in § 52 Abs. 12 S. 11 idF des BeitrRLUmsG best. Rückwirkung des § 4 Abs. 9 s. auch Rn. 241a). Auch für § 4 Abs. 9, der die Regelungen des § 9 Abs. 6 für den BA-Abzug erweitert, ist von Bedeutung, dass der VI. Senat des BFH mit Beschl. v. 17.7.2014 (ua. VI R 2/12, BFH/NV 2014, 1954 und VI R 8/12, BFH/NV 2014, 1970) dem BVerfG (ua. 2 BvL 23/14 und 2 BvL 24/14) die Frage vorgelegt hat, ob es mit dem GG vereinbar ist, dass nach § 9 Abs. 6 Aufwendungen des StPfl. für seine erstmalige Berufsausbildung oder für ein Erststudium, das zugleich eine Erstausbildung vermittelt, keine WK sind, wenn diese Berufsausbildung oder dieses Erststudium nicht im Rahmen eines Dienstverhältnisses stattfindet (näher § 9 Rn. 144 ff.). Mit Wirkung ab dem 1.1.2015 hat der Gesetzgeber durch ein weiteres „Nichtanwendungsgesetz" **§ 4 Abs. 9** und § 9 Abs. 6 unter gleichzeitiger Aufhebung von § 12 Nr. 5 erneut geändert; danach hat die Berufsausbildung als Erstausbildung bestimmten zeitlichen und qualitativen Anforderungen zu genügen (näher Rn. 241b).

Zum SA-Abzug im Einzelnen § 10 Rn. 40 ff.

Auto vgl. „Kraftfahrzeug".

Bargelddiebstahl: Ein Bargelddiebstahl ist nur dann als BA anzuerkennen, wenn ein Sachverhalt nachgewiesen ist, der nach der Lebenserfahrung mit hinreichender Wahrscheinlichkeit den Schluss auf eine Entwendung des Geldes zulässt, und wenn das entwendete Geld noch eine betriebliche Funktion besaß (FG BaWü. v. 18.12.1997 – 14 K 107/96, EFG 1998, 721). Wird Bargeld eines Gewerbetreibenden aus einer in seinen Privaträumen verwahrten, verschlossenen Geldkassette entwendet, ist die Wertabgabe nicht ausschließlich betrieblich veranlasst und deswegen keine BA (FG Nds. v. 27.3.1997 – XIV 521/95, EFG 1998, 352).

Bauwesenversicherung: Beiträge zur Bauwesenversicherung während der Bauzeit sind BA (BFH v. 29.11. 1983 – VIII R 96/81, BStBl. II 1984, 303 = FR 1984, 285).

Beiträge für Berufsverbände, Vereine und wissenschaftliche Institute: Beiträge zu einer Vereinigung, die nach ihrer Satzung Ziele verfolgt, die der Erhaltung und Fortentwicklung des Betriebs oder der beruflichen Tätigkeit des StPfl. dienen, und deren Geschäftsführung mit den satzungsmäßigen Zielen übereinstimmt (Berufsverband), sind BA (BFH v. 7.6.1988 – VIII R 76/85, BStBl. II 1989, 97 = FR 1989, 50). Dagegen ist die Abzugsfähigkeit ausgeschlossen, wenn der StPfl. wusste oder ernsthaft für möglich gehalten und in Kauf genommen hat, dass die Geschäftsführung des Berufsverbandes mit seinen satzungsmäßigen Zielen nicht übereinstimmt (BFH v. 13.8.1993 – VI R 51/92, BStBl. II 1994, 33 = FR 1994, 56). Des Weiteren ist Voraussetzung für die Abzugsfähigkeit, dass die tatsächliche Geschäftsführung des Verbandes, einschl. der Mittelverwendung, berufspolitische Ziele, und nicht allg.-politische oder parteipolitische) Belange verfolgt (BFH v. 13.8.1993 – VI R 51/92, BStBl. II 1994, 33 = FR 1994, 56). Vereinsbeiträge führen zu BA, wenn die Mitgliedschaft im unmittelbaren und ausschließlichen Interesse des Unternehmens liegt. Ein gesellschaftlicher Bezug ist schädlich (vgl. § 12 Nr. 1). Beiträge für wissenschaftliche Institute sind im allg. keine BA (uU SA nach § 10b), es sei denn, der Beitrag dient einer Forschung, die im Bereich der gewerblichen Betätigung des Spenders liegt. Vgl. auch § 9 Rn. 40.

Beiträge für Versorgungswerke: Pflichtbeiträge v. Angehörigen freier Berufe zu den Versorgungswerken ihrer jeweiligen Kammern sind nicht als BA, sondern als SA nur teilw. abziehbar (BFH v. 17.3.2004 – IV B 185/02, BFH/NV 2004, 1245).

Bestechungsgelder vgl. Rn. 228 ff.

Betriebsverlegungskosten: Demontagekosten einschl. anfallender Transportkosten für an einen neuen Betriebsort verbrachte alte Maschinen sind sofort abziehbare BA (vgl. BFH v. 19.11.1953 – IV 360/53 U, BStBl. III 1954, 18; zT wird bei ins Gewicht fallenden Aufwendungen Aktivierungspflicht angenommen (*K/S/M*, § 4 Rn. E 1200 „Betriebsverlegungskosten").

Betriebsverpachtung: Aufwendungen eines Pächters für die Erneuerung der Dacheindeckung eines im Eigentum des Verpächters stehenden und dem Pachtbetrieb dienenden Wirtschaftsgebäudes sind als BA des Betriebs abziehbar, wenn sie in Erwartung des späteren Eigentumsübergangs erbracht worden sind (BFH v. 13.5.2004 – IV 1/02, BStBl. II 2004, 780).

Beweislast: Der StPfl. trägt die (objektive) Feststellungslast dafür, dass es sich bei den geltend gemachten Aufwendungen um BA handelt (zB BFH v. 29.7.2015 – IV R 16/12, GmbHR 2015, 1173 = BFH/NV 2015, 1572 Rn. 21 mwN). Die (betriebliche) Veranlassung liegt in seinem Herrschaftsbereich, so dass er hierfür Beweis erbringen muss (BFH v. 10.4.1986 – IV B 81/85, BFH/NV 1986, 538).

Bewirtungsaufwendungen vgl. Rn. 201 ff. und § 12 Rn. 8 „Gesellschaftliche Veranstaltungen".

Bodenuntersuchung: Aufwendungen für geologische oder geophysikalische Bodenuntersuchungen führen zu sofort abziehbaren BA (BMF v. 20.5.1980, FR 1980, 319).

Bücher vgl. § 9 Rn. 101.

Bürgschaften: Die Inanspruchnahme aus einer Bürgschaft führt zu BA, wenn die Übernahme der Bürgschaft betrieblich veranlasst war (BFH v. 20.8.1996 – VII B 125/96, BFH/NV 1997, 837). Bei Freiberuflern ist die Übernahme der Bürgschaft regelmäßig nicht betrieblich veranlasst, weil dies nicht zum überkommenen Berufsbild des Freiberuflers gehört (BFH v. 31.5.2001 – IV R 49/00, BStBl. II 2001, 828 = FR 2001, 956 m. Anm. *Kempermann*). Etwas anderes gilt ausnahmsweise dann, wenn durch die Übernahme der Bürgschaft Aufträge für die freiberufliche Praxis gewonnen werden sollen (BFH v. 24.8.1989 – IV R 80/88, BStBl. II 1990, 17 = FR 1990, 16). Wird eine Bürgschaft für eine im BV gehaltene kapitalgesellschaftsrechtl. Beteiligung gegeben, so kommt es nicht zu nachträglichen AK, sondern zu lfd. BA, wenn der Freistellungsanspruch des Bürgen nicht werthaltig ist. Dazu zählen auch die nach Auflösung der KapGes. anfallenden Schuldzinsen (BFH v. 31.5.2005 – X R 36/02, BStBl. II 2005, 707 = FR 2005, 1038).

Damnum (Disagio): Das Damnum ist zinsähnlicher Aufwand (BFH v. 25.10.1979 – VIII R 59/78, BStBl. II 1980, 353 = FR 1980, 179; v. 20.10.1999 – X R 69/96, BStBl. II 2000, 259 = FR 2000, 150) und führt zu BA, wenn es für eine Schuld des BV zu leisten ist (vgl. Rn. 58).

Darlehen: Die Rückzahlung eines Darlehens führt weder bei Abs. 1 noch bei 3 zu BA. Ist wegen der vorzeitigen Rückzahlung eines Darlehens eine Vorfälligkeitsentschädigung zu zahlen, sind BA gegeben (BFH v. 18.10.2000 – X R 70/97, BFH/NV 2001, 440). Überlässt ein Angehöriger einer PersGes. ein Darlehen, welches zuvor v. dem G'ter v. einem Eigenkapitalkonto zur Vfg. gestellt worden ist, dann sind die Darlehenszinsen keine BA (BFH v. 22.1.2002 – VIII R 46/00, FR 2002, 620 m. Anm. *Seeger* = BFH/NV 2002, 844). Die Bedingungen v. Darlehensverträgen zw. **nahen Angehörigen** müssen einem Fremdvergleich standhalten, wobei nicht jede geringfügige Abweichung einzelner Sachverhaltsmerkmale vom Üblichen die steuerrechtl. Anerkennung des Vertragsverhältnisses ausschließt. Vielmehr sind einzelne Kriterien des Fremdvergleichs iRd. gebotenen Gesamtbetrachtung unter dem Gesichtspunkt zu würdigen, ob sie den Rückschluss auf eine privat veranlasste Vereinbarung zulassen. Die Intensität der Prüfung des Fremdvergleichs bei Darlehensverträgen zw. nahen Angehörigen ist vom **Anlass** der Darlehensaufnahme abhängig (BFH v. 22.10.2013 – X R 26/11, BStBl. II 2014, 374 = FR 2014, 180 m. Anm. *Kanzler*, mwN; zu einzelnen Fallgruppen *Kulosa*, DB 2014, 972 [977]).

Devisentermingeschäfte vgl. Rn. 44.

Doppelte Haushaltsführung vgl. Rn. 214 f.

Drittaufwand vgl. Rn. 171 ff.

Ehescheidung: Aufwendungen für die Ehescheidung sind auch dann keine BA, wenn der StPfl. im Hinblick auf mögliche Beeinträchtigungen seiner beruflichen Sphäre einer großzügigen Scheidungsvereinbarung zustimmt (BFH v. 10.2.1977 – IV R 87/74, BStBl. II 1977, 462). Vgl. auch § 12 Rn. 8.

Eigenkapitalvermittlungsprovisionen: Von einem in der Rechtsform einer gewerblich geprägten PersGes. geführten Immobilienfonds gezahlte Eigenkapitalvermittlungsprovisionen sind bei der Ges. nicht BA, vielmehr AK oder HK, wenn sich die G'ter aufgrund eines vorformulierten Vertragswerks an dem Fonds beteiligen (BFH v. 28.6.2001 – IV R 40/97, BStBl. II 2001, 717, im Anschluss an BFH v. 14.11.1989 – IX R 197/84, BStBl. II 1990, 299 = FR 1990, 145 (zum Bauherrenmodell) und BFH v. 7.8.1990 – IX R 70/86, BStBl. II 1990, 1024; v. 8.5.2001 – IX R 10/96, BStBl. II 2001, 720 (für den Zusammenschluss der Anleger zu einer GbR oder KG). Seine Rspr. hat der IV. Senat des BFH jetzt auch auf geschlossene Windkraft- und Schiffsfonds übertragen (BFH v. 14.4.2011 – IV R 15/09, BStBl. II 2011, 706 = FR 2011, 818; v. 14.4.2011 – IV R 8/10, BStBl. II 2011, 709 = FR 2011, 667).

Einbürgerungskosten: Kosten des Erwerbs der deutschen Staatsangehörigkeit und sonstige Einbürgerungskosten sind privat veranlasst, weil sie den staatsrechtl. Status einer Pers. betreffen. BA kommen auch dann nicht in Betracht, wenn der Erwerb der deutschen Staatsangehörigkeit aus beruflichen/betrieblichen Gründen notwendig war (BFH v. 31.1.1985 – IV S 3/84, BFH/NV 1986, 150), zB als Voraussetzung einer Erwerbstätigkeit im Inland.

Entschädigungen vgl. „Abfindungen".

Erbanfall: Kosten (Beratungskosten, Prozesskosten), die durch einen Erbanfall ausgelöst werden, sind auch dann Privataufwendungen, wenn zu der Erbmasse ein GewBetr. gehört (BFH v. 31.7.1985 – VIII R 345/82, BStBl. II 1986, 139 = FR 1986, 68).

Fahrtkosten vgl. Rn. 212 ff.

Fehlgeschlagene Aufwendungen: Als BA abziehbar sind auch fehlgeschlagene (vorweggenommene) Aufwendungen, wobei die betriebliche Veranlassung auch dann vorliegen kann, wenn die betriebliche Tätigkeit später tatsächlich nicht aufgenommen wird (BFH v. 21.9.1995 – IV R 117/94, BFH/NV 1996, 461 bzgl. Aufwendungen für eine nicht zustande gekommene PersGes.). In diesen Fällen können auch aktivierungspflichtige Aufwendungen sofort abgeschrieben und damit Aufwand werden (BFH v. 13.11.1973 – VIII R 157/70, BStBl. II 1974, 161; v. 9.9.1980 – VIII R 44/78, BStBl. II 1981, 418 = FR 1981, 49: Aufgabe der Absicht der Betriebseröffnung). Abw. gilt im Bereich der GewSt (BFH v. 19.8.1977 – IV R 107/74, BStBl. II 1978, 23).

Finanzierungskosten (Geldbeschaffungskosten): Als Finanzierungskosten gelten die Kosten der Beschaffung, Bereitstellung und Nutzung v. Kreditmitteln, Vermittlungsprovisionen und Gebühren, Notar- und Gerichtskosten, Abschlussgebühren, Beratungsgebühren, Verwaltungsgebühren. Die Kosten gehören nicht zu den AK des fremdfinanzierten WG (BFH v. 7.11.1989 – IX R 190/85, BStBl. II 1990, 460 = FR 1990, 365) oder des Darlehens, das mit dem Nennbetrag bilanziert wird (BFH v. 4.3.1976 – IV R 78/72, BStBl. II 1977, 380). Bei Herstellung betrieblicher WG räumt die FinVerw. ein Wahlrecht ein. Die Finanzierungskosten sind Aufwand des Entstehungsjahres, wenn die Geldmittel für betriebliche Zwecke aufgenommen werden.

Fonds, geschlossene: Aufwendungen eines in der Rechtsform einer GmbH & Co. KG geführten Windkraft- oder Schiffsfonds für die wirtschaftliche und steuerliche Konzeption, die Platzierung des Eigenkapitals, die Geschäftsbesorgung, die Baubetreuung, die Prospekterstellung, die Finanzierungsvermittlung, die Kontrolle der Mittelverwendung uÄ sind in der StB der KG in voller Höhe als AK des betr. WG zu behandeln, wenn sich die Kommanditisten aufgrund eines v. Projektanbieter vorformulierten Vertragswerks an dem Fonds beteiligen (BFH v. 14.4.2011 – IV R 15/09 (BStBl. II 2011, 706 = FR 2011, 818) und v. 14.4.2011 – IV R 8/10 (BStBl. II 2011, 709 = FR 2011, 667); s. auch Eigenkapitalvermittlungsprovisionen.

Forderungserlass: Soweit der StPfl. aus betrieblichen Gründen eine Forderung künftig nicht einziehen wird oder dem Schuldner erlässt (§ 397 BGB), liegen BA vor. Bei Abs. 3 folgt das nämliche Gesamtergebnis daraus, dass die Forderung noch nicht als BE zugeflossen war; deshalb bedarf es keines BA-Abzugs. Verzichtet der StPfl. aus privaten Gründen, führt dies zu einer gewinnerhöhenden Entnahme der Forderung (BFH v. 16.1.1975 – IV R 180/71, BStBl. II 1975, 526).

Fortbildungskosten: Fortbildungskosten sind – nach früherer Rechtslage im Gegensatz zu Ausbildungskosten – regelmäßig BA (BFH v. 22.8.2001 – X B 9/01, BFH/NV 2002, 326); näher zur Rechtsentwicklung und zur aktuellen Rechtslage unter „Ausbildungskosten".

Gästehäuser vgl. Rn. 205 ff.

Geldbußen vgl. Rn. 222 ff.

Geldstrafen: Geldstrafen sind regelmäßig privat veranlasst, weil in ihnen ein persönliches Unwerturteil zum Ausdruck kommt. Soweit ausnahmsweise ein untrennbarer Zusammenhang mit der betrieblichen/beruflichen Tätigkeit besteht, sind sie wegen § 12 Nr. 4 nicht abziehbar.

Gemischte Aufwendungen vgl. Rn. 23 ff.

Geschäftsreise: Eine Geschäftsreise ist gegeben, wenn der StPfl. aus betrieblichen Gründen vorübergehend entfernt v. seiner Wohnung und dem Mittelpunkt seiner dauerhaft angelegten betrieblichen Tätigkeit tätig wird. Als BA sind grds. die Kosten der Unterbringung, Fahrtkosten und sonstige betrieblich bedingte Aufwendungen absetzbar. Abs. 5 S. 1 Nr. 5 enthält eine Abzugsbeschränkung v. Mehraufwendungen für Verpflegung (vgl. Rn. 211).

Geschenke vgl. Rn. 197 ff.

Gründungskosten vgl. „Anlaufkosten".

Häusliches Arbeitszimmer vgl. „Arbeitszimmer".

Hundekosten: Wegen des Aufteilungs- und Abzugsverbots des § 12 Nr. 1 kommt ein BA-Abzug regelmäßig nicht in Betracht. Aufgrund der Schwierigkeiten der Aufteilung in einen privaten und einen betrieblichen Teil wird davon auch weiterhin auszugehen sein. Eine Ausnahme gilt nur dann, wenn das Tier so gut wie ausschließlich aus betrieblichen Gründen gehalten wird (vgl. BFH v. 10.9.1990 – VI R 101/86, BFH/NV 1991, 234), zB Bewachung eines Betriebsgeländes.

Jagd vgl. Rn. 209 f.

Jubiläum: Kosten der Feier eines Betriebsjubiläums sind BA, wenn ein betrieblicher Anlass besteht. Kosten der Feier eines persönlichen Jubiläums des StPfl. (Betriebsinhabers) sind privat veranlasst und damit nicht abzugsfähig (BFH v. 15.5.1986 – IV R 184/83, BFH/NV 1986, 657; v. 21.7.1993 – X R 31/92, BFH/NV 1994, 367; zum Praxisjubiläum eines Freiberuflers: FG Hbg. v. 8.8.1995 – III 221/93, EFG 1996, 421). Das gilt entspr. bei Feiern für andere private Anlässe (BFH v. 12.12.1991 – IV R 58/88, BStBl. II 1992, 524 = FR 1992, 509; v. 27.2.1997 – IV R 60/96, BFH/NV 1997, 560), zB Geburtstag, Hochzeitstag. Dabei ist es gleichgültig, wer die Kosten trägt (BFH v. 27.2.1997 – IV R 60/96, BFH/NV 1997, 560). Nehmen an einer Veranstaltung, der kein persönlicher Anlass zugrunde liegt, nur ArbN bzw. Geschäftsfreunde des StPfl. teil, spricht dies für eine betriebliche Veranlassung (BFH v. 15.5.1986 – IV R 184/83, BFH/NV 1986, 657).

Kleidung: BA-Abzug besteht nur bei sog. typischer Berufskleidung. Wird sog. bürgerliche Kleidung beruflich verwendet, muss deren Nutzung für Zwecke der privaten Lebensführung aufgrund berufsspezifischer Eigenschaften so gut wie ausgeschlossen sein (BFH v. 18.4.1991 – IV R 13/90, BStBl. II 1991, 751 = FR 1991, 628; v. 20.3.1992 – VI R 55/89, BStBl. II 1993, 192). Näheres § 9 Rn. 99.

Konzeptionskosten vgl. „Anlaufkosten".

Kraftfahrzeuge: Aufwendungen, die iZ mit einem Kfz. getätigt werden (zB Fahrtkosten, Verlust durch Diebstahl usw.), führen zu BA, wenn sie betrieblich veranlasst sind. Zu Luxusfahrzeugen (sa. Rn. 220) s. aus jüngerer Zt. FG Nürnberg v. 27.1.2012 – 7 K 966/09, EFG 2012, 1238: Als BA sind lediglich Kosten für die tatsächl. durchgeführten betriebl. Fahrten mit Ferrari Spider zu berücksichtigen, diese jedoch nur in angemessener Höhe (Revision v. BFH zugelassen, Az. VIII R 20/12). In Zusammenhang mit **Unfallkosten** spielen Fragen des Verschuldens oder der Strafbarkeit grds. keine Rolle, wenn es sich um eine Betriebsfahrt handelt (BFH v. 28.11.1977 – GrS 2–3/77, BStBl. II 1978, 105); die betriebliche Veranlassung wird nicht unterbrochen (zB Übersehen eines Verkehrszeichens, zu schnelles Fahren, Übermüdung und Einschlafen am Steuer, usw.). Die betriebliche Veranlassung wird erst durch eine außerbetriebliche Willensentscheidung oder Handlung des StPfl. unterbrochen, zB bei Umweg aus außerbetrieblichen Gründen (BFH v. 14.11.1986 – VI R 79/83, BStBl. II 1987, 275 = FR 1987, 101), unfallauslösender Alkoholgenuss (BFH v. 6.4.1984 – VI R 103/79, BStBl. II 1984, 434 = FR 1984, 485). Entspr. gilt bei vorsätzlicher Unfallverursachung (zB Selbstmordabsichten) und Diebstahl des Fahrzeugs während eines privaten Abstechers (BFH v. 18.4.2007 – XI R 60/04, BStBl. II 2007, 762 = FR 2008, 27 m. Anm. *Wendt*). Der VIII. Senat des BFH hatte den GrS mit der Frage angerufen, ob in die Bewertung der **Nutzungsentnahme** die im Buchwertansatz des Pkw ruhenden stillen Reserven einzubeziehen sind, wenn der zum BV gehörende Pkw während einer privat veranlassten Fahrt durch Unfall zerstört oder beschädigt wird (BFH v. 23.1.2001 – VIII R 48/98, BStBl. II 2001, 395 = FR 2001, 590), hieran jedoch in der Folgezeit nicht mehr festgehalten (vgl. BFH v. 16.3.2004 – VIII R 48/98, BStBl. II 2004, 725). Überlässt ein ArbG seinem ArbN einen betrieblichen Pkw, dessen Kosten der ArbG in vollem Umfang trägt, auch zur Nutzung für Fahrten im privaten Bereich und zur Erzielung anderer Einkünfte, und versteuert der ArbN den daraus erlangten geldwerten Vorteil nach der sog. 1 %-Regelung, kann der ArbN für die Nutzung des Pkw iRd. Einkünfte aus selbständiger Tätigkeit keine BA abziehen (BFH v. 16.7.2015 – III R 33/14, DStR 2015, 2594).

Krankheitskosten: Krankheitskosten (einschl. Kosten zur Erhaltung der Gesundheit) sind grds. privat veranlasst. BA kommen nur dann in Betracht, wenn der StPfl. unter einer typischen Berufskrankheit leidet oder der Zusammenhang mit dem Betrieb/Beruf in anderer Weise eindeutig feststeht, zB Strahlenschäden eines Röntgenarztes, Tuberkulose des Lungenarztes (BFH v. 17.4.1980 – IV R 207/75, BStBl. II 1980, 639 = FR 1980, 467); nicht Herzinfarkt (BFH v. 4.10.1968 – IV R 59/68, BStBl. II 1969, 179 zu RA), Sehhilfekosten (BFH v. 28.9.1990 – III R 51/89, BStBl. II 1991, 27; v. 23.10.1992 – VI R 31/92, BStBl. II 1993, 193 = FR 1993, 194; v. 20.7.2005 – VI R 50/03, BFH/NV 2005, 2185 – Bildschirm-Arbeitsbrille) oder Hörhilfe (BFH v. 22.4.2003 – VI B 275/00, BFH/NV 2003, 1052).

Lösegeld: Wird bei Entführung des StPfl. Lösegeld bezahlt, ist dieses privat veranlasst und keine BA, selbst dann, wenn die Ursache für die Entführung im betrieblichen Bereich liegt (BFH v. 30.10.1980 – IV R 27/77, BStBl. II 1981, 303 = FR 1981, 202; v. 30.10.1980 – IV R 223/79, BStBl. II 1981, 307 = FR 1981, 202). Deshalb sind auch Versicherungsleistungen gegen das Risiko einer Entführung bzw. Aufwendungen für den persönlichen Schutz (FG Köln v. 20.5.1981 – I 90/80 E, EFG 1981, 558) nicht abzugsfähig. Zahlt der StPfl. Lösegeld bei Entführung eines ArbN oder eines Kunden, liegen BA vor. Vgl. auch § 33 Rn. 51.

Maklerkosten: Maklerkosten, die für die Miete eines betrieblich genutzten WG anfallen, sind BA (BFH v. 19.6.1997 – IV R 16/95, BStBl. II 1997, 808 = FR 1997, 810 m. Anm. *Stobbe*). Eine Aktivierung als AK-Nebenkosten kommt nur bei Erwerb eines WG in Betracht.

Motorjacht vgl. Rn. 210.

Nachträgliche Betriebsausgaben: Nachträgliche BA sind alle Aufwendungen, die mit dem (früheren) Betrieb nach dessen Veräußerung oder Aufgabe ursächlich zusammenhängen (BFH v. 14.10.1960 – VI 45/60 U, BStBl. III 1961, 20; v. 13.5.1980 – VIII R 84/79, BStBl. II 1980, 692 = FR 1980, 497; v. 11.12.1980 – I R 119/78, BStBl. II 1981, 460 = FR 1981, 304), zB Gewährleistungsansprüche aus früherem Warenverkauf, die erst nach Betriebseinstellung erhoben werden. Werden WG in die Privatsphäre überführt, sind die Aufwendungen nicht mehr betrieblich veranlasst. Betriebliche Verbindlichkeiten bleiben auch nach Vollbeendigung grds. noch (notwendiges) BV (BFH v. 19.1.1982 – VIII R 150/79, BStBl. II 1982, 321 = FR 1982, 255). Die Schuldzinsen können deshalb abgezogen werden. Dies gilt allerdings dann nicht, wenn die (ehemalige) Betriebsschuld durch das in der Liquidation realisierte Aktivvermögen hätte abgedeckt werden können (BFH v. 11.12.1980 – I R 174/78, BStBl. II 1981, 463 = FR 1981, 332). Mithin ist bei Betriebsbeendigung vorhandenes Aktivvermögen zur Schuldentilgung einzusetzen (BFH v. 12.11.1997 – XI R 98/96, BStBl. II 1998, 144 = FR 1998, 193 m. Anm. *Wendt* = FR 1998, 520 m. Anm. *Paus*; v. 19.8.1998 – X R 96/95, BStBl. II 1999, 353 = FR 1999, 91), soweit keine Ausnahme vom Grundsatz des Vorrangs der Schuldenberichtigung vorliegt (näher BFH v. 28.3.2007 – X R 15/04, BStBl. II 2007, 642 = FR 2007, 1025). IÜ ist auf die Rspr. zu rückwirkenden Ereignissen bei einer Betriebsveräußerung hinzuweisen (BFH v. 19.7.1993 – GrS 2/92, BStBl. II 1993, 897 = FR 1993, 848 = FR 1993, 845). Bei der Umwidmung von Darlehensmitteln kann der einmal entstandene wirtschaftl. Zusammenhang von Schuldzinsen mit einer best. Einkunftsart nicht durch bloße Willensentscheidung des StPfl. hergestellt oder geändert werden (BFH v. 17.4.1997 – VIII R 48/95, BFH/NV 1998, 20; v. 7.7.1998 – VIII R 57/96, BFH/NV 1999, 594 und v. 30.6.2009 – VIII B 8/09, BFH/NV 2009, 1977). Schuldzinsen für betriebliche Verbindlichkeiten sind auch nach Übergang zur Liebhaberei abziehbar, wenn die Verbindlichkeit nicht durch eine Verwertung des Vermögens beglichen werden kann (BFH v. 15.5.2002 – X R 3/99, BStBl. II 2002, 809 = FR 2002, 1227 m. Anm. *Weber-Grellet*).

„Ohne Rechnung"-Geschäfte: Bei betrieblich veranlassten Geschäften „ohne Rechnung" (sog. OR-Geschäften) kann der BA-Abzug an § 160 AO scheitern, wenn der StPfl. dem Verlangen, den Empfänger „genau zu benennen", nicht nachkommt (näher zu den Maßstäben des § 160 Abs. 1 S. 1 AO zB BFH v. 11.7.2013 – IV R 27/09, BFH/NV 2013, 1826 mwN). Die FinVerw. muss ihr Ermessen ordnungsgemäß ausüben (BFH v. 9.8.1989 – I R 66/86, BStBl. II 1989, 995 = FR 1990, 152; v. 20.7.1993 – XI B 85/92, BFH/NV 1994, 241). Zur Benennung des Zahlungsempfängers vgl. auch FG Münster v. 13.3.1997 – 5 K 2954/96 E, EFG 1998, 251 bzgl. ausländ. Domizilgesellschaft; FG Münster v. 26.2.1998 – 8 K 4318/95 E ua., EFG 1998, 920.

Ordnungsgelder vgl. Rn. 222 ff.

Pauschbeträge: Die Vorschriften des EStG sehen für BA (abgesehen v. den Mehraufwendungen für Verpflegung und zT bei doppelter Haushaltsführung) keine Pauschalen vor. Von der in § 51 Abs. 1 Nr. 1 lit. c vorgesehenen Möglichkeit, für bestimmte Gruppen v. gewerblichen oder freiberuflichen Betrieben durch VO BA-Pauschbeträge festzusetzen, ist bisher nicht Gebrauch gemacht worden. Die FinVerw. erkennt jedoch zur Vereinfachung des Besteuerungsverfahrens folgende pauschalen BA-Abzüge an: Bei hauptberuflicher selbständiger, schriftstellerischer oder journalistischer Tätigkeit 30 % der BE aus dieser Tätigkeit, höchstens jedoch 2 455 Euro jährlich; bei wissenschaftlicher, künstlerischer oder schriftstellerischer Nebentätigkeit (auch Vortrags- oder nebenberuflicher Lehr- und Prüfungstätigkeit), soweit nicht § 3 Nr. 26 eingreift, 25 % der BE aus dieser Tätigkeit, höchstens 614 Euro jährlich (H 18.2 „Betriebsausgabenpauschale", EStH 2012, 657 unter Bezug auf BMF v. 21.1.1994, BStBl. I 1994, 112). Der Höchstbetrag v. 614 Euro wird für alle Nebentätigkeiten, die unter die Vereinfachungsregelung fallen, ausdrücklich nur einmal gewährt. Der StPfl. kann jedoch höhere BA nachweisen.

Pfandgelder: Die Rückzahlung v. Pfandgeldern ist BA (*Jakob/Kobor*, DStR 2004, 1596).

Promotionskosten: § 4 Abs. 9 steht der Anerkennung von Promotionskosten nicht entgegen, soweit es sich nicht um eine erstmalige Berufsausbildung/ein Erststudium handelt. Kosten für den Erwerb eines Doktortitels werden als WK anerkannt, wenn sie beruflich veranlasst sind; dabei geht der BFH davon aus, dass sie regelmäßig (Ausnahmen: Hobbypromotionen, Promotionsvermittlungen und -verschaffungen) nicht als Kosten der privaten Lebensführung zu beurteilen sind (BFH v. 4.11.2003 – VI R 96/01, FR 2004, 411 m. Anm. *Bergkemper* = BFH/NV 2004, 404). Entsprechendes gilt für die Anerkennung als BA. Aufwendungen, die der StPfl. für die berufliche Fortbildung seiner Kinder – auch für eine Promotion – tätigt, sind keine (Sonder-)BA (BFH v. 6.11.2012 – VIII R 49/10, BStBl. II 2013, 309 = FR 2013, 617).

Rechtsverfolgungskosten: Kosten der Rechtsverfolgung, die durch Beratung, Vertretung oder Prozessführung bei Verfolgung betrieblicher Anspr. entstehen oder bei der Abwehr gegen den Betrieb gerichteter Anspr. anfallen, sind BA, zB Beratungskosten in Fragen der Geschäftsführung (BFH v. 31.7.1985 – VIII R 345/82, BStBl. II 1986, 139 = FR 1986, 68), Zivilprozesskosten wegen Honorarforderung (BFH v. 6.12.1983 – VIII R 102/79, BStBl. II 1984, 314 = FR 1984, 207), betriebliche Mietprozesskosten (BFH v. 1.12.1993 – I R 61/93, BStBl. II 1994, 323 = FR 1994, 255). Steuerberatungs- und Steuerprozesskosten sind bei Betriebsteuern BA (BFH v. 24.11.1983 – IV R 22/81, BStBl. II 1984, 301), bei der ESt, soweit es um Fragen der Gewinnermittlung geht (BFH v. 18.11.1965 – IV 151/64 U, BStBl. III 1966, 190; v. 7.2.1973 – I R 215/72, BStBl. II 1973, 493). Kein BA-Abzug ist gegeben, wenn in einem gerichtlichen Verfahren iErg. erfolglos um das Vorliegen einer gewerblichen Tätigkeit mit Gewinnerzielungsabsicht gestritten wird (BFH v. 22.5. 1987 – III R 220/83, BStBl. II 1987, 711). Testamentsvollstreckungskosten sind BA, wenn sie nicht nur der Nachlassabwicklung, sondern der Erzielung v. BE (zB Betriebsfortführung) dienen (BFH v. 1.6.1978 – IV R 36/73, BStBl. II 1978, 499). Für den Abzug ist es unerheblich, ob das FA den Prozess für aussichtsreich hält (BFH v. 30.8.2001 – IV B 79, 80/01, BStBl. II 2001, 837).

Reisekosten: Reisekosten sind als BA abziehbar, soweit sie betrieblich veranlasst sind. Jedoch können Aufwendungen für die Hin- und Rückreise bei gemischt betrieblich und privat veranlassten Reisen grds. in abziehbare BA und nicht abziehbare Aufwendungen für die private Lebensführung aufgeteilt werden (zu den Aufteilungsmaßstäben im Einzelnen BFH v. 21.9.2009 – GrS 1/06, BStBl. II 2010, 672 = FR 2010, 225 m. Anm. *Kempermann*; sa. Rn. 23 und § 12 Rn. 8 unter „Reisen“). Die Gründe des StPfl. für eine bestimmte Reise sind anhand der gesamten Umstände des jeweiligen Einzelfalles zu ermitteln. Das Halten eines Fachvortrags kann je nach Art der beruflichen Tätigkeit zwar ein Indiz für den unmittelbaren beruflichen Anlass einer Reise sein; dieser Schluss ist aber nicht zwingend (BFH v. 23.1.1997 – IV R 39/96, BStBl. II 1997, 357). Kosten für **Begleitpersonal** (Sekretärin, Chauffeur) sind regelmäßig BA. Bei **Familienangehörigen** sind allerdings besondere Anforderungen an den Nachweis der betrieblichen Veranlassung zu stellen. Dass wegen der herausgehobenen Stellung im Berufs- oder Wirtschaftsleben die Teilnahme des Ehegatten an bestimmten mit dem Beruf iZ stehenden gesellschaftlichen Veranstaltungen erwartet wird, reicht nicht aus (BFH v. 1.8.1968 – IV R 232/67, BStBl. II 1968, 713). Fällt die Anreise des – v. der Verlobten begleiteten – StPfl. nach dessen Angaben auf den einem verlängerten Wochenende nachfolgenden Werktag und wird die Heimreise nicht sofort am gleichen Tag nach dem Ende des Kongresses angetreten, muss das FG, um den erhöhten Anforderungen eines derart atypischen Sachverhalts gerecht zu werden, insbes. den Ankunftszeitpunkt und die Gründe für die spätere Abreise im Einzelnen aufklären und bewerten (BFH v. 18.7.1997 – VI R 10/97, BFH/NV 1998, 157).

Rentenleistungen: Veräußerungsrenten, die als vollentgeltliche Gegenleistung für die Übertragung eines Betriebs oder eines WG des BV gewährt werden, werden beim Zahlungsverpflichteten wie folgt behandelt: Zunächst sind die einzelnen erworbenen WG mit dem versicherungsmathematischen Rentenbarwert im Zeitpunkt der Anschaffung zu aktivieren, wobei die Höhe der AK durch spätere Änderungen der Verpflichtung nicht berührt wird (BFH v. 31.8.1972 – IV R 93/67, BStBl. II 1973, 51). Die Rentenlast wird mit dem jährlich neu zu berechnenden Rentenbarwert passiviert. Die lfd. Rentenzahlungen führen zu BA, während die mit abnehmender Lebenserwartung des Empfängers eintretende Minderung der Schuld zu BE führt. **Betriebliche Versorgungsrenten** sind dagegen beim Zahlungsverpflichteten voll als betrieblicher Aufwand absetzbar. **Private Versorgungsrenten** iZ mit der (unentgeltlichen) Übertragung eines Betriebs iRd. vorweggenommenen Erbfolge sind beim Zahlungsverpflichteten keine BA, sondern SA nach § 10 Abs. 1 Nr. 1a (vgl. § 10 Rn. 12 f.).

Restrukturierungsfonds s. Rn. 234a.

Schadensersatzleistungen: Schadensersatzleistungen führen zu BA, wenn die schädigende Handlung im Bereich der beruflichen Aufgabenerfüllung lag und private, den betrieblichen Zurechnungszusammenhang unterbrechende Umstände v. nur geringem Gewicht sind (Gegenbeispiel: BFH v. 1.12.2005 – IV R 26/04, FR 2006, 376 m. Anm. *Bergkemper* = DB 2006, 132). Auf das Verschulden und die Behandlung beim Empfänger kommt es nicht an. BA-Abzug ist zB zu bejahen bei Kunstfehlern eines Arztes (BFH v. 17.4.1980 – IV R 207/75, BStBl. II 1980, 639 = FR 1980, 467), Fristversäumnis eines RA oder Steuerberaters, Haftung wegen Teilnahme an einer Steuerhinterziehung (BFH v. 9.12.2003 – VI R 35/96, BStBl. II 2004, 641 = FR 2004, 840), fehlerhafte Warenlieferung. Infolge privater Mitveranlassung erfolgt kein BA-Abzug bei Veruntreuung v. Geld iZ mit der Verwaltung fremden Vermögens (BFH v. 6.2.1981 – VI R 30/77, BStBl. II 1981, 362 = FR 1981, 311; v. 19.3.1987 – IV R 140/84, BFH/NV 1987, 577; einschr. BFH v. 3.7.1991 – X R 163/87, X R 164/87, BStBl. II 1991, 802 = FR 1991, 598) oder Heilkosten für strahlengeschädigte Kinder eines Röntgenarztes (BFH v. 17.4.1980 – IV R 207/75, BStBl. II 1980, 639 = FR 1980, 467).

Schmiergelder vgl. Rn. 228 ff.

Schuldzinsen: Schuldzinsen einschl. der Nebenkosten der Kreditaufnahme (vgl. „Damnum“ bzw. „Finanzierungskosten“) sind BA, soweit die Zahlung betrieblich veranlasst ist, dh. für eine Verbindlichkeit des BV geleistet wird. Gewährt eine PersGes. ihrer Schwester-Ges. im Rahmen lfd. Geschäftsbeziehungen ein Darlehen, sind die Schuldzinsen für einen Refinanzierungskredit BA (BFH v. 11.12.1997 – IV R 92/96, BFH/NV 1998, 1222). Zur Neuregelung des § 4 Abs. 4a vgl. Rn. 185 ff.

Sicherheitsmaßnahmen: Aufwendungen für die persönliche Sicherheit des StPfl. sind keine BA (vgl. „Lösegeld“). Abzugsfähig sind dagegen Kosten des Objektschutzes (zB Alarmanlagen in Gebäuden) oder für Vorkehrungen, die der persönlichen Sicherheit v. ArbN, Besuchern usw. dienen.

Spenden vgl. Rn. 238 und „Beiträge für Berufsverbände“.

Spieleinsätze: Spieleinsätze sind keine BA (BFH v. 16.9.1970 – I R 133/68, BStBl. II 1970, 865).

Sprachkurse: Auch wenn ein Sprachkurs im Ausland nur Grundkenntnisse oder allgemeine Kenntnisse in einer Fremdsprache vermittelt, diese aber für die betriebliche/berufliche Tätigkeit ausreichen, kann der Kurs betrieblich/beruflich veranlasst sein und deshalb die Kursgebühr als BA/WK abgezogen werden (für WK BFH v. 24.2.2011 – VI R 12/10, BStBl. II 2011, 796 = FR 2011, 679 m. Anm. *Kanzler* mwN). Dabei kann bei einem Sprachkurs in einem anderen EU-Mitgliedstaat im Anschluss an EuGH v. 28.10.1999 (C-55/98, Slg. I-1999, 7641 = IStR 1999, 694 „Vestergaard") nicht mehr typischerweise unterstellt werden, dass dieser wegen der jeder Auslandsreise innewohnenden touristischen Elemente eher Berührungspunkte zur privaten Lebensführung aufweist als ein Inlandssprachkurs (BFH v. 13.6.2002 – VI R 168/00, BStBl. II 2003, 765 = FR 2002, 1231 m. Anm. *Kanzler*); Gleiches gilt für EWR-Staaten (BMF v. 26.9.2003, BStBl. I 2003, 447). Im Rahmen einer Gesamtwürdigung ist zu bestimmen, ob neben den reinen Kursgebühren auch die Aufwendungen für die mit einem Sprachkurs verbundene Reise betrieblich/beruflich veranlasst und demzufolge als BA/WK abziehbar sind (BFH v. 24.2.2011 – VI R 12/10, BStBl. II 2011, 796 = FR 2011, 679 m. Anm. *Kanzler*). Der vollständige Abzug auch der Reisekosten setzt voraus, dass die Reise ausschließlich oder nahezu ausschließlich der betrieblichen/beruflichen Sphäre zuzuordnen ist. Das ist bei auswärtigen Sprachlehrgängen ebenso wie bei sonstigen Reisen vor allem dann der Fall, wenn ihnen offensichtlich ein unmittelbarer betrieblicher/beruflicher Anlass zugrunde liegt und die Verfolgung privater Reiseinteressen nicht den Schwerpunkt bildet (zB BFH v. 9.1.2013 – VI B 133/12, BFH/NV 2013, 552 mwN). Liegt der Reise kein unmittelbarer beruflicher Anlass zugrunde, sind nach den Grundsätzen, die der GrS des BFH in seinem Beschl. v. 21.9.2009 (GrS 1/06, BStBl. II 2010, 672 = FR 2010, 225 m. Anm. *Kempermann*) aufgestellt hat, die mit dem Sprachkurs verbundenen Reisekosten aufzuteilen, sofern der erwerbsbezogene Anteil nicht von untergeordneter Bedeutung ist.

Strafen/Geldbußen vgl. Rn. 222 f.

Strafverteidigungskosten: Strafverteidigungskosten sind nicht betrieblich veranlasst, wenn die zur Last gelegte Tat nicht in Ausübung der betrieblichen/beruflichen Tätigkeit begangen worden ist (BFH v. 12.6.2002 – XI R 35/01, BFH/NV 2002, 1441; v. 16.4.2013 – IX R 5/12, BStBl. II 2013, 806 = FR 2013, 956); für BA gilt insoweit das Gleiche wie für WK (dazu zB BFH v. 17.8.2011 – VI R 75/10, BFH/NV 2011, 2040 mwN).

Tageszeitung: Tageszeitungen unterliegen grds. dem Abzugsverbot des § 12 Nr. 1 (BFH v. 30.6.1983 – IV R 2/81, BStBl. II 1983, 715 = FR 1983, 589 bzgl. FAZ), auch bei Berufsbezogenheit (BFH v. 7.9.1989 – IV R 128/88, BStBl. II 1990, 19 = FR 1990, 21; v. 21.5.1992 – IV R 70/91, BStBl. II 1992, 1015 = FR 1992, 772). Wenn nach dem konkreten Verwendungszweck die Zeitschrift ausschließlich für die Lektüre durch Kunden, Mandanten oder Patienten bestimmt ist, ist ein BA-Abzug zulässig. Vgl. auch § 9 Rn. 101.

Telefonkosten: Telefonkosten sind bei betrieblicher Veranlassung BA. Wird der betriebliche Anschluss privat mitbenutzt (oder umgekehrt), sind die Grundgebühren und Gesprächseinheiten uU im Schätzungswege aufzuteilen (BFH v. 21.11.1980 – VI R 202/79, BStBl. II 1981, 131 = FR 1981, 228; v. 21.8.1990 – IX R 83/85, BFH/NV 1991, 95). Vgl. auch § 12 Rn. 8.

Umzugskosten: Die berufliche Veranlassung eines Umzugs endet regelmäßig mit dem Wohnungsbezug am neuen Arbeitsort. Kosten für Zwischenlagerung v. Möbeln bis zur Erstellung einer weiteren Wohnung sind daher nicht zu berücksichtigen (BFH v. 21.9.2000 – IV R 78/99, BStBl. II 2001, 70 = FR 2001, 207).

Unfallaufwendungen vgl. „Kraftfahrzeuge".

Urlaubskosten: Urlaubsaufwendungen des Betriebsinhabers sind keine BA, sondern ausschließlich privat veranlasst.

Verlust (Zerstörung, Diebstahl, Unterschlagung): Bei betrieblicher Veranlassung mindern Verluste den Gewinn (zum Sonderfall der sog. Liebhaberei s. § 2 Rn. 57). Die Zugehörigkeit zum BV oder PV ist nicht entscheidend. Bei Verlusten im PV ist allerdings § 12 Nr. 1 zu beachten, zB kein BA-Abzug bei Verlust eines privaten Schmuckstücks bei betrieblicher Veranstaltung oder Geschäftsreise (BFH v. 26.1.1968 – VI R 131/66, BStBl. II 1968, 342). Ob ein WG zum PV oder zum BV gehört, hat nur indizielle Bedeutung für die Qualifizierung des Verlusts als solchem (vgl. BFH v. 9.12.2003 – VI R 185/97, BStBl. II 2004, 491 = FR 2004, 655). Typischerweise sind Verluste v. WG des BV betrieblich veranlasst. Bei Verlust eines WG des PV anlässlich einer betrieblichen Maßnahme kann zwar im Grundsatz aus § 12 Nr. 1 gefolgert werden, dass ein Abzug nicht in Betracht kommt (vgl. BFH v. 26.1.1968 – VI R 131/66, BStBl. II 1968, 342), doch spricht das im Bereich der BA maßgebende Veranlassungsprinzip dafür, dass das Ereignis maßgebend sein sollte, welches den Verlust auslöst (zurückhaltend BFH v. 1.12.2005 – IV R 26/04, BStBl. II 2006, 182 = FR 2006, 376 m. Anm. *Bergkemper*). Zu Kfz.-Unfallkosten vgl. „Kraftfahrzeuge".

Verpflegungsaufwendungen vgl. Rn. 211.

Verschmelzungsbedingte Kosten: Die Frage nach der Zuordnung v. verschmelzungsbedingten Kosten zum übertragenden oder zum übernehmenden Rechtsträger richtet sich nach dem objektiven Veranlassungsprinzip und belässt den Beteiligten kein Zuordnungswahlrecht. Zu den BA des übertragenden Unternehmens gehören die mit dessen Gesellschaftsform zusammenhängenden Kosten. Die dem übernehmenden Unternehmen zuzuordnenden Kosten mindern den lfd. Gewinn, wenn sie nicht als objektbezogene AK zu aktivieren sind (BFH v. 22.4.1998 – I R 83/96, BStBl. II 1998, 698 = FR 1998, 903).

Versicherungen: Die Prämien sind BA, wenn der Abschluss der Versicherung betrieblich veranlasst ist (vgl. Rn. 256 „Versicherungsleistungen“).

Versorgungsrenten vgl. „Rentenleistungen“.

Wahlkampfkosten: Wahlkampfkosten können ausnahmsweise als BA anzuerkennen sein, zB wenn der StPfl. ein hauptamtliches oder auch ein ehrenamtliches Mandat anstrebt (BFH v. 25.1.1996 – IV R 15/95, BStBl. II 1996, 431 = FR 1996, 560). Die Kosten sind allerdings nur insoweit abziehbar, als sie zusammen mit den sonstigen BA die nach § 3 Nr. 12 stfrei gezahlten Entschädigungen übersteigen.

Werbung: Kosten der Werbung sind betrieblich veranlasst und deshalb als BA abziehbar. Eine Aktivierung oder Bildung eines aktiven RAP beim sog. Werbefeldzug findet nicht statt.

Wertpapiere vgl. Rn. 44.

Zinsen vgl. „Schuldzinsen“.

Zuschläge: Gem. § 4 Abs. 5 S. 1 Nr. 12 gehören Zuschläge nach § 162 AO (wegen nicht ausreichender Dok. ausländ. Geschäftsbeziehungen) ab VZ 2007 zum Katalog der nicht abziehbaren BA.

§ 4a Gewinnermittlungszeitraum, Wirtschaftsjahr

(1) [1]Bei Land- und Forstwirten und bei Gewerbetreibenden ist der Gewinn nach dem Wirtschaftsjahr zu ermitteln. [2]Wirtschaftsjahr ist

1. **bei Land- und Forstwirten der Zeitraum vom 1. Juli bis zum 30. Juni. [2]Durch Rechtsverordnung kann für einzelne Gruppen von Land- und Forstwirten ein anderer Zeitraum bestimmt werden, wenn das aus wirtschaftlichen Gründen erforderlich ist;**
2. **bei Gewerbetreibenden, deren Firma im Handelsregister eingetragen ist, der Zeitraum, für den sie regelmäßig Abschlüsse machen. [2]Die Umstellung des Wirtschaftsjahres auf einen vom Kalenderjahr abweichenden Zeitraum ist steuerlich nur wirksam, wenn sie im Einvernehmen mit dem Finanzamt vorgenommen wird;**
3. **bei anderen Gewerbetreibenden das Kalenderjahr. [2]Sind sie gleichzeitig buchführende Land- und Forstwirte, so können sie mit Zustimmung des Finanzamts den nach Nummer 1 maßgebenden Zeitraum als Wirtschaftsjahr für den Gewerbebetrieb bestimmen, wenn sie für den Gewerbebetrieb Bücher führen und für diesen Zeitraum regelmäßig Abschlüsse machen.**

(2) Bei Land- und Forstwirten und bei Gewerbetreibenden, deren Wirtschaftsjahr vom Kalenderjahr abweicht, ist der Gewinn aus Land- und Forstwirtschaft oder aus Gewerbebetrieb bei der Ermittlung des Einkommens in folgender Weise zu berücksichtigen:

1. **Bei Land- und Forstwirten ist der Gewinn des Wirtschaftsjahres auf das Kalenderjahr, in dem das Wirtschaftsjahr beginnt, und auf das Kalenderjahr, in dem das Wirtschaftsjahr endet, entsprechend dem zeitlichen Anteil aufzuteilen. [2]Bei der Aufteilung sind Veräußerungsgewinne im Sinne des § 14 auszuscheiden und dem Gewinn des Kalenderjahres hinzuzurechnen, in dem sie entstanden sind;**
2. **bei Gewerbetreibenden gilt der Gewinn des Wirtschaftsjahres als in dem Kalenderjahr bezogen, in dem das Wirtschaftsjahr endet.**

§§ 8b und 8c EStDV

§ 8b Wirtschaftsjahr

[1]Das Wirtschaftsjahr umfasst einen Zeitraum von zwölf Monaten. [2]Es darf einen Zeitraum von weniger als zwölf Monaten umfassen, wenn

1. *ein Betrieb eröffnet, erworben, aufgegeben oder veräußert wird oder*
2. *ein Steuerpflichtiger von regelmäßigen Abschlüssen auf einen bestimmten Tag zu regelmäßigen Abschlüssen auf einen anderen bestimmten Tag übergeht. [2]Bei Umstellung eines Wirtschaftsjahrs, das mit dem Kalenderjahr übereinstimmt, auf ein vom Kalenderjahr abweichendes Wirtschaftsjahr und bei Umstellung eines vom Kalenderjahr abweichenden Wirtschaftsjahrs auf ein anderes vom Kalenderjahr abweichendes Wirtschaftsjahr gilt dies nur, wenn die Umstellung im Einvernehmen mit dem Finanzamt vorgenommen wird.*

§ 8c Wirtschaftsjahr bei Land- und Forstwirten

(1) [1]Als Wirtschaftsjahr im Sinne des § 4a Abs. 1 Nr. 1 des Gesetzes können Betriebe mit

1. einem Futterbauanteil von 80 Prozent und mehr der Fläche der landwirtschaftlichen Nutzung den Zeitraum vom 1. Mai bis 30. April,

2. reiner Forstwirtschaft den Zeitraum vom 1. Oktober bis 30. September,

3. reinem Weinbau den Zeitraum vom 1. September bis 31. August

bestimmen. [2]Ein Betrieb der in Satz 1 bezeichneten Art liegt auch dann vor, wenn daneben in geringem Umfang noch eine andere land- und forstwirtschaftliche Nutzung vorhanden ist. [3]Soweit die Oberfinanzdirektionen vor dem 1. Januar 1955 ein anderes als die in § 4a Abs. 1 Nr. 1 des Gesetzes oder in Satz 1 bezeichneten Wirtschaftsjahre festgesetzt haben, kann dieser andere Zeitraum als Wirtschaftsjahr bestimmt werden; dies gilt nicht für den Weinbau.

(2) [1]Gartenbaubetriebe und reine Forstbetriebe können auch das Kalenderjahr als Wirtschaftsjahr bestimmen. [2]Stellt ein Land- und Forstwirt von einem vom Kalenderjahr abweichenden Wirtschaftsjahr auf ein mit dem Kalenderjahr übereinstimmendes Wirtschaftsjahr um, verlängert sich das letzte vom Kalenderjahr abweichende Wirtschaftsjahr um den Zeitraum bis zum Beginn des ersten mit dem Kalenderjahr übereinstimmenden Wirtschaftsjahr; ein Rumpfwirtschaftsjahr ist nicht zu bilden. [3]Stellt ein Land- und Forstwirt das Wirtschaftsjahr für einen Betrieb mit reinem Weinbau auf ein Wirtschaftsjahr im Sinne des Absatzes 1 Satz 1 Nr. 3 um, gilt Satz 2 entsprechend.

(3) Buchführende Land- und Forstwirte im Sinne des § 4a Abs. 1 Satz 2 Nr. 3 Satz 2 des Gesetzes sind Land- und Forstwirte, die auf Grund einer gesetzlichen Verpflichtung oder ohne eine solche Verpflichtung Bücher führen und regelmäßig Abschlüsse machen.

A. Grundaussagen der Vorschrift

Im Hinblick auf die Abschnittbesteuerung gem. § 2 Abs. 7 S. 2 (§ 2 Rn. 119) geht § 25 Abs. 1 v. dem Kj. als maßgeblichen VZ aus. § 4a regelt die **zeitliche Zuordnung** erzielter Gewinne und Verluste zu dem Kj., für das das Einkommen, § 2 Abs. 5, zu ermitteln ist. Hierzu bestimmt § 4a Abs. 1 S. 1 als steuerrechtl. Einkunftsermittlungszeitraum das Wj., dessen Umfang in Abs. 1 S. 2 näher erläutert wird; Abs. 2 regelt, sofern das Wj. als Ausnahmefall vom Kj. abweicht, in welchem Kj. das für das Wj. ermittelte Betriebsergebnis im Wege der Umrechnung (§ 13: Aufteilung, § 4a Abs. 2 Nr. 1; § 15: Zuteilung, § 4a Abs. 2 Nr. 2) zu berücksichtigen ist. § 4a gilt im Hinblick auf die Regelungen zum Wj. für Einkünfte gem §§ 13 und 15 v. nat. Pers. oder PersGes., auch bei beschränkt StPfl. Gem. § 49 Abs. 1 Nr. 1 und 2. Ein vom Kj. abweichendes Wj. entfällt dagegen bei Einkünften gem. § 18, dies gilt etwa auch bei (ins Handelsregister eingetragenen) Partnerschaftsgesellschaften.[1] § 7 Abs. 4 KStG[2] enthält für nach dem HGB buchführungspflichtige StPfl. eine spezielle Regelung; für nicht buchführungspflichtige Körperschaften gilt § 8 Abs. 1 KStG iVm. § 4a.[3] 1

B. Wirtschaftsjahr als Gewinnermittlungszeitraum (Abs. 1)

I. Bedeutung des Wirtschaftsjahrs (Abs. 1 S. 1). Im Rahmen der §§ 13 und 15 wird der steuerrechtl. Gewinn für das **regelmäßig zwölfmonatige Wj.** (Gewinnermittlungszeitraum) ermittelt, § 4a Abs. 1 S. 1; dabei entspricht das Wj. dem handelsrechtl. Geschäftsjahr, § 240 Abs. 2 HGB. In diesem Zusammenhang regeln §§ 8b und 8c EStDV Einzelheiten des Wj. im Hinblick auf zeitlichen Umfang sowie Beginn und Ende innerhalb eines Kj. Nur in den Ausnahmefällen des § 8b S. 2 EStDV sowie bei sonstigen Änderungen der persönlichen StPflicht (zB Tod) beträgt das Wj. weniger – grds. nicht mehr[4] – als zwölf Monate **(Rumpf-Wj.)**.[5] Dies gilt auch bei Vollbeendigung einer zweigliedrigen Ges. durch Ausscheiden (Tod) eines G'ters[6], der Gesellschaftsgründung durch Aufnahme eines G'ters etwa in eine bisherige Einzelpraxis[7] oder etwa bei 2

1 BFH v. 23.9.1999 – IV R 41/98, BStBl. II 2000, 24 = FR 2000, 202 m. Anm. *Kempermann*; v. 18.5.2000 – IV R 26/99, BStBl. II 2000, 498 (499) = FR 2000, 990 m. Anm. *Kanzler*.
2 Zur Bedeutung des § 7 Abs. 1 KStG vgl. auch R 31 KStR.
3 Einzelregelungen zugunsten kleiner Körperschaften: R 32 Abs. 2 KStR.
4 BFH v. 28.11.1978 – VIII R 146/76, BStBl. II 1979, 333 (334).
5 BFH v. 7.2.1969 – VI R 88/67, BStBl. II 1969, 337 (338): nur ein Rumpf-Wj. zulässig; einschränkend *Streck/Schwedhelm*, BB 1988, 679.
6 BFH v. 14.9.1978 – IV R 49/74, BStBl. II 1979, 159 (161); v. 10.2.1989 – III R 11/86, BStBl. II 1989, 519 (522) = FR 1989, 440; v. 3.6.1997 – VIII B 73/96, BFH/NV 1997, 838 (839): Beendigung einer zweigliedrigen atypisch stillen Ges.
7 BFH v. 26.5.1994 – IV R 34/92, BStBl. II 1994, 891 (893) = FR 1994, 825: Einbringung eines luf. Betriebes in neu gegründete PersGes.

einem Formwechsel einer KapGes. in eine PersGes.[1] Entspr. § 8b EStDV ist ausnahmsweise auch dann ein Rumpf-Wj. zu bilden, wenn ein StPfl. in den Vorjahren zu Unrecht v. einem abw. Wj. ausgegangen ist und nunmehr zutr. auf das Kj. umstellt.[2] Dagegen entfällt die Bildung eines Rumpf-Wj. bei Fortsetzung einer Ges. nach Ausscheiden oder Wechsel v. G'tern.[3] Sind einem StPfl. mehrere GewBetr. zuzurechnen, kommen mehrere Wj. in Betracht, die ggf. in einem Kj. zu berücksichtigen sind. Einen mehr als zwölfmonatigen Gewinnermittlungszeitraum lässt lediglich § 8c Abs. 2 S. 2 EStDV zu.

3 **II. Bestimmung des Wirtschaftsjahrs (Abs. 1 S. 2).** IdR umfasst das Wj. für **Land-** und **Forstwirte** die Zeit v. 1.7. bis 30.6., **§ 4a Abs. 1 S. 2 Nr. 1**. Hiervon abw. können die in § 8c Abs. 1 S. 1 und 2 EStDV genannten Betriebe die dort bezeichneten Zeiträume wählen; geringfügige anderweitige Nutzungen iRd. § 13[4] lassen dieses Wahlrecht nicht entfallen, § 8c Abs. 1 S. 2 EStDV. Die in § 8c Abs. 1 S. 1 EStDV genannten Betriebe können das Kj. als Wj. wählen. Die erstmalige Wahl bei Eröffnung oder Erwerb des luf Betriebes ist frei; zur zustimmungspflichtigen Umstellung (Rn. 5) vgl. § 8c Abs. 2 S. 2 und 3 EStDV.[5] Erzielt ein StPfl. nach Verpachtung des Betriebes weiterhin Einkünfte nach § 13, gilt § 4a Abs. 1 S. 2 Nr. 1 fort.[6]

4 Bei **im Handelsregister eingetragenen Gewerbetreibenden (Abs. 1 S. 2 Nr. 2)**, richtet sich – auch bei einer Betriebsverpachtung (§ 16 Rn. 218 ff.) ohne (Erklärung der) BetrAufg. oder bei einer Schätzung – das (abw.) Wj. nach dem Zeitraum des regelmäßigen Abschlusses iSd. §§ 4 Abs. 1 und 5 Abs. 1. Maßgeblich für die Möglichkeit, vom Kj. abzuweichen, ist allein die formelle Registereintragung, deren Rechtmäßigkeit ist insofern unerheblich. Die Eintragung ins Register muss zu Beginn des abw. Wj. vorliegen.[7] Der StPfl. kann den Abschlusszeitpunkt seines höchstens zwölf Monate umfassenden Wj. im Grundsatz beliebig wählen, lediglich spätere Änderungen sind nur eingeschränkt möglich (Rn. 5); allerdings muss nach wohl hM in der Literatur das steuerrechtl. Wahlrecht gem. § 5 Abs. 1 S. 1 mit dem Handelsrecht übereinstimmen, so dass das handelsrechtl. Geschäftsjahr dem (gewillkürten) steuerrechtl. Wj. zu entsprechen hat.[8] Dementspr. muss bei einer GmbH, deren Satzungsänderung eine Regelung über das abw. Wj. betrifft, diese Änderung vor Beginn des betr. Wj. im Handelsregister eingetragen sein, um eine wirksame Umstellung auf das abw. Wj. zu erreichen.[9] Das Wahlrecht zur Bestimmung des abw. handels- und steuerrechtl. Wj. übt der StPfl. idR durch das Erstellen des ersten (wiederkehrenden) Jahresabschlusses oder außerhalb des Veranlagungsverfahrens aus, vorbereitende Jahresabschlussarbeiten genügen aber ebenso wenig wie das Einreichen der Eröffnungs- oder einer Schlussbilanz bei Betriebseinstellung.[10] Die Änderungsmöglichkeit für das ausgeübte Wahlrecht endet mit Ablauf des betr. Kj.[11] Macht der StPfl. v. seinem Wahlrecht keinen Gebrauch, decken sich Wj. und Kj. Lediglich bei gesellschaftsrechtl. Beherrschungsverhältnissen kann bereits bei der Gründung die erstmalige Wahl eines abw. Wj. der Missbrauchskontrolle unterliegen.[12] Angesichts des Gesetzeswortlauts erscheint diese Möglichkeit im Gründungsfall aber fragwürdig, so dass bei Neugründungen ein Rechtsmissbrauch (unzulässige „Steuerpause") allenfalls ausnahmsweise in Betracht kommt.

5 § 4a Abs. 1 S. 2 Nr. 2 S. 2 macht eine vom Kj. abw. **Umstellung des Wj.** v. der formlosen, auch nachträglichen, Billigung (= Zustimmung, Genehmigung oder Einverständnis[13]) des FA abhängig. Dieser VA bildet einen Grundlagenbescheid gem. § 171 Abs. 10 AO.[14] Dagegen bedarf das Umstellen des Wj. auf das Kj. keiner Zustimmung. Im Falle einer (Neu-)Gründung kann ein StPfl. ein abw. Wj. wählen, ohne dass – mangels Umstellung – das Einvernehmen des FA erforderlich wäre.[15] Eine zustimmungspflichtige Umstel-

1 FG Düss. v. 26.3.2012 – 6 K 4454/10, EFG 2012, 1484 (1484 f.).
2 FG München v. 12.3.1998 – 15 K 2258/92, EFG 1998, 998; zur fehlerhaften Genehmigung des abw. Wj.: BFH v. 24.11.1988 – IV R 252/84, BStBl. II 1989, 312 (313) = FR 1989, 313.
3 BFH v. 19.4.1994 – VIII R 48/93, BFH/NV 1995, 84 (85); v. 25.3.2004 – IV R 49/02, BFH/NV 2004, 1247 (Einbringung in PersGes., an der früherer Einzelunternehmer beteiligt ist).
4 BFH v. 3.12.1987 – IV R 4/87, BStBl. II 1988, 269 (271) = FR 1988, 198: bis etwa 10 % der gesamten Nutzungen.
5 BFH v. 23.9.1999 – IV R 4/98, BStBl. II 2000, 5 (6) = FR 2000, 101 m. Anm. *Kanzler.*
6 BFH v. 11.3.1965 – IV 60/61 U, BStBl. III 1965, 286 (287).
7 FG München v. 3.11.1987 – II 58/87 AO, EFG 1988, 464; *K/S/M*, § 4a Rn. B 79.
8 *K/S/M*, § 4a Rn. B 71; **aA** FG Hbg. v. 3.12.1996 – VII 176/94, EFG 1997, 603 (604).
9 FG Nürnb. v. 6.10.1998 – I 243/96, EFG 1998, 1693 (1694).
10 BFH v. 16.2.1989 – IV R 307/84, BFH/NV 1990, 632 (633); v. 16.12.2003 – VIII R 89/02, v. 16.12.2003 – VIII R 89/02, BFH/NV 2004, 936 (937); R 4a Abs. 2 S. 1 EStR.
11 FG Münster v. 18.11.1997 – 1 K 4497/97 E, EFG 1998, 354.
12 BFH v. 16.12.2003 – VIII R 89/02, BFH/NV 2004, 936 (938): abw. Wj. bei BetrAufsp.; gegen einen Gestaltungsmissbrauch im Gründungsfall dagegen für den Regelfall: BFH v. 9.11.2006 – IV R 21/05, FR 2007, 788 = BFH/NV 2007, 1002.
13 BFH v. 8.10.1969 – I R 167/66, BStBl. II 1970, 85; v. 7.11.2013 – IV R 13/10, BFH/NV 2014, 199 (202).
14 BFH v. 23.9.1999 – IV R 4/98, BStBl. II 2000, 5 (6) = FR 2000, 101 m. Anm. *Kanzler*; *K/S/M*, § 4a Rn. A 92.
15 BFH v. 9.11.2006 – IV R 21/05, BStBl. II 2010, 230 (232) = FR 2007, 788.

lung setzt begrifflich Unternehmens- und Unternehmeridentität voraus; fehlt es an dieser Identität, liegt keine Umstellung vor, so dass auch keine Zustimmung des FA erforderlich ist.[1] Dagegen berührt der Übergang auf die das Unternehmen fortführenden Erben[2] oder der Wechsel v. G'tern bei weiterbestehender PersGes.[3] nicht deren Identität, so dass eine Umstellung Zustimmung erfordert. Das diesbezügliche Wahlrecht kann iRd. StErklärung oder außerhalb der Veranlagung ausgeübt werden.[4] Grds ist in einem VZ nur eine Umstellung zulässig; lediglich bei Begr. einer steuerrechtl. Organschaft wird die Bildung zweier Rumpf-Wj. in einem Kj. für zulässig erachtet.[5]

Bei dem VA (Rn. 5) handelt es sich um eine gem. § 102 FGO nur begrenzt durch die Gerichte überprüfbare **Ermessensentscheidung.**[6] Das FA entscheidet ermessensgerecht, wenn es beachtliche wirtschaftliche (also nicht unbedingt zwingende oder betriebsnotwendige) Gründe vor allem betrieblicher Abläufe für die Umstellung genügen lässt und lediglich Umstellungsmanipulationen allein aus stl. Gründen („Steuerpause" oä. rein stl. Vorteile[7]) entgegenwirken will.[8] Die Zustimmung oder Genehmigung kann unter den Voraussetzungen der § 130f AO aufgehoben werden.[9] 6

Bei **nicht im Handelsregister eingetragenen Gewerbetreibenden**, vor allem also Kleinbetrieben oder Partnerschaftsgesellschaften mit gewerblichen Einkünften,[10] ist Wj. stets das Kj., **§ 4a Abs. 1 S. 2 Nr. 3.** Gleiches gilt bei Einkünften gem. § 18 (Rn. 1), selbst wenn der StPfl. (zu Unrecht) ins Handelsregister eingetragen ist.[11] Besonderheiten gelten bei Scheingewerbetreibenden.[12] 7

Erzielt der nicht ins Handelsregister eingetragene Gewerbetreibende zugleich Einkünfte nach § 13, kann er gem. **§ 4a Abs. 1 S. 2 Nr. 3 S. 2** als Wj. den Zeitraum v. 1.7. bis 30.6. wählen, sofern er – sei es auch freiwillig, § 8c Abs. 3 EStDV – Bücher führt und das FA zustimmt.[13] Dieses besondere Wahlrecht soll buchführenden Land- und Forstwirten helfen, die neben dem luf. Betrieb eine eng verwobene gewerbliche Betätigung ausüben. Sie können – sofern das FA zustimmt – den für den luf. Betrieb maßgebenden Zeitraum als Wj. für den GewBetr. bestimmen, sofern sie auch für den GewBetr. Bücher führen und für diesen Zeitraum regelmäßig Abschlüsse machen. Der StPfl. übt sein Wahlrecht regelmäßig durch das Erstellen des Jahresabschlusses aus.[14] 8

C. Zuordnung des Betriebsergebnisses bei abweichendem Wirtschaftsjahr (Abs. 2)

Mit Ausnahme eines Veräußerungsgewinns (Rn. 10) wird bei **LuF (Abs. 2 Nr. 1)** das für das Wj. ermittelte Betriebsergebnis einschl. etwaiger Beteiligungsgewinne zeitanteilig auf die Kj. **aufgeteilt**, auf die sich das betr. Wj. erstreckt. Diese zeitanteilige Aufteilungsmöglichkeit besteht ausweislich des Gesetzeswortlauts allein für die in Abs. 2 Nr. 1 genannten Land- und Forstwirte. Maßgeblich ist hierbei die Anzahl der Monate des betr. Wj. in dem jeweiligen Kj. Trotz der Gefahr widersprechender Ergebnisse hinsichtlich der Be- 9

1 R 4a Abs. 1 S. 1 EStR (StPfl. wählt hinsichtlich eines hinzuerworbenen Betriebes ein anderes Wj. als der Rechtsvorgänger); R 4a Abs. 1 S. 2 EStR (StPfl. führt nach Zusammenfassung mehrerer Betriebe das abw. Wj. für einen Betrieb fort); BFH v. 23.9.1983 – III R 76/81, BStBl. II 1984, 94 (95): Errichtung einer Betriebsgesellschaft im Rahmen einer BetrAufsp.; zu weiteren Umwandlungstatbeständen: *K/S/M*, § 4a Rn. B 100.
2 BFH v. 22.8.1968 – IV 244/63, BStBl. II 1969, 34.
3 BFH v. 14.9.1978 – IV R 49/74, BStBl. II 1979, 159 (160).
4 BFH v. 24.1.1963 – IV 46/62 S, BStBl. III 1963, 142; R 4a Abs. 2 S. 1 EStR.
5 BMF v. 17.11.1989, DB 1989, 2512; vgl. auch *Streck/Schwedhelm*, BB 1988, 679.
6 BFH v. 15.6.1983 – I R 76/82, BStBl. II 1983, 672 (673) = FR 1983, 566; **aA** *K/S/M*, § 4a Rn. B 141 ff. (unbestimmter Gesetzesbegriff).
7 BFH v. 24.4.1980 – IV R 149/76, BStBl. II 1981, 50 (51); v. 15.6.1983 – I R 76/82, BStBl. II 1983, 672 (674) = FR 1983, 566: Möglichkeit eines (verbesserten) Verlustrücktrages; FG München v. 26.2.2002 – 6 K 1823/01, nv.: Vermeiden stl. Nachteile wegen anstehender Gesetzesänderung; zur Parallelwertung iRd. § 42 AO: BFH v. 18.12.1991 – XI R 40/89, BStBl. II 1992, 486 (487) = FR 1992, 374; v. 16.12.2003 – VIII R 89/02, BFH/NV 2004, 936; v. 9.11.2006 – IV R 21/05, BStBl. II 2010, 230 (231) = FR 2007, 788.
8 BFH v. 9.11.1966 – VI 303/65, BStBl. III 1967, 111 (112): Buchführungsmängel und Inventurschwierigkeit; BFH v. 8.10.1969 – I R 167/66, BStBl. II 1970, 85 (86): Abrechnungserleichterung mit Verpächter; FG SchlHol. v. 30.9.2002 – IV 789/95, EFG 2003, 163: abw. Wj. bei BetrAufsp.; H 4a „Zustimmungsbedürftige Umstellung" EStR mit Beispielen.
9 BFH v. 24.11.1988 – IV R 252/84, BStBl. II 1989, 312 (313) = FR 1989, 313; v. 16.12.2003 – VIII R 89/02, BFH/NV 2004, 936 (938); v. 7.11.2013 – IV R 13/10, BFH/NV 2014, 199 (201).
10 BMF v. 21.12.1994, DStR 1995, 181.
11 BFH v. 18.5.2000 – IV R 26/99, BStBl. II 2000, 498 (499) = FR 2000, 990 m. Anm. *Kanzler.*
12 FG SchlHol. v. 29.9.2005 – 5 K 172/03, EFG 2006, 97 (98).
13 Zustimmungspflicht bei getrennter Buchführung, R 4a Abs. 2 S. 2 und 3 EStR.
14 BFH v. 7.11.2013 – IV R 13/10, BFH/NV 2014, 199 (201) – zugleich zu Besonderheiten, wenn ein Landwirt erst im Laufe des Wj. erkennt, dass sich ein GewBetr. aus dem LuF-Betrieb herausgelöst hat.

steuerungsgrundlagen besteht keine Bindung an den für einen früheren VZ ermittelten Gewinn;[1] auch unterbleibt eine gesonderte Feststellung der auf die beiden Kj. aufzuteilenden Gewinnanteile. Sind die Einkünfte aus LuF dagegen wegen mehrerer Beteiligter (MU'er) gesondert festzustellen, § 180 Abs. 1 Nr. 2 lit. a AO, bezieht sich diese Feststellung stets auf das Kj. als Veranlagungsjahr; als Vorstufe ist hierfür zunächst der Gewinn des (abw.) Wj. zu ermitteln.[2]

10 Nach § 4a Abs. 2 Nr. 1 S. 2 sind **Veräußerungsgewinne gem. § 14** oder **Aufgabegewinne**[3] ohne Aufteilung dem Kj. ihrer Entstehung zuzuordnen; dagegen sind Veräußerungsverluste iRd. Aufteilung nach § 4a Abs. 2 Nr. 1 S. 1 (Rn. 9) zu berücksichtigen. Die Sonderregelung für Veräußerungsgewinne beruht auf der Annahme, dass derartige Gewinne willentlich entstehen und idR steuerbegünstigt sind.[4] Zu den genannten Veräußerungsgewinnen zählen etwa auch die unentgeltlichen Betriebsübertragungen.[5]

11 Bei **GewBetr. (Abs. 2 Nr. 2)** wird das Betriebsergebnis **ohne Aufteilung** dem Kj. **zugerechnet**, in dem das betr. Wj. endet. Um Teilgewinnermittlungen zu vermeiden, fingiert § 4a Abs. 2 Nr. 2 den Gewinnbezug auf das Ende des betr. Wj. Dies gilt jedoch nur für die MU'schaft selbst. Demgegenüber gilt § 4a Abs. 2 Nr. 2 im Falle einer Veräußerung oder Aufgabe eines MU'anteils bei einer fortbestehenden MU'schaft nicht für den ausscheidenden MU'er.[6] Die Vorschrift enthält keine (ausdrückliche) Regelung, welchem Kj. der Gewinn eines ausscheidenden MU'ers zuzurechnen ist. Maßgeblich ist hiernach der Zeitpunkt des Ausscheidens; die Dauer der Beteiligung ist begrenzt auf den Zeitraum, in dem der MU'er diesbezügliche Einkünfte erzielt. Vergleichbar dem Tod des MU'ers bestimmt insoweit der Einkunftserzielungszeitraum auch den maßgeblichen Gewinnermittlungszeitraum. Die Zurechnungsregelung des § 4a Abs. 2 Nr. 2 betrifft im Übrigen allein die zeitliche Zuordnung.[7] Enden in einem Kj. mehrere Wj., ist der Gewinn der Wj. (letztes abw. Wj. und Rumpf-Wj.) in diesem Kj. zusammenzufassen, auch wenn sich iErg. ein mehr als zwölfmonatiger Gewinnermittlungszeitraum ergibt.[8] Dies gilt entspr., wenn der StPfl. v. einem unzulässigerweise gewählten abw. Wj. auf das Kj. umstellt. Schließlich könnte die Zuwendungsfiktion des § 4a Abs. 2 Nr. 2 auch bei den G'tern gelten, die im lfd. Geschäftsjahr aus einer Ges. mit abw. Wj. ausscheiden.[9]

§ 4b Direktversicherung

[1]Der Versicherungsanspruch aus einer Direktversicherung, die von einem Steuerpflichtigen aus betrieblichem Anlass abgeschlossen wird, ist dem Betriebsvermögen des Steuerpflichtigen nicht zuzurechnen, soweit am Schluss des Wirtschaftsjahres hinsichtlich der Leistungen des Versicherers die Person, auf deren Leben die Lebensversicherung abgeschlossen ist, oder ihre Hinterbliebenen bezugsberechtigt sind. [2]Das gilt auch, wenn der Steuerpflichtige die Ansprüche aus dem Versicherungsvertrag abgetreten oder beliehen hat, sofern er sich der bezugsberechtigten Person gegenüber schriftlich verpflichtet, sie bei Eintritt des Versicherungsfalls so zu stellen, als ob die Abtretung oder Beleihung nicht erfolgt wäre.

1 BFH v. 6.12.1990 – IV R 129/89, BStBl. II 1991, 356 (357) = FR 1991, 419 zur Bilanzberichtigung: BFH v. 25.8.2000 – IV B 150/99, BFH/NV 2001, 308 (309).
2 BFH v. 25.4.1985 – IV R 135/84, BFH/NV 1987, 278.
3 BFH v. 24.9.2015 – IV R 39/12, BFH/NV 2016, 30.
4 BFH v. 24.8.2000 – IV R 42/99, FR 2001, 94 m. Anm. *Kanzler* = BFH/NV 2001, 246 (247).
5 BFH v. 23.8.1979 – IV R 95/75, BStBl. II 1980, 8 (9) = FR 1980, 47: unentgeltliches Übertragen des LuF-Betriebes auf Familienangehörige im Wege der vorweggenommenen Erbfolge.
6 BFH v. 18.8.2010 – X R 8/07, BStBl. II 2010, 1043 (1045) = FR 2011, 28 m. Anm. *Kanzler*.
7 BFH v. 26.6.2014 – IV R 5/11, BStBl. II 2014, 972 = FR 2014, 976 m. Anm. *Wendt*: zeitliche Zuordnung von Gewinnanteilen iSv. § 15 Abs. 1 S. 1 Nr. 2, die gem. § 15 Abs. 3 Nr. 1 Alt. 2 zur Abfärbung führen; s. § 15 Rn. 144.
8 BFH v. 14.10.1987 – I R 381/83, BFH/NV 1989, 141 (143); v. 12.7.2007 – X R 34/05, BStBl. II 2007, 775 (776) = FR 2008, 27.
9 FG Düss. v. 28.2.2007 – 7 K 5172/04 E, EFG 2007, 824 mit krit. Anm.

Literatur: *P. Fischer*, Altersvorsorge und Altersbezüge, DStJG 24 (2001), 463; *Höreth/Schiegl*, Auswirkungen des Alterseinkünftegesetzes auf die Direktversicherung, BB 2004, 2101; *May/Jura*, Normkonkretisierung durch Verwaltungsvorschriften?, BetrAV 2009, 406; *Wellisch/Näth*, Betriebliche Altersvorsorge – steuerliche und sozialversicherungsrechtliche Behandlung und Gestaltungsansätze, BB 2002, 1393; frühere Literatur s. 10. Aufl.

A. Grundaussagen der Vorschrift

I. Regelungsgegenstand. § 4b hat **Subventionscharakter** zur Förderung der DirektVers. als Gestaltungsform der betrieblichen Altersversorgung. Die Vorschrift enthält im Hinblick auf die Anspr. aus solchen Versicherungen eine negative Zurechnungsnorm und damit iErg. ein **Aktivierungsverbot** (Ansatzverbot, §§ 4 Abs. 1, 5): Obwohl der ArbG und nicht der versicherte ArbN Versicherungsnehmer der DirektVers. ist und er deswegen die geleisteten **Versicherungsbeiträge als BA** (§ 4 Abs. 4) abziehen kann, sind die Versicherungsansprüche nicht dem BV des ArbG zuzurechnen. 1

II. Verhältnis zu anderen Vorschriften. Bis zur Umstellung v. der bisherigen sog. vorgelagerten auf die nunmehrige sog. nachgelagerte Besteuerung v. Alterseinkünften durch das AltEinkG mit Wirkung v. VZ 2004 an stellten die Beiträge für die DirektVers. für den versicherten ArbN regelmäßig (Ausnahme: vGA[1]) bereits in der **Anwartschaftsphase** stpfl. Arbeitslohn dar (§ 19 iVm. § 2 Abs. 2 Nr. 3 LStDV, klarstellend § 9 Abs. 1 S. 1 Nr. 3 idF des JStG 2007[2]). § 4b korrelierte insoweit mit **§ 40b aF**, der die stl. Behandlung der Versicherungsbeiträge beim ArbN regelte und bei diesem eine Pauschalbesteuerung ermöglichte.[3] Dieser Weg wird für die DirektVers.-Beiträge gem. § 40b verschlossen, weil die Pauschalbesteuerung die vorgelagerte Besteuerung per definitionem erfordert.[4] Stattdessen sind (auch) die Beiträge des ArbG für eine DirektVers. in die Steuerbefreiung gem. **§ 3 Nr. 63** einbezogen worden, vorausgesetzt, sie werden zum Aufbau einer kapitalgedeckten betrieblichen Altersversorgung geleistet (zum Inkrafttreten dieser letzteren Einschränkung bereits v. 1.1.2002 an s. Art. 18 Abs. 1 iVm. Art. 1 Nr. 2b AltEinkG und § 3 Rn. 64 ff.). Trotz dieses Systemwechsels durch das AltEinkG bleibt es indes bei der bisherigen Möglichkeit der Pauschalbesteuerung, wenn die entspr. Versorgungszusage vor dem 1.1.2005 erteilt wurde und der ArbN ggü. dem ArbG für diese Beiträge auf die Steuerbefreiung gem. § 3 Nr. 63 verzichtet hat, vgl. § 52 Abs. 5i idF des AltEinkG. Maßgebender Zuflusszeitpunkt ist (abw. v. § 11 Abs. 1 S. 2) die Leistung der Versicherungsbeiträge durch den ArbG (und nicht eine etwaige Einzugsermächtigungserteilung des ArbN).[5] Im Falle einer **Gehaltsumwandlung** kann der ArbN gem. § 1a Abs. 3 BetrAVG idF des AVmG die Förderung nach **§ 10a, § 82 Abs. 2** verlangen. In der späteren **Leistungsphase** bleiben (als Folge der sog. intertemporalen Korrespondenz) beim ArbN die Versicherungsleistungen unter den Voraussetzungen des § 10 Abs. 1 Nr. 2 lit. b aa (§ 10 Abs. 1 Nr. 2 lit. b aF) als Einmalzahlung und die Zinsen auf die Sparanteile gem. § 20 Abs. 1 Nr. 6 stfrei; im Falle der Zahlung als wiederkehrende Bezüge bleibt es bei der Besteuerung mit dem Ertragsanteil gem. § 22 Nr. 1 S. 3. 2

B. Gegenstand und Abschluss der Direktversicherung (S. 1)

I. Begriff und Wesensmerkmale der Direktversicherung. Die DirektVers. ist eine **Lebensversicherung** durch den StPfl. (im Allg. den ArbG) auf das Leben des ArbN oder seiner Hinterbliebenen (§ 1b Abs. 2 BetrAVG). Die Begünstigten erhalten ein widerrufliches oder unwiderrufliches Bezugsrecht auf die Versicherungsleistung (Rn. 9 ff.). Lebensversicherung iSd. § 4b sind Kapital-, Renten-, fondsgebundene Versicherungen auf den Todes und/oder Erlebensfall mit Abdeckung des Todesfall- und Rentenwagnisses,[6] ggf. unter Einschluss v. Unfallzusatz- oder Berufsunfähigkeitsversicherungen; auch Unfallversicherungen mit Beitragsrückgewähr[7] sowie sog. Dread disease-Versicherungen (= Auszahlung der Versicherung bei einer genau definierten letalen Erkrankung)[8], **nicht** aber selbständige **Berufsunfähigkeits- oder Unfallversicherungen** ohne Beitragsrückgewähr,[9] auch nicht Aussteuer- und Ausbildungsversicherungen sowie reine Treueprämienversicherungen und sog. Restschuld-Lebensversicherungen mit Arbeitsunfähigkeitszusatz, vermögenswirksame Lebensversicherungen uÄ. Solchen Versicherungen fehlt idR der primäre Versorgungscharakter (Rn. 12). **Nicht** um eine DirektVers. handelt es sich auch bei der **Rückdeckungsversicherung** zur Besicherung eines Versorgungsanspruchs (s. § 4d Rn. 16), und zwar auch dann nicht, wenn sie an den ver- 3

---

1 FG RhPf. v. 25.11.1998 – 1 K 2490/98, EFG 1999, 230.
2 V. 13.12.2006, BGBl. I 2006, 2878.
3 Vgl. BFH v. 7.7.2005 – IX R 7/05, BStBl. II 2005, 726.
4 *Höreth/Schiegl*, BB 2004, 2101.
5 BFH v. 24.8.2017 – VI R 58/15, DStR 2017, 2541.
6 S. auch BFH v. 9.11.1990 – VI R 164/86, BStBl. II 1991, 189 zur Abgrenzung zu Sparverträgen; *K/S/M*, § 4b Rn. B 8 ff.
7 BFH v. 11.1.1963 – VI 18/60 U, BStBl. III 1963, 234; R 4b Abs. 1 S. 7 EStR, R 40b.1 Abs. 2 S. 8 LStR .
8 *H/V/V*, BetrAVG Bd. II StR[18], Kap. 15 Rn. 8, 17 ff.; BMF v. 12.9.1997, DB 1997, 1950.
9 BFH v. 24.10.1991 – VI R 49/89, BFH/NV 1992, 242.

sorgungsberechtigten ArbN aufschiebend bedingt auf den Fall der Gefährdung des Anspr. verpfändet worden ist[1] (zweifelh. allerdings im Falle der „insolvenzfesten“[2] unwiderruflichen[3] Verpfändung sowie der unbedingten Abtretung[4]). **Abw. v. § 40b** aF (s. Rn. 2) sind die **Laufzeit**[5] der Versicherung und die dortigen Anforderungen an den **Mindesttodesfallschutz**[6] ohne Bedeutung.[7] Die Versicherung kann bei in- und ausländ. Versicherern abgeschlossen werden (insoweit wie bei § 40b aF, abw. aber v. § 10 Abs. 2 Nr. 2).

4 Die Versicherungsleistungen sind entweder **beitragsbezogen** (mit Zusage einer **Mindestleistung**, vgl. § 1 Abs. 2 Nr. 2 BetrAVG) oder **leistungsbezogen** (vgl. § 1 Abs. 1 BetrAVG, ggf. durch Beitragsumwandlung, vgl. § 1 Abs. 2 Nr. 1 BetrAVG) auszugestalten. Bei der beitragsbezogenen Zusage sind gleich bleibende Beitragszuwendungen (als fixer Betrag oder als Quote, zB des Monatseinkommens) zu leisten. Für die Mindestleistung hat der ArbG einzustehen, wenn die versprochene Versorgung (zB durch Überschussanteile aus der DirektVers.) nicht aufzubringen ist; sie lässt die andernfalls bestehende arbeitsrechtl. Einstandspflicht des ArbG entfallen. Die Leistungszusage ermöglicht hingegen variable Beitragszuwendungen in Höhe der fest zugesagten Versorgungsleistungen; sie kann in der Weise erfolgen, dass bestimmte Beiträge in Leistungen umgewandelt werden. Die Finanzierung durch eine Entgeltumwandlung ist in allen Fällen zulässig (§ 1 Abs. 2 Nr. 3, § 1a BetrAVG); sie führt zur sofortigen Unverfallbarkeit der Anwartschaft (§ 1b Abs. 5 HS 1 BetrAVG) und zur Einräumung eines unwiderruflichen Bezugsrechts (§ 1b Abs. 5 HS 2 Nr. 1 BetrAVG). Schließlich ermöglicht § 1 Abs. 2 Nr. 4 BetrAVG die Eigenbeitragszusage, bei der der ArbN Eigenbeiträge zur Finanzierung der betrieblichen Altersversorgung an eine DirektVers. (oder einen Pensionsfonds, eine Pensions- oder Unterstützungskasse) leistet und die Versorgungszusage des ArbG auch die Leistungen aus diesen Beiträgen umfasst; die Regelung bezweckt insbes., dass auch solche Eigenbeiträge zur Förderung durch Zulagen und den evtl. SA-Abzug gem. §§ 79 ff. iVm. § 10a berechtigen.

5 **II. Versicherte Person. Versicherter einer DirektVers. ist idR der ArbN**, in den Fällen des § 17 Abs. 1 S. 2 BetrAVG auch der Auftragnehmer (zB freie Mitarbeiter, zB selbständige Handelsvertreter, Wirtschafts- und Steuerberater, Gutachter, Hausgewerbetreibende). Maßgeblich ist – abw. v. LSt-Recht (§ 1 Abs. 1 S. 1 LStDV) – der arbeitsrechtl. ArbN-Begriff (§ 17 Abs. 1 BetrAVG), er bezieht sich also auf Arbeiter und Angestellte einschl. der zu ihrer Berufsausbildung Beschäftigten, allerdings unter Berücksichtigung steuerrechtl. Besonderheiten (zB Ehegatten-Arbverh.,[8] MU'er iSv. § 15 Abs. 1 S. 1 Nr. 2). **Keine Versicherten** iSv. § 4b sind Ehegatten v. ArbN für den Fall der Ehescheidung[9] oder Hinterbliebene, die – als Rechtsnachfolger – nur Bezugsberechtigte (s. Rn. 9) sein können. **Nicht notwendig** ist, dass die arbeitsrechtl. oder schuldrechtl. Beziehung zw. dem StPfl. und dem Versicherten bei Abschluss der DirektVers. bereits oder noch besteht; es genügt der Abschluss derselben „aus betrieblichem Anlass“.

6 **III. Abschluss durch den Arbeitgeber.** Die DirektVers. kommt durch **Abschluss** eines Lebensversicherungsvertrages (§§ 150–171, § 211 VVG) zw. dem ArbG als Versicherungsnehmer und dem Versicherungsunternehmen (vgl. § 1b Abs. 2 BetrAVG) mit schriftlicher Einwilligung des Versicherten zustande (§ 150 Abs. 2 S. 1, § 179 Abs. 2 S. 1 VVG). Die nachträgliche Genehmigung genügt nur, wenn der Abschluss einen Vorbehalt enthält. Bei **Gruppenversicherungen** ist die Einwilligung verzichtbar, wenn die Versicherten einen unmittelbaren Anspr. auf die Leistung haben oder wenn sie v. Versicherungsnehmer entspr. unterrichtet worden sind. Auch rechtsunwirksame Verträge können aber stl. beachtlich sein (§ 41 Abs. 1 AO).

7 **Versicherungsnehmer** muss der **ArbG** sein. Nach Praxis der FinVerw.[10] schadet es aber nicht, wenn dieser – zB bei einem ArbG-Wechsel – den v. einem anderen geschlossenen Vertrag für den ArbN als Direkt-

1 BFH v. 28.6.2001 – IV R 41/00, BStBl. II 2002, 724; *Gosch*[3], § 8 Rn. 1139.
2 S. aber auch *Molitor*, ZInsO 2005, 856: Die aus „Krisenmitteln“ einer GmbH finanzierte ‚kapitalersetzende‘ DirektVers. zugunsten ihres G'ter-Geschäftsführers unterfalle dem Auszahlungsverbot der §§ 30, 32a GmbHG(aF) und könne v. Insolvenzverwalter zurückgefordert werden.
3 Zur Abgrenzung s. BGH v. 7.4.2005 – IX ZR 138/04, DB 2005, 1453; dazu *Elfring*, NJW 2005, 2192; *Balle*, EWiR 2005, 641; allg. zu dem sog. Verpfändungsmodell zB *Arteaga*, ZIP 1998, 276; *Blomeyer*, BetrAV 1999, 293; *Reuter*, GmbHR 2002, 6.
4 Vgl. *Gosch*, StBp. 2002, 281 (282); *Höfer/Reinhard/Reich*, BetrAVG Bd. I ArbR[21], § 7 Rn. 100 ff., 124; s. auch BFH v. 7.8.2002 – I R 2/02, BStBl. II 2004, 131.
5 R 40b.1 Abs. 2 S. 5 und 6 LStR, zu Recht krit. insoweit *K/S/M*, § 40b Rn. B 7.
6 R 40b.1 Abs. 3 und 4 LStR; BMF v. 6.12.1996, BStBl. I 1996, 1438.
7 R 4b Abs. 1 S. 5 EStR; *K/S/M*, § 4b Rn. B 27.
8 S. dazu § 4 Rn. 257 „Angehörige“; „Arbeitslohn“; § 4 Rn. 256 „Versicherungsleistungen“; BFH v. 25.7.1995 – VIII R 38/93, BStBl. II 1996, 153; v. 18.12.2001 – VIII R 69/98, BStBl. II 2002, 353.
9 FinMin. NRW v. 10.10.1988, DB 1988, 2129; allg. auch *Stuhrmann*, BB 1987, 2347.
10 BMF v. 26.1.1976, BB 1977, 477; v. 6.4.1984, DStR 1984, 371; R 4b Abs. 1 S. 2 EStR, R 26 Abs. 1 S. 2 EStR aF: sachliche Billigkeitsentscheidung, vgl. *K/S/M*, § 4b Rn. B 64.

Vers. übernimmt. Das erweist sich als günstig, wenn bis zum vorgesehenen Versorgungsfall keine zwölf Jahre mehr verstreichen; infolge der Übernahme des bereits lfd. Vertrages kann so die Steuerfreiheit der Versicherungszinserträge gem. § 20 Abs. 1 Nr. 6 S. 2 aF gesichert werden.[1] Gleiches muss wohl auch für die hälftige Steuerfreiheit gem. § 20 Abs. 1 Nr. 6 S. 2 nF gelten, vorausgesetzt die Auszahlung erfolgt nach Vollendung des 60. Lebensjahres des Begünstigten.

Die DirektVers. muss am jeweils **maßgeblichen Bilanzstichtag** abgeschlossen worden sein (vgl. S. 1 HS 2). 8
Eine versicherungsrechtl. zulässige (sog. technische Rückdatierung) des Vertragsbeginns[2] ist dabei allerdings ebenso anzuerkennen wie der im Versicherungsschein bezeichnete Tag des Beginns, wenn innerhalb v. drei Monaten nach diesem Tag die erste Prämie bezahlt wird.[3]

IV. Bezugsberechtigung des Versicherten oder seiner Hinterbliebenen. DirektVers. sind Lebensver- 9
sicherungen auf das Leben eines Dritten durch Einräumung eines – widerruflichen oder unwiderruflichen – **Bezugsrechts** (§ 166 Abs. 1 VVG). Die Festlegung des Bezugsrechts wird durch eine besondere, einseitig empfangsbedürftige und schriftliche (§ 13 Abs. 3 ALB) Willenserklärung des ArbG in dessen Funktion als Versicherungsnehmer begründet. Die nachträgliche Festlegung ist möglich. **Begünstigter** des Bezugsrechts ist nach § 4b „die Pers., auf deren Leben die Lebensversicherung abgeschlossen ist, oder ihre **Hinterbliebenen**". Dazu gehören Witwen oder Witwer, Waisen, auch sonstige Pers., wie der Lebensgefährte,[4] also nicht nur gesetzliche Erben; es besteht grds. Vertragsfreiheit, wer in den Schutzbereich einbezogen wird.[5] Allerdings verlangt die FinVerw. beim Lebensgefährten besondere Anhaltspunkte zur Darlegung der betrieblichen Veranlassung (Unterhaltspflicht, gemeinsame Haushaltsführung, Kenntnis des Lebensgefährten v. der Versorgung).[6] Beim **unwiderruflichen Bezugsrecht** (auf welches im Falle einer Entgeltumwandlung ein Rechtsanspruch besteht, vgl. § 1b Abs. 5 HS 2 Nr. 1 BetrAVG, Rn. 4) erwirbt der Berechtigte die künftigen Versicherungsleistungen bereits bei seiner Benennung (zum Beleihungs- und Abtretungsrecht s. Rn. 16), beim **widerruflichen Bezugsrecht** steht dieses Recht bis zum Versorgungsfall noch dem Versicherungsnehmer zu. Es genügt, wenn der Versicherte nur teilw. und ansonsten der Versicherungsnehmer bezugsberechtigt ist (sog. **gespaltenes Bezugsrecht** mit quantitativer oder qualitativer Aufteilung[7]). (Nur) In entspr. Umfang („soweit") ist der Versicherungsanspruch dem StPfl. zuzurechnen und demnach v. diesem zu aktivieren (Rn. 14). Das gilt auch dann, wenn Anspr. des ArbN aus der Versicherung nachträglich herabgesetzt werden. In welcher Weise die Bezugsrechtsspaltung vollzogen wird, ist unbeachtlich (zB Erklärung ggü. dem Versicherer, auch nur schuldrechtl. Abmachungen zw. ArbG und ArbN, vorausgesetzt, solche sind arbeitsrechtl. anzuerkennen[8]). Im Falle einer **Entgeltumwandlung** (§ 1a BetrAVG; s. § 6a Rn. 19) dürfen Überschussanteile aus der Versicherung allerdings nur zur Leistungsverbesserung verwendet werden (vgl. § 1b Abs. 5 HS 1 Nr. 2 BetrAVG), was eine diesbezügliche Bezugsberechtigung des ArbG ausschließt.

Ohne Bedeutung für die Bezugsberechtigung und die stl. Behandlung der DirektVers. ist die arbeitsrechtl. 10
(Un-)Verfallbarkeit der entspr. Anspr. (vgl. § 1b Abs. 2 iVm. § 1b Abs. 1 BetrAVG).[9] Der **Schadensersatzanspruch**, der durch Widerruf oder Beleihung eines unverfallbaren Anspr. ausgelöst werden kann, ist v. ArbG zu passivieren.

V. Änderung des Durchführungsweges. Solange das Bezugsrecht widerruflich[10] ist und deswegen dem 11
ArbN noch entzogen werden kann, ist die Übertragung der (mittelbaren) Versicherungszusage auf eine (unmittelbare) Direktzusage zulässig, ggf. auch durch Umwandlung und Fortführung der DirektVers. als Rückdeckungsversicherung zur Absicherung der künftigen Direktzusage. Der Zustimmung des Begünstigten bedarf es bei gleich bleibendem Versorgungsinhalt nicht. Empfehlenswert ist eine solche Umwandlung des Durchführungsweges der Versorgung in erster Linie (auch) bei neu eingestellten G'ter-Geschäftsführern v. KapGes., um die sog. Probezeit zu überbrücken, in der diesen eine Direktzusage idR nur um den Preis einer vGA (§ 8 Abs. 3 S. 2 KStG) gewährt werden kann.[11] Die v. ArbG zurückgekauften Deckungsmittel aus der DirektVers. erhöhen im Falle der Umwandlung dessen Gewinn, dem allerdings die Zuführung zur (erstmals gebildeten) Pensionsrückstellung (§ 6a) gegenübersteht. Die auf die bisherigen Ver-

1 Vgl. BFH v. 9.5.1974 – VI R 137/72, BStBl. II 1974, 633.
2 *K/S/M*, § 4b Rn. B 65.
3 Vgl. BMF v. 7.2.1991, BStBl. I 1991, 214; *K/S/M*, § 4b Rn. B 65.
4 Vgl. BFH v. 29.11.2000 – I R 90/99, BStBl. II 2001, 204 (dort zur vGA).
5 *K/S/M*, § 4b Rn. B 74.
6 BMF v. 25.7.2002, BStBl. I 2002, 706.
7 Zu den Aufteilungsmöglichkeiten s. *Speidel*, BB 1996, 2278; *K/S/M*, § 4b Rn. B 83 ff.
8 *K/S/M*, § 4b Rn. B 90 f.
9 R 4b Abs. 2 S. 3 EStR; 40b.1 Abs. 2 S. 11 LStR; *K/S/M*, § 4b Rn. B 94, A 28.
10 Zur nur eingeschränkten Widerruflichkeit im Insolvenzfall s. BGH v. 3.5.2006 – IV ZR 134/05, DB 2006, 1488.
11 Vgl. BFH v. 15.10.1997 – I R 42/97, BStBl. II 1999, 316; v. 29.10.1997 – I R 52/97, BStBl. II 1999, 318; v. 11.2.1998 – I R 73/97, BFH/NV 1998, 1262; v. 18.2.1999 – I R 51/98, DStRE 1999, 630; v. 18.8.1999 – I R 10/99, DStRE 2000, 26.

sicherungsbeiträge gezahlten und als Lohn versteuerten Versicherungsbeiträge sind v. FA zu erstatten, entweder (idR bei Pauschalbesteuerung gem. § 40b aF, s. Rn. 2) an den ArbG, wenn dieser die LSt getragen hat, oder aber – im Falle einer Bruttolohnvereinbarung oder einer Gehaltsumwandlung – an den ArbN (als negative Einnahmen, s. Rn. 14). Die Höhe der negativen Einnahmen beim ArbN bemisst sich im Allg. nach dem Umfang des Deckungskapitalverlustes im Jahr des Durchführungswechsels.[1]

12 **VI. Abschluss für die betriebliche Altersversorgung.** Die DirektVers. muss – ihrem Hauptzweck nach[2] – für die betriebliche Altersversorgung (**§ 1 Abs. 1 S. 1 BetrAVG**) abgeschlossen werden, idR aufgrund einer betrieblichen Versorgungsordnung und durch Bezuschussung der Beiträge durch den ArbG, einschl. der in **§ 1 Abs. 2 BetrAVG** geregelten Zusagevarianten: beitragsorientierte Leistungszusagen (§ 1 Abs. 2 Nr. 1 BetrAVG), Beitragszusagen mit Mindestleistung (§ 1 Abs. 2 Nr. 2 BetrAVG), Zusagen nach Gehaltsverzicht des ArbN durch Entgeltumwandlung (§ 1 Abs. 2 Nr. 3 BetrAVG, Gehaltsumwandlungsversicherung; kein Gestaltungsmissbrauch, § 42 AO[3]), vorausgesetzt, es handelt sich nicht um eine verdeckte private Versorgung (ggf. unter Einschaltung des ArbG als bloßen Treuhänder), sowie sog. Eigenbeitragszusagen (§ 1 Abs. 2 Nr. 4 BetrAVG). S. auch Rn. 4.

13 Eine **betriebliche Altersversorgung iSv. § 1 Abs. 1 BetrAVG** umfasst (alternativ oder kumulativ, „oder“) Leistungen der Alters-, Invaliditäts- oder Hinterbliebenenversorgung. Das Versprechen muss auf eine (ersetzende oder auch bloß ergänzende)[4] Versorgung gerichtet sein, wobei ein biometrisches Ereignis **versorgungsauslösend** ist. **Versorgungsgrund und -anlass** ist das jew Arbverh., für das dem Versorgungsversprechen gleichermaßen **Fürsorge- wie Entgeltcharakter** (für die **erbrachte Betriebstreue**)[5] zukommt.[6] Das **Ausscheiden aus dem Arbverh.** und die Beendigung desselben ist für die Annahme einer Altersversorgung zwar nicht unerlässlich,[7] jedoch prinzipiell Leistungsvoraussetzung (und kann durch eine entspr. Ausscheidensklausel auch „gesichert“ werden)[8]; im Falle der (grds. gleichwohl zulässigen und insoweit auch stl. unschädlichen[9]) **Weiterbeschäftigung des Begünstigten** kann (vor allem aus kstl. Sicht, vgl. § 8 Abs. 3 S. 2 KStG) eine Anrechnung v. Erwerbseinkommen üblich[10] und aus Sicht des Versorgungszwecks geboten sein.[11] Sa. § 6a Rn. 16. Keine betriebliche Altersversorgung liegt vor, wenn zw. ArbN und ArbG die **Vererblichkeit der Anwartschaft** vereinbart ist.[12]

14 **VII. Rechtsfolgen des S. 1.** Obwohl der ArbG bei DirektVers. Versicherungsnehmer ist und ihm für die Versicherungsprämien der BA-Abzug gem. § 4 Abs. 4 zusteht,[13] bestimmt § 4b – abw. v. allg. handelsrechtl. Grundsätzen (§ 5 Abs. 1) – ein **stl. Aktivierungsverbot** (Ansatzverbot dem Grunde nach), soweit der ArbN hinsichtlich der Versicherungsleistungen am Bilanzstichtag bezugsberechtigt ist. Bei Versicherungen mit unwiderruflichem Bezugsrecht oder bei widerruflichem Bezugsrecht, aber unverfallbarer Leistungsanwartschaft, ist diese Rechtsfolge lediglich deklaratorischer Natur. Sie ist hingegen konstitutiv, solange das noch verfallbare Bezugsrecht widerrufen werden kann.[14] Anspr. (Erlebensfall- ebenso wie Todesfallleistungen[15]) aus Rückdeckungsversicherungen (sofern bei einem nur mitversicherten Todesfallrisiko überhaupt ein eige-

---

1 BMF v. 9.2.1993, BStBl. I 1993, 248 Tz. 2.4.

2 *K/S/M*, § 4b Rn. B 50. Nebenzwecke anderer Art sind unschädlich, zB in Einzelfällen bei Aussteuer- und Ausbildungsversicherungen, aber str. (s. Rn. 3); *K/S/M*, § 4b Rn. B 23; *B/R/O*[7], StR Rn. A 22.

3 R 40b.1 Abs. 2 LStR; BFH v. 29.4.1991 – VI R 61/88, BStBl. II 1991, 647.

4 *Höfer/Reinhard/Reich*, BetrAVG Bd. I ArbR[21], Kap. 2 Rn. 42 ff.

5 Ohne dass die Betriebstreue indes als Verpflichtungsgrund anzusehen wäre, s. *B/R/O*[7], § 1 Rn. 15, Einl. Rn. 31 ff., Anh. § 1 Rn. 242.

6 *Höfer/Reinhard/Reich*, BetrAVG Bd. I ArbR[21], Kap. 2 Rn. 45 ff. mwN.

7 Vgl. BFH v. 5.3.2008 – I R 12/07, BStBl. II 2015, 409; v. 23.10.2013 – I R 60/12, BStBl. II 2015, 413.; dazu einschr. BMF v. 18.9.2017, BStBl. I 2017, 1293.

8 BMF v. 18.9.2017, BStBl. I 2017, 1293; *B/R/O*[7], § 6 Rn. 59 f.

9 BMF v. 18.9.2017, BStBl. I 2017, 1293; v. 24.7.2013, BStBl. I 2013, 1022 Tz. 286; v. 20.1.2009, BStBl. I 2009, 273 Tz. 185 (abw. v. BMF v. 11.11.1999, BStBl. I 1999, 959 Rn. 6; s. auch H 6a.1 EStH).

10 S. auch BFH v. 2.12.1992 – I R 54/91, BStBl. II 1993, 311 (zur Annahme einer vGA).

11 Vgl. BFH v. 5.3.2008 – I R 12/07, BStBl. II 2015, 409; v. 23.10.2013 – I R 60/12, BStBl. II 2015, 413; *Höfer/Reinhard/Reich*, BetrAVG Bd. I ArbR[21], Kap. 7 Rn. 57, § 5 Rn. 118.

12 BMF v. 20.1.2009, BStBl. I 2009, 273 Tz. 188; s. dort (und Tz. 186 f.) auch die Abgrenzungen bei der Hinterbliebenenversorgung; s. auch BAG v. 18.3.2003 – 3 AZR 313/02, BB 2004, 269, und dazu zust. *Höfer*, BetrAV 2004, 570; krit. *May/Jura*, BetrAV 2009, 406.

13 Nach unzutr. Auffassung des BFH v. 16.5.1995 – XI R 87/93, BStBl. II 1995, 873 (s. offenbar auch BFH v. 10.6.2008 – VIII R 68/06, BStBl. II 2008, 973 sowie v. 19.6.2007 – VIII R 100/04, BStBl. II 2007, 930, dort unter Hinweis auf ein so aber gar nicht existentes Einheitlichkeitsgebot für die verschiedenen Versorgungsformen) allerdings nur unter Beachtung der sog. Überversorgungsgrundsätze, s. dazu § 6a Rn. 19 und § 4d Rn. 14.

14 R 4b Abs. 2 S. 2 EStR, R 26 Abs. 2 S. 2 EStR aF; *K/S/M*, § 4b Rn. B 98.

15 Str.; wie hier BMF v. 5.11.1976, BetrAV 1976, 221; FinMin. Nds. v. 13.1.1978, FR 1978, 142; *K/S/M*, § 4b Rn. B 121; **aA** *B/R/O*[7], StR Rn. A 57; *A/F/R*, 4. Teil Rz. 135 ff.

nes Deckungskapital für dieses Risiko gebildet wird), aus DirektVers. mit widerrufenem Bezugsrecht sowie – teilw. – bei Bezugsrechtsspaltungen (Rn. 9) bleiben beim ArbG nach allg. Grundsätzen **aktivierungspflichtig.**[1] Aktivierungspflichtig sind auch abgetretene oder beliehene DirektVers. im Umfang der Abtretung/Beleihung, wenn die schriftliche Garantieerklärung fehlt (Rn. 16). Ohne Einfluss auf die Aktivierungspflicht des Versicherungsanspruchs beim ArbG ist die stl. Behandlung des Anspr. beim ArbN (zB die Auszahlung v. Gewinnanteilen des Versicherers an den ArbG, die beim ArbN zur Rückzahlung v. Arbeitslohn = zu negativen Einnahmen führen sollen,[2] s. auch Rn. 11). – Die **Bewertung** der zu aktivierenden Anspr. richtet sich nach allg. Grundsätzen (§ 6 Abs. 1 Nr. 2), idR mit dem TW, der mit dem („gezillmerten") geschäftsplanmäßigen Deckungskapital[3] übereinstimmt. Der niedrigere Rückkaufswert (= gemeine Wert) ist nur anzusetzen, wenn am Bilanzstichtag ernstlich mit der Auflösung des Vertrages zu rechnen ist.[4]

Bei Gewinnermittlung durch **Überschussrechnung (§ 4 Abs. 3)** ist § 4b bedeutungslos; die Versicherungsbeiträge bleiben zwar in vollem Umfang als BA abzugsfähig (§ 4 Abs. 4),[5] da sie der Anschaffung eines nicht abnutzbaren WG des AV (vgl. § 266 Abs. 2 HGB) dienen, allerdings zeitversetzt im Jahr der Entnahme oder der Abtretung, § 4 Abs. 3 S. 4. Zum UV gehören die Versicherungsansprüche erst bei Eintritt des Versorgungsfalls, darüber hinaus die Anspr. auf Überschussbeteiligung, es sei denn, solche werden erst bei Ablauf der Versicherung fällig. Im wirtschaftlichen Ergebnis werden StPfl. mit Gewinnermittlung gem. § 4 Abs. 3 und § 4 Abs. 1, § 5 also gleich behandelt. Diese Gleichstellung betrifft aber nur jene Fälle, in denen der ArbG (zB bei gespaltenem Bezugsrecht) selbst bezugsberechtigt ist. Bleibt der ArbN bezugsberechtigt und fehlen lediglich die Voraussetzungen v. S. 2, bleibt es beim – sofortigen – BA-Abzug der Versicherungsbeiträge.[6] 15

C. Abtretung und Beleihung (S. 2)

§ 4b S. 2 stellt (konstitutiv und in Einklang mit den arbeitsrechtl. Möglichkeiten, vgl. § 1b Abs. 2 S. 3 BetrAVG) sicher, dass Anspr. aus einer DirektVers. dem ArbG selbst dann nicht zuzurechnen sind, wenn dieser (nicht der hierzu ggf. auch berechtigte ArbN[7]) über die Anspr. während der Laufzeit der Versicherung durch Abtretung oder Beleihung, darüber hinaus auch durch Verpfändung wirtschaftlich verfügt. Eine solche Vfg. ist nach Maßgabe v. § 4b S. 2 unbegrenzt zulässig, es sei denn, sie erfolgt allein zum Zwecke der Steuerbilanz-„Kosmetik" (§ 42 AO).[8] Sie kann allerdings aus arbeitsrechtl. Sicht ausgeschlossen sein und sie ist dies stets, soweit die DirektVers. im Wege der Entgeltumwandlung finanziert wird (§ 1b Abs. 5 HS 1 Nr. 4 BetrAVG). Die (auch nur teilw.[9]) **Abtretung** (§§ 398 ff. BGB, auch die bloße **Verpfändung**, §§ 1273 ff. BGB) und **Beleihung** (vgl. § 1b Abs. 2 S. 3 BetrAVG, einschl. sog. Policendarlehen = Vorauszahlungen des Versicherers auf die späteren Versicherungsleistungen) sind dem Versicherer **anzuzeigen** (vgl. § 13 Abs. 3, Abs. 4 ALB). Voraussetzung für die Fortgeltung des Aktivierungsverbots ist, dass der ArbG sich den Bezugsberechtigten ggü. **schriftlich** (klar, eindeutig und unmissverständlich) verpflichtet, sie beim Eintritt des Versicherungsfalles so zu stellen, als sei nicht abgetreten oder beliehen worden (**Sicherstellungsverpflichtung** als materiell-rechtl. Voraussetzung und deklaratorisches Schuldanerkenntnis). Die Einstandserklärung kann unter Widerrufsvorbehalt gestellt werden; § 4b S. 2 verlangt keine Endgültigkeit. Sie muss sich in Gänze auf den Versicherungsanspr. erstrecken oder auch nur teilw. bei einer Teil-Beleihung/Abtretung.[10] Sie muss zum fraglichen **Bilanzstichtag** vorliegen; sie kann zum nächsten Stichtag nachgeholt werden. **In welcher Weise** der ArbG dieser Pflicht im Versorgungsfall genügen will, bleibt ihm überlassen.[11] Diese Verpflichtung als solche ist nicht zu passivieren.[12] Weil die durch Abtretung oder Beleihung wirtschaftlich genutzten Versicherungsdeckungsmittel im Falle der Insolvenz des ArbG in die Masse fallen, unterfällt die DirektVers. unter diesen Umständen dem Insolvenzschutz (vgl. § 7 Abs. 1 S. 2 Nr. 1, § 10 BetrAVG). Unterbleibt die Erklärung, ist der Anspr. beim ArbG zu aktivieren, soweit das Bezugsrecht des Versicherten noch widerruflich und der Versicherungsanspr. noch verfallbar sind.[13] 16

1 *K/S/M*, § 4b Rn. B 89; A 62.
2 BMF v. 9.2.1993, BStBl. I 1993, 248, dort Tz. 2.4.
3 R 4b Abs. 3 S. 3, R 6a Abs. 18 S. 3 EStR; R 41 Abs. 24 S. 4 EStR aF; *K/S/M*, § 4b Rn. B 119.
4 BFH v. 28.11.1961 – I 191/59 S, BStBl. III 1962, 101; *K/S/M*, § 4b Rn. B 115 ff.
5 Str.; *K/S/M*, § 4b Rn. B 125; **aA** *Speidel*, BB 1996, 2278.
6 *K/S/M*, § 4b Rn. B 127.
7 *K/S/M*, § 4b Rn. C 15 – anders kann es sich allerdings (nur) verhalten, wenn der ArbN den Anspr. an den ArbG rückabtritt.
8 *B/R/O*[7], StR Rn. A 75.
9 *K/S/M*, § 4b Rn. C 5.
10 *A/F/R*, 4. Teil Rn. 128.
11 *H/H/R*, § 4b Anm. 93; *A/F/R*, 4. Teil Rn. 127.
12 *K/S/M*, § 4b Rn. C 24.
13 *A/F/R*, 4. Teil Rn. 135 ff.; **aA** *H/V/V*, BetrAVG Bd. II StR[18], § 4b Rn. 97, 127; *B/R/O*[7], StR Rn. A 65.

§ 4c Zuwendungen an Pensionskassen

(1) [1]Zuwendungen an eine Pensionskasse dürfen von dem Unternehmen, das die Zuwendungen leistet (Trägerunternehmen), als Betriebsausgaben abgezogen werden, soweit sie auf einer in der Satzung oder im Geschäftsplan der Kasse festgelegten Verpflichtung oder auf einer Anordnung der Versicherungsaufsichtsbehörde beruhen oder der Abdeckung von Fehlbeträgen bei der Kasse dienen. [2]Soweit die allgemeinen Versicherungsbedingungen und die fachlichen Geschäftsunterlagen im Sinne des § 219 Absatz 3 Nummer 1 Buchstabe b des Versicherungsaufsichtsgesetzes nicht zum Geschäftsplan gehören, gelten diese als Teil des Geschäftsplans.

(2) Zuwendungen im Sinne des Absatzes 1 dürfen als Betriebsausgaben nicht abgezogen werden, soweit die Leistungen der Kasse, wenn sie vom Trägerunternehmen unmittelbar erbracht würden, bei diesem nicht betrieblich veranlasst wären.

Literatur: S. den Literaturnachweis zu § 4b; außerdem: *Baumeister*, Umsetzung der Pensionsfonds-Richtlinie der EU durch die 7. Novelle des Versicherungsaufsichtsgesetzes, DB 2005, 2076; *Förster/Rhiel*, Flexibilisierung der Zusatzversorgung – Steuerrechtliche Fragen, BetrAV 1999, 259; *Höfer*, Zur Besteuerung v. Kapitalzuführungen an Pensionskassen, DB 1997, 896.

A. Grundaussagen der Vorschrift

1 § 4c ist eine **besondere Gewinnermittlungsvorschrift**; sie schränkt für Zuwendungen, die v. Trägerunternehmen an eine betriebliche Pensionskasse (als Gestaltungsform der betrieblichen Altersversorgung, vgl. § 1b Abs. 3 S. 1 BetrAVG) geleistet werden, den nach § 4 Abs. 4 grds. unbegrenzten Abzug betrieblicher Aufwendungen als BA ein (Einschränkung des Nettoprinzips). Die Zuwendungen unterliegen beim begünstigten ArbN – als Folge des Rechtsanspruchs auf die Kassenleistungen (Rn. 2) – im Grundsatz der LStPfl. (§ 19 iVm. § 2 Abs. 2 Nr. 3 LStDV, jetzt klarstellend § 19 Abs. 1 S. 1 Nr. 3 idF des JStG 2007[1]), die gem. **§ 40b Abs. 1** (s. aber die Beschränkungen gem. § 40b Abs. 2) pauschal erhoben werden kann. **Ausnahmen** v. der LStPfl. bestehen gem. **§ 3 Nr. 62** für gesetzliche Zukunftssicherungsleistungen des ArbG sowie gem. **§ 3 Nr. 63** für bis zu 4 % der Beitragsbemessungsgrenze zur gesetzlichen Rentenversicherung (ggf. gem. § 3 Nr. 63 S. 2 um 1 800 Euro erhöht), allerdings nur für ein erstes Dienstverhältnis der Begünstigten. Die letztere Einschränkung betrifft gleichermaßen Zuwendungen des ArbG nach § 19 Abs. 1 S. 1 Nr. 3 S. 1 bezogen auf umlagefinanzierte Versorgungssysteme gem. § 3 Nr. 56 idF des JStG 2007, dies aber erst v. VZ 2008 an (vgl. § 52 Abs. 5 idF des JStG 2007). Werden die Kassenbeiträge ganz oder zT durch eine Entgeltumwandlung finanziert, kann der ArbN (wie bei § 4b, s. dort Rn. 1, und § 4e, s. dort Rn. 2) gem. § 1a Abs. 3 BetrAVG idF des AVmG stattdessen die Förderung nach **§ 10a, § 82 Abs. 2** verlangen. Nicht um lstpfl. Arbeitslohn handelt es sich bei Zuwendungen des ArbG zur Bildung der gesetzlich vorgeschriebenen Solvabilitätsspanne (§ 213 VAG; § 53c Abs. 1 und 2a VAG aF, s. Rn. 6).[2] Vgl. iÜ zur Besteuerung der Leistungsbezüge beim ArbN § 4b Rn. 2. – § 4c wurde durch das G zur Modernisierung der Finanzaufsicht über Versicherungen v. 1.4.2015 infolge der dadurch bewirkten Neuregelung des VAG mWv. 1.1.2016 redaktionell angepasst.[3]

B. Pensionskasse

2 Eine Pensionskasse ist nach der auch stl. maßgeblichen (seinerzeit neu gefassten) Definition des **§ 232 VAG** (idF des G zur Modernisierung der Finanzaufsicht über Versicherungen v. 1.4.2015)[4] (§ 118a VAG aF idF des 7. VAGÄndG v. 29.8.2005)[5] ein rechtl. selbständiges (rechtsfähiges,[6] auch ausländ., vgl. §§ 241,

1 V. 13.12.2006, BGBl. I 2006, 2878.
2 BFH v. 28.6.2001 – IV R 41/00, BStBl. II 2002, 724.
3 BGBl. I 2015, 434, dort Art. 2 Abs. 7 Nr. 1 iVm. Art. 3 Abs. 1.
4 BGBl. I 2015, 434.
5 V. 29.8.2005, BGBl. I 2005, 2546.
6 Ggf. auch bereits vor Eintragung in das Register als Vor-VVaG; s. insoweit zur Unterstützungskasse BFH v. 24.1.2001 – I R 33/00, BFH/NV 2001, 1300; v. 12.6.2002 – XI R 28/01, BFH/NV 2003, 18; v. 25.3.2004 – IV R 8/02, DStRE 2004, 993.

243, 244 VAG, §§ 118c, 118e, 118f VAG aF, und gem. § 5 Abs. 1 Nr. 3 KStG ggf. steuerbefreites[1]) Lebensversicherungsunternehmen, dessen Zweck die Absicherung wegfallenden Erwerbseinkommens wegen Alters, Invalidität und Tod ist und das **(1)** das Versicherungsgeschäft im Wege des Kapitaldeckungsverfahrens betreibt, **(2)** Leistungen grds. erst ab dem Zeitpunkt des Wegfalls des Erwerbseinkommens vorsieht, **(3)** solche im Todesfall (vorbehaltlich eines Sterbegeldes) nur an Hinterbliebene (s. zu diesem Personenkreis § 4b Rn. 9) erbringen darf, und **(4)** im Unterschied zur Unterstützungskasse (vgl. § 4d), aber ebenso wie der Pensionsfonds (§ 4e), der versicherten Pers. einen **eigenen Rechtsanspruch** auf Leistung gegen die Kasse einräumt oder Leistungen als Rückdeckungsversicherung erbringt. Das deckt sich der Sache nach mit **§ 1b Abs. 3 S. 1 BetrAVG.** Unverfallbarkeit iSv. § 1b Abs. 1 BetrAVG und Unwiderruflichkeit sind nicht Voraussetzung dieses Rechtsanspruchs. Allerdings darf die Bezugsberechtigung des ArbN nicht mehr widerrufen werden, wenn und sobald die Versorgungsanwartschaft durch eine **Entgeltumwandlung** des ArbN finanziert wird (vgl. § 1b Abs. 5 HS 2 Nr. 1 BetrAVG). Der Rechtsform nach handelt es sich bei der Pensionskasse um ein (in- oder auch ausländ.) Versicherungsunternehmen (idR als VVaG), das der staatlichen Versicherungsaufsicht unterfällt, abw. v. einem allg. Versicherer seine Leistungen regelmäßig aber auf einen bestimmten ArbN- und ArbG-Kreis beschränkt. Je nachdem, ob die Pensionskasse v. einem oder mehreren Unternehmen getragen wird, tritt die Pensionskasse als **Firmen- oder Betriebspensionskasse, Konzernpensionskasse** wirtschaftlich verbundener Unternehmen oder überbetriebliche **Gruppenpensionskasse** für Mitarbeiter eines bestimmten Wirtschaftszweiges in Erscheinung. Steht die Kasse einer Vielzahl v. ArbN offen und hat sie den Charakter eines „normalen" Lebensversicherungsunternehmens, wird neuerdings auch v. **Wettbewerbspensionskassen** gesprochen.[2]

C. Versicherungsnehmer, Versicherter, Trägerunternehmen

Versicherter und idR zugleich **Versicherungsnehmer** und damit Mitglied der Pensionskasse ist der jeweilige ArbN, ggf. auch der erweiterte Personenkreis gem. § 17 Abs. 1 S. 2 BetrAVG (s. § 4b Rn. 5). **Trägerunternehmen** der Pensionskasse ist nach der Legaldefinition in § 4c Abs. 1 S. 1 das (beschränkt oder unbeschränkt stpfl.) Unternehmen, „das die Zuwendungen leistet", idR der ArbG, gleichviel welcher Rechtsform, gleichviel auch, ob als (zusätzlicher) Versicherungsnehmer der Pensionskasse oder aufgrund einer besonderen Gewährleistungsverpflichtung. Wer die Pensionskasse **finanziert**, ist unbeachtlich (zB auch durch den ArbN durch **Barlohnumwandlung**, – deferred compensation?; auch durch Eigenbeiträge, die allerdings keine Zuwendungen iSv. § 4c sind).[3] 3

Wie bei der DirektVers. (§ 4b) und dem Pensionsfonds (§ 4e) kann die Versorgungszusage aufgrund des Geschäftsplans der Kasse **beitragsbezogen** (verbunden mit einer Mindestleistung) oder aber **leistungsbezogen** ausgestaltet sein (§ 1 Abs. 2 Nr. 1 und 2 BetrAVG). Vgl. im Einzelnen § 4b Rn. 4. 4

D. Abzugsfähige und nicht abzugsfähige Zuwendungen (Abs. 1, 2)

Zuwendungen iSv. Abs. 1 sind **Vermögensübertragungen**, die die Pensionskasse einseitig bereichern (Zuschüsse, Zuwendungen aus öffentl. Kassen) und die nicht auf einem Leistungsaustausch beruhen, wobei die Verpflichtung der Pensionskasse, die Zuwendungen für betriebliche Sozialleistungen zu verwenden, unschädlich ist. Aus welchem Grund (freiwillig[4] oder aus einer Verpflichtung, zB aus § 53b VAG aF) und in welcher Weise die Zuwendungen erbracht und berechnet werden (lfd. oder einmalig, in Höhe der Versicherungsprämien, des Verwaltungskostenanteils, als Bedarfszuwendungen zur Auffüllung des Deckungskapitals, als Kapitalzuschüsse oder Verbindlichkeitsübernahme uÄ), ist ebenso unbeachtlich, wie es eines Abflusses v. Leistungen im abgelaufenen VZ bedarf;[5] auch eine zuwendungsausgelöste Rückstellungsbildung ist nicht ausgeschlossen (Rn. 6). Es muss sich nur um **eigene** Beiträge des ArbG handeln (s. aber Rn. 3). **Keine** Zuwendungen iSv. Abs. 1 (und damit hierdurch nicht eingeschränkt) sind Zahlungen zur Bildung des Gründungsstocks (§ 178 VAG, § 22 VAG aF) der Pensionskasse (s. aber Rn. 6). Gleiches gilt für konkrete (und nicht überhöhte und damit ggf. verdeckte) Gegenleistungen des Trägerunternehmens für Leistungen der Pensionskasse. Rückforderungsvorbehalte sind schädlich. 5

Die stl. **Abzugsfähigkeit** der Zuwendungen wird durch Abs. 1 qualitativ und quantitativ („soweit") **abschließend** festgestellt, wobei sich die einzelnen Abzugsmöglichkeiten gegenseitig nicht ausschließen, viel- 6

1 S. auch § 44a Abs. 4 S. 6 nF zur KapESt.-Befreiung v. EU/EWR-Pensionskassen; § 49 Rn. 82.
2 Vgl. *Baumeister*, DB 2005, 2076 (2080).
3 *K/S/M*, § 4c Rn. B 13.
4 Vgl. BFH v. 5.11.1992 – I R 61/89, BStBl. II 1993, 185; *K/S/M*, § 4c Rn. B 35.
5 Zu Letzterem *K/S/M*, § 4c Rn. B 34; offen BFH v. 30.11.2004 – VIII R 98/02, BFH/NV 2005, 1768, sowie FG Münster v. 26.8.2008 – 9 K 1660/05 K, EFG 2008, 1942 (aus anderen Gründen bestätigt durch BFH v. 27.1.2010 – I R 103/08, BStBl. II 2010, 614).

mehr kumulativ nebeneinander stehen. **Abzugsfähig sind** die Zuwendungen danach: **(1)** aufgrund satzungsmäßiger oder geschäftsplanmäßiger (§ 138 VAG, § 11 VAG aF) Verpflichtung in der v. der BAFin genehmigten Form; **(2)** aufgrund einer konkreten (ggf. auch rückwirkenden) Anordnung der Versicherungsaufsichtsbehörde (gegenüber der Pensionskasse, nicht dem ArbG) zur Sicherstellung der Leistungsverpflichtung (vgl. §§ 294 ff. VAG, §§ 81 ff. VAG aF), allerdings nur, soweit ArbN des jeweiligen ArbG betroffen sind (ggf. Aufteilung);[1] **(3)** (auch ohne Anordnung) zur Abdeckung v. Fehlbeträgen der Pensionskasse, die vorliegen, wenn das Vermögen der Kasse am Bilanzstichtag zu niedrig ist, um im Pensionsfall ihre Leistungsfähigkeit sicherzustellen. Zur Ermittlung des tatsächlichen Kassenvermögens s. § 5 Abs. 1 Nr. 3 lit. d S. 1 KStG. Die diesem Vermögen gegenüberzustellenden erforderlichen Deckungsmittel werden anhand versicherungsmathematischer Grundsätze mit einem Zinsfuß v. 3,5 % ermittelt. Ein **Nachholverbot** besteht (abw. v. § 6a Abs. 4 S. 1) **nicht** (Gestaltungsmöglichkeiten je nach Ertragslage!), ebenso wenig eine Begrenzung der Abzugsfähigkeit bei **überdotierten** (und damit partiell kstpfl., vgl. § 6 Abs. 1 KStG) Pensionskassen (abw. v. § 4d Abs. 1 S. 2 für Unterstützungskassen). Die FinVerw.[2] lässt überdies den BA-Abzug v. Zuwendungen zu, die das Trägerunternehmen leistet, um die Pensionskasse mit dem Mindestkapital nach den Vorschriften über die sog. Solvabilität (= Soll- und Mindestumfang der Eigenkapitalausstattung, sog. explizites EK[3]) des VAG (§ 213 VAG; § 53c Abs. 1, 2a VAG aF) auszustatten, sofern sie ohne Rückforderungs-Anspr. gewährt und dem LSt-Abzug unterworfen[4] werden. Handelt es sich um eine sog. deregulierte Pensionskasse (= mit Wirkung v. 1.1.2006 für sog. Wettbewerbskassen der Regelfall: § 118b Abs. 1 VAG aF idF des 7. VAGÄndG v. 29.8.2005 mit Ausnahmen für kleinere VVaG sowie für Firmenpensionskassen gem. § 118b Abs. 2, 3 VAG aF),[5] bei der die Finanzierungsgrundlagen nicht zum genehmigungspflichtigen Geschäftsplan gehören, treten an dessen Stelle die allg. Versicherungsbedingungen (AVB) und/oder die fachlichen Geschäftsunterlagen iSv. § 219 Abs. 3 Nr. 1 lit. b VAG idF des EbAV-UmsG v. 19.12.2018[6] (§ 234 Abs. 3 Nr. 1 iVm. § 9 Abs. 2 Nr. 2 VAG aF, zuvor § 5 Abs. 3 Nr. 2 HS 2 VAG aF) **(§ 4c Abs. 1 S. 2)**.

7 **Nicht** als BA abzugsfähig sind gem. **Abs. 2** in jedem Fall solche Zuwendungen iSv. Abs. 1, die beim Trägerunternehmen nicht betrieblich veranlasste Leistungen der Pensionskasse finanzieren, insbes. also private Zukunftssicherungsleistungen an den Trägerunternehmer oder seine Angehörigen (§ 12 Nr. 1; § 15 Abs. 1 S. 1 Nr. 2;[7] § 8 Abs. 3 S. 2 KStG[8]) oder auch an ‚fremde' ArbN.[9]

E. Rechtsfolgen

8 Erfüllt das Trägerunternehmen die Voraussetzungen des Abs. 1, kann es die geleisteten Zuwendungen als **BA** abziehen. Bei Gewinnermittlung durch Bestandsvergleich (§ 4 Abs. 1, § 5) sind **darüber hinausgehende Zuwendungen außerbilanziell** hinzuzurechnen, bei gesellschaftlicher Verbundenheit des Unternehmens mit der Pensionskasse ggf. auch als verdeckte Einlage auf die Beteiligung oder als Rückforderungsanspruch zu aktivieren. Die abzugsfähige Zuwendungsverpflichtung kann auch nach GoB zurückgestellt werden (Rn. 5), nach Auffassung der **FinVerw.**[10] analog § 4d Abs. 2 S. 2 (s. § 4d Rn. 35) und der Sache nach als Billigkeitserweis[11] selbst dann, wenn das Unternehmen freiwillig (ohne satzungs- oder geschäftsplanmäßige Verpflichtung) leisten will und die Zuwendung innerhalb eines Monats nach Aufstellung oder Feststellung der Bilanz vornimmt, **oder** wenn in diesem Zeitraum die Abdeckung v. Kassenfehlbeträgen verbindlich zugesagt wird. Zuwendungen an noch nicht bestehende (s. aber Rn. 2) Pensionskassen sind nicht abzugsfähig.[12] Zuwendungen, die ihrer Höhe nach die Abzugsgrenzen gem. § 4c Abs. 1 übersteigen, können nicht analog (oder aus Gründen der Gleichbehandlung mit Unterstützungskassen in verfassungskonformer Auslegung v. § 4d Abs. 2 S. 3 aktiv auf die folgenden Wj. vorgetragen werden.[13]

---

1 *K/S/M*, § 4c Rn. B 61.
2 BMF v. 6.2.1996, FR 1996, 258; zust. *Schmidt*[37], § 4c Rn. 6; *K/S/M*, § 4c B 52; **aA** *Höfer*, DB 1997, 896 (897): Abzug gem. § 4 Abs. 4; offen BFH v. 12.9.2001 – VI R 154/99, BStBl. II 2002, 22.
3 Vgl. *Kühlein*, BetrAV 1993, 186 (189); *Förster*, BetrAV 1994, 155.
4 Letzteres ist str.; zu Recht abl. *Höfer*, DB 1997, 896.
5 Vgl. *Baumeister*, DB 2005, 2076 (2081).
6 BGBl. I 2018, 2672, in Kraft getreten am 13.1.2019.
7 Vgl. BFH v. 28.6.2001 – IV R 41/00, BStBl. II 2002, 724.
8 BFH v. 20.7.2016 – I R 33/15, DStR 2016, 2581; krit. *Briese*, GmbHR 2016, 1277.
9 Im Einzelnen *K/S/M*, § 4c Rn. C 11 ff.
10 R 4c Abs. 5 S. 2 EStR, R 27 Abs. 5 S. 2 EStR aF.
11 Im Einzelnen *K/S/M*, § 4c Rn. B 73 f.
12 *K/S/M*, § 4c Rn. B 75; **aA** *B/R/O*[7], StR Rn. A 131; s. zur alten Rechtslage auch BFH v. 8.9.1953 – I 57/52 U, BStBl. III 1953, 344; v. 30.7.1954 – I 139/52 U, BStBl. III 1954, 287; A 26 I 4 EStR 1965.
13 *K/S/M*, § 4c Rn. B 77; **aA** *B/R/O*[7], StR Rn. A 132.

§ 4d Zuwendungen an Unterstützungskassen

(1) [1]Zuwendungen an eine Unterstützungskasse dürfen von dem Unternehmen, das die Zuwendungen leistet (Trägerunternehmen), als Betriebsausgaben abgezogen werden, soweit die Leistungen der Kasse, wenn sie vom Trägerunternehmen unmittelbar erbracht würden, bei diesem betrieblich veranlasst wären und sie die folgenden Beträge nicht übersteigen:

1. bei Unterstützungskassen, die lebenslänglich laufende Leistungen gewähren:
   a) das Deckungskapital für die laufenden Leistungen nach der dem Gesetz als Anlage 1 beigefügten Tabelle. [2]Leistungsempfänger ist jeder ehemalige Arbeitnehmer des Trägerunternehmens, der von der Unterstützungskasse Leistungen erhält; soweit die Kasse Hinterbliebenenversorgung gewährt, ist Leistungsempfänger der Hinterbliebene eines ehemaligen Arbeitnehmers des Trägerunternehmens, der von der Kasse Leistungen erhält. [3]Dem ehemaligen Arbeitnehmer stehen andere Personen gleich, denen Leistungen der Alters-, Invaliditäts- oder Hinterbliebenenversorgung aus Anlass ihrer ehemaligen Tätigkeit für das Trägerunternehmen zugesagt worden sind;
   b) in jedem Wirtschaftsjahr für jeden Leistungsanwärter,
      aa) wenn die Kasse nur Invaliditätsversorgung oder nur Hinterbliebenenversorgung gewährt, jeweils 6 Prozent,
      bb) wenn die Kasse Altersversorgung mit oder ohne Einschluss von Invaliditätsversorgung oder Hinterbliebenenversorgung gewährt, 25 Prozent

   der jährlichen Versorgungsleistungen, die der Leistungsanwärter oder, wenn nur Hinterbliebenenversorgung gewährt wird, dessen Hinterbliebene nach den Verhältnissen am Schluss des Wirtschaftsjahres der Zuwendung im letzten Zeitpunkt der Anwartschaft, spätestens zum Zeitpunkt des Erreichens der Regelaltersgrenze der gesetzlichen Rentenversicherung erhalten können. [2]Leistungsanwärter ist jeder Arbeitnehmer oder ehemalige Arbeitnehmer des Trägerunternehmens, der von der Unterstützungskasse schriftlich zugesagte Leistungen erhalten kann und am Schluss des Wirtschaftsjahres, in dem die Zuwendung erfolgt,
      aa) bei erstmals nach dem 31. Dezember 2017 zugesagten Leistungen das 23. Lebensjahr vollendet hat,
      bb) bei erstmals nach dem 31. Dezember 2008 und vor dem 1. Januar 2018 zugesagten Leistungen das 27. Lebensjahr vollendet hat oder
      cc) bei erstmals vor dem 1. Januar 2009 zugesagten Leistungen das 28. Lebensjahr vollendet hat;

   soweit die Kasse nur Hinterbliebenenversorgung gewährt, gilt als Leistungsanwärter jeder Arbeitnehmer oder ehemalige Arbeitnehmer des Trägerunternehmens, der am Schluss des Wirtschaftsjahres, in dem die Zuwendung erfolgt, das nach dem ersten Halbsatz maßgebende Lebensjahr vollendet hat und dessen Hinterbliebene die Hinterbliebenenversorgung erhalten können. [3]Das Trägerunternehmen kann bei der Berechnung nach Satz 1 statt des dort maßgebenden Betrags den Durchschnittsbetrag der von der Kasse im Wirtschaftsjahr an Leistungsempfänger im Sinne des Buchstabens a Satz 2 gewährten Leistungen zugrunde legen. [4]In diesem Fall sind Leistungsanwärter im Sinne des Satzes 2 nur die Arbeitnehmer oder ehemaligen Arbeitnehmer des Trägerunternehmens, die am Schluss des Wirtschaftsjahres, in dem die Zuwendung erfolgt, das 50. Lebensjahr vollendet haben. [5]Dem Arbeitnehmer oder ehemaligen Arbeitnehmer als Leistungsanwärter stehen andere Personen gleich, denen schriftlich Leistungen der Alters-, Invaliditäts- oder Hinterbliebenenversorgung aus Anlass ihrer Tätigkeit für das Trägerunternehmen zugesagt worden sind;
   c) den Betrag des Beitrages, den die Kasse an einen Versicherer zahlt, soweit sie sich die Mittel für ihre Versorgungsleistungen, die der Leistungsanwärter oder Leistungsempfänger nach den Verhältnissen am Schluss des Wirtschaftsjahres der Zuwendung erhalten kann, durch Abschluss einer Versicherung verschafft. [2]Bei Versicherungen für einen Leistungsanwärter ist der Abzug des Beitrages nur zulässig, wenn der Leistungsanwärter die in Buchstabe b Satz 2 und 5 genannten Voraussetzungen erfüllt, die Versicherung für die Dauer bis zu dem Zeitpunkt abgeschlossen ist, für den erstmals Leistungen der Altersversorgung vorgesehen sind, mindestens jedoch bis zu dem Zeitpunkt, an dem der Leistungsanwärter das 55. Lebensjahr vollendet hat, und während dieser Zeit jährlich Beiträge gezahlt werden, die der Höhe nach gleich bleiben oder steigen. [3]Das Gleiche gilt für Leistungsanwärter, die das nach

Buchstabe b Satz 2 jeweils maßgebende Lebensjahr noch nicht vollendet haben, für Leistungen der Invaliditäts- oder Hinterbliebenenversorgung, für Leistungen der Altersversorgung unter der Voraussetzung, dass die Leistungsanwartschaft bereits unverfallbar ist. [4]Ein Abzug ist ausgeschlossen, wenn die Ansprüche aus der Versicherung der Sicherung eines Darlehens dienen. [5]Liegen die Voraussetzungen der Sätze 1 bis 4 vor, sind die Zuwendungen nach den Buchstaben a und b in dem Verhältnis zu vermindern, in dem die Leistungen der Kasse durch die Versicherung gedeckt sind;

d) den Betrag, den die Kasse einem Leistungsanwärter im Sinne des Buchstabens b Satz 2 und 5 vor Eintritt des Versorgungsfalls als Abfindung für künftige Versorgungsleistungen gewährt, den Übertragungswert nach § 4 Absatz 5 des Betriebsrentengesetzes oder den Betrag, den sie an einen anderen Versorgungsträger zahlt, der eine ihr obliegende Versorgungsverpflichtung übernommen hat.

[2]Zuwendungen dürfen nicht als Betriebsausgaben abgezogen werden, wenn das Vermögen der Kasse ohne Berücksichtigung künftiger Versorgungsleistungen am Schluss des Wirtschaftsjahres das zulässige Kassenvermögen übersteigt. [3]Bei der Ermittlung des Vermögens der Kasse ist am Schluss des Wirtschaftsjahres vorhandener Grundbesitz mit 200 Prozent der Einheitswerte anzusetzen, die zu dem Feststellungszeitpunkt maßgebend sind, der dem Schluss des Wirtschaftsjahres folgt; Ansprüche aus einer Versicherung sind mit dem Wert des geschäftsplanmäßigen Deckungskapitals zuzüglich der Guthaben aus Beitragsrückerstattung am Schluss des Wirtschaftsjahres anzusetzen, und das übrige Vermögen ist mit dem gemeinen Wert am Schluss des Wirtschaftsjahres zu bewerten. [4]Zulässiges Kassenvermögen ist die Summe aus dem Deckungskapital für alle am Schluss des Wirtschaftsjahres laufenden Leistungen nach der dem Gesetz als Anlage 1 beigefügten Tabelle für Leistungsempfänger im Sinne des Satzes 1 Buchstabe a und dem Achtfachen der nach Satz 1 Buchstabe b abzugsfähigen Zuwendungen. [5]Soweit sich die Kasse die Mittel für ihre Leistungen durch Abschluss einer Versicherung verschafft, ist, wenn die Voraussetzungen für den Abzug des Beitrages nach Satz 1 Buchstabe c erfüllt sind, zulässiges Kassenvermögen der Wert des geschäftsplanmäßigen Deckungskapitals aus der Versicherung am Schluss des Wirtschaftsjahres; in diesem Fall ist das zulässige Kassenvermögen nach Satz 4 in dem Verhältnis zu vermindern, in dem die Leistungen der Kasse durch die Versicherung gedeckt sind. [6]Soweit die Berechnung des Deckungskapitals nicht zum Geschäftsplan gehört, tritt an die Stelle des geschäftsplanmäßigen Deckungskapitals der nach § 169 Absatz 3 und 4 des Versicherungsvertragsgesetzes berechnete Wert, beim zulässigen Kassenvermögen ohne Berücksichtigung des Guthabens aus Beitragsrückerstattung. [7]Gewährt eine Unterstützungskasse anstelle von lebenslänglich laufenden Leistungen eine einmalige Kapitalleistung, so gelten 10 Prozent der Kapitalleistung als Jahresbetrag einer lebenslänglich laufenden Leistung;

2. bei Kassen, die keine lebenslänglich laufenden Leistungen gewähren, für jedes Wirtschaftsjahr 0,2 Prozent der Lohn- und Gehaltssumme des Trägerunternehmens, mindestens jedoch den Betrag der von der Kasse in einem Wirtschaftsjahr erbrachten Leistungen, soweit dieser Betrag höher ist als die in den vorangegangenen fünf Wirtschaftsjahren vorgenommenen Zuwendungen abzüglich der in dem gleichen Zeitraum erbrachten Leistungen. [2]Diese Zuwendungen dürfen nicht als Betriebsausgaben abgezogen werden, wenn das Vermögen der Kasse am Schluss des Wirtschaftsjahres das zulässige Kassenvermögen übersteigt. [3]Als zulässiges Kassenvermögen kann 1 Prozent der durchschnittlichen Lohn- und Gehaltssumme der letzten drei Jahre angesetzt werden. [4]Hat die Kasse bereits 10 Wirtschaftsjahre bestanden, darf das zulässige Kassenvermögen zusätzlich die Summe der in den letzten zehn Wirtschaftsjahren gewährten Leistungen nicht übersteigen. [5]Für die Bewertung des Vermögens der Kasse gilt Nummer 1 Satz 3 entsprechend. [6]Bei der Berechnung der Lohn- und Gehaltssumme des Trägerunternehmens sind Löhne und Gehälter von Personen, die von der Kasse keine nicht lebenslänglich laufenden Leistungen erhalten können, auszuscheiden.

[2]Gewährt eine Kasse lebenslänglich laufende und nicht lebenslänglich laufende Leistungen, so gilt Satz 1 Nummer 1 und 2 nebeneinander. [3]Leistet ein Trägerunternehmen Zuwendungen an mehrere Unterstützungskassen, so sind diese Kassen bei der Anwendung der Nummern 1 und 2 als Einheit zu behandeln.

(2) [1]Zuwendungen im Sinne des Absatzes 1 sind von dem Trägerunternehmen in dem Wirtschaftsjahr als Betriebsausgaben abzuziehen, in dem sie geleistet werden. [2]Zuwendungen, die bis zum Ablauf eines Monats nach Aufstellung oder Feststellung der Bilanz des Trägerunternehmens für den

Schluss eines Wirtschaftsjahres geleistet werden, können von dem Trägerunternehmen noch für das abgelaufene Wirtschaftsjahr durch eine Rückstellung gewinnmindernd berücksichtigt werden. [3]Übersteigen die in einem Wirtschaftsjahr geleisteten Zuwendungen die nach Absatz 1 abzugsfähigen Beträge, so können die übersteigenden Beträge im Wege der Rechnungsabgrenzung auf die folgenden drei Wirtschaftsjahre vorgetragen und im Rahmen der für diese Wirtschaftsjahre abzugsfähigen Beträge als Betriebsausgaben behandelt werden. [4]§ 5 Absatz 1 Satz 2 ist nicht anzuwenden.

(3) [1]Abweichend von Absatz 1 Satz 1 Nummer 1 Satz 1 Buchstabe d und Absatz 2 können auf Antrag die insgesamt erforderlichen Zuwendungen an die Unterstützungskasse für den Betrag, den die Kasse an einen Pensionsfonds zahlt, der eine ihr obliegende Versorgungsverpflichtung ganz oder teilweise übernommen hat, nicht im Wirtschaftsjahr der Zuwendung, sondern erst in den dem Wirtschaftsjahr der Zuwendung folgenden zehn Wirtschaftsjahren gleichmäßig verteilt als Betriebsausgaben abgezogen werden. [2]Der Antrag ist unwiderruflich; der jeweilige Rechtsnachfolger ist an den Antrag gebunden.

Anlage 1 (zu § 4d Abs. 1)

Erreichtes Alter des Leistungsempfängers (Jahre)	Die Jahresbeiträge der laufenden Leistungen sind zu vervielfachen bei Leistungen	
	an männliche Leistungsempfänger mit	an weibliche Leistungsempfänger mit
1	2	3
bis 26	11	17
27 bis 29	12	17
30	13	17
31 bis 35	13	16
36 bis 39	14	16
40 bis 46	14	15
47 und 48	14	14
49 bis 52	13	14
53 bis 56	13	13
57 und 58	13	12
59 und 60	12	12
61 bis 63	12	11
64	11	11
65 bis 67	11	10
68 bis 71	10	9
72 bis 74	9	8
75 bis 77	8	7
78	8	6
79 bis 81	7	6
82 bis 84	6	5
85 bis 87	5	4
88	4	4
89 und 90	4	3
91 bis 93	3	3
94	3	2
95 und älter	2	2

Verwaltung: BMF v. 16.12.2005, BStBl. I 2005, 1056 – aufgehoben für Steuertatbestände, die nach dem 31.12.2008 verwirklicht werden durch BMF v. 23.4.2010, BStBl. I 2010, 391; v. 26.10.2006, BStBl. I 2006, 709; v. 15.3.2007, BStBl. I 2007, 290; v. 5.5.2008, BStBl. I 2008, 570; v. 12.11.2010, BStBl. I 2010, 1303 (Auswirkungen des VAStrRefG v. 3.4.2009, BGBl. I 2009, 700); v. 10.7.2015, BStBl. I 2015, 544 (Übertragung v. Versorgungsverpflichtungen und -anwartschaften auf Pensionsfonds); v. 6.12.2017, BStBl. I 2018, 147.

Literatur: S. den Literaturnachweis zu § 4b; außerdem: *Fuhrmann*, Wichtige Gesetzesänderungen im Bereich der Pensionsrückstellungen, NWB 2016, 1568; *Jaeger*, Fallstricke bei der Deferred Compensation mittels einer Unterstützungskasse, BB 1999, 1430; *Killat*, Steuerfragen rund um die Unterstützungskasse, BetrAV 2011, 361; *Vogel/Vieweg*, Zuwendungen für Anwartschaften auf lebenslänglich laufende Leistungen an die rückgedeckte Unterstützungskasse und veränderliches Beitragsniveau, BetrAV 2005, 541; frühere Literatur s. 10. Aufl.

A. Grundaussagen der Vorschrift

1 **I. Regelungsgegenstand.** Ebenso wie bei der DirektVers. (§ 4b), der Pensionskasse (§ 4c) und dem Pensionsfonds (§ 4e) handelt es sich bei der Unterstützungskasse um eine mittelbare („ausgelagerte") betriebliche Versorgungszusage (vgl. § 1 BetrAVG[1]) des ArbG an den begünstigten ArbN. Die dafür erforderliche finanzielle Ausstattung der Kasse wird durch entspr. Zuwendungen des ArbG sichergestellt. § 4d zielt (nicht anders als § 4c bei Pensionskasse) darauf ab, festzulegen, unter welchen Voraussetzungen und in welchem Umfang diese Zuwendungen erfolgswirksam **als BA abgezogen** werden können, und enthält – abw. v. **§ 4 Abs. 4** und weiter gehend als § 4c – erhebliche **Abzugseinschränkungen und -verbote** (nichtabzugsfähige BA, s. auch Rn. 16). Es soll verhindert werden, dass die ArbG als Trägerunternehmen der Kasse in ertragstarken Jahren Gewinne zukommen lassen und damit die stl. Bemessungsgrundlagen willkürlich beeinflussen. Diesem Anliegen gilt es bei Unterstützungskassen in besonderem Maße Rechnung zu tragen, weil diese auf ihre Leistungen keinen (formalen, s. Rn. 4) Rechtsanspruch einräumen und sie deshalb – anders als Pensionskassen – nicht der Versicherungsaufsicht unterliegen. Sie sind in der Anlage ihres Vermögens frei und können vor allem ihren Trägerunternehmen Darlehen (zurück-)gewähren und dadurch eine In-sich-Finanzierung ermöglichen. Dem will § 4d entgegentreten, indem die Kassenleistungen nicht nach dem sog. Anwartschafts-, sondern nur nach dem sog. **Kapitaldeckungsverfahren** finanziert werden können; das erforderliche Deckungskapital wird also erst im Zeitpunkt des Leistungsanfalls zugeführt und nicht kontinuierlich angesammelt.

2 Zuwendungen an eine Unterstützungs-, Pensionskasse oder einen Pensionsfonds einerseits und die Bildung v. Pensionsrückstellungen gem. **§ 6a** andererseits für die zeitgleiche Finanzierung gleicher Versorgungsleistungen an denselben Empfängerkreis sind ausgeschlossen **(Verbot der Doppelfinanzierung)**,[2] Zulässig sind jedoch hintereinander geschaltete Finanzierungen, s. § 6a Rn. 9. Einstandspflichten des ArbG bei unzulänglich ausgestatteten Unterstützungskassen sind nicht über § 6a rückstellbar.[3]

2a Die BA-Abzugslenkungen des § 4d werden durch **§ 8b Abs. 11 KStG** für den Fall „flankiert", dass die Anteile an der Unterstützungskasse veräußert werden. Die Abzugsfähigkeit der BA nach § 4d einerseits und

1 R 4d Abs. 2 S. 2 EStR.
2 R 4d Abs. 1 S. 2 iVm. R 6a Abs. 15 EStR; *K/S/M*, § 4d Rn. A 28.
3 S. BFH v. 16.12.2002 – VIII R 14/01, BStBl. II 2003, 347 (für den Fall des Betriebsübergangs gem. § 613a BGB und in diesem Zusammenhang auch des Übergangs der Versorgungsverpflichtungen durch eine Unterstützungskasse).

die Steuerbefreiung nach § 8b Abs. 2 KStG andererseits sollen nicht „meistbegünstigend" miteinander „korrespondieren". § 8b Abs. 11 KStG ordnet deswegen die Nichtanwendung seiner Abs. 1 bis 10 an. Ob das Regelungsziel durchweg erreicht wird, ist allerdings zu bezweifeln. Denn der BA-Abzug nach § 4d EStG ist in vielfacher Hinsicht reglementiert und beschränkt. Überdies sind veräußerungsbedingt „geöffnete" Wertsteigerungen der Anteile nicht eins zu eins auf BA-Abzüge zurückzuführen. Der Abzugsausschluss wirkt also iErg. pauschal-typisierend. Das ist grosso modo zu begrüßen, weil jedwede „Entkomplizierung" von Vorteil ist. Verfassungsrechtszweifel werden sich daraus deshalb auch dann nicht ableiten lassen, wenn die Norm in dem einen oder anderen Punkt zu weit reicht.

II. Systematische Einordnung. Die Regelung ist wortreich und kompliziert. Die Abzugseinschränkungen und -verbote des § 4d richten sich in erster Linie nicht nach Art, Zusammensetzung und Höhe der Zuwendungen selbst, sondern nach Art und Höhe der entspr. Kassenleistungen. Abs. 1 unterscheidet insoweit zw. Unterstützungskassen, die lebenslänglich lfd. **(Abs. 1 S. 1 Nr. 1)** und nicht lebenslänglich lfd. Leistungen **(Abs. 1 S. 1 Nr. 2)** gewähren. **Abs. 1 S. 2** betrifft sog. gemischte Kassen mit beiden Leistungsarten; **Abs. 1 S. 3** Trägerunternehmen mit mehreren Unterstützungskassen. **Abs. 2** enthält Regelungen zu den zeitlichen Bedingungen des Zuwendungsabzugs. 3

B. Unterstützungskasse

I. Begriff, Ausschluss des Rechtsanspruchs auf Kassenleistungen. Unterstützungskassen sind nach der auch stl. maßgebenden[1] arbeitsrechtl. Definition in § 1b Abs. 4 S. 1 BetrAVG rechtsfähige[2] (und ggf. partiell kstpfl., vgl. § 5 Abs. 1 Nr. 3 KStG, §§ 1, 3 KStDV[3]) Versorgungseinrichtungen (idR als eV, GmbH oder auch Stiftung), die auf ihre Leistungen (satzungsmäßig) **keinen Rechtsanspruch** gewähren. Der Ausschluss des Rechtsanspruchs ist **konstitutiv**. Er wird (bislang und de lege lata zu Recht[4]) weder steuer-[5] noch aufsichtsrechtl. (vgl. § 3 Abs. 1 VAG, § 1 Abs. 3 VAG aF) dadurch infrage gestellt, dass das **BAG**[6] die Kasse in ständiger Rspr. lediglich als Abwicklungsform ansieht **(Deckungsverhältnis)** und deshalb dem Begünstigten aus dem **arbeitsrechtl. Grundverhältnis** letztlich doch einen (faktischen) Rechtsanspruch sowohl gegen die Kasse als auch – im Wege des Durchgriffs – gegen das Trägerunternehmen zugesteht. Ein Widerruf der Zusage kommt danach (auch während der Anwartschaftsphase) allenfalls nach billigem Ermessen (zB im Insolvenzfall, vgl. § 7 Abs. 1 S. 2, 3 BetrAVG) in Betracht. 4

II. Kassenmitglied, Trägerunternehmen. Der Begriff des **Trägerunternehmens** (vgl. auch § 7 Abs. 1 S. 2 BetrAVG) ergibt sich aus § 4d Abs. 1 S. 1 und deckt sich mit jenem in § 4c Abs. 1 S. 1, s. dort Rn. 5. **Kassenmitglieder** können sowohl dieses Unternehmen als auch die Begünstigten sein, zwingend ist beides nicht. Die **Leistungsberechtigung** des jeweils Begünstigten ergibt sich allein aus Kassensatzung oder Versorgungsplan, ggf. auch aus individualvertraglicher Vereinbarung. 5

III. Abzugsfähige Zuwendungen. Zum **Zuwendungsbegriff** iSv. § 4d s. § 4c Rn. 5. Der Ersatz v. **Verwaltungskosten** soll nach Auffassung der FinVerw.[7] nicht zu den Zuwendungen gehören und gem. § 4 Abs. 4 abzugsfähig bleiben, es sei denn, solche Ersatzleistungen werden nach Maßgabe v. § 4d Abs. 1 S. 1 Nr. 1 S. 1 lit. c iRd. Beitragsersatzes für Rückdeckungsversicherungen vorgenommen. Keine Zuwendungen sind auch Beiträge an den PSV (aG) (§ 7 iVm. § 10 Abs. 1 BetrAVG), Einzahlungen auf das Stammkapital der Unterstützungskasse[8] sowie an diese für Kreditausleihungen gezahlte Zinsen. Zuwendungen, die über einen Dritten als sog. Clearing-Stelle geleistet werden, können nach Maßgabe v. § 4d abzugsfähig bleiben.[9] 6

Infolge des fehlenden Rechtsanspruchs auf die späteren Kassenleistungen führen regelmäßig erst diese (vgl. aber § 19 Abs. 2 S. 2 Nr. 3; § 24a; s. auch R 3.11 LStR: Steuerfreiheit bei Notfallleistungen idR bis 7

---

1 BFH v. 5.11.1992 – I R 61/89, BStBl. II 1993, 185; H 4d Abs. 1 EStH.
2 Ggf. auch bereits im Stadium des Vorvereins vor Eintragung, vgl. BFH v. 24.1.2001 – I R 33/00, BFH/NV 2001, 1300; v. 12.6.2002 – XI R 28/01, BFH/NV 2003, 18; v. 25.3.2004 – IV R 8/02, DStRE 04, 993.
3 Was für § 4d ohne Bedeutung ist, R 4d Abs. 1 S. 1 EStR.
4 *K/S/M*, § 4d Rn. B 6 ff.; **aA** zB *Beul*, DB 1987, 2603.
5 BFH v. 5.11.1992 – I R 61/89, BStBl. II 1993, 185; v. 18.5.1984 – III R 38/79, BStBl. II 1984, 741; s. aber auch BFH v. 19.8.1998 – I R 92/95, BStBl. II 1999, 387.
6 ZB BAG v. 14.2.1989 – 3 AZR 191/87, BB 1989, 1471; v. 18.4.1989 – 3 AZR 299/87, DB 1989, 1876; vgl. *K/S/M*, § 4d Rn. B 5 mwN; *Höfer/Reinhard/Reich*, BetrAVG Bd. I ArbR[21], Kap. 3 Rn. 179; s. auch BVerfG v. 19.10.1983 – 2 BvR 298/81, BVerfGE 65, 196.
7 BMF v. 28.11.1996, BStBl. I 1996, 1435; *K/S/M*, § 4d Rn. B 52.
8 BFH v. 14.1.1971 – IV R 140/70, BStBl. II 1971, 180; v. 25.10.1972 – GrS 6/71, BStBl. II 1973, 79; eine TW-Abschreibung auf die Anteile an der Unterstützungskasse ist unzulässig, vgl. BFH v. 14.7.1966 – IV 158/65, BStBl. III 1967, 20; v. 14.1.1971 – IV R 140/70, BStBl. II 1971, 180.
9 FinMin. SchlHol. v. 20.10.2004, ESt-Kartei, SchlH § 4d Karte 1.4.

600 Euro[1]) und nicht bereits die Zuwendungen beim begünstigten ArbN zu einem **lstpfl. Zufluss**,[2] nach Auffassung der FinVerw. mangels Rechtsanspruchs auf die Kassenleistungen auch nicht bei einer **Entgeltumwandlung** (Barlohnumwandlung „Deferred Compensation", vgl. § 1 Abs. 2 Nr. 3, § 1a BetrAVG),[3] richtiger Auffassung nach insoweit allerdings nur bei der rückgedeckten Barlohnumwandlung.[4] In jedem Fall lstpl sind Leistungen des ArbG an die Unterstützungskasse, die dieser an die Kasse im Zuge der Übertragung bestehender Versorgungsverpflichtungen v. der Kasse auf einen Pensionsfonds (§ 236 VAG, § 112 VAG aF, vgl. § 4e) erbringt, es sei denn, der ArbG stellt den Antrag gem. § 4d Abs. 3 auf Verteilung des BA-Abzugs (§ 3 Nr. 66; s. Rn. 38).[5]

8 Zuwendungen sind bis zu den gem. § 4d Abs. 1 ausgewiesenen Beträgen **abzugsfähig**, vorausgesetzt, die entspr. Kassenleistungen wären, würden sie v. dem (auch bei Gruppenkassen: jeweiligen)[6] Trägerunternehmen unmittelbar erbracht, betrieblich veranlasst (**§ 4d Abs. 1 S. 1 einleitender HS**; s. ebenso § 4c Abs. 2, dort Rn. 8).[7] Es ist aus ex-ante-Sicht zu prüfen, ob die betr. Leistungen, würden sie unmittelbar v. Trägerunternehmen erbracht, bei diesem betrieblich veranlasst wären. Ausschlaggebend ist dagegen nicht, ob die Zuwendungen an die Unterstützungskasse selbst betrieblich veranlasst waren.[8]

9 Wird die Unterstützungskasse auf ihr Trägerunternehmen oder auch auf einen anderen Rechtsträger, an dem das Trägerunternehmen beteiligt ist, **verschmolzen**, bestimmt **§ 4 Abs. 2 S. 4 UmwStG**[9], dass sich der lfd. Gewinn des übernehmenden Rechtsträgers in dem Wj., in das der Umwandlungsstichtag fällt, um die Zuwendungen, welche v. dem Trägerunternehmen, seinen G'tern oder seinen Rechtsvorgängern an die Kasse geleistet wurden, erhöht (nicht aber um Zuwendungen einer Schwester- oder Nachordnungs-KapGes. der Übernehmerin oder eines „dritten", gesellschaftlich unverbundenen ArbG-Unternehmens); § 15 Abs. 1 S. 1 Nr. 2 S. 2 – und damit doppelstöckige MU'schaften – werden ausdrücklich einbezogen (§ 4 Abs. 2 S. 4 letzter HS UmwStG). Der BA-Abzug der zuvor – in früheren Jahren – nach § 4d abgezogenen Zuwendungen wird also iErg. (und ausschl. für das UmwSt-Recht)[10] rückgängig gemacht. Über die Querverweisung in **§ 12 Abs. 3 UmwStG** findet diese Regelung auch auf die Vermögensübertragung auf eine andere Körperschaft Anwendung. Dadurch soll vermieden werden, dass der BA-Abzug v. der übernehmenden Ges. oder einem ihrer G'ter doppelt in Anspr. genommen wird, einmal über § 4d und ein weiteres Mal über § 6a bei dem ArbG-Unternehmen. Ob die Neuregelungen in jeglicher Hinsicht begründet sind, erscheint allerdings als eher zweifelh.: Soweit an die begünstigten ArbN bereits Leistungen erbracht wurden, droht auch keine Doppelerfassung; die gesetzlich befohlene Gewinnerhöhung ist also überschießend. Wird die Unterstützungskasse umwandlungsbedingt aufgelöst, dürfte deren Steuerbefreiung gem. § 5 Nrn. 3 und 4 KStG (ggf.) rückwirkend entfallen; bislang als BA Beträge sind rückzuerstatten und ziehen ohnehin „reguläre" BE nach sich.

9a In Ausnahmefällen wird erwogen, die Einschaltung der Unterstützungskasse als rechtsmissbräuchlich (§ 42 AO) oder als Scheingeschäft (§ 41 AO) anzusehen, nämlich für den Fall, dass die Zusage nur auf die „Generierung v. Steuervorteilen" gerichtet ist.[11]

C. Abzugsfähige Zuwendungen für lebenslänglich lfd. Leistungen (Abs. 1 S. 1 Nr. 1)

10 **Lebenslänglich lfd. Leistungen** sind alle lfd. (wiederkehrenden) Leistungen (Alters-, Invaliden-, Witwenversorgungen), soweit sie nicht v. vornherein nur für eine bestimmte Anzahl v. Jahren oder bis zu einem bestimmten Lebensalter des Leistungsberechtigten vorgesehen sind (zB zeitlich begrenzte Überbrückungsgelder, Waisenrenten, abgekürzte Invaliditätsrenten uÄ[12]) oder unter einem vergleichbaren Vorbehalt stehen.[13]

---

1 BVerfG v. 19.2.1991 – 1 BvR 1231/85, FR 1991, 415.
2 BFH v. 27.5.1993 – VI R 19/92, BStBl. II 1994, 246; s. auch BMF v. 31.5.1994, BB 1994, 1464; krit. *K/S/M*, § 4d Rn. A 37.
3 BMF v. 23.6.1998, BetrAV 1998, 232; eingehend dazu *Jaeger*, BetrAV 1999, 384; s. auch FinMin. Bdbg., 36 – S 2332 – 7/95 (o. D.), BB 1995, 1335.
4 *K/S/M*, § 4d Rn. A 38.
5 S. auch BMF v. 20.1.2009, BStBl. I 2009, 273 Tz. 220.
6 Zu dieser sog. segmentorientierten Betrachtungsweise s. BFH v. 26.11.2014 – I R 37/13, BStBl. II 2015, 813 (m. Anm. *Gosch*, BFH/PR 2015, 202; krit. und abl. *Höfer*, DB 2015, 831); v. 18.8.2015 – I R 66/13, BFH/NV 2016, 67; v. 20.7. 2016 – I R 33/15, DStR 2016, 2581; krit. *Briese*, GmbHR 2016, 1277, zum G'ter-Geschäftsführer einer GmbH.
7 Vgl. auch BFH v. 29.1.2003 – XI R 10/02, BStBl. II 2003, 599 zu einem begünstigten Freiberufler.
8 BFH v. 19.8.2015 – X R 30/12, BFH/NV 2016, 203.
9 BGBl. I 2006, 2782.
10 BFH v. 22.12.2010 – I R 110/09, DB 2011, 1252 (zu der entspr. Regelung des § 12 Abs. 2 S. 2 HS 2 UmwStG 1995 aF).
11 FG RhPf. v. 27.10.2016 – 6 K 2280/15, juris.
12 R 4d Abs. 2 S. 9 EStR.
13 R 4d Abs. 2 S. 6 EStR.

Widerrufsvorbehalte (zB auf Fälle einer Wiederverheiratung, der Wiederaufnahme der Tätigkeit nach Arbeitsunfähigkeit) sind unschädlich;[1] ausdifferenzierte Ausschlussgründe, wie sie insoweit in § 6a Abs. 1 Nr. 1 Alt. 2 (s. dort Rn. 9 ff.) enthalten sind, fehlen für die Unterstützungskassenzusage iSd. § 4d. Zur (ebenfalls unschädlichen[2]) Ablösung v. Invaliditätsrenten durch eine Unterstützungskasse s. § 6a Rn. 9 aE. Hierfür erbrachte Zuwendungen sind gem. **Abs. 1 S. 1 Nr. 1 S. 1 lit. a–d** bis zu den darin bestimmten **jeweiligen Höchstbeträgen** abzugsfähig: (1) Das Deckungskapital für lfd. Leistungen (**Nr. 1 S. 1 lit. a**), (2) das sog. Reservepolster für Leistungsanwartschaften (**Nr. 1 S. 1 lit. b**), (3) Ersatz v. Beiträgen für eine Rückdeckungsversicherung (**Nr. 1 S. 1 lit. c**) sowie (4) Leistungsabfindungen und -ablösungen (**Nr. 1 S. 1 lit. d**). Die Abzugsfähigkeit ist v. **VZ 1996** an generell für sämtliche dieser Zuwendungen durch das zulässige Kassenvermögen beschränkt (**Abs. 1 Nr. 1 S. 2**).

I. Zuwendungen zum Deckungskapital (Abs. 1 S. 1 Nr. 1 S. 1 lit. a). Das abzugsfähige Zuwendungs- 11
volumen für bereits **lfd. Renten** nach Abs. 1 S. 1 Nr. 1 S. 1 lit. a bemisst sich nach dem hierfür erforderlichen und v. der Kasse benötigten Deckungskapital, wobei die Zuwendungen einmalig erbracht oder auch auf die jeweiligen Jahre verteilt werden können; der Zuwendungszeitpunkt ist – allerdings frühestens ab dem Wj. des Leistungsbeginns und nur zu Lebzeiten des Leistungsempfängers – beliebig und unterliegt abw. v. § 6a Abs. 4 S. 1 keinem Nachholverbot.[3] Das Deckungskapital wird nach der dem EStG als Anlage 1 beigefügten Tabelle (auf der Grundlage eines Zinsfußes v. 5,5 % und der Einbeziehung einer Witwenversorgung) berechnet. Ausgangspunkt dieser Berechnung ist das (vollendete[4]) Lebensalter des einzelnen Leistungsempfängers zu Beginn der Leistungen oder zum Zeitpunkt einer etwaigen Leistungserhöhung. **Leistungsempfänger** sind **ehemalige** (= ganz, ggf. – als sog. **Teilrentner**[5] – auch nur teilw., nicht mehr aktive) **ArbN** des Trägerunternehmens, die v. der Kasse bereits Leistungen erhalten, deren Hinterbliebene (Abs. 1 S. 1 Nr. 1 S. 1 lit. a S. 2) sowie andere gleichgestellte Pers., denen Versorgungen aus Anlass ihrer ehemaligen Tätigkeit für das Trägerunternehmen zugesagt worden sind (Abs. 1 S. 1 Nr. 1 S. 1 lit. a S. 3). Einzubeziehen sind auch ausgleichsberechtigte Pers. gem. § 12 VersAusglG.[6] Nach Eintritt des Versorgungsfalls weiter arbeitende ArbN sind grds. nicht[7] und nur ggf. „teilw." ehemalig iSv. § 4d (sog. Teilrente) mit entspr. Abzugsfähigkeit der benötigten Zuwendungen.[8] Die Abzugsfähigkeit für die Witwenrente bleibt aus Gründen der Praktikabilität unabhängig davon vollen Umfanges erhalten, dass in dem Deckungskapital des Mannes bereits eine entspr. Versorgungsanteil enthalten war;[9] auch schadet es insoweit nicht, wenn das Deckungskapital für die Altersrente des verstorbenen Ehegatten noch nicht verbraucht ist.[10] Gem. Abs. 1 S. 1 Nr. 1 S. 1 lit. a abzugsfähig ist auch der Ersatz des Kapitalwerts lfd. Leistungen durch (einmalige) Abfindungen, nach zutr. Auffassung der FinVerw. analog Abs. 1 S. 1 Nr. 1 S. 1 lit. d auch dann, wenn die Abfindung das Deckungskapital übersteigt.[11] S. aber auch das Abfindungsverbot gem. § 3 BetrAVG idF des AltEinkG für Versorgungsleistungen, die ab 1.1.2005 einsetzen.

Übersicht über die Abzugsfähigkeit gem. Abs. 1 S. 1 Nr. 1 S. 1 lit. a: 12

Zuwendungen	**Voraussetzungen**
gem. Anlage 1 zum EStG	abhängig v. Alter bei Rentenbeginn
unabhängig v. der Leistungsart	Nachholung unterlassener Zuwendungen ist möglich für Erhöhungen v. Erhöhungszeitpunkt an
Versorgungsfall ist eingetreten	zulässiges Kassenvermögen ist nicht überschritten

II. Zuwendungen zum Reservepolster (Abs. 1 S. 1 Nr. 1 S. 1 lit. b). Reservepolster ist jener Betrag, der 13
nach Abs. 1 S. 1 Nr. 1 S. 1 lit. b für bestehende **Leistungsanwartschaften** angespart werden kann. Er gibt der Kasse die verfügbaren Mittel, um bei Eintritt des Versorgungsfalles leistungsfähig zu sein. Eine Ausfinanzierung der Anwartschaft (Anwartschaftsdeckung, s. Rn. 1) kann hierdurch mit stl. Wirkung nicht bewirkt werden. Die Leistung muss (und zwar v. Trägerunternehmen, nicht aber v. der Kasse) **schriftlich** ggü.

1 R 4d Abs. 2 S. 8 EStR.
2 R 4d Abs. 2 S. 9 EStR.
3 R 4d Abs. 3 S. 1, 2 EStR; *K/S/M*, § 4d Rn. B 99.
4 R 4d Abs. 3 S. 5 EStR.
5 Vgl. § 42 Abs. 1 SGB VI; § 6 BetrAVG; *K/S/M*, § 4d Rn. B 80.
6 R 4d Abs. 3 S. 2 Nr. 3 EStR; BMF v. 12.11.2010, BStBl. I 2010, 1303 (unter I.1.).
7 BMF v. 18.9.2017, BStBl. I 2017, 1293 Rz. 6.
8 BMF v. 18.9.2017, BStBl. I 2017, 1293 Rz. 8 f.; v. 28.11.1996, BStBl. I 1996, 1435; *K/S/M*, § 4d Rn. B 80.
9 R 4d Abs. 3 S. 4 EStR.
10 R 4d Abs. 3 S. 3 EStR; *K/S/M*, § 4d Rn. B 100.
11 FinSen. Berlin, EStG-Kartei Berlin § 4d Nr. 1008; *H/V/V*, BetrAVG Bd. II StR[18], Kap. 9 Rn. 376 ff.

dem jeweiligen Leistungsanwärter (individuell oder durch Bekanntmachung eines Leistungsplans) zugesagt werden (**Abs. 1 S. 1 Nr. 1 S. 1 lit. b S. 2**). Wegen Einzelheiten zu Form und Inhalt des Schriftformerfordernisses s. auch § 6a Abs. 1 Nr. 3,[1] dort Rn. 10. **Leistungsanwärter** ist gem. **Abs. 1 S. 1 Nr. 1 S. 1 lit. b S. 2** jeder (aktive oder ehemalige) ArbN (auch Auszubildende) des Trägerunternehmens, der künftig v. der Unterstützungskasse schriftl. zugesagte Leistungen erhalten **kann** (tatsächlicher Leistungsbezug ist unbeachtlich) und der am Schluss des Wj.,[2] in dem zugewendet wird, das 30. Lebensjahr, für erstmalige Zusagen nach dem 31.12.2000 (vgl. § 52 Abs. 12a idF des AVmG v. 26.6.2001[3]), aus Gründen der Billigkeit aber auch für Alt-Zusagen v. VZ 2000[4] an: das 28. Lebensjahr, für erstmalige Zusagen nach dem 31.12.2008 (s. § 52 Abs. 7 idF des Kroatien-AnpG v. 25.7.2014[5], § 52 Abs. 12 S. 2 aF; s. iErg. § 6a Rn. 5) das 27. Lebensjahr vollendet hat, daneben auch diesen gleichgestellte Pers. und Hinterbliebene (= solche Personen, denen schriftlich Leistungen der Alters-, Invaliditäts- oder Hinterbliebenenversorgung aus Anlass ihrer Tätigkeit für das Trägerunternehmen zugesagt worden sind) (Abs. 1 S. 1 Nr. 1 S. 1 lit. b S. 5, Rn. 11). Das nach **Abs. 1 S. 1 Nr. 1 lit. b S. 2** maßgebende vollendete (bislang) 27. Lebensjahr wird durch das G in seiner durch das EU-Mobilitäts-RL-UmsG[6] novellierten Fassung (jeweils für erstmals zugesagte Versorgungsleistungen) mWv. 1.1.2018 nochmals auf das 23. Lebensjahr herabgesetzt. Grund dafür ist die (zugleich erfolgte) arbeitsrechtl. Kürzung der Unverfallbarkeitsfristen für nach dem 31.12.2017 erstmals erteilte Versorgungsanwartschaften v. fünf auf drei Jahre sowie des Mindestalters für die Unverfallbarkeit vom 25. auf das 21. Lebensjahr (§ 1b Abs. 1 S. 1 BetrAVG idF des EU-Mobilitäts-RL-UmsG); diese Kürzungen werden nunmehr stl. flankiert. Das wiederum wurde zum Anlass genommen, den Inhalt der Regelungen in Abs. 1 S. 1 Nr. 1 lit. b S. 2 „aus Gründen der Übersichtlichkeit“[7] für alle VZ klarstellend wie folgt zu bestimmen: Bei Zusagen nach dem 31.12.2008 und vor dem 1.1.2018 das 27. Lebensjahr (Abs. 1 S. 1 Nr. 1 S. 1 lit. b S. 2 bb) und nach dem 31.12.2000 und vor dem 1.1.2009 das 28. Lebensjahr (Abs. 1 S. 1 Nr. 1 S. 1 lit. b S. 2 cc); bei erstmals nach dem 31.12.2017 zugesagten Leistungen bestimmt Abs. 1 S. 1 Nr. 1 S. 1 lit. b S. 2 aa das 23. Lebensjahr als maßgebend.[8]

Bei einem **ehemaligen ArbN** muss die betr. Versorgungsanwartschaft **(1)** unverfallbar und **(2)** darf der Kasse vor Eintritt des Versorgungsfalles nichts über den Fortfall der Leistungsanwartschaft bekannt geworden sein; Nachforschungen brauchen nicht angestellt zu werden. Leistungsanwärter idS kann (wie ein Leistungsempfänger, Rn. 11) – wegen des Schriftformgebots ab Rechtskraft des entspr. Beschlusses des Familiengerichts über Art und Umfang der (anteiligen) Versorgungsansprüche[9] – auch eine ausgleichsberechtigte Pers. gem. § 12 VersAuglG sein.[10]

14 Für Zuwendungen zur Ansparung des Reservepolsters stehen dem Trägerunternehmen wahlweise **zwei Abzugsmöglichkeiten** zur Vfg., **(1)** der sog. **Regelabzug** nach Abs. 1 S. 1 Nr. 1 S. 1 lit. b S. 1 und **(2)** der vereinfachte sog. **Pauschalabzug** nach Abs. 1 S. 1 Nr. 1 S. 1 lit. b S. 3. An die Ausübung des **Wahlrechts** der Berechnungsmethode ist das Trägerunternehmen **fünf Jahre** gebunden. Der Regelabzug orientiert sich an der Summe der jährlich tatsächlich individuell gewährten Versorgungsleistungen **je** Leistungsanwärter als Bemessungsgrundlage, der Pauschalabzug an dem Durchschnittsbetrag dieser Leistungen. Die Höhe der Zuwendungen richtet sich nach bestimmten Prozentsätzen der verschiedenen Leistungsarten,[11] multipliziert mit der Anzahl der Leistungsanwärter am Schluss des betr. Wj. (s. Übersicht, Rn. 15). Maßgeblich sind nach § 4d Abs. 1 S. 1 Nr. 1 S. 1 lit. b S. 1 die Zuwendungen im letzten Zeitpunkt der Anwartschaft, spätestens im Zeitpunkt des Erreichens der Regelaltersgrenze der gesetzlichen Rentenversicherung, vgl. dazu § 35, § 235 SGB VI (bis zum VZ 2007 [§ 52 Abs. 12a S. 1 idF des JStG 2009]: spätestens im Zeitpunkt der Vollendung des 65. Lebensjahres), bezogen auf die Alters- (**nicht:** Invaliditäts- und Hinterbliebenen-) Versorgung mindestens jedoch das 60. (vgl. § 36, § 39 SGB VI) und nur in berufsspezifischen Ausnahmefällen bereits das 55. bis 60. Lebensjahr.[12] Bei der Durchschnittsberechnung wird Missbräuchen dadurch vorgebeugt, dass nur Leistungsanwärter iSv. Abs. 1 S. 1 Nr. 1 S. 1 lit. b S. 2 (s. Rn. 13)[13] berücksichtigt wer-

1 BFH v. 14.5.2013 – I R 6/12, BFH/NV 2013, 1817; FG SachsAnh. v. 26.11.2014 – 2 K 1441/11, juris (als Vorinstanz zu BFH v. 31.7.2018 – VIII R 6/15, DStR 2019, 150).
2 S. BMF v. 7.1.1994, BStBl. I 1994, 18.
3 BGBl. I 2001, 1310.
4 BMF v. 18.9.2001, BStBl. I 2001, 612.
5 BGBl. I 2014, 1266.
6 BGBl. I 2015, 2553.
7 BT-Drucks. 18/6283, 14 f.
8 S. zu alledem *Fuhrmann*, NWB 2016, 1568.
9 BMF v. 12.11.2010, BStBl. I 2010, 1303 (unter I.2.).
10 Vgl. R 4d Abs. 3 S. 2 Nr. 3 EStR; BMF v. 12.11.2010, BStBl. I 2010, 1303 (unter I.1.).
11 Zur Berechnung s. R 4d Abs. 4 S. 9 EStR.
12 Vgl. R 4d Abs. 2 S. 4 EStR; s. auch BMF v. 30.12.1997, BStBl. I 1997, 1024; v. 8.2.1999, BStBl. I 1999, 212; v. 17.7.2000, BStBl. I 2000, 1197; v. 16.12.2005, BStBl. I 2005, 1056.
13 BFH v. 22.12.2010 – I R 110/09, DB 2011, 1252.

den, die aE des betr. Wj. bereits das 50. Lebensjahr vollendet haben (Abs. 1 S. 1 Nr. 1 S. 1 lit. b S. 4). Abw. v. Abs. 1 S. 1 Nr. 1 S. 1 lit. a (Rn. 11) lassen sich unterbliebene Zuwendungen gem. Abs. 1 S. 1 Nr. 1 S. 1 lit. b grds. **nicht nachholen** („in jedem Wj.") und sind auf den Jahresbetrag der künftigen Versorgungsleistungen beschränkt.[1] IÜ gilt das **Stichtagsprinzip** (vgl. Abs. 1 S. 1 lit. b S. 1 letzter Satzteil: „nach den Verhältnissen am Schluss des Wj."). Infolgedessen dürfen mögliche oder wahrscheinliche Änderungen der Bemessungsgrundlagen der Anwartschaft nicht berücksichtigt werden; abw. v. den anderen Durchführungswegen betrieblichen Altersversorgung gilt hier insofern letztlich Gleiches wie bei der Direktzusage gem. § 6a Abs. 3 S. 4, insbes. zur sog. Überversorgung (s. § 6a Rn. 19).[2]

Übersicht über die Abzugsfähigkeit gem. Abs. 1 S. 1 Nr. 1 S. 1 lit. b: 15

	Zuwendungen	**Voraussetzungen**
1. Möglichkeit	– für jeden Leistungsanwärter mit vollendetem 27. (vom VZ 2018 an: 23., vom VZ 2009 an: 27., bis zum VZ 2009: 28., bis zum VZ 2000: 30., s. Rn. 13) Lebensjahr – pro Jahr 6 % bei Invaliditätsversorgung (Abs. 1 S. 1 Nr. 2 S. 1 lit. b S. 1 aa) 6 % bei Hinterbliebenenversorgung (Abs. 1 S. 1 Nr. 2 S. 1 lit. b S. 1 aa) 25 % bei Altersversorgung mit oder ohne Invaliditäts- oder Hinterbliebenenversorgung (Abs. 1 S. 1 Nr. 2 S. 1 lit. b S. 1 bb) der jährlichen zugesagten Versorgungsleistungen	– zulässiges Kassenvermögen – schriftliche Zusage
2. Möglichkeit	– für jeden Leistungsanwärter mit vollendetem 50. Lebensjahr – pro Jahr 6 % bei Invaliditätsversorgung (Abs. 1 S. 1 Nr. 2 S. 1 lit. b S. 4 iVm. Nr. 2 S. 1 lit. b S. 1 aa) 6 % bei Hinterbliebenenversorgung (Abs. 1 S. 1 Nr. 2 S. 1 lit. b S. 4 iVm. Nr. 2 S. 1 lit. b S. 1 aa) 25 % bei Altersversorgung mit oder ohne Invaliditäts- oder Hinterbliebenenversorgung (Abs. 1 S. 1 Nr. 2 S. 1 lit. b S. 4 iVm. Nr. 2 S. 1 lit. b S. 1 bb) der durchschnittlich lfd. Leistungen (Abs. 1 S. 1 Nr. 1 S. 3)	

III. Beiträge zur Rückdeckungsversicherung (Abs. 1 S. 1 Nr. 1 S. 1 lit. c). Verschafft sich die Unterstützungskasse die Mittel, die sie für die v. ihr zu erbringenden Versorgungsleistungen nach den Verhältnissen am Schluss des Wj. der Zuwendung benötigt, durch eine (auch fondsgebundene[3]) Lebensversicherung, die auf das Leben der Versorgungsberechtigten abgeschlossen wird, handelt es sich um eine **rückgedeckte Unterstützungskasse**. Auf diese Weise lässt sich die Ansparung der künftigen Leistungen im Wege der Anwartschafts- und nicht nur der Kapitaldeckung erreichen. Die in R 40b.1 Abs. 2 und Abs. 3 LStR enthaltenen Anforderungen an den Mindesttodesfallschutz brauchen nicht erfüllt zu werden;[4] 10 % der Erlebensfallsumme reichen aus, ggf. auch eine aufgeschobene Rentenversicherung mit Kapitalwahlrecht.[5] Versicherungsnehmer und Bezugsberechtigter ist die Kasse. Das Deckungskapital der Versicherung erhöht deren Vermögen. Weder der Versorgungsberechtigte noch das Trägerunternehmen haben auf die Versicherungsleistung einen Anspr. Die Versicherung kann für den gesamten Bestand der Kasse oder nur für einzelne Pers. oder Personengruppen abgeschlossen werden. Sie kann **partiell** oder **kongruent** – sämtliche Kassenleistungen – absichern. Das Trägerunternehmen kann der Kasse die Versicherungsbeiträge ersetzen und die Zuwendungen nach Maßgabe v. Abs. 1 S. 1 Nr. 1 S. 1 lit. c und begrenzt durch das zulässige Kassenvermögen (Rn. 26) als BA abziehen. Bei Ersatz der Versicherungsbeiträge für einen Versorgungs- 16

1 *K/S/M*, § 4d Rn. B 194 f.
2 BFH v. 19.6.2007 – VIII R 100/04, BStBl. II 2007, 930; v. 31.7.2018 – VIII R 6/15, DStR 2019, 150; FG München v. 23.4.2003 – 7 K 3089/01, EFG 2003, 1150; v. 22.2.2008 – 7 K 422/08, DStRE 2008, 1182; *Gosch*[3], § 8 Rn. 1000; **aA** *Schmidt*[37], § 4d Rn. 7: keine Überversorgung, sondern (nur) Überdotierung.
3 BMF v. 13.5.1998, BB 1998, 1789; v. 11.12.1998, DB 1999, 25, aber nur soweit v. Versicherungsunternehmen garantiert.
4 R 4d Abs. 2 S. 3 EStR; BMF v. 11.11.1996, FR 1997, 63.
5 *Jaeger*, BetrAV 1999, 384 (385).

berechtigten, der bereits **Leistungsempfänger** (Abs. 1 S. 1 Nr. 1 S. 1 lit. a S. 1) ist, ist der Abzug hiernach grds. **einschränkungslos** und unbegrenzt möglich. Im Hinblick auf **Leistungsanwärter** (Abs. 1 S. 1 Nr. 1 S. 1 lit. b S. 1) müssen – kumulativ – die **weiteren Bedingungen** gem. Abs. 1 S. 1 Nr. 1 S. 1 lit. c S. 2–4 erfüllt sein, s. die nachfolgende Übersicht Rn. 20. Die zeitweilige Unterbrechung der Beitragszahlungen ist – anders als eine abgekürzte Beitragszahlungsdauer[1] – unschädlich.[2] Die nur eingeschränkte Abzugsfähigkeit der Zuwendungen gem. Abs. 1 S. 1 Nr. 1 S. 1 lit. c korrespondiert (wie auch andernorts bei ganz oder teilw. nichtabzugsfähigen BA) nicht. Zahlt die Unterstützungskasse in den Vorjahren geleistete (überhöhte) Zuwendungen an das Trägerunternehmen zurück, führen diese Rückzahlungsbeträge beim Trägerunternehmen deswegen auch dann zu BE, wenn die Zuwendungen wegen Überschreitens der Höchstbeträge stl. nicht abgezogen werden durften.[3]

17 Um die jederzeitige Leistungsfähigkeit der Kasse zu gewährleisten, dürfen die Anspr. aus der Rückdeckungsversicherung nicht der Sicherung eines Darlehens dienen **(Abs. 1 S. 1 Nr. 1 S. 1 lit. c S. 4)**, auch nicht in Gestalt v. sog. **Policendarlehen** als Vorauszahlungen des Versicherers auf die Versicherungssumme;[4] andernfalls werden die für die Versorgungsleistungen erforderlichen Mittel nicht iSd. Abs. 1 S. 1 Nr. 1 S. 1 lit. c S. 1 durch den Abschluss einer Lebensversicherung „verschafft"[5] (s. § 4b S. 2; dort Rn. 16). **Schädlich** ist sonach die Beleihung oder Abtretung der der Unterstützungskasse zustehenden Rechte aus der Versicherung. Als **unschädlich** erweist es sich allerdings, wenn die Versorgungsansprüche der Anwärter (nach Maßgabe der wirtschaftl. Auswirkungen der getroffenen Vereinbarungen zw. Trägerunternehmen, Unterstützungskasse und Rückdeckungsversicherer)[6] anderweitig sichergestellt sind,[7] woran es idR indessen mangeln wird, wenn die Kasse die zurückgewährten Versicherungsbeiträge an das Trägerunternehmen weiterleitet, und zwar (wohl) unabhängig davon, ob die Weiterleitung im nämlichen oder – mit der Konsequenz eines rückwirkenden Ereignisses (§ 175 Abs. 1 S. 1 Nr. 2 AO) – erst in einem nachfolgenden Wj. erfolgt;[8] ein gegenläufiger Zeitbezug ist der Regelung nicht zu entnehmen (s. auch Rn. 18). Als grds. **abzugsunschädlich** erweist sich ebenso die Verpfändung der Anspr. an den Begünstigten selbst[9] (namentlich in Fällen der Barlohnumwandlung, Rn. 7), ohne dass die Versicherung dadurch aber zu einer DirektVers. iSd. § 4b würde[10] (vgl. § 4b Rn. 3). – So oder so ist die erforderliche Mittelverschaffung in Abs. 1 S. 1 Nr. 1 S. 1 lit. c S. 4 iS einer **zwingenden konditionalen Verknüpfung** ausgestaltet („wenn"); es reicht für den Abzugsausschluss aus, wenn eine entspr. Schädlichkeit zu irgendeinem Zeitpunkt im betr. Wj. besteht.

18 Überwiegender Auffassung[11] nach müssen der Kasse die gezahlten Beiträge zeitgerecht (nach, aber auch schon vor Leistungsfälligkeit) in jenem Wj. ersetzt werden, in dem sie geleistet werden; eine **Nachholung** soll ausgeschlossen sein. Der Gesetzeswortlaut gibt für ein solches Nachholverbot keine Veranlassung.[12]

19 Neben dem Abzug der ersetzten Versicherungsbeiträge wird der Abzug v. Zuwendungen gem. **Abs. 1 S. 1 Nr. 1 S. 1 lit. a und b** (ggf. nur anteilig im Deckungsverhältnis, **Abs. 1 S. 1 Nr. 1 S. 1 lit. c S. 5)** suspendiert, sobald, solange und soweit die Voraussetzungen v. Abs. 1 S. 1 Nr. 1 S. 1 lit. c erfüllt sind **(„gute Rückdeckungsversicherung")**. Fehlt es daran **(„schlechte Rückdeckungsversicherung")**, leben jene Abzugsmöglichkeiten wieder auf.[13] Das Trägerunternehmen kann also im Zusammenwirken mit der Kasse in

---

1 S. aber BFH v. 30.11.2004 – VIII R 98/02, BFH/NV 2005, 1768 (unter II.2.c cc) im Hinblick auf Sinn und Zweck der Norm, die Abzugsfähigkeit nur bei Einsatz als bilanzpolitisches Instrumentarium auszuschließen; wie hier die Vorinstanz FG SchlHol. 19.11.2002 – 5 K 203/01, EFG 2003, 325; daran anschließend BFH v. 15.10.2014 – VIII R 32/10, juris.

2 BMF v. 28.11.1996, BStBl. I 1996, 1435 unter E.

3 BFH v. 29.8.1996 – VIII R 24/95, FR 1997, 477; v. 30.11.2004 – VIII R 98/02, BFH/NV 2005, 1768; **aA** die Vorinstanz FG SchlHol. v. 19.11.2002 – 5 K 203/01, EFG 2003, 325 unter unzutr. analoger Anwendung der Ausnahmevorschrift des § 4 Abs. 5 S. 1 Nr. 8 S. 3.

4 Insoweit offen BFH v. 28.2.2002 – IV R 26/00, BStBl. II 2002, 358.

5 BFH v. 28.2.2002 – IV R 26/00, BStBl. II 2002, 358; v. 12.6.2002 – XI R 28/01, BFH/NV 2003, 18; v. 15.10.2014 – VIII R 32/10, juris; FG Köln v. 10.11.1999 – 13 K 2306/98, EFG 2000, 415; FG München v. 7.12.1999 – 2 K 2274/95, EFG 2000, 417.

6 BFH v. 15.10.2014 – VIII R 32/10, juris.

7 BFH v. 28.2.2002 – IV R 26/00, BStBl. II 2002, 358; v. 25.3.2004 – IV R 8/02, BFH/NV 2004, 1246; v. 15.10.2014 – VIII R 32/10, juris.

8 Anders BFH v. 15.10.2014 – VIII R 32/10, juris, allerdings zu der insoweit noch anderslautenden Regelungslage vor dem VZ 1992; s. dazu auch *Kuhfus*, EFG 2010, 1596, 1597, mwN.

9 R 4d Abs. 6 S. 3 EStR; zu Einzelheiten der Verpfändung s. *Blomeyer*, BetrAV 1999, 17 ff.; 293 ff.

10 BFH v. 28.6.2001 – IV R 41/00, BStBl. II 2002, 724.

11 *H/V/V*, BetrAVG Bd. II StR[18], Kap. 9 Rn. 305 ff.; *B/R/O*[7], StR Rn. A 214.

12 *K/S/M*, § 4d Rn. B 227.

13 BFH v. 15.10.2014 – VIII R 32/10, juris.

gewisser Weise – über die Versicherungsbedingungen – auf die Modalitäten des Abzugs Einfluss nehmen (s. Rn. 29).

Übersicht über die Abzugsfähigkeit gem. Abs. 1 S. 1 Nr. 1 S. 1 lit. c: 20

Zuwendungen	**Voraussetzungen**
Für Leistungsempfänger (Abs. 1 S. 1 Nr. 1 S. 1 lit. a S. 1 und S. 2)	– zulässiges Kassenvermögen nicht überschritten (**Abs. 1 S. 2**) – keine Überfinanzierung – keine Beleihung der Versicherung (**Abs. 1 S. 1 Nr. 1 S. 1 lit. c S. 4, s.** Rn. 17)
für Leistungsanwärter (Abs. 1 S. 1 Nr. 1 S. 1 lit. b S. 2–5)	– zulässiges Kassenvermögen nicht überschritten – keine Überfinanzierung – schriftliche Zusage (Abs. 1 S. 1 Nr. 1 S. 1 lit. b S. 1) – Mindestalter: vollendetes 27. (für Zusagen ab VZ 2018: 23.; vor VZ 2009: 28., bis zum VZ 2000: 30., s. Rn. 13) Lebensjahr im Wj. der Zuwendung (**Abs. 1 S. 1 Nr. 1 S. 1 lit. c S. 2 HS 1**) bei verfallbarer Altersversorgung, ansonsten (Invaliditäts-, Hinterbliebenen- oder unverfallbare Altersversorgung)[1] auch bei jüngeren Anwärtern (Abs. 1 S. 1 Nr. 1 S. 1 lit. c S. 2 HS 2) – Abschluss der Versicherung auf den erstmaligen Leistungsanfall, mindestens auf ein Endalter v. 55 Jahren (**Abs. 1 S. 1 Nr. 1 S. 1 lit. c S. 2 HS 2**) – nur für Versicherungen mit bis zu diesem Zeitpunkt[2] grds. jährlich gleich bleibenden oder steigenden Beträgen (**Abs. 1 S. 1 Nr. 1 S. 1 lit. c S. 2**)[3] (**Ausnahmen:**[4] lfd. Einmalbeiträge, vorausgesetzt, es existiert eine lfd. erdiente Ausfinanzierungsgarantie durch die Versicherungen; vorzeitiges Ausscheiden des ArbN; Reduzierung der Versorgungsansprüche und damit auch der Versicherungsleistungen; vertragliche Entgeltumwandlungen; Erhöhung der Beitragsbemessungsgrenzen in der gesetzlichen Rentenversicherung; **nicht** aber sinkende Beiträge aufgrund variabler Gehaltsbestandteile, zB Weihnachts-, Urlaubsgelder) – keine Beleihung der Versicherung (Abs. 1 S. 1 Nr. 1 S. 1 lit. c S. 4; s. dazu Rn. 17)

IV. Abfindungen und Auslösungen (Abs. 1 S. 1 Nr. 1 S. 1 lit. d). Nach Abs. 1 S. 1 Nr. 1 S. 1 lit. d sind jene Zuwendungen des Trägerunternehmens an die Unterstützungskasse als BA abzugsfähig, die den Betrag nicht übersteigen, den die Kasse einem **Leistungsanwärter** (Rn. 13) vor Eintritt des Versicherungsfalls (zB bei Ausscheiden aus dem Betrieb, bei Umstrukturierungen uÄ) **(1)** als **Abfindung** für künftige Versorgungsleistungen gewährt, oder **(2)** einem anderen[5] Versorgungsträger, der eine ihr obliegende Versorgungsverpflichtung (gem. § 4 Abs. 2 Nr. 1 BetrAVG) übernommen hat, als (ggf. auch einmalige[6]) **Auslösung** zahlt. Vom VZ 2005 an (vgl. Art. 18 Abs. 3 AltEinkG) tritt **(3)** der **Übertragungswert gem. § 4 Abs. 5 BetrAVG** für den Fall hinzu, dass die v. ArbN beim bisherigen ArbG erworbene unverfallbare Anwartschaft gem. § 4 Abs. 2 Nr. 2 BetrAVG auf den neuen ArbG übertragen wird. Die Regelung nimmt damit zwar nicht ausdrücklich, jedoch indirekt und der Sache nach Bezug auf die entspr. arbeitsrechtl. Regelungen in §§ 3 Abs. 1 und 4 Abs. 2 BetrAVG, geht aber der Sache nach über die dort geregelten Tatbestände hinaus, insbes. durch die Einbeziehung v. Betriebsübernahmen iSv. § 613a BGB.[7] Die Abzugsfähigkeit der Beträge ist v. VZ 1996 an durch das zulässige Kassenvermögen (Rn. 26) begrenzt. Ein **Nachholungsverbot** lässt sich dem Gesetzeswortlaut unmittelbar nicht entnehmen,[8] entspricht aber, wie sich insbes. aus Abs. 3 S. 1 ergibt, erkennbar der gesetzlichen Konzeption. Zur Abzugsfähigkeit v. Abfindungen an Leistungsempfänger gem. Abs. 1 S. 1 Nr. 1 S. 1 lit. a s. Rn. 11. 21

1 R 4d Abs. 8 S. 7 EStR.
2 FG Düss. v. 24.2.2000 – 11 K 6401/96 E, EFG 2000, 419.
3 R 4d Abs. 9 S. 2 EStR; zeitweiliges Absinken infolge Verrechnung mit Gewinngutschriften ist unschädlich.
4 R 4d Abs. 9 S. 2–8 EStR; BMF v. 31.1.2002, BStBl. I 2002, 214; SenFin Bremen v. 4.6.2004, DStR 2005, 247.
5 Also nicht bei Zahlung v. Abfindungen durch die Unterstützungskasse an das eigene Trägerunternehmen, s. FG BaWü. v. 17.12.1987 – III K 422/84, EFG 1988, 202; *K/S/M*, § 4d Rn. B 282.
6 *H/V/V*, BetrAVG Bd. II StR[18], Kap. 9 Rn. 387.
7 *K/S/M*, § 4d Rn. B 281.
8 Str., *K/S/M*, § 4d Rn. B 287; *A/F/R*, 3. Teil Rn. 161; **aA** *B/R/O*[7], StR Rn. A 278 ff.

D. Abzugsfähige Zuwendungen für nicht lebenslänglich lfd. Leistungen (Abs. 1 S. 1 Nr. 2)

22 Bei nicht lebenslänglich lfd. Versorgungsleistungen (Rn. 3, 10) handelt es sich vorrangig um (einmalige) **Notfallleistungen**, ferner Waisenrenten, Sterbegelder uÄ. Zuwendungen hierfür sind in den Grenzen des **Abs. 1 S. 1 Nr. 2** abzugsfähig, obwohl es sich hierbei idR nicht um Maßnahmen der betrieblichen Altersversorgung handelt. Die gesetzlichen Abzugsgrenzen bestimmen sich wie folgt:

23 **Übersicht** über die Abzugsfähigkeit gem. Abs. 1 S. 1 Nr. 1 S. 1 lit. d:

Mindestabzug:	**0,2 % der Lohn- und Gehaltssumme**
Abzugserhöhung:	um den tatsächlichen Ersatz der Kassenleistungen
Begrenzung der Abzugserhöhung:	auf die in den fünf vorangegangenen Wj. vorgenommenen Zuwendungen, diese gemindert um die tatsächlichen Kassenleistungen in dem gleichen Zeitraum
absolute Abzugsgrenze:	durch das zulässige Kassenvermögen (**Abs. 1 S. 1 Nr. 2 S. 5**)

24 In die für den Mindestabzug maßgebliche Lohn- und Gehaltssumme des Trägerunternehmens sind die Löhne und Gehälter des gleichen Personenkreises einzubeziehen, für den auch Zuwendungen zum Reservepolster gem. Abs. 1 S. 1 Nr. 1 S. 1 lit. b zugelassen sind. Löhne und Gehälter v. Pers., die keine entspr. nicht lebenslänglich lfd. Leistungen erhalten können, sind allerdings auszuscheiden (**Abs. 1 S. 1 Nr. 2 S. 6**). Die Abzugserhöhung gem. **§ 4d Abs. 1 S. 1 Nr. 2 S. 1 letzter HS** berücksichtigt tatsächlich höhere Kassenleistungen im betr. Wj. und ermöglicht dadurch iErg. die Vollfinanzierung nicht lebenslänglich lfd. Leistungen durch die Zuwendungen, dies aber nur dann, wenn diese Leistungen nicht bereits durch einen sich für die vorausgegangenen fünf Wj. (= des Trägerunternehmens) insgesamt ergebenden Überschuss der Pauschalzuwendung abgedeckt sind. Von der Kasse in **deren** letzten fünf Wj. thesaurierte Zuwendungen schmälern also den Zuwendungsrahmen im aktuellen Wj. In diesem Jahr unterbliebene Zuwendungen lassen sich **nicht steuerwirksam nachholen.**[1]

25 Zur **absoluten Abzugsgrenze** durch das zulässige Kassenvermögen s. Rn. 26.

E. Begrenzung der Abzugsfähigkeit durch das zulässige Kassenvermögen (Abs. 1 S. 1 Nr. 1 S. 2–7, Nr. 2 S. 3–5)

26 Die steuergesetzlichen Regelungen zielen darauf ab, überdotierten Unterstützungskassen vorzubeugen und deshalb solche Kassen, deren Vermögen bestimmte Grenzen überschreitet und die aus diesem Grunde **überdotiert** sind, stl. schlechter zu stellen. Dies geschieht **(1)** durch die Abzugsbeschränkungen in § 4d, und **(2)** dadurch, dass v. bestimmten rechnerischen Grenzen ab die Unterstützungskasse selbst (ganz oder ggf. teilw.) stpfl. wird (vgl. § 5 Abs. 1 Nr. 3 KStG, § 3 Nr. 9 GewStG, § 3 Abs. 1 Nr. 5 VStG aF). Der Maßstab der Überdotierung wird hier wie dort durch das **zulässige Kassenvermögen** festgelegt. Das stl. Abzugsvolumen wird danach durch den **Unterschiedsbetrag zw. dem zulässigen und dem tatsächlichen Kassenvermögen** bestimmt (**Abs. 1 S. 1 Nr. 1 S. 2, Nr. 2 S. 2**). Bei mehreren Trägerunternehmen sind dabei die auf die jeweiligen Trägerunternehmen entfallenden Teile des tatsächlichen und des zulässigen Kassenvermögens jeweils getrennt zu ermitteln (**Grundsatz der Segmentierung**).[2]

27 **Tatsächliches Kassenvermögen** ist eine **Ist-**, **zulässiges Kassenvermögen** hingegen eine **Rechengröße**, wobei zw. Unterstützungskasse mit lebenslänglich (Rn. 10) und nicht lebenslänglich (Rn. 22) lfd. Leistungen zu unterscheiden ist (**Abs. 1 S. 1 Nr. 1 S. 4 und 5, Nr. 2 S. 3 und 4**, s. dazu Rn. 28), eine Unterscheidung zw. rückgedeckten und nicht rückgedeckten Altersversorgungszusagen hingegen nicht vorzunehmen ist.[3] **Im Einzelnen** gelten die folgenden Maßgaben:

1 S. Bsp. H 4d XI EStH.
2 FG RhPf. v. 31.7.2012 – 6 K 1581/09, EFG 2012, 1993 (aus anderen Gründen aufgehoben durch BFH v. 19.8.2015 – X R 30/12, BFH/NV 2016, 203), dort allerdings abgrenzend zur partiellen StPfl. gem. § 5 Abs. 1 Nr. 3 lit. b S. 3 KStG; s. zu Letzterem auch BFH v. 26.11.2014 – I R 37/13, BStBl. II 2015, 813 (m. Anm. *Gosch*, BFH/PR 2015, 202; krit. und abl. *Höfer*, DB 2015, 831); v. 18.8.2015 – I R 66/13, BFH/NV 2016, 67.
3 FG RhPf. v. 21.11.2011 – 5 K 2478/10, EFG 2012, 1436.

Bei lebenslänglich lfd. Leistungen: 28

	zulässiges Kassenvermögen	tatsächliches Kassenvermögen
Zusammensetzung	– Deckungskapital für alle am Schluss des Wj. lfd. Leistungen iSv. Abs. 1 S. 1 Nr. 1 S. 1 lit. a oder stattdessen (ganz oder teilw., s. Abs. 1 S. 1 Nr. 1 S. 5 letzter HS) Wert der Rückdeckungsversicherungen iSv. Abs. 1 S. 1 Nr. 1 S. 1 lit. c – das Achtfache der zulässigen Zuwendungen zum Reservepolster iSv. Abs. 1 S. 1 Nr. 1 S. 1 lit. b oder stattdessen (ganz oder teilw., s. Abs. 1 S. 1 Nr. 1 S. 5 letzter HS): Wert der Rückdeckungsversicherungen iSv. Abs. 1 S. 1 Nr. 1 S. 1 lit. c	– alle tatsächlich vorhandenen Vermögenswerte (einschl. Bankguthaben, Zinsen)[1]
Bewertung	– gem. **Abs. 1 S. 1 Nr. 1 S. 4 die Summe aus dem Deckungskapital** gem. Anlage 1 zum EStG und dem achtfachen Reservepolster = reine Rechengröße – im Falle des Abschlusses einer **Rückdeckungsversicherung:** geschäftsplanmäßiges Deckungskapital (**Abs. 1 S. 1 Nr. 1 S. 5**) oder ersatzweise der Rückkaufswert = Wert nach § 169 Abs. 3 und 4 VVG (**Abs. 1 S. 1 Nr. 1 S. 6**) (der bis zur redaktionellen Änderung durch das EU-Mobilitäts-RL-UmsG[2] maßgebliche Wert bezog sich bis dato noch immer auf den „Zeitwert" nach § 176 Abs. 3 VVG idF bis zum 31.12. 2007), beim zulässigen Kassenvermögen ohne Guthaben aus Beitragsrückerstattungen, ohne Bindung der Kasse an die Bewertungsmethoden des Trägerunternehmens bei der Ermittlung des Dotierungsrahmens zum Reservepolster iSv. Abs. 1 S. 1 Nr. 1 S. 1 lit. b[3]	– Grundbesitz: 200 % des EW (Abs. 1 S. 1 Nr. 1 S. 3 HS 1) – sonstiges Vermögen: gemeiner Wert (Abs. 1 S. 1 Nr. 1 S. 3 letzter HS) – Versicherungen: geschäftsplanmäßiges Deckungskapital zzgl. Guthaben aus Beitragsrückerstattungen (**Abs. 1 S. 1 Nr. 1 S. 3 HS 1**), ersatzweise Rückkaufswert = Wert nach § 169 Abs. 3 und 4 VVG (zuvor: § 176 Abs. 3 VVG aF) (**Abs. 1 S. 1 Nr. 1 S. 6 HS 1**)

Rückdeckungsversicherung. Hat die Unterstützungskasse ihre Leistungen durch den Abschluss einer Versicherung „rückgedeckt" und liegen die Voraussetzungen für den Abzug der Zuwendungen gem. Abs. 1 S. 1 Nr. 1 S. 1 lit. c S. 1–4 vor, so ist das **zulässige Kassenvermögen** für die sog. Regelzuwendungen zum Ausgleich des Deckungskapitals gem. Abs. 1 S. 1 Nr. 1 S. 1 lit. a und des Reservepolsters gem. Abs. 1 S. 1 Nr. 1 S. 1 lit. b in jenem Verhältnis **zu vermindern**, in dem die Leistungen der Kasse durch die Versicherung gedeckt sind, **Abs. 1 S. 1 Nr. 1 S. 1 lit. c S. 5**. Diese Regelung schien dem Gesetzgeber als erforderlich, um etwaige Doppelzuwendungen zu verhindern. Daraus folgt bei einer Volldeckung der Kassenleistungen (**kongruente Deckung**), dass der stl. wirksame Abzug der Regelzuwendungen generell, ansonsten (bei nur **partieller Rückdeckung**), dass er teilw. entfällt. Für die Verhältnisbestimmung ist (aber nicht rückwirkend, sondern nur für künftige Zuwendungen v. Zeitpunkt des jeweiligen Versicherungsabschlusses an) unter Beachtung des strengen Einzelbewertungsprinzips die Rückdeckungsquote für jede abgeschlossene Versicherung anhand der **Barwerte der Versicherungsleistungen** (dh. vor allem: übereinstimmender Zinsfuß) ausschlaggebend.[4] Schätzungsverfahren werden v. der FinVerw. nicht akzeptiert. Zur 29

1 FG RhPf. v. 21.11.2011 – 5 K 2478/10, EFG 2012, 1436.
2 BGBl. I 2015, 2553.
3 R 4d Abs. 13 S. 2 EStR.
4 Vgl. BMF v. 28.11.1996, BStBl. I 1996, 1435 unter C.

Abzugsminderung gelangt man allerdings nicht bereits aufgrund der bloßen Beitragszahlung an die Versicherung, vielmehr nur **(1)** bei (ausnahmslos, so auch zB bei „versehentlicher" Einbeziehung einer nicht betrieblich veranlassten Zusage, etwa an den G'ter-Geschäftsführer einer KapGes.) *gleichzeitigem* Vorliegen der Voraussetzungen des Abs. 1 S. 1 Nr. 1 S. 1 lit. c und **(2)** bei (ebenfalls ausnahmslos) *tatsächlichem* Ersatz der Versicherungsbeiträge durch das Trägerunternehmen; die in Abs. 1 S. 1 Nr. 1 S. 5 durch das konditionale „wenn" textlich eingeleitete Einschränkung bezieht sich auf den gesamten S. 1 lit. c und nicht bloß auf die in dessen S. 2 enthaltene Festlegung auf nicht fallende Beiträge. Ansonsten behalten Abs. 1 S. 1 Nr. 1 S. 1 lit. a und b den Charakter v. Auffangtatbeständen und belassen dem Trägerunternehmen durch Einsatz sog. guter und schlechter Rückdeckungsversicherungen ein gewisses Maß an Gestaltungsmöglichkeiten (s. Rn. 19).[1]

30 Bei nicht lebenslänglich lfd. Leistungen:

	zulässiges Kassenvermögen	tatsächliches Kassenvermögen
Zusammensetzung	**1 % der durchschnittlichen jährlichen Lohn- und Gehaltssumme der letzten drei Wj. des Trägerunternehmens (Abs. 1 S. 1 Nr. 2 S. 3)**, aber nur v. Pers., die nicht lebenslängliche Leistungen erhalten können **(Abs. 1 S. 1 Nr. 2 S. 6)**, v. VZ 1996 an bei Kassen, die bereits zehn Wj. bestanden haben, zusätzlich begrenzt auf die Summe der in den letzten zehn Wj. gewährten Leistungen **(Abs. 1 S. 1 Nr. 2 S. 4)**	**keine Besonderheiten (Abs. 1 S. 1 Nr. 2 S. 5)**

31 Nicht abziehbare, (mittelbar) privat veranlasste Zuwendungen des Trägerunternehmens gem. **Abs. 1 S. 1 HS 2** sind zwar in das tatsächliche, nicht aber in das zulässige Kassenvermögen nicht miteinzubeziehen,[2] ebenso weggefallene Kassenleistungen sowie Erträge der Unterstützungskasse. Einzubeziehen sind jedoch **einmalige Kapitalleistungen**, die an Stelle lebenslänglich lfd. Leistungen erbracht werden;[3] bei solchen gelten 10 % der Kapitalleistung als Jahresbetrag der lebenslänglich lfd. Leistung **(Abs. 1 S. 1 Nr. 1 S. 7)**.

F. Zuwendungen an gemischte Kassen (Abs. 1 S. 2)

32 **Bei gemischten Unterstützungskassen**, die sowohl lebenslänglich als auch nicht lebenslänglich lfd. Leistungen gewähren, gelten die Abzugsmöglichkeiten v. Abs. 1 S. 1 Nr. 1, 2 nebeneinander **(Abs. 1 S. 2)**. Der Abzugsumfang der einzelnen Zuwendungen ist zunächst getrennt zu ermitteln, anschließend jedoch zusammenzurechnen und gemeinsam festzustellen. Die Abzugsmöglichkeit orientiert sich folglich an den Gesamtzuwendungen und der Höhe des Kassenvermögens als Gesamtgröße.

G. Mehrere Unterstützungskassen eines Trägerunternehmens (Abs. 1 S. 3)

33 Unterhält ein Trägerunternehmen **mehrere Unterstützungskassen** (nicht: Gruppen- oder Konzern-Unterstützungskassen, s. § 4c Rn. 2), so sind diese für die Ermittlung der beim Trägerunternehmen abzugsfähigen Zuwendungen als eine Einheit zu behandeln **(Abs. 1 S. 3)**, um die Erhöhung des insgesamt abzugsfähigen Zuwendungsvolumens durch Aufteilung auf zahlreiche Kassen zu verhindern.

H. Zeitliche Bezüge des Zuwendungsabzugs (Abs. 2 und 3)

34 **I. Leistung der Zuwendung als Realisierungshandlung (Abs. 2 S. 1).** Hinsichtlich der zeitlichen Abzugsvoraussetzungen beinhaltet **Abs. 2 S. 1** den Grundsatz, dass Zuwendungen in jenem Wj. (des Trägerunternehmens, nicht der Unterstützungskasse) als BA abzuziehen sind, in dem sie geleistet werden (auch durch Umbuchung oder Gutschrift). Es gilt das **Abflussprinzip** (§ 11 Abs. 2 S. 1); §§ 4 Abs. 1, 5 bleiben allerdings unberührt.

35 **II. Nachholung von Zuwendungen durch rückwirkende Rückstellung (Abs. 2 S. 2 und 4). Abs. 2 S. 2** ermöglicht die **Nachholung v. Zuwendungen:** Wenn diese bis zum Ablauf eines Monats nach – tatsäch-

1 *K/S/M*, § 4d Rn. B 246 ff., B 250.
2 BMF v. 28.11.1996, BStBl. I 1996, 1435 unter B. I.; *K/S/M*, § 4d Rn. B 298; *B/R/O*[7], StR Rn. A 219.
3 BFH v. 15.6.1994 – II R 77/91, BStBl. II 1995, 21; *K/S/M*, § 4d Rn. B 299; *A/F/R*, 3. Teil Rn. 170 f.

licher[1] – Aufstellung (vgl. § 245 HGB) oder Feststellung (vgl. §§ 148, 172f AktG, §§ 41, 46 Nr. 1 GmbHG) der (Handels-)Bilanz des Trägerunternehmens für den Schluss eines (= nicht unbedingt des unmittelbar vorangegangenen[2]) Wj. geleistet (= verbindlich zugesagt[3]) werden, können sie für das abgelaufene Wj. in der Steuerbilanz – abw. v. Maßgeblichkeitsgrundsatz des § 5 Abs. 1 S. 2 (s. **Abs. 2 S. 4**)[4] – noch durch eine Rückstellung gewinnmindernd berücksichtigt werden (Wahlrecht). Die gesetzlichen Abschlussfristen für die Aufstellung und die Feststellung der Bilanz (zB § 243 Abs. 3; § 264 Abs. 1 S. 2 HGB, § 42a Abs. 2 GmbHG; § 175 Abs. 1 S. 2 AktG) sind für den Fristbeginn unbeachtlich.[5] Da es sich um ein **Bilanzwahlrecht** handelt, kommt auch eine nachträgliche Bilanzänderung gem. § 4 Abs. 2 S. 2 in Betracht, zB nach Durchführung einer Betriebsprüfung.[6] Die tatbestandlichen Abzugsvoraussetzungen des § 4d Abs. 1 müssen erfüllt sein.[7]

III. Verteilung nicht abzugsfähiger Zuwendungen auf künftige Wirtschaftsjahre (Abs. 2 S. 3 und 4). 36
Zuwendungen eines Wj., die die gem. Abs. 1 abzugsfähigen Höchstbeträge übersteigen, bleiben stl. unbeachtlich. Ebenfalls abw. v. Maßgeblichkeitsgrundsatz des § 5 Abs. 1 (**vgl. Abs. 2 S. 4**) ermöglicht **Abs. 2 S. 3** allerdings, die (im jeweiligen Wj.[8]) übersteigenden Beträge auf die folgenden drei Wj. **aktiv abzugrenzen** und erst in diesen Jahren (**Verteilungswahlrecht**), spätestens im dritten Wj. gewinnneutral aufzulösen. Der jeweilige RAP ist allerdings auf die Überdotierung des jeweiligen Wj. beschränkt, was durch (Teil-)Auflösung des bisherigen und Ingangsetzen eines neuen RAP im Falle einer abermaligen Überdotierung in einem Folgejahr einen **revolvierenden Vortragsposten** ermöglicht;[9] stattdessen können die tatsächlichen Zuwendungen des Wj. auch mit dem Zuwendungs-Höchstbetrag verrechnet und der Überschuss in einen neuen RAP eingestellt werden. Zw. beiden Möglichkeiten kann auch gewechselt werden; das G gibt keine feste Auflösungsmethode vor.[10] – Aus Billigkeit gewährt die **FinVerw.** diese Möglichkeit „sinngemäß“ auch StPfl., die ihren Gewinn durch Überschussrechnung (§ 4 Abs. 3) ermitteln;[11] das ist bedenklich[12] und führt zu manchen (unbeantworteten) Folgefragen (Dokumentation des – ansonsten mangels Bilanzierung nicht „sichtbaren“ – RAP im Jahr der Überdotierung; Ablauf der Festsetzungsverjährung).[13] Die FinVerw. akzeptiert auch, dass Zuwendungen in den Folgejahren zunächst in Höhe des verbleibenden Abgrenzungspostens als geleistet gelten.[14] Die Bildung des Postens wirkt sich dadurch auf das tatsächliche Kassenvermögen nicht aus. Die Verrechnungsmöglichkeiten künftiger Zuwendungen mit dem Abgrenzungsposten bleiben auch nach Umwandlung erhalten, es sei denn, die Einbringung (§§ 20, 21 UmwStG, § 20 UmwStG aF) erfolgt zum TW (§ 21 Abs. 1 S. 1, Abs. 2 S. 2, § 21 Abs. 1 S. 2 UmwStG, § 20 Abs. 2, § 23 Abs. 1 S. 1 UmwStG aF); der Abgrenzungsposten ist dann aufzulösen.[15] Das zulässige Kassenvermögen iSv. Abs. 1 S. 1 Nr. 1 S. 4 bleibt v. der Abgrenzung der überhöhten Zuwendungen gem. Abs. 2 S. 3 in jedem Fall unberührt.[16]

IV. Verteilung der Zuwendungen auf künftige Wirtschaftsjahre bei Übertragung von Versorgungsverpflichtungen und -anwartschaften auf Pensionsfonds (Abs. 3). 37
Vom 1.1.2002 an kann die Unterstützungskasse ihre Versorgungsverpflichtungen oder -anwartschaften auf einen Pensionsfonds (§ 1 Abs. 2 Nr. 3, § 1a BetrAVG, § 4e) übertragen. Zu den (etwaigen) Folgen für die KStPfl. der Unterstützungskasse s. § 4e Rn. 12. Im Falle einer derartigen Übertragung bewertet der aufnehmende Pensionsfonds die zu übernehmende Versorgungsverpflichtung im Übertragungszeitpunkt mit dem Barwert und wird die infolge der unterschiedlichen Bewertungsmaßstäbe zusätzlich benötigten Mittel v. der Unterstützungskasse zur Abdeckung dieser Verpflichtungen anfordern, was wiederum entspr. Zuwendungen des Trägerunternehmens an die Kasse zur Folge hat. **§ 4d Abs. 3 S. 1** ermöglicht es, den dadurch ausgelösten BA-Abzug abw. v. Abs. 1 S. 1 Nr. 1 S. 1 lit. d (Rn. 21) und Abs. 2 (Rn. 34 ff.) auf die dem Wj. der Zuwendung folgen-

---

1 *K/S/M*, § 4d Rn. C 16.
2 *K/S/M*, § 4d Rn. C 16.
3 *K/S/M*, § 4d Rn. C 11.
4 *K/S/M*, § 4d Rn. C 17; *Mathiak*, FS Moxter, 1994, 313 (320 f.).
5 *K/S/M*, § 4d Rn. C 16.
6 *K/S/M*, § 4d Rn. C 18.
7 *K/S/M*, § 4d Rn. C 19.
8 Das ermöglicht einen revolvierenden Vortragsposten mit neuer Laufzeit, vgl. *K/S/M*, § 4d Rn. C 31.
9 *K/S/M*, § 4d Rn. C 31.
10 **AA** FG BaWü. v. 12.6.2006 – 6 K 215/05, EFG 2006, 1820 mit Anm. *Kuhfus*; v. BFH v. 5.6.2007 – I R 48/06, BFH/NV 2007, 2089 aus anderen Gründen offen gelassen.
11 BMF v. 28.11.1996, BStBl. I 1996, 1435 unter J.2.
12 Vgl. *K/S/M*, § 4d Rn. C 28.
13 FG Düss. v. 4.9.2006 – 1 K 2709/04 E, EFG 2006, 1818 mit Anm. *Kuhfus*.
14 BMF v. 28.11.1996, BStBl. I 1996, 1435 unter J.2.
15 *K/S/M*, § 4d Rn. C 33; *W/M*, § 23 UmwStG Rn. 505 iVm. Rn. 188.
16 *K/S/M*, § 4d Rn. C 42.

den zehn Wj. gleichmäßig zu verteilen. Der Verteilungszeitraum beginnt im Falle der Bilanzierung gem. § 4 Abs. 1 und § 5 in dem dem Wj. der Entstehung der Leistungsverpflichtung folgenden Wj., bei einer Gewinnermittlung gem. §§ 3, 4 Abs. 3 in dem dem Jahr der Leistung folgenden Wj.[1] Das Verteilungsrecht setzt einen **unwiderruflichen Antrag** voraus, an den auch der Rechtsnachfolger gebunden ist (**Abs. 3 S. 2**). Entspr. gilt gem. § 4e Abs. 3, wenn der ArbG unmittelbar bei ihm bestehende Versorgungsverpflichtungen und -anwartschaften auf einen Pensionsfonds überträgt (s. § 4e Rn. 10).

38 Stellt das Trägerunternehmen den Verteilungsantrag nicht, bleibt es dabei (s. Rn. 34), dass die Zuwendungen in Gänze als BA abgezogen werden können. Diesem Liquiditätsvorteil beim ArbG steht gem. **§ 3 Nr. 66** allerdings der Verlust der LSt-Freiheit der erbrachten Leistungen beim ArbN gegenüber. Diesen Steuervorteil wird sich der ArbN jedoch ohne entspr. Ausgleich kaum nehmen lassen. Die Möglichkeit dazu ist ihm gegeben, weil der Wechsel des Durchführungsweges der betrieblichen Altersversorgung auf den Pensionsfonds arbeitsrechtl. v. seiner Zustimmung (ggf. der Gewerkschaft, des Betriebsrats) abhängig ist. Der ArbG wird deswegen idR gezwungen sein, die LSt-Freiheit zugunsten seiner ArbN „mit einer Streckung des BA-Abzugs für den überschießenden Betrag zu erkaufen".[2]

§ 4e Beiträge an Pensionsfonds

(1) Beiträge an einen Pensionsfonds im Sinne des § 236 des Versicherungsaufsichtsgesetzes dürfen von dem Unternehmen, das die Beiträge leistet (Trägerunternehmen), als Betriebsausgaben abgezogen werden, soweit sie auf einer festgelegten Verpflichtung beruhen oder der Abdeckung von Fehlbeträgen bei dem Fonds dienen.

(2) Beiträge im Sinne des Absatzes 1 dürfen als Betriebsausgaben nicht abgezogen werden, soweit die Leistungen des Fonds, wenn sie vom Trägerunternehmen unmittelbar erbracht würden, bei diesem nicht betrieblich veranlasst wären.

(3) [1]Der Steuerpflichtige kann auf Antrag die insgesamt erforderlichen Leistungen an einen Pensionsfonds zur teilweisen oder vollständigen Übernahme einer bestehenden Versorgungsverpflichtung oder Versorgungsanwartschaft durch den Pensionsfonds erst in den dem Wirtschaftsjahr der Übertragung folgenden zehn Wirtschaftsjahren gleichmäßig verteilt als Betriebsausgaben abziehen. [2]Der Antrag ist unwiderruflich; der jeweilige Rechtsnachfolger ist an den Antrag gebunden. [3]Ist eine Pensionsrückstellung nach § 6a gewinnerhöhend aufzulösen, ist Satz 1 mit der Maßgabe anzuwenden, dass die Leistungen an den Pensionsfonds im Wirtschaftsjahr der Übertragung in Höhe der aufgelösten Rückstellung als Betriebsausgaben abgezogen werden können; der die aufgelöste Rückstellung übersteigende Betrag ist in den dem Wirtschaftsjahr der Übertragung folgenden zehn Wirtschaftsjahren gleichmäßig verteilt als Betriebsausgaben abzuziehen. [4]Satz 3 gilt entsprechend, wenn es im Zuge der Leistungen des Arbeitgebers an den Pensionsfonds zu Vermögensübertragungen einer Unterstützungskasse an den Arbeitgeber kommt.

Verwaltung: BMF v. 26.10.2006, BStBl. I 2006, 709; v. 10.7.2015, BStBl. I 2015, 544; v. 6.12.2017, BStBl. I 2018, 147.

Literatur: *ABA eV*, Der deutsche Pensionsfonds, 2002; *Baumeister*, Umsetzung der Pensionsfonds-Richtlinie der EU durch die 7. Novelle des Versicherungsaufsichtsgesetzes, DB 2005, 2076; *Bode/Grabner*, Pensionsfonds und Entgeltumwandlung in der betrieblichen Altersversorgung, 2002; *Briese*, Übertragung v. Pensionsanwartschaften und Pensionsverpflichtungen auf einen Pensionsfonds, DB 2006, 2424; *Förster/Meier/Weppler*, Steuerliche Zweifelsfragen aus der Änderung des § 112 VAG, BetrAV 2005, 726; *Förster/Rühmann/Recktenwald*, Auswirkungen des Altersvermögensgesetzes auf die betriebliche Altersversorgung, BB 2001, 1406; *Friedrich/Weigel*, Übertragung v. Pensionsverpflichtungen auf einen Pensionsfonds, DB 2003, 2564; *Friedrich/Weigel*, Die steuerliche Behandlung verschiedener

1 S. dazu BMF v. 26.10.2006, BStBl. I 2006, 709 Tz. 7.
2 *Höfer*, BetrAV 2001, 314 (319).

Finanzierungsmodelle bei der Auslagerung unmittelbarer Versorgungszusagen und Unterstützungskassenzusagen auf einen Pensionsfonds, DB 2004, 2282; *Gohdes/Haferstock/Schmidt*, Pensionsfonds nach dem AVmG aus heutiger Sicht, DB 2001, 1558; *Grabner/Bode/Stein*, Brutto-Entgeltumwandlung vs. „Riester-Förderung" – Betriebsinterner Pensionsfonds vs. Pensionsfonds nach AVmG – Ein Günstigkeitsvergleich, DB 2001, 1893; *Heubeck*, Pensionsfonds – Grenzen und Möglichkeiten, DB 2001, Beil. Nr. 5, 2; *Höfer*, Die Neuregelung des Betriebsrentenrechts durch das Altersvermögensgesetz, BetrAV 2001, 314; *Höfer*, Das neue Betriebsrentenrecht, 2003; *Karst/Heger*, Zum Umfang der „bestehenden Versorgungsverpflichtung" in § 4e Abs. 3, BB 2013, 1259; *May/Warnke*, Bilanzsteuerrechtliche Berücksichtigung der Übertragung auf Pensionsfonds, BetrAV 2007, 136; *Meier/Bätzel*, Auslagerung v. Pensionsrückstellungen auf einen Pensionsfonds, DB 2004, 1437; *Niermann*, Die betriebliche Altersversorgung im Altersvermögensgesetz aus steuerlicher Sicht, DB 2001, 1380; *Strahl*, Altersvorsorge nach dem AVmG: Überblick, Durchführungswege, Praxishinweise, KÖSDI 2001, 13023; *Wellisch*, Steuerliche und bilanzielle Folgen bei Änderungen von Pensionsfondsverträgen, BB 2013, 1047.

A. Grundaussagen der Vorschrift

I. Regelungsgegenstand. Durch das AVmG[1] ist einer langjährigen Forderung Rechnung getragen und mit der Pensionsfondszusage ein weiterer (vierter, neben §§ 4b, 4c, 4d) Durchführungsweg der betrieblichen Altersversorgung eingeführt worden. § 4e setzt die stl. Rahmenbedingungen für die Abzugsfähigkeit der Zuwendungen, die an den Fonds zu erbringen sind. Zu den Vor- und Nachteilen ggü. den bisherigen „traditionellen" Durchführungswegen der betrieblichen Altersversorgung s. auch Rn. 4, 5. § 4e wurde durch das G zur Modernisierung der Finanzaufsicht über Versicherungen v. 1.4.2015 infolge der dadurch bewirkten Neuregelung des VAG mWv. 1.1.2016 (nur) redaktionell angepasst.[2] 1

II. Zeitlicher Anwendungsbereich. Die Neuregelung ist erstmals für jenes Wj. anwendbar, das nach dem 31.12.2000 endet (§ 52 Abs. 12b idF des AVmG). 2

III. Verhältnis zu anderen Vorschriften. Wie bei den Zuwendungen an Pensionskassen (§ 4c Rn. 1) werden die ArbG-Beiträge bis zu 4 % der Beitragsbemessungsgrenze zur gesetzlichen Rentenversicherung v. der LSt und ESt beim ArbN freigestellt, **§ 3 Nr. 63**, allerdings nur für ein erstes Dienstverhältnis der Begünstigten und vorausgesetzt, der ArbN verzichtet im Falle einer Entgeltumwandlung darauf, gem. § 1a Abs. 3 BetrAVG die Zulagengewährung gem. § 82 Abs. 2 oder den SA-Abzug gem. § 10a zu verlangen (Ausschluss der Doppelförderung). Diese Förderungen werden v. einem Pensionsfonds ohne weiteres ermöglicht, weil er kraft G lebenslang gleich bleibende oder steigende Altersrente garantiert (Altersvorsorge-Zertifizierung, vgl. § 82 Abs. 2 iVm. § 1 Nr. 4, § 236 VAG, § 112 VAG aF, s. Rn. 4). Zur Steuerfreiheit der Leistungen des ArbG an den Pensionsfonds bei Übernahme bestehender Versorgungsverpflichtungen durch diesen s. **§ 3 Nr. 66** (Rn. 10). Sind die Beiträge an den Fonds hiernach stfrei, unterliegen die späteren Versorgungsleistungen (einschl. Erträge) aus dem Fonds der Stpfl gem. **§ 22 Nr. 5**. Der Altersentlastungsbetrag gem. § 24a kann hierbei beansprucht werden. Soweit die Beiträge beim ArbN stpfl. sind, kommt eine pauschale Steuererhebung gem. **§ 40a** in Betracht. – Der Pensionsfonds ist – abw. insbes. v. Pensionskassen (vgl. § 5 Abs. 1 Nr. 3 KStG, § 3 Nr. 9 GewStG) – kst- und gewstpfl., „faktisch" jedoch infolge § 8b KStG (Steuerfreiheit v. Dividenden und Anteilsveräußerungen), § 21 KStG (BA-Abzug für Beitragsrückerstattungen) und steigender Deckungsrückstellungen infolge steigender Zeitwerte der Kapitalanlagen weitgehend stfrei. 3

B. Pensionsfonds, Trägerunternehmen, Begünstigte

I. Begriffe und Rechtsgrundlagen. Ein Pensionsfonds ist gem. § 1b Abs. 3 BetrAVG iVm. **§ 236 Abs. 1 S. 1 VAG** (§ 112 Abs. 1 S. 1 VAG aF) eine rechtsfähige (auch ausländ., vgl. §§ 241, 243, 244 VAG, §§ 118c, 118e, 118f VAG aF[3]) Einrichtung in der Rechtsform der AG, der SE oder des Pensionsfondsvereins aG (vgl. § 237 Abs. 3 Nr. 1 VAG, § 113 Abs. 2 Nr. 3 VAG aF), die gegen Zahlung v. Beiträgen eine kapitalgedeckte betriebliche Altersversorgung für einen oder mehrere ArbG als leistendes Unternehmen (Trägerunternehmen, § 4e Abs. 1, zum Begriff s. § 4c Rn. 3) durchführt (ausgestaltet als Firmen- oder Konzern-, Gruppen- oder Branchen- oder auch als sog. Wettbewerbspensionsfonds, Letzteres, wenn er sich auf jegliches Unternehmen erstreckt). Treuhandmodellen (sog. CTA = Contractual Trust Arrangements)[4] fehlen diese Erfordernisse ebenso wie rein betriebsinternen Fonds, die für einen mittelbaren Versorgungsträger notwendige Eigenständigkeit ermangeln.[5] Die Fondsleistungen sind als **lebenslange Altersrente** oder als **Einmalkapitalzahlung** zu erbringen (vgl. § 236 Abs. 1 S. 1 Nr. 4 VAG, § 112 Abs. 1 S. 1 Nr. 4 aF), solange Beitragszah- 4

1 V. 26.6.2001, BGBl. I 2001, 1310.
2 BGBl. I 2015, 434, dort Art. 2 Abs. 7 Nr. 2 iVm. Art. 3 Abs. 1.
3 BGBl. I 2005, 2546.
4 S. dazu *Höfer/Ververs*, DB 2007, 1365.
5 *H/V/V*, BetrAVG Bd. II StR[18], Kap. 29 Rn. 6.

lungen durch den ArbG auch in der Rentenbezugszeit vorgesehen sind und ein fester Termin für das Zahlungsende nicht vorgesehen ist, auch davon abw., das jedoch wiederum nicht bei entgeltumgewandelten Zusagen gem. § 1 Abs. 2 Nr. 2 BetrAVG (§ 236 Abs. 2 S. 1, 2 VAG, § 112 Abs. 1a S. 1, 2 VAG aF). Eine lebenslange Rente liegt auch vor, wenn sie außerhalb der monatlichen Zahlungen mit einem teilw. oder vollständigen Kapitalwahlrecht verbunden wird (§ 236 Abs. 1 S. 2 VAG, § 112 Abs. 1 S. 2 VAG aF). Zur früheren Regelungslage bis zur Änderung v. § 112 Abs. 2 VAG idF des HZvNG v. 21.6.2002[1] s. 14. Aufl. § 4e Rn. 4. Auch bei der Fondszusage ist die Finanzierung durch eine Entgeltumwandlung in allen Fällen zulässig (§ 1 Abs. 2 Nr. 3, § 1a BetrAVG); sie führt zur sofortigen Unverfallbarkeit der Anwartschaft (§ 1b Abs. 5 HS 1 BetrAVG) und zur Einräumung eines unwiderruflichen Bezugsrechts (§ 1b Abs. 5 HS 2 Nr. 1 BetrAVG). Zur Ausgestaltung der Pensionspläne s. § 1 Abs. 2 Nr. 2 BetrAVG. Ebenso wie bei der Pensionskasse (§ 4c Rn. 2) besteht auf die Fondsleistungen ein **Rechtsanspruch** des Begünstigten (zum Personenkreis s. § 4b Rn. 5).[2] IÜ genießt der Pensionsfonds ggü. der Pensionskasse aber beträchtliche Freiheiten: Zwar wird auch die Solvabilität des Fonds aufsichtsbehördlich überwacht (vgl. § 238, § 240 S. 1 Nr. 9 VAG, § 114 Abs. 2 VAG aF). Die Fondsleistungen unterliegen auch der Insolvenzsicherung (vgl. §§ 7 Abs. 1 S. 2 Nr. 2 iVm. Abs. 1 S. 1 BetrAVG idF des AVmG). Es bestehen jedoch erheblich geringere Restriktionen in der Kapitalanlage (risk management; Auslagerung der Anlage auf Dritte, zB Lebensversicherer, Pensionskassen, private Vermögensverwaltungen), vgl. zur Vermögensanlage § 239 VAG. Ziel der Fonds ist es gerade, ein internationalen Standards entspr. Anlagemanagement einzurichten und dadurch im Vergleich zu anderen Durchführungswegen der betrieblichen Altersversorgung höhere Renditen zu erwirtschaften. Einzelheiten werden (bzw. wurden) in einschlägigen VO geregelt (vgl. § 240 VAG, § 115 Abs. 2 VAG aF): Pensionsfonds-Kapitalausstattungs-VO,[3] -Deckungsrückstellungs-VO,[4] Pensionsfonds-Kapitalanlagen-VO.[5]

5 **II. Vorteile und Nachteile der Pensionsfondsversorgung.** In der Liberalisierung der Anlagevorschriften wird der wesentliche Vorteil der Fonds ggü. Pensionskassen und Lebensversicherungsunternehmen gesehen. Ein weiterer Vorteil liegt in der Auslagerung (outsourcing) der Sozialverpflichtungen beim ArbG, verbunden mit dem Vorteil einer verbesserten Eigenkapitalquote (die sich allerdings gleichermaßen durch Ausgliederung v. Pensionsverpflichtungen auf Pensions-Ges. erreichen lässt). Ungewiss ist demgegenüber der Kostenfaktor beim zusagenden Unternehmen, insbes. im Hinblick auf ein etwaiges Nachfinanzierungsrisiko. Als nachteilig dürfte im Falle der Übertragung einer betriebsinternen Versorgung auf eine Fondszusage auch der beträchtliche Liquiditätsabfluss beim ArbG zu beurteilen sein, der den Fonds entspr. ausstatten muss. Insgesamt dürfte schon wegen der beträchtlichen rechtsformbezogenen Hürden für die Fondserrichtung zumindest bei kleineren und mittleren Unternehmen in erster Linie die Einschaltung eines überbetrieblichen Fonds in Betracht kommen, diejenige eines betriebseigenen Pensionsfonds hingegen nur bei größeren Betrieben.

C. Abzugsfähige Beiträge (Abs. 1 und 2)

6 **Beiträge** iSv. Abs. 1 sind Beiträge, die das Trägerunternehmen (s. Rn. 4) an den Fonds leistet und die der Finanzierung v. Versorgungsleistungen dienen. Die Beiträge können einmalig, in wechselnder oder in jährlich gleichmäßiger Höhe gebracht werden, was Gestaltungsmöglichkeiten je nach Ertragslage ermöglicht. Darin liegt ein nicht unerheblicher Vorteil insbes. ggü. der rückgedeckten Unterstützungskassenzusage, die einen mindestens gleich bleibenden Prämienaufwand verlangt (§ 4d Abs. 1 S. 1 Nr. 1 S. 1c S. 2 letzter HS, s. § 4d Rn. 20). Im Einzelnen gilt auch hier nichts anderes als bei den Zuwendungen an Pensionskassen, s. § 4c Rn. 5. Zusätzlich abzugsfähig sind v. Trägerunternehmen geleistete Beiträge an den PSVaG (§§ 7 ff. BetrAVG).

7 Ebenso wie bei § 4c wird auch gem. § 4e die stl. **Abzugsfähigkeit** der Zuwendungen durch Abs. 1 qualitativ und quantitativ („soweit") **abschließend** festgestellt: (**1**) Voraussetzung des BA-Abzugs der Beiträge ist hiernach in erster Linie, dass sie auf einer – im Geschäftsplan, in der Satzung oder in den Pensionsverträgen nach Grund, Höhe und Fälligkeit – **festgelegten Verpflichtung** beruhen. Das ist je nachdem, ob es sich um Beitragszusagen mit Mindestleistung oder um Leistungszusagen handelt (s. Rn. 4), entweder die Pflicht, planmäßige (einmalige, lfd., auch im Zeitablauf schwankende) Beiträge zu leisten, oder die Pflicht, die für die Finanzierung dieser Leistungen erforderlichen (festen) Beiträge, in diesem Fall der Leistungszusage nach Maßgabe eines festen Preis-Leistungs-Verhältnisses, zu erbringen. Der Rechtsbegründungsakt

1 BGBl. I 2002, 2167.
2 Zum dadurch bedingten Charakter v. Beitragszahlungen des ArbG an den Fonds als Arbeitslohn s. BFH v. 5.7.2007 – VI R 47/02, DStRE 2007, 1357.
3 V. 20.12.2001, BGBl. I 2001, 4180.
4 V. 20.12.2001, BGBl. I 2001, 4183.
5 V. 21.12.2001, BGBl. I 2001, 4185, mWv. 1.1.2016 aufgehoben durch das G zur Modernisierung der Finanzaufsicht über Versicherungen v. 1.4.2015, BGBl. I 2015, 434, dort Art. 3 Abs. 2 Nr. 5.

muss vor Beitragszahlung erfolgen, bedarf aber idR keiner Zustimmung der Begünstigten (arg. e contr § 159 Abs. 2 VVG für Lebensversicherungsverträge).[1] **(2)** Der BA-Abzug kommt darüber hinaus in Betracht, wenn die Beiträge als Nachschuss der Abdeckung v. Fehlbeträgen des Fonds dienen, weil sich die (planmäßige oder auch für einen Leistungsfall nicht fest vorgegebene, vgl. § 236 Abs. 1 S. 1 Nr. 2 VAG, § 112 Abs. 1 S. 1 Nr. 2 VAG aF) Beitragsentrichtung (unter Beachtung der Rechnungslegung gem. § 240 S. 1 Nr. 10–12 VAG iVm. der dadurch ermächtigten RVO, § 116 VAG aF) beim Fonds als unzulänglich erweist und deshalb freiwillige Leistungen erforderlich sind. Ein gleichbleibender jährlicher Beitragsaufwand ist nicht erforderlich (abw. v. § 4d Abs. 1 S. 1 Nr. 1 S. 1c S. 2 letzter HS); willkürliche Nachschüsse (zB nach Gewinnlage des Trägerunternehmens) bleiben jedoch unberücksichtigt.

Nicht als BA abzugsfähig sind gem. **Abs. 2** (wie gem. § 4c S. 2, s. § 4c Rn. 7) solche Zuwendungen iSv. Abs. 1, die beim Trägerunternehmen nicht betrieblich veranlasste Leistungen des Pensionsfonds finanzieren, insbes. also private Zukunftssicherungsleistungen an den Trägerunternehmer und dessen Angehörige (§ 12 Nr. 1; § 15 Abs. 1 S. 1 Nr. 2) oder auch an „fremde" ArbN.[2] Bei Ges.-Geschäftsführern v. KapGes. bleibt der BA-Abzug idR zunächst unbeschränkt; die Ausgaben sind aber außerbilanziell als vGA (8 Abs. 3 S. 2 KStG) wieder hinzuzurechnen (s. auch § 6a Rn. 3). Beiträge betr. Nicht-ArbN iSd. § 17 Abs. 1 S. 2 BetrAVG schließen den BA-Abzug nur bei fehlender betrieblicher Veranlassung aus. 8

D. Rechtsfolgen (Abs. 1 und 3)

Erfüllt das Trägerunternehmen die Voraussetzungen des **Abs. 1**, kann es die geleisteten zugewandten Beiträge hiernach als **BA** abziehen (s. Rn. 6 ff. und § 4c Rn. 8). 9

Der Abzug ist regelmäßig in jenem Wj. vorzunehmen, in dem die Beiträge an den Fonds geleistet werden (§ 4 Abs. 4, **§ 11 Abs. 2**). **Abs. 3 S. 1** macht hiervon eine Ausnahme für den Fall der Auslagerung v. Versorgungsverpflichtungen, also des **Wechsels des Versorgungsweges**, auf einen Pensionsfonds, idR v. der Direktzusage (zB aus Gründen des sog. ‚window dressing' zur bilanziellen Entlastung v. Sozialverpflichtungen), gleichermaßen aber auch der Direktversicherungs- oder Pensionskassenzusage (zB wegen besserer Renditechancen des Fonds; vgl. ebenso § 4d Abs. 3); Gegenstand der (teilweisen oder vollständigen) Auslagerung sind „bestehende Versorgungsverpflichtungen" (einschl. der Anpassungspflichten gem. § 16 Abs. 1 BetrAVG, s. aber Rn. 11)[3] oder (per definitionem ebenfalls bestehende, jedoch noch nicht fällige) „Versorgungsanwartschaften". Der dabei entstehende außerordentliche (einmalige) Zuwendungsbedarf (sog. **Einlösungsbetrag**), dessen Höhe sich nach der Rechnungslegung des Fonds (§ 116 VAG) richtet, kann (aus letztlich fiskalischen Gründen) nur auf die dem Wj. der Übertragung folgenden zehn Wj. gleichmäßig verteilt werden, vorausgesetzt es wird v. StPfl. ein entspr. **Antrag** gestellt, der zwar nicht zur Übertragung auf den Fonds verpflichtet und den StPfl. insoweit nicht bindet, der jedoch (auch für einen Rechtsnachfolger) **unwiderruflich** (**Abs. 3 S. 2**) und damit – unbeschadet etwaiger, lediglich subsidiärer Einstandspflichten gem. § 1 Abs. 1 S. 3 BetrAVG – endgültig ist. Vgl. dazu zum Beginn des Verteilungszeitraums und zur Wechselwirkung des Antrags mit der Steuerfreiheit der ArbG-Leistungen beim ArbN gem. § 3 Nr. 66 im Einzelnen § 4d Rn. 37. Eine Antragsablehnung durch das FA dürfte so gut wie ausgeschlossen sein. **Ohne Antrag** scheidet der gewinnwirksame Abzug des geleisteten Einmalbetrages zur Übertragung des Versorgungsweges auf den Fonds aus, und zwar gleichviel, aus welchem Grunde auf die Antragstellung verzichtet wird, also auch dann, wenn es dem StPfl. nicht darum geht, wechselseitig die prinzipielle LSt-Befreiung gem. § 3 Nr. 66 beim ArbN auszulösen.[4] Auch das schlichte „Vergessen" eines Antrags ändert nichts; § 175 Abs. 1 Nr. 2 AO ist nicht einschlägig.[5] Der BA-Abzug kann dann auch nicht auf § 5 Abs. 1 S. 1 gestützt werden. Abs. 3 enthält insoweit eine steuerrechtl. Spezialvorschrift, die den Abzug an besondere Voraussetzungen und Bedingungen knüpft. Die LSt-Befreiung des ArbN gem. § 3 Nr. 66 gehört jedenfalls explizit nicht dazu. Der BA-Abzug gem. Abs. 3 ist damit auch nicht v. der LSt-Befreiung abhängig.[6] 10

Beim **Wechsel des Durchführungsweges** v. einer Direkt- auf eine Fondszusage gilt der antragsabhängige Verteilungsmodus (Rn. 10) gem. **Abs. 3 S. 3** allerdings nur mit Einschränkungen: Die v. ArbG zum Übertragungszeitpunkt an den Fonds erbrachten Beiträge sind unmittelbar im Wj. der Übertragung als BA abzuziehen, dies jedoch nur in jener Höhe, in denen infolge der Übertragung zeitgleich die für die Direktzusage gem. § 6a gebildete Rückstellung aufzulösen ist. Die gewinnwirksame Auflösung der Rückstellung 11

1 *Blomeyer*, BetrAV 2001, 430.
2 Im Einzelnen *K/S/M*, § 4c Rn. C 11 ff.
3 Zutr. *Karst/Heger*, BB 2013, 1259 (1261 f.).
4 Sa. (zur Unterscheidung des ArbG-Begriffs nach § 3 Nr. 66 iVm. § 1 Abs. 1 S. 1 LStDV und nach § 4e Abs. 3) FG Thür. v. 28.9.2017 – 2 K 266/16, EFG 2017, 1784.
5 FG BaWü. v. 23.9.2014 – 5 K 809/12, juris.
6 **AA** *H/V/V*, BetrAVG Bd. II StR[18], Kap. 30 Rn. 34.

wird also durch den zeitgleichen BA-Abzug neutralisiert. Maßgebend ist nach der (zutr.) neueren Verwaltungspraxis die am jeweils vorangegangenen Bilanzstichtag gebildete Rückstellung, die den (erdienten) Teil der übertragenen Anwartschaft wiedergibt, nicht etwa eine auf den Übertragungsstichtag fiktiv erstellte.[1] Nur in jenem (Regel-)Fall, dass der Einmalbetrag die Rückstellung übersteigt, kann dieser übersteigende Betrag in den folgenden zehn Wj. gleichmäßig als BA abgezogen werden. Bestand zwar eine unmittelbare Pensionszusage, durfte hierfür aber (zB wegen Nichterfüllung der Erfordernisse des § 6a Abs. 1) keine Rückstellung gem. § 6a gebildet werden, oder erfolgt der Wechsel des Versorgungsweges bereits im Laufe desjenigen Wj. der Erteilung der Pensionszusage und beträgt die Pensionsrückstellung deswegen 0 Euro, kann allerdings der gesamte Zuführungsbetrag entspr. verteilt werden, nicht nur ein Unterschiedsbetrag.[2] War der Differenzbetrag unzulänglich und ergeben sich später beim Fonds Deckungslücken, richtet sich der Beitragsabzug wieder regulär nach Abs. 1, dies jedoch mit der Folge der grds. (vgl. aber § 3 Nr. 63) LStPfl. beim ArbN. Eine Verteilung solcher Nachschüsse gem. Abs. 3 S. 1 (mit der Konsequenz der vollen LSt-Befreiung beim ArbN gem. § 3 Nr. 66) widerspricht hingegen dem Regelungszweck. Die **Verwaltungspraxis** ist hier allerdings **aA** und will nach dem „Sinn und Zweck der Regelungen in § 4d Abs. 3 und § 4e Abs. 3" zum einen die Nachschüsse dem (mit Entstehen der Nachschusspflicht neu anlaufenden)[3] Verteilungsmodus unterwerfen[4] und zum anderen unter der Voraussetzung, dass der Antrag auf Verteilung einheitlich für sämtliche Leistungen zur Übernahme einer Versorgungsverpflichtung oder -anwartschaft gestellt wurde, zugleich die Steuerfreiheit gem. § 3 Nr. 66 gewähren.[5] Maßgebend ist jedenfalls immer der Zeitpunkt der Übernahme der Versorgungsverpflichtung durch den Fonds,[6] auch dann, wenn die Übertragung während des Wj. stattfindet; hiernach berechnet sich die Höhe des auf den Zehn-Jahres-Zeitraum zu verteilenden Differenzbetrages.[7] Versorgungsverpflichtungen ggü. (1) Leistungsempfängern sowie (2) v. unverfallbaren Versorgungsanwartschaften sind bei Antragstellung iSv. § 4e Abs. 3 (s. zum Antrag auch § 4d Rn. 37 aE) im Falle ihrer Übertragung insgesamt gem. **§ 3 Nr. 66** stfrei,[8] Anwartschaften aktiver Berechtigter hingegen nur, soweit sie erdient wurden (sog. past service), bei zukünftig noch zu erdienenden Anwartschaften (sog. future service) wird die Steuerbefreiung gem. **§ 3 Nr. 63** begrenzt.[9] Wird kein Antrag gestellt (aus welchen Gründen auch immer, ggf. auch, weil der ArbN seine Zustimmung zur Übertragung der Versorgungszusage auf einen Pensionsfonds gem. § 415 Abs. 1 BGB nicht entspr. bedingt hat), ergibt sich ein stpfl. Zufluss v. Arbeitslohn iSv. § 19 Abs. 1 Nr. 1.[10] Ob auch künftige Rentenanpassungen gem. **§ 16 Abs. 1 BetrAVG** einzubeziehen sind (s. Rn. 10), ist unklar, nachdem das seitens der FinVerw. neuerdings[11] bloß aus Gründen der Vereinfachung mit einer jährlichen pauschalen Erhöhung v. 1 % zugelassen wird. Es ist zweifelh., ob das richtig ist, weil das eine – die Bewertung nach § 6a sowie die Dotierung nach § 4d – mit dem anderen – der Ermittlung der Leistungen, welche nach § 4e Abs. 3 S. 1 für eine „bestehende" Versorgungsverpflichtung erforderlich sind – eigentlich nichts zu tun hat. Jedenfalls sind die bereits erdienten, entgeltlich übertragenen Versorgungsanwartschaften mit dem ausfinanzierten Teil, mindestens aber iHd. zeitanteilig quotierten Versorgungsanteils gem. **§ 2 Abs. 1 oder Abs. 5a BetrAVG** zu berücksichtigen.[12] Sie ermöglichen den sofortigen BA-Abzug aber nur insoweit, als die Auflösung der Pensionsrückstellung auf der Übertragung des erdienten Teils beruht. Die verwaltungsseitig (letztmals für vor dem 1.1.2016 übertragene Anwartschaften) gewährte Abziehbarkeit auch mit dem höheren, stl. ausfinanzierbaren Teil der Anwartschaften (als Quotient des TW gem. § 6a Abs. 3 S. 2 Nr. 1 zum Barwert der künftigen Pensionsleistungen, jeweils bezogen auf den Übertragungszeitpunkt)[13] wurde zwischenzeitlich (zu Recht) aufgegeben.[14]

---

1 BMF v. 10.7.2015, BStBl. I 2015, 544 Rz. 6 ff. (mit Bsp.-Berechnung); im Grundsatz ebenfalls zust. FG München v. 4.10.2017 – 6 K 3285/14, EFG 2018, 1022 m. Anm. *Neu* (Rev. XI R 52/17), allerdings **aA**, soweit sich die Rückstellung nicht nur auf den past, sondern auch auf den future service bezieht: Der volle Abzug der aufgelösten Rückstellung entspreche sowohl dem Wortlaut als auch dem Förderzweck des § 4e Abs. 3 S. 3, zudem würden Pensionsrückstellungen iSv. § 6a ohnehin nur für den erdienten Teil der Pension zugelassen.

2 *Höfer*, Das neue Betriebsrentenrecht, 2003, Rn. 695 f.

3 BMF v. 26.10.2006, BStBl. I 2006, 709 Tz. 7 f.; **aA** *Briese*, DB 2006, 2424 (2426).

4 S. dazu BMF v. 26.10.2006, BStBl. I 2006, 709 Tz. 7; insoweit zust. *Briese*, DB 2006, 2424 (2426).

5 S. dazu BMF v. 26.10.2006, BStBl. I 2006, 709 Tz. 6.

6 BMF v. 26.10.2006, BStBl. I 2006, 709; **aA** *Friedrich/Weigel*, DB 2004, 2282; *H/V/V*, BetrAVG Bd. II StR[18], Kap. 30 Rn. 39; s. auch *Förster/Meier/Weppler*, BetrAV 2005, 726 (729 ff.); *Meier/Bätzel*, DB 2004, 1437.

7 *H/V/V*, BetrAVG Bd. II StR[18], Kap. 30 Rn. 48; zweifelh. *May/Warnke*, BetrAV 2007, 136 (140).

8 BMF v. 6.12.2017, BStBl. I 2018, 147 Rn. 56; v. 26.10.2006, BStBl. I 2006, 709 Rn. 1; v. 10.7.2015, BStBl. I 2015, 544 Rn. 1.

9 BMF v. 6.12.2017, BStBl. I 2018, 147 Rn. 56.

10 FG Köln v. 27.9.2018 – 6 K 9154/16, EFG 2019, 19 m. Anm. *Weingarten* (Rev. VI R 45/18).

11 BMF v. 10.7.2015, BStBl. I 2015, 544 Rz. 2.

12 S. dazu BMF v. 26.10.2006, BStBl. I 2006, 709 Tz. 4.

13 S. dazu BMF v. 26.10.2006, BStBl. I 2006, 709 Tz. 5.

14 BMF v. 10.7.2015, BStBl. I 2015, 544.

Gleichermaßen wie beim Wechsel v. der Direktzusage ist zu verfahren, wenn die Übertragung der Versorgung auf den Pensionsfonds (gewinnerhöhende) Vermögensrückflüsse einer bislang eingeschalteten Unterstützungskasse auf das Trägerunternehmen auslöst. Auch dann gleichen sich der BA-Abzug infolge der Nachschusspflicht des Trägerunternehmens und der Vermögenszufluss bei diesem im Wj. der Übertragung in gleicher Höhe aus (**Abs. 3 S. 4**). Der Rückfluss des Dotationskapitals v. der Unterstützungskasse auf das Trägerunternehmen steht in Einklang mit § 4 BetrAVG, ist deswegen als solcher steuerunschädlich und verstößt nicht gegen das für die KSt-Befreiung der Kasse bestehende Gebot der dauernden Zweckbindung der Kassenmittel, vgl. § 5 Abs. 1 Nr. 3 lit. e iVm. § 5 Abs. 1 Nr. 3 lit. c und § 6 Abs. 6 KStG. Allerdings kann die Kasse in der Folgezeit mangels hinreichenden Verhältnisses v. Versorgungsanwartschaften zum Dotationskapital im Einzelfall gem. § 6 KStG im Umfang der Überdotierung (und damit ggf. auch zu 100 %) partiell und rückwirkend kstpfl. werden.[1] 12

§ 4f Verpflichtungsübernahmen, Schuldbeitritte und Erfüllungsübernahmen

(1) [1]Werden Verpflichtungen übertragen, die beim ursprünglich Verpflichteten Ansatzverboten, -beschränkungen oder Bewertungsvorbehalten unterlegen haben, ist der sich aus diesem Vorgang ergebende Aufwand im Wirtschaftsjahr der Schuldübernahme und den nachfolgenden 14 Jahren gleichmäßig verteilt als Betriebsausgabe abziehbar. [2]Ist auf Grund der Übertragung einer Verpflichtung ein Passivposten gewinnerhöhend aufzulösen, ist Satz 1 mit der Maßgabe anzuwenden, dass der sich ergebende Aufwand im Wirtschaftsjahr der Schuldübernahme in Höhe des aufgelösten Passivpostens als Betriebsausgabe abzuziehen ist; der den aufgelösten Passivposten übersteigende Betrag ist in dem Wirtschaftsjahr der Schuldübernahme und den nachfolgenden 14 Wirtschaftsjahren gleichmäßig verteilt als Betriebsausgabe abzuziehen. [3]Eine Verteilung des sich ergebenden Aufwands unterbleibt, wenn die Schuldübernahme im Rahmen einer Veräußerung oder Aufgabe des ganzen Betriebes oder des gesamten Mitunternehmeranteils im Sinne der §§ 14, 16 Absatz 1, 3 und 3a sowie des § 18 Absatz 3 erfolgt; dies gilt auch, wenn ein Arbeitnehmer unter Mitnahme seiner erworbenen Pensionsansprüche zu einem neuen Arbeitgeber wechselt oder wenn der Betrieb am Schluss des vorangehenden Wirtschaftsjahres die Größenmerkmale des § 7g Absatz 1 Satz 2 Nummer 1 Buchstabe a bis c nicht überschreitet. [4]Erfolgt die Schuldübernahme in dem Fall einer Teilbetriebsveräußerung oder -aufgabe im Sinne der §§ 14, 16 Absatz 1, 3 und 3a sowie des § 18 Absatz 3, ist ein Veräußerungs- oder Aufgabeverlust um den Aufwand im Sinne des Satzes 1 zu vermindern, soweit dieser den Verlust begründet oder erhöht hat. [5]Entsprechendes gilt für den einen aufgelösten Passivposten übersteigenden Betrag im Sinne des Satzes 2. [6]Für den hinzugerechneten Aufwand gelten Satz 2 zweiter Halbsatz und Satz 3 entsprechend. [7]Der jeweilige Rechtsnachfolger des ursprünglichen Verpflichteten ist an die Aufwandsverteilung nach den Sätzen 1 bis 6 gebunden.

(2) Wurde für Verpflichtungen im Sinne des Absatzes 1 ein Schuldbeitritt oder eine Erfüllungsübernahme mit ganzer oder teilweiser Schuldfreistellung vereinbart, gilt für die vom Freistellungsberechtigten an den Freistellungsverpflichteten erbrachten Leistungen Absatz 1 Satz 1, 2 und 7 entsprechend.

Verwaltung: BMF v. 30.11.2017, BStBl. I 2017, 1619.

1 S. dazu auch BFH v. 14.11.2012 – I R 78/11, BFHE 239, 405; *B/R/O*[7], StR Rn. G 83.

Literatur: *Adrian/Fey*, Verpflichtungsübernahme nach dem AIFM-Steuer-Anpassungsgesetz, StuB 2014, 53; *Fuhrmann*, Rechtsprechungsbrechende Gesetzgebung zur steuerrechtlichen Behandlung von Verpflichtungsübernahmen durch das AIFM-StAnpG, DB 2014, 9; *Benz/Placke*, Die neue gesetzliche Regelung durch das AIFM-Steuer-Anpassungsgesetz zur „angeschafften Drohverlustrückstellung" in § 4f und § 5 Abs. 7 EStG, DStR 2013, 2654; *Dannecker/Rudolf*, Veräußerung von Mitunternehmeranteilen und Unternehmenstransaktionen mit negativem Kaufpreis im Lichte der §§ 4 f. und 5 Abs. 7 EStG, BB 2014, 2539; *Förster/Staaden*, Übertragung von Verpflichtungen mit Ansatz- und Bewertungsvorbehalten (§§ 4 f., 5 Abs. 7 EStG), Ubg 2014, 1; *Förster/Staaden*, Veräußerung und Erwerb von Mitunternehmeranteilen mit passivierungsbeschränkten Verpflichtungen, BB 2016, 1323; *Geberth/Höhn*, Passivierung „angeschaffter" Pensionsrückstellungen, DB 2013, 1192; *Höfer*, Bilanzierung und Bewertung entgeltlich übernommener Versorgungsverpflichtungen, DB 2012, 2130; *Hoffmann*, Anmerkung zu den Urteilen I R 28/11 und I R 69/11, DStR 2013, 580; *Hoffmann*, Licht und Schatten beim Nichtanwendungsgesetz zur Übertragung von Schulden, StuB 2014, 1; *Huth/Wittenstein*, Bedeutung der §§ 4 f. und 5 Abs. 7 EStG für ausgewählte Übertragungsvorgänge von Pensionsverpflichtungen, DStR 2015, 1088, 1153; *Kahle/Braun*, Bilanzierung angeschaffter Rückstellungen in der Steuerbilanz, FR 2018, 197; *Ley*, Die steuerliche Behandlung der entgeltlichen Übertragung einer nur handels-, aber nicht steuerbilanziell passivierten Verpflichtung, DStR 2007, 589; *Melan/Wecke*, Reichweite und Rechtfertigung von § 4f EStG im Umwandlungssteuerfall, Ubg 2017, 253; *Nielsen/Schulenberg*, Auslegungsfragen bei Verpflichtungsübernahmen unter Beteiligung von Mitunternehmerschaften am Beispiel von Anwachsungsmodellen, FR 2017, 623; *Oser*, „Zeitweises Einfrieren" angeschaffter Pensionsrückstellungen ist ohne Rechtsgrundlage, BB 2013, 946; *Prinz/Otto*, Neues BMF-Anwendungsschreiben vom 30.11.2017 zu §§ 4f, 5 Abs. 7 EStG, GmbHR 2018, 497; *Reichl/v. Bredow*, Exit-Tax mal anders?! – Die Anwendbarkeit der Regelungen des § 4f EStG auf die Verlagerung verlustbringender Funktionen, IStR 2015, 23; *Riedel*, Zweifelsfragen im Zusammenhang mit der Übertragung von Verpflichtungen gem. § 4f EStG, Ubg 2014, 421; *Riedel*, Die Neuregelung der sog. angeschafften Rückstellungen nach § 4f und § 5 Abs. 7 EStG, FR 2014, 6; *Schlotter*, „Gekaufte" Drohverlustrückstellungen, Ubg 2010, 635; *Schmitt/Keuthen*, Stille Lasten bei der Verschmelzung von Körperschaften, DStR 2015, 2521; *Schultz*, Der True Sale von Passiva, DB 2011, 608; *Schultz/Debnar*, Übertragung von Passiva im AIFM-StAnpG: Steuerliche Anschaffungserträge und Aufwandsverteilungen sind Realität, BB 2014, 107; *Veit/Hainz*, Steuerbilanzielle Zweifelsfragen beim AIFM-StAnpG im Hinblick auf betriebliche Versorgungsverpflichtungen, BB 2014, 1323; *Weber-Grellet*, Berücksichtigung von Verpflichtungsübernahmen, Schuldbeitritten und Erfüllungsübernahmen mit vollständiger oder teilweiser Schuldfreistellung, DB 2018, 661.

A. Grundaussagen der Vorschrift

1 **I. Regelungsgegenstand.** Die durch das AIFM-StAnpG[1] im Eiltempo eingeführte Vorschrift stellt zusammen mit § 5 Abs. 7 die Reaktion des Gesetzgebers auf die jüngere Rspr. des BFH dar, nach der eine steuermindernde **Hebung sog. stiller Lasten** zulässig war.[2] Hintergrund dieser Rspr. sind Durchbrechungen der Maßgeblichkeit der HB für die steuerrechtl. Gewinnermittlung (§ 5 Abs. 1 S. 1) in Form von Ansatzverboten oder -beschränkungen sowie Bewertungsvorgaben für Verpflichtungen. Verbote und Beschränkungen für die Passivierung von Verpflichtungen sind in § 5 Abs. 2a, 3, 4, 4a und 4b sowie § 6a Abs. 1 und 2 enthalten, einschränkende Regelungen für die Bewertung befinden sich in § 6 Abs. 1 Nr. 3 und Abs. 3a sowie § 6a Abs. 3 und 4. Die dadurch beim StPfl. entstehenden stillen Lasten konnten nach der Rspr. des BFH dadurch realisiert werden, dass die steuerrechtl. nicht oder nur mit einem geringeren Wert als in der HB anzusetzenden Verpflichtungen entgeltlich übertragen wurden. Dies konnte einzeln oder etwa im Rahmen einer Betriebsveräußerung als sog. asset deal geschehen, ferner durch wirtschaftliche Schuldübernahmen in Form von Schuldbeitritten oder Erfüllungsübernahmen mit Freistellungsverpflichtungen.[3] Die stillen Lasten werden dann beim befreiten Unternehmen steuermindernd aufgedeckt. Der Übernehmer der Verbindlichkeit war nach der Rspr. des BFH an die steuerrechtl. Passivierungsbegrenzungen nicht gebunden, weil sich die Verbindlichkeit durch den Erwerbsvorgang beim Veräußerer realisiert hat und sie nach allgemeinen handelsbilanziellen Grundsätzen beim Erwerber im Jahresabschluss zu passivieren und grds. mit den AK zu bewerten ist. Auch die Übernahme steuerrechtl. nicht oder mit einem niedrigeren Wert bilanzierter Verbindlichkeiten ist Teil des vom Erwerber entrichteten Entgelts. Der Grundsatz der erfolgsneutralen Behandlung von Anschaffungsvorgängen findet danach auch bei solchen Passivposten Anwendung, die beim Veräußerer einem steuerbilanziellen Ansatz-

1 G v. 18.12.2013, BGBl. I 2013, 4318.

2 BFH v. 17.10.2007 – I R 61/06, BStBl. II 2008, 555 = FR 2008, 1158 m. Anm. *Prinz*; v. 16.12.2009 – I R 102/08, BStBl. II 2011, 566 = FR 2010, 425 m. Anm. *Buciek*; v. 14.12.2011 – I R 72/10, FR 2012, 407 m. Anm. *Prinz* = DStR 2012, 452; v. 26.4.2012 – IV R 43/09, DStR 2012, 1128; v. 12.12.2012 – I R 69/11, FR 2013, 608 m. Anm. *Prinz* = DStR 2013, 570; v. 12.12.2012 – I R 28/11, FR 2013, 805 = DStR 2013, 575; zur Rspr. des BFH und zur Gesetzgebungshistorie des AIFM-StAnpG s. *Fuhrmann*, DB 2014, 9; *Riedel*, FR 2014, 6; *Adrian/Fey*, StuB 2014, 53; *Geberth/Höhn*, DB 2013, 1192; *Prinz*, Ubg 2013, 57.

3 BFH v. 17.10.2007 – I R 61/06, BStBl. II 2008, 555 = FR 2008, 1158 m. Anm. *Prinz*; v. 26.4.2012 – IV R 43/09, DStR 2012, 1128; s. dazu *Ley*, DStR 2007, 589; *Steinhauff*, jurisPR-SteuerR 26/2008 Anm. 2; *Schlotter*, Ubg 2010, 635; *Schultz*, DB 2011, 608; *Höfer*, DB 2012, 2130; *Prinz*, DB 2012, Heft 37 Beiheft M10–M11.

verbot oder einer Bewertungsbeschränkung unterlegen haben.[1] Ein sog. Erwerbsgewinn konnte nicht entstehen.

Die FinVerw. vertrat in Bezug auf die steuerbilanzielle Behandlung der Verpflichtung beim Erwerber eine andere Auffassung[2] und sah in der sich verstetigenden Rspr. des BFH Gestaltungsmöglichkeiten mit massiven **Auswirkungen auf das Steueraufkommen**. Der Gesetzgeber hat diese Befürchtungen mit dem AIFM-StAnpG aufgegriffen.[3] Er hat in Abs. 1 S. 1 dem Grundsatz nach geregelt, dass ein Aufwand aus der Übertragung von Verpflichtungen, die beim Veräußerer Ansatzverboten, -beschränkungen oder Bewertungsvorbehalten unterlegen haben, nicht sofort in voller Höhe berücksichtigt werden kann, sondern im Wj. der Schuldübernahme und in den nachfolgenden 14 Jahren gleichmäßig verteilt als BA abziehbar ist. Es erfolgt somit eine **außerbilanzielle zeitliche Streckung des Aufwands** durch eine Verteilung auf 15 Jahre. War dagegen eine Verbindlichkeit oder eine Rückstellung passiviert worden, die einem Bewertungsvorbehalt unterlegen hat, und ist sie aufgrund der Übertragung gewinnerhöhend aufzulösen, dürfen die BA iHd. aufgelösten Passivpostens sofort und hinsichtlich des übersteigenden Betrags ebenfalls gleichmäßig verteilt über 15 Jahre abgezogen werden (Abs. 1 S. 2). Abs. 2 erstreckt die Regelungen der Sätze 1 und 2 auf Leistungen des ursprünglichen Schuldners, die im Rahmen eines Schuldbeitritts oder einer Erfüllungsübernahme (§ 329 BGB), die jeweils mit einem Freistellungsanspruch verbunden sind, an den Freistellungsverpflichteten erbracht werden. 2

Ausnahmen zur grds. vorgeschriebenen zeitlichen Streckung des Aufwands bestehen nach § 4f Abs. 1 S. 3 für Schuldübernahmen, die iRd. Veräußerung eines ganzen Betriebs oder eines gesamten MU'anteils (§ 14, § 16 Abs. 1, 3, 3a und § 18 Abs. 3) erfolgen, für den Wechsel eines ArbN zu einem neuen ArbG unter Mitnahme erworbener Pensionsansprüche und für kleine und mittlere Betriebe iSv. § 7g Abs. 1 S. 2 Nr. 1 lit. a bis c. In diesen Fällen ist der durch die Übertragung entstehende Aufwand sofort in voller Höhe als BA abziehbar. Für TB-Veräußerungen oder -aufgaben iSv. § 14, § 16 Abs. 1, 3 und 3a und § 18 Abs. 3 gilt nach Abs. 1 S. 4 bis 6 ebenfalls die zeitliche Streckung der aus der Übertragung einer Verpflichtung iSv. Abs. 1 S. 1 resultierenden BA. Dies greift allerdings nur, soweit die BA einen Veräußerungs- oder Aufgabeverlust begründet oder erhöht haben. Es kommt somit in diesen Fällen nur dann zu einer Verteilung des Aufwands, wenn und soweit die durch die **TB-Veräußerung oder -aufgabe** realisierten **stillen Lasten die stillen Reserven übersteigen**. Abs. 1 S. 7 ordnet eine **Bindung des Rechtsnachfolgers** des ursprünglich Verpflichteten an die Aufwandsverteilung nach den Sätzen 1 bis 6 an. Dadurch wird einerseits gewährleistet, dass ein beim Übertragenden noch nicht berücksichtigter Aufwand infolge einer Rechtsnachfolge nicht untergeht und somit der realisierte Aufwand stl. vollständig berücksichtigt werden kann,[4] andererseits wird durch die Bindung des Rechtsnachfolgers verhindert, dass dieser den verbleibenden Aufwand beim Eintritt der Rechtsnachfolge sofort in voller Höhe abziehen kann. 3

II. Systematische Einordnung. § 4f ist systematisch zutr. in den Kontext der anderen Vorschriften über die Gewinnermittlung eingereiht worden (§ 4 ff.). Die durch Abs. 1 S. 1, 2, 4–6 angeordnete außerbilanzielle Streckung des Aufwands aus einer Übertragung von Verpflichtungen, die beim Übertragenden Ansatzverboten, -beschränkungen oder Bewertungsvorbehalten unterlegen haben, stellt eine weitere **Durchbrechung der Maßgeblichkeit der HB** für die steuerrechtl. Gewinnermittlung dar (§ 5 Abs. 1 S. 1). Abweichend von den GoB ist steuerrechtl. ein tatsächlich realisierter Aufwand nicht sofort, sondern nur gleichmäßig verteilt über 15 Jahre abziehbar. Dies perpetuiert die Ansatzverbote und Bewertungseinschränkungen wirtschaftlich betrachtet in die Zukunft und ist deshalb aus steuersystematischen Gründen zu kritisieren. Es erfolgt letztlich auch eine Ausnahme vom steuerrechtl. Grundsatz der § 4 Abs. 4 und § 11 Abs. 2, dass BA in dem Wj. in voller Höhe abzuziehen sind, in dem der Aufwand entstanden oder abgeflossen ist. Ferner werden stille Reserven, die bei ihrer Realisierung regelmäßig sofort besteuert werden, und stille Lasten mit der Einführung des § 4f asymmetrisch behandelt.[5] 4

Der Gesetzgeber hat sich ausweislich der Gesetzesbegründung an § 4e orientiert und befürchtete durch die BFH-Rspr. **Steuerausfallrisiken in Milliardenhöhe**, insbes. durch eine steuergünstige „Verschiebung" stil- 5

1 BFH v. 16.12.2009 – I R 102/08, BStBl. II 2011, 566 = FR 2010, 425 m. Anm. *Buciek*; v. 14.12.2011 – I R 72/10, FR 2012, 407 m. Anm. *Prinz* = DStR 2012, 452; v. 12.12.2012 – I R 69/11, FR 2013, 608 m. Anm. *Prinz* = DStR 2013, 570; v. 12.12.2012 – I R 28/11, FR 2013, 805 = DStR 2013, 575; s. dazu *Prinz*, Ubg 2013, 57; *Oser*, BB 2013, 946; *Hoffmann*, DStR 2013, 580; *Geberth/Höhn*, DB 2013, 1192.
2 BMF v. 16.12.2005, BStBl. I 2005, 1052; v. 24.6.2011, BStBl. I 2011, 627; diese BMF-Schr. sind durch das BMF-Schr. v. 30.11.2017, BStBl. I 2017, 1619 Rn. 34, aufgehoben und die BFH-Rspr. ist für bis zum 28.11.2013 endende Wj. anerkannt worden; vgl. zum BMF-Schr. *Weber-Grellet*, DB 2018, 661; *Prinz/Otto*, GmbHR 2018, 497.
3 BR-Drucks. 740/13, 115.
4 BR-Drucks. 740/13, 116.
5 *Riedel*, FR 2014, 6 (10).

ler Lasten zwischen verbundenen Unternehmen.[1] In der Tat dürfte in Bezug auf Pensionsrückstellungen (§ 6a), die bei größeren Unternehmen oft einen erheblichen Umfang einnehmen, das Gestaltungspotenzial zur Hebung stiller Lasten mit den größten stl. Auswirkungen bestanden haben, zB durch eine Ausgliederung von Pensionsverpflichtungen auf Pensions-Ges.[2] Insoweit besteht eine vergleichbare Situation zu einem Wechsel des Versorgungswegs auf einen Pensionsfonds (§ 4e Abs. 3). Auch hier entstehen regelmäßig im Wj. des Wechsels sehr hohe BA, die aus fiskalischen Gründen auf Antrag nur gleichmäßig auf die auf den Wechsel folgenden zehn Wj. verteilt werden dürfen (vgl. dazu § 4e Rn. 10 ff.). Entsprechendes gilt bei einer Übertragung von Versorgungsverpflichtungen und Anwartschaften von einer Unterstützungskasse auf einen Pensionsfonds (§ 4d Abs. 3). Dort ist allerdings keine zwingende Verteilung des Aufwands vorgesehen, sondern nur auf einen entspr. Antrag des StPfl (vgl. dazu und zu den faktischen Zwängen des ArbG § 4d Rn. 37 f.).

6 § 4f erstreckt sich auf alle Verpflichtungen mit Ansatzverboten, -beschränkungen und Bewertungsvorbehalten und ist nicht auf die Anwendung zw. verbundenen Unternehmen beschränkt, sodass die Vorschrift in Bezug auf den Übertragungsgegenstand einen **weiten Anwendungsbereich** hat.[3] Es werden davon auch Übernahmen zw. nicht verbundenen fremden Dritten erfasst, also Fallgestaltungen, in denen regelmäßig marktübliche Vertragsbedingungen herrschen und keine gestalterische „Verschiebung“ von Verpflichtungen im Raume steht. Dies ist vor dem Hintergrund der ursprünglichen gesetzgeberischen Zielsetzung ein zusätzlicher steuersystematischer und rechtspolitischer Kritikpunkt. Durch die Ausnahme für kleine und mittlere Unternehmen werden lediglich solche Betriebe erfasst, bei denen größere stl. Auswirkungen zu erwarten sind und für die der mit der Verteilung der BA und deren Überwachung verbundene zusätzliche Aufwand im Regelfall nicht nennenswert ins Gewicht fallen dürfte. Diese Ausnahme gilt allerdings nicht für die einer Schuldübernahme gleichgestellten Fälle des Schuldbeitritts und der Erfüllungsübernahme (Abs. 2). Die Verteilung des Aufwands über 15 Jahre berührt den Grundsatz der **Besteuerung nach der Leistungsfähigkeit**. Verfassungsrechtl. dürfte die Regelung vor dem Hintergrund ihrer Zielsetzung und in Anbetracht des Umstands, dass der Aufwand nicht verloren geht, sondern nur zeitlich gestreckt wird und rechtsnachfolgefähig ist, nicht zu beanstanden sein. Art. 3 Abs. 1 GG dürfte nicht verletzt sein.[4] Allerdings ist es durchaus diskussionswürdig, ob die Frist von 15 Jahren nicht zu lang bemessen und deshalb unverhältnismäßig ist.

7 **III. Zeitlicher Anwendungsbereich.** § 4f ist nach § 52 Abs. 12c idF des AIFM-StAnpG – nunmehr § 52 Abs. 8 – erstmals für Wj. anzuwenden, die nach dem 28.11.2013 (Tag des Gesetzesbeschlusses) enden. Die Vorschrift entfaltet damit ab dem VZ 2013 Wirkung, bei abweichenden Wj. ggf. erst ab dem VZ 2014. Durch das **Abstellen auf das Wj.** – und nicht auf die Erfüllung des gesetzlichen Tatbestands – werden auch Verpflichtungsübernahmen sowie Schuldbeitritte und Erfüllungsübernahmen mit Freistellungsverpflichtung erfasst, die vor diesem Datum und damit dem Inkrafttreten des Gesetzes (Art. 16 Abs. 3 AIFM-StAnpG) vereinbart und wirksam geworden sind. In der Gesetzesbegründung zu § 52 Abs. 12c idF des AIFM-StAnpG wird zwar ausgeführt, dass die Neuregelung erstmals für Schuldübernahmen, Schuldbeitritte und Erfüllungsübernahmen anwendbar sei, die nach dem Tag der Verabschiedung im BT vereinbart werden.[5] Eine solche Einschränkung kommt im Wortlaut der Anwendungsregelung aber nicht zum Ausdruck.[6] Auch das BMF stellt für die Anwendbarkeit der Neuregelung auf das Wj. ab.[7] Für Tatbestände, die vor dem 28.11.2013 erfüllt worden sind und die zu Wj. gehören, die nach diesem Datum enden, liegt eine sog. **unechte Rückwirkung** vor (tatbestandliche Rückanknüpfung). Nach der Rspr. des BVerfG und des BFH ist eine solche gesetzliche Rückwirkung aber grds. verfassungsrechtl. zulässig, soweit nicht ein schutz-

---

1 BR-Drucks. 740/13, 115.

2 Vgl. *Hoffmann*, DStR 2013, 580 (581); *Hoffmann*, StuB 2014, 1; vgl. zur Bedeutung der §§ 4f. und 5 Abs. 7 für die Übertragung von Pensionsverpflichtungen *Huth/Wittenstein*, DStR 2015, 1088, 1153. Der in § 6a festgelegte marktferne Zinssatz von 6 % ist möglicherweise verfassungswidrig; vgl. dazu FG Köln v. 12.10.2017 – 10 K 977/17, EFG 2018, 287 – Vorlage an das BVerfG (BVerfG: 2 BvL 22/17).

3 Im anfänglichen, der Diskontinuität des BT zum Opfer gewordenen Gesetz-E war eine Beschränkung auf Verpflichtungsübernahmen im Konzern vorgesehen, BR-Drucks. 663/12, 12; vgl. dazu *Prinz*, Ubg 2013, 57; *Geberth/Höhn*, DB 2013, 1192.

4 Vgl. *Riedel*, Ubg 2014, 421 (423); *Schmidt*[37], § 4f Rn. 1; *H/H/R*, § 4f Anm. 3; *Lademann*, § 4f Rn. 13; **aA** *Blümich*, § 4f Rn. 10 f.; zu den verfassungsrechtl. Maßstäben s. BVerfG v. 12.5.2009 – 2 BvL 1/00, BStBl. II 2009, 658 = FR 2009, 873 m. Anm. *Buciek* (zum zeitweiligen vollständigen Ansatzverbot für Jubiläumsrückstellungen); BFH v. 22.8.2012 – I R 9/11, BStBl. II 2013, 512 = FR 2013, 213 m. Anm. *Hallerbach* (zur sog. Mindestbesteuerung); v. 26.2.2014 – I R 59/12 (Vorlage an das BVerfG zur Frage der Verfassungswidrigkeit der sog. Mindestbesteuerung in Definitivsituationen), BStBl. II 2014, 1016 = FR 2014, 1033 (BVerfG: 2 BvL 19/14).

5 BR-Drucks. 740/13, 121.

6 Vgl. auch *Fuhrmann*, DB 2013, 9 (15).

7 BMF v. 30.11.2017, BStBl. I 2017, 1619 Rn. 16.

würdiges Vertrauen überwiegt.[1] Im Regelfall dürfte Letzteres bei den Fallgestaltungen des § 4f nicht eingreifen. Der BA-Abzug wird nicht endgültig versagt, sondern zeitlich über 15 Jahre gestreckt. Im Einzelfall kann diese Frist aber unter Abwägung des Vertrauensschutzes mit den gesetzgeberischen Zielen und unter Berücksichtigung der Zumutbarkeit zu lang bemessen sein.[2]

IV. Verhältnis zu anderen Vorschriften. § 4f ist iZ mit dem ebenfalls durch das AIFM-StAnpG eingeführten **§ 5 Abs. 7** zu sehen. Diese Vorschrift behandelt die Erwerberseite und ordnet an, dass übernommene Verpflichtungen, die beim ursprünglich Verpflichteten den in § 4f Abs. 1 S. 1 genannten Verboten oder Beschränkungen unterlegen haben, zu den auf die Übernahme folgenden Abschlussstichtagen bei dem Übernehmer und dessen Rechtsnachfolger so zu bilanzieren sind, wie sie beim ursprünglich Verpflichteten ohne Übernahme zu bilanzieren wären (§ 5 Abs. 7 S. 1). Ein sich daraus ergebender Ertrag (Erwerbsgewinn) kann gem. § 5 Abs. 7 S. 5 über längstens 15 Jahre zeitlich gestreckt werden. Entsprechendes gilt für Schuldbeitritte und Erfüllungsübernahmen mit Freistellungsverpflichtung sowie den Erwerb eines MU'anteils (§ 5 Abs. 7 S. 2 und 3). Der Erwerber hat somit in Abweichung von der HB im Grundsatz so zu bilanzieren wie der ursprünglich Verpflichtete (s. § 5 Rn. 158 ff.). Damit soll verhindert werden, dass Passivierungsbeschränkungen bis zur erstmaligen Anwendung des § 4f ins Leere laufen.[3] Das BMF nimmt eine rechtliche Verknüpfung zw. § 4f und § 5 Abs. 7 an. Die Verteilung des Aufwands nach § 4f soll nur dann erfolgen, wenn die übertragene Verpflichtung beim Übernehmer oder dessen Rechtsnachfolger in den Anwendungsbereich des § 5 Abs. 7 fällt oder fallen würde, wenn der Übernehmer dem deutschen Steuerrecht unterläge.[4] Nicht erfasst werden danach insbes. Übertragungen auf StPfl. mit einer Gewinnermittlung nach § 4 Abs. 3. Diese Auffassung ist abzulehnen. Sie findet keinerlei Anhalt im Gesetzeswortlaut und ist auch nicht durch den Sinn- und Zweck der Regelung geboten.[5] 8

Durch § 4f werden **außerbilanzielle Korrekturen** vorgenommen.[6] Anwendungskonflikte mit Bilanzierungsregelungen für den Übernahmezeitpunkt sind somit ausgeschlossen. Die Vorschrift schließt es insbes. nicht aus, in einer umwandlungssteuerlichen Schlussbilanz eines übertragenden Rechtsträgers Verpflichtungen über dem Buchwert anzusetzen (§ 3 Abs. 1 S. 1, Abs. 2, § 11 Abs. 1 S. 1, Abs. 2 UmwStG).[7] § 4f unterscheidet sich damit in der Wirkungsweise von den umwandlungssteuerlichen Regelungen, die anordnen, dass Pensionsrückstellungen beim Umwandelnden und beim Einbringenden zwingend mit dem Wert nach § 6a anzusetzen sind (§ 3 Abs. 1 S. 2, § 11 Abs. 1 S. 2, § 20 Abs. 2 S. 1 HS 2 und § 24 Abs. 2 S. 1 HS 2 UmwStG). Durch diese vorrangigen Spezialvorschriften wird die Aufdeckung stiller Lasten (schon) steuerbilanziell ausgeschlossen. Die Wahlrechte aus § 4d Abs. 3 und § 4e Abs. 3 zur Verteilung des Aufwands bei der Übernahme von Versorgungsverpflichtungen durch einen Pensionsfonds verdrängen als Spezialregelungen den § 4f.[8] 9

B. Schuldübernahmen (Abs. 1)

I. Zeitliche Streckung des Abzugs von Betriebsausgaben (Abs. 1 S. 1). 1. Übertragungsgegenstand. a) Verpflichtungen. Abs. 1 S. 1 setzt die Übertragung von **Verpflichtungen** voraus. Bilanziell erhebliche Verpflichtungen können **zivilrechtl.** oder **öffentl.-rechtl. Grundlagen** haben. Die daraus resultierenden Leistungspflichten können vielgestaltig sein und in einer Geld-, Werk-, Dienst- oder Sachleistung bestehen.[9] Daneben kommen auch **faktische Leistungspflichten** in Betracht, denen sich ein StPfl. aus tatsächlichen, wirtschaftlichen oder sittlichen Gründen nicht entziehen kann, so zB Kulanzleistungen iSv. § 249 Abs. 1 S. 2 Nr. 2 HGB oder Leistungen aufgrund von Selbstverpflichtungen eines Unternehmensver- 10

---

1 Vgl. zB BVerfGE v. 17.12.2013 – 1 BvL 5/08, DStR 2014, 520; v. 7.7.2010 – 2 BvL 14/02, 2 BvL 2/04, 2 BvL 13/05, DStR 2010, 1727; BFH v. 5.5.2011 – IV R 32/07, BStBl. II 2012, 98; v. 25.2.2010 – IV R 37/07, BStBl. II 2010, 784 = FR 2010, 838 m. Anm. *Kanzler*.

2 **AA** *Blümich*, § 4f Rn. 11 f., der ein Überwiegen des Vertrauensschutzes der StPfl. in den Fortbestand der vom BFH erkannten Rechtslage annimmt und insbes. die Aspekte der Missbrauchsabwehr und der Rückwirkungsdringlichkeit nicht durchgreifen lässt.

3 BR-Drucks. 740/13, 117.

4 BMF v. 30.11.2017, BStBl. I 2017, 1619 Rn. 3.

5 Krit. auch *Prinz/Otto*, GmbHR 2018, 497 (500); **aA** wohl *Weber-Grellet*, DB 2018, 661 (665).

6 *Fuhrmann*, DB 2013, 9 (12); *Blümich*, § 4f Rn. 23; *Förster/Staaden*, Ubg 2014, 1; *Frotscher*, § 4f Rn. 19; *Lademann*, § 4f Rn. 35; BMF v. 30.11.2017, BStBl. I 2017, 1619 Rn. 16; **aA** *Schmidt*[37], § 4f Rn. 2: aktiver stl. Ausgleichsposten, RAP-ähnlich; *H/H/R*, § 4f Anm. 12; *Schulz/Debnar*, BB 2014, 107; dagegen spricht aber, dass der Gesetzgeber bei § 5 Abs. 7 ausdrücklich eine bilanzielle Lösung angeordnet hat.

7 *Prinz*, Ubg 2013, 57 (68).

8 BMF v. 30.11.2017, BStBl. I 2017, 1619 Rn. 4.

9 BFH v. 6.6.2012 – I R 99/10, BStBl. II 2013, 196 = FR 2013, 80 m. Anm. *Prinz* (zu Mitwirkungspflichten bei zukünftigen Außenprüfungen).

bands.[1] Solche rechtl. oder faktischen Verpflichtungen bestehen im Außenverhältnis ggü. Dritten. Davon zu unterscheiden sind sog. **Innenverpflichtungen**, die sich aus betrieblichen Notwendigkeiten für den Unternehmer ergeben – gleichsam als Obliegenheit ggü. sich selbst –, etwa zu Instandsetzungsmaßnahmen oder Altlastenentsorgungen. Innenverpflichtungen können auch aus gesetzlichen Vorgaben an die Betriebsführung resultieren, zB im Bereich des Umweltschutzrechts oder des öffentlichen Baurechts. In diesen Fällen ist die Abgrenzung zu Außenverpflichtungen häufig nicht einfach.[2] Eine solche Grenzziehung ist deshalb wichtig, weil für Innenverpflichtungen grds. keine Rückstellungen gebildet werden dürfen (§ 249 Abs. 2 S. 1 HGB) und sie deshalb für den Anwendungsbereich des Abs. 1 S. 1 nicht relevant sind. Ausnahmen bestehen allerdings gem. § 249 Abs. 1 S. 2 Nr. 1 HGB für Aufwendungen zur Nachholung unterlassener Instandhaltungen und Abraumbeseitigungen innerhalb bestimmter Zeiträume nach dem Geschäftsjahresende. Solche handelsbilanziell zu erfassenden Innenverpflichtungen werden vor dem Hintergrund des Regelungsziels des § 4f, die Hebung stiller Lasten zu beschränken, vom Begriff der Verpflichtung iSd. Vorschrift erfasst.[3]

11 **b) Ansatzverbote, -beschränkungen, Bewertungsvorbehalte.** Die Verpflichtungen (Rn. 10) müssen beim ursprünglichen Schuldner Ansatzverboten, -beschränkungen oder Bewertungsvorbehalten unterlegen haben. Damit sind die **steuerrechtl. Durchbrechungen der Maßgeblichkeit der HB** (§ 5 Abs. 1 S. 1) für die steuerbilanzielle Erfassung von Verbindlichkeiten gemeint. Einschlägig sind die Verbote und Beschränkungen für die Passivierung von Verbindlichkeiten nach § 5 Abs. 2a (erfolgsabhängige Verpflichtungen, s. § 5 Rn. 132ff.), § 5 Abs. 3 (Rückstellungen wegen Verletzung fremder Schutzrechte, s. § 5 Rn. 135), § 5 Abs. 4 (Rückstellungen für Jubiläumszuwendungen, s. § 5 Rn. 136f.), § 5 Abs. 4a (Drohverlustrückstellungen aus schwebenden Geschäften, s. § 5 Rn. 138f.), § 5 Abs. 4b S. 1 (Rückstellungen für künftige AK oder HK, s. § 5 Rn. 140); § 5 Abs. 4b S. 2 (Entsorgungsrückstellungen für radioaktive Reststoffe oder solche Anlagenteile, s. § 5 Rn. 141), § 6a Abs. 1 (sachliche Anforderungen für die Bildung von Pensionsrückstellungen, s. § 6a Rn. 6ff.) und § 6a Abs. 3 (zeitliche Vorgaben für Pensionsrückstellungen, s. § 6a Rn. 11). Einschränkende Sonderregelungen für die Bewertung von Verbindlichkeiten finden sich in § 6 Abs. 1 Nr. 3 und 3a (zB Abzinsung unverzinslicher Verbindlichkeiten und von Rückstellungen mit 5,5 %, s. § 6 Rn. 149ff., 161) und § 6a Abs. 3 und 4 (TW und Erhöhung von Pensionsrückstellungen, s. § 6a Rn. 12ff.).[4] Der Wortlaut des Abs. 1 S. 1 lässt keine Begrenzung auf steuerrechtl. Durchbrechungen der Maßgeblichkeit der HB erkennen, sodass auch handelsrechtl. Passivierungsbegrenzungen und -beschränkungen erfasst sein könnten.[5] Die Vorschrift soll aber nach ihrer Zielrichtung die „Hebung" stiller Lasten beschränken, die sich aus den unterschiedlichen Ansätzen von Verbindlichkeiten in der HB und der StB ergeben.[6] Ohne einen solchen Unterschied dürfte eine Hebung stiller Lasten nicht praxisrelevant sein. Nach Sinn und Zweck der Regelung werden somit nur steuerrechtl. Passivierungsverbote und -beschränkungen erfasst.[7] Die FinVerw. geht davon aus, dass § 4f nur dann zur Anwendung kommt, wenn die Verpflichtung an dem der Übertragung vorangegangenen Abschlussstichtag bestanden hat.[8] Bei dieser Auslegung werden im gleichen Wj. eingegangene und übertragene Verpflichtungen nicht erfasst. Der Wortlaut des § 4f dürfte eine solche Interpretation zulassen. Die Zielrichtung der Vorschrift, die Hebung stiller Lasten zu begrenzen, spricht allerdings dagegen, weil eine solche Wirkung auch durch unterjährige Übertragungen eintreten kann.[9]

12 **2. Übertragungsvorgang.** Die Übertragung der Verpflichtung kann im Wege der **Einzelrechts-, der Sonderrechts- oder der Gesamtrechtsnachfolge** vorgenommen werden. Auf schuldrechtl. Grundlage kann eine einzelne Verpflichtung durch eine Schuldübernahme übertragen werden. Eine solche kann durch einen Vertrag zw. dem Gläubiger und dem Dritten zustande kommen (§ 414 BGB) oder durch einen Vertrag zw. Schuldner und Übernehmer, der vom Gläubiger genehmigt werden muss, damit die Schuldübernahme wirksam wird (§ 415 BGB). Eine Schuldübernahme kann auch als isoliertes Rechtsgeschäft iRd. Übertragung eines Betriebs oder einer betrieblichen Einheit (asset deal) vereinbart werden.

---

1 Vgl. auch BFH v. 29.11.2000 – I R 87/99, BStBl. II 2002, 655 = FR 2001, 534 m. Anm. *Weber-Grellet* (zum faktischen Leistungszwang aufgrund einer Branchenübung); v. 10.1.2007 – I R 53/05, BFH/NV 2007, 1102 (zur Selbstverpflichtungserklärung eines Branchenverbands).

2 Vgl. etwa BFH v. 8.11.2000 – I R 6/96, BStBl. II 2001, 570 (zur Abfallbeseitigung); v. 25.3.2004 – IV R 35/02, BStBl. II 2006, 644 = FR 2004, 1013 m. Anm. *Fatouros* (zur Wiederaufbereitung von Bauschutt); v. 17.10.2013 – IV R 7/11, FR 2014, 236 m. Anm. *Prinz* = DStR 2013, 2745 (zu flugverkehrstechnischen Maßnahmen).

3 *Prinz*, Ubg 2013, 57 (60) zum ersten Gesetz-E.

4 Zur handelsbilanziellen Bewertung von Pensionsrückstellungen vgl. *Thurnes/Vavra/Geilenkothen*, DB 2013, 2817 (2819).

5 So zum anfänglichen Gesetz-E *Prinz*, Ubg 2013, 57 (61f.).

6 BR-Drucks. 740/13, 115.

7 So wohl auch *Adrian/Fey*, StuB 2014, 53 (55).

8 BMF v. 30.11.2017, BStBl. I 2017, 1619 Rn. 2, 3, 18.

9 Krit. auch *Prinz/Otto*, GmbHR 2018, 497 (499).

Verpflichtungen werden ebenfalls durch eine Vertragsübernahme übertragen, mit der alle gegenseitigen Rechte und Pflichten einer Vertragspartei aufgrund eines dreiseitigen Rechtsgeschäfts von einem Dritten übernommen werden.[1] Eine Einzelrechtsnachfolge durch Gesetz liegt vor, wenn aufgrund eines sog. Betriebsübergangs ein Arbverh. vom ursprünglichen ArbG auf einen neuen ArbG übergeht (§ 613a Abs. 1 S. 1 BGB). Der neue ArbG tritt in die Rechte und Pflichten aus dem im Zeitpunkt des Übergangs bestehenden Arbverh. ein.[2] Für diese Fallgestaltung besteht bei Mitnahme von erworbenen Pensionsansprüchen eine Ausnahme vom Gebot der zeitlichen Streckung des Aufwands (§ 4f Abs. 1 S. 3, Rn. 17). Anders als durch § 5 Abs. 7 S. 3 auf der Erwerberseite wird die **Übertragung von MU'anteilen** auf der Veräußererseite einer Schuldübernahme iSv. § 4f Abs. 1 S. 1 **nicht gleichgestellt**.[3] Zivilrechtl. liegt damit auch keine Verpflichtungsübernahme im Sinne eines Schuldnerwechsels vor, weil die Verpflichtungen auf Gesamthandsebene vom Gesellschafterwechsel unberührt bleiben (s. § 5 Rn. 160). Aus der Ausnahmeregelung des Abs. 1 S. 3 für die Veräußerung oder Aufgabe eines gesamten MU'anteils kann nichts Gegenteiliges geschlossen werden. Dort ist von Schuldübernahmen „im Rahmen" einer Veräußerung oder Aufgabe des ganzen Betriebs oder des gesamten MU'anteils die Rede. Der Gesetzgeber kann also auch Verpflichtungen im Auge gehabt haben, die nicht der Gesamthandsebene, sondern dem SBV des MU'ers zuzuordnen sind.[4] IÜ werden MU'anteile auch nicht iZ mit den Sonderregelungen für TB in Abs. 1 S. 4 bis 6 erwähnt.

Sonder- oder Gesamtrechtsnachfolgen ergeben sich etwa aus **umwandlungsrechtl. Vorgängen** (§ 1 Abs. 1 UmwG: Verschmelzung, Spaltung, Vermögensübertragung). Kennzeichnend für die in Abs. 1 S. 1 geforderte Übertragung einer Verpflichtung ist der **Austausch des Schuldners**. Der bisherige Schuldner scheidet vollständig aus dem Schuldverhältnis aus. Die Verpflichtung geht auf einen neuen Schuldner über. Im Gegensatz dazu bleibt der Schuldner bei sog. wirtschaftlichen Verpflichtungsübernahmen dem Gläubiger ggü. weiterhin rechtl. zur Leistung verpflichtet, ein Dritter tritt aber in Form eines Schuldbeitritts oder einer Erfüllungsübernahme an seine Seite und trägt die Schuld im Innenverhältnis wirtschaftlich, weil er sich zur Freistellung des ursprünglichen Schuldners verpflichtet. Diese Tatbestände werden durch Abs. 2 der Übertragung von Verpflichtungen gleichgestellt (Rn. 22). Der Wortlaut des Abs. 1 S. 1 schränkt den Anwendungsbereich der Vorschrift zwar nicht ausdrücklich auf **entgeltliche Übertragungen** ein. Solche Übertragungen waren jeweils Gegenstand der BFH-Rspr., die den Anlass für die Gesetzesänderung gegeben hat (Rn. 1). Aus dem Übertragungsvorgang muss nach dem Wortlaut der Bestimmung aber ein Aufwand resultieren, der als BA abziehbar ist. Ein solcher Aufwand kann beim Übertragenden nur durch die Zahlung eines Entgelts an den Übernehmer für die Übernahme der Schuld entstehen. Die Vorschrift ist deshalb nach ihrem Wortlaut sowie Sinn und Zweck der Bestimmung nur auf entgeltliche Übertragungen von Verpflichtungen anwendbar.[5] 13

3. Verteilung des BA-Abzugs. Rechtsfolge der Übertragung einer von Abs. 1 S. 1 erfassten Verpflichtung ist dem Grundsatz nach, dass der aus der Übertragung beim ursprünglich Verpflichteten resultierende Aufwand im Wj. der Schuldübernahme nicht sofort in voller Höhe als BA abziehbar ist. Er ist vielmehr in diesem Wj. und in den nachfolgenden 14 Jahren nur gleichmäßig verteilt – somit zu jeweils 1/15 – als BA zu berücksichtigen. In Abweichung von der HB des Wj. der Übertragung, in welcher der Aufwand nach den GoB in voller Höhe als BA abzuziehen ist, und der daraus abgeleiteten StB hat in diesem Wj. eine außerbilanzielle Hinzurechnung durch **Bildung eines Korrekturpostens** iHd. BA zu erfolgen. Von diesem Posten kann im Wj. der Schuldübernahme und in den nächsten 14 Jahren **jeweils 1/15 außerbilanziell als BA** abgezogen werden (Rn. 9).[6] Erfasst werden von der Grundregel des Abs. 1 S. 1 nur solche Verpflichtungen, die steuerbilanziell beim Übertragenden nicht passiviert werden durften, zB Drohverlustrückstellungen (§ 5 Abs. 4a S. 1). Dies ergibt sich aus dem systematischen Zusammenhang mit Abs. 1 S. 2.[7] Der von Abs. 1 S. 1 erfasste Aufwand besteht in dem Entgelt, das der Übertragende an den Übernehmer für die Schuldübernahme und damit für die Befreiung von der Verbindlichkeit bezahlt hat. Bei einem Gesamtentgelt, etwa im Rahmen eines asset deals, führt eine Schuldübernahme regelmäßig zu einem Kaufpreisabschlag iHd. des TW der Verpflichtung. In solchen Fällen ist eine Aufteilung entspr. der TW zum Übertragungszeitpunkt vorzunehmen, um den Aufwand des ursprünglich Verpflichteten zu ermitteln. Ver- 14

---

1 *Palandt*[77], § 398 Rn. 41 ff.
2 *Palandt*[77], § 613a Rn. 18 ff.
3 So auch *Dannecker/Rudolf*, BB 2014, 2539 (2540 f.); *Frotscher*, § 4f Rn. 28; *K/S/M*, § 4f Rn. B 11; *Adrian*, StbJb. 2014/2015, 320 f.; *Nielsen/Schulenberg*, FR 2017, 623 (625 ff.); **aA** *Blümich*, § 4f Rn. 22; *Förster/Staaden*, DB 2016, 1323; *Lademann*, § 4f Rn. 41; *H/H/R*, § 4f Anm. 11; BMF v. 30.11.2017, BStBl. I 2017, 1619 Rn. 20.
4 Zur Frage, ob § 4f auf stille Lasten Anwendung findet, die sich wg. des Grundsatzes der korrespondierenden Bilanzierung im SBV gebildet haben, s. *Riedel*, FR 2017, 949 (955 f.).
5 *Riedel*, FR 2014, 6 (8); **aA** *Prinz*, Ubg 2013, 57 (62).
6 *Fuhrmann*, DB 2014, 9 (13).
7 Vgl. auch BR-Drucks. 740/13, 115; *Adrian/Fey*, StuB 2014, 53 (55).

äußerungskosten gehören nicht zum von der Regelung erfassten Aufwand. Ihre Berücksichtigung wäre angesichts der Zielrichtung der Norm überschießend.[1] Eine Verrechnung des Aufwands mit Gewinnen aus anderen Geschäftsvorfällen ist nicht möglich.[2] In Fällen einer nachträglichen Entgeltänderung wird regelmäßig ein rückwirkendes Ereignis vorliegen, das über § 175 Abs. 1 S. 1 Nr. 2 AO zu einer Korrektur führt.[3]

15 **II. Auflösung eines Passivpostens (Abs. 1 S. 2).** Abs. 1 S. 2 regelt die Folgen der Übertragung einer Verpflichtung iSv. Abs. 1 S. 1, für die ein **Passivposten** gebildet worden ist, der **gewinnerhöhend aufzulösen** ist. Dabei handelt es sich um solche Posten, die steuerbilanziell nur mit einem geringeren Wert angesetzt werden dürfen als in der HB, zB Pensionsrückstellungen (§ 6a Abs. 3, 4). Bei einer Übertragung der zugrunde liegenden Verpflichtung ist der Passivposten nach den GoB in Höhe seines Ansatzes gewinnerhöhend aufzulösen. Der StPfl. wird von einer ursprünglich auch steuerrechtl. gewinnmindernden Verpflichtung befreit und erzielt damit einen Ertrag. Das vom Übertragenden für die Schuldübernahme an den Übernehmer zu zahlende Entgelt (Rn. 14) begründet seinen Aufwand, der nach den GoB im Wj. der Übertragung handelsrechtl. in voller Höhe als BA abziehbar ist. Dieser **Aufwand** wird nach Abs. 1 S. 2 zunächst der Sache nach **mit der Gewinnerhöhung verrechnet**. In dieser Höhe ist er im ersten Schritt im Wj. der Schuldübernahme als BA abziehbar. Nur der verbleibende **Restbetrag** ist – in Abweichung von der Grundregel des Abs. 1 S. 1 (Rn. 14) – im zweiten Schritt außerbilanziell **gewinnerhöhend als Korrekturposten hinzuzurechnen**. Er unterliegt im dritten Schritt derselben zeitlichen Streckung wie in Abs. 1 S. 1: Der Posten darf im Wj. der Schuldübernahme und in den folgenden 14 Wj. gleichmäßig verteilt – somit **zu jeweils $^1/_{15}$ – außerbilanziell als BA** abgezogen werden.[4] Die Regelung des Abs. 1 S. 2 ist vor dem Hintergrund der Zielsetzung des § 4f, die Hebung stiller Lasten zu beschränken, die sich aus einem Unterschied zwischen HB und StB ergeben, systemgerecht. Damit nicht einhergehend und deshalb unzutr. ist die Auffassung der FinVerw., dass immer auf die am vorangegangenen Bilanzstichtag angesetzten Passivposten abzustellen sei. Bei unterjährigen Übertragungen komme eine Zugrundelegung fiktiver Passivposten nicht in Betracht.[5]

16 **III. Ausnahmen (Abs. 1 S. 3).** In Abs. 1 S. 3 sind die **Ausnahmen** von der grds. Verteilung des Aufwands nach S. 1 und 2 geregelt. Für die in Abs. 2 gesondert geregelten Schuldbeitritte und Erfüllungsübernahmen gelten die Ausnahmen allerdings nicht (Rn. 23). Sie erfassen somit nur Schuldübernahmen iSv. Abs. 1 S. 1 (Rn. 12 f.). Ausgenommen sind zunächst Schuldübernahmen iZ mit der **Veräußerung oder Aufgabe** eines **ganzen Betriebs** oder eines **gesamten MU'anteils** (§ 14, § 16 Abs. 1, 3 und 3a, § 18 Abs. 3). Dabei wird in Abgrenzung zur Sonderregelung des § 4f Abs. 1 S. 4 für Veräußerungen oder Aufgaben von TB (Rn. 19) auf den ganzen Betrieb iSv. § 16 Abs. 1 S. 1 Nr. 1 Alt. 1 abgestellt. Von der Veräußerung oder Aufgabe müssen somit alle wesentlichen Betriebsgrundlagen erfasst sein und die bisher in diesem Betrieb entfaltete gewerbliche oder selbstständige Tätigkeit des StPfl. muss vollständig enden.[6] Auch MU'anteile müssen vollständig und nicht nur anteilig übertragen werden (§ 16 Abs. 1 S. 1 Nr. 2; s. § 16 Rn. 130 ff.). Diese Ausnahmen sind vor dem Hintergrund, dass der aus einer Schuldübernahme iSv. Abs. 1 S. 1 resultierende Aufwand nur zeitlich gestreckt wird und nicht endgültig verlustig gehen soll (Rn. 3), systematisch konsequent. Nach der Gesetzesbegründung gilt diese Ausnahme nicht, wenn die unternehmerische Tätigkeit aufgrund von Umwandlungsvorgängen nach dem UmwG in anderer Rechtsform oder durch einen anderen Rechtsträger fortgesetzt wird.[7] Im Wortlaut des Abs. 1 S. 3 kommt diese Einschränkung dadurch zum Ausdruck, dass eine Veräußerung oder Aufgabe „im Sinne der §§ 14, 16 Absatz 1, 3 und 3a sowie des § 18 Absatz 3" erfolgen muss, Vorschriften des UmwG oder des UmwStG werden nicht genannt.[8] Diese Aufzählung dürfte deshalb iSd. Gesetzesbegründung eng auszulegen sein, obwohl von § 16 Abs. 1, 3 und 3a auch Umwandlungsvorgänge begrifflich erfasst sein können.[9] Eine einschr. Auslegung dürfte sich auch aus der Zielsetzung der Ausnahme und einer systematischen Auslegung iZ mit Abs. 1 S. 7 ergeben, wonach der jeweilige Rechtsnachfolger des ursprünglich Verpflichteten an die Aufwandsverteilung nach S. 1 bis 6 gebunden ist. Darin kommt zum Ausdruck, dass die durch Abs. 1 S. 1 und 2 angeordnete zeitliche Streckung des BA-Abzugs nicht durch Rechtsnachfolgetatbestände umgangen werden soll (Rn. 20). Es

1 *Riedel*, Ubg 2014, 421.
2 BMF v. 30.11.2017, BStBl. I 2017, 1619 Rn. 17.
3 *Riedel*, Ubg 2014, 421 (422).
4 Vgl. *Fuhrmann*, DB 2014, 9 (13 f.).
5 Vgl. *Prinz/Otto*, GmbHR 2018, 497 (500); *Bolik/Selig-Kraft*, DStR 2017, 169 (171).
6 StRspr., vgl. BFH v. 12.6.1996 – XI R 56–57/95, BStBl. II 1996, 527 = FR 1996, 676 m. Anm. *Kanzler*; s. auch § 16 Rn. 43 ff.
7 BR-Drucks. 740/13, 116.
8 *Melan/Wecke*, Ubg 2017, 253 (256 f.).
9 Vgl. zB BFH v. 11.9.1991 – XI R 15/90, BStBl. II 1992, 404; *Schmidt*[36], § 16 Rn. 200, 413.

kommen vielmehr iErg. in den Rechtsnachfolgefällen § 4f und § 5 Abs. 7 beim selben Gewinnermittlungssubjekt zur Anwendung. Folge ist – bei Ausübung der Rücklagenoption – die Steuerneutralität der Verpflichtungsübernahme.[1] Wenn die Umwandlung der Sache nach eine Rechtsnachfolge iSv. Abs. 1 S. 7 bewirkt, ist es deshalb geboten, den Ausnahmetatbestand einschränkend auszulegen.[2] Bei Veräußerung oder Aufgabe des ganzen Betriebs oder des gesamten MU'anteils während des Streckungszeitraums kommt eine analoge Anwendung der Ausnahmeregelung durch vollständigen Abzug des verbleibenden BA-Restbetrags in Betracht.[3]

Eine weitere Ausnahme besteht für den **Wechsel eines ArbN unter Mitnahme seiner erworbenen Pensionsansprüche** zu einem neuen ArbG. Auf welcher rechtl. Grundlage der Übergang des Arbverh. stattfindet, ist dabei unerheblich. Es muss sich inhaltlich aber um eine Schuldübernahme iSv. Abs. 1 S. 1 handeln. Der Übergang kann deshalb etwa im Rahmen einer Vertragsübernahme oder eines Betriebsübergangs nach § 613a BGB[4] erfolgen. Mit dieser Ausnahme soll offenbar der Wechsel von ArbN zu einem neuen ArbG nicht erschwert werden. Es fragt sich, ob nur die steuerrechtl. Passivierungsbeschränkungen begünstigt sind, die mit den Pensionsansprüchen des ArbN zusammenhängen (§ 6a Abs. 1 bis 4). Der Wortlaut der Bestimmung knüpft allerdings nur an den Wechsel zu einem neuen ArbG unter Mitnahme der erworbenen Pensionsansprüche an, sodass der gesamte aus diesem Vorgang resultierende Aufwand begünstigt ist, der ohne die Ausnahme unter Abs. 1 S. 1 oder 2 fallen würde, etwa iZ mit Jubiläumsrückstellungen für den ArbN (§ 5 Abs. 4).[5] 17

Ausgenommen von der Aufwandsverteilung nach Abs. 1 S. 1 und 2 sind schließlich **kleine und mittlere Betriebe**. Dies sind gem. Abs. 1 S. 3 Betriebe, die am Schluss des vorangegangenen Wj. die Größenmerkmale des § 7g Abs. 1 S. 2 Nr. 1 lit. a bis c nicht überschreiten: bei bilanzierenden StPfl. ein BV von 235 000 Euro, bei Betrieben der LuF ein (Ersatz-)Wirtschaftswert von 125 000 Euro und bei Betrieben, die ihren Gewinn nach § 4 Abs. 3 ermitteln, ein Gewinn von 100 000 Euro ohne Berücksichtigung eines Investitionsabzugsbetrags (s. § 7g Rn. 13 ff.). In den Gesetzesmaterialien zum AIFM-StAnpG findet sich keine Begründung für diese Ausnahme. Der Gesetzgeber hat in diesem Segment offenbar keine mit Gestaltungspotenzial zusammenhängende große Steuerausfallgefahr gesehen und wollte die kleinen und mittleren Betriebe nicht mit weiterem Verwaltungsaufwand belasten. 18

IV. Teilbetriebsveräußerung oder -aufgabe (Abs. 1 S. 4–6). Für Schuldübernahmen iRv. **TB-Veräußerungen oder -Aufgaben** iSv. § 14, § 16 Abs. 1, 3 und 3a, § 18 Abs. 3 erfolgt durch Abs. 1 S. 4 bis 6 eine Sonderregelung. Sie fallen nur dann unter das Gebot der zeitlichen Streckung der BA entspr. S. 1 und 2, wenn und soweit ein **Veräußerungs- oder Aufgabeverlust** entstanden ist. Die stillen Lasten müssen somit die stillen Reserven des TB übersteigen.[6] Unter einem TB iSv. § 16 Abs. 1 S. 1 Nr. 1 Alt. 2 ist ein mit einer gewissen Selbstständigkeit ausgestatteter, organisatorisch geschlossener Teil des Gesamtbetriebs zu verstehen, der für sich allein lebensfähig ist.[7] Ergibt eine Gewinnermittlung nach § 16 Abs. 2 und 3 (zwingend durch BV-Vergleich) einen Veräußerungs- oder Aufgabeverlust, ist dieser nach Abs. 1 S. 4 um den Aufwand iSv. S. 1 zu vermindern, soweit dieser den Verlust begründet oder erhöht hat. Ein solcher Aufwand liegt dann vor, wenn von dem Veräußerungs- oder Aufgabevorgang eine entgeltliche Übernahme von Verpflichtungen umfasst ist, die beim ursprünglichen Schuldner steuerrechtl. Ansatzverboten, -beschränkungen oder Bewertungsvorbehalten unterlegen haben (Rn. 11 bis 13). Dieser **Aufwand (BA)** ist entspr. Abs. 1 S. 1 durch Bildung eines außerbilanziellen Korrekturpostens **vom Veräußerungsverlust abzuziehen**, soweit er den Verlust begründet oder erhöht hat. Die Minderung des Verlustes, die der Sache nach eine Hinzurechnung der nach den GoB gewinnmindernd berücksichtigten BA darstellt, soll sich (nur) auf den Ver- 19

1 *Melan/Wecke*, Ubg 2017, 253 (258).
2 So auch *Melan/Wecke*, Ubg 2017, 253 (253 ff.); **aA** *H/H/R*, § 4f Anm. 16; *Frotscher*, § 4f Rn. 33; *Lademann*, § 4f Rn. 52; diff. *Blümich*, § 4f Rn. 34. Für Verschmelzungen wird von *Schmitt/Keuthen*, DStR 2015, 2521, aus § 11 Abs. 1 UmwStG geschlossen, dass in der stl. Schlussbilanz des übertragenden Rechtsträgers keine Passivierungsbeschränkungen zu beachten seien, weil die übergehenden WG danach mit dem gemeinen Wert anzusetzen sind. Danach käme es für diese Konstellation auf die Ausnahme nicht an; krit. *Melan/Wecke*, Ubg 2017, 253 (255 f.).
3 Vgl. *Riedel*, Ubg 2014, 421 (422).
4 Vgl. *H/H/R*, § 4f Anm. 16; *Benz/Placke*, DStR 2013, 2653 (2656), *Förster/Staaden*, Ubg 2014, 1 (7); *Prinz/Otto*, GmbHR 2018, 497 (503); gegen die Anwendbarkeit der Ausnahme auf Fälle des § 613a BGB *Veit/Hainz*, BB 2014, 1323 (1325); *Bolik/Selig-Kraft*, DStR 2017, 169 (172); BMF v. 30.11.2017, BStBl. I 2017, 1619 Rn. 29.
5 BMF v. 30.11.2017, BStBl. I 2017, 1619 Rn. 29; zust. *Blümich*, § 4f Rn. 42.
6 Vgl. BR-Drucks. 740/13, 116.
7 StRspr., vgl. BFH v. 25.11.2009 – X R 23/09, BFH/NV 2010, 633; v. 7.8.2008 – IV R 86/05, BStBl. II 2012, 145 = FR 2009, 243 m. Anm. *Wendt* (jeweils für TB bei der GewSt und mwN); v. 13.2.1996 – VIII R 39/92, BStBl. II 1996, 409 = FR 1996, 529; v. 27.10.1994 – I R 107/93, BStBl. II 1995, 403 = FR 1995, 416; zur reichhaltigen Kasuistik in der Rspr. s. § 16 Rn. 57 f.; für eine entspr. Anwendung auf Funktionsverlagerungen *Reichl/v. Bredow*, IStR 2015, 23.

äußerungs- oder Aufgabeverlust beziehen. Sie ist nach dem Wortlaut des Abs. 1 S. 4 **bis zur Höhe des Verlustes gedeckelt**. Ein Veräußerungs- oder Aufgabegewinn kann durch diese nur beschränkte steuerrechtl. Nichtanerkennung der BA nicht entstehen. Entspr. gilt nach Abs. 1 S. 5 für den Betrag, der einen gewinnerhöhend aufgelösten Passivposten iSv. Abs. 1 S. 2 übersteigt (Rn. 15). Nur dieser (Rest-)Betrag mindert in Fällen der Übertragung von Verpflichtungen iSv. Abs. 1 S. 1 iZ mit einer TB-Veräußerung oder -Aufgabe einen dadurch entstandenen oder erhöhten Verlust. Auch insoweit ist ein außerbilanzieller Korrekturposten zu bilden, der wiederum nur bis zum Ausgleich des Verlustes als Obergrenze reichen kann. In den Fällen von Abs. 1 S. 4 und 5 ist entspr. Abs. 1 S. 2 HS 2 der außerbilanziell hinzugerechnete Aufwand beginnend mit dem Wj. der Schuldübernahme gleichmäßig verteilt über 15 Jahre – und damit zu **jeweils 1/15 – außerbilanziell als BA** abzuziehen (Abs. 1 S. 6). Die Hinzurechnung und Verteilung des Aufwands unterbleibt aber dann, wenn eine der Ausnahmen des Abs. 1 S. 3 eingreift. Dies ergibt sich aus der in Abs. 1 S. 6 erfolgten Anordnung einer entspr. Anwendung des S. 3. Einschlägig ist dabei die im Rahmen einer TB-Veräußerung oder -Aufgabe erfolgte Übernahme von ArbN unter Mitnahme von Pensionsansprüchen (Rn. 17) und die Ausnahme für kleinere und mittlere Betriebe (Rn. 18).[1]

20 **V. Bindung des Rechtsnachfolgers (Abs. 1 S. 7).** Nach Abs. 1 S. 7 ist der jeweilige **Rechtsnachfolger** des ursprünglich Verpflichteten an die Aufwandsverteilung nach S. 1 bis 6 dieser Bestimmung **gebunden**. Dadurch soll ausweislich der Gesetzesbegründung gewährleistet werden, dass ein beim Übertragenden noch nicht berücksichtigter Aufwand – zB infolge seines Todes – nicht untergeht, sondern vollständig stl. berücksichtigt werden kann.[2] Die Vorschrift bestimmt einerseits, dass die Aufwandsverteilung über 15 Jahre nach Abs. 1 S. 1 bis 6 rechtsnachfolgefähig ist, somit bei einem Rechtsnachfolgetatbestand – im Gegensatz etwa zur fehlenden Vererblichkeit von stl. Verlustabzügen nach § 10d[3] – nicht untergeht. Andererseits wird durch Abs. 1 S. 7 angeordnet, dass der jeweilige Rechtsnachfolger an die Aufwandsverteilung gebunden ist und somit den übernommenen (Rest-)Aufwand nicht in voller Höhe sofort, sondern nur über die beim Eintritt der Rechtsnachfolge noch ausstehende Laufzeit der zeitlichen Streckung zu je 1/15 abziehen kann. Dies entspricht dem Grundsatz bei Gesamtrechtsnachfolgen (§ 45 AO), wonach über die zivilrechtl. Rechtsnachfolge hinaus (etwa durch Erbfall, § 1922 BGB) der Rechtsnachfolger sowohl in materieller als auch in verfahrensrechtl. Hinsicht in die abgabenrechtl. Stellung des Rechtsvorgängers eintritt, soweit nicht höchstpersönliche Umstände betroffen sind, die unmittelbar mit der Person des Rechtsvorgängers zusammenhängen.[4]

21 Rechtsnachfolgetatbestände können in Form von Einzel-, Sonder- oder Gesamtrechtsnachfolgen vorliegen. Der Begriff der Rechtsnachfolge wird in Abs. 1 S. 7 nicht eingeschränkt, sodass vom Wortlaut der Bestimmung dem Grundsatz nach alle Arten der Rechtsnachfolge umfasst werden. Eine Einzelrechtsnachfolge ist mangels isolierter Übertragbarkeit der steuerrechtl. Position des gestreckten BA-Abzugs aber nicht möglich.[5] Der Sache nach werden somit **nur Gesamtrechtsnachfolgetatbestände** iSv. § 45 AO erfasst, wie zB der Erbfall (§ 1922 BGB), eine Verschmelzung (§ 2 UmwG), eine umwandlungsrechtl. Vermögensübertragung (§ 174 UmwG), eine Anwachsung des gesamten Vermögens einer PersGes. auf einen G'ter[6] oder eine Aufspaltung gem. § 123 Abs. 1 UmwG. Nur bei solchen Tatbeständen kann der Rechtsnachfolger in die abgabenrechtl. Stellung des Rechtsvorgängers eintreten und somit das BA-Abzugsrecht übernehmen.[7]

C. Schuldbeitritt, Erfüllungsübernahme (Abs. 2)

22 Abs. 2 trifft Regelungen für zivilrechtl. Tatbestände, die zwar nicht in rechtl., aber **in wirtschaftlicher Hinsicht Schuldübernahmen** iSv. Abs. 1 S. 1 **gleichkommen**. Es handelt sich um den Schuldbeitritt (Schuldmitübernahme), der als Rechtsgeschäft zwar nicht gesetzlich normiert, aber auf der Grundlage der Vertragsfreiheit zulässig ist.[8] Er kann zw. Gläubiger und Beitretendem abgeschlossen werden, zw. Schuldner und Beitretendem und als dreiseitiges Rechtsgeschäft. Die Rechtsstellung des Gläubigers wird durch den Schuldbeitritt verbessert, weil er einen zusätzlichen Schuldner bekommt, der Gesamtschuldner iSv.

1 *Adrian/Fey*, StuB 2014, 53 (57).
2 BR-Drucks. 740/13, 116.
3 BFH v. 17.12.2007 – GrS 2/04, BStBl. II 2008, 608 = FR 2008, 457 m. Anm. *Kanzler*.
4 BFH v. 25.8.2010 – I R 13/09, BStBl. II 2011, 113; v. 13.1.2010 – V R 24/07, DStR 2010, 1180; v. 21.10.2008 – X R 44/05, BFH/NV 2009, 375; *Gosch*, § 45 AO Rn. 25 ff.
5 So iErg. auch *Melan/Wecke*, Ubg 2017, 253 (257); *Riedel*, Ubg 2014, 421 (425).
6 Vgl. dazu *Gosch*, § 45 AO Rn. 15.
7 So auch *Riedel*, Ubg 2014, 421 (424); **aA** *K/S/M*, § 4f Rn. B 35; *Lademann*, § 4f Rn. 75; *Blümich*, § 4f Rn. 28, der darüber hinausgehend eine Betriebsbezogenheit des Korrekturpostens und einen Übergang bei einer steuerneutralen Einzelrechtsnachfolge im Anwendungsbereich des § 6 Abs. 3 annimmt;; weiter gehend auch *Melan/Wecke*, Ubg 2017, 253 (257 f.), für Einbringungen im Wege der partiellen Gesamtrechtsnachfolge.
8 *Palandt*[77], Vor § 414 Rn. 2.

§ 421 ff. BGB wird. Wird im Innenverhältnis zw. dem ursprünglichen Schuldner und dem Beitretenden eine Freistellungsverpflichtung des Beitretenden vereinbart, trägt Letzterer die Verpflichtung in wirtschaftlicher Hinsicht. Daneben geht es um Erfüllungsübernahmen, für die mit § 329 BGB eine gesetzliche Auslegungsregel besteht. Erfüllungsübernahmen werden in einem Vertrag zw. Schuldner und Übernehmer vereinbart, durch den sich der Übernehmer verpflichtet, eine Verbindlichkeit des Schuldners zu erfüllen. Der Gläubiger erwirbt keine Rechte. Er ist Begünstigter eines unechten Vertrags zugunsten Dritter.[1] Die Erfüllungsübernahme begründet für den Schuldner im Innenverhältnis einen Freistellungsanspr. ggü. dem Übernehmer. Dieser soll die Schuld wirtschaftlich tragen.[2]

Wird ein **Schuldbeitritt** oder eine **Erfüllungsübernahme mit** ganzer oder auch nur teilweiser **Schuldfreistellung** für Verpflichtungen vereinbart, die steuerrechtl. Ansatzverboten, -beschränkungen oder Bewertungsvorbehalten unterliegen (Rn. 11), ordnet Abs. 2 an, dass für Leistungen des ursprünglichen Schuldners (Freistellungsberechtigter) an den Beitretenden oder Übernehmer (Freistellungsverpflichteter) die Regelungen des Abs. 1 S. 1, 2 und 7 entspr. gelten. Das bedeutet, dass das Entgelt für die Freistellung als Korrekturposten außerbilanziell gewinnerhöhend hinzugerechnet werden muss und im Wj. der Freistellung und in den nächsten 14 Jahren zu je 1/15 gleichmäßig verteilt als BA abziehbar ist (Grundregel des Abs. 1 S. 1). Sofern mit der Freistellung eine gewinnerhöhende Auflösung eines Passivpostens verbunden ist, gilt dies nur für den die Gewinnerhöhung übersteigenden Betrag (Rn. 15). Ferner gilt auch für die Tatbestände des Abs. 2, dass der jeweilige (Gesamt-)Rechtsnachfolger des ursprünglichen alleinigen Schuldners an die Aufwandsverteilung gebunden ist (Rn. 20 f.). Es fehlt eine Bezugnahme auf die **Ausnahmeregelungen** des Abs. 1 S. 3 bis 6. Sie **gelten nicht** für die von Abs. 2 erfassten Tatbestände. Dies ist für fast alle der Ausnahmeregelungen konsequent, weil sie einen Schuldnerwechsel voraussetzen. Der Gesetzgeber hat aber offensichtlich die Ausnahme für kleine und mittlere Betriebe nicht im Blick gehabt (Rn. 18). Warum sie nur für Schuldübernahmen und nicht auch für Schuldbeitritte und Erfüllungsübernahmen iSv. Abs. 2 gelten soll, erschließt sich nicht. Möglicherweise handelt es sich um ein redaktionelles Versehen.[3] Dann kommt eine entsprechende Anwendung in Betracht. Falls nicht, wäre diese Ungleichbehandlung in Bezug auf den Gleichbehandlungsgrundsatz (Art. 3 Abs. 1 GG) verfassungsrechtl. bedenklich.[4] 23

§ 4g Bildung eines Ausgleichspostens bei Entnahme nach § 4 Absatz 1 Satz 3

(1) [1]Ein unbeschränkt Steuerpflichtiger kann in Höhe des Unterschiedsbetrags zwischen dem Buchwert und dem nach § 6 Absatz 1 Nummer 4 Satz 1 zweiter Halbsatz anzusetzenden Wert eines Wirtschaftsguts des Anlagevermögens auf Antrag einen Ausgleichsposten bilden, soweit das Wirtschaftsgut infolge seiner Zuordnung zu einer Betriebsstätte desselben Steuerpflichtigen in einem anderen Mitgliedstaat der Europäischen Union gemäß § 4 Absatz 1 Satz 3 als entnommen gilt. [2]Der Ausgleichsposten ist für jedes Wirtschaftsgut getrennt auszuweisen. [3]Das Antragsrecht kann für jedes Wirtschaftsjahr nur einheitlich für sämtliche Wirtschaftsgüter ausgeübt werden. [4]Der Antrag ist unwiderruflich. [5]Die Vorschriften des Umwandlungssteuergesetzes bleiben unberührt.

(2) [1]Der Ausgleichsposten ist im Wirtschaftsjahr der Bildung und in den vier folgenden Wirtschaftsjahren zu jeweils einem Fünftel gewinnerhöhend aufzulösen. [2]Er ist in vollem Umfang gewinnerhöhend aufzulösen,

1. **wenn das als entnommen geltende Wirtschaftsgut aus dem Betriebsvermögen des Steuerpflichtigen ausscheidet,**
2. **wenn das als entnommen geltende Wirtschaftsgut aus der Besteuerungshoheit der Mitgliedstaaten der Europäischen Union ausscheidet oder**

---

1 *Palandt*[77], § 329 Rn. 1.

2 *Palandt*[77], § 329 Rn. 6.

3 Dafür könnte sprechen, dass der Gesetzgeber das Problem erkannt hat und im Verfahren zum Zollkodex-AnpG v. 22.12.2014 (BGBl. I 2014, 2417) vom BR eine Änderung des Abs. 2 (globale statt selektive Verweisung auf Abs. 1) vorgeschlagen, vom BT aber nicht aufgegriffen worden ist (BR-Drucks. 432/14, 36); vgl. auch *Fuhrmann*, DB 2014, 9 (13). Das BMF-Schr. v. 30.11.2017, BStBl. I 2017, 1619 Rn. 25, geht allerdings ebenfalls davon aus, dass die Ausnahmen iRd. Abs. 2 keine Anwendung finden.

4 *Blümich*, § 4f Rn. 20, 36, fordert ebenfalls eine Gleichbehandlung, sieht sie aber bereits dadurch gewährleistet, dass Abs. 2 nur deklaratorische Bedeutung habe und die darin geregelten Tatbestände bereits unmittelbar unter Abs. 1 fielen. Diese Ansicht ist aufgrund der systematischen Stellung von Abs. 1 und 2 nicht überzeugend.

3. **wenn die stillen Reserven des als entnommen geltenden Wirtschaftsguts im Ausland aufgedeckt werden oder in entsprechender Anwendung der Vorschriften des deutschen Steuerrechts hätten aufgedeckt werden müssen.**

(3) [1]Wird die Zuordnung eines Wirtschaftsguts zu einer anderen Betriebsstätte des Steuerpflichtigen in einem anderen Mitgliedstaat der Europäischen Union im Sinne des Absatzes 1 innerhalb der tatsächlichen Nutzungsdauer, spätestens jedoch vor Ablauf von fünf Jahren nach Änderung der Zuordnung, aufgehoben, ist der für dieses Wirtschaftsgut gebildete Ausgleichsposten ohne Auswirkungen auf den Gewinn aufzulösen und das Wirtschaftsgut mit den fortgeführten Anschaffungskosten, erhöht um zwischenzeitlich gewinnerhöhend berücksichtigte Auflösungsbeträge im Sinne der Absätze 2 und 5 Satz 2 und um den Unterschiedsbetrag zwischen dem Rückführungswert und dem Buchwert im Zeitpunkt der Rückführung, höchstens jedoch mit dem gemeinen Wert, anzusetzen. [2]Die Aufhebung der geänderten Zuordnung ist ein Ereignis im Sinne des § 175 Absatz 1 Nummer 2 der Abgabenordnung.

(4) [1]Die Absätze 1 bis 3 finden entsprechende Anwendung bei der Ermittlung des Überschusses der Betriebseinnahmen über die Betriebsausgaben gemäß § 4 Absatz 3. [2]Wirtschaftsgüter, für die ein Ausgleichsposten nach Absatz 1 gebildet worden ist, sind in ein laufend zu führendes Verzeichnis aufzunehmen. [3]Der Steuerpflichtige hat darüber hinaus Aufzeichnungen zu führen, aus denen die Bildung und Auflösung der Ausgleichsposten hervorgeht. [4]Die Aufzeichnungen nach den Sätzen 2 und 3 sind der Steuererklärung beizufügen.

(5) [1]Der Steuerpflichtige ist verpflichtet, der zuständigen Finanzbehörde die Entnahme oder ein Ereignis im Sinne des Absatzes 2 unverzüglich anzuzeigen. [2]Kommt der Steuerpflichtige dieser Anzeigepflicht, seinen Aufzeichnungspflichten nach Absatz 4 oder seinen sonstigen Mitwirkungspflichten im Sinne des § 90 der Abgabenordnung nicht nach, ist der Ausgleichsposten dieses Wirtschaftsguts gewinnerhöhend aufzulösen.

Literatur: *Goebel/Jenet/Franke*, Anwendungsfragen beim Ausgleichsposten gemäß § 4g EStG, IStR 2010, 235; *Gosch*, Entstrickungsbesteuerung: Gestaffelte Erhebung der Steuern auf die stillen Reserven, BFH-PR 2015, 296; *Kahle/Beinert*, Zur Diskussion um die Europarechtswidrigkeit der Entstrickungstatbestände nach Verder LabTec, FR 2015, 585; *Körner*, Neue Erkenntnisse zu Ent- und Verstrickung, IStR 2010, 208; *Kramer*, Entstrickung: Entstrickungsbesteuerung, ISR 2016, 336; *Mitschke*, Konkretisierung der gesetzlichen Entstrickungsregelungen und Kodifizierung der finalen Betriebsaufgabetheorie durch das Jahressteuergesetz 2010, Ubg 2011, 328; *Mitschke*, Das EuGH-Urteil „National Grid Indus" vom 29.11.2011 – Eine Bestandsaufnahme und eine Bewertung aus Sicht der FinVerw., DStR 2012, 629; *Prinz*, Steuerliches Entstrickungskonzept – gelungen oder reparaturbedürftig?, GmbHR 2012, 195; *Richter/Heyd*, Die Konkretisierung der Entstrickungsregelungen und Kodifizierung der finalen Betriebsaufgabe durch das Jahressteuergesetz 2010, Ubg 2011, 172; *Richter/Heyd*, Nochmals zu den Änderungen der Entstrickungsregelungen durch das JStG 2010, Ubg 2011, 534; *Sieker*, Folgerungen aus „National Grid Indus" für die Besteuerung der Betriebsverlegung ins Ausland, FR 2012, 352; *Wassermeyer*, Die bilanzielle Behandlung der Entstrickungsbesteuerung nach § 4 Abs. 1 Satz 3 EStG und nach § 12 Abs. 1 KStG, DB 2008, 430.

A. Grundaussagen der Vorschrift

1 **I. Regelungsgegenstand.** § 4g, der durch das SEStEG[1] eingefügt worden ist, ist iZ mit der **Entstrickungsregelung** in § 4 Abs. 1 S. 3 zu sehen. Wenn § 4 Abs. 1 S. 3 eine Entnahme fingiert, soweit ein WG in eine ausländ. Betriebsstätte überführt wird und das Besteuerungsrecht der BRD ausgeschlossen oder beschränkt wird, dann müsste es in Konsequenz davon zu einer Sofortaufdeckung der stillen Reserven mit Besteuerungsfolgen bei dem überführten WG kommen. Mit § 4g wurde dem Anliegen des Bundesrates entsprochen,[2] wonach bei Überführung v. WG eines inländ. Stammhauses in eine Betriebsstätte eines anderen **EU-Staates** eine zeitlich **gestreckte Besteuerung** der stillen Reserven durch Bildung eines gewinnmindernden Ausgleichspostens möglich ist. In der Sache geht es darum, dass die steuerrechtl. Qualifizie-

1 BGBl. I 2006, 2782.
2 BT-Drucks. 16/2710, 57.

rung des Lieferungs- und Leistungsverkehrs zw. Stammhaus und Betriebsstätte seit jeher Schwierigkeiten bereitet.[1] Das international-steuerrechtl. Prinzip, dass einer Betriebsstätte der Gewinn zuzurechnen ist, den sie als selbständiges Unternehmen hätte erzielen können (Art. 7 Abs. 2 OECD-MA), erfordert an sich eine Gewinnverwirklichung bei Leistungsbeziehungen zw. Mutterunternehmen und Betriebsstätte. An diesem Grundsatz hat sich auch in der Neufassung des Art. 7 OECD-MA v. 22.7.2010 nichts geändert. Allerdings enthält das OECD-MA keinen (nationalen) steuerbegründenden Tatbestand, vielmehr regelt es nur die Einkünftezuordnung. Andererseits kann im Verhältnis zw. Mutterunternehmen/Stammhaus das sog. Entgeltprinzip nicht anwendbar sein, weil das Mutterunternehmen für die Überführung v. WG des Anlagevermögens auf die Betriebsstätte mit steuerrechtl. Wirkung keinen Preis berechnen kann. Das wird auch nicht durch das arm's length-Prinzip gefordert.[2] Vor dem Hintergrund dieser steuersystematischen Schwierigkeiten hatte die FinVerw. für die Fallgruppe der Überführung eines WG v. einem inländ. Stammhaus in die ausländ. Betriebsstätte das Konzept der aufgeschobenen Besteuerung entwickelt.[3] Das Konzept der aufgeschobenen Besteuerung geht davon aus, dass die Überführung eines WG ins Ausland (= Verlust des deutschen Besteuerungsrechts ohne Rehtssubjektswechsel) grds. zur Gewinnrealisierung führt, doch soll die Besteuerung aus Billigkeitsgründen aufgeschoben sein. § 4g entspricht in seinen wesentlichen Aussagen der bisherigen Auffassung der FinVerw., erfasst aber nicht das Umlaufvermögen. Schon bisher bestand die Möglichkeit, in Sachverhalten der Überführung eines WG in eine DBA-Freistellungsbetriebsstätte die Aufdeckung der stillen Reserven nicht sofort vorzunehmen, vielmehr einen **aktiven Ausgleichsposten** zu bilden, der bei Ausscheiden des WG, längstens jedoch nach zehn Jahren, gewinnerhöhend aufzulösen war und sich in der Zwischenzeit im Fall der Überführung abnutzbaren Anlagevermögens ratierlich verminderte.

Mit der Einf. des Entstrickungstatbestands des § 4 Abs. 1 S. 3 geht für EU-Sachverhalte die Möglichkeit der Bildung eines Korrekturpostens einher. IE kann die mit der Entnahmefiktion korrespondierende Realisierung der stillen Reserven bei der Überführung v. WG in EU-Betriebsstätten anstelle der Sofortbesteuerung auf Antrag über fünf Jahre gestreckt erfolgen. Allerdings ist das Konzept der §§ 4 Abs. 1 S. 3, 4g durch die Aufgabe der finalen Entnahmetheorie durch die Rspr. des BFH[4] problematisch geworden. Zwar geht es in der Entsch. des BFH um die frühere Rechtslage, also nicht um die (neuen) gesetzlichen Entstrickungstatbestände, doch hat das der Aufgabe der finalen Entnahmetheorie zugrunde liegende geänderte Abkommensverständnis des BFH auch Einfluss auf den Anwendungsbereich der §§ 4 Abs. 1 S. 3, 4g.[5] Die FinVerw. hat auf die Aufgabe der finalen Entnahmetheorie durch den BFH mit einem Nichtanwendungserlass reagiert.[6] Mittlerweile ist iRd. JStG 2010[7] auch § 4 Abs. 1 S. 4 eingefügt worden (§ 4 Rn. 108). Letztlich ist die Auffassung des Steuergesetzgebers v. dem nachvollziehbaren Gedanken getragen, dass in Deutschland aufgelaufene Reserven auch dem deutschen Besteuerungsrecht unterliegen.

Nach § 4g Abs. 1 kann ein **unbeschränkt StPfl.** in den Fällen der Entnahme v. WG des **Anlagevermögens** 2
nach § 4 Abs. 1 S. 3 in Höhe des Unterschieds zw. dem gemeinen Wert zum Zeitpunkt der Entnahme und dem Buchwert einen **gewinnmindernden Ausgleichsposten** bilden, wenn das WG einer Betriebsstätte desselben StPfl. in einem anderen EU-Staat zugeordnet werden kann. § 4g gilt nur für die v. Wortlaut der Norm betroffenen Sachverhalte (arg. § 4g Abs. 1 S. 5), also nicht für andere Entstrickungsvorgänge. Dies folgt methodisch schon daraus, dass § 4g eine Ausnahmeregelung im Verhältnis zu § 4 Abs. 1 S. 3 darstellt. Aus § 4g Abs. 2 ergibt sich, dass in den Überführungssachverhalten eine auf fünf Jahre zeitlich gestreckte Besteuerung der stillen Reserven vorzunehmen ist. Im Vergleich zu den bisherigen Verwaltungsgrundsätzen hat sich die Besteuerungssituation damit verschärft. Auch in den Fällen, in denen es nicht zu einer sofortigen Besteuerung der aufgelaufenen stillen Reserven kommt, ergibt sich nunmehr eine Streckung der Steuerzahlung auf fünf statt bisher auf zehn Jahre. Nach Auffassung des Gesetzgebers soll die Sofortbesteuerung gerechtfertigt sein, da die Verbringung v. WG in eine Auslandsbetriebsstätte wie die Übertragung auf eine Tochtergesellschaft anzusehen ist. Dem kann man wirtschaftlich folgen, doch bleibt immer noch zu berücksichtigen, dass die Überführung in eine Betriebsstätte mit identischem Zurechnungssubjekt jedenfalls rechtl. nicht der Übertragung (mit Rechtssubjektswechsel) auf eine Tochtergesellschaft entsprechen kann.

---

1 *Schaumburg*[4], Rn. 21.59 ff.
2 *Debatin*, DB 1989, 1692 ff., 1739 ff.
3 BMF v. 24.12.1999, BStBl. I 1999, 1076 Tz. 2.6; FG Köln v. 16.2.2016 – 10 K 2335/11, EFG 2016, 793; vgl. auch *Kramer*, IStR 2000, 449.
4 BFH v. 17.7.2008 – I R 77/06, BStBl. II 2009, 464 = FR 2008, 1149; BFH v. 28.10.2009 – I R 99/08, BStBl. II 2011, 1019 = FR 2010, 183 m. Anm. *Mitschke*; vgl. auch BMF v. 18.11.2011, BStBl. I 2011, 1278.
5 *Goebel/Jenet/Franke*, IStR 2010, 235; *Prinz*, DB 2009, 807.
6 BMF v. 20.5.2009, BStBl. I 2009, 671; v. 18.11.2011, BStBl. I 2011, 1278.
7 BGBl. I 2010, 1768.

3 **II. Systematische Einordnung.** Im Verhältnis zu § 4 Abs. 1 S. 3 ist § 4g ein wahlweiser Ausnahmetatbestand. Wird berücksichtigt, dass § 4 Abs. 1 S. 3 seinerseits als fiktive Ausnahmenorm des Grundtatbestandes der Entnahme anzusehen ist, dann mildert § 4g zwar die Rechtsfolgen der fiktiven Entnahme des § 4 Abs. 1 S. 3, allerdings nur durch eine zeitlich gestreckte Aufdeckung der stillen Reserven. Abzugrenzen sind §§ 4 Abs. 1 S. 3, 4g zum Anwendungsbereich des UmwStG. Auch aufgrund der Neuregelungen des UmwStG durch das SEStEG bleibt es dabei, dass die umwandlungssteuerrechtl. Normen prinzipiell strukturierte Einheiten, also Betriebe, Teilbetriebe, MU'anteile oder KapGes. umfassen, demgegenüber der Anwendungsbereich v. §§ 4 Abs. 1 S. 3, 4g EStG auf Einzel-WG beschränkt ist. Steuersystematisch ist das unbefriedigend, weil § 1 Abs. 2–4 UmwStG zeigt, dass es bei strukturierten Einheiten so liegen kann, dass die Vorgänge iErg. erfolgsneutral gestaltet werden können, demgegenüber die Überführung eines WG in eine ausländ. Betriebsstätte als fiktive Entnahme mit allein zeitlich aufgeschobenen Besteuerungsfolgen betrachtet wird. Es ist fraglich, ob allein der Umstand, dass § 4 Abs. 1 S. 3, 4g nur Einzel-WG erfassen, für diese unterschiedliche Behandlung einen steuersystematisch rechtfertigenden Grund liefern kann. Unbefriedigend ist es auch, dass offen bleibt, ob bei einem nachträglichen Eintritt der Normvoraussetzungen ein quotaler Ausgleichsposten für die verbleibende Fünf-Jahresfrist angesetzt werden kann. Der Wortlaut des § 4g Abs. 1 S. 3 scheint dafür zu sprechen.

4 Der frühere Wortlaut des § 12 Abs. 1 KStG verwies nicht auf § 4g. Mit dem JStG 2008 ist dieses offenbare Redaktionsversehen behoben worden. Damit ist auch für die KSt die Bildung des Ausgleichspostens möglich.

5 Anders als § 1 Abs. 2–4 UmwStG erfasst § 4g nicht Sachverhalte der Überführung eines WG eines inländ. Stammhauses in eine Betriebsstätte in einem EWR-Staat. Auch dies ist (zumindest) steuersystematisch bedenklich, insbes. wenn man sich vor Augen hält, dass die Abgrenzung zw. Einzel-WG und bspw. einem TB durchaus fließend sein kann.

6 Abzugrenzen ist § 4g v. **§ 6 AStG**. § 6 AStG befasst sich mit der Wegzugsbesteuerung einer nat. Pers. und Vorhandensein einer Beteiligung nach § 17 Abs. 1 S. 1 EStG. Steuersystematisch auffällig ist, dass § 6 Abs. 5 AStG bei Sachverhalten der Wegzugsbesteuerung innerhalb der EU und (auch) des EWR eine unbegrenzte zinslose Stundung vorsieht, demgegenüber bei Überführung eines WG aus einem BV ein Liquiditätsabfluss erfolgen soll, allerdings verteilt auf fünf Jahre. Da es in beiden Sachverhalten darum geht, dass die während des Zeitraums der deutschen Besteuerungshoheit aufgelaufenen Reserven erfasst werden sollen, erscheint eine derartige Ungleichbehandlung nicht gerechtfertigt.

7 **III. Anwendungsbereich.** Ausweislich der Entstehungsgeschichte des § 4g[1] soll entspr. der bisherigen Auffassung der FinVerw.[2] die aufgeschobene Besteuerung in folgenden Konstellationen nicht anzuwenden sein: Überführung eines WG in eine ausländ. PersGes.; Überführung des WG in das Sonder-BV des MU'ers bei einer ausländ. PersGes.; Überführung eines WG in ein ausländ. Stammhaus/Mutterunternehmen. Dem liegt offenbar der Gedanke des Gesetzgebers/der FinVerw. zugrunde, dass in diesen Varianten das steuerrechtl. Zurechnungssubjekt wechselt. Steuersystematisch ist das nicht überzeugend, da die Beteiligung an einer ausländ. PersGes. iErg. dem Betriebsstättenkonzept folgt. § 4g erfasst auch nicht eine Gewinnrealisierung bei den mit der Unternehmensspitze „wegziehenden" WG im Zuge einer grenzüberschreitenden Sitzverlegung.[3] Aufgrund einer Sitzverlegung kommt es zur Beendigung der unbeschränkten StPflicht, an die § 4g Abs. 1 S. 1 ausdrücklich anknüpft. § 4g gilt auch nicht für die Überführung eines WG in eine ausländ. PersGes. (BT-Drucks. 16/3369, 11). Auch das ist wenig überzeugend, da eine PersGes. nach dem DBA nicht selbst abkommensberechtigt ist, mithin keine Betriebsstätte unterhalten kann.[4]

8 Eine zeitliche Anwendungsregel für § 4g ist nicht vorgesehen, sodass die Vorschrift aufgrund § 52 Abs. 1 schon ab dem **VZ 2006** gilt. Daraus folgt eine Kollision mit den bisherigen Verwaltungsgrundsätzen (Rn. 1).

9 **IV. Verhältnis zum Europarecht.** Wenn § 4g dazu führt, dass bei der Überführung eines WG in eine ausländ. Betriebsstätte – anders § 6 Abs. 5 – innerhalb der EU durch einen unbeschränkt StPfl. ein Besteuerungsaufschub stattfindet, dann bleibt es allerdings dabei, dass das Verbringen eines WG in den EU-Bereich steuerrechtl. erheblich ist. Das könnte mit den **Verkehrsfreiheiten** des AEUV kollidieren. Problematisch ist auch, dass § 4g das Konzept der aufgeschobenen Besteuerung bei der Überführung v. WG durch lediglich beschränkt StPfl. nicht vorsieht.[5] Das bedeutet eine **Diskriminierung** aufgrund der Ansässigkeit im deutschen Steuerrecht. Zu rechtfertigen sein könnte das allenfalls mit der Überlegung, Ungleichbe-

---

1 BT-Drucks. 16/2710, 57; BT-Drucks. 16/3369, 11 f.
2 BMF v. 24.12.1999, BStBl. I 1999, 1076 Tz. 2.6.
3 Näher *Dötsch/Pung*, DB 2006, 2648 (2650 f.).
4 *Frotscher*, § 4g Rn. 14.
5 Krit. *Schnitger*, IStR 2007, 28.

handlungen im Besteuerungsverfahren für beschränkt StPfl. auf Grundlage bestehender Steuerermittlungsschwierigkeiten seien hinzunehmen. Europarechtl. problematisch ist schließlich das Grundkonzept des § 4g, die Methode der aufgeschobenen Besteuerung mit einem Ausgleichsposten. Das scheint v. der Idee des Gesetzgebers getragen zu sein, dass das in den EU-Staat verbrachte WG nicht mehr dem Zugriff der deutschen FinVerw. unterliegt. Aus der Rspr. des EuGH[1] ergibt sich, dass innerstaatlich fiskalisch motivierte Schlechterbehandlungen der Überführung eines WG in eine ausländ. Betriebsstätte im Vergleich zu einem rein inländ. Transfer v. WG europarechtl. nicht zu rechtfertigen sind. Mit dem National Grid Indus-Urteil hat der EuGH[2] nunmehr grundlegend die Rechtmäßigkeit der Steuerfestsetzung auf in einem Hoheitsgebiet entstandene stille Reserven zum Zeitpunkt der Sitzverlegung einer KapGes. in einen anderen Mitgliedstaat bestätigt. Die sofortige Einziehung/Fälligkeit der Steuer ist demnach jedoch unionswidrig. Diesen Aspekt hat der EuGH nunmehr in zwei jüngeren Urteilen[3] ausdifferenziert: Danach ist eine innerstaatliche Regelung, die die (wahlweise) Staffelung der Steuerzahlung in fünf bzw. zehn Jahresraten vorsieht, verhältnismäßig und damit unionsrechtskonform. Diese Entscheidungen haben erhebliche Bedeutung für die deutsche Wegzugsbesteuerung; dies gilt im Speziellen für die Rs. Verder LabTec[4]. Im Streitfall gewährte die FinVerw. aus Billigkeitsgründen einen linear über einen 10-Jahres-Zeitraum aufzulösenden Merkposten. Vor diesem Hintergrund wird die Aufschubregel des § 4g wohl auch den europarechtlichen Ansprüchen zum Verhältnismäßigkeitsgebot genügen.[5] Unverändert krit. zu sehen ist jedoch die Beschränkung auf WG des AV und die einheitliche Wahlrechtsausübung.[6] Europarechtl. bedenklich ist auch die bei §§ 4 Abs. 1 S. 3, 4g vorzunehmende Bewertung der Entnahmen mit dem gemeinen Wert nach § 6 Abs. 1 Nr. 4 S. 1, demgegenüber bei einem reinen Inlandssachverhalt der TW maßgebend ist, mithin ein Wert ohne eingerechnete Gewinnkomponenten. Der Ansatz des gemeinen Werts ist schon deshalb krit. zu betrachten, weil es zw. Stammhaus/Mutterunternehmen und Betriebsstätte keine Gewinnrealisierung geben kann, sodass höchstens Aufwendungen oder Werte verteilt werden können, nicht aber ein hypothetischer Gewinn.

Europarechtl. problematisch ist es, dass der Ausgleichsposten nur bei Vorgängen im Verhältnis zu EU-Staaten gebildet werden kann, also nicht im Verhältnis zu EWR-Staaten. Da die europarechtl. Grundfreiheiten auch im Verhältnis zu den EWR-Staaten gelten (EFTA-Gerichtshof v. 23.11.2004 – E I/04, IStR 2005, 55), ist zu überlegen, ob eine europarechtskonforme Auslegung den Anwendungsbereich des § 4g auf EWR-Staaten ausdehnt. Die Frage, ob die Niederlassungsfreiheit auf Grund des Freizügigkeitsabkommens[7] zw. der EU und der Schweizerischen Eidgenossenschaft auch auf die Schweiz Anwendung findet, ist derzeit noch nicht v. EuGH entschieden. Der Generalanwalt bejaht dies in den Schlussanträgen zur Rs. Wächtler.[8] Bis zu einer Entsch. des EuGH sollte der Gesetzgeber die Bildung eines Ausgleichspostens nach § 4g auch für diese Fälle zulassen.[9] Eine Verpflichtung des Gesetzgebers zur entsprechenden Ergänzung des § 4g ergibt sich unabhängig davon aus der sog. Anti-BEPS-RL v. 12.7.2016.[10] Deren Art. 5 Abs. 2 sieht vor, dass auch im Verhältnis zu EWR-Staaten über fünf Jahre erfolgende Teilzahlungen möglich sind, sofern diese Staaten entspr. der EU-Beitreibungsrichtlinie Amtshilfe leisten. Die Umsetzung in deutsches Recht hat bis zum 31.12.2019 zu erfolgen, die Anwendung erfolgt erstmals ab dem 1.1.2020 (Art. 11 Abs. 5 Anti-BEPS-RL). Europarechtl. bedenklich ist weiterhin, dass bei einem unbeschränkt Stpfl die Überführung aus einer Betriebsstätte in einem Drittstaat, mit dem die Anrechnungsmethode vereinbart ist, in eine EU-Betriebsstätte mit Freistellungsmethode zur Besteuerung führt (mit Bildung eines Ausgleichspostens), demgegenüber die Überführung in ein inländ. Stammhaus keine Auswirkungen hätte. Schließlich ist es wenig überzeugend, dass der Anwendungsbereich des § 4g auf WG des Anlagevermögens eingeschränkt ist. Handelt es sich in einem konkreten Sachverhalt um UV mit hohen stillen Reserven, so kann dies zu ei-

1 EuGH v. 16.7.1998 – Rs. C-264/96, Slg. 1998, I-4695; v. 21.9.1999 – Rs. C-307/97, Slg. 1999, I-6161; v. 6.6.2000 – Rs. C-35/98, Slg. 2000, I-4071.
2 EuGH v. 29.11.2011 – Rs. C-371/10, FR 2012, 25 m. Anm. *Musil* = DStR 2011, 2334.
3 EuGH v. 23.1.2014 – Rs. C-164/12 – DMC, DStR 2014, 193 = FR 2014, 466; v. 21.5.2015 – Rs. C-657/13 – Verder LabTec, DStR 2015, 1166 = FR 2015, 600, m. Anm. *Gosch*, BFH-PR 2015, 296.
4 EuGH v. 21.5.2015 – Rs. C-657/13 – Verder LabTec, DStR 2015, 1166 = FR 2015, 600.
5 *Gosch*, BFH-PR 2015, 297; *Kahle/Beinert*, FR 2015, 585 (589); so im Hinblick auf die Rs. DMC auch *Sydow*, DB 2014, 265.
6 *Prinz*, GmbHR 2012, 195; *Brinkmann/Reiter*, DB 2012, 16; speziell auch zu tatbestandlichen Lücken des § 4g *Kahle/Beinert*, FR 2015, 585 (590); **aA** *Mitschke*, DStR 2012, 629 mwN.
7 ABlEG Nr. L 114/2002 v. 30.4.2002.
8 Schlussanträge des Generalanwalts v. 27.9.2018 in der Rs. C-581/17 (Wächtler).
9 *Herung/Engel/Thiedemann*, EWS 2011, 228 (231 f.).
10 RL (EU) 2016/1164 v. 12.7.2016 mit Vorschriften zur Bekämpfung von Steuervermeidungspraktiken mit unmittelbaren Auswirkungen auf das Funktionieren des Binnenmarkts, ABlEU 2016 L 193/1 (*Anti-Tax-Avoidance-Directive* – ATAD), zuletzt geändert durch RL (EU) 2017/952 v. 29.5.2017, ABlEU 2017 L 144/1.

ner diskriminierenden Belastung führen. Auch an dieser Stelle ist darüber nachzudenken, den Anwendungsbereich des § 4g zu erweitern.[1]

B. Ausgleichspostenmethode (Abs. 1)

10 § 4g Abs. 1 formuliert die Kernaussage der Norm im Verhältnis zu § 4 Abs. 1 S. 3. Ein unbeschränkt StPfl. kann in Höhe des Unterschiedsbetrags zw. dem Buchwert und dem gemeinen Wert, soweit es sich um AV handelt, auf Antrag einen Ausgleichsposten bilden, wenn denn das betr. WG in eine Betriebsstätte desselben StPfl. in einem anderen Staat der EU als entnommen gilt (dazu s. Rn. 1). Nach § 4g Abs. 1 S. 2 ist der Ausgleichsposten für jedes WG separat auszuweisen. Die aufgeschobene Besteuerung tritt nach § 4 Abs. 1 S. 3 nur aufgrund eines Antrags ein. Dieser **Antrag** kann nur einheitlich für sämtliche WG ausgeübt werden. Offenbar ist der Gesetzgeber der Auffassung, dass es sich um „sämtliche WG" innerhalb einer Besteuerungsperiode handelt. Antragsteller kann nur das Steuersubjekt bzw. der jeweils Vertretungsberechtigte ggü. den deutschen Steuerbehörden sein. § 4 Abs. 1 S. 4 erklärt den Antrag für unwiderruflich. Insofern wird der Antrag wie ein steuerrechtl. Gestaltungsrecht behandelt. Aus den Antragsregelungen ergibt sich im Umkehrschluss, dass der StPfl. den Gewinn aus der Überführung eines WG (abw.) v. den vorstehenden Grundsätzen schon im Zeitpunkt der Überführung bei der Inlandsbesteuerung berücksichtigen kann.

11 Die **rechtssystematische Einordnung** der Figur des v. § 4g erlaubten **Ausgleichspostens** ist nicht ganz geklärt. ZT wird darauf hingewiesen, dass der Ausgleichsposten mit einer Bilanzierungshilfe vergleichbar ist und die in den überführten WG enthaltenen stillen Reserven repräsentiert.[2] Um eine Bilanzierungshilfe kann es sich nicht handeln, da die Figur der Bilanzierungshilfe eine Ausnahme v. der Regel ist, dass nur Vermögensgegenstände/WG aktiviert werden dürfen. Da aufgrund des Ausgleichspostens nach Abs. 1 jedenfalls kein handelsrechtl. Posten zu bilden ist, kann es sich auch nicht um eine handelsrechtl. Bilanzierungshilfe handeln. In Betracht kommt also nur eine „steuerrechtl. Bilanzierungshilfe". Außerdem wird darauf hingewiesen, dass die Existenz des Ausgleichspostens nur bei Anwendung der direkten Gewinnaufteilungsmethode in der Gewinnabgrenzungsbilanz möglich sei.[3] Richtig erscheint es, den Ausgleichsposten als reinen Merkposten einzustufen,[4] der die im Zeitraum des deutschen Besteuerungsrechts aufgelaufenen stillen Reserven festhält. Es handelt sich um eine reine Technik, mit welcher der Steuergesetzgeber die frühere Konzeption der FinVerw.[5] in das EStG übernimmt. Es geht iErg. – ähnlich wie bspw. bei Ergänzungsbilanzen – um einen **Merkposten**, der außerhalb der Bilanz berücksichtigt wird. Dafür spricht auch die Überlegung, dass es zw. Stammhaus/Mutterunternehmen und ausländ. Betriebsstätte weder einen handelsrechtl. und im Grundsatz auch keinen steuerrechtl. Gewinnrealisierungstatbestand geben kann. Dieses Prinzip wird durch § 4 Abs. 1 S. 3 fiktiv durchbrochen, sodass § 4g iErg. als außerbilanziell vorzunehmende Billigkeitsmaßnahme einzuordnen ist. Dieses Konzept wird mit dem Ausgleichsposten umgesetzt. Im Einzelnen ist die bilanzielle Umsetzung der Ausgleichspostenmethode ungeklärt (*Kramer*, DB 2007, 2338: Erfassung in einer gesonderten Abgrenzungsbilanz; *Hoffmann*, DB 2008, 433: Nebenrechnung in der Steuerbilanz; *Wassermeyer*, DB 2008, 430: Steuerbilanz).

C. Gewinnerhöhende Auflösung (Abs. 2)

12 Nach Abs. 2 S. 1 ist der Ausgleichsposten (schon) im Wj. der Bildung und den vier folgenden Wj. zu jeweils einem Fünftel gewinnerhöhend aufzulösen. Entgegen den bisherigen Verwaltungsgrundsätzen[6] wird bei abnutzbaren WG nicht mehr auf die tatsächliche Restnutzungsdauer abgestellt. Dies kann im Falle einer bedeutend längeren Restnutzungsdauer zu europarechtlich nicht hinnehmbaren Liquiditätsnachteilen für den Steuerpflichtigen führen.[7] Insofern ist der Wortlaut jedoch eindeutig, sodass es allein auf den **pauschalen Auflösungszeitraum** v. fünf Wj. ankommt. Auch RumpfWj., bspw. bei Umstellung des Bilanzstichtags, sind einzubeziehen. Zu einer außerplanmäßigen, gewinnerhöhenden Auflösung des Ausgleichspostens kommt es nach **§ 4g Abs. 2 S. 2 Nr. 1**, wenn das nach § 4 Abs. 1 S. 3 als entnommen geltende WG aus dem BV des StPfl. **ausscheidet**. Unter „ausscheiden" des WG aus dem BV stellt sich das G offenbar (auch) den tatsächlichen Untergang des WG vor. Das kann streitträchtig sein, wenn bspw. das betr. WG stark zerstört, aber noch vorhanden ist. Rechtsklarheit gewährleistet nur eine Auslegung, die auf die nicht mehr vorzunehmende Bilanzierung beim Zurechnungssubjekt abstellt. Erfasst werden v. Abs. 2 S. 2 Nr. 1

1 *Frotscher*, § 12 KStG Rn. 83; *Herung/Engel/Thiedemann*, EWS 2011, 228 (231 f.).
2 *Benecke/Schnitger*, IStR 2007, 22 (23); *Hoffmann*, DB 2007, 652.
3 *Kramer*, DB 2007, 2338.
4 Vgl. schon *Kramer*, StuW 1991, 151 (160, 163).
5 BMF v. 24.12.1999, BStBl. I 1999, 1076 Tz. 2.6.1.
6 BMF v. 24.12.1999, BStBl. I 1999, 1076 Tz. 1.
7 *Herung/Engel/Thiedemann*, EWS 2011, 228 (232) mwN.

in jedem Fall Rechtssubjektwechsel, also die Übertragung des WG in eine (andere) inländ. oder ausländ. PersGes. oder KapGes. Fraglich kann sein, ob auch umwandlungsteuerrechtl. Vorgänge als schädlich nach Abs. 2 S. 2 Nr. 1 zu beurteilen sind. Das sollte zu verneinen sein, denn aus dem Zusammenspiel v. § 4g Abs. 2 S. 2 Nr. 1, 2 mit § 1 Abs. 2–4 UmwStG sollte sich ergeben, dass umwandlungsteuerrechtl. privilegierte Sachverhalte auch die Umwandlungen mit (bislang) bilanzsteuerrechtl. privilegierten einzelnen WG erfassen.

Der Ausgleichsposten wird unabhängig davon aufgelöst, ob die betr. WG materielle oder immaterielle sind. Ohne Bedeutung ist es auch, ob und wie lange sie abschreibbar waren. Die Auflösung über fünf Jahre nach Abs. 2 S. 1 ist auch dann maßgebend, wenn die konkrete Nutzungsdauer des WG kürzer sein sollte. Das kann zu Problemen führen, wenn der Staat, in dem sich die Auslandsbetriebsstätte befindet, die Aufdeckung der stillen Reserven nach § 4g nicht annimmt. Infolge davon wird eine Steuerbelastung in Deutschland nicht durch eine Steuerentlastung durch Abschreibungsvolumen im Ausland kompensiert.

Wenn Abs. **2 S. 2 Nr. 2** die vorzeitige Auflösung (mit Gewinnrealisierung) des Ausgleichspostens anordnet, wenn das als entnommen geltende WG aus der **Besteuerungshoheit** der **EU** ausscheidet, dann ist zu fragen, was mit Besteuerungshoheit gemeint ist. Steuersystematischer Hintergrund ist die Überlegung, dass sich der Besteuerungsanspruch der BRD bei einem unbeschränkt StPfl. (Abs. 2 S. 1) grds. auf die Welteinkünfte bezieht. Abs. 2 S. 2 Nr. 2 zielt offenbar auf Fälle, in denen das zunächst überführte WG einer Betriebsstätte des unbeschränkt StPfl. in einem Nicht-EU-Staat zugerechnet werden muss. Das entspricht iErg. auch dem Konzept des § 1 Abs. 2–4 UmwStG, wonach es zu einer Gewinnrealisierung immer dann kommt, wenn Vermögen in den Nicht-EU-Bereich überführt wird. Zur „steuerlichen Vorbereitung" auf den Austritt des Vereinigten Königreichs Großbritannien und Nordirland aus der EU (**Brexit**) hat das BMF am 9.10.2018 den Referentenentwurf eines sog. Brexit-Steuerbegleitgesetzes veröffentlicht.[1] Dessen § 4g Abs. 6 EStG-E sieht vor, dass Abs. 2 S. 2 Nr. 2 mit der Maßgabe anzuwenden ist, dass ein als entnommen geltendes WG nicht schon aufgrund des Brexits als aus der Besteuerungshoheit der EU-Mitgliedstaaten ausgeschieden gilt. Im Ergebnis wird die Rechtsfolge des Abs. 2 S. 2 Nr. 2 für Fälle suspendiert, in denen der StPfl. – ohne weiteres Zutun – aufgrund des Brexits den Einbringungsgewinn rückwirkend (sofort) zu versteuern hätte.[2] 13

Nach Abs. **2 S. 2 Nr. 3** kommt es zu einer vorzeitigen Auflösung des Ausgleichspostens auch, wenn die stillen Reserven des zuvor als entnommen geltenden WG im **Auslandsstaat aufgedeckt** werden oder in entspr. Anwendung der Vorschriften des deutschen Steuerrechts hätten aufgedeckt werden müssen. Für konkrete Sachverhalte bedeutet das, dass iRd. Frist des § 4g nicht nur auf die erfolgende Aufdeckung der stillen Reserven im Ausland geachtet werden muss, vielmehr auch zu beobachten ist, ob in entspr. Anwendung deutschen Steuerrechts eine Gewinnrealisierung angenommen werden müsste. Vom Wortlaut des Abs. 2 S. 2 nicht erfasst ist die Variante, dass die Beendigung der unbeschränkten SPfl, die nach Abs. 2 S. 1 Voraussetzung für den Ausgleichsposten ist, zu einer sofortigen Auflösung des Ausgleichspostens führt. Eine sofortige Auflösung ist abzulehnen, da Abs. 2 S. 2 Nr. 1–3 als enumerative und abschließende Regelungen anzusehen sind. Dafür spricht auch die steuersystematische Überlegung, dass schon §§ 4 Abs. 1 S. 3, 4g als Ausnahmen v. grds. erforderlichen tatsächlichen Gewinnrealisierungstatbestand einzuordnen sind. Wenn der Steuergesetzgeber in § 4 Abs. 1 S. 3 zur Figur einer fiktiven Entnahme ohne effektive Veräußerung greift, dann muss daraus rechtsmethodologisch im Umkehrschluss gefolgert werden, dass andere Fälle der Einschränkung des deutschen Besteuerungsrechts – Verlust der unbeschränkten StPfl. – nur dann steuerbar sind, wenn dies ausdrücklich geregelt wird. 14

D. Rückführung (Abs. 3)

Wird ein fiktiv nach § 4 Abs. 1 S. 3 entnommenes WG in das Besteuerungsrecht der BRD zurückgeführt, dann ergibt sich die umgekehrte Problematik wie bei der Überführung/Entstrickung. Auch hier ist steuersystematisch davon auszugehen, dass es zw. der rückführenden Betriebsstätte und dem Stammhaus/Mutterunternehmen nicht zu einem bilanzrechtl. erheblichen Anschaffungsgeschäft kommt. § 4g Abs. 3 ist nur anzuwenden, wenn bei Überführung des WG ein Ausgleichsposten gebildet worden ist und der Posten bei Rückführung noch nicht vollständig aufgelöst wurde. Kommt es zur Rückführung nach Ablauf v. fünf Jahren, dann ergeben sich keine Konsequenzen für den Ausgleichsposten. In dieser Variante ist das WG mit dem Einlagewert des § 4 Abs. 1 S. 7 im inländ. BV anzusetzen. Nach dem iRd. Entwurfs des sog. Brexit-Steuerbegleitgesetzes vorgesehenen § 4g Abs. 6 EStG-E ist Abs. 3 mit der Maßgabe anzuwenden, dass ein als entnommen geltendes WG nicht schon aufgrund des Brexits als aus der Besteuerungshoheit der 15

1 Entwurf eines Gesetzes über stl. Begleitregelungen zum Austritt des Vereinigten Königreichs Großbritannien und Nordirland aus der EU (Brexit-Steuerbegleitgesetz), Referentenentwurf des BMF v. 8.10.2018, S. 3.
2 So auch die geplante Änderung des § 22 UmwStG durch den Regierungsentwurf eines Brexit-Steuerbegleitgesetzes.

EU-Mitgliedstaaten ausgeschieden gilt. Die Regelung bezieht sich auf Fälle, in denen ein WG vor dem Brexit in das Vereinigte Königreich überführt und dafür ein Ausgleichsposten gebildet wurde. Dieser muss nach dem Gesetzentwurf nicht sofort gewinnerhöhend aufgelöst werden (s. Rn. 13), sodass er konsequenterweise bei aufgehobener Zuordnung des WG zur britischen Betriebsstätte gewinnneutral aufzulösen ist.[1]

16 § 4g Abs. 3 S. 2 geht nunmehr zunächst davon aus, dass es sich bei der „Aufhebung der geänderten Zuordnung" aufgrund der Rückführung um ein Ereignis nach **§ 175 Abs. 1 S. 1 Nr. 2 AO** handelt. Stimmig ist die Anwendung des § 175 Abs. 1 S. 1 Nr. 2 AO nur dann, wenn die Rückführung eines WG in den Hoheitsbereich der BRD dazu führt, dass durch die Rückführung die dem Grunde nach gegebene Besteuerung der Entstrickung rückgängig gemacht wird. Das ist aber nicht der Fall, weil § 4g Abs. 3 S. 1 die Zuordnung eines WG zu einer anderen Betriebsstätte des StPfl. in einem (anderen) EU-Staat in der Art und Weise aufhebt, dass der für das konkrete WG gebildete Ausgleichsposten nach Abs. 1, 2 aufgelöst wird und das WG mit den fortgeführten AK, erhöht um zwischenzeitlich gewinnerhöhend berücksichtige Auflösungsbeträge nach Abs. 2, 5 S. 2 und um den Unterschiedsbetrag zw. dem Rückführungswert und dem Buchwert im Zeitpunkt der Rückführung, höchstens jedoch mit dem gemeinen Wert anzusetzen ist. Der **Wertansatz** des WG ergibt sich also abw. v. § 6 Abs. 1 Nr. 5a aus den fortgeführten AK zzgl. der gewinnerhöhenden Beträge nach § 4g Abs. 2, 5 S. 2 zzgl. des Unterschiedsbetrags zw. dem sich nach der Auslandsrechtsordnung ergebenden Rückführungswert und dem nach Auslandsrecht ermittelten Buchwert im Zeitpunkt der Überführung. Zutr. wird dieser v. Abs. 3 gewählte Lösungsweg kritisiert.[2] Aufgrund des Wortlauts des Abs. 3 S. 1 ist bei der Ermittlung des (erneuten) Wertansatzes nach deutschem Recht innerhalb des Auflösungszeitraums des Abs. 2 eine **Verknüpfung** mit den nach der ausländ. Steuerrechtsordnung ermittelten Werten vorgesehen. Dadurch wird die im Ausland erfolgte Besteuerung des Wertzuwachses im Inland steuerrechtl. berücksichtigt. Das ist international-steuerrechtl. positiv zu sehen, weil damit eine **potentielle Doppelbesteuerung** im Auslandsstaat und im Inland vermieden wird. Allerdings kann die Maßgeblichkeit der nach deutschem Steuerrecht ermittelten und fortgeführten AK zur Konsequenz haben, dass die AK eines WG für Zwecke der deutschen Besteuerung unberücksichtigt bleiben, wenn die steuerrechtl. Abschreibungsperiode in der Auslandsrechtsordnung länger ist. Der für Abs. 3 S. 1 hinzuzurechnende Unterschiedsbetrag zw. dem nach ausländ. Recht ermittelten Rückführungswert und dem nach ausländ. Recht ermittelten Buchwert im Zeitpunkt der Überführung ist hier nämlich kleiner als das heranzuziehende deutsche Abschreibungsvolumen. Für die umgekehrte Konstellation eines im Auslandsrecht maßgebenden kürzeren Abschreibungszeitraums hat der Gesetzgeber Maßnahmen vorgesehen, die das Entstehen seiner Ansicht nach ungerechtfertigter Vorteile verhindern sollen. Der Wertansatz bei Rückführung des als entnommen geltenden WG ist auf den gemeinen Wert begrenzt. Überzeugender wäre es gewesen, als Wertansatz bei Rückführung eines WG den gemeinen Wert nach § 6 Abs. 1 Nr. 5a abzgl. des zum Zeitpunkt der Rückführung bestehenden Ausgleichspostens zu wählen.[3]

E. Überschussrechnung, Aufzeichnungspflichten, Anzeigepflichten (Abs. 4–5)

17 Nach Abs. 4 S. 1 finden die Grundregeln der Abs. 1–3 entspr. Anwendung bei der Ermittlung des Überschusses der BE über die BA nach § 4 Abs. 3. Damit wird steuersystematisch zutr. sichergestellt, dass das Konzept der aufgeschobenen Besteuerung nicht nur für bilanzierende Subjekte gilt, vielmehr auch für Einnahme-Überschussrechner. Da bei der Überschussrechnung des § 4 Abs. 3 keine Bilanz erstellt wird, ist mit Aufzeichnungen zu dokumentieren, dass ein Ausgleichsposten gebildet und aufgelöst worden ist (§ 4g Abs. 5 S. 2). Die Aufzeichnungen sind nach Abs. 4 S. 4 der Steuererklärung beizufügen. Wird nicht so verfahren, so kommt es zur gewinnerhöhenden Auflösung des Ausgleichspostens für nicht dokumentierte WG.

18 Nach Abs. 4 S. 2 sind für WG, für die auf Antrag ein Ausgleichsposten gebildet worden ist, lfd. zu führende **Verzeichnisse** zu erstellen. Darüber hinaus hat der StPfl. Aufzeichnungen zu führen, aus denen sich die Bildung und die Auflösung der Ausgleichsposten ergeben. Diese Aufzeichnungen sind nach Abs. 4 S. 4 der Steuererklärung beizufügen. Damit ist offenbar die Steuererklärung der Periode gemeint, in der das Antragsrecht nach § 4g Abs. 1 S. 3 geltend gemacht wird bzw. die Steuererklärungen der Rechnungsperioden, in der der Ausgleichsposten nach § 4g Abs. 2 gewinnerhöhend aufgelöst wird.

19 Nach Abs. 5 S. 1 ist der StPfl. verpflichtet, der zuständigen Finanzbehörde die Entnahme oder ein Ereignis nach Abs. 2 **unverzüglich anzuzeigen** (vgl. § 153 AO). Wird diese Anzeigeverpflichtung nicht erfüllt oder kommt der StPfl. seiner Aufzeichnungspflicht nach § 4g Abs. 4 oder seinen sonstigen Mitwirkungspflich-

1 Entwurf eines Gesetzes über stl. Begleitregelungen zum Austritt des Vereinigten Königreichs Großbritannien und Nordirland aus der EU (Brexit-Steuerbegleitgesetz), Referentenentwurf des BMF v. 8.10.2018, S. 9.
2 *Benecke/Schnitger*, IStR 2007, 22 (23).
3 *Benecke/Schnitger*, IStR 2007, 22 (23).

ten nach § 90 AO nicht nach, ist der Ausgleichsposten des WG gewinnerhöhend aufzulösen (Abs. 5 S. 2). Dabei besteht ein gewisser Widerspruch zw. Abs. 1 und 2. „Unverzüglich" wird prinzipiell als ein Verhalten ohne schuldhaftes Zögern beschrieben. Aus dem Zusammenspiel v. Abs. 1 und 2 müsste es daher zu einer punktgenauen (Sofort-)Besteuerung kommen. Andererseits sprechen die weiteren Fälle des Abs. 5 S. 2 dafür, dass die Verletzung der Pflichten des Abs. 5 zu einer Gewinnrealisierung in der betr. Rechnungsperiode führt.

§ 4h Betriebsausgabenabzug für Zinsaufwendungen (Zinsschranke)

(1) [1]Zinsaufwendungen eines Betriebs sind abziehbar in Höhe des Zinsertrags, darüber hinaus nur bis zur Höhe des verrechenbaren EBITDA. [2]Das verrechenbare EBITDA ist 30 Prozent des um die Zinsaufwendungen und um die nach § 6 Absatz 2 Satz 1 abzuziehenden, nach § 6 Absatz 2a Satz 2 gewinnmindernd aufzulösenden und nach § 7 abgesetzten Beträge erhöhten und um die Zinserträge verminderten maßgeblichen Gewinns. [3]Soweit das verrechenbare EBITDA die um die Zinserträge geminderten Zinsaufwendungen des Betriebs übersteigt, ist es in die folgenden fünf Wirtschaftsjahre vorzutragen (EBITDA-Vortrag); ein EBITDA-Vortrag entsteht nicht in Wirtschaftsjahren, in denen Absatz 2 die Anwendung von Absatz 1 Satz 1 ausschließt. [4]Zinsaufwendungen, die nach Satz 1 nicht abgezogen werden können, sind bis zur Höhe der EBITDA-Vorträge aus vorangegangenen Wirtschaftsjahren abziehbar und mindern die EBITDA-Vorträge in ihrer zeitlichen Reihenfolge. [5]Danach verbleibende nicht abziehbare Zinsaufwendungen sind in die folgenden Wirtschaftsjahre vorzutragen (Zinsvortrag). [6]Sie erhöhen die Zinsaufwendungen dieser Wirtschaftsjahre, nicht aber den maßgeblichen Gewinn.

(2) [1]Absatz 1 Satz 1 ist nicht anzuwenden, wenn

a) der Betrag der Zinsaufwendungen, soweit er den Betrag der Zinserträge übersteigt, weniger als drei Millionen Euro beträgt,

b) der Betrieb nicht oder nur anteilmäßig zu einem Konzern gehört oder

c) der Betrieb zu einem Konzern gehört und seine Eigenkapitalquote am Schluss des vorangegangenen Abschlussstichtages gleich hoch oder höher ist als die des Konzerns (Eigenkapitalvergleich). [2]Ein Unterschreiten der Eigenkapitalquote des Konzerns um bis zu zwei Prozentpunkte ist unschädlich.

[3]Eigenkapitalquote ist das Verhältnis des Eigenkapitals zur Bilanzsumme; sie bemisst sich nach dem Konzernabschluss, der den Betrieb umfasst, und ist für den Betrieb auf der Grundlage des Jahresabschlusses oder Einzelabschlusses zu ermitteln. [4]Wahlrechte sind im Konzernabschluss und im Jahresabschluss oder Einzelabschluss einheitlich auszuüben; bei gesellschaftsrechtlichen Kündigungsrechten ist insoweit mindestens das Eigenkapital anzusetzen, das sich nach den Vorschriften des Handelsgesetzbuchs ergeben würde. [5]Bei der Ermittlung der Eigenkapitalquote des Betriebs ist das Eigenkapital um einen im Konzernabschluss enthaltenen Firmenwert, soweit er auf den Betrieb entfällt, und um die Hälfte von Sonderposten mit Rücklagenanteil (§ 273 des Handelsgesetzbuchs) zu erhöhen sowie um das Eigenkapital, das keine Stimmrechte vermittelt – mit Ausnahme von Vorzugsaktien –, die Anteile an anderen Konzerngesellschaften und um Einlagen der letzten sechs Monate vor dem maßgeblichen Abschlussstichtag, soweit ihnen Entnahmen oder Ausschüttungen innerhalb der ersten sechs Monate nach dem maßgeblichen Abschlussstichtag gegenüberstehen, zu kürzen. [6]Die Bilanzsumme ist um Kapitalforderungen zu kürzen, die nicht im Konzernabschluss ausgewiesen sind und denen Verbindlichkeiten im Sinne des Absatzes 3 in mindestens gleicher Höhe gegenüberstehen. [7]Sonderbetriebsvermögen ist dem Betrieb der Mitunternehmerschaft zuzuordnen, soweit es im Konzernvermögen enthalten ist.

[8]Die für den Eigenkapitalvergleich maßgeblichen Abschlüsse sind einheitlich nach den International Financial Reporting Standards (IFRS) zu erstellen. [9]Hiervon abweichend können Abschlüsse nach dem Handelsrecht eines Mitgliedstaats der Europäischen Union verwendet werden, wenn kein Konzernabschluss nach den IFRS zu erstellen und offen zu legen ist und für keines der letzten fünf Wirtschaftsjahre ein Konzernabschluss nach den IFRS erstellt wurde; nach den Generally Accepted Accounting Principles der Vereinigten Staaten von Amerika (US-GAAP) aufzustellende und offen zu legende Abschlüsse sind zu verwenden, wenn kein Konzernabschluss nach den IFRS oder dem Handelsrecht eines Mitgliedstaats der Europäischen Union zu erstellen und offen zu legen ist. [10]Der Konzernabschluss muss den Anforderungen an die handelsrecht-

liche Konzernrechnungslegung genügen oder die Voraussetzungen erfüllen, unter denen ein Abschluss nach den §§ 291 und 292 des Handelsgesetzbuchs befreiende Wirkung hätte. [11]Wurde der Jahresabschluss oder Einzelabschluss nicht nach denselben Rechnungslegungsstandards wie der Konzernabschluss aufgestellt, ist die Eigenkapitalquote des Betriebs in einer Überleitungsrechnung nach den für den Konzernabschluss geltenden Rechnungslegungsstandards zu ermitteln. [12]Die Überleitungsrechnung ist einer prüferischen Durchsicht zu unterziehen. [13]Auf Verlangen der Finanzbehörde ist der Abschluss oder die Überleitungsrechnung des Betriebs durch einen Abschlussprüfer zu prüfen, der die Voraussetzungen des § 319 des Handelsgesetzbuchs erfüllt.

[14]Ist ein dem Eigenkapitalvergleich zugrunde gelegter Abschluss unrichtig und führt der zutreffende Abschluss zu einer Erhöhung der nach Absatz 1 nicht abziehbaren Zinsaufwendungen, ist ein Zuschlag entsprechend § 162 Absatz 4 Satz 1 und 2 der Abgabenordnung festzusetzen. [15]Bemessungsgrundlage für den Zuschlag sind die nach Absatz 1 nicht abziehbaren Zinsaufwendungen. [16]§ 162 Absatz 4 Satz 4 bis 6 der Abgabenordnung gilt sinngemäß.

[2]Ist eine Gesellschaft, bei der der Gesellschafter als Mitunternehmer anzusehen ist, unmittelbar oder mittelbar einer Körperschaft nachgeordnet, gilt für die Gesellschaft § 8a Absatz 2 und 3 des Körperschaftsteuergesetzes entsprechend.

(3) [1]Maßgeblicher Gewinn ist der nach den Vorschriften dieses Gesetzes mit Ausnahme des Absatzes 1 ermittelte steuerpflichtige Gewinn. [2]Zinsaufwendungen sind Vergütungen für Fremdkapital, die den maßgeblichen Gewinn gemindert haben. [3]Zinserträge sind Erträge aus Kapitalforderungen jeder Art, die den maßgeblichen Gewinn erhöht haben. [4]Die Auf- und Abzinsung unverzinslicher oder niedrig verzinslicher Verbindlichkeiten oder Kapitalforderungen führen ebenfalls zu Zinserträgen oder Zinsaufwendungen. [5]Ein Betrieb gehört zu einem Konzern, wenn er nach dem für die Anwendung des Absatzes 2 Satz 1 Buchstabe c zugrunde gelegten Rechnungslegungsstandard mit einem oder mehreren anderen Betrieben konsolidiert wird oder werden könnte. [6]Ein Betrieb gehört für Zwecke des Absatzes 2 auch zu einem Konzern, wenn seine Finanz- und Geschäftspolitik mit einem oder mehreren anderen Betrieben einheitlich bestimmt werden kann.

(4) [1]Der EBITDA-Vortrag und der Zinsvortrag sind gesondert festzustellen. [2]Zuständig ist das für die gesonderte Feststellung des Gewinns und Verlusts der Gesellschaft zuständige Finanzamt, im Übrigen das für die Besteuerung zuständige Finanzamt. [3]§ 10d Absatz 4 gilt sinngemäß. [4]Feststellungsbescheide sind zu erlassen, aufzuheben oder zu ändern, soweit sich die nach Satz 1 festzustellenden Beträge ändern.

(5) [1]Bei Aufgabe oder Übertragung des Betriebs gehen ein nicht verbrauchter EBITDA-Vortrag und ein nicht verbrauchter Zinsvortrag unter. [2]Scheidet ein Mitunternehmer aus einer Gesellschaft aus, gehen der EBITDA-Vortrag und der Zinsvortrag anteilig mit der Quote unter, mit der der ausgeschiedene Gesellschafter an der Gesellschaft beteiligt war. [3]§ 8c des Körperschaftsteuergesetzes ist auf den Zinsvortrag einer Gesellschaft entsprechend anzuwenden, soweit an dieser unmittelbar oder mittelbar eine Körperschaft als Mitunternehmer beteiligt ist.

Verwaltung: BMF v. 4.7.2008, BStBl. I 2008, 718.

Literatur: *Beußer*, Der Zinsvortrag bei der Zinsschranke, FR 2009, 49; *Bohn/Loose*, Ausgewählte Zweifelsfragen bei der Anwendung des EBITDA-Vortrags, DStR 2011, 241; *Brunsbach*, Eigenkapitalvergleich im Rahmen der Zinsschranke – Bestimmung des relevanten Konzerns, IStR 2010, 745; *Dörr/Geibel/Fehling*, Die neue Zinsschranke, NWB 2007, 5199; *Fischer*, Zinsschranke in der Anwendung – Zwei verfehlte Verfügungen der Finanzverwaltung, DStR 2012, 2000; *Führich*, Ist die geplante Zinsschranke europarechtskonform?, IStR 2007, 341; *Ganssauge/Mattern*, Der Eigenkapitaltest im Rahmen der Zinsschranke, DStR 2008, 213, 267; *Grotherr*, Funktionsweise und Zweifelsfragen der neuen Zinsschranke 2008, IWB 2007, 1489; *Hallerbach*, Problemfelder der neuen Zinsschrankenregelung des § 4h EStG, StuB 2007, 487; *Heintges/Kamphaus/Loitz*, Jahresabschluss nach IFRS und Zinsschranke, DB 2007, 1261; *Hennrichs*, Zinsschranke, Eigenkapitalvergleich und IFRS, DB 2007, 2101; *Herzig/Liekenbrock*, Zinsschranke im Organkreis, DB 2007, 2387; *Herzig/Liekenbrock*, Zum EBITDA-Vortrag der Zinsschranke, DB 2010, 690; *Heuermann*, Steuerinnovation im Wandel: Einige Thesen zur Zinsschranke und ihrer Verfassungsmäßigkeit, DStR 2013, 1; *Hey*, Verletzung fundamentaler Besteuerungsprinzipien durch die Gegenfinanzierungsmaßnahmen des Unternehmensteuerreformgesetzes 2008, BB 2007, 1303; *Hick*, Verfassungswidrigkeit der Zinsschranke in einem „Zinsschranken-Grundfall", FR 2016, 409; *Hierstetter*, Zinsvortrag und Restrukturierung, DB 2009, 79; *Hoffmann*, Die Zinsschranke bei mitunternehmerischen PerGes. GmbHR 2008, 113; *Hoffmann*, Die einer Körperschaft nachgeordnete MU'schaft bei der Zinsschranke, GmbHR 2008, 183; *Homburg*, Die Zinsschranke – eine beispiellose Steuerinnovation, FR 2007, 717; *Jehlin*, Die Zinsschranke als Instrument zur Missbrauchsvermeidung und Steigerung der Eigenkapitalausstattung, Berlin 2013; *Jochimsen/Zinowsky*, Konkretisierung der europäischen Richtlinie zur Bekämpfung von Steuervermeidungspraktiken, ISR 2016, 318; *Kahlenberg/Kopec*, Unterkapitalisierungsvorschriften in der EU, IStR 2015, 84; *Kessler/Köhler/Knörzer*, Die Zinsschranke im Rechtsvergleich: Problemfelder und Lösungsansätze, IStR 2007, 418; *Kessler/Lindemer*, Die Zinsschranke nach dem Wachstumsbeschleunigungsgesetz, DB 2010, 472; *Köhler*, Erste Gedanken zur Zinsschranke nach der Unternehmensteuerreform, DStR 2007, 597; *Köhler/Hahne*, BMF-Schreiben zur Anwendung der stl. Zinsschranke und zur Gesellschafter-Fremdfinanzierung bei Kapitalgesellschaften, DStR 2008, 1505; *Köster*, Zinsschranke: Eigenkapitaltest und Bilanzpolitik, BB 2007, 2278; *Köster-Böckenförde*, Der Begriff des „Betriebs" im Rahmen der Zinsschranke, DB 2008, 2213; *Lenz/Dörfler*, Die Zinsschranke im internationalen Vergleich, DB 2010, 18; *Liekenbrock*, Zinsvortrag und EBITDA-Vortrag bei unterjährigem Gesellschafterwechsel, DB 2012, 2488; *van Lishaut/Schuhmacher/Heinemann*, Besonderheiten der Zinsschranke bei PerGes., DStR 2008, 2341; *Lüdenbach/Hoffmann*, Der IFRS-Konzernabschluss als Bestandteil der Steuerbemessungsgrundlage für die Zinsschranke nach § 4h EStG-E, DStR 2007, 636; *Mössner*, International-steuerrechtliche Aspekte der Zinsschranke, in: Lüdicke, Unternehmensteuerreform 2008 im internationalen Umfeld, 2008, 1 ff.; *Musil/Volmering*, Systematische, verfassungsrechtliche und europarechtliche Probleme der Zinsschranke, DB 2008, 12; *Prinz*, Sonderwirkungen des § 8c KStG beim „Zinsvortrag", DB 2012, 2367; *Risse*, Der Konzernbegriff der Zinsschranke, Baden-Baden 2016; *Rödder*, Entsteht ein EBITDA-Vortrag in Jahren mit einem Zinsertragsüberhang?, DStR 2010, 529; *Schaden/Käshammer*, Die Neuregelung des § 8a KStG im Rahmen der Zinsschranke, BB 2007, 2259; *Schaden/Käshammer*, Der Zinsvortrag im Rahmen der Regelungen zur Zinsschranke, BB 2007, 2317; *Schmitz-Herscheidt*, Zinsschranke und Gesellschafterfremdfinanzierung bei nachgeordneten MU'schaften, BB 2008, 699; *Schulz*, Zinsschranke und IFRS – Geklärte, ungeklärte und neue Fragen nach dem Anwendungserlass v. 4.7.2008, DB 2008, 2043; *Thiel*, Die stl. Behandlung v. Fremdfinanzierungen im Unternehmen, FR 2007, 729; *Töben/Fischer*, Die Zinsschranke – Regelungskonzept und offene Fragen, BB 2007, 974; *Wagner/Fischer*, Anwendung der Zinsschranke bei PersGes., BB 2007, 1811; *Weber-Grellet*, Der Konzernbegriff des § 4h EStG, DStR 2009, 557; *Weggenmann/Claß*, Die Zinsschrankenregelung auf dem verfassungsrechtlichen Prüfstand, BB 2016, 1175.

A. Grundaussagen der Vorschrift

I. Regelungsgegenstand. § 4h als überschießend typisierende Missbrauchsklausel. Der Gesetzgeber bezweckt mit der Zinsschranke des § 4h[1] (iVm. § 8a KStG), eine als missbräuchlich angesehene Erschei- 1

1 § 4h wurde eingeführt durch G v. 14.8.2007, BGBl. I 2007, 1912 (1913); zur erstmaligen Anwendbarkeit s. § 52 Abs. 12d (Wj., die nach dem 25.5.2007 beginnen und nicht vor dem 1.1.2008 enden; dh. für Unternehmen, deren

nungsform der **Verlagerung v. in Deutschland erwirtschaftetem Steuersubstrat ins Ausland** zu beschränken (abzugrenzen v. der hinzunehmenden Verlagerung der zu besteuernden wirtschaftlichen Tätigkeit).[1]

Er hat damit **ursprünglich** auf einen durch unterschiedliche Steuersätze ausgelösten, v. EuGH begünstigten „Steuerwettbewerb"[2] zw. den europäischen Staaten reagiert. So haben eine weite Interpretation der EU-Marktfreiheiten und eine nur restriktive Anerkennung staatlicher Maßnahmen zur Missbrauchsabwehr iErg. Räume für steuervermeidende Gestaltungen eröffnet. Speziell grenzüberschreitend verbundene Unternehmen ohne Interessengegensatz konnten diese Rechtslage nutzen, um einerseits durch eigens an diesem Zweck ausgerichtete **Gesellschafterfremdfinanzierungen** inländ. Gewinne ins DBA-begünstigte Ausland zu verlagern und andererseits ohnehin entstehenden Aufwand – wie zB Zinsen – gezielt im Inland anfallen zu lassen. Da der EuGH grds. jede Schlechterstellung v. Sachverhalten mit Auslandsbezug untersagt, konnte der Gesetzgeber diesem Missstand nur durch eine gleichlaufende Beschränkung grds. aller vergleichbaren Konstellationen (einschl. des reinen Inlandssachverhalts) begegnen. Der Gesetzgeber hat sich deshalb 2007 vor der Alternative, entweder Gewinnverlagerungen durch bloße Vertragsgestaltung (dh. ohne Verlagerung der wirtschaftlichen Tätigkeit) hinzunehmen oder auch wirtschaftlich angemessene (Inlands- wie Auslands-)Sachverhalte zu belasten, für eine **typisierende Missbrauchsklausel** mit deutlich überschießendem Gehalt[3] (im Sinne eines „Kollateralschadens" der Missbrauchsabwehr) entschieden.[4]

Inzwischen ist diese Ausgangslage (nur) für Körperschaften (§ 4h iVm. § 8a KStG) durch die bis zum 31.12. 2018 umzusetzende **EU-Richtlinie zur Bekämpfung von Steuervermeidungspraktiken** (sog. Anti-Tax-Avoidance-Directive – ATAD-Richtlinie)[5] überholt worden. Art. 4 dieser Richtlinie verpflichtet die Mitgliedstaaten zur Einführung einer Zinsschranke, die erkennbar dem deutschen Vorbild nachempfunden ist und deren verpflichtende Mindestanforderungen durch § 4h EStG bereits weitgehend erfüllt sein dürften. Die Richtlinie zwingt daher nicht zu grundlegenden gesetzgeberischen Anpassungen, konserviert jedoch für Körperschaften den status quo und schirmt ihn insbes. gegen verfassungsrechtliche Einwände ab (s. Rn. 3 ff.).

2 Vor diesem Hintergrund führt **Abs. 1** eine **zweigliedrige Schranke für den Abzug v. Zinsaufwendungen** als BA ein. Zinsen aller Art können hiernach im Jahr ihrer stl. Zugehörigkeit grds. nur bis zur Höhe gegenläufiger Zinserträge geltend gemacht werden. Darüber hinaus wird ein sofortiger Abzug bis zur Höhe des „verrechenbaren EBITDA" zugelassen. Dieses beträgt grds. 30 % des sog. „steuerlichen EBITDA", das als am Gewinn vor Zinsen und Abschreibungen ausgerichtete Kennzahl ein ökonomisches Indiz für eine angemessene Finanzierungsstruktur liefern soll, das dabei aber weder branchenspezifische Besonderheiten noch zw. den Jahren schwankende Geschäftsergebnisse verarbeiten kann. Je nach Ergebnis dieser Berechnung greift sodann alternativ eine v. zwei Vortragsregelungen. Nicht (sofort) abzugsfähige Zinsaufwendungen werden in die Folgejahre vorgetragen, in denen sie im Falle dann geänderter wirtschaftlicher Verhältnisse (insbes. deutlich höherer Gewinn oder erheblich niedrigeres Zinsniveau) abgezogen werden können. Umgekehrt kann ein aktuell ungenutztes „verrechenbares EBITDA" das Abzugsvolumen der folgenden fünf Wj. erhöhen. **Abs. 2** fügt dieser iErg. strengen Regel **drei Ausnahmetatbestände** (Freigrenze für Nettozinsaufwand unter 3 Mio. Euro, Nichtzugehörigkeit zum Konzern, Einhalten der konzerninternen Eigenkapitalquote) hinzu, bei denen eine missbräuchliche (dh. unangemessene grenzüberschreitende) Gestaltung ausgeschlossen erscheint. Da die Vorschrift jedoch nicht nach ihrem eigentlichen Regelungsziel differenzieren darf, können diese Ausnahmen (auch in ihrer zwischenzeitlich erweiterten Gestalt) nicht wenige an sich unbedenkliche Konstellationen nicht erfassen und belassen sie dadurch im Anwendungsbereich der Zinsschranke (für MU'schaften und Körperschaften treten überdies noch nachteilige Rückausnahmen hinzu). **Abs. 3** definiert einzelne Tatbestandselemente der ersten beiden Absätze. **Abs. 4–5** liefern ergänzende Regelungen zum Zins- und EBITDA-Vortrag (gesonderte Feststellung, Untergang bei BetrAufg. oder -umstrukturierung).

3 **II. Verhältnis zum Verfassungsrecht. Durchbrechung des Leistungsfähigkeitsprinzips.** Diese überschießend typisierende Missbrauchsklausel kann den Abzug betrieblich veranlasster Zinsaufwendungen auch in Fällen wirtschaftlich angemessener Finanzierungen (inländ. wie grenzüberschreitender Natur)

Wj. mit dem Kj. identisch ist: ab VZ 2008). – Die Vorschrift wurde seither mehrfach geändert, insbes durch G. v. 22.12.2009, BGBl. I 2009, 3950.

1 BT-Drucks. 16/4841, 47 f.

2 Eingehend hierzu *Seiler*, FS Isensee, 2007, 875 ff. mwN.

3 Etwas missverständlich deutet hingegen BFH v. 14.10.2015 – I R 20/15, BStBl. II 2017, 1240 Rn. 51, diesen „Kollateralschaden" als allein dem Fiskalzweck der Einnahmenerzielung geschuldet und wird damit dem legislativen Dilemma des europarechtlich gebundenen Gesetzgebers (vgl. Rn. 6) nur iErg. gerecht.

4 Zu ähnlichen Regelungen in anderen EU-Staaten *Kahlenberg/Kopec*, IStR 2015, 84.

5 Richtlinie (EU) 2016/1164 des Rates v. 12.7.2016 mit Vorschriften zur Bekämpfung von Steuervermeidungspraktiken mit unmittelbaren Auswirkungen auf das Funktionieren des Binnenmarktes, ABl. EU 2016, L 193, 1. Die RL knüpft ausweislich ihrer Erwägungsgründe an die BEPS-Maßnahmen der OECD an.

ausschließen. Der Zinsvortrag hält zwar grds. die Möglichkeit offen, diesen Abzug in Folgejahren nachzuholen, jedoch werden dessen Voraussetzungen bei gleichbleibenden wirtschaftlichen Verhältnissen auch in Zukunft fehlen, so dass sich das vorübergehende dann zum dauerhaften Abzugsverbot wandelt, das schließlich im endg. Untergang des Zinsvortrages (Abs. 5) münden kann.[1] Auf diese Weise wird das **objektive Nettoprinzip** als Teilprinzip des vor allem gleichheitsrechtl. eingeforderten Leistungsfähigkeitsprinzips durchbrochen.

Die hierin angelegten erheblichen Ungleichbehandlungen wirtschaftlich vergleichbarer Sachverhalte (Zinsen/sonstiger Finanzierungsaufwand; Zinsen unter/über der Grenze des verrechenbaren EBITDA; vorübergehende/endg. Nichtberücksichtigung je nach Schicksal des Zinsvortrags; Differenzierungen je nach Konzernzugehörigkeit und -struktur etc.) lassen sich nicht durch das legislative Ziel rechtfertigen, fiskalschädliche Gestaltungen idR *anderer* StPfl. einzudämmen. Insbes. hat der Gesetzgeber die ihm eingeräumten Spielräume zulässiger Typisierung überschritten, vor allem weil typischerweise auch Sachverhalte einbezogen werden (sollen), bei denen jeder Missbrauchsverdacht ausscheidet, daneben auch weil sich die Differenzierungskriterien bereits ihrem Wesen nach nur bedingt als Missbrauchsindikatoren eignen (zB 30 %-Anteil am stl. EBITDA als generell übermäßig restriktiv typisierendes[2], zudem nicht branchenspezifisch diff.[3] sowie die Gründungsphase und den Krisenfall ignorierendes Angemessenheitskriterium; überfordernder Konzernbegriff iRd. Ausnahme gem. Abs. 2 S. 1 lit. b; mangelnde Aussagekraft des Eigenkapitalvergleichs nach Abs. 2 S. 1 lit. c im Mischkonzern mit typischerweise branchenabhängig unterschiedlichen Eigenkapitalquoten). **§ 4h verletzt** daher **den Gleichheitssatz** (Art. 3 Abs. 1 GG).[4] Legislative Reparaturen innerhalb der Vorschrift haben diesen Befund zwar quantitativ entschärft, dem Grunde nach aber nicht beseitigt. Die außerordentliche Kompliziertheit der (überdies ihrerseits durch Gestaltung umgehbaren[5]) Vorschrift könnte außerdem erhebliche Vollzugsdefizite und damit eine Ungleichheit im tatsächlichen Belastungserfolg nach sich ziehen.[6] 4

Die verfassungsrechtl. Bedenken gegen § 4h erschöpfen sich nicht in einer Beanstandung seiner ungleichen Wirkungen. Denn je nach den konkreten Verhältnissen des Unternehmens droht sogar eine **Substanzbesteuerung**, bei der die Steuerlast den Gewinn übersteigt.[7] Dies gilt insbes. im Fall des Zusammen- 5

---

1 Der Zinsvortrag läuft de facto häufig leer; *Schaden/Käshammer*, BB 2007, 2317 ff. – Angesichts dessen darf dahingestellt bleiben, ob das objektive Nettoprinzip allein durch die Möglichkeit eines späteren Abzuges gewahrt werden kann; hiergegen *Hey*, BB 2007, 1303 (1305).

2 § 4h unterstellt – bei hypothetisch identischer Rendite auf Eigen- und Fremdkapital sowie ungeachtet der Abschreibungen – eine angemessene Eigenkapitalquote v. 70 %. Diese unrealistische Typisierung ist deutlich strenger als die international am ehesten vergleichbare Regelung, die US-amerikanischen „Earning Stripping Rules" nach Section 163(j) Internal Revenue Code (IRC), die ab einem 1 : 1,5-Verhältnis v. Eigen- und Fremdkapital greift (und überdies nur auf Gesellschafterfremdfinanzierungen abzielt); vgl. *Goebel/Eilinghoff*, IStR 2008, 233 ff.; *Homburg*, FR 2007, 717 (720). Hieran angelehnt hat die Stiftung Marktwirtschaft vorgeschlagen, den Zinsabzug bis max. 60 % des Gewinns vor Zinsen zuzulassen (mit ergänzendem Zinsvortrag); s. *Thiel*, FR 2007, 729 (730).

3 § 4h berücksichtigt nicht, dass bestimmte Branchen in besonderem Maße auf Fremdfinanzierung angewiesen sind (zB Factoring-Gesellschaften, Leasingunternehmen, Schiffsbau, Finanzierungsholding, Private-Equity-Fonds); vgl. *Köhler*, DStR 2007, 597 (601); *Schaden/Käshammer*, BB 2007, 2317.

4 So jetzt auch BFH v. 14.10.2015 – I R 20/15, BStBl. II 2017, 1240 Rn. 9 ff., mit der Konsequenz einer Vorlage an das BVerfG (2 BvL 1/16); hierzu *Hick*, FR 2016, 409; *Weggenmann/Claß*, BB 2016, 1175. Ernstliche Zweifel hegten bereits zuvor BFH v. 18.12.2013 – I B 85/13, BStBl. II 2014, 947 = FR 2014, 560 (AdV) m. Anm. *Hick* (vgl. aber den Nichtanwendungserl. des BMF v. 13.11.2014, BStBl. I 2014, 1516); FG Berlin-Bdbg. v. 13.10.2011 – 12 V 12089/11, DStRE 2012, 555 (556 f.) (AdV); FG Münster v. 29.4.2013 – 9 V 2400/12 K, EFG 2013, 1147 (mangels überwiegenden Aussetzungsinteresses keine AdV); vgl. auch BFH v. 13.3.2012 – I B 111/11, BStBl. II 2012, 611 (AdV; zu § 8a Abs. 2 KStG). – Das Schrifttum nimmt überwiegend einen Gleichheitsverstoß an; eingehend *Jehlin*, Die Zinsschranke als Instrument zur Missbrauchsvermeidung und Steigerung der Eigenkapitalausstattung, Berlin 2013, 135 ff.; ebenso im Kontext der ursprünglichen Einf. *Hey*, BB 2007, 1303 (1305 f.); *Musil/Volmering*, DB 2008, 12 (14 f.); vgl. auch *Dörr/Geibel/Fehling*, NWB 2007, 5199 (5205); *Hallerbach*, StuB 2007, 487 (493); *Thiel*, FR 2007, 729 (730); **aA** *Heuermann*, DStR 2013, 1 ff.; bei verfassungskonformer Auslegung auch *K/S/M*, § 4h EStG Rn. A 162 ff.

5 In Betracht kommen insbes. zinsvermeidende Gestaltungen (zB sale-and-lease-back-Verfahren), die sich steuergünstig für den Schuldner auswirken. Ihre spiegelbildlich steuerschädliche Wirkung für den Gläubiger lässt sich durch zwischengeschaltete Auslandsgesellschaften umgehen.

6 Insbes. erscheint es fraglich, ob die FinVerw. hinreichend qualifiziertes Personal zur Anwendung v. § 4h einsetzen können wird; *Köhler*, DStR 2007, 597 (602). Zur Rückwirkung legislativ angelegter Vollzugsdefizite auf die Vereinbarkeit auch des materiellen G mit Art. 3 GG BVerfG v. 27.6.1991 – 2 BvR 1493/89, BVerfGE 84, 239 (268 ff.) = FR 1991, 375 m. Anm. *Felix*; v. 9.3.2004 – 2 BvL 17/02, BVerfGE 110, 94 (112 ff.) = FR 2004, 470 m. Anm. *Jacob/Vieten*.

7 Hierzu *Jehlin*, Die Zinsschranke als Instrument zur Missbrauchsvermeidung und Steigerung der Eigenkapitalausstattung, Berlin 2013, 205 f. – BFH v. 14.10.2015 – I R 20/15, BStBl. II 2017, 1240 Rn. 57, hält dies indes für unschädlich.

treffens v. hohem Zinsaufwand und niedrigem, infolge erheblicher Verluste womöglich sogar negativem EBITDA. Speziell in Unternehmenskrisen, für die eine solche Situation nicht untypisch sein dürfte, kann § 4h dadurch existenzgefährdend wirken.[1] Jedenfalls in solchen Härtefällen dürfte die Zinsschranke auch als **unverhältnismäßiger Eingriff** in die Vermögensrechte der StPfl. (Art. 2 Abs. 1, 14 GG) anzusehen sein.

6 Speziell für **Körperschaften** ist diese Verfassungslage allerdings durch den **Anwendungsvorrang der ATAD-Richtlinie** (s. Rn. 1) überholt worden, die den deutschen Gesetzgeber spätestens mit Ablauf der Umsetzungsfrist[2] zu einer solchen Regelung verpflichtet und damit den in § 8a KStG tatbestandlich in Bezug genommenen § 4h insoweit gegen den Vorwurf der Grundgesetzwidrigkeit immunisiert. Denkbar bliebe hier allenfalls ein Verstoß gegen die EU-Grundrechtecharta, die aber bislang noch nicht als Maßstab steuerlicher Harmonisierungen aktualisiert worden ist.[3]

Für **ESt-Subjekte** bleibt es hingegen vorerst bei den geäußerten verfassungsrechtlichen Bedenken. § 4h offenbart insofern ein **legislatives Dilemma:** Das v. Gesetzgeber angestrebte legitime Regelungsziel, vorhandenes Steuersubstrat am Ort seiner Erwirtschaftung (dh. im Inland) zu besteuern, lässt sich allenfalls noch mit begrenztem Erfolg verwirklichen, weil den meisten hierauf gerichteten Regelungsoptionen entweder ein Verstoß gegen die europäischen Marktfreiheiten[4] oder gegen das grundgesetzliche Leistungsfähigkeitsprinzip droht. Demgemäß vermeidet § 4h zwar spezifisch grenzüberschreitende und dadurch marktfreiheitswidrige Differenzierungen, erkauft dies aber durch eine überschießende Missbrauchsabwehr, deren Verfassungsverstoß letztlich sogar Bedingung ihrer Europarechtskonformität[5] ist. Angesichts dessen könnte und sollte sich der nationale Gesetzgeber vorl. mit einer behutsameren Regelung speziell zur schädlichen Gesellschafterfremdfinanzierung begnügen (angelehnt zB an einen überarbeiteten § 8a KStG aF), die immerhin einen Teil der Probleme lösen könnte.[6]

7 **III. Anwendungsbereich. 1. Persönlicher Anwendungsbereich: Unternehmen aller Art.** Die Zinsschranke nach § 4h gilt grds. für alle im Inland zur Besteuerung herangezogenen Unternehmen unabhängig v. ihrer Organisationsform, dh. für Einzelunternehmen, MU'schaften und (gem. § 8a Abs. 1 KStG mit gewissen Modifikationen) Körperschaften. Ob diese ihren Gewinn nach § 4 Abs. 1 oder 3 ermitteln, ist unerheblich.

8 **2. Sachlicher Anwendungsbereich: Fremdfinanzierungen aller Art.** § 4h erfasst alle Gewinneinkunftsarten und alle der inländ. Gewinnermittlung zuzuordnenden Zinsaufwendungen. Die Vorschrift differenziert dabei grds. weder nach der Art, Höhe, Laufzeit oder Marktüblichkeit einer Fremdfinanzierung noch nach der Pers. des Geldgebers (bei allerdings nochmals strengeren Zusatzregelungen in § 8a KStG für Gesellschafterfremdfinanzierungen). Insbes. werden auch Bankdarlehen einbezogen. Voraussetzung der Anwendbarkeit v. § 4h ist allein, dass die anfallenden Zinsen nach allg. Grundsätzen und sonstigen Vorschriften (im Inland) zum Abzug als BA zugelassen wären. Vorrangig anzuwenden sind daher das Veranlassungsprinzip (§ 4 Abs. 4), die allg. Regeln zeitlicher Zuordnung v. BA sowie jene Vorschriften, die den Zinsabzug aus anderen Gründen einschränken (zB §§ 3c, 4 Abs. 4a, 4 Abs. 5 Nr. 8a) oder den Zinsaufwand

---

1 Zur Unternehmenskrisen verschärfenden Wirkung v. § 4h *Hallerbach*, StuB 2007, 487 (489).

2 Umstritten ist, ob die RL bereits vor Ablauf der Umsetzungsfrist eine Vorwirkung entfalten kann, die einer verfassungsgerichtlichen Beanstandung des § 8a KStG (auch für VZ in der Vergangenheit) im Wege stünde; so *Mitschke*, FR 2016, 412 (413 ff.); hiergegen mit Recht *Glahe*, FR 2016, 829.

3 Vgl. *Hey*, StuW 2017, 248 (254 f.), die sich zudem für eine im Lichte der Marktfreiheiten enge Auslegung des Missbrauchsabwehrkonzepts der RL ausspricht (253 f.). Vgl. aber auch *Kühbacher*, SWI 2017, 362 (363 ff.), der gerade in den Ausnahmetatbeständen der RL Einbruchstellen für mögliche verdeckte Diskriminierungen sieht.

4 BFH v. 18.12.2013 – I B 85/13, BStBl. II 2014, 947 = FR 2014, 560 m. Anm. *Hick*, hält es allerdings für nicht ausgeschlossen, dass eine zielgenauer formulierte Missbrauchsregelung mit dem EU-Recht vereinbar sein könnte. Dies dürfte aber nur bei einer sehr engen und damit gestaltungsanfälligen Regelung zutreffen.

5 § 4h dürfte mangels spezifisch grenzüberschreitender Wirkung schon nicht den Tatbestand der Marktfreiheiten erfüllen, jedenfalls aber im Lichte der behutsameren jüngeren EuGH-Rspr. (zB EuGH v. 15.5.2008 – C-414/06 (*Lidl Belgium*), DStR 2008, 1030) rechtfertigbar sein. Ein anderes mag allenfalls mit Blick auf die inländ. Unternehmen vorbehaltene Organschaft gelten (s. Rn. 61 f.). Die Zinsschranke fällt zudem nicht unter Art. 1 Zins/Lizenzgebühren-RL, da dort die Zinsbesteuerung beim Gläubiger, nicht die Abzugsfähigkeit beim Schuldner gemeint ist; vgl. EuGH v. 21.7.2011 – C-397/09 (*Scheuten Solar Technology GmbH*), IStR 2011, 766 Rn. 24 ff. (zur Gewerbesteuer); **aA** zuvor *Köhler*, DStR 2007, 597 (604): Verstoß gegen die RL; ebenso mit eher wirtschaftlicher Begr. *Homburg*, FR 2007, 717 (725). Zu Art. 9 OECD-MA aus ökonomischer Perspektive *Homburg*, FR 2007, 717 (725 f.). – Eingehend zum Themenkreis *Mössner*, in: Lüdicke, Unternehmensteuerreform 2008 im internationalen Umfeld, 2008, 1 (37 ff.).

6 Vgl. auch die Reformerwägungen bei *Homburg*, FR 2007, 717 (726 ff.). – Rechtsvergleichend lässt sich ein (insbes. europäischer) Trend zum Abzugsverbot beobachten; *Kessler/Köhler/Knörzer*, IStR 2007, 418 ff.; *Lenz/Dörfler*, DB 2010, 18 ff.

in Gewinnbestandteile umqualifizieren (zB § 15 Abs. 1 S. 1 Nr. 2, § 8 Abs. 3 S. 2 KStG). – § 4h regelt nur den Zinsabzug beim Schuldner und lässt die Besteuerung beim Empfänger unberührt.

B. Regel: Zinsabzugsbeschränkung und Zinsvortrag (Abs. 1, 4, 5)

I. Zweistufige Abzugsbegrenzung (Abs. 1 S. 1). 1. Überblick. Der Abzug an sich berücksichtigungsfähiger Zinsaufwendungen (s. Rn. 17) eines einzelnen Betriebes (s. Rn. 14 ff.) unterliegt gem. Abs. 1 S. 1 und vorbehaltlich der Ausnahmen nach Abs. 2 S. 1 (s. Rn. 28 ff.) zwei nacheinander anzuwendenden Obergrenzen. Beide gemeinsam formulieren eine restriktiv typisierende Angemessenheitsklausel, die den Umfang höchstens anzuerkennender Zinsaufwendungen letztlich in Abhängigkeit v. der Ertragskraft des Betriebes bemisst. Hiernach nicht abzugsfähige Zinsen werden dem Gewinn außerbilanziell hinzugerechnet, gesondert festgestellt (Abs. 4; s. Rn. 27) und gem. Abs. 1 S. 5 in spätere Wj. vorgetragen, in denen sie ggf. abgezogen werden können. 9

2. Stufe 1: Abzug von (Brutto-)Zinsaufwendungen bis zur Höhe der Zinserträge. § 4h Abs. 1 S. 1 1. Fall formuliert zunächst die systematische Grundregel, dass (Brutto-)Zinsaufwendungen jeglicher Art im Jahr ihrer stl. Zugehörigkeit (§ 4 Abs. 1 oder § 4 Abs. 3 iVm. § 11) ohne weiteres (nur) bis zur Höhe der demselben Wj. zuzurechnenden Zinserträge (zur Definition beider Begriffe Rn. 17 f.) abgezogen werden dürfen. 10

3. Stufe 2: Abzug von (Netto-)Zinsaufwendungen bis 30 % des steuerlichen EBITDA. Die den Zinsertrag übersteigenden Zinsaufwendungen (Nettozinsaufwand) dürfen im lfd. Wj. zusätzlich (nur) bis zur Höhe des **verrechenbaren EBITDA** geltend gemacht werden (2. Fall v. Abs. 1 S. 1). Das „verrechenbare" EBITDA beträgt gem. Abs. 1 S. 2 30 % des sog. „steuerlichen" EBITDA (s. Rn. 12). – Wird das verrechenbare EBITDA eines Wj. nicht vollständig ausgenutzt, ist es iÜ in die folgenden fünf Wj. vorzutragen (Abs. 1 S. 3; s. Rn. 21). Umgekehrt erhöht sich das aktuelle Abzugsvolumen ggf. um einen EBITDA-Vortrag aus früheren Jahren. 11

Das den Abzugsrahmen materiell bestimmende **stl. EBITDA** („earnings before interest, taxes, depreciation and amortization") deckt sich, obwohl es ihm konzeptionell nachempfunden ist, nicht mit dem betriebswirtschaftlichen EBITDA. Es errechnet sich originär steuerrechtl. aus dem „maßgeblichen Gewinn", dh. dem nach den übrigen Vorschriften des Gesetzes (mit Ausnahme v. § 4h) ermittelten stpfl. Gewinn (§ 4h Abs. 3 S. 1), der um die Zinsaufwendungen und bestimmte Abschreibungen (§ 6 Abs. 2 S. 1, Abs. 2a S. 2, § 7)[1] erhöht und um die Zinserträge gemindert wird. Folglich erhöhen stfreie Erträge (zB § 8b KStG bei erheblichen Folgen für Holdinggesellschaften) das Abzugsvolumen nicht, ebenso wie unbeachtlicher Aufwand (zB § 3c) es nicht verkürzt.[2] 12

4. Die beiden Abzugsobergrenzen in der Zusammenschau. Je nach Höhe v. Zinsaufwand und EBITDA sind somit (vorbehaltlich der Ausnahme nach Abs. 2) folgende Konstellationen zu unterscheiden: **(1)** Der Bruttozinsaufwand kann bis zur Höhe der Zinserträge sofort abgezogen werden. Ein hierdurch eröffnetes, aber wg. niedrigerer Zinsaufwendungen ungenutztes Abzugsvolumen verfällt. **(2)** Ein verbleibender Nettozinsaufwand (Bruttozinsaufwand abzgl. -ertrag) ist bis zur Höhe eines positiven verrechenbaren EBITDA zzgl. eines etwaigen EBITDA-Vortrages aus früheren Wj. sofort abzugsfähig. Ergänzend gilt: **(a)** Übersteigt der Nettozinsaufwand diese Größe, ist er iÜ vorzutragen. **(b)** Bleibt er hinter dem aktuellen verrechenbaren EBITDA zurück, wird dessen Rest vorgetragen. **(3)** Ist das (stl. wie verrechenbare) EBITDA negativ (bei hohem Verlust), bleiben der Abzug bis zur Höhe der Zinserträge und die Ausnutzung alter EBITDA-Vorträge unberührt. Ein restlicher Zinsaufwand (nicht aber das negative EBITDA) ist vorzutragen. 13

II. Einzelne Tatbestandsmerkmale. 1. Betrieb. Abs. 1 S. 1 ist betriebsbezogen anzuwenden, dh. für jeden Betrieb einzeln. Der Begriff des Betriebs[3] ist dabei grds. iSv. § 16 zu verstehen.[4] Einzelpersonen können hiernach über mehrere Betriebe verfügen. MU'schaften und Körperschaften haben (auch bei mehreren Betriebsstätten) nur je einen Betrieb. – Ausländ. Betriebsstätten inländ. Unternehmen können Teil eines gemeinsamen Betriebs sein.[5] Umgekehrt fallen auch inländ. Betriebsstätten beschränkt stpfl. Unternehmen unter diesen Begriff.[6] Beides erlangt aber nur Bedeutung, soweit der entspr. Zinsaufwand 14

1 Die Hinzurechnung dieser Abschreibungen (EBITDA statt EBIT) wurde dem ursprünglichen Gesetzentwurf auf Empfehlung des FinA hinzugefügt; BT-Drucks. 16/5452, 10. – TW- oder Sonderabschreibungen erhöhen den maßgeblichen Gewinn nicht.

2 Zu Sonderproblemen der Berechnung s. BMF v. 4.7.2008, BStBl. I 2008, 718 Tz. 40 ff.

3 Zu diesem Kernbegriff der Zinsschranke *Köster-Böckenförde*, DB 2008, 2213 ff.

4 *Dörr/Geibel/Fehling*, NWB 2007, 5199 (5201); *Köhler*, DStR 2007, 597 (598); vgl. auch *Schaden/Käshammer*, BB 2007, 2317 (2319).

5 BT-Drucks. 16/4841, 50.

6 **AA** *Grotherr*, IWB 2007, 1489 (1496, 1498 f.).

überhaupt der inländ.[1] Gewinnermittlung unterliegt.[2] – Im Fall der Organschaft gelten Organträger und -gesellschaften gem. § 15 S. 1 Nr. 3 KStG zusammen als ein Betrieb (Näheres s. Rn. 61 f.).

15 Der einzelne Betrieb ist jeweils in seiner Gesamtheit zu betrachten. Zinsaufwendungen und -erträge des Sonderbetriebsvermögens einzelner **MU'er** sind daher (nach Anwendung v. § 15 Abs. 1 S. 1 Nr. 2, der Sondervergütungen auf Gesellschafterfremdfinanzierungen neutralisiert) in eine gemeinsame Berechnung der Zinsschranke einzustellen.[3] Zinsabzugsbeschränkung und -vortrag sind also gesellschaftsbezogen zu ermitteln (eine andere Frage ist jene nach der anschließenden Aufteilung abzugsfähiger Zinsen; hierzu Rn. 63). Die Freigrenze (Abs. 2 S. 1 lit. a) und grds. auch der Eigenkapitalvergleich im Konzern (vgl. Abs. 2 S. 1 lit. c S. 7) sind ebenfalls auf die gesamte MU'schaft zu beziehen.

16 Unterhält ein StPfl. **mehrere Betriebe**, kann sich diese Betriebsbezogenheit vor- und nachteilig auf die Anwendbarkeit der Ausnahmeklauseln nach Abs. 2 S. 1 auswirken. Einerseits kann die Geringfügigkeitsgrenze nach lit. a mehrfach ausgenutzt werden. Andererseits können bereits zwei Einzelunternehmen (ebenso zwei MU'er- oder Körperschaften) einen Konzern iSv. lit. b bilden (s. Rn. 35 ff.), so dass dieser Ausnahmetatbestand entfällt und nur noch der strengere Eigenkapitalvergleich nach lit. c als Ausnahmemöglichkeit in Betracht kommt.

17 **2. Zinsaufwendungen und -erträge.** § 4h Abs. 3 S. 2 definiert den Begriff der **Zinsaufwendungen** als „Vergütungen für Fremdkapital, die den maßgeblichen Gewinn gemindert haben". Die parallele Formulierung zum früheren § 8a Abs. 1 S. 1 KStG aF legt nahe, den Begriff iS dessen damaliger Handhabung zu interpretieren.[4] Fremdkapital sind hiernach grds. alle passivierungsfähigen Kapitalzuführungen in Geld, die nach strechtl. Grundsätzen nicht zum EK gehören.[5] Nach der Gesetzesbegründung[6] soll damit nur die vorübergehende Überlassung v. Kapital zur Nutzung gemeint sein. Eine Vergütung muss weder als Zins berechnet werden[7] noch fest vereinbart sein und darf auch v. einem ungewissen Ereignis (zB Gewinnhöhe) abhängen.[8] Nicht einbezogen sind dagegen Aufwendungen für die Überlassung v. Sachen (Miete, Leasingraten[9]), immateriellen Gütern (Lizenzgebühren), Zahlungen auf überlassenes EK (Dividenden), ebenso wenig Skonti, Boni und Zinsen nach §§ 233 ff. AO.[10]

18 **Zinserträge** sind gem. Abs. 3 S. 3 „Erträge aus Kapitalforderungen jeder Art, die den maßgeblichen Gewinn erhöht haben". Der Begriff ist spiegelbildlich zum Zinsaufwand zu interpretieren, also auf solche Vergütungen zu beschränken, deren Abzug beim Leistenden der Zinsschranke nach § 4h unterfallen könnte.[11]

19 Als Zinsen (Aufwand wie Ertrag) gelten nach Abs. 3 S. 4 auch die (erstmalige[12] wie spätere) **Auf- und Abzinsung** unverzinslicher oder niedrig verzinslicher Verbindlichkeiten oder Kapitalforderungen.[13] Damit

---

1 Diese Frage dürfte nach den Betriebstätten-Verwaltungsgrundsätzen (BMF v. 24.12.1999, BStBl. I 1999, 1076) zu beantworten sein; vgl. BT-Drucks. 16/4841, 50, 77.

2 Zu verschiedenen grenzüberschreitenden Konstellationen *Mössner*, in: Lüdicke, Unternehmensteuerreform 2008 im internationalen Umfeld, 2008, 1 (11 ff.).

3 BMF v. 4.7.2008, BStBl. I 2008, 718 Tz. 6, 19, 42, 50 ff. Vgl. auch die Stellungnahme des BR; BT-Drucks. 16/5377, 10; ferner *Hallerbach*, StuB 2007, 487 (488); *Wagner/Fischer*, BB 2007, 1811.

4 Zur Anwendung gelangen könnte damit insbes. BMF v. 15.12.1994, BStBl. I 1995, 25; ebenso *Grotherr*, IWB 2007, 1489 (1497); vgl. auch *Dörr/Geibel/Fehling*, NWB 2007, 5199 (5202).

5 BMF v. 4.7.2008, BStBl. I 2008, 718 Tz. 11 nennt als Bsp.: fest und variabel verzinsliche sowie partiarische Darlehen, typische stille Beteiligungen, Gewinnschuldverschreibungen und Genussrechtskapital; zu Forfaitierung und Factoring s. Tz. 14, 29 ff. – S. auch die Zusammenstellung wichtiger Finanzierungsinstrumente bei *Köhler/Hahne*, DStR 2008, 1505 (1506 f.).

6 BT-Drucks. 16/4841, 49. Inwiefern hiermit materielle Einschränkungen gemeint sind (etwa bei der Behandlung stiller Ges.), kann der Gesetzesbegründung nicht eindeutig entnommen werden. Vgl. auch BMF v. 4.7.2008, BStBl. I 2008, 718 Tz. 12: auf die Dauer der Überlassung komme es nicht an.

7 BMF v. 4.7.2008, BStBl. I 2008, 718 Tz. 15: Vergütungscharakter haben zB Damnum, Disagio und Vorfälligkeitsentscheidung sowie Provisionen und Gebühren an den Fremdkapitalgeber.

8 Zu Einzelfragen *Blümich*, § 4h Rn. 34 f.; speziell zu Swap-Geschäften *H/H/R*, § 4h Anm. 82; zu besonderen Bankentgelten *Haase/Geils*, DStR 2016, 273.

9 Zu Ausnahmen s. BMF v. 4.7.2008, BStBl. I 2008, 718 Tz. 25 f. (insbes. Zinsanteil bei Übergang des wirtschaftlichen Eigentums auf den Leasingnehmer).

10 Die FinVerw. nimmt zudem Zinsen auf öffentliche Förderdarlehen aus; zu Einzelheiten s. BMF v. 4.7.2008, BStBl. I 2008, 718 Tz. 94. – Keine Zinsaufwendungen idS sind Negativzinsen auf Kapitaleinlagen; so *Patzner/Joch*, GmbHR 2015, 747 (749).

11 Gem. § 2 Abs. 2a InvStG gelten auch ausgeschüttete oder ausschüttungsgleiche Erträge eines Investmentvermögens, die aus Zinserträgen stammen, beim Anleger als Zinserträge.

12 Zutr. FG Münster v. 17.11.2017 – 4 K 3523/14 F, EFG 2018, 98 Rn. 33 ff. (Rev. IV R 16/17), entgegen BMF v. 4.7.2008, BStBl. I 2008, 718 Tz. 27.

13 Rechenbeispiele in BMF v. 4.7.2008, BStBl. I 2008, 718 Tz. 27 f. – Gemeint sind jeweils nur (auf- oder abzuzinsende) Geldzahlungs-, nicht aber Sachleistungspflichten; ebenso *H/H/R*, § 4h Anm. 81; *Köhler/Hahne*, DStR 2008, 1505 (1507).

werden auch rein steuerbilanzielle Abzinsungsgebote (zB § 6 Abs. 1 Nr. 3[1]) einbezogen, bei denen unmittelbar keine Gegenleistung für eine Kapitalüberlassung gewährt wird.

Gestaltungsempfehlung: Insbes. konzernangehörige (zur Definition s. Rn. 35 ff.) Unternehmen sollten darauf achten, ihren Zinsaufwand zu begrenzen. Hierzu empfiehlt es sich, Fremd- durch EK zu ersetzen und möglichst Sach- statt Geldkapital nachzufragen (zB sale-and-lease-back-Verfahren). Ggf. kann (mit wichtiger Einschränkung für Kapital- und PersGes.; s. Rn. 58 f.) auch in Betracht kommen, spiegelbildlich die eigenen Zinserträge zu steigern. 20

III. Zwei Vortragsregeln: EBITDA- und Zinsvortrag. 1. Tatbestandsebene: EBITDA-Vortrag (Abs. 1 S. 3–4). Ein nicht ausgenutztes Abzugsvolumen in Gestalt eines den Nettozinsaufwand übersteigenden verrechenbaren EBITDA (bei Nettozinserträgen kann hier das gesamte verrechenbare EBITDA angesetzt werden[2]) ist gem. Abs. 1 S. 3 in die folgenden fünf Wj. vorzutragen (v. Gesetzgeber ungenau als „EBITDA-Vortrag" bezeichnet).[3] Nicht vortragsfähig ist ein verrechenbares EBITDA aus Wj., in denen Abs. 2 die Anwendung v. Abs. 1 S. 1 ausschließt, in denen der Zinsaufwand also uneingeschränkt geltend gemacht werden kann (Abs. 1 S. 3 2. HS). Ein EBITDA-Rücktrag findet nicht statt. – In den Folgejahren erhöht sich das durch Abs. 1 S. 1 gebildete Abzugsvolumen um die kumulierten EBITDA-Vorträge; gegenläufig sind die EBITDA-Vorträge im Umfang ihrer Ausnutzung und in der Reihenfolge ihres Entstehens aufzulösen (Abs. 1 S. 4). Ein ungenutzter EBITDA-Vortrag verfällt nach Ablauf v. fünf Jahren. 21

2. Rechtsfolgenebene: Zinsvortrag (Abs. 1 S. 5–6). Ein nach Anwendung v. Abs. 1 S. 1 (1. und 2. Fall) sowie Abs. 1 S. 4 verbleibender Überhang derzeit nicht abzugsfähiger Zinsen kann gem. Abs. 1 S. 5 zeitlich unbegrenzt in die folgenden Wj. vorgetragen werden.[4] Ein Zinsrücktrag ist dagegen nicht möglich. – Ein vorgetragener Zinsaufwand kann im Folgejahr abgezogen werden, sofern dann die Abzugsvoraussetzungen des Abs. 1 S. 1 vorliegen oder nun eine der Ausnahmen des Abs. 2 S. 1 (s. Rn. 28 ff.) eingreift. Hierbei erhöhen die vorgetragenen Zinsen die Zinsaufwendungen des Folgejahrs (s. auch Rn. 33 zu den Auswirkungen auf die Freigrenze nach Abs. 2 S. 1 lit. a), nicht aber den jetzt maßgeblichen Gewinn, dh. nicht das neue Abzugsvolumen (Abs. 1 S. 6). 22

3. Untergang unverbrauchter EBITDA- und Zinsvorträge (Abs. 5). EBITDA- und Zinsvortrag teilen (mit Ausnahme der Fünfjahresfrist des Abs. 1 S. 3) weitgehend das gleiche Schicksal. Beide sind ungeachtet der an sich objektiven, betriebsbezogenen Konzeption der Zinsschranke streng an den Unternehmensträger gebunden. Demgemäß gehen im Fall einer **Aufgabe oder Übertragung** (s. § 16) des Betriebes bis dahin nicht verbrauchte EBITDA- und Zinsvorträge nach Abs. 5 S. 1 endg. unter.[5] Die FinVerw. erstreckt diese Regelung auch auf die – im Unterschied zu § 16 – sprachlich nicht einbezogene Aufgabe oder Übertragung eines TB, die den (EBITDA- und) Zinsvortrag anteilig untergehen lässt.[6] Beides gilt mangels Ausnahmeregelung auch für unentgeltliche Übertragungsvorgänge (zB vorweggenommene Erbfolge). 23

Gleichzustellen sind nach Abs. 5 S. 2 Sachverhalte des **Ausscheidens** eines **MU'ers**, dh. der Aufgabe oder Übertragung seines MU'anteils, bei denen ein EBITDA- oder Zinsvortrag der Ges. entspr. der Beteiligungsquote des ausscheidenden G'ters untergeht. Sofern man wie die FinVerw. auch die Aufgabe oder Übertragung v. TB als steuerschädlich ansieht, müssten wohl auch die nur teilw. Aufgabe oder Übertragung eines MU'anteils einbezogen werden (so dass ein allmähliches Abschmelzen einer Beteiligung keine Vorteile brächte). Folgerichtig wären vergleichbare Veränderungen der Beteiligungsverhältnisse (zB Eintritt eines neuen G'ters) ebenso zu behandeln. – Für den Anteilseignerwechsel bei Körperschaften gelten §§ 8a Abs. 1 S. 3, 8c KStG (lt. Gesetzeswortlaut bezogen nur auf den Zins-, nicht auf den EBITDA-Vor- 24

1 Hierzu *H/H/R*, § 4h Anm. 81.

2 Dies folgt bereits aus dem Wortlaut v. S. 3, weil die Zinsaufwendungen durch die Zinserträge auf null gemindert werden, jedenfalls aber aus dem Sinn und Zweck des § 4h, da ansonsten ein höherer Zinsaufwand steuergünstig wirkte; ebenso *Rödder*, DStR 2010, 529 (530); **aA** *Blümich*, § 4h Rn. 47 (kein EBITDA-Vortrag); zu weitgehend *Bohn/Loose*, DStR 2011, 241 (243) (Summe aus verrechenbarem EBITDA und Nettozinsertrag vortragbar).

3 Diese Regelung gilt für alle Wj., die nach dem 31.12.2009 enden (§ 52 Abs. 12d S. 4). Für frühere Wj. (ab 2007) kann das verrechenbare EBITDA gem. § 52 Abs. 12d S. 5 auf Antrag (je gesondert) nach gleichen Grundsätzen berechnet und dann (insgesamt) in das erste Wj. vorgetragen werden, das nach dem 31.12.2009 endet. Wird es in diesem Jahr nicht verbraucht, kann es nach allg. Regeln weiter vorgetragen werden. – Zum EBITDA-Vortrag *Herzig/Liekenbrock*, DB 2010, 690 ff.; *Kessler/Lindemer*, DB 2010, 472 ff.

4 Zum Folgenden *Beußer*, FR 2009, 49 ff.

5 Umstritten ist, wann genau dieser Untergang im Fall eines unterjährigen schädlichen Ereignisses eingreift. Richtigerweise sollte ein noch ungenutzter Zins- oder EBITDA-Vortrag bis zu diesem Zeitpunkt verrechenbar sein; so auch *Fischer*, DStR 2012, 2000 (2001 f.); *Liekenbrock*, DB 2012, 2488 ff.; **aA** FinMin. SchlHol. v. 27.6.2012, DStR 2012, 1555.

6 So zum Zinsvortrag BMF v. 4.7.2008, BStBl. I 2008, 718 Tz. 47; str. – Noch offen bleibt, nach welchen Maßstäben der (EBITDA- und) Zinsvortrag aufgeteilt werden soll.

trag).[1] Diese Regelung ist gem. § 4h Abs. 5 S. 3 entspr. anzuwenden auf den Zinsvortrag v. MU'schaften, an denen eine Körperschaft unmittelbar oder mittelbar beteiligt ist. Gleichlaufende Zusatzregelungen finden sich (bei Einbeziehung auch des EBITDA-Vortrags) für sonstige Umstrukturierungsmaßnahmen (§§ 4 Abs. 2 S. 2, 15 Abs. 3, 20 Abs. 9, 24 Abs. 6 UmwStG).[2] – Diese weitreichenden Untergangstatbestände lassen sich als eindeutiger Wille des Gesetzgebers kaum im Wege bloßer Auslegung berichtigen (s. aber Rn. 3 ff. zur **Rückwirkung auf die Verfassungsmäßigkeit** der Gesamtregelung).

25 Der gesetzliche Untergang eines EBITDA- oder Zinsvortrages hindert dessen Übergang auf andere Betriebe oder andere G'ter, sollte aber bei berichtigender Wortlautinterpretation einer Berücksichtigung im Rahmen einer **nachlaufenden Gewinnermittlung** desselben Betriebs (o desselben MU'ers) nicht entgegenstehen. Vorgetragene Zinsen können daher nachträgliche BE noch mindern. Ebenso können nachträgliche Zinsen – jeweils betriebsgebunden – die Ausnutzung eines noch offenen EBITDA-Vortrages ermöglichen oder einen neuen Zinsvortrag auslösen.

26 **Gestaltungsempfehlung:** Um einen ansonsten verlorenen Zinsvortrag doch noch nutzen zu können, kann es uU ratsam sein, bestehende **Bilanzierungswahlrechte** (insbes. zu Wertansätzen bei Unternehmensnachfolgen oder Umstrukturierungsprozessen) zur Aufdeckung stiller Reserven einzusetzen, um den (Aufgabe-)Gewinn und damit das stl. EBITDA zu erhöhen.[3]

27 **4. Gesonderte Feststellung des EBITDA- und Zinsvortrags (Abs. 4).** EBITDA- (Abs. 1 S. 3) und Zinsvortrag (Abs. 1 S. 5) sind gem. Abs. 4 S. 1 gesondert festzustellen. Hierfür gilt § 10d Abs. 4 sinngemäß (§ 4h Abs. 4 S. 3). Zuständig ist bei PersGes. das für die gesonderte Feststellung des Gewinns und Verlusts der Ges. zuständige FA, iÜ das für die Besteuerung zuständige FA (Abs. 4 S. 2). Entsteht oder ändert sich ein vorzutragender EBITDA- oder Zinsbetrag, ist ein Feststellungsbescheid zu erlassen oder ein ergangener Bescheid aufzuheben oder zu ändern (Abs. 4 S. 4).

C. Drei Ausnahmetatbestände (Abs. 2 S. 1)

27a Abs. 2 S. 1 lit. a–c normieren drei alternative Ausnahmetatbestände, bei deren (v. StPfl. zu beweisenden) Eingreifen der typisierende Missbrauchsverdacht nach Abs. 1 S. 1 als entkräftet angesehen wird und deshalb ein uneingeschränkter Abzug betrieblich veranlasster Zinsen (lfd. Zinsaufwand und etwaige Zinsvorträge) möglich bleibt.

28 **I. Freigrenze (Abs. 2 S. 1 lit. a). 1. Grundgedanke.** Kleinere und mittlere Unternehmen sind regelmäßig nicht in der v. Gesetzgeber beanstandeten Art und Weise (gedacht: grenzüberschreitend) verschachtelt, würden aber durch die Zinsschranke erheblichen finanziellen Nachteilen und einem hohen bürokratischen Aufwand unterworfen. Die Freigrenze des lit. a entbindet deswegen Betriebe v. der Anwendung der Zinsschranke, wenn der Saldo ihrer Zinsaufwendungen und Zinserträge weniger als **drei Mio. Euro** beträgt (die anfänglich vorgesehene Beschränkung auf eine Mio. Euro wurde rückwirkend ersetzt). Ab dieser Grenze unterfallen sie (sofern nicht eine der beiden anderen Ausnahmen eingreift) uneingeschränkt der Regel nach Abs. 1 S. 1.[4]

29 **2. Betriebsbezogenheit.** Die Freigrenze des lit. a ist (auch im Konzern) mit Blick auf den **einzelnen Betrieb** anzuwenden, dh. v. MU'schaften (einschl. Sonderbetriebsvermögen), Körperschaften und Organkreisen (s. Rn. 61) je einmalig, v. einer nat. Pers. mit mehreren Betrieben dagegen mehrmalig auszunutzen.

30 **Gestaltungsempfehlung:** Verbundene Unternehmen mittlerer Größe sollten angesichts dieses engen Betriebsbezuges ggf. einen Verzicht auf eine Organschaft und eine Zergliederung in kleinere Einheiten erwägen. Anzuraten ist hierzu eine je konkrete Vergleichsrechnung.

31 **3. Paralleler Zinsbegriff.** In die Berechnung der Freigrenze einzubeziehen sind nur solche Zinsaufwendungen, die auch der Abzugsbeschränkung nach Abs. 1 S. 1 unterliegen können. Anzusetzen sind daher nur der **inländ.** Gewinnermittlung unterfallende Zinsen[5], was sich insbes. für beschränkt StPfl. günstig auswirken kann, die im Inland lediglich eine Betriebsstätte unterhalten und deshalb nur die ihr zugeordneten Zinsanteile ansetzen müssen.

---

1 Hierzu *Prinz*, DB 2012, 2367 ff.
2 Hierzu *Schaden/Käshammer*, BB 2007, 2317 (2321 f.); *Hierstetter*, DB 2009, 79 (81 ff.).
3 Vgl. *Schaden/Käshammer*, BB 2007, 2317 (2322).
4 Kritik begegnet vor allem die Ausgestaltung der Norm als bloße Freigrenze (nicht Freibetrag); so zB *Köhler*, DStR 2007, 597 (598). – Hingegen dürfte die Höhe der Freigrenze nach ihrer Anhebung genügen, um kleinere Betriebe angemessen zu verschonen.
5 BT-Drucks. 16/4841, 48.

4. Jahresbetrag. Die Freigrenze nach lit. a bezieht sich auf das **gesamte Wj.**, dh. idR auf das ganze Kj., ggf. aber auch auf ein abw. (Rumpf-)Wj. Bestand die StPflicht nur zeitweise oder fielen Zinsen nur temporär an (zB Unternehmensgründung oder -aufgabe im Laufe des VZ), ist die Freigrenze nicht anteilig zu kürzen. 32

5. Auswirkungen des Zinsvortrags. Nachteilig wirkt schließlich Abs. 1 S. 6, nach dem gem. Abs. 1 S. 5 vorgetragene Zinsaufwendungen im Folgejahr den nun anfallenden Zinsen hinzuzurechnen sind. Folgerichtig bezieht die FinVerw. sie dann auch bei der Anwendung der Freigrenze ein.[1] Als Konsequenz dessen könnte allein ein über Jahre **kumulierter Zinsvortrag** selbst kleiner oder mittlerer Betriebe die Freigrenze dauerhaft aushebeln und wäre kaum noch abbaubar. Der für sich betrachtet steuergünstige Zinsvortrag schlüge in einen langfristigen Nachteil um. Dieses wortlautgetreue, aber zweckwidrige Ergebnis sollte durch eine teleologische Reduktion vermieden werden, die Abs. 1 S. 6 auf die Summe der noch zum Abzug anstehenden Zinsen bezieht, für die Berechnung der Freigrenze aber lediglich auf die aktuellen Zinsaufwendungen abstellt. Jedenfalls sollte die FinVerw. den StPfl. als Billigkeitsmaßnahme gestatten, nicht abgezogene Zinsen wahlweise sogleich in das übernächste Jahr vortragen zu dürfen.[2] 33

II. Nichtzugehörigkeit zum Konzern (Abs. 2 S. 1 lit. b). 1. Grundgedanke. Der v. Abs. 1 S. 1 erhobene Missbrauchsverdacht erscheint ferner dann als ausgeschlossen, wenn ein Betrieb nicht in unternehmerischer Verbundenheit mit anderen (gedacht: ausländischen) Betrieben steht, er also gem. Abs. 2 S. 1 lit. b „nicht oder nur anteilmäßig zu einem Konzern gehört" („stand-alone-Klausel"). Typische Adressaten dieser Regelung sind Einzelunternehmer oder im Streubesitz befindliche KapGes., die jeweils keine eigenen Beteiligungen halten.[3] – Für Körperschaften (s. Rn. 55 ff.) oder einer Körperschaft nachgeordnete MU'schaften (s. Rn. 64 f.) wird diese Ausnahme gem. § 8a Abs. 2 KStG (iVm. § 4h Abs. 2 S. 2) durch eine Gegenausnahme für den Fall sog. schädlicher Gesellschafterfremdfinanzierungen eingeschränkt. 34

2. Konzernbegriff (Abs. 3 S. 5, 6). Der Begriff des „Konzerns" iSv. lit. b wird durch Abs. 3 S. 5–6 im Lichte der Missbrauch vermutenden ratio der Norm eigenständig (dh. unabhängig v. Bilanzrecht) und sehr **weit definiert.**[4] Es genügt, wenn eine der beiden Begriffsalternativen (S. 5 oder 6) eingreift.[5] – Vorauszusetzen ist dabei stets, dass es sich um zwei (oder mehrere) „Betriebe" iSv. § 4h handelt. Hieran fehlt es etwa bei der Organschaft, die gem. § 15 S. 1 Nr. 3 KStG ein einziger Betrieb, dh. kein Konzern idS ist (s. Rn. 61 f.). Die FinVerw. versteht zudem (in praktisch sinnvoller, aber kaum gesetzmäßiger Normreduktion) die GmbH & Co KG als einheitlichen Betrieb, sofern die GmbH keine eigenständige wirtschaftliche Tätigkeit ausübt (und weder GmbH noch KG anderweitig zu einem Konzern gehören).[6] Auch eine unselbständige Betriebsstätte in einem anderen Land ist kein „zweiter" Betrieb iS dieser Konzerndefinition[7]; umgekehrt gilt Gleiches. – Der Konzernbegriff iSv. lit. b entscheidet zugleich über die alternative Anwendbarkeit v. lit. c (s. aber Rn. 43 zum Konzernbegriff des Eigenkapitalvergleichs). 35

Nach Abs. 3 S. 5 gehört ein Betrieb einem Konzern an, wenn er nach den für den dritten Ausnahmetatbestand (Abs. 2 S. 1 lit. c) konkret maßgeblichen Rechnungslegungsstandards (s. Rn. 49 f.) mit einem oder mehreren anderen Betrieben konsolidiert wird oder auch nur werden könnte. Es genügt also eine bloße **Konsolidierungsmöglichkeit**, selbst wenn sie (zB wegen untergeordneter Bedeutung iSv. § 296 Abs. 2 HGB) zulässigerweise nicht in Anspr. genommen wird. Zu wählen ist jeweils der größtmögliche Konsolidierungskreis mit dem zugehörigen obersten Rechtsträger.[8] 36

Ebenso gehört ein Betrieb gem. Abs. 3 S. 6 zu einem Konzern, wenn die Finanz- und Geschäftspolitik des Betriebs mit einem oder mehreren anderen Betrieben **einheitlich bestimmt** werden kann. Der Gesetzgeber hat sich damit bewusst an Begriff und Voraussetzungen eines Beherrschungsverhältnisses nach IAS 27 („control") angelehnt.[9] IErg. kann uU auch eine nat. Pers., die zwei Betriebe innehat, einen (Gleichord- 37

---

1 BMF v. 4.7.2008, BStBl. I 2008, 718 Tz. 46. S. auch *Grotherr*, IWB 2007, 1489 (1500).
2 Vgl. ferner *H/H/R*, § 4h Anm. 35; *Köhler/Hahne*, DStR 2008, 1505 (1512).
3 BT-Drucks. 16/4841, 48.
4 Eingehend hierzu *Risse*, Der Konzernbegriff der Zinsschranke, 2016.
5 Maßgeblicher Zeitpunkt soll dabei (außer bei Neugründungen) grds. der vorangegangene Bilanzstichtag sein, so dass unterjährige Veränderungen idR folgenlos bleiben; BMF v. 4.7.2008, BStBl. I 2008, 718 Tz. 68.
6 BMF v. 4.7.2008, BStBl. I 2008, 718 Tz. 66 (bei eigenen Zinsaufwendungen der GmBH sei eine schädliche Geschäftstätigkeit anzunehmen). – Vgl. hingegen *Hallerbach*, StuB 2007, 487 (490): v. einem Einzelgesellschafter getragene GmbH & Co KG als Konzern.
7 IErg. ebenso zur Auslandsbetriebsstätte deutscher Unternehmen BMF v. 4.7.2008, BStBl. I 2008, 718 Tz. 64.
8 BT-Drucks. 16/4841, 50. Ebenso *Dörr/Geibel/Fehling*, NWB 2007, 5199 (5208); *Hennrichs*, DB 2007, 2101 (2102).
9 BT-Drucks. 16/4841, 50. – Zum hierbei maßgeblichen Kriterium der „Beherrschung" FG München v. 14.12.2011 – 7 V 2442/11, FR 2012, 354 m. Anm. *Töben* = DStRE 2012, 692 (693 f.).

nungs-)Konzern iSv. § 4h bilden.[1] Laut Gesetzesbegründung[2] soll dies allerdings nicht bereits für die (an sich diesen weiten Konzernbegriff erfüllende) bloße BetrAufsp. gelten.

38 **3. Anteilige Konzernzugehörigkeit.** Die Zinsschranke bleibt auch dann unanwendbar, wenn ein Betrieb „nur anteilmäßig" zu einem Konzern gehört.[3] Die genaue Reichweite dieser Einschränkung erscheint fraglich, weil die weite Konzerndefinition in Abs. 3 S. 5–6 auch bloße Mehrheitsbeteiligungen einbezieht, weil also offensichtlich nicht jede nur anteilige Beteiligung ausgenommen sein kann. IErg. soll es lt. Gesetzesbegründung[4] für die Ausnahme nach lit. b genügen, wenn ein **gemeinschaftlich geführtes Unternehmen** iSv. § 310 HGB (oder ein vergleichbares Unternehmen iS alternativ anzuwendender Standards) **nur anteilmäßig konsolidiert** wird und es **nicht v. einem einzelnen Rechtsträger beherrscht** wird.[5] Als erklärendes Bsp. nennt die Gesetzesbegründung PPP-Projektgesellschaften.[6] Entspr. soll nach dem Normverständnis des subj.-historischen Gesetzgebers auch für bestimmte Verbriefungszweckgesellschaften im Rahmen v. Asset-Backed-Security-Gestaltungen gelten.[7]

39 **III. Konzerninterner Eigenkapitalvergleich (Abs. 2 S. 1 lit. c). 1. Grundgedanke.** Bei konzernzugehörigen Betrieben (dh. alternativ zu lit. b; zum insoweit maßgeblichen Konzernbegriff s. Rn. 35 ff.) gilt der typisierende Missbrauchsverdacht als entkräftet, wenn diese nicht in konzernunüblich hohem Maße fremdfinanziert sind, weil dann – jedenfalls bei branchenreinen Konzernen – auf eine angemessene Gestaltung der konzerninternen (gemeint: grenzüberschreitenden) Beziehungen geschlossen werden kann, bei der weder eine überhöhte Gesellschafterfremdfinanzierung noch eine künstliche Verlagerung sonstigen Zinsaufwands auf ein verbundenes Unternehmen zu befürchten ist. Als Maßstab hierfür ordnet Abs. 2 S. 1 lit. c[8] einen Eigenkapitalvergleich an, nach dem die Zinsschranke nicht anzuwenden ist, sofern die Eigenkapitalquote eines Betriebs mindestens ebenso hoch ist wie jene des gesamten Konzerns (S. 1 v. lit. c) oder jedenfalls nicht mehr als zwei Prozentpunkte[9] (S. 2) hinter ihr zurückbleibt („escape-Klausel"). – Bei Körperschaften (s. Rn. 55 ff.) oder einer Körperschaft nachgeordneten MU'schaften (s. Rn. 64 ff.) wird diese Ausnahme im Fall sog. schädlicher Gesellschafterfremdfinanzierungen durch eine Gegenausnahme nach § 8a Abs. 3 KStG (iVm. § 4h Abs. 2 S. 2) überwunden.

40 **Gestaltungsempfehlung:** Der Eigenkapitalvergleich nach Abs. 2 S. 1 lit. c weist eine außerordentliche Komplexität auf und dürfte nicht selten hohe Beratungs- und Rechtsverfolgungskosten der Unternehmen nach sich ziehen. Deshalb ist vorab eine je konkrete Kosten-Nutzen-Analyse anzuraten, nach der uU ein Rechtsverzicht (dh. ein Hinnehmen der Zinsschranke) günstiger sein kann.[10]

41 **2. Eigenkapitalquote.** Ausschlaggebend für die Handhabung der Ausnahme nach Abs. 2 S. 1 lit. c sind Begriff und Berechnung der Eigenkapitalquote sowohl des Betriebs (soweit er der inländ. Gewinnermittlung unterliegt) als auch des gesamten (weltweiten) Konzerns. Die Eigenkapitalquote wird als **Verhältnis des EK zur Bilanzsumme** legaldefiniert und ist zum jeweils vorangegangenen Abschlussstichtag[11] nach

1 BT-Drucks. 16/4841, 50. Die genaue Reichweite dieser Konzerneigenschaft einzelner nat. Pers. bleibt indes vorerst ungeklärt. Undeutlich und wohl eher v. Ergebnis her gedacht BMF v. 4.7.2008, BStBl. I 2008, 718 Tz. 60 einerseits (mehrere privat gehaltene Beteiligungen an beherrschten Rechtsträgern genügen) und Tz. 62 andererseits (ein Einzelunternehmer mit mehreren Betrieben begründe „für sich" noch keinen Konzern). – Zur GmbH & Co KG s. Rn. 35.

2 BT-Drucks. 16/4841, 50 (ohne weitere Erläuterung); ebenso BMF v. 4.7.2008, BStBl. I 2008, 718 Tz. 63.

3 Etwas abw. macht Art. 4 Abs. 3 der ATAD-Richtlinie die Ausnahme davon abhängig, dass es sich um ein „eigenständiges Unternehmen" handelt, was anzunehmen sei, wenn der StPfl. nicht Teil einer zu Rechnungslegungszwecken konsolidierten Gruppe ist und er weder über ein verbundenes Unternehmen noch über eine Betriebsstätte verfügt. *Jochimsen/Zinowsky*, ISR 2016, 318 (320) folgern hieraus einen Nachbesserungsbedarf des deutschen Gesetzgebers.

4 BT-Drucks. 16/4841, 50.

5 IErg. ebenso BMF v. 4.7.2008, BStBl. I 2008, 718 Tz. 61 (auch für assoziierte Unternehmen iSv. § 311 HGB); *Hennrichs*, DB 2007, 2101 (2102); *Lüdenbach/Hoffmann*, DStR 2007, 636.

6 BT-Drucks. 16/4841, 50.

7 BT-Drucks. 16/4841, 50. Inwiefern diese (im Wortlaut nicht angelegte) Auslegung zutrifft und ob sie ggf. auf andere Zweckgesellschaften übertragen werden könnte, bleibt vorerst ungeklärt; zust. BMF v. 4.7.2008, BStBl. I 2008, 718 Tz. 67; abl. *Hennrichs*, DB 2007, 2101 (2102); vgl. auch *Heintges/Kamphaus/Loitz*, DB 2007, 1261 (1262); *Köster*, BB 2007, 2278 (2279); *Lüdenbach/Hoffmann*, DStR 2007, 636 (637).

8 Einzelheiten zum Folgenden bei *Ganssauge/Mattern*, DStR 2008, 213 ff., 267 ff.; *Hennrichs*, DB 2007, 2101 ff.

9 Für Wj., die vor dem 1.1.2010 enden: ein Prozent.

10 *Köster*, BB 2007, 2278 (2280); ähnlich speziell zum Verhältnis v. Zins- und Verlustvortrag *Schaden/Käshammer*, BB 2007, 2317 (2318).

11 Bei unterjähriger Betriebsgründung vergleicht die Praxis die Eigenkapitalquote lt. EB mit jener des nicht um den neuen Betrieb erweiterten Konzernabschlusses zum letzten Bilanzstichtag; BMF v. 4.7.2008, BStBl. I 2008, 718 Tz. 70.

Maßgabe des Jahres- oder Einzelabschlusses des Betriebs einerseits und des (wiederum auf jeweils oberster Ebene[1] konsolidierten) Konzernabschlusses[2] andererseits zu ermitteln (S. 3 v. lit. c).

3. Betrieb und Konzern. Zunächst sind die beteiligten Ebenen je für sich zu betrachten. So sind ggf. **mehrere Einzelbilanzen eines Betriebs** iSv. § 4h vorab zusammenzufassen. Dies gilt etwa für die Gesellschafts- und Sonderbilanzen einer MU'schaft oder die Einzelabschlüsse der vorrangig in ihrem Binnenkreis zu konsolidierenden Organschaft. 42

Noch nicht abschließend geklärt ist, ob der **Konzernbegriff** für die Frage nach der Reichweite des Konzernabschlusses korrespondierend zur Frage nach der alternativen Anwendbarkeit v. Abs. 2 S. 1 lit. b und c (s. Rn. 35 ff.) bestimmt werden muss.[3] Sinnvollerweise sollte an dieser Stelle nicht auf Abs. 3 S. 5–6, sondern auf die insoweit speziellere Konzerndefinition der gem. Abs. 2 S. 1 lit. c S. 8–13 konkret maßgeblichen Rechnungslegungsstandards (s. Rn. 49 f.) abgestellt werden, da ansonsten unverhältnismäßig aufwendige Korrekturen der Bilanzen erforderlich würden.[4] Die Antwort auf diese Frage entscheidet darüber, ob nach Abs. 3 S. 5 (s. Rn. 36) konsolidierungsfähige Tochterunternehmen, die wegen Unwesentlichkeit im handelsrechtl. Konzernabschluss (zulässigerweise) nicht berücksichtigt worden sind, für Zwecke des Eigenkapitalvergleichs in den Konzernabschluss einzubeziehen sind.[5] Spiegelbildlich stellt sich die Frage, ob „nur anteilmäßig" konzernangehörige (s. Rn. 38), deshalb nicht vollkonsolidierte Betriebe aus der Konzernbilanz herausgerechnet werden müssen.[6] 43

4. Bilanzanpassungen. Abs. 2 S. 1 lit. c liefert in S. 4–7 sodann punktuell ergänzende **Sonderregelungen** zur Bilanzierung sowohl im Betrieb als auch im Konzern, die auf eine einheitliche und aussagekräftige Gestaltung beider Rechenwerke abzielen, dabei aber noch zahlreiche Detailfragen unbeantwortet lassen.[7] 44

Zunächst verlangt S. 4 1. HS, **Wahlrechte** in beiden Bilanzen einheitlich auszuüben (vgl. zB § 300 Abs. 2 S. 2 HGB). Diese punktuelle Regelung dürfte sich dahingehend verallgemeinern lassen, dass auf beiden Ebenen zu berücksichtigende Positionen grds. nach Grund und Höhe parallel (bei vorrangiger Maßgeblichkeit der Konzernbilanz) anzusetzen sind.[8] – Bei (idR personen-)gesellschaftsrechtlichen **Kündigungsrechten** ist gem. S. 4 2. HS (abw. v. der nach IAS 32 vorgesehenen Umqualifizierung v. Eigen- in Fremdkapital) mindestens das nach HGB maßgebliche EK anzusetzen.[9] 45

Nach S. 5 ist das bilanzielle EK des Betriebs durch **Hinzurechnungen** und **Kürzungen** anzupassen: Zu erhöhen ist es um einen im Konzernabschluss enthaltenen Firmenwert, soweit er auf den Betrieb entfällt. Entspr. sollten auch andere gem. IFRS 3 auf Konzernebene aufzudeckende stille Reserven das EK des Betriebs erhöhen, um die Vergleichbarkeit beider Abschlüsse zu gewährleisten.[10] – Hinzuzurechnen ist ferner die Hälfte v. Sonderposten mit Rücklagenanteil, soweit diese noch gem. § 273 HGB aF in der HB ausgewiesen sind.[11] – Zu kürzen ist das betriebliche EK dagegen um EK, das keine Stimmrechte vermittelt. Gemeint ist insbes. sog. Mezzanine-Kapital[12] (zB Genussrechte ohne Beteiligung am Liquidationserlös), soweit dieses als EK bilanziert wird, aber wirtschaftlich eher dem Fremdkapital gleichsteht. Eine interne Gegenaus- 46

---

1 *Hennrichs*, DB 2007, 2101 (2103).

2 Im Fall eines Gleichordnungskonzerns nach Abs. 3 S. 6, der nicht zugleich unter Abs. 3 S. 5 fällt, ist der Konzernabschluss sogar eigens für diesen Zweck zu erstellen.

3 Vgl. *Hennrichs*, DB 2007, 2101 (2104); *Schulz*, DB 2008, 2043 (2048).

4 Vgl. BMF v. 4.7.2008, BStBl. I 2008, 718 Tz. 72: bestehende Konzernabschlüsse werden grds. unverändert für den Eigenkapitalvergleich herangezogen, wenn sie nach den §§ 291, 292 und 315a HGB befreiende Wirkung haben (zu Ausnahmen s. ebenfalls Tz. 72). S. auch *Brunsbach*, IStR 2010, 745 ff.

5 Abl. BMF v. 4.7.2008, BStBl. I 2008, 718 Tz. 72 (wohl iS eines Wahlrechts zu verstehen); *Ganssauge/Mattern*, DStR 2008, 213 (217 f.); *Hennrichs*, DB 2007, 2101 (2104).

6 In diese Richtung BT-Drucks. 16/4841, 50; BMF v. 4.7.2008, BStBl. I 2008, 718 Tz. 72; dagegen *Hennrichs*, DB 2007, 2101 (2104).

7 S. auch *Töben/Fischer*, BB 2007, 974 (977) zum Sonderproblem des Eigenkapitalvergleichs bei Private-Equity-Investitionen (Fonds als Konzernspitze?).

8 IErg. ähnlich BMF v. 4.7.2008, BStBl. I 2008, 718 Tz. 73.

9 Die Regelung überlagert nicht die einheitlich zu treffende Wahl der Rechnungslegungsstandards (s. Rn. 49 ff.), sondern modifiziert nur das hiernach anzusetzende EK. Noch ungeklärt ist, ob mindestens der gem. HGB berechnete Betrag maßgeblich ist (was bei nach IFRS bilanzierenden Unternehmen einen parallelen HGB-Abschluss erfordern würde) oder nur die materielle Klassifizierung als EK vorgeht. Einheitlichkeit und Einfachheit des EK-Vergleichs sprechen für die zweite Lösung. Ebenso *Hennrichs*, DB 2007, 2101 (2106).

10 *Heintges/Kamphaus/Loitz*, DB 2007, 1261 (1264); *Hennrichs*, DB 2007, 2101 (2105 f.); *Köster*, BB 2007, 2278 (2282); *Lüdenbach/Hoffmann*, DStR 2007, 636 (639).

11 § 273 HGB wurde durch das BilMoG v. 29.5.2009, BGBl. I 2009, 1102 (1106), aufgehoben. Gem. Art. 67 Abs. 3 EGHGB dürfen Sonderposten mit Rücklagenanteil beibehalten werden, sofern sie bereits im Jahresabschluss des letzten vor dem 1.1.2010 beginnenden Geschäftsjahres enthalten waren.

12 BT-Drucks. 16/4841, 49.

nahme gilt für Vorzugsaktien (als Unterfall typisch gesellschaftsrechtl. Kapitalüberlassung). – Um Mehrfachberücksichtigungen zu vermeiden, sind auch die Anteile an anderen Konzerngesellschaften herauszurechnen (sofern nicht eine bereits vorab konsolidierte Organschaft mit ihnen besteht).[1] – Schließlich ist das betriebliche EK (zur Vermeidung künstlicher Gestaltungen) um Einlagen der letzten sechs Monate vor dem Abschlussstichtag zu kürzen, sofern ihnen gegenläufige Entnahmen oder Ausschüttungen innerhalb v. sechs Monaten nach dem Abschlussstichtag gegenüberstehen. – Über den Wortlaut hinaus sollte jeweils auch die Bilanzsumme angepasst werden, um die Aussagekraft des Eigenkapitalvergleichs zu wahren.

47 Die Bilanzsumme des Betriebs (nicht aber das EK) ist gem. S. 6 um jene Kapitalforderungen zu kürzen, die (infolge Konsolidierung) nicht im Konzernabschluss ausgewiesen sind und denen Verbindlichkeiten iSv. Abs. 3 in mindestens gleicher Höhe gegenüberstehen. Gemeint sind **fremdfinanzierte Darlehen an andere Konzernunternehmen**, deren bilanzverlängernde Einbeziehung die Eigenkapitalquote des Betriebs belasten würde.[2]

48 **Sonderbetriebsvermögen** ist schließlich, soweit es zugleich im (konsolidierten) Konzernvermögen enthalten ist, für Zwecke des Eigenkapitalvergleichs auch dem BV der MU'schaft zuzuordnen (S. 7).[3] Positives SBV erhöht mithin das EK des Betriebes, Fremdverbindlichkeiten des G'ters (auch zur Finanzierung seiner Beteiligung) mindern es.[4]

49 **5. Vorrang internationaler Rechnungslegungsstandards.** Die für alle weiteren Einzelfragen ausschlaggebende Wahl der Rechnungslegungsstandards bevorzugt (entspr. der an sich allein auf grenzüberschreitende Sachverhalte abzielenden Motivation des Gesetzgebers) internationale Maßstäbe (S. 8–13 v. lit. c). Insbes. sind die Abschlüsse auf Betriebs- wie Konzernebene grds. einheitlich nach den **International Financial Reporting Standards** (IFRS)[5] zu erstellen (S. 8).[6] Bei verfassungskonformer Interpretation sollte dies als statische Verweisung auf die auch v. § 315a HGB einbezogene europarechtl. Umsetzung dieser Standards, nicht als dynamische Verweisung auf die deutscher Gesetzgebung entzogenen „Original-IFRS" verstanden werden.[7]

50 Bilanziert der Konzern nicht nach diesen Maßstäben, weil er hierzu (nach deutschem Recht) nicht verpflichtet ist und er die IFRS auch nicht in den letzten fünf Wj. freiwillig angewandt hat, können Betrieb und Konzern **nachrangig** das **Handelsbilanzrecht eines EU-Mitgliedstaates** (einschl. Deutschland) als gemeinsamen Rechnungslegungsstandard wählen (S. 9 1. HS). Besteht auch hierzu keine Verpflichtung, können nochmals nachrangig auch die **US-GAAP** (Generally Accepted Accounting Principles der USA) zur Anwendung gelangen (S. 9 2. HS).[8]

51 Der Konzernabschluss muss in jedem Fall den Anforderungen an die handelsrechtl. Konzernrechnungslegung (§ 290 HGB) genügen oder die Voraussetzungen einer befreienden Wirkung iSv. §§ 291 f. HGB erfüllen (S. 10). – Wurde der Jahres- oder Einzelabschluss des Betriebs nicht nach denselben Standards wie der Konzernabschluss erstellt, ist die Eigenkapitalquote des Betriebs in einer **Überleitungsrechnung** nach den für den Konzernabschluss maßgeblichen Standards zu ermitteln (S. 11). Die auf jeweils oberster Konzernebene anzuwendenden Regeln sind mithin auch auf den nachrangigen Ebenen heranzuziehen.[9]

52 **6. Nachweisfragen und Sanktionen.** Die **Beweislast** für eine gleich hohe oder höhere Eigenkapitalquote liegt beim Betrieb. Der Nachweis ist nur erbracht, wenn alle maßgeblichen Abschlüsse in deutscher Spra-

---

1 Vgl. BT-Drucks. 16/4835, 2: Vermeidung v. „Kaskadeneffekten", durch die die Zinsschranke unterlaufen werden könnte. – Krit. zu dieser Regelung *Köhler*, DStR 2007, 597 (601). – Bei Holding-Gesellschaften mit fremdfinanzierten Beteiligungen kann diese Vorschrift zu einer negativen Eigenkapitalquote führen; *Lüdenbach/Hoffmann*, DStR 2007, 636 (638).

2 BT-Drucks. 16/4841, 49.

3 Vertiefend zu Folgeproblemen *Wagner/Fischer*, BB 2007, 1811 (1814 ff.).

4 *Köhler*, DStR 2007, 597 (602).

5 Kritisiert wird dieser Vergleichsmaßstab nicht zuletzt wegen der anderen Zielsetzung der IFRS. Sie fragen nicht nach der Leistungsfähigkeit, sondern bezwecken eine „fair presentation", die sich am potentiellen Investor ausrichtet. Überdies wirft die Komplexität der Anwendungen der IFRS die Frage nach der Verhältnismäßigkeit auf; *Heintges/Kamphaus/Loitz*, DB 2007, 1261.

6 Eingehend hierzu *Schulz*, DB 2008, 2043 ff. – Speziell zu gestalterischen Möglichkeiten der Ausnutzung verbleibender Wahlrechte *Köster*, BB 2007, 2278 (2280 f.).

7 *Hennrichs*, DB 2007, 2101 (2103). In diesem Sinne auch die Gesetzesbegründung; BT-Drucks. 16/4841, 48; ebenso *Lüdenbach/Hoffmann*, DStR 2007, 636 (641).

8 Noch ungeklärt bleibt die Frage, wie der Eigenkapitalvergleich bei einem Mutterunternehmen mit Sitz in einem Drittland (dh. weder in Europa noch in den USA) zu erfolgen hat, das nach keinem dieser Standards verfährt; hierzu *Hennrichs*, DB 2007, 2101 (2103).

9 *Hennrichs*, DB 2007, 2101 (2103, 2105).

che oder in beglaubigter Übersetzung vorgelegt werden und der Konzernabschluss v. einem Abschlussprüfer testiert ist.[1] Der Einzelabschluss und ggf. eine Überleitungsrechnung des Betriebs werden einer prüferischen Durchsicht unterzogen[2]; auf Verlangen der Finanzbehörde sind beide Rechenwerke durch einen Abschlussprüfer iSv. § 319 HGB zu prüfen (lit. c S. 12–13).

Schließlich ordnet Abs. 2 S. 1 lit. c **Sanktionen** für den Fall **unrichtiger Abschlüsse** an (S. 14–16). Führt der an ihrer Stelle anzusetzende zutr. Abschluss zu einer Erhöhung der nach Abs. 1 S. 1 nicht abziehbaren Zinsaufwendungen, ist entspr. § 162 Abs. 4 S. 1–2 AO ein Zuschlag auf den Unterschiedsbetrag (mindestens 5 000 Euro) festzusetzen. Dabei gilt § 162 Abs. 4 S. 4–6 AO sinngemäß. 53

D. Anwendung auf Gesellschaften

I. Körperschaften. 1. Grundsätzliches. Die Zinsschranke des § 4h ist gem. § 8 Abs. 1 KStG – wie durch die ATAD-Richtlinie der EU gefordert (s. Rn. 1) – grds. auf alle Körperschaften anwendbar.[3] Die einzelne Körperschaft bildet dabei (einschl. ihrer Betriebsstätten) einen „Betrieb" iSv. § 4h. – **§ 8a Abs. 1 KStG** (s. dort) bestätigt die Anwendbarkeit v. § 4h deklaratorisch und fügt dieser Aussage gewisse sachliche Modifikationen hinzu. Anstelle des „maßgeblichen Gewinns" ist das nach EStG und KStG (mit Ausnahme v. §§ 4h, 10d EStG und § 9 Abs. 1 Nr. 2 KStG) ermittelte „maßgebliche Einkommen" anzusetzen, das wiederum um die Zinsaufwendungen und die in § 4h Abs. 1 S. 2 benannten Abschreibungen zu erhöhen und um die Zinserträge zu mindern ist (S. 1–2). Für den Zinsvortrag (nach dem Gesetzeswortlaut nicht für den EBITDA-Vortrag) gelten zusätzlich §§ 8a Abs. 1 S. 3, 8c KStG (teilw. oder vollständiger Untergang bei qualifiziertem Anteilseignerwechsel). 54

2. Rückausnahmen. a) Grundsatz. Die wichtigste Modifikation zu § 4h liegt in den beiden Gegenausnahmen nach **§ 8a Abs. 2, 3 KStG**, die die alternativen Ausnahmetatbestände des § 4h Abs. 2 S. 1 lit. b (Nichtzugehörigkeit zum Konzern) und lit. c (konzerninterner Eigenkapitalvergleich) für KapGes. in Fällen einer sog. schädlichen Gesellschafterfremdfinanzierung ausschließen und dadurch die Zinsschranke wieder (für sämtliche Zinsaufwendungen) zur Anwendung bringen.[4] Die Freigrenze nach lit. a von § 4h Abs. 2 S. 1 wird hingegen in § 8a KStG nicht erwähnt und bleibt folglich über § 8 Abs. 1 S. 1 KStG uneingeschränkt anwendbar. – Die Körperschaft trägt jeweils die Beweislast für die Unschädlichkeit ihrer Finanzierung. 55

Eine solche **schädliche Gesellschafterfremdfinanzierung** liegt nach dem gemeinsamen **Grundtatbestand** v. § 8a Abs. 2 und 3 im Wesentlichen dann vor, wenn (1.) Vergütungen für Fremdkapital an einen zu mehr als 25 % beteiligten Anteilseigner oder eine diesem gesetzlich gleichgestellte Pers. gezahlt werden und (2.) diese Vergütungen zusammen[5] mehr als 10 % der die Zinserträge übersteigenden Zinsaufwendungen der Körperschaft (Zinssaldo) betragen. § 8a Abs. 2 KStG kann dabei grds. jede Gesellschafterfremdfinanzierung konzernunabhängiger Körperschaften erfassen. § 8a Abs. 3 KStG lenkt dagegen den Blick für konzernangehörige Ges. (Frage der Anwendbarkeit des Eigenkapitalvergleichs nach § 4h Abs. 2 S. 1 lit. c) auf konzernweite, aber in der Konzernbilanz nicht konsolidierte Gesellschafterfremdfinanzierungen, die eine an sich unschädliche Finanzierung einer anderen Ges. infizieren können (s. Rn. 60). 56

b) Einzelheiten. Diese Regelungen sind im Detail überaus anspruchsvoll ausgestaltet. 57

Dies gilt zunächst für den in beiden Absätzen (2 und 3) grds. gleichlaufend formulierten **Grundtatbestand** einer schädlichen Gesellschafterfremdfinanzierung: So kann der Anteilseigner unmittelbar oder mittelbar zu mehr als 25 % an der Körperschaft beteiligt sein. Dem G'ter gleichgestellt wird eine ihm nahe stehende Pers. iSv. § 1 Abs. 2 AStG sowie jeder Dritte, der auf den Anteilseigner oder eine ihm nahe stehende Pers. zurückgreifen kann. Letzteres soll nach der Gesetzesbegründung bereits dann anzunehmen sein, wenn der Anteilseigner oder die ihm nahe stehende Pers. dem Dritten faktisch (dh. auch ohne Anspr.) für die Erfül-

---

1 BT-Drucks. 16/4841, 49.

2 BT-Drucks. 16/4841, 49: Anzuwenden sind die Grundsätze des Prüfungsstandards IDW PS 900.

3 S. ferner BMF v. 4.7.2008, BStBl. I 2008, 718 zur Anwendung v. § 4h auf PPP-Gesellschaften (Tz. 84 ff.) und Unternehmen der öffentl. Hand (Tz. 91 ff.). Zum Sonderproblem der atypischen KGaA *Kollruss*, BB 2007, 1988; *Rohrer/Orth*, BB 2007, 2266.

4 BFH v. 13.3.2012 – I B 111/11, BStBl. II 2012, 611 = FR 2012, 573, hat ernstliche Zweifel an der Verfassungsmäßigkeit v. § 8a Abs. 2 KStG angemeldet, soweit dessen 3. Alt. nicht nur sog. Back-to-back-Finanzierungen, sondern auch übliche Fremdfinanzierungen v. Kapitalgesellschaften bei Banken erfasst. Vgl. hierzu *Marquart/Jehlin*, DStR 2013, 2301 ff.

5 Zusammengerechnet werden alle innerhalb eines Wj. an einen Empfänger gezahlten Vergütungen. Nicht addiert werden hingegen Vergütungen an mehrere G'ter oder gleichgestellte Empfänger; BFH v. 11.11.2015 – I R 57/13, BStBl. II 2017, 319 Rn. 14 ff., gegen BMF v. 4.7.2008, BStBl. I 2008, 718 Tz. 82 und FG Nds. v. 11.7.2013 – 6 K 226/11, DStRE 2014, 795 (796 f.).

lung einsteht.[1] – Der maßgebliche Zinsbegriff dürfte parallel zu § 4h Abs. 3 S. 2–4 zu verstehen sein (s. Rn. 17 ff.).

58 Hervorzuheben sind ferner die unterschiedlichen Bezugsgrößen der Berechnung einer schädlichen Gesellschafterfremdfinanzierung, die tatbestandlich an das Verhältnis der an einzelne Gläubiger geleisteten Bruttozinsaufwendungen zum Nettozinsaufwand der ganzen Körperschaft (10 % v. Gesamtzinssaldo) anknüpft, so dass gleichzeitig erzielte eigene Zinserträge der Ges. diese rechnerische Relation zu ihrem Nachteil verschieben.[2]

59 **Gestaltungsempfehlung:** Um das Verhältnis der an einen Anteilseigner oder eine ihm gleichgestellte Pers. gezahlten Bruttozinsen zum Gesamtzinssaldo der Ges. zu verbessern, kann es im Einzelfall ratsam sein, eigene Kapitalforderungen aufzulösen und die entspr. Mittel zur Tilgung v. Gesellschafterdarlehen einzusetzen.

60 Nochmals komplexer geregelt (und in ihrer Berechtigung fragwürdiger) ist die tatbestandliche Modifikation der Rückausnahme zum konzerninternen **Eigenkapitalvergleich** nach § 4h Abs. 2 S. 1 lit. c („escape-Klausel"): § 8a Abs. 3 S. 1 KStG sieht hierzu vor, dass neben den Fremdkapitalvergütungen der zu beurteilenden Körperschaft auch solche anderer konzernangehöriger Rechtsträger einbezogen werden[3] und dass ihr Empfänger zu mehr als 25 % an irgendeiner Konzerngesellschaft beteiligt sein kann, dass maW grds. jede schädliche Gesellschafterfremdfinanzierung im gesamten Konzern auch andere Ges. infizieren kann.[4] § 8a Abs. 3 S. 2 relativiert diese Aussage allerdings, vor allem indem nur Zinsaufwendungen aus solchen Verbindlichkeiten in die Prüfung der 10 %-Grenze eingestellt werden, die im voll konsolidierten Konzernabschluss (iSv. § 4h Abs. 2. S. 1 lit. c) ausgewiesen sind, so dass im Zuge der Konsolidierung herausgefilterte konzerninterne Fremdfinanzierungen an dieser Stelle unberücksichtigt bleiben.[5] (In Rückgriffsfällen muss zudem der Rückgriff auf einen nicht zum Konzern gehörenden G'ter oder eine ihm nahe stehende Pers. möglich sein.) IErg. schließt somit (nur) eine überhöhte Gesellschafterfremdfinanzierung durch außerhalb des Konzerns stehende wesentlich beteiligte Anteilseigner oder gleichgestellte Dritte den Eigenkapitalvergleich aus.[6] Im Lichte des Normzwecks sollte allerdings einschr. erwogen werden, nur der inländ. Gewinnermittlung unterliegende Zinsaufwendungen als schädlich anzusehen (europarechtl. unbedenkliche Benachteiligung v. Inlandssachverhalten), weil ansonsten selbst rein ausländ. Sachverhalte (zB schädliche Finanzierung einer ausländ. konzernangehörigen Ges. durch ihren ausländ. Minderheitsgesellschafter) bei inländ. Tochterunternehmen die Zinsschranke aktivieren könnten.[7]

61 **3. Anhang: Die Organschaft.** Abw. v. der grds. Betriebsqualität der einzelnen Körperschaft gilt die Organschaft[8] gem. § 15 S. 1 Nr. 3 KStG für Zwecke der Anwendung v. § 4h als ein **gemeinsamer Betrieb**, wobei technisch die **Ebene des Organträgers** als Ort der Prüfung zu wählen ist.[9] Als wichtigste Konsequenz hieraus schließt § 4h Abs. 2 S. 1 lit. b in vielen Fällen die Anwendung der Zinsschranke auf inländ. Organschaften aus.[10] Bildet hingegen eines der beteiligten Unternehmen (Organträger oder -gesellschaft)

1 BT-Drucks. 16/4841, 75 in konkludentem Anschluss an BMF v. 15.12.1994, BStBl. I 1995, 25 Tz. 21; zust. und erläuternd BMF v. 4.7.2008, BStBl. I 2008, 718 Tz. 83; krit. dagegen *Schaden/Käshammer*, BB 2007, 2259 (2260 f.). – Die Verpfändung von Gesellschaftsanteilen ist als schädlicher Rückgriff angesehen worden; FG Berlin-Bdbg. v. 26.1.2017 – 4 K 4106/16, EFG 2017, 859 (Rev. I R 11/17).

2 Vgl. *Schaden/Käshammer*, BB 2007, 2259 (2261).

3 Der Gesetzeswortlaut ist an dieser Stelle teleologisch zu berichtigen. Wäre § 4h Abs. 2 S. 1 lit. c (nur) anzuwenden, wenn die Fremdkapitalvergütungen der Körperschaft **oder** eines anderen konzernzugehörigen Rechtsträgers über der 10 %-Grenze liegen, könnte bereits irgendeine unschädliche Gesellschafterfremdfinanzierung (selbst ausländ. Töchter) die Ausnahme v. der Zinsschranke nach sich ziehen. Dies widerspräche der offensichtlichen Absicht des Gesetzgebers, der beide Möglichkeiten als alternativ schädlich angesehen hat. Vgl. *Dörr/Geibel/Fehling*, NWB 2007, 5199 (5210); *Staats/Renger*, DStR 2007, 1801.

4 Hierzu *Schaden/Käshammer*, BB 2007, 2259 (2264); *Töben/Fischer*, BB 2007, 974 (978).

5 Diese Einschränkung erfasst indes keine Finanzierungen durch die Konzernspitze eines nicht konsolidierungsfähigen Gleichordnungskonzerns (§ 4h Abs. 3 S. 6), die folgerichtig nicht als „konzernintern" behandelt werden; BMF v. 4.7.2008, BStBl. I 2008, 718 Tz. 80.

6 BT-Drucks. 16/4841, 75.

7 Vgl. BT-Drucks. 16/4841, 75. IErg. ebenso *Dörr/Geibel/Fehling*, NWB 2007, 5199 (5210); **aA** BMF v. 4.7.2008, BStBl. I 2008, 718 Tz. 82; *Ganssauge/Mattern*, DStR 2008, 213 (214 mit Fn. 11 – entspr. Formulierung in der Gesetzesbegründung als Versehen); *Köhler*, DStR 2007, 597 (600 – reiner Auslandssachverhalt genügt); zurückhaltend auch *Schaden/Käshammer*, BB 2007, 2259 (2264 f. – der Gesetzeswortlaut stehe einer einschr. Interpretation entgegen).

8 Hierzu *Herzig/Liekenbrock*, DB 2007, 2387 ff.

9 Diese Regelung soll ggf. die Zugehörigkeit einer inländ. Betriebsstätte, die in Deutschland als Organträger fungiert, zum Betrieb des ausländ. Stammhauses überlagern: inländ. Organkreis und ausländ. Stammhaus bilden zwei Betriebe (und damit einen Konzern); BT-Drucks. 16/4841, 77.

10 Diese Privilegierung der inländ. (§ 14 Abs. 1 KStG) Organschaft wird als europarechtl. bedenklich angesehen; *Führich*, IStR 2007, 341 (342 ff.); *Hallerbach*, StuB 2007, 487 (493 f.); *Herzig/Liekenbrock*, DB 2007, 2387 (2388); *Köhler*, DStR 2007, 597 (604); *Musil/Volmering*, DB 2008, 12 (15 f.); *Wagner*, IStR 2007, 650 (653 f.).

zusammen mit einem außerhalb des Organkreises stehenden Betrieb einen Konzern, kommt ein Eigenkapitalvergleich nach § 4h Abs. 2 S. 1 lit. c zw. dem Organkreis (bei organkreisinterner Vorkonsolidierung) und dem Gesamtkonzern in Betracht.

Noch ungeklärt bleibt insoweit allerdings, ob dieser spezifische Betriebsbegriff **Gründung und Auflösung einer Organschaft** zu schädlichen Aufgabevorgängen iSv. § 4h Abs. 5 S. 1 werden lässt (zum Untergang v. EBITDA- und Zinsvorträgen bei BetrAufg. s. Rn. 23ff.). Da die Beteiligungsverhältnisse an den fortbestehenden Gesellschaften jeweils unverändert bleiben, dürfte auch eine an den Ort ihres Entstehens gebundene Fortexistenz bisheriger (EBITDA- und) Zinsvorträge gerechtfertigt sein. Demgemäß ordnet § 15 S. 1 Nr. 3 KStG (anders als die Parallelregelungen des UmwStG) für die Gründung einer Organschaft keinen Untergang „vororganschaftlicher" (EBITDA- und) Zinsvorträge, sondern eine (temporäre) Nichtanwendung v. § 4h auf die Organgesellschaft an, so dass deren (EBITDA- und) Zinsvorträge als bis zur Beendigung der Organschaft eingefroren angesehen werden dürften.[1] Die Auflösung einer Organschaft lässt ihren Betrieb im bisherigen Organträger (verändert) fortbestehen, so dass ihm auch weiterhin der Vortrag v. zuvor auf selbiger Ebene nicht abgezogenen Zinsen (oder nicht ausgenutztem verrechenbaren EBITDA) zustehen sollte.[2] 62

II. Mitunternehmerschaften. 1. Grundsätzliches. § 4h ist als estl. Gewinnermittlungsvorschrift auch auf MU'schaften anzuwenden, dabei (als Modifikation des Transparenzprinzips) grds. **betriebs-, dh. gesellschaftsbezogen**, nicht gesellschafterbezogen zu handhaben.[3] Sonderbereiche einzelner G'ter[4] sind mithin (soweit sie nicht einem anderen BV zugehören) für Zwecke der **Berechnung** der (nicht-)abzugsfähigen Zinsen ergänzend in die einheitliche Gesamtbetrachtung des Betriebs einzustellen (s. Rn. 15).[5] – Gesetzlich nicht eindeutig geklärt ist indes, auf welcher Ebene ein überhöhter **Zinsabzug** zu **berichtigen** ist. Der grds. Betriebsbezug des § 4h und die Praktikabilität seiner Anwendung legen auch insofern einen vorrangigen Blick auf die Gesellschaftsebene nahe. Die FinVerw. erhöht demgemäß zutr. den Gesellschaftsgewinn und verteilt ihn nach dem Gewinnverteilungsschlüssel auf die G'ter.[6] Der Aufteilungsmaßstab folgt damit nicht dem individuell getragenen Zinsaufwand[7] (zumal dieser nur eine Teilgröße auf dem Weg zur Ermittlung der abzugsfähigen Zinsen darstellt), sondern (auch mit Blick auf Abs. 5 S. 2) der Gesellschafterstellung. Anteilig enthaltene Zinsen aus dem Sonderbereich wirken sich stattdessen nur mittelbar auf die Besteuerung des einzelnen G'ters aus, indem sie ggf. den ihm zuzurechnenden Gewinnanteil erhöhen. Abweichende Abreden sollten indes (vertikal wie horizontal) anerkannt werden. – Als weitere Besonderheit ist § 4h Abs. 5 S. 2 zu berücksichtigen, nach dem Gesellschafterwechsel zum anteiligen Untergang des betrieblichen EBITDA- und Zinsvortrages führen (s. Rn. 23ff.). Gem. § 4h Abs. 5 S. 3 ist § 8c KStG in Fällen unmittelbarer oder mittelbarer Beteiligung v. Körperschaften entspr. anwendbar, so dass ein qualifizierter Anteilseignerwechsel bei der Körperschaft den Zinsvortrag der MU (nicht aber ihren EBITDA-Vortrag) anteilig untergehen lässt. 63

2. Rückausnahmen. a) Grundsatz. Die Gegenausnahmen nach § 8a Abs. 2, 3 KStG gelten gem. § 4h Abs. 2 S. 2 für die einer Körperschaft nachgeordnete MU'schaft entspr.[8] Gemeint ist die PersGes., an der sich eine KapGes. beteiligt (zB GmbH & CoKG). Damit kann eine schädliche Gesellschafterfremdfinanzierung (s. Rn. 55ff.) auch für diese Unternehmen die Anwendung v. Abs. 2 S. 1 lit. b und c (nicht: a) ausschließen. Für andere PersGes. (die keiner Körperschaft nachgeordnet sind) greifen die Ausnahmetatbestände des Abs. 2 S. 1 lit. a–c ohne Einschränkungen. 64

---

1 Vgl. BMF v. 4.7.2008, BStBl. I 2008, 718 Tz. 48; *Schaden/Käshammer*, BB 2007, 2317 (2322f.).

2 **AA** BMF v. 4.7.2008, BStBl. I 2008, 718 Tz. 46 (Ausscheiden der Organgesellschaft aus dem Organkreis als Aufgabe eines TB); wie hier *Schaden/Käshammer*, BB 2007, 2317 (2322).

3 Zu weiteren Einzelfragen *Hoffmann*, GmbHR 2008, 113ff.; *van Lishaut/Schumacher/Heinemann*, DStR 2008, 2341ff.

4 Im Sonderbereich kann (ab VZ 2017) zudem § 4i EStG zur Anwendung gelangen. Das Verhältnis zur Zinsschranke ist noch ungeklärt. Da § 4h Abs. 3 S. 2 nur Zinsen erfasst, die den maßgeblichen Gewinn gemindert haben, § 4i aber dies schon dem Grunde nach ausschließen soll, dürfte die Vorschrift vorrangig anzuwenden sein.

5 Bei mehrstöckigen MU'schaften wird indes auch der Ergebnisanteil der Muttergesellschaft aus ihrer Beteiligung an der Tochtergesellschaft zum Gewinn iSv. § 4 Abs. 3 gezählt; so jedenfalls FG Köln v. 19.12.2013 – 10 K 1916/12, EFG 2014, 521 (Rev. IV R 4/14; bis zur Entsch. des BVerfG im Verfahren 2 BvL 2/16 ausgesetzt); *Liekenbrock*, DStR 2014, 991ff.; **aA** BMF v. 4.7.2008, BStBl. I 2008, 718 Tz. 42.

6 So (allerdings sehr knapp) BMF v. 4.7.2008, BStBl. I 2008, 718 Rz. 51; dies gelte auch für nicht abziehbare Zinsaufwendungen des Sonderbereichs. – Zust. *K/S/M*, § 4h Rn. D 176ff. (181).

7 In diesem Sinne wohl *H/H/R*, § 4h Anm. 29 (Zinsabzug für Gesamthands und SBV anteilig nach Verhältnis der abziehbaren Zinsaufwendungen zum gesamten Zinsaufwand); nochmals anders *Blümich*, § 4h Rn. 41; *Hoffmann*, GmbHR 2008, 113ff.

8 Hierzu *Schaden/Käshammer*, BB 2007, 2259 (2261ff.); *Schmitz-Herscheidt*, BB 2008, 699ff.; *Wagner/Fischer*, BB 2007, 1811 (1812ff.).

65 **b) Einzelheiten.** Eine „Nachordnung" iSv. Abs. 2 S. 2 liegt mangels gesetzlicher Mindestanforderungen bei jeder (auch nur geringfügigen) Beteiligung einer KapGes. an einer PersGes. vor.[1] Die sich anschließende Rechtsgrundverweisung auf § 8a Abs. 2, 3 KStG führt jedoch auch hier zum Erfordernis einer Beteiligungsquote v. über 25 % als Voraussetzung einer schädlichen Gesellschafterfremdfinanzierung.[2]

66 § 4h Abs. 2 S. 2 iVm. § 8a Abs. 2, 3 KStG greifen erst nach Anwendung v. **§ 15 Abs. 1 S. 1 Nr. 2** ein, der v. der Ges. auf Gesellschafterfremdfinanzierungen gezahlte Zinsen zuvor in Gewinnbestandteile umqualifiziert hat.[3] Insoweit kann daher iErg. jeweils nur eine Fremdfinanzierung durch eine dem G'ter[4] nahe stehende Pers. oder einen zum Rückgriff berechtigten Dritten schaden, nicht aber ein Darlehen eines MU'ers selbst (dh. der „vorgeordneten" Körperschaft oder sonstiger G'ter). Dagegen können Verbindlichkeiten im SBV eines MU'ers schädliche Fremdfinanzierungen iSv. § 4h Abs. 2 S. 2 iVm. § 8a Abs. 2, 3 KStG sein.[5]

E. Auswirkungen auf die Gewerbesteuer

67 Gem. § 8 Nr. 1 lit. a GewStG werden Zinsaufwendungen dem Gewerbeertrag (§ 7 GewStG) zu einem Viertel hinzugerechnet, soweit sie zuvor bei der Ermittlung des Gewinns abgesetzt worden sind. Folglich bleiben gem. § 4h (vorl.) nicht abzugsfähige Zinsen außer Ansatz. Wird der Zinsabzug in späteren Jahren nachgeholt, folgt auch die Hinzurechnung. Eine gewstl. Doppelbelastung tritt also insoweit nicht ein.

§ 4i Sonderbetriebsausgabenabzug bei Vorgängen mit Auslandsbezug

[1]Aufwendungen dürfen nicht als Sonderbetriebsausgaben abgezogen werden, soweit sie auch die Steuerbemessungsgrundlage in einem anderen Staat mindern. [2]Satz 1 gilt nicht, soweit diese Aufwendungen Erträge desselben Steuerpflichtigen mindern, die bei ihm sowohl der inländischen Besteuerung unterliegen als auch nachweislich der tatsächlichen Besteuerung in dem anderen Staat.

Literatur: *Bärsch/Böhmer*, Intern. Unternehmensbesteuerung in Deutschland nach dem Anti-BEPS-UmsG, DB 2017, 567; *Berges/Rotter*, BEPS-Aktionspunkt 2: Neutralisierung der Effekte hybrider Gestaltungen, IWB 2015, 802; *Bergmann*, Double Dip ade – Erste Einordnung des neuen § 4i, FR 2017, 126; *Bolik/Kindler/Griesfeller*, Gesetzesentwurf für ein ProtokollerklärungsG, StuB 2015, 261; *Ditz/Quilitzsch*, Die Änderungen im intern. Steuerrecht durch das Anti-BEPS-UmsG, DStR 2017, 281; *Gah/Wangler*, Sonder-BE und -BA im Inbound-Fall – Wechselwirkungen v. Abkommensrecht, § 50d Abs. 10 sowie § 4i, IStR 2018, 817; *Heckerodt*, Der neue § 4i, IWB 2017, 720; *Hörster*, Anti-BEPS-UmsG I, NWB 2017, 22; *Jehl-Magnus*, Änderungen im Intern. Steuerrecht durch das Anti-BEPS-UmsG I, NWB 2017, 179; *Kahle/Braun*, Zur Beschränkung des Abzugs v. Sonder-BA nach § 4i, DStZ 2018, 381; *Kahlenberg*, Neue Beschränkungen des Zinsabzugs: Regelungsempfehlungen gegen doppelte Nichtbesteuerungs- und Double-Dip-Strukturen, ISR 2015, 91; *Kanzler*, Das neue Abzugsverbot des § 4i für Sonder-BA, NWB 2017, 326; *Käshammer/Gasser/Bellgardt*, § 4i EStG: Das Ende des Double-Dip? – Anwendbarkeit in bestehenden Strukturen und Lösungsmöglichkeiten, ISR 2018, 115; *Köhler*, Hybrids: alle Schotten dicht?, ISR 2018, 250; *Kredig/Link*, Korrespondenzregeln zur Vermeidung „weißer Einkünfte" – Konglomerat statt einheitliches Prinzip, SAM 2015, 148; *Kudert/Kahlenberg*, Bekämpfung v. Besteuerungslücken auf Kosten der Rechtssicherheit – Aufruf an den Gesetzgeber zur Reform des § 4i, StuW 2017, 344; *van Lishaut*, Dotationskapital bei MU'schaften, BB 2018, 791; *Milanin*, Vereinbarkeit sog. Linking Rules mit der Niederlassungs- und der Kapitalverkehrsfreiheit unter Berücksichtigung einer möglichen Rechtfertigung, insbes. durch die Kohärenz des Steuersystems, IStR 2015, 861; *Nielsen*, Zur Anwendung v. § 4i bei doppelstöckigen PersGes.-Strukturen im Inboundfall, ISR 2018, 377; *Nielsen/Westermann*, Das Sonder-BA-Ab-

---

1 Vgl. *Schaden/Käshammer*, BB 2007, 2259 (2261 f.); *Schmitz-Herscheidt*, BB 2008, 699 (700); *Wagner/Fischer*, BB 2007, 1811 (1812).
2 IErg. ebenso *Hoffmann*, GmbHR 2008, 183 (185 f.).
3 Missverständlich jedoch die (nicht weiter erläuterte) Gesetzesbegründung; BT-Drucks. 16/4841, 48: im Fall einer Nachordnung iSv. § 4h Abs. 2 S. 2 („damit") finde § 15 Abs. 1 S. 1 Nr. 2 keine Anwendung. Wie hier *Wagner/Fischer*, BB 2007, 1811 (1813).
4 Noch ungeklärt ist, ob „G'ter" idS nur eine „vorgeordnete" Körperschaft oder jeder MU'er (mit mehr als 25 %-Beteiligung) sein kann; vgl. *Wagner/Fischer*, BB 2007, 1811 (1813).
5 *Wagner/Fischer*, BB 2007, 1811 (1813).

zugsverbot des § 4i im Lichte der unionsrechtl. Auslegung, FR 2018, 1035; *Oertel*, Bekämpfung internationaler Steuerschlupflöcher durch abgestimmte Korrespondenzvorschriften, BB 2018, 351; *Prinz*, Finanzierungsbezogene Sonder-BA eines im Ausland ansässigen MU'ers, GmbHR 2017, 553; *Prinz*, Verfehlte finanzierungsbezogene Abwehrgesetzgebung zu grenzüberschreitenden MU'schaften – Abgrenzungsfragen des § 4i, DB 2018, 1615; *Pung/Benz*, Neue stl. Abzugsbeschränkungen, StbJb. 2017/2018, 181; *Rüsch*, Zum korrespondierenden Besteuerungstatbestand des § 4i aus materieller und verfahrensrechtl. Sicht, FR 2018, 299; *Schnitger*, Weitere Maßnahmen zur BEPS-Gesetzgebung in Deutschland, IStR 2017, 214; *Sommer/Retzer*, Entw. eines AmtshilfeRLUmsG: Stellungnahme des Bundesrates v. 23.9.2016, ISR 2016, 377.

A. Grundaussagen der Vorschrift

I. Regelungsgegenstand. Mit § 4i hat der Gesetzgeber des sog. BEPS-UmsG v. 20.12.2016[1] eine Vorschrift in das EStG eingefügt und kurz darauf durch das StUmgBG v. 23.6.2017[2] schon wieder „nachgebessert" (Rn. 2a), die – als sog. linking rule[3] – dem **Doppelabzug v. BA bei PersGes. vorbeugen** soll. Die fiskalische „Gefahrenlage"[4] wird darin erkannt, dass Aufwendungen „gestalterisch" doppelt in steuerrelevanten Abzug gebracht werden, zum einen im Ausland als (eigene) BA des StPfl., zum anderen im Inland als **Sonder-BA** einer (originär oder fiktiv gewerblichen) PersGes. nach Maßgabe v. § 15 Abs. 1 S. 1 Nr. 2. Vorzugsweise nimmt man dabei Refinanzierungsaufwand ins Visier. Die Gesetzesmaterialien benennen dafür das folgende **Bsp.:** Der in einem DBA-Staat ansässige K'dist einer Inlands-GmbH & Co. KG, vorzugsweise eine KapGes., leistet eine Einlage in die PersGes. und refinanziert diese Einlage über ein Konzerndarlehen. Wird das Darlehen im SBV II der KG erfasst, können die Zinsen im Inland als Sonder-BA abzugsfähig sein, ebenso wie sie es gleichermaßen als „einfache" BA regelmäßig auch im Ausland sind (sa. § 50d Abs. 10, § 50d Rn. 45a). Mit der Bekämpfung hybrider Strukturen ieS durch das BEPS-Projekt der OECD hat das jedoch – entgegen den gesetzgeberischen Bekundungen[5] – streng genommen nur wenig zu tun (auch wenn die beschriebene Konstellation im Abschlussbericht der OECD zu den „Hybrids" enthalten ist)[6]. Denn es ist nicht der hybride Status der PersGes., der den möglichen Doppelabzug initiiert, es ist vielmehr das komplexe innerstaatliche System der fiktiven Gewerblichkeit über das MU'er-Konzept. Entgegen jenen gesetzgeberischen Absichten stellt die Neuregelung deswegen auch keine „Sofortmaßnahme unabhängig v. der Umsetzung der OECD-Empfehlungen"[7] dar. Es ist eine eigenständige innerstaatliche Maßnahme, durch welche das besagte, ebenfalls innerstaatliche MU'er-Konzept einseitig unterlaufen wird, angeblich, um einem andernfalls drohenden „BA-Volumen in Milliardenhöhe"[8] (?) zu entgehen. Es fragt sich, weshalb den deutschen Fiskus der BA-Abzug im anderen Vertragsstaat, in welcher Größenordnung auch immer, so stört, erfolgt doch jedenfalls der BA-Abzug im Inland „anwenderstaatsorientiert" (s. § 50d Rn. 10a) in Einklang mit den hiesigen Rechtsregeln. – Die Regelung des § 4i entfernt sich aber ohnehin v. diesen Ansätzen. Letzten Endes wird nicht „nur" Refinanzierungsaufwand aus dem SBV II dem Abzugsverbot unterworfen, vielmehr jegliche Sonder-BA für Dienstleistungen oder Nutzungsüberlassungen eines MU'ers ggü. seiner MU'schaft, auch solche aus SBV I. „Entschärft" wird diese Auswirkung dadurch, dass in praxi idR S. 2 der Vorschrift eingreift (Rn. 5 ff.).[9] 1

Unabhängig davon ähnelt § 4i – und unterscheidet sich zugleich v. – dem ursprünglich angedachten **§ 4 Abs. 5a**, der iRd. Gesetzesinitiative zum **Zollkodex-AnpG** v. 22.12.2014[10] vom BR zur Begrenzung v. Zinsaufwendungen eingebracht wurde.[11] Auch diese Initiative zielte auf Basis der OECD-Arbeiten zur Maßnahme 2 des BEPS-Aktionsplans darauf ab, den BA-Abzug bei Inbound-Situationen allg., also nicht bloß für Sonder-BA, zu unterbinden, die infolge einer zwischenstaatlich unterschiedlichen Steuersubjektqualifikation entweder eine doppelte Nichtbesteuerung oder einen doppelten BA-Abzug („double dip") ermöglichen.[12] 2

1 BGBl. I 2016, 3000.
2 BGBl. I 2017, 1682.
3 *Milanin*, IStR 2015, 861.
4 Vgl. BT-Drucks. 18/10506, 84.
5 BT-Drucks. 18/10506, 76.
6 OECD, Aktionspunkt 2, Abschlussbericht 2015, 175; *Kahle/Braun*, DStZ 2018, 381 mwN. Zu erwägen sind uU auch Abstimmungen zur (sog. ATAD-)RL (EU) 2017/952 v. 29.3.2017 bzgl. hybrider Gestaltungen mit Drittländern, ABlEU Nr. L 144, 1; s. dazu *Nielsen/Westermann*, FR 2018, 1035; sa. *Köhler*, ISR 2018, 250; *Kudert/Kahlenberg*, StuW 2017, 344 (345); anders insoweit jedoch BT-Drucks. 18/9956, 3.
7 BT-Drucks. 18/10506, 76.
8 Vgl. BT-Drucks. 18/10506, 76.
9 *Schnitger*, IStR 2017, 214; *H/H/R*, § 4i Anm. J 16.6.
10 BGBl. I 2014, 2417.
11 BR-Drucks. 432/14.
12 Eingehend zB *Kahlenberg*, ISR 2015, 91; *Bolik/Kindler/Griesfeller*, StuB 2015, 261; *Berges/Rotter*, IWB 2015, 802; *Milanin*, IStR 2015, 861; *Kudert/Kahlenberg*, StuW 2017, 344; sa. *Jochimsen/Zinowsky*, ISR 2016, 106; *Köhler*, ISR 2018, 250; *Oertel*, BB 2018, 351.

Die seinerzeit beabsichtigte Regelung ist wg. ihrer drohenden Unvereinbarkeit mit dem **Unionsrecht** (und hierbei der Kapitalverkehrsfreiheit) allerdings nicht verwirklicht worden.[1] § 4i greift die dahinter stehende Absicht für einen reduzierten Teilbereich auf. Im Kern begegnet sie deshalb denselben unionsrechtlichen Bedenken wie zuvor § 4 Abs. 5a des seinerzeitigen Gesetzesentwurfs v. 22.12.2014.[2] Grenzüberschreitende Sachverhalte werden eben abw. v. reinen Inlandsfällen wg. ihrer Behandlung im anderen Mitgliedstaat behandelt, was als Rechtfertigung nicht taugt, und eine typisierende Missbrauchskomponente wäre überschießend und hat auch mit der Regelungsintention nichts zu tun.[3] Zu erwägen ist allerdings, dass sich der EuGH neuerlich v. der Orientierung auf das Inland zugunsten einer zweistaatlichen, „überdachenden" Betrachtung löst, wenn es gilt, eine „überstaatliche" Korrespondenz zu beurteilen. Ein Unionsrechtsverstoß schiede so gesehen denn doch aus.[4] Ob sich die unterschiedliche Behandlung v. rein inländ. und grenzüberschreitenden Sachverhalten gemessen an dem **abkommensrechtl. Diskriminierungsverbot** des Art. 24 Abs. 3 OECD-MA „stößt", wird diskutiert,[5] ist aber wg. der allenfalls indirekten Diskriminierung zumindest str. Sa. § 4j Rn. 6a. § 4i überzeugt zudem nicht, was seine **Verfassungsfestigkeit** angeht: Das intendierte Ergebnis mag zwar „gleichheitsgerecht" sein, es überschreibt aber das Abkommensrecht und muss sich insofern eine Verhältnismäßigkeitsprüfung gefallen lassen (s. dazu iErg. § 50d Rn. 25, 35a).[6]

2a **II. Sachlicher und persönlicher Anwendungsbereich.** In sachlicher Hinsicht werden Sonder-BA erfasst und damit in persönlicher Hinsicht (unbeschränkt wie beschränkt stpfl.,[7] unmittelbar wie mittelbar beteiligte[8]) MU'er v. (inländ.) PersGes., vorausgesetzt, der MU'er unterfällt in einem ausländ. Staat (nicht unbedingt desselben: keine Staatenidentität, s. aber auch Rn. 7)[9] der Besteuerung. Die notwendigen Zuordnungsmaßstäbe orientieren sich ausschließlich an § 15 Abs. 1 S. 1 Nr. 2 S. 2. Auf abkommensrechtl. Ansässigkeitskriterien im anderen Vertragsstaat kommt es nicht an. Soweit in der ursprünglichen Fassung der Vorschrift allerdings auf den G'ter einer PersGes. abgestellt wurde, erwies sich das als zu eng.[10] Erfasst werden auch MU'schaften, welche keine PersGes. sind, also atypisch stille Ges., sowie MU'er, die nicht die Stellung eines G'ters innehaben. Das wurde durch das StUmgBG v. 23.6.2017[11] neu geregelt;[12] die Neufassung erwies sich also als dringend vonnöten, weil sich andernfalls insbes. bei mehrstöckigen Strukturen „Abzugsausschlusslücken" gezeigt hätten, denen sich im Wege der „bloßen" Regelungsauslegung (Eingriffsrecht!) kaum hätte beikommen lassen.[13]

3 **III. Zeitlicher Anwendungsbereich.** Die neue Vorschrift ist **erstmals im VZ 2017** anzuwenden. Ob bezogen auf Dispositionen in der Vergangenheit eine verfassungsrechtl. relevante Rückwirkung gegeben ist, ist umstritten, iErg. aber wohl zu verneinen.[14]

4 **IV. Verhältnis zu anderen Vorschriften.** Unklar ist das Verhältnis der Neuregelung zu vergleichbaren Abzugsbeschränkungsnormen, so zu § 14 Abs. 1 S. 1 Nr. 5 KStG (Organschaft), auch zu § 4h (Zinsschranke). Vermutlich werden sich die Regelungsbereiche hier zT überschneiden und wechselseitig in ihren Rechtsfolgen konsumieren, zT aber auch ergänzen, zB dann, wenn der Tatbestand des § 14 Abs. 1 S. 1 Nr. 5 KStG zu „kurz" greift und jenseits des § 4i leerläuft.[15] Unbeschadet dessen dürfte § 4i ggü. **§ 14 Abs. 1 S. 1 Nr. 5 KStG** der Vorrang einzuräumen sein, weil hiervon erfasste Sonder-BA von vornherein nicht in die Einkünfte auf Ebene einer Organträger-PersGes. fallen und die Norm sonach bereits auf Ebene der Einkünfteermittlung greift.[16] Nach Auffassung des BFH[17] erfordert § 14 Abs. 1 S. 1 Nr. 5 KStG, um die Beschränkung auszulösen, allerdings ohnehin die konsolidierte Einkunftsermittlung einer Organträger-PersGes.; das dürfte die Anwendungskonkurrenz zu § 4i schon v. daher begrenzen. Im Verhältnis zu der

1 *Kahlenberg*, ISR 2015, 91; *Milanin*, IStR 2015, 861; jeweils mwN.
2 *Bärsch/Böhmer*, BB 2017, 567; *Schnitger*, IStR 2017, 214 (219); *Prinz*, GmbHR 2017, 553 (557); **aA** *Schmidt*[37], § 4i Rn. 12; *Blümich*, § 4i Rn. 12.
3 Ähnlich (in Bezug auf die sog. ATAD, s. dazu Rn. 1) *Nielsen/Westermann*, FR 2018, 1035 (1040f.); **aA** *Kanzler*, NWB 2017, 326; *Blümich*, § 4i Rn. 12; sa. *Kahle/Braun*, DStZ 2018, 381 (389).
4 *Kudert/Kahlenberg*, StuW 2017, 344 (357f.) mwN.
5 *Kudert/Kahlenberg*, StuW 2017, 344 (358f.).
6 **AA** *Blümich*, § 4i Rn. 9; *Kanzler*, NWB 2017, 326.
7 *Rüsch*, FR 2018, 299.
8 *Nielsen*, ISR 2018, 377; *Frotscher/Geurts*, § 4i Rn. 23; *Bärsch/Böhmer*, DB 2017, 567.
9 *Nielsen*, ISR 2018, 377; **aA** *Schnitger*, IStR 2017, 214 (218).
10 ZB *Schnitger*, IStR 2017, 214 (215).
11 BGBl. I 2017, 1682.
12 BT-Drucks. 8/11132, 47f., wo in gewohnter Weise von einer bloßen „Klarstellung" ausgegangen wird.
13 *Prinz*, GmbHR 2017, 553 (557); *Bärsch/Böhmer*, BB 2017, 567; **aA** *Schmidt*[37], § 4i Rn. 11.
14 *Blümich*, § 4i Rn. 10; **aA** *Schmidt*[37], § 4i Rn. 5.
15 *Blümich*, § 4i Rn. 25 (für den Fall einer PersGes. als Organträger).
16 *Pung/Benz*, StbJb. 2017/2018, 181 (184f.); *Weinberger*, IStR 2017, 970 (975); *Prinz*, DB 2018, 1615 (1619).
17 BFH v. 12.10.2016 – I R 92/12, GmbHR 2017, 425.

in **§ 4h** (ggf. iVm. § 8a KStG) geregelten sog. Zinsschranke dürfte § 4i ebenfalls spezialiter sein, weil er mit dem durch ihn bestimmten Abzugsausschluss „weiter" wirkt als der (nur) „zinsvortragende" § 4h.[1] Ganz zweifelsfrei ist das freilich nicht. Letzteres gilt gleichermaßen für das Verhältnis v. § 4i zu **§ 50d Abs. 10:** Man könnte meinen, diese Vorschrift gehe § 4i als die speziellere vor. Eher liegt aber die Annahme, dass der Abzugsausschluss nach § 4i allg. Geltung beansprucht und seinerseits vor einem etwaig über § 50d Abs. 10 „zurückgeholten" Steueranspr. systematisch zu prüfen ist.[2] § 4i findet dann im „Binnenbereich" v. § 50d Abs. 10 Anwendung. Ähnlich dürfte es sich bezogen auf das Verhältnis zu **§ 15 Abs. 3** im Allg. und zu **§ 50i** im Besonderen verhalten.

§ 4i findet (über § 8 Abs. 1 KStG) auf die **KSt** und (über § 7 S. 1 GewStG) auf die **GewSt** Anwendung, Letzteres auch dann, wenn dem anderen Staat eine GewSt unbekannt ist. 4a

B. Sachvoraussetzungen des Abzugsausschlusses (S. 1)

§ 4i S. 1 beschränkt den Abzug von **Aufwendungen** als **Sonder-BA**, ohne bei dem einen wie bei dem anderen Begriff definitorisch vorzugeben, was damit konkret gemeint ist (oder sein soll). (**1**) Der Terminus der **Aufwendungen** erfasst deswegen im allg. Sinne Wertabflüsse jedweder Art (vgl. auch § 4 Abs. 4, 5, § 9 Abs. 1 S. 1, § 12 Nr. 1 S. 2); ein tatsächlicher Abfluss ist nicht vonnöten, auch keine Unterscheidung v. einmalig oder lfd., als BA oder WK.[3] Vonnöten ist allerdings eine steuerrelevante Gewinnminderung; sind die Aufwendungen zu aktivieren (vgl. § 255 Abs. 3 S. 2 HS 2 HGB), sind sie hier unbeachtlich.[4] (**2**) Zum einen rechtsfolgeauslösend, zum anderen aber zugleich tatbestandsbegründend ist sodann die Qualifizierung der Aufwendungen **als Sonder-BA**. Eine entspr. Begriffsdeutung dafür fehlt erneut, wie auch andernorts im EStG. Vermutlich soll Bezug genommen werden auf das „Desiderat" langjährig entwickelter einschlägiger Rspr., was in dieser Form vor den Verfassungsgeboten des Gesetzesvorbehalts (Art. 20 Abs. 3 GG) zumindest merkwürdig dünkt. Einbezogen sind Sonder-BA aus dem SBV I ebenso wie dem SBV II.[5] Die Aufwendungen, welche dem Gesamthandsbereich der MU'schaft zugeordnet sind, werden nicht erfasst, auch nicht solche, die in eine Ergänzungsbilanz einfließen. Wer „Subjekt" des Abzugsausschlusses ist, bleibt unbeantwortet, wird aber regelmäßig ein G'ter (MU'er) sein (s. dazu Rn. 2a), gleichviel, ob dieser unbeschränkt oder beschränkt stpfl. ist; letzterenfalls wird allerdings idR § 50d Abs. 10 greifen und in der Outbound-Situation den BA-Abzug verhindern. 5

Auf dieser Basis verwirklicht sich durch **S. 1** der Vorschrift das innerstaatlich bereits aus § 8b Abs. 1 S. 2 KStG (für Outbound-Situationen) bekannte (und insoweit und als solches iRd. BEPS-Konzepts v. der OECD eingeforderte) sog. **Korrespondenzprinzip** (s. Rn. 1 f.): Die Norm verbindet den Abzug der Sonder-BA im vorstehenden Sinne (Rn. 1) mit dem Abzug nämlicher Sonder-BA im Ausland, gleichviel, ob dies ein einfacher oder mehrfacher BA-Abzug ist.[6] Deutschland verkürzt also den BA-Abzug nach seinen Regeln in Abhängigkeit v. der im Ausland geübten Handhabung. Den Nachteil hätte der StPfl., wenn er diese Handhabung im Ausland **nachweisen** müsste, um in den Vorteil des Abzugs zu gelangen. Auf welche Weise das zu geschehen hätte, bleibt ungewiss, vermutlich durch konkrete Buchführungsunterlagen, nicht bloß mittels GuV-Verrechnungen oder eines Steuerbescheids.[7] Da der Abzug v. BA dem objektiven Nettoprinzip und damit dem Leistungsfähigkeitsprinzip, gewissermaßen als Referenzgröße, entspricht und da das G diesem Prinzip widersetzend den Abzug ausschließt, ließe sich allerdings mit guten Gründen auch (und eher) vertreten, dass es der Fiskus ist, der (unter Beachtung v. § 90 Abs. 2 AO und einer gewissen Beweisvorsorge des StPfl.) den beanstandeten Doppelabzug als Voraussetzung für den Abzugsausschluss als Ausnahme nachzuweisen hat, nicht jedoch der StPfl.[8] Das Gegenteil wird Letzterem vielfach auch gar nicht möglich sein, weil sich die Besteuerungsebenen und -zeiträume verschieben und sich die Dinge aufgrund des ausländ. Rechts verkomplizieren.[9] Eine Nachweispflicht wäre hier allemal unzumutbar. 5a

---

1 Ähnlich *Prinz*, GmbHR 2017, 553 (555); *Prinz*, DB 2018, 1615 (1616 f.); *Pung/Benz*, StbJb. 2017/2018, 181 (185); *Heckerodt*, IWB 2017, 720 (730).
2 *Blümich*, § 4i Rn. 20; *Prinz*, GmbHR 2017, 553 (556); *Gah/Wangler*, IStR 2018, 817 (822); *Käshammer/Gasser/Bellgardt*, ISR 2018, 115 (121); *Heckerodt*, IWB 2017, 720 (730); *Prinz*, DB 2018, 1615 (1618); *Schnitger*, IStR 2017, 214 (215); *Blümich*, § 4i Rn. 20; *Kahle/Braun*, DStZ 2018, 381 (388); **aA** *Bergmann*, FR 2017, 126; *Kanzler*, NWB 2017, 326 (328); offen *Kudert/Kahlenberg*, StuW 2017, 344 (345 f.); sa. mit weiteren Bsp. *Blumenberg*, JbFfSt. 2017/2018, 376 (377).
3 *Rüsch*, FR 2018, 299; *Schmidt*[37], § 4i Rn. 13.
4 *Nielsen*, ISR 2018, 377.
5 *Schnitger*, IStR 2017, 214; *Gah/Wangler*, IStR 2018, 817 (821); **aA** *Kudert/Kahlenberg*, StuW 2017, 344 (349 und passim).
6 *Nielsen*, ISR 2018, 377.
7 *Rüsch*, FR 2018, 299 (302 f.); **aA** *Schnitger*, IStR 2017, 214 (216).
8 *Prinz*, GmbHR 2017, 553 (556); sa. *Schnitger*, IStR 2017, 214 (216 f.); *Kanzler*, NWB 2017, 326 (329).
9 S. *Bergmann*, FR 2017, 126; *Rüsch*, FR 2018, 299 (302).

6 So oder so wird der Sonder-BA-Abzug stets nur ausgeschlossen, soweit es im Ausland zu einem BA-Abzug kommt, regelmäßig also im Falle v. Anrechnungs-DBA und in Nicht-DBA-Fällen (sa. Rn. 7).[1] Die Ausgaben müssen dort grds. zum Abzug zugelassen sein,[2] auf welcher Rechtsgrundlage auch immer, ggf. auch bloß auf tatsächlicher Grundlage und ohne entspr. Rechtsbefehl im ausländ. Recht.[3] Sie müssen dem steuerbaren und stpfl. Bereich zugeordnet werden und sie dürfen keinem Abzugsverbot unterfallen, etwa einer Zinsschrankenregelung uÄ.[4] Auf dieser Basis erfordert die Vorschrift eine **bloße Sachkorrespondenz:** Der Abzug der Sonder-BA des MU'ers wird verhindert, „**soweit**" diese auch die „Steuerbemessungsgrundlage in einem anderen Staat mindern". **Bei wem** sie diese mindern, ist ersichtlich gleichgültig. Ein personaler wechselseitiger Bezug fehlt. Ob angesichts dessen eine interne (konsolidierte) Gruppenverrechnung etwas an dem Abzugsausschluss ändert, ist fraglich, prinzipiell aber wohl zu bejahen: Der Regelungstext enthält dazu keine Einschränkung. Es genügt deshalb, um § 4i „auszulösen", (wohl) eine wirtschaftl. Abzugsfähigkeit „durch Verrechnung" mit entspr. Erträgen.[5] Ebenso wenig ist beachtlich, aus welchem (Rechts-)Grunde gemindert wird (sicherlich nicht als „Sonder-BA", ist dieser Begriff im ausländ. Recht doch zumeist unbekannt), und schließlich ist auch keine **Zeitkorrespondenz** im betr. Besteuerungszeitraum vorgesehen. Der Abzugsausschluss greift vielmehr periodenübergreifend auch, wenn der Abzug in dem anderen Staat in einem vorhergehenden oder nachfolgenden VZ, Steuerjahr, Wj. oder Kj. geltend gemacht wird.[6] Beachtlich ist das vor allem dann, wenn durch die Aufwendungen ein Verlustvortrag erhöht wird; hier kann sich der Abzug erst auswirken, wenn auch der Verlust „verbraucht" wird.[7] Es liegt mithin anders als zB bei der Anrechnung ausländ. Steuern nach § 34c Abs. 1, bei der das G eine Zeitkorrespondenz gerade einfordert (dort Rn. 20). In der praktischen Konsequenz werden sich daraus häufig doppelte Besteuerungen ergeben, je nachdem, ob der Steuerbescheid für den betr. vorangegangenen VZ bereits bestandskräftig geworden ist oder nicht; allerdings wird in derartigen „rückwirkenden" Konstellationen ggf. § 175 Abs. 1 Nr. 2 AO helfen (sa. Rn. 8).[8] In gewisser Weise willkürlich wird sonach die für den StPfl. jeweils nachteilige Lösung ersucht. Allerdings (und immerhin) wird es auf ein **konkretes „Mindern"** der Besteuerungsgrundlage im Ausland ankommen, nicht auf ein bloß abstraktes „Mindernkönnen" (sa. Rn. 7). Der so verstandene Abzugsausschluss soll „zielgenau"[9] nur die Sonder-BA treffen, ohne Auswirkungen auf das Gesamthandsvermögen der PersGes. – Zur Diskussion darüber, ob ein denkbarer doppelter Abzug v. BA durch Anwendung der Grundsätze des Dotationskapitals eingeschränkt werden kann (s. §§ 12, 13 BsGaV), sofern der ausländ. MU'er über eine eigene Betriebsstätte verfügt, s. *van Lishaut*, BB 2018, 791; *Prinz*, DB 2018, 1615 (1617).

C. Ausnahme bei „doppelter" Ertragsbesteuerung (S. 2)

7 **§ 4i S. 2** der Vorschrift trifft eine **Ausnahme** v. dem in S. 1 bestimmten Abzugsverbot für jene Situation, dass die betr. Aufwendungen zwar zweifach in Abzug gebracht, jedoch vice versa zugleich auch damit zusammenhängende (steuerbare und stpfl.) Erträge zweifach erfasst werden. Der Gesetzgeber wirkt hier fürsorglich: Er befürchtet „überschießende Wirkungen", insbes. in den Fällen der Steueranrechnung oder des Fehlens einschlägiger DBA mit Vereinbarung der sog. Freistellungsmethode. Anders als bei dem in S. 1 formulierten Grundsatz (Rn. 5) gilt die Erleichterung aber immer nur für „die" Erträge (= jedweder Art, nicht etwa bloß Sonder-BE,[10] gleichviel auch, ob PV oder BV)[11] „desselben StPfl.", also **personenidentisch** bei dem nämlichen MU'er als maßgebendem „Steuersubjekt" (ebenfalls Rn. 5), und nicht allg.;[12] die PersGes. bemisst sich nach deutschem Recht und ist unabhängig v. einem etwaigen zwischenstaatlichen Qualifikationskonflikt (transparent/intransparent).[13] Deutsches Recht entscheidet auch darüber, ob ein Vorgang der Ges. oder aber dem G'ter zuzurechnen ist. Die Ertragszurechnung und die Ertragserfassung müssen zudem – einerseits – „**tatsächliche**" sein. Es genügt nicht, wenn Zurechnung wie Erfassung nur abstrakt

1 BT-Drucks. 406/1716, 5; *Kudert/Kahlenberg*, StuW 2017, 344 (348).
2 *Schnitger*, IStR 2017, 214 (215); *Gah/Wangler*, IStR 2018, 817 (821).
3 *Schnitger*, IStR 2017, 215; *Kahle/Braun*, DStZ 2018, 381; *Rüsch*, FR 2018, 299.
4 *Käshammer/Gasser/Bellgardt*, ISR 2018, 115.
5 *Rüsch*, FR 2018, 299 (301 f.); **aA** *Kudert/Kahlenberg*, StuW 2017, 344 (348), aber nur für Fälle der Vollkonsolidierung; *Prinz*, DB 2018, 1615; zweifelnd insoweit aber *van Lishaut*, BB 2018, 791 (794), mit Blick darauf, dass gleichzeitig stl. nicht berücksichtigte Erträge v. § 4i S. 1 allemal nicht erfasst bleiben.
6 *Prinz*, GmbHR 2017, 553 (556); *Rüsch*, FR 2018, 299 (304).
7 *Schnitger*, IStR 2017, 214 (216); *Kudert/Kahlenberg*, StuW 2017, 344 (351).
8 *Schnitger*, IStR 2017, 214 (216); *Rüsch*, FR 2018, 299 (304); *Käshammer/Gasser/Bellgardt*, ISR 2018, 115; *Gah/Wangler*, IStR 2018, 817 (821); **aA** *Retzer/Sommer*, ISR 2016, 377 (382).
9 BT-Drucks. 18/10506, 77.
10 *Schnitger*, IStR 2017, 214 (218); *Gah/Wangler*, IStR 2018, 817 (821).
11 *Schnitger*, IStR 2017, 214 (218).
12 *Pung/Benz*, StbJb. 2017/2018, 181 (187).
13 Wohl auch *Nielsen*, ISR 2018, 377.

der Regelungslage im anderen Staat entsprechen, auch nicht, wenn die Erträge in dem anderen Staat nicht steuerbar oder sachlich oder persönlich steuerbefreit sind.[1] Einer positiven Steuerfestsetzung als Erfassungsvoraussetzung bedarf es allerdings nicht, jedoch einer „quantitativen Korrelation"[2] zw. Aufwand und Ertrag in Gestalt des „soweit" des Abzugsausschlusses (sa. Rn. 6).[3] Andererseits genügt es, wenn die Besteuerung in irgendeiner Weise erfolgt; einer konkreten Sachkorrespondenz zu den Aufwendungen bedarf es nicht, ebenso wenig einer Zeitkorrespondenz. Die Erträge können also in einem abw. VZ erfasst werden, sie können das auch auf einer abw. Rechtsgrundlage, zB im Rahmen einer CFC-Regulation.[4] In diesen beiden Punkten weicht S. 2 v. den Erfordernissen des S. 1 ab (Rn. 5). Es gilt hier zudem **Staatenidentität.** Die Erträge müssen in dem betr. Abzugsstaat erfasst werden; beim Abzug in mehreren Staaten (s. Rn. 2a) vice versa in jenen nämlichen Staaten.[5]

Den **Nachweis** für das Vorliegen der Tatbestandsvoraussetzungen des S. 2 hat (ggf. abw. v. S. 1, s. Rn. 4) 8
der StPfl. zu erbringen („nachweislich", vgl. § 90 Abs. 2 AO). Das hat beträchtlichen administrativen Mehraufwand für den StPfl. zur Folge,[6] nicht zuletzt deswegen, weil sich das Nachzuweisende nach dem Steuerrecht des anderen Vertragsstaats richtet; der Vorteil der zwischenstaatlich vereinbarten Freistellungsmethode wird damit einmal mehr zunichte gemacht. Der später erbrachte Nachweis hat rückwirkende Kraft iSv. § 175 Abs. 1 S. 1 Nr. 2 AO. Wird der Steuerabzug nachträglich bekannt, kann § 173 Abs. 1 Nr. 1 AO greifen, weil ausländ. Steuerrecht als Tatsache iSd. Vorschrift zu werten ist.[7] Ggf. ist auch an § 174 und an § 175 Abs. 1 S. 1 Nr. 2 AO zu denken.[8]

D. Rechtsfolge

Rechtsfolge des § 4i besteht in dem (ggf. quantitativ beschränkten, s. Rn. 6) **Abzugsausschluss.** In rechts- 9
systematischem Kontext zu anderen Ausschlusstatbeständen (zB § 4 Abs. 4, § 4h, s. zu Letzterem aber Rn. 4) geschieht dies im Rahmen einer außerbilanziellen Korrektur auf der 2. Gewinnermittlungsstufe. Im Falle einer Konkurrenz unterschiedlicher Korrekturnormen entscheidet diejenige Norm, deren Wirkungen am weitesten gehen (ähnlich § 1 Abs. 1 AStG, § 8 Abs. 3 S. 2 KStG).

§ 4j Aufwendungen für Rechteüberlassungen

(1) [1]Aufwendungen für die Überlassung der Nutzung oder des Rechts auf Nutzung von Rechten, insbesondere von Urheberrechten und gewerblichen Schutzrechten, von gewerblichen, technischen, wissenschaftlichen und ähnlichen Erfahrungen, Kenntnissen und Fertigkeiten, zum Beispiel Plänen, Mustern und Verfahren, sind ungeachtet eines bestehenden Abkommens zur Vermeidung der Doppelbesteuerung nur nach Maßgabe des Absatzes 3 abziehbar, wenn die Einnahmen des Gläubigers einer von der Regelbesteuerung abweichenden, niedrigen Besteuerung nach Absatz 2 unterliegen (Präferenzregelung) und der Gläubiger eine dem Schuldner nahestehende Person im Sinne des § 1 Absatz 2 des Außensteuergesetzes ist. [2]Wenn auch der Gläubiger nach Satz 1 oder eine andere dem Schuldner nach Satz 1 nahestehende Person im Sinne des § 1 Absatz 2 des Außensteuergesetzes wiederum Aufwendungen für Rechte hat, aus denen sich die Rechte nach Satz 1 unmittelbar oder mittelbar ableiten, sind die Aufwendungen nach Satz 1 ungeachtet eines bestehenden Abkommens zur Vermeidung der Doppelbesteuerung auch dann nur nach Maßgabe des Absatzes 3 abziehbar, wenn die weiteren Einnahmen des weiteren Gläubigers einer von der Regelbesteuerung abweichenden, niedrigen Besteuerung nach Absatz 2 unterliegen und der weitere Gläubiger eine dem Schuldner nach Satz 1 nahestehende Person im Sinne des § 1 Absatz 2 des Außensteuergesetzes ist; dies gilt nicht, wenn die Abziehbarkeit der Aufwendungen beim Gläubiger oder der anderen dem Schuldner nahestehenden Person bereits nach dieser Vorschrift beschränkt ist. [3]Als Schuldner und Gläubiger gelten auch Betriebsstätten, die ertragsteuerlich als Nutzungsberechtigter oder Nutzungsverpflichteter der Rechte für die Überlassung der Nutzung oder des Rechts auf Nutzung von Rechten behandelt werden. [4]Die Sätze 1 und 2 sind nicht anzuwenden, soweit sich die niedrige Be-

1 *Rüsch*, FR 2018, 299 (303 f.).
2 *Blümich*, § 4i Rn. 64.
3 *Nielsen*, ISR 2018, 377: kein „ausschließliches" Erfassen.
4 *Schnitger*, IStR 2017, 214 (218).
5 *Schnitger*, IStR 2017, 214 (218).
6 *Sommer/Retzer*, ISR 2016, 377 (380).
7 BFH v. 19.1.2017 – IV R 50/14, BStBl. II 2017, 456; **aA** *Rüsch*, FR 2018, 299 (304).
8 Im Einzelnen *Rüsch*, FR 2018, 299 (304).

steuerung daraus ergibt, dass die Einnahmen des Gläubigers oder des weiteren Gläubigers einer Präferenzregelung unterliegen, die dem Nexus-Ansatz gemäß Kapitel 4 des Abschlussberichts 2015 zu Aktionspunkt 5, OECD (2016) „Wirksamere Bekämpfung schädlicher Steuerpraktiken unter Berücksichtigung von Transparenz und Substanz", OECD/G20 Projekt Gewinnverkürzung und Gewinnverlagerung[1], entspricht. [5]Die Sätze 1 und 2 sind insoweit nicht anzuwenden, als auf Grund der aus den Aufwendungen resultierenden Einnahmen ein Hinzurechnungsbetrag im Sinne des § 10 Absatz 1 Satz 1 des Außensteuergesetzes anzusetzen ist.

(2) [1]Eine niedrige Besteuerung im Sinne des Absatzes 1 liegt vor, wenn die von der Regelbesteuerung abweichende Besteuerung der Einnahmen des Gläubigers oder des weiteren Gläubigers zu einer Belastung durch Ertragsteuern von weniger als 25 Prozent führt; maßgeblich ist bei mehreren Gläubigern die niedrigste Belastung. [2]Bei der Ermittlung, ob eine niedrige Besteuerung vorliegt, sind sämtliche Regelungen zu berücksichtigen, die sich auf die Besteuerung der Einnahmen aus der Rechteüberlassung auswirken, insbesondere steuerliche Kürzungen, Befreiungen, Gutschriften oder Ermäßigungen. [3]Werden die Einnahmen für die Überlassung der Nutzung oder des Rechts auf Nutzung von Rechten einer anderen Person ganz oder teilweise zugerechnet oder erfolgt die Besteuerung aus anderen Gründen ganz oder teilweise bei einer anderen Person als dem Gläubiger oder dem weiteren Gläubiger, ist auf die Summe der Belastungen abzustellen. [4]§ 8 Absatz 3 Satz 2 und 3 des Außensteuergesetzes gilt entsprechend.

(3) [1]Aufwendungen nach Absatz 1 sind in den Fällen einer niedrigen Besteuerung nach Absatz 2 nur zum Teil abziehbar. [2]Der nicht abziehbare Teil ist dabei wie folgt zu ermitteln:

$$\frac{25\,\% - \textbf{Belastung durch Ertragsteuern in \%}}{25\,\%}$$

Literatur: *Adrian/Tigges*, Die geplante Lizenzschranke nach § 4j, StuB 2017, 228; *Benz/Böhmer*, Der RegEntw. eines § 4j zur Beschränkung der Abziehbarkeit von Lizenzzahlungen (Lizenzschranke), DB 2017, 206; *Brandt*, Vereinbarkeit der sog. Lizenzschranke mit dem Grundsatz der Besteuerung nach der Leistungsfähigkeit und mit den unionsrechtlichen Grundfreiheiten, DB 2017, 1483; *Ditz/Quilitzsch*, Gesetz gegen schädliche Steuerpraktiken im Zusammenhang mit Rechteüberlassungen – die Einführung einer Lizenzschranke in § 4j, DStR 2017, 1561; *Drummer*, Lizenzschranke: Abzugsbeschränkung vs. Tax Credit aus EU-rechtlicher Sicht, IStR 2017, 602; *Englisch*, Patentboxen im Post-BEPS-Zeitalter – Eine Würdigung stl. Privilegierung von IP-Einkommen nach dem Nexus Approach, StuW 2017, 331; *Frase*, Grenzüberschreitende Lizenzverträge – ertragsteuerliche Optimierungsansätze, KÖSDI 2017, 20341; *Geurts/Staccioli*, § 4j – das neue Abzugsverbot für Lizenzaufwendungen, IStR 2017, 514; *Grotherr*, Abzugsverbot für Lizenzzahlungen an nahestehende Unternehmen bei Nutzung von steuerschädlichen IP-Boxen („Lizenzschranke"), Ubg 2017, 233; *Hagemann/Kahlenberg*, Zweifelsfragen zur Wirkung der grenzüberschreitenden Lizenzschranke – Verhältnis des § 4j zur (ausländ.) Hinzurechnungsbesteuerung und anderen ausländ. Abwehrmaßnahmen, IStR 2017, 1001; *Hagemann/Kahlenberg*, Die Lizenzschranke (§ 4j) aus verfassungs- und unionsrechtl. Sicht, FR 2017, 1125; *Heidecke/Holst*, Begrenzung der Abzugsfähigkeit v. Lizenzaufwendungen, NWB 2017, 128; *Heil/Pupeter*, Lizenzschranke – Update zum Inkrafttreten des § 4j, BB 2017, 1947; *Holle/Weiss*, Einschränkung des Abzugs für Aufwendungen aus einer Rechtsübertragung – Erste Anmerkungen zum RegEntw. eines § 4j, FR 2017, 217; *Höreth/Stelzer*, Entwurf einer Lizenzschranke – Einschränkung des BA-Abzugs, DStZ 2017, 270; *Hörster*, Steuerumgehungsbekämpfungsgesetz und Lizenzschrankengesetz im Überblick, NWB 2017, 1875; *Illing* in Beck'sches Steuer- und Bilanzrechtslexikon, Lizenzschranke, 2017; *Jarass/Obermair*, Angemessene Unternehmensbesteuerung – National umsetzbare Maßnahmen, 2017; *Jochimsen/Zinowsky/Schraud*, Die Lizenzschranke nach § 4j – Ein Gesellenstück des

1 Amtlicher Hinweis: Zu beziehen unter OECD Publishing, Paris, http://dx.doi.org/10.1787/9789264258037-de.

deutschen Gesetzgebers, IStR 2017, 593; *Kahlenberg/Oppel*, Anti-BEPS-Richtlinie: Erweiterung um Regelungen zur Neutralisierung von hybriden Gestaltungen mit Drittstaaten, IStR 2017, 205; *Kramer*, Die Lizenzgebührenschranke und die Hinzurechnungsbesteuerung, ISR 2018, 1; *Kühbacher*, Die neue Lizenzschranke aus unionsrechtlicher Sicht, DStZ 2017, 829; *Kußmaul/Ditzler*, Die Lizenzschranke nach § 4j, StB 2018, 8; *C. Link*, Die Lizenzschranke – Legitime Reaktion des Gesetzgebers auf schädliche Präferenzregime, DB 2017, 2372; *M. Link/Süßmann*, Die deutsche „Lizenzschranke" – Entwicklung, gesetzliche Umsetzung, weitere offene Fragen, SAM 2017, 149; *Loose*, Die neue gesetzliche Regelung zur sog. Lizenzschranke, RIW 2017, 655; *van Lück*, Gesetzentwurf zur Einführung einer Lizenzschranke durch § 4j, IStR 2017, 388; *van Lück*, Lizenzen im Unternehmensverbund, IWB 2017, 565; *van Lück/Niemeyer*, Die Lizenzschranke in § 4j, IWB 2017, 440; *Jo. Lüdicke*, Substanzanforderungen im Ertragsteuerrecht, StbJb. 2017/18, 631; *Jü. Lüdicke*, Wogegen richtet sich die Lizenzschranke?, DB 2017, 1482; *Max/Thiede*, Der Gesetzesentwurf zur Einführung einer Abzugsbeschränkung für Lizenzaufwendungen – „Lizenzschranke", StB 2017, 175; *Moritz/Baumgartner*, Ausgewählte Praxisfragen bei Erstanwendung der Lizenzschranke gem. § 4j, DB 2018, 2135; *Moser*, Lizenzschranke: Zweifelsfragen iZm. § 4j Abs. 1 S. 5 – Muss der Schuldner der Lizenzgebühren auch Hinzurechnungsadressat sein?, FR 2018, 309; *Moser*, Was ist eine „Präferenzregelung" iSd. § 4j?, RIW 2018, 348; *Moser*, Zum Verhältnis der Lizenzschranke gem. § 4j zu § 15 AStG, IStR 2018, 313; *Pinkernell*, „GILTI" as charged? – Mögliche Auswirkung der US-Steuerreform auf die deutsche Lizenzschranke gem. § 4j, IStR 2018, 249; *Pötsch*, § 4j EStG und das Nettoprinzip – eine grundsätzliche Verteidigung, DStR 2018, 761; *Pötsch*, § 4j EStG und die Grundfreiheiten des AEUV – Bestandsaufnahme und Verteidigung, IStR 2018, 417; *Pung/Benz*, Neue steuerliche Abzugsbeschränkungen, StbJb. 2017/2018, 181; *Reiter*, Einzelwirtschaftliche Analyse der Lizenzschranke gem. § 4j, ISR 2018, 80; *Richter/John*, Was bewirkt und erfordert die neu eingeführte Lizenzschranke nach § 4j?, WPg 2017, 1090; *Ritzer/Stangl/Karnath*, Zur geplanten „Lizenzschranke", Der Konzern 2017, 68; *Ritzer/Stangl/Karnath*, Update zur Lizenzschranke, Der Konzern 2017, 401; *Schneider/Junior*, Die Lizenzschranke – Überblick über den RegEntw. zu § 4j, DStR 2017, 417; *Schnitger*, Weitere Maßnahmen zur BEPS-Gesetzgebung in Deutschland, IStR 2017, 214; *Schnitger*, Unionsrechtliche Würdigung der Lizenzschranke gem. § 4j, DB 2018, 147; *Schönhaus*, Gesetzesentwurf zur Lizenzschranke: Begrenzung steuereffizienter IP-Strukturen, GRURPrax 2017, 93; *Thiede*, Besitzen Patentboxregime eine Zukunft? – Eine beihilferechtliche Untersuchung, IStR 2016, 283; *Titgemeyer*, Steuergestaltung bei multinationalen Konzernen: kritische Diskussion der deutschen Lizenzschranke, DStZ 2017, 745; *Weigel/Schega*, Nexus-Ansatz und Lizenzschranke, StuB 2018, 668; *Zinowsky/Ellenrieder*, Innovative Besteuerung des Foreign-Derived Intangible Income als Ergebnis der US-Steuerreform – Präferenzregelung iSd. Lizenzschranke?, IStR 2018, 134.

A. Grundaussagen der Vorschrift

I. Regelungsgegenstand. Die Regelung des § 4j wird allg. als **Lizenzschranke** bezeichnet. Sie dient der Abwehr missbräuchlicher (Rn. 2) Gewinnverlagerungen mittels Rechteüberlassungen („intellectual property") zw. multilateral agierenden konzernierten Unternehmen. Ihr Ziel ist es, solchen Gewinnverlagerungen zu begegnen und die Besteuerung allein dem Staat zugutekommen zu lassen, in welchem die Wertschöpfung stattfindet. Dieses Ziel lässt sich in Anbetracht zwischenstaatlichen Wettbewerbs („race to the bottom") oftmals nur schwer erreichen (und wird sich nach Beschließung über die US-Tax-Reform nach wie vor kaum erreichen lassen). Denn eine Reihe von Staaten bietet stl. Anreize für die Ansiedlung v. Unternehmen, die im weitesten Sinne im Bereich v. intellectual property tätig sind. Sie betreiben Standortpolitik, indem sie solche Unternehmen einem stl. vorteilhaften Präferenzsystem unterwerfen. Solche Systeme sind unterschiedlich ausgestaltet. Teilweise bedient man sich hier sog. IP-, Lizenz- oder Patentboxen (so zB Belgien,[1] Luxemburg, Frankreich, Portugal, Spanien, die Niederlande, Ungarn, Großbritannien). Die OECD erkennt darin neuerlich in ihrem Kampf zur Sicherung des staatlichen Besteuerungssubstrats (BEPS), der sich in dem Abschlussbericht 2015 zu Aktionspunkt 5 des OECD-/G20-Projekts Gewinnverkürzung und Gewinnverlagerung, OECD (2016), niederschlägt,[2] eine „wettbewerbswidrige" Schädlichkeit und nicht hinzunehmende Gewinnverlagerung ohne substanzielle wirtschaftl. Aktivität. Erforderlich sei ein Mindestmaß an Substanz und substanzieller Geschäftstätigkeit, welche sich in dem jeweiligen Staat tatsächlich niederschlägt; man spricht v. dem sog. (modified) **Nexus Approach**. Tragen einzelne Staaten diesem Ansatz der OECD nicht Rechnung und/oder handelt es sich um Staaten, die nicht der OECD angehören, drohen Besteuerungsausfälle. Grund dafür ist zum einen, dass infolge der Zins-/Lizenz-RL für Lizenzzahlungen innerhalb der Union ein Steuerabzug ausscheidet (vgl. § 50g, s. § 50g Rn. 11). Zum anderen, weil Art. 12 OECD-MA das Besteuerungsrecht auf Lizenzgebühren dem Ansässigkeitsstaat des Gebührengläubigers zuordnet und zudem auf Lizenzzahlungen keinen oder allenfalls einen auf 10 % begrenzten Steuerabzug vorsieht. Um dadurch und durch die besagten Lizenzboxen bedingte „Steueroptimierungen" im bi- und multilateralen Bereich vorzubeugen, agiert der deutsche Gesetzgeber einseitig und schafft mit § 4j eine Abzugsbeschränkungsnorm für Aufwendungen für Rechteüberlassungen an nahestehende Personen: „Steuern sollen … dem Staat zustehen, in dem die der Wertschöpfung zugrunde liegende Aktivität 1

1 S. dazu *de Wolf*, IWB 2017, 638.
2 Abschlussbericht 2015 zu Aktionspunkt 5 des OECD-/G20-Projekts Gewinnverkürzung und Gewinnverlagerung, OECD (2016): „Wirksame Bekämpfung schädlicher Steuerpraktiken unter Berücksichtigung von Transparenz und Substanz", zu beziehen unter OECD Publishing, Paris, http://dx.doi.org/10.1787/9789264258037-de.

stattfindet, und nicht dem Staat, der den höchsten Steuerrabatt bietet."[1] Eine vergleichbare Rechtsvorschrift hat Österreich in die Welt gesetzt, § 12 Abs. 1 Nr. 10 öKStG.[2]

2 **II. Abzugsverbot vs. Missbrauchsverhinderung.** Im Kern soll § 4j damit die Inanspruchnahme ausländ.[3] Steuerpräferenzen durch eine dritte Person verhindern, die als solche und „eigentlich" gänzlich bedenkenfrei ist. Der inländ. StPfl. wird dafür bestraft,[4] dass „sein" Gläubiger (= die dritte Pers.) Steuervorteile im anderen Staat beanspruchen darf und jener Staat im intern. Steuerwettbewerb womöglich unredlich oder „unfair" agiert. Zum Behufe eines „überdachenden" Leistungsfähigkeitsausgleichs trifft man damit anstelle des anderen Staats, der die Präferenz „anbietet", strenggenommen den Falschen, den Schuldner desjenigen, der den Steuervorteil dort in Anspr. nimmt. Deutschland sanktioniert übergriffig („systematische Schieflage")[5] in jenem anderen Staat statuierte Standortpräferenzen, die es eigentlich nichts angehen, es okkupiert zugleich das in dem anderen Staat auflaufende (für Deutschland also „fremde") Besteuerungssubstrat „übergriffig" und „durch die Hintertür". Das erklärt sich von daher nur aus dem befürchteten Verlust eigenen Steuersubstrats. Letzten Endes geriert sich Deutschland als „edler" Wettbewerbshüter. Das kann aus rechtspolitischer Sicht verständlich sein, widerspricht aber **aus verfassungsrechtl. Sicht** dem innerstaatlichen Leistungsfähigkeitsprinzip[6] (Art. 3 Abs. 1 GG, Rn. 6) und lässt sich nicht ohne Weiteres rechtfertigen. Denn die Vorgaben des Nexus-Ansatzes der OECD sehen keineswegs vor, dass „ein den Nexus-Anforderungen nicht genügendes Präferenzsystem durch eine Besteuerung des Schuldners der Lizenzgebühren neutralisiert werden soll",[7] und ohnehin gehört die Beachtung v. OECD-Wettbewerbsregeln der Staatengemeinschaft nicht zum „ordre public".[8] Anders mag es indessen sein, wenn man „subkutan" eine kollusive Absprache zw. dem Schuldner und dem ihm nahestehenden (s. Rn. 9) Gläubiger zulasten des Schuldnerstaats vermutet und unterstellt. Dieser Staat ist legitimiert, darin einen Missbrauch zu „identifizieren" und diesen entspr. konstitutiv zu ahnden. Ob eine solche Vermutung und Unterstellung belastbar ist, ist zwar keineswegs sicher. In den Gesetzesmaterialien ist nicht v. Missbrauch, sondern v. „schädlichen Steuerpraktiken" die Rede. Immerhin wird das Abzugsverbot dort explizit „nur"[9] mit einander Nahestehenden iSv. § 1 Abs. 2 AStG verbunden. Es liegt (auch) in Anbetracht dessen durchaus nahe anzunehmen, dass § 4j in rechtstypisierend-grober (= gröbster) Tatbestandlichkeit (vorgeblich) steuermissbräuchlichen Substratverlagerungen entgegentreten soll, auch dann, wenn eine Missbrauchsabsicht im Einzelfall nicht besteht.[10] Das Abzugsverbot fungiert so gesehen als „aufwandsinduzierte" Umkehrung der Missbrauchsvermeidungsregelung des § 50d Abs. 3: Sind es dort – beim treaty shopping – die Einnahmen, ist es hier – bei den Aufwendungen, die die Rechtswirkungen auslösen – das „box shopping". Die Vorschrift ist in ihren Wirkungen allerdings überschießend (s. Rn. 23, 27). Das muss bei Annahme einer Missbrauchsvermeidung zwar nichts an der Verfassungsmäßigkeit ändern.[11] Die Vorschrift ist deswegen aber wohl **unionsrechtswidrig** (Verstoß gegen die Dienstleistungs-, ggf. auch die Niederlassungsfreiheit, Art. 56, 49 AEUV).[12] Auch wenn man das anders einschätzt und (in Einklang mit der

---

1 BT-Drucks. 18/11233, 1; BR-Drucks. 59/17, 1.
2 S. dazu krit. *Drummer*, IStR 2017, 602; *Trinks*, IWB 2014, 211; *Kußmaul/Ditzler*, StB 2018, 8.
3 Deutschland kennt gegenwärtig keine solchen Steuerprivilegien. Zur Diskussion um die Einf. solcher Privilegien zur Förderung v. F & E s. *Englisch*, StuW 2017, 331.
4 *Schnitger*, DB 2018, 147: „Geiselnahme".
5 *M. Link/Süßmann*, SAM 2017, 150 (151 f.); *Heidecke/Holst*, IWB 2017, 128 (134 f.); *Holle/Weiss*, FR 2017, 219.
6 *Hagemann/Kahlenberg*, FR 2017, 1125.
7 *Englisch*, DStJG 41/2018, 273 (334 f.); **aA** *Brandt*, DB 2017, 1483.
8 *Schneider/Junior*, DStR 2017, 417 (424); *Pung/Benz*, StbJb. 2017/2018, 181 (196 ff.); *van Lück*, IStR 2017, 388 (389); *Jochimsen/Zinowsky/Schraud*, IStR 2017, 593 (598); *Benz/Böhmer*, DB 2017, 206 (211); *Titgemeyer*, DStZ 2017, 745 (750); *Ditz/Quilitzsch*, DStR 2017, 1561; *Adrian/Tigges*, StuB 2017, 228 (233); *Heidecke/Holst*, IWB 2017, 128 (134); *Heil/Pupeter*, BB 2017, 795 (800); *Ritzer/Stangl/Karnath*, DK 2017, 68 (78); *Schneider/Junior*, DStR 2017, 417 (424); *H/H/R*, § 4j Anm. 4; sämtlich zumeist unter Hinweis auf das Normenkontrollersuchen des BFH (BFH v. 14.12. 2015 – I R 20/15, DStR 2016, 301, zur Zinsschranke des § 4h); **aA** *Max/Thiede*, StB 2017, 175 (181); *Illing* in Beck'sches Steuer- und Bilanzrechtslexikon, Lizenzschranke, Rn. 20, unter (untauglicher) Berufung ua. auf einen qualifizierten Fiskalzweck und hierbei BFH v. 22.8.2012 – I R 9/11, BStBl. II 2013, 512.
9 S. dazu denn auch BT-Drucks. 18/11233, 9.
10 *Brandt*, DB 2017, 1483; *Max/Thiede*, StB 2017, 175 (181); wohl auch *Drummer*, IStR 2017, 602 (603); **aA** (zumindest zweifelnd) *Hagemann/Kahlenberg*, FR 2017, 1125; *Hagemann/Kahlenberg* in *H/H/R*, § 4j Anm. 3; *Jü. Lüdicke*, DB 2017, 1482; *Ditz/Quilitzsch*, DStR 2017, 1561 (1567).
11 S. auch (zu § 7 S. 2 GewStG) BVerfG v. 10.4.2018 – 1 BvR 1236/11, BStBl. II 2018, 303, dort Rn. 121 f.
12 *Schnitger*, IStR 2017, 214 (225); *van Lück*, IStR 2017, 388 (391); *Jochimsen/Zinowsky/Schraud*, IStR 2017, 593 (599); *Kühbacher*, DStZ 2017, 829; offen *Schneider/Junior*, DStR 2017, 417 (425); *Titgemeyer*, DStZ 2017, 745 (750); *Drummer*, IStR 2017, 602 (603); *Benz/Böhmer*, DB 2017, 206 (210); *Hagemann/Kahlenberg*, FR 2017, 1125; **aA** *Illing* in Beck'sches Steuer- und Bilanzrechtslexikon, Lizenzschranke, Rn. 20; *Pötsch*, IStR 2018, 417; *Pung/Benz*, StbJb. 2017/2018, 181 (198 f.).

jüngeren EuGH-Spruchpraxis)[1] einen spezifischen, nicht bloß indirekten Missbrauchsvermeidungscharakter einfordert,[2] ändert die Rückausnahme in Abs. 1 S. 4 (Rn. 13 ff.) an dem drohenden Unionsrechtsverstoß nichts, weil sie keine einzelfall- und konkret auf den Missbrauchsvorwurf bezogene Escape-Klausel einräumt, vielmehr nur einen wettbewerbs- und damit steuerordnungspolitischen Aspekt – die v. der OECD konsentierte Förderung der eigenen F & E-Leistungen (s. Rn. 12 f.) – aufgreift. Das genügt nicht; erforderlich ist eine „echte" Escape-Klausel, die dem StPfl. die Möglichkeit gibt, eine „reale" wirtschaftl. Geschäftstätigkeit zu belegen (s. § 50d Rn. 26, 41i).[3] Auch der Umstand, dass die OECD iRd. BEPS-Projekts eine neue und, wie gesagt, weitgehend konsentierte Politik zum Schutz der staatlichen Haushalte verfolgt, sollte unbeachtlich bleiben und den EuGH nicht beeindrucken; es gilt (jedenfalls im Grundsatz)[4] nach wie vor uneingeschränkt der Vorrang des Primärrechts.[5] – Keine Unionsrechtsbedenken bestehen angesichts der gesetzl. gewählten „Technik" des Abzugsverbots beim Lizenzschuldner allerdings, was das – der Sache nach – „Unterlaufen" der Zins-/Lizenz-RL anbelangt (s. dazu § 50g Rn. 11).

§ 4j Abs. 1 S. 2 regelt ergänzend zu S. 1 einen speziellen „Umgehungs-Umgehungs-Tatbestand" (Rn. 10). 3
Beide Normen – Abs. 1 S. 1 ebenso wie S. 2 – wirken tatbestandlich exklusiv und versperren den Zugriff auf § 42 AO. So liegt es etwa, wenn in dem in Abs. 1 S. 2 sanktionierten „Zwischenschaltungsfall" die mit den Lizenzaufwendungen verbundenen Einnahmen nicht, wie v. Abs. 1 S. 2 geregelt, über eine nahestehende Pers., sondern über einen dritten, fremden Gläubiger (durch Durchleitung, Unter- oder Weiterlizenzierung) erzielt werden, und sich der Gläubiger gegen ein (idealerweise geringes) Leistungsentgelt entspr. „instrumentalisieren" lässt.[6] Eine derartige „Gestaltung" wird v. Abs. 1 S. 2 tatbestandlich nicht erfasst und lässt sich wg. der abschließenden tatbestandlichen Erfordernisse auch nicht über **§ 42 AO** ersatzweise einbeziehen.[7]

III. Zeitlicher Anwendungsbereich. Das durch das LizenzboxG v. 27.6.2017[8] geschaffene BA-Abzugsver- 4
bot ist (erstmals) für Aufwendungen anzuwenden, die **nach dem 31.12.2017** entstehen, § 52 Abs. 8a. Bei abw. Wj. wäre also ggf. unterjährig, sinnvollerweise wohl pro rata temporis, zu differenzieren und wären die betr. abzugsgesperrten BA bei einem GewBetr. nur anteilig dem Gewinn, der für das gesamte abw. Wj. 2017/2018 im Wj. 2018 bezogen worden ist (vgl. § 4a Abs. 2 Nr. 2), außerbilanziell wieder hinzuzurechnen.[9] – Die Norm ist kein Zeitgesetz, ihr sollte innerhalb der OECD-Staaten dennoch ein (überwiegend) nur vorübergehender Anwendungsbereich zukommen. Denn jegliche Lizenzboxenregelungen sind nach Maßgabe des Abschlussberichts der OECD zu Aktionspunkt 5 (Rn. 1) bis spätestens zum 30.6.2021 abzuschaffen oder zumindest nach Maßgabe des sog. Nexus Approach (Rn. 14 ff.) abzuändern. Entsprechende Neuregelungen waren bereits seit dem 30.6.2016 nicht mehr zulässig. Tragen die Mitgliedstaaten dem Rechnung, sollte § 4j bedeutungslos werden[10] – aber nur insoweit, nicht für (Nicht-OECD- =)Drittstaaten und Steueroasen (und auch nicht für „widerspenstige" Staaten, wie vermutlich „Stand heute" die USA, s. Rn. 27). Das Schicksal seiner Bedeutungslosigkeit kann das Abzugsverbot sogar schon zuvor ereilen, sollten bestehende Boxensysteme gegen das primärrechtl. unionsrechtl. Beihilfenverbot (Art. 107 ff. AEUV) verstoßen und eine Inanspruchnahme „boxenbedingter" Steuerpräferenzen deswegen ausscheiden.[11] S. Rn. 21.

IV. Persönlicher Anwendungsbereich. Persönlich „betroffen" ist v. der Regelung der **inländ. Lizenz-** 5
nehmer. Steuersubjekte sind Ges. aller Rechtsformen ebenso wie nat. Pers.

---

1 ZB EuGH v. 5.7.2012 – C-318/10 – SIAT, NZG 2012, 877 Rn. 40; v. 7.9.2017 – C-6/16 – Eqiom und Enka, BB 2017, 2140 Rn. 30; v. 20.9.2018 – C-685/16 – EV, DStR 2018, 2016 Rn. 95 f. (zu § 9 Nr. 7 GewStG).
2 *Jü. Lüdicke*, DB 2017, 1482; *H/H/R*, § 4j Anm. 3.
3 S. auch neuerlich wieder explizit EuGH v. 20.12.2017 – C-504/16 und C-613/16 – Deister Holding und Juhler Holding, DStR 2018, 119, jeweils zu § 50d Abs. 3.
4 Ob das wie bislang uneingeschränkt gilt, ist allerdings zweifelhaft: Vom EuGH wird das neuerdings für den Fall „hinterfragt" dass im betroffenen Bereich eine abschließende Harmonisierung stattgefunden hat (zB EuGH v. 8.3. 2017 – C-14/16 – Euro Park Service, IStR 2017, 409; v. 23.11.2017 – C-292/16 – A Oy, IStR 2018, 32, beide zur Fusions-RL, abschließende Harmonisierung dort nicht bej.); sa. BFH v. 19.7.2017 – I R 87/15, DStR 2018, 67, die Frage offenlassend.
5 **AA** *Illing* in Beck'sches Steuer- und Bilanzrechtslexikon, Lizenzschranke, Rn. 21.
6 Dazu *Ditz/Quilitzsch*, DStR 2017, 1561 (1563); *Richter/John*, WPg 2017, 1090 (1092); *Pung/Benz*, StbJb. 2017/2018, 181 (191 ff.); s. allg. zum Verhältnis v. § 42 AO zu spezielleren Missbrauchsvermeidungsvorschriften § 50d Rn. 30; *Gosch*, IWB 2017, 876; s. aber auch AEAO zu § 42 Nr. 1 (BMF v. 31.1.2014, BStBl. I 2014, 291); § 36a Rn. 14 ff.
7 Offen: *Richter/John*, WPg 2017, 1090 (1092).
8 BGBl. I 2017, 2074.
9 *Moritz/Baumgartner*, DB 2018, 2135 (2136).
10 *Frase*, KÖSDI 2017, 20497 (20501 f.), der zutr. darauf hinweist, dass zu erwartende Mehreinnahmen ab 2022 mit 0 Euro angesetzt worden sind, vgl. BR-Drucks. 59/17, 2, 6.
11 *Thiede*, IStR 2016, 283.

6 **V. Verhältnis zu anderen Vorschriften. Verhältnis zu anderen Vorschriften des EStG.** Lizenzaufwendungen sind betrieblich veranlasste BA und als solche nach Maßgabe v. **§ 4 Abs. 4** abzugsfähig. Indem und soweit § 4j den Abzug ausschließt, wird in das verfassungsrechtliche objektive Nettoprinzip eingegriffen (Rn. 2). Als Gewinnermittlungsvorschrift ist § 4j für alle (inländ.) StPfl. maßgeblich; über **§ 9 Abs. 5 S. 2** gilt sie auch für Überschusseinkünfte. Da die Norm die grds. Abzugsfähigkeit v. BA beschränkt, trifft die **objektive Feststellungslast** für das Vorliegen der tatbestandlichen Erfordernisse v. § 4j Abs. 1 S. 1 und 2 (unter Beachtung der steuerbürgerlichen Mitwirkungspflichten, § 90 AO) die FinBeh., nicht den StPfl.[1] Anders liegt es jedoch bei den Rückausnahmen des § 4j Abs. 1 S. 4 und 5, und allemal werden sich jene Mitwirkungspflichten insbes. in tiefergestaffelten Konzernstrukturen als höchst anspruchsvoll darstellen („Monitoring") und zumeist nicht erfüllbar sein, schon deshalb nicht, weil der inländ. Schuldner die Auslands-Ges. nicht „beherrscht";[2] das hat ersichtlich (verfassungsgrenzwertige) Abschreckungswirkung (und soll es vermutlich auch haben). Faktisch verbleibt zumeist nur die Dokumentation, dass man sich um entspr. Informationen bemüht hat, um dem Vorwurf mangelnder Beweisvorsorge zu entgehen.[3] – Zum Verhältnis von § 4j zu **§ 50d Abs. 3** im Kontext der zu errechnenden Niedrigsteuer s. Rn. 27a.

6a **Verhältnis zu Vorschriften außerhalb des EStG.** § 4j erfasst nur konzernierte Strukturen und definiert das Einander-Nahestehen vermittels Querverweises auf **§ 1 Abs. 2 AStG** (Rn. 10). Das Erfordernis der Niedrigsteuer wird eigenständig bestimmt, nicht durch Verweis auf § 8 Abs. 3 AStG, aber immerhin durch Anordnung der analogen Anwendung v. § 8 Abs. 3 S. 2 und 3 AStG (Rn. 27). Da nur eine (iSv. Abs. 2, s. Rn. 27 ff.) präferenzprivilegierte (keineswegs aber bloß eine lizenzboxen-qualifizierte) Niedrigsteuer das Abzugsverbot auslöst, bleibt eine generelle Niedrigsteuer (in Steueroasen) v. § 4j unbehelligt; insoweit verbleiben spezifische Instrumentarien, wie zB § 160 Abs. 1 AO, auch §§ 7 ff. AStG.[4] Der Hinzurechnungsbetrag nach **§ 10 Abs. 1 AStG** ist ggü. § 4j wirkungsvorrangig, wenn andernfalls doppelte Besteuerungen drohen. Das folgt aus § 4j Abs. 1 S. 5 (Rn. 23 ff.), zugleich sichert **§ 10 Abs. 3 S. 4 AStG**, dass bei Ermittlung des Hinzurechnungsbetrags § 4j nicht zur Anwendung kommt und die Vorschrift sich bei Aufwendungen aus Lizenzgebühren auf Ebene der ausländ. Zwischenges. nicht auswirkt. – Zum Verhältnis zu **§ 1 Abs. 5 AStG** s. Rn. 12. Zu **§ 8 Abs. 3 S. 2 KStG** und **§ 1 Abs. 1 AStG** besteht keine unmittelbare Beziehung. § 4j beansprucht keine Korrektur der abzugsgesperrten Lizenzentgelte, sondern unterstellt deren Fremdüblichkeit und damit deren Qualifizierung als betrieblich veranlasste Ausgaben iRd. Einkommensermittlung.[5] – Das Abzugsverbot ist auch für die GewSt einschlägig, **§ 7 S. 1 GewStG**. Greift das Verbot auch dort, unterbleibt vice versa die Hinzurechnung der Aufwendungen nach Maßgabe v. § 8 Nr. 1 lit. f GewStG.[6] – Aus Abkommenssicht kollidiert § 4j mit dem Diskriminierungsverbot des **Art. 24 Abs. 4 OECD-MA**. Da die Vorschrift als treaty override ausgestaltet ist, ist das prinzipiell unbeachtlich (§ 50d Rn. 9, 11). Indem sich der Gesetzgeber mit § 4j allerdings explizit über das abkommensrechtliche Diskriminierungsverbot erhebt, also über jene bilaterale Verabredung, die gerade eine strikte Gleichbehandlung gewährleisten soll, bleibt höchst zweifelh., ob sich ein derart wirkendes treaty overriding als verfassungsfest erweist.[7] – Zum Verhältnis v. § 4j Abs. 1 S. 1 und 2 zu **§ 42** AO und zur Frage der **Verfassungs- und Unionsrechtskonformität** s. Rn. 2. Zum Verhältnis zur **Zins-/Lizenz-RL** und zu **§ 50g** s. § 50g Rn. 11.

B. Sachliche und persönliche Voraussetzungen des Abzugsverbots (Abs. 1 S. 1)

7 **I. Aufwendungen.** Betroffen sind (tatsächliche, nicht fiktive, s. Rn. 12)[8] **Aufwendungen** (§ 4 Abs. 4) „für die Überlassung der Nutzung oder des Rechts auf Nutzung v. Rechten, insbes. v. Urheberrechten und gewerblichen Schutzrechten, v. gewerblichen, technischen, wissenschaftlichen und ähnlichen Erfahrungen, Kenntnissen und Fertigkeiten, zB Plänen, Mustern und Verfahren". Der Aufwendungsbereich deckt sich

---

1 *Illing* in Beck'sches Steuer- und Bilanzrechtslexikon, Lizenzschranke, Rn. 26; **aA** *Schneider/Junior*, DStR 2017, 417 (424); *Benz/Böhmer*, DB 2017, 206 (210).
2 *Loose*, RIW 2017, 655 (660); *Grotherr*, Ubg 2017, 233 (244).
3 S. *Heil/Pupeter*, BB 2017, 795 (799); *Moritz/Baumgartner*, DB 2018, 2135 (2140).
4 *Frase*, KÖSDI 2017, 20497 (20499).
5 *Illing* in Beck'sches Steuer- und Bilanzrechtslexikon, Lizenzschranke, Rn. 23.
6 *Schneider/Junior*, DStR 2017, 417 (423).
7 S. *Gosch*, FS *Crezelius*, 2018, 735; *Gosch*, ISR 2018, 289 (299); **aA** *van Lück*, IStR 2017, 388; *Illing* in Beck'sches Steuer- und Bilanzrechtslexikon, Lizenzschranke, Rn. 22; *Benz/Böhmer*, DB 2017, 206 (210); *Schneider/Junior*, DStR 2017, 417 (424); *G/K/G/K*, Art. 24 OECD-MA Rn. 107; wohl auch *Ditz/Quilitzsch*, DStR 2017, 1561 (1567), mit Blick darauf, dass Art. 24 Abs. 4 OECD-MA ohnehin nicht anzuwenden sei, weil es bei § 4j nur um eine v. Art. 24 Abs. 4 OECD-MA nicht geschützte indirekte Diskriminierung gehe, nicht aber um eine dafür relevante ansässigkeitsbedingte Diskriminierung. Das trifft im Kern zu, jedoch ist dem für die Situation des § 4j nicht zu folgen, weil die Norm im Kern eben doch allein „ansässigkeitsradiziert" diskriminiert, s. zB BFH v. 8.9.2010 – I R 6/09, BStBl. II 2013, 186, dort zu § 8a KStG aF.
8 *Ditz/Quilitzsch*, DStR 2017, 1561 (1563).

eins zu eins, aber spiegelbildlich mit den Einkünften, die aus entspr. Rechtspositionen herrühren und nach § 50a Abs. 1 Nr. 3, § 73a Abs. 2 und 3 EStDV dem prinzipiell abgeltenden Steuerabzug unterworfen werden (und nach § 49 Abs. 1 Nr. 2, 6 und 9 [iVm. § 22 Nr. 3] der beschränkten StPfl. unterfallen). Auf die dort gegebenen einschlägigen Begriffsdefinitionen und Fallgruppen ist zu verweisen (§ 50a Rn. 16 ff.). Das bedeutet zugleich, dass jene Abgrenzungsfragen, die sich dort stellen, auch für § 4j zu beachten sind. Das bezieht sich namentlich auf die Abgrenzung zw. der endgültigen, „verbrauchenden" Überlassung, die der Sache nach eben keine Nutzungsüberlassung, sondern eine Veräußerung ist (§ 50a Rn. 15 ff.). Das bezieht sich gleichermaßen auf die neuerlich in den Blick geratenen schwierigen Abgrenzungsfragen, die sich für die Überlassung v. Software stellen (s. dazu § 50a Rn. 15a). Und hier wie dort ist der tatbestandlich vorgegebene Katalog kein abschließender („insbesondere").

II. Niedrigbesteuerung. Erforderlich ist zum Weiteren, dass die „Einnahmen" des Gläubigers der Aufwendungen einer **v. der Regelbesteuerung abw. niedrigen Besteuerung** nach § 4j Abs. 2 unterliegen, also einer Präferenzregelung (s. dazu Rn. 27). Vice versa bedeutet das, dass Aufwendungen unbeschränkt abziehbar bleiben, die nicht mittels eines spezifischen Präferenzregimes, sondern auf andere Weise begünstigt sind, sei es durch stl.-lenkende Prämien (zB zur Forschungsförderung), sei es, weil eine Niedrigbesteuerung aus allg. Regelungen resultiert, v. der auch, aber nicht nur, die besagten Rechteüberlassungen profitieren. 8

III. Persönliches Näheverhältnis. Schließlich müssen bestimmte **persönliche Voraussetzungen** erfüllt werden: Der Gläubiger muss eine dem Schuldner nahestehende Pers. iSd. **§ 1 Abs. 1 AStG** sein. „Dritte", diesem Personenkreis nicht zugehörige Pers. werden nicht einbezogen, auch nicht über § 42 AO (s. Rn. 2). Es ist evident, dass diese persönliche Schlechterstellung sich nicht mit dem abkommensrechtl., gemeinhin in Anlehnung an **Art. 24 Abs. 4 OECD-MA** vereinbarten Diskriminierungsverbot verträgt, das die Abziehbarkeit v. fremdüblich vereinbarten Lizenzgebühren (s. Rn. 6) „unter den gleichen Bedingungen" einfordert, die für einschlägige Inlandszahlungen gelten. Der Gesetzgeber bedient sich einmal mehr eines treaty override, um sich unilateral volle Handlungsfreiheit zu genehmigen. Das ist krit. zu sehen (Rn. 11). 9

C. Anwendungserweiterungen (Abs. 1 S. 2 und 3)

I. Anwendungserweiterung durch spezielle Umgehungsahndung (Abs. 1 S. 2). Durch **§ 4j Abs. 1 S. 2** soll absichernd einer gestaltungsmissbräuchlichen Umgehung v. S. 1 durch eine Aufwendungs-Einnahme-Verkettung (im Wege der Unter- oder Weiterlizenzierung) vorgebeugt werden (s. bereits Rn. 3): Der Schuldner leistet „über" einen „nahestehenden" Gläubiger oder eine weitere ihm nahestehende Person (nicht aber einen fremden Gläubiger oder eine fremde Person, sa. Rn. 3) an Personen, die in einem Hochsteuerland ansässig sind und keinem Präferenzregime unterfallen, an einen seinerseits nahestehenden Gläubiger iSv. § 1 Abs. 2 AStG, der wiederum den Präferenzvorteil in Anspr. nimmt. Durch die – beim „ersten" Gläubiger erneut aufwendungsgenerierende - „Weiterreichung" v. Einnahmen ließe sich evtl. das Abzugsverbot unterlaufen. § 4j Abs. 1 S. 2 soll das verhindern, indem die Reichweite des Verbots bezogen auf „weitere" Einnahmen ausgedehnt wird: Es bedarf also einer zweistufigen Prüfung: Zunächst erstreckt sich das Abzugsverbot auf Gläubiger, die S. 1 unterfallen, sodann auf weitere Gläubiger iSv. S. 2. Ob es sich bei diesen Pers. um solche handelt, die im In- oder im Ausland ansässig sind, ist einerlei.[1] Die jeweils niedrigere Steuer entscheidet über den Umfang des Abzugsverbots, und die Quote des nicht abziehbaren Teils errechnet sich nach § 4j Abs. 3 S. 2. Eine „technische" **Rückausnahme** hiervon verfängt – **nach Abs. 1 S. 2 letzter Satzteil** – nur dann, wenn (nicht aber soweit!) § 4j Abs. 1 ohnehin auch auf den „Letztgläubiger" anzuwenden ist; dadurch wird ein doppeltes (oder gar mehrfaches) Abzugsverbot verhindert, und zwar der nach wie vor inländ. Aufwendungen; ausländ. Aufwendungen sind v. Abzugsverbot allemal nicht betroffen.[2] Zur Berechnung der Niedrigsteuer im Falle einer „**Präferenzkonkurrenz**" s. § 4j Abs. 2 S. 1 (Rn. 27). – Problematisch ist, in welcher Weise die jeweiligen Aufwendungen und Einnahmen in den „Weiterleitungsfällen" wechselseitig „konnex" gestellt werden sollen. Das G lässt es in Abs. 1 S. 2 genügen, wenn die „weitergereichten" Aufwendungen für Rechte solche sind, „aus denen <gemeint sind wohl die Rechte, nicht die Aufwendungen> sich die Rechte nach S. 1 unmittelbar oder mittelbar", also ‚irgendwie', „ableiten". Das ist kryptisch und im Zweifel denkbar weit zu verstehen. Offenbar soll jeglicher inhaltliche, gegenständliche (Veranlassungs-, nicht jedoch Rechts-)Bezug zw. den einen und den anderen Rechten ausreichen. „Probleme bei der Anwendung sind hier vorgezeichnet",[3] zumal weder die FinBeh. noch der inländ. StPfl. in der Lage sein dürften, solches belastbar darzutun und nachzuweisen.[4] 10

---

1 *Ditz/Quilitzsch*, DStR 2017, 1561 (1564); *Grotherr*, Ubg 2017, 233 (239 f.); *Ritzer/Stangl/Karnath*, DK 2017, 68 (76).
2 *Schneider/Junior*, DStR 2017, 417 (423); *Illing* in Beck'sches Steuer- und Bilanzrechtslexikon, Lizenzschranke, Rn. 6.
3 *Schnitger*, IStR 2017, 214 (222).
4 *M. Link/Süßmann*, SAM 2017, 150 (154).

11 Auch (s. Rn. 6, 11 zu S. 1) § 4j Abs. 1 S. 2 ist ein **treaty overriding**, weshalb durch Aufnahme der sog. Melford-Klausel (§ 50d Rn. 40a, 44a, 53) absichernd Sorge dafür getragen wird, dass die drohende Verletzung des in Art. 24 Abs. 4 OECD-MA vereinbarten Diskriminierungsverbots unilateral überwunden werden kann. S. aber auch hier Rn. 6.

12 **II. Anwendungserweiterung auf Betriebsstätten (Abs. 1 S. 3).** Ebenso wie Abs. 1 S. 2 dehnt **Abs. 1 S. 3** den Anwendungsbereich der Vorschrift aus, und das kraft einer Fiktion: Als Schuldner und Gläubiger gelten hiernach (inländ.) **Betriebsstätten**, „die ertragsteuerlich als Nutzungsberechtigter oder Nutzungsverpflichteter der Rechte auf Überlassung behandelt werden". Damit verknüpft die nationale Vorschrift ihren Tatbestand einerseits mit dem sog. Betriebsstättenvorbehalt des Art. 12 Abs. 3 OECD-MA: Das Ansässigkeitsprinzip wird durch diesen Vorbehalt durchbrochen; das Besteuerungsrecht an Lizenzgebühren steht danach nicht dem Ansässigkeitsstaat zu, sondern dem Quellenstaat, wenn der Nutzungsberechtigte („beneficial owner") der Lizenzgebühren im anderen Vertragsstaat, in dem die Gebühren entstehen, über eine dort belegene Betriebsstätte einer Geschäftstätigkeit nachgeht und die Rechte oder Vermögenswerte, für die die Lizenzgebühren gezahlt werden, tatsächlich zu dieser Betriebsstätte gehören. Andererseits könnte sich Abs. 1 S. 3 an die Selbstständigkeitsfiktion der Betriebsstätte in § 1 Abs. 5 AStG und die dafür fingierte schuldrechtl. Beziehung zw. Betriebsstätte und Stammhaus anlehnen.[1] Das würde dann dazu führen, dass § 4j auch innerhalb eines (Einheits-)Unternehmens zw. verschiedenen Betriebsstätten desselben StPfl. griffe.[2] Bei Licht betrachtet ist das aber zu verneinen, und zwar schon deshalb, weil die Aufwendungen dann nur „fiktiv" wären und die gesetzlich angeordnete Reichweite der in § 1 Abs. 5 AStG fingierten schuldrechtl. Beziehung zw. Stammhaus und Betriebsstätte nicht genügt, um auf § 4j und dessen Rechtsfolgen auszustrahlen; dazu hätte es eines gesonderten Regelungsbefehls bedurft, an dem es fehlt.[3]

D. Rückausnahme bei Beachtung des OECD-Nexus Approach (Abs. 1 S. 4)

13 **Abs. 1 S. 4** enthält (ebenso wie Abs. 1 S. 4) eine „echte" Rückausnahme vom Abzugsverbot. Danach werden Sachverhalte ausgespart, in denen zwar die verbotsauslösende Niedrigbesteuerung gegeben, diese jedoch aus Sicht der OECD zu akzeptieren ist, weil sie in Einklang mit den Substanzanforderungen des sog. **Nexus-Ansatzes** steht und deswegen unschädlich sein soll. Es gibt also „gute" und „schlechte" Präferenzen (Lizenzboxen). Der deutsche Gesetzgeber will sich nicht durch Inkonsequenz ins Unrecht setzen, wenn er sich auf der einen – der belastenden - Seite uneingeschränkt zu dem OECD-Ahndungsansatz bekennt, dann aber auf der anderen – der begünstigenden – Seite ausschert. Er macht sich deswegen den „lenkenden" Effekt des Nexus-Ansatzes in Gestalt staatlicher Steuervergünstigungen für das (selbst geschaffene) geistige Eigentum durch F & E zu eigen. Aus rechtspolitischer und rechtssystematischer Sicht ist das folgerichtig und nicht zu beanstanden. „Nötig" war das dennoch nicht. Das sog. Normenwiederholungsverbot findet zB auf unionsrechtl. VO, nicht jedoch (wie hier) OECD-Abschlussberichte Anwendung.[4] Und problematisch ist, dass ein deutsches G sich vorbehaltlos an den demokratisch nicht legitimierten Abstimmungsergebnissen einer Fiskalorganisation wie der OECD[5] orientiert und dadurch eine „politische … Verpflichtung und Rechtserkenntnisquelle (soft law) … zu unmittelbar anwendbarem Recht" macht.[6] Das mag nur deswegen hinzunehmen sein, weil sich die tatbestandliche Inbezugnahme augenfällig statisch[7] auf Kap. 4 des Abschlussberichts 2015 zu Aktionspunkt 5, OECD (2016), bezieht und sich der Tatbestand somit mittelbar doch „fix festmachen" lassen könnte.[8] Dessen ungeachtet verbleiben beträchtliche Ungewissheiten bei der Auslegung des zum innerstaatlichen G „gewordenen" Abschlussberichts.[9] Es ist fraglich, ob das dem Bestimmtheitsgebot genügt. Denn in Aktionspunkt 5 einigten sich die Staaten bloß auf eine Handlungs- und Ausgestaltungsempfehlung, wonach StPfl. nur dann v. einem Präferenzregime profitieren dürfen, wenn sie bestimmte Forschungs- und Entwicklungskosten zur Entwicklung eines „intellectual property" selbst getragen haben. Diejenigen Staaten, die über ein Präferenzregime verfügen, sollen dieses an den Nexus Approach anpassen. Es gibt zu dieser Empfehlung vielfache Vorbehalte und Ungewissheiten, sogar Wahlrechte für die Staaten, wie sie verfahren wollen (Rn. 17). Zudem kann sich der Rechtsanwender

---

1 *Illing* in Beck'sches Steuer- und Bilanzrechtslexikon, Lizenzschranke, Rn. 9.
2 *Heil/Pupeter*, BB 2017, 795 (798); *Höreth/Stelzer*, DStZ 2017, 270 (272); *Grotherr*, Ubg 2017, 233 (235); zweifelnd *Schneider/Junior*, DStR 2017, 417 (420).
3 *Ditz/Quilitzsch*, DStR 2017, 1561 (1563); *Benz/Böhmer*, DB 2017, 206.
4 S. dazu iZ mit der jüngsten EU-Datenschutz-GrundVO und deren Umsetzung in nationales Recht *Greve*, NVwZ 2017, 737 mwN.
5 BFH v. 16.1.2014 – I R 30/12, BStBl. II 2014, 721: „Meinungsbild der beteiligten Fisci".
6 *Frase*, KÖSDI 2017, 20497 (20498).
7 Zur anderweitig auftretenden Problematik einer dynamisierten Inbezugnahme s. *Gosch*, IWB 2015, 505 mwN.
8 Krit. auch *Richter/John*, WPg 2017, 1090 (1094); *Schneider/Junior*, DStR 2017, 417 (422).
9 S. auch *Weigel/Schega*, StuB 2018, 668 (669 f.).

auf diesem schütteren Rechtsboden bei der Auslegung des Berichts nicht auf irgendwelche Interpretationsansätze der OECD verlassen; es ist vielmehr Sache der nationalen Gerichte, hier im Zweifel einen eigenen Auslegungsweg zu gehen. Genau das aber sollte dann im weiteren Verlauf des Verfahrens offenbar verhindert werden. Denn „naheliegender" erschien es auch dem Gesetzgeber im ursprünglichen RegEntw., den Tatbestand der Rückausnahme tatbestandlich auszuformulieren und abstrakt vorzugeben.[1] Auf Anregung des BR[2] rückte man davon ab, weil man argwöhnte, dass der Nexus Approach dann abw. v. den OECD-Vorgaben eigenständig „deutsch" ausgelegt werden würde. Ob sich das mit der nunmehr gefundenen Lösung eines Verweises auf die OECD-Website[3] tatsächlich abwenden lässt? Dass das alles verfassungsrechtl. nicht bloß hoch, sondern höchst problematisch ist, liegt jedenfalls auf der Hand.[4]

Aktionspunkt 5 des BEPS-Projekts. Von diesen Schwierigkeiten wie rechtsgrundsätzlichen Bedenken abgesehen, bedeutet die Inbezugnahme in Abs. 1 S. 4 auf den **Aktionspunkt 5 des BEPS-Projekts** (Rn. 1) **im Einzelnen:**[5] 14

Der Nexus Approach verlangt eine **substanzielle wirtschaftl. Aktivität** zur Generierung der Einkünfte, die unter das Vorzugsregime fallen. Diese wirtschaftl. Aktivität versteht sich allerdings nicht allg., sondern spezifisch bezogen auf den (Lenkungs-)Zweck der **Förderung von Forschung und Entwicklung** (F & E). Dafür ist zu prüfen, ob das Präferenzregime „die Grenzen einer IP-Regelung" einhält, „die Vergünstigungen für Forschung und Entwicklung vorsieht, aber keine schädlichen Auswirkungen auf andere Staaten hat"[6]. In diesem Zusammenhang sollen die Ausgaben „als Hilfsvariable für die substanzielle Geschäftstätigkeit" fungieren. Dadurch soll die „tatsächliche Wertschöpfung des StPfl. veranschaulicht" und der Umfang der v. StPfl. durchgeführten wesentlichen Geschäftstätigkeit bestimmt werden. Mittels „proportionaler Analyse" der Einnahmen soll der Anteil der in einer Lizenzbox steuerbegünstigten Einnahmen ermittelt werden, der dem Anteil der qualifizierten Ausgaben an den Gesamtausgaben entspricht. Einnahmen und Ausgaben sollen – anders ausgedrückt – also miteinander kommunizieren; nur jene Einnahmen dürfen begünstigt werden, die durch Eigenaufwand des StPfl. generiert wurden und aus dessen „geistigem Eigentum" herrühren. Bloße Kapitalleistungen oder Ausgaben für wesentliche F & E-Tätigkeiten anderer Beteiligter reichen nicht aus, um den berechtigten Steuervorteil zu begründen. Um auf dieser gedanklichen Basis die schädlichen und die unschädlichen Aufwendungen voneinander zu separieren, bestimmt der Nexus Approach (und mit diesem § 4j Abs. 3) die **Formel**, wonach sich bestimmt, für welche Einkünfte ein Steuervorteil beansprucht werden kann:[7] 15

$$\frac{\text{Qualifizierte Ausgaben für die Entwicklung des geistigen Eigentumswerts}}{\text{Gesamtausgaben für die Entwicklung des geistigen Eigentumswerts}} \times \text{Aus dem geistigen Eigentumswert resultierende Gesamteinkünfte} = \text{Steuerbegünstigte Einkünfte}$$

(Nur) in jenem anteiligen Umfang („soweit"), in welchem die Lizenzeinnahmen im Ausland aufgrund des Nexus-Ansatzes präferenziell besteuert werden, greift die durch § 4j Abs. 1 S. 4 bewirkte Rechtsfolge, also die Ausnahme v. Abzugsverbot.[8]

Unter den **geistigen Eigentumswerten** werden nur solche Patente und andere geistige Eigentumswerte verstanden, die Patenten funktional entsprechen, sofern diese Vermögenswerte sowohl rechtlich geschützt sind als auch ähnlichen Genehmigungs- und Registrierungsverfahren unterliegen.[9] Durch diese Einschränkung wird erreicht, dass Besteuerungsregimes, die Markenlizenzen begünstigen, nicht Nexus-konform und nicht schutzwürdig sind; Marken sollen marketingsbezogen sein und werden vom Nexus-Ansatz nicht erfasst.[10] 16

1 BT-Drucks. 18/12128, 29.
2 BR-Drucks. 59/17, 5.
3 Bei deren Aufruf unter http://dx.doi.org/10.1787/9789264258037-de öffnet sich eine 90-seitige pdf-Publikation – schöne neue Welt der Gesetzgebungskunst!
4 Ebenso *M. Link/Süßmann*, SAM 2017, 150 (153 f.); *Pung/Benz*, StbJb. 2017/2018, 181 (196 f.); bes. eindringlich *Jo. Lüdicke*, StbJb. 2017/18, 631 (653 ff.).
5 S. umfassend zB *M. Link/Süßmann*, SAM 2017, 149 (150 f.); *Illing* in Beck'sches Steuer- und Bilanzrechtslexikon, Lizenzschranke, Rn. 16 ff.; *Weigel/Schega*, StuB 2018, 668 (670 ff.).
6 Abschlussbericht zu OECD-BEPS-Aktionspunkt 5, Tz. 26; BR-Drucks. 59/17, 8.
7 Aktionspunkt 5 Tz. 30.
8 S. dazu (mit Bsp.) *Moritz/Baumgartner*, DB 2018, 2135 (2137 f.); *Ditz/Quilitzsch*, DStR 2017, 1561 (1565).
9 Aktionspunkt 5 Tz. 34.
10 S. ausdrücklich den ursprünglichen RegEntw., BT-Drucks. 18/12129, 29. Der sodann nicht G gewordene Entw. bildete die Grundsätze des Nexus Approach noch tatbestandlich beschreibend und nicht mittels bloßen Querverweises auf den Aktionspunkt 5 ab (Rn. 13) und enthielt dementsprechend für Marken eine besondere Ausnahmeregelung.

Folglich greift das Abzugsverbot in solchen Fällen „stets und ausnahmslos",[1] was durchaus fragwürdig ist, weil nicht ohne Weiteres erklärt werden kann, weshalb F & E-Ausgaben für sich genommen eine begünstigungswürdige wirtschaftl. Tätigkeit abbilden, das jedoch nicht, sobald sie mit einer „Markenbildung" und Markenanschaffung flankiert werden.[2] Im Kern beruht das „Aussparen" v. Markenlizenzen wohl allein darauf, dass Markenlizenzierungen leicht geeignet sind, Gewinne zu „verschieben".[3]

17 **Qualifizierte Ausgaben** sind solche, die nur für F & E getätigt werden, sie müssen sich darauf direkt beziehen.[4] Den Mitgliedstaaten werden aber Wahlrechte eröffnet.[5] Sie können zB den Anteil der qualifizierten Ausgaben um einen bis zu 30-prozentigen Aufschlag erhöhen („uplift"), um die Anschaffung eines geistigen Eigentums nicht ungebührlich zu benachteiligen; hierdurch dürfen die qualifizierten Ausgaben die Gesamtausgaben aber nicht übersteigen.[6] Die Begünstigung auch v. Auftragsforschung wird einbezogen, vorausgesetzt, die Zahlungen gehen an fremde Auftragsforscher.[7] Beim nicht selbst geschaffenen, sondern erworbenen geistigen Eigentum können nur Ausgaben als qualifiziert behandelt werden, die zur Verbesserung des geistigen Eigentums getätigt wurden.[8]

18 **Gesamtausgaben** in diesem Sinne werden durch die Summe aller BA abgebildet, die als qualifizierte Ausgaben eingestuft werden, wenn sie durch den StPfl. selbst getätigt wurden.[9] Abweichend v. den qualifizierten Ausgaben sind in die Gesamtausgaben also auch AK für den Erwerb des geistigen Eigentums sowie Aufwendungen für eine Auftragsforschung durch nahestehende Pers. einbezogen.[10]

19 Die **Gesamteinkünfte** umfassen alle Einkünfte aus dem geistigen Eigentum, einschl. der Erlöse aus der Veräußerung sowie Einnahmen aus dem Verkauf v. direkt mit dem geistigen Eigentumswert verbundenen Produkten (sog. embedded IP income), abzgl. der diesen Einnahmen zuzuordnenden und im betr. Jahr angefallenen Ausgaben.[11]

20 Zu beachten bleibt, dass die OECD ihren Mitgliedstaaten, die am 30.6.2016 über Präferenzsysteme verfügten und die diese zunächst beibehalten, die Handlungsempfehlung (Rn. 13) vorgibt, den Nexus Approach **ab spätestens 1.7.2021** verbindlich festzulegen (s. Rn. 4). Obschon sich ein Staat, der dem uneingeschränkt folgt, BEPS-konform verhält, greift bis zum 30.6.2021 das Abzugsverbot des § 4j auch dann, wenn der ausländ. Lizenzgeber über tatsächliche wirtschaftl. Substanz verfügt;[12] ein Bestandsschutz, wie die OECD das zugesteht, wird nicht gewährt.[13] Das ist zum einen in rechtspolitischer Hinsicht eine „Gemeinheit",[14] und das dürfte zum anderen den unionsrechtl. Erfordernissen an einer einzelfalltauglichen Escape-Klausel allemal nicht gerecht werden (s. Rn. 2).

21 Die in Abs. 1 S. 4 vorgesehene **Rückausnahme v. Anwendungsbereich des § 4j Abs. 1 S. 1** steht in Einklang mit dem Aktionspunkt 5 und dessen vorstehend wiedergegebenen Eckpfeilern. Ob sie einen möglichen Verstoß gegen das unionsrechtl. Primärrecht verhindert, ist, wie gesagt, mehr als fraglich (s. dazu grds. wie einschr. Rn. 2 aE). Dennoch liegen Überlegungen, in der Rückausnahme des Abs. 1 S. 4 ihrerseits eine unionsrechtswidrige Beihilfe iSv. Art. 107 ff. AEUV zu erblicken (s. Rn. 4), von vornherein neben[15] der Sache. Denn die maßgebende Referenzgröße ist der unbeschränkte BA-Abzug gem. § 4 Abs. 4, es ist nicht die „selektive" Ausnahme nach § 4j Abs. 1 S. 1 und 2. Völlige Gewissheit besteht aber auch hierüber derzeit nicht.[16]

22 Die Frage, ob die Besteuerung mit dem Nexus Approach konform ist, beurteilt im Rahmen eines lfd. Peer-review-Prozesses[17] das OECD-Forum on Harmful Tax Practices, dessen Aufgabe es ist, bestimmte Präfe-

1 *Ditz/Quilitzsch*, DStR 2017, 1561 (1565).
2 *Ditz/Quilitzsch*, DStR 2017, 1561 (1565).
3 *Frase*, KÖSDI 2017, 20497 (20501), unter Hinweis auf „prominente medial rezipierte Fälle (ua. Starbucks, IKEA)".
4 *Weigel/Schega*, StuB 2018, 668 (671).
5 Aktionspunkt 5 Tz. 39.
6 Aktionspunkt 5 Tz. 40.
7 Aktionspunkt 5 Tz. 50 f.
8 Aktionspunkt 5 Tz. 52.
9 Aktionspunkt 5 Tz. 42.
10 Aktionspunkt 5 Tz. 43.
11 Aktionspunkt 5 Tz. 47 f.
12 *Loose*, RIW 2017, 650 (659).
13 *Frase*, KÖSDI 2017, 20497 (20499).
14 Plastisch *M. Link/Süßmann*, SAM 2017, 150 (154).
15 *Hagemann/Kahlenberg*, FR 2017, 1125 (1130); *Hagemann/Kahlenberg* in *H/H/R*, § 4j Anm. 5; sa. *Max/Thiede*, StB 2017, 175 (180).
16 S. auch EuGH v. 28.6.2018 – C-219/16 P, DStR 2018, 1434.
17 S. zB 2017 Progress Report on Preferential Regimes.

renzregime[1] auf ihre Vereinbarkeit mit dem Nexus-Ansatz zu überprüfen.[2] Deutschland hat diesem Forum über seine Teilnahme am Anti-BEPS-Projekt ein Mandat erteilt. Die Ergebnisse solcher Prüfungen mögen indiziell wirken, ausreichen kann das nicht. Es ist allein Sache des FA, die entspr. Tatbestandlichkeit anhand der Merkmale des Nexus Approach zu erbringen.[3] Zu (hier besonders relevanten) **Beweislastfragen** s. Rn. 6. Im Zweifel sollten einschlägige Fallgestaltungen den FinBeh. offengelegt werden.[4] Kautelarjuristisch zu empfehlen sind bei entspr. Lizenzverträgen einschlägige **Steuerklauseln** (Zusage einer fehlenden Präferenzbesteuerung, ggf. Einräumung v. Kündigungs- und Rücktrittsrechten).[5] S. auch Rn. 31.

E. Rückausnahme bei gleichzeitigem Ansatz eines Hinzurechnungsbetrags iSv. § 10 Abs. 1 S. 1 AStG (Abs. 1 S. 5)

Abs. 1 S. 5 enthält eine weitere „echte" Rückausnahme für den Fall der **Kollision des Abzugsverbots mit der Hinzurechnungsbesteuerung iSd. § 10 Abs. 1 AStG:** Die S. 1 und 2 sind insoweit nicht anzuwenden, als aufgrund der aus den Aufwendungen resultierenden (nicht korrespondierenden) Einnahmen ein Hinzurechnungsbetrag iSd. § 10 Abs. 1 S. 1 AStG anzusetzen ist. Grund ist ein andernfalls überschießender, „kaskadierender" Wirkungsreflex,[6] der zu gewärtigen ist, wenn auf Ebene des Lizenzgebers die einschlägigen Einkünfte als passiv qualifiziert werden (s. § 8 Abs. 1 Nr. 6 lit. a AStG). Dass das G dem entgegentritt, entspricht dem verfassungsrechtl. Verhältnismäßigkeitsgebot.[7] Es wird dadurch flankiert, dass nach **§ 10 Abs. 3 S. 4 AStG** umgekehrt auch § 4j bei der Ermittlung des Hinzurechnungsbetrags unanwendbar bleibt (s. Rn. 6a). 23

Die Hinzurechnungsbesteuerung nach §§ 7 ff. AStG zielt im Wesentlichen darauf ab, jene **Einkünfte ausländ. Zwischengesellschaften** (vgl. § 7 Abs. 1, § 8 Abs. 1 AStG) bei den daran iSv. § 7 Abs. 2 AStG beteiligten unbeschränkt stpfl. Pers. zu erfassen, **die aus bestimmten „passiven" Tätigkeiten** stammen und (im Ansässigkeitsstaat) einer **niedrigen Ertragsbesteuerung** iSv. § 8 Abs. 3 AStG, also v. weniger als 25 %, unterliegen. Anders als bei der Abzugsschranke nach § 4j kommt es nicht darauf an, ob *bestimmte* der insgesamt passiven Einkünfte niedrig besteuert werden; maW: § 4j schöpft lediglich einen Teilbereich der v. der Hinzurechnung erfassten Einkünfte ab. Deshalb gilt der Vorrang der (weiter reichenden) Hinzurechnungsbesteuerung, die Lizenzschranke tritt dahinter zurück. Dass aus technischer Sicht beide Wirkungsweisen – jene des § 4j einerseits und jene des § 10 Abs. 1 S. 1 AStG andererseits - auf unterschiedlichen Ebenen wirken,[8] fällt für die Rückausnahme in § 4j Abs. 1 S. 5 indessen offenbar nicht ins Gewicht. Das ist nicht zweifelsfrei. Denn „hinzugerechnet" wird nach § 10 Abs. 4 AStG ein Nettobetrag: die Einkünfte der Zwischenges., wobei sich der Nettobetrag auf die einschlägigen Einnahmen bezieht, abzgl. der BA, die mit diesen Einnahmen in wirtschaftl. Zusammenhang stehen, s. § 10 Abs. 4 AStG, in dem allerdings v. Einkünften als Bezugsgröße die Rede ist. § 4j Abs. 1 bezieht sich demgegenüber auf betrieblich veranlasste Aufwendungen und im Gegenzug auf daraus „resultierende Einnahmen". Beides deckt sich nicht. Da die Rückausnahme des Abs. 1 S. 5 aber nur „insoweit" greift, als die Hinzurechnung der betr. „Einnahmen" ausgelöst wird, bleibt infolgedessen ein Differenzbetrag abzugsgesperrt.[9] Zudem ergeben sich regelmäßig zeitliche Unabgestimmtheiten, weil der Hinzurechnungsbetrag des § 10 Abs. 1 AStG nach Ablauf des maßgeblichen Wj. als zugeflossen gilt (§ 10 Abs. 2 S. 1 AStG), wohingegen das Abzugsverbot im Zuge der Gewinnermittlung anzuwenden ist. Die Rückausnahme wird in aller Regel erst im Folgejahr ersichtlich, wenn die Hinzurechnung gewiss ist; verfahrensrechtl. muss ggf. – bei Eintritt der Bestandskraft des vorgängigen Steuerbescheids – § 175 Abs. 1 Nr. 1 AO als „rückwirkendes Instrument" helfen. – Zu beachten ist, dass Hinzurechnung und Abzugsverbot nicht unbedingt kumulieren müssen, nämlich wenn einerseits der Nexus Approach iSv. § 4j Abs. 1 S. 4 greift, die Lizenzbegebung andererseits „aktiv" iSd. § 8 Abs. 1 Nr. 6 lit. a AStG ist; der Kollisionsregelung in § 4j Abs. 1 S. 5 bedarf es dann nicht. 24

Nicht zweifelsfrei ist zudem, **wann und unter welchen Umständen** aufgrund der aufwendungsbedingten Einnahmen ein Hinzurechnungsbetrag **„anzusetzen"** ist. Der Tatbestand greift hierfür ausdrücklich nur auf **§ 10 Abs. 1 S. 1 AStG** zurück, was darauf hindeutet, es genügen zu lassen, wenn die Hinzurechnung „abstrakt" ausgelöst wird. Voraussetzung ist in Einklang damit allein, dass der Hinzurechnungsbetrag kausal „auf Grund" der aus den Aufwendungen resultierenden Einnahmen anzusetzen ist (nicht jedoch ange- 25

1 S. zB zur irischen Knowledge Development Box *Weigel/Schega*, StuB 2018, 668 (671 f.).
2 *Moritz/Baumgartner*, DB 2018, 2135 (2137), unter Hinweis auf BT-Drucks. 18/12128, 28; sa. *Weigel/Schega*, StuB 2018, 668 (669 f.).
3 *Weigel/Schega*, StuB 2018, 668 (672 f.).
4 *Frase*, KÖSDI 2017, 20497 (20500).
5 *Frase*, KÖSDI 2017, 20497 (20500).
6 Einzelnen Fallgruppen für einen solchen Reflex geht anhand illustrierender Bsp. *Kramer*, ISR 2018, 1, nach.
7 *Kramer*, ISR 2018, 2; *Moser*, FR 2018, 309 (310).
8 *Geurts/Staccioli*, IStR 2017, 514 (519).
9 S. auch BR-Drucks. 59/17, 10 f.

setzt worden ist oder wird).[1] Ob es dann tatsächlich zur Besteuerung kommt, ist unerheblich: Die „Regelungsidee“, der doppelten Besteuerung entgegenzutreten, ist in § 4j Abs. 1 S. 5 nicht strikt vervollkommnet worden, und das betrifft dann zB auch die Situation negativer Beträge, für die nach § 10 Abs. 1 S. 5 AStG die Hinzurechnung „entfällt“, oder auch, wenn auf Ebene des ausländ. Lizenzgebers (Gläubigers) eine Verrechnung mit Verlusten gem. § 10 Abs. 3 S. 5 AStG erfolgt.[2] MaW: Die Hinzurechnung beansprucht generell Vorrang, sobald der Grundtatbestand des § 10 Abs. 1 S. 1 AStG erfüllt ist.[3]

25a Davon ausgehend ist noch ein Schritt weiter zu gehen: Die abstrakte Orientierung an „einem“ Hinzurechnungsbetrag iSd. § 10 Abs. 1 S. 1 AStG verdeutlicht, dass es einerlei ist, **bei wem der Hinzurechnungsbetrag anzusetzen ist**. Das kann in einstufigen Beteiligungsstrukturen der Schuldner der Lizenzgebühren als Hinzurechnungsadressat sein, das kann – bei mehrstufigen Strukturen – aber ebenso der Fall sein, wenn Hinzurechnungsadressat eine andere (Zwischen-)Ges. ist. Ausschlaggebend ist allein, dass sich hier wie dort vergleichbare Doppelbelastungen ergeben können, denen im Einklang mit Sinn und Zweck, aber eben auch dem Wortlaut des § 4j Abs. 1 S. 5 entgegenzutreten ist.[4]

26 Eine etwaige **Hinzurechnung nach ausländ. Recht** wäre allemal unbeachtlich; dafür gibt der Dispens v. Abzugsausschluss nach Abs. 1 S. 5 nichts her, er verweist vielmehr ausschließlich auf den Hinzurechnungsbetrag iSd. § 10 Abs. 1 S. 1 AStG.[5] Auch wenn das dem „Sinn und Zweck“ der Norm widersprechen kann, weil sich infolge präferenzieller Besteuerung im Ausland (zB bei der Tochter-Ges. einer deutschen Enkel-Ges.) einerseits und Hinzurechnungsbesteuerung im Ausland (zB bei der Mutter-Ges. in einem dritten Staat) andererseits ein Steuerniveau von < 25 % errechnet, ist § 4j einschlägig.[6] – Will man dem nicht folgen, verbleibt es bei § 4j Abs. 2 S. 3 (s. Rn. 28). Auch für die Anwendung der Switch-over-Klausel des § 20 Abs. 2 AStG folgt aus dem G nichts.

F. Vorliegen einer schädlichen „präferierenden“ Niedrigbesteuerung (Abs. 2)

27 **§ 4j Abs. 2** legt fest, wann eine schädliche Niedrigbesteuerung der Rechteüberlassungen iSv. Abs. 1 S. 1 vorliegt. Dies ist nach **Abs. 2 S. 1** der Fall, wenn die **v. der Regelbesteuerung abw. Besteuerung des Gläubigers** (oder des weiteren Gläubigers, Abs. 1 S. 2) zu einer **Belastung durch Ertragsteuern v. weniger als 25 %**[7] führt; bei mehreren Gläubigern entscheidet die niedrigste Belastung, **Abs. 2 S. 1 letzter Halbsatz**.[8] Maßgebend ist (allein) der **Steuersatz**. Das ähnelt der Bestimmung der „niedrigen Besteuerung“ in § 8 Abs. 3 S. 1 AStG. Bezugsgröße sind bei § 4j allerdings die „**Einnahmen**“, die aus den betr. Aufwendungen resultieren, nicht die Einkünfte (s. aber auch Rn. 24). Das Abstellen auf die Bruttogröße verdeutlicht, dass es die Frage nach der Ertragsteuerbelastung und deren Höhe iSv. § 4j Abs. 2 nicht beeinflusst, wenn auf die Lizenzeinnahmen ein etwaiger Verlustvortrag „verwendet“ wird und deswegen im VZ keine (oder erst in einem späteren VZ) Steuern anfallen.[9] Bei der Ermittlung, ob auf dieser Basis eine niedrige Besteuerung vorliegt, sind sodann sämtliche Regelungen zu berücksichtigen, die sich auf die Besteuerung der Einnahmen aus der Rechteüberlassung auswirken, insbes. stl. Kürzungen, Befreiungen, Gutschriften oder Ermäßigungen (**Abs. 2 S. 2**). Das wird, soweit ersichtlich, mit einiger Gewissheit auch den Sonderabzug betreffen, wie er neuerlich in den USA (iHv. 37,5 % ab dem 1.1.2018 und 21,875 % ab dem 1.1.2026) nach der **US-Tax Reform** für „foreign derived intangible income“ (**FDII**) ua. für die Einkünfte aus der Lizenzierung v. US-WG an (ausländ.) Pers./Unternehmen (optional) vorgesehen ist (unabhängig davon, dass wg. der nunmehr generellen Niedrigbesteuerung in den USA idR ohnehin §§ 7 ff. AStG und damit § 10 Abs. 1 S. 5 greifen werden, s. dazu Rn. 23, auch Rn. 4).[10] Denn die Steuersätze fallen mit 13,125 %/16,406 % deutlich geringer aus,

---

1 **AA** *M. Link/Süßmann*, SAM 2017, 150 (154).
2 **AA** *M. Link/Süßmann*, SAM 2017, 150 (154).
3 IErg. **aA** (unter Berufung auf Sinn und Zweck) *Hagemann/Kahlenberg*, IStR 2017, 1001 (1002 f.); *M. Link/Süßmann*, SAM 2017, 150 (154).
4 *Moser*, FR 2018, 309; sa. *Kahlenberg/Oppel*, IStR 2017, 205; *Geurts/Staccioli*, IStR 2017, 514 (520).
5 *Moritz/Baumgartner*, DB 2018, 2135 (2138); *Kramer*, ISR 2018, 2.
6 Zweifelnd *Pung/Benz*, StbJb. 2017/2018, 181 (193 f.).
7 Zur Kritik an der 25 %-Grenze s. zB *Ritzer/Stangl/Karnath*, DK 2017, 68 (72); *Schneider/Junior*, DStR 2017, 417 (420); *Ditz/Quilitzsch*, DStR 2017, 1561 (1564); diese Kritik findet sich gleichermaßen bei § 8 Abs. 3 AStG, s. zB *F/W/B/S*, § 8 AStG Rn. 701.
8 S. dazu *Jochimsen/Zinowsky/Schraud*, IStR 2017, 593 (597) (zu einem Forschungspool). – *M. Link/Süßmann*, SAM 2017, 150 (153), weisen zutr. darauf hin, dass es allein sachgerecht gewesen wäre, bei mehreren Gläubigern auf die gewichtete durchschnittliche Steuerbelastung abzustellen.
9 *Grotherr*, Ubg 2017, 233.
10 *Pinkernell*, IStR 2018, 249; sa. *Richter/John*, ISR 2018, 109; *Ehlermann/Köhler*, ISR 2018, 37; *Moser*, RIW 2018, 348; **aA** *Jochimsen*, ISR 2018, 91 (97); *Loose/Engel*, Ubg 2018, 77 (81); *Schmid/Rost*, BB 2018, 988; *Nolte/Gehrmann/Heinen/Dyllick*, DStZ 2018, 221 (229 f.); *Linn*, DStR 2018, 153; *Böing/Dokholian*, GmbH-StB 2018, 153 (157); *Maywald*, IWB 2018, 296; *Faßbender/Goulet*, IWB 2018, 254; wohl auch *Moritz/Baumgartner*, DB 2018, 2135 (2137): „spricht einiges dafür“.

als das bei der Regelbesteuerung mit 21 % der Fall ist (Federal Corporate Tax), auch die Belastung mit Ertragsteuer beträgt weniger als 25 % (§ 4j Abs. 2). Fraglich ist allein, ob die FDII-Regelungen dem Grunde nach Präferenzregelungen verkörpern oder aber nur eine reine Rechengröße (Residualgröße) im Kontext der Normalbesteuerung in den USA. Beide Gedanken lassen sich hören. Übersehen werden darf jedoch nicht, dass der Wortlaut des § 4j keineswegs allein lizenzboxeninduzierte Präferenzen umfasst.[1] Das mag regelungsüberschießend sein, ändert aber an dem grds. Befund nichts und könnte (müsste?) wohl für die Anwendung von § 4j auch auf die FDII-Besteuerung genügen. Ähnlich dürfte es bei Lizenzzahlungen an gemischte Schweizer Ges. oder in chinesische Sonderwirtschaftszonen liegen. – Unabhängig davon ist nicht klar, wie sich die „schädliche" Niedrigsteuer genau errechnet, insbes., ob dabei allein auf die (ausländ.) Präferenzwirkung abzustellen ist oder ob weitere Belastungseffekte einzubeziehen sind. Zu denken ist an den Fall, dass es in Deutschland wg. § 50d Abs. 3 zu einer definitiven Quellensteuerbelastung kommt, welche die Steuerbelastung unbeschadet der ausländ. Präferenzregelung auf insgesamt mehr als 25 % anheben lässt. Da § 4j nichts darüber aussagt, dass sich die Gesamtsteuerbelastung aus den betreffenden Lizenzeinnahmen in ein und demselben Staat aufsummieren müsste, bliebe § 4j in einer solchen Konstellation unanwendbar.[2]

Steuervergünstigungen, die sich weder auf den Steuersatz noch auf die Einnahmen beziehen, bleiben demgegenüber ausgespart, in erster Linie also solche Vergünstigungen, die an die tatsächlichen Aufwendungen anknüpfen (stl. Förderung v. F & E durch Prämien, s. Rn. 8), aber auch infolge besonderer Abschreibungsvorteile. Abzugsteuern sind einzubeziehen, wenn sie den Gläubiger endgültig belasten und eine Ermäßigung nach § 50d Abs. 1 ausscheidet,[3] eine etwaige Hinzurechnung nach CFC-Rules hingegen nicht, weil sie nicht den Gläubiger belastet, sondern den an ihm beteiligten G'ter.[4] Im Übrigen kann weitgehend auf die Grundsätze abgestellt werden, die zu § 8 Abs. 3 AStG entwickelt wurden. Das betrifft die Frage, ob es sich um Ertragsteuern handelt.[5] Das betrifft ebenso und kraft ausdrücklicher Anordnung einer entspr. Anwendung in **Abs. 2 S. 4** die Vorschriften des **§ 8 Abs. 3 S. 2 und 3 AStG:** Als „Begünstigung" sind in der Belastungsberechnung Anspr. anzusehen, die im Falle einer Gewinnausschüttung der ausländ. Ges. dem Gläubiger oder einer ihm nahestehenden Pers. v. ausländ. Staat gewährt werden (§ 8 Abs. 3 S. 2 AStG analog). Eine niedrige Besteuerung liegt auch dann vor, wenn Ertragsteuern v. mindestens 25 % zwar rechtl. geschuldet, jedoch tatsächlich nicht erhoben werden (§ 8 Abs. 3 S. 3 AStG analog; sog. Malta-Klausel).[6] Abweichend v. § 8 Abs. 3 AStG verhält es sich allerdings insoweit, als § 4j Abs. 2 nicht „absolut" auf einen Niedrigsteuersatz v. weniger als 25 % abstellt, sondern diesen Steuersatz in Relation zu dem Regelsteuersatz stellt. MaW: Bemisst sich die Regelsteuer unterhalb v. 25 % (und liegt daran gemessen damit iErg. eine Präferenzbesteuerung „nach oben" vor)[7], dann ist die damit übereinstimmende Besteuerung der Rechteüberlassung irrelevant, solange sie nicht noch weiter darunterliegt.[8] 27a

Im Einzelnen verbleiben hier manche Ungewissheiten und ist das Ganze rechtsstaatl. bedenklich (Rn. 23). Wann liegt im anderen Staat eine Abweichung v. Regelsteuersatz tatsächlich vor? Was ist ein zeitlich zugestandener Steuervorteil, um Arbeitsplätze zu sichern? Da das G die schädliche Privilegierung explizit auf die Rechteüberlassung bezieht und diese mit dem OECD-Aktionspunkt 5 verbindet, ist ein enges Verständnis zu befürworten. Nur **Privilegien**, die sich **konkret auf Rechteüberlassungen beziehen**, sind einschlägig, nicht aber jegliche Steuervorteile, die sich aus Lenkungszwecken ergeben. 27b

In subj. Hinsicht orientiert sich die Niedrigsteuer an der Besteuerung „des" Gläubigers oder „des" weiteren Gläubigers. Entgegen der ursprünglichen Fassung des RegEntw., in der es noch „beim" Gläubiger (oder weiterem Gläubiger) hieß,[9] soll damit erreicht werden, dass Gläubiger eine nach ausländ. Recht transparent besteuerte PersGes. oder als transparent behandelte KapGes. (zB aufgrund des US-Check-the-box-Verfahrens) sein kann, ggf. auch ein Treuhänder.[10] Sowohl die Ges. selbst als auch der G'ter werden insoweit v. Regelungswortlaut „eingefangen". Auch **§ 4j Abs. 2 S. 3** schafft insoweit Klarheit für die Situa- 28

---

1 *Richter/John*, ISR 2018, 109.
2 *Pung/Benz*, StbJb. 2017/2018, 181 (194 ff.).
3 *Schneider/Junior*, DStR 2017, 417 (424); *Jochimsen/Zinowsky/Schraud*, IStR 2017, 593 (596); *Illing* in Beck'sches Steuer- und Bilanzrechtslexikon, Lizenzschranke, Rn. 14.
4 *Illing* in Beck'sches Steuer- und Bilanzrechtslexikon, Lizenzschranke, Rn. 14; s. grds. zur „Sphärentrennung" auch BFH v. 3.5.2006 – I R 124/04, BStBl. II 2011, 547; **aA** *Schnitger*, IStR 2017, 214 (223); *Benz/Böhmer*, DB 2017, 206 (208); *Grotherr*, Ubg 2017, 233 (243).
5 S. dazu BMF v. 14.5.2004, BStBl. I 2004, 3 Rz. 13.
6 S. dazu mit Bsp. *Ditz/Quilitzsch*, DStR 2017, 1561 (1564 f.).
7 Darauf verweist zu Recht *Jo. Lüdicke*, StbJb. 2017/18, 631 (652).
8 *Schnitger*, IStR 2017, 214 (224).
9 BT-Drucks. 18/12128, 29.
10 *M. Link/Süßmann*, SAM 2017, 150 (153), die zutr. auf die insoweit verwirrende Gesetzesbegründung (BR-Drucks. 59/17, 11) hinweisen.

tion des Auseinanderfallens der Vereinnahmung der Lizenzgebühren und der stl. Zurechnung (§ 39 AO) oder der tatsächlichen Besteuerung bei einer anderen Pers. als dem Gläubiger: Für derartige Fälle hybrider oder transparenter Rechtsträger, Organschaften, Gruppenbesteuerungssysteme usf. ist für die Niedrigbesteuerung auf die **Summe der Belastungen** abzustellen. Zudem schützt diese Berücksichtigung dritter Pers. vor einer etwaigen Hinzurechnungsbesteuerung im anderen Staat (sa. Rn. 23 ff.).[1]

G. Rechtsfolgen: Ganzes oder teilweises Abzugsverbot (Abs. 3)

29 Rechtsfolge des § 4j Abs. 1 ist nach **Abs. 3 S. 1** ein Abzugsverbot, das idR allerdings ein der Höhe nach beschränktes Verbot ist, wobei die Korrektur des BA-Abzugs wie sonst auch bei einschlägigen Beschränkungen und Verboten **außerbilanziell** erfolgt. Der nicht abziehbare Teil ist dabei nach Maßgabe v. **Abs. 3 S. 2** anhand der folgenden Formel zu ermitteln:

$$\frac{25\,\% - \text{Belastung durch Ertragsteuern in }\%}{25\,\%}$$

Beispiel: Die deutsche Tochterges. überlässt ihrer im anderen Staat ansässigen alleinigen Mutter-KapGes. das Recht zur Nutzung bestimmter Urheberrechte. Die dafür gezahlte Gebühr ist fremdvergleichskonform. Der andere Staat besteuert mit einem KSt-Satz v. 25 %, begünstigt Lizenzeinnahmen jedoch mit einem reduzierten Steuersatz v. 15 %, um Arbeitsplätze zu sichern.

Lösung: Nach obiger Formel errechnen sich ein Quotient v. 0,4 und ein Abzugsausschluss v. 40 %. Nur dann, wenn die Lizenzeinnahmen gänzlich unbesteuert bleiben, entfällt der Abzug vollen Umfangs, ansonsten vermindert er sich, je nachdem, welcher Steuersatz den Grenzsteuersatz v. 25 % im anderen Staat unterläuft.

30 Da nur diejenigen Aufwendungen vom Abzugsverbot erfasst werden, die mit präferenzbesteuerten Einnahmen korrespondieren, kann sich zusätzlich eine **weitere Quote** errechnen, falls die ausländ. Präferenzregelungen die Einnahmen nur teilweise erfassen oder die Steuerprivilegierungen nur in einem Teil des VZ anzuwenden sind.

31 Soll prophylaktisch oder nachwirkend auf die Lizenzschrankenregelung „reagiert" werden, bedarf es entspr. Vor- und Nachsorge in kautelarjuristischer Hinsicht. Das geschieht in der Praxis vermittels **Steuerklauseln**, zB sog. Nettovereinbarungen oder tax gross up-Vereinbarungen, wonach der Lizenznehmer mit der höheren Ertragsteuerbelastung infolge der Lizenzschranke belastet wird, nicht aber der Lizenzgeber.[2]

§ 5 Gewinn bei Kaufleuten und bei bestimmten anderen Gewerbetreibenden

(1) [1]Bei Gewerbetreibenden, die auf Grund gesetzlicher Vorschriften verpflichtet sind, Bücher zu führen und regelmäßig Abschlüsse zu machen, oder die ohne eine solche Verpflichtung Bücher führen und regelmäßig Abschlüsse machen, ist für den Schluss des Wirtschaftsjahres das Betriebsvermögen anzusetzen (§ 4 Absatz 1 Satz 1), das nach den handelsrechtlichen Grundsätzen ordnungsmäßiger Buchführung auszuweisen ist, es sei denn, im Rahmen der Ausübung eines steuerlichen Wahlrechts wird oder wurde ein anderer Ansatz gewählt. [2]Voraussetzung für die Ausübung steuerlicher Wahlrechte ist, dass die Wirtschaftsgüter, die nicht mit dem handelsrechtlich maßgeblichen Wert in der steuerlichen Gewinnermittlung ausgewiesen werden, in besondere, laufend zu führende Verzeichnisse aufgenommen werden. [3]In den Verzeichnissen sind der Tag der Anschaffung oder Herstellung, die Anschaffungs- oder Herstellungskosten, die Vorschrift des ausgeübten steuerlichen Wahlrechts und die vorgenommenen Abschreibungen nachzuweisen.

(1a) [1]Posten der Aktivseite dürfen nicht mit Posten der Passivseite verrechnet werden. [2]Die Ergebnisse der in der handelsrechtlichen Rechnungslegung zur Absicherung finanzwirtschaftlicher Risiken gebildeten Bewertungseinheiten sind auch für die steuerliche Gewinnermittlung maßgeblich.

(2) Für immaterielle Wirtschaftsgüter des Anlagevermögens ist ein Aktivposten nur anzusetzen, wenn sie entgeltlich erworben wurden.

---

1 *Benz/Böhmer*, DB 2017, 206 (207); *Adrian/Tigges*, StuB 2017, 228 (232); *Grotherr*, Ubg 2017, 241 (243); *Hagemann/Kahlenberg*, IStR 2017, 1001 (1005); *Moritz/Baumgartner*, DB 2018, 2135 (2139); **aA** *Illing* in Beck'sches Steuer- und Bilanzrechtslexikon, Lizenzschranke, Rn. 14.

2 Dazu und zu weiteren bei Unternehmenskäufen üblichen Maßnahmen s. bereits Rn. 22 sowie *Moritz/Baumgartner*, DB 2018, 2135 (2139 f.).

(2a) Für Verpflichtungen, die nur zu erfüllen sind, soweit künftig Einnahmen oder Gewinne anfallen, sind Verbindlichkeiten oder Rückstellungen erst anzusetzen, wenn die Einnahmen oder Gewinne angefallen sind.

(3) [1]Rückstellungen wegen Verletzung fremder Patent-, Urheber- oder ähnlicher Schutzrechte dürfen erst gebildet werden, wenn

1. der Rechtsinhaber Ansprüche wegen der Rechtsverletzung geltend gemacht hat oder
2. mit einer Inanspruchnahme wegen der Rechtsverletzung ernsthaft zu rechnen ist.

[2]Eine nach Satz 1 Nummer 2 gebildete Rückstellung ist spätestens in der Bilanz des dritten auf ihre erstmalige Bildung folgenden Wirtschaftsjahres gewinnerhöhend aufzulösen, wenn Ansprüche nicht geltend gemacht worden sind.

(4) Rückstellungen für die Verpflichtung zu einer Zuwendung anlässlich eines Dienstjubiläums dürfen nur gebildet werden, wenn das Dienstverhältnis mindestens zehn Jahre bestanden hat, das Dienstjubiläum das Bestehen eines Dienstverhältnisses von mindestens 15 Jahren voraussetzt, die Zusage schriftlich erteilt ist und soweit der Zuwendungsberechtigte seine Anwartschaft nach dem 31. Dezember 1992 erwirbt.

(4a) [1]Rückstellungen für drohende Verluste aus schwebenden Geschäften dürfen nicht gebildet werden. [2]Das gilt nicht für Ergebnisse nach Absatz 1a Satz 2.

(4b) [1]Rückstellungen für Aufwendungen, die in künftigen Wirtschaftsjahren als Anschaffungs- oder Herstellungskosten eines Wirtschaftsguts zu aktivieren sind, dürfen nicht gebildet werden. [2]Rückstellungen für die Verpflichtung zur schadlosen Verwertung radioaktiver Reststoffe sowie ausgebauter oder abgebauter radioaktiver Anlagenteile dürfen nicht gebildet werden, soweit Aufwendungen im Zusammenhang mit der Bearbeitung oder Verarbeitung von Kernbrennstoffen stehen, die aus der Aufarbeitung bestrahlter Kernbrennstoffe gewonnen worden sind und keine radioaktiven Abfälle darstellen.

(5) [1]Als Rechnungsabgrenzungsposten sind nur anzusetzen

1. auf der Aktivseite Ausgaben vor dem Abschlussstichtag, soweit sie Aufwand für eine bestimmte Zeit nach diesem Tag darstellen;
2. auf der Passivseite Einnahmen vor dem Abschlussstichtag, soweit sie Ertrag für eine bestimmte Zeit nach diesem Tag darstellen.

[2]Auf der Aktivseite sind ferner anzusetzen

1. als Aufwand berücksichtigte Zölle und Verbrauchsteuern, soweit sie auf am Abschlussstichtag auszuweisende Wirtschaftsgüter des Vorratsvermögens entfallen,
2. als Aufwand berücksichtigte Umsatzsteuer auf am Abschlussstichtag auszuweisende Anzahlungen.

(6) Die Vorschriften über die Entnahmen und die Einlagen, über die Zulässigkeit der Bilanzänderung, über die Betriebsausgaben, über die Bewertung und über die Absetzung für Abnutzung oder Substanzverringerung sind zu befolgen.

(7) [1]Übernommene Verpflichtungen, die beim ursprünglich Verpflichteten Ansatzverboten, -beschränkungen oder Bewertungsvorbehalten unterlegen haben, sind zu den auf die Übernahme folgenden Abschlussstichtagen bei dem Übernehmer und dessen Rechtsnachfolger so zu bilanzieren, wie sie beim ursprünglich Verpflichteten ohne Übernahme zu bilanzieren wären. [2]Dies gilt in Fällen des Schuldbeitritts oder der Erfüllungsübernahme mit vollständiger oder teilweiser Schuldfreistellung für die sich aus diesem Rechtsgeschäft ergebenden Verpflichtungen sinngemäß. [3]Satz 1 ist für den Erwerb eines Mitunternehmeranteils entsprechend anzuwenden. [4]Wird eine Pensionsverpflichtung unter gleichzeitiger Übernahme von Vermögenswerten gegenüber einem Arbeitnehmer übernommen, der bisher in einem anderen Unternehmen tätig war, ist Satz 1 mit der Maßgabe anzuwenden, dass bei der Ermittlung des Teilwertes der Verpflichtung der Jahresbetrag nach § 6a Absatz 3 Satz 2 Nummer 1 so zu bemessen ist, dass zu Beginn des Wirtschaftsjahres der Übernahme der Barwert der Jahresbeträge zusammen mit den übernommenen Vermögenswerten gleich dem Barwert der künftigen Pensionsleistungen ist; dabei darf sich kein negativer Jahresbetrag ergeben. [5]Für einen Gewinn, der sich aus der Anwendung der Sätze 1 bis 3 ergibt, kann jeweils in Höhe von vierzehn Fünfzehntel eine gewinnmindernde Rücklage gebildet werden, die in den folgenden 14 Wirtschaftsjahren jeweils mit mindestens einem Vierzehntel gewinnerhöhend aufzulösen ist (Auflösungszeitraum). [6]Besteht eine Verpflichtung, für die eine Rücklage gebildet wurde, bereits vor Ablauf des maßgebenden Auflösungszeitraums nicht mehr, ist die insoweit verbleibende Rücklage erhöhend aufzulösen.

Verwaltung: BMF v. 12.3.2010, BStBl. I 2010, 239; v. 30.11.2017, BStBl. I 2017, 1619.

Literatur: *Beisse*, Wandlungen der Grundsätze ordnungsmäßiger Bilanzierung – Hundert Jahre „GoB", GS Knobbe-Keuk, 1997, 385; *Ertel/Rosnitschek/Schanz*, Abweichungen zwischen Handelsbilanz und Steuerbilanz vor und nach dem BilMoG, DStR 2017, 2068; *Hennrichs*, Der steuerrechtliche sog. Maßgeblichkeitsgrundsatz gem. § 5 EStG, StuW 1999, 138; *Meurer*, Anmerkung zu BMF: Bilanzsteuerrechtliche Ansatz- und Bewertungsvorbehalte bei der Übernahme v. schuldrechtlichen Verpflichtungen, BB 2011, 1714; *Neumayer*, Gesellschaftsvertragliche Bilanzklauseln und Ausschüttungsregelungen nach BilMoG, BB 2011, 2351; *Nöcker*, Bilanzsteuerrecht kann ganz einfach sein – ... ist es aber (leider) nicht, DStZ 2018, 709; *Petersen/Zwirner*, BilMoG, 2009; *Prinz*, Materielle Maßgeblichkeit handelsrechtlicher GoB – ein Konzept für die Zukunft im Steuerbilanzrecht?, DB 2010, 2069; *Prinz*, Akzentverschiebungen bei umweltbezogenen Anpassungsrückstellungen in der BFH-Rspr., DB 2013, 1815; *Riedel*, Verlustrealisierung durch Wegfall der korrespondierenden Bilanzierung im Sonderbetriebsvermögen, FR 2017, 949; *Sandleben/Hörtnagl*, Zur Frage der Bilanzierungspflicht aufgrund ausländischen Steuerrechts, DStR 2017, 2298; *Schulze-Osterloh*, Handelsrechtliche GoB und steuerliche Gewinnermittlung, DStR 2011, 534; *Wacker*, Zu den steuerbilanziellen Folgen eines Rangrücktritts nach der jüngeren Rspr. des I. BFH-Senats, DB 2017, 26; *Weber-Grellet*, 100 Jahre Bilanzrechtsprechung durch RFH und BFH, BB 2018, 2347; *Weber-Grellet*, Grundfragen und Zukunft der Gewinnermittlung, DB 2010, 2298.

A. Grundaussagen der Vorschrift

I. Regelungsgegenstand. § 5 ist die **zentrale Vorschrift** des Bilanzsteuerrechts.[1] Sie beinhaltet ggü. § 4 Abs. 1 spezielle Vorgaben für die Gewinnermittlung eines StPfl., der einen GewBetr. führt. § 5 **Abs. 1 S. 1** HS 1 normiert als **Grundsatz** die sog. **materielle Maßgeblichkeit**. Darunter versteht man, dass der StPfl. bei der stl. Gewinnermittlung die abstrakten handelsrechtl. Vorgaben zu befolgen hat. In § 5 **Abs. 1 S. 1 HS 2** und **S. 2, 3** finden sich Regelungen, wie zu verfahren ist, wenn – abw. v. Maßgeblichkeitsgrundsatz – für die StB andere Bilanzansätze gewählt werden als in der HB. Die materielle Abhängigkeit der StB v. der 1

1 *H/H/R*, § 5 Anm. 30.

HB wird zudem in Abs. 1a–7 durch steuerrechtl. Spezialregelungen durchbrochen, soweit sie nicht deckungsgleich mit den handelsrechtl. GoB sind. Abw. zu § 246 Abs. 2 S. 2 HGB ordnet § 5 **Abs. 1a S. 1**[1] ein allg. Verrechnungsverbot v. Posten der Aktivseite mit solchen der Passivseite an. § 5 **Abs. 2** regelt ein Aktivierungsverbot für nicht entgeltlich erworbene immaterielle WG des AV[2] und bestätigt im Umkehrschluss in Übereinstimmung mit dem Grundsatz der Vollständigkeit ein Aktivierungsgebot für entgeltlich erworbene immaterielle WG des AV. § 5 **Abs. 2a**[3] normiert ein v. den handelsrechtl. GoB nicht gedecktes Passivierungsverbot[4], soweit Vermögenszuwendungen nur in Abhängigkeit v. künftigen Einnahmen oder Gewinnen zurückzuzahlen sind. § 5 **Abs. 3** führt abw. v. der HB zu einem Rückstellungsverbot, soweit die engen Voraussetzungen für die Bildung v. Rückstellungen wegen Verletzung bestimmter Schutzrechte nicht gegeben sind. In gleicher Weise beschränkt § 5 **Abs. 4**[5] die Bildung v. Rückstellungen für die Verpflichtung zu einer Zuwendung anlässlich eines Dienstjubiläums.[6] Eine schwerwiegende Abweichung v. § 249 Abs. 1 S. 1 HGB ist in § 5 **Abs. 4a**[7] geregelt, wonach Rückstellungen für drohende Verluste aus schwebenden Geschäften bei der steuerrechtl. Gewinnermittlung unberücksichtigt bleiben. § 5 **Abs. 4b**[8] bestimmt, dass für AK bzw. HK keine Rückstellungen gebildet werden dürfen und ordnet bestimmte Aufwendungen für die Wiederaufbereitung v. Kernbrennstoffen unwiderlegbar den AK bzw. HK zu. § 5 **Abs. 5 S. 1** regelt in Übereinstimmung mit § 250 Abs. 1 und Abs. 2 HGB die Voraussetzungen, unter denen aktive und passive RAP zu bilden sind. § 5 **Abs. 5 S. 2** schreibt darüber hinaus die Aktivierung v. als Aufwand berücksichtigten Zöllen, Verbrauchssteuern und USt auf Anzahlungen vor. Eine weitere Einschränkung erfährt das materielle Maßgeblichkeitsprinzip durch § 5 **Abs. 6**, wonach die steuerrechtl. Vorschriften über Entnahmen und Einlagen, über die Zulässigkeit der Bilanzänderung (§ 4 Abs. 2), über die BA (insbes. Abzugsbeschränkungen nach §§ 4 Abs. 5–8, 4b–4j), über die Bewertung (insbes. §§ 6, 6a, 6b, 6d) und über die AfA oder Substanzverringerung (insbes. §§ 7–7k) vorrangig zu beachten sind. Durch eine kompliziert gefasste Regelung in § 5 **Abs. 7**[9] werden Passivierungsbeschränkungen für entgeltlich angeschaffte Verbindlichkeiten oder Rückstellungen auf den Rechtsnachfolger übertragen; die stl. Neutralität des Anschaffungsvorgangs wird hierdurch – zumindest teilw. – rückgängig gemacht.

2 Bei der Frage, ob § 5 Abs. 1 die sog. **formelle Maßgeblichkeit** fordert(e), ging man für bis zum 28.5.2009 endende Wj. durch die sog. **umgekehrte Maßgeblichkeit** des § 5 Abs. 1 S. 2 aF v. einer umfassenden Auslegung aus, die eine einheitliche Wahlrechtsausübung in HB und StB fordert. Die umgekehrte Maßgeblichkeit hatte zur Folge, dass Steuervergünstigungen, die den GoB widersprechen (zB subventionelle Sonder-AfA), zwingend in die HB übernommen werden mussten, um Einfluss auf die steuerrechtl. Gewinnermittlung zu haben. IErg. führte dies zu einer bedenklichen Manipulation des handelsrechtl. Gewinns, der die Ertragskraft des Unternehmens widerspiegeln sollte und vor allem im Kapitalgesellschaftsrecht die Bemessungsgrundlage für eine mögliche Ausschüttung an die Anteilseigner bilden sollte.[10] Zur Umsetzung dieses Grundsatzes waren Öffnungsklauseln im HGB verankert (§§ 247 Abs. 3, 254, 270 Abs. 1 S. 2, 273, 279 Abs. 2, 280 Abs. 1, 281, 285 S. 1 Nr. 5 HGB aF). Durch das BilMoG[11] wurde diese Verbindung zw. StB und HB mit Wirkung für nach dem 28.5.2009 endende Wj. – und damit regelmäßig mWv. VZ 2009 – aufgegeben, um die Informationsfunktion der HB zu verbessern und eine Angleichung an die IFRS vorzunehmen.[12] Steuerrechtl. wurde dies durch die Einfügung einer Öffnungsklausel in § 5 Abs. 1 S. 1 HS 2 umgesetzt, die ausdrücklich eine Abweichung v. handelsrechtl. Ansätzen zulässt, sofern stl. Wahlrechte dies ermöglichen. Die Diskussion um eine formelle Maßgeblichkeit ist seit der Abschaffung der umgekehrten Maßgeblichkeit durch die Regelungen des BilMoG ebenfalls beendet. Es ist davon auszugehen, dass keine Abhängigkeit der HB v. der StB mehr besteht.

3 Ob und inwieweit sich das handelsrechtl. und das steuerrechtl. Rechenwerk nach BilMoG voneinander entfernen, hängt v. Verständnis des **stl. Wahlrechtsvorbehalts** ab, der sowohl Ansatzwahl- als auch Bewertungswahlrechte betrifft. In § 5 Abs. 1 S. 1 HS 2 ist v. „einem anderen Ansatz" die Rede, § 5 Abs. 1 S. 2

1 Eingefügt durch das BilMoG v. 25.5.2009 (BGBl. I 2009, 1102).
2 BFH v. 26.4.2018 – III R 5/16, BStBl. II 2018, 536 Rn. 27.
3 Eingefügt durch das StBereinG 1999 v. 22.12.1999 (BGBl. I 2000, 13).
4 BFH v. 15.4.2015 – I R 44/14, BStBl. II 2015, 769 Rn. 9 = FR 2015, 995, m. Anm. *Tauser*, FR 2015, 976 und *Paus*, FR 2015, 980.
5 Eingefügt durch das StRefG 1990 v. 25.7.1988 (BGBl. I 1988, 224).
6 Die Verfassungswidrigkeit des Verbots v. Jubiläumsrückstellungen in den Jahren 1988–1992 (vgl. den Vorlagebeschl. des BFH v. 10.11.1999 – X R 60/95, BStBl. II 2000, 231 = FR 2000, 261 m. Anm. *Weber-Grellet* = DStR 2000, 233) hat das BVerfG verneint, BVerfG v. 12.5.2009 – 2 BvL 1/00, BVerfGE 123, 111 = FR 2009, 873 m. Anm. *Buciek*.
7 Eingefügt durch das GFStRef. v. 29.10.1997 (BGBl. I 1997, 2590).
8 Eingefügt durch das StEntlG 1999/2000/2002 v. 24.3.1999 (BGBl. I 1999, 402).
9 Eingefügt durch das AIFM-StAnpG v. 28.11.2013 (BGBl. I 2013, 4318).
10 Zur Vereinbarkeit mit der 4. EG-RL v. 25.7.1978 vgl. auch *Heymann* HGB², Einl. Rn. 81 f. mwN.
11 G v. 25.5.2009 (BGBl. I 2009, 1102).
12 *Herzig*, DB 2008, 3; *Theile/Hartmann*, DStR 2008, 2031.

bezieht sich dagegen auf einen v. Handelsrecht „abweichenden Wert". Nach Auffassung der FinVerw. soll v. einem umfassenden steuerrechtl. Wahlrechtsvorbehalt auszugehen sein.[1] Rein steuerrechtl. Wahlrechte, aber auch sowohl handels- als auch steuerrechtl. bestehende Optionen können nach Meinung der FinVerw. ohne handelsrechtl. Vorprägung ausgeübt werden. Das gilt für GoB-inkongruente Vergünstigungswahlrechte, erstreckt sich aber auch auf steuerrechtl. TW-Abschreibungen aufgrund dauernder Wertminderung, das Verbrauchsfolgeverfahren sowie lineare und degressive Abschreibungen. Im Schrifttum ist die Auffassung der FinVerw. auf teilw. scharfe Kritik gestoßen.[2] Für die zukünftige dogmatische Entwicklung wird es darauf ankommen, dass zwar der Wille des Steuergesetzgebers wahlrechtsbeschränkend ausgerichtet war, allerdings im Gesetzeswortlaut keinen Anhalt gefunden hat. Wer sich gegen eine teleologische Reduktion des Wahlrechtsbegriffs des § 5 Abs. 1 ausspricht, der muss konsequenterweise dazu kommen, dass auch GoB-konforme stl. Wahlrechte v. der HB abgekoppelt werden können.

II. Systematische Einordnung. 1. Handelsrechtlicher Jahresabschluss und steuerrechtliche Gewinnermittlung. § 5 Abs. 1 S. 1 HS 1 bestimmt, dass Gewerbetreibende bei der steuerrechtl. Gewinnermittlung das BV anzusetzen haben, das nach den **handelsrechtl. GoB** anzusetzen ist. Damit nimmt der Gesetzgeber iErg. für das Steuerrecht auf ein System ordnungsgemäßer Rechnungslegung Bezug, um eine sachgerechte Maßgröße für die gleichmäßige Verteilung der Steuerlasten zu gewinnen. Die Funktion der GoB[3] besteht darin, einen ökonomisch möglichst „zutr." Gewinn zu bestimmen, der nach der Vorstellung des HGB ohne Gefährdung des Unternehmens ausgeschüttet werden kann.[4] 4

Nach der Wertentscheidung des (Steuer-)Gesetzgebers ist eine solche **Maßgröße** prinzipiell auch geeignet, das für die Steuerzahlung disponible Einkommen festzulegen. Da die Grundidee des geltenden Steuerrechts einem marktwirtschaftlichen System verhaftet bleibt, setzt das Steuerrecht ein verkehrswirtschaftliches Wirtschaftssystem mit primärer (privater) Wohlstandsverteilung voraus. Erst auf der (sekundären) Besteuerungsebene wird diese Güterverteilung durch Erhebung v. Steuern hoheitlich beeinflusst. Vor diesem Hintergrund erweist es sich als sachgerecht, dass der Steuerstaat – gleichsam als Kostgänger der Steuerbürger – an dem Gewinn des Unternehmens „teilnimmt" und sich nicht besser stellt als der Inhaber oder die Anteilseigner des Unternehmens.[5] Vor diesem Hintergrund stellt der Maßgeblichkeitsgrundsatz des § 5 Abs. 1 S. 1 HS 1 auch de lege ferenda eine steuersystematisch zutr. Maßgröße stl. Leistungsfähigkeit dar. Er gehört zu den Essentialien des deutschen Steuerbilanzrechts. Deshalb erweisen sich Bestrebungen, die stl. Gewinnermittlung auch vor dem Hintergrund intern. Entwicklungen unter Bezugnahme auf den Vorrang des Leistungsfähigkeitsprinzips v. der HB zu isolieren und eine eigenständige Steuerbilanz zu erstellen,[6] steuersystematisch als nicht überzeugend. Der pauschale Hinweis auf die Leistungsfähigkeit muss schon deshalb skeptisch gewürdigt werden, weil es ebenso viele Inhalte der stl. Leistungsfähigkeit gibt wie Leitbilder, v. denen die Leistungsfähigkeit ihren Sinn empfängt. Die Relativität jeder Gerechtigkeitsidee und damit auch des Leistungsfähigkeitsgrundsatzes verkennen diejenigen, die dem Leistungsfähigkeitsgedanken axiomatische Kraft beilegen und sich damit des Nachweises der normativ-dogmatischen Geltung des Prinzips entledigen. 5

§ 5 übernimmt nicht unbesehen das Ergebnis der HB, sondern legt nur im Ausgangspunkt die HB für die Besteuerung zugrunde, stellt daneben aber eine Reihe v. **Sonderregeln** auf, wie diese Bilanz für ihre Besteuerungszwecke zu modifizieren ist. So enthalten § 5 Abs. 2–5 sowohl deckungsgleiche bilanzsteuerrechtl. Vorschriften (vgl. § 5 Abs. 2, Abs. 5 S. 1) für immaterielle Anlagegüter und RAP als auch v. Handelsbilanzrecht abw. eigenständige bilanzsteuerrechtl. Vorschriften im Bereich der Rückstellungsbildung (§ 5 Abs. 2a, 3, 4, 4a, 4b, 5 S. 2). Schließlich schränkt § 5 Abs. 6 den Maßgeblichkeitsgrundsatz dahingehend ein, als die steuerrechtl. Vorschriften über Entnahmen und Einlagen, über die Zulässigkeit der Bilanzänderung, über BA, über die Bewertung und über die AfA oder Substanzverringerung vorrangig zu befolgen sind. Deshalb richtet sich die Bewertung primär nach § 6. Soweit allerdings die stl. Bewertungsvorschriften lückenhaft sind, gelten die allg. Bewertungsgrundsätze des HGB (§§ 252 ff. HGB). So nimmt der BFH bspw. an, dass der handelsrechtl. AK- und HK-Begriff des § 255 HGB mit dem des § 6 übereinstimmt, sodass § 5 Abs. 6 die Maßgeblichkeit der HB für die Steuerbilanz hier nicht einschränkt.[7] 6

Schließlich wird v. BFH eine **teleologische Einschränkung** des Maßgeblichkeitsgrundsatzes vertreten. Nach dem grundlegenden Beschl. des GrS des BFH v. 3.2.1969[8] folge aus dem Sinn und Zweck der stl. Ge- 7

1 BMF v. 12.3.2010, BStBl. I 2010, 239.
2 ZB *Hennrichs*, Ubg 2009, 533; vgl. auch *Weber-Grellet*, DB 2009, 2402.
3 Ausf. zur systematischen Einordnung der GoB vgl. *H/H/R*, § 5 Anm. 160 ff.
4 Ob eine Ausschüttung gesellschaftsrechtl. zulässig ist, hängt v. der jeweiligen Rechtsform ab.
5 *Stobbe*, FR 2007, 361.
6 *Schmidt*[37], § 5 Rn. 27; *Weber-Grellet*, BB 2005, 41.
7 BFH v. 4.7.1990 – GrS 1/89, BStBl. II 1990, 830 zum Begriff der AK.
8 BFH v. 3.2.1969 – GrS 2/68, BStBl. II 1969, 291.

winnermittlung – nämlich den „vollen Gewinn" zu erfassen –, aus den Grundgedanken, die das Verhältnis v. § 5 und § 6 beherrschen, und schließlich aus dem verfassungsrechtl. Grundsatz der Gleichheit der Besteuerung, dass die Bezugnahme des Abs. 1 auf die GoB allenfalls eine Bindung des Steuerrechts an handelsrechtl. Aktivierungsverbote und Passivierungsgebote bewirke. Danach soll die strikte Bindung der StB an die HB dann nicht gelten, wenn es sich um Ansatzwahlrechte handelt. Nach dieser Rspr. begründen handelsrechtl. Aktivierungswahlrechte steuerrechtl. Aktivierungsgebote, während Positionen, die handelsrechtl. nur passiviert werden dürfen (Passivierungswahlrechte), als steuerrechtl. Passivierungsverbote aufgefasst werden. Der Rspr. mag entgegengehalten werden, dass hierdurch eine Abstraktion v. Handelsbilanzrecht vorgenommen wird, die angesichts des § 5 Abs. 1 S. 1 HS 1 nicht vorhanden ist. Gerade wg. der Vielzahl steuerrechtl. Durchbrechungen des Maßgeblichkeitsprinzips dürfte wohl kein Anlass bestehen, über die bestehenden Sondervorschriften hinaus jenes Prinzip einzuschränken. Handelsrechtl. Wahlrechte können aus der Steuerbilanz nur durch G eliminiert werden (Rn. 36).[1] Der BFH hat seine Rspr. auf handelsrechtl. Bewertungswahlrechte ausgedehnt. Diese führen ebenso wie Ansatzwahlrechte stl. zu Aktivierungspflichten, soweit sie nicht insgesamt oder teilw. mit stl. Wahlrechten korrespondieren.[2]

8 Unter Druck geriet der Maßgeblichkeitsgrundsatz durch die Anpassung der Rechnungslegung an internationale Standards.[3] Am Maßgeblichkeitsprinzip hält der Gesetzgeber fest, obwohl eine Entwicklung zu beobachten ist, die sich v. der Grundidee einer Einheitsbilanz zunehmend entfernt.[4] Insbes. durch die Einf. des BilMoG schränkt die Einheitsbilanz den bilanzpolitischen Spielraum ein und birgt die Gefahr, steuerliche Optimierungen ungenutzt zu lassen.[5]

9 **2. EU-Recht.** EU-Recht hat ggü. nationalem Recht **Anwendungsvorrang**. Aufgrund des Maßgeblichkeitsgrundsatzes sind handelsbilanzrechtl. Regelungen bei der steuerrechtl. Gewinnermittlung zu beachten. Darüber hinaus finden sich bilanzsteuerrechtl. Normen, die nach ihrem Wortlaut mit Bestimmungen des Handelsbilanzrechts deckungsgleich sind (§ 5 Abs. 2, Abs. 5). Schließlich werden Begriffe des Steuerbilanzrechts, wie etwa der Begriff der AK und HK (§ 6) oder nach herkömmlicher Ansicht des BFH der Begriff des WG[6] in dem gleichen Sinne verstanden wie die entspr. handelsbilanzrechtl. Termini (§§ 246 Abs. 1; 255 Abs. 1, 2 HGB). Das **europarechtl. Problem** rührt daher, dass die HGB-Regelungen auf einer Transformation der 4. EG-RL v. 25.7.1978[7] durch das sog. BiRiLiG v. 19.12.1985 (BGBl. I 1985, 2355) beruhen. Inzwischen wurde die 4. EG-RL durch die RL 2013/34/EU v. 26.6.2013[8] ersetzt und durch das BilRUG v. 17.7. 2015[9] in nationales Recht umgesetzt. Bereits bei der Transformation der 4. EG-RL in die allg. Vorschriften der §§ 238–263 HGB verfolgte der Gesetzgeber offenbar den Zweck, gleichlautendes Recht für Einzelkaufleute, PersGes. und KapGes. zu schaffen. Deshalb müssen diese Vorschriften „rechtsformneutral", dh. einheitlich ausgelegt werden.[10] Methodologisch verhält es sich so, dass Entscheidungen des EuGH, welche allg. Regelungen, wie etwa das Realisationsprinzip (§ 252 Abs. 1 Nr. 4 HGB) betreffen,[11] nicht nur für die Rechnungslegung v. KapGes., sondern auch für Einzelkaufleute und PersGes. verbindlich sind.[12] Hieraus ergeben sich mehrere Folgeprobleme. Im Ausgangspunkt kann als gesichert gelten, dass der Maßgeblichkeitsgrundsatz des § 5 Abs. 1 S. 1 HS 1 eine eigenständige nationale Norm des Steuerrechts darstellt, über deren Anwendbarkeit der EuGH keine Entscheidungskompetenz besitzt. Das System des deutschen Bilanzsteuerrechts wird weder v. der 4. EG-RL bzw. deren Nachfolge-RL 2013/34 EU vorgegeben, noch v. einer sonstigen Harmonisierungsvorschrift gedeckt. Dies bedeutet allerdings nicht, dass eine Auslegung der bilanzsteuerrechtl. Spezialvorschriften durch den EuGH deshalb v. vornherein ausgeschlossen ist.[13] § 5 Abs. 1 S. 1 HS 1 „transformiert" nicht Handelsrecht in eigenständiges Steuerrecht, sondern verweist auf das Han-

---

1 *Crezelius*, Lehrbuch[2], § 8 Rn. 4.
2 BFH v. 21.10.1993 – IV R 87/92, BStBl. II 1994, 176 = FR 1994, 118 zur Aktivierungspflicht für Gemeinkosten nach § 255 Abs. 2 S. 3 HGB. Vgl. hierzu aber die durch das VerfModG v. 18.7.2016 (BGBl. I 2016, 1679) eingefügte Regelung in § 6 Abs. 1 Nr. 1b.
3 Vgl. zB *Mayer-Wegelin*, FS Ritter, 1997, 713 ff.
4 BT-Drucks. 16/10067, 32.
5 Vgl. *Neumayer*, BB 2011, 2411 ff. mwN.
6 BFH v. 26.10.1987 – GrS 2/86, BStBl. II 1988, 348 = FR 1988, 160; v. 26.11.1998 – IV R 52/96, FR 1999, 374 m. Anm. *Luttermann* = DStR 1999, 363; *Schmidt*[37], § 5 Rn. 93; **aA** zB *Costede*, StuW 1995, 115.
7 ABlEG v. 14.8.1978 Nr. L 222/11–31, geändert in ABlEG v. 4.12.1984 Nr. L 314/25.
8 ABlEU Nr. L 182, 19; vgl. hierzu *Velte*, GmbHR 2013, 1125.
9 BGBl. I 2015, 1245.
10 *H/H/R*, § 5 Anm. 45; *Schön*, FS Flick, 1997, 573 (580 f.).
11 Vgl. EuGH v. 27.6.1996 – Rs. C-234/94, DB 1996, 1400.
12 *H/H/R*, § 5 Anm. 45; **aA** *Beisse*, GS Knobbe-Keuk, 1997, 385 (406 f., 409), unter Aufgabe seiner früheren Auffassung in FS Budde, 1995, 82.
13 *Schön*, FS Flick, 1997, 573 (580) mwN; **aA** *Ahmann*, FS L. Schmidt, 1993, 269 (284 f.); *Weber-Grellet*, StuW 1995, 336 (348 ff.).

delsbilanzrecht. Insofern ist nicht zu beanstanden, dass sich der EuGH für die Auslegung bilanzsteuerrechtl. Fragen für zuständig ansieht, soweit diese v. Regelungsgehalt der EU-RL betroffen sind.[1]

Der EuGH geht iErg. davon aus, dass die gesetzliche Fassung des § 5 Abs. 1 S. 1 HS 1 eine Entscheidungsdivergenz zw. Zivil- und Finanzgerichtsbarkeit vorbehaltlich bilanzsteuerrechtl. Sondervorschriften in Fragen der Bilanzierung ausschließen soll.[2] Daraus folgt eine strikte Bindung der steuerrechtl. Gewinnermittlung an die Vorgaben des Handelsbilanzrechts, welche über eine schlichte argumentative Bedeutung hinausgeht. Wird über § 5 Abs. 1 S. 1 HS 1 Handelsbilanzrecht angewendet, muss folglich die Pflicht zur richtlinienkonformen Auslegung der in Bezug genommen Vorschriften beachtet werden.[3] In Zweifelsfragen kommt es auf die Interpretation der RL an, welche durch den EuGH zu erfolgen hat. 10

Soweit eine Vorschrift der §§ 238 ff. HGB über § 5 Abs. 1 S. 1 HS 1 richtlinienkonform ausgelegt werden muss und dies entscheidungserheblich ist, **kann** bei Auslegungszweifeln das Instanzgericht (FG) die Rechtsfrage dem EuGH vorlegen (Art. 267 Abs. 2 AEUV). Der BFH als letztinstanzliches Gericht **muss** eine Auslegungsfrage dem EuGH vorlegen, wenn Zweifel hinsichtlich der zutr. Anwendung der 4. EG-RL bestehen und diese Frage entscheidungserheblich ist (Art. 267 Abs. 3 AEUV).[4] Es geht also nur um Fragen betr. die Gültigkeit und Auslegung der RL.[5] 11

IÜ verneint der BFH eine Vorlagepflicht an den EuGH immer dann, wenn es sich um eine genuin steuerrechtl. Regelung, wie bspw. § 6, handelt,[6] **und** soweit nicht eine KapGes. in Rede steht.[7] Obwohl also die einschlägige Rspr. des BFH bei der Frage nach der Vorlagepflicht an den EuGH **restriktiv** orientiert ist,[8] wird im Schrifttum darauf hingewiesen, dass das Verhältnis des Bilanzsteuerrechts zum Gemeinschaftsrecht Anlass sein solle, über die Aufgabe des Maßgeblichkeitsprinzips des § 5 Abs. 1 S. 1 HS 1 nachzudenken.[9] Aber das ist nur eine vordergründig plausible Argumentation, denn wenn der EuGH nicht zuständig ist für die Anwendung v. Gemeinschaftsrecht auf den jeweiligen Sachverhalt,[10] kann sich daraus kein Arg. für die Abkoppelung der steuerrechtl. Gewinnermittlung v. Handelsrecht, welches regelmäßig mehr Sicherheit als das fiskalisch motivierte Steuerbilanzrecht bietet, ergeben. 12

III. Verhältnis zu anderen Vorschriften. 1. Verhältnis zu anderen Gewinnermittlungsarten. Die Gewinnermittlungen des § 4 Abs. 1 und des § 5 sind **eng miteinander verzahnt**. § 5 Abs. 1 S. 1 begründet keine eigenständige Form der Gewinnermittlung, vielmehr ergänzt die Vorschrift die des § 4 Abs. 1.[11] § 5 Abs. 1 S. 1 verweist wegen des für den Schluss eines Wj. anzusetzenden BV ausdrücklich auf § 4 Abs. 1 S. 1. Auch die Technik der Gewinnermittlung in Form des BV-Vergleichs ist bei beiden Gewinnermittlungsarten die gleiche. Nach der Systematik des G bildet § 5 eine der allg. Regelung des § 4 Abs. 1 nachgeordnete Sonderregelung. Bedeutende Unterschiede bzgl. der Rechtsfolgen sind damit allerdings nicht verbunden, weil § 5 Abs. 1 über den Grundsatz der Gleichmäßigkeit der Besteuerung seinerseits auf den Anwendungsbereich des § 4 Abs. 1 S. 1 ausstrahlt (§ 4 Rn. 3). In Konsequenz davon sind die besonderen handelsrechtl. GoB als allg. Grundsätze auch bei der Gewinnermittlung nach § 4 Abs. 1 zu berücksichtigen. Ob sich bei einer deduktiven Ableitung der GoB (Rn. 41 f.) tatsächlich noch Unterschiede zw. „landwirtschaftlichen", „forstwirtschaftlichen" oder „freiberuflichen" GoB feststellen lassen, erscheint eher zweifelh.[12] Nach hier vertretener Ansicht richtet sich bspw. die personelle Zurechnung v. WG auch im Bereich des § 4 Abs. 1 S. 1 einheitlich nach den unmittelbar nur im Bereich des § 5 Abs. 1 S. 1 maßgeblichen handelsrechtl. Grundsätzen (§ 4 Rn. 71 f.). 13

Während sich § 4 Abs. 1 S. 1 und § 5 Abs. 1 S. 1 in materiell-rechtl. Hinsicht gegenseitig ergänzen und zueinander in Wechselbeziehung stehen, sind sie im Hinblick auf den persönlichen Anwendungsbereich 14

---

1 EuGH v. 14.9.1999 – Rs. C-275/97, FR 1999, 1184 = DStR 1999, 1645 zur Frage der Bewertung v. Rückstellungen in der HB und StB; v. 7.1.2003 – Rs. C-306/99 – BIAO, BStBl. II 2004, 144 = FR 2003, 561.
2 Vgl. *Schön*, FS Flick, 1997, 573 (580).
3 *Schön*, FS Flick, 1997, 573 (580 f.).
4 Vgl. Vorlagebeschl. des I. Senats des BFH an den GrS v. 9.9.1998 – I R 6/96, BStBl. II 1999, 129 = FR 1999, 132 m. Anm. *Kempermann*; *Offerhaus*, DStZ 1997, 505.
5 BFH v. 8.11.2000 – I R 6/96, BStBl. II 2001, 570.
6 BFH v. 25.10.1994 – VIII R 65/91, BStBl. II 1995, 312 = FR 1995, 408; v. 15.7.1998 – I R 24/96, BStBl. II 1998, 728 = FR 1998, 996.
7 BFH v. 28.3.2000 – VIII R 77/96, BStBl. II 2002, 227 = FR 2000, 826 m. Anm. *Kessler/Strnad*; zweifelnd *Meilicke*, BB 2001, 40; für ein bloßes Vorlagerecht auch *Schmidt*[37], § 5 Rn. 3.
8 BFH v. 31.10.2000 – VIII R 85/94, FR 2001, 356; v. 28.3.2000 – VIII R 77/96, BStBl. II 2002, 227 = FR 2000, 826 m. Anm. *Kessler/Strnad* betr. eigenständige steuerrechtl. Regelung.
9 *Weber-Grellet*, Steuern im modernen Verfassungsstaat, 2001, 114 f. mwN.
10 EuGH v. 18.10.1990 – Rs. 299/88, Slg. 1990, I-3763.
11 *H/H/R*, § 5 Anm. 90 mwN.
12 *K/S/M*, § 5 Rn. A 38.

scharf voneinander abzugrenzen. § 5 gilt für **Gewerbetreibende**, die nach inländ. Recht gesetzlich verpflichtet sind – eine vertragliche Pflicht reicht nicht aus –, „Bücher" zu führen und „regelmäßig Abschlüsse zu machen", oder dies freiwillig tun (Rn. 16). Bilanzierende LuF und Freiberufler unterfallen ausschließlich § 4 Abs. 1 S. 1.

15 Im Vergleich zur **Überschussrechnung** des § 4 Abs. 3 unterscheidet sich der BV-Vergleich des § 5 in sachlicher Hinsicht im Wesentlichen durch das zeitlich verzögerte Wirksamwerden der Geldrechnung. Die BE und BA sind bei § 4 Abs. 3 grds. erst im Zeitpunkt des Zu- bzw. Abflusses zu berücksichtigen, während im Bereich des § 5 die entspr. Vorgänge vorgezogen sind. IÜ ergeben sich aufgrund des Grundsatzes der sog. **Gesamtgewinngleichheit** keine sachlichen Unterschiede (§ 4 Rn. 11; vgl. auch zum gewillkürten BV § 4 Rn. 137).

16 Gewerbetreibende, die gesetzlich buchführungspflichtig sind, müssen ihren Gewinn **zwingend** nach § 5 ermitteln. Soweit eine entspr. Verpflichtung nicht besteht, eröffnet das G dem nicht buchführungspflichtigen Gewerbetreibenden ein **Wahlrecht**, sich für die Gewinnermittlung durch BV-Vergleich nach § 5 zu entscheiden, indem er freiwillig Bücher führt und regelmäßig Abschlüsse macht. Bzgl. des Übergangs zum BV-Vergleich bei Betriebsveräußerung bzw. BetrAufg. vgl. § 4 Rn. 254. Ein weiteres Wahlrecht sieht das G bei der Gewinnermittlung aus dem Betrieb v. Handelsschiffen vor, für die ab 1999 wahlweise eine ertragsunabhängige sog. Tonnagesteuer eingeführt worden ist (§ 5a).[1] Auch hierbei dient eine MU'schaft iSd. § 15 Abs. 1 S. 1 Nr. 2 als Gewinnermittlungssubjekt (§ 5a Abs. 4a S. 1). In dem nach § 5a Abs. 1 pauschal ermittelten Gewinn sind lediglich die Gewinnanteile der G'ter enthalten. Dieser wird den Gesellschaftern gem. § 5a Abs. 4a S. 2 entsprechend ihrem Anteil am Gesellschaftsvermögen zugerechnet. Nach S. 3 sind Vergütungen iSd. § 15 Abs. 1 S. 1 Nr. 2 S. 2 im Anschluss hinzuzurechnen und somit der regulären Besteuerung zu unterziehen. Dies gilt auch für die einem K'disten gezahlte Befrachtungskommission, wenn es sich dabei um eine Sondervergütung nach § 15 Abs. 1 S. 1 Nr. 2 S. 2 handelt.[2]

17 Die Gewinnermittlungen nach § 5 Abs. 1 und § 4 Abs. 3 schließen sich gegenseitig aus. Steuersubjekte mit gewerblichen Einkünften, die weder nach Handels- noch nach Steuerrecht buchführungs- und abschlusspflichtig sind, haben ein **Wahlrecht** zw. den beiden Gewinnermittlungsarten. Wenn eine Gewinnermittlung freiwillig nach § 5 erfolgen soll, sind entspr. den handelsrechtl. Vorgaben Bücher zu führen und Abschlüsse zu erstellen. Bilanziert der StPfl., handelt es sich um eine Gewinnermittlung nach § 5 Abs. 1, sodass eine Gewinnermittlung nach § 4 Abs. 3 ausscheidet. Werden demgegenüber keine Bücher geführt und keine Abschlüsse aufgestellt, kann eine Gewinnermittlung nach § 5 Abs. 1 nicht stattfinden, weil schon eine EB fehlt. Wird eine EB erstellt und eine Buchführung eingerichtet, liegt darin die Wahl der Gewinnermittlung durch BV-Vergleich.[3] Werden nur BA und BE aufgezeichnet, hat sich die StPfl. für die Gewinnermittlung nach § 4 Abs. 3 entschieden.[4] Praktisch problematisch ist oftmals, wann eine ordnungsmäßige Buchführung gegeben ist. IErg. führt die Art der Aufzeichnungen also zu § 4 Abs. 3 oder § 5 Abs. 1. All dies setzt voraus, dass der StPfl. das Bewusstsein der Einkunftserzielung für Einkünfte aus GewBetr. hat. War er dagegen der Ansicht, gar keine gewerbliche Tätigkeit auszuüben, hatte er auch keine Veranlassung, seinen Gewinn aus GewBetr. zu ermitteln, sodass eine Wahl zw. den verschiedenen Gewinnermittlungsmöglichkeiten nicht denkbar ist.[5] Bedeutung hat das insbes. für einen später festgestellten gewerblichen Grundstückshandel; hier kommt nur § 5 Abs. 1 in Betracht, da das Wahlrecht nicht im Nachhinein ausgeübt werden kann.

18 **2. Verhältnis zu §§ 140, 141 AO.** Die steuerrechtl. Buchführungspflichten einschl. der erforderlichen Abschlusspflichten und die ergänzenden Pflichten, Aufzeichnungen zu führen, können in **abgeleitete** und **originäre** Pflichten systematisiert werden.[6] Die abgeleiteten Buchführungs- und Aufzeichnungspflichten sind in außersteuerrechtl. Vorschriften normiert und werden über die Transformationsvorschrift des § 140 AO zu steuerrechtl. Pflichten. Originäre steuerrechtl. Buchführungspflichten ordnet § 141 AO an. Originäre steuerrechtl. Aufzeichnungspflichten sind in §§ 143, 144 AO (Wareneingang/-ausgang) und in Einzelsteuergesetzen (zB §§ 4 Abs. 7, 6 Abs. 2, 7a Abs. 8, § 22 UStG) geregelt.

19 Da § 5 Abs. 1 nicht v. steuergesetzlichen Pflichten spricht, sondern allg. an gesetzliche Pflichten anknüpft, Bücher zu führen und regelmäßig Abschlüsse zu machen, ist bei Kaufleuten die Buchführungs- und Abschusspflicht unabhängig v. § 140 AO schon aus dem Handelsrecht selbst abzuleiten. Allerdings kommt

1 Eingefügt durch das SeeschifffahrtsanpassungsG v. 9.9.1998, BGBl. I 1998, 2860; vgl. hierzu BMF v. 12.6.2002, BStBl. I 2002, 614.
2 BFH v. 14.3.2012 – IV B 7/11, BFH/NV 2012, 1121 Rn. 5f.
3 BFH v. 2.6.2016 – IV R 39/13, BStBl. II 2017, 154 Rn. 19 = FR 2017, 93 m. Anm. *Kanzler.*
4 BFH v. 5.11.2015 – III R 13/13, BStBl. II 2016, 468 Rn. 16.
5 BFH v. 21.7.2009 – X R 46/08, BFH/NV 2010, 186.
6 Vgl. auch *H/H/R*, § 5 Anm. 213.

§ 140 AO insofern eine eigenständige Bedeutung zu, als die Vorschrift auch denjenigen handelrechtl. Buchführungs- und Abschlusspflichten eine steuerrechtl. Verbindlichkeit auferlegt, die in ihren Anforderungen über die handelsrechtl. GoB hinausgehen sollten.[1]

§ 141 AO verpflichtet gewerbliche Unternehmer sowie LuF zur Führung v. Büchern und zur Vornahme v. 20
Abschlüssen aufgrund jährlicher Bestandsaufnahmen, wenn der Betrieb nach den Feststellungen der FinBeh. nach Umsätzen, Wirtschaftswert oder Gewinn eine bestimmte Mindestgröße überschreitet. Die Grenzen betragen bei **Umsätzen** einschl. stfreier Umsätze, ausgenommen die Umsätze nach § 4 Nr. 8–10 UStG, mehr als 600 000 Euro im Kj. (§ 141 Abs. 1 S. 1 Nr. 1 AO) oder einen **Gewinn** aus GewBetr. bzw. LuF v. mehr als 60 000 Euro im Wj. bzw. Kj. (§ 141 Abs. 1 S. 1 Nr. 4, 5 AO).[2] Der sog. **Wirtschaftswert** selbst bewirtschafteter luf Flächen gem. § 46 BewG begründet eine steuerrechtl. Buchführungspflicht, wenn dieser die Grenze v. 25 000 Euro überschreitet (§ 141 Abs. 1 S. 1 Nr. 3 AO). Inhaltlich knüpft die Buchführungspflicht des § 141 AO für Gewerbetreibende weitgehend an die allg. handelsrechtl. Buchführungspflicht für Kaufleute an. So ordnet § 141 Abs. 1 S. 2 AO die sinngemäße Anwendung der §§ 238, 240–242 Abs. 1 und der §§ 243–256 HGB an, sofern sich nicht aus den Steuergesetzen etwas anderes ergibt. Letzteres ist der Fall, soweit die Sondervorschriften des § 5 Abs. 2–7 oder § 6 einschlägig sind. Da auf § 242 Abs. 2 HGB ausdrücklich kein Bezug genommen wird, ist im Bereich des § 141 AO weder eine GuV noch eine damit zusammenhängende doppelte Buchführung erforderlich. Es reicht mithin eine einfache Buchführung aus.

3. Verhältnis zu Betriebsveräußerungs- bzw. -aufgabetatbeständen. § 5 findet lediglich für den **lfd.** 21
Gewinn aus GewBetr. Anwendung. Im Falle der Betriebsveräußerung oder BetrAufg. (§ 16 Abs. 1 und 3) ist der hieraus resultierende Gewinn (Verlust) nach den speziellen Regeln des § 16 Abs. 2 zu bestimmen, wobei das G in § 16 Abs. 2 S. 2 hinsichtlich der Ermittlung des BV zum Veräußerungs-/Aufgabezeitpunkt wiederum an § 5 anknüpft.

4. Verhältnis zu IAS/IFRS. Die International Accounting Standards (**IAS**) bzw. International Financial 22
Reporting Standards (**IFRS**) haben mit der stl. Gewinnermittlung nach § 5 Abs. 1 (derzeit) rechtl. nichts gemein. Sie sind auch ohne Relevanz für die GoB.[3] Es handelt sich zwar um innerstaatliche Rechtsnormen, soweit die EU-Kommission sie in einem sog. Komitiologieverfahren übernommen hat. Bedeutsam sind sie derzeit aber nur im Rahmen v. § 4h (Zinsschranke, vgl. hierzu § 4h Abs. 2 S. 8 ff.) und iRv. § 315a HGB (Konzernabschluss kapitalmarktorientierter Unternehmen) und § 325 Abs. 2a HGB (Einzelabschluss, insoweit aber nur für Zwecke der Offenlegung).[4] Der Einfluss der IFRS auf die stl. Gewinnermittlung erschöpft sich nach wie vor letztlich in einer rechtspolitischen Diskussion dergestalt, ob der nationale Gesetzgeber die IFRS in innerstaatliches Recht (voll-)inhaltlich übernehmen bzw. sich hieran zumindest orientieren sollte.[5]

B. Tatbestandsvoraussetzungen des § 5 Abs. 1 S. 1

I. Buchführungspflicht. § 5 Abs. 1 S. 1 setzt eine nach inländ. Recht bestehende **gesetzliche Verpflich-** 23
tung – eine vertragliche Pflicht reicht nicht aus –[6] voraus, „Bücher zu führen und regelmäßig Abschlüsse zu machen“. Eine solche Pflicht folgt aus den handelsrechtl. Vorschriften über die Buchführungspflicht, die gem. § 140 AO auch im Interesse der Besteuerung zu erfüllen sind, oder aus der steuerrechtl. Vorschrift des § 141 AO. „Bücher“ sind Handelsbücher iSd. §§ 238, 239 HGB und § 141 Abs. 1 AO. Sonstige Aufzeichnungsvorschriften der Steuer- und Zollgesetze, die keine Jahresabschlüsse verlangen, begründen keine Buchführungspflicht gem. § 5 Abs. 1 S. 1. Die Vorschrift findet ebenso Anwendung bei **freiwilliger** Buchführung und Bilanzierung (eines Gewerbetreibenden), § 5 Abs. 1 S. 1 HS 1 Alt. 2.

Nach § 158 AO hat die formell ordnungsgemäße Buchführung die **Vermutung** der materiellen und inhalt- 24
lichen Ordnungsmäßigkeit für sich, und sie ist dann der Besteuerung zugrunde zu legen. Allerdings verliert diese Vermutung ihre Wirkung, wenn seitens des FA – bspw. durch Verprobungen – nachgewiesen wird, dass es unwahrscheinlich ist, dass das gezeigte Ergebnis mit den tatsächlichen Verhältnissen übereinstimmt. Die Buchführung kann aber nur dann ganz oder teilw. verworfen werden, wenn sie mit an Sicherheit grenzender Wahrscheinlichkeit sachlich unrichtig ist.[7] Die Feststellungslast für die steuererhöhenden Tatsachen trägt das FA.[8] Eine Überprüfung der Buchhaltung kann auch mittels einer Vermögenszuwachs-

---

1 *K/S/M*, § 5 Rn. A 212.
2 Die neuen Umsatz- bzw. Gewinngrenzen v. 600 000 Euro bzw. 60 000 Euro gelten für Kj./Wj. ab dem 1.1.2016 (BürokratieentlastungsG v. 28.7.2015, BGBl. I 2015, 1400).
3 BFH v. 25.8.2010 – I R 103/09, BStBl. II 2011, 215 Rn. 23 = FR 2011, 231; *H/H/R*, § 5 Anm. 22.
4 *Blümich*, § 5 Rn. 105.
5 Vgl. ausf. zum Diskussionsstand *Blümich*, § 5 Rn. 105a mwN.
6 *H/H/R*, § 5 Anm. 211.
7 BFH v. 24.6.1997 – VIII R 9/96, BStBl. II 1998, 51 = FR 1998, 74.
8 BFH v. 9.8.1991 – III R 129/85, BStBl. II 1992, 55 = FR 1992, 198 m. Anm. *Kempermann* = FR 1992, 22.

rechnung oder einer Geldverkehrsrechnung vorgenommen werden,[1] wobei dann v. FA nachzuweisen ist, dass der Vermögenszuwachs nicht aus einer anderen Einkunftsquelle herrührt.[2]

25 In Konsequenz einer nicht ordnungsgemäßen Buchführung sind nach § 162 Abs. 2 S. 2 AO die Besteuerungsgrundlagen ganz oder teilw. zu **schätzen**. Diese Schätzung wird im Falle der Buchführungs- und Abschlusspflicht nach den Regeln des BV-Vergleichs (§ 4 Abs. 1) und nicht nach Maßgabe der EÜR (§ 4 Abs. 3) vorgenommen.[3] Bei diesem BV-Vergleich sind die materiellen GoB heranzuziehen.[4] Eine Methode der Schätzung stellt der – insbes. bei Gastronomiebetrieben angewandte – sog. **Zeitreihenvergleich** dar, wonach auf Basis wöchentlicher Einnahmen und Wareneinkäufe jeweils ein (wöchentlicher) Rohgewinnaufschlagssatz ermittelt wird. Der hierbei ermittelte höchste Rohgewinnaufschlagssatz eines Zehn-Wochen-Zeitraums dient sodann als Schätzungsbasis für das gesamte Jahr. Der BFH hat mit Urteil v. 25.3. 2015[5] hierzu ausführlich Stellung genommen und den Anwendungsbereich des Zeitreihenvergleichs als Schätzungsmethode massiv eingeschränkt: **(1)** Ist die Buchführung formell ordnungsgemäß oder liegen nur geringfügige formelle Mängel vor, so ist der Zeitreihenvergleich zum Nachweis materieller Mängel grds. ungeeignet. **(2)** Ist die Buchführung formell nicht ordnungsgemäß, können aber materielle Fehler nicht konkret nachgewiesen werden, so sind vorrangig andere Schätzungsmethoden anzuwenden. Stehen diese nicht zur Verfügung, können die Ergebnisse eines Zeitreihenvergleichs als Anhaltspunkt für die Höhe etwaig erforderlicher Hinzuschätzungen dienen. **(3)** Nur dann, wenn bereits aus anderen Gründen feststeht, dass die Buchführung materiell unrichtig ist, können die Ergebnisse eines solchen – technisch korrekt durchgeführten – Zeitreihenvergleichs zur Ermittlung der Höhe der konkreten Hinzuschätzung herangezogen werden; dies setzt jedoch voraus, dass die materielle Unrichtigkeit eine einzelfallabhängige „Bagatellschwelle“ überschreitet.[6]

26 **II. Gewerbliches Unternehmen.** § 5 Abs. 1 S. 1 gilt nur für **Gewerbetreibende**. Erforderlich ist die Führung eines gewerblichen Unternehmens iSd. § 15 Abs. 1 S. 1 Nr. 1–3. Ob ein Handelsgewerbe iSd. §§ 1, 2 HGB bzw. eine handelsrechtl. Buchführungspflicht besteht, ist unerheblich. Demzufolge erzielt eine rein vermögensverwaltende PersGes. in der Rechtsform der KG (vgl. §§ 161 Abs. 2, 105 Abs. 2 S. 1, 6 HGB) nach dem System des EStG Einkünfte aus VuV nach § 21, welche nach dem Überschuss der Einnahmen über die WK zu ermitteln sind (vgl. § 2 Abs. 2 S. 1 Nr. 2);[7] handelsrechtl. besteht indes Buchführungspflicht.[8] Liegt umgekehrt estrechtl. ein GewBetr. vor, muss der Gewinn auch dann nach § 5 ermittelt werden, wenn zwar nicht handelsrechtl., wohl aber nach § 141 AO Buchführungspflicht gegeben ist oder freiwillig Bücher geführt und regelmäßig Abschlüsse gemacht werden.

27 Einkünfte aus GewBetr. iSd. § 15 Abs. 1 S. 1 Nr. 1 sind Einkünfte aus „gewerblichen Unternehmen“. Die Vorschrift betrifft unmittelbar **nat. Pers.**, die unbeschränkt oder beschränkt estpfl. sind (vgl. § 1). Über die Verweisungstechnik der §§ 7, 8 KStG gilt sie auch für **jur. Pers.** (Körperschaften), insbes. für inländ. KapGes., bei denen alle Einkünfte als Einkünfte aus GewBetr. zu behandeln sind (vgl. § 8 Abs. 2 KStG). Zu den Einkünften aus GewBetr. gehören des Weiteren die Gewinnanteile **gewerblicher MU'er** einschl. bestimmter Sondervergütungen bzw. Sonderbetriebsergebnisse (§ 15 Abs. 1 S. 1 Nr. 2). Der ESt unterliegt der Gewinnanteil des MU'ers, der allerdings nicht durch einen Vermögensvergleich der einzelnen G'ter, sondern durch einen Vermögensvergleich der Ges. auf der Grundlage der aus der HB abgeleiteten Steuerbilanz der Ges. zu ermitteln ist.[9] „Subjekt der Gewinnermittlung“ nach § 5 und folglich Gewerbetreibende ist demnach die PersGes. und eben nicht der einzelne G'ter (§ 15 Rn. 164 ff.).[10] Im Hinblick auf die Gewinnermittlung des Sonder-BV hat der BFH entschieden, dass hierfür die handelsrechtl. GoB iSd. § 5 Abs. 1 S. 1 zu beachten sind, obgleich der Ermittlung keine HB zugrunde liegt.[11] Nach inzwischen hM sind auch die Bezüge des phG'ter einer KGaA iSd. § 15 Abs. 1 S. 1 Nr. 3 nach § 5 zu ermitteln.[12]

1 Vgl. hierzu auch BFH v. 31.1.2014 – X B 52/13, BFH/NV 2014, 860 Rn. 97.
2 Vgl. BFH v. 8.11.1989 – X R 178/87, BStBl. II 1990, 268 = FR 1990, 305; v. 28.5.1986 – I R 265/83, BStBl. II 1986, 732 = FR 1986, 518.
3 BFH v. 3.7.1991 – X R 163/164/87, BStBl. II 1991, 802 = FR 1991, 598.
4 BFH v. 30.9.1980 – VIII R 201/78, BStBl. II 1981, 301 = FR 1981, 148.
5 BFH v. 25.3.2015 – X R 20/13, BStBl. II 2015, 743; vgl. auch *Kulosa*, DB 2015, 1797.
6 Dies. Einschränkungen gelten bei der sog. Quantilsschätzung (BFH v. 12.7.2017 – X B 16/17, BFH/NV 2017, 1204 Rn. 108 ff.).
7 Einkünfte aus GewBetr. kämen allerdings bei gewerblicher Prägung gem. § 15 Abs. 3 Nr. 2 in Betracht.
8 *H/H/R*, § 5 Anm. 212.
9 BFH v. 10.11.1980 – GrS 1/79, BStBl. II 1981, 164 = FR 1981, 199; v. 3.5.1993 – GrS 3/92, BStBl. II 1993, 616.
10 BFH v. 25.6.1984 – GrS 4/82, BStBl. II 1984, 751 = FR 1984, 619.
11 BFH v. 11.3.1992 – XI R 38/89, BStBl. II 1992, 797; v. 21.1.1992 – VIII R 72/87, BStBl. II 1992, 958 = FR 1992, 726; v. 27.11.1997 – IV R 95/96, BStBl. II 1998, 375 = FR 1998, 652.
12 BFH v. 21.6.1989 – X R 14/88, BStBl. II 1989, 881 = FR 1989, 656; *Schmidt*[37], § 15 Rn. 891.

III. Beginn und Ende der Buchführungspflicht.[1] Beim **Ist-Kfm.**iSv. § 1 Abs. 1 HGB beginn die handelsrechtl. und folglich über § 140 AO auch die steuerrechtl. Buchführungspflicht mit den ersten Vorbereitungshandlungen; auf diesen Zeitpunkt hat der Kfm. eine EB zu erstellen. Anderes gilt nur, wenn das Unternehmen nicht auf einen Betrieb im Umfang des § 1 Abs. 2 HGB angelegt ist oder seine Entfaltung zu einem solchen Betrieb nicht alsbald bevorsteht (Bsp. der kleine Eck-Kiosk). Bei **Kann-Kaufleuten** (§ 2 HGB) sowie kann-kfm. **PersGes.** (§ 6 Abs. 1 HGB) beginnt die Buchführungspflicht dagegen erst mit der Eintragung ins Handelsregister. 28

Die handelsrechtl. Buchführungspflicht **endet** bei nat. Pers. grds. mit der Beendigung des GewBetr. (idR. Betriebsveräußerung oder -aufgabe). Auch ohne einen stl. Beendigungstatbestand endet die Pflicht für Ist-Kaufleute, sofern der Umfang des Geschäftsbetriebs nachhaltig – dh. an zwei Stichtagen – unter die Grenzen des § 241a S. 1 HGB zurückgegangen ist. Bei Kann-Kaufleuten und kann-kfm. PersGes. endet die Buchführungspflicht zeitlich vorher bereits mit der Löschung im Handelsregister. Während der **Liquidationsphase** einer KapGes. oder PersGes. bleibt deren Buchführungspflicht bestehen.[2] Ein **Insolvenzverfahren** entpflichtet den Kfm. nicht v. der Buchführung und Bilanzierung; die Pflicht besteht vielmehr fort und ist v. Insolvenzverwalter zu erfüllen (vgl. § 155 Abs. 1 S. 2 InsO).[3] 29

Besteht zwar nach Handelsrecht keine Buchführungs- und Abschlusspflicht, wohl aber originär nach Steuerrecht infolge des Überschreitens einer der in **§ 141 Abs. 1 S. 1 AO** genannten Grenzwerte, wird die Buchführungs-/Abschlusspflicht durch die entspr. Mitteilung der FinBeh. ausgelöst.[4] Die Pflicht ist vom Beginn des Wj. an zu erfüllen, das auf die Bekanntgabe der Mitteilung der Behörde folgt, § 141 Abs. 2 S. 1 AO (Bsp. Mitteilung des FA v. 1.7.01; Beginn der Buchführungspflicht ab 1.1.02). Stellt das FA zu einem späteren Zeitpunkt ggü. dem StPfl. fest, dass die relevanten Grenzwerte des § 141 Abs. 1 S. 1 AO unterschritten werden, endet die stl. Buchführungspflicht mit Ablauf des Wj., das auf das Wj. der entspr. Feststellung folgt, § 141 Abs. 2 S. 2 AO (Bsp.: Mitteilung des FA v. 1.10.04; Ende der Buchführungspflicht mit Ablauf des 31.12.05). Freiwillige Buchführung bleibt selbstredend weiter möglich. 30

IV. Buchführungspflicht und Auslandsbeziehungen. Die Regeln zur Buchführungs- und Abschlusspflicht gelten grds. auch für grenzüberschreitende Sachverhalte. § 5 ist zum einen anzuwenden, wenn es um die Ermittlung v. Gewinnen **ausländ. Betriebsstätten** geht, soweit diese für die inländ. Besteuerung unbeschränkt estpfl. oder kstpfl. Pers. v. Bedeutung sind;[5] ausländ. Handels- und Steuerrecht bleibt unberücksichtigt.[6] Bei beschränkt stpfl. Pers. findet § 5 zum anderen Anwendung, wenn ein inländ. GewBetr. iSd. § 49 Abs. 1 Nr. 2a besteht.[7] Die ergänzend erforderliche Buchführungspflicht folgt aus dem Handelsrecht, wenn die Betriebsstätte Zweigniederlassung iSd. §§ 13d–g HGB ist (vgl. § 140 AO).[8] Soweit der Jahresabschluss nach ausländ. Vorschriften erstellt wird, muss nach § 242 HGB für die Zweigniederlassung kein eigenständiger Jahresabschluss nach deutschen Vorschriften erstellt werden.[9] Das Steuerrecht schreibt eine Buchführungspflicht vor, wenn die Grenzen v. Umsatz, BV oder Gewinn gem. § 141 Abs. 1 S. 1 AO überschritten sind.[10] § 5 ist schließlich einschlägig, wenn für die inländ. Betriebsstätte förmlich Bücher geführt und Abschlüsse gemacht werden. 31

C. Rechtsfolge: Maßgeblichkeit des handelsrechtlichen Jahresabschlusses

Literatur: *Beisse*, Wandlungen der Grundsätze ordnungsmäßiger Bilanzierung – Hundert Jahre „GoB", GS Knobbe-Keuk, 1997, 385; *Frystatzki*, Going-Concern-Bilanzierung bei Vorliegen von Insolvenzgründen, DStR 2017, 1494; *Haller/Ferstl/Löffelmann*, Die „einheitliche" Erstellung von Handels- und Steuerbilanz, DB 2011, 885; *Hennrichs*, Neufassung der Maßgeblichkeit gemäß § 5 Abs. 1 EStG nach dem BilMoG, Ubg 2009, 533; *Hennrichs/Schulze-Osterloh*, Das Fortführungsprinzip gemäß § 252 Abs. 1 Nr. 2 HGB im Lichte der EU-Bilanz-Richtlinie, DStR 2018, 1731; *Mader/Seitz*, Unternehmensfortführung („Going concern") – Prämissen, Prinzip oder Prognose, DStR 2018, 1933; *Mathiak*, Unmaßgeblichkeit v. kodifiziertem Handelsrechnungslegungsrecht für die einkommensteuerrechtliche Gewinnermittlung?, FS Beisse, 1997, 323; *Meurer*, Anmerkung zu BMF: Bilanzsteuerrechtliche Ansatz- und Bewertungsvorbehalte bei der Übernahme von schuldrechtlichen Verpflichtungen, BB 2011, 1714; *Neumayer*, Gesell-

1 Vgl. ausf. *Blümich*, § 5 Rn. 122 ff.
2 BFH v. 27.3.2007 – VIII R 25/05, BStBl. II 2008, 298 = FR 2007, 968; v. 17.7.2008 – I R 12/08, BStBl. II 2009, 160.
3 BFH v. 5.6.2003 – IV R 36/02, BStBl. II 2003, 871 = FR 2003, 1123.
4 Es handelt sich um einen rechtsgestaltenden, selbständig anfechtbaren VA; vgl. BFH v. 15.10.2015 – I B 93/15, BStBl. II 2016, 66 Rn. 5 = FR 2016, 282.
5 BFH v. 10.12.2014 – I R 3/13, DStR 2015, 629 Rn. 6.
6 BFH v. 13.9.1989 – I R 117/87, BStBl. II 1990, 57 = FR 1990, 58; (unklar) BFH v. 16.2.1996 – I R 43/95, BStBl. II 1997, 128 = FR 1996, 600; vgl. dazu *Schmidt*, FS Beisse, 1997, 461 ff.
7 BFH v. 17.12.1997 – I R 95/96, BStBl. II 1998, 260 = FR 1998, 474.
8 BFH v. 15.9.2004 – I R 5/04, BStBl. II 2009, 100 = FR 2009, 308.
9 Näher dazu *H/H/R*, § 5 Anm. 212 aE.
10 Vgl. dazu näher *H/H/R*, § 5 Anm. 213.

schaftsvertragliche Bilanzklauseln und Ausschüttungsregelungen nach BilMoG, BB 2011, 2351; *Niemeyer/Froitzheim*, Praxisfragen nach Aufgabe der umgekehrten Maßgeblichkeit, DStR 2011, 538; *Prinz*, Materielle Maßgeblichkeit handelsrechtlicher GoB – ein Konzept für die Zukunft im Steuerbilanzrecht?, DB 2010, 2069; *Rau*, Kompensatorische Bewertung von Finanzinstrumenten (Bewertungseinheiten) in der Steuerbilanz, DStR 2017, 737; *Schön*, Die Steuerbilanz zwischen Handelsrecht und Grundgesetz, StuW 1995, 366; *Schulze-Osterloh*, Handelsrechtliche GoB und steuerliche Gewinnermittlung, DStR 2011, 534; *Wengerofsky*, Der „True and fair view"-Grundsatz im deutschen HGB – aktuelle Herausforderungen unter Berücksichtigung europarechtlicher Vorgaben, DStZ 2017, 317.

32 **I. Überblick.** § 5 Abs. 1 S. 1 ordnet zunächst an, dass der Gewinn auf der Grundlage eines **BV-Vergleichs** zu ermitteln ist. Dies folgt aus der ausdrücklichen Bezugnahme auf § 4 Abs. 1 S. 1. Eine Gewinnermittlung durch EÜR nach § 4 Abs. 3 ist damit unzulässig. Nach der Technik des § 4 Abs. 1 S. 1 ist der Wert des Endvermögens eines Wj. (Schlussbilanz) mit dem Wert des Anfangsvermögens (vgl. § 242 Abs. 1 HGB: EB) bzw. mit dem Wert des Endvermögens des vorhergehenden Wj. (vgl. § 252 Abs. 1 Nr. 1 HGB) zu vergleichen. Trotz der Bezugnahme auf handelsrechtl. GoB in § 5 Abs. 1 S. 1 sind in den BV-Vergleich nur aktive und passive Bilanzposten einzubeziehen, die zum BV iSd. § 4 Abs. 1 gehören. Die sachliche Zuordnung zum BV bestimmt sich also ausschließlich nach estrechtl. Kriterien (vgl. zur Abgrenzung zw. betrieblicher und nichtbetrieblicher Sphäre nach dem sog. Veranlassungsprinzip § 4 Rn. 35 ff.). Dem Ausweis bzw. Nichtausweis in der HB kommt hierbei keine entscheidende Bedeutung zu, soweit es sich im Einzelfall um notwendiges PV bzw. notwendiges BV iSd. § 4 Abs. 1 handelt.[1] Ebenso kommt es vorrangig auf estrechtl. Wertungen an, wenn es darum geht, ein WG in der Konstellation einer sog. Bilanzierungskonkurrenz einem v. mehreren (Sonder-)BV zuzurechnen.[2]

33 In welcher **äußeren Form** das Ergebnis des BV-Vergleichs beim FA einzureichen ist, hat der Gesetzgeber nicht detailliert geregelt (vgl. § 60 Abs. 2, 3 EStDV).[3] Der StPfl. kann sich darauf beschränken, neben den übrigen gesetzlich geforderten Unterlagen die HB vorzulegen und die steuerrechtl. Anpassungen kenntlich zu machen (§ 60 Abs. 2 S. 1 EStDV). Alternativ kann er eine im Unterschied zur HB den stl. Vorschriften entspr. Schlussbilanz (StB) und ggf. die EB zusammen mit der Steuererklärung beim FA einreichen. Für welche der beiden Möglichkeiten (Anpassung oder Aufstellung einer eigenständigen StB) sich der StPfl. entscheidet, ist eine Frage der Zweckmäßigkeit und hängt vornehmlich v. Umfang der erforderlichen Anpassungen ab. Die Praxis bedient sich häufig sog. Einheitsbilanzen, doch sind der Zulässigkeit entspr. Satzungsklauseln im Bereich des Kapitalgesellschaftsrechts gesellschaftsrechtl. Grenzen gesetzt.[4] Mit der Einf. des BilMoG hat die Einheitsbilanz jedoch weitestgehend an Bedeutung verloren.[5]

34 **II. Reichweite des Maßgeblichkeitsgrundsatzes.** Der Grundsatz der Maßgeblichkeit der HB ist nicht auf das Ergebnis der HB bezogen, sondern er betrifft **sämtliche Bilanzpositionen**. Wird ein Posten in der HB zutr. aktiviert oder passiviert und greift korrigierend keine steuerrechtl. Sonderregel ein, muss er in die StB übernommen werden.[6] § 5 Abs. 1 S. 1 HS 1 verweist auf die handelsrechtl. GoB. Zu den GoB iSd. § 243 Abs. 1 HGB gehören alle ungeschriebenen und alle im HGB oder anderweitig kodifizierten materiellen Rechnungslegungsvorschriften über Handelsbilanzansätze, soweit sie für alle Kaufleute gelten. Der Sichtweise, § 5 Abs. 1 S. 1 HS 1 müsse in diesem Sinne wörtlich interpretiert werden, dass nur die handelsrechtl. „Grundsätze" ordnungsmäßiger Buchführung verbindlich seien,[7] was im Einzelfall erst gesondert festgestellt werden müsse,[8] ist nicht zu folgen.[9] Weder lässt sich dem G eine Unterscheidung zw. „oberen" und „unteren" GoB entnehmen, noch war sie v. Gesetzgeber gewollt.[10] Überdies darf nicht unberücksichtigt bleiben, dass auch im Bereich des Bilanzsteuerrechts der Fiskus dem StPfl. hoheitlich im Wege der Eingriffsverwaltung gegenübertritt und der aus dem Rechtsstaatsprinzip abzuleitende Grundsatz der Tatbestandsmäßigkeit der Besteuerung beeinträchtigt würde, wenn die Vorschriften der §§ 238 ff. HGB ergänzend dahingehend zu überprüfen sein sollen, ob sie Ausdruck der allg. GoB sind und im Falle eines negativen Befundes als für § 5 Abs. 1 S. 1 HS 1 unbeachtlich ausgesondert werden müssten.

---

1 BFH v. 17.4.1985 – I R 101/81, BStBl. II 1985, 510 = FR 1985, 439; v. 5.12.1989 – VIII R 322/84, BFH/NV 1990, 499; v. 5.3.1991 – VIII R 93/84, BStBl. II 1991, 516 = FR 1991, 350; v. 19.2.1991 – VIII R 422/83, BStBl. II 1991, 765 = FR 1991, 604.
2 Vgl. *Schmidt*[37], § 5 Rn. 22; zur Problematik der sog. mitunternehmerischen BetrAufsp. BFH v. 23.4.1996 – VIII R 13/95, BStBl. II 1998, 325 = FR 1996, 748; v. 24.11.1998 – VIII R 61/97, FR 1999, 260; *Schmidt*[37], § 15 Rn. 858.
3 Vgl. hierzu auch *H/H/R*, § 5 Anm. 104.
4 *A/D/S*[6], § 242 HGB Rn. 31 ff. mwN.
5 Vgl. *Neumayer*, BB 2011, 2411 ff. mwN.
6 So auch BMF v. 12.3.2010, BStBl. I 2010, 239.
7 BFH v. 13.6.2006 – I R 58/05, BStBl. II 2006, 928 = FR 2006, 929; *Schmidt*[37], § 5 Rn. 28 mwN.
8 *Pyszka*, DStR 1996, 809 (811); *Schulze-Osterloh*, DStR 2011, 534.
9 *Beisse*, GS Knobbe-Keuk, 1997, 385 (401); *Blümich*, § 5 Rn. 205 f.; *Mathiak*, FS Beisse, 1997, 323; *Schön*, StuW 1995, 366 (374).
10 *Beisse*, GS Knobbe-Keuk, 1997, 385 (401).

Für den Bereich des UmwStG aF vertrat die FinVerw.[1] die Auffassung, dass auch in der stl. Übertragungsbilanz (§ 3 UmwStG aF) der Maßgeblichkeitsgrundsatz gilt. Dem ist der BFH[2] für den Fall des Formwechsels einer PersGes. in eine KapGes. entgegengetreten. Für das UmwStG idF des SEStEG findet der Maßgeblichkeitsgrundsatz keine Anwendung. Das Umwandlungssteuerrecht hat Vorrang vor § 5. Das folgt insbes. aus der Europäisierung des UmwStG, weil bei grenzüberschreitenden Umwandlungen eine handelsrechtl. Anknüpfung nicht möglich erscheint.[3] Dies ist nunmehr auch die Auffassung der FinVerw., und zwar sowohl für den Anwendungsbereich der §§ 3 ff. UmwStG als auch für die §§ 20 ff. UmwStG.[4]

Von den steuerrechtl. Ansatzregeln abgesehen begründen handelsrechtl., nach GoB bestehende **Aktivierungs- und Passivierungsgebote** eine auch steuerrechtl. beachtliche Ansatzpflicht.[5] Entspr. gilt für handelsrechtl. Bilanzierungsverbote; sie führen steuerrechtl. aufgrund des Maßgeblichkeitsgrundsatzes zu **Aktivierungs- bzw. Passivierungsverboten.** 35

Im Falle handelsrechtl. **Ansatzwahlrechte** soll das Maßgeblichkeitsprinzip nach ständiger Rspr. des BFH nicht gelten (s. Rn. 7),[6] es sei denn, es besteht ein entspr. stl. Wahlrecht. Grds. gilt daher: Was handelsrechtl. aktiviert werden darf, muss stl. aktiviert werden (stl. Aktivierungs**gebot**). Ein handelsrechtl. Passivierungswahlrecht führt dagegen grds. zu einem stl. Passivierungs**verbot**.[7] Ein solches Verbot besteht ausnahmsweise aber nicht bei einer Pensionsrückstellung gem. § 6a.[8] 36

Es ist umstritten, ob der Maßgeblichkeitsgrundsatz des § 5 Abs. 1 S. 1 HS 1 auch für die **Bewertung** gilt.[9] Aus der Existenz des Vorbehalts stl. Bewertungsnormen in § 5 Abs. 6 und der Maßgeblichkeit des tatsächlichen Handelsbilanzansatzes (der Höhe nach) ist jedenfalls dann die Bindung an die handelsrechtl. Bewertung zu folgern, wenn die stl. Vorschriften in § 5 Abs. 6, §§ 6, 7 keine abw. Ansätze vorgeben.[10] Im letzteren Fall kommt es zu einer Durchbrechung des Maßgeblichkeitsprinzips[11] und zu unterschiedlichen Ansätzen in HB und StB; zB unterschiedliche Abschreibungsdauer im Handels- und im Steuerrecht gem. § 7 Abs. 1 S. 3 für den Geschäftswert. Der Meinungsstreit wirkt sich aus, soweit Bewertungswahlrechte bestehen und kein Vorrang eines stl. Bewertungsgebots gegeben ist. Steht einer zwingenden handelsrechtl. Bewertungsvorschrift oder einem handelsrechtl. Wahlrecht im Steuerrecht ein Wahlrecht ggü., schlägt die handelsrechtl. Bewertung nicht mehr auf das Steuerrecht durch (zB Übertragung v. stillen Reserven auf Reinvestitionsgüter gem. § 6b).[12] 37

Das Handelsbilanzrecht kennt in § 274 HGB sog. **latente Steuern.** § 274 Abs. 1 S. 2 HGB erlaubt eine aktive Steuerabgrenzung in Form einer **Bilanzierungshilfe** (Aktivierungswahlrecht).[13] Dafür ist Voraussetzung, dass eine Berechnung nach § 274 Abs. 2 HGB nach Saldierungen einen höheren Ansatz in der stl. Gewinnermittlung ergibt. Eine aktive Steuerlatenz hat ihre Ursache darin, dass die stl. Gewinnermittlung höhere Aktiva oder niedrigere Passiva als die HB ausweist. Die steuerrechtl. Praxis geht davon aus, dass eine handelsrechtl. zulässige und ausgeübte Bilanzierungshilfe nicht in die stl. Gewinnermittlung zu übernehmen ist.[14] Dem liegt die Vorstellung zugrunde, dass bei einer Bilanzierungshilfe kein greifbarer Aktivposten (WG) vorliegt und der Effekt der Bilanzierungshilfe durch ihren Ansatz in der stl. Gewinnermittlung teilw. leerlaufen würde.[15] 38

III. Grundsätze ordnungsgemäßer Buchführung. 1. Rechtsnatur und Ermittlung. Nach § 243 Abs. 1 HGB ist der Jahresabschluss nach den **GoB** (und Bilanzierung) aufzustellen. Indem das G die allg. Anordnung in § 238 Abs. 1 S. 1 HGB betr. die Buchführung wiederholt, wird deutlich, dass die GoB sowohl für die Buchführung als auch für die Bilanzierung gelten. Die GoB werden üblicherweise wie folgt umschrieben: Es handelt sich um **Regeln**, nach welchen ein auf fachgerechte Rechnungslegung bedachter Kfm. ver- 39

---

1 BMF v. 25.3.1998, BStBl. I 1998, 268 Rn. 03.01.
2 BFH v. 19.10.2005 – I R 38/04, BStBl. II 2006, 568 = FR 2006, 474 m. Anm. *Kempermann.*
3 Vgl. *Rödder/Schumacher*, DStR 2007, 369 (372).
4 BMF v. 11.11.2011, BStBl. I 2011, 1314 Rn. 03.05, 20.20.
5 Vgl. BFH v. 20.3.1980 – IV R 89/79, BStBl. II 1980, 297 = FR 1980, 326; v. 24.11.1983 – IV R 22/81, BStBl. II 1984, 301.
6 Grundlegend BFH v. 3.2.1969 – GrS 2/68, BStBl. II 1969, 291; vgl. aus jüngerer Zeit BFH v. 27.9.2017 – I R 65/15, BFH/NV 2018, 437 (betr. handelsrechtl. Passivierungswahlrecht); so auch BMF v. 12.3.2010, BStBl. I 2010, 239.
7 Vgl. *H/H/R*, § 5 Anm. 501 mwN.; krit. hierzu *Crezelius* in der Voraufl. (17. Aufl.), dort Rn. 30.
8 BFH v. 19.8.1998 – I R 92/95, BStBl. II 1999, 387 = FR 1999, 26.
9 *BeBiKo*[11], § 243 Rn. 119 f.; vgl. *Blümich*, § 5 Rn. 186; *Schmidt*[37], § 5 Rn. 33.
10 BMF v. 12.3.2010, BStBl. I 2010, 239 Rn. 2, 5 ff.
11 BMF v. 12.3.2010, BStBl. I 2010, 239 Rn. 2.
12 BMF v. 12.3.2010, BStBl. I 2010, 239 Rn. 13 ff.
13 *B/H* HGB[38], § 274 Rn. 3 f.
14 *Schmidt*[37], § 5 Rn. 31.
15 BFH v. 7.8.2000 – GrS 2/99, BStBl. II 2000, 632 = FR 2000, 1126 m. Anm. *Kempermann.*

führt, verfahren kann oder darf, um jederzeit Übersicht über seine Handelsgeschäfte und die Lage seines Vermögens zu behalten und ihre Gewinnung einem sachkundigen Dritten ohne Schwierigkeiten zu ermöglichen.[1]

40 Die **rechtl. Qualität** der GoB ist umstritten. Die Spannbreite der Auffassungen reicht v. Rechtsnormen, unbestimmten Rechtsbegriffen[2], Handelsbräuchen, kfm. Standesrecht, Gewohnheitsrecht bis zu betriebswirtschaftlich hergeleiteten Regeln.[3] Aus juristischer Sicht ist zutr. die methodologische Eigenart der GoB in den Vordergrund zu stellen. Mit ihnen wird auf ein nicht mehr unmittelbar tatbestandsmäßig fixiertes Ordnungssystem verwiesen. Damit ist der Rechtsanwender befugt, die zur Entsch. des Einzelfalls notwendige Norm durch eine Regelbildung (Schließung der Lücke intra legem) zu entwickeln. Bei der Bildung des juristischen Obersatzes ist dann die Berücksichtigung rechtl. Grundsätze und/oder der tatsächlichen Verhaltensweise der Kaufmannschaft geboten. Das eigentliche Problem des Charakters der GoB trifft also mit der Frage nach der Art und Weise ihrer Ermittlung zusammen.

41 Die **Ermittlung der GoB**, die Frage nach den notwendigen Voraussetzungen der Anwendung des unbestimmten Rechtsbegriffs im Sachverhalt, ist ein traditionelles Problem des deutschen Bilanzrechts. Die früher vertretene induktive Auffassung[4] gewinnt die GoB unmittelbar durch Erhebungen in der Kaufmannschaft. Der Rechtsanwender hat bei dieser Betrachtung keine normbildende Kompetenz, sondern stellt nur die tatsächlich geübten Regeln fest. Demgegenüber leiten die v. Döllerer und Leffson begründeten Lehren die GoB deduktiv ab.[5] Maßgebend sind danach der Sinn und Zweck der Rechnungslegungsvorschriften. Nach Döllerer soll nach den Regeln der Denkgesetze ermittelt werden, wie unter Heranziehung aller verfügbaren Kenntnismöglichkeiten eine konkrete Bilanzierungsfrage zu entscheiden ist.

42 Letztgenannte Auffassung v. der **deduktiven Ermittlung** des unbestimmten Rechtsbegriffs der GoB aus Sinn und Zweck der Bilanz entspricht der heute hM.[6] Der deduktiven Sicht ist zu folgen, da die induktive Methode übersieht, dass die Ausfüllung der GoB ein Verfahren der Rechtsanwendung bleiben muss, welches nicht durch den Hinweis auf statistische Erhebungen usw. ersetzt werden kann. Die Rechtsfindung hat sich im konkreten Fall an rechtl. Kriterien zu orientieren. Da das Bilanzrecht an Rechtsverhältnisse anknüpft, bedingt dies eine (zivil-)rechtl. Analyse des Sachverhalts. Deshalb ist aus juristischer Sicht der These des Vorrangs einer wirtschaftlichen Betrachtungsweise, wie sie auch in der Rspr. immer wieder anklingt,[7] entgegenzutreten.

43 Der theoretische Streit um Rechtsnatur und Ermittlung der GoB ist heute deshalb entschärft, weil nach Inkrafttreten der §§ 238 ff. HGB die **wichtigsten GoB kodifiziert** sind (s. Rn. 44 ff.). Trotz detaillierter Regelungen im HGB bleibt das System der GoB ein offenes System; bspw. zeigen §§ 241 Abs. 1 S. 2, Abs. 2, Abs. 3 Nr. 2, 257 Abs. 3 HGB, dass in der Rechtsanwendung auch in Zukunft neue Verfahrensweisen GoB-Charakter erlangen können. Darüber hinaus ist ein Teil der bislang anerkannten GoB im Handelsbilanzrecht nicht tatbestandsmäßig festgehalten worden, obschon diese Grundsätze weiter gelten.

44 **2. Einzelne (materielle) Grundsätze ordnungsgemäßer Buchführung.**[8] Die im Zuge der Umsetzung der 4. EG-RL (Bilanzrichtlinie)[9] kodifizierten GoB lassen sich in formelle und materielle GoB unterteilen.[10] Zu den kodifizierten **formellen GoB** gehören Klarheit und Übersichtlichkeit (§§ 238 Abs. 1 S. 2, 243 Abs. 2, 247 Abs. 1 HGB), Richtigkeit und Vollständigkeit der Dokumentation, Belegprinzip (§§ 238 Abs. 1 S. 3, 238 Abs. 2, 239 Abs. 1 S. 1, 239 Abs. 2, 239 Abs. 4 HGB), Bilanzierung in Inlandswährung (§ 244 HGB) sowie die formelle Bilanzkontinuität (§ 252 Abs. 1 Nr. 1). Als kodifizierte **materielle GoB** sind zu nennen: Buchführungs- und Bilanzwahrheit (§§ 239 Abs. 2, 264 Abs. 2 HGB), Stichtagsprinzip (§ 242 Abs. 1, Abs. 2 HGB), Vollständigkeit (§ 246 Abs. 1 HGB), Verrechnungsverbot (§ 246 Abs. 2 HGB), Bilanzidentität (§ 252 Abs. 1 Nr. 1 HGB), Fortführungsgrundsatz (§ 252 Abs. 1 Nr. 2 HGB), Einzelbewertung (§ 252 Abs. 1 Nr. 3 HGB), Vorsichtsprinzip in Form des Realisationsprinzips, Imparitätsprinzips,

1 *Crezelius*, Lehrbuch[2], § 8 Rn. 8.
2 Vgl. *Schmidt*[37], § 5 Rn. 58; *Blümich*, § 5 Rn. 209; BMF v. 14.11.2014, BStBl. I 2014, 1450 Rn. 17.
3 *A/D/S*[6], § 243 HGB Rn. 3 ff.; *BeBiKo*[11], § 243 Rn. 11.
4 Vgl. BGH v. 27.2.1961 – II ZR 292/59, BGHZ 34, 324; BFH v. 25.2.1986 – VIII R 134/80, BStBl. II 1986, 788 = FR 1986, 513; grundlegend *Schmalenbach*, ZfhF 33, 225.
5 *Döllerer*, DB 1959, 1217; *Leffson*, GoB[7], 29.
6 BFH v. 31.5.1967 – I 208/63, BStBl. III 1967, 607; v. 3.2.1969 – GrS 2/68, BStBl. II 1969, 291; *Ballwieser*, FS Budde, 1995, 43 (46); *Beisse*, BB 1980, 637.
7 Dazu BFH v. 10.9.1998 – IV R 80/96, BStBl. II 1999, 21 = FR 1999, 87 m. Anm. *Stobbe* und näher *Schmidt*[37], § 5 Rn. 59 mwN.
8 Ausf. *H/H/R*, § 5 Anm. 320 ff.
9 ABlEG v. 14.8.1978 Nr. L 222/11–31, geändert in ABlEG v. 4.12.1984 Nr. L 314/25.
10 *A/D/S*[6], § 243 HGB Rn. 22 f.; vgl. *B/H* HGB[38], § 243 Rn. 1.

Niederstwertprinzips (§§ 252 Abs. 1 Nr. 4, 253 Abs. 3, Abs. 4 HGB), Periodisierungsprinzip (§ 252 Abs. 1 Nr. 5 HGB), materielle Bilanzkontinuität bzw. Bewertungsstetigkeit (§ 252 Abs. 1 Nr. 6 HGB) und Anschaffungswertprinzip (§ 253 Abs. 1 HGB).

a) Bilanzwahrheit/Bilanzrichtigkeit/Bilanzvollständigkeit. Der GoB der **Bilanzwahrheit** verlangt, dass die Bilanzansätze richtig, vollständig, zeitgerecht und geordnet erfolgen (vgl. § 239 Abs. 2 HGB). Konkretisierend hierzu gibt § 246 Abs. 1 S. 1 HGB vor, dass der Jahresabschluss sämtliche Aktiva und Passiva – ggf. mit einem Erinnerungswert – zu enthalten hat. Zu den Aktiva und Passiva gehören auch die RAP. Ebenso müssen in der GuV sämtliche Aufwendungen und Erträge abgebildet werden. Der durch § 246 Abs. 1 S. 1 HGB aE gegebene Hinweis auf Ansatzwahlrechte („soweit gesetzlich nichts anderes bestimmt ist") bestätigt noch einmal, dass mit Bilanzwahrheit allein die Übereinstimmung mit dem G gemeint ist.[1] Soweit das **Vollständigkeitsgebot** des § 246 Abs. 1 HGB die Bilanz betrifft, ist es auch steuerrechtl. v. entscheidender Bedeutung, da es gem. § 5 Abs. 1 S. 1 gleichzeitig die Grundlage für die steuerrechtl. Gewinnermittlung bildet. Vom Vollständigkeitsgebot umfasst sind indes nur die WG, die dem Kfm. subj. zuzurechnen sind. Bei KapGes. ist zusätzlich die Generalnorm des § 264 Abs. 2 HGB zu beachten. 45

b) „Going-concern-Prinzip" (Fortführung der Unternehmenstätigkeit). Nach § 252 Abs. 1 Nr. 2 HGB ist bei der Bewertung v. der Fortführung der Unternehmenstätigkeit (**„going-concern"**) auszugehen, wenn dem nicht tatsächliche oder rechtl. Gegebenheiten entgegenstehen. Solange unterstellt werden kann, dass das Unternehmen nicht zu einem bestimmten Zeitpunkt liquidiert wird, dürfen weder Aktiva noch Passiva mit Liquidationswerten angesetzt werden. Das Fortführungsprinzip ist kein eigentlicher Bewertungsgrundsatz, vielmehr denknotwendige Voraussetzung für eine periodische Ergebnisrechnung. Die Bewertungsvorschriften der §§ 253 ff. HGB im Allg. und bes. das AK-Prinzip des § 253 HGB mit der Aufwandsverteilung auf die voraussichtliche Nutzungsdauer sind nur bei unterstellter Fortführung des Unternehmens verständlich. Der Fortführungsgrundsatz hat dort seine Grenzen, wo das Unternehmen nicht mehr fortgeführt werden darf oder kann (insbes. bei Insolvenz). Eine allg. Unsicherheit über den Fortbestand führt allerdings nicht zur Aufgabe der Fortführungsprognose. Der Begriff der Fortführung der Unternehmenstätigkeit ist mit einer aktiven ständigen Teilnahme am Wirtschaftsverkehr nicht zwingend gleichzusetzen.[2] Daher können auch „ruhende" oder sich auf die Verwaltung ihres Vermögen beschränkende Unternehmen (vgl. § 105 Abs. 2 S. 1 HGB) v. der Fortführungsprämisse ausgehen, sofern ihnen nicht rechtl. oder tatsächliche Gegebenheiten entgegenstehen. Die eigentliche Schwierigkeit der Handhabung des Fortführungsprinzips liegt in den Maßstäben, die an die Fortführungsprognose zu stellen sind.[3] Maßgebend ist eine objektive Auffassung, nicht die subj. Beurteilung des Bilanzierenden; § 252 Abs. 1 Nr. 2 HGB spricht v. „Gegebenheiten", nicht v. „Auffassungen". 46

c) Stichtagsprinzip und Wertaufhellung. Der Jahresabschluss ist „für den Schluss eines jeden Geschäftsjahrs" aufzustellen (§ 242 Abs. 1 S. 1 HGB). Aus diesem Grund fordert § 252 Abs. 1 Nr. 3 HGB folgerichtig, dass bei der Bilanzierung auf die Verhältnisse zum Abschlussstichtag abzustellen ist, sog. **Stichtagsprinzip**. Maßgebend ist hierbei der subj. Erkenntnisstand des sorgfältigen Kfm. bei fristgerechter Bilanzaufstellung.[4] Grds. nicht zu berücksichtigen sind Umstände, die erst nach der durch den Stichtag abgegrenzten Rechnungsperiode eintreten.[5] Praktisch problematisch ist insoweit immer wieder, ob nach dem Bilanzstichtag gewonnene bessere Erkenntnisse Einfluss auf den Bilanzansatz haben können. Unbeachtlich bleiben sog. **wertbegründende bzw. -beeinflussende** („neue") Tatsachen, dh. Umstände, welche die am Stichtag bestehende objektive Situation nicht ändern, sondern die als Geschäftsvorfall dem neuen Wj. zuzuordnen sind.[6] Zu berücksichtigen sind demgegenüber die sog. **wertaufhellenden** Tatsachen, die am Stichtag bereits objektiv vorgelegen haben, dem Kfm. jedoch erst zw. Stichtag und Aufstellung bekannt geworden sind (vgl. § 252 Abs. 1 Nr. 4 HS 1 HGB).[7] Die Differenzierung zw. wertaufhellenden und wertbeeinflussenden Tatsachen ist jedenfalls abstrakt unproblematisch, im praktischen Einzelfall jedoch nicht immer einfach vorzunehmen.[8] **Rechtsgestaltende Tatsachen**, wie zB. der Abschluss eines Vergleichs, eine Vertragsänderung, das Ergehen eines (rkr.) Urteils oder die Eröffnung des Insolvenzverfahrens, die erst nach dem Abschlussstichtag eintreten, haben regelmäßig wertbegründenden Charakter und sind daher 47

1 Vgl. *BeBiKo*[11], § 246 Rn. 2.
2 *A/D/S*[6], § 252 HGB Rn. 27.
3 Ausf. *A/D/S*[6], § 252 HGB Rn. 28 ff.; *BeBiKo*[11], § 252 Rn. 14 ff.
4 *Schmidt*[37], § 5 Rn. 81 mwN.; **aA** *H/H/R*, § 5 Anm. 422 (maßgebend sind die objektiven Verhältnisse am Abschlussstichtag).
5 Vgl. BFH v. 30.1.2002 – I R 68/00, FR 2002, 624.
6 BFH v. 19.10.2005 – XI R 64/04, BStBl. II 2006, 371; *A/D/S*[6], § 252 HGB Rn. 38 ff.
7 BFH v. 4.4.1973 – I R 130/71, BStBl. II 1973, 485; v. 17.5.1978 – I R 89/76, BStBl. II 1978, 497; v. 30.1.2002 – I R 68/00, FR 2002, 624; *Schmidt*[37], § 5 Rn. 81.
8 Vgl. Bsp. für wertaufhellende bzw. wertbeeinflussende Umstände aus der Rspr. bei *Blümich*, § 5 Rn. 281 f.

nicht auf den vorangegangenen Bilanzstichtag zu berücksichtigen.[1] Soweit die Rspr. für den subj. Erkenntnisstand des (ordnungsgemäß agierenden) StPfl. bis zur fristgerechten Bilanzaufstellung abstellt, soll hierdurch der Zeitraum begrenzt werden, in dem noch nachträglich bekannt gewordene – am Stichtag indes bereits objektiv vorhandene – Tatsachen wertaufhellend berücksichtigt werden können.[2] Ob zeitlich darüber hinaus für stl. Zwecke sogar die bis zur Veranlagung bekannt gewordenen wertbeeinflussenden Tatsachen auf den Bilanzstichtag zurückwirken sollten,[3] ist mit Blick darauf, dass das G in § 242 Abs. 1 S. 1 HGB auf die „Aufstellung" des Jahresabschlusses abstellt, zweifelh.

48 **d) Vorsichtsprinzip/Realisationsprinzip/Imparitätsprinzip.** Aus Gläubigerschutzgesichtspunkten ist es geboten, vorsichtig zu bilanzieren und zu bewerten. Sinn des sog. allg. **Vorsichtsprinzips** ist der möglichst weitgehende Ausschluss v. Risiken beim Bilanzansatz und bei den Wertbemessungen. Geboten ist eine vorsichtige Abschätzung der Risiken und Chancen und der Ausweis allein v. realisierten Gewinnen. Im Übrigen ist denjenigen Faktoren ein größeres Gewicht beizumessen, die geeignet sind, den Wertansatz v. Aktiva zu ermäßigen bzw. v. Schuldposten zu erhöhen.[4] Die Problematik des Vorsichtsprinzips liegt darin begründet, dass es die Bildung stiller Reserven ermöglicht und damit die Ausschüttungsinteressen der G'ter (und mittelbar des Fiskus) hinten anstellt. Zwar scheint dies vordergründig zumindest im Gläubigerinteresse zu liegen (Schuldendeckungspotenzial), doch bewirken (oftmals in der Krise) aufgedeckte stille Reserven regelmäßig nur Buchgewinne, denen keine liquiden Mittel gegenüberstehen. Nicht nur aus steuerrechtl. Sicht („richtiger Gewinn"), sondern auch aus gesellschaftsrechtl. Sicht ist daher auf die Abgrenzung zw. berechtigter Vorsicht und unberechtigter Willkür besonderes Augenmerk zu richten.

49 Das Vorsichtsprinzip konkretisiert sich vor allem sowohl im **Realisationsprinzip** als auch im **Imparitätsprinzip**. Nach dem Realisationsprinzip – dem zentralen Leitprinzip der bilanziellen Gewinnermittlung[5] – dürfen am Abschlussstichtag nur realisierte Gewinne ausgewiesen werden (§ 252 Abs. 1 Nr. 4 HS 2 HGB); erst der Umsatz zeigt den Gewinn in der Bilanz (s. Rn. 206ff.). Maßgebend ist der Zeitpunkt der wirtschaftl. Verursachung des Umsatzakts (vgl. § 252 Abs. 1 Nr. 5 HGB). Dies ist der Fall, sobald der Leistungsverpflichtete seine Leistung (zB. die Warenlieferung oder die Dienstleistung) vollständig erbracht hat und deshalb sein Anspr. auf die Gegenleistung (Kaufpreiszahlung etc.) nicht mehr mit ungewöhnlichen Risiken belastet erscheint.[6] Auf den (späteren) Zahlungszeitpunkt kommt es nicht an; ebenso ist der (frühere) Zeitpunkt des Vertragsschlusses ohne Belang.

50 Verluste sind dagegen schon zu berücksichtigen, sobald sie verursacht sind; auf die Verlustrealisierung kommt es gerade nicht an (§ 252 Abs. 1 Nr. 4 HGB). Der Aufwand ist bilanziell zu erfassen, sobald sich die Verpflichtung des Kfm. zu einer wirtschaftl. Belastung verdichtet. Eine Inanspruchnahme muss noch nicht erfolgt sein. Die unterschiedliche Behandlung v. unrealisierten Gewinnen und Verlusten wird als **Imparitätsprinzip** bezeichnet. Auch jenes Prinzip ergibt sich normativ aus § 252 Abs. 1 Nr. 4 HGB, gilt aber unabhängig davon bereits seit Langem als ungeschriebener GoB.

51 Nicht nur für den Bilanzansatz dem Grunde nach, sondern ebenso für dessen **Bewertung** gilt das Vorsichtsprinzip und ist in § 252 Abs. 1 Nr. 4 HGB festgeschrieben. Abmilderungen des Vorsichtsprinzips kommen in der Bewertungsstetigkeit (§ 252 Abs. 1 Nr. 6 HGB), der eingeschränkten Festbewertung (vgl. § 240 Abs. 3 HGB) und dem Aktivierungsgebot für entgeltlich erworbene immaterielle Vermögensgegenstände (arg. § 248 Abs. 2 HGB) zur Geltung. Die Stetigkeit der Bewertung (§ 252 Abs. 1 Nr. 6 HGB) wurde durch das BilMoG v. einer Soll-Vorschrift zu einer Muss-Vorschrift geändert. Außerdem wurde der Grundsatz der Ansatzstetigkeit in § 246 Abs. 3 HGB ergänzt. Dies soll die Vergleichbarkeit der Bilanzen im Zeitablauf verbessern und den Informationsgehalt der HB erhöhen.

52 Außer im Realisations- und Imparitätsprinzip findet das Vorsichtsprinzip in folgenden Vorschriften Geltung: Aktivierungsverbot für Kosten der Gründung und der Eigenkapitalbeschaffung (§ 248 Abs. 1 Nr. 2 HGB); Aktivierungsverbot für einen originären Geschäftswert (§ 246 Abs. 1 S. 4 HGB), Beschränkung der RAP auf sog. transitorische Posten ieS (§ 250 Abs. 1 HGB; vgl. § 5 Abs. 5).

53 **e) Niederstwertprinzip.** Ebenfalls aus dem Vorsichtsprinzip abzuleiten ist das **Niederstwertprinzip**, das über § 253 Abs. 3 S. 5 und 6, Abs. 4 HGB für alle rechnungslegungspflichtigen Unternehmen angeordnet ist. Es ist insoweit zu differenzieren zw. dem sog. **strengen** Niederstwertprinzip bei Vermögensgegenständen (WG) des UV (§ 253 Abs. 4 HGB) und dem **gemäßigten** Niederstwertprinzip bei Vermögensgegen-

1 BFH v. 15.11.2011 – I R 96/10, BFH/NV 2012, 991 Rn. 19; v. 26.2.2014 – I R 12/14, BFH/NV 2014, 1544 Rn. 20f.
2 BFH v. 15.9.2004 – I R 5/04, BStBl. II 2009, 100 = FR 2005, 308.
3 So *Schmidt*[37] § 5 Rn. 81.
4 *A/D/S*[6], § 252 HGB Rn. 65ff.; *K/W*, § 252 HGB Rn. 75ff.
5 *Schmidt*[37], § 5 Rn. 78; *Weber-Grellet*, FR 2003, 468.
6 BFH v. 2.3.2004 – III B 114/03, BFH/NV 2004, 1109.

ständen des AV (§ 253 Abs. 3 S. 5 HGB), bei denen eine außerplanmäßig Abschreibung auf den niedrigeren Wert nur bei voraussichtlich dauernder (und eben nicht nur vorübergehender) Wertminderung zwingend vorzunehmen ist. Bei Finanzanlagen können außerplanmäßige Abschreibungen auch bei voraussichtlich nicht dauernder Wertminderung vorgenommen werden (§ 253 Abs. 3 S. 6 HGB). Steuerrechtl. besteht die Möglichkeit zur TW-AfA nur bei einer voraussichtlich dauernden Wertminderung (vgl. § 6 Abs. 1 Nr. 1 S. 2, Nr. 2 S. 2). Ausdruck des Niederstwertprinzips ist auch das Gebot der Rückstellungsbildung für drohende Verluste aus schwebenden Geschäften (§ 249 Abs. 1 S. 1 HGB), welches steuerrechtl. allerdings nicht mehr anerkannt wird (§ 5 Abs. 4a).

f) Periodenabgrenzung. Nach dem Grundsatz der **Periodenabgrenzung** sind Aufwendungen und Erträge ohne Rücksicht auf den Zeitpunkt ihrer Ausgabe bzw. Einnahme im Jahresabschluss zu berücksichtigen (§ 252 Abs. 1 Nr. 5 HGB). Danach kommt es nicht auf die Veränderungen im Bestand der liquiden Mittel an,[1] sondern auf die Minderungen oder Erhöhungen des Vermögens im Zeitpunkt ihrer wirtschaftlichen Verursachung.[2] Zu beachten sind die Überschneidungen mit dem Vorsichtsprinzip, das die Zeitpunkte der Gewinn- und Verlustrealisierung festlegt. Das Nebeneinander v. § 252 Abs. 1 Nr. 4 und Nr. 5 HGB bringt die Gefahr mit sich, dass gesetzlich nicht umschriebene Begriffe (Gewinnrealisierung) unter Bezugnahme auf § 252 Abs. 1 Nr. 5 HGB im Sinne einer dynamischen Periodenabgrenzung definiert werden (zur These der sog. passivierungsbegrenzenden Wirkung des Realisationsprinzips s. Rn. 148).[3] Bilanztechnisch verwirklicht wird das Prinzip der Periodenabgrenzung durch die Aktivierung v. Investitionen und Forderungen, durch die Passivierung v. Schulden und Rückstellungen sowie durch die Bildung v. RAP. 54

g) Einzelbewertung/Saldierungsverbot. Vermögensgegenstände und Schulden sind zum Bilanzstichtag einzeln zu bewerten (§ 252 Abs. 1 Nr. 3 HGB). Der Grundsatz der **Einzelbewertung** ist grundlegendes Merkmal einer Bilanz und unterscheidet sich v. Methoden, den Gesamtwert des Unternehmens zu bestimmen. Er soll einen Bewertungsausgleich zw. Werterhöhungen und Wertminderungen einzelner Vermögensgegenstände und Schuldposten verhindern und dient damit der Durchsetzung des Vorsichtsprinzips.[4] So kann/muss ein Gebäude auch dann auf den niedrigeren TW abgeschrieben werden, wenn der dazu gehörige Grund und Boden stille Reserven enthält.[5] Der Einzelbewertungsgrundsatz ist eingeschränkt durch die Möglichkeiten der Festbewertung (§ 240 Abs. 3 HGB), der Gruppenbewertung (§ 240 Abs. 4 HGB) sowie durch die Bewertungsvereinfachungsverfahren (§ 256 HGB). Ferner erlaubt der Grundsatz der Wesentlichkeit (Rn. 66) Ausnahmen, ebenso § 252 Abs. 2 HGB. Der Grundsatz der Einzelbewertung schließt zudem nicht aus, dass bei der Bewertung einzelner Vermögensgegenstände und Schulden gleichzeitig negative und positive Sachverhalte zu berücksichtigen sind (sog. kompensatorische Bewertung).[6] Deshalb können Forderungen und Verbindlichkeiten namentlich bei Verknüpfung v. Risiko und Chance durch Kompensationsgeschäfte, insbes. im Fremdwährungsbereich und bei der Wertpapierkurssicherung, für die Bewertung zu einer Einheit zusammengefasst werden. Bei der Forderungsbewertung sind Sicherheiten und Delkredereversicherungen bei der Bemessung der Abschreibungen nach § 253 Abs. 4 S. 2 HGB zu berücksichtigen.[7] Entspr. gilt (handelsrechtl.) im Bereich der sog. Drohverlustrückstellungen. Nach der BFH-Rspr., die inzwischen für das Steuerrecht durch § 5 Abs. 4a überholt ist, sind in den Kompensationsbereich wirtschaftliche Vorteile, die nach den Vorstellungen der Vertragsparteien subj. Vertragsgrundlage sind (zB Standortvorteile) einzubeziehen.[8] Bei der Bewertung der Rückstellung sind schließlich Anspr. gegen Dritte, zB. Rückgriffsansprüche gegen einen Bürgen oder gegen den eigenen Lieferanten, zu berücksichtigen.[9] 55

Mit dem Grundsatz der Einzelbewertung korrespondiert das **Saldierungsverbot** nach § 246 Abs. 2 HGB. Es ist Ausfluss sowohl des allg. Gebots der Klarheit und Übersichtlichkeit des Jahresabschlusses (§ 243 Abs. 2 HGB) als auch des Vollständigkeitsgebots (§ 246 Abs. 1 HGB). Nach § 246 Abs. 2 S. 1 HGB dürfen Aktiva nicht mit Passiva, Aufwendungen nicht mit Erträgen und Grundstücksrechte nicht mit Grundstückslasten verrechnet werden. Es gilt das **Bruttoprinzip**.[10] Mit dem BilMoG[11] findet sich das Verrech- 56

---

1 *H/H/R*, § 5 Anm. 432.
2 *A/D/S*[6], § 252 HGB Rn. 97; *BeBiKo*[11], § 252 Rn. 51; *K/W*, § 252 HGB Rn. 109 f.
3 Vgl. *Herzig*, FS Schmidt, 1993, 209; *Schmidt*[37], § 5 Rn. 381.
4 *BeBiKo*[11], § 252 Rn. 22; *K/W*, § 252 HGB Rn. 63; *H/H/R*, § 5 Anm. 450.
5 Vgl. *Schmidt*[37], § 5 Rn. 68.
6 *A/D/S*[6], § 252 HGB Rn. 48; *Kupsch*, FS Forster, 1992, 339 (350); *Schmidt*[37], § 6 Rn. 7, § 5 Rn. 70 f.
7 *A/D/S*[6], § 253 HGB Rn. 533; *BeBiKo*[11], § 253 Rn. 590.
8 BFH v. 23.6.1997 – GrS 2/93, BStBl. II 1997, 735 = FR 1997, 678 m. Anm. *Groh*; krit. *Clemm*, FS Beisse, 1997, 123 (133).
9 BFH v. 17.2.1993 – X R 60/89, BStBl. II 1993, 437 = FR 1993, 500; *BeBiKo*[11], § 249 Rn. 64; vgl. auch *Wiedmann*, FS Moxter, 1994, 453 ff.
10 BFH v. 25.2.2004 – I R 54/02, BStBl. II 2004, 654 = FR 2004, 891.
11 G v. 25.5.2009 (BGBl. I 2009, 1102).

nungsverbot zw. Aktiva und Passiva stl. in § 5 Abs. 1a S. 1. Im Übrigen sind die entspr. handelsrechtl. Regelungen – ebenso wie die Ausnahmen – stl. über den Maßgeblichkeitsgrundsatz zu beachten.[1]

57 **h) Bewertungseinheiten (§ 254 HGB, § 5 Abs. 1a S. 2).**[2] Die Bilanzierung v. sog. **Bewertungseinheiten** wurde durch das BilMoG[3] in § 254 HGB kodifiziert. Die Legaldefinition in S. 1 der Vorschrift versteht unter einer Bewertungseinheit einen bilanziellen Zustand, durch den **Vermögensgegenstände**, Schulden, schwebende Geschäfte oder mit hoher Wahrscheinlichkeit erwartete Transaktionen zum Ausgleich gegenläufiger Wertänderungen oder Zahlungsströme aus dem Eintritt vergleichbarer Risiken mit **Finanzinstrumenten** zusammengefasst werden. Liegt eine solche Einheit vor, finden § 249 Abs. 1 HGB (Rückstellung für drohende Verluste aus schwebenden Geschäften), § 252 Abs. 1 Nr. 3 HGB (Einzelbewertung), § 252 Abs. 1 Nr. 4 HGB (Imparitäts- und Realisationsprinzip), § 253 Abs. 1 S. 1 HGB (AK-/HK-Prinzip) sowie § 256a HGB (Währungsumrechnung) keine Anwendung. § 5 Abs. 1a S. 2[4] stellt klar, dass die handelsrechtl. Praxis der Bildung v. Bewertungseinheiten auch für die stl. Gewinnermittlung maßgebend[5] ist. Die Zusammenfassung dient dem Zweck, Sicherungsbeziehungen zw. einem risikobehafteten Geschäft (sog. **Grundgeschäft**) und einem das Risiko absichernden Geschäft (sog. **Sicherungsgeschäft**) entsprechend der tatsächlichen wirtschaftl. Verhältnisse bilanziell abzubilden. Einzelbewertung und Saldierungsverbot entsprechen nach Auffassung des Gesetzgebers bei Sicherungsgeschäften nicht den tatsächlichen Gegebenheiten.[6] Dies ist zutr., da eine isolierte imparitätische Bewertung zum Ausweis v. Verlusten führen würde, die de facto nicht eintreten. Bloß theoretische Verluste sollen somit nicht ausgewiesen werden.[7]

58 Das Grundgeschäft iSv. §§ 254 S. 1 HGB, § 5 Abs. 1a S. 2 ist dasjenige Geschäft, gegen dessen Risiken sich der StPfl. mit einem gegenläufigen – dem Grundgeschäft gerade immanenten[8] – Sicherungsgeschäft in Gestalt v. Finanzinstrumenten (zB Wertpapiere, Geldmarktinstrumente, Forderungen und Verbindlichkeiten auf Geldleistungen, Derivate) absichert. Als Finanzinstrumente gelten zudem Termingeschäfte über den Erwerb oder die Veräußerung v. Waren (vgl. § 254 S. 2 HGB). Die Norm zielt auf Sicherungsgeschäfte ab, die einem gegenläufigen Risiko unterliegen, um Verluste zu vermeiden. Abzusichernde Risiken sind Liquiditäts-, Preisänderungs-, Währungs- und Zinsrisiken.[9] Die Sicherungsbeziehung muss – über den Gesetzeswortlaut v. § 254 S. 1 HGB hinaus – v. einer **Durchhalteabsicht und -wahrscheinlichkeit** geprägt sein, dh., die Sicherungsbeziehung muss so lange aufrechterhalten werden, bis der Sicherungszweck eingetreten ist (Risikoeintritt bzw. -ausfall).[10]

59 Als Bewertungseinheiten anzusehen sind:[11]

- **Micro-Hedges** (Absicherung des Risikos eines einzigen Grundgeschäfts durch ein einziges Sicherungsgeschäft);
- **Portfolio-Hedges** (Absicherung des Risikos mehrerer gleichartiger – allerdings separater – Grundgeschäfte durch ein einziges oder aber mehrere Sicherungsgeschäfte);
- **Makro-Hedges** (Absicherung des Gesamtrisikos aus mehreren – sich ggf. kompensierenden – Grundgeschäften durch ein oder mehrere Sicherungsgeschäfte).

60 Die vom G für die Bewertungseinheit geforderte **„gegenläufige Wertänderung"** stellt darauf ab, dass eine Wertminderung des Grundgeschäfts (zB zwischenzeitliche Wertverluste aus einer Geldanleihe) durch eine Wertsteigerung des Sicherungsgeschäfts (zB Zinsswap) kompensiert werden muss oder umgekehrt. Teilkompensationen genügen.

61 Die Bildung v. Bewertungseinheiten ist nicht als bilanzielle Pflicht konzipiert. Vielmehr gestattet § 254 S. 1 HGB insoweit ein **Wahlrecht** („Werden … zusammengefasst …").[12] Ein eigenes stl. Wahlrecht nach § 5a Abs. 1 S. 2 besteht nicht; das (Spezial-)Maßgeblichkeitsprinzip bezieht sich auf die handelsrechtl. „gebilde-

1 BFH v. 15.12.1999 – I R 91/98, BStBl. II 2000, 381 = FR 2000, 783.
2 Vgl. hierzu allg. *Rau*, DStR 2017, 737; *Meinert*, DStR 2017, 1401 sowie DStR 2017, 1447.
3 G v. 25.5.2009 (BGBl. I 2009, 1102).
4 Eingefügt durch das G zur Eindämmung missbräuchlicher Steuergestaltungen v. 28.4.2006 (BGBl. I 2006, 1095); zum zeitl. Geltungsbereich vgl. BFH v. 2.12.2015 – I R 83/13, BStBl. II 2016, 831 Rn. 22 f. = FR 2016, 812.
5 Sog. Spezialmaßgeblichkeit, vgl. *Schmidt*[37], § 5 Rn. 70.
6 BT-Drucks. 16/634, 10.
7 *Künkele/Zwirner*, DStR 2009, 1277 (1280).
8 *Gröne*, StB 2018, 250 (251).
9 *BeBiKo*[11], § 254 Rn. 29.
10 *Gröne*, StB 2018, 250 (252).
11 Vgl. *H/H/R*, § 5 Anm. 1722; *Blümich*, § 5 Rn. 235 mwN; ebenso BMF v. 25.8.2010, DB 2010, 2024.
12 BFH v. 2.12.2015 – I R 83/13, BStBl. II 2016, 831 Rn. 24 = FR 2016, 812; *H/H/R*, § 5 Anm. 1724; *Blümich*, § 5 Rn. 235a; *Gröne*, StB 2018, 250 (252). Zu berücksichtigen ist allerdings der Grundsatz der Bewertungsstetigkeit (§ 252 Abs. 1 Nr. 6 HGB).

ten" Bewertungseinheiten.[1] Im Falle der Bildung v. Bewertungseinheiten bestehen zwei Möglichkeiten der bilanziellen Darstellung:[2] Nach der **kompensatorischen Methode** („Einfrierungs"- bzw. Nettomethode)[3] wird lediglich der negative Saldoüberhang aus der Sicherungsbeziehung dargestellt. Sinkt bspw. der Wert einer variabel verzinslichen Geldanlage bei vorherigen AK v. 100 Euro zum Bilanzstichtag auf 90 Euro und beträgt der Wert des gegenläufigen Zinssicherungsgeschäfts am Stichtag 9 Euro[4], ist die Anleihe nach der kompensatorischen Methode mit einem Wert v. 99 Euro zu bilanzieren; das Sicherungsgeschäft wird bilanziell nicht erfasst. Nach der sog. **Durchbuchungsmethode** (Bruttomethode) sind dagegen sowohl das Grund- als auch das Sicherungsgeschäft bilanziell darzustellen (Anleihe: 90 Euro/Zinssicherungsgeschäft: 9 Euro). Ein verbleibendes negatives Ergebnis darf gem. § 5 Abs. 4a S. 2 technisch als Rückstellung für drohende Verluste passiviert werden.[5]

i) Bilanzierungsverbot für schwebende Geschäfte. Vgl. hierzu Rn. 100ff. 62

j) Bilanzkontinuität und Bilanzierungsstetigkeit. Die **Bilanzkontinuität (Bilanzidentität)** ist ein un- 63
verzichtbares Element eines auf Ergebnisausweis angelegten Jahresabschlusses. Der Grundsatz der formellen Bilanzkontinuität verlangt eine Übereinstimmung der EB eines Wj. mit der Schlussbilanz des vorangegangenen Wj. (**Bilanzenzusammenhang**). Im Grunde handelt es sich um dies. Bilanz, die lediglich aus buchungstechnischen Gründen durch Schluss- und EB nach einer logischen Sekunde getrennt wird. Die formelle Bilanzkontinuität im Sinne einer Übereinstimmung der Wertansätze der Einzelpositionen ist in § 252 Abs. 1 Nr. 1 HGB kodifiziert. Konsequenz ist die sog. **Zweischneidigkeit** der Bilanz (vgl. § 4 Rn. 112): Die jeweiligen Bilanzansätze werden automatisch mit gegenläufiger Ergebnisauswirkung in späteren Rechnungsperioden fortgeführt. Letztlich sichert die formelle Bilanzkontinuität die Erfassung des Gesamtgewinns.

§ 252 Abs. 1 Nr. 6 HGB verlangt, dass die auf den vorhergehenden Jahresabschluss angewandten Bewer- 64
tungs- und Darstellungsmethoden beizubehalten sind. Ausfluss dieses Grundsatzes der **Bilanzstetigkeit** ist insbes., dass neu angeschaffte bzw. hergestellte Vermögensgegenstände (WG) und Schulden nach denselben Grundsätzen bewertet werden wie art- und funktionsgleiche WG in der Vorjahresbilanz.[6] Aus § 246 Abs. 3 S. 1 HGB ergibt sich zudem der Grundsatz der **Ansatzstetigkeit:** Die auf den vorangegangenen Jahresabschluss angewandten Ansatzmethoden müssen grds. beibehalten werden.[7]

k) Nominalwertprinzip. § 244 HGB gibt vor, dass alle Bilanzposten in Euro zu erfassen sind. Inflations- 65
bedingte Wertminderungen finden keine Berücksichtigung;[8] selbiges gilt für deflationäre Einwirkungen. Ausfluss des **Nominalwertprinzips**[9] ist zudem die gesetzliche Fixierung der (nominellen) AK bzw. HK als Obergrenze für die Bewertung und die Grundlage für die AfA (§§ 253, 255 HGB; für die StB §§ 6, 7 EStG). Die ggf. höheren Wiederbeschaffungskosten sind bilanziell unbeachtlich.

l) „True-and-fair-view"-Gebot. Das **„True-and-fair-view"-Gebot** ergänzt das Realisations- und Vor- 66
sichtsprinzip.[10] Es findet seine gesetzliche Grundlage in der **Generalnorm** der Regelungen zum Jahresabschluss für KapGes. (§ 264 Abs. 2 S. 1 HGB: „... ein den tatsächlichen Verhältnissen entsprechendes Bild der Vermögens-, Finanz- und Ertragslage ..."), gilt im Übrigen aber auch als nicht kodifizierter GoB für Einzel-Kfm. und PersGes.

m) Wesentlichkeitsgrundsatz. Ungeschriebener GoB ist der Grundsatz der **Wesentlichkeit**, der zugleich 67
die Grundsätze der Vollständigkeit und Bilanzwahrheit beschneidet. Der Wesentlichkeitsgrundsatz ist geprägt vom Gedanken der Wirtschaftlichkeit der Bilanzierung, sodass letztlich unwesentliche Faktoren unberücksichtigt bleiben dürfen, ohne dass die Bilanz und der Jahresabschluss unrichtig werden.[11] Zugunsten des Kfm. greift hierbei der Verhältnismäßigkeitsgrundsatz, sofern der Aufwand für den Ansatz und die Bewertung der einzelnen Bilanzposition außer Verhältnis zum hierdurch erreichbaren Genauigkeits- bzw. Aussagegewinn der Bilanz steht.[12] Die Grundsätze des Wesentlichkeitsprinzips finden sich ua. wieder bei

---

1 *Blümich*, § 5 Rn. 236.
2 Nach Auffassung der FinVerw. können beiden Methoden angewandt werden (vgl. BMF v. 25.8.2010, DB 2010, 2024).
3 Vgl. *Gröne*, StB 2018, 250 (253).
4 Bsp. nach *Gröne*, StB 2018, 250 (253).
5 Dazu näher *Herzig/Breckheimer*, DB 2006, 1451.
6 *Blümich*, § 5 Rn. 258 mwN.
7 Vgl. hierzu *Scheffler/Binder*, StuB 2012, 891 (893ff.).
8 BFH v. 8.3.1995 – II R 10/92, BFHE 177, 132.
9 Zur Verfassungsmäßigkeit des Nominalwertprinzips vgl. BFH v. 12.11.2007 – IV B 36/07, BFH/NV 2008, 766.
10 BFH v. 7.8.2000 – GrS 2/99, BStBl. II 2000, 632 = FR 2000, 1126.
11 *Groh*, ZGR 1996, 642 (646); *H/H/R*, § 5 Anm. 462ff. mwN.
12 *Blümich*, § 5 Rn. 259 mwN.

der Fest- und Gruppenbewertung bestimmter Vermögensgegenstände des Sachanlage- bzw. Vorratsvermögens (§ 240 Abs. 3 und 4 HGB) sowie bei der Bewertungsfreiheit geringwertiger WG nach § 6 Abs. 2 und 2a EStG. Ferner finden sich in § 241 HGB Inventurvereinfachungsverfahren. § 252 Abs. 2 HGB erlaubt zudem in begründeten Ausnahmefällen eine Abweichung v. den allg. Bewertungsgrundsätzen. Schließlich gestattet § 256 HGB zum Zwecke der Reduzierung des Inventuraufwands Bewertungsvereinfachungsverfahren (sog. Verbrauchsfolgeverfahren). Die Rspr. des BFH geht aus Gründen der (Un-)Wesentlichkeit zu Recht davon aus, dass ein aktiver RAP dann nicht gebildet werden muss, wenn der abzugrenzende Aufwand betragsmäßig lediglich geringfügig ist, und orientiert sich hierbei an den Grenzen des § 6 Abs. 2 EStG.[1]

68 **IV. Steuerlicher Wahlrechtsvorbehalt. 1. Rechtslage vor BilMoG.** § 5 Abs. 1 S. 2 aF regelte für bis zum 28.5.2009 endende Wj. die Fälle der sog. **umgekehrten Maßgeblichkeit**. Soweit das Steuerrecht bei der Gewinnermittlung Wahlrechte für den Ansatz dem Grunde oder der Höhe nach einräumt, durfte das Wahlrecht in der Steuerbilanz nur ausgeübt werden, wenn in der HB entspr. verfahren wurde. § 5 Abs. 1 S. 2 aF führte dazu, dass auch solche steuerrechtl. Wahlrechte in der HB ausgeübt werden durften, die nach dem Normengefüge des HGB handelsrechtl. wegen Verstoßes gegen die GoB unzulässig gewesen wären. Ausfluss der umgekehrten Maßgeblichkeit war der Sonderposten mit Rücklageanteil (§ 247 Abs. 3 HGB aF), der insoweit auch ein Abweichen v. handelsrechtl. Bewertungsvorschriften voraussetzte. Für den Sonderposten war kennzeichnend, dass er sich aus EK und einer Rückstellung für künftig zu zahlende Steuern zusammensetzte.

69 **2. Wahlrechtsvorbehalt (Abs. 1 S. 1 HS 2).** Durch das BilMoG[2] hat der Gesetzgeber für nach dem 28.5.2009 endende Wj. – dh. regelmäßig mWv. VZ 2009 – die umgekehrte Maßgeblichkeit zugunsten eines **Wahlrechtsvorbehalts** aufgegeben (Abs. 1 S. 1 HS 2). Der handelsrechtl. Maßgeblichkeitsgrundsatz gilt hiernach nicht, sofern der StPfl. iRd. Ausübung eines stl. Wahlrechts einen „anderen Ansatz" wählt. Noch nicht abschließend geklärt ist, welche stl. Wahlrechte v. dieser Ausnahme v. Maßgeblichkeitsgrundsatz erfasst sind. Seinerzeit kam die umgekehrte Maßgeblichkeit hauptsächlich bei stl. Subventionswahlrechten (§§ 6b, 7g) zum Tragen. Insbes. durch den überschießenden Regelungsinhalt in § 5 Abs. 1 S. 1 HS 2 tritt der vor der Einf. des Abs. 1 S. 2 aF geführte Streit wieder zu Tage, ob der Maßgeblichkeitsgrundsatz auf den Ansatz dem Grunde nach zu beschränken ist oder ebenfalls die Bewertung umfasst.[3] Möglich ist es zum einen, dem Wortlaut zu folgen und eine weite Auslegung zu befürworten, die sämtliche stl. Wahlrechte einschließt.[4] Somit wäre eine gänzliche Loslösung der stl. Wahlrechte v. den GoB eingetreten und eine umfassende eigenständige Steuerbilanzpolitik möglich. Davon betroffen wären insbes. auch die TW-Abschreibungen (§ 6 Abs. 1 Nr. 1 S. 2, Nr. 2 S. 2), die stl. dann unterbleiben dürften, obwohl handelsrechtl. zwingend der niedrigere Wert anzusetzen ist. Ebenso könnte das Ansatz- und Bewertungswahlrecht für Pensionsrückstellungen gem. § 6a autonom ausgeübt werden. Diese Interpretation würde dem unverändert gültigen Maßgeblichkeitsgrundsatz widersprechen, wenn man diesen Grundsatz als auch für die Bewertung maßgebend betrachtet. Zum anderen könnte der Wahlrechtsvorbehalt so zu verstehen sein, dass nur diejenigen GoB-inkonformen stl. Wahlrechte abw. v. der HB ausgeübt werden dürfen, die zu einem niedrigeren stl. Wert führen.[5] Die Steuervergünstigungswahlrechte (§§ 6b, 7g) führen zu einem geringerem stl. BV und verfolgen lenkungspolitische Zwecke. Gerade dies ist nach der Begr. des BilMoG v. Gesetzgeber gewollt.[6] Nur so ist die Neuregelung des BilMoG mit der Abschaffung der umgekehrten Maßgeblichkeit mit dem ausdrücklichen Bekenntnis des Gesetzgebers zum Fortbestand des Maßgeblichkeitsprinzips vereinbar. Nach Auffassung der FinVerw. ist dagegen v. einem umfassenden steuerrechtlichen Wahlrechtsvorbehalt auszugehen (s. Rn. 3).[7]

70 **3. Formelle Anforderungen.** Tatbestandliche Voraussetzung für die selbständige Ausübung stl. Wahlrechte ist der Ausweis der betroffenen WG in **besonderen, lfd. zu führenden Verzeichnissen** (Abs. 1 S. 2). Aufzunehmen sind nach Abs. 1 S. 3 der Tag der Anschaffung/Herstellung, die Höhe der AK/HK, die Vorschrift des ausgeübten stl. Wahlrechts sowie die Höhe der vorgenommenen AfA. Trotz Verwendung des Plurals in Abs. 1 S. 2 genügt es, alle vom abw. steuerrechtl. Ansatz betroffenen WG in ein einheitliches Verzeichnis aufzunehmen.[8] Eine besondere Form ist hierfür nicht vorgeschrieben. Die FinVerw. fordert

1 BFH v. 18.3.2010 – X R 26/09, BFH/NV 2010, 1796 Rn. 34 ff.
2 G v. 25.5.2009 (BGBl. I 2009, 1102).
3 *Wassermeyer*, DStJG Bd. 14 (1991), 31 ff. mwN.
4 *Herzig/Briesemeister*, DB 2009, 930; *Dörfler/Adrain*, DB 2009, Beil. 5, 58 f.; *Förster/Schmidtmann*, BB 2009, 1343; *Stobbe*, DStR 2009, 2433; *Schmidt*[37], § 5 Rn. 60; so auch BMF v. 12.3.2010, BStBl. I 2010, 239 Rn. 9 ff., 12 ff.
5 *Hennrichs*, Ubg 2009, 538 ff.; *Schenke/Risse*, DB 2009, 1957 ff.
6 BT-Drucks. 16/10067, 32 ff., 124.
7 BMF v. 12.3.2010, BStBl. I 2010, 239 Rn. 13.
8 *H/H/R*, § 5 Anm. 883.

zudem keine zeitnahe Dokumentation; ausreichend ist die Erfassung nach Ablauf des Wj. (zB bei Erstellung der Steuererklärung).[1]

Der Übergang v. der umgekehrten Maßgeblichkeit zu einem stl. Wahlrechtsvorbehalt wurde zeitlich so geregelt, dass die handelsrechtl. Öffnungsklauseln (zB § 247 Abs. 3 HGB) letztmals auf Jahresabschlüsse für vor dem 1.1.2010 beginnende Wj. Anwendung fanden (Art. 66 Abs. 5 EGHGB). Die Neufassung des § 5 Abs. 1 erfolgte hingegen ohne Übergangsvorschrift, und der Wegfall der umgekehrten Maßgeblichkeit ist stl. seit Inkrafttreten des BilMoG (29.5.2009) umzusetzen. 71

D. Aktivierung

Literatur: *Bünning/Park*, Steuerbilanzielle Behandlung von Kryptowährungen, BB 2018, 1835; *Geier*, Die Aktivierung von Arbeitnehmererfindungen, DStR 2017, 1192; *Hornung/Westermann*, Ertragsteuerliche Erfassung von Gewinnen aus Kauf, Verkauf und Tausch von Kryptowährungen, DStZ 2018, 301; *Kraft/Hohage*, Nutzungsrechte als bilanzierungsfäige Wirtschaftsgüter, DStR 2017, 62; *Meyering/Brodersen/Gröne*, Außerplanmäßige Abschreibungen im Steuerrecht: Alter Wein in neuen Schläuchen, DStR 2017, 1175; *Nürnberg*, Ertragsteuerliche Behandlung von Mietereinbauten in der Bilanz des Mieters, DStR 2017, 1719; *U. Prinz/Otto*, Steuerbilanzielle Behandlung von Entwicklungskosten für immaterielle Wirtschaftsgüter in Zeiten vernetzten Wirtschaftens, DStR 2017, 275; *Roos*, Bilanzierung von geleisteten Anzahlungen nach IFRS und HGB: Erfolgswirkungen aus nicht zahlungswirksamen Leistungen bei erstmaliger Erfassung, DStR 2017, 1282; *Saure*, Anschaffungskosten des Vorratsvermögens bei Handelssunternehmen, DStR 2018, 1193; *Saure*, Teilwertabschreibungen in der Steuerbilanz auf Warenbestände von Handelsunternehmen, DStR 2017, 408; *Schmittmann*, Bitcoin und Steuern, StuB 2018, 226.

I. Grundsätzliches. 1. Aktivierungsvoraussetzungen. Um einen Posten auf der Aktivseite der Bilanz ausweisen zu können, ist erforderlich, dass am Bilanzstichtag ein **aktivierungsfähiges WG** vorhanden ist, das dem StPfl. **persönlich zuzurechnen** und **sachlich als BV** zu qualifizieren ist oder dass ein aktiver RAP auszuweisen ist. In dem Sonderfall der Aktivierung v. Aufwendungen als AK bzw. HK eines WG reicht es bereits aus, dass am Bilanzstichtag mit der Anschaffung bzw. Herstellung begonnen ist. Dies setzt nicht voraus, dass das WG bilanzrechtl. bereits dem Erwerber zuzurechnen ist.[2] Eine Aktivierung hat indes zu unterbleiben, wenn ausnahmsweise ein Aktivierungsverbot eingreift oder die Grundsätze des sog. schwebenden Geschäfts (s. Rn. 100) dem Ausweis entgegenstehen. Laufender Erhaltungsaufwand darf nicht aktiviert werden; insoweit liegen keine AK/HK iSv. § 255 HGB vor.[3] 72

2. Bewertung. In einem zweiten Schritt ist zu entscheiden, wie die Bilanzposition zu bewerten ist. Beide Punkte sind gedanklich zu trennen, obwohl die Bilanzierung erst durch die **Bewertung** sichtbaren Ausdruck findet. §§ 246 Abs. 1, 247 Abs. 1 HGB ordnen an, dass in der Bilanz die (dem Bilanzierenden persönlich zuzurechnenden) Vermögensgegenstände des AV bzw. des UV, das EK, die Schulden und die RAP vollständig und gesondert auszuweisen sind, soweit sich nicht etwas anderes aus dem G ergibt. Ein zusätzliches Element auf der Aktivseite der HB sind latente Steuern als Bilanzierungshilfen (§ 274 HGB), dh. die wahlweise Aktivierung v. Wertdifferenzen zw. handelsrechtl. und steuerrechtl. Wertansätzen, die insgesamt zu einer Steuerentlastung führen und nicht zu einem Vermögensgegenstand geführt haben. Die stl. Praxis geht davon aus, dass handelsrechtl. zulässige und wahrgenommene Bilanzierungshilfen nicht in die Steuerbilanz zu übernehmen sind.[4] 73

II. Wirtschaftsgüter. 1. Arten von Wirtschaftsgütern. a) Vermögensgegenstand und Wirtschaftsgut. Dem handelsrechtl. Begriff des Vermögensgegenstands iSv. §§ 240 Abs. 1, 3 und 4, 241, 246 Abs. 1, 252 Abs. 1, 253 Abs. 1, 3 und 4, 266 HGB entspricht steuerrechtl. derjenige des **WG** (§§ 4, 5, 6).[5] Nach st. Rspr. des BFH[6] sind WG alle am Bilanzstichtag als Vermögenswerte realisierbaren Gegenstände iSd. Zivilrechts sowie alle anderen vermögenswerten Vorteile einschl. tatsächlicher Zustände und konkreter Möglichkeiten (s. § 4 Rn. 67 ff.). Die einzelnen WG besitzen unterschiedliche Eigenschaften, die mit einer unterschiedlichen bilanzsteuerrechtl. Behandlung verbunden sein können. Die wichtigsten bilanzsteuerrechtl. relevanten Unterscheidungskriterien sind die Stofflichkeit, Beweglichkeit, Abnutzbarkeit und die beabsich- 74

1 BMF v. 12.3.2010, BStBl. I 2010, 239 Rn. 20.
2 BFH v. 13.10.1983 – IV R 160/78, BStBl. II 1984, 101 = FR 1984, 145; vgl. auch *A/D/S*[6], § 255 HGB Rn. 11; *BeBiKo*[11], § 255 Rn. 34.
3 BFH v. 10.6.1992 – I R 9/91, BStBl. II 1993, 41.
4 BFH v. 28.1.1954 – IV 255/53 U, BStBl. III 1954, 109; v. 22.5.1990 – VIII R 41/87, BStBl. II 1990, 965 = FR 1990, 645; *Schmidt*[37], § 5 Rn. 31; **aA** *Crezelius*, ZGR 1987, 1 (7 f.); *Tanzer*, DStJG Bd. 7 (1984), 55 (68).
5 Zur Gleichsetzung beider Begriffe vgl. auch BFH v. 7.8.2000 – GrS 2/99, BStBl. II 2000, 632 = FR 2000, 1126; v. 6.9. 2018 – IV R 26/16, BFH/NV 2018, 497 Rn. 23.
6 BFH v. 13.5.1987 – I B 179/86, BStBl. II 1987, 777 = FR 1987, 452; v. 6.12.1990 – IV R 3/89, BStBl. II 1991, 346 = FR 1991, 357; v. 19.6.1997 – IV R 16/95, BStBl. II 1997, 808 = FR 1997, 810 m. Anm. *Stobbe*; vgl. zudem BFH v. 6.12. 2017 – VI R 65/15, BStBl. II 2018, 353 Rn. 12.

tige Verwendung.[1] Die gesetzliche Differenzierung ist kein Selbstzweck. So liegt es auf der Hand, dass nur bei abnutzbaren WG AfA in Betracht kommt, weil bei einem WG, welches sich nicht abnutzt, keine Veranlassung besteht, den Anschaffungs- bzw. Herstellungsaufwand pro rata temporis gewinnmindernd zu berücksichtigen. Als Ausfluss des Vorsichtsprinzips wird zw. immateriellen WG, deren Wert sich schnell „verflüchtigen" kann, und materiellen WG unterschieden. Dabei tritt bei WG des UV wegen des alsbaldigen Umsatzes der Gedanke der Vorsicht zurück. Die Unterscheidung zw. beweglichen und unbeweglichen WG betrifft nur körperliche Gegenstände, also keine sog. Finanzwerte und immateriellen WG. Sie besitzt Bedeutung im Bereich der §§ 6 Abs. 2 und 2a, 7 Abs. 2 und anderer Abschreibungsregelungen sowie bei der Inanspruchnahme v. Investitionszulagen.

75 **b) Definition Wirtschaftsgut.** Die einschlägige Rspr. des BFH vertritt einen **extensiven** Begriff des WG.[2] Offenbar vor dem Hintergrund, dass sich das Steuerrecht nicht für den handelsrechtl. Begriff des Vermögensgegenstandes entschieden hat, wird das WG nicht rechtl., sondern wirtschaftl. bestimmt, und es umfasst nicht nur Sachen und Rechte im zivilrechtl. Sinne, sondern alle positiven und negativen Güter, die dem Betrieb dienen und nach der Verkehrsauffassung selbständig bewertbar sind. Damit kann auch ein tatsächlicher Zustand, eine Möglichkeit und ein Vorteil, den sich das Unternehmen etwas kosten lässt, und der einer besonderen Bewertung zugänglich ist,[3] ein WG darstellen. Obgleich der Begriff des WG weit verstanden wird, müssen folgende (mehr oder weniger einschr.) Voraussetzungen gegeben sein:

- für den Vorteil muss tatsächlich etwas **aufgewendet** werden oder unter ordentlichen Kaufleuten etwas aufzuwenden sein;[4]
- grds. ein **Nutzen** für mehrere Steuerperioden;[5]
- das Gut muss zwar nicht einzelveräußerbar (dh. selbständig verkehrsfähig sein)[6], zumindest aber zusammen mit dem Betrieb **übertragbar** sein;[7]
- das Gut muss nach Verkehrsauffassung einer **selbständigen Bewertung** zugänglich sein.

Das Merkmal der selbständigen Bewertbarkeit konkretisiert die Rspr. dahingehend, dass ein (gedachter) Erwerber des gesamten Betriebs in dem Vorteil einen greifbaren Wert sehen würde, für den er iRd. Gesamtpreises ein ins Gewicht fallendes besonderes Entgelt ansetzen würde. Zum jeweiligen Stichtag muss ein wirtschaftlich ausnutzbarer Vermögensvorteil vorliegen, der als realisierbarer Vermögenswert angesehen werden kann.[8]

76 **c) Wirtschaftsgüter des Anlage- und Umlaufvermögens.** Wegen teilw. unterschiedlicher Bewertungsgrundsätze, insbes. aber vor dem Hintergrund des Abs. 2, ist die Unterteilung in WG des **AV** und des **UV** v. praktischer Bedeutung. Bei der Abgrenzung zw. AV und UV wird dem Handelsrecht gefolgt.[9] Beim AV sind also nur diejenigen Güter auszuweisen, die dauernd dem Betrieb zu dienen bestimmt sind.

77 **d) (Un-)Selbständigkeit.** Die Abgrenzung zw. **unselbständigen** Teilen eines WG, einem **selbständigen** WG und mehreren WG ist deshalb nötig, weil sowohl in der HB als auch in der steuerrechtl. Gewinnermittlung nur einzelne WG anzusetzen und zu bewerten sind, und zwar einschl. ihrer unselbständigen Teile. So sind bspw. AfA für jedes selbständige WG nach ders. Methode und auf der Grundlage einer einheitlichen Nutzungsdauer vorzunehmen, es sei denn, es gibt spezielle gesetzliche Regelungen.[10] Zunächst ist jede Sache iSv. § 90 BGB ein selbständiges WG.[11] Im Falle v. Bruchteilseigentum sind so viele WG gegeben, wie Zurechnungssubjekte vorhanden sind.[12] Abw. v. der zivilrechtl. Rechtslage können wesentliche Bestandteile der §§ 93, 94 BGB selbständige WG und umgekehrt verschiedene Sachen ein WG sein, wenn

1 *Weber-Grellet*, Steuerbilanzrecht, 1996, § 8 Rn. 11.
2 Vgl. aus jüngerer Zeit BFH v. 10.3.2016 – IV R 41/13, BStBl. II 2016, 984 Rn. 26; v. 26.11.2014 – X R 20/12, BStBl. II 2015, 325 Rn. 23 = FR 2015, 803.
3 BFH v. 7.8.1970 – III R 119/67, BStBl. II 1970, 842.
4 BFH v. 20.3.2003 – IV R 27/01, BStBl. II 2003, 878 = FR 2003, 1130.
5 BFH v. 16.2.1990 – III B 90/88, BStBl. II 1990, 794 = FR 1990, 421; v. 6.12.1990 – IV R 3/89, BStBl. II 1991, 346 = FR 1991, 357; v. 26.11.2014 – X R 20/12, BStBl. II 2015, 325 Rn. 23 = FR 2015, 803.
6 BFH v. 15.4.2004 – IV R 51/02, BFH/NV 2004, 1393.
7 BFH v. 4.12.1991 – I R 148/90, BStBl. II 1992, 383 = FR 1992, 330.
8 BFH v. 10.8.1989 – X R 176–177/87, BStBl. II 1990, 15 = FR 1989, 718; v. 8.4.1992 – XI R 34/88, BStBl. 1992, 893; v. 26.11.2014 – X R 20/12, BStBl. II 2015, 325 Rn. 24 = FR 2015, 803.
9 BFH v. 23.5.1990 – III R 192/85, BFH/NV 1990, 734; v. 7.11.2000 – III R 7/97, BStBl. II 2001, 200 = FR 2001, 369.
10 Vgl. BFH v. 9.8.1989 – X R 77/87, BStBl. II 1991, 132 = FR 1989, 684; v. 20.12.2012 – III R 40/11, BStBl. II 2013, 340 Rn. 13.
11 BFH v. 6.8.1998 – IV R 67/97, BStBl. II 1999, 14.
12 BFH v. 30.1.1995 – GrS 4/92, BStBl. II 1995, 281 = FR 1995, 268 m. Anm. *Kanzler*; v. 23.9.2009 – IV R 21/08, BStBl. II 2010, 337 = FR 2010, 431.

sie steuerrechtl. eine wirtschaftl. Einheit bilden.[1] Ein selbständiges WG ist danach der unbebaute Grund und Boden und auch das aufstehende Gebäude als abnutzbares WG. Dabei ist es unbeachtlich, ob der Grund und Boden und das Gebäude gleichzeitig erworben und/oder errichtet worden sind.[2] Zwar sind das Grundstück und das aufstehende Gebäude entgegen der bürgerlich-rechtl. Situation selbständige WG, trotzdem können sie nur einheitlich entweder BV oder PV sein.[3] Mehrere miteinander verbundene Bauwerke sind ein einheitliches WG, wenn ein Nutzungs- und Funktionszusammenhang besteht, der auch in der baulichen Verbindung seinen Ausdruck finden kann.[4] Gebäudebestandteile nach §§ 93, 94 Abs. 2 BGB sind grds. unselbständige Teile des unbeweglichen WG „Gebäude".[5] Allerdings sind Gebäudebestandteile selbständige WG, wenn sie in einem v. der Nutzung des Gebäudes zu trennenden Funktionszusammenhang stehen, bspw. Betriebsvorrichtungen, Ladeneinbauten und Scheinbestandteile des § 95 BGB.[6] Betriebsvorrichtungen, also Vorrichtungen, die zu einer Betriebsanlage gehören, mit denen ein Gewerbe unmittelbar betrieben wird, sind auch dann als bewegliches WG zu qualifizieren, wenn sie bürgerlich-rechtl. wesentlicher Bestandteil eines fremden Grundstücks sind.[7] Mietereinbauten und Mieterumbauten, die auf eigene Rechnung auf fremdem Grund und Boden vorgenommen werden, sollen materielle, dem Mieter zuzurechnende WG sein.[8] Sie sollen Scheinbestandteile nach § 95 BGB oder Betriebsvorrichtungen mit der Folge der Qualifizierung als bewegliches WG sein oder unter dem Gesichtspunkt des wirtschaftl. Eigentums oder des Nutzungs- und Funktionszusammenhangs (zB Ladeneinbau) unbewegliche WG darstellen. Das wird daraus hergeleitet, dass der Mieter wirtschaft. Eigentümer der Einbauten ist, wenn die Nutzungsdauer kürzer als die Mietzeit ist oder der Mieter die Sache nach Ablauf der Mietzeit entfernen muss oder darf[9] oder wenn er bei Beendigung des Nutzungsverhältnisses einen Anspr. auf Entschädigung für die Einbauten hat.[10]

e) Wirtschaftliche Betrachtungsweise. Da der StPfl. nur den Gewinn zu versteuern hat, den er mit seinem eigenen BV am Markt erzielt hat, können – auch wegen der bilanziellen Konsequenzen – nur die WG aktiviert werden, die ihm in **subj.** Sicht **zuzurechnen** sind. Ausgangspunkt hierfür ist § 242 Abs. 1 HGB, wonach der Kfm. nur sein Vermögen handelsbilanziell auszuweisen hat. Die Frage, ob über die in § 5 Abs. 1 S. 1 HS 1 in Bezug genommenen GoB § 39 Abs. 1, Abs. 2 Nr. 1 AO verdrängt wird, oder ob aber umgekehrt die **wirtschaftl. Betrachtungsweise** Vorrang hat,[11] kann dahingestellt bleiben, seit im Zuge des BilMoG in § 246 Abs. 1 S. 2 HS 2 HGB der Begriff der wirtschaftl. Zurechnung handelsrechtl. kodifiziert wurde. Der Grundsatz der wirtschaftl. Betrachtungsweise wird inzwischen als GoB angesehen. Grds. hat zwar eine Aufnahme eines Vermögensgegenstands in die Bilanz des rechtl. Eigentümers zu erfolgen. Fallen das rechtl. und das wirtschaftl. Eigentum auseinander, ist allerdings v. einem Vorrang des wirtschaftl. Eigentums auszugehen. Aus der seit dem Jahr 2009 geltenden gesetzlichen Überarbeitung resultierte keine Rechtsänderung; die Vorschrift entspricht inhaltlich § 39 AO.[12] 78

Es kommt also darauf an, dass eine rechtl. Eigentumszuordnung gegeben ist, bzw. darauf, dass eine Konstellation wirtschaftl. Eigentums gegeben ist, die dazu führt, dass der rechtl.-formale Eigentümer wirtschaftl. ausgeschlossen ist.[13] **Wirtschaftl. Eigentümer** sind zB

- der Erwerber eines unter Eigentumsvorbehalt gelieferten WG;[14]
- der Sicherungsgeber, solange der Sicherungsnehmer nicht verwertungsbefugt ist;

---

1 BFH v. 6.12.1978 – I R 33/75, BStBl. II 1979, 259.
2 Vgl. BFH v. 31.1.1985 – IV R 130/82, BStBl. II 1985, 395 = FR 1985, 444; v. 15.2.1989 – X R 97/87, FR 1989, 430 = BStBl. II 1989, 604; v. 21.4.1982 – II R 141/78, BStBl. II 1982, 517.
3 BFH v. 31.1.1985 – IV R 130/82, BStBl. II 1985, 395 = FR 1985, 444.
4 BFH v. 13.5.1997 – I B 4/97, BFH/NV 1997, 838; weitere Einzelfälle: BFH v. 30.1.1996 – IX R 18/91, BStBl. II 1997, 25 = FR 1996, 462 betr. Garten- und Strandanlagen; v. 27.5.2004 – IV R 30/02, BStBl. II 2004, 945 betr. Wandmalerei im Inneren eines Hauses.
5 BFH v. 23.3.1990 – III R 63/87, BStBl. II 1990, 751.
6 BFH v. 26.11.1973 – GrS 5/71, BStBl. II 1974, 132; v. 16.9.2014 – X R 32/12, BFH/NV 2015, 324 betr. Photovoltaikanlage auf Scheunendach eines ansonsten privat genutzten Gebäudes.
7 BFH v. 28.7.1993 – I R 88/92, BStBl. II 1994, 164 = FR 1994, 54; v. 9.12.1998 – II R 1/96, BFH/NV 1999, 909.
8 BFH v. 11.12.1987 – III R 191/85, BStBl. II 1988, 300; v. 21.12.2017 – IV R 56/16, BFH/NV 2018, 597 Rn. 33.
9 BFH v. 15.10.1996 – VIII R 44/94, BStBl. II 1997, 533 = FR 1997, 525.
10 BFH v. 11.6.1997 – XI R 77/96, BStBl. II 1997, 774 = FR 1997, 766; v. 4.2.1998 – XI R 35/97, BStBl. II 1998, 542 = FR 1998, 529; v. 4.5.2004 – XI R 43/01, BFH/NV 2004, 1397.
11 Vgl. einerseits BFH v. 13.10.1972 – I R 213/69, BStBl. II 1973, 209; andererseits BFH v. 5.5.1983 – IV R 43/80, BStBl. II 1983, 631 = FR 1983, 535; zum Streitstand *Blümich*, § 5 Rn. 510.
12 BT-Drucks. 13/12407, 165.
13 BFH v. 28.7.1993 – I R 88/92, BStBl. II 1994, 164 = FR 1994, 54; v. 11.6.1997 – XI R 77/96, BStBl. II 1997, 774 = FR 1997, 766.
14 *Crezelius*, DB 1983, 2019; *Schmidt*[37], § 5 Rn. 154.

- der Treugeber;[1]
- der Grundstückserwerber, sobald er nach dem Willen der Vertragspartner wirtschaftl. über das Grundstück verfügen kann, bspw. beim Übergang v. Besitz und Nutzungen;[2]
- der Mietkäufer, wenn v. Anfang an eine endg. Überlassung vorgesehen ist;[3]
- der durch ein Sachvermächtnis Begünstigte uU vor zivilrechtl. Übertragung.[4]

In allen diesen Fällen ergibt sich regelmäßig aus der zivilrechtl. Analyse, dass der formale Nichteigentümer schon eine Position erlangt hat, die eine volle Zuordnung auf ihn erlaubt.

79 **f) Nutzungsrechte.** Hiervon **abzugrenzen** sind folgende Konstellationen: Wird ein bloßes Nutzungsrecht – weder auf Grundlage eines schuldrechtl. Vertrags noch als dingliches Recht – zugewendet, wird dadurch regelmäßig kein wirtschaftl. Eigentum begründet.[5] Denn der Berechtigte ist lediglich befugt, eine fremde Sache zu nutzen, nicht aber wie ein Eigentümer mit der Sache nach Belieben zu verfahren. Deshalb begründet selbst das eigentumsähnlich ausgestaltete (veräußerliche und vererbliche) Dauerwohnrecht iSd. §§ 31 ff. WEG oder ein vergleichbar ausgestaltetes schuldrechtl. Dauerwohnrecht grds. kein wirtschaftl. Eigentum.[6] Auch der Nießbrauchsvorbehalt verschafft dem Nießbraucher grds. kein wirtschaftl. Eigentum.[7] Ein Erbbauberechtigter ist regelmäßig nicht wirtschaftl. Eigentümer des mit dem Erbbaurecht belasteten Grundstücks,[8] wohl aber des aufstehenden Gebäudes.[9]

80 **2. Materielle Wirtschaftsgüter.** Im Bilanzsteuerrecht wird entspr. der in § 266 Abs. 2 A HGB getroffenen Unterteilung zw. immateriellen WG, materiellen WG und sog. Finanzwerten unterschieden.[10] Als **materielle (= körperliche) WG** werden angesehen:

- Sachanlagen iSv. § 266 Abs. 2 A.II. HGB, insbes. Grundstücke und Bauten, technische Anlagen und Maschinen, Betriebs- und Geschäftsausstattung, geleistete Anzahlungen;
- Vorräte (§ 266 Abs. 2 B.I. HGB), insbes. Roh-, Hilfs- und Betriebsstoffe, unfertige Erzeugnisse/Leistungen und Waren;

Gemeinhin muss es sich um körperliche (dh. räumlich abgrenzbare) Gegenstände handeln,[11] einerlei, ob der zivilrechtl. Sachbegriff iSv. § 90 BGB erfüllt ist oder es sich um miteinander verbundene Sachen[12] oder Teile v. Sachen (zB Betriebsvorrichtungen) handelt. Auch die Finanzanlagen gem. § 266 Abs. 2 A.III. HGB werden – obwohl unkörperlich – als WG materieller Art qualifiziert, weil sich ihr Gegenstand auf konkrete materielle Werte bezieht.[13] Der Steuergesetzgeber verwendet nicht den Oberbegriff des materiellen WG, sondern differenziert präziser zw. dem Begriff des beweglichen und unbeweglichen WG.[14]

81 **3. Immaterielle Wirtschaftsgüter. a) Begriffsbestimmungen und Grundsätzliches. Immaterielle** Vermögensgegenstände/WG unterscheiden sich v. den materiellen durch ihre „Unkörperlichkeit".[15] Für immaterielle Werte kommt es nach der Systematik des HGB bei einer Aktivierung zunächst darauf an, ob sie die Kriterien des Vermögensgegenstandes erfüllen. Entspr. gilt im Steuerrecht (§ 5 Abs. 2). Ob eine Ausgabe, die handelsrechtl. grds. Aufwand und steuerrechtl. BA (vgl. § 4 Abs. 4) ist, zu einer Aktivierung führt, kann also nicht danach entschieden werden, ob sie für das Unternehmen irgendeinen (künftigen) Nutzen verspricht, sondern allein danach, ob die abstrakten Voraussetzungen des Vermögensgegenstan-

1 BFH v. 23.11.1983 – I R 147/78, BStBl. II 1984, 217 = FR 1984, 151; v. 1.12.2010 – IV R 17/09, BStBl. II 2011, 419 Rn. 20 ff.
2 BFH v. 2.5.1984 – VIII R 276/81, BStBl. II 1984, 820. Der Erwerber kann auch bei einer Rückbeziehung des Gefahrenübergangs auf einen Zeitpunkt vor Abschluss des Übertragungsvertrags frühestens mit Abschluss wirtschaftl. Eigentümer eines Grundstücks werden. Daran ändert auch eine vorangegangene Besitzüberlassung im Rahmen eines Pachtvertrags nichts; vgl. BFH v. 20.10.2011 – IV R 35/08, BFH/NV 2012, 377.
3 BFH v. 12.9.1991 – III R 233/90, BStBl. II 1992, 182 = FR 1992, 132.
4 BFH v. 24.9.1991 – VIII R 349/83, BStBl. II 1992, 330 = FR 1992, 337.
5 BFH v. 1.10.1997 – X R 91/94, BStBl. II 1998, 203; v. 29.3.2007 – IX R 14/06, BFH/NV 2007, 1471; v. 29.3.2012 – II B 65/11, BFH/NV 2012, 1094; v. 5.7.2018 – VI R 67/15, DStR 2018, 2325 Rn. 19.
6 BFH v. 24.6.2004 – III R 42/02, BFH/NV 2005, 164; v. 29.3.2007 – IX R 14/06, BFH/NV 2007, 1471.
7 BFH v. 26.11.1998 – IV R 39/98, BStBl. II 1999, 263 = FR 1999, 385; v. 26.10.1999 – X B 40/99, BFH/NV 2000, 563; v. 25.1.2017 – X R 59/14, BFH/NV 2017, 1077 = FR 2017, 1055.
8 BFH v. 8.6.1995 – IV R 67/94, BFH/NV 1996, 101.
9 BFH v. 18.3.2009 – I R 9/08, BStBl. II 2010, 560.
10 *Pfeiffer*, StuW 1984, 326 (334).
11 *H/H/R*, § 5 Anm. 585.
12 BFH v. 28.9.1990 – III R 178/86, BStBl. II 1991, 187 = FR 1991, 134.
13 Schmidt[37], § 5 Rn. 112.
14 *Blümich*, § 5 Rn. 332, 335 ff.
15 BFH v. 30.10.2008 – III R 82/06, BStBl. II 2009, 421; *Schmidt*[37], § 5 Rn. 113.

des/WG (s. Rn. 75 sowie § 4 Rn. 66 ff.) gegeben sind. Eine inhaltliche Änderung des Begriffs „immaterieller Vermögensgegenstand" strebte auch das BilMoG nicht an. Immaterielle Vermögensgegenstände/WG sind zB Konzessionen, gewerbliche Schutzrechte, Urheberrechte, Lizenzrechte, aber auch ungeschützte Erfindungen, Know-how, Software, Rechte aus vertraglichen Wettbewerbsverboten, Belieferungsrechte, Kauf- und Verkaufsoptionen sowie der Geschäftswert.[1] Der bilanzrechtl. Begriff des immateriellen Vermögensgegenstands/WG ist enger als der nach dem allg. Sprachgebrauch,[2] sodass trotz „Unkörperlichkeit" grundstücksgleiche Rechte (zB Erbbaurechte) und Bauten auf fremdem Grund und Boden (vgl. § 266 Abs. 2 A.II.1. HGB), Finanzanlagen (§ 266 Abs. 2 A.III. HGB), Wertpapiere (§ 266 Abs. 2 A.III.5. und B.III. HGB) sowie Bankguthaben etc. (§ 266 Abs. 2 B.IV. HGB) nicht zu den immateriellen Vermögensgegenständen/WG zählen.

Speist sich ein **einheitliches WG** sowohl aus materiellen als auch aus immateriellen Komponenten, entscheidet sich die (ebenfalls einheitlich auszuübende) Zuordnung danach, ob das Erwerbsinteresse schwerpunktmäßig auf dem materiellen oder immateriellen Gehalt liegt.[3] Bedeutsam ist ebenfalls, ob der Verkörperung eine eigenständige Qualität zukommt bzw. ob diese lediglich als „Träger" den immateriellen Gehalt perpetuieren soll. Demnach sind Bücher und Tonträger als materielle WG zu qualifizieren. Dagegen handelt es sich bei Standardsoftware selbst dann um ein immaterielles WG, wenn die Software über einen Datenträger verkörpert ist.[4] 82

b) Handelsrecht. Ist die Existenz eines immateriellen Vermögensgegenstands zu bejahen, ergibt sich handelsrechtl. nach § 246 Abs. 1 S. 1 HGB eine grds. **Aktivierungspflicht**. Diese Pflicht wird durch die ausdrückliche Regelung in § 248 Abs. 2 S. 1 HGB zu einem **Aktivierungswahlrecht** für selbst geschaffene immaterielle Vermögensgegenstände des AV abgeschwächt. Dieses Wahlrecht wiederum erfährt in § 248 Abs. 2 S. 2 HGB eine Einschränkung, indem für bestimmte selbst geschaffene Vermögensgegenstände (Marken, Drucktitel, Verlagsrecht, Kundenlisten oder vergleichbare Vermögensgegenstände des AV) ein **Aktivierungsverbot** kodifiziert wird. Somit kommt es für die Bilanzierung nicht mehr ausschließlich darauf an, ob es sich um eine entgeltlich erworbene Position handelt. Selbst geschaffene immaterielle Vermögensgegenstände des UV – bspw. EDV-Programme – unterliegen unverändert der allg. Aktivierungspflicht.[5] 83

c) Steuerrecht. aa) Aktivierungsge- und -verbot nach § 5 Abs. 2. Nach **§ 5 Abs. 2** ist für immaterielle WG des AV ein Aktivposten nur anzusetzen, wenn sie entgeltlich erworben wurden. Ohne diese **steuerrechtl. Spezialvorschrift** führte das handelsrechtl. Aktivierungswahlrecht für selbst geschaffene immaterielle WG des AV zu einem stl. Aktivierungsgebot. Steuerrechtl. kommt es wegen § 5 Abs. 2 darauf an, ob es sich 84

- um eine **entgeltlich** erworbene Position und
- um **AV oder UV** handelt.

Steuerrechtl. gilt nur für unentgeltlich erworbene immaterielle WG des AV, die also dem Unternehmen auf Dauer zu dienen bestimmt sind, ein Aktivierungsverbot. Dem Vorsichtsprinzip ist in Fällen entgeltlichen Erwerbs Genüge getan, weil der Wert des immateriellen Guts am Markt per Rechtsgeschäft „getestet" ist. Das zu aktivierende immaterielle WG muss **v. dritter Seite entgeltlich erworben** werden. Steuerlich nicht aktivierungsfähig sind damit **eigene HK** des StPfl. für ein selbst geschaffenes immaterielles WG des AV[6] sowie Ausgaben an einen Dritten, die nicht als gegenständlicher Erwerb qualifiziert werden können; vielmehr handelt es sich jeweils um sofort abzugsfähige BA (§ 4 Abs. 4). Für die bilanzielle Entgeltlichkeit ist erforderlich, dass die Aufwendungen (zivilrechtl.) **Gegenleistung** für einen betrieblichen Vorteil sind, sodass betriebliche Vorteile aufgrund **einseitiger Erwartungen** des Leistenden aus dem Kreis der aktivierbaren Positionen auszuscheiden sind.[7] Der Aufwand des StPfl. muss dem immateriellen WG unmittelbar zugeordnet werden können. Werden Aufwendungen dagegen in der Erwartung einer langfristigen Verbesserung der Gewinnchancen des Unternehmens im Ganzen getätigt, gehen sie in den eigenen, bereits vorhandenen (dh. originären) Geschäftswert ein und dienen nur dessen Verbesserung; es besteht ein Aktivierungsverbot.[8]

1 Vgl. Aufzählung in BFH v. 4.12.2006 – GrS 1/05, BStBl. II 2007, 508 sowie H 5.5 EStH.
2 *K/K/B/M/H*[3], § 5 Rn. 185.
3 BFH v. 30.10.2008 – III R 82/06, BStBl. II 2009, 421; *H/H/R*, § 5 Anm. 1808 ff.
4 BFH v. 18.5.2011 – X R 26/09, BStBl. II 2011, 865 Rn. 16 ff. = FR 2011, 956 m. Anm. *Anzinger*.
5 *Schmidt*[37] § 5 Rn. 161.
6 BFH v. 8.9.2011 – IV R 5/09, BStBl. II 2012, 122 Rn. 20 = FR 2012, 132.
7 BFH v. 26.2.1980 – VIII R 80/77, BStBl. II 1980, 687 = FR 1980, 336; v. 13.12.1984 – VIII R 249/80, BStBl. II 1985, 289 = FR 1985, 385; v. 3.8.1993 – VIII R 37/92, DB 1994, 1061.
8 BFH v. 6.9.2018 – IV R 26/16, BFH/NV 2018, 497 Rn. 15.

85 Selbst geschaffene immaterielle Vermögensgegenstände des **UV** (Auftragsforschung, EDV-Programme zum Verkauf usw.) sind handels- und steuerrechtl. generell **aktivierungspflichtig**. Dies ergibt sich aus dem Umkehrschluss zu §§ 248 Abs. 2 HGB, 5 Abs. 2 EStG, folgt aber auch aus der bilanzrechtl. Teleologie. Wird das WG nicht für die Eigenproduktion usw. verwendet, lässt das vereinbarte oder zu erwartende Entgelt eine gesicherte Bewertung zu.

86 **bb) Erwerbsakt.** „Entgeltlicher Erwerb" iSv. § 5 Abs. 2 erfordert einen **Erwerbsakt** in Form eines Rechtsgeschäfts. Hierbei muss es sich nicht zwingend um einen Kaufvertrag handeln, möglich ist ebenso ein Tausch[1], ein Hoheitsakt (zB Zuschlagsbeschluss nach ZVG) oder eine gesellschaftsrechtl. Einbringung gegen Gewährung v. Gesellschaftsrechten. Verallgemeinert ist ein abgeleiteter Erwerb v. einem Dritten notwendig.[2]

87 Entgeltlicher Erwerb ist nicht gleichzusetzen mit einer an einen Dritten geleisteten Ausgabe. Deshalb sind Zahlungen an eine Werbeagentur für einen Reklamefeldzug nicht aktivierungsfähig.[3] Entsprechendes gilt bei Zahlungen für Arbeitnehmererfindungen. Hier wird zT argumentiert, die Zahlungen seien HK, mithin aktivierbar.[4] Dies ist abzulehnen, weil es für den Erwerb nicht auf den HK-Begriff, sondern allein darauf ankommt, ob der Leistungsempfänger Dritter iSv. Teilnehmer des Marktes ist. Bei der Erfindervergütung ist dies für die Pers. des ArbN zu bejahen.[5] Umstritten ist, ob der Erwerb voraussetzt, dass der Dritte die Position lediglich einräumt oder sie v. einem vorher Berechtigten derivativ erlangt sein muss.[6] Versteht man den Erwerb als Objektivierungskriterium und liegen alle anderen Elemente des WG vor, sollte die originäre Begr. „zu Lasten" des Dritten ausreichen.

88 Maßgebend ist die **entgeltliche Anschaffung**, die abzugrenzen ist v. Aufwendungen auf die Herstellung eines immateriellen WG. Ist der StPfl. derjenige, der das Herstellungsgeschehen beherrscht und auf dessen Gefahr und Rechnung die Erstellung des Gutes erfolgt, handelt es sich um nichtaktivierungsfähigen Herstellungsaufwand, wenn das WG zum AV gehört. Aufwendungen für Dienstleistungen Dritter im Zuge der eigenen Schaffung des immateriellen WG sind kein aktivierungsfähiges Entgelt für einen entgeltlichen Erwerb, selbst wenn die Herstellung des WG Gegenstand des Vertrages ist und allein der Vertragspartner mit der Herstellung beschäftigt wird.[7] Darin liegt ein gewisser Gestaltungsspielraum, denn allein dann, wenn der Auftraggeber Einfluss auf den Herstellungsprozess hat, stellt er ein immaterielles WG her, sodass das Aktivierungsverbot des Abs. 2 einschlägig ist. Wenn demgegenüber der Auftragnehmer ein funktionsfähiges WG zu übergeben hat, handelt es sich um einen aktivierungspflichtigen entgeltlichen Erwerb.

89 **cc) Entgelt.** Für den Erwerb des immateriellen WG muss eine Gegenleistung – dh. ein **Entgelt** – erbracht werden. Unerheblich ist die Art des Entgelts. Anstelle einer Geldzahlung kann auch ein Sachbezug, ein sonstiger Vorteil oder gar ein zinsloses[8] oder niedrig verzinstes Darlehen gewährt werden. Grds. kann die Gegenleistung auch wiederkehrend (zB Ratenzahlung) erbracht werden.[9] Allein ein entgeltlicher Austausch genügt indes nicht. Der Erwerb des immateriellen WG und das Entgelt müssen synallagmatisch miteinander verknüpft sein, dh. Zahlungen an einen Dritten „gelegentlich" des Erwerbs (zB Handelsvertreterprovisionen)[10] genügen hierfür nicht. Ist der StPfl. allerdings zur Zahlung eines Entgelts direkt für den Erwerb eines immateriellen WG verpflichtet, gehören auch anlässlich dieses Erwerbs an Dritte gezahlte Provisionen zu den aktivierungspflichtigen Aufwendungen nach § 5 Abs. 2 (Anschaffungsnebenkosten).[11]

90 **dd) Einlage.** Das Aktivierungsverbot des § 5 Abs. 2 greift nicht im Fall der **Einlage** eines betrieblich genutzten immateriellen WG, das zuvor vom StPfl. privat unentgeltlich erworben wurde. Trotz unentgeltlichen Erwerbs (auf privater Ebene) gehen die Regelungen über Einlagen (§ 4 Abs. 1 S. 8) und deren Bewertung mit dem TW (§ 6 Abs. 1 Nr. 5) der Vorschrift des § 5 Abs. 2 vor.[12]

---

1 BFH v. 5.6.2002 – I R 6/01, BFH/NV 2003, 88.
2 *Schmidt*[37], § 5 Rn. 191; *H/H/R*, § 5 Anm. 1831.
3 *A/D/S*[6], § 248 HGB Rn. 22.
4 Vgl. *A/D/S*[6], § 248 HGB Rn. 18 mwN.
5 *A/D/S*[6], § 248 HGB Rn. 18.
6 Vgl. BFH v. 26.2.1975 – I R 32/73, BStBl. II 1975, 443; v. 20.8.1986 – I R 150/82, BStBl. II 1987, 455 = FR 1987, 229; *A/D/S*[6], § 248 HGB Rn. 18; *BeBiKo*[11], § 248 Rn. 10.
7 BFH v. 26.2.1975 – I R 32/73, BStBl. II 1975, 443.
8 BFH v. 22.8.2007 – X R 2/04, BStBl. II 2008, 109.
9 Vgl. *Schmidt*[37], § 5 Rn. 192 unter Hinweis auf die mögliche Problematik eines schwebenden Rechtsgeschäfts (abgrenzend BFH v. 26.8.1992 – I R 24/91, BStBl. II 1992, 977).
10 BFH v. 14.12.2011 – I R 108/10, BStBl. II 2012, 238 Rn. 34 = FR 2012, 213 (betr. Provisionszahlung an Spielervermittler anlässlich eines ablösefreien Transfers innerhalb der Fußball-Bundesliga).
11 BFH v. 14.12.2011 – I R 108/10, BStBl. II 2012, 238 Rn. 31 = FR 2012, 213 (betr. Provisionszahlung an Spielervermittler anlässlich eines ablösepflichtigen Transfers innerhalb der Fußball-Bundesliga).
12 BFH v. 22.1.1980 – VIII R 74/77, BStBl. II 1980, 244 = FR 1980, 197; ebenso R 5.5 Abs. 3 S. 2 EStR.

ee) Gesellschaftsrechtliche Einbringungen und Übertragungen. Wird ein immaterielles WG aus dem **PV** eines G'ters in das Gesamthandsvermögen einer MU'schaft gegen Gewährung v. Gesellschaftsrechten **eingebracht**, ist dies für die MU'schaft und den G'ter wegen der **Tauschähnlichkeit** eine entgeltliche Anschaffung bzw. Veräußerung; es besteht Aktivierungspflicht.[1] Gleiches gilt bei der Einbringung aus einem anderen **BV** des MU'ers, sofern die Ges. nicht die Buchwerte fortführt, wobei in den Fällen des § 6 Abs. 5 S. 3 bei Übertragungsvorgängen im Bereich des Mitunternehmerkreises eine Buchwertfortführung zwingend ist. Auch bei **Einbringung** v. BV in eine KapGes. gegen Gewährung v. Gesellschaftsanteilen an der übernehmenden Ges. (§ 20 UmwStG) handelt es sich um einen tauschähnlichen, dh. entgeltlichen Vorgang. Bei einem Wertansatz oberhalb des Buchwerts ist deshalb der Geschäftswert des eingebrachten Unternehmens aufzudecken und zu aktivieren.[2] Entsprechendes gilt bei Einbringungen in PersGes. nach § 24 UmwStG. Bei Buchwertfortführungen nach §§ 20 Abs. 2 S. 1, 24 Abs. 2 S. 1 UmwStG findet dagegen das Aktivierungsverbot nach § 5 Abs. 2 Anwendung, ebenso bei unentgeltlichen Übertragungen nach § 6 Abs. 3.[3] Im Gegensatz dazu haben entgeltliche Übertragungen im Konzernverbund, auch wenn die übertragende Ges. das immaterielle WG zuvor (nicht bilanzierungsfähig) selbst geschaffen hat, bei der aufnehmenden Ges. eine Aktivierungspflicht für das WG zur Folge.[4] 91

ff) Umwandlungsvorgänge. Auch Umwandlungsvorgänge nach den Vorschriften des **UmwG** können zu einem entgeltlichen Erwerb iSv. § 5 Abs. 2 führen. Zahlt eine KapGes. einem ausscheidenden G'ter eine Abfindung, die auch den selbst geschaffenen (bislang nicht bilanzierungsfähigen) Geschäftswert abgilt, muss sie anschließend den darauf entfallenden Anteil der Abfindung als entgeltlich erworbenes immaterielles WG aktivieren. Auch nur dieser Anteil ist bei einer nachfolgenden Umwandlung der KapGes. auf den Alleingesellschafter in der Schlussbilanz (Umwandlungsbilanz) der KapGes. anzusetzen.[5] 92

gg) Offene und verdeckte Einlagen in Kapitalgesellschaften. Eine **offene Sacheinlage** eines WG in eine KapGes. gegen Gewährung v. Gesellschaftsrechten ist ein entgeltliches Rechtsgeschäft (tauschähnlich). Wird somit ein immaterielles WG offen eingelegt, erwirbt die KapGes. entgeltlich; es ist zu aktivieren.[6] Entgeltlichkeit liegt auch vor, wenn ein Nutzungsrecht an einem WG des BV Gegenstand der Sacheinlage ist.[7] **Verdeckte Einlagen** durch einen G'ter an seine KapGes. sind dagegen unentgeltliche Vorgänge.[8] Die durch die verdeckte Einlage eintretende Werterhöhung stellt keine Gegenleistung aus dem Vermögen der Ges. dar. Infolgedessen sind verdeckt eingelegte immaterielle Anlagegegenstände jedenfalls handelsrechtl. nicht aktivierbar. Steuerrechtl. hat allerdings eine Aktivierung mit dem TW zu erfolgen, sodass es bei dem übertragenden StPfl. ggf. zu einer Aufdeckung der stillen Reserven kommt (§ 6 Abs. 6 S. 2).[9] Die Rspr. des BFH begründet dies damit, dass die stl. Regeln zur verdeckten Einlage – insbes. die Trennung der gesellschaftlichen und betrieblichen Sphäre – einem Aktivierungsverbot aus § 5 Abs. 2 vorgehen.[10] 93

hh) Verdeckte Gewinnausschüttung. Der Erwerb durch eine **vGA** ist ebenfalls kein entgeltlicher Vorgang.[11] Trotzdem besteht inzwischen Einigkeit, dass der per vGA erfolgte Erwerb eines immateriellen WG beim G'ter im Falle betrieblicher Nutzung zur Aktivierungspflicht führt. Auch insoweit haben die Regeln zur vGA Vorrang vor § 5 Abs. 2.[12] 94

ii) Liquidation. Die Liquidation einer KapGes. ist ein unentgeltlicher Vorgang.[13] Dennoch ist – aus den nämlichen Erwägungen wie bei der verdeckten Einlage und vGA – ein auf diesem Wege vom G'ter erlangtes immaterielles WG zu aktivieren.[14] 95

III. Geschäfts-/Firmenwert. 1. Originärer Geschäfts-/Firmenwert. Der **Geschäftswert** (Firmenwert; Goodwill) eines Unternehmens ist stl. ein abnutzbares WG.[15] Durch das BilMoG erlangte die verpflich- 96

---

1 BFH v. 19.10.1998 – VIII R 69/95, BStBl. II 2000, 230 = FR 1999, 300; BMF v. 29.3.2000, BStBl. I 2000, 462.
2 BFH v. 5.6.2002 – I R 6/01, BFH/NV 2003, 88.
3 *Schmidt*[37], § 5 Rn. 196.
4 Str., vgl. *H/H/R*, § 5 Anm. 1845; verneinend *Löcke*, BB 1998, 415.
5 BFH v. 16.5.2002 – III R 45/98, BStBl. II 2003, 10 = FR 2003, 1356.
6 BFH v. 24.3.1987 – I R 202/83, BStBl. II 1987, 705 = FR 1987, 378; *Schmidt*[37], § 5 Rn. 202.
7 *Döllerer*, BB 1988, 1789.
8 BFH v. 26.10.1987 – GrS 2/86, BStBl. II 1988, 348; v. 23.2.2005 – I R 44/04, BStBl. II 2005, 522 = FR 2005, 802.
9 BFH v. 24.3.1987 – I R 202/83, BStBl. II 1987, 705 = FR 1987, 378; v. 9.6.1997 – GrS 1/94, BStBl. II 1998, 307 = FR 1997, 723; *Schmidt*[37], § 5 Rn. 204 mwN.
10 BFH v. 20.8.1986 – I R 150/82, BStBl. II 1987, 455 = FR 1987, 229; vgl. auch BFH v. 2.9.2008 – X R 32/05, BStBl. II 2009, 634 = FR 2009, 954.
11 BFH v. 25.11.1976 – IV R 90/72, BStBl. II 1977, 467; *Blümich*, § 5 Rn. 554 mwN.
12 BFH v. 20.8.1986 – I R 150/82, BStBl. II 1987, 455 = FR 1987, 229; *Schmidt*[37], § 5 Rn. 201; *Blümich*, § 5 Rn. 554.
13 BFH v. 19.4.1977 – VIII R 23/75, BStBl. II. 1977, 712 = FR 1977, 476.
14 *Schmidt*[37], § 5 Rn. 201; *H/H/R*, § 5 Anm. 1850.
15 BFH v. 12.7.2007 – X R 5/05, BStBl. II 2007, 959 = FR 2008, 31.

tende Trennung v. **originärem** und **derivativem** Geschäftswert GoB-Status und wirkt über das Maßgeblichkeitsprinzip in die StB. Für den originären Geschäftswert gilt ein Aktivierungsverbot (arg. §§ 246 Abs. 1 S. 4 HGB, 5 Abs. 2), und zwar auch für eine (nach KStG nötige) Schluss- bzw. Anfangsbilanz.[1] Für den entgeltlich (derivativ) erworbenen Geschäftswert beschreibt § 246 Abs. 1 S. 4 HGB eine Aktivierungspflicht; steuerrechtl. gilt gem. § 5 Abs. 2 Gleiches. Eine Definition des derivativen Geschäftswertes findet sich in § 246 Abs. 1 S. 4 HGB: Demnach ist der Unterschiedsbetrag, um den die für die Übernahme eines Unternehmens bewirkte Gegenleistung den Wert der einzelnen Vermögensgegenstände im Zeitpunkt der Übernahme übersteigt, anzusetzen. An der Zugangsbewertung des Geschäftswerts änderte das BilMoG somit nichts. Allerdings liegt ein entgeltlicher Erwerb eines Geschäftswerts nur vor, wenn ein GewBetr. oder ein TB zum Zwecke der unveränderten oder umstrukturierten Fortführung erworben wird. Bei Erwerb zum Zweck der Stilllegung sind die damit verbundenen Aufwendungen nur Aufwendungen zur Verbesserung des eigenen Geschäftswerts und damit nicht aktivierungsfähig.[2] Von einem entgeltlichen Erwerb ist auszugehen, wenn unabhängig v. der konkreten Vereinbarung die Summe der TW der einzelnen WG unter dem einheitlich für das Unternehmen entrichteten Kaufpreis liegt.[3] Ob bei der Zerschlagung eines Unternehmens ein Geschäftswert erhalten bleibt, hängt v. den konkreten Umständen des Einzelfalls ab.[4]

97 **2. Geschäfts-/Firmenwert als immaterielles Wirtschaftsgut.** Die dogmatische Qualifizierung des Geschäftswerts war str. Die Rspr. des BFH[5] fasst den Geschäftswert als **immaterielles WG** auf.[6] Das ist schlüssig, da der BFH die Veräußerbarkeit zusammen mit dem Unternehmen iRd. Voraussetzungen für ein WG ausreichen lässt. Diejenigen, die den Grundstandpunkt des BFH nicht teilen, sehen in dem aktivierten Geschäftswert eine Bilanzierungshilfe, dh. die v. Gesetzgeber ausnahmsweise gewährte Möglichkeit der Aktivierung eines Nicht-Vermögensgegenstandes.[7] Das BilMoG liefert eine pragmatische Lösung, indem § 246 Abs. 1 S. 4 HGB einen entgeltlich erworbenen Geschäfts- oder Firmenwert als zeitlich begrenzt nutzbaren Vermögensgegenstand fingiert. Dies ermöglicht den Rückgriff auf die allg. handelsrechtl. Ansatz- und Bewertungsvorschriften. Gleichzeitig wird deutlich, dass ein selbst geschaffener (originärer) Geschäftswert dieser Fiktion nicht unterliegt, keinen Vermögensgegenstand darstellt und deshalb auch nicht unter das Aktivierungsgebot fällt.

98 **3. Negativer Geschäfts-/Firmenwert?** Wenn der Kaufpreis für ein Unternehmen wegen dessen geringen Ertragswerts den Substanzwert der WG unterschreitet, soll nach herkömmlicher Meinung ein **negativer Geschäftswert** („Badwill") weder in der HB noch in der StB passivierbar sein.[8] Allerdings soll eine TW-Abschreibung bzw. eine Abstockung (mit Ausnahme v. Bar- und Buchgeld) gerechtfertigt sein[9] oder ein „passiver Ausgleichsposten" ausgewiesen werden,[10] der entspr. § 7 Abs. 1 S. 3 gewinnerhöhend aufzulösen ist.[11]

99 **4. Abschreibung des Geschäfts-/Firmenwerts.** Wird in einem Unternehmen der derivative Geschäftswert aufgrund § 246 Abs. 1 S. 4 HGB aktiviert, ist der Betrag nach § 253 Abs. 3 HGB in jedem folgenden Geschäftsjahr planmäßig nach den Bewertungsregeln für AV abzuschreiben. Die handelsrechtl. **Abschreibung** hat die – im verlässlichen Schätzungswege zu ermittelnde – voraussichtliche betriebliche Nutzungszeit zu berücksichtigen. Ist für den entgeltlich erworbenen Geschäftswert ein solcher Zeitraum (im Ausnahmefall) nicht verlässlich schätzbar, regelt § 253 Abs. 3 S. 4 HGB[12] für nach dem 31.12.2015 erworbene Geschäfts-/Firmenwerte[13] eine Abschreibung über **zehn Jahre**. Steuerrechtl. wird für den Geschäfts- oder Firmenwert eines GewBetr. dagegen ein Abschreibungszeitraum v. 15 Jahren festgelegt (§ 7 Abs. 1 S. 3).[14] Ein durch eine außerplanmäßige Abschreibung bei voraussichtlich dauernder Wertminderung gem. § 253

---

1 BFH v. 9.8.2000 – I R 69/98, BStBl. II 2001, 71 = FR 2000, 1284 m. Anm. *Weber-Grellet.*
2 BFH v. 26.7.1989 – I R 49/85, BFH/NV 1990, 442; *Schmidt*[37], § 5 Rn. 222.
3 BFH v. 27.2.1992 – IV R 129/90, BStBl. II 1992, 841.
4 Vgl. BFH v. 27.3.1996 – I R 60/95, BStBl. II 1996, 576 = FR 1996, 760.
5 BFH v. 25.11.1981 – I R 54/77, BStBl. II 1982, 189 = FR 1982, 99; v. 27.3.2001 – I R 42/99, BStBl. II 2001, 477 = FR 2001, 1059.
6 BFH v. 12.7.2007 – X R 5/05, BStBl. II 2007, 959 = FR 2008, 31.
7 So zB *Knobbe-Keuk*[9], § 4 Abs. 4 S. 1, 3b.
8 BFH v. 21.4.1994 – IV R 70/92, BStBl. II 1994, 745 = FR 1994, 572; v. 12.12.1996 – IV R 77/93, BFHE 183, 379 = FR 1998, 155 m. Anm. *Thiele*; vgl. *Schmidt*[37], § 5 Rn. 226 mwN.
9 BFH v. 19.7.1983 – VIII R 160/79, BStBl. II 1984, 56 = FR 1984, 20.
10 BFH v. 26.4.2006 – I R 49–50/04, BStBl. II 2006, 656.
11 *Schmidt*[37], § 5 Rn. 226 mwN.
12 IdF des BilRUG v. 17.7.2015 (BGBl. I 2015, 1245).
13 Vgl. Art. 75 Abs. 4 S. 2 EGHGB.
14 Zur Unterscheidung zw. gewerblichem Geschäfts- und freiberuflichem Praxiswert BFH v. 13.3.1991 – I R 83/89, BStBl. II 1991, 595 = FR 1991, 358; zur Abgrenzung zum Mandantenstamm BFH v. 30.3.1994 – I R 52/93, BStBl. II 1994, 903 = FR 1994, 684 m. Anm. *Kempermann*; im Veräußerungsfall beträgt die Nutzungsdauer idR drei bis fünf Jahre; vgl. BFH v. 24.2.1994 – IV R 33/93, BStBl. II 1994, 590 = FR 1994, 566.

Abs. 3 HGB entstandener niedrigerer beizulegender Wert unterliegt dem Wertaufholungsverbot des § 253 Abs. 5 S. 2 HGB und ist beizubehalten. Begründet wird das Wertaufholungsverbot, indem als Ursache für einen höheren Wert auf die Geschäftstätigkeit des Erwerbers verwiesen wird und somit ein selbst geschaffener Geschäftswert entstehen würde.[1] Auch **stl.** könnte eine Wertaufholung gem. § 6 Abs. 1 Nr. 1 S. 4 nur in Betracht kommen, wenn ohne Einfluss des Erwerbers die Gründe, die zur TW-Abschreibung geführt haben, weggefallen wären. Davon wird nur in Ausnahmesituationen auszugehen sein.

IV. Forderungen aus gegenseitigen und nicht gegenseitigen Rechtsverhältnissen. 1. Nichtbilanzierung schwebender Geschäfte. Forderungen sind klassische Gegenstände iSd. bürgerlichen Rechts. Für die Aktivierung v. Forderungen ist bilanzrechtl. zw. solchen aus synallagmatischen und solchen aus anderen Rechtsverhältnissen zu differenzieren. Bei synallagmatischen Forderungen gelten bilanzrechtl. Besonderheiten. Einschlägig sind die Grundsätze des sog. **schwebenden Geschäfts**. Es gilt der allg. anerkannte Grundsatz, dass Forderungen (Rechte) und Schulden (Lasten) aus schwebenden Geschäften bei gegenseitigen – auf Leistungsaustausch gerichteten – Verträgen (insbes. Kauf-, Werk- oder Dienstverträge) nicht bilanziert werden dürfen, sofern der Sach- bzw. Dienstleistungsverpflichtete seine Leistung noch nicht erbracht hat.[2] Es handelt sich um einen ungeschriebenen GoB[3] und lässt sich aus dem Realisations- und Vorsichtsprinzip ableiten. Hintergrund ist die Überlegung, dass der gegenwärtige Vertrag mit seinen (Haupt-)Leistungsbeziehungen kein statisches Eigenleben führt, sondern auf Abwicklung, aus der Sicht des Sachleistenden auf Erfüllung der Geldforderung bzw. der Sachleistungsverpflichtung, angelegt ist. Daraus zieht das Bilanzrecht die Konsequenz, dass es das (vorl.) schwebende Geschäft nicht zur Kenntnis nimmt. Die Rspr. des BFH rechtfertigt den bilanziellen Nichtansatz mit dem Arg., während des Schwebezustands bestehe die (widerlegbare) Vermutung, dass sich die wechselseitigen Anspr. wertgleich gegenüberstünden,[4] sodass andernfalls die „Aufblähung" der Bilanz drohte. Aus dem Vorsichts- und Realisationsprinzip lässt sich zudem Folgendes ableiten: Während des Schwebezustands sind die synallagmatischen Anspr. mit Unwägbarkeiten behaftet, sodass der durch die Forderung repräsentierte verwirklichte Gewinn des Sachleistenden erst später dargestellt werden kann (s. Rn. 208). Erst mit der Beendigung des Schwebezustands, dh. mit der (fast) vollständigen Erfüllung durch den Sach- bzw. Dienstleistungsverpflichteten, ist nach Maßgabe des Realisationsprinzips der zugrunde liegende Geschäftsvorfall bilanziell zu erfassen. Unklar ist, wie der Begriff des schwebenden Geschäfts bei sog. Credit Linked Notes zu verstehen ist. Nach Auffassung des BFH[5] ist eine Bewertungseinheit zw. den durch Credit Linked Notes abgesicherten Darlehen einer Bank und entspr. Rückzahlungsverpflichtungen ausgeschlossen, wenn nach den Emissionsbedingungen das Ausfallrisiko bei der emittierenden Bank bleibt. Es geht darum, ob die Anleihe und das Kreditderivat separat zu bilanzieren sind.[6] 100

Ein während der Schwebephase aus Sicht des Leistungsempfängers **drohender Verlust** aus dem Rechtsgeschäft ist zwar handelsrechtl. im Rahmen einer Rückstellung nach § 249 Abs. 1 S. 1 HGB abzubilden (Imparitätsprinzip).[7] Steuerrechtl. gilt dagegen für nach dem 31.12.1996 endende Wj. ein entspr. Ansatzverbot (§ 5 Abs. 4a S. 1). Zu Erfüllungsrückständen vgl. Rn. 144 und 238. 101

Vorleistungen (Vorauszahlungen) einer Vertragspartei im Zuge eines schwebenden Rechtsgeschäfts führen nicht zu Aufwand und Ertrag, sondern sind bilanziell zu neutralisieren, zB über erhaltene Anzahlungen (Bank an Anzahlungen [zu passivieren gem. § 266 Abs. 3 C.3 HGB])[8] bzw. geleistete Zahlungen (Anzahlungen/Forderungen [zu aktivieren gem. § 266 Abs. 2 B.I.4. HGB] an Bank) oder über teil-/unfertige Leistungen. Diese Grundsätze gelten indes nur, sofern sich ein schwebendes Geschäft durch Vertragsschluss, Vorvertrag oder bindendes Angebot mit der Wahrscheinlichkeit des Abschlusses konkretisiert hat.[9] Ohne schwebendes Geschäft ist ein sonstiger Vermögensgegenstand im UV zu aktivieren. 102

Die Frage, ob in Fällen langfristiger Fertigung, insbes. bei Großbauten und Großanlagen, eine (Teil-)**Gewinnrealisierung für erbrachte Teilleistungen**, auch wenn sie noch nicht abgerechnet sind, für zulässig gehalten werden kann, ist nicht abschließend geklärt.[10] Vor dem Hintergrund der Mindestbesteuerung 103

---

1 BT-Drucks. 16/10067, 57.
2 *A/D/S*[6], § 246 HGB Rn. 186.
3 BFH v. 20.1.1983 – IV R 158/80, BStBl. II 1983, 413 = FR 1983, 296; *BeBiKo*[11], § 249 Rn. 57; zum zivilrechtl. Hintergrund *Crezelius*, FS Döllerer, 1988, 81 ff.
4 BFH v. 2.4.2008 – I B 197/07, BFH/NV 2008, 1355.
5 BFH v. 2.12.2015 – I R 83/13, BStBl. II 2016, 831.
6 Näher *Lechner*, BB 2014, 818.
7 BFH v. 26.5.1976 – I R 80/74, BStBl. II 1976, 622; v. 19.7.1983 – VIII R 160/79, BStBl. II 1984, 56 = FR 1984, 20.
8 BFH v. 26.4.2018 – II R 5/16, BStBl. II 2018, 536 Rn. 16 m. Anm. *Bleschick* = EStB 2018, 318.
9 Vgl. näher BFH v. 16.11.1982 – VIII R 95/81, BStBl. II 1983, 361 = FR 1983, 227; *BeBiKo*[11], § 249 Rn. 55.
10 Vgl. *A/D/S*[6], § 252 HGB Rn. 86 ff.; *BeBiKo*[11], § 255 Rn. 457 ff.

(§ 10d Abs. 2) mit der Streckung des Verlustvortrags hat die Frage nach wie vor Bedeutung. Unter Berücksichtigung des Realisationsprinzips und der v. § 255 Abs. 2 HGB gezogenen Grenze der HK erscheint eine Teilgewinnrealisierung grds. unzulässig.[1] Sie ist nur dann möglich, wenn die Leistung vereinbarungsgemäß in selbständig abrechenbare und abnahmefähige Teilleistungen gegliedert wird und der Schwebezustand der Teillieferung beendet ist.[2] Bei einer solchen Aufgliederung eines Großauftrags usw. besteht ein Realisierungsgebot.[3] Auf die Risiken der Folgeperioden (mit der Folge eines Wahlrechts) kann es nicht ankommen, weil der Gesamtauftrag in vertragsselbständig zu beurteilende Teilabschnitte aufgeteilt worden ist.

104 **2. Nicht-synallagmatische Forderungen.** Entstammt die Forderung **nicht** einem **Synallagma** (unerlaubte Handlung, Dividendenansprüche, Anspr. aus Abschluss eines Vertrages[4] usw.), kommt es für die Aktivierung zunächst darauf an, ob die Forderung im streng zivilrechtl. Sinn existent sein muss, ob sich die Position des Aktivierenden also schon zum rechtl. gesicherten Anspr. verdichtet haben muss oder ob schon eine gewisse Wahrscheinlichkeit des (zukünftigen) Anspr. ausreicht.[5] Da auch künftig entstehende, nur bestimmbare Forderungen schon Gegenstand des Rechtsverkehrs (zB Aufrechnung nach § 398 BGB) sind,[6] ist zu entscheiden, ob in Kombination mit einem Wahrscheinlichkeitsurteil eine Aktivierung erst entstehender Anspr. bilanzrechtl. vertretbar erscheint. Dabei sollte nicht darauf abgestellt werden, dass der Anspr. – analog den sachenrechtl. Anwartschaftsrechten – nur noch v. Willen des Gläubigers abhängt,[7] sondern allein auf die bilanziellen Gesichtspunkte der Zuordnung v. Erträgen und der gütermäßigen Objektivierung. Erforderlich ist eine **bestimmbare** Forderung, die aufgrund der Umstände des Einzelfalls als realisierbarer Vermögenswert am Bilanzstichtag anzusehen ist.[8] Auch eine noch nicht „rechtsförmlich entstandene" Forderung ist bereits dann zu aktivieren, wenn die für die Entstehung wesentlichen wirtschaftl. Ursachen im abgelaufenen Geschäftsjahr gesetzt worden sind und der StPfl. mit der künftigen rechtl. Entstehung des Anspr. fest rechnen kann.[9]

105 **3. Sonderfall: Bestrittene Forderungen. Bestrittene Forderungen** dürfen erst am Schluss der Periode angesetzt werden, in welcher der Schuldner den Anspr. anerkannt hat bzw. ein Gericht rkr. entschieden hat.[10] Steuererstattungsansprüche können erst dann aktiviert werden, wenn sie einen durchsetzbaren gegenwärtigen Vermögenswert verkörpern. Hiervon ist jedenfalls dann auszugehen, wenn das FA vor Ablauf des Wj. zweifelsfrei zum Ausdruck bringt, dass es die Steuererstattungsansprüche erfüllen wird.[11] Im Falle v. vom FA bestrittener USt-Erstattungsansprüche iZ mit dem Betrieb v. Geldspielautomaten ist die Forderung nach Rspr. des BFH[12] zum ersten Bilanzstichtag, der auf die vorbehaltlose Veröffentlichung des BFH-Urteils v. 12.5.2005 im BStBl.[13] folgt, zu aktivieren. Dies gilt unabhängig davon auch, wenn das FA bereits Änderungsbescheide für frühere Streitjahre erlassen hat, die eine Anwendung der Rspr. des EuGH[14] zum Ausdruck bringen.[15] Trotz zivilrechtl. entstandener Forderung wird dem Vorsichtsgedanken ein größeres Gewicht beigemessen. Noch nicht entstandene Rückgriffsansprüche sind nur zu berücksichtigen, soweit sie einem Ausfall der Forderung unmittelbar nachfolgen und nicht bestr. werden.[16]

106 **4. Dividendenansprüche. Dividendenansprüche** aus Anteilen an KapGes. sind grds. erst dann zu aktivieren, wenn sie durch Gewinnverwendungsbeschluss der KapGes. zivilrechtl. entstanden sind. Besonderheiten können sich iZ mit möglichen Ausschüttungen v. verbundenen Unternehmen ergeben. Nach einer früheren Rspr. des BGH[17] wurde einer Konzern- oder Holding-Ges., die mit Mehrheit an einer anderen

1 Wie hier (wohl) BFH v. 5.5.1976 – I R 121/74, BStBl. II 1976, 541; großzügiger *A/D/S*[6], § 252 HGB Rn. 88; *BeBiKo*[11], § 255 Rn. 459 f.
2 *BeBiKo*[11], § 255 Rn. 461; *Clemm*, DStJG Bd. 4 (1981), 117 (125 ff.).
3 Für Wahlrecht BFH v. 18.12.1956 – I 84/56 U, BStBl. III 1957, 27; *A/D/S*[6], § 252 HGB Rn. 88.
4 BFH v. 6.12.1978 – I R 35/78, BStBl. II 1979, 262.
5 BFH v. 24.6.1969 – I R 15/68, BStBl. II 1969, 581; v. 6.12.1978 – I R 35/78, BStBl. II 1979, 262; v. 12.4.1984 – IV R 112/81, BStBl. II 1984, 554; *A/D/S*[6], § 246 HGB Rn. 53, 180 („rechtl. Entstehung sicher oder so gut wie sicher").
6 BGH v. 21.11.1969 – V ZR 149/66, BGHZ 53, 60.
7 So *Schulze-Osterloh*, ZGR 1977, 104 (108) betr. BGH v. 3.11.1975 – II ZR 67/73, BGHZ 65, 230; wie hier BFH v. 6.12.1978 – I R 35/78, BStBl. II 1979, 262.
8 BFH v. 23.5.1984 – I R 266/81, BStBl. II 1984, 723 = FR 1984, 538 betr. Rückgewähranspruch als vGA.
9 BFH v. 3.8.2017 – IV R 12/14, BStBl. II 2018, 20 Rn. 23.
10 BFH v. 26.4.1989 – I R 147/84, BStBl. II 1991, 213 = FR 1989, 740; v. 26.2.2014 – I R 12/14, BFH/NV 2014, 1544 Rn. 20.
11 BFH v. 15.11.2011 – I R 96/10, BFH/NV 2012, 991 Rn. 16.
12 BFH v. 31.8.2011 – X R 19/10, BStBl. II 2012, 190 Rn. 25.
13 BFH v. 12.5.2005 – V R 7/02, BStBl. II 2005, 617.
14 EuGH v. 17.2.2005 – Rs. C-453, 462/02, Slg. 2005, I-1331.
15 BFH v. 15.11.2011 – I R 96/10, BFH/NV 2012, 991.
16 BFH v. 8.11.2000 – I R 10/98, FR 2001, 475.
17 BGH v. 3.11.1975 – II ZR 67/73, BGHZ 65, 230.

KapGes. beteiligt war, ein Aktivierungswahlrecht bzgl. des bei der Tochter-Ges. erzielten und zur Ausschüttung vorgesehenen Gewinns noch für das nämliche Geschäftsjahr in ihrer Bilanz eingeräumt, wenn der Jahresabschluss der Tochter-Ges. vor Abschluss der Prüfung bei der Mutter-Ges. festgestellt worden war und mindestens ein entspr. Gewinnverwendungsvorschlag vorlag. Aus dem Aktivierungswahlrecht folgte für Zwecke der steuerrechtl. Gewinnermittlung eine entspr. Aktivierungspflicht.[1] Die Frage war durch den sog. Tomberger-Fall[2] erneut in den Mittelpunkt der Diskussion gerückt. Der BGH hält nunmehr unter Abänderung seiner früheren Rspr. für die Mutter-Ges. eine Pflicht zur phasengleichen Aktivierung v. Dividendenansprüche für gegeben, falls die Mutter-Ges. alle Geschäftsanteile der Tochter-Ges. hält (sodass die Vermutung der Abhängigkeit und Konzernzugehörigkeit besteht), die Geschäftsjahre beider Unternehmen einander entsprechen und die Gesellschafterversammlung der Tochter-Ges. eine Gewinnausschüttung vor Feststellung des Jahresabschlusses der Mutter-Ges. beschließt. Sofern diese Voraussetzungen vorliegen, geht der BGH abw. v. der bisherigen Auffassung nunmehr v. einer Aktivierungspflicht für die Mutter-Ges. aus.[3] In der Bilanzierungspraxis der HB besteht jedoch noch immer das faktische Wahlrecht, den Dividendenanspruch phasengleich oder zeitversetzt zu aktivieren. Die Gestaltung hat dabei an dem Zeitpunkt des Gewinnausschüttungsbeschlusses bei der Tochter-Ges. anzusetzen, je nachdem, ob dieser vor oder nach Feststellung des Jahresabschlusses der Mutter-Ges. erfolgt.

Der GrS des BFH hat für das Steuerrecht entschieden, dass es prinzipiell **keine phasengleiche** Aktivierung v. Dividendenansprüchen gibt.[4] Er folgt damit im Grundsatz einer gesellschaftsrechtl. orientierten Betrachtung, weil es auf die Entstehung des Dividendenanspruchs ankommt. Die Divergenz zur Auffassung des BGH (Rn. 106) liegt auf der Hand, doch wird der Gemeinsame Senat der obersten Gerichte des Bundes nicht angerufen, weil in der BGH-Entsch. die Rechtsfrage der phasengleichen Aktivierung nicht zur ratio decidendi gehört habe. IÜ sind auch in Zukunft steuerrechtl. Konstellationen denkbar, in denen eine phasengleiche Gewinnvereinnahmung in Betracht kommt. Letztlich wirft die Entsch. des GrS wiederum die Frage auf, ob es sich um einen GoB handelt, also wie sich handels- und steuerrechtl. Gewinnermittlung in dieser Fallgruppe zueinander verhalten.[5] Es existieren mehrere Folgeentscheidungen im Anschluss an die Entsch. des GrS. Tendenziell wird der Grundsatz entwickelt, dass es keine phasengleiche Bilanzierung gibt. Ausschüttungsent- und Ausschüttungsbeschluss müssen am Bilanzstichtag sicher festgestanden haben.[6] Der Beschl. über eine Vorabausschüttung dokumentiert gerade nicht mit Gewissheit, dass weiterer Gewinn existiert.[7] IÜ gelten diese Grundsätze auch, wenn Anteilseigner der KapGes. ein bilanzierendes Personenunternehmen ist.[8] 107

E. Aktive und passive Rechnungsabgrenzung

Literatur: *Beisse*, Wandlungen der Rechnungsabgrenzung, FS Budde, 1995, 67; *Crezelius*, Bestimmte Zeit und passive Rechnungsabgrenzung, DB 1998, 633; *Hartung*, RAP und richtlinienkonforme Auslegung, FS Moxter, 1994, 213.

I. Sinn und Zweck der Rechnungsabgrenzung. Die zu einem bestimmten Stichtag aufzustellende Jahresbilanz stellt einen willkürlichen Einschnitt in die fortlaufende Tätigkeit des Unternehmers dar. Regelmäßig liegt es so, dass einige Geschäftsvorfälle über den Abschlussstichtag hinaus reichen. Zweck der Rechnungsabgrenzung ist die zutr. Ermittlung des Periodenergebnisses, indem Aufwendungen und Erträge dem Wj. ihrer Verursachung zugeordnet werden.[9] Durch die Anerkennung v. RAP (§§ 246 Abs. 1, 247 Abs. 1, 250 HGB, 5 Abs. 5) wird der Grundsatz durchbrochen, dass sich die **periodengerechte Ergebnisabgrenzung** nach dem (statischen) Ansatz v. Vermögensgegenständen/WG und Schulden richtet. Es ist Ausdruck **dynamischer Bilanzauffassung**, Ausgaben zu aktivieren, selbst wenn sie nicht zu einem WG geführt haben und umgekehrt Einnahmen durch Ansatz eines Passivpostens zu neutralisieren, obschon keine Verbindlichkeit vorliegt. 108

Handelsrechtl. besteht für aktive RAP eine Aktivierungspflicht gem. § 250 Abs. 1 HGB, für die passive Rechnungsabgrenzung eine dementsprechende Passivierungspflicht (§ 250 Abs. 2 HGB). Die gleichlautende **steuerrechtl.** Ansatzpflicht ergibt sich aus § 5 Abs. 5 S. 1 Nr. 1 und 2. RAP sind nur bei der Gewinn- 109

---

1 BFH v. 2.4.1980 – I R 75/76, BStBl. II 1980, 702 = FR 1980, 547; v. 3.12.1980 – I R 125/77, BStBl. II 1981, 184 = FR 1981, 205.
2 EuGH v. 27.6.1996 – Rs. C-234/94, DB 1996, 1400; v. 27.6.1996 – Rs. C-234/94, DB 1997, 1513.
3 BGH v. 21.7.1994 – II ZR 82/93, NJW 1998, 1559.
4 BFH v. 7.8.2000 – GrS 2/99, BStBl. II 2000, 632 = FR 2000, 1126 m. Anm. *Kempermann*; ebenso BFH v. 4.12.2014 – IV R 28/11, BFH/NV 2015, 495 Rn. 32.
5 *Luttermann*, FR 2000, 1131.
6 BFH v. 20.12.2000 – I R 50/95, BFH/NV 2001, 854.
7 BFH v. 28.2.2001 – I R 48/94, BStBl. II 2001, 401 = FR 2001, 642 m. Anm. *Pezzer*.
8 BFH v. 31.10.2000 – VIII R 85/94, BStBl. II 2001, 185 = FR 2001, 356.
9 BFH v. 28.5.2015 – IV R 3/13, BFH/NV 2015, 1577 Rn. 14; *K/S/M*, § 5 Rn. F 2ff.

ermittlung durch BV-Vergleich nach § 5 Abs. 1 bzw. § 4 Abs. 1[1] zu bilden. Für der Höhe nach lediglich geringfügige RAP besteht – aus Gründen der Vereinfachung und Wesentlichkeit – dagegen ein Ansatzwahlrecht; die Geringfügigkeitsgrenze ergibt sich aus § 6 Abs. 2.[2] Die Gewinnermittlung durch EÜR (§ 4 Abs. 3) kennt keine Rechnungsabgrenzung; es gilt grds. das Zu- und Abflussprinzip des § 11.[3]

110 Die Rechnungsabgrenzung ist de lege lata auf sog. **transitorische Posten** ieS beschränkt (Aktivierung v. bereits geleisteten Ausgaben – Passivierung v. bereits erhaltenen Einnahmen). Das auf einer dynamischen Bilanzauffassung beruhende weite Verständnis der Rechnungsabgrenzung wird damit durch den Grundsatz der Vorsicht begrenzt.[4] Entspr. lässt sich auch steuerrechtl. eine Bilanzierung nicht allein mit der Begr. rechtfertigen, dass sie im Interesse einer zutr. Aufwands- und Ertragsabgrenzung erforderlich ist. Insbes. ergeben sich aus dem Vorsichtsprinzip Beschränkungen für den Ansatz aktiver RAP. Denn nach der Formulierung des Abs. 5 S. 1 Nr. 1 dürfen nur Ausgaben, die Aufwand für eine bestimmte Zeit nach dem Abschlussstichtag darstellen, durch einen **aktiven RAP** ergebnisneutral behandelt werden. Die übrigen Ausgaben müssen, soweit sie nicht zur Aktivierung eines WG führen, aufwandswirksam gebucht werden. Damit wird dem handelsbilanzrechtl. Zweck entsprochen, dass sich der Kfm. nicht reicher macht, als er tatsächlich ist.[5] Die **passive** Rechnungsabgrenzung nach Abs. 5 S. 1 Nr. 2, die regelmäßig bei Vorleistungen aus schwebenden gegenseitigen Verträgen in Betracht kommt, ist Ausfluss des Realisationsprinzips, wonach Einnahmen erst nach Erbringung der eigenen Leistung als Ertrag ausgewiesen werden dürfen.[6]

111 Der Ansatz sog. **antizipativer Posten** als RAP scheidet aus. Darunter versteht man Zahlungsvorgänge des folgenden Jahres, die aber bereits als Aufwand und Ertrag des abgelaufenen Jahres anzusehen sind (zB noch nicht eingegangene Mietzahlungen für das abgelaufene Jahr als antizipatorisches Aktivum bzw. noch nicht bezahlte Miete für das abgelaufende Jahr als antizipatorisches Passivum). Bei derartigen Posten ist allerdings zu prüfen, inwieweit sie bei Vorliegen der entspr. Voraussetzungen als Forderungen bzw. Verbindlichkeiten auszuweisen sind.[7]

112 Die gesonderte Erwähnung der RAP in §§ 246 Abs. 1, 247 Abs. 1, 250 Abs. 1 und 2 HGB, 5 Abs. 5 S. 1 EStG zeigt, dass es sich **nicht** um **Vermögensgegenstände/WG** und **Schulden** handelt.[8] Ein möglicher Ausweis unter Forderungen, Verbindlichkeiten oder Rückstellungen hat stets Vorrang ggü. der Bildung eines aktiven oder passiven RAP.[9] Ein aktiver RAP ist deshalb nicht zu bilden, wenn Ausgaben zu den AK bzw. HK eines WG gehören oder wenn eine Bilanzierung als Forderung, geleistete Anzahlung, immaterielles WG iSv. Abs. 2 oder als sonstiger Vermögensgegenstand in Betracht kommt. Ein instruktives Bsp. stellt die Biersteuer auf Niederlagenbestände dar, die iErg. als Verbrauchsteuer unter Abs. 5 S. 2 Nr. 1 subsumierbar ist (vgl. hierzu Rn. 123):[10] Die Biersteuer gehört weder zu den HK des Bieres, noch kann sie als „forderungsähnliches WG" aktiviert werden. Auch der Ansatz eines RAP iSd. Abs. 5 S. 1 scheidet aus, weil es sich um keinen transitorischen RAP ieS handelt.

113 Hat der StPfl. die Bilanzierung eines RAP unterlassen, muss die Aktivierung/Passivierung nach den Grundsätzen der **Bilanzberichtigung** gewinnwirksam in der Bilanz des ersten Wj. nachgeholt werden, in dem dies mit steuerverfahrensrechtl. Wirkung möglich ist.[11]

114 **II. Aktive Rechnungsabgrenzungsposten. 1. Tatbestand (Abs. 5 S. 1 Nr. 1).** Als aktive RAP sind nach § 5 Abs. 5 S. 1 Nr. 1 (= § 250 Abs. 1 HGB) anzusetzen

- **Ausgaben** vor dem Abschlussstichtag,
- soweit sie **Aufwand** für eine **bestimmte Zeit** nach diesem Tag darstellen.

---

1 BFH v. 15.2.2017 – VI R 56/13, BStBl. II 2017, 884 Rn. 18 = FR 2017, 1005 (für einen bilanzierenden Land-/Forstwirt).
2 BFH v. 18.3.2010 – X R 20/09, BFH/NV 2010, 1796 Rn. 41; *K/K/B/M/H*[3], § 5 Rn. 313.
3 Zu Ausnahmen v. diesem Grundsatz vgl. § 11 Abs. 1 S. 3 und Abs. 2 S. 3.
4 Nach *Schmidt*[37], § 5 Rn. 241, handelt es sich bei RAP schlicht um „Stornoposten zur perioden- und realitätsgerechten Gewinnermittlung" (Zahlungszuordnungsposten).
5 *K/S/M*, § 5 Rn. F 12.
6 BFH v. 20.11.1980 – IV R 126/78, BStBl. II 1981, 398 = FR 1981, 251; v. 9.12.1993 – IV R 130/91, BStBl. II 1995, 202 = FR 1994, 355; v. 7.3.2007 – I R 18/06, BStBl. II 2007, 697 = FR 2007, 1174; *Crezelius*, DB 1998, 633 (636); *Hartung*, FS Moxter, 1994, 213 (222); *K/S/M*, § 5 Rn. F 13; *H/H/R*, § 5 Anm. 2161 aE.
7 Von der in Art. 18, 21 der 4. EG-RL vorgesehenen Möglichkeit, auch antizipative Posten als RAP auszuweisen, ist v. Gesetzgeber des BiRiLiG kein Gebrauch gemacht worden; vgl. dazu *K/S/M*, § 5 Rn. F 26 f.
8 BFH v. 26.10.1987 – GrS 2/86, BStBl. II 1988, 348; v. 14.11.2012 – I R 19/12, BFH/NV 2013, 1389 Rn. 12; v. 25.4.2018 – VI R 51/16, DStR 2018, 1959 Rn. 25.
9 *A/D/S*[6], § 250 HGB Rn. 11 ff.; *K/S/M*, § 5 Rn. F 50.
10 § 5 Abs. 5 S. 2 Nr. 1 beseitigt „rechtsprechungsüberholend" BFH v. 26.2.1975 – I R 72/73, BStBl. II 1976, 13; vgl. näher *A/D/S*[6], § 250 Rn. 57 mwN.
11 BFH v. 8.12.1988 – IV R 33/87, BStBl. II 1989, 407.

- Als ungeschriebenes Tatbestandsmerkmal verlangt die Rspr. zudem, dass der StPfl. einen **zeitraumbezogenen Gegenleistungsanspruch** innehat.[1]

2. Ausgaben vor dem Abschlussstichtag. Voraussetzung für die Bildung eines aktiven RAP ist zunächst eine **Ausgabe vor dem Abschlussstichtag**, dh. grds. ein Zahlungsvorgang (Bsp. Kassen-, Bankabgang, Wechselhingabe). Erfasst werden aber auch Buchungen v. Verbindlichkeiten, wenn es bei vertragsgemäßer Abwicklung zum Erlöschen durch Zahlungsvorgang vor dem Abschlussstichtag gekommen wäre.[2] Gemeinhin sind unter Ausgaben iSd. Abs. 5 S. 1 Nr. 1 BV-Minderungen jeder Art zu verstehen.[3] Ausgaben sind dann **„vor dem"** Abschlussstichtag geleistet, wenn die Vermögensminderung bis zum Ende jenes Stichtags eintritt.[4] 115

Problematik des Disagios. Wird bei Gewährung eines Darlehens vereinbart, dass der Kreditnehmer nicht die volle Darlehenssumme, sondern nur einen geringeren Betrag erhalten soll, liegt ein sog. Disagio bzw. Damnum vor. Insbesondere nach der steuerrechtl. Rspr. ist das Disagio wirtschaftl. nichts anderes als eine zusätzlich geleistete „Vergütung für die Kapitalüberlassung".[5] In gleicher Weise betrachtet der BGH das Disagio als laufzeitabhängiges Entgelt.[6] Im Ergebnis liegt damit eine Ausgabe vor dem Abschlussstichtag nach den Grundsätzen der §§ 250 Abs. 1 HGB, 5 Abs. 5 S. 1 Nr. 1 vor. Handelsrechtl. besteht eine besondere Vorschrift in § 250 Abs. 3 HGB. Der Sinn besteht darin, die Abgrenzung des Unterschiedsbetrags v. der Aktivierungspflicht nach § 250 Abs. 1 HGB zu befreien. Steuerrechtl. kommt es in Fällen der handelsrechtl. wahlweisen (Nicht-)Aktivierung nach § 250 Abs. 3 HGB aufgrund der sog. Wahlrechts-Rspr. des BFH (s. Rn. 7) zu einer Aktivierungspflicht.[7] Die Divergenz zw. handels- und steuerrechtl. Betrachtung kann sich aber auflösen, wenn man darauf abstellt, dass in vielen Fällen im Rückzahlungsbetrag einer Verbindlichkeit ein Zinsanteil enthalten ist. Ist dies zu bejahen, ist der vorweg gezahlte Zins als RAP nach § 250 Abs. 1 HGB zu aktivieren und fällt nicht in den Anwendungsbereich des § 250 Abs. 3 HGB. Für ein zu zahlendes „Bearbeitungsentgelt" für ein öffentl. gefördertes Darlehen ist kein aktiver RAP zu bilden, wenn im Falle einer vorzeitigen Vertragsbeendigung kein anteiliger Rückerstattungsanspruch des Darlehensnehmers besteht. Eine Ausnahme liegt vor, wenn das Darlehensverhältnis nur aus wichtigem Grund gekündigt werden kann und mit einer Kündigung nicht ernsthaft zu rechnen ist.[8] Die gleichen Grundsätze gelten auch für ein Darlehen mit jährlich fallenden Zinssätzen (vgl. hierzu auch Praxisbeispiele unter Rn. 128).[9] 116

3. Aufwand für eine bestimmte Zeit nach dem Abschlussstichtag. Die betr. Ausgabe muss ferner **Aufwand** für eine bestimmte Zeit nach dem Abschlussstichtag darstellen, sie muss – das ist der Sinn der RAP – nach dem wirtschaftl. Grund einer anderen Periode erfolgsmäßig zuzurechnen sein. Maßgebend ist eine durch die GuV-Rechnung abzubildende Verminderung des Reinvermögens,[10] zB (Voraus-)Zahlungen über den Bilanzstichtag iRv. Dauerschuldverhältnissen (Miete, Pacht, Darlehen etc.). Führt die Ausgabe zu AK/HK eines WG, das erst nach dem Abschlussstichtag angeschafft/hergestellt wird, kommt eine aktive Rechnungsabgrenzung insoweit nicht in Betracht;[11] die Ausgabe ist nach allg. Grundsätzen zu aktivieren (Anzahlungen an Bank). 117

Es reicht nicht aus, dass die Ausgabe erfolgsmäßig irgendeiner zukünftigen Periode zugeordnet werden kann. Das G verlangt vielmehr, dass sich der Aufwand für eine **„bestimmte Zeit"** nach dem Abschlussstichtag realisiert. Das Bestimmtheitserfordernis setzt einen Zeitraum voraus, der sich rechnerisch ermitteln lässt. Entweder ist die „bestimmte Zeit" kalendermäßig festgelegt (bspw. Miete für den Monat Januar 02) oder zumindest berechenbar (zB Beginn der monatlichen Ratenzahlungen zehn Tage nach Vertragsschluss) bzw. aus anderen Rechengrößen mathematisch ableitbar. Vage Schätzungen genügen dagegen nicht.[12] Die Länge des Zeitraums ist dagegen unerheblich; 30 Jahre sind unschädlich.[13] Selbst eine immer- 118

1 BFH v. 14.11.2012 – I R 19/12, BFH/NV 2013, 1389 Rn. 13.
2 BFH v. 31.5.1967 – I 208/63, BStBl. III 1967, 607; v. 17.9.1987 – IV R 49/86, BStBl. II 1988, 327; *A/D/S*[6], § 250 HGB Rn. 25 ff.; *BeBiKo*[11], § 250 Rn. 18 (ohne die Einschränkung); *K/S/M*, § 5 Rn. F 80.
3 *K/K/B/M/H*[3], § 5 Rn. 319; ebenso *Blümich*, § 5 Rn. 670 („jede effektive Vermögensminderung").
4 *H/H/R*, § 5 Anm. 2186.
5 BFH v. 12.7.1984 – IV R 76/82, BStBl. II 1984, 713 = FR 1984, 650; auch bei verbrieften festverzinslichen Schuldverschreibungen: BFH v. 29.11.2006 – I R 46/05, FR 2007, 701.
6 BGH v. 29.5.1990 – XI ZR 231/89, BGHZ 111, 287.
7 BFH v. 21.4.1988 – IV R 47/85, BStBl. II 1989, 722 = FR 1988, 640; *Schmidt*[37], § 5 Rn. 270 „Disagio".
8 BFH v. 22.6.2011 – I R 7/10, BStBl. II 2011, 870 Rn. 19 = FR 2011, 1004 m. Anm. *Herzig/Joisten* = DStR 2011, 1704 f.
9 BFH v. 27.7.2011 – I R 77/10, FR 2011, 1162 m. Anm. *Prinz* = DStR 2011, 2035.
10 *H/H/R*, § 5 Anm. 2187.
11 BFH v. 23.4.1975 – I R 236/72, BStBl. II 1975, 875.
12 BFH v. 5.11.2014 – I B 107/13, BFH/NV 2015, 352 Rn. 4; *Schmidt*[37], § 5 Rn. 250.
13 BFH v. 22.7.1982 – IV R 111/79, BStBl. II 1982, 655 = FR 1982, 571.

währende Zeit kann „bestimmt" sein, sofern der Gegenleistungsanspruch zeitlich nicht begrenzt ist.[1] Zum Zwecke einer zutr. Periodenabgrenzung neigt die Rspr. extensiv[2] sogar dazu, auf ein Zeitmaß gänzlich zu verzichten und das Merkmal der „bestimmten Zeit" anhand anderer Kriterien, so zB bei einem Mineralabbauvertrag bei vorausgezahltem Entgelt anhand der jeweils zum Jahresende feststehenden Abbaumenge, zu definieren.[3] Vor dem Hintergrund des Vorsichtsprinzips sollte das Merkmal der „bestimmten Zeit" jedenfalls bei der aktiven Rechnungsabgrenzung im Zweifel eng ausgelegt werden, indem der Sachverhalt eine rechnerische Zeitbestimmung erlaubt.[4]

119 **4. Zeitraumbezogener Gegenleistungsanspruch.** Die aktive Rechnungsabgrenzung setzt schließlich – über den geschriebenen Tatbestand des Abs. 5 S. 1 Nr. 1 hinaus – voraus, dass einer Vorleistung des StPfl. eine nicht erbrachte **zeitraumbezogene** (konkretisierte) **Gegenleistung** des Vertragspartners gegenübersteht.[5] Im Regelfall geht es also um gegenseitige Verträge, doch kommen auch öffentl.-rechtl. Verpflichtungen in Betracht.[6] So folgt der BFH inzwischen auch der hM und der gängigen Bilanzierungspraxis, für in einem Wj. gezahlte Kfz.-Steuer, die aber auf die voraussichtliche Zulassungszeit des Fahrzeugs im nachfolgenden Wj. entfällt, einen aktiven RAP zu bilden.[7] Die aktive Rechnungsabgrenzung folgt nach allem rechtl. Kriterien, nicht einer Kostenrechnung.[8]

120 **5. Höhe und Auflösung des Rechnungsabgrenzungspostens.** Die **Höhe des Ansatzes** eines (aktiven) RAP entzieht sich einer Bewertung nach § 6; sie ist vielmehr zu berechnen.[9] Sie bestimmt sich nach dem Umfang der vorausgezahlten Ausgabe und dem Wert des nach dem Abschlussstichtag noch ausstehenden Gegenleistungsanspruchs – und zwar im Verhältnis zur gesamten Gegenleistung[10] (Bsp.: Vorauszahlung v. Miete für den Zeitraum 1.10.01 bis 30.09.02 im Oktober 01; × der Ausgabe ist auf den Abschlussstichtag 31.12.01 aktiv abzugrenzen). Eine TW-Abschreibung ist unzulässig.[11]

121 Die Erfolgsauswirkungen iRd. Auflösung des RAP hängen v. der **Auflösungstechnik** ab.[12] Regelmäßig wird der RAP jährlich linear aufzulösen sein (Leistung und Gegenleistungsanspruch bleiben während des Verteilungszeitraums gleich).[13] Möglich ist dagegen bei Abbauverträgen auch eine Auflösung nach Maßgabe der jährlichen Abbaumenge;[14] dann variieren die GuV-Wirkungen. Bei immerwährenden Leistungs- bzw. Gegenleistungsverpflichtungen wird in der Praxis regelmäßig auf einen Zeitraum v. 25 Jahren aufgelöst.[15]

122 Liegen die Voraussetzungen für eine Rechnungsabgrenzung nicht mehr vor, zB infolge einer vorzeitigen Beendigung des der Abgrenzung zugrunde liegenden Rechtsgeschäfts, ist der RAP in Gänze erfolgswirksam aufzulösen.[16] Ist im Zuge einer **Betriebsaufgabe** iSv. § 16 Abs. 3 ein (passiver) RAP aufzulösen, ist der hieraus resultierende Gewinn – obwohl der RAP kein WG ist – kein lfd., sondern nach §§ 16 Abs. 4, 34 begünstigter Aufgabegewinn.[17]

123 **6. Aktivposten für Zölle, Verbrauchsteuern und Umsatzsteuer auf Anzahlungen.** Nach Abs. 5 S. 2 Nr. 1 besteht ein stl. Aktivierungsgebot für als Aufwand berücksichtigte **Zölle** und **Verbrauchsteuern**, soweit diese auf am Abschlussstichtag auszuweisende WG des Vorratsvermögens entfallen. Handelsrechtl. galt mit § 250 Abs. 1 S. 2 Nr. 1 HGB aF eine vergleichbare Regelung, die allerdings durch das BilMoG auf-

---

1 BFH v. 24.3.1982 – IV R 96/78, BStBl. II 1982, 643 = FR 1982, 389; v. 15.2.2017 – VI R 96/13, BStBl. II 2017, 884 Rn. 37 = FR 2017, 1005; str., **aA** *K/S/M*, § 5 Rn. F 120, 128.
2 Vgl. Nachweise bei *Schmidt*[37], § 5 Rn. 252.
3 BFH v. 25.10.1994 – VIII R 65/91, BStBl. II 1995, 312.
4 *Schmidt*[37], § 5 Rn. 250.
5 BFH v. 17.7.1974 – I R 195/72, BStBl. II 1974, 684; v. 26.5.1976 – I R 80/74, BStBl. II 1976, 622; v. 6.9.2018 – IV R 26/16, BFH/NV 2018, 497 Rn. 32.
6 BFH v. 22.7.1982 – IV R 111/79, BStBl. II 1982, 655 = FR 1982, 571; v. 5.4.1984 – IV R 96/82, BStBl. II 1984, 552 = FR 1984, 453; *BeBiKo*[11], § 250 Rn. 8.
7 BFH v. 19.5.2010 – I R 65/09, BStBl. II 2010, 967 = FR 2010, 1041 m. Anm. *Buciek*.
8 BFH v. 29.7.1976 – V B 10/76, BStBl. II 1976, 684.
9 BFH v. 31.5.1967 – I 208/63, BStBl. III 1967, 706; v. 12.7.1984 – IV R 76/82, BStBl. II 1984, 713 = FR 1984, 650.
10 BFH v. 10.9.1998 – IV R 80/96, BStBl. II 1999, 21 = FR 1999, 87.
11 BFH v. 20.11.1969 – IV R 3/69, BStBl. II 1970, 209; *K/S/M*, § 5 Rn. F 146; *Schmidt*[37], § 5 Rn. 253; **aA** *A/D/S*[6], § 250 HGB Rn. 47.
12 Vgl. hierzu *H/H/R*, § 5 Anm. 2202 ff.
13 BFH v. 8.12.1988 – IV R 33/87, BStBl. II 1989, 407 = FR 1989, 366; v. 15.2.2017 – VI R 96/13, BStBl. II 2017, 884 Rn. 42 = FR 2017, 1005; *K/S/M*, § 5 Rn. F 148 mwN.
14 BFH v. 25.10.1994 – VIII R 65/91, BStBl. II 1995, 312.
15 BFH v. 15.2.2017 – VI R 96/13, BStBl. II 2017, 884 Rn. 44 = FR 2017, 1005.
16 *K/K/B/M/H*[3], § 5 Rn. 327.
17 BFH v. 25.4.2018 – VI R 51/16, DStR 2018, 1959 Rn. 25 m. Anm. *Bleschick* = EStB 2018, 363.

gehoben wurde.[1] Der Zweck der Aktivierung besteht darin, dass sich die Abgaben erst in dem Wj. als Aufwand auswirken sollen, in dem der StPfl. das abgabenbelastete Produkt veräußert und ihm dabei die in den Preis einkalkulierte Abgabe wirtschaftl. vergütet wird.[2] „Als Aufwand berücksichtigt" sind Zölle und Verbrauchsteuern, wenn durch ihre Entrichtung bzw. den Ausweis einer entspr. Verbindlichkeit das GuV-Ergebnis gemindert wurde, nicht aber, soweit die Abgaben als AK/HK eines WG zu aktivieren sind.[3] Ein Wahlrecht zw. der Aktivierung als AK/HK und einer solchen nach Abs. 5 S. 2 Nr. 1 besteht nicht; die allg. Aktivierungsregeln für WG haben Vorrang. **Zölle** sind die Abgaben, die nach Maßgabe des Zolltarifs entspr. § 21 Abs. 1 ZollG v. der Warenbewegung über die Zollgrenze erhoben werden.[4] **Verbrauchsteuern** sind die Steuern, für deren Entstehung ein bestimmter Gegenstand oder dessen Übertritt aus einem der Besteuerung liegenden Bereich in einen stl. nicht gebundenen Verkehr und das Halten oder der Verbrauch bestimmter Güter maßgebend sind[5] Betroffen sind Bier-, Kaffee-, Mineralöl-, Schaumwein- und Tabaksteuer sowie Branntweinabgaben. Die USt ist keine Verbrauchsteuer im technischen Sinn.

§ 9b erfasst die bilanzielle Behandlung gezahlter USt, demgegenüber regelt § 5 Abs. 5 S. 2 Nr. 2 die Behandlung erhaltener USt. Das hiernach bestehende Aktivierungsgebot für **USt auf erhaltene Anzahlungen** soll verhindern, dass eine gewinnmindernde Wirkung der USt eintritt, die bei einer Passivierung der Anzahlung mit dem Bruttobetrag, also einschl. USt, ohne aktiven RAP gegeben wäre. Für den leistenden Unternehmer entsteht die USt (im Falle der Steuerberechnung nach vereinbarten Entgelten) bei Anzahlungen bereits mit Ablauf des Voranmeldungszeitraums der Vereinnahmung (vgl. § 13 Abs. 1 Nr. 1 lit. a S. 4 UStG). Wurde die USt auf die Anzahlung vor dem Abschlussstichtag und vor Ausführung der Leistung vom StPfl. als Aufwand erfasst (dh. bei Zahlung oder Ausweis einer Verbindlichkeit; sog. Bruttomethode)[6], ist sie bis zur Gewinnrealisierung aus der Leistung aktiv abzugrenzen. Das gleichlautende handelsrechtl. Aktivierungsgebot aus § 250 Abs. 1 S. 2 Nr. 2 HGB aF wurde im Zuge des BilMoG ebenfalls aufgehoben. 124

III. Passive Rechnungsabgrenzungsposten. 1. Tatbestand (Abs. 5 S. 1 Nr. 2). Die Grundsätze der passivischen RAP entsprechen im Grundsatz denen der aktivischen Abgrenzung. Als passive RAP – dem **bilanziellen Gegenstück** zum aktiven RAP – sind nach § 5 Abs. 5 S. 1 Nr. 2 (= § 250 Abs. 2 HGB) anzusetzen 125

- **Einnahmen** vor dem Abschlussstichtag,
- soweit sie **Ertrag** für eine **bestimmte Zeit** nach diesem Tag darstellen.

2. Einzelheiten – Abweichungen zur aktiven Abgrenzung. Passiv abzugrenzen sind Einnahmen vor dem Abschlussstichtag, soweit sie Ertrag für eine bestimmte Folgeperiode darstellen. **Einnahmen** sind nicht nur Zahlungszuflüsse, sondern auch Forderungszugänge[7] und Verbindlichkeitsabgänge[8]. Die vom StPfl. zu erbringende Gegenleistung kann dabei auch in einem Unterlassen bestehen.[9] Die Beschränkung der RAP auf transitorische Posten ieS, deren Anwendungsbereich vor allem Vorleistungen[10] aus schwebenden Geschäften sind, wirkt sich auch bei passiven RAP aus: Eine Passivierung kann nicht (gewinnneutralisierend) darauf gestützt werden, dass es einen Grundsatz zur einheitlichen Behandlung des schwebenden Geschäfts gebe, der es ermögliche, jedwede Einnahme im Wege der Passivierung ergebnismäßig in die Periode zu verlagern, in welcher die Ausgaben anfallen.[11] Noch nicht abschließend geklärt ist insbes. die Frage, ob die Tatbestandsmerkmale **„bestimmte Zeit"** in §§ 250 Abs. 1 und 2 HGB, 5 Abs. 5 S. 1 Nr. 1 und 2 EStG wegen ihrer systematischen Stellung nur inhaltlich übereinstimmend ausgelegt werden können.[12] Nach einer neueren Ansicht sind die aktive und die passive Rechnungsabgrenzung in einen größeren bilanzsystematischen Zusammenhang zu stellen, der den herrschenden Prinzipien der GoB entsprechen müsse.[13] Das die Aktiv- und die Passivseite der Bilanz dominierende Vorsichtsprinzip müsse bei der aktiven Rechnungsabgrenzung zu Restriktionen führen, bei passiven RAP im Zweifel zu erweiterten Ansätzen. Für die Entschädigung aus vorzeitiger Beendigung eines befristeten Dauervertrags gibt es keine 126

1 G v. 25.5.2009 (BGBl. I 2009, 1102).
2 *Schmidt*[37], § 5 Rn. 259.
3 *Blümich*, § 5 Rn. 716.
4 BFH v. 12.2.1970 – V B 33/69 ua., BStBl. II 1970, 246.
5 BFH v. 27.6.1973 – II R 179/71, BStBl. II 1973, 807.
6 *Schmidt*[37], § 5 Rn. 261.
7 BFH v. 15.2.2017 – VI R 96/13, BStBl. II 2017, 884 = FR 2017, 1005.
8 *A/D/S*[6], § 250 HGB Rn. 112.
9 BFH v. 22.7.1982 – IV R 111/79, BStBl. II 1982, 655 = FR 1982, 655.
10 Ohne Vorleistung bleibt es beim Nichtansatz der Forderung, soweit der Grundsatz des sog. schwebenden Geschäfts (s. Rn. 99ff.) eingreift; BFH v. 17.9.1987 – IV R 49/86, BStBl. II 1988, 327.
11 BFH v. 17.7.1974 – I R 195/72, BStBl. II 1974, 684; v. 13.6.1986 – III R 178/82, BStBl. II 1986, 841.
12 Vgl. BFH v. 25.10.1994 – VIII R 65/91, BStBl. II 1995, 312 = FR 1995, 408; *Blümich*, § 5 Rn. 685 mwN.
13 Vgl. BFH v. 9.12.1993 – IV R 130/91, BStBl. II 1995, 202 = FR 1994, 355; *Beisse*, FS Budde, 1995, 67 (78) mwN.

passive RAP,[1] weil der RAP voraussetzt, dass es sich um eine Vorleistung auf eine zu erbringende Leistung handelt. Der Empfänger muss noch Handlungen oder Unterlassungen erbringen bzw. dulden.[2]

127 Der neueren Sichtweise ist zu folgen. Während bei der aktiven Rechnungsabgrenzung aufgrund des **Vorsichtsprinzips** enge Maßstäbe anzulegen sind, sodass es sachgerecht ist, v. einem strengen Verständnis des Tatbestandsmerkmals „bestimmte Zeit" auszugehen, muss bei der passiven Rechnungsabgrenzung das Element der „bestimmten Zeit" vor dem Hintergrund des bilanzrechtl. **Realisationsprinzips** gesehen werden. Dafür spricht iÜ auch die Entstehungsgeschichte der heutigen Normen.[3] Da sich eine korrespondierende Gleichsetzung teleologisch als nicht gerechtfertigt erweist, ist es folgerichtig, wenn die Rspr. des BFH[4] das Tatbestandsmerkmal der „bestimmten Zeit" bei der passiven Rechnungsabgrenzung einem eigenen dogmatischen Regime zuführt. Die Vorgehensweise des BFH ist auch methodologisch legitim, weil es auslegungssystematisch allein darum gehen kann, welcher innere Zweck dem Element der „bestimmten Zeit" bei den passiven RAP zukommen kann.[5] Aufgrund des Realisationsgedankens ist es hier zulässig, über ein kalendermäßiges Verständnis hinausgehende Maßstäbe heranzuziehen, wenn auf diese Art und Weise eine zeitbezogene Gegenleistung abgeleitet werden kann. Ein derartiges Verständnis hat zB zur Folge, dass dann, wenn sich ein Zeitraum anhand der statistischen Daten schätzen lässt, ein passiver RAP geboten ist, während ein aktiver RAP für den gleichen Zeitraum womöglich unzulässig ist. Einem vermeintlichen Grundsatz einer spiegelbildlichen Bilanzierung steht schon das **Imparitätsprinzip** entgegen.[6]

128 IV. Praxisbeispiele für Rechnungsabgrenzungsposten

- Für eine **Abfindung** ist ein passiver RAP zu bilden, wenn im Gegenzug für eine bestimmte Zeit ein Verhalten/Unterlassen (Wettbewerbsverbot) geschuldet wird.[7] Auch bei einer zeitlich unbefristeten Unterlassungspflicht ist die vorweg erhaltene Abfindung zumindest dann passiv abzugrenzen, wenn ein Mindestzeitraum geschätzt werden kann.[8] Gleiches gilt bei immerwährenden Duldungs- und Unterlassungspflichten, da ein sofortiger Ertragsausweis gegen das Realisationsprinzip verstieße.[9] Diese Grundsätze finden nicht nur bei Abfindungen, sondern ebenso für vorausgezahlte Entgelte für die Einräumung von Grunddienstbarkeiten Anwendung.[10]
- Dagegen unterliegt eine **Entschädigung**, die für die vorzeitige **Auflösung** eines **unbefristeten Vertriebsvertrags** gezahlt wird, keiner bilanziellen Abgrenzung, sofern mit der Auflösungsvereinbarung sämtliche Vertragspflichten des Entschädigten entfallen und sich aus dem Vertragsverhältnis auch keine künftigen Pflichten ableiten lassen.[11]
- Vorauszahlungen bei **Ausbeutevorratsverträgen** sind aktiv (Berechtigter) bzw. passiv (Eigentümer) mit Beginn des Abbaus abzugrenzen.[12]
- Vorausgezahlte **Erbbauzinsen** sind bilanziell sowohl auf Berechtigten- als auch auf Verpflichtetenseite abzugrenzen.[13]
- Für vorausgezahlte **Avalprovisionen** zugunsten des Bürgen hat der Schuldner einen aktiven RAP zu bilden.[14] Gleiches gilt für **Bearbeitungs- und Verwaltungsgebühren** bei Abschluss eines Darlehens bzw. für die Übernahme einer Bankbürgschaft;[15] Abweichendes gilt allerdings bei vorzeitiger Möglichkeit zur Vertragsbeendigung und keiner (anteiligen) Rückerstattungspflicht durch das Kreditinstitut.[16] Gebühren für den Abschluss von **Bausparverträgen** sind nicht passiv abzugrenzen, da es am Merkmal der zeitraumbezogenen Gegenleistung fehlt, sondern es sich um ein bloßes Entgelt für den Abschluss des Vertrags an sich handelt.[17]

---

1 BFH v. 23.2.2005 – I R 9/04, FR 2005, 848 m. Anm. *Weber-Grellet* = DStR 2005, 862.
2 So auch bei Vorfälligkeitsentschädigungen: BFH v. 7.3.2007 – I R 18/06, FR 2007, 1174 = BFH/NV 2007, 1958.
3 Näher *Crezelius*, DB 1998, 633 (637).
4 BFH v. 9.12.1993 – IV R 130/91, BStBl. II 1995, 202 = FR 1994, 355.
5 *Beisse*, FS Budde, 1995, 67 (76 f.).
6 *Crezelius*, DB 1998, 633 (638).
7 BFH v. 22.7.1982 – IV R 111/79, BStBl. II 1982, 655 = FR 1982, 571.
8 BFH v. 17.7.1980 – IV R 10/76, BStBl. II 1981, 669 = FR 1981, 511; v. 9.12.1993 – IV R 130/91, BStBl. II 1995, 202.
9 BFH v. 15.2.2017 – VI R 96/13, BStBl. II 2017, 884 Rn. 38 = FR 2017, 1005.
10 BFH v. 9.12.1993 – IV R 130/91, BStBl. II 1995, 202.
11 BFH v. 6.9.2018 – IV R 26/16, juris Rn. 35.
12 BFH v. 25.10.1994 – VIII R 65/91, BStBl. II 1995, 312.
13 *Blümich*, § 5 Rn. 697.
14 BFH v. 12.12.1991 – IV R 28/91, BStBl. II 1992, 600.
15 BFH v. 19.1.1978 – IV R 153/72, BStBl. II 1978, 262 = FR 1978, 221.
16 BFH v. 22.6.2011 – I R 7/10, BStBl. II 2011, 870 Rn. 17 = FR 2011, 1004.
17 BFH v. 11.2.1998 – I R 23/96, BStBl. II 1998, 381 = FR 1998, 556.

- Für in einem Wj. gezahlte **Kfz.-Steuer** ist ein aktiver RAP zu bilden, soweit die Steuer auf die voraussichtliche Zulassungszeit des Kfz. im nachfolgenden Wj. entfällt.[1] Gleiches gilt für **Versicherungsbeiträge.**[2]
- **Beitragsvorschüsse** an die **Berufsgenossenschaft** für ein künftiges Wj. sind aktiv abzugrenzen.[3]
- Für **Pachtvorauszahlungen**, die neben der lfd. Pacht zu leisten sind, ist ein RAP zu aktivieren.[4]
- Überlässt ein Telekommunikationsanbieter seinem Kunden im Zuge des Abschlusses eines 24 Monate lfd. **Mobilfunkvertrags** vergünstigt (subventioniert) ein Mobiltelefon, ist der sich hieraus ergebende Aufwand einem aktiven RAP zuzuführen.[5]
- Kein aktiver RAP ist für den zunächst höheren Aufwand aus der Verpflichtung zur Zahlung von **degressiven** Leasingraten beim **Mobilienleasing** zu bilden.[6] Denn anders als beim **Immobilienleasing**[7] meint der BFH, bei Ersterem könne nicht davon ausgegangen werden, dass der objektive Wert der Nutzungsüberlassung des Leasinggegenstands während des gesamten Leasingzeitraums gleichbleibend sei.
- Im Falle der Vereinbarung **fallender Darlehenszinssätze** („step-down") muss hinsichtlich des in der ersten Phase der Darlehenslaufzeit zu hohen Zinsaufwands jedenfalls dann aktiv abgegrenzt werden, wenn der Darlehensvertrag auf mehrere Jahre zu festen Bedingungen abgeschlossen wurde, während dieser Zeit nur aus wichtigem Grund gekündigt werden kann und konkrete Anhaltspunkte dafür fehlen, dass die Vertragsparteien der Möglichkeit einer vorzeitigen Beendigung des Darlehensvertrags durch eine Kündigung aus wichtigem Grund und dem Fehlen eines Anspr. auf teilweise Rückforderung bisher (zu hoch) geleisteter Zinsen eine mehr als rein theoretische Bedeutung beigemessen haben.[8]
- Mangels zeitraumbezogener Gegenleistung des Maklers kann für **Maklerprovisionen** iZ mit dem Abschluss eines Mietvertrags kein aktiver RAP gebildet werden.[9]
- Der kapitalisiert ausgezahlte **Zinszuschuss** für die Aufnahme eines langjährigen Kapitalmarktdarlehens ist passiv abzugrenzen und über die Laufzeit des Darlehens ratierlich aufzulösen.[10] Wird dagegen der Erwerb eines WG durch eine Subvention bezuschusst, ist der Zuschuss nicht bilanziell abzugrenzen, sofern dem Begünstigten hiermit keine (zukünftige) Verhaltenspflicht auferlegt wird.[11] Ein passiver RAP scheidet zudem aus, wenn ein **Werkzeugkostenzuschuss** nicht für künftige Lieferungen gezahlt wurde, sondern als Entgelt für die Herstellung und Übereignung der Werkzeuge zu qualifizieren ist.[12]
- Für **Baukostenzuschüsse**, die ein Versorgungsunternehmen von seinen Abnehmern anlässlich der Errichtung von Gasanschlüssen erhält, sind nach Ansicht der Rspr. passive RAP zu bilden.[13] Die FinVerw. billigt dem Versorgungsunternehmen dagegen das **Wahlrecht** zu, die empfangenen Zuschüsse entweder als BE zu erfassen (und dann passiv abzugrenzen) oder erfolgsneutral von den durch das Unternehmen selbst getragenen AK/HK für den Versorgungsanschluss abzuziehen.[14]
- **Vorfälligkeitsentschädigungen** sind beim Kreditgeber nicht passiv abzugrenzen.[15] Wirtschaftlich handelt es sich hierbei um eine Leistung, die den Schaden ausgleichen soll, der dem Kreditgeber durch die vorzeitige Vertragsbeendigung entsteht. Es handelt sich nicht um Entgelt für eine noch zu erbringende Gegenleistung, sondern für eine einmalige, vor dem jeweiligen Abschlussstichtag durch Aufhebungsvertrag (Verzicht) bereits vollzogene Leistung.
- Für Einnahmen des Leasinggebers aus der **Forfaitierung** von noch nicht fälligen **Leasingraten** ist ein passiver RAP zu bilden.[16]

---

1 BFH v. 19.5.2010 – I R 65/09, BStBl. II 2010, 967 Rn. 10 = FR 2010, 1041.
2 BFH v. 10.7.1970 – III R 112/69, BStBl. II 1970, 779.
3 BFH v. 2.3.1988 – II R 247/84, BStBl. II 1988, 572.
4 BFH v. 11.10.1983 – VIII R 61/81, BStBl. II 1984, 267 = FR 1984, 202.
5 BFH v. 15.5.2013 – I R 77/08, BStBl. II 2013, 730 Rn. 8 ff. = FR 2013, 851; BMF v. 20.6.2005, BStBl. I 2005, 801 Rn. 6.
6 BFH v. 28.2.2001 – I R 51/00, BStBl. II 2001, 645 = FR 2001, 793.
7 BFH v. 12.8.1982 – IV R 184/79, BStBl. II 1982, 696 = FR 1982, 600.
8 BFH v. 27.7.2011 – I R 77/10, BStBl. II 2012, 284 Rn. 10 ff.; *Blümich*, § 5 Rn. 697.
9 BFH v. 19.6.1997 – IV R 16/95, BStBl. II 1997, 808 = FR 1997, 810.
10 BFH v. 24.6.2009 – IV R 26/06, BStBl. II 2009, 781; v. 25.4.2018 – VI R 51/16, BFH/NV 2018, 1173 Rn. 19 ff. (auch zur Auflösung des RAP bei BetrAufg.).
11 Vgl. auch *H/H/R*, § 5 Anm. 2218.
12 BFH v. 28.5.2015 – IV R 3/13, BFH/NV 2015, 1018 Rn. 13 ff.
13 BFH v. 23.2.1977 – I R 104/75, BStBl. II 1977, 392 = FR 1977, 256.
14 BMF v. 27.5.2003, BStBl. I 2003, 361.
15 BFH v. 7.3.2007 – I R 18/06, BStBl. II 2007, 697 = FR 2007, 1174.
16 BFH v. 8.11.2000 – I R 37/99, BStBl. II 2001, 722 = FR 2011, 211.

- **Franchisevertrags-Gebühren** sind beim Franchisegeber als vorausgezahltes Entgelt für eine zeitraumbezogene Gegenleistung passiv abzugrenzen und auf die Mindestlaufzeit des Franchisevertrags zu verteilen.[1]

F. Passivierung

Literatur: *Bode*, Wirtschaftliche Verursachung einer ungewissen Verbindlichkeit vor dem Bilanzstichtag als Voraussetzung einer Rückstellungsbildung, DB 2014, 30; *Briese*, Verfassungswidrigkeit des Rechnungszinssatzes von 6 % für steuerbilanzielle Rückstellungen?, DStR 2018, 1248; *Haag/Viskorf*, Bericht zum 5. Münchner Unternehmenssteuerforum: „Rückstellungen zwischen IFRS, Handels- und Steuerrecht – Ein altes Thema mit neuen Problemen", DStR 2011, Beihefter zu Heft 32, 94; *Kahle*, Ausgewählte Fragen der Bilanzierung von Rückstellungen für ungewisse Verbindlichkeiten, DStZ 2017, 904; *Kahle*, Aktuelle Entwicklungen der Bilanzierung von Rückstellungen, DStR 2018, 976; *Müller*, Auflösung von Verbindlichkeiten bei Überschuldung, DStR 2018, 486; *Oser*, Auflösung von Verbindlichkeiten mit Rangrücktritt in Handels- und Steuerbilanz, DStR 2017, 1889; *Prinz*, Rückstellungen in der Steuerbilanz: Ein Gebot sachgerechter Leistungsfähigkeitsbesteuerung, DB 2011, 492; *Prinz*, Grundsatzurteil zu öffentlich-rechtlichen Anpassungsrückstellungen, DB 2014, 80; *Schmid*, Der erfolgswirksame Rangrücktritt, FR 2012, 837; *Wehning*, Der Rangrücktritt – ein geeignetes Sanierungsmittel, DStR 2017, 615.

129 **I. Voraussetzungen und Konsequenzen der Passivierung. Handelsrechtlich** ist die Bilanz des Kfm. gem. § 242 Abs. 1 S. 1 HGB ein das Verhältnis seines Vermögens (Aktivseite) und seiner Schulden (Passivseite) darstellender Abschluss. Die Differenz zw. Aktiva und Passiva ist das in § 242 HGB nicht ausdrücklich genannte **EK**. Die Schulden (vgl. § 247 Abs. 1 HGB) bilden den Oberbegriff für Verbindlichkeiten (vgl. § 266 Abs. 3 C. HGB) und Rückstellungen (vgl. §§ 249, 266 Abs. 3 B. HGB). Die Umschreibung des § 242 Abs. 1 S. 1 HGB ist insoweit zu eng, als RAP iSd. § 250 HGB, die v. Vermögensgegenständen bzw. Schulden abzugrenzen sind, unerwähnt bleiben.

Im Zuge des BilMoG ist in § 246 Abs. 1 S. 3 HGB eine Vorschrift zur Zuordnung der Schulden zu ihrem rechtl. Inhaber (Schuldner) aufgenommen worden. Es ist auf die im Außenverhältnis bestehende rechtl. Verpflichtung abzustellen. Es erfolgt eine Einschränkung des Prinzips der wirtschaftl. Betrachtung zugunsten des Vorsichtsprinzips.

130 **Steuerrechtlich** wird die Differenz zw. den aktiven und passiven WG (unter Berücksichtigung der RAP sowie der Sonderposten mit Rücklageanteil) als **BV** bezeichnet. Einschränkend sind bei der Gewinnermittlung nach § 5 Abs. 1 nur diejenigen (positiven) WG und Wirtschaftslasten zu berücksichtigen, die zum BV iSv. § 4 Abs. 1 S. 1 gehören. Dies richtet sich nach dem betrieblichen Zusammenhang (s. § 4 Rn. 35 ff.). In den Schulden spiegelt sich Aufwand wider, der noch nicht zu einem Geldabfluss geführt hat. Bei Zahlung mindert sich das Geldvermögen auf der Aktivseite der Bilanz; die Verbindlichkeit oder Rückstellung wird aufgelöst.

131 **II. Bedeutung des Eigenkapitals. 1. Grundsätzliches. EK** lässt sich allg. als derjenige Betrag umschreiben, der v. Unternehmer bzw. den Anteilseignern des Unternehmens eingelegt wird (Außenfinanzierung in Form der Eigenfinanzierung), verändert um den jeweiligen Gewinn bzw. Verlust des Unternehmens (Innenfinanzierung) und korrigiert um die Entnahmen bzw. Gewinnausschüttungen und Kapitalrückzahlungen. Im Einzelnen erweist sich die Abgrenzung zum Fremdkapital als schwierig, namentlich wenn es darum geht, wann eine bestimmte Leistung (zB stille Einlage, Genussrechtskapital, sog. eigenkapitalersetzende Leistungen, Varianten des sog. Rangrücktritts) materiell als „Einlage" in das EK zu qualifizieren ist.[2]

132 Der **Ausweis** des **bilanziellen EK** hängt v. der Rechtsform des Unternehmensträgers ab. Während für Einzelunternehmer und PersGes. weder das HGB noch steuerrechtl. Vorschriften eine bestimmte Gliederung vorschreiben, sind für KapGes. besondere handels- und steuerrechtl. Normen zu beachten. Beim **Einzelunternehmer** wird das EK im Regelfall in einer Summe ausgewiesen. Das sich aufgrund des Eigenkapitalvergleichs ergebende Betriebsreinvermögen wird durch das steuerrechtl. „Eigenkapital" dargestellt. Gleichwohl ist diese Größe grds. nicht die maßgebende rechtl. Ausgangsgröße für den Eigenkapitalvergleich, weil ihr keine eigenständige bilanzrechtl. Bedeutung zukommt. Sie ist eine schlichte rechnerisch abgeleitete Differenzgröße.[3]

133 **2. Besonderheiten bei Personengesellschaften.** Bei **PersGes.** findet sich aufgrund der dispositiven Vorschriften des gesellschaftsrechtl. Innenverhältnisses in der Gesamthandsbilanz häufig eine Unterteilung in Festkapital und variable Kapitalkonten. Als Festkapital wird dabei die Kapitaleinlage der G'ter gebucht. Es bildet je nach Gestaltung des Gesellschaftsvertrags den Maßstab für Stimmrechte, Gewinnbetei-

---

1 *K/K/B/M/H*[3], § 5 Rn. 370.
2 Zur Abgrenzung unter Berücksichtigung der handels- und gesellschaftsrechtl. Funktionen des EK: *Fischer*, Sacheinlagen im Gesellschafts- und Steuerrecht der GmbH, 1997, 143 ff. mwN.
3 **AA** *Mathiak*, DStR 1992, 1606.

ligung und Anteil am Liquidationserlös des Ges.-Vermögens. Auf den variablen Kapitalkonten werden die lfd. Veränderungen des EK (Gewinn bzw. Verlustanteil, Einlagen, Entnahmen) gebucht. Abw. v. der zivilrechtl. Rechtslage umfasst bei PersGes. das stl. EK den Anteil am EK der PersGes. nebst Ergänzungsbilanzen und das EK aus der Sonderbilanz. Deshalb wirken sich zB Wertminderungen einer G'ter-Forderung gegen die Ges. erst mit Vollbeendigung der PersGes. oder vorheriger BetrAufg. iSv. § 16 Abs. 3 gewinnmindernd aus.[1]

3. Besonderheiten bei Kapitalgesellschaften. Bei **KapGes.** wird der Eigenkapitalausweis durch die Position „gezeichnetes Kapital" eröffnet (§ 266 Abs. 3 A. I. HGB). Nach § 272 Abs. 1 S. 1 HGB ist es mit dem Nennbetrag anzusetzen. Die nicht eingeforderten ausstehenden Einlagen auf das gezeichnete Kapital sind nach § 272 Abs. 1 S. 2 HS 1 HGB v. dieser Position offen abzusetzen. Der verbleibende Betrag ist in der Hauptspalte der Passivseite als Position „Eingefordertes Kapital" auszuweisen (§ 272 Abs. 1 S. 2 HS 2 HGB). Diese Regelung entstammt dem alten Wahlrecht in § 272 Abs. 1 S. 3 HGB aF vor dem BilMoG.[2] Weiteres EK wird in den Rücklagepositionen ausgewiesen, wobei das HGB zw. Kapital- und Gewinnrücklagen unterscheidet (vgl. § 272 Abs. 2 HGB). Das Steuerrecht folgt über §§ 8 Abs. 1 KStG, 5 Abs. 1 grds. der handelsrechtl. Differenzierung zw. Eigen- und Fremdkapital. Die Differenzierung wirkt sich auf die steuerrechtl. Gewinnermittlung aus. Aufwendungen für das im Unternehmen eingesetzte Fremdkapital sind bei der Gewinnermittlung grds. als BA (§§ 8 Abs. 1 KStG, 4 Abs. 4) abzugsfähig, während die Aufwendungen zur Bedienung des EK dem Bereich der Gewinnverwendung (nach Steuern) zuzuordnen sind. Im Körperschaftsteuerrecht gilt das sog. Trennungsprinzip, dh. schuldrechtl. Austauschverträge zw. der Ges. und den G'ter werden grds. anerkannt. Vereinbart ein G'ter mit der Ges. ein Darlehen, ist deshalb die Rückzahlungsverpflichtung an den G'ter unter den Verbindlichkeiten zu passivieren, und angemessene[3] Zinszahlungen der Ges. führen zu BA. Im Einzelfall geht es darum, bei bestimmten Gestaltungen (eigenkapitalersetzende Darlehen,[4] Rangrücktrittsvereinbarungen,[5] Genussrechtskapital[6]) eine zivil- und handelsbilanzrechtl. Analyse vorzunehmen, deren Wertung über das Maßgeblichkeitsprinzip auf die steuerrechtl. Gewinnermittlung durchschlägt. 134

Rücklagen verstärken neben dem Nominalkapital das EK der KapGes. Sie können sich entweder aus Einlagen der G'ter ergeben **(Kapitalrücklage)**, können aber auch durch die Einbehaltung v. Gewinnen gebildet werden **(Gewinnrücklage)**. Diese Systematik liegt § 272 Abs. 2–5 HGB zugrunde. Die wirtschaftl. vorhandene Beteiligung eines G'ters an der Rücklage ist kein selbständiges WG, weil es an den Voraussetzungen des WG-Begriffs fehlt.[7] Dies gilt auch dann, wenn im gesellschaftsrechtl. Innenverhältnis eine für einen G'ter gebundene Rücklage gebildet wird. Während es bei Kapitalrücklagen also um eine Verstärkung des nicht festen EK aus offenen oder verdeckten Einlagen geht, die gewinnneutral sind (§ 4 Abs. 1 S. 1), ist die Gewinnrücklage eine Maßnahme der Gewinnverwendung aus versteuertem EK.[8] 135

4. Rücklagen für Ersatzbeschaffung. Werden stille Reserven durch eine Entschädigung aufgrund Ausscheidens eines WG des AV oder UV aufgrund höherer Gewalt oder einer Entschädigung oder einer Veräußerung wegen oder zur Vermeidung eines behördlichen Eingriffs aufgedeckt, verhindert die **RfE** (R 6.6 [4] EStR) die steuerwirksame Aufdeckung der Reserven. Der entstehende Ertrag kann durch Übertragung der aufgedeckten stillen Reserven/Übertragung des Buchgewinns auf ein Ersatz-WG eliminiert werden.[9] Bei der RfE handelt es sich um ein gewohnheitsrechtlich anerkanntes Rechtsinstitut,[10] dem der Gedanke zugrunde liegt, dass die für die ausgeschiedenen WG erlangten Beträge ungeschmälert einer Ersatzbeschaffung zur Verfügung stehen sollen, was nicht möglich wäre, wenn sie zT besteuert würden.[11] Die Anwendung der Grundsätze über die RfE setzt voraus, dass der Gewinn durch BV-Vergleich, nach § 4 Abs. 3[12] 136

---

1 BFH v. 26.9.1996 – IV R 105/94, BStBl. II 1997, 277 = FR 1997, 302; v. 28.3.2000 – VIII R 28/98, BStBl. II 2000, 347 = FR 2000, 611 m. Anm. *Kempermann*; *Schmidt*[37], § 15 Rn. 544.
2 *B/H* HGB[38], § 272 Rn. 2.
3 Überhöhte, nicht marktübliche Zinsen stellen eine vGA dar, die nach § 8 Abs. 3 S. 2 KStG auf Ebene der Körperschaft zu korrigieren ist.
4 BFH v. 5.2.1992 – I R 127/90, BStBl. II 1992, 532 = FR 1992, 525 (= Fremdkapital).
5 BFH v. 30.5.1990 – I R 41/87, BStBl. II 1991, 588 (betr. bedingter Forderungserlass = EK); v. 30.3.1993 – IV R 57/91, BStBl. II 1993, 502 = FR 1993, 471 (betr. schuldrechtl. Rangrücktritt = Fremdkapital); anders BFH v. 30.11.2011 – I R 100/10, BStBl. II 2012, 332 Rn. 12 ff. = FR 2012, 582: keine Passivierung bei fehlender wirtschaftlicher Belastung.
6 BFH v. 19.1.1994 – I R 67/92, BStBl. II 1996, 77 = FR 1994, 435 (betr. Sonderfall des § 8 Abs. 3 S. 2 KStG).
7 Vgl. BFH v. 27.4.2000 – I R 58/99, FR 2000, 1281.
8 BFH v. 17.1.1980 – IV R 156/77, BStBl. II 1980, 434 = FR 1980, 387.
9 Ausf. hierzu *H/H/R*, § 5 Anm. 659.
10 BFH v. 17.3.2004 – II R 64/01, BStBl. II 2004, 766.
11 BFH v. 12.1.2012 – IV R 4/09, BStBl. II 2014, 443 Rn. 13 = FR 2012, 827.
12 R 6.6 Abs. 5 EStR.

oder nach Durchschnittssätzen nach § 13a[1] ermittelt wird. Unschädlich für die Fortführung der Rücklage ist der Wechsel v. der Gewinnermittlung durch BV-Vergleich zur Überschussrechnung des § 4 Abs. 3.[2] In Konstellationen einer Schätzung soll die RfE in Perioden nach dem 31.12.1999 nicht in Betracht kommen.[3] Wenn die Ersatzbeschaffung in ders. Periode erfolgt, in der eine Gewinnschätzung erfolgt, sollte sie zulässig sein, weil die Rspr. in Fällen der Gewinnschätzung die Rücklage deswegen abgelehnt hat, weil keine Buchführung eingerichtet war, in welcher die Bildung und Auflösung der Rücklage sich hätte nachverfolgen lassen. Das ist nicht gegeben, wenn die Übertragung in ders. Periode tatsächlich vorgenommen wird.

137 Wenn die RfE oder der Buchgewinn auf das Ersatz-WG übertragen wird, **mindert** dies die **AK** oder **HK** als Bemessungsgrundlage, und zwar sowohl für die reguläre AfA als auch für TW-Abschreibungen als auch grds. für erhöhte AfA.[4]

138 Da die Übertragung der stillen Reserven nur möglich ist, wenn ein Ersatz-WG angeschafft oder hergestellt wird, ergibt sich daraus im Umkehrschluss, dass ein aus dem PV in das BV im Wege der **Einlage** überführtes WG **nicht** nach den Grundsätzen der R 6.6. EStR **begünstigt** ist.[5] Der Sinn dessen ist darin zu sehen, dass die RfE die Übertragung v. stillen Reserven ermöglicht, ohne dass Steueraufwand entsteht. Mit einer Einlage sind jedoch keine Ausgaben verbunden. Das passt jedoch nicht, wenn die Einlage Steuerfolgen auslöst. Handelt es sich demnach um eine Konstellation des § 6 Abs. 6 S. 2 oder wird gegen Gewährung v. Gesellschaftsrechten in eine PersGes. eingelegt,[6] trifft dieser Sinn und Zweck nicht zu. Im Übrigen muss sich die Ersatzbeschaffung auf ein **funktionsgleiches WG** beziehen[7] und das Ersatz-WG muss auch tatsächlich funktionsähnlich genutzt werden.[8] Nach Auffassung der Verwaltung[9] soll die Übertragung nur auf WG möglich sein, die im Inland belegen sind.

139 Die Rücklage ist aufzulösen, wenn das Reinvestitionsobjekt angeschafft oder hergestellt wird oder wenn der StPfl. die **Reinvestitionsabsicht** aufgibt.[10] Erfolgt keine Wiederanlage, dann ist die Rücklage am Schluss des vierten auf ihre Bildung folgenden Wj. aufzulösen, wenn es sich bei dem ausgeschiedenen WG um Grund und Boden oder ein Gebäude handelt.[11] Bei anderen WG grds. aE des ersten Wj. nach Bildung.[12] Eine Auflösung findet auch statt, wenn ein nichtfunktionsgleiches Ersatz-WG angeschafft wird.[13] Das ist nicht unproblematisch, weil es sich tatsächlich um ein Ersatz-WG handelt und weil der Sinn und Zweck der RfE gleichwohl gegeben ist/sein kann. Bei einer Veräußerung oder Aufgabe des Betriebs entfällt die Rücklage mit Wirkung für den Veräußerungs- oder Aufgabegewinn.[14]

140 **III. Verbindlichkeiten. 1. Grundsätzliches und Abgrenzung zur Rückstellung.** Verbindlichkeiten sind **betriebliche Schuldposten** iSv. § 266 Abs. 3 C. HGB, für die ein **Passivierungsgebot** besteht (§§ 247 Abs. 1 HGB, 5 Abs. 1 S. 1 HS 1 EStG).[15] Die Verbindlichkeit ist v. Rückstellungsbegriff abzugrenzen. Bei der Rückstellung ist die Verbindlichkeit nach Grund und/oder Höhe ungewiss. Demgegenüber setzt eine zu passivierende Verbindlichkeit grds. den **durchsetzbaren Anspr.** eines **Dritten (Außenverpflichtung)**[16] voraus, dessen **Höhe** eindeutig **quantifizierbar** ist. Die Feststellungslast trifft im Streitfall den StPfl.[17]

141 **2. Betriebliche Veranlassung.** Steuerrechtlich muss die Außenverpflichtung zum einen **betrieblich veranlasst** sein (§ 4 Abs. 4). Zum anderen dürfen keine stl. Abzugsverbote nach § 4 Abs. 5 bzw. 5b (GewSt) einschlägig sein, dh., eine handelsrechtl. zu passivierende Verbindlichkeit ist durch eine außerbilanzielle Hinzurechnung zu neutralisieren, wenn und soweit ein stl. Verbot dem Abzug der entspr. Aufwendungen

---

1 R 6.6 Abs. 6 EStR.
2 BFH v. 29.4.1999 – IV R 7/98, BStBl. II 1999, 488 = FR 1999, 850 m. Anm. *Kanzler.*
3 BFH v. 4.2.1999 – IV R 57/97, FR 1999, 608 m. Anm. *Kanzler.*
4 BFH v. 5.2.1981 – IV R 87/77, BStBl. II 1981, 432 = FR 1981, 337; v. 11.4.1989 – VIII R 302/84, BStBl. II 1989, 697 = FR 1989, 584.
5 BFH v. 11.12.1984 – IX R 27/82, BStBl. II 1985, 250 = FR 1985, 300.
6 BFH v. 19.10.1998 – VIII R 69/95, BStBl. II 2000, 230 = FR 1999, 300.
7 BFH v. 29.4.1999 – IV R 7/98, BStBl. II 1999, 488 = FR 1999, 850 m. Anm. *Kanzler*; v. 25.9.2014 – IV R 44/11, BStBl. II 2015, 470 Rn. 23.
8 BFH v. 29.4.1999 – IV R 7/98, BStBl. II 1999, 488 = FR 1999, 850 m. Anm. *Kanzler.*
9 OFD Ffm. v. 22.11.1979, StEK EStG § 5 Rückl Nr. 93.
10 BFH v. 19.12.1972 – VIII R 29/70, BStBl. II 1973, 297; v. 12.1.2012 – IV R 4/09, BStBl. II 2014, 443 Rn. 15 = FR 2012, 827.
11 R 6.6 Abs. 4 S. 4 EStR; bei neu hergestellten Gebäuden gilt sogar eine Reinvestitionsfrist v. sechs Jahren.
12 R 6.6 Abs. 4 S. 3 EStR.
13 BFH v. 29.4.1999 – IV R 7/98, BStBl. II 1999, 488 = FR 1999, 850 m. Anm. *Kanzler.*
14 BFH v. 17.10.1991 – IV R 97/89, BStBl. II 1992, 392 = FR 1992, 160; H 16 Abs. 9 „Rücklage" EStH.
15 BFH v. 12.12.1990 – I R 153/86, BStBl. II 1991, 479.
16 *H/H/R*, § 5 Anm. 670.
17 *Schmidt*[37], § 5 Rn. 311.

als BA entgegensteht.[1] Eine Differenzierung zw. notwendiger u. gewillkürter Schuld entfällt; jede durch den Betrieb veranlasste (und stl. auch abzugsfähige) Schuld ist zwingend zu passivieren.

3. Vorsichtsprinzip. Aus **Vorsichtsgründen** werden auch Verbindlichkeiten, bei denen nicht alle Elemente des durchsetzbaren Anspr. vorliegen, passiviert, soweit der Schuldner erfüllungsbereit ist[2] (zB einredebehaftete Gläubigerforderungen). Die Verbindlichkeit darf allerdings dann nicht mehr passiviert werden, wenn sich der Schuldner entschlossen hat, die Einrede zu erheben, bzw. wenn zumindest anzunehmen ist, dass er sich auf die Einrede beruft.[3] Entspr. gilt, wenn der Schuldner einer Naturalobligation zahlungsunwillig ist. Rechtlich entstandene Verbindlichkeiten sind auch dann zu passivieren, wenn sie noch nicht fällig sind.[4] Des Weiteren folgt aus dem Vorsichtsprinzip, dass die Passivierung nicht v. der Zahlungsfähigkeit bzw. -willigkeit des Schuldners abhängen kann.[5] 142

Anfechtbare Verbindlichkeiten sind so lange auszuweisen, bis die Anfechtung wirksam erklärt worden ist. Bei **nichtigen** Verbindlichkeiten ist zu passivieren, wenn beide Parteien der Nichtigkeit des Rechtsgeschäfts keine Beachtung schenken. Nach Abschluss eines Insolvenzverfahrens fortbestehende Verbindlichkeiten sind erst mit dem rkr. Beschl. über die Restschuldbefreiung (§§ 300, 301 InsO) bilanziell aufzulösen.[6] Soweit der Fortbestand einer Verbindlichkeit v. Bilanzierenden **bestr.** wird, muss so lange passiviert werden, bis mit dem Gläubiger eine Einigung erzielt ist.[7] 143

4. Schwebende Geschäfte. Eine Passivierung hat zu unterbleiben, sofern die Verbindlichkeit aus einem **schwebenden Geschäft** eines gegenseitigen Vertrags herrührt, der v. dem zur Sach- bzw. Dienstleistung verpflichteten Vertragspartner noch nicht vollständig erfüllt wurde. Insoweit greift die widerlegbare Vermutung, dass sich während des Schwebezustands die wechselseitigen Rechte und Pflichten aus dem auf Leistungsaustausch gerichteten Vertrag wertmäßig in etwa ausgleichen;[8] verhindert werden soll eine „Aufblähung" der Bilanz (vgl. auch Rn. 100). Dieser Grundsatz gilt indes nicht im Falle der Störung des Gleichgewichts der Vertragsbeziehung durch einen Erfüllungsrückstand sowie bei schuldrechtl. Vorleistungen des Vertragspartners (s. Rn. 145 f.).[9] 144

Das Gebot der Nichtbilanzierung schwebender Geschäfte hindert nicht die Passivierung einer Verbindlichkeit, die erst nach Beendigung des Schwebezustands zu erfüllen ist, dh., wenn es erst nach der Beendigung des schwebenden Geschäfts zu einem **Erfüllungsrückstand** kommt.[10] Ein solcher Erfüllungsrückstand bestimmt sich danach, ob die vom StPfl. noch zu erbringende Leistung nicht nur an Vergangenes anknüpft, sondern durch Vergangenes abgegolten wird. Vorausgesetzt wird also eine Verpflichtung, die sich als vom Vertragspartner durch dessen erbrachte Vorleistung erdient und eine am Bilanzstichtag des StPfl. somit rückständige Gegenleistung darstellt (zB fortwährende – nicht mehr gesondert zu vergütende – Bestandspflegepflicht eines Versicherungsvertreters).[11] 145

Erhaltene Anzahlungen des Vertragspartners sind auf der Passivseite der Bilanz mit dem Nennwert auszuweisen (vgl. zur Bilanzgliederung § 266 Abs. 3 C.3. HGB; vgl. auch Rn. 102). Die Passivierungspflicht dient dazu, die Vorleistung bilanziell zu neutralisieren (per Geld an erhaltene Anzahlungen), um auf diese Weise zu verhindern, dass bereits vor Gefahrübergang (s. Rn. 208 ff.)Gewinn realisiert wird. Spiegelbildlich hierzu hat der (bilanzierende) Vertragspartner die Vorauszahlung als geleistete Anzahlung zu aktivieren. Durch die Passivierung einer erhaltenen Anzahlung wird die für den Fall der Nicht-/Schlechterfüllung des Sach-/Dienstleistungsanspruchs entstehende (ggf. teilweise) Rückzahlungsverpflichtung bilanziell zum Ausdruck gebracht. Der Passivposten ist mit dem Eintritt der Gewinnrealisierung aufzulösen[12] und mit der sodann im Regelfall zu aktivierenden Forderung zu verrechnen.[13] 146

1 BFH v. 6.4.2000 – IV R 31/99, BStBl. II 2001, 536 = FR 2000, 939.
2 Vgl. BFH v. 17.8.1967 – IV 73/63, BStBl. II 1968, 79 zu Naturalobligationen; v. 9.2.1993 – VIII R 21/92, BStBl. II 1993, 543 = FR 1993, 535 zu verjährten Verbindlichkeiten.
3 BFH v. 15.2.2000 – X B 121/99, BFH/NV 2000, 1450.
4 BFH v. 3.12.1991 – VIII R 88/87, BStBl. II 1993, 89 = FR 1992, 576; v. 24.2.1994 – IV R 103/92, BFH/NV 1994, 779.
5 BFH v. 26.2.1993 – VIII B 87/92, BFH/NV 1993, 364 (betr. Zahlungsunfähigkeit).
6 BFH vom 13.12.2016 – X R 4/15, BStBl. II 2017, 786 Rn. 32 ff. (Umwandlung in Naturalobligation).
7 *A/D/S*[6], § 246 HGB Rn. 117. Herrscht Streit über das Entstehen der Verbindlichkeit, kommt nur eine Rückstellungsbildung in Betracht.
8 BFH v. 23.6.1997 – GrS 2/93, BStBl. II 1997, 735 = FR 1997, 678.
9 *Blümich*, § 5 Rn. 763.
10 BFH v. 30.1.2002 – I R 71/00, FR 2002, 926 m. Anm. *Weber-Grellet* = DStR 2002, 1295.
11 BFH v. 8.11.2011 – X B 221/10, BFH/NV 2012, 217 Rn. 4 ff.; v. 27.2.2014 – III R 14/11, BStBl. II 2014, 675 Rn. 11 = FR 2014, 938.
12 BFH v. 29.11.2007 – IV R 62/05, BStBl. II 2008, 557 = FR 2008, 766.
13 *Blümich*, § 5 Rn. 766.

147 **5. Zeitpunkt der Passivierung.** Die Schuld muss am Bilanzstichtag dem Grunde und der Höhe nach gewiss und quantifizierbar sein.[1] Sie muss grds. am Bilanzstichtag für den StPfl. eine **wirtschaftl. Belastung** darstellen.[2] Ferner muss der StPfl. (spätestens) bis zur Bilanzaufstellung Kenntnis v. der Existenz seiner Verpflichtung haben. Bei **vertraglichen Anspr.** ist eine Kenntnis des Gläubigers v. der ihm zustehenden Forderung nicht Voraussetzung für die Passivierung in der Bilanz des Schuldners.[3] Ein Verzicht auf Passivierung ist ausnahmsweise nur dann geboten, wenn nicht einmal mehr eine geringfügige Wahrscheinlichkeit dafür spricht, dass eine Inanspruchnahme erfolgen wird.[4] Bei **Schadensersatzverpflichtungen** wird deshalb die Ansicht vertreten, eine Passivierung müsse vor Kenntniserlangung des geschädigten Gläubigers unterbleiben.[5] Dem ist nur unter der Einschränkung zuzustimmen, dass nicht zu erwarten ist, der Gläubiger werde v. seinem Anspr. erfahren, sodass mit einer Inanspruchnahme des bilanzierenden Schuldners nicht ernsthaft zu rechnen ist.[6]

148 Im Einzelfall kann es so liegen, dass die Rechnungsperioden der **rechtl. Entstehung** und der **wirtschaftl. Verursachung** auseinanderfallen. Hier kommt es für die Passivierung jeweils auf den früheren Bilanzstichtag an.[7] Der Grund dafür liegt darin, dass in diesen Fällen der Anspr. des Dritten entweder entstanden ist und die Leistungspflicht das Vermögen des StPfl. belastet oder zwar nur wirtschaftl. verursacht ist, dann aber die Periodisierung des Aufwands die Passivierung rechtfertigt. Die im Schrifttum zT anzutreffende Ansicht, aus dem Realisationsprinzip müsse unter ergänzender Heranziehung des anglo-amerikanischen sog. „Matching Principle" abgeleitet werden, dass grds. jede Passivierung, selbst wenn sie rechtl. entstanden und sicher zu erfüllen sei, ergänzend wirtschaftl. verursacht sein müsse (sog. passivierungsbegrenzende Wirkung des Realisationsprinzips),[8] lässt sich mit dem geltenden Bilanzrechtssystem nicht vereinbaren. Diese Sichtweise geht über den Grundgedanken des Realisationsprinzips hinaus und vernachlässigt das Vorsichtsprinzip, welches verhindern will, dass sich der Kfm. unzulässig „reich rechnet". Allerdings stellt die jüngere Rspr. des BFH zunehmend die rechtliche hinter die wirtschaftl. Verursachung zurück. Der BFH[9] meint – im Zusammenhang mit der Passivierung eines Gesellschafterdarlehens –, es komme ausschlaggebend auf die wirtschaftl. Belastung des Bilanzierungssubjekts an. Dies könnte allerdings durch eine weitere Entsch. des I. Senats des BFH[10] entkräftet sein, weil jedenfalls dann, wenn es sich um ein **G'ter-Darlehen** handelt, welches mit einer **Rangrücktrittserklärung** versehen ist, maßgeblich auf § 5 Abs. 2a EStG abgestellt wird. Es kommt daher darauf an, ob sich die Tilgungsabrede auch auf sonstiges freies Vermögen der Ges. bezieht; dann ist § 5 Abs. 2a EStG nicht anzuwenden (zu § 5 Abs. 2a vgl. auch Rn. 186 ff.).

149 **6. Bedingte Verbindlichkeiten. Aufschiebend bedingt entstehende** Verbindlichkeiten sind als solche erst mit dem Eintritt der Bedingung zu passivieren.[11] Hat der StPfl. eine Bürgschaft übernommen oder eine vergleichbare dingliche Sicherheit für eine fremde Schuld bestellt, kommt eine Passivierung nicht in Betracht, solange nicht mit einer Inanspruchnahme zu rechnen ist.[12] Ebenso wenig ist eine Verbindlichkeit auszuweisen, wenn eine bedingte Rückzahlungsverpflichtung aus öffentl.-rechtl., vertraglichen oder gesetzlichen Zuschussverhältnissen besteht.[13] **Auflösend bedingt enstandene** Verbindlichkeiten sind dagegen bis zum Bedingungseintritt zu passivieren; mit dem Bedingungseintritt erfolgt die gewinnwirksame Auflösung.[14]

---

1 *Schmidt*[37], § 5 Rn. 311 mwN.
2 BFH v. 30.11.2011 – I R 100/10, BStBl. II 2012, 332 Rn. 11 = FR 2012, 582; *H/H/R*, § 5 Anm. 673.
3 BFH v. 12.12.1990 – I R 153/86, BStBl. II 1991, 479; v. 19.10.1993 – VIII R 14/92, BStBl. II 1993, 891 = FR 1994, 52; *Kessler*, DStR 1996, 1228 (1232 f.).
4 BFH v. 22.11.1988 – VIII R 62/85, BStBl. II 1989, 359 = FR 1989, 169; v. 12.12.1990 – I R 153/86, BStBl. II 1991, 479; v. 3.6.1992 – X R 50/91, BFH/NV 1992, 741; *BeBiKo*[11], § 247 Rn. 207.
5 *Blümich*, § 5 Rn. 798a; vgl. auch BFH v. 19.10.1993 – VIII R 14/92, BStBl. II 1993, 891 = FR 1994, 52; **aA** *Schön*, BB 1994, Beil. Nr. 9, 1 (8).
6 *BeBiKo*[11], § 247 Rn. 207.
7 BFH v. 24.5.1984 – I R 166/78, BStBl. II 1984, 747 = FR 1984, 540; einschr. BMF v. 21.6.2005, DStR 2005, 1188.
8 *Matschke/Schellhorn*, FS Sieben, 1998, 447; *Schmidt*[37], § 5 Rn. 311; krit. *Blümich*, § 5 Rn. 241b mwN.
9 BFH v. 30.11.2011 – I R 100/10, BStBl. II 2012, 332 = FR 2012, 582.
10 BFH v. 15.4.2015 – I R 44/14, BStBl. II 2015, 769 Rn. 12 ff. = FR 2015, 995; dazu *Gosch*, BFH/PR 2015, 287; *Hoffmann*, DStR 2015, 1554; *Kraft/Schreiber*, NWB 2015, 2640; *Wälzholz*, GmbH-StB 2015, 259.
11 BFH v. 22.1.1992 – X R 23/89, BStBl. II 1992, 488 = FR 1992, 474; v. 23.3.2011 – X R 42/08, BStBl. II 2012, 188 Rn. 22 = FR 2011, 1002; uU Rückstellungsbildung bei hinreichender Wahrscheinlichkeit des Bedingungseintritts.
12 Zur Frage der Rückstellungsbildung vgl. BFH v. 9.3.1988 – I R 262/83, BStBl. II 1988, 592 = FR 1988, 368; v. 26.11.1996 – VIII R 58/93, BStBl. II 1997, 390 = FR 1997, 218.
13 BFH v. 22.1.1992 – X R 23/89, BStBl. II 1992, 488 = FR 1992, 474; uU Rückstellungsbildung bei hinreichender Wahrscheinlichkeit des Bedingungseintritts: v. 3.7.1997 – IV R 49/96, BStBl. II 1998, 244 = FR 1997, 851 (betr. bedingt rückzahlbare Druckbeihilfen); steuerrechtl. Passivierungsverbot gem. § 5 Abs. 2a.
14 *A/D/S*[6], § 246 HGB Rn. 122; *Schmidt*[37], § 5 Rn. 314; *H/H/R*, § 5 Anm. 675; nach *BeBiKo*[11], § 247 Rn. 225, kommt auch eine Verbindlichkeitsrückstellung in Betracht, wenn der Bedingungseintritt wahrscheinlich ist.

Bei einer Verbindlichkeit, deren **Erlass auflösend bedingt** ist, ist nicht mehr zu passivieren, sondern unter Beachtung des Imparitätsprinzips mit Bedingungseintritt gewinnwirksam aufzulösen.[1]

7. Besondere (dingliche) Leistungsverpflichtungen. Eine Passivierung als Verbindlichkeit hat auch dann zu erfolgen, wenn die Leistungsverpflichtung nicht in einer Geldzahlung, sondern in einer **sonstigen Leistung** bzw. **Lieferung** besteht, sofern nicht die Grundsätze des sog. schwebenden Geschäfts eingreifen (s. Rn. 100). Nicht abschließend geklärt ist die Behandlung **dinglicher Lasten**, die auf ein bloßes Dulden oder Unterlassen gerichtet sind und nicht nur eine ohnehin bestehende schuldrechtl. Verbindlichkeit absichern. Besteht zB ein **Nießbrauch** oder eine **Grunddienstbarkeit**, geht der BFH davon aus, dass keine Verbindlichkeit auszuweisen, sondern eine Wertminderung bei den AK v. Grund und Boden bzw. Gebäude vorzunehmen sei.[2] Nach neuerer Rspr.[3] begründen dingliche Belastungen keine Verbindlichkeiten, deren Übernahme zu AK führt. Die Belastung sei kein passives WG, und es sei auch keine schuldrechtl. Verpflichtung gegeben. Im Schrifttum wird zT dahin gehend differenziert, ob es sich um immerwährende Duldungs- und Unterlassungslasten handele – dann sei v. einer endg. Minderung des dem Vermögensgegenstand zugeordneten Ertragswerts auszugehen – oder ob eine nur zeitlich befristete Duldungs- und Unterlassungsverpflichtung vorliege; in letzterem Fall sei v. einer Verbindlichkeit auszugehen, die sich im Zeitablauf gewinnwirksam verringere.[4] Wird eine betriebliche Geld- oder Sachschuld dinglich gesichert (zB durch Grundschuld, Hypothek oder Reallast), ist ausschließlich die Schuld zu passivieren.[5] 150

8. Bewertungsansatz. Nach § 253 Abs. 1 S. 2 HGB sind Verbindlichkeiten mit ihrem **Brutto-Erfüllungsbetrag** anzusetzen.[6] Der Rückzahlungsbetrag entspricht grds. dem **Nennwert** der Schuld, Verbindlichkeiten in fremder Währung sind mit dem in Euro umgerechneten Devisenkassamittelkurs am Abschlussstichtag zu passivieren (§ 256a S. 1 HGB). 151

Unverzinsliche Geldverbindlichkeiten sind stl. mit dem mit 5,5 % abgezinsten Erfüllungsbetrag anzusetzen (vgl. § 6 Abs. 1 Nr. 3 S. 1).[7] Dies gilt wiederum nicht für Verbindlichkeiten, deren Restlaufzeit am Bilanzstichtag weniger als zwölf Monate beträgt oder die auf einer Anzahlung bzw. Vorausleistung beruhen (§ 6 Abs. 1 Nr. 3 S. 2). Zur Frage der Technik der Abzinsung vgl. § 6 Rn. 147 ff. Aus der Verweisungskette der §§ 6 Abs. 1 Nr. 3, 6 Abs. 1 Nr. 2, 6 Abs. 1 Nr. 1 S. 4 ergibt sich, dass das strikte Wertaufholungsgebot für abnutzbare WG des Anlagevermögens auch bei Verbindlichkeiten entspr. gilt. Dies ist vor allem im Bereich der sog. Fremdwährungsverbindlichkeiten zu beachten. Bei Begr. einer entspr. Verbindlichkeit werden ihre AK auf Basis des aktuellen Wechselkurses ermittelt. Verbindlichkeiten in fremder Währung sind zum Devisenkassamittelkurs am Abschlussstichtag umzurechnen. Bei der Folgebewertung in zukünftigen Perioden sind das Imparitätsprinzip und das Realisationsprinzip zu beachten.[8] Steigt also der Wechselkurs, dann ist der höhere TW am Stichtag zu passivieren, es sei denn, dass der Kurs abgesichert ist.[9] 152

Verbindlichkeiten, die auf einer **Sach- oder Dienstleistungsverpflichtung** beruhen, sind mit dem Betrag zu passivieren, der den zur Leistung erforderlichen Aufzeichnungen entspricht. Im Regelfall sind die Vollkosten anzusetzen.[10] 153

IV. Rückstellungen. 1. Grundsätzliches. Vom HGB werden die **Rückstellungen** zw. EK und Verbindlichkeiten eingeordnet (vgl. § 266 Abs. 3 HGB). Ihr theoretisches Verständnis ist davon abhängig, ob man der statischen oder dynamischen Bilanzauffassung zuneigt.[11] Nach statischer Auffassung dienen Rückstellungen der zutr. Erfassung (rechtl.) Verbindlichkeiten, während die dynamische Auffassung darauf abstellt, spätere Aufwendungen in die Periode ihrer Verursachung einzurechnen. Für die Rechtsanwendung entscheidend ist allein der Katalog des § 249 HGB, dessen kleinster gemeinsamer Nenner darin besteht, dass Passivposten zur Berücksichtigung künftig anfallender Aufwendungen gebildet werden, obwohl Grund und/oder Höhe dieser Posten ungewiss sind. Materiell geht es demnach um eine Ausprägung des **Imparitätsprinzips**.[12] 154

---

1 BFH v. 20.10.2004 – I R 11/03, BStBl. II 2005, 581 = FR 2005, 304; v. 31.8.2011 – IV B 72/10, BFH/NV 2012, 21; 11.4.1990 – I R 63/86, BFHE 160, 323; v. 21.6.1990 – IV B 100/89, BStBl. II 1990, 980 = FR 1990, 677; *BeBiKo*[11], § 247 Rn. 225; *Schmidt*[37], § 5 Rn. 314; **aA** *A/D/S*[6], § 246 HGB Rn. 124.
2 BFH v. 9.8.1989 – X R 20/86, BStBl. II 1990, 128 = FR 1989, 713; vgl. *Schmidt*[37], § 5 Rn. 319.
3 BFH v. 17.11.2004 – I R 96/02, BStBl. II 2008, 296 = FR 2005, 320 m. Anm. *Weber-Grellet* = DB 2005, 422.
4 *Heymann* HGB[2], § 246 Rn. 21 mwN.
5 *Schmidt*[37], § 5 Rn. 319 mwN.
6 Näher *BeBiKo*[11], § 253 Rn. 50 ff.
7 Vgl. hierzu BMF v. 23.8.1999, BStBl. I 1999, 818.
8 *BeBiKo*[11], § 256a Rn. 30 ff.; *Schmidt*[37], § 5 Rn. 270 „Fremdwährung".
9 BFH v. 15.11.1990 – IV R 103/89, BStBl. II 1991, 228 = FR 1991, 228.
10 BFH v. 11.2.1988 – IV R 191/85, BStBl. II 1988, 661 = FR 1988, 471; *Schmidt*[37], § 5 Rn. 331.
11 Näher *A/D/S*[6], § 249 HGB Rn. 20 ff.
12 *H/H/R*, § 5 Anm. 680 (Vorsichtsprinzip).

155 Die Bildung und Auflösung v. Rückstellungen bei der steuerrechtl. Gewinnermittlung richtet sich nach den handelsrechtl. **GoB** (§ 5 Abs. 1 S. 1 HS 1),[1] soweit nicht das **Steuerrecht vorrangige spezielle** Rückstellungsvorschriften vorsieht. Zu einer Abweichung v. der HB kommt es demzufolge bei den steuerrechtl. Passivierungsbegrenzungen der Abs. 2a, 3, 4, 4a, 4b. Des Weiteren dürfen bei der steuerrechtl. Gewinnermittlung keine Rückstellungen für solche künftigen Ausgaben anerkannt werden, die nach speziellen steuerrechtl. Vorschriften nicht als BA abziehbar sind (vgl. §§ 4 Abs. 5, 5b). Zudem sind spezielle stl. Bewertungsvorschriften zu beachten (vgl. §§ 6 Abs. 1 Nr. 3a, 6a).

156 Die verschiedenen **Rückstellungsarten** sind folgendermaßen zu systematisieren:[2]

(1) Rückstellungen mit **Verpflichtungscharakter**

(2) Rückstellungen für **drohende Verluste** aus schwebenden Geschäften

(3) Rückstellungen ohne Verpflichtungscharakter (sog. **Aufwandsrückstellungen**)

157 Diese **Systematisierung** liegt auch dem Handelsrecht zugrunde, das die Rückstellungen – mit einer Ergänzung in § 274 Abs. 1 HGB für sog. latente Steuern – in § 249 Abs. 1 S. 1 und 2 HGB **abschließend** umschreibt. Danach sind folgende Rückstellungen möglich:

(1) Passivierungspflicht für Rückstellungen aus ungewissen Verbindlichkeiten (§ 249 Abs. 1 S. 1 Alt. 1 HGB)

(2) Passivierungspflicht für Rückstellungen für drohende Verluste aus schwebenden Geschäften (§ 249 Abs. 1 S. 1 Alt. 2 HGB), die gem. § 5 Abs. 4a steuerrechtl. allerdings nicht berücksichtigt werden

(3) Passivierungspflicht für Rückstellungen für im Geschäftsjahr unterlassene Aufwendungen für Instandhaltungen, die innerhalb v. drei Monaten nachgeholt werden, oder für Abraumbeseitigung, die im folgenden Geschäftsjahr nachgeholt werden (§ 249 Abs. 1 S. 2 Nr. 1 HGB)

(4) Passivierungspflicht für Rückstellungen für Gewährleistungen ohne rechtl. Verpflichtung (§ 249 Abs. 1 S. 2 Nr. 2 HGB)

158 Das bisherige handelsrechtl. Passivierungswahlrecht für Auswandsrückstellungen nach § 249 Abs. 2 HGB aF wurde zugunsten eines höheren Informationsgehalts der HB durch das BilMoG[3] abgeschafft. Stl. ergeben sich aus diesem Ansatzverbot keine Rechtsfolgen, da aus der sog. Wahlrechts-Rspr. des BFH folgt, dass ein Passivierungswahlrecht in der HB zu einem **Passivierungsverbot** in der Steuerbilanz führt.[4] Soweit handelsrechtl. eine Rückstellungsbildung unzulässig ist (§ 249 Abs. 2 S. 1 HGB), darf auch in der Steuerbilanz keine Rückstellung gebildet werden.[5]

159 Auch das Ansatzwahlrecht für Rückstellungen für im Geschäftsjahr nachzuholende unterlassene Instandhaltungen nach § 249 Abs. 1 S. 3 HGB aF wurde aufgrund seines Charakters als Innenverpflichtung bei wirtschaftl. Betrachtungsweise abgeschafft, um eine bessere Darstellung der Vermögenslage zu verwirklichen. Somit sind zukünftig mit Ausnahme v. § 249 Abs. 1 S. 2 Nr. 1 HGB (Instandhaltung innerhalb drei Monate, Abraumbeseitigung) nur noch **Außenverpflichtungen** zu passivieren.

160 **2. Rückstellungen für ungewisse Verbindlichkeiten. a) Überblick.** Rückstellungen für ungewisse Verbindlichkeiten iSv. § 249 Abs. 1 S. 1 Alt. 1 HGB setzen schlagwortartig Folgendes voraus:[6]

- Verbindlichkeit in Gestalt einer **Außenverpflichtung** (vgl. Rn. 161 ff.),
- hinreichende **Konkretisierung** jener Verbindlichkeit (Rn. 164),
- allerdings **Ungewissheit** über das Bestehen der Verbindlichkeit dem Grunde **und/oder** der Höhe nach (Rn. 165 ff.),
- aber (bei Ungewissheit dem Grunde nach) überwiegende **Wahrscheinlichkeit** des Entstehens der Verbindlichkeit (Rn. 167 ff.),
- StPfl. muss **ernsthaft** mit einer Inanspruchnahme (iHd. des zu passivierenden Betrags) rechnen (Rn. 167 ff.),
- **wirtschaftl. Verursachung** der Verbindlichkeit in der Vergangenheit (dh. bis zum Ablauf des Bilanzstichtags), Rn. 171 ff.[7],
- Aufwand darf **nicht** zu **AK/HK** eines WG führen (§ 5 Abs. 4b S. 1), Rn. 177.

---

1 BFH v. 27.9.2017 – I R 53/15, FR 2018, 517 Rn. 19 m. Anm. *Weber-Grellet.*
2 Vgl. *A/D/S*[6], § 249 HGB Rn. 11 ff.
3 G v. 25.5.2009 (BGBl. I 2009, 1102).
4 BFH v. 13.11.1991 – I R 102/88, BStBl. II 1992, 336.
5 BFH v. 16.12.1987 – I R 68/87, BStBl. II 1988, 338.
6 Vgl. auch jüngst BFH v. 27.9.2017 – I R 53/15, FR 2018, 517 Rn. 19 m. Anm. *Weber-Grellet.*
7 Nach wie vor nicht abschließend geklärt ist, ob das Merkmal der wirtschaftl. Vergangenheitsverursachung auch dann eigenständige Bedeutung hat, wenn die Verpflichtung am Bilanzstichtag bereits rechtl. entstanden ist (vgl. Rn. 169 f.).

161 **b) Verbindlichkeit in Form einer Außenverpflichtung.** Rückstellungen für ungewisse Verbindlichkeiten iSv. § 249 Abs. 1 S. 1 Alt. 1 HGB setzen grds. eine **Schuldner-Gläubiger-Beziehung** voraus, sodass unternehmensinterner „Aufwand gegen sich selbst", der betriebswirtschaftl. die Rückstellung als Innenverpflichtung möglicherweise zu begründen vermag, nicht zur Passivierungspflicht im Rechtssinne führen kann.[1] Erforderlich ist die ungewisse Verpflichtung ggü. einem Dritten (dh. **Außenverpflichtung**), doch ist der Kreis der Dritten weit zu ziehen. Dies ergibt sich aus der Abgrenzung zum nicht nach § 249 Abs. 1 S. 1 Alt. 1 HGB passivierungsfähigen internen Aufwand. Der Schuldcharakter einer am Bilanzstichtag bestehenden Belastung kann sich also ergeben aus:

- einem bestehenden Vertragsverhältnis;
- einem gesetzlichen Schuldverhältnis, wobei die Pers. des Gläubigers nicht bekannt sein muss (zB Produzentenhaftung);[2]
- einer öffentl.-rechtl. Verpflichtung (Steuern, Jahresabschlusskosten, allerdings nicht, wenn die Prüfungsverpflichtung lediglich per Gesellschaftsvertrag begründet wird).[3]

Nach zutr. Ansicht schließt der Umstand, dass die Erfüllung der Außenverpflichtung **zumindest auch** im eigenbetriebl. Interesse des StPfl. liegt, die Bildung einer Rückstellung nicht aus.[4]

162 Zu den Rückstellungen mit Verbindlichkeitscharakter nach § 249 Abs. 1 S. 1 Alt. 1 HGB zählen auch **faktische** und **nicht einklagbare** Verpflichtungen, denen sich das Unternehmen nicht entziehen kann.[5] Für die Rückstellungsfähigkeit macht es keinen Unterschied, ob die spätere Erfüllung einer bestehenden Verbindlichkeit zu einer Aufwandserhöhung oder zu einer Einnahmenminderung führt, weil jeweils v. einer Ergebnisminderung am Bilanzstichtag auszugehen ist, sodass aufgrund des **Vorsichtsprinzips** eine Rückstellung zu bilden ist.[6] Daraus folgt auch, dass eine Rückstellung aufgrund eines per Klage geltend gemachten Anspr. so lange bestehen bleibt, bis die Klage nrkr. abgewiesen worden ist.[7]

163 Einen Sonderfall der Fallgruppe „faktische Verpflichtung" bilden die in § 249 Abs. 1 S. 2 Nr. 2 HGB genannten Rückstellungen für **Gewährleistungen ohne rechtl. Verpflichtung.**[8] Die Sonderregelung ist handelsrechtl. überflüssig, da schon die Voraussetzungen der Rückstellung aus ungewissen Verbindlichkeiten vorliegen. Der Sinn der ausdrücklich erwähnten Passivierungspflicht ist die Sicherstellung der steuerrechtl. Anerkennung.[9] Die Passivierungspflicht für Kulanzleistungen ist nicht unproblematisch, da es idR um Kundenpflege usw. geht, die sich in der Zukunft auswirkt. Es darf daher nicht jede Kulanzleistung passiviert werden, vielmehr muss es sich um echte Gewährleistungsfälle handeln, die aufgrund der gesetzlichen oder vertraglichen Bestimmungen nicht mehr durchsetzbar sind.

164 **c) Konkretisierung der Verbindlichkeit.** Die Bildung einer Rückstellung setzt ferner voraus, dass sich die Außenverpflichtung für den StPfl. am Bilanzstichtag bereits hinreichend **konkretisiert** hat. Während die Rspr. das Konkretisierungserfordernis jedenfalls bei zivilrechtl. Verpflichtungen nicht selten mit dem weiteren Merkmal der Wahrscheinlichkeit der Schuldinanspruchnahme gleichsetzt,[10] hat es bei **öffentl.-rechtl.** Verpflichtungen eigenständige Relevanz. Derartige Verpflichtungen müssen am Bilanzstichtag bereits inhaltlich hinreichend bestimmt und in zeitlicher Nähe zum Stichtag zu erfüllen sein. Der StPfl. muss zu einem bestimmten Handeln (oder Unterlassen) innerhalb einer bestimmten oder zumindest bestimmbaren[11] Zeit aufgefordert sein. Ferner muss die Verletzung der Pflicht mit Sanktionen belegt sein.[12] Die erforderliche Konkretisierung wird entweder durch einen gesetzeskonkretisierenden Rechtsakt (VA, Vfg. oder verwaltungsrechtl. Vereinbarung)[13] oder durch die unmittelbare Erfüllung der Merkmale des gesetzli-

---

1 BFH v. 26.10.1977 – I R 148/75, BStBl. II 1978, 97; v. 17.1.1980 – IV R 156/77, BStBl. II 1980, 434 = FR 1980, 387; *A/D/S*[6], § 249 HGB Rn. 43.
2 *A/D/S*[6], § 249 HGB Rn. 44; *Schmidt*[37], § 5 Rn. 362.
3 BFH v. 18.7.1973 – I R 11/73, BStBl. II 1973, 860 betr. Steuern; v. 23.7.1980 – I R 28/77, BStBl. II 1981, 62 betr. Aufstellung und Prüfung des Jahresabschlusses; v. 5.6.2014 – IV R 26/11, BStBl. II 2014, 886; *BeBiKo*[11], § 249 Rn. 29.
4 Vgl. BFH v. 17.10.2013 – IV R 7/11, BStBl. II 2014, 302 Rn. 27 = FR 2014, 236 m. Anm. *Prinz* (zumindest Überwiegen des öffentl. Interesses an der Pflichterfüllung ggü. dem eigenbetrieblichen Interesse); zum Streitstand vgl. *Blümich*, § 5 Rn. 792b.
5 BFH v. 16.9.2014 – X R 38/13, BFH/NV 2015, 314 Rn. 37; *BeBiKo*[11], § 249 Rn. 31; *K/W*, § 249 HGB Rn. 37; *Schmidt*[37], § 5 Rn. 362; *H/H/R*, § 5 Anm. 684.
6 BFH v. 29.11.2000 – I R 87/99, BStBl. II 2002, 655 = FR 2001, 534 m. Anm. *Weber-Grellet*.
7 BFH v. 30.1.2002 – I R 68/00, FR 2002, 624.
8 Vgl. auch *Blümich*, § 5 Rn. 793a.
9 *A/D/S*[6], § 249 HGB Rn. 182; einschr. BFH v. 6.4.1965 – I S. 23/63 U, BStBl. III 1965, 383.
10 Vgl. BFH v. 25.8.1989 – III R 95/87, BStBl. II 1989, 893; vgl. auch *Schmidt*[37], § 5 Rn. 365.
11 R 5.7 Abs. 4 S. 1 EStR.
12 BFH v. 25.1.2017 – I R 70/15, BStBl. II 2017, 780 Rn. 21.
13 BFH v. 25.1.2017 – I R 70/15, BStBl. II 2017, 780 Rn. 27.

chen Tatbestands belegt.[1] In diesem Fall kann sich der StPfl. der Erfüllung der Verpflichtung tatsächlich nicht entziehen.[2]

165 **d) Ungewissheit.** Die Rückstellung ist v. vornherein nur eine unsichere Belastung des StPfl. Die hierfür erforderliche (Außen-)Verpflichtung muss am Bilanzstichtag entweder dem **Grunde** und der **Höhe** noch ungewiss oder zwar bereits dem Grunde nach gewiss, aber der Höhe nach noch ungewiss sein. Besteht dagegen über Grund **und** Höhe der Verpflichtung bereits ausreichende Gewissheit, ist keine Rückstellung, sondern (bereits) eine Verbindlichkeit zu passivieren. Auch unter Berücksichtigung des Vorsichtsprinzips genügt es für das Tatbestandsmerkmal der Ungewissheit jedoch nicht, dass der Schuldeintritt lediglich möglich erscheint. Ungewissheit iSv. § 249 Abs. 1 S. 1 Alt. 1 HGB fordert insoweit – da bilanziell bereits eine Belastung abzubilden ist – mehr: Die Verpflichtung muss bei prognostischer Betrachtung daher sowohl dem Grunde nach als auch in einer bestimmten Höhe zumindest **wahrscheinlich** bestehen oder entstehen. Auch hier gibt es wegen des wertenden Wahrscheinlichkeitsurteils keine generelle Lösung. Die BFH-Rspr. judiziert nach einer „**51 %-Formel**": Sprechen nach den Verhältnissen des Bilanzstichtags mehr Gründe für als gegen eine Inanspruchnahme, so liegen die Rückstellungsvoraussetzungen vor.[3] Auch diese Formel[4] ist nicht mehr als ein Anhalt, jedoch deshalb wichtig, weil eine nicht ausreichende Wahrscheinlichkeit der Inanspruchnahme nach Auffassung des BFH[5] nur ein handelsrechtl. Passivierungswahlrecht gibt, das sich in der StB nicht auswirkt. Dieses Arg. ist für den Grundtatbestand des § 249 Abs. 1 HGB, der v. einer Passivierungspflicht ausgeht, nicht überzeugend.

Der BFH hat im Falle des entgeltlichen Schuldbeitritts zu einer Pensionsverpflichtung entschieden, dass eine Pensionsrückstellung nach § 6a gewinnerhöhend aufzulösen sei, wenn eine Inanspruchnahme nicht mehr wahrscheinlich ist.[6] In Anlehnung an das Zivilrecht stellt der BFH im Entscheidungsfall auf die wirtschaftl. Situation im Innenverhältnis der Gesamtschuldner ab, wonach ausschließlich der Schuldbeitretende die Pensionsverpflichtung erfüllen sollte. Die Auflösung der Pensionsrückstellung kann jedoch nur dann gerechtfertigt sein, wenn der Schuldbeitretende über die entspr. finanzielle Leistungsfähigkeit verfügt und der bisherige Schuldner tatsächlich nicht in Anspr. genommen wird. Um eine tatsächliche Inanspruchnahme beim bisherigen Schuldner zu vermeiden, sollten die ArbN über den Schuldbeitritt informiert werden.[7]

166 Die stl. Praxis wird die „51 %-Formel" auf den jeweiligen Einzelfall anzuwenden haben. Dies wird auch sachgerecht möglich sein, sofern man sich v. mathematischen Wahrscheinlichkeitserwägungen löst und wertend hinterfragt, ob der StPfl. als **ordentlicher Kfm.** das Risiko einer Schuldinanspruchnahme vernachlässigen darf oder nicht. **Vernachlässigenswert** ist das Risiko jedenfalls nicht, wenn zumindest stichhaltige (dh. keine v. Übervorsicht geprägten) Gründe für das Be- bzw. Entstehen der Verbindlichkeiten angeführt werden können und zugleich keine gewichtigen Anhaltspunkte für das Gegenteil erkennbar sind.[8] Im Falle einer bereits erfolgten **außergerichtlichen** oder **gerichtlichen Inanspruchnahme** des StPfl. gebietet das Vorsichtsprinzip – selbst bei nicht v. der Hand zu weisenden Verteidigungs-/Abwehrchancen des StPfl. – den Ansatz einer Rückstellung; anderes gilt ggf. bei einem offensichtlich unzulässigen Rechtsmittel.[9]

167 **e) Wahrscheinlichkeit (Ernsthaftigkeit) der Inanspruchnahme.** Für die Bildung einer Rückstellung für ungewisse Verbindlichkeiten muss nicht nur das Be- bzw. Entstehen der Verpflichtung an sich überwiegend wahrscheinlich sein. Hinzukommen muss, dass der StPfl. **ernsthaft** damit **rechnen** muss, gerade wegen dieser Verpflichtung auch **in Anspruch genommen** zu werden. Auch insoweit genügt kein bloßes Möglichkeitsurteil.[10] Die Rspr. fordert auch bei diesem Merkmal, dass die Inanspruchnahme des StPfl.

1 BFH v. 5.4.2017 – X R 30/15, BStBl. II 2017, 900 Rn. 18 f. = FR 2017, 965 m. Anm. *Weber-Grellet*.
2 BFH v. 25.3.1992 – I R 69/91, BStBl. II 1992, 1010 = FR 1992, 715; v. 19.10.1993 – VIII R 14/92, BStBl. II 1993, 891 = FR 1994, 52; v. 8.11.2000 – I R 6/96, BStBl. II 2001, 570; v. 19.8.2002 – VIII R 30/01, BStBl. II 2003, 131 = FR 2003, 19 m. Anm. *Weber-Grellet*; v. 25.3.2004 – IV R 35/02, FR 2004, 1013 m. Anm. *Fatouros* = DStR 2004, 1247; krit. im Hinblick auf ein „Sonderrecht" für öffentl.-rechtl. Verpflichtungen *Crezelius* in der Voraufl. (17. Aufl.), § 5 Rn. 117; hiergegen *Blümich*, § 5 Rn. 793e mwN.
3 BFH v. 1.8.1984 – I R 88/80, BStBl. II 1985, 44 = FR 1985, 49; v. 19.10.2005 – XI R 64/04, BStBl. II 2006, 371; *BeBiKo*[11], § 249 Rn. 43 mwN.
4 Im Schrifttum wird zT v. einer Scheinobjektivierung gesprochen, vgl. *Blümich*, § 5 Rn. 796.
5 BFH v. 30.6.1983 – IV R 41/81, BStBl. II 1984, 263; v. 9.3.1988 – I R 262/83, BStBl. II 1988, 592 = FR 1988, 368; v. 22.1.1992 – X R 23/89, BStBl. II 1992, 488 = FR 1992, 474; v. 12.12.1991 – IV R 28/91, BStBl. II 1992, 600.
6 BFH v. 26.4.2012 – IV R 43/09, BStBl. II 2017, 1228 Rn. 14 ff. = FR 2012, 776 m. Anm. *Prinz* = DStR 2012, 1128. Außerdem ist nach Auffassung des BFH kein Freistellungsanspruch gegen den Schuldbeitretenden zu aktivieren. So auch *Prinz*, DB 2012, M 10.
7 So in Ergänzung zur Urteilsbegründung *Rätke*, StuB 2012, 580.
8 *Blümich*, § 5 Rn. 796; *K/S/M*, § 5 Rn. D 71.
9 BFH v. 27.11.1997 – IV R 95/96, BStBl. II 1998, 375 = FR 1998, 652; *Blümich*, § 5 Rn. 797.
10 BFH v. 25.4.2006 – VIII R 40/04, BStBl. II 2006, 749 = FR 2006, 1033.

(bei prognostischer Betrachtung) **zumindest wahrscheinlich** ist,[1] wobei insoweit nicht ausschließlich die subjektiven Erwartungen des StPfl., sondern ebenso objektive Kriterien heranzuziehen sind.[2] Der StPfl. darf (trotz Vorsichtsprinzips) nicht die pessimistischste Alt. wählen.[3]

Die (Wahrscheinlichkeit der) Inanspruchnahme des StPfl. setzt grds. voraus, dass der Gläubiger seinen zur Verpflichtung führenden Anspr. am Bilanzstichtag kennt.[4]Der BFH **differenziert** insoweit wie folgt:[5] 168

- Bei **vertraglichen** (Zahlungs-)Ansprüchen ist regelmäßig – und somit ohne weitere Darlegung durch den StPfl. (dh. nur schwer widerlegbare Vermutung) – davon auszugehen, dass der Gläubiger seine Rechte geltend macht.[6]
- Dagegen muss bei öffentl.-rechtl. ebenso wie bei privat-rechtl. **Schadensersatzansprüchen** positiv festgestellt werden, dass der Gläubiger (bzw. die zuständige Behörde) am Bilanzstichtag v. den den Schadensersatzanspruch begründenden Umständen entweder bereits Kenntnis hatte oder zumindest eine derartige Kenntniserlangung unmittelbar bevorstand. Hierbei ist unerheblich, ob der Ersatzanspruch auf gesetzlicher (zB unerlaubte Handlung) oder vertraglicher Grundlage (zB Gewährleistung, Garantie) beruht.

Bei **Gewährleistungsverpflichtungen** im Kauf- bzw. Werkvertragsrecht (§§ 434 ff., 633 ff. BGB) gilt Folgendes: Die Wahrscheinlichkeit der Inanspruchnahme des Verkäufers/Werkunternehmers lässt sich im Regelfall aus einer entsprechenden **Mängelrüge** des Käufers/Werkbestellers ableiten. Liegt bis zum Bilanzstichtag objektiv ein Mangel vor und wurde dieser bis zu jenem Zeitpunkt auch gerügt, ist der hiermit iZ stehende Aufwand als Rückstellung für ungewisse Verbindlichkeiten zu erfassen.[7] Mit Blick darauf, dass die Geltendmachung v. vertraglichen Ansprüchen durch den Gläubiger vermutet wird, berücksichtigt der BFH auch solche Aufwendungen, die auf noch nicht bis zum Bilanzstichtag (wohl aber wertaufhellend bis zur Bilanzaufstellung) gerügten Mängeln beruhen.[8] Allerdings darf ein Verkäufer wegen seiner gewährleistungsbedingten Verpflichtung zur Rückerstattung des Kaufpreises (§§ 437 Nr. 2, 440, 323, 326 Abs. 5, 346 ff. BGB) keine Rückstellung bilden, wenn er am Bilanzstichtag mit einer Rückabwicklung des Kaufvertrags noch nicht rechnen musste. Das gilt auch dann, wenn der Rücktritt vom Kaufvertrag vor Aufstellung der Bilanz erklärt wird. Der Rücktritt vom Kaufvertrag ist eine Gestaltungserklärung des Käufers, die ex nunc wirkt (§ 349 BGB).[9] Ggf. könnte sich aus dem Aufhellungsprinzip eine andere Beurteilung ergeben, weil die wirtschaftl. Verursachung in der abgelaufenen Periode liegt.[10] Zur Rückstellungshöhe vgl. Rn. 178, 182. 169

Sofern die Nachforderung v. **Betriebssteuern** (zB USt) passivierbar ist, gilt für den Rückstellungszeitpunkt im Falle einer **Steuerhinterziehung** iSv. § 370 AO nach Maßgabe vorgenannter Grundsätze Folgendes: Für Bilanzstichtage, die vor dem Zeitpunkt liegen, zu dem die Tataufdeckung unmittelbar bevorsteht, darf noch keine Rückstellung gebildet werden. Insofern reicht es weder aus, dass der StPfl. selbst v. der Hinterziehung Kenntnis hat, noch dass nach allg. Erfahrung im Anschluss an eine Bp. oder eine Fahndungsprüfung häufig mit der Festsetzung v. Mehrsteuern zu rechnen ist. Rückstellungsfähig ist der Aufwand erst zu dem Bilanzstichtag, zu dem der StPfl. aufgrund eines hinreichend konkreten Sachverhalts ernsthaft mit einer quantifizierbaren Nachforderung rechnen muss. Frühestmöglicher Zeitpunkt hierfür ist derjenige, zu dem der Prüfer eine bestimmte Sachbehandlung beanstandet hat („aufdeckungsorientierte Maßnahme").[11] Dies wiederum soll offenbar nicht für bloß leichtfertig verkürzte Betriebssteuern (§ 378 AO) gelten, die nach dem Prinzip der wirtschaftl. Verursachung (wohl) zulasten des Jahres der Steuerentstehung passiviert werden sollen[12] (obwohl die FinBeh. auch in diesem Fall am Bilanzstichtag des Jahres der Steuerentstehung keine Kenntnis v. der Steuerverkürzung und der hiermit verbundenen Nachforderung gehabt haben dürfte). 170

f) Wirtschaftliche Verursachung in der Vergangenheit. Die ungewisse Verbindlichkeit iSd. § 249 Abs. 1 S. 1 Alt. 1 HGB muss am Bilanzstichtag wirksam entstanden oder zumindest im abgelaufenen Ge- 171

---

1 BFH v. 30.1.2002 – I R 71/00, BStBl. II 2003, 279 = FR 2002, 926 m. Anm. *Weber-Grellet*; v. 19.10.2005 – XI R 64/04, BStBl. II 2006, 371 = BB 2006, 546 m. Anm. *Moxter*.
2 BFH v. 25.4.2006 – VIII R 40/04, BStBl. II 2006, 749 = FR 2006, 1033.
3 *Schmidt*[37], § 5 Rn. 378; *H/H/R*, § 5 Anm. 694.
4 BFH v. 11.12.2001 – VIII R 34/99, BFH/NV 2002, 486.
5 BFH v. 25.4.2006 – VIII R 40/04, BStBl. II 2006, 749 = FR 2006, 1033; krit. *Schmidt*[37], § 5 Rn. 379.
6 BFH v. 28.3.2000 – VIII R 13/99, BStBl. II 2000, 612.
7 BFH v. 28.3.2000 – VIII R 77/96, BStBl. II 2002, 227 = FR 2000, 826.
8 BFH v. 17.2.1993 – X R 60/89, BStBl. II 1993, 437.
9 Vgl. hierzu BFH v. 28.3.2000 – VIII R 77/96, BStBl. II 2002, 227 = FR 2000, 826.
10 So *Crezelius* in der Voraufl. (17. Aufl.), § 5 Rn. 117.
11 BFH v. 22.8.2012 – X R 23/10, BStBl. II 2013, 76 Rn. 20 = FR 2013, 121 m. Anm. *Wendt*.
12 Umkehrschluss aus H 4.9 EStH („Rückstellung für künftige Steuernachforderungen"); krit. *Wendt*, FR 2012, 121; *Olgemöller*, Stbg. 2018, 360.

schäftsjahr **wirtschaftl. verursacht** sein.[1] Die für eine Rückstellung genügende wirtschaftl. Verursachung ist kein Ausdruck der dynamischen Bilanzauffassung, da die Rückstellung als Aufwand nur dann dem abgelaufenen Geschäftsjahr zugerechnet werden soll, wenn der Prozess der Entstehung der Verbindlichkeit ein Stadium erreicht hat, das am Stichtag als bestehende Belastung anzusehen ist. Abgestellt wird auf die wirtschaftl. Wertung des Einzelfalles im Lichte der rechtl. Struktur des Tatbestands.[2] Dass sich die Verursachungsfrage letztlich nicht generell beantworten lässt, liegt in der Natur der Sache. Deshalb kommt der Konkretisierung durch die Rspr. hier besondere Bedeutung zu.

172 Eine wirtschaftl. Verursachung liegt nach der Rspr. vor, wenn „die **wirtschaftl. wesentlichen Tatbestandsmerkmale** der Verpflichtung erfüllt sind und das Entstehen der Verbindlichkeit nur noch v. wirtschaftl. unwesentlichen Tatbestandsmerkmalen abhängt".[3] Der Tatbestand, an den das G das Entstehen der Verpflichtung knüpft, muss am Schluss des Bilanzstichtags im Wesentlichen bereits verwirklicht sein.[4] Nach einer weiteren Formel des BFH setzt die wirtschaftl. Verursachung die „konkretisierte Zugehörigkeit künftiger Ausgaben zu bereits realisierten Erträgen voraus".[5] Der BFH hat ua. in folgenden **Einzelfällen** eine Rückstellungsbildung mangels wirtschaftl. Verursachung **nicht anerkannt:**

- Verpflichtung zur Grund- oder Teilüberholung v. Luftfahrtgerät vor Ablauf der vorgeschriebenen Betriebszeit;[6]
- künftige Beiträge an den Einlagensicherungsfonds der Banken, auch wenn wegen vergangener zusätzlicher Schäden die Beitragserhöhung absehbar war;[7]
- Nachbetreuungsleistungen an Hör- und Sehhilfen;[8]
- Aufwendungen für die Nachanalyse v. sog. Alt-Arzneimitteln;[9]
- künftige Beiträge an den Pensionssicherungsverein;[10]
- künftiger Prozessaufwand, wenn am Stichtag noch kein (Schieds-)Verfahren anhängig ist;[11]
- Aufwendungen für nachträgliche Vertragsbetreuung eines Versicherungsvertreters iS einer nachhaltigen Kundenbetreuung, soweit diese nicht vertraglich durch eine entsprechende inhaltlich eindeutige Individualabrede vereinbart wurde;[12]
- Nachzahlungszinsen zum Ende des Wj. in dem die zugrunde liegende Steuer entstanden ist;[13]
- Sanierungsgelder an die VBL;[14]
- Entsorgungsverpflichtungen hinsichtlich ab dem 13.8.2005 in Verkehr gebrachter Energiesparlampen vor Erl. einer Abholanordnung;[15]
- künftige Wartungsaufwendungen für Flugzeuge, sofern am Bilanzstichtag die jeweils zulässige Betriebszeit (Betriebsstunden) noch nicht erreicht wurde;[16]
- künftige Zusatzbeiträge zur Handwerkskammer, da jene Beiträge an die Kammerzugehörigkeit des Betriebs im konkreten Beitragsjahr anknüpfen;[17]
- künftiger Aufwand für die Nachteilsausgleichsverpflichtung des ArbG bei Altersteilzeitregelungen nach § 5 Abs. 7 TV ATZ, da der Eintritt der Rentenkürzung wesentliche Tatbestandsvoraussetzung für die

1 BFH v. 24.4.1968 – I R 50/67, BStBl. II 1968, 544; v. 20.3.1980 – IV R 89/79, BStBl. II 1980, 297 = FR 1980, 326; v. 1.8.1984 – I R 88/80, BStBl. II 1985, 44 = FR 1985, 49; *K/W*, § 249 HGB Rn. 38ff.
2 BFH v. 13.11.1991 – I R 102/88, BStBl. II 1992, 336.
3 BFH v. 1.8.1984 – I R 88/80, BStBl. II 1985, 44 = FR 1985, 49; v. 13.12.2007 – IV R 85/05, BStBl. II 2008, 516 = FR 2008, 1161 m. Anm. *Prinz*.
4 BFH v. 30.11.2005 – I R 110/04, BStBl. II 2007, 251; *H/H/R*, § 5 Anm. 701.
5 BFH v. 25.8.1989 – III R 95/87, BStBl. II 1989, 893 = FR 1990, 17.
6 BFH v. 19.5.1987 – VIII R 327/83, BStBl. II 1987, 848 = FR 1987, 423.
7 BFH v. 13.11.1991 – I R 78/89, BStBl. II 1992, 177.
8 BFH v. 10.12.1992 – XI R 34/91, BStBl. II 1994, 158 = FR 1993, 263 m. Anm. *Felix*; in Abgrenzung dazu BFH v. 5.6.2002 – I R 96/00, FR 2002, 1361.
9 BFH v. 28.5.1997 – VIII R 59/95, BFH/NV 1998, 22.
10 BFH v. 13.11.1991 – I R 102/88, BStBl. II 1992, 336.
11 BFH v. 6.12.1995 – I R 14/95, BStBl. II 1996, 406; v. 11.11.2015 – I B 3/15, BFH/NV 2016, 387 Rn. 3; anders nur, wenn eine spätere Klageerhebung mit Sicherheit zu erwarten ist.
12 BFH v. 28.7.2004 – XI R 63/03, BStBl. II 2006, 866 = FR 2005, 21 m. Anm. *Wendt*; v. 9.12.2009 – X R 41/07, BFH/NV 2010, 860.
13 ZB BFH v. 24.8.2011 – I B 1/11, BFH/NV 2011, 2044 Rn. 8ff.
14 BFH v. 27.1.2010 – I R 103/08, BStBl. II 2010, 614 Rn. 23ff. = FR 2010, 607 m. Anm. *Buciek*.
15 BFH v. 25.1.2017 – I R 70/15, BStBl. II 2017, 780 Rn. 23ff. m. Anm. *Fink* = NWB 2017, 2989.
16 BFH v. 9.11.2016 – I R 43/15, BStBl. II 2017, 379 = FR 2017, 431 m. Anm. *Weber-Grellet*.
17 BFH v. 5.4.2017 – X R 30/15, BStBl. II 2017, 900 Rn. 21ff. = FR 2017, 965 m. Anm. *Weber-Grellet*.

Entstehung des Abfindungsanspruchs ist (vgl. hierzu auch Rn. 238, ABC der Passivierung „Altersteilzeit“).[1]

Dagegen ist eine im Gewinnermittlungszeitraum dem Grunde nach rechtl. entstandene Verbindlichkeit auch wirtschaftl. vor dem Bilanzstichtag verursacht, wenn die Kostenschuld unabhängig v. Entstehen künftiger Erträge zu erfüllen ist, zB Kosten für die Zulassung eines neuen Pflanzenschutzmittels.[2]

Nach wie vor umstritten – wenn auch mit nachlassender Intensität – ist die Frage, ob eine Rückstellung 173
auch dann gebildet werden darf, wenn der Aufwand zeitlich erst nach der rechtl. Entstehung der Verpflichtung wirtschaftl. verursacht wird. Einvernehmen herrscht darüber, dass wegen des **Realisationsprinzips** spätestens mit dem Zeitpunkt der wirtschaftl. Verursachung eine Rückstellung zu passivieren ist. Im Schrifttum wird daraus allerdings zT die weitergehende These einer sog. rückstellungsbegrenzenden Wirkung des Realisationsprinzips abgeleitet.[3] Dieser Sichtweise ist entgegenzutreten. Aus dem **Vorsichtsprinzip** einschl. des Gebots des vollständigen Ausweises der Schulden folgt, dass die jeweils in einem Wj. durch Vorgänge des Geschäftsbetriebs **rechtl.** entstandenen Außenverpflichtungen zurückgestellt werden müssen, ohne dass es darauf ankommt, dass bereits (durch die Ausgaben alimentierte) Erträge angefallen sind; insoweit bedarf das Realisationsprinzip einer Ergänzung.[4] Ein Rechtssatz, dass Schulden nur passiviert werden dürfen, wenn die dazugehörigen künftigen Ausgaben durch Umsatzakte des abgelaufenen oder eines früheren Wj. verursacht sind, existiert nicht. Deshalb ist im Grundsatz schon im Zeitpunkt der rechtl. Entstehung zwingend eine Rückstellung zu bilden.

Unter den einzelnen Senaten des BFH zeichnet sich zunehmend ein einheitliches Bild zu der Frage ab, ob 174
eine Rückstellung für ungewisse Verbindlichkeiten iSv. § 249 Abs. 1 S. 1 Alt. 1 HGB in jedem Fall voraussetzt, dass der Aufwand wirtschaftl. in der Vergangenheit verursacht wurde. Während dies in der Vergangenheit mehrheitlich vorausgesetzt wurde,[5] hielt und hält der **I. Senat** des BFH die gesonderte Prüfung des Erfordernisses der wirtschaftl. Verursachung nur dann für geboten, wenn die Verbindlichkeit am Bilanzstichtag rechtl. noch nicht entstanden ist. Denn jede bereits am Stichtag rechtl. begründete Verbindlichkeit (deren Höhe nur noch ungewiss ist) sei zugleich in der Vergangenheit auch wirtschaftl. verursacht worden.[6] Inzwischen haben sich der **IV. Senat** ausdrücklich[7] und der **X. Senat** zumindest durch Bezugnahme[8] der Sichtweise des I. Senats angeschlossen. Dagegen scheint der **VIII. Senat** nach wie vor selbst bei rechtl. begründeten Verpflichtungen an einer separaten Prüfung der wirtschaftl. Vergangenheitsverursachung festhalten zu wollen.[9] Etwas Abw. gilt nur in **besonderen Ausnahmefällen**, wenn die rechtl. Leistungspflicht trotz Beachtung des Vorsichts- und Imparitätsprinzips sich noch nicht zu einer gegenwärtigen wirtschaftl. Last konkretisiert hat. Andererseits sind zB (ungewisse) Verbindlichkeiten, die vereinbarungsgemäß nur aus künftigen Gewinnen oder Erlösen zu tilgen sind, nicht zu passivieren, weil es an einer aktuellen Belastung fehlt (§ 5 Abs. 2a, vgl. ausf. hierzu Rn. 186 ff.).[10] Aus dem gleichen Grund wird man die mit der Inbetriebnahme eines Kernkraftwerks rechtl. zwar vollständig entstehende, wirtschaftl. aber erst nach langjährigem Betreiben voll zum Tragen kommende Entsorgungsverpflichtung in Form einer sog. Ansammlungsrückstellung bzw. Verteilungsrückstellung ausnahmsweise berücksichtigen dürfen, weil die Passivierung der vollen künftigen Entsorgungskosten bereits ab dem Wj. der Inbetriebnahme offensichtlich den nach vernünftiger kfm. Beurteilung notwendigen Betrag iSd. § 253 Abs. 1 S. 2 HGB überstiege.[11] Steuerrechtl. schreibt § 6 Abs. 1 Nr. 3a lit. d die ratierliche zeitanteilige Ansammlung vor.

---

1 BFH v. 27.9.2017 – I R 53/15, FR 2018, 517 m. Anm. *Weber-Grellet*; ebenso nunmehr BMF v. 22.10.2018, juris.
2 BFH v. 8.9.2011 – IV R 5/09, FR 2012, 132 m. Anm. *Prinz* = DStR 2011, 2189.
3 *Moxter*, FS Havermann, 1995, 487 (493 f.); *Schmidt*[37], § 5 Rn. 78 mwN.
4 *A/D/S*[6], § 249 HGB mwN.
5 Vgl. BFH v. 19.8.2002 – VIII R 30/01, BStBl. II 2003, 131 = FR 2003, 19; v. 25.4.2006 – VIII R 40/04, BStBl. II 2006, 749 = FR 2006, 1033; v. 19.8.1998 – XI R 8/96, BStBl. II 1999, 18 = FR 1998, 1130; v. 19.10.2005 – XI R 64/04, BStBl. II 2006, 371; v. 21.9.2005 – X R 29/03, BStBl. II 2006, 647; v. 28.5.2015 – IV R 3/13, BFH/NV 2015, 1577 Rn. 31.
6 BFH v. 27.6.2001 – I R 45/97, BStBl. II 2003, 121 = FR 2001, 897 m. Anm. *Weber-Grellet*; v. 5.6.2002 – I R 96/00, BStBl. II 2005, 736 = FR 2002, 1361; v. 6.6.2012 – I R 99/10, BStBl. II 2013, 196 Rn. 11 = FR 2013, 80; v. 6.2.2013 – I R 8/12, BStBl. II 2013, 686 Rn. 21 = FR 2013, 799; v. 25.1.2017 – I R 70/15, BStBl. II 2017, 780 Rn. 22; v. 15.3.2017 – I R 11/15, BStBl. II 2017, 1043 Rn. 17 = FR 2018, 231 m. Anm. *Weber-Grellet*; v. 27.9.2017 – I R 53/15, FR 2018, 517 Rn. 21.
7 BFH v. 17.10.2013 – IV R 7/11, BStBl. II 2014, 302 Rn. 24 f. = FR 2014, 236 m. Anm. *Prinz*.
8 BFH v. 5.4.2017 – X R 30/15, BStBl. II 2017, 900 Rn. 20 = FR 2017, 965.
9 BFH v. 5.11.2014 – VIII R 13/12, BStBl. II 2015, 523 Rn. 31; v. 16.12.2014 – VIII R 45/12, BStBl. II 2015, 759 = FR 2015, 754.
10 BFH v. 30.3.1993 – IV R 57/91, BStBl. II 1993, 502 = FR 1993, 471.
11 *Blümich*, § 5 Rn. 800b.

175 Eine Rückstellung für ungewisse Verbindlichkeiten iSv. § 249 Abs. 1 S. 1 Alt. 1 HGB setzt voraus, dass die Erfüllung der Verpflichtung nicht nur an Vergangenes anknüpft, sondern auch **Vergangenes abgilt**.[1] Der Vergangenheitsbezug unterscheidet die Verbindlichkeitsrückstellung v. der Drohverlustrückstellung nach § 249 Abs. 1 S. 1 Alt. 2 HGB, die auf der Durchbrechung des Realisations- und des Stichtagsprinzips durch das Imparitätsprinzip beruht, weil sie auf zukünftige Verluste abzielt.

176 Für betriebliche Zuwendungen (zB öffentl. Fördermittel), die nur unter einer noch nicht eingetretenen **Bedingung** zurückzuzahlen sind, ist unabhängig davon, ob das Rechtsverhältnis als auflösend oder als aufschiebend bedingte Liquiditätshilfe oder als bedingt zu erlassender Zuschuss anzusehen ist, eine Verbindlichkeitsrückstellung zu bilden.[2] Eine wirtschaftl. Verursachung ist auch dann gegeben, wenn die Rückzahlungsverpflichtung iErg. v. kommerziellen Erfolg des Vorhabens abhängt.[3] Entscheidend ist allein, dass mit hinreichender Wahrscheinlichkeit die Rückgewähr eines empfangenen Entgelts zu erwarten ist. Steuerrechtl. ordnet § 5 Abs. 2a ein Passivierungsverbot an.

177 **g) Keine Anschaffungskosten/Herstellungskosten für ein Wirtschaftsgut.** Verbindlichkeitsrückstellungen haben Aufwendungen zum Gegenstand, die das abgelaufene Wj. betreffen. Aus diesem Grund sind **künftige Aufwendungen**, die als – ggf. nachträgliche – **Erwerbskosten** für ein **WG** zu aktivieren sind, nicht rückstellungsfähig (vgl. Abs. 4b S. 1, näher unter Rn. 203 f.).

178 **h) Rückstellungshöhe/Bewertungsfragen. aa) Handelsrecht – Steuerrecht.** Nach § 253 Abs. 1 S. 2 Alt. 2 HGB sind Rückstellungen nicht schlicht mit dem vollen „Rückzahlungsbetrag" oder Nennwert der Eventualverbindlichkeit, sondern iHd. nach vernünftiger kfm. Beurteilung notwendigen **Erfüllungsbetrags** anzusetzen. Die Änderung durch das BilMoG beschränkt sich auf eine Klarstellung, da die bisherige Bewertung, Rückstellungen mit dem nach vernünftiger kfm. Beurteilung notwendigen Betrag auszuweisen, bereits v. Schrifttum als Erfüllungsbetrag interpretiert wurde.[4] Bei **Geldverpflichtungen** ist der Erfüllungsbetrag identisch mit dem Nennbetrag.[5] Ungewisse Dienst-, Werk- und andere **Sachleistungsverpflichtungen** sind grds. mit dem Betrag anzusetzen, der für die Erfüllung der wahrscheinlichen Verpflichtung voraussichtlich notwendig ist (Vollkosten). Hat der StPfl. hinsichtlich des Sachverhalts, der ihn zur Rückstellung des voraussichtlichen Aufwands aus der Verpflichtung trifft, einen vollwertigen Rückgriffsanspruch gegen einen Dritten, ist dieser bei der Bemessung der Rückstellung betragsmindernd zu berücksichtigen.[6] Jedenfalls handelsrechtl. sind die zukünftigen Wertverhältnisse, dh. auch künftige Preis- und Kostensteigerungen, am Erfüllungsstichtag zu betrachten. Die Höhe der Rückstellung ist zum Zeitpunkt ihrer erstmaligen Bildung und an den späteren Stichtagen jeweils neu zu schätzen.

179 Über den Maßgeblichkeitsgrundsatz (Abs. 1 S. 1 HS 1) gilt der handelsrechtl. Wertansatz grds. auch in der StB.[7] **Steuerliche Spezialvorschriften** haben allerdings Vorrang (Abs. 6). Derartige Spezialregelungen für die Bewertung v. Rückstellungen finden sich in § 6 Abs. 1 Nr. 3a Buchst. a bis f:

- Erfahrungen der Vergangenheit sind zu berücksichtigen (Buchst. a);
- Ungewisse Sachleistungsverpflichtungen sind mit den Einzelkosten und den angemessenen Teilen der notwendigen Gemeinkosten zu bewerten (Buchst. b);
- Künftige Vorteile sind zu saldieren (Buchst. c);
- Ansammlungsrückstellungen sind zu bilden (Buchst. d);
- Geld- und Sachleistungsverpflichtungen sind nach Buchst. e mit einem Zinssatz v. 5,5 % abzuzinsen, wobei für Sachleistungsverpflichtungen insoweit der Zeitraum bis zum Beginn der Erfüllung maßgebend ist (s. § 6 Rn. 151 ff.);[8]
- Steuerrechtlich bleiben abw. v. Handelsrecht Preis- und Kostensteigerungen weiterhin unberücksichtigt Buchst. f).

Der Wortlaut des § 6 Abs. 1 Nr. 3a verdeutlicht allerdings, dass die speziellen stl. Bewertungsvorschriften den handelsrechtl. Wertansatz nicht gänzlich verdrängen. Wenn es dort heißt, Rückstellungen seien **„höchstens"** unter Berücksichtigung der in Buchst. a bis f genannten Grundsätze zu passivieren, erscheint

1 BFH v. 19.5.1987 – VIII R 327/83, BStBl. II 1987, 848 = FR 1987, 423; v. 25.8.1989 – III R 95/87, BStBl. II 1989, 893 = FR 1990, 17.
2 BFH v. 17.12.1998 – IV R 21/97, FR 1999, 453 m. Anm. *Groh* = DStR 1999, 451.
3 BFH v. 20.9.1995 – X R 225/93, BStBl. II 1997, 320 = FR 1996, 20; v. 3.7.1997 – IV R 49/96, BStBl. II 1998, 244 = FR 1997, 851.
4 *BeBiKo*[11], § 253 Rn. 151 mwN.
5 *Blümich*, § 5 Rn. 804a.
6 BFH v. 17.2.1993 – X R 60/89, BStBl. II 1993, 437.
7 BFH v. 30.11.2005 – I R 110/04, BStBl. II 2007, 251.
8 BFH v. 13.7.2017 – IV R 34/14, BFH/NV 2017, 1426 Rn. 28.

es folgerichtig, einen insoweit niedrigeren handelsbilanziellen Wert als Obergrenze für einen höheren stl. Wert anzusehen.[1]

Soweit das Entstehen einer Verbindlichkeit sicher und nur die Höhe ungewiss ist (etwa wenn zw. den Parteien über die Höhe des Schadens gestritten wird), muss der Wert mit der **größten Eintrittswahrscheinlichkeit**, also nicht der höchste denkbare Wert angesetzt werden. Ist umgekehrt die Höhe gewiss, aber die Ursache bzw. die Zurechenbarkeit noch unklar, aber überwiegend wahrscheinlich, ist dahingehend zu differenzieren, ob es sich um eine einzelne ins Gewicht fallende Verbindlichkeit handelt; hier ist der volle Nenn- bzw. Erfüllungsbetrag anzusetzen, der sich nach den erwarteten Ausgaben aufgrund der Preisverhältnisse am Stichtag richtet.[2] Handelt es sich dagegen um mehrere gleichartige Eventualverbindlichkeiten, die als einzelne weniger ins Gewicht fallen (zB kleinere Sachmängel an einem Serienprodukt), muss der Betrag mit der größten Eintrittswahrscheinlichkeit angesetzt werden; nicht maßgebend ist der addierte Gesamtbetrag aller möglichen Gewährleistungsansprüche.[3] 180

Die in der Praxis bedeutsame Bewertung der Rückstellungen aus **arbeitsrechtl. Verpflichtungen** ist nicht in allen Einzelheiten geklärt. Nach Ansicht des BFH bemisst sich die Rückstellung bei rückständigem Urlaub nach dem dem betroffenen ArbN zustehenden Lohn bzw. Gehalt einschl. der Lohnnebenkosten, aber unter Ausschluss jährlich vereinbarter Sondervergütungen und allg. Verwaltungskosten.[4] 181

bb) Einzel- und Pauschalrückstellungen. Aus dem Einzelbewertungsgrundsatz des § 252 Abs. 1 Nr. 3 HGB folgt, dass der nach vernünftiger kfm. Beurteilung erforderliche Rückstellungsbetrag grds. als **Einzelrückstellung** gebildet werden muss. **Pauschalrückstellungen** (Sammelrückstellungen) sind handelsrechtl. für zulässig erachtet worden, wenn es sich um die Bewertung einer Vielzahl gleichartiger Geschäfte (Garantie-, Gewährleistungs-, Urlaubsrückstellungen, Rückstellungen für Bankbürgschaften, Wechselobligo, versicherungstechnische Rückstellungen) handelt, wenn insoweit substanziierte Erfahrungswerte aus der Vergangenheit vorgelegen haben.[5] Der EuGH hat dies als mit Art. 31 Abs. 1 Buchst. e der 4. EG-RL vereinbar angesehen.[6] Pauschalrückstellungen treten entweder an die Stelle v. oder neben Einzelrückstellungen.[7] Steuerrechtlich schreibt § 6 Abs. 1 Nr. 3a Buchst. a ausdrücklich vor, dass bei der Bewertung v. Rückstellungen für gleichartige Verpflichtungen auf der Grundlage der bei der Abwicklung solcher Verpflichtungen in der Vergangenheit gemachten Erfahrungen die Wahrscheinlichkeit zu berücksichtigen ist, dass eine Inanspruchnahme nur zu einem Teil der Summe der Verpflichtungen erfolgt. Wenn die Bezugsgröße für einen steuerbilanzrechtl. vorzunehmenden Wahrscheinlichkeitsabschlag die „Summe der Verpflichtungen" sein soll, wird damit die Zulässigkeit einer pauschalen Bewertung inzidenter vorausgesetzt.[8] 182

cc) Abzinsung. Handelsrechtl. wurde durch das BilMoG in § 253 Abs. 2 S. 1 HGB die verpflichtende **Abzinsung** aller Rückstellungen eingeführt, die zum Abschlussstichtag eine voraussichtliche Restlaufzeit v. mehr als einem Jahr haben. Der Begriff „Restlaufzeit" ist für Rückstellungen grds. unzutr.; der Gesetzgeber wollte hiermit den Zeitraum zw. Abschlussstichtag und voraussichtlicher Inanspruchnahme bezeichnen. Der Abzinsungssatz richtet sich gem. § 253 Abs. 2 S. 1 HGB nach einem der Restlaufzeit der Rückstellung entspr. durchschnittlichen Marktzinssatz der vergangenen sieben Geschäftsjahre (bei Altersvorsorgeverpflichtungen zehn Geschäftsjahre).[9] Vor Einführung des BilMoG war in der HB eine Abzinsung nur vorzunehmen, wenn die der Rückstellung zugrunde liegende Verbindlichkeit einen Zinsanteil enthielt. Nunmehr besteht lediglich noch für kurzfristige Rückstellungen in der HB ein Abzinsungswahlrecht.[10] Steuerrechtl. muss eine Abzinsung v. 5,5 % vorgenommen werden (§ 6 Abs. 1 Nr. 3a Buchst. e, es sei denn, die ungewisse Verpflichtung ist verzinslich oder beruht auf einer Anzahlung oder Vorausleistung (§ 6 Abs. 1 Nr. 3a Buchst. e S. 1 HS 2 iVm. Nr. 3 S. 2). 183

dd) Nachholung und Auflösung. Bestand bereits zu früheren – verfahrensrechtl. nicht mehr änderbaren – Wj. eine Passivierungspflicht, muss die Bildung der Rückstellung im ersten verfahrensrechtl. noch än- 184

---

1 BFH v. 11.10.2012 – I R 66/11, BStBl. II 2013, 676 Rn. 14 = FR 2013, 501 m. Anm. *Prinz;* ebenso v. 13.7.2017 – IV R 34/14, BFH/NV 2017, 1426 Rn. 29; FG RhPf. v. 7.12.2016 – 1 K 1912/14, EFG 2017, 693 (Rev. XI R 46/17).
2 BFH v. 8.7.1992 – XI R 50/89, FR 1992, 650.
3 *BeBiKo*[11], § 253 Rn. 155.
4 BFH v. 8.7.1992 – XI R 50/89, BStBl. II 1992, 910 = FR 1992, 650; v. 6.12.1995 – I R 14/95, BStBl. II 1996, 406; krit. *Büchele*, DB 1997, 2133.
5 BFH v. 30.6.1983 – IV R 41/81, BStBl. II 1984, 263; v. 22.11.1988 – VIII R 62/85, BStBl. II 1989, 359 = FR 1989, 169; v. 12.12.1990 – I R 153/86, BStBl. II 1991, 479; v. 6.5.2003 – VIII B 163/02, BFH/NV 2003, 1313.
6 EuGH v. 14.9.1999 – Rs. C-275/97, FR 1999, 1184.
7 BFH v. 7.10.1982 – IV R 39/80, BStBl. II 1983, 104; v. 17.2.1993 – X R 60/89, BStBl. II 1993, 437.
8 *BeBiKo*[11], § 253 Rn. 163.
9 BT-Drucks. 16/10067, 54.
10 *Gelhausen/Fey/Kämpfer*, Rechnungslegung und Prüfung nach dem BilMoG, 2009, 187.

derbaren Jahr gewinnmindernd nachgeholt werden, jedenfalls sofern im Berichtigungsjahr die Voraussetzungen des § 249 Abs. 1 S. 1 Alt. 1 HGB noch vorliegen. Maßgebend sind dann die Wertverhältnisse zum Berichtigungszeitpunkt.[1] Sinngemäß Gleiches gilt für eine ursprünglich fehlerhaft erfolgte Passivierung[2] bzw. die unterlassene Erhöhung oder Verminderung einer Rückstellung.[3]

185 Das G sieht **kein Beibehaltungswahlrecht** vor, sodass nicht mehr begründbare Rückstellungen nicht fortgeführt werden dürfen. Die Rückstellung ist (gewinnerhöhend) aufzulösen, sobald nach den Verhältnissen am Bilanzstichtag ihr Zweck, nämlich die drohende Inanspruchnahme durch einen Dritten, weggefallen ist (vgl. § 249 Abs. 2 S. 2 HGB). Wurde eine Rückstellung zB wegen eines gerichtlich geltend gemachten Schadensersatzanspruchs gegen den StPfl. gebildet, gebietet es das Vorsichtsprinzip, die Rückstellung erst zum Schluss des Wj. aufzulösen, in dem über den Anspruch **endgültig und rechtskräftig** entschieden ist; ein früherer Zeitpunkt kann ausnahmsweise bei einem offensichtlich unzulässig eingelegten Rechtsmittel in Betracht kommen.[4] Auch ein niedrigerer Erfüllungsbetrag einer Rückstellung im Vergleich zum Stichtag des Vorjahres führt trotz Vorsichtsprinzips zu einer anteiligen – ebenfalls gewinnwirksamen – Auflösung der Rückstellung.

186 **3. Steuerrechtliche Sonderregeln. a) Erfolgsabhängige Verpflichtungen (Abs. 2a). aa) Historie.** Steuerrechtl. gilt nach Abs. 2a[5] für nach dem 31.12.1998 beginnende Wj. ein **Passivierungsverbot** für solche Verpflichtungen (Verbindlichkeiten oder Rückstellungen), die nur zu erfüllen sind, soweit künftig Einnahmen oder Gewinne anfallen. Jenes Verbot gilt nicht zeitlos, sondern lediglich bis zum Zeitpunkt der Einnahmen-/Gewinnrealisierung.[6] Letztlich handelt es sich um einen **Passivierungsaufschub**. Anlass hierfür war die vorherige Rspr. des BFH, wonach Verbindlichkeitsrückstellungen (auch) auszuweisen seien, sofern eine (nur) bedingte Rückzahlungsverpflichtung aus öffentl.-rechtl., vertraglichen oder gesetzlichen Zuschussverhältnissen bestand[7] oder wenn diese ausschließlich aus künftig bestehendem Gewinn zu bedienen war[8] Eine gegenwärtige wirtschaftl. Verursachung sei – so der BFH – auch dann gegeben, wenn die Rückzahlungsverpflichtung iErg. v. kommerziellen Erfolg des Vorhabens abhänge. Entscheidend sei allein, dass mit hinreichender Wahrscheinlichkeit die Rückgewähr eines empfangenen Entgelts zu erwarten sei.

187 Demgegenüber vertrat die FinVerw. seit jeher die Auffassung, für Vermögenszuwendungen, die in Abhängigkeit v. künftigen Einnahmen oder Gewinnen zurückzuzahlen sind, sei eine Passivierung im Zeitpunkt der Vereinnahmung der Zuwendung noch nicht zulässig, sodass sich der Vorgang zunächst erfolgswirksam auswirke.[9] Auf die BFH-Rspr. reagierte die Verwaltung zunächst mit Nichtanwendungserlassen.[10] Nachdem der BFH seine Rspr. bestätigt hatte,[11] sah sich der Gesetzgeber veranlasst, diese Einzelfrage iRd. StBereinG[12] „rechtsprechungsüberholend" iSd. Verwaltungsmeinung in Abs. 2a zu normieren. Hintergrund der Regelung ist letztlich der Umstand, dass erfolgsabhängige Verpflichtungen vor der Erzielung desjenigen Gewinns, aus dem sie bedient werden können, für den StPfl. **noch keine wirtschaftl. Last** darstellen; sie müssen eben nicht aus dem zum Bilanzstichtag vorhandenen Vermögen bedient werden.[13]

188 **bb) Tatbestand und Rechtsfolgen.** Voraussetzung für Abs. 2a ist, dass eine Verpflichtung ausschließlich **(„nur")** im Fall künftiger **Einnahmen** oder **Gewinne** zu erfüllen ist. Hängt die Erfüllung dagegen vom Eintritt anderer Ereignisse ab, greift das Passivierungsverbot nicht.[14] Ohne Bedeutung ist dagegen, ob die Schuld tatsächlich auch aus den später anfallenden Einnahmen bzw. Gewinnen getilgt werden muss;[15] maßgeblich ist allein die **zeitliche Verknüpfung** zw. Einnahme-/Gewinnanfall und Erfüllungsnotwendigkeit.

189 Noch nicht abschließend geklärt ist, ob das Passivierungsverbot auch dann weiter gilt, wenn zwar Einnahmen/Gewinne angefallen sind, diese aber nicht zur vollständigen Tilgung der Verbindlichkeit genügen und der noch offene Teil (noch) nicht eingefordert wird. Das FG München hat hierzu (nrkr.) entschieden,

1 *Schmidt*[37], § 5 Rn. 422 mwN.
2 BFH v. 16.12.2009 – I R 43/08, BStBl. II 2012, 688.
3 *Blümich*, § 5 Rn. 812.
4 BFH v. 27.11.1997 – IV R 95/96, BStBl. II 1998, 375 = FR 1998, 652.
5 Eingefügt durch das StBereinG 1999 v. 22.12.1999 (BGBl. I 1999, 2601).
6 *H/H/R*, § 5 Anm. 1927.
7 BFH v. 3.7.1997 – IV R 49/96, BStBl. II 1998, 244 = FR 1997, 851 (betr. bedingt rückzahlbare Druckbeihilfen).
8 BFH v. 20.9.1995 – X R 225/93, BStBl. II 1997, 320 = FR 1996, 20; v. 3.7.1997 – IV R 49/96, BStBl. II 1998, 244 = FR 1997, 851.
9 BMF v. 8.5.1978, BStBl. I 1978, 203.
10 BMF v. 28.4.1997, BStBl. I 1997, 398; v. 27.4.1998, BStBl. I 1998, 368.
11 BFH v. 17.12.1998 – IV R 21/97, FR 1999, 453 m. Anm. *Groh* = DStR 1999, 451.
12 G v. 22.12.1999, BGBl. I 1999, 2601.
13 BFH v. 6.2.2013 – I R 62/11, BStBl. II 2013, 954 Rn. 24 = FR 2013, 995.
14 *H/H/R*, § 5 Anm. 1916.
15 FG Münster v. 17.8.2010 – 1 K 3969/07 F, EFG 2011, 468; *Blümich*, § 5 Rn. 762a.

dass Abs. 2a eine **Bilanzansatzregelung** und eben keine Bewertungsregelung darstelle, sodass der Passivierungsaufschub ende, sobald tilgungsrelevante Einnahmen/Gewinne anfielen.[1] Im Schrifttum wird dagegen vertreten, dass der Passivierungsaufschub iHd. noch offenen Teils fortdauere.[2] Für die erstgenannte Ansicht kann zumindest ins Feld geführt werden, dass der Gesetzeswortlaut den Begriff „wenn" und eben nicht „soweit" nutzt.

cc) Rangrücktritt.[3] Allein die Vermögenslosigkeit des StPfl. ist kein Grund dafür, eine rechtl. (fort-)bestehende Verpflichtung aus dem handels- oder steuerrechtl. Abschluss auszubuchen, da ohne eine (rechtl.) Beschränkung des Rückzahlungsanspruchs auf künftige Einnahmen/Gewinne der zutr. Ausweis des schuldnerischen Vermögens die Passivierung der Schulden erfordert.[4] Infolgedessen ist bei der Vereinbarung eines (einfachen) **Rangrückritts** die Verpflichtung des Schuldners, Kredite aus dem sog. **freien Vermögen** zu tilgen, weder handelsrechtl. noch steuerrechtl. nach Abs. 2a geeignet, ein Passivierungsverbot zu begründen.[5] Denn gerade wegen des Erfüllungsgebots aus dem freien Vermögen ist die für Abs. 2a erforderliche Verknüpfung zu Einnahmen/Gewinnen nicht hergestellt. Unerheblich ist hierbei, ob der StPfl. nach Maßgabe der Verhältnisse des Bilanzstichtags perspektivisch überhaupt in der Lage ist, freies Vermögen zu generieren.[6] Fehlt es dagegen in der Vereinbarung an der Tilgungsnotwendigkeit aus freiem Vermögen, hat also eine Rückzahlung der Verbindlichkeit nur zu erfolgen, wenn der StPfl. dazu aus zukünftigen Gewinnen oder aus einem Liquidationsüberschuss künftig in der Lage ist (sog. spezifizierter Rangrücktritt), greift § 5 Abs. 2a.[7] 190

b) Rückstellungen wegen Verletzung fremder Schutzrechte (Abs. 3). Unter den Begriff der **Schutzrechte** iSd. § 5 Abs. 3 fallen Patent-, Gebrauchsmuster-, Geschmacksmuster-, Warenzeichen-, Dienstleistungsmarken- und Ausstattungsrechte, ausländ. Schutzrechte, Nutzungsrechte dinglicher Art an Patent-, Gebrauchsmuster oder Geschmacksmusterrechten sowie Urheberrechte, Leistungsschutzrechte und Nutzungsrechte dinglicher Art an urheberrechtl. geschützten Werken.[8] 191

Soweit handelsrechtl. wegen einer (möglichen) Verletzung der vorgenannten Schutzrechte eine Verbindlichkeitsrückstellung iSv. § 249 Abs. 1 S. 1 Alt. 1 HGB zu bilden ist, muss die steuerrechtl. Sonderregelung des § 5 Abs. 3 beachtet werden. Diese unterscheidet zw. **zwei Fallgruppen:** 192

- Der Rechtsinhaber hat den Anspr. wegen Rechtsverletzung bereits geltend gemacht (§ 5 Abs. 3 S. 1 Nr. 1); insofern gelten keine stl. Besonderheiten ggü. dem Handelsrecht.
- Der Rechtsinhaber hat noch keine Anspr. geltend gemacht, mit der Inanspruchnahme ist jedoch **ernsthaft** zu rechnen (§ 5 Abs. 3 S. 1 Nr. 2).

  Für die Bildung einer Rückstellung ist es zwar nicht notwendig, dass der Inhaber des Schutzrechts Kenntnis v. der Verletzung erlangt hat.[9] Die Ernsthaftigkeit der Inanspruchnahme wird im Bereich v. Industrie und Handel sogar typisierend unterstellt.[10] § 5 Abs. 3 S. 2 sieht insofern allerdings eine zeitliche Komponente für Rückstellungen iSd. § 5 Abs. 3 S. 1 Nr. 2 vor. Soweit der Rechtsinhaber für die Schutzrechtsverletzungen nämlich noch keine Anspr. geltend gemacht hat, damit aber ernsthaft zu rechnen ist, muss **spätestens** in der Bilanz des **dritten** auf ihre erstmalige Bildung folgenden Wj. eine **gewinnerhöhende Auflösung** erfolgen, wenn die Anspr. bis dahin nicht geltend gemacht worden sind. Das G unterstellt hiermit, dass der Rechteinhaber etwaige Anspr. nach Ablauf der Frist nicht verfolgt, sodass dem StPfl. insoweit keine Inanspruchnahme droht.

Geltend gemacht sind Anspr. iSv. § 5 Abs. 3 S. 1, sobald sie ggü. dem StPfl. mündlich oder schriftlich erhoben sind; eine gerichtliche Geltendmachung ist nicht erforderlich. Die Rückstellungsbildung hängt iÜ nicht davon ab, dass die Rechtsverletzung objektiv feststeht. Ausreichend ist ein entspr. Wahrscheinlichkeitsurteil.[11] 193

---

1 FG München v. 25.9.2017 – 7 K 1436/15, EFG 2018, 982 Rn. 36ff. m. Anm. *Obermeir* (Rev. XI R 53/17).
2 *Blümich*, § 5 Rn. 762d.
3 Ausf. *H/H/R*, § 5 Anm. 1911.
4 BFH v. 9.2.1993 – VIII R 29/91, BStBl. II 1993, 747.
5 BFH v. 15.4.2015 – I R 44/14, BStBl. II 2015, 769 Rn. 9 = FR 2015, 995; ebenso BMF v. 8.9.2006, BStBl. I 2006, 497 Rn. 6; vgl. auch *Schmidt*[37], § 5 Rn. 315 mwN.
6 Vgl. FG Münster v. 13.9.2018 – 10 K 504/15 K,G,F, juris (Rev. XI R 32/18).
7 BFH v. 30.11.2011 – I R 100/10, BStBl. II 2012, 332 Rn. 14ff. = FR 2012, 582; v. 15.4.2015 – I R 44/14, BStBl. II 2015, 769 Rn. 10ff. = FR 2015, 995; v. 10.8.2016 – I R 25/15, BStBl. II 2017, 670 Rn. 11ff. = FR 2017, 390 m. Anm. *Weber-Grellet*; BMF v. 8.9.2006, BStBl. I 2006, 497 Rn. 6.
8 Vgl. *H/H/R*, § 5 Anm. 1965ff.; *Schmidt*[37], § 5 Rn. 398f.; *K/K/B/M/H*[3], § 5 Rn. 244.
9 BFH v. 9.2.2006 – IV R 33/05, BStBl. II 2006, 517 = FR 2006, 695.
10 BFH v. 9.2.2006 – IV R 33/05, BStBl. II 2006, 517 = FR 2006, 695 m. Anm. *Hoffmann* = DStR 2006, 887.
11 *Blümich*, § 5 Rn. 834 mwN.

194 Verletzt der StPfl. **dasselbe** Recht über Jahre hinweg fortgesetzt, läuft die **Drei-Jahres-Frist** des Abs. 3 S. 2 v. dem Wj. an, in dem das Schutzrecht **erstmals** verletzt und eine Rückstellung hierfür gebildet worden ist.[1] Rückstellungserhöhungen innerhalb dieser Frist wegen erneuter Rechteverletzungen sind demzufolge ebenfalls in der Bilanz des dritten auf die erstmalige Bildung folgenden Wj. aufzulösen.

195 **c) Rückstellungen für Jubiläumszuwendungen (Abs. 4).** Eine **Jubiläumszuwendung** ist jede Einmalzuwendung in Geld- oder Geldeswert an den ArbN anlässlich eines Dienstjubiläums, die dieser neben dem lfd. Arbeitslohn und anderen sonstigen Bezügen erhält.[2] Stellt der ArbG

für die Verpflichtung zu einer solchen Zuwendung Aufwand zurück, handelt es sich um Rückstellungen für ungewisse Verbindlichkeiten, und zwar für Erfüllungsrückstände aus einem Dienstverhältnis.[3] Handelsrechtl. hat sich eine hierfür zu bildende Rückstellung an den tatbestandlichen Voraussetzungen des § 249 Abs. 1 S. 1 Alt. 1 HGB zu messen.

196 Nach der (redaktionellen) Neufassung des Abs. 4 durch das StEntlG 1999/2000/2002[4] dürfen **Jubiläumsrückstellungen** in der StB, soweit der Zuwendungsberechtigte seine Anwartschaft nach dem 31.12.1992 erworben hat, nur dann gebildet werden, wenn

- das Dienstverhältnis **mindestens zehn Jahre** bestanden hat,
- das Dienstjubiläum das Bestehen eines Dienstverhältnisses v. **mindestens 15 Jahren** voraussetzt
- und die **Zusage schriftlich** erteilt ist.[5]

197 Sind die besonderen Voraussetzungen für die Passivierung nicht erfüllt, statuiert Abs. 4 ein v. der HB abw. **Passivierungsverbot**.[6] Inhaltlich bringt diese Neufassung keine Änderung ggü. der seit dem StRefG 1990[7] bestehenden Rechtslage, da es sich lediglich um eine redaktionelle Folgeänderung aus der Übernahme der bisher in § 52 Abs. 6 enthaltenen Regelung der stl. Nichtpassivierung bestimmter Anwartschaften auf Jubiläumsleistungen handelt. Der BFH[8] hat die Frage, wie sich die Widerrufbarkeit einer Zusage auswirkt, so entschieden, dass Vorbehaltlosigkeit und Unwiderruflichkeit der Zusage für eine Rückstellungsbildung nicht erforderlich sind.

198 Nach dem klaren Wortlaut gilt Abs. 4 nicht für (künftige) Zuwendungen anlässlich eines **Geschäfts- oder Firmenjubiläums**, selbst wenn die Höhe der einzelnen Zuwendungen v. der Dauer der Betriebszugehörigkeit des ArbN abhängt.[9] Bei fehlenden Außenverpflichtungen kommt hier überhaupt keine Rückstellungsbildung in Betracht.[10]

199 **d) Rückstellungen für drohende Verluste aus schwebenden Geschäften (Abs. 4a).** Anspr. und Verpflichtungen aus schwebenden Geschäften werden grds. nicht bilanziert (s. Rn. 100). Hiervon abw. müssen nach § 249 Abs. 1 S. 1 Alt. 2 HGB für **Drohverluste** aus einem **schwebenden Geschäft** Rückstellungen gebildet werden. Die drohenden Verluste sind aufgrund des **Imparitätsgrundsatzes** zu antizipieren.[11] Nach wohl hM[12] handelt es sich bei der Rückstellung für drohende Verluste aus schwebenden Geschäften um einen Sonderfall der Rückstellungen für ungewisse Verbindlichkeiten. Schon der Wortlaut des § 249 Abs. 1 S. 1 HGB zeigt, dass dies (zumindest) eine verkürzte Etikettierung darstellt. Während bei ungewissen Verbindlichkeiten der volle Erfüllungsbetrag angesetzt werden muss, sind bei der Drohverlustrückstellung die noch ausstehenden Erträge gegenzurechnen, sodass per saldo nur ein **Verpflichtungsüberhang** passiviert wird.

200 In der StB dürfen Rückstellungen für drohende Verluste aus schwebenden Geschäften gem. Abs. 4a generell nicht mehr gebildet werden. Dieses **steuerrechtl. Passivierungsverbot** wurde durch das GFStRef v. 29.10. 1997[13] eingeführt. IErg. wird damit der Maßgeblichkeitsgrundsatz des Abs. 1 S. 1 HS 1 eingeschränkt.[14] Die

---

1 BFH v. 9.2.2006 – IV R 33/05, BStBl. II 2006, 517 = FR 2006, 695; *Schmidt*[37], § 5 Rn. 393.
2 Vgl. hierzu BMF v. 8.12.2008, BStBl. I 2008, 1013 Rn. 1.
3 Vgl. BFH v. 5.2.1987 – IV R 81/84, BStBl. II 1987, 845 = FR 1987, 225; *K/S/M*, § 5 Rn. E 9.
4 BGBl. I 1999, 402.
5 Zur Frage der Verfassungswidrigkeit des Verbots v. Jubiläumsrückstellungen in den Jahren 1988–1992 vgl. den Vorlagebeschl. des BFH v. 10.11.1999 – X R 60/95, FR 2000, 261 m. Anm. *Weber-Grellet* = DStR 2000, 233 sowie nachfolgend BVerfG v. 12.5.2009 – 2 BvL 1/00, BStBl. II 2009, 685 = FR 2009, 873 m. Anm. *Buciek*.
6 *Schmidt*[37], § 5 Rn. 406, 409; zur Frage der Verfassungswidrigkeit *Schulze-Osterloh*, FS Friauf, 1996, 833 (840) mwN.
7 G v. 25.7.1988, BGBl. I 1988, 1093.
8 BFH v. 18.1.2007 – IV R 42/04, FR 2007, 563 = BFH/NV 2007, 828.
9 BFH v. 29.11.2000 – I R 31/00, BStBl. II 2004, 41 = FR 2001, 474.
10 *Blümich*, § 5 Rn. 842.
11 Vgl. dazu näher *A/D/S*[6], § 249 Rn. 135 ff.
12 BFH v. 16.11.1982 – VIII R 95/81, BStBl. II 1983, 361 = FR 1983, 227; v. 19.7.1983 – VIII R 160/79, BStBl. II 1984, 56 = FR 1984, 20; *K/W*, § 249 HGB Rn. 61.
13 BGBl. I 1997, 2590.
14 *H/H/R*, § 5 Anm. 2051.

Vorschrift ist rein fiskalisch motiviert und lässt sich mit dem Leistungsfähigkeitsgedanken nicht begründen (s. Rn. 5).[1] In dem durch das G zur Eindämmung missbräuchlicher Steuergestaltungen v. 24.4.2006[2] eingefügten S. 2 in Abs. 4a wird festgelegt, dass die Passivierung v. Drohverlustrückstellungen als rein technische Folge der Bildung v. **Bewertungseinheiten** iSd. Abs. 1a S. 2 auch steuerbilanziell zulässig ist (s. Rn. 57 ff.).[3]

Zur Frage der Fortgeltung des Passivierungsverbots im Falle der „Anschaffung" von **Drohverlustrückstellungen** vgl. § 5 Abs. 7 (Rn. 221 ff.). 201

Die Drohverlustrückstellung nach § 249 Abs. 1 S. 1 Alt. 2 HGB unterscheidet sich durch ihren **Zukunftsbezug** v. der vergangenheitsorientierten Verbindlichkeitsrückstellung[4] nach § 249 Abs. 1 S. 1 Alt. 1 HGB. Sie beruht auf einer Durchbrechung des Realisations- und des Stichtagsprinzips durch das Imparitätsprinzip, weil sie auf zukünftige Verluste abzielt. Gerade wegen der stl. Unbeachtlichkeit v. Drohverlustrückstellungen nach Abs. 4a kommt der Abgrenzung besondere Bedeutung zu. Dies zeigt sich vor allem im Bereich v. Dauerschuldverhältnissen: Verbindlichkeitsrückstellungen sind für den bereits abgewickelten Teil des Geschäfts, zB Pensionsrückstellungen, am Stichtag nicht genommener Urlaub,[5] zu bilden. Verlustrückstellungen orientieren sich am noch zukunftsoffenen, schwebenden Geschäftsanteil. 202

e) Rückstellungen für AK oder HK (Abs. 4b S. 1). Nach hM dürfen handelsrechtl. Rückstellungen für künftige Ausgaben, die für Anschaffungs- oder Herstellungsvorgänge geleistet werden, nicht gebildet werden, da diese Ausgaben regelmäßig Ausdruck einer erfolgsneutralen **Vermögensumschichtung** innerhalb des BV sind.[6] Eine Rückstellungsbildung wird handelsrechtl. ausnahmsweise für zulässig angesehen, wenn die Ausgaben keinen künftigen Nutzen für das Unternehmen entfalten (Anschaffung bzw. Herstellung wertloser WG). Da ihre Verursachung ausschließlich in der Vergangenheit liegt, sollen insbes. für Investitionen, die der Beseitigung v. Umweltaltlasten dienen, unter den Voraussetzungen des § 249 HGB Rückstellungen zu bilden sein.[7] 203

Auch steuerrechtl. durften bereits vor der gesetzlichen Einf. eines stl. Passivierungsverbots in Gestalt v. § 5 Abs. 4b S. 1 durch das StEntlG 1999/2000/2002[8] aufgrund des Maßgeblichkeitsgrundsatzes für handelsrechtl. GoB für Aufwendungen, die AK oder HK für ein WG sind, Rückstellungen nicht gebildet werden.[9] Wer Abs. 4b S. 1 somit ausschließlich klarstellend versteht, muss konsequenterweise diejenigen Fälle, in denen bisher eine Rückstellungsbildung hinsichtlich aktivierungspflichtiger WG zugelassen worden ist, vom Anwendungsbereich ausnehmen.[10] Mit der redaktionellen Überarbeitung der Vorschrift durch des StÄndG 2001[11] sollte klargestellt werden, dass Aufwendungen für AK oder HK eines in künftigen Perioden zu aktivierenden WG oder für künftig anfallende nachträgliche AK oder HK auf bereits aktivierte WG nicht rückstellungsfähig sind. Eine Rückstellung für ungewisse Verbindlichkeiten kommt aber im Umkehrschluss in Betracht, wenn die HK auf ein **selbst geschaffenes immaterielles WG** des AV entfallen, das aufgrund v. § 5 Abs. 2 in der Zukunft nicht aktivierungsfähig ist. Daher sind zB die Zulassungskosten für ein neu entwickeltes Pflanzenschutzmittel stl. als BA zu qualifizieren und im Falle der rechtl. und wirtschaftl. Verursachung im Gewinnermittlungszeitraum als Rückstellung zu berücksichtigen.[12] Nach Auffassung des BFH ist Abs. 4b S. 1 auch in solchen Fällen nicht teleologisch zu reduzieren und folglich eine Rückstellung nicht zu bilden, in denen die betr. Aufwendungen in künftigen Wj. als AK oder HK **wertloser (ertragsloser) WG** zu aktivieren sind.[13] 204

1 Zum Verhältnis Drohverlustrückstellungen zu TW-Abschreibungen BFH v. 7.9.2005 – VIII R 1/03, BStBl. II 2006, 298 = FR 2006, 227 und *Herzig/Teschke*, DB 2006, 576; *Prinz*, DB 2011, 496 mwN.

2 BGBl. I 2006, 1095.

3 BT-Drucks. 16/634, 10; BFH v. 11.10.2007 (IV R 52/04, BStBl. II 2009, 705, betr. Rückkaufverpflichtung im Kfz.-Gewerbe) hat eine grundsätzliche Auseinandersetzung mit § 5 Abs. 4a vermieden (vgl. auch BMF v. 12.8.2009, BStBl. I 2009, 890).

4 *BeBiKo*[11], § 249 Rn. 67 mwN; zT anders die Rspr. des BFH, etwa BFH v. 20.1.1993 – I R 115/91, BStBl. II 1993, 373 = FR 1993, 302; v. 2.10.1997 – IV R 82/96, DStR 1998, 23.

5 BFH v. 8.7.1992 – XI R 50/89, BStBl. II 1992, 910 = FR 1992, 650; v. 10.3.1993 – I R 70/91, BStBl. II 1993, 446 = FR 1993, 396.

6 BFH v. 1.4.1981 – I R 27/79, BStBl. II 1981, 660 = FR 1981, 512; v. 23.3.1995 – IV R 66/94, BStBl. II 1995, 772 = FR 1995, 540; v. 19.8.1998 – XI R 8/96, BStBl. II 1999, 18 = FR 1998, 1130; *A/D/S*[6], § 249 HGB Rn. 31 mwN; **aA** *Crezelius*, NJW 1994, 981 (983).

7 *A/D/S*[6], § 249 HGB Rn. 31 mwN.

8 G v. 24.3.1999, BGBl. I 1999, 402.

9 *Blümich*, § 5 Rn. 887 mwN.

10 Zur Interpretation als klarstellend *Weber-Grellet*, DB 2000, 165; vgl. auch *Günkel/Fenzl*, DStR 1999, 649 (650).

11 G v. 20.12.2001, BGBl. I 2001, 3794.

12 BFH v. 8.9.2011 – IV R 5/09, BStBl. II 2012, 122 Rn. 15 = FR 2012, 132 m. Anm. *Prinz* = DStR 2011, 2189.

13 BFH v. 8.11.2016 – I R 35/15, BStBl. II 2017, 768 = FR 2017, 877; *H/H/R*, § 5 Anm. 2107; **aA** zB *Schmidt*[37], § 5 Rn. 369; *Weber-Grellet*, FR 2017, 880; *Farwick*, StuB 2017, 495 (499).

205 **f) Entsorgungsrückstellung für radioaktive Reststoffe oder Anlageteile (Abs. 4b S. 2).** Nach Abs. 4b S. 2 dürfen Rückstellungen für die öffentl.-rechtl. Verpflichtung zur **schadlosen Verwertung radioaktiver Reststoffe** sowie ausgebauter oder abgebauter radioaktiver Anlagenteile nicht gebildet werden, soweit Aufwendungen iZ mit der Bearbeitung und Verarbeitung v. Kernbrennstoffen stehen, die aus der Aufarbeitung bestrahlter Kernbrennstoffe gewonnen worden sind und keine radioaktiven Abfälle darstellen. Der systematische Zusammenhang mit § 5 Abs. 4b S. 1 lässt erkennen, dass der Gesetzgeber die umschriebenen Aufwendungen grds. in vollem Umfang den AK bzw. HK zuordnet.[1] Dies führt zu einem zu hohen Gewinnausweis, weil der Marktwert der hergestellten Brennelemente weit unter der Summe der Aufwendungen liegt. IErg. bleiben Teile der auferlegten Entsorgungsverpflichtungen stl. unberücksichtigt: Denn zum einen dürfen solche Rückstellungen in der StB nicht mehr gebildet werden, zum anderen sind bereits gebildete Rückstellungen aufzulösen.[2] Ausgenommen vom stl. Rückstellungsverbot sind Be- und Verarbeitungsaufwendungen v. radioaktiven Abfällen.[3]

G. Gewinnrealisierung

206 **I. Anwendungen und Abgrenzung.** Wertzuwächse steuerverstrickter WG sind nach dem **Realisationsprinzip** erst dann steuerbar, wenn die Wertsteigerung durch einen Umsatz verwirklicht ist. Das Prinzip wird mit §§ 4 Abs. 1 S. 3, 4g systemwidrig durchbrochen. Das Realisationsprinzip verhindert, dass Gewinne in einem Zeitpunkt ausgewiesen werden, in dem sie lediglich unsicher erwartet werden können. Die über § 5 Abs. 1 S. 1 HS 1 daran anknüpfende Steuerbarkeit nur realisierter Wertsteigerungen entspricht der Idee der Einkommensbesteuerung, nur solche Leistungsfähigkeitssteigerungen zu erfassen, die den StPfl. in die Lage versetzen, zu konsumieren.[4] Das Anschaffungswertprinzip (vgl. § 253 Abs. 1 HGB) garantiert, dass das Steuerrecht Wertsteigerungen des eingesetzten BV so lange nicht zur Kenntnis nimmt, bis sie nicht am Markt durch ein entgeltliches Rechtsgeschäft realisiert werden. Allerdings gilt der Grundsatz der Besteuerung allein realisierter Wertsteigerungen nicht durchgehend. So werden zB bei der BetrAufg. (§ 16 Abs. 3) und bei Entnahmen (s. § 4 Rn. 85 ff.) steuerbare Tatbestände bzgl. der Wertsteigerungen angenommen, obwohl dem StPfl. keine liquiden Mittel zufließen. Es handelt sich um **Ersatzrealisationstatbestände**.

207 **II. Entgeltliche Lieferungen und Leistungen.** Aufgrund des Realisationsprinzips (Vorsichtsprinzip) darf ein Gewinn in der Bilanz und in der steuerrechtl. Gewinnermittlung erst erscheinen, wenn er sich durch einen Umsatz verwirklicht hat. Der Gewinn tritt in der Bilanz also erst dann zum Vorschein, wenn das zunächst aktivierte WG (Vermögensgegenstand) ausgeschieden ist und an seiner Stelle ein anderes WG (Forderung, Geld) mit einem höheren Wert als dem Buchwert des ausgeschiedenen WG aktiviert wird.

208 Bei **Austauschgeschäften** wird das schwebende Geschäft zunächst bilanziell gar nicht erfasst (s. Rn. 100), doch ist dann zu entscheiden, welcher der möglichen Zeitpunkte zw. Abschluss und Erfüllung des schwebenden Vertrages der für die Gewinnrealisierung entscheidende sein soll. Liegt kein sog. Handgeschäft (Bargeschäft) vor, herrscht im Grundsatz Einvernehmen, dass es weder auf den Zeitpunkt des Vertragsschlusses noch auf denjenigen, in dem der Schuldner bezahlt, maßgeblich ankommt.[5] Entscheidend ist nach hM der Zeitpunkt der **Leistungsbewirkung** durch den Sachleistungsverpflichteten. Liegen also die **wesentlichen wirtschaftl. Ursachen**[6] für die Entstehung einer Forderung im abgelaufen Wj., wie zB der Nichteintritt einer Bedingung bis zum Bilanzstichtag bei Prämien v. einer Versicherungsgesellschaft an einen Versicherungsvertreter, vor, ist die Forderung unabhängig v. der Feststellung oder der Auszahlung des Anspruches im abgelaufenen Wj. zu aktivieren.[7]

209 Regelmäßig ist die Forderung aus dem Umsatzgeschäft dann zu aktivieren, wenn der Leistende **zivilrechtl. erfüllt** hat (vgl. § 362 BGB). Maßgebend ist somit eine schuldrechtl. Betrachtungsweise, der grds. auch die Rspr. des BFH folgt.[8] Eine Gewinnrealisierung ist sicher dann anzunehmen, wenn der Gläubiger Eigentum erlangt hat, denn dann steht der Geltendmachung der offenen Forderung des Sachleistungsverpflichteten nichts mehr entgegen (vgl. §§ 320, 321 BGB). Die Möglichkeit v. **Mängelrügen** hindert die Gewinnrealisierung nicht. Soweit derartige Risiken als wahrscheinlich erscheinen, sind sie als Rückstellungen zu berück-

---

1 Dazu näher *Blümich*, § 5 Rn. 887, 895; *Günkel/Fenzl*, DStR 1999, 649 (650 f.); *Küting/Kessler*, DStR 1998, 1937 (1942).
2 *H/H/R*, § 5 Anm. 2125.
3 *K/K/B/M/H*³, § 5 Rn. 302 mwN.
4 Näher *Crezelius*, Lehrbuch², § 8 Rn. 73.
5 *Knobbe-Keuk*⁹, § 6 Abs. 1 S. 2a mwN.
6 Vgl. hierzu aus jüngerer Zeit BFH v. 26.4.2018 – III R 5/16, BStBl. II 2018, 536 = FR 2018, 964 m. Anm. *Weber-Grellet*.
7 BFH v. 14.4.2011 – X B 104/10, BFH/NV 2011, 1343 Rn. 8 ff.
8 BFH v. 17.1.1963 – IV 335/59 S, BStBl. III 1963, 257; v. 27.2.1986 – IV R 52/83, BStBl. II 1986, 552 = FR 1986, 485; v. 3.8.2005 – I R 94/03, BStBl. II 2006, 20 = FR 2006, 134.

sichtigen.[1] Solange dem Erwerber ein **einseitiges Rückgaberecht** (zB vertragliches Rücktrittsrecht) zusteht, darf eine Gewinnrealisierung dagegen nicht erfolgen. Der Gewinnausweis ist durch eine (auflösend bedingte) Verbindlichkeit bzw. Rückstellung zu verhindern, in der sich die künftige Rücknahmeverpflichtung widerspiegelt. Das Passivierungsverbot des § 5 Abs. 4b ist nicht einschlägig, weil es sich bei der Rückabwicklung um keinen neuen Anschaffungsvorgang, sondern um den actus contrarius des (gescheiterten) Veräußerungsgeschäfts handelt.[2] Eine Rückstellung ist auch in den Fällen zu bilden, in denen eine Rückerstattung wegen (einer bis zum Bilanzstichtag erfolgten) **Anfechtung** (§§ 119, 123 BGB) wahrscheinlich droht. Der Ausweis einer gewinnrealisierenden Forderung wird indes nicht durch eine spätere – nach dem Bilanzstichtag erfolgte – Anfechtung des der Gewinnrealisierung/Aktivierung zugrunde liegenden Rechtsgeschäfts ausgeschlossen.[3] Die Ausübung der entspr. Gestaltungsrechte wirkt bilanzrechtl. nicht zurück.[4] Muss der Verkäufer am Bilanzstichtag nicht mit einem (gewährleistungsbedingten) Rücktritt vom Kaufvertrag rechnen, darf er hinsichtlich der Rückerstattung des Kaufpreises keine Rückstellung bilden; dies gilt auch dann, wenn der Rücktritt noch vor Aufstellung der Bilanz erklärt wird.[5]

Nach § 362 Abs. 1 BGB erlischt das Schuldverhältnis, wenn die geschuldete Leistung an den Gläubiger bewirkt wird. 210 Unter Leistung ist hierbei nicht die Leistungshandlung, sondern der **Leistungserfolg** zu verstehen.[6] Nach überwiegender Meinung kann handelsbilanzrechtl. Gewinnrealisierung auch ohne den zivilrechtl. Leistungserfolg iSd. § 362 Abs. 1 BGB eintreten, wenn die zivilrechtl. Analyse des Sachverhalts den Schluss zulässt, dass die Forderung ohne weiteres durchsetzbar ist. Das ist immer dann der Fall, wenn die Preisgefahr nicht mehr beim Sachleistungsverpflichteten liegt, wenn er seine Gegenleistung also unabhängig v. Eintritt des Leistungserfolgs erhalten kann. In Fällen der §§ 326 Abs. 2, 447 BGB (Versendungskauf), in denen die Preisgefahr auf den Käufer übergeht, ist daher auch mit steuerrechtl. Wirkung eine Gewinnrealisierung geboten.[7] Die BFH-Rspr. ist in diesem Punkt nicht ganz eindeutig,[8] sie ist nur tendenziell schuldrechtl. orientiert. Regelmäßig findet sich die Formulierung, dass bei Lieferungen und anderen Leistungen Gewinnrealisierung eintritt, wenn der (Sach- oder Dienst-)Leistungsverpflichtete die v. ihm geschuldeten Erfüllungshandlungen **„wirtschaftl. erfüllt hat"**[9] und ihm die Forderung auf die Gegenleistung (Zahlung) **„so gut wie sicher ist"**.[10] Daran anknüpfend wird man sagen dürfen, dass der Anspr. auf die Gegenleistung „so gut wie sicher" ist, wenn zivilrechtl. die **Preisgefahr** auf den Vertragsgegner übergegangen ist. Demzufolge tritt eine Gewinnrealisierung in folgenden Fällen ein:[11]

- beim Kaufvertrag über bewegliche Sachen mit der **Übergabe** der verkauften Sache (§ 446 BGB);
- beim **Versendungskauf** iSd. § 447 BGB mit der Übergabe der Sache an den Spediteur oder die sonstige Transportperson;
- beim Kaufvertrag über **unbewegliche** Sachen mit der Übergabe des Grundstücks zu Eigenbesitz und dem damit verbundenen Übergang v. Gefahr, Lasten und Nutzen (§ 446 BGB);
- bei **Annahmeverzug** des Käufers (§§ 293 ff. BGB);
- beim **Dienstvertrag** mit der vollständigen Erfüllungshandlung, soweit eine einmalige Leistung Vertragsgegenstand ist;
- beim **Werkvertrag** mit Vollendung des Werks, soweit nach der Beschaffenheit des Werks eine Abnahme ausgeschlossen ist (§ 646 BGB), ansonsten regelmäßig mit **Abnahme** des Werkes (§ 640 Abs. 1 BGB).[12]

---

1 BFH v. 25.1.1996 – IV R 114/94, BStBl. II 1997, 382 = FR 1996, 456; v. 28.3.2000 – VIII R 77/96, BStBl. II 2002, 227 = FR 2000, 826 m. Anm. *Kessler/Strnad* = DStR 2000, 1176; *Knobbe-Keuk*[9], § 6 Abs. 2a; *Woerner*, BB 1988, 769 (777).
2 *Korn*, § 5 Rn. 619.
3 BFH v. 4.6.2014 – I B 151/13, BFH/NV 2014, 1544 Rn. 3.
4 BFH v. 25.1.1996 – IV R 114/94, FR 1996, 456 = BStBl. 1997, 382.
5 BFH v. 28.3.2000 – VIII R 77/96, BStBl. II 2002, 227 = FR 2000, 826 m. Anm. *Kessler/Strnad* = DStR 2000, 1176, m. krit. Anm. *Hoffmann*, DB 2000, 1444 (betr. Wandlung eines Kaufvertrags).
6 BGH v. 6.2.1954 – II ZR 176/53, BGHZ 12, 267; *Palandt*[78], § 362 Rn. 2.
7 *Crezelius*, Lehrbuch[2], § 8 Rn. 74 mwN.
8 Vgl. BFH v. 3.8.1988 – I R 157/84, BStBl. II 1989, 21. In BFH v. 2.3.1990 – III R 70/87, BStBl. II 1990, 733 = FR 1990, 507 wird an den Übergang des wirtschaftl. Eigentums angeknüpft, der bei Beginn der Versendung noch fehlt.
9 BFH v. 29.4.1987 – I R 192/82, BStBl. II 1987, 797 = FR 1987, 537; v. 29.11.2007 – IV R 62/05, BStBl. II 2008, 557 = FR 2008, 766 m. Anm. *Kanzler*.
10 BFH v. 12.5.1993 – XI R 1/93, BStBl. II 1993, 786 = FR 1993, 714 mwN; v. 16.11.2005 – X R 48/03, BFH/NV 2006, 534; jüngst FG Berlin-Bdbg. v. 2.5.2018 – 10 K 10130/16, EFG 2018, 1696 Rn. 45 m. Anm. *Henningfeld* (betr. Aktivierungszeitpunkt v. Forderungen iRd. Arbeitsvermittlung).
11 Vgl. weitere Bsp. bei *Schmidt*[37], § 5 Rn. 608 f.
12 BFH v. 28.1.1960 – IV 226/58 S, BStBl. III 1960, 291 (ausnahmsweise vor Abnahme); v. 25.2.1986 – VIII R 134/80, BStBl. II 1986, 788 = FR 1986, 513.

211 Besonderheiten gelten bei **Dauerschuldverhältnissen** (zB Miet-, Pacht, Darlehensverträge). Da die Leistungsbewirkung in diesen Fällen nicht in einem Zeitpunkt konzentriert ist, ist auch der Anspr. auf Entgelt fortlaufend zeitraumbezogen zu realisieren, dh. unabhängig v. Fälligkeit und Abrechnungsperiode zu aktivieren, soweit das Entgelt auf die in der Vergangenheit erbrachte Leistung entfällt.[1] Zur Frage der (Teil-) Gewinnrealisierung bei langfristiger Fertigung vgl. s. Rn. 103.

212 **III. Tausch.** Der Tausch wird steuerrechtl. als (freiwilliger) Umsatzakt und damit als ein **Realisationstatbestand** qualifiziert. Handelsrechtl. besteht ein Wahlrecht zw. der Übernahme des Buchwerts und dem Ansatz des Zeitwerts des hingegebenen Vermögensgegenstands.[2] Diese Sichtweise beruht darauf, dass man den Tausch handelsrechtl. früher nicht als Umsatzakt, sondern lediglich als einen Wechsel des aktivierten Gegenstands betrachtete. **Steuerrechtl.** ist die Erfolgswirksamkeit durch das StEntlG 1999/2000/2002[3] als Realisationstatbestand festgelegt (§ 6 Abs. 6 S. 1). Da der Gesetzgeber in Übereinstimmung mit der bisher hM davon ausging, dass sich die AK nach dem gemeinen Wert des hingegebenen WG bemessen, wird der Vorgang dogmatisch als Beschaffungsgeschäft und nicht als Absatzgeschäft eingeordnet. In letzterem Fall wäre das Tauschgeschäft als Gewinnrealisierungsvorgang anzusehen, bei dem sich der Wertansatz nach dem Wert des eingetauschten WG bemessen würde.[4] Aus dem Umkehrschluss zu § 6 Abs. 6 S. 1 ergibt sich allerdings, dass der **Gewinn** aus dem Tausch iHd. Differenz zw. dem gemeinen Wert des hereingetauschten WG und dem Buchwert des hingegebenen WG entsteht.[5]

213 Da § 6 Abs. 6 S. 1 allg. eine Realisierung verlangt, führt nun auch der Tausch v. **Anteilen an KapGes.** zwingend zu einer Aufdeckung der stillen Reserven. Die frühere Rspr. des BFH,[6] die auf dem sog. Tauschgutachten beruhte, und v. einer Übernahme der Buchwerte ausging, wenn die hingegebenen und die erlangten Anteile wert-, art- und funktionsgleich waren, ist damit überholt.[7] Außerhalb des Anwendungsbereichs der §§ 20, 24 UmwStG und des § 6 Abs. 5 S. 3 führt die Einbringung v. WG eines BV in eine PersGes. oder KapGes. zwingend zur Gewinnrealisierung. Es handelt sich um einen sog. **tauschähnlichen Vorgang**, auf den § 6 Abs. 6 S. 1 anwendbar ist. Die Gegenleistung besteht in der Gewährung v. Gesellschaftsrechten. Bei der Übertragung eines WG im Wege der **verdeckten Einlage** in eine KapGes. erhöht sich der Beteiligungswert um den TW des eingelegten WG (§ 6 Abs. 6 S. 2).

214 § 6 Abs. 6 S. 1 findet nach einer (nrkr.) Entsch. des FG Münster keine Anwendung auf den Grundstückstausch im Zuge eines **freiwilligen Landtauschverfahrens** nach §§ 103a ff. FlurbG. Es handelt sich nicht um einen Umsatzakt; vielmehr wird bei wirtschaftl. Betrachtungsweise den am Landtausch Beteiligten der jeweils weggetauschte Grundbesitz in „verwandelter Form" belassen.[8]

215 **IV. Realisierung außerhalb gegenseitiger Rechtsverhältnisse.** Soweit es sich um Anspr. aus **nicht gegenseitigen** Rechtsverhältnissen handelt, tritt eine Gewinnrealisierung ein, wenn die Forderung aktiviert wird. Grds. ist dies der Fall, wenn die Forderung zivilrechtl. entstanden ist. Allerdings dürfen **bestrittene Forderungen** aus Vorsichtsgründen noch nicht aktiviert werden. Deshalb ist ein **Schadensersatzanspruch** erst dann zu aktivieren, sobald er konkretisiert (zB anerkannt oder rkr. zuerkannt) ist.[9] Der Schadensersatzanspruch ist auch in voller Höhe zu aktivieren, wenn der Ersatz in monatlichen Raten geleistet wird; es ist kein passiver RAP zu bilden.[10] Richtet sich der Schadensersatzanspruch dagegen auf den Ersatz entgehender künftiger Gewinne, soll nur eine periodengerechte Realisierung erfolgen.[11] Wird dem StPfl. aufgrund betrieblichen Anlasses eine **Schuld** zivilrechtl. **erlassen** (§ 397 BGB), wird iHd. erlassenen Betrags Gewinn realisiert.[12] Beruht der Forderungserlass auf privaten Gründen, muss der Wegfall der Betriebsschuld über den Tatbestand der **Einlage** erfolgsneutral behandelt werden.[13]

216 Wenn ein StPfl. sein Unternehmen als Ganzes einem Dritten im Wege einer **Betriebsverpachtung** überlässt, handelt es sich grds. um eine zur Aufdeckung der stillen Reserven führende BetrAufg. (§ 16

---

1 BFH v. 20.5.1992 – X R 49/89, BStBl. II 1992, 904 = FR 1992, 681; v. 10.9.1998 – IV R 80/96, BStBl. II 1999, 21 = FR 1999, 87 m. Anm. *Stobbe*.
2 *A/D/S*[6], § 255 HGB Rn. 89 f.
3 G v. 24.3.1999, BGBl. I 1999, 402.
4 In diesem Sinne *Lang*, StuW 1980, 61; vgl. auch *Groh*, FS Döllerer, 1988, 157 (164 ff.).
5 Vgl. *Schmidt*[37], § 5 Rn. 633.
6 BFH v. 16.12.1958 – I D 1/57 S, BStBl. III 1959, 30.
7 *Schmidt*[37], § 5 Rn. 634.
8 FG Münster v. 7.4.2017 – 4 K 2406/16 F, EFG 2017, 902 Rn. 22 ff. m. Anm. *Reddig*.
9 BFH v. 26.4.1989 – I R 147/84, BStBl. II 1991, 213 = FR 1989, 740; v. 10.2.1994 – IV R 37/92, BStBl. II 1994, 564 = FR 1994, 500 m. Anm. *Söffing*; v. 14.9.1994 – I R 6/94, FR 1995, 112.
10 BFH v. 8.9.2011 – I R 78/10, BFH/NV 2012, 44 Rn. 11 ff.
11 FG BaWü. v. 4.3.1994 – 9 K 199/92, EFG 1994, 740; *Schmidt*[37], § 5 Rn. 270 „Forderungen" mwN.
12 BFH v. 26.1.1989 – IV R 86/87, BStBl. II 1989, 456 = FR 1989, 371.
13 BFH v. 12.4.1989 – I R 41/85, BStBl. II 1989, 612 = FR 1989, 527; *Blümich*, § 5 Rn. 954.

Abs. 3). Trotzdem hat die Rspr. hier ein Sonderrecht entwickelt,[1] wobei im Einzelfall zunächst abzugrenzen ist v. der vorrangigen BetrAufsp. (§ 15 Rn. 74, 75 ff.), die insofern einen Sonderfall der Betriebsverpachtung darstellt, und zu Betriebsführungverträgen. Erklärt der verpachtende Gewerbetreibende aufgrund des sog. **Verpächterwahlrechts** nicht die BetrAufg.,[2] liegen weiterhin Einkünfte aus GewBetr. vor. Sie sind grds. nach § 5 zu ermitteln, und es existiert weiterhin steuerverstricktes BV. Es ergibt sich also ein Wahlrecht, durch Erklärung den Betrieb mit der Konsequenz des § 16 Abs. 3 aufzugeben und fortan Überschusseinkünfte zu erzielen oder den GewBetr. aufrechtzuerhalten.[3] Mit der Einf. des **§ 16 Abs. 3b** durch das StVereinfG 2011[4] kodifiziert der Gesetzgeber inzwischen, dass eine BetrAufg. iSd. § 16 Abs. 3 erst mit der ausdrücklichen Erklärung des StPfl. ggü. dem FA oder mit dem Bekanntwerden v. Tatsachen, aus denen sich die Voraussetzungen für eine derartige Aufgabe ergeben, eintritt. Es handelt sich um eine gesetzliche **Betriebsfortführungsfiktion**. Auf diese Weise soll die Besteuerung auch in Fällen gewährleistet werden, in denen der StPfl. die BetrAufg. nicht oder erst verspätet erklärt und eine Verjährung die nachträgliche Besteuerung ausschließen würde. Wird der GewBetr. nicht aufgeben oder tritt die BetrAufg. aus Gründen des § 16 Abs. 3b nicht ein, liegt dem „ruhenden Betrieb" die Vorstellung zugrunde, dass die eigene gewerbliche Tätigkeit durch die Verpachtung lediglich unterbrochen ist.[5] Für Zwecke der Gewinnermittlung existieren fortan **zwei Betriebe**, bei der sich bilanzsteuerrechtl. Besonderheiten ergeben:

Wird **abnutzbares AV mit einer Substanzerhaltungspflicht des Pächters gekoppelt**, hat der lediglich 217
schuldrechtl. berechtigte Pächter weder die überlassenen noch die ersatzweise angeschafften WG zu aktivieren; er hat auch nicht die Befugnis zur Vornahme v. AfA. Der Verpächter wird als rechtl. und wirtschaftl. Eigentümer der verpachteten und der angeschafften WG angesehen.[6] Das ist deshalb bilanziell vor dem Hintergrund der Eigentumszuordnung der neuen WG nicht unproblematisch, weil jedenfalls zivilrechtl. dafür Sorge getragen werden sollte, dass aufgrund der Vereinbarung zw. Verpächter und Pächter der Verpächter das (dingliche) Eigentum an dem neu angeschafften WG erhält. Der Pächter muss eine Erneuerungsrückstellung bilden, wenn während der Laufzeit des Pachtvertrages mit Ersatzbeschaffungen zu rechnen ist. Dabei bestimmt sich die Höhe nach der Nutzungsdauer des WG und der Wiederbeschaffungskosten am Bilanzstichtag.[7] Korrespondierend muss der Verpächter einen Substanzerhaltungsanspruch schon vor der Ersatzbeschaffung aktivieren,[8] und zwar in Höhe des jährlich zuwachsenden Teilanspruchs. Der Verpflichtung des Verpächters zur Überlassung des Unternehmens steht nicht nur die Verpflichtung des Pächters zur Zahlung der Pacht, sondern auch dessen Verpflichtung zur Erneuerung ggü. Nur unter Berücksichtigung dieser Verpflichtung ist die Nutzungsüberlassung ausgeglichen. Nach der v. Pächter vorgenommenen Ersatzbeschaffung hat der Verpächter das WG mit den AK oder HK des Pächters unter Saldierung mit dem zuvor angesetzten Anspr. zu aktivieren. Auch dies ist letztlich nur überzeugend, wenn der Verpächter rechtl. Eigentümer der ersatzweise angeschafften WG geworden ist.

Wird **UV mit der Verpflichtung überlassen**, bei Beendigung des Vertrags **WG gleicher Art und Quanti-** 218
tät zurückzuerstatten, wird der Pächter aufgrund wirtschaftl. Betrachtungsweise Zurechnungssubjekt, sodass er das UV mit dem TW zu aktivieren hat, in gleicher Höhe jedoch eine Rückgabe- oder Wertersatzverpflichtung passiviert.[9] In der Folgezeit ist diese Verpflichtung mit den AK der vorhandenen neu angeschafften oder übernommenen WG zu passivieren. Der Verpächter hat den Rückgabeanspruch betr. das UV mit dem Buchwert der hingegebenen WG zu aktivieren, sodass es nicht zu einer Gewinnrealisierung kommt. Das ist konsequent, wenn man v. dem Gedanken des „ruhenden GewBetr." ausgeht. Die andere Möglichkeit besteht darin, dass es zum Ansatz mit den jeweiligen AK des Pächters für das herauszugebende UV kommt.[10]

Da sich hinter einer durch Wegfall der personellen Voraussetzungen aufgelösten BetrAufsp. (zumindest 219
ersatzweise) eine **Betriebsverpachtung im Ganzen** verbergen kann (§ 15 Rn. 74), gelten in diesem Fall die vorstehenden Grundsätze entspr.

---

1 Vgl. BFH v. 14.12.1993 – VIII R 13/93, BStBl. II 1994, 922 = FR 1994, 673.
2 BFH v. 16.12.1997 – VIII R 11/95, BStBl. II 1998, 379 = FR 1998, 436; v. 16.12.1999 – IV R 53/99, BFH/NV 2000, 1078.
3 BFH v. 3.4.2014 – X R 16/10, BFH/NV 2014, 1038 Rn. 20 mwN.
4 G v. 1.11.2011, BGBl. I 2011, 2131.
5 Vgl. BFH v. 9.11.2017 – IV R 37/14, BStBl. II 2018, 227 Rn. 25.
6 BFH v. 16.11.1978 – IV R 160/74, BStBl. II 1979, 138.
7 BFH v. 3.12.1991 – VIII R 88/87, BStBl. II 1993, 89 = FR 1992, 576.
8 BFH v. 17.2.1998 – VIII R 28/95, BStBl. II 1998, 505 = FR 1998, 786.
9 BFH v. 6.12.1984 – IV R 212/82, BStBl. II 1985, 391.
10 Vgl. BFH v. 6.12.1984 – IV R 212/82, BStBl. II 1985, 391.

220 **V. Realisierung zwischen verbundenen Unternehmen.** Bei Veräußerungen zw. Konzernunternehmen stellt sich vor dem Hintergrund des Vorsichtsprinzips das Problem, dass ein klassischer „Markttest" nicht stattfindet. Nichtsdestoweniger geht die hM davon aus, dass die allg. Grundsätze der Gewinnrealisierung vorbehaltlich Steuerumgehungen (§ 42 AO) grds. auch zw. Konzernunternehmen (vgl. § 18 AktG) und sonstigen verbundenen Unternehmen (vgl. §§ 15 ff. AktG) gelten.[1] Zur Frage der erfolgsneutralen Übertragung v. WG bei Begr. einer BetrAufsp. s. 17. Aufl. § 15 Rn. 109 ff.

H. Passivierung übernommener Verpflichtungen (Abs. 7)

Literatur: *Adrian/Fey*, Verpflichtungsübernahmen, Schuldbeitritte und Erfüllungsübernahmen in der Steuerbilanz, StuB 2018, 85; *Bolik/Selig-Kraft*, Kaum zu heben – Steuerfolgen der Realisierung stiller Lasten nach dem BMF-Schr. v. 30.11.2017, NWB 2018, 851; *Geberth/Höhn*, Passivierung „angeschaffter" Pensionsrückstellungen, DB 2013, 1192; *Kahle/Braun*, Bilanzierung angeschaffter Rückstellungen in der Steuerbilanz, FR 2018, 197; *M. Prinz*, Drohendes Aus für die steuerwirksame Hebung stiller Lasten, Ubg 2013, 57; *U. Prinz/Otto*, Neues BMF-Schr. v. 30.11.2017 zu §§ 4f, 5 Abs. 7 EStG, GmbHR 2018, 497; *Riedel*, Die Neuregelung der sog. angeschafften Rückstellungen nach § 4f und § 5 Abs. 7 EStG, FR 2014, 6; *Riedel*, Verlustrealisierung durch Wegfall der korrespondierenden Bilanzierung im Sonderbetriebsvermögen, FR 2017, 949; *Schulenburg*, Die Übertragung von Pensionsverpflichtungen bei Einzelübertritten und (Teil-)Betriebsveräußerung im Lichte der §§ 4f und 5 Abs. 7 EStG, FR 2018, 1030; *Weber-Grellet*, Anwendung der Regelungen in § 4f und § 5 Abs. 7 EStG – Erläuterungen und Anmerkungen zum BMF-Schr. v. 30.11.2017, DB 2018, 661.

221 **I. Grundsätzliches und Überblick.** § 5 Abs. 7 und die hierzu komplementäre Vorschrift des § 4f sind durch das AIFM-StAnpG[2] eingefügt worden.[3] Geregelt werden die Konsequenzen aus der **Hebung sog. stiller Lasten**, die ihrerseits iZ mit den vom Handelsrecht abw. steuerrechtl. Ansatzverboten und Bewertungseinschränkungen für Verpflichtungen stehen (insbes. § 5 Abs. 2a, 3, 4, 4a, 4b, § 6a Abs. 1 und 2). § 5 Abs. 7 bezweckt, stl. Passivierungsbegrenzungen für den Fall einer – in erster Linie im Konzernverbund anzutreffenden –[4] Verpflichtungsübertragung aufrechtzuerhalten. Die Begrenzung soll sich beim Übernehmer der Last iSd. **Fußstapfentheorie** fortsetzen. Während § 4f anordnet, dass der „Veräußerer" einer Verpflichtung den aus der Übertragung entstehenden Aufwand (per Aufwand [und] Verbindlichkeiten an Geld) auf einen Zeitraum v. 15 Jahren verteilen muss (§ 4f Abs. 1 S. 1), regelt § 5 Abs. 7 die steuerbilanziellen Folgen für den Übernahmeertrag des „Erwerbers". Für ihn ergibt sich nunmehr kraft gesetzlicher Anordnung – dh. ohne tatsächliche Realisierung[5] – ein stl. Erwerbsgewinn.

222 Anlass für die gesetzliche Neuregelung war die vorherige – unternehmerfreundliche – Rspr. des BFH.[6] Hiernach war es zulässig, die sich aus den steuerbilanziellen Sonderregeln ergebenden stillen Lasten in der Weise gewinnmindernd zu realisieren, dass die entsprechenden Verpflichtungen zB als Entgelt/AK im Rahmen eines Unternehmenskaufs übernommen wurden. Infolgedessen entstand aus der zuvor steuerrechtl. unerheblichen stillen Belastung **Abschreibungspotenzial** für den Nachfolger. Möglich war es auch, die stille Belastung durch einen entgeltlichen Schuldbeitritt steuerwirksam werden zu lassen.[7] Die BFH-Rspr. widersprach der vorherigen Auffassung der FinVerw.[8] Die Auffassung des BFH wird nunmehr (per Gesetz) mit §§ 4f, 5 Abs. 7 überholt.

223 § 5 Abs. 7 **S. 1** regelt den Grundfall der Verpflichtungsübernahme und gibt vor, dass die für den ursprünglich Verpflichteten maßgeblichen steuerbilanzielle Ansatzverbote, -beschränkungen oder Bewertungsvorbehalte auch für den Übernehmer und dessen Rechtsnachfolger Anwendung finden. Der Übernehmer hat somit – zumindest abstrakt – die gleichen Bilanzierungsvorschriften zu beachten, die auch für seinen Vorgänger am Bilanzstichtag gegolten hätten, wenn dieser die passivierungsbeschränkte Verpflichtung nicht übertragen hätte. **S. 2** der Vorschrift erweitert die Beibehaltung v. Passivierungsbegrenzungen für die Fälle der Erfüllungsübernahme mit vollständiger oder teilweiser Schuldfreistellung sowie des Schuldbeitritts. Nach **S. 3** gilt Selbiges bei der Übertragung eines Mitunternehmeranteils. **S. 4** ist zum Zwecke gesetzlicher Klarstellung[9] R 6a Abs. 13 EStR entnommen und regelt Fälle der Übertragung v. Pensionsverpflichtungen unter gleichzeitiger Übernahme v. Vermögenswerten (zB Ansprüche aus Rückdeckungsversicherungen).

---

1 *Blümich*, § 5 Rn. 960 „Konzern" mwN.
2 G v. 18.12.2013, BGBl. 2013, 4318.
3 Vgl. hierzu BMF v. 30.11.2017, BStBl. I 2017, 1619.
4 *Weber-Grellet*, DB 2018, 661.
5 Vgl. *U. Prinz/Otto*, GmbHR 2018, 497 (501).
6 BT-Drucks. 18/68, 73.
7 BFH v. 16.12.2009 – I R 102/08, BStBl. II 2011, 566 = FR 2010, 425 m. Anm. *Buciek*; v. 26.4.2012 – IV R 43/09, BStBl. II 2017, 1228 = FR 2012, 776 m. Anm. *Prinz*; v. 12.12.2012 – I R 69/11, BStBl. II 2017, 1232 = FR 2013, 608 m. Anm. *Schlotter*; v. 12.12.2012 – I R 28/11, BStBl. II 2017, 1265 = FR 2013, 805.
8 BMF v. 16.12.2005, BStBl. I 2005, 1052; v. 24.6.2011, BStBl. I 2011, 627.
9 BT-Drucks. 18/68, 74.

Durch **S. 5** eröffnet sich die Möglichkeit, den Übernahmeertrag durch die Bildung einer stfreien Rücklage iHv. 14/15 zeitlich auf bis zu 15 Jahre zu strecken. **S. 6** regelt die außerplanmäßige Auflösung der Rücklage für den Fall, dass die übernommene Verpflichtung bereits vor Ablauf des regelmäßigen Auflösungszeitraums nicht mehr besteht.[1]

§ 5 Abs. 7 erscheint **kritikwürdig**. Zum einen koppelt sich die steuerrechtl. Gewinnermittlung in einem weiteren Punkt v. der HB ab, und zwar mit der Folge, dass der Erwerber im Grundsatz wie der übertragende Rechtsträger zu bilanzieren hat. Zum anderen entstehen **praktische Probleme:** Wie soll bspw. der Erwerber bei Pensionsrückstellungen die für die Bilanzierung erforderlichen Informationen erhalten?[2] Rechtssystematisch ist zudem anzumerken, dass der Steuergesetzgeber zwar konzerninterne Hebungen stiller Lasten vor Augen hatte,[3] die Norm aber auch Übernahmen zw. nicht konzernverbundenen fremden Dritten betrifft, dh. Konstellationen, in denen die Übernahme privatautonom und marktüblich ausgehandelt worden ist.[4] Schließlich ändert § 5 Abs. 7 nichts an der v. der BFH-Rspr. vorgefundenen Ausgangslage, dass bei entgeltlich übernommenen Verpflichtungen vorrangig v. einer Erfolgsneutralität des Anschaffungsvorgangs auszugehen ist.[5] 224

II. Tatbestand und Rechtsfolge (Abs. 7 S. 1). 1. Verpflichtungsübernahme. Zu den übertragbaren Verpflichtungen zählen nur solche im Sinne einer **Außenverpflichtung**.[6] Erfasst werden Verbindlichkeiten und Rückstellungen (insbes. für Pensionslasten). Diese Verpflichtung wird übernommen, wenn durch einen **Rechtsakt** ein diesbezüglicher Schuldnerwechsel vollzogen wird (zB durch vertragliche **Schuldübernahme** nach § 414 BGB bzw. gesetzliche Schuldübernahme nach § 613a BGB). Kein Schuldnerwechsel iSv. § 5 Abs. 7 S. 1 liegt dagegen vor, wenn der Übernehmer nach anderen Vorschriften in die Rechtsstellung seines Vorgängers eintritt und bereits deshalb die **Buchwerte** und folglich die Passivierungsbeschränkungen fortzuführen hat, insbes. in Fällen der unentgeltlichen Betriebsnachfolge gem. § 6 Abs. 3 oder Buchwerteinbringungen nach §§ 20, 24 UmwStG.[7] Dagegen fallen Umwandlungs- und Einbringungsvorgänge, die nicht zu stl. Buchwerten erfolgen, unter den Tatbestand des § 5 Abs. 7 S. 1.[8] 225

2. Passivierungsverbote bzw. -beschränkungen beim ursprünglich Verpflichteten. Die Verpflichtung muss bei deren Erstbegründer einem steuerbilanziellen Ansatzverbot, einer Ansatzbeschränkung oder einem Bewertungsvorbehalt unterlegen haben. Wegen der Anknüpfung an derartige Beschränkungen soll ursprünglich Verpflichteter nur ein **bilanzierender** Unternehmer sein können.[9] Zu den **Ansatzverboten** zählen solche nach § 5 Abs. 3, 4, 4a sowie Abs. 4b S. 2. **Passivierungsbeschränkungen** ggü. der HB ergeben sich insbes. aus § 6a Abs. 1 und 2 (Pensionsverpflichtungen). **Bewertungsvorbehalte** iSv. § 5 Abs. 7 S. 1 sind solche aus § 6 Abs. 1 Nr. 3 (besondere Bewertungsvorschriften für Verbindlichkeiten), § 6 Abs. 1 Nr. 3a (Rückstellungen) sowie aus § 6a Abs. 3 und 4 (Pensionsrückstellungen).[10] Nicht unter § 5 Abs. 7 S. 1 fallen dagegen solche Verpflichtungen, die nach allg. bilanzrechtl. Regelungen nicht passivierungsfähig sind, sodass sich die Sorge des Gesetzgebers, durch die Verpflichtungsübertragung stille Lasten zu heben, bilanziell gar nicht stellen kann.[11] Zu nennen sind insoweit unternehmerische Innenverpflichtungen sowie Fälle des § 5 Abs. 2a und 4b S. 1. 226

3. Rechtsfolgen. a) Bilanzierungsfortführungsfiktion. § 5 Abs. 7 S. 1 legt fest, dass die übernommene Verpflichtung nicht bereits zum Zeitpunkt der Übernahme, sondern erst **„zu den auf die Übernahme folgenden Abschlussstichtagen"** beim Übernehmer bzw. dessen Rechtsnachfolger so zu bilanzieren ist, wie sie beim Vorgänger weiterhin zu bilanzieren wäre. Diese Bilanzierungsfortführungsfiktion gilt somit nicht für den Zugangsansatz beim Übernehmer. Insoweit gelten allg. bilanzsteuerrechtl. Grundsätze, insbes. derjenige der Erfolgsneutralität des Anschaffungsvorgangs.[12] Die Verpflichtung ist mit den „AK" zu passivieren. Hat zB X in seiner HB aus einem Kaufvertrag eine Drohverlustrückstellung (§ 249 Abs. 1 S. 1 Alt. 2 HGB) iHv. 500 gebildet und übernimmt Y den Vertrag zum 1.7.01 gegen Erhalt eines Betrags v. 500,[13] 227

1 Vgl. zum Normüberblick auch *H/H/R*, § 5 Anm. 2400.
2 *Geberth/Höhn*, DB 2013, 1192 (1194).
3 Deutlich BT-Drucks. 18/68, 73.
4 Krit. insoweit auch *Kahle/Braun*, FR 2018, 197 (198).
5 BFH v. 14.12.2011 – I R 72/10, BStBl. II 2017, 1226 = FR 2012, 407; vgl. auch *M. Prinz*, Ubg 2013, 57 (71).
6 *Blümich*, § 5 Rn. 242b; *Dannecker/Rudolf*, BB 2014, 2539 (2542).
7 *Förster/Staaden*, Ubg 2014, 1 (10); *Schindler*, GmbHR 2014, 786 (788); *H/H/R*, § 5 Anm. 2411.
8 Vgl. *U. Prinz/Otto*, GmbHR 2018, 497 (503).
9 *Blümich*, § 5 Rn. 242b; *M. Prinz*, Ubg 2013, 57 (62); *Riedel*, Ubg 2017, 580 (582); *H/H/R*, § 5 Anm. 2413; *Weber-Grellet*, DB 2018, 661 (665).
10 Vgl. *H/H/R*, § 5 Anm. 2415 mwN.
11 *Adrian/Fey*, StuB 2014, 53 (58).
12 Vgl. hierzu ua. *Nielsen/Schulenburg*, FR 2017, 623 (624).
13 Bsp. nach *Weber-Grellet*, DB 2018, 661.

muss Y zum Erwerbszeitpunkt eine Rückstellung für ungewisse Verbindlichkeiten iHv. 500 bilden; dieser Vorgang ist erfolgsneutral (per Geld an Rückstellungen). Erst in der auf die Übernahme nachfolgenden Abschlussbilanz auf den 31.12.01 muss Y nach Maßgabe der durch § 5 Abs. 7 S. 1 gesetzlich festgelegten Fiktion (Fußstapfentheorie) mit Blick auf § 5 Abs. 4a den Bilanzansatz in der StB rückgängig machen. Hierdurch entsteht ein **Erwerbsgewinn** (per Rückstellung an außerordentlicher Ertrag).

228 Die **Bilanzierungsfortführungsfiktion** des § 5 Abs. 7 S. 1 reicht nicht so weit, als der Übernehmer den Bilanzansatz des ursprünglich Verpflichteten bindend zu übernehmen hätte. Es sind lediglich die steuerbilanziell geltenden Passivierungsbegrenzungen, die für den Vorgänger galten, zu beachten. Bilanzsteuerrechtl. **Wahlrechte** (zB TW-Ansatz oder Pauschalwertverfahren bei Jubiläumsrückstellungen, ebenso Wahlrechte nach § 6a) können unabhängig v. der Wahl des Vorgängers in Anspr. genommen werden,[1] sodass im Schrifttum v. einer modifizierten[2] bzw. abstrakten[3] Fußstapfentheorie gesprochen wird. Unterlag der ursprünglich Verpflichtete nicht dem deutschen Steuerrecht, soll für die steuerbilanzielle Behandlung der übernommenen Verpflichtung beim neuen Schuldner nach Auffassung der FinVerw. der Wert maßgeblich sein, der nach den Regelungen des EStG bzw. KStG anzusetzen gewesen wäre.[4]

229 **b) Behandlung des Erwerbsgewinns (Wahlrecht zur Gewinnrücklage).** Das G verpflichtet nicht zur Sofortversteuerung des Erwerbsgewinns. Vielmehr kann dieser über längstens 15 Jahre zeitlich verteilt werden. Hierfür sieht § 5 Abs. 7 S. 5 für den unmittelbar auf die Übernahme folgenden Abschlussstichtag die Bildung einer **gewinnmindernden Rücklage** (stl. Eigenkapital) iHv. 14/15 des Erwerbsgewinns vor, sodass im Erstjahr nur ein Gewinn v. 1/15 der Versteuerung zuzuführen ist. Der Verteilungszeitraum v. 15 Jahren ist grds. auch dann maßgebend, wenn zum Zeitpunkt der Bildung der Rücklage bereits vorhersehbar ist, dass die Verpflichtung eher erlischt. Für diesen Fall lässt es die FinVerw. allerdings zu, den Auflösungszeitraum auf die tatsächliche Laufzeit der Verpflichtung zu verkürzen.[5] Ausgeschlossen ist eine Verteilung des Erwerbsgewinns nur dann, wenn die Verpflichtung bereits am ersten auf die Übernahme folgenden Bilanzstichtag nicht mehr besteht.[6]

230 Der Auflösungszeitraum v. 15 Jahren kann sich verkürzen. Zum einen bleibt es dem StPfl. unbenommen, die Rücklage in den auf ihre Bildung nachfolgenden Wj. vorzeitig in Gänze oder aber mit einem höheren Betrag als 1/14 aufzulösen („… jeweils mit **mindestens** einem Vierzehntel …“). Das Stetigkeitsprinzip (vgl. Rn. 64) soll insoweit nicht gelten, sodass der jährliche Auflösungsbetrag an die jeweilige Gewinn- oder Verlustsituation flexibel angepasst werden kann.[7] Eine vorzeitige (Voll-)Auflösung der Rücklage empfiehlt sich ggf., um bestehende Verlustvorträge zu nutzen.[8] Zum anderen ist die verbleibende Rücklage nach § 5 Abs. 7 S. 6 zwingend gewinnwirksam aufzulösen, sobald die Verpflichtung, für die sie gebildet wurde, nicht mehr besteht (bspw. nach Realisierung eines „erworbenen“ Drohverlusts aus einem schwebenden Geschäft)[9].

231 **III. Schuldbeitritt/Erfüllungsübernahme (Abs. 7 S. 2).** Abs. 7 S. 2 dehnt die Bilanzierungsfortführungsfiktion auf **Schuldbeitritte** und **Erfüllungsübernahmen** mit vollständiger oder teilw. Schuldfreistellung aus und erfasst demnach Dreipersonenverhältnisse. Es sind somit nicht nur vollständige Vertragsübernahmen betroffen, sondern – wirtschaftl. vergleichbar – auch diejenigen Konstellationen, in denen der ursprüngliche Schuldner formal Partei des Schuldverhältnisses bleibt, jedoch aufgrund der Abreden im Innenverhältnis mit einem Dritten (Schuldbeitretenden) wirtschaftl. nicht mehr belastet ist, sodass insoweit bspw. eine Pensionsrückstellung nicht mehr zu passivieren ist.

232 Beim **Schuldbeitritt** (§ 421 BGB) tritt der neue Schuldner in das Schuldverhältnis ein, ohne dass – abw. v. der vollständigen Schuldübernahme – der bisherige Schuldner im Außenverhältnis entpflichtet wird. Es entsteht ein Gesamtschuldverhältnis. Wird der bisherige Schuldner jedenfalls im Innenverhältnis zum Schuldbeitretenden aufgrund eines entgeltlichen Beitritts freigestellt, bucht er die Verpflichtung (im Falle der Passivierungsfähigkeit) aus.[10] Der Schuldbeitretende passiviert zunächst zu seinen „AK“ (per Geld an Verbindlichkeiten) und korrigiert im Falle des Bestehens v. Passivierungsbeschränkungen iSv. Abs. 7 S. 1 zum ersten auf den Schuldbeitritt folgenden Bilanzstichtag gewinnerhöhend auf den steuerrechtl. zulässigen Wert (mit der Möglichkeit der Rücklagenbildung gem. Abs. 7 S. 5).

---

1 BMF v. 30.11.2017, BStBl. I 2017 Rn. 10.
2 *U. Prinz/Otto*, GmbHR 2018, 497 (501); *Kahle/Braun*, FR 2018, 197 (203).
3 *H/H/R*, § 5 Anm. 2422.
4 BMF v. 30.11.2017, BStBl. I 2017, 1619 Rn. 8; krit. *U. Prinz/Otto*, GmbHR 2018, 497 (501).
5 BMF v. 30.11.2017, BStBl. I 2017, 1619 Rn. 12.
6 *H/H/R*, § 5 Anm. 2470 mwN.
7 *Benz/Placke*, DStR 2013, 2653 (2659).
8 *H/H/R*, § 5 Anm. 2471.
9 *Schultz/Debnar*, BB 2014, 107 (111).
10 BMF v. 30.11.2017, BStBl. I 2017, 1619 Rn. 24.

Die **Erfüllungsübernahme** iSv. § 329 BGB zeichnet sich dadurch aus, dass der „neue Schuldner“ nicht in das Schuldverhältnis eintritt, sondern sich lediglich im Innenverhältnis dem bisherigen Schuldner ggü. verpflichtet, die bestehende Schuld zu erfüllen. Im Außenverhältnis besteht lediglich ein Zugriffsrecht gegen den bisherigen Schuldner, das bei wirtschaftl. Betrachtungsweise im Hinblick auf den durch die Erfüllungsübernahme erworbenen (gleich hohen) Freistellungsanspruch keine Last mehr darstellt. Demzufolge hat der bisherige Schuldner – sofern bzw. soweit die Verpflichtung überhaupt passivierbar ist – die Schuld auszubuchen.[1] Für den Erfüllungsübernehmenden gilt Abs. 7 S. 1 und 5.[2] 233

IV. Erwerb eines Mitunternehmeranteils (Abs. 7 S. 3). Nach Abs. 7 S. 3 gilt die Bilanzierung übernommener Verpflichtungen beim Übernehmer als gedachte Folgebilanzierung des ursprünglich Verpflichteten beim entgeltlichen[3] **Erwerb** v. **MU'anteilen** iSd. § 15 Abs. 1 S. 1 Nr. 2 „entsprechend“.[4] Hier liegt zwar keine Verpflichtungsübernahme im Sinne eines Schuldnerwechsels bzw. kein Schuldbeitritt vor, weil die Verpflichtungen auf der Gesamthandsebene vom Wechsel der PersG'ter/MU'er unberührt bleiben, doch soll damit nach Ansicht des Gesetzgebers der steuerrechtl. **transparenten Mitunternehmerbesteuerung** gem. § 15 Abs. 1 S. 1 Nr. 2 Rechnung getragen werden. Letztlich wird bei MU'schaften also auf den ideellen Anteil des MU'ers an den WG der Gesamthandsebene abgestellt. § 5 Abs. 7 S. 3 erwähnt den MU'anteil, sodass damit auch **Teilmitunternehmeranteile** erfasst werden (arg. §§ 6 Abs. 3 S. 2, 16 Abs. 1 S. 2).[5] Durch die sinngemäße Anwendung v. § 5 Abs. 7 S. 1 hat der Erwerber des (Teil-)MU'anteils seine anteiligen „AK“ für die Übernahme v. mit stillen Lasten behafteten Verpflichtungen der Gesamthand zunächst ungeschmälert in seiner **Ergänzungsbilanz** auszuweisen. Erst zum nächsten Bilanzstichtag sind die für die Ges. bestehenden Passivierungsbeschränkungen (gewinnwirksam) zu beachten.[6] Auch insoweit gilt § 5 Abs. 7 S. 5. 234

V. Übernahme einer Pensionsverpflichtung (Abs. 7 S. 4). Abs. 7 S. 4 regelt den speziellen Fall der Übernahme einer **Pensionsverpflichtung** ggü. einem zunächst in einem anderen Unternehmen tätigen ArbN bei gleichzeitiger Übernahme v. Vermögenswerten; hierbei handelt es sich regelmäßig um Anspr. aus Rückdeckungsversicherungen. Die Vorschrift bestimmt – wie bereits zuvor die Verwaltungsanweisung in R 6a Abs. 13 EStR –, dass die vom neuen ArbG übernommene Verpflichtung in den auf die Übernahme folgenden Jahren vollständig mit den aus der Anwendung v. § 6a herrührenden Werten und eben nicht mit dem tatsächlichen (handelsbilanziell zu erfassenden) Wert der Pensionslast auszuweisen ist. Hiermit hebelt das G die vorherige BFH-Rspr. aus, nach der die besonderen Bewertungsregeln des § 6a nur für den im Zeitpunkt des ArbN-Wechsels noch nicht erdienten Teil gelten sollten und es für den bereits erdienten Teil bei der Bewertung mit den „AK“ bleiben sollte.[7] Keine Anwendung soll Abs. 7 S. 4 bei Betriebsübergängen nach § 613a BGB finden.[8] Der Erwerbsgewinn kann nicht auf 15 Jahre verteilt werden; Abs. 7 S. 5 verweist nicht auf S. 4 der Vorschrift. 235

VI. Zeitlicher Geltungsbereich. Nach § 52 Abs. 9 ist § 5 Abs. 7 erstmals für Wj. anzuwenden, die nach dem 28.11.2013 enden; für vorherige Wj. gilt auch nach Ansicht der FinVerw. die (anderslautende) BFH-Rspr.[9] Auf Antrag kann § 5 Abs. 7 auch für frühere Wj. angewandt werden (§ 52 Abs. 9 S. 2). Bei Schuldübertragungen, Schuldbeitritten und Erfüllungsübernahmen, die vor dem 14.12.2011 vereinbart wurden, ist § 5 Abs. 7 S. 5 so anzuwenden, dass für einen Gewinn, der sich aus der Anwendung des § 5 Abs. 7 S. 1 bis 3 ergibt, jeweils iHv. 19/20 eine gewinnmindernde Rücklage gebildet werden kann, die in den folgenden 19 Wj. mindestens zu jeweils 1/19 gewinnerhöhend aufzulösen ist (§ 52 Abs. 9 S. 3). 236

I. Einzelnachweise (ABC der Aktivierung)

Ablösezahlungen im Profi-Fußball: Ablösezahlungen, die v. Vereinen iZ mit dem Wechsel v. Lizenzspielern an die abgebenden Vereine gezahlt werden, sind als AK auf das immaterielle WG der exklusiven Nutzungsmöglichkeit „an dem Spieler“ (vgl. zu immateriellen WG allg. Rn. 81 ff.) zu aktivieren und auf die Vertragslaufzeit abzuschreiben. Provisionen, die in diesem Zusammenhang an Spielvermittler gezahlt werden, stellen aktivierungspflichtige Anschaffungsnebenkosten dar. Dies gilt nicht für ablösefreie Spielerver- 237

1 Vgl. *H/H/R*, § 5 Anm. 2436 mwN; **aA** *M. Prinz*, Ubg 2013, 57 (65).
2 *Schlotter*, BB 2012, 951 (955).
3 BT-Drucks. 18/68, 74.
4 Vgl. hierzu auch *Förster/Staaden*, BB 2016, 1323.
5 *Nielsen/Schulenburg*, FR 2017, 623 (627); *Schindler*, GmbHR 2014, 786 (790); *Kahle/Braun*, FR 2018, 197 (209).
6 Vgl. *Benz/Placke*, DStR 2013, 2653 (2659); *Dannecker/Rudolf*, BB 2014, 2539 (2540).
7 BFH v. 12.12.2012 – I R 69/11, BStBl. II 2017, 1232 = FR 2013, 608 m. Anm. *Schlotter*; *Blümich*, § 5 Rn. 242e.
8 BMF v. 30.11.2017, BStBl. I 2017, 1619 Rn. 27; *H/H/R*, § 5 Anm. 2460; **aA** *U. Prinz/Otto*, GmbHR 2018, 497 (503); *Kahle/Braun*, FR 2018, 197 (204).
9 BMF v. 30.11.2017, BStBl. I 2017, 1619 Rn. 6.

pflichtungen und an frühere Vereine zu leistende Ausbildungs- und Förderentschädigungen (BFH v. 14.12.2011 – I R 108/10, BStBl. II 2012, 238 = FR 2012, 213, so auch schon BFH v. 26.8.1992 – I R 24/91, BStBl. II 1992, 977; zu den unterschiedlichen Zielsetzungen v. HB, StB und verbandsrechtl. Bilanz *Schülke*, DStR 2012, 45). Zur Bilanzierung von sog. Handgeldern und Spielervermittlungsprovisionen vgl. *Kirsch/Weber*, DStR 2018, 584.

Abschlagszahlungen: Für Planungsleistungen eines Ingenieurs tritt Gewinnrealisierung bereits dann ein, wenn der Anspruch auf Abschlagszahlung nach § 8 Abs. 2 HOAI aF entstanden ist, und nicht erst durch die zeitlich nachfolgende Abnahme des Werks durch den Besteller gem. § 640 BGB oder die Stellung einer Honorarschlussrechnung (BFH v. 14.5.2014 – VIII R 25/11, BStBl. II 2014, 968 = FR 2014, 1136). Aufgrund des ähnlichen Wortlauts wird diese Entsch. wohl auch auf § 15 Abs. 2 HOAI nF anwendbar sein (*Strahl*, KÖSDI 2015, 19436). Nach ursprünglicher Auffassung der FinVerw. sollte die Gewinnrealisierung auch dann eintreten, wenn Ansprüche auf Abschlagszahlungen für Werkverträge nach § 632a BGB – und damit auch außerhalb des Anwendungsbereichs der HOAI – entstanden sind (BMF v. 29.6.2015, BStBl. I 2015, 542; krit. hierzu *Marx/Juds*, DStR 2015, 1462; *Strahl*, KÖSDI 2015, 19437). Diese gegen das handelsrechtl. Realisierungsprinzip verstoßende Auffassung hat das BMF (BMF v. 15.3.2016, BStBl. I 2016, 279; dazu *J. Müller*, WPg 2016, 474) nunmehr zutreffenderweise aufgegeben. Die Anwendung des oa. BFH-Urt. wird auf Abschlagszahlungen nach § 8 Abs. 2 HOAI aF begrenzt. Für Werkverträge bleibt es demnach bei den traditionellen Grundsätzen. Vgl. zur Frage der Gewinnrealisierung bei Teilzahlungen auch Rn. 103, 209 f.

Abstandszahlungen: Abstandszahlungen an Mieter oder Pächter, die dem Bauherrn neben den eigentlichen Baukosten und Baunebenkosten dafür entstehen, um diese dazu zu bewegen, vorzeitig das Miet- oder Pachtverhältnis zu lösen, gehören zu den HK des Gebäudes bzw. Außenanlagen (BFH v. 29.7.1970 – I 130/65, BStBl. II 1970, 810; v. 1.10.1975 – I R 243/73, BStBl. II 1976, 184; v. 9.2.1983 – I R 29/79, BStBl. II 1983, 451 = FR 1983, 331). Vgl. zu den HK eines Gebäudes auch H 6.4 EStH.

Abwasserbeseitigungsanlagen: Beiträge für den erstmaligen Anschluss eines Grundstücks an Abwasserbeseitigungsanlagen sind als nachträgliche AK des Grund und Bodens zu aktivieren (BFH v. 12.4.1984 – IV R 137/80, BStBl. II 1984, 489 = FR 1984, 480; v. 5.6.1985 – I R 129/82, BFH/NV 1986, 205), es sei denn, der Grundstückseigentümer besaß bereits eine eigene Anlage (BFH v. 13.9.1984 – IV R 101/82, BStBl. II 1985, 49 = FR 1985, 131; v. 4.11.1986 – VIII R 322/83, BStBl. II 1987, 333 = FR 1987, 204: dann sofort abzugsfähig). Hausanschlusskosten gehören zu den HK des Gebäudes (H 6.4 EStH). Dagegen sind nachträgliche Beiträge zur Ersetzung oder Verbesserung einer Einzelanlage (sog. Ergänzungsbeiträge) als Erhaltungsaufwand sofort abzugsfähig (BFH v. 4.11.1986 – VIII R 322/83, BStBl. II 1987, 333 = FR 1987, 204; v. 2.5.1990 – VIII R 198/85, BFH/NV 1991, 29).

Abzinsung: Eine unverzinsliche, nicht verkehrsfähige Schadensersatzforderung ist nicht abzuzinsen (BFH v. 4.2.1999 – IV R 57/97, BStBl. II 1999, 602 = FR 1999, 608 mit Anm. *Kanzler*). Vgl. zum verdeckten Zinsanteil bei im Nennwert unverzinslichen Geldforderungen BFH v. 12.12.1990 – I R 153/86, BStBl. II 1991, 479; BMF v. 23.8.1999, BStBl. I 1999, 818.

Altersversorgung: Pensionsanwartschaften iSd. § 17 Abs. 1 S. 2 BetrAVG sind nicht aktivierbar (BFH v. 14.12.1988 – I R 44/83, BStBl. II 1989, 323 = FR 1989, 247).

Anzahlungen: Geleistete Anzahlungen (Vorleistungen des Bilanzierenden auf noch ausstehende Sach- oder Dienstleistungen des Vertragspartners) sind grds. zu aktivieren (BFH v. 14.3.1986 – III R 179/82, BStBl. II 1986, 669); der Anspr. auf Lieferung oder Leistung ist seiner Rechtsnatur nach ein WG (BFH v. 17.1.1973 – I R 17/70, BStBl. II 1973, 487; BFH v. 4.7.1990 – GrS 1/89, BStBl. II 1990, 830, 830 f.). Die Aktivierung erfolgt (gewinnneutral) zum Nennwert, auch wenn der Gegenstand des Gegenanspruchs kein aktivierungsfähiges WG ist (BFH v. 25.10.1994 – VIII R 65/91, BStBl. II 1995, 312 = FR 1995, 408). Vgl. zudem Rn. 102.

Arbeitnehmererfindung: Für ArbN-Erfindungen, die als sog. Diensterfindung iSv. § 4 Abs. 2 ArbNErfG zu qualifizieren sind (Erfindung während der Dauer und aus Anlass des Arbeitsverhältnisses) und die der ArbG für sich in Anspr. nimmt, gilt – trotz Vergütungspflicht nach § 9 Abs. 1 ArbNErfG – das Aktivierungsverbot nach § 5 Abs. 2. Dagegen sind Aufwendungen für sog. freie Erfindungen des ArbN, für die der ArbG sein Vorkaufsrecht nach § 19 ArbNErfG ausübt, zu aktivieren (vgl. OFD Ffm. v. 3.5.2018, DStR 2018, 2639). S. auch „Erfindungen".

Arzneimittelhersteller: Bei Arzneimittelherstellern können zum einen Arzneimittelzulassungen bei entgeltlichem Erwerb als immaterielles WG zu aktivieren sein. Str. ist, ob es sich um ein abnutzbares WG handelt (so *Boorberg*, DStR 1998, 113: ca. acht Jahre; **aA** BMF v. 27.2.1998, BStBl. I 1998, 252: kein regelmäßiger Wertverzehr). Des Weiteren sind Ärztemuster beim Hersteller als körperliche WG zu aktivieren (BFH v. 30.1.1980 – I R 89/79, BStBl. II 1980, 327 = FR 1980, 296; **aA** zB *Kupsch*, DB 1983, 509).

Assekuradeur: Die Tätigkeit eines Assekuradeurs zeichnet sich abw. v. der eines gewöhnlichen Versicherungsvertreters dadurch aus, dass er über den Abschluss der Versicherungsverträge auch die weitere Vertragsbearbeitung und Schadensbearbeitung übernimmt. Provisionen beziehen sich auf die gesamte Tätigkeit. Der auf den Abschluss des Vertrags entfallende Teil ist zum Zeitpunkt des Vertragsschlusses zu realisieren. Entspr. gilt für den Teil der Provision, der auf eine (mögliche) Schadensbearbeitung entfällt (uU Rückstellungsbildung). Der Provisionsteil, der für die weitere Bearbeitung bis zum Ende der Vertragszeit gezahlt wird, ist noch nicht zu realisieren, sondern durch einen RAP oder Ausweis als Verbindlichkeit aus erhaltener Anzahlung zu neutralisieren (BFH v. 14.10.1999 – IV R 12/99, BStBl. II 2000, 25 = FR 2000, 152 mit Anm. *Weber-Grellet*).

Asset Backed Securities: Bei sog. Asset Backed Securities handelt es sich um Transaktionen, bei denen idR ein Pool v. Finanzaktiva (zB langfristige Forderungen aus Darlehens-, Kreditkarten- oder Leasingverträgen) an eine speziell hierfür gebildete Zweck-Ges. übertragen wird. Die Zweck-Ges. refinanziert den Erwerb des Forderungspools durch die Begebung v. Schuldverschreibungen (Securities), die dann aus den Eingängen auf die übertragene Forderung bedient werden (Asset Backed). Der Anleger weist die Schuldverschreibung als Wertpapiere des AV oder UV aus. Aus Sicht des Forderungsverkäufers handelt es sich um eine dem Factoring vergleichbare Gestaltung (vgl. § 4 Rn. 78); für die bilanzielle Behandlung maßgebend ist damit, wer hinsichtlich der übertragenen Forderungen das Ausfallrisiko trägt und somit wirtschaftlicher Eigentümer der Forderung ist. Verbleibt das Bonitätsrisiko beim Forderungsverkäufer, hat dieser die Forderung zu aktivieren. Bei der Zweck-Ges. sind die erworbenen Forderungen nur dann auf der Aktivseite auszuweisen, wenn die Gestaltung dem echten Factoring vergleichbar ist und das Risiko der Verwertbarkeit der Forderung auf die Zweck-Ges. übergeht. Ist eine dem unechten Factoring vergleichbare Gestaltung gewählt, dürfen die zur Sicherheit erworbenen Forderungen nicht angesetzt werden; stattdessen aktiviert die Zweck-Ges. eine Forderung gegen den Forderungsverkäufer iHd. an ihn gezahlten Betrags. Die begebenen Schuldverschreibungen sind auf der Passivseite unter den Anleihen auszuweisen (bestätigt durch BFH v. 26.8.2010 – I R 17/09, BFH/NV 2011, 143 = DStR 2010, 2455). Eingehend zB *Willburger*, Asset Backed Securities im Zivil- und Steuerrecht, 1997, passim.

Auftragsbestand: Im Rahmen eines Unternehmenskaufs können konkrete Gewinnchancen aus schwebenden Geschäften, insbes. der Auftragsbestand, ein immaterielles WG des UV darstellen, unabhängig davon, ob der Veräußerer wegen des Verbots der Bilanzierung schwebender Geschäfte an einer Aktivierung gehindert war (BFH v. 5.8.1970 – I R 180/66, BStBl. II 1970, 804; v. 1.2.1989 – VIII R 361/83, BFH/NV 1989, 778).

Ausgleichsanspruch des Handelsvertreters: Ausgleichsansprüche des Handelsvertreters (§ 89b HGB) bzw. Kommissionsagenten oder Eigenhändlers sind grds. mit Entstehen des Anspr., dh. mit der Beendigung des Vertragsverhältnisses, zu aktivieren (BFH v. 14.10.1980 – VIII R 184/78, BStBl. II 1981, 97 = FR 1981, 101; v. 9.8.1995 – XI R 72/94, BFH/NV 1996, 312; Ausnahme: BFH v. 19.2.1987 – IV R 72/83, BStBl. II 1987, 570 = FR 1987, 314).

Baumaterialien: Baumaterialien sind selbst dann zu aktivieren, wenn ihre Verwendung bestimmungsgemäß zu (sofort abzugsfähigem) Erhaltungsaufwand führt (BFH v. 16.5.1973 – I R 186/71, BStBl. II 1974, 25).

Bauten auf fremdem Grund und Boden vgl. § 4 Rn. 81 f.

Beiträge: Öffentl.-rechtl. Beitragszahlungen zur Errichtung, Änderung oder Verbesserung öffentl. Erschließungs- und Versorgungsanlagen werden bilanzsteuerrechtl. je nach Anlass, Zweck und Auswirkung der Maßnahme unterschiedlich behandelt. Vgl. Einzelnachweise BA „Beiträge".

Belieferungsrechte: Belieferungsrechte (zB Bier-, Buch-, Zeitschriften-, Strom- und Gaslieferungsrechte) sind gem. § 5 Abs. 2 zu aktivieren, soweit sie entgeltlich erworben (zB BFH v. 26.2.1975 – I R 72/73, BStBl. II 1976, 13: Erwerb alleinigen Bierlieferungsrechts gegen Zuschuss an Gastwirt) und nicht Teil des Geschäftswerts sind (zB BFH v. 14.3.1979 – I R 37/75, BStBl. II 1979, 470 bzgl. Abgrenzung Lieferrecht/Verlagswert bzw. -objekt). An einem aktivierbaren Belieferungsrecht fehlt es, wenn der Lieferberechtigte gelegentlich des Erwerbs seiner Rechte ausschließlich Dienstleistungen abgilt (BFH v. 3.8.1993 – VIII R 37/92, BStBl. II 1994, 444), zB durch Provisionen an Werber oder Handelsvertreter, oder das Belieferungsrecht Gegenstand eines ausgeglichenen schwebenden Geschäfts ist (BFH v. 9.7.1981 – IV R 35/78, BStBl. II 1981, 734 = FR 1981, 571 bzgl. eines Zeitschriftenverlags), zB als Entgelt des Bezugsverpflichteten für ein ihm gewährtes zinsloses oder marktunüblich zinsgünstiges Darlehen. Sog. Leistungs- und Positionierungsgebühren ohne Verpflichtung zur Warenabnahme sind sofort abziehbare Aufwendungen auf den eigenen Geschäftswert (OFD NRW v. 24.1.1997, FR 1997, 191).

Berechtigungen nach dem TEHG: Berechtigungen zur Emission v. Treibhausgasen nach dem Treibhausgas-EmissionshandelG stellen im Grundsatz immaterielle WG des UV dar (*Streck/Binnewies*, DB 2004, 1116 [1119]).

Besserungsscheine: Wenn ein Fremdgläubiger seine Forderung dem Schuldner unter auflösender oder aufschiebender Bedingung erlässt (§ 397 BGB), ist der nenn- bzw. teilwertberichtigte Restwert gewinnmindernd auszubuchen und ist erst mit Eintritt der Bedingung als WG erneut einzubuchen.

Beteiligungen an Kapitalgesellschaften: Wird im BV eine Beteiligung an einer KapGes. erworben, ist diese mit den AK zu aktivieren; eine AfA ist nicht zulässig (BFH v. 3.10.1985 – IV R 144/84, BStBl. II 1986, 142 = FR 1986, 130), TW-Abschreibungen dagegen sehr wohl. Werden neue Anteile gewährt, ist der Ausgabebetrag maßgebend, und zwar unabhängig v. der tatsächlich geleisteten Einzahlung (Bruttoausweis: FinVerw. v. 30.1.1989, FR 1989, 215). Wird ein WG des BV als Sacheinlage gegen Gewährung neuer Anteile in die KapGes. übertragen, bemessen sich die AK nach dem gemeinen Wert des hingegebenen WG; es handelt sich um einen tauschähnlichen Vorgang (§ 6 Abs. 6 S. 1). Bei Einbringung eines Betriebs, TB oder MU'anteils gilt vorrangig § 20 UmwStG. Auf eine sog. verschleierte Sachgründung findet § 20 UmwStG keine Anwendung (BFH v. 1.7.1992 – I R 5/92, BStBl. II 1993, 131 = FR 1993, 19). Erfolgt die Übertragung des WG im Wege der verdeckten Einlage (vgl. § 272 Abs. 2 Nr. 4 HGB), erhöhen sich die AK der Beteiligung an der KapGes. um den TW des eingelegten WG (§ 6 Abs. 6 S. 2). Nicht abschließend geklärt ist, ob dies auch dann gilt, wenn nur einer v. mehreren G'tern eine verdeckte Einlage erbringt und die anderen G'ter keine entspr. Leistungen. Erlässt der G'ter der KapGes. eine Forderung, erhöhen sich die AK um den TW der Forderung im Zeitpunkt des Erlasses (BFH v. 29.7.1997 – VIII R 57/94, BStBl. II 1998, 652 = FR 1998, 62; vgl. auch BFH v. 9.6.1997 – GrS 1/94, BStBl. II 1998, 307 = FR 1997, 723), es sei denn, es handelte sich nach alter Rechtslage um eine sog. eigenkapitalersetzende Forderung, bei der als (nachträgliche) AK der Nennwert maßgebend war (BFH v. 7.7.1992 – VIII R 24/90, BStBl. II 1993, 333 = FR 1992, 751). Vgl. zur diesbzgl. steuerrechtl. Neuorientierung infolge des Wegfalls des Eigenkapitalersatzrechts durch das MoMiG v. 23.10.2008 (BGBl. I 2008, 2026) unter „Kapitalersetzende Darlehen". Die GrESt, die im Zuge der Anteilsvereinigung durch die Einlage v. KapGes.-Anteilen in eine Tochtergesellschaft entstehen kann, erhöht weder den TW der eingelegten Anteile noch zählt sie zu den nachträglichen AK der (Alt-)Anteile (BFH v. 14.3.2011 – I R 40/10, BStBl. II 2012, 281 = FR 2011, 902). Ganz allg. ist es krit. zu sehen, dass die GrESt zu einer Werterhöhung auf der Aktivseite der Bilanz führen soll.

Beteiligungen an Personengesellschaften: Wird im BV die Beteiligung an einer PersGes. gehalten, folgt aus § 15 Abs. 1 S. 1 Nr. 2, wonach alle Beteiligungsgewinne/-verluste (einschl. derjenigen aus der Übertragung der Beteiligung) unmittelbar den G'tern zugerechnet werden, dass die Beteiligung kein WG ist und deshalb trotz § 5 Abs. 1 S. 1 in der Steuerbilanz des G'ters nicht ausgewiesen werden darf (BFH v. 25.2. 1991 – GrS 7/89, BStBl. II 1991, 691 = FR 1991, 270 mit Anm. *Schwichtenberg*; v. 18.2.1993 – IV R 40/92, BStBl. II 1994, 224 = FR 1993, 839). Vielmehr ist die Beteiligung des StPfl. als Anteil an den einzelnen zum Gesellschaftsvermögen der PersGes. gehörenden WG zu verstehen (BFH v. 20.11.2014 – IV R 1/11, BStBl. II 2017, 34 = FR 2015, 552 m. Anm. *Wendt*). Entspr. ist auch der Gewinnanspruch nicht aktivierbar. Ebenso wenig kann es zu einer TW-Abschreibung auf die Beteiligung kommen (BFH v. 20.6.1985 – IV R 36/83, BStBl. II 1985, 654 = FR 1985, 623). Substanzverluste auf die Beteiligung realisieren sich erst bei Veräußerung oder Aufgabe des MU'anteils (ebenso bei BetrAufg. der gesamten Ges.). Wird im BV die Beteiligung einer vermögensverwaltenden und nicht gewerblich geprägten (vgl. § 15 Abs. 3 Nr. 2) PersGes. gehalten (sog. Zebra-Ges.), werden die entspr. Einkünfte dieses G'ters in gewerbliche umqualifiziert und umgerechnet. Wie dies materiell-rechtl. und verfahrensrechtl. genau zu geschehen hat, ist noch nicht abschließend geklärt (vgl. BFH v. 18.5.1995 – IV R 125/92, BStBl. II 1996, 5 = FR 1995, 661 mit Anm. *Söffing*; v. 11.7.1996 – IV R 103/94, BStBl. II 1997, 39 = FR 1996, 826; v. 11.12.1997 – III R 14/96, BFHE 185, 177 = FR 1998, 607 = FR 1998, 696 mit Anm. *Paus*).

Bewertungseinheit: Vgl. ausf. Rn. 186ff. Zwischen einer Darlehensforderung, die am Bilanzstichtag unter den Nennwert gefallen ist, und einem mittels Credit Linked Notes (CLN) erfolgten Kreditsicherungsgeschäft mit gegenläufiger Zinsunterbeteiligung kann eine Bewertungseinheit iSv. §§ 254 S. 1 HGB, 5 Abs. 1a EStG bestehen. Dies gilt wiederum nicht, wenn nach den Emissionsbedingungen der CLN das Ausfallrisiko der Darlehensforderung im wirtschaftl. Ergebnis beim Inhaber der Darlehensforderung verbleibt (BFH v. 2.12.2015 – I R 83/13, BStBl. II 2016, 831 = FR 2016, 812, mit Anm. *Kröger*, BB 2016, 1522).

Bezugsrecht: Das durch Kapitalerhöhungsbeschluss konkretisierte Bezugsrecht auf Anteile an KapGes. ist als selbständiges WG mit Minderung des Buchwerts der dafür notwendigen Altanteile zu aktivieren (BFH v. 21.1.1999 – IV R 27/97, BStBl. II 1999, 638 = FR 1999, 604 betr. § 17).

Bodenschätze: Grundeigene Bodenschätze sind entspr. dem bürgerlichen Recht grds. unselbständige Bestandteile des nicht abnutzbaren WG „Grund und Boden" (BFH v. 7.12.1989 – IV R 1/88, BStBl. II 1990, 317; v. 6.12.1990 – IV R 3/89, BStBl. II 1991, 346 = FR 1991, 357). Zu selbständigen, v. Grund und Boden zu unterscheidenden materiellen abnutzbaren WG werden sie erst dann, wenn sie zur nachhaltigen Nutzung in den Verkehr gebracht werden. Das ist regelmäßig mit dem Beginn der Erschließung der Fall bzw. wenn mit einer alsbaldigen Erschließung zu rechnen ist (BFH v. 4.12.2006 – GrS 1/05, BStBl. II 2007, 508

= FR 2007, 845; v. 26.11.1993 – III R 58/89, BStBl. II 1994, 293 = FR 1994, 187), woran es fehlt, solange die für den Abbau erforderliche behördliche Genehmigung noch aussteht (BFH v. 7.12.1989 – IV R 1/88, BStBl. II 1990, 317). Als WG greifbar sind die Bodenschätze auch dann, wenn das Grundstück erworben und für die Bodenschätze ein gesonderter Kaufpreis vereinbart wird (BFH v. 28.5.1979 – I R 66/76, BStBl. II 1979, 624; v. 16.1.1996 – IX R 3/91, BFH/NV 1996, 667). Der Bodenschatz ist regelmäßig dem PV zuzuordnen (vgl. aber BFH v. 13.9.1988 – VIII R 236/81, BStBl. II 1989, 37 = FR 1988, 638; v. 5.12.1989 – VIII R 322/84, BFH/NV 1990, 499 bzgl. gewerblichem Abbauunternehmer); eine Einlage in den GewBetr. ist grds. mit dem TW zu bewerten, bei Abbau des Kiesvorkommens darf jedoch keine AfS aufwandswirksam vorgenommen werden (BFH v. 4.12.2006 – GrS 1/05, BStBl. II 2007, 508 = FR 2007, 845).

Disagio vgl. Rn. 116.

Dividendenansprüche vgl. Rn. 106 f.

Ehevermittler: Obgleich es sich bei dem vereinbarten Honorar um sog. (nicht einklagbare) Naturalobligationen handelt, soll die Honorarforderung zu aktivieren sein (BFH v. 17.8.1967 – IV 73/63, BStBl. II 1968, 79).

Eigene Anteile einer Kapitalgesellschaft: Erwirbt die KapGes. eigene Anteile, sind diese mit den AK zu aktivieren, sofern sie nicht zur Einziehung bestimmt sind (BFH v. 6.12.1995 – I R 51/95, BStBl. II 1998, 781 = FR 1996, 291; v. 13.11.2002 – I R 110/00, BFH/NV 2003, 820). Zum Rückkauf iRd. § 71 Abs. 1 Nr. 8 AktG und § 272 Abs. 1 HGB vgl. BMF v. 2.12.1998, BStBl. I 1998, 1509; *Klingenberg*, BB 1998, 1575.

Eigenkapitalvermittlungsprovision: Von einem in der Rechtsform einer gewerblich geprägten KG geführten Immobilienfonds gezahlte Eigenkapitalvermittlungsprovisionen sind in der Steuerbilanz der KG in voller Höhe als AK/HK der Fondsimmobilie zu behandeln, wenn sich die K'disten aufgrund eines v. Projektanbieter vorformulierten Vertragswerks an dem Fonds beteiligten (Abweichung v. Rn. 43 des BMF-Schr. v. 20.10.2003, BStBl. I 2003, 546; demnach sind angemessene Eigenkapitalvermittlungsprovisionen iHv. 6 vH des vermittelten Eigenkapitals zum sofortigen Abzug zulässig). Dem steht nicht entgegen, dass Provisionen, die eine KG für die Vermittlung des Eintritts v. K'disten schuldet, sofort abziehbare Aufwendungen iSd. § 4 Abs. 4 sind. Die Anwendung des § 42 AO hat bei geschlossenen Immobilienfonds zur Folge hat, dass die Provisionen nicht als Kosten der Eigenkapitalbeschaffung, sondern als Kosten iZ mit Erwerb und Bebauung des Grundstücks anzusehen sind (BFH v. 28.6.2001 – IV R 40/97, BStBl. II 2001, 717 = FR 2001, 885 mit Anm. *Weber-Grellet*). Der BFH hat diese Rspr. auch auf die in der Rechtsform einer gewerblich geprägten KG geführten Windkraftfonds (BFH v. 14.4.2011 – IV R 15/09, BStBl. II 2011, 1020 = FR 2011, 818) und Schiffsfonds (BFH v. 14.4.2011 – IV R 8/10, BStBl. II 2011, 709 = FR 2011, 667) übertragen. Demnach sind neben den Aufwendungen für die Eigenkapitalvermittlung zB auch Aufwendungen für die Platzierungsgarantie, die Koordinierung und Baubetreuung, die wirtschaft. und stl. Konzeption, die Geschäftsbesorgung, die Prospekterstellung und -prüfung und die Kontrolle der Mittelverwendung stl. als AK der Windkraftanlage bzw. des Schiffs zu behandeln.

Erbbaurecht: Die bilanzsteuerrechtl. Beurteilung des Erbbaurechts ist uneinheitlich. Fest steht, dass die Begr. eines Erbbaurechts bilanzrechtl. als entgeltlicher Erwerb einer verdinglichten Dauernutzungsbefugnis behandelt wird, die inhaltlich mit der Nutzungsbefugnis aus einem Miet- oder Pachtverhältnis vergleichbar ist (BFH v. 7.4.1994 – IV R 11/92, BStBl. II 1994, 796 = FR 1994, 676). Deshalb darf der Erbbauberechtigte sein Erbbaurecht nicht mit der (kapitalisierten) Erbbauzinsverpflichtung aktivieren; aktivierbar sind allein die außerhalb des schwebenden Geschäfts anfallenden einmaligen Bestellungskosten, zB Makler-, Vermessungs-, Notar-, Gerichtskosten und GrESt (BFH v. 19.10.1993 – VIII R 87/91, BStBl. II 1994, 109 = FR 1994, 80). Wird der Erbbauzins (einmalig) vorausbezahlt, ist ein aktiver RAP anzusetzen (§ 5 Abs. 5 S. 1 Nr. 1; vgl. hierzu Rn. 128 [Praxisbeispiele für RAP]) und auf die Dauer des Rechts linear aufzulösen (BFH v. 26.3.1991 – IV B 132/90, BFH/NV 1991, 736). Die Übernahme v. Erschließungskosten ist zusätzliches Nutzungsentgelt und deshalb uU beim Erbbauberechtigten aktiv abzugrenzen. Belastung eines Grundstücks des BV mit entgeltlichem Erbbaurecht führt nicht zur Entnahme (BFH v. 22.4.1998 – XI R 28/97, BStBl. II 1998, 665 = FR 1998, 837 mit Anm. *Paus*). Im Einzelfall ist zu prüfen, ob Erbbauberechtigter als wirtschaftl. Eigentümer des Grund und Bodens (vgl. BFH v. 7.4.1994 – IV R 11/92, BStBl. II 1994, 796 = FR 1994, 676) bzw. bei bebautem Grundstück des Gebäudes anzusehen ist.

Erfindungen: Bei geschützten und ungeschützten Erfindungen ist § 5 Abs. 2 zu beachten. Sie dürfen nur dann aktiviert werden, wenn sie entgeltlich erworben worden sind (BFH v. 8.11.1979 – IV R 145/77, BStBl. II 1980, 146 = FR 1980, 172). Wird eine Erfindung in mehreren Ländern durch Patente geschützt, handelt es sich um mehrere WG (BFH v. 2.6.1976 – I R 20/74, BStBl. II 1976, 666). Vgl. auch „Arbeitnehmererfindung".

Explorationsaufwendungen: Aufwendungen für die Exploration v. Bodenschätzen (zB Erdöl, Erdgas usw.) sind als HK immaterieller WG nicht aktivierbar (vgl. auch BMF v. 20.5.1980, StEK EStG § 6 Abs. 1 Ziff. 2 Nr. 59).

Factoring vgl. § 4 Rn. 78.

Filme: Auftragsgebunden hergestellte Filme sind zwar immaterielle WG (*Hruschka*, DStR 2003, 1569), aber dem UV zuzuordnen und deswegen zu aktivieren (BFH v. 20.9.1995 – X R 225/93, BStBl. II 1997, 320 = FR 1996, 20). Ansonsten darf die Herstellung v. Filmen wegen § 5 Abs. 2 nicht aktiviert werden (BFH v. 14.6.1985 – V R 11/78, BFH/NV 1985, 58). Zu Filmen in sog. Medienfonds vgl. BMF v. 5.8.2003, BStBl. I 2003, 406.

Finanzierungskosten: Finanzierungs- bzw. Geldbeschaffungskosten des Kaufpreises gehören nicht zu den AK des WG, da sie nicht mit dem Erwerbsvorgang wirtschaftl. zusammenhängen, sondern mit der Bilanzposition „Verbindlichkeiten" (BFH v. 4.3.1976 – IV R 78/72, BStBl. II 1977, 380; v. 9.7.1986 – I R 218/82, BStBl. II 1987, 14 = FR 1986, 624). Dagegen müssen an den Darlehensgeber zu zahlende Gebühren grds. als RAP aktiviert werden (BFH v. 19.1.1978 – IV R 153/72, BStBl. II 1978, 262), vgl. hierzu auch Rn. 128.

Firmenwert vgl. Rn. 96 ff.

Forderungen vgl. Rn. 100 ff.

Forschungskosten: Forschungskosten gehören, soweit es sich um Grundlagenforschung handelt, nicht zu den HK der Erzeugnisse (BFH v. 17.12.1976 – III R 141/74, BStBl. II 1977, 234; BMF v. 26.11.1985, BStBl. I 1985, 683).

Fremdwährungsforderungen: Fremdwährungsforderungen sind mit dem Kurswert im Zeitpunkt ihrer Realisierung zu aktivieren (BFH v. 19.1.1978 – IV R 61/73, BStBl. II 1978, 295). Ob bei künftig sinkendem Wechselkurs eine TW-Abschreibung zulässig ist, erscheint nach dem Wortlaut des § 6 Abs. 1 Nr. 2 S. 2, 3 fraglich.

Gebäude: Für den Begriff des Gebäudes sind die Abgrenzungsmerkmale des BewG maßgebend (R 42 Abs. 5 S. 1, 2 EStR). Betriebsvorrichtungen sind auch dann, wenn sie fest mit dem Grund und Boden oder dem Gebäude verbunden sind, als selbständige bewegliche WG zu bilanzieren und zu bewerten. Als HK des Gebäudes sind Bauplanungskosten zu aktivieren; mit den Bauarbeiten muss noch nicht begonnen worden sein (BFH v. 11.3.1976 – IV R 176/72, BStBl. II 1976, 614). Aufwendungen für Gebäude, die in Abbruchabsicht erworben werden, zählen zu den HK des neuen Gebäudes (BFH v. 15.11.1978 – I R 2/76, BStBl. II 1979, 299; H 6.4 EStH). Vergebliche Planungskosten können HK eines anderen Gebäudes sein (BFH v. 29.11.1983 – VIII R 96/81, BStBl. II 1984, 303 = FR 1984, 285).

Genussrechte: Ein abgelaufenes Jahr betr. Zinsansprüche aus Genussrechten sind auch dann in der Bilanz des Gläubigers zu aktivieren, wenn nach den Genussrechtsbedingungen der Schuldner die Anspr. nicht bedienen muss, solange hierdurch bei ihm ein Bilanzverlust entstehen oder sich erhöhen würde (BFH v. 18.12.2002 – I R 11/02, BStBl. II 2003, 400 = FR 2003, 466 mit Anm. *Weber-Grellet*).

Geschäftswert vgl. Rn. 96 ff.

Gewinnbezugsrecht: Das Gewinnbezugsrecht des G'ters einer KapGes. ist unselbständiger Teil des WG „Ges.-Anteil" (BFH v. 21.5.1986 – I R 190/81, BStBl. II 1986, 815 = FR 1986, 467; v. 21.11.1995 – VIII B 40/95, BFH/NV 1996, 405). Ein beim entspr. Anteilserwerb vereinbartes Entgelt gehört in voller Höhe zu den AK der Anteile, auch wenn das Gewinnbezugsrecht ausdrücklich abgetreten und ein gesonderter Preis dafür vereinbart wird. Gesondert aktiviert werden muss das Gewinnbezugsrecht erst dann, wenn es durch Gewinnverwendungsbeschluss für frühere Geschäftsjahre als WG (Gewinnanspruch) entstanden ist. Zum Sonderfall der sog. phasengleichen Bilanzierung vgl. Rn. 106 f.

Grund und Boden: Öffentl.-rechtl. Beiträge zur erstmaligen Errichtung v. Ent- und Versorgungs- und Erschließungsanlagen sind als AK des Grund und Bodens zu aktivieren, während sog. Ergänzungsbeiträge sofort abziehbar sind (BFH v. 4.11.1986 – VIII R 322/83, BStBl. II 1987, 333 = FR 1987, 204). Aufwendungen des Erwerbers eines Grundstücks für eine v. einem Dritten zu errichtende Privatstraße stellen auch dann AK eines selbständigen abnutzbaren WG dar, wenn die Straße der erstmaligen Erschließung des Grundstücks dient (BFH v. 19.10.1999 – IX R 34/96, FR 2000, 395).

Güterfernverkehrsgenehmigungen: Der durch eine Güterfernverkehrsgenehmigung erworbene Vorteil besteht darin, dass auf einem kontingentierten Markt des Güterfernverkehrs eine Gewinnchance eingeräumt wird. Es handelt sich um ein immaterielles WG, welches nicht abnutzbar ist, weil nach Ablauf der Gültigkeitsdauer idR eine neue Genehmigung erteilt wird (BFH v. 4.12.1991 – I R 148/90, BStBl. II 1992, 383 = FR 1992, 330; v. 22.1.1992 – I R 43/91, BStBl. II 1992, 529 = FR 1992, 477; v. 15.12.1993 – X R 102/92, BFH/NV 1994, 543).

Halbfertige Bauten: Halbfertige Bauten auf fremdem Grund und Boden sind idR wie materielle WG mit den angefallenen HK zu aktivieren (BFH v. 28.11.1974 – V R 36/74, BStBl. II 1975, 398; v. 25.2.1986 – VIII R 134/80, BStBl. II 1986, 788 = FR 1986, 513).

Ingangsetzungskosten: Ingangsetzungs- und Erweiterungskosten iSd. § 269 HGB aF sind handelsrechtl. nicht mehr als Bilanzierungshilfen anzusetzen und in der Steuerbilanz weder als WG noch als RAP zu aktivieren (BFH v. 14.6.1955 – I 154/54 U, BStBl. III 1955, 221).

Instandhaltungsanspruch: Instandhaltungsansprüche des Verpächters gegen den Pächter sind nicht zu aktivieren (BFH v. 12.2.2015 – IV R 29/12, BStBl. II 2017, 668 = FR 2015, 555 mit Anm. *Weber-Grellet*). Der BFH ließ offen, ob es sich bei diesen Forderungen um aktivierungsfähige WG handelt; jedenfalls seien diese Forderungen – mangels AK des Verpächters – mit null zu bewerten. Denn eine entgegen der gesetzlichen Grundregel (§§ 581 Abs. 2, 535 Abs. 1 S. 2 BGB) getroffene Vereinbarung, dass ausnahmsweise der Pächter zur Instandhaltung der Pachtsache verpflichtet ist, führt dazu, dass die Pacht wirtschaftl. nur für die Gebrauchsüberlassung, nicht jedoch die Instandhaltung der Pachtsache gezahlt wird. In diesem Fall sind dem Verpächter jedoch keine Aufwendungen entstanden, sondern er hat eigene Aufwendungen erspart (vgl. auch *Tiedchen*, StuW 2016, 94; *Weber-Grellet*, DStR 2016, Beihefter 20). Vgl. auch Rn. 217.

Instandhaltungsrückstellung: Von Wohnungseigentümergemeinschaften gebildete Instandhaltungsrückstellungen iSd. § 21 Abs. 5 Nr. 4 WEG, in die ein bilanzierender Gewerbetreibender als Wohnungseigentümer Zahlungen geleistet hat, stellen WG dar (begrifflich handelt es sich eher um Instandhaltungsrücklagen). Sie müssen daher mit den AK nach § 6 Abs. 1 Nr. 2 S. 1 (geleistete Einzahlungen) oder mit dem niedrigeren TW nach § 6 Abs. 1 Nr. 2 S. 2 aktiviert werden (BFH v. 5.10.2011 – I R 94/10, BStBl. II 2012, 244 = FR 2012, 313).

Internet: Web-Seiten (Web-Dateien) sind nach § 5 Abs. 2 zu beurteilen: Soweit ein immaterielles WG vorliegt, kommt Aktivierung im AV nicht in Betracht, wenn es an einem entgeltlichen Erwerb fehlt.

Kapitalersetzende Darlehen: Rückzahlungsansprüche aus „eigenkapitalersetzenden" Darlehen eines bilanzierenden G'ters ggü. seiner KapGes. sind zum Nennwert zu aktivieren, uU ist eine TW-Abschreibung vorzunehmen. Nach alter Rechtslage entstanden allerdings nachträgliche AK auf die Beteiligung, sobald der G'ter infolge Insolvenz der KapGes. mit der Forderung ausfiel oder diese aus gesellschaftsrechtl. Gründen erließ. Gleiches galt für Bürgschaftsinanspruchnahmen, sofern die Bürgenregressforderung gegen die KapGes. (§ 774 BGB) wirtschaftl. wertlos war. Die BFH-Rspr. hat nunmehr – anknüpfend an den zivilrechtl. Wegfall des Eigenkapitalersatzrechts durch das MoMiG – entschieden, dass durch den Ausfall eines G'ter-Darlehens (und ebenso durch einen gesellschaftlich bedingten Forderungsverzicht und rückgriffslose Bürgschaftsinanspruchnahmen) keine nachträglichen AK mehr entstehen können (vgl. BFH v. 11.7.2017 – IX R 36/15, FR 2017, 1152; v. 11.10.2017 – IX R 29/16, GmbHR 2018, 390). Allerdings gewährt der BFH selbst Vertrauensschutz, indem die bisherigen Rechtsgrundsätze zum Ansatz nachträglicher AK weiter anwendbar sein sollen, sofern der G'ter eine eigenkapitalersetzende Finanzierungsmaßnahme vor dem 27.9. 2017 gewährt hat. Den nachträglichen AK auf die Beteiligung können nunmehr nur noch solche Aufwendungen des G'ters zugeordnet werden, die nach handels- und bilanzsteuerrechtl. Grundsätzen zu einer offenen oder verdeckten Einlage in das Kapital der Ges. führen, insbes. Nachschüsse (§§ 26 ff. GmbHG), Einzahlungen in die Kapitalrücklage (§ 272 Abs. 2 Nr. 4 HGB), Barzuschüsse sowie ein Verzicht auf eine noch werthaltige Forderung (vgl. auch *Korn/Strahl*, NWB 2018, 3596).

Kauf mit Rücktrittsrecht vgl. Rn. 209.

Konzeptionskosten: Konzeptionskosten entstehen als Gegenleistung einer Kapitalanlage-Ges. an Dritte für deren Erarbeitung bzw. Mitwirkung eines Konzepts für das beabsichtigte Vorhaben. Sie sind nach § 5 Abs. 2 nicht als HK eines Geschäftswerts oder sonstigen immateriellen WG aktivierbar, wenn Dritte nur beratend tätig werden. Aktivierungspflichtige AK eines immateriellen WG liegen vor, wenn die Ges. ein fertiges und selbständig handelbares Anlagekonzept erwirbt (BFH v. 10.12.1992 – XI R 45/88, BStBl. II 1993, 538 = FR 1993, 513). Es kommen auch aktivierungspflichtige HK/AK des herzustellenden/anzuschaffenden materiellen Objekts in Betracht (BFH v. 19.8.1986 – IX S 5/83, BStBl. II 1987, 212 = FR 1987, 35).

Körperschaftsteuer-Anrechnungsanspruch: Bei im BV gehaltenen Anteilen ist der (nach altem Recht gegebene) Anrechnungsanspruch (§§ 20 Abs. 1 Nr. 3, Abs. 3, 36 Abs. 2 Nr. 3 aF) im selben Zeitpunkt wie der Dividendenanspruch zu aktivieren (BFH v. 19.4.1994 – VIII R 2/93, BStBl. II 1995, 705 = FR 1994, 792). Bei MU'ern einer PersGes. liegen Sonder-BE nach Maßgabe des Gewinnverteilungsschlüssels vor (BFH v. 22.11.1995 – I R 114/94, BStBl. II 1996, 531 = FR 1996, 324 – sog. eingeschränkte Nettomethode).

Körperschaftsteuer-Erstattungsanspruch: Infolge KSt-Minderung entstandener KSt-Erstattungsanspruch (früheren Rechts) ist auch dann in der Vermögensaufstellung anzusetzen, wenn er auf einer nach dem Bewertungsstichtag beschlossenen Gewinnausschüttung beruht (BFH v. 16.12.1998 – II R 60/96, BStBl. II 1999, 162).

Kryptowährungen: Kryptowährung ist der Oberbegriff für digitale Zahlungsmittel bzw. Währungsarten, die außerhalb des klassischen Bankensystems verwendet werden. Differenziert wird zw. sog. currency token (Zahlungsmittel; bspw. bitcoins), utility token (digitaler Gutschein) und security token (Anlagewert). Rspr. zur bilanziellen Behandlung existiert hierzu derzeit ebenso wenig wie eine entspr. Position der FinVerw. Man wird davon ausgehen können, dass sämtliche Ausgestaltungen von Kryptos als WG (unkörperlicher Gegenstand) zu qualifizieren sind, wobei in der Literatur der currency token als (entgeltlich erworbenes) immaterielles WG, der utility token als Forderung und der security token als Finanzanlage im AV, ggf. auch als Wertpapier im UV, zu aktivieren sind. Vgl. ausf., insbes. auch zur Zugangs- und Folgebewertung *Bünning/Park*, BB 2018, 1835; ebenso *Hakert/Kirschbaum*, DStR 2018, 881.

Langfristige Fertigung vgl. Rn. 103.

Leasing: Der LeasingN hat das WG als wirtschaftl. Eigentümer iSv. § 39 Abs. 2 Nr. 1 S. 1 AO dann zu aktivieren, wenn der Herausgabeanspruch des LeasingG keine wirtschaftl. Bedeutung mehr hat, dh. dem LeasingN Substanz und Ertrag des WG für die voraussichtliche Nutzungsdauer zustehen (BFH v. 13.10.2016 – IV R 33/13, BStBl. II 2018, 81 = FR 2017, 527 mit Anm. *Wendt*). Dies wiederum ist ausgeschlossen, wenn die betriebsgewöhnliche Nutzungsdauer des WG länger ist als dessen Grundmietzeit. Dann nämlich ist der Herausgabeanspruch des LeasingG gerade nicht wirtschaftl. bedeutungslos. Kann der LeasingN den LeasingG aber auch für die verbleibende Zeit von der Einwirkung auf das WG ausschließen, ist es bilanzsteuerrechtl. dem LeasingN zuzurechnen. Dies setzt voraus, dass es allein der LeasingN in der Hand hat, aufgrund einer einseitig durchsetzbaren Kauf- oder Verlängerungsoption dauerhaft auf das WG einzuwirken. Ein lediglich dem LeasingG eingeräumtes Andienungsrecht reicht dagegen nicht aus (BFH v. 21.12. 2017 – IV R 55/16, BFH/NV 2018, 593; v. 21.12.2017 – IV R 56/16, BFH/NV 2018, 597, mit Anm. *Geissler*, HFR 2018, 516). Hiervon abzugrenzen ist die bilanzielle Behandlung des Spezialleasings (WG ist speziell auf die betrieblichen Bedürfnisse des LeasingN zugeschnitten): In diesem Fall kann der LeasingG das Leasingobjekt unabhängig v. zeitlichen Verhältnis zw. Grundmietzeit und betriebsgewöhnlicher Nutzungsdauer nicht anderweitig nutzen oder verwerten. Unerheblich ist daher, ob der LeasingN eine rechtl. abgesicherte Position zum Ausschluss des LeasingG innehat; der Herausgabeanspruch des LeasingG ist in diesen Fällen von vornherein wertlos. Vgl. auch § 4 Rn. 76.

Leergut: Erwirbt ein Abfüllbetrieb Flaschen oder Kästen, soll es sich stets um AV handeln. Wird Einheitsleergut über das gelieferte Maß hereingenommen, liegt ebenfalls AV vor, soweit ein Eigentumsübergang stattfindet, also die Mehrrücknahmen nicht weiterhin in den Pfandkonten ausgewiesen werden (näher BMF v. 13.6.2005, BStBl. I 2005, 715). Da es sich jedoch um GWG handelt, erfolgt keine Aktivierung. Das Leergut wird nach § 6 Abs. 2 im Zeitpunkt der Anschaffung in voller Höhe abgeschrieben. Wenn Teilnehmer eines Mehrwegsystems mit Einheitsflaschen mehr Leergut v. ihren Kunden zurücknehmen als sie zuvor ausgegeben hatten (Mehrrücknahmen), sind weder AK noch gegen die Kunden gerichtete Forderungen zu aktivieren. Infrage kommt aber die Aktivierung eines Nutzungsrechts, wobei sich der Wert danach bemisst, inwieweit infolge der Mehrrücknahme die jeweilige Miteigentumsquote des Teilnehmers an dem Leergutpool überschritten wird (BFH v. 9.1.2013 – I R 33/11, FR 2013, 945 = DB 2013, 1090 mit Anm. *Hoffmann*).

Lizenzen: Überlässt der Inhaber gewerblicher Schutzrechte oä. Rechte oder v. ungeschützten Verfahren und Erfindungen einem Lizenznehmer zur Nutzung, ist dieser Lizenzvertrag als Dauerschuldverhältnis grds. als schwebender Vertrag einzuordnen, der weder bei dem Lizenzgeber noch bei dem Lizenznehmer bilanziert wird, solange Leistung und Gegenleistung in sich ausgeglichen sind (vgl. BFH v. 27.2.1976 – III R 64/74, BStBl. II 1976, 529). Die lfd. Lizenzgebühren sind beim Lizenzgeber BE. Wird die Lizenz gegen eine Einmalzahlung gewährt, hat der Lizenznehmer diese als Vorauszahlung v. Lizenzgebühren einzustufende Leistung aktiv abzugrenzen.

Maklerانspruch: Der Anspr. auf Maklerlohn nach § 652 BGB ist zu aktivieren, sobald er zivilrechtl. entstanden ist, dh. zum Zeitpunkt des rechtswirksamen Abschlusses des vermittelten Rechtsgeschäfts. Nichts anderes gilt grds. für die Arbeitsplatzvermittlung durch einen privaten Arbeitsvermittler (§ 296 Abs. 2 SGB III). Wird die privatrechtl. Forderung gegen den vermittelten Arbeitsplatzsuchenden allerdings bis zur Übergabe eines sog. Aktivierungs- und Vermittlungsgutscheins der Bundesagentur für Arbeit (§ 45 Abs. 6 S. 4 SGB III) gestundet (§ 296 Abs. 4 SGB III) und gilt die Übergabe jenes Gutscheins als „so gut wie sicher", tritt erst dann Gewinnrealisierung ein, wenn der Zahlungsanspr. gegen die Bundesagentur für Arbeit erstmals geltend gemacht werden kann (vgl. FG Berlin-Bdbg. v. 2.5.2018 – 10 K 10130/16, EFG 2018, 1696 [rkr.] mit Anm. *Hennigfeld*).

Maklerkosten: Maklerkosten sind nur dann zu aktivieren, wenn sie Anschaffungsnebenkosten des vermittelten angeschafften WG darstellen (BFH v. 4.6.1991 – X R 136/87, BStBl. II 1992, 70 = FR 1992, 19), woran es bspw. bei der Anmietung v. Geschäftsräumen fehlt (BFH v. 19.6.1997 – IV R 16/95, BStBl. II 1997, 808 = FR 1997, 810 mit Anm. *Stobbe*).

Mandantenstamm: Der Mandantenstamm ist v. Praxiswert abzugrenzen (BFH v. 30.3.1994 – I R 52/93, BStBl. II 1994, 903 = FR 1994, 684 mit Anm. *Kempermann*) und stellt ein eigenständiges immaterielles

WG dar, das isoliert übertragen werden kann (BFH v. 18.12.1996 – I R 128/95, I R 129/95, BStBl. II 1997, 546 = FR 1997, 539).

Marke: Marke iSd. MarkenG (BGBl. I 1994, 3082) kann im Einzelfall ein abnutzbares immaterielles WG sein (BMF v. 27.2.1998, BStBl. I 1998, 252). Nutzungsdauer ist umstritten (vgl. *Gold*, DB 1998, 956; *Schubert*, FR 1998, 541).

Mietereinbauten und -umbauten vgl. § 4 Rn. 81.

Nießbrauch: Weder der Vorbehalts- noch der Zuwendungsnießbrauch begründen im Regelfall beim Nießbraucher wirtschaftl. Eigentum iSv. § 39 Abs. 2 Nr. 1 AO am nießbrauchsbelasteten WG (BFH v. 29.3.2012 – II B 65/11, BFH/NV 2012, 1094; v. 24.6.2004 – III R 50/01, BStBl. II 2005, 80 = FR 2004, 1330). Dies gilt selbst dann, wenn der Nießbrauch auf Lebenszeit bestellt ist und der Nießbraucher eine höhere Lebenserwartung als der Eigentümer hat. Abweichendes kann im Einzelfall angenommen werden, sofern der Nießbraucher im Innenverhältnis zum Eigentümer auf eigene Rechnung über die Substanz des nießbrauchsbelasteten WG verfügen darf (zB Verkaufsberechtigung). Die entgeltliche Einräumung eines Nießbrauchsrechts an einem dem BV des Eigentümers zugeordneten WG führt nicht zur Entnahme; die Nießbrauchserträge stellen BE dar (vgl. BFH v. 26.11.1987 – IV R 171/85, BStBl. II 1988, 490; v. 10.4.1990 – VIII R 133/86, BStBl. II 1990, 961). Erwirbt der StPfl. entgeltlich ein Nießbrauchsrecht an einem betrieblich genutzten WG, handelt es sich zwar um ein immaterielles WG, welches allerdings wg. der Regeln über die Nichtbilanzierung schwebender Geschäfte bilanziell grds. nicht auszuweisen ist. Zahlt der StPfl. das Entgelt für den Nießbrauch in Gänze voraus, ist ein aktiver RAP zu bilden und über die Laufzeit des Nießbrauchsrechts aufzulösen. Der durch Vermächtnis erlangte Nießbrauch an einem Unternehmen ist mangels entgeltlichen Erwerbs nicht aktivierbar (BFH v. 4.11.1980 – VIII R 55/77, BStBl. II 1981, 396 = FR 1981, 249). Vgl. zu weiteren bilanziellen Fragestellungen *Ritter*, NWB 2019, 58.

Nutzungsrechte vgl. „Erbbaurecht", „Lizenzen", „Mietereinbauten", „Nießbrauch" und Rn. 79.

Pachtvertrag: Der Verpächter hat einen offenen Substanzerhaltungsanspruch zu aktivieren, an dessen Stelle nach Ersatzbeschaffung das WG beim Verpächter mit den AK/HK des Pächters zu aktivieren ist (BFH v. 3.12.1991 – VIII R 88/87, BStBl. II 1993, 89 = FR 1992, 576). Sachdarlehen (zB bzgl. übereigneten UV) sind grds. beim Verpächter nicht gewinnrealisierend, obwohl die darlehensweise hingegebenen konkreten WG endg. dem Darlehensnehmer zuzurechnen sind (BMF v. 3.4.1990, DB 1990, 863 zu Wertpapierleihgeschäften).

Patente vgl. „Erfindungen".

Pensionsgeschäfte vgl. § 4 Rn. 79.

Pfandgelder vgl. „Leergut"; Die Ausgabe v. Pfandflaschen stellt im Regelfall eine leiheähnliche Gebrauchsüberlassung dar (BGH v. 9.7.2007 – II ZR 233/05, NJW 2007, 2913). Das zivilrechtl. Eigentum geht dabei auf den Darlehensnehmer über. Da ein Rückgaberecht des Darlehensgebers nach § 607 Abs. 1 S. 2 BGB besteht, soll das wirtschaftl. Eigentum bei diesem verbleiben (*Jakob/Kobor*, DStR 2004, 1596; BFH v. 6.10. 2009 – I R 36/07, BStBl. II 2010, 232 = FR 2010, 173 mit Anm. *Buciek*). Der Getränkehändler hat das verausgabte Pfandgeld erfolgsneutral als Sicherungsleistung (Kaution) als „sonstige Ausleihungen" (§ 266 Abs. 2 A III. Nr. 6 HGB) oder als „sonstige Vermögensgegenstände" (§ 266 Abs. 2 B II Nr. 4 HBG) zu aktivieren (BFH v. 6.10.2009 – I R 36/07, BStBl. II 2010, 232 = FR 2010, 173 mit Anm. *Buciek*).

Praxiswert vgl. Rn. 96 ff.

Provisionen vgl. „Assekuradeur", „Finanzierungskosten", „Maklerkosten". Der Provisionsanspruch des Handelsvertreters ist bereits mit Ausführung des vermittelten Geschäfts zu aktivieren, auch wenn der Kunde noch nicht an den Prinzipal gezahlt hat (FG Hbg. v. 17.12.1998 – II 64/98, EFG 1999, 973).

Reklamekosten vgl. Rn. 87.

Rückabwicklung verdeckter Gewinnausschüttung: Ersatzansprüche, die auf eine Rückgängigmachung einer vGA gerichtet sind, sind Einlageforderungen (BFH v. 14.9.1994 – I R 6/94, BStBl. II 1997, 89 = FR 1995, 112). Unerheblich ist, ob die Rückforderung auf G oder auf einer sog. Satzungsklausel beruht (BFH v. 30.1.1985 – I R 37/82, BStBl. II 1985, 345 = FR 1985, 331; v. 13.9.1989 – I R 110/88, BStBl. II 1990, 24 = FR 1990, 193).

Rückdeckungsversicherung: Anspr. aus einer Rückdeckungsversicherung für eine Pensionsverpflichtung sind iHd. verzinslichen Ansammlungen der v. Versicherungsnehmer geleisteten Sparanteile der Versicherungsprämien (zzgl. etwa vorhandener Guthaben aus Überschussbeteiligungen) zu aktivieren (BFH v. 25.2.2004 – I R 54/02, FR 2004, 891 mit Anm. *Kanzler* = DStR 2004, 1118).

Rückverkaufsoption vgl. Rn. 238. Für eine Rückverkaufsoption hat der Käufer ein nicht abnutzbares immaterielles WG zu aktivieren. Die Bewertung erfolgt nach § 6 Abs. 1 Nr. 2 mit den AK, also mit demselben Wert, den der Kfz.-Händler als Verbindlichkeit zu passivieren hat. Die AK des Kfz. mindern sich um diesen Wert entsprechend. Übt der Käufer die Option aus bzw. lässt er das Recht auf Rückkauf verfallen, ist das immaterielle WG erfolgswirksam auszubuchen (BMF v. 12.10.2011, BStBl. I 2011, 967; BFH v. 17.11. 2010 – I R 83/09, BStBl. II 2011, 812 = FR 2011, 673).

Schadensersatzanspruch vgl. Rn. 147, 215.

Schwebende Geschäfte vgl. Rn. 100.

Stille Beteiligung: Eine im BV gehaltene stille Beteiligung ist auch bei Verlustbeteiligung als Forderung mit den AK zu aktivieren. Ob Verlustanteile sofort zu einer Buchwertminderung führen oder nur unter den Voraussetzungen einer TW-Abschreibung zu berücksichtigen sind, ist noch nicht abschließend geklärt. Der Gewinnanspruch des Stillen ist grds. zum Bilanzstichtag des Betriebsinhabers zu aktivieren, weil er dann regelmäßig wirtschaftl. als WG entstanden ist (vgl. zur rechtl. Anspruchsentstehung BFH v. 19.2. 1991 – VIII R 106/87, BStBl. II 1991, 569 = FR 1991, 392). Etwas anderes gilt allerdings dann, wenn der Gewinnanspruch im Einzelfall am Bilanzstichtag noch nicht berechenbar ist.

Substanzausbeuteverträge: Ein Substanzausbeutevertrag ist zivilrechtl. idR ein Pachtvertrag (§ 581 BGB) und berechtigt den Pächter zum Genuss der Ausbeute iSd. § 99 BGB (BFH v. 9.6.1993 – I R 8/92, BStBl. II 1994, 44 = FR 1994, 92; v. 15.3.1994 – IX R 45/91, BStBl. II 1994, 840 = FR 1994, 719). Die Substanz wird damit nicht im Rahmen eines Veräußerungsgeschäfts, sondern durch Verpachtung erworben (vgl. BFH v. 24.11.1992 – IX R 30/88, BStBl. II 1993, 296 = FR 1993, 642), weswegen der Ausbeutevertrag auch nicht in eine Veräußerung des WG „Bodenschatz“ und eine zeitlich begrenzte Nutzungsüberlassung aufgespalten werden kann (BFH v. 21.7.1993 – IX R 9/89, BStBl. II 1994, 231 = FR 1994, 299; vgl. BMF v. 24.6.1998, DB 1998, 1639). Zur Bildung und Auflösung von RAP bei Vorauszahlungen des Nutzungsentgelts vgl. Rn. 118, 121, 128.

Treuhandgeschäfte: Treuhänderisch übereignete WG sind in der Bilanz des Treugebers und nicht in der Bilanz des zivilrechtl. Eigentümers (Treuhänders) auszuweisen (BFH v. 23.11.1983 – I R 147/78, BStBl. II 1984, 217 = FR 1984, 151; vgl. auch BFH v. 27.1.1993 – IX R 269/87, BStBl. II 1994, 615 = FR 1993, 582; BFH v. 15.7.1997 – VIII R 56/93, BFHE 183, 518 = FR 1997, 913 bzgl. Vereinbarungstreuhand). Zur Sicherungsübereignung und zum Eigentumsvorbehalt vgl. § 4 Rn. 75.

Unentgeltlich erworbene Wirtschaftsgüter: Wird ein einzelnes WG unentgeltlich im BV erworben und handelt es sich nicht um eine Einlage, gilt sein gemeiner Wert für das aufnehmende BV als AK (§ 6 Abs. 4). Aufgrund der angeordneten Fiktion v. AK gilt es auch für immaterielle WG; § 5 Abs. 2 wird verdrängt.

Verlagsrecht: Das Vervielfältigungs- und Verbreitungsrecht ist ein selbständiges immaterielles WG iSd. § 5 Abs. 2, welches v. Verlagswert abzugrenzen ist (BFH v. 15.2.1995 – II R 8/92, BStBl. II 1995, 505). Soweit das Verlagsrecht im Rahmen eines Erwerbsgeschäfts eigenständig in Erscheinung tritt, sind die AK zu aktivieren (BFH v. 14.3.1979 – I R 37/75, BStBl. II 1979, 470). Das Verlagsarchiv ist regelmäßig kein eigenständiges immaterielles WG (vgl. BFH v. 8.11.1974 – III R 90/73, BStBl. II 1975, 104).

Vertreterrecht: Beim Handelsvertreter ist das „Vertreterrecht“ auch dann als entgeltlich erworbenes immaterielles WG des AV zu aktivieren, wenn die Einstandszahlung erst bei Beendigung des Vertragsverhältnisses durch Verrechnung mit dem Ausgleichsanspruch nach § 89b HGB fällig ist (BFH v. 22.8.2007 – X R 2/04, BStBl. II 2008, 109 = FR 2008, 326).

Vorfälligkeitsentschädigung: Eine Vorfälligkeitsentschädigung, die der Kreditnehmer wegen vorzeitiger Rückzahlung an den Kreditgeber leisten muss, führt zu sofort abzugsfähigen BA (str. vgl. FG Bremen v. 27.2.1997 – 1 95090 K 6, EFG 1997, 1096; BFH v. 23.1.1990 – IX R 8/85, BStBl. II 1990, 464 = FR 1990, 363; v. 19.2.2002 – IX R 36/98, BStBl. II 2003, 126 = FR 2002, 884). Im Fall einer Betriebsveräußerung handelt es sich um Veräußerungskosten (BFH v. 18.10.2000 – X R 70/97, BFH/NV 2001, 440).

Wechsel: Ein Gläubiger, der erfüllungshalber (§ 364 Abs. 2 BGB) einen Wechsel erhält, hat statt seiner fortbestehenden Grundgeschäfts-Forderung idR seine Wechselforderung zu aktivieren, weil er vorrangig aus dem Wechsel gegen den bzw. die Schuldner vorgehen muss.

Werbung: Aufwendungen sind grds. BA (BFH v. 9.10.1962 – I 167/62 U, BStBl. III 1963, 7). Erstellte WG sind zu aktivieren (BFH v. 20.10.1976 – I R 112/75, BStBl. II 1977, 278).

Wertpapierleihgeschäfte: Wertpapierleihgeschäfte sind wie Sachdarlehen ohne Gewinnrealisierung zu bilanzieren (BMF v. 3.4.1990, DB 1990, 863). Der Entleiher ist idR wirtschaftlicher Eigentümer. Vgl. zu Pensionsgeschäften § 4 Rn. 79.

Wettbewerbsverbot: Ein entgeltlich erworbenes Wettbewerbsverbot ist als immaterielles Einzel-WG mit den AK zu aktivieren (BFH v. 30.3.1989 – I R 130/85, BFH/NV 1989, 780), soweit es nicht unselbständiger Bestandteil eines anderen gleichzeitig erworbenen (immateriellen) WG ist (BFH v. 24.3.1983 – IV R 138/ 80, BStBl. II 1984, 233 = FR 1984, 97 bzgl. Geschäftswert; v. 26.7.1989 – I R 49/85, BFH/NV 1990, 442 bzgl.

Kundenstamm). Bei umsatzabhängigen lfd. Vergütungen erfolgt keine Aktivierung, sondern das Entgelt führt zu sofort abziehbaren BA (BFH v. 27.3.1968 – I 224/64, BStBl. II 1968, 520). Das Wettbewerbsverbot ist auf seine voraussichtliche Dauer abzuschreiben, bei fehlender Befristung auf die „mutmaßliche" bzw. „voraussichtliche" Lebensdauer (BFH v. 25.1.1979 – IV R 21/75, BStBl. II 1979, 369; v. 23.6.1981 – VIII R 43/79, BStBl. II 1982, 56 = FR 1982, 17).

Windparks vgl. Rn. 77. Ein Windpark, der aus mehreren verbundenen Windkraftanlagen besteht, ist nicht als ein einziges WG zu betrachten. Er besteht vielmehr aus mehreren selbständigen WG. Die Windkraftanlage einschl. Fundament, Kompakttransformator, interner und Niederspannungsverkabelung stellt ein eigenständiges (zusammengesetztes) WG dar; ebenso die mehrere Windkraftanlagen verbindende Mittelspannungsverkabelung und die externe Verkabelung zum Stromnetz des Energieversorgers einerseits und die Zuwegung andererseits. Auf Grund der technischen Abstimmung der einzelnen WG des Windparks und der einheitlichen Bau – bzw. Betriebsgenehmigung ist die Nutzungsdauer einheitlich nach der Nutzungsdauer der den Windpark prägenden Windkraftanlagen zu bestimmen (BFH v. 14.4.2011 – IV R 52/10, BFH/NV 2011, 1339; v. 14.4.2011 – IV R 46/09, BStBl. II 2011, 696 = FR 2011, 662 mit Anm. *Briesemeister/Joisten/Vossel*; v. 14.4.2011 – IV R 15/09, BStBl. II 2011, 706 = FR 2011, 818). Der Beginn der Abschreibung ist dagegen für jedes WG einzeln zu prüfen und kann bereits vor der Inbetriebnahme der Windkraftanlage liegen, wenn im Falle der Anschaffung das wirtschaftl. Eigentum iSd. § 39 Abs. 2 Nr. 1 S. 1 AO übergegangen ist (BFH v. 1.2.2012 – I R 57/10, BStBl. II 2012, 407 = FR 2012, 877).

Zurechnung v. Wirtschaftsgütern vgl. § 4 Rn. 71 ff. Die Zurechnung richtet sich nach wirtschaftl. Eigentum (§ 246 Abs. 1 S. 2 HGB) (BFH v. 16.5.1989 – VIII R 196/84, BStBl. II 1989, 877 = FR 1989, 653 zu frei widerruflicher Schenkung; v. 19.4.1994 – IX R 19/90, BStBl. II 1994, 640 zu Dienstbarkeit). Eine sog. Scheidungsklausel führt noch nicht dazu, dass der rechtl. Eigentümer das wirtschaftl. Eigentum verliert (BFH v. 4.2.1998 – XI R 35/97, BStBl. II 1998, 542 = FR 1998, 529; vgl. aber auch BFH v. 26.6.1990 – VIII R 81/85, BStBl. II 1994, 645 = FR 1990, 646). Ebenso führen Rückübertragungsansprüche (dazu allg. *Jülicher*, DStR 1998, 1977) nicht zum Verlust des wirtschaftl. Eigentums, wenn der Anspr. v. künftigen Ereignissen abhängt (BFH v. 17.7.1998 – I B 12/98, BFH/NV 1999, 153). Bei Veräußerung v. Aktien folgt das wirtschaftl. Eigentum dem rechtl. auch dann, wenn wieder Rückübertragung erfolgen soll (BFH v. 15.12.1999 – I R 29/97, FR 2000, 446 mit Anm. v. *Pezzer* und *Fischer*; vgl. zum sog. Dividendenstripping auch *Haarmann/Dörfler*, IStR 2000, 181).

Zuschüsse: Bei nicht rückzahlbaren Zuschüssen Dritter, die iZ mit der Beschaffung bestimmter Gegenstände gewährt werden (Investitionszulagen, -zuschüsse), stellt sich die Frage, ob die Zuwendungen als AK-Minderungen anzusehen sind oder ob sie als Ertrag vereinnahmt werden können. Die besseren Gründe sprechen für eine AK-Minderung (A/D/S[6], § 255 HGB Rn. 56 mwN). Anstelle einer unmittelbaren Absetzung v. den AK wird es auch als zulässig angesehen, die Zugänge iHd. ungekürzten AK aufzuführen und die Zuschüsse ohne Berührung der GuV in einen gesonderten Passivposten einzustellen. Aus Sicht desjenigen, der die Zuschüsse einem Dritten aus betrieblichem Anlass gewährt, liegen grds. sofort abziehbare BA vor, es sei denn, es handelt sich um AK eines entgeltlich erworbenen immateriellen WG iSd. § 5 Abs. 2, zB eines Belieferungsrechts.

J. Einzelnachweise (ABC der Passivierung)

Abbruchverpflichtung: Abbruchverpflichtungen, insbes. bei Miet- und Pachtverträgen für die v. Mieter/ 238
Pächter v. ihm erstellten Anlagen nach Beendigung der Pachtzeit, sind als Verbindlichkeitsrückstellung zu berücksichtigen (BFH v. 19.2.1975 – I R 28/73, BStBl. II 1975, 480). Die Höhe der jährlichen Rückstellungszuführung errechnet sich aus der durch die Anzahl der Jahre bis zur Erfüllung der Verpflichtung geteilten Differenz zw. den voraussichtlichen Abbruchkosten und dem Stand der Rückstellung am vorangegangenen Bilanzstichtag (BFH v. 19.2.1975 – I R 28/73, BStBl. II 1975, 480). Maßgebend für die StB sind die Wertverhältnisse am jeweiligen Bilanzstichtag (§ 6 Abs. 1 Nr. 3a lit. f). Eine Rückstellung ist auch dann zu bilden, wenn ungewiss ist, wann das Nutzungsverhältnis endet (BFH v. 28.3.2000 – VIII R 13/99, BStBl. II 2000, 612 = FR 2000, 986).

Abfallentsorgung: Die Verpflichtung zur Entsorgung eigenen Abfalls nach dem AbfG (jetzt KrWG) begründet nicht rückstellbaren eigenbetrieblichen Aufwand, da es an der hinreichenden Konkretisierung des G, wie sie gerade bei öffentl.-rechtl. Verpflichtungen v. der Rspr. verlangt wird (Rn. 164), fehlt (BFH v. 8.11.2000 – I R 6/96, BStBl. II 2001, 570). Vgl. auch „Stilllegungskosten".

Abraumbeseitigung: Aufwand für die Beseitigung des anfallenden unbrauchbaren Bodens bei der Ausbeute eines Grundstücks sind als Aufwandsrückstellung einzuordnen, wenn das Grundstück dem StPfl. gehört oder dieser nicht durch Vertrag oder G zur Abraumbeseitigung verpflichtet ist. Soweit die Nachholung im Folgenden Geschäftsjahr erfolgt, ist eine Rückstellung zu bilden (§§ 249 Abs. 1 S. 2 Nr. 1 Alt. 2 HGB, 5 Abs. 1 EStG). Bei Verpflichtung kommt eine Verbindlichkeitsrückstellung in Betracht.

Abrechnungsverpflichtungen: Nach § 14 VOB/B ist der Unternehmer nach Abnahme des Bauwerks verpflichtet, eine Abrechnung zu erteilen. War diese Abrechnung am Bilanzstichtag noch nicht erteilt, kommt die Bildung einer Rückstellung in Betracht (BFH v. 25.2.1986 – VIII R 134/80, BStBl. II 1986, 788 = FR 1986, 513). Mit der Abnahme des Werks tritt grds. Gewinnrealisierung ein, sodass der einschl. des Gewinns zu aktivierende Werkvertragsanspruch aufgrund der vertraglich bindenden Nebenverpflichtung nur noch als Rückstellung berücksichtigt werden kann. Beziehen sich die Abrechnungsverpflichtungen auf eine Vielzahl v. Vertragsverhältnissen, beurteilt sich die Passivierungspflicht nach dem Gesamtaufwand (BFH v. 18.1.1995 – I R 44/94, BStBl. II 1995, 742 = FR 1995, 474).

Abschlussgebühren für Bausparverträge: Bausparkassen haben für die ungewisse Verpflichtung, eine v. Bausparer geleistete Einlage zurückzahlen zu müssen, wenn der Bausparer nach der Zuteilung auf das Bauspardarlehen verzichtet, eine Verbindlichkeitsrückstellung zu bilden (Erfüllungsrückstand). Im Rahmen der Bewertung ist die Wahrscheinlichkeit der Rückzahlung aufgrund statistischen Materials zu schätzen; eine Abzinsung ist handelsrechtl. nicht möglich, da derartige Verpflichtungen keine Zinsanteile enthalten (BFH v. 12.12.1990 – I R 153/86, BStBl. II 1991, 479); im Steuerrecht gilt eine Abzinsungspflicht (§ 6 Abs. 1 Nr. 3a lit. e).

Altersteilzeit: Bei der Altersteilzeit nach dem Altersteilzeitgesetz v. 23.7.1996 (BGBl. I 1996, 1078) leistet der ArbN nur 50 % der üblichen Arbeitszeit, und zwar entweder in der ersten Hälfte des Altersteilzeitzeitraums 100 %, danach wird er freigestellt (sog. Blockmodell), oder während des ganzen Zeitraums 50 % (sog. Gleichverteilungsmodell). Beim Gleichverteilungsmodell ist der ArbN während der gesamten Altersteilzeitphase (nur noch) halbtags tätig, erhält aber eine überproportional hohe Vergütung. In dieser Variante kam bisher eine Drohverlustrückstellung in Betracht, die steuerrechtl. nunmehr nicht gebildet werden darf (§ 5 Abs. 4a). Beim in der Praxis deutlich häufiger vorkommenden Blockmodell ist der ArbN weiterhin ganztags tätig, erhält aber eine verminderte Vergütung, da er in der zweiten Hälfte des Altersteilzeitraums v. der Arbeitspflicht gänzlich freigestellt wird. Der ArbG hat also, insoweit er Arbeitsleistung ohne unmittelbare Gegenleistung erhält, eine Verbindlichkeit (Erfüllungsrückstand), die durch eine Rückstellung berücksichtigt werden muss. So auch BFH v. 30.11.2005 – I R 110/04, BStBl. II 2007, 251 = FR 2006, 474), doch sollen die Rückstellungen pro rata bis zum Beginn der Freistellungsphase angesammelt werden. Vgl. ausf. zu den bilanzsteuerlichen Folgerungen beim Blockmodell BMF v. 28.3.2007, BStBl. I 2007, 297. Für den sog. Nachteilsausgleich bei Altersteilzeitregelungen gem. § 5 Abs. 7 des Tarifvertrags zur Regelung der Altersteilzeitarbeit (TV ATZ) – Verpflichtung zur Zahlung eines Einmalbetrags als Ausgleich für die altersteilzeitbedingte Kürzung von Anspr. aus der gesetzlichen Rentenversicherung – darf der ArbG dagegen mangels wirtschaftl. Verursachung in der Vergangenheit (vgl. Rn. 171 f.) keine Rückstellung bilden. Für den BFH ist der – ungewisse – tatsächliche Eintritt der Rentenkürzung wesentliche Tatbestandsvoraussetzung für die Entstehung des Abfindungsanspr. nach § 5 Abs. 7 TV ATZ (BFH v. 27.11.2017 – I R 53/15, BStBl. II 2018, 702 = FR 2018, 517 mit Anm. *Weber-Grellet*). Die FinVerw. differenziert hierbei wie folgt: Für individualvertragliche Verpflichtungen des ArbG, in der Freistellungsphase oder nach dem Ende des Altersteilzeitarbverh. einen zusätzlichen Ausgleichsbetrag an den ArbN zu zahlen, darf der hieraus entstehende Aufwand – ab Ende des Wj., in dem die Beschäftigungsphase beginnt – ratierlich aufbauend bis zum Ende der Beschäftigungsphase einer Rückstellung zugeführt werden. Künftiger Aufwand des ArbG für den gesetzlich verpflichtenden Nachteilsausgleich nach § 5 Abs. 7 TV ATZ ist dagegen nicht rückstellungsfähig (BMF v. 22.10.2018, BStBl. I 2018, 1112).

Altlastensanierung: Für die Verpflichtung zur Altlastensanierung, die sowohl aus einer zivilrechtl. Verpflichtung als auch aus dem öffentl. Recht herrühren kann, ist in Abhängigkeit v. dem konkret verwirklichten Lebenssachverhalt und insbes. der Wahrscheinlichkeit der Inanspruchnahme eine Verbindlichkeitsrückstellung zu bilden (BFH v. 21.9.2005 – X R 29/03, BStBl. II 2006, 647). Zum Kriterium der wirtschaftl. Verursachung und zur Wahrscheinlichkeit der Inanspruchnahme, insbes. bei öffentl.-rechtl. Verpflichtung, vgl. Rn. 164, 167 ff.

Aktienoptionspläne: Aktienoptionspläne oder -programme dienen in erster Linie der Motivation der optionsberechtigten (leitenden) Mitarbeiter, an der Steigerung des Unternehmenswerts mitzuwirken.

(vgl. *Märtens*, jurisPR-SteuerR 39/2017 Anm. 2). Eine ArbG-KapGes. kann allerdings keine Verbindlichkeitsrückstellung aus einem solchen Aktienoptionsprogramm bilden, wenn die begünstigten Mitarbeiter die Optionen nur ausüben können, falls der Verkehrswert der Aktien zum Ausübungszeitpunkt einen bestimmten Betrag übersteigt und/oder wenn das Ausübungsrecht davon abhängt, dass es in der Zukunft zu einem Verkauf des Unternehmens oder einem Börsengang kommt. Der hieraus (ggf.) entstehende Personalaufwand ist am Bilanzstichtag weder rechtlich bereits entstanden noch wirtschaftl. verursacht. Der Grad der Wahrscheinlichkeit des Eintritts eines dieser Ereignisse ist nach der BFH-Rspr. insoweit ohne Bedeutung (BFH v. 15.3.2017 – I R 11/15, BStBl. II 2017, 1043 = FR 2018, 231 mit Anm. *Niedling* = BB 2017, 1906). Auch mit Blick auf die künftige Ausgabe neuer Aktien darf mangels gegenwärtiger wirtschaftl. Belastung der ArbG-KapGes. keine Verbindlichkeitsrückstellung erfasst werden (BFH v. 25.8.2010 – I R 103/09, BStBl. II 2011, 215 = FR 2011, 231 mit Anm. *Buciek*). Vgl. hierzu auch *Blümich*, § 5 Rn. 920 „Aktienoptionspläne".

Angehörigendarlehensvertrag: Die Rückzahlungsverpflichtung aus einem unverzinslich ausgestalteten Angehörigendarlehensvertrag ist – im Fall der stl. Anerkennung des Vertragsverhältnisses (Fremdvergleich) – als Betriebsschuld zu passivieren (andernfalls Einlage ins BV, vgl. BFH v. 22.4.2015 – IV B 76/14, BFH/NV 2015, 976) und gem. § 6 Abs. 1 Nr. 3 S. 1 nach Maßgabe der vereinbarten Laufzeit abzuzinsen. Unerheblich ist hierbei, ob die Zinslosigkeit des Darlehens außerbetrieblich – familiär – motiviert ist; der sich hieraus ergebende Nutzungsvorteil ist nicht einlagefähig (BFH v. 13.7.2017 – VI R 62/15, BStBl. II 2018, 15 mit Anm. *Weiss* = EStB 2017, 463).

Anliegerbeiträge: Sind Anliegerbeiträge nicht als nachträgliche AK/HK aktivierungspflichtig, weil eine erforderliche Zweckbestimmung der Aufwendungen nicht vorliegt, ist eine Rückstellung für ungewisse Verbindlichkeiten zu bilden (BFH v. 3.8.2005 – I R 36/04, BStBl. II 2006, 369 = FR 2006, 280).

Arbeitsverhältnis: Der ArbG hat aus dem Arbverh. Rückstellungen zu bilden, soweit Anspr. des ArbN ihre wirtschaftli. Entstehung im abgelaufenen Wj. haben und noch nicht bezahlt sind. So können etwa rückständige, in der Höhe ungewisse Löhne und Gehälter zurückgestellt werden; bei Gewissheit hat ein Ausweis bei den Verbindlichkeiten zu erfolgen. Verlustrückstellungen scheiden bei Arbverh. idR aus, weil die Gleichwertigkeit v. Lohnzahlungsverpflichtung und Anspr. auf die Arbeitsleistung vermutet wird (BFH v. 7.6.1988 – VIII R 296/82, BStBl. II 1988, 886 = FR 1988, 473). Zu den in die Gleichwertigkeitsvermutung einzubeziehenden Aufwendungen gehören alle Leistungen, die üblicherweise aufgewendet werden müssen, um sich die Arbeitsleistung zu beschaffen, zB Lohnfortzahlung im Krankheitsfall (BFH v. 7.6.1988 – VIII R 296/82, BStBl. II 1988, 886 = FR 1988, 473; vgl. auch BFH v. 25.2.1986 – VIII R 377/83, BStBl. II 1986, 465 = FR 1986, 266; v. 16.12.1987 – I R 68/87, BStBl. II 1988, 338; v. 9.5.1995 – IV B 97/94, BFH/NV 1995, 970). Soweit Zahlungen geleistet worden sind, die anteilig auch das nächste Wj. betreffen (zB Urlaubsgeld bei abw. Wj.), kommt eine Rechnungsabgrenzung in Betracht (BFH v. 7.11.1963 – IV 396/60 S, BStBl. III 1964, 123; v. 1.7.1964 – I 96/62 U, BStBl. III 1964, 480; v. 24.7.1964 – VI 289/63 U, BStBl. III 1964, 554).

Arzneimittelhersteller: Die Kosten der Zulassung bzw. Registrierung v. Arzneimitteln sind zukunftsbezogen; sie fallen nicht an, weil die Arzneimittel in der Vergangenheit vertrieben worden sind, sondern weil sie in Zukunft vertrieben werden sollen. Deshalb scheidet eine Rückstellung aus (BFH v. 25.8.1989 – III R 95/87, BStBl. II 1989, 893 = FR 1990, 17; v. 24.1.1990 – I B 112/88, BFH/NV 1991, 434; v. 28.5.1997 – VIII R 59/95, BFH/NV 1998, 22 bzgl. Zulassung sog. Alt-Arzneimittel). Ebenso verbietet sich die Passivierung für die in Werbeprospekten zugesagte unentgeltliche Abgabe v. Ärztemustern (BFH v. 20.10.1976 – I R 112/75, BStBl. II 1977, 278).

Aufbewahrungspflicht: Die Verpflichtung, die in § 257 HGB und § 147 AO genannten Geschäftsunterlagen sechs bzw. zehn Jahre lang aufzubewahren, ist eine öffentl.-rechtl. Verpflichtung, die zur Bildung einer Rückstellung für ungewisse Verbindlichkeiten berechtigt (BFH v. 19.8.2002 – VIII R 30/01, BStBl. II 2003, 131 = FR 2003, 19 mit Anm. *Weber-Grellet*; zur Bewertung bei Aussonderung: BFH v. 18.1.2011 – X R 14/09, BStBl. II 2011, 496 = FR 2011, 718).

Ausbildungskosten: In der Praxis wurde die Bildung einer Drohverlustrückstellung für die Kosten v. Ausbildungsverträgen nur äußerst restriktiv gehandhabt (vgl. BFH v. 25.1.1984 – I R 7/80, BStBl. II 1984, 344 = FR 1984, 344; v. 3.2.1993 – I R 37/91, BStBl. II 1993, 441). Mit der Beseitigung der Drohverlustrückstellung in § 5 Abs. 4a kommt eine Rückstellungsbildung steuerrechtl. nicht mehr in Betracht.

Ausgleichsansprüche v. Handelsvertretern: Dem Handelsvertreter steht bei Beendigung des Vertragsverhältnisses unter bestimmten Voraussetzungen ein Ausgleichsanspruch nach § 89b HGB zu. Eine Rückstellung hierfür darf der Unternehmer erst ab Vertragsbeendigung bilden, weil vorher wegen des tatbestandlichen Erfordernisses „erheblicher Vorteile nach Beendigung des Vertragsverhältnisses" die rechtl. Entstehung noch nicht wirtschaftlich verursacht ist (BFH v. 20.1.1983 – IV R 168/81, BStBl. II 1983, 375 = FR 1983, 298; **aA** BGH v. 11.7.1966 – II RZ 134/65, DB 1966, 1267).

Auslandskredit: Soweit das Passivierungsverbot für einnahmen-/gewinnabhängige Verpflichtungen gem. § 5 Abs. 2a zeitlich noch nicht anwendbar war, hat die Rspr. (BFH v. 15.9.2004 – I R 5/04, BStBl. II 2009, 100 = FR 2005, 308 mit Anm. *Weber-Grellet* = DStR 2005, 238) nur auf das Länderrisiko gestützte Rückstellungen nicht anerkannt.

Außenprüfung: Die Kosten für eine Außenprüfung sind mangels Außenverpflichtung idR nicht rückstellungsfähig. Ebenso wenig dürfen die Kosten für Außenprüfungen, die nur möglich, aber nicht wahrscheinlich sind, zurückgestellt werden (BFH v. 24.8.1972 – VIII R 21/69, BStBl. II 1973, 55). Eine Aufwandsrückstellung kommt ausnahmsweise bei Großbetrieben, bei denen eine Anschlussprüfung die Regel ist, in Betracht (*Blümich*, § 5 Rn. 920 „Außenprüfung"; *Schmidt*[37], § 5 Rn. 550 „Betriebsprüfung"; vgl. zudem BFH v. 6.6.2012 – I R 99/10, BStBl. II 2013, 196 = FR 2013, 80 mit Anm. *Prinz* = DStR 2012, 1790); eine Prüfungsanordnung muss am Bilanzstichtag noch nicht vorliegen. Im Übrigen ist eine Rückstellung für Mehrsteuern aufgrund einer zu erwartenden Außenprüfung nicht zulässig. Es gibt keinen Erfahrungssatz, dass eine Außenprüfung zu Mehrsteuern führen wird, die eine Inanspruchnahme hinreichend wahrscheinlich machen würde (BFH v. 13.1.1966 – IV 51/62, BStBl. III 1966, 189; v. 16.2.1996 – I R 73/95, BStBl. II 1996, 592 = FR 1996, 454).

Avalprovision: Die Verpflichtung zur Zahlung einer Avalprovision ist in dem Wj. verursacht, in dem der Avalkredit besteht; vorher ist die Bildung einer Rückstellung unzulässig (BFH v. 12.12.1991 – IV R 28/91, BStBl. II 1992, 600).

Bauschutt: Ein Unternehmen, dessen Zweck das Recycling v. Bauschutt ist, kann eine Rückstellung für die nach dem jeweiligen Bilanzstichtag anfallenden Aufbereitungskosten bilden, sofern die zeitnahe Verarbeitung behördlich überprüft wird (BFH v. 25.3.2004 – IV R 35/02, BStBl. II 2006, 644 = FR 2004, 1013 mit Anm. *Fatouros* = DStR 2004, 1247).

Bedingte Verbindlichkeiten: Für bedingte Verbindlichkeiten, zB bedingt rückzahlbare bare Druckbeihilfen, ist eine Verbindlichkeitsrückstellung zu bilden (BFH v. 3.7.1997 – IV R 49/96, BStBl. II 1998, 244 = FR 1997, 851). Steuerrechtl. schließt § 5 Abs. 2a eine Rückstellungsbildung aus (vgl. hierzu ausf. Rn. 186 ff.).

Berechtigung nach dem TEHG: Soweit im Hinblick auf § 6 Abs. 1 TEHG noch Berechtigungen zur Emission v. Treibhausgasen erworben werden müssen, kann dafür eine Rückstellung gebildet werden (*Streck/Binnewies*, DB 2004, 1116, 1120).

Bergbauwagnisse: Für Bergbauwagnisse (Bergschäden, Gruben- und Schachtversatz) sind v. Bergbau betreibenden Unternehmen Verbindlichkeitsrückstellungen zu bilden. In Betracht kommt eine Pauschalrückstellung, weil es sich um gleichartige typische Massenrisiken handelt.

Betriebsverlegung: Eine Rückstellungsbildung wegen Betriebsverlegung scheidet aufgrund des fehlenden Schuldcharakters aus, auch wenn diese unmittelbar bevorsteht. Das rückstellungsfähige Einzelrisiko mit Schuldcharakter, zB wegen der Kündigung v. Betriebsräumen, wird erst durch Inangriffnahme einzelner, zu Verlusten führender geschäftlicher Maßnahmen konkretisiert (BFH v. 24.8.1972 – VIII R 31/70, BStBl. II 1972, 943).

Besserungsscheine: Auflösend bzw. aufschiebend bedingte Verbindlichkeiten sind auszubuchen und erst im Wj. der Besserung (Eintritt der Bedingung) mangels früherer wirtschaftl. Verursachung gewinnmindernd wieder einzubuchen (BFH v. 30.5.1990 – I R 41/87, BStBl. II 1991, 588 bzgl. Verzicht auf Gesellschafterforderung gegen KapGes. mit Besserungsklausel). Kommt es aufgrund eines Forderungsverzichts mit Besserungsvereinbarung und nachfolgendem Anteilseignerwechsel dazu, dass im Zeitpunkt des Anteilseignerwechsels ein Verlustvortrag einer KapGes. teilw. oder vollständig untergegangen war, können die Rechtsfolgen des § 8c KStG (aF) vermieden werden. Darin liegt auch kein Gestaltungsmissbrauch. Dies hat der BFH (v. 12.7.2012 – I R 23/11, FR 2013, 127) zwar nur für § 8 Abs. 4 KStG aF entschieden, doch spricht nichts dagegen, die Rechtsgrundsätze auch für § 8c KStG nutzbar zu machen. Entscheidend ist, dass im Zeitpunkt des Anteilseignerwechsels kein Verlustvortrag mehr besteht.

Boni und Rabatte: Für die auf die Umsätze der abgelaufenen Perioden entfallenden Umsatzvergütungen usw. sind Verbindlichkeitsrückstellungen zu bilden, wenn die Zahlung nicht noch v. weiteren Umsätzen im Folgejahr abhängt.

Buchführung: Der Aufwand zur Erledigung rückständiger Buchführungsarbeiten (Buchung v. Geschäftsvorfällen, die das abgelaufene Wj. betreffen) ist rückstellungsfähig (BFH v. 25.3.1992 – I R 69/91, BStBl. II 1992, 1010 = FR 1992, 715). Für zukünftigen Buchführungsaufwand dürfen keine Rückstellungen gebildet werden (BFH v. 24.8.1972 – VIII R 21/69, BStBl. II 1973, 55).

Bürgschaftsverpflichtung: Soweit eine Inanspruchnahme des Bürgen droht, hat dieser eine Rückstellung zu bilden (BFH v. 26.1.1989 – IV R 86/87, BStBl. II 1989, 456 = FR 1989, 371; v. 24.7.1990 – VIII R 226/84, BFH/NV 1991, 588). Die Erfassung und Bewertung dieses Risikos kann entweder als Einzel- oder als Pauschalrückstellung (BFH v. 10.4.1987 – III R 274/83, BFH/NV 1988, 22) erfolgen. Bei der Bewertung sind sowohl eine Rückgriffsforderung gegen den Hauptschuldner als auch evtl. Einwendungsmöglichkeiten des Bürgen rückstellungsmindernd zu berücksichtigen (BFH v. 8.2.1995 – I R 72/94, BStBl. II 1995, 412).

Drohende Verluste aus schwebenden Geschäften vgl. Rn. 144, 199 ff.

Entsorgungskosten: Vgl. „Abfallentsorgung" und „Umweltschutzverpflichtungen".

Erfolgsabhängige Verpflichtungen: Für Kredite, die v. Kreditnehmer nur aus dessen künftigen Gewinnen zu tilgen sind, erfolgt handelsrechtl. eine Verbindlichkeitsrückstellung. Wegen der Unsicherheit, ob und in welchem Umfang mit künftigen Gewinnen gerechnet werden kann, sind die Kredite mit einem unter dem vereinbarten Rückzahlungsbetrag liegenden Wert zu passivieren (BFH v. 20.9.1995 – X R 225/93, FR 1996, 20 = DStR 1995, 1951; **aA** BMF v. 28.4.1997, DStR 1997, 739). Steuerrechtl. steht inzwischen § 5 Abs. 2a einer Rückstellungsbildung entgegen (Rn. 186 ff.).

Erfüllungsrückstände: Erfüllungsrückstände aus Arbeits-, Miet-, Pacht-, Leasing- und Darlehensverhältnissen sind zu passivieren, zB für nicht genommenen Urlaub (BFH v. 8.7.1992 – XI R 50/89, BStBl. II 1992, 910 = FR 1992, 650) sowie nicht genommene Freischichten und Gleitzeitüberhänge; für Gewinnbeteiligungen, Tantiemen und Gratifikationen (BFH v. 7.7.1983 – IV R 47/80, BStBl. II 1983, 753 = FR 1983, 616); für Weihnachtsgeld bei abw. Wj. (BFH v. 6.3.1980 – VI R 148/77, BStBl. II 1980, 509 = FR 1980, 446); für die Verpflichtung zur Erneuerung unbrauchbar gewordener Pachtgegenstände, sog. Pachterneuerungsrückstellung (BFH v. 3.12.1991 – VIII R 88/87, BStBl. II 1993, 89 = FR 1992, 576); für Verpflichtungen des Leasinggebers, den Leasingnehmer nach Beendigung der Mietzeit am Verwertungserlös zu beteiligen (BFH v. 15.4.1993 – IV R 75/91, FR 1993, 838 = BB 1993, 1913); für Verpflichtungen eines Vermieters v. Kfz. ggü. dem Mieter, das Kfz. am Ende der Mietzeit zu veräußern und den Veräußerungserlös an den Mieter auszuzahlen, soweit er einen vertraglich vereinbarten Restwert übersteigt (BFH v. 21.9.2011 – I R 50/10, BStBl. II 2012, 197 = FR 2012, 315); für Abschlussprovisionen, die ein Versicherungsvertreter neben der Vermittlung auch für die Nachbetreuung v. Lebensversicherungen erhält (BFH v. 13.7.2017 – IV R 34/14, BFH/NV 2017, 1426, auch zur Frage des Abzinsungsgebots nach § 6 Abs. 1 Nr. 3a lit. e; hierzu ebenso BFH v. 12.12.2013 – X R 25/11, BStBl. II 2014, 517 = FR 2014, 602 mit Anm. *Weber-Grellet*). Sind darüber hinaus Provisionen für Bestandspflege vereinbart, ist die Bildung einer Rückstellung unzulässig, da insoweit kein Erfüllungsrückstand vorliegt (BFH v. 28.7.2004 – XI R 63/03, BStBl. II 2006, 866 = FR 2005, 21 mit Anm. *Wendt*; v. 9.12.2009 – X R 41/07, BFH/NV 2010, 860; v. 19.7.2011 – X R 26/10, BStBl. II 2012, 856 = FR 2012, 33 mit Anm. *Prinz* = DB 2011, 2350; **aA** *Tiedchen*, FR 2012, 22; dieser Auffassung nach liegt hinsichtlich der Nachbetreuung auch im Falle einer einmaligen Abschlussprovision kein Erfüllungsrückstand vor, da die Bestandspflege erst nach dem Bilanzstichtag anfällt und somit nicht vorher v. Versicherungsvertreter erbracht werden kann. Die Provision stellt eine Einnahme für eine bestimmte Zeit nach dem Bilanzstichtag dar, sodass anstelle einer Rückstellung ein passiver RAP zu bilden ist.); kein Erfüllungsrückstand liegt dagegen vor, wenn weder eine gesetzliche noch eine vertragliche Verpflichtung zur Vertragsbetreuung gegeben ist (BFH v. 9.12.2009 – X R 41/07, BFH/NV 2010, 860; v. 19.7.2011 – X R 26/10, BStBl. II 2012, 856 = FR 2012, 33 mit Anm. *Prinz* = DB 2011, 2350); keine Passivierung erfolgt bei Verrechnungsverpflichtungen für zu viel vereinnahmte Entgelte v. Versorgungsunternehmen iRv. Dauerschuldverhältnissen. Da in diesem Fall eine periodenübergreifende Verrechnung mit zukünftigen Entgelten erfolgt, liegt zum Zeitpunkt der Vereinnahmung der Entgelte kein Erfüllungsrückstand vor, sodass die Bildung v. Rückstellungen ausscheidet. Ein passiver RAP nach § 5 Abs. 5 S. 1 Nr. 2 ist ebenfalls nicht anzusetzen (BMF v. 28.11.2011, BStBl. I 2011, 1111; dazu *Meurer*, BB 2012, 50). Demgegenüber hat der BFH mit Urt. v. 6.2.2013 (I R 62/11, BStBl. II 2013, 954 = FR 2013, 995) entschieden, dass ein kommunaler Zweckverband für Kostenüberdeckungen, die in der folgenden Kalkulationsperiode auszugleichen sind, zutreffenderweise Rückstellungen gebildet hat. Da die Ausgleichsverpflichtung nicht in das konkrete Schuldverhältnis einbezogen ist, sondern unabhängig hiervon alle Abnehmer begünstigt, handelt es sich nicht um eine Verrechnungsverpflichtung im Rahmen eines Dauerschuldverhältnisses. Die FinVerw. hat das vorgenannte Schr. als Reaktion hierauf aufgehoben (vgl. BMF v. 22.11.2013, BStBl. I 2013, 1502).

Firmenjubiläum vgl. Rn. 195 ff.

Garantie- und Gewährleistungsverpflichtungen: Wenn der Kfm. am Bilanzstichtag ernsthaft mit der Inanspruchnahme aus Garantie- oder Gewährleistung rechnen muss, ist eine Rückstellung für ungewisse Verbindlichkeiten zu bilden. Muss er nicht damit rechnen, kommt auch dann keine Rückstellung in Betracht, wenn die Gewährleistungsverpflichtung noch vor Aufstellung der Bilanz geltend gemacht wird (BFH v. 28.3.2000 – VIII R 77/96, BStBl. II 2002, 227 = FR 2000, 826 mit Anm. *Kessler/Strnad*: Erklärung der Wandlung eines Kaufvertrags). Fehlt es bis zum Bilanzstichtag an einer Mangelrüge und beruht dies darauf, dass ein bereits objektiv angelegter Mangel noch keine erkennbare betriebsbeeinträchtigende Wirkung entfaltete, scheidet die Bildung einer Rückstellung im Regelfall aus (BFH v. 28.8.2018 – X B 48/18, juris). Konkrete Risiken sind als Einzelrückstellung auszuweisen (BFH v. 7.10.1982 – IV R 39/80, BStBl. II 1983, 104 = FR 1983, 97; v. 30.6.1983 – IV R 41/81, BStBl. II 1984, 263), ansonsten ist eine Pauschalrückstellung zu bilden. Zur Rückstellungsbewertung vgl. BFH v. 13.12.1972 – I R 7–8/70, BStBl. II 1973, 217 zu Einzelrückstellung; v. 7.10.1982 – IV R 39/80, BStBl. II 1983, 104; v. 30.6.1983 – IV R 41/81, BStBl. II 1984, 263; v. 23.10.1985 – I R 230/82, BFH/NV 1986, 490 zu Pauschalrückstellungen. Vgl. zudem Rn. 169, 182.

Gehaltsfortzahlung: Die Verpflichtung, Angestellten im Krankheitsfall das Gehalt für eine bestimmte Zeit weiter zu zahlen, ist nicht als Verbindlichkeit aufgrund eines Erfüllungsrückstands zu passivieren. Ein Erfüllungsrückstand setzt eine Verpflichtung voraus, die sich als v. Vertragspartner durch dessen erbrachte Vorleistung erdiente und am Bilanzstichtag somit rückständige Gegenleistung darstellt. Die Gehaltsfortzahlung im Krankheitsfall wird nicht durch vorherige Arbeitsleistungen erdient, sondern findet ihre Grundlage in gesetzlichen und arbeitsrechtl. Bestimmungen (BFH v. 27.6.2001 – I R 11/00, BStBl. II 2001, 758 = FR 2001, 1057 mit Anm. *Weber-Grellet* = DB 2001, 1969).

Geldbußen der EU: Soweit ein Abzugsverbot nach § 4 Abs. 5 S. 1 Nr. 8 nicht besteht, müssen Rückstellungen gebildet werden, wenn die Voraussetzungen dafür vorliegen.

Genussrechte: Genussrechte sind Gläubigerrechte schuldrechtl. Art, die mitgliedschaftsrechtl. ausgestaltet sein können. Die Verpflichtung zur Rückzahlung des Genussrechtskapitals ist mit dem Nennbetrag als Verbindlichkeit zu passivieren. Die Ausschüttung selbst führt zu BA, wenn neben der Gewinnbeteiligung keine Beteiligung am Liquidationserlös besteht (BFH v. 19.1.1994 – I R 67/92, BStBl. II 1996, 77 = FR 1994, 435). Ist der Genussrechtsinhaber am Liquidationserlös beteiligt (§ 8 Abs. 3 S. 2 KStG), wird das Genussrechtskapital steuerrechtl. als EK behandelt; Ausschüttungen sind Gewinnverwendung bzw. vGA (BFH v. 19.1.1994 – I R 67/92, BStBl. II 1996, 77 = FR 1994, 435).

Gesellschafterdarlehen: „Eigenkapitalersetzende" G'ter-Darlehen an die KapGes. sind in der HB und über §§ 8 Abs. 1 KStG, 5 Abs. 1 in der StB der KapGes. bzw. einer GmbH & Co. KG auf der Passivseite als echtes Fremdkapital auszuweisen (BFH v. 5.2.1992 – I R 127/90, BStBl. II 1992, 532 = FR 1992, 525; BMF v. 16.9.1992, BStBl. I 1992, 653). Auch unter dem Gesichtspunkt des Rechtsmissbrauchs (§ 42 AO) kommt bei ganz überwiegender Fremdfinanzierung steuerrechtl. keine Umqualifizierung in Betracht. Die Regelung des § 8a KStG gilt nur für die Fremdfinanzierung durch nicht anrechnungsberechtigte Anteilseigner (nach früherem Recht). Ebenso ist bei einem rein schuldrechtl. Rangrücktritt zu verfahren, dh. die im Rang zurückgetretene Verbindlichkeit ist bei der KapGes. weiterhin in der HB/StB als Fremdkapital auszuweisen (BFH v. 30.3.1993 – IV R 57/91, BStBl. II 1993, 502 = FR 1993, 471). Zur Erfassung v. Zinsen aus „eigenkapitalersetzenden" Darlehen vgl. BFH v. 16.11.1993 – VIII R 33/92, BStBl. II 1994, 632. Zu Verbindlichkeiten aus Besserungsscheinen vgl. „Besserungsscheine". Im Anschluss an die Rspr. des BGH, die für die Nichtpassivierung eines Gesellschafterdarlehens im Überschuldungsstatus einen qualifizierten Rangrücktritt (vgl. § 199 InsO) verlangt, wollte die FinVerw. (BMF v. 18.8.2004, BStBl. I 2004, 850) in solchen Fällen § 5 Abs. 2a anwenden. Die FinVerw. verkannte die Unterschiede zw. dinglichem Verzicht (BFH v. 9.6.1997 – GrS 1/94, BStBl. II 1998, 307 = FR 1997, 723) und lediglich schuldrechtl. Rangrücktritt (vgl. *Korn/Strahl*, KÖSDI 2005, 14864 mwN). Mittlerweile folgt die FinVerw. (BMF v. 8.9.2006, BStBl. I 2006, 497) der hM, sodass die Vereinbarung eines einfachen oder eines qualifizierten Rangrücktritts im Grundsatz steuerbilanziell keine Konsequenzen hat. Damit wird eine exakte Trennungslinie zum dinglich wirkenden Forderungsverzicht gezogen. Dies gilt nach Auffassung der FinVerw. (BMF v. 8.9.2006, BStBl. I 2006, 497 Rn. 6) und des BFH (BFH v. 30.11.2011 – I R 100/10, BStBl. II 2012, 332 = FR 2012, 582; v. 15.4. 2015 – I R 44/14, BStBl. II 2015, 769 = FR 2015, 995, mit Anm. *Lohse/Zanzinger*, DStR 2016, 1241; v. 10.8. 2016 – I R 25/15, BStBl. II 2017, 670 = FR 2017, 390, mit Anm. *Wacker*, DB 2017, 26) nur, soweit die Verbindlichkeit auch aus „sonstigem freien Vermögen" zu bedienen ist. Fehlt dieser Verweis in der vertraglichen Rangrücktrittsvereinbarung, greift das Passivierungsverbot des § 5 Abs. 2a mangels gegenwärtiger wirtschaftl. Belastung (so auch *Blümich*, § 5 Rn. 920 „Rangrücktritt"; krit. *Schmidt*[37], § 5 Rn. 315). Die Auffassung, wonach § 5 Abs. 2a nur anwendbar ist, wenn es um bedingt entstehende Verbindlichkeiten, jedoch nicht um rechtl. bereits entstandene Forderungen wie bei einem Rangrücktritt geht (BFH v. 10.11. 2005 – IV R 13/04, BStBl. II 2016, 618 = FR 2006, 319 mit Anm. *Hölzle*), wird vom BFH abgelehnt. Zu berücksichtigen ist allerdings, dass die nur schuldrechtl. wirkende Rangrücktrittsvereinbarung nichts daran ändert, dass die Verbindlichkeit weiterhin besteht. Nach Auffassung des BFH führt § 5 Abs. 2a jedoch nur im Umfang der Wertlosigkeit des Darlehens zu einer Gewinnerhöhung nach § 5 Abs. 2a, demgegenüber der werthaltige Teil ins EK, in das Einlagekonto des § 27 KStG einzustellen ist. IErg. behandelt der BFH den nur schuldrechtl. wirkenden Rangrücktritt wie einen dinglichen Forderungsverzicht. Noch nicht abschließend geklärt ist, wie zu verfahren ist, wenn in der Rangrücktrittserklärung auch auf künftiges freies Vermögen Bezug genommen wird, eine derartige Konstellation wg. wirtschaftl. Unvermögens aber sehr wahrscheinlich gar nicht eintreten wird. Das FG Münster hält in dieser Konstellation § 5 Abs. 2a für nicht anwendbar, da jederzeit durch Einlagen der G'ter freies Vermögen entstehen könnte (FG Münster v. 13.9. 2018 – 10 K 504/15 K,G,F, EFG 2018, 2010 m. Anm. *Vasel*). Unklar erscheint ferner, ob sich trotz des Abstellens auf § 5 Abs. 2a Auswirkungen auf die HB ergeben (vgl. hierzu auch Rn. 186 ff.). Die BFH-Rspr. betrifft iÜ die Folgen allein auf der Gesellschaftsebene. Ungeklärt bleiben die Konsequenzen für einen bilanzierenden G'ter, der den Darlehensanspruch seinerseits als Aktivposten bilanziert. Zu fragen ist hier, ob es iHd. werthaltigen Teils des mit dem Rangrücktritt versehenen Darlehensanspruchs auf Ebene des Darlehensgebers zu nachträglichen AK kommt (insoweit Rechtslage bis 27.9.2017, vgl. BFH v. 11.7.2017 – IX R 36/15, FR 2017, 1152; vgl. auch Rn. 237 „Kapitalersetzende Darlehen"). Hinzuweisen ist auch noch auf die Entsch. des BFH v. 5.2.2014 (BFH v. 5.2.2014 – I R 34/12, BFH/NV 2014, 1014), in der es um die Frage ging, ob ein in der Liquidation einer KapGes. (§ 11 KStG) stehengelassenes Darlehen mangels fortdauernder wirtschaftl. Belastung gewinnerhöhend aufzulösen ist. Im Verfahren des einstweiligen Rechtsschutzes hält der BFH dies für möglich. Nach OFD Ffm. (v. 30.6.2017, DB 2017, 1937) führt der Beschl. über die Auflösung und Liquidation einer Tochterges. nicht zu einem stillschweigenden Forderungsverzicht, sodass auch kein steuerbarer Ertrag bei der Tochterges. durch Wegfall einer Verbindlichkeit entstehen kann.

Gewerbesteuer: Soweit sich auf der Grundlage der GewSt-Berechnung eine Steuerschuld ergibt, die die Vorauszahlungen übersteigt, ist für diese Abschlusszahlung eine Verbindlichkeitsrückstellung zu bilden (BFH v. 12.4.1984 – IV R 112/81, BStBl. II 1984, 554). Berechnet werden kann diese Rückstellung nach der sog. 5/6-Methode mit 5/6 des Betrags der GewSt, der sich ohne Berücksichtigung der GewSt als BA ergeben hätte. Steuerlich gilt das BA-Abzugsverbot nach § 4 Abs. 5b.

Hauptversammlung: Kosten der Hauptversammlung dürfen nicht als Rückstellung berücksichtigt werden, weil sie ihre wirtschaftl. Verursachung in künftigen Wj. (zB Gewinnverwendungsbeschluss, Satzungsänderung, Aufsichtsratswahlen) haben (BFH v. 9.10.1979 – VIII R 226/77, BStBl. II 1980, 62).

Heimfallverpflichtung: Eine Heimfallverpflichtung liegt vor, wenn der Pächter Anlagen, die während der Pachtzeit in seinem wirtschaftl. Eigentum stehen, mit Ende der Pachtzeit entschädigungslos oder gegen eine unangemessen niedrige Entschädigung an den Verpächter übertragen muss. Hier kommt keine Rückstellungsbildung, sondern eine Abschreibung auf die in seinem wirtschaftl. Eigentum stehenden WG in Betracht. Eine Rückstellung ist nur insoweit zulässig, als durch den Heimfall zusätzliche Kosten entstehen, die der Pächter zu tragen hat.

Instandhaltungsverpflichtungen: Eine Rückstellungsbildung für Instandhaltungsverpflichtungen für vermietete bzw. verpachtete Gegenstände ist neben der regelmäßigen AfA nicht zulässig (BFH v. 17.2.1971 – I R 121/69, BStBl. II 1971, 391; v. 21.7.1976 – I R 43/74, BStBl. II 1976, 778; v. 12.12.1991 – IV R 28/91, BStBl. II 1992, 600). Nur wenn in einem Wj. die notwendige Instandsetzung nicht erfolgt ist, muss eine Rückstellung ausgewiesen werden (BFH v. 26.5.1976 – I R 80/74, BStBl. II 1976, 622). Hat der Unternehmer eine selbständige Instandhaltungspflicht übernommen, ist eine Rückstellung für die Instandhaltung entspr. der in den einzelnen Wj. wirtschaftl. Verursachung der Instandhaltungsarbeiten zu bilden, wenn der Unternehmer die Vergütung bereits erhalten hat (BFH v. 21.7.1976 – I R 43/74, BStBl. II 1976, 778). Für unterlassenen Herstellungsaufwand ist eine Rückstellung nicht zulässig (BFH v. 1.4.1981 – I R 27/79, BStBl. II 1981, 660 = FR 1981, 512); Entspr. gilt für künftigen Aufwand zur Überholung v. Flugzeugen (BFH v. 19.5.1987 – VIII R 327/83, BStBl. II 1987, 848 = FR 1987, 423). Vgl. auch „Wartungsverpflichtung".

Jahresabschluss- und Prüfungskosten: Die Aufstellung eines Jahresabschlusses und (gesetzliche) Prüfung des Jahresabschlusses beruhen auf öffentl.-rechtl. Verpflichtungen, die wirtschaftl. durch den Betrieb des Unternehmens begründet werden. Die Kosten sind damit als Rückstellung dem Wj. zuzuordnen, für das die öffentl.-rechtl. Verpflichtung erfüllt werden muss (BFH v. 20.3.1980 – IV R 89/79, BStBl. II 1980, 297 = FR 1980, 326; v. 18.1.1995 – I R 44/94, BStBl. II 1995, 742 = FR 1995, 474). Zur Höhe der Rückstellungsbildung vgl. BFH v. 24.11.1983 – IV R 22/81, BStBl. II 1984, 301; H 6.10 EStH). Bei einer freiwilligen Prüfung können die Kosten nicht zurückgestellt werden, da es am Schuldcharakter fehlt (Aufwandsrückstellung; vgl. BMF v. 16.1.1981, BB 1981, 221). Besteht eine privatrechtl. Verpflichtung, zB im Rahmen eines Kreditvertrags mit einem Kreditgeber, ist wegen des privatrechtl. Schuldcharakters eine Rückstellungsbildung zulässig (**aA** BMF v. 19.11.1982, DB 1982, 2490). Letzteres hat der BFH für die gesellschaftsvertragliche Verpflichtung einer KG bestätigt (BFH v. 5.6.2014 – IV R 26/11, BStBl. II 2014, 886 = FR 2014, 1030; hierzu *Riedel*, FR 2015, 371).

Jubiläumszuwendungen vgl. Rn. 195 ff.

Kammerbeiträge: Für die öffentl.-rechtl. Verpflichtung eines Handwerksbetriebs, Beiträge zur Handwerkskammer zu entrichten (§ 113 HwO), kann betr. zukünftige Beitragsjahre keine Rückstellung gebildet werden. Obwohl sich die Höhe der Beitragspflicht nach dem Gewerbeertrag eines vergangenen Wj. bemisst, fehlt es an der erforderlichen wirtschaftl. Verursachung der ersten, künftig fällig werdenden Beitragsschuld am Bilanzstichtag. Konstitutives Merkmal für die Beitragspflicht ist die Zugehörigkeit zur Handwerkskammer und demnach die (fortbestehende) Existenz des Betriebs (BFH v. 5.4.2017 – X R 30/15, BStBl. II 2017, 900 = FR 2017, 965 mit Anm. *Weber-Grellet*).

Kernkraftwerke vgl. Rn. 205.

Krankenhausträger: Öffentl. Investitionszuschüsse an Krankenhausträger können die AK oder HK mindern (BFH v. 26.11.1996 – VIII R 58/93, BStBl. II 1997, 390 = FR 1997, 218); die Bildung eines passiven RAP ist nicht zulässig (BFH v. 14.7.1988 – IV R 78/85, BStBl. II 1989, 189; v. 19.7.1995 – I R 56/94, BStBl. II 1996, 28 = FR 1996, 106).

Kreditlinien: Ein Kreditinstitut kann eine Rückstellung wegen drohender Verluste aus zum Bilanzstichtag noch nicht ausgeschöpften Kreditlinien nur dann bilden, wenn der Kreditnehmer die Kreditlinie künftig tatsächlich ausschöpfen und nicht wieder auf den zum Bilanzstichtag bestehenden Saldo zurückführen wird bzw. aufgrund seiner wirtschaftl. Situation nicht mehr zurückführen kann und entspr. Sicherheiten nicht bestehen (BFH v. 11.2.1998 – I R 62/97, BStBl. II 1998, 658 = FR 1998, 836). Steuerrechtl. ist eine Drohverlustrückstellung nicht mehr möglich (§ 5 Abs. 4a).

Kulanz vgl. Rn. 163.

Kundendienstverpflichtungen: Hat sich der Unternehmer entschlossen, nicht kostendeckende Reparaturaufträge aus betrieblichen Gründen (Kundendienst) in Zukunft zu übernehmen, kann eine Garantierückstellung nicht gebildet werden, weil die hieraus resultierenden Verluste mit den künftigen Aufträgen zusammenhängen, soweit es sich nicht um Garantieleistungen für verkaufte Waren handelt (BFH v. 6.4.1965 – I 23/63 U, BStBl. III 1965, 383). Entspr. gilt für Garantieleistungen im Kfz.-Handel, wenn der Händler aufgrund des Händlervertrags verpflichtet ist, Garantieleistungen, Freiinspektionen oder verbilligte entgeltliche Inspektionen bei allen Kfz. eines Herstellers durchzuführen, auch wenn er diese Kfz. nicht verkauft hat (BFH v. 2.8.1989 – I R 93/85, BFH/NV 1990, 691; BMF v. 14.12.1998, DB 1999, 70). Anders ist die Lage bei einem Hersteller, der Garantierückstellungen zu bilden hat, wenn er die verwendeten Ersatzteile den Händlern in Natur oder in Geld ersetzt (BFH v. 13.11.1991 – I R 129/90, BStBl. II 1992, 519 = FR 1992, 405). Liegt eine vertraglich vereinbarte Kundendienst- bzw. Nachbetreuungspflicht vor, ist eine Rückstellung zu bilden (BFH v. 5.6.2002 – I R 96/00, FR 2002, 1361 = BFH/NV 2002, 1638). Nach Auffassung der Verwaltung (BMF v. 12.10.2005, DStR 2005, 1858; vgl. auch R 5.7 Abs. 3 EStR) ist eine nur rechtl. Verpflichtung unabhängig v. der wirtschaftlichen Verursachung nicht ausreichend.

Leasing vgl. Rn. 237 „Leasing" sowie § 4 Rn. 76.

Lizenzgebühren: Für die Verpflichtung zur Zahlung v. Lizenzgebühren usw. sind zum Ende des Geschäftsjahres Rückstellungen zu bilden, in dem sie wirtschaftl. entstanden sind. Hängt die Entstehung der Lizenzgebühr v. einer bestimmten Handlung bzw. einem Zeitpunkt ab, ist eine Rückstellung erst mit Vornahme dieser Handlung bzw. Erreichen des Zeitpunkts möglich, zB wenn die Zahlung v. Verkauf einer Sache abhängt (BFH v. 23.9.1969 – I R 22/66, BStBl. II 1970, 104). Sind die Verpflichtungen zeitbezogen, erfolgt die Rückstellungsbildung anteilig nach der im abgelaufenen Wj. verstrichenen Zeitspanne.

Lohnfortzahlung vgl. „Arbeitsverhältnis".

Lohngarantie vgl. „Arbeitsverhältnis".

Mutterschutz vgl. „Arbeitsverhältnis".

Nachbetreuungspflichten vgl. Kundendienstverpflichtungen.

Optionsprämien: Für die Verpflichtung des Veräußerers einer Option, auf Verlangen des Optionsberechtigten innerhalb der Optionsfrist den Optionsgegenstand zu verkaufen oder zu kaufen, ist eine Verbindlichkeit iHd. dafür vereinnahmten Prämie auszuweisen; die Verbindlichkeit ist erst bei Ausübung oder Verfall der Option auszubuchen (BFH v. 18.12.2002 – I R 17/02, BStBl. II 2004, 126 = FR 2003, 511 mit Anm. *Weber-Grellet*).

Organschaft: Sind im Rahmen eines Organschaftsverhältnisses v. Organträger Verluste der Organgesellschaft zu übernehmen, darf beim Organträger für drohende Verluste keine Rückstellung gebildet werden (BFH v. 26.1.1977 – I R 101/75, BStBl. II 1977, 441).

Patronatserklärung: Entsprechend Bürgschaften sind Verpflichtungen hieraus erst zu passivieren, wenn bei sog. harter Patronatserklärung Inanspruchnahme droht (vgl. BFH v. 26.1.1989 – IV R 86/87, BStBl. II 1989, 456 = FR 1989, 371).

Pensionssicherungsverein: Die Bildung einer Rückstellung kommt mangels wirtschaftl. Verursachung in der Vergangenheit für künftige Beiträge aus bereits eingetretenen oder künftigen Insolvenzfällen nicht in Betracht (BFH v. 12.10.1993 – X B 21/93, BFH/NV 1994, 238; v. 6.12.1995 – I R 14/95, BStBl. II 1996, 406; BMF v. 13.3.1987, BStBl. I 1987, 365), sondern nur für Beitragsschuld des abgelaufenen Wj.

Pfandgelder vgl. Rn. 237. Für die Verpflichtung des Abfüllbetriebs zur Rückzahlung v. Pfandgeldern an den Getränkehändler ist iHd. vereinnahmten Pfandgelder (Sicherheitsleistung vgl. Rn. 237 „Pfandgelder") erfolgsneutral eine Pfandverbindlichkeit zu passivieren (BFH v. 6.10.2009 – I R 36/07, BStBl. II 2010, 342 = FR 2010, 173 mit Anm. *Buciek*). Die Realisierung v. BE für die vereinnahmten Pfandgelder und die Bildung einer Pfandrückstellung (vgl. OFD Ffm. v. 2.2.2007, DStR 2007, 806) soll damit nicht mehr möglich sein.

Produkthaftung: Die Haftung des Herstellers eines Endprodukts, eines Teilprodukts oder eines Grundstoffs für Schäden, die durch das Produkt bzw. den Grundstoff an einer Pers. oder an einer Sache entstehen (Produkthaftung; Produzentenhaftung) ist als Verbindlichkeits- bzw. bei wahrscheinlicher Inanspruchnahme als Rückstellung auszuweisen. Da es sich um typische Massenrisiken handelt, kann eine Pauschalrückstellung gebildet werden. Soll für weitere Schäden eine Rückstellung gebildet werden, die das fehlerhafte Produkt im Einzelfall verursacht haben kann, handelt es sich um eine Schadensersatzrückstellung, die nur als Einzelrückstellung gebildet werden kann (BFH v. 30.6.1983 – IV R 41/81, BStBl. II 1984, 263).

Provisionen: Entspr. der Rspr. (BFH v. 24.1.2001 – I R 39/00, BStBl. II 2005, 465 = FR 2001, 733) anerkennt die FinVerw. (BMF v. 21.6.2005, DStR 2005, 1188) Rückstellungen aufgrund § 89b HGB, wenn sie nicht aufgrund eines künftigen Wettbewerbsverbots erfolgen.

Provisionsvorschüsse: Nach Maßgabe des Realisationsprinzips ist der Provisionsanspruch des Handelsvertreters nach §§ 87, 87a HGB gewinnwirksam erst zum Zeitpunkt der Ausführung des vermittelten Geschäfts auszuweisen. Provisionsvorschüsse sind beim Handelsvertreter daher erfolgsneutral als „erhaltene Anzahlungen" zu passivieren (BFH v. 26.4.2018 – III R 5/16, BStBl. II 2018, 536 = FR 2018, 964 mit Anm. *Weber-Grellet* und Anm. *Bleschick*, EStB 2018, 318).

Prozesskosten: Eine Rückstellung wegen eines Prozesskostenrisikos darf erst mit Klageerhebung für sämtliche drohende Prozesskosten der gerade angerufenen Instanz gebildet werden. Die Absicht, im Falle eines Unterliegens eine weitere Instanz anzurufen, bleibt unberücksichtigt (vgl. BFH v. 27.5.1964 – IV 352/62 U, BStBl. III 1964, 478; v. 6.12.1995 – I R 14/95, BStBl. II 1996, 406). Dies gilt sowohl für Aktiv- als auch für Passivprozesse (BFH v. 24.6.1970 – I R 6/68, BStBl. II 1970, 802). Das Kostenrisiko der jeweiligen Instanz umfasst neben den Gerichts- und den eigenen RA-Kosten auch die RA-Kosten des Gegners sowie wahrscheinliche sonstige Kosten (zB Sachverständigengutachten). Für Prozesszinsen gelten die Ausführungen zu den Prozesskosten entspr. Nach Rechtshängigkeit können Rückstellungen für die Zeit ab Rechtshängigkeit bis zum Bilanzstichtag gebildet werden (BFH v. 6.12.1995 – I R 14/95, BStBl. II 1996, 406).

Rabattmarken: Für die Ausgabe v. Rabattmarken ist eine Rückstellung zu bilden, soweit die Marken noch nicht eingelöst worden sind (BFH v. 7.2.1968 – I 267/64, BStBl. II 1968, 445). Bei der Bewertung der Rückstellung sind die Zahl der ausgegebenen Rabattmarken, die Verhältnisse des den Rabatt gewährenden Unternehmens sowie die allg. Erfahrungen zu berücksichtigen (zB dass ein Teil der ausgegebenen Rabattmarken erfahrungsgemäß nicht eingelöst wird). Zur Spanne für den Marktschwund vgl. BFH v. 30.6.1967 – III 297/63, BStBl. III 1967, 651; v. 22.11.1988 – VIII R 62/85, BStBl. II 1989, 359. Die FinVerw. beanstandet aus Vereinfachungsgründen nicht die Bildung einer Rückstellung für nicht eingelöste Rabattmarken, wenn die Rückstellung 15 % der in den letzten zwölf Monaten vor dem Bilanzstichtag ausgegebenen Rabattmarken nicht übersteigt; bei Darlegung entspr. tatsächlicher Verhältnisse kann auch eine höhere Rückstellung in Betracht kommen (BMF v. 2.4.1970, DB 1970, 709).

Regressmöglichkeiten: Bei der Bemessung v. Rückstellungen ist betragsmindernd die Möglichkeit eines Regresses in Betracht zu ziehen (BFH v. 17.2.1993 – X R 60/89, BStBl. II 1993, 437 = FR 1993, 500; v. 3.8.1993 – VIII R 37/92, BStBl. II 1994, 444; v. 8.2.1995 – I R 72/94, BStBl. II 1995, 412).

Rekultivierungsverpflichtungen: Wird vertraglich oder gesetzlich eine Rekultivierungsverpflichtung begründet, ist eine Rückstellung zu bilden (BFH v. 19.5.1983 – IV R 205/79, BStBl. II 1983, 670 = FR 1983, 565).

Rückabwicklung durchgeführter Verträge: Soweit der Unternehmer verpflichtet ist, bei Rückabwicklung eines Kaufvertrags den erhaltenen Kaufpreis zurückzuzahlen, ist eine Rückstellung für ungewisse Verbindlichkeiten zu bilden, wenn die überwiegende Wahrscheinlichkeit besteht, dass der Käufer v. seinem Rücktrittsrecht Gebrauch machen wird (BFH v. 25.1.1996 – IV R 114/94, BStBl. II 1997, 382 = FR 1996, 456).

Rücklage für Ersatzbeschaffung vgl. Rn. 136 ff. sowie § 4 ABC der BE „Rücklage für Ersatzbeschaffung".

Rückverkaufsoption vgl. Rn. 237. Räumt ein Kfz.-Händler dem Käufer die Option entgeltlich ein, das verkaufte Kfz. auf Verlangen des Käufers zurückzukaufen, so ist darin eine v. nachfolgenden Rückübertragungsgeschäft unabhängige, wirtschaftl. und rechtl. selbständige Leistung zu sehen. Der Verkäufer hat für die Verpflichtung aus der Rückverkaufsoption eine Verbindlichkeit zu passivieren, die nach § 6 Abs. 1 Nr. 3 iVm. Nr. 2 mit dem vereinbarten Entgelt für die Rückverkaufsoption zu bewerten ist. Im Rahmen eines Gesamtverkaufspreises kann der Teilbetrag für die Rückverkaufsoption aus den unterschiedlichen Rabattgewährungen für Einräumung oder Nichtgewährung der Rückverkaufsoption abgeleitet werden. Übt der Käufer die Rückverkaufsoption schließlich aus oder verfällt sie, ist die Verbindlichkeit zu diesem Zeitpunkt erfolgswirksam auszubuchen (BMF v. 12.10.2011, BStBl. I 2011, 967; BFH v. 17.11.2010 – I R 83/09, BStBl. II 2011, 812 = FR 2011, 673).

Schadensersatzverpflichtungen vgl. Rn. 147. Wird der G'ter einer vermögenslosen GmbH für deren Verbindlichkeiten im Wege des Durchgriffs in Anspr. genommen, sind die Verbindlichkeiten in seinem Einzelunternehmen gewinnmindernd zu passivieren, wenn seine zum Ersatz verpflichtende Handlung dessen BE erhöhte (BFH v. 6.3.2003 – XI R 52/01, BStBl. II 2003, 658 = FR 2003, 846 mit Anm. *Weber-Grellet* = BFH/NV 2003, 1112). Bei gerichtlich geltend gemachten Schadenersatzforderungen hat der Anspruchsgegner grds. eine Rückstellung zu bilden, sofern der Anspruchsteller ein nicht offensichtlich unzulässiges

Rechtsmittel eingelegt hat (BFH v. 27.11.1997 – IV R 95/96, BStBl. II 1998, 375). Sprechen jedoch gewichtige objektive Umstände gegen ein Unterliegen im Prozess – wie zB ein v. fachkundiger dritter Seite erstelltes Gutachten –, kann dies gegen eine Rückstellungsbildung dem Grunde nach sprechen (BFH v. 16.12.2014 – VIII R 45/12, BStBl. II 2015, 759 = FR 2015, 754 = GmbHR 2015, 836; hierzu *Rätke*, StuB 2015, 658; *Prinz*, FR 2015, 750).

Scheingewinne: Durch steigende Preise entstehende Scheingewinne können nicht durch eine Rückstellungsbildung neutralisiert werden (BFH v. 17.1.1980 – IV R 156/77, BStBl. II 1980, 434 = FR 1980, 387).

Schutzrechtsverletzungen vgl. Rn. 191 ff.

Sozialversicherungsbeiträge: SozVers.-Beiträge sind keine nach Grund und Höhe ungewisse Verbindlichkeiten, weswegen nur eine Passivierung als Verbindlichkeit und nicht als Rückstellung in Betracht kommt (BFH v. 16.2.1996 – I R 73/95, BStBl. II 1996, 592 = FR 1996, 454).

Steuererklärungen: Die öffentl.-rechtl. Verpflichtung zum Fertigen v. betrieblichen Steuererklärungen ist durch eine Rückstellungsbildung zu berücksichtigen (BFH v. 20.3.1980 – IV R 89/79, BStBl. II 1980, 297 = FR 1980, 326; v. 23.7.1980 – I R 30/78, BStBl. II 1981, 63). Berücksichtigungsfähig sind die Kosten, die sich wirtschaftl. auf das Wj. beziehen, für das die öffentl.-rechtl. Verpflichtung erfüllt werden muss.

Steuerschulden: Bei Erfüllungsrückstand ist eine Verbindlichkeitsrückstellung zu bilden. Rückstellungsfähig sind die Beträge, die bis zum Ablauf des Wj. wirtschaftl. entstanden sind. Bei der Berechnung der KSt-Rückstellung ist entweder v. Gewinnverwendungsbeschluss oder, soweit dieser nicht vorliegt, v. Gewinnverwendungsvorschlag auszugehen. Der Unternehmer hat als ArbG auch hinterzogene LSt zurückzustellen, wenn er mit einer Inanspruchnahme ernsthaft rechnen muss (BFH v. 16.2.1996 – I R 73/95, BStBl. II 1996, 592 = FR 1996, 454). Zu hinterzogenen Steuern vgl. Rn. 170.

Stilllegungskosten: Maßnahmen für die Stilllegung, Rekultivierung und Nachsorge bei oberirdischen Deponien nach den Vorschriften des KrWG sind rückstellungspflichtig (BMF v. 25.7.2005, BStBl. I 2005, 826; ebenso BFH v. 8.11.2016 – I R 35/15, BStBl. II 2017, 768 = FR 2017, 877 mit Anm. *Schulze-Osterloh* = BB 2017, 1137). Soweit die Aufwendungen in der Stilllegungs- und Nachsorgephase allerdings vorrangig der umweltgerechten Wiederherstellung des Grundstücks dienen, greift das Passivierungsverbot nach § 5 Abs. 4b S. 1 (BFH v. 8.11.2016 – I R 35/15, BStBl. II 2017, 768 = FR 2017, 877; krit. *Farwick*, StuB 2017, 495). Eine Rückstellung ist ratierlich unter Beachtung v. § 6 Abs. 1 Nr. 3a lit. d S. 1 aufzubauen. Rückstellungen für eine Deponie-Rekultivierung sind nach der tatsächlichen Inanspruchnahme, Rückstellungen für eine Rückbauverpflichtung sind zeitanteilig in gleichen Raten anzusammeln. Der BFH entschied, dass die Abzinsung der so angesammelten Rückstellungen nach § 6 Abs. 1 Nr. 3a lit. e mit dem GG vereinbar sei und keine unzulässige Rückwirkung vorliege (BFH v. 5.5.2011 – IV R 32/07, BStBl. II 2012, 98). Als Abzinsungszeitraum ist die Zeitspanne von der erstmaligen Bildung der Rückstellung bis zum Beginn der Erfüllung festgelegt, wobei für Letzteres im Falle einer in Teilleistungen zu erbringenden Sachleistungsverpflichtung an die Vornahme der ersten, nicht völlig unbedeutenden Erfüllungshandlung anzuknüpfen ist (BFH v. 8.11.2016 – I R 35/15, BStBl. II 2017, 768 = FR 2017, 877; *H/H/R*, § 6 Anm. 1187; vgl. hierzu auch *Weiss*, BB 2018, 1451 [1455]).

Tantiemen: Soweit sich gewinnabhängige Vergütungen nach dem Ergebnis des letzten Geschäftsjahres bemessen, ist eine Verbindlichkeitsrückstellung zu bilden, auch wenn sie erst im folgenden Wj. zugesagt und ausgezahlt werden. Wird die Zusage jedoch v. Umständen eines kommenden Wj. (Tätigkeit des ArbN, Gewinn oder Umsatz) abhängig gemacht, handelt es sich um eine Verbindlichkeit, die wirtschaftl. erst in dem künftigen Geschäftsjahr begründet wird und für die daher aE des lfd. Wj. keine Rückstellung gebildet werden kann (BFH v. 18.3.1965 – IV 116/64 U, BStBl. III 1965, 289; unklar BFH v. 18.6.1980 – I R 72/76, BStBl. II 1980, 741 = FR 1980, 571).

Umweltschutzverpflichtungen: Eine Rückstellung für Umweltschutzverpflichtungen, die sowohl privat- als auch öffentl.-rechtl. begründet sein können, kommt in Betracht bzgl. der Verpflichtung zur Rekultivierung, für Abfallbeseitigung, zur Altlastensanierung sowie bei sog. Anpassungsverpflichtungen. Die Zulässigkeit richtet sich grds. nach den allg. Passivierungskriterien. Eine Rückstellung für die Verpflichtung des Herstellers, von ihm in den Verkehr gebrachte Energiesparlampen nach Maßgabe des Elektro- und Elektronikgerätegesetzes (ElektroG) zu entsorgen, kann als öffentl.-rechtl. Verpflichtung erst gebildet werden, wenn sich diese Pflicht durch den Erlass einer behördlichen Abholanordnung (§ 16 Abs. 5 ElektroG) hinreichend konkretisiert hat (BFH v. 25.1.2017 – I R 70/15, BStBl. II 2017, 780, mit Anm. *Hüttemann*, BB 2017, 1394). Allgemein zu Besonderheiten für Rückstellungen bei öffentl.-rechtl. Verpflichtungen vgl. Rn. 164.

Unternehmerrisiko: Für das allg. Unternehmerrisiko darf keine Rückstellung gebildet werden, da es am Schuldcharakter fehlt (BFH v. 4.6.1959 – IV 115/59 U, BStBl. III 1959, 325 bzgl. des allg. Geschäfts- und Konjunkturrisikos; BFH v. 26.2.1964 – I 139/62 U, BStBl. III 1964, 333 bzgl. eines unmittelbar bevorstehenden Katastrophenrisikos; BFH v. 19.1.1967 – IV 91/63, BStBl. III 1967, 335 bzgl. des Risikos aus der einseitigen Zusammensetzung des Kundenkreises und der damit verbundenen Konjunkturanfälligkeit; BFH v. 3.5.1983 – VIII R 100/81, BStBl. II 1983, 572 = FR 1983, 410 bzgl. möglicher künftiger, sich ungünstig auswirkender Entscheidungen v. Geschäftspartnern). Entspr. gilt für das Unternehmerrisiko iZ mit der Verschlechterung künftiger Gewinnchancen aufgrund sich ändernder gesetzlicher Vorschriften (BFH v. 25.8.1989 – III R 95/87, BStBl. II 1989, 893 = FR 1990, 17).

Verwaltungsaufwand: Verwaltungskosten können mangels Schuldcharakters nicht rückgestellt werden (BFH v. 19.1.1972 – I 114/65, BStBl. II 1972, 392 bzgl. Schadensbearbeitungskosten bei einer Versicherung).

Warenumschließungen: Für die Verpflichtung, gelieferte Warenumschließungen (Kisten, Flaschen, Paletten usw.) gegen Rückzahlung des entspr. Kaufpreises oder Pfandgeldes für die Warenumschließung zurückzunehmen, ist eine Rückstellung zu bilden, weil diese Verpflichtung wirtschaftlich mit Herausgabe der Warenumschließung und Vermögensmehrung durch den Kaufpreis bzw. das Pfandgeld konkretisiert ist (BMF v. 11.7.1995, BStBl. I 1995, 363).

Wartungsverpflichtungen: Ein Flugbetriebsunternehmen darf die künftigen Aufwendungen für die Durchführung von Wartungsarbeiten an Flugzeugen nach § 6 LuftBO unter dem Gesichtspunkt einer öffentl.-rechtl. Verpflichtung erst dann einer Rückstellung für ungewisse Verbindlichkeiten zuführen, wenn die zulässige Betriebszeit für das jeweilige Flugzeug erreicht ist. Bis zu diesem Zeitpunkt fehlt es am Merkmal der wirtschaftl. Verursachung in der Vergangenheit, da der Eintritt der Überholungsverpflichtung maßgeblich davon abhängt, dass die gesetzlich zulässige Betriebszeit, die den typischerweise auftretenden Ermüdungs- und Abnutzungserscheinungen des Flugzeugs Rechnung trägt, erreicht wird (BFH v. 9.11. 2016 – I R 43/15, BStBl. II 2017, 379 = FR 2017, 431 mit Anm. *Weber-Grellet*; vgl. hierzu auch Rn. 171 f.). Hiervon abzugrenzen ist die Rückstellungsbildung aus einer entspr. privat-rechtl. Verpflichtung zur Zahlung von Wartungsrücklagen-Garantiebeträgen, wenn bei Beendigung des Flugzeug-Leasingvertrags kein Anspr. auf Rückerstattung der Beträge besteht und das Unternehmen deshalb stets mit den vereinbarten Beträgen belastet bleibt.

Wechselobligo: Soweit am Bilanzstichtag eine wechselrechtl. Haftung wegen weitergegebener und noch nicht eingelöster Wechsel besteht, ist eine Verbindlichkeitsrückstellung zu bilden (BFH v. 19.1.1967 – IV 91/63, BStBl. III 1967, 335; v. 7.5.1998 – IV R 24/97, BFH/NV 1998, 1471; FG Köln v. 23.8.1996 – 6 K 430/ 91, EFG 1997, 525). Soweit aus einem konkreten weitergegebenen Wechsel die Inanspruchnahme wahrscheinlich ist, kann hierfür eine Einzelrückstellung gebildet werden. Zulässig ist aber auch die Bildung einer Pauschalrückstellung für das Wechselobligo. Dies richtet sich nach den Kriterien der Wertberichtigung v. Forderungen (BFH v. 19.1.1967 – IV 117/65, BStBl. III 1967, 336). Dabei sind alle Kenntnisse bis zum Tag der Bilanzaufstellung zu berücksichtigen (BFH v. 27.4.1965 – I 324/62 S, BStBl. III 1965, 409; v. 7.5.1998 – IV R 24/97, BFH/NV 1998, 1471). Daraus folgt, dass insbes. zu berücksichtigen ist, ob der Wechsel bis zu der im ordentlichen Geschäftsgang erfolgenden Bilanzaufstellung eingelöst worden ist. Eingelöste Wechsel dürfen nicht in die Pauschalrückstellung einbezogen werden, da insoweit ein Risiko der Inanspruchnahme am Bilanzstichtag nicht bestand. Wenn nach den Umständen des Einzelfalls trotz der Einlösung bis zu der Bilanzaufstellung am Bilanzstichtag objektiv ein Risiko bestand, ist nur eine Einzelrückstellung (aber keine Pauschalrückstellung) möglich (BFH v. 19.12.1972 – VIII R 18/70, BStBl. II 1973, 218).

Werkzeugkosten: Zuschüsse, die ein Unternehmen v. seinen Kunden zu den HK für Werkzeuge erhält, die es bei der Preisgestaltung für die v. ihm mittels dieser Werkzeuge herzustellenden und zu liefernden Produkte preismindernd berücksichtigen muss, sind im Zeitpunkt ihrer Vereinnahmung gewinnerhöhend zu erfassen und andererseits ist in ders. Höhe eine gewinnmindernde Rückstellung für ungewisse Verbindlichkeiten zu passivieren. Diese Rückstellung ist über die voraussichtliche Dauer der Lieferverpflichtung gewinnerhöhend aufzulösen. Die Rückstellung ist auch dann zu bilden, wenn sich die Verpflichtung nicht aus einem Vertrag, sondern nur aus einer Branchenübung ergibt. Die Passivierung kann nicht durch den Ansatz einer Anzahlung erfolgen, da die Werkzeugkostenbeiträge lediglich bei der Kalkulation der Preise berücksichtigt, nicht aber mit den (ungekürzten) Preisen verrechnet werden. Ebenso kommt ein Ansatz eines passiven RAP nicht in Betracht, da die zu erbringende Gegenleistung nicht zeitraumbezogen ist, sondern der Maßstab der Bezuschussung ist die voraussichtliche Zahl der zu liefernden Teile; es handelt sich somit um eine in diesem Sinne mengenbezogene Leistungsverpflichtung des Zuschussempfängers (BFH v. 29.11.2000 – I R 87/99, FR 2001, 534 mit Anm. *Weber-Grellet* = DStR 2001, 563). Vgl. auch Rn. 128 (Praxisbeispiele RAP). Werden die Werkzeuge demgegenüber an die Kunden übereignet (zB durch Besitzkonstitut gem. § 930 BGB), stellen die Zuschüsse hierfür BE dar; der Ansatz eines bilanziellen Passivpostens scheidet insoweit aus (BFH v. 28.5.2015 – IV R 3/13, BFH/NV 2015, 1577).

Zinsverpflichtungen: Hinsichtlich der Verpflichtung, eine am Bilanzstichtag bestehende Darlehensverbindlichkeit in späteren Jahren höher zu verzinsen (Darlehen mit steigenden Zinssätzen), befindet sich der

Schuldner am Bilanzstichtag im wirtschaftl. Erfüllungsrückstand, für den er – gemessen an der vertraglich vereinbarten Durchschnittsverzinsung – eine Verbindlichkeitsrückstellung zu bilden hat. Die Zinsverpflichtung ist als selbständig bestehende Schuld abzuzinsen (BFH v. 25.5.2016 – I R 17/15, BStBl. II 2016, 930 = FR 2016, 1106 mit Anm. *Weber-Grellet*).

Zuschüsse: Werden öffentl. Zuschüsse für einen bestimmten Zweck gewährt, kann eine Rückzahlungsverpflichtung bei zweckwidriger Zuschussverwendung entstehen. Es ist eine Rückstellung zu bilden, wenn der Tatbestand der zweckwidrigen Verwendung im Wesentlichen verwirklicht ist (BFH v. 9.3.1988 – I R 262/83, BStBl. II 1988, 592 = FR 1988, 368). Entspr. gilt, wenn die Rückzahlung an ein bestimmtes Ereignis anknüpft, und zwar ab dem Zeitpunkt, zu dem der Eintritt dieses Ereignisses sich als wahrscheinlich abzeichnet (BFH v. 22.1.1992 – X R 23/89, BStBl. II 1992, 488 = FR 1992, 474 bzgl. eines Zuschusses zur Beschäftigung eines Behinderten). Soweit eine Rückzahlung an den Erfolg der Entwicklung geknüpft wird – entweder in Form einer auflösend oder aufschiebend bedingten Rückzahlungsverpflichtung – kommt zwar handelsrechtl. eine Rückstellungsbildung in Betracht (BFH v. 17.12.1998 – IV R 21/97, FR 1999, 453 mit Anm. *Groh* = BFH/NV 1999, 870), doch ist steuerrechtl. die Bildung wegen § 5 Abs. 2a nicht anzuerkennen.

§ 5a Gewinnermittlung bei Handelsschiffen im internationalen Verkehr

(1) [1]Anstelle der Ermittlung des Gewinns nach § 4 Absatz 1 oder § 5 ist bei einem Gewerbebetrieb mit Geschäftsleitung im Inland der Gewinn, soweit er auf den Betrieb von Handelsschiffen im internationalen Verkehr entfällt, auf unwiderruflichen Antrag des Steuerpflichtigen nach der in seinem Betrieb geführten Tonnage zu ermitteln, wenn die Bereederung dieser Handelsschiffe im Inland durchgeführt wird. [2]Der im Wirtschaftsjahr erzielte Gewinn beträgt pro Tag des Betriebs für jedes im internationalen Verkehr betriebene Handelsschiff für jeweils volle 100 Nettotonnen (Nettoraumzahl)

0,92 Euro	**bei einer Tonnage bis zu 1 000 Nettotonnen,**
0,69 Euro	**für die 1 000 Nettotonnen übersteigende Tonnage bis zu 10 000 Nettotonnen,**
0,46 Euro	**für die 10 000 Nettotonnen übersteigende Tonnage bis zu 25 000 Nettotonnen,**
0,23 Euro	**für die 25 000 Nettotonnen übersteigende Tonnage.**

(2) [1]Handelsschiffe werden im internationalen Verkehr betrieben, wenn eigene oder gecharterte Seeschiffe, die im Wirtschaftsjahr überwiegend in einem inländischen Seeschiffsregister eingetragen sind, in diesem Wirtschaftsjahr überwiegend zur Beförderung von Personen oder Gütern im Verkehr mit oder zwischen ausländischen Häfen, innerhalb eines ausländischen Hafens oder zwischen einem ausländischen Hafen und der Hohen See eingesetzt werden. [2]Zum Betrieb von Handelsschiffen im internationalen Verkehr gehören auch ihre Vercharterung, wenn sie vom Vercharterer ausgerüstet worden sind, und die unmittelbar mit ihrem Einsatz oder ihrer Vercharterung zusammenhängenden Neben- und Hilfsgeschäfte einschließlich der Veräußerung der Handelsschiffe und der unmittelbar ihrem Betrieb dienenden Wirtschaftsgüter. [3]Der Einsatz und die Vercharterung von gecharterten Handelsschiffen gilt nur dann als Betrieb von Handelsschiffen im internationalen Verkehr, wenn gleichzeitig eigene oder ausgerüstete Handelsschiffe im internationalen Verkehr betrieben werden. [4]Sind gecharterte Handelsschiffe nicht in einem inländischen Seeschiffsregister eingetragen, gilt Satz 3 unter der weiteren Voraussetzung, dass im Wirtschaftsjahr die Nettotonnage der gecharterten Handelsschiffe das Dreifache der nach den Sätzen 1 und 2 im internationalen Verkehr betriebenen Handelsschiffe nicht übersteigt; für die Berechnung der Nettotonnage sind jeweils die Nettotonnen pro Schiff mit der Anzahl der Betriebstage nach Absatz 1 zu vervielfältigen. [5]Dem Betrieb von Handelsschiffen im internationalen Verkehr ist gleichgestellt, wenn Seeschiffe, die im Wirtschaftsjahr überwiegend in einem inländischen Seeschiffsregister eingetragen sind, in diesem Wirtschaftsjahr überwiegend außerhalb der deutschen Hoheitsgewässer zum Schleppen, Bergen oder zur Aufsuchung von Bodenschätzen eingesetzt werden; die Sätze 2 bis 4 sind sinngemäß anzuwenden.

(3) [1]Der Antrag auf Anwendung der Gewinnermittlung nach Absatz 1 ist im Wirtschaftsjahr der Anschaffung oder Herstellung des Handelsschiffs (Indienststellung) mit Wirkung ab Beginn dieses Wirtschaftsjahres zu stellen. [2]Vor Indienststellung des Handelsschiffs durch den Betrieb von Handelsschiffen im internationalen Verkehr erwirtschaftete Gewinne sind in diesem Fall nicht zu besteuern; Verluste sind weder ausgleichsfähig noch verrechenbar. [3]Bereits erlassene Steuerbescheide sind insoweit zu ändern. [4]Das gilt auch dann, wenn der Steuerbescheid unanfechtbar geworden ist;

die Festsetzungsfrist endet insoweit nicht, bevor die Festsetzungsfrist für den Veranlagungszeitraum abgelaufen ist, in dem der Gewinn erstmals nach Absatz 1 ermittelt wird. [5]Wird der Antrag auf Anwendung der Gewinnermittlung nach Absatz 1 nicht nach Satz 1 im Wirtschaftsjahr der Anschaffung oder Herstellung des Handelsschiffs (Indienststellung) gestellt, kann er erstmals in dem Wirtschaftsjahr gestellt werden, das jeweils nach Ablauf eines Zeitraumes von zehn Jahren, vom Beginn des Jahres der Indienststellung gerechnet, endet. [6]Die Sätze 2 bis 4 sind insoweit nicht anwendbar. [7]Der Steuerpflichtige ist an die Gewinnermittlung nach Absatz 1 vom Beginn des Wirtschaftsjahres an, in dem er den Antrag stellt, zehn Jahre gebunden. [8]Nach Ablauf dieses Zeitraumes kann er den Antrag mit Wirkung für den Beginn jedes folgenden Wirtschaftsjahres bis zum Ende des Jahres unwiderruflich zurücknehmen. [9]An die Gewinnermittlung nach allgemeinen Vorschriften ist der Steuerpflichtige ab dem Beginn des Wirtschaftsjahres, in dem er den Antrag zurücknimmt, zehn Jahre gebunden.

(4) [1]Zum Schluss des Wirtschaftsjahres, das der erstmaligen Anwendung des Absatzes 1 vorangeht (Übergangsjahr), ist für jedes Wirtschaftsgut, das unmittelbar dem Betrieb von Handelsschiffen im internationalen Verkehr dient, der Unterschiedsbetrag zwischen Buchwert und Teilwert in ein besonderes Verzeichnis aufzunehmen. [2]Der Unterschiedsbetrag ist gesondert und bei Gesellschaften im Sinne des § 15 Absatz 1 Satz 1 Nummer 2 einheitlich festzustellen. [3]Der Unterschiedsbetrag nach Satz 1 ist dem Gewinn hinzuzurechnen:

1. **in den dem letzten Jahr der Anwendung des Absatzes 1 folgenden fünf Wirtschaftsjahren jeweils in Höhe von mindestens einem Fünftel,**
2. **in dem Jahr, in dem das Wirtschaftsgut aus dem Betriebsvermögen ausscheidet oder in dem es nicht mehr unmittelbar dem Betrieb von Handelsschiffen im internationalen Verkehr dient,**
3. **in dem Jahr des Ausscheidens eines Gesellschafters hinsichtlich des auf ihn entfallenden Anteils.**

[4]Die Sätze 1 bis 3 sind entsprechend anzuwenden, wenn der Steuerpflichtige Wirtschaftsgüter des Betriebsvermögens dem Betrieb von Handelsschiffen im internationalen Verkehr zuführt.

(4a) [1]Bei Gesellschaften im Sinne des § 15 Absatz 1 Satz 1 Nummer 2 tritt für die Zwecke dieser Vorschrift an die Stelle des Steuerpflichtigen die Gesellschaft. [2]Der nach Absatz 1 ermittelte Gewinn ist den Gesellschaftern entsprechend ihrem Anteil am Gesellschaftsvermögen zuzurechnen. [3]Vergütungen im Sinne des § 15 Absatz 1 Satz 1 Nummer 2 und Satz 2 sind hinzuzurechnen.

(5) [1]Gewinne nach Absatz 1 umfassen auch Einkünfte nach § 16. [2]§§ 34, 34c Absatz 1 bis 3 und § 35 sind nicht anzuwenden. [3]Rücklagen nach den §§ 6b und 6d sind beim Übergang zur Gewinnermittlung nach Absatz 1 dem Gewinn im Erstjahr hinzuzurechnen; bis zum Übergang in Anspruch genommene Investitionsabzugsbeträge nach § 7g Absatz 1 sind nach Maßgabe des § 7g Absatz 3 rückgängig zu machen. [4]Für die Anwendung des § 15a ist der nach § 4 Absatz 1 oder § 5 ermittelte Gewinn zugrunde zu legen.

(6) In der Bilanz zum Schluss des Wirtschaftsjahres, in dem Absatz 1 letztmalig angewendet wird, ist für jedes Wirtschaftsgut, das unmittelbar dem Betrieb von Handelsschiffen im internationalen Verkehr dient, der Teilwert anzusetzen.

Verwaltung: BMF v. 24.3.2000, BStBl. I 2000, 453; v. 12.6.2002, BStBl. I 2002, 614; v. 31.10.2008, BStBl. 2008, 956; v. 10.9.2013, BStBl. I 2013, 1152.

Literatur: *Bartsch*, Die Besteuerung des Auflösungsgewinns eines bei Übergang zur Tonnagegewinnermittlung nach § 5a Abs. 4 gebildeten Unterschiedsbetrages, BB 2009, 1049; *Bering*, Die „Tonnagesteuer" nach dem Seeschifffahrtsanpassungsgesetz, IWB Fach 3 Gr. 3, 1175; *Bruns*, GewSt bei Sondervergütungen vor Indienststellung und nach Schiffsverkauf (§ 5a), DStR 2018, 441; *Dißars*, Pflicht zur Abgabe einer E-Bilanz bei der Gewinnermittlung nach § 5a, StC 2011, 10/19; *Dißars*, Wege aus der Tonnagesteuer, NWB 2013, 606; *Dißars*, Beginn und Ende eines Gewerbebetriebs bei Gewinnermittlung nach § 5a, NWB 2014, 3614; *Dißars*, Aktuelle Fragestellungen bei der Tonnagesteuer – Kapitalerträge, Schiffshandel und Rückoption, FR 2016, 395; *Dißars/Kahl-Hinsch*, Stl. Folgen einer Aufgabe der

Tonnagebesteuerung nach § 5a, DStR 2013, 2092; *Giese*, Kapitalerträge unter Tonnagebesteuerung, DStR 2015, 107; *v. Glasenapp*, Die Änderungen im Tonnagesteuererlass durch das Schr. des BMF v. 31.10.2008, DStR 2009, 1462; *Hackert/Kahl-Hinsch*, Neue Entwicklungen bei der Tonnagesteuer – Schiffe als schwimmende Grundstücke, NWB 2015, 2930; *Heller*, Steuerliche Änderungen beim Betrieb v. Handelsschiffen, NWB Fach 2, 7059; *Hildesheim*, Die Gewinnermittlung bei Handelsschiffen im internationalen Verkehr nach der Tonnage (§ 5a EStG), DStZ 1999, 283; *Hilger*, Besteuerung der internationalen Seeschifffahrt, 2007; *Kahlenberg*, Vercharterung v. Handelsschiffen – gewstl. Kürzung bei Weitervercharterung, ISR 2016, 237; *Kemsat/Hackert*, Tonnagesteuer – Antrag ins Blaue als gesetzlicher Regelfall, NWB 2011, 1967; *Kranz*, Die Gewinnermittlung nach § 5a (Tonnagesteuer) – Überlegungen zum sachlichen Umfang des pauschal ermittelten Gewinns, DStR 2000, 1215; *Märtens*, Gewerbesteuerliche Kürzung für den Betrieb von Handelsschiffen im internationalen Verkehr: keine Anwendung auf die Binnenschifffahrt, jurisPR-SteuerR 3/2017; *Rolf*, Die Einkommenbesteuerung von Gewinnen aus dem Betrieb von Handelsschiffen im internationalen Verkehr, 2014; *Runtemund*, Die Besteuerung der internationalen Seeschifffahrt gem. § 5a EStG, 2007; *Schultze*, Zweifelsfragen zur Besteuerung v. Seeschiffen im internationalen Verkehr („Tonnagesteuer"), FR 1999, 977; *Schultze/Fischer*, Bildung v. Steuerrückstellungen für zukünftige Steuerbelastungen beim Übergang zur „Tonnagesteuer" (§ 5a) und Auswirkungen auf das verwendbare Eigenkapital, DStR 2000, 309; *Wichmann*, GewSt bei Sondervergütungen vor Indienststellung und nach Schiffsverkauf, DStR 2018, 2514.

A. Grundaussagen der Vorschrift

1 **I. Regelungsgegenstand.** § 5a ist eine regelmäßig erheblich steuerentlastende (und lobbygetragene) Subventionsvorschrift, die die tatsächliche wirtschaftliche Leistungsfähigkeit des StPfl. nicht annähernd widerspiegelt.[1] Sie wurde in Anlehnung an entspr. Regelungen in den Niederlanden geschaffen und löste (zur erstmaligen Anwendung s. Rn. 4) die frühere Regelung in § 34c Abs. 4 aF ab. Anders als diese enthält § 5a indes keine Tarifvergünstigung, sondern eine eigene (pauschale) **Gewinnermittlungsart („Tonnagesteuer")**. Die Begünstigung ist gleichheits-[2] ebenso wie – infolge der Beschränkung auf Inlandsbereederungen (Rn. 8) und ungeachtet ihrer EU-beihilferechtl. Genehmigung[3] – unionsrechtl.[4] nicht zweifelsfrei (s. Rn. 9). Obschon durch sie v. dem „synthetischen" Steuertarif abgewichen wird, überrascht, dass sich die Vorschrift in der in Deutschland sonst üblichen politischen Diskussion um die Steuergerechtigkeit kaum wiederfindet, auch nicht im Kontext der neuerlich wieder entfachten Diskussion um die sog. Abgeltungsteuer in § 32d.[5]

2 **II. Systematische Einordnung.** § 5a ist gleichsam ein Musterbeispiel für die Denaturierung v. Steuerrecht als kaschiertes Wirtschaftsgestaltungsrecht, das als „influenzierende Norm"[6] auch als „Maßnahme im intern. Steuerwettbewerb" schwerlich gerechtfertigt werden kann.[7] In systematischer Hinsicht ist die Norm allerdings zutr. in die Vorschriften über den Gewinn eingeordnet worden (§§ 4 ff.). **Abs. 1** legt die Voraussetzungen für die Pauschalbesteuerung, **Abs. 2** und **5** die maßgeblichen Begriffe (Betrieb v. Handelsschiffen, Gewinne) fest. **Abs. 3** schafft verfahrensrechtl. Besonderheiten zum Pauschalierungsantrag, **Abs. 4** und **6** regeln Übergangsfragen v. der Tonnagesteuer zur regulären Gewinnermittlung (stille Reserven, Teilwertansatz), **Abs. 4a** klärt das Verhältnis v. § 5a zu § 15.

3 **III. Anwendungsbereich.** § 5a gilt für **unbeschränkt**, richtiger Auffassung nach aber auch für **beschränkt**[8] **stpfl.** Schifffahrtsunternehmen, vorausgesetzt, es handelt sich um einen GewBetr. (§ 5a Abs. 1 S. 1 iVm. § 15; s. auch Rn. 5). Zu Besonderheiten bei **MU'schaften** s. § 5a Abs. 4a. Nicht einschlägig ist § 5a gemeinhin für Beteiligungen an einem **(Zweitmarkt-)Fonds**.[9]

---

1 BFH v. 20.11.2006 – VIII R 33/05, BStBl. II 2007, 261 Rn. 32 f.; v. 13.4.2017 – IV R 14/14, BFH/NV 2017, 1109 Rn. 41.

2 *Kanzler*, FR 1999, 925; *Gosch*, DStR 1999, 753; *Schultze*, FR 1999, 977 (978); s. auch allg. BFH v. 24.2.1999 – X R 171/96, BStBl. II 1999, 450 zu § 32c; **aA** *Blümich*, § 5a Rn. 9 mwN. S. auch FG Hbg. v. 20.12.2012 – 6 K 205/11, juris (rkr.): keine Verfassungswidrigkeit mit Blick auf den überwiegend begünstigenden Charakter und das Antragswahlrecht.

3 BGBl. I 1998, 4023; BMF v. 26.8.1999, BStBl. I 1999, 828; offenbar ebenso zur schwedischen, dänischen, litauischen, belgischen, maltesischen und portugiesischen Tonnagesteuer, s. *Kippenberg*, IStR-Länderbericht 21/2018, 73 mwN; vgl. aber auch den OECD-Bericht 2000 zum schädlichen Steuerwettbewerb, wonach § 5a potentiell schädlich ist (s. dazu *Eimermann*, IStR 2001, 81 [83]); *Brandau/Neckenich/Reich/Reimer*, BB 2018, 1175 (1180); offengelassen durch BFH v. 22.12.2015 – I R 40/15, BStBl. II 2016, 537.

4 S. auch EuGH v. 26.10.1999 – C-294/97 (Eurowings), IStR 1999, 691 mit Anm. *Wachter*, IStR 1999, 689; *Runtemund*, Seeschifffahrt, 2007, 131 ff.

5 ZB *Dürr*, BB 2017, 854; *Scheffler/Christ*, Ubg 2016, 157; *Mannefeld*, ErbStB 2017, 289.

6 *Ismer*, FR 2014, 777 (780).

7 Ohne weitere Begr. **aA** jedoch *Ismer*, FR 2014, 777.

8 *Blümich*, § 5a Rn. 5.

9 FG Hbg. v. 18.6.2015 – 2 K 145/13, EFG 2015, 1911; nachfolgend und insoweit bestätigend BFH v. 26.4.2018 – IV R 33/15, DStR 2018, 1491 Rn. 37.

In **zeitlicher Hinsicht** ist § 5a Abs. 1–3, 4a–6 erstmals für das Wj. anzuwenden, das nach dem 31.12.1998 endet (§ 52 Abs. 15 S. 1 idF des StEntlG 1999/2000/2002 ff.), § 5a Abs. 4 aF erstmals für das letzte Wj., das vor dem 1.1.1999 endet (§ 52 Abs. 15 S. 2 idF des G v. 9.9.1998, BGBl. I 1998, 2860), § 5a Abs. 5 S. 3 idF des StEntlG 1999 ff. erstmals in jenem Wj., das nach dem 31.12.1998 endet (§ 52 Abs. 15 S. 4 idF des StEntlG 1999 ff.). Gewerbetreibende, die bereits vor dem 1.1.1999 aus dem Betrieb v. Handelsschiffen im internationalen Verkehr Gewinne erzielt haben, können die pauschale Gewinnermittlung gem. § 5a Abs. 1 in dem Wj., das nach dem 31.12.1998 endet, oder in einem der beiden folgenden Wj. beantragen (§ 52 Abs. 15 S. 3 idF der StBereinG 1999 ff.). § 5a Abs. 4, 5 idF des StBereinG 1999 ist erstmals in dem Wj. anzuwenden, das nach dem 31.12.1999 endet (§ 52 Abs. 15 S. 5 idF des StBerein 1999). Zur zeitlichen Anwendung v. § 5a Abs. 3 idF des HBeglG 2004[1] s. § 52 Abs. 10 S. 1–3 idF des Kroatien-AnpG v. 25.7.2014[2], § 52 Abs. 15 S. 2–4 idF des HBeglG 2004 und Rn. 17. § 5a Abs. 5 S. 3 iVm. § 7g ist erstmals für Wj. anzuwenden, die nach dem 17.8.2007 enden (§ 52 Abs. 15 S. 5 idF des UntStRefG); § 5a Abs. 5 S. 3 aF bleibt weiterhin solange anwendbar, wie die Ansparabschreibungen nach § 7g Abs. 3 aF noch nicht gewinnerhöhend aufgelöst worden sind (§ 52 Abs. 10 S. 4 idF des Kroatien-AnpG v. 25.7.2014[3], § 52 Abs. 15 S. 6 idF des UntStRefG). 4

IV. Verhältnis zu anderen Vorschriften. § 5a ist eine (verdrängende) Sondervorschrift zu **§ 4 Abs. 1, § 5,** ohne dass jedoch die Pflichten zur Erstellung v. Handels- und Steuerbilanzen suspendiert würden. Auch die **Gewinnerzielungsabsicht** als Voraussetzung einer gewerblichen Tätigkeit (§ 15) ist unter den Voraussetzungen eines voraussichtlichen Totalgewinns nach Maßgabe v. § 4 Abs. 1, § 5 unabdingbar, und zwar auch für die Zeiten der Inanspruchnahme des Wahlrechts zur Tonnagebesteuerung.[4] **Sondervergütungen** gem. **§ 15 Abs. 1 S. 1 Nr. 2 und Abs. 1 S. 2** werden nicht in die Gewinnermittlung gem. § 5a einbezogen (§ 5a Abs. 4a S. 3), sondern sind dem Gewinn hinzuzurechnen.[5] **§ 15a** bleibt während des Tonnagebesteuerungszeitraumes hingegen anwendbar (§ 5a Abs. 5 S. 4), wobei hierfür der gem. § 4 Abs. 1, § 5 – parallel im Wege einer „Schattenrechnung" – ermittelte (und ggf. iVm. § 15a Abs. 4 gesondert festzustellende)[6] Gewinn zugrunde zu legen ist (Rn. 15).[7] Die GewSt-Anrechnung gem. § 35 und die bis zum VZ 2000 geltenden Tarifermäßigungen des § 32c aF[8] sind nicht anzuwenden (Abs. 5 S. 1). Mangels Mehrfachbegünstigung gilt dies aber nicht für solche Gewinnbestandteile, für welche § 5a v. vornherein keine Anwendung findet (zB für Sondervergütungen gem. § 15 Abs. 1 S. 1 Nr. 2 iVm. § 5a Abs. 4a S. 3);[9] s. § 35 Rn. 28. Zur Nichtabziehbarkeit v. Aufwendungen, die in tatsächlichem oder wirtschaftlichem Zusammenhang mit (unmittelbaren und mittelbaren) Zuwendungen v. nichteinlagefähigen Vorteilen an nat. oder jur. Pers. oder PersGes. zur Verwendung in Betrieben stehen, deren Gewinn nach § 5a Abs. 1 ermittelt wird, s. **§ 4 Abs. 5 S. 1 Nr. 11** (§ 4 Rn. 233). – Zur Vorlage der sog. **E-Bilanz** s. **§ 5b Abs. 1** (s. auch Rn. 22). 5

Der gem. § 5a pauschal ermittelte Gewinn ist für Zwecke der KSt **(§ 8 Abs. 1 KStG)** weder um vGA (§ 8 Abs. 3 S. 2, § 8a Abs. 1 aF KStG) noch um nichtabziehbare Ausgaben (§ 10, § 9 Abs. 1 Nr. 2 KStG) zu korrigieren.[10] Für die GewSt gilt er (und zwar vollen Umfangs)[11] als Gewerbeertrag, **§ 7 S. 3 GewStG.** Der daraus ermittelte Gewerbeertrag ist mit Gewerbeverlusten aus Vorjahren verrechenbar (§ 10a GewStG).[12] Hinzurechnungen und Kürzungen (§§ 8, 9 GewStG) sind aber nur bezogen auf gem. Abs. 4 S. 3 hinzugerechnete Unterschiedsbeträge vorzunehmen, nicht auf den pauschal ermittelten Gewinn.[13] Allerdings ist umstritten, ob ein Gewinn, der sich durch die Auflösung des Unterschiedsbetrags bei Veräußerung des Schiffs gem. Abs. 4 ergibt, den Gewerbeertrag überhaupt erhöht. Das gilt jedenfalls für PersGes. dann, wenn die Auflösung nicht im Rahmen eines lfd. Geschäftsbetriebs, sondern im Rahmen einer BetrAufg. 6

1 Wegen ursprünglicher Verletzung des formellen Parlamentsprinzips ist durch BestätigungsG HBeglG 2004 v. 5.4.2011 (BGBl. I 2011, 554) eine inhaltsgleiche Neufassung erfolgt.
2 BGBl. I 2014, 1266.
3 BGBl. I 2014, 1266.
4 BMF v. 12.6.2002, BStBl. I 2002, 614 Rn. 33; *Blümich*, § 5a Rn. 7f; **aA** *Frotscher/Geurts*, § 5a Rn. 8 ff.
5 BFH v. 6.7.2005 – VIII R 74/02, BStBl. II 2008, 180.
6 BFH v. 31.5.2012 – IV R 14/09, BStBl. II 2013, 673.
7 BFH v. 20.11.2006 – VIII R 33/05, BStBl. II 2007, 261; v. 31.5.2012 – IV R 14/09, BStBl. II 2013, 673.
8 Vgl. BFH v. 26.9.2013 – IV R 45/11, FR 2014, 387 mit Anm. *Nöcker*; OFD Münster v. 1.2.2000, DB 2000, 1304 unter c.
9 BFH v. 6.7.2005 – VIII R 74/02, BStBl. II 2008, 180.
10 BMF v. 24.3.2000, BStBl. I 2000, 453, s. dort auch zur (früheren) gliederungsrechtl. Behandlung; *Schultze/Fischer*, DStR 2000, 309.
11 FG Hbg. v. 25.4.2007 – 2 K 123/06, EFG 2007, 1802 (dort aus Gründen des gewstl. Objektsteuerprinzips allerdings einschr. für Veräußerungs- und Aufgabegewinnanteile).
12 BMF v. 12.6.2002, BStBl. I 2002, 614 Rn. 39.
13 BFH v. 6.7.2005 – VIII R 74/02, BStBl. II 2008, 180; v. 6.7.2005 – VIII R 72/02, BFH/NV 2006, 363; BMF v. 12.6.2002, BStBl. I 2002, 614; v. 31.10.2008, BStBl. I 2008, 956, jeweils Rn. 37, 38; *Schultze*, FR 1999, 977, 987.

stattfindet,[1] wird darüber hinaus aber teilw. verneint, weil der Auflösungsgewinn mit der BetrAufg. in unmittelbarem wirtschaftlichem Zusammenhang stehe.[2] Derartige Überlegungen übersehen indes, dass § 7 S. 3 GewStG sondergesetzlich die unterschiedslose Fiktion des nach § 5a ermittelten Gewinns als Gewerbeertrag bestimmt; für eine teleologische Reduktion besteht in Anbetracht dessen kein Anlass. Die FinVerw. hat deswegen zu Recht darauf verzichtet, in dem beschriebenen Zusammenhang die Kürzung gem. § 9 Nr. 3 GewStG zu erwägen,[3] und das hat der BFH zwischenzeitlich denn auch bestätigt.[4] Das Kürzungshindernis bezieht sich gleichermaßen auf den Gewinn aus Sondervergütungen nach § 5a Abs. 4a S. 3[5] und auch den Gewinn aus der Hinzurechnung des Unterschiedsbetrags nach § 5a Abs. 4 S. 3 Nr. 2,[6] und das unabhängig davon, ob der StPfl. zwischenzeitlich bereits wieder zur Normalbesteuerung optiert hat, weil § 7 S. 3 GewStG § 5a insgesamt und nicht zw. Absätzen diff. in den Blick nimmt.[7] – Gelangt § 5a mangels entspr. Antrags nicht zur Anwendung, bleibt es gleichwohl bei der Kürzung für den Betrieb v. Handelsschiffen im internationalen Verkehr gem. § 9 Nr. 3 S. 2 GewStG.[8] Für die Anwendung v. § 9 Nr. 3 S. 2 bis 4 GewStG gilt dabei § 5a Abs. 2 S. 2 entspr., § 9 Nr. 3 S. 5 GewStG.[9] – Zum Beginn und zum Ende der GewSt-Pflicht bei einer Einschiffs-Ges. mit nur beabsichtigter Eigenbetriebsabsicht s. BFH v. 3.4.2014.[10]

7 **DBA** (Art. 3 Abs. 1d, Art. 8 sowie ggf. – nämlich bezogen auf § 5a Abs. 4 S. 3 Nr. 3 – Art. 13 Abs. 3 OECD-MA, s. dazu auch Rn. 21 aE) bestimmen die Zuordnung des Besteuerungsrechts und widersprechen § 5a als (nationaler) Gewinnermittlungsvorschrift nicht.

B. Geschäftsleitung und Bereederung im Inland (Abs. 1)

8 **Abs. 1 S. 1** setzt eine **inländ. Geschäftsleitung** sowie eine **inländ. Bereederung** (und zwar für alle, nicht nur einzelne eingesetzte Seeschiffe: „wenn“, nicht: „soweit“, vgl. Abs. 1 S. 1 letzter HS) voraus. Geschäftsleitung ist (auch) bei einem Schifffahrtsbetrieb der Mittelpunkt der geschäftlichen Oberleitung (§ 10 AO), also jener Ort, an dem der für die Geschäftsleitung maßgebliche Wille gebildet, nicht, wo dieser wirksam wird. Es ist auf die tatsächlichen und nicht die rechtl. Merkmale abzustellen; die Festschreibung des Ortes der Geschäftsleitung in der Satzung, dem Gesellschaftsvertrag oder einem Gesellschafterbeschluss ist regelmäßig ohne Bedeutung und hat allenfalls Indizfunktion. IdR verfügt das Unternehmen nur über einen Ort der Geschäftsleitung. Werden die lfd. Geschäfte v. verschiedenen Pers. wahrgenommen, muss deshalb nach der Rspr.[11] eine normative Gewichtung vorgenommen werden, an welchem Ort sich der Mittelpunkt der geschäftlichen Oberleitung befindet. Der BFH[12] scheint es aber (zu Recht) auch nicht für ausgeschlossen zu halten, dass – bei gleichgewichtiger Aufgabenverteilung – ein Unternehmen mehrere Mittelpunkte hat.

9 Die **Bereederung** umfasst die allg. Geschäftsbesorgung des Betriebs in kommerzieller, technischer und personeller Hinsicht (Vertragsabschlüsse betr. Schiff und Mannschaft, namentlich v. Kapitänen und Offizieren, Ausrüstung und Verproviantierung; Befrachtung, Rechnungslegung uÄ[13]); sie kann v. Schiffseigentümer (Reeder, vgl. § 484 HGB), aber auch v. Dritten (Korrespondentreeder, Geschäftsbesorger, Sicherheitsinspektor[14]) aufgrund eines Bereederungsvertrages (auch als Subunternehmer) wahrgenommen werden. Verteilt sich die Bereederung auf mehrere Orte im In- und Ausland, erfolgt sie v. Inland aus, wenn das Handelsschiff im Wj. überwiegend (vgl. Abs. 2 S. 1) in einem inländ. Seeschiffsregister eingetragen ist. In anderen Fällen ist eine Bereederung v. mehr als 50 % im Ausland schädlich;[15] der entspr. Nachweis obliegt dem StPfl. EG-rechtl. ist dieser strikte **Inlandsbezug** allerdings allenfalls dann akzeptabel, wenn er

1 R 19 Abs. 1 GewStR; BFH v. 13.12.2007 – IV R 92/05, BStBl. II 2008, 583; diff. *Rosenke/Liedtke*, FR 2007, 290: keine Kürzung bei dem nach Abs. 1 S. 1 ermittelten (lfd) Gewinn, anders jedoch für die Hinzurechnungen gem. Abs. 4 S. 3.
2 So FG Hbg. v. 27.10.2004 – VII 265/02, EFG 2005, 466; *Lademann*, § 5a Rn. 149; *Lenski/Steinberg*, § 7 Rn. 378.
3 BMF v. 31.10.2008, BStBl. I 2008, 956 Rn. 38; **aA** *v. Glasenapp*, DStR 2009, 1462 (1465).
4 BFH v. 26.6.2014 – IV R 10/11, BStBl. II 2015, 300.
5 BFH v. 4.12.2014 – IV R 27/11, BStBl. II 2015, 278.
6 FG Hbg. v. 16.6.2016 – 6 K 78/15, EFG 2016, 1785 m. Anm. *Pfützenreuter* (Rev. IV R 35/16).
7 FG Hbg. v. 16.6.2016 – 6 K 78/15, EFG 2016, 1785 m. Anm. *Pfützenreuter* (Rev. IV R 35/16); v. 16.6.2016 – 6 K 215/14, EFG 2016, 1456 m. Anm. *Müller-Horn* (Rev. IV R 40/16); **aA** *Dißars*, FR 2016, 395; *Wichmann*, DStR 2018, 2514; vgl. zur GewStPfl. nach § 7 S. 3 GewStG auch *Bruns*, DStR 2018, 441.
8 OFD Münster v. 1.2.2000, DB 2000, 1304 unter c.
9 BFH v. 26.9.2013 – IV R 45/11, FR 2014, 387 mit Anm. *Nöcker* (dort für den Sonderfall des nur kurzfristigen Einsatzes des Schiffs einer Einschiff-KG mit anschließender Veräußerung); s. dazu auch BFH v. 3.4.2014 – IV R 12/10, BFH/NV 2014, 1653.
10 BFH v. 3.4.2014 – IV R 12/10, BFH/NV 2014, 1653 mwN.
11 ZB BFH v. 3.7.1997 – IV R 58/95, BStBl. II 1998, 86; v. 16.12.1998 – I R 138/97, BStBl. II 1999, 437 mwN.
12 BFH v. 16.12.1998 – I R 138/97, BStBl. II 1999, 437; v. 15.10.1997 – I R 76/95, BFH/NV 1998, 434.
13 BMF v. 12.6.2002, BStBl. I 2002, 614 Rn. 1.
14 OFD Nds. v. 10.6.2011 – S 2133a-34-St 221, Rn. 3.
15 *Korn*, § 5a Rn. 14; **aA** BMF v. 12.6.2002, BStBl. I 2002, 614 Rn. 1, 2; *Blümich*, § 5a Rn. 20: 10 %.

sich eng auf die eigentlichen Bereederungsaufgaben erstreckt, nicht aber auf allg. strategische Unternehmensentscheidungen.[1] Andernfalls zieht diese tatbestandliche Eingrenzung eine indirekte Diskriminierung v. EU-Ausländern nach sich.[2]

Unabhängig davon ist dem **Inlandserfordernis** genügt, wenn im Rahmen einer Gesamtbetrachtung im Einzelfall die – v. Schiffstyp und Aufgabenbereich abhängigen – wesentlichen Bereederungstätigkeiten im Inland durchgeführt werden.[3] Dass das Schiff unter deutscher Flagge fährt, ist dafür nicht vonnöten; auch ausgeflaggte Schiffe sind also einbezogen.[4] 9a

C. Betrieb von Handelsschiffen im internationalen Verkehr (Abs. 2)

Abs. 2 S. 1–5 bestimmt abschließend, unter welchen Umständen Handelsschiffe gem. § 5a im internationalen Verkehr betrieben werden. Ausschlaggebend ist allein das Vorliegen der obj. Erfordernisse. Zeitliche (Mindest-)Grenzen des Schiffsbetriebs fehlen; solche lassen sich insbes. nicht aus der Bindefrist des § 5a Abs. 3 S. 7 (Rn. 20) ableiten;[5] der BFH ist dennoch und trotz dieser klaren gesetzlichen Vorgabe **aA:** Aus dem „Sinn und Zweck" der Tonnagebesteuerung ergebe sich, dass nur der langfristig angelegte („beabsichtigte") Betrieb v. Handelsschiffen begünstigt werden solle, was sich wiederum (wohl) aus dem Fehlen einer (nicht bloß latenten) Veräußerungsabsicht herleiten lässt[6] – **Voraussetzungen** sind hiernach **alternativ:** 10

- **Abs. 2 S. 1. Einsatz (1) eigener**[7] oder **gecharterter Seeschiffe** (unter Einbeziehung aller Vertragsformen, zB bare boat-, time-, voyage- oder slot-charter),[8] die **(2) im Wj. überwiegend** (= im Verhältnis der tatsächlichen zur Gesamtzahl der Reisetage des jeweiligen Schiffs im Kj.[9]) in einem **inländ. Seeschiffsregister**[10] (auch ohne Führung der deutschen Flagge, vgl. abw. § 41a Abs. 4) eingetragen sind, **(3)** in diesem Wj. **überwiegend zur Beförderung v. Pers. oder Gütern**, immer aber unter Berührung eines ausländ. Hafens. Einsätze der Hochseefischerei zw. deutschen Häfen und deutschen Häfen und der Hohen See sind **nicht** begünstigt, desgleichen **nicht** Bagger, Taucherfahrzeuge uÄ, Binnenschiffe;[11] auch nicht der Einsatz des einzigen Seeschiffs für die Überführung v. der Werft zum Ort der Übergabe an den Käufer.[12] Beim Einsatz **gecharterter Schiffe** bestehen Besonderheiten: Ein solcher Einsatz setzt zum einen den gleichzeitigen Einsatz eigener Seeschiffe im internationalen Verkehr voraus, **Abs. 2 S. 3.** Zum anderen ist die Eintragung gecharterter Schiffe in ein inländ. Seeschifffahrtsregister ausnahmsweise verzichtbar, vorausgesetzt ihre Nettotonnage beträgt im Wj. nicht mehr als das Dreifache der nach Abs. 2 S. 1 und 2 betriebenen Schiffe, **Abs. 2 S. 3 und 4.** 11
- Gem. **Abs. 2 S. 2 Satzteil 2** umfasst die Begünstigung auch mit dem Betrieb **unmittelbar** zusammenhängende (zumeist vorbereitende) **Hilfs- und** (zumeist zeitgleich getätigte) **Nebengeschäfte**, wobei der erforderliche **unmittelbare Zusammenhang** gegeben ist, wenn das Hilfs- oder Nebengeschäft iwS durch den Schiffsbetrieb veranlasst ist (zB Personaleinstellung, Anmieten v. Geschäftsräumen, Betreuung v. etwaigen Passagieren, Schadensabwicklungen, Anschaffung oder Herstellung v. WG, die unmittelbar dem Betrieb der Handelsschiffe dienen, wie Betriebsstoffe, Proviant, Ersatzteile und sonstige Materialien, auch des Schiffs selbst (s. Rn. 18),[13] sowie dessen Finanzierung, nach zutr. Ansicht der 12

1 Zutr. *Schultze*, FR 1999, 977 (978) unter Hinweis auf Fn. 2 der EG-Genehmigung SG(98)D/11575; **aA** offenbar BMF v. 12.6.2002, BStBl. I 2002, 614 Rn. 1 und 2.
2 Vgl. dazu EuGH v. 26.10.1999 – Rs. C-297/97 – Eurowings, BStBl. II 1999, 851.
3 FG SchlHol. v. 22.4.2010 – 3 K 66/08, EFG 2010, 1482 (unter Hinweis auf BMF v. 12.6.2002, BStBl. I 2002, 614).
4 FG SchlHol. v. 22.4.2010 – 3 K 66/08, EFG 2010, 1482.
5 FG Hbg. v. 27.2.2012 – 6 K 131/10, EFG 2012, 1442 (aufgehoben durch BFH v. 22.1.2015 – IV R 10/12, BFH/NV 2015, 678); sa. FG Hbg. v. 18.2.2013 – 6 K 8/11, EFG 2013, 1096 (als Vorinstanz zu BFH v. 16.1.2014 – IV R 15/13, BStBl. II 2014, 774).
6 BFH v. 26.9.2013 – IV R 45/11, FR 2014, 387 mit Anm. *Nöcker*; v. 22.1.2015 – IV R 10/12, BFH/NV 2015, 678; s. *Hackert/Kahl-Hinsch*, NWB 2015, 2930: Orientierung am gewerblichen Grundstückshandel.
7 Unter diesen Umständen auch als Reeder, vgl. BMF v. 12.6.2002, BStBl. I 2002, 614 Rn. 7.
8 OFD Nds. v. 10.6.2011 – S 2133a-34-St 221, Rn. 7.
9 BMF v. 12.6.2002, BStBl. I 2002, 614 Rn. 7.
10 Erforderlich ist die Eintragung in einem bei den deutschen Amtsgerichten geführten Seeschiffsregister iSv. §§ 1, 3 der Seeschiffsregisterordnung (SchReGO). Die Eintragung im Internationalen Seeschifffahrtsregister (ISR, sog. Zweitregister) reicht ebenso wenig, wie die Registrierung im sog. Flaggenregister; s. FinMin. MV v. 28.8.2017 – IV 301 - S 2133a - 2013/003-001.
11 Der BFH legt § 9 Nr. 3 S. 2 ff. GewStG einschr. so aus, dass von der Kürzungsregelungen nur Seeschiffe erfasst werden; s. BFH v. 10.8.2016 – I R 60/14, BStBl. II 2017, 534 = DStR 2016, 2749; *Roser* in Lenski/Steinberg, § 9 Nr. 3 GewStG Rn. 22; **aA** *Blümich*, § 9 GewStG Rn. 223.
12 BFH v. 26.9.2013 – IV R 46/10, BStBl. II 2014, 253.
13 BFH v. 24.11.1983 – IV R 74/80, BStBl. II 1984, 155; BMF v. 12.6.2002, BStBl. I 2002, 614 Rn. 6, auch zur Abgrenzung zw. Hilfs- und Nebengeschäft.

FinVerw.[1] auch der Ankauf und die Unterhaltung v. Verwaltungsgebäuden, v. Betriebs- und Geschäftsausstattungen, Containern), im Hinblick auf den gegenständlich eng begrenzten Begünstigungszweck der Tonnagesteuer grds. **nicht** Zinserträge aus „allg." Anlagen, wie zB aus lfd. Geschäftsguthaben,[2] Erträge aus Kapitalanlagen,[3] aus Devisen-Termingeschäften[4] und Beteiligungen[5], allerdings werden Zinserträge aus lfd. Geschäftskonten begünstigt.[6] In der Gründungsphase einer Schiffsges. kommt es für den unmittelbaren Zusammenhang darauf an, ob die **Investitionsentscheidung** für den Schiffsbetrieb schon getroffen worden ist. Dies erfolgt spätestens mit Abschluss des Bau- oder Kaufvertrags über das Schiff, idR allerdings schon vorher. Es kommt auf die Umstände des Einzelfalls an. Allein das Vorhalten einer Ges., um bei günstiger Gelegenheit tätig werden zu können, reicht allerdings nicht aus.[7] **Einbezogen** wird ausdrücklich auch die **Veräußerung** des Schiffs sowie der erwähnten WG, das allerdings nicht, wenn mit dem Kaufpreis ein weiteres Seeschiff zum Betrieb im intern. Verkehr erworben wird und erst mit dem neuen Schiff die Voraussetzungen des § 5a erfüllt werden.[8] Erfolgt nach der Veräußerung des Seeschiffs die Liquidation der Schiffsges., so sind die damit notwendigerweise zusammenhängenden Abwicklungstätigkeiten als Hilfsgeschäfte anzusehen und werden bis zur Beendigung der Liquidation von der Gewinnermittlung nach § 5a erfasst.[9] Ein Nebengeschäft kann auch die Charterung v. Schiffsteilen, insbes. v. Stellplätzen sein,[10] nicht aber die Kapitalanlage oder -beteiligung.[11]

13 – **Abs. 2 S. 2 Satzteil 1.** Erfasst wird zum Weiteren die Vercharterung der unter Rn. 11 genannten Seeschiffe, wenn sie v. (Erst-)Vercharterer ausgerüstet worden sind. Werden hiernach gecharterte Schiffe **weiterverchartert**, gelten auch hier die Besonderheiten gem. Abs. 2 S. 3 und 4 (Rn. 11).[12] Werden gecharterte Schiffe erst durch den (Weiterver-)Charterer ausgerüstet, verhält es sich hingegen per definitionem anders; § 5a Abs. 2 S. 2 ist dafür nicht einschlägig.[13] Davon abgesehen sind Hilfs- und Nebengeschäfte ebenso wie beim Eigenbetrieb der Schiffe einbezogen (**Abs. 2 S. 2 Satzteil 2**; Rn. 12).

14 – **Abs. 2 S. 5.** Dem Betrieb v. Schiffen iSv. Abs. 2 S. 1 und 2 **gleichgestellt** ist gem. **Abs. 2 S. 5** der im Wj. überwiegende Einsatz eigener oder gecharterter Seeschiffe oder deren Vercharterung außerhalb deutscher Hoheitsgewässer zum Schleppen, Bergen oder zur Aufsuchung v. Bodenschätzen. Voraussetzung für die Einbeziehung gem. Abs. 2 S. 5 ist, dass die betr. Seeschiffe im Wj. überwiegend in einem inländ. Seeschiffsregister eingetragen sind und dass der beschriebene Einsatz auch in diesem Wj. erfolgt. Für diese Fälle gilt Abs. 2 S. 2–4 entspr., **Abs. 2 S. 5 letzter HS.**

D. Rechtsfolgen (Abs. 1, 4a und 5)

15 Liegen die tatbestandlichen Voraussetzungen vor, kann der Gewinn „anstelle der Ermittlung nach § 4 Abs. 1 und Abs. 5" nach der im Betrieb geführten (= vorhandenen) Tonnage ermittelt werden, allerdings nur, **„soweit"** er auf den Betrieb der Schiffe im internationalen Verkehr entfällt **(Abs. 1 S. 1)**. Die Gewinnermittlung bei **Mischbetrieben** erfordert regelmäßig eine klare und eindeutige buchmäßige Zuordnung der BE und BA; ggf. ist schätzweise aufzuteilen.[14] Die Aufteilung des GewSt-Messbetrags erfolgt dabei ausschließlich nach dem Verhältnis des der Steuerermäßigung unterliegenden Gewinns zu dem gesamten Ge-

---

1 BMF v. 12.6.2002, BStBl. I 2002, 614 Rn. 21; *Kranz*, DStR 2000, 1215; **aA** *Blümich*, § 5a Rn. 46f.
2 BFH v. 13.4.2017 – IV R 14/14, BFH/NV 2017, 1109 Rn. 44 (jedenfalls in der Investitionsphase des Schiffsbetriebs); sa. FG Nds. v. 23.11.2010 – 8 K 347/09, EFG 2015, 273; *Dißars*, FR 2016, 395 (397).
3 BFH v. 13.4.2017 – IV R 14/14, BFH/NV 2017, 1109 Rn. 44. Anders soll es sich nach FG Hbg. v. 4.6.2014 – 2 K 175/13, EFG 2014, 1773, bei Gewinnen aus Aktienverkäufen verhalten, wenn die Aktien als Surrogat für die Charterforderung erworben worden sind und v. Anfang an die Absicht bestand, sie zeitnah zu veräußern; großzügiger im Hinblick auf „Zwischenanlagen" auch *K/S/M*, § 5a Rn. C 28f.; *Lademann*, § 5a Rn. 76; *L/B/P*, § 5a Rn. 79: nur bei „über Gebühr" fremd angelegtem Kapital.
4 BFH v. 13.4.2017 – IV R 49/15, BFH/NV 2017, 1129 Rn. 40, dort bezogen auf § 7 S. 1 GewStG; FG Hbg. v. 22.6.2017 – 2 K 134/14, EFG 2017, 1503 Rn. 58ff.: für den Fall, dass die Devisentermingeschäfte vornehmlich der Absicherung der Auszahlungen an die Anleger dienten.
5 BMF v. 12.6.2002, BStBl. I 2002, 614 Rn. 9; **aA** *Kranz*, DStR 2000, 1215.
6 BFH v. 13.4.2017 – IV R 14/14, BFH/NV 2017, 1109 Rn. 45; BMF v. 12.6.2002, BStBl.I 2002, 614 Rn. 9.
7 BFH v. 7.6.2018 – IV R 16/16, DStR 2018, 1812 Rn. 20ff.
8 BFH v. 26.9.2013 – IV R 46/10, BStBl. II 2014, 253; v. 3.4.2014 – IV R 12/10, BFH/NV 2014, 1653.
9 FG Nds. v. 21.11.2017 – 15 K 202/14, EFG 2018, 1374 Rn. 86ff., m. Anm. *Hennigfeld* (Rev. IV R 3/18).
10 BMF v. 12.6.2002, BStBl. I 2002, 614 Rn. 8.
11 BMF v. 12.6.2002, BStBl. I 2002, 614 Rn. 9.
12 BFH v. 22.12.2015 – I R 40/15, BStBl. II 2016, 537; dazu *Kahlenberg*, ISR 2016, 237; *K/S/M*, § 5a Rn. C 23; *Blümich*, § 5a Rn. 38, 42; *Lademann*, § 5a Rn. 73; sa. BMF v. 12.6.2002, BStBl. I 2002, 614 Rn. 10.
13 BFH v. 22.12.2015 – I R 40/15, BStBl. II 2016, 537, abgrenzend zu BFH v. 7.12.1989 – IV R 86/89, BStBl. II 1990, 433 (noch zum – allerdings gleichlautenden – § 34c Abs. 4 S. 3 aF).
14 BMF v. 12.6.2002, BStBl. I 2002, 614 Rn. 3.

winn aus GewBetr.; eine vorrangige („meistbegünstigende") fiktive Zuordnung des Freibetrags nach § 11 Abs. 1 S. 3 Nr. 1 GewStG zu den nicht der Steuerermäßigung unterliegenden Gewinnen nach § 5a Abs. 1 EStG kommt nicht in Betracht.[1] In jedem Fall ist der Gewinn nach Abs. 1 S. 2 getrennt **für jedes Schiff** nach den im Schiffsbrief eingetragenen Nettotonnen und „pro Tag des Betriebs" zu ermitteln, wobei zutreffenderweise auf die tatsächlichen Einsatztage unter Ausschluss v. Aufliege-, Reparatur- uä Zeiten abzustellen ist.[2] Vor diesem Hintergrund ist gem. **Abs. 1 S. 2** für jeweils 100 Nettotonnen (N. T.) folgender Staffeltarif anzusetzen: Tonnage bis zu 1 000 N. T. = 0,92 Euro, v. 1 000 bis 10 000 N. T. = 0,69 Euro, v. 10 000 bis 25 000 N. T. = 0,46 Euro, über 25 000 N. T. = 0,23 Euro. **Anteilige Veräußerungs- und Aufgabegewinne** (**§ 16**) sind einzubeziehen und werden ebenfalls durch die pauschale Steuer abgegolten **(Abs. 5 S. 1)**, und zwar unabhängig v. der Beteiligungsdauer; die Nutzung der pauschalen Steuer und der daraus resultierenden Abgeltungswirkung nach kurzer Beteiligungsdauer ist systembedingt und nicht gestaltungsmissbräuchlich.[3] Das alles gilt jedoch nicht für entspr. Gewinne aus nicht begünstigten Betriebsteilen, die nach Maßgabe v. § 16 zu ermitteln sind und auch nicht mit Verlusten aus der Veräußerung und Aufgabe begünstigter Betriebsteile verrechnet werden dürfen[4], s. auch Rn. 21. Auch der Freibetrag gem. § 16 Abs. 4 bleibt unberücksichtigt.[5] **Rücklagen** gem. **§ 6b, § 6d und § 7g aF** sind beim Übergang zur pauschalen Gewinnermittlung aufzulösen und dem Gewinn im Erstjahr (= Jahr der pauschalen Gewinnermittlung, nicht zwingend Jahr des erstmaligen Erzielens v. Einkünften aus dem Betrieb v. Handelsschiffen im internationalen Verkehr iSv. Abs. 3,[6] vgl. dazu Rn. 17 ff.) hinzuzurechnen **(Abs. 5 S. 3 HS 1)**. In Einklang damit ist die Übertragung einer § 6b-Rücklage bei Ges., die ihren Gewinn nach § 5a ermittelt, nicht möglich.[7] Für andere erfolgswirksame Rücklagen ist Abs. 5 S. 3 HS 1 (zB solche gem. § 52 Abs. 16 S. 3 aF) nicht einschlägig; die Regelung mag insoweit lückenhaft sein, sie ist jedoch abschließend und nicht lediglich beispielhaft.[8] Bis zum Übergang zur PauschalSt in Anspr. genommene Investitionsabzugsbeträge gem. **§ 7g Abs. 1** (idF des UnStRefG 2008) sind nach Maßgabe des § 7g Abs. 3 rückgängig zu machen, also entspr. der Neufassung des § 7g rückwirkend auf das Abzugsjahr zu korrigieren **(§ 5a Abs. 5 S. 3 HS 2)**; zur letzt- und erstmaligen Anwendung s. Rn. 4. Tarifermäßigungen gem. **§ 34, § 34c Abs. 1 bis 3** und **§ 35** (sowie § 32c aF), für die KSt gem. § 26 KStG,[9] sind, um Mehrfachvergünstigungen zu vermeiden, nicht anzuwenden **(§ 5a Abs. 5 S. 2)**. Ein wg. der Veräußerung eines Seeschiffs oder eines Gesellschaftsanteils nach § 5a Abs. 4 S. 3 Nr. 2 und 3 dem Gewinn hinzuzurechnender Unterschiedsbetrag ist **nicht** nach den **§§ 16, 34** steuerbegünstigt.[10] Das folgt zum einen aus dem in § 5a Abs. 5 S. 2 vorbehaltlos angeordneten Ausschluss v. § 34, der sich auch auf Abs. 4 bezieht, ebenso wie aus dem Begünstigungszweck des § 5a, und zum anderen daraus, dass Auslöser der Gewinnrealisierung nicht eine Betriebsaufgabe/-veräußerung ist, sondern (nur) der Wechsel der Gewinnermittlungsart, auch wenn beide Vorgänge ggf. (und zufällig) zeitlich zusammenfallen mögen.[11]

Nach **Abs. 5 S. 4** ist für die Anwendung des § 15a der nach § 4 Abs. 1 oder § 5 ermittelte Gewinn zugrunde zu legen. Diese Gewinnermittlung hat parallel im Wege einer Schattenrechnung zu erfolgen. **Im Einzelnen:**[12] **(1)** Verrechenbare Verluste aus der Zeit vor der Tonnagebesteuerung sind (nur) mit Gewinnen aus dieser Zeit ebenso auszugleichen,[13] wie umgekehrt Verluste aus der Zeit der Tonnagebesteuerung vorhandene verrechenbare Vor-Verluste erhöhen.[14] **(2)** Verrechnungsfolge: Im Fall der Veräußerung eines 15a

1 BFH v. 4.12.2014 – IV R 27/11, BStBl. II 2015, 278.
2 Str., wie hier: *Blümich*, § 5a Rn. 23; **aA** *B/B*, § 5a Rn. 15; diff. BMF v. 12.6.2002, BStBl. I 2002, 614 Rn. 4: grds. jeder Kalendertag, ausgenommen Tage des Umbaus und der Großreparatur.
3 BFH v. 22.6.2017 – IV R 42/13, DStR 2017, 2653.
4 *Blümich*, § 5a Rn. 99.
5 FG Nds. v. 7.12.2006 – 16 K 10427/05, EFG 2007, 998; offenbar **aA** jedoch BFH v. 7.11.2007 – III R 7/07, BFH/NV 2008, 403: Erledigung der Hauptsache nach stattgebendem Gerichtsbescheid und anschließender Klaglosstellung durch das FA.
6 *Blümich*, § 5a Rn. 106.
7 FG Hbg. v. 25.4.2007 – 2 K 207/05, EFG 2007, 1754; OFD Nds. v. 10.6.2011 – S 2133a-34-St 221, Rn. 9: auch keine analoge Anwendung der (Billigkeits-)Regeln in R 6.6 EStR über die RfE für den Fall eines zur Verschrottung führenden Havarieschadens.
8 BFH v. 15.5.2014 – IV R 60/10, BStBl. II 2014, 1007.
9 BMF v. 24.3.2000, BStBl. I 2000, 453 Rn. 6.
10 BFH v. 26.9.2013 – IV R 46/10, BStBl. II 2014, 253; v. 19.7.2011 – IV R 42/10, BStBl. II 2011, 878, mit Anm. *Glasenapp*, BB 2011, 2418; *Glanemann*, EStB 2011, 350; v. 19.7.2011 – IV R 40/08, BFH/NV 2012, 393; *K/S/M*, § 5a Rn. G 5; *Wendt*, FR 2005, 1247; sa. BFH 13.12.2007 – IV R 92/05, BStBl. II 2008, 583; **aA** *Schmidt*[37], § 5a Rn. 12; *Blümich*, § 5a Rn. 101.
11 BFH v. 19.7.2011 – IV R 42/10, BStBl. II 2011, 878; v. 29.11.2012 – IV R 47/09, BStBl. II 2013, 324; FG Hbg. v. 14.8.2013 – 2 K 32/13, EFG 2013, 1900 (rkr.).
12 BMF v. 12.6.2002, BStBl. I 2002, 614 Rn. 32.
13 BFH v. 20.11.2006 – VIII R 33/05, BStBl. II 2007, 261; BMF v. 12.6.2002, BStBl. I 2002, 614 Rn. 32 lit. a.
14 BMF v. 12.6.2002, BStBl. I 2002, 614 Rn. 32 lit. b.

WG oder des ganzen Betriebs, in den Fällen des Abs. 4 S. 3 Nr. 1 sowie dann, wenn das Schiff nicht mehr dem Betrieb im intern. Verkehr dient, sind vorhandene Verluste trotz der Abgeltungswirkung gem. Abs. 5 S. 1 mit etwaigen Veräußerungsgewinnen bzw. mit dem Gewinn zu verrechnen, der iZ mit dem Teilwertansatz gem. Abs. 6 entsteht;[1] ein nach dieser Gegenrechnung verbleibender verrechenbarer Verlust darf mit gem. Abs. 4 hinzuzurechnenden Unterschiedsbeträgen (Rn. 21) vor deren Besteuerung gem. Abs. 4 S. 3 nicht abgezogen werden.[2] Das ergibt sich mit hinreichender Deutlichkeit aus dem Regelungstext des § 5a Abs. 5 S. 4, der nur auf § 4 Abs. 1 und 5, jedoch nicht auf den hinzuzurechnenden Unterschiedsbetrag verweist.[3] Zudem folgt dies aus den normativen Systembezügen, die keinen vorrangigen Zusammenhang der zu verrechnenden Verluste mit den Hinzurechnungsbeträgen erkennen lassen.

16 Erfolgt der Schiffsbetrieb durch eine **PersGes.** (MU'schaft, § 15 Abs. 1 S. 1 Nr. 2)[4], ist die pauschale Gewinnermittlung einheitlich durchzuführen: Die Ges. (nicht aber der einzelne MU'er) tritt (materiell wie formell) an die Stelle des StPfl., **Abs. 4a S. 1**; der pauschal ermittelte Gewinn ist den G'tern[5] (= MU'ern)[6] entspr. ihrem Anteil am Gesellschaftsvermögen zuzurechnen, **Abs. 4a S. 2**. Abw. Individualvereinbarungen sind (wohl abw. v. Abs. 4 S. 1 für den Unterschiedsbetrag, s. Rn. 21) unbeachtlich. **Sondervergütungen** iSv. § 15 Abs. 1 S. 1 Nr. 2 (auch nachträgliche iSv. § 15 Abs. 1 S. 2 und solche aus Sonder-BV Abs. 1 und 2[7] und gleichviel, ob auf schuld- oder gesellschaftsrechtl. Grundlage[8]) gehören nicht zum Tonnagegewinn; sie sind dem pauschal ermittelten Gewinn hinzuzurechnen, **Abs. 4a S. 3**. Dadurch soll missbräuchlichen Gestaltungen durch Beteiligungen an PersGes. mit Zwerganteilen vorgebeugt werden,[9] ohne dass sich dem aber eine Einschränkung auf „echte" Missbrauchssituationen entnehmen ließe.[10]

16a Um danach hinzuzurechnende Sondervergütungen handelt es sich nach der Rspr. des BFH auch bei Sondervergütungen, welche *vor* Indienststellung des Schiffs anfallen; solche sind nach Maßgabe der allg. Regeln des § 4 Abs. 1 und § 5 stpfl., weil Abs. 3 S. 2 HS 1 (Rn. 19) sie nicht begünstige (arg. e contr. Abs. 4a S. 3).[11] **Nicht** um hinzuzurechnende Sondervergütungen handelt es sich hingegen bei **Vorabvergütungen** sowie nach der **FinVerw. auch** bei **Bereederungsentgelten** eines am Schiff beteiligten Bereeders.[12] Allerdings ist dabei der Gewinnermittlungscharakter des § 5a zu berücksichtigen:[13] Betroffen sind (nach der zT ändernden Präzisierung der einschlägigen Verwaltungspraxis für nach dem 31.12.2007 beginnende Wj.)[14] **(1)** nur „echte" Vorabvergütungen in Abgrenzung zu „kaschierten" Tätigkeitsvergütungen;[15] abzustellen ist auf den „wahren" wirtschaftlichen Gehalt, also die strikte Gewinnabhängigkeit des Gewinnvorab ggü. dem (handelsrechtl.) Aufwandscharakter v. Tätigkeitsvergütungen, nicht auf die formale Bezeichnung oder die buchtechnische Behandlung. Bei den Bereederungsentgelten sollen **(2)** in ähnlicher Weise Tätigkeitsvergütungen v. Beteiligungsgewinnen wirtschaftlich abgegrenzt werden. Das soll typisierend und unter Einschluss des Gewinnvorab anhand eines Höchstwerts v. 4 % der (einheitl. und liegezeitenunabhängigen) Bruttofrachtraten (= iSd. tatsächlich gezahlte Raten, auch bei Vereinbarung einer Nettofrachtrate)[16] geschehen; mehrere beteiligte Vertragsreeder sind zusammenzufassen. Korrespondierend kann beim Überschreiten dieses Höchstbetrags der damit einhergehende Aufwand nur anteilig berücksichtigt werden, bei mehreren Vertragsreedern mangels eines anderweitigen Aufteilungsschlüssels (wohl) anteilig nach Köpfen. Vollen Umfangs hinzurechnen sollen indessen Bereederungsentgelte sein, welche frachtraten-

1 BMF v. 12.6.2002, BStBl. I 2002, 614 Rn. 32 lit. c; zust. FG SchlHol. v. 25.2.2009 – 5 K 242/05, EFG 2009, 919 (aus anderen Gründen durch BFH v. 31.5.2012 – IV R 14/09, BStBl. II 2013, 673 aufgehoben); *K/S/M*, § 5a Rn. G 11 f.
2 BMF v. 12.6.2002, BStBl. I 2002, 614 Rn. 32 lit. c und d, jeweils idF des BMF v. 10.9.2013, BStBl. I 2013, 1152; BFH v. 31.5.2012 – IV R 14/09, BStBl. II 2013, 673.
3 BFH v. 31.5.2012 – IV R 14/09, BStBl. II 2013, 673.
4 OFD Nds. v. 10.6.2011 – S 2133a-34-St 221, Rn. 5: idR keine MU'schaft, falls zw. Ankauf und Verkauf des Schiffs weniger als 3 Monate liegen.
5 FG Hbg. v. 22.7.2010 – 2 K 179/08, EFG 2011, 331 (aus anderen Gründen aufgehoben durch BFH v. 16.5.2013 – IV R 35/10, BFH/NV 2013, 1945).
6 BFH v. 26.4.2018 – IV R 33/15, DStR 2018, 1491 Rn. 37; FG Hbg. v. 18.6.2015 – 2 K 145/13, EFG 2015, 1911.
7 **AA** betr. Sonder-BV II *Kranz*, DStR 2000, 1215, 1217 f.: Abs. 4a sei nicht abschließend-konstitutiv, vielmehr nur klarstellend.
8 *Blümich*, § 5a Rn. 94; **aA** *Frotscher/Geurts*, § 5a Rn. 51.
9 BT-Drucks. 13/10710, 4.
10 BFH v. 14.3.2012 – IV B 7/11, BFH/NV 2012, 1121.
11 BFH v. 6.2.2014 – IV R 19/10, BStBl. II 2014, 522.
12 FG Bremen v. 6.3.2008 – 1 K 25/07 (6), EFG 2008, 1609; BMF v. 12.6.2002, BStBl. I 2002, 614 Rn. 34; zur Abgrenzung zw. Vorabvergütungen und Sondervergütungen s. BFH v. 14.11.1985 – IV R 63/83, BStBl. II 1986, 58.
13 BMF 31.10.2008, BStBl. I 2008, 956 Rn. 34; dazu *v. Glasenapp*, DStR 2009, 1462 (1463 f.).
14 BMF 31.10.2008, BStBl. I 2008, 956.
15 Abgrenzend allg. zum Gestaltungsmissbrauch und konkret zur „echten" Heuer: FG Nds. v. 7.5.2008 – 8 K 22350/04, DStRE 2009, 1167.
16 OFD Nds. v. 10.6.2011 – S 2133a-34-St 221, Rn. 2.

unabhängig als Festbetrag während Zeiten des Aufliegens des Schiffs gewährt werden, wenn (überhaupt) keine Bruttofrachtraten erzielt werden.[1] Diese Verwaltungspraxis zu den Bereederungsentgelten ist schwerlich mit dem Wortlaut des Abs. 4a S. 3 zu vereinbaren und stellt eine weitere Begünstigung dar, die bei der gebotenen engen Auslegung der Subventionsvorschrift zu weit gegen dürfte.

In „Umkehrung" des Hinzurechnungsgebots in § 5a Abs. 4a S. 3 wirken sich entspr. **Sonder-BA** mindernd aus.[2] Das ist eine schlichte Frage der Regelungsauslegung und dabei des mathematischen Regelsatzes, dass aus der Hinzurechnung eines Negativbetrags eine Kürzung folgt;[3] der Umstand, dass § 5a eine „besondere Gewinnermittlungsvorschrift" ist, widerspricht dem nicht.[4] Das wird auch v. der FinVerw. im Grundsatz anerkannt. Soweit diese aber versucht, den rechnerischen Umkehreffekt durch eine enge Auslegung und das Erfordernis eines „unmittelbaren" Zusammenhangs mit den Sondervergütungen zu beschränken, gibt es dafür keinen Anlass. Maßgebend ist der bloße Veranlassungszusammenhang mit solchen Vergütungen iSv. § 4 Abs. 4, wie er auch ansonsten in § 15 Abs. 1 S. 1 Nr. 2 und S. 2 zu beachten ist.[5] Ein solcher Zusammenhang besteht allerdings nicht bei der üblicherweise auf gesellschaftsvertraglicher Grundlage den Beziehern von Sondervergütungen von der Ges. in Rechnung gestellten GewSt, die anteilig auf die Vergütung entfällt. Dabei handelt es sich um eine Gewinnverteilungsabrede.[6] 16b

Eine typische stille Beteiligung wird nicht v. der Pauschalbesteuerung erfasst. IÜ bleibt **§ 15a** anwendbar (**§ 5a Abs. 5 S. 4**, Rn. 5). 16c

E. Antragserfordernisse (Abs. 3)

Die pauschale Gewinnermittlung nach § 5a erfolgt nur auf – unwiderruflichen – **Antrag**, Abs. 1 S. 1. Dabei ist hinsichtlich der Antragsvoraussetzungen und -fristen zu unterscheiden, und zwar im Grundsatz für Schifffahrtsbetriebe, deren Wj. (**1**) bis zum und deren Wj. (**2**) nach dem 31.12.2005 (vgl. § 52 Abs. 10 S. 2 idF des Kroatien-AnpG v. 25.7.2014[7], § 52 Abs. 15 S. 2 aF) enden: Für die StPfl., deren Wj. bis zum 31.12.2005 enden, ist **Abs. 3 aF**, für jene, deren Wj. nach dem 31.12.2005 enden, ist **Abs. 3** anzuwenden. Darüber hinaus bleibt Abs. 3 **S. 1 aF** auch für solche StPfl. anwendbar, die das Handelsschiff aufgrund eines vor dem 1.1.2006 rechtswirksam abgeschlossenen schuldrechtl. Vertrages oder gleichgestellten Rechtsaktes angeschafft oder die vor dem 1.1.2006 mit dessen Herstellung begonnen haben (vgl. § 52 Abs. 15 S. 3), § 5a Abs. 3 **S. 2 aF** aber nur, wenn der Pauschalierungsantrag bis zum Ablauf des Wj. gestellt wird, das vor dem 1.1.2008 endet (vgl. § 52 Abs. 10 S. 3 idF des Kroatien-AnpG v. 25.7.2014[8], § 52 Abs. 15 S. 4 aF). Zur parlamentarischen Bestätigung dieser Regelung s. Rn. 4. 17

Gem. **Abs. 3 S. 1 aF** konnte der Antrag (nach freiem Ermessen und ohne weitere zeitliche Vorgaben) innerhalb einer **Frist** v. zwei Jahren nach Ablauf des Erstjahres und **mit Wirkung** ab dem jeweiligen Wj. gestellt werden. **Erstjahr** war nach der Legaldefinition in Abs. 3 S. 1 aF dasjenige Wj., in welchem erstmals betr. Einkünfte erzielt worden waren; es begann nach Auffassung des BFH erst mit der Inbetriebnahme des Handelsschiffs, nicht jedoch bereits mit Abschluss des Bau- oder Kaufvertrags als bloßes Hilfsgeschäft, also mit der realen Möglichkeit, dass das Schiff nach seiner Fertig- und Indienststellung tatsächlich und durch das betreff. Unternehmen auch im internat. Verkehr betrieben werden kann, soll und auch (für einen jedenfalls nicht nur ‚symbolischen' Zeitraum) wird,[9] ansonsten – bei bereits bestehenden Betrieben – bei erstmaligem Überwiegen (**1**) der Reisetage mit inländ. Registrierung sowie (**2a**) mit Einsatz im internationalen Verkehr gem. Abs. 2 S. 1 aF,[10] abw. davon (**2b**) mit inländ. Geschäftsleitung und Bereederung ab Beginn des betr. Wj., dies aber nur für Wj., die im Kj. 2002 endeten, und für Handelsschiffe, die vor dem 28.6.2002 in Dienst gestellt wurden.[11] Während der Antragsfrist war es erforderlich, dass die Pauschalie- 18

---

1 OFD Nds. v. 10.6.2011 – S 2133a-34-St 221, Rn. 2.
2 BFH v. 19.7.2018 – IV R 14/16, DStR 2018, 2259 Rn. 33 ff.; v. 19.7.2018 – IV R 3/16, BFH/NV 2018, 1259 Rn. 16; BMF v. 12.6.2002, BStBl. I 2002, 614 Rn. 29.
3 S. ähnlich (zu § 8 Nr. 1 GewStG) BFH v. 1.10.2015 – I R 4/14, DStR 2015, 2849.
4 BFH v. 19.7.2018 – IV R 14/16, DStR 2018, 2259 Rn. 33 ff.; v. 19.7.2018 – IV R 3/16, BFH/NV 2018, 1259 Rn. 16; *Schmidt*[37], § 5a Rn. 21; *Frotscher/Geurts*, § 5a Rn. 82, 82c; **aA** FG Hbg. v. 8.12.2015 – 6 K 118/15, EFG 2016, 360 Rn. 32 ff. m. Anm. *Barche*.
5 BFH v. 19.7.2018 – IV R 14/16, juris; **aA** *H/H/R*, § 5a Anm. 84.
6 BFH v. 19.7.2018 – IV R 14/16, juris.
7 BGBl. I 2014, 1266.
8 BGBl. I 2014, 1266.
9 BFH v. 16.1.2014 – IV R 15/13, BStBl. II 2014, 774; **aA** BMF v. 12.6.2002, BStBl. I 2002, 614 Rn. 12 ff.; FG Hbg. v. 2.2.2010 – 2 K 147/08, EFG 2010, 1116 (als Vorinstanz zu BFH v. 3.4.2014 – IV R 12/10, BFH/NV 2014, 1653); FG Nds. v. 28.2.2012 – 8 K 174/08, EFG 2012, 1729; krit. *Kemsat/Hackert*, NWB 2011, 1967.
10 BMF v. 12.6.2002, BStBl. I 2002, 614 Rn. 16.
11 BMF v. 12.6.2002, BStBl. I 2002, 614 Rn. 19 iVm. BMF v. 25.5.2000, BStBl. I 2000, 809 Rn. 15a.

rungsvoraussetzungen sämtlich v. Beginn desjenigen Wj. an vorlagen, in dem der Antrag gestellt wurde;[1] für das in 1999 endende Wj. genügte der FinVerw. aus Billigkeit (spätestens) das Ende dieses Wj., für das in 2000 endende Wj. (spätestens) der 30.6.2000.[2]

19 Gem. **Abs. 3 S. 1** ist der Antrag **im Wj.** der Anschaffung oder Herstellung des Handelsschiffs als demjenigen der **Indienststellung** des Schiffs – aber gleichwohl stets betriebs- und nicht etwa schiffsbezogen (vgl. § 5 Abs. 1) – und (nur) **mit Wirkung** ab Beginn dieses Wj. zu stellen. Die Änderung soll unerwünschte Steuergestaltungen durch das sog. Kombi-Modell verhindern, wonach der Antrag auf Tonnagebesteuerung erst mit Wirkung des zweiten Wj. gestellt wurde, welches auf das Wj. der erstmaligen Erzielung v. Einkünften aus dem Betrieb v. Handelsschiffen im internationalen Verkehr folgte; das ermöglichte die Kombination des Abzugs v. Anlaufverlusten und der Vorteile der Tonnagesteuer. Dem wird nun abschließend vorgebeugt, und zwar umfassend, auch für Verluste, welche aus Schiffsbetriebs-Hilfsgeschäften resultieren, zB aus Vorlaufkosten v. Ges., die als Vorrats-Ges. zum Abschluss eines Bauvertrags über ein Handelsschiff gegründet werden.[3] – Die Regelung ist allerdings **missverständlich:** Der Antrag „kann" gestellt werden, allerdings nur zu dem gesetzlich bestimmten Zeitpunkt. Wird er in dieser Frist nicht gestellt, kann er gem. **Abs. 3 S. 5** erstmals in dem Wj. gestellt werden, das nach Ablauf eines Zeitraums v. zehn Jahren endet, dies bezogen auf den Beginn des Jahres der jeweiligen Indienststellung des angeschafften oder hergestellten Schiffs (s. Rn. 20). Wird der Antrag innerhalb der Frist gem. Abs. 3 S. 1 gestellt, werden Gewinne, welche (aber wohl nur solche durch das betr. Schiff) vor Indienststellung durch den Betrieb v. Handelsschiffen im internationalen Verkehr erwirtschaftet worden sind, nicht besteuert, **Abs. 3 S. 2 HS 1.**[4] Der Preis hierfür[5] ist, dass aufgelaufene Verluste (insoweit) weder ausgleichsfähig noch verrechenbar sind, **Abs. 3 S. 2 HS 2.** Die aufgelaufenen Verluste gehen aus stl. Sicht also unwiederbringlich verloren. Bereits erlassene Steuerbescheide (Festsetzungs- ebenso wie Feststellungsbescheide, vgl. § 155 Abs. 1 S. 2, § 181 Abs. 1 S. 1 AO) sind, auch nach Eintritt ihrer Bestandskraft, aber („insoweit") nur hinsichtlich der einbezogenen Gewinne (Verluste) zu ändern, **Abs. 3 S. 3 und 4 HS 1.** Abs. 3 S. 3 stellt eine eigenständige Änderungsvorschrift ohne eine zeitliche Begrenzung auf das Jahr der Indienststellung dar.[6] Die Festsetzungsfrist (§§ 169 ff. AO) endet frühestens mit Ablauf der Festsetzungsfrist für den VZ, in dem erstmals v. der Pauschalbesteuerung Gebrauch gemacht wird, **Abs. 3 S. 4 HS 2.** Wird der Antrag nicht innerhalb der Frist des Abs. 3 S. 1, sondern gem. Abs. 3 S. 5 erst nach Ablauf v. zehn Jahren nach Indienststellung des Schiffs gestellt, sind Abs. 3 S. 2–4 (naturgemäß) unanwendbar, **Abs. 3 S. 6.**

20 Lässt der StPfl. die Frist innerhalb der ersten drei Jahre (Abs. 3 S. 1 aF) oder des Wj. der Indienststellung (Abs. 3 S. 1) verstreichen, kann der Antrag (als sog. **Rückoption**) frühestens wieder nach Ablauf v. zehn Jahren, gerechnet v. Beginn des Erstjahres oder der Indienststellung an (und deswegen stets auf den 1.1. des Jahres der Antragstellung zurückwirkend), gestellt werden. Wird der Antrag gestellt, ist der StPfl. hieran für zehn Jahre gebunden **(Abs. 3 S. 7, Abs. 3 S. 3 aF)**; nach deren Ablauf kann der Antrag jährlich zurückgenommen werden **(Abs. 3 S. 8, Abs. 3 S. 4 aF)**, dann aber mit erneuter Bindung für zehn Jahre **(Abs. 3 S. 9, Abs. 3 S. 5 aF)**. Das G verlangt keine Formerfordernisse, die FinVerw.[7] verlangt gleichwohl einen **schriftlichen** Antrag. Er ist unwiderruflich und kann, einmal gestellt, unbeschadet des Eintritts der Bestandskraft des Steuerbescheides nicht zurückgenommen werden.[8] Unabhängig davon sind etwaige **Ausweichreaktionen** des StPfl., um der Antragsbindung in Verlustphasen zu entgehen, allerdings (wie bei jeglicher Steuerbegünstigung ansonsten auch) möglich und nicht missbräuchlich (§ 42 AO).[9] **Beispiele** für derartige „bewusste" Maßnahmen zur Nichterfüllung der Pauschalierungsvoraussetzungen sind: die Veräußerung der Schiffe oder deren Überführung in andere Betriebe mit Gewinnermittlung nach §§ 4 Abs. 1, 5, die Aufgabe der inländ. Bereederung oder Geschäftsleitung, die Entlassung der im Inland angestellten Kapitäne und Offiziere als wesentlichen Bestandteil der Bereederung, der Wechsel in ein ausländ. Schiffsregister, ggf. auch umwandlungsrechtl. Maßnahmen.[10]

1 BMF v. 12.6.2002, BStBl. I 2002, 614 Rn. 17.
2 BMF v. 12.6.2002, BStBl. I 2002, 614 Rn. 18.
3 BFH v. 7.6.2018 – IV R 16/16, DStR 2018, 1812 Rn. 12 ff.; FG Nds. v. 11.2.2016 – 1 K 171/15, EFG 2016, 899 m. Anm. *Vorbeck.*
4 Vgl. BFH v. 6.2.2014 – IV R 19/10, BStBl. II 2014, 522.
5 FG Hbg. v. 26.3.2010 – 6 K 242/09, EFG 2010, 1485 (als Vorinstanz zu BFH v. 6.2.2014 – IV R 19/10, BStBl. II 2014, 522).
6 BFH v. 7.6.2018 – IV R 16/16, DStR 2018, 1812 Rn. 14.
7 BMF v. 12.6.2002, BStBl. I 2002, 614 Rn. 20.
8 **AA** früher BMF v. 24.6.1999, BStBl. I 1999, 669 Rn. 16.
9 S. *Blümich*, § 5a Rn. 74.
10 *Dißars/Kahl-Hinsch*, DStR 2013, 2092. Die Gewinnermittlung nach § 5a gilt während der Liquidation einer Schiffsges. innerhalb der zehnjährigen Bindungsfrist allerdings weiter und umfasst alle mit dem Schiffsbetrieb zusammenhängenden Abwicklungstätigkeiten; FG Nds. v. 21.11.2017 – 15 K 202/14, EFG 2018, 1374 Rn. 86 ff. (Rev. IV R 3/18).

F. Wechsel der Gewinnermittlungsarten (Abs. 4 und 6)

Beim (erstmaligen oder erneuten, s. Rn. 20) Übergang zur Tonnagebesteuerung ist die Erfassung bisher aufgelaufener **stiller Reserven** zu gewährleisten. Dazu ist gem. **§ 5a Abs. 4 S. 1** außerhalb der Bilanz ein besonderes **Verzeichnis** zu erstellen, in dem der **Unterschiedsbetrag** zw. Buch- und TW (§ 6 Abs. 1 Nr. 1 S. 3)[1] für das Schiff und für jedes WG, das dem begünstigten Schifffahrtsbetrieb unmittelbar dient (s. dazu Rn. 12), aufzunehmen ist; einzubeziehen sind hierbei auch durch den Schiffsbetrieb veranlasste Verbindlichkeiten (für die Anschaffung des Schiffs, v. Materialien uÄ;[2] Fremdwährungsverbindlichkeiten;[3] für Schiffsfinanzierungen[4]). Eine strenge Orientierung an §§ 4 ff. ist nicht vorgegeben.[5] Einzubeziehen sind deswegen auch WG, die als solche nicht bilanzierungsfähig sind, die jedoch wirtschaftl. stille Reserven enthalten oder abbilden, zB ein Chartervertrag oder ein Schiffsbauvertrag (als schwebende Geschäfte).[6] Maßgebend sind die Verhältnisse zum Schluss des Übergangsjahres = des Wj., das der erstmaligen Anwendung v. Abs. 1 vorangeht. Zur Ermittlung des Unterschiedsbetrages des Handelsschiffes wird es von der FinVerw. nicht beanstandet, wenn der Stpfl den TW in der Weise ermittelt, dass v. den ursprünglichen AK/HK AfA nach § 7 Abs. 1 S. 1 abgezogen werden, es sei denn, das Handelsschiff wird zeitnah zur Feststellung des Unterschiedsbetrags veräußert; für den letzteren Fall wird der Wiederbeschaffungswert als „richtiger" TW unterstellt. Bei dieser vereinfachten Teilwertermittlung ist (abw. v. der Regel-Nutzungsdauer v. 16 Jahren bei Hochseeschiffen)[7] v. einer Nutzungsdauer v. 25 Jahren auszugehen; ein Schrottwert bleibt außer Ansatz.[8] Unklar bleibt bei dieser Praxis, wann v. einem „zeitnahen" Verkauf des Schiffs die Rede sein soll.[9] Zudem bindet das BMF-Schr. v. 31.10.2008[10] als norminterpretierende Verwaltungsvorschrift die FG nicht. Sie haben den TW des Schiffs unabhängig davon im Wege der Schätzung zu ermitteln, wobei die TW-Vermutungen greifen und Feststellungen zur betriebsüblichen Nutzungsdauer des Schiffs zu treffen sind.[11] 21

Das **Verzeichnis** ist bei **Veränderungen** (wie zB Ausscheiden oder Zuführen v. WG, Verringern oder Erhöhen v. Nutzungsanteilen, Tilgen v. Fremdwährungsverbindlichkeiten, Veränderungen im personellen Bestand ohne Hinzurechnung gem. Abs. 4 S. 3 Nr. 3) **fortzuschreiben.**[12] Entspr. gilt, wenn der StPfl. WG des BV dem Betrieb v. Handelsschiffen zuführt **(Abs. 4 S. 4)**. Der jeweilige Unterschiedsbetrag[13] ist gesondert und ggf. einheitlich (und dann abw. v. Abs. 4a wohl auch nach Maßgabe individueller Verteilungsabreden der G'ter, s. auch Rn. 16)[14] festzustellen **(Abs. 4 S. 2)**. Die Feststellung hat bereits dann zu erfolgen, wenn im auf das Übergangsjahr folgenden Wj. tatsächlich eine pauschale Gewinnermittlung nach Abs. 1 erfolgt ist und ein dem entsprechender Steuer- oder Feststellungsbescheid ergangen ist. Es kommt nicht darauf an, ob die Voraussetzungen des Abs. 1 vorlagen.[15] Durch den Bescheid nach Abs. 4 S. 2 wird der Unterschiedsbetrag dem Grunde und der Höhe nach festgestellt und bei MU'schaften den jeweiligen Feststellungsbeteiligten persönlich zugerechnet. Der Bescheid ist bei der Gewinnfeststellung als Grundlagenbescheid zu berücksichtigen.[16] Dem Verzeichnis nach § 5a Abs. 4 S. 1 kommt demgegenüber keine Bindungswirkung zu, es hat nur eine Dokumentationsfunktion für spätere Änderungen.[17] 21a

---

1 Zur TW-Ermittlung bei Handelsschiffen eingehend *Schultze*, FR 1999, 977 (982): lineare Abschreibung bei unterstellter Nutzungsdauer v. 15–22 Jahren; sa. BFH v. 9.1.2013 – IV B 8/12, BFH/NV 2013, 551: keine Bandbreitenermittlung; FG SchlHol. v. 6.12.2012 – 2 V 176/12, EFG 2013, 342 (rkr.); BFH v. 17.8.2017 – IV R 3/14, DStR 2017, 2264 Rn. 28: keine Vermutung einer Nutzungsdauer eines Tankschiffs von 25 Jahren.
2 BFH v. 16.2.2012 – IV B 57/11, BFH/NV 2012, 1108; *H/H/R*, § 5a Anm. 71; *Kranz*, DStR 2000, 125 (126).
3 BFH v. 16.2.2012 – IV B 57/11, BFH/NV 2012, 1108; FG Nds. v. 18.11.2010 – 1 K 343/06, juris (NZB zurückgewiesen, BFH v. 16.2.2011 – IV B 145/10, nv.); BMF v. 12.6.2002, BStBl. I 2002, 614 Rn. 21.
4 FG Hbg. v. 14.8.2013 – 2 K 32/13, EFG 2013, 1900 (rkr.).
5 Zu den Problemen und Methoden der TW-Ermittlung s. auch *Dißars/Kahl-Hinsch*, DStR 2013, 2092.
6 *K/S/M*, § 5a Rn. E7 und E3; *L/B/P*, § 5a Rn. 140; **aA** BFH v. 29.11.2012 – IV R 47/09, BStBl. II 2013, 324; *Lademann*, § 5a Rn. 99; *B/B*, § 5a Rn. 28a.
7 AfA Tabelle Hochsee-, Küsten-, Binnenschifffahrt Tz. 1.3.
8 BMF v. 31.10.2008, BStBl. I 2008, 956 Rn. 21; FG SchlHol. v. 6.12.2012 – 2 V 176/12, EFG 2013, 342 (rkr.); abw. BFH v. 17.8.2017 – IV R 3/14, DStR 2017, 2264 Rn. 28.
9 Zutreff *v. Glasenapp*, DStR 2009, 1462.
10 BStBl. I 2008, 956.
11 BFH v. 17.8.2017 – IV R 3/14, DStR 2017, 2264 Rn. 28: keine Vermutung einer Nutzungsdauer eines Tankschiffs von 25 Jahren.
12 BMF v. 12.6.2002, BStBl. I 2002, 614 Rn. 24.
13 Vgl. im Einzelnen BMF v. 12.6.2002, BStBl. I 2002, 614 Rn. 23 f.; s. auch BFH v. 24.11.1983 – IV R 74/80, BStBl. II 1984, 155; aber str., **aA** *Schultze*, FR 1999, 977 (980): Jahr der Infahrtsetzung.
14 FG Hbg. v. 27.8.2009 – 2 K 185/07, EFG 2010, 134.
15 BFH v. 17.8.2017 – IV R 3/14, DStR 2017, 2264 Rn. 15.
16 BFH v. 19.7.2011 – IV R 42/10, BStBl. II 2011, 878 Rn. 20.
17 FG Hbg. v. 19.12.2017 – 2 K 277/16, EFG 2018, 655 Rn. 64 (Rev. IV R 4/18).

21b Der Unterschiedsbetrag ist erst (und nicht – unter Einräumung eines Wahlrechts – „spätestens", so aber ursprünglich – bis zum VZ 1999[1] – Abs. 4 S. 3 HS 1 aF[2]) beim – umgekehrten – Übergang zur regulären Gewinnermittlung dem Gewinn **„hinzuzurechnen"** (auch wenn er ausnahmsweise negativ sein sollte[3]) und zu versteuern, und zwar **alternativ** verteilt auf fünf Jahre iHv. mindestens einem Fünftel, sodass ein Wahlrecht besteht, auch mehr hinzuzurechnen **(Abs. 4 S. 3 Nr. 1 = Abs. 4 S. 3 lit. a aF) oder** beim Ausscheiden des WG aus dem BV bzw. bei Beendigung seiner dienenden Funktion für den Schifffahrtsverkehr **(Abs. 4 S. 3 Nr. 2 = Abs. 4 S. 3 lit. b HS 1 aF)**.[4] In diesem letzteren Fall unterblieb die Auflösung des Unterschiedsbetrages aber gem. Abs. 4 S. 3 lit. b HS 2 aF, wenn das betr. WG ein Handelsschiff war, an dessen Stelle innerhalb der folgenden zwei Wj. (und wohl auch im Jahr der Veräußerung selbst[5]) ein anderes Schiff im Wege der **Ersatzbeschaffung** trat (vgl. § 6b); zum Anwendungszeitraum dieser weggefallenen Regelung s. Rn. 4. Beim (ggf. auch nur teilweisen)[6] Ausscheiden eines G'ter iSv. § 15 Abs. 1 S. 1 Nr. 2 ist der Unterschiedsbetrag im Jahr des Ausscheidens anteilig (aufzulösen und) hinzuzurechnen **(Abs. 4 S. 3 Nr. 3)**.[7] Umstr. ist, ob davon auch die Fälle der Übertragung oder Einbringung zu Buchwerten (zB gem. § 6 Abs. 3, § 24 UmwStG) erfasst werden, weil in jenen Fällen der Rechtsnachfolger in die Rechtsposition des Rechtsvorgängers eintritt, was auch für den hier in Rede stehenden Unterschiedsbetrag gelten könnte.[8] Die FinVerw. hatte Letzteres ursprünglich einschränkungslos so gesehen.[9] Inzwischen hat sie ihre Auffassung als Reaktion auf Gestaltungsmodelle während der Schifffahrtskrise dahingehend eingeschränkt, dass eine (ggf. anteilige) Hinzurechnung erfolgen soll, wenn der MU'er durch eine Einbringung zu Buchwerten gem. § 24 UmwStG in eine PersGes. nicht mehr zu 100 % mittelbarer MU'er der Schiffsges. ist.[10] Nach einer neueren Entsch. des FG Hbg. ist der Begriff des Ausscheidens allerdings weit auszulegen und umfasst jeden Fall des Verlustes der Gesellschafterstellung, etwa auch durch Tod oder steuerneutrale Anteilsübertragungen zu Buchwerten.[11] Diese Ansicht überzeugt vor dem Hintergrund des Sinn und Zwecks der Feststellung des Unterschiedsbetrags und des in Abs. 4 S. 3 Nr. 3 geregelten Hinzurechnungstatbestands.[12]

21c Stille Reserven, die während der pauschalen Gewinnermittlung aufgelaufen sind, werden dadurch erfasst, dass beim **Übergang zur regulären Gewinnermittlung** in der Schlussbilanz des Wj., in dem der Gewinn letztmals pauschal ermittelt wird, für die dem Schifffahrtsverkehr unmittelbar dienenden WG der TW anzusetzen ist **(Abs. 6)**. Entspr. gilt für einzelne WG, die aus der Tonnagebesteuerung in den Gewinn durch BV-Vergleich überwechseln. Die anfallende AfA bestimmt sich indes nicht nach dem TW, sondern nach ihrem normalen Berechnungsverlauf, und wird in der fortzuführenden Steuerbilanz (Rn. 22) weitergeführt; der Buchwert wirkt also als „Anhaltswert".[13] Ein etwaiger Restbuchwert (Schrottwert) geht in den TW gem. Abs. 4 S. 1 ein und ist als solcher im Anschluss daran nicht mehr abschreibbar; andernfalls entstünde im Effekt eine v. Normzweck nicht getragene Doppelabschreibung. Bei Einsatz v. gebraucht erworbenen Seeschiffen (sog. Second-Hand-Schiffe) ist die Nutzungsdauer neu zu schätzen.[14] Die TW-Ermittlung und etwaige TW-Aufholungen im Falle einer Rückoption zur Tonnagebesteuerung beeinflussen

1 Vgl. § 52 Abs. 15 S. 5 idF des StBereinG 1999.
2 So auch BFH v. 21.10.2010 – IV R 23/08, BStBl. II 2011, 277; BMF v. 24.6.1999, BStBl. I 1999, 669 Rn. 25; **aA** *Schultze*, FR 1999, 977 (982).
3 *Schultze*, FR 1999, 977 (981) Fn. 29.
4 Die durch eine Veräußerung des Seeschiffs durch den Insolvenzverwalter ausgelöste Hinzurechnung des Unterschiedsbetrags und die dadurch bewirkte Steuerschuld ist eine Masseverbindlichkeit gem. § 55 Abs. 1 Nr. 1 InsO; s. BFH v. 27.10.2016 – IV B 119/15, BFH/NV 2017, 115 Rn. 10 (Bestätigung von FG Hbg. v. 25.11.2015 – 2 K 152/15, EFG 2016, 504 Rn. 23 ff.).
5 *Schultze*, FR 1999, 977 (983).
6 OFD Nds. v. 10.6.2011 – S 2133a-34-St 221, Rn. 10.
7 Vgl. insoweit zur (zivil-)rechtl. Unterscheidung zw. Ursprungs- und Zweiterwerber OLG Bremen v. 7.6.2007 – 2 U 78/06, DStR 2007, 1267.
8 So *v. Glasenapp*, DStR 2009, 1462.
9 BMF v. 31.10.2008, BStBl. I 2008, 956 Rn. 28.
10 OFD Nds. v. 19.5.2016, S 2133a-64-St 221.
11 FG Hbg. v. 19.12.2017 – 2 K 277/16, EFG 2018, 655 Rn. 54 ff. (Rev. IV R 4/18).
12 Zust. auch *H/H/R*, § 5a Anm. 73.
13 *L/B/P*, § 5a Rn. 258; *K/S/M*, § 5a Rn. H 4 ff.; sowie die FinVerw., s. zB FinBeh. Hbg. v. 21.8.2013 – 52 - O 1000 - 003/12, Fach Info 6/2013; **aA** FG Hbg. v. 16.6.2016 – 6 K 78/15, EFG 2016, 1785 m. Anm. *Pfützenreuter* (Rev. IV R 35/16); v. 16.6.2016 – 6 K 144/15, juris (Rev. IV R 42/16) und v. 16.6.2016 – 6 K 235/14, EFG 2016, 1410 m. Anm. *Barche* (Rev. IV R 39/16), jeweils mit Blick vor allem auf systematische Gründe; *Jacobs*, DB 2014, 863: Analogie zu § 13 Abs. 2 KStG; *Dißars/Kahl-Hinsch*, DStR 2013, 2092; *Dißars*, FR 2016, 395, mit Blick auf die wirtschaftl. kompensatorische Wirkung der AfA; *Frotscher/Geurts*, § 5a Rn. 79; *Ebinghaus/d'Avoine/Hinz*, BB 2014, 1436 (1439); *Blümich*, § 5a Rn. 110; *Lademann*, § 5a Rn. 146; *Schmidt*[37], § 5a Rn. 19.
14 *Dißars/Kahl-Hinsch*, DStR 2013, 2092; s. zur Schätzmethode auch FG Nds. v. 20.10.2009 – 8 K 323/05, EFG 2010, 558 (aus anderen Gründen aufgehoben durch BFH v. 20.11.2014 – IV R 1/11, FR 2015, 552).

schließlich die stl. Kapitalkonten der einzelnen MU'er. Weisen diese negative Werte aus, spricht einiges dafür, die Wertdifferenzen durch (positive) Ausgleichsposten abzubilden und bis zur späteren Gewinnerzielung zum Ausgleich zu „bevorraten".[1] – Die innerstaatl. Qualifizierung als lfd. Gewinn ist gleichermaßen abkommensrechtl. beachtlich und wirkt sich dementsprechend auf die zwischenstaatl. Besteuerungszuordnung aus (Art. 7 Abs. 1, Art. 13 Abs. 1 und 2 OECD-MA).[2]

Um den jederzeitigen Wechsel der Gewinnermittlungsart vornehmen zu können, ist die Steuerbilanz gem. §§ 4 Abs. 1, 5 parallel zur Gewinnermittlung gem. § 5a fortzuführen und vorzulegen (**§ 60 EStDV**). Zur auch insoweit wirkenden Anordnung des **§ 5b** zur Vorlage einer sog. E-Bilanz s. § 5b Rn. 2.[3] 22

§ 5b Elektronische Übermittlung von Bilanzen sowie Gewinn- und Verlustrechnungen

(1) [1]Wird der Gewinn nach § 4 Absatz 1, § 5 oder § 5a ermittelt, so ist der Inhalt der Bilanz sowie der Gewinn- und Verlustrechnung nach amtlich vorgeschriebenem Datensatz durch Datenfernübertragung zu übermitteln. [2]Enthält die Bilanz Ansätze oder Beträge, die den steuerlichen Vorschriften nicht entsprechen, so sind diese Ansätze oder Beträge durch Zusätze oder Anmerkungen den steuerlichen Vorschriften anzupassen und nach amtlich vorgeschriebenem Datensatz durch Datenfernübertragung zu übermitteln. [3]Der Steuerpflichtige kann auch eine den steuerlichen Vorschriften entsprechende Bilanz nach amtlich vorgeschriebenem Datensatz durch Datenfernübertragung übermitteln. [4]Im Fall der Eröffnung des Betriebs sind die Sätze 1 bis 4 für den Inhalt der Eröffnungsbilanz entsprechend anzuwenden.

(2) [1]Auf Antrag kann die Finanzbehörde zur Vermeidung unbilliger Härten auf eine elektronische Übermittlung verzichten. [2]§ 150 Absatz 8 der Abgabenordnung gilt entsprechend.

Verwaltung: BMF v. 19.1.2010, BStBl. I 2010, 47; v. 28.9.2011, BStBl. II 2011, 855; v. 5.6.2012, BStBl. I 2012, 598; v. 27.6.2013, BStBl. I 2013, 844; v. 13.6.2014, BStBl. I 2014, 886; v. 25.6.2015, BStBl. I 2015, 541; v. 24.5.2016, BStBl. I 2016, 500; v. 16.5.2017, BStBl. I 2017, 776; v. 6.6.2018, BStBl. I 2018, 714 (sämtlich Taxonomien). BMF v. 24.11.2017, BStBl. I 2017, 1543 (Übermittlungspflicht in Fällen atypisch stiller Ges. gem. § 5b).

Literatur: *Adrian/Fey/Hahn/Handwerker*, E-Bilanz: Die Änderungen durch die Taxonomie 5.3, DStR 2014, 2522; *Adrian/Franz/Heinsen*, E-Bilanz, 2012; *Arnold*, Die neue elektronische Bilanz nach § 5b, 2012; *Arnold/Schumann*, E-Bilanz: Das Anwendungsschreiben zu § 5b v. 28.9.2011, DStZ 2011, 812; *Endert*, Implikationen der E-Bilanz auf das Konzernrechnungswesen, Konzern 2012, 389; *Engelberth*, Die neue E-Bilanz, StBp. 2013, 160; *Goldshteyn/Purer*, Zur Verfassungskonformität des Mindestumfangs der E-Bilanz, StBp 2011, 185; *Heinsen/Adrian/Franz*, Unternehmensindividuelle Bestandsaufnahme zur E-Bilanz, DStR 2012, 1765; *Henselmann/Haller*, Potentielle Risikofaktoren in der E-Bilanz-Taxonomie für die Erhöhung der Betriebsprüfungswahrscheinlichkeit, DStR 2018, 1033; *Herrfurth*, Das BMF-Schr. zur E-Bilanz nach § 5b und die Steuertaxonomien, StuB 2011, 779; *Herrfurth*, Die E-Bilanz – Update zum Status quo, StuB 2012, 672; *Herzig/Briesemeister/Schäperclaus*, E-Bilanz: Finale Fassung des BMF-Schreibens und der Steuertaxomonien 2012, DB 2011, 2509; *Herzig/Schäperclaus*, Einheitstaxonomie für E-Bilanz und Offenlegung, DB 2013, 1; *Karla*, Zur Rechtsgrundlage der E-Bilanz – Schlusspunkt der Diskussion oder neue Zweifelsfragen?, Ubg 2012, 753; *Kerssenbrock/Kirch*, Zu den Folgen des § 5b für die Praxis in Unternehmen und Beratung, Stbg. 2012, 241; *Kerssenbrock/Kirch*, E-Bilanz: Personenhandelsgesellschaften und andere Mitunternehmerschaften schon bereit für die Kapitalkontenentwicklung ab VZ 2015?, Stbg. 2017, 114, 122; *Kowallik*, Erste Praxiserfahrungen mit und verbleibender Anpassungsbedarf bei der E-Bilanz, DB 2016, 133; *Kußmaul/Ollinger/Weiler*, E-Bilanz: Kritische Analyse aus betriebswirtschaftlicher Sicht, StuW 2012, 131; *Ley*, E-Bilanz – Ein Überblick unter Berücksichtigung der Besonderheiten bei PersGes., KÖSDI 2012, 17889; *Ley*, Kapitalkonten in den Berichtsbestandteilen „Bilanz" und „Kapitalkontenentwicklung" der E-(Gesamt-)Bilanz, KÖSDI 2015, 19317; *R. Meyer*, E-Bilanz bei kommunalen BgA – Strategien

1 So auch *Dißars/Kahl-Hinsch*, DStR 2013, 2092; aber str., **aA** *L/B/P*, § 5a Rn. 212.
2 Vgl. BFH v. 13.11.2013 – I R 67/12, BStBl. II 2014, 172, dort allerdings vor allem zu den Besonderheiten des DBA Belgien bei Annahme eines Veräußerungsgewinns.
3 S. iErg. auch *Dißars*, StC 2011, 10/19; *Herrfurth*, StuB 2011, 563.

zur Vermeidung, ZKF 2015, 124; *Polka/Arnold*, Elektronische Übermittlung v. Bilanzdaten im Jahr 2016 – Bestandsaufnahme und Ausblick auf die zukünftige Taxonomie 6.0, DStZ 2016, 675; *Richter/Kruczynski*, Die Auswirkungen der Einführung der E-Bilanz auf Klein- und Kleinstbetriebe – eine empirische Analyse, DStR 2012, 919; *Riepold*, E-Bilanz der atypisch stillen Gesellschaft, StuB 2018, 132; *Riepold*, E-Bilanz: Änderungen der Taxonomie 6.2, StuB 2018, 540; *Riepolt/Steinegger*, E-Bilanz einer PersGes., StuB 2015, 667; *Riepolt/Steinegger*, E-Bilanz einer PersGes. für das Wj. 2015 – Umfang der Übermittlungspflichten und Änderungen durch die Taxonomie 5.4, DStR 2016, 184; *Schäperclaus/Hülshoff*, E-Bilanz für MU'schaften: Übermittlung von Sonder- und Ergänzungsbilanzen, DB 2014, 2601; *Schäperclaus/Hülshoff*, E-Bilanz für MU'schaften: Eigenkapitalausweis, steuerliche Gewinnermittlung, Sonderfälle, DB 2014, 2781; *Schiffers*, E-Bilanz: Softwaretechn. Umsetzung und Integration in die stl. Prozesse, DStZ 2012, 36; *Sopp/Kruczynski/Richter*, Stärken und Schwächen der E-Bilanz im internationalen Kontext, DStR 2013, 605; *Zwirner*, BMF: E-Bilanz – Veröffentlichung der Taxonomie 5.3 v. 2.4.2014, BB 2014, 1906; *Zwirner*, Neue Taxonomien erfordern Anpassungen im Berichtswesen, BB 2015, 1842; *Zwirner*, BMF: E-Bilanz – Veröffentlichung der Taxonomie 6.1 v. 1.4.2017, BB 2017, 1459.

A. Grundaussagen der Vorschrift

1 **I. Regelungsgegenstand.** § 5b Abs. 1 S. 1 verpflichtet bilanzierende StPfl., die Inhalte der Bilanz und der GuV nach amtlich vorgeschriebenem Datensatz elektronisch an die zuständige FinBeh. zu übermitteln **(sog. E-Bilanz)**. Dies gilt gem. S. 2 auch für die erforderlichen Anpassungen der HB an die stl. Vorschriften. Nach § 5b Abs. 1 S. 3 besteht wahlweise die Möglichkeit, eine StB elektronisch zu übermitteln. Entsprechendes gilt nach S. 4 für die EB bei Betriebseröffnungen. § 5b Abs. 2 enthält eine Billigkeitsregelung, nach der die FinBeh. zur Vermeidung von Härten auf eine elektronische Übermittlung verzichten kann. Die Vorschrift ist systematisch unglücklich verortet. Sie befindet sich zwar im Abschnitt über die Gewinnermittlung, ist aber rein **verfahrensrechtlicher Natur**[1] und ergänzt die sich aus § 25 Abs. 3 und 4 EStG, § 181 Abs. 2a AO, § 31 Abs. 1a KStG für bilanzierende StPfl. ergebende Pflicht zur Abgabe einer elektronischen Steuer- oder Feststellungserklärung. Bilanz und GuV müssen ebenfalls elektronisch übermittelt werden. Die Pflicht zur Übermittlung in Papierform lebt nur dann wieder auf, wenn die FinBeh. nach § 5b Abs. 2 auf die elektronische Übermittlung verzichtet (§ 60 Abs. 1 EStDV). § 5b soll als wichtiger Baustein der Modernisierung des Besteuerungsverfahrens der Vereinfachung der Veranlagung dienen und zum sog. E-Government beitragen („Elektronik statt Papier").[2] Für die FinVerw. bietet die Bestimmung über die mit der effizienteren Verarbeitung der papierlos übermittelten Bilanzen und GuV verbundenen Vorteile (insbes. Kostenersparnisse) hinaus die Möglichkeit, aus den standardisierten und elektronisch auswertbaren Bilanzdaten wichtige Informationen (zB Bilanzkennzahlen) zu ziehen. Diese können für die Anordnung oder Durchführung von Außenprüfungen und Verprobungen von Bedeutung sein. Damit dient § 5b auch dem Risikomanagement und der Gleichmäßigkeit der Besteuerung (§ 85 AO).[3] Zudem können durch die E-Bilanz die Auswirkungen von geplanten Änderungen des Bilanzrechts auf das Steueraufkommen verlässlicher abgeschätzt werden.[4] Ob die E-Bilanz auch für die StPfl. Erleichterungen bringt, insbes. in Form von Kostenersparnissen, ist fraglich.[5] Die Verpflichtung zur elektronischen Übermittlung ist in Anbetracht der Billigkeitsregelung in § 5b Abs. 2 als solche **verfassungsrechtlich nicht zu beanstanden**.[6] § 5b dürfte (iVm. § 51 Abs. 4 Nr. 1b EStG, ab dem 1.1.2017 zudem iVm. § 87b Abs. 1 AO) auch eine ausreichende **Rechtsgrundlage** für die **E-Bilanz** und die **Taxonomien** darstellen. Zweifel sind aber angebracht in Bezug auf die weitreichenden Anforderungen in den sog. Taxonomie-Mussfeldern[7] (s. dazu auch Rn. 7 f.). Die höchst ausdifferenzierte Steuer-Taxonomie verlässt zT den Boden der handelsrechtlichen Vorgaben (§§ 266, 277 HGB) und reicht bis hinunter auf die Kontenebene.[8]

2 **II. Anwendungsbereich. 1. Zeitlich.** § 5b wurde durch das StBürAbbG v. 20.12.2008[9] neu geschaffen. Die Vorschrift sollte gem. § 52 Abs. 15a aF, jetzt **§ 52 Abs. 11** idF des Kroatien-AnpG v. 25.7.2014[10], mit erstmaliger Wirkung für Wj. (Gewinnermittlungszeiträume) anzuwenden sein, die nach dem 31.12.2010

1 *K/S/M*, § 5b Rn. A 1; *Blümich*, § 5b Rn. 1; *Lademann*, § 5b Rn. 6; *Karla*, Ubg 2012, 753 (754); **aA** *Marx*, FR 2011, 267 (271); *Herzig/Briesemeister/Schäperclaus*, DB 2011, 1 (5).
2 BR-Drucks. 547/08, 14, 25.
3 BT-Drucks. 16/10940, 3; *K/S/M*, § 5b Rn. A 5; *H/H/R*, § 5b Anm. 4; *Schmidt*[37], § 5b Rn. 1; *Blümich*, § 5b Rn. 6; *Herzig/Schäperclaus*, DB 2013, 1.
4 *Schmidt*[37], § 5b Rn. 1; *Blümich*, § 5b Rn. 6; vgl. auch *Haunhorst*, DStR 2010, 2105.
5 Vgl. *Kußmaul/Weiler*, StuB 2010, 607 (609); s. demgegenüber aber die sehr positive Einschätzung von *Richter/Kruczynski/Kurz*, DB 2010, 1604.
6 Vgl. *Gosch*, § 150 AO Rn. 18 f. mwN; **aA** *Karla*, Ubg 2012, 753 (755).
7 S. dazu zB *Heinsen/Adrian/Franz*, DStR 2012, 1765 (1766); *K/S/M*, § 5b Rn. B 32 ff.
8 *Heinsen/Adrian/Franz*, DStR 2012, 1765; s. zu bestehenden Ungewissheiten und zur weiteren Entwicklung auch *Polka/Arnold*, DStZ 2016, 575.
9 BGBl. I 2008, 2850.
10 BGBl. I 2014, 1266.

beginnen. Sollte es bis dahin noch an den erforderlichen technischen Voraussetzungen fehlen, konnte das BMF den Anwendungszeitpunkt gem. § 51 Abs. 4 Nr. 1c aF durch eine VO hinausschieben. Dies ist durch die **AnwendungszeitpunktverschiebungsVO** v. 20.12.2010[1] bis zum 31.12.2011 geschehen.[2] Überdies sollte es verwaltungsseitig unbeanstandet bleiben, wenn die Daten „im" Erstjahr, also in 2012 bzw. im entspr. abw. Wj. 2012/2013, noch nicht elektronisch übermittelt wurden.[3] Schließlich sieht der BMF-Erl. v. 28.9.2011[4] zeitliche Verschonungsregeln vor, zum einen für Bilanzierende, welche in den sog. besonderen sachlichen Anwendungsbereich fallen (Betriebsstätten, wirtschaftl. Geschäftsbetriebe, Betriebe gewerblicher Art). Für solche Unternehmen schob die FinVerw. den erstmaligen Verpflichtungszeitpunkt auf Wj. hinaus, die nach dem 31.12.2014 beginnen.[5] Zum anderen genügte es, wenn die Kapitalkontenentwicklung sowie Sonder- und Ergänzungsbilanzen bei MU'schaften erst für Wj. elektronisch wiedergegeben werden, die nach dem 31.12.2013 beginnen; für Wj., die vor dem 1.1.2015 beginnen, wird es nicht beanstandet, wenn Sonder- und Ergänzungsbilanzen dem FA noch nicht nach dem amtl. vorgeschriebenen Datensatz übermittelt werden.[6] Bei atypisch stillen Ges. wird es von der FinVerw. für Wj., die vor dem 1.1.2018 begonnen haben, nicht beanstandet, wenn die E-Bilanz mit der Steuererklärung des Inhabers des Handelsgewerbes übermittelt wird – und damit nicht mit der Feststellungserklärung der Ges.[7] Mit Wirkung vom 1.1.2017 wurde § 5b Abs. 1 S. 4 aF, nach dem § 150 Abs. 7 AO entspr. galt, gestrichen.[8] Die Verweisung im neuen S. 4 ist wohl aufgrund eines Redaktionsversehens nicht angepasst worden.

2. Persönlich. In **persönlicher Hinsicht** gilt § 5b für alle zur Abgabe von Steuer- oder Feststellungserklärungen verpflichtete nat. Pers., PersGes. und KStPfl. (vgl. § 31 Abs. 1 KStG). Für jur. Pers. des öffentlichen Rechts greift die Vorschrift damit ein, wenn sie einen Betrieb gewerblicher Art unterhalten.[9] Wirtschaftliche Geschäftsbetriebe v. partiell stpfl. Körperschaften (§§ 51 ff. AO, § 5 Abs. 1 Nr. 9 KStG) werden ebenfalls von der Verpflichtung erfasst. Einbezogen sind alle StPfl., unabhängig von der Größe oder Rechtsform des Unternehmens.[10] Bei inländ. Gewerbebetrieben greift die Pflicht zur Abgabe einer E-Bilanz auch dann, wenn sie ausländ. Betriebsstätten unterhalten oder anderweitig Einkünfte mit Auslandsbezug erzielen. Ausländische Unternehmen sind dann einbezogen, wenn sie durch inländ. Einkünfte, insbes. Betriebsstätten im Inland, der beschränkten StPfl. unterliegen (§ 1 Abs. 4, § 49). Nach Eröffnung des Insolvenzverfahrens trifft die Pflicht aus Abs. 1 den Insolvenzverwalter. 3

3. Sachlich. Die Übermittlungspflicht gilt nur für solche Unternehmen, die ihren Gewinn durch BV-Vergleich (§ 4 Abs. 1, § 5) oder pauschal gem. § 5a nach der Schiffstonnage ermitteln. Die Einbeziehung der sog. Tonnagebesteuerung ist deshalb gerechtfertigt, weil die Gewinnermittlung nach § 4 Abs. 1, § 5 parallel zu derjenigen gem. § 5a fortzuführen und vorzulegen ist, um den jederzeitigen Wechsel der Gewinnermittlungsart vornehmen zu können (s. § 5a Rn. 22).[11] Es kommt nicht darauf an, ob die Gewinnermittlung durch Vermögensvergleich gesetzlich vorgeschrieben oder freiwillig ist.[12] Einbezogen sind entspr. elektronische Aufzeichnungen auch dann, wenn sie (oder sogar die gesamte elektronische Buchführung) gem. § 146 Abs. 2a AO in das Ausland verlagert werden. § 5b greift nicht bei einer Gewinnermittlung nach § 4 Abs. 3 oder bei den Überschusseinkunftsarten. Allerdings ist die Anlage EÜR gem. § 60 EStDV nach amtlich vorgeschriebenem Datensatz elektronisch zu übermitteln. 4

B. Gegenstand der elektronischen Übermittlung (Abs. 1)

Durch Datenfernübertragung zu übermitteln ist gem. Abs. 1 S. 1 die **Bilanz** (= HB in den Fällen des § 5, StB iSv. § 4 Abs. 1, vgl. § 60 Abs. 2 S. 2 EStDV) sowie die **GuV** auf den Schluss des jeweiligen Wj., im Falle der Betriebseröffnung die **EB** (Abs. 1 S. 4). Erfasst werden bei MU'schaften auch Sonder- und Ergänzungsbilanzen.[13] Bei Bilanzänderungen oder -berichtigungen ist die neue Bilanz nebst geänderter GuV elektro- 5

---

1 BGBl. I 2010, 2135.
2 Zu den bei der freiwilligen Pilotierung im ersten Halbjahr 2011 gemachten Erfahrungen s. *Arnold/Schumann*, DStZ 2011, 740; *Schiffers*, DStZ 2011, 744.
3 BMF v. 28.9.2011, BStBl. I 2011, 855 Rn. 26 f.
4 BMF v. 28.9.2011, BStBl. I 2011, 855.
5 BMF v. 28.9.2011, BStBl. I 2011, 855 Rn. 7.
6 BMF v. 28.9.2011, BStBl. I 2011, 855.
7 BMF v. 24.11.2017, BStBl I 2017, 1543.
8 Art. 4 Nr. 2 VerfModG v. 18.7.2016, BGBl. I 2016, 1679. § 150 Abs. 7 AO enthielt die Ermächtigung zum Erl. der früheren StDÜV. Deren Regelungen sind in die AO übernommen worden (§ 72a Abs. 1–3, § 87a Abs. 6, §§ 87b–87d).
9 S. dazu *Ley*, npoR 2014, 218; *R. Meyer*, ZKF 2015, 124 (mit spezifischen Vermeidungsstrategien).
10 Krit. dazu *Kußmaul/Weiler*, StuB 2010, 607 (610).
11 **AA** *Kußmaul/Weiler*, StuB 2010, 607 (609): insoweit ‚Leerlaufen' des § 5b.
12 *Blümich*, § 5b Rn. 11; *H/H/R*, § 5b Anm. 21; *L/B/P*, § 5b Rn. 4; *Bergan/Martin*, DStR 2010, 1755.
13 *Blümich*, § 5b Rn. 26; *Kerssenbrock/Kirch*, Stbg. 2013, 385; zT **aA** *Schäperclaus/Hülshoff*, DB 2014, 2601.

nisch zu übermitteln. Die Veräußerungs- oder Aufgabebilanz ist gem. § 16 Abs. 2 S. 2 nach den Grundsätzen der § 4 Abs. 1, § 5 aufzustellen, auch sie ist deshalb in elektronischer Form abzugeben.[1] Anderes gilt für die Liquidationsbilanz nach § 11 KStG, für die besondere Gewinnermittlungsgrundsätze gelten. Bei Sonderbilanzen im Fall von Umwandlungen kommt es darauf an, ob sie unmittelbar der Gewinnermittlung dienen. Dies kann etwa bei Schlussbilanzen gem. § 3 Abs. 1 UmwStG der Fall sein, demgegenüber nicht bei Übernahmebilanzen.[2] Die Verpflichtung bezieht sich nur auf Bilanzen, die für die Besteuerung von Relevanz sind, deshalb sind von ihr zB Quartals- oder Halbjahresbilanzen sowie Überschuldungsbilanzen nicht betroffen.[3] Etwaige Lage- und Prüfungsberichte sind weiterhin in Papierform einzureichen (§ 60 Abs. 3 S. 1 EStDV). Gleiches gilt in den Fällen des § 5a für das besondere Verzeichnis nach § 5a Abs. 4, § 60 Abs. 3 S. 2 EStDV.[4] Die FinVerw. beanstandet es aber nicht, wenn sie in den entspr. Berichtsteilen der Taxonomie elektronisch mit übermittelt werden.[5]

6 Enthält die HB Ansätze oder Beträge, die den stl. Vorschriften nicht entsprechen, so sind solche Abweichungen zu dokumentieren, den stl. Vorschriften anzupassen und die **Überleitungsrechnung** ist ebenfalls elektronisch zu übermitteln (Abs. 1 S. 2). Nicht einbezogen sind außerbilanzielle Korrekturen. Stattdessen kann auch eine den stl. Vorschriften entspr. Bilanz (StB) elektronisch übermittelt werden (Abs. 1 S. 3).

7 Die elektronische Übertragung hat gem. Abs. 1 S. 1 auf **amtlich vorgeschriebenem Datensatz** durch Datenfernübertragung zu erfolgen. Form und Wege der Datenübermittlung regelte bis zum 31.12.2016 die Steuerdaten-ÜbermittlungsVO v. 28.1.2003[6] iVm. den Bestimmungen des BMF über Dateiformate und Übermittlungswege und der in § 5b Abs. 1 S. 4 aF[7] enthaltenen Geltungsanordnung der VO-Ermächtigung entspr. § 150 Abs. 7 AO aF. Ab dem 1.1.2017 sind die in der StDÜV enthaltenen Regelungen in die AO übernommen worden, § 72a Abs. 1 bis 3, § 87a Abs. 6 und §§ 87b bis 87d AO. Übermittlungsstandard ist die Verwendung von XBRL-Datensätzen (= eX-tensible Business Reporting Language)[8], die derzeit auch bereits für die Übermittlung v. Jahresabschlüssen zum elektronischen Bundesanzeiger nutzbar sind. Dabei ist der Datensatz über ein sicheres Verfahren mit einer Authentifizierung des Absenders zu versenden (§ 87a Abs. 6 S. 1 AO; § 1 Abs. 3, § 6 Abs. 1 StDÜV). Die FinVerw. stellt über Elster die erforderlichen Schnittstellen und Authentifizierungsmöglichkeiten zur Verfügung.[9] Der Umfang der zu übermittelnden Inhalte der Bilanz und der GuV sowie ggf. der Überleitungsrechnung ergibt sich aus speziellen **Taxonomie-Schemata**, die Teil des amtlich vorgeschriebenen Datensatzes sind. Sie werden vom BMF im Einvernehmen mit den obersten FinBeh. festgelegt (§ 51 Abs. 4 Nr. 1b)[10] und sind iErg. als Einheitstaxonomie ausgestaltet.[11] Eine besondere Übermittlungsfrist enthält das G nicht, sodass die allg. Fristen zur Abgabe der Steuererklärungen greifen.

8 Für die Zuweisung v. Konten zu entspr. Taxonomiepositionen werden die Werte aus der Buchhaltung übernommen und die Informationen mit eindeutigen Kennungen (sog. Tags) versehen (sog. Mapping).[12] Auf dieser Basis enthält die sog. **Kerntaxonomie**[13] Angaben und Positionen für Unternehmen aller Rechtsformen. Für bestimmte Wirtschaftszweige sind sog. **Branchentaxonomien** zu fertigen, wobei zw. Spezialtaxonomien (Banken und Versicherungen) und Ergänzungstaxonomien (Krankenhäuser, kommunale Eigenbetriebe, LuF, Pflegeeinrichtungen, Verkehrsunternehmen, Wohnungswirtschaft) unterschieden wird.[14] Die Steuertaxonomie umfasst ein Stammdaten-Modul (GCD) und ein Jahresabschlussmodul (GAAP).

---

1 *K/S/M*, § 5b Rn. B 1.
2 *K/S/M*, § 5b Rn. B 3; weiter gehend BMF v. 28.9.2011, BStBl. I 2011, 855 Rn. 1; v. 11.11.2011, BStBl. I 2011, 1314 Rn. 03.04.; so auch *Schumann/Arnold*, DStZ 2011, 226 (228).
3 *Blümich*, § 5b Rn. 25; *K/S/M*, § 5b Rn. B 1; *H/H/R*, § 5b Anm. 22; *Schmidt*[37], § 5b Rn. 1.
4 Zu weiteren Problemen iZ mit § 5a s. *Dißars*, StC 2011, 10/19.
5 BMF v. 28.9.2011, BStBl. I 2011, 855 Rn. 25.
6 BGBl. I 2003, 139, zuletzt geändert durch VO v. 8.1.2009, BGBl. I 2009, 31; BMF v. 19.1.2010, BStBl. I 2010, 47 Rn. 2.
7 Aufgehoben durch das VerfModG v. 18.7.2016, BGBl. I 2016, 1679.
8 BMF v. 19.1.2010, BStBl. I 2010, 47 Rn. 2; s. dazu *Richter/Kruczynski/Kurz*, DB 2010, 1604 (1605 f.).
9 *Gosch*, § 150 AO Rn. 25 mwN.
10 Die Steuer-Taxonomie ist unter www.esteuer.de abrufbar. Zu den jeweils aktualisierten Datenschemata der Taxonomien (aktuell Version 6.2) als amtl. vorgeschriebenem Datensatz s. auch BMF v. 5.6.2012, BStBl. I 2012, 598; v. 27.6.2013, BStBl. I 2013, 844; v. 13.6.2014, BStBl. I 2014, 886; v. 25.6.2015, BStBl. I 2015, 541; v. 24.5.2016, BStBl. I 2016, 500; v. 16.5.2017, BStBl. I 2017, 776; v. 6.6.2018, BStBl. I 2018, 714.
11 Dazu *Herzig/Schäperclaus*, DB 2013, 1.
12 *Herzig/Briesemeister/Schäperclaus*, DB-Beil. 5/2010, 1; *L/B/P*, § 5b Rn. 38.
13 *Kirsch*, DStZ 2012, 223.
14 *Heinsen/Adrian/Franz*, DStR 2012, 1765.

Die **Mitwirkungs- und Aufbewahrungspflichten** des StPfl. (zB §§ 90, 97, 146, 147 AO) sowie der Untersuchungsgrundsatz (§ 88 AO) bleiben durch die Pflichten zur E-Bilanz unberührt und wirken ergänzend. Die Verpflichtungen aus § 5b Abs. 1 können im Wege der Zwangsvollstreckung durch Androhung und Festsetzung eines Zwangsgeldes (§ 328 ff. AO) durchgesetzt werden.[1] Die Festsetzung von **Verspätungszuschlägen** ist zur Durchsetzung dieser Verpflichtungen hingegen nicht zulässig. Denn die E-Bilanz mag fehlen, unvollständig oder fehlerhaft sein; gleichwohl bleibt die eingereichte Steuererklärung als solche wirksam.[2] 9

C. Billigkeitsregelung (Abs. 2)

Die FinBeh. kann nach Abs. 2 S. 1 zur **Vermeidung unbilliger Härten** auf Antrag des StPfl. auf eine elektronische Übermittlung verzichten. Bei Vorliegen einer unbilligen Härte ist von der FinBeh. eine Ermessensentsch. zu treffen, in der alle maßgeblichen Aspekte zu berücksichtigen sind, insbes. ist der Erfassungsaufwand des FA dem Aufwand des StPfl. durch eine elektronische Übermittlung gegenüberzustellen.[3] Zusätzlich wird in Abs. 2 S. 2 auf **§ 150 Abs. 8 AO** verwiesen: Zu verzichten ist nach dieser Bestimmung, wenn eine Erklärungsabgabe nach amtlich vorgeschriebenem Datensatz durch Datenfernübertragung für den StPfl. wirtschaftl. oder persönlich unzumutbar ist, insbes. dann, wenn es nur unter einem nicht unerheblichen finanziellen Aufwand möglich wäre, die technischen Möglichkeiten dafür zu schaffen, oder wenn der StPfl. nach seinen individuellen Kenntnissen und Fähigkeiten nicht oder nur eingeschränkt in der Lage ist, die E-Möglichkeiten zu nutzen. In diesen Fallgestaltungen wird das nach Abs. 2 S. 1 eröffnete Ermessen auf null reduziert und ein Anspr. auf den Verzicht im Sinne einer gebundenen Entsch. begründet.[4] Begünstigt sind davon in erster Linie „Kleinstbetriebe", denen nicht zuzumuten ist, sich die nötigen technischen Vorrichtungen zu beschaffen.[5] Auch eine Medieninkompetenz wird als Form der persönlichen Unzumutbarkeit erfasst.[6] Eine lediglich abstrakte Gefahr, dass Dritte evtl. bestehende Sicherheitslücken bei der Übermittlung einer E-Bilanz nutzen könnten, um einen StPfl. wirtschaftl. zu schädigen, reicht allerdings nicht aus, um eine wirtschaftl. Unzumutbarkeit anzunehmen.[7] Ansonsten gebietet es aber der Grundsatz der Gleichmäßigkeit der Besteuerung (vgl. § 85 Abs. 1 AO), alle Unternehmen möglichst gleich zu behandeln und ihnen deswegen weitgehend ausnahmslos die Anforderungen des Abs. 1 abzuverlangen.[8] 10

Entspricht das FA dem Antrag durch ausdrücklichen Bescheid und ist dieser sachlich und zeitlich nicht begrenzt (zB auf einen VZ), bleibt er **bis zu seinem Widerruf gültig**. Die Bewilligung kann auch konkludent erfolgen, dann aber nur für den betreffenden lfd. VZ.[9] 11

§ 6 Bewertung

(1) Für die Bewertung der einzelnen Wirtschaftsgüter, die nach § 4 Absatz 1 oder nach § 5 als Betriebsvermögen anzusetzen sind, gilt das Folgende:

1. **Wirtschaftsgüter des Anlagevermögens, die der Abnutzung unterliegen, sind mit den Anschaffungs- oder Herstellungskosten oder dem an deren Stelle tretenden Wert, vermindert um die Absetzungen für Abnutzung, erhöhte Absetzungen, Sonderabschreibungen, Abzüge nach § 6b und ähnliche Abzüge, anzusetzen. [2]Ist der Teilwert auf Grund einer voraussichtlich dauernden Wertminderung niedriger, so kann dieser angesetzt werden. [3]Teilwert ist der Betrag, den ein Erwerber des ganzen Betriebs im Rahmen des Gesamtkaufpreises für das einzelne Wirtschaftsgut ansetzen würde; dabei ist davon auszugehen, dass der Erwerber den Betrieb fortführt. [4]Wirtschaftsgüter, die bereits am Schluss des vorangegangenen Wirtschaftsjahres zum Anlagevermögen des Steuerpflichtigen gehört haben, sind in den folgenden Wirtschaftsjahren gemäß Satz 1 anzusetzen, es sei denn, der Steuerpflichtige weist nach, dass ein niedrigerer Teilwert nach Satz 2 angesetzt werden kann.**

---

1 BMF v. 19.1.2010, BStBl. I 2010, 47 Rn. 2 aE, 4.
2 S. BFH v. 2.7.1986 – I R 70/83, BFH/NV 1987, 704; *Bergan/Martin*, DStR 2010, 1755 (1758).
3 FG Berlin-Bdbg. v. 14.2.2018 – 3 K 3249/17, EFG 2018, 706 Rn. 76 ff. (rkr.).
4 *Gosch*, § 150 AO Rn. 59 mwN.
5 BayLfSt v. 4.2.2009, DStR 2009, 640.
6 FG Berlin-Bdbg. v. 14.2.2018 – 3 K 3249/17, EFG 2018, 706 Rn. 63 ff. (rkr.).
7 BFH v. 15.5.2018 – VII R 14/17, juris Rn. 22; FG SchlHol. v. 8.3.2017 – 1 K 149/15, EFG 2017, 920 Rn. 25 f.
8 *Richter/Kruczynski/Kurz*, DB 2010, 1604 (1609); krit. *Herzig/Briesemeister/Schäperclaus*, DB-Beil. 5/2010, 11 f.
9 *Bergan/Martin*, DStR 2010, 1755 (1758).

1a. Zu den Herstellungskosten eines Gebäudes gehören auch Aufwendungen für Instandsetzungs- und Modernisierungsmaßnahmen, die innerhalb von drei Jahren nach der Anschaffung des Gebäudes durchgeführt werden, wenn die Aufwendungen ohne die Umsatzsteuer 15 Prozent der Anschaffungskosten des Gebäudes übersteigen (anschaffungsnahe Herstellungskosten). [2]Zu diesen Aufwendungen gehören nicht die Aufwendungen für Erweiterungen im Sinne des § 255 Absatz 2 Satz 1 des Handelsgesetzbuchs sowie Aufwendungen für Erhaltungsarbeiten, die jährlich üblicherweise anfallen.

1b. Bei der Berechnung der Herstellungskosten brauchen angemessene Teile der Kosten der allgemeinen Verwaltung sowie angemessene Aufwendungen für soziale Einrichtungen des Betriebs, für freiwillige soziale Leistungen und für die betriebliche Altersversorgung im Sinne des § 255 Absatz 2 Satz 3 des Handelsgesetzbuchs nicht einbezogen zu werden, soweit diese auf den Zeitraum der Herstellung entfallen. [2]Das Wahlrecht ist bei Gewinnermittlung nach § 5 in Übereinstimmung mit der Handelsbilanz auszuüben.

2. Andere als die in Nummer 1 bezeichneten Wirtschaftsgüter des Betriebs (Grund und Boden, Beteiligungen, Umlaufvermögen) sind mit den Anschaffungs- oder Herstellungskosten oder dem an deren Stelle tretenden Wert, vermindert um Abzüge nach § 6b und ähnliche Abzüge, anzusetzen. [2]Ist der Teilwert (Nummer 1 Satz 3) auf Grund einer voraussichtlich dauernden Wertminderung niedriger, so kann dieser angesetzt werden. [3]Nummer 1 Satz 4 gilt entsprechend.

2a. Steuerpflichtige, die den Gewinn nach § 5 ermitteln, können für den Wertansatz gleichartiger Wirtschaftsgüter des Vorratsvermögens unterstellen, dass die zuletzt angeschafften oder hergestellten Wirtschaftsgüter zuerst verbraucht oder veräußert worden sind, soweit dies den handelsrechtlichen Grundsätzen ordnungsmäßiger Buchführung entspricht. [2]Der Vorratsbestand am Schluss des Wirtschaftsjahres, das der erstmaligen Anwendung der Bewertung nach Satz 1 vorangeht, gilt mit seinem Bilanzansatz als erster Zugang des neuen Wirtschaftsjahres. [3]Von der Verbrauchs- oder Veräußerungsfolge nach Satz 1 kann in den folgenden Wirtschaftsjahren nur mit Zustimmung des Finanzamts abgewichen werden.

2b. Steuerpflichtige, die in den Anwendungsbereich des § 340 des Handelsgesetzbuchs fallen, haben die zu Handelszwecken erworbenen Finanzinstrumente, die nicht in einer Bewertungseinheit im Sinne des § 5 Absatz 1a Satz 2 abgebildet werden, mit dem beizulegenden Zeitwert abzüglich eines Risikoabschlages (§ 340e Absatz 3 des Handelsgesetzbuchs) zu bewerten. [2]Nummer 2 Satz 2 ist nicht anzuwenden.

3. Verbindlichkeiten sind unter sinngemäßer Anwendung der Vorschriften der Nummer 2 anzusetzen und mit einem Zinssatz von 5,5 Prozent abzuzinsen. [2]Ausgenommen von der Abzinsung sind Verbindlichkeiten, deren Laufzeit am Bilanzstichtag weniger als zwölf Monate beträgt, und Verbindlichkeiten, die verzinslich sind oder auf einer Anzahlung oder Vorausleistung beruhen.

3a. Rückstellungen sind höchstens insbesondere unter Berücksichtigung folgender Grundsätze anzusetzen:

a) bei Rückstellungen für gleichartige Verpflichtungen ist auf der Grundlage der Erfahrungen in der Vergangenheit aus der Abwicklung solcher Verpflichtungen die Wahrscheinlichkeit zu berücksichtigen, dass der Steuerpflichtige nur zu einem Teil der Summe dieser Verpflichtungen in Anspruch genommen wird;

b) Rückstellungen für Sachleistungsverpflichtungen sind mit den Einzelkosten und den angemessenen Teilen der notwendigen Gemeinkosten zu bewerten;

c) künftige Vorteile, die mit der Erfüllung der Verpflichtung voraussichtlich verbunden sein werden, sind, soweit sie nicht als Forderung zu aktivieren sind, bei ihrer Bewertung wertmindernd zu berücksichtigen;

d) Rückstellungen für Verpflichtungen, für deren Entstehen im wirtschaftlichen Sinne der laufende Betrieb ursächlich ist, sind zeitanteilig in gleichen Raten anzusammeln. [2]Rückstellungen für gesetzliche Verpflichtungen zur Rücknahme und Verwertung von Erzeugnissen, die vor Inkrafttreten entsprechender gesetzlicher Verpflichtungen in Verkehr gebracht worden sind, sind zeitanteilig in gleichen Raten bis zum Beginn der jeweiligen Erfüllung anzusammeln; Buchstabe e ist insoweit nicht anzuwenden. [3]Rückstellungen für die Verpflichtung, ein Kernkraftwerk stillzulegen, sind ab dem Zeitpunkt der erstmaligen Nutzung bis zum

Zeitpunkt, in dem mit der Stilllegung begonnen werden muss, zeitanteilig in gleichen Raten anzusammeln; steht der Zeitpunkt der Stilllegung nicht fest, beträgt der Zeitraum für die Ansammlung 25 Jahre;

e) Rückstellungen für Verpflichtungen sind mit einem Zinssatz von 5,5 Prozent abzuzinsen; Nummer 3 Satz 2 ist entsprechend anzuwenden. [2]Für die Abzinsung von Rückstellungen für Sachleistungsverpflichtungen ist der Zeitraum bis zum Beginn der Erfüllung maßgebend. [3]Für die Abzinsung von Rückstellungen für die Verpflichtung, ein Kernkraftwerk stillzulegen, ist der sich aus Buchstabe d Satz 3 ergebende Zeitraum maßgebend; und

f) bei der Bewertung sind die Wertverhältnisse am Bilanzstichtag maßgebend; künftige Preis- und Kostensteigerungen dürfen nicht berücksichtigt werden.

4. Entnahmen des Steuerpflichtigen für sich, für seinen Haushalt oder für andere betriebsfremde Zwecke sind mit dem Teilwert anzusetzen; in den Fällen des § 4 Absatz 1 Satz 3 ist die Entnahme mit dem gemeinen Wert anzusetzen. [2]Die private Nutzung eines Kraftfahrzeugs, das zu mehr als 50 Prozent betrieblich genutzt wird, ist für jeden Kalendermonat mit 1 Prozent des inländischen Listenpreises im Zeitpunkt der Erstzulassung zuzüglich der Kosten für Sonderausstattung einschließlich Umsatzsteuer anzusetzen; bei der privaten Nutzung von Fahrzeugen mit Antrieb ausschließlich durch Elektromotoren, die ganz oder überwiegend aus mechanischen oder elektrochemischen Energiespeichern oder aus emissionsfrei betriebenen Energiewandlern gespeist werden (Elektrofahrzeuge), oder von extern aufladbaren Hybridelektrofahrzeugen, ist der Listenpreis dieser Kraftfahrzeuge

   1. soweit Nummer 2 keine Anwendung findet und bei Anschaffung vor dem 1. Januar 2023 um die darin enthaltenen Kosten des Batteriesystems im Zeitpunkt der Erstzulassung des Kraftfahrzeugs wie folgt zu mindern: für bis zum 31. Dezember 2013 angeschaffte Kraftfahrzeuge um 500 Euro pro Kilowattstunde der Batteriekapazität, dieser Betrag mindert sich für in den Folgejahren angeschaffte Kraftfahrzeuge um jährlich 50 Euro pro Kilowattstunde der Batteriekapazität; die Minderung pro Kraftfahrzeug beträgt höchstens 10 000 Euro; dieser Höchstbetrag mindert sich für in den Folgejahren angeschaffte Kraftfahrzeuge um jährlich 500 Euro, oder
   2. bei Anschaffung nach dem 31. Dezember 2018 und vor dem 1. Januar 2022 nur zur Hälfte anzusetzen; bei extern aufladbaren Hybridelektrofahrzeugen muss das Fahrzeug die Voraussetzungen des § 3 Absatz 2 Nummer 1 oder 2 des Elektromobilitätsgesetzes erfüllen.

   [3]Die private Nutzung kann abweichend von Satz 2 mit den auf die Privatfahrten entfallenden Aufwendungen angesetzt werden, wenn die für das Kraftfahrzeug insgesamt entstehenden Aufwendungen durch Belege und das Verhältnis der privaten zu den übrigen Fahrten durch ein ordnungsgemäßes Fahrtenbuch nachgewiesen werden; bei der privaten Nutzung von Fahrzeugen mit Antrieb ausschließlich durch Elektromotoren, die ganz oder überwiegend aus mechanischen oder elektrochemischen Energiespeichern oder aus emissionsfrei betriebenen Energiewandlern gespeist werden (Elektrofahrzeuge), oder von extern aufladbaren Hybridelektrofahrzeugen, sind

   1. soweit Nummer 2 keine Anwendung findet und bei Anschaffung vor dem 1. Januar 2023 die der Berechnung der Entnahme zugrunde zu legenden insgesamt entstandenen Aufwendungen um Aufwendungen für das Batteriesystem zu mindern; dabei ist bei zum Betriebsvermögen des Steuerpflichtigen gehörenden Elektro- und Hybridelektrofahrzeugen die der Berechnung der Absetzungen für Abnutzung zugrunde zu legende Bemessungsgrundlage um die nach Satz 2 in pauschaler Höhe festgelegten Aufwendungen zu mindern, wenn darin Kosten für ein Batteriesystem enthalten sind, oder
   2. bei Anschaffung nach dem 31. Dezember 2018 und vor dem 1. Januar 2022 bei der Ermittlung der insgesamt entstandenen Aufwendungen die Anschaffungskosten für das Kraftfahrzeug oder vergleichbare Aufwendungen nur zur Hälfte zu berücksichtigen; bei extern aufladbaren Hybridelektrofahrzeugen muss das Fahrzeug die Voraussetzungen des § 3 Absatz 2 Nummer 1 oder 2 des Elektromobilitätsgesetzes erfüllen.

   [4]Wird ein Wirtschaftsgut unmittelbar nach seiner Entnahme einer nach § 5 Absatz 1 Nummer 9 des Körperschaftsteuergesetzes von der Körperschaftsteuer befreiten Körperschaft, Personenvereinigung oder Vermögensmasse oder einer juristischen Person des öffentlichen Rechts zur Verwendung für steuerbegünstigte Zwecke im Sinne des § 10b Absatz 1 Satz 1 unentgeltlich überlassen, so kann die Entnahme mit dem Buchwert angesetzt werden. [5]Satz 4 gilt

nicht für die Entnahme von Nutzungen und Leistungen. [6][1]Die private Nutzung eines betrieblichen Fahrrads, das kein Kraftfahrzeug im Sinne des Satzes 2 ist, bleibt außer Ansatz.

5. Einlagen sind mit dem Teilwert für den Zeitpunkt der Zuführung anzusetzen; sie sind jedoch höchstens mit den Anschaffungs- oder Herstellungskosten anzusetzen, wenn das zugeführte Wirtschaftsgut
   a) innerhalb der letzten drei Jahre vor dem Zeitpunkt der Zuführung angeschafft oder hergestellt worden ist,
   b) ein Anteil an einer Kapitalgesellschaft ist und der Steuerpflichtige an der Gesellschaft im Sinne des § 17 Absatz 1 oder Absatz 6 beteiligt ist; § 17 Absatz 2 Satz 5 gilt entsprechend, oder
   c) ein Wirtschaftsgut im Sinne des § 20 Absatz 2 oder im Sinne des § 2 Absatz 4 des Investmentsteuergesetzes ist.

   [2]Ist die Einlage ein abnutzbares Wirtschaftsgut, so sind die Anschaffungs- oder Herstellungskosten um Absetzungen für Abnutzung zu kürzen, die auf den Zeitraum zwischen der Anschaffung oder Herstellung des Wirtschaftsguts und der Einlage entfallen. [3]Ist die Einlage ein Wirtschaftsgut, das vor der Zuführung aus einem Betriebsvermögen des Steuerpflichtigen entnommen worden ist, so tritt an die Stelle der Anschaffungs- oder Herstellungskosten der Wert, mit dem die Entnahme angesetzt worden ist, und an die Stelle des Zeitpunkts der Anschaffung oder Herstellung der Zeitpunkt der Entnahme.

5a. In den Fällen des § 4 Absatz 1 Satz 8 zweiter Halbsatz ist das Wirtschaftsgut mit dem gemeinen Wert anzusetzen.

6. Bei Eröffnung eines Betriebs ist Nummer 5 entsprechend anzuwenden.

7. Bei entgeltlichem Erwerb eines Betriebs sind die Wirtschaftsgüter mit dem Teilwert, höchstens jedoch mit den Anschaffungs- oder Herstellungskosten anzusetzen.

(2) [1]Die Anschaffungs- oder Herstellungskosten oder der nach Absatz 1 Nummer 5 bis 6 an deren Stelle tretende Wert von abnutzbaren beweglichen Wirtschaftsgütern des Anlagevermögens, die einer selbständigen Nutzung fähig sind, können im Wirtschaftsjahr der Anschaffung, Herstellung oder Einlage des Wirtschaftsguts oder der Eröffnung des Betriebs in voller Höhe als Betriebsausgaben abgezogen werden, wenn die Anschaffungs- oder Herstellungskosten, vermindert um einen darin enthaltenen Vorsteuerbetrag (§ 9b Absatz 1), oder der nach Absatz 1 Nummer 5 bis 6 an deren Stelle tretende Wert für das einzelne Wirtschaftsgut 800 Euro nicht übersteigen. [2]Ein Wirtschaftsgut ist einer selbständigen Nutzung nicht fähig, wenn es nach seiner betrieblichen Zweckbestimmung nur zusammen mit anderen Wirtschaftsgütern des Anlagevermögens genutzt werden kann und die in den Nutzungszusammenhang eingefügten Wirtschaftsgüter technisch aufeinander abgestimmt sind. [3]Das gilt auch, wenn das Wirtschaftsgut aus dem betrieblichen Nutzungszusammenhang gelöst und in einen anderen betrieblichen Nutzungszusammenhang eingefügt werden kann. [4]Wirtschaftsgüter im Sinne des Satzes 1, deren Wert 250 Euro übersteigt, sind unter Angabe des Tages der Anschaffung, Herstellung oder Einlage des Wirtschaftsguts oder der Eröffnung des Betriebs und der Anschaffungs- oder Herstellungskosten oder des nach Absatz 1 Nummer 5 bis 6 an deren Stelle tretenden Werts in ein besonderes, laufend zu führendes Verzeichnis aufzunehmen. [5]Das Verzeichnis braucht nicht geführt zu werden, wenn diese Angaben aus der Buchführung ersichtlich sind.

(2a) [1]Abweichend von Absatz 2 Satz 1 kann für die abnutzbaren beweglichen Wirtschaftsgüter des Anlagevermögens, die einer selbständigen Nutzung fähig sind, im Wirtschaftsjahr der Anschaffung, Herstellung oder Einlage des Wirtschaftsguts oder der Eröffnung des Betriebs ein Sammelposten gebildet werden, wenn die Anschaffungs- oder Herstellungskosten, vermindert um einen darin enthaltenen Vorsteuerbetrag (§ 9b Absatz 1), oder der nach Absatz 1 Nummer 5 bis 6 an deren Stelle tretende Wert für das einzelne Wirtschaftsgut 250 Euro, aber nicht 1 000 Euro übersteigen. [2]Der Sammelposten ist im Wirtschaftsjahr der Bildung und den folgenden vier Wirtschaftsjahren mit jeweils einem Fünftel gewinnmindernd aufzulösen. [3]Scheidet ein Wirtschaftsgut im Sinne des Satzes 1 aus dem Betriebsvermögen aus, wird der Sammelposten nicht vermindert. [4]Die Anschaffungs- oder Herstellungskosten oder der nach Absatz 1 Nummer 5 bis 6 an deren Stelle tretende Wert von abnutzbaren beweglichen Wirtschaftsgütern des Anlagevermögens, die einer selb-

1 Dem § 6 Abs. 1 Nr. 4 wurde mWv. 1.1.2019 Satz 6 angefügt (G zur Vermeidung von Umsatzsteuerausfällen beim Handel mit Waren im Internet und zur Änderung weiterer stl. Vorschriften v. 11.12.2018, BGBl. I 2018, 2338).

ständigen Nutzung fähig sind, können im Wirtschaftsjahr der Anschaffung, Herstellung oder Einlage des Wirtschaftsguts oder der Eröffnung des Betriebs in voller Höhe als Betriebsausgaben abgezogen werden, wenn die Anschaffungs- oder Herstellungskosten, vermindert um einen darin enthaltenen Vorsteuerbetrag (§ 9b Absatz 1), oder der nach Absatz 1 Nummer 5 bis 6 an deren Stelle tretende Wert für das einzelne Wirtschaftsgut 250 Euro nicht übersteigen. [5]Die Sätze 1 bis 3 sind für alle in einem Wirtschaftsjahr angeschafften, hergestellten oder eingelegten Wirtschaftsgüter einheitlich anzuwenden.

(3) [1] Wird ein Betrieb, ein Teilbetrieb oder der Anteil eines Mitunternehmers an einem Betrieb unentgeltlich übertragen, so sind bei der Ermittlung des Gewinns des bisherigen Betriebsinhabers (Mitunternehmers) die Wirtschaftsgüter mit den Werten anzusetzen, die sich nach den Vorschriften über die Gewinnermittlung ergeben, sofern die Besteuerung der stillen Reserven sichergestellt ist; dies gilt auch bei der unentgeltlichen Aufnahme einer natürlichen Person in ein bestehendes Einzelunternehmen sowie bei der unentgeltlichen Übertragung eines Teils eines Mitunternehmeranteils auf eine natürliche Person. [2]Satz 1 ist auch anzuwenden, wenn der bisherige Betriebsinhaber (Mitunternehmer) Wirtschaftsgüter, die weiterhin zum Betriebsvermögen derselben Mitunternehmerschaft gehören, nicht überträgt, sofern der Rechtsnachfolger den übernommenen Mitunternehmeranteil über einen Zeitraum von mindestens fünf Jahren nicht veräußert oder aufgibt. [3]Der Rechtsnachfolger ist an die in Satz 1 genannten Werte gebunden.

(4) Wird ein einzelnes Wirtschaftsgut außer in den Fällen der Einlage (§ 4 Absatz 1 Satz 8) unentgeltlich in das Betriebsvermögen eines anderen Steuerpflichtigen übertragen, gilt sein gemeiner Wert für das aufnehmende Betriebsvermögen als Anschaffungskosten.

(5) [1]Wird ein einzelnes Wirtschaftsgut von einem Betriebsvermögen in ein anderes Betriebsvermögen desselben Steuerpflichtigen überführt, ist bei der Überführung der Wert anzusetzen, der sich nach den Vorschriften über die Gewinnermittlung ergibt, sofern die Besteuerung der stillen Reserven sichergestellt ist; § 4 Absatz 1 Satz 4 ist entsprechend anzuwenden. [2]Satz 1 gilt auch für die Überführung aus einem eigenen Betriebsvermögen des Steuerpflichtigen in dessen Sonderbetriebsvermögen bei einer Mitunternehmerschaft und umgekehrt sowie für die Überführung zwischen verschiedenen Sonderbetriebsvermögen desselben Steuerpflichtigen bei verschiedenen Mitunternehmerschaften. [3]Satz 1 gilt entsprechend, soweit ein Wirtschaftsgut

1. unentgeltlich oder gegen Gewährung oder Minderung von Gesellschaftsrechten aus einem Betriebsvermögen des Mitunternehmers in das Gesamthandsvermögen einer Mitunternehmerschaft und umgekehrt,
2. unentgeltlich oder gegen Gewährung oder Minderung von Gesellschaftsrechten aus dem Sonderbetriebsvermögen eines Mitunternehmers in das Gesamthandsvermögen derselben Mitunternehmerschaft oder einer anderen Mitunternehmerschaft, an der er beteiligt ist, und umgekehrt oder
3. unentgeltlich zwischen den jeweiligen Sonderbetriebsvermögen verschiedener Mitunternehmer derselben Mitunternehmerschaft

übertragen wird. [4]Wird das nach Satz 3 übertragene Wirtschaftsgut innerhalb einer Sperrfrist veräußert oder entnommen, ist rückwirkend auf den Zeitpunkt der Übertragung der Teilwert anzusetzen, es sei denn, die bis zur Übertragung entstandenen stillen Reserven sind durch Erstellung einer Ergänzungsbilanz dem übertragenden Gesellschafter zugeordnet worden; diese Sperrfrist endet drei Jahre nach Abgabe der Steuererklärung des Übertragenden für den Veranlagungszeitraum, in dem die in Satz 3 bezeichnete Übertragung erfolgt ist. [5]Der Teilwert ist auch anzusetzen, soweit in den Fällen des Satzes 3 der Anteil einer Körperschaft, Personenvereinigung oder Vermögensmasse an dem Wirtschaftsgut unmittelbar oder mittelbar begründet wird oder dieser sich erhöht. [6]Soweit innerhalb von sieben Jahren nach der Übertragung des Wirtschaftsguts nach Satz 3 der Anteil einer Körperschaft, Personenvereinigung oder Vermögensmasse an dem übertragenen Wirtschaftsgut aus einem anderen Grund unmittelbar oder mittelbar begründet wird oder dieser sich erhöht, ist rückwirkend auf den Zeitpunkt der Übertragung ebenfalls der Teilwert anzusetzen.

(6) [1]Wird ein einzelnes Wirtschaftsgut im Wege des Tausches übertragen, bemessen sich die Anschaffungskosten nach dem gemeinen Wert des hingegebenen Wirtschaftsguts. [2]Erfolgt die Übertragung im Wege der verdeckten Einlage, erhöhen sich die Anschaffungskosten der Beteiligung an der Kapitalgesellschaft um den Teilwert des eingelegten Wirtschaftsguts. [3]In den Fällen des Absatzes 1 Nummer 5 Satz 1 Buchstabe a erhöhen sich die Anschaffungskosten im Sinne des Satzes 2 um den Einlagewert des Wirtschaftsguts. [4]Absatz 5 bleibt unberührt.

(7) Im Fall des § 4 Absatz 3 sind

1. **bei der Bemessung der Absetzungen für Abnutzung oder Substanzverringerung die sich bei der Anwendung der Absätze 3 bis 6 ergebenden Werte als Anschaffungskosten zugrunde zu legen und**
2. **die Bewertungsvorschriften des Absatzes 1 Nummer 1a und der Nummern 4 bis 7 entsprechend anzuwenden.**

§§ 9a, 11d EStDV, abgedruckt bei § 7 EStG

Verwaltung: BMF v. 26.5.2005, BStBl. I 2005, 699 – Abzinsung von Verbindlichkeiten und Rückstellungen in der stl. Gewinnermittlung; v. 12.3.2010, BStBl. I 2010, 239 – Maßgeblichkeit der handelsrechtlichen Grundsätze ordnungsmäßiger Buchführung für die steuerliche Gewinnermittlung; Änderung des § 5 Abs. 1 EStG durch das BilMoG (Ergänzung durch BMF v. 22.6.2010, BStBl. I 2010, 597); v. 12.5.2015, BStBl. I 2015, 462 – Bewertung des Vorratsvermögens gem. § 6 Abs. 1 Nr. 2a EStG – Lifo-Methode; v. 2.9. 2016, BStBl. I 2016, 995 – Teilwertabschreibung gem. § 6 Abs. 1 Nr. 1 und 2 EStG, voraussichtlich dauernde Wertminderung, Wertaufholungsgebot; v. 12.12.2018, BStBl. I 2018, 1395 – Pauschbeträge für Sachentnahmen (Eigenverbrauch) 2018.

Literatur: *Anzinger*, Dauerniedrigzins bei Bilanzierung, Unternehmensbewertung und Besteuerung (Teil II), DStR 2016, 1829; *Behrend/Janken*, Kryptowährung – das digitale Fremdwährungskonto, DStZ 2018, 342; *Behrendt-Geisler/Rimmelspacher*, Änderungen bei Vermögensgegenständen mit nicht verlässlich schätzbarer Nutzungsdauer durch das BilRUG, DB Beil. Nr. 5/2015, 8; *Bünning/Park*, Steuerbilanzielle Behandlung von Kryptowährungen, BB 2018, 1835; *Danz*, Das Subjektsteuerprinzip in der Einkommensteuer, Göttingen 2017; *Dorn*, Abgrenzung von anschaffungsnahen Herstellungskosten und Erhaltungsaufwand – ein Spannungsfeld, NWB 2018, 18; *Drüen/Mundfortz*, Zweck und Zulässigkeit der Lifo-Methode in der StB, DB 2014, 2245; *Eichfelder/Neugebauer*, Gemischt genutzte Kraftfahrzeuge bei Gewinneinkünften: Steuerlich optimale Ausübung von Pauschalierungs- und Zuordnungswahlrechten, StuW 2016, 134; *Förster*, Das neue BMF-Schreiben v. 2.9.2016 zu Teilwertabschreibungen und Wertaufholungen, DB 2016, 2257; *Glaser/Kahle*, Zum Einfluss der IFRS auf die steuerliche Gewinnermittlung: Die Bildung handelsbilanzieller Bewertungseinheiten als Einfalltor für internationale Rechnungslegungstendenzen?, Ubg 2015, 113; *Hase/Nürnberg*, Steuerliche Aspekte der Erschaffung, Ansiedlung und Verlagerung von IP, FR 2017, 1; *Hechtner*, Geänderte Abschreibungsregelungen für geringwertige Wirtschaftsgüter, NWB 2017, 2252; *Heerdt*, Das Rangverhältnis von § 6 Abs. 5 S. 6 EStG zu den Sperrfristregelungen bei Einbringung und Realteilung, Ubg 2018, 70; *Herzig*, Zum Prinzip der Wertaufhellung, FS Meilicke, 2010, 179; *Hiller*, Teilwert, gemeiner Wert, beizulegender Zeitwert und Fremdvergleichswert – eine vergleichende Gegenüberstellung der Bewertungsmaßstäbe in der Steuerbilanz, Ubg 2016, 341; *Hübner/Leyh*, Währungsumrechnung und Folgebewertung nach BilMoG in HB und StB, DStR 2010, 1951; *Kahle*, Steuerliche Gewinnermittlung nach dem BilMoG – Abschaffung der umgekehrten Maßgeblichkeit, StuB 2011, 163; *Köhler*, Leerkosteneliminierung anstelle einer Teilwertbewertung, DB 2015, 763; *Köhler*, Handels- und steuerrechtliche Grundlagen der Lifo-Methode – Zugleich Anmerkung zum BMF-Schreiben v. 12.5.2015, StBp. 2016, 249; *Köhler*, Inventur- und Bewertungsvereinfachungsverfahren, StBp. 2018, 3; *Kussmaul/Weiler*, Bilanzsteuerliche Abschreibungswahlrechte für sog. „Geringwertige Wirtschaftsgüter", GmbHR 2011, 169; *Levedag*, Überführungen und Übertragungen einzelner betrieblicher WG in betriebliche PersGes., GmbHR 2013, 673; *Lutzenberger*, Transfer von Wirtschaftsgütern nach § 6 Abs. 5 Sätze 1 bis 3 EStG, DStZ 2015, 670; *Mielke*, Gesamtplanbetrachtung bei der Übertragung betrieblicher Einheiten – eine Bestandsaufnahme, DStR 2015, 673; *Oenings/Lienicke*, Betriebliche Umstrukturierungen nach Einschränkung der Gesamtplan-Argumentation durch den BFH, DStR 2014, 1997; *Oser*, Teilauflösung von Ansammlungsrückstellungen bei Verlängerung des Nutzungsverhältnisses, DB 2014, 2487; *Oser/Orth*, Das Bilanzrichtlinie-Umsetzungsgesetz (BilRUG), DB 2015, 1729; *Prinz*, BMF-Schr. v. 16.7.2014 zur Teilwertabschreibung wegen voraussichtlich dauernder Wertminderung, DB 2014, 1825; *Prinz*, Leitlinien steuerbilanzieller Rückstellungsbildung: Eine besteuerungspraktische Bestandsaufnahme, DB 2015, 147; *Prinz/Ludwig*, Due-Diligence Aufwand bei geplanten Aquisitionsmaßnahmen, DB 2018, 218; *Prystawik/Sandritter*, Steuerliche Bewertung von Kreditforderungen – Auswirkungen durch das Wertminderungsmodell des IFRS 9?, DB 2017, 197; *Riedel*, Zur (fehlenden) Systematik bei der Umwandlungsbesteuerung von Mitunternehmerschaften, Ubg 2018, 148; *Richter/Augel*, Geld 2.0 (auch) als Herausforderung für das Steuerrecht – Die bilanzielle und ertragsteuerliche Behandlung von virtuellen Währungen anhand des Bitcoins, FR 2017, 937; *Scheffler*, Wirtschaftliche Auswirkungen der Regeln für die Bewertung von Rückstellungen in der StB, BB 2014, 299; *Schmitt/Franz*, Die Übertragung v. Einzelwirtschaftsgütern bei Mitunternehmerschaften – ein gesetzlicher Kompromiss zw. steuerlicher Systematik und wirtschaftlicher Vernunft, Ubg 2012, 395; *Schulze zur Wiesche*, Einbringungen in eine PersGes. in der neuesten Rspr. des BFH, DStZ 2017, 38; *Schumann*, Steuerliche Herstellungskosten – Aufgabe des Vollkostenansatzes durch § 6 Abs. 1 Nr. 1b EStG-neu, DStZ 2016, 660; *Velte*, Die neue EU-Bilanzrichtlinie, GmbHR 2013, 1125; *Wacker*, Die Gesamtplanrechtsprechung bei Übertragung betrieblicher Einheiten – eine Zwischenbilanz aus der ertragsteuerlichen Sicht des BFH, Ubg 2016, 245; *Weiss*, Fallstricke bei der Abzinsung von Verbindlichkeiten und Rückstellungen in der Steuerbilanz, BB 2018, 1451.

A. Grundaussagen der Vorschrift

1 **I. Regelungsgegenstand.** § 6 ist die **grundlegende Vorschrift** des EStG für die **Bewertung des BV**. Sie ist im amtl. mit „Gewinn" überschriebenen Abschnitt des EStG angesiedelt und gehört neben § 4 (Gewinnbegriff im Allgemeinen) und § 5 (Gewinn bei Kaufleuten und bei bestimmten anderen Gewerbetreibenden) zu den wichtigsten Vorschriften über die Gewinnermittlung. Die Eigenschaft von WG als BV ergibt sich nicht aus § 6, sondern ist Voraussetzung für die Wertermittlung nach dieser Vorschrift. Entsprechendes gilt für andere Tatbestandsmerkmale, etwa für die Frage, ob Entnahmen oder Einlagen vorliegen (§ 4 Abs. 1 Satz 2 bis 7). Abs. 1 unterteilt das zu bewertende BV in abnutzbare WG des AV (Nr. 1, 1a), WG des nicht abnutzbaren AV und des UV (Nr. 2), in Verbindlichkeiten (Nr. 3) und Rückstellungen (Nr. 3a). Dieser Absatz enthält ferner Bewertungsregelungen für Entnahmen und Einlagen (Nr. 4, 5, 5a), für die Eröffnung und den entgeltlichen Erwerb eines Betriebs (Nr. 6 und 7) sowie für gleichartige WG des Vorratsvermögens und für Finanzinstrumente von Kreditinstituten iSv. § 340 HGB. Abs. 2 und 2a regeln mit der Möglichkeit der sofortigen vollständigen Abziehbarkeit als BA und der Bildung eines Sammelpostens Besonderheiten für GWG. Diese Bestimmungen wären in systematischer Hinsicht zutreffender bei § 7 zu verorten. Die Bewertung von WG in den Fällen der unentgeltlichen Übertragung eines Betriebs, eines Teilbetriebs oder eines MU'anteils wird durch Abs. 3 und bei der unentgeltlichen Übertragung einzelner WG in das BV eines anderen StPfl. durch Abs. 4 bestimmt. Abs. 5 enthält Vorgaben für die Bewertung einzelner WG bei der Überführung von einem BV in ein anderes BV oder SBV desselben StPfl., Abs. 6 für den Tausch von WG und verdeckte Einlagen von WG. Durch Abs. 7 werden die Bewertungsvorschriften auf die Gewinnermittlung nach § 4 Abs. 3 durch EÜR erstreckt.

2 Als **Bewertungsmaßstab** stellt § 6 vorrangig auf die **AK/HK**, ggf. vermindert um die AfA, als Höchstwert ab. Anschaffung und Herstellung von WG sind zunächst erfolgsneutrale Vermögensumschichtungen. Ein höherer Ansatz als mit den AK/HK würde dem Realisationsprinzip widersprechen. In den AK/HK als Höchstwert der Bewertung wird der getätigte Aufwand zunächst gespeichert und durch die AfA periodengerecht zugeordnet und in die Gewinnermittlung eingebracht. Abs. 1 Nr. 1 bis 3a will durch die Festlegung von Mindestwerten die Gleichmäßigkeit der Besteuerung sichern und einer Unterbewertung entgegenwirken, um die Vorwegnahme aufwandswirksamer Vermögensminderungen und die willkürliche Bildung stiller Reserven zu verhindern.[1] Diese Vorschrift hat damit eine andere Zielrichtung als die handelsrechtliche Bewertung nach den §§ 252 bis 256a HGB, die vor allem dem Gläubigerschutz dient und Unterbewertungen vermeiden soll. Als weiteren Bewertungsmaßstab sieht § 6 den niedrigeren **TW** (Abs. 1 Nr. 1 S. 2 ff., Nr. 2 S. 2 f.) vor. Damit können/müssen die historisch abgeleiteten (Buch-)Werte an einen aktuellen Korrekturwert[2] angepasst werden. Dabei gilt das Gebot der Wertaufholung (Abs. 1 Nr. 1 S. 4, Nr. 2, 3). Daneben sieht § 6 bei Ent- sowie Verstrickungssachverhalten und Tauschvorgängen den **gemeinen Wert** (Abs. 1 Nr. 4, 5a, Abs. 6) und bei Finanzinstrumenten den **Zeitwert** (Abs. 1 Nr. 2b) als Bewertungsparameter vor.

3 **II. Systematische Einordnung.** § 6 stellt besondere steuerrechtl. Bewertungsgrundsätze auf, die gem. § 5 Abs. 6 den handelsrechtlichen Bewertungsvorgaben vorgehen. Die Vorschrift reiht sich damit in die steuerlichen Ansatz- und Bewertungsvorbehalte ein, die den Grundsatz der Maßgeblichkeit der HB für die StB durchbrechen (§ 5 Abs. 1a bis 4b, Abs. 6 und 7; §§ 6a und 7). Wahlrechte, die sowohl handelsrechtlich als auch steuerrechtlich bestehen, können aufgrund des § 5 Abs. 1 S. 1 HS 2 in der HB und in der Steuerbilanz unterschiedlich ausgeübt werden.[3] Das durch den **Bewertungsvorbehalt** des § 5 Abs. 6[4] abgesicherte **Regelungssystem des § 6** ist nicht vollständig. Soweit § 6 nichts anderes vorsieht bzw. lückenhaft ist (zB hinsicht-

1 BFH v. 3.2.1969 – GrS 2/68, BStBl. II 1969, 291; *Blümich*, § 6 Rn. 5.
2 BFH v. 16.7.1968 – GrS 7/67, BStBl. II 1969, 108 (111).
3 BMF v. 12.3.2010, BStBl. I 2010, 239 Tz. 16 ff., betr. Verbrauchsfolgeverfahren, lineare und degressive AfA.
4 BFH v. 12.6.1978 – GrS 1/77, BStBl. II 1978, 620 (625); v. 24.1.1990 – I R 157/85, I R 145/86, BStBl. II 1990, 639; *K/S/M*, § 5 Rn. A 10.

lich der Definition der AK/HK, der Bezifferung v. RAP), gelten ergänzend die handelsrechtl. GoB einschl. der Grundsätze ordnungsmäßiger Bewertung (§ 5 Rn. 3, 6).[1] Diese Maßgeblichkeit[2] ist durch § 5 Abs. 1 S. 1 (deklaratorisch) normiert (§ 5 Rn. 3). Enthält das Steuerrecht keine eigene Regelung, führt über § 5 Abs. 1 S. 1 ein handelsrechtl. Wahlrecht bei Aktiva zum Ansatz mit dem höchsten, bei Passiva mit dem niedrigsten Wert;[3] ausf. hierzu § 5 Rn. 6. Auch nach dem BilMoG bleibt es dabei, dass die HGB-Bilanz Grundlage der stl. Gewinnermittlung und der Ausschüttungsbemessung ist. Die Internationalen Rechnungslegungsstandards (**IAS/IFRS**) sind gem. § 315a HGB ab 2005 für Konzernabschlüsse von kapitalmarktorientierten Unternehmen verbindlich.[4] Andere Mutterges. dürfen ihren Konzernabschluss nach diesen intern. Standards erstellen (§ 315a Abs. 3 HGB). Für den handelsrechtl. Einzel-Jahresabschluss und die diesbezügliche stl. Gewinnermittlung entfalten sie keine Wirkung.[5] Allerdings können die IFRS iRd. sog. Zinsschranke (§ 4h Abs. 2 S. 8 ff.) als Maßstab für den EK-Vergleich im Konzern Bedeutung erlangen (§ 4h Rn. 49 f.).

Die Begrifflichkeiten des § 6 gelten im Steuerrecht für alle Einkunftsarten;[6] ferner für die estrechtl. Nebengesetze, zB für das InvZulG, mithin überall dort, wo gleichlautende Tatbestandsmerkmale (zB AK, HK, AV/UV, abnutzbar usw.) verwendet werden, die nicht erkennbar vom Regelungsinhalt des § 6 abweichen.[7] Die Begriffe „**AK/HK**" werden in Übereinstimmung mit den Legaldefinitionen des § 255 HGB (Rn. 25 ff.) auch bei den Überschusseinkünften[8] grds. einheitlich ausgelegt.[9] 4

Subsidiär gilt das BewG (§ 1 Abs. 2 BewG), soweit ein Einzelsteuergesetz eine Bewertung mit dem gemeinen Wert anordnet. Dessen Definition in § 9 BewG ist auch für die ESt maßgebend.[10] Der **gemeine Wert** (s. auch § 9 Abs. 2, § 11 Abs. 2, 3 BewG) ist Wertmaßstab vor allem dann, wenn das G die Realisierung stiller Reserven anordnet, insbes. für § 16 Abs. 3 S. 3, § 17 Abs. 4 S. 2, beim Tausch v. WG (§ 6 Abs. 6), beim betrieblichen unentgeltlichen Zugang eines WG, bei der Sacheinlage in eine KapGes. und beim Ansatz einer Kaufpreisforderung aus der Veräußerung eines Betriebs.[11] Der gemeine Wert insbes. bei Grundstücken und Gebäuden entspricht idR dem **Verkehrswert**[12], der bei Grundstücken im Wesentlichen durch die Art und das Maß der baurechtl. zulässigen Nutzung bestimmt wird, bzw. den Wiederbeschaffungskosten.[13] Der gemeine Wert kann mit dem TW übereinstimmen.[14] Die Begriffe des „**TW**" in § 10 BewG und § 6 Abs. 1 Nr. 1 S. 3 sind wort- und inhaltsgleich.[15] 5

Die durch die Vierte EG-RL 78/660/EWG (Bilanzrichtlinie) – inzwischen ersetzt durch die RL 2013/34/EU[16], umgesetzt durch das BilRUG v. 17.7.2015[17] – eingeleitete **Europäisierung der Bilanzierung** wirft Fragen zur Auswirkung auf die stl. Gewinnermittlung und zur Befugnis der FG und der Pflicht des BFH zur Vorlage an den EuGH (Art. 267 AEUV) bei Zweifeln über die Auslegung der RL auf (s. dazu im Einzelnen § 5 Rn. 8 ff.). Die Gewinnermittlung ist allerdings nicht Gegenstand dieser unionsrechtl. Regelungen, soweit sie auf eigenständigen steuerrechtl. Bilanzierungsgrundsätzen beruht.[18] Die Vierte EG-RL ist nicht auf die Festlegung steuerrechtl. Rechtsfolgen gerichtet.[19] Entspr. gilt für die RL 2013/34/EU. Jeden- 6

1 BFH v. 4.7.1990 – GrS 1/89, BStBl. II 1990, 830 – HK; v. 15.7.1998 – I R 24/96, BStBl. II 1998, 728 = FR 1998, 996 mwN – Rückstellungen und Verbindlichkeiten; Beispiel: BFH v. 21.10.1993 – IV R 87/92, BStBl. II 1994, 176 = FR 1994, 118 – „Gemeinkosten".
2 BT-Drucks. 11/5970, 36; ausf. *K/S/M*, § 6 Rn. A 202 ff. mwN; BFH v. 24.1.1990 – I R 17/89, BStBl. II 1990, 681 – Maßgeblichkeit auch für Bewertung.
3 BFH v. 21.10.1993 – IV R 87/92, BStBl. II 1994, 176 = FR 1994, 118.
4 BFH v. 15.9.2004 – I R 5/04, BStBl. II 2009, 100 = FR 2005, 308 m. Anm. *Weber-Grellet*, zu den IAS; Beck'sches IFRS-Handbuch, 4. Aufl. 2013, § 1 Rn. 66.
5 *Blümich*, § 6 Rn. 35; s. aber *Glaser/Kahle*, Ubg 2015, 113, zu handelsbilanziellen Bewertungseinheiten als Einfalltor für internationale Rechnungslegungstendenzen.
6 BFH v. 26.11.1973 – GrS 5/71, BStBl. II 1974, 132; v. 4.7.1990 – GrS 1/89, BStBl. II 1990, 830.
7 BFH v. 4.7.1990 – GrS 1/89, BStBl. II 1990, 830.
8 BFH v. 19.12.2000 – IX R 100/97, BStBl. II 2001, 345 = FR 2001, 543 m. Anm. *Fischer*; v. 14.6.2012 – VI R 89/10, BStBl. II 2012, 835 = FR 2013, 429.
9 BFH v. 4.7.1990 – GrS 1/89, BStBl. II 1990, 830 (832).
10 BFH v. 8.7.1964 – I 119/63 U, BStBl. III 1964, 561.
11 BFH v. 19.1.1978 – IV R 61/73, BStBl. II 1978, 295; v. 26.2.1991 – VII R 77–78/87, BFH/NV 1992, 87.
12 BFH v. 2.2.1990 – III R 173/86, BStBl. II 1990, 497 = FR 1990, 337; v. 1.4.1998 – X R 150/95, BStBl. II 1998, 569 = FR 1998, 738.
13 Zust. BFH v. 15.2.2001 – III R 20/99, FR 2001, 595 m. Anm. *Wendt* = BFH/NV 2001, 849.
14 BFH v. 29.4.1987 – X R 2/80, BStBl. II 1987, 769.
15 BFH v. 1.2.1989 – II R 128/85, BStBl. II 1989, 348.
16 RL v. 26.6.2013, ABlEU Nr. L 182, 19; s. dazu *Velte*, GmbHR 2013, 1125.
17 BGBl. I 2015, 1245.
18 BFH v. 21.10.1993 – IV R 87/92, BStBl. II 1994, 176 = FR 1994, 118; v. 25.10.1994 – VIII R 65/91, BStBl. II.1995, 312 = FR 1995, 408.
19 EUGH v. 7.1.2003 – Rs. C-306/99 – BIAO, BStBl. II 2004, 144.

falls ist für die Bewertung über § 5 Abs. 6 der **Bewertungsvorbehalt** auch dann anzuwenden, wenn die steuerrechtl. Bewertungsmaßstäbe nach § 6 iErg. mit unionsrechtl. vorgegebenen handelsrechtl. Grundsätzen übereinstimmen.[1] Deshalb verneint der BFH zu Recht eine Vorlagepflicht hinsichtlich der Bewertungsregelungen des § 6.[2]

7 **III. Anwendungsbereich.** § 6 gilt in sachlicher Hinsicht für **WG**, die nach § 4 Abs. 1 oder nach § 5 als **BV** anzusetzen sind. Dies gilt auch für WG, soweit deren Wertverzehr den Gewinn nicht mindern darf (§ 4 Abs. 5 Nr. 3, 4, 7).[3] Die Bewertungsregeln des § 6 Abs. 1 greifen für alle Arten von WG. Einschränkungen bestehen nicht. Deshalb werden WG des AV und des UV, abnutzbare, nicht abnutzbare, materielle sowie immaterielle WG, aktive und passive WG (Verbindlichkeiten und Rückstellungen) erfasst. Zum von der Rspr. des BFH weit verstandenen Begriff des WG s. ausführlich § 5 Rn. 57 ff. Die Bewertung von anderen Bilanzpositionen als WG richtet sich nicht nach § 6. Deshalb sind etwa für den Ansatz von **RAP** nicht die für die Bewertung von WG geltenden Grundsätze anzuwenden.[4] Ein RAP besitzt deshalb keinen TW und ist einer Teilwertabschreibung nicht zugänglich.[5] Auch **lfd. Nutzungen** stellen keine WG dar, sodass – bis auf die Bewertung einer privaten Nutzung eines betrieblichen Kfz. (§ 6 Abs. 1 Nr. 4 S. 2) – § 6 nicht anwendbar ist.[6] § 6 kommt auch dann nicht zur Geltung, wenn WG aufgrund eines Aktivierungs- oder Passivierungsverbots nicht als BV angesetzt werden dürfen.

8 Die Eigenschaft des § 6 als Teil der Gewinnermittlungsvorschriften führt dazu, dass die Norm grds. nur bei den **Gewinneinkünften** iSv. § 2 Abs. 2 S. 1 Nr. 1 und nicht bei den Überschusseinkünften (§ 2 Abs. 2 S. 1 Nr. 2) anzuwenden ist. Allerdings ordnet § 9 Abs. 1 S. 3 Nr. 7 S. 2 eine entspr. Anwendung von § 6 Abs. 2 S. 1 bis 3 an, sodass GWG in voller Höhe sofort als WK abzugsfähig sind. Eine weitere Ausnahme von der Unanwendbarkeit des § 6 auf Überschusseinkünfte folgt aus § 9 Abs. 5 S. 2, der § 6 Abs. 1 Nr. 1a für entspr. anwendbar erklärt. Die Berücksichtigung von anschaffungsnahen HK bei Gebäuden gilt somit auch für die Überschusseinkünfte. Dies bestätigt den Grundsatz, dass die Begriffe AK und HK einkunftsartübergreifend gleich zu verstehen sind.[7] Aus der Bezugnahme auf die nach § 4 Abs. 1 oder § 5 als BV anzusetzenden WG folgt, dass § 6 Abs. 1 unmittelbar nur in den Fällen gilt, in denen der Gewinn durch **Bestandsvergleich** ermittelt wird. Bei StPfl., die ihren Gewinn gem. § 4 Abs. 3 durch **EÜR** ermitteln, kommt mangels Bilanzierung eine Bewertung der WG mit den AK/HK oder dem TW nicht in Betracht.[8] Die AK/HK sind aber iRd. Ermittlung der AfA-Beträge auch für die Gewinnermittlung nach § 4 Abs. 3 von Bedeutung. Durch § 6 Abs. 7 Nr. 1 wird klarstellend angeordnet, dass im Fall des § 4 Abs. 3 bei der Bemessung der AfA oder der AfS die sich aus der Anwendung der in § 6 Abs. 3 bis 6 ergebenden Werte als AK zugrunde zu legen sind. Ferner verweist § 6 Abs. 7 Nr. 2 seit dem VZ 2013 auf die Bewertungsvorschriften nach Abs. 1 Nr. 1a und Nr. 4 bis 7. Damit werden auch die Regelungen über die anschaffungsnahen HK, die Bewertung von Entnahmen und Einlagen, bei Betriebseröffnungen und bei einem entgeltlichen Erwerb eines Betriebs für die Gewinnermittlung nach § 4 Abs. 3 für entspr. anwendbar erklärt (Rn. 234). § 4 Abs. 3 S. 3 verweist schließlich auf § 6 Abs. 2 und 2a, sodass die besonderen Vorschriften für GWG auch im Rahmen einer EÜR Anwendung finden. § 6 hat somit auch iRd. Gewinnermittlung nach § 4 Abs. 3 eine gewichtige Bedeutung.

9 § 6 EStG ist als eine der Grundnormen der Gewinnermittlung **häufigen Änderungen** unterworfen, zuletzt durch das „JStG 2018"[9]. In zeitlicher Hinsicht ergibt sich die jeweilige Anwendbarkeit aus § 52 Abs. 12.

10 **IV. Verhältnis zu anderen Vorschriften.** § 6 ist die bewertungsrechtl. Generalnorm des EStG. Sie wird in ihrer Funktion zur Ermittlung der AfA-Bemessungsgrundlage durch § 7 ff. ergänzt. Die Vorschrift ist vor-

---

1 BFH v. 15.7.1998 – I R 24/96, BStBl. II 1998, 728 = FR 1998, 996; v. 20.6.2000 – VIII R 32/98, BStBl. II 2001, 636 = FR 2000, 1348 – Lifo-Methode.

2 BFH v. 15.7.1998 – I R 24/96, BStBl. II 1998, 728 = FR 1998, 996; v. 20.6.2000 – VIII R 32/98, BStBl. II 2001, 636 = FR 2000, 1348 – Lifo-Methode; BFH v. 28.3.2000 – VIII R 77/96, BStBl. II 2002, 227 = FR 2000, 826 m. Anm. *Kessler/Strnad*, stellt noch entscheidend darauf ab, dass die Vierte EG-RL nur für KapGes. gilt.

3 BFH v. 8.10.1987 – IV R 5/85, BStBl. II 1987, 853; v. 29.4.2014 – VIII R 20/12, FR 2014, 815 = DStR 2014, 1590.

4 BFH v. 31.5.1967 – I 208/63, BStBl. III 1967, 607.

5 *Blümich*, § 6 Rn. 11.

6 BFH v. 26.10.1987 – GrS 2/86, BStBl. II 1988, 348.

7 BFH v. 4.7.1990 – GrS 1/89, BStBl. II 1990, 830; v. 27.3.2007 – VIII R 62/05, BStBl. II 2010, 159 = FR 2007, 1183 m. Anm. *Kanzler* = FR 2007, 966; v. 28.3.2007 – IX R 53/04, BFH/NV 2007, 1845; v. 19.8.2008 – IX R 71/07, BStBl. II 2009, 13.

8 BFH v. 21.6.2006 – XI R 49/05, BStBl. II 2006, 712 = FR 2006, 933; v. 19.10.2006 – III R 6/05, BStBl. II 2007, 301 = FR 2007, 695 m. Anm. *Kanzler*.

9 G v. 11.12.2018, BGBl. I 2018, 2338; zu den zahlreichen Änderungen s. *H/H/R*, § 6 Anm. 2 (bis zum JStG 2010); *Blümich*, § 6 Rn. 9 (ab 1999 bis zum AmtshilfeRLUmsG).

rangig gegenüber dem subsidiär anwendbaren BewG (Rn. 5), wird allerdings durch zahlreiche („lex specialis") **Sonderregelungen** im EStG verdrängt – so etwa durch § 6a Abs. 3 bis 5 für die Bewertung von Pensionsrückstellungen, § 6b Abs. 5 und § 6c für die Bewertung bestimmter Reinvestitions-WG, § 16 Abs. 2 und Abs. 3 S. 3 für die Gewinnermittlung bei Betriebsveräußerung und -aufgabe, § 17 Abs. 2 für die Veräußerung wesentlicher Beteiligungen an KapGes., § 20 Abs. 4 bei Veräußerungen iSv. § 20 Abs. 2, § 23 Abs. 3 bei Veräußerungsgeschäften nach § 23 Abs. 1. Auch außerhalb des EStG bestehen vorrangige Sondervorschriften, so etwa mit §§ 7, 55 EStDV, im UmwStG oder im DMBilG (§§ 50 bis 52 iVm. § 7 ff.).

B. Grundsätze und Grundbegriffe der Bewertung; Querschnittsfragen

I. Nominalwertprinzip; Währung. **Es gilt das Prinzip der nominellen Geld- und Kapitalwerterhaltung** 11
(**Nominalwertprinzip**)[1] als tragendes Ordnungsprinzip der geltenden Währungsordnung und Wirtschaftspolitik.[2] Die inflationsbedingte Geldentwertung wird bei der Bewertung nicht berücksichtigt.[3] Wertsicherungsklauseln führen zulässigerweise zu Geldwertschulden. Das einzige gesetzlich zugelassene Zahlungsmittel ist der Euro (§ 14 Abs. 1 S. 2 BBankG; Art. 128 AEUV). Der Jahresabschluss ist deshalb gem. § 244 HGB in Euro aufzustellen. In ausländ. Währung angeschaffte WG des BV sind im Zeitpunkt ihrer Lieferung mit dem aktuellen (Tages-)Kurs in Euro erfolgsneutral zu bewerten, um die AK zu ermitteln (sog. **Zeitbezugsverfahren**).[4] Dabei ist die Zugangsbewertung von WG, deren AK/HK auf eine fremde Währung lauten, grds. mit dem Geldkurs vorzunehmen. Bei WG, die zukünftig zu einem Zufluss von Fremdwährungsmitteln führen, ist der Briefkurs anzusetzen.[5] Auf eine fremde Währung lautende Forderungen und Verbindlichkeiten sind bei ihrer Entstehung mit dem aktuellen Kurs[6] und zu den späteren Abschlussstichtagen grds. mit dem Devisenkassamittelkurs anzusetzen (§ 5 Abs. 1 S. 1 iVm. § 256a HGB). Handelsrechtl. ist nach § 256a HGB bei Kursveränderungen grds. der aktuelle Kurs zum Abschlussstichtag anzusetzen. Auf die voraussichtliche Dauerhaftigkeit einer Wertminderung kommt es nicht an. Steuerrechtl. bleibt es hingegen für den Ansatz des TW bei diesem Erfordernis s. Rn. 104, 153. Hat sich der Kurs zum Abschlussstichtag für den StPfl. günstig entwickelt, weil Forderungen im Kurs gestiegen sind oder sich bei Verbindlichkeiten ein geringerer Rückzahlungsbetrag ergibt, gilt auch handelsrechtl. gem. § 253 Abs. 1 S. 1 HGB die Begrenzung des Wertansatzes auf die historischen AK der Forderung oder Verbindlichkeit in Euro. Allerdings ordnet § 256a Satz 2 HGB bei einer Restlaufzeit von einem Jahr oder weniger die Realisierung von Währungsgewinnen an. Aufgrund der durch § 6 Abs. 1 Nr. 1 S. 1, Nr. 2 S. 1 und Nr. 3 S. 1 angeordneten und gem. § 5 Abs. 6 vorrangigen Begrenzung des Wertansatzes auf die historischen AK gilt dies nicht für die StB.[7] Eine Zuschreibung bis zur Grenze der AK ist aber auch steuerbilanziell erforderlich. Für Konzernabschlüsse ist die Umrechnung von in fremder Währung aufgestellten Bilanzen in **§ 308a HGB** geregelt.

Kryptowährungen wie **Bitcoin**, Ether oder Litecoin stellen keine gesetzlich zugelassenen Zahlungsmittel 11a
dar.[8] Sie sind auch keine Fremdwährung, weil sie von keinem ausländ. Staat emittiert, anerkannt oder reguliert werden.[9] Aufgrund ihrer rein virtuellen Natur sind sie zivilrechtl. nicht als Sachen iSv. § 90 BGB einzustufen. Sie sind auch nicht als Forderung einzuordnen, weil es keine zentral emittierende Stelle und damit niemanden gibt, gegen den sich die Forderung richten könnte. Übrig bleibt nur die Einordnung als (virtueller) Gegenstand.[10] Ertragsteuerlich sind sie als (immaterielle) **WG** anzusehen, die AV oder UV darstellen können und in Euro im Zeitpunkt ihres Erwerbs mit dem aktuellen Börsenwert als AK zu bewerten sind.[11] Bei durch das sog. Mining selbst geschaffenen Kryptowährungen ist das Aktivierungsverbot des § 5 Abs. 2 zu beachten.

---

1 BVerfG v. 19.12.1978 – 1 BvR 335/76, 1 BvR 427/76, 1 BvR 811/76, BStBl. II 1979, 308 (313); BFH v. 9.2.2011 – X B 137/10, BFH/NV 2011, 979.

2 BVerfG v. 7.7.2010 – 2 BvL 14/02, 2 BvL 2/04, 2 BvL 13/05, BStBl. II 2011, 76.

3 BFH v. 7.10.1982 – IV R 39/80, BStBl. II 1983, 104 = FR 1983, 97 (betr. Garantierückstellungen).

4 BFH v. 6.11.1997 – III R 190/94, BStBl. II 1998, 120 = FR 1998, 385.

5 Vgl. *BeBiKo*[9], § 256a Rn. 14, 61.

6 BFH v. 19.1.1978 – IV R 61/73, BStBl. II 1978, 295; v. 23.4.2009 – IV R 62/06, BStBl. II 2009, 778 = FR 2009, 1056 m. Anm. *Schlotter*; v. 24.1.2012 – IX R 62/10, BStBl. II 2012, 564; v. 4.2.2014 – I R 53/12, BFH/NV 2014, 1016.

7 Vgl. *Hübner/Leyh*, DStR 2010, 1951; *BeBiKo*[9], § 256a Rn. 51.

8 Vgl. dazu etwa *Pinkernell*, Ubg 2015, 19; *Schlund/Pongratz*, DStR 2018, 598; *Behrend/Janken*, DStZ 2018, 342; *Gerlach/Oser*, DB 2018, 1541 – zur handelsrechtl. Bilanzierung.

9 *Oetker* in Münchener Kommentar zum BGB, Bd. 2, 7. Aufl. 2016, § 245 Rn. 10; *Krauß/Blöchle*, DStR 2018, 1210. Die BaFin. ordnet den Bitcoin als Rechnungseinheit iSv. § 1 Abs. 11 Nr. 7 KWG und damit als Finanzinstrument im aufsichtsrechtl. Sinne ein (BaFinJournal 1/2014, 27); **aA** KG Berlin v. 25.9.2018 – (4) 161 Ss 28/18 (35/18), BB 2018, 2705.

10 *Schlund/Pongratz*, DStR 2018, 598 (600).

11 *Pinkernell*, Ubg 2015, 19 (22); *Richter/Augel*, FR 2017, 937 (940); *Schlund/Ponkratz*, DStR 2013, 598 (601, 603); *Gerlach/Oser*, DB 2018, 1541 (1542).

12 Der Gewinn einer inländ. Betriebsstätte eines ausländ. Unternehmens und der einer ausländ. Betriebsstätte eines inländ. Unternehmens ist bei einer Buchführung in fremder Währung nach denselben Grundsätzen zu ermitteln.[1] Der Jahresabschluss ist in Euro aufzustellen (§ 244 HGB) und der Gewinn ist in Euro umzurechnen. Dafür ist eine **BV-Umrechnung** vorzunehmen. Das nach deutschem Recht ermittelte BV wird jeweils am Bilanzstichtag in Euro umgerechnet. Der StPfl. hat dabei verschiedene Umrechnungsmethoden zur Auswahl (Stichtagskursverfahren, Zeitbezugsverfahren, Fristigkeitsverfahren, Nominal-Sachwertverfahren). Die jeweilige Anwendung darf jedoch nicht gegen Bilanzierungsgrundsätze verstoßen.[2]

13 **II. Grundsatz der Einzelbewertung.** Gegenstand der Bewertung sind grds. alle – auch die gleichartigen – nach §§ 4, 5 Abs. 1 anzusetzenden „einzelnen WG" (§ 6 Abs. 1 Einleitungssatz; vgl. § 240 Abs. 1, § 252 Abs. 1 Nr. 3 HGB; § 5 Rn. 50 f.).[3] Der Grundsatz der Einzelbewertung (§ 252 Abs. 1 Nr. 3 HGB iVm. § 5 Abs. 1 S. 1: alle WG/Vermögensgegenstände sind einzeln anzusetzen und zu bewerten) fordert „die Betrachtung des jeweils kleinsten Sachverhalts, der nach der Verkehrsanschauung als selbständig realisierbar und bewertbar angesehen wird".[4] Unselbständige Teile v. WG können nicht selbständig bewertet werden. Eine Verbindung, die eine fortbestehende selbständige Bewertbarkeit ausschließt, ist anzunehmen, wenn WG über ihre einheitliche betriebliche Zweckbestimmung hinaus durch eine technische Verbindung oder „Verzahnung" in der Weise verflochten sind, dass durch die Abtrennung eines der Teile entweder für den zu beurteilenden einzelnen Gegenstand oder für das WG, aus dem er herausgetrennt wurde, die Nutzbarkeit für den Betrieb verloren geht.[5] Indem der Grundsatz der Einzelbewertung einen unzulässigen Wertausgleich zw. verschiedenen WG verhindert, sichert er das Vorsichts-, das Imparitäts-, das Realisationsprinzip und das Verbot der Saldierung v. Bilanzpositionen. ZB kann ein niedrigerer Ansatz eines Gebäudes (Abs. 1 Nr. 1 S. 2) nicht deswegen verweigert werden, weil der Wert des zugehörigen Grund und Bodens gestiegen ist.[6] Die im Geschäftswert verkörperten Ertragsaussichten gehen grds. nicht in die Bewertung anderer WG ein.[7] Aus dem Grundsatz der Einzelbewertung für das selbständige WG folgt, dass es nur eine einheitliche Nutzungsdauer haben kann. Dies gilt unabhängig davon, ob einzelne unselbstständige Teile des WG unterschiedliche Nutzungsdauern haben. Maßgebend ist die Nutzungsdauer des Teils, der dem WG das Gepräge gibt.[8]

14 **Zulässige Ausnahmen v. Grundsatz der Einzelbewertung** (§ 252 Abs. 2 HGB) sind insbes. die Gruppenbewertung (Rn. 112), die Verbrauchsfolgebewertung (Rn. 113 ff.) sowie die Durchschnitts- und Festbewertung (Rn. 109 ff.). Weitere Ausnahmen ergeben sich – unter den Gesichtspunkten der Inventurerleichterung und der Bewertungsvereinfachung – aus § 240 Abs. 2, Abs. 3 HGB und aus R 6.8 Abs. 3, 4, R 6.9 Abs. 3, R 5.3 Abs. 2 EStR oder aus den GoB, insbes. wenn eine objektive Ermittlung des einzelnen Bewertungsobjektes unmöglich, unzumutbar oder unwirtschaftlich ist.[9] Zulässig ist daher die rechnerische Zusammenfassung mehrerer eines hinsichtlich der (Risiko-)Struktur homogenen Gesamtbestands v. WG zu einem einheitlichen Bilanzposten **(Bewertungseinheit)**,[10] zB die Zusammenfassung eines größeren Bestands v. Forderungen zwecks pauschaler Wertberichtigung,[11] der pauschale Ausweis v. Verpflichtungen[12] ua. aus Gewährleistung,[13] aus Bürgschaften; ferner für das Wechselobligo, wenn der StPfl. mit gewisser Wahrscheinlichkeit mit dem Eintritt des Risikos rechnen muss; für Rückstellungen wegen noch ungewisser, individuell nicht bestimmbarer Verbindlichkeiten,[14] drohender Verluste (s. nunmehr auch Abs. 1 Nr. 3a

1 BFH v. 16.12.2008 – I B 44/08, BFH/NV 2009, 940.
2 BFH v. 16.12.2008 – I B 44/08, BFH/NV 2009, 940.
3 BFH v. 16.7.1968 – GrS 7/67, BStBl. II 1969, 108 (112); v. 26.10.1987 – GrS 2/86, BStBl. II 1988, 348 (353) = FR 1988, 160; v. 25.7.2000 – VIII R 35/97, BStBl. II 2001, 566 = FR 2001, 142 m. Anm. *Weber-Grellet*.
4 BFH v. 15.10.1997 – I R 16/97, BStBl. II 1998, 249 = FR 1998, 520.
5 BFH v. 14.4.2011 – IV R 46/09, BStBl. II 2011, 696 = FR 2011, 662 m. Anm. *Briesemeister/Joisten/Vossel* – Windparkanlage.
6 BFH v. 9.9.1986 – VIII R 20/85, BFH/NV 1987, 442.
7 BFH v. 9.11.1994 – I R 68/92, BStBl. II 1995, 336 = FR 1995, 272 = FR 1995, 410 m. Anm. *Groh*.
8 BFH v. 14.4.2011 – IV R 46/09, BStBl. II 2011, 696 = FR 2011, 662 m. Anm. *Briesemeister/Joisten/Vossel*.
9 BFH v. 17.2.1998 – VIII R 28/95, BStBl. II 1998, 505 = FR 1998, 786 – Pachterneuerungsverpflichtung; v. 15.10. 1997 – I R 16/97, BStBl. II 1998, 249 = FR 1998, 520 – verlustbringende Leasingkontrakte; jedoch: keine Saldierung der Gewinne und Verluste aus den einzelnen Geschäften.
10 BFH v. 10.8.2005 – VIII R 26/03, BStBl. II 2006, 22 = FR 2006, 135 – Bewertungseinheit „Beteiligung an einer AG".
11 BFH v. 16.7.1981 – IV R 89/80, BStBl. II 1981, 766 = FR 1981, 572 – Mischverfahren Einzel-Pauschalbewertung zulässig; v. 6.5.2003 – VIII B 163/02, BFH/NV 2003, 1313.
12 BFH v. 22.11.1988 – VIII R 62/85, BStBl. II 1989, 359 = FR 1989, 169; EuGH v. 14.9.1999 – Rs. C-275/97, FR 1999, 1184 = DStR 1999, 1645.
13 BFH v. 6.5.2003 – VIII B 163/02, BFH/NV 2003, 1313 mwN; OFD Kobl. v. 2.8.2004 – S 2137 A, nv., betr. pauschale Gewährleistungsrückstellungen in der Bauwirtschaft.
14 BFH v. 12.12.1990 – I R 153/86, BStBl. II 1991, 479; s. aber BFH v. 27.3.1996 – I R 3/95, BStBl. II 1996, 470 = FR 1996, 486 – „unbewegte" Bankkonten; FG RhPf. v. 18.11.2002 – 5 K 1468/01, EFG 2003, 289 – Gewährleistungs-

lit. a) bzw. unbestimmter Kreditrisiken.[1] In diesen Fällen vermittelt erst die rechnerische Zusammenfassung zu Bewertungseinheiten mittels einer Durchschnittsrechnung ein zutr. Bild der Vermögens-/Schuldenverhältnisse.[2] Die Richtigkeit dieser Schätzberechnung unterstellt, werden jene Beträge, die im Rahmen einer Einzelbewertung anzunehmen wären, iErg. nicht überschritten. Mit dem „true und fair view" (§ 264 Abs. 2 S. 1 HGB) ist es unvereinbar, bei der Einzelbewertung negative Wertänderungen zu berücksichtigen, die im Sinne einer gegenläufigen Korrelation mit positiven Wertänderungen bei anderen Bilanzpositionen verbunden sind („identische wertbildende Faktoren"). Deshalb ist in solchen Fällen – etwa bei zusammenhängenden Fremdwährungsgeschäften – die Bildung von Bewertungseinheiten geboten.[3] Sind Forderungen mit einem über das allg. Kreditrisiko hinausgehenden Ausfallrisiko behaftet, ist dem im Wege der Einzelwertberichtigung Rechnung zu tragen; der bloße Einbezug in eine Pauschalwertberichtigung eines Gesamtbestandes v. Forderungen ist dann nicht ausreichend.[4]

Sachlogische Bewertungseinheiten entstehen, wenn die Bewertung nachvollziehbar an den Risiken und individuellen Gegebenheiten des jeweiligen Bewertungsobjekts ausgerichtet wird. Dies ist der Fall, wenn gegenläufige Wertänderungen aufgrund identischer Einflussfaktoren eintreten, zB hinsichtlich Forderungen und Verbindlichkeiten in identischen Werteinheiten ausländ. Währung. Bei geschlossenen Positionen ist im Falle der Währungs-, Betragsidentität und Fälligkeitskongruenz auf den Ausweis eines formal entstehenden Verlustes zu verzichten.[5] Ein **Kompensationsgebot** (Vorteilsausgleich) besteht zB bei Kurssicherungsgeschäften[6] („begründete Ausnahmefälle" iSv. § 252 Abs. 2 HGB) – sog. Hedging – (vgl. § 340h HGB).[7] S. auch § 5 Rn. 50. § 254 HGB idF des BilMoG („Bildung v. Bewertungseinheiten") ist über § 5 Nr. 1a in der Steuerbilanz anwendbar. Eine Bewertungseinheit zw. den durch Credit Linked Notes gesicherten Darlehensforderungen einer Bank und deren Rückzahlungsverpflichtungen aus der Sicherheit ist allerdings ausgeschlossen, wenn das Ausfallrisiko der Darlehensforderungen iErg. der emittierenden Bank verbleibt.[8] 15

Bei Rückstellungen zu berücksichtigen ist die **Risikominderung** zB infolge einer zweifelsfrei realisierbaren **Regressforderung** – zB ggü. einem anderen Wechselverpflichteten[9] – oder einem sonstigen Erstattungs-, Regress- oder Ausgleichsanspruch ggü. Dritten,[10] aus Versicherungsschutz – auch: Delkredereversicherung; Produkthaftpflichtversicherung,[11] und aufgrund v. Sicherungsrechten (Pfandrechte, Bürgschaften).[12] Der Rückdeckungsanspruch einerseits und die Pensionsverpflichtung andererseits stellen unabhängig voneinander zu bilanzierende WG dar.[13] Nach der früheren Rspr. des BFH[14] waren wirtschaftlich noch nicht entstandene Rückgriffansprüche dann zur Kompensation heranzuziehen, wenn sie 16

- derart in einem unmittelbaren Zusammenhang mit der drohenden Inanspruchnahme stehen, dass sie dieser wenigstens teilw. spiegelbildlich entsprechen;
- in rechtl. verbindlicher Weise der Entstehung oder Erfüllung der Verbindlichkeit zwangsläufig nachfolgen; die rechtl. Verbindlichkeit kann sich aus einer vorweg abgeschlossenen Vereinbarung (zB einem Versicherungsvertrag) oder aus gesetzlichen Haftungstatbeständen (zB einer unerlaubten Handlung) ergeben;
- vollwertig sind, dh. v. Rückgriffsschuldner nicht bestr. werden; dieser muss v. zweifelsfreier Bonität sein.

---

rückstellungen; zu „faktischer ungewisser Verbindlichkeit" ggü. Dritten aus einer Selbstverpflichtungserklärung BFH v. 10.1.2007 – I R 53/05, BFH/NV 2007, 1102.

1 BFH v. 15.9.2004 – I R 5/04, BStBl. II 2009, 100 = FR 2005, 308 m. Anm. *Weber-Grellet*.

2 Vgl. auch EuGH v. 7.1.2003 – Rs. C-306/99 – BIAO, FR 2003, 561= BB 2003, 355 – Abweichung v. Einzelbewertungsgrundsatz.

3 *Christiansen*, DStR 2003, 264 (265).

4 BFH v. 20.8.2003 – I R 49/02, BStBl. II 2003, 941 = FR 2004, 39.

5 FG SchlHol. v. 15.3.2000 – I 714/91, EFG 2000, 1057.

6 FG SchlHol. v. 15.3.2000 – I 714/91, EFG 2000, 1057.

7 Offen gelassen in BFH v. 15.10.1997 – I R 16/97, BStBl. II 1998, 249 = FR 1998, 520; s. IdW BFA WPg. 1995, 421 – Bilanzierung v. Optionsgeschäften.

8 BFH v. 2.12.2015 – I R 83/13, BStBl. II 2016, 831 (Rn. 29, 33) = FR 2016, 812.

9 BFH v. 19.1.1967 – IV 117/65, BStBl. III 1967, 336.

10 BFH v. 8.2.1995 – I R 72/94, BStBl. II 1995, 412 – Ausgleichkasse in der Bauwirtschaft.

11 RFH v. 12.7.1933, RFHE 34, 13.

12 BFH v. 29.11.1995 – II R 17/93, BFH/NV 1996, 458.

13 BFH v. 25.2.2004 – I R 54/02, BStBl. II 2004, 654 = FR 2004, 891 m. Anm. *Kanzler*; v. 9.8.2006 – I R 11/06, BStBl. II 2006, 762 = FR 2006, 1087.

14 BFH v. 17.2.1993 – X R 60/89, BStBl. II 1993, 437 = FR 1993, 500 – gesicherte Rückgriffsmöglichkeit gegen Subunternehmer; v. 15.10.1997 – I R 16/97, BStBl. II 1998, 249 = FR 1998, 520 – drohende Verluste aus Rückkaufverpflichtungen, aber keine Kompensation mit Gewinnen aus diesen Geschäften; v. 11.12.2001 – VIII R 58/98, BStBl. II 2002, 420 = FR 2002, 516 m. Anm. *Kempermann* – Rückgriffansprüche bei der Bewertung einer Rückstellung.

Mit § 6 Abs. 1 Nr. 3a lit. c („mit der Erfüllung voraussichtlich verbundene künftige Vorteile"; Kompensation, s. Rn. 158) besteht nunmehr eine weiter gehende ausdrückliche Regelung, die keinen unmittelbaren Zusammenhang zw. künftigem Vorteil und drohender Inanspruchnahme mehr verlangt. Die bisherige Rspr. ist dadurch überholt.[1] Die Auffassung des BFH[2] zu Drohverlustrückstellungen (§ 5 Rn. 117, 138 f.) ist generell für die Beurteilung v. geschäftswertbildenden Faktoren[3] und Drittbeziehungen richtungweisend. Es ist hiernach nicht vorauszusetzen, dass der gegenläufig wertrelevante Faktor ein aktivierbares WG ist, so zB im Falle der Ansehenssicherung aufgrund eines Überbestandes v. Ausbildungsverhältnissen.[4] Allerdings dürfen geschäftswertbildende Faktoren – auch Verbundvorteile aufgrund v. Beteiligungen – grds. nicht einbezogen werden. Das Problem stellt sich auch iZ mit der niedrigen oder mangelnden Verzinslichkeit v. Forderungen (Rn. 139 ff.)[5] oder mit bewusst in Kauf genommenen Verlusten bei Anschaffung oder Herstellung („Verlustprodukte"; Rn. 96).

17 **III. Vorsichtsprinzip.** Das Vorsichtsprinzip (§ 5 Rn. 44 ff.) gebietet eine „**vernünftige kfm. Beurteilung**" (§ 252 Abs. 1 Nr. 4 HGB). Es ist ein revisionsrechtl. überprüfbares Rechtsprinzip[6] und konkretisiert den **Realisationsgrundsatz** (Verbot des Ausweises nicht realisierter Gewinne) und das **Imparitätsprinzip** (in der Zukunft eintretende quantifizierbare Verluste werden antizipiert; § 5 Rn. 48) mittels Bewertung insbes. durch Abschreibung auf den niedrigeren TW. Im Bewertungsprozess ist den Faktoren ein größeres Gewicht beizulegen, die geeignet sind, den Wertansatz v. Vermögenspositionen zu ermäßigen und vor allem v. Schuldposten zu erhöhen. Der Kfm. „muss sich im Zweifelsfall ärmer machen, als er tatsächlich ist".[7] Allerdings sind Schätzungen, die auf bloßen pessimistischen Prognosen beruhen, unbeachtlich.[8] Auch bes. günstig erworbene WG sind höchstens mit den AK oder HK zu bewerten. AfA (§ 7) sind ungeachtet eingetretener Wertsteigerungen abzuziehen. Der Grundsatz der Bilanzwahrheit und die handelsrechtl. Bewertungsfreiheiten treten zurück.

18 **IV. Bilanzen- und Wertzusammenhang; Bewertungsstetigkeit.** Die **Bewertungsidentität** wird handelsrechtl. durch § 252 Abs. 1 Nr. 1 HGB gefordert. Die WG müssen kontinuierlich bewertet werden (Wertzusammenhang). Die Wertansätze in der Schlussbilanz des Wj. müssen im folgenden Wj. in der Eröffnungsbilanz übernommen werden. Änderungen der Wertentwicklung können sich etwa durch AfA, TW-Ansatz oder Wertaufholung ergeben (§ 6 Abs. 1 Nr. 1 S. 4, § 7). Die zu Fehlern im Bilanzansatz entwickelte Lehre v. **formellen Bilanzenzusammenhang** (§ 4 Rn. 112 ff.) mit den Folgen der sog. Zweischneidigkeit der Bilanz und des automatischen Fehlerausgleichs gilt auch für die Bewertung.

19 **Der Grundsatz der materiellen Bilanzkontinuität (Bewertungsstetigkeit)** soll die Vergleichbarkeit der aufeinanderfolgenden Jahresabschlüsse gewährleisten. Dies fordern die steuerrechtl. maßgebenden (§ 5 Abs. 1 S. 1) GoB (vgl. § 252 Abs. 1 Nr. 6 HGB) und das steuerrechtl. Willkürverbot. Jede Bilanz hat mangels Vorliegens „begründeter Ausnahmefälle" (§ 252 Abs. 2 HGB; Beispiele: Änderung der Rspr., der tatsächlichen Umstände, neue Einschätzung v. Risiken, Bewertungswahlrecht oder Bewertungsfreiheit[9] werden erstmalig beansprucht, Verbesserung der Bewertungsmethode, Anpassung an Außenprüfung, Sanierungsmaßnahmen) v. gleichbleibenden Bilanzierungs- und Bewertungsgrundsätzen auszugehen. Die streng zu handhabenden Ausnahmen müssen durch die GoB (zB das ohnehin vorrangige Vorsichtsprinzip) geboten oder erlaubt sein. Die Bewertungswahlrechte sind grds. gleichbleibend in Anspr. zu nehmen. Ergebnisverlagerungen durch einen willkürlichen Wechsel der Bewertungsmethode (etwa Ermessensentscheidungen bei Bemessung der AK/HK, Vereinfachungsverfahren – zB Lifo, § 256 HGB, Durchschnitts-/Festwertmethode, Bemessung v. Garantie- und Pensionsrückstellungen) und der Methode der planmäßigen Abschreibungen sowie, was str. ist, der erhöhten AfA und der Sonder-AfA sollen vermieden werden. **Objekte der Bewertungsstetigkeit** sind die vorhandenen und die zusätzlich/ersatzweise angeschafften/hergestellten art- und funktionsgleichen WG; nach **aA**[10] steht wegen des Grundsatzes der Einzelbewertung für jedes WG die Wahl der Bewertungsmethode offen.

1 Vgl. BFH v. 17.10.2013 – IV R 7/11, BStBl. II 2014, 302 = FR 2014, 236 m. Anm. *Prinz*.
2 BFH v. 23.6.1997 – GrS 2/93, BStBl. II 1997, 735 = FR 1997, 678 m. Anm. *Groh*.
3 BFH v. 29.4.1999 – IV R 14/98, BStBl. II 1999, 681 = FR 1999, 1064 m. Anm. *Weber-Grellet* – Verlustprodukte.
4 BFH v. 3.2.1993 – I R 37/91, BStBl. II 1993, 441.
5 BFH v. 30.11.1988 – I R 114/84, BStBl. II 1990, 117 = FR 1989, 167; v. 24.1.1990 – I R 157/85, I R 145/86, BStBl. II 1990, 639 – ArbN-Darlehen.
6 BFH v. 27.3.1996 – I R 3/95, BStBl. II 1996, 470 = FR 1996, 486.
7 BFH v. 17.2.1993 – X R 60/89, BStBl. II 1993, 437 = FR 1993, 500.
8 BFH v. 20.8.2003 – I R 49/02, BStBl. II 2003, 941 = FR 2004, 39; v. 13.9.2005 – X B 8/05, BFH/NV 2005, 2167.
9 BFH v. 6.8.1998 – IV R 67/97, BStBl. II 1999, 14; v. 5.12.1996 – IV R 81/95, BFH/NV 1997, 394 – stl. Bewertungswahlrechte.
10 *K/S/M*, § 6 Rn. A 110 f.: *Hüttemann*, FS Priester, 2007, 301.

V. Stichtagsprinzip. Dieser bilanzrechtl. Grundsatz[1] folgt aus der **inneren Logik der Abschnittsbesteuerung** (§ 2 Abs. 7; § 4 Abs. 1 S. 1; § 5 Abs. 1; s. auch § 242 Abs. 1 HGB). Das WG ist mit seinem Buchwert – ggf. mit seinem niedrigeren TW[2] – auf den Bilanzstichtag zu bewerten, idR auf den Schluss des Wj. (§ 6 Abs. 1 Nr. 1–3, Abs. 2), auch des Rumpf-Wj. (§ 4a). Bei Einlage und Entnahme[3] ist der jeweilige Zeitpunkt des Wertflusses maßgebend. Im Laufe eines Wj. erworbene WG sind auf den Erwerbszeitpunkt zu bewerten;[4] ihr Wert ist buchmäßig nach den gesetzlichen Vorschriften unter Einbeziehung bis zum jeweils nächsten Bilanzstichtag eingetretener Erhöhung/Minderung der AK/HK[5] weiterzuentwickeln. Eine Teilwertabschreibung kann nicht auf einen beliebigen Tag zw. zwei Bilanzstichtagen vorgenommen werden.[6] Maßgebend sind die objektiven Wertverhältnisse am Bilanzstichtag, so wie sie sich im Zeitpunkt der Bilanzaufstellung bei Anwendung der Sorgfalt eines ordentlichen Kfm. darstellen,[7] auch wenn sie dem StPfl. erst später, aber vor dem Tag der Bilanzerstellung lediglich bekannt oder erkennbar werden.[8] Der Wertaufhellungszeitraum wird durch die gesetzliche Frist für die Aufstellung des Jahresabschlusses begrenzt (s. auch § 264 Abs. 1 S. 3 HGB).[9] **Wertändernde oder wertbegründende Umstände, die erst nach dem Bilanzstichtag eintreten**, beeinflussen als neue Sachverhalte die Bewertung auch dann nicht, wenn diese dem Bilanzierenden bei (auch verspäteter) Aufstellung der Bilanz bekannt waren. ZB ist die in vollem Umfang bestrittene Forderung erst nach Anerkennung durch den Schuldner anzusetzen.[10] Nur sog. **wertaufhellende Tatsachen** sind zu berücksichtigen, welche die am Stichtag bereits vorliegenden Verhältnisse offen legen, ohne sie zu verändern.[11] Die oftmals nicht einfache Unterscheidung wird durch § 249 Abs. 1 S. 1 HGB (betr. Drohverlustrückstellungen) bestätigt. Wertverändernd sind hiernach die sich aus einem Arbverh. ergebenden künftigen Verpflichtungen des ArbG[12] sowie die Verpflichtungen aus einem nach dem Stichtag gekündigten oder aufgehobenen Vertrag.[13] Nach BFH sind Erwartungen in Bezug auf erfahrungsgemäß eintretende Entwicklungen (Entwertung v. Modeartikeln; sicher eintretende Verpflichtungen aus Umsatzprämien) wertaufhellend.[14] S. auch § 5 Rn. 43. 20

VI. Anlage- und Umlaufvermögen. An diese Rechtsbegriffe knüpfen sich diese **Rechtsfolgen:** Verbot der Aktivierung unentgeltlich erworbener immaterieller WG des AV (§ 5 Abs. 2, § 248 Abs. 2 HGB; immaterielle WG des UV sind mit ihren AK/HK zu aktivieren[15]); AfA nur auf AV (§ 6 Abs. 1 Nr. 1, § 7); Bewertungsfreiheit nach § 6 Abs. 2; unterschiedliche Teilwertvermutungen; Anwendung der §§ 6b, 6c; Berechtigungen nach dem InvZulG, BerlinFG; Zuordnung v. Dauerschulden iSd. § 8 Nr. 1, § 12 Abs. 2 Nr. 1 GewStG.[16] Das Lifo-Verfahren ist anwendbar beim Vorratsvermögen. Für das UV (§ 6 Abs. 1 Nr. 2) gilt handelsrechtl. das strenge Niederstwertprinzip (§ 253 Abs. 4 HGB). Eine begünstigte Veräußerung oder Aufgabe beim gewerblichen Grundstückshandel ist nicht möglich, soweit Grundstücke Handelsware (UV) sind.[17] 21

Definition des Anlagevermögens/Umlaufvermögens.[18] AV sind **WG, die dem Betrieb dauernd zu dienen bestimmt sind** (§ 247 Abs. 2, § 266 Abs. 2 HGB – „Aktivseite A. AV … B. Umlaufvermögen"). UV sind 22

1 BFH v. 5.5.2011 – IV R 32/07, BFH/NV 2011, 1585: in Zukunft zu erwartende Preis- und Kostensteigerungen mindern die Leistungsfähigkeit am Bilanzstichtag (noch) nicht; v. 2.7.2014 – I R 46/12, DStR 2014, 1961: stichtagsbezogene Anpassung des Ansammlungszeitraums bei Ansammlungsrückstellungen.
2 BFH v. 5.2.1981 – IV R 87/77, BStBl. II 1981, 432 = FR 1981, 337.
3 BFH v. 1.4.1998 – X R 150/95, BStBl. II 1998, 569 = FR 1998, 738 – Entnahme eines Grundstücks bei nachträglichem Altlastverdacht.
4 BFH v. 3.2.1969 – GrS 2/68, BStBl. II 1969, 291.
5 BFH v. 3.12.1970 – IV R 216/67, BStBl. II 1971, 323 – Ermäßigung; v. 12.6.1978 – GrS 1/77, BStBl. II 1978, 620 – Erhöhung.
6 BFH v. 29.7.1997 – VIII R 57/94, BStBl. II 1998, 652 = FR 1998, 62.
7 BFH v. 27.11.1997 – IV R 95/96, BStBl. II 1998, 375 = FR 1998, 652 – Verbindlichkeitsrückstellungen; v. 30.1.2002 – I R 68/00, BStBl. II 2002, 688 = FR 2002, 624; v. 19.11.2003 – I R 77/01, FR 2004, 274 m. Anm. *Weber-Grellet* = DStR 2004, 134 = BFH/NV 2004, 271; zum Bilanzansatz und zu Ausnahmen BFH v. 5.9.2001 – I R 107/00, BStBl. II 2002, 134 = FR 2002, 279 m. Anm. *Kanzler*.
8 BFH v. 20.9.1995 – X R 46/94, BFH/NV 1996, 393.
9 BFH v. 12.12.2012 – I B 27/12, BFH/NV 2013, 545 mwN.
10 BFH v. 26.4.1989 – I R 147/84, BStBl. II 1991, 213 = FR 1989, 740; v. 30.1.2002 – I R 68/00, BStBl. II 2002, 688 = FR 2002, 624 – noch nicht bestandskräftige Klageabweisung; zur Rspr. des BFH *Moxter*, DStR 2008, 460.
11 BFH v. 23.9.1992 – X R 159/90, BStBl. II 1993, 152 = FR 1993, 161; v. 27.11.1997 – IV R 95/96, BStBl. II 1998, 375 = FR 1998, 652 – Verbindlichkeitsrückstellungen; keine Neuorientierung durch EuGH v. 7.1.2003 – Rs. C-306/99, BB 2003, 355.
12 BFH v. 10.3.1993 – I R 70/91, BStBl. II 1993, 446 = FR 1993, 396.
13 BFH v. 17.11.1987 – VIII R 348/82, BStBl. II 1988, 430 = FR 1988, 223.
14 BFH v. 9.2.1978 – IV R 201/74, BStBl. II 1978, 370.
15 BFH v. 20.9.1995 – X R 225/93, BFHE 178, 434 = FR 1996, 20.
16 BFH v. 20.9.1995 – I R 55/94, BStBl. II 1996, 73 (74) = FR 1996, 109; v. 26.8.1992 – II B 115/92, BFH/NV 1993, 121.
17 BFH v. 23.1.2003 – IV R 75/00, BStBl. II 2003, 467 = FR 2003, 579.
18 BFH v. 20.9.1995 – X R 225/93, BStBl. II 1997, 320 = FR 1996, 20; v. 16.12.2009 – IV R 48/07, BStBl. II 2010, 799.

demgegenüber die zum Verbrauch oder sofortigen Verkauf bestimmten WG. Es entscheidet der zum Bilanzstichtag gegebene Zweck, nicht die Beschaffenheit des WG. Ist die Zweckbestimmung nicht eindeutig feststellbar, kann die Bilanzierung Anhaltspunkt für die Zuordnung zum AV sein. Die grds. subj. Zweckbestimmung muss jedoch anhand objektiver Merkmale – insbes. der Art des WG, der Art, Dauer und Häufigkeit der tatsächlichen Verwendung im Betrieb, der Art des Unternehmens, uU auch der Art der Bilanzierung – nachvollziehbar sein.[1] Die Zeitkomponente („dauernd") darf nicht als reiner Zeitbegriff iSv. „immer" oder „für alle Zeiten" verstanden werden.[2] Mit dem Tatbestandsmerkmal des „dauernden Dienens" wird lediglich die Art des Einsatzes im konkreten Geschäftsbetrieb umschrieben; unerheblich ist deshalb die tatsächliche Dauer der Verwendung im Betrieb.[3] Die Absicht eines späteren Verkaufs vor Ablauf der technischen Nutzungsdauer schließt die Zuordnung zum AV nicht aus.[4] Unerheblich ist, wenn die gesamte organisatorische Einheit kurze Zeit später mit der Absicht ihrer Weiterführung veräußert wird.[5] Eine längere Verweildauer im BV indiziert widerleglich Anlagevermögen, eine solche unter sechs Monaten UV. Eine **Umwidmung** v. AV in UV[6] und umgekehrt[7] ist, sofern äußerlich erkennbar, möglich. Ein WG des Anlagevermögens, dessen Veräußerung beabsichtigt ist, bleibt so lange Anlagevermögen, wie sich seine bisherige Nutzung nicht ändert, auch wenn bereits vorbereitende Maßnahmen zu seiner Veräußerung getroffen worden sind.[8] Eine auch nur vorübergehende Überführung in das UV eines Händlers ist für das InvZulG schädlich.

Beispiele für Anlagevermögen: Grds. **Grundstücke** für Produktion und Verwaltung sowie das Erbbaurecht als grundstücksgleiches Recht (BFH v. 4.6.1991 – X R 136/87, BStBl. II 1992, 70 = FR 1992, 19); Mineralgewinnungsrechte (BFH v. 28.7.1976 – I R 91/74, BStBl. II 1976, 789; v. 9.6.1993 – I R 8/92, BStBl. II 1994, 44 = FR 1994, 92); Pflanzenanlagen (BFH v. 30.11.1978 – IV R 43/78, BStBl. II 1979, 281); Holz auf dem Stamm (BFH v. 7.5.1987 – IV R 150/84, BStBl. II 1987, 670); der genutzte Bodenschatz (BFH v. 23.6.1977 – IV R 17/73, BStBl. II 1977, 825); Geschäftsausstattung; Beteiligungen, der Geschäftswert als AV des Besitzunternehmens (BFH v. 14.1.1998 – X R 57/93, FR 1998, 560 m. Anm. *Weber-Grellet* = DStR 1998, 887); Anteile – auch eigene – an einer KapGes. (BFH v. 6.12.1995 – I R 51/95, BStBl. II 1998, 781 = FR 1996, 291); uU Wertpapiere (BMF v. 25.2.2000, BStBl. I 2000, 372 Tz. 16); **bewegliches Anlagevermögen**, vor allem nicht zur (Weiter-)Veräußerung bestimmte **Maschinen** und andere Produktionsanlagen (BFH v. 17.4.1997 – VIII R 2/95, BStBl. II 1998, 388 = FR 1998, 17); Prototyp einer Maschine (BFH v. 28.5.1998 – X R 80/94, BFH/NV 1999, 359); maschinengebundene – auch kurzlebige – Werkzeuge unabhängig davon, ob der StPfl. sie in eine Festwertbildung einbezogen hat, es sei denn, sie wären nur zur Durchführung eines einzigen Auftrags angeschafft worden (BFH v. 28.10.1977 – III R 72/75, BStBl. II 1978, 115; v. 6.10.1995 – III R 101/93, BStBl. II 1996, 166 = FR 1996, 175); Leergut v. Brauereien (H 6.1 EStH 2010) oder eines Brunnenbetriebs (Hess. FG v. 23.3.2011 – 4 K 1065/07, EFG 2011, 1510); an Selbstfahrer vermietete Buy-back-Fahrzeuge (BFH v. 30.7.1982 – VI R 67/79, BStBl. II 1982, 744 = FR 1982, 574); Filme, die zur lizenzmäßig zeitlich und örtlich begrenzten Überlassung bestimmt sind (BMF v. 23.2.2001, BStBl. I 2001, 175 Tz. 20); **Formen** (BFH v. 2.12.1987 – X R 19/81, BStBl. II 1988, 502), das dem Leasinggeber gehörende **Leasinggut** (BFH v. 5.2.1987 – IV R 105/84, BStBl. II 1987, 448 = FR 1987, 289); Vorführ- und Dienstwagen (H 6.1 EStH); Musterhäuser (BFH v. 31.3.1977 – V R 44/73, BStBl. II 1977, 684; H 6.1 EStH); Ausstellungsstücke; Prototypen (BFH v. 22.5.1979 – III R 129/74, BStBl. II 1979, 634; v. 15.6.1983 – I R 113/79, BStBl. II 1984, 17 = FR 1983, 593) bis zur Umwidmung für den Verkauf (BFH v. 26.3.1993 – III B 98/91, BFH/NV 1994, 739 – Grundstückshandel); ungeachtet eines betriebstypischen Schwunds das zum Eloxieren verwendete Elektrolyt (BFH v. 11.4.1986 – III R 128/80, BStBl. II 1986, 551); mehrfach verwendete Lithographien im Druckereigewerbe (BFH v. 15.3.1991 – III R 57/86, BStBl. II 1991, 682 = FR 1991, 560); Legehennen sind Anlagevermögen, Fleischhennen UV (BFH v. 30.4.1985 – VIII R 268/81, BFH/NV 1985, 36).

Beispiele für Umlaufvermögen: Vorratsvermögen (§ 6 Abs. 1 Nr. 2a, § 5 Abs. 5 S. 2 Nr. 1) wie **Roh-, Hilfs- und Betriebsstoffe**; unfertige Erzeugnisse und Leistungen, Kassenbestände; (auch notleidende) Forderungen aufgrund v. Lieferungen und Leistungen (BFH v. 23.11.1967 – IV 123/63, BStBl. II 1968, 176); Kreditforderungen der Kreditinstitute (BFH v. 24.1.1990 – I R 157/85, I R 145/86, BStBl. II 1990, 639); die zum Verkauf bestimmten Grundstücke eines gewerblichen Grundstückshändlers (BFH v. 30.11.1977 – I R 115/74, BStBl. II 1978, 193; v. 23.10.1987 – III R 275/83, BStBl. II 1988, 293 = FR 1988, 253; v. 18.4.1991 – IV R 6/90, BStBl. II 1991, 584 = FR 1991, 572; v. 25.1.1995 – X R 76–77/92, BStBl. II 1995, 388; v. 26.7.1995 – X R 60/93, BFH/NV 1996, 202; v. 12.9.1995 – X B 83/95, BFH/NV 1996, 206; v. 26.7.2006 – X R 41/04, BFH/NV 2007, 21; anders uU bei vermieteten Grundstücken, BFH v. 7.3.1996 – IV R

1 BFH v. 2.2.1990 – III R 165/85, BStBl. II 1990, 706 = FR 1990, 509 – Bedeutung v. Beweisanzeichen; v. 26.3.1993 – III B 98/91, BFH/NV 1994, 739.

2 BFH v. 5.2.1987 – IV R 105/84, BStBl. II 1987, 448 = FR 1987, 289.

3 BFH v. 17.11.1981 – VIII R 86/78, BStBl. II 1982, 344 = FR 1982, 201.

4 BFH v. 9.2.2006 – IV R 15/04, BFH/NV 2006, 1267.

5 BFH v. 10.8.2005 – VIII R 78/02, BStBl. II 2006, 58 = FR 2006, 131 m. Anm. *Kanzler*.

6 BFH v. 7.3.1996 – IV R 2/92, BStBl. II 1996, 369 (374) = FR 1996, 525 – gewerblicher Grundstückshandel; v. 5.2.1987 – IV R 105/84, BStBl. II 1987, 448 = FR 1987, 289 – Leasing; BMF v. 13.7.1992, DStR 1992, 1060 – Wertpapiere; zum für LuF genutzten Grundstück BFH v. 21.6.2001 – III R 27/98, BStBl. II 2002, 537 = FR 2001, 1169.

7 BFH v. 3.9.1959 – IV 119/58 U, BStBl. III 1959, 423; v. 5.2.1987 – IV R 105/84, BStBl. II 1987, 448 = FR 1987, 289; v. 7.8.1990 – VIII R 423/83, BStBl. II 1991, 23 = FR 1990, 755 mwN; v. 21.6.2001 – III R 27/98, BStBl. II 2002, 537 = FR 2001, 1169.

8 R 6.1 Abs. 1 S. 7, 8 EStR.

2/92, BStBl. II 1996, 369 = FR 1996, 525; FG Nds. v. 19.1.2000 – 2 K 699/97, EFG 2000, 615), auch wenn sich die Veräußerung verzögert (BFH v. 7.8.1990 – VIII R 423/83, BFHE 162, 117 = FR 1990, 755); v. einer Bank zur Weiterveräußerung ersteigerte Grundstücke (BFH v. 9.11.1994 – I R 68/92, BStBl. II 1995, 336 = FR 1995, 272 = FR 1995, 410 m. Anm. *Groh*); zur Veräußerung bestimmte Filme (BFH v. 20.9.1995 – X R 225/93, BStBl. II 1997, 320 = FR 1996, 20; H 6.1 EStH: echte Auftragsproduktionen); auftragsgebundene Gussformen (BFH v. 13.1.1972 – V R 47/71, BStBl. II 1972, 744); Schriftmetalle einer Druckerei als „Rohstoffe" (BFH v. 2.12.1987 – X R 19/81, BStBl. II 1988, 502); Chrombäder (BFH v. 31.1.1991 – IV R 31/90, BStBl. II 1991, 627 = FR 1991, 526); „Umlaufmetallstock" (BFH v. 26.8.1960 – I D 1/59 U, BStBl. III 1961, 31; BMF v. 2.6.1989, DB 1989, 1377); im Wege des Mietkaufs vermietete Fernseher (BFH v. 2.2.1990 – III R 165/85, BStBl. II 1990, 706 = FR 1990, 509); Kfz., die vermietet werden, um den Kaufentschluss der Kunden zu fördern (BFH v. 30.4.1998 – III R 29/93, BFH/NV 1998, 1372); Ärztemuster (BFH v. 20.10.1976 – I R 112/75, BStBl. II 1977, 278); Bausparvorratsverträge (BFH v. 9.7.1986 – I R 218/82, BStBl. II 1987, 14 = FR 1986, 624); Werkzeuge, Formen, Klischees, die nur zur Durchführung eines einzigen Auftrags angeschafft werden (BFH v. 28.10.1977 – III R 72/75, BStBl. II 1978, 115; v. 6.10.1995 – III R 101/93, BStBl. II 1996, 166 = FR 1996, 175); Mastvieh (BFH v. 8.8.1991 – IV R 56/90, BStBl. II 1993, 272 = FR 1992, 415 m. Anm. *Söffing*); Zuchttiere (BFH v. 15.11.1984 – IV R 131/83, BStBl. II 1985, 156; v. 5.12.1996 – IV R 81/95, BFH/NV 1997, 394); Feldinventar und Ernte auf dem Halm (BFH v. 30.1.1986 – IV R 130/84, BStBl. II 1986, 399 = FR 1986, 599).

Einstweilen frei. 23

VII. Wahlrechte. Handelsrechtl. Bewertungswahlrechte wirken wegen des maßgeblichen Handelsbilanzansatzes grds. auch auf den Wertansatz in der Steuerbilanz.[1] Sie führen steuerrechtl. zum Ansatz des höchsten nach Handels- und Steuerrecht zulässigen Werts, soweit nicht auch nach Steuerrecht ein inhaltsgleiches Bilanzierungswahlrecht besteht. Die Ausübung des steuerrechtl. Wahlrechts wird gem. § 5 Abs. 1 S. 1 HS 2 nicht durch die GoB beschränkt und kann deshalb unabhängig davon zu anderen Bewertungsansätzen in der StB führen.[2] Ausf. § 5 Rn. 2. 24

C. Bewertungsmaßstäbe

I. Grundlagen. 1. Der steuerliche Wertansatz. § 6 Abs. 1 Nr. 1 und 2 stellt klar, dass der stl. Wertansatz eines WG aus den AK/HK „oder dem an deren Stelle tretenden Wert" besteht. Im Falle abnutzbarer WG sind die AfA nach § 7,[3] erhöhte Absetzungen und Sonderabschreibungen abzuziehen. Bei bei abnutzbaren und nicht abnutzbaren WG werden die AK/HK zudem durch andere Abzugsbeträge – zB nach § 6b oder R 6.6 EStR (RfE) – gemindert. An die Stelle der AK/HK tretende Werte sind der Einlagewert (§ 6 Abs. 1 Nr. 5), der Wert anlässlich der Betriebseröffnung (§ 6 Abs. 1 Nr. 6) oder die aufgrund einer Einbringung nach dem UmwStG oder einer Neubewertung anzusetzenden Werte. Die jeweilige **Bewertungsobergrenze** ist insbes. für die Wertaufholung v. Bedeutung. Die AK/HK können gemindert sein insbes. durch den Ansatz eines niedrigeren TW (§ 6 Abs. 1 Nr. 1 S. 2, Nr. 2 S. 2). 25

2. Normative Vorgaben des Handelsrechts. Der für alle Einkunftsarten maßgebende (Rn. 4) Begriff der AK/HK wird im EStG nicht definiert. Er ergibt sich deshalb auss **§ 255 HGB** (AK/HK).[4] AK sind danach die Aufwendungen, die geleistet werden, um einen Vermögensgegenstand zu erwerben und ihn in einen betriebsbereiten Zustand zu versetzen, soweit sie dem Vermögensgegenstand einzeln zugeordnet werden können (§ 255 Abs. 1 S. 1 HGB). HK sind die Aufwendungen, die durch den Verbrauch von Gütern und die Inanspruchnahme von Diensten für die Herstellung eines Vermögensgegenstands, seine Erweiterung oder für eine über seinen ursprünglichen Zustand hinausgehende wesentliche Verbesserung entstehen (§ 255 Abs. 2 S. 1). 26

3. Funktion und Umfang der Anschaffungs-/Herstellungskosten. Speicherung v. Aufwand. Anschaffung und Herstellung sind Vorgänge der Vermögensumschichtung.[5] Die bei Anschaffung/Herstellung tatsächlich angefallenen betrieblich veranlassten Aufwendungen („pagatorische" Kosten iSd. Ansätze in der GuV (nicht: kalkulatorische Kosten im betriebswirtschaftlichen Sinne wie Verzinsung des EK, Unternehmerlohn[6]) 27

---

1 BMF v. 12.3.2010, BStBl. I 2010, 239 Tz. 5 ff., mit Beispielen zu Fremdkapitalzinsen, Bewertungsvereinfachungsverfahren und Einbeziehungswahlrechten.

2 BFH v. 21.10.1993 – IV R 87/92, BStBl. II 1994, 176 = FR 1994, 118; zu Aktivierungs- und Passivierungsgeboten, Aktivierungsgeboten und -verboten und Aktivierungs- und Passivierungswahlrechten BMF v. 12.3.2010, BStBl. I 2010, 239 Tz. 3 ff.

3 Ohne Möglichkeit einer Nachholung v. AfA bei nicht bilanzierten WG des BV; BFH v. 24.10.2001 – X R 153/97, BStBl. II 2002, 75 = FR 2002, 209 m. Anm. *Weber-Grellet*; dies gilt wg. des Grundsatzes der Totalgewinngleichheit auch bei einer Gewinnermittlung nach § 4 Abs. 3; BFH v. 22.6.2010 – VIII R 3/08, BStBl. II 2010, 1035.

4 BFH v. 16.12.2009 – I R 102/08, BStBl. II 2011, 566 Rn. 10 = FR 2010, 425; v. 11.7.2017 – IX R 36/15, DStR 2017, 2098 Rn. 36.

5 BFH v. 21.10.1993 – IV R 87/92, BStBl. II 1994, 176 = FR 1994, 118.

6 BFH v. 30.6.1955 – IV 695/54 U, BStBl. III 1955, 238 – Zinsen für EK; v. 10.5.1995 – IX R 73/91, BStBl. II 1995, 713 = FR 1995, 699 m. Anm. *Drenseck* – Wert der eigenen Arbeitsleistung; H 6.3 „kalkulatorische Kosten" EStH.

werden zwecks periodengerechter Verteilung zunächst erfolgsneutral gespeichert angesammelt.[1] Das Vorsichtsprinzip gebietet, den betr. Aufwand erst wirksam werden zu lassen, wenn das hergestellte WG verwendet wird. Die WG müssen mit den tatsächlichen vollen Kosten, die ihrer Art nach AK/HK sind (zB die in § 255 Abs. 2 S. 3 HGB genannten Gemeinkosten), nicht lediglich mit Teilen derselben angesetzt werden. Die Begriffe AK/HK setzen grds. auf den Erwerbs-/Herstellungsvorgang bezogen zweckgerichtete (finale) Aufwendungen voraus.[2] AK/HK können aber auch **nachträgliche** sein (Rn. 41). Sie können auch **vergeblich** aufgewandt sein (Rn. 82 f.). Zu den betrieblichen AK zählen nur (zumeist variable) **Einzelkosten**; demgegenüber können in die HK auch **Gemeinkosten** eingehen.

28 Maßgebend sind grds. die nach subj. Einschätzung des StPfl. **individuellen AK/HK**. Die Grundsätze des sog. Fremdvergleichs bei Verträgen zw. nahen Angehörigen rechtfertigen es nicht, an Stelle der im Vertrag tatsächlich vereinbarten Leistung der Besteuerung eine höhere Gegenleistung deswegen zugrunde zu legen, weil eine solche unter fremden Dritten gefordert (und erbracht) worden wäre. Hält ein solcher Vertrag dem Fremdvergleich nicht stand, ist er der Privatsphäre zuzuordnen und insgesamt stl. nicht anzuerkennen.[3] Die Aufwendungen müssen nicht werterhöhend sein.[4] Beispiele: Es wird ein überhöhter Preis gezahlt; eine Nachbesserung mangelhafter Leistungen kann wegen Insolvenz des Schuldners v. diesem nicht mehr erreicht werden; der StPfl. tätigt überflüssige Aufwendungen, verausgabt sog. Schnellbaukosten.[5] Auch die Schlechtleistung ist eine der Herstellung zuzurechnende tatsächlich erbrachte Leistung.[6] Die AK/HK werden – ungeachtet einer Abschreibung auf den niedrigeren TW – nicht dadurch berührt, dass ein WG zu einem Preis, der die dem Unternehmen entstandenen Aufwendungen nicht deckt, nicht abgesetzt werden kann. Zu den unter das Abzugsverbot des § 4 Abs. 5 Nr. 7 EStG fallenden Kfz.-Aufwendungen gehört vor allem die AfA nach § 7 Abs. 1; in Höhe des als unangemessen anzusehenden Teils der AfA erfolgt eine gewinnerhöhende Zurechnung außerhalb der Bilanz.[7]

29 **4. Additive/retrograde Wertermittlung. Die AK/HK sind grds. additiv zu ermitteln**, dh. durch Zusammenrechnung der einzeln belegten, bei der Anschaffung oder Produktion anfallenden Kosten für Güter und Dienstleistungen. Im Einzelfall ist die **retrograde Methode** – Rückrechnung v. voraussichtlichen Verkaufspreis unter Herausrechnung der noch anfallenden Vertriebs- und Lagerkosten und des Unternehmergewinns[8] – statthaft;[9] beide Methoden müssen zu demselben Ergebnis führen.[10] Beim UV kann die Ermittlung des effektiven Wareneinstandspreises insbes. bei großen Warenlagern technisch schwierig sein; daher dürfen die AK und die Anschaffungsnebenkosten (der effektive Einstandspreis) retrograd (ausgezeichneter Verkaufspreis ./. Rohgewinn) bzw. mittelbar durch Rückrechnung anhand der kalkulierten Handelsspanne (Rohgewinnabschlagssatz) aus dem individuellen Verkaufspreis geschätzt werden.[11] Bei am Bilanzstichtag herabgesetzten Preisen darf nicht v. der ursprünglich kalkulierten Handelsspanne, sondern nur v. dem verbleibenden Verkaufsabschlag ausgegangen werden.[12] Bei Massenfertigungen werden dem einzelnen WG Durchschnittsbeträge zugerechnet. Bei der retrograden Ermittlung des TW des WG dürfen nach dem Bilanzstichtag entstehende Selbstkosten nur insoweit berücksichtigt werden, als auch ein gedachter Erwerber sie berechtigterweise geltend machen könnte.[13]

30 **5. Zuschüsse.**[14] Zuschüsse aus öffentlichen oder privaten Mitteln können die AK/HK mindern. Allgemein zur – auch nachträglichen – Minderung der AK s. Rn. 46 f. Ein Zuschuss ist ein Vermögensvorteil, den ein Zuschussgeber zur Förderung eines – zumindest auch – in seinem Interesse liegenden Zwecks

1 BFH v. 4.7.1990 – GrS 1/89, BStBl. II 1990, 830 (833).
2 BFH v. 22.8.1966 – GrS 2/66, BStBl. III 1966, 672; v. 7.3.1989 – IX R 300/87, BStBl. II 1989, 768 = FR 1989, 620.
3 BFH v. 31.5.2001 – IX R 78/98, BStBl. II 2001, 756.
4 BFH v. 4.7.1990 – GrS 1/89, BStBl. II 1990, 830, betr. HK.
5 BFH v. 4.7.1990 – GrS 1/89, BStBl. II 1990, 830.
6 BFH v. 3.12.1990 – IX B 136/89, BFH/NV 1991, 316 mwN.
7 BFH v. 8.10.1987 – IV R 5/85, BStBl. II 1987, 853; v. 29.4.2014 – VIII R 20/12, BStBl. II 2014, 679 = FR 2014, 815: unangemessener Fahrzeugaufwand eines Freiberuflers.
8 BFH v. 27.10.1983 – IV R 143/80, BStBl. II 1984, 35 = FR 1984, 228: vorgängige Herabsetzung der Verkaufspreise; v. 25.7.2000 – VIII R 35/97, FR 2001, 142 m. Anm. *Weber-Grellet* = BFH/NV 2001, 240 mwN: zur Teilwertermittlung; v. 7.9.2005 – VIII R 1/03, BStBl. II 2006, 298 = FR 2006, 227: für unfertige Erzeugnisse und Leistungen; s. auch *BeBiKo*⁹, § 255 Rn. 211.
9 BFH v. 7.9.2005 – VIII R 1/03, BStBl. II 2006, 298 = FR 2006, 227.
10 BFH v. 20.7.1973 – III R 100–101/72, BStBl. II 1973, 794; aber BFH v. 29.4.1970 – III 217/63, BStBl. II 1970, 614 – Erzeugnisse gewerblicher Urproduktion (Erdölförderung).
11 BFH v. 27.10.1983 – IV R 143/80, BStBl. II 1984, 35 = FR 1984, 228, dort auch zu den Einschränkungen.
12 BFH v. 27.10.1983 – IV R 143/80, BStBl. II 1984, 35 = FR 1984, 228.
13 BFH v. 9.11.1994 – I R 68/92, BStBl. II 1995, 336 = FR 1995, 272 = FR 1995, 410 m. Anm. *Groh*.
14 R 6.5 Abs. 1 EStH; zur ertragstl. Behandlung iÜ BFH v. 14.2.1995 – IX R 5/92, BStBl. II 1995, 380 = FR 1995, 516 – Vorauszahlung auf den Zuschuss.

dem Zuschussempfänger zuwendet. Fehlt ein Eigeninteresse des Leistenden, liegt kein Zuschuss vor. IdR ist ein Zuschuss auch nicht anzunehmen, wenn ein unmittelbarer wirtschaftlicher Zusammenhang mit einer Leistung des Zuschussempfängers gegeben ist;[1] dies etwa, wenn mit der Gewährung des Zuschusses Vereinbarungen getroffen werden, die mit der Gebrauchsüberlassung des Grundstücks in unmittelbarem rechtl. und wirtschaftlichen Zusammenhang stehen, zB eine Mietzinsbindung oder Belegungsrechte;[2] ferner bei Geld- oder Bauleistungen des Mieters zur Erstellung eines Gebäudes.[3] Es kommt dann, sofern es sich um eine „Einnahme für eine bestimmte Zeit" nach dem Abschlussstichtag (§ 5 Abs. 5 Nr. 2; § 5 Rn. 85) handelt, die Bildung eines RAP in Betracht.[4] Stfreie Zuschüsse (§ 3 Nr. 71) sind nach § 3c nicht aufwandswirksam. Investitionszulagen mindern nicht die AK/HK (§ 13 InvZulG).[5] Öffentliche Investitionszuschüsse[6] (mit der Zweckbestimmung, sie zur Anschaffung oder Herstellung v. WG des Anlagevermögens zu verwenden; Gegensatz: erfolgswirksame, stets als BE zu erfassende Betriebskostenzuschüsse[7]) unterliegen einer rechtl. gesicherten Zweckbindung. Sie sind, da keine Schenkung, BE. Die bilanzrechtl. Behandlung der Zuschüsse ist str.:[8] **entweder** Minderung der ursprünglichen/nachträglichen AK/HK;[9] Grund: AK-Prinzip der §§ 253 Abs. 1, § 255 Abs. 1 S. 3, § 252 Abs. 1 Nr. 4 HS 2 HGB[10] **oder** Wahlrecht[11] zw. sofortiger Gewinnerhöhung bei Ansatz der ungeminderten AK/HK und gewinnneutraler Behandlung bei Ansatz der geminderten AK/HK.[12] Die divergierende Rspr. wirkt sich im Regelfall nicht aus, weil Minderung der AK/HK gewählt wird. Zur Behandlung v. Zuschüssen bei den Einkünften aus VuV s. § 21 Rn. 48 „Zuschüsse". Geld- oder Bauleistungen des Mieters zur Erstellung des Gebäudes sind keine Zuschüsse, sondern zusätzliches Nutzungsentgelt.[13] Zuschüsse an den Eigentümer zum Ausgleich für Belegungs- und Mietminderung sind Einnahmen.[14] Besonderes gilt die für Bilanzierung v. Zuschüssen zu den HK v. Werkzeugen des Anlagevermögens.[15]

II. Anschaffungskosten. 1. Anschaffungsvorgang. § 6 enthält keine Definition des Rechtsbegriffs der „Anschaffung". Er bedeutet allg. (Rn. 4): Aufgrund eines entgeltlichen,[16] auch unterentgeltlichen („Freundschaftspreis" unter dem Verkehrswert, sofern der Vertrag durchgeführt wird; gemischte Schenkung) oder teilentgeltlichen (§ 16 Rn. 121 ff., dort auch zur vorweggenommenen Erbfolge und zur Erbauseinandersetzung[17]) Vorgangs (Kauf, Tausch, Werklieferungsvertrag, auch aufgrund G oder durch Hoheitsakt wie 31

---

1 BFH v. 22.4.2008 – X B 125/07, BFH/NV 2008, 1155; R 6.5 EStR 2008.

2 BFH v. 26.3.1991 – IX R 104/86, BStBl. II 1992, 999 = FR 1991, 498 m. Anm. *Drenseck*.

3 BFH v. 28.10.1980 – VIII R 34/76, BStBl. II 1981, 161 = FR 1981, 123; R 21.5 Abs. 3 EStR – Mieterzuschüsse.

4 BFH v. 5.4.1984 – IV R 96/82, BStBl. II 1984, 552 = FR 1984, 453 – Ausbildungszuschuss; BMF v. 7.1.1994, BStBl. I 1994, 17 – EG-Rapszuschuss; v. 11.7.1995, DB 1995, 1637 – verlorene Zuschüsse bei Bierlieferungsverträgen; v. 15.3.1995, BStBl. I 1995, 183 – zur Voraussetzung der „bestimmten Zeit".

5 OFD Ffm. v. 3.8.2000, StEK InvZulG 1999 Nr. 34.

6 Beispiele aus der Rspr.: BFH v. 26.3.1991 – IX R 104/86, BStBl. II 1992, 999 = FR 1991, 498 m. Anm. *Drenseck* – Zuschüsse nach § 43 Abs. 3 S. 2 StBauFG für Denkmalpflege; v. 21.6.1990 – IV B 100/89, BStBl. II 1990, 980 = FR 1990, 677 – Fördermittel nach dem Landesmodernisierungsprogramm; v. 26.11.1996 – VIII R 58/93, BStBl. II 1997, 390 = FR 1997, 218 – Fördermittel nach § 10 KHG; v. 27.4.2000 – I R 12/98, BFH/NV 2000, 1365 – Wasserversorgung des neu erschlossenen Gewerbegebiets einer Gemeinde.

7 BFH v. 5.4.1984 – IV R 96/82, BStBl. II 1984, 552 = FR 1984, 453 – Zuschuss für die Bereitstellung eines Arbeitsplatzes; v. 17.9.1987 – III R 225/83, BStBl. II 1988, 324 = FR 1988, 170 – öffentl. Zuschüsse zur Liquiditätsstärkung (§ 44 StBauFG); v. 23.9.1992 – IX B 134/91, BFH/NV 1993, 171 – Eingliederungshilfe nach §§ 39 f. BSHG.

8 Zusammenfassend BFH v. 5.6.2003 – IV R 56/01, BStBl. II 2003, 801 = FR 2003, 1128 m. Anm. *Kanzler*.

9 BFH v. 23.3.1995 – IV R 58/94, BStBl. II 1995, 702 = FR 1995, 698 – öffentl. Zuschuss zum Bau einer Tiefgarage, kein RAP; ebenso zu VuV der IX. Senat des BFH v. 26.3.1991 – IX R 104/86, BStBl. II 1992, 999 = FR 1991, 498 m. Anm. *Drenseck*; zum Meinungsstand VIII. Senat BFH v. 26.11.1996 – VIII R 58/93, BStBl. II 1997, 390 = FR 1997, 218 – öffentl. Fördermittel nach dem KHG; BFH v. 11.9.2013 – IV R 57/10, BFH/NV 2014, 316: zu Aufforstungsprämien für einen Landwirt.

10 BFH v. 23.3.1995 – IV R 58/94, BStBl. II 1995, 702 = FR 1995, 698.

11 BFH v. 24.4.2000 – I R 12/98, BFH/NV 2000, 1365 mwN; zur Rechtsgrundlage BFH v. 5.6.2003 – IV R 56/01, BStBl. II 2003, 801 = FR 2003, 1128 m. Anm. *Kanzler*; v. 11.6.2010 – IV S 1/10, BFH/NV 2010, 1851 mwN; zum Bilanzierungswahlrecht bei öffentlichen Investitionszuschüssen BFH v. 11.6.2010 – IV S 1/10, BFH/NV 2010, 1851; R. 6.5 EStR.

12 BFH v. 22.1.1992 – X R 23/89, BStBl. II 1992, 488 = FR 1992, 474; zum Zeitpunkt der AK-Minderung BFH v. 29.11. 2007 – IV R 81/05, BStBl. II 2008, 561 = FR 2008, 916 m. Anm. *Kanzler*.

13 BFH v. 28.10.1980 – VIII R 34/76, BStBl. II 1981, 161 = FR 1981, 123; R 21.5 Abs. 2 EStR.

14 BFH v. 14.10.2003 – IX R 60/02, FR 2004, 273 = BFH/NV 2004, 135.

15 S. im Einzelnen BFH v. 29.11.2000 – I R 87/99, BStBl. II 2002, 655 = FR 2001, 534 m. Anm. *Weber-Grellet*: Sofern der Zuschuss zu einer Verkaufspreisminderung der bestellten Waren führt, ist seine erfolgswirksame Erfassung durch eine Rückstellung für ungewisse Verbindlichkeiten auszugleichen.

16 BFH v. 8.6.1994 – X R 51/91, BStBl. II 1994, 779 = FR 1994, 717; v. 16.5.2001 – X R 14/97, BStBl. II 2001, 578.

17 Hierzu BFH v. 28.7.1999 – X R 66/95, BStBl. II 2000, 61 = FR 1999, 1251; BMF v. 14.3.2006, BStBl. I 2006, 253.

Zwangs-/Teilungsversteigerung, Umlegungsverfahren) wird ein in der letztlich beabsichtigten Form/Gestalt bereits bestehendes oder v. Veräußerer oder einem Dritten herzustellendes (sonst: Herstellung durch den StPfl.; Rn. 55 ff.) WG (auch: ein Miteigentums- oder Gesamthandsanteil) erworben. Dieser Erwerb bedeutet, dass das WG v. der fremden in die eigene Verfügungsgewalt überführt[1] und ggf. erstmals in einen dem angestrebten Zweck entspr. (betriebsbereiten) Zustand versetzt wird (Rn. 39 f.).[2] AK können deshalb nur bei einem abgeleiteten Erwerb entstehen. Die Verschaffung des wirtschaftlichen (§ 39 Abs. 2 AO) Eigentums durch Übergang v. Besitz, Nutzen, Lasten und Gefahr reicht aus;[3] bis dahin sind an den Veräußerer geleistete Aufwendungen des Erwerbers Anzahlungen (§ 5 Rn. 78). **Anschaffungsvorgänge** können sich auch aus einer Erbauseinandersetzung,[4] der Realteilung v. Ges. (§ 16 Rn. 226 ff.) und bei der Ablösung eines dinglichen Rechts ergeben. Welche Vorgänge im Einzelnen in den Bereich der Anschaffung fallen, ist unter wirtschaftlichen Gesichtspunkten nach der Zweckbestimmung der Aufwendung zu entscheiden. **Rückübertragungen nach dem VermG** begründen gem. § 52 Abs. 2 S. 2 DMBilG auch dann keine Anschaffungen, wenn der betr. Anspr. zuvor durch Abtretung erworben wurde.[5] Der Annahme eines Anschaffungsvorgangs steht nicht entgegen, dass gelieferte Maschinen montiert werden müssen und der Erwerber selbst zur Mitwirkung – zB zur Erstellung v. Fundamenten – verpflichtet ist.[6]

32 Ein **Anschaffungsvorgang** liegt auch vor, wenn ein immaterielles WG neu begründet wird[7] oder das WG originär iZ mit dem Erwerb herzustellen ist und der Veräußerer wirtschaftlich gesehen der Hersteller („Bauherr"; § 21 Rn. 54 ff.) ist.[8] Die Umwandlung eines Gebäudes in Eigentumswohnungen und die Zuweisung der Wohnungen an die bisherigen Eigentümer durch Realteilung ist kein Anschaffungs- oder Herstellungsvorgang.[9] Die Einlage eines WG in das BV führt nicht zu AK.[10] An deren Stelle tritt der Einlagewert (§ 6 Abs. 1 Nr. 5). Die **Entnahme** oder BetrAufg. kann ein **anschaffungsähnlicher Vorgang** sein: Der durch die Entnahme aufgedeckte TW ist, wenn das WG künftig zur Erzielung v. Überschusseinkünften verwendet wird, abzuschreiben. Hierbei bilden TW bzw. gemeiner Wert jedoch nur dann die Bemessungsgrundlage für die AfA, wenn die stillen Reserven durch die Entnahme oder die BetrAufg. tatsächlich aufgedeckt und – bis zur Höhe des TW bzw. gemeinen Werts – besteuert sind oder noch besteuert werden können.[11] Verliert das WG seine Eigenschaft als BV nicht und erfolgt die Überführung in ein anderes (Sonder-)BV gem. Abs. 5 zum Buchwert, bleibt dieser Bemessungsgrundlage für die AfA.

33 **2. Zeitliche Zuordnung der Anschaffungskosten. Jahr der Anschaffung ist das Jahr der Lieferung** (= Anschaffung; § 9a EStDV), dh. der Zeitpunkt, in dem das WG unabhängig v. seiner tatsächlichen Ingebrauchnahme in die wirtschaftliche Verfügungsmacht des Erwerbers gelangt.[12] Der Zeitraum der Anschaffung kann gestreckt sein. Er kann zB mit Besichtigungskosten[13] **beginnen** (ab Verschaffung der Verfügungsmacht kein schwebendes Geschäft) und mit der Herstellung der Betriebsbereitschaft **enden**. Ein WG ist – ggf. auch nur zu einem Teil – betriebsbereit, wenn es entspr. seiner Zweckbestimmung genutzt werden kann (objektive und subj. Funktionstüchtigkeit).[14] Für die Aktivierung des eigenen WG – sodann mit den zum Bilanzstichtag aufgewendeten Teilanschaffungs(neben)kosten – genügt der Beginn der Anschaffung.[15]

---

1 BFH v. 22.8.1966 – GrS 2/66, BStBl. III 1966, 672; v. 29.7.1997 – IX R 89/94, BStBl. II 1997, 772 = FR 1998, 66.
2 BFH v. 12.6.1978 – GrS 1/77, BStBl. II 1978, 620.
3 BFH v. 22.8.1966 – GrS 2/66, BStBl. III 1966, 672; v. 26.1.1970 – IV R 144/66, BStBl. II 1970, 264 – Leasing; v. 13.12.1984 – VIII R 249/80, BStBl. II 1985, 289 = FR 1985, 385 – Abgrenzung zw. abgeleitetem Erwerb und HK; v. 3.8.1988 – I R 157/84, BStBl. II 1989, 21 – Verschaffung des Besitzes an gekauften Waren; v. 2.9.1988 – III R 53/84, BStBl. II 1988, 1009 = FR 1989, 85 – Lieferung im Rahmen einer Montage.
4 BMF v. 14.3.2006, BStBl. I 2006, 253.
5 BFH v. 22.2.2006 – I R 61/04, BFH/NV 2006, 1807.
6 BFH v. 1.2.2012 – I R 57/10, BStBl. II 2012, 407 = FR 2012, 877.
7 BFH v. 26.8.1992 – I R 24/91, BStBl. II 1992, 977 – Transferentschädigung als AK einer Spielerlaubnis im Bundesligafußball; FG MV v. 10.11.2010 – 1 K 466/07, StuB 2011, 271.
8 BFH v. 14.11.1989 – IX R 197/84, BStBl. II 1990, 299 = FR 1990, 145 – Anleger im Bauherrenmodell als Erwerber.
9 BFH v. 22.9.1987 – IX R 15/84, BStBl. II 1988, 250 = FR 1988, 312 – Spitzenausgleich ist entgeltlich.
10 BFH v. 11.12.1984 – IX R 27/82, BStBl. II 1985, 250 = FR 1985, 300.
11 BFH v. 8.11.1994 – IX R 9/93, BStBl. II 1995, 170 = FR 1995, 582 – Anschaffung iSd. § 7 Abs. 5; v. 17.9.2008 – IX R 1/08, BFH/NV 2009, 370.
12 BFH v. 3.8.1988 – I R 157/84, BStBl. II 1989, 21; v. 19.6.1997 – III R 111/95, BStBl. II 1998, 72 = FR 1998, 170 – Anschaffung iSd. InvZulG.
13 BFH v. 10.3.1981 – VIII R 195/77, BStBl. II 1981, 470. = FR 1981, 387.
14 BFH v. 12.9.2001 – IX R 52/00, BStBl. II 2003, 574 = FR 2002, 779 m. Anm. *Fischer*; zu Einzelfragen BMF v. 18.7.2003, BStBl. I 2003, 386 – Abgrenzung v. AK, HK und Erhaltungsaufwendungen bei der Instandsetzung und Modernisierung v. Gebäuden.
15 BFH v. 13.10.1983 – IV R 160/78, BStBl. II 1984, 101 = FR 1984, 145; aber BFH v. 4.8.1976 – I R 145/74, BStBl. II 1976, 675.

Bei Anschaffung eines WG im **Schnittpunkt zweier Jahre** hängt es v. dem Umständen ab, ob das WG mit Schluss des alten oder mit Beginn des neuen Wj. angeschafft ist.[1]

Die AK entstehen – sogleich mit der Anschaffung iHd. Verpflichtung zur Gegenleistung und nicht erst bei der späteren Zahlung des Kaufpreises[2] – grds. zu dem Zeitpunkt, zu dem der StPfl. die wirtschaftliche Verfügungsmacht an dem angeschafften WG erlangt, idR also Tag der Lieferung. Es können bei einem gestreckten Anschaffungsvorgang auch vor- und nachher AK entstehen. Bei dem mit den **AK** zu aktivierenden WG und der zu passivierenden **Kaufpreisverbindlichkeit** handelt es sich um zwei selbständige Bilanzposten.[3] In die Bemessungsgrundlage der AfA sind auch die v. StPfl. mit Kredit finanzierten (Grundsatz der Finanzierungsfreiheit) und ggf. die aufgrund eines bürgerlich-rechtl. unwirksamen Vertrages getragenen AK/HK einzubeziehen.[4] Aufschiebend bedingte Verbindlichkeiten führen erst bei Eintritt der Bedingung zu sodann nachträglichen AK;[5] anders aber, wenn der Rentenanspruch einer dritten Person erst mit dem Tod des Veräußerers entsteht. Diese Rentenverpflichtung gehört bei wirtschaftlicher Betrachtung zu den AK eines Grundstücks.[6] Dem Grunde nach vorerst unbekannte AK sind nicht relevant. Erhöhungen aus einer Wertsicherungsklausel berühren nicht die AK.[7] 34

Vorauszahlungen/Anzahlungen (Zahlung des Kaufpreises vor Übergang des wirtschaftlichen Eigentums) sind bilanziell noch kein Aufwand und selbst keine AK. Erst wenn geliefert wird, sind sie Bestandteil der AK des beim Erwerber zu aktivierenden WG.[8] Sind sie etwa infolge Insolvenz des Veräußerers verloren, werden sie nicht für tatsächliche Anschaffung geleistet, sondern sind als BA/WK abziehbar,[9] und zwar in dem Zeitpunkt, in dem deutlich wird, dass sie ohne Gegenleistung bleiben und eine Rückzahlung nicht zu erlangten ist, es also zu keiner Verteilung der Aufwendungen im Wege der AfA kommen wird.[10] 35

3. Umfang der Anschaffungskosten. AK sind grds. zweckgerichtete Aufwendungen (§ 255 Abs. 1 HGB: „um zu erwerben"; zu nachträglichen AK Rn. 41),[11] die getätigt werden, um im Wege abgeleiteten Erwerbs die Verfügungsmacht am WG zu erhalten (= Erwerb) und, soweit sie als Einzelkosten (Gegensatz: Gemeinkosten) der Anschaffung zugeordnet werden können,[12] das WG erstmals in einen dem angestrebten Zweck entspr. betriebsbereiten Zustand zu versetzen (§ 255 Abs. 1 S. 1 HGB, Rn. 26).[13] Zu den AK zählen auch solche Aufwendungen, die aufgrund eines gesonderten Vertrages geleistet werden oder die nicht in einem Vertrag fixiert sind. Die Frage, ob AK vorliegen, ist weniger nach rechtl. als nach wirtschaftlichen Gesichtspunkten zu entscheiden.[14] Zu den AK gehören insbes. der bare Kaufpreis (**Anschaffungspreis**), die im Zeitpunkt der Lieferung zu passivierende[15] zivilrechtl. Entgeltforderung abzgl. etwaiger Preisminderungen (§ 255 Abs. 1 S. 3 HGB) mit dem Wert der geschuldeten Gegenleistung im Zeitpunkt des Entstehens der Verpflichtung.[16] § 255 Abs. 1 S. 3 HGB gilt allg. für Ermäßigungen der AK und damit für Rückflüsse v. iZ mit dem Erwerb geleisteten Aufwendungen, die nicht sofort abziehbar, sondern auf die Zeit der Nutzungsdauer des Wirtschaftsguts zu verteilen gewesen wären (zu Zuschüssen s. Rn. 30).[17] Zu den AK zählen ferner die Begr. oder Übernahme (idR an Erfüllungs Statt, § 364 BGB) v. schuldrechtl. Verbindlichkeiten[18] und dinglichen Lasten (Grundpfandrechten) oder einer Freistellungsverpflichtung,[19] 36

1 BFH v. 23.1.1992 – IV R 88/90, BStBl. II 1992, 525 = FR 1992, 520.
2 BFH v. 22.8.2007 – X R 2/04, FR 2008, 326 = BFH/NV 2007, 2410.
3 BFH v. 6.11.1997 – III R 190/94, BStBl. II 1998, 123 = FR 1998, 385.
4 BFH v. 16.1.1996 – IX R 60/94, BFH/NV 1996, 600 mwN.
5 BFH v. 15.7.1992 – X R 165/90, BStBl. II 1992, 1020 = FR 1992, 747; v. 26.4.1995 – I R 92/94, BStBl. II 1995, 594 = FR 1995, 579 m. Anm. *Groh* – aufschiebend bedingte Forderungen; v. 22.8.2007 – X R 2/04, FR 2008, 326 = BFH/NV 2007, 2410.
6 BFH v. 2.5.2001 – VIII R 64/93, BFH/NV 2002, 10.
7 BFH v. 27.1.1998 – VIII R 64/96, BStBl. II 1998, 537 = FR 1998, 784; H 6.2 EStH.
8 BFH v. 28.6.2002 – IX R 51/01, BStBl. II 2002, 758 = FR 2002, 1323.
9 BFH v. 4.7.1990 – GrS 1/89, BStBl. II 1990, 830 – zu HK; v. 30.8.1994 – IX R 23/92, BStBl. II 1995, 306 = FR 1995, 541.
10 BFH v. 30.8.1994 – IX R 23/92, BStBl. II 1995, 306 = FR 1995, 541; v. 28.6.2002 – IX R 51/01, BStBl. II 2002, 758 = FR 2002, 1323; in jenem Fall hatten die StPfl. den angezahlten Kaufpreis zurückerhalten.
11 BFH v. 13.10.1983 – IV R 160/78, BStBl. II 1984, 101 = FR 1984, 145.
12 BFH v. 14.2.1996 – X R 127/92, BStBl. II 1996, 362 = FR 1996, 348.
13 BFH v. 22.8.1966 – GrS 2/66, BStBl. III 1966, 672; R 6.2 Abs. 1 EStR.
14 BFH v. 31.5.2001 – IX R 78/98, BStBl. II 2001, 756 = FR 2001, 1185 m. Anm. *Fischer*.
15 BFH v. 27.2.1991 – I R 176/84, BStBl. II 1991, 456 = FR 1991, 298 m. Anm. *Schmidt*.
16 BFH v. 31.8.1972 – IV R 93/67, BStBl. II 1973, 51 – Wechselkursänderungen der Kaufpreisforderung; v. 12.12.1991 – IV R 28/91, BStBl. II 1992, 600 – Übernahme einer auf Sachleistung gerichteten Verpflichtung.
17 BFH v. 14.6.2012 – VI R 89/10, BStBl. II 2012, 835 = FR 2013, 429.
18 BFH v. 12.12.1991 – IV R 28/91, BStBl. II 1992, 600 – langfristig zu erfüllende Sachleistungsverpflichtung.
19 BFH v. 12.1.1983 – IV R 180/80, BStBl. II 1983, 595 = FR 1983, 294.

jeweils in Anrechnung auf den Kaufpreis;[1] der Verzicht auf einen Anspr. zB aus § 951 BGB;[2] das anrechenbare Entgelt für eine Kaufoption.[3] AK können neben dem nach dem Kaufvertrag vereinbarten Kaufpreis die aufgrund eines gesonderten Vertrages geschuldeten Aufwendungen sein, zB solche für die beim Erwerb einer Eigentumswohnung gesondert vereinbarte Instandsetzung[4] und für die Sanierung der mit einem Wohnrecht der Veräußerer belasteten Gebäudeteile.[5] **AK liegen jedoch nicht vor**, wenn sich eine nur deklaratorisch erwähnte Verpflichtung ohnehin aus dem öffentl. Recht ergeben hätte;[6] auch **ersparte Aufwendungen** begründen keine AK.[7] Dingliche Belastungen begründen keine Verbindlichkeiten, deren Übernahme zu AK des Grundstücks führt.[8] Nicht zu den AK gehört die **Begr./Übernahme v. Rechten** an dem erworbenen WG, die dessen Wert dauernd mindern, wie die Bestellung einer Grunddienstbarkeit, eines Vorkaufsrechts, eines zeitlich unbegrenzten Wohn- und Nutzungsrechts (§ 31 WEG); diese Belastungen wirken idR kaufpreismindernd. Anderes gilt bei Belastung eines anderen als des erworbenen WG. Das bei der Übertragung eines WG – auch zugunsten eines Dritten[9] – für den Veräußerer selbst **vorbehaltene** zeitlich begrenzte **Nutzungsrecht** mindert v. vornherein den Wert des übertragenen WG. Insoweit liegt ein entgeltlicher Erwerb nicht vor (s. auch § 16 Rn. 122).[10] Gleiches gilt für den Vorbehalt eines schuldrechtl. Nutzungsrechts. Die in Rechnung gestellte USt gehört nur dann zu den AK, wenn und soweit sie nicht als VorSt. (§ 15 UStG) abgezogen werden kann (§ 9b).

37 **AK und Anschaffungsnebenkosten.**[11] Die AK beinhalten – unter Ausschluss der Gemeinkosten[12] – alle mit dem Anschaffungsvorgang verbundenen Kosten, somit neben der Entrichtung des Kaufpreises alle sonstigen Aufwendungen des Erwerbers, die in einem unmittelbaren wirtschaftlichen Zusammenhang mit der Anschaffung stehen, insbes. zwangsläufig im Gefolge der Anschaffung anfallen.[13] Die Kosten müssen bei wirtschaftlicher Betrachtung der Anschaffung des WG zuzuordnen sein.[14] Nicht entscheidend ist, ob diese Kosten bereits im Zeitpunkt des Erwerbs oder erst im Anschluss hieran als Folgekosten des Erwerbsvorgangs entstehen. Allerdings können „Anschaffungs"kosten eines WG nur solche Kosten sein, die nach wirtschaftlichen Gesichtspunkten dessen Beschaffung tatsächlich zuzuordnen sind. Nicht nur gelegentlich der Anschaffung aufgewendete, auch zeitlich nach der Herstellung der Betriebsbereitschaft anfallende Anschaffungsnebenkosten sind Aufwendungen, die unmittelbar durch die Anschaffung verursacht sind, insbes. zwangsläufig im Gefolge der Anschaffung anfallen, und dem einzelnen WG zugeordnet werden können. Nicht entscheidend ist dabei, ob diese Kosten bereits im Zeitpunkt des Erwerbs oder erst im Anschluss hieran als „unmittelbare Folgekosten des Erwerbsvorgangs" anfallen. Die Frage, welche Kosten dem Anschaffungsvorgang im Einzelfall zuzuordnen sind, nach wirtschaftlichen Gesichtspunkten zu entscheiden. Dabei ist ein bloßer kausaler oder zeitlicher Zusammenhang mit der Anschaffung nicht ausreichend, vielmehr kommt es auf die Zweckbestimmung der Aufwendungen an.[15] Diese müssen sich nicht wertsteigernd auswirken.[16] Sie sind auch bei teilentgeltlichem Erwerb in voller Höhe anzusetzen;[17] auch bei Zahlung an Dritte, die iRd. Anschaffungsvorgangs Leistungen an den Erwerber erbracht haben. Es handelt sich insbes. um Gebühren, Steuern und sonstige Aufwendungen, die zur Erlangung der Verfügungsmacht (Erwerbsnebenkosten) und zur Herstellung der Betriebsbereitschaft gezahlt werden. Aufwendungen eines in der Rechtsform einer GmbH & Co. KG geführten Windkraftfonds für die Platzierungsgarantie, für die Prospekterstellung und Prospektprüfung, für die Koordinierung/Baubetreuung und für die Eigenkapitalvermittlung sind in der Steuerbilanz der KG in voller Höhe als AK zu behandeln, wenn sich die Kommanditisten aufgrund eines v. Projektanbieter vorformulierten Vertragswerks an dem

---

1 BFH v. 11.12.1997 – IV R 28/97, BFH/NV 1998, 836 mwN – grds. „Bruttobetrachtung".
2 BFH v. 11.12.1996 – X R 262/93, BStBl. II 1998, 100 = FR 1997, 301; v. 30.9.1997 – IX R 25/96, BFH/NV 1998, 167.
3 BFH v. 26.4.1977 – VIII R 2/75, BStBl. II 1977, 631.
4 BFH v. 17.12.1996 – IX R 47/95, BStBl. II 1997, 348 = FR 1997, 384.
5 BFH v. 8.5.2001 – IX R 63/98, BFH/NV 2001, 1257.
6 BFH v. 6.11.1985 – I R 272/81, BFH/NV 1987, 123.
7 BFH v. 12.2.2015 – IV R 29/12, BFH/NV 2015, 895.
8 BFH v. 17.11.2004 – I R 96/02, BStBl. II 2008, 296 = FR 2005, 320 m. Anm. *Weber-Grellet*.
9 BFH v. 10.4.1991 – XI R 7–8/84, BStBl. II 1991, 791 = FR 1991, 594; v. 14.12.1994 – X R 1–2/90, BStBl. II 1996, 680 = FR 1995, 503 m. Anm. *Weber-Grellet* = FR 1995, 583 m. Anm. *Fischer* mwN.
10 BFH v. 5.7.1990 – GrS 4–6/89, BStBl. II 1990, 847 (851 ff.) = FR 1990, 670; v. 7.6.1994 – IX R 33–34/92, BStBl. II 1994, 927 = FR 1994, 822 mwN.
11 BFH v. 17.10.2001 – I R 32/00, BStBl. II 2002, 349 = FR 2002, 575.
12 BFH v. 13.4.1988 – I R 104/86, BStBl. II 1988, 892 = FR 1988, 476.
13 BFH v. 20.4.2011 – I R 2/10, BStBl. II 2011, 761 = FR 2011, 904.
14 BFH v. 20.4.2011 – I R 2/10, BStBl. II 2011, 761 = FR 2011, 904.
15 BFH v. 17.10.2001 – I R 32/00, BStBl. II 2002, 349 = FR 2002, 575 – Beiträge an den Erdölbevorratungsverband sind keine unmittelbaren Folgekosten der Anschaffung.
16 BFH v. 4.6.1991 – X R 136/87, BStBl. II 1992, 70 = FR 1992, 19.
17 BFH v. 30.1.1991 – XI R 6/84, BFH/NV 1991, 453.

Fonds beteiligten.[1] Bei Beratungskosten in Form von finanzieller oder rechtl. **Due Diligence** liegen Anschaffungsnebenkosten vor, wenn sie vor der grds. Erwerbsentscheidung angefallen sind, str.[2]

Beispiele: GrESt (BFH v. 12.6.1978 – GrS 1/77, BStBl. II 1978, 620; v. 14.1.1992 – IX R 226/87, BStBl. II 1992, 464 – Säumniszuschlag zur GrESt; v. 15.10.1997 – I R 22/96, BStBl. II 1998, 168 = FR 1998, 192; v. 2.9.2014 – IX R 50/13, BStBl. II 2015, 260 = GmbHR 2015, 327: nicht die durch einen Wechsel im Gesellschafterbestand ausgelöste GrESt), Branntweinsteuer (BFH v. 5.5.1983 – IV R 18/80, BStBl. II 1983, 559 = FR 1983, 460), Zölle, Notargebühren und die Hebegebühr für das Notaranderkonto (BFH v. 22.9.1993 – X R 126/92, BFH/NV 1994, 236), Makler- (BFH v. 24.8.1995 – IV R 27/94, BStBl. II 1995, 895 = FR 1996, 65; v. 24.5.2000 – VI R 188/97, BStBl. II 2000, 586 = FR 2000, 1140) und Vermittlungskosten, Provisionen (BFH v. 13.10.1983 – IV R 160/78, BStBl. II 1984, 101 = FR 1984, 145; v. 24.8.1995 – IV R 27/94, BStBl. II 1995, 895 = FR 1996, 65), Transport-, Überführungs-, Einkaufskosten; Kosten zur Herstellung der Lieferbereitschaft (BFH v. 13.4.1988 – I R 104/86, BStBl. II 1988, 892 = FR 1988, 476), Aufwand zur Einf. eines neuen Software-Systems (BMF v. 18.11.2005, BStBl. I 2005, 1025 – Nutzungsdauer fünf Jahre), nicht aber Finanzierungskosten (Rn. 47) und Kosten der Rechtsverteidigung nach Erlangung der Verfügungsmacht. Zwecks Vereinfachung sind für Anschaffungsnebenkosten pauschale Zuschläge auf die Anschaffungspreise unter Ausgrenzung der Gemeinkosten zulässig. Nebenkosten sind nur dann zu aktivieren, wenn auch die Haupt-AK aktiviert werden können. Erwerbsnebenkosten für ein Erbbaurecht sind dessen AK (BFH v. 4.6.1991 – X R 136/87, BStBl. II 1992, 70 [72] = FR 1992, 19 – Anschaffung eines Erbbaurechts; BMF v. 30.1.1996, BStBl. I 1996, 1140; H 6.2 „Erbbaurecht" EStH); anders bei Aufwendungen innerhalb des Dauernutzungsverhältnisses (BFH v. 27.7.1994 – X R 126/93, BStBl. II 1995, 109; v. 4.9.1997 – IV R 40/96, BFH/NV 1998, 569 mwN). Ansonsten gibt es bei schwebenden Geschäften und beim unentgeltlichen Erwerb keine Erwerbsnebenkosten (BFH v. 4.3.1976 – IV R 78/72, BStBl. II 1977, 380 – v. Kreditnehmer gezahlte Vermittlungsprovision als Anschaffungsnebenkosten für ein Kapitalnutzungsrecht; v. 19.6.1997 – IV R 16/95, BStBl. II 1997, 808 = FR 1997, 810 m. Anm. *Stobbe* – Maklergebühren für Anmietung eines Ladens). Ein zeitlicher Zusammenhang mit dem Anschaffungsvorgang ist nicht erforderlich. Zu AK/HK bei Bauherrenmodellen und Immobilienfonds s. § 21 Rn. 54 ff. AK können auch Aufwendungen sein, die neben dem nach dem Kaufvertrag geschuldeten Kaufpreis aufgrund eines gesonderten Vertrages geleistet werden (BFH v. 17.12.1996 – IX R 47/95, BStBl. II 1997, 348 = FR 1997, 384) oder die nicht in einem Vertrag fixiert sind (BFH v. 28.6.2000 – V R 63/99, BFH/NV 2001, 348).

Einstweilen frei. 38

Zu aktivierende[3] **vorweggenommene AK** gehen dem Anschaffungsvorgang zeitlich voran, zB Kosten der Begutachtung, Beratung, Reisekosten zur Besichtigung eines anzuschaffenden WG.[4] Zu vergeblichen Aufwendungen s. Rn. 82 f. AK sind auch das neben einem Mengenentgelt vereinbarte Entgelt für die Lieferbereitschaft.[5] 39

Aufwendungen zur Herstellung der erstmaligen Betriebsbereitschaft (§ 255 Abs. 1 S. 1 HGB) sind zB solche für Transport, Aufstellung, Montage, Fundamentierung, Lagerung, Überprüfung, Inbetriebnahme, Umgestaltung/Umrüstung,[6] Reparatur[7] des WG, soweit Letztere nicht HK oder Erhaltungsaufwand[8] auf das bereits nutzbare WG sind. ZB sind Kosten für die Überführung und Zulassung eines Fahrzeugs AK. Ein an den Veräußerer gezahltes Entgelt für die Renovierung usw. gehört stets zu den AK.[9] Ein (Wohn- oder Betriebs-)Gebäude ist betriebsbereit, wenn es entspr. seiner Zweckbestimmung genutzt werden kann, was für jeden Gebäude- bzw. Grundstücksteil, der nach seiner Zweckbestimmung selbständig genutzt werden soll, gesondert zu prüfen ist.[10] Wird ein Gebäude ab dem Zeitpunkt des Erwerbs v. Erwerber durch Vermietung genutzt, ist es insoweit betriebsbereit.[11] Ein Gebäude ist betriebsbereit, wenn die betriebliche Nutzung des Veräußerers durch den Erwerber fortgeführt wird. Muss ein unbebaut zu vermietendes Grundstück erst zwangsgeräumt werden, wird es erst hierdurch betriebsbereit.[12] 40

4. Nachträgliche Anschaffungskosten. Zu den AK „gehören auch" (§ 255 Abs. 1 S. 2 HGB) nachträgliche, durch die Anschaffung kausal verursachte, mit ihr in einem unmittelbaren wirtschaftlichen Zusammenhang stehende tatsächliche Aufwendungen, die zu einer Erhöhung des Wertes des WG füh- 41

---

1 BFH v. 14.4.2011 – IV R 15/09, BStBl. II 2011, 706 = FR 2011, 818; v. 1.2.2012 – I R 57/10, BStBl. II 2012, 407 = FR 2012, 877.

2 BFH v. 27.3.2007 – VIII R 62/05, BStBl. II 2010, 159 Rn. 21 = FR 2007, 1184 m. Anm. *Kanzler*; FG Köln v. 6.10.2010 – 13 K 4188/07, EFG 2011, 264 Rn. 47 ff.; FG Hbg. v. 23.4.2014 – 6 K 248/13, EFG 2014, 1782 Rn. 43; **aA** *Hoffmann*, GmbHR 2007, 782; zweifelnd *Prinz/Ludwig*, DB 2018, 213.

3 BFH v. 13.10.1983 – IV R 160/78, BStBl. II 1984, 101 = FR 1984, 145.

4 BFH v. 15.4.1992 – III R 96/88, BStBl. II 1992, 819 = FR 1992, 649 – Reisekosten.

5 BFH v. 13.4.1988 – I R 104/86, BStBl. II 1988, 892 = FR 1988, 476 – Bezug v. Erdgas.

6 BFH v. 14.11.1985 – IV R 170/83, BStBl. II 1986, 60 = FR 1986, 269 – Umbau eines Schiffs.

7 BFH v. 12.2.1985 – IX R 114/83, BStBl. II 1985, 690 = FR 1985, 472.

8 BFH v. 11.8.1989 – IX R 44/86, BStBl. II 1990, 53 = FR 1990, 117.

9 BFH v. 30.7.1991 – IX R 43/89, BStBl. II 1991, 918 = FR 1992, 134; v. 17.12.1996 – IX R 47/95, BStBl. II 1997, 348 = FR 1997, 384 – „Modernisierungsmodell"; v. 12.9.2001 – IX R 52/00, FR 2002, 779 m. Anm. *Fischer* = BFH/NV 2002, 966.

10 BMF v. 18.7.2003, BStBl. I 2003, 386 Tz. 2; vgl. auch § 7 Abs. 5a.

11 BFH v. 29.2.2012 – IX R 13/11, BFH/NV 2012, 1422.

12 BFH v. 18.5.2004 – IX R 57/01, BStBl. II 2004, 872 = FR 2004, 1285.

ren.[1] Sie sind auch bei zeitlichem Abstand zur Anschaffung des WG noch durch die Anschaffung veranlasst.[2] Dabei ist die Frage, welche Kosten dem Anschaffungsvorgang im Einzelfall zuzuordnen sind, nach wirtschaftlichen Gesichtspunkten zu entscheiden. Nachträgliche AK/HK, die nach dem Jahr der Anschaffung/Herstellung entstehen, sind im Zeitpunkt ihrer Entstehung[3] – also ohne Rückwirkung auf den Zeitpunkt der Anschaffung – dem Buchwert zuzuschreiben.[4] **Hauptanwendungsfälle** sind Erschließungskosten (Rn. 43 ff.); ferner Aufwendungen zur Befreiung eines Grundstücks v. die Eigentümerbefugnisse beschränkenden dinglichen Belastungen oder öffentl.- rechtl. Baubeschränkungen,[5] allerdings nicht die Ablösung v. zur Sicherung v. Schulden bestellten Grundpfandrechten;[6] Aufwendungen zur Ablösung eines bei Übertragung des WG vorbehaltenen Nutzungsrechts oder eines Erbbaurechts[7] – vorbehaltlich des § 42 AO und des § 12 auch eines Zuwendungsnießbrauchs[8] – durch Einmalbetrag[9] oder entgeltliche Veräußerungsrente.[10] Zu den AK gehören auch Zahlungen eines Grundstückseigentümers, die dazu dienen, die Wiedereintragung eines bereits gelöschten Vorbehaltsnießbrauchs zu verhindern.[11]

42 Der **Begriff der AK iSd. § 17** ist weiter („normspezifisch") auszulegen, damit das Nettoprinzip im Anwendungsbereich dieser Vorschrift ausreichend wirksam werden kann. Es sind auch diejenigen Aufwendungen zu erfassen, die bei MU'ern zu berücksichtigen wären (§ 17 Rn. 86, 87 ff.).[12] Zu ursprünglichen und nachträglichen AK[13] s. § 17 Rn. 87 ff., 90 ff.

43 **5. Insbesondere: Erschließungskosten.** Erschließungskosten, Flächenbeiträge und Ansiedlungsbeiträge sind grundstücksbezogene, auch nachträglich erhobene sowie freiwillige Beiträge zur Finanzierung erstmals durchgeführter Erschließungsmaßnahmen.[14] Sie sind nachträgliche AK des Grund und Bodens, wenn dessen Wert bleibend erhöht wird und die Werterhöhung unabhängig v. der konkreten Nutzung, dh. der Bebauung des Grundstücks und dem Bestand eines auf dem Grundstück errichteten Gebäudes ist. Sie gehören – anders als Hausanschlusskosten (Rn. 116) – nicht zu den HK des Gebäudes. Erschließungskosten dienen dazu, das Grundstück baureif und damit „betriebsbereit" zu machen (§ 255 Abs. 1 S. 1 HGB) und die allg. Nutzbarkeit des Grund und Bodens zu erweitern.[15] Hierzu gehören die erstmalige Anlage einer öffentl. oder privaten Straße,[16] Flächenbeiträge gem. § 58 BauGB,[17] Kosten des erstmaligen Anschlusses an die Wasser-,[18] Strom- und Gasversorgung einschl. der Netzkostenbeiträge.[19] Werden bereits

1 BFH v. 26.4.1995 – I R 92/94, BStBl. II 1995, 594 = FR 1995, 579 m. Anm. *Groh.*
2 BFH v. 3.7.1997 – III R 114/95, BStBl. II 1997, 811 (813) mwN = FR 1997, 902 m. Anm. *Glanegger.*
3 BFH v. 26.7.1984 – IV R 10/83, BStBl. II 1984, 786 = FR 1985, 27.
4 BFH v. 12.6.1978 – GrS 1/77, BStBl. II 1978, 620 – Erhöhung; v. 3.12.1970 – IV R 216/67, BStBl. II 1971, 323 – Minderung.
5 BFH v. 15.12.1992 – IX R 323/87, BStBl. II 1993, 488 = FR 1993, 536; v. 28.11.1990 – V R 31/85, BStBl. II 1991, 381 – Wohnrechtsablösung; v. 7.6.2018 – IV R 37/15, BFH/NV 2018, 1082 Rn. 28 – Ablösung einer beschränkten persönlichen Dienstbarkeit und Zahlung zur Änderung des Bebauungsplans (Abgrenzung zu BFH v. 26.1.2011 – IX R 24/10, BFH/NV 2011, 1480 – Zahlung zur Ablösung eines Erbbaurechts bei Neuabschluss eines solchen Rechts als WK bei den Einkünften aus VuV).
6 BFH v. 29.7.1997 – IX R 89/94, BStBl. II 1997, 772 = FR 1998, 66.
7 BFH v. 23.11.1993 – IX R 101/92, BStBl. II 1994, 348 = FR 1994, 329 – Verzicht als Ausgleich für die als RAP aktivierten Vorleistungen.
8 BFH v. 6.7.1993 – IX R 112/88, BStBl. II 1998, 429 = FR 1993, 716; BMF v. 24.7.1998, BStBl. I 1998, 914 Rn. 61.
9 BMF v. 24.7.1998, BStBl. I 1998, 914 Rn. 65 ff. mwN der Rspr.
10 BFH v. 28.11.1991 – XI R 2/87, BStBl. II 1992, 381 = FR 1992, 289 – zur Ablösung durch eine entgeltliche Rente; anders bei Versorgungsleistungen zur „gleitenden Vermögensübergabe" (§ 22 Rn. 17); BFH v. 22.4.1998 – I R 132/97, BStBl. II 1998, 687 = FR 1998, 961.
11 BFH v. 21.7.1992 – IX R 72/90, BStBl. II 1993, 486 = FR 1993, 538 m. Anm. *Drenseck.*
12 BFH v. 8.4.1998 – VIII R 21/94, BStBl. II 1998, 660 = FR 1998, 955; zu nachträglichen AK BFH v. 12.12.2000 – VIII R 22/92, BStBl. II 2001, 385 = FR 2001, 690; v. 12.12.2000 – VIII R 52/93, BStBl. II 2001, 286 = FR 2001, 701 m. Anm. *Weber-Grellet*; v. 12.12.2000 – VIII R 62/93, BStBl. II 2001, 234 = FR 2001, 599; v. 18.12.2001 – VIII R 27/00, BStBl. II 2002, 733 = FR 2002, 522.
13 BMF v. 21.10.2010, BStBl. I 2010, 832 – Auswirkungen des MoMiG auf nachträgliche AK gem. § 17 Abs. 2.
14 Ausf. H 6.4 „Erstmalige Beiträge, Ersetzung, Modernisierung" EStH.
15 BFH v. 4.11.1986 – VIII R 322/83, BStBl. II 1987, 333 = FR 1987, 204; v. 13.4.2000 – XI B 2/99, BFH/NV 2000, 1094.
16 BFH v. 18.9.1964 – VI 100/63 S, BStBl. III 1965, 85 – Anliegerbeiträge.
17 BFH v. 6.7.1989 – IV R 27/87, BStBl. II 1990, 126 = FR 1989, 690.
18 BFH v. 3.7.1997 – III R 114/95, BStBl. II 1997, 811 = FR 1997, 902 m. Anm. *Glanegger*: Auch die Kosten nach der Geschossfläche werden berechnet.
19 BFH v. 3.7.1997 – III R 114/95, BStBl. II 1997, 811 = FR 1997, 902 m. Anm. *Glanegger* mwN; v. 14.3.1989 – IX R 138/88, BFH/NV 1989, 633: das Urteil BFH v. 15.1.1965 – VI 115/63 U, BStBl. III 1965, 226 betr. Stromanschlusskosten einschl. des Netzkostenbeitrags als Gebäude-HK ist überholt; s. auch BFH v. 3.12.2002 – IX R 64/99, FR 2003, 351 = BFH/NV 2003, 406 – Ersatz eines Brunnens und der Beheizung v. Kohleöfen durch Schaffung eines Gas- und Wasseranschlusses.

vorhandene Einrichtungen ersetzt, verbessert oder modernisiert – sog. Ergänzungsbeiträge[1] – sind die Kosten bei gegebenem Zusammenhang mit der Einkünfteerzielung sofort als BA/WK abziehbar. Verfügt zB ein Wohn- und Wirtschaftsgebäude über eine einfache Abwassereinrichtung (Sickergrube), bedeutet der Anschluss an einen Kanal lediglich den Ersatz einer bereits bestehenden Anlage.[2] Nicht entscheidend ist, ob die Maßnahme aus anderen Gründen zu einer Werterhöhung des Grundstücks führt.[3] Anderes gilt, wenn das Grundstück über seinen ursprünglichen Zustand hinaus iSd. § 255 Abs. 2 S. 1 HGB dadurch wesentlich verbessert wird, dass die grundstücksbezogenen Kriterien – vor allem Größe, Lage, Zuschnitt, Erschließung und Grad der Nutzbarkeit und Bebaubarkeit – verändert und dadurch „Substanz oder Wesen des Grundstücks" berührt werden.[4] Dann liegen HK vor. Vom Erbbauberechtigten übernommene Erschließungskosten für das Erbbaugrundstück sind jedenfalls dann, wenn dieser das Erbbaurecht nicht v. Grundstückseigentümer, sondern v. einem erbbauberechtigten Wohnungsunternehmen erwirbt, AK des Erbbaurechts.[5] „Lediglich technische Verbesserungen des bestehenden Erschließungsvorteils" führen nicht zu HK.

Beiträge zu einer Zweiterschließung sind nur dann nachträgliche HK des Grund und Bodens, wenn sich der Wert des Grundstücks aufgrund einer Erweiterung der Nutzbarkeit oder einer günstigeren Lage erhöht.[6] BA/WK sind auch betriebsbezogene Aufwendungen für eine besondere Nutzung des Grundstücks, etwa für den Ausbau einer bereits bestehenden, durch Lkws des Betriebs stark beanspruchten öffentl. Straße,[7] für die betriebsbedingte Verstärkung der Stromversorgung.[8] Aufwendungen des Erwerbers eines Grundstücks für eine v. einem Dritten zu errichtende Privatstraße stellen auch dann AK eines selbständigen abnutzbaren WG dar, wenn die Straße der erstmaligen Erschließung des Grundstücks dient.[9] Wird ein zusammenhängendes Grundstück an die Kanalisation angeschlossen und werden dadurch bisher als Weideland genutzte Flächen bebaubar, handelt es sich bei den darauf entfallenden Abwasserbaubeiträgen auch dann um nachträgliche AK für den Grund und Boden, wenn ein iÜ aufstehendes Wohngebäude bereits über eine Sickergrube verfügte.[10] Erschließungsbeiträge, die keine erstmalige Entsorgungsmaßnahme betreffen, sondern den Ersatz einer bereits bestehenden Anlage, sind als Erhaltungsaufwand sofort abziehbar.[11] 44

Als sofort abziehbare BA/WK sind die folgenden **erwerbssichernden Aufwendungen auf bereits erschlossene Grundstücke** anerkannt worden: Straßenbaukostenbeiträge für die bauliche Veränderung v. Gehwegen oder des Straßenbelages zur Schaffung einer verkehrsberuhigten Zone oder eines Fußgängerbereichs (BFH v. 22.3.1994 – IX R 52/90, BStBl. II 1994, 842 = FR 1994, 824); nicht grundstücksbezogene freiwillige Zuschüsse zu einer Fußgängerzone (BFH v. 12.4.1984 – IV R 137/80, BStBl. II 1984, 489 = FR 1984, 480, anders indes bei Heranziehung der Grundstückseigentümer nach § 8 KAG NRW, BFH v. 16.11.1982 – VIII R 167/78, BStBl. II 1983, 111 = FR 1983, 177); bauliche Veränderung der Gehwege zur Schaffung einer Fußgängerstraße (BFH v. 22.3.1994 – IX R 52/90, BStBl. II 1994, 842 = FR 1994, 824); Umgestaltung einer Straße zur verkehrsberuhigten Zone (BFH v. 22.3.1994 – IX R 52/90, BStBl. II 1994, 842 = FR 1994, 824; v. 22.3.1994 – IX R 120/92, BFH/NV 1995, 100); Ersatz der werkseigenen Kläranlage durch den Anschluss an die neuerrichtete gemeindliche Kanalisation (BFH v. 4.11.1986 – VIII R 322/83, BStBl. II 1987, 333 = FR 1987, 204; v. 28.2.2003 – IV B 19/01, BFH/NV 2003, 1159); Ersetzung einer funktionsfähigen Sickergrube durch Anschluss an den öffentl. Abwasserkanal (BFH v. 12.11.1992 – IV R 59/91, BStBl. II 1993, 392 = FR 1993, 360 – „Modernisierung in zeitgemäßer Form", fraglich; BFH v. 23.2.1999 – IX R 61/96, BFH/NV 1999, 1079 mwN; v. 28.2.2003 – IV B 19/01, BFH/NV 2003, 1159; v. 12.9.2001 – IX R 39/97, BStBl. II 2003, 569 = FR 2002, 774; v. 12.9.2001 – IX R 52/00, BStBl. II 2003, 574 = FR 2002, 779 m. Anm. *Fischer*); ein bebautes Wohngrundstück mit einer Sickergrube ist bereits „betriebsbereit" und verändert sich durch den Anschluss an eine neu angelegte Kanalisation nicht wesentlich (BFH v. 11.12.2003 – IV R 40/02, BStBl. II 2004, 282 = FR 2004, 410 m. Anm. *Kanzler*); Ersetzung oder Modernisierung einer bereits 45

1 BFH v. 22.10.1987 – IV R 4/85, BFH/NV 1988, 229; v. 3.7.1997 – III R 114/95, BStBl. II 1997, 811 = FR 1997, 902 m. Anm. *Glanegger*; BMF v. 27.5.2003, BStBl. I 2003, 361 – Windkraftanlagen.
2 BFH v. 28.2.2003 – IV B 19/01, BFH/NV 2003, 1159.
3 BFH v. 19.12.1995 – IX R 5/95, BStBl. II 1996, 134 = FR 1996, 177; v. 16.7.1996 – IX R 55/94, BFH/NV 1997, 178.
4 BFH v. 2.5.1990 – VIII R 198/85, BStBl. II 1991, 448.
5 BFH v. 23.11.1993 – IX R 101/92, BStBl. II 1994, 348 = FR 1994, 329; v. 27.7.1994 – X R 126/93, BStBl. II 1995, 109; *K/S/M*, § 21 Rn. B 100, § 9 Rn. B 850; zur Bilanzierung beim Eigentümer BFH v. 4.9.1997 – IV R 40/96, BFH/NV 1998, 569.
6 BFH v. 12.1.1995 – IV R 3/93, BStBl. II 1995, 632 = FR 1995, 501 – öffentl. Straße zusätzlich zu einem Privatweg.
7 BFH v. 26.2.1980 – VIII R 80/77, BStBl. II 1980, 687 = FR 1980, 336; v. 28.3.1990 – II R 30/89, BStBl. II 1990, 569.
8 BFH v. 13.12.1984 – VIII R 249/80, BStBl. II 1985, 289 = FR 1985, 385; v. 22.10.1987 – IV R 4/85, BFH/NV 1988, 229.
9 BFH v. 19.10.1999 – IX R 34/96, BStBl. II 2000, 257 = FR 2000, 395.
10 BFH v. 11.12.2003 – IV R 40/02, BStBl. II 2004, 282 = FR 2004, 410 m. Anm. *Kanzler*.
11 BFH v. 4.11.1986 – VIII R 322/83, BStBl. II 1987, 333 = FR 1987, 204; v. 28.2.2003 – IV B 19/01, BFH/NV 2003, 1159.

vorhandenen Straße (BFH v. 2.5.1990 – VIII R 198/85, BFH/NV 1991, 29); Ausbau einer neuen, die bisherige Zuwegung ersetzenden Straße (BFH v. 18.1.1995 – XI R 60/94, BFH/NV 1995, 770); Ersatz der bisherigen Anbindung eines Grundstücks durch eine nichtöffentl. Straße an das öffentl. Straßennetz durch eine neu ausgebaute öffentl. Straße (BFH v. 7.11.1995 – IX R 99/93, BStBl. II 1996, 89 = FR 1996, 176; v. 19.12. 1995 – IX R 5/95, BStBl. II 1996, 134 = FR 1996, 177); Erschließungsbeiträge für den endg. Ausbau einer bislang provisorisch angelegten Straße (BFH v. 16.7.1996 – IX R 55/94, BFH/NV 1997, 178), Beiträge zur Verbesserung der gemeindlichen Kläranlage (BFH v. 13.9.1984 – IV R 101/82, BStBl. II 1985, 49 = FR 1985, 131).

46 **6. (Nachträgliche) Minderung der Anschaffungskosten.** Nach § 255 Abs. 1 S. 3 HGB aF sind v. den AK „Anschaffungspreisminderungen abzusetzen". Dies gilt allg. für Rückflüsse v. iZ mit dem Erwerb geleisteten Aufwendungen, die nicht sofort abziehbar, sondern auf die Zeit der Nutzungsdauer des Wirtschaftsguts zu verteilen gewesen wären. Entscheidend ist der wirtschaftliche Zusammenhang der AK-Minderung mit der Anschaffung. Eine rechtliche oder synallagmatische Verknüpfung ist nicht zu fordern.[1] In der am 23.7.2015 in Kraft getretenen[2] Neufassung des § 255 Abs. 1 S. 3 HGB ist jetzt die Rede von „Anschaffungspreisminderungen, die dem Vermögensgegenstand einzeln zugeordnet werden können."[3] Die Vorschrift ist dadurch deutlicher gefasst und stellt auf die Zuordnung ab, wobei es nach allg. Grundsätzen ebenfalls auf wirtschaftliche Maßstäbe ankommt. Eine inhaltliche Änderung ist somit nicht eingetreten.[4] Zu Zuschüssen s. Rn. 30. Die nachträgliche **Ermäßigung der Aufwendungen** für die Anschaffung eines WG – Beispiele: Herabsetzung des Kaufpreises oder Verzicht auf diesen;[5] Rückzahlung v. Anschaffungsnebenkosten oder Erstattung/Vergütung v. AK durch Dritte,[6] Minderung nach § 441 BGB;[7] erfolgreiche Anfechtung nach §§ 119, 123 BGB;[8] Rabatt seitens des Vermittlers,[9] einschl. der nachträglichen Aufwendungen – **mindert die AK** (§ 255 Abs. 1 S. 3 HGB) **mit Wirkung für die Zukunft.**[10] Schadensersatz, den eine gewerblich tätige GbR v. ihrem Steuerberater dafür erhält, dass bei anderer als der v. ihm vorgeschlagenen stl. Gestaltung keine GrESt angefallen wäre, ist nicht als Minderung der AK der Grundstücke, sondern als stpfl. Ertrag zu behandeln.[11] Gleiches gilt für eine Vertragsstrafe oder den Ersatz eines Verzugsschadens durch den Vertragspartner und für die Leistung einer Feuerversicherung zur Wiederherstellung eines Gebäudes.[12] Die für die Inanspruchnahme v. Zulagen und v. AfA bedeutsame Frage einer Rückwirkung ist nach dem Sinn und Zweck der jeweils anwendbaren Norm zu beurteilen. Die Rückzahlung aufgrund einer Herabsetzung des Kapitals mindert die AK der Beteiligung.[13] Erhält der Erwerber eines WG v. Vermittler dieses Geschäfts eine Provision, die keine besonderen, über die Anschaffung hinausgehenden Leistungen abgelten, so mindert diese die AK.[14]

47 **(Einkaufs-)Rabatte**[15] und **Skonti**, sofern sie in Anspr. genommen werden, mindern die AK, nicht aber ein nur möglicher Skontoabzug. Mit Abschluss des Anschaffungsgeschäfts stehen die AK zunächst fest; die AK v. Warenvorräten entsprechen dem vereinbarten Kaufpreis. Wird der Kaufpreis für Waren zum Zeitpunkt der Anschaffung nicht beglichen, steht zu diesem Zeitpunkt nicht fest, ob v. der Möglichkeit des Skontoabzugs Gebrauch gemacht wird. Eine spätere Änderung des Kaufpreises wirkt nicht auf den Zeitpunkt der Anschaffung zurück.[16] Gleiches gilt für nachträgliche Preisnachlässe. Wird nach dem Anschaffungszeitpunkt die Kaufpreisschuld unter Skontoabzug bezahlt, mindern sich die AK (§ 255 Abs. 1 S. 3 HGB); wird das Skonto nachträglich zurückbezahlt, tritt keine Minderung der AK ein.[17] Die Minderung ist jedoch erst in dem Zeitpunkt zu berücksichtigen, in dem der Kaufpreis entrichtet wird.[18] **Boni** (Um-

1 BFH v. 14.6.2012 – VI R 89/10, BStBl. II 2012, 835 mwN = FR 2013, 429.
2 Nach Art. 75 Abs. 1 EGHGB erstmals anzuwenden auf Geschäftsjahre, die nach dem 31.12.2015 beginnen.
3 Geändert durch das BilRUG v. 17.7.2015, BGBl. I 2015, 1245.
4 Vgl. BR-Drucks. 23/15, 67.
5 BFH v. 20.10.1965 – VI 185/65 U, BStBl. III 1966, 16.
6 BFH v. 14.6.2012 – VI R 89/10, BStBl. II 2012, 835 = FR 2013, 429 mwN.
7 BFH v. 20.10.1965 – VI 185/65 U, BStBl. III 1966, 16.
8 BFH v. 23.6.1988 – IV R 84/86, BStBl. II 1989, 41 = FR 1988, 674.
9 BFH v. 22.4.1988 – III R 54/83, BStBl. II 1988, 901 = FR 1988, 614.
10 BFH v. 25.5.2004 – VIII R 4/01, FR 2005, 199 = BFH/NV 2005, 105.
11 BFH v. 26.3.1992 – IV R 74/90, BStBl. II 1993, 96 = FR 1993, 50.
12 BFH v. 1.12.1992 – IX R 333/87, BStBl. II 1994, 12 = FR 1993, 504; FG SchlHol. v. 15.11.2017 – 5 K 181/14, EFG 2018, 1203 Rn. 59 ff. (rkr.).
13 BFH v. 29.6.1995 – VIII R 69/93, BStBl. II 1995, 725 = FR 1995, 749.
14 BFH v. 2.3.2004 – IX R 68/02, BStBl. II 2004, 506 = FR 2004, 657 m. Anm. *Fischer*.
15 BFH v. 3.12.1970 – IV R 216/67, BStBl. II 1971, 323.
16 BFH v. 27.2.1991 – I R 176/84, BStBl. II 1991, 456 = FR 1991, 298 m. Anm. *Schmidt*.
17 BFH v. 12.3.1976 – III R 127/74, BStBl. II 1976, 524.
18 BFH v. 29.1.1992 – X R 193/87, BStBl. II 1992, 465.

satzprämien)[1] und sonstige **Rückvergütungen** (Warenrückvergütungen),[2] uU auch v. einem Dritten,[3] sind ggf. auch pauschaliert v. den AK der jeweiligen WG abzusetzen, wenn auf deren Gewährung ein Rechtsanspruch besteht und die erworbenen WG noch im BV des Erwerbers vorhanden sind. Gleiches gilt für Einkaufs-Mengenrabatte; ggf. sind sie als BE im Jahr der Gutschrift zu erfassen. Ein Anspr. auf Prämienzahlungen, die nach langjähriger Übung zu erwarten sind, kann aktivierungspflichtig sein.[4] Die AK sind nicht berührt, wenn der Bonus für den Weiterverkauf gewährt wird.[5]

7. Finanzierung. Finanzierungskosten – auch als Bereitstellungszinsen und -provisionen (ausf. § 4 Rn. 257 „Finanzierungskosten"; zu VuV § 21 Rn. 62) – gehören grds. nicht zu den AK eines WG (vgl. § 255 Abs. 3 HGB).[6] Bei Zahlung des vollen Preises nach Ablauf der Skontofrist braucht der Zinsanteil nicht ermittelt zu werden; idR kommt es nicht zu unangemessenen Aufwandsverlagerungen. Bei kurzfristiger Stundung der Forderung ist davon auszugehen, dass die Abzinsungsbeträge unbedeutend sind. Auf den Zeitraum der Herstellung entfallende Zinsen für Fremdkapital, das zur Finanzierung der Herstellung des WG verwendet wurde, können angesetzt werden; in diesem Falle gelten sie als HK des WG (§ 255 Abs. 3 S. 2 HGB); dieses handelsrechtl. Einbeziehungswahlrecht wird auch estrechtl. gewährt.[7] Schuldzinsen, die der Erwerber eines zum Vermieten bestimmten Grundstücks vereinbarungsgemäß für den Zeitraum nach dem Übergang v. Besitz, Nutzen, Lasten und Gefahren bis zur später eintretenden Fälligkeit des Kaufpreises an den Veräußerer erstattet, sind als WK abziehbar.[8] Zu mittel- und langfristiger Stundung des Entgelts sowie zu wiederkehrenden Leistungen Rn. 152. 48

8. Aufteilung von Anschaffungskosten. Werden mehrere selbständige[9] WG zu einem einheitlichen[10] Gesamtkaufpreis veräußert/erworben, so kann sich die Höhe des Kaufpreises für jedes dieser WG aus den diesbezüglichen **Vereinbarungen** ergeben, wenn die Vertragsparteien eine Aufteilung vorgenommen haben und an der v. gegenläufigen Interessen getragenen Ausgeglichenheit der jeweiligen Leistungen kein Zweifel besteht. Einer einvernehmlichen Aufteilung ist nicht zu folgen, wenn sie nicht ernstlich gewollt ist und deswegen den **wirtschaftlichen Gegebenheiten** nicht entspricht, weil in erster Linie Gründe der Steuerersparnis für sie maßgebend waren;[11] dies etwa dann, wenn der auf eines der veräußerten WG entfallende Kaufpreis keine Steuerfolgen auslöst. Ein Rückgriff auf § 42 AO ist nicht erforderlich.[12] Eine vertragliche **Kaufpreisaufteilung** auf **Grundstück** und **Gebäude** ist grds. zugrunde zu legen. Dies gilt nur dann nicht, wenn sie nur zum Schein getroffen wurde, einen Gestaltungsmissbrauch darstellt oder die realen Wertverhältnisse derart verfehlt, dass sie wirtschaftlich nicht haltbar ist.[13] Fehlt es an einer entspr. Vereinbarung oder kann sie stl. nicht zugrunde gelegt werden, ist der Gesamtpreis im Wege der Schätzung unter Berücksichtigung der angemessenen Gegenleistung aufzuteilen. **Schätzungsgrundlage** ist bei **WG des BV** der TW (Abs. 1 Nr. 7), der bei Grundstücken idR mit den aus den Wiederbeschaffungskosten abgeleiteten Verkehrswerten (gemeinen Werten) übereinstimmt. Beim **Erwerb in ein PV** ist nach dem Verhältnis der Verkehrswerte (der gemeinen Werte, § 9 Abs. 2 BewG) zum Stichtag der Veräußerung/des Erwerbs aufzuteilen.[14] Die Teilwertvorstellungen des Veräußerers und des Erwerbers sind nicht notwendigerweise 49

---

1 BFH v. 3.12.1970 – IV R 216/67, BStBl. II 1971, 323.
2 BFH v. 12.4.1984 – IV R 112/81, BStBl. II 1984, 554.
3 BFH v. 22.4.1988 – III R 54/83, BStBl. II 1988, 901 = FR 1988, 614.
4 BFH v. 9.2.1978 – IV R 201/74, BStBl. II 1978, 370.
5 BFH v. 15.5.1963 – I 69/62 U, BStBl. III 1963, 503.
6 BFH v. 13.10.1983 – IV R 160/78, BStBl. II 1984, 101; v. 24.5.1968 – VI R 6/67, BStBl. II 1968, 574; v. 15.2.1967 – I 48/64, BStBl. III 1967, 297 – Teilzahlungsgeschäft.
7 BFH v. 27.7.2004 – IX R 32/01, BStBl. II 2004, 1002 = FR 2005, 437; v. 19.10.2006 – III R 73/05, BStBl. II 2007, 331 = FR 2007, 503; v. 23.5.2012 – IX R 2/12, BStBl. II 2012, 674 = FR 2013, 131: auch bei Überschusseinkünften, R 6.3 Abs. 4 S. 1 EStR.
8 BFH v. 27.7.2004 – IX R 32/01, BStBl. II 2004, 1002 = FR 2005, 437.
9 BFH v. 21.5.1986 – I R 199/84, BStBl. II 1986, 794 = FR 1986, 462 – Hinzuerwerb eines Grundstücksstreifens.
10 BFH v. 29.9.1971 – I R 195/69, BStBl. II 1972, 13 – Erwerb v. Grundstücken zu unterschiedlichen Zeitpunkten.
11 BFH v. 28.10.1998 – X R 96/96, BStBl. II 1999, 217 (221) mwN = FR 1999, 456; v. 22.9.2005 – V R 52/01, BStBl. II 2006, 278; v. 16.9.2004 – X R 19/03, BStBl. II 2006, 238, mwN, zur Kombirente. Großzügiger ist der IX. Senat des BFH, s. BFH v. 18.1.2006 – IX R 34/05, BFH/NV 2006, 1634 (Scheinvereinbarung oder Gestaltungsmissbrauch), der aber gleichfalls eine Korrektur der v. den Vertragsparteien getroffenen Aufteilung vornimmt, wenn die v. den Vertragsparteien vorgeschlagene Aufteilung „die realen Wertverhältnisse verfehlt"; so BFH v. 1.4.2009 – IX R 35/08, BStBl. II 2009, 663 = FR 2009, 1007 m. Anm. *Bode*; v. 16.9.2015 – IX R 12/14, BStBl. II 2016, 397 = FR 2016, 228.
12 BFH v. 9.7.2002 – IV B 160/01, BFH/NV 2002, 1563.
13 BFH v. 1.4.2009 – IX R 35/08, BStBl. II 2009, 663 = FR 2009, 1007; v. 16.9.2015 – IX R 12/14, BStBl. II 2016, 397 = FR 2016, 228.
14 BFH v. 12.6.1978 – GrS 1/77, BStBl. II 1978, 620; v. 27.6.1995 – IX R 130/90, BStBl. II 1996, 215 = FR 1996, 215 mwN; v. 13.4.1989 – IV R 204/85, BFH/NV 1990, 34 – Erwerb v. sog. – betrieblichem und privatem – „Mischvermögen".

identisch,[1] zB beim Erwerb eines bebauten Grundstücks auf Abbruch. Besondere wertbeeinflussende Umstände und ggf. die wirtschaftliche Interessenlage des Erwerbers sind zu berücksichtigen.[2] Bei der Anschaffung eines Windparks sind auf der ersten Stufe die Aufwendungen, soweit sie einzelnen WG unmittelbar zugeordnet werden können, als deren AK zu erfassen; sodann sind die Aufwendungen, die nicht unmittelbar einem WG zugeordnet werden können, entspr. dem Verhältnis der auf der ersten Stufe ermittelten AK auf alle WG zu verteilen.[3]

50 **Die Trennung zw. Boden- und Gebäudewert folgt aus dem Grundsatz der Einzelbewertung.**[4] Zur Ermittlung der Verkehrswerte v. Grundstücken wird auf die ImmoWertVO v. 19.5.2010[5] hingewiesen, die für die Schätzung des Werts des Grund- und Boden- sowie des Gebäudeanteils entspr. herangezogen werden kann. Der Wert steuerrechtl. als selbständige WG zu behandelnder Grundstücksteile ist für die Ermittlung der AK/HK wie auch für die Bemessung eines Entnahmewerts grds., sofern das Ergebnis nicht offensichtlich unzutr. ist, aus dem Wert des Gesamtgrundstücks nach dem Verhältnis der Nutzflächenanteile, nicht aus den Ertragswerten abzuleiten.[6] Nicht nur bei der erstmaligen Überführung eines Grundstücksanteils in das BV nach seiner Fertigstellung, auch bei der Entnahme eines teilw. betrieblich genutzten Grundstücks ist das Verhältnis der Wohn- bzw. Nutzflächen idR ein geeigneter Aufteilungsmaßstab.[7] Für die Schätzung des Teilswertes/der Verkehrswerte des Boden- und Gebäudeanteils können die für das Sachwertverfahren geltenden §§ 3 Abs. 2 S. 1, §§ 15 ff. WertV entspr. herangezogen werden;[8] nach Aufhebung der WertV ab Juli 2010 ist das Sachwertverfahren der §§ 21 ff. ImmoWertVO einschlägig.[9] Das BMF bietet auf seiner Internetseite eine Arbeitshilfe nebst Anleitung für die Berechnung zur Aufteilung eines Grundstückskaufpreises nach dem Verhältnis der Verkehrswerte/Teilwerte von Grund und Boden sowie Gebäude.[10] Bei Mietwohngrundstücken kann der Verkehrswert sowohl durch das Sachwert- wie auch das Ertragswertverfahren ermittelt werden.[11] Bei selbst genutzten und bei vermieteten Wohnungen (im PV) hält der BFH grds. eine Kaufpreisaufteilung unter Anwendung des Sachwertverfahrens für angebracht, weil bei ihnen regelmäßig davon auszugehen ist, dass für den Erwerb neben Ertragsgesichtspunkten und der sicheren Kapitalanlage auch die Aussicht auf einen langfristigen stfreien Wertzuwachs des Vermögens ausschlaggebend ist.[12] Bei zu Büro- oder anderen gewerblichen Zwecken vermieteten Grundstücken (sog. Geschäftsgrundstücke) nimmt die Rspr. eher einen Vorrang des Ertragswertverfahrens an.[13] Gegenstand der Wertermittlung ist das Grundstück einschl. seiner Bestandteile, insbes. der Gebäude. Das Vergleichswertverfahren ist, weil mit dem Gebot der Einzelbewertung nicht vereinbar, hier ungeeignet.[14] Übersteigt/unterschreitet der Kaufpreis die Summe der einzelnen Verkehrs-/TW, ist die Differenz im Verhältnis dieser Werte aufzuteilen.[15] Beim Erwerber des Betriebs ist ein **Geschäftswert** (nur) insoweit anzusetzen, als das gezahlte Entgelt die Summe der TW der anderen (materiellen oder immateriellen) WG übersteigt.[16] Diese Grundsätze sind entspr. anzuwenden, wenn ein bisher einheitliches WG in mehrere selbständige WG aufgeteilt wird.[17] Die Bewertung eines weiteren WG mittels Subtraktion v. den bekannten bzw. unstreitigen Werten (Restwertmethode) ist idR ebenso unzulässig[18] wie eine Vermischung v. Bewertungsmaßstäben.

---

1 BFH v. 26.11.1987 – IV R 171/85, BStBl. II 1988, 490 (492) = FR 1988, 196.
2 BFH v. 15.1.1985 – IX R 81/83, BStBl. II 1985, 252 = FR 1985, 387.
3 BFH v. 14.4.2011 – IV R 46/09, BStBl. II 2011, 696 = FR 2011, 662 m. Anm. *Briesemeister/Joisten/Vossel.*
4 BFH v. 27.6.1995 – IX R 130/90, BStBl. II 1996, 215 = FR 1996, 215; aber BFH v. 15.2.1989 – X R 97/87, BStBl. II 1989, 604 = FR 1989, 430 – kein Ansatz eines wirtschaftlich verbrauchten Gebäudes; v. 22.8.1984 – I R 198/80, BStBl. II 1985, 126 = FR 1985, 80 – Verpflichtung zum Gebäudeabbruch.
5 BGBl. I 2010, 639.
6 BFH v. 15.2.2001 – III R 20/99, FR 2001, 595 m. Anm. *Wendt* = BFH/NV 2001, 849.
7 BFH v. 15.2.2001 – III R 20/99, BStBl. II 2003, 635 = FR 2001, 595 m. Anm. *Wendt* – Ermittlung des Aufgabegewinns.
8 BFH v. 15.1.1985 – IX R 81/83, BStBl. II 1985, 252 = FR 1985, 387; v. 10.10.2000 – IX R 86/97, BStBl. II 2001, 183 = FR 2001, 357; v. 11.2.2003 – IX R 13/00, BFH/NV 2003, 769 mwN; v. 29.5.2008 – IX R 36/06, BFH/NV 2008, 1668.
9 BFH v. 31.7.2001 – IX R 15/98, BFH/NV 2002, 324.
10 Abrufbar unter www.bundesfinanzministerium.de. Die FinBeh. sind gehalten, dieses Berechnungstool anzuwenden. Damit werden die behördlichen Bausachverständigen überflüssig. Die StPfl. können dieser Berechnung (nur) mit einem Privatgutachten entgegentreten. Auf sie wird eine erhebliche Kostenlast abgewälzt. Zur Kritik an der Arbeitshilfe s. *Kohlhaas*, Stbg. 2016, 460.
11 BFH v. 29.5.2008 – IX R 36/06, BFH/NV 2008, 1668.
12 BFH v. 11.2.2003 – IX R 13/00, BFH/NV 2003, 769.
13 BFH v. 29.5.2008 – IX R 36/06, BFH/NV 2008, 1668, mwN.
14 BFH v. 10.10.2000 – IX R 86/97, BStBl. II 2001, 183 = FR 2001, 357.
15 BFH v. 16.12.1981 – I R 131/78, BStBl. II 1982, 320 = FR 1982, 253.
16 BFH v. 27.2.1992 – IV R 129/90, BStBl. II 1992, 841 mwN.
17 BFH v. 1.12.1982 – I R 37/81, BStBl. II 1983, 130 = FR 1983, 200 – Abtrennung einer Grundstücksparzelle des BV: Aufteilung nach dem Verhältnis der TW im Zeitpunkt der Anschaffung; BFH v. 15.1.1985 – IX R 81/83, BStBl. II 1985, 252 = FR 1985, 387 – WG des PV.
18 BFH v. 10.10.2000 – IX R 86/97, BStBl. II 2001, 183 = FR 2001, 357.

9. Einzelnachweise der Anschaffungskosten. Einzelfragen – AK v. Grundstück und Gebäude. Abfindungen an den Mieter sind, da nutzungsbedingt, keine AK,[1] können aber bei Zusammenhang mit Abbruch und Neubau HK des Gebäudes sein,[2] dies auch bei Abstandszahlung an Nachbarn.[3] Zu **Abwehraufwendungen** s. § 4 Rn. 257 „Abwehrkosten". Zu **Abschreibungsgesellschaften** sowie Bauherren- und Erwerbergemeinschaften § 21 Rn. 54 ff. Die AK eines in der **Zwangsversteigerung** erworbenen Grundstücks sind das Bargebot und die v. Ersteigerer zu tragenden Kosten,[4] die bestehen bleibenden Rechte, die nicht ausgebotenen nachrangigen Grundpfandrechte des Ersteigerers, soweit ihr Wert durch den Wert des ersteigerten Grundstücks nicht gedeckt ist,[5] eine nach § 114a ZVG untergegangene betriebliche Forderung[6] die Gerichtskosten und die GrESt. Die Begr. eines **Erbbaurechts** ist ein schwebendes Geschäft; als AK können die Nebenkosten aktiviert werden[7] sowie vorausgezahlte oder in einem Einmalbetrag gezahlte Erbbauzinsen.[8] Beim Erwerb eines bestehenden Erbbaurechts kann die Gegenleistung zB in Form der Übernahme v. Erschließungskosten zu AK führen;[9] die gesamten AK entfallen auf das Gebäude, wenn der Erwerber dem bisherigen Erbbauberechtigten nachweislich ein Entgelt nur für den Gebäudeanteil gezahlt hat.[10] Aufwendungen zur Ablösung des Erbbaurechts sind HK des anschließend auf dem Grundstück nach dem Abriss der vorhandenen Bebauung neu errichteten Gebäudes.[11] 51

Weitere Einzelfragen. Bausparverträge sind mit den Bauspareinlagen, Abschlussgebühren usw. zu aktivieren.[12] Zu den AK einer **Beteiligung** gehören auch nachträgliche Aufwendungen auf die Beteiligung, wenn sie durch das Gesellschaftsverhältnis veranlasst und weder WK bei den Einkünften aus KapVerm. noch Veräußerungskosten sind;[13] zu AK iSd. § 17 s. dort Rn. 85 ff. Die infolge einer Sacheinlage v. Gesellschaftsanteilen aufgrund Anteilsvereinigung ausgelösten GrESt sind v. der aufnehmenden Ges. nicht als Anschaffungs(neben)kosten der eingebrachten Anteile zu aktivieren.[14] Bei Kapitalherabsetzungen mindern sich AK nur dann, wenn es zu Auskehrungen an die Anteilseigner kommt.[15] Die Zusammenlegung von Anteilen berührt die AK nicht.[16] Die AK eines **Bezugsrechts** auf eine junge Aktie bestehen aus einem nach der Gesamtwertmethode zu errechnenden und abzuspaltenden Teil der AK (Buchwert) der für das Bezugsrecht notwendigen Altaktien.[17] Vom wirtschaftlichen Eigentümer eines Abbaurechts gezahlte **Förderzinsen** sind AK.[18] Bei Anschaffung eines WG in **Fremdwährung** ist für die AK der Wechselkurs im Zeitpunkt der Anschaffung maßgebend (s. auch Rn. 153).[19] Aufwendungen, die der Erwerber eines Wertpapiers oder eines GmbH-Geschäftsanteils für den zeitanteiligen Gewinn des Veräußerers zahlt, sind nicht auf die Anteile und ein **Gewinnbezugsrecht** aufzuteilen.[20] **Prozesskosten** teilen die Qualifikation der Aufwendungen, die Gegenstand des Prozesses waren. 52

1 BFH v. 24.10.1979 – VIII R 92/77, BStBl. II 1980, 187 = FR 1980, 149.
2 BFH v. 1.10.1975 – I R 243/73, BStBl. II 1976, 184.
3 FG Berlin v. 16.12.1996 – VIII 88/94, EFG 1997, 655.
4 BFH v. 18.5.1995 – IV R 43/93, BFH/NV 1996, 26; v. 26.4.1977 – VIII R 196/74, BStBl. II 1977, 714; v. 16.4.2002 – IX R 53/98, BFH/NV 2002, 1152.
5 BFH v. 11.11.1987 – I R 7/84, BStBl. II 1988, 424 = FR 1988, 130; zur Teilungsversteigerung BFH v. 26.4.1977 – VIII R 196/74, BStBl. II 1977, 714; v. 29.4.1992 – XI R 3/85, BStBl. II 1992, 727 = FR 1992, 585.
6 BFH v. 11.2.1987 – I R 124/83, BFH/NV 1987, 497.
7 BFH v. 4.6.1991 – X R 136/87, BStBl. II 1992, 70 = FR 1992, 19 mwN – Aktivierung der GrESt, der Maklerprovision und der Notar- und Gerichtsgebühren.
8 BMF v. 10.12.1996, BStBl. I 1996, 1440.
9 BFH v. 27.7.1994 – X R 97/92, BStBl. II 1994, 934; zur Bilanzierung beim Grundstückseigentümer BFH v. 4.9.1997 – IV R 40/96, BFH/NV 1998, 569.
10 BFH v. 15.11.1994 – IX R 73/92, BStBl. II 1995, 374 = FR 1995, 542.
11 BFH v. 13.12.2005 – IX R 24/03, BStBl. II 2006, 461 = FR 2006, 547.
12 BFH v. 9.7.1986 – I R 218/82, BStBl. II 1987, 14 = FR 1986, 624; v. 13.1.1994 – IV R 117/92, BStBl. II 1994, 454 = FR 1994, 290.
13 BFH v. 10.11.1997 – VIII R 6/96, BStBl. II 1999, 348 = FR 1999, 463 – Wertminderung des Anspr. aus einem der Ges. gewährten Darlehen.
14 BFH v. 20.4.2011 – I R 2/10, BStBl. II 2011, 761 = FR 2011, 904.
15 BFH v. 9.11.2017 – IV R 19/14, BStBl. II 2018, 575 Rn. 34 ff. = FR 2018, 370 m. Anm. *Kanzler*; BMF v. 22.12.2009, BStBl. I 2010, 94 Rn. 92.
16 BFH v. 9.11.2017 – IV R 19/14, BStBl. II 2018, 575 Rn. 37 f. = FR 2018, 370 m. Anm. *Kanzler*.
17 BFH v. 6.12.1968 – IV R 174/67, BStBl. II 1969, 105; v. 20.2.1975 – IV R 15/71, BStBl. II 1975, 505 – Bezugsrecht auf GmbH-Geschäftsanteile; v. 19.12.2000 – IX R 100/97, BStBl. II 2001, 345 = FR 2001, 543 m. Anm. *Fischer*.
18 BFH v. 9.6.1993 – I R 8/92, BStBl. II 1994, 44 = FR 1994, 92.
19 BFH v. 16.12.1977 – III R 92/75, BStBl. II 1978, 233 – dort auch zur Behandlung v. Währungsschwankungen; BFH v. 15.11.1990 – IV R 103/89, BStBl. II 1991, 228 = FR 1991, 228; v. 6.11.1997 – III R 190/94, BStBl. II 1998, 123 = FR 1998, 385; zur Teilwertabschreibung BFH v. 23.4.2009 – IV R 62/06, BStBl. II 2009, 778 = FR 2009, 1056 m. Anm. *Schlotter*; H 6.2 EStH.
20 BFH v. 21.5.1986 – I R 199/84, BStBl. II 1986, 794 = FR 1986, 462; v. 14.12.1999 – VIII R 49/98, BStBl. II 2000, 341 = FR 2000, 515.

53 **III. Herstellungskosten. 1. Grundsätzliches.** Die Herstellung ist wie die Anschaffung ein Vorgang der Vermögensumschichtung. Die HK sind der ursprüngliche Bewertungsmaßstab für alle v. StPfl. selbst hergestellten WG des AV und UV. Zur Bewertung bei den Einkünften aus LuF s. § 13 Rn. 58. Ob Aufwendungen HK sind, richtet sich danach, ob und inwieweit die Voraussetzungen des § 255 Abs. 2 HGB erfüllt sind. Diese Definition der HK gilt grds. für das gesamte Steuerrecht (Rn. 4). Die handelsrechtl. Definition der HK (§ 255 Abs. 2 HGB) beruht auf Art. 35 Abs. 3 RL 78/660/EWG – Vierte EG-RL (ABl. EG Nr. L 222) – jetzt Art. 2 Nr. 7 RL 2013/34/EU („Bilanzrichtlinie")[1] –, der lediglich regelte, welche Kosten der Art nach „zu den HK gehören". Der BFH legt den Begriff der HK aufgrund eigener Kompetenz – ohne Vorlage an den EuGH – aus (Rn. 6).[2] Für die HK eines Gebäudes enthält § 6 Abs. 1 Nr. 1a eine eigenständige Definition der anschaffungsnahen HK und ergänzt somit § 255 Abs. 2 und 3 HGB.

54 Die HK umfassen sämtliche durch den **Verbrauch v. Gütern und die Inanspruchnahme v. Leistungen** entstehenden Aufwendungen mit dem Ziel – final[3] – der Herstellung eines bilanzierungsfähigen WG. Zu den HK gehören sowohl die Kosten, die unmittelbar der Herstellung dienen als auch Aufwendungen, die zwangsläufig iZ mit der Herstellung anfallen oder mit der Herstellung in einem engen wirtschaftlichen, nicht notwendigerweise zeitlichen Zusammenhang stehen.[4] Es sind stets die vollen HK anzusetzen.[5] Bei einem **unentgeltlichen Erwerb** sind Baumaßnahmen, die ein Gebäude in betriebsbereiten Zustand versetzen, Erhaltungskosten oder unter den Voraussetzungen des § 255 Abs. 2 HGB oder § 6 Abs. 1 Nr. 1a S. 1 HK. Bei **teilentgeltlichem Erwerb** können AK zur Herstellung der Betriebsbereitschaft nur im Verhältnis zum entgeltlichen Teil des Erwerbsvorgangs gegeben sein; iÜ liegen Erhaltungsaufwendungen vor oder, sofern § 255 Abs. 2 HGB oder § 6 Abs. 1 Nr. 1a erfüllt ist, HK.[6]

55 **2. Herstellen eines Wirtschaftsguts.** „Herstellen" ist das **wertschöpfende Hervorbringen eines WG**, das bisher nicht existent war, durch Bündelung v. Produktionsfaktoren; solches sind eigenes bzw. anderweitig verfügbares Material mit seinem Buchwert und Dienstleistungen Dritter. Werden angeschaffte WG zur Herstellung anderer WG verwendet, gehen sie mit dem Verbrauch in den HK des neuen WG als dessen unselbständige Teile auf.[7] Wird mit dem Aufwand ein ggü. dem vorhandenen WG selbständiges WG hergestellt, liegen insoweit erstmalige HK vor;[8] bei Gebäuden ist insoweit insbes. die bauliche Verschachtelung maßgebend.[9] „**Hersteller**" ist das Zurechnungssubjekt der produzierenden Wertschöpfung,[10] mithin derjenige, der auf eigene Rechnung und Gefahr ein WG herstellt oder herstellen lässt und „das Herstellungsgeschehen beherrscht",[11] insbes. der **Bauherr** (**§ 15 Abs. 1 EStDV**, zum Bauherrenmodell § 21 Rn. 56), zur Beteiligung an einem Windkraftfonds s. Rn. 37. Bei Eigentumswohnungen ist die Abgrenzung v. HK und Erhaltungsaufwand für jede rechtl. Einheit gesondert und in mehreren Schritten zu prüfen.[12] Die Fertigstellung eines angeschafften – insoweit AK, weil der Anschaffungsvorgang nicht dem Erwerber zugerechnet werden kann – Rohbaus führt in diesem Umfang zu HK.[13]

56 **3. Abgrenzung zu Erhaltungsaufwendungen (Herstellungs- und Anschaffungskosten).** Zur Abgrenzung v. AK, HK und Erhaltungsaufwendungen s. BMF v. 18.7.2003, BStBl. I 2003, 386. Baumaßnahmen an einem betrieblich genutzten Gebäude oder Gebäudeteil führen zu einer wesentlichen Verbesserung iSd. § 255 Abs. 2 S. 1 Alt. 3 HGB, wenn durch sie eine neue betriebliche Gebrauchs- oder Verwendungsmöglichkeit[14] oder eine höherwertige (verbesserte) Nutzbarkeit[15] geschaffen wird. Zum sofort abziehbaren Erhaltungsaufwand gehören insbes. Reparatur-, Pflege- und Wartungsaufwand, auch auf ein abgeschriebenes WG. Die Erneuerung bereits vorhandener Teile, Einrichtungen oder Anlagen ist „regelmäßig" (R 21.1 Abs. 1

---

1 RL v. 26.6.2013, ABlEU 2013 Nr. L 182, 19; s. dazu *Velte*, GmbHR 2013, 1125.
2 BFH v. 9.5.1995 – IX R 116/92, BStBl. II 1996, 632 = FR 1995, 741 m. Anm. *Drenseck*.
3 BFH v. 4.7.1990 – GrS 1/89, BStBl. II 1990, 830 (834).
4 BFH v. 24.3.1987 – IX R 17/84, BStBl. II 1987, 694 = FR 1987, 534.
5 BFH v. 21.10.1993 – IV R 87/92, BStBl. II 1994, 176 = FR 1994, 118.
6 BMF v. 18.7.2003, BStBl. I 2003, 386 Tz. 16.
7 BFH v. 28.9.1990 – III R 178/86, BStBl. II 1991, 187 = FR 1991, 134; v. 6.12.1991 – III R 108/90, BStBl. II 1992, 452 = FR 1992, 451 m. Anm. *Söffing*; v. 20.2.1997 – III B 98/96, BStBl. II 1997, 360 – Autotelefon als selbständiges WG.
8 BFH v. 25.8.1989 – III R 125/84, BStBl. II 1990, 82 = FR 1990, 47.
9 BFH v. 13.5.1997 – I B 4/97, BFH/NV 1997, 838; s. auch BFH v. 14.1.2003 – IX R 72/00, FR 2003, 555 m. Anm. *Fischer* = BFH/NV 2003, 844; Anm. *Fischer*, FR 2003, 557.
10 BFH v. 2.9.1988 – III R 53/84, BStBl. II 1988, 1009 = FR 1989, 85; v. 1.2.2012 – I R 57/10, BStBl. II 2012, 407 = FR 2012, 877; BMF v. 23.2.2001, BStBl. I 2001, 175 – Film- und Fernsehfonds.
11 BFH v. 5.3.1992 – IV B 178/90, BStBl. II 1992, 725.
12 BFH v. 25.10.1994 – VII B 155/94, BStBl. II 1995, 131.
13 BFH v. 22.4.1980 – VIII R 149/75, BStBl. II 1980, 441 = FR 1980, 389; vgl. auch BFH v. 27.8.1997 – X R 26/95, BStBl. II 1998, 135 = FR 1998, 320 – Herstellung einer Eigentumswohnung durch Ausbau eines Dachbodens.
14 BFH v. 25.1.2006 – I R 58/04, BStBl. II 2006, 707 = FR 2006, 1036.
15 BFH v. 25.9.2007 – IX R 28/07, BStBl. II 2008, 218 = FR 2008, 372.

EStR) **Erhaltungsaufwand**. Dessen Zweck besteht darin, ein WG in seiner betriebsbezogenen Funktions- und Nutzungsfähigkeit zu erhalten. Herstellungsaufwand ist nur mittels der AfA abziehbar. Die folgenden Grundsätze gelten auch bei selbständigen Gebäudeteilen. „Herstellung“ ist die Neuschaffung, auch die „**wirtschaftliche Neuherstellung**“. Die Definition ist bedeutsam für die Abgrenzung zu den sofort abziehbaren BA/WK, insbes. Reparatur-/Modernisierungsaufwendungen. Insbes. die degressiven AfA nach § 7 Abs. 5 können nur für Neubauten in Anspr. genommen werden. Entscheidend ist, ob das Gebäude in bautechnischer Hinsicht neu ist.[1] In Fällen des **Vollverschleißes** (Rn. 57), wenn also die bisher vorhandene Gebäudesubstanz – die für die Nutzungsdauer bestimmenden Gebäudeteile, also Fundamente, tragende Innen- und Außenmauern, Geschossdecken, Dachkonstruktion – nicht mehr nutzbar sind, führt ein Umbau zu HK. Ein **neues WG** wird ferner dadurch geschaffen, dass der bisherige Gegenstand derart umgestaltet oder erweitert wird, dass die ein-/hinzugefügten Teile dem WG nach dem äußeren Gesamteindruck „das Gepräge geben“ und die verwendeten Altteile nach Bedeutung und Wert nur untergeordnet sind[2] („Veränderung der Wesensart“; wirtschaftliche Neuherstellung bzw. **Umschaffung**[3]); auch in diesem Falle führt der (grundlegende) Umbau des Gebäudes nur dann zu einem Neubau, wenn die tragenden Gebäudeteile, also Fundamente, tragende Innen- und Außenmauern, Geschossdecken, Dachkonstruktion, in zumindest überwiegendem Umfang ersetzt werden.[4] Nicht ausschlaggebend sind mithin die Änderung der Zweckbestimmung des Gebäudes, die bewertungsrechtliche Feststellung der Grundstücksart, die Höhe des insgesamt anfallenden Sanierungsaufwands oder die Verlängerung der Gebäudenutzungsdauer.[5] Allerdings stellt § 6 Abs. 1 Nr. 1a S. 1 in Anknüpfung an die frühere BFH-Rspr. für Baumaßnahmen an Gebäuden ab Januar 2004 für den Begriff der anschaffungsnahen HK auf die Höhe des Sanierungsaufwands ab, indem Instandsetzungs- und Modernisierungsmaßnahmen, die innerhalb der ersten drei Jahre nach Anschaffung des Gebäudes durchgeführt werden, dann den HK gleichgestellt werden, wenn der Gesamtaufwand ohne USt 15 % der AK übersteigt (Rn. 69).

Der Umbau eines bestehenden Gebäudes ist ein Neubau, wenn das Gebäude bautechnisch als neu anzusehen ist, also in seiner Substanz wesentlich verändert wird.[6] Eine Eigentumswohnung wird nicht allein schon durch die rechtl. Umwandlung eines bestehenden Gebäudes in Eigentumswohnungen gem. § 8 WEG (neu) hergestellt.[7] Ein neues WG wird geschaffen mit dem Ausbau eines nicht mehr nutzbaren und wertlosen ehemaligen Getreidespeichers zu einer Wohnung,[8] nicht mit dem Umbau eines EFH in ein Zweifamilienhaus durch erstmalige Schaffung eines Wohnraumabschlusses. Herstellung eines neuen WG (Gebäudes) ist insbes. anzunehmen bei **Vollverschleiß** der vorhandenen Bausubstanz; ein solcher liegt vor, wenn das Gebäude schwere Substanzschäden an den für die Nutzbarkeit als Bau und die Nutzungsdauer bestimmenden Teilen hat.[9] Es reicht aber nicht aus, dass lediglich der durch Außenmauern umbaute Raum umgestaltet wird.[10] Die „Entkernung“ eines Gebäudes ist je nach Sachlage einem Vollverschleiß gleichzustellen. Für die Nutzungsdauer des Gebäudes bestimmend sind zB Fundamente, tragende Außen- und Innenmauern, Geschossdecken, Dachkonstruktionen.[11] In diesem Sinne wird ein Gebäude auch dann neu hergestellt, wenn es so sehr abgenutzt war, dass es unbrauchbar geworden ist und unter Verwendung seiner noch nutzbaren Teile wieder instandgesetzt wird.[12] Ein Gebäude ist aber nicht schon dann unbrauchbar, wenn es nicht vermietbar ist, weil es wegen Abnutzung und Verwahrlosung[13] zeitgemäßen Wohnvorstellungen nicht mehr 57

1 BFH v. 31.3.1992 – IX R 175/87, BStBl. II 1992, 808 = FR 1992, 582; v. 25.5.2004 – VIII R 6/01, BStBl. II 2004, 783 = FR 2004, 1167.
2 BFH v. 6.12.1991 – III R 108/90, BStBl. II 1992, 452 = FR 1992, 451 m. Anm. *Söffing*; v. 25.11.1993 – IV R 68/92, BFH/NV 1994, 705.
3 BFH v. 1.4.1981 – I R 27/79, BStBl. II 1981, 660 = FR 1981, 512 – Umrüstung erworbener Eisenbahnkesselwagen.
4 BFH v. 31.3.1992 – IX R 175/87, BStBl. II 1992, 808 = FR 1992, 582; v. 25.5.2004 – VIII R 6/01, BStBl. II 2004, 783 = FR 2004, 1167.
5 BFH v. 25.5.2004 – VIII R 6/01, BStBl. II 2004, 783 = FR 2004, 1167.
6 BFH v. 26.1.1978 – V R 137/75, BStBl. II 1978, 280 – „Umbau“ einer Scheune in eine Pferdeklinik.
7 BFH v. 24.11.1992 – IX R 62/88, BStBl. II 1993, 188 = FR 1993, 570.
8 BFH v. 12.3.1996 – IX R 48/95, BStBl. II 1996, 514 = FR 1996, 412, in Abgrenzung zu BFH v. 31.3.1992 – IX R 175/87, BStBl. II 1992, 808 = FR 1992, 582 – zu § 7 Abs. 5; Umbau einer Mühle mit Werkstatt/Lager zu Wohnhaus: „in bautechnischer Hinsicht nicht neu“.
9 EuGH v. 2.5.1996 – Rs. C-231/94, BStBl. II 1998, 282; BFH v. 13.10.1998 – IX R 38/95, BFH/NV 1999, 603 mwN; BMF v. 18.7.2003, BStBl. I 2003, 386 Tz. 18.
10 BFH v. 29.6.1993 – IX R 44/89, BFH/NV 1994, 460 – kein Neubau bei Umbau eines Zwei- in ein EFH.
11 BFH v. 24.11.1992 – IX R 62/88, BStBl. II 1993, 188 = FR 1993, 570; v. 15.11.1995 – X R 102/95, BStBl. II 1998, 92 = FR 1996, 314; v. 9.5.1995 – IX R 116/92, BStBl. II 1996, 632 = FR 1995, 741 m. Anm. *Drenseck* – einschr. zur Reparatur eines maroden Dachs, die nicht notwendigerweise zu einer Verlängerung der Gesamtnutzungsdauer führt; BFH v. 16.1.1998 – VI R 46/87, BFH/NV 1998, 851 – Herstellung iSd. § 10e Abs. 1: „bautechnisch neue, bisher nicht vorhandene Wohnung“, „Veränderung des Gebäudes in seiner wesentlichen Substanz“.
12 BFH v. 13.10.1998 – IX R 61/95, BStBl. II 1999, 282 = FR 1999, 460 mwN.
13 BFH v. 13.10.1998 – IX R 61/95, BStBl. II 1999, 282 = FR 1999, 460.

entspricht; anders zB bei schwerer Asbestverseuchung. Dieselben Grundsätze gelten für bewegliche WG. Sind **nachträgliche Herstellungsarbeiten** an einem unbeweglichen WG umfassend, können der Bauherr und der Erwerber eines sanierten Gebäudes nach Auffassung der FinVerw. aus Vereinfachungsgründen v. der **Herstellung eines anderen WG** ausgehen, wenn der betr. Bauaufwand zzgl. des Werts der Eigenleistung nach überschlägiger Berechnung den Verkehrswert des bisherigen WG übersteigt.[1]

58 **Die Änderung v. Funktion- oder Nutzung eines Gebäudes** führt nach der Rspr. – teilw. zu weitgehend – zu HK,[2] zB bei Umbau eines Wohnhauses in ein Bürogebäude[3] (zweifelh., allenfalls „Erweiterung"); auch bei Änderung der Nutzungsfunktion der angemieteten Räume in der Hand des Mieters.[4] Zu großzügig ist auch die Auffassung, es werde ein neuer Vermögensgegenstand iSd. § 255 Abs. 2 S. 1 HGB hergestellt, wenn ein Gebäude für eine andere als die bisherige Nutzung umgestaltet und dadurch „in seinem Wesen verändert" wird,[5] zB durch Umbau zweier Wohnungen in eine Arztpraxis[6] oder durch Umbau eines Wohn- in ein Bürogebäude.[7] In den einschlägigen Fällen ist aber zumeist eine Erweiterung, uU eine wesentliche Verbesserung[8] anzunehmen.

59 **Eine zu HK führende Erweiterung eines WG** liegt immer dann vor, wenn „etwas Neues, bisher nicht Vorhandenes" geschaffen wird.[9] Dies richtet sich nach der Funktion des eingefügten Bestandteils für das Gebäude. Hatte das Gebäude vor der Maßnahme keine Bestandteile mit vergleichbarer Funktion, die durch die Maßnahme erneuert oder ersetzt wurden, sind die Aufwendungen grds. HK und keine Erhaltungsaufwendungen.[10] Ein Gebäude wird **iSv. § 255 Abs. 2 S. 1 HGB insbes. erweitert**, wenn es aufgestockt oder wenn ein Anbau errichtet wird (§ 17 Abs. 2 WoBauG; die dort normierte Legaldefinition wirkt auch – fortgeführt durch die inhaltsgleiche Nachfolgevorschrift des § 16 Abs. 1 Nr. 3 WoFG – im Steuerrecht[11]). Eine Erweiterung ist darüber hinausgehend immer anzunehmen bei Schaffung v. Wohnraum unter wesentlichem Bauaufwand, dh. bei einer – selbst absolut und relativ geringfügigen – Vergrößerung der nutzbaren Fläche (§§ 2–4 Wohnflächenverordnung) eines Gebäudes,[12] zB durch Ausbau des Dachgeschosses oder eines Lichthofes,[13] auch bei Einbau größerer oder zusätzlicher Dachgauben,[14] Unterkellerung eines Vorbaus oder Anbau einer Terrasse.[15] **Keine HK** liegen vor, wenn die Nutzungsmöglichkeit des Gebäudes erweitert wird, so zB nur bei funktionsgleichem, wenn auch technisch modernisiertem Ersatz.[16] Wenn ein WG durch HK erweitert wird, spielt der (geringfügige) Wert keine Rolle;[17] s. aber R 21.1 Abs. 2 EStR, wo eine auf Antrag maßgebliche **Untergrenze** v. **4000** Euro (Rechnungsbetrag ohne USt) je Maßnahme festgelegt wird; ausgenommen bleibt der Fall, dass ein neu errichtetes Gebäude endg. fertiggestellt werden soll.[18] Die neuere Rspr. nimmt insgesamt HK an, wenn ein WG ggü. dem Zustand vor Durchführung der Baumaßnahme in seiner **Substanz vermehrt** wird, wenn nachträglich **bisher nicht**

---

1 R 7.3 Abs. 5 S. 2 EStR.

2 BFH v. 27.9.2001 – X R 55/98, BFH/NV 2002, 627 mwN – Umbau eines Ladengeschäfts in ein Restaurant. Funktionsänderung ist Indiz für eine hierauf ausgerichtete Substanzmehrung. S. ferner FG RhPf. v. 11.9.2003 – 6 K 1541/01, EFG 2004, 798 – Umgestaltung einer Wohnung zu einem Sonnenstudio, hierzu BFH v. 9.2.2005 – X R 52/03, BFH/NV 2005, 1235; v. 23.11.2004 – IX R 59/03, BFH/NV 2005, 543 – Umbau einer eigengenutzten Wohnung in zwei Arztpraxen. S. aber BFH v. 16.1.2007 – IX R 39/05, BStBl. II 2007, 922 – Aufwand für Umbau eines Großraumbüros in Einzelbüros als sofort abziehbarer Erhaltungsaufwand.

3 BFH v. 4.3.1998 – X R 151/94, BFH/NV 1998, 1086 mwN: jedenfalls aber sind Errichten oder Abreißen v. Trennwänden, Umgestaltung v. Bad und Küche zu Büroraum usw. eine Erweiterung; FG Nürnb. v. 5.2.2003 – III 85/2001, EFG 2003, 841.

4 BFH v. 15.10.1996 – VIII R 44/94, BStBl. II 1997, 533 = FR 1997, 525 – Umbau zweier gemieteter Wohnungen in eine Arztpraxis als „Veränderung der Räume in ihrem Wesen".

5 BFH v. 4.3.1998 – X R 151/94, BFH/NV 1998, 1086 mwN.

6 BFH v. 15.10.1996 – VIII R 44/94, BStBl. II 1997, 533 = FR 1997, 525 – Änderung der Nutzungsfunktion v. angemieteten Räumen.

7 BFH v. 4.3.1998 – X R 151/94, BFH/NV 1998, 1086.

8 FG Nürnb. v. 5.2.2003 – III 85/2001, EFG 2003, 841.

9 BMF v. 18.7.2003, BStBl. I 2003, 386.

10 BFH v. 27.7.2000 – X R 26/97, BFH/NV 2001, 306 – Einbau eines Kachelofens anstelle offenen Kamins.

11 BFH v. 26.2.2002 – IX R 75/00, BStBl. II 2002, 336 = FR 2002, 848; BMF v. 18.7.2003, BStBl. I 2003, 386 Tz. 20.

12 BFH v. 9.5.1995 – IX R 88/90, BStBl. II 1996, 628 = FR 1995, 857; v. 8.5.2001 – IX B 153/00, BFH/NV 2001, 1290 – Anbau, und öfter; BMF v. 18.7.2003, BStBl. I 2003, 386 Tz. 21.

13 BFH v. 9.5.1995 – IX R 69/92, BStBl. II 1996, 630 = FR 1995, 859; v. 9.5.1995 – IX R 2/94, BStBl. II 1996, 637 = FR 1995, 858.

14 BFH v. 16.7.1996 – IX R 34/94, BStBl. II 1996, 649 = FR 1996, 747 m. Anm. *Drenseck* – „offenkundige Erweiterung der Wohnfläche" BMF v. 18.7.2003, BStBl. I 2003, 386 Tz. 21.

15 BMF v. 18.7.2003, BStBl. I 2003, 386 Tz. 21: „Terasse über die ganze Gebäudebreite".

16 BFH v. 10.6.1992 – I R 9/91, BStBl. II 1993, 41 – Anpassung bzw. Erweiterung eines Leitungsnetzes.

17 BFH v. 14.7.1993 – X B 37/93, BFH/NV 1994, 148.

18 S. auch BMF v. 18.7.2003, BStBl. I 2003, 386 Tz. 19.

vorhandene Bestandteile eingebaut/hinzugefügt werden, zB ein Fahrstuhl;[1] auch hier führen geringfügige Aufwendungen grds. zu HK.[2] Der BFH bejaht dies auch zB bei Anbringen einer zusätzlichen Schutzmauer vor der feuchten Kellerwand.[3] Dem folgt das BMF[4] zu Recht nicht, wenn der neue Gebäudeteil die Funktion der bisherigen Bausubstanz in vergleichbarer Weise erfüllt und der hinzugefügte Gebäudeteile lediglich eingetretene Schäden beseitigen oder konkret drohende Schäden abwehren/beseitigen soll.

Herstellung in Gestalt einer wesentlichen Verbesserung. Zu HK führt eine über den ursprünglichen (dies ist grds. der im Zeitpunkt des – entgeltlichen oder unentgeltlichen – Erwerbs oder der Herstellung durch den StPfl. bzw. seinen Rechtsvorgänger[5]), nach damaligen Maßstäben zu beurteilenden[6] Zustand des WG (etwa Gebäudes) hinausgehende – auch zeitlich sich über mehrere Jahre erstreckende – wesentliche Verbesserung.[7] Eine solche kann vorliegen, wenn einzelne, einer vorgesehenen geänderten Verwendungsmöglichkeit des WG entgegenstehende Betriebsvorrichtungen entfernt werden.[8] War die ursprüngliche Substanz vor den Instandsetzungs- oder Modernisierungsmaßnahmen bereits verändert worden, etwa durch anderweitige nachträgliche HK oder eine AfaA (§ 7 Abs. 1 S. 7), so ist der für die geänderte AfA-Bemessungsgrundlage maßgebende Zustand mit dem durch die nunmehr ausgeführten Arbeiten erreichten Zustand zu vergleichen.[9] Ist ein WG aus einem BV entnommen worden, kommt es auf den ursprünglichen Zustand bei Zugang in das PV an. Die Höhe des Aufwands sowie Art und Umfang der Baumaßnahmen sind für sich allein keine Indizien für eine wesentliche Verbesserung.[10] Eine früher aufgrund der Höhe des Aufwands sowie aufgrund v. Umfang und Art der Baumaßnahmen angenommene **Generalüberholung** hat als Rechtsbegriff keine eigenständige steuerrechtl. Bedeutung mehr,[11] auch soweit „praktisch jeder Gebäudeteil saniert" wird und eine werterhöhende Modernisierung dem Haus einen zeitgemäßen Wohnkomfort wiedergibt, den es früher besessen, aber durch den technischen Fortschritt und die Veränderung der Lebensgewohnheiten verloren hatte.[12] Nicht zu HK führen daher selbst in ungewöhnlicher Höhe und zusammengeballt in einem VZ anfallende Aufwendungen, die zwar das Gebäude als Ganzes betreffen, es aber lediglich in ordnungsgemäßem Zustand entspr. seinem ursprünglichen Stand erhalten oder diesen Zustand in zeitgemäßer Form wieder herstellen **(substanzerhaltende Bestandserneuerungen)**.[13] Eine Betriebsanlage wird nicht schon dann „wesentlich verbessert", wenn aufgrund einer behördlichen Anordnung eine Minderung deren Emissionswerte herbeizuführen ist; dadurch wird der Betriebsanlage lediglich ein zeitgemäßer Standard verliehen. Eine wesentliche Verbesserung liegt erst dann vor, wenn darüber hinaus nach objektiven Maßstäben der **Gebrauchswert des WG im Ganzen deutlich erhöht** wird („höherwertige Nutzbarkeit"); die Aktivierungspflicht kann auch darauf beruhen, dass zuvor bestehende Gründe für eine Wertminderung beseitigt werden.[14] 60

Instandsetzungsarbeiten verbessern ein Gebäude oder ein anderes WG immer. Die Verbesserung ist aber (erst) dann „wesentlich", wenn über die zeitgemäße Erneuerung hinaus der Gebrauchswert v. WG (auch v. solchen des BV) „als Ganzes" deutlich erhöht wird,[15] etwa bei einer deutlichen Verlängerung der tatsächlichen **Gesamtnutzungsdauer des Gebäudes**, sofern die Bausubstanz – insbes. die tragenden Wände und Fundamente – verändert wird, die im Wesentlichen die Lebensdauer des Gebäudes bestimmt,[16] zum anderen durch eine maßgebliche erhebliche **Anhebung des Wohnstandards** des Gebäudes. Eine Steige- 61

1 BFH v. 19.9.1995 – IX R 37/93, BStBl. II 1996, 131 = FR 1996, 142.
2 BFH v. 9.5.1995 – IX R 116/92, BStBl. II 1996, 632 = FR 1995, 741 m. Anm. *Drenseck* – Kabelanschluss für 2 500 DM.
3 BFH v. 10.5.1995 – IX R 62/94, BStBl. II 1996, 639 = FR 1995, 856.
4 BMF v. 18.7.2003, BStBl. I 2003, 386 Tz. 24, auch unter Hinweis auf BFH v. 24.2.1981 – VIII R 122/79, BStBl. II 1981, 468 = FR 1981, 360 – Überdachung mit einem Glasdach zum Schutz vor weiteren Wasserschäden.
5 BFH v. 22.8.1966 – GrS 2/66, BStBl. III 1966, 672; v. 9.5.1995 – IX R 116/92, BStBl. II 1996, 632 = FR 1995, 741 m. Anm. *Drenseck*; ausf. zum gebotenen Vergleich BMF v. 18.7.2003, BStBl. I 2003, 386 Tz. 26.
6 BFH v. 3.12.2002 – IX R 64/99, BStBl. II 2003, 590 = FR 2003, 351.
7 Grundlegend BFH v. 9.5.1995 – IX R 116/92, BStBl. II 1996, 632 = FR 1995, 741 m. Anm. *Drenseck*; v. 25.1.2006 – I R 58/04, BStBl. II 2006, 707 = FR 2006, 1036.
8 BFH v. 25.1.2006 – I R 58/04, BStBl. II 2006, 707 = FR 2006, 1036.
9 BFH v. 22.8.1966 – GrS 2/66, BStBl. III 1966, 672; v. 9.5.1995 – IX R 116/92, BStBl. II 1996, 632 = FR 1995, 741 m. Anm. *Drenseck* mwN.
10 BFH v. 13.10.1998 – IX R 72/95, BFH/NV 1999, 761.
11 BFH v. 9.5.1995 – IX R 116/92, BStBl. II 1996, 632 = FR 1995, 741 m. Anm. *Drenseck*; BMF v. 18.7.2003, BStBl. I 2003, 386 Tz. 27.
12 BFH v. 9.5.1995 – IX R 116/92, BStBl. II 1996, 632 = FR 1995, 741 m. Anm. *Drenseck*.
13 BFH v. 9.5.1995 – IX R 116/92, BStBl. II 1996, 632 = FR 1995, 741 m. Anm. *Drenseck*; v. 5.3.2007 – X B 171/06, BFH/NV 2007, 1127.
14 BFH v. 27.6.2001 – I R 45/97, BStBl. II 2003, 121 = FR 2001, 897 m. Anm. *Weber-Grellet*.
15 BFH v. 27.6.2001 – I R 45/97, BStBl. II 2003, 121 = FR 2001, 897 m. Anm. *Weber-Grellet* – solches wird verneint, wenn einer Betriebsanlage lediglich ein zeitgemäßer Standard verliehen wird.
16 BFH v. 13.10.1998 – IX R 72/95, BFH/NV 1999, 761 mwN; v. 21.11.2000 – IX R 40/98, BFH/NV 2001, 449.

rung der – selbst verdoppelten oder verdreifachten (!)[1] – Miete ist ein Indiz für einen deutlich gesteigerten Gebrauchswert nur insoweit, als sie nicht auf zeitgemäßen bestandserhaltenden Erneuerungen beruht.[2]

62 **Der Rechtsbegriff der „wesentlichen" Verbesserung eines (Wohn-)Gebäudes** ist anlässlich der Aufgabe der früheren Grundsätze zum sog. anschaffungsnahen Aufwand v. BFH[3] präzisiert worden, um diesem Tatbestandsmerkmal einen relevanten Anwendungsbereich vorzubehalten. Es bleibt dabei, dass übliche, dh. normalerweise anfallende Instandsetzungs- oder Modernisierungsmaßnahmen – die bloße Instandsetzung vorhandener Sanitär-, Elektro- und Heizungsanlagen, der Fußbodenbeläge, der Fenster und eine Dacheindeckung – den Gebrauchswert eines Gebäudes insgesamt nicht „wesentlich" verbessern; es bleibt auch bei der Beurteilung v. größeren Modernisierungsmaßnahmen. Auch die Behebung eines Instandsetzungsstaus muss keine wesentliche Verbesserung zur Folge haben. Sie können aber das Gebäude „in ihrer Gesamtheit" wesentlich verbessern, nämlich immer dann, „wenn der Gebrauchswert (Nutzungspotential) eines Gebäudes v. einem sehr einfachen auf einen mittleren oder v. einem mittleren auf einen sehr anspruchsvollen Standard gehoben wird". Dieser – **„einfache"** (Ausstattung im nötigen Umfang/technisch überholten Zustand), **„mittlere"** (entspr. mittleren oder selbst höheren Ansprüchen) oder **„sehr anspruchsvolle"** („das Mögliche" ist vorhanden vor allem unter Verwendung hochwertiger Materialien) – **Wohnungsstandard** wird „vor allem" bestimmt durch die **Heizungs-, Sanitär- und Elektroinstallationen** sowie die **Fenster**.[4] Werden diese Einrichtungen nicht nur in zeitgemäßer Form ersetzt, sondern darüber hinaus in ihrer Funktion (Gebrauchswert) deutlich erweitert und ergänzt und wird dadurch der Wohnkomfort des Hauses insgesamt deutlich gesteigert, dann wird ein Wohnhaus dadurch „wesentlich" verbessert. Instandsetzungs- oder Modernisierungsmaßnahmen, die über eine substanzerhaltende Erneuerung enstpr dem ursprünglichen Zustand nicht hinausgehen, sind bei dieser Prüfung außer Betracht zu lassen.[5] Grundlegend BFH v. 12.9.2001 – IX R 39/97, BStBl. II 2003, 569.

63 **Der Gebrauchswert eines Wohngebäudes** wird auch durch Erweiterungen bestimmt (§ 255 Abs. 2 S. 1 Variante 2 HGB). Liegen insofern HK in einem den Wohnstandard eines Gebäudes bestimmenden Bereich vor, führen wesentliche Verbesserungen in wenigstens zwei weiteren Bereichen der Kernausstattung einer Wohnung zu AK bzw. HK. Der Einbau neuer Gegenstände in vorhandene Installationen ist nur unter dem Tatbestandsmerkmal der wesentlichen Verbesserung zu würdigen; das Merkmal der Erweiterung (§ 255 Abs. 2 S. 1 HGB) tritt insoweit zurück. Der Einbau führt nur dann zu HK, wenn er eine deutliche Verbesserung des Gebrauchswerts nach sich zieht.[6] Dies setzt voraus, dass der Gebrauchswert eines Gebäudes mindestens drei der Kernbereiche der Ausstattung einer Wohnung in ihrer Funktion deutlich erweitert und ergänzt werden. Daher sind Aufwendungen für den Einbau einer Solaranlage zur Brauchwassererwärmung in eine bereits vorhandene Gaswärmeversorgung eines Wohnhauses Erhaltungsaufwand; denn damit wurde „allenfalls ein Kernbereich und dieser nur unwesentlich erweitert"; die Solaranlage ergänzt die vorhandene Wärmeversorgung durch Erschließung einer neuen Energiequelle.[7] Die **funktionserweiterende Ergänzung wesentlicher Bereiche der Wohnungssausstattung** – im Gegensatz zu Baumaßnahmen, deren Schwerpunkt die Reparatur und Ersetzung v. Vorhandenem ist (zB die Erhöhung des Gebrauchswertes der Heizung, Ausstattung des Bades mit funktionstüchtigeren Armaturen) – erhöhen den Standard eines Gebäudes.[8] Funktionserweiternd wirkt mE auch ein neu gedecktes und isoliertes Dach. Soweit hierbei Bestandteile mit „neuer Funktion" eingebaut werden (Rohre, Stecker, Boiler, Waschbecken), ist dies nur in den Grenzen der R 21.1 EStR unschädlich; darüber hinaus verbleibt es beim Anwendungsbereich des Tatbestandsmerkmals „Erweiterung".

64 **Die damit bautechnisch zusammenhängenden Arbeiten** (zB Malerarbeiten beim Einbau neuer Fenster) gehören zu den „derartig gebündelten Baumaßnahmen", die den Gebrauchswert in den genannten zentralen Bereichen der Ausstattung erhöhen. Ein solcher Zusammenhang ist gegeben, wenn die einzelnen Baumaßnahmen wechselseitig voneinander abhängig sind, dh. wenn entweder die Erhaltungsarbeiten Vorbedingung für die HK oder sonst durch sie veranlasst (verursacht) sind.[9] Andere gleichzeitige Aufwendun-

---

1 BFH v. 13.10.1998 – IX R 38/95, BFH/NV 1999, 603.

2 BFH v. 9.5.1995 – IX R 116/92, BStBl. II 1996, 632 (636) = FR 1995, 741 m. Anm. *Drenseck*; v. 21.11.2000 – IX R 40/98, BFH/NV 2001, 449; zur Indizwirkung nunmehr auch BFH v. 10.10.2001 – XI R 50/99, BStBl. II 2002, 347 = FR 2002, 590 m. Anm. *Wendt*; BMF v. 18.7.2003, BStBl. I 2003, 386 Tz. 36f.

3 BFH v. 12.9.2001 – IX R 39/97, BStBl. II 2003, 569 = FR 2002, 774.

4 Ausf. zur Beschreibung der Standards und zur Kumulation der standarderhöhenden Merkmale (Standardhebung und Erweiterung iSd. § 255 Abs. 2 S. 1 HGB) BMF v. 18.7.2003, BStBl. I 2003, 386 Tz. 9–14ff.

5 BMF v. 18.7.2003, BStBl. I 2003, 386 Tz. 29f., mit instruktivem Beispiel.

6 BFH v. 20.8.2002 – IX R 98/00, BStBl. II 2003, 604 = FR 2003, 193.

7 BFH v. 14.7.2004 – IX R 52/02, BStBl. II 2004, 949 = FR 2004, 1170.

8 BFH v. 12.9.2001 – IX R 52/00, BStBl. II 2003, 574 = FR 2002, 779 m. Anm. *Fischer*.

9 BFH v. 27.9.2001 – X R 55/98, BFH/NV 2002, 627; v. 8.6.2004 – IX B 128/03, DStRE 2004, 1187.

gen – vor allem für Schönheitsreparaturen – können daneben sofort abziehbare WK oder auch – als Maßnahmen der Erweiterung – HK sein. **Eine sich planmäßig über mehrere VZ erstreckende Gesamtmaßnahme** („**Sanierung in Raten**") kann eine Erweiterung oder wesentliche Verbesserung bewirken.[1]

Beispiele für Herstellungskosten: „Großzügigere Raumaufteilung", wobei das Entfernen oder Versetzen v. Zwischenwänden „für sich allein nicht notwendigerweise" den objektiven Gebrauchswert erhöht (BFH v. 17.6.1997 – IX R 30/95, BStBl. II 1997, 802 = FR 1998, 68; v. 13.10.1998 – IX R 61/95, BStBl. II 1999, 282 = FR 1999, 460; v. 13.10. 1998 – IX R 72/95, BFH/NV 1999, 761 – evtl. aber eine – und sei es geringfügige – Erweiterung; einschr. BFH v. 22.1.2003 – X R 9/99, FR 2003, 462 = BFH/NV 2003, 706); Verlegung der Toiletten in die Wohnungen und die Errichtung vorher nicht vorhandener Badezimmer (BFH v. 13.10.1998 – IX R 38/95, BFH/NV 1999, 603); Umbau v. Räumen und Einbau neuer, zuvor nicht vorhandener Toilettenanlagen (BFH v. 19.9.1995 – IX R 37/93, BStBl. II 1996, 131 = FR 1996, 142, unter 3. b); Ersetzung eines Flachdaches durch ein Spitzgiebeldach (BFH v. 19.12.1995 – IX R 88/93, BFH/NV 1996, 537; BMF v. 18.7.2003, BStBl. I 2003, 386 Tz. 23); Schaffung eines für Wohnzwecke ausbaufähigen Dachgeschosses durch Ersetzung eines Flachdachs durch ein Satteldach (BFH v. 19.6.1991 – IX R 1/87, BStBl. II 1992, 73 = FR 1992, 270 m. Anm. *Drenseck*; BMF v. 18.7.2003, BStBl. I 386 Tz. 21); Mehrung der Wohnfläche durch neue oder breitere und höhere Dachgauben und eine hiermit bautechnisch zusammenhängende Erneuerung des Dachstuhls und der Dacheindeckung (BFH v. 9.5.1995 – IX R 69/92, BStBl. II 1996, 630 = FR 1995, 859); neuer unterkellerter Vorbau und neue unterkellerte Terrasse (BFH v. 9.5.1995 – IX R 88/90, BStBl. II 1996, 628 = FR 1995, 857); Umgestaltung einer Dachterrasse zu einem Wintergarten mit ganzjährig nutzbarem zusätzlichen Wohnraum (BFH v. 13.10.1998 – IX R 80/95, BFH/NV 1999, 605); Einbau einer zuvor nicht vorhandener Elektroinstallation (2 500 DM), Installation eines Kabelanschlusses, v. Leerrohren für Telefonanlage, einer Alarmanlage (BFH v. 9.5.1995 – IX R 69/92, BStBl. II 1996, 630 = FR 1995, 859; BMF v. 18.7.2003, BStBl. I 2003, 386 Tz. 22); Anbringen einer Vorsatzschale zur Kellerisolierung (BFH v. 10.5.1995 – IX R 62/94, BStBl. II 1996, 639 = FR 1995, 856; **aA** BMF v. 18.7.2003, BStBl. I 2003, 386 Tz. 24 für den Fall der Beseitigung oder Vermeidung konkret drohender Schäden), einer Markise (BFH v. 29.8.1989 – IX R 176/84, BStBl. II 1990, 430 = FR 1990, 365); v. Rolläden (BFH v. 21.4.1993 – X R 1/91, BFH/NV 1994, 158), eines offenen Kamins (BFH v. 9.5.1995 – IX R 17/93, BFH/NV 1996, 114), v. Jalousien (BFH v. 10.6.1988 – III R 152/85, BFH/NV 1989, 456); Einziehen zusätzlicher Trennwände (BFH v. 4.3.1998 – X R 151/94, BFH/NV 1998, 1086); besonderer Schallschutz des häuslichen Arbeitszimmers eines Musikers (FG München v. 21.2.2001 – 1 K 3702/99, EFG 2001, 740); Einbau eines Kachelofens anstelle offenen Kamins (BFH v. 27.7.2000 – X R 26/97, BFH/NV 2001, 306); Umbau v. Groß- in Kleinwohnungen; Errichtung einer Außentreppe (BMF v. 18.7. 2003, BStBl. I 2003, 386 Tz. 22); Einbau zusätzlicher Heizkamine (BFH v. 21.8.1990 – IX R 83/85, BFH/NV 1991, 95). Prozesskosten für eine Auseinandersetzung um den Werklohn für Herstellungsleistungen gehören zu den HK (BFH v. 30.1.1996 – IX R 83/90, BFH/NV 1996, 542).

Einstweilen frei. 65

Keine Erweiterung/wesentliche Verbesserung, sondern Reparaturaufwendungen[2] liegen – vorbehaltlich 66
der Grundsätze zum bautechnischen Zusammenhang – vor, wenn der neue Gebäudebestandteil oder die neue Anlage die Funktion des bisherigen Gebäudeteils für das Gebäude in vergleichbarer Weise erfüllen; dies auch dann, wenn der neue Gebäudebestandteil für sich betrachtet nicht die gleiche Beschaffenheit aufweist wie der bisherige oder die Anlage technisch in der gleichen Weise wirkt, sondern lediglich entspr. dem technischen Fortschritt modernisiert worden ist.[3]

Beispiele (s. auch § 21 Rn. 52): Anbringen einer zusätzlichen Fassadenverkleidung zu Wärme- und Schallschutzzwecken (BFH v. 13.3.1979 – VIII R 83/77, BStBl. II 1979, 435; unter Bezugnahme hierauf BMF v. 18.7.2003, BStBl. I 2003, 386 Tz. 23; BFH v. 19.6.1991 – IX R 195/87, BFH/NV 1991, 812 – Verklinkerung; sehr großzügig); Verlegen v. Teppichboden auf Parkett (BFH v. 14.1.1986 – IX R 105/83, BFH/NV 1986, 399); Vorhangfassade anstelle kostengleicher Erneuerung des Außenputzes (BFH v. 20.10.1981 – VIII R 85/79, BStBl. II 1982, 64 = FR 1982, 97); Umstellung einer Heizungsanlage v. Einzelöl- auf Zentralheizung (BFH v. 24.7.1979 – VIII R 162/78, BStBl. II 1980, 7; v. 12.3. 1985 – IX R 50/82, BStBl. II 1985, 398 = FR 1985, 503; BMF v. 18.7.2003, BStBl. I 2003, 386 Tz. 23); Ersatz vorhandener Türschlösser durch eine Türschließanlage (BFH v. 2.2.1990 – III R 188/85, BFH/NV 1990, 732); das Versetzen v. Zwischenwänden, Zumauern v. Fenstern und Türen „muss den Gebrauchswert nicht erhöhen" (BFH v. 17.6.1997 – IX R 30/95, BStBl. II 1997, 802 = FR 1998, 68; BMF v. 18.7.2003, BStBl. I 2003, 386 Tz. 23: Versetzen v. Wänden ist keine Mehrung der Substanz); Vergrößern eines bereits vorhandenen Fensters; Ersatz eines Daches, ohne die Nutzungsmöglichkeit zu erweitern (BMF v. 18.7.2003, BStBl. I 2003, 386 Tz. 23; BFH v. 13.5.2004 – IV R 1/02, BStBl. II 2004, 780 – betr. gepachtetes Gebäude, mwN insbes. zur Erweiterung der Wohnfläche, die zu HK führt); Einbau messtechnischer Anlagen zur verbrauchsabhängigen Abrechnung v. Hausbetriebskosten sowie Breitbandverkabelung (R 21.1 Abs. 1 EStR); Einbau zeitgemäßer sanitärer Anlagen, verbesserter Schall- und Wärmeschutz durch isolierverglaste Fenster (BFH v. 9.5.1995 – IX R 116/92, BStBl. II 1996, 632 = FR 1995, 741 m. Anm. *Drenseck*, unter II.; v. 28.4.1998 – IX R 66/95, BStBl. II 1998, 515 = FR 1998, 957), dies ungeachtet der Möglichkeit einer Mieterhöhung nach § 559 BGB; Austausch v. Ofenheizungen gegen Gas-Etagenheizung (BFH v. 12.9.2001 – IX R 39/97, FR 2002, 774 = BFH/NV 2002, 968); nach neuerer Rspr. nicht mehr Spüle oder Herd einer Einbauküche, die nunmehr als einheitliches WG angesehen wird (BFH v. 3.8.2016 – IX R 14/15, BStBl. II 2017, 437 Rn. 26, 31).

---

1 BMF v. 18.7.2003, BStBl. I 2003, 386 Tz. 31.
2 BMF v. 18.7.2003, BStBl. I 2003, 386 Tz. 23.
3 BMF v. 18.7.2003, BStBl. I 2003, 386 Tz. 23.

Muss wegen der Erhaltungsaufwendungen prozessiert werden, sind auch die Gerichts- und Anwaltskosten wie der Erhaltungsaufwand abziehbar.

67 Lediglich zeitgleich, insbes. räumlich getrennt anfallende **Herstellungs- und Erhaltungsaufwendungen** sind aufzuteilen,[1] wobei sog. Gesamtkosten (zB ein einheitliches Architektenhonorar für sämtliche Baumaßnahmen) ggf. schätzweise im Verhältnis der Herstellungs- zu den Reparaturarbeiten aufzuteilen sind.[2] Sie sind indes insgesamt HK, wenn sie, was durch den räumlichen Zusammenhang indiziert werden kann, mit selbst verhältnismäßig geringfügigen HK **bautechnisch ineinander greifen**,[3] dh. wenn die eine „Baumaßnahme durch die andere bedingt" ist. ZB sind Kosten der Instandsetzung des Daches als HK zu werten, soweit sie Folge des Dachgeschossausbaus sind: „Wenn … Dachziegel zur Abdeckung der neu ausgebauten Gauben verwendet wurden, gehören deren Kosten zu den HK dieser Gauben, weil die Abdeckung mit Dachziegeln Teil ihrer Herstellung ist."[4] Soweit das Dach durch den Ausbau nicht verändert wurde und seine Instandsetzung auch nicht (Vor-)Bedingung des Ausbaus oder durch diesen veranlasst war,[5] liegen sofort abziehbare WK vor. Ob WK oder HK für ein Gebäude vorliegen, das in Teileigentumsanteile nach dem WEG aufgeteilt ist, ist grds. für die jeweiligen Teileigentumsanteile gesondert zu entscheiden.[6]

68 Die **Feststellungslast** für das Vorliegen v. HK hat das FA, sofern die Nichterweislichkeit nicht auf einer Verletzung der Mitwirkungspflicht des StPfl. beruht.[7] Die diesbezügliche Würdigung obliegt dem FG als Tatsacheninstanz (§ 118 Abs. 2 FGO). Aus der Höhe der Aufwendungen im Verhältnis zum Kaufpreis kann nicht im Wege einer tatsächlichen, widerlegbaren Vermutung auf eine wesentliche Verbesserung i.S.v. § 255 Abs. 2 S. 1 HGB und damit auf das Vorliegen von HK geschlossen werden.[8] Nach Auffassung des BMF[9] liegen **Indizien für die Hebung des Standards** vor, wenn ein Gebäude in zeitlicher Nähe zum Erwerb im Ganzen und v. Grund auf modernisiert wird, hohe Aufwendungen für die Sanierung der zentralen Ausstattungsmerkmale getätigt werden, aufgrund dieser Baumaßnahmen der Mietzins erheblich erhöht wird. Die Frage, ob eine Hebung des Standards vorliegt, soll für die ersten drei Jahre nach Anschaffung des Gebäudes grds. nicht zu prüfen sein, wenn die Aufwendungen insgesamt 15 % der AK des Gebäudes nicht übersteigen.[10]

69 **4. Anschaffungsnahe Herstellungskosten (Abs. 1 Nr. 1a).** Abs. 1 Nr. 1a S. 1 enthält eine typisierende Regelung für die Einordnung von Instandsetzungs- und Modernisierungsmaßnahmen an Gebäuden als HK. Aufwendungen für solche Maßnahmen, die **innerhalb von drei Jahren** nach der Anschaffung des Gebäudes durchgeführt werden und die (ohne USt) **15 % der AK übersteigen**, werden gesetzlich als HK in Form von anschaffungsnahen HK definiert. Die gesetzliche Regelung knüpft an die frühere Rspr. zu anschaffungsnahen HK an und reagiert auf die Aufgabe dieser Grundsätze durch den BFH im Jahr 2001.[11] Nach Änderung der Rspr. konnten die zeitliche Nähe von Aufwendungen und ihre Höhe nicht mehr allein, sondern nur noch im Zusammenspiel mit anderen Faktoren zu AK oder HK führen. Die gesetzliche Grenze ist bezogen auf die AK „des Gebäudes" oder des Sonder-/Wohnungseigentums[12]. Auch bei mehreren Wohnungen ist auf das gesamte Gebäude abzustellen. Dies gilt nicht, wenn es verschieden genutzt wird und deshalb in unterschiedliche WG aufzuteilen ist.[13] Aufgrund § 9 Abs. 5 S. 2 gilt § 6 Abs. 1 Nr. 1a auch für die Überschusseinkünfte. In die 15 %-Grenze sind Aufwendungen einzubeziehen, für die eine Be-

1 BFH v. 16.7.1996 – IX R 34/94, BStBl. II 1996, 649 = FR 1996, 747 m. Anm. *Drenseck*; ausf. mit instruktiven Beispielen zum Zusammentreffen v. AK/HK und Erhaltungsaufwendungen BMF v. 18.7.2003, BStBl. I 2003, 386 Tz. 33 ff.

2 BFH v. 9.5.1995 – IX R 116/92, BStBl. II 1996, 632 = FR 1995, 741 m. Anm. *Drenseck*; v. 10.5.1995 – IX R 62/94, BStBl. II 1996, 639 = FR 1995, 856.

3 BFH v. 13.10.1998 – IX R 38/95, BFH/NV 1999, 603; exemplarisch BFH v. 10.5.1995 – IX R 62/94, BStBl. II 1996, 639 = FR 1995, 856 – der gesamte Aufwand hing bautechnisch und stockwerkübergreifend mit der Vergrößerung v. Wohnungen zusammen.

4 BFH v. 16.7.1996 – IX R 34/94, BStBl. II 1996, 649 = FR 1996, 747 m. Anm. *Drenseck*.

5 Instruktive Beispiele bei BMF v. 18.7.2003, BStBl. I 2003, 386 Tz. 32 ff.

6 BFH v. 19.9.1995 – IX R 37/93, BStBl. II 1996, 131 = FR 1996, 142, dort auch zur Reihenfolge der Prüfung.

7 BFH v. 9.5.1995 – IX R 116/92, BStBl. II 1996, 632 (636) = FR 1995, 741 m. Anm. *Drenseck*; BMF v. 18.7.2003, BStBl. I 2003, 386 Tz. 36.

8 BFH v. 22.9.2009 – IX R 21/08, BFH/NV 2010, 846.

9 BMF v. 18.7.2003, BStBl. I 2003, 386 Tz. 37.

10 BMF v. 18.7.2003, BStBl. I 2003, 386 Tz. 38 mit weiteren Details beim Erwerb eines Gebäudes mit mehreren Wohnungen.

11 BFH v. 12.9.2001 – IX R 39/97, BStBl. II 2003, 569 = FR 2002, 774; v. 9.5.2017 – IX R 6/16, BStBl. II 2018, 9 Rn. 16 f. = FR 2018, 327 m. Anm. *Weber-Grellet*, mit Nachweisen zur früheren Rspr.

12 Bayerisches LfSt v. 24.11.2005, DB 2005, 2718 = StEK § 6 Abs. 1 Ziff. 1a Nr. 3.

13 BFH v. 14.6.2016 – IX R 22/15, BFH/NV 2016, 1623; *Blümich*, § 6 Rn. 427.

scheinigung nach §§ 7i, 11b vorliegt.[1] Die 15 %-Regelung ist **hinsichtlich Prozentsatz und Dreijahreszeitraum starr**. Außerhalb dieses Zeitraums ist die neue BFH-Rspr. maßgebend. Nicht geregelt ist der Fall, dass die Aufwendungen weniger als 15 % der AK des Gebäudes betragen; sie können AK/HK nach den allg. Grundsätzen sein. Allerdings werden bei „normalen Gebäuden" im Falle einer betragsmäßigen Unterschreitung der 15 %-Grenze die Kriterien des BFH für HK idR nicht vorliegen. Auch wenn Aufwendungen für Baumaßnahmen erst nach Ablauf des Dreijahreszeitraums die 15 %-Grenze überschreiten, können sie HK sein (§ 255 Abs. 2 S. 1 HGB – **„Sanierung auf Raten"**).[2] Wird die 15 %-Grenze nachträglich überschritten, ist dies ein rückwirkendes Ereignis iSv. § 175 Abs. 1 S. 1 Nr. 2 AO.[3] Aufwendungen für nicht innerhalb v. drei Jahren nach Anschaffung abgeschlossene Maßnahmen sind insoweit zu berücksichtigen, als sie auf innerhalb des Dreijahreszeitraums getätigte Leistungen entfallen.[4] Werden Aufwendungen (teilweise) erstattet, ist nur der Saldobetrag zw. den vom StPfl. selbst getragenen Kosten und der von dritter Seite erfolgten Erstattung in die Berechnung des für die 15 %-Grenze maßgeblichen Betrags einzubeziehen. Erstattungen von Aufwendungen in einem späteren VZ sind von den HK abzuziehen und mindern dementspr. die Bemessungsgrundlage für die Ermittlung der AfA.[5]

Der BFH versteht den Begriff der **Instandsetzungs- und Modernisierungsmaßnahmen** iSv. Abs. 1 Nr. 1a 70
S. 1 in seiner neueren Rspr. weit und unabhängig von der handelsrechtl. Einordnung. Darunter sind bauliche Maßnahmen zu verstehen, durch die Mängel oder Schäden an vorhandenen Einrichtungen eines bestehenden Gebäudes oder am Gebäude selbst beseitigt werden oder das Gebäude durch Erneuerung in einen zeitgemäßen Zustand versetzt wird.[6] Erfasst werden **auch** reine **Schönheitsreparaturen** iSv. § 28 Abs. 4 S. 3 II. BVO – wie etwa das Tapezieren oder Streichen von Wänden, Türen, Fenstern oder Heizköpern –, **wesentliche Verbesserungen** des Gebäudes iSv. § 255 Abs. 2 S. 1 HGB und **Maßnahmen zur Herstellung der Betriebsbereitschaft** des Gebäudes. Erforderlich ist danach nur, dass die baulichen Maßnahmen im Rahmen einer Renovierung und Modernisierung iZ mit dem Erwerb des Gebäudes anfallen und nicht gem. Abs. 1 Nr. 1a S. 2 ausdrücklich ausgenommen sind. Letzteres sind Aufwendungen für Erweiterungen iSv. § 255 Abs. 2 S. 1 HGB und für Erhaltungsarbeiten, die jährlich üblicherweise anfallen. Schönheitsreparaturen werden von dieser Ausnahmeregelung grds. nicht erfasst, weil sie regelmäßig nicht jährlich anfallen.[7] Der BFH vertritt damit einen pauschalen, weiten Ansatz und erteilt entgegen anderer Auffassungen im Schrifttum[8] einer Segmentierung der Gesamtaufwendungen grds. eine Absage. Dem ist zuzustimmen. Der BFH stellt zu Recht auf den weiten Wortlaut des Abs. 1 Nr. 1a S. 1, den Charakter der Vorschrift als Sonderregelung und auf die gesetzgeberische Zielsetzung ab, aus Gründen der Vereinfachung und zur Erhöhung der Rechtssicherheit eine typisierende Regelung zu schaffen.[9] Die Norm stellt iErg. eine **Regelvermutung** für das Vorliegen **anschaffungsnaher HK** auf, wenn und soweit bauliche Maßnahmen innerhalb von drei Jahren nach der Anschaffung des Gebäudes durchgeführt werden.[10]

Demgegenüber greift die Regelvermutung nach der neueren Rspr. des BFH nicht, wenn Instandsetzungs- 70a
aufwendungen getätigt werden, die Schäden beseitigen, die nach dem Erwerb des Gebäudes durch ein **schuldhaftes Verhalten Dritter** verursacht werden, etwa durch den Mieter der Wohnung.[11] Solche Aufwendungen werden vom weiten Wortlaut der Norm zwar erfasst. Der Anwendungsbereich des Abs. 1

1 OFD Ffm. v. 2.8.2012 – S 2198b A-19-St 215, juris.
2 BMF v. 18.7.2003, BStBl. I 2003, 386, Tz. 31; OFD München/OFD Nürnb. v. 11.6.2004, DB 2004, 1464.
3 AEAO zu § 175 Nr. 2.4.
4 BayLASt v. 6.8.2010, ESt-Kartei BY § 7 EStG Karte 3.4.
5 BFH v. 14.6.2016 – IX R 25/14, BStBl. II 2016, 992.
6 BFH v. 14.6.2016 – IX R 25/14, BStBl. II 2016, 992; v. 14.6.2016 – IX R 15/15, BStBl. II 2016, 996; v. 14.6.2016 – IX R 22/15, BStBl. II 2016, 999; v. 9.5.2017 – IX R 6/16, BStBl. II 2018, 9 Rn. 15f. = FR 2018, 327 m. Anm. *Weber-Grellet*.
7 BFH v. 14.6.2016 – IX R 22/15, BFH/NV 2016, 1623; *Spindler*, DB 2004, 507 (510).
8 **AA** *Trossen*, DStR 2012, 445, *Schmidt*[37], § 6 Rn. 383, 386 – für Schönheitsreparaturen; *Fahlenbach*, DStR 2014, 1902 (1906); *K/S/M*, § 6 Rn. BA 15, BA 34 – für wesentliche Verbesserungen des Gebäudes iSv. § 255 Abs. 2 S. 1 HGB.
9 BFH v. 14.6.2016 – IX R 25/14, BStBl. II 2016, 992; v. 14.6.2016 – IX R 15/15, BStBl. II 2016, 996; v. 14.6.2016 – IX R 22/15, BStBl. II 2016, 999; BT-Drucks. 15/1562, 32.
10 BFH v. 14.6.2016 – IX R 25/14, BStBl. II 2016, 992; v. 14.6.2016 – IX R 15/15, BStBl. II 2016, 996; v. 14.6.2016 – IX R 22/15, BStBl. II 2016, 999; v. 13.3.2018 – IX R 41/17, BStBl. II 2018, 533 Rn. 15. Auf das Vorliegen eines engen räumlichen, zeitlichen und sachlichen Zusammenhangs mit einer als einheitlich zu würdigenden Instandsetzung und Modernisierung, wie es der BFH vorher – für Schönheitsreparaturen – gefordert hatte – BFH v. 25.8.2009 – IX R 20/08, BStBl. II 2010, 125 –, kommt es nicht mehr an.
11 BFH v. 9.5.2017 – IX R 6/16, BStBl. II 2018, 9 Rn. 17, 22 = FR 2018, 327 m. Anm. *Weber-Grellet* (vorgehend FG Düss. v. 21.1.2016 – 11 K 4274/13 E, EFG 2016, 630); *Schmidt*[37], § 6 Rn. 382; *Korn*, § 6 Rn. 183.6; *Dorn*, NWB 2018, 18.

Nr. 1a ist aber angesichts seiner Zielrichtung, die Rechtslage vor Ergehen der geänderten Rspr. des BFH wieder herzustellen, insoweit **teleologisch zu reduzieren**.[1] Dieser Ansatz ist zutr., allerdings müssen konsequenterweise auch solche Schäden von der Ausnahme erfasst werden, die nach dem Erwerb unverschuldet durch Dritte oder aufgrund unvorhersehbarer Ereignisse (etwa Sturmschäden) eingetreten sind. Mängel, die im Zeitpunkt der Anschaffung des Gebäudes bereits angelegt sind, aber erst später zutage treten **(verdeckte Mängel)**, werden allerdings von der Regelvermutung erfasst. Für die Einordnung als anschaffungsnahe HK kommt es nicht auf die subjektiven Vorstellungen des Erwerbers vom Zustand des Gebäudes an, sondern auf den normtypischen Zusammenhang mit dem Erwerb der Immobilie, der bei verdeckten Mängeln gegeben ist.[2] Wenn Aufwendungen, die unter Abs. 1 Nr. 1a fallen (etwa für Schönheitsreparaturen oder für die Beseitigung eines bereits bei Erwerb angelegten größeren Schadens an der Heizungsanlage), mit Kosten für Instandsetzungsmaßnahmen aufgrund von Dritten verursachter Schäden zusammenfallen, sind sie herauszurechnen und für die unter Abs. 1 Nr. 1a fallenden Aufwendungen ist zu prüfen, ob die 15 %-Grenze überschritten wird (Segmentierung der Kosten).[3]

70b Aufwendungen für Erweiterungen iSv. § 255 Abs. 2 S. 1 HGB gehören gem. Abs. 1 Nr. 1a S. 2 nicht zu den anschaffungsnahen HK. Sie führen – unabhängig von der Höhe und der zeitlichen Nähe zur Anschaffung – schon unter einem anderen Gesichtspunkt zu HK und sind bei der Ermittlung der 15 %-Grenze herauszurechnen. Ferner werden Aufwendungen nicht erfasst, die „**laufenden Erhaltungsaufwand, der jährlich üblicherweise anfällt,**“ darstellen. Dazu gehören etwa Aufwendungen für den Ersatz zerbrochener Fensterscheiben, Reparaturen an Herden und Öfen, Öffnen v. Türschlössern und Neuanfertigungen v. verlorenen Schlüsseln sowie ähnliche kleinere Ausgaben, ferner für die Wartung der Heizung oder des Aufzugs, Ablesekosten und die Beseitigung von Rohrverstopfungen.[4] Bei teilentgeltlichem Erwerb des Gebäudes können anschaffungsnahe HK nur im Verhältnis zum entgeltlichen Teil des Erwerbsvorgangs gegeben sein. Für andere WG als Gebäude – zB Gartenanlagen – gilt die Regelung nicht.

71 **5. Zeitraum der Herstellung.** Die **Herstellung beginnt**, wenn Kosten entstehen, die zwangsläufig in unmittelbarem sachlichen Zusammenhang mit der Herstellung eines WG anfallen,[5] zB bei der Herstellung eines Gebäudes mit den Planungskosten[6] oder ggf. mit dem Abbruch eines alten Gebäudes. HK entstehen erst mit der Erbringung der Herstellungsleistungen und nicht bereits durch Voraus- und Anzahlungen für die Herstellung[7] (sonst: geleistete Anzahlungen). Wenn geliefert wird, gehen die Vorauszahlungen (§ 5 Rn. 78) in die AK/HK des vorfinanzierten WG ein. Soweit HK im Vorjahr als sofort abziehbarer Aufwand behandelt worden sind, können sie nicht später nochmals aufwandswirksam werden.[8] Aufwand, der in einem wirtschaftlichen Zusammenhang mit dem Herstellungsvorgang steht, verliert diese Eigenschaft nicht dadurch, dass er erst nach dem Beginn der bestimmungsgemäßen Nutzung liegt, sofern es sich nicht um Erhaltungsaufwand handelt.[9] Bei **periodenübergreifender Herstellung** sind die teilfertigen WG[10] mit ihren bis zum Stichtag angefallenen Teil-HK zu aktivieren, soweit nicht v. ihrer Einbeziehung abgesehen werden kann,[11] zB als Anlagen im Bau bzw. unfertige Erzeugnisse; dies auch, wenn ein „als Einzelheit greifbares WG“ noch nicht entstanden ist.[12] Zu letzteren WG gehören nach Auffassung des BFH nicht die Redaktionskosten zur Herstellung v. Druckvorlagen (Zwischenprodukt) einer Zeitschrift,[13] wohl aber die vorbereitende Beseitigung der Bodendeckschicht (Abraumvorrat) bei der Mineralgewinnung.[14]

1 BFH v. 9.5.2017 – IX R 6/16, BStBl. II 2018, 9 Rn. 17, 22 = FR 2018, 327 m. Anm. *Weber-Grellet* (vorgehend FG Düss. v. 21.1.2016 – 11 K 4274/13 E, EFG 2016, 630); *Schmidt*[37], § 6 Rn. 382; *Korn*, § 6 Rn. 183.6.
2 Vgl. BFH v. 9.5.2017 – IX R 6/16, BStBl. II 2018, 9 Rn. 20 f. = FR 2018, 327 m. Anm. *Weber-Grellet*; v. 13.3.2018 – IX R 41/17, BStBl. II 2018, 533 Rn. 15 f.
3 BFH v. 9.5.2017 – IX R 6/16, BStBl. II 2018, 9 Rn. 25 = FR 2018, 327 m. Anm. *Weber-Grellet*.
4 BFH v. 14.6.2016 – IX R 22/15, BStBl. II 2016, 999; FG Düss. v. 30.8.2016 – 10 K 398/15 F, EFG 2016, 1774 – nicht beim Austausch von Heizkörpern.
5 BFH v. 20.2.1975 – IV R 79/74, BStBl. II 1975, 510; v. 12.6.1978 – GrS 1/77, BStBl. II 1978, 620 – Abbruch zwecks Neuerrichtung.
6 BFH v. 9.2.1983 – I R 29/79, BStBl. II 1983, 451 = FR 1983, 331.
7 BFH v. 16.5.1973 – I R 186/71, BStBl. II 1974, 25; v. 4.7.1990 – GrS 1/89, BStBl. II 1990, 830.
8 BFH v. 23.11.1978 – IV R 20/75, BStBl. II 1979, 143; je nach Sachlage bietet hier § 174 AO eine Lösung.
9 BFH v. 1.12.1987 – IX R 134/83, BStBl. II 1988, 431 = FR 1988, 307.
10 Hierzu BFH v. 7.9.2005 – VIII R 1/03, BStBl. II 2006, 298 = FR 2006, 227; v. 25.11.2009 – X R 27/05, BFH/NV 2010, 1090.
11 BFH v. 23.11.1978 – IV R 20/75, BStBl. II 1979, 143; v. 27.6.1995 – IX R 130/90, BStBl. II 1996, 215 = FR 1996, 215.
12 R 6.3 Abs. 7 EStR.
13 BFH v. 18.6.1975 – I R 24/73, BStBl. II 1975, 809; wohl überholt durch BFH v. 12.6.1978 – GrS 1/77, BStBl. II 1978, 620; aber beiläufig bestätigt durch BFH v. 13.9.1989 – II R 1/87, BStBl. II 1990, 47 – Aufwendungen zur Beschaffung v. Aufträgen sind Vertriebskosten.
14 BFH v. 23.11.1978 – IV R 20/75, BStBl. II 1979, 143.

Ein **WG ist hergestellt** (§ 9a EStDV – **Jahr der Fertigstellung**), wenn sein Zustand nach objektiven Merkmalen eine bestimmungsgemäße Verwendung – insbes. Nutzung oder Veräußerung – ermöglicht, bei einem Gebäude nach Abschluss der wesentlichen Bauarbeiten.[1] Nachträgliche HK setzen die Veränderung eines bereits bestehenden WG im Rahmen eines weiteren Herstellungsvorgangs (Erweiterung, wesentliche Verbesserung) voraus.[2] Der Verwendungszweck kann den Zeitpunkt der Fertigstellung bestimmen. Scheitert die Anschaffung/Herstellung, sind die **vergeblichen Aufwendungen**[3] in dem Zeitpunkt sofort abziehbare BA/WK, in dem sich mit großer Wahrscheinlichkeit herausstellt, dass es zu keiner Verteilung des Aufwands mittels AfA kommen kann.[4] 72

6. Umfang der Herstellungskosten; Sonderregelung für Teile der Gemeinkosten (Abs. 1 Nr. 1b). 73
Wertuntergrenze der HK sind alle Aufwendungen, die unmittelbar der Herstellung dienen, einschl. der Material-, Fertigungs- und Sonderkosten der Fertigung (§ 255 Abs. 2 S. 2 HGB), ferner Aufwendungen, die in einem engen sachlichen und zeitlichen Zusammenhang, dh. zwangsläufig mit der Herstellung des WG anfallen,[5] auch Planungskosten. § 255 Abs. 2 HGB fordert nicht den Einbezug v. Nebenkosten in die HK und nicht allg. die Erfassung nachträglich anfallender Kosten. Nach dem Ende der Herstellung (Rn. 72) anfallende Kosten sind nicht zu berücksichtigen (§ 255 Abs. 2 S. 4 HGB). Kalkulatorische Kosten – insbes. die Verzinsung des EK, der Wert der eigenen Arbeitsleistung, der Unternehmerlohn, kalkulatorische Mieten – gehören nicht zu HK.[6] Werden angeschaffte WG zur Herstellung anderer verwendet, gehen sie mit dem Verbrauch zur Herstellung unter.[7] HK sind gem. § 255 Abs. 2 S. 2 HGB ferner die **(Sonder-) Einzelkosten** (direkte Kosten), der Wertverzehr v. Anlagevermögen, soweit er durch die Herstellung des WG veranlasst ist,[8] und angemessene Teile der notwendigen **Fertigungs- und Materialgemeinkosten**[9] (indirekte Kosten; Rn. 77 ff.). Letztere sind dem Produkt nur mittelbar zuzuordnen und müssen abgrenzbar sein. Die bewertbaren Einzelkosten können den herzustellenden Vermögensgegenständen unmittelbar, nämlich aufgrund eines eindeutigen und nachweisbaren quantitativen Zusammenhangs, nach einer Maßeinheit (Menge, Zeit usw.) zugerechnet werden, einschl. eines Schwunds.[10] Demgegenüber gehen die Gemeinkosten nicht unmittelbar in das Produkt ein, sondern werden über eine Schlüsselung oder Umlage zu den herzustellenden Vermögensgegenständen in Beziehung gebracht.[11]

Nach § 255 Abs. 2 S. 4 HGB dürfen Forschungs- und Vertriebskosten nicht einbezogen werden. **Allg. Forschungskosten**[12] (dh. Aufwendungen zur Gewinnung v. neuen wirtschaftlichen und technischen Erkenntnissen und Erfahrungen allg. Art – Grundlagenforschung – und zur Neuentwicklung bestimmter Erzeugnisse und Herstellungsverfahren – Zweckforschung) sind grds. keine HK; dies vor allem dann nicht, wenn sie nach dem jeweils gegebenen betrieblichen Ablauf sonstige nicht abgrenzbare Gemeinkosten sind;[13] anders allenfalls bei **Entwicklungskosten** für eine einzelne Anlage und Auftragsforschung und für die Weiterentwicklung v. Erzeugnissen und Verfahren der lfd. Fertigung. § 255 Abs. 2a HGB idF des BilMoG definiert die Begriffe v. „Forschung" und „Entwicklung" iZ mit den HK für selbst geschaffene immaterielle WG des Anlagevermögens entspr. Steuerrechtl. sind solche WG gem. § 5 Abs. 2 nicht aktivierungsfähig (§ 5 Rn. 65 ff.) 74

Vertriebskosten (§ 255 Abs. 2 S. 4 HGB) dienen dem Absatz v. Produkten und Leistungen. Hierzu zählen zB Lagerkosten (soweit die Lagerung nicht Teil des Herstellungsvorgangs ist, wie zB bei Käse und Wein); idR Aufwendungen für Verpackungen, die dazu dienen, das Produkt versandfähig zu machen oder auch gegen Beschädigungen zu schützen (sog. **Außenverpackung**); anders, wenn aufgrund der Eigenart eines 75

1 BFH v. 27.6.1995 – IX R 130/90, BStBl. II 1996, 215 = FR 1996, 215 mwN – Bewohnbarkeit; v. 9.8.1989 – X R 77/87, BStBl. II 1991, 132 = FR 1989, 684 – abschnittsweise Fertigstellung; v. 17.10.2001 – I R 32/00, BStBl. II 2002, 349 = FR 2002, 575.
2 BFH v. 17.10.2001 – I R 32/00, BStBl. II 2002, 349 = FR 2002, 575; v. 19.11.2003 – I R 77/01, FR 2004, 274 m. Anm. *Weber-Grellet* = DStR 2004, 134 = BFH/NV 2004, 271.
3 Allg. BFH v. 5.11.2001 – IX B 92/01, BStBl. II 2002, 144 = FR 2002, 335 – Abzug v. Schuldzinsen für ein gescheitertes Bauvorhaben.
4 BFH v. 14.2.1978 – VIII R 9/76, BStBl. II 1978, 455.
5 BFH v. 17.10.2001 – I R 32/00, BStBl. II 2002, 349 = FR 2002, 575.
6 H 6.3 EStH; aber BFH v. 8.2.1996 – III R 35/93, BStBl. II 1996, 427 = FR 1996, 722 – Tätigkeitsvergütung iSd. § 15 Abs. 1 S. 1 Nr. 2.
7 BFH v. 6.12.1991 – III R 108/90, BStBl. II 1992, 452 = FR 1992, 451 m. Anm. *Söffing*.
8 Einzelheiten R 6.3 Abs. 3 EStR.
9 Zu diesen R 6.3 Abs. 2 EStR.
10 BFH v. 11.2.1988 – IV R 191/85, BStBl. II 1988, 661 = FR 1988, 471.
11 BFH v. 21.10.1993 – IV R 87/92, BStBl. II 1994, 176 = FR 1994, 118.
12 BFH v. 22.5.1979 – III R 129/74, BStBl. II 1979, 634 – Prototypen; s. aber BFH v. 30.4.1976 – III R 132/74, BStBl. II 1976, 527 – Versuchsanlage als Anlagevermögen; s. auch BMF v. 26.11.1985, BStBl. I 1985, 683.
13 BFH v. 4.12.1986 – V R 92/77, BFH/NV 1988, 534 mwN.

Produkts (Milch, Zigaretten, Dosenbier) eine bestimmte Warenumschließung erforderlich ist, um das Erzeugnis überhaupt verkaufs- und absatzfähig zu machen (sog. **Innenverpackung**), dann auch einschl. der Abfüllkosten.[1] Vertriebskosten sind auch – zeitlich vor der Fertigung – Kosten für die Akquisition (Werbung, Auftragserlangung, Erstellung v. Angeboten, Vermittlungsprovision, Auftragsnachmessung[2]); Umsatzlizenzen,[3] Ausfuhrversicherung; Kosten für Garantie-, Kulanz- und Wartungsleistungen.

76 **Einzelkosten** entstehen durch Verwendung v. – mit den AK/HK (Warenpreis zzgl. Anschaffungsnebenkosten) bewertetem – Fertigungsmaterial (einschl. Hilfs- und Betriebsstoffen, bezogenen Fertigerzeugnissen, Energiekosten der Fertigung), durch den Einsatz v. Löhnen (Brutto-, Akkord- und Zeitlöhne zzgl. Lohnnebenkosten wie ArbG-Anteil an der SozVers.) im Fertigungsbereich und durch die Sondereinzelkosten der Fertigung (§ 255 Abs. 2 S. 2 HGB). Zu Letzteren gehören zB Entwurfskosten, Lizenzgebühren, soweit sie zur Fertigung der Erzeugnisse aufgewendet werden und nicht zu den allg. Verwaltungs- oder den Vertriebskosten gehören; ferner Stücklizenzen. HK sind abgrenzbare **fertigungsbezogene Vorbereitungskosten**, auch wenn sie sich noch nicht körperlich materialisieren, wie solche für die Planung eines neuen Gebäudes.

77 **Gemeinkosten** (**§ 255 Abs. 2 S. 2 und 3 HGB**) sind ihrer Art nach HK; sie sind ebenso wie die Fertigungs- und Materialeinzelkosten Aufwendungen für Güter, Leistungen und Dienste, die durch den Herstellungsvorgang veranlasst sind. Notwendige **Material- und Fertigungsgemeinkosten** entstehen (s. **R 6.3 Abs. 2 EStR**) durch Lagerhaltung, Transport und Prüfung des Fertigungsmaterials, Vorbereitung und Kontrolle der Fertigung, Gehälter und Hilfslöhne, soweit nicht bereits Fertigungseinzelkosten, Betriebsleitung, Werkzeuglager, Raumkosten, Sachversicherungen, Unfallstationen und Unfallverhütungseinrichtungen der Fertigungsstätten, Lohnbüro, soweit in ihm die Löhne und Gehälter der in der Fertigung tätigen ArbN abgerechnet werden. Wertminderungen kann oder muss durch den Ansatz des niedrigeren Werts bzw. des niedrigeren TW (Abs. 1 Nr. 2 S. 2) Rechnung getragen werden. Zu den Fertigungsgemeinkosten zählen auch Hilfs- und Betriebsstoffe, soweit sie im Fertigungsbereich anfallen. Zu Überbewertungen kommt es durch die Einbeziehung der Gemeinkosten in die HK nicht, denn zu ihnen gehören nur **angemessene Teile der notwendigen Material- und Fertigungsgemeinkosten**;[4] die Zurechnung muss „vernünftigen betriebswirtschaftlichen Kriterien“ entsprechen.[5] Für einzelne Aufwendungen, bei denen aus betriebswirtschaftlicher Sicht die Zugehörigkeit zu den Fertigungsgemeinkosten zweifelh. ist, kann eine Aktivierungspflicht entfallen.[6] Eine willkürliche, nur nach Verträglichkeit ausgerichtete Zurechnung ist dadurch ausgeschlossen.[7]

78 Als **Wertverzehr des AV**, soweit er der Fertigung der Erzeugnisse dient (§ 255 Abs. 2 S. 2 HGB),[8] ist der Betrag in die HK einzubeziehen, der bei der Bilanzierung des Anlagevermögens als AfA berücksichtigt ist. R 6.3 Abs. 4 EStR befasst sich mit Einzelfragen bei Inanspruchnahme degressiver AfA, v. Bewertungsfreiheiten, Sonderabschreibungen und erhöhten Absetzungen. Die FinVerw. gewährt dem StPfl. ein Wahlrecht. Er kann entweder die tatsächliche (degressive) AfA oder die lineare AfA (für die ganze Nutzungsdauer) ansetzen. Im Schrifttum ist str., ob steuerrechtl. zwingend die lineare AfA anzusetzen ist, auch wenn das WG des AV gem. § 7 Abs. 2 und 5 degressiv abgeschrieben wird.[9] Eine Beschränkung auf die lineare AfA überzeugt nicht. Sie findet im Wortlaut des § 255 Abs. 2 S. 2 HGB keine Stütze. Auch handelsrechtl. sind beide AfA-Methoden grds. zulässig, es ist gem. § 253 Abs. 3 S. 1 nur eine „planmäßige“ AfA vorzunehmen.[10] Teilwertabschreibungen auf das AV sind bei der Berechnung der HK der Erzeugnisse nicht zu berücksichtigen. Nur der planmäßige Wertverzehr wird erfasst (s. R 6.3 Abs. 4 S. 5, 6 EStR).[11]

79 Nach **§ 255 Abs. 2 S. 3 HGB** ist der Kaufmann nicht verpflichtet, sondern berechtigt, angemessene Teile der Kosten der allgemeinen Verwaltung sowie angemessene Aufwendungen für soziale Einrichtungen des

1 BFH v. 26.2.1975 – I R 72/73, BStBl. II 1976, 13; v. 2.2.1990 – III R 126/85, BStBl. II 1990, 593 – sog. Peelumhüllung v. Einmalkanülen als Außenverpackung; v. 28.8.1987 – III R 88/82, BStBl. II 1987, 789 – Cellophanumhüllung einer Tonbandkassette.

2 BFH v. 13.9.1989 – II R 1/87, BStBl. II 1990, 47; zweifelh.

3 BFH v. 23.9.1969 – I R 22/66, BStBl. II 1970, 104.

4 R 6.3 Abs. 1 EStR.

5 BFH v. 21.10.1993 – IV R 87/92, BStBl. II 1994, 176 = FR 1994, 118.

6 BFH v. 21.10.1993 – IV R 87/92, BStBl. II 1994, 176 = FR 1994, 118; in Bezug genommene Ausnahme: BFH v. 5.8.1958 – I 70/57 U, BStBl. III 1958, 392 zur GewSt auf den Gewerbeertrag; hiergegen *Mathiak*, DStJG 7 (1984), 97 (113 ff.).

7 BFH v. 21.10.1993 – IV R 87/92, BStBl. II 1994, 176 = FR 1994, 118.

8 BFH v. 20.5.1988 – III R 31/84, BStBl. II 1988, 961 = FR 1988, 682.

9 *Blümich*, § 6 Rn. 486 mwN.

10 *BeBiKo*[9], § 253 HGB Rn. 238, 242.

11 *Blümich*, § 6 Rn. 486.

Betriebes, für freiwillige soziale Leistungen und für die betriebliche Altersversorgung bei der Berechnung der HK einzubeziehen, soweit diese auf den Zeitraum der Herstellung entfallen (sog. **Einbeziehungswahlrecht**). Hierzu gehören die Kosten der nicht unmittelbar produktionsbedingten **Verwaltung** (zB Aufwendungen für die Geschäftsleitung, den Betriebsrat, Einkauf und Wareneingang, das Nachrichten-, Rechnungs- und Ausbildungswesen, AfA auf die Geschäftsausstattung), die Kosten für Feuerwehr, Werkschutz, für die die Kantine und für Freizeitgestaltung der ArbN und für betriebliche Sozial- und Altersvorsorgeleistungen (zB DirektVers., Zuführungen zu den Pensionsrückstellungen – ausf. Aufzählung in R 6.3 Abs. 3 EStR). Nach neuerer Auffassung des BMF[1] besteht trotz handelsrechtl. Wahlrechts steuerrechtl. eine Aktivierungspflicht, weil die in § 255 Abs. 2 S. 3 HGB aufgeführten Kosten „ihrer Art nach" HK sind und deshalb der steuerrechtl. Bewertungsvorbehalt des § 5 Abs. 6 gilt. Dies entspricht der früheren Rspr. des BFH[2] zu Fertigungs- und Materialgemeinkosten und ist in R 6.3 Abs. 1 EStR 2012 eingeflossen. Das BMF hatte es aber nicht beanstandet, wenn bis zur Verifizierung des damit verbundenen Erfüllungsaufwands, spätestens aber bis zu Neufassung der EStR das handelsrechtl. Wahlrecht auch für die StB ausgeübt wird.[3] Im Schrifttum und in der Praxis wurde diese neue Verwaltungsauffassung indes überwiegend wg. der praktischen Umsetzungsprobleme kritisiert.[4]

Der Gesetzgeber hat auf diese Kritik reagiert und durch das VerfModG[5] mWv. 23.7.2016 in Abs. 1 **Nr. 1b** eingefügt.[6] Damit wird das handelsrechtl. **Wahlrecht des § 255 Abs. 2 S. 3 HGB** inhaltsgleich auch **für die Steuerbilanz zugelassen**. Bei der Gewinnermittlung nach § 5 ist das Wahlrecht in Übereinstimmung mit der Handelsbilanz auszuüben. Wesentliches Ziel des Gesetzgebers ist eine erhebliche Vereinfachung der Herstellungskostenermittlung, die dadurch eintritt, dass die Verwaltungsgemeinkosten sowie die Aufwendungen für betriebliche soziale Einrichtungen und die betriebliche Altersvorsorge nicht mehr zwingend gesondert ermittelt und durch entspr. Schlüssel den am Bilanzstichtag zu bewertenden Erzeugnissen zugeordnet werden müssen. Er knüpft damit an die frühere langjährige Verwaltungspraxis an.[7] Damit wird eine Rechtsunsicherheit beseitigt, die durch die Verwaltungsanweisungen eingetreten war, und zudem die Maßgeblichkeit der HB (§ 5 Abs. 1 S. 1) in diesem Punkt gesetzlich (wieder) hergestellt. Die Neuregelung ist auf **Wj.** anzuwenden, **die nach dem 23.7.2016 enden**. Sie kann nach § 52 Abs. 12 S. 1 idF des VerfModG auch auf Wj. angewandt werden, die vorher enden, sie entfaltet somit **wahlweise Rückwirkung**. 79a

Fremdkapitalzinsen gehören nicht zu den HK (§ 255 Abs. 3 S. 1 HGB); desgleichen nicht Kosten der Geldbeschaffung und sonstige Finanzierungskosten.[8] Sie „dürfen" handelsrechtl. angesetzt werden und „gelten" dann nach näherer Maßgabe des **§ 255 Abs. 3 S. 2 HGB**, sofern das Fremdkapital zur Finanzierung der Herstellung verwendet wird, als HK, soweit sie auf den Zeitraum der Herstellung entfallen (**Bauzeitzinsen**). Wurden handelsrechtlich zulässig Fremdkapitalzinsen in die HK einbezogen, sind sie gem. § 5 Abs. 1 S. 1 Halbs. 1 auch in der steuerlichen Gewinnermittlung als HK zu beurteilen.[9] Zu Finanzierungskosten im Rahmen eines Bauherrenmodells s. § 21 Rn. 57. 80

Leerkosten iSv. Produktionsaufwand bei nicht ausgenutzter Kapazität bewirken keine Änderung der in die HK einzubeziehenden Fertigungsgemeinkosten, wenn sich Schwankungen in der Auslastung aus der Art der Produkte bzw. der Rohstoffe (Herstellung v. Zucker, Obstsaft, Saisonbetriebe) ergeben.[10] IÜ sind die HK nach der erreichbaren Normalkapazität zu ermitteln. Wird ein Betrieb infolge teilw. Stilllegung oder mangelnder Aufträge nicht voll ausgenutzt, so sind die dadurch verursachten Kosten bei der Berechnung der HK nicht zu berücksichtigen.[11] Der niedrigere TW kann statt der HK angesetzt werden, wenn glaubhaft gemacht wird, dass ein Käufer des Betriebs weniger als den üblichen Aufwand für die Herstellung der Erzeugnisse bezahlen würde.[12] 81

---

1 BMF v. 12.3.2010, BStBl. I 2010, 239 Tz. 8.
2 BFH v. 21.10.1993 – IV R 87/92, BStBl. II 1994, 176 = FR 1994, 118.
3 BMF v. 25.3.2013, BStBl. I 2013, 296.
4 Vgl. *Hiller/Eichholz*, DStZ 2016, 459 (461 ff.); *Schmidt*[37], § 6 Rn. 199 mwN.
5 Gesetz zur Modernisierung des Besteuerungsverfahrens v. 18.7.2016, BGBl. I 2016, 1679 = BStBl. I 2016, 694.
6 S. dazu *Köhler*, StBp. 2018, 165.
7 BT-Drucks. 18/8434, 116; vgl. auch *Schumann*, DStR 2016, 660 (661); *Hiller/Eichholz*, DStZ 2016, 459 (464).
8 BFH v. 24.5.1968 – VI R 6/67, BStBl. II 1968, 574; s. aber für Überschusseinkünfte BFH v. 7.11.1989 – IX R 190/85, BStBl. II 1990, 460 = FR 1990, 365.
9 BFH v. 4.10.1989 – II R 72/86, BStBl. II 1989, 962; v. 19.10.2006 – III R 73/05, BStBl. II 2007, 331; v. 23.5.2012 – IX R 2/12, BStBl. II 2012, 674 = FR 2013, 131; BMF v. 12.3.2010, BStBl. I 2010, 239, Tz. 6; R 6.3 Abs. 5 EStR; **aA** etwa *Blümich*, § 6 Rn. 507 mwN.
10 BFH v. 15.2.1966 – I 103/63, BStBl. III 1966, 468; H 6.3 EStH „Ausnutzung v. Produktionsanlagen".
11 R 6.3 Abs. 7 EStR.
12 Zur Leerkosteneliminierung anstelle einer TW-Bewertung als Gestaltungselement zur Vermeidung einer Wertaufholung s. *Köhler*, DB 2015, 763.

82 Die **Leistung** eines Dritten muss in Anspr. genommen (§ 255 Abs. 2 S. 1 HGB), mithin tatsächlich erbracht werden und **wertbestimmend in das hergestellte WG eingegangen** sein.[1] **Zahlungen ohne Gegenleistung** sind noch keine HK.[2] **Verlorene** – wirtschaftlich verbrauchte – **Vorauszahlungen** an den in Konkurs gegangenen Bauunternehmer für ein Bauvorhaben oder auf nicht geliefertes Material gehören mangels Inanspruchnahme v. Diensten nicht zu den HK. Die Einbeziehung solcher Vorauszahlungen widerspräche dem mit dem Ansatz der HK verfolgten Zweck, die vermögensumschichtend gespeicherten Aufwendungen auf die Nutzungsdauer des hergestellten WG zu verteilen.[3] Der Bauherr kann BA/WK in dem Zeitpunkt abziehen, in dem deutlich wird, dass die Vorauszahlungen ohne Gegenleistung bleiben und eine Rückzahlung nicht zu erlangen ist.[4]

83 **Planungskosten für ein Gebäude** sind Teil der HK.[5] Die Kosten einer früheren, nicht verwirklichten Planung – **vergebliche (Planungs-)Kosten** – gehören grds. zu den HK eines auf demselben Grundstück errichteten Gebäudes.[6] Dies nur dann nicht, wenn es sich bei dem ursprünglich geplanten Gebäude und dem bei dem tatsächlich errichteten Gebäude nach Zweck und Bauart um jeweils völlig verschiedene Bauwerke handelt und wenn daher die erste Planung in keiner Weise der Errichtung des neuen Gebäudes dient, wie zB bei der Errichtung eines Fabrikgebäudes anstelle eines ursprünglich geplanten Wohngebäudes.[7] Bei gleichem Zweck und bei gleicher Bauart des ursprünglich geplanten und des später errichteten Bauwerks sollen grds. auch die Kosten der ursprünglichen Planung wertbestimmend in das neue Gebäude eingehen.[8] Verlorene Zahlungen auf nicht gelieferte Materialien sind keine HK. Bei den Einkünften aus VuV sind vergebliche Aufwendungen zur Anschaffung oder Herstellung des abnutzbaren Gebäudes, nicht aber solche zur Anschaffung des Grund und Bodens als WK abziehbar.[9]

84 **HK liegen auch vor bei nicht vertragsgemäßer oder mangelhafter Leistung des Dritten**, unabhängig v. Zahl und Gewicht der Mängel und v. einer tatsächlichen Werterhöhung.[10] HK sind – unabhängig v. einer Werterhöhung des hergestellten WG – auch überflüssige Aufwendungen, Mehraufwendungen infolge überhöhter Preise, sog. Beschleunigungskosten, Folgekosten etwa aufgrund Bauverzögerung, mangelhaften Baugrunds sowie solche zur **Beseitigung v. Baumängeln**, zB das Abtragen und Neuerrichten einzelner Teile des Bauvorhabens;[11] dem ist für den Fall nicht zu folgen, dass ganze Bauteile wieder entfernt werden. Eine AfaA (§ 7 Abs. 1 S. 7, s. § 7 Rn. 66ff.) für Baumängel vor Fertigstellung des WG wird nicht zugelassen;[12] dies stellt einen Verstoß gegen das objektive Nettoprinzip und den Vorsichtsgrundsatz dar. Es besteht die Möglichkeit einer Teilwertabschreibung.

85 Die **Wertobergrenze der HK** ergibt sich aus der Summe der „Pflichtbestandteile" und der – auch steuerrechtl. zulässigen – „Wahlbestandteile". Zu Letzteren gehören die Wahl der AfA-Methode beim zu berücksichtigenden Wertverzehr der WG des AV (Rn. 78) und das Wahlrecht bei der Einbeziehung von Fremdkapitalzinsen (Rn. 80). Nicht zu den HK gehören die Steuern v. Einkommen. Entspr. gilt für die GewSt (§ 4 Abs. 5b). Die VorSt. zählt gem. § 9b Abs. 1 ebenfalls nicht zur den AK/HK, sofern sie bei der USt abgezogen werden kann (zu den Einzelheiten s. § 9b Rn. 5ff.).[13] Bei am Bilanzstichtag noch nicht fertiggestellten WG ist es für die Aktivierung der HK unerheblich, ob die bis zum Bilanzstichtag angefallenen Aufwendungen bereits zur Entstehung eines als Einzelheit greifbaren WG geführt haben.

---

1 BFH v. 4.7.1990 – GrS 1/89, BStBl. II 1990, 830 (835); v. 8.9.1998 – IX R 75/95, BStBl. II 1999, 20 mwN – Honorar für nicht erbrachte Architektenleistungen.
2 BFH v. 4.7.1990 – GrS 1/89, BStBl. II 1990, 830.
3 BFH v. 4.7.1990 – GrS 1/89, BStBl. II 1990, 830 (833).
4 BFH v. 30.8.1994 – IX R 23/92, BStBl. II 1995, 306 = FR 1995, 541; v. 28.6.2002 – IX R 51/01, BStBl. II 2002, 758 = FR 2002, 1323.
5 BFH v. 11.3.1976 – IV R 176/72, BStBl. II 1976, 614; v. 10.7.1986 – IV R 245/84, BFH/NV 1987, 27.
6 BFH v. 29.11.1983 – VIII R 96/81, BStBl. II 1984, 303 = FR 1984, 285; v. 3.11.2005 – IX B 110/05, BFH/NV 2006, 295.
7 BFH v. 2.11.2000 – IX B 95/00, BFH/NV 2001, 592 – Rechtsfrage ist geklärt.
8 BFH v. 9.9.1980 – VIII R 44/78, BStBl. II 1981, 418 = FR 1981, 49; v. 29.11.1983 – VIII R 96/81, BStBl. II 1984, 303 = FR 1984, 285.
9 BFH v. 14.2.1978 – VIII R 9/76, BStBl. II 1978, 455.
10 BFH v. 4.7.1990 – GrS 1/89, BStBl. II 1990, 830 (833); v. 31.3.1992 – IX R 164/87, BStBl. II 1992, 805 = FR 1992, 717 – mangelhafte Bauleistungen.
11 BFH v. 30.8.1994 – IX R 23/92, BStBl. II 1995, 306 = FR 1995, 541 – keine AfaA auf Baumängel vor Fertigstellung des WG; v. 26.1.1999 – IX R 23/95, BFH/NV 1999, 785 – wegen Baumängeln wieder abgerissener Gebäudeteil.
12 BFH v. 30.8.1994 – IX R 23/92, BStBl. II 1995, 306 = FR 1995, 541.
13 BFH v. 27.9.1990 – IX B 268/89, BFH/NV 1991, 297; zur USt nach § 15 Abs. 4 UStG BFH v. 17.3.1992 – IX R 55/90, BStBl. II 1993, 17 = FR 1992, 654.

IV. Teilwert. 1. Rechtsbegriff „Teilwert". Die Rechtsbegriffe „TW" in Abs. 1 Nr. 1 S. 3 und § 10 BewG sind im Wesentlichen inhaltsgleich.[1] Abs. 1 Nr. 1 S. 3 geht der handelsrechtl. Bewertung vor und definiert den Begriff des TW für den Bereich des Ertragsteuerrechts.[2] „TW" ist der Betrag, den ein Erwerber des ganzen Betriebs iRd. Gesamtkaufpreises für das einzelne WG ansetzen würde, wenn er sich in der Lage des StPfl. befunden hätte.[3] Dabei ist davon auszugehen, dass der Erwerber den Betrieb fortführt. Gemeiner Wert (§ 9 Abs. 2 BewG) und TW beziehen sich auf einen bei einer Veräußerung zu erzielenden Preis (Verkehrswert), wobei der TW auf den iRd. Veräußerung eines ganzen Unternehmens erzielbaren Preis abzielt, während der gemeine Wert nicht den wertbeeinflussenden Umstand der Betriebszugehörigkeit des WG berücksichtigt. Dieser Unterschied wirkt sich aber nur bei solchen WG aus, die iRd. lebenden Betriebes einen anderen Wert haben als außerhalb desselben. Der TW ist ein der Einzelbewertung verpflichteter,[4] **aktueller kosten- und preisorientierter Sachwert**, kein – anteiliger – Ertragswert. Denn der Substanzwert des einzelnen WG wird nicht – was idR ohnehin nicht möglich wäre – durch Abspaltung seines Erfolgsbeitrags aus dem im Unternehmenswert kapitalisiert enthaltenen Übergewinn (Geschäftswert) abgeleitet.[5] Obwohl der Erwerb des ganzen Unternehmens und dessen Fortführung unterstellt werden, ist doch der auf diese Weise zu ermittelnde Gesamtkaufpreis nur ein Mittel zu dem Zweck, den Anteil zu errechnen, der auf das in den Erwerb einbezogene WG entfällt.[6] Die Ermittlung des TW stellt der Sache nach eine Schätzung iSv. § 162 AO dar, weil die gesetzliche TW-Definition an einen hypothetischen Sachverhalt anknüpft.[7] Eine Gesamtbewertung des Unternehmens ist nicht nur nicht erforderlich, sondern nicht statthaft.[8] Der Unternehmenswert hat für den TW der vorhandenen WG – mit Ausnahme eines positiven Geschäftswerts – grds. keine Bedeutung.[9] Denn die Legaldefinition des TW basiert auf der **Vermutung**, dass der gedachte Erwerber, der das Unternehmen fortführen will, für das einzelne WG höchstens so viel zahlen würde, als er an Kosten aufwenden müsste, um dieses WG, falls es fehlte, wiederzubeschaffen. Die **Praxis geht v. den Einzel-AK/-HK aus** und korrigiert[10] diese (idR nach oben) unter Berücksichtigung eines möglichen Gesamtkaufpreises.[11] Der TW deckt sich oft, vor allem bei Grundstücken, mit dem Verkehrswert.[12] WG dürfen nicht niedriger als mit dem TW angesetzt werden (§ 5 Abs. 6 iVm. § 6 Abs. 1 Nr. 1 S. 2, Nr. 2 S. 2). 86

Der TW wird ermittelt auf den jeweiligen **Bewertungsstichtag**.[13] Dies ist grds. der Bilanzstichtag. Ausnahmen: Nr. 4 S. 1 – Entnahme, Nr. 5 – Einlage; Nr. 6 – Betriebseröffnung und -einstellung; sowie Nr. 7 – entgeltlicher Erwerb eines Betriebs. Wertaufhellende Umstände sind zu berücksichtigen (Rn. 20). Die Teilwertabschreibung kann nicht auf einen beliebigen Tag zw. zwei Bilanzstichtagen vorgenommen werden.[14] Teilwertsteigerungen, welche die aus den HK/AK abgeleitete Bewertungsobergrenze übersteigen, bleiben in Anbetracht des Realisationsprinzips unberücksichtigt (§ 5 Rn. 47). 87

Als grds. **Substanzwert** kann der TW eines WG durch einen Ertragswert v. 0 Euro nicht unmittelbar beeinflusst werden. Die Ertragsaussichten einzelner WG sind nur ausnahmsweise im TW zu berücksichtigen, wenn sie nicht dem Geschäftswert zugeordnet werden können.[15] Eine Teilwertabschreibung aufgrund einer Fehlmaßnahme ist ungeachtet der Rentabilität des Betriebes zulässig. Der **TW der zwecks Erbringung v. Sozialleistungen errichteten baulichen Anlagen** (Werkswohnungen, Betriebskantinen, Kindergärten für Betriebsangehörige) oder anderen WG (Transportmittel zur Beförderung v. ArbN; Anteil an Unterstützungskassen-GmbH) ist nach denselben Grundsätzen zu ermitteln, obwohl es sich im Allg. um WG handelt, mit 88

1 BFH v. 1.2.1989 – II R 128/85, BStBl. II 1989, 348 – Das BewG berücksichtigt bevorstehende Entwicklungen nur eingeschränkt; zu den Begriffen Teilwert/gemeiner Wert vgl. auch *Hiller*, Ubg 2016, 341.
2 BFH v. 17.8.2017 – IV R 3/14, DStR 2017, 2264, Rn. 20; für § 5a Abs. 4 S. 1 EStG.
3 BFH v. 31.1.1991 – IV R 31/90, BStBl. II 1991, 627 = FR 1991, 526 – „Know-how-Bindung".
4 BFH v. 7.11.1990 – I R 116/86, BStBl. II 1991, 342.
5 BFH v. 12.5.1993 – II R 2/90, BStBl. II 1993, 587.
6 BFH v. 16.7.1968 – GrS 7/67, BStBl. II 1969, 108.
7 Vgl. BFH v. 20.12.2012 – IV B 12/12, BFH/NV 2013, 547; v. 30.1.2014 – X B 63/13, BFH/NV 2014, 689.
8 BFH v. 30.11.1988 – II R 237/83, BStBl. II 1989, 183.
9 BFH v. 6.7.1995 – IV R 30/93, BStBl. II 1995, 831 = FR 1996, 23.
10 BFH v. 16.7.1968 – GrS 7/67, BStBl. II 1969, 108 – TW als „Korrekturwert zu den AK oder HK".
11 BFH v. 30.11.1988 – I R 114/84, BStBl. II 1990, 117 = FR 1989, 167; v. 24.1.1990 – I R 157/85, I R 145/86, BStBl. II 1990, 639.
12 BFH v. 16.12.1981 – I R 131/78, BStBl. II 1982, 320 = FR 1982, 253; v. 8.9.1994 – IV R 16/94, BStBl. II 1995, 309 = FR 1995, 373.
13 BFH v. 9.2.1983 – I R 29/79, BStBl. II 1983, 451 = FR 1983, 331; v. 25.8.1983 – IV R 218/80, BStBl. II 1984, 33 = FR 1984, 72 – Bewertung v. Vorräten mit den möglichen künftigen Veräußerungspreisen.
14 BFH v. 29.7.1997 – VIII R 57/94, BStBl. II 1998, 652 = FR 1998, 62.
15 BFH v. 9.11.1994 – I R 68/92, BStBl. II 1995, 336 = FR 1995, 272 = FR 1995, 410 m. Anm. *Groh* – keine Abzinsung ersteigerter Immobilien.

denen nur ein unterdurchschnittlicher oder gar kein Ertrag erzielt wird.[1] Denn ein gedachter Erwerber des gesamten fortzuführenden Unternehmens würde im Rahmen eines Gesamtkaufpreises zB für aus sozialen Gründen gewährte niedrigverzinsliche oder unverzinsliche Darlehensforderungen an ArbN den Nennwert,[2] die Aufwendungen für eine Betriebskantine oder für Fahrzeuge zur Beförderung v. Betriebsangehörigen vergüten.[3] Eine **Fehlmaßnahme** (Rn. 94) liegt bei derartigen Aufwendungen insbes. vor, wenn Einrichtungen geschaffen werden, die v. den ArbN nicht angenommen werden.[4] Bei der Bewertung v. Grundstücken ist eine isoliert zinsorientierte Betrachtung auch deswegen nicht möglich, weil mit dem Eigentum am Grundstück (im Gegensatz zum Innehaben einer unverzinslichen Forderung) Vorteile verbunden sind, die dessen Zinslosigkeit ausgleichen können. Die **Ertraglosigkeit einer Immobilie** ist ein Faktor der Rentabilität und damit des Geschäftswerts eines Unternehmens,[5] soweit nicht die Grundsätze zur retrograden Ermittlung des Einzelveräußerungspreises anwendbar sind. Die **Ertragsaussichten** einzelner WG sind allerdings ausnahmsweise zu berücksichtigen bei Beteiligungen, Wertpapieren, Mietobjekten und anderen WG, die eine besondere Ertragsaussicht verkörpern, sofern sie nicht dem Geschäftswert zuzurechnen sind.[6]

89 Das Gebot der Einzelbewertung und das **Saldierungsverbot** (Rn. 13 ff.) sind zu beachten. Eine gute **Rentabilität des Betriebs** als Ausdruck des Geschäftswerts erhöht idR nicht die TW der WG. Eine fehlende Rentabilität des Betriebs – es wird keine angemessene Verzinsung des EK erwirtschaftet – rechtfertigt keine Teilwertabschreibung, solange der Betrieb Ertrag bringt.[7] Ein **negativer TW** ist grds. nicht möglich. Ist der Kaufpreis für den Anteil an einer KG durch die ungünstigen Geschäftsaussichten beeinträchtigt, lässt sich hieraus nicht auf einen verminderten TW der WG des BV schließen.[8] Die Ertragskraft eines Unternehmens führt bei der Substanzbewertung nicht zum Ansatz eines positiven oder bei unrentierlichen Betrieben negativen (selbst geschaffenen) Firmenwerts bzw. zu einer Korrektur der TW der einzelnen WG. Dementspr. ist bei **Unrentierlichkeit eines Betriebes** (wenn also kein angemessener Unternehmerlohn und/oder keine angemessene Verzinsung des EK erwirtschaftet werden) ein – einzelnen WG zuzuordnender – Ansatz des niedrigeren TW (sog. Teilwertabschreibung) idR auf den Einzelveräußerungspreis als Untergrenze[9] nur zulässig, wenn das Unternehmen nachhaltig mit erheblichen Verlusten arbeitet und der Unternehmer objektiv nachprüfbare Maßnahmen zur baldigen Stilllegung ergreift.[10]

90 **Nach dem going-concern-Prinzip** ist bei der Bemessung des TW davon auszugehen, dass der Erwerber den Betrieb fortführt (und nicht liquidiert) – (§ 6 Abs. 1 Nr. 2 S. 3 iVm. Nr. 1 S. 3; § 252 Abs. 1 Nr. 2 HGB). Die WG – auch die nichtveräußerlichen – werden nicht mit ihrem Einzelveräußerungspreis oder Liquidationswert, sondern unter Berücksichtigung des wertbestimmenden Einflusses der Betriebszugehörigkeit bewertet. **Die funktionale Bedeutung des WG für den Betrieb bestimmt seinen TW**. Die gesetzliche Annahme einer Veräußerung des Betriebs hat ausschließlich den Zweck, eine Bewertung der WG unter Berücksichtigung ihrer wirtschaftlichen Bedeutung für den lebenden Betrieb zu gewährleisten. Maßgebend sind die **betriebsindividuellen Markt- und Nutzungsverhältnisse**. Unterbewertungen aus personenbezogenen Gründen sollen verhindert werden.[11] Der Erwerber wird als gleichermaßen unternehmerisch/technisch befähigt angesehen wie der bisherige Betriebsinhaber.[12] Ein WG kann nicht deswegen mit 0 Euro bewertet werden, weil es aus rechtl. oder tatsächlichen Gründen nicht einzeln übertragbar ist.

91 Der TW wird auf der Grundlage einer Reihe v. hypothetischen Annahmen **geschätzt**. Es ist ein auf die Beurteilung der Marktlage zum Bewertungsstichtag abhebender **objektiver Wert**, der nicht auf der persönlichen Auffassung des StPfl., sondern auf einer allgemeinen Werteinschätzung beruht.[13] IdR kann für den

---

1 RFH RStBl. 1931, 117 – Werkswohnungen; RFH RStBl. 1931, 354 – Verbesserung v. Büroarbeitsplätzen; BFH v. 8.6.1956 – III 105/55 U, BStBl. III 1956, 213 – Zuschuss an Wohnungsbauunternehmen für Werkswohnungen; BFH v. 25.10.1972 – GrS 6/71, BStBl. II 1973, 79 – Anteil an Unterstützungskassen-GmbH.
2 BFH v. 22.1.1991 – VIII R 7/86, BFH/NV 1991, 451.
3 BFH v. 30.11.1988 – I R 114/84, BStBl. II 1990, 117 = FR 1989, 167; v. 24.1.1990 – I R 157/85, I R 145/86, BStBl. II 1990, 639.
4 BFH v. 30.11.1988 – I R 114/84, BStBl. II 1990, 117 = FR 1989, 167.
5 BFH v. 9.11.1994 – I R 68/92, BStBl. II 1995, 336; v. 13.7.1967 – IV 138/63, BStBl. II 1968, 11 – Fabrikgebäude.
6 BFH v. 14.3.1990 – I R 191/85, BFH/NV 1991, 365: für eine Zeitschrift; v. 9.11.1994 – I R 68/92, BStBl. II 1995, 336 = FR 1995, 272 = FR 1995, 410 m. Anm. *Groh*
7 BFH v. 22.3.1973 – IV R 46/69, BStBl. II 1973, 581.
8 BFH v. 6.7.1995 – IV R 30/93, BStBl. II 1995, 831 = FR 1996, 23.
9 BFH v. 6.7.1995 – IV R 30/93, BStBl. II 1995, 831 = FR 1996, 23.
10 BFH v. 25.6.1985 – VIII R 274/81, BFH/NV 1986, 22 – TW-AfA für ein unrentables Fabrikgebäude; v. 16.12.1998 – II R 53/95, BStBl. II 1999, 160 mwN; v. 16.8.2005 – II B 10/04, BFH/NV 2005, 1981; str.
11 BFH v. 16.7.1968 – GrS 7/67, BStBl. II 1969, 108; v. 31.1.1991 – IV R 31/90, BStBl. II 1991, 627 = FR 1991, 526.
12 BFH v. 17.1.1978 – VIII R 31/75, BStBl. II 1978, 335; v. 31.1.1991 – IV R 31/90, BStBl. II 1991, 627 = FR 1991, 526 – Know-how-Bindung v. Umlaufvermögen.
13 BFH v. 7.11.1990 – I R 116/86, BStBl. II 1991, 342; v. 16.12.2015 – IV R 18/12, BStBl. II 2016, 1007 = FR 2016, 805.

TW eines nicht betriebsnotwendigen WG der Verkehrswert angesetzt werden, wenn kein Anhaltspunkt besteht, dass dieser Wert vom TW abweicht. Der TW ist eine bestimmte feste Größe und ist insbes. nicht nach einer Bandbreite zu bestimmen.[1] Ein Fremdvergleich ist zur Bestimmung des TW nicht anzustellen.[2] Die gesetzliche Begriffsbestimmung geht davon aus, dass sich ein Veräußerer und ein (gedachter) Erwerber eines Gesamtbetriebs gegenübertreten und einen Preis aushandeln, in den sowohl der Veräußerer wie der Erwerber ihre – beiderseitigen – **Wertvorstellungen** einbringen und in **kfm. vertretbarem Rahmen** durchsetzen. Hierbei kann auch berücksichtigt werden, was der Veräußerer für das WG fordern könnte.[3] Kfm. Denken gebietet dem Erwerber, dem Veräußerer diejenigen Kosten zu ersetzen, die er selbst bei entspr. Verhalten hätte aufwenden müssen, um das WG herzustellen oder anzuschaffen.[4] Der gedachte Erwerber, der einen üblichen Unternehmensgewinn beansprucht, wird lediglich – als objektiver Bewerter – an die Stelle des jeweiligen StPfl. gesetzt. Aus dieser Sicht kommt auch den eigenen Anteilen einer KapGes. im Hinblick auf ihre Veräußerbarkeit ein realisierbarer Wert zu.[5] In diesem Sinne knüpft der TW an die **Bedingungen eines Beschaffungsmarktes** an, während der gemeine Wert einen (Endverbraucher-)Preis im Blick hat, der auf dem Absatzmarkt – also einschl. der dem WG zukommenden Gewinnchancen – zu erzielen ist.

2. Schätzung (Bezifferung) des Teilwerts. Bei der **Schätzung des TW** (§ 162 AO) kommt dem Ermessen des Kfm. besondere Bedeutung zu, weil er die Verhältnisse seines Betriebs am besten kennt. Seine Schätzung muss jedoch objektiv durch die Verhältnisse des Betriebs gestützt, „schlüssig, wirtschaftlich möglich und vernünftig“[6] sein und darf nicht auf bloßen Vermutungen oder auf einer pessimistischen Beurteilung der künftigen Entwicklung beruhen (Rn. 17).[7] Der in den Grenzen der objektiven Betriebsverhältnisse verfügbare **Ermessensbereich** liegt zw. 92

- dem **gemeinen Wert/Einzelveräußerungspreis**; dies ist der Betrag, der bei der Veräußerung des WG ohne Berücksichtigung seiner Betriebszugehörigkeit zu erzielen wäre; dies ist also praktisch der Verkehrswert des WG. Im Einzelfall kann dieser Wert auch höher sein als die Wiederbeschaffungskosten. Der gemeine Wert (ggf. der Schrott- oder Liquidationswert) abzgl. der Verkaufs- oder Demontagekosten **(Untergrenze)** kommt insbes. in Betracht bei entbehrlichen – dh. für den Betrieb überflüssigen, eine Wiederbeschaffungsabsicht kann nicht unterstellt werden – und/oder jederzeit ersetzbaren WG[8] sowie bei negativem Geschäftswert des Unternehmens;[9]
- und den betriebsspezifischen **Wiederbeschaffungskosten** als **Obergrenze**.[10] Grundlage der Ermittlung ist idR der Börsen- oder Marktpreis bzw. ein betriebsindividueller Einkaufspreis zzgl. Anschaffungsnebenkosten (Beschaffungsmarkt des Unternehmens).[11] Nicht in Anspr. genommene Skonti und bei Berechtigung zum VorSt.-Abzug die USt (§ 9b Abs. 1) bleiben außer Betracht.[12] Bei **selbsterzeugten WG** ist der **Reproduktionswert** anzusetzen (Reproduktionskosten = betriebsindividuelle Vollkosten[13] = Selbstkosten einschl. der Fertigungsgemeinkosten), zzgl. bereits angefallener kalkulatorischer Zusatzkosten (anteiliger Verwaltungs- Lager und Vertriebskosten[14]), die bei einer Neuanschaffung im Preis zu vergüten wären,[15] ohne Berücksichtigung einer Gewinnspanne, die dem gedachten Erwerber verbleiben soll.[16] Muss sich der StPfl. zum Erwerb v. betriebsnotwendigen WG des Anlagevermögens an

1 BFH v. 19.8.2009 – III R 79/07, BFH/NV 2010, 610; v. 9.1.2013 – IV B 8/12, BFH/NV 2013, 551; v. 16.12.2015 – IV R 18/12, BStBl. II 2016, 1007 = FR 2016, 805.
2 BFH v. 20.12.2012 – IV B 12/12, BFH/NV 2013, 547; v. 30.1.2014 – X B 63/13, BFH/NV 2014, 689.
3 BFH v. 13.7.1967 – IV 138/63, BStBl. II 1968, 11; v. 6.12.1995 – I R 51/95, BStBl. II 1998, 781 = FR 1996, 291.
4 BFH v. 29.4.1999 – IV R 14/98, BStBl. II 1999, 681 (683) = FR 1999, 1064 m. Anm. *Weber-Grellet* – Verlustprodukte.
5 BFH v. 6.12.1995 – I R 51/95, BStBl. II 1998, 781 = FR 1996, 291.
6 BFH v. 26.10.1995 – I B 20/95, BFH/NV 1996, 378 mwN.
7 BFH v. 7.5.1998 – IV R 24/97, BFH/NV 1998, 1471 mwN; vgl. auch BFH v. 20.8.2003 – I R 49/02, BStBl. II 2003, 941 = FR 2004, 39.
8 BFH v. 5.10.1972 – IV R 118/70, BStBl. II 1973, 207.
9 BFH v. 2.3.1973 – III R 88/69, BStBl. II 1973, 475 – Liquidations- bzw. Schrottwert.
10 BFH v. 19.5.1998 – I R 54/97, BStBl. II 1999, 277 = FR 1998, 881.
11 BFH v. 8.9.1994 – IV R 16/94, BStBl. II 1995, 309 = FR 1995, 373.
12 BFH v. 27.2.1991 – I R 176/84, BStBl. II 1991, 456 = FR 1991, 298 m. Anm. *Schmidt*.
13 BFH v. 19.5.1972 – III R 21/71, BStBl. II 1972, 748 – nicht nur die in der Steuerbilanz aktivierungspflichtigen HK.
14 BFH v. 17.5.1974 – III R 50/73, BStBl. II 1974, 508; v. 4.10.1989 – II R 72/86, BStBl. II 1989, 962 – ohne Bauzeitzinsen.
15 BFH v. 30.1.1980 – I R 89/79, BStBl. II 1980, 327 = FR 1980, 296; zum Reproduktionswert bei nachhaltig gesunkenen Kosten BFH v. 9.9.1986 – VIII R 20/85, BFH/NV 1987, 442.
16 BFH v. 17.5.1974 – III R 50/73, BStBl. II 1974, 508; v. 30.1.1980 – I R 89/79, BStBl. II 1980, 327 = FR 1980, 296 – HK zzgl. Verwaltungsgemeinkosten und Vertriebskosten; v. 27.10.1983 – IV R 143/80, BStBl. II 1984, 35 = FR 1984, 228.

den allg. Beschaffungsmarkt wenden, decken sich Einzelveräußerungspreis und Wiederbeschaffungskosten.

Im Falle v. betriebsnotwendigen WG würde sich ein Betriebserwerber an den Wiederbeschaffungskosten einschl. Anschaffungsnebenkosten[1] orientieren.[2] Der **Einzelveräußerungspreis** ist insbes. für entbehrliche[3] (vgl. § 252 Abs. 1 Nr. 2 HS 2 HGB) oder jederzeit ersetzbare WG maßgebend. Mit diesem Wert ist ein WG, das technisch oder wirtschaftlich verbraucht ist, anzusetzen.[4] Der Einzelveräußerungspreis kann sich mit den Wiederbeschaffungskosten decken, insbes. wenn ein ausreichender Markt für das WG besteht; er kann im Einzelfall auch über den Wiederbeschaffungskosten liegen.[5] Niedrigster Wert ist der **Material- oder Schrottwert eines WG**[6] unter Berücksichtigung v. Abbruch- und Entsorgungskosten.

93 Der TW v. zum Verkauf bestimmten **WG des Vorratsvermögens**[7] (Handelsware sowie Roh-, Hilfs- und Betriebsstoffe), deren Einkaufspreis am Bilanzstichtag nachhaltig[8] unter die historischen AK/HK – ggf. abzgl. AfA nach § 7 – gesunken ist, ist idR mit den **Wiederbeschaffungskosten** am Beschaffungsmarkt des Unternehmens (unter Berücksichtigung v. Anschaffungsnebenkosten[9] grds. ohne USt (§ 9b Abs. 1) am Stichtag[10] zu bemessen, bei hergestellten WG mit den Wiederherstellungskosten (Reproduktionskosten) als Obergrenze des TW. Dies gilt bei zum Absatz bestimmten WG auch, wenn mit einem entspr. Rückgang der Verkaufspreise nicht gerechnet zu werden braucht. Sinken die Wiederbeschaffungskosten nachhaltig, sinkt auch der TW.[11] Deckt der aus der Sicht der Verhältnisse des Bewertungsstichtags für den Zeitpunkt der voraussichtlichen Veräußerung zu schätzende[12] **Veräußerungserlös** insbes. v. WG des UV nicht mehr die kalkulatorischen Verkaufspreise – dh. die Selbstkosten der Waren zzgl. eines durchschnittlichen Unternehmergewinns, den der StPfl. in seinem Betrieb für derartige WG erzielt[13] – so sind die AK um den Fehlbetrag zu mindern.[14] Als TW ist der Betrag anzusetzen, der v. dem voraussichtlich erzielbaren Veräußerungserlös nach Abzug des durchschnittlichen Unternehmergewinns und des nach dem Bilanzstichtag noch anfallenden betrieblichen Aufwands verbleibt.[15] Dies ist eine **Verlustantizipation** aus voraussichtlich niedrigeren Verkaufspreisen.[16] Nach der sog. **retrograden Methode** zur Ermittlung des TW, die im Rahmen eines schwebenden Absatzgeschäfts anzuwenden ist und die wie die Verlustrückstellung davon ausgeht, dass der kalkulierte oder vereinbarte Preis die Selbstkosten für das hergestellte oder herzustellende WG nicht mehr deckt, ist v. einem gesunkenen TW auszugehen, wenn am Bilanzstichtag der vereinbarte Werklohn niedriger als die Summe der nach dem Bilanzstichtag bis zur Fertigstellung noch anfallenden Selbstkosten zuzüglich eines durchschnittlichen Unternehmerlohns ist.[17] Sind Vorräte nicht zum Absatz bestimmt, sind sie mit ihren HK zu aktivieren.[18] Bei WG des Vorratsvermögens, für die ein Börsen- oder Marktpreis besteht, darf dieser grds. nicht überschritten werden; der Wertansatz darf jedoch die AK/HK nicht übersteigen.[19]

1 BFH v. 8.9.1994 – IV R 16/94, BStBl. II 1995, 309 = FR 1995, 373; s. aber BFH v. 20.3.1997 – IV B 48/95, BFH/NV 1997, 563 – zweifelh.
2 BFH v. 25.8.1983 – IV R 218/80, BStBl. II 1984, 33 = FR 1984, 72 mwN.
3 BFH v. 6.7.1995 – IV R 30/93, BStBl. II 1995, 831 = FR 1996, 23.
4 BFH v. 7.12.1978 – I R 142/76, BStBl. II 1979, 729 – zum Abbruch bestimmtes Gebäude.
5 BFH v. 25.8.1983 – IV R 218/80, BStBl. II 1984, 33 = FR 1984, 72; v. 18.4.1991 – IV R 7/89, BStBl. II 1991, 833.
6 BFH v. 2.3.1973 – III R 88/69, BStBl. II 1973, 475.
7 Ausf. R 6.8 EStH – niedrigerer TW; H 6.8 EStH – Minderung des Werts durch Lagerung uÄ.
8 BFH v. 29.7.1965 – IV 164/63 U, BStBl. III 1965, 648.
9 BFH v. 8.9.1994 – IV R 16/94, BStBl. II 1995, 309 = FR 1995, 373; s. aber BFH v. 20.3.1997 – IV B 48/95, BFH/NV 1997, 563 – ernstlich zweifelh.
10 BFH v. 27.2.1991 – I R 176/84, BStBl. II 1991, 456 = FR 1991, 298 m. Anm. *Schmidt* – noch nicht beanspruchter Skonto.
11 BFH v. 13.10.1976 – I R 79/74, BStBl. II 1977, 540.
12 BFH v. 9.11.1994 – I R 68/92, BStBl. II 1995, 336 = FR 1995, 272 = FR 1995, 410 m. Anm. *Groh* mwN, auch zu Ausnahmen.
13 BFH v. 9.11.1994 – I R 68/92, BStBl. II 1995, 336 = FR 1995, 272 = FR 1995, 410 m. Anm. *Groh* mwN.
14 BFH v. 29.4.1999 – IV R 14/98, BStBl. II 1999, 681 = FR 1999, 1064 m. Anm. *Weber-Grellet* – auch ohne Preisherabsetzung (zweifelh.).
15 BFH v. 27.10.1983 – IV R 143/80, BStBl. II 1984, 35 = FR 1984, 228 – Schema einer vereinfachenden Schätzung; v. 5.6.1985 – I R 65/82, BFH/NV 1986, 204; R 6.8 Abs. 2 S. 3 ff. EStR mit näheren Einzelheiten, Rechenformel und Rechenbeispiel.
16 BFH v. 9.11.1994 – I R 68/92, BStBl. II 1995, 336 = FR 1995, 272 = FR 1995, 410 m. Anm. *Groh*.
17 BFH v. 25.7.2000 – VIII R 35/97, BStBl. II 2001, 566 = FR 2001, 142 m. Anm. *Weber-Grellet*; v. 7.9.2005 – VIII R 1/03, BStBl. II 2006, 298 = FR 2006, 227; v. 25.11.2004 – X R 28/05, nv.
18 BFH v. 30.1.1980 – I R 89/79, BStBl. II 1980, 327 = FR 1980, 296 – unverkäufliche Ärztemuster; R 6.8 Abs. 2 S. 2 EStR.
19 R 6.8 Abs. 2 S. 11 EStR; vgl. BFH v. 22.7.1988 – III R 175/85, BStBl. II 1988, 995 = FR 1989, 105.

(Nur) bei einer Fehlmaßnahme[1] ist v. vornherein **ein unter den AK/HK liegender Wert möglich.** Sie liegt vor, wenn der wirtschaftliche Nutzen einer Investition, aber auch der einer Anschaffung/Herstellung v. UV infolge unbewusster oder irrtümlicher Einschätzung[2] insbes. über wertbildende Faktoren (versteckte Mängel eines WG, auch: Möglichkeiten, Umsätze oder Gewinne zu erzielen) bei objektiver Betrachtung v. vornherein deutlich hinter dem für den Erwerb getätigten Aufwand zurückbleibt und demgemäß dieser Aufwand so unwirtschaftlich war, dass ein gedachter Erwerber des gesamten Betriebs ihn im Kaufpreis nicht (voll) entgelten würde.[3] Bewusst überhöhte bzw. erzwungene Aufwendungen begründen keine Fehlmaßnahme, wenn der Erwerber des Betriebs sich insbes. wegen der besonderen Beziehung des WG zum Betrieb mutmaßlich v. den gleichen kfm. Erwägungen leiten lassen würde.[4] Hier kommt eine spätere Teilwertabschreibung in Betracht, wenn sich der durch den Mehrpreis erzielte Vorteil erschöpft hat. Ein Überpreis nimmt allerdings nur in dem Verhältnis an der Teilwertabschreibung teil, das dem ggü. dem Anschaffungszeitpunkt gesunkenen Vergleichswert entspricht.[5] Eine Teilwertabschreibung scheidet aber aus, wenn bewusst aus betriebsfremden, rein persönlichen Überlegungen ein überhöhter Preis für ein WG bezahlt worden ist.[6] Anlaufverluste (s. auch Rn. 133) sind kein Indiz für eine Fehlmaßnahme.[7] Eine Teilwertabschreibung ist auch zulässig, wenn zw. dem Zeitpunkt der Anschaffung oder Herstellung und dem maßgeblichen Bilanzstichtag Umstände eingetreten sind, die die Anschaffung oder Herstellung des WG im Nachhinein zur Fehlmaßnahme werden lassen.[8] Daneben kann sich der StPfl. darauf berufen, dass der TW aufgrund anderer Umstände gemindert ist. 94

Beispiele für Fehlmaßnahmen: Erwerb einer Maschine die **v. Anfang an** mit erheblichen technischen Mängeln behaftet ist und deshalb nicht oder nur zeitweise funktionsfähig ist, sofern diese Mängel v. Veräußerer nicht alsbald behoben werden können; Erwerb einer Produktionsanlage zur Herstellung einer bestimmten Ware (etwa eines Medikaments), wenn **nachträglich** der Vertrieb der Ware gesetzlich verboten wird und die Produktionsanlage auch anderweitig nicht nutzbar ist; Anschaffung oder Herstellung einer Maschine, die nach den betrieblichen Verhältnissen erheblich und dauerhaft **überdimensioniert** ist.[9] Infolge Eintritts nicht vorhersehbarer Umstände kann sich eine nachträgliche Fehlmaßnahme ergeben, zB wenn sich der Erwerber beim Erwerb über wertbestimmende Faktoren geirrt hat.[10] Bewusste Fehlmaßnahmen außerhalb des Bereichs des Privaten sind selten, da der Kfm. mit seinem Aufwand zumeist kompensatorische betriebliche Vorteile anstrebt; eine diesbezügliche Fehleinschätzung ist freilich zu berücksichtigen.[11] Eine Abschreibung wegen einer Fehlmaßnahme kommt nicht in Betracht, wenn mit dem WG nicht die erwarteten Erträge erzielt werden[12] sowie wenn und soweit sich der Wert des WG bis zum Stichtag erhöht hat.

Einstweilen frei. 95

Für **Verlustprodukte**[13] – WG, die zu einem Preis unter den HK/AK verkauft oder wie als unverkäuflich gekennzeichnete Ärztemuster[14] vor allem zu dem Zweck verschenkt werden, um andere Produkte mit Gewinn absetzen zu können – würde auch ein fiktiver Erwerber des Betriebes den Wiederbeschaffungs- oder Reproduktionswert zahlen. Dies jedenfalls dann, wenn das Unternehmen Gewinne erzielt und die Abgabe v. Artikeln zu nicht kostendeckenden Preisen branchenüblich ist.[15] Ihr Wert ist, ohne dass dies gegen den Grundsatz der Einzelbewertung verstieße, zu kompensieren mit den beabsichtigten, nicht notwendigerweise 96

---

1 BFH v. 25.10.1972 – GrS 6/71, BStBl. II 1973, 79: „Fehlmaßnahme oder eine Fehlkalkulation"; v. 23.7.2010 – IV B 12/09, BFH/NV 2010, 2063: keine Fehlmaßnahme bei überhöhtem Kaufpreis; FG Bdbg. v. 23.2.2010 – 1 K 2104/06 B, EFG 2010, 112 – Fehlmaßnahme bei Anschaffung v. Grundstücken.

2 BFH v. 25.10.1972 – GrS 6/71, BStBl. II 1973, 79 – Irrtum und keine „rein persönlichen Überlegungen der Lebensführung"; v. 13.3.1991 – I R 83/89, BStBl. II 1991, 595 = FR 1991, 358.

3 BFH v. 13.3.1991 – I R 83/89, BStBl. II 1991, 595 = FR 1991, 358; v. 29.8.2001 – XI R 26/99, BFH/NV 2002, 625 – keine Teilwertabschreibung auf rentable Betriebshalle.

4 BFH v. 21.3.1995 – IV B 95/94, BFH/NV 1996, 211; v. 4.3.1998 – X R 151/94, BFH/NV 1998, 1086.

5 BFH v. 2.2.2002 – IV R 87/99, BStBl. II 2002, 294 = FR 2002, 626; v. 21.9.2016 – X R 58/14, BFH/NV 2017, 275 Rn. 52.

6 BFH v. 12.8.1998 – IV B 4/98, BFH/NV 1999, 305.

7 BFH v. 2.11.1994 – I B 84/94, BFH/NV 1995, 790.

8 BFH v. 17.9.1987 – III R 201–202/84, BStBl. II 1988, 488 = FR 1988, 225.

9 BFH v. 17.9.1987 – III R 201–202/84, BStBl. II 1988, 488 = FR 1988, 225; v. 17.11.1987 – VIII R 348/82, BStBl. II 1988, 430 = FR 1988, 223 – Bestellung eines Öltankers kurz vor der Ölkrise.

10 BFH v. 17.9.1987 – III R 201–202/84, BStBl. II 1988, 488 = FR 1988, 225 mwN – nachträglich eingetretene Überdimensionierung; v. 20.5.1988 – III R 151/86, BStBl. II 1989, 269 = FR 1988, 528; v. 27.7.1988 – I R 104/84, BStBl. II 1989, 274 – nachträgliche Verluste aus Beteiligung; v. 13.3.1991 – I R 83/89, BStBl. II 1991, 595 = FR 1991, 358.

11 BFH v. 13.10.1976 – I R 79/74, BStBl. II 1977, 540.

12 BFH v. 11.7.1961 – I 311/60 S, BStBl. III 1961, 462 – Bürogebäude.

13 BFH v. 29.4.1999 – IV R 14/98, BStBl. II 1999, 681 = FR 1999, 1064 m. Anm. *Weber-Grellet*.

14 BFH v. 30.1.1980 – I R 89/79, BStBl. II 1980, 327 = FR 1980, 296.

15 BFH v. 29.4.1999 – IV R 14/98, BStBl. II 1999, 681 = FR 1999, 1064 m. Anm. *Weber-Grellet*; BMF v. 16.7.2014, BStBl. I 2014, 1162 Rn. 3.

aktivierbaren, den Geschäftswert beeinflussenden Vorteilen,[1] sofern keine Fehlmaßnahme vorliegt. Nach Widerlegung der Vermutung muss der TW des WG unter Berücksichtigung der Teilwertober- und -untergrenzen und des Stichtagsprinzips – im Zweifel in Höhe des Einzelveräußerungspreises – geschätzt werden.

97 **3. Teilwertvermutungen und ihre Widerlegung. Nach Abs. 1 Nr. 1 und 2 ist die Bewertung mit den AK/HK die Regel, die Bewertung mit dem TW die Ausnahme.** Die stets widerlegbaren,[2] für die Bewertung v. Entnahmen nur bedingt verwendbaren[3] **Teilwertvermutungen**[4] beruhen zum einen auf der Erfahrung des Wirtschaftslebens, dass ein Kfm. für den Erwerb eines WG keinen höheren Preis zu zahlen bereit ist, als dieses ihm wert ist. Es besteht – vorbehaltlich des Nachweises einer Fehlmaßnahme (Rn. 94) – eine auf den Zeitpunkt der Anschaffung/Herstellung projizierte Vermutung der Gegenwertigkeit aller Aufwendungen für ein WG. Zugleich wird vermutet, dass ein Betriebserwerber ebenso handeln würde. Grds gilt die Teilwertvermutung auch für spätere Bewertungsstichtage und für **überhöhte**[5] oder **erzwungene Aufwendungen**,[6] es sei denn, diese sind objektiv unnütz oder rein privat veranlasst. Dies gilt auch in dem Fall, dass ein Dritter wegen der besonderen Beziehung des WG zu dem Betrieb und der betrieblichen Situation ebenso gehandelt hätte; hierfür spricht, dass der StPfl. das WG behalten hat.[7] Die Teilwertvermutung gilt grds. auch bei Zahlung eines „Überpreises"; sinken aber die aktuellen Vergleichswerte, so nimmt der Überpreis gleichermaßen an dieser Entwicklung teil.[8] Die Vermutung, dass sich der TW eines WG im Zeitpunkt seiner Anschaffung oder Herstellung mit den tatsächlichen AK oder HK deckt, gilt nicht ohne weiteres auch für zusätzliche AK in Gestalt verdeckter Einlagen.[9] Die bloße Ingebrauchnahme eines neuen WG führt nicht als solche zu einer Minderung des TW. Die jeweiligen konkreten Tatsachen und Umstände für die Annahme einer Wertminderung der Beteiligung unter die AK bzw. nachträglichen AK hat der Steuerpflichtige zunächst darzulegen und ggf. auch zu beweisen.[10] Entsprechendes gilt für die voraussichtliche Dauerhaftigkeit der Wertminderung.

98 Der TW eines neu hergestellten oder angeschafften WG entspricht idR den AK/HK, bei abnutzbaren WG vermindert um die AfA. Diese Teilwertvermutung schließt auch die im Rahmen eines einheitlichen Vertragswerks entstandenen AK ein, denn es ist davon auszugehen, dass jeder Anleger diese Aufwendungen tragen müsste, um sich an dem Anlageobjekt beteiligen zu können.[11] **Für alle Arten v. WG** wird **vermutet**, dass im Zeitpunkt der – auch nachträglichen – Anschaffung/Herstellung (auch: zum zeitlich naheliegenden Bilanzstichtag) ihr TW den AK/HK entspricht, jedenfalls aber nicht niedriger als diese anzusetzen ist,[12] sofern keine Fehlmaßnahme vorliegt oder der Wert des betr. WG unter den seinerzeit gezahlten und aktivierten Betrag gesunken ist bzw. das WG überhaupt nicht mehr vorhanden ist. Dies auch dann, wenn v. dritter S. ein zB ansiedlungspolitisch bedingter Vorzugspreis[13] oder ein Zuschuss gewährt worden ist,[14] es sei denn, die Zuschusspraxis beeinflusst allg. den Marktpreis,[15] oder bei erheblichen, zu unternehmenspolitischen Beschränkungen führenden Verwendungsauflagen,[16] was verneint wird bei **Investitionszulagen** und Investitionszuschüssen.[17] Bei **nichtabnutzbaren WG**, auch bei Darlehensforderun-

1 BFH v. 23.6.1997 – GrS 2/93, BStBl. II 1997, 735 = FR 1997, 678 m. Anm. *Groh* – Drohverlustrückstellungen.
2 BFH v. 27.7.1988 – I R 104/84, BStBl. II 1989, 274; R 6.8 Abs. 2 S. 8 ff. EStR – Bewertung des Vorratsvermögens.
3 BFH v. 12.8.1987 – II R 225/84, BStBl. II 1987, 703.
4 BFH v. 13.10.1976 – I R 79/74, BStBl. II 1977, 540.
5 BFH v. 17.1.1978 – VIII R 31/75, BStBl. II 1978, 335.
6 BFH v. 4.3.1998 – X R 151/94, BFH/NV 1998, 1086 mwN; v. 4.1.1962 – I 22/61 U, BStBl. III 1962, 186 – Überpreis für existenznotwendiges Grundstück; v. 6.12.1978 – I R 33/75, BStBl. II 1979, 259.
7 BFH v. 4.3.1998 – X R 151/94, BFH/NV 1998, 1086; v. 12.8.1998 – IV B 4/98, 99, 305.
8 BFH v. 7.2.2002 – IV R 87/99, BStBl. II 2002, 294 = FR 2002, 626 m. Anm. *Kanzler* – Zahlung eines „Überpreises" wegen der günstigen Lage des Grundstücks; v. 7.2.2002 – IV R 45/01, BFH/NV 2002, 1021; v. 23.7.2010 – IV B 12/09, BFH/NV 2010, 2063; v. 21.9.2016 – X R 58/14, BFH/NV 2017, 275 Rn. 52; H 6.7 EStH.
9 BFH v. 29.7.1997 – VIII R 57/94, BStBl. II 1998, 652 = FR 1998, 62.
10 BFH v. 6.11.2003 – IV R 10/01, BStBl. II 2004, 416 = FR 2004, 597; v. 10.11.2005 – IV R 13/04, BStBl. II 2006, 618 = FR 2006, 319 m. Anm. *Hölzle*.
11 BFH v. 28.6.2001 – IV R 40/97, BStBl. II 2001, 717; v. 14.4.2011 – IV R 50/08, BFH/NV 2011, 1334 – AK eines Containerschiffs.
12 BFH v. 25.10.1972 – GrS 6/71, BStBl. II 1973, 79; v. 4.10.1989 – II R 72/86, BStBl. II 1989, 962 – Berücksichtigung v. Vertriebs- und Finanzierungskosten; v. 30.11.1988 – I R 114/84, BStBl. II 1990, 117 (119) = FR 1989, 167: Die Vermutung bezieht sich nur auf Zeitpunkte kurz nach der Anschaffung des WG.
13 BFH v. 8.9.1994 – IV R 16/94, BStBl. II 1995, 309 = FR 1995, 373.
14 BFH v. 28.1.1998 – II R 48/95, BFH/NV 1998, 1069 mwN; allg. FinMin. NRW v. 14.5.1990, BStBl. I 1990, 221.
15 BFH v. 8.5.1981 – III R 109/76, BStBl. II 1981, 700 – bej. für Schiffbauzuschüsse; v. 8.9.1994 – IV R 16/94, BStBl. II 1995, 309 = FR 1995, 373.
16 BFH v. 8.5.1981 – III R 26/79, BStBl. II 1981, 702 – bej. für Blockheizwerk; v. 14.9.1994 – II R 83/91, BFH/NV 1995, 493 mwN.
17 BFH v. 21.2.1990 – II R 27/87, BStBl. II 1990, 566; v. 19.7.1995 – I R 56/94, BStBl. II 1996, 28 = FR 1996, 106.

gen,[1] ist im Allg. zu vermuten, dass der TW im Zeitpunkt der Anschaffung den AK entspricht und dies im Prinzip auch noch zu späteren Bilanzstichtagen gilt,[2] wenn auch mit im Zeitablauf abnehmender Indizwirkung. Die Untergrenze des TW v. **abnutzbaren WG des Anlagevermögens**, die keinen Marktwert haben, wird in Höhe ihres Buchwerts (AK/HK abzgl. der grds. linearen AfA[3]) angenommen.[4] Sind die Wiederbeschaffungskosten gesunken, sind diese anzusetzen.[5] Hinsichtlich des TW des **UV** (Waren, Vorräte usw.; Rn. 21 f.) wird im Zeitpunkt der Anschaffung oder Herstellung vermutet, dass er mit den AK/HK gleichzusetzen ist und dass er zu späteren Zeitpunkten bei angeschafften WG den Wiederbeschaffungskosten,[6] bei Eigenerzeugnissen den Wiederherstellungskosten (Reproduktionskosten)[7] zum Bewertungsstichtag entspricht.[8] Auch hier kommt es darauf an, ob die WG betriebsnotwendig oder entbehrlich sind. Im ersteren Fall würde ein gedachter Erwerber das WG, sollte es fehlen, selbst anschaffen oder herstellen. Sind die Wiederbeschaffungskosten der Waren nicht gesunken, ist deshalb zu vermuten, dass der TW nicht unter die ursprünglichen AK gesunken ist.[9]

Der StPfl. kann eine nachhaltige (dauernde) Wertabweichung v. relativ und/oder absolut einigem Gewicht darlegen und die **Teilwertvermutung widerlegen**. Die Anforderungen hieran sind je nach Sachlage unterschiedlich.[10] Je größer der zeitliche Abstand zw. Herstellungs-/Anschaffungszeitpunkt und Bilanzstichtag ist, desto schwächer wirkt die Vermutung, desto geringer sind auch die an den Nachweis einer Teilwertminderung zu stellenden Anforderungen. Ggf. muss der StPfl. nach Abs. 1 Nr. 1 S. 2 und 3 die Teilwertvermutung mit substanziierten sowie nachvollziehbaren und leicht nachprüfbaren stichtagsbezogenen Gründen entkräften.[11] Er trägt grds. die **Feststellungslast.**[12] Das FA trägt die Feststellungslast, wenn es teilwerterhöhende Umstände behauptet, die zu einem über die Teilwertvermutung hinausgehenden Wert führen;[13] ferner dann, wenn es um die Höhe einer Entnahme (Abs. 1 Nr. 4) geht. 99

Zur Widerlegung der Teilwertvermutung kann der StPfl. nachweisen, dass die Anschaffung/Herstellung des WG v. Anfang an eine Fehlmaßnahme war oder dass der TW nachträglich unter den Buchwert gesunken ist, wenn vor allem Umstände eingetreten sind, welche die Anschaffung oder Herstellung des WG nachträglich zur Fehlmaßnahme werden lassen. Dazu muss er geeignete betriebsbezogene und für die im Wert geminderten WG auch quantitativ repräsentative Unterlagen vorlegen, aus denen verallgemeinernde Schlussfolgerungen gezogen werden können. Zum Nachweis eines niedrigeren TW v. Warenvorräten ist allerdings grds. – bei Waren, die zu Normalpreisen angeboten werden[14] – eine **tatsächliche Herabsetzung der Verkaufspreise** vorauszusetzen.[15] Hinweise auf die allg. Ertragslage oder geänderte Branchenverhältnisse genügen nicht.[16] Mutmaßlich gesunkene Verkaufspreise v. Waren muss der StPfl. nach seinen betrieblichen Erfahrungen dokumentieren.[17] Pauschale Abschläge wegen **langer Lagerdauer** sind nicht zulässig, solange die Waren zu den ursprünglichen oder erhöhten Preisen angeboten und verkauft werden, es sei denn, dass nach den betrieblichen Gegebenheiten auch ohne bereits erfolgte Preisherabset- 100

1 BFH v. 30.11.1988 – I R 114/84, BStBl. II 1990, 117 = FR 1989, 167.
2 BFH v. 17.2.1993 – I R 48/92, BFH/NV 1994, 455; v. 12.8.1998 – IV B 4/98, BFH/NV 1999, 305; v. 19.5.1998 – I R 54/97, BStBl. II 1999, 277 = FR 1998, 881; v. 16.12.2015 – IV R 18/12, BStBl. II 2016, 1007 = FR 2016, 805.
3 BFH v. 30.11.1988 – II R 237/83, BStBl. II 1989, 183 – degressive AfA nur bei besonderen Gründen; v. 12.5.1993 – II R 2/90, BStBl. II 1993, 587.
4 BFH v. 30.11.1988 – II R 237/83, BStBl. II 1989, 183 – unter Berücksichtigung in Anspr. genommener linearer AfA; v. 13.4.1988 – I R 104/86, BStBl. II 1988, 892 = FR 1988, 476 – zeitliche Abschwächung; zu anderen AfA-Methoden BFH v. 7.11.1990 – I R 116/86, BStBl. II 1991, 342; v. 18.4.1991 – IV R 7/89, BStBl. II 1991, 833; v. 4.3.1998 – X R 151/94, BFH/NV 1998, 1086 mwN.
5 BFH v. 17.1.1978 – VIII R 31/75, BStBl. II 1978, 335.
6 BFH v. 9.11.1994 – I R 68/92, BStBl. II 1995, 336 = FR 1995, 272 = FR 1995, 410 m. Anm. *Groh* mwN.
7 BFH v. 31.1.1991 – IV R 31/90, BStBl. II 1991, 627 = FR 1991, 526.
8 BFH v. 29.4.1999 – IV R 14/98, BStBl. II 1999, 681 = FR 1999, 1064 m. Anm. *Weber-Grellet.*
9 BFH v. 25.8.1983 – IV R 218/80, BStBl. II 1984, 33 = FR 1984, 72 – der Einzelveräußerungspreis kann aber auch über den Wiederbeschaffungskosten liegen; v. 24.2.1994 – IV R 18/92, BStBl. II 1994, 514 = FR 1994, 463.
10 BFH v. 7.11.1990 – I R 116/86, BStBl. II 1991, 342.
11 BFH v. 6.11.1975 – IV R 205/71, BStBl. II 1977, 377.
12 BFH v. 29.4.1999 – IV R 14/98, BStBl. II 1999, 681 = FR 1999, 1064 m. Anm. *Weber-Grellet*; v. 16.12.2015 – IV R 18/12, BStBl. II 2016, 1007 = FR 2016, 805.
13 BFH v. 16.6.1970 – II 95-96/64, BStBl. II 1970, 690.
14 BFH v. 13.10.1976 – I R 79/74, BStBl. II 1977, 540; R 6.7, 6.8 Abs. 2 EStR.
15 BFH v. 24.2.1994 – IV R 18/92, BStBl. II 1994, 514 = FR 1994, 463 mwN; s. aber BFH v. 9.11.1994 – I R 68/92, BStBl. II 1995, 336 = FR 1995, 272 = FR 1995, 410 m. Anm. *Groh* – Sonderfall des Erwerbs v. Grundstücken durch eine Bank zur Vermeidung v. Verlusten aus einem Kreditengagement; v. 29.4.1999 – IV R 14/98, BStBl. II 1999, 681 (682) = FR 1999, 1064 m. Anm. *Weber-Grellet.*
16 BFH v. 7.11.1990 – I R 116/86, BStBl. II 1991, 342.
17 BFH v. 6.11.1975 – IV R 205/71, BStBl. II 1977, 377.

zungen[1] auf eine geminderte oder ganz entfallende Absatzmöglichkeit geschlossen werden kann.[2] Die Lagerdauer kann aber uU Schlüsse auf Veralterung und/oder Qualitätsminderung der Ware und eine deshalb erforderlich werdende Preissenkung oder gar Aussonderung als unverkäuflich zulassen.[3] Eine Einteilung v. **Waren** in **Gängigkeitsklassen**[4] kann zweckmäßig sein. Die später tatsächlich herabgesetzten Preise sind nach Warengruppen getrennt zu dokumentieren, insbes. mittels sog. Minuslisten über die Preisherabsetzungen.[5] Die dem voraussichtlichen Veräußerungserlös zur Teilwertermittlung gegenüberzustellenden **Selbstkosten** umfassen die AK/HK und den Anteil am betrieblichen Aufwand, der auf das zu bewertende WG des UV entfällt, dh. begrifflich die bereits angefallenen und die künftigen Aufwendungen, allerdings ohne die BA, die bereits zum Bilanzstichtag angefallen sind.[6] Die Teilwertvermutung ist auch widerlegt, wenn der Nachweis erbracht wird, dass die Wiederbeschaffungskosten am Bilanzstichtag niedriger als der vermutete TW sind.

101 **4. Niedrigerer Teilwert (Abs. 1 Nr. 1 S. 2, Nr. 2 S. 2); Wertaufholung (Abs. 1 Nr. 1 S. 4, Nr. 2 S. 3).** Nach Abs. 1 Nr. 1 S. 2 (abnutzbare WG des Anlagevermögens) und Nr. 2 S. 2 (andere WG – Grund und Boden, Beteiligungen, UV) „kann" **(Wahlrecht)** der niedrigere TW aufgrund einer **voraussichtlich dauernden Wertminderung** angesetzt werden.[7] Das Wahlrecht besteht nach dem eindeutigen Wortlaut des § 5 Abs. 1 S. 1 in der Fassung des BilMoG auch dann, wenn handelsrechtl. eine außerplanmäßige Abschreibung vorgeschrieben ist (§ 253 Abs. 3 S. 5, 6, Abs. 4 HGB). Der Grundsatz der Maßgeblichkeit der HB wird insoweit durch das eigenständige steuerrechtl. Wahlrecht durchbrochen.[8] Es bedarf für den Nachweis einer voraussichtlich dauernden Wertminderung einer an der Eigenart des – abnutzbaren/nicht abnutzbaren – WG ausgerichteten Prognose.[9] Diese **Prognose** ist stichtagsbezogen **auf den Bilanzstichtag** zu beziehen.[10] Später eintretende Ereignisse wirken wertbegründend. Wertaufhellende Umstände können bis zum gesetzeskonformen Zeitpunkt der Bilanzaufstellung berücksichtigt werden (Rn. 20). Der Begriff der voraussichtlich dauernden Wertminderung ist weder handelsrechtl. noch steuerrechtl. gesetzlich definiert. Er ist steuerrechtl. eigenständig zu beurteilen und liegt vor, wenn der TW eines WG nachhaltig unter den Buchwert gesunken ist. Aufgrund objektiver Anzeichen muss am Bilanzstichtag ernstlich mit einem langfristigen Anhalten der Wertminderung gerechnet werden. Die Minderung des TW darf nicht nur vorübergehend sein.[11] Bei festverzinslichen Wertpapieren, die eine Forderung in Höhe des Nominalwerts der Forderung verbriefen, ist eine Teilwertabschreibung unter ihren Nennwert wegen gesunkener Kurse regelmäßig nicht zulässig, wenn kein Bonitäts- oder Liquiditätsrisiko hinsichtlich der Rückzahlung des Nominalbetrags besteht.

---

1 BFH v. 6.9.1995 – XI R 71/94, BFH/NV 1996, 204.

2 BFH v. 24.2.1994 – IV R 18/92, BStBl. II 1994, 514 = FR 1994, 463 – verneinend für den Handel mit Kfz.-Ersatzteilen.

3 BFH v. 24.2.1994 – IV R 18/92, BStBl. II 1994, 514 = FR 1994, 463 mwN; OFD Düss. StEK EStG § 6 Abs. 1 Ziff. 2 Nr. 17 – Musikalienhandel (Bewertung v. Altbeständen im Einzelhandel mit Musikinstrumenten).

4 BFH v. 5.6.1985 – I R 65/82, BFH/NV 1986, 204 – Lagerdauer in der Bekleidungsbranche; s. auch *Görgen*, DStR 2015, 2250, zu den Grenzen zulässiger TW-Abschreibungen auf Warenvorräte durch Gängigkeitsverfahren.

5 BFH v. 29.4.1965 – IV 262/64 U, BStBl. III 1965, 448; v. 6.11.1975 – IV R 205/71, BStBl. II 1977, 377; v. 12.12.1985 – IV R 329/84, BFH/NV 1986, 470.

6 BFH v. 9.11.1994 – I R 68/92, BStBl. II 1995, 336 = FR 1995, 272 = FR 1995, 410 m. Anm. *Groh* mwN.

7 Zur Teilwertabschreibung auf börsennotierte Aktien BFH v. 26.9.2007 – I R 58/06, BStBl. II 2009, 294 = FR 2008, 473 m. Anm. *Bäuml*; v. 21.9.2011 – I R 89/10, BStBl. II 2014, 612 = FR 2012, 218 m. Anm. *Bäuml* (Festhaltung). Das BMF folgt seit dem TW-Erlass v. 16.7.2014, BStBl. I 2014, 1162 Rn. 15 ff., der BFH-Rspr., wobei die 5 %-Bagatellgrenze nicht immer auf den Erwerbszeitpunkt, sondern bei vorangegangenen TW-Abschreibungen auf den Bilanzansatz am vorangegangenen Bilanzstichtag bezogen wird; zu diesem Erlass s. *Prinz*, DB 2014, 1825. Im neuen TW-Erlass v. 2.9.2016, BStBl. I 2016, 995 Rn. 17, wird daran festgehalten; zu diesem Erlass s. *Förster*, DB 2016, 2257.

8 Ganz hM; s. *Blümich*, § 6 Rn. 561 mwN; *Prinz*, DB 2014, 1825 (1826); BMF v. 12.3.2010, BStBl. I 2010, 329; R 6.8 Abs. 1 S. 5 EStR; *Pfützenreuter*, jurisPR-SteuerR 16/2010 Anm. 1; vor Geltung des BilMoG kam es nach der Rspr. darauf an, ob eine voraussichtlich dauernde Wertminderung besteht, dann war handels- und steuerrechtl. auf den TW abzuschreiben; wenn nicht, war steuerrechtl. ab 1.1.1999 eine TW-AfA nicht mehr zulässig; s. dazu *Blümich*, § 6 Rn. 562 ff. mwN.

9 BFH v. 23.4.2009 – IV R 62/06, BStBl. II 2009, 778 = FR 2009, 1056 m. Anm. *Schlotter* – Fremdwährungsverbindlichkeiten; zu Aktien BFH v. 26.9.2007 – I R 58/06, BStBl. II 2009, 294 = FR 2008, 473 m. Anm. *Bäuml*; v. 21.9.2011 – I R 89/10, BStBl. II 2014, 612 = FR 2012, 218 m. Anm. *Bäuml* (Festhaltung); FG Münster v. 31.8.2010 – 9 K 3466/09 K, G, EFG 2011, 124.

10 BFH v. 6.3.2013 – I R 10/11, BStBl. II 2013, 707 = FR 2014, 24; v. 24.10.2012 – I R 43/11, BStBl. II 2013, 162 = FR 2013, 168 m. Anm. *Bareis*; v. 8.6.2011 – I R 98/10, FR 2011, 1166 = BFH/NV 2011, 1758; v. 26.9.2007 – I R 58/06, BStBl. II 2009, 294 = FR 2008, 473 m. Anm. *Bäuml*; BMF v. 16.7.2014, BStBl. I 2014, 1162 Rn. 6 f.

11 BFH v. 26.9.2007 – I R 58/06, BStBl. II 2009, 294 = FR 2008, 473 m. Anm. *Bäuml*; v. 8.6.2011 – I R 98/10, BStBl. II 2012, 716 = FR 2011, 1166; v. 21.9.2011 – I R 89/10, BStBl. II 2014, 612 = FR 2012, 218 m. Anm. *Bäuml*.

Dies gilt auch dann, wenn die Wertpapiere zum UV gehören.[1] Die Rspr. zur voraussichtlich dauernden Wertminderung v. börsennotierten Wertpapieren[2] ist grds. nicht auf andere WG – zB den Anteil an einer GmbH – zu übertragen.[3] Es kommt bei anderen Beteiligungen auf deren inneren Wert an.[4] Auch bei börsennotierten Wertpapieren können der TW und damit deren voraussichtliche dauernde Wertminderung nicht typisierend nach dem Kurswert bestimmt werden, wenn konkrete Anhaltspunkte dafür bestehen, dass der Börsenpreis den tatsächlichen Anteilswert nicht widerspiegelt. Ein solcher Anhaltspunkt ist etwa ein sog. Paketzuschlag.[5] Eine Übertragung der Rspr. des BFH zu börsennotierten Wertpapieren kommt aber bei börsengehandelten Kryptowährungen, zB dem Bitcoin (Rn. 11a), in Betracht. Das Verbot der Rückstellung für drohende Verluste (§ 5 Abs. 4a) begrenzt eine mögliche Teilwertabschreibung nicht.[6] Das Gesetz will mit dem Erfordernis der voraussichtlich dauernden Wertminderung die Bildung stiller Reserven durch überhöhte oder trotz Wertaufholung beibehaltene Teilwertabschreibungen verhindern. Die Regelungen gelten für **Verbindlichkeiten** kraft der Verweisung in Abs. 1 Nr. 3 hinsichtlich des höheren Wertansatzes und des Wertaufholungsgebots entspr. Wertlose WG des Anlage- und des UV müssen abgeschrieben werden.[7] Der Ansatz des niedrigeren TW (Teilwertabschreibung) ist auf der Aktivseite vorzunehmen (**direkte Methode**). Bei den **Überschusseinkünften** gibt es keine Teilwertabschreibung (vgl. § 6 Abs. 1 Einleitungssatz).[8] Zur Fortführung der AfA nach einer Teilwertabschreibung s. § 7 Rn. 46.

Der Ansatz des niedrigeren TW (Teilwertabschreibung; § 253 Abs. 3 S. 5 HGB: außerplanmäßige Abschreibung) kommt beim Anlage- wie beim UV erst in Betracht, wenn der TW voraussichtlich dauerhaft niedriger ist als der Buchwert. Eine solche Wertminderung liegt bei **abnutzbaren WG des AV** vor, wenn der TW des WG zum Bilanzstichtag mindestens für die objektive, nicht an die individuelle Verbleibensdauer beim StPfl. anknüpfende und grds. nach den amtlichen AfA-Tabellen zu bestimmende halbe Restnutzungsdauer unter dem planmäßigen Restbuchwert liegt.[9] Eine nur vorübergehende Wertminderung reicht für eine Teilwertabschreibung nicht aus; es muss bei einer an der Eigenart des WG ausgerichteten Prognose aus der Sicht des Bilanzstichtags auf Grund objektiver Anzeichen ernstlich mit einem langfristigen Anhalten der Wertminderung zu rechnen sein. Wertminderungen zB aufgrund technischen Fortschritts gelten als dauerhaft. Der jeweilige beizulegende Wert der mittels Einzelbewertung erfassten WG muss an den Bilanzstichtagen während eines erheblichen Teils der weiteren Verweildauer im Unternehmen/Nutzungsdauer unter dem planmäßigen Restbuchwert liegen.[10] Bei der Bestimmung der Voraussehbarkeit nach den Verhältnissen am Bilanzstichtag ist die Eigenart des betr. WG zu berücksichtigen. Die Erzielung eines Verlustes bei der Veräußerung eines WG ist nur dann für die Zulässigkeit einer Teilwertabschreibung v. Bedeutung, wenn dies zugleich eine nachhaltige Wertminderung indiziert.[11] 102

Für **WG des nichtabnutzbaren Anlagevermögens** (zB Grund und Boden) kommt es grds. darauf an, ob die Gründe für eine niedrigere Bewertung voraussichtlich anhalten werden.[12] Aus Sicht des Bilanzstichtags müssen mehr Gründe für ein Andauern der Wertminderung sprechen als dagegen.[13] Bei Grund und Boden gibt es keine allgemeingültigen Fristen für die erforderliche Dauer der Wertminderung; maßgebend ist die Prog- 103

1 BFH v. 8.6.2011 – I R 98/10, FR 2011, 1166 = BFH/NV 2011, 1758; v. 4.2.2014 – I R 53/12, BFH/NV 2014, 1016; v. 18.4.2018 – I R 37/16, BFH/NV 2018, 873 Rn. 14 f.; so auch BMF v. 2.9.2016, BStBl. I 2016, 995 Rn. 21; s. ferner BFH v. 21.9.2011 – I R 89/10, BStBl. II 2014, 612 = FR 2012, 218 m. Anm. *Bäuml* = DStR 2012, 21 betr. TW-Abschreibung auf börsennotierte Aktien im AV bei voraussichtlich dauernder Wertminderung; v. 21.9.2011 – I R 7/11, BFHE 235, 273 = FR 2012, 223 m. Anm. *Bäuml* = BFH/NV 2012, 310 zur TW-Abschreibung auf Investmentanteile im AV.

2 BFH v. 26.9.2007 – I R 58/06, BStBl. II 2009, 294 = FR 2008, 473 m. Anm. *Bäuml*; v. 21.9.2011 – I R 89/10, BStBl. II 2014, 612 = FR 2012, 218 m. Anm. *Bäuml.*

3 BFH v. 8.2.2012 – IV B 13/11, BFH/NV 2012, 963: Für den Anteil an einer GmbH existieren keine Börsenkurse, in die Informationen v. Marktteilnehmern über künftige Risiken und Erfolgsaussichten eines Unternehmens einfließen könnten.

4 BFH v. 7.5.2014 – X R 19/11, BFH/NV 2014, 1736.

5 BFH v. 21.9.2011 – I R 89/10, BStBl. II 2014, 612 = FR 2012, 218 m. Anm. *Bäuml*; v. 16.12.2015 – IV R 18/12, BStBl. II 2016, 1007 = FR 2016, 805.

6 BFH v. 7.9.2005 – VIII R 1/03, BStBl. II 2006, 298 = FR 2006, 227 – verlustfreie Bewertung halbfertiger Bauten.

7 BFH v. 1.12.1950 – IV 302/50 S, BStBl. III 1951, 10.

8 BFH v. 30.8.1994 – IX R 23/92, BStBl. II 1995, 306 = FR 1995, 541 mwN.

9 BFH v. 14.3.2006 – I R 22/05, BStBl. II 2006, 680 = FR 2006, 831 m. Anm. *Kanzler* – Bestätigung des BMF; v. 29.4.2009 – I R 74/08, BStBl. II 2009, 899; v. 9.9.2010 – IV R 38/08, BFH/NV 2011, 423; BMF v. 2.9.2016, BStBl. I. 2016, 995 Rn. 8 ff.

10 Grundlegend BFH v. 27.11.1974 – I R 123/73, BStBl. II 1975, 294.

11 BFH v. 9.9.2010 – IV R 38/08, BFH/NV 2011, 423.

12 BMF v. 2.9.2016, BStBl. I 2016, 995 Rn. 11 ff. mit weiteren Einzelheiten und Beispielen zur Bewertung v. Grund und Boden.

13 BFH v. 23.4.2009 – IV R 62/06, BStBl. II 2009, 778 = FR 2009, 1056 m. Anm. *Schlotter.*

nose zum Bilanzstichtag unter Berücksichtigung des die Wertminderung auslösenden Moments.[1] Im Zweifel ist auch aus Gründen der Vorsicht bei AV v. einer dauernden Wertminderung auszugehen.[2] Ein geminderter Wertansatz ist nicht gerechtfertigt bei einer aus allg. Preisschwankungen herrührenden Wertminderung.[3] Bei Darlehensforderungen ggü. verbundenen Unternehmen beeinflusst der sog. Rückhalt im Konzern die Bewertung nicht.[4] Die Unverzinslichkeit einer im AV gehaltenen Forderung bewirkt zwar eine Minderung des TW, diese ist aber allein deshalb nicht dauerhaft und rechtfertigt keine TW-Abschreibung.[5] Bei börsennotierten Aktien ist Abs. 1 Nr. 2 S. 2 anwendbar, wenn der Börsenwert zum Bilanzstichtag unter die AK gesunken ist und der Kursverlust die Bagatellgrenze von 5 % der Notierung beim Erwerb überschreitet.[6]

104 Bei **WG des UV** ist die Wertminderung voraussichtlich v. Dauer, wenn diese bis zum Zeitpunkt der Bilanzaufstellung oder dem voraussichtlichen Verkaufs- oder Verbrauchszeitraum anhält; zusätzliche Erkenntnisse zB über allg. Marktentwicklungen bis zu diesem Zeitpunkt sind zu berücksichtigen.[7] Die Gründe für die Wertminderung können vielfältig sein; zB Wandlung des modischen Geschmacks, technische Neuerungen, Rückgang des Wiederbeschaffungspreises; das WG kann nicht in der geplanten Weise genutzt werden. „Wertminderungen aus besonderem Anlass" (Katastrophen oder technischer Fortschritt) sind regelmäßig v. Dauer; diese Sachverhalte gehören freilich zum Regelungsbereich der AfaA. Eine Erhöhung des Marktzinses kann den Wert festverzinslicher Wertpapiere ebenso mindern wie ein Absinken des Umrechnungskurses den Wert v. Fremdwährungsforderungen. Bei Fremdwährungsverbindlichkeiten, die eine Restlaufzeit von etwa zehn Jahren haben, begründet ein Kursanstieg allerdings grds. keine dauerhafte TW-Änderung. Die Währungsschwankungen gleichen sich über eine so lange Laufzeit im Regelfall aus.[8] Der StPfl. muss zu jedem Bilanzstichtag die Berechtigung der Beibehaltung des niedrigeren TW nachweisen.[9] Er muss daher ausreichend Vorsorge treffen hinsichtlich Nachweis und **Dokumentation**. Ein Preiseinbruch, der nicht aufgrund konkreter Anhaltspunkte als vorübergehend erscheint, rechtfertigt grds. eine außerplanmäßige Abschreibung oder eine Teilwertabschreibung. Für die Bemessung der weiteren AfA bei Gebäuden s. § 11c Abs. 2 S. 2 EStDV.

105 **Pauschalwertberichtigungen**[10] sowie bei Vorräten Gängigkeitsabschläge wegen schwerer Verkäuflichkeit[11] sind möglich (vgl. auch Abs. 1 Nr. 3a betr. gleichartige Rückstellungen). Die Minderung durch Boni und Skonti ist zu berücksichtigen; beim Vorratsvermögen bleibt die retrograde Wertermittlung weiterhin zulässig.[12]

106 Die nachhaltige Wertminderung muss **kein** – absolut oder relativ – **besonderes Gewicht** haben. Lediglich Bagatellabweichungen rechtfertigen keine Teilwertabschreibung.[13] Der Umfang der Teilwertabschreibung richtet sich nach den Verhältnissen am Stichtag. Soll eine **Teilwertabschreibung** – ggf. nach den Grundsätzen des formellen Bilanzenzusammenhangs – in einem späteren Wj. nachgeholt werden, muss die Wertminderung noch fortbestehen.[14] Bei gegebenem Wahlrecht kann der StPfl. die TW-AfA auf mehrere Jahre verteilen. Werterhöhende Faktoren desselben WG sind saldierend zu berücksichtigen.[15]

---

1 BFH v. 21.9.2016 – X R 58/14, BFH/NV 2017, 275 Rn. 60.
2 BFH v. 9.9.1986 – VIII R 20/85, BFH/NV 1987, 442; *A/D/S*[6], Teilband I § 253 HGB Rn. 425, 472 ff.; *K/W*[4], § 253 Rn. 153 ff.: halbe Restnutzungsdauer oder fünf Jahre.
3 BMF v. 25.2.2000, BStBl. I 2000, 372.
4 BFH v. 24.6.2015 – I R 29/14, BStBl. II 2016, 25. Nach dem BMF-Schr. v. 30.3.2016, BStBl. I 2016, 455, ist dieses Urt. nur insoweit mit einem Nichtanwendungserl. belegt, als der BFH eine Sperrwirkung von DBA-Normen, die inhaltlich Art. 9 Abs. 1 OECD-MA entsprechen, ggü. § 1 AStG angenommen hat. Die aA des BMF zum Rückhalt im Konzern im BMF-Schr. v. 29.3.2011, BStBl. I 2011, 277 Rn. 3, dürfte deshalb überholt sein. Zur TW-Berichtigung von Darlehensforderungen gegen ausländ. verbundene Unternehmen vgl. *Hölscher*, Ubg 2016, 72.
5 BFH v. 24.12.2012 – I R 43/11, BStBl. II 2013, 162 = FR 2013, 168; BMF v. 2.9.2016, BStBl. I 2016, 995 Rn. 15.
6 BFH v. 26.9.2007 – I R 58/06, BStBl. II 2009, 294 = FR 2008, 473 m. Anm. *Bäuml*; v. 21.9.2011 – I R 89/10, BStBl. II 2014, 612 = FR 2012, 218 m. Anm. *Bäuml* (Festhaltung). Das BMF folgt seit dem TW-Erlass v. 16.7.2014, BStBl. I 2014, 1162 Rn. 15 ff., der BFH-Rspr., wobei die 5 %-Bagatellgrenze nicht immer auf den Erwerbszeitpunkt, sondern bei vorangegangenen TW-Abschreibungen auf den Bilanzansatz am vorangegangenen Bilanzstichtag bezogen wird; zu diesem Erlass s. *Prinz*, DB 2014, 1825. Im neuen TW-Erlass v. 2.9.2016, BStBl. I 2016, 995 Rn. 17, wird daran festgehalten; zu diesem Erlass s. *Förster*, DB 2016, 2257.
7 BMF v. 16.7.2014, BStBl. I 2014, 1162 Rn. 22 ff., mit weiteren Einzelheiten und Bsp.
8 BFH v. 23.4.2009 – IV R 62/06, BStBl. II 2009, 778 = FR 2009, 1056 m. Anm. *Schlotter*.
9 BMF v. 16.7.2014, BStBl. I 2014, 1162 Rn. 4.
10 Vgl. EuGH v. 14.9.1999 – Rs. C-275/97, DStR 1999, 1645 – Gewährleistungsverpflichtungen.
11 BFH v. 13.10.1976 – I R 79/74, BStBl. II 1977, 540 – lange Lagerdauer als Anzeichen schwerer Verkäuflichkeit.
12 BT-Drucks. 14/443, 23, 51.
13 BFH v. 21.9.2011 – I R 89/10, BStBl. II 2014, 612 = FR 2012, 218 m. Anm. *Bäuml*: 5 % bei börsennotierten Aktien.
14 BFH v. 13.9.1973 – IV R 5/70, BStBl. II 1973, 846.
15 BFH v. 13.9.1973 – IV R 5/70, BStBl. II 1973, 846 – Geschäftswert.

Es gilt rechtsformunabhängig für alle Unternehmen ein striktes **Wertaufholungsgebot**.[1] Dieses Gebot ist verfassungsgemäß.[2] Die in **§ 6 Abs. 1 Nr. 1 S. 4, Nr. 2, 3** angeordnete allg. und **strikte** stl. **Pflicht zur** auch teilw. **Wertaufholung** (Zuschreibung) (zur AfaA vgl. § 7 Abs. 1 S. 7 HS 2 – dort hat das FA die Feststellungslast, § 7 Rn. 70) verhindert, dass Wertminderungen auch dann noch stl. geltend gemacht werden können, wenn der Grund für sie zwischenzeitlich weggefallen ist. Dies dient der Ermittlung einer „realitätsgerechten" Bemessungsgrundlage. Der Ansatz mit den AK/HK bildet die Regel, die Voraussetzungen für die ausnahmsweise Zulässigkeit einer Teilwertabschreibung müssen jedes Jahr erneut geprüft werden.[3] Der StPfl. trägt schon nach allg. Grundsätzen die Feststellungslast für die Voraussetzungen einer Teilwertabschreibung; er trägt auch die Feststellungslast dafür, dass und in welchem Umfang sie zu nachfolgenden Stichtagen noch beibehalten werden darf. Diese Feststellungslast wird in § 6 Abs. 1 Nr. 1 S. 4 klarstellend normiert. Das **Wertaufholungsgebot** gilt gem. **§ 253 Abs. 5 S. 1 HGB auch in der HB**. Eine Ausnahme besteht insoweit aber für den Geschäfts- oder Firmenwert (§ 253 Abs. 5 S. 2 HGB). Auch das Wertaufholungsgebot ist vom Überschreiten einer Bagatellgrenze abhängig. Dieses Erfordernis ist aus dem bilanzrechtl. Wesentlichkeitsgrundsatz abzuleiten. Bei börsennotierten Wertpapieren ist deshalb eine Wertsteigerung von über 5 % im Vergleich zum letzten Bilanzstichtag erforderlich, um eine Wertaufholung auszulösen.[4] Das Wahlrecht, auch bei einem WG des UV (str.) bei dessen technischer oder wirtschaftlicher Beeinträchtigung eine „Bereinigung des Buchwerts" mittels AfaA vorzunehmen (§ 7 Rn. 66 ff.), bleibt unberührt.[5] Die Abgrenzung zu § 7 Abs. 1 S. 5 (§ 7 Rn. 66 ff.) erlangt zunehmend Bedeutung. § 52 Abs. 16 S. 3 sieht zwecks Sicherung der Liquidität des Unternehmens für die erstmalige Anwendung des Wertaufholungsgebots eine Verteilung der Zuschreibung auf fünf Jahre mittels einer im Erstjahr zu bildenden **Wertaufholungsrücklage** vor. 107

Eine Werterhöhung wird bis zur Bewertungsobergrenze stl. erfasst; dies sind die um die steuerrechtl. zulässigen Abzüge wie planmäßige AfA, Sonderabschreibungen und um die erhöhten AfA geminderten AK/HK oder der an deren Stelle tretende Wert (insbes. der Einlagewert nach Abs. 1 Nr. 5 und der Wert anlässlich einer Betriebseröffnung gem. Abs. 1 Nr. 6, s. auch Rn. 25). Es ist nicht erforderlich, dass die ursprünglichen Gründe der Abschreibung entfallen sind.[6] Die Werterhöhung kann auch auf anderen Umständen beruhen. Nicht auf § 6 zurückgehende Abwertungen müssen nicht rückgängig gemacht werden. Das Wertaufholungsgebot gilt auch, wenn eine vormals voraussichtlich dauernde Wertminderung nur noch als vorübergehend zu werten ist. Das Wertaufholungsgebot kommt allerdings nur insoweit zur Anwendung, als sich das WG noch im gleichen Umfang im BV befindet wie zum Zeitpunkt der Teilwertabschreibung. Dies kann insbes. bei Beteiligungen fraglich werden, zB bei Kapitalherabsetzungen oder Zusammenlegungen von Anteilen. Entscheidend ist dabei darauf abzustellen, ob sich die AK für die betroffenen Anteile ändern.[7] Für die Bemessung der AK einer Beteiligung ist iRd. stl. Wertaufholungsgebotes als Obergrenze auf die historischen AK der Beteiligung und nicht auf den unter Anwendung des sog. Tauschgutachtens fortgeführten Buchwert abzustellen.[8] Einem Ansatz der AK der Beteiligung steht auch nicht entgegen, dass die Wertaufholung auf der Einbringung eines Betriebs in die Beteiligungsges. nach § 20 UmwStG beruht. Die Wertung des § 20 Abs. 4 UmwStG steht dem nicht entgegen.[9] Die dort geregelte Fiktion der AK gilt für den einbringungsgeborenen Neuanteil und berührt nicht die historischen AK des Altanteils. Ob die Letzteren und damit die Wertobergrenze sich durch anteilig mit der Einbringung übergehende neue AK erhöhen, ist fraglich.[10] 108

V. Bewertungsvereinfachung. 1. Festbewertung. Die durch **§ 240 Abs. 3, § 256 S. 2 HGB iVm. § 5 Abs. 1 S. 1 EStG zugelassene (Wahlrecht) Festbewertung**[11] ist eine zum Zwecke der Vereinfachung – ein 109

---

1 S. dazu BMF v. 16.7.2014, BStBl. I 2014, 1162 Rn. 26 ff.; zu den Folgen für die GewSt BFH v. 23.9.2008 – I R 19/08, BStBl. II 2010, 301 = FR 2009, 542 m. Anm. *Wendt*.
2 BFH v. 24.4.2007 – I R 16/06, BStBl. II 2007, 707 = FR 2008, 35; v. 25.2.2010 – IV R 37/07, BStBl. II 2010, 784 = FR 2010, 838 m. Anm. *Kanzler*; v. 21.5.2015 – IV R 15/12, juris.
3 BFH v. 11.7.2012 – I R 50/11, BFH/NV 2013, 40; v. 8.11.2016 – I R 49/15, BStBl. II 2017, 1002 Rn. 16; v. 9.11.2017 – IV R 19/14, BStBl. II 2018, 575 Rn. 29 = FR 2018, 370 m. Anm. *Kanzler*.
4 *Förster*, DB 2016, 2257 (2259); *Prinz*, DB 2014, 1830; **aA** BMF v. 2.9.2016, BStBl. I 2016, 995 Rn. 17.
5 *Glade*, DB 2000, 844, auch zur unterschiedlichen Bewertungssystematik für AfaA und TW; zu den nicht deckungsgleichen Regelungsbereichen und den Unterschieden *Prinz*, DStR 2000, 607 f.
6 BMF v. 16.7.2014, BStBl. I 2014, 1162 Rn. 26.
7 BFH v. 9.11.2017 – IV R 19/14, BStBl. II 2018, 575 Rn. 32 ff. = FR 2018, 370 m. Anm. *Kanzler*.
8 BFH v. 24.4.2007 – I R 16/06, BStBl. II 2007, 707 = FR 2008, 35.
9 BFH v. 8.11.2016 – I R 49/15, BStBl. II 2017, 1002 Rn. 25 ff.; **aA** *Schmidt*[37], § 6 Rn. 377.
10 Der BFH hat diese Frage bislang ausdrücklich offengelassen; vgl. BFH v. 8.11.2016 – I R 49/15, BStBl. II 2017, 1002 Rn. 30.
11 H 6.8 EStH; BMF v. 8.3.1993, BStBl. I 1993, 276; zu (weiteren) Inventur- und Bewertungsvereinfachungsverfahren vgl. *Köhler*, StBp. 2018, 3.

lfd. Bestandsverzeichnis ist nicht zu führen – mit einem konstanten Betrag ausgewiesene Bewertungseinheit (Festmenge) idR einer Vielzahl v. WG. Erfasst werden WG des Sachanlagevermögens sowie Roh-, Hilfs- und Betriebsstoffe. Das Festbewertungsverfahren ist unzulässig für immaterielle WG, Finanzanlagen, unfertige und fertige Erzeugnisse sowie für Handelswaren.[1] Die Festbewertung setzt nach § 240 Abs. 3 S. 1 HGB weiter voraus, dass die WG regelmäßig ersetzt werden und ihr Gesamtwert für das Unternehmen von nachrangiger Bedeutung ist. Ferner darf der Bestand der WG in seiner Größe, seinem Wert und seiner Zusammensetzung nur geringen Veränderungen unterliegen. Dieses Bewertungsverfahren dient nicht dem Ausgleich v. Preisschwankungen oder der Bildung stiller Reserven. Der Festwert tritt an die Stelle der Einzelwerte. Es wird unterstellt, dass die Wertabgänge regelmäßig und in wertgleicher Höhe ersetzt werden. Wird zulässigerweise ein Festwert in der HB gebildet, wird er gem. § 5 Abs. 1 S. 1 grds. der Steuerbilanz einschl. der Gewinnermittlung nach § 4 Abs. 1 zugrunde gelegt.[2] Die Festbewertung ist nicht zulässig, wenn v. vornherein mit erheblichen Wertschwankungen zu rechnen ist; ferner mangels Nachrangigkeit bzw. regelmäßigen Ersatzes bei hochwertigen WG;[3] ferner nicht bei kurzlebigen, über den Bilanzstichtag hinaus nutzbaren WG, wenn deren AK/HK als in vollem Umfang abziehbarer Aufwand zu behandeln wären.[4] Die Zulässigkeit einer Zusammenfassung verschiedenartiger (§ 240 Abs. 3 HGB), jedoch in einem Funktionszusammenhang zueinander stehender WG (gleichartige Nutzung – Beispiel: Büromöbel; Hotelgeschirr) zu Festwerten ist unter maßgeblicher Berücksichtigung des Zwecks der Festwertbildung zu bestimmen, beim Sachanlagevermögen auch unter Berücksichtigung einer im Wesentlichen gleichen Altersstruktur und betriebsgewöhnlichen Nutzungsdauer der WG. Der tatsächliche Wertverzehr wirkt sich dadurch gewinnmindernd aus, dass die AK/HK für die Ersatz-WG, obwohl aktivierungspflichtig, so zu buchen sind, als ob sie BA seien; unterlassene Buchwertminderungen und unterlassene Aktivierungen gleichen sich aus, weil sich als Folge in etwa gleichbleibender Bestände auch die Buchzugänge und Buchabgänge im Wesentlichen saldieren.[5] Reguläre AfA erfolgt nicht, AfaA und Teilwertabschreibung kommen zumeist nicht in Betracht, weil das Festwertverfahren von einem regelmäßigen Ersatz des Bestands ausgeht. § 6 Abs. 2 (Sofortabschreibung bei GWG), § 6b (Übertragung stiller Reserven bei Veräußerung von Anlagegütern), R 6.6 EStR (Übertragung stiller Reserven bei Ersatzbeschaffung) sind nicht anwendbar.[6] Die Bewertungsstetigkeit ist zu beachten. In dem durch R 5.4 Abs. 4 EStR gesetzeskonform vorgesehenen Umfang ist eine körperliche Bestandsaufnahme idR an jedem dritten Bilanzstichtag durchzuführen und eine Wertanpassung vorzunehmen.[7]

110 Bei der **Bildung des Festwerts** sind die AK/HK aller in den jeweiligen Festwert einzubeziehenden WG zu berücksichtigen, für die bei der Einzelbewertung ein Wert anzusetzen wäre. Der Festwert wird beeinflusst durch die altersmäßige Schichtung der einzubeziehenden WG; er beläuft sich idR auf den **Anhaltewert v. 40–50 % der tatsächlichen AK/HK.**[8] Bei Roh-, Hilfs- und Betriebsstoffen ist der Festwert grds. iHd. AK/HK anzusetzen; es gilt das Niederstwertprinzip (Abs. 1 Nr. 2). Bei Erhöhung um mehr als 10 % je Festwert ist der ermittelte Wert als neuer Festwert maßgebend; er wird buchungstechnisch durch Aufstockung um spätere AK/HK ohne planmäßige AfA erreicht. Ein niedriger Wert kann ohne Prozentbegrenzung angesetzt werden. Die lfd. Zugänge zum Festwert werden als Aufwand gebucht. Der Festwert kann bzw. muss (Niederstwertprinzip) dann Gegenstand einer Teilwertabschreibung sein, wenn der Wert des mengenmäßig gleichbleibenden Bestands dauerhaft zum Bilanzstichtag gesunken ist. Bei Beendigung der Festbewertung ist der Festwert auf die Restnutzungsdauer abzuschreiben; für Neuzugänge gilt dann die Einzelbewertung.

111 Das Festwertverfahren kommt ua. bei folgenden WG des **AV** in Betracht: Betriebs- und Geschäftsausstattung; Flaschen und Kästen in der Getränkeindustrie; Fahrzeuge (Elektrokarren); Transport- und Förderanlagen; Gerätschaften (Flaschenzüge, Walzen); technisch aufeinander abgestimmte Gerüst- und Schalungsteile im Baugewerbe (BFH v. 23.3.1972 – V R 139/71, BStBl. II 1972, 683); Kanaldielen; Mess- und Prüfgeräte; Geschäftsausstattung (Zeichengeräte, Ladeneinrichtung); Kleingeräte verschiedener Art; Rechen- und Schreibmaschinen, Personalcomputer; Feuerlöschgeräte; Formen, Walzen, Modelle, Werkzeugbestände; Hotelgeschirr und -wäsche (BFH v. 17.5.1968 – VI R 113/67, BStBl. II 68, 566), Grubeninventar im Bergbau (BMF v. 12.8.1993, BB 1993, 1767); Rebstöcke im Weinbau, Druck- und Prägeformen (BFH v.

---

1 *BeBiKo*[9], § 240 HGB Rn. 82.
2 BFH v. 26.8.1993 – IV R 127/91, BStBl. II 1994, 232 = FR 1994, 221; BMF v. 26.2.1992, DStR 1992, 542.
3 BMF v. 26.2.1992, DStR 1992, 542; BFH v. 20.6.2000 – VIII R 32/98, BStBl. II 2001, 636 = FR 2000, 1348.
4 BFH v. 26.8.1993 – IV R 127/91, BStBl. II 1994, 232 = FR 1994, 221.
5 Ausf. zur verdeckten und schwer durchschaubaren Aufwandsverrechnung BFH v. 23.3.1972 – V R 139/71, BStBl. II 1972, 683.
6 BFH v. 17.3.1982 – I R 144/78, BStBl. II 1982, 545 = FR 1982, 387.
7 Ergänzend BMF v. 26.2.1992, DStR 1992, 542.
8 BMF v. 8.3.1993, BStBl. I 1993, 276, dort auch zu den Voraussetzungen einer ersten Festwertbildung, zur AfA, Nichtanwendung v. AfaA, TW- und Sonderabschreibungen.

2.12.1987 – X R 19/81, BStBl. II 1988, 502). Festwertbildung ua. bei folgenden WG des **UV:** Kleinmaterial; Ersatzteile, Verbrauchsstoffe wie Heizstoffe, Öle, Fette.

2. Gruppen- und Sammelbewertung (Durchschnittsbewertung). Die **Gruppenbewertung (§ 240 Abs. 4, § 256 S. 2 HGB iVm. § 5 Abs. 1 S. 1 EStG)** ist als Vereinfachungsregelung konzipiert; bei Vorhandensein einer geringen Anzahl gleichartiger WG besteht für sie kein Bedarf.[1] Die WG des **Vorratsvermögens** sind grds. einzeln zu bewerten. Insbes. bei WG, die im Verkehr nach Maß, Zahl oder Gewicht bestimmt werden (vertretbare WG), kann das betriebliche Schicksal des einzelnen Gegenstandes zB infolge Vermischung bei der Lagerhaltung und Bearbeitung und/oder wegen Schwankungen der Einstandspreise nicht ohne zumutbaren Aufwand körperlich verfolgt und individualisiert werden. Aus Gründen der Vereinfachung können (das Wahlrecht ist auch steuerrechtl. zugelassen) nach § 240 Abs. 4 HGB iVm. § 256 Abs. 2 HGB ihrer Menge nach durch Inventur festgestellte gleichartige (dies insbes. bei gleicher Warengattung oder bei Funktionsgleichheit) WG des Vorratsvermögens sowie andere **gleichartige** (nicht notwendigerweise gleichwertige) oder annähernd **gleichwertige bewegliche WG** und Schulden (zur pauschalen Wertberichtigung bei Forderungen Rn. 142) jeweils zu einer Gr. zusammengefasst und mit dem **gewogenen Durchschnittswert** angesetzt und bewertet werden, und zwar für den Ansatz mit ihren AK/HK wie mit ihrem TW. Es muss für sie ein – nach den Erfahrungen der betr. Branche sachgerechter – Durchschnittswert bekannt sein.[2] „Annähernd gleichwertig" sind WG, wenn ihre Einzelwerte nur geringfügig – bis 20 % – voneinander abweichen. Macht der StPfl. glaubhaft, dass er idR die zuletzt beschafften WG zuerst verbraucht oder veräußert, so kann dies bei der Ermittlung der AK/HK berücksichtigt werden. Die Gruppenbildung darf nicht gegen die GoB verstoßen. Der BFH hat dies anerkannt.[3] Die **Durchschnittswertmethode** folgt nachstehendem 112

Beispiel:

Anfangsbestand	1 000 kg à 5 Euro	5 000 Euro
Zukauf 1	3 000 kg à 7 Euro	21 000 Euro
Zukauf 2	5 000 kg à 6 Euro	30 000 Euro
Zukauf 3	4 000 kg à 8 Euro	32 000 Euro
Summe	13 000 kg	88 000 Euro
Durchschnittswert: 88 000 Euro: 13 000 kg = 6,70 Euro		
Abgang im Wj.:		10 000 kg
Endbestand:		3 000 kg
Buchwert aE des Wj.:		3 000 kg × 6,70 Euro = 20 100 Euro

Bei tendenziell sinkenden Einkaufspreisen kommt nach näherer Maßgabe des Abs. 1 Nr. 1 S. 2 ein Ansatz des niedrigeren TW in Betracht, bei kürzeren Abrechnungsperioden (Monat, Quartal) eine Staffelbewertung. Macht der StPfl. glaubhaft, dass in seinem Betrieb idR die zuletzt beschafften WG zuerst verbraucht oder veräußert werden – dies kann sich zB aus der Art der Lagerung ergeben – so kann dies nach R 6.8 Abs. 4 S. 6 EStR bei der Ermittlung der AK/HK berücksichtigt werden.

3. Verbrauchsfolgeverfahren (Abs. 1 Nr. 2a). Die Verbrauchs-/Veräußerungsfolgeunterstellung „last in – first out" (lifo) geht in Abweichung v. den Grundsätzen der Einzelbewertung sowie der periodengerechten Aufwandsabgrenzung aus Gründen der Bewertungsvereinfachung („Wertungskompromiss") davon aus, dass die zuletzt angeschafften oder hergestellten WG zuerst verbraucht oder veräußert werden. Das Verfahren ist auch in § 256 Abs. 1 HGB vorgesehen (ggf. Ausweispflicht nach § 284 Abs. 2 Nr. 3 HGB) und seit 1990 steuerrechtl. zulässig (**Wahlrecht**) bei der Gewinnermittlung nach § 5,[4] nicht allerdings bei einer Gewinnermittlung nach § 4 Abs. 1. Nach der früheren Rechtslage musste das Wahlrecht nach dem Grundsatz der umgekehrten Maßgeblichkeit in Übereinstimmung mit der HB ausgeübt werden.[5] 113

---

1 Restriktiv BFH v. 15.2.2001 – IV R 19/99, FR 2001, 648 m. Anm. *Kanzler* = BFH/NV 2001, 972, dort auch zum Übergang zur Bewertung nach § 6 Abs. 2; Fortentwicklung des BFH v. 15.2.2001 – IV R 5/99, BStBl. II 2001, 548 = FR 2001, 651: einheitliche Behandlung der Neuzugänge beim Übergang zur Einzelbewertung.
2 BMF v. 21.2.1992, DB 1992, 554 – Anwendung des Niederstwertprinzips iRd. Gruppenbewertung nach der Lifo-Methode.
3 BFH v. 1.10.1992 – IV R 97/91, BStBl. II 1993, 284 = FR 1993, 121 m. Anm. *Söffing* betr. LuF – Bewertung v. nach Altersklassen zusammengefassten Tieren; BFH v. 5.12.1996 – IV R 81/95, BFH/NV 1997, 394; BMF v. 14.11.2001, BStBl. I 2001, 864.
4 BFH v. 24.11.1993 – X R 49/90, BStBl. II 1994, 591 = FR 1994, 224.
5 BFH v. 20.6.2000 – VIII R 32/98, BStBl. II 2001, 636 = FR 2000, 1348.

Mit der Neufassung des § 5 Abs. 1 durch das BilMoG kann das steuerrechtl. Wahlrecht ohne Bindung an die HB eigenständig ausgeübt werden.[1] Der BFH ist restriktiv, weil die Methode verschiedene sog. „obere" GoB durchbricht; er teilt nicht die in der Literatur vertretene Auffassung, sie diene auch der Vermeidung der Besteuerung v. Scheingewinnen und der (realen) Substanzerhaltung des Unternehmens.[2] Danach ist die Lifo-Methode unzulässig, wenn Vorräte mit hohen AK betroffen sind (zB Kfz.), die den einzelnen WG leicht zugeordnet werden können. Das BMF hat die dadurch in der Praxis ausgelösten Unsicherheiten mit seinem Schr. v. 12.5.2015[3] (Tz. 6) weitgehend beseitigt. Es greift diese BFH-Rspr. zwar auf, schränkt sie aber dadurch ein, dass auch bei leichter Ermittlung der individuellen AK die Lifo-Methode zulässig ist, wenn die Zuordnung weiteren Aufwand oder weitere Rechen- oder Ermittlungsschritte erfordern würde (zB durch weitere Kosten für den zusätzlichen manuellen Erfassungsaufwand in der Buchhaltung). Damit kommt das BMF den Bedürfnissen der Praxis entgegen. Es ist aber fraglich, ob diese Verwaltungsanweisung „rechtsprechungsfest" ist.

113a Steigen die Preise, bleiben die preisgünstig früher angeschafften WG im Bestand bei gleichzeitiger Aufwandswirksamkeit der höheren Einkaufspreise. Die Besteuerung v. Scheingewinnen wird vermieden mit dem hierdurch bedingten Effekt der Substanzerhaltung.[4] Die Bildung stiller Reserven ist gesetzesimmanent. Gebräuchlich ist die periodische (Gegensatz: permanente) Bewertung zum Ende des Wj. in der Form der Einzel- oder Gruppenbewertung auf der Grundlage der ersten Lagerzugänge des Wj. oder der durchschnittlichen AK/HK aller Zugänge des Wj.[5] Durch die periodische Bewertung tritt eine größere Vereinfachung ein, weil nach der Bestimmung des Bestands durch Inventur für die Wertfindung nur noch die Erfassung der Zugänge nach Menge und Wert erforderlich ist. Am Ende des Wj. gehen nicht alle Zugänge in die Wertfindung ein, sondern nur die am Bilanzstichtag fiktiv noch vorhandenen.[6] Den GoB entspricht die v. dem mittels Inventur ermittelten Bestand ausgehende Mengenrechung; das bereinigende Indexverfahren mittels Wertvergleichs auf der Grundlage v. Basispreisen unter Eliminierung v. Preissteigerungen – ggf. mit Ausweis v. Strukturänderungen bei Zunahme des Anteils höherwertiger Elemente – ist handelsrechtl. umstritten[7] und in R 6.9 EStR nicht zugelassen. Bestandserhöhungen können zu einem neuen Gesamtbestand führen oder – stl. vorteilhafter – in Schichten (Layer) als eigenständige Teilmengen des Anfangsbestandes ausgewiesen werden.[8] Zu technischen Einzelheiten (Methoden) der Lifo-Bewertung, zur erstmaligen Anwendung (Abs. 1 Nr. 2a S. 2 – Vorratsbestand am Schluss des vorangegangenen Wj. gilt mit seinem Bilanzansatz als erster Zugang des neuen Wj.), zum Ausgangswert s. R 6.9 EStR.

Eine periodische Lifo-Bewertung zeigt folgendes

Beispiel:

Anfangsbestand	1 000 kg à 5 Euro	5 000 Euro
Zukauf 1	3 000 kg à 7 Euro	21 000 Euro
Zukauf 2	5 000 kg à 6 Euro	30 000 Euro
Zukauf 3	4 000 kg à 8 Euro	32 000 Euro
Endbestand Bsp. 1	500 kg	2 500 Euro (500 kg à 5 Euro)
Endbestand Bsp. 2	8 000 kg	50 000 Euro (1 000 kg à 5 Euro + 3 000 kg à 7 Euro + 4 000 kg à 6 Euro)

114 Das Wahlrecht ist typischerweise auf Sachverhalte zugeschnitten, bei denen entweder die Ermittlung der individuellen AK/HK der Vermögensgegenstände im Einzelfall ausgeschlossen ist (zB im Falle der Vermischung v. Flüssigvorräten) oder – wie bspw. bei Massenartikeln – mit einem unvertretbaren Aufwand verbunden wäre. Die Lifo-Methode muss den handelsrechtl. GoB entsprechen.[9] Die Lifo-Methode ist anwendbar auf **gleichartige**[10] **WG des Vorratsvermögens** (Roh-, Hilfs-, Betriebsstoffe, Waren, nach R 6.9

1 Ganz hM, s. etwa *Blümich*, § 6 Rn. 80; **aA** *Drüen/Mundfortz*, DB 2014, 2245.
2 BFH v. 20.6.2000 – VIII R 32/98, BStBl. II 2001, 636 = FR 2000, 1348.
3 BStBl. I 2015, 462; s. dazu *Köhler*, StBp. 2016, 249.
4 BT-Drucks. 11/2157, 140.
5 R 6.9 EStR – Methoden der Lifo-Bewertung.
6 Vgl. *BeBiKo*[9], § 256 HGB Rn. 8.
7 *Herzig/Gasper*, DB 1992, 1301 (1304 ff.): GoB-konform; **aA** *Schneider/Siegel*, WPg. 1995, 261; Replik *Siepe/Husemann/Borges*, WPg. 1995, 365; s. auch *BeBiKo*[9], § 256 Rn. 66 mwN.
8 Zur Wertermittlung R 6.9 Abs. 4 EStR.
9 Ausf. R 6.9 EStR.
10 R 6.9 EStR – Gruppenbildung.

Abs. 2 S. 4 EStR auch unfertige Erzeugnisse), nicht bei Wertpapieren oder Devisenbeständen.[1] Sie muss nicht auf das gesamte Vorratsvermögen angewandt werden. Zulässig ist die in der metallverarbeitenden Industrie gebräuchliche Komponentenbewertung der Kostenelemente v. fertigen oder unfertigen Erzeugnissen.[2] **WG sind gleichartig**, wenn sie nach kfm. Gepflogenheiten unter Berücksichtigung der Verkehrsanschauung zur gleichen Warengattung gehören (R 6.9 Abs. 3 EStR: „marktübliche Einteilung in Produktklassen unter Beachtung der Unternehmensstruktur") oder funktionsgleich sind. Annähernde Wertgleichheit (Preisgleichheit) wird nicht vorausgesetzt. Nach zu enger Auffassung in R 6.9 Abs. 3 S. 3, 4 EStR sind WG mit erheblichen Qualitätsunterschieden nicht gleichartig; erhebliche Preisunterschiede sind danach Anzeichen für Qualitätsunterschiede.[3] Bei der Gruppenbildung soll nicht kleinlich verfahren werden.[4] Der **Gesetzeszweck** kann nur durch **Bildung großer Gruppen** erreicht werden (Beispiele: Kabel unterschiedlichen Querschnitts; Bleche unterschiedlicher Stärke; ältere und technisch weiterentwickelte Elektronikbauteile; PCs, die ihrerseits nicht mit Schreibmaschinen zusammenfasst werden können). Die Verbrauchsfolgefiktion setzt voraus, dass die Lifo-Annahme mit der tatsächlichen Verbrauchs- oder Veräußerungsfolge nicht übereinstimmt; der gesetzliche GoB-Vorbehalt will aber Missbräuche ausschließen, insbes. wenn die Lifo-Annahme mit dem betrieblichen Geschehensablauf unvereinbar ist – so bei leicht verderblichen Waren und Saisonbetrieben, bei denen die Vorräte am Bilanzstichtag umgeschlagen sind.[5] Das Niederstwertprinzip ist zu beachten (§ 6 Abs. 1 Nr. 2); Dabei ist der TW der zu einer Gr. zusammengefassten WG mit dem Wertansatz, der sich nach Anwendung der Lifo-Methode ergibt, zu vergleichen.

Der **Stetigkeitsgrundsatz** (§ 252 Abs. 1 Nr. 6 HGB; Rn. 18 f.) ist zu beachten.[6] Die erstmalige Anwendung 115
des Lifo-Verfahrens ist stets zulässig. Das Lifo-Wahlrecht gilt für jede Gruppe gesondert. Zur erstmaligen Bildung v. Lifo-Ausgangswerten R 6.9 Abs. 7 EStR. Es gilt das Niederstwertprinzip (§ 253 Abs. 1 S. 1, Abs. 3 HGB), ggf. bezogen auf einzelne Layer.[7] Von der Lifo-Methode kann – auch zur Durchschnittsbewertung hin – im folgenden Wj. zwecks Vermeidung v. Willkür nur mit **Zustimmung des FA** abgewichen werden (Abs. 1 Nr. 2a S. 3). Ein konkreter Methodenwechsel ist zustimmungsfrei.

D. Bewertung einzelner Wirtschaftsgüter

I. Abnutzbares Anlagevermögen (Abs. 1 Nr. 1). 1. Gebäude. Aufwendungen, die bis zur Fertigstellung 116
aller unselbständigen Gebäudeteile[8] anfallen, sind grds. HK des Gebäudes. Betriebsvorrichtungen sind keine Gebäudeteile. Zu Erschließungskosten als AK des Grund und Bodens s. Rn. 43 ff. Zu Abs. 1 Nr. 1 S. 2, Nr. 2 S. 2, Nr. 1 S. 4 und Nr. 2 S. 3 s. Rn. 101 ff.

Einzelfälle: Ausf. mit Nachw. der Rspr. H 6.4 EStH. Zu den HK gehören Aufwendungen für **Erdarbeiten**, Hangabtragung (BFH v. 27.1.1994 – IV R 104/92, BStBl. II 1994, 512 = FR 1994, 462) und Freimachen des Grundstücks (BFH v. 26.8.1994 – III R 76/92, BStBl. II 1995, 71); Einrichtung der Baustelle; herstellungsbedingte **Fahrtkosten** zur Baustelle in tatsächlicher Höhe (BFH v. 10.5.1995 – IX R 73/91, BStBl. II 1995, 713 = FR 1995, 699 m. Anm. *Drenseck*); Prämien für die Bauwesenversicherung (**aA** BFH v. 29.11.1983 – VIII R 96/81, BStBl. II 1984, 303 = FR 1984, 285); Aufwendungen für den **Hausanschluss** auf dem Grundstück des StPfl. selbst einschl. der Kanalanstichgebühr (BFH v. 24.11.1967 – VI R 302/66, BStBl. II 1968, 178); für **Anschlüsse an Gas-, Strom-, Wasser-, Wärmeversorgungsnetze** (BFH v. 15.1.1965 – VI 115/63 U, BStBl. III 1965, 226; anders wenn bereits die Wasserversorgung durch einen Brunnen und die Heizung durch Kohleöfen erfolgten, BFH v. 3.12.2002 – IX R 64/99, BStBl. II 2003, 590 = FR 2003, 351); für die Ablösung der Stellplatzpflicht (BFH v. 30.1.1990 – VIII R 183/85, BFH/NV 1990, 504), wenn die Abgabe an die Bautätigkeit und die Zahl und Größe der Wohnungseinheiten anknüpft (BFH v. 8.3.1984 – IX R 45/80, BStBl. II 1984, 702 = FR 1984, 478; ergänzend BFH v. 6.5.2003 – IX R 51/00, BStBl. II 2003, 710 = FR 2003, 916); Ansiedlungsbeiträge, da sie mit einer bestimmten Nutzung des Grundstücks zusammenhängen (BFH v. 8.3.1984 – IX R 45/80, BStBl. II 1984, 702 = FR 1984, 478); Aufwendungen für die **Beseitigung v. Baumängeln**, die bereits bei der Herstellung des Gebäudes aufgetreten sind, aber erst nach dessen Fertigstellung behoben werden, sind ebenfalls HK des Gebäudes (BFH v. 1.12.1987 – IX R 134/83, BStBl. II 1988,

---

1 S. aber BFH v. 15.2.1966 – I 95/63, BStBl. III 1966, 274 – Wertpapier-Sammeldepot: Bewertung mit den durchschnittlichen AK sämtlicher Papiere derselben Art.
2 R 6.9 Abs. 2 S. 4 EStR – Beschränkung auf Materialbestandteile; *Herzig/Gasper*, DB 1991, 565.
3 Zu eng BMF v. 28.3.1990, BStBl. I 1990, 148 – Weinwirtschaft; BMF v. 9.4.1992, DB 1992, 1103 – Zigarettenindustrie.
4 Finanzausschuss BT-Drucks. 11/2536, 47.
5 R 6.9 Abs. 2 S. 2 EStR.
6 R 6.9 Abs. 5 S. 3 EStR.
7 Einzelzeiten bei R 6.9 Abs. 6 EStR.
8 BFH v. 13.3.1990 – IX R 104/85, BStBl. II 1990, 514 = FR 1990, 392; zu Einbaumöbeln BFH v. 11.12.1973 – VIII R 171/71, BStBl. II 1974, 474 FG SchlHol. v. 4.3.1998 – III 1096/97, EFG 1998, 1058.

431 = FR 1988, 307; v. 31.3.1992 – IX R 164/87, BStBl. II 1992, 805 = FR 1992, 717; v. 30.8.1994 – IX R 23/92, BStBl. II 1995, 306 = FR 1995, 541; H 6.4 EStH); ferner die Entschädigung an den Mieter oder Pächter für vorzeitige Räumung eines Grundstücks zwecks Errichtung eines Gebäudes (BFH v. 9.2.1983 – I R 29/79, BStBl. II 1983, 451 = FR 1983, 331). Zur Herstellung einer **Gartenanlage** s. BFH v. 11.2.1999 – V R 40/98, BStBl. II 1999, 382 – Garten für Mieter als selbständiges WG, H 6.4 EStH 2013, zur Schaffung eines Kinderspielplatzes R 6.4 Abs. 2 EStR 2014. HK entstehen durch die Pflasterung v. Zuwegen (BFH v. 15.10.1965 – VI 181/65 U, BStBl. III 1966, 12; anders bei Betriebsgebäuden, BFH v. 1.7.1983 – III R 161/81, BStBl. II 1983, 686; v. 4.3.1998 – X R 151/94, BFH/NV 1998, 1086); grds. durch Anpflanzung einer lebenden **Umzäunung** (BFH v. 30.6.1966 – VI 292/65, BStBl. III 1966, 541; H 6.4 EStH) und Maschendrahtzaun, wenn dadurch das Gebäude nutzbar gemacht werden soll (BFH v. 15.12.1977 – VIII R 121/73, BStBl. II 1978, 210), anders bei Einfriedungen, Straßenzufahrten, Hofbefestigung (BFH v. 1.7.1983 – III R 161/81, BStBl. II 1983, 686; H 6.4 EStH), Befestigungen für Stellplätze und andere Außenanlagen als unbewegliche WG, die keine Gebäude oder Gebäudeteile sind (BFH v. 1.7.1983 – III R 161/81, BStBl. II 1983, 686; v. 4.3.1998 – X R 151/94, BFH/NV 1998, 1086; H 6.4 EStH). Zu **Einbaumöbeln** s. BFH v. 31.7.1997 – III R 247/94, BFH/NV 1998, 215, zu **Einbauküchen** BFH v. 13.3.1990 – IX R 104/85, BStBl. II 1990, 514. Wird ein unbebautes, besetztes Gebäude zwangsweise geräumt, um es anschließend zu bebauen, sind die Aufwendungen hierfür insoweit HK.[1]

117 **Abbruchkosten** (ausf. H 6.4 EStH „Abbruchkosten"). Hatte der StPfl. ein sodann vermietetes (Einkünfteerzielungsabsicht wird vorausgesetzt) **Gebäude** auf einem ihm gehörenden Grundstück errichtet oder hatte er ein solches Grundstück mit Nutzungsabsicht – im Zeitpunkt der Anschaffung[2] **ohne Abbruchsabsicht** – erworben und später aufgrund eines neuen Entschlusses abgebrochen, sind im Jahr des Abbruchs in Höhe des Restbuchwerts des Gebäudes AfaA (§ 7 Abs. 1 S. 7) vorzunehmen; die Abbruchkosten sind als BA/WK abzuziehen.[3] Dies auch dann, wenn ein dem gleichen Zweck dienender Neubau errichtet wird.[4] Der Entschluss des StPfl., ein Gebäude abzubrechen, bringt in diesen Fällen die Tatsache seines wirtschaftlichen Verbrauchs zum Ausdruck. Soweit **ein Teil der alten Bausubstanz** in den Neubau einbezogen wird, gehört deren anteiliger Buchwert zu den HK des neuen Gebäudes; AfaA sind auf die entfernten Teile vorzunehmen, sofern diese einen abgrenzbaren Niederschlag in den AK/HK gefunden haben und ihr Wert nicht v. ganz untergeordneter Bedeutung ist. Dabei entspricht der Wert eines entfernten Gebäudeteils dem auf ihn entfallenden Anteil an der AfaA-Bemessungsgrundlage.[5]

118 **Erwerb mit Abbruchabsicht**. War das Gebäude im Zeitpunkt des Erwerbs objektiv wertlos, entfällt der volle Anschaffungspreis auf den Grund und Boden.[6] Wird ein technisch oder wirtschaftlich noch nicht verbrauchtes Gebäude erworben in der Absicht, es ganz oder teilw. abzureißen, ohne ein neues der Einkünfteerzielung dienendes[7] WG herzustellen, sind der Restbuchwert des Gebäudes und die Abbruchkosten nachträgliche AK des Grund und Bodens. Soll ein der Einkünfteerzielung dienendes neues WG hergestellt oder grundlegend umgebaut[8] werden, sind der (ggf. anteilige[9]) Restwert des erworbenen Gebäudes, die Planungs- und Abbruchskosten und Abstandszahlungen an Mieter den HK des bzw. der neuen WG (ggf. anteilig) zuzurechnen.[10] War das in Abbruchsabsicht erworbene Gebäude (objektiv) wertlos, entfällt der Anschaffungspreis auf den Grund und Boden; die Abbruchskosten können HK des neuen Gebäudes oder AK des Grund und Boden sein.[11] Wird mit dem Abbruch eines Gebäudes **innerhalb v. drei Jahren** nach Abschluss des Kaufvertrages begonnen, so spricht idR[12] der vor allem mittels Hinweises auf einen ungewöhnlichen Geschehensablauf widerlegbare **Beweis des ersten Anscheins** für einen Erwerb in **Abbruchs-**

---

1 BFH v. 18.5.2004 – IX R 57/01, BStBl. II 2004, 872 = FR 2004, 1285, dort auch zu dem Fall, dass das Grundstück (teilw.) unbebaut vermietet werden soll.
2 BFH v. 15.10.1996 – IX R 2/93, BStBl. II 1997, 325 = FR 1997, 377, zum Teilabbruch ferner BFH v. 20.4.1993 – IX R 122/88, BStBl. II 1993, 504 = FR 1993, 568; v. 13.1.1998 – IX R 58/95, BFH/NV 1998, 1080.
3 BFH v. 12.6.1978 – GrS 1/77, BStBl. II 1978, 620.
4 BFH v. 12.6.1978 – GrS 1/77, BStBl. II 1978, 620; s. aber BFH v. 26.6.2001 – IX R 22/98, BFH/NV 2002, 16 – Abriss eines alten Gebäudes zum Bau eines neuen eigengenutzten.
5 BFH v. 15.10.1996 – IX R 2/93, BStBl. II 1997, 325 = FR 1997, 377 – Absicht eines Teilabbruchs, späterer Totalabriss; v. 13.1.1998 – IX R 58/95, BFH/NV 1998, 1080.
6 BFH v. 21.7.1988 – V R 87/83, BStBl. II 1989, 60.
7 BFH v. 29.11.1983 – VIII R 160/82, BStBl. II 1984, 307 = FR 1984, 284 – Abriss zwecks Veräußerung des Grundstücks; v. 6.12.1995 – X R 116/91, BStBl. II 1996, 358 = FR 1996, 214 mwN.
8 BFH v. 4.12.1984 – IX R 5/79, BStBl. II 1985, 208 = FR 1985, 246.
9 BFH v. 15.11.1978 – I R 2/76, BStBl. II 1979, 299.
10 BFH v. 12.6.1978 – GrS 1/77, BStBl. II 1978, 620; v. 6.12.1995 – X R 116/91, BStBl. II 1996, 358 = FR 1996, 214 mwN.
11 BFH v. 15.2.1989 – X R 97/87, BStBl. II 1989, 604 = FR 1989, 430.
12 S. aber BFH v. 12.6.1978 – GrS 1/77, BStBl. II 1978, 620 – Arrondierungskäufe.

absicht.[1] Eine solche Absicht ist auch dann anzunehmen, wenn beim Erwerb für den Fall der Undurchführbarkeit eines geplanten Umbaus der Abbruch des Gebäudes billigend in Kauf genommen wird.[2] Die vorstehenden Grundsätze zur Behandlung v. Abbruchkosten bei entgeltlichem Erwerb eines bebauten Grundstücks gelten auch für den unentgeltlichen Erwerb im Wege der Einzelrechtsnachfolge[3] und – mangels Einkünfteerzielungsabsicht hinsichtlich des abgebrochenen Gebäudes – bei der Gesamtrechtsnachfolge[4] sowie bei einer Einlage in das BV.[5] Wird ein Gebäude abgerissen, um ein unbebautes Grundstück veräußern zu können, gibt es für den Restwert und für die Abbruchkosten keinen BA-/WK-Abzug;[6] denn der innere Zusammenhang mit den Einkünften aus VuV ist nicht gegeben, soweit die Aufwendungen allein oder ganz überwiegend durch die Veräußerung des Mietobjekts veranlasst sind.[7] Die Unterscheidung danach, ob der StPfl. das später abgerissene Gebäude mit oder ohne Abbruchsabsicht erworben hatte, findet keine Anwendung, wenn dieses Gebäude zuvor nicht zur Erzielung v. Einkünften verwendet wurde; in diesem Falle sind die durch den Abbruch veranlassten Aufwendungen HK des neu errichteten Gebäudes.[8]

Der TW eines auch teilfertigen[9] **(Betriebs-)Gebäudes** (zum Begriff § 5 Rn. 163 „Gebäude“; der Grund und Boden ist getrennt zu bewerten) ist ohne Verrechnung mit stillen Reserven im Grund und Boden mit dem Wiederbeschaffungs-/Reproduktionswert zu ermitteln;[10] dies auch, wenn Abbruch des Gebäudes beabsichtigt ist.[11] Eine Teilwertabschreibung auf das Betriebsgebäude eines Bauunternehmers kann schon im Herstellungsjahr zulässig sein, wenn dargelegt werden kann, dass vergleichbare Bauaufträge zu geminderten Preisen abgewickelt worden sind; unter den gleichen Voraussetzungen kann auch der Entnahmewert eines für den Unternehmer erstellten Einfamilienhauses unter den HK liegen.[12] Für die Ermittlung des TW eines Grundstücks mit teilfertigem Gebäude, das zum UV eines gewerblichen Grundstückshandels gehört, ist der gesamte drohende Verlust aus dem noch nicht abgewickelten Bauauftrag berücksichtigungsfähig; die Teilwertabschreibung ist auf die Höhe der am Bilanzstichtag aktivierten HK begrenzt.[13] Zur Aufteilung eines Gebäudes aufgrund unterschiedlicher Nutzungs- und Funktionszusammenhänge (R 4.2 Abs. 3 EStR) mit der Folge gesonderter Aktivierung s. § 4 Rn. 68a ff. AK/HK sind des Weiteren zuzuordnen, wenn ein Gebäude in mehrere WG aufgeteilt wird. 119

2. Geschäftswert. S. zunächst § 5 Rn. 72 ff. **Dieses WG hat seine handelsrechtl. Grundlage in § 246 Abs. 1 S. 4 HGB.** Nach dessen auch steuerrechtl. maßgeblichen Definition ist der Geschäftswert als selbständiges WG der Mehrwert, der einem eingeführten[14] Unternehmen – Betrieb und TB[15] – über den Substanzwert der einzelnen materiellen und immateriellen WG hinaus[16] abzgl. der Verbindlichkeiten innewohnt.[17] Die im Geschäftswert verkörperten Ertragsaussichten (Gewinnchancen)[18] sind grds.[19] „unmittelbar mit dem Betrieb verwoben“ und gehen grds. nicht in die Bewertung anderer WG ein; dies würde dem Grundsatz der Einzelbewertung (hier: des Geschäftswerts) widersprechen. Der Geschäftswert wird durch die Gewinnaussichten bestimmt, die – losgelöst v. der Pers. des Unternehmers – aufgrund besonderer, 120

1 BFH v. 12.6.1978 – GrS 1/77, BStBl. II 1978, 620; zur Widerlegung BFH v. 15.11.1978 – I R 2/76, BStBl. II 1979, 299; v. 13.4.2010 – IX R 16/09, BFH/NV 2010, 1799.
2 BFH v. 13.4.2010 – IX R 16/09, BFH/NV 2010, 1799.
3 BFH v. 6.12.1995 – X R 116/91, BStBl. II 1996, 358 = FR 1996, 214; v. 31.3.1998 – IX R 26/96, BFH/NV 1998, 1212 mwN.
4 BFH v. 6.12.1995 – X R 116/91, BStBl. II 1996, 358 = FR 1996, 214 – leer stehendes Gebäude.
5 BFH v. 9.2.1983 – I R 29/79, BStBl. II 1983, 451 = FR 1983, 331.
6 BFH v. 29.11.1983 – VIII R 160/82, BStBl. II 1984, 307 = FR 1984, 284; anders wohl – unzutr. – BFH v. 31.3.1998 – IX R 26/96, BFH/NV 1998, 1212.
7 BFH v. 23.1.1990 – IX R 17/85, BStBl. II 1990, 465 = FR 1990, 364; v. 31.3.1998 – IX R 26/96, BFH/NV 1998, 1212; v. 11.3.2003 – IX R 16/99, BFH/NV 2003, 1043.
8 BFH v. 16.4.2002 – IX R 50/00, BStBl. II 2002, 805 = FR 2002, 1073; v. 26.6.2001 – IX R 22/98, BFH/NV 2002, 16.
9 BFH v. 28.4.2004 – VIII B 79/03, FR 2004, 995 m. Anm. *Weber-Grellet* = BFH/NV 2004, 1174 – verlustfreie Bewertung teilfertiger Bauten; zum TW eines zum UV gehörenden teilfertigen Gebäudes BFH v. 25.11.2009 – X R 27/05, BFH/NV 2010, 1090.
10 BFH v. 9.9.1986 – VIII R 20/85, BFH/NV 1987, 442.
11 BFH v. 7.12.1978 – I R 142/76, BStBl. II 1979, 729.
12 BFH v. 9.9.1986 – VIII R 20/85, BFH/NV 1987, 442.
13 BFH v. 25.11.2009 – X R 27/05, BFH/NV 2010, 1090.
14 BFH v. 18.2.1993 – IV R 40/92, BStBl. II 1994, 224 = FR 1993, 839 – kein Geschäftswert bei Unternehmen im Aufbau; zweifelh.
15 BFH v. 20.8.1986 – I R 150/82, BStBl. II 1987, 455 = FR 1987, 229; v. 27.3.1996 – I R 60/95, BStBl. II 1996, 576 = FR 1996, 760.
16 BFH v. 9.11.1994 – I R 68/92, BStBl. II 1995, 336 = FR 1995, 272 = FR 1995, 410 m. Anm. *Groh*.
17 BFH v. 29.5.2008 – V R 7/06, BStBl. II 2009, 64.
18 BFH v. 26.11.2009 – III R 40/07, BStBl. II 2010, 609 = FR 2010, 480 m. Anm. *Kanzler*.
19 S. auch BFH v. 27.3.2001 – I R 42/00, BStBl. II 2001, 771 = FR 2001, 1108.

dem Unternehmen eigenen Vorteile (zB Ruf, Kundenstamm,[1] Mandantenstamm,[2] Bezugs- und Absatzquoten, Standort, Organisation, Know-how, Belegschaftsqualität usw.) höher oder gesicherter erscheinen als bei einem anderen Unternehmen mit sonst vergleichbaren WG.[3] Die Entwicklung der Rentabilität gehört zu den für die Bestimmung des Geschäftswerts maßgebenden Einzelfaktoren. Der Geschäftswert erscheint durch den Betrieb eines lebenden Unternehmens gewährleistet.

121 **Der Geschäftswert ist ein (immaterielles) WG des AV.** Als solcher ist er zu aktivieren, wenn er **entgeltlich (derivativ) erworben** wurde (§ 5 Abs. 2). Er ist nicht selbständig veräußerbar, kann nicht entnommen werden.[4] Er folgt dem übertragenen Betrieb und kann nur mit diesem erworben werden.[5] Übernimmt ein Unternehmen den Betrieb eines anderen ganz oder teilw. und gehen hierbei geschäftswertbildende Faktoren v. dem übertragenden Unternehmen auf das übernehmende über, kann auch der Geschäftswert übergehen.[6] Auch ein originär erworbener Geschäftswert kann Gegenstand einer verdeckten Einlage sein.[7] Werden wesentliche Betriebsgrundlagen eines Unternehmens verpachtet, verbleibt der Geschäftswert beim Verpachtungsunternehmen.[8] Bei Aufteilung des Unternehmens geht der Geschäftswert nicht notwendigerweise unter.[9] Bei freiberuflichen Unternehmen spricht man v. **Praxiswert**, der auf dem persönlichen Vertrauensverhältnis der Mandanten zum Praxisinhaber beruht (§ 18 Rn. 19 f.). Gleiches gilt für personenbezogene GewBetr. Zur Abgrenzung des Bewertungsgegenstands „Geschäftswert" und zur Teilwertfähigkeit s. § 5 Rn. 72 ff. sowie R 5.5 EStR 2014; zur Abnutzbarkeit (= Möglichkeit der Abschreibung) § 7 Rn. 35. Bewertungsmaßstäbe sind bei Anschaffung die AK und bei Einlage der TW.

122 **Der entgeltlich erworbene[10] Geschäftswert ist ein abnutzbares und abschreibbares (§ 7 Abs. 1 S. 3) WG.** Hierbei ist für die Länge der Abschreibungsfrist grds. ohne Bedeutung, ob die Tätigkeit bes. auf die Pers. des Unternehmers zugeschnitten ist.[11] § 7 Abs. 1 S. 3 legt typisierend eine betriebsgewöhnliche Nutzungsdauer für GewBetr. und LuF-Betriebe von 15 Jahren fest. Eine geringere Nutzungsdauer kommt danach etwa für den Praxiswert eines selbständig Tätigen in Betracht (§ 7 Rn. 55 f.).[12] Die 15-Jahres-Frist für GewBetr. und LuF-Betriebe weicht von der Neuregelung des § 253 Abs. 3 S. 3 und 4 HGB ab, wonach handelsrechtl. ein AfA-Zeitraum von zehn Jahren vorgeschrieben ist, wenn die voraussichtliche betriebliche Nutzungsdauer des Geschäftswerts nicht verlässlich geschätzt werden kann. Diese Vorschrift ist mWv. 8.9.2015 durch das BilRUG[13] eingefügt worden und setzt die EU-Bilanzrichtlinie um. § 5 Abs. 6 räumt § 7 Abs. 1 S. 3 aber Vorrang ein. Unionsrechtlich ist dies nicht zu beanstanden (Rn. 6). Daneben ist eine Bewertung mit dem **niedrigeren TW** zulässig.[14] Es gilt die Vermutung, dass der TW den AK abzgl. der AfA nach § 7 Abs. 1 entspricht.[15] Nach der sog. Einheitstheorie ist eine Teilwertabschreibung des aktivierten Geschäftswertes nur zulässig, wenn er in seiner Gesamtheit einschl. seiner zwischenzeitlich angewachsenen selbst geschaffenen Bestandteile gesunken ist. Der BFH sieht diese Theorie (wohl) als aufgegeben an, sie wird im Schrifttum aber weiter vertreten und für ihre Anwendung spricht, dass es für die Teilwertermittlung maßgeblich auf die Sicht des Erwerbers ankommt, der regelmäßig den einheitlichen Geschäfts- oder Firmenwert betrachten wird.[16]

1 BFH v. 22.4.1998 – X R 17/96, BFH/NV 1998, 1467 – Behandlung nach den für den allg. Geschäftswert geltenden Grundsätzen.
2 BFH v. 18.12.1996 – I R 128–129/95, BStBl. II 1997, 546.
3 BFH v. 18.2.1993 – IV R 40/92, BStBl. II 1994, 224 = FR 1993, 839.
4 BFH v. 14.1.1998 – X R 57/93, BFHE 185, 230 = FR 1998, 560 m. Anm. *Weber-Grellet* = DStR 1998, 887.
5 BFH v. 30.3.1994 – I R 52/93, BStBl. II 1994, 903 = FR 1994, 684 m. Anm. *Kempermann*; v. 24.4.1980 – IV R 61/77, BStBl. II 1980, 690 = FR 1980, 545 – Zusammenfassung selbständiger Unternehmen.
6 BFH v. 2.9.2008 – X R 32/05, BStBl. II 2009, 634 = FR 2009, 954 m. Anm. *Wendt*.
7 BFH v. 2.9.2008 – X R 32/05, BStBl. II 2009, 634 = FR 2009, 954 m. Anm. *Wendt*.
8 BFH v. 20.8.1997 – X R 58/93, BFH/NV 1998, 314; v. 14.1.1998 – X R 57/93, BFHE 185, 230 = FR 1998, 560 m. Anm. *Weber-Grellet* = DStR 1998, 887 – BetrAufsp.
9 BFH v. 1.12.1992 – VIII R 57/90, BStBl. II 1994, 607 (614) = FR 1993, 463 m. Anm. *Schmidt*.
10 BFH v. 27.2.1992 – IV R 129/90, BStBl. II 1992, 841 – Aufteilung eines Gesamtkaufpreises auf mehrere WG und Geschäftswert.
11 BFH v. 22.4.1998 – X R 17/96, BFH/NV 1998, 1467, mit Hinweis auf Ausnahmen.
12 BFH v. 24.2.1994 – IV R 33/93, BStBl. II 1994, 590 = FR 1994, 566.
13 G v. 17.7.2015, BGBl. I 2015, 1245; die Vorschrift gilt gem. Art. 75 Abs. 4 S. 2 EGHGB für Erwerbsvorgänge in Geschäftsjahren, die nach dem 31.12.2015 beginnen; s. dazu *Behrendt-Geisler/Rimmelspacher*, DB-Beil. 5/2015, 8 ff.
14 BFH v. 10.4.1990 – VIII R 170/85, BFH/NV 1991, 226; v. 12.11.1993 – I B 131/93, BFH/NV 1994, 800.
15 BFH v. 22.3.1989 – II R 15/86, BStBl. II 1989, 644; v. 13.3.1991 – I R 83/89, BStBl. II 1991, 595 = FR 1991, 358 mwN.
16 BFH v. 28.5.1998 – IV R 48/97, BStBl. II 1998, 775 = FR 1998, 882; s. aber BFH v. 13.3.1991 – I R 83/89, BStBl. II 1991, 595 = FR 1991, 358: „TW des erworbenen und im Zeitpunkt des Erwerbs tatsächlich vorhandenen Geschäftswerts"; ausdrücklich offengelassen in BFH v. 30.1.2002 – X R 56/99, BStBl. II 2002, 387= FR 2002, 719 m. Anm. *Weber-Grellet*; v. 16.5.2002 – III R 45/98, BStBl. II 2003, 10 = FR 2002, 1356 m. Anm. *Kempermann*; v. 20.11.2006 – VIII R 47/05, BStBl. II. 2008, 69 = FR 2007, 603 m. Anm. *Kempermann*; s. zum Schrifttum *Blümich*, § 6 Rn. 766 mwN.

Der Geschäftswert kann nach verschiedenen Methoden berechnet werden („Faustregeln"). Bei Anwendung der **indirekten Methode,**[1] die der in der Betriebswirtschaftslehre ebenfalls gebräuchlichen Mittelwertmethode (auch „Praktikermethode" – Ertragswert und Substanzwert werden je zur Hälfte berücksichtigt) weitgehend entspricht,[2] ist bei der Ermittlung des Reinertrags v. Jahresgewinn ein angemessener Unternehmerlohn abzuziehen; die den Substanzwert bestimmenden WG sind mit ihrem TW anzusetzen und abzuziehen.[3] Der Ertragswert eines Unternehmens ist ein in die Zukunft weisender Wert und bestimmt sich nach den voraussichtlich künftig erzielbaren Gewinnen. Das neuere betriebswirtschaftliche Schrifttum stellt ausschließlich oder vornehmlich auf den Ertragswert ab.[4] Für die Schätzung der für die Zukunft zu erwartenden nachhaltigen Jahresgewinne bilden die in der Vergangenheit tatsächlich erwirtschafteten Gewinne einen wichtigen Anhaltspunkt.[5] Der Zinssatz für die Kapitalisierung des künftig voraussichtlich erzielbaren Gewinns kann mit 10 % angesetzt werden.[6] Bei kleinen Betrieben mit geringem BV ist die indirekte Methode nicht anwendbar.[7] Bei der **direkten Methode** (Übergewinnmethode) werden v. zu erwartenden nachhaltigen Gewinn Beträge für die Verzinsung des investierten Kapitals (landesübliche Verzinsung für langfristige Kapitalanlagen) und für einen Unternehmerlohn abgesetzt und der verbleibende Restbetrag zum Geschäftswert kapitalisiert.[8] Diese Methoden sind als ertragstl. tauglich anerkannt, wenn vorrangig aus nachlassender Rentabilität, nicht bereits aus einem Wegfall geschäftswertbildender Umstände oder aus einem Wechsel der Berechnungsmethode auf ein Absinken der Ertragskraft des Unternehmens geschlossen werden kann.[9] Ein prozentual bedeutender Gewinnrückgang in zwei Jahren nach Betriebsübernahme ist zu kurzzeitig;[10] fünf Jahre sind ein angemessener Beurteilungszeitraum.[11] 123

Als **negativer Geschäftswert**[12] könnte der Betrag bezeichnet werden, um den der Gesamtwert des Unternehmens insbes. wegen seiner ungünstigen Ertragslage geringer ist als sein Substanzwert. Er gehört jedenfalls nicht zu den Verbindlichkeiten, Rückstellungen und RAP, die den aktiven WG gegenübertreten, und ist damit nicht passivierungsfähig.[13] Es gibt deshalb auch keine Bestimmungen über die Bewertung und Auflösung eines solchen Passivpostens.[14] Ggf. sind Buchwerte nach Maßgabe der AK abzustocken.[15] S. auch § 15 Rn. 248 ff. 124

3. Sonstige immaterielle Wirtschaftsgüter. S. zunächst § 5 Rn. 64 ff. **Firmenwertähnliche WG**[16] sind zB der Kundenstamm, das Verlagsrecht,[17] das Belieferungsrecht, die Güterfernverkehrsgenehmigung,[18] der entgeltlich erworbene Vorteil aus der Zulassung als Vertragsarzt.[19] Dies sind als Vermögensgegenstände (WG) anzusehende besondere vermögenswerte Rechtspositionen oder faktische Verhältnisse, die, ähnlich wie der Geschäftswert, mit dem Unternehmen als solchem und seinen Gewinnchancen unmittelbar verknüpft, indes losgelöst v. einem Unternehmen oder Unternehmensteil übertragbar sind. Der Begriff des firmenwertähnlichen oder geschäftswertähnlichen WG hat seine ursprüngliche stl. Bedeutung verloren.[20] Die unter diesen Oberbegriff fallenden immateriellen WG sind nicht (mehr) mit dem Geschäfts- oder Firmenwert verknüpft, sondern selbstständig zu bewerten und – sofern abnutzbar – der AfA unterliegend oder auf den TW abzuschreiben. 125

---

1 BFH v. 13.4.1983 – I R 63/79, BStBl. II 1983, 667 = FR 1983, 516; v. 15.9.2004 – I R 7/02, BStBl. II 2005, 867 = FR 2005, 300.
2 BFH v. 25.1.1979 – IV R 56/75, BStBl. II 1979, 302.
3 BFH v. 15.9.2004 – I R 7/02, BStBl. II 2005, 867 = FR 2005, 300 mwN.
4 BFH v. 21.1.1986 – VIII R 238/81, BFH/NV 1986, 597.
5 BFH v. 25.1.1979 – IV R 56/75, BStBl. II 1979, 302.
6 BFH v. 15.9.2004 – I R 7/02, BStBl. II 2005, 867 = FR 2005, 300 mwN.
7 BFH v. 28.10.1976 – IV R 76/72, BStBl. II 1977, 73.
8 BFH v. 24.4.1980 – IV R 61/77, BStBl. II 1980, 690 = FR 1980, 545.
9 BFH v. 13.4.1983 – I R 63/79, BStBl. II 1983, 667 = FR 1983, 516.
10 BFH v. 13.3.1991 – I R 83/89, BStBl. II 1991, 595 = FR 1991, 358; v. 12.11.1993 – I B 131/93, BFH/NV 1994, 800.
11 Vgl. BFH v. 13.4.1983 – I R 63/79, BStBl. II 1983, 667 = FR 1983, 516.
12 Hierzu *Preißer/Preißer*, DStR 2011, 133; zum negativen Kaufpreis bei Erwerb eines Mitunternehmeranteils *Prinz*, FR 2011, 373.
13 BFH v. 26.4.2006 – I R 49, 50/04, BStBl. II 2006, 656 – Erwerb v. Anteilen an einer KapGes. gegen eine Zuzahlung des Veräußerers.
14 BFH v. 21.4.1994 – IV R 70/92, BStBl. II 1994, 745 = FR 1994, 572 mwN.
15 Vgl. BFH v. 12.12.1996 – IV R 77/93, BStBl. II 1998, 180 = FR 1998, 155 m. Anm. *Thiele*.
16 BFH v. 28.5.1998 – IV R 48/97, BStBl. II 1998, 775 = FR 1998, 882 – die frühere Unterscheidungsfunktion des Begriffs ist überholt.
17 BFH v. 15.2.1995 – II R 8/92, BStBl. II 1995, 505.
18 BFH v. 4.12.1991 – I R 148/90, BStBl. II 1992, 383 = FR 1992, 330.
19 BFH v. 9.8.2011 – VIII R 13/08, BStBl. II 2011, 875 = FR 2011, 1095 m. Anm. *Kanzler*; OFD Kobl. v. 12.12.2005, StEK EStG § 6 Abs. 1 Ziff. 2 Nr. 152.
20 BFH v. 28.5.1998 – IV R 48/97, BStBl. II 1998, 775 = FR 1998, 882.

126 Zeitlich unbegrenzte **Warenzeichenrechte** können nicht nach § 7 Abs. 1 abgeschrieben werden; sie sind auch kein Geschäftswert.[1] Für **Güterfernverkehrskonzessionen**[2] erkennt die Verwaltung eine TW-AfA iHv. 1/7 der AK an,[3] nicht aber bei Zuckerrüben-Lieferungsrechten.[4] Erworbene **Linienkonzessionen** des Personenbeförderungsrechts sind nicht abschreibbare firmenwertähnliche Einzel-WG. Die Einbringung der Konzessionen in einen Verkehrsverbund rechtfertigt keine Teilwertabschreibung, sofern vorgesehen ist, dem einbringenden Unternehmen gleichwertige Konzessionen aus dem Verbund zuzuteilen.[5] Mit dem entgeltlichen **Erwerb bestehender schwebender Verträge** treten immaterielle WG in Erscheinung (Gewinnaussichten aus schwebenden Geschäften, Belieferungsrechte, Kundenaufträge, Auftragsbestand), gleichviel ob sie Einzel- oder Dauerschuldverhältnisse betreffen; sie sind selbst dann keine geschäftswertbildenden Faktoren, wenn sie zusammen mit einem Betrieb (TB) erworben werden.[6] Wegen der Einzelheiten zu den abschreibbaren WG s. § 7 Rn. 35.

127 **4. Einzelnachweise der sonstigen immateriellen Wirtschaftsgüter des Anlagevermögens.** Zur Rechtsqualität eines **Bodenschatzes** als WG s. § 5 Rn. 163 „Bodenschätze"; als Bewertungsmaßstab kommen die AK in Betracht.[7] **Brennrechte** werden mit ihrem Marktwert bewertet.[8] Eine rechtl. ungeschützte **Erfindung**, die bereits publiziert wurde, hat grds. einen TW v. 0.[9] **Konzeptionskosten** können AK eines immateriellen WG sein.[10] Ein **Wettbewerbsverbot** kann ein selbständiges abnutzbares immaterielles WG sein.[11]

128 **II. Andere Wirtschaftsgüter (Abs. 1 Nr. 2). 1. Grundsätzliches.** Bewertungsmaßstäbe sind die – auch nachträglichen (zur Erschließung Rn. 43 ff.) – AK/HK, bei Einlage und Entnahme der TW, bei der Betr-Aufg. der gemeine Wert (§ 16 Abs. 3 S. 5).

129 **2. Grund und Boden.** Zum Bewertungsgegenstand s. § 5 Rn. 163 „Grund und Boden". Bei diesem Bilanzposten bilden die einzelnen im Grundbuch eingetragenen mit einer Flurstücknummer versehenen Grundstücke selbständige WG. Hinsichtlich der AK gelten die allg. Grundsätze. Ausnahmsweise können mit Aufwendungen, die unmittelbar der erstmaligen oder einer wesentlich verbesserten Nutzung des WG Grund und Boden dienen – Beispiel: ehemaliges Straßengelände wird erstmals für die luf Nutzung urbar gemacht – HK für den Grund und Boden entstehen.[12] Zu Erschließungskosten s. Rn. 43 ff. Der Grund und Boden bildet eine Bewertungseinheit mit wertbildenden Faktoren wie Vorteilen der erstmaligen Erschließung und mit dinglichen Lasten. Ein **(Betriebs-)Grundstück** des AV ist grds. mit den tatsächlichen AK anzusetzen. Die Wiederbeschaffungskosten lassen sich aus dem Verkehrswert oder gemeinen Wert ableiten;[13] ein höherer Ansatz kommt nicht in Betracht. Dies gilt auch für die Bestimmung des TW bei einer Betriebseröffnung.[14] Der Verkehrswert (gemeine Wert) ist entweder vorrangig unmittelbar aus Verkaufspreisen für benachbarte Grundstücke oder, was in der Praxis die Regel ist, auf der Grundlage v. Durchschnittswerten (Richtwerten)[15] oder ausnahmsweise durch Einzelgutachten zu ermitteln. Andere Ermittlungsmethoden wie die Rückrechnung aus dem späteren Verkaufspreis des bebauten Grundstücks (sog. Residualverfahren) oder durch Ermittlung des möglichen künftigen Ertrags kommen nur in Betracht, wenn die Vergleichswertmethode versagt.[16] § 9 Abs. 2 BewG ist zu beachten.[17] Die ImmoWertVO kann herangezogen werden.[18]

---

1 BFH v. 4.9.1996 – II B 135/95, BStBl. II 1996, 586; s. aber BMF v. 27.2.1998, BStBl. I 1998, 252.
2 Aber BFH v. 17.2.1993 – I R 48/92, BFH/NV 1994, 455 mwN; BMF v. 27.2.1998, BStBl. I 1998, 252.
3 BMF v. 12.3.1996, BStBl. I 1996, 372; OFD Ffm. v. 28.11.1996, BB 1997, 309.
4 OFD Ffm. v. 19.7.1996, BB 1996, 1982.
5 BFH v. 15.12.1993 – X R 102/92, BFH/NV 1994, 543.
6 BFH v. 1.2.1989 – VIII R 361/83, BFH/NV 1989, 778; v. 15.12.1993 – X R 102/92, BFH/NV 1994, 543 – schwebende Verträge des Absatzmarkts.
7 BFH v. 4.12.2006 – GrS 1/05, BStBl. II 2007, 508 = FR 2007, 845 – Zuführung eines im PV entdeckten Kiesvorkommens zum BV.
8 BFH v. 9.12.1983 – III R 40/79, BStBl. II 1984, 193.
9 BFH v. 10.3.1993 – I R 116/91, BFH/NV 1993, 556.
10 BFH v. 10.12.1992 – XI R 45/88, BStBl. II 1993, 538 = FR 1993, 513.
11 BFH v. 23.2.1999 – IX R 86/95, BStBl. II 1999, 590 = FR 1999, 901 m. Anm. *Weber-Grellet.*
12 BFH v. 27.1.1994 – IV R 104/92, BStBl. II 1994, 512 = FR 1994, 462.
13 BFH v. 8.9.1994 – IV R 16/94, BStBl. II 1995, 309 = FR 1995, 373; v. 1.4.1998 – X R 150/95, BStBl. II 1998, 569 = FR 1998, 738 – Ermittlung des gemeinen Werts.
14 BFH v. 19.1.1982 – VIII R 21/77, BStBl. II 1982, 456 = FR 1982, 279.
15 BFH v. 8.7.1998 – VIII B 80/97, BFH/NV 1999, 37.
16 BFH v. 8.5.2007 – X B 43/06, BFH/NV 2007, 1499 mwN.
17 BFH v. 8.9.1994 – IV R 16/94, BStBl. II 1995, 309 = FR 1995, 373 – ansiedlungspolitisch bedingte Verkaufspreise; v. 21.7.1993 – II R 13/91, BFH/NV 1994, 610 mwN.
18 BFH v. 27.6.1995 – IX R 130/90, BStBl. II 1996, 215 = FR 1996, 215, zur WertV 1988; v. 29.5.2008 – IX R 36/06, BFH/NV 2008, 1668.

Wird ein Erbbaurecht mit aufstehendem Gebäude erworben, sind die AK auf dieses Recht und das Gebäude aufzuteilen.[1]

Ein niedrigerer TW kann durch Bezugnahme auf Vergleichsverkäufe oder durch ein auf die konkrete Fläche bezogenes Gutachten eines Sachverständigen belegt werden. Übergröße und aufwendige Bauweise rechtfertigen grds. keine Teilwertabschreibung,[2] wohl aber eine Einschränkung der Nutzungsmöglichkeit.[3] Erlangt die zuständige Behörde v. der Schadstoffbelastung eines Grundstücks und der dadurch bedingten Sanierungsverpflichtung Kenntnis, muss ernsthaft mit der Inanspruchnahme aus dieser Verpflichtung gerechnet werden. Eine mögliche Teilwertabschreibung ist unabhängig v. der Bildung einer Rückstellung für die Sanierungsverpflichtung zu prüfen.[4] Im Falle v. **Altlasten** kommt eine Abschreibung auf den niedrigeren TW in Betracht, wenn die in den Boden eingesickerten Schadstoffe zu einer dauernden Wertminderung des Grundstücks führen.[5] Aufwendungen für die Dekontaminierung v. Grundstücken können nachträgliche HK sein. Eine wegen der Schadstoffbelastung erfolgte Teilwertberichtigung eines Grundstücks hindert nicht die Bewertung einer bestehenden Sanierungsverpflichtung mit dem Erfüllungsbetrag;[6] dieser ist allerdings um den bei der Erfüllung der Verpflichtung anfallenden und als AK oder HK zu aktivierenden Aufwand zu mindern.[7] Gleiches gilt zB beim Verlust der Ackerkrume nach dem Abbau v. Bodenschätzen.[8] Die Teilwertdefinition erlaubt keine Abzinsung ersteigerter Immobilien.[9] Haftet der Eigentümer nur dinglich, ist iHd. erwarteten Inanspruchnahme aus dem Grundpfandrecht eine Rückstellung für eine ungewisse Verpflichtung auszuweisen.[10] 130

3. Beteiligungen; Wertpapiere. Zur **Beteiligung an einer PersGes.** s. § 5 Rn. 163 „Beteiligungen an PersGes.". Der entgeltliche Erwerb eines MU'anteils an einer PersGes. ist estrechtl. nicht als Erwerb eines Gesellschaftsanteils als besonderes WG, vergleichbar der Beteiligung an einer KapGes., zu werten, sondern als entgeltliche Anschaffung v. Anteilen an den einzelnen zum Gesellschaftsvermögen gehörenden WG. Der MU'anteil stellt kein aktivierungsfähiges WG dar.[11] 131

Beteiligungen an KapGes. und Wertpapiere gehören je nach Zweckbestimmung zum AV oder UV. Sie sind grds. mit dem AK zu bewerten. Aktien lassen sich sowohl als nicht abnutzbares WG des AV „Beteiligung" (Definition: § 271 Abs. 1 HGB; bei mindestens 20 % des Nennkapitals besteht eine Beteiligungsvermutung) als auch als Wertpapiere des AV einordnen.[12] Der objektive Wert einer Beteiligung an einer KapGes. richtet sich grds. nach den Wiederbeschaffungskosten; diese entsprechen dem Börsenkurswert zum Bilanzstichtag, wenn die Beteiligung zum Verkauf an der Börse bestimmt ist oder wenn der Erwerb einer gleich hohen Beteiligung an der Börse zu den Kurswerten möglich erscheint.[13] Für den Wert der Beteiligung sind nicht nur die Ertragslage und die Ertragsaussichten, sondern auch der Vermögenswert und die funktionale Bedeutung des Beteiligungsunternehmens maßgebend.[14] Es kann zu berücksichtigen sein, dass die Tätigkeit einer Tochtergesellschaft Bestandteil der damit abgestimmten weiteren unternehmerischen Betätigung einer dieser Unternehmungen zumindest mit der beherrschenden Pers. sein kann.[15] Bei der Bewertung v. Unternehmen und Anteilen an KapGes. wendet die FinVerw. die Regeln des BewG 132

---

1 BFH v. 27.7.1994 – X R 141/93, BStBl. II 1995, 111; v. 12.12.1996 – IV R 77/93, BStBl. II 1998, 180 = FR 1998, 155 m. Anm. *Thiele*.
2 BFH v. 17.9.1987 – III R 201–202/84, BStBl. II 1988, 488 = FR 1988, 225 – Überdimensionierung.
3 BFH v. 25.6.1985 – VIII R 274/81, BFH/NV 1986, 22 – Änderung des Bebauungsplans.
4 BFH v. 19.11.2003 – I R 77/01, BStBl. II 2010, 482 = FR 2004, 274 m. Anm. *Weber-Grellet*; ausf. zur Teilwertabschreibung v. schadstoffbelasteten Grundstücken sowie zu Rückstellungen für Sanierungsverpflichtungen BMF v. 11.5.2010, BStBl. I 2010, 495.
5 BFH v. 19.10.1993 – VIII R 14/92, BStBl. II 1993, 891 = FR 1994, 52.
6 Zur Rückstellung für Sanierungsverpflichtungen BFH v. 19.11.2003 – I R 77/01, BStBl. II 2010, 482 = FR 2004, 274 m. Anm. *Weber-Grellet*; hierzu BMF v. 11.5.2010, BStBl. I 2010, 495.
7 BFH v. 19.11.2003 – I R 77/01, BStBl. II 2010, 482 = FR 2004, 274 m. Anm. *Weber-Grellet*.
8 BFH v. 16.10.1997 – IV R 5/97, BStBl. II 1998, 185 = FR 1998, 364.
9 BFH v. 9.11.1994 – I R 68/92, BStBl. II 1995, 336 = FR 1995, 272 = FR 1995, 410 m. Anm. *Groh*.
10 BFH v. 26.1.1989 – IV R 86/87, BStBl. II 1989, 456 = FR 1989, 371; v. 22.4.1998 – IV B 107/97, BFH/NV 1999, 162 mwN.
11 BFH v. 6.7.1995 – IV R 30/93, BStBl. II 1995, 831 = FR 1996, 23; v. 26.7.2011 – X B 208/10, BFH/NV 2011, 1868 mwN.
12 BFH v. 16.3.1989 – IV R 133/86, BStBl. II 1989, 737 = FR 1989, 595.
13 BFH v. 7.11.1990 – I R 116/86, BStBl. II 1991, 342, auch zum sog. Paketzuschlag; v. 6.11.2003 – IV R 10/01, BStBl. II 2004, 416 = FR 2004, 597.
14 BFH v. 27.7.1988 – I R 104/84, BStBl. II 1989, 274; v. 6.11.2003 – IV R 10/01, BStBl. II 2004, 416 = FR 2004, 597 mwN; v. 7.5.2014 – X R 19/11, BFH/NV 2014, 2480.
15 FG SachsAnh. v. 22.3.2012 – 1 K 714/09, juris, unter Bezugnahme auf die Rspr. zur Betriebsaufspaltung, BFH v. 6.11.2003 – IV R 10/01, BStBl. II 2004, 416 = FR 2004, 597; v. 7.5.2014 – X R 19/11, BFH/NV 2014, 2480.

entspr. an.[1] Für die Bemessung des TW v. Anteilen an einer **Betriebs-KapGes.** ist eine Gesamtbetrachtung der Ertragsaussichten v. Besitzunternehmen und Betriebsunternehmen anzustellen; nach denselben Grundsätzen zu bestimmen ist der TW eines eigenkapitalersetzenden Darlehens, das der Betriebs-KapGes. v. der Besitzgesellschaft gewährt worden ist.[2] Veräußerungs- und Verwertungsbeschränkungen beeinflussen grds. nicht den TW.[3] Die Ertraglosigkeit ist für sich allein kein hinreichender Grund für eine Teilwertabschreibung.[4] Die Vermutung, dass sich der TW einer Beteiligung im Zeitpunkt ihrer Anschaffung mit den AK deckt, gilt auch für den Erwerb v. Ges.-Anteilen aufgrund einer Kapitalerhöhung.[5] Der TW v. an der Börse notierten Wertpapieren und Anteilen an KapGes. entspricht regelmäßig dem Börsenkurs zum Stichtag.[6] Dies gilt nur dann nicht, wenn konkrete und objektive Umstände dafür vorliegen, dass der Börsenkurs den tatsächlichen Aktienwert nicht widerspiegelt.[7] Der Wert nichtnotierter Anteile kann mittels des zu § 11 Abs. 2 S. 2 BewG entwickelten Stuttgarter Verfahrens geschätzt[8] werden, soweit es nicht aus besonderen Gründen im Einzelfall zu offensichtlich unrichtigen Ergebnissen führt;[9] wegen der Bewertung vor allem nach dem Stuttgarter Verfahren wird auf die Kommentare zu § 11 BewG verwiesen. Eine Abschreibung auf den niedrigeren TW ist angezeigt, wenn die KapGes. notleidend wird. Zur „dauernden Wertminderung" s. Rn. 102.

133 Bei einer Beteiligung an einem neu gegründeten Unternehmen kommt eine Teilwertabschreibung wegen **Anlaufverlusten** (Anlaufphase bei Neugründung inländ. Beteiligungs-Ges. idR drei, ausländ. Ges. fünf Jahre)[10] regelmäßig – ausgenommen insbes. bei einer Fehlmaßnahme – nicht in Betracht.[11] Anderes gilt, wenn die Beteiligung zB infolge nachhaltig hoher Verluste eine nachträgliche Wertminderung erfahren hat. Ein Absinken des TW der eigenen Anteile wirkt sich im Regelfall nicht gewinnmindernd aus; eine Teilwertabschreibung kann zu einer vGA führen.[12] **Eigene Anteile** sind abschreibungsfähige WG des UV, die mit den AK zu aktivieren sind.[13]

134 **AK v. Beteiligungen/Wertpapieren**[14] sind das Entgelt und die Anschaffungsnebenkosten (zB Bankspesen). Die AK für einen Wechsel entsprechen der Wechselsumme abzgl. des vollen Diskonts.[15] AK für Anteile an KapGes. entfallen nicht zT auf daneben bestehendes WG Gewinnbezugsrecht.[16] Das Bezugsrecht auf neue Anteile ist ein v. der alten Aktie abgespaltenes Recht.[17] Eine Durchschnittsbewertung ist steuerrechtl. nicht zulässig. Zur Wertminderung s. Rn. 102.

135 Der Erwerb eines Geschäftsanteils stellt sich allein wegen eines plötzlichen Gewinnrückgangs ab dem Zeitpunkt der Geschäftsübernahme noch nicht als – auf der Grundlage der Einheitstheorie (Rn. 122) nur im Jahr der Anschaffung geltend zu machende[18] – **Fehlmaßnahme** dar. Zu deren Nachweis ist eine Berech-

1 BMF v. 22.9.2011, BStBl. I 2011, 859.
2 BFH v. 6.11.2003 – IV R 10/01, BStBl. II 2004, 416 = FR 2004, 597; v. 4.2.2014 – I R 53/12, BFH/NV 2014, 1016: Kursschwankungen von Fremdwährungskrediten der Beteiligungsges. sind unerheblich; FG Hbg. v. 20.3.2013 – 2 K 89/12, EFG 2013, 1071 (rkr.).
3 BFH v. 20.9.1995 – X R 46/94, BFH/NV 1996, 393 mwN.
4 BFH v. 17.9.1969 – I 170/65, BStBl. II 1970, 48; FG Nürnb. v. 5.12.2000 – I 45/1999, EFG 2001, 1026.
5 BFH v. 27.7.1988 – I R 104/84, BStBl. II 1989, 274; zur Teilwertabschreibung bei gleichzeitiger Kapitalerhöhung FG Hess. v. 18.11.1999 – 4 K 5476/97, EFG 2000, 249.
6 BFH v. 7.11.1990 – I R 116/86, BStBl. II 1991, 342.
7 BFH v. 26.9.2007 – I R 58/06, BStBl. II 2009, 294 = FR 2008, 473 m. Anm. *Bäuml*; v. 21.9.2011 – I R 89/10, BStBl. II 2014, 612 = FR 2012, 218 m. Anm. *Bäuml* (Festhaltung); s. hierzu BMF v. 26.3.2009, BStBl. I 2009, 514, zur „Bandbreite" nicht relevanter Wertänderungen; BMF v. 5.7.2011, BStBl. I 2011, 735, zu Anteilen an Aktienfonds; nunmehr folgt das BMF im neuen TW-Erlass v. 16.7.2014, BStBl. I 2014, 1162 Rn. 15 ff., der BFH-Rspr., wobei die 5 %-Bagatellgrenze nicht immer auf den Erwerbszeitpunkt, sondern bei vorangegangenen TW-Abschreibungen auf den Bilanzansatz am vorangegangenen Bilanzstichtag bezogen wird; s. zu diesem Erlass *Prinz*, DB 2014, 1825. Im neuen TW-Erlass v. 2.9.2016, BStBl. I 2016, 995 Rn. 17, wird daran festgehalten; zu diesem Erlass s. *Förster*, DB 2016, 2257.
8 Zur Teilwertermittlung v. GmbH-Anteilen BFH v. 19.8.2009 – III R 79/07, BFH/NV 2010, 610.
9 BFH v. 21.1.1993 – XI R 33/92, BFH/NV 1994, 12 – Ermittlung des gemeinen Werts.
10 BFH v. 23.9.1969 – I R 71/67, BStBl. II 1970, 87; v. 27.7.1988 – I R 104/84, BStBl. II 1989, 274.
11 BFH v. 27.7.1988 – I R 104/84, BStBl. II 1989, 274, dort auch zu Fehlmaßnahmen und Anlaufverlusten.
12 BFH v. 6.12.1995 – I R 51/95, BStBl. II 1998, 781 = FR 1996, 291.
13 BFH v. 6.12.1995 – I R 51/95, BStBl. II 1998, 781 = FR 1996, 291; v. 13.11.2002 – I R 110/00, BFH/NV 2003, 820; BMF v. 2.12.1998, StEK KStG 1977 § 8 Nr. 166.
14 Ausf. OFD Düss. v. 12.8.2004 – S 2177 - 16 - St 13 - K/S 2242 A - St 13 – Leitfaden für die Bewertung v. (Anteilen an) KapGes.
15 BFH v. 26.4.1995 – I R 92/94, BStBl. II 1995, 594 = FR 1995, 579 m. Anm. *Groh*.
16 BFH v. 21.5.1986 – I R 190/81, BStBl. II 1986, 815 = FR 1986, 467.
17 BFH v. 21.10.1976 – IV R 222/72, BStBl. II 1977, 148; v. 27.7.1988 – I R 104/84, BStBl. II 1989, 274 – Teilwertvermutung.
18 BFH v. 9.2.1977 – I R 130/74, BStBl. II 1977, 412; v. 5.2.1988 – III R 229/84, BFH/NV 1988, 432.

nung nach der sog. direkten Methode für sich allein nicht geeignet.[1] IdR liegt eine Fehlmaßnahme nur dann vor, wenn bereits vor dem Geschäftserwerb durch bestimmte Umstände „der Keim für eine Entwicklung des Geschäfts zum Schlechten gelegt" war.[2] Eine nachträgliche **Teilwertabschreibung** ist wegen „rapid gesunkener" Gewinne im dritten Jahr nach dem Erwerb eines Geschäftsanteils zugelassen worden.[3]

4. Forderungen. Unbedingte, nicht bestrittene[4] Forderungen im BV[5] (AV oder UV; UV bei Forderungen aus Lieferungen und Leistungen) sind mit ihrem Nennwert als AK (Abs. 1 Nr. 2) oder ihrem niedrigeren TW zu bewerten. Bei Kapitalforderungen entsprechen sich idR der gemeine Wert (fiktiver Veräußerungserlös) und der TW (Wiederbeschaffungskosten; vgl. Abs. 1 Nr. 1 S. 3).[6] Eine Forderung aus einem gekündigten Bankdarlehen, bei dem nur noch die Verwertung v. Sicherheiten und keine Zinszahlungen zu erwarten sind, ist auf den Betrag des voraussichtlichen Erlöses zu reduzieren und auf den Zeitpunkt abzuzinsen, zu dem mit dem Eingang des Erlöses zu rechnen ist.[7] AK sind beim Erwerb durch Zession das Abtretungsentgelt und die Anschaffungsnebenkosten,[8] beim Erwerb gegen Sachleistung deren gemeiner Wert, bei Veräußerungsgeschäften der Nennwert zum Zeitpunkt der Anschaffung einschl. USt,[9] bei Darlehen mindestens die ausgezahlten Valuta; so auch bei betrieblich veranlasster Darlehensgewährung durch PersGes. an ihren G'ter.[10] Die **AK für einen Wechsel** entsprechen der Wechselsumme abzgl. des vollen Diskonts.[11] **Forderungen in ausländ. Währung** sind mit dem im Zeitpunkt ihrer Begr. maßgebenden Mittelkurs an inländ. Börsen umzurechnen;[12] der Aufwand aus Kurs- und Währungsschwankungen kann durch Teilwertabschreibung vorweggenommen werden, sofern nicht Kurssicherungsgeschäfte (Hedging) die Risiken abfangen oder unzweifelhafte Sicherungs-[13] und Rückgriffsrechte, Ausfallgarantien Dritter,[14] Debitoren- bzw. Delkredereversicherung[15] bestehen (zur **Bewertungseinheit** Rn. 15 f.). Eine Bewertung der Forderung mit dem niedrigeren TW ist unzulässig, wenn mit einem Ausfall der Forderung tatsächlich nicht zu rechnen ist. Das ist der Fall, wenn die Forderung dinglich gesichert ist und die Werthaltigkeit der Sicherheit aufgrund der Umstände des Einzelfalls außer Zweifel steht.[16] Zum Behandlung des Damnums s. § 5 Rn. 91. In Fällen der BetrAufsp. kann der TW einer Forderung des Besitzunternehmens gegen die Betriebsgesellschaft nur nach denselben Kriterien abgeschrieben werden, die für die Teilwertabschreibung der Beteiligung am Betriebsunternehmen durch das Besitzunternehmen bestehen; es ist eine Gesamtbetrachtung der Ertragsaussichten v. Besitz- und Betriebsunternehmen notwendig.[17] 136

Rechtsfragen des TW v. Forderungen. Der TW einer Forderung wird durch die Zahlungsfähigkeit und die Zahlungswilligkeit des Schuldners sowie durch ihre Verzinslichkeit beeinflusst. Zweifelh. Forderungen sind mit ihrem wahrscheinlichen Wert anzusetzen, uneinbringliche Forderungen sind abzuschreiben. Die Buchwerte für Bargeld und Guthaben bei Geldinstituten oder Forderungen an öffentl.-rechtl. Körperschaften liegen nicht unter ihrem Nennwert. Kapitalersetzende Darlehen sind nach den für die Bewertung von Beteiligungen geltenden Kriterien zu bewerten.[18] Gewährt die Muttergesellschaft ihrer Tochtergesellschaft, an der sie mit 94,5 % beteiligt ist, Darlehen, bedarf es für deren Bewertung auch der Betrachtung des Vermögenswerts und der funktionalen Bedeutung des Beteiligungsunternehmens im Unternehmensverbund 137

1 BFH v. 9.2.1977 – I R 130/74, BStBl. II 1977, 412.
2 BFH v. 10.4.1990 – VIII R 170/85, BFH/NV 1991, 226.
3 BFH v. 10.4.1990 – VIII R 170/85, BFH/NV 1991, 226; s. ferner BFH v. 13.3.1991 – I R 83/89, BStBl. II 1991, 595 = FR 1991, 358.
4 BFH v. 26.4.1989 – I R 147/84, BStBl. II 1991, 213 = FR 1989, 740.
5 BFH v. 9.5.1996 – IV R 64/93, BStBl. II 1996, 642 = FR 1996, 744 – Forderungen der PersGes. in deren PV.
6 BFH v. 29.5.2001 – VIII R 10/00, BStBl. II 2001, 747 = FR 2001, 1163 mwN.
7 BFH v. 24.10.2006 – I R 2/06, BStBl. II 2007, 469 = FR 2007, 793 m. Anm. *Prinz.*
8 BFH v. 23.4.1975 – I R 236/72, BStBl. II 1975, 875; v. 26.4.1995 – I R 92/94, BStBl. II 1995, 594 = FR 1995, 579 m. Anm. *Groh* – Wechseldiskontierung; v. 31.5.2001 – IX R 78/98, BStBl. II 2001, 756 = FR 2001, 1185 m. Anm. *Fischer.*
9 BFH v. 24.1.1990 – I R 157/85, I R 145/86, BStBl. II 1990, 639.
10 BFH v. 19.7.1984 – IV R 207/83, BStBl. II 1985, 6 = FR 1985, 20; v. 9.5.1996 – IV R 64/93, BFHE 180, 380 = FR 1996, 744.
11 BFH v. 26.4.1995 – I R 92/94, BStBl. II 1995, 594 = FR 1995, 579 m. Anm. *Groh* – auch zu den durch das Wechseldiskontgeschäft angesprochenen Bilanzpositionen; **aA** *Moxter*, BB 1995, 97.
12 BFH v. 19.1.1978 – IV R 61/73, BStBl. II 1978, 295.
13 BFH v. 24.10.2006 – I R 2/06, BStBl. II 2007, 469 = FR 2007, 793 m. Anm. *Prinz.*
14 Hess. FG v. 13.9.2011 – 4 K 2577/07, 4 K 3035/07, EFG 2012, 812.
15 BFH v. 7.5.1998 – IV R 24/97, BFH/NV 1998, 1471.
16 BFH v. 8.11.2000 – I R 10/98, BStBl. II 2001, 349 = FR 2001, 475.
17 BFH v. 14.10.2009 – X R 45/06, BStBl. II 2010, 274 = FR 2010, 332 m. Anm. *Wendt*; v. 18.4.2012 – X R 7/10, BFH/NV 2012, 1363.
18 BFH v. 18.4.2012 – X R 7/10, BFH/NV 2012, 1363; v. 14.10.2009 – X R 45/06, BStBl. II 2010, 274 = FR 2010, 332 m. Anm. *Wendt.*

(s. auch zu Beteiligungen Rn. 132).[1] Darlehensforderung und Beteiligung sind nach den für das jeweilige WG anwendbaren Vorschriften zu beurteilen.[2] Die **Teilwertvermutung** gilt für den Nennwert der Forderung.[3] Ein wegen Ausfallrisikos unter ihrem Nennbetrag liegender TW (beizulegender Wert) v. Geldforderungen kann im Allg. nur im Wege der Schätzung ermittelt werden.[4] Der Wertberichtigung v. Forderungen steht nicht entgegen, dass sie nach dem Tage der Bilanzerstellung (teilw.) erfüllt worden sind und der Gläubiger den Schuldner weiterhin beliefert hat.[5] Dabei kommt dem Ermessen des nach den Umständen des Einzelfalls und seiner allg. bzw. betrieblichen Erfahrung vorsichtig bewertenden Kfm. besondere Bedeutung zu. Der zu schätzende TW einer Geldforderung bestimmt sich nach dem Erlös, der aus dem Einzug der Forderung zu erzielen ist. Das Vorsichtsprinzip (§ 252 Abs. 1 Nr. 4 HGB; Rn. 17) und das für das UV geltende Niederstwertprinzip können eine Wertberichtigung insoweit gebieten, als eine Sicherung nicht werthaltig ist. Die Bewertung mit einem niedrigeren TW (**Wertberichtigung** wegen zumindest teilw. Uneinbringlichkeit; **Delkredere** wegen darüber hinausgehender Wertminderungen etwa durch Skonti, Zinsverlust, Beitreibung) ist unzulässig, wenn mit einem Ausfall der Forderung nicht zu rechnen ist. Dies ist insbes. der Fall, wenn die Werthaltigkeit einer Sicherheit außer Zweifel steht,[6] zB weil sie dinglich oder durch eine Bürgschaft, Garantie usw. gesichert ist, eine Delkredere- oder Warenkreditversicherung besteht (Rn. 15), die Möglichkeit der Aufrechnung gegeben ist oder wenn das Ausfallwagnis aufgrund besonderer Kontrollmöglichkeiten und/oder der Einflussnahme auf die Geschäftsführung des Schuldners gemindert ist.[7] Zur Pauschalwertberichtigung s. Rn. 14, 142. Das befürchtete Ausfallrisiko muss wirtschaftlich zutr. und ausgehend v. Nettobeträgen geschätzt werden, idR mit einem Hundertsatz des zu bewertenden Forderungsbestandes.[8] Die Bewertungsstetigkeit (Rn. 19) ist zu beachten.

138 **Sind Forderungen mit einem über das allg. Kreditrisiko hinausgehenden Ausfallrisiko behaftet**, ist dem im Wege der Einzelwertberichtigung Rechnung zu tragen.[9] Eine allg. Verschlechterung der Konjunktur oder der Geschäftslage genügt für eine Wertberichtigung nicht. Gleiches gilt für eine Aufrechnungsmöglichkeit.[10] Die Zahlungsfähigkeit und die Zahlungswilligkeit (Bonität) eines – auch im Ausland ansässigen[11] – Schuldners sind dabei individuell nach dessen Verhältnissen zu ermitteln. Schätzungen, die auf bloßen pessimistischen Prognosen zur zukünftigen Entwicklung beruhen, sind unbeachtlich.[12] Allein aus der bilanziellen Überschuldung des Schuldners kann nicht auf die Wertlosigkeit der Forderung geschlossen werden. Der Wert der Darlehensforderung bei **Eintritt der Krise**[13] – Beispiele: schleppende Zahlungseingänge oder Einl. v. Zwangsmaßnahmen gegen den Schuldner, signifikante Überschuldung und die hiermit verbundene Insolvenzgefahr[14] – ist nach dem Grad der Werthaltigkeit zu schätzen.[15] Ihr beizulegender TW ist niedriger (Abs. 1 Nr. 2 S. 2), wenn zB die Erfüllung der Forderung nach den vorsichtig eingeschätzten Verhältnissen am Bilanzstichtag – die nachträgliche Begleichung kann werterhellend sein[16] – in Höhe des Nennwerts zweifelh. (dubios) ist, was insbes. v. der Zahlungsfähigkeit und Zahlungswilligkeit (Bonität) des Schuldners, ggf. v. der mutmaßlichen Erhebung der Verjährungseinrede abhängt. Der TW wird je nach Sachlage durch die zu erwartende Insolvenzquote bestimmt. Bei einer plötzlichen Krise mit anschließender Liquidation mangels Masse kann dies der Wert 0 sein. Am Bewertungsstichtag v. Schuldner noch nicht in Anspr. genommene **Skonti und Rabatte** sind teilwertmindernd.[17] Drohende Zinsverluste infolge schleppenden Zahlungseingangs oder zu erwartende Mahn- und Beitreibungskosten, Preisnachlässe, Warenrücksendungen können teilwertmindernd[18] bzw. im Wege einer Rückstellung[19] zu berücksichtigen sein. Mögliche Verluste aus an-

1 FG Hbg. v. 20.2.2013 – 2 K 89/12, EFG 2013, 1176.
2 BFH v. 11.10.2012 – IV R 45/10, BFH/NV 2013, 518.
3 BFH v. 30.11.1988 – I R 114/84, BStBl. II 1990, 117 = FR 1989, 167.
4 BFH v. 13.9.2005 – X B 8/05, BFH/NV 2005, 2167; v. 13.3.2007 – X B 37/06, BFH/NV 2007, 1138.
5 BFH v. 20.8.2003 – I R 49/02, BStBl. II 2003, 941 = FR 2004, 39.
6 BFH v. 7.5.1998 – IV R 24/97, BFH/NV 1998, 1471.
7 BFH v. 31.1.1973 – I R 197/70, BStBl. II 1973, 391 – Forderung gegen beherrschte KapGes.
8 BMF v. 10.1.1994, BStBl. I 1994, 98 – Pauschalwertberichtigungen bei Kreditinstituten.
9 BFH v. 20.8.2003 – I R 49/02, BStBl. II 2003, 941 = FR 2004, 39.
10 BFH v. 25.2.1986 – VIII R 180/85, BFH/NV 1986, 458.
11 BFH v. 4.4.1973 – I R 130/71, BStBl. II 1973, 485; v. 20.8.2003 – I R 49/02, BStBl. II 2003, 941 = FR 2004, 39, unter Berücksichtigung einer uU erschwerten oder geminderten Realisierbarkeit der Forderung.
12 BFH v. 20.8.2003 – I R 49/02, BStBl. II 2003, 941 = FR 2004, 39.
13 BFH v. 9.3.1994 – X B 68/93, BFH/NV 1994, 760: Ein Wechsel geht zu Protest.
14 BFH v. 29.5.2001 – VIII R 10/00, BStBl. II 2001, 747 = FR 2001, 1163 mwN.
15 ZB BMF v. 7.3.1983, WPg. 1986, 137 – Wertberichtigungen bei Auslandskrediten; s. auch BFH v. 21.6.2004 – VII B 167/03, BFH/NV 2005, 62.
16 BFH v. 20.8.2003 – I R 49/02, BStBl. II 2003, 941 = FR 2004, 39.
17 BFH v. 19.1.1967 – IV 117/65, BStBl. III 1967, 336, str., nach anderer Auffassung ist eine Rückstellung zu bilden.
18 BFH v. 7.5.1998 – IV R 24/97, BFH/NV 1998, 1471 mwN.
19 BFH v. 27.5.1964 – IV 352/62 U, BStBl. III 1964, 478 – Prozesskostenrisiko.

deren Geschäftsvorfällen (zB Notwendigkeit einer Kreditaufnahme, Verlust eigener Skonti gegen Vorlieferanten; Inanspruchnahme aus weitergegebenen Kundenwechseln) sind nicht zu berücksichtigen. Die Teilwertabschreibung ist netto, dh. abzgl. des in der Forderung enthaltenen USt-Betrages vorzunehmen.[1] Anzuwenden ist die direkte Methode (aktivischer Ausweis). Wird eine auf den TW abgeschriebene **Forderung teilw. beglichen**, so ist der Tilgungsbetrag voll mit dem Buchwert der Forderung zu verrechnen.[2] Bei der Bestimmung des (gemeinen) Forderungswerts ist der Umstand zu berücksichtigen, ob das Unternehmen des Darlehensschuldners fortgeführt wird oder v. der Liquidation bedroht ist.[3] Gekündigte Darlehensforderungen ohne Zinserwartung können auf den Betrag der voraussichtlichen Erlöse abgeschrieben werden.[4]

Der TW einer mehr als ein Jahr nach Entstehung fälligen und damit **langfristigen** (§ 12 Abs. 3 BewG; str. bei kurz- und mittelfristigen Forderungen), selbst ausdrücklich unverzinslichen oder einer ungewöhnlich niedrig verzinslichen **Forderung** ist durch **Abzinsung** der künftigen Zahlungen (= Barwert) auf den jeweiligen Stichtag zu ermitteln;[5] dies gilt auch bei Forderungen des AV (dh. solchen mit einer Laufzeit v. vier Jahren und länger). Grds enthält jede längerfristige Rate einen Tilgungs- und einen Zinsanteil. Der sachliche Grund für eine solche Abzinsung liegt in der Natur der Geldforderung, die darauf gerichtet ist, durch Zinsen Ertrag zu erwirtschaften.[6] Ein gedachter Erwerber würde für eine unverzinsliche Forderung weniger bezahlen. Die Höhe des Rechnungszinsfußes ist gesetzlich nicht geregelt und str.; die Rspr. und das BMF wenden bei Forderungen des BV den in § 12 Abs. 3 BewG genannten Zinsfuß v. 5,5 % an, „sofern die Beteiligten keinen anderen plausibel darlegen können".[7] Die Vertragspartner können v. einem auf dem Kapitalmarkt im Anschaffungszeitpunkt für vergleichbare betriebliche Kredite üblichen effektiven Zinssatz ausgehen.[8] Nach dem Teilwertgedanken ist indes der betriebsindividuelle/marktüblich erzielbare Zinssatz maßgeblich, wobei auf die durch die Zinslosigkeit entgehenden Zinsen/Zwischenzinsen abzustellen ist.[9] Die Laufzeit der Forderung ist ggf. zu schätzen. Die auf der Unverzinslichkeit einer im AV gehaltenen Darlehensforderung beruhende Minderung des TW ist keine voraussichtlich dauernde Wertminderung und rechtfertigt deshalb **keine TW-Abschreibung**.[10] Wie **Kaufpreisraten** (auch Zeitrenten,[11] § 22 Rn. 3, 22) werden andere entgeltliche wiederkehrende Leistungen, insbes. Leibrenten, behandelt; die Frage nach einem Leibrentenstammrecht ist auch hier ohne Belang. Eine Forderung aus entgeltlichem **Leibrentenvertrag** ist mit ihrem Barwert anzusetzen; es gelten spiegelbildlich die Ausführungen zu Rn. 152.[12] Erhöhungen aufgrund einer **Wertsicherungsklausel** berühren nicht die AK, sondern sind Früchte der Kapitalnutzung.[13] Zur privaten Versorgungsrente und ihrer Abgrenzung ggü. der Veräußerungs- und der Unterhaltsrente s. § 22 Rn. 11 ff. 139

Eine Abzinsung unterbleibt, wenn der Darlehensnehmer zwar keine oder nur geringe Zinsen zahlt, jedoch eine andersartige, den Zinsverlust ausgleichende – auch wiederkehrende – konkrete mindestens gleichwertige Gegenleistung erbringt, und zwar als WG konkretisierter oder sonstiger fassbarer Vorteile (**Kompensation**, Rn. 15 f.[14]); so auch ohne konkrete Gegenleistung bei unverzinslichen Darlehen an ArbN.[15] 140

1 Vgl. BFH v. 16.7.1981 – IV R 89/80, BStBl. II 1981, 766 = FR 1981, 572 – Besteuerung nach vereinnahmten Entgelten.
2 BFH v. 12.10.1995 – I R 179/94, BStBl. II 1996, 402 = FR 1996, 488.
3 BFH v. 29.5.2001 – VIII R 10/00, BStBl. II 2001, 747 = FR 2001, 1163.
4 BFH v. 24.10.2006 – I R 2/06, BStBl. II 2007, 469 = FR 2007, 793 m. Anm. *Prinz*.
5 BFH v. 14.2.1984 – VIII R 41/82, BStBl. II 1984, 550 = FR 1984, 419; v. 26.6.1996 – VIII R 67/95, BFH/NV 1997, 175 mwN; BVerfG v. 7.6.1993 – 2 BvR 335/93, HFR 1993, 542; zur späteren Vereinbarung der Unverzinslichkeit BFH v. 22.7.2013 – I B 183/12, BFH/NV 2013, 1779.
6 BFH v. 4.2.1999 – IV R 57/97, BStBl. II 1999, 602 = FR 1999, 608 m. Anm. *Kanzler* – unverzinslicher Anspr. auf Brandentschädigung ist nicht abzuzinsen.
7 BFH v. 26.5.1993 – X R 72/90, BStBl. II 1993, 855 = FR 1993, 775; v. 27.10.1992 – X B 132/92, BFH/NV 1993, 97 – kein höherer Zinssatz bei Wertsicherungsklausel; s. auch gleich lautende Erl. FinVerw. v. 10.10.2010, BStBl. I 2010, 810 – Bewertung v. Kapitalforderungen und Kapitalschulden sowie Anspr./Lasten bei wiederkehrenden Nutzungen und Leistungen nach dem 31.12.2009 für Zwecke der ErbSt und SchenkSt.
8 BFH v. 21.10.1980 – VIII R 190/78, BStBl. II 1981, 160 = FR 1981, 123; v. 31.1.1980 – IV R 126/76, BStBl. II 1980, 491 = FR 1980, 435.
9 BFH v. 19.1.1967 – IV 117/65, BStBl. III 1967, 336; zur Zinslosigkeit v. Forderungen *Teichgräber*, DB 2005, 1288.
10 BFH v. 24.10.2012 – I R 43/11, BStBl. II 2013, 162 = FR 2013, 168 m. Anm. *Bareis*; v. 24.7.2013 – IV R 30/10, BFH/NV 2014, 304; *Märtens*, jurisPR-SteuerR 8/2013 Anm. 4.
11 BFH v. 31.8.1994 – X R 44/93, BStBl. II 1996, 676 (679) = FR 1995, 231 m. Anm. *Weber-Grellet*.
12 BFH v. 20.1.1971 – I R 147/69, BStBl. II 1971, 302; v. 31.8.1994 – X R 58/92, BStBl. II 1996, 672 = FR 1995, 307; zu gewinn- und umsatzabhängigen Entgelten s. § 16 Rn. 81.
13 BFH v. 24.1.1990 – I R 157/85, I R 145/86, BStBl. II 1990, 639; v. 27.10.1992 – X B 132/92, BFH/NV 1993, 97 mnN.
14 BFH v. 9.7.1969 – I R 38/66, BStBl. II 1969, 744 – Nutzung v. Forschungsergebnissen; v. 26.2.1975 – I R 72/73, BStBl. II 1976, 13; v. 17.3.1959 – I 207/58 U, BStBl. III 1959, 320 – unverzinsliche Darlehen gegen Übernahme einer Bierlieferungsverpflichtung; s. auch BFH v. 23.6.1997 – GrS 2/93, BStBl. II 1997, 735 (739) = FR 1997, 678 m. Anm. *Groh*.
15 BFH v. 30.11.1988 – I R 114/84, BStBl. II 1990, 117 = FR 1989, 167; v. 24.1.1990 – I R 157/85, I R 145/86, BStBl. II 1990, 639 – Sozialdarlehen an Betriebsangehörige; BMF v. 17.1.1990, BStBl. I 1990, 71 – Darlehensforderungen.

141 **Eine Teilwertabschreibung setzt den Nachweis voraus**, dass der Zinsverlust höher ist als der Wert der Gegenleistung; hierzu bedarf es einer Veränderung der am Anschaffungszeitpunkt bestehenden Verhältnisse[1] oder des Nachweises einer Fehlmaßnahme. Eine Teilwertabschreibung ist nicht zulässig, wenn bei Kreditinstituten die Spanne zw. dem Zins für die Refinanzierung und dem vereinbarten Zins unverändert geblieben ist.[2] Das sukzessive Aufzinsen bewirkt zwingend die Wertaufholung.

142 **Der Regelfall ist die Einzelwertberichtigung**. Ein größerer Bestand[3] gleichartiger Forderungen auch ggü. namentlich bekannten Schuldnern kann **pauschal wertberichtigt** werden, wenn die Gemeinsamkeiten ggü. den Unterschieden überwiegen und die individuelle Behandlung schwierig oder unzumutbar erscheint (Rn. 14).[4] Für eine Pauschalwertberichtigung können betriebliche Erfahrungen der Vergangenheit einen wertvollen Anhaltspunkt für die nach dem Vorsichtsprinzip vorzunehmende Schätzung bieten, solange sich die Verhältnisse nicht wesentlich ändern. Ungeachtet der konkreten betrieblichen Erfahrungen ist davon auszugehen, dass im Falle nicht ausreichender Sicherung bei einer größeren Anzahl gleichartiger Forderungen idR mit einer gewissen Wahrscheinlichkeit mit Forderungsausfällen zu rechnen ist **(latentes Risiko)**.[5] Konkret wertgeminderte Forderungen können einzeln, der Rest kann pauschal **(gemischtes Verfahren)** bewertet werden.[6] Je mehr Forderungen einzelwertberichtigt werden, umso höhere Anforderungen sind an den Nachweis einer Berechtigung der Pauschalwertberichtigung zu stellen. Sind Forderungen mit einem über das allgemeine Kreditrisiko hinausgehenden Ausfallrisiko behaftet, ist dem im Wege der Einzelwertberichtigung Rechnung zu tragen.[7]

143 **III. Finanzinstrumente (Abs. 1 Nr. 2b).**[8] Abs. 1 Nr. 2b wurde durch das BilMoG eingeführt. Nach dieser Vorschrift sind zu Handelszwecken – dh. mit der Absicht, aus kurzfristigen Preisschwankungen auf einem aktiven Markt Gewinne zu erzielen, und damit nicht zur Absicherung v. Grundgeschäften – erworbene **Finanzinstrumente** des Handelsbestands v. StPfl., die als Kreditinstitute und Finanzdienstleistungsinstitute in den Anwendungsbereich des § 340 HGB fallen, nach § 340e Abs. 3 S. 1 HGB mit dem beizulegenden Zeitwert abzgl. eines Risikoabschlags auszuweisen (**fair value**). Auf den TW ist nicht abzustellen (Abs. 1 Nr. 2b S. 2). Dies gilt allerdings nicht für Finanzinstrumente, die von einer Bewertungseinheit iSv. § 5 Abs. 1a S. 2 erfasst werden. Für sie gelten die Sonderregelungen nicht. Der Begriff der Finanzinstrumente ist weder im HGB noch in § 6 allgemein definiert. Nur für Warentermingeschäfte enthält § 254 S. 2 HGB eine Zuordnung zu den Finanzinstrumenten. Zur Abgrenzung liegt es nahe, auf die Definition in § 1 Abs. 11 S. 1 KWG zurückzugreifen. Davon werden ua. handelbare Wertpapiere, Schuldtitel, Vermögensanlagen, Geldmarktinstrumente, Devisen und Rechnungseinheiten erfasst. Fraglich ist, ob § 6 Abs. 1 Nr. 2b nur für Finanzinstrumente mit WG-Qualität gilt[9] oder auch für andere, zB Derivate, Futures, Swaps oder Forwards.[10] Der beizulegende Zeitwert ist auch dann zu übernehmen, wenn dieser unter den AK liegt und eine Teilwertabschreibung nach Abs. 1 Nr. 2 S. 2 wegen einer nur vorübergehenden dauernden Wertminderung nicht zulässig wäre. Andererseits ist der Zeitwert auch dann anzusetzen, wenn die Wertsteigerungen über den AK liegen. Das Prinzip der Zeitwertbewertung wird aus praktischen Erwägungen für die stl. Gewinnermittlung übernommen, weil die StPfl. andernfalls gezwungen wären, die AK der Finanzinstrumente in der Buchführung festzuschreiben. Dem Gesetzgeber erscheint es verhältnismäßig, eine Abweichung v. Grundsatz der Besteuerung nur realisierter Gewinne vorzunehmen. Die Besteuerung der realisierbaren Gewinne stellt nur ein kurzfristiges Vorziehen des Besteuerungszeitpunktes dar.[11]

144 **IV. Verbindlichkeiten (Abs. 1 Nr. 3). 1. Grundsätzliches.** Nach § 6 Abs. 1 Nr. 3 sind Verbindlichkeiten unter sinngemäßer Anwendung der Vorschriften der Nr. 2 anzusetzen und mit einem Zinssatz v. 5,5 vH abzuzinsen. Ausgenommen v. der Abzinsung sind Verbindlichkeiten, deren Laufzeit am Bilanzstichtag weniger als 12 Monate beträgt, und Verbindlichkeiten, die verzinslich sind oder auf einer Anzahlung oder

1 BFH v. 9.7.1981 – IV R 35/78, BStBl. II 1981, 734 = FR 1981, 571.
2 BFH v. 24.1.1990 – I R 157/85, I R 145/86, BStBl. II 1990, 639; v. 3.12.1998 – III R 5/98, BStBl. II 1999, 227 = FR 1999, 315 – Schuldscheindarlehen.
3 BFH v. 7.5.1998 – IV R 24/97, BFH/NV 1998, 1471 – bei einer Zahl v. nur 39 Schuldnern ist besondere Vorsicht geboten.
4 BFH v. 16.7.1981 – IV R 89/80, BStBl. II 1981, 766 = FR 1981, 572; v. 27.3.1996 – I R 3/95, BStBl. II 1996, 470 = FR 1996, 486.
5 BFH v. 7.5.1998 – IV R 24/97, BFH/NV 1998, 1471 mwN.
6 BFH v. 16.7.1981 – IV R 89/80, BStBl. II 1981, 766 = FR 1981, 572.
7 BFH v. 20.8.2003 – I R 49/02, BStBl. II 2003, 941 = FR 2004, 39.
8 Ausf. *Helios/Schlotter*, DStR 2009, 547.
9 So BT-Drucks. 344/08, 13 f.
10 So *Helios/Schlotter*, DStR 2009, 547.
11 Zu Einzelfragen BT-Drucks. 16/10067, 99 f.

Vorausleistung beruhen. **Anzusetzende Verbindlichkeiten (Kreditoren)** sind rechtl. erzwingbare oder faktische, wirtschaftlich belastende[1] Verpflichtungen des Unternehmens ggü. Dritten, die nach Grund und Höhe feststehen; sie müssen quantifizierbar,[2] nicht aber fällig sein (§ 5 Rn. 106 ff.).[3] Nicht zu passivieren sind aufschiebend bedingte Verbindlichkeiten (zB Eventual-, Bürgschaftsverpflichtung)[4]; ferner Verbindlichkeiten, die nur zu erfüllen sind, soweit künftig Einnahmen oder Gewinne anfallen (erfolgsabhängige Verpflichtungen; s. § 5 Rn. 132 ff.).[5] Solche Verbindlichkeiten sind nur zu passivieren, wenn die Bedingung eingetreten ist oder wenn die Einnahmen oder Gewinne anfallen (§ 5 Abs. 2a). Verbindlichkeiten, die – auch als Teil eines Gesamtbestandes – bei vorsichtiger Einschätzung mit an Sicherheit grenzender Wahrscheinlichkeit nicht zu erfüllen sind,[6] sind ebenso wenig wie schwebende Geschäfte zu bilanzieren. Zur Kompensation etwa mit Rückgriffsanspr s. Rn. 16. Die Zahlungsunfähigkeit des Schuldners rechtfertigt nicht die gewinnerhöhende Ausbuchung einer Verbindlichkeit.[7] Zum Grundsatz der Einzelbewertung[8] und der Pauschalbewertung im Interesse eines zutr. Vermögensausweises s. Rn. 13 ff.[9] § 240 Abs. 4 HGB gestattet eine Durchschnittsbewertung auch für Schulden. Eine Verbesserung der allg. Kreditkonditionen seit der Darlehensaufnahme rechtfertigt es nicht, einen aktivierten RAP niedriger anzusetzen.[10] Die Bewertungsregeln des **§ 6a** gehen als Sonderregelungen vor, dies gilt über § 5 Abs. 7 S. 1 auch für den Übernehmer einer solchen Verpflichtung (s. § 5 Rn. 158 ff.); der spezielle Teilwertbegriff des § 6a Abs. 3 hat Vorrang vor dem allg. Teilwertbegriff des § 6 Abs. 1 Nr. 1 S. 3.[11]

Nicht bestimmte, aber bestimmbare – andernfalls ist ggf. eine Rückstellung anzusetzen – zB **gewinn- und umsatzabhängige Verbindlichkeiten** sind mit ihrem voraussichtlichen Erfüllungsbetrag zu passivieren. 145
Nicht hinreichend bestimmbare **Erfüllungsrückstände** sind als ungewisse Verbindlichkeiten mit dem Betrag als Rückstellung zu passivieren, der hätte aufgewendet werden müssen, wenn der Rückstand bereits am Bilanzstichtag hätte erfüllt werden müssen. Gehalts- und Preissteigerungen nach dem Bilanzstichtag sind bei der Bewertung einer ungewissen Verbindlichkeit unberücksichtigt zu lassen.[12]

Umschuldungen und Novationen lassen eine neue Verbindlichkeit entstehen, ggf. mit Realisierungseffekt.[13]

2. „Anschaffungskosten". Verbindlichkeiten – vor allem **Kaufpreis- und Kreditverbindlichkeiten**[14] – 146
sind unter sinngemäßer Anwendung des § 6 Abs. 1 Nr. 2 zu bewerten (§ 6 Abs. 1 Nr. 3 S. 1), dh. **grds. mit dem Nennbetrag**[15] (Rückzahlungsbetrag; handelsrechtl. „Erfüllungsbetrag", § 253 Abs. 1 S. 2 HGB) als deren AK[16] oder dem höheren TW, und zwar nach den gleichen Grundsätzen wie Verbindlichkeitsrückstellungen.[17] Die AK einer Verbindlichkeit sind – unter dem Vorbehalt des § 5 Abs. 6 – nach den GoB (§ 5 Abs. 1) zu ermitteln. Der Zugang im Aktivvermögen und die deswegen eingegangene Verpflichtung sind erfolgsneutral. Danach gelten[18] als AK die Aufwendungen, die zur Erfüllung der Verbindlichkeit erfor-

1 BFH v. 27.3.1996 – I R 3/95, BStBl. II 1996, 470 = FR 1996, 486.
2 BFH v. 20.1.1993 – I R 115/91, BStBl. II 1993, 373 = FR 1993, 302; zu unbestimmter Verpflichtung BFH v. 18.1.1989 – X R 10/86, BStBl. II 1989, 549 = FR 1989, 302.
3 BFH v. 24.5.1984 – I R 166/78, BStBl. II 1984, 747 = FR 1984, 540.
4 BFH v. 12.6.2013 – X B 191/12, BFH/NV 20113, 1622: Ein Rückgriffsanspr. des Bürgen entsteht erst dann, wenn dieser tatsächlich geleistet hat.
5 BMF v. 25.2.2000, BStBl. I 2000, 372; zum Hintergrund *Prinz*, DStR 2000, 661 (669 f.).
6 BFH v. 22.11.1988 – VIII R 62/85, BStBl. II 1989, 359 = FR 1989, 169; v. 27.3.1996 – I R 3/95, BStBl. II 1996, 470 = FR 1996, 486 – „unbewegte Sparkonten"; *Moxter*, BB 1998, 2464 mwN.
7 BFH v. 9.2.1993 – VIII R 29/91, BStBl. II 1993, 747 = FR 1993, 741.
8 BFH v. 12.12.1990 – I R 153/86, BStBl. II 1991, 479 – pauschales Bewertungsverfahren; Saldierung bei Aufrechnungslage; v. 9.5.1996 – IV R 77/95, BStBl. II 1996, 476 = FR 1996, 790; v. 27.3.1996 – I R 3/95, BStBl. II 1996, 470 = FR 1996, 486 – Schätzung anhand v. Erfahrungswerten, ggf. aufgrund der tatsächlichen Entwicklung nach dem Bilanzstichtag.
9 BFH v. 12.12.1990 – I R 153/86, BStBl. II 1991, 479; v. 17.2.1993 – X R 60/89, BStBl. II 1993, 437 = FR 1993, 500 – noch nicht verwirklichter Rückgriffsanspruch.
10 BFH v. 20.11.1969 – IV R 3/69, BStBl. II 1970, 209.
11 BFH v. 7.4.1994 – IV R 56/92, BStBl. II 1994, 740 = FR 1994, 541; v. 25.5.1988 – I R 10/84, BStBl. II 1988, 720 = FR 1988, 443.
12 BFH v. 10.3.1993 – I R 70/91, BStBl. II 1993, 446 = FR 1993, 396 mwN.
13 BFH v. 13.3.1974 – I R 165/72, BStBl. II 1974, 359.
14 BFH v. 31.1.1980 – IV R 126/76, BStBl. II 1980, 491 = FR 1980, 435 mwN.
15 BFH v. 20.9.1995 – X R 225/93, BStBl. II 1997, 320 = FR 1996, 20.
16 BFH v. 15.7.1998 – I R 24/96, BStBl. II 1998, 728 = FR 1998, 996; v. 17.11.2010 – I R 83/09, BStBl. II 2011, 812 = FR 2011, 673 – Verpflichtung aus einer Rückverkaufsoption; hierzu BMF v. 12.10.2011, BStBl. I 2011, 967.
17 BFH v. 13.11.1991 – I R 129/90, BStBl. II 1992, 519 = FR 1992, 405; v. 8.7.1992 – XI R 50/89, BStBl. II 1992, 910 = FR 1992, 650.
18 BFH v. 19.1.1978 – IV R 153/72, BStBl. II 1978, 262.

derlich sind. Bei einer **auf Leistung in Geld** gerichteten Verbindlichkeit gibt es keine AK im eigentlichen Sinne.[1] Deren Höhe richtet sich nach den erwarteten Ausgaben aufgrund der Preisverhältnisse am Bilanzstichtag;[2] künftige Preissteigerungen sind unbeachtlich.[3] Das angeschaffte WG ist hiervon unabhängig zu bewerten. Geldforderungen und -verbindlichkeiten tragen wie Geld ihren Wert in sich. **Nebenkosten des Kredits** (Abschluss-, Bearbeitungs-, Kreditgebühren, Steuern usw.) sind keine AK der Verbindlichkeit; sie sind als zeitbezogene Gegenleistung aktiv abzugrenzen (RAP);[4] anders die nicht zeitraumbezogene Vermittlungsprovision an Dritte.[5] Für ein **Damnum/Disagio** ist ein aktiver RAP (§ 5 Abs. 5) zu bilden und auf die Dauer des Kredits zu verteilen.[6] Verbindlichkeiten, die auf **Sach- oder Dienstleistungen** gerichtet sind, sind entspr. § 6 Abs. 1 Nr. 3a lit. b zu bewerten (Rn. 157),[7] und zwar ohne Begrenzung nach oben durch den Marktpreis.[8] Die Übernahme solcher Verpflichtungen kann zu AK führen.[9] Lässt ein Unternehmer die geschuldete Leistung v. eigenen Arbeitskräften erbringen, sind nur die internen Einzelkosten, nicht auch die internen Gemeinkosten anzusetzen.[10] Sind bestimmte vertretbare Sachen geschuldet, sind diese sog. Sachwertschulden grds. korrespondierend zur Bewertung der übernommenen WG zu bewerten.[11] Die Höhe einer **Pachterneuerungsrückstellung** bemisst sich unter Berücksichtigung des jährlichen Wertverzehrs auf der Grundlage der Wiederbeschaffungskosten (ohne Abzinsung) zum jeweiligen Bilanzstichtag.[12] Sachwertschulden (zB Rückgabe- bzw. Wertersatzverpflichtung) des Pächters sind mit den AK der übernommenen bzw. neu angeschafften WG zu passivieren.[13]

147 **3. Teilwert.** Der **TW einer Verbindlichkeit** ist gleich dem Betrag, den der Erwerber des Betriebs mehr bezahlen würde, wenn diese nicht bestünde oder wenn er sie v. Veräußerer nicht zu übernehmen brauchte (Zeit- oder Barwert). Das für die WG des UV geltende Niederstwertprinzip verwandelt sich bei Verbindlichkeiten in ein **Höchstwertprinzip**. Dem niedrigeren TW beim Aktivvermögen entspricht spiegelbildlich beim Passivvermögen der **höhere TW**. Der Ansatz v. Zwischenwerten zwecks zeitlicher Streckung der Gewinnauswirkung einer Teilwertkorrektur ist nicht zulässig. Wegen der Verweisung auf Abs. 1 Nr. 2 gilt das Verbot, bei nur **vorübergehender Teilwerterhöhung** den höheren TW anzusetzen. Der TW kann sich erhöhen zB infolge der Aktualisierung einer Wertsicherungsklausel (= dauernde Erhöhung) oder bei Kursverlusten v. Fremdwährungsschulden.[14] Es gelten die **Teilwertvermutungen**, die allg. Teilwertgrenzen sowie das Wertaufholungsgebot. Eine Verbindlichkeit, die mit einem qualifizierten Rangrücktritt belegt ist, weil sie nur aus einem zukünftigen Bilanzgewinn und aus einem etwaigen Liquidationsüberschuss zu tilgen ist, darf gem. § 5 Abs. 2a nicht passiviert werden.[15] Eine Verbindlichkeit ist gewinnerhöhend auszubuchen, wenn anzunehmen ist, dass sich der Schuldner auf deren Verjährung beruft;[16] nicht hingegen bereits dann, wenn der Schuldner bei Fälligkeit der Verpflichtung zahlungsunfähig ist.[17]

1 BFH v. 12.12.1990 – I R 153/86, BStBl. II 1991, 479.
2 BFH v. 8.7.1992 – XI R 50/89, BStBl. II 1992, 910 = FR 1992, 650 mwN.
3 BFH v. 10.3.1993 – I R 70/91, BStBl. II 1993, 446 = FR 1993, 396.
4 BFH v. 19.1.1978 – IV R 153/72, BStBl. II 1978, 262; s. ferner BFH v. 15.5.1963 – I 272/61 U, BStBl. III 1963, 327 – zusätzliches Entgelt für ein Tilgungsstreckungsdarlehen; v. 19.1.1978 – IV R 153/72, BStBl. II 1978, 262 – Gegenleistung an Dritte für Besicherung; v. 12.12.1991 – IV R 28/91, BStBl. II 1992, 600 – Bürgschafts- und Avalprovisionen.
5 BFH v. 4.3.1976 – IV R 78/72, BStBl. II 1977, 380.
6 BFH v. 21.4.1988 – IV R 47/85, BStBl. II 1989, 722 = FR 1988, 640.
7 BFH v. 26.5.1993 – X R 72/90, BStBl. II 1993, 855 = FR 1993, 775 – zur Erfüllung erforderliche Aufwendungen (Einzel- und notwendige Gemeinkosten = Vollkosten ohne kalkulatorische Kosten).
8 BFH v. 25.2.1986 – VIII R 134/80, BStBl. II 1986, 788 = FR 1986, 513 mwN – Rückstellung für Abrechnungsverpflichtung: steuerrechtl. kein Wahlrecht, s. aber BFH v. 6.12.1995 – I R 14/95, BStBl. II 1996, 406: bei Rückstellung für Resturlaubsverpflichtung steht die Geldleistungsverpflichtung im Vordergrund; v. 29.1.2008 – I B 100/07, BFH/NV 2008, 943 – Rückstellungen für ausstehende Urlaubstage.
9 BFH v. 31.5.1972 – I R 49/69, BStBl. II 1972, 696; v. 12.12.1991 – IV R 28/91, BStBl. II 1992, 600.
10 BFH v. 24.11.1983 – IV R 22/81, BStBl. II 1984, 301.
11 BFH v. 16.11.1978 – IV R 160/74, BStBl. II 1979, 138.
12 BFH v. 3.12.1991 – VIII R 88/87, BStBl. II 1993, 89 = FR 1992, 576.
13 BFH v. 5.5.1976 – I R 166/74, BStBl. II 1976, 717; zur korrespondierenden Sachwertforderung des Pächters BFH v. 6.12.1984 – IV R 212/82, BStBl. II 1985, 391.
14 S. aber BFH v. 23.4.2009 – IV R 62/06, BStBl. II 2009, 778 = FR 2009, 1056 m. Anm. *Schlotter*: bei längerfristigen Darlehen (Mindestlaufzeit zehn Jahre) führt nicht jede Wechselkursschwankung zu einer Veränderung des TW; so auch BFH v. 4.2.2014 – I R 53/12, BFH/NV 2014, 1016; **aA** *Hölscher*, DStR 2015, 1401, zur Bewertung von Verbindlichkeiten in CHF wegen einer fundamentalen Änderung der Verhältnisse durch Aufhebung der Wechselkursanbindung Anfang 2015.
15 BFH v. 15.4.2015 – I R 44/14, BFH/NV 2015, 1177; vgl. auch BMF v. 8.9.2006, BStBl. I 2006, 497.
16 BFH v. 9.2.1993 – VIII R 21/92, BStBl. II 1993, 543 = FR 1993, 535.
17 BFH v. 9.2.1993 – VIII R 29/91, BStBl. II 1993, 747 = FR 1993, 741.

Bewertungsuntergrenze ist stets der Zugangswert (Anschaffungswert), es sei denn, die Verbindlichkeit wird mit an Sicherheit grenzender Wahrscheinlichkeit nicht mehr erfüllt werden;[1] andernfalls würde ein nichtrealisierter Gewinn ausgewiesen.[2] Nach hM ist bei bes. hoch verzinslichen Verbindlichkeiten der höhere TW anzusetzen, wenn das allg. Zinsniveau sinkt, sofern ein Betriebserwerber den Kredit ablösen könnte. Aufwendungen für eine vorzeitige Ablösung des Kredits durch den Schuldner sind keine den TW erhöhenden Umstände.[3] Zur Entstehung eines „Erwerbsgewinns“ bei der entgeltlichen Übernahme passivierungsbeschränkter Verbindlichkeiten gem. § 5 Abs. 7 s. § 5 Rn. 158 ff. 148

4. Abzinsung von Verbindlichkeiten.[4] Das – verfassungsrechtl. unbedenkliche – Gebot der Abzinsung v. Verbindlichkeiten beruht ebenso wie das ihm entsprechende Abzinsungsgebot für Verbindlichkeitsrückstellungen auf der typisierenden Vorstellung, dass eine erst in der Zukunft zu erfüllende Verpflichtung den Schuldner weniger belastet, als eine sofortige Leistungspflicht.[5] § 6 Abs. 1 Nr. 3 S. 1 enthält für Verbindlichkeiten mit einer festgelegten Restlaufzeit[6] v. wenigstens zwölf Monaten (vgl. § 6 Abs. 1 Nr. 3 S. 2)[7] ein in der Literatur weitgehend abgelehntes grds. **Abzinsungsgebot** mit einem – wirtschaftlich und verfassungsrechtl. nicht unproblematischen[8] – Zinsfuß v. 5,5 %, und zwar unabhängig davon, ob offen oder verdeckt ein **Kreditgeschäft** (Überlassung v. Kapital gegen Entgelt) anzunehmen ist oder eine Verzinslichkeit ausgeschlossen ist, etwa wg. des Zinseszinsverbots gem. § 248 Abs. 1 BGB.[9] Die Abzinsung erfolgt versicherungsmathematisch oder aus Vereinfachungsgründen nach §§ 12–14 BewG.[10] Handelsbilanziell sind Verbindlichkeiten grds. nicht abzuzinsen (§ 253 Abs. 2 HGB). Deshalb führt die stl. Abzinsungsverpflichtung zu einem Ertrag.[11] Eine Abzinsung unterbleibt, wenn die Laufzeit der Verbindlichkeit am Bilanzstichtag weniger als zwölf Monate beträgt. Die Verbindlichkeit muss binnen Jahresfrist vollständig getilgt sein.[12] Dabei ist keine rein zivilrechtl. Betrachtungsweise anzustellen.[13] Bei aufsteigenden Zinsverbindlichkeiten, die zivilrechtl. jedes Jahr neu entstehen, ist aufgrund wirtschaftlicher Überlegungen zu ermitteln, welche durchschnittliche Zinsforderung über die Laufzeit des Darlehens bis zu welchem Zeitpunkt zu erfüllen ist.[14] Eine Abzinsung erfolgt ferner nicht, wenn die Verbindlichkeit verzinslich ist oder auf einer Anzahlung oder Vorausleistung beruht (§ 6 Abs. 1 Nr. 3 S. 2). 149

Eine verzinsliche Verpflichtung liegt vor, wenn ein Zinssatz v. mehr als 0 % vereinbart ist.[15] Die Zinsvereinbarung kann auch nachträglich erfolgen. Dies führt dazu, dass die Verbindlichkeit zum nächsten Bilanzstichtag als verzinsliche zu behandeln ist, und zwar auch dann, wenn die Verzinsung erst nach dem Stichtag greift.[16] Die Gegenleistung für die Kapitalüberlassung braucht nicht in Geld zu bestehen, **Sachleistungsverpflichtungen** (zB gerichtet auf Abbruch, Rekultivierung,[17] Beseitigung v. Altlasten, Aufbewah- 150

---

1 BFH v. 12.12.1990 – I R 153/86, BStBl. II 1991, 479 – Verzicht; s. auch BFH v. 30.3.1993 – IV R 57/91, BStBl. II 1993, 502 = FR 1993, 471 – nachträglicher Rangrücktritt; v. 17.11.1987 – VIII R 348/82, BStBl. II 1988, 430 = FR 1988, 223; v. 7.4.1994 – IV R 56/92, BStBl. II 1994, 740 = FR 1994, 541 – ein späteres Entgegenkommen durch Gläubiger ist nicht werterhellend.

2 BFH v. 4.5.1977 – I R 27/74, BStBl. II 1977, 802.

3 BFH v. 28.11.1990 – II B 90/90, BStBl. II 1991, 170.

4 Hierzu *Groh*, DB 2007, 2275.

5 BFH v. 6.10.2009 – I R 4/08, BStBl. II 2010, 177 = FR 2010, 339 m. Anm. *Buciek*; *Heger*, jurisPR-SteuerR 5/2010 Anm. 2; BFH v. 18.9.2018 – XI R 30/16, DB 2018, 2904 Rn. 24.

6 Zur Ermittlung der maßgebenden Restlaufzeit v. Fälligkeits- und Tilgungsdarlehen am Bilanzstichtag BMF v. 26.5.2005, BStBl. I 2005, 699 Tz. 3 f., 9 f.

7 Zur Rechtslage, wenn eine bestimmte Laufzeit nicht festzustellen ist, FG Münster v. 9.7.2010 – 9 K 1213/09 G, F, StE 2010, 675.

8 Zu den Bewertungsproblemen aufgrund der derzeitigen Dauerniedrigzinsphase vgl. *Anzinger*, DStR 2016, 1829. Die vergleichbare Regelung des § 6a Abs. 3 S. 3 mit einem Rechnungszinsfuß von 6 % für Pensionsrückstellungen wird vom FG Köln für verfassungswidrig gehalten (Vorlage des FG Köln v. 12.10.2017 – 10 K 977/17, EFG 2018, 287 Rn. 34 ff. = FR 2018, 24 [Az. BVerfG 2 BvL 22/17]).

9 Vgl. BFH v. 26.6.1996 – VIII R 67/95, BFH/NV 1997, 175 – zur Anordnung der Unverzinslichkeit durch einen Erblasser; BVerfG v. 7.6.1993 – 2 BvR 335/93, HFR 1993, 542 – Verfassungsbeschwerde erfolglos; BFH v. 25.5.2016 – I R 17/15, GmbHR 2016, 1213 – zum Zinseszinsverbot des § 248 Abs. 1 BGB; **aA** *H/H/R*, § 6 Anm. 1155 „Zinsverbindlichkeiten“.

10 Einzelheiten bei BMF v. 26.5.2005, BStBl. I 2005, 699 Tz. 1 f., 6 f. iVm. als Anlage beigefügter Tabelle 1.

11 *Weiss*, BB 2018, 1451, auch zu Fallstricken bei der Abzinsung.

12 BFH v. 25.5.2016 – I R 17/15, GmbHR 2016, 1213; *H/H/R*, § 6 Anm. 1147.

13 BFH v. 27.1.2010 – I R 35/09, BStBl. II 2010, 478 = FR 2010, 519 – zu Gesellschafterdarlehen.

14 BFH v. 25.5.2016 – I R 17/15, GmbHR 2016, 1213.

15 BFH v. 18.9.2018 – XI R 30/16, DB 2018, 2904 Rn. 23 f.; BMF v. 26.5.2005, BStBl. I 2005, 699 Tz. 13.

16 BFH v. 18.9.2018 – XI R 30/16, DB 2018, 2904 Rn. 27.

17 BFH v. 5.5.2011 – IV R 32/07, BStBl. II 2012, 98, Anm. *Pfützenreuter*, jurisPR-SteuerR 37/2011 Anm. 1.

rung v. Geschäftsunterlagen[1]) reichen aus, um von einer (verdeckten) Verzinslichkeit der Verpflichtung auszugehen. Ist nach den Umständen des Einzelfalles davon auszugehen, dass bei wirtschaftlicher Betrachtung eine Gegenleistung für die Kapitalüberlassung (= Verzinslichkeit) nicht vorliegt, liegt eine unverzinsliche Forderung vor.[2] Die bloße Zweckbindung eines Darlehens begründet noch keine Verzinslichkeit.[3] Die gesetzliche Ausnahme v. Abzinsungsgebot für Verpflichtungen aus Anzahlungen oder Vorausleistungen wird damit begründet, dass die Passivierung der (Rückgewähr-)Verpflichtung mit dem abgezinsten Wert wegen der Aktivierung der Anzahlungen oder Vorausleistungen mit den AK den Ausweis eines nicht realisierten Gewinns bedeuten würde.[4] Anzahlungen und Vorausleistungen sind Vorleistungen, die in Erfüllung eines zu einem späteren Zeitpunkt noch zu vollziehenden Rechtsgeschäfts erbracht werden.[5] Ist zwar keine Verzinsung vereinbart, wird das Darlehen aber zB wie ein Wohnungsbaudarlehen unter einer Aufl. oder im Rahmen einer Regionalförderung zweckgebunden gewährt, nach der die Vorteile der Zinslosigkeit dem Darlehensnehmer nicht verbleiben, unterbleibt die Abzinsung.[6] Unverzinsliche Gesellschafterdarlehen innerhalb einer KapGes. sind nach Abs. 1 Nr. 3 S. 1 auch dann abzuzinsen, wenn sie handelsrechtl. eigenkapitalersetzenden Charakter haben.[7] Bei PersGes. ist Abs. 1 Nr. 3 für Gesellschafterdarlehen nicht anwendbar, weil diese nicht nur in der Bilanz der Ges. als Fremdkapital zu passivieren, sondern korrespondierend hierzu in der Sonderbilanz des G'ters als Forderung zu aktivieren sind und sich in der Gesamtbilanz zu Eigenkapital wandeln.[8]

151 **Die Verpflichtung zur Zahlung v. Zinsen** ist grds. in Höhe des bis zum Stichtag angewachsenen Betrags als eigener Posten zu passivieren; iÜ ist das Kreditgeschäft ein schwebender Vertrag. Die Zinsverbindlichkeit ist bei über die (feste) Laufzeit des Darlehens steigenden Zinssätzen aufgrund einer wirtschaftlichen Betrachtungsweise mit dem Durchschnittszinssatz zu bewerten.[9] Ist ein **langfristiges Darlehen** abzuzinsen, ist der Wertansatz in den folgenden Jahren erfolgswirksam aufzustocken. Weitere Einzelheiten – ua. zur zeitweisen Verzinslichkeit und bedingt verzinslichen Verbindlichkeiten – sind für die FinVerw. geregelt im BMF-Schr. v. 26.5.2005, BStBl. I 2005, 699.

152 **5. Wiederkehrende Leistungen.** Erwirbt ein StPfl. einen Betrieb oder ein WG des BV entgeltlich gegen – auch abgekürzte oder verlängerte – **(Veräußerungs-)Leibrente** (gleichmäßige lebenslängliche Leistungen) oder gegen auf die Lebenszeit wiederkehrende ungleichmäßige Leistungen[10] („dauernde Last"; § 22 Rn. 4), entstehen AK in Höhe des mit banküblichen Sollzinsen abgezinsten Barwerts der jeweiligen Verpflichtung.[11] Dies ist die auf den Anschaffungszeitpunkt abgezinste Summe der künftigen Erfüllungsbeträge (= AK und TW im Zeitpunkt der Begr.; vgl. § 253 Abs. 2 S. 3 HGB). Erworbenes WG und die Verpflichtung sind getrennt zu bilanzieren. Eine Wertsicherungsklausel wird bei der Ermittlung der AK grds.[12] nicht berücksichtigt. Die **wiederkehrenden Leistungen** umfassen v. Beginn an einen steuerbaren Zinsanteil.[13] Dass die einzelne Zahlung wirtschaftlich eine Kapitalrückzahlung aus einem darlehensähnlichen Geschäft (Stundung des Kaufpreises) sein muss,[14] wird man ab 1.1.1999 nicht mehr voraussetzen dürfen.[15] Der Barwert einer Rentenverpflichtung im betrieblichen Bereich kann mit dem nach § 14 BewG fortschreitend sinkenden Kapitalwert (Rentenbarwert) oder nach versicherungsmathematischen Grundsätzen ermittelt

1 BFH v. 26.6.2002 – IV R 55/01, BStBl. II 2003, 13 = FR 2002, 1379; v. 18.1.2011 – X R 14/09, BStBl. II 2011, 496 = FR 2011, 718, Anm. *Pfützenreuter*, jurisPR-SteuerR 21/2011 Anm. 2; v. 11.10.2012 – I R 66/11, BStBl. II 2013, 676 = FR 2013, 501 m. Anm. *Prinz*; *Märtens*, jurisPR-SteuerR 15/2013 Anm. 1.
2 BMF v. 26.5.2005, BStBl. I 2005, 699 Tz. 16.
3 BFH v. 27.1.2010 – I R 35/09, BStBl. II 2010, 250 = FR 2010, 519 m. Anm. *Buciek*.
4 BT-Drucks. 14/443, 23; BFH v. 21.9.2011 – I R 50/10, BStBl. II 2012, 197 Rn. 24.
5 BFH v. 21.9.2011 – I R 50/10, BStBl. II 2012, 197 Rn. 24; BMF v. 26.5.2005, BStBl. I 2005, 699 Tz. 20.
6 BMF v. 23.8.1999, BStBl. I 1999, 818, unter Hinweis auf BFH v. 9.7.1982 – III R 15/79, BStBl. II 1982, 639; nunmehr BMF v. 26.5.2005, BStBl. I 2005, 699 Tz. 15.
7 BFH v. 6.10.2009 – I R 4/08, BStBl. II 2010, 177 = FR 2010, 339 m. Anm. *Buciek*; zu Gesellschafterdarlehen ohne feste Laufzeit BFH v. 27.1.2010 – I R 35/09, BStBl. II 2010, 478 = FR 2010, 519 m. Anm. *Buciek*; v. 5.1.2011 – I B 118/10, BFH/NV 2011, 986, zur Schätzung der Restlaufzeit; s. auch FG Münster v. 9.7.2010 – 9 K 1213/09 G, F, EFG 2010, 2007; Anm. *Kuhfus*, EFG 2010, 2008.
8 BFH v. 24.1.2008 – IV R 37/06, BStBl. II 2011, 617 Rn. 41 = FR 2008, 912; *Groh*, DB 2007, 2275 (2279); unklar BMF v. 26.5.2005, BStBl. I 2005, 699 Tz. 23.
9 BFH v. 25.5.2016 – I R 17/15, GmbHR 2016, 1213.
10 BFH v. 9.2.1994 – IX R 110/90, BStBl. II 1995, 47 = FR 1994, 782 m. Anm. *Drenseck* – Erwerb eines Mietwohngrundstücks; v. 18.10.1994 – IX R 46/88, BStBl. II 1995, 169 = FR 1995, 466.
11 BFH v. 30.7.2003 – X R 12/01, BStBl. II 2004, 211 = FR 2004, 342.
12 S. aber BFH v. 20.11.1969 – IV R 22/68, BStBl. II 1970, 309 – Bemessung des Rechnungszinsfußes.
13 BFH v. 26.11.1992 – X R 187/87, BStBl. II 1993, 298 (299) = FR 1993, 198 m. Anm. *Schmidt* = FR 1993, 334 m. Anm. *Fischer*.
14 BFH v. 9.2.1994 – IX R 110/90, BStBl. II 1995, 47 = FR 1994, 782 m. Anm. *Drenseck* mwN.
15 BFH v. 25.10.1994 – VIII R 79/91, BStBl. II 1995, 121 = FR 1995, 59.

werden.[1] Die Verwaltung gibt insoweit ein **Wahlrecht.**[2] Die voraussichtliche Laufzeit kann nach den Durchschnittswerten der Allgemeinen Deutschen Sterbetafel 2010/2012 bemessen werden.[3] Für die Wahl des Zinssatzes gelten die Grundsätze zu Kaufpreisraten entspr.[4] Maßgebend ist grds. der Rechnungszinsfuß v. 5,5 %.[5] Nach Auffassung des BFH ist ein anderweitig vereinbarter Zinssatz anzuwenden;[6] diese Rechtsauffassung wird nunmehr durch § 6 Abs. 1 Nr. 3 S. 2 gestützt. Die in den jährlichen Zahlungen enthaltenen, als BA abziehbaren **Zinsanteile** werden in der Weise ermittelt, dass v. der jährlichen Gesamtleistung die jährliche Barwertminderung (Tilgungsanteil) abgezogen wird. Eine Steigerung der Rentenleistungen aufgrund einer **Wertsicherungsklausel** erhöht den TW und ist in die Barwertermittlungen einzubeziehen,[7] indes ohne Rückwirkung auf etwaige AK.[8] Die Erhöhung des Barwerts wirkt sich in vollem Umfang gewinnmindernd aus. Erlischt die Rentenverbindlichkeit infolge des gemessen an der Sterbetafel vorzeitigen Todes des Berechtigten, entsteht in Höhe des auf diesen Zeitpunkt zu ermittelnden Barwerts ein lfd. Gewinn;[9] die Höhe v. AK wird nicht berührt;[10] ein rückwirkendes Ereignis iSd. § 175 Abs. 1 S. 1 Nr. 2 AO liegt nicht vor.[11] Auch eine Minderung des Barwerts – etwa aufgrund einer nachträglichen Vereinbarung – führt zu einem Ertrag.[12] Zur privaten Versorgungsrente und ihrer Abgrenzung ggü. der Veräußerungs- und der Unterhaltsrente s. § 22 Rn. 22f., 24f. Zur Betriebsveräußerung gegen wiederkehrende Leistungen s. § 16 Rn. 78ff. Die AK eines WG, das mittels Ratenkauf ohne gesonderte Zinsvereinbarung erworben wird, stets mit dem nach §§ 12ff. BewG ermittelten Barwert im Zeitpunkt der Anschaffung anzusetzen.[13]

6. Fremdwährungsverbindlichkeiten. Fremdwährungsverbindlichkeiten sind grds. mit dem Rückzah- 153
lungsbetrag zu bewerten, der sich aus dem Kurs im Zeitpunkt der Darlehensaufnahme ergibt (s. auch § 5 Rn. 113).[14] Der TW der Verbindlichkeit kann in sinngemäßer Anwendung des Abs. 1 Nr. 2 S. 2 angesetzt werden, wenn er aufgrund einer voraussichtlich dauernden Wertveränderung höher ist als der ursprüngliche Rückzahlungsbetrag.[15] Kurserhöhungen der betr. Währung verändern den Rückzahlungsbetrag und damit den TW. Voraussichtlich dauernde Kursverluste führen zu einer Teilwerterhöhung (Imparitätsprinzip);[16] damit ist die Mehrausgabe berücksichtigt, die sich später dadurch ergibt, dass zur Tilgung des Fremdwährungsdarlehens ein höherer als der ursprünglich passivierte Betrag in Euro zu zahlen sein wird.[17] Ob eine voraussichtlich dauerhafte Teilwerterhöhung vorliegt, hängt maßgeblich v. der Laufzeit der Verbindlichkeit ab. Bei einer (Rest-)Laufzeit von mehr als zehn Jahren führt nicht jede Wechselkursveränderung zum Bilanzstichtag zu einer dauerhaften Wertveränderung.[18] Kursgewinne sind nicht auszuweisen, weil ein Ansatz unter Zugangswert unzulässig ist (Höchstwertprinzip). Zur Bewertung v. Kursschwankungen unterliegenden Verbindlichkeiten ausf. BMF v. 12.8.2002, BStBl. I 2002, 793. Zu Währungssicherungsgeschäften (Devisentermingeschäft, Swaps) und sog. geschlossenen Positionen s. Rn. 15f.

---

1 BFH v. 27.8.1996 – IX R 86/93, BStBl. II 1997, 47 = FR 1997, 94 mwN; v. 2.5.2001 – VIII R 64/93, BFH/NV 2002, 10; anders bei Überschusseinkünften (§§ 12ff. BewG).
2 BMF v. 11.3.2010, BStBl. I 2010, 227 Tz. 69ff.
3 BMF v. 26.5.2005, BStBl. I 2005, 699 Tz. 5 iVm. Tabelle 1.
4 BFH v. 20.11.1969 – IV R 22/68, BStBl. II 1970, 309; v. 31.1.1980 – IV R 126/76, BStBl. II 1980, 491 = FR 1980, 435.
5 BFH v. 2.5.2001 – VIII R 64/93, BFH/NV 2002, 10 mwN.
6 BFH v. 31.1.1980 – IV R 126/76, BStBl. II 1980, 491 = FR 1980, 435.
7 BFH v. 27.1.1998 – VIII R 64/96, BStBl. II 1998, 537 = FR 1998, 784.
8 BFH v. 29.11.1983 – VIII R 231/80, BStBl. II 1984, 109 = FR 1984, 286.
9 BFH v. 24.10.1990 – X R 64/89, BStBl. II 1991, 358 = FR 1991, 213; v. 23.5.1991 – IV R 48/90, BStBl. II 1991, 796 = FR 1991, 694; v. 30.7.2003 – X R 12/01, BStBl. II 2004, 211 = FR 2004, 342.
10 BFH v. 9.2.1994 – IX R 110/90, BStBl. II 1995, 47 = FR 1994, 782 m. Anm. *Drenseck*.
11 BFH v. 9.2.1994 – IX R 110/90, BStBl. II 1995, 47 (50) = FR 1994, 782 m. Anm. *Drenseck*.
12 BFH v. 27.1.1998 – VIII R 64/96, BStBl. II 1998, 537 = FR 1998, 784 mwN.
13 R 6.2 EStR.
14 BFH v. 23.4.2009 – IV R 62/06, BStBl. II 2009, 778 = FR 2009, 1056 m. Anm. *Schlotter*; hierzu *Rzepka/Scholze*, StuW 2011, 92, FG Nds. v. 22.2.2011 – 8 K 35/08, EFG 2011, 1599; Hess. FG v. 6.7.2011 – 4 K 287/10, EFG 2012, 706.
15 Zur Teilwertzuschreibung BFH v. 23.4.2009 – IV R 62/06, BStBl. II 2009, 778 = FR 2009, 1056 m. Anm. *Schlotter*; FG München v. 18.10.2010 – 13 K 2802/08, BB 2011, 884.
16 BFH v. 28.11.1990 – II B 90/90, BStBl. II 1991, 170.
17 BFH v. 15.11.1990 – IV R 103/89, BStBl. II 1991, 228 = FR 1991, 228, auch zur § 4 Abs. 3-Rechnung und zu Teiltilgungen.
18 Ausf. BFH v. 23.4.2009 – IV R 62/06, BStBl. II 2009, 778 = FR 2009, 1056 m. Anm. *Schlotter*; s. auch BFH v. 4.2.2014 – I R 53/12, BFH/NV 2014, 1016; **aA** FG BaWü. v. 11.7.2017 – 5 K 1091/15, EFG 2018, 100 Rn. 56, zur Festlegung eines Mindestkurses von 1,20 CHF pro Euro in 2011; abw. FG Düss. v. 23.7.2018 – 6 K 884/15, K,G,F, EFG 2018, 1531 Rn. 26f. (Rev. XI R 29/18) = DB 2018, 2535 m. Anm. *Graf*; FG SchlHol. v. 9.3.2016 – 2 K 84/15, EFG 2016, 299 Rn. 26ff.; sa. *Hölscher*, DStR 2015, 1401, zur Bewertung von Verbindlichkeiten in CHF wegen einer fundamentalen Änderung der Verhältnisse durch Aufhebung der Wechselkursanbindung Anfang 2015.

154 **V. Bewertung von Rückstellungen (Abs. 1 Nr. 3a). 1. Grundsätzliches.** Rückstellungen (§ 249 HGB) sind grds. mit dem Betrag zu bewerten, der nach vernünftiger kaufmännischer Auffassung voraussichtlich zur Erfüllung der ungewissen Verbindlichkeit notwendig ist. Zum Ansatz s. ausf. § 5 Rn. 114ff.[1] Wird gegen den StPfl. gerichtlich ein Anspruch geltend gemacht, hat er eine Rückstellung zu bilden; auf die Erfolgsaussichten der Klage kommt es grds. nicht an. Anderes gilt allerdings dann, wenn aufgrund eines Rechtsgutachtens am Bilanzstichtag ein Unterliegen im Prozess nicht überwiegend wahrscheinlich ist.[2] Der StPfl. hat eine Rückstellung für seine Verpflichtung zur Aufbewahrung von Geschäftsunterlagen zu passivieren.[3] Für eine rein gesellschaftsvertragliche Verpflichtung einer Personenhandelsges. zur Prüfung des Jahresabschlusses darf keine Rückstellung gebildet werden. Es fehlt in solchen Fällen an einer nach § 249 Abs. 1 S. 1 HGB rückstellbaren Außenverpflichtung.[4] Gleiches gilt etwa für die öffentl.-rechtl. Verpflichtung für die Wartung von Flugzeugen.[5] Bei der Bewertung v. Rückstellungen – zB für Gewährleistungs-, Garantie- und Schadensersatzverpflichtungen[6] – ist – ebenso wie beim Ansatz einer Verbindlichkeit – grds. v. den AK oder dem niedrigeren TW auszugehen (vgl. Abs. 1 Nr. 3 iVm. Nr. 2). Abs. 1 Nr. 3a bestimmt zwecks realitätsnäherer Bewertung unter **Einschränkung des Maßgeblichkeitsgrundsatzes**, dass die ansatzpflichtigen Rückstellungen (§ 249 HGB; § 5 Rn. 114ff.) für betriebliche Verpflichtungen nach den Umständen des Einzelfalls[7] höchstens unter Berücksichtigung der nachfolgend – nicht abschließend normierten („insbes.") – Grundsätze zu bewerten sind. Die in § 5 Abs. 1 festgelegten Regeln und die nicht im G genannte GoB für Rückstellungen bleiben mithin unberührt.[8] Dies bedeutet, dass **der handesrechtl. Wertansatz** für die Rückstellung die **Obergrenze** darstellt und nicht überschritten werden darf.[9] Für die Bewertung ist auszugehen v. den Preisverhältnissen am Bilanzstichtag. Preis- und Kostensteigerungen, die bis zum Erfüllungstag noch erwartet werden, sind gem. Abs. 1 Nr. 3a lit. f nicht zu berücksichtigen. Die bilanzsteuerl. Ansatz- und Bewertungsvorschriften des § 6a gehen als Spezialregelungen vor und schränken die Maßgeblichkeit des handelsrechtl. Passivierungsgebots ebenfalls ein. Zur Bewertung v. Pensionsrückstellungen nach § 6a EStG hat sich das BMF[10] mehrfach geäußert. Zur Gegenrechnung v. Vorteilen ausf. R 6.11 EStH.

155 **Das Risiko der Inanspruchnahme und die Laufzeit der Rückstellung** sind nach den Verhältnissen zum Bilanzstichtag zu bewerten.[11] Nach den GoB gilt als AK grds. der Nennbetrag der Verbindlichkeit,[12] wobei steuerrechtl. nicht über den Maßstab vernünftiger kfm. Beurteilung hinausgegangen werden darf.[13] Auch die Rückstellung wegen ungewisser Verbindlichkeiten ist wie eine Verbindlichkeit gem. Abs. 1 Nr. 3 zu bewerten, also in sinngemäßer Anwendung des Abs. 1 Nr. 2 grds. mit den AK/HK in Gestalt des Betrages, der für die Erfüllung der gewiss gewordenen Verbindlichkeit erforderlich sein wird, oder mit dem höheren TW.[14] Allerdings hängt die Passivierung nach der Rspr. allein davon ab, ob Bestehen bzw. Entstehen der Verpflichtung oder die Inanspruchnahme daraus überwiegend (§ 5 Rn. 121) wahrscheinlich sind.[15] Der BFH gestattet die Bewertung der Rückstellung nach dem Grad der Wahrscheinlichkeit einer späteren Inanspruchnahme.[16]

1 BFH v. 23.6.1997 – GrS 2/93, BStBl. II 1997, 735 = FR 1997, 678 m. Anm. *Groh* mwN; v. 19.7.2011 – X R 26/10, BFHE 234, 239 = FR 2012, 33 m. Anm. *Prinz* = BFH/NV 2011, 2147 zur Bildung einer Rückstellung für die Betreuung v. Versicherungsverträgen; FG RhPf. v. 4.6.2013 – 6 K 2289/11, EFG 2013, 1313 (Rev. X R 27/13); FG Münster v. 13.6.2013 – 13 K 4827/08 F, EFG 2013, 1841 (Rev. IV R 34/14); BFH v. 17.10.2013 – IV R 7/11, FR 2014, 236 m. Anm. *Prinz* – Rückstellung wegen öffentl.-rechtlicher Verpflichtung.

2 BFH v. 16.12.2014 – VIII R 45/12, BStBl. II 2015, 759 = FR 2015, 754 = GmbHR 2015, 836.

3 Zur Bewertung s. BFH v. 11.10.2012 – I R 66/11, BStBl. II 2013, 676 = FR 2013, 501 m. Anm. *Prinz* mwN.

4 BFH v. 5.6.2014 – IV R 26/11, DStR 2014, 1814.

5 FG Düss. v. 21.4.2015 – 6 K 418/14 K, F, EFG 2015, 1247.

6 BFH v. 25.4.2006 – VIII R 40/04, BStBl. II 2006, 749 = FR 2007, 90 m. Anm. *Kanzler* = FR 2006, 1033.

7 ZB BMF v. 13.6.2005, BStBl. I 2005, 715 – Rückstellung für die Verpflichtung zur Rückgabe v. Pfandgeld; OFD Chem. v. 3.7.2006 – S 2137–48/2-St 21, nv. – Rückstellungen für die Aufbewahrung v. Geschäftsunterlagen; BFH v. 30.11.2005 – I R 110/04, BStBl. II 2007, 251 = FR 2006, 474 – Rückstellungen für Lohnzahlungen bei Altersteilzeit (Blockmodell); BMF v. 28.3.2007, BStBl. I 2007, 297.

8 BT-Drucks. 14/443, 23.

9 BFH v. 11.10.2012 – I R 66/11, BStBl. II 2013, 676 Rn. 14 = FR 2013, 501 m. Anm. *Prinz*; v. 13.7.2017 – IV R 34/14, BFH/NV 2017, 1426 Rn. 29; FG RhPf. v. 7.12.2016 – 1 K 1912/14, EFG 2017, 693 (Rev. XI R 46/17); *Meurer*, BB 2012, 2807; *Maus*, NWB 2012, 3538; *Schmidt*[37], § 6 Rn. 471; **aA** *Zwirner/Endert/Sepetauz*, DStR 2012, 2094; *Prinz/Fellinger*, Ubg 2013, 362; diese Auffassung ist angesichts des Wortlauts und der Entstehungsgeschichte der Vorschrift abzulehnen.

10 BMF v. 29.12.1997, BStBl. I 1997, 1023; v. 5.5.2008, BStBl. I 2008, 569; v. 12.3.2010, BStBl. I 2010, 239 Tz. 9ff.

11 BFH v. 17.12.1998 – IV R 21/97, BStBl. II 2000, 116 = FR 1999, 453 m. Anm. *Groh*.

12 BFH v. 26.3.1991 – VIII R 55/86, BStBl. II 1992, 479 = FR 1992, 205.

13 BFH v. 17.2.1993 – X R 60/89, BStBl. II 1993, 437 = FR 1993, 500.

14 BFH v. 8.7.1992 – XI R 50/89, BStBl. II 1992, 910 = FR 1992, 650.

15 BFH v. 3.7.1997 – IV R 49/96, BStBl. II 1998, 244 = FR 1997, 851 – hinterzogene LSt.

16 BFH v. 3.7.1997 – IV R 49/96, BStBl. II 1998, 244 = FR 1997, 851.

Die Bildung einer Rückstellung für drohende Verluste setzt voraus, dass das zu beurteilende Vertragsverhältnis mit hinreichender Wahrscheinlichkeit einen Verpflichtungsüberschuss erwarten lässt.[1] Das Verbot des Ansatzes kalkulatorischer Kosten bei der Bildung v. Verlustrückstellungen gilt nicht für die verlustfreie Bewertung v. Vorräten.[2] Wegen der Bewertung v. Rückstellungen für Zuwendungen anlässlich eines Dienstjubiläums wird auf BMF v. 8.12.2008, BStBl. I 2008, 1013 Bezug genommen; zu Rückstellungen für ungewisse Verbindlichkeiten bei Maßnahmen für die Stilllegung, Rekultivierung und Nachsorge einer Deponie auf BMF v. 25.7.2005, BStBl. I 2005, 826.

2. Gleichartige Verpflichtungen (Nr. 3a lit. a). Diese Bestimmung stellt klar,[3] dass bei der Bewertung aller stl. anerkannten, einzeln und/oder pauschal angesetzten Rückstellungen für **gleichartige**, dh. einer statistischen Betrachtungsweise zugänglichen **Verpflichtungen** – insbes. aus Schadenersatz, Garantie- und Gewährleistung, Wechselobligo, Bürgschaft, aber auch bei Inanspruchnahme aufgrund v. Kulanz, Leergutrücknahme[4] – auf der Grundlage der Erfahrungen in der Vergangenheit aus der Abwicklung solcher Verpflichtungen die Wahrscheinlichkeit zu berücksichtigen ist, dass der StPfl. nur zu einem Teil der Summe dieser Verpflichtungen in Anspr. genommen wird.[5] Es sind mithin die betriebsindividuelle oder branchenübliche Erfahrungen aus der Sicht des Unternehmens zu berücksichtigen. Diese Vorschrift will ebenso wie § 20 Abs. 2 KStG das vor allem in der Versicherungsbranche praktizierte Vorsichtsprinzip (§ 341g HGB – Schadensrückstellungen) zurückdrängen. Für die Bildung müssen mehr Gründe für als gegen eine Inanspruchnahme sprechen. 156

3. Sachleistungsverpflichtungen (Nr. 3a lit. b). Rückstellungen für **Sachleistungsverpflichtungen** (gerichtet auf Sach-, Werk-, Dienstleistung, nicht auf Zahlung eines Geldbetrags) – ggf. im Wege der Schätzung[6] – sind mit den Einzelkosten – die voraussichtlichen Aufwendungen, die sich der zu erbringenden Sachleistung unmittelbar zurechnen lassen – (Rn. 36)[7] und mit den angemessenen Teilen der nach ihrer Art notwendigen (§ 255 Abs. 2 HGB; zur Aktivierung R 6.3 Abs. 1 EStR – Vollkostenprinzip) Gemeinkosten (Untergrenze für die HK) und ohne kalkulatorische Kosten/Gewinnzuschläge zu bewerten.[8] Maßgeblich sind die Wertverhältnisse am Bilanzstichtag. In Zukunft zu erwartende Preis- und Kostensteigerungen mindern die Leistungsfähigkeit am Bilanzstichtag gem. Abs. 1 Nr. 3a lit. f (noch) nicht; die Einf. des Abzinsungsgebots hat daran nichts geändert.[9] Künftige Ausgaben, die auch ohne die Verpflichtung entstehen werden, mindern zum gegenwärtigen Zeitpunkt nicht die stl. Leistungsfähigkeit.[10] 157

4. Kompensation (Nr. 3a lit. c). Die Vorschrift verlangt eine **Kompensation mit künftigen Vorteilen**, die die Belastungswirkung der später zu erfüllenden Verbindlichkeiten mindern. Auch unter dem Teilwertaspekt entspricht es vernünftiger kfm. Beurteilung, den rückstellungbegründenden Sachverhalt nicht nur in seinen negativen Aspekten zu erfassen, sondern auch die positiven Merkmale zu berücksichtigen, die die Wahrscheinlichkeit einer Inanspruchnahme mindern oder sogar aufheben, weil der Kfm. insoweit wirtschaftlich und rechtl. nicht belastet ist. Erforderlich – aber auch ausreichend – ist, dass zw. dem zu erwartenden Vorteil und der zu erfüllenden Verpflichtung ein sachlicher Zusammenhang besteht. Der von der früheren Rspr. vor der Einf. des Abs. 1 Nr. 3a lit. c geforderte und aus handelsrechtl. Grundsätzen abgeleitete – engere – unmittelbare Zusammenhang wird nicht vorausgesetzt.[11] Zu den einzubeziehenden Vorteilen gehören auch vollwertige Erstattungs-[12] und Rückgriffsansprüche[13] oder vertragliche Ansprüche 158

1 BFH v. 15.9.2004 – I R 5/04, BStBl. II 2009, 100 = FR 2005, 308 m. Anm. *Weber-Grellet* – Rückstellung für Risikounterbeteiligung an Auslandskredit.
2 BFH v. 25.7.2000 – VIII R 35/97, BStBl. II 2001, 566 = FR 2001, 142 m. Anm. *Weber-Grellet* – Rückstellung für drohende Verluste aus der Rückkaufverpflichtung bei schwebenden Fahrzeug-Leasinggeschäften.
3 BT-Drucks. 14/265, 172; BFH v. 15.10.1997 – I R 16/97, BStBl. II 1998, 249 = FR 1998, 520.
4 BMF v. 13.6.2005, BStBl. I 2005, 715.
5 BFH v. 6.5.2003 – VIII B 163/02, BFH/NV 2003, 1313.
6 BFH v. 19.11.2003 – I R 77/01, BStBl. II 2010, 482 = FR 2004, 274 m. Anm. *Weber-Grellet*; v. 6.6.2012 – I R 99/10, BStBl. II 2013, 196 = FR 2013, 80 m. Anm. *Prinz* – zur Rückstellung wg. zukünftiger Betriebsprüfungen; hier BMF v. 7.3.2013, BStBl. I. 2013, 274.
7 BFH v. 11.2.1988 – IV R 191/85, BStBl. II 1988, 661 = FR 1988, 471; v. 11.10.2012 – I R 66/11, BStBl. II 2013, 676 = FR 2013, 501 m. Anm. *Prinz* – zur Poolfinanzierung der für die Aufbewahrung genutzten Räume.
8 BFH v. 8.10.1987 – IV R 18/86, BStBl. II 1988, 57 = FR 1988, 74; v. 5.5.2011 – IV R 32/07, BFH/NV 2011, 1585; *Pfützenreuter*, jurisPR-SteuerR 37/2011 Anm. 1; BFH v. 19.7.2011 – X R 26/10, FR 2012, 33 m. Anm. *Prinz* = BFH/NV 2011, 2147; *Pfützenreuter*, jurisPR-SteuerR 47/2011 Anm. 2.
9 BFH v. 5.5.2011 – IV R 32/07, BFH/NV 2011, 1585.
10 BT-Drucks. 14/261, 173.
11 BFH v. 17.10.2013 – IV R 7/11, BStBl. II 2014, 302 = FR 2014, 236 m. Anm. *Prinz*.
12 ZB BMF v. 11.11.1999, BStBl. I 1999, 959 – Rückstellungen für Vergütungen für Altersteilzeit und Jahreszusatzleistungen.
13 BFH v. 17.2.1993 – X R 60/89, BStBl. II 1993, 437 = FR 1993, 500 – Regress gegen andere Wechselverpflichtete; v. 8.2.1995 – I R 72/94, BStBl. II 1995, 412.

gegen Dritte.[1] Bei einem Ausweis einer Verpflichtung zur Rekultivierung ist etwa zu berücksichtigen, dass ein Dritter bei der Verfüllung Kippentgelte zahlen wird.[2] Bei zukünftigen Verpflichtungen auf Nebenkostenerstattungen aus einem gewerblichen Mietverhältnis sind entspr. Anspr. gegen Untermieter in den Blick zu nehmen.[3] Auch künftig entstehende Zinsansprüche aufgrund v. verzinslichen Vorausleistungen sind solche Vorteile, wenn der StPfl. davon ausgehen muss, dass bereits erbrachte oder künftig noch zu erbringende Vorleistungen verzinst werden. DasTatbestandsmerkmal „voraussichtlich" bedeutet, dass die Vorteile überwiegend wahrscheinlich sein müssen.[4] Hier gelten die allg. Regeln der Rückstellungsbildung. Die überwiegende Wahrscheinlichkeit muss sich auf der Grundlage objektiver, am Bilanzstichtag vorliegender Tatsachen aus der Sicht eines sorgfältigen und gewissenhaften Kaufmanns ergeben.[5] Ob und inwieweit mit unternehmerischen Restrukturierungsmaßnahmen zusammenhängende künftige Vorteile (etwa verbesserte Unternehmensstrukturen) bei der Bewertung von Restrukturierungsrückstellungen zu berücksichtigen sind, ist im Schrifttum umstr.[6] Ersparter Aufwand, etwa künftige Lohnzahlungen nach Personalreduzierungen, stellt schon keinen künftigen Vorteil iSd. Vorschrift dar, weil nur positive Zuflüsse zu erfassen sind.[7] Es dürfte zudem Überwiegendes dafür sprechen, den sachlichen Zusammenhang insoweit nicht zu weit zu ziehen und zB bloße mittelbare Vorteile aus künftigen Ertragssteigerungen nicht als ausreichend anzusehen, auch wenn der Eintritt überwiegend wahrscheinlich ist. Die Gegenrechnung ist unzulässig, soweit die Vorteile als Forderung zu aktivieren sind.

159 **5. Ansammlungsrückstellungen (Nr. 3a lit. d). Die v. der Rspr. anerkannten (echten) Ansammlungsrückstellungen**[8] sind solche, bei denen die am Bilanzstichtag feststehende Verpflichtung mit geschätzten Gesamtausgaben (nach den Preisverhältnissen am Bilanzstichtag[9]) unter wirtschaftlichen Gesichtspunkten linear auf die Wj. verteilt werden muss, in denen „im wirtschaftlichen Sinne"[10] der lfd. Betrieb für das Entstehen der Verpflichtung ursächlich ist, insbes. die Verpflichtung, Betriebsanlagen, namentlich ein betrieblich genutztes **Gebäude abzubrechen oder zu erneuern**.[11] Solche Rückstellungen fallen unter Abs. 1 Nr. 3a lit. d. Der Aufwand wird dem Zeitraum zugeordnet, in dem die entspr. Erträge anfallen. Nach allg. Grundsätzen sind die Verpflichtungen zu behandeln, bei denen sich der Rückstellungsbetrag tatsächlich in jedem Wj. ändert, etwa weil die Verpflichtung – zB zur Rekultivierung – in jedem Jahr tatsächlich zunimmt.[12] Solche unechten Ansammlungsrückstellungen werden von Abs. 1 Nr. 3a lit. d nicht erfasst. Diese Rückstellungen werden nach Schlüsselgrößen entspr. der tatsächlichen Inanspruchnahme angesammelt.[13] Echte Ansammlungsrückstellungen sind demgegenüber zeitanteilig in gleichen Raten, nicht nach der wirtschaftlichen Verursachung zu bilden. Auch bei Abs. 1 Nr. 3a lit. d ist das Stichtagsprinzip zu beachten. Die Frage, ob der lfd. Betrieb für die Verpflichtung ursächlich ist, beurteilt sich nach den Umständen des (jeweiligen) Bilanzstichtags und nicht nach den Verhältnissen in der Vergangenheit.[14] Diese Grundsätze gelten nach S. 3 auch für die Verpflichtung zur Beseitigung und Stilllegung eines Kernkraftwerks.[15] Solche Rückstellungen sind ab dem Zeitpunkt der erstmaligen Nutzung des Kraftwerks bis zum Beginn der Stilllegung zeitanteilig in gleichen Raten anzusammeln. Wenn der Zeitpunkt der Stilllegung nicht feststeht, be-

1 BFH v. 31.5.2017 – X R 29/15, BFH/NV 2018, 289 Rn. 26f., zu Anspr. auf Nebenkostenerstattungen gegen Untermieter.
2 Anders noch BFH v. 16.9.1970 – I R 184/67, BStBl. II 1971, 85; diese Entsch. ist durch die Einfügung der Nr. 3a lit. c überholt, s. FG München v. 27.3.2012 – 6 K 3897/09, EFG 2012, 1533 unter Hinweis auf die ausdrücklich auf diese Gestaltung Bezug nehmende Gesetzesbegründung, BT-Drucks. 14/23, 172.
3 BFH v. 31.5.2017 – X R 29/15, BFH/NV 2018, 289 Rn. 26f.
4 BFH v. 27.11.1997 – IV R 95/96, BStBl. II 1998, 375 = FR 1998, 652.
5 BFH v. 5.11.2014 – VIII R 13/12, BStBl. II 2015, 523 Rn. 31; v. 31.5.2017 – X R 29/15, juris, Rn. 27.
6 Vgl. einerseits *Prinz/Keller*, DB 2015, 2224; andererseits *Ziegler/Renner*, DStR 2015, 1264.
7 FG BaWü. v. 12.9.2017 – 6 K 1472/16, EFG 2018, 1343 Rn. 37f. m. Anm. *Frantzmann* (rkr.); *Berger/Tetzlaff*, NWB 2018, 3227; *Prinz/Keller*, DB 2015, 2224 (2225); **aA** *Blümich*, § 6 Rn. 977b; *Ziegler/Renner*, DStR 2015, 1264 (1265ff.).
8 Ausf. BFH v. 5.5.2011 – IV R 32/07, BFH/NV 2011, 1585; hierzu *Pfützenreuter*, jurisPR-SteuerR 37/2011 Anm. 1; „echte Ansammlungsrückstellungen", vgl. BT-Drucks 14/443, 18.
9 BFH v. 7.10.1982 – IV R 39/80, BStBl. II 1983, 104 = FR 1983, 97 mwN.
10 BMF v. 26.5.2005, BStBl. I 2005, 699 Tz. 29ff., mit Beispielen.
11 BFH v. 19.2.1975 – I R 28/73, BStBl. II 1975, 480; BT-Drucks. 14/443, 23; zur Wiederherstellungsverpflichtung im Rahmen einer Public Private Partnership BMF v. 4.10.2005, BStBl. I 2005, 916 Tz. 15f.; BFH v. 5.5.2011 – IV R 32/07, BStBl. II 2012, 98 – Ansammlung und Abzinsung v. Rückstellungen für Deponie-Rekultivierung und Rückbauverpflichtungen; Bewertung v. Rückstellungen für Sachleistungsverpflichtungen.
12 BT-Drucks. 14/443, 23; R 6.11 Abs. 2 S. 3f. EStR, zB Verpflichtung zur Rekultivierung oder zum Auffüllen abgebauter Hohlräume.
13 BFH v. 5.5.2011 – IV R 32/07, BFH/NV 2011, 1585; hierzu *Pfützenreuter*, jurisPR-SteuerR 37/2011 Anm. 1.
14 BFH v. 2.7.2014 – I R 46/12, DStR 2014, 1961; hierzu *Oser*, DB 2014, 2487.
15 Ausf. *Heintzen*, StuW 2001, 71.

trägt der Ansammlungszeitraum 25 Jahre. Anderes gilt bereits nach allg. Grundsätzen hinsichtlich einer Rückstellung für Verpflichtungen, bei welcher der Rückstellungsbetrag nicht nur im wirtschaftlichen Sinne, sondern aufgrund einer realen Zustandsveränderung tatsächlich in jedem Jahr steigt, zB bei der Verpflichtung zur Rekultivierung eines Grundstücks mit abzubauendem Kiesvorkommen oder zum Auffüllen abgebauter Hohlräume; die hierfür künftig aufzuwendenden Gesamtkosten sind – vorbehaltlich einer der Kompensation mit Vorteilen – mit dem am Bilanzstichtag tatsächlich entstandenen Verpflichtungsumfang zu passivieren.[1] Es gilt das Abzinsungsgebot, wobei die Ausnahmen hinsichtlich der Abzinsung entspr. gelten.[2] Rückstellungen für Steuerschulden, die nach § 233a AO verzinst werden, sind nicht abzuzinsen.[3] Rückstellungen für Deponie-Rekultivierung sind nach der tatsächlichen Inanspruchnahme anzusammeln; Rückstellungen für Rückbauverpflichtungen sind zeitanteilig in gleichen Raten anzusammeln.[4]

Die erstmalige Bildung einer Rückstellung für die Rücknahme v. Altfahrzeugen (hierzu Altfahrzeug-VO) und anderer Erzeugnisse, für die gesetzlich eine Verpflichtung zur Rücknahme und Verwertung besteht und die vor Inkrafttreten der jeweiligen gesetzlichen Verpflichtung in den Verkehr gebracht worden sind, sieht S. 2 zur Umsetzung der RL 2000/53/EG über Altfahrzeuge in nationales Recht vor. Rückstellungen für solche Entsorgungskosten sind zeitanteilig in gleichen Raten bis zum Beginn der jeweiligen Erfüllung anzusammeln. Die Verpflichtung zur Abzinsung (Abs. 1 Nr. 3a lit. e) ist auf solche (echte) Ansammlungsrückstellungen nicht anzuwenden. 160

6. Abzinsung (Nr. 3a lit. e). Rückstellungen[5] für Geld- und Sachleistungsverpflichtungen[6] sind abw. v. Handelsrecht (§ 253 Abs. 2 HGB – durchschnittlicher Marktzinssatz)[7] mit einem – verfassungsrechtl. nicht unproblematischen – Zinssatz v. 5,5 % abzuzinsen.[8] Nach zutr. Auffassung des Gesetzgebers sind unverzinsliche oder niedrig verzinsliche Verpflichtungen auch unter dem Teilwertgesichtspunkt weniger belastend als marktüblich verzinste Schulden.[9] Die Regelung ist verfassungsrechtlich unbedenklich.[10] Die Abzinsung folgt mathematisch und ökonomisch dem Grundsatz, dass erst in Zukunft zu erbringende Zahlungen gegenwärtig mit ihrem Barwert abzubilden sind. Infolge der Verweisung auf Abs. 1 Nr. 3 S. 2 entfällt die Verzinsung bei kurzfristig zu erfüllenden Verpflichtungen (Laufzeit am Bilanzstichtag weniger als 12 Monate) sowie bei Verpflichtungen aus Anzahlungen und Vorausleistungen. Bei Anzahlungen oder Vorausleistungen[11] soll das Abzinsungsgebot nicht gelten, weil andernfalls die Passivierung der Rückgewährverpflichtung mit dem abgezinsten Wert wegen der Aktivierung der Anzahlungen oder Vorausleistungen mit den AK den Ausweis eines nicht realisierten Gewinns bedeutete.[12] Für Rückstellungen wegen Sachleistungsverpflichtungen regelt S. 2 den – wegen der Unsicherheit der Fälligkeitstermine streitanfälligen; das FA hat die Feststellungslast – **Abzinsungszeitraum.**[13] Maßgebend ist der Zeitraum bis zum Beginn der Erfüllung. Für die Abzinsung einer Rückstellung für die Verpflichtung zur Nachbetreuung von Versicherungsverträgen ist etwa darauf abzustellen, wann im konkreten Einzelfall erstmalig Bestandspflegemaßnahmen durchgeführt werden.[14] S. 3 enthält eine Sonderregelung für die Stilllegung v. Kernkraftwerken.[15] Hier wird 161

1 BT-Drucks. 14/443, 23 unter Bezugnahme auf BFH v. 19.2.1975 – I R 28/73, BStBl. II 1975, 480 – Abbruchverpflichtung; R 6.11 Abs. 2 S. 3 EStR, dort auch zu Behandlung des Aufstockungsbetrags.
2 BMF v. 26.5.2005, BStBl. I 2005, 699 Tz. 29 ff.
3 BMF v. 26.5.2005, BStBl. I 2005, 699 Tz. 33.
4 BFH v. 5.5.2011 – IV R 32/07, BFH/NV 2011, 1585; hierzu *Pfützenreuter*, jurisPR-SteuerR 37/2011 Anm. 1.
5 Zur Abzinsung v. Schadensrückstellungen der Versicherungsunternehmen BMF v. 9.9.2009, BStBl. I 2009, 930; v. 4.11.2013, BStBl. I 2013, 1332.
6 Abl. IdW-Steuerfachausschuss WPg. 1999, 293 (294); zu zulässigerweise gebildeten Rückstellungen für drohende Verluste aus schwebenden Mietverhältnissen s. BMF v. 1.3.2002, BStBl. I 2002, 336; zu Schadensrückstellungen v. Versicherungsunternehmen BMF v. 16.8.2000, BStBl. I 2000, 1218; v. 12.7.2005, BStBl. I 2005, 819.
7 Hierzu BFH v. 17.5.2000 – I R 66/99, BFH/NV 2001, 155 betr. Mietzinsverbindlichkeit.
8 Einzelheiten BMF v. 26.5.2005, BStBl. I 2005, 699 Tz. 24 ff.; die vergleichbare Regelung des § 6a Abs. 3 S. 3 mit einem Rechnungszinsfuß von 6 % für Pensionsrückstellungen wird vom FG Köln für verfassungswidrig gehalten (Vorlage des FG Köln v. 12.10.2017 – 10 K 977/17, EFG 2018, 287 Rn. 34 ff. = FR 2018, 24 [Az. BVerfG 2 BvL 22/17]).
9 BT-Drucks. 14/265, 172; BFH v. 5.5.2011 – IV R 32/07, BFH/NV 2011, 1585; hierzu *Pfützenreuter*, jurisPR-SteuerR 37/2011 Anm. 1.
10 BFH v. 27.1.2010 – I R 35/09, BStBl. II 2010, 478 = FR 2010, 519 m. Anm. *Buciek* (Verfassungsbeschwerde erfolglos).
11 S. BMF v. 26.5.2005, BStBl. I 2005, 699 Tz. 20.
12 BT-Drucks 14/443, 23, vgl. BFH v. 21.9.2011 – I R 50/10, BStBl. II 2012, 197 = FR 2012, 315 mwN; v. 6.5.2015 – I R 7/14, BFH/NV 2016, 69, zu erfolgsunabhängigen Beitragsrückstellungen in der privaten Pflegeversicherung.
13 Vgl. BMF v. 9.12.1999, BStBl. I 1999, 1127 – Rückstellungen für „bergrechtl." Verpflichtungen.
14 BFH v. 12.12.2013 – X R 25/11, BStBl. II 2014, 517 Rn. 44 mwN = FR 2014, 602; v. 13.7.2017 – IV R 34/14, BFH/NV 2017, 1426 Rn. 25.
15 Ausf. zu Einzelheiten der Abzinsung v. Verbindlichkeiten und Rückstellungen in der stl. Gewinnermittlung nach Abs. 1 Nrn. 3 und 3a BMF v. 26.5.2005, BStBl. I 2005, 699.

durch den Verweis auf Abs. 1 Nr. 3a lit. d S. 3 auf den Zeitraum bis zum Beginn der Stilllegung abgestellt. Für Sachleistungsverpflichtungen gilt der Verweis in Abs. 1 Nr. 3a lit. e S. 1 auf Nr. 3 S. 2 dieser Bestimmung ebenfalls, sodass die dort geregelten Ausnahmen vom Abzinsungsgebot gelten.

162 **7. Wertverhältnisse (Nr. 3a lit. f).** Nach dem BilMoG sind in der HB Rückstellungen mit dem Erfüllungsbetrag anzusetzen und damit künftige Preis- und Kostensteigerungen zu berücksichtigen (§ 253 Abs. 1 S. 2 HGB). Steuerrechtl. bleiben dagegen allein die Wertverhältnisse am Bilanzstichtag maßgebend. Dies wird durch Abs. 1 Nr. 3a lit. f klargestellt.

E. Bewertung von Entnahmen und Einlagen, bei Betriebseröffnung und entgeltlichem Erwerb eines Betriebs (Abs. 1 Nr. 4–7)

163 **I. Bewertung von Entnahmen (Abs. 1 Nr. 4). 1. Entnahmen von Wirtschaftsgütern (Abs. 1 Nr. 4 S. 1).** Entnahmen des StPfl. sind gem. Abs. 1 Nr. 4 S. 1 grds. mit dem TW anzusetzen. Satz 1 regelt nur die Bewertung von **Sachentnahmen**, also von bilanzierungsfähigen WG.[1] Zum **Begriff der Entnahme** als einer – nicht betrieblich veranlassten – Wertabgabe „für betriebsfremde Zwecke“ durch Lösung der Zugehörigkeit eines WG zum BV[2] s. § 4 Rn. 85 ff. Die Veräußerung eines WG des Gesellschaftsvermögens unter Preis an einen G’ter in dessen PV ist eine verdeckte Entnahme.[3] Die Vorschrift gilt auch bei Anwendung des § 4 Abs. 3. (Regel-)**Bewertungsmaßstab ist der TW**, bei einer den TW nicht erreichenden Gegenleistung die Differenz zwischen der Gegenleistung und dem TW.[4] Im Falle der Entnahme wird nach (zweifelh.) Auffassung des BFH der TW grds. durch den Verkehrswert (Marktwert) bestimmt, auch bei v. StPfl. selbst hergestellten Produkten;[5] damit wird indes die Definition des TW verändert. Der BFH hat unter Hinweis auf § 8 zur Bezifferung des Entnahmewerts den Marktwert einer als BA „vereinnahmten“ Reise herangezogen.[6] Die Qualifikation als Bauland kann auch dann berücksichtigt werden, wenn für ein für LuF genutztes Grundstück entnommen wird (zweifelh.).[7] ME entspricht nur eine Bewertung mit den (Wieder-)Beschaffungskosten dem gesetzlichen Teilwertbegriff. Der Entnahmegewinn ergibt sich nach Subtraktion des Buchwerts v. Entnahmewert. Für die Bewertung sind alle zum Entnahmezeitpunkt objektiv vorhandenen Umstände v. Bedeutung, auch wenn sie – wertaufhellend – erst später bekannt werden.[8] Nach Gewerbezweigen diff. Pauschbeträge für unentgeltliche Wertabgaben (Sachentnahmen) werden v. der FinVerw. festgesetzt.[9] In den Fällen des **§ 4 Abs. 1 S. 3** (Ausschluss oder Beschränkung des Besteuerungsrechts der Bundesrepublik Deutschland hinsichtlich des Gewinns aus der Veräußerung oder der Nutzung eines WG; § 4 Rn. 105 ff.) ist der **gemeine Wert** anzusetzen, der idR dem Verkehrswert entspricht (Rn. 5).

164 **2. Nutzungsentnahmen.** Die Bewertung von Nutzungsentnahmen ist gesetzlich nur für die private Kfz.-Nutzung geregelt (§ 6 Abs. 1 Nr. 4 S. 2 und 3, Rn. 166 ff.). Zudem ist nunmehr ab dem VZ 2019 befristet bis einschl. VZ 2021 in § 6 Abs. 1 Nr. 4 S. 6 bestimmt, dass die private Nutzung von betrieblichen Fahrrädern nicht anzusetzen ist.[10] Ausgenommen davon sind Fahrräder, die als Kfz. iSv. § 6 Abs. 1 Nr. 4 S. 2 anzusehen sind. Damit sind von den Elektrofahrrädern sog. E-Bikes (§ 39 Abs. 7 StVO) begünstigt, die gem. § 1 Abs. 3 StVG nicht als Kfz. eingeordnet werden. Hingegen fallen sog. Pedelecs mit einem Elektroantrieb über 25 km/h unter den Begriff des Kfz. Abgesehen von diesen Sonderregelungen besteht eine Gesetzeslücke, die der BFH in der Weise geschlossen hat, dass der durch die betriebsfremde Nutzung von BV verursachte **Aufwand** und damit die **tatsächlichen Selbstkosten** als entnommen gelten.[11] Die hierin lie-

---

1 BFH v. 26.4.2006 – X R 35/05, BStBl. II 2007, 445 Rn. 11; v. 9.11.2017 – III R 20/16, BStBl. II 2018, 278 Rn. 13.
2 BFH v. 23.5.2006 – X B 18/06, BFH/NV 2006, 1651.
3 BFH v. 25.7.2000 – VIII R 46/99, FR 2000, 1336 m. Anm. *Kempermann* = BFH/NV 2000, 1549, dort auch zur Zurechnung der Gewinnerhöhung; v. 20.12.2012 – IV B 12/12, BFH/NV 2013, 547.
4 BFH v. 21.6.2012 – IV R 1/08, BFHE 237, 503 = BFH/NV 2012, 1536; v. 20.12.2012 – IV B 12/12, BFH/NV 2013, 547.
5 BFH v. 6.8.1985 – VIII R 280/81, BStBl. II 1986, 17 (20) = FR 1986, 44; v. 22.7.1988 – III R 175/85, BStBl. II 1988, 995 = FR 1989, 105 mwN.
6 BFH v. 26.9.1995 – VIII R 35/93, BStBl. II 1996, 273 = FR 1996, 212; BMF v. 14.10.1996, FR 1996, 837 – ertragsteuerliche Behandlung v. Incentive-Reisen; H 4.3 (2–4) EStH.
7 BFH v. 26.11.1987 – IV R 171/85, BStBl. II 1988, 490 = FR 1988, 196.
8 BFH v. 20.9.1995 – X R 46/94, BFH/NV 1996, 393.
9 BMF v. 15.12.2016, BStBl. I 2016, 1424 – Pauschbeträge für Sachentnahmen (Eigenverbrauch) 2017.
10 Art. 3 Nr. 2, 9 lit. b, Art. 20 Abs. 3 des G zur Vermeidung von Umsatzsteuerausfällen beim Handel mit Waren im Internet und zur Änderung weiterer stl. Vorschriften v. 11.12.2018 (BGBl. I 2018, 2338); zur vorherigen Behandlung bei ArbN s. gleichlautende Erlasse der obersten FinBeh. der Länder v. 23.11.2012, BStBl. I 2012, 1224.
11 BFH v. 26.10.1987 – GrS 2/86, BStBl. II 1988, 348 (353) = FR 1988, 160; v. 9.11.2017 – III R 20/16, BStBl. II 2018, 278 Rn. 13; FG BaWü. v. 9.5.2017 – 5 K 841/16, EFG 2017, 1454 Rn. 28, zur unentgeltlichen Nutzung von Abwärme aus dem Betrieb einer Biogasanlage.

gende Stornierung v. betrieblich gebuchtem Aufwand ist in Anbetracht der einheitlichen Zuordnung v. gemischtgenutzten WG zum BV das steuerrechtl. Korrektiv zur Neutralisierung v. privat veranlasstem Aufwand, der zunächst in der Gewinnermittlung erfasst ist. Soweit mangels Kosten eine derartige Gewinnminderung nicht eingetreten ist, bedarf es eines solchen Ausgleichs nicht.[1] Auf den Umfang der privaten Nutzung kommt es nicht an. Die Vorschrift enthält keine Geringfügigkeitsgrenze, sodass auch Privatnutzungen von weniger als 10 % erfasst werden.[2] Dem „Neutralisationsgebot" entspricht es, die Entnahme nicht in Höhe eines marktüblichen Nutzungsentgelts anzusetzen.[3] Die tatsächlichen Selbstkosten sind die als BA iRd. Minderung des buchmäßigen BV abgezogenen (Gesamt-)Aufwendungen einschl. der sog. festen und variablen Kosten;[4] ferner der AfA (ohne TW-AfA) in der in Anspr. genommenen Höhe[5] und der Finanzierungskosten,[6] ohne Wert der eigenen Arbeitsleistung. Stille Reserven bleiben außer Betracht.[7] Die **private Nutzung** eines **Betriebs-Pkw** ist **bei Nichtanwendbarkeit von S. 2 und 3,** also wenn das Kfz. nicht zu mehr als 50 % betrieblich genutzt wird, mit einem Anteil an den festen und variablen Kosten anzusetzen.[8] Bei der Veräußerung eines zum BV gehörenden Kfz., das zT auch privat genutzt wurde, ist der gesamte Unterschiedsbetrag zw. Buchwert und Veräußerungserlös Gewinn.[9] Ein Gewinn aus der Veräußerung eines Kfz. mindert nicht die Bemessungsgrundlage für die Ermittlung des Kfz.-Privatnutzungsanteils im Veräußerungsjahr.[10] Die USt auf die Entnahme als Eigenverbrauch ist nicht abziehbar (§ 12 Rn. 10). Wird der zum BV gehörende Pkw während einer privat veranlassten Fahrt durch Unfall zerstört oder erheblich beschädigt wird, sind die im Buchwertansatz des Pkw ruhenden stillen Reserven nicht einzubeziehen.[11] Die Entnahme v. privater Telekommunikationsleistungen ist nicht entspr. § 3 Nr. 45 stfrei.[12]

Wird eine **betriebliche Wohnung außerbetrieblich veranlasst verbilligt vermietet**, ist eine Nutzungsentnahme mit den (anteiligen) Kosten der außerbetrieblichen Nutzung zu bewerten, höchstens aber mit dem Marktwert der Nutzung (hier: höchstens der Marktmiete).[13] Entstehen für das außerbetrieblich genutzte WG des BV Erhaltungsaufwendungen durch Instandhaltungs- oder Modernisierungsmaßnahmen, die zu einer substantiellen Erhöhung des TW führen, sind diese Aufwendungen über einen Zeitraum v. zehn Jahren pro rata temporis den lfd. Kosten für das WG (bis zur jeweiligen Höhe des Marktwerts der Nutzung) hinzuzurechnen. Von einer substantiellen Teilwerterhöhung ist auszugehen, wenn der TW durch sämtliche Instandhaltungsmaßnahmen oder Modernisierungsmaßnahmen um mindestens 10 % gesteigert wird.[14] 165

3. Pauschalierte private Pkw-Nutzung (Abs. 1 Nr. 4 S. 2–3). Die private, selbst gelegentliche Nutzung eines Kraftfahrzeugs des BV[15] (§ 4 Rn. 32 ff.) wird einkommensteuerrechtl.[16] pauschal **für jeden Kalendermonat** nach der **1 %-Regel** bewertet, auch bei Einkünften aus LuF,[17] nicht aber bei Bemessung einer vGA.[18] Der Begriff des Kraftfahrzeugs ist weit zu verstehen. Darunter fallen nicht nur Pkws, sondern etwa 166

---

1 BFH v. 24.3.2011 – IV R 46/08, BStBl. II 2011, 692 = FR 2011, 769 m. Anm. *Kanzler* mwN.
2 FG Stuttgart v. 25.4.2016 – 9 K 1501/15, EFG 2016, 1076, m. Anm. *Pfützenreuter*, jurisPR-SteuerR 30/2016 Anm. 3.
3 BFH v. 19.12.2002 – IV R 46/00, FR 2003, 735 = BFH/NV 2003, 979.
4 BFH v. 21.11.1980 – VI R 202/79, BStBl. II 1981, 131 = FR 1981, 228 mwN.
5 BFH v. 26.1.1994 – X R 1/92, BStBl. II 1994, 353 = FR 1994, 322 mwN.
6 BFH v. 18.2.1992 – VIII R 9/87, BFH/NV 1992, 590 – Flugzeug.
7 Zusammenfassend BFH v. 14.1.1998 – X R 57/93, FR 1998, 560 m. Anm. *Weber-Grellet* = DStR 1998, 887 = BFH/NV BFH/R 1998, 1160 mwN; v. 19.12.2002 – IV R 46/00, FR 2003, 735 = BFH/NV 2003, 979.
8 BFH v. 19.10.1970 – GrS 2/70, BStBl. II 1971, 17; v. 24.5.1989 – I R 213/85, BStBl. II 1990, 8 = FR 1989, 682; v. 20.11.2012 – VIII R 31/09, BFH/NV 2013, 527 Rn. 22.
9 BFH v. 24.9.1959 – IV 38/58 U, BStBl. III 1959, 466.
10 BFH v. 26.1.1994 – X R 1/92, BStBl. II 1994, 353 = FR 1994, 322.
11 BFH v. 14.10.2003 – VIII R 48/98, BFH/NV 2004, 331; hierzu nachfolgend BFH v. 16.3.2004 – VIII R 48/98, BStBl. II 2004, 725.
12 BFH v. 21.6.2005 – XI R 50/05, BStBl. II 2006, 715 = FR 2006, 939.
13 BFH v. 29.4.1999 – IV R 49/97, BStBl. II 1999, 652 = FR 1999, 816 m. Anm. *Kanzler*; v. 24.3.2011 – IV R 46/08, BStBl. II 2011, 692 = FR 2011, 769 m. Anm. *Kanzler* mwN.
14 BFH v. 29.4.1999 – IV R 49/97, BStBl. II 1999, 652 = FR 1999, 816 m. Anm. *Kanzler*; v. 19.12.2002 – IV R 46/00, FR 2003, 735 = BFH/NV 2003, 979; v. 14.8.2014 – IV R 56/11, BFH/NV 2015, 317.
15 BFH v. 28.2.2008 – X B 207/07, BFH/NV 2008, 791.
16 Für den Eigenverbrauch bei der USt ist die 1 %-Regelung nicht anwendbar. Der BFH lässt es aber mit der FinVerw. zu, dass der Unternehmer aus Vereinfachungsgründen die Wahl hat, den Eigenverbrauch nach der Regelung in § 6 Abs. 1 Nr. 4 S. 2 zu schätzen, wobei die Schätzung nur einheitlich erfolgen kann; s. BFH v. 5.6.2014 – XI R 2/12, BFH/NV 2014, 1864 mwN.
17 BFH v. 3.2.2010 – IV R 45/07, BStBl. II 2010, 689: auch bei Pauschalierung der USt keine Erhöhung um die fiktive USt.
18 BFH v. 23.2.2005 – I R 70/04, BStBl. II 2005, 882 = FR 2005, 890 m. Anm. *Pezzer*: Bewertung nach Fremdvergleichsmaßstab; v. 23.1.2008 – I R 8/06, DStR 2008, 865 = BFH/NV 2008, 1057 = FR 2008, 963.

auch Motorräder, Kombifahrzeuge,[1] Pickup Trucks,[2] Taxen,[3] Fahrschulfahrzeuge,[4] Elektrofahrräder in Form von sog. Pedelecs (Rn. 164) oder zum Rennwagen umgebaute Pkws.[5] Auf das (wirtschaftliche) Eigentum des StPfl. und eine Pflicht zur Aktivierung des Kraftfahrzeugs kommt es nicht an. Wegen des Vereinfachungszwecks der Norm fallen auch geleaste[6] oder gemietete[7] Fahrzeuge in den Anwendungsbereich des Abs. 1 Nr. 4 S. 2 und 3, sofern sie zu mehr als 50 % betrieblich genutzt werden. Die Vorschrift ist demgegenüber nicht auf einen Lkw (die kfz-steuerrechtl. Einordnung ist hier nicht maßgebend),[8] eine Zugmaschine oder einen Werkstattwagen[9] anzuwenden, weil hier kein Erfahrungssatz für eine nicht nur gelegentliche Privatnutzung besteht.[10] Ein Fahrzeug, das aufgrund seiner objektiven Beschaffenheit und Einrichtung typischerweise so gut wie ausschließlich nur zur Beförderung von Gütern bestimmt ist, unterfällt nicht der 1 %-Regelung, weil derartige Fahrzeuge allenfalls gelegentlich und ausnahmsweise auch für private Zwecke eingesetzt werden.[11] Für solche Kraftfahrzeuge ist die Nutzungsentnahme nach S. 1 mit den Selbstkosten zu bewerten. Der pauschale Wert des S. 2 gehört nach § 4 Abs. 5 S. 1 Nr. 6 – neben den Fahrten zw. Wohnung und Betriebsstätte – zu den nicht abziehbaren Aufwendungen. Er muss bereits bei der Gewinnermittlung außer Ansatz bleiben.[12] Die Anwendung der zwingenden spezialgesetzlichen Bewertungsregel kann nicht durch die Zahlung eines Nutzungsentgelts vermieden werden.[13] Die Nutzung eines betrieblichen Kfz. für einen weiteren Betrieb des StpPfl.[14] und/oder zur Erzielung v. Überschusseinkünften ist durch die 1 %-Regelung nicht abgegolten.[15] Allerdings deckt diese Pauschalregelung die unentgeltliche Nutzung des Kfz. im Betrieb des Ehegatten (oder eines anderen StPfl.) ab. Auch insoweit liegt aus der maßgeblichen Sicht desjenigen, der das Kfz. im BV hält, eine „private" Nutzung des Fahrzeugs vor. Ein Betrag für eine zusätzliche Nutzungsentnahme durch den Ehegatten ist nicht anzusetzen. Der Ehegatte kann in Bezug auf die Fahrzeugnutzung keine Aufwandseinlage gewinnmindernd geltend machen, wenn er keinen eigenen Aufwand trägt.[16] Die Vorschrift ist bei der Ermittlung des Gewinns durch Überschuss der BE über die BA (§ 4 Abs. 3) gem. Abs. 7 Nr. 2 entspr. anzuwenden. Die 1 %-Regelung ist auch dann fahrzeugbezogen – also mehrfach – anzuwenden, wenn feststeht, dass ausschließlich eine Pers. die Fahrzeuge auch privat genutzt hat.[17] Gehören mehrere Fahrzeuge zum BV, ist der pauschale Nutzungswert grds. für jedes Fahrzeug anzusetzen, das privat genutzt wird; dies gilt entspr. für Fahrzeuge im BV einer PersGes. Zur Bewertung der privaten Nutzung eines betrieblichen Pkw durch einen ArbN s. auch § 8 Rn. 38 ff.

167 Voraussetzung der (Nutzungs-)Entnahme eines WG ist dessen Zugehörigkeit zum BV. Die Vorschrift regelt (nur) die Bewertung der Entnahmen; sie schafft keinen gesonderten Entnahmetatbestand. **Die 1 %-Regelung ist beschränkt auf Fahrzeuge des notwendigen BV.**[18] Das Kraftfahrzeug muss zu mehr als 50 % betrieblich genutzt werden. Damit soll verhindern werden, dass die 1 %-Regelung, die auf der Annahme einer durchschnittlichen privaten Nutzung v. 30 bis 35 % beruht, zu einem ungerechtfertigten Vorteil für den StPfl. führt.[19] Die 1 %-Regelung setzt die Zugehörigkeit des Kfz. zum BV voraus, hat aber als bloßer Berechnungsmodus keinen Einfluss auf dessen Zuordnung zum BV oder PV.[20]

1 BFH v. 11.7.2005 – X B 11/05, BFH/NV 2005, 1801.
2 FG München v. 6.3.2008 – 15 K 4626/05, EFG 2008, 1448.
3 BFH v. 18.4.2013 – X B 1818/12, BFH/NV 2013, 1401.
4 FG München v. 29.9.2014 – 7 K 1861/13, juris.
5 FG Düss. v. 25.9.2008 – 11 K 698/06 H(L), EFG 2009, 168.
6 BFH v. 29.4.2008 – VIII R 67/06, BFH/NV 2008, 1662; zweifelnd BFH v. 2.3.2006 – IV R 36/04, BFH/NV 2006, 1277; v. 20.11.2012 – VIII R 31/09, BFH/NV 2013, 527.
7 BMF v. 21.1.2002, BStBl. I 2002, 148; auch zum „Pool-Leasing" FG Köln v. 29.1.2007 – 14 V 4485/06, EFG 2007, 578.
8 BFH v. 13.2.2003 – X R 23/01, BStBl. II 2003, 472 = FR 2003, 791; OFD Berlin v. 3.5.2004, DB 2004, 1235.
9 BFH v. 18.12.2008 – VI R 34/07, BStBl. II 2009, 381 = FR 2009, 677; *Bergkemper*, jurisPR-SteuerR 14/2009 Anm. 1; anders für einen Werkstattwagen Nds. FG v. 13.3.2013 – 4 K 302/11, juris (rkr.).
10 BFH v. 13.2.2003 – X R 23/01, BStBl. II 2003, 472 = FR 2003, 791.
11 BFH v. 18.12.2008 – VI R 34/07, BStBl. II 2009, 381 = FR 2009, 677; v. 17.2.2016 – X R 32/11, BStBl. II 2016, 708 = FR 2016, 964; anders und wenig überzeugend BFH v. 19.2.2013 – X B 119/12, BFH/NV 2013, 923, wonach bei Verweigerung der Mitwirkung durch den StPfl. ein Privatanteil nach der 1 %-Methode angesetzt werden kann.
12 BFH v. 18.9.2012 – VIII R 28/10, BStBl. II 2013, 120 = FR 2013, 230 m. Anm. *Urban*; v. 20.8.2015 – III B 108/14, juris.
13 BFH v. 7.11.2006 – VI R 95/04, BStBl. II 2007, 269 = FR 2007, 500 m. Anm. *Bergkemper*.
14 BFH v. 19.3.2009 – IV R 59/06, BFH/NV 2009, 1617.
15 BFH v. 26.4.2006 – X R 35/05, BStBl. II 2007, 445 = FR 2007, 299.
16 BFH v. 15.7.2014 – X R 24/12, DStR 2014, 2380.
17 BFH v. 9.3.2010 – VIII R 24/08, BStBl. II 2010, 903 = FR 2010, 583 m. Anm. *Urban*; hierzu *Nothnagel*, jurisPR-SteuerR 24/2010 Anm. 2; BFH v. 26.11.2009 – VIII B 190/09, FR 2010, 398 = BFH/NV 2010, 331.
18 BFH v. 19.3.2009 – IV R 59/06, BFH/NV 2009, 1617; v. 20.11.2012 – VIII R 31/09, BFH/NV 2013, 527.
19 BT-Drucks. 16/520; zum stl. Entlastungspotenzial gemischt genutzter Fahrzeuge im BV s. die Modellrechnungen von *Eichfelder/Neugebauer*, StuW 2016, 134.
20 BFH v. 6.11.2001 – VI R 54/00, BStBl. II 2002, 164 = FR 2002, 340 m. Anm. *Kanzler*.

Bei Anwendung der 1 %-Regelung ist Bemessungsgrundlage der Brutto-Listenpreis.[1] Maßgebend ist die zum Zeitpunkt der Erstzulassung des Fahrzeugs maßgebliche Preisempfehlung des Herstellers, die für den Endverkauf des tatsächlich genutzten Modells auf dem inländ. Neuwagenmarkt gilt,[2] einschl. USt (Rn. 172).[3] Kosten für werkseitig eingebaute Sonderausstattungen sind einzubeziehen. Nachträgliche Wertveränderungen – etwa durch Nachrüstung des Kraftfahrzeugs durch eine Flüssiggasanlage – bleiben unberücksichtigt.[4] Die Regelung gilt für Neu- und Gebrauchtfahrzeuge. Sofern es keine Preisempfehlung des Herstellers für den deutschen Markt gibt, etwa bei Importfahrzeugen oder Oldtimern, ist der Bruttolistenpreis gem. § 162 Abs. 1 AO zu schätzen, zB anhand inländ. Endverkaufspreise von Importeuren.[5] Führt ein StPfl. bei mehreren auch privat genutzten betrieblichen Kfz. nur für einzelne (ordnungsgemäß) ein Fahrtenbuch, so kann er für diese Fahrzeuge die private Nutzung mit den auf die Privatfahrten entfallenden Aufwendungen ansetzen; für die anderen auch privat genutzten Kfz. gilt zwingend die 1 %-Regelung.[6] Der Totalverlust eines Fahrzeugs im betrieblichen Bereich ist grds.[7] ein betrieblicher Vorfall. **Durch die Pauschalierung** sind sämtliche geldwerten Vorteile **abgegolten**, die sich aus der Möglichkeit einer privaten Nutzung des betrieblichen Fahrzeugs ergeben; unselbständige Ausstattungsmerkmale können nicht getrennt bewertet werden.[8] Als Aufwendungen sind die „normalen vorhersehbaren" Kosten abgegolten, die v. der Fahrleistung abhängigen Aufwendungen für Treib- und Schmierstoffe, die Kraftfahrzeugsteuern, Haftpflichtversicherungsprämien, übliche Reparaturkosten, Parkgebühren, AfA, Garagenmiete.[9] In der Pauschalierung sind nicht berücksichtigt Unfallkosten und Kosten, die ihrer Natur nach außergewöhnlich sind und sich einer Pauschalierung entziehen, wie etwa die Kosten für einen Chauffeur.[10] Nicht erfasst sind ferner Kosten für Vignetten, Maut- oder Tunnelgebühren, Schutzbriefkosten und Aufwendungen für den Pkw-Transport.[11] Kosten für den Einbau eines Austauschmotors sind idR mit den Pauschsätzen abgegolten.[12] Eine freie Schätzung des Anteils der Privatnutzung ist unzulässig, auch eine Schätzung, die sich an den Angaben des StPfl. in einem nicht ordnungsgemäßen Fahrtenbuch orientiert.[13] Die nach § 12 Nr. 3 nicht abziehbare USt ist bei Anwendung der 1 %-Regelung des § 6 Abs. 1 Nr. 4 S. 2 nach umsatzsteuerrechtlichen Maßstäben zu ermitteln; die nach § 12 Nr. 3 erforderliche Hinzurechnung der USt hat auf den Zeitpunkt der Entnahme zu erfolgen.[14] 168

§ 6 Abs. 1 Nr. 4 S. 2 HS 2 ist eine Maßnahme zur Umsetzung des „Regierungsprogramms Elektromobilität" zum Nachteilsausgleich für die private Nutzung von betrieblichen Elektrofahrzeugen und Hybridelektrofahrzeugen,[15] deren Listenpreis derzeit höher ist, als der von Kfz. mit Verbrennungsmotoren.[16] Brennstoffzellenfahrzeuge sind **Elektrofahrzeuge**. Sie entsprechen der **Legaldefinition** dieses Begriffs, weil sie aus emissionsfrei betriebenen Energiewandlern gespeist werden. Im System der 1 %-Regel wird der Listenpreis als Bemessungsgrundlage nach der Neuregelung je nach dem Zeitpunkt der Anschaffung des Fahrzeugs differenziert geregelt.[17] Damit soll die Elektromobilität zeitraumbezogen stärker gefördert werden. Bei Fahrzeugen, die vor dem 1.1.2019 und nach dem 31.12.2021 angeschafft worden sind oder werden, 169

1 BFH v. 13.12.2012 – VI R 51/11, BStBl. II 2013, 385 = FR 2013, 670, dort auch zum Zweck der Regelung; v. 16.5.2013 – X B 172/11, BFH/NV 2013, 1404.

2 BFH v. 16.2.2005 – VI R 37/04, BStBl. II 2005, 563 = FR 2005, 893 m. Anm. *Bergkemper*; BMF v. 18.11.2009, BStBl. I 2009, 1326, Tz. 10f.

3 BFH v. 27.1.2004 – X R 43/02, BFH/NV 2004, 639 mwN.

4 BFH v. 13.10.2010 – VI R 12/09, BStBl. II 2011, 361 = FR 2011, 431 m. Anm. *Bergkemper* – zur Nachrüstung mit einer Flüssiggasanlage; Anm. *Bergkemper*, jurisPR-SteuerR 10/2011 Anm. 1.

5 BFH v. 9.11.2017 – III R 20/16, BStBl. II 2018, 278 Rn. 29.

6 BFH v. 3.8.2000 – III R 2/00, BStBl. II 2001, 332 = FR 2000, 1345 m. Anm. *Kanzler*; v. 13.10.2010 – VI R 12/09, BStBl. II 2011, 361 = FR 2011, 431 m. Anm. *Bergkemper*; Anm. *Bergkemper*, jurisPR-SteuerR 10/2011 Anm. 1.

7 Ausnahmen: BFH v. 6.4.1984 – VI R 103/79, BStBl. II 1984, 434 = FR 1984, 485; zur Bewertung der Entnahme BFH v. 23.1.2001 – VIII R 48/98, BStBl. II 2001, 395 = FR 2001, 590.

8 BFH v. 13.10.2010 – VI R 12/09, BStBl. II 2011, 361 = FR 2011, 431 m. Anm. *Bergkemper*, zur Nachrüstung mit einer Flüssiggasanlage; Anm. *Bergkemper*, jurisPR-SteuerR 10/2011 Anm. 1.

9 BFH v. 14.9.2005 – VI R 37/03, BStBl. II 2006, 72 = FR 2006, 82.

10 Zu § 9 Abs. 1 S. 3 Nr. 4 S. 1 BFH v. 22.9.2010 – VI R 54/09, BStBl. II 2011, 354 = FR 2011, 285 m. Anm. *Bergkemper*; hierzu *Bergkemper*, jurisPR-SteuerR 9/2011 Anm. 3.

11 BFH v. 14.9.2005 – VI R 37/03, BStBl. II 2006, 72.

12 BFH v. 17.10.1973 – VI R 26/73, BStBl. II 1974, 186; v. 17.10.1973 – VI R 214/72, BStBl. II 1974, 188; v. 13.3.1990 – VI R 57/87, BFH/NV 1990, 572; FG Münster v. 13.1.2003 – 5 K 727/00 E, EFG 2003, 607.

13 BFH v. 16.11.2005 – VI R 64/04, BStBl. II 2006, 410 = FR 2006, 509.

14 BFH v. 7.12.2010 – VIII R 54/07, BStBl. II 2011, 451; *Steinhauff*, jurisPR-SteuerR 13/2011 Anm. 2.

15 Definition in Art. 3 Nr. 15 der RL 2007/46/EG, ABlEU L 263 v. 9.10.2007, 1.

16 Ausf. BT-Drucks. 17/12375, 36f.

17 § 6 Abs. 1 Nr. 4 S. 2 wurde durch das G zur Vermeidung von Umsatzsteuerausfällen beim Handel mit Waren im Internet und zur Änderung weiterer stl. Vorschriften v. 11.12.2018 (BGBl. I 2018, 2338) neu gefasst.

bleibt es bei der bisherigen Förderung (HS 2 Nr. 1). Der Bruttolistenpreis wird um die in diesem enthaltenen Kosten für das Batteriesystem pauschal gemindert. Die Regelung ist durch die Degression von jährlich 50 Euro pro Kilowattstunde Batteriekapazität zeitlich beschränkt auf den Erwerb von Elektro- und Hybridelektrofahrzeugen, die bis zum 31.12.2022 angeschafft werden.[1] Sie gilt ab dem Zeitpunkt des Inkrafttretens des Gesetzes auch für Elektro- und Hybridelektrofahrzeuge, die bereits im BV vorhanden sind und für die eine Entnahme oder ein geldwerter Vorteil zu versteuern ist. Bei Anschaffung des Fahrzeugs nach dem 31.12.2018 und vor dem 1.1.2022 gilt eine pauschale Reduzierung des Bruttolistenpreises um die Hälfte (HS 2 Nr. 2). Die 1 %-Regelung vermindert sich damit im begünstigten Drei-Jahreszeitraum auf eine 0,5 %-Regelung. Bei extern aufladbaren Hybridelektrofahrzeugen ist dafür allerdings erforderlich, dass sie die Voraussetzungen von § 3 Abs. 2 Nr. 1 oder 2 EmoG erfüllen, somit entweder eine Kohlendioxidemission von höchstens 50 Gramm je gefahrenen Kilometer oder bei reinem Elektroantrieb eine Reichweite von mindestens 40 Kilometern haben.[2]

170 **Bei Ausschluss der 1 %-Regelung** – etwa wenn das Kraftfahrzeug weniger als 50 % betrieblich genutzt wird – ist der Entnahmewert mit dem auf die Privatfahrten entfallenden Anteil an den Gesamtaufwendungen für das Kfz., also dem Anteil an den festen und variablen Kosten, anzusetzen (Rn. 164). Um diesen Anteil zu ermitteln, bietet sich die Fahrtenbuchmethode des S. 3 an, deren Anwendung allerdings nicht gesetzlich vorgeschrieben ist.

171 Das **BMF**[3] hat Anweisungen erlassen zur **Beurteilung zahlreicher Einzelfragen**. insbes.: Zugehörigkeit zum BV, Nachweis der betrieblichen Nutzung,[4] Methodenwahl, Ermittlung des privaten Nutzungswerts bei Elektro- und Hybridelektrofahrzeugen,[5] Kfz-Wechsel, Nutzung mehrerer Fahrzeuge und Nutzung durch mehrere Nutzungsberechtigte, nur gelegentliche Nutzung des Kfz, Nutzung durch Einzelunternehmer und G'fter einer PersGes. mit „Praxis-Beispielen“, Nutzung im Rahmen unterschiedlicher Einkunftsarten, Verfahrensweise bei v. Kj. abw. Wj., Fahrzeugwechsel, Listenpreis zzgl. der Kosten für Sonderausstattungen wie zB ein werkseitig eingebautes[6] Navigationsgerät,[7] nicht üblicher Kaufpreis, Sonderausstattungen (werkseitig zusätzlich eingebaute Ausstattungen des Fahrzeugs im Zeitpunkt der Erstzulassung), Mehr- und Minderausstattung reimportierter Fahrzeuge, betrieblich bedingte Mehrausstattung, Zeitpunkt der Erstzulassung, Kfz. im BV einer PersGes., Fahrten zu mehreren Betriebsstätten in unterschiedlicher Entfernung, als Billigkeitsregelung Begrenzung der pauschalen Wertansätze durch **„Kostendeckelung“** bis zum Betrag der Gesamtkosten[8] des Kfz., wenn der pauschal ermittelte Wert die tatsächlich entstandenen Aufwendungen in jedem VZ übersteigt. Individuelle Besonderheiten hinsichtlich der Art und der Nutzung des Dienstwagens bleiben grds. ebenso unberücksichtigt wie nachträgliche Änderungen des Fahrzeugwerts; zB erhöht der nachträgliche Einbau von Zusatzausstattungen nicht die Bemessungsgrundlage.[9] **Behinderte** können unter bestimmten Voraussetzungen ihre tatsächlichen Kosten für die Benutzung eines eigenen Kfz. für Fahrten zw. Wohnung und Betriebsstätte sowie für Familienheimfahrten als BA absetzen.[10]

172 Die auf den inländ. Listenpreis (nicht einen tatsächlichen niedrigeren Kaufpreis, auch bei Reimporten) abhebende, Neu- wie Gebrauchtwagen[11] umfassende, auch bei Vorhandensein eines betrieblichen Zweitwagens anwendbare grob typisierende Regelung ist **verfassungsgemäß**,[12] zumal es dem StPfl. freisteht, den privaten Nutzungsanteil konkret nachzuweisen (sog. widerlegbare Typisierung)[13] und er nach einer ermessensbindenden Regelung der FinVerw. einen **(Billigkeits-)Anspruch auf Deckelung** der Höhe nach auf

1 Vgl. zur Berechnung des maßgeblichen Listenpreises auch BMF v. 5.6.2014, BStBl. I 2014, 835 Tz. 3 ff.
2 Damit soll die verstärkte Förderung nur ökologisch sinnvollen Fahrzeugen zugutekommen; s. BT-Drucks. 19/5595, 60.
3 BMF v. 18.11.2009, BStBl. I 2009, 1326.
4 BMF v. 15.11.2012, BStBl. I 2012, 1099.
5 BMF v. 5.6.2014, BStBl. I 2014, 835 Tz. 9 ff.
6 BFH v. 13.10.2010 – VI R 12/09, BStBl. II 2011, 361 = FR 2011, 431 m. Anm. *Bergkemper* – kein Einbezug v. Kosten für Nachrüstung auf Flüssiggasbetrieb in die Bemessungsgrundlage; Anm. *Bergkemper*, jurisPR-SteuerR 10/2011 Anm. 1.
7 BFH v. 16.2.2005 – VI R 37/04, BStBl. II 2005, 563 = FR 2005, 893 m. Anm. *Bergkemper*.
8 BMF v. 18.11.2009, BStBl. I 2009, 1326 Tz. 18 ff. Zur Kostendeckelung bei Kostenerstattung Dritter OFD Münster 25.5.2005, DB 2005, 1305, mit Beispielen; OFD München v. 25.5.2005, DB 2005, 1305; BFH v. 18.9.2012 – VIII R 28/10, BStBl. II 2013, 120 = FR 2013, 230 – dort zur Vermietung von Kfz. an PersGes. durch ihre Ges.; *Nothnagel*, jurisPR-SteuerR 15/2013 Anm. 3.
9 BFH v. 13.10.2010 – VI R 12/09, BStBl. II 2011, 361 = FR 2011, 431 m. Anm. *Bergkemper*.
10 BMF v. 18.11.2009, BStBl. I 2009, 1326, Rn. 34.
11 BFH v. 12.5.2004 – X B 170/03, BFH/NV 2004, 1260.
12 BFH v. 13.12.2012 – VI R 51/11, BStBl. II 2013, 385 = FR 2013, 670 mwN.
13 BFH v. 13.12.2012 – VI R 51/11, BStBl. II 2013, 385 = FR 2013, 670.

die tatsächlichen Gesamtkosten des Kraftfahrzeugs hat.[1] Die 1 %-Regelung knüpft typisierend nicht an den Aufwand des StPfl., sondern an dessen Vorteil an. Deshalb und vor dem Hintergrund der Möglichkeit der Fahrtenbuchführung ist es verfassungsrechtl. nicht geboten, die Nutzungsentnahme auf die Gesamtkosten des Kfz. oder sogar nur auf 50 % der Gesamtaufwendungen zu begrenzen.[2] Die Einbeziehung der USt[3] in die Bemessungsgrundlage ist systemgerecht, weil sie im Privatbereich eine Aufwandsposition ist. Eine nur gelegentliche private Nutzung des Kfz. erfordert den pauschalen Ansatz. Monatswerte für eine Privatnutzung sind nicht anzusetzen für volle Kalendermonate, in denen ein private Nutzung oder eine Nutzung zu Fahrten zw. Wohnung und Betriebsstätte nachweislich ausgeschlossen ist.[4] Für die Anwendung der 1 %-Regelung reicht es aber aus, wenn das Kfz. im Laufe des Monats nur gelegentlich genutzt wird, eine tageweise Berechnung des Nutzungsvorteils findet nicht statt.[5]

Nachweis der Nutzung durch ordnungsgemäßes Fahrtenbuch.[6] Insbes. wenn ein Gebrauchtwagen oder ein abgeschriebener Pkw genutzt wird oder der Privatanteil der Nutzung gering ist, kann der StPfl. Nachteile vermeiden,[7] indem er sämtliche Kfz.-Aufwendungen[8] einzeln belegt und die zumutbaren Nachweisanforderungen des S. 3 durch Führung eines – sofern nachträgliche Veränderungen technisch ausgeschlossen sind oder dokumentiert werden auch elektronischen[9] – lfd. geführten, im Original vorzulegenden Fahrtenbuchs für jedes auch privat genutzte Fahrzeug des BV einzeln erfüllt.[10] Die Anforderungen an die ordnungsmäßigen Aufzeichnungen, die konstant (nicht nur für einen repräsentativen Zeitraum) fortlaufend in einer geordneten und geschlossenen[11] „buchmäßigen" Form[12] sowie in jedem Falle zeitnah[13] zu führen sind und die zu erfassenden Fahrten einschl. des an ihrem Ende erreichten Gesamtkilometerstandes vollständig und in ihrem fortlaufenden Zusammenhang wiedergeben,[14] sind sehr hoch.[15] Lose – zB als lose Notizzettel, monatsweise Blätter[16] – gefertigte Aufzeichnungen reichen nicht aus.[17] Aufzuzeichnen sind[18] – unabdingbar; s. BMF v. 18.11.2009, BStBl. I 2009, 1326 – Datum und Kilometerstand zu Beginn und Ende jeder einzelnen betrieblich/beruflich veranlassten Fahrt, Datum und Reiseziel,[19] Anfangs- und Endpunkte der Fahrten,[20] bei Umwegen auch die Reiseroute,[21] Reisezweck und aufgesuchte Kunden oder Geschäftspartner;[22] und zwar grds. jede einzelne berufliche Verwendung für sich und mit dem bei Abschluss der Fahrt erreichten Gesamtkilometerstand des Fahrzeugs. Bei einer einheitlichen beruflichen Reise können diese Abschnitte zwar miteinander zu einer zusammenfassenden Eintragung verbunden und 173

1 BFH v. 14.3.2007 – XI R 59/04, BFH/NV 2007, 1838: Entsch. im selbstständigen Billigkeitsverfahren; krit. *Fischer*, jurisPR-SteuerR 38/2007 Anm. 4; BFH v. 18.9.2012 – VIII R 28/10, BStBl. II 2013, 120 = FR 2013, 230 m. Anm. *Urban*.
2 BFH v. 15.5.2018 – X R 28/15, BFH/NV 2018, 1107 Rn. 26 ff.
3 BFH v. 30.7.2003 – X R 70/01, BFH/NV 2003, 1580.
4 BMF v. 18.11.2009, BStBl. I 2009, 1326 Tz. 15.
5 FG BaWü. v. 24.2.2015 – 6 K 2540/14, EFG 2015, 896.
6 BFH v. 29.1.2010 – VIII B 189/09, DStZ 2010, 662: Rechtsfragen des Fahrtenbuchs sind geklärt.
7 Modellrechnungen bei *Hundsdoerfer/Normann*, BB 2003, 281; *Wolf/Lahme*, DB 2003, 578.
8 Thür. FG v. 10.11.2011 – 2 K 163/10, EFG 2012, 770.
9 BMF v. 18.11.2009, BStBl. I 2009, 1326, Rn. 23; BFH v. 16.11.2005 – VI R 64/04, BStBl. II 2006, 410 = FR 2006, 509, betr. Fahrtenbuchführung mit MS-Excel; FG Münster v. 17.1.2012 – 5 K 1240/09 E, EFG 2012, 1733.
10 BMF v. 18.11.2009, BStBl. I 2009, 1326, Rn. 12 f.; – Nutzung mehrerer betrieblicher Fahrzeuge mit Praxis-Beispiel; BFH v. 19.12.2001 – I R 63/00, BStBl. II 2003, 302 = FR 2002, 526.
11 BFH v. 9.11.2005 – VI R 27/05, BStBl. II 2006, 408 = FR 2006, 509; v. 12.10.2012 – III B 78/12, BFH/NV 2013, 39: Diese Anforderung dient dazu, nachträgliche Einfügungen oder Veränderungen auszuschließen oder zumindest deutlich als solche erkennbar zu machen.
12 BFH v. 1.3.2012 – VI R 33/10, BStBl. II 2012, 505 = FR 2012, 1085 mwN; v. 13.11.2012 – VI R 3/12, BFH/NV 2013, 526.
13 BFH v. 21.4.2009 – VIII R 66/06, BFH/NV 2009, 1422.
14 BFH v. 31.5.2005 – VI B 65/04, BFH/NV 2005, 1554 – keine gerundeten km-Angaben; v. 9.11.2005 – VI R 27/05, BStBl. II 2006, 408 = FR 2006, 509 – umfangreiche Ausführungen zum Begriff „ordnungsmäßiges Fahrtenbuch"; v. 16.3.2006 – VI R 87/04, BStBl. II 2006, 625 = FR 2006, 595 m. Anm. *Bergkemper*.
15 BFH v. 16.3.2006 – VI R 87/04, BStBl. II 2006, 625 = FR 2006, 595 m. Anm. *Bergkemper*; v. 16.1.2009 – VIII B 140/08, BFH/NV 2009, 770.
16 BFH v. 10.6.2013 – X B 258/12, BFH/NV 1412.
17 BFH v. 13.3.2007 – VI B 141/06, BFH/NV 2007, 1132; v. 12.7.2011 – VI B 12/11, BFH/NV 2011, 1863; FG Köln v. 28.3.2012 – 15 K 4080/09, EFG 2012, 1758.
18 BFH v. 14.3.2007 – XI R 59/04, BFH/NV 2007, 1838.
19 BFH v. 1.3.2012 – VI R 33/10, BStBl. II 2012, 505 = FR 2012, 1085.
20 BFH v. 13.11.2012 – VI R 3/12, BFH/NV 2013, 526.
21 Zu Umwegfahrten BFH v. 14.3.2012 – BFH/NV 2012, 949.
22 BFH v. 16.3.2006 – VI R 87/04, BStBl. II 2006, 625 = FR 2006, 595 m. Anm. *Bergkemper*; zum Aufsuchen mehrerer Kunden im Rahmen einer „einheitlichen beruflichen Fahrt" s. BFH v. 14.3.2007 – XI R 59/04, BFH/NV 2007, 1838; zum Fahrtenbuch eines „hohen Beamten" BFH v. 28.6.2007 – VI B 112/06, BFH/NV 2007, 1654.

der am Ende der gesamten Reise erreichte Gesamtkilometerstand aufgezeichnet werden.[1] Auch dann sind die einzelnen Kunden oder Geschäftspartner in der zeitlichen Reihenfolge aufzuführen, in der sie aufgesucht worden sind. Es genügt nicht, wenn nur allgemein und pauschal die betreffenden Fahrten im Fahrtenbuch als „Dienstfahrten" bezeichnet werden. Die erforderlichen Mindestangaben können auch nicht durch anderweitige nicht im Fahrtenbuch selbst enthaltene Auflistungen ersetzt werden. „Kleinere Mängel" sind unschädlich.[2] Es gelten berufsspezifisch bedingte Erleichterungen „zB" für „Handelsvertreter, Kurierdienstfahrer, Automatenlieferanten und andere StPfl., die regelmäßig aus betrieblichen/beruflichen Gründen große Strecken mit mehreren unterschiedlichen Reisezielen zurücklegen"[3] ferner für Fahrlehrer und Taxifahrer und beim regelmäßigen Aufsuchen derselben Kunden, Kundendienstmonteuren.[4] Erleichterungen gewähren Rspr. und FinVerw. nicht für Berufsgruppen, die wie zB RA,[5] Steuerberater und Ärzte in Bezug auf die Identität des Mandanten und die Tatsache der Beratung eine Zeugnisverweigerungsrecht (§ 102 Abs. 1 Nr. 3 AO) haben.[6] Die Aufzeichnungen im Fahrtenbuch selbst müssen seine stichprobenartige Überprüfung ermöglichen. Auf einzelne dieser Angaben kann nach dem BMF verzichtet werden, soweit wegen der besonderen Umstände im Einzelfall die betriebliche/berufliche Veranlassung der Fahrten und der Umfang der Privatfahrten ausreichend dargelegt sind und Überprüfungsmöglichkeiten nicht beeinträchtigt sind.[7] Bei Privatfahrten genügen Kilometerangaben; für Fahrten zw. Wohnung und Betriebsstätte genügt jeweils ein kurzer Vermerk im Fahrtenbuch. Trotz kleinerer Mängel kann ein Fahrtenbuch ordnungsgemäß sein, wenn es noch eine hinreichende Gewähr für die Vollständigkeit und Richtigkeit der dort getroffenen Angaben bietet und der Nachweis des zu versteuernden privaten Anteils an der Gesamtfahrleistung des Pkw möglich ist.[8] Ein Verweis auf ergänzende Unterlagen ist nur zulässig, wenn der geschlossene Charakter der Fahrtenbuchaufzeichnungen dadurch nicht beeinträchtigt wird.[9]

174 Die **Wahl der Methode** ist grds. (Ausnahme insbes. bei Fahrzeugwechsel) für ein ganzes Wj. bindend; sie hat keine Bindung für die Folgejahre.[10] Das Wahlrecht wird jährlich (str.) durch Einreichen der Steuererklärung beim FA ausgeübt. Die Fahrtenbuchmethode ist nur dann zugrunde zu legen, wenn das Buch für das ganze Wj. geführt wird. Ein Wechsel im Wj. zur Fahrtenbuchmethode führt nicht zur Verdrängung der 1 %-Regelung.[11] Die Bewertungsregel der Nr. 4 S. 2 ist allerdings nicht anwendbar, wenn eine private Nutzung nicht stattgefunden hat. Das FG muss sich deshalb grundsätzlich die volle Überzeugung davon bilden, dass eine private Nutzung tatsächlich stattgefunden hat.[12] Der **Beweis des ersten Anscheins**[13] spricht dafür, dass dienstliche oder betriebliche Fahrzeuge, die zu privaten Zwecken zur Verfügung stehen, auch tatsächlich privat genutzt werden. Der StPfl. kann den untypischen Sachverhalt und damit die ernstliche Möglichkeit darlegen, dass zB das einzige Betriebsfahrzeug nur betrieblich genutzt wird.[14] Allerdings rechtfertigt bereits die bloße Möglichkeit der privaten Nutzung aufgrund der allg. Lebenserfahrung den Schluss, dass ein Betriebs-Pkw typischerweise auch privat genutzt wird.[15] Die bloße Behauptung, ein Pkw werde nicht für Privatfahrten genutzt, für Privatfahrten stünde ein anderes Fahrzeug zur Vfg.[16] oder diese

---

1 BFH v. 13.11.2012 – VI R 3/12, BFH/NV 2013, 526.
2 BFH v. 10.4.2008 – VI R 38/06, BStBl. II 2008, 768 = FR 2009, 37 m. Anm. *Bergkemper*; BMF v. 18.11.2009 – BStBl. I 2009, 1326 Tz. 25 ff.; *Bergkemper*, FR 2009, 38.
3 BMF v. 18.11.2009, BStBl. I 2009, 1326 Tz. 24 ff.
4 BMF v. 18.11.2009, BStBl. I 2009, 1326, Tz. 24 ff.; H 8.1 (9–10) LStH 2011 „Erleichterungen bei der Führung eines Fahrtenbuchs."
5 BFH v. 3.1.2007 – XI B 128/06, BFH/NV 2007, 706.
6 BFH v. 3.1.2007 – XI B 128/06, BFH/NV 2007, 706: trotz der Verschwiegenheitspflicht v. Rechtsanwälten (§ 42a Abs. 2 BRAO); FG Hbg. v. 17.1.2007 – 8 K 74/06, EFG 2007, 669 betr. Wirtschaftsprüfer. Vgl. zur Aufzeichnung v. Bewirtungsaufwendungen BFH v. 26.2.2004 – IV R 50/01, BStBl. II 2004, 502 = FR 2004, 723 – idR keine Berufung auf die anwaltliche Schweigepflicht.
7 BMF v. 18.11.2009, BStBl. I 2009, 1326 Tz. 24.
8 BFH v. 1.3.2012 – VI R 33/10, BStBl. II 2012, 505 = FR 2012, 1085; *Fischer*, jurisPR-SteuerR 30/2012 Anm. 2.
9 BFH v. 16.3.2006 – VI R 87/04, BStBl. II 2006, 625 = FR 2006, 595 m. Anm. *Bergkemper*.
10 BFH v. 26.11.2009 – VIII B 190/09, FR 2010, 398 = BFH/NV 2010, 331 = DStR 2010, 44.
11 BFH v. 20.3.2014 – VI R 35/12, BFH/NV 2014, 1283.
12 Grundlegend BFH v. 7.11.2006 – VI R 19/05, BStBl. II 2007, 116 = FR 2007, 391 m. Anm. *Bergkemper*; dazu mit ausführlicher Darstellung zum Anscheinsbeweis *P. Fischer*, jurisPR-SteuerR 5/2007 Anm. 1; BFH v. 4.12.2012 – VIII R 42/09, BStBl. II 2013, 365 = FR 2013, 523.
13 BFH v. 15.3.2007 – VI R 94/04, BFH/NV 2007, 1302; v. 21.4.2010 – VI R 46/08, BStBl. II 2010, 848; *Bergkemper*, jurisPR-SteuerR 10/2009 Anm. 3.
14 BMF v. 18.11.2009, BStBl. I 2009, 1326 Tz. 2; BFH v. 21.12.2006 – VI B 20/06, BFH/NV 2007, 716.
15 BFH v. 22.12.2009 – VI B 79/09, BFH/NV 2010, 867.
16 BFH v. 13.4.2005 – VI B 59/04, BFH/NV 2005, 1300: „… angesichts der für die Privatnutzung sprechenden Umstände …"; v. 13.12.2011 – VIII B 82/11, BFH/NV 2012, 573 mwN; v. 22.2.2012 – VIII R 66/11, BFH/NV 2012, 988; v. 4.12.2012 – VIII R 42/09, BStBl. II 2013, 365 = FR 2013, 523.

würden ausschließlich mit anderen Fahrzeugen durchgeführt, schließt die Anwendung der 1 %-Regel idR nicht aus.[1] Nach zweifelh. Auffassung des BFH[2] ist der Beweis des ersten Anscheins, der für eine private Nutzung betrieblicher Pkw spricht, entkräftet, wenn für private Fahrten andere Fahrzeuge zur Verfügung stehen, die dem betrieblichen Fahrzeug in Status und Gebrauchswert vergleichbar sind. Mangels Nachweises oder bei Mängeln des Nachweises ist nur die 1 %-Methode anzuwenden.[3]

Als Folge der Fahrtenbuchmethode kann der so ermittelte Anteil der Gesamtaufwendungen, der auf die Privatfahrten entfällt, als Nutzungsentnahme angesetzt werden. Die mit dem Betrieb des Kfz. zusammenhängenden Kosten sind zusammenzurechnen und entspr. der Nutzungsanteile prozentual auf den betrieblichen und den privaten Anteil aufzuteilen. Zu den Aufwendungen gehören sämtliche festen Kosten (zB Kfz.-Steuern, Versicherungen, Garagenmiete, AfA) und die variablen Aufwendungen (zB für Treib- und Schmierstoffe, Reifen, Reparaturen, Inspektionen). Unfallkosten fließen in die Berechnung ein, wenn sie BA sind. Sie müssen deshalb durch betriebliche und nicht durch Privatfahrten verursacht worden sein. Bei der AfA für Elektrofahrzeuge, die vor dem 1.1.2019 und nach dem 31.12.2021 angeschafft worden sind oder werden, ist die Bemessungsgrundlage um die nach S. 2 HS 2 Nr. 1 pauschal abzuziehenden Kosten für Batteriesysteme zu mindern, wenn solche Kosten in den AK des Kfz. enthalten sind (§ 6 Abs. 1 Nr. 4 S. 3 HS 2 Nr. 1).[4] Damit wird die zeitlich befristete Begünstigung der Elektromobilität durch Abzug der Kosten für das Batteriesystem bei der Listenpreisermittlung iRd. 1 %-Regelung (Rn. 169) auf die Fahrtenbuchmethode erstreckt. Gleiches gilt für die weiter gehende Begünstigung einer nur hälftigen Berücksichtigung des Bruttolistenpreises bei im Zeitraum vom 1.1.2019 bis 31.12.2021 angeschafften Elektrofahrzeugen (§ 6 Abs. 1 Nr. 4 S. 3 HS 2 Nr. 2). Der Wortlaut wurde durch das StÄndG 2015 ab dem VZ 2016 geändert und auf die ausschließliche Berücksichtigung iRd. AfA festgelegt. Damit soll verhindert werden, dass auch Aufwendungen für gemietete Batteriesysteme abgezogen werden.[5] Dies ließ die bisherige Regelung dem Wortlaut nach zu und begünstigte damit die Fahrtenbuchmethode ggü. der 1 %-Regelung. Die Änderung ist damit systemgerecht. 174a

Bei der Bewertung von Einnahmen iRd. Überschusseinkünfte und damit auch **lohnsteuerrechtl.** setzt die Anwendung der 1 %-Regelung (§ 8 Abs. 2 S. 2 iVm. § 6 Abs. 1 Nr. 4 S. 2) voraus, dass der ArbG seinem ArbN tatsächlich einen Dienstwagen zur privaten Nutzung überlassen hat.[6] Zum steuerbaren Nutzungsvorteil des ArbN s. § 8 Rn. 38 ff. Das **UStG** folgt bei der Schätzung des v. VorSt.-Abzug abhängigen Verwendungseigenverbrauchs anderen Grundsätzen.[7] Zur Nutzung des Fahrzeugs zu Fahrten zw. Wohnung und Betriebsstätte oder für Familienheimfahrten s. § 4 Rn. 212 ff. 174b

4. Sachspenden aus dem Betriebsvermögen zur Verwendung für steuerbegünstigte (ideelle) Zwecke (Abs. 1 Nr. 4 S. 4–5 – Buchwertprivileg). Wird ein WG – nicht Nutzungen und Leistungen (Nr. 4 S. 6) – nach näherer Maßgabe des S. 4 zwecks Sachspende, also unentgeltlich, für gemeinnützige, mildtätige und kirchliche Zwecke einer nach § 5 Abs. 1 Nr. 9 KStG steuerbefreiten Körperschaft, Personenvereinigung oder Vermögensmasse oder einer Körperschaft des öffentl. Rechts unentgeltlich überlassen, kann – der StPfl. hat ein Wahlrecht – die Entnahme mit dem Buchwert angesetzt werden.[8] Dies gilt auch bei der BetrAufg.[9] Die Sachspende wird stl. unbelastet zum Buchwert iRd. SA-Höchstbeträge abgezogen. Das WG muss nicht unmittelbar für stbegünstigte Zwecke verwendet werden; eine unmittelbare Veräußerung des empfangenen WG und die Verwendung des Veräußerungserlöses für steuerbegünstigte Zwecke sind nicht missbräuchlich (§ 42 AO).[10] Die stillen Reserven unterliegen hiernach auch nicht der GewSt. Für den Spendenabzug umfasst der Entnahmewert auch die USt. Zur Bewertung v. Sachspenden für den Sonderausgabenabzug s. § 10b Abs. 3. 175

---

1 BFH v. 11.7.2005 – X B 11/05, BFH/NV 2005, 1801; v. 27.5.2009 – VI B 123/08, BFH/NV 2009, 1434.

2 BFH v. 4.12.2012 – VIII R 42/09, BStBl. II 2013, 365 = FR 2013, 523; zust. *Steinhauff*, jurisPR-SteuerR 13/2013 Anm. 2. Im Urteilsfall hatte das FG mittels Beweiswürdigung ausgeschlossen, dass das Fahrzeug für private Zwecke genutzt worden ist.

3 Dahingestellt in BFH v. 24.2.2000 – IV B 83/99, BStBl. II 2000, 298 = FR 2000, 397 m. Anm. *Kanzler*; v. 9.12.2003 – VI R 8/03, BFH/NV 2004, 769.

4 § 6 Abs. 1 Nr. 4 S. 3 wurde durch das G zur Vermeidung von Umsatzsteuerausfällen beim Handel mit Waren im Internet und zur Änderung weiterer stl. Vorschriften v. 11.12.2018 (BGBl. I 2018, 2338) neu gefasst.

5 BT-Drucks. 18/3158, 9; 18/4902, 41 f.

6 BFH v. 6.10.2011 – VI R 56/10, BStBl. II 2012, 362 = FR 2012, 362. Daran fehlt es etwa, wenn das Kfz. dem ArbN zuzurechnen ist, s. BFH v. 18.12.2014 – VI R 75/13, BStBl. II 2015, 670 = FR 2015, 526 – zu Leasingfahrzeugen.

7 BFH v. 26.6.2007 – V B 197/05, BFH/NV 2007, 1897; v. 19.5.2010 – XI R 32/08, BStBl. II 2010, 1079; v. 5.6.2014 – XI R 2/12, BFH/NV 2014, 1864 mwN.

8 Ausf. *Hüttemann*, DB 2008, 1590, auch zu Wahlrecht, Bewertung der Sachspende, Behandlung bei der Empfängerkörperschaft.

9 R 16 Abs. 2 EStR.

10 Ausf. *Seer*, GmbHR 2008, 785.

176 **II. Einlagen (Abs. 1 Nr. 5–7). 1. Einlagen von Wirtschaftsgütern.** Die Einlage ist ein anschaffungsähnlicher Vorgang. Dadurch werden WG (Bareinzahlungen und sonstige WG, § 4 Abs. 1 S. 8) ganz oder teilweise unentgeltlich vom StPfl. dem Betrieb zugeführt (§ 4 Rn. 100ff.). Die Einlage ist der in § 7 Abs. 1 S. 1 genannten Anschaffung gleichzustellen und führt damit zu einer Bemessungsgrundlage in Höhe des Einlagewertes.[1] Bei Einlage aus dem PV in ein BV tritt an die Stellung der AK/HK der **Einlagewert** (§ 6 Abs. 1 Nr. 5 S. 1); dies ist grds. der **TW** für den Zeitpunkt der Zuführung.[2] Der TW wird durch die AK oder HK gedeckelt, wenn ein WG durch Einlage oder iRd. Betriebseröffnung (§ 6 Abs. 1 Nr. 5, 6) in das BV gelangt und innerhalb der letzten drei Jahre vor dem Zeitpunkt der Zuführung angeschafft oder hergestellt worden ist (Abs. 1 Nr. 5 S. 1 lit. a), ein Anteil an einer KapGes. ist, an der der StPfl. iSv. § 17 beteiligt ist (Abs. 1 Nr. 5 S. 1 lit. b), oder ein WG iSv. § 20 Abs. 2 darstellt (Abs. 1 Nr. 5 S. 1 lit. c). Diese Regelungen gelten bei der Gewinnermittlung nach § 4 Abs. 3 entspr.,[3] mangels BV aber nicht bei Überschusseinkünften. Die Rechtsfigur „Einlage" (§ 4 Abs. 1) bewirkt, dass stfrei gebildetes oder bereits versteuertes Vermögen nach der Einlage nicht (nochmals) gewinnerhöhend erfasst wird.[4] Ein Wert – idR ein bilanzierungsfähiges WG (zur Einlage v. Aufwendungen s. § 4 Rn. 100) – wird dem BV zumeist aus dem PV, aber auch aus einem anderen BV zugeführt (zur Einlage entnommener WG s. Rn. 181). Nicht entgeltlich erworbene immaterielle WG können ungeachtet des Aktivierungsverbots des § 5 Abs. 2 eingelegt werden.[5] Ein unentgeltlich überlassenes Nutzungsrecht ist kein einlagefähiges WG.[6] § 4 Abs. 1 S. 1 gilt auch für die Einlage in eine KapGes.[7] ZB ist ein auf dem Gesellschaftsverhältnis beruhender Verzicht eines Gesellschafters auf eine Forderung als Einlage mit dem TW der Forderung zu bewerten.[8] Einlagen sind grds. **mit dem TW als Anfangswert** zu bewerten, der sodann Bemessungsgrundlage für AfA und Sonderabschreibungen ist. Der TW eines eingelegten WG des UV ist idR der gemeine Wert.[9] Bemessungsgrundlage für die AfA nach Einlage ist gem. § 7 Abs. 1 S. 5 grds. die Differenz zw. dem Einlagewert und den vor der Einlage bei den Überschusseinkunftsarten bereits in Anspr. genommenen planmäßigen und außerplanmäßigen Absetzungen.[10] Ist der Einlagewert niedriger als dieser Wert, bemisst sich die weitere AfA nach diesem Wert. Bei zum TW eingelegten WG gem. Abs. 1 Nr. 5 S. 1 ist mit „AK oder HK" iSd. **§ 7 Abs. 1 S. 5** der Einlagewert gemeint.[11] Ausf. zur Bemessungsgrundlage der AfA nach Einlage v. zuvor zur Erzielung v. Überschusseinkünften genutzten WG unter Berücksichtigung der Neufassung des § 7 Abs. 1 S. 5 durch das JStG 2010 s. § 7 Rn. 61.[12] Ein im PV entdecktes **Kiesvorkommen** („Bodenschatz") ist bei Zuführung zum BV gem. § 6 Abs. 1 Nr. 5 S. 1 HS 1 EStG mit dem TW anzusetzen; bei dessen Abbau dürfen AfS nicht vorgenommen werden.[13]

177 **2. Aufwandseinlagen. Kosten der Nutzung eigenen betriebsfremden Vermögens** des StPfl. sind mit den tatsächlichen Aufwendungen anzusetzen.[14] Bei betrieblicher Nutzung eines Pkw des PV kann die Aufwandseinlage aus Vereinfachungsgründen entspr. § 6 Abs. 1 Nr. 4 S. 2 beziffert werden (str.). Alternativ kommt die Ermittlung der Aufwendungen mittels Fahrtenbuchmethode oder der Ansatz der Pauschale

---

1 BFH v. 18.8.2009 – X R 40/06, BStBl. II 2010, 961 = FR 2010, 278 – Bemessungsgrundlage für Absetzungen für Abnutzung nach Einlage zum TW; v. 28.10.2009 – VIII R 46/07, BStBl. II 2010, 964 = FR 2010, 763; v. 18.5.2010 – X R 7/08, BFHE 229, 538 = FR 2011, 83 = BFH/NV 2010, 2901, dort auch zur Bemessung des Anlagewerts.

2 Zum Ganzen BMF v. 27.10.2010, BStBl. I 2010, 1204.

3 BFH v. 9.11.2000 – IV R 45/99, BStBl. II 2001, 190 = FR 2001, 305.

4 BFH v. 26.10.1987 – GrS 2/86, BStBl. II 1988, 348, 352ff. = FR 1988, 160.

5 BFH v. 2.9.2008 – X R 32/05, BStBl. II 2009, 634 = FR 2009, 954 m. Anm. *Wendt* – Geschäftswert als Gegenstand einer verdeckten Einlage in eine KapGes. Ein Miteigentumsanteil eines Nichtunternehmer-Ehegatten an einem Grundstück, auf dem der Unternehmer-Ehegatte Aufwendungen getätigt und bilanziell erfasst hat, kann bei unentgeltlicher Übertragung zusammen mit dem Betrieb auf einen Dritten von diesem in sein BV eingelegt werden, § 6 Abs. 3 greift insoweit nicht; vgl. BFH v. 9.3.2016 – X R 46/14, BFH/NV 2016, 970; s. dazu BMF v. 16.12.2016, BStBl. I 2016, 1431; krit. *Weber-Grellet*, BB 2016, 2220.

6 BFH v. 2.9.2008 – X R 32/05, BStBl. II 2009, 634 = FR 2009, 954 m. Anm. *Wendt* mwN.

7 BFH v. 9.6.1997 – GrS 1/94, BStBl. II 1998, 307 = FR 1997, 723.

8 BFH v. 15.10.1997 – I R 58/93, BStBl. II 1998, 305 = FR 1998, 191; v. 8.6.2011 – I R 62/10, BFH/NV 2011, 2117.

9 BFH v. 10.7.1991 – VIII R 126/86, BStBl. II 1991, 840 = FR 1991, 625 – Betriebseröffnung.

10 BFH v. 18.8.2009 – X R 40/06, BStBl. II 2010, 961 = FR 2010, 278; *Schuster*, jurisPR-SteuerR 6/2010 Anm. 2; v. 17.3.2010 – X R 34/09, BFH/NV 2010, 1625; *Levedag*, DStR 2010, 249.

11 BFH v. 24.1.2008 – IV R 37/06, FR 2008, 912 m. Anm. *Wendt* = BFH/NV 2008, 85; v. 18.8.2009 – X R 40/06, BStBl. II 2010, 961 = FR 2010, 278.

12 BFH v. 18.8.2009 – X R 40/06, BStBl. II 2010, 961 = FR 2010, 278; v. 28.10.2009 – VIII R 46/07, BStBl. II 2010, 964 = FR 2010, 763; hierzu BMF v. 27.10.2010, BStBl. I 2010, 1204.

13 BFH v. 4.12.2006 – GrS 1/05, BStBl. II 2007, 508 = FR 2007, 845; nur iErg. zust. *Fischer*, NWB F 3, 14601; krit. *Prinz*, StuB 2007, 428; *Hoffmann*, DStR 2007, 854; zur Zuführung in das BV einer PersGes. FG München v. 6.11.2012 – 13 K 943/09, EFG 2013, 421 (Rev. IV R 46/12).

14 BFH v. 26.10.1987 – GrS 2/86, BStBl. II 1988, 348 = FR 1988, 160.

von 0,30 Euro pro betrieblich gefahrenen km in Betracht.[1] Die Berücksichtigung einer Aufwandseinlage setzt voraus, dass der StPfl. tatsächlich eigenen Aufwand getragen hat. Drittaufwand, etwa bei einer unentgeltlichen Nutzung eines zum BV des Ehegatten gehörenden Kfz., wird nicht erfasst.[2] Wird ein im PV gehaltenes Fahrzeug eines selbständig Tätigen bei einer beruflich veranlassten Fahrt infolge eines Unfalls beschädigt und nicht repariert, so richtet sich die Höhe der AfaA nach § 7 Abs. 1 S. 5 nach den AK abzgl. der (normalen) AfA, die der StPfl. hätte in Anspr. nehmen können, wenn er das Fahrzeug im BV gehalten hätte.[3] Bei unentgeltlicher Nutzungsüberlassung und Dienstleistung des Ges. an eine KapGes. kann dieser seinen Aufwand als WK bei den Einkünften aus § 20 abziehen.[4] Die Nutzungsüberlassung an eine PersGes. führt zu Sonder-BA (§ 15 Rn. 340 ff.).

3. Verdeckte Einlagen. Zur verdeckten Einlage v. Anteilen an KapGes. s. § 17 Rn. 47. Der steuerrechtliche Begriff der Einlage umfasst bei Kapitalgesellschaften Vorteilszuwendungen aller Art, die ein G'ter der Ges. mit Rücksicht auf seine Stellung als G'ter zukommen lässt. **Eine verdeckte Einlage liegt vor**, wenn ein G'ter oder eine ihm nahe stehende Pers. der Körperschaft außerhalb der gesellschaftsrechtl. Einlagen – ohne Erwerb v. Anteilsrechten – einen einlagefähigen Vermögensvorteil zuwendet und diese Zuwendung durch das Gesellschaftsverhältnis veranlasst ist. Verdeckte Einlagen dürfen sich nicht auf die Höhe des Einkommens der Empfängerkörperschaft auswirken (Definition R 40 KStH 2008). Verdeckte Einlagen werden grds. mit dem TW bewertet, zB wenn ein G'ter Anteile an einer KapGes verdeckt in eine andere KapGes einlegt.[5] Verzichtet ein G'ter ggü. seiner KapGes. auf eine Forderung, liegt in Höhe deren Werthaltigkeit eine verdeckte Einlage vor (§ 17 Rn. 91 ff.).[6] Ausf. zur Übertragung eines Einzel-WG aus dem PV in das betriebliche Gesamthandsvermögen einer PersGes. BMF v. 11.7.2011, BStBl. I 2011, 713; dort auch zur Abgrenzung der entgeltlichen v. der unentgeltlichen Übertragung (verdeckte Einlage). 178

4. Begrenzung des Einlagewerts (Abs. 1 Nr. 5 S. 1 HS 2 lit. a). Einlagen sind grds. mit dem **TW** für den Zeitpunkt der Zuführung anzusetzen (Abs. 1 Nr. 5 S. 1). Sie sind jedoch **höchstens mit den AK/HK** ggf. abzgl. AfA (Abs. 1 Nr. 5 S. 2)[7] anzusetzen, wenn das zugeführte WG innerhalb der letzten drei Jahre vor dem Zeitpunkt der Zuführung entgeltlich[8] angeschafft oder hergestellt worden ist (Abs. 1 Nr. 5 S. 1 lit. a). Dies soll verhindern, dass der StPfl. die Wertsteigerung v. WG durch Hinausschieben des Einlagezeitpunkts oder durch eine zeitweilige Entnahme der nichtsteuerbaren Privatsphäre zuordnet.[9] Einlagen sind nur dann mit den AK/HK bewertet werden, wenn diese niedriger sind als der TW im Zeitpunkt der Zuführung. 179

5. Einlage abnutzbarer Wirtschaftsgüter (Abs. 1 Nr. 5 S. 2). Wird ein abnutzbares WG eingelegt, so sind **die AK/HK um die AfA** – einschl. der Sofortabschreibung nach Abs. 2,[10] der erhöhten Abschreibungen und der Sonderabschreibungen[11] – **zu kürzen**, die auf den Zeitraum zw. Anschaffung oder Herstellung und Einlage entfallen. In diesen Fällen sind die AK/HK auch dann um die AfA nach § 7 zu kürzen, wenn das WG nach einer Nutzung außerhalb der Einkunftsarten eingelegt wird.[12] Die in Abs. 1 Nr. 5 S. 1 lit. a iVm. S. 2 normierte Obergrenze ist auch und gerade dann anzuwenden, wenn der TW infolge zwischenzeitlicher Wertsteigerung nachweislich höher ist. Ist der TW anzusetzen, kann die auf die Zeit zw. Anschaffung und Einlage entfallende AfA nur iRd. Teilwertvermutung ein Indiz für die Minderung des TW sein.[13] Bei der Prüfung, ob die AK/HK (Abs. 1 Nr. 5 S. 1 HS 2) oder der an ihre Stelle tretende Entnahmewert (Abs. 1 Nr. 5 S. 3) niedriger als der TW sind, und zur Berechnung des Einlagewerts sind die 180

1 S. zur Fahrtenbuchmethode *Riepolt*, DStR 2013, 1318; s. zum Ansatz der Kilometerpauschale BFH v. 23.10.2014 – III R 19/13, BStBl. II 2015, 323 = FR 2015, 903 und H 4.12 Tz. 8 EStH: sinngemäße Anwendung der lohnstl. Reisekostenregelungen
2 BFH v. 15.7.2014 – X R 24/12, DStR 2014, 2380.
3 BFH v. 24.11.1994 – IV R 25/94, BStBl. II 1995, 318 = FR 1995, 341.
4 BFH v. 26.10.1987 – GrS 2/86, BStBl. II 1988, 348 (355) = FR 1988, 160; v. 14.1.1998 – X R 57/93, FR 1998, 560 m. Anm. *Weber-Grellet* = DStR 1998, 887 = BFH/NV BFH/R 1998, 1160.
5 BFH v. 4.3.2009 – I R 32/08, BFHE 224, 110 = FR 2009, 1005 = BFH/NV 2009, 1207.
6 BFH v. 9.6.1997 – GrS 1/94, BStBl. II 1998, 307 = FR 1997, 723; v. 15.10.1997 – I R 103/93, BFH/NV 1998, 572 – bei überschuldeter Ges. ist der TW = 0; s. auch BMF v. 29.3.2000, BStBl. I 2000, 462, ergänzt durch BMF v. 26.11.2004, BStBl. I 2004, 1190.
7 BFH v. 27.1.1994 – IV R 101/92, BStBl. II 1994, 638 = FR 1994, 568.
8 BFH v. 14.7.1993 – X R 74–75/90, BStBl. II 1994, 15 = FR 1993, 841; v. 5.12.1996 – IV R 83/95, BStBl. II 1997, 287 = FR 1997, 375.
9 BFH v. 14.7.1993 – X R 74–75/90, BStBl. II 1994, 1.
10 BFH v. 27.1.1994 – IV R 101/92, BStBl. II 1994, 638 = FR 1994, 568 – zur Einlage vor und nach Ablauf v. drei Jahren.
11 BFH v. 15.11.2002 – XI B 2/02, BFH/NV 2003, 466.
12 R 7.3 Abs. 6 EStH.
13 BFH v. 10.7.1991 – VIII R 126/86, BStBl. II 1991, 840 = FR 1991, 625.

AK/HK bzw. der Entnahmewert um die vorgenannten AfA oder andere Abschreibungen zu kürzen. Zu **§ 7 Abs. 1 S. 5** – Einlage eines WG des Überschusserzielungsvermögens (insbes. VuV) – § 7 Rn. 61 f.

181 **6. Einlage eines zuvor entnommenen Wirtschaftsguts (Abs. 1 Nr. 5 S. 3). Hatte der StPfl. ein WG vor der Einlage aus einem BV entnommen**, so tritt an die Stelle der AK/HK der Wert, mit dem die Entnahme angesetzt worden ist, und an die Stelle des Zeitpunkts der Anschaffung oder Herstellung der Zeitpunkt der Entnahme. Die Vorschrift stellt die Entnahme aus dem BV dem Vorgang der Anschaffung oder Herstellung des WG durch den Steuerpflichtigen gleich. Wertsteigerungen des WG in der Zeit zw. der Entnahme und der Wiedereinlage in das BV innerhalb v. drei Jahren bleiben danach bei der Bemessung des Einlagewerts ebenso unberücksichtigt wie solche in der Zeit zw. der Anschaffung oder Herstellung und der späteren Einlage. Die Vorschrift will verhindern, dass ein StPfl. bei steigenden Preisen WG entnimmt und sie nach dem Preisanstieg zum höher gewordenen Zeitwert wieder einlegt.[1] Ist der TW niedriger als die AK/HK, so ist der niedrigere TW anzusetzen. Auf die tatsächliche Besteuerung der Entnahme kommt es nicht an.[2] Wird die Entnahme stl. erfasst, ist der v. FA tatsächlich angesetzte Entnahmewert maßgeblich.[3] In einem solchen Fall ist das innerhalb v. drei Jahren wieder in das BV eingelegte WG (höchstens) mit dem Betrag zu bewerten, mit dem es bei der früheren Entnahme zu bewerten war.[4] Die BetrAufg. ist einer Entnahme gleichzustellen, wobei an Stelle des TW der gemeine Wert tritt.[5] Zur Minderung des Einlagewerts durch Abschreibungen s. Rn. 180.

182 **7. Wesentliche Beteiligungen (Abs. 1 Nr. 5 S. 1 HS 2 lit. b).** Die Einlage eines **Anteils an einer KapGes.** ist ebenfalls höchstens mit den AK zu bewerten, wenn der StPfl. an der Ges. im Zeitpunkt der Einlage wesentlich iSv. § 17 beteiligt ist.[6] Dies gilt auch dann, wenn der eingelegte Anteil „innerhalb der letzten fünf Jahre" vor dem Zeitpunkt der Zuführung (Einlage) mindestens 1 % betragen hat. § 17 Abs. 2 S. 5 gilt entspr., deshalb sind beim unentgeltlichen Erwerb die AK des Rechtsvorgängers anzusetzen, der den Anteil zuletzt entgeltlich erworben hat. Auf die Dauer des Bestehens der Beteiligung vor der Einlage kommt es nicht an. Der eingelegte Anteil selbst muss **nicht „wesentlich"** sein. Das Zusammenwirken v. § 17 Abs. 1 und § 6 Abs. 1 Nr. 5 S. 1 lit. b soll verhindern, dass die Besteuerung stiller Reserven, die in der wesentlichen Beteiligung an einer KapGes. gespeichert sind, im Wege der Einlage umgangen wird.[7] Die Vorschrift gilt aufgrund einschr. Auslegung nicht, wenn die betreffenden Anteile aus einem nicht steuerpflichtigen Bereich in ein BV überführt werden und dadurch erstmals steuerverhaftet werden.[8] Die Grundsätze des Beschl. des BVerfG v. 7.7.2010[9] sind nach dem BMF auf Fälle v. Einlagen nach § 6 Abs. 1 Nr. 5 S. 1 HS 2 lit. b entspr. anzuwenden.[10] Bei der Einlage **wertgeminderter wesentlicher Beteiligungen** in ein BV ist nach der Rspr. des BFH[11] auf der Grundlage einer **entsprechenden Anwendung** des § 6 Abs. 1 Nr. 5 S. 1 lit. b nicht deren TW, sondern die höheren ursprünglichen AK anzusetzen, weil andernfalls der nach § 17 zu berücksichtigende Wertverlust beim Teilwertansatz endg. verloren ginge, wenn kein nach § 17 steuerbarer Vorgang gegeben ist (s. § 17 Rn. 45 ff.). Dies setzt allerdings voraus, dass die Berücksichtigung eines Veräußerungsverlustes der im PV gehaltenen Anteile nicht nach § 17 Abs. 2 S. 6 ausgeschlossen wäre.[12] Diese **Grundsätze** zur Bewertung der Einlage wertgeminderter Beteiligungen iSv. § 17 EStG sind nach neuerer Rspr. des BFH **entsprechend auf gleichzeitige Einlagen** solcher **wertgeminderter Gesellschafterdarlehensforderungen** anzuwenden, deren Ausfall sich im Falle der weiteren Zugehörigkeit der Forderung und der Beteiligung im PV bei der Verwirklichung eines Realisationstatbestands nach § 17 einkommensteuerrechtl. ausgewirkt hätte. Dann ist als Einlagewert nicht der TW anzusetzen, sondern derjenige Wert, mit dem die Forderung als nachträgliche AK zu berücksichtigen wäre.[13] Sowohl in Bezug auf die Beteiligung als auch hinsichtlich der Darlehensforderung scheidet eine TW-Ab-

---

1 BFH v. 20.4.2005 – X R 53/04, BStBl. II 2005, 698, = FR 2005, 1176 m. Anm. *Kanzler* unter Bezugnahme auf BT-Drucks. 8/3688, 17.
2 BFH v. 5.12.1996 – IV R 83/95, BStBl. II 1997, 287 = FR 1997, 375.
3 BMF v. 30.10.1992, BStBl. I 1992, 651 gegen BFH v. 29.4.1992 – XI R 5/90, BStBl. II 1992, 969 = FR 1992, 580 m. Anm. *Kanzler.*
4 BFH v. 5.12.1996 – IV R 83/95, BStBl. II 1997, 287 = FR 1997, 375; v. 20.4.2005 – X R 53/04, BStBl. II 2005, 698.
5 BFH v. 20.4.2005 – X R 53/04, BStBl. II 2005, 698 = FR 2005, 1176 m. Anm. *Kanzler.*
6 BFH v. 5.6.2008 – IV R 73/05, BStBl. II 2008, 965 = FR 2009, 339.
7 BFH v. 5.6.2008 – IV R 73/05, BStBl. II 2008, 965 = FR 2009, 339 mwN.
8 BFH v. 14.3.2011 – I R 40/10, BStBl. II 2012, 281 = FR 2011, 902; hierzu *Gosch*, BFH/PR 2011, 369.
9 BVerfG v. 7.7.2010 – 2 BvR 748/05 ua., BStBl. II 2011, 86.
10 BMF v. 21.12.2011, juris.
11 BFH v. 25.7.1995 – VIII R 25/94, BStBl. II 1996, 684 = FR 1996, 24; zust. und gegen Nichtanwendungserl. BFH v. 2.9.2008 – X R 48/02, BStBl. II 2010, 162; v. 29.11.2017 – X R 8/16, BStBl. II 2018, 426 Rn. 62–65; nunmehr geht auch die FinVerw. von diesen Grundsätzen aus: H 17 Abs. 8 EStH.
12 BFH v. 29.11.2017 – X R 8/16, BStBl. II 2018, 426 Rn. 65; s. dazu *Trossen*, EStB 2018, 159.
13 BFH v. 29.11.2017 – X R 8/16, BStBl. II 2018, 426 Rn. 68 ff.; s. dazu *Trossen*, EStB 2018, 159.

schreibung aus. Die im PV entstandene Wertminderung kann nur im Rahmen eines Realisationstatbestands berücksichtigt werden.[1]

8. Wirtschaftsgüter iSv. § 20 Abs. 2 oder iSv. § 2 Abs. 4 InvStG (Abs. 1 Nr. 5 HS 2 lit. c). Die offene Einlage v. Anteilen in das BV gilt nicht als Veräußerung iSd. § 20 Abs. 2 S. 2 S. 1 Nr. 1. § 6 Abs. 1 Nr. 5 lit. c gewährleistet, dass bei der Einlage v. WG iSd. § 20 Abs. 2 (ua. Anteile an KapGes., Dividenden- und Zinsscheine, s. § 20 Rn. 117 ff.) in das BV die stillen Reserven, die sich vor der Einlage gebildet haben und die durch die spätere Veräußerung im Betrieb realisiert werden, stl. erfasst werden. Durch das G zur Vermeidung von Umsatzsteuerausfällen beim Handel mit Waren im Internet und zur Änderung weiterer stl. Vorschriften v. 11.12.2018[2] ist die Vorschrift auf Einlagen v. Investmentanteilen und Spezial-Investmentanteilen erweitert worden, die in § 2 Abs. 4 InvStG definiert werden. Solche Anteile werden seit der Investmentsteuerreform 2018 nicht mehr von § 20 Abs. 2 erfasst.[3] Erfasst werden rückwirkend und damit verfassungsrechtl. bedenklich Einlagen solcher WG ab dem 1.1.2018.[4] 183

9. Begründung des Besteuerungsrechts der BRD (Abs. 1 Nr. 5a). Die durch das SEStEG eingeführte Bestimmung regelt iZ mit § 4 Abs. 1 S. 3 HS 2 die Verstrickung. Die Begründung des Besteuerungsrechts der Bundesrepublik Deutschland hinsichtlich des Gewinns aus der Veräußerung eines WG wird fiktiv als Einlage behandelt (§ 4 Rn. 110 f.). Die WG sind unabhängig v. der steuerlichen Behandlung im abgebenden Staat mit dem gemeinen Wert anzusetzen. § 6 Abs. 1 Nr. 5a soll einen Anreiz zur Überführung von WG nach Deutschland bieten. Wenn das WG zuvor wegen des Ausschlusses oder der Beschränkung des inländ. Besteuerungsrechts gem. § 4 Abs. 1 S. 3 als entnommen galt und nach § 4g ein Ausgleichsposten gebildet worden ist, ist dieser gewinnneutral aufzulösen (§ 4g Abs. 3). 184

10. Einlagen bei Betriebseröffnung (Abs. 1 Nr. 6). Die allg. Bewertungsregeln (Abs. 1 Nr. 1–3) setzen einen bereits bestehenden Betrieb voraus. Nr. 6 dient dem Zweck, eine Regelungslücke bei der **Eröffnung eines Betriebs** (Neugründung, aus Vermögensverwaltung entsteht ein GewBetr.,[5] Betriebsverlegung in das Inland) zu vermeiden; Abs. 1 Nr. 5 ist entspr. anzuwenden. Deshalb ist grds. der TW[6] des WG unter Berücksichtigung der zu diesem Zeitpunkt aufzuwendenden Anschaffungsnebenkosten anzusetzen.[7] Die Begrenzung des anzusetzenden Werts auf die AK/HK (Abs. 1 Nr. 5 S. 1 HS 2, S. 2 und 3) gilt ebenfalls entspr. Bei Anwendung der Teilwertvermutung treten an die Stelle der Wiederbeschaffungskosten die Beschaffungskosten.[8] Die Eröffnung eines Betriebs ist – normbezogen – abgeschlossen, wenn die wesentlichen Grundlagen des Betriebs vorhanden sind.[9] Eine Betriebseröffnung ist von bloßen Betriebsunterbrechungen abzugrenzen. Eine Betriebseröffnung iSd. Nr. 6 liegt auch dann nicht vor, wenn für einen ursprünglich nicht als solchen erkannten GewBetr. in späteren Wj. erstmalig eine Bilanz aufgestellt wird. Dann sind die WG mit den Buchwerten einer zuvor zutr. fiktiven Bilanzierung anzusetzen.[10] 185

11. Entgeltlicher Erwerb eines Betriebs (Abs. 1 Nr. 7). Die Vorschrift regelt die **Bewertung bei entgeltlichem** – auch teilentgeltlichem[11] (Beispiel: mit dem Kaufpreis wird der Geschäftswert nicht vergütet) – **Erwerb eines bestehenden Betriebs**, auch eines TB und eines MU'anteils. Nur für unentgeltliche Betriebsübertragungen sieht Abs. 3 die Buchwertfortführung vor. Die AK der einzelnen WG lassen sich aus dem Kaufpreis für das Unternehmen nicht unmittelbar ableiten. Abs. 1 Nr. 7 sieht deshalb vor, dass die WG in erster Linie mit dem TW zu bewerten sind, der in diesem Fall aus den Wiederbeschaffungskosten oder dem Einzelveräußerungspreis abzuleiten ist. Doch bilden die AK/HK der WG auch hier den Höchstwert, zu dessen Ermittlung neben dem Unternehmenskaufpreis auch die übernommenen Schulden heranzuziehen sind.[12] Es stellen sich Fragen der Aufteilung eines einheitlichen Kaufpreises auf die einzelnen WG.[13] Ergeben sich bei nicht profitablen Betrieben durch Zuzahlungen des Verkäufers sogar „negative" AK des Erwerbers, sind die einzelnen WG mit 0 Euro anzusetzen; auf der Passivseite ist wegen des Grundsatzes 186

1 BFH v. 2.9.2008 – X R 48/02, BStBl. II 2010, 162 Rn. 22, 26; v. 29.11.2017 – X R 8/16, BStBl. II 2018, 426 Rn. 78.
2 BGBl. I 2018, 2338.
3 BR-Drucks. 372/18, 40.
4 § 52 Abs. 12 S. 2 idF des G zur Vermeidung von Umsatzsteuerausfällen beim Handel mit Waren im Internet und zur Änderung weiterer stl. Vorschriften v. 11.12.2018 (BGBl. I 2018, 2338).
5 FG RhPf. v. 11.4.2005 – 5 K 2844/02, EFG 2005, 1038.
6 Hierzu BFH v. 29.4.1999 – IV R 63/97, BStBl. II 2004, 639 = FR 1999, 906 m. Anm. *Weber-Grellet*.
7 BFH v. 29.4.1999 – IV R 63/97, BStBl. II 2004, 639 = FR 1999, 906 m. Anm. *Weber-Grellet*.
8 BFH v. 7.12.1978 – I R 142/76, BStBl. II 1979, 729.
9 BFH v. 10.7.1991 – VIII R 126/86, BStBl. II 1991, 840 = FR 1991, 625.
10 BFH v. 26.11.2008 – X R 23/05, BStBl. II 2009, 407 = FR 2009, 818.
11 BFH v. 19.2.1981 – IV R 41/78, BStBl. II 1981, 730 = FR 1981, 492; v. 24.7.1996 – I R 113/95, BFH/NV 1997, 214; zur steuerlichen Optimierung durch teilentgeltlichen Erwerb v. Betrieben *Brähler/M. Hoffmann*, StuW 2011, 259.
12 BFH v. 6.7.1995 – IV R 30/93, BStBl. II 1995, 831 = FR 1996, 23 – auch zum Ansatz mit den AK.
13 *Meyering*, DStR 2008, 1008.

der Erfolgsneutralität des Anschaffungsvorgangs ein Ausgleichsposten zu bilden.[1] Beim Veräußerer bestehende Passivierungsbeschränkungen für Verpflichtungen werden über § 5 Abs. 7 beim Erwerber perpetuiert. Der daduch entstehende „Erwerbsgewinn" kann durch Rücklagenbildung weitgehend neutralisiert werden (§ 5 Rn. 158ff.).[2]

F. Geringwertige Wirtschaftsgüter (Abs. 2); Poolbewertung (Abs. 2a)

187 **AK oder HK v. WG des AV, die einer selbständigen Nutzung fähig sind**, können (Wahlrecht 1) nach näherer Maßgabe des § 6 Abs. 2 anstelle der an sich gebotenen Aktivierung und Verteilung v. Aufwendungen (AK/HK, vermindert um den darin enthaltenen Vorsteuerbetrag, § 9b Abs. 1) nach § 7[3] im Wj. der Anschaffung, Herstellung oder Einlage des WG oder der Eröffnung des Betriebs in voller Höhe als BA abgezogen werden, wenn deren Wert **800 Euro (netto)** nicht übersteigt. Die **bisherige Wertgrenze** von **410 Euro (netto)** ist durch das LizenzboxG[4] angehoben worden. Damit hat der Gesetzgeber die erste Erhöhung seit 1964 vorgenommen und langjährigen Forderungen der Praxis Rechnung getragen. Er will damit einen positiven Liquiditätseffekt erreichen und Freiräume für Investitionen schaffen.[5] Die Neuregelung ist erstmals für WG anzuwenden, die nach dem 31.12.2017 angeschafft, hergestellt oder in das BV eingelegt werden (§ 52 Abs. 12 S. 4 idF des LizenzboxG). Die Vorschrift betrifft abnutzbare[6] bewegliche (einschl. Maschinen und Betriebsvorrichtungen) – nicht immaterielle[7] WG wie zB Computerprogramme.[8] Die Vorschrift gilt für StPfl. mit Gewinneinkünften (§ 2 Abs. 1 S. 1 Nr. 1–3), und zwar bei Gewinnermittlung sowohl durch Bestandsvergleich als auch durch Überschussrechnung. Für die Einkünfte aus § 2 Abs. 1 S. 1 Nr. 4–7 gilt § 6 Abs. 2 entspr. (§ 9 Abs. 1 S. 3 Nr. 7). Für WG mit **AK zw. 250 und 1 000 Euro** ist für Gewinneinkunftsarten optional (Wahlrecht 2) eine Poolabschreibung vorgesehen (Rn. 192). Es gelten Aufzeichnungspflichten nach Abs. 2 S. 4 und 5. Bei Anwendung des Abs. 2 bestehen – mit Ausnahme der buchmäßigen Erfassung des Zugangs von WG mit einem Wert über **250 Euro** in ein besonderes, laufend zu führendes Verzeichnis – keine weiteren Aufzeichnungspflichten (S. 4). Es reicht aus, wenn sich die Erfassungsdaten des WG aus der Buchführung ergeben (S. 5). Der Betrag, ab dem die besondere Aufzeichnungspflicht des Abs. 2 S. 4 ausgelöst wird, ist durch das Zweite BürokratieentlastungsG[9] von 150 Euro auf 250 Euro angehoben worden. Dadurch soll eine Entlastung der Unternehmen von Aufzeichnungspflichten erreicht werden.[10] Auch diese Neuregelung gilt erstmals für ab dem 1.1.2018 angeschaffte WG (§ 52 Abs. 12 S. 3 idF des Zweiten BürokratieentlastungsG).

188 **Begünstigt ist die entgeltliche/teilentgeltliche Anschaffung**. Hierzu gehören die Einbringung in eine KapGes. (§§ 20ff. UmwStG) und Sacheinlagen gegen Gewährung v. Gesellschaftsrechten (zu Letzteren Rn. 228).[11] Begünstigt ist auch die Einlage geringwertiger WG.[12] Stellt der StPfl. ein selbständig bewertungsfähiges und selbständig nutzungsfähiges WG her, so kann er § 6 Abs. 2 erst in dem Wj. anwenden, in dem das WG fertig gestellt worden ist.[13]

189 **Für die Frage, ob die Grenze v. 800 Euro überschritten ist**, ist stets v. den AK/HK abzgl. eines darin enthaltenen Vorsteuerbetrages (Nettowert) auszugehen; ob der Vorsteuerbetrag umsatzsteuerrechtl. abziehbar ist, spielt in diesem Fall keine Rolle.[14] Deshalb kann es ggf. zu einer 800 Euro übersteigenden Sofortabschreibung kommen. Sind die AK/HK eines WG nach §§ 6b, 6c gekürzt worden, so ist der verbleibende Betrag für die Höchstgrenze maßgebend (§ 6b Abs. 6); Entspr. gilt in den Fällen der Ersatzbeschaffung nach R 6.6 (1) bis (7) EStR und der Minderung der AK/HK durch Zuschüsse.[15]

---

1 Vgl. BFH v. 26.4.2006 – I R 49–50/04, BStBl. II 2006, 656.
2 S. dazu auch *Schindler*, GmbHR 2014, 786.
3 BFH v. 27.1.1994 – IV R 101/92, BStBl. II 1994, 638 = FR 1994, 568, zur Einlage v. GWG in ein BV, die nach § 9 Abs. 1 S. 3 Nr. 7 iVm. § 6 Abs. 2 abgesetzt worden waren: rechtssystematische Ergänzung des § 7.
4 G v. 27.6.2017, BGBl. I 2017, 2074; vgl. zur Gesetzgebungsgeschichte *Hechtner*, NWB 2017, 2252 (2254f.); s. zur Anhebung der Wertgrenzen auch *Bauer*, Ubg 2017, 529.
5 BT-Drucks. 18/12128, 29.
6 BFH v. 9.8.1989 – X R 131–133/87, BStBl. II 1990, 50 = FR 1990, 44.
7 BFH v. 22.5.1979 – III R 129/74, BStBl. II 1979, 634.
8 BFH v. 28.7.1994 – III R 47/92, BStBl. II 1994, 873; anders für Computer-Trivial-Programme, R 6.13 Abs. 1 S. 5 EStR; bestätigt durch BFH v. 15.6.2004 – VIII R 42/03, BFH/NV 2004, 1527; offengelassen, ob dem zu folgen ist, vom BFH v. 18.5.2011 – X R 26/09, BStBl. II 2011, 865 = FR 2011, 956 m. Anm. *Anzinger*.
9 G v. 30.6.2017, BGBl. I 2017, 2143.
10 BT-Drucks. 18/1178, 11.
11 BFH v. 29.4.1981 – IV R 128–129/76, BStBl. II 1982, 17 = FR 1982, 17.
12 FG Thür. v. 16.2.1994 – I K 45/93, EFG 1994, 788.
13 R 6.13 Abs. 4 S. 2 EStR.
14 BFH v. 17.12.1974 – VIII R 66/71, BStBl. II 1975, 365; R 9b Abs. 2 EStR.
15 BFH v. 28.4.1989 – III R 4/87, BStBl. II 1989, 618 = FR 1989, 716.

Die WG müssen einer selbständigen Nutzung fähig sein; s. die Definition des Abs. 2 S. 2, 3. Ob ein WG nur zusammen mit anderen WG und nicht für sich allein nutzbar ist, beurteilt sich nach der konkreten Zweckbestimmung in dem konkreten Betrieb des StPfl.[1] Die betr. WG müssen nach außen als einheitliches Ganzes in Erscheinung treten, wobei die Festigkeit, technische Gestaltung und Dauer der Verbindung v. Bedeutung sein können. Eine Verbindung, die die selbständige Nutzbarkeit ausschließt, ist im Allg. immer schon dann anzunehmen, wenn WG über die einheitliche Zweckbestimmung durch den StPfl. in seinem Betrieb hinaus durch eine technische Verbindung/Verzahnung in der Weise verflochten sind, dass durch die Trennung eines der Teile seine Nutzbarkeit im Betrieb verliert, dh. ihm außerhalb des bisherigen Nutzungszusammenhangs keine betriebliche Funktion zukommt; dabei ist eine dauerhafte und feste körperliche Verbindung nicht unbedingt erforderlich.[2] In einen betrieblichen Nutzungszusammenhang eingefügte WG sind dann als technisch aufeinander abgestimmt anzusehen, wenn zusätzlich zu einem wirtschaftlichen (betrieblichen) Zusammenhang ihre naturwissenschaftlichen oder technischen Eigenschaften auf einen gemeinsamen Einsatz angelegt sind. Hiervon ist idR auszugehen, wenn einem Gegenstand ohne einen anderen bzw. ohne andere Gegenstände schon aus rein technischen Gründen allein keine Nutzbarkeit zukommt. Demgegenüber genügt eine bloße Abgestimmtheit aufgrund bestimmter branchentypischer Fertigungsnormen für eine technische Abgestimmtheit nicht.[3] Wenn ein WG in einen betrieblichen Nutzungszusammenhang mit anderen WG eingefügt und mit diesen technisch abgestimmt ist, bleibt es auch dann unselbstständig iSv. § 6 Abs. 2 S. 2, wenn es aus diesem Zusammenhang gelöst und in einen anderen betrieblichen Nutzungszusammenhang eingefügt werden kann (S. 3). 190

Beispiele: Selbständig nutzbare GWG. Bücher einer Bibliothek (BFH v. 8.12.1967 – IV 80/63, BStBl. II 1968, 149, anders bei Sammelwerken), Bestecke in Gaststätten usw. (H 6.13 EStR); Zuchtsauen (BFH v. 5.12.1996 – IV R 81/95, BFH/NV 1997, 394; v. 15.2.2001 – IV R 19/99, FR 2001, 648 = BFH/NV 2001, 972); Euro-Flachpaletten können nach ihrer betrieblichen Zweckbestimmung nicht nur zusammen mit anderen WG des AV, sondern auch allein genutzt werden (BFH v. 25.8.1989 – III R 125/84, BStBl. II 1990, 82 = FR 1990, 47); Fässer und Kisten (BFH v. 1.7.1981 – I R 148/78, BStBl. II 1982, 246 = FR 1981, 595); gleichartige Ladungsträger (BFH v. 31.7.2008 – III B 73/07, BFH/NV 2008, 1883); die einzelnen, miteinander nicht fest verbundenen, zusammen als Schreibarbeitsplatz genutzten Teile einer Schreibtischkombination, bestehend aus Tisch, darunter geschobenem Rollcontainer und seitlich an den Tisch gestelltem (selbständig stehenden) Computertisch (BFH v. 21.7.1998 – III R 110/95, BStBl. II 1998, 789 = FR 1998, 998; FG RhPf. v. 22.1.2004 – 6 K 2184/02, EFG 2004, 718); Einrichtungsgegenstände für Büro-, Gaststätten-, Hotel- und Ladeneinrichtungen sind selbständig nutzungsfähig, auch wenn sie in Stil und Funktion aufeinander abgestimmt sind; die einzelnen zu einer Verkaufsausstellung (sog. Sanitärausstellung) zusammengefassten Gegenstände (BFH v. 9.8.2001 – III R 30/00, BStBl. II 2001, 842 = FR 2001, 1303); uU getrennt aufstellbare Teile v. Einbauschränken und Einbauregalen eines Typenprogramms (BFH v. 11.9.2007 – III B 70/06, BFH/NV 2007, 2353). Nach ihrer betrieblichen Zweckbestimmung können bspw. Müllbehälter eines Entsorgungsunternehmens sowie Paletten und Einrichtungsgegenstände selbständig genutzt werden (zur selbständigen Transportfunktion v. Unterlegbrettern BFH v. 11.11.2003 – III B 31/03, BFH/NV 2004, 369). Computerprogramme, deren AK nicht mehr als 410 Euro betragen, werden v. der FinVerw. als Trivialprogramme (R 5.5 Abs. 1 S. 2, 3 EStR) und damit als abnutzbare bewegliche und selbstständig nutzbare WG behandelt.[4] Die Erstausstattung eines Betriebs – zB Möbel, Textilien, Wäsche und Geschirr eines Hotels oder einer Gaststätte; Grundausstattung einer Kfz.-Werkstatt mit Spezialwerkzeugen; Einrichtungsgegenstände eines Ladens oder eines Büros; Bibliothek eines RA; Instrumentarium eines Arztes – ist kein einheitliches Ganzes. – **Selbständige Nutzbarkeit** wird **verneint** bei Bestuhlung in Theatern und Kinos (BFH v. 5.10.1966 – II 2/64, BStBl. III 1966, 686); einzelnen Komponenten einer Musterküche in einem Möbelhaus (vgl. BFH v. 20.11.2003 – III B 37/03, BFH/NV 2004, 370); Autoradio (BFH v. 24.10.1972 – VIII R 201/71, BStBl. II 1973, 78), Regalteile (BFH v. 7.2.1985 – IV R 183/82, BFH/NV 1986, 592); Maschinenwerkzeuge, Kühlkanäle (BFH v. 17.4.1985 – I R 144/82, BStBl. II 1988, 126 = FR 1985, 536); Pflanzen v. Dauerkulturen, zB Rebstock (BFH v. 30.11.1978 – IV R 43/78, BStBl. II 1979, 281); **Rechner, Monitor, Maus und Drucker**, auch bei kabelloser Verbindung (BFH v. 19.2.2004 – VI R 135/01, BStBl. II 2004, 956 = FR 2004, 650 m. Anm. *Bergkemper* – mit **Ausnahme** für **Kombinations-Geräte**, die zB nicht nur als Drucker, sondern unabhängig v. dem Rechner und den übrigen Peripherie-Geräten auch als Fax und Kopierer genutzt werden können; ferner externe Datenspeicher); Kabel, die als Verlängerung der Verbindung der Peripheriegeräte mit der Zentraleinheit genutzt werden (BFH v. 25.11.1999 – III R 77/97, FR 2000, 336 = BFH/NV 2000, 658); maschinengebundene Werkzeuge (BFH v. 6.10.1995 – III R 101/93, BStBl. II 1996, 166 = FR 1996, 175); Satellitenempfangsanlagen (BFH v. 25.5.2000 – III R 20/97, BStBl. II 2001, 365 = FR 2000, 1150 m. Anm. *Kanzler*); nach neuerer Rspr. nicht mehr Spüle, Herd oder sonstige Bestandteile einer **Einbauküche,** die nunmehr als einheitliches WG angesehen wird (BFH v. 3.8.2016 – IX R 14/15, BStBl. II 2017, 437 Rn. 26, 31).

---

1 BFH v. 11.11.2003 – III B 31/03, BFH/NV 2004, 369; v. 9.5.2012 – III B 198/11, BFH/NV 2012, 143. S. auch BFH v. 19.2.2004 – VI R 135/01, BStBl. II 2004, 958 = FR 2004, 650 m. Anm. *Bergkemper*: Bei der Einordnung v. Peripheriegeräten eines PC kommt es auf die tatsächliche Verwendung der betreffenden Geräte im Einzelfall an.

2 BFH v. 15.3.1991 – III R 57/86, BStBl. II 1991, 682 = FR 1991, 560 – Lithographien; v. 9.8.2001 – III R 43/98, BStBl. II 2002, 100 = FR 2002, 228 m. Anm. *Greite*.

3 BFH v. 7.9.2000 – III R 71/97, BStBl. II 2001, 41 = FR 2001, 99 – ärztlicher Notfallkoffer.

4 BFH v. 15.6.2004 – VIII R 42/03, BFH/NV 2004, 1527; offengelassen, ob dem zu folgen ist, vom BFH v. 18.5.2011 – X R 26/09, BStBl. II 2011, 865 = FR 2011, 956 m. Anm. *Anzinger*. Die in R 5.5 Abs. 1 S. 2 EStR enthaltene Wertgrenze von 410 Euro soll iRd. nächsten Überarbeitung der EStR auf 800 Euro angehoben werden; vgl. BT-Drucks. 18/12750, 21.

191 Einstweilen frei.

192 **Poolbewertung nach Abs. 2a.** Die Bestimmung regelt alternativ zur Sofortabschreibung nach Abs. 2 S. 1 für StPfl. mit Gewinneinkünften eine – auch für die EÜR (§ 4 Abs. 3 S. 3) geltende – Poolbewertung: Bewegliche abnutzbare und einer selbstständigen Nutzung fähige WG des AV mit AK/HK v. mehr als **250 Euro bis zu 1 000 Euro** (Betragsgrenzen ohne in AK/HK enthaltene Vorsteuerbeträge) können unabhängig v. ihrer Nutzungsdauer in einem jahrgangsbezogenen Sammelposten als Rechengröße erfasst werden. Dieses Wahlrecht kann nur einheitlich für alle WG des Wj. mit Aufwendungen v. mehr als 250 Euro und nicht mehr als 1 000 Euro in Anspr. genommen werden (Abs. 2a S. 5). Die untere Wertgrenze ist durch das LizenzboxG[1] von 150 Euro auf 250 Euro angehoben worden und gilt gem. § 52 Abs. 12 S. 6 idF dieses G für WG, die ab dem 1.1.2018 angeschafft, hergestellt oder in das BV eingelegt werden. Die Poolabschreibungen für vorher angeschaffte WG ändern sich dadurch nicht. WG iSd. Abs. 2a können alternativ zur Sofortabschreibung nach Abs. 2 oder zur ratierlichen AfA im maßgebenden Wj. in **einem** jahrgangsbezogenen Sammelposten je Bilanz (Gesamthandsbilanz, Sonderbilanz, Ergänzungsbilanz) erfasst werden.[2] Der Sammelposten ist im Jahr seiner Bildung und in den folgenden vier Wj. gleichmäßig mit jeweils einem Fünftel gewinnmindernd aufzulösen.[3] Abgesehen v. der buchmäßigen Erfassung des Zugangs des jeweiligen WG bestehen keine weiteren Dokumentationspflichten. Die Einbeziehung der WG in einem Sammelposten bedingt eine zusammenfassende Behandlung der einzelnen WG. In der Folge wirken sich Vorgänge nicht aus, die sich nur auf das einzelne WG beziehen. Durch Veräußerungen, Entnahmen oder Wertminderungen wird der Wert des Sammelpostens nicht beeinflusst (Abs. 2a S. 3). Auch eine TW-AfA ist nicht zulässig. Der Sammelposten stellt kein eigenständiges WG dar, sondern nur eine Rechengröße.[4] Bei entgeltlichem Übergang des gesamten Betriebs oder TB auf einen Rechtsnachfolger erwirbt dieser die einzelnen WG, die in dem Sammelposten enthalten sind. Diese WG sind – soweit die AK innerhalb der genannten Werte liegen – entspr. der gewählten Neuregelung ggf. in einem Sammelposten auszuweisen. Bei unentgeltlichem Übergang werden die jeweiligen Sammelposten mit ihren Buchwerten fortgeführt. Das BMF hat sich ausf. zur Bildung und Auflösung des Sammelpostens geäußert.[5]

G. Bewertung bei Übertragung und Umstrukturierung (Abs. 3–7)

193 **I. Unentgeltliche Übertragung von Betrieben, Teilbetrieben und Mitunternehmeranteilen (Abs. 3).** § 6 Abs. 3 hat **Vorrang vor § 6 Abs. 5 S. 3** und dem **UmwStG** (s. aber § 16 Rn. 40). § 6 Abs. 3 und 5 können gleichzeitig – jeweils mit der Rechtsfolge der Buchwertfortführung – anwendbar sein.[6] Die Vorschrift durchbricht den Grundsatz der Individualbesteuerung; sie bringt den allgemeinen Rechtsgedanken zum Ausdruck, nach dem die unentgeltliche Betriebs- und Unternehmensnachfolge ertragsteuerrechtlich nicht mit einer Aufdeckung der stillen Reserven verbunden ist.[7] **Stille Reserven** werden **interpersonell verlagert**.[8] Sie dient typischerweise der Erleichterung der Generationennachfolge.[9] Die Vorschrift ist auch anwendbar, wenn die jeweilige unternehmerische Einheit nicht nur einem, sondern mehreren Erwerbern (zB Erben) übertragen wird.[10] Die Gewinnneutralität setzt voraus, dass sowohl bei Übergang eines Betriebs als auch in dem Fall des Übergangs v. MU'anteilen alle wesentlichen Betriebsgrundlagen bzw. das gesamte funktional wesentliche SBV dem (oder den) Erwerber(n) übertragen werden.[11] Bei Einzelunternehmen muss der Übertragende seine bisherige gewerbliche Tätigkeit einstellen,[12] hingegen nicht bei der Übertra-

1 G v. 30.6.2017, BGBl. I 2017, 2143.
2 BMF v. 30.9.2010, BStBl. I 2010, 755 Tz. 9; vgl. R 6.13 Abs. 5 S. 1 EStR.
3 Ausf. zur Auflösung BMF v. 30.9.2010, BStBl. I 2010, 755 Tz. 14 ff.
4 So auch R 6.13 Abs. 6 S. 1 EStR.
5 BMF v. 30.9.2010, BStBl. I 2010, 755 Tz. 8 ff.
6 BFH v. 2.8.2012 – IV R 41/11, BFHE 238, 135 = FR 2012, 1113 m. Anm. *Kanzler* = BFH/NV 2012, 2053.
7 BFH v. 6.5.2010 – IV R 52/08, BStBl. II 2011, 261 = FR 2010, 941 m. Anm. *Kempermann*; sa. grundlegend *Danz*, Das Subjektsteuerprinzip in der Einkommensteuer, 2017, 43 ff., 150 ff.
8 BFH v. 25.1.2017 – X R 59/14, BFH/NV 2017, 1077 Rn. 46.
9 BFH v. 2.8.2012 – IV R 41/11, BFHE 238, 135 = FR 2012, 1113 m. Anm. *Kanzler* = BFH/NV 2012, 2053.
10 BFH v. 6.5.2010 – IV R 52/08, BStBl. II 2011, 261 = FR 2010, 941 m. Anm. *Kempermann*.
11 Ein Miteigentumsanteil eines Nichtunternehmer-Ehegatten an einem Grundstück, auf dem der Unternehmer-Ehegatte Aufwendungen getätigt und bilanziell erfasst hat, wird bei unentgeltlicher Übertragung zusammen mit dem Betrieb nicht von § 6 Abs. 3 erfasst. Der Dritte kann den Miteigentumsanteil zum TW in sein BV einlegen; vgl. BFH v. 9.3.2016 – X R 46/14, BFH/NV 2016, 970; s. dazu BMF v. 16.12.2016, BStBl. I 2016, 1431; krit. *Weber-Grellet*, BB 2016, 2220.
12 BFH v. 25.1.2017 – X R 59/14, BFH/NV 2017, 2140 Rn. 40 ff., für GewBetr. bei Übertragung unter Nießbrauchsvorbehalt; v. 2.9.1992 – XI R 26/91, BFH/NV 1993, 161 Rn. 9, zu § 7 Abs. 1 EStDV; anders bei Übertragung von LuF-Betrieben unter Nießbrauchsvorbehalt: BFH v. 7.4.2016 – IV R 38/13, BStBl. II 2016, 765 Rn. 28; v. 26.2.1987 – IV R 325/84, BStBl. II 1987, 772 Rn. 12.

gung von TB oder MU'anteilen.[1] Die Übertragung eines MU'anteils unter **Nießbrauchsvorbehalt** des Übertragenden, als in der Praxis wichtiger Fall der Nachfolgeplanung, ist für die Anwendung des § 6 Abs. 3 deshalb unschädlich.[2] In der Neufassung v. Satz 1 wurde ergänzt, dass die **Besteuerung der stillen Reserven sichergestellt** sein muss.[3] Dabei handelt es sich nach der Gesetzesbegründung lediglich um eine Klarstellung und eine Anpassung an den Wortlaut v. Abs. 5 S. 1 und § 16 Abs. 3 S. 2.[4] Dies entspricht dem Rechtsgedanken der Norm und der Rspr. des BFH zu § 7 Abs. 1 EStDV, der Vorgängervorschrift.[5] Die Vorschrift gestattet durch die zwingende **Anordnung der Buchwertfortführung** die interpersonelle Verlagerung stiller Reserven bei unentgeltlicher (zur – entgeltlichen – Veräußerung s. § 16 Rn. 66 ff., 71 ff., 82 ff.; zur Schenkung unter Lebenden § 16 Rn. 121 f.) **Rechtsnachfolge** (Erbgang, Schenkung, § 16 Rn. 121 f.) in betriebliche Einheiten – Übertragung eines Betriebs (§ 16 Rn. 43 ff.), TB (§ 16 Rn. 53 ff.) oder eines MU'anteils (§ 16 Rn. 130)[6] oder eine Teils eines MU'Anteils[7] – dh. die Übertragung eines Bruchteils der Anteile des Gesellschaftsvermögens – mit allen[8] nach funktionalen Kriterien[9] abzugrenzenden wesentlichen Betriebsgrundlagen[10] (§ 16 Rn. 48 ff., 86, 187) vor allem zur Vorwegnahme der Erbfolge (zu dieser ausf. § 16 Rn. 121 ff., 187 ff.). § 6 Abs. 3 ist nicht anwendbar, wenn ein G'ter einer GmbH seinen Betrieb auf die GmbH in der Form einer verdeckten Einlage überträgt; da der verdeckten Einlage eine Entnahme zwangsläufig vorausgeht, ist der Vorgang als BetrAufg. zu beurteilen.[11] Maßgebend für die Anwendung des § 6 Abs. 3 ist das BV, das am Tag der Übertragung existiert. Vorherige Veränderungen des BV – etwa in Gestalt von Entnahmen oder Veräußerungen – stehen der Anwendung des Abs. 3 nicht entgegen, sofern sie nicht den Untergang der funktionsfähigen betrieblichen Einheit bewirkt haben.[12] WG des SBV, die zuvor entnommen oder veräußert worden sind, sind nicht mehr Bestandteil des MU'anteils. Ebenso ist für den Bestand des Gesellschaftsvermögens auf den Zeitpunkt der Übertragung abzustellen. Inwieweit iZ mit einer vorherigen Entnahme oder Veräußerung stille Reserven aufgedeckt worden sind, ist ohne Bedeutung.[13] Wird funktional wesentliches BV taggleich mit der Übertragung der Gesellschaftsanteile an einer anderen MU'schaft übertragen oder in ein anderes BV des bisherigen MU'ers überführt und findet dies zum Buchwert nach § 6 Abs. 5 statt, liegen die Voraussetzungen des § 6 Abs. 3 S. 1 für eine Fortführung der Buchwerte vor. Die Privilegierungen des § 6 Abs. 3 und Abs. 5 stehen gleichberechtigt nebeneinander.[14] Der BFH hat es in solchen Konstellationen bislang offengelassen, ob dies auch dann gilt, wenn es durch Entnahmen oder Veräußerungen des BV zur Aufdeckung der stillen Reserven kommt.[15] Dies ist in Fortentwicklung der BFH-Rspr. zu bejahen, solange es durch die unterschiedlichen Übertragungen nicht zu einer Zerschlagung des Betriebs kommt; str.[16]

Zur entgeltlichen und unentgeltlichen Überführung/Übertragung v. WG aus dem BV in das SBV s. § 15 Rn. 375 ff., 377 ff., zu offenen gesellschaftsrechtlichen Einlagen/Übertragung gegen Gesellschaftsrechte s. § 15 Rn. 380 ff., zu verdeckten gesellschaftsrechtlichen Sacheinlagen s. § 15 Rn. 385 ff., zu offenen und verdeckten gesellschaftsrechtlichen Entnahmen/Übertragungen s. § 15 Rn. 387 f.

Auch im Falle der Aufnahme in ein (bisheriges) Einzelunternehmen und der Zurückbehaltung v. WG durch den Übertragenden ist die Buchwertfortführung möglich; das zurückbehaltene WG wird SBV des bisherigen Einzelunternehmers.[17] Im Falle der Übertragung von MU'anteilen gilt dies nach § 6 Abs. 3 S. 2 mit der Einschränkung, dass der Rechtsnachfolger den übernommenen MU'anteil über einen Zeitraum 194

1 *Wendt*, FR 2017, 1061; *Dräger*, DB 2017, 2768 (2769); *Schmidt*[37], § 6 Rn. 646; *Götz*, DStZ 2018, 541.
2 FG Münster v. 24.6.2014 – 3 K 3886/12 F, EFG 2014, 1951 Rn. 34; *Götz*, DStZ 2018, 541 (542 f.); *Schmidt*[37], § 6 Rn. 646.
3 § 6 Abs. 3 S. 1 neu gefasst durch BEPS-UmsG v. 20.12.2016, BGBl. I 2016, 3000.
4 BR-Drucks. 406/16, 9.
5 BFH v. 19.2.1998 – IV R 38/97, BStBl. II 1998, 509.
6 S. auch BMF v. 7.12.2006, BStBl. I 2006, 766.
7 BMF v. 3.3.2005, BStBl. I 2005, 458, Tz. 9 ff.
8 Zum Umfang schädlicher Zurückbehaltung BFH v. 24.2.2005 – IV R 28/00, BFH/NV 2005, 1062; v. 8.9.2005 – IV B 101/04, BFH/NV 2006, 53 mwN.
9 BMF v. 3.3.2005, BStBl. I 2005, 458 Tz. 4 ff.
10 Zur normspezifischen Auslegung BFH v. 4.7.2007 – X R 49/06, BStBl. II 2007, 772 = FR 2007, 1062; v. 19.3.2009 – IV R 78/06, BStBl. II 2009, 803 = FR 2009, 1060 betr. Hofübergabe.
11 BFH v. 11.2.2009 – X R 56/06, BFH/NV 2009, 1411.
12 BFH v. 2.8.2012 – IV R 41/11, BFH/NV 2012, 2053 = FR 2012, 1113 m. Anm. *Kanzler*; v. 9.12.2014 – IV R 29/14, BFH/NV 2015, 415 = FR 2015, 457 Rn. 18, 20, 26; v. 14.7.2016 – IV R 19/13, BFH/NV 2016, 1702 Rn. 21.
13 BFH v. 6.8.2012 – IV R 41/11, FR 2012, 1113 m. Anm. *Kanzler* = BFH/NV 2012, 2053.
14 BFH v. 6.8.2012 – IV R 41/11, FR 2012, 1113 m. Anm. *Kanzler* = BFH/NV 2012, 2053.
15 BFH v. 6.8.2012 – IV R 41/11, FR 2012, 1113 Rn. 47 m. Anm. *Kanzler* = BFH/NV 2012, 2053.
16 FG Düss. v. 19.4.2018 – 15 K 1187/17 F, EFG 2018, 1092 Rn 25 ff. = FR 2018, 703 (Rev. IV R 14/18); zust. *Riedel*, Ubg 2018, 457; **aA** *Schmidt*[37], § 16 Rn. 15.
17 Zu den möglichen Fallkonstellationen s. die aufschlussreiche Übersicht v. *Brandenberg*, DStZ 2002, 518.

von mindestens fünf Jahren nicht veräußert oder aufgibt (Behaltensfrist). Der Grundsatz, dass auch für die Anwendung des § 6 Abs. 3 S. 1 der Übertragende die bisherige Tätigkeit beenden muss, gilt nicht für den Fall des § 6 Abs. 3 S. 1 HS 2 idF des UntStFG. Die Buchwertfortführung gilt danach auch bei der unentgeltlichen Aufnahme einer nat. Pers. in ein bestehendes Einzelunternehmen sowie bei der unentgeltlichen Übertragung eines Teils eines MU'anteils auf eine nat. Pers. (§ 16 Rn. 74).

195 **Was eine unentgeltliche Übertragung ist**, ist in § 6 Abs. 3 nicht geregelt. Dies richtet sich nach allgemeinen Grundsätzen. Entscheidend ist, dass für die Übertragung keine Gegenleistung erbracht wird. Es werden insbes. Vermögensübertragungen durch Erbfall, Erbauseinandersetzung, vorweggenommene Erbfolge und (andere) Schenkungen erfasst, s. iÜ § 16 Rn. 163 ff. (Erbfall, Tod eines MU'ers) und § 16 Rn. 187 ff. (vorweggenommene Erbfolge). Die Bestellung eines Nießbrauchs stellt keine Gegenleistung für eine Betriebsübertragung dar.[1] Die Ausschlagung einer Erbschaft kann den Tatbestand des § 6 Abs. 3 erfüllen, wenn sie unentgeltlich erfolgt. Dadurch überträgt der Ausschlagende die Erbschaft auf den nachfolgenden Erben (§ 16 Rn. 89). Die unentgeltliche Anwachsung eine MU'anteils wird ebenfalls von § 6 Abs. 3 erfasst.[2] Zur Anwendung des § 6 Abs. 3 im Erbfall und iRd. Erbauseinandersetzung s. auch § 16 Rn. 87 ff., 100 ff. § 6 Abs. 3 gilt auch bei der Gewinnermittlung nach § 4 Abs. 3. **Übertragender und Aufnehmender** können nat. Pers., MU'schaften und auch KapGes.[3] sein; bei Übertragung v. Teilen eines MU'anteils sowie der unentgeltlichen Aufnahme in ein Einzelunternehmen (§ 6 Abs. 3 S. 1 HS 2, S. 2) ist die Übertragung nur auf eine nat. Pers. möglich.[4]

196 Bei **teilentgeltlichen Übertragungen** eines Betriebs, Teilbetriebs oder MU'anteils wird der gesamte Vorgang nach allg. Auffassung einheitlich als voll unentgeltlich angesehen, wenn das Entgelt höchstens die Buchwerte der insgesamt übertragenen WG erreicht (**Einheitstheorie**). In diesem Fall werden keine stillen Reserven aufgedeckt. Der Vorgang ist nach Abs. 3 insgesamt als unentgeltliche Übertragung zu behandeln. Liegt das Entgelt über dem Buchwert – aber unterhalb des gemeinen Werts –, werden die stillen Reserven teilweise aufgedeckt. Eine Buchwertfortführung und eine Realisation stiller Reserven trifft in diesem Fall zusammen. Es entsteht ein Veräußerungsgewinn iSv. § 16 Abs. 2 iHd. Differenz zw. dem Veräußerungspreis und den übertragenen Buchwerten abzgl. der Veräußerungskosten. Zugleich erfolgt eine Übertragung der stillen Reserven, soweit der Veräußerungspreis hinter dem gemeinen Wert zurückbleibt.[5] Die Übernahme von Verbindlichkeiten ist dabei nicht als Entgelt zu behandeln, weil zum BV üblicherweise nicht nur aktive WG, sondern auch Schulden gehören und für § 6 Abs. 3 ein praxisrelevanter Anwendungsbereich verbleiben soll.[6] Die Einheitsbetrachtung gilt auch bei der Einbringung strukturierter betrieblicher Einheiten in eine PersGes. (§ 24 UmwStG) gegen ein Mischentgelt[7] (vgl. auch § 16 Rn. 123). Bei einer teilentgeltlichen Übertragung besteht das Verpächterwahlrecht für den Erwerber fort.[8]

197 Ein **Betrieb** liegt vor, wenn personelle und sächliche Mittel organisatorisch so miteinander verknüpft sind, dass sie nach der Verkehrsauffassung eine Einheit bilden; subj. muss diese organisatorische Einheit zu einem betrieblichen Zweck und zur Erzielung v. Gewinnen eingesetzt werden (§ 16 Rn. 43 ff.).[9] Für die Anwendbarkeit des Abs. 3 ist es unerheblich, ob ein aktiv betriebener oder ein ruhender (verpachteter) Betrieb übertragen wird.[10] Allerdings müssen sämtliche wesentlichen Betriebsgrundlagen auf den Erwerber übertragen werden. Die **Zurückbehaltung nicht wesentlicher Betriebsgrundlagen**[11] ist unschädlich; bzgl. dieser entsteht ein lfd. Entnahmegewinn,[12] es sei denn, sie sind Grundlage eines fortgeführten, verkleinerten Betriebs.[13] Zur Übertragung unter Nießbrauchsvorbehalt s. Rn. 193. Zum **TB** ausf. § 16 Rn. 53 ff. Nach

---

1 StRspr., vgl. BFH v. 25.1.2017 – X R 59/14, BFH/NV 2017, 2140 Rn. 37; v. 26.2.1987 – IV R 325/84, BStBl. II 1987, 772 Rn. 11.
2 BFH v. 10.3.1998 – VIII R 76/96, BStBl. II 1999, 269 = FR 1998, 887.
3 BFH v. 20.7.2005 – X R 22/02, BStBl. II. 2006, 457.
4 BMF v. 3.3.2005, BStBl. I 2005, 458 Tz. 1, 3.
5 BFH v. 10.7.1986 – IV R 12/81, BStBl. II 1986, 811 = FR 1986, 489; v. 6.4.2016 – X R 52/13, BStBl. II 2016, 710 = FR 2016, 992.
6 BFH v. 10.7.1986 – IV R 12/81, BStBl. II 1986, 811 = FR 1986, 489; v. 11.12.1997 – IV R 28/97, BFH/NV 1998, 836; v. 11.12.2001 – VIII R 58/98, BStBl. II 2002, 420 = FR 2002, 516 m. Anm. *Kempermann*; v. 19.3.2014 – X R 28/12, BStBl. II 2014, 629 = FR 2014, 752 m. Anm. *Strahl*; *Blümich*, § 6 Rn. 1224; *Schmidt*[37], § 6 Rn. 655.
7 BFH v. 18.9.2013 – X R 42/10, FR 2014, 68 = BFH/NV 2013, 2006.
8 BFH v. 6.4.2016 – X R 52/13, BStBl. II 2016, 710 = FR 2016, 992.
9 BFH v. 19.2.2004 – III R 1/03, BFH/NV 2004, 1231.
10 BFH v. 25.1.2017 – X R 59/14, BFH/NV 2017, 2140 Rn. 58.
11 Großzügig BFH v. 1.2.1990 – IV R 8/89, BStBl. II 1990, 428 = FR 1990, 367: Werden weniger als 10 % der landwirtschaftlichen Grundstücksflächen zurückbehalten, ist idR davon auszugehen, dass eine wesentliche Betriebsgrundlage nicht vorliegt.
12 BFH v. 19.2.1981 – IV R 116/77, BStBl. II 1981, 566 = FR 1981, 412.
13 BFH v. 24.2.2005 – IV R 28/00, BFH/NV 2005, 1062.

früher hM galt die Buchwertfortführung entspr. § 20 Abs. 1 S. 2 UmwStG, § 16 Abs. 1 Nr. 1 S. 2 für die Übertragung einer im BV gehaltenen **100 %igen Beteiligung** an einer KapGes., sofern diese beim Erwerber BV wird (str.; ausf. § 16 Rn. 62 ff., 85);[1] **aA** BFH zur verdeckten Einlage einer im BV gehaltenen 100 % igen Beteiligung in eine KapGes., an welcher der StPfl. ebenfalls betrieblich zu 100 % beteiligt ist.[2]

Zur Entstehung einer mitunternehmerischen BetrAufsp. infolge einer unentgeltlichen Übertragung nach § 6 Abs. 3 s. BMF v. 7.12.2006, BStBl. I 2006, 766.

Die **unentgeltliche Übertragung einer betrieblichen Einheit (Betrieb usw.) auf eine KapGes.** im Erbwege oder durch Schenkung ist eine solche iSd. § 6 Abs. 3, wenn der Übertragende an der KapGes. nicht beteiligt ist (ausf. § 15 Rn. 390 ff., § 16 Rn. 24). Die im Entw. eines UntStFG vorgesehene Beschränkung auf eine Übertragung auf nat. Pers. ist nicht G geworden, um den bisherigen Anwendungsbereich des § 6 Abs. 3 S. 1 nicht einzuschränken.[3] Bei unentgeltlichen Übertragungen auf eine KapGes., an der der Übertragende beteiligt ist, ist eine Buchwertfortführung nach § 6 Abs. 3 nicht möglich. Solche Tatbestände stellen eine verdeckte Einlage dar, wobei der Einlage eine Entnahme oder Betriebsaufgabe vorausgegangen ist.[4] Die Gewinnrealisierung kann durch eine Einlage gegen Gewährung neuer Anteile gem. § 20 UmwStG vermieden werden. 198

Eine unentgeltliche Übertragung eines **„Bruchteils" des Gesellschaftsanteils** – zur entgeltlichen Veräußerung s. § 16 Rn. 144 – wird als Übertragung nach § 6 Abs. 3 auch dann anerkannt, wenn der gesamte Gesellschaftsanteil auf mehrere „vorweggenommene Erben" übertragen wird (§ 6 Abs. 3 S. 1 HS 2 idF UntStFG; s. § 16 Rn. 187, dort auch zur „Verteilung" des SBV auf einen Rechtsnachfolger). Dies gilt auch dann, wenn der bisherige MU'er WG, die weiterhin zum BV derselben MU'schaft gehören, nicht überträgt, sofern der Rechtsnachfolger den übernommenen MU'anteil über einen Zeitraum von mindestens fünf Jahren hält (§ 6 Abs. 3 S. 2; **Behaltensfrist**). 199

Die Rechtslage bei der **unentgeltlichen Aufnahme einer nat. Pers. in ein v. einer nat. Pers. betriebenes Einzelunternehmen (§ 6 Abs. 3 S. 1 HS 2)**[5] ist entspr. der bisherigen Praxis gesetzlich klargestellt worden iS der Gründung einer zur Gesamthandbindung führenden mitunternehmerischen Außengesellschaft. Bei der unentgeltlichen Aufnahme einer nat. Pers. in ein bestehendes Einzelunternehmen unter Zurückbehaltung v. BV ist § 6 Abs. 3 S. 2 anzuwenden, wenn das zurückbehaltene BV SBV bei der entstandenen MU'schaft wird.[6] Die Behaltensfrist gilt für diese Fallgestaltung allerdings nicht (Rn. 205). 200

Zur Übertragung v. WG und betrieblichen Einheiten im Wege der **Realteilung** s. § 16 Rn. 2, 100 ff.. Die Realteilung ist unter der Geltung des UntStFG ab 1.1.2002 immer als erfolgsneutral zu behandeln, sofern die Erfassung der stillen Reserven sichergestellt ist. 201

Zur entspr. Anwendung des § 6 Abs. 3 bei **Einbringung eines Einzelunternehmens auf fremde und teils auf eigene Rechnung**, teils unentgeltlich zugunsten Dritter s. § 16 Rn. 36 ff.

Die Anwachsung des Vermögens einer somit vollbeendeten PersGes.[7] ist entweder eine Veräußerung oder eine unentgeltliche Übertragung eines MU'anteils. Scheidet der vorletzte kapitalmäßig beteiligte G'ter, der kein SBV hat, aus und führt der letzte G'ter (nat. Pers.) das Unternehmen fort, kann dies eine unentgeltliche Übertragung eines MU'anteils mit der Folge der zwingenden Buchwertfortführung sein.[8] Wächst das Gesellschaftsvermögen einer KapGes. an, ist eine verdeckte Einlage denkbar (§ 6 Abs. 6 S. 2). **Verzichtet der G'ter** zugunsten der Altgesellschafter auf eine ihm **an sich zustehende Abfindung**, liegt im Ausscheiden die unentgeltliche Übertragung nach § 6 Abs. 3 (§ 16 Rn. 149, 175). Zum Eintritt eines Dritten in eine PersGes. aufgrund einer **Eintrittsklausel** s. § 16 Rn. 177, zum Ausscheiden eines G'ters und zur Realteilung einer PersGers s. § 16 Rn. 226 ff. (Zuweisung v. Einzel-WG), § 16 Rn. 241 ff. (Zuweisung v. Teilbetrieben). 202

Bei der Übertragung eines Betriebs muss das funktional wesentliche BV, bei der **Übertragung eines MU'anteils** muss auch das funktional wesentliche (§ 16 Rn. 48 ff., 86, 140)[9] **SBV** mitübertragen werden; sonst liegt eine Aufgabe iSd. § 16 Abs. 3 S. 1 vor (ausf. § 16 Rn. 86, 136 ff. – SBV und Anteilsübertragung – SBV und Anteilsübertragung; § 16 Rn. 183, 187 – Zurückbehaltung und Überführung wesentlichen SBV 203

1 Für den Fall der Beteiligung im PV BFH v. 19.10.1998 – VIII R 69/95, BStBl. II 2000, 230 = FR 1999, 300.
2 BFH v. 20.7.2005 – X R 22/02, BStBl. II 2006, 457.
3 Finanzausschuss BT-Drucks. 14/7344.
4 BFH v. 20.7.2005 – X R 22/02, BStBl. II. 2006, 457.
5 Begr. Entw. UntStFG BR-Drucks. 638/01 zu § 6 Abs. 3.
6 BMF v. 3.3.2005, BStBl. I 2005, 458 Tz. 21.
7 S. auch OFD Berlin v. 11.11.2002, DStR 2002, 1966 – Stl. Behandlung der Anwachsung.
8 BFH v. 10.3.1998 – VIII R 76/96, BStBl. II 1999, 269 = FR 1998, 887, zu § 7 Abs. 1 EStDV; *Brandenberg*, DStZ 2002, 513 f.; OFD Berlin v. 19.7.2002, StEK EStG § 6 Abs. 3 nF Nr. 3.
9 BFH v. 2.10.1997 – IV R 84/96, FR 1998, 319 = BStBl. II 1998, 104.

ins PV; § 16 Rn. 167ff., 187ff. – stl. Folgen beim Tod eines MU'ers; § 16 Rn. 156 – vorweggenommene Erbfolge und SBV). Die **Übertragung des Teils eines MU'anteils** auf eine nat. Pers. (**§ 6 Abs. 3 S. 1 HS 2 Alt. 2) umfasst neben dem Gesellschaftsanteil auch das funktional wesentliche SBV**;[1] für eine unentgeltliche Übertragung ist notwendig, dass diese WG mit übertragen werden. Wird dieses zurückbehalten und **in das PV überführt**, liegt grds. insgesamt eine tarifbegünstigte Aufgabe eines MU'anteils unter Auflösung aller stillen Reserven vor (§ 16 Rn. 86).[2] Werden die WG des SBV in ein anderes BV übertragen oder überführt, fehlt es an der Übertragung eines MU'anteils; die Übertragung ist dann privat veranlasst; die ideellen Anteile am Gesamthandsvermögen werden zunächst zu TW entnommen, sofern nicht Abs. 1 Nr. 5 etwas anderes vorsieht. Die Begünstigung des **Abs. 3 S. 2** setzt voraus, dass das „zurückbehaltene" WG derselben MU'schaft zuzurechnen ist. Wird SBV iZ mit der Übertragung des gesamten MU'anteils in das Gesamthandsvermögens einer anderen MU'schaft übertragen, ist dies nach Abs. 3 S. 1 HS 1 zu beurteilen. Wird im zeitlichen und sachlichen Zusammenhang mit der Übertragung des MU'anteils funktional wesentliches[3] SBV entnommen oder (zB nach Abs. 5) zum Buchwert in ein anderes BV überführt oder übertragen, kann der Anteil am Gesamthandsvermögen nach der umstrittenen[4] **Gesamtplan**-Doktrin[5] nicht nach Abs. 3 zum Buchwert übertragen werden. Die neuere BFH-Rspr. folgert aus dem (gleichrangigen) Verhältnis von Abs. 3 und Abs. 5 indes anderes. Danach kann ein MU'anteil auch dann nach Abs. 3 S. 1 HS 1 ohne Aufdeckung der stillen Reserven unentgeltlich übertragen werden, wenn ein funktional wesentliches WG des SBV vorher bzw. zeitgleich zum Buchwert nach § 6 Abs. 5 übertragen wird. Dies gilt nur dann nicht (einschränkende Auslegung des Abs. 3 S. 1), wenn durch die Einzelübertragung von WG die Lebensfähigkeit der wirtschaftlichen Einheit derart berührt wird, dass sie einer Zerschlagung des Betriebs und damit im Ergebnis einer Betriebsaufgabe gleichkommt.[6]

204 **Ist funktional wesentliches SBV vorhanden**, setzt die unentgeltliche Übertragung eines Teils eines MU'anteils voraus, dass **quotal entspr. Teile des SBV** übertragen werden.[7] Die Veräußerung des Anteils an einem MU'anteil ist nicht tarifbegünstigt, wenn der Veräußerer die zu seinem SBV gehörenden wesentlichen Betriebsgrundlagen nicht anteilig mitüberträgt, sondern der Ges. weiterhin zur Nutzung überlässt.[8] Wird das SBV isoliert unentgeltlich übertragen, liegt keine Übertragung eines MU'anteils vor.[9] Sind die Voraussetzungen des § 6 Abs. 5 S. 3 erfüllt, erfolgt die Übertragung zum Buchwert; andernfalls handelt es sich um eine Entnahme. §§ 16, 34 sind nicht anwendbar.[10] Es muss mindestens ein Anteil am SBV übertragen werden, der dem Anteil des übertragenen Teilanteils am gesamten MU'anteil des Übertragenden entspricht, wobei dieser Anteil wertmäßig, nicht gegenständlich (wirtschaftsgutbezogen) zu verstehen ist. Nach Auffassung des BFH fällt auch der überquotale Teil des SBV in den Anwendungsbereich des § 6 Abs. 3.[11]

205 Einem Antrag des Landes BaWü. betr. die **disquotale** (= nicht quotengleiche) **Übertragung v. SBV** hatte der Gesetzgeber des UntStFG im Hinblick auf die Rspr. des BFH[12] und aus systematischen Gründen nicht folgen wollen.[13] Hierauf bezieht sich **Abs. 3 S. 2 idF UntStFG**. Wird anlässlich der Teilanteilsübertragung v. Gesamthandsvermögen funktional wesentliches[14] SBV nicht oder in geringerem Umfang (**unterquotal**) übertragen, liegt insgesamt nach Auffassung der FinVerw. eine Übertragung nach Abs. 3 S. 2 vor.[15] Diese Vorschrift, die auf die Beschlussempfehlung des Vermittlungsausschusses[16] eingefügt worden ist, trifft eine Sonderregelung für den Fall, dass bei der unentgeltlichen Aufnahme einer nat. Pers. in ein bestehen-

---

1 BFH v. 12.4.2000 – XI R 35/99, BStBl. II 2001, 26 = FR 2001, 29; BMF v. 3.3.2005, BStBl. I 2005, 458 Tz. 3.
2 BFH v. 31.8.1995 – VIII B 21/93, BStBl. II 1995, 890 = FR 1995, 863; *Brandenberg*, DStZ 2002, 615.
3 Zur Übertragung v. funktional nicht wesentlichem BV BMF v. 3.3.2005, BStBl. I 2005, 458 Tz. 8.
4 ZB *Korn*, KÖSDI 2011, 17363 mwN; *Hoffmann*, GmbH-StB 2011, 381; *Schulze zur Wiesche*, DStR 2012, 1420.
5 BFH v. 6.9.2000 – IV R 18/99, BStBl. II 2001, 229 = FR 2001, 75; BMF v. 3.3.2005, BStBl. I 2005, 458 Tz. 7, mit instruktivem Bsp.; allg. zu Umstrukturierung und Gesamtplan *Strahl*, KÖSDI 2011, 17363.
6 BFH v. 2.8.2012 – IV R 41/11, FR 2012, 1113 m. Anm. *Kanzler* = BFH/NV 2012, 2053; v. 9.12.2014 – IV R 29/14, FR 2015, 457; *Oenings/Lienicke*, DStR 2014, 1997; s. dazu auch *Wacker*, Ubg 2016, 245.
7 BFH v. 12.4.2000 – XI R 35/99, BStBl. II 2001, 26 = FR 2001, 29; v. 10.6.2008 – VIII R 79/05, BStBl. II 2008, 863 = FR 2009, 124 m. Anm. *Kempermann*.
8 BFH v. 24.8.2000 – IV R 51/98, BStBl. II 2005, 173 = FR 2000, 1210 m. Anm. *Kempermann*; BMF v. 3.3.2005, BStBl. II 2005, 458 Tz. 9.
9 BFH v. 11.12.1990 – VIII R 14/87, BStBl. II 1991, 510 = FR 1991, 421.
10 BMF v. 3.3.2005, BStBl. I 2005, 458 Tz. 20.
11 BFH v. 2.8.2012 – IV R 41/11, FR 2012, 1113 m. Anm. *Kanzler* = BFH/NV 2012, 2053.
12 BFH v. 24.8.2000 – IV R 51/98, FR 2000, 1210 m. Anm. *Kempermann* = BFH/NV 2000, 1554 – quotaler Übergang des SBV.
13 BT-Drucks. 14/7084, 7.
14 BMF v. 3.3.2005, BStBl. I 2005, 458 Tz. 19: anderenfalls ist § 6 Abs. 3 S. 1 uneingeschränkt anwendbar.
15 BMF v. 3.3.2005, BStBl. I 2005, 458 Tz. 10.
16 BT-Drucks. 14/7780.

des Einzelunternehmen v. bisherigen Einzelunternehmer nicht alle WG des Betriebes in das gemeinsame BV der MU'schaft übertragen (eingebracht) werden, sondern v. Übertragenden zurückbehalten werden. Sofern es sich dabei um funktional wesentliche WG handelt, bleibt in Abweichung v. allg. Grundsätzen die Buchwertfortführung für die eingebrachten WG dennoch zwingend, wenn die zurückbehaltenen WG „weiterhin zum (Sonder-)BV (des Einbringenden bei) derselben (neu gegründeten) MU'schaft gehören". Entspr. gilt, wenn bei einer MU'schaft unentgeltlich der Bruchteil eines MU'anteils auf eine nat. Pers. übertragen wird, aber funktional wesentliches SBV nicht (auch nicht anteilig) mit übertragen wird. Nur für diese Konstellation wird die – gerechnet ab Übertragung des wirtschaftlichen Eigentums – **fünfjährige Behaltensfrist** beim Erwerber als Rechtsnachfolger eingeführt, innerhalb derer Letzterer den unentgeltlich erworbenen MU'anteil – ganz oder teilw.[1] – nicht veräußern oder aufgeben darf. Als Veräußerung gilt auch die Einbringung gem. §§ 20, 24 UmwG und der Formwechsel nach § 25 UmwG.[2] Geschieht dies dennoch, ist rückwirkend beim früheren Einzelunternehmer hinsichtlich der dem aufgenommenen G'ter eingeräumten Anteile an den WG des Betriebs v. einer nach §§ 4 Abs. 1 S. 2, 6 Abs. 1 S. 4 gewinnrealisierenden Entnahme auszugehen, die zu einem lfd. Gewinn führt. Umgekehrt liegen für den Aufgenommenen mit dem TW zu bewertende Einlagen vor. Bisherige Bescheide sind nach **§ 175 Abs. 1 S. 2 AO** zu ändern.[3] Hinsichtlich des eigenen Anteils am gemeinsamen Betrieb sowie hinsichtlich der im SBV zurückbehaltenen WG bleibt es bei der Buchwertfortführung. Entspr. gilt, wenn der unentgeltlich übertragene Anteil an einem MU'anteil innerhalb v. fünf Jahren veräußert oder entnommen wird. Keine schädliche Veräußerung oder Entnahme liegt vor, wenn der unentgeltlich erworbene MU'anteil seinerseits innerhalb der fünf Jahre nach § 6 Abs. 3 S. 1 übertragen wird. Ebenfalls unschädlich – vorbehaltlich des § 42 AO – ist es, wenn innerhalb der Behaltensfrist v. Übertragenden zurückbehaltenes SBV nach § 6 Abs. 5 S. 2 in ein anderes BV überführt, veräußert oder entnommen wird. Die Behaltensfrist gilt nur für den Beschenkten. Sie ist auch nicht analog auf den Übertragenden anwendbar. Entscheidend für die Buchwertfortführung beim Beschenkten ist nur, dass das zurückbehaltene WG im Zeitpunkt der Übertragung im Sonder-BV des übertragenden MU'ers verbleibt.[4]

Wird anlässlich der Teilanteilsübertragung v. Gesamthandsvermögen SBV in größerem Umfang (**überquotal**) übertragen, als es dem übertragenen Teil des Anteils am Gesamthandsvermögen entspricht, ist der Vorgang nach Auffassung des BMF in eine Übertragung nach Abs. 3 S. 1 für den quotalen Teil des SBV und eine Übertragung nach Abs. 5 für den überquotalen Teil des SBV aufzuteilen.[5] Nach neuerer BFH-Rspr. ist keine Aufteilung vorzunehmen, sondern fällt auch der überquotale Anteil des SBV in den Anwendungsbereich des Abs. 3. Dieser zutr. Ansicht liegt eine teleologische Auslegung des Abs. 3 S. 2 zugrunde, der nur fordert, dass mindestens ein (wertmäßiger) Anteil am SBV übertragen wird, der dem Anteil des übertragenen Teils des MU'anteils am gesamten MU'anteil entspricht.[6] 206

Rechtsfolge ist, dass beim bisherigen Betriebsinhaber die Buchwerte anzusetzen sind, die sich aus seiner Gewinnermittlung ergeben (Abs. 3 S. 1). Es kommt dadurch bei ihm zu keiner Gewinnrealisierung. Der **Rechtsnachfolger** ist an diese Buchwerte der WG gebunden (Abs. 3 S. 3). Diese **Buchwertverknüpfung** ist als Rechtsfolge zwingend. Die Regelung schließt ein Wahlrecht – etwa auf den Ansatz der TW – aus. Die Buchwertfortführung ist jedoch ausgeschlossen, wenn die **Besteuerung der stillen Reserven** nicht **sichergestellt ist** (Rn. 193). Darüber hinaus tritt der Rechtsnachfolger grds. in die mit der Buchwertverknüpfung zusammenhängende stl. Rechtsstellung des Übertragenden ein. Eine vom Rechtsvorgänger gebildete Rücklage gem. § 6b Abs. 3 ist vom Nachfolger zu übernehmen und fortzuführen,[7] Gleiches gilt für einen Investitionsabzugsbetrag nach § 7g und einen nachversteuerungspflichtigen Betrag (§ 34 Abs. 7); Wahlrechte wirken fort. Bei nachträglicher Änderung von vom Übertragenden ausgeübten Wahlrechten ist eine Anpassung beim Rechtsnachfolger geboten. Ein nicht verbrauchter Zinsvortrag geht trotz der Buchwertfortführung hingegen unter (§ 4h Abs. 5 S. 1). 207

Die Einlage in eine KapGes. ist grds. keine Veräußerung iSd. § 20 Abs. 2 S. 2, es sei denn, es handelt sich um eine verdeckte Einlage. WG, die ab dem 1.1.2009 eingelegt werden, sind mit dem TW, höchstens mit 208

1 BMF v. 3.3.2005, BStBl. I 2005, 458 Tz. 11.
2 BMF v. 3.3.2005, BStBl. I 2005, 458 Tz. 13, mit weiteren Details; Tz. 13 zur unentgeltlichen Weiterübertragung.
3 BMF v. 3.3.2005, BStBl. I 2005, 458 Tz. 11 f.; dort auch – mit Bsp. – zu dem Fall, dass der Übernehmer bereits vor der Anteilsübertragung MU'er dieser MU'schaft gewesen war.
4 BFH v. 12.5.2016 – IV R 12/15, FR 2016, 952. Der BFH hält damit trotz der Einwendungen des BMF im Schr. v. 12.9. 2013, BStBl. I 2013, 1164, an seiner Rspr. zur sog. gleitenden Generationennachfolge fest; s. BFH v. 2.8.2012 – IV R 41/11, FR 2012, 1113 und v. 9.12.2014 – IV R 29/14, FR 2015, 457; s. dazu auch *Kraft*, NWB 2016, 2646.
5 BMF v. 3.3.2005, BStBl. I 2005, 458 Tz. 16 ff.
6 BFH v. 2.8.2012 – IV R 41/11, FR 2012, 1113 m. Anm. *Kanzler* = BFH/NV 2012, 2811.
7 BFH v. 23.4.2009 – IV R 9/06, BStBl. II 2010, 664 = FR 2009, 1102; v. 22.6.2017 – VI R 84/14, BFH/NV 2017, 2224 Rn. 11.

den (ursprünglichen) AK zu bewerten. Bei verdeckten Einlagen gilt die Veräußerungsfiktion des § 20 Abs. 2 S. 2, der § 6 Abs. 1 Nr. 5 lit. c vorgeht.[1] **Bei unentgeltlichen Übertragungen auf eine KapGes.** gehen die Regelungen zur verdeckten Einlage vor.[2] Zu offenen gesellschaftsrechtl. Einlagen (Einbringung gegen Gesellschaftsrechte) s. § 15 Rn. 381 ff. Für die **offene Sacheinlage** v. Betrieben, Teilbetrieben und MU'anteilen gegen Gewährung neuer Gesellschaftsrechte an der aufnehmenden unbeschränkt stpfl. KapGes. enthält **§ 20 UmwStG** eine dem § 16 vorgehende Sonderregelung (§ 16 Rn. 16 ff.). Eine entspr. verdeckte Einlage in eine KapGes. ist eine BetrAufg. iSd. § 16 Abs. 3 mit Vorrang vor § 6 Abs. 3 (§ 16 Rn. 21 ff.).[3] Zur Realteilung im Wege der Auseinandersetzung unter Miterben – Zuteilung eines GewBetr. an einen (oder mehrere) Miterben – s. § 16 Rn. 101 f., 199. Bei Übertragung v. Einzel-WG auf eine KapGes. ist allerdings der gemeine Wert anzusetzen. Zur verdeckten Einlage in eine KapGes. s. auch § 16 Rn. 23; zur Einbringung in PersGes. s. § 16 Rn. 26 f., zur verdeckten Einlage s. § 16 Rn. 41. Bei verdeckter Einlage eines Teils eines MU'anteils ist § 16 Abs. 1 S. 2 zu beachten.[4]

209 Die Übertragung v. **Betrieben, Teilbetrieben und MU'anteilen auf eine MU'schaft** gegen Gewährung v. Gesellschaftsrechten ist in **§ 24 UmwStG** geregelt (s. § 16 Rn. 26 f., § 15 Rn. 383) und für unentgeltliche Übertragungen auf einen anderen MU'er in § 6 Abs. 3 (§ 16 Rn. 39), die Übertragung v. Teilbetrieben und MU'anteilen v. der MU'schaft auf den MU'er im Rahmen einer Realteilung hingegen in § 16 Abs. 3 (s. § 16 Rn. 241 f.). Auch für die Übertragung v. Einzel-WG auf den MU'er im Rahmen einer Realteilung enthalten § 16 Abs. 3 S. 2–4 Spezialregelungen (s. § 16 Rn. 235 f.). Zur offenen Sacheinlage aus dem PV s. § 15 Rn. 384. Zum problematischen Verhältnis von Abs. 3 zu § 50i Abs. 2 S. 2, dessen überschießenden Wirkungen und zum dazu ergangenen BMF-Schr. v. 21.12.2015[5] mit der Anordnung einer Billigkeitsregelung s. § 50i Rn. 28 ff.

210 **II. Unentgeltliche Vereinnahmung eines Wirtschaftsguts (Abs. 4).** Bei der unentgeltlichen Übertragung eines Einzel-WG (auch nach Entnahme) – zB bei Schmiergeld, Werbegeschenk, Incentives – in das BV eines anderen StPfl. hat der den Wert aus betrieblichen Gründen aufnehmende StPfl. eine BE[6] und ggf. seine AK iHd. **gemeinen Werts** des WG (§ 9 Abs. 2 BewG) anzusetzen. Dies gilt nicht für die Fälle der Einlage. Hier ist das WG grds. mit dem TW zu aktivieren (Abs. 1 Nr. 5). Als abgebende/aufnehmende Rechtsträger können beteiligt sein nat. Pers., Personenunternehmen und KapGes. § 6 Abs. 5 S. 3 hat Vorrang. Beim betrieblichen Zugang eines immateriellen WG wird eine Anschaffung fingiert.[7] Der zugeflossene Vorteil muss nicht aktivierungsfähig sein.[8] Er ist unabhängig davon als BE zu erfassen. Dies folgt aber nicht aus Abs. 4, sondern aus dem Begriff der BE.

211 **III. Überführung/Übertragung von Wirtschaftsgütern zwischen verschiedenen Betriebsvermögen (Abs. 5). 1. Allgemeines.** Zum dogmatischen Hintergrund s. § 15 Rn. 164 ff. Als Ergebnis des Vermittlungsverfahrens zum StSenkG wurde die „Aufhebung" des MU'er-Erlasses korrigiert, um Umstrukturierungen vor allem im mittelständischen Bereich nicht unnötig zu erschweren. Die Grundentscheidung zur gewinnneutralen Buchwertübertragung wird aufrechterhalten, soweit die Erfassung der stillen Reserven sichergestellt ist. Ebenfalls beibehalten werden die Sonderregelungen bei Beteiligung v. Körperschaften, Personenvereinigungen oder Vermögensmassen als MU'er (zu § 6 Abs. 5 S. 5 s. Rn. 228, § 15 Rn. 390 ff.).

212 Im Anwendungsbereich des § 6 Abs. 5 muss die **Besteuerung der stillen Reserven** – auch der künftigen – **sichergestellt** sein. Dies ist zB nicht der Fall, wenn ein bisher einer inländischen Betriebsstätte des StPfl. zugeordnetes WG in eine ausländischen Betriebsstätte des StPfl. verbracht wird (§ 6 Abs. 5 S. 1 iVm. § 4 Abs. 1 S. 4). Der BFH hatte den sog. **finalen Entnahmebegriff** aufgegeben.[9] § 6 Abs. 5 S. 1 iVm. § 4 Abs. 1 S. 4 sowie § 16 Abs. 3a iVm. § 52 Abs. 8b idF des JStG 2010 zielen „klarstellend"[10] darauf ab, die Grundsätze der früheren Rspr. festzuschreiben (§ 4 Rn. 91, 105 ff.). Zum problematischen Verhältnis von Abs. 5

1 BMF v. 21.12.2009, BStBl. I 2010, 94 Tz. 71.
2 BFH v. 20.7.2005 – X R 22/02, BStBl. II 2006, 457; BMF v. 3.3.2005, BStBl. I 2005, 458 Tz. 2.
3 BFH v. 18.12.1990 – VIII R 17/85, BStBl. II 1991, 512 = FR 1991, 143 = FR 1991, 243; s. nunmehr BFH v. 20.7.2005 – X R 22/02, DStR 2005, 1723, zur verdeckten Einlage einer 100 %igen Beteiligung in eine KapGes.
4 BMF v. 3.3.2005, BStBl. II 2005, 458 Tz. 2.
5 BStBl. I 2016, 7 = DStR 2016, 65.
6 BFH v. 22.7.1988 – III R 175/85, BStBl. II 1988, 995 = FR 1989, 105; v. 26.11.1997 – X R 146/94, BFH/NV 1998, 961 – Reise als BE.
7 Vgl. R 5.5 Abs. 4 S. 3 EStR.
8 BFH v. 26.9.1995 – VIII R 35/93, BStBl. II 1996, 273 – Zuwendung einer Reise an den Ges. einer PersGes. als BE der PersGes.
9 BFH v. 17.7.2008 – I R 77/06, BStBl. II 2009, 464 = FR 2008, 1149; s. zum Transfer von WG nach § 6 Abs. 5 S. 1–3 auch *Lutzenberg*, DStZ 2015, 670.
10 Bericht des Finanzausschusses v. 28.10.2010, BT-Drucks. 17/3549, 15.

zu § 50i Abs. 2 S. 2, dessen überschießenden Wirkungen und zum dazu ergangenen BMF-Schr. v. 21.12. 2015[1] mit der Anordnung einer Billigkeitsregelung s. § 50i Rn. 28 ff.

§ 6 Abs. 5 S. 3 Nr. 3 regelt die Übertragung zw. den jeweiligen SBV verschiedener MU'er derselben Mitunternehmerschaft. Die Rspr. hatte unter Verkennung des Subjektcharakters der ESt bei **unentgeltlicher Übertragung auf einen anderen MU'er** in dessen SBV eine Buchwertfortführung zugelassen, weil die Erfassung der stillen Reserven im GewBetr. der MU'schaft gesichert ist. Dies wird in Abs. 5 S. 3 Nr. 3 fortgeführt. Der Gesetzgeber toleriert – gleichheitsrechtlich fragwürdig – ein „**Überspringen**" **v. stillen Reserven auf einen anderen MU'er** (in der Praxis vor allem nahestehende Pers.), wenn nur die Sperrfrist eingehalten wird (§ 15 Rn. 381). Die Vorschrift eröffnet trotz der – unter dem Gesichtspunkt der Missbrauchsverhütung viel zu kurz bemessenen – dreijährigen Sperrfrist Umgehungsmöglichkeiten.[2] Ist übertragender MU'er eine KapGes., hat § 8 Abs. 3 KStG (vGA) Vorrang. Wird umgekehrt **auf eine KapGes. übertragen**, so ist nach **§ 6 Abs. 5 S. 5** der **TW** anzusetzen. 213

2. Überführung von Wirtschaftsgütern (Abs. 5 S. 1 f.). Abs. 5 S. 1 ermöglicht – abweichend v. § 6 Abs. 1 Nr. 4 und 5[3] – die **steuerneutrale Überführung einzelner WG** – AV und UV, auch WG des AV iSd. § 5 Abs. 2 und in Sammelposten erfasster WG – v. einem Betrieb in einen anderen Betrieb – ders. oder auch einer anderen Einkunftsart – desselben StPfl. (nat. Pers., PersGes., Erbengemeinschaft, MU'schaften haben wg. § 15 Abs. 3 allerdings idR nur einen Betrieb; auch KapGes. haben nur einen Betrieb, § 8 Abs. 2 KStG), mithin **ohne Rechtsträgerwechsel**; Gegensatz nach gesetzlicher Terminologie: „Übertragung". § 6 Abs. 3 und 5 können gleichzeitig – jeweils mit der Rechtsfolge der Buchwertfortführung – anwendbar sein.[4] **Abs. 5 S. 2** verweist zur Überführung v. WG aus einem Eigen-BV oder SBV des MU'ers in ein anderes eigenes BV bzw. anderes SBV desselben StPfl. – oder umgekehrt – auf S. 1. Der Körperschaft als MU'erin oder der (doppelstöckigen) PerGes. steht idR nur der Anwendungsbereich des Abs. 5 S. 2 EStG offen.[5] Die Fragen einer entgeltlichen oder unentgeltlichen Übertragung stellen sich hier nicht; die gleichzeitige Übernahme v. Verbindlichkeiten ist daher unschädlich.[6] Das BV oder SonderBV, in das das WG überführt wird, kann erst durch die Überführung des WG entstehen.[7] Mehrere WG können zeitgleich überführt werden; dabei ist unschädlich, wenn die überführten WG einen Betrieb oder TB bilden oder dass es sich insgesamt um einen MU'anteil handelt.[8] 214

Zur unentgeltlichen Übertragung/Überführung v. WG aus und in ein SBV s. zunächst § 15 Rn. 377 f. Das SBV wird als Betrieb des StPfl. behandelt. Daher gilt Abs. 5 S. 1 auch für die Überführung aus einem eigenen BV des StPfl. in sein SBV bei einer MU'schaft und umgekehrt sowie für die Überführung zw. verschiedenen SBV desselben StPfl. bei verschiedenen MU'schaften (**Abs. 5 S. 2 HS 2**). Hier ist die Besteuerung der stillen Reserven bei demselben StPfl. weitgehend gesichert; auch wechselt die zivilrechtl. Rechtszuständigkeit nicht.[9] Gesetzlich zwingende Folge für die ESt und die GewSt (§ 7 Abs. 1 GewStG) ist die Buchwertverknüpfung. AfA und Besitzzeiten werden im neuen BV fortgeführt. 215

Zum Thema „SBV und Anteilsübertragung" unter den korrespondierenden Aspekten der Veräußerung nach § 16 Abs. 1 S. 1 Nr. 2 bzw. der unentgeltlichen Übertragung s. zunächst § 16 Rn. 136 ff., 163 ff., 187 ff. Werden WG des Eigen-BV oder des SBV in das PV überführt oder **unentgeltlich auf Dritte** ohne betrieblichen Anlass übertragen, liegt eine mit dem TW zu bewertende **Entnahme** nach § 4 Abs. 1 S. 2 iVm. **§ 6 Abs. 1 S. 4** vor. Zur **Einbringung v. zum PV gehörenden WG** in das betriebliche Gesamthandsvermögen einer PersGes. und umgekehrt s. BMF v. 11.7.2011, BStBl. I 2011, 713. 216

3. Übertragung von Wirtschaftsgütern (Abs. 5 S. 3 ff.). Die Übertragung v. WG nach **§ 6 Abs. 5 S. 3** gegen Gewährung oder Minderung v. Gesellschaftsrechten ist ein Veräußerungsvorgang (tauschähnlicher Vorgang), der abweichend v. den allg. Grundsätzen zwingend zum Buchwert erfolgt. Zum persönlichen und sachlichen Anwendungsbereich s. BMF v. 8.12.2011, BStBl. I 2011, 1279 Rn. 8 ff. § 6 Abs. 5 S. 3 Nr. 1 und 2 ist anzuwenden, soweit die Übertragung unentgeltlich (Rn. 230) oder gegen Gewährung oder Minderung v. Gesellschaftsrechten (Rn. 229) erfolgt. Abs. 5 S. 3 Nr. 3 setzt tatbestandlich die unentgeltliche Übertragung voraus. § 6 Abs. 5 S. 3 geht den Vorschriften zur Gewinnrealisierung bei Tauschvorgängen 217

---

1 BStBl. I 2016, 7 = DStR 2016, 65.
2 S. aber BMF v. 8.12.2011, BStBl. I 2011, 1279.
3 BFH v. 19.9.2012 – IV R 11/12, FR 2012, 1153 m. Anm. *Kempermann* = BFH/NV 2012, 1880; BMF v. 17.11.2005, BStBl. I 2005, 1019 Tz. 10.
4 BFH v. 2.8.2012 – IV R 41/11, FR 2012, 1113 m. Anm. *Kanzler* = BFH/NV 2012, 2053.
5 BMF v. 17.11.2005, BStBl. I 2005, 1019 Tz. 2.
6 BMF v. 8.12.2011, BStBl. I 2011, 1279 Rn. 3.
7 BMF v. 8.12.2011, BStBl. I 2011, 1279 Rn. 5 mit instruktiven Beispielen.
8 BMF v. 8.12.2011, BStBl. I 2011, 1279 Rn. 6.
9 BT-Drucks. 14/443, 24.

nach § 6 Abs. 6 vor. Ausf. zur Überführung und Übertragung v. einzelnen WG nach § 6 Abs. 5 BMF v. 8.12.2011, BStBl. I 2011, 1279. Wegen weiterer Einzelheiten zu § 6 Abs. 5 S. 3–6 wird auf § 15 Rn. 380 ff. verwiesen. § 6 Abs. 5 S. 3 gilt auch bei der Sachwertabfindung mit Einzel-WG in ein BV (§ 16 Rn. 232); anders bei einer solchen mit einer betrieblichen Einheit (§ 16 Rn. 233).

218 **Soweit das SBV selbst ausnahmsweise[1] einen TB darstellt**, führt die Übertragung auf einen anderen MU'er, aber auch auf einen Dritten, schon nach **Abs. 3** nicht zur Gewinnrealisierung.[2] Dasselbe gilt, wenn SBV zusammen mit dem MU'anteil oder dem Bruchteil eines MU'anteils unentgeltlich übertragen wird. Hier schreibt § 6 Abs. 3 zur Sicherstellung der Erfassung der stillen Reserven die **Buchwertfortführung beim Rechtsnachfolger** vor. Der Sache nach liegt hier bereits keine Entnahme oder BetrAufg. vor. Bei der unentgeltlichen Übertragung des Bruchteils eines MU'anteils ist der Buchwert für unentgeltlich übertragenes SBV auch dann fortzuführen, wenn im Verhältnis zum Bruchteil des Anteils über- oder unterproportional SBV unentgeltlich übertragen wird.

219 **Veräußerung v. Einzel-WG im Rahmen einer MU'schaft.** Abs. 5 S. 3 erfasst nicht Vorgänge, die nach den allg. Regelungen über Veräußerungsgeschäfte wie zw. fremden Dritten abgewickelt werden. Der G'ter einer PersGes. kann WG aus seinem SBV an die Ges. wie ein fremder Dritter entgeltlich veräußern.[3] Überschreitet das Entgelt den Buchwert, erzielt der G'ter aus der Veräußerung einen Gewinn in seinem SBV. Entgelt für die Übertragung eines Wirtschaftsguts ist jede Gegenleistung, gleichgültig, ob sie in Geld, Sachen oder Rechten besteht, so auch die Einräumung einer Forderung.[4] Soweit das Entgelt hinter dem Verkehrswert des WG zurückbleibt, ist die Übertragung unentgeltlich durchgeführt worden; dies führt zu einem Entnahmegewinn.[5] Verlässt ein WG das BV aus betriebsfremden Gründen ohne angemessene Gegenleistung, ist der Vorgang als Entnahme zu beurteilen. Die Entnahme wird nach § 6 Abs. 1 Nr. 4 S. 1 EStG mit dem TW bzw. bei einer den TW nicht erreichenden Gegenleistung mit der Differenz zw. der Gegenleistung und dem TW bewertet.[6] Soweit Einzel-WG gegen Übernahme v. Verbindlichkeiten übertragen werden, steht dies einer erfolgsneutralen Übertragung entgegen. Die Übernahme v. Verbindlichkeiten ist als Entgelt anzusehen.[7]

220 Mit Bezug auf die beteiligten Rechtsträger (zivil- und steuerrechtl.) und die Zugehörigkeit zum BV oder PV (stl.) ist zu **unterscheiden** zw.

- vollentgeltlichen Veräußerungen zw. dem einzelnen MU'er und der Ges. (der Gesamtheit der G'ter) sowie zw. den MU'ern zu fremdüblichen Bedingungen,
- der unentgeltlichen Übertragung v. WG des MU'ers auf andere MU'er oder Dritte (§ 15 Rn. 377),
- der offenen gesellschaftsrechtl. Einlage in das Gesellschaftsvermögen aus dem BV (§ 15 Rn. 380 f.) oder PV (§ 15 Rn. 384) v. einzelnen WG oder betrieblichen Einheiten (§ 15 Rn. 383),
- der verdeckten Einlage in das Gesellschaftsvermögen aus einem BV (§ 15 Rn. 385) und aus dem PV (§ 15 Rn. 386),
- der offenen gesellschaftsrechtl. und verdeckten Entnahme v. einzelnen WG oder betrieblichen Teileinheiten aus dem Gesellschaftsvermögen in ein anderes BV oder in das PV (§ 15 Rn. 387 f.).

221 **Abs. 5 S. 3** erfasst nur Übertragungen v. **Einzel-WG, die zu einem BV oder SBV des MU'ers oder einem BV der MU'schaft gehören, in ein BV oder SBV des MU'ers oder ein BV der MU'schaft**. Es genügt, wenn die MU'stellung des Übertragenden bei einer bestehenden oder im Rahmen einer neuen MU'schaft begründet wird.[8] Nr. 1 und Nr. 2 betreffen unentgeltliche Übertragungen und Übertragungen gegen Gewährung oder Minderung v. Gesellschaftsrechten, die Nr. 3 ausschließlich unentgeltliche Vorgänge. Nicht in Abs. 5 geregelt ist die Übertragung aus einem PV in ein BV und umgekehrt. Die Regelung ist beschränkt auf die **Übertragung/Überführung v. Einzel-WG** zw. MU'er und MU'schaft und umgekehrt.

---

1 BFH v. 5.4.1979 – IV R 48/77, BStBl. II 1979, 554; *K/S/M*, § 16 Rn. B 278.
2 BMF v. 8.12.2011, BStBl. I 2011, 1279 Rn. 36; s. ferner BMF v. 3.5.2005, BStBl. I 2005, 458, geändert durch BMF v. 7.12.2006, BStBl. I 2006, 766.
3 GrS des BFH v. 3.5.1993 – GrS 3/92, BStBl. II 1993, 616; BFH v. 21.6.2012 – IV R 1/08, FR 2012, 1079 m. Anm. *Kempermann* = BFH/NV 2012, 1536 mwN; v. 19.9.2012 – IV R 11/12, FR 2012, 1153 m. Anm. *Kempermann* = BFH/NV 2012, 1880.
4 BFH v. 21.6.2012 – IV R 1/08, FR 2012, 1079 m. Anm. *Kempermann* = BFH/NV 2012, 1536 mwN.
5 BFH v. 19.9.2012 – IV R 11/12, FR 2012, 1153 m. Anm. *Kempermann* = BFH/NV 2012, 1880.
6 Zur teilentgeltlichen Veräußerung aus dem SBV an eine SchwesterPersGes. BFH v. 21.6.2012 – IV R 1/08, FR 2012, 1079 m. Anm. *Kempermann* = BFH/NV 2012, 1536 mwN.
7 BMF v. 7.6.2001, BStBl. I 2001, 367, Nr. 3–5; BFH v. 11.12.2001 – VIII R 58/98, BStBl. II 2002, 420 = FR 2002, 516 m. Anm. *Kempermann*.
8 *Brandenberg*, DStZ 2002, 551 (556).

Die Übertragung v. **Betrieben, Teilbetrieben und MU'anteilen** auf eine MU'schaft gegen Gewährung v. Gesellschaftsrechten ist in **§ 24 UmwStG** normiert (s. § 16 Rn. 26 f.), die unentgeltliche Übertragung auf einen anderen MU'er in **§ 6 Abs. 3** (s. § 16 Rn. 39), die Übertragung v. Teilbetrieben und MU'anteilen v. der MU'schaft auf den MU'er im Rahmen einer **Realteilung** hingegen in **§ 16 Abs. 3** (s. § 16 Rn. 241 f.). Auch für die Übertragung v. Einzel-WG auf den MU'er im Rahmen einer Realteilung enthalten § 16 Abs. 3 S. 2–4 Spezialregelungen (s. § 16 Rn. 235 f.). Die Realteilungsregelungen gehen Abs. 5 als lex specialis vor. Nach der überzeugenden neueren Rspr. des BFH gilt dies auch beim Ausscheiden aus einer MU'schaft gegen Mitnahme von Einzel-WG als Sachwertabfindung (s. § 16 Rn. 232 f.).[1] Allerdings erfolgt auch im Rahmen einer Realteilung eine buchwertneutrale Überführung eines WG von einem SBV in ein anderes SBV desselben StPfl. nicht nach § 16 Abs. 3 S. 2, sondern gem. § 6 Abs. 5 S. 2.[2] Zur verdeckten Einlage aus dem PV eines MU'ers s. § 15 Rn. 386.

Abs. 5 S. 3 Nr. 1 betrifft die Übertragung v. WG zw. dem BV eines Mitunternehmers in das Gesamthandsvermögen einer Mitunternehmerschaft, an der der Übertragende beteiligt ist oder umgekehrt; die Besteuerung der stillen Reserven muss sichergestellt sein.[3] 222

Abs. 5 S. 3 Nr. 2 regelt die Übertragung aus dem SBV eines MU in das Gesamthandsvermögen derselben oder einer anderen MU'schaft und umgekehrt. Die Besteuerung der stillen Reserven muss sichergestellt sein. Die Regelung hat Vorrang vor Abs. 6 (klarstellend Abs. 6 S. 4). Das G nimmt mit der iÜ nicht näher bestimmten Formel v. der „Übertragung gegen Gewährung oder Minderung v. Gesellschaftsrechten" einerseits die Rspr. auf, wonach es sich um tauschähnliche Vorgänge handeln soll, bestimmt aber in der Rechtsfolge Buchwertfortführung zugleich, dass gerade kein gewinnrealisierender Tauschvorgang und auch keine Entnahme anzunehmen ist (ausf. § 15 Rn. 382). Kettenübertragungen sind missbrauchsverdächtig.[4] Die Regelung gilt nicht für die atypisch stille Ges., die kein Gesamthandsvermögen hat. Auf den mittelbaren MU'er (§ 15 Abs. 1 Nr. 2 S. 2) ist § 6 Abs. 5 S. 3 nicht anwendbar. Der Gesetzgeber will die stl. Nutzung v. Objektgesellschaften verhindern; Umweggestaltungen, die iErg. auf eine Buchwertfortführung zw. Schwestergesellschaftern abzielen, sind nicht empfehlenswert.[5] Die Übertragung führt zur Aufdeckung der stillen Reserven, soweit ein WG entgeltlich und ohne Gewährung v. Gesellschaftsrechten übertragen wird. 223

Nicht ausdrücklich geregelt ist die **Übertragung zw. Schwester-PersGes.** (s. auch § 15 Rn. 388 f.) und jedenfalls dem Wortlaut nach auch nicht die Übertragung v. und in gemeinsames BV bei MU'schaften ohne Gesamthandsvermögen, etwa der atypisch stillen Ges. oder bei MU'schaften mit Bruchteilseigentum. Nach Auffassung des IV. Senats des BFH[6] ist ernstlich zweifelhaft, ob die Übertragung eines WG des Gesamthandsvermögens einer PersGes. auf eine beteiligungsidentische SchwesterPersGes. zur Aufdeckung stiller Reserven führt. Nach Auffassung der FinVerw.,[7] die sich auf die Rspr. des I. Senats des BFH[8] stützt, ist die unmittelbare Übertragung v. einzelnen WG zw. den Gesamthandsvermögen v. SchwesterPersGes. kein Anwendungsfall des § 6 Abs. 5 S. 3 Nr. 2 und ist daher nicht zu Buchwerten möglich; dies gilt selbst dann, wenn es sich um beteiligungsidentische Schwesterpersonengesellschaften handelt. Die Buchwertfortführung kann in diesen Fällen auch nicht nach § 6 Abs. 5 S. 1 EStG erfolgen, da es sich um einen Übertragungsvorgang mit Rechtsträgerwechsel handelt und nicht um einen Überführungsvorgang. Das BMF gewährt AdV.[9] Der I. Senat des BFH[10] sieht in seiner Vorlage an das BVerfG einen Verstoß gegen Art. 3 Abs. 1 GG. Das FG Düss. hält bei verfassungskonformer Auslegung eine analoge Anwendung des § 6 Abs. 5 S. 3 Nr. 1 auf Fälle der Übertragung von WG des Gesamthandsvermögens einer MU'schaft auf eine Ein-Mann-GmbH & Co. KG des ausscheidenden MU'ers für geboten.[11] Wird ein WG des SBV teilentgeltlich in das Gesamthandsvermögen einer SchwesterPersGes. übertragen, liegt insoweit eine Entnahme vor, als das Entgelt hinter dem TW des WG zurückbleibt.[12] 224

1 BFH v. 30.3.2017 – IV R 11/15, BStBl. II 2019, 29 Rn. 35; noch offengelassen in BFH v. 17.9.2015 – III R 49/13, BStBl. II 2017, 37 Rn. 34 = FR 2016, 567; **aA** BMF v. 20.12.2016, BStBl. I 2017, 36 unter II.
2 BFH v. 16.3.2017 – IV R 31/14, BStBl. II 2019, 24 Rn. 46; **aA** wohl BMF v. 20.12.2016, BStBl. I 2017, 36 unter IX.
3 Ausf. mit instruktiven Beispielen BMF v. 8.12.2011, BStBl. I 2011, 1279 Rn. 17.
4 BMF v. 8.12.2011, BStBl. I 2011, 1279 Rn. 19.
5 *Brandenberg*, DStZ 2002, 555.
6 BFH v. 15.4.2010 – IV B 105/09, BStBl. II 2010, 971 = FR 2010, 760 m. Anm. *Kanzler*; hierzu *Dötsch*, jurisPR-SteuerR 25/2010 Anm. 4; *Wacker*, NWB 2010, 2382; *Gosch*, DStR 2010, 1173; *Ley*, DStR 2011, 1208.
7 BMF v. 8.12.2011, BStBl. I 2011, 1279 Rn. 18.
8 BFH v. 25.11.2009 – I R 72/08, BStBl. II 2010, 471 = FR 2010, 381 m. Anm. *Wendt*.
9 BMF v. 29.10.2010, BStBl. I 2010, 1206; v. 8.12.2011, BStBl. I 2011, 1279 Rn. 18. Zur teilentgeltlichen Veräußerung zw. SchwesterPersGes. s. FG Berlin-Bdbg. v. 20.3.2012 – 11 K 11149/07, EFG 2012, 1235.
10 BFH v. 10.4.2013 – I R 80/12, FR 2013, 1084 = DStR 2013, 2158 (BVerfG: 2 BvL 8/13); s. dazu auch *Danz*, Ubg 2018, 287 (291 ff.).
11 FG Düss. v. 4.12.2014 – 14 K 2968/09 F, EFG 2015, 551 (Rev. IV R 11/15).
12 BFH v. 21.6.2012 – IV R 1/08, FR 2012, 1079 m. Anm. *Kempermann* = DStR 2012, 1500.

225 **Abs. 5 S. 3** Nr. 3 regelt die unentgeltliche Übertragung zw. den jeweiligen SBV verschiedener MU'er derselben MU'schaft, sofern die Besteuerung der stillen Reserven gesichert ist.[1]

226 **Sperrfrist nach Abs. 5 S. 4.**[2] Der Übernehmer darf innerhalb der Sperrfrist das nach S. 3 übertragene WG weder aus dem BV entnehmen noch veräußern. Wenn die dreijährige Sperrfrist des Abs. 5 S. 4 nicht eingehalten wird, kommt es rückwirkend durch den Teilwertansatz zur Gewinnrealisation (s. auch § 15 Rn. 381b, 385a). Die Aufdeckung stiller Reserven innerhalb einer dreijährigen Sperrfrist oder die Aufstellung einer Ergänzungsbilanz sollen nach näherer Maßgabe des Abs. 5 S. 4 verhindern, dass Erleichterungen der Umstrukturierung nicht zur Vorbereitung einer Veräußerung genutzt werden können (ausf. § 15 Rn. 381 ff.). Das G sieht Verschiebungen v. stillen Reserven zwecks baldiger Übertragung durch den Empfänger der übertragenen WG als unerwünscht an.[3] Denn begünstigt werden soll nur die Fortsetzung des unternehmerischen Engagements in anderer Form. In diesen Fällen ist die Veräußerung oder Entnahme ein rückwirkendes Ereignis iSd. **§ 175 Abs. 1 S. 1 Nr. 2 AO** mit der Folge, dass die ursprüngliche Übertragung zum Buchwert nunmehr rückwirkend mit dem TW zu bewerten ist. Sind allerdings die stillen Reserven dem übertragenden G'ter bereits durch eine Ergänzungsbilanz zugeordnet worden, ist eine Behaltefrist nicht erforderlich, da dann eine Versteuerung der stillen Reserven bei demjenigen, bei dem sie entstanden sind, sichergestellt ist. Die Sperrfrist gilt nach dem Sinn und Zweck des Abs. 5 S. 4 allerdings nicht, wenn lediglich eine (nat. oder jur.) Pers. oder Personenvereinigung am Ergebnis und Vermögen der MU'schaft beteiligt ist (**Ein-Mann-GmbH & Co. KG**). In solchen Fällen liegt keine unerwünschte Verschiebung stiller Reserven vor. Die Sperrfrist ist – entgegen der Auffassung der FinVerw.[4] – vielmehr einschränkend dergestalt auszulegen, dass sie nur auf solche Fälle Anwendung findet, in denen der während der Sperrfrist erzielte Veräußerungsgewinn nicht nur dem Einbringenden zuzurechnen ist.[5]

227 **4. Besonderheiten bei Kapitalgesellschaften (Abs. 5 S. 5). MU'er einer PersGes. und damit auch Übertragender** iSd. Abs. 5 S. 3 **kann auch eine KapGes.** sein. S. etwa § 15 Rn. 390 ff. sowie BMF v. 8.12. 2011, BStBl. I 2011, 1279 Rn. 28 ff. Überträgt diese ein einzelnes WG aus ihrem BV unentgeltlich oder gegen Gewährung v. Gesellschaftsrechten in das Gesamthandsvermögen einer PersGes., an der sie zu 100 % vermögensmäßig beteiligt ist, so ist bei der Übertragung der Wert, der sich nach den Vorschriften über die Gewinnermittlung ergibt, anzusetzen, sofern die Besteuerung der stillen Reserven sichergestellt ist. Die Voraussetzungen des Abs. 5 S. 4 sind nicht erfüllt, da durch die Übertragung der Anteil der KapGes. an dem übertragenen WG weder erhöht noch erstmals begründet wird.[6] Nach **Abs. 5 S. 5** ist der TW anzusetzen, soweit der Anteil einer Körperschaft an dem übertragenen WG unmittelbar oder mittelbar begründet wird oder sich erhöht. Auch im Fall der Übertragung eines WG aus dem Gesamthandsvermögen einer gewerblich geprägten PersGes. in das Gesamthandsvermögen einer anderen gewerblich geprägten PersGes., an der die Übertragende zu 100 % beteiligt ist, ist bei der Übertragung der Wert anzusetzen, der sich nach den Vorschriften über die Gewinnermittlung ergibt, sofern die Besteuerung der stillen Reserven sichergestellt ist.[7]

228 Abs. 5 S. 5 und 6[8] will das Überspringen stiller Reserven auf KapGes. verhindern. Zudem soll ein WG nicht mittelbar im System des Teileinkünfteverfahrens ohne TW-Realisierung durch Anteilsveräußerungen veräußert werden können.[9] S. die ausführliche Darlegung zu § 15 Rn. 390 ff. Abs. 5 S. 6 bestimmt, dass auch eine nachträgliche – aus einem anderen Grund[10] erfolgte – Anteilsbegründung oder -erhöhung bei einer KapGes. an dem übertragenen WG ein rückwirkendes Ereignis iSd. § 175 Abs. 1 S. 1 Nr. 2 AO ist. Bei Nichteinhaltung der **Sperrfrist** von sieben Jahren nach der Übertragung des WG nach S. 3 ist rückwirkend auf den Übertragungszeitpunkt der TW anzusetzen.

229 **5. Gewährung von Gesellschaftsrechten.** Erhöht sich durch die Übertragung eines Wirtschaftsguts der Kapitalanteil des Einbringenden, liegt insoweit eine Übertragung gegen Gewährung v. Gesellschaftsrechten vor. Die v. § 6 Abs. 5 S. 3 Nr. 1 und 2 idF des UntStFG vorausgesetzte **„Gewährung v. Gesellschaftsrech-**

---

1 BMF v. 8.12.2011, BStBl. I 2011, 1279 Rn. 21 mit Beispielen.
2 Ausf. mit instruktiven Beispielen BMF v. 8.12.2011, BStBl. I 2011, 1279 Rn. 22 ff.
3 BT-Drucks. 14/6882, 33.
4 BMF v. 8.12.2011, BStBl. I 2011, 1279 Rn. 26; R 6.15 EStR.
5 BFH v. 31.7.2013 – I R 44/12, BStBl. II 2015, 450 = FR 2013, 1132 m. Anm. *Kempermann*; v. 26.6.2014 – IV R 31/12, jBStBl. II 2015, 463 = FR 2015, 228 = GmbHR 2014, 1322.
6 BMF v. 7.2.2002, DB 2002, 660 = StEK EStG § 6 Abs. 5 Nr. 4, unter 1.; zum Fall, dass die übertragende KapGes. an der aufnehmenden PersGes. zu weniger als 100 % beteiligt ist, s. FinMin. Saarl. v. 19.5.2003, DStR 2003, 1120 = StuB 2003, 751.
7 BMF v. 7.2.2002, DB 2002, 660 = StEK § 6 Abs. 5 Nr. 4, unter 2.
8 Ausf. BMF v. 8.12.2011, BStBl. I 2011, 1279 Rn. 28 ff.
9 BT-Drucks. 14/6882, 33; *Heerdt*, Ubg 2018, 70 (71); krit. *Riedel*, Ubg 2018, 148 (154).
10 Vgl. dazu *Heerdt*, Ubg 2018, 70 (71 f.).

ten“ stellt nichts anderes dar als die offen durch Gutschrift auf den Kapitalanteilen ausgewiesene Vermögensmehrung im Gesellschaftsvermögen (§ 15 Rn. 380, 382). Sie hebt allein darauf ab, dass dem Kapitalanteil des G'ters der Wert vermögensmäßig gutgeschrieben wird.[1] Dabei war die hM und die FinVerw. bislang der Ansicht, dass es unerheblich sei, auf welchem Kapitalkonto die Gutschrift erfolge, wenn für den G'ter mehrere Kapitalkonten geführt werden. Es komme nicht darauf an, ob durch das angesprochene Kapitalkonto die Gewinnverteilung geändert werde (ausf. hierzu § 15 Rn. 382). Der BFH hat jüngst ausdrücklich gegen die Auffassung der FinVerw. entschieden, dass nur dann Gesellschaftsrechte gewährt werden, wenn der Wert des eingebrachten WG einem Kapitalkonto gutgeschrieben wird, nach dem sich die maßgeblichen Gesellschaftsrechte – insbes. das Gewinnbezugsrecht – richten. Dies ist idR das Kapitalkonto I. Ob eine Verteilung des Werts auf das Kapitalkonto I und andere Kapitalkonten ausreicht, um insgesamt einen entgeltlichen Vorgang anzunehmen, hat der BFH in diesen Entsch. ausdrücklich offengelassen.[2] Das BMF hat sich dieser Rspr. angeschlossen.[3] Werden **WG aus einem BV des MU'ers** (SBV oder eigener Betrieb) ohne Gutschrift zum Kapital(anteil) oder gegen Gutschrift unterhalb des TW in das Gesellschaftsvermögen eingebracht, schreibt **§ 6 Abs. 5 S. 3 Nr. 1 und 2 idF des UntStFG** zwingend eine Bewertung zum **Buchwert** vor (ausf. § 15 Rn. 385). Zu gegen Minderung der Gesellschaftsrechte erfolgenden offenen und unentgeltlichen verdeckten gesellschaftsrechtl. Entnahmen aus dem Gesellschaftsvermögen s. § 15 Rn. 387 ff.

6. Unentgeltlich/entgeltlich/teilentgeltlich. Die Übertragung eines WG ist unentgeltlich, soweit keine Gegenleistung erbracht wird. Eine Gegenleistung ist sowohl die Hingabe v. Aktiva als auch die Übernahme zB v. Verbindlichkeiten.[4] Eine teilentgeltliche Übertragung liegt vor, wenn die Gegenleistung den Verkehrswert des übertragenen WG unterschreitet. Die Behandlung von **teilentgeltlichen Übertragungen** in von Abs. 5 S. 3 erfassten Fällen bei MU'schaften ist str. Die FinVerw. ist der Auffassung, dass der Vorgang in ein voll entgeltliches und voll unentgeltliches Geschäft aufzuteilen ist **(sog. strenge Trennungstheorie).** Der Umfang der Entgeltlichkeit bestimmt sich nach dem Verhältnis des Kaufpreises zum Verkehrswert des übertragenen WG.[5] Erreicht die Gegenleistung nicht den Verkehrswert, wird der unentgeltliche Teil nach Abs. 5 S. 3 zum Buchwert übertragen; hinsichtlich des entgeltlichen Teils der Übertragung führt die Veräußerung des WG insoweit zur (quotalen) Aufdeckung der stillen Reserven.[6] Demgegenüber geht der IV. BFH-Senat in seiner neueren Rspr. von anderen Grundsätzen aus und lehnt die Verwaltungsauffassung ab. Nach seiner Rspr. führt eine teilentgeltliche Übertragung erst und nur in dem Umfang zu einem Gewinn, in dem das Entgelt den vollen Buchwert des übertragenen WG überschreitet. Der Buchwert wird insgesamt dem entgeltlichen Teil des Geschäfts als Aufwand zugeordnet und nicht quotal zwischen dem entgeltlichen und dem unentgeltlichen Teil aufgeteilt (**sog. modifizierte Trennungstheorie**). Zu einer Gewinnrealisierung kommt es nur dann, wenn das Entgelt den vollen Buchwert übersteigt.[7] Im übernehmenden BV ist das WG mit dem Entgelt als AK anzusetzen. Eine anteilige Buchwertfortführung für den unentgeltlichen Teil erfolgt nicht. Soweit das Entgelt unterhalb des vollen Buchwerts liegt, wird der Teil des Buchwerts, der den entgeltlichen Teil übersteigt, dem unentgeltlichen Teil der Übertragung zugeordnet. Insoweit muss das WG mit dem anteiligen Buchwert angesetzt werden. Im Schrifttum ist die Meinungslage ebenfalls gespalten (vgl. dazu ausf. und mit Bsp. § 15 Rn. 376a f.).[8] Der X. BFH-Senat neigt der strengen Trennungstheorie zu und hatte die Rechtsfrage dem GrS des BFH zur Entscheidung vorgelegt, nachdem der IV. Senat auf eine Divergenzanfrage mitgeteilt hatte, an seiner Rechtsauffassung festzuhalten.[9] In- 230

---

1 Hierzu BFH v. 17.7.2008 – I R 77/06, BStBl. II 2009, 464 = FR 2008, 1149 – Einstellung eines Teils des Einbringungswerts in eine Kapitalrücklage; BMF v. 20.5.2009, BStBl. I 2009, 671.

2 BFH v. 29.7.2015 – IV R 15/14, BStBl. II 2016, 593 = FR 2016, 513; v. 4.2.2016 – IV R 46/12, BStBl. II 2016, 607 = FR 2016, 896; vgl. dazu *Schmudlach*, NWB 2016, 3305.

3 BMF v. 26.7.2016, BStBl. I 2016, 684: Die Entsch. sind auf alle noch offenen Fälle anzuwenden. Auf gemeinsamen Antrag des Übertragenden oder des Einbringenden und der übernehmenden PersGes. kann in noch offenen Fällen die bisherige Verwaltungsauffassung in den BMF-Schr. v. 11.7.2011, BStBl. I 2011, 713, und v. 11.11.2011, BStBl. I 2011, 1314, wonach auch eine Buchung auf dem Kapitalkonto II zu einer Gewährung von Gesellschaftsrechten führt, für Übertragungen und Einbringungen bis zum 31.12.2016 weiterhin angewandt werden.

4 BMF v. 8.12.2011, BStBl. I 2011, 1279 Rn. 15.

5 BMF v. 8.12.2011, BStBl. I 2011, 1279 Rn. 15; v. 12.9.2013, BStBl. I 2013, 1164; so etwa auch *Wilke*, FR 2016, 761.

6 BFH v. 11.12.2001 – VIII R 58/98, BStBl. II 2002, 420 = FR 2002, 516 m. Anm. *Kempermann*; BMF v. 8.12.2011, BStBl. I 2011, 1279 Rn. 15 mit instruktiven Bsp.; *Wilke*, FR 2016, 761.

7 BFH v. 19.9.2012 – IV R 11/12, FR 2012, 1153 m. Anm. *Kempermann* = DStR 2012, 2051; vgl. auch BFH v. 21.6.2012 – IV R 1/08, FR 2012, 1079 m. Anm. *Kempermann* = DStR 2012, 1500; zust. der I. Senat, BFH v. 10.4.2013 – I R 80/12, BStBl. II 2013, 1004 = FR 2013, 1084; s. ausf. zur Entwicklung der Rspr. und zum Meinungsstand BFH v. 19.3.2014 – X R 28/12, BStBl. II 2014, 629 = FR 2014, 752 m. Anm. *Strahl*: Beitrittsaufforderung an das BMF.

8 Vgl. auch die ausf. Darstellung des Meinungsstands in BFH v. 19.3.2014 – X R 28/12, BStBl. II 2014, 629 = FR 2014, 752 m. Anm. *Strahl*: Beitrittsaufforderung an das BMF.

9 BFH v. 19.3.2014 – X R 28/12, BStBl. II 2014, 629 (Beitrittsaufforderung an das BMF); vgl. dazu *Dornheim*, FR 2014, 869; v. 27.10.2015 – X R 28/12, DStR 2015, 2834 (Vorlage an den GrS des BFH).

zwischen haben sich die Verfahren beim GrS des BFH und beim X. Senat des BFH erledigt, weil das FA im Revisionsverfahren abgeholfen hat.[1] Die überzeugenderen Argumente dürften aufseiten der modifizierten Trennungstheorie liegen. Für sie spricht insbes., dass die strenge Trennungstheorie zur Besteuerung fingierter, tatsächlich nicht erzielter Gewinne führt und deshalb schwer mit dem Realisationsprinzip in Einklang zu bringen ist (s. auch § 15 Rn. 376a).[2]

231 **Entgeltliche Veräußerungen einzelner WG** zu fremdüblichen Bedingungen aus dem **BV der Ges. oder dem SBV** werden auch dann als normale **gewinnrealisierende Geschäftsvorfälle** behandelt, wenn sie zw. der Ges. (den MU'ern gemeinsam) und dem G'ter (dem einzelnen MU'er)[3] oder zw. den einzelnen MU'ern stattfinden. Derartige Veräußerungsvorgänge **fallen nicht unter Abs. 5 S. 3**. Dies wird nunmehr negativ in Abs. 5 S. 3 idF des UntStFG klargestellt.[4] Denn es handelt sich dabei weder um unentgeltliche Übertragungen noch um Übertragungen gegen Gewährung oder Minderung v. Gesellschaftsrechten. Das Steuerrecht respektiert, dass bereits zivilrechtl. **getrennte Vermögensmassen** vorliegen. Gleichgültig ist, ob die Anschaffung für ein eigenes BV,[5] für SBV[6] oder für PV[7] erfolgt. Hier liegt die eigentliche Bedeutung der Abkehr v. der sog. Bilanzbündeltheorie (§ 15 Rn. 164). Aufseiten des Übertragenden liegt ein normales **Veräußerungsgeschäft** vor, aufseiten des Erwerbenden entstehen **AK. § 6b** ist – bei Vorliegen der übrigen Voraussetzungen – zur Gewinnneutralisierung für den Veräußernden anwendbar.[8] Eine Veräußerung ist zB die Übertragung eines Grundstücks mit in wirtschaftlichem Zusammenhang stehenden Schulden; eine „Nettobetrachtung" ist auf die Übertragung v. Sachgesamtheiten und die Teilung v. Gesamthandsvermögen begrenzt und findet hier daher nicht statt.[9] **Entgeltlichkeit** liegt auch bei der **Übernahme v. Schulden**[10] vor.

232 **IV. Tausch eines einzelnen Wirtschaftsguts (Abs. 6). Der Tausch v. WG** ist ein Realisierungstatbestand.[11] Die Einbringung v. WG des PV in das Gesamthandsvermögen gegen Gewährung eines MUanteils ist ein **tauschähnlicher Vorgang**[12] (mit der Folge der Aktivierung der WG in der Bilanz der gewerblichen PersGes. mit dem gemeinen Wert), der den Einlagetatbestand ausschließt; dies auch, wenn der Wert des WG nicht nur dem Kapitalkonto I, sondern auch dem Kapitalkonto II[13] oder einer Kapitalrücklage[14] gutgeschrieben wird;[15] auch für sie gilt Abs. 6. Eine Einlage (Abs. 1 Nr. 5) ist bei einer PersGes. nur gegeben, wenn das WG in das SBV überführt wird (ausf. § 15 Rn. 296 ff.). Nach Auffassung des Gesetzgebers[16] ist auch der Tausch v. Anteilen an KapGes. aus stl. Sicht eine Veräußerung der hingegebenen und ein entgeltlicher Erwerb der erhaltenen Anteile und damit ein normaler Veräußerungsvorgang (Umsatzgeschäft). Das G stellt für die **Weggabe einzelner WG** (zum Tausch v. Unternehmenseinheiten – [Teil-] Betrieben, MU'schaft – § 16 Rn. 16 ff. – Umstrukturierungen nach dem UmwStG durch offene Sacheinlagen als tauschähnliches Veräußerungsgeschäft) in ein BV mittels Tausches klar, dass die stillen Reserven iHd. Differenz zw. dem gemeinen Wert und dem Buchwert des weggetauschten WG aufzudecken sind. Die Bestimmung enthält keine Aussage über die eingetauschte Gegenleistung. Die bislang gewohnheitsrechtl. anerkannte Steuerneutralität insbes. des Anteilstauschs entfällt; die Grundsätze des sog. **Tauschgut-**

---

1 BFH v. 30.10.2018 – X R 28/12, juris; v. 30.10.2018 – GrS 1/16, DB 2018, 2907.
2 Vgl. *Korn*, KÖSDI 2002, 13272 (13276); *Ley*, StbJb. 2003/2004, 135 (152); *Prinz/Hütig*, DB 2012, 2597 (2599).
3 StRspr. vgl. BFH v. 3.5.1993 – GrS 3/92, BStBl. II 1993, 616; erstmals BFH v. 28.1.1976 – I R 84/74, BStBl. II 1976, 744 (745); v. 15.7.1976 – I R 17/74, BStBl. II 1976, 748.
4 Vgl. bereits BMF v. 7.6.2001, BStBl. I 2001, 367 zu § 6 Abs. 5 S. 3 idF StSenkG; dazu auch *Reiß*, BB 2001, 1225 und BB 2000, 1965.
5 BFH v. 28.1.1976 – I R 84/74, BStBl. II 1976, 744.
6 BMF v. 20.12.1977, BStBl. I 1978, 8 Tz. 29, 30.
7 BFH v. 10.7.1980 – IV R 136/77, BStBl. II 1981, 84 = FR 1980, 597.
8 BFH v. 10.7.1980 – IV R 136/77, BStBl. II 1981, 84 = FR 1980, 597; v. 25.4.1985 – IV R 83/83, BStBl. II 1986, 350 = FR 1985, 537.
9 Vgl. BFH v. 11.12.2001 – VIII R 58/98, BStBl. II 2002, 420 = FR 2002, 516 m. Anm. *Kempermann*; ausf. *Brandenberg*, DStZ 2002, 557 f.
10 BFH v. 19.10.1998 – VIII R 69/95, BStBl. II 2000, 230 = FR 1999, 300; BMF v. 7.6.2001, BStBl. I 2001, 367.
11 BT-Drucks. 14/265, 174; BFH v. 2.2.1990 – III R 173/86, BStBl. II 1990, 497 = FR 1990, 337; v. 6.12.2017 – VI R 68/15, BFH/NV 2018, 566 Rn. 29.
12 BFH v. 17.7.2008 – I R 77/06, BStBl. II 2009, 464 = FR 2008, 1149.
13 BFH v. 24.1.2008 – IV R 66/05, BFH/NV 2008, 1301. Zum Rechtsbegriff „Kapitalkonto" BMF v. 11.7.2011, BStBl. I 2011, 713 mwN.
14 BFH v. 17.7.2008 – I R 77/06, BStBl. II 2009, 464 = FR 2008, 1149, mwN; insoweit zust. BMF v. 20.5.2009, BStBl. I 2009, 671.
15 BFH v. 24.1.2008 – IV R 66/05, BFH/NV 2008, 1301; v. 24.1.2008 – IV R 37/06, FR 2008, 912 m. Anm. *Wendt* = BFH/NV 2008, 854; v. 17.7.2008 – I R 77/06, BStBl. II 2009, 464 = FR 2008, 1149; hierzu BMF v. 20.5.2009, BStBl. I 2009, 671 zu 1.
16 BT-Drucks. 14/265, 173.

achtens des BFH – Steuerfreiheit bei wirtschaftlicher Identität v. art-, wert- und funktionsgleichen Anteilen[1] – sind damit – auch im Anwendungsbereich des § 17 (§ 17 Rn. 42)[2] – überholt, nicht aber die Grundsätze über die Surrogation im Umlegungs-[3] und im Flurbereinigungsverfahren[4] sowie R 6.6 EStR als gewohnheitsrechtl.[5] Regelung über die RfE (str.). **Rechtsfolge des Tausches** ist die Bemessung der **AK** nach dem **gemeinen Wert** des hingegebenen WG. § 13, § 20 Abs. 2 S. 2, § 21 Abs. 1 S. 4, § 24 Abs. 2 S. 2 UmwStG haben Vorrang vor § 6 Abs. 6 S. 1.[6] § 16 hat Vorrang, wenn ein WG iZ mit einer Betriebsveräußerung oder -aufgabe getauscht wird; es wird auf die Kommentierung zu dieser Vorschrift verwiesen.

Wird ein **einzelnes WG des BV** im Wege der nunmehr als Tauschgeschäft behandelten **verdeckten Einlage** (zur Einlage v. wesentlichen Beteiligungen s. § 16 Rn. 23, § 17 Rn. 47) übertragen, erhöhen sich die AK der im BV gehaltenen **Beteiligung an der KapGes.** (zur offenen und verdeckten Einlage des G'ters in eine PersGes. s. Abs. 5 S. 3) um den TW des eingelegten WG (**Abs. 6 S. 2**). Dies führt im abgebenden BV zu einem lfd. Gewinn. Eine verdeckte Einlage ist eine gesellschaftsrechtl. veranlasste Zuführung v. Kapital bei einer Ges., die keine Gegenleistung in Form neuer Gesellschaftsrechte zur Folge hat weswegen das UmwStG nicht anwendbar ist. Zur Vermeidung einer Übermaßbesteuerung[7] erhöhen sich im Fall des Abs. 1 Nr. 5 S. 1 lit. a (betr. **innerhalb der letzten drei Jahre angeschaffte WG**) die AK iSd. S. 2 um den Einlagewert des WG (**Abs. 6 S. 3**). 233

V. AfA-Bemessungsgrundlage für Überschussrechner (Abs. 7). Bereits nach allg. Grundsätzen der Gewinnermittlung sind die Regelungen über die anschaffungsnahen HK, die Entnahmen und Einlagen bei der Gewinnermittlung nach § 4 Abs. 3 anzuwenden, obwohl § 6 Abs. 1 ausdrücklich nur auf die Bewertung von WG, die nach § 4 Abs. 1 oder nach § 5 als BV anzusetzen sind, Bezug nimmt. Abs. 7 Nr. 2 enthält eine durch das AmtshilfeRLUmsG[8] eingefügte Klarstellung zur Absicherung der bisher bestehenden Verwaltungspraxis. Bereits durch das StEntlG 1999ff. wurde in Abs. 7 bestimmt, dass im Fall des § 4 Abs. 3 zur Bemessung der AfA die sich aus der Anwendung des § 6 Abs. 3 bis 6 ergebenden Werte als AK anzusetzen sind. Diese vorher in § 7 Abs. 3 EStDV aF enthaltene Regelung folgt bereits aus dem allgemeinen **Grundsatz der Totalgewinngleichheit**.[9] 234

§ 6a Pensionsrückstellung

(1) Für eine Pensionsverpflichtung darf eine Rückstellung (Pensionsrückstellung) nur gebildet werden, wenn und soweit

1. der Pensionsberechtigte einen Rechtsanspruch auf einmalige oder laufende Pensionsleistungen hat,

2. die Pensionszusage keine Pensionsleistungen in Abhängigkeit von künftigen gewinnabhängigen Bezügen vorsieht und keinen Vorbehalt enthält, dass die Pensionsanwartschaft oder die Pensionsleistung gemindert oder entzogen werden kann, oder ein solcher Vorbehalt sich nur auf Tatbestände erstreckt, bei deren Vorliegen nach allgemeinen Rechtsgrundsätzen unter Beachtung billigen Ermessens eine Minderung oder ein Entzug der Pensionsanwartschaft oder der Pensionsleistung zulässig ist, und

3. die Pensionszusage schriftlich erteilt ist; die Pensionszusage muss eindeutige Angaben zu Art, Form, Voraussetzungen und Höhe der in Aussicht gestellten künftigen Leistungen enthalten.

(2) Eine Pensionsrückstellung darf erstmals gebildet werden

1. vor Eintritt des Versorgungsfalls für das Wirtschaftsjahr, in dem die Pensionszusage erteilt wird, frühestens jedoch für das Wirtschaftsjahr, bis zu dessen Mitte der Pensionsberechtigte bei

---

1 BFH v. 16.12.1958 – I D 1/57 S, BStBl. III 1959, 30; zur Aussage des Tauschgutachtens BFH v. 23.5.2006 – X B 18/06, BFH/NV 2006, 1651; BMF v. 9.2.1998, BStBl. I 1998, 163.
2 BFH v. 6.4.2009 – IX B 204/08, BFH/NV 2009, 1262: § 6 Abs. 5 ist iRd. § 17 Abs. 2 anwendbar.
3 BFH v. 5.7.1984 – IV R 36/81, BStBl. II 1984, 711 = FR 1984, 649; v. 23.9.2009 – IV R 70/06, BStBl. II 2010, 270 Rn. 27.
4 FG Nürnb. v. 8.2.2017 – 5 K 153/15, EFG 2017, 1333 Rn. 42 (Rev. VI R 9/17); FG Münster v. 7.4.2017 – 4 K 2406/16 F, EFG 2017, 902 Rn. 22ff. (Rev. VI R 25/17); jeweils für einen freiwilligen Landtausch im Bereich der Landwirtschaft nach §§ 103aff. FlurbereinigungsG.
5 BFH v. 28.10.1998 – X R 96/96, BStBl. II 1999, 217 = FR 1999, 456.
6 *Schmidt*[37], § 6 Rn. 733; *Riedel*, Ubg 2018, 148 (149).
7 BT-Drucks. 14/23, 173; krit. *H/H/R*, § 6 Anm. 130.
8 G v. 26.6.2013, BGBl. I 2013, 1809.
9 *Blümich*, § 6 Rn. 1399.

a) erstmals nach dem 31. Dezember 2017 zugesagten Pensionsleistungen das 23. Lebensjahr vollendet,

b) erstmals nach dem 31. Dezember 2008 und vor dem 1. Januar 2018 zugesagten Pensionsleistungen das 27. Lebensjahr vollendet,

c) erstmals nach dem 31. Dezember 2000 und vor dem 1. Januar 2009 zugesagten Pensionsleistungen das 28. Lebensjahr vollendet,

d) erstmals vor dem 1. Januar 2001 zugesagten Pensionsleistungen das 30. Lebensjahr vollendet

oder bei nach dem 31. Dezember 2000 vereinbarten Entgeltumwandlungen im Sinne von § 1 Absatz 2 des Betriebsrentengesetzes für das Wirtschaftsjahr, in dessen Verlauf die Pensionsanwartschaft gemäß den Vorschriften des Betriebsrentengesetzes unverfallbar wird,

2. nach Eintritt des Versorgungsfalls für das Wirtschaftsjahr, in dem der Versorgungsfall eintritt.

(3) [1]Eine Pensionsrückstellung darf höchstens mit dem Teilwert der Pensionsverpflichtung angesetzt werden. [2]Als Teilwert einer Pensionsverpflichtung gilt

1. vor Beendigung des Dienstverhältnisses des Pensionsberechtigten der Barwert der künftigen Pensionsleistungen am Schluss des Wirtschaftsjahres abzüglich des sich auf denselben Zeitpunkt ergebenden Barwerts betragsmäßig gleich bleibender Jahresbeträge, bei einer Entgeltumwandlung im Sinne von § 1 Absatz 2 des Betriebsrentengesetzes mindestens jedoch der Barwert der gemäß den Vorschriften des Betriebsrentengesetzes unverfallbaren künftigen Pensionsleistungen am Schluss des Wirtschaftsjahres. [2]Die Jahresbeträge sind so zu bemessen, dass am Beginn des Wirtschaftsjahres, in dem das Dienstverhältnis begonnen hat, ihr Barwert gleich dem Barwert der künftigen Pensionsleistungen ist; die künftigen Pensionsleistungen sind dabei mit dem Betrag anzusetzen, der sich nach den Verhältnissen am Bilanzstichtag ergibt. [3]Es sind die Jahresbeträge zugrunde zu legen, die vom Beginn des Wirtschaftsjahres, in dem das Dienstverhältnis begonnen hat, bis zu dem in der Pensionszusage vorgesehenen Zeitpunkt des Eintritts des Versorgungsfalls rechnungsmäßig aufzubringen sind. [4]Erhöhungen oder Verminderungen der Pensionsleistungen nach dem Schluss des Wirtschaftsjahres, die hinsichtlich des Zeitpunktes ihres Wirksamwerdens oder ihres Umfangs ungewiss sind, sind bei der Berechnung des Barwerts der künftigen Pensionsleistungen und der Jahresbeträge erst zu berücksichtigen, wenn sie eingetreten sind. [5]Wird die Pensionszusage erst nach dem Beginn des Dienstverhältnisses erteilt, so ist die Zwischenzeit für die Berechnung der Jahresbeträge nur insoweit als Wartezeit zu behandeln, als sie in der Pensionszusage als solche bestimmt ist. [6]Hat das Dienstverhältnis schon vor der Vollendung des nach Absatz 2 Nummer 1 maßgebenden Lebensjahres des Pensionsberechtigten bestanden, gilt es als zu Beginn des Wirtschaftsjahres begonnen, bis zu dessen Mitte der Pensionsberechtigte das nach Absatz 2 Nummer 1 maßgebende Lebensjahr vollendet; bei nach dem 31. Dezember 2000 vereinbarten Entgeltumwandlungen im Sinne von § 1 Absatz 2 des Betriebsrentengesetzes gilt für davor liegende Wirtschaftsjahre als Teilwert der Barwert der gemäß den Vorschriften des Betriebsrentengesetzes unverfallbaren künftigen Pensionsleistungen am Schluss des Wirtschaftsjahres;

2. nach Beendigung des Dienstverhältnisses des Pensionsberechtigten unter Aufrechterhaltung seiner Pensionsanwartschaft oder nach Eintritt des Versorgungsfalls der Barwert der künftigen Pensionsleistungen am Schluss des Wirtschaftsjahres; Nummer 1 Satz 4 gilt sinngemäß.

[3]Bei der Berechnung des Teilwerts der Pensionsverpflichtung sind ein Rechnungszinsfuß von 6 Prozent und die anerkannten Regeln der Versicherungsmathematik anzuwenden.

(4) [1]Eine Pensionsrückstellung darf in einem Wirtschaftsjahr höchstens um den Unterschied zwischen dem Teilwert der Pensionsverpflichtung am Schluss des Wirtschaftsjahres und am Schluss des vorangegangenen Wirtschaftsjahres erhöht werden. [2]Soweit der Unterschiedsbetrag auf der erstmaligen Anwendung neuer oder geänderter biometrischer Rechnungsgrundlagen beruht, kann er nur auf mindestens drei Wirtschaftsjahre gleichmäßig verteilt der Pensionsrückstellung zugeführt werden; Entsprechendes gilt beim Wechsel auf andere biometrische Rechnungsgrundlagen. [3]In dem Wirtschaftsjahr, in dem mit der Bildung einer Pensionsrückstellung frühestens begonnen werden darf (Erstjahr), darf die Rückstellung bis zur Höhe des Teilwerts der Pensionsverpflichtung am Schluss des Wirtschaftsjahres gebildet werden; diese Rückstellung kann auf das Erstjahr und die beiden folgenden Wirtschaftsjahre gleichmäßig verteilt werden. [4]Erhöht sich in einem Wirtschaftsjahr gegenüber dem vorangegangenen Wirtschaftsjahr der Barwert der künftigen Pensionsleistungen um mehr als 25 Prozent, so kann die für dieses Wirtschaftsjahr zulässige Erhöhung der Pensionsrückstellung auf dieses Wirtschaftsjahr und die beiden folgenden Wirtschaftsjahre gleich-

mäßig verteilt werden. [5]Am Schluss des Wirtschaftsjahres, in dem das Dienstverhältnis des Pensionsberechtigten unter Aufrechterhaltung seiner Pensionsanwartschaft endet oder der Versorgungsfall eintritt, darf die Pensionsrückstellung stets bis zur Höhe des Teilwerts der Pensionsverpflichtung gebildet werden; die für dieses Wirtschaftsjahr zulässige Erhöhung der Pensionsrückstellung kann auf dieses Wirtschaftsjahr und die beiden folgenden Wirtschaftsjahre gleichmäßig verteilt werden. [6]Satz 2 gilt in den Fällen der Sätze 3 bis 5 entsprechend.

(5) Die Absätze 3 und 4 gelten entsprechend, wenn der Pensionsberechtigte zu dem Pensionsverpflichteten in einem anderen Rechtsverhältnis als einem Dienstverhältnis steht.

Verwaltung: BMF v. 25.4.1995, BStBl. I 1995, 250 (aufgehoben durch BMF v. 18.9.2017, BStBl. I 2017, 1293); v. 22.12.1997, BStBl. I 1997, 1020; v. 13.4.1999, BStBl. I 1999, 436 (Richttafeln 1998); v. 14.5.1999, BStBl. I 1999, 512; v. 2.7.1999, BStBl. I 1999, 594; v. 11.11.1999, BStBl. I 1999, 959; v. 18.9.2001, BStBl. I 2001, 612; v. 3.11.2004, BStBl. I 2004, 1045 (Überversorgung); v. 6.4.2005, BStBl. I 2005, 619; v. 1.9.2005, BStBl. I 2005, 860 (Abfindungsklauseln); v. 16.12.2005 – BStBl. I 2005, 1054 (Richttafeln 2005 G); v. 15.3. 2007, BStBl. I 2007, 290 (sog. Näherungsverfahren); v. 29.1.2008, BStBl. I 2008, 317 (Pensionszusage bei PersGes.); v. 5.5.2008, BStBl. I 2008, 569; v. 26.1.2010, BStBl. I 2010, 138 (Umlageverfahren); v. 12.3.2010, BStBl. I 2010, 239 (Maßgeblichkeit); v. 12.11.2010, BStBl. I 2010, 1303 (Auswirkungen des VAStrRefG v. 3.4.2009, BGBl. I 2009, 700); v. 9.12.2011, BStBl. I 2011, 1247 (Anerkennung unternehmensspezifischer und modifizierter biometrischer Rechnungsgrundlagen); v. 14.8.2012, BStBl. I 2012, 874 (Verzicht auf den sog. future service); v. 13.12.2012, BStBl. I 2013, 35 (Überversorgung infolge sog. Nur-Pension); v. 18.10. 2013, BStBl. I 2013, 1268 (gewinnabhängige Pensionsleistungen); v. 9.12.2016, BStBl. I 2016, 1427 (maßgebendes Pensionsalter); v. 18.9.2017, BStBl. I 2017, 1293 (Ausscheiden aus dem Arbverh.); v. 30.11.2017, BStBl. I 2017, 1619 (Bilanzsteuerrechtliche Berücksichtigung v. Verpflichtungsübernahmen, Schuldbeitritten und Erfüllungsübernahmen mit vollständiger oder teilweiser Schuldfreistellung, Anwendung der Regelungen in § 4f und § 5 Abs. 7; unter Aufhebung des BMF-Schr. v. 16.12.2005, BStBl. I 2005, 1052, und v. 24.6.2011, BStBl. I 2011, 627); v. 19.10.2018, BStBl. I 2018, 1107 (Richttafeln 2018 G); OFD Ffm. v. 5.2. 2018 – S 2176 A 57 - St 210, juris (Überversorgung).

Literatur: S. den Literaturnachweis zu § 4b; außerdem: *Bandl*, Verzicht auf den future service einer Pensionsanwartschaft – Aufatmen beim Gesellschafter-Geschäftsführer? – Anm. zum BMF-Schr. v. 14.8.2012, StuB 2012, 782; *Binnewies*, Pensionsrückstellung – „Pflege, Aufzucht, Kompostierung", Steueranwalt 2010/2011, 127; *Briese*, Aktuelles zur steuerlichen Behandlung v. Pensionszusagen, StuB 2008, 857; *Eilers/Bleifeld*, Der steuerbilanzielle Abzinsungssatz für Pensionsrückstellungen ist verfassungswidrig, Ubg 2018, 65; *Eisgruber*, Der Verzicht auf den future service im Dschungel des versicherungsmathematischen Voodoo, Ubg 2011, 30; *Demuth/Fuhrmann*, Rspr. und Verwaltungspraxis zur Pensionszusage: Überblick, Analyse, Gestaltungshinweise, KÖSDI 2011, 17618; *Dernberger/Lenz*, Verzicht und Umstrukturierung der Zusage eines Gesellschafter-Geschäftsführers auf Basis des BMF-Schr. v. 14.8.2012, DB 2012, 2308; *Finsterwalder*, Angemessenheitsprüfung und Überversorgung bei Pensionszusagen an Gesellschafter-Geschäftsführer im Lichte unangemessener Rechtsfolgen, DB 2005, 1189; *Fuhrmann*, Wichtige Gesetzesänderungen im Bereich der Pensionsrückstellungen, NWB 2016, 1568; *Geberth*, Eine Norm mit „Langlebigkeitsrisiko" – über den zunehmenden Reformbedarf des § 6a, IFSt.-Schrift 507 (2015), 11; *Geberth*, Aktuelle steuerliche Entwicklung mit Bedeutung/Auswirkung auf die Direktzusage, FR 2016, 507; *Geberth/Höhn*, Beschränkung steuerlicher Bilanzierungsverbote bei Asset Deals, DB 2010, 1905; *H.-J. Heger*, Abfindungs- oder Kapitalisierungsklauseln in Versorgungszusagen, BB 2005, 1378; *H.-J. Heger*, Steuerliche Bewertung v. Pensionsverpflichtungen, DStR 2008, 585; *H.-J. Heger/Weppler*, Anmerkungen zur Bilanzierung betrieblicher Altersversorgung nach dem BilMoG-Gesetzentwurf, DStR 2009, 239; *Hey*, Realitätsgerechtigkeit von Typisierungen als verfassungsrechtliches Problem der Niedrigzinsphase – Zur Verfassungswidrigkeit von § 238 AO und § 6a Abs. 3 Satz 3 (§ 238 AO, § 6a Abs. 3 Satz 3), FR 2016, 485; *Hey*, Pensionsrückstellungen und Niedrigzinsphase – Zur Frage des richtigen Referenzzinses, BetrAV 2017, 396; *H. Höfer*, Entgeltumwandlung, Überversorgung und Pensionsrückstellungen, DB 2005, 132; *R. Höfer*, Pensionsrückstellungen und gewinnabhängige Altersversorgung, DB 2010, 925; *R. Höfer*, Sind rückgedeckte Versorgungszusagen handels- und steuerbilanziell eine Bewertungseinheit?, DB 2010, 2076; *R. Höfer*, Pensionsrückstellungen in der Steuerbilanz, DB 2011, 140; *R. Höfer*, Bilanzierung und Bewertung entgeltlich übernommener Versorgungsverpflichtungen, DB 2012, 2130; *Hoffmann/Lüdenbach*, Drohverluste beim Schuldnerwechsel – Ein alternativer Bilanzierungsvorschlag, StuB 2012, 3; *Killat*, Verzicht auf den future service – nunmehr ein Ende der unendlichen Geschichte?, DStZ 2012, 643; *May/Jura*, Rückstellungsbildung bei Pensionsleistungen in Abhängigkeit v. gewinnabhängigen Bezügen, DStR 2010, 1509; *Metz/Lindner*, Fehlerhafte Steuerbilanzen für Pensionszusagen an Gesellschafter-Geschäftsführer, DStR 2014, 2037; *Müller*, BilMoG – Auswirkungen auf die betriebliche Altersversorgung aus der Sicht der Wissenschaft, BetrAV 2009, 301; *Oser/Doleczik*, Bilanzierung v. Altersteilzeitregelungen, DB 2000, 6; *Otto*, Leistungen aus der betrieblichen Altersversorgung bei weiterlaufendem Dienstverhältnis, DStR 2018, 55; *Prinz*, Rückstellungen in der Steuerbilanz: Ein Gebot sachgerechter Leistungsfähigkeitsbesteuerung, DB 2011, 492; *Prinz/Keller*, Pensionsrückstellungen in der Niedrigzinsphase – Ein strukturierter Überblick, DB 2016, 1033; *Prost*, Bilanzsteuerrechtliche Berücksichtigung v. Abfindungsklauseln in Pensionszusagen nach § 6a, DB 2005, 2321; *Veit/Hainz*, Ansatz und Bewertung v. Pensionsverpflichtungen – Anforderungen v. Rspr. und FinVerw., DStZ 2014, 600; *Weckerle*, Zum Abzinsungszinssatz des § 6a Abs. 3 S. 3, DB 2017, 1284.

A. Grundaussagen der Vorschrift

1 Pensionsrückstellungen werden für Pensionsverpflichtungen gebildet (§ 6a Abs. 1 HS 1), also für auf Altersruhegeld, Invalidenrenten und/oder Hinterbliebenenversorgung (Witwen- und Waisenrenten) gerichtete Verpflichtungen („**Pensionszusage**"), die v. StPfl. (Unternehmer) ggü. seinen ArbN oder sonstigen Pers. (Rn. 3) aus Gründen der **betrieblichen Altersversorgung** (vgl. § 1 BetrAVG, § 4b Rn. 12 f., dort auch zur Pensionszusage und Pensionsrückstellung trotz Weiterbeschäftigung des ArbN nach Eintritt des regulären Versorgungsfalls)[1] und damit zur Absicherung mindestens eines biometrischen Risikos (Alter, Tod, Invalidität)[2] **unmittelbar** eingegangen werden (deshalb auch: unmittelbare Versorgungszusage, Direktzusage, vgl. § 7 Abs. 1 S. 1 BetrAVG).[3] Im Gegensatz zu mittelbaren („externen") Versorgungszusagen (DirektVers., Pensions- und Unterstützungskasse, Pensionsfonds, vgl. §§ 4b, 4c, 4d, 4e) werden (unbeschadet einer etwaigen Rückdeckungsversicherung zur Absicherung der Zusage bei einem Lebensversicherer, Rn. 24) an einen Dritten keine Prämien oder Zuwendungen geleistet, die Verpflichtung wird vielmehr – ähnlich der Deckungsrückstellung eines Lebensversicherers und ebenfalls nach versicherungsmathematischer Berechnungsmethode (§ 6a Abs. 3 S. 3, Rn. 12) – allein über die Pensionsrückstellung erfasst. Es gilt der **Grundsatz der Einzelbewertung (vgl. § 252 Abs. 1 Nr. 3 HGB)**; jede Pensionsverpflichtung („eine", vgl. § 6a Abs. 1 HS 1) ist – und zwar auch bei Zusage v. Alters-, Invaliditäts- und Hinterbliebenenversorgung – bilanziell als (einheitliches[4]) Einzel-WG[5] zu behandeln, wobei allerdings in der Bilanz nur die Summe aller eingegangenen Verpflichtungen ausgewiesen wird. § 6a wirkt über die Bildung der Rückstellung und der erforderlichen jährlichen Zuführungen (Abs. 4) gewinnmindernd, infolge der einschr. Voraussetzungen (insbes. Abs. 1) und Bewertungsmaßstäbe (insbes. des Stichtagsprinzips, Abs. 3 S. 2 Nr. 1, und der fixen Justierung eines (seit geraumer Zeit) marktfernen (und womöglich verfassungswidrigen) Rechnungszinsfußes v. 6 %, Abs. 3 S. 3, s. dazu Rn. 12) zugleich aber auch abzugsbegrenzend (**Einschränkung des Nettoprinzips**). Ansonsten entsprechen die Bildung und die – im Versorgungsfall – (sukzessive) Auflösung der Pensionsrückstellung stl. der periodengerechten Gewinnermittlung; betriebswirtschaftlich kommt ihr ein (subventionierender) Innenfinanzierungseffekt zu, zunächst während der Anwartschaftsphase, dann aber auch nach Eintritt der Rentenzahlungen, die ihrerseits **BA** sind und die zugleich die jährlichen Beträge, um die die Rückstellung ratierlich aufzulösen ist (Rn. 23), übersteigen, und zwar um ca. ¾ bis ca. ⅔, solange, wie die Versorgungszusage nicht durch Tod entfällt. – Zur Reform des § 6a s. *Kiesewetter*, BetrAV 2018, 287.

1 S. dazu auch BMF v. 18.9.2017, BStBl. I 2017, 1293.
2 Zum Begriff und zu Einzelheiten der Abgrenzung s. BMF v. 20.1.2009, BStBl. I 2009, 273 Tz. 183 ff.
3 S. auch BAG v. 25.1.2000 – 3 AZR 769/98, DB 2001, 2102.
4 Anders hingegen im Hinblick auf die Beurteilung als vGA BFH v. 8.11.2000 – I R 70/99, DStR 2001, 571; v. 20.12.2000 – I R 15/00, DStR 2001, 893; v. 7.11.2001 – I R 79/00, DStR 2002, 127; v. 15.10.1997 – I R 42/97, BStBl. II 1999, 316; v. 3.2.1993 – I B 50/92, BFH/NV 1993, 541; dagegen aber BMF v. 14.5.1999, BStBl. I 1999, 512 Tz. 2; OFD Kobl. v. 11.11.1999, FR 2000, 109; s. auch *Gosch*, BetrAV 2000, 33 (38); *Gosch*, DStR 2001, 882 (887); vgl. auch *Janssen*, DStZ 1999, 741 (743); *Wassermeyer*, GmbHR 2002, 1 (3).
5 BFH v. 3.2.1993 – I B 50/92, BFH/NV 1993, 541.

B. Handelsbilanz und Steuerbilanz, Passivierungswahlrecht und Passivierungspflicht

Handelsbilanziell wird zw. (unmittelbaren) Alt- und Neuzusagen unterschieden. Altzusagen sind solche, die bis zum 31.12.1986 erteilt wurden. Für sie besteht ein Passivierungswahlrecht, auch für spätere Änderungen (Art. 28 Abs. 1 S. 1 EGHGB). Für **danach** erteilte Neuzusagen bestimmt § 249 Abs. 1 S. 1 HGB, Art. 23 Abs. 1 S. 1 EGHGB eine Passivierungspflicht. Durch das BilMOG v. 29.5.2009 hat sich hieran im Prinzip nichts geändert.[1] **Steuerrechtl.** folgt daraus – seinen Voraussetzungen nach hiervon teilw. abw. – gem. § 6a (insoweit als lex specialis zu § 5 Abs. 1)[2] für **Altzusagen** ein **Passivierungswahlrecht**,[3] für **Neuzusagen** eine **Passivierungspflicht** (§ 249 Abs. 1 S. 1 HGB).[4] § 6a knüpft insoweit zwar an die HB an, erfordert wie diese die Voraussetzungen der allg. Grundsätze für die Bildung v. Rückstellungen (§ 249 Abs. 1 HGB), durchbricht indes zugleich das Maßgeblichkeitsprinzip (§ 5 Abs. 1) und stellt deswegen nicht nur eine bloße Bewertungs-, vielmehr (teilw.) auch eine **eigenständige bilanzielle Ansatzvorschrift** dar.[5] Die Verteilungswahlrechte gem. § 6a Abs. 4 S. 2–4 (s. Rn. 21 ff.) sind in der Handels- und in der Steuerbilanz allerdings gleichermaßen auszuüben (§ 5 Abs. 1 S. 2; § 247 Abs. 3 S. 1 HGB analog); lediglich hinsichtlich der Bewertungsobergrenze löst sich die StB infolge des Wegfalls der umgekehrten Maßgeblichkeit v. der HB (s. Rn. 21). Es bleibt auch für § 6a bei der **Wahrscheinlichkeit der Inanspruchnahme** als zwingendes Erfordernis der Rückstellung.[6] Das betrifft alles (wegen § 5 Abs. 1 S. 1) aber nur Gewerbetreibende, nicht auch Freiberufler und Landwirte.[7] Und **nicht** einschlägig ist § 6a für **Einstandspflichten** des ArbG aus **mittelbaren Pensionsverpflichtungen**[8] (s. Rn. 1), gleichviel, auf welcher zivilrechtl. Grundlage, zB nach arbeitsrechtl. Grundsätzen (s. § 1 Abs. 1 S. 3 BetrAVG idF des AVmG), aus Erfüllungsübernahme, Schuldbeitritt,[9] Bürgschaft, und für **ähnliche Verpflichtungen** (Art. 29 Abs. 1 S. 2 EGHGB; restriktives Regelungsverständnis:[10] zB Vor- und Nachruhestandsleistungen, Überbrückungsgelder, Verdienstsicherungen, Jahreszusatzleistungen; Pflegerenten[11] usw., Krankenversicherungen oder Beihilfen bei Krankheit, Geburt, Tod nach Eintritt des Ruhestandes,[12] Unternehmerprämien,[13] idR auch Zusatzleistungen im öffentl. Dienst nach Maßgabe einer Versorgungsordnung unter Einschaltung einer Zusatzversorgungskasse[14]). Aus dem insoweit bestehenden handelsrechtl. Passivierungswahlrecht gem. Art. 28 Abs. 1 S. 1, 2 EGHGB folgt stl. deshalb ein grds. **Passivierungsverbot** (Ausnahme aus Billigkeit: Schuldbeitritt eines Unternehmens desselben Konzerns bei Kaufpreisermittlung gem. § 6a).[15] Rückstellungen nicht nach § 6a, sondern nach allg. Grundsätzen können allerdings zu bilden sein,[16] so zB für Versorgungsabfindungen,[17] für die v. einer KG ggü. ihrer Komplementär-GmbH eingegangene Verpflichtung auf Ersatz der dem (gesellschaftsfremden) Geschäftsführer der GmbH v. dieser versprochenen Versorgungsleistungen,[18] für die v. einer 2

---

1 BMF v. 12.3.2010, BStBl. I 2010, 239 Tz. 9 ff.; s. allg. *Höfer/Rhiel/Veit*, DB 2009, 1605; *Wolz/Oldewurtel*, StuB 2009, 424.

2 BFH v. 3.2.1969 – GrS 2/68, BStBl. II 1969, 291; v. 19.8.1998 – I R 92/95, BStBl. II 1999, 387.

3 Vgl. BFH v. 16.12.1992 – I R 105/91, BStBl. II 1993, 792 unter Abs. 2.2.c; v. 2.12.1997 – VIII R 15/96, BFHE 184, 571 unter Abs. 2.1.; v. 19.8.1998 – I R 92/95, BStBl. II 1999, 387 (388); v. 20.1.2005 – IV R 22/03, BStBl. II 2005, 559.

4 BFH v. 13.6.2006 – I R 58/05, BStBl. II 2006, 928; v. 13.2.2008 – I R 44/07, BStBl. II 2008, 673; R 6a Abs. 1 S. 2 EStR; hM, vgl. zB *A/F/R*, Bd. I, 2. Teil Rn. 507 f.; zwischenzeitlich und unter Aufgabe der früher vertretenen Auffassung auch *H/V/V*, BetrAVG Bd. II StR[18], Kap. 2 Rn. 17 ff.; *Höfer*, DB 2011, 140; *B/R/O*[7], StR Rn. A 391, 521.

5 BFH v. 29.11.1972 – I R 207/67, BStBl. II 1973, 213; v. 19.8.1998 – I R 92/95, BStBl. II 1999, 387.

6 BFH v. 5.4.2006 – I R 46/04, BStBl. II 2006, 688; v. 8.10.2008 – I R 3/06, BStBl. II 2010, 186; v. 26.4.2012 – IV R 43/09, BFH/NV 2012, 1248; FG Köln v. 3.4.2013 – 13 K 1158/10, EFG 2013, 1427 (jeweils zu einem Schuldbeitritt); BMF v. 26.1.2010, BStBl. I 2010, 138.

7 *B/R/O*[7], StR Rn. A 392a; *H/H/R*, § 6a Anm. 22.

8 S. BFH v. 16.12.2002 – VIII R 14/01, BStBl. II 2003, 347 zur Einstandspflicht des ArbG für unzureichende Unterstützungskassenleistungen, auch nach Betriebsübergang gem. § 613a BGB; s. dazu *Gosch*, StBp. 2003, 222; sa. *B/R/O*[7], StR Rn. A 396.

9 Insoweit offen BFH v. 26.4.2012 – IV R 43/09, DStR 2012, 1128.

10 BFH v. 30.1.2002 – I R 71/00, BStBl. II 2003, 279 (280); *A/D/S*, § 249 Rn. 115.

11 BMF v. 25.1.1996, BB 1996, 529.

12 BFH v. 30.1.2002 – I R 71/00, BStBl. II 2003, 279.

13 FG Münster v. 26.4.2001 – 3 K 4051/96 EW, EFG 2001, 1141 (aus anderen Gründen durch BFH v. 11.2.2004 – II R 43/01, BFH/NV 2004, 922 aufgehoben).

14 S. dazu *H/V/V*, BetrAVG Bd. II StR[18], Kap. 48 Rn. 217 ff.; *Weber/Küpper*, DB 1995, 437 (440); *Zeis*, Wpg. 2007, 788; ähnlich *Hansmeyer*, WPg. 1994, 690; weitergehend auch kein Passivierungswahlrecht befürwortend: *Uttenreuther/v. Puskás*, DB 1996, 741; *Uttenreuther*, BetrAV 1996, 230; s. aber auch *IdW*, WPg. 1996, 510; die Frage iErg. offen lassend BFH v. 5.4.2006 – I R 46/04, BStBl. II 2006, 688.

15 BMF v. 16.2.2005, BStBl. I 2005, 1052.

16 S. dazu allg. *H/V/V*, BetrAVG Bd. II StR[18], Kap. 2 Rn. 16.

17 BFH v. 20.1.2005 – IV R 22/03, BStBl. II 2005, 559.

18 BFH v. 7.2.2002 – IV R 62/00, BStBl. II 2005, 88: Verbindlichkeitsrückstellung iHd. Pensionsrückstellung der GmbH gem. § 6a; Letzteres ist zweifelh., s. *Gosch*, StBp. 2002, 248.

kommunalen Eigen-Ges. (in Gestalt einer KapGes.) übernommene Verpflichtung, der Stadt zukünftige Pensionszahlungen der zur Dienstleistung bei der KapGes. tätigen Beamten zu erstatten,[1] für durch allg. Schuldbeitritt oder durch Schuldübernahme (mit-)übernommene Pensionsverpflichtungen eines Dritten[2] (s. dazu auch Rn. 12) oder aus **Erfüllungsrückständen** und für Verpflichtungen, die – vor allem auch im Falle der Altersteilzeit[3] – auf Vergütungen für die Zeit der **Arbeitsfreistellung** vor Ausscheiden aus dem Dienstverhältnis gerichtet sind;[4] für neben dem lfd. Gehalt zugesagte **Jahreszusatzleistungen** im Jahr des Eintritts des Versorgungsfalles gilt dies nicht.[5] Kann der ArbN darauf optieren, ob auf seinem Arbeitszeitkonto angesammelte Guthaben in Anspr. aus einer Direktzusage umgewandelt werden, ist hierfür eine Rückstellung erforderlich, gem. § 6a und vor Festlegung eines Fälligkeitszeitpunktes nach Auffassung der FinVerw. aber nur dann, wenn der Rückstellungsteilwert niedriger ist als jener gem. § 6.[6] **In Umwandlungsfällen** sehen § 3 Abs. 1 S. 2, § 11 Abs. 1 S. 2, § 20 Abs. 1 S. 1 HS 2 u § 24 Abs. 2 S. 1 HS 2 UmwStG idF des SEStEG[7] für übergehende Direktzusagen eine Wertbegrenzung der ansonsten anzusetzenden gemeinen Werte des übergehenden BV nach Maßgabe der Bewertung gem. § 6a vor, weitergehende stille Lasten mindern den Umwandlungsgewinn also (systemwidrig, s. Rn. 12a)[8] nicht.[9] **Abw.** davon verfährt **§ 12 Abs. 1 KStG** bei Körperschaften für den Fall der allg. **Entstrickung** durch Verlust oder Beschränkung des deutschen Besteuerungsrechts auf den Gewinn aus der Veräußerung oder Nutzung v. WG; dort werden die Pensionsrückstellungen iRd. Firmenbewertung mit ihren gemeinen Werten, nicht dem § 6a-Wert berücksichtigt.[10] Abw. soll es sich auch für den Fall der Ausgliederung v. Pensionslasten durch Übertragung auf eine andere KapGes. verhalten, weil die Pensionsverbindlichkeiten nicht aus einem Dienstverhältnis resultieren, vielmehr die Gegenleistung für die Übertragung des Deckungsvermögens repräsentieren.[11]

C. Anwendungsbereich (Abs. 1 und 5)

3 **I. Persönlicher Anwendungsbereich.** In **persönlicher Hinsicht** kann eine Pensionsrückstellung v. (nat oder jur) Pers. als **Pensionsverpflichtete** gebildet werden, die ihren Gewinn durch Bestandsvergleich gem. § 4 Abs. 1, § 5 Abs. 1 und nicht durch Überschussrechnung gem. § 4 Abs. 3 ermitteln, also auch Betriebe gewerblicher Art (vgl. § 4 Abs. 1 KStG) für ArbN, die in ihrem betrieblichen Bereich tätig sind.[12] **Pensionsberechtigte** sind (in- oder ausländ.) nat. Pers. (nicht nur solche iSd. § 17 Abs. 1 BetrAVG),[13] die zu dem Verpflichteten[14] in einem **Dienstverhältnis** (iSv. §§ 611 ff. BGB; vgl. **§ 6a Abs. 3, 4)** oder einem – ebenfalls betrieblich veranlassten (vgl. § 4 Abs. 4)[15] – „anderen **Rechtsverhältnis**" (vgl. § **6a Abs. 5**, ähnlich aus arbeitsrechtl. Sicht § 17 Abs. 1 S. 2 BetrAVG)[16] stehen, also aus einem (auch nur einmaligen) Miet-, Dienst-, Werk-, Geschäftsbesorgungsvertrag oÄ als Pächter, Berater, Lieferant, Handelsvertreter, Geschäftsführer[17] oÄ, ggf. auch in den Fällen der ArbN-Entsendung für ArbN eines anderen Unterneh-

---

1 FG RhPf. v. 20.7.2005 – 3 K 1039/01, DStRE 2005, 1305.

2 BMF v. 16.12.2005, BStBl. I 2005, 1052 (betr. Schuldbeitritt); v. 24.6.2011, BStBl. I 2011, 627 (betr. Schuldübernahme).

3 Vgl. AltersteilzeitG v. 23.7.1996 (BGBl. I 1996, 1078); dazu BMF v. 11.11.1999, BStBl. I 1999, 959 Tz. 15 ff.; einschr. BMF v. 13.3.1987, BStBl. I 1987, 365; BFH v. 16.12.1987 – I R 68/87, BStBl. II 1988, 338; krit. *H/V/V*, BetrAVG Bd. II StR[18], Kap. 48 Rn. 227; *Höfer/Kempkes*, DB 1999, 2537; *Oser/Doleczik*, StBp. 1999, 67; *Oser/Doelczik*, DB 2000, 6; zu insoweit neueren Ansätzen im Hinblick auf ein eingeschränktes Verständnis des schwebenden Geschäfts s. aber auch BFH v. 30.1.2002 – I R 71/00, BStBl. II 2003, 279; v. 18.12.2002 – I R 17/02, BStBl. II 2004, 126; *Gosch*, StBp. 2003, 188 ff. mwN; s. auch BFH v. 30.11.2005 – I R 110/04, BStBl. II 2007, 251; FG Hbg. v. 20.8. 2012 – 3 K 63/11, juris. – Zur abkommensrechtl. Beurteilung s. BFH v. 12.2.2011 – I R 49/10, IStR 2011, 597.

4 Im Einzelnen BMF v. 11.11.1999, BStBl. I 1999, 959 Tz. 2 ff.

5 BMF v. 11.11.1999, BStBl. I 1999, 959 Tz. 22 f.

6 BMF v. 11.11.1999, BStBl. I 1999, 959 Tz. 3; **aA** *Wellisch*, DB 2004, 2225 (2229): aus Gründen des Vorsichtsprinzips nur, wenn jener TW höher ist.

7 V. 7.12.2006, BGBl. I 2006, 2782.

8 Zutr. *Rödder/Schumacher*, DStR 2006, 1481 (1489).

9 Eingehend dazu *Fuhrmann*, DStZ 2015, 425; sa. *Gosch* in FS Widmann, 2000, 357.

10 *Dötsch/Pung*, DB 2006, 2648; vgl. auch BT-Drucks. 16/3369, 11, 13.

11 Vgl. BFH v. 12.12.2012 – I R 28/11, BFHE 240, 22.

12 S. auch den Sachverhalt in BFH v. 28.10.1970 – I R 72/69, BStBl. II 1971, 247; v. 8.10.2008 – I R 3/06, BStBl. II 2010, 186; ferner BFH v. 5.4.2006 – I R 46/04, BStBl. II 2006, 688 (insoweit gegen FG Hess. v. 18.3.2004 – 4 K 3575/00, EFG 2004, 1246).

13 *L/B/P*, § 6a Rn. 29.

14 *L/B/P*, § 6a Rn. 29; **aA** *A/F/R*, 2. Teil Rn. 4.

15 *H/V/V*, BetrAVG Bd. II StR[18], Kap. 2 Rn. 41 ff.

16 S. auch BFH v. 14.12.1988 – I R 44/83, BStBl. II 1989, 323 (für einen G'ter-Geschäftsführer einer KapGes.); s. dagegen aber FG Düss. v. 31.7.2008 – 14 K 1167/05 F, EFG 2008, 1884 (aus anderen Gründen aufgehoben durch BFH v. 23.3.2011 – X R 42/08, FR 2011, 1002).

17 FG Köln v. 11.3.1999 – 13 K 7388/98, EFG 1999, 596: Pensionsrückstellung bei GmbH & Co. KG für Geschäftsführer der GmbH als „mittelbaren KG-Geschäftsführer".

mens bei fortbestehendem Arbverh. oder bei sonstigem fortbestehenden betrieblichen Eigeninteresse des Entsendenden,[1] gleichermaßen die **Hinterbliebenen** solcher Pers. (Witwe und Witwer, Kinder, frühere Ehegatten, ggf. auch Lebensgefährten).[2] Einzubeziehen sind auch ausgleichsberechtigte Pers. gem. § 12 VersAuglG, sei es (infolge einer sog. internen Anwartschaftsteilung) unmittelbar oder (infolge einer sog. externen Anwartschaftsteilung) als Außenstehender.[3] Berechtigt in diesem Sinne können ggf. auch aus eigenbetrieblichen Gründen in ein fremdes Unternehmen entsandte ArbN sein, desgleichen ArbN im öffentl. Dienst, die Anspr. auf eine Zusatzversorgung haben.[4] Besonderheiten bestehen bei Angehörigen, insbes. Ehegatten (s. allg. § 4 Rn. 256 „Versicherungsleistungen"; Rn. 257 „Angehörige"), sowie v. PersGes. (MU'er; s. § 15 Rn. 322[5]). Fehlt in solchen oder anderen Fällen die **betriebliche Veranlassung** der Zusage (§ 4 Abs. 4), entfällt auch die Bildung der Rückstellung gem. § 6a. Handelt es sich bei dem Berechtigten um den G'ter-Geschäftsführer einer KapGes. und erweist sich die Pensionszusage infolge gesellschaftlicher (Mit-)Veranlassung (ganz oder zT) als **vGA** (§ 8 Abs. 3 S. 2 KStG, zB bei fehlender Finanzierbarkeit im Versorgungsfall;[6] s. § 20 Rn. 50 ff.), ist die nach Maßgabe des § 6a und dessen Voraussetzungen gebildete Pensionsrückstellung – auf der 1. vGA-Prüfungsstufe – zwar stl. anzuerkennen, auf der 2. vGA-Prüfungsstufe sind die jährlichen Zuführungen zur Rückstellung sodann jedoch außerbilanziell wieder hinzuzurechnen.[7] – In jedem Fall ist **Regelungsadressat** des § 6a immer nur der Pensionsverpflichtete und nicht auch der Pensionsberechtigte. In Einklang damit führt die Zuführung zu der Versorgungsrückstellung beim ArbN**nicht** zu einem **Lohnzufluss** (§ 19, § 38 Abs. 2 S. 2, § 11), und zwar unabhängig davon, ob ein entspr. Betrag v. Arbeitslohn einbehalten wird oder ob der Zusage eine Barlohnumwandlungsabrede zw. ArbG und ArbN zugrunde liegt.[8]

II. Sachlicher Anwendungsbereich. In **sachlicher Hinsicht** gilt § 6a für die eingegangenen Pensionsverpflichtungen uneingeschränkt, seit dem 1.7.1990 auch im Beitrittsgebiet (s. § 50 Abs. 1 DMBilG),[9] ungeachtet dessen, dass die arbeitsrechtl. Vorschriften in §§ 1–18 BetrAVG dort erst zum 1.1.1992 Wirksamkeit erlangten. Zu den Abgrenzungen zu vergleichbaren Zusagen des ArbG auf Leistungen mit Arbeitsfreistellung vor Ausscheiden aus dem Dienstverhältnis s. Rn. 2. 4

III. Zeitlicher Anwendungsbereich. Abgesehen v. redaktionellen Anpassungen (durch das AltEinkG) war § 6a zuletzt durch das G zur Förderung der zusätzlichen Altersvorsorge und zur Änderung des SGB III v. 10.12.2007[10] geändert worden; das für die erstmalige Bildung der Pensionsrückstellung maßgebliche Lebensalter des Begünstigten wurde hierdurch für nach dem 31.12.2008 zugesagte Leistungen der betr. Altersversorgung (vgl. § 52 Abs. 13 S. 2 idF des Kroatien-AnpG v. 25.7.2014[11], § 52 Abs. 17 aF) auf das 27. Lebensjahr abgesenkt (s. Rn. 11). Diese Absenkung erfolgte, um die kontinuierliche (sozialpolitisch motivierte) Absenkung des Lebensalters für den Erwerb einer v. ArbG finanzierten unverfallbaren Betriebsrentenanwartschaft auf das 25. Lebensjahr in § 1b Abs. 1 BetrAVG stl. zu flankieren. Davor war das für die Teilwertermittlung der Pensionsrückstellung maßgebliche Lebensalter des Begünstigten zuletzt durch das AVmG v. 26.6.2001[12] herabgesetzt worden. Jene Herabsetzung war an sich erstmals auf Pensionszusagen anzuwenden, die nach dem 31.12.2000 erteilt worden sind; die FinVerw.[13] wandte sie aus Billigkeitsgründen allerdings auch bezogen auf Alt-Zusagen erstmals für das Wj. an, das nach dem 31.12. 2000 begann. – Durch das EU-Mobilitäts-RL-UmsG v. 21.12.2015[14] wurde das maßgebliche Lebensalter der Begünstigten mit Wirkung v. 1.1.2018 an noch weiter gehend (und synchron zu einer entspr. Absenkung in § 1b Abs. 2 BetrAVG) auf das 23. Lebensjahr abgesenkt. S. Rn. 11b. – Daneben enthielten Abs. 2 5

---

1 *H/V/V*, BetrAVG Bd. II StR[18], Kap. 2 Rn. 50 ff.
2 Vgl. BFH v. 29.11.2000 – I R 90/99, BStBl. II 2001, 204; einschr. BMF v. 5.8.2002, BStBl. I 2002, 767 Rn. 147; BMF v. 25.7.2002, BStBl. I 2002, 706; dazu zu recht krit. *L/B/P*, § 6a Rn. 23.
3 BMF v. 12.11.2010, BStBl. I 2010, 1303 (unter II.).
4 S. dazu *H/V/V*, BetrAVG Bd. II StR[18], Kap. 48 Rn. 62 ff.
5 S. auch BFH v. 30.3.2006 – IV R 25/04, BStBl. II 2008, 171; v. 14.2.2006 – VIII R 40/03, BStBl. II 2008, 182; v. 6.3. 2014 – IV R 14/11, DB 2014, 1586, mit Anm. *Bode*, DB 2014, 1838; BMF v. 29.1.2008, BStBl. I 2008, 317.
6 BFH v. 8.11.2000 – I R 70/99, BStBl. II 2005, 653; v. 20.12.2000 – I R 15/00, BStBl. II 2005, 657; v. 7.11.2001 – I R 79/00, BStBl. II 2005, 659; v. 4.9.2002 – I R 7/01, BStBl. II 2005, 662; v. 31.3.2004 – I R 65/03, BStBl. II 2005, 664; jetzt auch BMF v. 6.9.2005, BStBl. I 2005, 875 (unter Aufhebung v. BMF v. 14.5.1999, BStBl. I 1999, 512 Tz. 2).
7 Vgl. BFH v. 4.9.2002 – I R 48/01, BFH/NV 2003, 347 mwN (dort allerdings unrichtig im Hinblick auf die sog. Überversorgungsgrundsätze, s. dazu Rn. 19); BMF v. 28.5.2002, BStBl. I 2002, 603.
8 BFH v. 31.3.2004 – I R 79/03, BStBl. II 2004, 940; v. 31.3.2004 – I R 70/03, BStBl. II 2004, 937.
9 Zu Einzelheiten s. BMF DB 1991, 1417; *A/F/R*, 2. Teil Rn. 161 ff.
10 BGBl. I 2007, 2838 v. 10.12.2007.
11 BGBl. I 2014, 1266.
12 BGBl. I 2001, 1310.
13 BMF v. 18.9.2001, BStBl. I 2001, 612.
14 BGBl. I 2015, 2553.

Nr. 1 Alt. 2, Abs. 3 S. 2 Nr. 1 S. 1 und S. 6 HS 2 idF des AVmG Neuregelungen für Fälle der Entgeltumwandlung. Diese Neuregelungen waren erstmals auf Pensionsverpflichtungen anzuwenden, die auf einer nach dem 31.12.2000 vereinbarten Entgeltumwandlung iSv. § 1 Abs. 2 BetrAVG beruhten; auch hier griff aber der erwähnte Billigkeitserweis. Diese Regelungen zur Bilanzierung entgeltumgewandelter Versorgungszusagen wurden zwischenzeitlich – durch das EU-Mobilitäts-RL-UmsG[1] – in Abs. 2 Nr. 1 Alt. 2 sowie in Abs. 3 S. 2 Nr. 1 S. 6 letzter Satzteil mWv. 1.1.2018 (§ 52 Abs. 1 idF des BEPS-UmsG v. 20.12. 2016)[2] noch einmal spezifisch „klargestellt".[3]

D. Sondervoraussetzungen für die Bildung einer Pensionsrückstellung (Abs. 1)

6 **I. Grundsätzliches.** Eine Pensionsrückstellung „darf" (zum Bilanzierungswahlrecht s. Rn. 2) **nach Grund und Höhe** („wenn und soweit", Letzteres durch das JStG 1997 eingefügt) nur nach Maßgabe der **einschr. Sondervoraussetzungen** in Abs. 1 Nr. 1–3 gebildet werden. Deren Nachholung ist möglich, nicht aber zurückbezogen auf den betr. Bilanzstichtag (s. Rn. 10 aE). Die Sondervoraussetzungen sollen sicherstellen, dass nur rechtl. verfestigte und zugleich leicht nachweisbare Versorgungsverpflichtungen stl. rückstellbar sind. Sie beziehen sich als solche bei wörtlichem Verständnis nur auf die erteilte Zusage, bei sachgerechter Auslegung (Aushöhlungsverbot) aber auch auf die Bemessungsgrundlagen, v. denen die Höhe der zu erbringenden Leistungen abhängt. Letzteres betrifft vor allem variable (schwankende) Gehaltsbestandteile, die v. ArbG freiwillig gezahlt werden und jederzeit widerrufen werden können.[4] Allerdings greift in den letzteren Fällen idR das Stichtagsprinzip des Abs. 3 S. 2 Nr. 1 S. 4 (Rn. 18).

7 **II. Rechtsanspruch (Abs. 1 Nr. 1).** Die Bildung der Pensionsrückstellung erfordert einen – im Anwartschaftsstadium allerdings auf die Erfüllung aller Voraussetzungen noch aufschiebend bedingten – (ausdrücklich aber auch stillschweigend eingeräumten) Rechtsanspruch des Berechtigten auf die Pensionsleistungen (vgl. § 194 BGB). In Ermangelung spezieller steuerrechtl. Vorgaben finden allg. zivil- und arbeitsrechtl. Grundsätze Anwendung.[5] Einschlägige Rechtsbegründungsakte sind Einzel- und Gesamtzusagen, Betriebsvereinbarungen, Tarifverträge, Besoldungsordnungen,[6] wobei Verpflichtungen, die nicht auf Einzelzusagen beruhen, keiner individuellen Verpflichtungserklärung bedürfen; s. iÜ zum Schriftform- und Eindeutigkeitserfordernis Abs. 1 Nr. 3 Rn. 10. Einstands- und Bürgschaftsversprechen des ArbG, zB für eine notleidend gewordene Unterstützungskasse (§ 4d) oder DirektVers. (§ 4b), ggf. auch bei Übernahme einer Unterstützungskassenzusage durch den neuen ArbG im Falle des Betriebsübergangs gem. § 613a BGB,[7] müssen sich – als nur latente Pflichten – zu einer Direktzusage verdichtet haben, um die Rückstellung gem. § 6a zu rechtfertigen (vgl. aber auch § 251 S. 1 HGB); die allg. arbeitsrechtl. Einstandspflicht als solche erfüllt diese Voraussetzungen nicht; sie ist im Allg. nur auf die Leistungsverschaffung (idR durch Nachdotierung des eingeschalteten Versorgungsträgers)[8] gerichtet (s. auch Rn. 2).[9] Das gilt regelmäßig unabhängig v. der Wahrscheinlichkeit und auch unabhängig v. dem Grund der Inanspruchnahme des ArbG (zB infolge einer Deckungslücke der zwischengeschalteten Kasse durch unzulängliche Dotierung, gleichheitswidriger Leistungsverweigerung der Kasse uÄ).[10] Im Einzelfall muss durch Auslegung ermittelt werden, ob ein Rechtsanspruch besteht. **Scheingeschäfte** (vgl. § 117 Abs. 1 BGB) oder Sittenwidrigkeit[11] stehen einer Rückstellung iSd. § 6a entgegen, gleichermaßen **nicht ernsthaft** gemeinte Zusagen (zB infolge Doppelfinanzierung aufgrund parallel zugesagter mittelbarer Versorgungsanspr;[12] ggf. auch bei absehbar kurzer Lebensdauer des zusagenden Unternehmens).[13] Der Ernsthaftigkeit des Anspr. widersprechen indes nicht:[14] Nur kurzfristige Arbverh.; verfallbare Anwartschaften;[15] hohe ArbN-Fluktuation;

---

1 G v. 21.12.2015, BGBl. I 2015, 2553.
2 BGBl. I 2016, 3000.
3 BT-Drucks. 18/6283, 15.
4 *B/R/O*[7], StR Rn. A 403; **aA** *H/V/V*, BetrAVG Bd. II StR[18], Kap. 2 Rn. 113 ff.; sa. BFH v. 9.11.1995 – IV R 2/93, BStBl. II 1996, 589; v. 16.12.1992 – I R 105/91, BStBl. II 1993, 792, beide allerdings vor Änderung des Abs. 1 Nr. 2, s. Rn. 8.
5 R 6a Abs. 2 S. 3 EStR.
6 R 6a Abs. 2 S. 1 EStR.
7 BFH v. 16.12.2002 – VIII R 14/01, BStBl. II 2003, 347; *Gosch*, StBp. 2003, 222.
8 Vgl. BAG v. 18.9.2001 – 3 AZR 689/00, DB 2002, 1279.
9 Im Einzelnen *H/V/V*, BetrAVG Bd. II StR[18], Kap. 2 Rn. 103; aber auch *Höfer/de Groot/Küpper/Reich*, BetrAVG Bd. I ArbR[22], Kap. 2 Rn. 6.
10 ZT **aA** *H/V/V*, BetrAVG Bd. II StR[18], Kap. 2 Rn. 103.
11 Vgl. BAG v. 17.2.1998 – 3 AZR 611/97, DB 1998, 1039.
12 R 6a Abs. 15 S. 1 EStR.
13 **AA** *H/V/V*, BetrAVG Bd. II StR[18], Kap. 2 Rn. 109.
14 *H/V/V*, BetrAVG Bd. II StR[18], Kap. 2 Rn. 105 ff.
15 R 6a Abs. 3 EStR.

langlaufende Wartezeiten[1] (= leistungsfreie Zeit bis zum Entstehen bzw. zur Fälligkeit des Versorgungsanspr).

8 **III. Bindung an künftige Gewinne (Abs. 1 Nr. 2 Alt. 1).** Künftige (nicht: bereits entstandene) gewinnabhängige Bestandteile des Arbeitsentgelts dürfen nicht in die Bemessungsgrundlage für die Pensionsleistungen und infolgedessen für die Pensionsrückstellung einbezogen werden; maßgebender Beurteilungszeitpunkt ist der Zeitpunkt der Zusageerteilung und sind dies nicht die jeweiligen Bilanzierungszeitpunkte.[2] Ziel dieser („rspr-brechenden")[3] Regelung, die erstmals für Wj. gilt, die nach dem 29.1.1996 enden,[4] ist es, gewinnbeeinflussende Gestaltungen durch jährlich schwankende Rückstellungszuführungen zu verhindern. S. auch Rn. 6. Darauf, ob die gewinnabhängigen Vergütungsbestandteile „freiwilliger" Natur sind oder ob auf sie ein Rechtsanspruch besteht, kommt es nicht an; die entspr. Fallkonstellation in der „überschriebenen" BFH-Entscheidung aus dem Jahre 1995[5] wurde im G nicht aufgegriffen. Ebenso wenig nimmt das G Rücksicht darauf, ob es sich um („missbrauchsverdächtige" =) endgehaltsabhängige oder aber („nicht missbrauchsverdächtige" =) beitragsabhängige Versorgungszusagen handelt; soweit es insoweit – überschießende? Tendenz hat, mag dies bedauert werden, ist aber de lege lata hinzunehmen.[6] Die FinVerw.[7] hat sich dieser – uU „rigide" anmutenden – Betrachtungsweise dennoch nur mit Einschränkungen angeschlossen: (Auch) am Bilanzstichtag bereits feststehende gewinnabhängige Pensionsleistungen sollen einzubeziehen sein, (1) wenn und soweit sie dem Grunde und der Höhe nach eindeutig bestimmt sind und (2) ab dem Zeitpunkt, in dem die Erhöhung der Versorgungsleistungen in entspr. Umfang schriftlich durch eine Ergänzung der Pensionszusage gem. § 6a Abs. 1 Nr. 3 festgeschrieben wurde; vorhandenen gewinnabhängigen Leistungen wird aus Gründen des Vertrauensschutzes eine Anpassungstoleranz bis zum 31.12.2014 zugestanden. – Pensionsverpflichtungen, die direkt, dh. nicht über Vergütungsbestandteile, v. unternehmerischen Gewinnerwartungen abhängen, werden v. dem Ansatzverbot nicht umfasst; allerdings greift in derartigen Fällen regelmäßig Abs. 3 S. 2 Nr. 1 S. 4.[8]

9 **IV. Widerrufsvorbehalte (Abs. 1 Nr. 2 Alt. 2).** Die Zusage (und auch die Bemessungsgrundlage, s. Rn. 6) darf nach **§ 6a Abs. 1 Nr. 2 Alt. 2** (anders als zB bei der Unterstützungskassenzusage iSd. § 4d, s. dort Rn. 10) nicht unter einem Vorbehalt stehen, der die Minderung oder den Entzug der Pensionsanwartschaft oder Pensionsleistung – nach freiem Belieben oder freiem Ermessen – ermöglicht. **Unschädlich** ist lediglich ein **Vorbehalt**, der sich auf Tatbestände erstreckt, bei deren Vorliegen eine Minderung oder ein Entzug v. Anwartschaft oder Leistung nach allg. Rechtsgrundsätzen unter Beachtung **billigen Ermessens** (§ 315 BGB), also unter „verständiger Abwägung der berechtigten Interessen des Pensionsberechtigten einerseits und des Unternehmens andererseits",[9] zulässig ist. **„Allg. Rechtsgrundsätze"** in diesem Sinne sind die einschlägigen Arbeitsrechtsgrundsätze, vor allem nach der Rspr. des BAG. Ein Widerruf nach freiem Ermessen ist danach zwischenzeitlich aber so gut wie[10] und seit dem Inkrafttreten der Regeln über den gesetzlichen Insolvenzschutz in § 7 Abs. 1 BetrAVG zum 1.1.1999 jedenfalls bei insolvenzgeschützten Versorgungsansprüchen gänzlich[11] ausgeschlossen. Infolge der in § 6a angelegten Orientierung an der Arbeitsrechtslage ist dieser BAG-Rspr. auch stl. Rechnung zu tragen; auch der Form nach „beliebige" Widerrufsvorbehalte können in Anbetracht dessen nicht länger rückstellungsschädlich sein.[12]

9a Allerdings haben die **FinVerw.** (in den insoweit seit 1959 im Wesentlichen unveränderten EStR[13]) und auch die Rspr. des BFH die arbeitsrechtl. Entwicklungen – in rechtspolitischer Hinsicht zu Unrecht, ange-

---

1 Zur begrifflichen Abgrenzung zw. (grds. dispositiver) Wartezeit, (obligatorischer gesetzlicher) Unverfallbarkeit und sog. Vorschaltzeit (= Zeit bis zur Erteilung einer Direktzusage als „Zusage einer Zusage") s. BAG v. 24.2. 2004 – 3 AZR 5/03, DB 2004, 1158.

2 BFH v. 3.3.2010 – I R 31/09, BStBl. II 2013, 781.

3 Entgegen BFH v. 9.11.1995 – IV R 2/93, BStBl. II 1996, 589.

4 Vgl. BMF v. 31.10.1996, BStBl. I 1996, 1256.

5 BFH v. 9.11.1995 – IV R 2/93, BStBl. II 1996, 589.

6 *Gosch*, BFH/PR 2010, 203; **aA** *Höfer*, DB 2010, 925; *May/Jura*, DStR 2010, 1509.

7 BMF v. 18.10.2013, BStBl. I 2013, 1268.

8 *B/R/O*[7], StR Rn. A 403; **aA** *H/V/V*, BetrAVG Bd. II StR[18], Kap. 2 Rn. 110.

9 R 6a Abs. 4 S. 1 EStR.

10 *Höfer/de Groot/Küpper/Reich*, BetrAVG Bd. I ArbR[22], Kap. 3 Rn. 35; BAG v. 24.4.2001 – 3 AZR 402/00, DB 2001, 1787 für den Fall wirtschaftlicher Notlage; OLG München v. 25.1.2005 – 18 U 3299/03, DB 2005, 2198 (mit zu Recht krit. Anm. *Greth* und *Schumann*): (nur) für den Fall einer arglistig erscheinenden, groben Treuepflichtverletzung des Versorgungsberechtigten.

11 BAG v. 17.6.2003 – 3 AZR 396/02, DB 2004, 324.

12 Vgl. insoweit auch BFH v. 19.8.1998 – I R 92/95, BStBl. II 1999, 387 (389) für den Fall des Übertragungsvorbehalts auf eine Unterstützungskasse nach Eintritt des Versorgungsfalles (dagegen BMF v. 2.7.1999, BStBl. I 1999, 594; s. auch BFH v. 16.12.2002 – VIII R 14/01, BStBl. II 2003, 347).

13 R 6a Abs. 3 und 4 EStR, im Wesentlichen noch unter Berufung auf BAG v. 14.12.1956 – 1 AZR 531/55, BStBl. I 1959, 258.

sichts der eigenständigen steuerrechtl. Erfordernisse jedoch zu Recht[1] – nicht nachvollzogen. Sie verstehen das Vorbehaltsverbot in Abs. 1 Nr. 2 als eigenständig steuerrechtl. Regelung mit strikt formalem Bedeutungsinhalt.[2] Nach wie vor werden Zusagen unter Vorbehalten mit entspr. offenen Formulierungen („freiwillige" oder „unverbindliche" Leistungen, „jederzeitiger Widerruf") ua.[3] deswegen als schädlich angesehen, wenn sie ggü. einem noch aktiven ArbN abgegeben werden.[4] Erst unmittelbar vor oder nach Eintritt des Versorgungsfalls wird ihnen keine stl. Bedeutung beigemessen.[5] Stl. unschädlich sollen ebenfalls „billige" Leistungsvorbehalte für den Fall der nachhaltigen Verschlechterung der wirtschaftlichen Lage oder Veränderung der maßgebenden Verhältnisse auf Seiten des StPfl. (Zumutbarkeit) oder des Berechtigten sein,[6] mit vergleichbaren Einschränkungen auf wirtschaftliche Notlagen und Zumutbarkeitserfordernisse auch dann, wenn die Leistungspflicht an (variable) wirtschaftliche Größen gekoppelt wird (Umsätze, Gewinne, Lohn- und Gehaltssumme).[7] S. aber auch Abs. 1 Nr. 2 Alt. 1 (Rn. 8). Eine ähnliche Diskrepanz zum Arbeitsrecht besteht bei sog. Inhaberklauseln mit Vorbehalten für den Fall der Unternehmensveräußerung, Umwandlung usw. sowie bei Klauseln mit Haftungsbegrenzungen[8] auf das BV,[9] die steuerschädlich sein sollen,[10] obwohl sie arbeitsrechtl. ohnehin unwirksam sein dürften.[11] Hingegen schaden das vorbehaltene Recht des ArbN auf **wahlweise Erhöhung der Barbezüge** statt der Versorgung[12] oder das Recht des ArbG, den Versorgungsempfänger oder den Anwartschaftsberechtigten **abzufinden**, grds. nicht, dies auch dann nicht, wenn sie mit den arbeitsrechtl. Verboten und Begrenzungen des § 3 Abs. 2 BetrAVG (für Versorgungsempfänger) nicht in Einklang stehen. Abzufinden ist mit dem Kapital-, also dem Barwert der lfd. Leistungen bzw. der (gem. § 1b BetrAVG oder auch individualvertraglich aufrechtzuerhaltenden) Anwartschaften. Der Barwert ist unter Ansatz des stl. geforderten Rechnungszinsfußes v. 6 % (s. Rn. 12 ff.) zu errechnen, ein geringerer und damit für den Leistungsempfänger günstigerer Zinsfuß wäre aber nicht zu beanstanden. Bei Anwartschaftsberechtigten richtet sich der Barwert in Einklang mit § 3 Abs. 5 iVm. § 4 Abs. 5 S. 1 BetrAVG nach dem (versicherungsmathematisch berechneten) Wert zum Abfindungszeitpunkt. Auch in der Abfindung v. Versorgungsanwartschaften solcher ArbN, die im Unternehmen weiterhin tätig bleiben („aktive Anwärter"), sieht der BFH keinen schädlichen Vorbehalt, vorausgesetzt, die Abfindung erfolgt gleichermaßen zum Bar-, nicht zum TW.[13] All das entspricht prinzipiell der Praxis der FinVerw., wegen der früher zT anderweitigen Praxis aber unter Gewährung einer Übergangsfrist für Neuzusagen und für bis zum 31.12.2005 nicht schriftlich (Ausnahme: betriebsöffentl. Verlautbarung bei unverfallbar ausgeschiedenen Anwärtern) angepasste Altzusagen sowie differenziert nach Anwartschaften (= stets Barwertansatz) und lfd. Leistungen (= Barwertansatz nur bei entspr. Vereinbarung),[14] bezogen auf „aktive Anwärter" überdies nur dann, wenn sich die Abfindung ihrer Höhe nach auf den vollen unquotiertenAnspr. bezieht.[15]

9b Der BFH[16] hält es auch für unbeachtlich, wenn die Zusage nach oder bei (oder auch bereits vor) Eintritt des Versorgungsfalles die **„Auslagerung" der Versorgung auf eine außerbetriebliche Einrichtung** (zB eine Unterstützungskasse ohne entspr. Rechtsanspruch, einen Pensionsfonds, eine Pensionskasse oder auch den Abschluss eines DirektVers.-Vertrags) vorsieht. Die FinVerw. akzeptiert dies – zu Unrecht – jedenfalls dann nicht, wenn die Übertragung nach der Pensionszusage feststeht und nicht nur möglich ist.[17] Es mangele dann an der hinreichenden Wahrscheinlichkeit der Inanspruchnahme aus der Zusage. Die Verwaltung übersieht dabei, dass § 6a zwar eine gleichzeitige, **nicht** aber eine **hintereinander geschaltete**

1 Krit. *Heger*, DStR 2008, 585 (587).
2 (Krit.) zust. zB *H/V/V*, BetrAVG Bd. II StR[18], Kap. 2 Rn. 120; FG Hbg. v. 13.2.2001 – VI 81/99, EFG 2001, 733 (aufgehoben durch BFH v. 16.12.2002 – VIII R 14/01, BStBl. II 2003, 347).
3 Zu Ausnahmen s. R 6a Abs. 3 S. 3 EStR.
4 R 6a Abs. 3 S. 2 und 4 EStR.
5 R 6a Abs. 3 S. 6 EStR.
6 R 6a Abs. 4 S. 1–3 EStR mit Musterformulierungen.
7 R 6a Abs. 5 EStR, s. auch BFH v. 6.10.1967 – VI 61/64, BStBl. II 1968, 90.
8 Anders jedoch bloße (persönliche) Nachhaftungsbegrenzungen; s. BMF BetrAV 1978, 224.
9 Anders beim zulässigen Ausschluss der Nachhaftung ausgeschiedener G'ter; vgl. *H/V/V*, BetrAVG Bd. II StR[18], Kap. 2 Rn. 138.
10 R 6a Abs. 6 EStR 2016.
11 *H/V/V*, BetrAVG Bd. II StR[18], Kap. 2 Rn. 136.
12 R 6a Abs. 4 S. 4 EStR.
13 BFH v. 10.11.1998 – I R 49/97, BStBl. II 2005, 261; zust. *H/V/V*, BetrAVG Bd. II StR[18], Kap. 2 Rn. 139 ff.
14 BMF v. 6.4.2005, BStBl. I 2005, 619; v. 1.9.2005, BStBl. I 2005, 860; krit. dazu *Heger*, BB 2005, 1378; *Paus*, GmbHR 2005, 975; auch *Prost*, DB 2005, 2321.
15 Zu Recht **aA** *H/V/V*, BetrAVG Bd. II StR[18], Kap. 2 Rn. 143; *Heger*, BB 2005, 1378 (1379).
16 BFH v. 19.8.1998 – I R 92/95, BStBl. II 1999, 387; v. 30.6.1999 – II R 40/96, BFH/NV 1999, 1589; s. auch *K/S/M*, § 4d Rn. A 29; *H/V/V*, BetrAVG Bd. II StR[18], Kap. 2 Rn. 125 ff.; ferner BFH v. 24.1.2001 – I R 33/00, DStR 2001, 1561 m. Anm. *Höfer/Küpper*.
17 H 6a Abs. 3 S. 7–12 EStH; BMF v. 2.7.1999, BStBl. I 1999, 594; OFD Kobl. v. 15.7.2002, DStR 2002, 1396.

Ausfinanzierung der Zusage über die verschiedenen Wege der betrieblichen Altersversorgung ausschließt. Auf welche Weise die Direktzusage v. Verpflichteten später **erfüllt** wird, ist für die Rückstellungsbildung jedenfalls solange irrelevant, wie dadurch die Anspruchssituation des Versorgungsempfängers nicht geschmälert wird und der ArbG als unmittelbar Leistungsverpflichteter neben dem außerbetrieblichen Versorgungsträger erhalten bleibt. Das aber ist bei der Auslagerung auf eine DirektVers. oder auf eine Pensionskasse oder einen Pensionsfonds (vgl. dazu zwischenzeitlich auch ausdrücklich zum Wechsel des Durchführungsweges § 4e Abs. 3 S. 3), die beide Rechtsansprüche auf ihre Leistungen gewähren, qua definitionem gesichert. Infolge der Arbeitsrechtslage liegen die Dinge indes auch bei der Auslagerung auf eine Unterstützungskasse nicht anders. In allen Fällen macht es keinen Unterschied, ob die v. ArbG aufzubringende Kapitalleistung an den Berechtigten in bar ausgezahlt oder aber an den Versorgungsträger geleistet wird. So oder so handelt es sich um eine „unmittelbare" Versorgungsleistung. Insofern schadet es auch nicht, wenn das Übertragungsrecht bereits in der Versorgungszusage für die Zeit bei oder nach Eintritt des Versorgungsfalles vorbehalten wird.[1] Dies alles wird durch § 1 Abs. 1 S. 3 BetrAVG idF des AVmG bestätigt, wonach der ArbG auch dann für die zugesagten Leistungen einzustehen hat, wenn die Durchführung nicht unmittelbar über ihn erfolgt.

V. Schriftform- und Eindeutigkeitserfordernis (Abs. 1 Nr. 3). Abs. 1 Nr. 3 verlangt – letztlich zur Nachweiserleichterung, insbes. auch zur Abgrenzung[2] ggü. ähnlichen Verpflichtungen wie zB bei Vereinbarung v. Altersteilzeit und unbeschadet der zivilrechtl. Wirksamkeit der Zusage – zum Bilanzstichtag (auch für die Zeit nach Eintritt des Versorgungsfalls) **eindeutige** (also klar bestimmbare, ggf. auch auslegungsbedürftige und -fähige, nicht aber mehrdeutige)[3] **Angaben** über die Pensionszusage, und zwar nach Maßgabe des durch das StÄndG 2001[4] eingefügten **Abs. 1 Nr. 3 HS 2** sowohl über Grund (Art, Form, Voraussetzungen, Zeitpunkt) als auch über Höhe (ggf. einschl. Angaben über den anzuwendenden Rechnungszinsfuß oder anzuwendende biometrische Ausscheidewahrscheinlichkeiten) der Zusage (hierbei der Ursprungszusage ebenso wie ihrer Änderungen), insbes. über die Bemessungsgrundlagen der Anwartschaft und deren (ggf. auch nur vorübergehenden, s. Rn. 19) Modifikationen[5], desgleichen v. Regelungen zur Abfindung v. Versorgungsansprüchen (s. dazu Rn. 9)[6] sowie zu Art und Umfang der Versorgung einer ausgleichsberechtigten Pers. gem. § 12 VersAusglG, hier idR in Gestalt des (rkr.) Beschlusses eines Familiengerichts.[7] Einzubeziehen sind auch konkrete Angaben zur Bemessungsgrundlage der zu erbringenden Versorgung und deren Zusammensetzung. Das betrifft namentlich die Rentenbemessung an variablen Gehaltsbestandteilen (zB Tantiemen, Weihnachts- und Urlaubsgeldern); s. aber Rn. 6. Einer ausdrücklichen Regelung bedürfen lediglich die frei zu vereinbarenden Zusagebestandteile, **nicht** aber solche, welche sich ohnehin aus dem G ergeben (zB zur Anpassungspflicht gem. § 16 Abs. 1 Nr. 1 sowie 5 BetrAVG). Die übrigen Merkmale der Zusage (also insbes. die Bestimmung der Pers. des Verpflichteten und des Begünstigten) werden sich regelmäßig der schriftlich niedergelegten Vereinbarung ergeben, sie sind indes ebenfalls nicht dem spezifischen Schriftlichkeitsgebot des Abs. 1 Nr. 3 HS 1 unterworfen, sondern können auch anderweitig nachgewiesen werden.[8] Die seinerzeitige Neuregelung wirkte erstmals v. VZ 2001 an, war infolge der bisherigen gleichgelagerten Verwaltungspraxis[9] aber wohl nur klarstellend.[10] – Die Zusage muss gem. **Abs. 1 Nr. 3 HS 1** mit diesen Erfordernissen (und abw. v. Zivilrecht)[11] **schriftlich** erteilt werden (Einzelvertrag, Pensionsordnung oder -statut, Betriebsvereinbarung, Tarifvertrag, Urteile uÄ; vgl. § 126 Abs. 1 BGB),[12] 10

---

1 Zust. *H/V/V*, BetrAVG Bd. II StR[18], Kap. 2 Rn. 128.
2 S. dazu BMF v. 11.11.1999, BStBl. I 1999, 959 Rz. 2 (allerdings nicht weiterhin anzuwenden, s. BMF v. 18.9.2017, BStBl. I 2017, 1293 Tz. 4).
3 BFH v. 31.5.2017 – I R 91/15, BFH/NV 2018, 16; vgl. auch BFH v. 24.3.1999 – I R 20/98, BStBl. II 2001, 612; v. 24.3.1999 – I S 8/98, BFH/NV 1999, 1643.
4 V. 20.12.2001, BGBl. I 2001, 3794.
5 BFH v. 12.10.2010 – I R 17/10, I R 18/10; BFH/NV 2011, 452; v. 31.5.2017 – I R 91/15, BFH/NV 2018, 16.
6 BMF v. 6.4.2005, BStBl. I 2005, 619 (unter 3.); v. 1.9.2005, BStBl. I 2005, 860; stark einschr. demggü. FG Schl.Hol. v. 21.2.2017 – 1 K 68/14, EFG 2017, 905 m. Anm. *Paetsch* (Rev. I R 26/17) und v. 21.2.2017 – 1 K 141/15, EFG 2017, 908 m. Anm. *Engellandt* (Rev. I R 28/17).
7 BMF v. 12.11.2010, BStBl. I 2010, 1303 (unter II.2.).
8 Offen BFH v. 21.8.2007 – I B 69/07, BFH/NV 2007, 2278 (für G'ter-Geschäftsführer einer KapGes. im Falle einer Betriebsübernahme).
9 Vgl. R 6a Abs. 7 S. 5 EStR; BMF v. 28.8.2001, BStBl. I 2001, 594; ebenso BFH v. 22.10.2003 – I R 37/02, BStBl. II 2004, 121 (dort bezogen auf die nach wie vor mögliche tatrichterliche Auslegung der Zusagevereinbarungen allerdings in etwas fragwürdiger Abkoppelung v. der Bindungswirkung des § 118 Abs. 2 FGO); FG Köln v. 11.4.2000 – 13 K 4287/99, EFG 2000, 1035; insoweit ggf. **aA** (allerdings in anderem Zusammenhang der vGA und ohne weitere Problematisierung) BFH v. 24.3.1999 – I R 20/98, BStBl. II 2001, 612.
10 BFH v. 12.10.2010 – I R 17, 18/10, BFH/NV 2011, 452.
11 Vgl. BGH v. 20.12.1993 – II ZR 217/92, DStR 1994, 257.
12 R 6a Abs. 7 S. 1 EStR.

auch bei unverfallbaren Anwartschaften, indem eine Auskunft gem. § 4a (zuvor § 2 Abs. 6) BetrAVG verlangt wird.[1] Gesamtzusagen sind bekannt zu machen („Schwarzes Brett"),[2] ebenso wie Einzelzusagen. Eine zufällige Kenntniserlangung genügt ebenso wenig wie eine betriebliche Übung oder der Grundsatz der Gleichbehandlung,[3] idR auch ein protokollierter G'ter-Beschluss[4] oder bloße Zahlungsbelege.[5] Andererseits bedarf es keiner ausdrücklichen Annahme des Begünstigten (zB durch Gegenzeichnung).[6] Eine Rückstellung kommt nur bis zu den schriftlich fixierten Leistungsinhalten in Betracht; weiter gehende mündliche Zusagen bleiben unbeachtet, anders demgegenüber mündliche Zusageeinschränkungen, die die Rückstellungszuführungen mindern.[7] Im Falle der Nachholung des Schriftform- und Eindeutigkeitserfordernisses kann die Pensionsrückstellung (nur) zum nachfolgenden Bilanzstichtag (Rn. 6) nach Maßgabe der biometrischen Verhältnisse zu diesem Zeitpunkt wie bei einer Erstzusage gebildet werden.

E. Erstmalige Bildung der Pensionsrückstellung (Abs. 2)

11 Die Bildung einer Pensionsrückstellung erfordert einen Versorgungsfall, der bei Alterszusagen regelmäßig mit dem Ausscheiden des Begünstigten aus dem Arbverh. zusammenfällt (§ 4b Rn. 13). Für die VZ, in denen die Bildung einer Pensionsrückstellung erstmals in Betracht kommt, unterscheidet das G zw. Leistungen und Leistungsanwartschaften vor und nach Eintritt des Versorgungsfalls:

11a **(1) Vor Eintritt des Versorgungsfalls** gem. **Abs. 2 Nr. 1** erstmals (frühestens) in dem Wj. (= **Erstjahr**, vgl. Abs. 4 S. 3), in dem die Pensionszusage (gem. Abs. 1 wirksam) erteilt wird. Vor allem wegen der allg. Fluktuationswirkungen[8] bestimmt das G aber Zeitpunkte, in welchen die Rückstellung unbeschadet dessen **erstmals gebildet** werden darf: **(a)** Nach **Abs. 2 Nr. 1 Alt. 1** nicht vor dem Wj., bis zu dessen Mitte (= 1.7.) der Berechtigte ein bestimmtes versicherungstechnisches Lebensjahr (= Mindestalter) vollendet hat (zur Altersberechnung s. § 187 Abs. 2 S. 2, § 188 Abs. 2 BGB), ***oder*** **(b)** nach **Abs. 2 Nr. 1 Alt. 2** bei betriebsrentenrechtl. unverfallbaren Pensionszusagen vor dem Erreichen des stl. Mindestalters (nur) für nach dem 31.12.2000 vereinbarte Entgeltumwandlungen iSv. § 1 Abs. 2 BetrAVG für das Wj., in dessen Verlauf die Pensionsanwartschaft unverfallbar wird (s. auch Rn. 13); insoweit erfolgt die Bilanzierung mindestens mit dem Barwert der unverfallbaren künftigen Pensionsleistungen und das wurde in Abs. 2 Nr. 1 letzte Alt. durch das EU-Mobilitäts-RL-UmsG[9] mWv. 1.1.2018 (§ 52 Abs. 1 idF des BEPS-UmsG v. 20.12.2016)[10] nochmals explizit klargestellt (s. Rn. 5 aE).

11b Das nach **Abs. 2 Nr. 1 Alt. 1 maßgebende Mindestalter** bestimmt sich wie folgt: Bei erstmaligen Zusagen nach dem 31.12.2008 und vor dem 1.1.2018 das vollendete 27. Lebensjahr (**Abs. 2 Nr. 1 lit. b** idF des EU-Mobilitäts-RL-UmsG,[11] s. dazu Rn. 5, 11b), für nach dem 31.12.2000 und vor dem 1.1.2009 erstmals erteilte Zusagen das 28. Lebensjahr (**Abs. 2 Nr. 1 lit. c** idF des EU-Mobilitäts-RL-UmsG), für vor dem 1.1.2001 erstmals erteilte Zusagen das 30. Lebensjahr (**Abs. 2 Nr. 1 lit. d** idF des EU-Mobilitäts-RL-UmsG); bei erstmals nach dem 31.12.2017 zugesagten Leistungen bestimmt **Abs. 2 Nr. 1 lit. a** idF des EU-Mobilitäts-RL-UmsG das 23. Lebensjahr als maßgebend.[12] Grund für die letztere Altersherabsetzung auf das 23. Lebensjahr ist (ebenso wie bei § 4d Abs. 1 S. 1 Nr. 1 lit. b S. 2, s. § 4 Rn. 13) die (zugleich erfolgte) arbeitsrechtl. Kürzung der Unverfallbarkeitsfristen für nach dem 31.12.2017 erstmals erteilte Versorgungsanwartschaften v. fünf auf drei Jahre sowie des Mindestalters für die Unverfallbarkeit vom 25. auf das 21. Lebensjahr (§ 1b Abs. 1 S. 1 BetrAVG idF des EU-Mobilitäts-RL-UmsG); diese Kürzungen werden nunmehr auch für § 6a stl. flankiert, um „einen versicherungsmathematisch zutr. Ansatz der Pensionsverpflichtung" zu gewährleisten.[13] Zugleich wurde „aus Gründen der Übersichtlichkeit"[14] das fortlaufend wechselnde Mindestalter für alle VZ statt wie bisher in § 52 Abs. 13 aF nunmehr in § 6a Abs. 2 Nr. 1 klarstellend aufgelistet.[15]

1 R 6a Abs. 7 S. 4 EStR.
2 R 6a Abs. 7 S. 2 EStR; *H/V/V*, BetrAVG Bd. II StR[18], Kap. 2 Rn. 157.
3 R 6a Abs. 7 S. 4 EStR; s. zB BAG v. 15.5.2012 – 3 AZR 610/11, NZA 2012, 1279.
4 BFH v. 22.10.2003 – I R 37/02, BStBl. II 2004, 121.
5 R 6a Abs. 7 S. 6 EStR; BFH v. 20.4.1988 – I R 129/84, BFH/NV 1988, 807.
6 BFH v. 27.4.2005 – I R 75/04, BStBl. II 2005, 702.
7 BFH v. 16.12.1992 – I R 105/91, BStBl. II 1993, 792.
8 Dazu und wegen anderer Gründe s. *H/V/V*, BetrAVG Bd. II StR[18], Kap. 2 Rn. 202ff.; vgl. auch BT-Drucks. 7/1281, 38f.
9 G v. 21.12.2015, BGBl. I 2015, 2553.
10 BGBl. I 2016, 3000.
11 G v. 21.12.2015, BGBl. I 2015, 2553.
12 S. zu alledem *Fuhrmann*, NWB 2016, 1568.
13 BT-Drucks. 18/6283, 15.
14 BT-Drucks. 18/6283, 15.
15 S. zu alledem *Fuhrmann*, NWB 2016, 1568.

(2) Nach Eintritt des Versorgungsfalls gem. **Abs. 2 Nr. 1 Alt. 2** erstmals in dem Wj., in dem der Versorgungsfall eintritt. Das (Mindest-)Lebensalter des Berechtigten oder der Eintritt der Unverfallbarkeit sind insoweit unbeachtlich (vgl. auch Abs. 4 S. 5). 11c

Für die erstmalige Rückstellungsbildung gem. Abs. 2 Nr. 1 ist – abgesehen v. den Voraussetzungen gem. Abs. 1 – allein der arbeitsrechtl. maßgebende **Zusagezeitpunkt** entscheidend; leistungsausschließende **Warte- oder Vorschaltzeiten**[1] schieben die Rückstellungsbildung also nicht hinaus (vgl. auch Abs. 3 S. 2 Nr. 1 S. 5; Rn. 13).[2] IÜ ist bei **Rumpf-Wj.** für die Berechnung der altersabhängigen Begrenzung gem. Abs. 2 Nr. 1 nicht auf dieses verkürzte Wj., sondern auf ein (fiktiv zurückgerechnetes) volles Wj. abzustellen, um einheitlich das versicherungstechnische Alter (s. Rn. 5, 11a) zugrunde zu legen.[3] Zum Nachholverbot bei unterbliebenen Rückstellungen s. Rn. 21 f. 11d

F. Bewertung der Pensionsrückstellung (Abs. 3)

I. Allgemeine Bewertungsgrundsätze (Abs. 3 S. 1 und 3). Pensionsrückstellungen können wg. der **Ausgeglichenheitsvermutung v. Arbeitsleistung und Entgelt** grds. nur auf Basis der nach dem Ausscheiden aus dem Arbverh. (s. Rn. 11) zu gewährenden Leistungen angesetzt und bewertet werden.[4] Vor diesem Hintergrund darf die Pensionsrückstellung gem. **Abs. 3 S. 1** höchstens mit dem TW (§ 6 Abs. 1 Nr. 1 S. 3) der Pensionsverpflichtung – unter Zugrundelegung eines Rechnungszinsfußes v. (ausnahmslos) 6 % und (aus Gründen der Gleichmäßigkeit[5]) unter Anwendung der anerkannten Regeln der Versicherungsmathematik **(Abs. 3 S. 3)** – angesetzt werden. Einflussgrößen der versicherungsmathematischen Methode sind das G der „Großen Zahl" sowie vor allem biometrische Einflussgrößen (Sterblichkeit, Invalidität),[6] idR anhand der allg. gebräuchlichen[7] und auch v. der Rspr. als verbindlich akzeptierten[8] Richttafeln v. Heubeck[9] (vgl. § 6a Abs. 4 S. 2 und 6; § 52 Abs. 13 S. 2 idF des Kroatien-AnpG v. 25.7.2014[10], § 52 Abs. 17 aF[11]). Dass der fiskalgenuin hohe und fixe Rechnungszinsfuß von 6 % mit der – Marktwirklichkeit? nichts (mehr) zu tun hat und deswegen zu einer erheblichen Diskrepanz zw. dem handels- und dem steuerbilanziellen Bewertungsansatz führt, wird v. Gesetzgeber (trotz aller vor allem auch verfassungsrechtl. Kritik[12], die nunmehr in ein Normenkontrollersuchen an das BVerfG Eingang gefunden hat)[13] bislang nach wie vor hingenommen (sa. bereits Rn. 1). Immerhin hat der Gesetzgeber durch das G zur Umsetzung der Wohnimmobilienkreditrichtlinie und zur Änderung handelsrechtl. Vorschriften v. 11.3.2016[14] einen **handelsrechtl. Entlastungseffekt** geschaffen und dadurch die besagte Diskrepanz spürbar verringert: Bei der Berechnung des durchschnittlichen Zinssatzes, mit dem die Pensionsrückstellung bei Annahme einer Restlaufzeit v. 15 Jahren abzuzinsen ist, ist v. einem Vergleichszeitraum v. zehn Jahren statt wie bislang von sieben Jahren auszugehen, **§ 253 Abs. 2 S. 1 HGB** (wobei der sich daraus ergebende Entlastungseffekt al- 12

---

1 S. auch BAG v. 7.7.1977 – 3 AZR 572/76, DB 1977, 1704.
2 *H/V/V*, BetrAVG Bd. II StR[18], Kap. 2 Rn. 210 ff.
3 BFH v. 21.8.2007 – I R 22/07, BFH/NV 2008, 136; *H/V/V*, BetrAVG Bd. II StR[18], Kap. 2 Rn. 208 f.
4 BMF v. 18.9.2017, BStBl. I 2017, 1293 Tz. 1.
5 BFH v. 27.7.1994 – II R 122/91, BStBl. II 1995, 14; BT-Drucks. 7/1281, 39.
6 Eingehend zu den Rechnungsgrundlagen *H/V/V*, BetrAVG Bd. II StR[18], Kap. 2 Rn. 514 ff.
7 S. R 41 Abs. 23 EStR aF, vgl. auch die Übergangsregelungen des BMF v. 13.4.1999, BStBl. I 1999, 436.
8 BFH v. 27.7.1994 – II R 122/91, BStBl. II 1995, 14.
9 Vgl. BMF v. 19.10.2018, BStBl. I 2018, 1107, zu den Richttafeln 2018 G für nach dem 20.7.2018 endende Wj. (zu den dadurch bewirkten Effekten eines Anstiegs der Pensionsverpflichtungen s. *Zwirner*, DB 2018, 2518); v. 16.12.2005, BStBl. I 2005, 1054, zu den Richttafeln 2005 G erstmals für nach dem 6.7.2005 endende Wj.; BMF v. 31.12.1998, BStBl. I 1998, 1528 zu den Richttafeln 1998 letztmals für vor dem 30.6.2006 endende Wj.; *H/V/V*, BetrAVG Bd. II StR[18], Kap. 2 Rn. 520.
10 BGBl. I 2014, 1266.
11 Zur erstmaligen Anwendung v. Abs. 4 S. 2, 6 s. BMF v. 13.4.1999, BStBl. I 1999, 436; v. 20.9.1999, FR 1999, 1204.
12 S. dazu (mit einer erhellenden Darstellung der „Rechtswirklichkeit" sowie einer rechtspolitisch entwickelten Gestaltungsalternative) ausf. *Geberth*, IFSt.-Schrift 507 (2015), 11 ff.; *Geberth*, FR 2016, 507; sa. *Prinz/Keller*, DB 2016, 1033; *Hey*, FR 2016, 485; *Hey*, BetrAV 2017, 396; s. zu § 233a AO jüngst auch BFH v. 9.11.2017 – IX B 21/18, BStBl. II 2018, 415; einschr. demggü. *Weckerle*, DB 2017, 1284: noch innerhalb des gesetzgeberischen Typisierungsspielraums; ebenso (bezogen auf § 233a AO) BFH v. 9.11.2017 – III R 10/16, BStBl. II 2018, 255; *Gosch*, Global Taxes, TLE-024-2018; das aufgreifend *Brandt*, DB 2018, 2666; *Brandt*, FS BFH, 2018, 289; zur Abschätzung reformbedingter Auswirkungen *Geilenkothen/Hagemann/Lucius*, BetrAV 2017, 400.
13 FG Köln v. 12.10.2017 – 10 K 977/17, DStR 2017, 2792 (BVerfG 2 Bvl 22/17); s. dazu *Eilers/Bleifeld*, Ubg 2018, 65; zu den ökonomischen Wirkungen einer möglichen Herabsetzung des Rechnungszinsfußes in § 6a Abs. 3 S. 3 s. *Schätzlein*, BetrAV 2018, 175; auch *Pagels*, FR 2018, 114, dieser vor allem unter dem Blickwinkel der politisch derzeit erwogenen Einf. einer EU-GKKB. Weitergehende und über die Frage des Zinsfußes hinausgehende Überlegungen zur Reform des § 6a stellt aus ökonomischer Sicht *Kiesewetter*, BetrAV 2018, 287, an.
14 BGBl. I 2016, 396.

lerdings einer Ausschüttungssperre unterliegt, § 253 Abs. 6 S. 2 HGB). Infolgedessen sind auch in der StB gebildete Positionen für aktive latente Steuern (mit handelsrechtl. gegenläufigem Effekt) aufzulösen. Die Neuregelung ist erstmals für Wj. anzuwenden, die nach dem 31.12.2015 enden, Art. 75 Abs. 6 S. 1 EGHGB; für 2015 wurde ein Wahlrecht eingeräumt, Art. 75 Abs. 7 EGHGB.[1]

12a Vor dem Hintergrund dieser Grundlagen unterscheidet das G (vgl. Abs. 3 S. 2) zw. der Zeit **(1) vor** Beendigung des Dienstverhältnisses **(Abs. 3 S. 2 Nr. 1)** und **(2) nach** Beendigung des Dienstverhältnisses **(Abs. 3 S. 2 Nr. 2)** des Pensionsberechtigten. Beendet in diesem Sinne ist das Dienstverhältnis auch bei Inanspruchnahme einer betrieblichen **Teilrente** iSv. § 42 Abs. 1 SGB VI (vgl. § 4d Rn. 11), zuvor jedoch nicht.[2] Ungeachtet dessen wird der allg. TW gem. § 6 Abs. 1 Nr. 3 nicht unter allen Umständen durch die Begrenzungen des § 6a Abs. 3 S. 1 verdrängt. So sind etwa die Zahlungsraten, die für die Auszahlung der ausfinanzierten Versorgung nach Eintritt des Versorgungsfalls bis zur jeweiligen Fälligkeit zu bewerten sind, nach Maßgabe v. § 6 Abs. 1 Nr. 3 S. 2 v. der Abzinsung ausgenommen und unterfallen solche Raten nicht dem Zinssatz nach § 6a Abs. 3 iHv. 6 %. Und beim Erwerb der Versorgungsverpflichtung anlässlich eines entgeltlichen Betriebserwerbs („asset deal") und einer damit verbundenen Verbindlichkeitsfreistellung des Veräußerers geht **§ 6 Abs. 1 Nr. 7** (Erfolgsneutralität des Anschaffungsvorgangs = Imparitätsprinzip; § 252 Abs. 1 Nr. 4 HGB) vor und es sind die (ggf. höheren) AK anzusetzen.[3] Die FinVerw. folgt dem aber nur im Grds. und weicht insofern davon ab, als sie im Falle der Schuld-/Vertragsübernahme (§ 414, § 613a BGB) die Pensionslasten zum (nachfolgenden) ersten Bilanzstichtag weiterhin mit dem TW gem. § 6a Abs. 3 ausgewiesen wissen will.[4] Dem ist nicht zu folgen[5]: Mit der Schuldübernahme wird ein Freistellungsanspruch begründet und dieser Anspr. wird im Wege der Schuldübernahme erfüllt. Das ändert zwar nichts daran, dass die Pensionszusage ihrem Charakter nach eine solche auch weiterhin bleibt. Infolge der durch die Schuldübernahme verwirklichten Realisation des Grundanspruchs „schwebt" dessen Vertragsgrundlage jedoch nicht mehr, was die Aufdeckung auch der stillen Lasten mit sich bringt. Der Freistellungsanspruch ist – real? zu bewerten, nicht mit dem – kupierten? TW gem. § 6a Abs. 3. Als allein richtige Konsequenz dieser Abfolge bleibt der Anschaffungsvorgang beim Erwerber deshalb erfolgsneutral, und zwar auch für die nachfolgenden Bilanzstichtage; ein systemwidriger „Erwerbsgewinn" lässt sich auch nicht mehr „nachholen". Soweit demggü. versucht worden ist, den bewährten Grds. des „lex specialis derogat legi generali" in Position zu bringen, schlägt dies schon v. Ansatz her fehl, weil das „Spezialgesetz", hier also § 6a, auf die beschriebene Situation von vornherein unanwendbar bleiben muss; denn fortan – nach dem Erwerb und damit der Realisation – handelt es sich um einen bloßen (dinglichen) Erfüllungsakt, für welchen der spezielle TW des § 6a aus systematischer Sicht eben nicht mehr – passt.[6] – Unabhängig davon sollen nach Praxis der FinVerw. spätere Rückstellungszuführungen erst wieder nach Erreichen des Höchstbetrages gem. § 6a Abs. 3 zulässig sein,[7] was im Hinblick auf das erfolgsneutrale AK-Prinzip und das obj. Nettoprinzip ebenfalls systemwidrig und v. BFH deswegen zu Recht verworfen worden ist.[8] Das alles soll indessen durch die rspr.-brechende Neukreation eines § 4f (für den übertragenden Unternehmer) sowie eines § 5 Abs. 7 (für den erwerbenden Unternehmer), jeweils idF des AIFM-StAnpG[9], mit Wirkung v. VZ 2013 an (für § 4f ohne, für § 5 Abs. 7 mit Übergangsregelung, vgl. § 52 Abs. 8 und 9 idF des Kroatien-AnpG v. 25.7.2014[10], § 52

---

1 Zu alledem iErg. *Fuhrmann*, NWB 2016, 1568; *Zwirner*, StuB 2016, 207.

2 BMF v. 25.4.1995, BStBl. I 1995, 250; BMF v. 11.11.1999, BStBl. I 1999, 959 Tz. 4.

3 BFH v. 12.12.2012 – I R 69/11, DStR 2013, 570; FG Nds. v. 12.9.2013 – 14 K 195/10, EFG 2013, 1988; s. auch BFH v. 14.12.2011 – I R 72/10, BFH/NV 2012, 635 (zu Jubiläumsrückstellungen) sowie v. 16.12.2009 – I R 102/08, BStBl. II 2011, 566 (zu Drohverlusten, aber für einen „bloßen" Schuldbeitritt); ebenso für den Fall der Ausgliederung nach UmwG (s. Rn. 2 aE) BFH v. 12.12.2012 – I R 28/11, DStR 2013, 575; FG München v. 7.3.2011 – 7 K 555/09, EFG 2011, 1387; s. auch BFH v. 26.4.2012 – IV R 43/09, DStR 2012, 1128.

4 BMF v. 24.6.2011, BStBl. I 2011, 627.

5 *Beckert/Hagen*, NWB 2012, 119; *Schlotter/Pinkernell*, FR 2011, 689; *Bogenschütz*, Ubg 2008, 135, 140; s. auch *Geberth/Höhn*, DB 2010, 1905 und DB 2013, 1192; *Emig/Walter*, NWB 2010, 2124; *Schultz*, DB 2011, 608; *U. Prinz/Adrian*, StuB 2011, 171; *Schlotter*, Ubg 2010, 635; *Schlotter*, FR 2013, 615; *Oser*, BetrAV 2012, 384 (387); *Höfer*, DB 2012, 2130; *Bareis*, FR 2012, 385; *Höhn/Geberth*, GmbHR 2012, 405; *Kahle/Vogel*, Ubg 2012, 493; *Schönherr/Krüger*, DStR 2012, 829; *Hahne*, BB 2012, 696 (698); *Veit/Jura*, DStZ 2013, 533; **aA** *Pitzke/Klein*, NWB 2011, 2276; *Meurer*, BB 2011, 1259 und 1714; vor allem aber *M. Prinz*, FR 2011, 445 (551); *M. Prinz*, FR 2012, 409 und 779; *M. Prinz*, FR 2013, 612; *M. Prinz*, Ubg 2013, 57; *Siegel*, FR 2011, 781; diff. und mit einem anderen Begründungsansatz *Hoffmann/Lüdenbach*, StuB 2012, 3.

6 Das unverdrossen verkennend *M. Prinz*, FR 2011, 445 (551); *M. Prinz*, FR 2012, 409 und 779; *M. Prinz*, FR 2013, 612; *M. Prinz*, Ubg 2013, 57.

7 *B/R/O*[7], StR Rn. A 543 ff.

8 BFH v. 12.12.2012 – I R 69/11, FR 2013, 608 m. Anm. *Prinz*; *Höfer*, DB 2012, 2130 (anders noch in *H/V/V*, BetrAVG Bd. II StR[18], Kap. 2 Rn. 273).

9 G v. 18.12.2013, BGBl. I 2013, 4318.

10 BGBl. I 2014, 1266.

Abs. 12c und 14a idF des AIFM-StAnpG) konterkariert werden: Einerseits wird dadurch der aufzulösende Rückstellungsbetrag beim Übertragenden auf 15 Jahre gleichmäßig gestreckt, andererseits werden die steuerrechtl. Ansatzverbote und Bewertungsbeschränkungen für den Erwerber uneingeschränkt wiederhergestellt.[1]

II. Teilwert vor Beendigung des Dienstverhältnisses (Abs. 3 S. 2 Nr. 1). Der TW **vor Beendigung des Dienstverhältnisses** entspricht gem. **Abs. 3 S. 2 Nr. 1 S. 1 letzter HS, S. 6 HS 2** (s. auch Abs. 2 Nr. 1, Rn. 11) – nur – für jenen (Ausnahme-)Fall, dass die Pensionszusage (nach dem 31.12.2000, s. Rn. 5) mittels **Entgeltumwandlung**[2] (gem. § 1 Abs. 2 Nr. 3, § 1a BetrAVG) finanziert wird, mindestens dem **Barwert** der künftigen Pensionsleistungen am Schluss des betreff Wj. Die Aufwandsverrechnung mit der Rückstellung wird für diesen Fall in voller Höhe des Anwartschaftsbarwerts zugelassen, weil die Zusage bei einer Entgeltumwandlung kraft G (vgl. § 1b Abs. 5 BetrAVG) sogleich **unverfallbar** wird. In Anbetracht dessen wäre eine Ausfinanzierung der Anwartschaft bis zum Bilanzstichtag andernfalls vor allem dann nicht möglich, wenn der Entgeltverzicht nicht auf Dauer oder mehrjährig, vielmehr (zur Minimierung der sonst kaum abschätzbaren Risiken des ArbN) nur einmalig, wiederholt einmalig oder auch in wechselnder Höhe beansprucht wird und erfolgt. Die Mindestbewertung mit dem Barwert setzt allerdings stets die gesetzliche Unverfallbarkeit gem. § 1b Abs. 5 BetrAVG voraus; die Unverfallbarkeit aufgrund einer vertraglichen Vereinbarung reicht nicht aus.[3] Das alles galt schon bislang, wurde aber durch das EU-Mobilitäts-RL-UmsG v. 21.12.2015[4] in Abs. 3 S. 2 Nr. 1 S. 6 letzter Satzteil mWv. 1.1.2018 (§ 52 Abs. 1 idF des BEPS-UmsG v. 20.12.2016)[5] nochmals explizit klargestellt (s. Rn. 5 und auch parallel zu Abs. 2 Nr. 1 Alt. 2 Rn. 11a). 13

Technisch erfordert die Wertbestimmung bei vereinbarten Entgeltumwandlungen iSv. § 1 Abs. 2 BetrAVG eine **Vergleichsberechnung: (1)** Für die Zeit **vor** Vollendung des 27. (bis zum VZ 2008: 28., bis zum VZ 2000: 30., s. Rn. 5) Lebensjahres des Berechtigten ist der Barwert zu errechnen (Abs. 2 Nr. 1 Alt. 2, Abs. 3 S. 2 Nr. 1 S. 6 HS 2), und **(2)** für die Zeit **danach** der TW gem. Abs. 3 S. 2 Nr. 1 S. 1 (Abs. 2 Nr. 1 Alt. 2, Abs. 3 S. 2 Nr. 1 S. 6 HS 1, s. Rn. 15).[6] Die für den jeweiligen Berechtigten vereinbarten Entgeltumwandlungen sind hierbei als Einheit zu behandeln.[7] Der höhere der beiden Werte ist als maßgeblicher Wert anzusetzen (vgl. Abs. 3 S. 2 Nr. 1 S. 1 letzter HS: „mindestens“). 14

Ansonsten – also für den (nach derzeitigem Stand der Dinge: Regel-)Fall einer **arbeitgeberfinanzierten Pensionszusage** – gilt als **TW** uneingeschränkt der sog. **Anwartschaftsbarwert**. Das ist (1.) der **Barwert der künftigen Pensionsleistungen** am Schluss des Wj. (anknüpfend an die Höhe der vereinbarten Pension) **abzgl.** (2.) des sich auf denselben Zeitpunkt ergebenden **Barwertes betragsmäßig gleichbleibender Jahresbeträge** (= Teilwertprämien zur periodengerechten Verteilung der Rückstellung im Laufe der Dienstzeit des Berechtigten), diese Abzugsposition ist der Prämienbarwert, der die künftigen, am Bilanzstichtag noch nicht realisierten Anspr. repräsentiert (sog. Future-Service). Die Jahresbeträge sind so zu bemessen, dass am Beginn des Wj., in dem das Dienstverhältnis begonnen hat, ihr Barwert gleich demjenigen der künftigen Pensionsleistungen ist, also Null (**Abs. 3 S. 2 Nr. 1 S. 2**); sie beziehen sich v. (tatsächlichen)[8] **Beginn des Dienstverhältnisses**[9] (= idR der Betriebszugehörigkeit, vgl. § 2 Abs. 1, § 1b Abs. 1 S. 1 BetrAVG) bis zum Eintritt des Versorgungsfalles (sog. Gleichverteilungs- oder Aufbringungszeitraum; **Abs. 3 S. 2 Nr. 1 S. 3**; s. Rn. 16), frühestens aber mit Beginn desjenigen Wj., bis zu dessen Mitte (= 1.7.) der Berechtigte das **27.**, bis zum VZ 2008: 28., bis zum VZ 2000: das 30. (s. Rn. 5) **Lebensjahr** erreicht (**Abs. 3 S. 2 Nr. 1 S. 6 HS 1**). Infolge dieser Rückbeziehung der Teilwertprämie auf den Zeitpunkt des Diensteintritts und damit der vergangenen Dienstzeit (also der bereits erdiente Anwartschaft: „past service“) ergibt sich im Zusagezeitpunkt (und ebenso im Zeitpunkt einer Zusageverbesserung, vgl. **Abs. 3 S. 2** 15

1 BR-Drucks. 376/13 (Beschl.) v. 7.6.2013, 9 ff. – Einzelheiten zur Verwaltungspraxis erhellt BMF v. 30.11.2017, BStBl. I 2017, 1619.
2 S. dazu aus arbeitsrechtl. Sicht *Blomeyer*, DB 2001, 1413.
3 R 6a Abs. 12 S. 4 EStR.
4 BGBl. I 2015, 2553.
5 BGBl. I 2016, 3000.
6 R 6a Abs. 12 S. 1 EStR.
7 R 6a Abs. 12 S. 3 EStR.
8 H 6a Abs. 11 EStH; BFH v. 25.5.1988 – I R 10/84, BStBl. II 1988, 720; v. 9.4.1997 – I R 124/95, BStBl. II 1997, 799; v. 10.8.1994 – I R 47/93, BStBl. II 1995, 250; v. 17.5.2000 – I R 25/98, BFH/NV 2001, 154; v. 21.8.2007 – I R 22/07, BStBl. II 2008, 513; **diff.** *B/R/O*[7], StR Rn. A 448 ff.: (ggf. rückbezogener) vertraglicher Beginn dann, wenn die Zusage nach dem Willen der Vertragsparteien nicht v. der tatsächlichen Arbeitserbringung abhängig sein soll.
9 BFH v. 26.6.2013 – I R 39/12, BStBl. II 2014, 174: Einbeziehung auch eines vorangehenden unentgeltlichen Auftragsverhältnisses als Geschäftsführer (wobei die Rückbeziehung bei einem beherrschenden G'ter-Geschäftsführer aber eine vGA wegen Verstoßes gegen das Nachzahlungsverbot darstellen soll; zweifelh., da das Abstellen auf den früheren Dienstbeginn ja gesetzlich vorgegeben ist).

Nr. 1 S. 4) **ein sog. Teilwertsprung** als Einmalbetrag. Der Zeitraum zw. dem Beginn des Dienstverhältnisses und dem späteren Zeitpunkt der Zusageerteilung wird nicht als sog. **Wartezeit** (s. Rn. 7) behandelt, es sei denn, dies ist bes. vereinbart **(Abs. 3 S. 2 Nr. 1 S. 5)**. Sog. **Vordienstzeiten** aus früheren (und nicht nur kurzfristig unterbrochenen)[1] Dienstverhältnissen (und ebenso Auftragsverhältnissen anderer Art, vgl. § 6a Abs. 5)[2] sind[3] bei demselben ArbG bei fehlender vertraglicher[4] oder ausnahmsweiser gesetzlicher Einbeziehung (zB § 8 Abs. 3 SoldVersG, § 6 Abs. 2 ArbPlSchG)[5] grds.[6] (auch im Konzernverbund) nicht anzurechnen,[7] bei anderen ArbG nur, sofern dies einzelvertraglich[8] oder gesetzlich vorgesehen ist (zB beim **Betriebserwerb** gem. § 613a BGB),[9] niemals jedoch fiktiv über den Beginn des 27., bis zum VZ 2008: 28., bis zum VZ 2000: 30. (s. Rn. 5) Lebensjahres hinaus zurückreichend (vgl. **Abs. 3 S. 2 Nr. 1 S. 6**).[10] Eine Anrechnung erfolgt auch für die ArbN einer in eine KapGes. **umgewandelten** PersGes.,[11] es sei denn, der ArbN war zugleich MU'er.[12] Im Falle der Einbeziehung ist die übernommene Verpflichtung mit dem Anwartschaftsbarwert anzusetzen.[13] **Leistungsanpassungen** (Erhöhungen oder Verminderungen) dürfen erst berücksichtigt werden, sobald sie wirksam geworden sind **(Abs. 3 S. 2 Nr. 1 S. 4)**. Insoweit noch ungewisse Veränderungen sind nicht in die Barwertermittlung einzurechnen, auch nicht (voraussichtliche) Anpassungen gem. § 16 Abs. 1 und 2 BetrAVG und Gehaltstrends,[14] **anders** jedoch v. vornherein fest vereinbarte prozentuale Erhöhungen[15] (s. im Einzelnen Rn. 19). Ist die Pensionszusage v. der Höhe der **Sozialversicherungsrenten** abhängig, ist lediglich der hiernach für den StPfl. verbleibende Teil rückstellungsfähig.[16] Die anzurechnenden gesetzlichen Renten sind bis zum Eintritt des Versorgungsfalles nach einem Näherungsverfahren zu schätzen, danach mit den tatsächlichen Werten anzusetzen.[17]

16 Zur Berechnung der (fiktiven) Teilwertprämien (Rn. 13 f., 18) im **Gleichverteilungszeitraum** gem. **Abs. 3 S. 2 Nr. 1 S. 3** ist v. dem **vertraglich festgelegten** Zeitpunkt für den Eintritt des Versorgungsfalles (= feste Altersgrenze iSv. § 2 Abs. 1 S. 1 BetrAVG) auszugehen (**Grundsatz**)[18], dh.: bei Zusage einer **Altersversorgung** idR und im Zweifel und vorbehaltlich einer ernstlich gemeinten früheren Altersgrenze[19] auf das vollendete Lebensjahr, in welchem sie die Regelaltersgrenze erreichen (vgl. auch § 35 iVm. § 235 SGB VI); diese Regelaltersgrenze liegt für Geburtsjahrgänge bis 1952 beim Alter 65 und steigt sukzessive bis zum Alter 67 für ab 1962 Geborene an, bei Zusage ausschließlich einer **Invaliditäts- oder Hinterbliebenenversorgung** bis zu dem Zeitpunkt, in dem letztmals der Versorgungsfall eintreten kann. Um flexiblen Altersgrenzen (vgl. §§ 36 bis 38 und §§ 236 bis 238u SGB VI für die gesetzliche Rentenversicherung iVm. § 6 BetrAVG) Rechnung zu tragen, gesteht die FinVerw.[20] **Wahlrechte** für eine abw. Gleichverteilung zu, und zwar **(1)** bis zu einem höheren als dem vertraglichen Pensionsalter, wenn eine Fortbeschäftigung des ArbN wahrscheinlich ist **(erstes Wahlrecht)**, und **(2)** bis zu einem niedrigen Pensionsalter, wenn eine vorgezogene Altersrente (vgl. §§ 36 ff. SGB IV)[21] – grds.[22] – möglich ist, idR vorausgesetzt, in der Pensionszusage ist die Leis-

1 Str.; s. *L/B/P*, § 6a Rn. 129 f.
2 BFH v. 26.6.2013 – I R 39/12, BStBl. II 2014, 174.
3 BFH v. 26.6.2013 – I R 39/12, BStBl. II 2014, 174.
4 Zur Verpflichtungsübernahme s. R 6a Abs. 13 EStR.
5 R 6a Abs. 10 S. 1 EStR.
6 S. aber BMF v. 22.12.1997, BStBl. I 1997, 1020; BFH v. 17.5.2000 – I R 25/98, BFH/NV 2001, 154; v. 18.4.2002 – III R 43/00, BStBl. II 2003, 149.
7 BFH v. 9.4.1997 – I R 124/95, BStBl. II 1997, 799; BMF v. 22.12.1997, BStBl. I 1997, 1020.
8 BFH v. 26.6.2013 – I R 39/12, DStR 2013, 2750.
9 R 6a Abs. 13 EStR 2016; BFH v. 25.5.1988 – I R 10/84, BStBl. II 1988, 720; v. 25.5.1988 – I R 9/84, BFH/NV 1989, 216.
10 R 6a Abs. 10 S. 2 EStR 2016.
11 BFH v. 10.8.1994 – I R 47/93, BStBl. II 1995, 250; s. auch BFH v. 26.10.1994 – II R 30/91 BStBl. II 1995, 400.
12 BFH v. 9.4.1997 – I R 124/95, BStBl. II 1997, 799.
13 Zur Berechnung s. H 41 Abs. 13 EStH 1997 (aF).
14 BFH v. 17.5.1995 – I R 16/94, BStBl. II 1996, 420.
15 BFH v. 25.10.1995 – I R 34/95, BStBl. II 1996, 403; v. 17.5.1995 – I R 105/94, BStBl. II 1996, 423, jeweils zu Erhöhungen v. 1–2 %; v. 31.3.2004 – I R 79/03, BStBl. II 2004, 940: maximal 3 %.
16 R 6a Abs. 14 EStR.
17 BMF v. 31.10.1996, BStBl. I 1996, 1195; v. 30.12.1997, BStBl. I 1997, 1024; v. 8.2.1999, BStBl. I 1999, 212; v. 17.7.2000, BStBl. I 2000, 1197; v. 5.10.2001, BStBl. I 2001, 661; v. 10.1.2003, BStBl. I 2003, 76; v. 16.8.2004, BStBl. I 2004, 849; v. 16.12.2005, BStBl. I 2005, 1056; v. 15.3.2007, BStBl. I 2007, 290; v. 5.5.2008, BStBl. I 2008, 569; zu Einzelheiten s. *H/V/V*, BetrAVG Bd. II StR[18], Kap. 3 Rn. 1 ff., 10.
18 R 6a Abs. 11 S. 1 EStR.
19 Zu den hierbei bestehenden Grenzen im Hinblick auf die gesetzliche Altersversorgung s. *H/V/V*, BetrAVG Bd. II StR[18], Kap. 2 Rn. 305 ff.
20 R 6a Abs. 11 S. 2–15 EStR.
21 Auch bei Beibehaltung eines höheren Alters als feste Altersgrenze, s. R 6a Abs. 11 S. 6 EStR.
22 R 6a Abs. 11 S. 5 EStR; eine Einzelfallprüfung ist sonach nicht erforderlich.

tungshöhe v. diesem Zeitpunkt an festgelegt[1] **(zweites Wahlrecht)**[2]; das vertraglich vereinbarte Pensionsalter in diesem Sinne soll allerdings, um stl. anerkannt werden zu können, idR bei Männern nicht unterhalb des **63. Lebensjahres** und bei Frauen nicht unterhalb des **60. Lebensjahres** liegen dürfen (vgl. § 236, § 237a SGB VI).[3] Das **erste Wahlrecht** ist in der Bilanz des Wj. auszuüben, in dem die Bildung der Pensionsrückstellung begonnen worden ist (Erstjahr),[4] das **zweite Wahlrecht** in dem Wj., in dem die erforderliche Feststellung der Pensionshöhe getroffen worden ist.[5] Die jeweilig getroffene Wahl gilt auch für spätere Leistungserhöhungen.[6] Das vertraglich ausbedungene Versorgungsalter ist dabei nicht nur dann maßgebend, wenn es in Einklang mit der (gesetzlichen) Regelaltersgrenze steht, sondern prinzipiell auch, wenn es darunter oder darüber liegt. Bei mehreren Versorgungszusagen mit voneinander abw. Versorgungsalter ist durch Auslegung zu ermitteln, welches Alter für die grds. einheitliche Versorgungszusage (s. dazu Rn. 1) maßgebend sein soll oder ob tatsächlich im konkreten Einzelfall unterschiedliche Zeitpunkte gelten sollen.[7] Soweit die FinVerw. (in R 6a Abs. 8 S. 1 iVm. Abs. 10 S. 3 EStR)[8] für beherrschende G'ter-Geschäftsführer v. KapGes. in der Vergangenheit eine Mindestaltersgrenze v. 65 Jahren (für Geburtenjahrgänge bis 1952), v. 66 Jahren (für Geburtenjahrgänge bis 1962) sowie v. 67 Jahren (für Geburtenjahrgänge danach), iErg. also eine „dynamische" Mindestaltersgrenze einforderte, so war eine derartige Dynamisierung in Einklang mit dem Bewertungsstichtagsprinzip des § 6a Abs. 3 S. 2 Nr. 1 zwar unschädlich, für eine entspr. Verpflichtung gibt das G jedoch keine Handhabe.[9] Die Rspr. des BAG[10] und die (danach) sukzessive ansteigenden Regelaltersgrenzen nach Maßgabe des RV-Altersgrenzen-AnpG v. 20.4.2007[11] ändern daran (vorbehaltlich einer anderweitigen ausdrücklichen und entspr. dokumentierten Vertragsbekundung) nichts. Das widerspricht der zivilrechtl. Fundierung des Pensionsversprechens ebenso wie dem bilanzsteuerrechtl. Stichtagsprinzip. Letztlich geht es hier wie dort immer nur darum, ob die vertragliche Zusage mit hinreichender Deutlichkeit zu erkennen gibt, ob für die konkrete Zusage statisch ein fixes Austrittsalter oder aber dynamisch das Regelalter gelten soll. Das ist eine Frage der (zivilrechtl.) Auslegung und ggf. der in § 6a Abs. 1 Nr. 3 verlangten Eindeutigkeit (s. dazu Rn. 10). Das ist aber keine Frage irgendeiner (verwaltungsseitig wohl befürchteten) Beliebigkeit und das hat auch nichts mit dem Augenmerk zu tun, das der BFH iZm. § 6a Abs. 1 Nr. 2 auf den (allein dort maßgebenden) Zeitpunkt der Zusageerteilung gerichtet hat. Die FinVerw. hat in diesem Punkt zwischenzeitlich denn auch „Einsicht" gezeigt und R 6 Abs. 8 S. 1 letzter Teilsatz und S. 5 EStR aufgehoben; sie prüft stattdessen aber das Vorliegen einer vGA (§ 8 Abs. 3 KStG).[12]

In jedem Fall kann nur die für das Pensionsalter erreichbare Pensionsleistung der Rückstellung zugrunde gelegt werden.[13] Wird das rechnungsmäßige Pensionsalter erreicht, ist der betr. ArbN dennoch weiter beim StPfl. tätig (**„technischer Rentner"**) und wurde v. der Möglichkeit, die Verpflichtungspassivierung zu strecken, keinen Gebrauch gemacht, ist die für die an sich fällige Leistung gebildete Rückstellung ratierlich aufzulösen;[14] im Falle einer zwischenzeitlichen Leistungserhöhung sind ihr allerdings zugleich wieder entspr. Beträge zuzuführen.[15] – Der Umstand, dass der EuGH[16] für Männer und Frauen – für ab dem 21.12.2012 abgeschlossene Verträge zwingend – die gleichen Rechnungsgrundlagen (Unisex-Rechnungsgrundlagen) einfordert, obwohl die Lebenserwartung der Frauen bedeutend höher als die der Männer ist, 16a

1 R 6a Abs. 11 S. 4 EStR. – Die FinVerw. ermöglicht dieses Wahlrecht auch für den Fall, dass die Versorgungszusage zum Ausscheiden aus dem Dienstverhältnis keine Aussage trifft; in der Anwartschaftsphase ist die Versorgungsverpflichtung dann nach § 6a Abs. 3 S. 2 Nr. 1 zu bewerten; BMF v. 18.9.2017, BStBl. I 2017, 1293 Tz. 2. Wird von vornherein ein Bezug v. Versorgungsleistungen neben lfd. Arbeitslohn eröffnet oder vorgesehen (sa. § 4b Rn. 13), ein Ausscheidezeitpunkt jedoch nicht fixiert, soll sich die Bewertung im Schätzwege auf die Regelaltersgrenze beziehen, BMF, ebd., Tz. 7; krit. *Otto*, DStR 2018, 55 (57 f.).
2 R 6a Abs. 11 S. 3 EStR.
3 S. *H/V/V*, BetrAVG Bd. II StR[18], Kap. 2 Rn. 308.
4 R 6a Abs. 11 S. 7 EStR.
5 R 6a Abs. 11 S. 8 EStR.
6 R 6a Abs. 11 S. 10 EStR.
7 S. dazu (zT krit.) *Veit/Hainz*, DStZ 2014, 600 (605).
8 Sa. BMF v. 3.7.2009, BStBl. I 2009, 712.
9 Zutr. BFH v. 11.9.2013 – I R 72/12, BStBl. II 2016, 1008; FG Hess. v. 22.5.2013 – 4 K 3070/11, EFG 2013, 1508 (Rev. I R 50/13 wurde v. FA zurückgenommen); BFH v. 26.11.2014 – I R 2/14, BFH/NV 2015, 500; sa. *Gosch*[3], § 8 KStG Rn. 1093; *Veit/Hainz*, DStZ 2014, 600 (604 f.); *Metz/Lindner*, DStR 2014, 2037, dort auch eingehend zur (korrigierten) Teilwertberechnung.
10 BAG v. 15.5.2012 – 3 AZR 11/10, BB 2012, 2630 mit Anm. *Reichenbach*.
11 BGBl. I 2007, 554.
12 BMF v. 9.12.2016, BStBl. I 2016, 1427.
13 R 6a Abs. 11 S. 11 EStR.
14 R 6a Abs. 22 S. 2 EStR.
15 R 6a Abs. 11 S. 12 EStR.
16 EuGH v. 1.3.2011 – Rs. C-236/09 – Association Belge de Consommateurs Test Achats ua., DB 2011, 821.

kann für die TW-Ermittlung, die eine realistische Einschätzung verlangt (§ 253 Abs. 1 S. 2 HGB), keine Berücksichtigung finden.[1]

17 **III. Teilwert nach Beendigung des Dienstverhältnisses (Abs. 3 S. 2 Nr. 2).** Als TW **(1) nach Beendigung des Dienstverhältnisses** des Pensionsberechtigten unter Aufrechterhaltung seiner (unverfallbaren, vgl. § 1b Abs. 1 BetrAVG) Pensionsanwartschaft oder **(2) nach Eintritt des Versorgungsfalles** (auch bei sog. technischen Rentnern, s. Rn. 16a) gilt (nicht anders als bereits vor Beendigung des Dienstverhältnisses die im Wege der Entgeltumwandlung finanzierte Anwartschaft, Abs. 3 S. 2 Nr. 1 S. 1 letzter HS, S. 6 HS 2, s. Rn. 13) der **Barwert** der künftigen Pensionsleistungen am Schluss des Wj. (**Abs. 3 S. 2 Nr. 2 HS 1**). Dabei bleibt es selbst dann, wenn der Berechtigte wieder in die Dienste des Verpflichteten eintritt. Allerdings ist der TW (nur) ein Höchstwert, der entspr. aufgefüllt werden kann (s. Abs. 4 S. 4), wenn zuvor (während der Anwartschaftsphase) die Pensionsrückstellung nicht in der Höhe des TW gebildet wurde, also ein Fehlbetrag bestanden hat. Das sog. Nachholverbot des Abs. 4 S. 1 (s. Rn. 21) findet insoweit keine Anwendung. Anschließend – nach dem Jahr des Ausscheidens – wird dieses Verbot indes wieder wirksam. Wird der Barwert als TW unterschritten und die besagte „Auffüllung" zu gering dimensioniert, kann sie deshalb iHd. Fehlbetrags später nicht nachgeholt werden (s. Rn. 21 f.); das Recht sowohl zur Bildung oder Nachholung v. Rückstellungen endet prinzipiell mit dem Eintritt des Versorgungsfalls.[2] In jedem Fall hat ein Rückstellungsausweis infolge des Passivierungsverbots in Abs. 2 Nr. 1 zu unterbleiben, wenn der Berechtigte vor dem insoweit maßgebenden Alter v. 27, 28 bzw. 30 Jahren (s. Rn. 5) aus dem Betrieb ausscheidet.[3] Bei schon entstandenen Versorgungsansprüchen fehlt diese Begrenzung; der Verpflichtungsausweis hängt in Fällen schon entstandener Anspr. auch nicht v. deren Fälligkeit ab; diese kann nach dem Bilanzstichtag liegen.[4] Die Rückstellung bei aufrechterhaltener Anwartschaft ist aus Gründen der Vereinfachung so lange beizubehalten, wie mit einer Inanspruchnahme zu rechnen ist,[5] längstens bis zum Ende des Wj., das auf das Wj. des Erreichens der Altersgrenze folgt, es sei denn, die spätere Inanspruchnahme steht fest.[6] Die verfrüht aufgelöste Rückstellung kann aber ohne Verstoß gegen das Nachholverbot (Rn. 21) neu gebildet werden.[7] Wegen künftiger, am Bilanzstichtag noch nicht eingetretener Änderungen des Versorgungsanspruchs s. **Abs. 3 S. 2 Nr. 2 HS 2** iVm. Nr. 1 S. 4; Rn. 15. Praktisch wirkt sich das Stichtagsprinzip in der Leistungsphase insbes. im Hinblick auf künftige Anpassungen nach § 16 Abs. 1 BetrAVG aus. Für die ebenfalls auf das Stichtagsprinzip zu stützenden Überversorgungsgrundsätze (Rn. 19) bleibt hingegen kein Raum; die Anwartschaft ist ausfinanziert.

18 **IV. Stichtagsprinzip (Abs. 3 S. 2 Nr. 1 S. 2, 4 und 5). 1. Grundgedanke.** Die Bildung der Pensionsrückstellung und ihre Bewertung orientiert sich am strikten Stichtagsprinzip: Maßgebend sind die Verhältnisse am jeweiligen Bilanzstichtag (vgl. Abs. 3 S. 2 Nr. 1 S. 2, 4 und 5, s. Rn. 11). Hiervon ausgehend sind für die Kalkulation der fiktiven Teilwertprämie (Rn. 13 f.) die gesamten künftigen Pensionsleistungen auf den Beginn des Diensteintrittsjahres rückzuprojizieren (Abs. 3 S. 2 Nr. 1 S. 2 HS 2). Es wird dadurch gesetzlich fingiert, dass Erhöhungen und Verminderungen der Versorgungsanwartschaften v. Beginn an vorgenommen wurden und dass der gesamte Leistungsumfang seitdem unverändert bestanden hat. Daraus folgt zugleich, dass künftige Änderungen der Bemessungsgrundlagen nur dann zu berücksichtigen sind, wenn sie am Bilanzstichtag bereits feststehen (Rn. 15).[8] Wertpapiergebundene und damit kursabhängige Zusagen sind deshalb in Anbetracht der Ungewissheit der künftigen Kursentwicklung nur mit ihrer garantierten Mindestleistung auszuweisen.[9] Bei **schwankenden Bemessungsgrundlagen** (Einbeziehung variabler Bezügeteile wie zB Mehrarbeitsvergütung, Akkordlohn, Tantiemen, s. aber Abs. 1 Nr. 2 für gewinnabhängige Vergütungen,[10] Rn. 8, sowie allg. Rn. 6) ist der Effektivlohn allerdings auf das Verdienstniveau des Stichtags hochzurechnen.[11] Stattdessen kann ein stichtagsbezogener Vergütungsdurchschnitt gebildet werden[12] (ebenso bei Abhängigkeit der Pensionszusage v. Durchschnittsbezügen mehrerer Jahre[13]).

---

1 *R. Höfer*, DB 2011, 1334.
2 S. BFH v. 7.4.1994 – IV R 56/92, BStBl. II 1994, 740.
3 *H/V/V*, BetrAVG Bd. II StR[18], Kap. 2 Rn. 475.
4 *H/V/V*, BetrAVG Bd. II StR[18], Kap. 2 Rn. 491 f.
5 R 6a Abs. 19 S. 1 EStR.
6 R 6a Abs. 19 S. 2 EStR.
7 *H/V/V*, BetrAVG Bd. II StR[18], Kap. 2 Rn. 479.
8 Ggf. **aA** FG Düss. v. 10.11.2015 – 6 K 4456/13 K, EFG 2016, 111, bezogen auf einen für den Monat Dezember ggü. den Vormonaten des betr. Wj. herabgesetzten Arbeitslohn (in der Rev. [BFH v. 31.5.2017 – I R 91/15, BFH/NV 2018, 16] offengelassen).
9 BMF v. 17.12.2002, DB 2003, 68; **aA** *Wellisch/Schwinger/Mühlberger*, DB 2003, 628; s. auch zur Bewertung des Papiers *Ververs/Nolte*, DB 2002, 1281.
10 Dazu BFH v. 9.11.1995 – IV R 2/93, BStBl. II 1996, 589; einschr. BFH v. 19.2.1981 – IV R 112/78, BStBl. II 1981, 654.
11 *H/V/V*, BetrAVG Bd. II StR[18], Kap. 2 Rn. 377 ff.; *B/R/O*[7], StR Rn. A 472 ff.
12 *H/V/V*, BetrAVG Bd. II StR[18], Kap. 2 Rn. 386 ff.
13 *H/V/V*, BetrAVG Bd. II StR[18], Kap. 2 Rn. 389 f.

2. Überhöhte Versorgungsanwartschaften. Unabhängig davon dürfen Erhöhungen oder Verminderungen der Pensionsleistungen grds. erst nach ihrem Eintreten berücksichtigt werden, **Abs. 3 S. 2 Nr. 1 S. 4** (s. Rn. 15). Es ist unzulässig, (auch bereits wahrscheinliche) künftige Entwicklungen (Lohn- und Gehaltstrends uÄ) vorwegzunehmen. Einzubeziehen ist vielmehr stets der niedrigere Stichtagslohn (Rn. 18). Diese Gesetzeslage lässt sich auch nicht durch entspr. Höherbemessung der Versorgung umgehen: Basierend auf der Ursprungsentscheidung des BFH v. 13.11.1975 – IV R 170/73[1] sehen der BFH[2] und die FinVerw.[3] in einer derartigen Vorwegnahme künftiger Entwicklungen eine **Überversorgung**, die (nach § 6a Abs. 3 S. 2 Nr. 1 S. 4, nicht jedoch – bei KapGes. – nach § 8 Abs. 3 S. 2 KStG)[4] zur (anteiligen)[5] Kürzung der Pensionsrückstellung führt, und zwar typisierend[6] dann, wenn sämtliche betriebliche Versorgungsanwartschaften zusammen mit den (auch aus früheren Arbeitsverhältnissen resultierenden)[7] Altersrentenanwartschaften aus der gesetzlichen Rentenversicherung 75 % der letzten Aktivbezüge (Obergrenze) übersteigen (Verstoß gegen das **Nominalwertprinzip**). An diesen Grundsätzen sollte unverändert und unbedrängt v. der einen oder anderen Ungereimtheit schon aus Gründen der Rechtskontinuität und der daraus resultierenden Beratungsgewissheit festgehalten werden.[8] **(1) Persönlicher Anwendungsbereich:** Die Grundsätze gelten sonach für alle ArbN, keineswegs nur für Ges.-Geschäftsführer v. KapGes. Soweit die FinVerw.[9] die Überversorgungsgrundsätze auf Nicht-ArbN ausdehnen will (s. dazu Rn. 3), ist ein Anwendungsbereich nicht erkennbar; ihre Ausdehnung widerspricht der allg. Vertragsfreiheit.[10] Besonderheiten zur stl. Anerkennung v. Ehegatten-ArbN-Verhältnissen bleiben allerdings vorbehalten.[11] Die Überversorgungsprüfung ist für den jeweiligen ArbN anzustellen, auch bei einer Belegschaftsversorgung; eine Durchschnittsbetrachtung scheidet wegen der Individualbezogenheit der Zusage aus; das angemessene Versorgungsniveau lässt sich nicht im Wege der Saldierung erreichen.[12] – **(2) Ermittlung der maßgeblichen Versorgungsleistungen:** Die einzubeziehenden gesetzlichen Anspr. können nach dem seitens der FinVerw. akzeptierten stl. Näherungsverfahren (s. Rn. 15 aE) berechnet werden.[13] Von einmaligen Kapitalleistungen, welche anstelle lebenslänglich lfd. Leistungen gezahlt werden, gelten 10 % als Jahresbetrag der Leistungen (analog § 4d Abs. 1 S. 1 Nr. 1 S. 7, s. § 4d Rn. 31).[14] **Gesetzliche** Anwartschaften sind stets und unbeschadet der partiellen (hälftigen) Eigenfinanzierung durch den ArbN bei Pflichtbeiträgen zu berücksichtigen (arg. § 5 Abs. 2 S. 2 BetrAVG), **private** Versorgungsleistungen (nicht aber betriebliche DirektVers.-Anspr.) sowie sonstige (unverfallbare) **betriebliche** Versorgungsanwartschaften aus Beschäftigungsverhältnissen demgegenüber nur dann, wenn sie v. ArbG finanziert wurden (arg. § 5 Abs. 2 S. 1 BetrAVG); bei Eigenfinanzierung durch den ArbN sind sie Teil dessen privater Sphäre.[15] Unbeachtet bleiben nach Auffassung des BFH[16] auch et- 19

1 BFH v. 13.11.1975 – IV R 170/73, BStBl. II 1976, 142. In jenem Urt. ging es allerdings nur um fest zugesagte, überhöhte Steigerungsbeträge, nicht um die absolute Höhe der Zusage als solche.

2 Seitdem stRspr., BFH v. 26.10.1982 – VIII R 50/80, BStBl. II 1983, 209; v. 17.5.1995 – I R 16/94, BStBl. II 1996, 420; v. 31.3.2004 – I R 70/03, BStBl. II 2004, 937; v. 31.3.2004 – I R 79/03, BStBl. II 2004, 940; v. 15.9.2004 – I R 62/03, BStBl. II 2005, 176; v. 20.12.2016 – I R 4/15, BStBl. II 2017, 678; zuletzt v. 31.7.2018 – VIII R 6/15, DStR 2019, 150; sa. BFH v. 10.6.2008 – VIII R 68/06, BStBl. II 2008, 973 sowie v. 19.6.2007 – VIII R 100/04, BStBl. II 2007, 930; dagegen lamentohaft krit. Anm. *Briese*, FR 2017, 741, sowie GmbHR 2017, 97; auch *Wenzler*, GmbHR 2017, 655.

3 ZB BMF v. 3.11.2004, BStBl. I 2004, 1045; v. 7.1.1998, DStR 1998, 531; OFD Ffm. v. 5.2.2018 – S 2176 A 57 - St 210, juris.

4 BFH v. 31.3.2004 – I R 70/03, BStBl. II 2004, 937; v. 31.3.2004 – I R 79/03, BStBl. II 2004, 940; v. 15.9.2004 – I R 62/03, BStBl. II 2005, 176; s. auch *Gosch*[3], § 8 Rn. 1128 mwN; **aA** noch BFH v. 4.9.2002 – I R 48/01, BFH/NV 2003, 347; dezidiert zB *Finsterwalder*, DB 2005, 1189; *Briese*, GmbHR 2015, 463 und 635; *Briese*, DStR 2005, 272; *H/H/R*, § 6a Anm. 115; *Wenzler*, GmbHR 2012, 760.

5 BMF v. 3.11.2004, BStBl. I 2004, 1045 Rn. 20; s. auch BFH v. 31.3.2004 – I R 70/03, BStBl. II 2004, 937.

6 Abgrenzend jedoch BFH v. 13.6.2007 – X B 34/06, BFH/NV 2007, 1703: nur für den Regelfall und nicht iS „einer starren – Automatik?“ (!); s. auch *B/R/O*[7], StR Rn. A 480; *Kohlhaas*, GmbHR 2009, 685.

7 BFH v. 20.12.2006 – I R 29/06, BFH/NV 2007, 1350.

8 So denn auch BFH v. 20.12.2016 – I R 4/15, BStBl. II 2017, 678; FG Köln v. 29.4.2015 – 13 K 2435/09, EFG 2015, 1563, m. Anm. *Lieb*, BB 2015, 2098; *Gosch*[3], § 8 Rn. 1129b; **aA** *Kolbe*, StuB 2014, 831; *Rätke*, BBK 2013, 978; *Briese*, FR 2017, 741.

9 BMF v. 3.11.2004 BStBl. I 2004, 1045 Rn. 22.

10 Zutr. *Briese*, GmbHR 2004, 1132 (1135); *H/V/V*, BetrAVG Bd. II StR[18], Kap. 2 Rn. 423.

11 BMF v. 3.11.2004, BStBl. I 2004, 1045 Rn. 22.

12 *Briese*, GmbHR 2004, 1132 (1135); **aA** *Höfer*, BB 1996, 43.

13 BMF v. 3.11.2004, BStBl. I 2004, 1045 Tz. 15.

14 BMF v. 3.11.2004, BStBl. I 2004, 1045 Tz. 14.

15 Weitergehend *H/V/V*, BetrAVG Bd. II StR[18], Kap. 2 Rn. 418: alle Versorgungsanwartschaften aus früheren Arbeitsverhältnissen.

16 BFH v. 31.3.2004 – I R 79/03, BStBl. II 2004, 940; v. 31.7.2018 – VIII R 6/15, DStR 2019, 150; s. auch BMF v. 7.1.1998, DStR 1998, 531 unter 2.; BFH v. 15.9.2004 – I R 62/03, BStBl. II 2005, 176; *H/V/V*, BetrAVG Bd. II StR[18], Kap. 2 Rn. 428 f.; **aA** *H/H/R*, § 6a Anm. 114 f.

waige fest vereinbarte jährliche geometrische Steigerungen der Betriebsrenten ab Rentenbeginn (s. unten).[1] – **(3)** Zu den maßgeblichen **Bruttostichtagsbezügen** des ArbN zählen im Grundsatz jegliche (tatsächlichen) Aktivbezüge (= Arbeitslohn) aus dem konkreten Arbeits- oder Dienstverhältnis; Zuflüsse anderer Arbverh. gehören dazu nicht, auch nicht im Rahmen einer BetrAufspaltung.[2] Variable Vergütungsbestandteile sind – vorbehaltlich der „Ansatzsperre" gem. Abs. 1 Nr. 2 Alt. 1 (s. Rn. 8) – nach dem Durchschnitt der letzten fünf Jahre einzubeziehen.[3] Nicht zu den einschlägigen variablen Bezügen gehören Gehaltsbestandteile, welche als vGA (§ 20 Abs. 1 Nr. 1 S. 2; § 8 Abs. 3 S. 2 KStG) zu qualifizieren sind,[4] mangels Zuflusses am Bilanzstichtag gleichermaßen nicht die fiktive Jahresnettoprämie als nur fiktiver Gehaltsbestandteil.[5] Um der schwierigen Schätzung der letzten Aktivbezüge und der zu erwartenden SozVers.werte zu entgehen, wurde früher aus Vereinfachungsgründen v. einer solchen abgesehen, wenn die lfd. Aufwendungen für die gesamte Altersvorsorge (einschl. ArbG- und ArbN-Anteile zur gesetzlichen SozVers., freiwillige Leistungen des ArbG) 30 % des stpfl. aktuellen Arbeitslohns nicht überstiegen,[6] dies nach neuerer Praxis der FinVerw. wegen zu großer Ungenauigkeit letztmals aber für Wj., die vor dem 1.1. 2005 begannen.[7] – **(4) Ausnahmen** v. diesen Grundsätzen bestehen **(1)** bei v. vornherein **endgehaltsabhängigen Versorgungszusagen**,[8] nach Praxis der FinVerw. auch bei **beitragsorientierten Versorgungszusagen** iSv. § 1 Abs. 2 Nr. 1 BetrAVG;[9] **(2)** bei fest vereinbart (garantiert) (teil-)**dynamisierten Renten und Anwartschaften** nach Maßgabe prozentualer Erhöhungen, deren Grenzen sich aus der langfristigen Einkommensentwicklung ergeben,[10] allerdings wohl unter Ausschluss v. Mehrfacherhöhungen[11] und bei Steigerungsraten v. max. 3 %,[12] **(3)** richtiger (und v. der FinVerw.[13] zwischenzeitlich bestätigter) Ansicht nach auch bei Versorgungen, die aus einer (echten) Umwandlung künftiger Entgeltansprüche (**Barlohn- oder Entgeltumwandlung**, vgl. § 1 Abs. 2 Nr. 3, § 1a BetrAVG, vor dem 1.1.1999 aufgrund der allg. Vertragsfreiheit) gespeist werden[14] (zB aus einer Vergütungsanhebung, ggf. auch aus bereits erdienten, jedoch noch nicht ausbezahlten Entgeltansprüchen),[15] die auch Organe v. KapGes. beanspruchen können,[16] nicht jedoch Mehrheits-G'ter oder auch leitende Minderheits-Ges. einer KapGes., weil solche nicht dem BetrAVG unterfallen,[17] sowie **(4)** bei **späterem Absinken des Gehalts**, zB aufgrund v. Altersteilzeit oder Krankheit,[18] auch sonstiger betriebsbedingter oder -veranlasster (nur vorübergehender und nicht dauerhafter[19]) Gehaltsherabsetzungen (zB infolge des Wechsels v. der Vollzeit- in die Teilzeitbeschäftigung, bei

1 S. dazu BFH v. 17.5.1995 – I R 105/94, BStBl. II 1996, 423.
2 BFH v. 28.4.2010 – I R 78/08, FR 2010, 1086.
3 BFH v. 20.12.2016 – I R 4/15, BStBl. II 2017, 678; BMF v. 3.11.2004, BStBl. I 2004, 1045 Tz. 11; *B/R/O*[7], StR Rn. A 480.
4 BFH v. 30.7.1997 – I R 65/96, BStBl. II 1998, 402; v. 15.9.2004 – I R 62/03, BStBl. II 2005, 176; insoweit **aA** *Blümich*, § 8 KStG Rn. 736.
5 BFH v. 31.3.2004 – I R 70/03, BStBl. II 2004, 937; v. 31.3.2004 – I R 79/03, BStBl. II 2004, 940; **aA** *H/V/V*, BetrAVG Bd. II StR[18], Kap. 2 Rn. 416.
6 BFH v. 31.3.2004 – I R 70/03, BStBl. II 2004, 937; FG Hess. v. 27.5.2009 – 4 K 409/06, BB 2009, 1747.
7 BMF v. 3.11.2004, BStBl. I 2004, 1045 Rn. 23.
8 BFH v. 17.5.1995 – I R 105/94, BStBl. II 1996, 423; v. 31.5.2017 – I R 91/15, BFH/NV 2018, 16; BMF v. 3.11.2004, BStBl. I 2004, 1045 Tz. 16 ff.; *H/V/V*, BetrAVG Bd. II StR[18], Kap. 2 Rn. 415.
9 Zutr. krit. *H/V/V*, BetrAVG Bd. II StR[18], Kap. 2 Rn. 415.
10 BFH v. 25.10.1995 – I R 34/95, BStBl. II 1996, 403 und 423: 2 %; vgl. dazu auch für ab 1999 erteilte Versorgungszusagen den Verzicht auf die Anpassungsüberprüfungspflicht gem. § 16 Abs. 3 Nr. 1 BetrAVG bei Zusage einer Mindestanpassung der Rentenzahlungen v. 1 %.
11 Vgl. BFH v. 17.5.1995 – I R 16/94, BStBl. II 1996, 420; sa. *B/R/O*[7], StR Rn. A 477.
12 BFH v. 31.7.2018 – VIII R 6/15, DStR 2019, 150.
13 BMF v. 3.11.2004, BStBl. I 2004, 1045 Rn. 16 ff.; dazu *Langohr-Plato*, sj. 06/2005, 26; krit. *H. Höfer*, DB 2005, 132.
14 BFH v. 10.6.2008 – VIII R 68/06, BStBl. II 2008, 973 (dort zu Ehegatten-Arbverh. eines beherrschenden G'ters; Rspr.-Änderung: gegen BFH v. 16.5.1995 – XI R 87/93, BStBl. II 1995, 873 zur DirektVers.; H 4b EStH 2007; FinMin. NRW v. 15.5.1995, DB 1995, 1150); FG Hess. v. 27.5.2009 – 4 K 409/06, BB 2009, 1747 (red. Leitsatz und Gründe); *H/V/V*, BetrAVG Bd. II StR[18], Kap. 2 Rn. 418; *Gosch*, BB 1996, 1689.
15 Zu Einzelheiten und Abgrenzungen s. *Höfer/de Groot/Küpper/Reich*, BetrAVG Bd. I ArbR[22], § 1 Rn. 75 f.
16 Vgl. *Pröpper*, DB 2003, 174.
17 Zutr. *A/F/R*, 6. Teil Rn. 741 ff.; s. auch BFH v. 15.9.2004 – I R 62/03, BStBl. II 2005, 176; *Gosch*[3], § 8 Rn. 1096 ff., dort auch zur Abgrenzung zur vGA. Dessen ungeachtet kann eine derartige Barlohnumwandlung naturgemäß auch hier vereinbart werden.
18 BMF v. 3.11.2004, BStBl. I 2004, 1045 Rn. 19; *Jaeger*, BetrAV 1999, 384 (385).
19 Vgl. BFH v. 27.3.2012 – I R 56/11, BStBl. II 2012, 665; *H/H/R*, § 8 KStG Anm. 288 (aber noch weitergehend: Regelfall); **aA** BMF v. 24.8.2005, GmbHR 2006, 560; FG München v. 6.5.2008 – 6 K 4096/05, DStRE 2009, 521, dazu *Veit*, BB 2008, 1840.

wirtschaftlichen Notlagen, in Sanierungssituationen).[1] Wirkt die Herabsetzung (aus welchen Gründen auch immer, also auch bei bona fide ersonnenen Sanierungsmaßnahmen) dauerhaft, bleibt es aber dabei: Die Versorgungsanwartschaft ist stets „kommunizierend" und verhältnismäßig abzusenken, und zwar aus den „rein" steuerlichen Maßgaben des § 6a und damit unabhängig v. der arbeitsvertraglichen Situation;[2] ausschlaggebende Bezugsgröße sollte dann allerdings billigerweise nicht der letzte Aktivlohn sein, sondern das durchschnittliche „Mischgehalt" unter „Verschonung" des v. Begünstigten bereits erdienten Anwartschaftsanteils.[3] Zur notwendigen schriftl. Vorabfixierung des vorübergehenden (= befristeten) Gehaltsverzichts als Grundlegung der Versorgungsanwartschaft nach Maßgabe v. Abs. 1 Nr. 3 s. aber auch Rn. 10[4]. Auch sog. **Nur-Pensionen** (ohne Fortzahlung lfd. Vergütungen) wirken – gemessen an § 6a Abs. 3 S. 2 Nr. 1 S. 4 – im Grundsatz „überversorgend" und sind deswegen hiernach stl. prinzipiell nicht anzuerkennen.[5] Das betrifft „normale" ArbN ebenso wie[6] G'ter-Geschäftsführer v. KapGes.; die einschlägigen Konsequenzen ergeben sich also auch bei Letzteren schon – auf der ersten Prüfungsebene – aus dem spezifischen TW-Ansatz des § 6a Abs. 3 und nicht erst – auf der zweiten, kstl. spezifischen Prüfungsebene – über das Rechtsinstitut der vGA.[7] Anders verhält es sich jedoch, wenn der Nur-Pension eine „echte" Barlohnumwandlung zugrunde liegt und wenn die Umwandlung ernstlich vereinbart und nicht privat mit veranlasst (zB durch unmittelbar vorangehende und zugleich unüblich überhöhte Gehaltsanhebung oder bei Fehlen jeglicher sonstiger Einkünfte des Begünstigten) ist; die Zusage der Nur-Pension unter Verzicht auf jeglichen Barlohn ist dann auch stl. zu akzeptieren.[8] – Zur der Reichweite nach beschränkten Geltung des Stichtagsprinzips bei ausfinanzierten Anwartschaften in der Leistungsphase s. Abs. 3 S. 2 Nr. 2 HS 2 (Rn. 17 aE); zur Anwendung der Überversorgungsgrundsätze bei der Unterstützungskassen-Anwartschaft s. § 4d Rn. 14, zur (allerdings umstr.) Nichtanwendung der Grundsätze bei den anderen Durchführungswegen der betrieblichen Altersversorgung s. zB für die DirektVers. § 4b Rn. 14.

3. Stichtagsprinzip und Inventurstichtag. Die Voraussetzungen für die Bildung der Pensionsrückstellung (Feststellung der Pensionsberechtigten, Anspruchshöhe und -beginn) sind durch eine ordnungsgemäße Inventur zu ermitteln, gem. § 240 HGB, § 6a Abs. 3 S. 2 Nr. 1 S. 2 HS 2 nach Maßgabe der Verhältnisse am Bilanzstichtag,[9] aus Gründen der Vereinfachung (gleichmäßigere Verteilung der Jahresabschlussarbeiten) auch auf einen Inventurstichtag, der maximal drei Monate vor oder zwei Monate nach dem Bilanzstichtag liegen darf (§ 241 Abs. 3 Nr. 1 HGB).[10] Zu Einzelheiten der Inventurerleichterung insbes. bei Vorverlegung der körperlichen Bestandsaufnahme s. R 6a Abs. 18 S. 2 ff. EStR, die danach aber nur für StPfl. mit mehr als 20 ArbN und nicht für Vorstandsmitglieder und Geschäftsführer v. KapGes. gelten.[11] 20

G. Erstmalige, laufende und nachgeholte Zuführungen zur Pensionsrückstellung (Abs. 4)

Die Pensionsrückstellung **muss** gem. § 249 HGB iVm. §§ 5 Abs. 1, 6a Abs. 4 **erstmals** in dem Wj. **(Erstjahr)** gebildet werden, in dem eine Versorgungsverpflichtung wirksam entsteht und in dem die Voraussetzungen des § 6a erfüllt sind, und zwar max bis zur Höhe des TW am Schluss des Wj.; die gleichmäßige Verteilung **(Drittelung)** dieses Betrages auf das betr. Wj. **und** (nicht: oder[12]) auf die beiden folgenden Wj. (auch beim Rumpf-Wj.[13]) ist möglich **(Abs. 4 S. 3)**, bei erstmaliger Rückstellungsbildung mangels existie- 21

1 S. dazu zB BFH v. 14.7.2004 – I R 14/04, DStRE 2004, 1287; v. 27.3.2012 – I R 56/11, BStBl. II 2012, 665; *B/R/O*[7], StR Rn. A 480; s. auch FG SchlHost. v. 11.2.2010 – 1 K 3/05, EFG 2010, 889 mit Anm. *Kuhfus* (aus anderen Gründen durch BFH v. 12.10.2010 – I R 17, 18/10, BFH/NV 2011, 452, aufgehoben); FG München v. 6.5.2008 – 6 K 4096/05, DStRE 2009, 521.

2 BFH v. 27.3.2012 – I R 56/11, BStBl. II 2012, 665.

3 BFH v. 20.12.2016 – I R 4/15, BStBl. II 2017, 678; FG Köln v. 29.4.2015 – 13 K 2435/09, EFG 2015, 1563, m. Anm. *Lieb*, BB 2015, 2098; *Doetsch/Lenz*, Versorgungszusagen[10], 98 f., unter zutr. Hinweis auf BMF v. 3.11.2004, BStBl. I 2004, 1045 Tz. 19 (dort nur für den Wechsel v. Vollzeit zu Teilzeit; *H/V/V*, BetrAVG Bd. II StR[18], Kap. 2 Rn. 417).

4 S. auch BFH v. 27.3.2012 – I R 56/11, BStBl. II 2012, 665.

5 BFH v. 9.11.2005 – I R 89/04, BStBl. II 2008, 523; v. 28.4.2010 – I R 78/08, BFH/NV 2010, 1709; FG Hbg. v. 20.7.2011 – 2 K 22/10, GmbHR 2011, 1173; FG Köln v. 29.4.2015 – 13 K 2435/09, EFG 2015, 1563, m. Anm. *Lieb*, BB 2015, 2098.

6 So wohl noch BFH v. 17.5.1995 – I R 147/93, BStBl. II 1996, 204; s. auch BFH v. 25.7.1995 – VIII R 38/93, BStBl. II 1996, 153; *Gschwendtner*, DStZ 1996, 7; BMF v. 7.1.1998, DB 1998, 597; s. auch *Gosch*[3], § 8 Rn. 1131 f.

7 So auch BMF v. 13.12.2012, BStBl. I 2013, 35 (entgegen BMF v. 16.6.2008, BStBl. I 2008, 681); s. grundlegend *Gosch*[3], § 8 Rn. 1131 f.

8 BFH v. 9.11.2005 – I R 89/04, BStBl. II 2008, 523; v. 28.4.2010 – I R 78/08, FR 2010, 1086; FG Hbg. v. 20.7.2011 – 2 K 22/10, GmbHR 2011, 1173.

9 R 6a Abs. 18 S. 1 EStR.

10 R 6a Abs. 18 S. 2 EStR.

11 R 6a Abs. 18 S. 3 Nr. 5 EStR.

12 *H/V/V*, BetrAVG Bd. II StR[18], Kap. 2 Rn. 658; *B/R/O*[7], StR Rn. A 491.

13 *B/R/O*[7], StR Rn. A 494; auch im Rumpf-Wj. ist ein volles Drittel zu verrechnen, s. BMF v. 27.4.1976, BetrAV 1976, 136.

renden Unterschiedsbetrags iSv. Abs. 4 S. 2 nach zutr. Ansicht trotz Abs. 4 S. 6 jedoch nicht zwingend.[1] Eine derartige gleichmäßige Verteilung auf drei Wj. kommt ebenso bei erstmaliger Anwendung neuer oder geänderter biometrischer Rechnungsgrundlagen sowie beim Wechsel derselben in Betracht (**§ 6a Abs. 4 S. 2 und 6**; § 52 Abs. 13 idF des Kroatien-AnpG v. 25.7.2014[2], § 52 Abs. 17 aF[3]), nach erstmaliger (und verbindlicher) Ausübung des Wahlrechts aber nur noch im Rahmen einer gem. § 4 Abs. 2 S. 2 zulässigen Bilanzänderung.[4] Der handelsbilanzielle Ausweis durfte nach Maßgabe der früheren Regelungslage vor dem **BilMoG** allerdings nicht überschritten werden;[5] seitdem ist dies anders und kann die Bewertung der Pensionsrückstellung v. dem Handelsbilanzansatz abweichen,[6] das aber nur – nach oben?, wegen der spezifischen Bewertungsregeln des § 6a jedoch nicht (zB zur bilanzplanerischen – Gewinnglättung?) auch – nach unten?. Etwaige **Erhöhungen** einer Versorgungszusage sind v. der Grundzusage zu isolieren. Für sie ist die bisherige Rückstellung um den TW der Erhöhung im Wj. der Erhöhungszusage aufzustocken, bei einer Erhöhung um mehr als 25 % wahlweise wiederum auch gleichmäßig auf dieses Wj. und die beiden folgenden Wj. verteilt **(Abs. 4 S. 4)**. IÜ besteht – der „Normidee" nach zur Vermeidung willkürlicher Gewinnverschiebungen – ein **grds. Nachholverbot:** Gem. **Abs. 4 S. 1** darf eine Pensionsrückstellung in einem Wj. höchstens um den Unterschied zw. dem TW der Pensionsverpflichtung am Schluss des Wj. und am Schluss des vorangegangenen Wj. erhöht werden **(= Zuführungssoll)**. Eine Nachholung an sich zulässiger, bislang aber unterbliebener Zuführungen zu (auch erstmals zu bildenden)[7] Pensionsrückstellungen (zB bei Minderzuführungen infolge der Wahl eines den Zinsfuß gem. Abs. 3 S. 3 übersteigenden Zinsfußes, bei nicht voller Zuführung des Drittelungsbetrages gem. Abs. 4 S. 3[8] oder bei überhöhten Zuführungen und dadurch ausgelöster Nichtinanspruchnahme der Drittelungsmöglichkeit; auch bei unterbliebener Zuführung durch eine in eine GmbH umgewandelte bisherige Anstalt des öffentl. Rechts[9]; zu niedriger Teilwertansatz infolge eines Berechnungsfehlers in einer früheren Bilanz[10]) ist somit ausgeschlossen. Anders verhält es sich nur, wenn der „richtige" Pensionsansatz auf Betreiben der Finanzbehörde (der Bp) unterblieben, sowie auch in jenen Fällen, in denen die Bildung einer Pensionsrückstellung nach Grund und/oder Höhe in der Vergangenheit nicht zulässig gewesen ist.[11] Krit. bleibt anzumerken, dass jene „Normidee" der Missbrauchsvermeidung infolge der prinzipiellen Passivierungspflicht (Rn. 2) überholt ist; Abs. 4 ist letztlich überflüssig.[12] Da der Gesetzgeber die Regelung aber beibehalten hat, wird ihr in der Rspr. ein eigener stl. „Sinn" unterlegt und kommt sie als formale Passivierungssperre nach wie vor zum Einsatz. Davon abzugrenzen sind allerdings unrichtige Bilanzansätze, die nach Maßgabe des formellen Bilanzzusammenhangs und v. Nachholverbot v. vornherein nicht betroffen zu korrigieren sind.[13]

22 **Ausnahmen** hiervon sind an zwei Bilanzstichtagen zulässig: **(1)** zum Schluss desjenigen Wj., in dem das Dienstverhältnis bei aufrechterhaltener Pensionsanwartschaft endet, **(2)** zum Schluss desjenigen Wj., in dem der Versorgungsfall eintritt, erneut fakultativ verteilt auf das betr. Wj. und auf die beiden folgenden Wj. (**Abs. 4 S. 5**; s. dazu auch Abs. 2 Nr. 2). **Ausnahmen** v. Nachholverbot bestehen **überdies** zB beim Übergang v. der Überschussrechnung zur Bilanzierung (§§ 4 Abs. 1, 5 Abs. 1), bei geänderter Rspr.,[14] bei Änderungen der biometrischen Gegebenheiten,[15] bei zu geringer Rückstellung aufgrund ungerechtfertigter Veranlassung des FA,[16] bei offensichtlich falschen oder versehentlich unterlassenen Rückstellungen, aber nur solcher im Falle eines Berechnungsfehlers,[17] nicht indes eines Rechtsirr-

1 FG Bdbg. v. 23.8.2006 – 2 K 2012/03, EFG 2006, 1746; **aA** *H/V/V*, BetrAVG Bd. II StR[18], Kap. 2 Rn. 671 ff.; s. auch § 52 Abs. 17 S. 2 aF.
2 BGBl. I 2014, 1266.
3 BMF v. 13.4.1999, BStBl. I 1999, 436; eingehend *H/V/V*, BetrAVG Bd. II StR[18], Kap. 2 Rn. 624 ff.; krit. dazu *Prinz*, FR 1999, 420.
4 BFH v. 17.3.2010 – I R 19/09, BFH/NV 2010, 1310.
5 R 6a Abs. 20 S. 2 bis 4 EStR aF.
6 BMF v. 12.3.2010, BStBl. I 2010, 239 Tz. 10.
7 BFH v. 13.2.2008 – I R 44/07, BStBl. II 2008, 673.
8 *H/V/V*, BetrAVG Bd. II StR[18], Kap. 2 Rn. 661. – Die Auffüllung der Drittelungsbeträge des oder der beiden folgenden Wj. bleibt davon unberührt, vgl. FG Berlin v. 26.3.1997 – VIII 236/93, EFG 1998, 28.
9 BFH v. 8.10.2008 – I R 3/06, BStBl. II 2010, 186, mit Anm. *Koch*, BB 2009, 321; *Jahn*, sj. 2009, Nr. 2, 25.
10 BFH v. 14.1.2009 – I R 5/08, BStBl. II 2009, 457.
11 BFH v. 8.10.2008 – I R 3/06, BStBl. II 2010, 186, mit Anm. *Koch*, BB 2009, 321.
12 *Heger*, DStR 2008, 585 (589).
13 Vgl. BFH v. 13.6.2006 – I R 58/05, BStBl. II 2006, 928; v. 13.2.2008 – I R 44/07, BStBl. II 2008, 673.
14 ZB BMF v. 15.12.1982, BStBl. I 1982, 988.
15 S. auch R 6a Abs. 22 EStR.
16 BFH v. 9.11.1995 – IV R 2/93, BStBl. II 1996, 589.
17 FG München v. 13.3.2017 – 7 K 1620/14, EFG 2017, 899 (für eine Rückstellung, die in einem vorangegangenen Wj. aufgrund einer zulässigen Berechnungsmethode niedriger als möglich berechnet worden ist).

tums,[1] ggf. auch bei späteren Bilanzänderungen.[2] Zu indirekter Nachholung kann es bei späteren Leistungsminderungen kommen, indem der bisherige „falsche" TW „stehen gelassen" wird, aber auch bei späteren Leistungserhöhungen; die FinVerw. lässt es zu, die Rückstellung ungeachtet des Fehlbetrages ungekürzt um den Barwert der Leistungserhöhung zu erhöhen.[3] Wird die (erstmalige) Möglichkeit der Fehlbetragsbeseitigung nicht genutzt, ist sie in jedem Fall **verwirkt**. Lediglich beim Ausscheiden des Versorgungsberechtigten mit aufrechterhaltener Anwartschaft ergibt sich eine 2. Nachholmöglichkeit beim nachfolgenden Eintritt des Versorgungsfalls. **Keine Einschränkungen** v. Nachholverbot ergeben sich infolge der zwischenzeitlichen handels- wie steuerrechtl. **Passivierungspflicht** v. Pensionszusagen (Rn. 2); als steuerrechtl. Sondernorm geht Abs. 4 S. 1 den allg. Regeln zur Bilanzberichtigung bei sog. Alt- ebenso wie bei Neuzusagen[4] vor: Führt die handelsbilanzielle Bewertung zu einem Ansatz, der unterhalb des nach § 6a zulässigen Ansatzes liegt, so ist dieser HB-Wert für die Steuerbilanz maßgeblich und bleibt dies auch, wenn sich später ein HB-Wert errechnet, der über jenem der Steuerbilanz liegt.[5] Ebenso wenig kann v. Nachholverbot abgesehen werden, weil dem StPfl. entgegen der Regelungsintention ein Vorwurf willkürlicher Gewinnverschiebungen nicht zu machen ist. – Zu indirekten Ausnahmen v. Nachholverbot bei Auflösung zu niedriger Rückstellungen s. Rn. 23. Bei bereits bestandskräftigen Steuerbescheiden kann ggf. eine Änderung gem. § 173 Abs. 1 Nr. 2 AO in Betracht kommen.[6]

H. Auflösung der Pensionsrückstellung

Nach Eintritt des Versorgungsfalles muss die gebildete Rückstellung (beginnend mit dem folgenden Wj.) in dem Maße aufgelöst werden, in welchem der Barwert der Versorgungslast mit dem fortschreitenden Alter des Berechtigten sinkt (versicherungsmathematische Auflösung). Sie ist gleichermaßen bei **Fortfall oder Minderung** der Versorgungsverpflichtung (zB bei Verzicht oder Herabsetzung) oder bei Wegfall[7] der Voraussetzungen des § 6a aufzulösen (ganz oder ggf. teilw., grds. ohne Verteilungsmöglichkeit).[8] **Rechtsfolge:** stpfl. außerordentlicher Ertrag[9] (§ 275 Abs. 2 Nr. 15, Abs. 3 Nr. 14 HGB). Dieser (idR unerwünschten) Rechtsfolge lässt sich entgegen verschiedentlichen Gestaltungsempfehlungen prinzipiell nicht mittels (isolierten Teil-)Verzichts auf den (v. Zeitpunkt des tatsächlichen Beginns der Dienstzeit, bei beherrschenden Ges'ter-Geschäftsführern v. KapGes. v. Zeitpunkt der Zusageerteilung an)[10] noch nicht erdienten Anwartschaftsteil (sog. **future service**) entgehen; das eine – der **past service** – ist wie das andere – der future service – unselbständiger Teil der einheitl. Gesamtzusage[11] (s. auch zur LSt Rn. 23b). Die FinVerw. ist allerdings zwischenzeitl. umgeschwenkt und vertritt jetzt die Gegenmeinung.[12] Konsequenz dieses Meinungswechsels ist, dass die durch den Verzicht ausgelöste verdeckte Einlage bei der KapGes. aufgrund der speziellen „Verteilungs"-Regelung in § 6a Abs. 3 S. 2 Nr. 1 einen bilanziellen Ertrag entstehen 23

---

1 BFH v. 10.7.2002 – I R 88/01, BStBl. II 2003, 936 = DStR 2002, 1808 mit Anm. *-sch*; dem folgend BMF v. 11.12.2003, BStBl. I 2003, 746; s. auch *B/R/O*[7], StR Rn. A 520; *Korn*, § 6a Rn. 115; einschr. *A/F/R*, 2. Teil Rn. 938; *H/V/V*, BetrAVG Bd. II StR[18], Kap. 2 Rn. 612 f.; *L/B/P*, § 6a Rn. 256 auf Fälle bewussten Handelns; **aA** FG BaWü. v. 15.12.2000 – 9 K 301/96, EFG 2001, 349; FG RhPf. v. 8.9.2005 – 6 K 1613/04, EFG 2005, 1848; FG Köln v. 21.3.2007 – 13 K 2806/04, EFG 2007, 1411; FG BaWü. v. 18.7.2007 – 3 K 82/03, EFG 2007, 1863; offen BFH v. 9.11.1995 – IV R 2/93, BStBl. II 1996, 589: generelles Nachholverbot.

2 *H/V/V*, BetrAVG Bd. II StR[18], Kap. 2 Rn. 622 f.; *Thümmler*, BetrAV 84, 168.

3 FinMin. Nds. v. 16.3.1981, DB 1981, 718.

4 **AA** *Höfer*, DB 2011, 140: nur bezogen auf sog. Altzusagen.

5 BFH v. 13.2.2008 – I R 44/07, BStBl. II 2008, 673; FG Münster v. 9.7.2013 – 11 K 1975/10 F, EFG 2013, 1642 (NZB erfolglos, BFH v. 21.8.2014 – IV B 91/13, juris); *H/V/V*, BetrAVG Bd. II StR[18], Kap. 2 Rn. 618 ff.; FG Hbg. v. 3.11.1992 – I 117/89, EFG 1993, 431; **aA** zB *Frotscher/Geurts*, § 6a Rn. 89; *Büchele*, DB 1999, 67; *Riemer*, BetrAV 2000, 425; *Anders*, GmbHR 2002, 1084.

6 *B/R/O*[7], StR Rn. A 524.

7 Vgl. auch BFH v. 19.8.1998 – I R 92/95, BStBl. II 1999, 387 zum Wegfall der Zusage bei Leistungsablösung durch eine Unterstützungskasse im Versorgungszeitpunkt.

8 Zu Billigkeitsregelungen s. *B/R/O*[7], StR Rn. A 532.

9 Zur Rechtslage beim Verzicht auf die Zusage durch G'ter-Geschäftsführer einer KapGes. s. BFH v. 15.10.1997 – I R 58/93, BStBl. II 1998, 305: außerordentlicher Ertrag bei mangelnder Werthaltigkeit der Pensionsforderung infolge verdeckter Einlage; s. auch BFH v. 8.6.2011 – I R 62/10, BB 2011, 2673 mit Anm. *Felten* (zum Verzicht auf eine noch verfallbare Anwartschaft); dazu auch *Briese*, GmbHR 2008, 568; *Felten*, BB 2011, 2674; *Weppler*, BB 2010, 2042) sowie BFH v. 9.6.1997 – GrS 1/94, BStBl. II 1998, 307 (zur Bewertung).

10 R 6a Abs. 8 S. 1 EStR.

11 Zur Errechnung der Ausgleichswerte von past und future service s. *Siebert*, DStR 2013, 1251.

12 BMF v. 14.8.2012, BStBl. I 2012, 874 (dort auch – und noch weitergehend für den Teilverzicht bei reduziertem Anwartschaftsniveau – für G'ter-Geschäftsführer v. KapGes.; vgl. *Dernberger/Lenz*, DB 2012, 2308; *Bandl*, StuB 2012, 782; s. dazu auch bereits FinMin. NRW v. 17.12.2009, DStR 2010, 603); OFD Nds. v. 15.6.2011 – S 2742 - 202 - St 242 (anders noch OFD Hann. v. 11.8.2009 – S 2742 - 202 - StO 241; dem zustimmend FG Nürnb. v. 27.11.2012 – 1 K 229/11, juris (aus anderen Gründen aufgehoben durch BFH v. 11.9.2013 – I R 28/13, DStR 2014, 635).

lässt, der nicht außerbilanziell korrigiert wird; beim G'ter soll der nicht v. § 6a beeinflusste Verzichtswert idR aber 0 betragen und deshalb keine LSt auslösen (s. aber Rn. 23b).[1]

23a Ansonsten kommt eine Auflösung **nicht** in Betracht (kein Wahlrecht, vgl. § 249 Abs. 2 S. 2 HGB).[2] Bei zu Unrecht aufgelöster Pensionsrückstellung ist die Bilanz zu berichtigen.[3] Zur Teilauflösung der Rückstellung bei einem sog. technischen Rentner s. Rn. 16a. Im Falle einer Leistungsermäßigung darf die Auflösung solange und soweit – bis auf den erforderlichen TW der Versorgungsverpflichtung – aufgeschoben werden, wie eine zuvor zulässige Rückstellung unterblieben ist; erreicht die Rückstellung nicht den TW der Verpflichtung, ist sie solange stehen zu lassen, bis der Barwert für die volle Bewertung der Versorgungsverpflichtung des Versorgungsempfängers erreicht wird (kein Verstoß gegen das Nachholungsverbot, s. Rn. 21).[4]

23b **Beim begünstigten ArbN** führt die Ablösung der Pensionszusage gegen Entgelt oder der Verzicht auf dieselbe regelmäßig zum Zufluss und damit zu stpfl. Arbeitslohn (iHd. TW).[5] So verhält es sich (entgegen einem weithin beliebten Aufteilungsmodell zur „Bereinigung" v. Pensionslasten und der neueren, insoweit „nachgiebigen" Auffassung der FinVerw., s. dazu Rn. 23) auch bei einem „Einfrieren" der bereits gebildeten Rückstellung auf den bereits erdienten Teil (sog. past service) und dem damit einhergehenden (isolierten) Verzicht auf den noch nicht erdienten Anwartschaftsteil (sog. future service, s. Rn. 23), wenn der Teil der entgehenden Versorgung abgefunden wird bzw. bei dessen Auslagerung auf einen anderen Versorgungsträger. LStPfl. Arbeitslohn ergibt sich weiterhin bei Auslagerung der Pensionsverpflichtung auf eine eigens gegründete „Rentner"-GmbH.[6] Übernimmt bei einer KG ein K'dist die Anwartschaft beim Tode des Berechtigten, können sich nachträgliche Einkünfte aus GewBetr. ergeben.[7] Zur Übertragung auf einen Pensionsfonds s. § 4e Rn. 11.

24 Eine v. StPfl. zur Absicherung der Zusage abgeschlossene **Rückdeckungsversicherung** (§ 4d Rn. 16) ist in jedem Fall unabhängig v. der Pensionsrückstellung (Grundsatz der Einzelbewertung, Rn. 1) zu aktivieren.[8] Der Wertansatz der Rückdeckungsansprüche entspricht idR dem (geschäftsplanmäßigen) Deckungskapital beim Versicherer und ist nicht auf den Betrag der nach Maßgabe des § 6a gebildeten Pensionsrückstellung begrenzt.[9] Insbesondere scheidet eine kompensatorische Bewertung v. Pensionsverpflichtung (§ 6a) einerseits und Rückdeckungsversicherung (§ 6) andererseits mangels wechselseitig wertbeeinflussender Korrelationen (auch unter dem Aspekt einer Bewertungseinheit, § 5 Abs. 1a S. 2) aus; § 6a geht als (speziellere) Bewertungsregelung insoweit vor.[10] Eine rückgedeckte Witwenversorgung ist unbeschadet ihrer Bedingtheit durch das Vorversterben des eigentlich Begünstigten einzubeziehen,[11] ebenso eine (unselbständige) kapitalgedeckte Berufsunfähigkeitszusatzversorgung.[12] Die Rückstellung ist jedoch (frühestens) aufzulösen, wenn die Versicherung an den ArbN (mit der Folge des lstpfl. Zuflusses) abgetreten wird und – dann als DirektVers. (§ 4b) – an die Stelle der Direktzusage tritt (zur Änderung des Durchführungsweges s. auch § 4b Rn. 11). Zur abw. stl. Zuordnung unwiderruflich verpfändeter oder unbedingt abgetretener Rückdeckungsversicherungsansprüche an den Begünstigten (§ 39 Abs. 2 Nr. 1 AO) und die damit einhergehende Umwandlung der Versicherung in eine DirektVers. s. § 4b Rn. 3. Ist die so verstandene Versicherung ganz oder zT als vGA zu qualifizieren, sind die Versicherungsprämien infolge ihrer denkbaren Vorteilseignung beim begünstigten G'ter[13] nicht als BA des ArbG abziehbar. – **Nicht zu aktivieren** sollen indes Anwartschaften auf Hinterbliebenenversorgung sein, weil der Versorgungsfall während der Anwartschaftszeit noch aufschiebend bedingt ist. Dass die entspr. Zuführungsbeträge zur Pensionsrückstellung, soweit sie auf die Hinterbliebenenversorgung entfallen, als vGA zu beurteilen sind, ändere daran nichts.[14]

---

1 S. auch (zT kontrovers) *Janssen*, NWB 2010, 772; *Eisgruber*, Ubg 2011, 30; *Risthaus*, DStZ 2010, 212; *Linden*, DStR 2010, 582; *Alt/Stadelbauer*, DStR 2009, 2551; *Böhm/Lehr/Bauer*, BetrAV 2011, 694; *Moorkamp*, StuB 2011, 741; *Altendorf*, GmbHR 2011, 1186; *Killat*, DStZ 2012, 642; *Bandl*, StuB 2012, 782.
2 S. auch BFH v. 22.6.1977 – I R 8/75, BStBl. II 1977, 798.
3 R 6a Abs. 22 S. 3 und 4 EStR.
4 R 6a Abs. 22 S. 4 EStR.
5 BFH v. 12.4.2007 – VI R 6/02, BStBl. II 2007, 581; v. 23.8.2017 – VI R 4/16, GmbHR 2018, 94 m. krit. Anm. *Briese*.
6 BFH v. 12.4.2007 – VI R 6/02, DStR 2007, 894; *Herg/Schramm*, DStR 2007, 1706.
7 BFH v. 17.12.2008 – III R 22/05, BFH/NV 2009, 1409.
8 R 6a Abs. 23 EStR 2016; zur bilanziellen Behandlung s. auch § 4b Rn. 14; BFH v. 28.6.2001 – IV R 41/00, BStBl. II 2002, 724; v. 7.8.2002 – I R 2/02, BStBl. II 2004, 131.
9 BFH v. 25.2.2004 – I R 54/02, BStBl. II 2004, 654; v. 25.2.2004 – I R 8/03, BFH/NV 2004, 1234.
10 BMF v. 25.8.2010, DB 2010, 2024; **aA** *Oecking*, BetrAV 2010, 541; *H/V/V*, BetrAVG Bd. II StR[18], Kap. 6 Rn. 13; *Höfer*, DB 2010, 2076.
11 BFH v. 9.8.2006 – I R 11/06, BStBl. II 2006, 762; v. 23.3.2011 – X R 42/08, FR 2011, 1002.
12 BFH v. 10.6.2009 – I R 67/08, BStBl. II 2010, 32.
13 Abw. v. Normalfall, s. BFH v. 7.8.2002 – I R 2/02, BStBl. II 2004, 131.
14 BFH v. 23.3.2011 – X R 42/08, FR 2011, 1002.

§ 6b Übertragung stiller Reserven bei der Veräußerung bestimmter Anlagegüter

(1) [1]Steuerpflichtige,

die Grund und Boden,

Aufwuchs auf Grund und Boden mit dem dazugehörigen Grund und Boden, wenn der Aufwuchs zu einem land- und forstwirtschaftlichen Betriebsvermögen gehört,

Gebäude oder Binnenschiffe

veräußern, können im Wirtschaftsjahr der Veräußerung von den Anschaffungs- oder Herstellungskosten der in Satz 2 bezeichneten Wirtschaftsgüter, die im Wirtschaftsjahr der Veräußerung oder im vorangegangenen Wirtschaftsjahr angeschafft oder hergestellt worden sind, einen Betrag bis zur Höhe des bei der Veräußerung entstandenen Gewinns abziehen. [2]Der Abzug ist zulässig bei den Anschaffungs- oder Herstellungskosten von

1. Grund und Boden,

   soweit der Gewinn bei der Veräußerung von Grund und Boden entstanden ist,

2. Aufwuchs auf Grund und Boden mit dem dazugehörigen Grund und Boden, wenn der Aufwuchs zu einem land- und forstwirtschaftlichen Betriebsvermögen gehört,

   soweit der Gewinn bei der Veräußerung von Grund und Boden oder der Veräußerung von Aufwuchs auf Grund und Boden mit dem dazugehörigen Grund und Boden entstanden ist,

3. Gebäuden,

   soweit der Gewinn bei der Veräußerung von Grund und Boden, von Aufwuchs auf Grund und Boden mit dem dazugehörigen Grund und Boden oder Gebäuden entstanden ist, oder

4. Binnenschiffen,

   soweit der Gewinn bei der Veräußerung von Binnenschiffen entstanden ist.

[3]Der Anschaffung oder Herstellung von Gebäuden steht ihre Erweiterung, ihr Ausbau oder ihr Umbau gleich. [4]Der Abzug ist in diesem Fall nur von dem Aufwand für die Erweiterung, den Ausbau oder den Umbau der Gebäude zulässig.

(2) [1]Gewinn im Sinne des Absatzes 1 Satz 1 ist der Betrag, um den der Veräußerungspreis nach Abzug der Veräußerungskosten den Buchwert übersteigt, mit dem das veräußerte Wirtschaftsgut im Zeitpunkt der Veräußerung anzusetzen gewesen wäre. [2]Buchwert ist der Wert, mit dem ein Wirtschaftsgut nach § 6 anzusetzen ist.

(2a) [1]Werden im Wirtschaftsjahr der Veräußerung der in Absatz 1 Satz 1 bezeichneten Wirtschaftsgüter oder in den folgenden vier Wirtschaftsjahren in Absatz 1 Satz 2 bezeichnete Wirtschaftsgüter angeschafft oder hergestellt oder sind sie in dem der Veräußerung vorangegangenen Wirtschaftsjahr angeschafft oder hergestellt worden, die einem Betriebsvermögen des Steuerpflichtigen in einem anderen Mitgliedstaat der Europäischen Union oder des Europäischen Wirtschaftsraums zuzuordnen sind, kann auf Antrag des Steuerpflichtigen die festgesetzte Steuer, die auf den Gewinn im Sinne des Absatzes 2 entfällt, in fünf gleichen Jahresraten entrichtet werden; die Frist von vier Jahren verlängert sich bei neu hergestellten Gebäuden auf sechs Jahre, wenn mit ihrer Herstellung vor dem Schluss des vierten auf die Veräußerung folgenden Wirtschaftsjahres begonnen worden ist. [2]Der Antrag kann nur im Wirtschaftsjahr der Veräußerung der in Absatz 1 Satz 1 bezeichneten Wirtschaftsgüter gestellt werden. [3]§ 36 Absatz 5 Satz 2 bis 5 ist sinngemäß anzuwenden. [4]Unterbleibt der Nachweis einer in Satz 1 genannten Anschaffung oder Herstellung durch den Steuerpflichtigen, sind für die Dauer des durch die Ratenzahlung gewährten Zahlungsaufschubs Zinsen in entsprechender Anwendung des § 234 der Abgabenordnung zu erheben. [5]Unterschreiten die Anschaffungs- oder Herstellungskosten der angeschafften oder hergestellten Wirtschaftsgüter den Gewinn im Sinne des Absatzes 2, gilt Satz 4 mit der Maßgabe, dass die Zinsen nur auf den Unterschiedsbetrag erhoben werden. [6]Bei der Zinsberechnung ist davon auszugehen, dass der Unterschiedsbetrag anteilig auf alle Jahresraten entfällt.

(3) [1]Soweit Steuerpflichtige den Abzug nach Absatz 1 nicht vorgenommen haben, können sie im Wirtschaftsjahr der Veräußerung eine den steuerlichen Gewinn mindernde Rücklage bilden. [2]Bis zur Höhe dieser Rücklage können sie von den Anschaffungs- oder Herstellungskosten der in Absatz 1 Satz 2 bezeichneten Wirtschaftsgüter, die in den folgenden vier Wirtschaftsjahren angeschafft oder hergestellt worden sind, im Wirtschaftsjahr ihrer Anschaffung oder Herstellung ei-

nen Betrag unter Berücksichtigung der Einschränkungen des Absatzes 1 Satz 2 bis 4 abziehen. [3]Die Frist von vier Jahren verlängert sich bei neu hergestellten Gebäuden auf sechs Jahre, wenn mit ihrer Herstellung vor dem Schluss des vierten auf die Bildung der Rücklage folgenden Wirtschaftsjahres begonnen worden ist. [4]Die Rücklage ist in Höhe des abgezogenen Betrags gewinnerhöhend aufzulösen. [5]Ist eine Rücklage am Schluss des vierten auf ihre Bildung folgenden Wirtschaftsjahres noch vorhanden, so ist sie in diesem Zeitpunkt gewinnerhöhend aufzulösen, soweit nicht ein Abzug von den Herstellungskosten von Gebäuden in Betracht kommt, mit deren Herstellung bis zu diesem Zeitpunkt begonnen worden ist; ist die Rücklage am Schluss des sechsten auf ihre Bildung folgenden Wirtschaftsjahres noch vorhanden, so ist sie in diesem Zeitpunkt gewinnerhöhend aufzulösen.

(4) [1]Voraussetzung für die Anwendung der Absätze 1 und 3 ist, dass

1. der Steuerpflichtige den Gewinn nach § 4 Absatz 1 oder § 5 ermittelt,
2. die veräußerten Wirtschaftsgüter im Zeitpunkt der Veräußerung mindestens sechs Jahre ununterbrochen zum Anlagevermögen einer inländischen Betriebsstätte gehört haben,
3. die angeschafften oder hergestellten Wirtschaftsgüter zum Anlagevermögen einer inländischen Betriebsstätte gehören,
4. der bei der Veräußerung entstandene Gewinn bei der Ermittlung des im Inland steuerpflichtigen Gewinns nicht außer Ansatz bleibt und
5. der Abzug nach Absatz 1 und die Bildung und Auflösung der Rücklage nach Absatz 3 in der Buchführung verfolgt werden können.

[2]Der Abzug nach den Absätzen 1 und 3 ist bei Wirtschaftsgütern, die zu einem land- und forstwirtschaftlichen Betrieb gehören oder der selbständigen Arbeit dienen, nicht zulässig, wenn der Gewinn bei der Veräußerung von Wirtschaftsgütern eines Gewerbebetriebs entstanden ist.

(5) An die Stelle der Anschaffungs- oder Herstellungskosten im Sinne des Absatzes 1 tritt in den Fällen, in denen das Wirtschaftsgut im Wirtschaftsjahr vor der Veräußerung angeschafft oder hergestellt worden ist, der Buchwert am Schluss des Wirtschaftsjahres der Anschaffung oder Herstellung.

(6) [1]Ist ein Betrag nach Absatz 1 oder 3 abgezogen worden, so tritt für die Absetzungen für Abnutzung oder Substanzverringerung oder in den Fällen des § 6 Absatz 2 und Absatz 2a im Wirtschaftsjahr des Abzugs der verbleibende Betrag an die Stelle der Anschaffungs- oder Herstellungskosten. [2]In den Fällen des § 7 Absatz 4 Satz 1 und Absatz 5 sind die um den Abzugsbetrag nach Absatz 1 oder 3 geminderten Anschaffungs- oder Herstellungskosten maßgebend.

(7) Soweit eine nach Absatz 3 Satz 1 gebildete Rücklage gewinnerhöhend aufgelöst wird, ohne dass ein entsprechender Betrag nach Absatz 3 abgezogen wird, ist der Gewinn des Wirtschaftsjahres, in dem die Rücklage aufgelöst wird, für jedes volle Wirtschaftsjahr, in dem die Rücklage bestanden hat, um 6 Prozent des aufgelösten Rücklagenbetrags zu erhöhen.

(8) [1]Werden Wirtschaftsgüter im Sinne des Absatzes 1 zum Zweck der Vorbereitung oder Durchführung von städtebaulichen Sanierungs- oder Entwicklungsmaßnahmen an einen der in Satz 2 bezeichneten Erwerber übertragen, sind die Absätze 1 bis 7 mit der Maßgabe anzuwenden, dass

1. die Fristen des Absatzes 3 Satz 2, 3 und 5 sich jeweils um drei Jahre verlängern und
2. an die Stelle der in Absatz 4 Nummer 2 bezeichneten Frist von sechs Jahren eine Frist von zwei Jahren tritt.

[2]Erwerber im Sinne des Satzes 1 sind Gebietskörperschaften, Gemeindeverbände, Verbände im Sinne des § 166 Absatz 4 des Baugesetzbuchs, Planungsverbände nach § 205 des Baugesetzbuchs, Sanierungsträger nach § 157 des Baugesetzbuchs, Entwicklungsträger nach § 167 des Baugesetzbuchs sowie Erwerber, die städtebauliche Sanierungsmaßnahmen als Eigentümer selbst durchführen (§ 147 Absatz 2 und § 148 Absatz 1 Baugesetzbuch).

(9) Absatz 8 ist nur anzuwenden, wenn die nach Landesrecht zuständige Behörde bescheinigt, dass die Übertragung der Wirtschaftsgüter zum Zweck der Vorbereitung oder Durchführung von städtebaulichen Sanierungs- oder Entwicklungsmaßnahmen an einen der in Absatz 8 Satz 2 bezeichneten Erwerber erfolgt ist.

(10) [1]Steuerpflichtige, die keine Körperschaften, Personenvereinigungen oder Vermögensmassen sind, können Gewinne aus der Veräußerung von Anteilen an Kapitalgesellschaften bis zu einem Betrag von 500 000 Euro auf die im Wirtschaftsjahr der Veräußerung oder in den folgenden zwei Wirtschaftsjahren angeschafften Anteile an Kapitalgesellschaften oder angeschafften oder her-

gestellten abnutzbaren beweglichen Wirtschaftsgüter oder auf die im Wirtschaftsjahr der Veräußerung oder in den folgenden vier Wirtschaftsjahren angeschafften oder hergestellten Gebäude nach Maßgabe der Sätze 2 bis 10 übertragen. [2]Wird der Gewinn im Jahr der Veräußerung auf Gebäude oder abnutzbare bewegliche Wirtschaftsgüter übertragen, so kann ein Betrag bis zur Höhe des bei der Veräußerung entstandenen und nicht nach § 3 Nummer 40 Satz 1 Buchstabe a und b in Verbindung mit § 3c Absatz 2 steuerbefreiten Betrags von den Anschaffungs- oder Herstellungskosten für Gebäude oder abnutzbare bewegliche Wirtschaftsgüter abgezogen werden. [3]Wird der Gewinn im Jahr der Veräußerung auf Anteile an Kapitalgesellschaften übertragen, mindern sich die Anschaffungskosten der Anteile an Kapitalgesellschaften in Höhe des Veräußerungsgewinns einschließlich des nach § 3 Nummer 40 Satz 1 Buchstabe a und b in Verbindung mit § 3c Absatz 2 steuerbefreiten Betrags. [4]Absatz 2, Absatz 4 Satz 1 Nummer 1, 2, 3, 5 und Satz 2 sowie Absatz 5 sind sinngemäß anzuwenden. [5]Soweit Steuerpflichtige den Abzug nach den Sätzen 1 bis 4 nicht vorgenommen haben, können sie eine Rücklage nach Maßgabe des Satzes 1 einschließlich des nach § 3 Nummer 40 Satz 1 Buchstabe a und b in Verbindung mit § 3c Absatz 2 steuerbefreiten Betrags bilden. [6]Bei der Auflösung der Rücklage gelten die Sätze 2 und 3 sinngemäß. [7]Im Fall des Satzes 2 ist die Rücklage in gleicher Höhe um den nach § 3 Nummer 40 Satz 1 Buchstabe a und b in Verbindung mit § 3c Absatz 2 steuerbefreiten Betrag aufzulösen. [8]Ist eine Rücklage am Schluss des vierten auf ihre Bildung folgenden Wirtschaftsjahres noch vorhanden, so ist sie in diesem Zeitpunkt gewinnerhöhend aufzulösen. [9]Soweit der Abzug nach Satz 6 nicht vorgenommen wurde, ist der Gewinn des Wirtschaftsjahres, in dem die Rücklage aufgelöst wird, für jedes volle Wirtschaftsjahr, in dem die Rücklage bestanden hat, um 6 Prozent des nicht nach § 3 Nummer 40 Satz 1 Buchstabe a und b in Verbindung mit § 3c Absatz 2 steuerbefreiten aufgelösten Rücklagenbetrags zu erhöhen. [10]Für die zum Gesamthandsvermögen von Personengesellschaften oder Gemeinschaften gehörenden Anteile an Kapitalgesellschaften gelten die Sätze 1 bis 9 nur, soweit an den Personengesellschaften und Gemeinschaften keine Körperschaften, Personenvereinigungen oder Vermögensmassen beteiligt sind.

§ 9a EStDV, abgedruckt bei § 7 EStG

Literatur: *Bannes/Holle*, Die Stundung des § 6b Abs. 2a EStG als mildes Mittel – Anmerkung zur Neuregelung, IStR 2016, 411; *Bolk*, Passivierung einer Rücklage nach § 6b EStG nach dem Ausscheiden aus einer Mitunternehmerschaft, DStR 2015, 1355; *Bolk*, Abzug stiller Reserven nach § 6b EStG in einem anderen Betrieb – Anm. zum Urt. des FG Münster v. 13.5.2016 – 7 K 716/13 E, DStR 2017, 976; *Eggert/Kasanmascheff*, Europarechtskonforme Neugestaltung des § 6b EStG, Stbg. 2013, 256; *Gerrit*, Europarechtswidrigkeit des § 6b EStG, StuB 2015, 483; *Gerrit/Tigges*, Europäisierung des § 6b EStG durch das Steueränderungsgesetz – Überblick und Analyse anhand von Beispielsfällen, StuB 2016, 858; *Grefe*, Begünstigung von EU-/EWR-Reinvestitionen nach § 6b Abs. 2a EStG, DStZ 2016, 439; *Kanzler*, Umsetzung der EuGH-Entscheidung zum Inlandsbezug des § 6b EStG durch das StÄndG 2015, IWB 2015, 3814;

Kühner, Bilanzielle Darstellung der § 6b EStG-Rücklage – Überblick und Beispiele aus der Sicht des bilanzerstellenden Beraters, EStB 2014, 411; *Lipp/Vogel*, Übertragung stiller Reserven unter Privilegierung des § 6b EStG – Der Inlandsbezug der Regelung ist europarechtswidrig, DStZ 2015, 681; *Loschelder*, Zinslose Steuerstundung für Reinvestitionen in das Betriebsvermögen einer EU-/EWR-Betriebsstätte – Überlegungen zu § 6b Abs. 2a EStG (Steueränderungsgesetz 2015), DStR 2016, 9; *Marcziniak/Gebhardt/Buchholz*, Zur Neuregelung in § 6b Abs. 2a EStG i.R.d. Steueränderungesetzes 2015, Ubg 2015, 685; *Neu/Hamacher*, Bilanz- und gewerbesteuerliche Fragen und Risiken der Bildung und Auflösung von 6b-Rücklagen bei Veräußerung des gesamten Mitunternehmeranteils, GmbHR 2016, 1; *Neufang/Schäfer*, Steueroptimierung durch § 6b, § 6c EStG sowie die Rücklage für Ersatzbeschaffung, StB 2017, 127; *Schiefer*, Steuerstundung bei grenzüberschreitender Übertragung stiller Reserven, IWB 2015, 539; *Schiefer/Scheuch*, Zur Steuerstundung bei virtuell grenzüberschreitender Übertragung stiller Reserven – Kritische Analyse des neuen § 6b Abs. 2a EStG, FR 2016, 11; *Schießl*, Rückwirkende Bildung einer Rücklage nach § 6c EStG, StuB 2016, 567; *Schmudlach*, Übertragungsmöglichkeiten einer Rücklage nach § 6b EStG bei mehrstöckigen Personengesellschaften, StuB 2016, 132; *Vogel/Cortez*, Zur Europarechtskonformität der Bezugnahme auf eine „inländische Betriebsstätte" in den §§ 6b und 7g EStG, FR 2015, 437; *Zöller/Gläser*, Umstrukturierungen und grenzüberschreitende Reinvestitionen: Praktische Auswirkungen des Steueränderungsgesetzes 2015 für Unternehmen, BB 2016, 663; frühere Literatur s. 10. Aufl. und 14. Aufl.

A. Grundaussagen der Vorschrift

1 **I. Regelungsgegenstand und Ratio der Vorschrift.** § 6b[1] gestattet als grds. **personenbezogene Begünstigung**[2] die **Übertragung stiller Reserven**[3], die während einer längeren Zeit (grds. sechs Jahre) bei bestimmten WG des Anlagevermögens (Veräußerungsobjekte) gebildet und bei einer dann erfolgenden Veräußerung aufgedeckt werden, auf bestimmte Reinvestitionsobjekte, sodass ein etwaiger Veräußerungsgewinn nicht sofort als Ertrag versteuert werden muss. Unter den Voraussetzungen einer Gewinnermittlung nach § 4 Abs. 1 oder § 5 (Abs. 4 S. 1 Nr. 1), der Veräußerung bestimmter WG (Abs. 1 S. 1, Abs. 10), der sechsjährigen Zugehörigkeit der veräußerten WG zum Anlagevermögen einer inländ. Betriebsstätte (Abs. 4 S. 1 Nr. 2), der Erzielung eines im Inland stpfl. Veräußerungsgewinns (Abs. 1 S. 1, Abs. 2/4 S. 1 Nr. 4), und der buchmäßigen Verfolgbarkeit der Übertragung (Abs. 4 S. 1 Nr. 5), können die durch die Veräußerung aufgedeckten stillen Reserven entweder v. den AK oder HK bestimmter WG (Abs. 1 S. 2; Abs. 4 S. 2; Abs. 10), die zum Anlagevermögen einer inländ. Betriebsstätte gehören (Abs. 4 S. 1 Nr. 3), im Wj. der Veräußerung (Abs. 1 S. 1, Abs. 4 S. 1 Nr. 5) abgezogen werden oder es kann eine Rücklage gebildet und in ein späteres Wj. übertragen werden (Abs. 3, 4 S. 1 Nr. 5; Abs. 10). Dadurch sollen die Veräußerungen v. nicht mehr benötigten Bestandteilen des BV erleichtert, die hieraus resultierenden Gewinne dem StPfl. zur Finanzierung der AK/HK bestimmter Neuinvestitionen erhalten und so Modernisierung und Rationalisierung des Betriebs, Standortverlegungen, Strukturänderungen oder auch die Änderung v. Beteiligungsverhältnissen begünstigt werden.[4] Der StPfl. soll durch § 6b bilanziell so gestellt werden, als befinde sich das veräußerte WG nach wie vor in seinem BV. Das veräußerte WG soll im Ersatz-WG bilanziell fortbestehen.[5]

1a **II. Technik der Bilanzierung bei § 6b.** Stille Reserven werden auf ein Reinvestitionsobjekt, das bereits vor dem Wj. der Veräußerung des ausscheidenden WG oder in diesem Wj. angeschafft oder hergestellt wurde, übertragen. Dies geschieht durch sofortige Absetzung des sich durch die Veräußerung ergebenden Gewinns (= aufgedeckte stille Reserven[6]) v. den AK oder HK des neuen WG. Das Reinvestitionsobjekt wird mit dem nach dem Abzug verbleibenden Restbetrag der AK/HK aktiviert. Die Übertragung stiller Reserven auf ein Reinvestitionsobjekt, das in einer späteren Periode angeschafft oder hergestellt wird, geschieht im Wege der Bildung einer stfreien Rücklage in der Schlussbilanz des zu veräußernden Betriebs[7] im Wj. der Veräußerung in Höhe des durch die Veräußerung entstandenen Gewinns. Bei späterer Anschaffung/Herstellung eines Reinvestitionsobjekts ist die Rücklage aufzulösen und das Reinvestitionsobjekt ist mit den um den aufgelösten Betrag verminderten AK/HK zu aktivieren, sodass die an sich gewinnerhöhende Wirkung der Auflösung der Rücklage neutralisiert wird.[8] Die bei der Veräußerung eines WG aufgedeckten stillen Reserven können auch zT auf WG, die im Wj. der Veräußerung oder vorher angeschafft oder hergestellt wurden, und zT auf in späteren Wj. angeschaffte oder hergestellte WG übertragen werden. Die Versteuerung der stillen Reserven wird durch die Übertragung nicht aufgehoben, sondern lediglich

---

1 IdF des EStG v. 8.10.2009 (BGBl. I 2009, 3366).
2 BFH v. 22.8.2012 – X R 21/09, FR 2013, 218 m. Anm. *Wendt* = DStR 2012, 2172 (2173).
3 Dies geschieht ohne Antrag alleine durch entspr. Buchung und Bilanzierung, dazu Rn. 26.
4 BT-Drucks. IV/2400, 46, 62; IV/2617, 3 ff.
5 *Schön*, Gewinnübertragungen bei PersGes. nach § 6b EStG, 1986, 7 ff.; zur bilanziellen Erfassung vgl. *Eisele/Knobloch*, DB 2005, 1349 ff.; auch zu § 15a *Strahl*, FR 2005, 797 (798 f.).
6 Vgl. aber bei Veräußerung v. Anteilen an KapGes. § 6b Abs. 10.
7 BFH v. 19.12.2012 – IV R 41/09, BStBl. II 2013, 313 = FR 2013, 510 m. Anm. *Kanzler*.
8 Zur Übertragung der Rücklage im Wege der „Brutto-" oder „Nettomethode" *H/H/R*, § 6b Anm. 94.

aufgeschoben. Sie wird bei Übertragung auf ein nicht abnutzbares WG bei der Entnahme oder Veräußerung des Reinvestitionsobjekts nachgeholt, bei Übertragung auf ein abnutzbares WG in der Weise, dass die AfA für das Reinvestitionsgut wegen der Minderung der AK/HK um die übertragenen stillen Reserven niedriger ist, als sie auf der Basis der tatsächlichen AK/HK wäre. Wird eine nach Abs. 3 gebildete Rücklage gewinnerhöhend aufgelöst und werden die realisierten stillen Reserven nicht vollständig zur Reinvestition verwendet, so ist der durch die verzögerte Versteuerung entstehende **Zinsvorteil** gem. Abs. 7 durch Erhöhung des Gewinns auszugleichen (Rn. 32).

III. Entwicklung und Anwendungsbereich der Vorschrift. § 6b wurde mehrfach geändert[1]. Maßgebliche Änderungen hat § 6b durch das **StEntlG 1999/2000/2002** erfahren:[2] Anlagen im Grund und Boden (zB Be- und Entwässerungsanlagen, Brunnen, Schleusen, Brücken), abnutzbare bewegliche WG, Schiffe (anders ab 2006 für Binnenschiffe) und lebendes Inventar kommen nicht mehr als **Veräußerungsgegenstand** in Betracht (Abs. 1 S. 1 aF). Abgeschafft wurde die Übertragung aufgedeckter stiller Reserven auf abnutzbare bewegliche WG (Abs. 1 S. 2 Nr. 1 aF) und auf Anteile einer nach dem G über UnternehmensbeteiligungsGes. v. 17.12.1986 (UBGG)[3] anerkannten UnternehmensbeteiligungsGes. an KapGes. (Abs. 1 S. 2 Nr. 5 S. 1 aF). Der gewerbestl. Vorteil der UnternehmensbeteiligungsGes. bleibt jedoch bestehen, da der bisherige Wortlaut des § 6b Abs. 1 S. 2 Nr. 5 nahezu unverändert in § 3 Nr. 23 GewStG übernommen wurde. Der Gewinn wird nunmehr grds. zu 100 % übertragen. Die Neuregelungen durch das StEntlG 1999/2000/2002 gelten gem. § 52 Abs. 18 für **Veräußerungen** (Übergang des wirtschaftlichen Eigentums) **nach dem 31.12.1998**. Aus nach diesem Zeitpunkt veräußerten WG, die nur nach alter Rechtslage begünstigt waren, können keine stillen Reserven übertragen werden und nach diesem Zeitpunkt realisierte stille Reserven können nicht mehr auf Reinvestitionsobjekte übertragen werden, die als solche nur nach alter Rechtslage geeignet waren. Bei **MU'schaften** war mit Änderung des Abs. 4 S. 1 Nr. 3 und Einführung des Abs. 10 durch das StEntlG 1999/2000/2002 in Abkehr v. der bisherigen Rechtslage eine rechtsträgerbezogene Betrachtungsweise maßgebend (Rn. 3, 21). Soweit WG des Gesamthandsvermögens einer PersGes. oder Gemeinschaft betroffen waren, trat für die § 6b-Begünstigung an die Stelle des StPfl. die PersGes. oder die Gemeinschaft. Hinsichtlich der WG des Gesamthandsvermögens musste die PersGes. oder Gemeinschaft selbst Veräußerer und Reinvestor sein; eine Reinvestition war nur im BV der PersGes. oder Gemeinschaft möglich. Die im Sonder-BV des MU'ers aufgedeckten stillen Reserven konnten auch nicht auf das Gesamthandsvermögen einer Schwestergesellschaft übertragen werden; selbst dann nicht, wenn der MU'er als Einziger an der Schwestergesellschaft beteiligt war.[4] 1b

Durch das Unternehmenssteuerfortentwicklungsgesetz (UntStFG[5]) und ergänzend durch das G v. 23.7. 2002[6] wurde § 6b erneut geändert. Seit 1.1.2002 gilt danach bei PersGes. und Gemeinschaften durch Wiedereinführung des Abs. 4 S. 1 Nr. 3 aF und Änderung v. Abs. 10 – nunmehr Reinvestitionsmöglichkeit für Gewinne aus der Veräußerung v. Anteilen an KapGes. – wieder die durch das StEntlG 1999/2000/2002 zuvor abgeschaffte **personen- oder gesellschafterbezogene Betrachtungsweise** (§ 52 Abs. 18a).[7] Dies entspricht § 6 Abs. 5 S. 3 nach Wiedereinführung des MU'er-Erlasses.[8] Nach Abs. 4 S. 1 Nr. 3 nF genügt es, wenn die Reinvestitionsgüter zum Anlagevermögen einer inländ. Betriebsstätte gehören (anders noch Abs. 4 S. 1 Nr. 3 idF des StEntlG 1999/2000/2002: inländ. Betriebsstätte eines Betriebs des StPfl.). Der Gewinn aus der Veräußerung v. WG des Gesamthandsvermögens kann anteilig auch v. den AK/HK v. Reinvestitionsgütern im Einzel- oder Sonder-BV eines MU'ers abgezogen werden. Der Gewinn aus der Veräußerung v. WG im Einzel- oder Sonder-BV eines MU'ers kann v. dem Teil der AK/HK v. Reinvestitionsgütern im Gesamthandsvermögen der PersGes. oder Gemeinschaft abgezogen werden, der entspr. der Beteiligungsquote des MU'ers an der PersGes. oder Gemeinschaft auf ihn entfällt.[9] Die Rücklage ist auch dann in der Sonderbilanz zu bilden, die v. der MU'schaft aufgestellt werden muss, wenn der MU'er bis zum Bilanzstichtag aus der Ges. ausgeschieden ist.[10] Auch eine bereits gebildete Rücklage ist nach dem 1c

1 Zur Gesetzesentwicklung *H/H/R*, § 6b Anm. 2; *K/S/M*, § 6b Rn. A 65 ff.
2 BStBl. I 1999, 304 (307 f.).
3 BStBl. I 1987, 181 ff., geändert durch das 2. und 3. FinanzmarktförderungsG v. 26.7.1994 BGBl. I 1994, 1749 (1780) und v. 24.3.1998 BGBl. I 1998, 529 (560).
4 BFH v. 9.2.2006 – IV R 23/04, BStBl. II 2006, 538 = FR 2006, 689 m. Anm. *Kanzler*.
5 BGBl. I 2001, 3858.
6 BGBl. I 2002, 2715.
7 *Siebrasse/Weber*, StB 2004, 287 (288); *H/H/R*, § 6b Anm. 25.
8 Vgl. *Linklaters/Oppenhoff/Rädler*, DB 2002, Beil. Nr. 1, 1 (20).
9 Zu den Übertragungsmöglichkeiten s. *Jachmann*, DStZ 2002, 203 (211); *Kanzler*, FR 2002, 117 (121); zur gesellschafterbezogenen Betrachtungsweise bei mehrstöckigen Personengesellschaften vgl. *Kortendick*, Ubg 2013, 425 (430 ff.).
10 BFH v. 25.1.2006 – IV R 14/04, BStBl. II 2006, 418; vgl. auch *Bolk*, DStR 2015, 1355.

Ausscheiden eines MU'ers iRd. Gewinnermittlung der MU'schaft fortzuführen.[1] Nach Maßgabe der gesellschafterbezogenen Betrachtungsweise ist eine steuerneutrale Übertragung auch erreichbar, wenn nach § 6 Abs. 5 eine Buchwertübertragung nicht möglich ist.[2] Die gesellschafterbezogene Betrachtung gilt auch für KapGes. als MU'er.[3] Zu ihren Auswirkungen auf die Vorbesitzzeit gem. § 6b Abs. 4 S. 1 Nr. 2 vgl. Rn. 16, zur Begünstigung der Veräußerung eines MU'anteils vgl. Rn. 8.

1d Mit dem G zur stl. Förderung v. Wachstum und Beschäftigung[4] wurde mit Abs. 1 S. 2 Nr. 4 nF die Möglichkeit geschaffen, dass die bei der Veräußerung eines Binnenschiffes aufgedeckten stillen Reserven auf neu erworbene Binnenschiffe übertragen werden können (dazu Rn. 6). Die bisherige Befristung dieser Vorschrift bis einschließlich 2010 durch § 52 Abs. 18b wurde durch das JStG 2010 aufgehoben.[5]

1e Durch das G über stl. Begleitmaßnahmen zur Einführung der Europäischen Ges. und zur Änderung weiterer stl. Vorschriften (SEStEG[6]) wurde die Begünstigung v. einbringungsgeborenen Anteilen iSd. § 21 UmwStG aF (§ 6b Abs. 10 S. 11) als Folge der Neukonzeption des Einbringungsteils in §§ 20ff. UmwStG gestrichen. Die Begünstigung besteht jedoch für einbringungsgeborene Anteile iSd. § 21 UmwStG in der am 12.12.2006 geltenden Fassung auch weiterhin nach § 6b Abs. 10 S. 11 aF fort.[7] Infolge der Einführung der Abzugsmöglichkeit des § 6 Abs. 2a durch das UntStRefG[8] tritt nach § 6b Abs. 6 S. 1 an die Stelle der historischen AK/HK der durch den Abzug geminderte Betrag.

1f Durch das G zur Umsetzung der Amtshilferichtlinie sowie zur Änderung stl. Vorschriften (AmtshilfeRLUmsG)[9] wurde § 6b in Abs. 5 und 8 wegen Sprach- und Verweisungsfehlern redaktionell geändert, ohne dass hiermit eine inhaltliche Änderung verbunden wäre.

2 **IV. Verhältnis von § 6b zum Unionsrecht und anderen steuerlichen Begünstigungen.** § 6b steht grds. im Einklang mit **EU-Recht.**[10] Der Ausschluss der Übertragung stiller Reserven eines veräußerten WG auf ein angeschafftes oder hergestelltes WG, das nicht zum Anlagevermögen einer **inländ. Betriebsstätte** gehört (§ 6b Abs. 4 S. 1 Nr. 3), verletzt nach jüngst ergangener zutr. Auffassung des EuGH die Niederlassungsfreiheit des Art. 49 AEUV, da die Gefahr der Entstrickung stiller Reserven aus der nationalen Besteuerungshoheit eine Einschränkung der Niederlassungsfreiheit grds. nicht rechtfertigen kann.[11] Als Reaktion hierauf wurde durch das StÄndG 2015[12] ein **neuer Abs. 2a** in § 6b eingefügt. Es besteht nunmehr in allen noch offenen Fällen (§ 52 Abs. 14 S. 1 idF des StÄndG 2015)[13] die Möglichkeit, auf Antrag des StPfl. die auf den Veräußerungsgewinn entfallende Steuer auf einen Zeitraum von fünf Jahren zu verteilen, wodurch es zu einer – ggf. zu verzinsenden[14] – **Steuerstundung** kommt (vgl. Rn. 10a). Die Vorschrift entspricht – mit Ausnahme der Verzinsung – insoweit bereits vergleichbaren Regelungen zur sog. Wegzugsbesteuerung in §§ 4g, 36 Abs. 5[15] und ist insoweit auch unionsrechtskonform.[16] Dies gilt jedoch nicht für

1 *Bolk*, DStR 2015, 1355; *Blümich*, § 6b Rn. 261; **aA** FinMin. SchlHol. v. 2.9.2014 – VI 306 - S 2139, DStR 2014, 2180; *Neu/Hamacher*, GmbHR 2016, 1 (5): Rücklage im „Rest-BV" des MU'ers abbilden.

2 Vgl. R 6b.2 Abs. 7 Nr. 4 EStR; *Strahl*, FR 2005, 797; *Carlé/Korn/Stahl/Strahl*, PersGes., 2006, Rz. G/2; speziell zu Schwester-PersGes. *Niehus*, FR 2005, 278 (283 ff.); OFD Koblenz v. 23.12.2003, DStR 2004, 314; **einschränkend** OFD Ffm. v. 11.10.2013 – S 2241 A - 117 - St 213, juris, bei Übertragung von Grundstücken zwischen beteiligungsidentischen Schwester-PersGes. lediglich gegen Gewährung von Gesellschaftsrechten.

3 Vgl. OFD München/Nürnb. v. 30.4.1999, EStB 1999, 108; *Eisele/Knobloch*, DB 2005, 1349 mwN.

4 BStBl. I 2006, 350.

5 BGBl. I 2010, 1768.

6 BStBl. I 2007, 4.

7 Allgemein zur Anwendbarkeit von § 6b auf einen Einbringungsgewinn I (§ 22 Abs. 1 Satz 1 UmwStG) vgl. *Orth*, DStR 2011, 1541.

8 BStBl. I 2007, 630.

9 BGBl. I 2013, 1809.

10 Zur unionsrechtswidrigen Erweiterung durch § 52 Abs. 8 für das Beitrittsgebiet für die Jahre 1996–1998 vgl. EuGH v. 19.9.2000 – Rs. C-156/98, BStBl. II 2001, 47 und § 52 Abs. 59d; zur angeblichen Unionsrechtswidrigkeit von § 6b Abs. 4 S. 1 Nr. 2 EStG wg. des erforderlichen Inlandsbezugs vgl. Vertragsverletzungsverfahren der EU-Kommission Nr. 2012/4037, eingeleitet durch Beschl. v. 15.2.2017; *Schmidt*[37], § 6b Rn. 6.

11 EuGH v. 16.4.2015 – Rs. C-591/14, BB 2015, 1263.

12 G v. 2.11.2015, BGBl. I 2015, 1834.

13 BFH v. 22.6.2017 – VI R 84/14, DStR 2017, 1864; BMF v. 7.3.2018 – IV C 6 - S 2139/17/10001 :001, BStBl. I 2018, 309.

14 Vgl. § 6b Abs. 2a S. 5 und 6, § 52 Abs. 14 S. 3 idF des G zur Vermeidung von Umsatzsteuerausfällen beim Handel mit Waren im Internet und zur Änderung weiterer stl. Vorschriften v. 11.12.2018, BGBl. I 2018, 2338.

15 BT-Drucks. 18/6094, 81 f.

16 BFH v. 22.6.2017 – VI R 84/14, DStR 2017, 1941 mwN; BT-Drucks. 18/6094, 81 f.; *K/S/M*, § 6b Rn. Ca 2; **einschr.** *Prinz*, GmbHR 2015, R 257; **aA** *Kanzler*, FR 2015, 467 (gesonderte Feststellung der stillen Reserven für Zwecke der späteren Besteuerung); *H/H/R*, § 6b Anm. 3; *Marcziniak/Gebhardt/Buchholz*, Ubg 2015, 685 (688 f.); *Zöller/Gläser*, BB 2016, 663 (668).

die sofort anfallende GewSt.[1] Unionsrechtswidrig bleibt auch die Rechtslage für die Veräußerung von Beteiligungen nach Abs. 10, da hierfür die Neuregelung in Abs. 2a nicht gilt.[2]

Zw. der Bildung einer **RfE**[3] (§ 4 Rn. 256 „Rücklage für Ersatzbeschaffung") und § 6b kann der StPfl. wählen,[4] ohne sich bei der Bildung der Rücklage auf eine der beiden Möglichkeiten festlegen zu müssen;[5] sie sind aber bezogen auf dasselbe WG und dieselben stillen Reserven alternativ.[6] Dagegen muss eine RfE und eine § 6b-Rücklage, die aus der Veräußerung v. zwei WG stammen, auf ein Reinvestitionsgut – nicht zwingend zeitgleich – übertragen werden. § 6b und **§ 34 Abs. 1** schließen sich aus (§ 34 Abs. 1 S. 4).[7] Insoweit besteht ein Wahlrecht.[8] Wird eine zuvor gebildete § 6b-Rücklage bei der Betriebsveräußerung aufgelöst, so erhöht sich der tarifbegünstigte Veräußerungsgewinn entspr.[9] Auch ein Gewinnzuschlag nach § 6b Abs. 7 (Rn. 32) gehört zum begünstigten Veräußerungsgewinn.[10] Bei Aufdeckung stiller Reserven begünstigter WG anlässlich einer (Teil-)Betriebsveräußerung kann der StPfl. wählen, ob er hinsichtlich des gesamten Veräußerungsgewinns die Tarifbegünstigung nach § 34 Abs. 1 oder hinsichtlich der auf die begünstigten WG entfallenden Gewinne § 6b in Anspr. nehmen will. § 34 entfällt insgesamt, wenn für einen Teil des Veräußerungsgewinns § 6b in Anspr. genommen, dh. ein Abzug vorgenommen oder eine Rücklage gebildet wird (§ 34 Rn. 20).[11] Wird anlässlich einer Betriebsveräußerung eine § 6b-Rücklage gebildet, stellt die Auflösung in einem späteren Wj. lfd. Gewinn dar, der nicht tarifbegünstigt ist.[12] Bei Ausgliederung unter Inanspruchnahme v. § 6b ist die Gesamtplanrechtsprechung des BFH zu beachten.[13] Die **Freibeträge für Veräußerungsgewinne (§§ 14, 14a Abs. 1, 3, 5; 16 Abs. 4; 18 Abs. 3)** können nur dann angewendet werden, wenn eine vor der Betriebsveräußerung gebildete und im Zusammenhang **mit der Veräußerung des Betriebs nicht aufgelöste § 6b-Rücklage** keine stillen Reserven enthält, die bei einer früheren Veräußerung eines zu den **wesentlichen Betriebsgrundlagen** gehörenden WG aufgedeckt worden sind.[14] 2a

Wird bei der Betriebsveräußerung eine **§ 6b-Rücklage neu gebildet**, so kann der Teil des Veräußerungsgewinns, der nicht nach § 16 Abs. 4 stfrei ist, nach § 6b übertragen werden. Gleiches gilt für § 14a Abs. 1, 3.[15] Die Höhe des Freibetrags ist auch unter Berücksichtigung des Teils des Veräußerungsgewinns zu bestimmen, für den § 6b in Anspr. genommen wird. Der Freibetrag nach § 14a Abs. 5 kann nur für das Wj. in Anspr. genommen werden, in dem der Grund und Boden veräußert wurde, nicht jedoch für das Wj., in dem eine deswegen nach §§ 6b, 6c EStG gebildete Rücklage aufgelöst wurde.[16] 2b

§ 34b ist neben § 6b anwendbar (§ 34b Rn. 1). Der Erwerb eines Bankguthabens ist auch dann nicht nach § 13a ErbStG begünstigt, wenn das Guthaben aus der Veräußerung eines – nicht seinerseits in einem BV gehaltenen – MU'anteils durch den Erblasser stammt und der Veräußerungsgewinn ertragsteuerrechtl. in eine Rücklage nach § 6b eingestellt worden ist.[17] Die Steuerbegünstigung für nicht entnommene Gewinne (§ 34a) ist nicht auf außerbilanzielle Zurechnungen und damit nicht auf den Gewinnzuschlag nach § 6b Abs. 7 anwendbar.[18] Die Steuervergünstigung nach § 3 Nr. 70 ist nicht anzuwenden, wenn für den Gewinn aus der Veräußerung v. Grund und Boden oder Gebäuden an eine Vor-REIT- bzw. REIT-AG der StPfl. v. § 6b Gebrauch gemacht hat (§ 3 Nr. 70 S. 2 lit. b) oder in der Vergangenheit der StPfl. stl. voll wirksam einen Abzug nach § 6b bei den AK/HK vorgenommen hat (§ 3 Nr. 70 S. 2 lit. e). Im Anwendungsbereich v. 2c

---

1 *Marcziniak/Gebhardt/Buchholz*, Ubg 2015, 685 (689); *Bannes/Holle*, IStR 2016, 411 (414); offengelassen BFH v. 22.6.2017 – VI R 84/14, DStR 2017, 1864.
2 So auch *H/H/R*, § 6b Anm. 3; *Grefe*, DStZ 2016, 439 (443); *Kanzler*, NWB 2015, 3814 (3818); *Bannes/Holle*, IStR 2016, 411 (415); *Blümich*, § 6b Rn. 239d; **aA** *Loschelder*, DStR 2016, 9 (11); *K/S/M*, § 6b Rn. Ca 6 mwN: Ausdehnung des Anwendungsbereichs auf Abs. 10; offengelassen BFH v. 22.6.2017 – VI R 84/14, DStR 2017, 1864.
3 S. dazu R 6.6 EStR; zu den Unterschieden gegenüber § 6b *H/H/R*, § 6b Anm. 15; *Wendt*, BFH/PR 2012, 221.
4 *H/H/R*, § 6b Anm. 15; *Schmidt*[37], § 6b Rn. 7; **aA** *K/S/M*, § 6b Rn. A 62 (RfE schließt § 6b aus).
5 *H/H/R*, § 6b Anm. 15.
6 **AA** *Lademann*, § 6b Rn. 173; *Hoffmann*, GmbH-StB 2009, 87; *H/H/R*, § 6b Anm. 15.
7 BFH v. 14.2.2007 – XI R 16/05, BFH/NV 2007, 1293; BMF v. 7.3.2018 – IV C 6 - S 2139/17/10001 :001, BStBl. I 2018, 309.
8 *L/B/P*, § 6b Rn. 33.
9 *Blümich*, § 6b Rn. 261; R 6b.2 Abs. 10 S. 5, 6 EStR.
10 *Schoor*, FR 1997, 251 (256).
11 Einschr. für die Bildung einer Rücklage nach § 6b Abs. 10 FG Münster v. 23.9.2015 – 10 K 4079/14 F, EFG 2016, 2 (rkr.).
12 BFH v. 4.2.1982 – IV R 150/78, BStBl. II 1982, 348 = FR 1982, 302; *Schoor*, StBp 2011, 286 (291).
13 Vgl. *Brinkmann*, StBp. 2005, 200 f. mwN.
14 R 6b.2 Abs. 10 S. 3 EStR; *F/P/G*, Rn. B 933 f.; *K/S/M*, § 6b Rn. A 46, 47.
15 *Lademann*, § 6b Rn. 176.
16 BFH v. 29.3.2007 – IV R 48/05, BFH/NV 2007, 1846; v. 14.5.2009 – IV R 6/07, BFH/NV 2009, 1989.
17 BFH v. 10.3.2005 – II R 49/03, BFH/NV 2005, 1566.
18 BT-Drucks. 16/4841, 63; krit. *Mertes*, StWK Gruppe 5, 473.

§ 6b scheiden Billigkeitsmaßnahmen nach § 163 AO, etwa die Verlängerung der Frist nach § 6b Abs. 3 S. 3, aus.[1] Jenseits des Geltungsbereichs v. § 6b kann nach § 163 AO entspr. § 6b vorgegangen werden, so, wenn der StPfl. aufgrund eines behördlichen Eingriffs gehindert war, ein Reinvestitionsobjekt rechtzeitig anzuschaffen oder herzustellen.[2]

B. Begünstigungsvoraussetzungen

3 **I. Berechtigung und Gewinnermittlungsart.** Die Begünstigung des § 6b können nat. und, mit Einschränkung bei der Veräußerung v. Kapitalanteilen (Abs. 10, Rn. 36 ff.), jur. Pers. (§ 1 KStG), die im Inland **unbeschränkt oder beschränkt stpfl.** sind, in Anspr. nehmen. Grds. muss **ders. StPfl.** veräußern und reinvestieren (s. dazu Rn. 21 ff.). Auch bei Zusammenveranlagung können stille Reserven nicht v. WG des einen Ehegatten auf WG des anderen Ehegatten übertragen werden. Bei BetrAufsp. sind die verbundenen Unternehmen einzeln zur Inanspruchnahme der Begünstigung des § 6b berechtigt und Veräußerungen zw. ihnen nach § 6b begünstigt. Gleiches gilt für Organverhältnisse mit Ergebnisabführungsvertrag. Bei PersGes. oder Gemeinschaften ist § 6b personenbezogen auszulegen, sodass auch bei der Veräußerung v. WG des Gesamthandsvermögens einer PersGes. oder Gemeinschaft grds. nur die MU'er zur Übertragung der stillen Reserven berechtigt sind. Nicht die MU'schaft, sondern der einzelne MU'er ist begünstigt. Bei der Veräußerung v. WG des Gesamthandsvermögens ist maßgeblich auf den den MU'ern gem. § 39 Abs. 2 Nr. 2 AO zuzurechnenden Anteil an dem veräußerten WG abzustellen.[3] Gesamtrechtsnachfolger treten hinsichtlich der Fristberechnung (Rn. 30) in die Rechtsstellung des Erblassers ein. Begünstigt sind StPfl., die den Gewinn nach **§ 4 Abs. 1 oder § 5** ermitteln (§ 6b Abs. 4 S. 1 Nr. 1). Gleiches gilt grds. für den Betrieb, in den reinvestiert wird.[4] Bei Gewinnermittlung nach § 4 Abs. 3 oder § 13a gilt § 6c. Daher können stille Reserven auch v. Betrieben, für die der Gewinn nach § 4 Abs. 1 oder § 5 Abs. 1 ermittelt wird, auf Betriebe übertragen werden, deren Gewinn nach § 4 Abs. 3 oder § 13a ermittelt wird.[5] Beim **Wechsel der Gewinnermittlung** zur Überschussrechnung oder Durchschnittssatzgewinnermittlung ist eine bereits bestehende Rücklage nach den Vorschriften des § 6c fortzuführen und zu übertragen.[6] Die für § 6b erforderliche sechsjährige Zugehörigkeit der WG zur gleichen Betriebsstätte (Abs. 4 S. 1 Nr. 2) wird nicht unterbrochen; Gleiches gilt für die Frist für die Übertragung der stillen Reserven nach Abs. 3. Geht der StPfl. v. der Gewinnermittlung nach § 4 Abs. 3 oder § 13a zum BV-Vergleich nach §§ 4 Abs. 1, 5 über und sind Rücklagen für nach § 6c begünstigte Gewinne noch nicht aufzulösen, so ist iHd. noch nicht übertragenen Gewinne eine Rücklage in der Übergangsbilanz auszuweisen, die weiter nach § 6b behandelt wird.[7] Nach Abs. 4 S. 2 kann aber eine bei der Veräußerung v. WG eines GewBetr. gebildete § 6b-Rücklage nicht auf WG eines luf. Betriebs oder eines Betriebs der selbstständigen Arbeit übertragen werden. In Fällen der §§ 17, 23 gilt § 6b nicht, da der Gewinn nicht nach § 4 Abs. 1 oder § 5 ermittelt und keine WG des BV veräußert werden.

4 **II. Begünstigte Veräußerungen. 1. Begünstigte Veräußerungsobjekte (Abs. 1 S. 1).** § 6b begünstigt (abgesehen v. der Regelung in Abs. 10) ausschließlich den Gewinn aus der Veräußerung der in Abs. 1 S. 1 abschließend genannten WG des **Anlagevermögens** (dazu § 6 Rn. 21 ff.).[8] Auf steuerbare Veräußerungsgewinne v. WG des PV (zB § 23) ist § 6b nicht anwendbar. **Grund und Boden** iSv. § 6b[9] ist abw. v. § 94 BGB nur der nackte Grund und Boden, insbes. **ohne** Bodenschätze[10], Gebäude, sonstige mit dem Grund und Boden fest verbundene Anlagen, Aufwuchs sowie dingliche und schuldrechtl. Nutzungsrechte, etwa Erbbaurechte, Nießbrauchsrechte, Mineralgewinnungsrechte oder Wasserbezugsrechte, Milchlieferrechte, Zuckerrübenlieferrechte, Eigenjagdrechte[11] und Auffüllrechte.[12] Zum WG Grund und Boden zählen dagegen die unselbständigen Teile, insbes. wertbildende Faktoren, wie z.B. geschäftswertbildende Rechtsreflexe und Nutzungsvorteile eines WG.[13] Als einzelnes Grundstück ist eine genau abgegrenzte Teilfläche

1 *H/H/R*, § 6b Anm. 17; *Schmidt*[37], § 6b Rn. 9.
2 *H/H/R*, § 6b Anm. 17; *Schmidt*[37], § 6b Rn. 9; einschr. FG Nds. v. 16.9.2015 – 9 K 58/14, EFG 2016, 3 (rkr.).
3 Vgl. dazu BFH v. 26.5.1994 – IV R 77/92, BFH/NV 1995, 214; *H/H/R*, § 6b Anm. 27; *Bordewin*, FS L. Schmidt, 1993, 421 (432 f.).
4 FG Hbg. v. 25.4.2007 – 2 K 207/05, EFG 2007, 1754 (rkr.).
5 *H/H/R*, § 6b Anm. 115; *Lademann*, § 6b Rn. 36.
6 R 6b.2 Abs. 11 S. 1 EStR.
7 R 6b.2 Abs. 11 S. 2, 3 EStR.
8 BFH v. 24.8.1989 – IV R 38/88, BStBl. II 1989, 1016 ff. = FR 1990, 116.
9 BFH v. 20.3.2003 – IV R 27/01, BStBl. II 2003, 878 = FR 2003, 1130 m. Anm. *Kanzler*; *Blümich*, § 6b Rn. 80.
10 Dazu BFH v. 4.12.2006 – GrS 1/05, BStBl. II 2007, 508 = FR 2007, 845.
11 BMF v. 8.6.1999 – IV C 2 - S 2241 - 35/99, BStBl. I 1999, 592.
12 FG SchlHol. v. 28.3.2001 – II 1/2000, EFG 2001, 810; **aA** BFH v. 20.3.2003 – IV R 27/01, BStBl. II 2003, 878 = FR 2003, 1130 m. Anm. *Kanzler*.
13 BFH v. 10.3.2016 – IV R 41/13, BFH/NV 2016, 1346.

eines Flurstücks zu verstehen. Bei einem luf. Betrieb hat der BFH zutr. in der v. der Gemeinde initiierten Umwandlung landwirtschaftlicher Flächen in **Bauland** und der Parzellierung und Veräußerung einer größeren Anzahl v. Parzellen keine Umwandlung in gewerbliches Umlaufvermögen gesehen, sondern eine Veräußerung landwirtschaftlichen Anlagevermögens.[1] **Aufwuchs** sind lebende und noch im Boden verwurzelte Pflanzen, insbes. stehendes Holz und Dauerkulturen, auch Früchte der Pflanzen, soweit sie noch nicht abgeerntet sind. Der Aufwuchs muss **mit** dem dazugehörigen **Grund und Boden** veräußert werden, nicht aber zwingend an denselben Erwerber, sofern nur beide Veräußerungen – eindeutig dokumentiert – auf einem einheitlichen Veräußerungsentschluss beruhen und in engem zeitlichem und sachlichem Zusammenhang stehen.[2] Wald kann nicht als Holz auf dem Stamm steuerbegünstigt veräußert werden.[3] Der Aufwuchs muss zu einem **luf. BV** (§ 13 Rn. 53 ff.) gehören. Da ein **Pächter**, der Aufwuchs auf Grund und Boden – zB nach Pachtende an den Eigentümer v. Grund und Boden – veräußert, den Grund und Boden nicht mitverkauft, ist er nicht begünstigt.[4] Sollen die stillen Reserven, die bei dem mitveräußerten Grund und Boden aufgedeckt worden sind, auf nackten Grund und Boden übertragen werden (Abs. 1 S. 2), so ist der Veräußerungserlös nach dem Verhältnis der TW Aufwuchs einerseits und Grund und Boden andererseits aufzuteilen.

Gebäude ist ein fest mit dem Grund und Boden verbundenes Bauwerk auf eigenem oder fremden Grund und Boden v. einiger Beständigkeit und ausreichender Standfestigkeit, das Menschen oder Sachen durch räumliche Umschließung Schutz gegen äußere Einflüsse gewährt und den Aufenthalt v. Menschen gestattet.[5] Container, die nach ihrer individuellen Zweckbestimmung für eine dauerhafte Nutzung aufgestellt sind, fallen ebenfalls unter den Gebäudebegriff.[6] Zum Anlagevermögen gehörendes Wohneigentum, Sondereigentum und gemeinschaftliches Eigentum sind jeweils als Gebäude zu behandeln, der Miteigentumsanteil als Grund und Boden. Trägt der StPfl. die HK für v. ihm betrieblich genutzte fremde Gebäude(-teile), ist sein Aufwand zwar bilanztechnisch „wie ein materielles WG" zu behandeln.[7] Auf diesen Bilanzposten können aber keine stillen Reserven aus der Veräußerung eigener WG übertragen werden.[8] **Nicht** zu einem Gebäude zu zählen sind der Grund und Boden sowie **WG ohne einheitlichen Nutzungs- und Funktionszusammenhang mit dem Gebäude**. Dabei kann es sich wiederum um unbewegliche WG handeln,[9] insbes. aber um **Betriebsvorrichtungen** (§ 68 Abs. 2 S. 1 Nr. 2 BewG)[10] oder Scheinbestandteile.[11] Betriebsvorrichtungen sind als bewegliche WG Teile einer Betriebsanlage, mittels derer ein GewBetr. unmittelbar betrieben wird.[12] Sie gelten selbst dann als bewegliche WG, wenn es sich um wesentliche Bestandteile eines Gebäudes handelt.[13] Eine Vorrichtung, die alle Merkmale eines Gebäudes erfüllt, ist nicht Betriebsvorrichtung.[14] Ladeneinbauten, Schaufensteranlagen, Gaststätteneinbauten, Schalterhallen v. Kreditinstituten und ähnliche Einbauten, die einem schnellen Wandel des modischen Geschmacks unterliegen, sind selbstständige WG.[15] Fotovoltaikanlagen sind ebenfalls selbstständige WG und kein Bestandteil des Gebäudes.[16] Mieter- und Pächtereinbauten[17] können Betriebsvorrichtungen oder Scheinbestandteile sein, ggf. auch als Gebäude zu behandeln sein.[18] Auf die **Nutzung** des Gebäudes kommt es nicht an (vgl. aber Rn. 16.). 5

Binnenschiffe iSv. § 6b Abs. 1 S. 2 Nr. 4 sind entspr. R 41a Abs. 2 EStR 1998 und § 3 Abs. 3 Schiffsregisterordnung Schiffe, die zur Beförderung v. Gütern bestimmt sind, wenn ihre größte Tragfähigkeit mindes- 6

1 BFH v. 8.9.2005 – IV R 38/03, BStBl. II 2006, 166 = FR 2006, 290.
2 BFH v. 7.5.1987 – IV R 150/84, BStBl. II 1987, 670.
3 BFH v. 7.5.1987 – IV R 150/84, BStBl. II 1987, 670.
4 BFH v. 7.5.1987 – IV R 150/84, BStBl. II 1987, 670.
5 R 7.1 Abs. 5 S. 2 EStR.
6 BFH v. 23.9.1988 – III R 67/85, BStBl. II 1989, 113 = FR 1989, 212; vgl. auch BFH v. 25.4.1996 – III R 47/93, BStBl. II 1996, 613 (Bürocontainer), v. 18.6.1986 – II R 222/83, BStBl. II 1986, 787 (Baucontainer); v. 24.5.2007 – II R 68/05, BStBl. II 2008, 12 (Toilettenhäuschen).
7 BFH v. 10.4.1997 – IV R 12/96, BStBl. II 1997, 718 = FR 1997, 853; v. 30.1.1995 – GrS 4/92, BStBl. II 1995, 281 = FR 1995, 268 m. Anm. *Kanzler*.
8 BFH v. 19.12.2012 – IV R 29/09, FR 2013, 764 m. Anm. *Kanzler* = DStR 2013, 802; H 6b.2 EStH; zum Problem der hierdurch bedingten „steuerneutralen Verflüchtigung von stillen Reserven" in Altfällen vgl. BFH v. 9.3.2016 – X R 46/14, BFH/NV 2016, 970, *Günther*, EStB 2016, 262 (264).
9 Vgl. BFH v. 30.1.1996 – IX R 18/91, BStBl. II 1997, 25 = FR 1996, 462.
10 R 4.2 Abs. 3 S. 3 Nr. 1, R 7.1 Abs. 3 EStR, H 7.1 EStH.
11 R 4.2 Abs. 3 S. 3 Nr. 2, R 7.1 Abs. 4 EStR, H 7.1 EStH.
12 *Blümich*, § 6b Rn. 93.
13 Zu Windkraftanlagen als Betriebsvorrichtung vgl. BFH v. 6.2.2014 – IV R 41/10, BFH/NV 2014, 847.
14 *H/H/R*, § 7 Anm. 317.
15 R 4.2 Abs. 3 S. 3 Nr. 3 EStR.
16 BayLfSt v. 30.7.2014 – S 2240.1.1 - 4 St 32, juris, Tz. 11.5.2.
17 R 4.2 Abs. 3 Nr. 4/H 4.2 Abs. 3 EStH, H 7.1 EStH.
18 *K/S/M*, § 6b Rn. B 43 f.; *H/H/R*, § 6b Anm. 39.

tens 10 Tonnen beträgt, Schiffe, die nicht zur Beförderung v. Gütern bestimmt sind, wenn ihre Wasserverdrängung bei größter Eintauchung mindestens 5 m^3 beträgt, Schlepper, Tankschiffe, Schubboote, wenn sie zur Schifffahrt auf Flüssen und sonstigen Binnengewässern bestimmt sind. Ferner sind Eisbrecher, Hebeschiffe, Kabelschiffe, schwimmende Getreideheber, Schwimmkräne und Baggerkräne begünstigt;[1] Zubehör und Ausrüstungsgegenstände sind begünstigt, wenn sie in dem Bilanzansatz „Schiff" enthalten sind.

7 **2. Veräußerung.** Veräußerung iSv. § 6b ist die **entgeltliche** (s. dazu § 16 Rn. 71 ff.),[2] auch teilentgeltliche (vgl. Rn. 9) Übertragung des zivilrechtl. oder zumindest wirtschaftlichen Eigentums auf einen **anderen Rechtsträger**.[3] Es ist auf das v. den Parteien wirtschaftlich gewollte abzustellen.[4] Sie kann freiwillig oder unter Zwang erfolgen,[5] insbes. zur Abwehr einer Enteignung.[6] Die Übertragung muss zu einer **Gewinnverwirklichung** führen.[7] Auf die in § 6 Abs. 5 S. 1–3 geregelten Fälle ist § 6b nicht anzuwenden.[8] Kommt es wg § 6 Abs. 5 S. 4 ff. zu einer rückwirkenden Gewinnrealisierung, ist § 6b nur dann anwendbar, wenn eine entgeltliche Übertragung des WG, zB gegen Gewährung v. Gesellschaftsrechten, vorliegt.[9] Auf die Art des zugrunde liegenden Verpflichtungsgeschäfts kommt es nicht an. Der **Veräußerungszeitpunkt** wird durch den Übergang des (wirtschaftlichen) Eigentums bestimmt.[10] Unerheblich ist der Abschluss des schuldrechtl. Geschäfts wie auch die Bewirkung der Gegenleistung. Veräußerung ist zu bejahen bei Zwangsversteigerung, Enteignung,[11] entschädigtem Entzug durch unerlaubte Handlung[12] sowie **Tausch**[13] in der betrieblichen Sphäre (§ 6 Abs. 6 S. 1).[14] Keine begünstigte Veräußerung ist die **Entnahme** eines WG aus dem BV, das (ggf. entschädigte) Ausscheiden eines WG aus dem BV infolge höherer Gewalt,[15] die vGA[16] sowie die Überführung eines WG v. einem BV in ein anderes BV desselben StPfl.[17] Entspr. gilt, wenn bei einer BetrAufg. WG in das PV übertragen werden. Die Fiktion v. § 16 Abs. 3 S. 1 erstreckt sich nicht auf § 6b.[18] Um eine Entnahme (§ 4 Rn. 85 ff.) handelt es sich, wenn ein WG des BV aus privaten Gründen schenkweise übereignet wird und so aus dem BV ausscheidet,[19] oder wenn es nur übertragen wird, um PV zu erwerben, insbes. wenn die Gegenleistung für seine tauschweise Hingabe in der Erlangung eines WG des notwendigen PV oder in der Befreiung v. einer privaten Schuld besteht.[20] Entscheidend ist dabei die private Veranlassung der Übertragung. Die Begünstigung nach § 6b kommt dagegen in Betracht, wenn einer betrieblich veranlassten Veräußerung eine private Verwendung erst nachfolgt.[21] Dagegen stellt die Veräußerung eines sich im BV einer PersGes. befindlichen WG an einen G'ter keine Entnahme dar. In der Übertragung v. **WG aus einem anderen Betrieb desselben StPfl.** ist schon mangels Rechtsträgerwechsels keine Veräußerung zu sehen (vgl. iÜ § 6 Abs. 5 S. 1, 2).[22] Zur Rechtsentwicklung bei Übertragung eines Einzel-WG aus dem BV oder Sonder-BV des G'ters in das Gesamthandsvermögen und umgekehrt vgl.

---

1 *H/H/R*, § 6b Anm. 40; *Schmidt*[37], § 6b Rn. 23; *Lademann*, § 6b Rn. 73.
2 *Blümich*, § 6b Rn. 46 f.
3 BFH v. 29.6.1995 – VIII R 2/94, BStBl. II 1996, 60 = FR 1996, 63; v. 27.8.1992 – IV R 89/90, BStBl. II 1993, 225 = FR 1993, 266.
4 BFH v. 14.2.2008 – IV R 61/05, BFH/NV 2008, 1460.
5 R 6b.1 Abs. 1 S. 1 EStR.
6 BFH v. 29.6.1995 – VIII R 2/94, BStBl. II 1996, 60 = FR 1996, 63.
7 *H/H/R*, § 6b Anm. 30; *Blümich*, § 6b Rn. 46.
8 Einschr. *Neufang/Schäfer*, StB 2017, 127 (130).
9 R 6b.1 Abs. 1 S. 5 EStR; *H/H/R*, § 6b Anm. 10; vgl. auch *Kanzler*, DStZ 2013, 822 (825); BFH v. 24.6.2009 – X R 36/06, BStBl. II 2010, 171; BMF v. 26.3.2014 – IV A 6 – S 2240 - 46/04, BStBl. I 2004, 434 Tz. 7; **einschr.** OFD Ffm. v. 11.10.2013 – S 2241 A - 117 - St 213, juris: Übertragung eines Grundstücks von einer PersGes. auf eine andere PersGes. gegen Gewährung von Gesellschaftsrechten an der neuen Ges. stelle keine Veräußerung dar, da es lediglich zu einer Verschiebung von Gesellschaftsrechten komme.
10 BFH v. 25.10.2001 – IV R 47, 48/00, BStBl. II 2002, 289; H 6b.1 EStH.
11 *Korn*, § 6b Rn. 14; **aA** *L/B/P*, § 6b Rn. 42.
12 *Blümich*, § 6b Rn. 60.
13 Zur Behandlung des „gewinnneutralen Tausches" *Lademann*, § 6b Rn. 50c.
14 BFH v. 29.6.1995 – VIII R 2/94, BStBl. II 1996, 60 = FR 1996, 63; vgl. auch BMF v. 9.2.1998 – IV B 2 - S 1909-5/98, BStBl. I 1998, 163; zum Flurbereinigungsverfahren vgl. H 6b.1 EStH, *Schmidt*[37], § 6b Rn. 28 und BFH v. 1.7.2010 – IV R 7/08, BFH/NV 2010, 2250; zum freiwilligen Landtausch nach §§ 103a ff. Flurbereinigungsgesetz vgl. FG Münster v. 7.4.2017 – 4 K 2406/16 F, BB 2016, 1520 (Rev. VI R 25/17).
15 R 6b.1 Abs. 1 S. 4 EStR; jedoch liegt eine Ersatzbeschaffung iSv. R 6.6 vor.
16 *Lademann*, § 6b Rn. 49, 103; *K/S/M*, § 6b Rn. B 177; **aA** wohl *Freikamp*, DB 2007, 2220 (2222).
17 Vgl. auch *B/B*, § 6b Rn. 156.
18 *H/H/R*, § 6b Anm. 30 „Betriebsaufgabe"; *Blümich*, § 6b Rn. 61.
19 BFH v. 14.2.2008 – IV R 61/05, BFH/NV 2008, 1460.
20 BFH v. 29.6.1995 – VIII R 2/94, BStBl. II 1996, 60 = FR 1996, 63.
21 BFH v. 29.6.1995 – VIII R 2/94, BStBl. II 1996, 60 = FR 1996, 63.
22 *Blümich*, § 6b Rn. 56; bis zum 1.1.1999 bestand ein Wahlrecht (R 14 Abs. 2 S. 2 EStR 1996), danach ist der Buchwert gem. § 6 Abs. 5 S. 1 zwingend fortzuführen (*Strahl*, FR 1999, 628 [629]).

5. Aufl. Die Übertragung v. WG auf künftige Erben im Wege der vorweggenommenen Erbfolge (dazu auch § 16 Rn. 121 ff.) ist grds. unentgeltlich und damit keine Veräußerung iSd. § 6b.[1] Eine einer Schenkung beigefügte Aufl. führt nicht zur Entgeltlichkeit.[2] Die **Einbringung** betrieblicher Einheiten iSv. § 6 Abs. 3 nach §§ 20, 24 UmwStG[3] ist Veräußerung, wenn bei der aufnehmenden Ges. ein den Buchwert übersteigender Wert angesetzt wird.[4]

§ 6b ist anzuwenden, wenn im Rahmen einer **(Teil-)Betriebsveräußerung** WG veräußert werden, die nach Abs. 1 S. 1 begünstigt sind (s. auch Rn. 27). Die **Veräußerung eines MU'anteils** ist als Veräußerung der ideellen Anteile des MU'ers an den WG des Gesamthandsvermögens nach § 39 Abs. 2 Nr. 2 AO anzusehen, sodass der veräußernde MU'er den Gewinn aus der Veräußerung seines MU'anteils, soweit er auf die ihm entspr. der Höhe seiner Beteiligungsquote zuzuordnenden Anteile an § 6b-begünstigten WG des Gesamthandsvermögens entfällt, nach § 6b reinvestieren kann (zur abw. gesellschaftsbezogenen Betrachtung nach dem StEntlG 1999/2000/2002 vgl. 5. Aufl.). Das Ausscheiden eines MU'ers gegen **Barabfindung** bedeutet eine entgeltliche Aufgabe (§ 16 Abs. 3 S. 1); es liegt eine (anteilige) Veräußerung der WG durch den ausscheidenden MU'er vor, sodass ebenfalls § 6b in Betracht kommen kann, wenn stille Reserven aufgedeckt werden.[5] Der MU'er kann den Gewinn auf WG in seinem Alleineigentum oder auf WG im Vermögen einer PersGes. oder Gemeinschaft übertragen, soweit diese WG ihm anteilig zugerechnet werden.[6] Die Übertragung v. (Teil-)Betrieben nach § 6 Abs. 3 ist mangels Gewinnrealisierung keine Veräußerung. Ist im Rahmen einer **Realteilung** einer MU'schaft (§ 16 Rn. 235 ff.) der Buchwert anzusetzen, fehlt es an der für eine Veräußerung iSd. § 6b erforderlichen Gewinnrealisierung. Wird ein **Spitzenausgleich** (Ausgleichszahlung) geleistet, liegt bei der Übertragung v. Einzel-WG eine Veräußerung vor, bei Übertragung betrieblicher Einheiten nur, wenn die Ausgleichszahlung den Buchwert übersteigt.[7] Bei der **Sachwertabfindung** werden dem ausscheidenden G'ter auf seinen Abfindungsanspruch anstelle v. Geld materielle oder immaterielle WG übertragen. Die Sachwertabfindung ist für die MU'schaft Veräußerung[8] der Abfindungsgüter, wenn die stillen Reserven aufgedeckt werden. Über § 6b ist die Übertragung stiller Reserven möglich, wenn eine Buchwertfortführung nach § 6 Abs. 5 S. 1–3 oder § 16 Abs. 3 S. 2–4 ausscheidet, etwa bei der entgeltlichen Übertragung v. WG zw. Schwester-PersGes.[9] Bei **Auflösung einer KapGes.** gehen die Ges.-Anteile unter, dh. sie werden nicht veräußert, sodass der aus der Liquidation entstehende Gewinn v. § 6b nicht erfasst wird.[10] Entspr. hat für die **Kapitalherabsetzung** zu gelten.[11] 8

Bei **teilentgeltlicher Übertragung einzelner WG des BV** ist das jeweilige WG im Verhältnis von TW und Teilentgelt veräußert, iÜ mit dem TW entnommen (Trennungstheorie).[12] § 6b ist nur hinsichtlich der Veräußerung anwendbar.[13] Hinsichtlich des unentgeltlichen Teils kann § 6 Abs. 5 S. 3 in Betracht kommen.[14] Bei **teilentgeltlicher Übertragung betrieblicher Einheiten** iSv. § 6 Abs. 3 – insbes. bei vorweggenommener Erbfolge in (Teil-)Betriebe – ist nach Ansicht des BFH eine einheitliche Veräußerung anzunehmen, wenn das Entgelt höher ist als der Buchwert des Veräußerers, andernfalls insgesamt eine unentgeltliche Übertragung (Einheitstheorie).[15] 9

1 BFH v. 27.8.1992 – IV R 89/90, BStBl. II 1993, 225 = FR 1993, 266; vgl. auch *K/S/M*, § 6b Rn. B 159 ff.
2 *Lademann*, § 6b Rn. 52.
3 Zur Behandlung von Veräußerungsfiktionen nach dem UmwStG vgl. *Förster/Hölscher*, Ubg 2012, 729.
4 *B/B*, § 6b Rn. 99 ff.; *B/B*, § 22 UmwStG Rn. 25; *Orth*, DStR 2011, 1541 (1543); vgl. auch BMF v. 11.11.2011 – IV C 2 - S 1978 - b/08/10001 – DOK 2011/0903665, BStBl. I 2011, 1314 Rn. 20.26 und BFH v. 29.4.1981 – IV R 128, 129/76, BStBl. II 1982, 17 = FR 1982, 17.
5 *H/H/R*, § 6b Anm. 33.
6 BFH v. 26.5.1994 – IV R 77/92, BFH/NV 1995, 214.
7 *Schmidt*[37], § 6b Rn. 33; ähnlich *H/H/R*, § 6b Anm. 34; *Blümich*, § 6b Rn. 63; vgl. auch BMF v. 14.3.2006 – IV B 2 - S 2242-7/06, BStBl. I 2006, 253.
8 *K/S/M*, § 6b Rn. B 132.
9 BFH v. 9.11.2017 – IV R 19/14, FR 2018, 366; R 6b.2 Abs. 7 Nr. 4 EStR; *K/S/M*, §6b Rn. B 116 mwN; OFD Münster v. 2.4.2004, DStR 2004, 1041; krit. *Niehus*, FR 2005, 278; *Brandenberg*, FR 2010, 731 (735).
10 BFH v. 6.12.1972 – I R 182/70, BStBl. II 1973, 291.
11 Vgl. auch BFH v. 14.10.1992 – I R 1/91, BStBl. II 1993, 189 = FR 1993, 51.
12 *Schmidt*[37], § 6b Rn. 30; *Schoor*, FR 1997, 251 (253); *Bordewin*, FS L. Schmidt, 1993, 421 (427); *B/B*, § 6b Rn. 157; BMF v. 8.11.2011 – IV C 6 - S 2241/10/10002, BStBl. 2011, 1279 Rn. 15; einschränkend BFH v. 19.9.2012 – IV R 11/12, BFHE 239, 76 = FR 2012, 1153 m. Anm. *Kempermann* (keine Aufdeckung von stillen Reserven, wenn der entgeltliche Teil hinter dem Buchwert zurückbleibt; vgl. dazu BMF v. 8.8.2013 – IV C 6 - S 2241/10/10002, BStBl. I 2013, 1164 [Nichtanwendungserlass]).
13 Vgl. dazu *Strahl*, FR 2005, 797 f.
14 *Carlé/Korn/Stahl/Strahl*, PersGes., 2006, Rz. G/4.
15 BFH v. 22.9.1994 – IV R 61/93, BStBl. II 1995, 367 = FR 1995, 375; v. 7.2.1995 – VIII R 36/93, BStBl. II 1995, 770 = FR 1995, 781; *K/S/M*, § 16 Rn. B 136 ff. mwN; **aA** BMF v. 13.1.1993 – IV B 3 - S 2190-37/92, BStBl. I 1993, 80 Tz. 41; für die Vorbesitzzeit *Strahl*, FR 2001, 1154 (1157).

10 **3. Veräußerungsgewinn (Abs. 2).** Veräußerungsgewinn ist gem. **Abs. 2** der Betrag, um den der Veräußerungspreis nach Abzug der Veräußerungskosten den Buchwert übersteigt, mit dem das veräußerte WG im Zeitpunkt der Veräußerung anzusetzen wäre. **Veräußerungspreis** ist der Wert der Gegenleistung für das veräußerte WG,[1] beim Tausch der gemeine Wert des hingegebenen WG (§ 6 Abs. 6 S. 1), so auch bei der offenen gewinnrealisierenden Einlage gg GesRechte in eine KapGes. **Gesamtpreise** sind, mangels vorgegebener oder nachvollziehbarer Einzelbewertung der WG im Verhältnis ihrer TW, ggf. aufzuteilen. Dies gilt insbes. dann, wenn nicht sämtliche WG begünstigt sind, oder bei einzelnen WG sich ein Veräußerungsverlust ergibt, der mit lfd. Gewinnen ausgeglichen werden kann.[2] **Nicht** zum Veräußerungspreis zählen insbes. Stundungs- und Verzugszinsen, Vertragsstrafen,[3] bei der Veräußerung eines WG unter Nießbrauchsvorbehalt der Wert des zurückbehaltenen Nießbrauchs, eine Entschädigung, die der StPfl. nicht für das hingegebene Grundstück, sondern anlässlich der Veräußerung zum Ausgleich eines anderweitigen Nachteils erzielt hat[4] und bei einer Veräußerung durch eine KapGes. für einen zu niedrigen Preis an einen G'ter die vGA.[5] **Veräußerungskosten** sind die Aufwendungen, die in unmittelbarer sachlicher Beziehung zu dem Veräußerungsgeschäft stehen,[6] insbes. alle durch die Veräußerung unmittelbar veranlassten Kosten, zB Notariatskosten, Maklerprovisionen, Grundbuchgebühren, Reise-, Beratungs-, Gutachterkosten sowie Verkehrsteuern, **nicht** aber etwa Abbruchkosten, die dem Veräußerer entstehen, um die vertragsgemäße Veräußerung zu ermöglichen.[7] Soweit die Veräußerungskosten stl. mehreren WG zuzurechnen sind, etwa bei der Veräußerung eines mit einem Gebäude bebauten Grundstücks, sind sie entspr. dem jeweiligen Veräußerungserlös auf die einzelnen WG aufzuteilen.[8] **Buchwert** ist der Wert, mit welchem das WG in einer im Zeitpunkt seiner Veräußerung aufgestellten Bilanz auszuweisen wäre.[9] Bei abnutzbaren WG können AfA nach § 7, erhöhte Absetzungen wie auch etwaige Sonderabschreibungen für den Zeitraum vom letzten Bilanzstichtag bis zum Veräußerungszeitpunkt vorgenommen werden.[10] Gegebenenfalls vor der Veräußerung des WG noch vorzunehmende Wertaufholungen nach § 6 Abs. 1 Nr. 1 S. 4, Nr. 2 S. 3 EStG sind ebenfalls zur Ermittlung des (fiktiven) Buchwerts vorzunehmen; der hierdurch entstehende (lfd.) Gewinn ist nicht nach § 6b EStG begünstigt.[11] Bei einer **nachträglichen Änderung des Veräußerungsgewinns**[12] ist wie folgt zu differenzieren: Eine Verringerung des Kaufpreises aus Gründen, die mit dem Kaufgegenstand zusammenhängen (zB §§ 437, 441 BGB), führt iHd. Minderung zu einer Auflösung der Rücklage oder im Zeitpunkt des Eintritts der Änderung zu einer Buchwertheraufsetzung beim Reinvestitionsobjekt.[13] Dagegen haben Kaufpreisänderungen, die nicht im Zusammenhang mit dem Kaufobjekt stehen (zB Forderungsausfall), keine Auswirkungen.[14] In beiden Fällen hat die lediglich drohende Minderung des Kaufpreises keine Auswirkungen auf die Höhe des nach § 6b abzugsfähigen Betrags.[15] Bei einer nachträglichen Heraufsetzung des Kaufpreises ist auf den Zeitpunkt der Änderung abzustellen.[16] Liegt die wirtschaftliche Ursache für die Erhöhung im Veräußerungsjahr, ist eine Berücksichtigung im Wege einer Bilanzänderung aufgrund der eingeschränkten Fassung des § 4 Abs. 2 S. 2 problematisch (§§ 4 Abs. 2 S. 2, 52 Abs. 9). Nach neuerer Rspr. ist eine Kaufpreiserhöhung jedoch ein rückwirkendes Ereignis iSd. § 175 Abs. 1 S. 1 Nr. 2 AO, das zu einer rückwirkenden Bildung[17] und Aufstockung[18] der § 6b-Rücklage berechtigt. Derartige nachträgliche Änderungen des § 6b-Volumens fallen demnach nicht unter das eingeschränkte Bilanzänderungsverbot.[19] Entsprechendes muss auch bei einer nachträglichen Minderung des Kaufpreises gelten.[20]

---

1 BFH v. 13.9.2000 – X R 148/97, BStBl. II 2001, 641 = FR 2001, 146.
2 *H/H/R*, § 6b Anm. 82.
3 *K/S/M*, § 6b Rn. C 2.
4 BFH v. 22.1.2004 – IV R 32/03, BFH/NV 2004, 1092; v. 13.9.2000 – X R 148/97, BStBl. II 2001, 641 = FR 2001, 146.
5 *K/S/M*, § 6b Rn. B 177, C 8.
6 **AA** *Schmidt*[37], § 6b Rn. 52; vgl. auch *K/S/M*, § 6b Rn. C 10.
7 *Lademann*, § 6b Rn. 105.
8 *Schoor*, FR 1997, 251 (254).
9 R 6b.1 Abs. 2 S. 1 EStR.
10 R 6b.1 Abs. 2 S. 2 EStR.
11 BFH v. 9.11.2017 – IV R 19/14, FR 2018, 366.
12 Vgl. dazu ausf. *H/H/R*, § 6b Anm. 84.
13 *Blümich*, § 6b Rn. 172; *Strahl*, FR 2000, 803; für Bilanzberichtigung *H/H/R*, § 6b Anm. 84; vgl. jedoch § 4 Abs. 2 S. 2.
14 *Strahl*, FR 2000, 803 (804); **aA** *K/S/M*, § 6b Rn. C 15; *Blümich*, § 6b Rn. 172; *Frotscher/Geurts*, § 6b Rn. 71.
15 *Strahl*, FR 2000, 803 (804 ff.).
16 Ebenso *Strahl*, KÖSDI 1999, 12165 (12171 f.); *Strahl*, FR 2000, 803 (807).
17 BFH v. 10.3.2016 – IV R 41/13. BFH/NV 2016, 1346.
18 BFH v. 13.9.2000 – X R 148/97, BStBl. II 2001, 641 = FR 2001, 146; dazu *Giere*, ESt und Gewinnermittlung in der Landwirtschaft 2001/2002, 78; krit. *K/S/M*, § 6b Rn. C 15.
19 *Kk*, KÖSDI 2001, 12686.
20 *H/H/R*, § 6b Anm. 84; *Schmidt*[37], § 6b Rn. 51; **aA** *Strahl*, FR 2000, 803 (807).

4. Steuerstundung (Abs. 2a). Voraussetzung für die Steuerstundung ist, dass eine Reinvestition in ein begünstigtes WG, das dem BV des StPfl. in einem anderen Mitgliedstaat der EU bzw. des EWR zuzuordnen ist,[1] im Wj. der Veräußerung oder in den folgenden vier Wj. erfolgt oder in dem Wj. vor der Veräußerung bereits erfolgt ist. Analog zu Abs. 3 S. 2 (vgl. Rn. 30) verlängert sich die Frist zur Neuanschaffung bei neu hergestellten Gebäuden auf sechs Jahre, wenn mit ihrer Herstellung vor dem Schluss des vierten auf die Veräußerung folgenden Jahres begonnen wird. Wird im Wj. der Veräußerung kein Reinvestitionsobjekt angeschafft, muss sich der StPfl. bereits im Veräußerungsjahr entscheiden, ob er wegen der geplanten Investition in eine ausländ. Betriebsstätte eine Steuerstundung beantragt oder wegen einer geplanten Investition im Inland eine Rücklage bildet (zum Wahlrecht bei § 6b allg. vgl. Rn. 26).[2] Der Antrag kann nur im Wj. der Veräußerung gestellt werden.[3] In **„Altfällen"** ist jedoch ein nachträglich gestellter Stundungsantrag im Jahr der Auflösung einer Rücklage nach § 6b Abs. 3 ausreichend.[4] Ein „Altfall" liegt jedenfalls dann vor, wenn vor der Einfügung des Abs. 2a durch das StÄndG 2015 in § 6b (vgl. Rn. 2) bereits zulässigerweise eine Rücklage nach § 6b Abs. 3 gebildet, eine Steuererklärung vor der Verkündung des StÄndG 2015 im BGBl. am 6.11.2015 abgegeben wurde und soweit AK oder HK für begünstigte Reinvestitionsgüter angefallen sind, die vor der Auflösung der Rücklage angeschafft oder hergestellt worden sind und einem BV des StPfl. in einem anderen Mitgliedstaat der EU oder des EWR zuzuordnen sind.[5] 10a

Die stundungsfähige Einkommens- bzw. Körperschaftsteuer wird **als Differenz zu einer Schattenveranlagung ermittelt**. Unabhängig von der Höhe der im Ausland erfolgten Reinvestition kann die Steuer für den insgesamt erzielten Veräußerungsgewinn gestundet werden.[6] Eine Reinvestitionsabsicht wird nicht vorausgesetzt und eine nicht erfolgte Reinvestition wird bei Veräußerungsgewinnen, die in Wj. entstanden sind, die vor dem 1.1.2018 begannen, nicht sanktioniert.[7] Für Veräußerungsgewinne, die in Wj. entstehen, die nach dem 31.12.2017 beginnen, sind die insoweit gestundeten Steuern – entgegen § 6b Abs. 2a S. 3 iVm. § 36 Abs. 5 S. 3 – für die Dauer des durch die Ratenzahlung gewährten Zahlungsaufschubs entspr. § 234 AO zu verzinsen, wenn der StPfl. eine begünstigte Reinvestition in einem Mitgliedstaat der EU bzw. des EWR nicht nachweisen kann (vgl. § 6b Abs. 2a S. 4, § 52 Abs. 14 S. 3 idF des G zur Vermeidung von Umsatzsteuerausfällen beim Handel mit Waren im Internet und zur Änderung weiterer stl. Vorschriften[8]). Erfolgt innerhalb des Reinvestitionszeitraums eine oder mehrere Reinvestitionen und sind die AK bzw. HK der neu angeschafften WG niedriger als der begünstigte Veräußerungsgewinn, sind die Zinsen auf den Unterschiedsbetrag zu erheben (Abs. 2a S. 5 nF). Der zu verzinsende Unterschiedsbetrag ist anhand einer weiteren Schattenveranlagung nach erfolgter Reinvestition als Differenz zur bereits festgesetzten ESt zu ermitteln. Der ermittelte Unterschiedsbetrag ist für Zwecke der Verzinsung anteilig auf alle Jahresraten zu verteilen (Abs. 2a S. 6 nF). Die neu geschaffene Verzinsungsregelung beruht auf einem Vorschlag des BR. Dieser sah die Gefahr, dass Abs. 2a aufgrund fehlender Sanktionen bei ausbleibenden Reinvestitionen zur Steueroptimierung eingesetzt wird.[9] 10b

Unabhängig von einer später zu erfolgenden Verzinsung muss eine **Auslandsinvestition möglich** sein,[10] wobei es nicht erforderlich ist, dass zum Zeitpunkt der Antragstellung eine EU- bzw. EWR-Betriebsstätte vorhanden ist.[11] Der Verweis auf § 36 Abs. 5 S. 4 führt auch nicht zur früheren Fälligkeit der gestundeten Steuer, da die Steuerstundung nach Abs. 2a nicht davon abhängt, dass die stillen Reserven auf ein Ersatz- 10c

1 Zur Bestimmung, ob ausländ. BV insbes. iZ mit einer im Inland rein vermögensverwaltenden gewerblich geprägten GmbH & Co. KG vorliegt, vgl. *Zöller/Gläser*, BB 2016, 663 (667).
2 **AA** wohl *Zöller/Gläser*, BB 2016, 663 (667): Antragsrücknahme verbunden mit Übertragung stiller Reserven auf Ersatz-WG/Rücklagenbildung; vgl. auch *K/S/M*, § 6b Rn. Ca 26.
3 Nach BT-Drucks. 18/6094, 82, zusammen mit der Steuererklärung für das Veräußerungsjahr ausreichend; so auch *Grefe*, DStZ 2016, 439 (445); *K/S/M*, § 6b Rn. Ca 3; krit. *H/H/R*, § 6b Anm. 88; *Loschelder*, DStR 2016, 9 (11 f.); *Schiefer/Scheuch*, FR 2016, 11 (13); offengelassen BFH v. 22.6.2017 – VI R 84/14, DStR 2017, 1864; noch weitergehender BMF v. 7.3.2018 – IV C 6 - S 2139/17/10001 :0014, BStBl. I 2018, 309: Antrag möglich, solange die materielle Bestandskraft des betroffenen Steuerbescheides nicht eingetreten ist.
4 Vgl. dazu BFH v. 22.6.2017 – VI R 84/14, DStR 2017, 1864.
5 Vgl. BMF v. 7.3.2018 – IV C 6 - S 2139/17/10001 :001, BStBl. I 2018, 309; weitergehend *Adrian*, StuB 2017, 739 (743): nachträgliche Antragsstellung auch ohne Auflösung einer Rücklage.
6 *Grefe*, DStZ 2016, 439 (443); *Schiefer/Scheuch*, FR 2016, 11 (16).
7 BMF v. 7.3.2018 – IV C 6 - S 2139/17/10001 :001, BStBl. I 2018, 309; *H/H/R*, § 6b Anm. 88; *Kanzler*, NWB 2015, 3814 (3821); *Grefe*, DStZ 2016, 439 (445 f.); *Watrin/Riegler*, FR 2016, 345 (347); *Blümich*, § 6b Rn. 240b; **aA** *Förster*, WPg 2015, 1319 (1324).
8 G v. 11.12.2018, BGBl. I 2018, 2338.
9 BT-Drucks. 19/4455, 87, Anlage 3.
10 *Kanzler*, NWB 2015, 3814 (3821); *Grefe*, DStZ 2016, 439 (445); *Schmidt*[37], § 6b Rn. 56; *Blümich*, § 6b Rn. 240a.
11 BMF v. 7.3.2018 – IV C 6 - S 2139/17/10001 :001, BStBl. I 2018, 309; *Loschelder*, DStR 2016, 9 (12 f.); *Zöller/Gläser*, BB 2016, 663 (667); *K/S/M*, § 6b Rn. Ca 15.

WG übergehen.[1] Die Steuerstundung kann auch **mit einer Rücklage kombiniert** werden. Für einen Teil der aufgedeckten stillen Reserven kann eine Rücklage nach § 6b Abs. 3 gebildet und/oder auf ein Reinvestitionsobjekt übertragen und für den anderen Teil eine Steuerstundung iSv. § 6b Abs. 2a beansprucht werden.[2]

11 **III. Begünstigte Reinvestitionen. 1. Begünstigte Reinvestitionsobjekte (Abs. 1 S. 2).** Abs. 1 S. 2 bestimmt vorbehaltlich der Sonderregelung in Abs. 10, nach der auch abnutzbare bewegliche WG und Anteile an KapGes. als Reinvestitionsgut in Betracht kommen, abschließend, auf welche WG die bei der Veräußerung eines begünstigten WG aufgedeckten stillen Reserven übertragen werden können und welche Reinvestitionen beim jeweiligen veräußerten WG als begünstigt zugelassen sind. Es kann sich um neue oder gebrauchte WG handeln.[3] Nicht erforderlich ist, dass das Reinvestitionsobjekt zu demselben BV gehört, zu dem das veräußerte WG gehört hat (s. Rn. 21), und dass es unter Verwendung des begünstigten Gewinns angeschafft oder hergestellt wird. Bei **Grund und Boden** (Rn. 4) ist eine Kürzung der AK und HK nur um Veräußerungsgewinne möglich, die wiederum bei der Veräußerung v. Grund und Boden entstanden sind. Der Veräußerungsgewinn aus der Veräußerung bebauter Grundstücke oder v. Grund und Boden mit Aufwuchs ist aufzuteilen (vgl. Rn. 4). Bei **Aufwuchs auf Grund und Boden als luf. BV** (Rn. 4) ist eine Übertragung nur v. solchen stillen Reserven möglich, die bei der Veräußerung v. Grund und Boden oder v. Aufwuchs zusammen mit dem entspr. Grund und Boden aufgedeckt wurden. Bei **Gebäuden** (Rn. 5) ist die Art der Nutzung unerheblich. Erfasst sind auch Gebäude **auf fremdem Grund und Boden**. Altbauten kommen als Reinvestitionsobjekt nur noch infrage, sofern das jeweilige Gebäude ein Baudenkmal darstellt (§§ 13 Abs. 2 Nr. 2, Abs. 4) (s. dazu § 13 Rn. 27ff.). Übertragen werden können Gewinne aus der Veräußerung v. Grund und Boden, Aufwuchs auf Grund und Boden mit dem entspr. Grund und Boden oder Gebäuden. Ggf. ist bei der Veräußerung eines Gebäudes der Veräußerungsgewinn hinsichtlich des Gebäudes selbst und hinsichtlich v. Anlagen, die zusammen mit dem Gebäude aktiviert sind, aber Betriebsvorrichtungen darstellen (Rn. 5), aufzuteilen.[4] Der Erwerb eines Anteils an einem geschlossenen Immobilienfonds ist eine begünstigte Reinvestition,[5] wenn der Anteil dem BV zuordenbar ist, was zB bei einer Zebragesellschaft[6] der Fall sein kann.[7] Nach den Änderungen durch das StEntlG 1999/2000/2002 sind abnutzbare bewegliche WG, Anlagen im Grund und Boden eines luf. Betriebs, Anteile an KapGes. – jenseits v. Abs. 10 – und Schiffe, mit Ausnahme v. Binnenschiffen, die ab 2006 veräußert werden (vgl. Rn. 1d, 6), keine begünstigten Reinvestitionsobjekte mehr.[8]

12 **2. Begünstigte Vorgänge. Anschaffung** ist der entgeltliche Erwerb der wirtschaftlichen Verfügungsmacht über ein bestehendes WG. Gem. § 9a EStDV ist ein WG in dem Wj. angeschafft, in dem es geliefert wird. Lieferung ist die Verschaffung der Verfügungsmacht. Handelt es sich aus der Sicht des Verkäufers um eine Veräußerung (Rn. 7f.), so ist auch eine Anschaffung gegeben.[9] Von einer Anschaffung ist auszugehen, wenn eine **PersGes.** v. einem G'ter ein WG zu zw. Fremden üblichen Bedingungen erwirbt oder wenn zu zw. Fremden üblichen Bedingungen ein WG vom Ges.-Vermögen in ein Sonder-BV oder ein anderes BV eines G'ters oder einer Schwester-PersGes. übertragen wird.[10] Der entgeltliche **Erwerb eines MU'anteils** vor dem 1.1.1999 und nach dem 31.12.2001[11] ist nach personenbezogener Betrachtungsweise steuerrechtl. als Erwerb der ideellen Anteile des MU'ers an den WG des Gesamthandsvermögens (§ 39 Abs. 2 Nr. 2 AO) anzusehen. Soweit der Kaufpreis auf die Anteile des MU'ers an § 6b-begünstigten WG des Gesamthandsvermögens entfällt, liegt eine entgeltliche Anschaffung iSd. § 6b vor (zur entspr. Anwendung bei der Veräußerung vgl. Rn. 8).[12] Die **Sachwertabfindung** stellt für den Abgefundenen eine Anschaffung dar, sofern sie nicht zu Buchwerten erfolgt.[13] Im Falle der **Barwertabfindung** liegt für die MU'schaft eine Anschaffung vor, wenn die stillen Reserven aufgedeckt werden. Bei der Realteilung einer

---

1 *Kanzler*, NWB 2015, 3814 (3821); *Grefe*, DStZ 2016, 439 (446).
2 *Blümich*, § 6b Rn. 136, 239e mwN; *K/S/M*, § 6b Rn. Ca 10; *Zöller/Gläser*, BB 2016, 663 (668); *Gerrit/Tigges*, StuB 2016, 858 (862); vgl. auch BMF v. 7.3.2018 – IV C 6 - S 2139/17/10001 :001, BStBl. I 2018, 309 Rn. 7: „soweit".
3 *K/S/M*, § 6b Rn. B 76.
4 *H/H/R*, § 6b Anm. 39, 82.
5 Zur Wirkungsweise und zu Steuervorteilen solcher Fonds vgl. *Götzenberger*, BB 2010, 806.
6 BFH v. 11.4.2005 – GrS 2/02, BStBl. II 2005, 679 = FR 2005, 1026 m. Anm. *Kempermann*.
7 *Schmidt*[37], § 6b Rn. 47; vgl. auch *Damaschke*, Stbg. 2003, 163 (165 f.).
8 Zur Abgrenzung v. Betriebsvorrichtungen (als selbstständige bewegliche WG) und Gebäuden s. Erlass v. 31.3.1992, BStBl. I 1992, 342 ff.; FG Bdbg. v. 19.6.1996 – 3 K 635/95 I, EFG 1997, 121.
9 *K/S/M*, § 6b Rn. B 68; *L/B/P*, § 6b Rn. 56.
10 OFD Kobl. v. 23.12.2003, DStR 2004, 314; OFD Münster v. 2.4.2004, DStR 2004, 1041.
11 Änderung des § 6b Abs. 4 S. 1 Nr. 3 und Abs. 10 durch das UntStFG v. 20.12.2001 (BGBl. I 2001, 3858).
12 *K/S/M*, § 6b Rn. B 74 – zur abw. gesellschaftsbezogenen Betrachtungsweise des § 6b idF StEntlG 1999/2000/2002 vgl. 5. Aufl.
13 Vgl. krit. *Reiß*, BB 2000, 1965 (1972).

MU'schaft werden den Realteilern die WG des Gesamthandsvermögens v. der PersGes. oder Gemeinschaft in Erfüllung gesellschaftsrechtl. Anspr. und damit nicht unentgeltlich zugewiesen. Jedoch muss einer Anschaffung iSd. § 6b eine Veräußerung korrespondieren. Bei der Realteilung handelt es sich aber aus der Sicht der MU'schaft grds. nicht um eine Veräußerung iSd. § 6b. Eine Anschaffung liegt nur vor, wenn Ausgleichszahlungen (Spitzenausgleich) geleistet werden (vgl. Rn. 8).[1] **Keine (begünstigte) Anschaffung** ist die verdeckte **Einlage**,[2] die Überführung eines WG aus einem BV in ein anderes BV desselben StPfl., der Erwerb eines WG im Wege der mittelbaren (Grundstücks-)Schenkung,[3] sowie die Überführung eines WG vom Umlaufvermögen in das Anlagevermögen. Die offene Einlage eines WG aus dem PV stellt einen tauschähnlichen Vorgang und für die PersGes. eine Anschaffung dar.[4] Wurde ein WG zunächst mit der Absicht der privaten Nutzung erworben, anschließend aber dennoch im gleichen Jahr betrieblich genutzt, kann dies in eine betrieblich veranlasste Anschaffung umgedeutet werden.[5] Ab VZ 2001 ist gem. § 6 Abs. 5 S. 3 die Überführung zw. dem Gesamthandsvermögen und dem BV oder Sonder-BV des G'ters – auch wenn sie gegen Gewährung v. Gesellschaftsrechten erfolgt – keine Anschaffung mehr. **Einbringungen nach §§ 20, 24 UmwStG** führen zu Anschaffungen, sofern nicht der Buchwert fortgeführt wird.[6] Verschmelzungen, Formwechsel und Teilübertragungen stellen keine Anschaffungsvorgänge dar **(§§ 4 Abs. 2, 9, 12 Abs. 3, 15 Abs. 1 S. 1, 16 UmwStG)**.[7]

Ein – noch nicht vorhandenes – WG wird in dem Wj. **hergestellt**, in dem es fertiggestellt wird (§ 9a EStDV), dh. sobald seine bestimmungsgemäße Nutzung möglich ist. Dass noch gewisse Restarbeiten auszuführen sind, ist unerheblich. Nach Abs. 1 S. 3 steht der Anschaffung oder Herstellung **v. Gebäuden** ihre **Erweiterung**, ihr **Ausbau** oder ihr **Umbau** gleich. Von nachträglichen HK ist der Abzug stiller Reserven nur zulässig, wenn es sich um Aufwand für eine Erweiterung, einen Ausbau oder einen Umbau handelt. Der Abzug ist nur v. dem hierdurch entstehenden Aufwand zulässig (Abs. 1 S. 4), nicht aber vom bisherigen Buchwert eines Gebäudes. **Erweiterung** eines Gebäudes meint die Schaffung zusätzlicher, bestimmten Zwecken dienender Räume, etwa durch einen Anbau oder durch Aufstocken. **Ausbau** ist die bauliche Umgestaltung v. Teilen eines Gebäudes oder Räumen, **Umbau** die wesentliche Umgestaltung eines bestehenden Gebäudes.[8] 13

3. Reinvestitionszeitpunkt. Die Reinvestitionsgüter müssen innerhalb des sog. Reinvestitionszeitraums (s. dazu Rn. 30, 35) angeschafft oder hergestellt worden sein. Eine Reinvestition ist frühestens in dem der Veräußerung vorangegangenen Wj. möglich (Beginn des Reinvestitionszeitraums). Wird ein Reinvestitionsobjekt vor Beginn des Reinvestitionszeitraums angeschafft/hergestellt und entstehen während des Reinvestitionszeitraums nachträgliche AK/HK, so ist v. diesen Kosten ein Abzug aufgedeckter stiller Reserven nicht möglich.[9] 14

IV. Anlagevermögen einer inländischen Betriebsstätte des Steuerpflichtigen. 1. Die veräußerten Wirtschaftsgüter (Abs. 4 S. 1 Nr. 2). Die Übertragung stiller Reserven ist nur zw. inländ. BV zulässig.[10] Die veräußerten WG müssen im Zeitpunkt der Veräußerung mindestens sechs Jahre ununterbrochen zum Anlagevermögen einer inländ. – nicht zwingend derselben[11] – Betriebsstätte des veräußernden StPfl. gehört haben. Eine Verkürzung der Vorbesitzzeit aus Billigkeitsgründen kommt nicht in Betracht. Zum Begriff des Inlands s. § 1 Rn. 6, zum Begriff der Betriebsstätte s. § 12 Abs. 1 AO. Betriebsstätte iSv. § 6b Abs. 4 Nr. 2, 3 ist auch eine entstehende Betriebsstätte oder eine verpachtete, bzgl. derer der StPfl. die BetrAufg. noch nicht erklärt hat. Die Zugehörigkeit zu einer ausländ. Betriebsstätte, deren Gewinn der deutschen Besteuerung unterliegt, genügt nicht, ebenso wenig die Zugehörigkeit zu einer inländ. Betriebsstätte, 15

---

1 *Schmidt*[37], § 6b Rn. 33; *K/S/M*, § 6b Rn. B 130; dass nach Ansicht des BFH der Gewinn in Höhe des Spitzenausgleichs nicht als Abgeltung der stillen Reserven im Ges.-Anteil, sondern als Entgelt für die Abtretung des Wertdifferenzausgleichs-Anspr., der dem einen Realteiler gegen den anderen zusteht, aufzufassen ist (BFH v. 1.12.1992 – VIII R 57/90, BStBl. II 1994, 607 [612]) = FR 1993, 463 m. Anm. *Schmidt*, würde bei der gebotenen wirtschaftlichen Betrachtungsweise an der Entgeltlichkeit nichts ändern.

2 BFH v. 19.10.1998 – VIII R 69/95, BStBl. II 2000, 230 = FR 1999, 300; dazu BMF v. 29.3.2000 – IV C 2 - S 2178-4/00, BStBl. I 2000, 462.

3 BFH v. 23.4.2009 – IV R 9/06, BStBl. II 2010, 664 = FR 2009, 1102 m. Anm. *Kanzler*; H 6b.2 EStH.

4 BFH v. 19.10.1998 – VIII R 69/95, BStBl. II 2000, 230 = FR 1999, 300; zust. BMF v. 29.3.2000 – IV C 2 - S 2178-4/00, BB 2000, 1230; *B/B*, § 6b Rn. 115; *Lademann*, § 6b Rn. 115; krit. *Reiß*, BB 2000, 1965 (1972 ff.).

5 *H/H/R*, § 6b Anm. 54; *Schmidt*[37], § 6b Rn. 37; *Frotscher/Geurts*, § 6b Rn. 85; **aA** *Blümich*, 6b Rn. 187; *K/S/M*, § 6b Rn. B 174.

6 *Hörger*, DStR 1993, 37 (42); *Bordewin*, DStZ 1992, 353 (357).

7 BMF v. 11.11.2011 – IV C 2 - S 1978-b/08/10001 (2011/0903665), BStBl. I 2011, 1314 Rn. 04.14.

8 *H/H/R*, § 6b Anm. 76; *B/B*, § 6b Rn. 180 ff.

9 *Lademann*, § 6b Rn. 148g.

10 Die Veräußerung v. Anteilen an ausländ. KapGes. ist nach § 6b Abs. 10 begünstigt.

11 *H/H/R*, § 6b Anm. 120.

wenn das Besteuerungsrecht durch ein DBA dem anderen Staat zugewiesen ist.[1] Gehört ein WG zum Anlagevermögen einer inländ. Betriebsstätte, so kommt es für § 6b nicht darauf an, ob sich das WG selbst im Inland oder Ausland befindet, sofern es nicht wegen eines DBA der deutschen Besteuerung entzogen ist (vgl. Rn. 20).[2] Bei Überführung v. WG in eine ausländ. Betriebsstätte erfolgt die Gewinnrealisierung nach Entnahmegrundsätzen (§ 4 Abs. 1 S. 3).[3]

16 **Anlagevermögen**[4] (s. dazu § 6 Rn. 21 f.) wird idR anzunehmen sein, wenn WG sechs Jahre zum BV gehört haben.[5] Für die Abgrenzung zum Umlaufvermögen sind die handelsrechtl. Grundsätze (§ 247 Abs. 2 HGB) maßgeblich. Ausschlaggebend ist die subj. Zweckwidmung, welche als innere Tatsache anhand v. objektiven Merkmalen zu beurteilen ist.[6] Ein Grundstück wird zu Umlaufvermögen umgewidmet, wenn es nach den für den gewerblichen Grundstückshandel entwickelten Grundsätzen (vgl. § 15 Rn. 116 ff.) im Rahmen eines Grundstückshandels veräußert werden soll.[7] Landwirtschaftlich genutzte Flächen sind der Sache nach nicht geeignet, Umlaufvermögen eines luf. Betriebs zu sein. Allein durch die Parzellierung und die Verkaufsabsicht verliert ein WG des Anlagevermögens seine Zugehörigkeit hierzu auch bei Brachlage nicht.[8] Etwas anderes gilt aber dann, wenn über die Verkaufstätigkeit hinaus an der Aufbereitung und Erschließung mitgewirkt wird oder darauf Einfluss genommen wird.[9] Entscheidend ist, ob über die Parzellierung und Veräußerung hinausgehende Aktivitäten entfaltet werden, wodurch der zu veräußernde Grundbesitz „zu einem Objekt anderer Marktgängigkeit" gemacht werden soll; in diesem Fall liegen keine landwirtschaftlichen Hilfsgeschäfte, sondern ein gewerblicher Grundstückshandel vor.[10] Zu Wohngebäuden s. § 13 Abs. 4. Umlaufvermögen ist auch Schrott, der bei Zerstörung oder Zerlegung in unbrauchbare Teile entsteht. Scheidet ein WG aus dem BV aus oder wird das BV zum PV, insbes. weil der StPfl. seine gewerbliche Tätigkeit aufgegeben hat, kommt eine Begünstigung nach § 6b nicht mehr in Betracht. Maßgebend für die Zuordnung zum Anlagevermögen sind nach dem eindeutigen Wortlaut v. Abs. 4 S. 1 Nr. 2 die Verhältnisse im Zeitpunkt der Veräußerung (Übergang des wirtschaftlichen Eigentums).[11] Da § 6b eine personenbezogene und nicht objektbezogene Steuerbegünstigung darstellt,[12] muss das jeweils veräußerte WG mindestens **sechs Jahre** (§ 108 Abs. 1 AO iVm. §§ 187 Abs. 1, 188 Abs. 2 BGB)[13] **ununterbrochen** zum **BV des veräußernden StPfl.** gehört haben. Zugehörigkeit zu einer Betriebsstätte meint wirtschaftliche Zuordnung.[14] Bei MU'schaften ist nach der personenbezogenen Betrachtungsweise des § 6b vor dem 1.1. 1999 und nach dem 31.12.2001 die sechsjährige Zugehörigkeit zum Gesamthandsvermögen der PersGes. oder Gemeinschaft nicht ausreichend; vielmehr müssen die zeitlichen Voraussetzungen des Abs. 4 S. 1 Nr. 2 bei den MU'ern erfüllt sein.[15] Nach der geltenden personenbezogenen Betrachtungsweise ist auch hinsichtlich der WG des Gesamthandsvermögens der PersGes. oder Gemeinschaft die Vorbesitzzeit bei den einzelnen MU'ern maßgebend. Der Lauf der **Frist beginnt** bei angeschafften WG mit Erlangung der wirtschaftlichen Verfügungsmacht, bei im Betrieb hergestellten mit der Fertigstellung des WG, bei eingelegten WG im Zeitpunkt der Einlage. Wird ein Grundstück (Rn. 4) nach und nach erworben und ist die Vorbesitzzeit bei der Veräußerung des ganzen Grundstücks nur hinsichtlich v. Teilen erfüllt, so ist § 6b nur für diese Grundstücksteile anwendbar. Entspr. kann für Ausbau, Umbau oder Erweiterung eines Gebäudes nur gelten, wenn dadurch ein selbstständiges WG entsteht.[16] Die Sechsjahresfrist ist gewahrt, wenn

---

1 *K/S/M*, § 6b Rn. E 11; *H/H/R*, § 6b Anm. 136.

2 *Theil*, BB 1990, 1235 (1236); **aA** noch BMF v. 8.5.1990 – IV B 2 - S 2139 - 47/90, BB 1990, 1028, für im Ausland belegene Grundstücke (allg. aufgehoben durch BMF v. 29.2.2007 – IV C 6 - O 1000/07/0018 – DOK 2007/0145039, BStBl. I 2007, 369).

3 *Strahl*, FR 2007, 665.

4 R 6.1 EStR; zum Anlagevermögen im Umlegungsverfahren *Sorgenfrei*, Inf. 2001, 615.

5 R 6b.3 Abs. 1 S. 2 EStR.

6 FG Hess. v. 18.11.1999 – 4 K 6280/97, EFG 2000, 251.

7 BFH v. 31.5.2001 – IV R 73/00, BStBl. II 2001, 673 = FR 2001, 1016 m. Anm. *Kanzler*; FG München v. 12.5.1998 – 1 V 4470/97, EFG 1998, 1311.

8 BFH v. 31.5.2001 – IV R 73/00, BStBl. II 2001, 673 = FR 2001, 1016 m. Anm. *Kanzler*.

9 BFH v. 25.10.2001 – IV R 47, 48/00, BStBl. II 2002, 289; *Kanzler*, FR 2002, 1017 (1018).

10 BFH v. 8.11.2007 – IV R 34/05, BStBl. II 2008, 231 = FR 2008, 470 m. Anm. *Kanzler* (Optimierung der Bebaubarkeit durch Hinzutausch); v. 8.11.2007 – IV R 35/06, BStBl. II 2008, 359 = FR 2008, 630 m. Anm. *Kanzler* (Zurechnung der Aktivitäten Dritter); vgl. auch *Kanzler*, DStZ 2013, 822 ff.

11 BFH v. 25.10.2001 – IV R 47, 48/00, BStBl. II 2002, 289.

12 StRspr. des BFH, stellvertretend BFH v. 24.3.1992 – VIII R 48/90, BStBl. II 1993, 93 = FR 1992, 684.

13 Zur Vorbesitzzeit v. 2 Jahren vgl. § 6b Abs. 8 S. 1 Nr. 2.

14 *K/S/M*, § 6b Rn. E 13.

15 BFH v. 7.11.2000 – VIII R 27/98, FR 2001, 205 = BFH/NV 2001, 262; *K/S/M*, § 6b Rn. E 14 – Nach der gesellschaftsbezogenen Betrachtungsweise gem. § 6b Abs. 10 idF StEntlG 1999/2000/2002 war die Besitzzeit im Gesamthandsvermögen der Ges. maßgeblich. Vgl. dazu 5. Aufl.

16 R 6b.3 Abs. 3 EStR.

das veräußerte WG innerhalb der letzten sechs Jahre zum BV **verschiedener Betriebsstätten oder Betriebe** des StPfl. gehörte, auch wenn deren Einkünfte verschiedenen Einkunftsarten zuzurechnen sind.[1] Unschädlich ist auch die Übertragung des WG zum Buchwert v. einer zur anderen Betriebsstätte desselben StPfl. Die Veräußerung des ganzen Betriebs unterbricht jedoch die Frist.

Die **Vorbesitzzeit** wird grds. **unterbrochen**, wenn das fragliche WG oder der Betrieb, zu dessen BV es gehört, entgeltlich auf einen anderen Rechtsträger (vgl. Rn. 16 aE) übertragen wird.[2] Bei teilentgeltlichen Übertragungen einzelner WG beginnt die Frist nur bzgl. des entgeltlichen Teils neu zu laufen,[3] während bei teilentgeltlicher Übertragung betrieblicher Einheiten einheitlich zu verfahren ist (vgl. Rn. 9).[4] Ein **Ersatz-WG** muss lediglich zusammen mit dem zwangsweise ausgeschiedenen WG sechs Jahre zum Anlagevermögen des StPfl. gehört haben.[5] Gleiches gilt bei Enteignung und Rückübertragung. Zeiten zw. dem Ausscheiden und der Ersatzbeschaffung werden nicht mitgerechnet.[6] Bei dem Erwerb eines WG aufgrund eines Tausches wird die Vorbesitzzeit unterbrochen, da der Tausch wegen der Bewertung der AK mit dem gemeinen Wert des hingegebenen WG nach § 6 Abs. 6 S. 1 zu einer Gewinnrealisierung führt.[7] Werden iÜ WG veräußert und durch andere WG ersetzt, die ihre Funktion übernehmen, beginnt die Frist neu zu laufen. Durch eine **Betriebsverpachtung** (dazu § 13 Rn. 33 ff.) ohne BetrAufg. wird die Vorbesitzzeit hinsichtlich des verpachteten Anlagevermögens nicht unterbrochen. Bei Rückgängigmachung einer Veräußerung aufgrund v. Rücktritt ist im Hinblick auf § 175 Abs. 1 S. 1 Nr. 2 AO sowie die ratio der Vorbesitzregelung nicht v. einer Unterbrechung der Vorbesitzzeit auszugehen.[8] Um keine fristunterbrechenden Veräußerungen handelt es sich bei echten Pensionsgeschäften (§ 340b HGB) und gewinnneutralen[9] Sachwertdarlehen.[10] Bei einer entgeltlichen Änderung der personalen Zusammensetzung oder der Beteiligungsverhältnisse einer **PersGes.**[11] ist die sechsjährige Vorbesitzzeit nach der vor dem 1.1.1999 und nach dem 31.12.2001[12] geltenden personenbezogenen Betrachtungsweise nicht gewahrt, soweit die WG des Gesamthandsvermögens anteilig Gegenstand entgeltlicher Veräußerungs- oder Anschaffungsgeschäfte der MU'er sind.[13] 17

Bei unentgeltlicher Übertragung eines (Teil-)Betriebs (§ 6 Abs. 3) ist die **Besitzzeit des Rechtsvorgängers** der des Rechtsnachfolgers hinzuzurechnen.[14] Als unentgeltlicher Vorgang ist auch die Übertragung eines Betriebes gegen Versorgungsleistungen anzusehen.[15] Die Übertragung v. WG zum Buchwert zw. Sonder-BV eines MU'ers und Gesamthandsvermögen einer MU'schaft (§ 6 Abs. 5 S. 3) führt zur Besitzzeitanrechnung beim Rechtsnachfolger.[16] Das Gleiche gilt bei der Übertragung eines WG aus dem Sonder-BV eines G'ters in das Sonder-BV eines anderen G'ters, wenn die Übertragung zu Buchwerten erfolgt (§ 6 Abs. 5 S. 3). Die Übertragung eines MU-Anteils zum Buchwert führt ebenfalls nicht zur Unterbrechung der Besitzzeit.[17] Tritt ein MU'er gegen Sacheinlage in die MU'schaft ein, und stammt das WG aus dem BV des eintretenden MU'ers, erfolgt wegen der Buchwertfortführung (§ 6 Abs. 5 S. 3) sowohl beim eintretenden als auch bei den anderen MU'ern eine Besitzzeitanrechnung. Scheidet ein MU'er gegen Sachwertabfindung, die in ein BV des MU'ers erfolgt, aus, kommt es für den ausscheidenden MU'er ebenfalls zu keiner Besitzzeitunterbrechung.[18] Bei **BetrAufsp.** ist die Besitzzeit bei dem vor der BetrAufsp. bestehenden einheitlichen Unternehmen und bei dem Besitzunternehmen zu addieren.[19] Bei Übertragung v. einzelnen WG auf die Betriebs-KapGes. beginnt die Sechsjahresfrist mit dem Erwerb des Eigentums an dem jewei- 18

---

1 R 6b.3 Abs. 1 S. 3 EStR.
2 BFH v. 24.3.1992 – VIII R 48/90, BStBl. II 1993, 93 = FR 1992, 684.
3 *Strahl*, KÖSDI 1999, 12165 (12173).
4 BFH v. 7.11.2000 – VIII R 27/98, FR 2001, 205 = BFH/NV 2001, 262; *Schmidt*[37], § 6b Rn. 76; **aA** BMF v. 13.1.1993 – IV B 3 - S 2190-37/92, BStBl. I 1993, 80 Tz. 41.
5 R 6b.3 Abs. 4 S. 1 EStR.
6 *Schmidt*[37], § 6b Rn. 73.
7 *Strahl*, KÖSDI 1999, 12165 (12169); **aA** zur Rechtslage vor Einführung des § 6 Abs. 6 durch das StEntlG 1999/2000/2002 BFH v. 16.12.1958 – I D 1/57 S, BStBl. III 1959, 30; R 41c Abs. 5 S. 2 EStR 1998.
8 *H/H/R*, § 6b Anm. 170 „Rückgängigmachung"; **aA** *Richter/Winter*, Gewinnübertragungen nach §§ 6b, 6c EStG Rn. 92a.
9 BMF v. 3.4.1990, DB 1990, 863.
10 *Oho/v. Hülst*, DB 1992, 2582 (2585).
11 Zu Änderungen des personellen Bestands einer MU'schaft ausf. *H/H/R*, § 6b Anm. 127.
12 Änderung des § 6b Abs. 4 S. 1 Nr. 3 und Abs. 10 durch das UntStFG.
13 BFH v. 7.11.2000 – VIII R 27/98, FR 2001, 205 = BFH/NV 2001, 262 f.; *Carlé/Korn/Stahl/Strahl/Fuhrmann*, Steueränderungen 2002, 66; zur Rechtslage lt. § 6b Abs. 10 idF StEntlG 1999/2000/2002 vgl. 5. Aufl.
14 BFH v. 24.3.1992 – VIII R 48/90, BStBl. II 1993, 93 = FR 1992, 684; R 6b.3 Abs. 5 EStR.
15 BFH v. 9.9.2010 – IV R 22/07, BFH/NV 2011, 31.
16 OFD Kiel v. 22.8.2001, DB 2001, 2373; *Heinemann*, NWB Fach 3, 12145.
17 *Lademann*, § 6b Rn. 91.
18 *H/H/R*, § 6b Anm. 127.
19 *K/S/M*, § 6b Rn. E 35.

ligen WG neu.[1] Wg. § 6 Abs. 5 ist aber bei mitunternehmerischen BetrAufsp. eine Besitzzeitanrechnung möglich.[2] Buchwertübertragungen sind nicht möglich.

19 Bei **Umwandlungen und Verschmelzungen** wird die Besitzzeit insbes. angerechnet bei der Vermögensübertragung v. einer KapGes. auf eine PersGes. oder nat. Pers. (§ 4 Abs. 2 S. 3 UmwStG), bei der Verschmelzung oder Vermögensübertragung v. einer unbeschränkt stpfl. Körperschaft auf eine andere unbeschränkt stpfl. Körperschaft (§ 4 Abs. 2 S. 3 iVm. § 12 Abs. 3 UmwStG), beim Formwechsel einer KapGes. in eine PersGes. (§ 4 Abs. 2 S. 3 iVm. § 9 UmwStG) sowie bei der Aufspaltung, Abspaltung und Teilvermögensübertragung auf andere unbeschränkt stpfl. Körperschaften oder PersGes. (§ 4 Abs. 2 S. 3 iVm. §§ 12 Abs. 3, 15 Abs. 1 S. 1 oder 16 UmwStG).[3] Eine Besitzzeitanrechnung erfolgt ferner bei der Einbringung eines (Teil-)Betriebs oder MU'anteils zum Buch- oder Zwischenwert in eine KapGes. oder Genossenschaft (§ 4 Abs. 2 S. 3 iVm. §§ 20, 23 Abs. 1 UmwStG) wie auch in eine PersGes. (§ 4 Abs. 2 S. 3 iVm. §§ 24, 23 Abs. 1 UmwStG).[4] Der Formwechsel einer PersGes. in eine KapGes. oder Genossenschaft zu Buch- oder Zwischenwerten hat ebenfalls eine Besitzzeitanrechnung zur Folge (§ 4 Abs. 2 S. 3 iVm. §§ 25, 23 Abs. 1 UmwStG).[5] Gem. § 17 UmwStG[6] war bei Umwandlungen, bei denen Überträger eine KapGes. ist, auf Antrag § 6b ohne Beachtung der Sechsjahresfrist anzuwenden, wenn ein Anteilseigner ganz oder zT in bar abgefunden wurde und sich dadurch sein Gewinn erhöhte. Bei einer **Realteilung** unter Fortführung der Buchwerte gem. § 16 Abs. 3 S. 2 HS 2 idF StEntlG 1999/2000/2002 und bei Übertragung v. Teilbetrieben und MU'anteilen (§ 6 Abs. 3) wird die Vorbesitzzeit in der PersGes. angerechnet (vgl. auch Rn. 8, 12, 22).[7] Bei Übertragung v. Einzel-WG (§ 16 Rn. 235 ff.) war in den VZ 1999/2000 mangels Buchwertansatz eine Besitzzeitanrechnung nicht möglich (§ 16 Abs. 3 S. 6 idF StEntlG 1999/2000/2002 analog). Durch Änderung des § 16 Abs. 3 ist rückwirkend zum 1.1.2001 bei der Realteilung gem. § 16 Abs. 3 S. 2 idF UntStFG bei der Übertragung v. Teilbetrieben, MU'anteilen und Einzel-WG grds. der Buchwert anzusetzen. In diesen Fällen kann die Vorbesitzzeit der WG im Gesamthandsvermögen der PersGes. dem MU'er angerechnet werden. Soweit aufgrund der Regelungen in § 16 Abs. 3 S. 3, 4 idF UntStFG der gemeine Wert der WG anzusetzen ist, wird die Vorbesitzzeit unterbrochen.

20 **2. Die Reinvestitionsgüter (Abs. 4 S. 1 Nr. 3).** Um zu verhindern, dass die aufgedeckten stillen Reserven durch die Übertragung endg. der deutschen Besteuerung entzogen werden können, verlangt Abs. 4 S. 1 Nr. 3, dass auch die angeschafften oder hergestellten WG, auf welche der begünstigte Gewinn oder die stfreie Rücklage übertragen werden sollen, zum **Anlagevermögen einer inländ. Betriebsstätte** gehören.[8] Durch das StEntlG 1999/2000/2002 wurde das Merkmal „eines Betriebs des StPfl." eingeführt und durch das UntStFG wieder aufgehoben. Diesem Merkmal war im Zusammenhang mit Abs. 10 idF StEntlG 1999/2000/2002 zu entnehmen, dass Übertragungen vom Gesamthandsvermögen einer PersGes. auf andere BV (einschl. Sonder-BV) der G'ter nicht möglich sind. Ob ein WG zu einer Betriebsstätte im Inland (dazu § 1 Rn. 6) gehört, entscheidet sich nach wirtschaftlich-funktionalen Gesichtspunkten.[9] Zu einer inländ. Betriebsstätte gehört auch ein im Ausland belegenes WG, sofern der Veräußerungsgewinn hieraus nicht aufgrund eines DBA dem ausländ. Staat zusteht; durch §§ 4 Abs. 1 S. 3, 4g ist die Besteuerung der stillen Reserven sichergestellt.[10] Die Übertragung ist auch in einen anderen Betrieb desselben StPfl. zulässig (Rn. 21). Grds. unschädlich ist, wenn das Reinvestitionsgut **alsbald** nach seiner Anschaffung oder Herstellung **veräußert**, entnommen oder in das Umlaufvermögen überführt wird.[11] Es muss lediglich vom Zeitpunkt der Anschaffung/Herstellung bis zum Zeitpunkt der Übertragung der stillen Reserven, dh. dem ersten Bilanzstichtag nach der Anschaffung/Herstellung des Reinvestitionsguts, zum Anlagevermögen einer inländ. Betriebsstätte gehört haben. Da jedoch zum Anlagevermögen nur WG zählen, die der inländ. Betriebsstätte dauernd zu dienen bestimmt sind, ist (widerleglich) zu vermuten, dass ein WG v. Anfang an nicht zum Anlagevermögen einer inländ. Betriebsstätte gehört hat, wenn es schon kurze Zeit – idR innerhalb v. 6 Monaten – nach seiner Anschaffung/Herstellung in einen Betrieb des StPfl. im Ausland, in das

---

1 *Schmidt*[37], § 6b Rn. 75; *B/B*, § 6b Rn. 265; **aA** *Blümich*, § 6b Rn. 146; *L/B/P*, § 6b Rn. 76.
2 *Lademann*, § 6b Rn. 99.
3 BMF v. 11.11.2011 – IV C 2 - S 1978-b/08/10001 (2011/0903665), BStBl. I 2011, 1314 Rn. 04.15.
4 *K/S/M*, § 6b Rn. E 24; vgl. auch BFH v. 9.9.2010 – IV R 22/07, BFH/NV 2011, 31 (Besitzzeitanrechnung jedenfalls im Fall einer Einbringung zu Buchwerten); einschr. *Blümich*, § 6b Rn. 155 f.; *Frotscher/Geurts*, § 6b Rn. 10: Besitzzeitanrechnung nur bei Buchwertansatz.
5 Vgl. auch *Lademann*, § 6b Rn. 91.
6 Abgeschafft durch StBereinG 1999.
7 *H/H/R*, § 6b Anm. 130.
8 BFH v. 22.8.2002 – IV R 57/00, FR 2003, 315 m. Anm. *Kanzler* = DStR 2002, 2212.
9 FG Nds. v. 1.12.2011 – 6 K 435/09, EFG 2012, 1031 (rkr.); *K/S/M*, § 6b Rn. E 11.
10 *K/S/M*, § 6b Rn. E 11; **aA** noch BMF v. 8.5.1990 – IV B 2 - S 2139 - 47/90, BB 1990, 1028, bei Nicht-DBA-Ländern (allg. aufgehoben durch BMF v. 29.2.2017 – IV C 6 - O 1000/07/0018 – DOK 2007/0145039, BStBl. I 2007, 369).
11 *Strahl*, KÖSDI 2002, 13145 (13147).

Umlaufvermögen oder in das PV des StPfl. überführt oder veräußert worden ist. Die **teilw. private Nutzung** eines WG des Anlagevermögens hindert dessen Qualifikation als Reinvestitionsgut nicht. Gehört ein Gebäude teilw. zu einem BV, teilw. zum PV, so kommt als Reinvestitionsgut jedoch nur der betrieblich genutzte Teil in Betracht.[1] **Ersatzbeschaffungen des Verpächters** eines Betriebs kommen als Reinvestitionstatbestände in Betracht, solange der Verpächter seinen Betrieb nicht aufgegeben hat.

V. Personenidentität der stillen Reserven. Nach dem Wortlaut v. § 6b muss der begünstigte StPfl. mit der Pers. identisch sein, die bestimmte WG veräußert, dadurch Gewinne realisiert und die realisierten Reserven bei Erwerb eines Reinvestitionsguts auf dieses überträgt. Da der StPfl. nach Inanspruchnahme des § 6b so gestellt werden soll, als befinde sich das alte WG unverändert in seinem BV, muss die Übertragung des Veräußerungsgewinns nach § 6b in demselben Umfang möglich sein, wie der StPfl. das alte WG zum Buchwert in ein anderes BV hätte überführen können.[2] Dementspr. gestattet § 6b die Übertragung des begünstigten Gewinns nicht nur innerhalb eines BV, sondern auch auf WG eines anderen Betriebs, sofern nur die stillen Reserven demselben StPfl. zuzurechnen sind (Personenidentität der stillen Reserven).[3] Veräußerungs- und Reinvestitionsobjekte müssen nicht zum BV des nämlichen Betriebs gehören, sofern es sich um inländ. Betriebsstätten desselben StPfl. handelt. Die Übertragung der stillen Reserven auf ein Reinvestitionsobjekt eines anderen Betriebs des StPfl. ist aber erst mit der Anschaffung bzw. Herstellung dieses Reinvestitionsobjekts im anderen Betrieb möglich; zuvor kann auch nicht die Rücklage auf diesen Betrieb übertragen und dort „geparkt" werden.[4] Vorbehaltlich v. Abs. 4 S. 2 (Rn. 25) kann es sich auch um Betriebe verschiedener Einkunftsarten handeln. Stille Reserven sind an die **Pers. des StPfl.** gebunden; sie sind dem zuzurechnen, dem das WG zuzurechnen ist, in dessen Buchwert sie enthalten sind. Die Übertragung stiller Reserven auf ein anderes WG setzt grds. voraus, dass dieses WG demselben StPfl. zuzuordnen ist. Bei der **Verpachtung eines Betriebs** ohne Erklärung der BetrAufg. kann der Verpächter § 6b in Anspr. nehmen.[5] Hat der StPfl. an dem veräußerten WG nur einen **Eigentumsanteil**, so ist § 6b nur auf den anteiligen Veräußerungsgewinn anzuwenden, gehört ihm das Reinvestitionsgut nur anteilig, so können stille Reserven nur auf die anteiligen AK/HK übertragen werden. Bei **Ehegatten**, die jeweils Inhaber eines oder mehrerer Betriebe sind, ist eine Übertragung stiller Reserven v. dem Betrieb eines Ehegatten auf den Betrieb des anderen nicht möglich, da auch bei Zusammenveranlagung die Einkünfte jedes Ehegatten getrennt zu ermitteln sind (§ 26b). Nach der personenbezogenen Betrachtungsweise (vor 1.1.1999 und nach 31.12.2001) kann der Gewinn aus der Veräußerung eines **WG des Gesamthandvermögens** der PersGes. oder Gemeinschaft auch v. den AK/HK v. Reinvestitionsgütern in einem BV oder Sonder-BV eines MU'ers abgezogen werden, soweit der Gewinn anteilig auf den MU'er entfällt.[6] Umgekehrt können die MU'er in ihrem BV oder Sonder-BV entstandene Veräußerungsgewinne auch auf Reinvestitionsgüter im Gesamthandsvermögen einer MU'schaft übertragen, soweit das Reinvestitionsgut ihnen entspr. ihrer Beteiligungsquote an der MU'schaft anteilig zuzurechnen ist.[7] Die Zurechnung erfolgt nach der prozentualen Beteiligung am Gesellschaftsvermögen, wobei das Verhältnis der festen Kapitalkonten zur Zeit der Anschaffung oder Herstellung des Reinvestitionsguts, nicht aber der Gewinnverteilungsschlüssel maßgeblich ist.[8] WG im Alleineigentum anderer MU'er kann der veräußernde MU'er nicht als Reinvestitionsgüter für die Übertragung stiller Reserven verwenden, auch nicht, wenn die WG Sonder-BV anderer MU'er sind; eine Übertragung stiller Reserven zw. verschiedenen StPfl. ist nicht möglich.[9] Wird ein WG des Sonder-BV oder BV des G'ters nach § 6 Abs. 5 S. 3 zum Buchwert auf die PersGes. übertragen, kann diese die Besitzzeit fortführen, das WG veräußern und § 6b in Anspr. nehmen. Eine Reinvestition im Gesamthandsvermögen ist dann möglich. Dies erscheint im Hinblick auf die ratio v. Abs. 10 idF StEntlG 1999/2000/2002[10] freilich problematisch.[11] 21

Bei **Gesamtrechtsnachfolge** im Erbgang können die vom Erblasser gebildeten § 6b-Rücklagen vom Rechtsnachfolger (nunmehriger Betriebsinhaber) übertragen werden, und zwar auch auf solche Reinvestitionsgüter, die zu einem anderen als dem übernommenen BV des Rechtsnachfolgers gehören.[12] Bei einer 22

1 R 4.2 Abs. 4 EStR.
2 *Schön*, Gewinnübertragungen bei PersGes. nach § 6b EStG, 1986, 10.
3 R 6b.2 Abs. 6, Abs. 7 EStR; BFH v. 24.10.2000 – IX R 62/97, BStBl. II 2001, 124 – Gewinnübertragung auf einen neuen Betrieb des StPfl.
4 R 6b.2 Abs. 8 S. 3 EStR; *Schmidt*[37], § 6b Rn. 61; *H/H/R*, § 6b Anm. 46; vgl. auch *Bolk*, DStR 2017, 976; **aA** FG Münster v. 13.5.2016 – 7 K 716/13 E, EFG 2016, 1164 (Rev. VI R 50/16).
5 *B/B*, § 6b Rn. 169.
6 *K/S/M*, § 6b Rn. B 106f.
7 Zur abw. gesellschaftsbezogenen Betrachtungsweise gem. § 6b Abs. 10 idF StEntlG 1999/2000/2002 vgl. 5. Aufl.
8 *H/H/R*, § 6b Anm. 27; *Leingärtner*, Kap. 31 Rn. 105.
9 *H/H/R*, § 6b Anm. 27; *Blümich*, § 6b Rn. 233.
10 So auch BFH v. 9.2.2006 – IV R 23/04, BStBl. II 2006, 538 = FR 2006, 689 m. Anm. *Kanzler*.
11 *Jachmann*, DStZ 2002, 203 (207).
12 *Lademann*, § 6b Rn. 18.

unentgeltlichen Übertragung eines (Teil-)Betriebs kann der Rechtsnachfolger nach § 6 Abs. 3 die Begünstigung des § 6b in gleicher Weise in Anspr. nehmen wie der Rechtsvorgänger; beim Betriebsübergeber kommt es nicht zu einer gewinnerhöhenden Auflösung v. nach § 6b gebildeten stfreien Rücklagen.[1] Bei einer **Realteilung** mit Buchwertfortführung (§ 16 Abs. 3 S. 2) können bereits bestehende Rücklagen v. den Realteilern als Rechtsnachfolgern anteilig fortgeführt werden. Scheidet ein MU'er gegen **Sachwertabfindung** aus der PersGes. aus, kann er ab VZ 2002 eine im Gesamthandsvermögen bestehende Rücklage, soweit sie anteilig auf ihn entfällt, zur Reinvestition in einem eigenen BV mitnehmen. Veräußert die PersGes. vor Ablauf v. sechs Jahren seit dem Ausscheiden ein zum Gesamthandsvermögen gehörendes, nach Abs. 1 S. 1 begünstigtes WG, können die verbliebenen MU'er § 6b nur in Höhe des Teils des Veräußerungsgewinns in Anspr. nehmen, der auf ihre Anteile an der PersGes. entfällt, den sie vor dem Ausscheiden des MU'ers hatten.[2] IÜ kann beim **G'terwechsel** eine § 6b-Rücklage aus der StB der PersGes. anteilig auf den in der Ergänzungsbilanz des Eintretenden aktivierten Mehrwert übertragen werden. Dies gilt auch für Fälle des § 24 UmwStG.[3]

23 Wird ein **(Teil-)Betrieb in eine unbeschränkt kstpfl. KapGes.** (§ 20 Abs. 1 UmwStG) **oder eine PersGes.** (§ 24 Abs. 1 UmwStG) **eingebracht**, wobei der Einbringende neue Anteile an der Ges. erhält oder MU'er der Ges. wird, so können § 6b-Rücklagen im einzubringenden BV fortgeführt werden, sofern der (Teil-) Betrieb **zum Buchwert** oder **zu einem Zwischenwert** eingebracht wird (§§ 12 Abs. 3 iVm. 23 Abs. 1, 3; 24 Abs. 4 UmwStG; zur Besitzzeitanrechnung s. Rn. 19).[4] Bei der Einbringung zum Zwischenwert kann die § 6b-Rücklage nur anteilig fortgeführt werden.[5] Dies geschieht bei der Einbringung in eine PersGes. im Gesamthandsvermögen und nicht in einer Sonderbilanz.[6] Bei der Einbringung **zum gemeinen Wert** sind die stillen Reserven aufzudecken, dh. auch stfreie Rücklagen nach § 6b aufzulösen.[7] Bei **Einzelrechtsnachfolge** gelten die eingebrachten WG als im Zeitpunkt der Einbringung v. der KapGes. (§ 23 Abs. 4 HS 1 UmwStG) oder der PersGes. (§§ 24 Abs. 4 iVm. 23 Abs. 4 HS 1 UmwStG) angeschafft. Im aufnehmenden BV können die zum TW eingebrachten WG Reinvestitionsobjekte sein. Bei **Gesamtrechtsnachfolge** gilt für die übernehmende Ges. gem. § 23 Abs. 4 HS 2 UmwStG die Regelung des § 23 Abs. 3 UmwStG und damit § 12 Abs. 3 S. 1 UmwStG entspr., sodass § 6b-Rücklagen iErg. anteilig fortgeführt und für WG des aufzunehmenden BV verwendet werden können. Geht ein **Teilbetrieb** durch **Aufspaltung**, **Abspaltung** oder **Teilübertragung** auf eine andere Körperschaft über, ist eine § 6b-Rücklage der anderen Körperschaft zuzuordnen, wenn sie für ein WG gebildet wurde, das dem übertragenen Teilbetrieb zuzurechnen war (§§ 15 Abs. 1 S. 1, 12 Abs. 3 S. 1 UmwStG).[8]

24 **VI. Begünstigungsfähiger Gewinn (Abs. 4 S. 1 Nr. 4).** Begünstigt sind nur im Inland **stpfl. Veräußerungsgewinne**, insbes. nicht solche, die aufgrund eines DBA unberücksichtigt bleiben oder aufgrund v. §§ 16 Abs. 4, 14 S. 2, 18 Abs. 3 S. 2 oder 14a stfrei sind. Andererseits hängt die Bildung einer Rücklage nicht davon ab, dass sichergestellt ist, dass ihre Auflösung auch zur Besteuerung des Auflösungsbetrags führt.[9] Unschädlich ist, wenn für den Betrieb, zu dem das veräußerte WG gehört, im fraglichen Wj. ein Verlust entsteht oder in dem maßgeblichen VZ ein negatives zu versteuerndes Einkommen vorhanden ist. § 6b ist jedenfalls stets heranzuziehen, wenn sich andernfalls stl. Auswirkungen im Inland ergäben, etwa durch einen Verlustausgleich.[10] Zur Höhe des begünstigten Gewinns s. Rn. 10.

25 **VII. Übertragungsverbot gem. Abs. 4 S. 2.** Um zu verhindern, dass gewerbliche Gewinne durch Verlagerung auf nicht gewstpfl. Betriebe endg. der GewSt entzogen werden, dürfen begünstigte Gewinne aus der Veräußerung v. WG eines GewBetr. nicht auf WG übertragen werden, die zu einem luf. Betrieb gehören oder der selbstständigen Arbeit dienen. Entspr. dieser ratio legis ist Abs. 4 S. 2 **einschr.** dahin **auszulegen**, dass nicht gewstpfl. Gewinne aus der Veräußerung eines gewerblichen (Teil-)Betriebs oder MU'anteils nicht erfasst sind.[11] Die Übertragung auf v. der GewSt befreite GewBetr. ist zulässig, da der Wortlaut

1 BFH v. 22.9.1994 - IV R 61/93, BStBl. II 1995, 367 (370f.) = FR 1995, 375; v. 23.4.2009 - IV R 9/06, BStBl. II 2010, 664 = FR 2009, 1102 m. Anm. *Kanzler*.
2 BFH v. 13.8.1987 - VIII B 179/86, BStBl. II 1987, 782 = FR 1987, 531.
3 *Schmidt*[37], § 6b Rn. 77.
4 Zum Verbleib der 6b-Rücklage beim Einbringenden vgl. *Pitzal*, DStR 2011, 2373 (2377).
5 Vgl. BMF v. 11.11.2011 - IV C 2 - S 1978-b/08/10001 - DOK 2011/0903665, BStBl. I 2011, 1314 Rn. 23.06, 23.14 u. 24.02; *B/B*, § 22 UmwStG Rn. 18.
6 *Strahl*, KÖSDI 1999, 12165 (12169).
7 BMF v. 11.11.2011 - IV C 2 - S 1978-b/08/10001 (2011/0903665), BStBl. I 2011, 1314 Rn. 23.17.
8 BFH v. 22.6.2010 - I R 77/09, BFH/NV 2011, 10; **aA** *Pitzal*, DStR 2011, 2373 (2376f.).
9 BFH v. 24.3.1998 - I R 20/94, BStBl. II 1999, 272 = FR 1998, 653.
10 *B/B*, § 6b Rn. 271.
11 BFH v. 30.8.2012 - IV R 28/09, BFH/NV 2012, 2070 mit zust. Anm. *Wendt*, FR 2013, 229; *Kanzler*, FR 2013, 229; *Schoor*, NWB 2012, 1254; *H/H/R*, § 6b Anm. 142; *Leingärtner*, Kap. 31 Rn. 147ff.; *Blümich*, § 6b Rn. 201.

dahingehend keine Einschränkung enthält.[1] § 6b Abs. 4 S. 2 ist nicht anzuwenden, wenn im Rahmen eines GewBetr. aufgedeckte stille Reserven auf WG übertragen werden sollen, die zu einem Grundstücks- oder Wohnungsbauunternehmen des StPfl. gehören, für das nach § 9 Nr. 1 S. 2–4 GewStG der Antrag gestellt werden kann, den Gewerbeertrag nicht zur GewSt heranzuziehen. Bei einer Reinvestition in einem vermögensverwaltenden Bereich kann die Anwendbarkeit des § 6b dadurch erreicht werden, dass dieser über § 15 Abs. 3 Nr. 2 in einen gewerblichen umgestaltet wird.

C. Übertragung des Veräußerungsgewinns

I. Wahlrecht. Der StPfl. hat das **Wahlrecht**, den Veräußerungsgewinn (zT) auf im Vorjahr oder im gleichen Jahr angeschaffte oder hergestellte WG zu übertragen, ihn in eine stfreie Rücklage einzustellen oder auf die Steuerbegünstigung des § 6b zu verzichten und die stillen Reserven sofort zu versteuern. Das Wahlrecht ist wenigstens konkludent in der Gewinnermittlung oder den dieser beigefügten Unterlagen auszuüben; ohne eine solche Willensäußerung kann eine Wahlrechtsausübung nicht unterstellt werden, wenn ein Veräußerungsgewinn iSv. § 6b Abs. 2 ohne weitere Äußerung nicht erklärt wurde.[2] Für die Bildung der Rücklage ist die tatsächliche Absicht zur Reinvestition des Veräußerungserlöses nicht erforderlich.[3] Das rein stl. Wahlrecht des § 6b kann infolge des Wegfalls der umgekehrten Maßgeblichkeit durch das Bilanzrechtsmodernisierungsgesetz (BilMoG)[4] unabhängig vom Wertansatz in der HB ausgeübt werden (§ 5 Abs. 1 S. 1 Hs. 2; dazu auch § 5 Rn. 54).[5] Dieses stl. autonome Wahlrecht kann erstmals für Wj. ausgeübt werden, die nach dem 31.12.2008 enden.[6] Ein Eingang in die HB, etwa durch die Bildung eines Sonderpostens mit Rücklageanteil (§§ 247 Abs. 3, 273 aF HGB[7]), ist nicht mehr zulässig.[8] Allenfalls eine Rückstellung für latente Steuern (§ 274 HGB) ist bis zur Auflösung oder Übertragung der § 6b-Rücklage notwendig.[9] Nach bisherigem Recht gebildete Sonderposten können handelsrechtl. beibehalten oder – ohne steuerliche Auswirkung – aufgelöst werden.[10] Da § 5 Abs. 1 S. 2 vorschreibt, dass WG, die nicht mit dem handelsrechtlichen Wertansatz in der Steuerbilanz ausgewiesen werden, in ein besonderes, lfd. zu führendes Verzeichnis aufzunehmen sind, ist die Übertragung stiller Reserven auf ein anderes WG nach § 6b von der Führung eines solchen gesonderten Verzeichnisses abhängig. Das Verzeichnis muss nach § 5 Abs. 1 S. 3 den Tag der Anschaffung oder Herstellung, die Anschaffungs- oder Herstellungskosten, die Vorschrift des ausgeübten Wahlrechts und die vorgenommenen Abschreibungen enthalten. Dagegen reicht für die Bildung einer steuerfreien Rücklage der Ausweis in der Steuerbilanz aus.[11] Das Bilanzierungswahlrecht für die Bildung und Auflösung einer § 6b-Rücklage ist dabei immer durch einen entsprechenden Bilanzansatz im zu veräußernden Betrieb auszuüben, auch wenn die Rücklage auf WG eines anderen Betriebs des StPfl. übertragen werden soll.[12] Das Wahlrecht gilt bei nicht oder nicht vollständiger Führung des Verzeichnisses als nicht ausgeübt.[13] Einer Aufnahme in das genannte Verzeichnis bedarf es aber nicht, soweit sich die Angaben aus der Buchführung iSd. § 6b Abs. 4 ergeben.[14] Zudem bedarf es für die Bildung einer Rücklage nach § 6b Abs. 3 keiner Aufnahme in das genannte Verzeichnis, falls die Rücklage in der Steuerbilanz er- 26

1 *H/H/R*, § 6b Anm. 142.
2 Vgl. BFH v. 6.12.2017 – VI R 68/15, DStR 2018, 661.
3 BFH v. 12.12.2000 – VIII R 10/99, BStBl. II 2001, 282 = FR 2001, 343 m. Anm. *Kanzler*; v. 5.6.1997 – III R 218/94, BFH/NV 1997, 754.
4 BGBl. I 2009, 1102.
5 BMF v. 12.3.2010 – IV C 6 - S 2133/09/10001 (2010/0188935), BStBl. I 2010, 239 Tz. 14; *Herzig/Briesemeister*, DB 2010, 917 mwN; *Geberth/Blasius*, FR 2010, 408 (410); *Richter*, GmbHR 2010, 505 (508); *Künkele/Zwirner*, Stbg. 2012, 272 (276).
6 BMF v. 12.3.2010 – IV C 6 - S 2133/09/10001 (2010/0188935), BStBl. I 2010, 239 Tz. 24; *Mitschke*, FR 2010, 214 (220); *Künkele/Zwirner*, StuB 2010, 335 (337).
7 Die Vorschriften sind letztmals in Geschäftsjahren anzuwenden, die vor dem 1.1.2010 beginnen (Art. 66 Abs. 5 EGHGB).
8 *Schmidt*[37], § 6b Rn. 57; *Utz/Hoheisel*, BC 2010, 322 (324); *Schiffers*, GmbH-StB 2010, 200 (202); *Küting/Seel* in FS Herzig, 675 (684).
9 *Theile/Hartmann*, DStR 2008, 2031; *L/B/P*, § 6b Rn. 37; *Herzig/Briesemeister*, WPg 2010, 63 (72); *Bantleon/Schorr*, DStR 2010, 1491 (1493); *Künkele/Zwirner*, BC 2010, 328 (332).
10 Vgl. dazu Art. 67 Abs. 3 EGHGB; BMF v. 12.3.2010 – IV C 6 - S 2133/09/10001 (2010/0188935), BStBl. I 2010, 239 Tz. 24; *Schmidt*[37], § 6b Rn. 57; *Künkele/Zwirner*, BC 2011, 137 (138); **aA** aber BMF v. 11.2.2009 – IV C 6 - S 2170/0 (2009/0083720), BStBl. I 2009, 397.
11 Vgl. R 6b.2 EStR.
12 BFH v. 19.12.2012 – IV R 41/09, BStBl. II 2013, 313 mit Anm. *Schulze-Osterloh*, BB 2013, 496; H 6b.2 EStH; *Kanzler*, FR 2013, 513.
13 BMF v. 12.3.2010 – IV C 6 - S 2133/09/10001 (2010/0188935), BStBl. I 2010, 239 Tz. 21.
14 BMF v. 12.3.2010 – IV C 6 - S 2133/09/10001 (2010/0188935), BStBl. I 2010, 239 Tz. 22; vgl. dazu *Richter*, GmbHR 2010, 505 (510): § 6b Abs. 4 S. 1 Nr. 5 meine die handelsrechtliche „Buchführung", sodass die Vorschrift aufgrund des Wegfalls der umgekehrten Maßgeblichkeit ins Leere laufen wird.

fasst wird. Das Verzeichnis ist erst bei Übertragung der Rücklage auf die AK/HK eines im folgenden Wj. angeschafften WG zu führen; erst zu diesem Zeitpunkt wird ein Wahlrecht iSd. § 5 Abs. 1 S. 1 HS 1 ausgeübt.[1] Für Wj. vor Wegfall der umgekehrten Maßgeblichkeit, bei denen das stl. Wahlrecht in Übereinstimmung mit einem handelsrechtl. Ausweis ausgeübt werden musste, vgl. ausf. 9. Aufl. Danach mussten zB Zuschreibungen in der HB auch grds. in der Steuerbilanz vollzogen werden (§ 5 Abs. 1). Allerdings durften die Zuschreibungen nur bis zur Höhe der um die nach § 6b gekürzten AK/HK erfolgen. Andernfalls wäre es zu einer Rückgängigmachung des Abzugs nach § 6b gekommen. Denn § 6 Abs. 1 Nr. 1 bildet nicht nur im Anschaffungs-/Herstellungsjahr die Bewertungsobergrenze (§ 5 Abs. 6), sondern ausweislich des Wortlauts des § 6 Abs. 1 Nr. 1 S. 4 auch für Folgejahre, sodass der Abzug nach § 6b (§ 6 Abs. 1 Nr. 1 S. 1) im vollen Umfang erhalten bleibt.[2] Das Wahlrecht ist v. **MU'ern** persönlich auszuüben, grds. aber nicht notwendig einheitlich.[3] Eine einheitliche Ausübung ist aufgrund des Wegfalls der umgekehrten Maßgeblichkeit nunmehr auch bei der Übertragung stiller Reserven v. WG des Gesamthandsvermögens einer PersGes. auf WG einer Ges., an der die PersGes. beteiligt ist (mehrstöckige Ges.), nicht mehr geboten.[4] Hinsichtlich der Sonder-BV wird widerlegbar vermutet, dass das Wahlrecht in Abstimmung mit dem MU'er ausgeübt wurde, solange der MU'er nicht bereits bei Aufstellung der Bilanz aus der Ges. ausgeschieden ist oder den Finanzbehörden bekannt ist, dass zwischen dem MU'er und der MU'schaft ernstliche Meinungsverschiedenheiten bestehen.[5] Maßgeblich für den Abzug nach Abs. 1 S. 1 oder Abs. 3 S. 2 ist die Schlussbilanz des Wj., in dem das Reinvestitionsgut angeschafft/hergestellt wurde. Damit setzt der Abzug das Vorhandensein des Reinvestitionsgutes am Schluss des Wj. voraus. Auch die AK bestimmen sich nach den Verhältnissen am Bilanzstichtag. Mangels Bilanz kann bei **Schätzung** des Gewinns für das betroffene Jahr keine Rücklage nach Abs. 3 gewinnmindernd berücksichtigt werden.[6] Gleichwohl ist eine Stundung nach Abs. 2a möglich.[7] Eine rechtmäßig gebildete Rücklage muss jedoch nicht für das erste Jahr einer folgenden Gewinnschätzung aufgelöst und der Auflösungsbetrag bei der Schätzung berücksichtigt werden,[8] sofern die gewählte Rücklage nach den Grundsätzen des Bilanzzusammenhangs auch im Jahr der Schätzung wirkt. Das Wahlrecht ist grds. **im Jahr der Veräußerung** auszuüben.[9] Die Bildung der Rücklage kann aber noch im Wege der Bilanzänderung bis zur Bestandskraft nachgeholt werden. Hierbei sind jedoch die Regelungen über die Bilanzänderung zu beachten (§ 4 Abs. 2, dazu § 4 Rn. 127ff.).[10] Die Einschränkungen für **Bilanzänderungen** nach § 4 Abs. 2 S. 2 greifen aber nicht, wenn der StPfl. erst nach Einreichung der Bilanz die Möglichkeit bekommt, das Wahlrecht auszuüben, so, wenn sich im Rahmen einer Betriebsprüfung herausstellt, dass ein Gewinn aus der Veräußerung eines WG realisiert worden ist, der in eine Rücklage nach § 6b eingestellt werden kann.[11] § 4 Abs. 2 S. 2 gilt aber, wenn die fehlende Ausübung des Wahlrechts auf einer zumindest fahrlässigen Nichterfassung des Gewinns beruht.[12] § 4 Abs. 2 steht zudem einer anderweitigen Ausübung des Wahlrechts entgegen, wenn die ursprüngliche Ausübung desselben Wahlrechts nicht unrichtig war.[13] Zur nachträglichen Änderung des Veräußerungsgewinns vgl. Rn. 10. Eine **Änderung des ursprünglichen Steuerbescheids nach § 174 Abs. 3 AO** kommt in Betracht, wenn das FA nach ursprünglicher rechtsirriger Zubilligung v. § 6b in den Folgebescheiden auf Gewinnerhöhungen aus der Auflösung der Rücklage oder verringerten Absetzungen verzichtet. Nach Bestandskraft des Einkommensteuerbescheids ist eine geänderte Wahl ausgeschlossen,[14] auch für die **GewSt**. Das Wahlrecht kann sowohl im anhängigen Klageverfahren im Rahmen eines Hilfsantrags als auch nach Ergehen des Urteils in der Tatsacheninstanz bis zum Ablauf der Rechtsmittelfrist ausgeübt werden.[15] Wird ein Hilfsantrag gestellt, sind auch die weiteren Voraussetzungen für die Inanspruchnahme der Steuerver-

---

1 BMF v. 12.3.2010 – IV C 6 - S 2133/09/10001 (2010/0188935), BStBl. I 2010, 239 Tz. 22.
2 BFH v. 4.6.2008 – I R 84/07, BStBl. II 2009, 187; dazu BMF v. 11.2.2009 – IV C 6 - S 2170/0 (2009/0083720), BStBl. I 2009, 397.
3 *H/H/R*, § 6b Anm. 50.
4 *Schmidt*[37], § 6b Rn. 45; **aA** *H/H/R*, § 6b Anm. 50.
5 BFH v. 25.1.2006 – IV R 14/04, BStBl. II 2006, 418; *H/H/R*, § 6b Anm. 50; *Ley*, WPg 2006, 904.
6 BFH v. 16.9.2008 – X B 42/08, BFH/NV 2008, 2055; *B/B*, § 6b Rn. 289.
7 *Grefe*, DStZ 2016, 439 (442); *Kanzler*, NWB 2015, 3814 (3819).
8 So aber R 6b.2 Abs. 4 EStR; *Blümich*, § 6b Rn. 260; hiergegen *Schmidt*[37], § 6b Rn. 62; *H/H/R*, § 6b Anm. 106.
9 *Schoor*, FR 1997, 251 (255).
10 BFH v. 12.12.2000 – VIII R 10/99, BStBl. II 2001, 282 (283 f.) = FR 2001, 343 m. Anm. *Kanzler*.
11 BFH v. 18.8.2005 – IV R 37/04, BStBl. II 2006, 165; v. 25.1.2006 – IV R 14/04, 418; hierzu *Kanzler*, FR 2006, 693 und *Kanzler*, FR 2007, 435.
12 BFH v. 27.9.2006 – IV R 7/06, BStBl. II 2008, 600 = FR 2007, 433 m. Anm. *Kanzler*.
13 BFH v. 19.12.2012 – IV R 41/09, BStBl. II 2013, 313 = FR 2013, 510 m. Anm. *Kanzler*.
14 BFH v. 24.3.1998 – I R 20/94, BStBl. II 1999, 272 = FR 1998, 653; zur erstmaligen Wahlrechtsausübung infolge eines Änderungsbescheides und dessen Umfang vgl. BFH v. 27.10.2015 – X R 44/13, BStBl. I 2016, 278 und v. 9.12.2015 – X R 56/13, BFH/NV 2016, 618.
15 BFH v. 11.2.2005 – VIII B 32/03, BFH/NV 2005, 1261; v. 30.1.2013 – III R 72/11, FR 2013, 999 = DStR 2013, 1321.

günstigung nach § 6b hilfsweise zu erfüllen; die Voraussetzungen für § 6b können auch noch im zweiten Rechtsgang geschaffen und dargelegt werden.[1] Das Wahlrecht kann auch nach Ergehen eines finanzgerichtlichen Urteils, in dem über die Zuordnung der veräußerten Grundstücksflächen zum BV entschieden wurde, ausgeübt werden.[2] Im Rahmen der **Einheitsbewertung** ist gem. § 103 Abs. 3 BewG die § 6b-Rücklage, anders als die Kürzungen nach § 6b Abs. 1, nicht abzuziehen.[3]

Bei einer (Gesamt- oder Teil-)**Betriebsveräußerung** kann der StPfl. aufgedeckte stille Reserven wie Gewinne aus der Veräußerung einzelner WG auf WG eines anderen BV übertragen (vgl. Rn. 8, 21). Auf die Absicht des StPfl., den Betrieb unter Einsatz des Veräußerungserlöses fortzuführen, kommt es nicht an.[4] Eine Rücklage ohne Reinvestitionsabsicht kommt, freilich nur für die Dauer der Frist nach Abs. 3 S. 2, bereits dann in Betracht, wenn die Übertragung der Rücklage auf ein begünstigtes Reinvestitionsobjekt objektiv möglich ist; es kommt nicht einmal auf die Möglichkeit einer erfolgsneutralen Auflösung an.[5] Dies gilt unabhängig v. der Fortführung des Betriebs oder einer bevorstehenden Betriebsveräußerung/-aufgabe[6] bzw. davon, ob Rücklagenbildung und BetrAufg. zeitlich zusammenfallen.[7] Wird bei einer Rücklagenbildung im Zusammenhang mit einer Betriebsveräußerung kein Reinvestitionsgut angeschafft, so führt die Auflösung der Rücklage zu nachträglichen (§ 24 Nr. 2) nicht tarifbegünstigten (zu § 34 vgl. iÜ Rn. 2a) Einkünften. Bei einer **Betriebsüberlassung iSv. § 6 Abs. 3** oder **Gesamtrechtsnachfolge** kann auch erst der Rechtsnachfolger iRd. Jahresabschlusses das Wahlrecht ausüben.[8] 27

II. Abzug des begünstigten Gewinns gem. Abs. 1 S. 1. Der Abzug des übertragungsfähigen Veräußerungsgewinns v. den AK/HK eines Reinvestitionsobjekts ist nur für das **Wj. der Veräußerung** – in dem der begünstigte Gewinn entstanden ist – möglich.[9] Von Anzahlungen auf AK oder v. Teil-HK ist ein Abzug nicht möglich.[10] Das Reinvestitionsobjekt wird zunächst mit den tatsächlichen AK/HK angesetzt und dann davon der Betrag des übertragungsfähigen Gewinns abgezogen.[11] Bei der Ermittlung der AK/HK sind abziehbare Vorsteuern außer Acht zu lassen (§ 9b EStG); dies gilt auch für Land- und Forstwirte, die ihre Umsätze nach Durchschnittssätzen versteuern (§ 24 UStG).[12] Bei Anschaffung/Herstellung des Reinvestitionsobjekts im Jahr der Veräußerung sind für den Abzug nach Abs. 1 die gesamten AK/HK dieses Jahres maßgebend. Bei Anschaffung/Herstellung in dem dem Veräußerungsjahr vorausgegangenen Wj. ist der Abzug nach Abs. 1 vom Buchwert am Schluss dieses vorangegangenen Jahres vorzunehmen (Abs. 5); nachträgliche AK/HK im Veräußerungsjahr erhöhen den maßgeblichen Buchwert.[13] Erweiterung, Ausbau und Umbau eines Gebäudes sind als eigenständige Reinvestitionen (Abs. 1 S. 3 und 4) nach den gleichen Grundsätzen zu behandeln. Eine entspr. Anwendung des § 6b auf frühere Ersatzinvestitionen ist nicht möglich.[14] **Handelsrechtl.** stellte sich der Abzug v. den AK/HK als stl. Abschreibung (§§ 254, 279 Abs. 2 HGB aF) dar, da die direkte Verrechnung des Gewinns nach § 6b mit den AK/HK nicht zulässig war. Mit Inkrafttreten des BilMoG und der Änderung der §§ 254, 279 Abs. 2 HGB ist in der HB keine Abschreibung mehr vorzunehmen.[15] Bereits zulässig vorgenommene Abschreibungen können beibehalten werden.[16] Wird entgegen dieser Möglichkeit handelsrechtlich eine Zuschreibung vorgenommen,[17] wirkt sich dies steuerlich nicht aus.[18] Wegen der abweichenden Ansätze zwischen Steuerbilanz und HB ist das betreffende WG in das gesondert zu führende Verzeichnis aufzunehmen (§ 5 Abs. 1 S. 2, vgl. Rn. 26).[19] 28

---

1 BFH v. 30.1.2013 – III R 72/11, FR 2013, 999 = DStR 2013, 1321.
2 BFH v. 30.8.2001 – IV R 30/99, BStBl. II 2002, 49 = FR 2002, 577 m. Anm. *Kanzler.*
3 *Gürschinger/Stenger*, Bewertungsrecht, BewG ErbstG, Kommentar (Losebl.) § 103 BewG Rn. 113.
4 BFH v. 5.6.1997 – III R 218/94, BFH/NV 1997, 754; v. 7.3.1996 – IV R 34/95, BStBl. II 1996, 568 = FR 1996, 562.
5 BFH v. 24.3.1998 – I R 20/94, BStBl. II 1999, 272 = FR 1998, 653.
6 BFH v. 12.12.2000 – VIII R 10/99, BStBl. II 2001, 282 = FR 2001, 343 m. Anm. *Kanzler.*
7 FG Nds. v. 24.11.2004 – 9 K 446/01, EFG 2005, 594 (rkr.).
8 *H/H/R*, § 6b Anm. 50.
9 R 6b.2 Abs. 1 S. 3 EStR.
10 *Blümich*, § 6b Rn. 221.
11 Zur Ermäßigung der AK/HK *H/H/R*, § 6b Anm. 58.
12 BFH v. 9.9.2010 – IV R 47/08, BFH/NV 2011, 426.
13 R 6b.2 Abs. 1 S. 6 EStR; **aA** *K/S/M*, § 6b Rn. B 102.
14 BFH v. 12.6.2001 – XI R 5/00, FR 2001, 1223 m. Anm. *Kanzler* = BFH/NV 2001, 1640; v. 14.11.1990 – X R 85/87, BStBl. II 1991, 222 = FR 1991, 170.
15 Die Vorschrift ist letztmals in Geschäftsjahren anzuwenden, die vor dem 1.1.2010 beginnen (Art. 66 Abs. 5 EGHGB).
16 Vgl. dazu Art. 67 Abs. 4 EGHGB und *Schiffers*, GmbH-StB 2010, 200 (202); *Gellhausen/Fey/Kirsch*, WPg 2010, 24 (28 f.).
17 Vgl. dazu *Schiffers*, GmbH-StB 2010, 200 (202 f.).
18 BFH v. 4.6.2008 – I R 84/07, BStBl. II 2009, 187; BMF v. 11.2.2009 – IV C 6 - S 2170/0 (2009/0083720), BStBl. I 2009, 397; *Schiffers*, GmbH-StB 2010, 200 (203); **aA** noch R 6b.2 Abs. 1 S. 2 EStR.
19 *Schiffers*, GmbH-StB 2010, 200 (203); *Blümich*, § 5 Rn. 203c.

29 **III. Reinvestitionsrücklage (Abs. 3).** Soweit der StPfl. im Wj. der Aufdeckung v. nach § 6b übertragbaren stillen Reserven diese nicht v. den AK/HK der in diesem Wj. oder im vorangegangenen Wj. angeschafften/hergestellten begünstigten WG abgezogen hat, kann er in diesem Wj. eine den stl. Gewinn mindernde Reinvestitionsrücklage bilden (Abs. 3 S. 1). Die maximale Höhe der § 6b-Rücklage wird v. dem übertragungsfähigen Veräußerungsgewinn, gemindert um bereits auf Reinvestitionsgüter übertragene Teile desselben, bestimmt. Eine Untergrenze besteht für die Rücklage nicht. Ist wg möglicher Altlasten auf Seiten des Veräußerers eine Rückstellung zu bilden, hat dies keinen Einfluss auf die Höhe der § 6b-Rücklage.[1] Ihre **Bildung** ist grds. nur **im Wj. der Veräußerung** durch einen entsprechenden Bilanzansatz im zu veräußernden Betrieb möglich.[2] Soweit eine Rücklage aus der Veräußerung von Sonder-BV gebildet wird, ist die Rücklage zwingend in der Sonderbilanz des veräußernden MU'ers zu bilden.[3] Zur rückwirkenden Aufstockung der Rücklage s. Rn. 10. Die Rücklage kann nach der durch das StBereinG 1999 geänderten Fassung des § 4 Abs. 2 S. 2 bis zur Bestandskraft des Feststellungsbescheids nachträglich gebildet werden.[4] Bildet der StPfl. eine § 6b-Rücklage nur in geringerem Umfang, als es Abs. 3 S. 1 gestatten würde, so kann er die Rücklage im nächsten Wj. nicht um den Betrag aufstocken, den er im ersten Jahr bei der Bildung der Rücklage nicht berücksichtigt hat. Die § 6b-Rücklage wird grds. unabhängig v. einer späteren Anschaffung/Herstellung v. Reinvestitionsgütern oder einer späteren Übertragung der stillen Reserven auf solche gebildet.

30 Wurde im Wj. der Veräußerung eine Rücklage gem. Abs. 3 S. 1 gebildet,[5] so kann gem. Abs. 3 S. 2 bis zur Höhe dieser Rücklage v. den AK/HK der WG iSv. Abs. 1 S. 2, die in den folgenden **vier Wj.** angeschafft oder hergestellt worden sind, im Wj. ihrer Anschaffung/Herstellung ein Betrag abgezogen werden.[6] Die **Frist beginnt** mit Ablauf des Wj., für das die Rücklage gebildet wird. Sie bemisst sich nach Wj. und nicht, wie die Frist nach Abs. 4 Nr. 2,[7] nach Kj., sodass Rumpf-Wj. zur Verkürzung führen.[8] Die Frist v. vier Jahren verlängert sich nach Abs. 3 S. 3 für **neu hergestellte Gebäude** auf **sechs Jahre**, wenn mit der Herstellung – nicht aber Erweiterung, Ausbau oder Umbau – vor dem Schluss des vierten auf die Bildung der Rücklage folgenden Wj. begonnen worden ist.[9] Das vor dem vierten Wj. begonnene und das tatsächlich hergestellte Gebäude müssen sich hinsichtlich Planung und Errichtung entsprechen.[10] Andernfalls wurde nicht mit der Herstellung des tatsächlich realisierten Gebäudes vor Ablauf des vierten Wj. begonnen.[11] Nach der jüngsten Rspr. des BFH soll sich die Frist nur bei vom StPfl. selbst hergestellten Gebäuden verlängern, nicht jedoch bei der Anschaffung eines neu hergestellten Gebäudes.[12] **Beginn der Herstellung** meint, dass das Vorhaben konkret ins Werk gesetzt sein muss.[13] Die Behauptung des StPfl., er beabsichtige, die Rücklage auf ein noch zu errichtendes Gebäude zu übertragen, ist nicht ausreichend; die Absicht muss vielmehr durch den Herstellungsbeginn nach außen dokumentiert werden.[14] Dies kann insbes. durch Beginn der Ausschachtungsarbeiten, Erteilung eines spezifizierten Bauauftrages an einen Bauunternehmer[15] oder Architekten,[16] die Anfuhr nicht unbedeutender Mengen v. Baumaterial auf dem Bauplatz,[17] aber auch durch die Stellung des Bauantrags,[18] den Abbruch eines Gebäudes zum Zweck der Errichtung

1 FG Nürnb. v. 9.11.1999 – I 186/97, EFG 2000, 209, rkr.
2 BFH v. 19.12.2012 – IV R 41/09, BStBl. II 2013, 313 mit Anm. *Schulze-Osterloh*, BB 2013, 496; *Kanzler*, FR 2013, 513.
3 BFH v. 19.12.2012 – IV R 41/09, BStBl. II 2013, 313 = FR 2013, 510 m. Anm. *Kanzler*; v. 25.1.2006 – IV R 14/04, BStBl. II 2006, 418.
4 BFH v. 12.12.2000 – VIII R 10/99, BStBl. II 2001, 282 = FR 2001, 343 m. Anm. *Kanzler*; zu § 4 Abs. 2 S. 2 aF s. BFH v. 24.3.1998 – I R 20/94, BStBl. II 1999, 272 = FR 1998, 653.
5 Zur buchmäßigen Behandlung vgl. *Köhler*, StBp. 1997, 249.
6 Zur Wahrung der Frist im Falle der Veräußerung eines Gebäudes durch Erwerb eines teilfertigen Gebäudes vgl. *Klein*, DStR 2011, 400; *Klein*, FR 2011, 506 (511 f.).
7 *H/H/R*, § 6b Anm. 133.
8 Vgl. auch BFH v. 23.4.2009 – IV R 9/06, BStBl. II 2016, 664.
9 Zur Übertragung der Reinvestitionsfrist des § 6b Abs. 3 S. 2 u. 3 EStG auf die Rücklage für Ersatzbeschaffung im Falle der Anschaffung eines (neuen) Gebäudes vgl. BFH v. 12.1.2012 – IV R 4/09, FR 2012, 827 m. Anm. *Kanzler* = BFH/NV 2012, 1035.
10 Vgl. aber auch BFH v. 14.3.2012 – IV R 6/09, BFH/NV 2012, 1122.
11 Vgl. dazu ausführlich *Klein*, FR 2011, 505 (508 f.).
12 BFH v. 19.11.2015 – IV B 103/14, BFH/NV 2016, 198; *K/S/M*, § 6b Rn. D 5; *Blümich*, § 6b Rn. 253; **aA** noch 15. Aufl.; *Klein*, FR 2011, 506 (509 mwN).
13 BFH v. 26.10.1989 – IV R 83/88, BStBl. II 1990, 290 = FR 1990, 223.
14 BFH v. 14.3.2012 – IV R 6/09, BFH/NV 2012, 1122; *Schmidt*[37], § 6b Rn. 60.
15 *B/B*, § 6b Rn. 241.
16 *Klein*, FR 2011, 506 (508).
17 *K/S/M*, § 6b Rn. D 8.
18 BFH v. 23.2.1995 – III B 115/93, BFH/NV 1995, 677; v. 2.3.2006 – I B 154/05, BFH/NV 2006, 1277; v. 14.3.2012 – IV R 6/09, BFH/NV 2012, 1122; einschr. FG München v. 14.2.2017 – 6 K 2143/16, EFG 2017, 643 (Rev. X R 7/17): trotz Bauantrags müsse das Investitionsvorhaben konkret ins Werk gesetzt worden sein.

eines Neubaus, oder durch Planungsmaßnahmen[1] geschehen. Die Stellung eines Bauantrags ist aber nur dann für den Beginn der Herstellung eines Gebäudes maßgeblich, wenn das geplante Gebäude am geplanten Standort baurechtlich realisierbar ist und sich dort verwirklichen lässt.[2] Nach Ablauf der Frist v. vier Jahren kommt eine Fortführung der Rücklage nur iHd. am Bilanzstichtag noch zu erwartenden HK in Betracht. Zur Verlängerung des Reinvestitionszeitraums bei städtebaulichen Sanierungs- und Entwicklungsmaßnahmen s. Rn. 35.

Innerhalb der Reinvestitionsfrist (Abs. 3 S. 2, 3) kann die Rücklage jederzeit ganz oder zT zugunsten des lfd. 31
Gewinns oder durch Übertragung auf die AK/HK v. Reinvestitionsgütern iSv. Abs. 1 S. 2 **aufgelöst** werden. Abs. 3 S. 5 enthält nur einen äußersten zeitlichen Rahmen für die Übertragung der Rücklage.[3] Die gewinnerhöhende Auflösung wird durch den Abzug des Rücklagenbetrags v. den AK/HK des Reinvestitionsobjekts neutralisiert.[4] Der Gewerbeertrag kann um den Gewinn aus der Auflösung der Rücklage gem. § 9 Nr. 1 S. 2 GewStG gekürzt werden, wenn der ohne Bildung der Rücklage entstandene Veräußerungsgewinn nach § 9 Nr. 1 S. 2 GewStG gewerbesteuerfrei gewesen wäre und wenn auch bei Auflösung der Rücklage die Voraussetzungen des § 9 Nr. 1 S. 2 GewStG vorliegen.[5] Ist eine Rücklage nicht innerhalb der Frist aufgelöst worden, so hat dies am Schluss des vierten oder ggf. sechsten auf die Bildung der Rücklage folgenden Wj. gewinnerhöhend zu geschehen. AE des vierten Wj. braucht die Rücklage mangels erfolgter Übertragung der stillen Reserven nur dann nicht aufgelöst zu werden, wenn mit der Herstellung eines Gebäudes, auf das die stillen Reserven übertragen werden können, begonnen worden ist (Rn. 30). Der erfolgswirksamen Auflösung einer Rücklage nach Ablauf der Reinvestitionsfrist steht nicht entgegen, dass die Rücklage zu Unrecht – in einem bestandskräftigen und deshalb nicht mehr änderbaren Steuerbescheid – anerkannt worden ist.[6] Übersteigt die Rücklage jedoch die voraussichtlichen HK des Gebäudes, ist sie insoweit aufzulösen.[7] Gleiches gilt, wenn mit einer Fertigstellung innerhalb der sechs Jahre nicht zu rechnen ist.[8] Wie die Bildung der § 6b-Rücklage so ist auch ihre Auflösung nur in der **Bilanz**, nicht schon in der lfd. Buchführung möglich. Zur Auflösung der Rücklage bei Gewinnschätzung s. Rn. 26. Wird eine Rücklage im Rahmen **einer (Teil-)Betriebsveräußerung**, einer (Teil-)BetrAufg. ohne Übertragung auf Reinvestitionsgüter aufgelöst, so ist der dabei entstehende Gewinn zum tarifbegünstigten Veräußerungsgewinn zu rechnen.[9]

Soweit eine nach Abs. 3 gebildete stfreie Rücklage gewinnerhöhend aufgelöst wird, ohne dass ein entspr. 32
Betrag v. den AK oder HK eines Reinvestitionsobjekts abgezogen wird, ist der mit der Rücklage verbundene Vorteil durch eine **Verzinsung** des sich aus der Auflösung der Rücklage ergebenden Steuerbetrags rückgängig zu machen. Die Verzinsung hat auch dann zu erfolgen, wenn die Rücklage ursprünglich zu Unrecht gebildet und später aufgelöst wird;[10] dagegen kommt es zu keiner Verzinsung, wenn die Gewinnauswirkung einer ursprünglich fehlerhaften Rücklagenbildung im ersten offenen Jahr korrigiert wird.[11] Die Verzinsung nach **Abs. 7** erfolgt dadurch, dass der **Gewinn** des Wj., in dem die Rücklage aufgelöst wird, für jedes volle Wj., in dem die Rücklage bestanden hat, idR außerbilanziell um 6 % des aufgelösten Rücklagebetrages **erhöht** wird. Während das Wj. der Auflösung dabei immer als volles Wj. zu zählen ist,[12] wird das Wj. der Rücklagenbildung (Veräußerungsjahr) nicht mitgerechnet.[13] Die Rücklage ist nur in der Schlussbilanz eines Wj. aufzulösen; der Gewinnzuschlag kann nicht durch eine gewinnerhöhende Auflösung vor Ablauf des Wj. vermieden werden.[14] Ein Rumpf-Wj. ist ein „volles" Wj. iSv. Abs. 7.[15] Der Ge-

1 *H/H/R*, § 6b Anm. 102 f.; *Blümich*, § 6b Rn. 254; offengelassen in BFH v. 2.3.2006 – I B 154/05, BFH/NV 2006, 1277; *K/S/M*, § 6b Rn. D 8.
2 BFH v. 14.3.2012 – IV R 6/09, BFH/NV 2012, 1122; *K/S/M*, § 6b Rn. D 8.
3 BFH v. 22.6.2010 – I R 77/09, BFH/NV 2011, 10; v. 17.9.1987 – IV R 8/86, BStBl. II 1988, 55 = FR 1988, 76.
4 Zur Darstellung in der HB infolge der umgekehrten Maßgeblichkeit (§ 5 Abs. 1 S. 2 idF vor dem BilMoG, BGBl. I 2009, 1102 [= EStG idF v. 19.10.2002, BGBl. I 2002, 4210]) bei KapGes., die im BV gebildete Rücklage auf WG einer PersGes. übertragen, an der die KapGes. beteiligt ist, BMF v. 29.2.2008 – IV B 2 – S 2139/07/0003 (2008/0111417), BStBl. I 2008, 495; dazu *Schulz*, NWB Fach 17, 2227; *Grützner*, StuB 2008, 178; krit. *Roser*, EStB 2008, 177; *Freikamp*, DB 2008, 781; *Horst*, NWB 2010, 3292 (3307 ff.); *K/S/M*, § 6b Rn. B 152.
5 BFH v. 15.3.2000 – I R 17/99, FR 2000, 1285 m. Anm. *Wendt* = BFH/NV 2000, 1562 (1563).
6 BFH v. 27.5.1993 – IV R 65/91, BStBl. II 1994, 76.
7 BFH v. 26.10.1989 – IV R 83/88, BStBl. II 1990, 290 = FR 1990, 223.
8 *H/H/R*, § 6b Anm. 106; *K/S/M*, § 6b Rn. D 23.
9 R 6b.2 Abs. 10 S. 5, 6 EStR.
10 BFH v. 30.1.2017 – X B 36/16, BFH/NV 2017, 607.
11 BFH v. 8.2.2017 – X B 138/16, BFH/NV 2017, 579.
12 BFH v. 26.10.1989 – IV R 83/88, BStBl. II 1990, 290 = FR 1990, 223.
13 *L/B/P*, § 6b Rn. 110.
14 *Steinhauff*, jurisPR-SteuerR 21/2008 Nr. 3; BFH v. 26.2.2008 – VIII R 82/05, BStBl. II 2008, 481 = FR 2008, 878 (zu § 7g Abs. 3).
15 FG Münster v. 17.11.2000 – 2 K 7511/97 E, EFG 2001, 350 f.

winnzuschlag fällt für das Rumpf-Wj. ungemindert an.[1] Entstehen durch eine Betriebsübergabe zwei Rumpf-Wj., die zusammen ein Wj. ergeben, so fällt für diese beiden Rumpf-Wj. der Gewinnzuschlag nur einmal an.[2] Der Gewinnzuschlag nach § 6b Abs. 7 ermöglicht aber nicht die erweiterte Kürzung des Gewerbeertrags nach § 9 Nr. 1 S. 2 GewStG.[3]

33 **IV. Buchnachweis (Abs. 4 S. 1 Nr. 5).** Der Abzug nach § 6b Abs. 1 und die Bildung und Auflösung der Rücklage nach Abs. 3 müssen sich nach Abs. 4 S. 1 Nr. 5 in der Buchführung verfolgen lassen. Aus der Buchführung des veräußernden Betriebs muss sich ergeben, welches WG veräußert wurde, welchen Buchwert es hatte, welcher Veräußerungserlös erzielt wurde und wie hoch die Veräußerungskosten waren. Hinsichtlich des jeweiligen Reinvestitionsobjekts muss deutlich werden, um welches WG es sich handelt, welche AK/HK hierfür aufgewendet wurden und welcher Betrag der aufgedeckten stillen Reserven v. den AK/HK abgezogen worden ist.[4] Rücklagen können in der Bilanz zwar in einem Posten zusammengefasst werden. In der Buchführung ist jedoch im Einzelnen nachzuweisen, bei welchen WG der in eine Rücklage genommene Gewinn entstanden und auf welche WG er übertragen wurde oder wann die Rücklage aufgelöst wurde.[5] Bei MU'schaften ist grds. für jeden MU'er ein § 6b-Rücklagenkonto zu führen, weil infolge der Personenbezogenheit des § 6b möglicherweise die Vorbesitzzeit nicht bei allen MU'ern erfüllt ist und die MU'er ihren anteiligen Veräußerungsgewinn auf Reinvestitionen in ihrem BV oder Sonder-BV übertragen können (Rn. 21).[6] Die sechsjährige Vorbesitzzeit braucht nicht in der Buchführung verfolgbar zu sein.

34 **V. Anschaffungskosten/Herstellungskosten nach dem Abzug (Abs. 5, 6).** Nach Abs. 6 S. 1 tritt in der Folge eines Abzugs gem. Abs. 1 oder 3 im Wj. des Abzugs für die AfA, Sonderabschreibungen oder erhöhte Absetzungen sowie für die Fälle des § 6 Abs. 2 oder Abs. 2a an die Stelle der historischen AK/HK der durch den Abzug geminderte Betrag. Wird die Reinvestition in dem dem Wj. der Veräußerung vorausgegangenen Wj. vorgenommen, so ist dieser Betrag gem. Abs. 5 zusätzlich um die AfA des Wj. der Anschaffung zu kürzen. Ist ein **Gebäude** Reinvestitionsobjekt, so ist in den Fällen des § 7 Abs. 4 S. 1 und Abs. 5 ab dem Wj. der Anschaffung/Herstellung AfA-Bemessungsgrundlage stets der Betrag, der sich beim Abzug des Abzugsbetrags nach § 6b v. den AK/HK ergibt, unabhängig davon, ob das Gebäude im Jahr des Abzugs oder im vorangegangenen Wj. angeschafft/hergestellt worden ist (§ 6b Abs. 6 S. 2).[7] Da das Wahlrecht des § 6 Abs. 2 für das Jahr der Anschaffung/Herstellung zu treffen ist, ist bei einer Anschaffung/Herstellung des Reinvestitionsgutes im Wj. vor der Veräußerung für die Wertgrenze auf die ursprünglichen AK/HK abzustellen.[8]

D. Sonderregelung für städtebauliche Maßnahmen (Abs. 8, 9)

35 Abs. 8 normiert Besonderheiten gegenüber Abs. 1–7 für Gewinne, die bei der Übertragung v. WG des Anlagevermögens iSv. Abs. 1 zur Vorbereitung oder Durchführung v. städtebaulichen Sanierungs- oder Entwicklungsmaßnahmen (§§ 136, 165 ff. BauGB) auf eine Gebietskörperschaft oder einen anderen in Abs. 8 S. 2 bezeichneten Erwerber entstanden sind. Die Übertragung einer Rücklage iSv. Abs. 3 ist grds. in den auf das Wj. der Veräußerung folgenden **sieben Wj.** möglich. Bei neu hergestellten Gebäuden, mit deren Herstellung vor dem Schluss des siebten auf die Bildung der Rücklage folgenden Wj. begonnen worden ist, verlängert sich die Frist auf **neun Jahre**. Die nach Abs. 4 Nr. 2 erforderliche sechsjährige Zugehörigkeit zum Anlagevermögen einer inländ. Betriebsstätte des veräußernden StPfl. reduziert sich auf **zwei Jahre**. Die Sonderregelungen des Abs. 8 setzen das Vorliegen einer **Bescheinigung der nach Landesrecht zuständigen Behörde** voraus (Abs. 9). Diese prüft die sachlichen Voraussetzungen der Sonderregelungen. Für Streitigkeiten im Bescheinigungsverfahren ist das VG zuständig. Die Bescheinigung ist Grundlagenbescheid (§ 175 Abs. 1 Nr. 1 AO).[9]

E. Veräußerung von Anteilen an Kapitalgesellschaften (Abs. 10)

36 Zur Gesetzesentwicklung und zeitlichen Anwendbarkeit vgl. Rn. 1b ff. Nach Abs. 10 können **StPfl., die keine Körperschaften**, Personenvereinigungen oder Vermögensmassen sind, Gewinne aus der Veräuße-

1 *K/S/M*, § 6b Rn. H 4; *H/H/R*, § 6b Anm. 151; **aA** *Schmidt*[37], § 6b Rn. 88 (Zuschlag v. 0,5 pro Monat).
2 BFH v. 23.4.2009 – IV R 9/06, BStBl. II 2010, 664 = FR 2009, 1102 m. Anm. *Kanzler*; H 6b.2 EStH.
3 BFH v. 15.3.2000 – I R 17/99, FR 2000, 1285 m. Anm. *Wendt* = BFH/NV 2000, 1562.
4 Zur Übertragung der Rücklage bei Verstoß gegen den Grundsatz der Einzelbewertung s. FG Nds. v. 6.6.2001 – 2 K 822/98, EFG 2002, 186.
5 R 6b.2 Abs. 3 EStR.
6 *Schoor*, StLex. 2005, 85 (98 f.).
7 BT-Drucks. 11/5970, 37.
8 *Lademann*, § 6b Rn. 156d.
9 FG SachsAnh. v. 24.7.2001 – 3 V 15/01, EFG 2001, 1358; *Schmidt*[37], § 6b Rn. 91; vgl. auch ua. BFH v. 10.10.2017 – X R 6/16, BStBl. II 2018, 272, zu § 7h.

rung v. Anteilen an KapGes. bis zu einem Betrag v. 500 000 Euro auf Anteile an KapGes., abnutzbare bewegliche WG oder Gebäude übertragen. Der Höchstbetrag betrifft die in einem Wj. entstandenen Veräußerungsgewinne vor Anwendung des Teileinkünfteverfahrens und nicht den Betrag der stpfl. Einkünfte (s. unten).[1] Der Freibetrag steht jedes Jahr erneut zur Vfg.[2] Die Gewinne können aus mehreren Veräußerungen in einem Wj. herrühren, soweit der Höchstbetrag insgesamt nicht überschritten wird.[3] Veräußerung meint Kauf wie Tausch (Rn. 7).[4] Bei **MU'schaften** ist der Höchstbetrag auf jeden MU'er **gesondert** anzuwenden.[5] Die Übertragung auf die AK v. Anteilen an KapGes. oder auf die AK/HK v. abnutzbaren beweglichen WG kann im Wj. der Veräußerung oder in den folgenden zwei Wj. erfolgen. Dagegen kann die Übertragung auf die AK/HK v. Gebäuden im Wj. der Veräußerung oder in den folgenden vier Wj. erfolgen. Die Übertragung auf AK/HK für im Wj. vor der Veräußerung angeschaffte WG ist nach der ratio des Abs. 10 trotz fehlender Verweisung auf Abs. 1 S. 1 zulässig.[6]

Körperschaften, Personenvereinigungen oder Vermögensmassen iSd. § 1 Abs. 1 KStG sind v. der Regelung 37
des § 6b Abs. 10 ausgenommen, da die Gewinne aus der Veräußerung v. Anteilen an einer anderen KapGes. durch Körperschaften, Personenvereinigungen oder Vermögensmassen bereits nach § 8b Abs. 2 KStG stfrei gestellt sind.

Indem Abs. 10 lediglich v. Anteilen an KapGes. spricht, ergibt sich, dass sowohl die Veräußerung v. **Antei-** 38
len an inländ. als auch an ausländ. KapGes. begünstigt ist.[7] Zu den Anteilen an KapGes. zählen neben Aktien und GmbH-Anteilen auch Genussscheine und Anwartschaften[8] (§ 17 Abs. 1 S. 3).[9] Da der Gewinn nach den Regelungen des Teileinkünfteverfahrens gem. § 3 Nr. 40 S. 1 Buchst. a und b iVm. § 3c Abs. 2 zT steuerbefreit ist, wird die Höhe des übertragbaren Gewinns gesondert geregelt. Bei Übertragung auf Gebäude oder abnutzbare bewegliche WG kann nur ein Betrag bis zur Höhe des nicht nach § 3 Nr. 40 S. 1 Buchst. a und b iVm. § 3c Abs. 2 steuerbefreiten Betrags v. den AK abgezogen werden (§ 6b Abs. 10 S. 2). Folgerichtig ordnet § 6b Abs. 10 S. 3 an, dass bei Übertragung auf Anteile an KapGes. die AK um den Veräußerungsgewinn einschl. des nach § 3 Nr. 40 S. 1 Buchst. a und b iVm. § 3c Abs. 2 steuerbefreiten Betrages gemindert werden. Hier kann somit der gesamte Gewinn übertragen werden, was auch konsequent ist, da eine spätere Veräußerung dieser Anteile wieder dem Teileinkünfteverfahren unterliegt.[10] Das Reinvestitionsobjekt kann neu oder auch bereits in dem der Veräußerung vorausgehenden Wj. angeschafft oder hergestellt werden. Vor der Änderung durch das G v. 23.7.2002 galt Letzteres nur für abnutzbare bewegliche WG (s. dazu 2. Aufl.).

Soweit der StPfl. für den Gewinn eine stfreie Rücklage gebildet hat, ist der Gewinn aus haushaltspoliti- 39
schen Gründen innerhalb v. nur zwei Jahren v. den AK für Anteile an KapGes. oder v. den AK/HK abnutzbarer beweglicher WG bzw. innerhalb v. vier Jahren v. den AK/HK für Gebäude abzuziehen (Abs. 10 S. 1); für eine nach Abs. 3 gebildete Reinvestitionsrücklage für Gewinne aus der Veräußerung v. WG iSd. Abs. 1 ist hingegen eine Reinvestitionsfrist v. vier Jahren vorgesehen (Rn. 30). Für die Bildung einer Rücklage bei Nichtinanspruchnahme der Vergünstigung im Jahr der Veräußerung ordnet Abs. 10 S. 5 an, dass diese in Höhe des gesamten Veräußerungsgewinns gebildet werden kann (einschl. des nach § 3 Nr. 40 S. 1 Buchst. a und b iVm. § 3c Abs. 2 steuerbefreiten Betrages). Obwohl Abs. 10 S. 5 dies, anders als Abs. 3 S. 1, nicht ausdrücklich vorschreibt, ist die Rücklagenbildung nach der ratio legis nur im Wj. der Veräußerung zulässig.[11] Bei nur teilw. Übertragung des Gewinns auf Gebäude oder abnutzbare bewegliche WG kann eine Rücklage auch in Höhe des entspr. stfreien Gewinnanteils nicht mehr gebildet werden.[12] Die Übertragung der Rücklage auf Gebäude oder abnutzbare bewegliche WG kann in Höhe des nicht nach § 3 Nr. 40 S. 1 Buchst. a und b iVm. § 3c Abs. 2 steuerbefreiten Betrags erfolgen. IÜ ist die Rücklage in diesem Fall in gleicher Höhe um den steuerbefreiten Betrag aufzulösen (§ 6b Abs. 10 S. 6, 7). Dieser aufgelöste Be-

1 *Neumayer*, EStB 2003, 274 (276); *Carlé/Korn/Stahl/Strahl/Fuhrmann*, Steueränderungen 2002, 78; **aA** *Linklaters/Oppenhoff/Rädler*, DB 2002, Beil. Nr. 1, 1 (20 f.).
2 *L/B/P*, § 6b Rn. 141.
3 *Korn/Strahl*, Stbg. 2002, 300 (309); **aA** *Heinemann*, NWB Fach 3, 12145 (12148).
4 *Ernst & Young/BDI*, UntStFG 2002, 120 f.
5 R 6b.2 Abs. 12 S. 1 EStR; OFD Frankfurt v. 11.4.2013 – S 2139 A - 24 - St 210, FR 2013, 566; *Rödder/Schumacher*, DStR 2002, 105 (107); *K/S/M*, § 6b Rn. K 7.
6 *Neumann*, EStB 2002, 96 (100); *Kanzler*, FR 2002, 117 (125); *H/H/R*, § 6b Anm. 163; *K/S/M*, § 6b Rn. K 11; vgl. auch FG München v. 27.4.2010 – 12 K 4/06, EFG 2011, 427; *Schmidt*[37], § 6b Rn. 97; **aA** R 6b.2 Abs. 13 S. 2 EStR; *Rödder/Schumacher*, DStR 2001, 1638; *Strahl*, KÖSDI 2002, 13145 (13147).
7 *K/S/M*, § 6b Rn. K 4.
8 Krit. *K/S/M* § 6b Rn. K 2.
9 *Korn/Strahl*, Stbg. 2002, 300 (307).
10 *Cordes*, StBp. 2003, 113 (114).
11 *H/H/R*, § 6b Anm. 164; *Hartmann/Meyer*, Inf. 2002, 141; *Siebrasse/Weber*, StB 2004, 287; **aA** *Blümich*, § 6b Rn. 308.
12 *Hartmann/Meyer*, Inf. 2002, 141 (143).

trag unterliegt dann dem Teileinkünfteverfahren.[1] Auf die Anteile an KapGes. kann die Rücklage in voller Höhe übertragen werden (§ 6b Abs. 10 S. 6 iVm. S. 3).

40 Wird der in die Rücklage eingestellte Gewinn nicht bis zum Schluss des vierten auf die Bildung der Rücklage folgenden Wj. reinvestiert, ist die Rücklage gewinnerhöhend aufzulösen (§ 6b Abs. 10 S. 8). Da der in die Rücklage eingestellte Veräußerungsgewinn nicht reinvestiert wurde, ist er nach der Auflösung der Rücklage nach allg. Regeln zu besteuern, dh. es greift auch wieder die Steuerbefreiung des Teileinkünfteverfahrens nach § 3 Nr. 40 S. 1 Buchst. a und b iVm. § 3c ein, auch wenn dies nicht explizit – im Gegensatz zur 1. Fassung[2] angeordnet ist.[3] Keine Anwendung findet das Teileinkünfteverfahren, wenn im BV gehaltene Anteile an KapGes. veräußert werden, soweit bei diesen stl. voll wirksame „Abzüge" nach § 6b vorgenommen worden sind (§ 3 Nr. 40 S. 1 Buchst. a S. 3).[4] Analog zur Wertaufholung bei Teilwertabschreibungen, die noch nicht dem (früheren) Halbeinkünfteverfahren unterfallen sind, sind Veräußerungen v. Anteilen voll stpfl., wenn die übertragenen Veräußerungsgewinne noch nicht dem (früheren) Halbeinkünfteverfahren unterlagen.[5] Da Abzüge nach Abs. 10 regelmäßig nur unter dem Halbeinkünfteverfahren bzw. Teileinkünfteverfahren möglich waren, ist der Anwendungsbereich der Vorschrift gering.[6]

41 Entspr. der Regelung in Abs. 7 ist der Gewinn des Wj., in dem die Rücklage gewinnerhöhend aufgelöst wird, für jedes volle Wj., in dem die Rücklage bestanden hat, um 6 % des nicht steuerbefreiten Rücklagebetrags, soweit er nicht übertragen wurde, zu erhöhen (Abs. 10 S. 9). Durch das G v. 23.7.2002 wurde in S. 9 klargestellt, dass im Fall der Auflösung der Rücklage bei Nichtreinvestition eine Verzinsung nicht zu erfolgen hat, soweit die Rücklage auf Reinvestitionsgüter übertragen wurde. Entspr. war auch schon S. 9 idF des UntStFG auszulegen; dem StPfl. soll nach der ratio legis der Zinsvorteil insoweit belassen werden, als er eine Reinvestition vorgenommen hat. IÜ gelten die Regelungen in Abs. 2 zur Ermittlung des Veräußerungsgewinns, des Abs. 4 S. 1 Nr. 1, 2 (sechs Jahre Zugehörigkeit zum Anlagevermögen), 3, 5 und des Abs. 4 S. 2 zu den besonderen Voraussetzungen für die Inanspruchnahme des § 6b und des Abs. 5 zur Anschaffung des Reinvestitionsguts in dem dem Veräußerungsjahr vorangegangenen Wj. entspr. (Abs. 10 S. 4). Die Regelung des Abs. 4 S. 1 Nr. 4 wird nicht für anwendbar erklärt, da dies im Widerspruch zur Steuerbefreiung nach dem Teileinkünfteverfahren stehen würde.

42 **PersGes. oder Gemeinschaften** können die Regelungen des § 6b Abs. 10 S. 1–9 nur in Anspr. nehmen, soweit an ihnen keine Körperschaften, Personenvereinigungen oder Vermögensmassen iSd. § 1 Abs. 1 KStG beteiligt sind (§ 6b Abs. 10 S. 10). Dadurch soll eine gleichzeitige Steuerfreistellung des anteiligen Gewinns aus der Veräußerung v. Anteilen an KapGes. durch die an der PersGes. oder Gemeinschaft beteiligte Körperschaft, Personenvereinigung oder Vermögensmasse nach § 8b Abs. 2, 6 KStG verhindert werden.[7]

43 § 6b Abs. 10 S. 11 wurde gestrichen, nachdem mit dem SEStEG die Versteuerung der stillen Reserven bei der Veräußerung v. einbringungsgeborenen Anteilen entfallen ist. Die **Veräußerung v. einbringungsgeborenen Anteilen** iSd. § 21 UmwStG aF (Anteile an einer KapGes., die der Veräußerer oder der Rechtsvorgänger durch eine Sacheinlage nach § 20 Abs. 1 und § 23 Abs. 1–4 UmwStG aF unter dem TW erworben hat)[8] war nur dann nach § 6b Abs. 10 aF begünstigt, wenn die Voraussetzungen des § 3 Nr. 40 S. 4 erfüllt waren, dh. wenn die einbringungsgeborenen Anteile später als sieben Jahre nach dem Zeitpunkt der Einbringung iSd. § 20 Abs. 1 und § 23 Abs. 1–3 UmwStG aF veräußert wurden[9] oder wenn die einbringungsgeborenen Anteile in eine Mehrheits-Ges. nach § 20 Abs. 1 S. 2 UmwStG aF eingebracht wurden und die Anteile einbringungsgeboren iSd. § 21 UmwStG in der am 12.12.2006 geltenden Fassung waren (§ 6b Abs. 10 S. 11 aF iVm. § 52 Abs. 18b). Einbringungsgeborene Anteile sind und waren deshalb grds. v. der Begünstigung des § 6b Abs. 10 ausgenommen, weil bereits bei der Einbringung der Anteile an der KapGes. nach § 20 UmwStG (§ 20 Abs. 1 und § 23 Abs. 1–3 UmwStG aF) auf die Aufdeckung stiller Reserven verzichtet wird und durch die erneute Begünstigung des Veräußerungsgewinns nach § 6b Abs. 10 ein ungerechtfertigter Steuervorteil erzielt werden könnte. Da für die einbringungsgeborenen Anteile auch die Frist der 6-jährigen Zugehörigkeit zum Anlagevermögen gilt, verlängert sich diese Frist de facto nur um ein Jahr.[10] Zum Begriff und Zeitpunkt der Veräußerung s. Rn. 7.

1 *Linklaters/Oppenhoff/Rädler*, DB 2002, Beil. Nr. 1, 1 (21).
2 In § 6b Abs. 10 S. 4 HS 2 idF UntStFG-Entw. BT-Drucks. 14/6882.
3 Vgl. *Linklaters/Oppenhoff/Rädler*, DB 2002, Beil. Nr. 1, 1 (21).
4 Neu eingefügt durch das SEStEG v. 13.12.2006 (BStBl. I 2007, 4).
5 *L/B/P*, § 6b Rn. 127.
6 Dazu *L/B/P*, § 6b Rn. 127.
7 *Strahl*, KÖSDI 2002, 13145 (13149).
8 § 21 Abs. 1 S. 1 UmwStG aF.
9 Vgl. auch *Orth*, DStR 2011, 1541 (1543).
10 Krit. *Carlé/Korn/Stahl/Strahl/Fuhrmann*, Steueränderungen 2002, 75f.

§ 6b EStG ist auf den sog. **Einbringungsgewinn I** (vgl. § 22 Abs. 1 UmwStG) anwendbar.[1] Ein solcher entsteht beim Einbringenden, wenn bei einer Einbringung iSv. § 20 UmwStG (Einbringung eines Betriebs, Teilbetriebs oder Mitunternehmeranteils in eine Kapitalgesellschaft oder Genossenschaft/Sacheinlage; § 20 Abs. 1 UmwStG) die übernehmende Gesellschaft das übernommene Betriebsvermögen unter dem gemeinen Wert ansetzt (§ 20 Abs. 2 S. 2 UmwStG) und der Einbringende die durch die Einbringung erworbenen Anteile innerhalb der siebenjährigen Sperrfrist des § 22 Abs. 1 S. 1 UmwStG veräußert. In diesem Fall ist § 6b Abs. 1 bis 7 anwendbar, soweit begünstigte WG iSd. § 6b Abs. 1 eingebracht wurden und bisher nicht aufgedeckte stille Reserven nunmehr durch die rückwirkende Besteuerung des Einbringungsgewinns I realisiert werden.[2] § 6b Abs. 10 greift insoweit nicht ein, als der Einbringungsgewinn I die Besteuerung des Einbringungsvorgangs und damit eine Sacheinlage (§ 20 Abs. 1 UmwStG; vgl. auch oben Rn. 7) erfasst. § 6b Abs. 10 kommt dagegen zur Anwendung, soweit die Veräußerung der eingebrachten Anteile jenseits des Einbringungsgewinns I zu einem Veräußerungsgewinn führt.[3] 44

§ 6c Übertragung stiller Reserven bei der Veräußerung bestimmter Anlagegüter bei der Ermittlung des Gewinns nach § 4 Absatz 3 oder nach Durchschnittssätzen

(1) [1]§ 6b mit Ausnahme des § 6b Absatz 4 Nummer 1 ist entsprechend anzuwenden, wenn der Gewinn nach § 4 Absatz 3 oder die Einkünfte aus Land- und Forstwirtschaft nach Durchschnittssätzen ermittelt werden. [2]Soweit nach § 6b Absatz 3 eine Rücklage gebildet werden kann, ist ihre Bildung als Betriebsausgabe (Abzug) und ihre Auflösung als Betriebseinnahme (Zuschlag) zu behandeln; der Zeitraum zwischen Abzug und Zuschlag gilt als Zeitraum, in dem die Rücklage bestanden hat.

(2) [1]Voraussetzung für die Anwendung des Absatzes 1 ist, dass die Wirtschaftsgüter, bei denen ein Abzug von den Anschaffungs- oder Herstellungskosten oder von dem Wert nach § 6b Absatz 5 vorgenommen worden ist, in besondere, laufend zu führende Verzeichnisse aufgenommen werden. [2]In den Verzeichnissen sind der Tag der Anschaffung oder Herstellung, die Anschaffungs- oder Herstellungskosten, der Abzug nach § 6b Absatz 1 und 3 in Verbindung mit Absatz 1, die Absetzungen für Abnutzung, die Abschreibungen sowie die Beträge nachzuweisen, die nach § 6b Absatz 3 in Verbindung mit Absatz 1 als Betriebsausgaben (Abzug) oder Betriebseinnahmen (Zuschlag) behandelt worden sind.

Literatur: S. den Literaturnachweis zu § 6b.

A. Grundaussagen der Vorschrift

§ 6c[4] erstreckt – im Interesse der Gleichbehandlung der Gewinnermittlungsarten – die Begünstigung nach § 6b technisch angepasst (§ 6c Abs. 1 S. 2, Abs. 2) auf StPfl. mit Gewinnermittlung nach § 4 Abs. 3 und § 13a. Die Bildung einer Rücklage wird als BA (Abzug), die Auflösung als BE (Zuschlag) behandelt. Entspr. den Änderungen[5] v. § 6b durch das StEntlG 1999/2000/2002 (§ 6b Rn. 1b ff.) sind auch bei § 6c – bezogen auf Veräußerungen nach dem 31.12.1998 (§ 52 Abs. 19) – bewegliche WG keine tauglichen Reinvestitionsobjekte mehr. Jedoch sind die durch das UntStFG[6] in § 6b Abs. 10 eingefügten Reinvestitionsmöglichkeiten auch iRd. § 6c anwendbar.[7] Somit sind nun auch für Veräußerungen nach dem 31.12.2001 1

---

1 Vgl. dazu und zur Anwendung von § 6b auf den sog. **Einbringungsgewinn II** *Orth*, DStR 2011, 1541 ff.; *Benz/Rosenberg*, DB Beilage 2012 Nr. 1, 38 (48); **aA** BMF v. 11.11.2011, BStBl. I 2011, 1314 Rn. 20.07.
2 Vgl. *Orth*, DStR 2011, 1541 (1544).
3 Vgl. *Orth*, DStR 2011, 1541 (1544 f.).
4 Eingeführt durch das StändG 1965 (BStBl. I 1965, 217), zuletzt geändert (§ 52 Abs. 19) durch das StEntlG 1999/2000/2002 (BStBl. I 1999, 304), unverändert seit 19.10.2002.
5 Zur Gesetzesentwicklung *H/H/R*, § 6c Anm. 2; *L/B/P*, § 6c Rn. 18 ff.; *K/S/M*, § 6c Rn. A 19 ff.
6 BGBl. I 2001, 3858.
7 BMF v. 14.10.2002, DB 2002, 2513; *Kanzler*, FR 2002, 117 (123).

wieder bewegliche WG in diesem Rahmen mögliche Reinvestitionsobjekte (§ 6b Abs. 10; dazu 4. Aufl., § 6b Rn. 36). Wegen des Verhältnisses zu anderen Begünstigungen s. § 6b Rn. 2a ff.

B. Übertragung des Veräußerungsgewinns (Abs. 1)

2 **Veräußerungsgewinn** ist der Betrag, um den der Veräußerungspreis abzgl. der Veräußerungskosten den Buchwert des veräußerten WG im Zeitpunkt der Veräußerung übersteigt (§ 6b Rn. 10).[1] Zur Feststellung des Buchwerts, die, sofern es sich nicht um Grund und Boden handelt, regelmäßig im Wege der Schätzung erfolgen wird, kann bei Gebäuden v. der jährlichen AfA ausgegangen werden, bei Aufwuchs mit jährlicher Ernte v. den Richtsätzen für die Ermittlung der Umsätze und Gewinne aus Sonderkulturen bei § 13a. Der tatsächliche Zufluss des Veräußerungspreises ist irrelevant, ebenso der Zeitpunkt des Abflusses der Veräußerungskosten.[2] Ein in Raten oder als Rente zu zahlender Veräußerungspreis ist mit seinem Barwert anzusetzen.

3 § 6c eröffnet dem StPfl. die **Wahl** zw. Abzug im Veräußerungsjahr, Rücklagenbildung oder Sofortversteuerung, die er – jedenfalls bei entspr. Kenntnis – für das jeweilige WG mit der Abgabe der Gewinnermittlungsunterlagen beim FA trifft. Das Wahlrecht kann bis zur Bestandskraft der StFestsetzung ausgeübt werden.[3] Bis zum Eintritt der Bestandskraft kann eine gebildete Rücklage durch den StPfl. auch wieder rückgängig gemacht werden.[4] Bei der Anschaffung/Herstellung eines Reinvestitionsobjekts im Wj. der Veräußerung des nach Abs. 1 begünstigten WG ist im Zeitpunkt der Veräußerung der Veräußerungspreis unabhängig v. seinem tatsächlichen Zufluss als BE anzusetzen und die Veräußerungskosten sowie der Teil der AK/HK, der noch nicht als AfA oder AfS berücksichtigt worden ist, als BA zu erfassen. Der sich hieraus ergebende Veräußerungsgewinn darf v. den AK/HK des Reinvestitionsobjekts als fiktive BA abgezogen werden.[5] Da aber zu den AK/HK eines Reinvestitionsobjekts nicht die Vorsteuern zählen, soweit bei einem luf. Betrieb die Umsatzsteuer nach Durchschnittsätzen ermittelt wird (§ 24 UStG),[6] ist insoweit ein fiktiver BA-Abzug nicht möglich. Ist ein Reinvestitionsgut in dem **Wj.** angeschafft/hergestellt, **das dem Wj. der Veräußerung vorangeht**, so ist dessen Buchwert am Schluss dieses Wj. zu kürzen (§ 6c Abs. 1 iVm. § 6b Abs. 5). Der tatsächliche Zufluss des Veräußerungserlöses wird nicht als BE und der tatsächliche Abfluss der Veräußerungskosten nicht als BA behandelt. Soweit nach Abzug des Veräußerungsgewinns noch ein Restbetrag verbleibt – dies ergibt sich aus dem gem. Abs. 2 zu führenden Verzeichnis (vgl. Rn. 9) –, sind die AK/HK abnutzbarer Reinvestitionsobjekte nur mit der auf das jeweilige Wj. entfallenden AfA (§ 4 Abs. 3 S. 3) und die AK/HK v. reinvestiertem Grund und Boden zunächst gar nicht (§ 4 Abs. 3 S. 4) als BA zu berücksichtigen (§ 6b Abs. 6; dazu § 6b Rn. 34).

4 Wird im Jahr der Veräußerung kein Gewinnabzug vorgenommen, so ermöglicht Abs. 1 S. 2 die **Reservierung aufgedeckter stiller Reserven für einen Abzug in einem späteren Jahr**, indem im Jahr der Veräußerung ein Betrag in Höhe des übertragungsfähigen Veräußerungsgewinns **als fiktive BA abgesetzt** werden kann (**Abzug**).[7] Diese Neutralisierung des Veräußerungsgewinns entspricht der Bildung einer § 6b-Rücklage. Im Wj. der Anschaffung/Herstellung eines Reinvestitionsobjekts ist, soweit der Veräußerungsgewinn v. dessen AK/HK abgezogen werden soll, **in Höhe des Abzugsbetrags eine BA** zu verbuchen und diese durch eine **fiktive BE (Zuschlag)** in gleicher Höhe wieder zu neutralisieren. Diese BE ist die **Auflösung der Rücklage** iSv. Abs. 1 S. 2.[8] Dadurch werden die AK/HK der Reinvestitionsgüter gemindert und so künftige AfA (§ 6b Abs. 6 iVm. § 4 Abs. 3 S. 3) oder bei der Anschaffung v. Grund und Boden der Betrag iSv. § 4 Abs. 3 S. 5 vermindert.[9] Da sich bei der Gewinnermittlung nach § 13a die lfd. AfA nicht auswirkt (§ 13a Abs. 3 S. 3), kann § 6c zu einer endg. Nichtbesteuerung stiller Reserven führen. Dies kann zB eintreten, wenn Gewinne aus der Veräußerung nicht abnutzbarer WG auf abnutzbare WG übertragen werden.[10] Ein **am Ende der Übertragungsfrist verbleibender Betrag** der fiktiven BA des Veräußerungsjahres ist als fiktive BE anzusetzen, die sich gewinnerhöhend auswirkt.[11] Dies gilt nicht nur dann, wenn kein Reinvestitionsobjekt angeschafft/hergestellt worden ist oder auf ein solches stille Reserven nicht übertragen wurden, sondern auch dann, wenn ein Reinvestitionsgut nicht in das nach Abs. 2 zu führende Verzeichnis (vgl.

---

1 R 6c Abs. 1 S. 1, 2 EStR.
2 R 6c Abs. 1 S. 2–4 EStR; vgl. *K/S/M*, § 6c Rn. 16 mwN.
3 BFH v. 30.8.2001 – IV R 30/99, BStBl. II 2002, 49 (50) = FR 2002, 577 m. Anm. *Kanzler.*
4 BFH v. 11.6.2014 – IV B 46/13, BFH/NV 1369.
5 Vgl. R 6c Abs. 1 S. 1–5 EStR.
6 BFH v. 9.9.2010 – IV R 47/08, BFH/NV 2011, 426; **aA** noch 10. Aufl.
7 R 6c Abs. 1 S. 6 EStR.
8 R 6c Abs. 1 S. 7 EStR.
9 Vgl. auch *H/H/R*, § 6c Anm. 38.
10 Vgl. auch *H/H/R*, § 6c Anm. 33; kritisch *K/S/M*, § 6c Rn. A 34.
11 R 6c Abs. 1 S. 8 EStR.

Rn. 9) eingetragen worden ist. Auch **vor Ablauf der Übertragungsfrist** kann der durch eine fiktive BA neutralisierte Veräußerungsgewinn durch Ansatz einer entspr. BE (zT) **sofort versteuert** werden. Wird der **Gewinn geschätzt**, so ist die Bildung einer Reinvestitionsrücklage durch einen entspr. Abzug zwar nicht möglich; wird der Gewinn in einem Wj. geschätzt, das in den Zeitraum des Abs. 1 S. 2 fällt, so ist jedoch nicht zwangsweise ein Zuschlag in Höhe des ursprünglichen Abzugsbetrags vorzunehmen (vgl. § 6b Rn. 26).[1]

Gem. § 6c Abs. 1 S. 1, 2 HS 2 iVm. § 6b Abs. 7 ist – soweit eine **Reinvestition nicht vorgenommen** wurde – für den Zeitraum zw. dem Abzug des begünstigten Veräußerungsgewinns und der Erhöhung des Gewinns ein **Zinszuschlag** zum Gewinn des Wj. der Auflösung der Rücklage vorzunehmen. Dieser beträgt für jedes Wj., das nach dem Wj. der fiktiven BA begonnen und vor dem Wj. der fiktiven BE geendet hat, **6 %** des aufzulösenden Rücklagenbetrags. Hierfür ist ein Verzeichnis nach Abs. 2 nicht erforderlich. 5

Bei der **Gewinnermittlung nach Durchschnittssätzen** ist der Gewinn aus der Auflösung der Rücklage als Sondergewinn nach § 13a Abs. 7 S. 1 Nr. 1 Buchst. d (bzw. § 13a Abs. 6 S. 1 Nr. 4 aF) zu erfassen. Bis zum Wegfall des Freibetrags v. 1534 Euro nach § 13a Abs. 6 S. 1 aF durch das Zollkodex-AnpG v. 22.12.2014[2] sind bis einschl. Wj. 2014/2015 (§ 52 Abs. 22a) nach § 6c Abs. 1 S. 2 zu berücksichtigende **fiktive BE in den Durchschnittssatzgewinn nur dann einzubeziehen, wenn der Freibetrag überschritten ist.** Der Freibetrag ist einmal bei der Veräußerung und nochmals, ggf. mehrfach, bei Rücklagenauflösung anzusetzen. Hieraus erwächst bis einschl. Wj. 2014/2015 eine Gestaltungsmöglichkeit, um Veräußerungsgewinne – freilich in begrenztem Umfang – stfrei zu stellen. Werden keine weiteren nach § 13a Abs. 6 aF zu erfassenden Sondergewinne erzielt, so kann der Land- und Forstwirt bis zum Ablauf des Übertragungszeitraums bis einschl. Wj. 2014/2015 jährlich 1534 Euro der „Rücklage" stfrei auflösen.[3] Der nach § 6c Abs. 1 S. 2 zu erfassende Zuschlag kann jedoch nicht um Freibeträge nach § 13a Abs. 6 S. 1 aF gemindert werden, die in früheren Wj. bei der möglichen, aber nicht beanspruchten Erfassung des Zuschlags in diesen Jahren hätten abgezogen werden können. Mit Wegfall des Freibetrags durch das Zollkodex-AnpG entfällt diese Gestaltungsmöglichkeit. 6

C. Begünstigungsvoraussetzungen (Abs. 1 iVm. Abs. 2)

Persönlich begünstigt sind nichtbuchführende Land- und Forstwirte, Gewerbetreibende und Freiberufler, die ihren Gewinn nach **§ 4 Abs. 3** ermitteln – auch wenn das FA trotz bestehender Buchführungspflicht v. einer § 4 Abs. 3-Rechnung ausgeht[4] –, sowie Land- und Forstwirte, die ihren Gewinn nach **§ 13a** ermitteln. Hat ein StPfl. sein Gewinnermittlungswahlrecht zugunsten der EÜR ausgeübt, ist sein in der mündlichen Verhandlung gestellter (Hilfs-)Antrag auf eine § 6b-Rücklage iHd. Veräußerungsgewinns dahin auszulegen, dass er eine Neutralisierung des Gewinns durch einen Abzug nach § 6c Abs. 1 begehrt.[5] Die für § 6c erforderliche Dokumentation kann auch noch im zweiten Rechtsgang geschaffen werden.[6] Begünstigt ist grds. auch der Verpächter eines Betriebs, der diesen nicht aufgibt.[7] Eine Gewinnermittlung nach § 4 Abs. 3 liegt auch vor, wenn die Aufzeichnungen der BE und BA nicht vollständig sind und durch eine Zuschätzung ergänzt werden.[8] Wird der Gewinn dagegen vollständig geschätzt, kann § 6c nicht in Anspr. genommen werden, da der Gewinnabzug nicht gem. § 6b Abs. 4 Nr. 5 in der Buchführung nachvollzogen werden kann.[9] Allerdings lösen Schätzungen während der Reinvestitionsfrist wie bei § 6b (vgl. § 6b Rn. 26) keinen zwangsweisen Zuschlag aus.[10] Zum Wechsel der Gewinnermittlungsart und zur Übertragung v. stillen Reserven v. Betrieben, für die der Gewinn nach § 4 Abs. 1 oder § 5 ermittelt wird, auf Betriebe, für die der Gewinn nach § 4 Abs. 3 oder § 13a ermittelt wird, s. § 6b Rn. 3. Sachlich begünstigt sind Gewinne, die nach § 4 Abs. 3 (ggf. iVm. § 13a Abs. 2 S. 1, 2. Alt.) ermittelt werden, nach Durchschnittssätzen (§ 13a) ermittelte nur insoweit, als der nach § 6c begünstigte Veräußerungsgewinn unter § 13a Abs. 7 fällt (vgl. Rn. 6).[11] Eine Übertragung stiller Reserven v. gewerblichen BV auf BV der LuF oder der selbständigen Arbeit kommt gem. § 6c Abs. 1 iVm. § 6b Abs. 4 S. 2 nicht in Betracht. 7

---

1 An die Stelle des Bilanzenzusammenhangs tritt die Kontinuität des Anlagenverzeichnisses; iErg. ebenso *Schmidt*[37], § 6c Rn. 9; anders R 6c Abs. 2 S. 2 EStR.
2 BGBl. I 2014, 2417.
3 Ebenso FinMin. BW v. 1.4.2010, Lafo-Kartei BW Fach 2 Nr. 5.5.
4 BFH v. 12.11.1992 – IV R 92/91, BStBl. II 1993, 366 f. = FR 1993, 330.
5 BFH v. 30.1.2013 – III R 72/11, FR 2013, 999 = DStR 2013, 1321; H 6c EStH.
6 BFH v. 30.1.2013 – III R 72/11, FR 2013, 999 = DStR 2013, 1321.
7 Ebenso *L/B/P*, § 6c Rn. 37.
8 Ebenso *K/S/M*, § 6c Rn. B 31a.
9 BFH v. 12.11.1992 – IV R 92/91, BStBl. II 1993, 366 = FR 1993, 330.
10 *Schmidt*[37], § 6c Rn. 9; **aA** R 6c Abs. 2 S. 2 EStR.
11 *H/H/R*, § 6c Anm. 4; *Blümich*, § 6c Rn. 3.

8 **Begünstigte Veräußerungsobjekte** sind dieselben wie bei § 6b (s. dazu § 6b Rn. 4f.). Zur **Veräußerung** s. § 6b Rn. 7ff. Der Gewinn aus einer (Teil-)Betriebsveräußerung ist nicht nach § 6c begünstigt, sondern nach § 6b, weil er stets nach § 4 Abs. 1 zu ermitteln ist.[1] § 6c gestattet die Übertragung stiller Reserven auf dieselben **Reinvestitionsobjekte** wie § 6b (s. dazu § 6b Rn. 11). Wegen der geänderten Rspr.[2] kann es sich bei den Reinvestitionsobjekten um WG des notwendigen oder gewillkürten BV handeln.

9 Die **Voraussetzungen nach § 6b Abs. 4 S. 1 Nr. 2–4** gelten auch für § 6c, dh. die veräußerten WG müssen sechs Jahre ununterbrochen zum Anlagevermögen einer inländ. Betriebsstätte gehört haben, die Reinvestitionsobjekte müssen zum Anlagevermögen einer inländ. Betriebsstätte gehören und der zu übertragende Veräußerungsgewinn darf bei der Ermittlung des im Inland stpfl. Gewinns nicht außer Ansatz bleiben (dazu § 6b Rn. 24). Die Verweisung auf § 6b Abs. 4 Nr. 5 ist im Hinblick auf § 6c Abs. 2 gegenstandslos. **§ 6c Abs. 2** statuiert die materiell-rechtl. Voraussetzung, dass die WG, bei denen ein Abzug v. den AK/HK vorgenommen worden ist, in **besondere, lfd. zu führende Verzeichnisse** aufgenommen werden, um Bildung und Auflösung der Rücklage nachvollziehbar zu machen. Für jedes Reinvestitionsgut sind folgende Angaben festzuhalten: der Tag v. Anschaffung/Herstellung, die AK/HK, der Abzug nach § 6b Abs. 1 oder 3 iVm. § 6c Abs. 1, die AfA oder Abschreibungen – eine Teilwertabschreibung ist aber im Rahmen v. § 4 Abs. 3 und § 13a Abs. 7 nicht zulässig[3] –, sowie die Abzüge und Zuschläge nach § 6b Abs. 3 iVm. § 6c Abs. 1 S. 2. Die Anschaffung eines bebauten Grundstücks betrifft zwei Reinvestitionsgüter, die getrennt in dem Verzeichnis auszuweisen sind. Laufend geführt ist ein Verzeichnis, wenn die Aufzeichnungen in unmittelbarem zeitlichen Zusammenhang mit den aufzuzeichnenden Vorgängen erfolgen. Das Verzeichnis ist für die Anlagegüter zu führen, bei denen der Abzug v. den AK/HK bereits vorgenommen wurde. Der anstelle der Rücklagenbildung vorzunehmende BA-Abzug ist nur im Zeitpunkt der Veräußerung vorzunehmen. Aus dem Fehlen einer in der Buchführung verfolgbaren Rücklage ergibt sich für den StPfl., der § 6c in Anspr. genommen hat, eine erhöhte Mitwirkungspflicht, gegenüber der eine etwaige Verletzung des Amtsermittlungsgrundsatzes im Hinblick auf § 173 Abs. 1 Nr. 1 AO idR nicht ins Gewicht fällt.[4]

§ 6d Euroumrechnungsrücklage

(1) ¹Ausleihungen, Forderungen und Verbindlichkeiten im Sinne des Artikels 43 des Einführungsgesetzes zum Handelsgesetzbuch, die auf Währungseinheiten der an der europäischen Währungsunion teilnehmenden anderen Mitgliedstaaten oder auf die ECU im Sinne des Artikels 2 der Verordnung (EG) Nr. 1103/97 des Rates vom 17. Juni 1997 (ABl. EG Nr. L 162 S. 1) lauten, sind am Schluss des ersten nach dem 31. Dezember 1998 endenden Wirtschaftsjahres mit dem vom Rat der Europäischen Union gemäß Artikel 109l Absatz 4 Satz 1 des EG-Vertrages unwiderruflich festgelegten Umrechnungskurs umzurechnen und mit dem sich danach ergebenden Wert anzusetzen. ²Der Gewinn, der sich aus diesem jeweiligen Ansatz für das einzelne Wirtschaftsgut ergibt, kann in eine den steuerlichen Gewinn mindernde Rücklage eingestellt werden. ³Die Rücklage ist gewinnerhöhend aufzulösen, soweit das Wirtschaftsgut, aus dessen Bewertung sich der in die Rücklage eingestellte Gewinn ergeben hat, aus dem Betriebsvermögen ausscheidet. ⁴Die Rücklage ist spätestens am Schluss des fünften nach dem 31. Dezember 1998 endenden Wirtschaftsjahres gewinnerhöhend aufzulösen.

(2) ¹In die Euroumrechnungsrücklage gemäß Absatz 1 Satz 2 können auch Erträge eingestellt werden, die sich aus der Aktivierung von Wirtschaftsgütern auf Grund der unwiderruflichen Festlegung der Umrechnungskurse ergeben. ²Absatz 1 Satz 3 gilt entsprechend.

(3) Die Bildung und Auflösung der jeweiligen Rücklage müssen in der Buchführung verfolgt werden können.

1 *Benutzerhinweis: Angesichts der zeitlichen Vorgabe in § 6d Abs. 1 S. 4 hat die Vorschrift ihre Bedeutung weitgehend eingebüßt. Es wird daher auf die Kommentierung in der 11. Aufl. verwiesen. Das Urteil des BFH v. 15.5.2014[5] enthält insoweit einige allgemeine Ausführungen zum Inhalt und zur gesetzgeberischen Intention der Norm.*

---

1 *L/B/P*, § 6c Rn. 43.
2 BFH v. 2.10.2003 – IV R 13/03, BStBl. II 2004, 985 = FR 2004, 90.
3 *K/S/M*, § 4 Rn. D 132.
4 BFH v. 10.4.1997 – IV R 47/96, BFH/NV 1997, 757f.
5 BFH v. 15.5.2014 – IV R 60/10, BStBl. II 2014, 1007.

§ 7 Absetzung für Abnutzung oder Substanzverringerung

(1) [1]Bei Wirtschaftsgütern, deren Verwendung oder Nutzung durch den Steuerpflichtigen zur Erzielung von Einkünften sich erfahrungsgemäß auf einen Zeitraum von mehr als einem Jahr erstreckt, ist jeweils für ein Jahr der Teil der Anschaffungs- oder Herstellungskosten abzusetzen, der bei gleichmäßiger Verteilung dieser Kosten auf die Gesamtdauer der Verwendung oder Nutzung auf ein Jahr entfällt (Absetzung für Abnutzung in gleichen Jahresbeträgen). [2]Die Absetzung bemisst sich hierbei nach der betriebsgewöhnlichen Nutzungsdauer des Wirtschaftsguts. [3]Als betriebsgewöhnliche Nutzungsdauer des Geschäfts- oder Firmenwerts eines Gewerbebetriebs oder eines Betriebs der Land- und Forstwirtschaft gilt ein Zeitraum von 15 Jahren. [4]Im Jahr der Anschaffung oder Herstellung des Wirtschaftsguts vermindert sich für dieses Jahr der Absetzungsbetrag nach Satz 1 um jeweils ein Zwölftel für jeden vollen Monat, der dem Monat der Anschaffung oder Herstellung vorangeht. [5]Bei Wirtschaftsgütern, die nach einer Verwendung zur Erzielung von Einkünften im Sinne des § 2 Absatz 1 Satz 1 Nummer 4 bis 7 in ein Betriebsvermögen eingelegt worden sind, mindert sich der Einlagewert um die Absetzungen für Abnutzung oder Substanzverringerung, Sonderabschreibungen oder erhöhte Absetzungen, die bis zum Zeitpunkt der Einlage vorgenommen worden sind, höchstens jedoch bis zu den fortgeführten Anschaffungs- oder Herstellungskosten; ist der Einlagewert niedriger als dieser Wert, bemisst sich die weitere Absetzung für Abnutzung vom Einlagewert. [6]Bei beweglichen Wirtschaftsgütern des Anlagevermögens, bei denen es wirtschaftlich begründet ist, die Absetzung für Abnutzung nach Maßgabe der Leistung des Wirtschaftsguts vorzunehmen, kann der Steuerpflichtige dieses Verfahren statt der Absetzung für Abnutzung in gleichen Jahresbeträgen anwenden, wenn er den auf das einzelne Jahr entfallenden Umfang der Leistung nachweist. [7]Absetzungen für außergewöhnliche technische oder wirtschaftliche Abnutzung sind zulässig; soweit der Grund hierfür in späteren Wirtschaftsjahren entfällt, ist in den Fällen der Gewinnermittlung nach § 4 Absatz 1 oder nach § 5 eine entsprechende Zuschreibung vorzunehmen.

(2) [1]Bei beweglichen Wirtschaftsgütern des Anlagevermögens, die nach dem 31. Dezember 2008 und vor dem 1. Januar 2011 angeschafft oder hergestellt worden sind, kann der Steuerpflichtige statt der Absetzung für Abnutzung in gleichen Jahresbeträgen die Absetzung für Abnutzung in fallenden Jahresbeträgen bemessen. [2]Die Absetzung für Abnutzung in fallenden Jahresbeträgen kann nach einem unveränderlichen Prozentsatz vom jeweiligen Buchwert (Restwert) vorgenommen werden; der dabei anzuwendende Prozentsatz darf höchstens das Zweieinhalbfache des bei der Absetzung für Abnutzung in gleichen Jahresbeträgen in Betracht kommenden Prozentsatzes betragen und 25 Prozent nicht übersteigen. [3]Absatz 1 Satz 4 und § 7a Absatz 8 gelten entsprechend. [4]Bei Wirtschaftsgütern, bei denen die Absetzung für Abnutzung in fallenden Jahresbeträgen bemessen wird, sind Absetzungen für außergewöhnliche technische oder wirtschaftliche Abnutzung nicht zulässig.

(3) [1]Der Übergang von der Absetzung für Abnutzung in fallenden Jahresbeträgen zur Absetzung für Abnutzung in gleichen Jahresbeträgen ist zulässig. [2]In diesem Fall bemisst sich die Absetzung für Abnutzung vom Zeitpunkt des Übergangs an nach dem dann noch vorhandenen Restwert und der Restnutzungsdauer des einzelnen Wirtschaftsguts. [3]Der Übergang von der Absetzung für Abnutzung in gleichen Jahresbeträgen zur Absetzung für Abnutzung in fallenden Jahresbeträgen ist nicht zulässig.

(4) [1]Bei Gebäuden sind abweichend von Absatz 1 als Absetzung für Abnutzung die folgenden Beträge bis zur vollen Absetzung abzuziehen:

1. bei Gebäuden, soweit sie zu einem Betriebsvermögen gehören und nicht Wohnzwecken dienen und für die der Bauantrag nach dem 31. März 1985 gestellt worden ist, jährlich 3 Prozent,
2. bei Gebäuden, soweit sie die Voraussetzungen der Nummer 1 nicht erfüllen und die
   a) nach dem 31. Dezember 1924 fertiggestellt worden sind, jährlich 2 Prozent,
   b) vor dem 1. Januar 1925 fertiggestellt worden sind, jährlich 2,5 Prozent

der Anschaffungs- oder Herstellungskosten; Absatz 1 Satz 5 gilt entsprechend. [2]Beträgt die tatsächliche Nutzungsdauer eines Gebäudes in den Fällen des Satzes 1 Nummer 1 weniger als 33 Jahre, in den Fällen des Satzes 1 Nummer 2 Buchstabe a weniger als 50 Jahre, in den Fällen des Satzes 1 Nummer 2 Buchstabe b weniger als 40 Jahre, so können anstelle der Absetzungen nach Satz 1 die der tatsächlichen Nutzungsdauer entsprechenden Absetzungen für Abnutzung vorgenommen werden. [3]Absatz 1 letzter Satz bleibt unberührt. [4]Bei Gebäuden im Sinne der Nummer 2 rechtfertigt die für Gebäude im Sinne der Nummer 1 geltende Regelung weder die Anwendung des Absatzes 1 letzter Satz noch den Ansatz des niedrigeren Teilwerts (§ 6 Absatz 1 Nummer 1 Satz 2).

(5) [1]Bei Gebäuden, die in einem Mitgliedstaat der Europäischen Union oder einem anderen Staat belegen sind, auf den das Abkommen über den Europäischen Wirtschaftsraum (EWR-Abkommen) angewendet wird, und die vom Steuerpflichtigen hergestellt oder bis zum Ende des Jahres der Fertigstellung angeschafft worden sind, können abweichend von Absatz 4 als Absetzung für Abnutzung die folgenden Beträge abgezogen werden:

1. bei Gebäuden im Sinne des Absatzes 4 Satz 1 Nummer 1, die vom Steuerpflichtigen auf Grund eines vor dem 1. Januar 1994 gestellten Bauantrags hergestellt oder auf Grund eines vor diesem Zeitpunkt rechtswirksam abgeschlossenen obligatorischen Vertrags angeschafft worden sind,
   - im Jahr der Fertigstellung und in den folgenden 3 Jahren jeweils 10 Prozent,
   - in den darauf folgenden 3 Jahren jeweils 5 Prozent,
   - in den darauf folgenden 18 Jahren jeweils 2,5 Prozent,
2. bei Gebäuden im Sinne des Absatzes 4 Satz 1 Nummer 2, die vom Steuerpflichtigen auf Grund eines vor dem 1. Januar 1995 gestellten Bauantrags hergestellt oder auf Grund eines vor diesem Zeitpunkt rechtswirksam abgeschlossenen obligatorischen Vertrags angeschafft worden sind,
   - im Jahr der Fertigstellung und in den folgenden 7 Jahren jeweils 5 Prozent,
   - in den darauf folgenden 6 Jahren jeweils 2,5 Prozent,
   - in den darauf folgenden 36 Jahren jeweils 1,25 Prozent,
3. bei Gebäuden im Sinne des Absatzes 4 Satz 1 Nummer 2, soweit sie Wohnzwecken dienen, die vom Steuerpflichtigen
   a) auf Grund eines nach dem 28. Februar 1989 und vor dem 1. Januar 1996 gestellten Bauantrags hergestellt oder nach dem 28. Februar 1989 auf Grund eines nach dem 28. Februar 1989 und vor dem 1. Januar 1996 rechtswirksam abgeschlossenen obligatorischen Vertrags angeschafft worden sind,
      - im Jahr der Fertigstellung und in den folgenden 3 Jahren jeweils 7 Prozent,
      - in den darauf folgenden 6 Jahren jeweils 5 Prozent,
      - in den darauf folgenden 6 Jahren jeweils 2 Prozent,
      - in den darauf folgenden 24 Jahren jeweils 1,25 Prozent,

   b) auf Grund eines nach dem 31. Dezember 1995 und vor dem 1. Januar 2004 gestellten Bauantrags hergestellt oder auf Grund eines nach dem 31. Dezember 1995 und vor dem 1. Januar 2004 rechtswirksam abgeschlossenen obligatorischen Vertrags angeschafft worden sind,
      - im Jahr der Fertigstellung und in den folgenden 7 Jahren jeweils 5 Prozent,
      - in den darauf folgenden 6 Jahren jeweils 2,5 Prozent,
      - in den darauf folgenden 36 Jahren jeweils 1,25 Prozent,

   c) auf Grund eines nach dem 31. Dezember 2003 und vor dem 1. Januar 2006 gestellten Bauantrags hergestellt oder auf Grund eines nach dem 31. Dezember 2003 und vor dem 1. Januar 2006 rechtswirksam abgeschlossenen obligatorischen Vertrags angeschafft worden sind,
      - im Jahr der Fertigstellung und in den folgenden 9 Jahren jeweils 4 Prozent,
      - in den darauf folgenden 8 Jahren jeweils 2,5 Prozent,
      - in den darauf folgenden 32 Jahren jeweils 1,25 Prozent,

der Anschaffungs- oder Herstellungskosten. [2]Im Fall der Anschaffung kann Satz 1 nur angewendet werden, wenn der Hersteller für das veräußerte Gebäude weder Absetzungen für Abnutzung nach Satz 1 vorgenommen noch erhöhte Absetzungen oder Sonderabschreibungen in Anspruch genommen hat. [3]Absatz 1 Satz 4 gilt nicht.

(5a) Die Absätze 4 und 5 sind auf Gebäudeteile, die selbständige unbewegliche Wirtschaftsgüter sind, sowie auf Eigentumswohnungen und auf im Teileigentum stehende Räume entsprechend anzuwenden.

(6) Bei Bergbauunternehmen, Steinbrüchen und anderen Betrieben, die einen Verbrauch der Substanz mit sich bringen, ist Absatz 1 entsprechend anzuwenden; dabei sind Absetzungen nach Maßgabe des Substanzverzehrs zulässig (Absetzung für Substanzverringerung).

§§ 9a, 10, 11c, 11d EStDV

§ 9a Anschaffung, Herstellung

Jahr der Anschaffung ist das Jahr der Lieferung, Jahr der Herstellung ist das Jahr der Fertigstellung.

§ 10 Absetzung für Abnutzung im Fall des § 4 Abs. 3 des Gesetzes

(1) [1]Bei nicht in dem in Artikel 3 des Einigungsvertrages genannten Gebiet belegenen Gebäuden, die bereits am 21. Juni 1948 zum Betriebsvermögen gehört haben, sind im Fall des § 4 Abs. 3 des Gesetzes für die Bemessung der Absetzung für Abnutzung als Anschaffungs- oder Herstellungskosten höchstens die Werte zugrunde zu legen, die sich bei sinngemäßer Anwendung des § 16 Abs. 1 des D-Markbilanzgesetzes in der im Bundesgesetzblatt Teil III, Gliederungsnummer 4140-1, veröffentlichten bereinigten Fassung ergeben würden. [2]In dem Teil des Landes Berlin, in dem das Grundgesetz bereits vor dem 3. Oktober 1990 galt, tritt an die Stelle des 21. Juni 1948 der 1. April 1949.

(2) Für Gebäude, die zum Betriebsvermögen eines Betriebs oder einer Betriebsstätte im Saarland gehören, gilt Absatz 1 mit der Maßgabe, dass an die Stelle des 21. Juni 1948 der 6. Juli 1959 sowie an die Stelle des § 16 Abs. 1 des D-Markbilanzgesetzes der § 8 Abs. 1 und der § 11 des D-Markbilanzgesetzes für das Saarland in der im Bundesgesetzblatt Teil III, Gliederungsnummer 4140-2, veröffentlichten bereinigten Fassung treten.

***§§ 10a bis 11b** (weggefallen)*

§ 11c Absetzung für Abnutzung bei Gebäuden

(1) [1]Nutzungsdauer eines Gebäudes im Sinne des § 7 Abs. 4 Satz 2 des Gesetzes ist der Zeitraum, in dem ein Gebäude voraussichtlich seiner Zweckbestimmung entsprechend genutzt werden kann. [2]Der Zeitraum der Nutzungsdauer beginnt

1. *bei Gebäuden, die der Steuerpflichtige vor dem 21. Juni 1948 angeschafft oder hergestellt hat, mit dem 21. Juni 1948;*
2. *bei Gebäuden, die der Steuerpflichtige nach dem 20. Juni 1948 hergestellt hat, mit dem Zeitpunkt der Fertigstellung;*
3. *bei Gebäuden, die der Steuerpflichtige nach dem 20. Juni 1948 angeschafft hat, mit dem Zeitpunkt der Anschaffung.*

[3]Für im Land Berlin belegene Gebäude treten an die Stelle des 20. Juni 1948 jeweils der 31. März 1949 und an die Stelle des 21. Juni 1948 jeweils der 1. April 1949. [4]Für im Saarland belegene Gebäude treten an die Stelle des 20. Juni 1948 jeweils der 19. November 1947 und an die Stelle des 21. Juni 1948 jeweils der 20. November 1947; soweit im Saarland belegene Gebäude zu einem Betriebsvermögen gehören, treten an die Stelle des 20. Juni 1948 jeweils der 5. Juli 1959 und an die Stelle des 21. Juni 1948 jeweils der 6. Juli 1959.

(2) [1]Hat der Steuerpflichtige nach § 7 Abs. 4 Satz 3 des Gesetzes bei einem Gebäude eine Absetzung für außergewöhnliche technische oder wirtschaftliche Abnutzung vorgenommen, so bemessen sich die Absetzungen für Abnutzung von dem folgenden Wirtschaftsjahr oder Kalenderjahr an nach den Anschaffungs- oder Herstellungskosten des Gebäudes abzüglich des Betrags der Absetzung für außergewöhnliche technische oder wirtschaftliche Abnutzung. [2]Entsprechendes gilt, wenn der Steuerpflichtige ein zu einem Betriebsvermögen gehörendes Gebäude nach § 6 Abs. 1 Nr. 1 Satz 2 des Gesetzes mit dem niedrigeren Teilwert angesetzt hat. [3]Im Fall der Zuschreibung nach § 7 Abs. 4 Satz 3 des Gesetzes oder der Wertaufholung nach § 6 Abs. 1 Nr. 1 Satz 4 des Gesetzes erhöht sich die Bemessungsgrundlage für die Absetzungen für Abnutzung von dem folgenden Wirtschaftsjahr oder Kalenderjahr an um den Betrag der Zuschreibung oder Wertaufholung.

§ 11d Absetzung für Abnutzung oder Substanzverringerung bei nicht zu einem Betriebsvermögen gehörenden Wirtschaftsgütern, die der Steuerpflichtige unentgeltlich erworben hat

(1) [1]Bei den nicht zu einem Betriebsvermögen gehörenden Wirtschaftsgütern, die der Steuerpflichtige unentgeltlich erworben hat, bemessen sich die Absetzungen für Abnutzung nach den Anschaffungs- oder Herstellungskosten des Rechtsvorgängers oder dem Wert, der beim Rechtsvorgänger an deren Stelle getreten ist oder treten würde, wenn dieser noch Eigentümer wäre, zuzüglich der vom Rechtsnachfolger aufgewendeten Herstellungskosten und nach dem Hundertsatz, der für den Rechtsvorgänger maßgebend sein würde, wenn er noch Eigentümer des Wirtschaftsguts wäre. [2]Absetzungen für Abnutzung durch den Rechtsnachfolger sind nur zulässig, soweit die vom Rechtsvorgänger und vom Rechtsnachfolger zusammen vorgenommenen Absetzungen für Abnutzung, erhöhten Absetzungen und Abschreibungen bei dem Wirtschaftsgut noch nicht zur vollen Absetzung geführt haben. [3]Die Sätze 1 und 2 gelten für die Absetzung für Substanzverringerung und für erhöhte Absetzungen entsprechend.

(2) Bei Bodenschätzen, die der Steuerpflichtige auf einem ihm gehörenden Grundstück entdeckt hat, sind Absetzungen für Substanzverringerung nicht zulässig.

Verwaltung: BMF v. 25.7.2005, BStBl. I 2005, 826; v. 27.10.2010, BStBl. I 2010, 1204.

Literatur: *Boorberg/Strüngmann/Wendelin*, Zur Abnutzbarkeit entgeltlich erworbener Warenzeichen und Arzneimittelzulassungen, DStR 1998, 1113; *Fischer*, Urteilsanmerkung, FR 1999, 845; *Gold*, Steuerliche Abschreibungsmöglichkeit für Marken?, DB 1998, 956; *Hommel*, Neue Abschreibungsfristen in der Steuerbilanz – ein Beitrag zu mehr Steuergerechtigkeit?, BB 2001, 247; *Jakob/Wittmann*, Von Zweck und Wesen steuerlicher Absetzung für Abnutzung, FR 1988, 540; *Paus*, Berechnung der Abschreibungen im Anschluss an eine Entnahme, BB 1993, 1920; *Paus*, Einlage von Bodenschätzen ins Betriebsvermögen, INF 1995, 200; *Söffing*, Bilanzierung und Abschreibung von Transferzahlungen im Lizenzfußball, BB 1996, 523; *Spindler*, Zur steuerrechtlichen Behandlung nachträglicher Erschließungskosten, DB 1996, 444; *Wolff-Diepenbrock*, Die Entscheidungen des Großen Senats des BFH zum Drittaufwand bei Eheleuten, DStR 1999, 1642.

A. Grundaussagen der Vorschrift

1 **I. Regelungsgegenstand.** Im Rahmen der Einkünfteermittlung erfüllen Absetzungen gem. § 7 eine Verteilungsfunktion (Rn. 5), indem sie den Erträgen einer Periode die in einem vereinfachten Verfahren ermittelten Aufwendungen für bestimmte längerlebige WG zuordnen. Im Regelfall spiegelt dieser Verteilungsgesichtspunkt zugleich den **Wertverzehr** wider, den ein abnutzbares WG durch den Einsatz zur Einnahmenerzielung erfährt.[1] Dabei finden die zukünftigen Wiederbeschaffungskosten keine Berücksichtigung. AK und HK werden in ihrem Charakter als WK oder BA nicht berührt, § 7 bestimmt lediglich die erfolgswirksame zeitliche Zuordnung und regelt zT in Form v. Wahlrechten die zulässigen Absetzungsmethoden.

2 Entspr. den planmäßigen Abschreibungen gem. **§ 253 Abs. 2 S. 1 HGB** regelt § 7 die betriebsgewöhnlichen Absetzungen der AfA und AfS. Hiervon zu unterscheiden sind AfaA für außerplanmäßigen Wertverzehr, Teilwertabschreibungen nach § 6 Abs. 1 Nr. 1 sowie Steuervergünstigungen iSv. § 7a.

1 Zur Bedeutung der Aufwandsverteilung im Verhältnis zum Wertverzehr: *K/S/M*, § 7 Rn. A 13 ff.; *Jakob/Wittmann*, FR 1988, 540 (542 ff.) mwN.

Soweit Abs. 2 und 5 die **degressive AfA** zulassen, entspringen diese Bestimmungen im Sinne einer Lenkungsnorm wirtschaftspolitischen Förderzielen. Das vorgezogene Berücksichtigen des AfA-Volumens erleichtert die betr. Finanzierung. Die Finanzierungshilfe soll zB aus konjunktur- und wachstumspolitischen Gründen einen Bauanreiz, etwa für den Mietwohnungsbau, schaffen.[1] 3

II. Systematische Einordnung. § 7 dient als Einkünfteermittlungsvorschrift im Hinblick auf das Nettoprinzip (§ 2 Rn. 11) der **periodengerechten Zuordnung** des Wertverzehrs v. abnutzbaren WG, deren Einsatz sich erfahrungsgemäß über den Zeitraum v. mehr als einem Jahr erstreckt. In diesem Fall darf der StPfl. – vorbehaltlich des Wahlrechts gem. § 6 Abs. 2 (§ 6 Rn. 182) – seine Investition nicht im Jahr der Anschaffung oder Herstellung in vollem Umfang steuermindernd geltend machen, vielmehr sind nach im Einzelnen geregelten Vorgaben seine Kosten als WK oder BA auf den Zeitraum des voraussichtlichen betrieblichen Einsatzes zu verteilen. Dieser mit dem betrieblichen Einsatz verbundene Wertverzehr ist stl. zu berücksichtigen, unabhängig davon, ob der StPfl. im Streitjahr positive oder negative Einkünfte erzielt. 4

Die bei der Gewinnermittlung, § 4 Abs. 1 S. 6 und Abs. 3 S. 3, sowie der Überschussermittlung, § 9 Abs. 1 S. 3 Nr. 7, gleichermaßen[2] zu beachtenden Absetzungsregeln zielen unabhängig v. der Art der (grds. gleichwertigen) Einkünfte auf eine **planmäßige Verteilung** der AK und HK als nicht sofort abziehbarem Aufwand entspr. der Nutzungsentnahme durch den StPfl.[3] Dagegen dient § 7 nicht dem Ausgleich eines eingetretenen Wertverzehrs ohne eigenen Aufwand.[4] Den StPfl. stehen – vor allem für die betriebsgewöhnliche Nutzungsdauer – im Regelfall nur Näherungswerte zur Vfg. Derartige Schätzungen und das gesetzgeberische Konzept einer gleichförmigen Aufwandsermittlung dienen der Verfahrensvereinfachung. Zu Gestaltungsmöglichkeiten insbes. im Anwendungsbereich der degressiven AfA s. Rn. 71. 5

Abs. 1 bestimmt neben der Leistungsabschreibung, Abs. 1 S. 6, und der AfaA, Abs. 1 S. 7, die Grundlagen der linearen AfA im Sinne einer gleichmäßigen Kostenverteilung. Diese **Regelabschreibung** ist zwingend vorgeschrieben nur für unbewegliche WG, die keine Gebäude(-teile) gem. Abs. 4–5a bilden. Bei beweglichen WG hat der Gesetzgeber die bis zum VZ 2007 zugelassene degressive AfA zunächst abgeschafft, um sie dann zeitlich beschränkt auf den Zeitraum 1.1.2009 bis 31.12.2010 in den Abs. 2 und 3 erneut wieder zuzulassen[5]. Die Abs. 4, 5 und 5a regeln – weitgehend im Wege der Typisierung (§ 2 Rn. 11) – die lineare und degressive AfA v. Gebäuden sowie Gebäudeteilen und ähnlichen Objekten. Die Sonderform der AfS ist in Abs. 6 vorgesehen. 6

Neben den in § 7 geregelten Abschreibungen (Regel-AfA) gewinnen **erhöhte Absetzungen** sowie **Sonderabschreibungen** Bedeutung. Der Subventionscharakter dieser Abschreibungserleichterungen beeinflusst die Innenfinanzierung. Derartige Bewertungsfreiheiten eröffnen einen wesentlichen Bereich der stl. Gestaltungsmöglichkeiten (Rn. 8). Demgegenüber werden AfA iRd. § 23 Abs. 3 S. 4 wieder rückgängig gemacht, obgleich es sich bei der Normal-AfA um „echten" Aufwand handelt. 7

Gestaltungsempfehlung: Soweit StPfl. nach dem progressiven Tarif gem. § 32a Abs. 1 versteuert werden, haben sie den **Progressionseffekt** zu beachten. So kann der Liquiditätseffekt für das Vorziehen v. der Anschaffung oder Herstellung eines WG vor einem Jahreswechsel sprechen. Der vorgezogene Ansatz des Abschreibungsvolumens kann allerdings in späteren Jahren zu einer insgesamt nachteilig hohen Grenzsteuerbelastung führen. Dagegen spricht der sog. Zinseffekt – abgesehen v. Verlustjahren – durchweg für eine verzögerte Steuerzahlung, indem der StPfl. alle Abschreibungsvergünstigungen frühestmöglich nutzt. 8

III. Entwicklung der Vorschrift. In den letzten Jahrzehnten führten weniger strukturelle Beweggründe, sondern vor allem **konjunkturpolitische Gründe**, die teilw. die Refinanzierung fördern sollten, zu Änderungen des § 7.[6] Dies gilt namentlich für die Gebäude-AfA und die degressive AfA bei beweglichen WG (bis 2007 sowie 2009 und 2010). Ausgeschlossen bleiben nach wie vor die AfA nach Staffelsätzen für andere WG als Gebäude, die arithmetisch-degressive sowie die progressive AfA.[7] Vereinzelt beschränkt der Gesetzgeber aber auch Abschreibungsmöglichkeiten, um insbes. das Steueraufkommen zu erhöhen. 9

B. Grundregelung der Absetzungen (Abs. 1)

I. Allgemeine Grundsätze. 1. Persönliche Berechtigung zur Absetzung für Abnutzung. Berechtigt, die AfA geltend zu machen, ist der StPfl. iSv. § 2. Entscheidend ist also idR, wer die erwerbssichernden AK 10

1 BFH v. 3.4.2001 – IX R 16/98, BStBl. II 2001, 599 (601) = FR 2001, 1055.
2 BFH v. 26.11.1973 – GrS 5/71, BStBl. II 1974, 132 (134); v. 22.6.2010 – VIII R 3/08, BStBl. II 2010, 1035 (1037).
3 BFH v. 4.7.1990 – GrS 1/89, BStBl. II 1990, 830 (833 ff.); v. 21.6.2006 – XI R 49/05, BStBl. II 2006, 712 (713 f.) = FR 2006, 933; v. 26.4.2006 – IX R 24/04, BStBl. II 2006, 754 = FR 2006, 932.
4 BFH v. 19.12.2007 – IX R 50/06, BStBl. II 2008, 480 (481) = FR 2008, 637.
5 G v. 21.12.2008, BGBl. I 2008, 2896; zur zeitlichen Anwendung vgl. § 52 Abs. 23.
6 Zuletzt: G. v. 5.4.2011, BGBl. I 2011, 554 zu § 7 Abs. 5 S. 1 Nr. 3.
7 *K/S/M*, § 7 Rn. A 110 ff.

oder HK getragen hat und (zumeist, aber nicht zwingend, vgl. Rn. 21) als **rechtl.** oder gem. § 39 Abs. 2 Nr. 1 AO als **wirtschaftlicher**[1] **Eigentümer** des betr. WG entsprechende Einkünfte erzielt (Rn. 34)[2] und in diesem Zusammenhang den Wertverzehr trägt. In Folge des für die Einkünfteermittlung grundlegenden objektiven Nettoprinzips kann ein StPfl. also die erwerbssichernden Aufwendungen im Regelfall abziehen. Hiernach kann der StPfl. die von ihm getragenen Aufwendungen im Grundsatz steuerlich berücksichtigen, wenn er die Aufwendungen im eigenen betrieblichen Interesse trägt und er das betreffende WG für betriebliche Zwecke nutzt.[3] Falls dem StPfl. tatsächlich keine entsprechenden Aufwendungen entstanden sind, darf er regelmäßig keine AfA geltend machen (Rn. 5).[4] Allerdings kann die AfA-Befugnis im Einzelfall (Rn. 21) unabhängig vom zivilrechtl. oder wirtschaftlichen Eigentum darauf beruhen, dass der StPfl. im eigenen betrieblichen Interesse Aufwendungen auf ein fremdes WG tätigt.[5] Überlässt ein Eigentümer hingegen das WG einem Dritten unentgeltlich im Wege eines obligatorischen oder dinglichen Nutzungsrechts, entfällt idR mangels Einkünfteerzielung eine AfA-Befugnis.[6] Ebenso kann ein StPfl. keine AfA geltend machen, der selbst keine HK oder AK getragen hat, sofern Dritte eine unentgeltliche Leistung an den StPfl. erbracht und diesen Aufwand stl. geltend gemacht haben.[7] Im Regelfall darf ein WG nämlich nur einmal abgeschrieben werden. Die maßgebliche Zuordnung des WG, aus der die AfA-Berechtigung folgt, richtet sich nach allg. Grundsätzen (Rn. 19). Dabei schließt die AfA-Befugnis eines StPfl. die AfA-Berechtigung aller anderen an demselben WG aus.

11 Soweit abnutzbare WG sich im Eigentum v. **Ges. oder Gemeinschaften** befinden, sind – sofern nicht ausnahmsweise die Ges. selbst zur Inanspruchnahme der Steuervergünstigung berechtigt ist – die jeweiligen G'ter AfA-berechtigt. Die Berechtigung ist – vorbehaltlich der Frage des Drittaufwands (Rn. 19) – auf den jeweiligen (Ges.-)Anteil beschränkt.[8] Entgegen der früher v. der FinVerw. vertretenen Auffassung ist dem G, etwa § 7 Abs. 5, keine Bestimmung zu entnehmen, dass die Beteiligten die Absetzung nur einheitlich nach derselben Methode geltend machen können;[9] demgegenüber betrifft § 7a Abs. 7 ausweislich des Wortlauts nur erhöhte Absetzungen und Sonderabschreibungen, nicht hingegen die degressive AfA.

12 **Erbbaurechte** unterliegen angesichts der zeitlichen Begrenzung im Unterschied zu Grundstücken einem Wertverzehr. Folglich kann der Erbbauberechtigte die AK im Wege der AfA geltend machen;[10] zur Bemessungsgrundlage zählt dabei nicht die Verpflichtung hinsichtlich der Erbbauzinsen, zu berücksichtigen sind vielmehr nur die sonstigen (einmalig anfallenden) Erwerbskosten.[11] Dagegen entfällt im Regelfall die Berechtigung des Erbbauverpflichteten, die AfA hinsichtlich des v. dem Erbbauberechtigten errichteten Gebäudes geltend zu machen.[12]

---

1 BFH v. 10.4.1973 – VIII R 157/72, BStBl. II 1973, 595 f.: Grundstückskäufer vor Eigentumsübertragung; v. 14.11. 1974 – IV R 3/70, BStBl. II 1975, 281 (283): Eigenbesitz bei Eigentumsanwartschaft; v. 8.3.1977 – VIII R 180/74, BStBl. II 1977, 629 (630): Vorbehaltsnießbrauch bei vorweggenommener Erbfolge; v. 26.1.1978 – V R 137/75, BStBl. II 1978, 280 (282): Mietereinbauten; v. 22.8.1984 – I R 198/80, BStBl. II 1985, 126 (127) = FR 1985, 80: zur befristeten Weiternutzung berechtigter Grundstücksverkäufer; v. 28.9.1995 – IV R 7/94, BStBl. II 1996, 440 = FR 1996, 557 m. Anm. *Söffing*: AfA-Befugnis bei Vermächtnisnießbraucher; v. 4.2.1998 – XI R 35/97, BStBl. II 1998, 542 = FR 1998, 529: wirtschaftliches Eigentum trotz sog. Scheidungsklausel; v. 20.11.2003 – III R 4/02, BStBl. II 2004, 305 (306) = FR 2004, 367 m. Anm. *Fischer*; BMF v. 24.7.1998, BStBl. I 1998, 914: Nutzungsberechtigter bei Einkünften aus VuV.

2 BFH v. 6.3.1979 – VIII R 110/74, BStBl. II 1979, 551 (552) zur Einkünfteerzielungsabsicht; *K/S/M*, § 7 Rn. A 141.

3 BFH v. 25.2.2010 – IV R 2/07, BStBl. II 2010, 670 (671) = FR 2010, 660 m. Anm. *Kanzler*.

4 BFH v. 19.12.2007 – IX R 50/06, BStBl. II 2008, 480 (481) = FR 2008, 637: vollumfängliche Aufhebung des Kaufvertrages.

5 BFH v. 30.1.1995 – GrS 4/92, BStBl. II 1995, 281 (284) = FR 1995, 268 m. Anm. *Kanzler*; v. 26.11.1996 – IX R 33/94, BFH/NV 1997, 643 (644); bestätigt durch BFH v. 23.8.1999 – GrS 1/97, BStBl. II 1999, 778 (779) = FR 1999, 1167 m. Anm. *Fischer*.

6 BFH v. 31.10.1978 – VIII R 196/77, BStBl. II 1979, 401 (402); v. 30.7.1985 – VIII R 71/81, BStBl. II 1986, 327 (331) = FR 1986, 42.

7 BFH v. 26.4.2006 – IX R 24/04, BStBl. II 2006, 754 = FR 2006, 932.

8 BFH v. 23.11.1995 – IV R 50/94, BStBl. II 1996, 193 (194) = FR 1996, 170; v. 17.7.2001 – IX R 50/98, BStBl. II 2001, 760 (761) = FR 2001, 1182; BMF v. 5.11.1996, BStBl. I 1996, 1257; BFH v. 20.11.2014 – IV R 1/11, FR 2015, 552 = BFH/NV 2015, 409: AfA-Befugnis eines Anteilserwerbers; v. 6.12.2017 – VI R 41/15, BStBl. II 2018, 355 = FR 2018, 649 m. Anm. *Kanzler*.

9 In diesem Sinne BFH v. 19.2.1974 – VIII R 114/69, BStBl. II 1974, 704 (705); ebenso: *K/S/M*, § 7 Rn. B 7d; zur früheren abw. Auffassung der FinVerw. s. R 44 Abs. 7 EStR 2001.

10 BFH v. 31.1.1964 – VI 252/62 U, BStBl. III 1964, 187 (188); v. 23.11.1993 – IX R 84/92, BStBl. II 1994, 292 = FR 1994, 323.

11 BFH v. 23.11.1993 – IX R 84/92, BStBl. II 1994, 292 (293) = FR 1994, 323: Kosten für Übertragung eines Erbbaurechts; v. 27.7.1994 – X R 97/92, BStBl. II 1994, 934 (935 f.): Übernahme der Erschließungskosten; v. 15.11.1994 – IX R 73/92, BStBl. II 1995, 374 (376) = FR 1995, 542: Erwerb eines „bebauten“ Erbbaurechts.

12 BFH v. 17.7.2001 – IX R 41/98, BFH/NV 2002, 18 (19).

Im Rahmen v. **Miet- und Pachtverträgen** steht den Vermietern und Verpächtern die AfA zu, sofern nicht ausnahmsweise der Mieter/Pächter wirtschaftliches Eigentum erwirbt.[1] Auch bei einem Wirtschaftsüberlassungsvertrag verbleibt die AfA-Befugnis beim Eigentümer.[2] Bei **Mietereinbauten und -umbauten** ist dagegen AfA-befugt, wer nach allg. Grundsätzen als (wirtschaftlicher) Eigentümer anzusehen ist. Hierzu ist der Mieter berechtigt, wenn es sich bei den Mietereinbauten oder -umbauten im Hinblick auf den unterschiedlichen Nutzungs- und Funktionszusammenhang um ggü. dem Gebäude selbständige WG (Rn. 81) handelt, deren HK der Mieter getragen hat, sofern dieser das WG erfahrungsgemäß länger als ein Jahr zur Einkünfteerzielung nutzt.[3] Auch in sonstigen Einzelfällen kommt bei entgeltlich wie auch im Einzelfall bei unentgeltlich erworbenen Miet- und vergleichbaren Nutzungsrechten eine AfA-Befugnis des Nutzungsberechtigten in Betracht;[4] maßgeblich ist mithin der Umstand, dass nicht der Eigentümer, sondern der Nutzer das betr. WG als Erwerbsgrundlage (§ 2 Rn. 53) einsetzt. 13

Sind **Bauten auf fremdem Grund und Boden** errichtet, begründet allein das Einverständnis des Grundstückseigentümers kein Eigentum des Nutzungsberechtigten an dem Gebäude. Allerdings erwirbt dieser unter bestimmten Voraussetzungen ein Nutzungsrecht, das er „wie bei einem materiellen WG" (Rn. 21) entspr. den für Gebäude geltenden Bestimmungen, also nicht über die Nutzungsdauer verteilt, abschreiben kann (Rn. 10).[5] 14

Bei **Leasingverträgen** hängt die AfA-Befugnis des Leasinggebers davon ab, ob nach der einzelvertraglichen Gestaltung und entspr. den allg. Zuordnungsregeln der Leasingnehmer weder zivilrechtl. noch wirtschaftliches Eigentum, § 39 Abs. 1 und 2 Nr. 1 S. 1 AO, erlangt hat.[6] 15

Mietkaufverträge eröffnen die AfA-Befugnis für den vermeintlichen Mieter in den Fällen, in denen bei wirtschaftlicher Betrachtungsweise vor allem im Hinblick auf die Kaufpreisbemessung der Kaufvertragscharakter mit gestundeten Kaufpreisraten überwiegt.[7] 16

In **Nießbrauchsfällen** ist zunächst zu unterscheiden, ob der Vertrag nach allg. Abgrenzungsmerkmalen wirtschaftliches Eigentum begründet; in diesen Fällen ist der Nießbraucher hinsichtlich des betr. WG selbst AfA-befugt, sofern er es zur Einkünfteerzielung einsetzt. In allen übrigen Fällen der entgeltlichen Einräumung dinglicher oder obligatorischer Nutzungsrechte kann der rechtl. Eigentümer, sofern er die AK oder HK getragen hat und die diesbezüglichen Einkünfte erzielt, die AfA für das WG geltend machen.[8] Ist kein wirtschaftliches Eigentum begründet,[9] richtet sich die AfA-Berechtigung des Nießbrauchers hinsichtlich des v. dem eigentlichen WG zu unterscheidenden Nießbrauchsrechts danach, ob er das Recht (teil-)entgeltlich erworben hat; bejahendenfalls sind für ein immaterielles WG (Nießbrauchsrecht) AK entstanden, die der Nießbraucher im Wege der AfA verteilt nach der Dauer des Nießbrauchs geltend machen kann.[10] Hat sich der frühere Eigentümer den Nießbrauch vorbehalten, ist der Vorbehaltsbefugte idR AfA-befugt.[11] Gleiches gilt für einen StPfl., der einem Dritten Geld schenkt mit der Aufl. ein im Voraus bestimmtes (zwingend!) Grundstück zu erwerben und an diesem dem Schenker ein Nießbrauchsrecht zu bestellen.[12] Ebenso ist der Erbe, der die Erbschaft mit der Maßgabe ausschlägt, dass ihm ein unentgeltlicher Nießbrauch an den Nachlassgrundstücken eingeräumt wird, befugt, die betr. Gebäude-AfA geltend zu machen.[13] Dagegen 17

1 BFH v. 20.11.2003 – III R 4/02, BStBl. II 2004, 305 (306) = FR 2004, 367 m. Anm. *Fischer*; v. 14.2.2007 – XI R 18/06, FR 2007, 845 = BFH/NV 2007, 1241 (1242).
2 BFH v. 23.1.1992 – IV R 104/90, BStBl. II 1993, 327 = FR 1992, 406 m. Anm. *Söffing*.
3 BFH v. 21.2.1978 – VIII R 148/73, BStBl. II 1978, 345 (346); v. 15.10.1996 – VIII R 44/94, BStBl. II 1997, 533 und 97, 774 (775) auch zur AfA-Berechnung; H 7.1 „Mietereinbauten" EStH.
4 BFH v. 5.5.1994 – VI R 100/93, BStBl. II 1994, 643 = FR 1994, 603; v. 14.2.2007 – XI R 18/06, FR 2007, 845 = BFH/NV 2007, 1241 (1242).
5 BFH v. 15.10.1996 – VIII R 44/94, BStBl. II 1997, 533 (534 f.) = FR 1997, 525; v. 25.2.2010 – IV R 2/07, BStBl. II 2010, 670 (671) = FR 2010, 660 m. Anm. *Kanzler*.
6 BFH v. 5.5.1994 – VI R 100/93, BStBl. II 1994, 643 = FR 1994, 603; zur Verwaltungsauffassung Hinweis auf: H 4.2 (1) „Leasing" EStH.
7 BFH v. 25.10.1963 – IV 429/62 U, BStBl. III 1964, 44; v. 18.11.1970 – I 133/64, BStBl. II 1971, 133 (134 f.).
8 BFH v. 28.3.1995 – IX R 126/89, BStBl. II 1997, 121 (122) = FR 1995, 611.
9 Regelfall: BFH v. 2.8.1983 – VIII R 15/80, BStBl. II 1983, 736 (737) = FR 1983, 619; v. 16.12.1988 – III R 113/85, BStBl. II 1989, 763 = FR 1989, 304; FG Sachs. v. 20.5.2003 – 6 K 2010/98, EFG 2004, 52.
10 BFH v. 7.2.1995 – VIII R 36/93, BStBl. II 1995, 770 (771 f.) = FR 1995, 781 zur entgeltlichen Anschaffung; v. 26.11.1996 – IX R 33/94, BFH/NV 1997, 643 (644).
11 BFH v. 30.1.1995 – GrS 4/92, BStBl. II 1995, 281 (284 f.) = FR 1995, 268 m. Anm. *Kanzler*; v. 28.3.1995 – IX R 126/89, BStBl. II 1997, 121 (122) = FR 1995, 611.
12 BFH v. 15.5.1990 – IX R 21/86, BStBl. II 1992, 67 (68) = FR 1991, 85 m. Anm. *Drenseck*; v. 26.11.1996 – IX R 33/94, BFH/NV 1997, 643 (644).
13 BFH v. 4.6.1996 – IX R 59/94, BStBl. II 1998, 431 (432) = FR 1997, 54.

entfällt beim Zuwendungsnießbrauch[1] wie auch beim Vermächtnisnießbrauch[2] im Regelfall die AfA-Befugnis des Nießbrauchers mangels eigenen Aufwands. Die FinVerw. hat ihre weitgehend der Rspr. folgende Rechtsauffassung zur AfA-Befugnis bei der Vereinbarung v. Nutzungsrechten bzgl. der Einkünfte aus VuV in ihrem Schr. v. 24.7.1998 zusammengefasst.[3]

18 **2. Rechtsnachfolger.** Bei unentgeltlichem Erwerb hat der Rechtsnachfolger die AfA-Bemessungsgrundlage des Rechtsvorgängers fortzuführen, § 6 Abs. 3–7 EStG und § 11d EStDV. Dies betrifft insbes. die Fälle der Erbauseinandersetzung (§ 16 Rn. 100 ff.), während bei entgeltlichen Erwerbsvorgängen der Rechtsnachfolger eigene AK nach § 7 verteilen muss. Hiernach sind bei einer vorweggenommenen Erbfolge[4] wie auch bei Erbauseinandersetzungen[5] entgeltliche Anschaffungen möglich, die zugleich zur AfA-Fortführung im Hinblick auf den Rechtsvorgänger und zur AfA auf eigene Aufwendungen berechtigen. Letzteres gilt etwa auch für die durch eine Erbauseinandersetzung entstandenen Anschaffungsnebenkosten im Hinblick auf ein Vermietungsobjekt, selbst wenn die Erbauseinandersetzung unentgeltlich erfolgt ist.[6] In diesem Zusammenhang kommt die Inanspruchnahme der AfA durch den Rechtsnachfolger (nur) in Betracht, wenn dieser in seiner Person den objektiven und subjektiven Tatbestand der betreffenden Einkunftsart auch tatsächlich verwirklicht.[7] Diese Voraussetzung, das in Rede stehende WG auch tatsächlich zur Einkünfteerzielung eingesetzt zu haben, muss dagegen nicht auch der Rechtsvorgänger erfüllt haben; dieser muss insoweit lediglich im Grundsatz berechtigt gewesen sein, die AfA geltend zu machen. Bejahendenfalls geht die AfA-Berechtigung auf den Rechtsnachfolger in der Weise über, dass er bei dem unentgeltlich erworbenen WG nach den AK/HK und nach dem Hundertsatz die Abschreibung vorzunehmen vermag, der für den Rechtsvorgänger maßgebend sein würde, wenn er noch Eigentümer des WG wäre.

19 **3. Drittaufwand.** Um sog. Drittaufwand (§ 4 Rn. 171 ff.) handelt es sich bei den Kosten, die ein Dritter trägt und die durch die Einkunftserzielung des StPfl. veranlasst sind. Trotz der vier **Entscheidungen des GrS v. 23.8.1999**[8] sind auch zukünftig aufwendige Vertragsgestaltungen[9] zu erwarten, um dem Eigentümer oder dem Nutzer die angestrebte AfA-Berechtigung zu sichern.

20 Die Behandlung des Drittaufwands gewinnt praktische Bedeutung vor allem bei **Arbeitszimmern/Praxen** in dem (gemeinsam) errichteten Haus oder in der Eigentumswohnung, die ein stpfl. (Miteigentümer-)Ehegatte unentgeltlich zur Einkünfteerzielung nutzt. Dabei sind verschiedene Fallkonstellationen zu unterscheiden (§ 4 Rn. 174).

21 Vom Drittaufwand (Rn. 19) sind die Fälle zu unterscheiden, in denen ein StPfl. selbst AK oder HK auf ein (teilw.) fremdes WG aufwendet, das er unentgeltlich zur eigenen Einkunftserzielung nutzen darf. Hierbei handelt es sich um **Eigenaufwand** (§ 4 Rn. 173). Die betr. Nutzungsbefugnis ist nach Auffassung des GrS „wie ein materielles WG" zu behandeln,[10] so dass der Nutzende insoweit die AfA geltend machen kann (Rn. 10). Konkret bedeutet dies, dass zwar die Nutzungsbefugnis nicht selbst als WG zu qualifizieren ist,[11]

---

1 BFH v. 28.9.1993 – IX R 156/88, BStBl. II 1994, 319 (320) = FR 1994, 152 m. Anm. *Stobbe*; v. 28.9.1995 – IV R 7/94, BStBl. II 1996, 440 = FR 1996, 557 m. Anm. *Söffing*; v. 26.11.1996 – IX R 33/94, BFH/NV 1997, 643 (644).

2 BFH v. 28.9.1995 – IV R 7/94, BStBl. II 1996, 440f = FR 1996, 557 m. Anm. *Söffing*.

3 BMF v. 24.7.1998, BStBl. I 1998, 914; ergänzend hierzu: OFD Münster v. 26.10.1998, FR 1998, 1139 mit Schaubild.

4 BFH v. 5.7.1990 – GrS 4–6/89, BStBl. II 1990, 847 (853 f.) = FR 1990, 670; BMF v. 13.1.1993, BStBl. I 1993, 80 (81).

5 BFH v. 5.7.1990 – GrS 2/89, BStBl. II 1990, 837 (843 ff.) = FR 1990, 635; v. 2.3.1993 – VIII R 47/90, BStBl. II 1994, 619 (621 f.) = FR 1993, 510; v. 28.9.1995 – IV R 7/94, BStBl. II 1996, 440 f. = FR 1996, 557 m. Anm. *Söffing*: keine Rechtsnachfolge des Vermächtnisnießbrauchers; BMF v. 11.1.1993, BStBl. I 1993, 62 (66 ff.).

6 FG Münster v. 25.11.2011 – 13 K 1907/10 E, EFG 2012, 223.

7 BFH v. 7.2.2012 – IX R 27/10, BFH/NV 2012, 736 (737).

8 BFH v. 23.8.1999 – GrS 1/97, BStBl. II 1999, 778 = FR 1999, 1167 m. Anm. *Fischer*; v. 23.8.1999 – GrS 2/97, BStBl. II 1999, 782 = FR 1999, 1173 m. Anm. *Fischer*; v. 23.8.1999 – GrS 5/97, BStBl. II 1999, 774 = FR 1999, 1180 m. Anm. *Fischer*; v. 23.8.1999 – GrS 3/97, BStBl. II 1999, 787 = FR 1999, 1179 m. Anm. *Fischer*; zu Einzelheiten der Beschlüsse und ihrer dogmatischen Einordnung: *Wolff-Diepenbrock*, DStR 1999, 1642.

9 Beispiele: BFH v. 9.11.1995 – IV R 60/92, BStBl. II 1996, 192 = FR 1996, 99 m. Anm. *Söffing* = FR 1996, 172 m. Anm. *Weber-Grellet*; v. 23.11.1995 – IV R 50/94, BStBl. II 1996, 193 (194) = FR 1996, 170; v. 25.11.1996 – VI R 8/90, BStBl. II 1997, 215 (218) = FR 1997, 224; v. 12.5.2000 – VI R 8/90, BFH/NV 2000, 1337; zur Gestaltungsmöglichkeit auch: *Fischer*, FR 1999, 1177 (1178).

10 BFH v. 30.1.1995 – GrS 4/92, BStBl. II 1995, 281 (284 f.) = FR 1995, 268 m. Anm. *Kanzler*; ebenso: BFH v. 9.11.1995 – IV R 60/92, BStBl. II 1996, 192 (193) = FR 1996, 99 m. Anm. *Söffing* = FR 1996, 172 m. Anm. *Weber-Grellet*; v. 30.7.1997 – I R 65/96, BStBl. II 1998, 402 (404) = FR 1998, 161 und BMF v. 5.11.1996, BStBl. I 1996, 1257; weiterhin BFH v. 10.4.1997 – IV R 12/96, BStBl. II 1997, 718 (719) = FR 1997, 853 mit Rspr.-Übersicht; vgl. auch BFH v. 9.3.2016 – X R 46/14, BFH/NV 2016, 970 zur Rechtsentwicklung; v. 21.2.2017 – VIII R 10/14, BStBl. II 2017, 819 Rz. 17 ff.: zur erforderlichen Kostentragung durch den Nichteigentümer-Ehegatten; krit. *K/S/M*, § 21 Rn. B 440 ff.

11 BFH v. 23.8.1999 – GrS 1/97, BStBl. II 1999, 778; erhellend die Urteilsanmerkung v. *Fischer*, FR 1999, 1171 (1172); **aA** BFH v. 10.3.1999 – XI R 22/98, BStBl. II 1999, 523 (524) = FR 1999, 844 m. Anm. *Fischer*.

sondern dass derartige obligatorische Nutzungsverhältnisse bilanztechnisch (fiktiv) wie ein WG behandelt werden und die zulässigen Absetzungen für die Nutzungsbefugnis den Grundsätzen für materielle WG folgen. Hiernach richtet sich bei Gebäude-HK die AfA für die Nutzungsbefugnis nach den Regeln über die Gebäudeabschreibung.[1] Für die Behandlung der HK eines fremden Gebäudes „wie ein materielles WG" spielt es dabei keine Rolle, ob der StPfl. auf Grund eines entgeltlichen oder unentgeltlichen Rechtsverhältnisses zur Gebäudenutzung befugt ist und ob ihm ein zivilrechtlicher Ersatzanspruch gegen den Eigentümer des Grundstücks zusteht.

4. Pflicht zur Vornahme der Absetzungen. Nach Abs. 1 S. 1 und Abs. 4 S. 1 hat der StPfl. die AfA vor- 22
zunehmen. Angesichts dieser ausdrücklichen Verpflichtung[2] besteht vorbehaltlich einer Nachholung (Rn. 26) ein diesbezügliches **Wahlrecht** allenfalls hinsichtlich der Abschreibungsmethode. Dagegen ist bei einer Teilwertabschreibung (Rn. 33) die Vornahme der AfA im selben Jahr ausgeschlossen, § 6 Abs. 1 Nr. 1 S. 3. Im Unterschied zu erhöhten Absetzungen, die an die Stelle der AfA nach § 7 treten, ist die normale AfA iRd. § 7a Abs. 4 neben einer Sonderabschreibung zulässig.

5. Buchnachweis. Abgesehen v. § 7 Abs. 2 S. 3 ist ein bestimmter **Buchnachweis nicht vorgesehen**. StPfl. 23
können also iRd. § 4 Abs. 1 die AfA auf der Aktivseite (direkte Methode) oder im Wege der Wertberichtigung (indirekte Methode) berücksichtigen.

6. (Grenzen der) Einzelabsetzung. Der auf § 252 Abs. 1 Nr. 3 HGB zurückzuführende Grundsatz der 24
Einzelbewertung, § 6 Abs. 1, verlangt eine AfA für jedes selbständige WG; folglich unterbleibt die Absetzung bei allen unselbständigen WG oder den unselbständigen Teilen eines WG.[3] Hiernach ist nach den Umständen des Einzelfalls im Hinblick auf den gemeinsamen Zweck, die Festigkeit der vorgenommenen Verbindung und das äußere Erscheinungsbild zu entscheiden, ob ein einheitliches WG vorliegt, dessen einzelne Teile sich als unselbständig iSd. § 6 Abs. 1 darstellen;[4] dies gilt etwa für (un-)selbständige Gebäudeteile (Rn. 37), für noch nicht abgebaute Bodenschätze (Rn. 113) oder für Sachgesamtheiten.[5] Demgegenüber sind etwa die unterschiedlichen zusammengesetzten (selbständigen) WG, die eine Windkraftanlage (Windpark) bilden, für Abschreibungszwecke einzeln zu erfassen.[6] Nach der zutreffenden Rspr. des BFH sind für Abschreibungszwecke also weder mehrere selbständige WG zusammenzufassen noch einzelne (zusammengesetzte) WG zu atomisieren. Zur Vereinfachung erscheint es jedoch zulässig, gleichartige WG bei annähernd gleicher Nutzungsdauer in Gruppen zusammenzufassen.[7] Diese **Sammelbewertung** (§ 6 Rn. 112) ist v. der Festbewertung (§ 6 Rn. 109) zu unterscheiden, bei der eine AfA entfällt.

7. Fehlerberichtigung und Nachholung. Soweit bei der AfA Fehler unterlaufen sind, richtet sich die Be- 25
richtigung bei bestandskräftigen Bescheiden nach **§ 173 AO**. Erforderlich für die Fehlerberichtigung ist das nachträgliche Bekanntwerden v. Tatsachen oder Beweismitteln. Nach allg. Grundsätzen gilt eine (fehlerhafte) Schätzung selbst nicht als derartige Tatsache; als Änderungsgrundlage kommen nur die Sachverhaltselemente in Betracht, auf denen eine Schätzung beruht. Dies gilt etwa für die Umstände, die Einfluss auf die betriebsgewöhnliche Nutzungsdauer gewinnen.

Hat der StPfl. trotz gegenteiliger Verpflichtung (Rn. 22) keine AfA vorgenommen, kann er unter dem Ge- 26
sichtspunkt des Bilanzenzusammenhangs nach hM im Regelfall (anders bei Gebäuden: Rn. 87) die **unterlassene AfA** in der Weise **nachholen**, dass er den Buchwert nach der bisher angewandten Absetzungsmethode verteilt. Dies gilt jedoch nicht in den Fällen, in denen der StPfl. bewusst zur unberechtigten Steuerersparnis Absetzungen unterlassen hat.[8] Die Nachholung entfällt gleichermaßen, wenn der StPfl. im Wege der berichtigenden Einbuchung ein WG (erstmals) nachträglich aktiviert.[9]

Ist insbes. wegen unzutr. Annahme der Nutzungsdauer die **AfA zu niedrig angesetzt** worden, hat der 27
StPfl. im Regelfall den überhöhten Restbuchwert auf die Restnutzungsdauer zu verteilen.[10]

---

1 BFH v. 25.2.2010 – IV R 2/07, BStBl. II 2010, 670 (671); *Fischer*, FR 1999, 845 (846).
2 BFH v. 8.4.2008 – VIII R 64/06, BFH/NV 2008, 1660 (1661); v. 22.6.2010 – VIII R 3/08, BStBl. II 2010, 1035 (1037).
3 BFH v. 29.3.1965 – I 411/61 U, BStBl. III 1965, 291; v. 22.8.1966 – GrS 2/66, BStBl. III 1966, 672 (674); zur AfA bei verschiedenen Gebäudebestandteilen, vgl. Rn. 81.
4 BFH v. 3.8.2016 – IX R 14/15, BStBl. II 2017, 437 Rz. 26: Einzelelemente einer Einbauküche als einheitliches WG.
5 BFH v. 21.2.2017 – VIII R 7/14, BStBl. II 2017, 689 Rz. 31: Vertragsarztpraxis.
6 BFH v. 14.4.2011 – IV R 46/09, BStBl. II 2011, 696 (698) = FR 2011, 662 m. Anm. *Briesemeister/Joisten/Vossel*; v. 1.2.2012 – I R 57/10, BStBl. II 2012, 407 (409) = FR 2012, 877.
7 BFH v. 4.6.1992 – IV R 101/90, BStBl. II 1993, 276 (277) = FR 1993, 329.
8 BFH v. 3.7.1980 – IV R 31/77, BStBl. II 1981, 255 (257) = FR 1980, 595; v. 8.4.2008 – VIII R 64/06, BFH/NV 2008, 1660 (1661); *K/S/M*, § 7 Rn. A 103 und B 323.
9 BFH v. 24.10.2001 – X R 153/97, BStBl. II 2002, 75 (76) = FR 2002, 209 m. Anm. *Weber-Grellet*; v. 22.6.2010 – VIII R 3/08, BStBl. II 2010, 1035 (1037).
10 BFH v. 3.7.1980 – IV R 31/77, BStBl. II 1981, 255 (256 f.) = FR 1980, 595; v. 4.5.1993 – VIII R 14/90, BStBl. II 1993, 661 (662) = FR 1993, 569; v. 15.12.1993 – X R 102/92, BFH/NV 1994, 543 (545 f.): unterlassene AfA bei aktiviertem WG.

28 Sofern der StPfl. die **AfA zu hoch angesetzt** hat, erfolgt keine (gewinnerhöhende) Korrektur im ersten Jahr, das an sich die steuerrechtl. Änderung zuließe. Da auch ein unzutr. niedriger AfA-Satz zum Ausgleich während der Restnutzung entfällt, hat der StPfl. auf die ursprünglichen AK/HK den zutr. AfA-Satz anzuwenden; hiernach wird der AfA-Fehler erst zum Ende des Abschreibungszeitraums berichtigt.[1]

29 **8. Beginn der Absetzungen (Erstjahr).** Die AfA beginnt im **Jahr der Anschaffung** (Lieferung als Verschaffen der wirtschaftlichen Verfügungsmacht, sodass zumindest nach allg. Grundsätzen das wirtschaftliche Eigentum zu bejahen ist[2]) **oder Herstellung** (Fertigstellung – als Bauherr auf eigene Rechnung und Gefahr – mit dem Ergebnis der [ggf. abstrakten] Einsatzbereitschaft des jeweiligen [einzelnen] WG[3]), § 9a EStDV; im Falle einer Montage durch den Verkäufer ist deren Abschluss maßgeblich.[4] Nicht erforderlich ist der Nutzungsbeginn oder erstmalige Einsatz im Betrieb, da zumindest die wirtschaftliche Abnutzung schon vor der Ingebrauchnahme beginnen kann. Insoweit genügt im Hinblick auf die erforderliche, aber auch ausreichende Betriebsbereitschaft ein hinreichender Zusammenhang zw. Anschaffung/Herstellung und der stl. erheblichen Verwendung.[5]

30 Im Erstjahr hat der StPfl. die AfA grds. entspr. dem Zeitraum vorzunehmen, in dem das betr. WG sich im BV befindet oder zur Einkunftserzielung bereitsteht (pro rata temporis); nur in diesem Zeitraum findet ein Wertverzehr statt, der durch Abschreibung berücksichtigt wird.[6] Aus Praktikabilitätsgründen kann auf volle Monate auf- oder abgerundet werden.[7]

31 **9. Ende der Absetzungen.** Der Abschreibungszeitraum währt längstens bis zu dem Zeitpunkt, in dem der betriebliche Einsatz des WG ausläuft. Die betriebsindividuelle Nutzungsdauer endet mit dem betriebstypischen Einsatz.[8] Endet der Einsatz eines WG im BV oder zur Einkünfteerzielung vor Ablauf der betriebsgewöhnlichen Nutzungsdauer etwa durch **Entnahme** oder **Veräußerung**, bemisst sich die AfA nach dem Zeitraum zw. dem Jahresbeginn und dem vorgenannten Ereignis.[9] Bei Gebäuden oder Gebäudeteilen, die einem AfA-berechtigten StPfl. unentgeltlich zur betrieblichen Nutzung überlassen sind, kann dieser, wenn das Nutzungsverhältnis vorzeitig endet, den Restbuchwert hinsichtlich des Eigenaufwands ausbuchen.[10]

32 **10. Fehlende Abnutzung oder Substanzverringerung.** Soweit der tatsächliche Wert v. körperlichen Gegenständen gleich bleibt oder zunimmt (Antiquitäten oder Kunstgegenstände), erscheint ein Wertverzehr (Rn. 4) fraglich. Angesichts der in Abs. 1 vorgesehenen Verteilungsfunktion der AK/HK (Rn. 5) sind StPfl. gleichwohl regelmäßig zur Vornahme der AfA verpflichtet. Denn jedenfalls bei tatsächlichem Gebrauch oder überschaubarer sonstiger Abnutzung findet ein **technischer/materieller Verbrauch** statt.[11] Hiernach unterliegen dem Wertverzehr: Werke der sog. Gebrauchskunst und tatsächlich genutzte Antiquitäten.[12] Demgegenüber wurde die AfA verneint für WG, die sich trotz Nutzung nicht verbrauchen, bei denen die Abnutzung zeitlich nicht bestimmbar oder der Verschleiß aus anderen Gründen so gering ist, dass die Nutzungsdauer nicht annähernd bestimmt werden kann.[13]

33 **11. Verhältnis zur Teilwertabschreibung (§ 6 Abs. 1 Nr. 1 S. 2).** Die iRd. § 4 Abs. 1 – also nicht bei § 4 Abs. 3 – zulässige Teilwertabschreibung betrifft die Berichtigung des Buchwerts auf den niederen TW we-

1 BFH v. 11.12.1987 – III R 266/83, BStBl. II 1988, 335 (336); v. 4.5.1993 – VIII R 14/90, BStBl. II 1993, 661 (662) = FR 1993, 569.
2 BFH v. 1.2.2012 – I R 57/10, BStBl. II 2012, 407 (409 ff.) = FR 2012, 877; v. 22.9.2016 – IV R 1/14, BStBl. II 2017, 171 Rz. 18 ff.: Erwerb einer Windkraftanlage.
3 BFH v. 1.2.2012 – I R 57/10, BStBl. II 2012, 407 (409 f.) = FR 2012, 877.
4 R 7.4 Abs. 1 S. 3 und 4 EStR.
5 BFH v. 11.1.2005 – IX R 15/03, BStBl. II 2005, 477 (478).
6 BFH v. 21.6.2001 – III R 27/98, FR 2001, 1169 = BFH/NV 2001, 1641 (1646).
7 BFH v. 10.8.2005 – VIII R 78/02, BStBl. II 2006, 58 (60) = FR 2006, 131 m. Anm. *Kanzler*: krit. zur sog. Halbjahresregelung, die bis zum VZ 2003 galt.
8 BMF v. 25.7.2005, BStBl. I 2005, 826 (828): Ende der Ablagerung bei Deponie.
9 R 7.4 Abs. 8 EStR.
10 BMF v. 5.11.1996, BStBl. I 1996, 1257 mit Einzelheiten.
11 BFH v. 26.1.2001 – VI R 26/98, BStBl. II 2001, 194 (195) = FR 2001, 360; instruktiv *K/S/M*, § 7 Rn. B 263 ff.
12 BFH v. 23.4.1965 – VI 327/64 U, BStBl. III 1965, 382 und v. 2.12.1977 – III R 58/75, BStBl. II 1978, 164 (165): Gebrauchskunst; v. 31.1.1986 – VI R 78/82, BStBl. II 1986, 355 (356) = FR 1986, 438: 100-jährige Schreibtischkombination; v. 14.2.1989 – IX R 109/84, BStBl. II 1989, 922 (923) = FR 1989, 528: antike Wohnmöbel; v. 26.1.2001 – VI R 26/98, BStBl. II 2001, 194 = FR 2001, 360: ständig genutzte alte Meistergeige.
13 BFH v. 2.12.1977 – III R 58/75, BStBl. II 1978, 164 (165): Gemälde anerkannter Meister; v. 31.1.1986 – VI R 78/82, BStBl. II 1986, 355 (356) = FR 1986, 438: Kunstwerke ohne Gebrauchsabnutzung; v. 9.8.1989 – X R 131/87, X R 132–133/87, BStBl. II 1990, 50 (52): historische Slg. optischer Geräte; v. 4.12.1991 – I R 148/90, BStBl. II 1992, 383 (384) = FR 1992, 330: Fernverkehrskonzession; v. 4.6.1992 – IV R 101/90, BStBl. II 1993, 276 (278) = FR 1993, 329; krit. zu dieser Unterscheidung: *Ebling*, DStR 2008, 1522.

gen voraussichtlich dauernder Wertminderung.[1] Demnach erfasst sie die Wertminderungen, die v. der AfA oder AfS gerade nicht berücksichtigt werden. Trotz dieser **unterschiedlichen Zielsetzungen** können Überschneidungen (Rn. 22) eintreten, wenn der StPfl. mit der Teilwertabschreibung auch die gebrauchsbedingte Wertminderung abdeckt; in diesem Fall geht die Teilwertabschreibung vor.

II. Kreis der abschreibungsfähigen Wirtschaftsgüter. Absetzungen setzen voraus, dass es sich nach allg. 34
Grundsätzen um ein eigenständiges WG handelt; einzelne wertbildende Faktoren genügen insoweit nicht (Rn. 24). Nach zutr. Ansicht handelt es sich bei jedem greifbaren Vorteil um ein WG, für den der Erwerber eines Betriebes etwas aufwenden würde und der nach der Verkehrsauffassung einer besonderen Bewertung zugänglich ist.[2] Da § 7 die Einkunftsermittlung betrifft, kommen Abschreibungen zudem nur in Betracht, wenn das körperliche oder immaterielle (Rn. 35) WG dem Erzielen v. Einnahmen im Rahmen einer Einkunftsart gem. § 2 Abs. 1 dient; entscheidend ist (iRd. Absicht, Einkünfte zu erzielen, § 2 Rn. 57) die Zweckbestimmung durch den StPfl., nicht der tatsächliche Einsatz. Daher entfällt eine AfA bei allen WG, die mit der **privaten Lebensführung** in Zusammenhang stehen. Nutzt ein StPfl. WG sowohl zur Einkünfteerzielung als auch privat, kommen anteilige AfA nur in Betracht, wenn § 12 eine derartige Aufteilung nicht ausschließt.[3] Zusätzlich ist iRd. Gewinneinkünfte, § 2 Nr. 1, für die Absetzung erforderlich, dass das WG zum Anlagevermögen gehört;[4] denn bei WG des Umlaufvermögens richtet sich die Bewertung nach § 6 Abs. 1 Nr. 2 S. 1. StPfl. können demnach bei einem WG des Umlaufvermögens keine AfA in Anspruch nehmen.[5] Mangels Aktivierbarkeit, § 5 Abs. 2, entfällt die Abschreibung selbstgeschaffener immaterieller WG. Unabhängig v. einem möglichen Schrottwert sind die AK/HK kurzlebiger WG sogleich abschreibbar.[6] Bei den Überschusseinkünften steht dabei eine nur vorübergehende Nutzung (Zwischennutzung) zur Einkunftserzielung der AfA nicht entgegen. Schließlich entfällt der Ansatz der AfA, wenn der StPfl. die ursprüngliche Absicht der Einkünfteerzielung (§ 2 Rn. 57 ff.) aufgibt; in diesem Falle sind Aufwendungen, die grds. zu AK/HK führen, als **vergeblicher Aufwand** sogleich als WK abziehbar.[7]

Der AfA unterliegen nur abnutzbare WG.[8] Das WG muss grds. einer **Abnutzung** durch Ver- oder Ge- 35
brauch (Rn. 32) unterliegen. Der technische (körperlicher Verschleiß durch Gebrauch, Rn. 50) oder wirtschaftliche (Verwendbarkeit zeitlich beschränkt, Rn. 51) Wertverlust kann unabhängig voneinander geltend gemacht werden; dabei vermag ein wirtschaftlicher Wertzuwachs eine technische Abnutzung nicht zu saldieren.[9] Dies entfällt bei den in § 6 Abs. 1 Nr. 2 genannten nicht abnutzbaren WG, für die lediglich eine Teilwertabschreibung (Rn. 33) in Betracht kommt. Abschreibungsfähig sind hiernach vor allem alle körperlichen Anlagegegenstände (materielle WG) und immateriellen WG (vermögenswerte Rechtspositionen wie: befristete Rechte, Patente, Wettbewerbsverbote, Computerprogramme, Internetauftritte, Urheberrechte, Belieferungsrechte, Handelsvertreterrechte), sofern sie für sich bewertungsfähig sind und einem (wirtschaftlichen) Wertverzehr unterliegen.[10] Demgemäß ist ein immaterielles WG nicht abnutzbar, wenn seine Nutzung iS eines „immerwährenden" Rechts weder unter rechtl. noch unter wirtschaftlichen Gesichtspunkten zeitlich begrenzt ist.[11] Abs. 1 S. 3 geht mit der Festlegung der Nutzungsdauer v. der Abnutzbarkeit des Geschäfts- oder Firmenwerts (Rn. 55) aus; dies war bereits zuvor für den Praxiswert eines Freiberuflers (Rn. 56) anerkannt. Dagegen sind solche immateriellen WG nicht abnutzbar, für die trotz zeitlicher Begrenzung mit immer neuen Verlängerungen zu rechnen oder aus sonstigen Gründen ein zeitlich

1 BFH v. 29.4.2009 – I R 74/08, BStBl. II 2009, 899 = FR 2010, 83; zur Teilwertabschreibung gem. § 6 vgl. BMF v. 16.7.2014, BStBl. I 2014, 1162.
2 BFH v. 5.6.2008 – IV R 50/07, BStBl. II 2008, 968 (970): weder der einzelne Baum noch der gesamte Bestand bilden eigenes WG.
3 BFH v. 13.3.1964 – IV 158/61 S, BStBl. III 1964, 455.
4 BFH v. 5.6.2008 – IV R 50/07, BStBl. II 2008, 968 (970 f.).
5 BFH v. 9.1.2013 – I R 33/11, FR 2013, 945 = BFH/NV 2013, 1009 (1012).
6 BFH v. 2.12.1987 – X R 19/81, BStBl. II 1988, 502 (504).
7 BFH v. 13.11.1973 – VIII R 157/70, BStBl. II 1974, 161 (162).
8 BFH v. 5.6.2008 – IV R 50/07, BStBl. II 2008, 968 (971).
9 BFH v. 31.1.1986 – VI R 78/82, BStBl. II 1986, 355 (356) = FR 1986, 438; v. 9.8.1989 – X R 131–133/87, BStBl. II 1990, 50 (51); v. 26.1.2001 – VI R 26/98, BStBl. II 2001, 194 (195) = FR 2001, 360.
10 BFH v. 12.12.1968 – IV 27/64, BStBl. II 1969, 238 f.: Bierlieferungsrecht; v. 27.6.1978 – VIII R 12/72, BStBl. II 1979, 38 (39): Abbauberechtigung v. Bodensubstanz; v. 25.1.1979 – IV R 21/75, BStBl. II 1979, 369 (371): Wettbewerbsverbot; v. 31.10.1978 – VIII R 196/77, BStBl. II 1979, 401 (404): Nutzungsrecht; v. 26.8.1992 – I R 24/91, BStBl. II 1992, 977 (978 f.): Transferentschädigung im Lizenzfußball; v. 28.5.1998 – IV R 48/97, BStBl. II 1998, 775 = FR 1998, 882: Belieferungsrecht eines Zeitschriftengrossisten; FG Düss. v. 9.5.2000 – 6 K 2028/96 K, G, EFG 2000, 1177: Warenzeichen mwN; BFH v. 16.10.2008 – IV R 1/06, BFH/NV 2009, 723: betriebsgebundene Zuckerrübenlieferrechte; v. 21.10.2015 – IV R 6/12, BFH/NV 2016, 791: Zahlungsansprüche nach der GAP-Reform 2003; zur Abschreibung v. Transferleistungen und erhöhten Prämien im Lizenzfußball: *Söffing*, BB 1996, 523.
11 BFH v. 6.12.2017 – VI R 65/15, BStBl. II 2018, 353: weinbauliches Wiederbepflanzungsrecht.

bestimmbares Ende nicht erkennbar ist; dies gilt insbes. für diejenigen geschäftswertähnlichen WG (Rn. 55), deren Wert sich nicht innerhalb eines wenigstens schätzbaren Zeitraums erschöpft.[1] Demnach hängt es v. den konkreten Einzelumständen ab, ob – unabhängig v. dem Begriff des „geschäftswertähnlichen WG" – ein für sich einzeln zu bewertendes immaterielles WG vorliegt und ob dieses WG wegen individuellen Wertverzehrs in einem bestimmbaren Zeitraum (Nutzungsdauer) abnutzbar ist iSv. Abs. 1.

Für entgeltlich erworbene **Warenzeichen** (Marken) hat der BFH[2] einen Wertverzehr und damit eine planmäßige Abschreibung verneint. Demgegenüber bejaht die FinVerw. ein abnutzbares WG, dessen Nutzungsdauer im Regelfall 15 Jahre beträgt; dies gilt nach nunmehriger Auffassung der Verwaltung[3] auch für entgeltlich erworbenen Arzneimittelzulassungen. Abbausubstanzen gewinnen regelmäßig erst mit hinreichender Konkretisierung, insbes. mit Beginn der Ausbeute, den Charakter eines abschreibbaren WG (Rn. 113). Aufwendungen für den Erwerb eines **Domain-Namens** („Internet-Adresse") begründen keine AfA, da es sich idR um ein nicht abnutzbares immaterielles WG handelt.[4] Abw. könnte aber für den Fall gelten, dass der Name sich aus einem Schutzrecht ableitet (sog. „qualified domain"). Betriebsgebundene oder an Aktien gebundene **Zuckerrübenlieferrechte** bilden selbständige immaterielle WG: Es handelt sich um Rechte von zeitlich begrenzter Nutzungsdauer, da wegen der maßgeblichen EU-Zuckermarktordnung zwar Gewissheit über ihr Ende, aber nicht über dessen Zeitpunkt besteht.[5]

36 Schließlich kommt die AfA nur in Betracht, wenn die Verwendung oder Nutzung sich erfahrungsgemäß auf einen **Zeitraum v. mehr als einem Jahr** erstreckt. Dabei unterbrechen vorübergehende Stilllegungen (Leerstand wegen Mieterwechsel oder Reparaturzeiten) die Abschreibungsbefugnis nicht. Abzustellen ist auf das ab Anschaffung oder Herstellung zu berechnende Kj. Unterschreitet die Nutzungsdauer voraussichtlich ein Kj., sind die AK oder HK auch dann in vollem Umfang abziehbare BA, wenn sich die Nutzung über einen Bilanzstichtag erstreckt.[6]

37 Aus dem Grundsatz der Bewertungs- und Abschreibungseinheit folgt die **Einheitlichkeit der Abschreibung**. Weder darf ein nach der Verkehrsauffassung einheitliches WG trotz technischer Möglichkeit in seine Einzelteile zerlegt werden, noch ist ein einzelnes WG mit anderen zu einer Gruppe zusammenzufassen (Rn. 24). Scheinbare Ausnahmen vom Grundsatz der Abschreibungseinheit sind nur zulässig, wenn stl. v. verschiedenen WG auszugehen ist; dies gilt vor allem bei selbständigen Gebäudeteilen,[7] die in einem v. der eigentlichen Gebäudenutzung zu unterscheidenden Nutzungs- und Funktionszusammenhang stehen (Rn. 81, 106, 108).

38 StPfl. können nur bei beweglichen WG die leistungsbezogene, Abs. 1 S. 6, oder degressive AfA, Abs. 2, wählen. Demzufolge kommt bei **immateriellen WG**, die nicht als beweglich angesehen werden, lediglich die Regel-AfA in Betracht.

39 **III. Bemessungsgrundlage. 1. Grundsätzliches.** Die AfA bemisst sich nach einer Bezugsgröße, die sich nach allg. Grundsätzen entweder nach den (ursprünglichen) Aufwendungen des StPfl. (Rn. 40) oder einem (fiktiven) Hilfswert (Rn. 43) richtet. Grds sollen die Absetzungen der Höhe nach den AK oder HK in der Weise entsprechen, dass diese Kosten nach Ablauf der betriebsgewöhnlichen Nutzungsdauer des WG bis auf einen Erinnerungswert v. ein Euro verteilt sind, mithin die Berücksichtigung eines Restwerts (Rn. 41) entfällt.[8] Bei Mieterein- und -umbauten (Rn. 13) bestimmt sich die Höhe der AfA nach den für Gebäude geltenden Grundsätzen.[9] Soweit obligatorische Nutzungsrechte (Rn. 13) im Wege der AfA zu berücksichtigen sind, bilden nur die einmaligen Aufwendungen bei Vertragsabschluss die AK, nicht hingegen Pachtvorauszahlungen oder sonstige Einmalzahlungen.[10]

---

1 BFH v. 16.9.1970 – I R 196/67, BStBl. II 1971, 175 (176); v. 28.5.1998 – IV R 48/97, BStBl. II 1998, 775 (776) = FR 1998, 882; FG RhPf. v. 16.11.2004 – 2 K 1431/03, EFG 2005, 348: Domain-Adresse; BFH v. 21.2.2017 – VIII R 56/14, BStBl. II 2017, 694 Rz. 32: Vertragsarztzulassung; BMF v. 27.2.1998, BStBl. I 1998, 252: Arzneimittelzulassung.

2 BFH v. 4.9.1996 – II B 135/95, BStBl. II 1996, 586 (587); **aA** *Gold*, DB 1998, 956; *Boorberg/Strüngmann/Wendelin*, DStR 1998, 1113.

3 BMF v. 12.7.1999, DStR 1999, 1317 (BMF v. 27.2.1998, BStBl. I 1998, 252 ist demnach überholt); ebenso: *Gold*, DB 1998, 956; *Boorberg/Strüngmann/Wendelin*, DStR 1998, 1113.

4 BFH v. 19.10.2006 – III R 6/05, BStBl. II 2007, 301 (303 f.) = FR 2007, 695 m. Anm. *Kanzler*.

5 BFH v. 16.10.2008 – IV R 1/06, BStBl. II 2010, 28 (29); v. 17.3.2010 – IV R 3/08, BFH/NV 2010, 1531 (1532).

6 BFH v. 26.8.1993 – IV R 127/91, BStBl. II 1994, 232 (234) = FR 1994, 221; *K/S/M*, § 7 Rn. B 250.

7 BFH v. 26.11.1973 – GrS 5/71, BStBl. II 1974, 132 (134 f.); v. 29.8.1989 – IX R 176/84, BStBl. II 1990, 430 (432) = FR 1990, 365; v. 23.8.1999 – GrS 5/97, BStBl. II 1999, 774 = FR 1999, 1180 m. Anm. *Fischer*; v. 4.5.2004 – XI R 43/01, BFH/NV 2004, 1397: Dachausbau als selbständiger Gebäudeteil; v. 4.3.2008 – IX R 16/07, BFH/NV 2008, 1310 (1311): nachträgliches Entfallen des ursprünglichen Zusammenhangs.

8 BFH v. 8.4.2008 – VIII R 64/06, BFH/NV 2008, 1660 (1661).

9 BFH v. 15.10.1996 – VIII R 44/94, BStBl. II 1997, 533 (535) = FR 1997, 525.

10 BFH v. 5.5.1994 – VI R 100/93, BStBl. II 1994, 643 = FR 1994, 603 (Leasingsonderzahlung).

Im Rahmen der Aufwandsverteilung (Rn. 5) bilden die **AK oder HK die Obergrenze** für die Absetzungen; die Wiederbeschaffungskosten oder ein sonstiger Zeitwert[1] gewinnen keine Bedeutung. Gleichermaßen bleiben die AK unberührt, wenn sich die Verbindlichkeiten aus dem Erwerb eines WG ändern oder Dritte Schadensersatz leisten. Der Umfang der AK und HK iSd. § 255 Abs. 1, 2 HGB richtet sich nach allg. Grundsätzen, Rn. 85 und § 6 Rn. 27 ff., 53 ff. Hiernach sind als AK die Aufwendungen maßgeblich, die ein StPfl. leistet, um einen Vermögensgegenstand zu erwerben. Zu den HK zählen die Aufwendungen, die durch den Verbrauch v. Gütern und die Inanspruchnahme v. Diensten für das Herstellen eines WG, seine Erweiterung oder für eine über den ursprünglichen Zustand hinausgehende wesentliche Verbesserung entstehen.[2] Dabei ist es unerheblich, ob der StPfl. bei Vornahme der AfA die AK oder HK schon gezahlt hat.[3] Maßgeblich ist mithin, ob er etwa den Kaufpreis noch ganz oder teilw. schuldet. Soweit ein StPfl. für die Anschaffung oder Herstellung bestimmter WG öffentl. Investitionszuschüsse erhält, mindern (Rn. 41) diese die AK/HK bereits im Jahr der Bewilligung und nicht im Jahr der Auszahlung.[4] 40

Die ursprünglichen AK und HK können etwa durch Zuschüsse (ausf.: § 6 Rn. 26) eine **Minderung** (Rn. 40 aE, 45) erfahren.[5] Dies gilt aber nicht zB für Versicherungsleistungen, die also die HK eines neuen WG nicht beeinflussen. Nach allg. Grundsätzen ist in diesem Zusammenhang zu beachten, dass insbes. die Übertragung einer RfE[6] sowie ein nach Ablauf der betriebsgewöhnlichen Nutzungsdauer verbleibender beachtlicher Restwert (Schrott-, Wiederverkaufswert)[7] die für die AfA maßgeblichen AK und HK mindern. 41

Im Einzelfall ist es insbes. bei bebauten Grundstücken erforderlich, einzelne (nachträglich angefallenen) Aufwendungen dem Grundstück oder dem Gebäude zuzuordnen[8] und **einheitliche AK** oder **HK**, die etwa auf den Grund und Boden sowie auf das abnutzbare Gebäude/Gebäudeteile entfallen, **aufzuteilen**. Für die Aufteilung ist nach allg. Grundsätzen (§ 6 Rn. 49) das (zu schätzende) Verhältnis der Teil- oder Verkehrswerte maßgeblich.[9] Auch die für das Sachwertverfahren geltende WertV kann herangezogen werden.[10] 42

Die nach allg. Grundsätzen (§ 6 Rn. 161 ff.) zu ermittelnden **Hilfswerte** sind insbes. für die AfA-Berechnung nach Einlage, Entnahme, Nutzungsänderung oder nach dem Übergang zur Buchführung maßgeblich, wobei Einzelheiten der Wertermittlung bei Entnahmen ins PV teilw. umstritten sind.[11] Überführt ein 43

1 BFH v. 26.1.2001 – VI R 165/98, BFH/NV 2001, 897 (898).
2 BFH v. 25.9.2007 – IX R 28/07, BStBl. II 2008, 218 (219) = FR 2008, 372.
3 BFH v. 19.12.2007 – IX R 50/06, BStBl. II 2008, 480 (481) = FR 2008, 637.
4 BFH v. 29.11.2007 – IV R 81/05, BStBl. II 2008, 561 (562 f.) = FR 2008, 916 m. Anm. *Kanzler*.
5 BFH v. 26.3.1991 – IX R 104/86, BStBl. II 1992, 999 f. = FR 1991, 498 m. Anm. *Drenseck*; v. 26.11.1996 – VIII R 58/93, BStBl. II 1997, 390 (391) = FR 1997, 218 mit Einzelnachweis; v. 27.4.2000 – I R 12/98, BFH/NV 2000, 1365: Wahlrecht; v. 14.10.2003 – IX R 60/02, BStBl. II 2004, 14 = FR 2004, 273: Einzelumstände maßgeblich; v. 29.11.2007 – IV R 81/05, BStBl. II 2008, 561 (563) = FR 2008, 916 m. Anm. *Kanzler*: maßgeblich ist das Jahr der Bewilligung, nicht das der Auszahlung; R 7.3 Abs. 4 EStR.
6 BFH v. 11.4.1989 – VIII R 302/84, BStBl. II 1989, 697 (699) = FR 1989, 584.
7 BFH v. 7.12.1967 – GrS 1/67, BStBl. II 1968, 268 (270): WG aus wertvollem Material; v. 22.7.1971 – IV R 74/66, BStBl. II 1971, 800 (802): nur bei Schrottwert eines Schiffs v. erheblichem Gewicht; v. 1.10.1992 – IV R 97/91, BStBl. II 1993, 284 (286) = FR 1993, 121 m. Anm. *Söffing*: Schlachtwert bei Milchkuh; v. 8.4.2008 – VIII R 64/06, BFH/NV 2008, 1660 (1661): kein Restwert bei Pkw.
8 BFH v. 19.2.1974 – VIII R 65/72, BStBl. II 1974, 337 (338): Anliegerbeitrag; v. 3.7.1997 – III R 114/95, BStBl. II 1997, 811 (812) = FR 1997, 902 m. Anm. Glanegger: Erschließungsbeitrag; v. 16.4.2002 – IX R 53/98, BFH/NV 2002, 1152: Gebäudekosten bei Ersteigerung.
9 BFH v. 27.6.1995 – IX R 130/90, BStBl. II 1996, 215 (216) = FR 1996, 215; v. 8.7.1998 – VIII B 80/97, BFH/NV 1999, 37 f.; v. 10.10.2000 – IX R 86/97, BStBl. II 2001, 183 (184) = FR 2001, 357 zur Einigung der Vertragsparteien; v. 27.7.2004 – IX R 54/02, BStBl. II 2006, 9 = FR 2006, 135 zur Aufteilung bei gemischter Schenkung; v. 11.2.2003 – IX R 13/00, BFH/NV 2003, 769 zum Sachwertverfahren bei Mietwohngrundstücken im PV; v. 16.9.2015 – IX R 12/14, BStBl. II 2016, 397 = FR 2016, 22: zur grundsätzlichen Maßgeblichkeit der vertraglichen Kaufpreisaufteilung.
10 BFH v. 15.1.1985 – IX R 81/83, BStBl. II 1985, 252 (254) = FR 1985, 387; v. 27.6.1995 – IX R 130/90, BStBl. II 1996, 215 (216) = FR 1996, 215; v. 10.10.2000 – IX R 86/97, BStBl. II 2001, 183 (184) = FR 2001, 357; v. 31.7.2001 – IX R 15/98, BFH/NV 2002, 324; FG Düss. v. 9.5.2000 – 6 K 2028/96 K, G, EFG 2000, 1177 zur Aufteilung eines Gesamtkaufpreises.
11 BFH v. 9.8.1983 – VIII R 177/80, BStBl. II 1983, 759 (760) = FR 1984, 47: Gebäude-AfA nach Entnahme; v. 17.3.1988 – IV R 82/87, BStBl. II 1988, 770 = FR 1988, 509: Übergang v. § 13a zu § 4 Abs. 1; v. 14.2.1989 – IX R 109/84, BStBl. II 1989, 922 (924 f.) = FR 1989, 528: Umwidmung v. WG; v. 29.4.1992 – XI R 5/90, BStBl. II 1992, 969 (970) = FR 1992, 580 m. Anm. *Kanzler*: Gebäudeentnahme bei BetrAufg.; v. 26.11.1993 – III R 58/89, BStBl. II 1994, 293 (295) = FR 1994, 187: Einlage Bodenschatz; v. 3.5.1994 – IX R 59/92, BStBl. II 1994, 749 (750) = FR 1994, 602: Wohnungsentnahme iRd. § 52 Abs. 15 S. 7; v. 10.5.1995 – IX R 68/93, BFH/NV 1995, 1056 (1057): Gebäudeentnahme nach BetrAufg.; v. 14.12.1999 – IX R 62/96, BStBl. II 2000, 656 = FR 2000, 517: Übernahme ins PV nach BetrAufg.; FG Berlin v. 26.11.2002 – 5 K 5356/00, EFG 2003, 684: AfA bei Rückübertragung v. Grundstücken nach dem VermG; teilw. **abw.** Berechnung der AfA-Bemessungsgrundlage: BMF v. 30.10.1992, BStBl. I 1992, 651, sowie R 7.3 Abs. 6 und 7.4 Abs. 10 EStR und H 7.4 „AfA-Volumen“ EStH.

StPfl. ein WG v. einem Betrieb in einen anderen Betrieb oder Betriebsteil, liegt zwar regelmäßig keine Entnahme vor; allerdings konnte der StPfl. nach Auffassung der FinVerw. den Vorgang, sofern die Überführung vor dem 1.1.1999 stattfand, wie eine Entnahme behandeln und auf diese Weise die AfA-Bemessungsgrundlage erhöhen.[1]

44 **2. Änderung der Bemessungsgrundlage.** Nachträgliche AK/HK betreffen Aufwendungen nach Anschaffung oder Herstellung des WG, die nach allg. Grundsätzen (§ 6 Rn. 37, 52 f.) nicht als Erhaltungsaufwand sogleich in vollem Umfang absetzbar sind, vgl. auch § 6 Abs. 1 Nr. 1a; die im Einzelfall erforderliche Zuordnung (Rn. 42) kann auch bei den nachträglich angefallenen Kosten notwendig werden.[2] Gewinnen die nachträglichen Aufwendungen einen Umfang, dass sie zu einem neuen WG geführt haben, sind die genannten nachträglichen Kosten in der Weise zu berücksichtigen, dass sie im Regelfall den letzten Buchwert erhöhen.[3] Soweit die nachträglichen HK nicht zum Entstehen eines anderen WG führen, bilden diese Kosten zusammen mit dem letzten Buchwert den sog. Restwert, der auf die neu zu ermittelnde (geschätzte) Restnutzungsdauer zu verteilen ist.[4]

45 Die **nachträgliche Reduzierung** der AK mindert die Höhe der Bemessungsgrundlage. Dies gilt insbes. für nachträglich vereinnahmte Investitionszuschüsse (Rn. 40 aE, 41). Derartige nachträgliche Minderungen wirken iRd. Abs. 4 allerdings nur für die Zukunft.[5]

46 Im Anschluss an eine **Teilwertabschreibung** (Rn. 33) hat der StPfl. bei beweglichen WG die AfA vom Restwert in der Weise vorzunehmen, dass er den reduzierten Buchwert auf die Restnutzungsdauer verteilt. Nach einer Teilwertabschreibung bei Gebäuden ist dagegen die ursprüngliche Bemessungsgrundlage zu reduzieren, wobei der bisherige AfA-Satz beibehalten wird, § 11c Abs. 2 S. 2 EStDV.

47 **IV. Berechnung der linearen Absetzung (Abs. 1 S. 1).** Die verbreitete AfA in gleichen Jahresbeträgen findet **Anwendung** bei allen beweglichen, immateriellen und unbeweglichen WG, soweit es sich nicht um Gebäude oder Gebäudeteile, Abs. 4–5a, handelt.

48 Bei der AfA in gleichmäßigen Jahresbeträgen berücksichtigt der StPfl. eine der Höhe nach **stets gleich bleibende AfA-Quote**. Dies gilt unabhängig davon, ob er rechnerisch einen einheitlichen AfA-Satz auf die Bemessungsgrundlage oder einen steigenden AfA-Satz auf den jeweiligen Buchwert anwendet.

49 **V. Betriebsgewöhnliche Nutzungsdauer (Abs. 1 S. 2, 3, 4). 1. Regelfall (Abs. 1 S. 2).** Die betriebsgewöhnliche Nutzungsdauer bestimmt sich im Grundsatz nach dem Zeitraum, in dem das WG unter Beachtung der jeweiligen betrieblichen Verhältnisse eingesetzt wird.[6] Dabei führt die Einzelbewertung der selbständigen (sei es auch zusammengesetzten) WG zu einer einheitlichen Nutzungsdauer.[7] Die voraussichtliche Nutzungsdauer eines WG ist abgesehen v. Abs. 1 S. 3 regelmäßig nur im Wege der Schätzung zu ermitteln; dabei kommt der mit den eigenbetrieblichen Daten oder Branchenkenntnis unterlegten Beurteilung des StPfl. besondere Bedeutung zu. Maßgeblich für die **voraussichtliche Einsatzdauer** ist die objektive Nutzbarkeit unter Berücksichtigung der besonderen betriebstypischen Beanspruchung.[8] Hat der StPfl. ein WG in gebrauchtem Zustand erworben, richtet sich die maßgebliche Restnutzungsdauer nach dem Zustand des WG bei dem Erwerb und der beabsichtigten betrieblichen Nutzung.[9] Bei Überschusseinkünften umfasst die betriebsgewöhnliche Nutzungsdauer auch den Zeitraum, in dem der StPfl. das WG nicht (beruflich) nutzt.[10] Die zu Beginn des Einsatzes nach objektiven Kriterien zu bestimmende Nutzungsdauer ist unabhängig v. einer drohenden Enteignung,[11] Erwerb in Abbruchabsicht,[12] Bauauflagen,[13] Zerstörung

---

1 R 14 Abs. 2 S. 3 EStR 1998.
2 BFH v. 27.1.1994 – IV R 104/92, BStBl. II 1994, 512 (513 f.) = FR 1994, 462; v. 16.1.2007 – IX R 39/05, BFH/NV 2007, 1475 (1476) zu § 255 Abs. 2 HGB.
3 Ausf. mit Beispielen und Vereinfachungsregeln: R 7.3 Abs. 5 EStR und H 7.3 „Nachträgliche AK/HK" EStH.
4 R 7.4 Abs. 9 EStR; H 7.3 „Nachträgliche AK/HK" und H 7.4 „AfA-Volumen" (Beispiele 1–3) EStH.
5 FG München v. 7.10.2004 – 5 K 4148/02, EFG 2005, 167 mwN.
6 BFH v. 17.4.2001 – VI B 306/00, BFH/NV 2001, 1255: Restnutzungsdauer bei gebrauchtem WG.
7 BFH v. 14.4.2011 – IV R 46/09, BStBl. II 2011, 696 = FR 2011, 662 (699) m. Anm. *Briesemeister/Joisten/Vossel*.
8 BFH v. 14.4.2011 – IV R 8/10, BStBl. II 2011, 709 (713) = FR 2011, 667; v. 1.3.2002 – VI R 141/00, BFH/NV 2002, 787 (788): alte Meistergeige 100 Jahre, neue Meistergeige 50 Jahre; v. 29.3.2005 – IX B 174/03, BStBl. II 2006, 368 = FR 2006, 511: beruflich eingesetzter Pkw 8 Jahre; v. 16.10.2008 – IV R 1/06, BStBl. II 2010, 28 (31): Nutzungsdauer eines Zuckerrübenlieferrechts („15 Jahre nicht zu niedrig"), weiter gehend nun BFH v. 17.3.2010 – IV R 3/08, BStBl. II 2014, 512 (513): „10 Jahre nicht zu beanstanden".
9 BFH v. 14.4.2011 – IV R 8/10, BStBl. II 2011, 709 (713) = FR 2011, 667.
10 BFH v. 26.7.1991 – VI R 82/89, BStBl. II 1992, 1000 (1002) = FR 1992, 45.
11 FG BaWü. v. 5.7.1994 – 4 K 115/92, EFG 1994, 1040.
12 BFH v. 15.12.1981 – VIII R 116/79, BStBl. II 1982, 385 (386) = FR 1982, 252.
13 BFH v. 8.7.1980 – VIII R 176/78, BStBl. II 1980, 743 (744) = FR 1980, 597.

oder Wiederveräußerung vor vollständiger Abnutzung.[1] Für eine vom Regelfall abw. kürzere Restnutzungsdauer ist der StPfl. darlegungspflichtig.[2]

Die Nutzungsdauer wird vorrangig (Rn. 51 f.) durch den **technischen Verbrauch** begrenzt, der den materiellen Verschleiß eines WG durch Gebrauch betrifft.[3] Abnutzung, Materialermüdung uä begrenzen die (betriebs-) individuelle Nutzung in zeitlicher Hinsicht. Im Regelfall bestimmt die technische Abnutzung den Zeitraum der Nutzungsdauer. Hierbei vermag häufig eine Typisierung die Rechtsanwendung zu vereinfachen (**Beispiel** nach BFH v. 29.3.2005 – IX B 174/03, FR 2006, 511 = BFH/NV 2005, 1298 und BFH v. 8.4.2008 – VIII R 64/06, BFH/NV 2008, 1660 (1661): achtjährige Gesamtnutzungsdauer bei Pkw[4]). 50

Unter **wirtschaftlicher** Entwertung (Abnutzung) versteht man die Unrentabilität eines WG, wenn es also unabhängig v. seinem technischen Verschleiß erfahrungsgemäß nur zeitlich beschränkt zum Erzielen v. Einkünften verwendbar ist. Dies setzt voraus, dass der StPfl. das WG auch nicht anderweitig wirtschaftlich sinnvoll nutzen oder verwerten (zB: Verkauf mit im Verhältnis zu den AK hohem Erlös) kann; folglich muss die Möglichkeit einer wirtschaftlich sinnvollen (anderweitigen) Nutzung oder Verwertung endg. entfallen.[5] Ist zwar die ursprüngliche Zweckbestimmung entfallen, verfügt das WG aber wegen seiner Nutzbarkeit für andere noch über einen erheblichen Verkaufswert, so ist es auch für den Unternehmer wirtschaftlich noch nicht verbraucht. Der Zeitraum der rentablen Nutzung kann begrenzt werden zB durch Verschiebungen der Mode, Nachfrage oder Produktionsbedingungen. 51

Als drittes Schätzungskriterium kommt die **rechtl.** Nutzungsbegrenzung in Betracht; hierzu zählen rechtliche Gegebenheiten, die die Nutzungsdauer eines WG begrenzen können. Ist das WG mit einer bestimmten Rechtsposition verknüpft, begrenzt deren zeitlicher Bestand die Nutzungsdauer gem. Abs. 1 S. 2.[6] Wenn hiernach der wirtschaftliche oder technische Verschleiß erst nach Ablauf der rechtl. Nutzungsdauer einträte, ist diese zeitliche Komponente für die Festlegung der Nutzungsdauer bestimmend. Nutzt der StPfl. das WG innerhalb eines Pachtbetriebes, ist trotz längerer technischer Nutzungsmöglichkeit die voraussichtliche Pachtdauer maßgeblich für den Abschreibungszeitraum. 52

Sofern die betriebsgewöhnliche Nutzungsdauer nach den vorgenannten Kriterien (Rn. 50 ff.) unterschiedlich lang ausfällt, kann der StPfl. die für ihn **günstigste Möglichkeit wählen**.[7] Eine Saldierung v. technischer Abnutzung mit wirtschaftlichem Wertzuwachs entfällt aber. 53

2. AfA-Tabellen. Die vom BMF herausgegebenen AfA-Tabellen dienen im Sinne einer grds. zulässigen Typisierung (§ 2 Rn. 11) als Hilfsmittel zur Schätzung der Nutzungsdauer. Trotz der Vermutung der inhaltlichen Richtigkeit binden sie die Gerichte zwar im Regelfall nicht.[8] Gleichwohl berücksichtigen die Gerichte die Tabellen zu Recht unter dem Gesichtspunkt der Selbstbindung der Verwaltung und im Hinblick auf die Gleichmäßigkeit der Besteuerung.[9] Dies gilt nur dann nicht, wenn die Anwendung der AfA-Tabelle insbes. wegen erheblichen technischen Fortschritts zu einer offensichtlich unzutreffenden Besteuerung führt. Soweit allerdings die FinVerw. zu Lasten der StPfl. v. den Vorgaben der AfA-Tabellen abweichen will, muss sie die hierfür sprechenden Gründe zumindest substantiiert vortragen.[10] Auch sonstige Verwal- 54

---

1 BFH v. 26.7.1991 – VI R 82/89, BStBl. II 1992, 1000 (1002) = FR 1992, 45; v. 19.11.1997 – X R 78/94, FR 1998, 359 = BStBl. II 1998, 59 (61).

2 BFH v. 26.1.2001 – VI R 26/98, BStBl. II 2001, 194 (195) = FR 2001, 360.

3 BFH v. 5.6.2008 – IV R 50/07, BStBl. II 2008, 968 (971); v. 14.4.2011 – IV R 8/10, BStBl. II 2011, 709 (713) = FR 2011, 667.

4 Bestätigt durch BFH v. 29.1.2016 – X B 93/15, BFH/NV 2016, 776.

5 BFH v. 19.11.1997 – X R 78/94, FR 1998, 359 = BStBl. II 1998, 59 (61); v. 5.6.2008 – IV R 50/07, BStBl. II 2008, 968 (971); v. 14.4.2011 – IV R 8/10, BStBl. II 2011, 709 (713) = FR 2011, 667.

6 BFH v. 22.6.1967 – IV 172/63, BStBl. II 1968, 5 (7) und v. 15.10.1996 – VIII R 44/94, BStBl. II 1997, 533 = FR 1997, 525: Nutzungsdauer bei Mieterumbau- und -einbau; v. 26.8.1992 – I R 24/91, BStBl. II 1992, 977 (981): Nutzungsdauer bei Abschreibung v. Transferleistungen für Bundesligaspieler; v. 26.11.1996 – IX R 33/94, BFH/NV 1997, 643 (644): Dauer bei (auf Lebenszeit eingeräumtem) Nutzungsrecht; v. 16.10.2008 – IV R 1/06, BStBl. II 2010, 28 (30) und v. 17.3.2010 – IV R 3/08, BFH/NV 2010, 1531 (1532): Dauer von (Zuckerrüben-)Rechten, die auf zeitlich begrenzt wirkenden EU-Verordnungen beruhen.

7 BFH v. 26.7.1991 – VI R 82/89, BStBl. II 1992, 1000 (1002) = FR 1992, 45; v. 19.11.1997 – X R 78/94, FR 1998, 359 = BStBl. II 1998, 59 (61); v. 5.6.2008 – IV R 50/07, BStBl. II 2008, 968 (971).

8 BFH v. 26.7.1991 – VI R 82/89, BStBl. II 1992, 1000 (1003) = FR 1992, 45; für Verbindlichkeit bei Übergang v. § 13a zum Bestandsvergleich: BFH v. 12.12.1985 – IV R 225/83, BStBl. II 1986, 392 (393) = FR 1986, 278 und v. 10.12.1992 – IV R 17/92, BStBl. II 1993, 344 (345) = FR 1993, 400; v. 14.4.2011 – IV R 8/10, BStBl. II 2011, 709 (714) = FR 2011, 667.

9 BFH v. 14.4.2011 – IV R 46/09, BStBl. II 2011, 696 (699) = FR 2011, 662 m. Anm. *Briesemeister/Joisten/Vossel*.

10 FG Köln v. 27.11.2007 – 8 K 3037/06, EFG 2008, 836 (837): 16 Jahre Nutzungsdauer für Windkraftanlage.

tungsäußerungen bieten vergleichbare **Anhaltspunkte** für die betriebsgewöhnliche Nutzungsdauer.[1] Die AfA-Tabelle für allg. verwendbare Anlagegüter, die für alle nach dem 31.12.2000 angeschafften oder hergestellten WG gilt,[2] orientiert sich iRd. Gegenfinanzierung vorrangig an der technischen Nutzungsdauer und verlängert die Abschreibungsfristen zT erheblich. Tatsächlich erscheint aber die Betonung der technischen Nutzungsdauer und das Vernachlässigen der betriebsbezogenen Kriterien nicht zwingend und im Hinblick auf BFH v. 19.11.1997 – X R 78/94, BStBl. II 1998, 59, auch nicht geboten. Allerdings geht auch das BMF zutr. davon aus, dass die AfA-Tabellen lediglich Anhaltspunkte bieten und eine glaubhaft gemachte kürzere Nutzungsdauer den AfA zugrunde zu legen ist. Immerhin bilden die AfA-Tabellen für die FinVerw. bindende Dienstanweisungen.

55 **3. Geschäfts- und Firmenwert (Abs. 1 S. 3).** Nach allg. Grundsätzen (§ 6 Rn. 118f.) versteht man unter dem Geschäfts- oder Firmenwert den über den Substanzwert der einzelnen materiellen und immateriellen WG abzgl. Schulden hinausgehenden Mehrwert. Nicht zum eigentlichen Geschäftswert gehören die lediglich geschäftswert- oder firmenwertähnlichen WG, die nur in eingeschränktem Umfang nach § 7 Abs. 1 abschreibbar sind (Rn. 35).[3] Im Rahmen der **§§ 13 und 15** bestimmt das G für die (estl.) immateriellen WG Firmen- und Geschäftswert typisierend eine Nutzungsdauer v. 15 Jahren. Dementspr. ist auch der Geschäftswert einer überwiegend gewerblich geprägten Grundstücksverwaltungs-KG nach § 7 Abs. 1 S. 3 abzuschreiben, sofern die in dem 15-Jahreszeitraum enthaltene Typisierung (§ 2 Rn. 11) nicht zu einer offensichtlich unzutr. Besteuerung führt.[4] Allerdings entfallen abschreibungsfähige AK für einen erworbenen Geschäftswert, sofern der Käufer eines lebenden Unternehmens dieses nach Erwerb sofort stilllegen will.[5]

56 Demgegenüber hat die Rspr. aufgrund des persönlichen Vertrauensverhältnisses zum Praxisinhaber vom Geschäftswert (Rn. 55) den **Praxiswert** (§ 6 Rn. 118f.) **freier Berufe**, § 18, unterschieden und diesen schon in der Vergangenheit im Hinblick auf § 6 Abs. 1 Nr. 2 S. 1 als grds. abschreibungsfähiges WG angesehen; typisierend ist die Nutzungsdauer auf 3–5 oder 6–10 Jahre zu schätzen.[6] § 7 Abs. 1 S. 3 ist auf den Praxiswert nicht anzuwenden. Dies gilt auch für die Fälle, in denen der Praxiswert sich im Zuge v. Übertragungen in einen Geschäftswert wandelt.[7]

57 Bei **sonstigen immateriellen WG** richtet sich die AfA-Ermittlung nach allg. Grundsätzen. Maßgeblich ist der Zeitraum, in dem der StPfl. das WG voraussichtlich zur Einkünfteerzielung einsetzen wird, innerhalb dessen sich also der mit dem WG verbundene Vorteil verflüchtigt.[8] In vergleichbarer Weise ist das sog. Vertreterrecht eines Handelsvertreters nicht nach Abs. 1 S. 3, sondern nach den individuellen Verhältnissen abzuschreiben.[9] Handelsvertreter und in vergleichbarer Weise Tätige können also die entgeltlich erworbenen „Vertreterrechte", also die Kosten für die dem Vorgänger-Vertreter zustehenden Ausgleichsansprüche, planmäßig deutlich schneller abschreiben als den Geschäfts- oder Firmenwert iSd. Abs. 1 S. 3.

58 **4. Monatsabrechnung (Abs. 1 S. 4).** Die durch das HBeglG 2004 eingeführte, alle nach dem 31.12.2003 angeschaffte oder hergestellte WG betreffende Regelung verlangt eine monatsgenaue Abrechnung. StPfl. können für diese WG nur noch den Monat der Anschaffung oder Herstellung sowie die nachfolgenden verbleibenden Monate des Wj. bei der linearen oder degressiven AfA berücksichtigen. Die Regelung gilt auch für bewegliche WG des AV gem. Abs. 2, vgl. Abs. 2 S. 3, nicht aber für degressiv abzuschreibende Mietwohnneubauten gem. Abs. 5, vgl. Abs. 5 S. 3.

59 **5. Änderung der Nutzungsdauer.** Stellt sich eine wesentliche Änderung der zunächst angenommenen Nutzungsdauer heraus, sind derartige Änderungen durch **Neufestsetzung der Nutzungsdauer** für die Zukunft zu berücksichtigen.

---

1 BMF v. 30.5.1996, BStBl. I 1996, 643: Nutzungsdauer für Ladeneinbauten, Schaufensteranlagen und Gaststätteneinbauten; H 7.4 „Mietereinbauten" EStH: Nutzungsdauer bei Mietereinbauten unter Hinweis auf BMF v. 15.1.1976, BStBl. I 1976, 66; BMF v. 23.2.2001, BStBl. I 2001, 175: Film- und Fernsehfonds (Medienerlass); OFD Hann. v. 14.1.1998, FR 1998, 288: Nutzungsdauer bei Second-hand-Schiffen.

2 BMF v. 6.12.2001, BStBl. I 2001, 860; hierzu krit.: *Hommel*, BB 2001, 247 (248ff.).

3 BFH v. 4.12.1991 – I R 148/90, BStBl. II 1992, 383 (384) = FR 1992, 330 und v. 22.1.1992 – I R 43/91, BStBl. II 1992, 529 = FR 1992, 477: Güterfernverkehrsgenehmigung, allerdings kommt ggf. Teilwertabschreibung (Rn. 33) in Betracht; BFH v. 28.5.1998 – IV R 48/97, BStBl. II 1998, 775 = FR 1998, 882; BMF v. 12.3.1996, BStBl. I 1996, 372.

4 BFH v. 28.9.1993 – VIII R 67/92, BStBl. II 1994, 449 (450) = FR 1994, 394.

5 BFH v. 25.1.1979 – IV R 21/75, BStBl. II 1979, 369 (370).

6 BFH v. 28.9.1993 – VIII R 67/92, BStBl. II 1994, 449 (450) = FR 1994, 394 zum derivativ erworbenen Einzelpraxiswert; v. 24.2.1994 – IV R 33/93, BStBl. II 1994, 590 (591) = FR 1994, 566 zum derivativ erworbenen Sozietätspraxiswert.

7 BFH v. 30.3.1994 – I R 52/93, BStBl. II 1994, 903 (905f.) = FR 1994, 684 m. Anm. *Kempermann*; v. 15.5.1997 – IV R 33/95, BFH/NV 1997, 751 (753); v. 13.3.1991 – I R 83/89, BStBl. II 1991, 595 (596) = FR 1991, 358: kein Praxiswert bei Buchstelle einer Handwerksinnung.

8 FG Düss. v. 9.5.2000 – 6 K 2028/96 K, G, EFG 2000, 1177: Nutzungsdauer Warenzeichen.

9 BFH v. 12.7.2007 – X R 5/05, BStBl. II 2007, 959 (961) = FR 2008, 31 mwN.

Schätzungsfehler im Bezug auf die Nutzungsdauer werden, soweit möglich (Rn. 25), in der Weise berechtigt, dass nach Erkennen des Fehlers die geänderte Nutzungsdauer zugrunde zu legen ist. 60

VI. AfA-Bemessungsgrundlage nach Einlage (Abs. 1 S. 5). Hat ein StPfl. ein WG zunächst iRd. Einkünfte gem. § 2 Abs. 1 S. 1 Nr. 4–7 eingesetzt (Beispiele: Arbeitsmittel iRd. § 19, Gebäude iRd. § 21), konnte er die diesbezüglichen Abschreibungen bereits innerhalb der jeweiligen Überschuss-Einkunftsart geltend machen. Bei einer späteren Einlage dieses WG in ein BV ist weiterhin als Einlagewert im Grundsatz der TW zu berücksichtigen, § 6 Abs. 1 Nr. 5. Da somit die mehrfache Abschreibung v. lediglich einmal aufgewendeten AK oder HK desselben StPfl. droht, soll mit der Vorschrift, die die bisherige Nutzung des WG zur Erzielung von Überschusseinkünften voraussetzt,[1] primär eine doppelte AfA vermieden werden. Da die Regelung über den Einlagewert jedoch unberührt bleibt, ist sichergestellt, dass die zuvor im PV gebildeten stillen Reserven unbesteuert bleiben. Die geltende Fassung des Abs. 1 S. 5 geht auf das JStG 2010[2] zurück und betrifft Einlagen, die ab dem 1.1.2011 vorgenommen wurden.[3] 61

Abs. 1 S. 5 lässt den Einlagewert iSv. § 6 Abs. 1 Nr. 5 S. 1 HS 1 unberührt, lediglich die Bemessungsgrundlage der AfA ist nach Maßgabe des Abs. 1 S. 5 zu kürzen (Rn. 61).[4] Die Vorschrift zielt demnach ungeachtet der „technischen" Umsetzung vorrangig auf ein Begrenzen des AfA-Volumens. Nach einer Einlage bemisst sich demnach (nur) die AfA-Bemessungsgrundlage nach dem Einlagewert abzüglich der vor der Einlage bereits berücksichtigten AfA; insoweit handelt es sich nicht um die historischen (fortgeführten) AK oder HK. Wegen einzelner Fallgruppen ist auf das einschlägige BMF-Schreiben zu verweisen, das die einzelnen Fallgruppen gegenüberstellt.[5] Bei Einlagen innerhalb des Drei-Jahreszeitraums gem § 6 Abs. 1 Nr. 5 S. 1 HS 2 lit. a iVm. S. 2 bildet der hiernach zu ermittelnde Einlagewert auch die AfA-Bemessungsgrundlage. Ist der Einlagewert – außerhalb der Regelung des § 6 Abs. 1 Nr. 5 S. 1 HS 2 lit. a – größer als die historischen AK/HK, bemisst sich die AfA um den durch AfA ua. geminderten Einlagewert. Ist der Einlagewert des WG geringer als die historischen oder fortgeführten AK/HK, bemisst sich die AfA nach den fortgeführten AK/HK bzw. nach dem ungeminderten Einlagewert.[6] Allerdings ist im Einzelfall zu prüfen, ob überhaupt eine Einlage vorliegt, die erst die Beschränkung des Abs. 1 S. 5 eröffnet, oder nicht etwa eine sonstige Einbringung.[7] Die vorstehend dargestellten Grundsätze gelten aber nicht nur für den Fall der Gesamtrechtsnachfolge; gleichermaßen richtet sich die AfA nach den Einlagegrundsätzen iSd. § 7 Abs. 1 S. 5 bei einer unentgeltlichen Einzelrechtsnachfolge im Rahmen einer Erbauseinandersetzung.[8] 62

VII. Leistungs-AfA (Abs. 1 S. 6). Die leistungsbezogene AfA kommt bei nur bei solchen beweglichen WG des Anlagevermögens in Betracht, bei denen diese Abschreibungsmethode **wirtschaftlich begründet** ist. Dies ist der Fall, wenn sich der Wertverzehr eines WG in Leistungs- oder Zeiteinheiten ausdrückt, also die tatsächlich eingetretene Abnutzung (Verbrauch) etwa an Hand der geschätzten km- oder Maschinenlaufleistung erfasst werden kann und diese Vorgehensweise sich zB wegen schwankenden betrieblichen Einsatzes in den einzelnen Wj. aufdrängt. Dagegen entfällt Abs. 1 S. 6 bei unbeweglichen oder immateriellen WG. 63

Statt der linearen kann der StPfl. auch iRd. Überschusseinkünfte[9] die Leistungs-AfA geltend machen. Die Ausübung des **Wahlrechts** setzt voraus, dass er den auf das einzelne Jahr entfallenden Leistungsumfang (Anteil an Gesamtleistung) glaubhaft macht.[10] Im Rahmen der Schätzung sind Plausibilitätsdarlegungen ausreichend; zur Missbrauchsvermeidung müssen allerdings insoweit geeignete Unterlagen aus der Buchführung ersichtlich sein. War die Wahl der Leistungs-AfA ursprünglich zulässig, kann ein StPfl. sie auch nach Wegfall der wirtschaftlichen Gründe beibehalten. 64

Die Leistungs-AfA bemisst sich nach der **Anzahl der Leistungseinheiten**, die v. der voraussichtlichen Gesamtzahl der Einheiten in dem betr. Wj. oder Kj. verbraucht werden. 65

VIII. Absetzungen für außergewöhnliche Abnutzung (Abs. 1 S. 7). Während die AfA nach Abs. 1 S. 1 und 2 die gewöhnliche Abnutzung widerspiegelt, setzt der **Begriff der AfaA** voraus, dass ein bestehendes 66

1 BFH v. 9.3.2016 – X R 46/14, BFH/NV 2016, 970.
2 G. v. 8.12.2010, BGBl. I 2010, 1768 (1769); zur Gesetzesbegründung im Einzelnen BT-Drucks. 17/2823, 17.
3 Für Einlagen, die vor diesem Zeitpunkt erfolgt sind, gilt für die Vornahme der weiteren AfA die Altfassung des Abs. 1 S. 5. Diesbezüglich und im Hinblick auf die Rechtsentwicklung bis zum JStG 2010 wird auf die Vorkommentierung in der 14. Aufl. verwiesen.
4 BFH v. 18.8.2009 – X R 40/06, BStBl. II 2010, 961 (963) = FR 2010, 278; v. 17.3.2010 – X R 34/09, BFH/NV 2010, 1625.
5 BMF v. 27.10.2010, BStBl. I 2010, 1204.
6 BMF v. 27.10.2010, BStBl. I 2010, 1204 (1205), Fallgruppe 2 und 3; *Melchior*, DStR 2010, 2481 (2483).
7 BFH v. 24.1.2008 – IV R 37/06, BStBl. II 2011, 617 = FR 2008, 912 m. Anm. *Wendt*.
8 BFH v. 17.3.2010 – X R 34/09, BFH/NV 2010, 1625 (1626).
9 Nachweis der hM bei *K/S/M*, § 7 Rn. B 339.
10 Nach R 7.4 Abs. 5 S. 3 EStR ist Nachweis erforderlich.

WG wegen ungewöhnlicher betriebsindividueller Umstände in seiner Nutzungs- oder Funktionsfähigkeit beeinträchtigt ist; betriebsgewöhnliche Vorgänge, mangelnde Ertragsfähigkeit, die wegfallende Nutzung als Arbeitsmittel iSd. § 9 Abs. 1 S. 3 Nr. 6 oder eine Wertminderung allein genügen also nicht.[1] Die durch die außergewöhnliche Abnutzung eingetretene tatsächliche Werteinbuße kann sich auf die Substanz des WG (Substanzeinbuße als technische Abnutzung) wie auch auf die wirtschaftliche Nutzungsfähigkeit (wirtschaftlicher Verbrauch) beziehen. Dabei verlangt die außergewöhnliche Abnutzung das das v. außen kommende Ereignis unmittelbar körperlich auf das betr. WG einwirkt und dieses Einwirken auf das WG im Zusammenhang mit dessen steuerbarer Nutzung steht.[2] Der objektive Zusammenhang, in dem die eingeschränkte Nutzungsmöglichkeit steht, darf dabei aber nicht durch sonstige nicht stpfl. Maßnahmen überlagert werden. Maßgeblich ist der Zustand, in dem sich das WG beim Erwerb befindet. Eine AfaA entfällt also bei v. vornherein bestehender Beschränkung wie auch bei überhöhter Entgeltzahlung. Bei einem nicht abnutzbaren WG wie dem Grund und Boden kann einer möglichen Wertminderung nicht durch eine AfaA Rechnung getragen werden.[3]

67 Hiernach **entfällt** die **AfaA** in folgenden Fällen: während der Herstellung werden unselbständige Teile wieder beseitigt (BFH v. 30.8.1994 – IX R 23/92, BStBl. II 1995, 306 = FR 1995, 541); ein Gebäude wird mangelhaft fertiggestellt, auch wenn der StPfl. die Baumängel erst nach Fertigstellung entdeckt (BFH v. 31.3.1992 – IX R 164/87, BStBl. II 1992, 805 [807] = FR 1992, 717; v. 27.1.1993 – IX R 146/90, BStBl. II 1993, 702 [703] = FR 1993, 603); das Nutzen v. erworbenen Gebäudeteilen als Wohnung nach dem WEG wird untersagt (Einzelfall, vgl. BFH v. 14.1.2004 – IX R 30/02, BStBl. II 2004, 592 = FR 2004, 883); ein eklatanter Mietpreisverfall beruht nicht auf einer Substanzeinwirkung (BFH v. 8.4.2014 – IX R 7/13, BFH/NV 2014, 1202); ein Gebäude wird in Abbruchabsicht erworben (BFH v. 6.12.1995 – X R 116/91, BStBl. II 1996, 358 = FR 1996, 214); das später abgerissene Gebäude wird zuvor nicht zum Erzielen v. Einkünften genutzt (BFH v. 16.4.2002 – IX R 50/00, BStBl. II 2002, 805 = FR 2002, 1073); die Reparatur eines Unfallfahrzeugs wird technisch fehlerfrei ausgeführt, so dass, abgesehen v. einem merkantilen Minderwert, keine Substanzeinbuße verbleibt (BFH v. 31.1.1992 – VI R 57/88, BStBl. II 1992, 401 [402] = FR 1992, 441; v. 27.8.1993 – VI R 7/92, BStBl. II 1994, 235 f. = FR 1994, 189); bei Updating v. Standardsoftware (FG Nds. v. 16.1.2003 – 10 K 82/99, EFG 2003, 601); fehlende Verwendbarkeit eines Bodenschatzes (BFH v. 24.1.2008 – IV R 45/05, FR 2008, 1164 = BFH/NV 2008, 1229 [1232]); allgemeine marktbedingte Beeinträchtigung der Nutzungsmöglichkeit eines Gebäudes (BFH v. 8.4.2014 – IX R 7/13, BFH/NV 2014, 1202 [1203]). Dagegen wird die **AfaA** für **zulässig** erachtet bei Abbruch aus betrieblichen Gründen kurz nach Gebäudeerrichtung;[4] bei erhöhtem Substanzverzehr;[5] bei Verteuerung der Herstellung wegen vollständiger Umplanung[6] oder Bauunternehmerkonkurses;[7] bei Erwerb eines Gebäudes ohne Abbruchabsicht, sofern im Zeitpunkt des Erwerbs das Gebäude technisch oder wirtschaftlich noch nicht verbraucht war;[8] bei Erwerb eines Gebäudes in der Absicht, nur einen Teil abzureißen;[9] bei beruflich veranlasstem Unfall eines im PV gehaltenen Kfz., ohne dass der Schaden repariert wird;[10] bei Diebstahl oder Unterschlagung eines Arbeitsmittels;[11] bei fehlender Nutzbarkeit eines nach den Bedürfnissen des Mieters ausgerichteten Gebäudes im Anschluss an die Kündigung des Mietverhältnisses (tatsächlichen Einzelumstände maßgeblich).[12]

---

1 BFH v. 8.7.1980 – VIII R 176/78, BStBl. II 1980, 743 (744) = FR 1980, 597 und v. 27.1.1993 – IX R 146/90, BStBl. II 1993, 702 (704) = FR 1993, 603: verringerte Ertragsfähigkeit bei Mietimmobilie; v. 30.8.1994 – IX R 23/92, BStBl. II 1995, 306 (309) = FR 1995, 541: überhöhte Baukosten; FG München v. 16.5.2002 – 11 K 679/02, EFG 2002, 1159 und v. 21.1.2016 – 10 K 965/15, nv., zu nachträglich entfallenden oder eingeschränkten Nutzungsmöglichkeiten.

2 BFH v. 14.1.2004 – IX R 30/02, FR 2004, 883 = BStBl. II 2004, 592 (593); v. 17.9.2008 – IX R 64/07, BStBl. II 2009, 301 (302) = FR 2009, 622; v. 24.1.2008 – IV R 45/05, BStBl. II 2009, 449 (453) = FR 2008, 1164; v. 8.4.2014 – IX R 7/13, BFH/NV 2014, 1202 (1203).

3 BFH v. 16.10.1997 – IV R 5/97, BStBl. II 1998, 185 = FR 1998, 364; offenlassend BFH v. 10.5.2016 – IX R 33/14, BFH/NV 2016, 1446: jedenfalls keine AfaA auf den Grund und Boden bei bloß schlechter Vermietbarkeit des aufstehenden Gebäudes.

4 BFH v. 28.3.1973 – I R 115/71, BStBl. II 1973, 678.

5 BFH v. 5.7.1963 – VI 333/61 U, BStBl. III 1963, 492 (versteckte Gebäudemängel); v. 29.4.1983 – VI R 139/80, BStBl. II 1983, 586 = FR 1983, 437 (Sachbeschädigung bei Diebstahl).

6 BFH v. 11.3.1976 – IV R 176/72, BStBl. II 1976, 614.

7 BFH v. 24.3.1987 – IX R 31/84, BStBl. II 1987, 695 = FR 1987, 532.

8 BFH v. 12.6.1978 – GrS 1/77, BStBl. II 1978, 620 (624); v. 4.2.2004 – X R 24/02, BFH/NV 2004, 787.

9 BFH v. 15.10.1996 – IX R 2/93, BStBl. II 1997, 325 (326) = FR 1997, 377.

10 BFH v. 24.11.1994 – IV R 25/94, BStBl. II 1995, 318 (319) = FR 1995, 341; v. 13.3.1998 – VI R 27/97, BStBl. II 1998, 443 = FR 1998, 737: AfaA im VZ des Schadenseintritts; FG Hess. v. 9.5.2000 – 9 K 438/99, EFG 2000, 1377: Unfall bei gebraucht gekauftem Pkw.

11 BFH v. 9.12.2003 – VI R 185/97, BStBl. II 2004, 491 (492) = FR 2004, 655.

12 BFH v. 17.9.2008 – IX R 64/07, FR 2009, 622 = BFH/NV 2009, 442.

Die **Höhe der AfaA** bemisst sich ausgehend v. den um die AfA gekürzten AK/HK nach der Werteinbuße; entscheidend ist also das Verhältnis zw. dem – ggf. fiktiven – Buchwert und dem Wert (Restbuchwert) nach Eintritt des Ereignisses (= tatsächliche Substanzeinbuße). Für ein bereits abgeschriebenes WG entfällt folglich eine AfaA.[1] Hat der StPfl. allerdings die Substanzeinbuße durch Reparaturmaßnahmen behoben, verneint der BFH AfaA; verbleibt lediglich ein merkantiler Minderwert, soll Abs. 1 S. 7 entfallen.[2] 68

Im Hinblick auf den Gesetzeswortlaut („zulässig") hat der StPfl. regelmäßig ein **Wahlrecht**, die AfaA vorzunehmen; lediglich wenn das WG aus dem BV ausscheidet, soll eine Pflicht zur AfaA bestehen.[3] Der Abzug ist grds. in dem VZ vorzunehmen, in dem der Schaden eingetreten ist, spätestens im VZ der Schadensentdeckung.[4] Dabei verbietet sich eine Verrechnung der AfaA mit bereits zugeflossenen oder noch zu erwartenden Versicherungsentschädigungen.[5] 69

Eine Zuschreibung (**Wertaufholung**) haben nach **Abs. 1 S. 7 HS 2**[6] (nur) StPfl., die ihren Gewinn nach § 4 Abs. 1 oder § 5 ermitteln, vorzunehmen; die Zuschreibung spiegelt den Wegfall der ursprünglich zutr. in Anspr. genommenen AfaA wider. Die Zuschreibung entfällt allerdings – im Unterschied zur Teilwertabschreibung – bei bloßer Werterholung ohne Wegfall des Grundes. Für die mit der Wertaufholung verbundene Gewinnerhöhung, die zugleich die AfA-Bemessungsgrundlage erhöht, ist das FA darlegungspflichtig. 70

C. Degressive Absetzung (Abs. 2)

I. Anwendungsbereich (Abs. 2 S. 1). Durch G v. 14.8.2007[7] sind die Abs. 2 und 3 aF zunächst ersatzlos aufgehoben worden. Bereits im Jahr 2008 hat der Gesetzgeber (Rn. 6) allerdings die Vorschriften wieder eingefügt und für den **befristeten Zeitraum** (1.1.2009 bis 31.12.2010) die degressive AfA (maximal 25 %) in modifizierter Form erneut zugelassen.[8] 71

Das wirtschaftspolitisch begründete Wahlrecht (Rn. 3) der geometrisch-degressiven AfA geht v. fallenden Jahresbeträgen aus. Diese Abschreibungsform ist lediglich bei **beweglichen WG** zulässig, Abs. 2 S. 1, und zwar unabhängig davon, ob es sich um ein neues oder gebrauchtes WG handelt. Nach allg. Grundsätzen[9] kann daher ein StPfl. bei Betriebsvorrichtungen oder Scheinbestandteilungen gem. Abs. 2 vorgehen. Das Wahlrecht entfällt bei immateriellen WG[10] oder unselbständigen (Gebäude-)Bestandteilen. Begünstigt sind allerdings lediglich solche WG, die der StPfl. nach dem 31.12.2008 und vor dem 1.1.2011 angeschafft oder hergestellt hat. Mithin gewinnt der Verlauf des betr. Wj. in diesem Zusammenhang keine Bedeutung. Die Begriffe der Anschaffung und Herstellung richten sich nach allg. Grundsätzen, § 9a EStDV. 72

Nachdem das G die degressive AfA nur bei **WG des Anlagevermögens** zulässt, wird nach zutr. Ansicht unabhängig v. der Gewinnermittlungsart, § 4 Abs. 1 oder 3, die degressive AfA auf die Gewinneinkünfte, § 2 Abs. 2 S. 1 Nr. 1, beschränkt. Dagegen entfällt § 7 Abs. 2 bei den Überschusseinkünften, § 2 Abs. 2 S. 1 Nr. 2. Weiterhin kommt die degressive AfA nur in Betracht, wenn der bilanzierende StPfl., sofern er eine HB erstellt, in dieser Bilanz ebenfalls – ggf. im Wege der Bilanzänderung – fallende Jahresbeträge berücksichtigt.[11] 73

II. Ermittlung der Absetzung für Abnutzung (Abs. 2 S. 2). Die Buchwertabsetzung erfolgt durch Anwendung eines **unveränderlichen Hundertsatzes** auf den jeweiligen Restwert. Die Höhe dieses Satzes ist in zweifacher Weise beschränkt. Erstens bezieht sich die Höchstgrenze auf das 2 ½fache des Satzes bei der linearen AfA und zweitens dürfen 25 % der Bemessungsgrundlage nicht überschritten werden. 74

Die betriebsgewöhnliche **Nutzungsdauer** bestimmt sich nach allg. Grundsätzen (Rn. 49). Allerdings kann der Restwert erst im Jahr nach Ablauf der betriebsgewöhnlichen Nutzungsdauer ausgebucht werden. 75

1 BFH v. 21.8.2012 – VIII R 33/09, BStBl. II 2013, 171 (172) = FR 2013, 330.
2 BFH v. 27.8.1993 – VI R 7/92, BStBl. II 1994, 235 = FR 1994, 189; v. 24.11.1994 – IV R 25/94, BStBl. II 1995, 318 (319) = FR 1995, 341; **aA** *K/S/M*, § 7 Rn. B 395; diff. *K/S/M*, § 21 Rn. B 549 mwN.
3 BFH v. 7.5.1969 – I R 47/67, BStBl. II 1969, 464 (465); *K/S/M*, § 7 Rn. B 423 mwN.
4 BFH v. 1.12.1992 – IX R 189/85, BStBl. II 1994, 11 = FR 1993, 503; v. 1.12.1992 – IX R 333/87, BStBl. II 1994, 12 (13) = FR 1993, 503 m. Anm. *Drenseck*.
5 BFH v. 1.12.1992 – IX R 189/85, BStBl. II 1994, 11 = FR 1993, 503; v. 13.3.1998 – VI R 27/97, BStBl. II 1998, 443 = FR 1998, 737.
6 Eingeführt durch das StEntlG 1999/2000/2002 v. 24.3.1999, BGBl. I 1999, 402, für alle Werterholungen nach dem Stichtag; **aA** OFD Ffm. v. 9.7.2001, DStR 2001, 1934 (Zuschreibung auch früherer Wertminderung).
7 BGBl. I 2007, 1912 (1914).
8 G. v. 21.12.2008, BGBl. I 2008, 2896.
9 BFH v. 21.12.1988 – IV R 116/86, BStBl. II 1988, 628 (629).
10 BFH v. 22.5.1979 – III R 129/74, BStBl. II 1979, 634 (635).
11 BFH v. 24.1.1990 – I R 17/89, BStBl. II 1990, 681 (683).

76 **III. Verweise (Abs. 2 S. 3).** Der Hinweis auf **Abs. 1 S. 4** stellt klar, dass die in dieser Regelung vorgesehene Monatsabrechnung (Rn. 58) auch für die degressive AfA gem. Abs. 2 gilt. Der Verweis auf **§ 7a Abs. 8** enthält buchmäßige Anforderungen, um die Wertentwicklung eines WG sicher nachvollziehen zu können. Erforderlich sind die betr. Angaben in einem lfd. Verzeichnis, sofern nicht die Buchführung einen entspr. Nachweis enthält.

77 **IV. Ausschluss der Absetzung für außergewöhnliche Abnutzung (Abs. 2 S. 4).** Bei degressiver AfA ist die AfaA, Abs. 1 S. 6, im Unterschied zur Teilwertabschreibung nicht zulässig. Ggf. ist zu erwägen, gem. Abs. 3 S. 1 v. der degressiven zur linearen AfA zu **wechseln** und dann die AfaA zu wählen.

D. Wechsel zwischen linearer und degressiver Absetzung (Abs. 3)

78 Ausweislich Abs. 3 S. 1 und 3 ist bei beweglichen WG des Anlagevermögens allein der Wechsel v. der degressiven zur linearen AfA gem. Abs. 1 S. 1 **zulässig** (voraussetzungsloses Wahlrecht für jedes einzelne WG). Dagegen ist der umgekehrte Übergang ebenso ausgeschlossen wie ein Wechsel zur Leistungs-AfA, Abs. 1 S. 6.

79 Wechsel der StPfl. zur linearen AfA, ist der **neue Absetzungsbetrag** zu ermitteln. Als insoweit maßgeblicher Zeitpunkt des Übergangs ist der Beginn des Kj. anzusehen, indem die AfA sich erstmals nach Abs. 1 richten soll. Der bei dem Übergang noch vorhandene Buchwert (Restwert) sowie die ggf. im Schätzungswege zu ermittelnde Restnutzungsdauer des WG dienen als Grundlage für den zukünftigen Absetzungsbetrag.

E. Lineare Absetzung bei Gebäuden (Abs. 4)

80 **I. Gebäude iSd. Abs. 4.** Abs. 4 bestimmt als Regelfall (Ausnahme: Wahl der degressiven AfA, Abs. 5, Rn. 94) für Gebäude eine lineare AfA, die weitgehend typisierend den Absetzungen nach Abs. 1 vorgeht. Dabei unterscheidet **S. 1** zw. (**Nr. 1**) Wirtschaftsgebäuden im BV, die nicht Wohnzwecken dienen und für die der Bauantrag nach dem 31.3.1985 gestellt worden ist, und sonstigen Betriebs- oder Wohngebäuden, die (**Nr. 2 lit. b**) vor oder (**Nr. 2 lit. a**) nach dem 31.12.1924 fertiggestellt worden sind.

81 Der **Gebäudebegriff** geht zunächst v. bewertungsrechtl. Gesichtspunkten aus. Abgesehen v. den Gebäudeteilen gem. Abs. 5a (Rn. 106) zählen hierzu alle Bauwerke auf eigenem oder fremdem Grund und Boden, die nach der Verkehrsauffassung durch räumliche Umschließung Menschen oder Sachen Schutz gegen äußere Einflüsse bieten, den nicht nur vorübergehenden Aufenthalt v. Menschen gestatten, fest mit dem Grund und Boden verbunden sowie v. einiger Beständigkeit und Standfestigkeit sind.[1] In diesem Sinne bildet etwa eine Eigentumswohnung ein selbständiges WG Gebäude.[2] Im Grundsatz bilden Gebäude lediglich eine Bewertungseinheit, die einheitlich abzuschreiben ist. Nach dem stl. Gebäudebegriff[3] entscheidet aber im Einzelfall (Rn. 37) der (einheitliche) Nutzungs- und Funktionszusammenhang oder etwa die funktionelle Zuordnung als Haupt- und Nebengebäude, ob einzelne Teile des einheitlichen Bauwerks oder Einrichtungen als selbständige Gebäudeteile den beweglichen WG (Beispiele [vgl. § 5 Rn. 60]: Betriebsvorrichtung;[4] Scheinbestandteile;[5] bestimmte Praxis- oder Mietereinbauten[6]), den sonstigen unbeweglichen WG (Beispiele: Schaufensteranlage sowie Laden- und Gaststätteneinrichtung;[7] Außenanlagen und Zufahrten;[8] bestimmte Mietereinbauten;[9] Dachausbau[10]) oder dem Gebäude selbst als unselbständige Gebäude-

1 BFH v. 10.6.1988 – III R 65/84, BStBl. II 1988, 847 = FR 1988, 563: Bürocontainer; v. 23.9.2008 – I R 47/07, FR 2009, 622 = BFH/NV 2009, 443 (444): Musterhaus eines Fertighausherstellers.

2 BFH v. 26.2.2002 – IX R 42/99, BStBl. II 2002, 472 = FR 2002, 940.

3 BFH v. 26.11.1973 – GrS 5/71, BStBl. II 1974, 132 (135); v. 28.6.1983 – VIII R 179/79, BStBl. II 1984, 196 (197 f.) = FR 1984, 118: Doppelgarage bei EFH; v. 15.10.1996 – VIII R 44/94, BStBl. II 1997, 533 f. = FR 1997, 525; FG BaWü. v. 9.8.1995 – 2 K 261/91, EFG 1995, 1008: kein neues WG bei Erweiterungsanbau; FG Nds. v. 21.4.2004 – 4 K 480/98, EFG 2005, 271: nachträglich errichtete Garagen bei Mehrfamilienhaus.

4 BFH v. 26.11.1973 – GrS 5/71, BStBl. II 1974, 132 (136); v. 23.9.2008 – I R 47/07, FR 2009, 622 = BFH/NV 2009, 443 (444); R 7.1 Abs. 3 und H 7.1 „Betriebsvorrichtungen" EStH.

5 BFH v. 30.10.1970 – VI R 88/68, BStBl. II 1971, 95 (96 f.); v. 26.11.1973 – GrS 5/71, BStBl. II 1974, 132 (136); v. 3.8.2016 – IX R 14/15, BStBl. II 2017, 437 Rz. 25: Einbauküche in Mietwohnung; R 7.1 Abs. 4 EStR und H 7.1 „Scheinbestandteile" EStH (insbes. Einbauten).

6 BFH v. 15.10.1996 – VIII R 44/94, BStBl. II 1997, 533 f. = FR 1997, 525; v. 14.2.2007 – XI R 18/06, FR 2007, 845 = BFH/NV 2007, 1241 (1242); H 4.2 Abs. 3 EStH.

7 BFH v. 29.3.1965 – I 411/61 U, BStBl. III 1965, 291 (292); BMF v. 11.6.1996, BStBl. I 1996, 642; R 4.2 Abs. 3 EStR.

8 H 7.1 „Betriebsvorrichtungen" EStH.

9 BFH v. 15.10.1996 – VIII R 44/94, BStBl. II 1997, 533 f. = FR 1997, 525; v. 11.6.1997 – XI R 77/96, BStBl. II 1997, 774 (775) = FR 1997, 766; H 4.2 Abs. 3 EStH.

10 BFH v. 4.5.2004 – XI R 43/01, BFH/NV 2004, 1397 (1398).

bestandteile[1] zugerechnet werden; so ist die zu einem Wohngebäude gehörende Gartenanlage, nicht hingegen die Umzäunung bei einem Mietwohngrundstück, als selbständiges WG v. dem Gebäude zu unterscheiden.[2] Teile eines einzelnen Raumes erfüllen die Voraussetzungen des Gebäudebegriffs nach Abs. 4 nicht. Dagegen ist ein Nutzungsrecht, das durch Baumaßnahmen des Nutzungsberechtigten an einem Gebäude entstanden und wie ein materielles WG mit den HK zu aktivieren ist, wie ein Gebäude zu behandeln.[3] Bei Miteigentumsanteilen an einem Gebäude kann es sich folglich um jeweils selbständige Gebäude (teile) handeln, die auch bei dem Erwerb mehrerer Miteigentumsanteile unterschiedliche WG darstellen.[4] Aus dem Grundsatz der Bewertungseinheit (Rn. 37) folgt des Weiteren, dass auch bei Errichtung eines Gebäudes in Bauabschnitten regelmäßig insoweit keine unterschiedlichen WG entstehen.[5]

Die erforderliche Zugehörigkeit zum **notwendigen** oder **gewillkürten BV** (§ 4 Rn. 36) schließt die degressive AfA objektbezogen bei Gebäuden aus, die sich im PV (§ 4 Rn. 52) des StPfl. befinden. Hat dieser das Gebäude einem Dritten überlassen, ist insoweit etwa die gewerbliche Nutzung seitens des Mieters oder Pächters irrelevant. Erzielt der StPfl. Einkünfte nach § 21, entfällt demnach die Anwendung des § 7 Abs. 5. 82

Ein Gebäude dient keinen fremden oder eigenen **Wohnzwecken**, wenn die nur kurzfristige Nutzung etwa als Ferienwohnung oder Hotelzimmer im Vordergrund steht. Gleiches gilt für Wirtschaftsgebäude, die jedenfalls überwiegend zur Produktion oder sonstigen Zwecken eingesetzt werden und bei denen der Wohncharakter nicht im Vordergrund steht; daher entfällt Abs. 4 S. 1 Nr. 1 etwa bei Werks- oder Hausmeisterwohnungen.[6] Im Einzelfall kann bei einem Gebäude hinsichtlich des Wirtschaftsgebäudeteils die AfA nach Abs. 4 S. 1 Nr. 1 und hinsichtlich des Wohngebäudeteils die AfA nach Abs. 4 S. 1 Nr. 2 in Betracht kommen. 83

Indem Abs. 4 S. 1 Nr. 1 auf den **Bauantrag** abstellt, ist der Tag entscheidend, an dem der förmliche Bauantrag oder bei genehmigungsfreien Bauvorhaben die Bauanzeige bei der Baubehörde eingeht.[7] Bauvoranfrage oder Antrag auf Erlass eines Vorbescheides gewinnen insoweit keine Bedeutung.[8] Hat der Bauherr den Bauantrag nach dem Stichtag gestellt, ist diese Voraussetzung auch für einen späteren Erwerber erfüllt. 84

Als **Bemessungsgrundlage** kommen die ggf. im Wege der Schätzung[9] (Rn. 42) zu ermittelnden AK oder HK (Rn. 40f.) in Betracht. Soweit bestimmte Kosten während der Herstellungsphase nicht als (vorab entstandene) WK gem. § 9 Abs. 1 S. 3 Nr. 7 abziehbar sind, können diese im Einzelfall gem. § 255 Abs. 3 S. 2 HGB in die HK des Gebäudes einzubeziehen sein.[10] Bei (rückübertragenen) Gebäuden im Beitrittsgebiet kann der maßgebliche Zeitwert durch Sachverständigengutachten ermittelt werden;[11] sind die HK nicht konkret feststellbar, erscheint die Berechnung ggf. nach Maßgabe des BMF-Schr. v. 21.7.1994 sachgerecht.[12] Hierbei sind die allg. Grundsätze (§ 6 Rn. 52ff.) zur Berücksichtigung des (sonstigen) nachträglichen Aufwands (Rn. 44) zu beachten, die im Einzelfall zu einer Erhöhung der ursprünglichen, nur im Wege der AfA zu berücksichtigenden Kosten führen können;[13] dies gilt gleichermaßen für Gebäudeerwei- 85

1 BFH v. 26.11.1973 – GrS 5/71, BStBl. II 1974, 132 (135f.): Fahrstuhlanlage, Be- und Entlüftungseinrichtung; v. 2.4.1974 – VIII R 96/69, BStBl. II 1974, 479 (480): Küchenspüle in Appartementhaus; v. 20.3.1975 – IV R 16/72, BStBl. II 1975, 689 (690): Heizungsanlage; v. 9.11.1976 – VIII R 27/75, BStBl. II 1977, 306 (308): Nachrüstung der Heizungsanlage; v. 15.12.1977 – VIII R 121/73, BStBl. II 1978, 210 (211): Umzäunung bei Mietwohngrundstück; v. 12.1.1983 – I R 70/79, BStBl. II 1983, 223 = FR 1983, 256: Personenrolltreppe; v. 28.6.1983 – VIII R 179/79, BStBl. II 1984, 196 = FR 1984, 118: nachträglich errichtete Garage; v. 8.10.1987 – IV R 56/85, BStBl. II 1988, 440 (441) = FR 1988, 77: Kassettendecke; v. 16.2.1993 – IX R 85/88, BStBl. II 1993, 544 = FR 1993, 568 (Alarmanlage).

2 BFH v. 30.1.1996 – IX R 18/91, BStBl. II 1997, 25 (26) = FR 1996, 462.

3 BFH v. 28.3.1995 – IX R 126/89, BStBl. II 1997, 121 (122) = FR 1995, 611.

4 FG Hbg. v. 15.3.2012 – 1 K 248/10 (rkr.), EFG 2012, 1448 (1449).

5 BFH v. 20.2.1975 – IV R 241/69, BStBl. II 1975, 412 (414).

6 R 7.2 Abs. 1–3 EStR; BFH v. 6.3.1992 – III R 84/90, BStBl. II 1992, 1044 (1045): Wohnraumüberlassung bei Seniorenheim; v. 14.10.1993 – V R 36/89, BStBl. II 1994, 427 (428): Wohnraumüberlassung bei Altenheim; v. 30.6.1995 – VI R 39/94, BStBl. II 1995, 598 zum Arbeitszimmer eines ArbN im eigenen Haus; v. 14.3.2000 – IX R 8/97, BStBl. II 2001, 66 = FR 2000, 995: Ferienwohnung.

7 BFH v. 18.4.1990 – III R 12/88, BStBl. II 1990, 754; R 7.2 IV 2 EStR.

8 BFH v. 7.3.1980 – III R 45/78, BStBl. II 1980, 411f.; v. 18.4.1990 – III R 12/88, BStBl. II 1990, 754 (756).

9 BFH v. 12.6.1978 – GrS 1/77, BStBl. II 1978, 620 (625): Bodenanteil bei Gebäude; v. 27.6.1995 – IX R 130/90, BStBl. II 1996, 215 (216) = FR 1996, 215: Bodenanteil bei Eigentumswohnung.

10 BFH v. 23.5.2012 – IX R 2/12, FR 2013, 131 = BFH/NV 2012, 1383: Bauzeitzinsen für das nach Fertigstellung zu vermietende Gebäude.

11 FG Hess. v. 6.12.1995 – 13 K 1243/94, EFG 1996, 556.

12 BMF v. 21.7.1994, BStBl. I 1994, 599; FG Thür. v. 17.9.1997 – III 253/96, EFG 1998, 179.

13 BFH v. 6.7.1972 – VIII R 20/72, BStBl. II 1972, 790 und v. 18.7.1972 – VIII R 43/68, BStBl. II 1972, 931 (932): Kanalanschlusskosten; v. 6.3.1975 – IV R 146/70, BStBl. II 1975, 574 (575f.): Umfang der zu berücksichtigenden Bauplankosten; v. 11.3.1976 – VIII R 212/73, BStBl. II 1976, 449 (450): Ansiedlungsbeiträge; v. 26.4.1977 – VIII R 196/74,

terungen im Wege des Anbaus oder der Aufstockung.[1] Nach Auffassung des BFH sollte auch bei einem teilentgeltlichen Erwerb anschaffungsnaher Aufwand anfallen können,[2] nicht hingegen bei einem in vollem Umfang unentgeltlichen Erwerb.[3] Die geänderte Rspr.[4] zum sog. anschaffungsnahen Aufwand (§ 6 Rn. 59) sowie ab VZ 2004 die Neuregelung in § 6 Abs. 1 Nr. 1a (§ 6 Rn. 60) sind zu beachten. Bei nachträglichen AK oder HK bemisst sich die AfA gem. Abs. 4 S. 1 nach der bisherigen Bemessungsgrundlage (Nr. 1) oder nach dem Buch- oder Restwert (Nr. 2) zzgl. der nachträglich angefallenen Kosten.[5] Nachträgliche HK können allerdings im Einzelfall (§ 6 Rn. 55 ff.) auch zum Entstehen eines neuen WG führen; dies gilt etwa für Instandsetzungsarbeiten nach einem Vollverschleiß oder das Einfügen umfangreicher Neubauteile.[6] Dagegen führen die üblichen Aufwendungen für die Instandsetzung und Modernisierung eines Gebäudes (selbst bei hohem Aufwand etwa wegen Reparaturstaus oder bei fehlender Vermietbarkeit wegen Abnutzung oder Verwahrlosung) idR nicht zu nachträglichen HK;[7] Gleiches gilt für: vergeblichen (Planungs-)Aufwand bei Aufgabe der Einkünfteerzielungsabsicht (Rn. 34 aE); Vorauszahlungen bei einem Bauvorhaben, für die der Bauunternehmer wegen Konkurses keine Bauleistung erbringt;[8] Honorar für nicht erbrachte Architektenleistung bei vorzeitiger Vertragsauflösung.[9] Dient aber der Abriss eines Gebäudes vorrangig dem Errichten eines neuen WG, rechnen die Abrissaufwendungen grds. zu den HK des Neubaus.[10] Zum Erwerb mit der Absicht zum Abbruch vgl. auch Rn. 92 und § 6 Rn. 116 f.

86 Legt der StPfl. ein Gebäude, das er zuvor iRd. Überschusseinkünfte (insbes. § 21) eingesetzt hat, in das BV ein, so hat er seit 1999 die AfA-Bemessungsgrundlage gem. Abs. 1 S. 5 (Rn. 61) zu ermitteln, **Abs. 4 S. 1 HS 2.** Hiernach sind die ursprünglichen AK/HK um die tatsächlich in Anspr. genommenen (Sonder-)Abschreibungen und (erhöhten) Absetzungen zu mindern.

87 Hat der StPfl. keine oder zu geringe AfA vorgenommen, entfällt eine **Nachholung** in der Weise, dass der Buchwert auf die noch verbleibende Restnutzungsdauer (Rn. 26) verteilt wird. Vielmehr wird der Buchwert mit dem bisherigen Vomhundertsatz abgeschrieben, so dass der Abschreibungszeitraum sich verlängert.[11]

88 **II. Typisierte Nutzungsdauer (Abs. 4 S. 1).** Soweit der StPfl. nicht v. seinem Wahlrecht, Abs. 4 S. 2, Gebrauch macht, bemisst sich die AfA nach den festen Abschreibungssätzen, die aus der gesetzlich vermuteten Nutzungsdauer v. 33, 50 oder 40 Jahren folgen, Abs. 4 S. 1, HS 1 Die tatsächliche Nutzungsdauer im

---

BStBl. II 1977, 714 (715): AK bei Erwerb durch Teilungsversteigerung; v. 29.11.1983 – VIII R 173/81, BStBl. II 1984, 306 (307) = FR 1984, 284: Kosten für nicht verwirklichte Baupläne; v. 24.3.1987 – IX R 31/84, BStBl. II 1987, 695 (696 f.) = FR 1987, 532: vergebliche Baukosten wegen Konkurs und für Beweissicherungsverfahren; v. 1.12.1987 – IX R 134/83, BStBl. II 1988, 431 (432 f.) = FR 1988, 307: Beseitigung v. bei der Herstellung eingetretenen Baumängeln; v. 30.7.1991 – IX R 123/90, BStBl. II 1992, 30 (31) = FR 1992, 138 und v. 25.9.2007 – IX R 28/07, BStBl. II 2008, 218 (219) = FR 2008, 372: umfangreiche Instandsetzungsarbeiten; v. 28.11.1991 – XI R 2/87, BStBl. II 1992, 381 (383) = FR 1992, 289: Ablösung eines Wohnrechts; v. 31.3.1992 – IX R 164/87, BStBl. II 1992, 805 (806) = FR 1992, 717: Vorauszahlungen auf später erbrachte (mangelhafte) Bauleistungen; v. 15.12.1992 – IX R 323/87, BStBl. II 1993, 488 (489) = FR 1993, 536: nachträgliche Ablösung dinglicher Belastungen; v. 17.2.1993 – IX R 85/88, BStBl. II 1993, 544 (545) = FR 1993, 568: nachträglicher Einbau einer Alarmanlage; v. 29.6.1993 – IX R 44/89, BFH/NV 1994, 460 (461): Ablösung eines Vorbehaltsnießbrauchs; v. 16.7.1996 – IX R 55/94, BFH/NV 1997, 178 (179): Erschließungsbeitrag nach Straßenausbau; v. 3.7.1997 – III R 114/95, BStBl. II 1997, 811 (812 f.) = FR 1997, 902 m. Anm. *Glanegger*: nachträglich erhobene Erschließungsbeiträge; FG Köln v. 18.6.2002 – 8 K 8182/97, EFG 2002, 1291: Sanierung in Raten. Ausf. zur HK-Problematik bei Gebäudeinstandsetzung und -modernisierung: *Pezzer*, DB 1996, 849; zur Einordnung nachträglicher Erschließungskosten: *Spindler*, DB 1996, 444.

1 BFH v. 9.5.1995 – IX R 88/90, BStBl. II 1996, 628 (629) = FR 1995, 857 und v. 10.5.1995 – IX R 62/94, BStBl. II 1996, 639 (640) = FR 1995, 856; zur Verwaltungsauffassung mit Einzelbeispielen: BMF v. 16.12.1996, BStBl. I 1996, 1442.

2 BFH v. 9.5.1995 – IX R 5/93, BStBl. II 1996, 588 = FR 1995, 821 m. Anm. *Drenseck*; BMF v. 5.11.1996, BStBl. I 1996, 1258: Nichtanwendung; ebenfalls gegen das vorstehende BFH-Urteil: *Drenseck*, FR 1995, 822.

3 BFH v. 28.4.1998 – IX R 66/95, BStBl. II 1998, 515 (517) = FR 1998, 957.

4 BFH v. 12.9.2001 – IX R 39/97, BStBl. II 2003, 569 = FR 2002, 774; vgl. auch: BMF v. 18.7.2003, BStBl. I 2003, 386.

5 BFH v. 20.1.1987 – IX R 103/83, BStBl. II 1987, 491 (492) = FR 1987, 380 zu § 7 Abs. 4 S. 1 Nr. 1; H 7.3 „nachträgliche AK/HK" EStH mit Rspr.-Nachweisen und H 7.4 „AfA-Volumen" EStH.

6 BFH v. 26.1.1978 – V R 137/75, BStBl. II 1978, 280 (282); v. 10.5.1995 – IX R 62/94, BStBl. II 1996, 639 (640) = FR 1995, 856; v. 13.10.1998 – IX R 61/95, BStBl. II 1999, 282 (283) = FR 1999, 460.

7 BFH v. 9.11.1976 – VIII R 28/76, BStBl. II 1977, 279 (280); v. 9.5.1995 – IX R 116/92, BStBl. II 1996, 632 (633 f.) = FR 1995, 741 m. Anm. *Drenseck*; v. 13.10.1998 – IX R 61/95, BStBl. II 1999, 282 (283) = FR 1999, 460; v. 13.10.1998 – IX R 72/95, BFH/NV 1999, 761: trotz sog. Generalüberholung.

8 BFH v. 9.9.1980 – VIII R 44/78, BStBl. II 1981, 418 (419) = FR 1981, 49; v. 4.7.1990 – GrS 1/89, BStBl. II 1990, 830 (835 f.).

9 BFH v. 8.9.1998 – IX R 75/95, BStBl. II 1999, 20 (21).

10 BFH v. 13.12.2005 – IX R 24/03, BStBl. II 2006, 461 (462) = FR 2006, 547.

11 BFH v. 3.7.1984 – IX R 45/84, BStBl. II 1984, 709 (710) = FR 1984, 595.

Erwerbszeitpunkt gewinnt insoweit keine Bedeutung. Die der Gesetzesvereinfachung und der Wohnungspolitik dienende Fiktion mit zumeist subventionsähnlichem Charakter gilt auch dann, wenn bei Nutzungsbeginn mit einer längeren Gesamtnutzungsdauer gerechnet werden kann oder nachträgliche HK anfallen.[1] Dabei ist gem. Abs. 4 S. 1 HS 2 die in Abs. 1 S. 5 vorgesehene Kürzung der „AK/HK" iSd. § 7 Abs. 1 S. 5 (Einlagewert, vgl. Rn. 62) um die vor der Einlage bei den Überschusseinkünften bereits geltend gemachten AfA-Beträge zu berücksichtigen.[2] Der Beginn der Nutzung richtet sich für den jeweiligen Eigentümer nach § 11c Abs. 1 S. 2 EStDV. Im Erstjahr hat der StPfl. die AfA ebenso wie im Jahr der Veräußerung oder Entnahme **zeitanteilig** vorzunehmen. Findet ein Eigentumswechsel statt, beginnt der Erwerber – falls die Übertragung nicht unentgeltlich erfolgt ist, § 11d EStDV – erneut mit den Regelsätzen nach § 7 Abs. 4 S. 1, sofern er nicht gem. S. 2 zulässigerweise die kürzere tatsächliche Nutzungsdauer geltend macht (Rn. 89). Bei rückübertragenen Gebäuden im Beitrittsgebiet kann der StPfl. die AfA ab dem Zeitpunkt der Rückübertragung für den aus Abs. 4 zu ermittelnden Zeitraum geltend machen.[3]

III. Tatsächliche Nutzungsdauer (Abs. 4 S. 2). Abweichungen v. der gesetzlichen Typisierung (§ 2 Rn. 11) sind nur zulässig, wenn v. einer (voraussichtlichen) geringeren tatsächlichen Nutzungsdauer auszugehen ist; die betriebsgewöhnliche Nutzungsdauer ist nicht maßgeblich. Ausweislich des Gesetzeswortlauts gewinnt die tatsächliche Nutzungsdauer allein des Gebäudes und nicht etwa eine davon abweichende kürzere Dauer eines Miet-, Pacht- oder sonstigen Nutzungsverhältnisses entscheidende Bedeutung.[4] Die (Schätzung der betr.) Nutzungsdauer richtet sich nach dem technischen Verschleiß, der wirtschaftlichen Entwertung sowie rechtl. Gegebenheiten, welche die Nutzungsdauer konkret beeinflussen.[5] Die technische Nutzungsdauer richtet sich nach dem Zeitraum, in dem sich das WG technisch abnutzt. Eine – im Vergleich zum technischen Verschleiß kürzere – wirtschaftliche Abnutzung kommt nur in Betracht, wenn das WG vor Ablauf der technischen Nutzungsmöglichkeit objektiv wirtschaftlich verbraucht ist, mithin eine wirtschaftlich sinnvolle (anderweitige) Nutzung oder Verwertung entfallen ist. Dabei ist auf die Restnutzungsdauer, also nicht die Gesamtnutzungsdauer, sowie – solange der einheitliche Nutzungs- und Funktionszusammenhang besteht – auf das Gesamtgebäude (Rn. 37) und nicht auf die Nutzungsdauer einzelner Gebäudeteile abzustellen.[6] Beginn und Dauer der Nutzung entspr. der Zweckbestimmung richten sich nach **§ 11c Abs. 1 EStDV**.[7] Der StPfl. hat ein Wahlrecht, er muss aber die Verkürzung als für ihn günstige Tatsache darlegen und zumindest glaubhaft machen; dies gilt etwa für den Entschluss, ein Gebäude abzureißen, und auf diese Weise die Nutzungsmöglichkeit objektiv zu beenden.[8] Der Hinweis auf amtliche AfA-Tabellen[9] (Rn. 54) genügt dagegen ebenso wenig wie nicht zeitgemäßer Wohnungsstandard[10] oder die nicht konkretisierte Planung, die Gebäudenutzung zu beenden.[11] Weiterhin ist etwa bei Musterhäusern auch der Zeitraum einer nach dem Ausscheiden aus dem Betrieb voraussichtlichen anschließenden Nutzung des Hauses als Wohngebäude bei dem Berechnen der Nutzungsdauer iSd. Abs. 4 S. 2 einzubeziehen.[12] Steht der Abriss konkret bevor und wird das Gebäude bis dahin vermietet, kann der StPfl. für die Zeit der Zwischennutzung ebenfalls nur AfA nach Abs. 4 S. 1 geltend machen; eine Verkürzung der Nutzungsdauer, Abs. 4 S. 2, entfällt.[13] 89

Stellt sich im Laufe der Zeit heraus (Rn. 25), dass sich die voraussichtliche Nutzungsdauer **verkürzen** wird, hat der insoweit darlegungsbelastete StPfl. den restlichen Buchwert auf die Restnutzungsdauer zu verteilen. Ist aufgrund neuer Erkenntnis v. einer **verlängerten Nutzungsdauer** auszugehen, hat der StPfl. gleichfalls eine Anpassung hinsichtlich der nunmehr als zutr. angesehenen Restnutzungsdauer vorzunehmen. Allerdings bilden die typisierten Zeitvorgaben (33/50/40 Jahre) und AfA-Sätze (3/2/2,5 %) gem. Abs. 4 S. 1 die Grenze. Nachträgliche HK führen nicht zu einer Verlängerung der ursprünglich angenommenen Nutzungsdauer; vielmehr sind die nunmehr erhöhten HK mit einem höheren Satz abzuschreiben.[14] 90

---

1 BFH v. 28.9.1971 – VIII R 73/68, BStBl. II 1972, 176 (177); v. 7.6.1977 – VIII R 105/73, BStBl. II 1977, 606 (607).
2 BFH v. 28.10.2009 – VIII R 46/07, FR 2010, 763 = BFH/NV 2009, 977 (978).
3 FG Hess. v. 6.12.1995 – 13 K 1243/94, EFG 1996, 556.
4 BFH v. 25.2.2010 – IV R 2/07, BStBl. II 2010, 670 (672) = FR 2010, 660 m. Anm. *Kanzler*.
5 BFH v. 28.10.2008 – IX R 16/08, BFH/NV 2009, 899 (810); v. 4.3.2008 – IX R 16/07, BFH/NV 2008, 1310 (1311).
6 BFH v. 7.6.1977 – VIII R 105/73, BStBl. II 1977, 606 (607); v. 4.3.2008 – IX R 16/07, BFH/NV 2008, 1310 (1311).
7 BFH v. 28.9.1971 – VIII R 73/68, BStBl. II 1972, 176; v. 4.3.2008 – IX R 16/07, BFH/NV 2008, 1310 (1311).
8 BFH v. 22.8.1984 – I R 198/80, BStBl. II 1985, 126 (127) = FR 1985, 80; FG Köln v. 23.1.2001 – 8 K 6294/95, EFG 2001, 675 zu den Nachweisanforderungen. Ein Wechsel von der degressiven AfA gem. Abs. 5 (s. Rn. 94) zur AfA nach der tatsächlichen Nutzungsdauer kommt allerdings generell nicht in Betracht, BFH v. 29.5.2018 – IX R 33/16, DB 2018, 1637.
9 BFH v. 28.9.1971 – VIII R 73/68, BStBl. II 1972, 176 (177); FG Nds. v. 7.9.1993 – I 637/88, EFG 1994, 96.
10 FG Hess. v. 11.3.1992 – 9 K 901/89, EFG 1992, 438 (439).
11 FG BaWü. v. 30.6.1993 – 12 K 237/87, EFG 1994, 95 f.
12 BFH v. 23.9.2008 – I R 47/07, FR 2009, 622 = BFH/NV 2009, 443 (445).
13 BFH v. 15.12.1981 – VIII R 116/79, BStBl. II 1982, 385 (386 f.) = FR 1982, 252.
14 BFH v. 25.11.1970 – I R 165/67, BStBl. II 1971, 142 (143).

91 Sofern die (erneute) Änderung sich nicht im Hinblick auf unberechtigt angestrebte Steuervorteile als willkürlich erweist, kann der StPfl. zur typisierenden AfA nach Abs. 4 S. 1 **wechseln.**

92 **IV. AfaA und Teilwertabschreibung (Abs. 4 S. 3 und 4).** StPfl. können für Gebäude iSv. S. 1 die AfaA, Abs. 1 S. 7, geltend machen, Abs. 4 S. 3 (Rn. 66). Dies setzt voraus, dass ein Gebäude zB ohne Umbau- oder Abbruchabsicht erworben wurde und bei dem späteren (Teil-)Umbau oder Abbruch das Gebäude technisch oder wirtschaftlich noch nicht verbraucht war; in diesem Fall kommen AfaA insbes. im Hinblick auf die zukünftige Einnahmeerzielung in Betracht.[1] Gleichermaßen kann ein StPfl. neben den Abrisskosten die AfaA iRd. § 21 EStG trotz anschließender Errichtung eines Neubaus zu eigenen Wohnzwecken geltend machen, wenn der Grund für den Abriss etwa in Form v. Baumängeln in der Zeit der Vermietung entstanden ist.[2] Dagegen entfällt die AfaA, wenn der StPfl. das Gebäude bereits in Abbruchabsicht oder zum grundlegenden Umbau erworben hat (§ 6 Rn. 116f.). Gleiches gilt, wenn ohne Substanzeinwirkung bei einem Mietobjekt nachlassende Ertragsfähigkeit einen drastischen Mietpreisverfall zur Folge hat.[3] IHd. außergewöhnlichen Abnutzung reduziert sich die AfA-Bemessungsgrundlage (Restwert), **§ 11c Abs. 2 S. 1 EStDV**. Eine Erhöhung des AfA-Satzes kommt lediglich ausnahmsweise in Betracht, wenn durch die Sondereinflüsse zugleich die Restnutzungsdauer sich in einem Maße verkürzt hat, dass bei gleich bleibendem AfA-Satz das AfA-Volumen innerhalb der Restnutzungsdauer nicht aufgebraucht würde. Neben der AfaA sind nach allg. Grundsätzen (Rn. 33) auch bei Gebäuden Teilwertabschreibungen zulässig, die ebenfalls (nur) zu einer Reduzierung der Bemessungsgrundlage führen, § 11c Abs. 2 S. 2 EStDV.

93 Abs. 4 S. 4 stellt klar, dass StPfl. für Gebäude nach Abs. 4 S. 1 Nr. 2 keine AfaA oder Teilwertabschreibung **allein mit der Begr.** herleiten können, für die in Abs. 5 S. 1 Nr. 1 genannten Wirtschaftsgebäude unterstelle der Gesetzgeber eine lediglich 25-jährige Nutzungsdauer.

F. Degressive Absetzung bei Gebäuden (Abs. 5)

94 Bei den Regelungen zur degressiven AfA (Rn. 3) bei Gebäuden handelt es sich um ausgelaufenes Recht, das für Neubauten nicht mehr zur Anwendung kommt. Maßgeblicher Stichtag ist der 1.1.2006, bis zu dem ein Bauantrag gestellt oder ein rechtswirksam geschlossener obligatorischer Vertrag abgeschlossen sein musste (Abs. 5 S. 1 Nr. 3 lit. c). Wegen der Anwendung der Regelung auf Altfälle wird auf die Kommentierung in der 14. Aufl. verwiesen.

95–105 Einstweilen frei.

G. Absetzung bei Gebäudeteilen, Eigentumswohnungen und Ähnlichem (Abs. 5a)

106 **I. Wirtschaftsgüter iSd. Abs. 5a.** Die vorrangig der Klarstellung dienende Regelung, die, soweit sie die degressive AfA gem. Abs. 5 betrifft, lediglich noch Altfälle betrifft (Rn. 94), umfasst zunächst **Gebäudeteile** (Rn. 81), die sich aufgrund des unterschiedlichen Nutzungs- und Funktionszusammenhangs[4] v. dem eigentlichen Gebäude unterscheiden und daher ertragstl. selbständige unbewegliche WG bilden. So ist ein gemischt genutztes Gebäude ggf. in eigen- und fremdbetrieblichen Zwecken sowie eigenen oder fremden Wohnzwecken dienende Gebäudeteile aufzuteilen. Ein in bautechnischer Hinsicht neues Gebäudeteil liegt nur dann vor, wenn bezogen auf die zuvor vorhandenen WG ein selbständiges neues WG hinzugekommen ist; hiernach entfällt bei Umgestaltung oder Erweiterung die degressive AfA für neu geschaffene Wohnungen, die in einem einheitlichen Nutzungs- und Funktionszusammenhang mit einer bereits vorhandenen Wohnung stehen.[5] Zu den die degressive AfA ermöglichenden neuen Gebäudeteilen können nach allg. Grundsätzen auch Mietereinbauten und -umbauten (Rn. 13) zählen, sofern sie nicht den beweglichen WG (Rn. 108) zuzuordnen sind.[6] Rechtfertigt der unterschiedliche Nutzungs- und Funktionszusammenhang im Verhältnis zu dem bereits bestehenden Gebäude die Annahme eines (neuen) selbständigen WG nicht, handelt es sich bei den Bauaufwendungen um nachträgliche Gebäude-HK.[7]

1 BFH v. 12.6.1978 – GrS 1/77, BStBl. II 1978, 620 (624); v. 6.3.1979 – VIII R 110/74, BStBl. II 1979, 551 (553); ausf.: BFH v. 16.4.2002 – IX R 50/00, BStBl. II 2002, 805 (806) = FR 2002, 1073, ebenso bei längerer Leerstandszeit: FG RhPf. v. 19.8.1999 – 4 K 2234/97, EFG 1999, 1275 (1276f.).
2 BFH v. 31.7.2007 – IX R 51/05, BFH/NV 2008, 933 (934).
3 FG Münster v. 24.1.2013 – 11 K 4248/10 E, EFG 2013, 605 (606) (Rev. IX R 7/13).
4 BFH v. 15.10.1996 – VIII R 44/94, BStBl. II 1997, 533f. = FR 1997, 525; v. 4.5.2004 – XI R 43/01, BFH/NV 2004, 1397.
5 BFH v. 7.7.1998 – IX R 16/96, BStBl. II 1998, 625f = FR 1998, 945.
6 BFH v. 11.6.1997 – XI R 77/96, BStBl. II 1997, 774 (775) = FR 1997, 766; R 7.1 Abs. 6 EStR.
7 FG BaWü. v. 9.8.1995 – 2 K 261/91, EFG 1995, 1008: Erweiterungsanbau; FG Düss. v. 13.4.1999 – 8 K 4639/95 E, EFG 1999, 645: auf Wohngebäude aufgesetzte Maisonette-Wohnung.

Nicht v. Abs. 5a erfasst werden **unselbständige Gebäudeteile** (Personenaufzüge, Heizungsanlagen[1]), die zusammen mit dem betr. Gebäude oder maßgeblichen selbständigen Gebäudeteil als einheitliches WG abgeschrieben werden. 107

Ebenso werden transportable Gegenstände, Betriebsvorrichtungen und den Scheinbestandteilen zuzurechnende Einbauten für vorübergehende Zwecke (Rn. 81) als **bewegliche WG** angesehen, so dass Abs. 5a nicht eingreift. Die gleiche Rechtsfolge gilt für immaterielle WG. 108

Um **Eigentumswohnungen**, die stets als selbständiges WG „Gebäude" zu qualifizieren sind, handelt es sich bei den Objekten nach § 1 Abs. 2 Wohnungseigentumsgesetz (WEG). In **Teileigentum stehende Räume** betreffen selbständige unbewegliche WG, die nicht wie Eigentumswohnungen Wohnzwecken dienen, § 1 Abs. 3 WEG. 109

II. Absetzungen gem. Abs. 4 und 5. Aus der Verweisung folgt, dass jedes WG iSd. Abs. 5a für sich abzuschreiben ist. IÜ gelten die in Abs. 4 und 5 niedergelegten Grundsätze; dabei sind die HK nicht entspr. der Dauer des Nutzungsrechts, sondern nach den für Gebäude geltenden Bestimmungen vorzunehmen.[2] Folglich kann ein StPfl. die degressive AfA nur wählen, wenn es sich bei der Eigentumswohnung oder dem selbständigen Gebäudeteil um einen **Neubau** (§ 6 Rn. 56f.) handelt. Diese Voraussetzung wird etwa bei der lediglich rechtl. Umwandlung einer Eigentumswohnung verneint;[3] dies gilt gleichermaßen für Umbaumaßnahmen an bestehenden Wohnungen oder selbständigen Gebäudeteilen, die bautechnisch keine Neuherstellung ausmachen.[4] Führen Baumaßnahmen an einem Dachgeschoss zur Begr. v. Wohnungseigentum, soll ein Neubau iSd. Abs. 5a nur in Betracht kommen, wenn der StPfl. die Voraussetzungen nach dem WEG (ua. Teilungserklärung, Aufteilungsplan, Abgeschlossenheitserklärung) noch im Jahr der Fertigstellung erfüllt.[5] Abgesehen v. diesem Sonderfall erfolgt aber die Fertigstellung einer Eigentumswohnung iSd. Abs. 5 S. 1 unabhängig v. den einschlägigen Bestimmungen des WEG. 110

H. Absetzung für Substanzverringerung (Abs. 6)

I. Anwendungsbereich der Absetzung für Substanzverringerung. Die Sonderform der AfS verteilt den Erwerbsaufwand im Hinblick auf den Erwerb des Bodenschatzes und beinhaltet nicht vorrangig einen Ausgleich für den Substanzverzehr (Rn. 1). Die Abschreibungsregelung betrifft den Aufwand für den Abbau oder die Ausbeutung des Bodenvorkommens; Abs. 6 erfasst dagegen weder das Nutzungsrecht noch die Substanzeinbuße des Grundstücks, die mit dem Abbau des Bodenschatzes verbunden ist.[6] Die AfS ist **allein für einzelne WG** zulässig, deren Nutzungsvorrat sich durch Ausbeute verringert; Abs. 6 bezieht sich also auch nicht auf das betr. Unternehmen insgesamt. 111

Neben Bergbauunternehmen und Steinbrüchen können auch andere Betriebe die AfS wählen, soweit der Wertverlust durch Substanzverbrauch (Rn. 115) eintritt. Um derartige **WG**, deren **Substanz** sich **mengenmäßig vermindert**, handelt es sich insbes. bei Kohle-, Mineral-, Lehm-, Kies-, Torf-, und Mergelvorkommen sowie Erdöl- und Erdgasbeständen. Gleichermaßen zählen Abbauberechtigungen (Nutzungsrechte) und sonstige Gewinnungsrechte, die als immaterielle WG einzuordnen sind, zu den sich durch Substanzverbrauch vermindernden WG.[7] Nicht zu den WG iSd. Abs. 6 zählen: Quellwasservorkommen, selbst wenn sich der Wasservorrat nicht wieder erneuerte;[8] vergleichbare regenerative Güter wie Ausbeute der Erdwärme; die Erdschicht über dem Bodenschatz;[9] die zum Abbau der Bodenschätze eingesetzten Geräte und Maschinen. Die (berg-)rechtl. Einordnung der Bodenschätze im Hinblick auf Bergfreiheit oder Eigentum des Grundeigentümers und Abbauberechtigung richtet sich vornehmlich nach dem Bundesberggesetz.[10] 112

---

1 BFH v. 26.11.1973 – GrS 5/71, BStBl. II 1974, 132 (135f.).
2 BFH v. 15.10.1996 – VIII R 44/94, BStBl. II 1997, 533 (535) = FR 1997, 525; v. 4.5.2004 – XI R 43/01, BFH/NV 2004, 1397 (1398).
3 BFH v. 24.11.1992 – IX R 62/88, BStBl. II 1993, 188 (189) = FR 1993, 570.
4 BFH v. 25.11.1993 – IV R 68/92, BFH/NV 1994, 705 (706); v. 15.11.1995 – X R 87/92, BFH/NV 1996, 545 (546f.).
5 FG München v. 2.2.1998 – 13 K 3936/94, EFG 1998, 936 (937); BMF v. 10.7.1996, BStBl. I 1996, 689 (690); ausdrücklich offengelassen v. BFH v. 26.1.1999 – IX R 53/96, BStBl. II 1999, 589 (590) = FR 1999, 763 m. Anm. *Fischer*.
6 BFH v. 4.12.2006 – GrS 1/05, BStBl. II 2007, 508 (514) = FR 2007, 845; v. 15.4.2004 – III R 8/98, BFH/NV 2004, 1165.
7 BFH v. 27.6.1978 – VIII R 12/72, BStBl. II 1979, 38 (40); **aA** *K/S/M*, § 7 Rn. H 4 und H 10.
8 BFH v. 30.10.1967 – VI 331/64, BStBl. II 1968, 30 (34f.).
9 BFH v. 16.10.1997 – IV R 5/97, BStBl. II 1998, 185 (186) = FR 1998, 364: Erdschicht als nicht abnutzbares WG, allerdings Teilwertabschreibung grds. zulässig; *K/S/M*, § 7 Rn. H 11: Erdschicht als unselbständiger Bestandteil des Grundstücks; *H/H/R*, § 7 Rn. 563 und 565: selbständiges WG und AfS.
10 BFH v. 4.12.2006 – GrS 1/05, BStBl. II 2007, 508 (513) = FR 2007, 845; ausf. auch zur Rechtslage in den neuen Ländern: BMF v. 7.10.1998, BStBl. I 1998, 1221; FG MV v. 15.12.1999 – 1 K 116/98, EFG 2000, 306.

113 AfS kommt nur bei einem **abschreibungsfähigen WG** (Rn. 115) in Betracht. So entfällt eine gesonderte Abschreibung, soweit es lediglich um untrennbar mit dem Grund und Boden verbundene wertbildende Faktoren eines Grundstücks geht. Bodenschätze, die zivilrechtl. mit dem Grund und Boden gem. § 905 BGB eine Einheit bilden, sind erst dann selbständig bewertbar, wenn der Grundeigentümer oder der v. diesem zur Aufsuchung und Gewinnung Berechtigte konkrete Schritte unternommen hat, das Aufkommen zur nachhaltigen Nutzung in den Verkehr zu bringen.[1] Hiernach muss der StPfl. mit der Aufschließung begonnen haben oder alsbald beginnen (Rn. 35 aE). Gleiches gilt, wenn die erforderliche öffentl.-rechtl. Genehmigung zum Abbau vorliegt oder auch ohne bereits erteilte Abbaugenehmigung ein Grundstück unter gesonderter Berechnung eines Kaufpreises für den Bodenschatz an einen Abbauunternehmer veräußert wird, sofern dieser alsbald mit der Ausbeutung beginnen wird.[2] Handelt es sich bei dem Erwerber nicht um einen Abbauunternehmer, ist der alsbaldige Beginn der Aufschließung durch geeignete Unterlagen, etwa den Antrag auf Erteilung einer Abbaugenehmigung, nachzuweisen.[3] Hiernach können die Vertragsparteien auch ohne Vorliegen der Abbaugenehmigung durch entspr. Vertragsgestaltung die Entstehung eines eigenständigen WG „Bodenschatz“ erreichen. Die Erteilung einer behördlichen Genehmigung führt aber nur dann zur vorgenannten Konkretisierung, wenn sie sich gerade auf die Ausbeutung eines bestimmten Bodenschatzes bezieht.[4] Vor dieser Konkretisierung der Ausbeutung entfallen die Annahme eines selbständig zu bewertenden WG und damit die Möglichkeit einer bodenschatzbezogenen Abschreibung (Rn. 116) in folgenden Fällen: bei einem unentdeckten Bodenschatz; bei einen Bodenschatz, dessen Lage zwar bekannt, der aber etwa aus technischen Gründen bislang nicht ausgebeutet worden oder für den die Erteilung einer Abbaugenehmigung nicht zu erwarten ist;[5] bei einem Kiesvorkommen nach Erstellen eines Hauptbetriebsplanes, aber vor Erteilung der Abbaugenehmigung.[6] Im Einzelfall ist iRd. Steuergestaltung zu erwägen, dass die Zuordnung eines Bodenschatzes (als selbständiges WG) zum PV durchaus im Interesse des StPfl. liegen kann, wenn nämlich mangels Zugehörigkeit zum BV ein auf den Bodenschatz entfallender Veräußerungsgewinn stfrei bliebe. Dies ist gerade auch bei StPfl. mit Einkünften gem. § 13 mangels gewillkürtem BV (Rn. 116 aE) zu berücksichtigen.

114 **II. Verweis auf Abs. 1.** Abgesehen v. dem in Abs. 6 HS 2 vorgesehenen Wahlrecht hinsichtlich des Absetzungsmaßstabs verbleibt es bei den Absetzungsregeln iSd. Abs. 1. So richtet sich die **persönliche Berechtigung** der AfS nach allg. Grundsätzen (Rn. 10). Abs. 6 ist nicht auf die Gewinneinkünfte beschränkt. Allerdings soll iRd. Überschusseinkünfte der StPfl. Abschreibungen nicht linear, sondern nur nach dem Substanzverzehr vornehmen können.[7] AfA-berechtigt ist hiernach regelmäßig der Abbauberechtigte, bei dem sich der Substanzverzehr auswirkt; dies betrifft den Grundeigentümer auch dann, wenn er die Substanzausbeute gegen Entgelt einem Dritten überlassen hat. Macht der StPfl. v. seinem Wahlrecht keinen Gebrauch, kommt nur die lineare AfA in Betracht.

115 **III. Ausrichtung am Substanzverzehr.** Im Hinblick auf die mit Abs. 6 verfolgte Verteilungsfunktion richtet sich die Absetzungshöhe zwar nach dem ausbeutebedingten Wertverlust (Rn. 1); hierzu zählen im Einzelfall die Kosten für die Bodenschatzsuche, die Aufschließung, die Abbauvorbereitung sowie das Wegschaffen des Deckgebirges.[8] Als **Bemessungsgrundlage** dienen gleichwohl die AK (Rn. 39) oder entspr. Hilfswerte (Rn. 43).[9] Angesichts der Besonderheiten, unter denen ein abschreibungsfähiges WG entsteht (Rn. 113), ist die Annahme berücksichtigungsfähiger AK vielfach problematisch. Dies gilt namentlich für Bodenschätze, die in nicht zu einem BV gehörenden Grund und Boden entdeckt werden. Der GrS hat nunmehr entschieden[10], dass originär im PV entstandene Bodenschätze mit dem TW im Zeitpunkt der Zuführung in das BV einzulegen sind. Zudem darf der StPfl. keine AfS vornehmen.

116 Hat ein Abbauunternehmer Aufwendungen für das Grundstück und den Bodenschatz geleistet, ist vom entgeltlichen Erwerb eines abschreibungsfähigen WG auszugehen und der Kaufpreis ggf. im Wege der

1 BFH v. 4.12.2006 – GrS 1/05, BStBl. II 2007, 508 (514) = FR 2007, 845; v. 24.1.2008 – IV R 45/05, FR 2008, 1164 = BFH/NV 2008, 1229 (1230 f.); BMF v. 7.10.1998, BStBl. I 1998, 1221 f.

2 BFH v. 7.12.1989 – IV R 1/88, BStBl. II 1990, 317; v. 4.9.1997 – IV R 88/96, BStBl. II 1998, 657 (658); ausf.: BMF v. 7.10.1998, BStBl. I 1998, 1221 (1222).

3 BFH v. 20.4.2001 – IV B 53/00, BFH/NV 2001, 1256; BMF v. 7.10.1998, BStBl. I 1998, 1221 (1222).

4 FG Nds. v. 11.11.1997 – VII 544/96, EFG 1998, 357 (358).

5 BFH v. 13.9.1988 – VIII R 236/81, BStBl. II 1989, 37 (39) = FR 1988, 638.

6 FG SachsAnh. v. 1.12.1998 – I 296/96, EFG 1999, 642 (643).

7 BFH v. 21.2.1967 – VI R 145/66, BStBl. III 1967, 460 (461); **aA** *K/S/M*, § 7 Rn. H 5.

8 BFH v. 23.11.1978 – IV R 20/75, BStBl. II 1979, 143 (144 ff.).

9 BFH v. 27.6.1978 – VIII R 12/72, BStBl. II 1979, 38 (40); v. 1.7.1987 – I R 197/83, BStBl. II 1987, 865 (866) = FR 1987, 588: TW bei Einlage.

10 BFH v. 4.12.2006 – GrS 1/05, BStBl. II 2007, 508 (514) = FR 2007, 845; ausf.: *Kanzler*, DStR 2007, 1101 (1105); zur Einlage in das BV einer Ges.: BFH v. 29.7.2015 – IV R 15/14, BStBl. II 2016, 593 = FR 2016, 513; v. 4.2.2016 – IV R 46/12, BStBl. II 2016, 607 = FR 2016, 896.

Schätzung aufzuteilen.[1] Hat der StPfl. den Bodenschatz unentgeltlich im PV erworben, richtet sich die AfS nach den Kosten des Rechtsvorgängers, § 11d Abs. 1 S. 1 EStDV.[2] Wird der zunächst unbekannte Bodenschatz erst, nachdem das Grundstück im BV oder PV angeschafft oder eingelegt worden ist, entdeckt oder konkretisiert (Rn. 113), entfällt mangels entspr. Aufwendungen insoweit jegliche AfA, § 11d Abs. 2 EStDV.[3] Hat der StPfl. das Grundstück im PV angeschafft und zusammen mit dem Bodenschatz ins gewerbliche BV **eingelegt**, ist nach der Entscheidung des GrS aufwandswirksame AfS ausgeschlossen.[4]

Mit Beginn der Substanzausbeute als Erstjahr der AfS[5] richtet sich die **Höhe** der Abschreibung nach dem 117
häufig nur im Wege der Schätzung zu ermittelnden Verhältnis der abgebauten Menge zum gesamten abbauwürdigen Vorkommen oder zur neu bestimmten Restmenge. Stellt der StPfl. die Ausbeutung ein, kann er den Restbetrag der AfS sogleich abziehen.

§ 7a Gemeinsame Vorschriften für erhöhte Absetzungen und Sonderabschreibungen

(1) [1]Werden in dem Zeitraum, in dem bei einem Wirtschaftsgut erhöhte Absetzungen oder Sonderabschreibungen in Anspruch genommen werden können (Begünstigungszeitraum), nachträgliche Herstellungskosten aufgewendet, so bemessen sich vom Jahr der Entstehung der nachträglichen Herstellungskosten an bis zum Ende des Begünstigungszeitraums die Absetzungen für Abnutzung, erhöhten Absetzungen und Sonderabschreibungen nach den um die nachträglichen Herstellungskosten erhöhten Anschaffungs- oder Herstellungskosten. [2]Entsprechendes gilt für nachträgliche Anschaffungskosten. [3]Werden im Begünstigungszeitraum die Anschaffungs- oder Herstellungskosten eines Wirtschaftsguts nachträglich gemindert, so bemessen sich vom Jahr der Minderung an bis zum Ende des Begünstigungszeitraums die Absetzungen für Abnutzung, erhöhten Absetzungen und Sonderabschreibungen nach den geminderten Anschaffungs- oder Herstellungskosten.

(2) [1]Können bei einem Wirtschaftsgut erhöhte Absetzungen oder Sonderabschreibungen bereits für Anzahlungen auf Anschaffungskosten oder für Teilherstellungskosten in Anspruch genommen werden, so sind die Vorschriften über erhöhte Absetzungen und Sonderabschreibungen mit der Maßgabe anzuwenden, dass an die Stelle der Anschaffungs- oder Herstellungskosten die Anzahlungen auf Anschaffungskosten oder die Teilherstellungskosten und an die Stelle des Jahres der Anschaffung oder Herstellung das Jahr der Anzahlung oder Teilherstellung treten. [2]Nach Anschaffung oder Herstellung des Wirtschaftsguts sind erhöhte Absetzungen oder Sonderabschreibungen nur zulässig, soweit sie nicht bereits für Anzahlungen auf Anschaffungskosten oder für Teilherstellungskosten in Anspruch genommen worden sind. [3]Anzahlungen auf Anschaffungskosten sind im Zeitpunkt der tatsächlichen Zahlung aufgewendet. [4]Werden Anzahlungen auf Anschaffungskosten durch Hingabe eines Wechsels geleistet, so sind sie in dem Zeitpunkt aufgewendet, in dem dem Lieferanten durch Diskontierung oder Einlösung des Wechsels das Geld tatsächlich zufließt. [5]Entsprechendes gilt, wenn anstelle von Geld ein Scheck hingegeben wird.

(3) Bei Wirtschaftsgütern, bei denen erhöhte Absetzungen in Anspruch genommen werden, müssen in jedem Jahr des Begünstigungszeitraums mindestens Absetzungen in Höhe der Absetzungen für Abnutzung nach § 7 Absatz 1 oder 4 berücksichtigt werden.

(4) Bei Wirtschaftsgütern, bei denen Sonderabschreibungen in Anspruch genommen werden, sind die Absetzungen für Abnutzung nach § 7 Absatz 1 oder 4 vorzunehmen.

(5) Liegen bei einem Wirtschaftsgut die Voraussetzungen für die Inanspruchnahme von erhöhten Absetzungen oder Sonderabschreibungen auf Grund mehrerer Vorschriften vor, so dürfen erhöhte Absetzungen oder Sonderabschreibungen nur auf Grund einer dieser Vorschriften in Anspruch genommen werden.

(6) Erhöhte Absetzungen oder Sonderabschreibungen sind bei der Prüfung, ob die in § 141 Absatz 1 Nummer 4 und 5 der Abgabenordnung bezeichneten Buchführungsgrenzen überschritten sind, nicht zu berücksichtigen.

---

1 BFH v. 28.5.1979 – I R 66/76, BStBl. II 1979, 624 (625).
2 BFH v. 5.6.1973 – VIII R 118/70, BStBl. II 1973, 702; v. 14.2.1978 – VIII R 176/73, BStBl. II 1978, 343 (344).
3 BFH v. 19.7.1994 – VIII R 75/91, BStBl. II 1994, 846 (847 f.) = FR 1994, 712; FG Nds. v. 11.11.1997 – VII 544/96, EFG 1998, 357 (358).
4 BFH v. 4.12.2006 – GrS 1/05, BStBl. II 2007, 508 (515) = FR 2007, 845.
5 RFH, RStBl. 1934, 1361 (1362).

(7) [1]Ist ein Wirtschaftsgut mehreren Beteiligten zuzurechnen und sind die Voraussetzungen für erhöhte Absetzungen oder Sonderabschreibungen nur bei einzelnen Beteiligten erfüllt, so dürfen die erhöhten Absetzungen und Sonderabschreibungen nur anteilig für diese Beteiligten vorgenommen werden. [2]Die erhöhten Absetzungen oder Sonderabschreibungen dürfen von den Beteiligten, bei denen die Voraussetzungen dafür erfüllt sind, nur einheitlich vorgenommen werden.

(8) [1]Erhöhte Absetzungen oder Sonderabschreibungen sind bei Wirtschaftsgütern, die zu einem Betriebsvermögen gehören, nur zulässig, wenn sie in ein besonderes, laufend zu führendes Verzeichnis aufgenommen werden, das den Tag der Anschaffung oder Herstellung, die Anschaffungs- oder Herstellungskosten, die betriebsgewöhnliche Nutzungsdauer und die Höhe der jährlichen Absetzungen für Abnutzung, erhöhten Absetzungen und Sonderabschreibungen enthält. [2]Das Verzeichnis braucht nicht geführt zu werden, wenn diese Angaben aus der Buchführung ersichtlich sind.

(9) Sind für ein Wirtschaftsgut Sonderabschreibungen vorgenommen worden, so bemessen sich nach Ablauf des maßgebenden Begünstigungszeitraums die Absetzungen für Abnutzung bei Gebäuden und bei Wirtschaftsgütern im Sinne des § 7 Absatz 5a nach dem Restwert und dem nach § 7 Absatz 4 unter Berücksichtigung der Restnutzungsdauer maßgebenden Prozentsatz, bei anderen Wirtschaftsgütern nach dem Restwert und der Restnutzungsdauer.

A. Grundaussagen der Vorschrift

1 § 7a enthält gleichermaßen für Gewinn- und Überschusseinkünfte gemeinsame Vorschriften, die für im EStG oder anderweitig normierte Abschreibungsvergünstigungen Bedeutung gewinnen, soweit nicht spezielle Regelungen den Abs. 1–9 vorgehen. Dagegen findet § 7a keine Anwendung etwa bei § 6 Abs. 2 und ähnlichen Bewertungsfreiheiten oder Rücklagen. Die vor allem **ergänzenden Bestimmungen** des § 7a dienen der Rechtsvereinheitlichung, sie enthalten keine eigenständigen Begünstigungstatbestände.[1]

2 Die gemeinsamen Vorschriften gelten zum einen für erhöhte Absetzungen, die ein StPfl. **anstelle** der AfA nach § 7 Abs. 1 und 4 aufgrund eines Wahlrechts geltend machen kann. Ohne das Abschreibungsvolumen der Gesamthöhe nach zu verändern, führen die erhöhten Absetzungen zu einer zinslosen Steuerstundung. § 7a gilt zum anderen für Sonderabschreibungen, die **kumulativ** neben der linearen AfA, § 7 Abs. 1 und 4, berücksichtigt werden können. Zu der nicht v. § 7a erfassten Regel-AfA zählen ua. die Leistungs-AfA nach § 7 Abs. 1 S. 5, die AfaA nach § 7 Abs. 1 S. 6 und die degressive AfA nach § 7 Abs. 2 und 5.

3–4 Einstweilen frei.

5 In den neuen Bundesländern gewinnt bzw. gewann neben den besonderen Abschreibungserleichterungen des EStG, vgl. § 58 Abs. 1, insbes. das **FördG** wesentliche Bedeutung für die abschreibungsbezogenen Investitionshilfen.[2]

B. Nachträgliche Anschaffungskosten/Herstellungskosten (Abs. 1)

6 Abs. 1 regelt nur die Fälle, in denen ein StPfl. erhöhte Absetzungen oder Sonderabschreibungen in Anspr. nimmt und sich **innerhalb des Begünstigungszeitraums** die Bemessungsgrundlage ändert; dieser Zeitraum umfasst die Jahre, in denen der StPfl. die Abschreibungsvergünstigung wählen kann. Anderenfalls richtet sich die Änderung der AfA-Bemessungsgrundlage nach den allg. Regeln (§ 7 Rn. 44f.).[3] Gleichermaßen erfasst Abs. 1 nicht die Fälle, in denen gerade die nachträglichen HK eine speziell geregelte Vergünstigung erfahren, vgl. § 4 FördG. Fallen im Laufe des Begünstigungszeitraums tatbestandliche Voraus-

1 BFH v. 6.2.1992 – IV R 8/91, BStBl. II 1992, 558 (559) = FR 1992, 479; v. 18.11.1997 – VIII R 71/96, BFH/NV 1998, 575 (576).
2 Zur Anwendung des FördG BMF v. 29.3.1993, BStBl. I 1993, 279 und v. 24.12.1996 – BStBl. I 1996, 1516; zur Aufhebung des FördG s. Art. 68 des 2. BundesRBereinG v. 8.7.2016, BGBl. I 2016, 1594.
3 BFH v. 18.11.1997 – VIII R 71/96, BFH/NV 1998, 575 (576).

setzungen für die Steuervergünstigung fort, wirkt dies bei bilanzierenden StPfl. auf den Beginn des Begünstigungszeitraums zurück.[1]

7 Die Bezugsgröße für die Abschreibungsvergünstigung muss sich geändert haben. Ausgangspunkt bei der Ermittlung der Bemessungsgrundlage sind idR (§ 7 Rn. 39) die ursprünglichen Aufwendungen des StPfl. oder seines Rechtsvorgängers, §§ 7 und 11d EStDV, in Form der AK einschl. der Anschaffungsnebenkosten oder HK. Um **nachträgliche HK oder AK** (§ 6 Rn. 37 und 52 ff.) handelt es sich, soweit kein neues WG etwa im Wege der Generalüberholung entsteht oder der StPfl. die Kosten nicht sogleich als Erhaltungsaufwand berücksichtigen kann (§ 7 Rn. 44).

8 Abs. 1 S. 1 und 2 bestimmt, dass für den verbleibenden Zeitraum der begünstigten Nutzung (Begünstigungszeitraum abzgl. bereits verstrichener Wj.) die nachträglich entstandenen Kosten in der Weise zu berücksichtigen sind, dass die ursprünglichen um die nachträglichen AK/HK erhöht werden. Da das G auf das Jahr der Entstehung abstellt, ist es unbeachtlich, wann die nachträglichen Kosten **im Laufe des Jahres tatsächlich** entstanden sind. Dabei bemisst sich der Begünstigungszeitraum nach dem Zeitraum, in dem der StPfl. die Abschreibungsvergünstigung wahrnehmen könnte, also unabhängig v. der tatsächlichen Inanspruchnahme.

9 Bei **nachträglicher Minderung** ist die Bemessungsgrundlage in der Weise zu ändern, dass die ursprünglich für die AfA maßgebliche Bezugsgröße (Rn. 7) entspr. zu Beginn des Jahres herabgesetzt wird.[2]

10 Hat der StPfl. v. der durch Abs. 1 S. 1 und 2 eröffneten Möglichkeit keinen Gebrauch gemacht, kommt eine **Nachholung** grds. nicht in Betracht; etwas anderes gilt nur in dem Fall einer ausdrücklichen Regelung wie in § 7d Abs. 1 S. 3.

C. Teil-Herstellungskosten und Anzahlungen auf Anschaffungskosten (Abs. 2)

11 Sofern eine Vorschrift (§ 4 Abs. 1 S. 5 FördG) es ausdrücklich zulässt, kann ein StPfl. erhöhte Absetzungen oder Sonderabschreibungen bereits vornehmen, bevor er das betr. WG gem. § 9a EStDV angeschafft oder hergestellt hat.[3] Hierzu bestimmt **Abs. 2 S. 1**, dass anstelle der gewöhnlich für die AfA-Bemessung maßgeblichen AK oder HK die Teil-HK (Rn. 12) bzw. die Anzahlungen auf AK (Rn. 13) treten. Auch ist nicht das Jahr der Anschaffung oder Herstellung maßgeblich, sondern das (jeweilige) Jahr, in dem der StPfl. die Anzahlungen auf AK geleistet hat (Rn. 15) oder die Teil-HK entstanden sind. Der Begünstigungszeitraum für die Teil-HK und die Anzahlungen auf AK endet mit Ablauf des Jahres, das der Lieferung oder Fertigstellung vorangeht. Hiervon unabhängig beginnt der Begünstigungszeitraum für das angeschaffte oder hergestellte WG mit dem Jahr der Lieferung oder Fertigstellung.

12 **Teil-HK** betreffen die nach GoB grds. aktivierungspflichtigen Aufwendungen gem. § 255 Abs. 2 S. 1 HGB, die vor dem Wj. entstehen, in dem das WG fertiggestellt wird.[4] Zahlungen des Herstellers gewinnen für Begr. v. Teil-HK keine Bedeutung; denn Anzahlungen auf Teil-HK sind begrifflich ausgeschlossen.[5] Sofern derartige Kosten aber zu bejahen sind, können am Baufortschritt ausgerichtete Zahlungen aus Vereinfachungsgründen als Anhaltspunkt für die Höhe der entstandenen Teil-HK dienen. Sind aufgrund ausdrücklicher gesetzlicher Bestimmung nachträgliche HK begünstigt, gilt Abs. 2 auch für die insoweit anfallenden Teil-HK.

13 **Anzahlungen auf AK** umfassen die nach Vertragsschluss und vor der Lieferung tatsächlich geleisteten Zahlungen als Vorleistungen auf das noch zu vollziehende Anschaffungsgeschäft.[6] Dabei entfallen diesbezügliche Anzahlungen, wenn der StPfl. sie willkürlich im Sinne fehlender wirtschaftlicher Veranlassung leistet.[7] Dagegen hindert es die Annahme von Anzahlungen nicht, wenn der Zahlungsempfänger nicht uneingeschränkt über die Zahlung verfügen kann.[8]

14 Konnte der StPfl. bereits vor Lieferung oder Fertigstellung, § 9a EStDV, des WG eine Abschreibungsvergünstigung in Anspr. nehmen, regelt **§ 7a Abs. 2 S. 2**, dass nach der Anschaffung oder Herstellung erhöhte Absetzungen und Sonderabschreibungen nur noch in dem Umfang zulässig sind, wie der StPfl. sie noch nicht in Anspr. genommen hat. Faktisch werden also die vorzeitig in Anspr. genommenen AfA-Beträge

---

1 BFH v. 5.9.2001 – I R 107/00, BStBl. II 2002, 134 (135 f.) = FR 2002, 279 m. Anm. Kanzler.
2 Zu Einzelbeispielen BFH v. 26.3.1992 – IV R 74/90, BStBl. II 1993, 96 (97) = FR 1993, 50.
3 BFH v. 27.6.1995 – IX R 130/90, BStBl. II 1996, 215 (217) = FR 1996, 215; zur Gesetzestechnik: BFH v. 29.3.2001 – IV R 49/99, BStBl. II 2001, 437 (438) = FR 2001, 910.
4 BFH v. 15.11.1985 – III R 110/80, BStBl. II 1986, 367 (368 f.).
5 BFH v. 10.3.1982 – I R 75/79, BStBl. II 1982, 426 (427) = FR 1982, 310; v. 2.8.1988 – VIII R 18/80, BFH/NV 1989, 307 (308).
6 BFH v. 4.3.1983 – III R 20/82, BStBl. II 1983, 509.
7 BFH v. 3.2.1987 – IX R 85/85, BStBl. II 1987, 492 (493); BMF v. 10.12.1997, BStBl. I 1997, 1019.
8 BFH v. 24.8.2004 – IX R 28/02, BFH/NV 2005, 49.

verrechnet. Auf diese Weise wird verhindert, dass das Vorziehen der Abschreibungsmöglichkeit vor den Zeitpunkt der Anschaffung oder Herstellung zu einer betragsmäßigen Ausweitung des Abschreibungsvolumens führt.

15 **Abs. 2 S. 3–5** enthalten Einzelbestimmungen, zu welchem Zeitpunkt die Leistung eines StPfl. bei Anzahlungen sowie bei der Hingabe eines Wechsels oder Schecks als bewirkt gilt. Entscheidend ist gem. § 11 Abs. 2 S. 1 (§ 11 Rn. 10, 25 ff.) die Leistungshandlung des StPfl., bei Barzahlung also die Geldübergabe und bei Banküberweisung der Zeitpunkt, in dem der Überweisungsauftrag bei der Bank des Schuldners eingeht.[1] Dagegen genügt bei Wechsel oder Scheck nicht die Hingabe. Die Sonderregelung verhindert das Vorverlagern der Abschreibungsvergünstigung durch gezielte Gestaltung. Erforderlich ist daher der tatsächliche Zufluss v. Geld beim Gläubiger zu dessen freier Vfg.[2]

D. Mindest-Absetzung für Abnutzung (Abs. 3)

16 Nimmt der StPfl. – anstelle der Regel-AfA (Rn. 2) – erhöhte Absetzungen (nicht Sonderabschreibungen!) in Anspr., muss der AfA-Betrag zumindest dem der **linearen AfA** entsprechen. In jedem Jahr des Begünstigungszeitraums ist folglich der in § 7 Abs. 1 und 4 vorgesehene Aufwand zu berücksichtigen, dabei kommt auch die AfA nach § 7 Abs. 1 S. 6 oder 7 in Betracht. Eine Ausnahme v. diesem Grundsatz gilt nur, wenn aufgrund v. Sonderbestimmungen wegen erhöhter Absetzungen zu Beginn des Abschreibungszeitraums nur noch ein so geringes AfA-Volumen zur Vfg. steht, dass der Betrag der linearen AfA unterschritten werden muss.

E. Sonderabschreibung und Regel-Absetzung für Abnutzung (Abs. 4)

17 Nimmt ein StPfl. – neben der Regel-AfA (Rn. 2) – Sonderabschreibungen (nicht erhöhte Absetzungen!) in Anspr., bestimmt Abs. 4, dass die **degressive AfA**, § 7 Abs. 2 und 5, ausgeschlossen ist.[3] Dies gilt lediglich dann nicht, wenn Sonderregelungen, vgl. § 7g Abs. 5, ausdrücklich Sonderabschreibungen neben der degressiven AfA zulassen. Demnach hat der StPfl. zwingend die lineare AfA, § 7 Abs. 1 oder 4, anzusetzen, wenn er die Möglichkeit einer Sonderabschreibung nutzt; dabei kommt auch die AfA nach § 7 Abs. 1 S. 6 oder 7 in Betracht. Folglich ist die Sonderabschreibung im Regelfall nur mit der linearen AfA, der Leistungs-AfA und der AfA wegen außergewöhnlicher AfA vereinbar.

18 Wechselt der StPfl. nach Ablauf des Jahres, in dem das zunächst degressiv abgeschriebene WG angeschafft oder hergestellt wurde, gem. **§ 7 Abs. 3** zur linearen AfA, ist ihm die Inanspruchnahme der Sonderabschreibung gleichwohl nicht verwehrt.[4] Trotz der in § 7a Abs. 4 zum Ausdruck kommenden Intention des Gesetzgebers, eine Begünstigungskumulation weitgehend zu unterbinden, wollte der Gesetzgeber – nach Auffassung des BFH – das zeitgleiche Nebeneinander v. degressiver AfA und Sonderabschreibungen lediglich in demselben Wj. vermeiden.

F. Kumulationsverbot (Abs. 5)

19 Abs. 5 beschränkt die Möglichkeit, zugleich **für ein bestimmtes WG** mehrere Abschreibungsvergünstigungen in Anspr. zu nehmen. Dabei gilt die in Abs. 5 vorgesehene Beschränkung nur bezogen auf das nämliche WG und nicht bezogen auf den jeweiligen VZ.[5] Auf diese Weise verhindert Abs. 5 die mehrfache Begünstigung derselben Aufwendungen. Erfasst die Bewertungsfreiheit nur einen Teil der betr. Aufwendungen, bestimmt sich für den übersteigenden Teil die AfA nach § 7 Abs. 1 oder 4, im Einzelfall auch nach § 7 Abs. 5.[6] Der Begriff des selbständigen WG richtet sich nach allg. Grundsätzen.[7] Dabei gilt das Kumulationsverbot – vorbehaltlich ausdrücklicher Sonderregelungen – nur für erhöhte Absetzungen und Sonderabschreibungen nach dem EStG, nicht aber etwa im Verhältnis zur degressiven AfA nach § 7 Abs. 5 und zur AfaA gem. § 7 Abs. 1 S. 7[8] oder zu Abschreibungsvergünstigungen nach dem InvZulG, BerlinFG oder FördG.[9]

---

1 BFH v. 22.5.1987 – III R 47/82, BStBl. II 1987, 673 (674); v. 2.8.1988 – VIII R 18/80, BFH/NV 1989, 307 (308): Leistung auf Sperrkonto; v. 28.10.2008 – IX R 54/06, BFH/NV 2009, 156 (157).
2 BFH v. 30.10.1986 – III R 56/86, BStBl. II 1987, 137; v. 20.3.2001 – IX R 97/97, BStBl. II 2001, 482 (483) = FR 2001, 748.
3 Vgl. auch BFH v. 21.11.2013 – IX R 12/13, BStBl. II 2014, 563 (565).
4 BFH v. 14.3.2006 – I R 83/05, BStBl. II 2006, 799 (800) = FR 2006, 932.
5 BFH v. 28.10.2008 – IX R 53/06, BStBl. II 2009, 310 (312).
6 BFH v. 26.2.2002 – IX R 42/99, BStBl. II 2002, 472 (473) = FR 2002, 940; v. 25.5.2004 – VIII R 6/01, BStBl. II 2004, 783 (787) = FR 2004, 1167.
7 BFH v. 18.11.1997 – VIII R 71/96, BFH/NV 1998, 575 zu Gebäudebestandteilen.
8 BFH v. 27.6.1978 – VIII R 136/74, BStBl. II 1979, 8 (9); v. 25.5.2004 – VIII R 6/01, BStBl. II 2004, 783 (787) = FR 2004, 1167.
9 Aufhebung des FördG durch Art. 68 des 2. BundesRBereinG v. 8.7.2016, BGBl. I 2016, 1594.

Hat ein StPfl. für ein WG Sonderabschreibungen oder erhöhte Absetzungen in Anspr. genommen und besteht eine derartige Abschreibungsvergünstigung auch für **nachträgliche AK** (§ 6 Rn. 41) **oder HK**, beschränkt § 7a Abs. 5 diese Wahl nicht. Denn in diesem Fall ist eine doppelte Begünstigung derselben Aufwendungen ausgeschlossen. 20

G. Buchführungsgrenzen (Abs. 6)

Die Buchführungspflicht bestimmter StPfl. richtet sich nach den in **§ 141 Abs. 1 Nr. 4 und 5 AO** festgelegten Größenmerkmalen. Hierzu sieht § 7a Abs. 6 vor, dass für die Ermittlung dieser Gewinngrenzen die in Anspr. genommenen Abschreibungsvergünstigungen, soweit sie die Regel-AfA übersteigen, nicht zu berücksichtigen sind. Die Buchführungspflicht soll also für größere Betriebe nicht allein deswegen entfallen, weil sie über die lineare AfA, § 7 Abs. 1 und 4, hinaus Abschreibungen berücksichtigt haben. Der im Jahre 1999 eingefügte **§ 52 Abs. 22**[1] beschränkt die letztmalige Anwendung des § 7a Abs. 6 auf das Wj., das dem Wj. vorangeht, für das § 15a erstmals anzuwenden ist. 21

H. Mehrere Beteiligte (Abs. 7)

An einem WG können mehrere StPfl. etwa mit Bruchteils- und Gesamthandseigentum oder als wirtschaftliche Miteigentümer, § 39 AO, beteiligt sein. Grds können nur die G'ter (erhöhte) Absetzungen geltend machen, die selbst die AK oder HK getragen haben, § 39 Abs. 2 Nr. 2 AO. Sind, insbes. wegen fehlender persönlicher Voraussetzungen, nicht alle Beteiligte zur Inanspruchnahme der Abschreibungsvergünstigung berechtigt, bestimmt **§ 7a Abs. 7 S. 1**, dass die insoweit berechtigten Beteiligten die Vergünstigung **nur anteilig** vornehmen dürfen; ohne ausdrückliche gesetzliche Bestimmung, vgl. etwa § 1 Abs. 1 S. 2 FördG, ist also nicht etwa auf die betr. PersGes. abzustellen.[2] Hierzu ist der Teil der AfA-Bemessungsgrundlage zu bestimmen, der nach der vermögensrechtl. Zuordnung des WG auf jeden einzelnen der Beteiligten entfällt; maßgeblich ist der jeweilige Kapitalanteil oder Gewinnverteilungsschlüssel. Dabei gilt § 7a Abs. 7 ausweislich des Wortlauts nicht für die degressive AfA, die als normale AfA iSd. § 7 Abs. 1 anzusehen ist. Denn der Zwang zur einheitlichen Vornahme gilt nur für erhöhte Absetzungen und Sonderabschreibungen.[3] 22

Soweit die an einem WG Beteiligten eine Abschreibungsvergünstigung in Anspr. nehmen können, muss dies **einheitlich** geschehen, Abs. **7 S. 2**; dies gilt nach dem allg. Grundsatz einheitlicher Bilanzierung auch für den Fall, dass bei sämtlichen Beteiligten die diesbezüglichen Voraussetzungen erfüllt sind.[4] Das Gebot der einheitlichen Inanspruchnahme umfasst sowohl die Entscheidung, Sonderabschreibungen oder erhöhte Absetzungen (nicht aber degressive AfA, vgl. Rn. 22) zu wählen, als auch die Höhe des geltend gemachten Absetzungsbetrages.[5] Der Zwang zur einheitlichen Bilanzierung lässt sich bei widerstreitenden Interessen ggf. umgehen, indem das WG im Sonder-BV nur eines Beteiligten geführt und an die Ges. vermietet wird. 23

I. Aufzeichnungspflichten (Abs. 8)

Gehören die WG zu einem (Sonder-)BV, sieht Abs. 8 S. 1 ein im Einzelnen beschriebenes Verzeichnis vor, dessen Führung als materiell-rechtl. Voraussetzung für die Inanspruchnahme der Abschreibungsvergünstigung erforderlich ist, um die Steuervergünstigung hinreichend verfolgen zu können. Betroffen sind StPfl. mit Gewinneinkünften, § 2 Abs. 2 Nr. 1, auch wenn der Gewinn nach § 4 Abs. 3 ermittelt wird. Das Verzeichnis ist angesichts des Gesetzeswortlauts auch dann bereits notwendig, wenn ein StPfl. erhöhte Absetzungen oder Sonderabschreibungen für Teil-HK oder Anzahlungen auf AK geltend machen kann. Das **lfd. geführte Verzeichnis** erfordert nicht zeitnahe Aufzeichnungen; vielmehr genügt, wenn der StPfl. die Einzelangaben in ihrer zeitlichen Reihenfolge vornimmt und zwar bis zu dem Zeitpunkt, in dem er die Abschreibungsvergünstigung in Anspr. nimmt.[6] Sofern das Verzeichnis in den Folgejahren Mängel aufweist, steht dies einer Wahl der erhöhten Absetzungen oder Sonderabschreibungen im Erstjahr nicht entgegen. Ein StPfl. kann der Aufzeichnungspflicht auch in Schätzungsfällen genügen. 24

---

1 StEntlG 1999/2000/2002 v. 24.3.1999, BGBl. I 1999, 402 (416).
2 BFH v. 17.7.2001 – IX R 50/98, BStBl. II 2001, 760 (761) = FR 2001, 1182; v. 15.1.2002 – IX R 21/98, BStBl. II 2002, 309 = FR 2002, 829.
3 FG SchlHol. v. 3.3.2005 – 3 K 50146/03, EFG 2005, 1026.
4 BFH v. 7.8.1986 – IV R 137/83, BStBl. II 1986, 910 (913) = FR 1986, 594: einheitliche Bilanzierung bei PersGes.
5 Offengelassen in BFH v. 13.2.1990 – IX R 102/85, BStBl. II 1990, 953 (954) = FR 1990, 584.
6 BFH v. 9.8.1984 – IV R 151/81, BStBl. II 1985, 47 (48) = FR 1985, 50; v. 25.2.1986 – VIII R 271/81, BStBl. II 1986, 528 (530) = FR 1986, 419; zur nachträglichen Berücksichtigung v. Sonderabschreibungen, vgl. OFD Hann. v. 7.4.1997, DStR 1997, 871.

25 Sind die in S. 1 genannten Einzelangaben bereits aus der **Buchführung** ersichtlich, ist ein gesondert zu führendes Verzeichnis nicht erforderlich, Abs. 8 S. 2. Dies gilt etwa auch für ein Bestandsverzeichnis, das den in S. 1 aufgeführten Anforderungen entspricht.

J. Absetzung für Abnutzung im Anschluss an Sonderabschreibung (Abs. 9)

26 Abs. 9 regelt allein für Sonderabschreibungen die **Restwertabschreibung** des nach Ablauf des Begünstigungszeitraums verbleibenden Buchwerts (ursprüngliche AK oder HK nach Abzug aller in den Vorjahren geltend gemachten Abschreibungsbeträge) und zwar in der Weise, dass der Restwert an die Stelle der ursprünglichen Bemessungsgrundlage tritt.[1] Dieser Betrag ist für Gebäude, § 7 Abs. 4, sowie die in § 7 Abs. 5a genannten Gebäudeteile, Wohnungen und Räume auf die verbleibende – fiktive – Nutzungsdauer (= typisierte Nutzungsdauer nach § 7 Abs. 4 S. 1 oder 2 ./. Begünstigungszeitraum) linear zu verteilen.[2] Auf diese Weise wird die Nutzungsdauer, v. der § 7 Abs. 4 ausgeht, nicht verlängert; vielmehr werden die in § 7 Abs. 4 genannten AfA-Sätze erhöht.[3] Bei den übrigen WG hat der StPfl. nach Abschluss des Begünstigungszeitraums die Restnutzungsdauer (neu) zu bestimmen und den Buchwert als neue Bemessungsgrundlage im Regelfall linear zu verteilen; nur wenn neben der Sonderabschreibung bereits die degressive AfA zulässig war, vgl. § 7g Abs. 5, kann der StPfl. während der Restnutzungsdauer weiterhin nach § 7 Abs. 2 abschreiben. § 7a Abs. 9 erfasst nicht die Restwert-AfA bei erhöhten Absetzungen; diese richtet sich nach den jeweiligen Einzelbestimmungen.

§ 7b

(weggefallen)

§ 7c

(weggefallen)

1 *Benutzerhinweis: Angesichts der zeitlichen Vorgaben (Fertigstellung der Wohnung vor dem 1.1.1996) schwand die Bedeutung der Vorschrift. Der Gesetzgeber hat sie daher durch Art. 5 Nr. 5 und Art. 16 Abs. 2 Zollkodex-AnpG[4] mWv. 1.1.2015 aufgehoben. Die letzte Kommentierung erfolgte in der 9. Auflage.*

§ 7d

(weggefallen)

1 *Benutzerhinweis: Die Subventionsvorschrift in Gestalt erhöhter Absetzungen iSd. § 7a Abs. 1 S. 1 sollte umweltpolitische Zielvorgaben unterstützen. Angesichts der zeitlichen Vorgaben (Anschaffung/Herstellung oder nachträgliche HK bis zum 1.1.1991) und des begrenzten Begünstigungszeitraums hatte die Vorschrift, die gem. § 57 Abs. 2 im Beitrittsgebiet keine Geltung gewonnen hat, weitgehend ihre Bedeutung eingebüßt. Der Gesetzgeber hat sie daher durch Art. 5 Nr. 5 und Art. 16 Abs. 2 Zollkodex-AnpG[5] mWv. 1.1.2015 aufgehoben. Die letzte Kommentierung erfolgte in der 4. Auflage.*

§ 7e

(weggefallen)

1 BFH v. 21.11.2013 – IX R 12/13, BStBl. II 2014, 563 (565).
2 BFH v. 21.11.2013 – IX R 12/13, BStBl. II 2014, 563 (565).
3 BFH v. 20.6.1990 – I R 155/87, BStBl. II 1992, 622 (623 f.).
4 G v. 22.12.2014, BGBl. I 2014, 2417.
5 G v. 22.12.2014, BGBl. I 2014, 2417.

§ 7f

(weggefallen)

Benutzerhinweis: Angesichts der zeitlichen Vorgaben in § 7f Abs. 1 und 4 hatte die Vorschrift ihre Bedeutung weitgehend eingebüßt. Der Gesetzgeber hat sie daher durch Art. 5 Nr. 5 und Art. 16 Abs. 2 Zollkodex-AnpG[1] mWv. 1.1.2015 aufgehoben. Die letzte Kommentierung erfolgte in der 9. Auflage. 1

§ 7g Investitionsabzugsbeträge und Sonderabschreibungen zur Förderung kleiner und mittlerer Betriebe

(1) [1]Steuerpflichtige können für die künftige Anschaffung oder Herstellung von abnutzbaren beweglichen Wirtschaftsgütern des Anlagevermögens, die mindestens bis zum Ende des dem Wirtschaftsjahr der Anschaffung oder Herstellung folgenden Wirtschaftsjahres in einer inländischen Betriebsstätte des Betriebes ausschließlich oder fast ausschließlich betrieblich genutzt werden, bis zu 40 Prozent der voraussichtlichen Anschaffungs- oder Herstellungskosten gewinnmindernd abziehen (Investitionsabzugsbeträge). [2]Investitionsabzugsbeträgekönnen nur in Anspruch genommen werden, wenn

1. der Betrieb am Schluss des Wirtschaftsjahres, in dem die Abzüge vorgenommen werden, die folgenden Größenmerkmale nicht überschreitet:

   a) bei Gewerbebetrieben oder der selbständigen Arbeit dienenden Betrieben, die ihren Gewinn nach § 4 Absatz 1 oder § 5 ermitteln, ein Betriebsvermögen von 235 000 Euro;

   b) bei Betrieben der Land- und Forstwirtschaft einen Wirtschaftswert oder einen Ersatzwirtschaftswert von 125 000 Euro oder

   c) bei Betrieben im Sinne der Buchstaben a und b, die ihren Gewinn nach § 4 Absatz 3 ermitteln, ohne Berücksichtigung der Investitionsabzugsbeträge einen Gewinn von 100 000 Euro;

2. der Steuerpflichtige die Summen der Abzugsbeträge und der nach den Absätzen 2 bis 4 hinzuzurechnenden oder rückgängig zu machenden Beträge nach amtlich vorgeschriebenen Datensätzen durch Datenfernübertragung übermittelt. [3]Auf Antrag kann die Finanzbehörde zur Vermeidung unbilliger Härten auf eine elektronische Übermittlung verzichten; § 150 Absatz 8 der Abgabenordnung gilt entsprechend. [4]In den Fällen des Satzes 2 müssen sich die Summen der Abzugsbeträge und der nach den Absätzen 2 bis 4 hinzuzurechnenden oder rückgängig zu machenden Beträge aus den beim Finanzamt einzureichenden Unterlagen ergeben.

[3]Abzugsbeträge können auch dann in Anspruch genommen werden, wenn dadurch ein Verlust entsteht oder sich erhöht. [4]Die Summe der Beträge, die im Wirtschaftsjahr des Abzugs und in den drei vorangegangenen Wirtschaftsjahren nach Satz 1 insgesamt abgezogen und nicht nach Absatz 2 hinzugerechnet oder nach den Absätzen 3 oder 4 rückgängig gemacht wurden, darf je Betrieb 200 000 Euro nicht übersteigen.

(2) [1]Im Wirtschaftsjahr der Anschaffung oder Herstellung eines begünstigten Wirtschaftsguts können bis zu 40 Prozent der Anschaffungs- oder Herstellungskosten gewinnerhöhend hinzugerechnet werden; die Hinzurechnung darf die Summe der nach Absatz 1 abgezogenen und noch nicht nach den Absätzen 2 bis 4 hinzugerechneten oder rückgängig gemachten Abzugsbeträge nicht übersteigen. [2]Die Anschaffungs- oder Herstellungskosten des Wirtschaftsguts können in dem in Satz 1 genannten Wirtschaftsjahr um bis zu 40 Prozent, höchstens jedoch um die Hinzurechnung nach Satz 1, gewinnmindernd herabgesetzt werden; die Bemessungsgrundlage für die Absetzungen für Abnutzung, erhöhten Absetzungen und Sonderabschreibungen sowie die Anschaffungs- oder Herstellungskosten im Sinne von § 6 Absatz 2 und 2a verringern sich entsprechend.

(3) [1]Soweit in Anspruch genommene Investitionsabzugsbeträge nicht bis zum Ende des dritten auf das Wirtschaftsjahr des jeweiligen Abzugs folgenden Wirtschaftsjahres nach Absatz 2 Satz 1 hinzugerechnet wurden, sind die Abzüge nach Absatz 1 rückgängig zu machen; die vorzeitige Rückgängigmachung von Investitionsabzugsbeträgen vor Ablauf der Investitionsfrist ist zulässig. [2]Wurde der Gewinn des maßgebenden Wirtschaftsjahres bereits einer Steuerfestsetzung oder einer gesonderten Feststellung zugrunde gelegt, ist der entsprechende Steuer- oder Feststellungsbescheid

1 G v. 22.12.2014, BGBl. I 2014, 2417.

insoweit zu ändern. [3]Das gilt auch dann, wenn der Steuer- oder Feststellungsbescheid bestandskräftig geworden ist; die Festsetzungsfrist endet insoweit nicht, bevor die Festsetzungsfrist für den Veranlagungszeitraum abgelaufen ist, in dem das dritte auf das Wirtschaftsjahr des Abzugs folgende Wirtschaftsjahr endet. [4]§ 233a Absatz 2a der Abgabenordnung ist nicht anzuwenden.

(4) [1]Wird in den Fällen des Absatzes 2 ein begünstigtes Wirtschaftsgut nicht bis zum Ende des dem Wirtschaftsjahr der Anschaffung oder Herstellung folgenden Wirtschaftsjahres in einer inländischen Betriebsstätte des Betriebes ausschließlich oder fast ausschließlich betrieblich genutzt, sind die Herabsetzung der Anschaffungs- oder Herstellungskosten, die Verringerung der Bemessungsgrundlage und die Hinzurechnung nach Absatz 2 rückgängig zu machen. [2]Wurden die Gewinne der maßgebenden Wirtschaftsjahre bereits Steuerfestsetzungen oder gesonderten Feststellungen zugrunde gelegt, sind die entsprechenden Steuer- oder Feststellungsbescheide insoweit zu ändern. [3]Das gilt auch dann, wenn die Steuer- oder Feststellungsbescheide bestandskräftig geworden sind; die Festsetzungsfristen enden insoweit nicht, bevor die Festsetzungsfrist für den Veranlagungszeitraum abgelaufen ist, in dem die Voraussetzungen des Absatzes 1 Satz 1 erstmals nicht mehr vorliegen. [4]§ 233a Absatz 2a der Abgabenordnung ist nicht anzuwenden.

(5) Bei abnutzbaren beweglichen Wirtschaftsgütern des Anlagevermögens können unter den Voraussetzungen des Absatzes 6 im Jahr der Anschaffung oder Herstellung und in den vier folgenden Jahren neben den Absetzungen für Abnutzung nach § 7 Absatz 1 oder Absatz 2 Sonderabschreibungen bis zu insgesamt 20 Prozent der Anschaffungs- oder Herstellungskosten in Anspruch genommen werden.

(6) Die Sonderabschreibungen nach Absatz 5 können nur in Anspruch genommen werden, wenn

1. der Betrieb zum Schluss des Wirtschaftsjahres, das der Anschaffung oder Herstellung vorangeht, die Größenmerkmale des Absatzes 1 Satz 2 Nummer 1 nicht überschreitet, und

2. das Wirtschaftsgut im Jahr der Anschaffung oder Herstellung und im darauf folgenden Wirtschaftsjahr in einer inländischen Betriebsstätte des Betriebs des Steuerpflichtigen ausschließlich oder fast ausschließlich betrieblich genutzt wird; Absatz 4 gilt entsprechend.

(7) Bei Personengesellschaften und Gemeinschaften sind die Absätze 1 bis 6 mit der Maßgabe anzuwenden, dass an die Stelle des Steuerpflichtigen die Gesellschaft oder die Gemeinschaft tritt.

Verwaltung: BMF v. 8.5.2013, BStBl. I 2013, 1493 (zu § 7g aF); v. 20.3.2017, BStBl. I 2017, 423 (zu § 7g nF).

Literatur: *Görke*, Die Kompensation von Steuererhöhungen durch nachträgliche Inanspruchnahme von Investitionsabzugsbeträgen, FR 2014, 158; *Rosarius*, Das Betriebsvermögen iSd. § 7g EStG, Inf 2001, 484; *Wendt*, Investitionsabzugsbetrag: Geltendmachung nach getätigter Investition, FR 2012, 642.

A. Grundaussagen der Vorschrift

I. Regelungsgegenstand. § 7g begünstigt die wirtschaftsgutsbezogene Investitionstätigkeit kleiner und mittlerer Wirtschaftseinheiten. Es handelt sich um eine investitionsgut- und betriebsbezogene Form der Unternehmensförderung, die auch bereits für noch in Gründung befindliche Unternehmen infrage kommt (Rn. 20). Der Investitionsabzugsbetrag (**Abs. 1 und 2**) ermöglicht – im Wege eines im Grundsatz zeitlich unbefristeten Wahlrechts (Rn. 12) – das Vorverlagern v. Abschreibungspotenzial in ein Wj., bevor der StPfl. das begünstigte WG in einem späteren Wj. anschafft oder herstellt. Die **Abs. 3 und 4** betreffen den Fall, dass die Investition, für die der StPfl. den Abzugsbetrag abgezogen hat, tatsächlich nicht den Voraussetzungen der Abs. 1 und 2 genügt. Sonderabschreibungen (**Abs. 5 und 6**) wiederum führen zu einem (weiteren) beachtlichen Vorziehen des Abschreibungspotentials. Beide Wege der indirekten Wirtschaftsförderung verbessern die Wettbewerbssituation kleiner und mittlerer Betriebe, sie erhöhen deren Liquidität, erleichtern die Eigenkapitalbildung und stärken auf diese Weise die Investitions- und Innovationskraft.[1] Immerhin kann ein Unternehmen im Jahr der Anschaffung oder Herstellung Gesamtabschreibungen iHv. 52 % (40 % gem. Abs. 1 und 2 sowie Sonder-AfA iHv. 20 % gem. Abs. 5) zzgl. linearer AfA gem. § 7 Abs. 1 geltend machen. § 7g bietet insoweit zumindest eine zins- und sicherungsfreie Steuerstundung. An diesem Begünstigungszweck zugunsten mittelständischer Unternehmen hat sich die Auslegung der Norm zu orientieren.[2] Dabei will der Gesetzgeber die Investition konkreter ins Auge gefasste WG erleichtern, § 7g dient hingegen nicht der allg. Liquiditätsverbesserung und darf auch nicht zur voraussetzungslosen Gestaltungsmöglichkeit zum beliebigen Senken der Einkommensteuerbelastung degenerieren.[3] 1

II. Entwicklung der Vorschrift. Trotz jahrelanger nachhaltiger Kritik an § 7g als Instrument der indirekten Wirtschaftsförderung[4] ist die Vorschrift nicht abgeschafft worden. Nach zahlreichen, eher geringfügigen Modifikationen, die der Gesetzgeber seit 1999 vorgenommen hatte,[5] nutzte dieser das UntStRefG 2008[6] zu einer tief greifenden Umgestaltung des § 7g. Der neu eingeführte Investitionsabzugsbetrag sollte das durch die frühere Ansparabschreibung entstandene Abzugsvolumen zumindest erhalten. Zu diesem Zweck steht der gewinnerhöhenden Hinzurechnung des Abzugsbetrages gem. § 7g Abs. 2 S. 1 ein gewinnmindernder Abzug v. den AK/HK in gleicher Höhe zzgl. Sonder-AfA gem. § 7g Abs. 5 sowie Regel-AfA gem. § 7 Abs. 1 gegenüber. Zahlreiche Streitfragen aus der Vergangenheit wurden obsolet, steuersystematische Verbesserungen und vereinfachende Regelungen ließen insbes. die zuvor bestehende explizite Fördermöglichkeit für Existenzgründer entfallen.[7] Schließlich hat der Gesetzgeber den Förderumfang zielgenauer ausgestaltet und teilw. ausgeweitet, im Einzelfall aber auch eingeschränkt. Die Änderungen erstreben eine verbesserte stl. Begünstigung der Investitionstätigkeit kleiner und mittlerer Betriebe im Wege einer Steuerstundung.[8] Neben einer partiellen Ausweitung des Förderumfangs auf 200 000 Euro (Abs. 1 S. 4) können StPfl. nunmehr im Wj. der Investition eine beachtliche Gewinnminderung (Abs. 2) oder etwa in den Folgejahren Sonderabschreibungen geltend machen, ohne zuvor den Investitionsabzugsbetrag gebildet zu haben (Abs. 5). Zugleich sah das UntStRefG 2008[9] eine differenzierte Regelung für die **zeitliche Anwendung** vor.[10] 2

Einstweilen frei. 3–5

Im Rahmen des sog. Konjunkturpakets[11] hat der Gesetzgeber Abs. 5 dahingehend ergänzt, dass ausdrücklich der StPfl. die Sonderabschreibungen gem. Abs. 5 und 6 neben der Regelabschreibung gem. § 7 Abs. 1 (lineare AfA) oder Abs. 2 (degressive AfA) in Anspr. nehmen kann. Im Jahre 2013 hat der Gesetzgeber dem § 7g Abs. 3 den Satz 4 angefügt.[12] Diese Ergänzung schließt iSd. FinVerw. eine Verzinsung gem. 6

1 BT-Drucks. 16/4841, 51; BFH v. 29.4.2008 – VIII R 62/06, BStBl. II 2008, 747 (749); v. 17.1.2012 – VIII R 48/10, FR 2012, 640 (641).

2 BFH v. 29.3.2001 – IV R 49/99, BStBl. II 2001, 437 = FR 2001, 910; v. 20.6.2012 – X R 42/11, DStR 2012, 1795 (1798 f.).

3 BT-Drucks. 16/4841, 51; BFH v. 20.6.2012 – X R 42/11, DStR 2012, 1795 (1797).

4 *K/S/M*, § 7g Rn. A 4.

5 StBereinG 1999 v. 22.12.1999, BGBl. I 1999, 2601; KleinunternehmerförderungsG v. 31.7.2003, BGBl. I 2003, 1550; StÄndG 2003 v. 15.12.2003, BGBl. I 2003, 2645; EURLUmsG v. 9.12.2004, BGBl. I 2004, 3310.

6 G v. 14.8.2007, BGBl. I 2007, 1912.

7 BT-Drucks. 16/4841, 51.

8 BT-Drucks. 16/4841, 32 und 51.

9 § 52 Abs. 23, vgl. G v. 14.8.2007, BGBl. I 2007, 1912 (1925): erstmalige Geltung für Wj., die nach dem 17.8.2007 enden. Bei abw. Wj. konnte der Abzugsbetrag folglich bereits im Jahr 2006/2007 Bedeutung gewinnen.

10 Zu Besonderheiten für StPfl. mit Einkünften gem. § 18 im VZ 2007 vgl. BFH v. 13.10.2009 – VIII B 62/09 E, BStBl. II 2010, 180 (181) = FR 2009, 1107 m. Anm. *Bergan/Martin*; BMF v. 8.5.2009, BStBl. I 2009, 633 (641) Tz. 73.

11 G v. 21.12.2008, BGBl. I 2008, 2896.

12 AmtshilfeRLUmsG v. 26.6.2013, BGBl. I 2013, 1809 (1815).

§ 233a Abs. 2a AO aus, dies gilt gem. Art. 31 des AmtshilfeRLUmsG aber erst ab 2013. Im Jahr 2015 fasste der Gesetzgeber Abs. 1 bis 4 neu und ersetzte hierbei insbes. die bisherigen Bestimmungen zur Investitionsabsicht und zur Funktionsbenennung (Abs. 1 S. 2 Nr. 2 und 3 aF) durch eine Neuregelung (Abs. 1 S. 2 Nr. 2 nF),[1] die erstmals für nach dem 31.12.2015 endende Wj. gilt.[2]

7 Die teilw. deutlich ausgedehnten Abschreibungsvergünstigungen des § 7g bilden nach wie vor eine bevorzugte Möglichkeit der **stl. Gestaltung** im Hinblick auf beachtliche Liquiditätsvorteile. Die legitime Gewinnverlagerung dient insbes. der Gewinnglättung und bei sinkendem Grenzsteuersatz der endg. Steuerersparnis.[3] Der Ansatz eines Investitionsabzugsbetrages kann auch allein zu dem Zweck sinnvoll sein, im Einzelfall krit. Einkommensgrenzen (zB Kindergeld) zu unterschreiten.

B. Investitionsabzugsbetrag (Abs. 1–4)

8 **I. Bildung des Abzugsbetrages (Abs. 1). 1. Begünstigte Wirtschaftsgüter (Abs. 1 S. 1).** Das G begrenzt die Vergünstigung auf die **künftige Anschaffung oder Herstellung** abnutzbarer beweglicher WG des Anlagevermögens. Die Abgrenzung, ob eine künftige Anschaffung oder Herstellung vorliegt, richtet sich nach § 9a EStDV (§ 7 Rn. 29). Ist demnach das betr. WG bis zum Bilanzstichtag geliefert oder fertig gestellt, entfällt die Bildung eines Abzugsbetrages; die Inanspruchnahme des Abzugsbetrages im Jahr der Investition kommt daher nicht in Betracht.[4] Dagegen ist der Zeitpunkt der Bilanzerstellung regelmäßig unerheblich;[5] dies gilt umso mehr, als nach der Gesetzesreform im Jahr 2007 der Abzugsbetrag außerbilanziell geltend zu machen ist (Rn. 12).

9 Ob ein **abnutzbares bewegliches WG des Anlagevermögens** vorliegt, richtet sich nach allg. Grundsätzen. Ein WG ist abnutzbar, wenn durch Abnutzung ein Ver- oder Gebrauch feststellbar ist (§ 7 Rn. 23). Demzufolge entfällt § 7g Abs. 1 bei immateriellen WG sowie bei einheitlichen WG, bei denen die immateriellen Komponenten im Vordergrund stehen, denn beweglich oder unbeweglich können nur materielle WG sein.[6] § 7g Abs. 1 umfasst auch die WG, die zukünftig als GWG iSd. § 6 Abs. 2 und 2a anzusehen sind (Rn. 34). Für die Frage, ob ein StPfl. für ein zukünftiges GWG den Abzugsbetrag geltend machen soll, gewinnen verschiedene Aspekte Bedeutung. Zu beachten ist etwa – bei einer alsbald erwarteten Veräußerung des zukünftigen GWG – der Umstand, dass § 6 Abs. 2a S. 3 eine Minderung des Sammelposten untersagt. Die frühere Unterscheidung, ob das WG neu ist, hat dagegen ihre Bedeutung verloren. § 7g Abs. 1 gilt gleichermaßen für neuwertige und gebrauchte WG.[7]

10 In **persönlicher Beziehung** können ua. neben Einzelunternehmen PersGes. und Gemeinschaften (Rn. 51), etwa eine atypisch stille Ges. oder im Rahmen einer BetrAufsp. grds. sowohl das Besitz- als auch das Betriebsunternehmen, den Investitionsabzugsbetrag bilden.[8] Erforderlich ist lediglich ein aktiv am Wirtschaftsleben teilnehmendes (werbendes) Unternehmen.[9] Eine Betriebsverpachtung im Ganzen genügt insoweit nicht.[10] Das **Wahlrecht**, den Abzugsbetrag zu bilden, können StPfl. nach allg. Grundsätzen – bis zum Eintritt der formellen Bestandskraft – ausüben.[11] Weitere Einzelheiten zu den persönlichen Anforderungen sind – zT indirekt – in Abs. 1 S. 2 (Rn. 13) geregelt. So muss der StPfl. Einkünfte gem. §§ 13, 15 oder 18 erzielen. Die anderen Einkunftsarten sind nicht begünstigt. Der Abzugsbetrag steht einem StPfl. aber unabhängig davon offen, ob er seinen Gewinn nach §§ 4 Abs. 1, 5 oder § 4 Abs. 3 ermittelt.

10a Abs. 1 S. 1 verlangt des Weiteren, dass hinsichtlich des betr. WG bestimmte betriebsbezogene **Verbleibens- und Nutzungsvoraussetzungen** erfüllt werden. Diese waren bis zur 2015 vollzogenen Gesetzesänderung (Rn. 6) in Abs. 2 S. 2 Nr. 2 lit. b aF enthalten. Das WG muss mindestens im Jahr der Anschaffung oder Herstellung sowie im gesamten Folgejahr in einem **inländ. Betrieb** oder einer **inländ. Betriebsstätte** des Betriebs einsetzt werden. Im Unterschied zu § 7g aF verlangt der Gesetzgeber nunmehr ausdrücklich die betriebliche Nutzung in einer inländ. Betriebsstätte des Betriebs.[12] Diese Bestimmung erweist sich im

1 BT-Drucks. 18/4902, 42.
2 StÄndG 2015 v. 2.11.2015, BGBl. I 2015, 1834; zum zeitlichen Anwendungsbereich vgl. § 52 Abs. 16 S. 1 nF.
3 *Görke*, FR 2014, 158 (160 f.).
4 BFH v. 12.11.2014 – X R 19/13, BFH/NV 2015, 328.
5 BFH v. 14.8.2001 – XI R 18/01, BStBl. II 2004, 181 (182) = FR 2002, 938 m. Anm. *Kanzler*.
6 BFH v. 18.5.2011 – X R 26/09, FR 2011, 956 m. Anm. *Anzinger* = DStR 2011, 1651 (1652): Software als immaterielles WG.
7 BT-Drucks. 16/4841, 32.
8 BFH v. 29.11.2007 – IV R 82/05, BStBl. II 2008, 471 (474); BMF v. 20.3.2017, BStBl. I 2017, 423 Rz. 1 ff.
9 BFH v. 11.10.2017 – X R 2/16, HFR 2018, 528, zu § 7g aF: Liebhabereibetrieb nicht begünstigt.
10 BFH v. 27.9.2001 – X R 4/99, BStBl. II 2002, 136 (137) = FR 2002, 339; BMF v. 20.3.2017, BStBl. I 2017, 423 Rz. 1.
11 BFH v. 17.1.2012 – VIII R 48/10, BStBl. II 2013, 952; v. 23.3.2016 – IV R 9/14, BStBl. II. 2017, 296 Rz. 14.
12 BFH v. 10.8.2011 – I R 45/10, BStBl. II 2012, 118 (121) = FR 2012, 318.

Hinblick auf die europarechtlich geschützte Dienstleistungsfreiheit im Einzelfall als durchaus problematisch. Immerhin werden StPfl. lediglich wg. der örtlichen Anknüpfung der betr. Investitionen unterschiedlich besteuert.

Diese betriebsbezogene Ausgestaltung der mit § 7g Abs. 1 intendierten Wirtschaftsförderung kleiner und mittlerer Betriebe verlangt, die betriebliche Einheit einzugrenzen, in der ein StPfl. das begünstigte WG (fast) ausschließlich nutzen muss. Nach vertretbarer Auffassung des BFH sind die Verbleibens- und Nutzungsvoraussetzungen auch dann erfüllt, wenn die personelle Verflechtung zw. der als Nutzerin des betr. WG vorgesehenen Betriebs-GmbH und dem investierenden Besitzunternehmen lediglich über eine mittelbare Beteiligung der G'ter des Besitzunternehmens an der Betriebs-GmbH gegeben ist.[1] Demgegenüber entfällt grds. ein Investitionsabzugsbetrag, wenn ein StPfl., der mehrere Betriebe führt, das für einen Betrieb angeschaffte WG in einem weiteren Betrieb einsetzt.[2] Die FinVerw. lässt hiervon unter bestimmten Voraussetzungen Ausnahmen zu, wenn ein einheitliches Unternehmen aus ertragsteuerlichen Gründen funktionell in zwei Betriebe aufgeteilt wurde.[3]

Schließlich muss der StPfl. das besagte WG ausschließlich oder fast ausschließlich **betrieblich nutzen**. 10b
Abs. 1 S. 1 verlangt, dass der StPfl. das betr. WG voraussichtlich mindestens bis zum Ende des dem Wj. der Anschaffung oder Herstellung folgenden Wj. (fast) ausschließlich **betrieblich nutzt**. Das schädliche Nutzen in einem anderen Jahr ist insoweit unbeachtlich. Betriebliche Nutzung setzt voraus, dass der tatsächliche Gebrauch dem Erzielen v. Einnahmen dient, somit der private Einsatz ausgeschlossen ist. Da die Nutzung im Betrieb des StPfl. selbst zu erfolgen hat, ist auch bei Gebrauchsüberlassungen auf den Einsatz im Betrieb des Vermieters/Leasinggebers abzustellen.[4] Setzt ein StPfl. das betreffende WG sowohl in seinem eigenen landwirtschaftlichen Betrieb ein als auch in dem landwirtschaftlichen Betrieb Dritter, steht dies einer (fast) ausschließlich betrieblichen Nutzung nicht entgegen.[5] Der StPfl. nutzt das WG **fast ausschließlich betrieblich**, wenn die schädliche (vor allem private) Mitnutzung nicht mehr als 10 % ausmacht.[6] Hiervon ist zB auch auszugehen, wenn ein ArbG seinem ArbN (längerfristig) einen Pkw zur Nutzung überlässt. In diesem Zusammenhang sieht die FinVerw. kein Problem, Fahrten zw. Wohnung und Betriebsstätte der betrieblichen Nutzung zuzurechnen; auf jeden Fall sind die unterschiedlichen Fallgestaltungen hinsichtlich des Umfangs der Privatnutzung zu beachten.[7] Vermietungen an Dritte erweisen sich regelmäßig als schädlich.

2. Höhe des Investitionsabzugsbetrages (Abs. 1 S. 1). Abgesehen v. der absoluten Obergrenze gem. 11
Abs. 1 S. 4 v. 200 000 Euro (Rn. 27) begrenzt der Gesetzgeber in S. 1 den Abzugsbetrag auf höchstens 40 % der AK oder HK (relativer Höchstbetrag). Das auch die Höhe des Abzugsbetrags betr. Wahlrecht ist folglich begrenzt. Die Bemessungsgrundlage lässt sich idR nur im Wege der Schätzung ermitteln. Maßgeblich sind die **voraussichtlichen Kosten**. Der StPfl. muss hiernach in nachprüfbarer Weise den zu erwartenden Aufwand beziffern. Dieser ist nach allg. Grundsätzen zu ermitteln. § 9b Abs. 1 ist zu beachten; die AK/HK sind auch dann nicht zu mindern, wenn bei der Investition Sonderregelungen (zB im Hinblick auf den Schrott- oder Schlachtwert) die AfA-Bemessungsgrundlage mindern.[8] Sind die geplanten Aufwendungen allerdings unangemessen iSd. § 4 Abs. 5 S. 1 Nr. 7, dann ist der Abzugsbetrag entsprechend zu kürzen.[9] Indem das G lediglich einen anteiligen Höchstbetrag festsetzt, steht es dem StPfl. frei, einen niedrigeren Wert als die bezeichneten 40 % zu berücksichtigen. Es ist auch zulässig, den ursprünglich gebildeten Abzugsbetrag innerhalb des Investitionszeitraums (Abs. 1 S. 2 Nr. 2 lit. a aF, Abs. 1 S. 1 nF) **aufzustocken**, weil der StPfl. etwa zunächst unter dem höchst zulässigen Betrag geblieben ist oder sich die voraussichtlichen Investitionskosten erhöht haben.[10]

3. Abzug des Investitionsabzugsbetrages (Abs. 1 S. 1). StPfl. können den Abzugsbetrag gewinnmin- 12
dernd geltend machen. Dies geschieht in der Weise, dass der StPf. den Abzugsbetrag **außerbilanziell** in die Gewinn- und Verlustrechnung einstellt. Das in der Vergangenheit erforderliche buchungsmäßige Erfassen

1 BFH v. 29.11.2007 – IV R 82/05, BStBl. II 2008, 471 (474) = FR 2008, 974 m. Anm. *Bode*.
2 BFH v. 19.3.2014 – X R 46/11, BFH/NV 2014, 1143 (1144 f.).
3 BMF v. 20.3.2017, BStBl. I 2017, 423 Rz. 47 ff. mit Bsp.
4 BT-Drucks. 16/4841, 52.
5 BFH v. 19.3.2014 – X R 46/11, BFH/NV 2014, 1143 (1145).
6 BT-Drucks. 16/4841, 53; BFH v. 6.4.1990 – III R 2/87, BStBl. II 1990, 752 (753); v. 19.3.2014 – X R 46/11, BFH/NV 2014, 1143 (1144); BMF v. 20.3.2017, BStBl. I 2017, 423 Rz. 42.
7 *K/S/M*, § 7g Rn. E 19 mwN; zur Pkw-Nutzung vgl. auch BMF v. 20.3.2017, BStBl. I 2017, 423 Rz. 44.
8 BFH v. 31.8.2006 – IV R 26/05, BStBl. II 2006, 910 (910 f.) = FR 2007, 90; BMF v. 20.11.2013, BStBl. I 2013, 1493 Tz. 5.
9 BFH v. 10.10.2017 – X R 33/16, BStBl. II 2018, 185 = FR 2018, 361 m. Anm. *Wendt*.
10 BFH v. 12.11.2014 – X R 4/13, BFH/NV 2015, 403; BMF v. 15.1.2016, BStBl. I 2016, 83 mit Einzelheiten zur Aufstockung.

einer Rücklage entfällt. Mithin unterliegt das Bilden und Auflösen des außerbilanziellen Investitionsabzugsbetrages weder den Restriktionen des Maßgeblichkeitsgrundsatzes iSd. § 5 Abs. 1 S. 1 noch den Beschränkungen der Bilanzänderung gem. § 4 Abs. 2. Im Regelfall werden StPfl. den Abzugsbetrag bei der Abgabe ihrer Steuererklärung bei dem zuständigen FA geltend machen. Dies kann aber gleichermaßen nach der erstmaligen Steuerfestsetzung iRd. Einspruchsfrist gem. § 355 AO oder auch im Zuge einer Außenprüfung (Rn. 23) geschehen. Formell kann der StPfl. das zeitlich unbefristete **Wahlrecht** jedenfalls bis zum Eintritt der Bestandskraft derjenigen Steuerfestsetzung ausüben, auf welche sie sich auswirken soll.[1] Vor diesem Hintergrund ist der Abzugsbetrag für die „künftige" Anschaffung oder Herstellung etwa auch dann zu gewähren, wenn diese im Zeitpunkt der Abgabe der Steuererklärung für das Abzugsjahr bereits erfolgt ist.[2]

13 **4. Betriebliche Größenmerkmale (Abs. 1 S. 2 Nr. 1).** S. 2 enthält verschiedene **einschr. Bedingungen**, unter denen StPfl. den Investitionsabzugsbetrag geltend machen können. Betriebliche Größenmerkmale (Nr. 1) sollen verhindern, dass Großunternehmen und Konzerne eine Förderung erfahren, die kleinen und mittleren Betrieben vorbehalten sein soll.[3] Zudem muss die Absicht zu einer qualifizierten Anschaffung oder Herstellung sowie betrieblichen Nutzung des betr. WG (Nr. 2) bestehen und der StPfl. bestimmte Angaben ggü. dem FA machen (Nr. 3). Bei dem Investitionsabzugsbetrag beziehen sich die Größenmerkmale – im Unterschied zu den Grenzen bei der Sonderabschreibung gem. Abs. 6 (Rn. 49) – ausweislich des Gesetzeswortlauts auf das jeweils lfd. Wj., in dem der StPfl. den Abzug vornimmt.

14 Das BV oder der (Ersatz-)Wirtschaftswert des jeweiligen Betriebes dürfen die in Abs. 1 S. 2 Nr. 1 genannten Größenmerkmal (Rn. 6) am Schluss des Wj. nicht überschreiten, **Abs. 1 S. 2 Nr. 1**. Maßgeblich ist das ggf. vom Kj. abw. Wj. iSd. § 4a, in dem der StPfl. den Abzug vornimmt. In dem oder den Folgejahren gewinnt die Änderung der Größenmerkmale insoweit keine Bedeutung. Zwecks Ausschluss der Großunternehmen begrenzt Abs. 1 S. 2 Nr. 1 den Kreis der begünstigten Unternehmen; die einzelnen Größenmerkmale beziehen sich getrennt **auf den jeweiligen Betrieb**. Dies gilt auch, wenn der StPfl. Inhaber mehrerer Betriebe ist, sowie bei Organschaftsverhältnissen oder im Falle einer BetrAufsp.[4] Bei PersGes. sind das BV (einschl. des Sonder-BV) sowie der EW der Ges. maßgeblich, Abs. 7. Zu beurteilen ist die Größe des BV, zu dessen Anlagevermögen das betr. WG gehört. Da lediglich § 7g Abs. 1 S. 2 Nr. 2 auf die **inländ. Betriebsstätten** abstellt, bleiben ausländ. Teile des BV oder Wirtschaftswerts im Hinblick auf die Größenmerkmale aus Gründen der Wettbewerbsfähigkeit nicht unberücksichtigt.[5]

15 **§ 7g Abs. 1 S. 2 Nr. 1 lit. a** regelt für bilanzierende StPfl., die den Gewinn also nicht nach § 4 Abs. 3 ermitteln (§ 7g Abs. 1 S. 2 Nr. 1 lit. c, vgl. Rn. 17), mit Einkünften gem. §§ 15 und 18, dass auf den jeweiligen Betrieb bezogen das BV den Grenzwert v. 235 000 Euro nicht überschreiten darf.[6] Nachdem ein Investitionsabzugsbetrag iSd. Abs. 1 außerbilanziell wirkt, gewinnt dieser selbst keinen Einfluss auf den Buchwert des BV. Dagegen verringern die Minderung der AK oder HK gem. Abs. 2 S. 2, 1. HS sowie die Sonder-AfA gem. Abs. 5 die jeweilige Bemessungsgrundlagen und somit auch die Bezugsgröße des Abs. 1 S. 2 Nr. 1 lit. a. Wegen der Einzelheiten, wie StPfl. das maßgebliche BV zu ermitteln haben, wird auf die Ausführungen in BMF v. 20.3.2017 verwiesen.[7] Der Höchstbetrag gilt bei PersGes. oder Gemeinschaften für diese insgesamt, Abs. 7 (Rn. 51). Dabei sind angesichts der Betriebsbezogenheit des Abzugsbetrages die Wertverhältnisse des BV einschl. etwaigen Sonder-BV zu berücksichtigen.[8] Künftige tatsächliche Entwicklungen lassen die genannten stichtagsbezogenen Größenmerkmale unberührt. Die in Abs. 1 S. 2 Nr. 1 genannten betrieblichen Größenmerkmale können sich – insbes. im Anschluss an eine Außenprüfung – ändern. Im Rahmen der allg. Änderungsvorschriften (§§ 164 f. und 172 ff. AO, § 4 Abs. 2 S. 2 EStG[9]) kommt die nachträgliche Versagung des Abs. 1 in Betracht. Werden die Grenzen des Abs. 1 S. 2 Nr. 1 in vergleichbarer Weise erstmals unterschritten, kann sich dem StPfl. nach den gleichen Grundsätzen das Wahlrecht eröffnen, den Abzugsbetrag geltend zu machen.[10] StPfl. können demnach versuchen, durch entspr. gestalterische Maßnahmen (vor allem stfreie Rücklagen) die genannten Größenmerkmale zu verringern.[11]

---

1 BFH v. 23.3.2016 – IV R 9/14, BStBl. II 2017, 295 Rz. 14; v. 28.4.2016 – I R 31/15, BStBl. II 2017, 306 Rz. 7.
2 BFH v. 17.1.2012 – VIII R 48/10, FR 2012, 640.
3 BT-Drucks. 16/5377, 12.
4 BFH v. 17.7.1991 – I R 98/88, BStBl. II 1992, 246 (248) = FR 1991, 747; R 7g Abs. 4 S. 1 und 4 EStR.
5 BFH v. 15.2.2012 – I B 124/11, BFH/NV 2013, 986.
6 In den Jahren 2009 und 2010 galten erhöhte Grenzwerte (Rn. 6). Diese kamen nur in Betracht, wenn das betr. Wj. nach dem 31.12.2008 und vor dem 1.1.2011 endete.
7 BMF v. 20.3.2017, BStBl. I 2017, 423 Rz. 11 ff.
8 BFH v. 3.8.2017 – IV R 12/14, BStBl. II 2018, 20: Anspr. auf Investitionszulage erhöht die Betriebsgröße.
9 BMF v. 20.3.2017, BStBl. I 2017, 423 Rz. 20.
10 R 7g Abs. 5 EStR; *K/S/M*, § 7g Rn. C 15.
11 *Rosarius*, Inf. 2001, 484 (486).

§ **7g Abs. 1 S. 2 Nr. 1 lit. b** begrenzt den Abzugsbetrag bei Einkünften iRd. § 13, soweit der StPfl. den Gewinn nicht nach § 4 Abs. 3 ermittelt (§ 7g Abs. 1 S. 2 Nr. 1 lit. c), vgl. Rn. 17), auf die Betriebe, deren (Ersatz-)Wirtschaftswert stichtagsbezogen den Höchstbetrag v. 125 000 Euro[1] nicht überschreitet. Die sprachliche Parallele zu den in § 141 Abs. 1 Nr. 3 AO verwandten Begriffen dient der Rechtsklarheit. Dieser Höchstbetrag gilt bei PersGes. oder Gemeinschaften für diese insgesamt, Abs. 7 (Rn. 51). Im Laufe des Gesetzgebungsverfahrens wurde für die LuF der Begriff des EW durch den des (Ersatz-)Wirtschaftswerts ersetzt. Dieser umfasst nicht den (privaten) Wohnungswert, das Abstellen auf allein betriebliche Kennzahlen erschien bei einer betriebsbezogenen Steuervergünstigung sachgerecht.[2] Der Wirtschaftswert bestimmt sich entspr. allg. Grundsätzen nach § 46 BewG, im Beitrittsgebiet der Ersatzwirtschaftswert im Hinblick auf § 57 Abs. 3 nach § 125 BewG.[3] Maßgeblich ist der EW am Schluss des Wj., in dem der StPfl. den Abzug vornimmt. Dies ist im Regelfall der EW, der zum Zeitpunkt der letzten Haupt-, Fort- oder Nachfeststellung vor dem Ende des besagten Wj. festzustellen war. 16

Durch **§ 7g Abs. 1 S. 2 Nr. 1 lit. c** eröffnet der Gesetzgeber – unabhängig v. der Höhe des BV iS § 7g Abs. 1 S. 2 Nr. 1 lit. a[4] – den Abzugsbetrag für StPfl., die Einkünfte nach §§ 13, 15 oder 18 EStG erzielen und ihren Gewinn durch Einnahme- Überschussrechnung gem. § 4 Abs. 3 ermitteln. In diesen Fällen kommt die Vergünstigung allerdings nur noch in Betracht, wenn der StPfl. ohne Berücksichtigung des Abzugsbetrags höchstens einen Gewinn iHv. 100 000 Euro[5] erzielt. Nachdem auch in diesen Fällen die Beschränkung des Abs. 7 gilt (Rn. 51), sind lediglich kleinere und allenfalls mittelgroße PersGes. und Gemeinschaften begünstigungsfähig. Diese (massive) Einschränkung ggü. der früheren Regelung des § 7g aF betrifft – insbes. angesichts der Regelung in Abs. 7 – vor allem größere Freiberufler-Sozietäten. Maßgeblich für den Grenzwert des Abs. 1 S. 2 Nr. 1 lit. c ist der Gewinn ohne Berücksichtigung des Investitionsabzugsbetrages. Im Verhältnis zu der in lit. a) geregelten Höchstgrenze v. 235 000 Euro gilt also eine ungleich niedrigere Grenze; im Einzelfall kann es sich daher anbieten, zum Bestandsvergleich gem. § 4 Abs. 1 zu wechseln. 17

5. Weitere Voraussetzungen für den Investitionsabzugsbetrag (Abs. 1 S. 2 Nr. 2). a) Allgemeines. Der Gesetzgeber hat im Jahr 2015 (Rn. 6) eine Neuregelung getroffen und hierbei auf die für die Gewährung des Investitionsabzugsbetrags bisher erforderlichen Merkmale der Investitionsabsicht (Abs. 1 S. 2 Nr. 2 aF [Rn. 18 ff.]) und der Funktionsbenennung (Abs. 1 S. 2 Nr. 3 aF [Rn. 23 ff.]) verzichtet.[6] Da für die Gewährung des Investitionsabzugsbetrags für bis zum 31.12.2015 endende Wj. noch die Altfassung maßgeblich ist (Rn. 6), werden beide Fassungen erläutert. 17a

b) Investitionsabsicht und Funktionsbenennung (Abs. 1 S. 2 Nr. 2 und 3 aF). Abs. 1 S. 2 Nr. 2 aF regelt Einzelheiten zur **Investitionsabsicht** des StPfl., insbes. zu dem beabsichtigten Erwerb und anschließenden Einsatz des begünstigungsfähigen WG, worauf sich ein StPfl. frühzeitig iRd. Beweisvorsorge einstellen sollte. Ein StPfl. kann den Investitionsabzugsbetrag nur in Anspruch nehmen, wenn eine Investitionsabsicht gem. § 7g Abs. 1 S. 2 Nr. 2 aF vorliegt.[7] Die Absicht muss als (innere) Tatsache in hinreichend konkreter Form – insbes. also durch die Angaben in der Gewinnermittlung oder der betreffenden Steuererklärung – feststehen. Zugleich betrifft „Absicht" aber in der Zukunft liegende Umstände. Insoweit bezieht sich das Tatbestandsmerkmal „Investitionsabsicht" nach wie vor auf ein zukünftiges Verhalten, so dass im Ansatz auch die Nähe zu einer Prognose offensichtlich ist. Die Förderung künftiger Investitionen bezieht sich auf bestimmte Einzelinvestitionen, deren Abschluss innerhalb der Dreijahresfrist der StPfl. – als realisierbar – darzulegen hat. Indem der Gesetzgeber ausdrücklich auf die voraussichtliche Verwendung abhebt, wird deutlich, dass an diese – die Elemente einer Prognoseentscheidung betr. – Darlegungslast des StPfl. einerseits keine überzogenen Anforderungen zu stellen sind. Andererseits müssen die näheren Einzelheiten der ins Auge gefassten Investition sowie der voraussichtlichen Art der betrieblichen Nutzung vor dem konkreten betrieblichen Hintergrund deutlich werden, damit Abs. 1 nicht zu einem voraussetzungslosen Steuersparmodell degeneriert.[8] Die erforderliche Prognoseentscheidung hat sich nicht ausschließlich an der Vergangenheit zu orientieren; vielmehr ist aus der Sicht am Ende des betr. Gewinn- 18

---

1 In den Jahren 2008 und 2009 galten erhöhte Grenzwerte (s. Rn. 6). Diese kamen nur in Betracht, wenn das betr. Wj. nach dem 31.12.2008 und vor dem 1.1.2011 endete.

2 BT-Drucks. 16/5377, 11.

3 BFH v. 6.3.2014 – IV R 11/11, BStBl. II 2017, 1177; v. 22.6.2017 – VI R 97/13, BStBl. II 2017, 1181, jeweils mit Einzelheiten zur Wertermittlung.

4 BMF v. 20.3.2017, BStBl. I 2017, 423 Rz. 16.

5 In den Jahren 2008 und 2009 galten erhöhte Grenzwerte (s. Rn. 6). Diese kamen nur in Betracht, wenn das betr. Wj. nach dem 31.12.2008 und vor dem 1.1.2011 endete.

6 BT-Drucks. 18/4902, 42.

7 BFH v. 18.3.2010 – X B 124/09, BFH/NV 2010, 1278 (1279); v. 26.11.2009 – VIII B 190/09, FR 2010, 398 = BFH/NV 2010, 331 (333); v. 8.6.2011 – I R 90/10, FR 2011, 1119 = BFH/NV 2011, 1594 (1595).

8 BFH v. 8.6.2011 – I R 90/10, FR 2011, 1119 = BFH/NV 2011, 1594 (1596).

ermittlungszeitraums zu beurteilen, ob die dargelegte künftige Investitionsabsicht vor dem Hintergrund der betrieblichen Rahmenbedingungen plausibel erscheint.[1] Dabei müssen die Voraussetzungen der Nr. 2 kumulativ vorliegen. Der Abzugsbetrag ist für alle WG zulässig, die der StPfl. **voraussichtlich bis zum Ende des dritten** auf die Bildung des Abzugsbetrages folgenden **Wj.** anschaffen oder herstellen wird (Rn. 19). Ein diesbezüglicher Abzug im Wj. der Investition selbst ist demnach nicht möglich.[2] Die allg. Investitionsabsicht genügt nicht, der StPfl. muss das Investitionsvorhaben hinsichtlich einzelner konkreter WG darlegen.[3] Ein Nachweis oder auch nur ein (substantiiertes) Glaubhaftmachen der Investitionsabsicht ist dagegen nicht erforderlich.[4] Demnach ist die Vorlage eines Investitionsplans oder gar eine feste Bestellung im Regelfall nicht geboten. Dem Gesetzeswortlaut ist auch nicht die Forderung zu entnehmen, dass der StPfl. das voraussichtliche Investitionsjahr zu bezeichnen hätte.[5] Nur hinreichend konkretisierte Investitionsvorhaben erlauben den Ansatz eines Abzugsbetrages. Erforderlich ist demnach eine positive Prognoseentscheidung über das zukünftige Investitionsverhalten des StPfl. aus der Sicht des jeweiligen Gewinnermittlungszeitraums.[6] Die Förderung nach Abs. 1 kommt also nur in Betracht, wenn die Investition bei Inanspruchnahme des Abzugsbetrages noch durchführbar und objektiv möglich ist.

Der erforderliche betriebliche Einsatz wird vielfach entfallen, wenn der StPfl. die Begünstigung im zeitlichen Zusammenhang mit einer **Betriebsveräußerung oder Betriebsaufgabe** anstrebt.[7] Ein Investitionsabzugsbetrag kommt folglich nicht in Betracht, wenn der StPfl. wegen der betrieblichen Veränderungen die Investition selbst gar nicht mehr zu tätigen vermag und der Veräußerungscharakter der betrieblichen Änderungen das Fortbestehen der maßgeblichen betrieblichen Einheit überdeckt. Demgemäß entfällt die Vergünstigung auch mangels eigener Investitionstätigkeit, wenn ein Einzelunternehmen etwa alsbald zu Buchwerten in eine PersGes. oder KapGes. eingebracht wird.[8] Soll die Investition dagegen bei einer feststehenden unentgeltlichen Betriebsübertragung nicht mehr vom StPfl., sondern vom Betriebsübernehmer vorgenommen werden, so steht dies der Inanspruchnahme des Abzugsbetrags nicht entgegen.[9] Sind die Investitionen noch vor der Betriebsveräußerung und ähnlichen betrieblichen Änderungen zu erwarten, kommt der Abzugsbetrag ebenfalls in Betracht.[10] Dies ist im Einzelfall schließlich auch bei einer bevorstehenden Realteilung denkbar, sofern eine hinreichende rechtliche und wirtschaftliche Kontinuität besteht.[11] § 7g will nur tatsächlich ins Auge gefasste Investitionen fördern.[12] Folglich muss ein StPfl. – ähnlich wie bei dem § 7g aF – bei der wiederholten Begünstigung desselben Investitionsvorhabens eine einleuchtende Begr. abgeben. Diese können zB Verzögerungen bei dem Errichten des betr. WG oder Lieferprobleme betreffen.[13]

19 Gem. Abs. 1 S. 2 Nr. 2 lit. a muss der StPfl. das betr. WG voraussichtlich in den – dem Wj. des Abzuges **folgenden – drei Wj.** anschaffen oder herstellen. Hiernach genügt nicht der Beginn der Herstellung.

Einen sog. **Finanzierungszusammenhang** zw. dem Abzugsbetrag und der geplanten Investition – vergleichbar der Rspr. zu § 7g idF vor Inkrafttreten des UntStRefG 2008[14] aF verlangt das G nicht.[15] Die darin

1 BFH v. 26.11.2013 – VIII B 190/09, BStBl. II 2014, 946 (948); v. 23.3.2016 – IV R 9/14, BB 2016, 2096.
2 BT-Drucks. 16/4841, 52; BFH v. 12.11.2014 – X R 19/13, BFH/NV 2015, 328.
3 BFH v. 8.6.2011 – I R 90/10, FR 2011, 1119 = BFH/NV 2011, 1594 (1596); *K/S/M*, § 7g Rn. B 38.
4 BT-Drucks. 16/4841, 52; BFH v. 12.12.2001 – XI R 13/00, BStBl. II 2002, 385 (386) = FR 2002, 573; v. 11.10.2007 – X R 1/06, FR 2008, 280 = BStBl. II 2008, 119 (122).
5 BFH v. 11.10.2007 – X R 1/06, BStBl. II 2008, 119 (121 f.) = FR 2008, 280.
6 BFH v. 26.11.2009 – VIII B 190/09, FR 2010, 398 = BFH/NV 2010, 331 (333).
7 BFH v. 29.3.2011 – VIII R 28/08, BStBl. II 2014, 299 (301); v. 20.6.2012 – X R 42/11, DStR 2012, 1795 (1800).
8 Ebenso BFH v. 14.4.2015 – GrS 2/12, DStR 2015, 2368; **aA** Vorlagebeschl. des X. Senats des BFH v. 22.8.2012 – X R 21/09, BStBl. II 2014, 447 = FR 2013, 218 m. Anm. *Wendt.*
9 BFH v. 10.3.2016 – IV R 12/12, BFH/NV 2016, 1344.
10 BFH v. 1.8.2007 – XI R 47/06, BStBl. II 2008, 106 (108) = FR 2008, 227; FG RhPf. v. 23.2.2010 – 3 K 2497/08, EFG 2010, 948 (949): zur Betriebsübergabe bei vorweggenommener Erbfolge; BMF v. 20.11.2013, BStBl. I 2013, 1493 Tz. 22.
11 BFH v. 29.3.2011 – VIII R 28/08, FR 2011, 993 m. Anm. *Wendt* = BStBl. II 2014, 299 (301).
12 BFH v. 6.9.2006 – XI R 28/05, BStBl. II 2007, 860 (861) = FR 2007, 353 m. Anm. *Kanzler*; v. 5.4.2007 – XI B 173/06, BFH/NV 2007, 1308; v. 29.11.2007 – IV R 82/05, BStBl. II 2008, 471 (473) = FR 2008, 974 m. Anm. *Bode.*
13 BFH v. 6.9.2006 – XI R 28/05, BStBl. II 2007, 860 (861) = FR 2007, 353 m. Anm. *Kanzler*; v. 11.10.2007 – X R 1/06, BStBl. II 2008, 119 (122 f.) = FR 2008, 280; BMF v. 20.11.2013, BStBl. I 2013, 1493 Tz. 21.
14 BFH v. 14.8.2001 – XI R 18/01, BStBl. II 2004, 181 (182) = FR 2002, 938 m. Anm. *Kanzler*; v. 20.12.2006 – X R 31/03, BStBl. II 2007, 862 (865) = FR 2007, 789; v. 29.11.2007 – IV R 82/05, BStBl. II 2008, 471 (473) = FR 2008, 974 m. Anm. *Bode.* Kritisch demgegenüber, ob der Finanzierungszusammenhang im Hinblick auf die Neuregelung in § 7g Abs. 3 noch erforderlich ist: BFH v. 17.1.2012 – VIII R 48/10, FR 2012, 640; glA *Görke*, FR 2014, 158 (161); offengelassen in BFH v. 28.4.2016 – I R 31/15, BStBl. II 2017, 306 Rz. 21 = FR 2016, 1099.
15 BFH v. 23.3.2016 – IV R 9/14, BStBl. II 2017, 295 Rz. 19 = FR 2016, 1097 m. Anm. *Wendt*; v. 6.4.2016 – X R 28/14, BStBl. II 2017, 302 Rz. 21 = FR 2017, 280 m. Anm. *Wendt*; offengelassen in BFH v. 28.4.2016 – I R 31/15, BStBl. II 2017, 306 Rz. 21 = FR 2016, 1099. Die FinVerw. hat ihre gegenteilige Auffassung (BMF v. 20.11.2013, BStBl. I 2013, 1493 Rz. 26) aufgegeben (BMF v. 20.3.2017, BStBl. I 2017, 423 Rz. 60).

liegende Abweichung der neueren BFH-Judikatur von der früheren Rspr. liegt darin begründet, dass § 7g durch das UntStRefG 2008 um ausdrückliche Tatbestandsmerkmale ergänzt worden ist, die für derartige Fälle die Inanspruchnahme der Steuervergünstigung verhindern sollen. Insbes. ist nach § 7g Abs. 3 bei unterbliebener Investition die ursprüngliche Gewinnminderung iRd. Steuerfestsetzung für das Abzugsjahr rückgängig zu machen, wodurch regelmäßig kein Anreiz mehr besteht, den Abzugsbetrag ohne Investitionsabsicht geltend zu machen. Damit steht – bei nachweislich gegebener Investitionsabsicht – auch der nachträglichen Geltendmachung des Abzugsbetrags nichts entgegen, auch wenn diese der Kompensation eines durch die Betriebsprüfung veranlassten Mehrergebnisses dienen soll.[1] Weiterhin legt es der Gesetzeswortlaut nahe, dass auch der geplante Investitionszeitpunkt nicht zwingend in den einzureichenden Unterlagen vermerkt sein muss.[2]

Der Investitionsabzugsbetrag gem. § 7g kommt bereits für noch in Gründung befindliche Betriebe in Betracht, auch wenn die zuvor in § 7g aF geregelte besondere Existenzgründerförderung entfallen ist.[3] Macht ein StPfl. den Abzugsbetrag **vor Abschluss der Betriebseröffnung** oder bei einer **wesentlichen Erweiterung**[4] des Betriebs geltend, dann gelten nach der Rspr. und der FinVerw. gesteigerte Anforderungen an die Prüfung und die Glaubhaftmachung der Investitionsabsicht. Wurde früher insbes. eine verbindliche Bestellung des WG aE des betr. VZ verlangt,[5] so ist dies nach geänderter Rspr. nicht mehr zwingend geboten, es gelten aber weiterhin strenge Maßstäbe.[6] So reicht allein die Einholung von unverbindlichen Angeboten sowie Kostenvoranschlägen oder die Teilnahme an Informationsveranstaltungen nicht als Nachweis der Investitionsabsicht aus, da diese ersten Vorbereitungshandlungen für den StPfl. regelmäßig kostenfrei und risikolos sind. Der Nachweis der Investitionsabsicht kann als geführt angesehen werden, wenn in dem Jahr, für das der Investitionsabzug vorgenommen wird, bereits konkrete Verhandlungen über den Erwerb der wesentlichen Betriebsgrundlage geführt werden, die dann nach dem Ende dieses Wj. – ggf. über weitere Zwischenschritte, deren zeitlicher Abstand den bei ernsthaft geplanten Investitionen üblichen Rahmen nicht wesentlich überschreitet – tatsächlich in die verbindliche Investitionsentscheidung münden.[7] Die FinVerw. hat sich dem angeschlossen.[8] Jedenfalls ist iRd. § 7g Abs. 1 das Merkmal der wesentlichen Betriebserweiterung restriktiv auszulegen.[9] Nicht zuletzt würde auf diese Weise die streitanfällige Abgrenzung vermieden, wann eine für den erhöhten Nachweis relevante Betriebserweiterung vorliegt. Hiernach ist es nach der hier vertretenen Auffassung – insbes. im Hinblick auf die Korrekturregelung in Abs. 3 – nicht erforderlich, dass ein StPfl. in den vorbezeichneten Fällen die voraussichtliche Investitionsabsicht in weitergehendem Umfang glaubhaft macht. Diese Verengung erscheint weder vom Gesetzeswortlaut noch v. der gesetzgeberischen Intention gedeckt. In diesem Sinne ist ein StPfl. im Zuge einer Betriebseröffnung bei der Inanspruchnahme des § 7g für wesentliche Betriebsgrundlagen nicht gezwungen, ausschließlich durch eine verbindliche Bestellung dieser WG bis zum Ende des Jahres, für das er den Abzug vornimmt, seine Investitionsabsicht zu konkretisieren. Vielmehr kommen zum Nachweis der erforderlichen Investitionsabsicht bei in Gründung befindlichen Betrieben auch andere geeignete Indizien, soweit sie sich als objektiv belegbar erweisen, in Betracht.[10] Dabei sollen nach Einschätzung des BFH zwar nach wie vor „erste Vorbereitungshandlungen" (Teilnahme an Informationsveranstaltungen, Einholen von Kostenvoranschlägen, Anträge zur Kreditfinanzierung) regelmäßig nicht genügen; allerdings kann für die Prognoseentscheidung auch die künftige Entwicklung kurzfristig nach dem Ende des maßgeblichen VZ berücksichtigt werden.[11] 20

Abs. 1 S. 2 Nr. 2 lit. b aF statuierte hinsichtlich des betr. WG bestimmte **Verbleibens- und Nutzungsvoraussetzungen**, die nunmehr ohne sachliche Änderung in Abs. 1 S. 1 nF geregelt sind (Rn. 10a). 21

---

1 BFH v. 23.3.2016 – IV R 9/14, BStBl. II 2017, 295 Rz. 15 = FR 2016, 1097; v. 28.4.2016 – I R 31/15, BStBl. II 2017, 306 = FR 2016, 1099.

2 BFH v. 6.9.2006 – XI R 28/05, BStBl. II 2007, 860 (862) = FR 2007, 353 m. Anm. *Kanzler*; v. 11.10.2007 – X R 1/06, BStBl. II 2008, 119 (121 f.) = FR 2008, 280.

3 BFH v. 20.6.2012 – X R 42/11, BFH/NV 2012, 1701.

4 BFH v. 15.9.2010 – X R 21/08, BFH/NV 2011, 235 (237): wesentliche Betriebserweiterung umfasst außerordentliche Kapazitätserweiterung und etwa die Aufnahme eines neuen Geschäftszweiges.

5 BMF v. 8.5.2009, BStBl. I 2009, 633 (636 f.) Tz. 29 und 34 unter Hinweis auf die Rspr.: BFH v. 11.7.2007 – I R 104/05, BStBl. II 2007, 957 (958) = FR 2008, 184; v. 19.4.2007 – IV R 28/05, BStBl. II 2007, 704 (706) = FR 2007, 1176; vgl. auch BFH v. 15.9.2010 – X R 16/08, BFH/NV 2011, 33 (35); BMF v. 25.2.2004, BStBl. I 2004, 337 Rn. 18 und v. 16.11.2004, BStBl. I 2004, 1063 (auch zum Begriff der wesentlichen Erweiterung); krit. hierzu: *Paus*, FR 2005, 800; zu möglichen Besonderheiten bei Leasinggütern: FG München v. 16.10.2002 – 1 K 1642/01, EFG 2003, 382.

6 BFH v. 20.6.2012 – X R 42/11, BStBl. II 2013, 719 (720); v. 26.7.2012 – III R 37/11, BFH/NV 2013, 351.

7 BFH v. 20.6.2012 – X R 42/11, BStBl. II 2013, 719 (720); v. 26.7.2012 – III R 37/11, BFH/NV 2013, 351.

8 BMF v. 20.11.2013, BStBl. I 2013, 1493 Rn. 29.

9 BFH v. 31.1.2013 – III R 15/10, BFH/NV 2013, 1071 (1073).

10 Ebenso: BFH v. 20.6.2012 – X R 42/11, BStBl. II 2013, 719 (721).

11 BFH v. 20.6.2012 – X R 42/11, BStBl. II 2013, 719 (723).

22 Einstweilen frei.

23 Gem. Abs. 1 S. 2 Nr. 3 aF muss der StPfl. in formeller Hinsicht entspr. Unterlagen bei dem nach den allg. Grundsätzen gem. §§ 17 ff. AO zuständigen FA einreichen. Der Begriff der einzureichenden Unterlagen iSd. § 7g Abs. 1 S. 2 Nr. 3 aF bestimmt sich im Hinblick auf § 60 EStDV nach den abgabenrechtl. Vorgaben.[1] Hiernach genügen angesichts der wirtschaftsgutbezogenen Förderung entspr. Erläuterungen **für jedes einzelne WG** mit Hilfe v. Einzelbelegen oder auch Listen mit den betr. Angaben für die einzelne WG zB in einer Anlage zur stl. Gewinnermittlung. Mehrere künftige Investitionen sind einzeln dazustellen. Das Zusammenfassen verschiedener WG ist nur unter engen Voraussetzungen – etwa bei der Anschaffung mehrerer vollkommen gleichwertiger WG – zulässig.[2] Die früher erforderliche buchhalterische Erfassung entfällt allerdings. Der Gesetzeswortlaut („in den einzureichenden Unterlagen") enthält keinen eindeutigen Hinweis, bis zu welchem Zeitpunkt die erforderlichen Angaben dem FA vorliegen müssen. Allerdings legt der Gesetzeszusammenhang nahe, dass in zeitlicher Hinsicht der StPfl. die erforderlichen Angaben bereits iRd. Steuererklärungen – etwa in Form einer Anlage zur Erklärung – machen muss. Dabei erweist sich die nachträgliche Inanspruchnahme des Abzugsbetrages etwa im Rahmen einer Bescheidänderung, im Zuge eines Einspruchsverfahrens oder während einer Außenprüfung jedenfalls im Grundsatz als zulässig (Rn. 12).[3] Dementsprechend können StPfl. die diesbezüglichen bereits eingereichten Unterlagen auch noch während des Einspruchs- oder Klageverfahrens vervollständigen.[4]

24 Der StPfl. muss das betr. WG seiner **Funktion** nach benennen. Auf diese Weise soll einerseits deutlich werden, auf welches – später angeschaffte oder hergestellte – konkrete WG sich der Abzugsbetrag bezieht (Rn. 30, 36). Andererseits soll das Beschränken auf die Funktion den StPfl. der Schwierigkeit entheben, allzu genau sich etwa auf ein bestimmtes Produkt festzulegen. Maßgeblich ist der voraussichtliche Einsatz im Betrieb, mithin die ins Auge gefasste betriebliche Verwendung. Im Hinblick auf die gesetzgeberische Intention, jedem einzelnen WG den betr. Abzugsbetrag zuzuordnen, kann aber im Einzelfall nicht zuletzt aus Praktikabilitätsgründen ggf. eine zusammenfassende Erläuterung genügen. In Schätzungsfällen scheitert die Inanspruchnahme des Abzugsbetrages dagegen idR an dem Fehlen der diesbezüglichen Angaben iSd. Abs. 1 S. 2 Nr. 3. Nicht erforderlich für den Abzugsbetrag ist jedenfalls ein Investitionsplan oder eine schuldrechtl. wirksame Bestellung oder auch das Angeben des voraussichtlichen Wj. der Investition. Notwendig ist jedoch eine ausreichend genaue Bezeichnung (idR keine Ober- oder Sammelbegriffe wie „Maschine", „Büromöbel", „Ladenausstattung" oder „Besprechungsraum") im Hinblick auf die konkrete Funktion des jeweiligen WG und die Höhe der voraussichtlichen AK/HK.[5] Hiernach bezieht sich im Regelfall die erforderliche Angabe auf das einzelne WG. Nach den Gesetzesmaterialien entspricht der geplante Erwerb eines Lkw der Marke A dem tatsächlichen Erwerb der Marke B, nicht hingegen dem tatsächlichen Erwerb eines Pkw.[6] In vergleichbarer Weise akzeptiert die FinVerw. nunmehr etwa bei der Bezeichnung „Nutzfahrzeug" die Begünstigung für den Erwerb eines Traktors, Lkw, Anhängers oder Gabelstaplers.[7] Bei gleicher betrieblicher Funktion kann der StPfl. sich aber auch darauf beschränken, entspr. Gruppen anzugeben (Beispiel: zehn PC für Außendienstmitarbeiter). Je nach den Umständen des Einzelfalls kann sich also auch eine Sammelbezeichnung als unschädlich erweisen. Dies gilt insbes., wenn vor allem bei gleichartigen WG mit jeweils identischen AK in hinreichender Weise es möglich ist, den einzelnen Betrag der ins Auge gefassten Investition einem bestimmten WG zuzuordnen.[8] Die Frage der hinreichenden Konkretisierung hängt demnach v. den (betrieblichen) Umständen des Einzelfalls ab. Weiterhin muss der StPfl. die **Höhe der voraussichtlichen AK/HK** angeben. Auch an dieses Substanziierungserfordernis sind keine zu hohen Anforderungen zu stellen, nachdem der Gesetzgeber ausweislich des Gesetzeswortlauts lediglich auf die voraussichtlichen Kosten abhebt.

25 **c) Formelle Voraussetzungen (Abs. 1 S. 2 Nr. 2 nF).** Liegen die in Abs. 1 S. 1 nF enthaltenen wirtschaftsgutbezogenen und die in Abs. 1 S. 2 Nr. 1 nF geregelten betriebsbezogenen Voraussetzungen vor,

1 BT-Drucks. 16/4841, 52; BMF v. 8.5.2009, BStBl. I 2009, 633 (641) Tz. 69.
2 BFH v. 30.11.2010 – VIII B 3/10, BFH/NV 2011, 432.
3 BFH v. 17.6.2010 – III R 43/06, FR 2010, 1151 = BFH/NV 2011, 105 (106); v. 8.6.2011 – I R 90/10, FR 2011, 1119 = BFH/NV 2011, 1594 (1596); v. 20.6.2012 – X R 42/11, DStR 2012, 1795 (1801); BMF v. 20.11.2013, BStBl. I 2013, 1493 Tz. 19 und 24 ff.
4 BFH v. 8.6.2011 – I R 90/10, FR 2011, 1119 = BFH/NV 2011, 1594 (1596); v. 26.11.2013 – VIII B 190/09, BStBl. II 2014, 946 (950).
5 BT-Drucks. 16/4841, 52; BFH v. 6.3.2003 – IV R 23/01, BStBl. II 2004, 187 (189) = FR 2003, 1076 m. Anm. *Kanzler*; v. 11.10.2007 – X R 1/06, BStBl. II 2008, 119 (120 f.) = FR 2008, 280; v. 29.11.2007 – IV R 82/05, BStBl. II 2008, 471 (475) = FR 2008, 974 m. Anm. *Bode*; BMF v. 8.5.2009 BStBl. I 2009, 633 (637) Tz. 41.
6 BT-Drucks. 16/4841, 53.
7 BMF v. 20.11.2013, BStBl. I 2013, 1493 Tz. 34.
8 BFH v. 11.10.2007 – X R 1/06, BStBl. II 2008, 119 (121) = FR 2008, 280; v. 31.3.2009 – X B 226/08, BFH/NV 2009, 1116 (1117); BMF v. 20.11.2013, BStBl. I 2013, 1493 Tz. 34.

dann macht der Gesetzgeber die Gewährung des Investitionsabzugsbetrags ab 2016 (Rn. 6) lediglich noch davon abhängig, dass der StPfl. die Summen der Abzugsbeträge und der gem. Abs. 2 bis 4 hinzuzurechnenden oder rückgängig zu machenden Beträge nach amtlich vorgeschriebenen Datensätzen **durch Datenfernübertragung übermittelt**.[1] Die Einhaltung dieses Übermittlungswegs ist zwingende Voraussetzung für den Abzugsbetrag.[2] In Härtefällen kann allerdings auf die elektronische Übermittlung verzichtet werden; die erforderlichen Daten müssen sich dann aus den beim FA einzureichenden Unterlagen ergeben.[3] Was die Regelung des Übertragungswegs angeht, entspricht die Vorschrift vergleichbaren Bestimmungen in § 5b und § 25 Abs. 4, weshalb auf die diesbezüglichen Erläuterungen verwiesen werden kann.

Eine Investitionsabsicht und eine Funktionsbenennung werden vom G nicht mehr vorausgesetzt.[4] Der Gesetzgeber geht davon aus, dass nach der Neukonzeptionierung des § 7g durch das UntStRefG 2008 missbräuchliche Gestaltungen nicht mehr zu gewärtigen sind und daher auf eine Funktionsbenennung, auf eine Investitionsabsicht und deren Glaubhaftmachung verzichtet werden kann. Gleichwohl geht er davon aus, dass die wesentliche, zur bisherigen Gesetzesfassung ergangene Rspr. anwendbar bleibt. So sollen die Rechtsgrundsätze zur nachträglichen Geltendmachung von Investitionsabzugsbeträgen gelten.[5] Nicht mehr gelten sollen allerdings die Grundsätze zur besonderen Prüfung und Glaubhaftmachung der Investitionsabsicht in Betriebseröffnungsfällen (Rn. 20).[6] Der Gesetzgeber sieht auch hier wegen der Rückgängigmachung der Abzugsbeträge und der Verzinsung im Fall ausbleibender Investitionen keine nennenswerten Missbrauchsgefahren und hat daher die Voraussetzungen für die Förderung deutlich gelockert. Dem ist künftig Rechnung zu tragen. Der tatbestandliche Anknüpfungspunkt der besonderen Anforderungen für die Gewährung der Förderung in Betriebseröffnungs- oder erweiterungsfällen ist nach Streichung des Merkmals der Investitionsabsicht entfallen.

Nachdem der BFH schon für die von 2007 bis 2014 geltende Fassung des § 7g an dem einschr. Merkmal des sog. Finanzierungszusammenhangs nicht mehr festhält und er insbes. die nachträgliche Inanspruchnahme des Abzugsbetrags zum Ausgleich von Mehrergebnissen einer Außenprüfung nicht beanstandet (Rn. 19), kann für die ab 2015 geltende Neufassung der Vorschrift kaum etwas anderes gelten. Da der Gesetzgeber mit dem Verzicht auf die Merkmale der Investitionsabsicht und der Funktionsbenennung uE keinen zureichenden Ansatzpunkt für eine einschr. Auslegung des Gesetzes belassen hat, ist entgegen der Annahme in der Gesetzesbegründung[7] generell kein Raum mehr für Restriktionen, auch nicht in der Fallgruppe der nachträglichen Geltendmachung des Abzugs.[8]

6. Abzugsbetrag trotz Verlust (Abs. 1 S. 3). StPfl. können den Abzugsbetrag auch dann in Anspr. nehmen, wenn hierdurch ein **Verlust entsteht** oder sich erhöht. Das Entstehen oder Erhöhen eines Verlustes stehen dem Investitionsabzugsbetrag also nicht entgegen. 26

7. Begrenzung des Abzugsbetrages (Abs. 1 S. 4). Abs. 1 S. 4 begrenzt die Summe der insgesamt zu berücksichtigenden Beträge (Rn. 28) auf 200 000 Euro je Betrieb.[9] Demnach begünstigt Abs. 1 iErg. ein **Investitionsvolumen bis zu 500 000 Euro** (500 000 × 40 % = 200 000). Dieser Höchstbetrag der betriebsbezogenen Förderung gilt bei einer Mehrzahl v. Betrieben für jeden Betrieb des StPfl. Allerdings kann auch der einer PersGes. oder Gemeinschaft zuzurechnende Betrieb die Abzugsbeträge nach Abs. 1 nur bis zu dieser Höhe in Anspr. nehmen, Abs. 7. 27

Die in Abs. 1 S. 4 vorgesehene betragsmäßige Begrenzung bezieht sich vorrangig auf die Summe der Beträge, die der StPfl. im **Wj. des Abzugs und in den drei vorangegangenen Wj.** am jeweiligen Stichtag insgesamt abgezogen hat.[10] Die kumulierten und noch nicht aufgelösten Abzugsbeträge dürfen demnach insgesamt je Betrieb den Betrag v. 200 000 Euro nicht übersteigen. In diesem Zusammenhang bleiben aber zur Ermittlung des Höchstbetrages ggf. nach einer Investition gem. Abs. 2 S. 1, 1. HS hinzuzurechnende Beträge oder nach Abs. 3 und 4 rückgängig gemachte Beträge unberücksichtigt. IÜ mindert sich in der 28

1 Zu Einzelheiten vgl. BMF v. 20.3.2017, BStBl. I 2017, 423 Rz. 24.
2 *Hörster*, NWB 2015, 1052 (1055).
3 BMF v. 20.3.2017, BStBl. I 2017, 423 Rz. 26.
4 BT-Drucks. 18/4902, 42.
5 BT-Drucks. 18/4902, 42 mit Verweis auf BFH v. 29.4.2008 – VIII R 62/06, BStBl. II 2008, 747; dagegen mE zutr. *Schmidt*[37], § 7g Rn. 20.
6 BT-Drucks. 18/4902, 43. Die FinVerw. verlangt allerdings in Zweifelsfällen weiterhin die Glaubhaftmachung der Betriebseröffnungsabsicht; BMF v. 20.3.2017, BStBl. I 2017, 423 Rz. 3. Dem ist nicht zu folgen.
7 BT-Drucks. 18/4902, 42.
8 Nach *Wendt* (FR 2016, 1102) ist eine einschr. Anwendung aufgrund der Formulierung *„für* die *künftige* Anschaffung …" erwägenswert; dagegen mE zutr. *Schmidt*[37], § 7g Rn. 20.
9 BFH v. 13.7.2016 – VIII R 56/13, BStBl. II 2016, 936 Rz. 27 = FR 2017, 153 m. Anm. *Wendt*: nur ein Betrieb bei Freiberufler-PersGes. mit mehreren Kanzleien.
10 BT-Drucks. 16/4841, 52.

Umstellungsphase v. dem bis 2007 geltenden § 7g aF der Höchstbetrag v. 200 000 Euro um die noch vorhandenen Ansparabschreibungen.[1]

29 **II. Hinzurechnung des Abzugsbetrages (Abs. 2). 1. Funktion des Abs. 2.** Das G regelt in Abs. 2–4 die weiteren Folgen, die sich aus der Inanspruchnahme eines Investitionsabzugsbetrages ergeben. Dabei betrifft Abs. 2 den „**Regelfall**", dass nämlich der StPfl. den Abzugsbetrag ordnungsgemäß in Anspr. genommen hat und später das begünstigte WG anschafft oder herstellt. In diesem Fall kann der StPfl. iErg. den Investitionsabzugsbetrag steuerneutral auf das fristgerecht erworbene Investitionsgut übertragen. Unterbleibt dagegen die fristgerechte Anschaffung oder Herstellung, muss der StPfl. den Abzug rückgängig machen, Abs. 3. Den Fall des nicht hinreichend qualifizierten Einsatzes in einer inländ. Betriebsstätte regelt dagegen Abs. 4.

Die durch das StÄndG 2015 (Rn. 6) herbeigeführten Änderungen betreffen auch die Regelungen in Abs. 2 bis 4, sodass bei der Erläuterung auf die Unterschiede zwischen den Fassungen einzugehen ist.[2]

30 **2. Hinzurechnung gem. Abs. 2 S. 1.** Nach der bis 2015 geltenden Altfassung des Abs. 2 S. 1 (Rn. 6) hat der StPfl. im Jahr der Anschaffung oder Herstellung des begünstigten WG zwingend den für dieses bestimmte WG in Anspr. genommenen Abzugsbetrag dem Grunde nach **außerbilanziell** wieder **hinzuzurechnen**. Diese wirtschaftsgutsbezogene Hinzurechnung erfolgt gewinnerhöhend. Demnach muss ein StPfl. die ursprünglich gewinnmindernde Inanspruchnahme iErg. rückgängig machen. Abweichungen können sich lediglich bzgl. der Höhe des hinzuzurechnenden Betrages (Rn. 31) ergeben. Sofern der StPfl. aber neben der zwingenden außerbilanziellen Hinzurechnung in dem Wj. der Anschaffung oder Herstellung die AK/HK gem. Abs. 2 S. 2, 1. HS (Rn. 32) gewinnmindernd im größtmöglichen Umfang herabsetzt, entfällt in dem betr. Wj. eine Gewinnauswirkung. Dies gilt jedenfalls unter der Voraussetzung, dass die bei Inanspruchnahme des Investitionsabzugsbetrages prognostizierten AK/HK dem tatsächlichen Investitionsaufwand entsprechen.[3] Folglich kann der StPfl. im Jahr der Anschaffung oder Herstellung des betr. WG grds. die (zwingend vorgeschriebene) außerbilanzielle gewinnerhöhende Hinzurechnung durch das (im Wege eines Wahlrechts mögliche) gewinnmindernde Kürzen der AK/HK des betr. WG iErg. vollständig ausgleichen. Damit wird iErg. Abschreibungsvolumen in einem Jahr vor der tatsächlichen Investition gewinnmindernd berücksichtigt.[4]

31 Abs. 2 S. 1 enthält weitergehende Regelungen zur **konkreten Höhe des** Hinzurechnungsbetrages. Die Hinzurechnung ist in zweifacher Weise begrenzt. Abs. 2 S. 1, 1. HS stellt auf die tatsächlich angefallenen AK/HK ab. IHv. 40 % dieser Kosten ist der in Anspr. genommene Abzugsbetrag hinzuzurechnen. Diese tatsächlichen AK/HK können durchaus und werden vielfach sich unterscheiden v. den voraussichtlichen AK/HK, die für den ursprünglichen Abzug gem. Abs. 1 S. 1 maßgeblich waren. Weiterhin ist die zwingend vorzunehmende Hinzurechnung gem. Abs. 2 S. 1, 2. HS begrenzt auf den tatsächlich nach Abs. 1 S. 1 in Anspr. genommenen Abzugsbetrag. Sind demnach die tatsächlich angefallenen AK/HK höher als die ursprünglich („voraussichtlich") unterstellten Kosten, ist eine Zurechnung nur geboten in Höhe des zunächst geltend gemachten Abzugsbetrages. Zudem stand es dem StPfl. frei, den Abzugsbetrag für weniger als 40 % der voraussichtlichen AK/HK in Anspr. zu nehmen. Auch insoweit wirkt die konkrete Höhe des tatsächlichen Abzugsbetrages gem. Abs. 1 S. 1 begrenzend auf die Hinzurechnung iSd. Abs. 2 S. 1. Sind dagegen die tatsächlich angefallenen AK/HK niedriger als die ursprünglich („voraussichtlich") unterstellten Kosten, errechnet sich im Jahr der Investition der gewinnerhöhende Hinzurechnungsbetrag gem. Abs. 2 S. 1 ebenfalls nach den niedrigeren tatsächlichen Kosten. In diesem Falle bleibt der ursprünglich gebildete Investitionsabzugsbetrag, soweit er nicht gem. Abs. 2 S. 1 hinzugerechnet worden ist, bis zum Ende des dreijährigen Investitionszeitraums bestehen, vgl. Abs. 3 S. 1 (Rn. 35).

31a Nach Abs. 2 S. 1 nF wird nach wie vor vorausgesetzt, dass eine begünstigte **Investition tatsächlich durchgeführt** wird. Nunmehr genügt es allerdings, wenn ein beliebiges begünstigtes WG angeschafft oder hergestellt wird. So kann der Investitionsabzugsbetrag etwa für den künftigen Erwerb eines Lkw in Anspr. genommen und später tatsächlich ein Gabelstapler oder eine PC-Anlage angeschafft werden. Die Hinzurechnung ist auch nicht mehr zwingend vorgeschrieben (Rn. 30), sondern als Wahlrecht ausgestaltet. Der StPfl. kann daher flexibel entscheiden, für welche begünstigten Investitionen er Investitionsabzugsbeträge verwenden möchte. Auch Teilhinzurechnungen sind möglich.[5] Die dreijährige Investitionsfrist ist allerdings einzuhalten.[6] Ansonsten greift Abs. 3 ein.

1 § 52 Abs. 23 S. 4 idF des UntStRefG 2008 v. 14.8.2007, BGBl. I 2007, 1912 (1925).
2 Soweit Änderungen eingetreten sind, wird dies durch die Angabe nF/aF kenntlich gemacht. IÜ gilt die bisherige Fassung unverändert fort.
3 BT-Drucks. 16/4841, 52.
4 BMF v. 20.3.2017, BStBl. I 2017, 423 Rz. 29.
5 BMF v. 20.3.2017, BStBl. I 2017, 423 Rz. 28.
6 BT-Drucks. 18/4902, 43.

3. Minderung der Anschaffungskosten/Herstellungskosten (Abs. 2 S. 2). Abs. 2 S. 2 HS 1 stellt es dem StPfl. frei, die nach allg. Grundsätzen ermittelten tatsächlichen AK/HK des begünstigten WG im Wj. der Anschaffung oder Herstellung – vorbehaltlich bestimmter betragsmäßiger Modifikationen (Rn. 33) – um bis zu 40 % gewinnmindernd herabzusetzen. In einem untechnischen Sinne erweist sich also der gem. Abs. 1 ursprünglich geltend gemachte Abzugsbetrag als auf das tatsächlich angeschaffte oder hergestellte WG als übertragbar mit der Folge, dass die **fakultative Gewinnminderung** insoweit vergleichbar einer Sonder-AfA wirkt. Mithin ist dem StPfl. die Möglichkeit eröffnet, die gewinnerhöhende Hinzurechnung des Investitionsabzugsbetrages, Abs. 2 S. 1, iRd. Abs. 2 S. 2 zu kompensieren. Entschließt sich der StPfl. iSd. Wahlrechts, die AK/HK zu reduzieren, aktiviert er die betr. WG v. vornherein mit den geminderten Kosten in der Handels- sowie der Steuerbilanz. Auf diese Weise kann ein StPfl. im Fall der Investition in dem betr. Wj. eine sofortige Abschreibung v. 40 % der AK/HK vornehmen und sich auf diese Weise im Investitionszeitpunkt zusätzliche Liquidität verschaffen.[1] Allerdings führt dieses Herabsetzen der AK/HK konsequenterweise zu einer Verringerung der betr. Bemessungsgrundlage, Abs. 2 S. 2, 1. HS (Rn. 34). 32

Entschließt sich ein StPfl. (Wahlrecht), die AK/HK des begünstigten WG im Wj. der Anschaffung oder Herstellung herabzusetzen, ist diese gewinnmindernde Maßnahme einerseits auf 40 % der tatsächlichen AK/HK begrenzt. Andererseits ist die **Herabsetzung begrenzt** auf höchstens den tatsächlichen Hinzurechnungsbetrag nach Abs. 2 S. 1. Auf diese Weise will der Gesetzgeber verhindern, dass der StPfl. einen höheren Betrag gem. Abs. 2 S. 2 gewinnmindernd berücksichtigt, als er gem. Abs. 2 S. 1 gewinnerhöhend zunächst hinzugerechnet hat. Diese Begrenzung in Abs. 2 S. 2, 1. HS soll missbräuchliche Steuergestaltungen verhindern, dass etwa unterkapitalisierte Tochterunternehmen in einem Konzern zunächst den Abzugsbetrag geltend machen und sodann Investitionen in Millionenhöhe vornehmen.[2] Entsprechen sich die voraussichtlichen AK/HK, für die der StPfl. den Abzugsbetrag geltend gemacht hat, und die tatsächliche Investitionssumme, gleichen sich iErg. die Erhöhung gem. Abs. 2 S. 1, 1. HS und die Minderung gem. Abs. 2 S. 2, 1. HS aus. Hat der StPfl. im Hinblick auf den Abzugsbetrag gem. Abs. 1 S. 1 ursprünglich höhere Kosten zugrunde gelegt, als die spätere Investition tatsächlich verursacht hat, übersteigt der Erhöhungsbetrag nach Abs. 2 S. 1, 1. HS allerdings den zulässigen Minderungsbetrag des Abs. 2 S. 2, 1. HS mit der Folge, dass iHd. Differenz sich rückwirkend gem. Abs. 3 S. 1 der Gewinn erhöht. 33

Abs. 2 S. 2, 2. HS regelt im Sinne einer Klarstellung, dass im Falle einer Minderung der AK/HK gem. Abs. 2 S. 2, 1. HS (Rn. 32) sich die **Bemessungsgrundlage** für die einschlägigen Bezugsgrößen (AfA etc.) entspr. **mindert**. Der Hinweis in § 7g Abs. 2 S. 2, 2. HS auf § 6 Abs. 2 und 2a verdeutlicht zugleich, dass der Gesetzgeber auch für GWG den Investitionsabzugsbetrag als zulässig ansieht.[3] Im Hinblick auf die Verpflichtung, die AK/HK iSd. § 6 Abs. 2 und 2a entspr. zu verringern, ist bei der Sofort- oder Poolabschreibung der GWG nur der geminderte Betrag zu berücksichtigen. Der StPfl. entscheidet iRd. § 7g Abs. 1, ob er für ein zukünftiges GWG den Abzugsbetrag wählt. Die in diesem Fall gem. § 7g Abs. 2 S. 2, 2. HS vorgesehene Minderung der AK/HK spielt auch eine Rolle für die Frage, ob das betr. WG die in § 6 Abs. 2 und 2a vorgeschriebenen Wertgrenzen überschreitet. 34

III. Rückgängigmachen des Abzugs wegen unterbliebener Hinzurechnung (Abs. 3). Abs. 3 und 4 (Rn. 38) betreffen unterschiedliche Fälle, in denen eine begünstigungsfähige Investition iErg. unterbleibt. Abs. 3 regelt die Folge, wenn – nachdem ursprünglich der StPfl. den Abzugsbetrag geltend gemacht hat – eine Hinzurechnung gem. Abs. 2 S. 1 unterbleibt (Rn. 30). Dies ist insbes. der Fall, wenn der StPfl. nicht innerhalb des vorgesehenen Investitionszeitraumes die Investition tätigt, für die er ursprünglich den Abzugsbetrag gem. Abs. 1 S. 1 in Anspr. genommen hat. Der Abzug hatte in dem betr. Jahr zunächst zu einer Minderung der Steuerschuld geführt. Diesen Vorteil will der Gesetzgeber in der Weise ausgleichen, dass der gewinnmindernde Abzug nach Abs. 1 S. 1 wieder rückgängig gemacht wird. Indem der Abzug in dem ursprünglich betroffenen VZ nicht mehr berücksichtigt werden soll, enthält Abs. 3 eine entspr. **verfahrensrechtl. Änderungsvorschrift.**[4] 35

Aus unterschiedlichen Gründen kann die Anschaffung oder Herstellung des an sich begünstigungsfähigen WG bis zum Ende des dritten auf das Wj. des Abzuges folgenden Wj. unterbleiben. In diesen Fällen entfällt die Hinzurechnung iSd. Abs. 2 S. 1, 1. HS. Vor diesem Hintergrund sieht Abs. 3 S. 1 vor, dass der ursprünglich gewinnmindernd geltend gemachte Abzug rückgängig zu machen ist.[5] In diesem Zusammenhang spielt es keine Rolle, **welche Gründe** ursächlich waren für die unterbliebene (zeitgerechte) Investition. Abs. 3 S. 1 36

---

1 BT-Drucks. 16/4841, 32.
2 BT-Drucks. 16/5377, 12.
3 BMF v. 20.3.2017, BStBl. I 2017, 423 Rz. 30.
4 BT-Drucks. 16/4841, 53.
5 BFH v. 7.6.2016 – VIII R 23/14, BFH/NV 2016, 1684: zum Übergang der Pflicht zur Rückgängigmachung bei Rechtsnachfolge.

gilt also unabhängig v. dem Grund, weswegen die geplante Investition sich verzögert hat oder innerhalb des gesetzlich vorgesehenen Zeitrahmens unterblieben ist. Allerdings hat sich der Anwendungsbereich des Abs. 3 durch die iRd. StÄndG 2015 erfolgte Neufassung der Abs. 1 bis 4 (Rn. 6) verändert. Abs. 3 aF war etwa auch dann einschlägig, wenn das bei Bildung des Abzugsbetrags vorgesehene WG und das später tatsächlich angeschaffte oder hergestellte WG nicht funktionsgleich (Rn. 24) waren[1] oder die zunächst vorhandene Investitionsabsicht später wegfiel.[2] Nunmehr genügt es, dass ein beliebiges begünstigtes WG angeschafft oder hergestellt wird (Rn. 31a), und auch das Vorliegen einer Investitionsabsicht ist unerheblich (Rn. 25). Werden dagegen die geforderten Verbleibens- und Nutzungsvoraussetzungen zum Zeitpunkt der Investition nicht erfüllt[3] oder der StPfl. unterlässt die an sich begünstigungsfähige Investition wegen Betriebsveräußerung[4] oder BetrAufg.,[5] dann ist Abs. 3 anzuwenden und die ursprüngliche Gewinnminderung ist ohne Ausnahme wieder ausgleichen (Abs. 3 S. 1). Kein Fall des Abs. 3 liegt vor, wenn bei einer PersGes. (s. Rn. 51) der Investitionsabzugsbetrag vom Gesamthandsgewinn abgezogen wurde und später eine Investition im SBV eines G'ters erfolgt.[6] Nach Abs. 3 S. 1 HS 2 nF kann der StPfl. allerdings auch schon vorzeitig – also nicht erst zum Ende des zulässigen Investitionszeitraums – den Abzug nach Abs. 1 S. 1 durch entspr. Erklärung ggü. dem FA rückgängig machen. Dies hat der Gesetzgeber im StÄndG 2015 (Rn. 6) klargestellt.[7] Aber auch bereits unter der Geltung des Abs. 3 S. 1 aF ließ die FinVerw. es zu, dass der StPfl. jederzeit und freiwillig den Abzugsbetrag – insgesamt oder nur teilw. – rückgängig machen kann.[8]

37 Der gewinnmindernde Abzug nach Abs. 1 S. 1 ist gem. Abs. 3 S. 1 rückgängig zu machen. Soweit der Gewinn des maßgebenden Wj. noch gar nicht bei einer Veranlagung berücksichtigt wurde, entfällt v. vornherein eine diesbezügliche Berücksichtigung im Festsetzungsverfahren. Fand dagegen der geminderte Gewinn bereits Eingang in eine diesbezügliche Steuerfestsetzung oder gesonderte Feststellung, ist der betr. Bescheid gem. **Abs. 3 S. 2** zu ändern. Dies gilt auch dann, wenn der betr. Steuer- oder Feststellungsbescheid bereits bestandskräftig geworden ist, **Abs. 3 S. 3, 1. HS**. Nach der besonderen Ablaufregelung des **Abs. 3 S. 3, 2. HS** ist insoweit die Festsetzungsfrist für den VZ maßgeblich, in dem das dritte auf das Wj. des Abzugs folgende Wj. endet. § 7g enthält zwar für diese Fälle keine eigene Verzinsungsregel (mehr), jedoch kann die Änderung nach § 7g Abs. 3 zu einer Verzinsung der daraus entstehenden Steuernachforderung gem. § 233a AO führen.[9] In diesem Zusammenhang vertritt die FinVerw. die Auffassung, dass die Berechnung des Zinslaufes sich nach § 233a Abs. 2 AO richte und § 233a Abs. 2a AO – da kein rückwirkendes Ereignis vorliege – nicht zur Anwendung komme.[10] Demgegenüber hat das FG Niedersachsen zutreffend darauf hingewiesen, dass die Aufgabe der Investitionsabsicht als Tatsache, die ein Rückgängigmachen iSd. § 7g Abs. 3 begründet, durchaus als rückwirkendes Ereignis jedenfalls gem. § 233a Abs. 2a AO zu werten ist.[11] Angesichts dieser drohenden Verzinsung werden StPfl. eher davon Abstand nehmen, in überzogener Weise Investitionsabzugsbeträge in Anspr. zu nehmen. Vor diesem Hintergrund wollte der Gesetzgeber – vergleichbar der Regelung in § 7g Abs. 4 S. 4 (Rn. 41) – zunächst durch das gescheiterte JStG 2013 § 7g Abs. 3 um einen Satz 4 ergänzen und auf diese Weise die Anwendung des § 233a Abs. 2a AO ausdrücklich ausschließen. Diese „gesetzliche Klarstellung"[12] sollte im Hinblick auf die vorbezeichnete Entscheidung des FG Niedersachsen vom 5.5.2011 sicherstellen, dass jedenfalls ab 2013 der durch die „vorübergehende" Berücksichtigung des Investitionsabzugsbetrags entstandene Steuerstundungsvorteil durch eine Verzinsung der durch das Rückgängigmachen des Investitionsabzugsbetrags resultierenden Steuernachforderungen gem. § 233a Abs. 2a AO ausgeglichen wird. Erst im Laufe des Jahres 2013[13] hat der Gesetzgeber in § 7g Abs. 3 den Satz 4 angefügt und insoweit die Anwendung von § 233 Abs. 2a AO ausgeschlossen.

38 **IV. Rückgängigmachen des Abzugs wegen unzureichender betrieblicher Nutzung (Abs. 4).** Im Unterschied zu Abs. 3 (Rn. 35) betrifft Abs. 4 den Verstoß gegen die einschlägigen Nutzungs- und Verbleibensvoraussetzungen, nachdem die betr. Investition zunächst diesen Anforderungen entsprochen hat.

---

1 BT-Drucks. 16/4841, 53; BMF v. 25.2.2004, BStBl. I 2004, 337 Rn. 26; *Paus*, StBp. 1997, 290 (294).
2 BFH v. 11.7.2013 – IV R 9/12, BStBl. II 2014, 609.
3 BT-Drucks. 16/4841, 52.
4 FG Münster v. 20.9.2001 – 2 K 7625/00 G, F, EFG 2002, 387; FG München v. 19.4.2004 – 13 K 5543/00, EFG 2005, 274 (275).
5 BFH v. 27.4.2016 – X R 16/15, BFH/NV 2016, 1444: Gewinnerhöhung aus Rückgängigmachung des Abzugsbetrags stellt lfd. Gewinn dar.
6 BFH v. 15.11.2017 – VI R 44/16, DB 2018, 418 = FR 2018, 600 m. Anm. *Kanzler*.
7 BT-Drucks. 18/4902, 43; BMF v. 20.3.2017, BStBl. I 2017, 423 Rz. 31.
8 BMF v. 20.11.2013, BStBl. I 2013, 1493 Tz. 55.
9 BT-Drucks. 16/4841, 53.
10 BMF v. 8.5.2009, BStBl. I 2009, 633 (641) Tz. 72.
11 FG Nds. v. 5.5.2011 – 1 K 266/10, DStR 2011, 1563; bestätigt durch: BFH v. 11.7.2013 – IV R 9/12, juris.
12 BT-Drucks. 17/10604, 16.
13 AmtshilfeRLUmsG v. 26.6.2013, BGBl. I 2013, 1809 (1815).

Abs. 4 regelt demnach iS einer eigenständigen Berichtigungsnorm die Folgen, wenn der StPfl. zunächst zutr. im Jahr der begünstigungsfähigen Investition den Abzugsbetrag gem. Abs. 2 S. 1, 1. HS gewinnerhöhend hinzugerechnet hat, jedoch in der Folgezeit das betr. WG nicht auf Dauer in dem gesetzlich vorgesehenen Umfang betrieblich nutzt (Rn. 10a). **Abs. 4 S. 1** betrifft mithin den Fall, dass der StPfl. diese qualifizierte Nutzung nicht bis zum Ende des dem Wj. der Anschaffung oder Herstellung nachfolgenden Wj. in einer inländ. Betriebsstätte des Betriebes aufrecht erhält. Nach dem Gesetzeswortlaut ist allein das vorzeitige Ende der qualifizierten betrieblichen Nutzung maßgeblich. Mithin spielen die Gründe für die Beendigung keine Rolle. Aus diesem Grunde kann ein StPfl. nicht mit Erfolg geltend machen, er sei aus welchen Gründen auch immer gezwungen gewesen, die betriebliche Nutzung zu beenden. Die erforderliche betriebliche Nutzung entfällt demnach auch, wenn der StPfl. das betr. WG vorzeitig in sein PV überführt.[1]

Endet die qualifizierte betriebliche Nutzung vorzeitig, sieht das G ein **vollständiges Rückgängigmachen** der eingetretenen Rechtsfolgen vor. Abs. 4 enthält eine entspr. Änderungsvorschrift sowie eine Ablaufhemmung für die betr. Festsetzungsfrist.[2] Demnach hat der StPfl. (1) den Abzug nach Abs. 1 rückgängig zu machen. Zudem (2) ist das Herabsetzen der AK/HK gem. Abs. 2 S. 2, 1. HS rückgängig zu machen. Weiterhin (3) muss der StPfl. die Verringerung der Bemessungsgrundlage gem. Abs. 2 S. 2, 2. HS wieder auszugleichen. Schließlich (4) ist die ursprünglich gewinnerhöhende Hinzurechnung gem. Abs. 2 S. 1 ebenfalls wieder rückgängig zu machen. 39

Allerdings haben auch iRd. Abs. 4 die Änderungen durch das StÄndG 2015 (Rn. 6 und 29) Erleichterungen für die StPfl. gebracht. So ist die schädliche Nutzung des WG nicht mehr in jedem Falle zwingend mit einer Rückgängigmachung des Abzugs gem. Abs. 1 verbunden. So ist etwa iRd. des verfahrensrechtlich Zulässigen die Hinzurechnung und gewinnmindernde Herabsetzung der AK/HK nach Abs. 2 bei eventuell vorhandenen anderen begünstigten WG möglich. Ist die Veranlagung des Wj. der Anschaffung oder Herstellung dieser WG dagegen bereits bestandskräftig, dann scheidet die Anwendung des Abs. 2 aus.[3]

Abs. 4 S. 2 und 3 enthalten ähnlich wie Abs. 3 S. 2 und 3 besondere Änderungsregelungen für den Fall, dass der Investitionsabzugsbetrag bereits Eingang in (bestandskräftige) Veranlagungen gefunden hat. Soweit der Gewinn des maßgebenden Wj. noch gar nicht bei einer Veranlagung berücksichtigt wurde, entfällt v. vornherein eine diesbezügliche Berücksichtigung im Festsetzungsverfahren. Fand dagegen der geminderte Gewinn bereits Eingang in eine diesbezügliche Steuerfestsetzung oder gesonderte Feststellung, ist der betr. Bescheid gem. **Abs. 4 S. 2** zu ändern. Dies gilt auch dann, wenn der betr. Steuer- oder Feststellungsbescheid bereits bestandskräftig geworden ist, **Abs. 4 S. 3, 1. HS.** Nach der besonderen Ablaufregelung des **Abs. 4 S. 3, 2. HS** ist insoweit die Festsetzungsfrist für den VZ maßgeblich, in dem das dritte auf das Wj. des Abzugs folgende Wj. endet. 40

§ 7g Abs. 4 S. 4 regelt speziell die Anwendung v. § 233a AO im Zusammenhang mit dem Rückgängigmachen des Investitionsabzugsbetrages. Das Berichtigen vorangegangener Veranlagungen kann zu Nachforderungszinsen iSd. § 233a AO führen. Endet die qualifizierte betriebliche Nutzung des betr. WG vorzeitig, entfällt die besondere Regelung zum Zinslauf gem. § 233a Abs. 2a AO. Mithin führt das Rückgängigmachen der Anwendung des § 7g Abs. 1 und Abs. 2 nicht zu einem abw. Zinslauf iSd. § 233a Abs. 2a AO.[4] 41

C. Sonderabschreibung (Abs. 5 und 6)

I. Allgemeine Grundsätze. Wird das begünstigungsfähige WG (Rn. 44) entspr. den gesetzlichen Vorgaben betrieblich genutzt (Rn. 50), kann ein StPfl., der die betr. Größenmerkmale einhält (Rn. 49), Sonder-AfA (nicht erhöhte Absetzungen, § 7a Rn. 17) neben der zwingend vorgeschriebenen linearen (ab VZ 2009: auch degressiven, s. sogleich) **AfA gem. § 7** geltend machen. § 7a Abs. 1, Abs. 5–9 sind zu beachten. Dabei kommt die Sonderabschreibung unabhängig davon in Betracht, ob der StPfl. zuvor für die betr. Investition einen Investitionsabzugsbetrag gem. § 7g Abs. 1 gewinnmindernd abgezogen hat.[5] Nach allg. Grundsätzen wirkt die Sonder-AfA nicht – wie im Falle des Abzugsbetrages – außerbilanziell, sondern kommt in den geminderten Bilanzansätzen oder in den betr. Gewinnminderungen iRd. EÜR zum Ausdruck. Ab dem VZ 2009 hat der Gesetzgeber[6] allerdings durch den ausdrücklichen Hinweis auf die AfA gem. § 7 Abs. 1 und Abs. 2 in § 7g Abs. 5 sichergestellt, dass Unternehmen, die Sonderabschreibungen nach § 7g Abs. 5 vornehmen können, daneben auch – abw. v. § 7a Abs. 4[7] – die degressive AfA vornehmen dürfen. 42

---

1 BT-Drucks. 16/4841, 52; BMF v. 20.3.2017, BStBl. I 2017, 423 Rz. 38.
2 BT-Drucks. 16/4841, 53.
3 BT-Drucks. 18/4902, 43.
4 BT-Drucks. 16/4841, 53.
5 BT-Drucks. 16/4841, 53.
6 G v. 21.12.2008, BGBl. I 2008, 2896.
7 BT-Drucks. 16/10930, 9.

43 **II. Persönliche Voraussetzungen.** Die Abschreibungserleichterung ist beschränkt auf die Gewinneinkünfte, § 2 Abs. 2 S. 1 Nr. 1. § 7g kommt **(un-)beschränkt stpfl. nat und jur. Pers.** gleichermaßen zugute. Unerheblich ist, ob der StPfl. den Gewinn nach § 4 Abs. 1 oder Abs. 3 ermittelt.

44 **III. Begünstigungsfähige Investitionen (Abs. 5). 1. Begünstigte Wirtschaftsgüter.** Nur **selbständige WG** können abgeschrieben werden, daher entfällt die Sonder-AfA für alle technisch unselbständigen Teile eines WG; entscheidend für die selbständige Bewertbarkeit ist iRd. Verkehrsauffassung ua. der Nutzungs- und Funktionszusammenhang.[1] Ausdrücklich setzt Abs. 5 voraus, dass es sich um **abnutzbare WG** handelt. IÜ betrifft die Vorschrift nur **WG des Anlagevermögens** (§ 6 Rn. 18). Folglich gilt § 7g nur bei den Gewinneinkünften gem. § 2 Abs. 2 S. 1 Nr. 1. Allerdings ist ein WG auch dann dem Anlagevermögen zuzurechnen, wenn es zunächst ins Umlaufvermögen gelangt, der StPfl. es jedoch vor Ablauf des betr. Kj./Wj. ins Anlagevermögen überführt.[2] Die Beschränkung auf **bewegliche WG** schließt vor allem Gebäude und – den Gebäuden vergleichbare – als unbeweglich behandelte WG v. der Sonder-AfA aus. Hiernach begünstigt § 7g Abs. 5 zB Scheinbestandteile gem. § 95 BGB oder Betriebsvorrichtungen iSv. § 68 Abs. 2 BewG, nicht hingegen immaterielle WG.[3] Gleichermaßen erweisen sich GWG (Rn. 34) als begünstigungsfähig iSd. Abs. 5.[4]

45 Abs. 5 gilt nicht nur für **neue WG.** Entscheidend ist also nicht, ob das WG im Sinne einer wirtschaftlichen Nutzung noch ungebraucht ist.[5]

46 **2. Begünstigungszeitraum.** Der fünfjährige Begünstigungszeitraum umfasst das Jahr der Anschaffung oder Herstellung iSv. **§ 9a EStDV** (§ 7 Rn. 29) sowie die vier folgenden Jahre. Entscheidend ist der Zeitpunkt der Lieferung bzw. der erstmaligen Möglichkeit der bestimmungsgemäßen Nutzung. Erwirbt der StPfl. einen Bausatz, ist der Zeitpunkt des Zusammenbaus maßgeblich.

47 **3. Begünstigungsumfang.** Die jährliche Sonder-AfA betrifft maximal 20 % der maßgeblichen AK/HK, § 255 Abs. 1 und 2 HGB. Hat der StPfl. im Hinblick auf § 7g Abs. 2 S. 2, 1. HS die AK/HK gemindert, kann er die Sonder-AfA auch nur v. den auf diese Weise reduzierten Beträgen geltend machen. Bei **öffentl. Investitionszuschüssen** (§ 7 Rn. 29) bejaht die Verwaltung gem. R 6.5 Abs. 2 EStR ein Wahlrecht zw. Versteuerung als BE oder Minderung der AK/HK; allerdings erscheint das zwingende Versteuern der Zuschüsse als BE vorzugswürdig.[6] Nicht begünstigt sind Anzahlungen auf AK/HK oder Teil-HK, dagegen erhöht sich die ursprüngliche Bemessungsgrundlage gem. § 7a Abs. 1 um die nachträglich im Begünstigungszeitraum angefallenen Aufwendungen.

48 **4. Ausübung des Wahlrechts.** Sofern auch die Voraussetzungen des Abs. 6 (Rn. 49) erfüllt sind, kann der StPfl. neben der **linearen AfA** gem. § 7 Abs. 1 oder (ab 2009, vgl. Rn. 6) abw. v. § 7a Abs. 4[7] der **degressiven AfA** gem. § 7 Abs. 2 innerhalb des Begünstigungszeitraum in beliebigem Umfang bis zu insgesamt 20 % der Bemessungsgrundlage geltend machen. Nach Ablauf des fünfjährigen Begünstigungszeitraums richtet sich die Abschreibung des **Restwerts** nach § 7a Abs. 9 (§ 7a Rn. 26). Die in Abs. 5 eingeräumte Wahlfreiheit ermöglicht die optimale Gestaltungsfreiheit für den StPfl. etwa zur Gewinnglättung.

49 **IV. Betriebliche Größenmerkmale (Abs. 6 Nr. 1).** Sonderabschreibungen kommen nur in Betracht, wenn der StPfl. – ggf. also auch die Ges. oder Gemeinschaft gem. Abs. 7 – die in Abs. 6 Nr. 1 vorgesehenen betrieblichen **Größenmerkmale** einhält. Das G bezieht sich dabei auf dieselben Höchstwerte wie in Abs. 1 S. 2 Nr. 1 (Rn. 13). Maßgeblicher Zeitpunkt in diesem Zusammenhang – im Unterschied zu den Grenzen bei dem Investitionsabzugsbetrag (Rn. 13) – ist ausweislich des Gesetzeswortlauts der Schluss des Wj., das der Anschaffung oder Herstellung vorangeht.

50 **V. Betriebliche Nutzung (Abs. 6 Nr. 2).** Das G verlangt für die Sonderabschreibung dieselbe qualifizierte betriebliche Nutzung des betr. WG wie im Falle des Investitionsabzugsbetrages. Aus diesem Grunde benennt Abs. 6 Nr. 2, 1. HS dieselben Voraussetzungen wie Abs. 1 S. 2 Nr. 2 lit. b). Hiernach muss der StPfl. das WG im Jahr der Anschaffung oder Herstellung sowie im darauffolgenden Wj. (fast) ausschließlich betrieblich nutzen. Entsprechend der bisherigen Praxis zu § 7g aF ist also eine betriebliche Nutzung v. mindestens 90 % erforderlich.[8] Dabei hat der Gesetzgeber den in der Vergangenheit geltenden Verbleibens-

---

1 BFH v. 28.9.1990 – III R 178/86, BStBl. II 1991, 187 f. = FR 1991, 134; v. 8.2.1996 – III R 126/93, BStBl. II 1996, 542 (543 f.).
2 BFH v. 11.12.1970 – VI R 262/68, BStBl. II 1971, 198 (199).
3 *K/S/M*, § 7g Rn. F 10 und B 26 ff.
4 Zutr.: *Pohl*, DStR 2008, 2302 (2303 f.).
5 BT-Drucks. 16/4841, 53; BFH v. 8.2.1980 – III R 79/78, BStBl. II 1980, 341 (342); v. 4.8.1983 – III R 21/80, BStBl. II 1984, 631 (632).
6 Ausf. zum Meinungsstand BFH v. 26.11.1996 – VIII R 58/93, BStBl. II 1997, 390 (391 ff.) = FR 1997, 218.
7 BT-Drucks. 16/10930, 9: Wiederherstellen des Zustands wie vor Abschaffen der degressiven AfA.
8 BT-Drucks. 16/4841, 53.

und Nutzungszeitraum um ein Wj. erweitert, um einem möglichen Missbrauch vorzubeugen.[1] Allerdings verlangt der Gesetzeswortlaut nicht eine diesbezügliche Nutzung bis zum Ende des Folgejahres. Hiernach käme die Sonderabschreibung auch in Betracht, wenn die betriebliche Nutzung nicht das gesamte Folgejahr umfasst. Jedoch bestimmt **Abs. 6 Nr. 2, 2. HS** für diesen Fall die entspr. Anwendung des Abs. 4. Endet demnach die qualifizierte betriebliche Nutzung des begünstigten WG vor dem Ende des dem Wj. der Anschaffung oder Herstellung folgenden Wj., hat der StPfl. alle gewinnrelevanten Folgen der Sonderabschreibung vollständig wieder rückgängig zu machen.

D. Gesellschaft oder Gemeinschaft (Abs. 7)

In Abs. 7 bestimmt der Gesetzgeber, dass bei PersGes. oder Gemeinschaften diese als StPfl. iRd. § 7g anzusehen sind. 51 Mit dem Begriff der Gemeinschaften zielt der Gesetzgeber wohl auf MUG'schaften. Dies besagt zum einen, dass die Investitionsabzugsbeträge oder Sonderabschreibungen stets nur einheitlich und nicht etwa nur v. einem Teil der Beteiligten geltend zu machen sind. Zum anderen gelten aber insbes. die Größenmerkmale iSd. Abs. 1 S. 2 Nr. 1 und Abs. 6 Nr. 1 für diese Zusammenschlüsse insgesamt. Dabei sind für das Prüfen der Größenmerkmale Ergänzungs- und Sonderbilanzen einzubeziehen. Auf diese Weise will der Gesetzgeber das als ungerechtfertigt angesehene **Begünstigen v. Großbetrieben** ausschließen.[2]

§ 7h Erhöhte Absetzungen bei Gebäuden in Sanierungsgebieten und städtebaulichen Entwicklungsbereichen

(1) [1]Bei einem im Inland belegenen Gebäude in einem förmlich festgelegten Sanierungsgebiet oder städtebaulichen Entwicklungsbereich kann der Steuerpflichtige abweichend von § 7 Absatz 4 und 5 im Jahr der Herstellung und in den folgenden sieben Jahren jeweils bis zu 9 Prozent und in den folgenden vier Jahren jeweils bis zu 7 Prozent der Herstellungskosten für Modernisierungs- und Instandsetzungsmaßnahmen im Sinne des § 177 des Baugesetzbuchs absetzen. [2]Satz 1 ist entsprechend anzuwenden auf Herstellungskosten für Maßnahmen, die der Erhaltung, Erneuerung und funktionsgerechten Verwendung eines Gebäudes im Sinne des Satzes 1 dienen, das wegen seiner geschichtlichen, künstlerischen oder städtebaulichen Bedeutung erhalten bleiben soll, und zu deren Durchführung sich der Eigentümer neben bestimmten Modernisierungsmaßnahmen gegenüber der Gemeinde verpflichtet hat. [3]Der Steuerpflichtige kann die erhöhten Absetzungen im Jahr des Abschlusses der Maßnahme und in den folgenden elf Jahren auch für Anschaffungskosten in Anspruch nehmen, die auf Maßnahmen im Sinne der Sätze 1 und 2 entfallen, soweit diese nach dem rechtswirksamen Abschluss eines obligatorischen Erwerbsvertrags oder eines gleichstehenden Rechtsakts durchgeführt worden sind. [4]Die erhöhten Absetzungen können nur in Anspruch genommen werden, soweit die Herstellungs- oder Anschaffungskosten durch Zuschüsse aus Sanierungs- oder Entwicklungsförderungsmitteln nicht gedeckt sind. [5]Nach Ablauf des Begünstigungszeitraums ist ein Restwert den Herstellungs- oder Anschaffungskosten des Gebäudes oder dem an deren Stelle tretenden Wert hinzuzurechnen; die weiteren Absetzungen für Abnutzung sind einheitlich für das gesamte Gebäude nach dem sich hiernach ergebenden Betrag und dem für das Gebäude maßgebenden Prozentsatz zu bemessen.

(2) [1]Der Steuerpflichtige kann die erhöhten Absetzungen nur in Anspruch nehmen, wenn er durch eine Bescheinigung der zuständigen Gemeindebehörde die Voraussetzungen des Absatzes 1 für das Gebäude und die Maßnahmen nachweist. [2]Sind ihm Zuschüsse aus Sanierungs- oder Entwicklungsförderungsmitteln gewährt worden, so hat die Bescheinigung auch deren Höhe zu enthalten; werden ihm solche Zuschüsse nach Ausstellung der Bescheinigung gewährt, so ist diese entsprechend zu ändern.

(3) Die Absätze 1 und 2 sind auf Gebäudeteile, die selbständige unbewegliche Wirtschaftsgüter sind, sowie auf Eigentumswohnungen und auf im Teileigentum stehende Räume entsprechend anzuwenden.

Literatur: S. den Literaturnachweis zu § 7i.

1 BT-Drucks. 16/4841, 54.
2 BT-Drucks. 16/5377, 13.

A. Grundaussagen der Vorschrift

1 § 7h erlaubt – wie schon § 82g EStDV aF – **erhöhte Absetzungen**, also keine Sonder-AfA, anstelle der AfA nach § 7 Abs. 4 und 5 für bestimmte Gebäude (Rn. 4) und selbständig bewertete Gebäudeteile des BV oder PV. Nachdem § 7h anderweitige Absetzungen zulässt, kommen erhöhte Absetzungen nur in Betracht, wenn StPfl. die reguläre AfA in Anspr. nehmen könnten. Dies entfällt etwa bei Gebäuden, die zum BV (Umlaufvermögen) eines gewerblichen Grundstückshandels gehören.[1] Die personenbezogene[2] (also nicht objektbezogene) Abschreibungsvergünstigung steht (un-)beschränkt stpfl. nat. und jur. Pers., also nicht einer PersGes. selbst, offen. Der Anwendungsbereich des § 7h überschneidet sich teilw. mit der Förderung gem. §§ 7i, 10f, 10g, 11a und 11b;[3] § 7a Abs. 5 ist zu beachten. Die Subventionsnorm soll durch zinslose Steuerstundung die Wohnraumverbesserung, Bestanderhaltung und Gebäudesanierung unterstützen;[4] an diesem **Begünstigungszweck** hat sich die Auslegung zu orientieren.[5] Der StPfl. muss die Einzelumstände darlegen und ggf. beweisen (**objektive Darlegungslast**).[6] § 7a Abs. 1, 3 und 5 bis 8 sind zu beachten, Abs. 6 gewinnt aber keine praktische Bedeutung. Die Absenkung der Absetzungsbeträge (Rn. 3) ab VZ 2004 beruht auf dem HBeglG 2004.[7] Spätere Gesetzesänderungen erweisen sich dagegen als eher marginal.[8]

B. Erhöhte Absetzungen (Abs. 1)

2 Zu den **begünstigungsfähigen Objekten** gehören inländ. Gebäude in einem förmlich festgelegten Sanierungsgebiet oder städtebaulichen Entwicklungsbereich, Abs. 1 S. 1, sowie die in Abs. 1 S. 2 näher bezeichneten Gebäude mit geschichtlicher, künstlerischer oder städtebaulicher Bedeutung. Der Begriff des förmlich festgelegten Sanierungsgebiets richtet sich nach § 142 Abs. 1 S. 1 BauGB. Insoweit ist die entspr. Festlegung eines Sanierungsgebiets durch die Satzung der zuständigen Gemeinde entscheidend, § 142 Abs. 3 S. 1 BauGB. Im Zeitraum der Baumaßnahmen muss zudem das zu fördernde Objekt in einem solcherart förmlich festgelegten Sanierungsgebiet liegen.[9] Baumaßnahmen sind daher nur in steuerlicher Hinsicht förderungswürdig, wenn sie während der Geltungsdauer einer Sanierungssatzung durchgeführt werden. Nicht ausreichend ist dagegen nur etwa der Abschluss eines Sanierungsvertrags oder der Beginn betr. Planungsmaßnahmen während der Geltungsdauer einer Sanierungssatzung.[10] Dabei kommen erhöhte Absetzungen nur in Betracht, wenn der StPfl. die reguläre AfA in Anspr. nehmen könnte (Rn. 1). Der Gebäudebegriff richtet sich nach dem (einheitlichen) Nutzungs- und Funktionszusammenhang (§ 7 Rn. 81). § 7h begünstigt ausschließlich Baumaßnahmen an bestehenden Gebäuden, nicht hingegen Maßnahmen im Zusammenhang mit (dem Abbruch und) Neubauten, dem Wiederaufbau eines Gebäudes oder der erheblichen baulichen Veränderung iS eines Aus- oder Umbaus oder Erweiterung[11], und zwar nur **Gebäudeinvestitionen**, die auf einem Modernisierungs- und Instandsetzungsgebot gem. § 177 BauGB oder einer vertraglichen Vereinbarung mit der Gemeinde beruhen, nicht aber Baumaßnahmen auf ausschließlich freiwilliger Grundlage. Die Förderung entfällt demnach, soweit durch die Baumaßnahme Neubauten oder ein bautechnisch neues Gebäude entstehen, denn zu begünstigen ist iErg. der Erhalt schützenswerter Substanz. Besteht eine Altbausubstanz bereits, dann können auch Aufwendungen für eine Eigentumswohnung, mit der neuer Wohnraum geschaffen wurde (zB aufgestocktes Penthouse), begünstigt sein, wenn sie sich auf den Altbaubestand beziehen.[12] Dabei betrifft Abs. 1 S. 1 und 2 nur Herstellungsvorgänge,[13] Anschaffungen sind allein durch S. 3 begünstigt. **Bemessungsgrundlage** für die erhöhte AfA sind die HK[14]

---

1 BFH v. 5.12.2002 – IV R 57/01, BStBl. II 2003, 291 (294) = FR 2003, 396 m. Anm. *Weber-Grellet*.
2 BFH v. 17.7.2001 – IX R 50/98, BStBl. II 2001, 760 (761) = FR 2001, 1182.
3 Zu den einzelnen Liquiditätshilfen vgl. die Übersicht bei *K/S/M*, § 7h Rn. A 37; *Kleeberg*, FR 1997, 174; *Stöcker*, BB 2000 Beil. 9, 3 f.
4 *Stuhrmann*, DStZ 1990, 107.
5 BFH v. 3.6.1997 – IX R 24/96, BFH/NV 1998, 155 (156); v. 29.3.2001 – IV R 49/99, BStBl. II 2001, 437 = FR 2001, 910.
6 BFH v. 6.4.1990 – III R 2/87, BStBl. II 1990, 752 (753).
7 G v. 29.12.2003, BGBl. I 2003, 3076 (3082).
8 Zuletzt: G. v. 5.4.2011, BGBl. I 2011, 554 zu § 7h Abs. 1 (ohne inhaltliche Änderung).
9 BFH v. 25.2.2014 – X R 4/12, BFH/NV 2014, 1512 (1513).
10 BFH v. 25.2.2014 – X R 4/12, BFH/NV 2014, 1512 (1513).
11 BFH v. 18.9.2002 – X R 183/96, BStBl. II 2003, 238 (240) = FR 2003, 243 m. Anm. *Kempermann*; v. 2.9.2008 – X R 7/07, FR 2009, 1009 = BFH/NV 2009, 14 (15); FG Hess. v. 12.12.2011 – 8 K 1754/08, EFG 2012, 828 (829); anders im Einzelfall, wenn Wiederaufbau Modernisierung darstellt, vgl. BFH v. 17.12.1996 – IX R 91/94, BStBl. II 1997, 398 (399) = FR 1997, 420.
12 BFH v. 10.10.2017 – X R 6/16, BStBl. II 2018, 272.
13 BFH v. 17.7.2001 – IX R 50/98, BStBl. II 2001, 760 (761) = FR 2001, 1182: keine HK bei G'ter-Wechsel.
14 FG München v. 1.12.1988 – 13 K 2659/88, EFG 1989, 167.

(§ 7 Rn. 40 und § 7a Rn. 6) für die geförderten Maßnahmen iSd. Abs. 1 S. 1 und 2.[1] Abs. 1 S. 3 betrifft bei einem Erwerber, der kein Bauherr ist, die AK (§ 6 Rn. 27), die er nach Erwerb durch Vertrag, Ersteigerung oÄ im Hinblick auf Abs. 1 S. 1 und 2 trägt;[2] der dem „obligatorischen Erwerbsvertrag" „gleichstehende Rechtsakt" betrifft etwa den Erbfall, das Vermächtnis nach Annahme, den Zuschlag im Zwangsversteigerungsverfahren oder den Erwerb von Anteilen an einer PersGes. Dies gilt jedoch nicht für ein unwiderrufliches notarielles Kaufangebot. Dieses begründet weder eine beiderseitige Verpflichtung, noch bestimmt es einen konkreten Erwerbszeitpunkt.[3] § 7h Abs. 1 S. 3 spricht alleine die AK an; begünstigt ist also nicht der eigentliche Kaufpreis für das Gebäude. Nicht begünstigt sind Teil-HK,[4] sofort abziehbare WK/BA (insbes. Erhaltungsaufwand, vgl. aber § 11a) und nicht abziehbare Ausgaben. IHd. Zuschüsse aus Fördermitteln sowie bei Zuwendungen privater Dritter entfällt die erhöhte AfA, Abs. 1 S. 4. Einlagen in und Entnahmen aus dem BV lassen die Bemessungsgrundlage unberührt.

Bei Vorlage einer Bescheinigung gem. Abs. 2 hat der StPfl. das **Wahlrecht**, über die Regel-AfA hinaus bis zu 8 × 9 % sowie 4 × 7 % (bis 2003: 10 × 10 %, vgl. Rn. 1 aE) der Bemessungsgrundlage geltend zu machen; Nachholung ist nicht zulässig. Bei mehreren Beteiligten ist § 7a Abs. 7 zu beachten; dabei stehen die erhöhten Absetzungen den Miteigentümern im Verhältnis ihrer Eigentumsanteile zu. Soweit ein Bauträger Sanierungsmaßnahmen an einem Gesamtobjekt durchführt und ein Erwerber eine Steuerbegünstigung nach § 7h beantragt, führt die FinVerw. eine gesonderte und einheitliche Feststellung der betr. Besteuerungsgrundlagen nach der VO zu § 180 Abs. 2 AO durch.[5] Bei PersGes. sind allein die einzelnen G'ter abzugsberechtigt; scheidet ein G'ter aus, so sind die begünstigten HK den übrigen G'ter iRd. Anrechnung nur iHd. ursprünglichen Beteiligung zuzurechnen,[6] vgl. § 7a Abs. 7. Die Abfindung an den ausgeschiedenen G'ter bildet nicht erhöht begünstigte AK. Dementspr. ist ein G'ter nicht begünstigt, der erst nach Abschluss der Baumaßnahme der PersGes. beitritt. Der jeweilige Höchstbetrag gilt auch im Jahr der Herstellung oder im Falle einer Veräußerung (keine zeitanteilige Reduzierung[7]). Aus Vereinfachungsgründen verlangt die FinVerw. eine **Prüfung, ob die Voraussetzungen des § 7h vorliegen**, nur in dem VZ, in dem die begünstigten Baumaßnahmen fertig gestellt sind. Der **Begünstigungszeitraum** umfasst zwölf Jahre. Er beginnt gem. Abs. 1 S. 1 mit dem Jahr der Herstellung iSv. § 9a EStDV (§ 7 Rn. 29) oder mit dem Jahr, in dem die geförderte Maßnahme ihren Abschluss findet, Abs. 1 S. 3. Nach Ablauf des Zeitraums ist ein **Restwert** zusammen mit dem Gebäude abzuschreiben, Abs. 1 S. 5. 3

C. Bescheinigung (Abs. 2)

Die Ausübung des Wahlrechts erfordert als materielle Voraussetzung eine Bescheinigung iSv. Abs. 2 S. 1 (Grundlagenbescheid gem. §§ 171 Abs. 10 und 175 Abs. 1 S. 1 Nr. 1 AO[8]). Hierzu haben die einzelnen Länder Bescheinigungsrichtlinien erlassen, die bundesweit im Wesentlichen abgestimmt und in den entspr. Ministerialblättern veröffentl. sind.[9] Angesichts der Funktion als Grundlagenbescheid muss die betreffende Mitteilung einer Gemeindebehörde zunächst in formeller Hinsicht den Anforderungen an einen schriftlichen Verwaltungsakt entsprechen.[10] Die weitreichende Bindungswirkung der Bescheinigung erstreckt sich ausweislich des Wortlauts der Vorschrift (nur) auf die Voraussetzungen des Abs. 1;[11] konkret gebührt den Entscheidungen der Fachbehörde zu den Tatbeständen des Bau- und Raumordnungsrechts Vorrang. Dabei gewinnt der jeweilige konkrete Inhalt der Bescheinigung ausschlaggebende Bedeutung.[12] So muss etwa bei Inanspruchnahme der Vergünstigung gem. Abs. 1 S. 2 die Bescheinigung nicht nur die Angabe enthalten, dass die jeweiligen Maßnahmen durchgeführt wurden, sondern darüber hinaus auch feststellen, dass es eine Verpflichtung des Eigentümers zur Durchführung der Maßnahmen gab.[13] Die Reichweite der Bindungswirkung lässt sich im Einzelfall nur durch den jeweiligen konkreten Inhalt der Be- 4

1 Einzelheiten bei *K/S/M*, § 7h Rn. B 19ff.
2 *Hahn*, DB 1990, 65.
3 BFH v. 19.2.2013 – IX R 32/12, BStBl. II 2013, 482 (483).
4 BFH v. 27.6.1995 – IX R 130/90, BStBl. II 1996, 215 (217) = FR 1996, 215; v. 16.1.1996 – IX R 98/93, BFH/NV 1996, 540 (541).
5 Vgl. BMF v. 2.5.2001, BStBl. I 2001, 256.
6 BFH v. 17.7.2001 – IX R 50/98, BStBl. II 2001, 760 (761) = FR 2001, 1182.
7 BFH v. 18.6.1996 – IX R 40/95, BStBl. II 1996, 645 (646) = FR 1996, 709 m. Anm. *Drenseck*.
8 BFH v. 4.5.2004 – XI R 38/01, BStBl. II 2005, 171 (172) = FR 2005, 29 m. Anm. *Fischer*; v. 22.9.2005 – IX R 13/04, BStBl. II 2007, 373 (374); v. 6.12.2016 – IX R 17/15, BStBl. II 2017, 523 Rz. 18.
9 BFH v. 22.10.2008 – X B 91/08, BFH/NV 2009, 155; Fundstellenübersicht: BMF v. 8.11.2004, BStBl. I 2004, 1049.
10 FG Hess. v. 5.10.2011 – 3 K 2594/07, juris.
11 BFH v. 22.10.2014 – X R 15/13, BStBl. II 2015, 367.
12 BFH v. 2.9.2008 – X R 7/07, FR 2009, 1009 = BFH/NV 2009, 14 (16); v. 25.2.2014 – X R 4/12, BFH/NV 2014, 1512 (1513).
13 FG Köln v. 25.2.2016 – 11 K 1423/14, EFG 2016, 803.

scheinigung im Auslegungswege ermitteln. Auch Gesichtspunkte etwa des Treu und Glaubens sind in diesem Zusammenhang zu beachten.[1] Entsprechend allg. verwaltungsverfahrensrechtl. Grundsätzen bindet die Bescheinigung unabhängig von ihrer etwaigen Rechtswidrigkeit.[2]

5 Die Gemeinde muss im Einzelfall entscheiden, ob ein Neubau im bautechnischen Sinne noch als Modernisierung oder Instandsetzung anzusehen ist.[3] Dagegen muss die Bescheinigung – im Unterschied zu § 7i – nicht die Höhe der begünstigten HK ausweisen.[4] Hiernach muss sich die Bescheinigung auf das in einem förmlich festgelegten Sanierungsgebiet belegene Gebäude (Objektbezug) oder den nach Abs. 3 relevanten selbständigen Gebäudeteil[5] und die geförderten Maßnahmen iSd. § 177 BauGB beziehen, vgl. R 7h Abs. 4 EStR. Fehlen diese notwendigen Angaben, ist das zuständige FA an eine derartige Bescheinigung nicht gebunden.[6] Denn die Bindungswirkung kann sich nur auf Merkmale beziehen, die des fachbehördlichen Sachverstandes bedürfen. Unterlässt die Fachbehörde die v. ihr geforderten Angaben, entscheiden die FA in eigener Verantwortung. Dies gilt gleichermaßen für die übrigen Tatbestandsmerkmale des § 7h. Folglich bindet die Bescheinigung die Finanzbehörde nicht hinsichtlich der Frage, wer die Aufwendungen getragen hat, ob es sich um AK oder HK handelt, wem diese als Abzugsberechtigten zuzurechnen sind und wie hoch die begünstigten Herstellungsaufwendungen waren.[7] Hält die FinVerw. den Inhalt der Bescheinigung für unzutr., kann sie lediglich bei der betr. Gemeinde remonstrieren und den Verwaltungsrechtsweg einschlagen.[8] Etwaige **Zuschüsse** aus den näher bezeichneten Fördermitteln müssen ausgewiesen sein; nachträgliche Zuschussgewährung zwingt zu einer Änderung der Bescheinigung, Abs. 2 S. 2. StPfl. können eine verweigerte Bescheinigung nicht über das in § 86 Abs. 3 FGO geregelte Verfahren der Urkundenvorlage erzwingen.[9]

D. Ausdehnung der Förderung (Abs. 3)

6 Abs. 3 erstreckt die Förderung auf einzelne Objekte, insbesondere Eigentumswohnungen[10]. Inwieweit Gebäudeteile **selbständige unbewegliche WG** bilden, richtet sich nach allg. Grundsätzen (§ 7 Rn. 81 und 106); die Annahme v. Eigentumswohnungen und im Teileigentum stehenden Räumen bestimmt sich nach § 1 Abs. 2 und 3 WEG (§ 7 Rn. 109).

§ 7i Erhöhte Absetzungen bei Baudenkmalen

(1) [1]Bei einem im Inland belegenen Gebäude, das nach den jeweiligen landesrechtlichen Vorschriften ein Baudenkmal ist, kann der Steuerpflichtige abweichend von § 7 Absatz 4 und 5 im Jahr der Herstellung und in den folgenden sieben Jahren jeweils bis zu 9 Prozent und in den folgenden vier Jahren jeweils bis zu 7 Prozent der Herstellungskosten für Baumaßnahmen, die nach Art und Umfang zur Erhaltung des Gebäudes als Baudenkmal oder zu seiner sinnvollen Nutzung erforderlich sind, absetzen. [2]Eine sinnvolle Nutzung ist nur anzunehmen, wenn das Gebäude in der Weise genutzt wird, dass die Erhaltung der schützenswerten Substanz des Gebäudes auf die Dauer gewährleistet ist. [3]Bei einem im Inland belegenen Gebäudeteil, das nach den jeweiligen landesrechtlichen Vorschriften ein Baudenkmal ist, sind die Sätze 1 und 2 entsprechend anzuwenden. [4]Bei einem im Inland belegenen Gebäude oder Gebäudeteil, das für sich allein nicht die Voraussetzungen für ein Baudenkmal erfüllt, aber Teil einer Gebäudegruppe oder Gesamtanlage ist, die nach den jeweiligen

1 BFH v. 2.9.2008 – X R 7/07, BStBl. II 2009, 596 (598) = FR 2009, 1009.
2 BFH v. 17.4.2018 – IX R 27/17, DStR 2018, 1704.
3 BFH v. 6.12.2016 – IX R 17/15, BStBl. II 2017, 523 Rz. 20; v. 6.10.2016 – IX B 81/16, BStBl. II 2017, 196 Rz. 13.
4 Entgegen R 7h Abs. 4 S. 1 Nr. 3 EStR; so auch BFH v. 17.4.2018 – IX R 27/17, DStR 2018, 1704.
5 BFH v. 6.5.2014 – IX R 17/13, BFH/NV 2014, 1731; v. 6.12.2016 – IX R 17/15, BStBl. II 2017, 523 Rz. 24f.
6 BFH v. 22.9.2005 – IX R 13/04, BStBl. II 2007, 373 (374); v. 18.9.2002 – X R 183/96, BStBl. II 2003, 238 (240f.) = FR 2003, 243 m. Anm. *Kempermann*; v. 6.12.2016 – IX R 17/15, BStBl. II 2017, 523 Rz. 24f.: Unzureichend ist eine Bescheinigung, die nicht für den selbständigen Gebäudeteil, sondern für das Gesamtgebäude ausgestellt wurde.
7 BFH v. 14.1.2004 – X R 19/02, FR 2004, 832 m. Anm. *Fischer* = BFH/NV 2004, 1021 (1023); v. 22.10.2008 – X B 91/08, BFH/NV 2009, 155; ausführlich auch: FG Hess. v. 12.12.2011 – 8 K 1754/08, EFG 2012, 828 (829f.); BFH v. 22.10.2014 – X R 15/13, BStBl. II 2015, 367; v. 6.12.2016 – IX R 17/15, BStBl. II 2017, 523 Rz. 21: zur Bedeutung einer Vorbehaltsklausel in der Bescheinigung.
8 BFH v. 22.9.2005 – IX R 13/04, BStBl. II 2007, 373 (374); v. 22.10.2014 – X R 15/13, BStBl. II 2015, 367; v. 17.4.2018 – IX R 27/17, DStR 2018, 1704; v. 6.10.2016 – IX B 81/16, BStBl. II 2017, 196 Rz. 13f.: Remonstration gegen bestandskräftigen VA der Gemeinde kein Aussetzungsgrund gem. § 74 FGO.
9 BFH v. 18.7.2006 – X B 39/06, BFH/NV 2006, 1697.
10 BFH v. 6.5.2014 – IX R 17/13, BFH/NV 2014, 1731: objektbezogene Bescheinigung nach Abs. 2 erforderlich.

landesrechtlichen Vorschriften als Einheit geschützt ist, kann der Steuerpflichtige die erhöhten Absetzungen von den Herstellungskosten für Baumaßnahmen vornehmen, die nach Art und Umfang zur Erhaltung des schützenswerten äußeren Erscheinungsbildes der Gebäudegruppe oder Gesamtanlage erforderlich sind. [5]Der Steuerpflichtige kann die erhöhten Absetzungen im Jahr des Abschlusses der Baumaßnahme und in den folgenden elf Jahren auch für Anschaffungskosten in Anspruch nehmen, die auf Baumaßnahmen im Sinne der Sätze 1 bis 4 entfallen, soweit diese nach dem rechtswirksamen Abschluss eines obligatorischen Erwerbsvertrags oder eines gleichstehenden Rechtsakts durchgeführt worden sind. [6]Die Baumaßnahmen müssen in Abstimmung mit der in Absatz 2 bezeichneten Stelle durchgeführt worden sein. [7]Die erhöhten Absetzungen können nur in Anspruch genommen werden, soweit die Herstellungs- oder Anschaffungskosten nicht durch Zuschüsse aus öffentlichen Kassen gedeckt sind. [8]§ 7h Absatz 1 Satz 5 ist entsprechend anzuwenden.

(2) [1]Der Steuerpflichtige kann die erhöhten Absetzungen nur in Anspruch nehmen, wenn er durch eine Bescheinigung der nach Landesrecht zuständigen oder von der Landesregierung bestimmten Stelle die Voraussetzungen des Absatzes 1 für das Gebäude oder Gebäudeteil und für die Erforderlichkeit der Aufwendungen nachweist. [2]Hat eine der für Denkmalschutz oder Denkmalpflege zuständigen Behörden ihm Zuschüsse gewährt, so hat die Bescheinigung auch deren Höhe zu enthalten; werden ihm solche Zuschüsse nach Ausstellung der Bescheinigung gewährt, so ist diese entsprechend zu ändern.

(3) § 7h Absatz 3 ist entsprechend anzuwenden.

Literatur: *Bajohr*, Die finanzielle Förderung der Denkmalpflege in Deutschland, BauR 2003, 1147; *Beck*, Erhöhte Absetzungen für Gebäude, die unter Denkmalschutz stehen (§ 7i EStG), Der Bauträger 2003, 256; *Franzmeyer-Werbe*, Das Abstimmungserfordernis als Voraussetzung der Inanspruchnahme von Steuererleichterungen für Aufwendungen an einem Baudenkmal, DStZ 2001, 507; *Kleeberg*, Die eigengenutzte Wohnung in einem zu einem Betriebsvermögen gehörenden Baudenkmal, FR 1998, 774; *Klein*, Aktuelle Zweifelsfragen der Steuerbegünstigung von Baudenkmälern, DStR 2016, 1399; *König*, Steuerrechtliche Fördermöglichkeiten im Denkmalschutz, BuW 1998, 330; *Neufang*, AfA bei Baudenkmälern und in Sanierungsgebieten, StB 2018, 218; *Stöcker*, Bauförderung bei Sanierung von Gebäuden in Sanierungsgebieten und von Baudenkmalen im Bundesgebiet sowie Förderung von Neubauten in den neuen Ländern und Berlin (Ost), BB 2000, Beil. Nr. 9 zu Heft 47.

A. Grundaussagen der Vorschrift

§ 7i erlaubt – wie die Vorgängervorschrift § 82i EStDV – **erhöhte Absetzungen**, also keine Sonder-AfA, anstelle der AfA nach § 7 Abs. 4 und 5 für Baumaßnahmen an bestimmten kulturhistorisch wertvollen Gebäuden und ähnlichen Objekten des BV oder PV. Die personenbezogene[1] Abschreibungsvergünstigung steht (un-)beschränkt stpfl. nat und jur. Pers. zu. Der Anwendungsbereich des § 7i überschneidet sich teilw. mit der Förderung gem. §§ 7h, 10f, 10g, 11a und 11b;[2] während etwa § 10f Abs. 1 eingreift, wenn der StPfl. das betreffende Baudenkmal (teilweise) zu eigenen Wohnzwecken nutzt, begünstigt § 7i Abs. 1 als AfA-Regelung nur Gebäude, die ein StPfl. zur Einkünfteerzielung einsetzt.[3] § 7a Abs. 5 ist dabei im Hinblick auf die wirtschaftsgutbezogene Förderung zu beachten.[4] § 7i soll durch zinslose Steuerstundung Sanierungsmaßnahmen im Zusammenhang mit der Denkmalpflege unterstützen. Die Subventionsnorm soll privates Kapital anregen, Baudenkmäler zu erhalten und zu modernisieren. An diesem **Begünstigungszweck** hat sich die Auslegung zu orientieren.[5] Der StPfl. muss die Einzelumstände darlegen und ggf. beweisen (**objektive Darlegungslast**).[6] § 7a Abs. 1, 3 und 5 (s. zuvor) bis 8 sind zu beachten, Abs. 6 gewinnt keine praktische Bedeutung. § 7i bot bis Ende 2005 im Immobilienbereich eine der wenigen verbleibenden Möglichkeiten, hohe stl. Spareffekte zu erzielen. Somit erwiesen sich attraktive Denkmäler bis dahin als hervorragende Geldanlage. Nunmehr gilt § 15b (Beschränkung der Verlustverrechnung) auch für zB geschlossene Immobilienfonds, was angesichts der Denkmalschutzprobleme fragwürdig erscheint. Das maß- 1

1 BFH v. 17.7.2001 – IX R 50/98, BStBl. II 2001, 760 (761) = FR 2001, 1182.
2 Zu den einzelnen Liquiditätshilfen vgl. Übersicht bei *K/S/M*, § 7h Rn. A 37; *Kleeberg*, FR 1997, 174; ausf. zur finanziellen Förderung der Denkmalpflege (insbes. aller stl. Aspekte) *Bajohr*, BauR 2003, 1147.
3 FG BaWü. v. 8.3.2010 – 10 K 2706/08, EFG 2010, 1409.
4 BFH v. 28.10.2008 – IX R 54/06, BFH/NV 2009, 156 (157); v. 28.10.2008 – IX R 53/06, BFH/NV 2009, 270 (271).
5 BFH v. 3.6.1997 – IX R 24/96, BFH/NV 1998, 155 (156); v. 29.3.2001 – IV R 49/99, BStBl. II 2001, 437 = FR 2001, 910.
6 BFH v. 6.4.1990 – III R 2/87, BStBl. II 1990, 752 (753).

volle Absenken der Absetzungsbeträge (Rn. 4) ab dem VZ 2004 beruht auf dem HBeglG 2004.[1] Spätere Gesetzesänderungen erweisen sich dagegen als eher marginal.[2]

B. Erhöhte Absetzungen (Abs. 1)

2 Zu den **begünstigungsfähigen Objekten** gehören inländ., nach landesrechtl. Vorschriften als Baudenkmal anerkannte kulturhistorisch wertvolle Gebäude, § 7 Abs. 1 S. 1, und vergleichbare Gebäudeteile, § 7 Abs. 1 S. 3. S. 4 erweitert den Kreis auf Teile einer Gebäudegruppe oder Gesamtanlage, die als Einheit denkmalpflegerisch zu schützen ist; innergebäudliche Maßnahmen sind idR nicht begünstigt. Allerdings können im Einzelfall auch im Innern eines Gebäudes angebrachte Wandmalereien als Gebäudeteil in Betracht kommen.[3] **Begünstigungsfähige Investitionen** fallen in den Anwendungsbereich des § 7i, wenn sie nach Art und Umfang dem Erhalt des Baudenkmals selbst (Bausubstanz) dienen. Entscheidend ist der am Denkmalschutz orientierte Gebäudebegriff, lediglich die Förderung einer Neubaumaßnahme oder eines (im steuerrechtl. Sinne) Wiederaufbaus sowie die Begünstigung v. Baumaßnahmen an anderen Gebäuden sind grds. ausgeschlossen.[4] Der Begriff des Neubaus ist daher iRd. § 7i Abs. 1 im Hinblick auf den Förderzweck einzuschränken. Von einem nicht begünstigten Neubau ist folglich auch nur auszugehen, wenn Baumaßnahmen an einem bestehenden Gebäude – ohne die angesprochene Baudenkmalkomponente – einem Neubau gleichkommen.[5] § 7i umfasst nicht allein die zwingend gebotenen Baumaßnahmen, sondern auch diejenigen Maßnahmen, die entweder dem Erhalt dienen **oder** eine Nutzung unter denkmalpflegerischen Aspekten fördern.[6] Abs. 1 begünstigt ferner Baumaßnahmen, die zu einer **sinnvollen Nutzung** des Baudenkmals, Abs. 1 S. 1 und 2, erforderlich sind. Dies verlangt eine Gebäudenutzung, die eine dauerhafte Substanzerhaltung gewährleistet. Dagegen betrifft Abs. 1 S. 4 den sog. Ensembleschutz, soweit es um das äußere Erscheinungsbild geht, aber ohne im baurechtl. Sinne auf eine Gebäudeidentität abzustellen; iRd. Ensembleschutzes können StPfl. im Einzelfall zugleich auch die degressive AfA gem. § 7 Abs. 5 in Anspr. nehmen.[7] **§ 7i Abs. 1 S. 5** begünstigt des Weiteren Investoren, die ein Gebäude mit einem sog. Sanierungsversprechen erwerben.[8] Diesbzgl. setzt die Förderung den rechtswirksamen Abschluss eines obligatorischen Erwerbsvertrags oder einen „gleichstehenden Rechtsakt“ voraus. Dieser betrifft etwa den Erbfall, das Vermächtnis nach Annahme, den Zuschlag im Zwangsversteigerungsverfahren oder den Erwerb von Anteilen an einer PersGes. Dies gilt jedoch nicht für ein unwiderrufliches notarielles Kaufangebot. Dieses begründet weder eine beiderseitige Verpflichtung, noch bestimmt es einen konkreten Erwerbszeitpunkt.[9] Baumaßnahmen iSv. Abs. 1 S. 1 und 2 sind allerdings nur dann begünstigt, wenn sie in Abstimmung mit der landesrechtl. zuständigen Stelle durchgeführt worden sind, **Abs. 1 S. 6.** Hiernach ist das Einverständnis vor Beginn der Baumaßnahmen erforderlich.[10]

3 **Bemessungsgrundlage** für die erhöhte AfA sind die HK iSv. § 255 Abs. 2 S. 1 HGB (§ 7 Rn. 40) der begünstigten Baumaßnahme. Nicht begünstigt sind Teil-HK,[11] sofort abziehbare WK/BA (insbes. Erhaltungsaufwand, vgl. aber § 11b) und nicht abziehbare Ausgaben. Die Abgrenzung v. AK oder HK iSd. § 255 HGB sowie der sofort abziehbaren WK richtet sich bei § 7i nach den allg. Grundsätzen.[12] Hiernach können Instandsetzungs- und Modernisierungsmaßnahmen, die für sich allein lediglich Erhaltungsaufwand beinhalten, in der Summe zu einer wesentlichen Verbesserung gem. § 255 Abs. 2 HGB führen. Zuschüsse aus öffentl. Kassen lassen die Abschreibungsvergünstigung entfallen, Abs. 1 S. 7. Dies gilt gleichermaßen

---

1 G v. 29.12.2003, BGBl. I 2003, 3076 (3082); zum zeitlichen Anwendungsbereich vgl. § 52 Abs. 23b S. 2 EStG idF des HBeglG 2004.

2 Zuletzt: G. v. 5.4.2011, BGBl. I 2011, 554 (555) zu § 7i Abs. 1 S. 1 und 5 (keine inhaltliche Änderung, sondern nur eine inhaltsgleiche Bestätigung der Regelung).

3 BFH v. 27.5.2004 – IV R 30/02, BStBl. II 2004, 945 (946) = FR 2004, 1171.

4 BFH v. 13.9.2001 – IX R 62/98, BStBl. II 2003, 912 = FR 2002, 337; v. 14.1.2003 – IX R 72/00, BStBl. II 2003, 916 = FR 2003, 555 m. Anm. *Fischer*; v. 25.5.2004 – VIII R 6/01, BStBl. II 2004, 783 (785) = FR 2004, 1167; v. 24.6.2009 – X R 8/08, BFH/NV 2009, 1693 (1695).

5 BFH v. 14.1.2004 – X R 19/02, FR 2004, 832 m. Anm. *Fischer* = BFH/NV 2004, 1021 (1023); v. 24.6.2009 – X R 8/08, BFH/NV 2009, 1693 (1695); FG Berlin-Bdbg. v. 18.2.2016 – 5 K 11194/13, EFG 2016, 1591 (Rev. X R 6/16).

6 BFH v. 14.1.2003 – IX R 72/00, BStBl. II 2003, 916 (917): „weiter“ Gebäudebegriff umfasst im Einzelfall Tiefgarage; *Koller*, DStR 1990, 128; *Kleeberg*, FR 1997, 174 (175).

7 Ausf. BFH v. 25.5.2004 – VIII R 6/01, BStBl. II 2004, 783 (786) = FR 2004, 1167; ausf.: *Beck*, DStR 2004, 1951 und *Paus*, DStZ 2005, 376.

8 Ausf. *Beck*, Bauträger 2003, 256.

9 BFH v. 19.2.2013 – IX R 32/12, BStBl. II 2013, 482 (483).

10 *Franzmeyer-Werbe*, DStZ 2001, 507.

11 BFH v. 27.6.1995 – IX R 130/90, BStBl. II 1996, 215 (217) = FR 1996, 215; v. 16.1.1996 – IX R 98/93, BFH/NV 1996, 540 (541).

12 BFH v. 20.8.2002 – IX R 40/97, BStBl. II 2003, 582 (583) = FR 2003, 72.

wegen der fehlenden wirtschaftlichen Belastung des StPfl. bei Zuschüssen privater Dritter.[1] Einlagen in und Entnahmen aus dem BV berühren die Bemessungsgrundlage für die erhöhte AfA nicht.[2] Die in **Abs. 1 S. 5** geregelte Förderung betrifft bei einem Erwerber, der kein Bauherr ist, die AK (§ 7 Rn. 40), die er nach Erwerb durch Vertrag, Ersteigerung oä. im Hinblick auf Abs. 1 S. 1–4 trägt.[3] Begünstigt ist also nicht der eigentliche Kaufpreis für das Denkmal (Gestaltungsempfehlung: erst kaufen, dann sanieren).

Wahlrecht: Bei Vorlage einer **Bescheinigung** gem. § 7i Abs. 2 hat der StPfl. das Wahlrecht, über die Regel-AfA gem. § 7 Abs. 4 und 5 hinaus bis zu 8 × 9 sowie 4 × 7 % (bis 2003: 10 × 10 %, vgl. Rn. 1 aE) der Bemessungsgrundlage geltend zu machen. Eine Nachholung der (versehentlich) unterlassenen erhöhten AfA ist nicht zulässig.[4] Bei mehreren Beteiligten ist § 7a Abs. 7 zu beachten (§ 7a Rn. 22).[5] Soweit ein Bauträger Sanierungsmaßnahmen an einem Gesamtobjekt durchführt und ein Erwerber eine Steuerbegünstigung nach § 7i beantragt, führt die FinVerw. eine gesonderte und einheitliche Feststellung der betr. Besteuerungsgrundlagen nach der VO zu § 180 Abs. 2 AO durch.[6] Der jeweilige Höchstbetrag gilt auch im Jahr der Herstellung oder im Falle einer Veräußerung, eine zeitanteilige Reduzierung entfällt.[7] Aus Vereinfachungsgründen verlangt die FinVerw. eine **Prüfung, ob die Voraussetzungen des § 7i vorliegen**, nur in dem VZ, in dem die begünstigten Maßnahmen fertiggestellt sind.[8] Allerdings ist im Einzelfall eine spätere Prüfung nicht ausgeschlossen; trotz Anerkennung des § 7i im Erstjahr kann ein FA wegen der Abschnittsbesteuerung (§ 2 Rn. 18 f.) bei nachfolgenden Veranlagungen die vorgelegte Bescheinigung ggf. beanstanden.[9] 4

Begünstigungszeitraum: Dieser umfasst **zwölf Jahre**. Er beginnt gem. Abs. 1 S. 1 mit dem Jahr der Herstellung iSv. § 9a EStDV (§ 7 Rn. 29) oder mit dem Jahr, in dem die geförderte Maßnahme ihren Abschluss findet, Abs. 1 S. 5. Führt ein StPfl. an einem Baudenkmal über mehrere Jahre hinweg verschiedene voneinander abgrenzbare Sanierungsmaßnahmen durch, beginnt der Begünstigungszeitraum mit dem Abschluss jeder vorgenannten Maßnahme und nicht erst mit dem Abschluss der Gesamtsanierung.[10] Dies setzt aber voraus, dass die einzelne Baumaßnahme v. anderen Maßnahmen sachlich abgrenzbar und als solche fertig gestellt ist. Nach Ablauf des Begünstigungszeitraums ist ein etwaiger **Restwert** zusammen mit dem Gebäude abzuschreiben, § 7i Abs. 1 S. 8 iVm. § 7h Abs. 1 S. 5. 5

C. Bescheinigung (Abs. 2)

Die Ausübung des Wahlrechts erfordert als materielle Voraussetzung eine Bescheinigung iSv. Abs. 2 S. 1[11] (Grundlagenbescheid gem. §§ 171 Abs. 10 und 175 Abs. 1 S. 1 Nr. 1 AO[12]). Die Fachbehörde muss sich – objektbezogen[13] – zur Denkmaleigenschaft des Gebäudes und zur Erforderlichkeit der einzelnen (bezifferten) Aufwendungen äußern. Hält die FinVerw. die Bescheinigung für unzutr., kann sie lediglich bei der betr. Gemeinde remonstrieren, iÜ bindet die Bescheinigung unabhängig von ihrer etwaigen Rechtswidrigkeit.[14] Die Reichweite der Bindungswirkung lässt sich im Einzelfall nur durch den jeweiligen konkreten Inhalt der Bescheinigung im Auslegungswege ermitteln.[15] Im Hinblick auf § 155 Abs. 2 AO liegt es im Ermessen des FA, erhöhte Absetzungen – wenn etwa schon eine qualifizierte Eingangsbestätigung der zuständigen Denkmalbehörde vorliegt – bereits im Wege der Schätzung zuzulassen, selbst wenn die eigentliche Bescheinigung gem. § 7i Abs. 2 S. 1 noch nicht vorliegt.[16] 6

Die weitreichende Bindungswirkung der Bescheinigung nach Abs. 2 S. 1 beschränkt sich auf die Denkmaleigenschaft des Gebäudes sowie darauf, ob die Aufwendungen zum Erhalt der Bausubstanz oder zur sinn- 7

1 BFH v. 20.6.2007 – X R 13/06, BStBl. II 2007, 879 (880) = FR 2008, 186.
2 R 7i Abs. 1 iVm. R 7h Abs. 2 EStR.
3 *Hahn*, DB 1990, 65 (66).
4 R 7i Abs. 1 iVm. R 7h Abs. 3 S. 2 EStR.
5 BFH v. 17.7.2001 – IX R 50/98, BStBl. II 2001, 760 (761) = FR 2001, 1182 zu § 7h.
6 Vgl. BMF v. 2.5.2001, BStBl. I 2001, 256.
7 BFH v. 18.6.1996 – IX R 40/95, BStBl. II 1996, 645 (646) = FR 1996, 709 m. Anm. *Drenseck*.
8 R 7i Abs. 1 iVm. R 7h Abs. 3 S. 1 EStR.
9 BFH v. 11.6.2002 – IX R 79/97, FR 2002, 1002 = BStBl. II 2003, 578 (579).
10 BFH v. 20.8.2002 – IX R 40/97, BStBl. II 2003, 582 (584) = FR 2003, 72.
11 Übersicht über die zuständigen Bescheinigungsbehörden BMF v. 4.6.2015, BStBl. I 2015, 506; Fundstellenübersicht der Bescheinigungsrichtlinien: BMF v. 8.11.2004, BStBl. I 2004, 1049.
12 BFH v. 6.3.2001 – IX R 64/97, BStBl. II 2001, 796 (798) = FR 2001, 1018; v. 13.9.2001 – IX R 62/98, BStBl. II 2003, 912 = FR 2002, 337; zum Bescheinigungsinhalt vgl. BFH v. 11.6.2002 – IX R 79/97, FR 2002, 1002 = BStBl. II 2003, 578 (579); R 7h Abs. 4 S. 2 EStR und *Franzmeyer-Werbe*, DStZ 2001, 507 (508).
13 BFH v. 16.9.2014 – X R 29/12, BFH/NV 2015, 194.
14 BFH v. 17.12.1996 – IX R 91/94, BStBl. II 1997, 398 (399) = FR 1997, 420; v. 17.4.2018 – IX R 27/17, DStR 2018, 1704; R 7i Abs. 2 S. 2 iVm. R 7h Abs. 4 S. 4 EStR.
15 BFH v. 2.9.2008 – X R 7/07, BStBl. II 2009, 596 (598) = FR 2009, 1009.
16 Ausf. dazu BFH v. 14.5.2014 – X R 7/12, BStBl. II 2015, 12 = FR 2015, 35.

vollen Gebäudenutzung erforderlich sind. Tatbestandsmerkmale, die zugleich denkmalschutzrechtl. und steuerrechtl. Bedeutung gewinnen, werden v. der Bindungswirkung ebenfalls erfasst.[1] Hiergegen hat allerdings der 10. Senat des BFH mit gutem Grund geltend gemacht, dass iRd. arbeitsteiligen Bescheinigungsverfahrens Äußerungen der Denkmalbehörde nur Bindungswirkung entfalten können, soweit zum Denkmalrecht gehörende Tatbestände angesprochen sind.[2] Über diese denkmalschutzrechtl. Gesichtspunkte hinaus bewirkt der Grundlagenbescheid keine Bindung.[3] Hinsichtlich der sonstigen Tatbestandsmerkmale müssen die FÄ in eigener Zuständigkeit entscheiden. Folglich entfaltet eine Bescheinigung nur Bindungswirkung, soweit sie sich – ggf. in unzutr. Weise – auf Maßnahmen an einem an sich denkmalgeschützten Gebäude bezieht.[4] Im konkreten Einzelfall kann eine Bescheinigung der zuständigen Denkmalbehörde unter Vertrauensschutzgesichtspunkten aber auch dann die Finanzbehörde binden, wenn die Bescheinigung nicht den Hinweis enthält, dass allein die Finanzbehörde die steuerrechtl. Fragen zu prüfen habe.[5] Bescheinigungen für Maßnahmen, die nicht ein denkmalgeschütztes Gebäude selbst betreffen (Neubauten [Rn. 2], Tiefgarage als selbständiges Gebäude[6], Außenanlagen), binden hingegen im Regelfall das FA nicht. Als problematisch können sich hierbei einzelne Baumaßnahmen erweisen, die erst durch einen „einheitlichen Funktions- und Nutzungszusammenhang" Denkmalcharakter gewinnen. In vorbezeichneten Rahmen ist das FA auch hinsichtlich der Höhe der Aufwendungen iSv. § 7i, die einen unverzichtbaren Punkt (vgl. auch R 7i Abs. 2 S. 1 Nr. 4 EStR) bildet, an den bescheinigten Betrag gebunden.[7] Tatsächlich weist die Beschränkung der Bescheinigung darauf, dass Maßnahmen iSv. Abs. 1 S. 1 erforderlich waren, die weitergehende Prüfung der steuerrechtl. Voraussetzungen (Qualifikation als HK, zutr. VZ) dem FA zu.[8] Etwaige **Zuschüsse** aus den näher bezeichneten Fördermitteln sind in der Bescheinigung auszuweisen; nachträgliche Zuschussgewährung zwingt zu einer Änderung der Bescheinigung, Abs. 2 S. 2. Lehnt die zuständige Denkmalbehörde es ab, eine Bescheinigung nach Abs. 2 zu erteilen, stellt diese Ablehnung keinen (negativen) Grundlagenbescheid dar, der gem. § 175 Abs. 1 S. 1 Nr. 1 AO zur Änderung des betr. Steuerbescheids berechtigt.[9] StPfl. können eine verweigerte Bescheinigung nicht über das in § 86 Abs. 3 FGO geregelte Verfahren der Urkundenvorlage erzwingen.[10]

D. Ausdehnung der Förderung (Abs. 3)

8 Abs. 3 begünstigt die in Abs. 1 und 2 genannten Objekte. Inwieweit Gebäudeteile **selbständige unbewegliche WG** bilden, richtet sich nach allg. Grundsätzen (§ 7 Rn. 81 und 106); die Annahme v. Eigentumswohnungen und im Teileigentum stehenden Räumen bestimmt sich nach § 1 Abs. 2 und 3 WEG (§ 7 Rn. 109). Sofern also eine Eigentumswohnung in einem gem. § 7i Abs. 1 im Inland belegenen Baudenkmal betroffen ist, kann der StPfl. im Grundsatz die in Abs. 1 geregelte Steuervergünstigung in Anspruch nehmen.[11]

§ 7k

(weggefallen)

1 *Benutzerhinweis: Angesichts der zeitlichen Vorgaben in § 7k hatte die Vorschrift ihre Bedeutung weitgehend eingebüßt. Der Gesetzgeber hat sie daher durch Art. 5 Nr. 5 und Art. 16 Abs. 2 Zollkodex-AnpG[12] mWv. 1.1. 2015 aufgehoben. Die letzte Kommentierung erfolgte in der 10. Aufl.*

1 BFH v. 13.9.2001 – IX R 62/98, BStBl. II 2003, 912 (913) = FR 2002, 337.
2 BFH v. 14.1.2004 – X R 19/02, BStBl. II 2004, 711 (714); vgl. auch *Fischer*, FR 2004, 836 und *Fischer*, FR 2005, 30.
3 BFH v. 13.9.2001 – IX R 62/98, BStBl. II 2003, 912 (913) = FR 2002, 337; v. 30.10.2002 – IX R 13/99, BFH/NV 2003, 744; v. 14.1.2004 – X R 19/02, FR 2004, 832 m. Anm. *Fischer* = BFH/NV 2004, 1021.
4 Zum denkmalschützerischen Gebäude-Identitätsbegriff FG Köln v. 22.10.1998 – 14 K 1827/98, EFG 1999, 644.
5 BFH v. 24.6.2009 – X R 8/08, BFH/NV 2009, 1693 (1695).
6 Zur Abgrenzung einer Tiefgarage als (nicht) selbständiges Gebäude im Hinblick auf den „einheitlichen Nutzungs- und Funktionszusammenhang" vgl. BFH v. 15.10.1996 – IX R 47/92, BStBl. II 1997, 176 und v. 14.1.2003 – IX R 72/00, BStBl. II 2003, 916; krit. *Fischer*, FR 2003, 557.
7 BFH v. 11.6.2002 – IX R 79/97, FR 2002, 1002 = BStBl. II 2003, 578 (579): Höhe der Aufwendungen zwingend.
8 BFH v. 13.9.2001 – IX R 62/98, BStBl. II 2003, 912 = FR 2002, 337; *Hahn*, DB 1990, 65 (66).
9 FG RhPf. v. 11.1.2006 – 3 K 1481/02, EFG 2006, 675; **aA** *Kulosa* in Schmidt[37], § 7i Rn. 8.
10 BFH v. 18.7.2006 – X B 39/06, BFH/NV 2006, 1697.
11 BFH v. 16.9.2014 – X R 29/12, BFH/NV 2015, 194.
12 G v. 22.12.2014, BGBl. I 2014, 2417.

4. Überschuss der Einnahmen über die Werbungskosten

§ 8 Einnahmen

(1) Einnahmen sind alle Güter, die in Geld oder Geldeswert bestehen und dem Steuerpflichtigen im Rahmen einer der Einkunftsarten des § 2 Absatz 1 Satz 1 Nummer 4 bis 7 zufließen.

(2) [1]Einnahmen, die nicht in Geld bestehen (Wohnung, Kost, Waren, Dienstleistungen und sonstige Sachbezüge), sind mit den um übliche Preisnachlässe geminderten üblichen Endpreisen am Abgabeort anzusetzen. [2]Für die private Nutzung eines betrieblichen Kraftfahrzeugs zu privaten Fahrten gilt § 6 Absatz 1 Nummer 4 Satz 2 entsprechend. [3]Kann das Kraftfahrzeug auch für Fahrten zwischen Wohnung und erster Tätigkeitsstätte sowie Fahrten nach § 9 Absatz 1 Satz 3 Nummer 4a Satz 3 genutzt werden, erhöht sich der Wert in Satz 2 für jeden Kalendermonat um 0,03 Prozent des Listenpreises im Sinne des § 6 Absatz 1 Nummer 4 Satz 2 für jeden Kilometer der Entfernung zwischen Wohnung und erster Tätigkeitsstätte sowie der Fahrten nach § 9 Absatz 1 Satz 3 Nummer 4a Satz 3. [4]Der Wert nach den Sätzen 2 und 3 kann mit dem auf die private Nutzung und die Nutzung zu Fahrten zwischen Wohnung und erster Tätigkeitsstätte sowie Fahrten nach § 9 Absatz 1 Satz 3 Nummer 4a Satz 3 entfallenden Teil der gesamten Kraftfahrzeugaufwendungen angesetzt werden, wenn die durch das Kraftfahrzeug insgesamt entstehenden Aufwendungen durch Belege und das Verhältnis der privaten Fahrten und der Fahrten zwischen Wohnung und erster Tätigkeitsstätte sowie Fahrten nach § 9 Absatz 1 Satz 3 Nummer 4a Satz 3 zu den übrigen Fahrten durch ein ordnungsgemäßes Fahrtenbuch nachgewiesen werden; § 6 Absatz 1 Nummer 4 Satz 3 zweiter Halbsatz gilt entsprechend. [5]Die Nutzung des Kraftfahrzeugs zu einer Familienheimfahrt im Rahmen einer doppelten Haushaltsführung ist mit 0,002 Prozent des Listenpreises im Sinne des § 6 Absatz 1 Nummer 4 Satz 2 für jeden Kilometer der Entfernung zwischen dem Ort des eigenen Hausstands und dem Beschäftigungsort anzusetzen; dies gilt nicht, wenn für diese Fahrt ein Abzug von Werbungskosten nach § 9 Absatz 1 Satz 3 Nummer 5 Satz 5 und 6 in Betracht käme; Satz 4 ist sinngemäß anzuwenden. [6]Bei Arbeitnehmern, für deren Sachbezüge durch Rechtsverordnung nach § 17 Absatz 1 Satz 1 Nummer 4 des Vierten Buches Sozialgesetzbuch Werte bestimmt worden sind, sind diese Werte maßgebend. [7]Die Werte nach Satz 6 sind auch bei Steuerpflichtigen anzusetzen, die nicht der gesetzlichen Rentenversicherungspflicht unterliegen. [8]Wird dem Arbeitnehmer während einer beruflichen Tätigkeit außerhalb seiner Wohnung und ersten Tätigkeitsstätte oder im Rahmen einer beruflich veranlassten doppelten Haushaltsführung vom Arbeitgeber oder auf dessen Veranlassung von einem Dritten eine Mahlzeit zur Verfügung gestellt, ist diese Mahlzeit mit dem Wert nach Satz 6 (maßgebender amtlicher Sachbezugswert nach der Sozialversicherungsentgeltverordnung) anzusetzen, wenn der Preis für die Mahlzeit 60 Euro nicht übersteigt. [9]Der Ansatz einer nach Satz 8 bewerteten Mahlzeit unterbleibt, wenn beim Arbeitnehmer für ihm entstehende Mehraufwendungen für Verpflegung ein Werbungskostenabzug nach § 9 Absatz 4a Satz 1 bis 7 in Betracht käme. [10]Die oberste Finanzbehörde eines Landes kann mit Zustimmung des Bundesministeriums der Finanzen für weitere Sachbezüge der Arbeitnehmer Durchschnittswerte festsetzen. [11]Sachbezüge, die nach Satz 1 zu bewerten sind, bleiben außer Ansatz, wenn die sich nach Anrechnung der vom Steuerpflichtigen gezahlten Entgelte ergebenden Vorteile insgesamt 44 Euro im Kalendermonat nicht übersteigen.

(3) [1]Erhält ein Arbeitnehmer auf Grund seines Dienstverhältnisses Waren oder Dienstleistungen, die vom Arbeitgeber nicht überwiegend für den Bedarf seiner Arbeitnehmer hergestellt, vertrieben oder erbracht werden und deren Bezug nicht nach § 40 pauschal versteuert wird, so gelten als deren Werte abweichend von Absatz 2 die um 4 Prozent geminderten Endpreise, zu denen der Arbeitgeber oder der dem Abgabeort nächstansässige Abnehmer die Waren oder Dienstleistungen fremden Letztverbrauchern im allgemeinen Geschäftsverkehr anbietet. [2]Die sich nach Abzug der vom Arbeitnehmer gezahlten Entgelte ergebenden Vorteile sind steuerfrei, soweit sie aus dem Dienstverhältnis insgesamt 1 080 Euro im Kalenderjahr nicht übersteigen.

§ 2 LStDV, abgedruckt bei § 19 EStG

Literatur: *Barth*, Drittarbeitslohn aus Sonderrechtsbeziehungen zwischen Arbeitnehmern und Dritten im Steuerrecht und Sozialversicherungsrecht, DStR 2016, 2907; *Briese*, Zukunftssicherungsleistungen des Arbeitgebers, BB 2018, 1307; *Geserich*, Die steuerliche Behandlung von Aktienüberlassungen und Aktienoptionen, Beihefter zu DStR 23/2014, 53; *Geserich*, Firmenwagenbesteuerung: „Neuordnung" der Berücksichtigung von Zuzahlungen des Arbeitnehmers, NWB 2017, 706; *Geserich*, Die verbilligte Überlassung von Aktien als Arbeitslohn, DStR 2018, 2304; *Grasmück*, Lohnsteuer-Änderungsrichtlinien 2015, SteuK 2015, 45; *Günther*, Überlassung eines betrieblichen Kfz. an Arbeitnehmer, EStB 2018, 256; *Heger*, Sachzuwendungen des Arbeitgebers an seine Arbeitnehmer im „ganz überwiegend eigenbetrieblichen Interesse", DB 2014, 1277; *Kuhn*, Einkommensteuerliche Aspekte des arbeitgebergeförderten Sports, BB 2016, 1951; *Niermann*, Das steuerliche Reisekostenrecht ab 2014 in der Anwendungspraxis, DB 2014, 2793; *Niermann*, Zuzahlungen des Arbeitnehmers bei der Firmenwagenbesteuerung, DB 2017, 510; *Niermann*, Rechtsänderungen im Bereich der Arbeitnehmerbesteuerung ab 2019, DB 2018, 2894; *Plenker*, Aktuelle Entwicklungen bei der Firmenwagengestellung an Arbeitnehmer, BC 2014, 8; *Plenker*, LStR 2015 unter Berücksichtigung des Zollkodexanpassungsgesetzes, DB 2015, 94; *Plenker*, Aktuelle Verwaltungsanweisungen zum Lohnsteuerrecht, BC 2015, 553; *Plenker*, Aktuelle Entwicklungen im Lohnsteuerrecht: Sachbezüge und (Pauschal-)Steuer, BC 2018, 539; *Reiling/Brucker/Looser*, Steuerliche Behandlung von Betriebsveranstaltungen, DB 2017, 2436; *Seifert*, Erfassung und Bewertung von Sachbezügen unter Berücksichtigung der LStR 2015, DStZ 2015, 245; *Seifert*, Die neue lohnsteuerliche Behandlung von Betriebsveranstaltungen, DStZ 2016, 104; *Seifert*, Dienstwagen und geldwerter Vorteil – Anmerkungen zum BMF-Schreiben v. 4.4.2018, StuB 2018, 489;*Stier*, Was ist bei der Gestellung von Mahlzeiten durch den Arbeitgeber zu beachten?, NWB Beil. zu 13/2017, 1; *Strohner*, Kein Arbeitslohn mehr bei Rabatten, DB 2015, 580; *Urban*, Besteuerung von Firmen- und Dienstwagen, Diss. Münster, 2009.

A. Grundaussagen der Vorschrift

1 **I. Grundtatbestand der Einnahmen.** Abs. 1 enthält eine **Legaldefinition des Einnahmebegriffs**, regelt damit den Grundtatbestand des steuererheblichen Zuflusses v. Gütern. Das Erzielen v. Einnahmen (§ 2 Abs. 1 S. 1) ist der Grundtatbestand, der eine ESt rechtfertigt. Bereicherungen außerhalb dieses Tatbestandes bleiben stfrei. Von den vier steuererheblichen Fragen, was Einnahmen sind (Einnahmenbegriff), wie hoch sie zu bewerten (Bewertung), wem sie zuzurechnen (sachliche Zurechnung) und wann sie zu versteuern sind (zeitliche Zurechnung), beantwortet § 8 die ersten beiden Fragen: Abs. 1 bestimmt, dass Einnahmen alle Güter in Geld oder Geldeswert sind, der Begriff der Einnahme also über das WG hinaus auch empfangene Nutzungsvorteile umfasst.[1] Sodann regeln Abs. 2 und 3, wie hoch Einnahmen in Geldeswert zu bewerten sind.

2 Abs. 1 verdeutlicht den **Einnahmebegriff** des § 2 Abs. 2 Nr. 2 – in Übereinstimmung mit seiner systematischen Stellung im Abschn. II, Kap. 4 „Überschuss der Einnahmen über die WK" – **für die Überschusseinkünfte** (§ 2 Abs. 1 S. 1 Nr. 4–7). Der Grundtatbestand der die EStPfl. begründenden Zugänge v. WG kann jedoch je nach Einkunftsart nicht unterschiedlich sein, erfasst vielmehr in den jeweiligen Zustands- und Handlungstatbeständen der sieben Einkunftsarten einheitlich den steuerbegründenden Erfolg des Erwerbseinkommens (§ 2 Rn. 7). Bei der Gewinnermittlung erfasst schon der BV-Vergleich (§ 4 Abs. 1, § 5 Abs. 1) die betrieblich veranlassten Wertzugänge als Einnahmen, bezieht Güter in Geld und geldwerte Güter in die Bemessungsgrundlage ein.[2] Die Rspr. bestimmt den im G nicht definierten Begriff der BE in Parallele zu der Regelung des § 8 als „Zugänge zum BV in Geld oder Geldeswert, die durch den Betrieb

1 BFH v. 26.10.1987 – GrS 2/86, BStBl. II 1988, 348 (352) = FR 1988, 160; v. 22.7.2004 – VI B 189/01, BFH/NV 2004, 1644.
2 BFH v. 17.4.1986 – IV R 115/84, BStBl. II 1986, 607 (608) = FR 1986, 414; v. 8.11.2007 – IV R 24/05, BStBl. II 2008, 356.

veranlasst sind".[1] Die Gleichstellung aller Einnahmen – Überschusseinnahmen und BE – hat Vorrang vor der bilanziellen Behandlung eines Geschäftsvorfalls.[2] Allerdings handelt der Einnahmebegriff des § 8 ausdrücklich nur von den Überschusseinkünften, die sich nicht auf einen periodenbezogenen Vermögensvergleich stützen, vielmehr in einer einfachen Geldrechnung die Einnahmen iSd. § 8 summieren und die damit zusammenhängenden Aufwendungen (WK) absetzen. Der so gewonnene Saldo, die Überschusseinkünfte (§ 2 Abs. 2 Nr. 2), erfasst – mit Ausnahme der §§ 20 Abs. 2, 22 Nr. 3, 23, auch des § 17 – nicht die Wertsteigerungen (dazu Rn. 10) im Erwerbsvermögen. Bei den Überschusseinkünften wird idR kein Vermögen eingesetzt (nichtselbständige Arbeit) oder allein der Ertrag des Vermögens besteuert (KapVerm., VuV, wiederkehrende Leistungen). Da die Überschusseinkünfte nicht die Veränderung des der Einkünfteerzielung dienenden Vermögens (Erwerbsgrundlage) tatbestandlich aufnehmen, müssen bereits die zugegangenen Vorteile als Einnahmen erfasst werden; für die Gewinnermittlung durch Vermögensvergleich ist das nicht erforderlich; diese Nutzungsvorteile werden grds. erst berücksichtigt, wenn sie sich in einer Vermögensmehrung in Gestalt v. WG iSd. §§ 4 ff. niedergeschlagen haben.[3] Wenn § 23 Abs. 3 die Einnahmen aus privaten Veräußerungsgeschäften missverständlich[4] als „Gewinn" bezeichnet, bleiben diese Einkünfte dennoch Überschusseinkünfte nach § 2 Abs. 1 S. 1 Nr. 7 iVm. § 22 Nr. 2. § 8 ist unmittelbar anwendbar. Soweit die Gewinneinkünfte den Überschusseinkünften vorgehen (§ 20 Abs. 8, § 21 Abs. 3, § 22 Nr. 1), findet § 8 keine direkte Anwendung.

II. Erwerbseinnahmen. § 8 bestimmt, welche Werte nach Grund und Höhe als **steuerbegründende Einnahmen** zu erfassen sind.[5] Güter, die dem StPfl. durch Nutzung (§ 2 Rn. 55) der Erwerbsgrundlagen unselbständige Arbeit, KapVerm., VuV, Leistungen iSd. § 22 (§ 2 Rn. 47 ff.) zugeflossen sind, bilden den steuerbegründenden Ausgangstatbestand der Erwerbseinnahmen. Sie bestehen im Regelfall unmittelbar in Geld und werden insoweit nach dem Prinzip des Nominalismus bewertet (Rn. 16).[6] Einnahmen, die nicht in Geld bestehen (Wohnung, Kost, Waren, Dienstleistung und sonstige Sachbezüge), sind gem. näherer Bestimmung der Abs. 2 und 3 nach dem üblichen Endpreis zu bewerten. 3

Abs. 1 handelt somit auch v. den sachlichen, persönlichen und zeitlichen Voraussetzungen der steuerbegründenden Einnahmen und ihrer Bewertung. Zwar werden diese sachlichen (§§ 13 ff.), persönlichen (§ 2 Abs. 1, § 1 Abs. 1, §§ 13 ff., § 26a Abs. 1, § 26b), zeitlichen (§ 11 Abs. 1) und bewertungsrechtl. (Abs. 2 und 3) Tatbestandsmerkmale in anderen Vorschriften verdeutlicht. Abs. 1 bleibt aber die **Ausgangsnorm**, die als erste Konkretisierung des § 2 eine gem. Art. 3 GG folgerichtige und widerspruchsfreie[7] Ausgestaltung und Anwendung des EStG anleitet. § 8 hält die verdeutlichenden Sondervorschriften in einem Grundtatbestand zusammen und unterbindet so eine je nach Einkunftsart diff. Handhabung dieser Vorschriften.[8] 4

B. Zufluss von Einnahmen im Rahmen einer Einkunftsart (Abs. 1)

I. Erwerbseinnahmen. 1. Güter. Der Erfolgstatbestand (§ 2 Rn. 85) der Einnahmen bezeichnet den Hinzuerwerb, jeden als WG, Nutzungsbefugnis und Dienstleistung greifbaren wirtschaftl. Vorteil, den der StPfl. durch Nutzung einer den Zugang zum Markt verschaffenden Erwerbsgrundlage erzielt hat. An diesem Erfolg individuellen Erwerbsstrebens hat der Staat stl. teil (§ 2 Rn. 9, 85). Die **Einnahme ist also Zunahme**, die bei Zufluss die stl. Leistungsfähigkeit des Pflichtigen vermehrt. Nur ein hinzugekommenes Gut, also die Zuwendung des Gutes v. einer Pers. an die andere, begründet den Einnahmetatbestand. Bloße Wertsteigerungen im bereits vorhandenen Vermögen begründen keine Einnahmen. Die Veräußerung v. Vermögensgegenständen führt iRd. Überschusseinkünfte nur in Ausnahmefällen – §§ 20 Abs. 2, 22, 23 – zu steuerbaren Einnahmen. Allerdings deuten die §§ 17, 20, 22, 23 eine Entwicklung an, wonach auch bei Überschusseinkünften Überschüsse aus der Veräußerung v. Erwerbsgrundlagen steuerbar werden. § 8 besteuert die Ist-Einnahmen, nicht die Soll-Einnahmen. 5

Der **Verzicht** des StPfl. auf erzielbare Einnahmen begründet keine Steuerbarkeit. Niemand ist stl. verpflichtet, seine Arbeitskraft und sein Vermögen zur Einnahmeerzielung zu nutzen. Nicht die Erwerbsfähigkeit, sondern das Erworbene begründet Steuerlasten. Auch der Lohnverzicht ist keine Einnahme, es 6

1 BFH v. 13.12.1973 – I R 136/72, BStBl. II 1974, 210; v. 27.5.1998 – X R 17/95, BStBl. II 1998, 618 = FR 1998, 944; v. 1.12.2010 – IV R 17/09, BStBl. II 2011, 419.
2 BFH v. 26.9.1995 – VIII R 35/93, BStBl. II 1996, 273 = FR 1996, 212; *Glenk* in Blümich, § 8 Rn. 4.
3 BFH v. 26.10.1987 – GrS 2/86, BStBl. II 1988, 348 (352) = FR 1988, 160; v. 26.4.1995 – I R 49/94, BFH/NV 1996, 130; v. 24.5.1989 – I R 213/85, BStBl. II 1990, 8 = FR 1989, 682.
4 BFH v. 13.4.1962 – VI 194/61 U, BStBl. III 1962, 306 (307).
5 *Lademann*, § 8 Rn. 2 mwN.
6 *K/S/M*, § 8 Rn. A 30.
7 BVerfG v. 27.6.1991 – 2 BvR 1493/89, BVerfGE 84, 239 = BStBl. II 1991, 654 (664 f.) = FR 1991, 375 m. Anm. *Felix*; v. 10.9.2008 – 2 BvL 1/07, 2/07, 1/08, 2/08, BVerfGE 122, 210, stRspr.
8 **AA** *Glenk* in Blümich, § 8 Rn. 5.

sei denn, der Verzichtende knüpft Bedingungen an den Lohnverzicht und verfügt damit über seine Einnahmen (sog. Lohnverwendungsabrede).[1] Der unentgeltliche Verzicht auf Einnahmen begründet also keine Einnahmen; wird der Verzicht aber entgolten, ist das Entgelt eine Einnahme.[2] Wer auf eine betriebliche Forderung aus privaten Gründen verzichtet, erzielt eine Einnahme.[3] Der nachträgliche **Erlass** einer Forderung, die Einnahmen begründet hätte, schafft keinen Zufluss v. Gütern, sofern darin nicht schon eine Einnahmeverwendung liegt, zB wg. der Vereinbarung, der erlassene Betrag sei einem Dritten zuzuwenden. Im Rahmen eines steuererheblichen gegenseitigen Schuldverhältnisses fließt dem ArbN[4] jedoch ein Gut zu, wenn der ArbG ihm ggü. eine realisierbare Forderung erlässt, der ArbG zB auf eine Schadensersatzforderung wg. Beschädigung eines firmeneigenen Fahrzeuges verzichtet, wenn und soweit die Begleichung der Schadensersatzforderung nicht zum WK-Abzug berechtigt hätte (dort: Fahrt unter Alkoholeinfluss).[5] Der Erlass mehrt die steuererhebliche Leistungsfähigkeit des ArbN. Besteht die Möglichkeit eines WK-Abzugs, führt der Verzicht auf die Schadensersatzforderung zwar zu einer Einnahme des ArbN. Diese wirkt sich aufgrund des in gleicher Höhe bestehenden WK-Abzugs jedoch nicht steuererhöhend aus.

7 **Durch eigene Leistung ersparte Ausgaben** begründen keinen Zufluss v. außen, sind deshalb keine Einnahmen.[6] Die eigenhändige Reparatur an dem vermieteten Haus durch den Hauseigentümer, die trotz Reparaturanspr. des Mieters unterbliebene Reparatur oder die Selbstbehandlung des Arztes begründen damit keine Steuerbarkeit. Die Ausnahmevorschriften des § 13 Abs. 2 Nr. 2 und des früheren § 21 Abs. 2 bestätigen diese Regel. Erspart der StPfl. hingegen durch Maßnahmen eines Dritten Aufwendungen, kann sich seine steuerbare Leistungsfähigkeit dadurch mehren, also ein Zufluss v. Einnahmen vorliegen.

8 Ein „**Gut**" iSd. Abs. 1 ist jeder wirtschaftl. Vorteil, jede Zuwendung, die sich im Vermögen des Empfängers objektiv nutzbringend auswirkt.[7] Der Begriff des Gutes und damit der Einnahmen iSd. § 8 ist sehr weit zu fassen und umschließt alle Vermögensvorteile und besonderen Entgelte, die durch Nutzung einer Erwerbsgrundlage erzielt werden.[8] Deshalb enthält § 19 Abs. 1 S. 1 Nr. 1 („andere Bezüge und Vorteile") sowie § 20 Abs. 3 S. 1 („besondere Entgelte oder Vorteile") lediglich eine Klarstellung, die bereits im Einkünftebegriff des Abs. 1 angelegt ist.[9] Auch empfangene Nutzungsvorteile, durch Leistungen Dritter ersparte Aufwendungen,[10] wie die unentgeltliche Überlassung eines Kfz. an den ArbN,[11] die Überlassung einer Wohnung an ArbN ohne Entgelt oder gegen eine unangemessen niedrige Miete,[12] die Gewährung v. Freiflügen an ArbN,[13] die zinslose oder zinsgünstige Darlehensgewährung,[14] die kostenlose oder verbilligte Nutzung v. Telefon durch den ArbN,[15] die Übernahme von Kosten einer Krankenzusatzversicherung,[16] einer eigenen Berufshaftpflichtversicherung[17] oder von Beiträgen zu Berufs-

1 BFH v. 30.7.1993 – VI R 87/92, BStBl. II 1993, 884; v. 23.9.1998 – XI R 18/98, BStBl. II 1999, 98 = FR 1999, 212; FG Köln v. 11.10.2017 – 9 K 3518/14, EFG 2018, 638 (rkr.) (Pensionsverzicht eines G'ter-Geschäftsführers, Widerrufsvorbehalt).

2 BFH v. 11.11.2010 – VI R 27/09, BStBl. II 2011, 386 = FR 2011, 383; BFH v. 19.6.2008 – VI R 4/05, BStBl. II 2008, 826 = FR 2009, 133; v. 18.12.2001 – IX R 24/98, BFH/NV 2002, 904.

3 BFH v. 16.1.1975 – IV R 180/71, BStBl. II 1975, 526.

4 Zum Gesellschaftsrechtsverhältnis vgl. BFH v. 15.6.2016 – VI R 6/13, BStBl. II 2016, 903 = FR 2016, 1048 – Gehaltsverzicht des G'ters; v. 14.4.2016 – VI R 13/14, BStBl. II 2016, 778 = FR 2016, 965 – Rückzahlung von Arbeitslohn durch beherrschenden G'ter.

5 BFH v. 27.3.1992 – VI R 145/89, BStBl. II 1992, 837 (839) = FR 1992, 617 m. Anm. *Söffing*; v. 24.5.2007 – VI R 73/05, BStBl. II 2007, 766 = FR 2007, 891 m. Anm. *Bergkemper*; nach Auffassung der FinVerw. gehören solche Unfallkosten nicht mehr zu den Gesamtkosten eines dem ArbN überlassenen Kfz.; ein Verzicht ist als zusätzlicher geldwerter Vorteil zu behandeln, vgl. R 8.1 Abs. 9 Nr. 2 S. 13 LStR; FG Köln v. 29.10.2015 – 15 K 1581/11, EFG 2017, 196 (insoweit rkr.) (Verzicht auf Schadensersatzforderung wg. Falschbetankung eines Dienstwagens).

6 *Lademann*, § 8 Rn. 36; *H/H/R*, § 8 Anm. 27.

7 *K/S/M*, § 8 Rn. B 4 ff.; *H/H/R*, § 8 Anm. 23 ff.; *Glenk* in Blümich, § 8 Rn. 13.

8 Ausf. *Bergkemper*, Beil. 2 zu DB 8/2016, 1; zum Begriff *Hermann*, Die einkommensteuerliche Relevanz von Sachzuwendungen an Arbeitnehmer, 77 ff.

9 BFH v. 23.10.1985 – I R 248/81, BStBl. II 1986, 178 (179) = FR 1986, 155; v. 16.12.2008 – VIII B 29/07, BFH/NV 2009, 574.

10 *H/H/R*, § 8 Anm. 27; BFH v. 23.10.1985 – I R 248/81, BStBl. II 1986, 178 (180) = FR 1986, 155.

11 BFH v. 13.10.2010 – VI R 12/09, BStBl. II 2011, 361 = FR 2011, 431 m. Anm. *Bergkemper*.

12 BFH v. 4.11.1994 – VI R 81/93, BStBl. II 1995, 338 = FR 1995, 230; FG SchlHol. v. 10.7.2001 – V 294/99, juris (rkr.).

13 BFH v. 20.8.1965 – VI 54/64 U, BStBl. III 1966, 101.

14 BFH v. 4.5.2006 – VI R 28/05, BStBl. II 2006, 781 = FR 2006, 1039; FG Münster v. 21.9.2016 – 7 K 990/12 E, EFG 2016, 1852 (Rev. VI R 37/16) (Darlehen an Ehegatten).

15 BFH v. 22.10.1976 – VI R 26/74, BStBl. II 1977, 99.

16 BFH v. 7.6.2018 – VI R 13/16, BFH/NV 2018, 1181 (private Zusatzkrankenversicherung).

17 FG Nürnb. v. 5.1.2011 – 6 K 1574/10, EFG 2011, 973 (rkr.); dazu *Sterzinger*, NJW 2010, 3078 (3079 f.); anders die Mitabsicherung in einer Betriebshaftpflichtversicherung, vgl. BFH v. 19.11.2015 – VI R 47/14, BStBl. II 2016, 301 = FR 2016, 432.

kammern[1] sind Güter und können Einnahmen iSd. § 8 begründen. Wird statt des lfd. Gehalts eine Versorgungszusage vereinbart, fehlt es gegenwärtig am wirtschaftl. Vorteil.[2]

Nimmt der Leistungsempfänger ein ihm wirtschaftl. nicht nützliches geldwertes Gut entgegen (sog. **aufgedrängte Bereicherung**), fehlt es an einer Einnahme, weil er zwar etwas entgegengenommen, nicht aber in seiner steuerbaren Leistungsfähigkeit zugenommen hat.[3] Dabei bestimmt sich die Nützlichkeit nicht nach subj. Kriterien, sondern nach der objektiven Prüfung, ob der Leistungsempfänger einen marktgängigen Wert erhalten hat. Veranlasst der ArbG eine Vorsorgeuntersuchung des ArbN[4] oder stellt er ihm Medikamente zur Vfg., obwohl die Krankenversicherung des ArbN Untersuchung und Medikamente bezahlt hätte,[5] so hat der StPfl. zwar einen Wert entgegengenommen, nicht aber seine steuerbare Leistungsfähigkeit vermehrt. Die „aufgedrängte" ist keine Bereicherung. 9

Keine Einnahmen begründet die **bloße Auswechslung v. (privaten) Vermögensgegenständen**, eine Wertsteigerung des eingesetzten PV, sowie die Veräußerung v. Gegenständen, mag auch mit deren Hilfe eine Leistung innerhalb einer Überschusseinkunftsart erbracht werden. Zuflüsse aus reinen Veräußerungstatbeständen sind grds. keine Einnahmen. Wird zB das beruflich genutzte Kfz. eines ArbN mit „Gewinn" veräußert, bleibt es bei der Regel, dass diese Veräußerung v. Gegenständen nicht zu Einnahmen führt. Verbleibt das WG aber beim bisherigen Eigentümer, führt auch ein Substanzverlust durch eine berufliche Nutzung zu steuerwirksamem Aufwand. Bei Ausbeuteverträgen, durch die der Eigentümer eines Grundstücks einem anderen das Recht zur Bodenausbeutung gegen Entgelt einräumt, liegt eine Grundstücksnutzung, nicht eine Grundstücksveräußerung vor, sodass idR das Nutzungsentgelt als Einnahme zugeflossen ist.[6] Die Abgrenzung zw. Veräußerungserlösen und Nutzungsentgelten kann im Einzelfall schwierig sein. § 21 Abs. 1 Nr. 4 zeigt, dass es für das Vorliegen eines Nutzungsentgelts nicht darauf ankommt, wie der durch die Nutzung eines WG erzielte Vorteil realisiert wird. Das allg. Veranlassungsprinzip[7] grenzt eine steuerbare Einnahme in Form eines Nutzungsentgelts v. einem aus einer Wertsteigerung realisierten Veräußerungserlös danach ab, ob der entspr. Anteil eines Veräußerungsentgelts einen durch die erbrachte Leistung bereits entstandenen Anspr.[8] (zB beim Verkauf einer Mietforderung in § 21 Abs. 1 Nr. 4) verwertet oder die zukünftige Nutzung des WG entgilt. Ein Veräußerungserlös bleibt nur iRd. §§ 17, 20 Abs. 2, 22 Nr. 2, 23 beachtlich. Dies gilt auch, wenn durch die Veräußerung ein Verlust entsteht. Aufwendungen zur **Substanzerhaltung** des (privaten) Vermögensgegenstandes stellen kompensierend den früheren Zustand wieder her, sind also keine Einnahmen.[9] Gleiches gilt für die der Substanzwiederherstellung oder -erhaltung dienende **Entschädigung**, die immer dann nicht zu Einnahmen führt, wenn sie nicht betrieblich veranlasst ist, für die Verletzung höchstpersönlicher Güter oder wg. immaterieller, nicht die Erwerbsgrundlage oder Nutzungshandlung betr. Schäden geleistet wird.[10] Auch ein **Schadensersatz**, der allein eine Wertminderung des PV ausgleicht, etwa Ersatz für die Beschädigung des Arbeitsmittels des ArbN oder für die Zerstörung der Immobilie des Vermieters leistet, begründet keine Einnahme des Geschädigten.[11] Etwas anderes gilt, wenn die Schadensersatzleistung der Nutzung der Erwerbsgrundlage zuzuordnen ist. Das ist der Fall, wenn der Schadensersatz gerade aufgrund der Erwerbsrechtsbeziehung erbracht wird, also quasi-vertragliche 10

---

1 FG Münster v. 1.2.2018 – 1 K 2943/16 L, EFG 2018, 831 (Rev. VI R 11/18); dasselbe gilt für die Übernahme der Umlage für das besondere elektronische Anwaltspostfach (beA).
2 BFH v. 22.11.2006 – X R 29/05, BStBl. II 2007, 402 = FR 2007, 356 und unten Rn. 18 f.
3 BFH v. 9.3.1990 – VI R 48/87, BStBl. II 1990, 711 (714) = FR 1990, 618; v. 6.10.2004 – X R 36/03, BFH/NV 2005, 682; FG Nds. v. 19.2.2009 – 11 K 384/07, DStRE 2010, 1162 (rkr.); FG SchlHol. v. 23.1.2012 – 5 K 64/11, DStRE 2012, 918 (rkr.).
4 BFH v. 17.9.1982 – VI R 75/79, BStBl. II 1983, 39 (41) = FR 1983, 99 wird in BFH v. 5.11.1993 – VI R 56/93, BFH/NV 1994, 313 zur Abgrenzung zur Kur genannt; FG Düss v. 30.9.2009 – 15 K 2727/08 L, EFG 2010, 137 (betriebliche Vorsorgeuntersuchung als Arbeitslohn); vgl. auch BFH v. 11.3.2010 – VI R 7/08, BStBl. II 2010, 763 = FR 2010, 1052 (Regenerierungskur als geldwerter Vorteil); v. 7.5.2014 – VI R 28/13, BFH/NV 2014, 1734 (Sensibilisierungswoche als Arbeitslohn).
5 *Offerhaus*, BB 1982, 1061 (1068).
6 Vgl. im Einzelnen *K/S/M*, § 8 Rn. B 22; BVerfG v. 3.6.1992 – 1 BvR 583/86, NJW 1993, 1189; BFH v. 5.10.1973 – VIII R 78/70, BStBl. II 1974, 130; v. 14.10.1982 – IV R 19/79, BStBl. II 1983, 203 = FR 1983, 193; v. 24.11.1992 – IX R 30/88, BStBl. II 1993, 296 = FR 1993, 642; v. 6.5.2003 – IX R 64/98, BFH/NV 2003, 1175.
7 Eines eigenen allg. Surrogationsprinzips bedarf es dazu nicht; im Einzelnen dazu *H/H/R*, § 2 Anm. 138.
8 So auch *H/H/R*, § 8 Anm. 45.
9 Vgl. *K/S/M*, § 8 Rn. B 23.
10 Vgl. BFH v. 22.4.1982 – III R 135/79, BStBl. II 1982, 496 (498); v. 26.5.1998 – VI R 9/96, BStBl. II 1998, 581 (583) = FR 1998, 891; v. 2.7.2018 – IX R 31/16, BFH/NV 2018, 1324 (Entschädigung für Überspannung eines Grundstücks mit Stromleitung); FG München v. 3.3.2004 – 9 K 2400/03, EFG 2004, 1120 (rkr.) (Entschädigung des Straßenbauamtes für Nutzungsbeeinträchtigungen eines Grundstücks durch Verkehrslärm).
11 Vgl. *K/S/M*, § 8 Rn. B 53 f; BFH v. 25.4.2018 – VI R 34/16, BStBl. II 2018, 600 (Schadensersatz wg. erhöhter ESt-Festsetzung).

(culpa in contrahendo) oder vertragliche Schadensersatzansprüche (Verzug, Unmöglichkeit, sonstige Leistungsstörungen) bestehen und deshalb die Ausgleichszahlung den Erfolg aus der Nutzung der jeweiligen Erwerbsgrundlage erhöht, zB ein ArbN abgefunden wird oder Verzugszinsen gezahlt werden. Für Entschädigungen, die als Ersatz für Einnahmen gewährt werden, enthält § 24 eine klarstellende Regelung. Auch Schadensersatzleistungen gehören zu den steuerbaren Einnahmen, soweit sie WK ersetzen.[1] Übernimmt der ArbG Geldstrafen[2], Geldbußen[3] oder Geldauflagen nach § 153a StPO[4] des ArbN, so erzielt der ArbN Einnahmen, weil diese höchstpersönlichen Sanktionen den Täter in seinem Vermögen – seinem versteuerten Einkommen – treffen sollen. Die Sanktionszahlungen sind Kosten der privaten Lebensführung (§ 12 Nr. 4).

11 **Kein Indiz für eine Einnahme** ist die Abzugsfähigkeit einer Leistung beim Zahlenden (BA, WK, SA). Die **Korrespondenzregel** der §§ 12 Nr. 2, 22 Nr. 1 S. 2 ist nicht verallgemeinerungsfähig.[5] Der Grundsatz der Individualbesteuerung fordert bei der jeweiligen Pers. eine eigenständige Qualifikation eines Zufluss- oder Abflusstatbestandes. Auch die Verwendung des versteuerten Einkommens kann zum Zufluss v. Einnahmen führen, wenn zB der private Mieter seinen Mietzins an den Vermieter zahlt oder das Privatdarlehen Einkünfte aus KapVerm. begründet. Ebenso kann die aufwandlose Zuwendung Einnahmen begründen, zB wenn der ArbG – als Bahn- oder Telefonunternehmer – seinen ArbN die private Nutzung seiner Leistungen gestattet, die ihn nichts kosten,[6] oder wenn eine weitere Nutzung v. Rechten (Patente, Filme, Informationsdienste) erlaubt wird. Die Beträge brauchen sich auch in ihrer Höhe nicht zu entsprechen. Bei bestimmten (zB stfreien) Lohnteilen kann sich die Höhe der stl. Wirkung beim Leistenden und Empfangenden unterscheiden.

12 Keine Einnahmen sind **durchlaufende Gelder**, die im Namen und für Rechnung eines Dritten vereinnahmt werden,[7] und **Auslagenersatz.** Ausf. dazu § 3 Rn. 131 und § 19 Rn. 58 ff. Sie begründen beim Empfänger keinen Zuwachs. Demgegenüber führt der **WK-Ersatz** zu einem Zufluss v. Einnahmen. Beim Auslagenersatz ersetzt der ArbG dem ArbN die Kosten, die nach arbeitsrechtl. oder auftragsrechtl. Regeln vom ArbG zu tragen sind, weil sie der ArbN in Ausführung seiner Arbeitsleistung in ganz überwiegendem Interesse des ArbG getätigt hat;[8] WK-Ersatz liegt vor, wenn der ArbN nach arbeitsrechtl. Regeln die Kosten eigentlich selber hätte tragen müssen (§ 19 Rn. 59).

13 Eine Einnahme liegt auch dann vor, wenn der erhaltene Betrag später **zurückgezahlt** werden muss.[9] Die Rückzahlung mindert die Einnahmen[10] im VZ der Rückzahlung als **negative Einnahme**, wenn die Ursache der Rückzahlung in der Einnahme angelegt ist[11], etwa bei Bestechungsgeldern[12] oder fehlerhaft berechneten Löhnen[13]. Negative Einnahmen erfordern den Abfluss der entspr. Güter beim StPfl.[14] Gleiches gilt beim Rückfluss v. Arbeitslohn, der aufgrund einer Nettolohnvereinbarung gezahlt wurde.[15] Werden stfreie Einnahmen zurückgezahlt, mindern sie wg. § 3c das Einkommen nicht.[16] Ist die Rückzahlung durch

---

1 BFH v. 23.3.1993 – IX R 67/88, BStBl. II 1993, 748 (749) = FR 1993, 506.
2 Zum Grundsatz BFH v. 14.11.2013 – VI R 36/12, BStBl. II 2014, 278 = FR 2014, 281.
3 BFH v. 14.11.2013 – VI R 36/12, BStBl. II 2014, 278 = FR 2014, 281 (Aufgabe der früheren Rspr.); v. 7.7.2004 – VI R 29/00, BStBl. II 2005, 367 (Übernahme aus „ganz überwiegend eigenbetrieblichem Interesse“, aber mit der Begründung, rechtswidriges Tun sei keine beachtliche Grundlage für überwiegend eigenbetriebliches Interesse).
4 BFH v. 16.9.2014 – VIII R 21/11, DStR 2015, 271.
5 Vgl. BFH v. 26.2.2002 – IX R 20/98, BStBl. II 2002, 796 = FR 2002, 726 (Rückflüsse v. Aufwendungen); v. 12.9.2001 – VI R 154/99, BStBl. II 2002, 22 = FR 2002, 88 (Leistungen an Pensionskassen).
6 BFH v. 22.10.1976 – VI R 26/74, BStBl. II 1977, 99 (102 f.); v. 21.9.1990 – VI R 97/86, BStBl. II 1991, 262 = FR 1991, 23.
7 BFH v. 13.8.1997 – I R 85/96, BStBl. II 1998, 161 = FR 1998, 283; anders die Mieterumlagen, BFH v. 14.12.1999 – IX R 69/98, BStBl. II 2000, 197 = FR 2000, 459 m. Anm. *Fischer.*
8 BFH v. 28.3.2006 – VI R 24/03, BStBl. II 2006, 473 = FR 2006, 697, m. Anm. *Dahl*, BB 2006, 2273; v. 21.8.1995 – VI R 30/95, BStBl. II 1995, 906 (907); sa. R 3.50 Abs. 1 S. 4 LStR.
9 BFH v. 12.7.2016 – IX R 56/13, BStBl. II 2017, 253 = FR 2018, 240.
10 HM: BFH v. 19.1.1977 – I R 188/74, BStBl. II 1977, 847 (848); v. 10.8.2010 – VI R 1/08, BStBl. II 2010, 1074 = FR 2011, 192; *K/S/M*, § 8 B 66 f.; *H/H/R*, § 8 Anm. 33.
11 BFH v. 12.11.2009 – VI R 20/07, BStBl. II 2010, 845 = FR 2010, 484 (Rückfluss an den ArbG als „actus contrarius“ zur Lohnzahlung); vgl. auch BFH v. 10.8.2010 – VI R 1/08, BStBl. II 2010, 1074 = FR 2011, 192.
12 BFH v. 26.1.2000 – IX R 87/95, BStBl. II 2000, 396 = FR 2000, 773.
13 BFH v. 14.4.2016 – VI R 13/14, FR 2016, 965 m. Anm. *Bergkemper* = BFH/NV 2016, 1368.
14 BFH v. 17.9.2009 – VI R 17/08, BStBl. II 2010, 299 = FR 2010, 179; auch beim G'ter-Geschäftsführer richtet sich der Abflusszeitpunkt nach der Leistung und nicht der Fälligkeit der Rückforderung, dazu BFH v. 14.4.2016 – VI R 13/14, FR 2016, 965 m. Anm. *Bergkemper* = BFH/NV 2016, 1368.
15 Offengelassen durch BFH v. 30.7.2009 – VI R 29/06, BStBl. II 2010, 148 = FR 2010, 180; in diese Richtung aber BFH v. 3.9.2015 – VI R 1/14, BStBl. II 2016, 31 = FR 2016, 73.
16 Vgl. *K/S/M*, § 8 B 67; für die Rückgewähr von pauschal besteuerten Leistungen ähnlich BFH v. 28.4.2016 – VI R 18/15, BStBl. II 2016, 898 = FR 2016, 1140 m. Anm. *Bergkemper* (keine negative Pauschalsteuer).

zukünftige Einnahmen veranlasst, handelt es sich um WK, die dann wieder auf die Pauschalen nach § 9a anzurechnen sind. Hier können WK-Überschüsse entstehen. Für diese negativen Einkünfte gelten keine besonderen Rechtsfolgen, insbes. bestehen auch dieselben Verlustbeschränkungen.[1] Fließen Beträge zu, die WK erstatten **(negative WK)**, sind dies Einnahmen.[2] Die Rückgewähr v. Aufwendungen, die bisher als SA geltend gemacht werden konnten **(negative SA)**, vermindern nur den Abzug gleichartiger SA, sofern es sich um Überzahlungen handelt.[3] Wird der Betrag aber zurückgezahlt, weil ohne Rechtsgrund geleistet wurde,[4] ändert sich die Rechtsnatur der ursprünglichen Zahlungen. Auch bei ag. Belastungen entfällt das Tatbestandsmerkmal der Belastung rückwirkend, wenn es zu einer Erstattung kommt. Der ursprüngliche Bescheid wird gem. § 175 Abs. 1 Nr. 2 AO korrigiert.

Fließen die eingenommenen Güter wieder ab, so entstehen Ausgaben. Der verwirklichte Tatbestand der Einnahmen bleibt dadurch **unberührt**. Auch wenn der StPfl. Einnahmen an Dritte weiterleitet[5] oder zurückzahlt, ist dieses ein Vorgang der **Einnahmenverwendung**, nicht der Einnahmenerzielung. Selbst wenn der StPfl. bereits vor dem Zufluss über Einnahmen verfügt, sie zB abtritt[6] oder zwangsweise, zB durch Forderungspfändung, über die Einnahmen verfügt wird, ist dem StPfl. ein Gut zugeflossen; er hat über künftige Einnahmen verfügt. Eine Einnahme fließt auch bei Verrechnung gegenseitiger Anspr.[7] zu. Daran soll es fehlen, wenn ein als Einnahme zu wertender Betrag nur als unselbständiger Rechenposten abgezogen wird, wie zB bei Verrechnung v. Vorfälligkeitsentschädigung und Rest-Disagio bei vorzeitiger Beendigung eines Darlehensvertrages.[8] 14

2. Güter in Geld oder Geldeswert. a) Güter in Geld. Geld ist das inländ. gesetzliche Zahlungsmittel (§ 14 Abs. 1 S. 2 BBankG), also der Euro, aber auch eine frei konvertible und im Inland handelbare ausländ. Währung.[9] Zahlungsmittel in ausländ. Währung sind unbare Fremdwährungsguthaben (Devisen), ebenso Banknoten und Münzen (Sorten).[10] Güter in Geld tragen bereits in der Geldsumme ihren Wert in sich, bedürfen also keiner weiteren Bewertung. Keine Güter in Geld, sondern WG sind sog. Kryptowährungen.[11] Ausländ. Geld muss zwar in Euro umgerechnet werden, bleibt aber ein Gut in Geld.[12] Insbes. die Auszahlung v. Arbeitslohn in Fremdwährung ist kein Sachbezug.[13] Ebenso liegt Barlohn vor, wenn der ArbG private Kosten des ArbN übernimmt.[14] Die **Abgrenzung von Bar- und Sachlohn** ist mit Blick auf den Bewertungsabschlag von 4 % (§ 8 Abs. 3 S. 1) und den jährlichen Freibetrag von 1 080 Euro (§ 8 Abs. 3 S. 2) oder die monatliche Freigrenze von 44 Euro (§ 8 Abs. 2 S. 11) erforderlich, die sämtlich Sachlohn voraussetzen. Die Abgrenzung folgt dem Rechtsgrund des Zuflusses. Entscheidend ist, welche Leistung der ArbN verlangen kann, nicht dagegen die Art der Erfüllung, die eine Abkürzung des Zahlungsweges darstellen kann.[15] Demnach muss auch die mit der Aufl. einer bestimmten Verwendung geleistete Zahlung 15

---

1 **AA** BFH v. 26.1.2000 – IX R 87/95, BStBl. II 2000, 396 = FR 2000, 773; v. 16.6.2015 – IX R 26/14, BStBl. II 2015, 1019 = FR 2015, 1143, der bei der Behandlung v. Schmiergeld eine Ausnahme v. § 22 Nr. 3 S. 3 aufgrund des Grundsatzes der Besteuerung nach der Leistungsfähigkeit als geboten ansieht.

2 BFH v. 23.3.1993 – IX R 67/88, BStBl. II 1993, 748 = FR 1993, 506; v. 22.9.1994 – IX R 13/93, BStBl. II 1995, 118 = FR 1995, 108; v. 26.11.2008 – X R 24/08, BFH/NV 2009, 568.

3 BFH v. 22.11.1974 – VI R 138/72, BStBl. II 1975, 350 (351); v. 26.6.1996 – X R 73/94, BStBl. II 1996, 646 = FR 1996, 860; v. 2.9.2008 – X R 46/07, BStBl. II 2009, 229 = FR 2008, 1125.

4 BFH v. 26.6.1996 – X R 73/94, BStBl. II 1996, 646 = FR 1996, 860 (zu KiSt); v. 28.5.1998 – X R 7/96, BStBl. II 1999, 95 = FR 1998, 1097 (zu SozVers.-Beiträgen).

5 Zu durchlaufenden Posten als Ausnahme vgl. Rn. 12.

6 BFH v. 23.1.1985 – I R 64/81, BStBl. II 1985, 330 (331) = FR 1985, 415; v. 8.7.1998 – I R 112/97, BStBl. II 1999, 123 (125) = FR 1999, 97.

7 BFH v. 2.10.1986 – IV R 173/84, BFH/NV 1987, 495.

8 BFH v. 19.2.2002 – IX R 36/98, BStBl. II 2003, 126 = FR 2002, 884.

9 BFH v. 11.11.2010 – VI R 21/09, BStBl. II 2011, 383 = FR 2011, 380.

10 *Glenk* in Blümich, § 8 Rn. 11; zum Umwandlungskurs vgl. BFH v. 3.12.2009 – VI R 4/08, BStBl. II 2010, 698.

11 *Krüger*, BB 2018, 1887; *Heuel/Matthey*, EStB 2018, 263; *Lutzenbeger*, GmbHR 2018, 794.

12 BFH v. 27.10.2004 – VI R 29/02, BStBl. II 2005, 135 = FR 2005, 325; v. 3.12.2009 – VI R 4/08, BStBl. II 2010, 698; v. 11.11.2010 – VI R 21/09, BStBl. II 2011, 383 = FR 2011, 380.

13 R 8.1 Abs. 1 S. 6 LStR.

14 BFH v. 17.1.2008 – VI R 26/06, BStBl. II 2008, 378 = FR 2008, 677 m. Anm. *Bergkemper* (Kammerbeiträge des ArbN); v. 4.5.2006 – VI R 67/03, BStBl. II 2006, 914 (Zinszahlungen für Darlehen des ArbN); v. 27.10.2004 – VI R 51/03, BStBl. II 2005, 137 (Fitnessclub des ArbN); v. 26.11.2002 – VI R 161/01, BStBl. II 2003, 331 (Altersvorsorge des ArbN); v. 21.1.2010 – VI R 2/08, BStBl. II 2010, 639 = FR 2010, 626 (Kosten für ESt-Erklärung); v. 24.9.2013 – VI R 8/11, BStBl. II 2014, 124 = FR 2014, 75 (Zuschüsse zur freiwilligen Rentenversicherung); v. 4.7.2018 – VI R 16/17, BFH/NV 2018, 1186 = FR 2018, 1008 (Zuschuss zur privaten Krankenzusatzversicherung); *Briese*, BB 2018, 1307.

15 BFH v. 11.11.2010 – VI R 21/09, BStBl. II 2011, 383 = FR 2011, 380 (Tankgutschein; dort: keine „Flucht in den Sachlohn").

nicht zwingend Barlohn sein.[1] Ein ursprünglich vereinbarter Barlohn kann durch Änderung des Anstellungsvertrages in Sachlohn umgewandelt werden.[2] Sachlohn liegt aber nicht vor, wenn ArbG und ArbN ein Rechtsgeschäft wie unter fremden Dritten schließen und zur Erfüllung dieses Rechtsgeschäfts Barlohn gezahlt wird.[3] Zum bargeldlosen Zahlungsverkehr § 11 Rn. 20 ff.

16 Geldeinnahmen sind nach dem **Nominalwertprinzip** mit dem Nennbetrag anzusetzen. Dieses gilt auch, wenn der Nominalwert die Einnahmen in Jahren hoher Geldentwertung zu hoch erfasst und damit faktisch die Steuerbelastung erhöht,[4] solange der Gesetzgeber die Kapitalbildung nicht als Quelle der Altersversorgung oder als sonstige existenzsichernde Versorgungsgrundlage gesondert wertet.[5]

17 Die Bewertung bestimmt sich nach dem **Zeitpunkt des Zuflusses**. Zahlt der Schuldner in ausländ. Währung, so ist für die Besteuerung der monatliche Durchschnittsreferenzkurs der EZB maßgebend.[6]

18 **b) Güter in Geldeswert.** Das steuerbegründende Erfordernis des Einnehmens, des Zufließens, lässt sich allerdings nicht nur im bloßen Geldzuwachs begreifen, sondern erfasst nach Abs. 1 alle Güter in Geldeswert. Dabei handelt es sich um **Vorteile, denen vom Markt ein in Geld ausdrückbarer Wert beigemessen wird.**[7] Auch unentgeltliche oder verbilligte Sachbezüge können Einnahmen, insbes. steuerbaren Arbeitslohn, darstellen. Zu den geldwerten Gütern gehört – über den Begriff des WG hinaus – auch der Empfang von Nutzungsvorteilen.[8] Abs. 2 S. 1 nennt als derartige steuerbegründende Sachbezüge insbes. das Überlassen v. Wohnung, Kost, Waren und Dienstleistungen. Der Zufluss dieser Güter in Geldeswert kann im Verzehr einer Mahlzeit,[9] im Überlassen v. Getränken[10] oder Kleidung,[11] im Überlassen eines Pkws,[12] einer BahnCard[13] oder eines Jobtickets,[14] im Erwerb v. Aktien des ArbG,[15] in der Entgegennahme

1 BFH v. 11.11.2010 – VI R 21/09, BStBl. II 2011, 383 = FR 2011, 380, Aufgabe v. BFH v. 27.10.2004 – VI R 51/03, BStBl. II 2005, 137 = FR 2005, 209; FG Bremen v. 23.3.2011 – 1 K 150/09, DStRE 2012, 144 (rkr.).

2 BFH v. 20.8.1997 – VI B 83/97, BStBl. II 1997, 667 = FR 1998, 14; v. 6.3.2008 – VI R 6/05, BStBl. II 2008, 530; FG SachsAnh. v. 15.8.2013 – 6 K 739/08, juris (rkr.), wobei die Rspr. verlangt, dass der Sachlohnanspr. vor Entstehen des Barlohnanspr. an dessen Stelle tritt; krit. *Schmidt*[37], § 8 Rn. 19; enger FinVerw. in H 8.1 Abs. 1–4 LStH „Geldleistung oder Sachbezug"; sehr ausf. dazu *Freye*, Gehaltsumwandlungen, 2003; OFD NRW v. 9.7.2015, DStR 2015, 2448.

3 BFH v. 6.3.2008 – VI R 6/05, BStBl. II 2008, 530.

4 Vgl. BVerfG v. 7.7.2010 – 2 BvL 14/02, BVerfGE 127, 1 (31); v. 19.12.1978 – 1 BvR 335/76, 1 BvR 427/76, 1 BvR 811/76, BVerfGE 50, 57 (86) = BStBl. II 1979, 308; v. 27.6.1991 – 2 BvR 1493/89, BVerfGE 84, 239 = BStBl. II 1991, 654 (669) = FR 1991, 375.

5 Zur Zulässigkeit einer solchen besonderen Würdigung BVerfG v. 27.6.1991 – 2 BvR 1493/89, BVerfGE 84, 239 = BStBl. II 1991, 654 (669) = FR 1991, 375.

6 BFH v. 3.12.2009 – VI R 4/08, BStBl. II 2010, 698.

7 *H/H/R*, § 8 Anm. 23.

8 BFH v. 26.10.1987 – GrS 2/86, BStBl. II 1988, 348 (352) = FR 1988, 160; v. 21.3.2013 – VI R 26/10, BFH/NV 2013, 1396.

9 Hierzu *Albert*, FR 2010, 267; zur Bewertung BMF v. 15.12.2011, BStBl. I 2012, 56.

10 BFH v. 27.3.1991 – VI R 126/87, BStBl. II 1991, 720 = FR 1991, 626; v. 30.4.2009 – VI R 55/07, BStBl. II 2009, 726 = FR 2009, 1116. Ggf. handelt es sich allerdings nur um einen ideellen Vorteil, Rn. 19.

11 BFH v. 11.4.2006 – VI R 60/02, BStBl. II 2006, 691 = FR 2006, 839 m. Anm. *Bergkemper*, m. Anm. *Werner*, NWB Fach 6, 4745.

12 BFH v. 21.3.2013 – VI R 31/10, BStBl. II 2013, 700 = FR 2013, 1039 m. Anm. *Kanzler*; v. 21.3.2013 – VI R 26/10, BFH/NV 2013, 1396; v. 21.3.2013 – VI R 49/11, BFH/NV 2013, 1399; Änderung der Rspr.

13 BFH v. 12.4.2007 – VI R 89/04, BStBl. II 2007, 719 = FR 2007, 1031 m. Anm. *Bergkemper*; OFD Ffm. v. 31.7.2017, DB 2017, 2326 (kein Arbeitslohn bei Vollamortisation durch berufliche Fahrten).

14 Räumt der ArbG dem ArbN das Recht zum Erwerb eines Jobtickets ein, ist der geldwerte Vorteil mit Ausübung des Bezugsrechts zugeflossen, BFH v. 14.11.2012 – VI R 56/11, BStBl. II 2013, 382 = FR 2013, 472 m. Anm. *Bergkemper*; BayLfSt v. 12.8.2015, DStR 2015, 2287; vgl. aber auch § 3 Nr. 15 (stfreie Zuschüsse zum ÖPNV für Fahrten zw. Wohnung und erster Tätigkeitsstätte); dazu *Niermann*, DB 2018, 2894.

15 BFH v. 29.7.2010 – VI R 30/07, BStBl. II 2011, 68 = FR 2011, 238; v. 23.6.2005 – VI R 10/03, BStBl. II 2005, 770 = FR 2005, 1165; v. 23.6.2005 – VI R 124/99, BStBl. II 2005, 766 = FR 2005, 1045 m. Anm. *Bergkemper*; v. 4.4.2001 – VI R 96/00, BStBl. II 2001, 813 = FR 2002, 44; *Geserich*, DStR 2018, 2304; auch wenn ein verbilligter Beteiligungserwerb im Hinblick auf eine erst spätere Beschäftigung gewährt wird, liegt Arbeitslohn vor, BFH v. 26.6.2014 – VI R 94/13, BStBl. II 2014, 864 = FR 2014, 990, m. Anm. *Geserich*, DStR 2014, 1713; für eine Veranlassung aus dem Arbverh. sprechen bereits marktunüblich hohe Renditechancen, FG Münster v. 15.7.2015 – 11 K 4149/12 E, EFG 2015, 2065 (rkr.); ein weiteres Indiz ist die gesonderte Vereinbarung mit dem ArbG, FG Münster v. 14.8.2015 – 14 K 3290/13 E, EFG 2016, 1083 (insoweit rkr.); ebenso sprechen ein fehlendes Verlustrisiko und die Einflussmöglichkeit auf den Beteiligungswert für eine Veranlassung aus dem Arbverh., FG München v. 3.8.2017 – 2 V 814/17, juris (rkr.); kein Indiz ist hingegen, dass der Beteiligungserwerb nur leitenden Mitarbeitern angeboten wurde, vgl. BFH v. 4.10.2016 – IX R 43/15, BStBl. II 2017, 790 = FR 2017, 637 m. Anm. *Korff*; zur Durchbrechung des Veranlassungszusammenhangs durch eine vom Arbeitsverhältnis unabhängige Sonderrechtsbeziehung FG Köln v. 24.3.2017 – 7 K 2603/14, EFG 2017, 1646 (rkr.); FG BaWü. v. 9.5.2017 – 5 K 3825/14, EFG 2017, 1880 m.

v. Produkten[1] oder sonstigen Waren des Zuwendenden, im Empfang einer Reise[2] oder eines zinsverbilligten Darlehens,[3] in der Nutzung einer Sporteinrichtung,[4] eines Kindergartenplatzes,[5] einer Wohnung[6] oder eines Telefons[7] liegen. Nicht erforderlich ist die Zuwendung einer konkreten Sache oder Dienstleistung; ausreichend ist die Einräumung eines Rechts.[8] Auch bei einer Wertobergrenze des zugewendeten Rechts bleibt dieses ein Gut in Geldeswert.[9] So sind Sachgutscheine, die zum unentgeltlichen Warenbezug berechtigen, ebenso wie Geldgutschriften, die nur durch Wareneinkauf eingelöst werden können, als verbrieftes Recht zum Zugriff auf die Ware schon selber Sachzuwendung, auch wenn auf dem Gutschein ein Höchstbetrag in Euro angegeben ist.[10] Überlässt der ArbG einen Pkw, über dessen Nutzung er verfügen kann, der also sein Eigentum ist, v. ihm gemietet oder geleast ist, so wendet er einen Nutzungsvorteil iSv. Abs. 2 S. 2 zu.[11] Erstattet er jedoch dem ArbN für dessen eigenen Pkw alle Kosten, so leistet er Barlohn.[12] Selbst ersparte Aufwendungen sind Güter in Geldeswert, wenn sie in entgeltlichen Tauschbeziehungen ihren Grund haben, der Aufwendungspflichtige also nicht nur für sich selbst erspart (Rn. 7), sondern die Ersparnis v. dem Austauschpartner zugewendet wird. Hier wird deutlich, dass der Zufluss v. Einnahmen als steuerbegründender Tatbestand nur den am **Markt erzielten Zufluss** v. Erwerbseinnahmen erfasst, der Erfolgstatbestand also auf den Zustands- und Handlungstatbestand aufbaut (§ 2 Rn. 7 ff.). Übereignet der ArbG dem ArbN einen Pkw zu einem Preis unter dem Listenpreis, so liegt darin eine Einnahme (Arbeitslohn),[13] während eine entspr. verbilligte Lieferung des Vaters an den Sohn keine Einnahmen des Sohnes begründet. Überlässt der ArbG dem ArbN aufgrund des Dienstverhältnisses die unentgeltliche Nutzung eines Hauses, so empfängt der ArbN Einnahmen,[14] während die Überlassung desselben Hauses unter Freunden oder Familienangehörigen nicht zu Einnahmen führt. Übernimmt der Vermieter v. Werkswohnungen Kosten der den Mietern obliegenden Erhaltung der Mietsache (Schönheitsreparaturen), so fließen den ArbN Einnahmen iSd. Abs. 1 zu,[15] während die Schönheitsreparatur außerhalb des Marktgeschehens, etwa als Freundschaftsdienst, keine steuerbaren Einnahmen begründet. Überlässt der ArbG seinem ArbN Wertpapiere gegen einen fest bezifferten Preisnachlass, so bemisst sich der geldwerte Vorteil nach diesem Nachlass[16] (zu

---

Anm. *Lutter* (rkr.); zum Zufluss bei Aktienoptionen s.§ 19 Rn. 78 („Ankaufsrecht") und bei Wandelschuldverschreibungen s. § 19 Rn. 78 („Wandeldarlehensverträge und Wandelschuldverschreibungen"); zu Vorteilen aus einer Kapitalbeteiligung eines ArbN an einem Unternehmen, BFH v. 17.6.2009 – VI R 69/06, BStBl. II 2010, 69 = FR 2010, 136 m. Anm. *Bergkemper*; zum verbilligten Erwerb v. Fondsanteilen *Passow-Utech*, DStR 2008, 2353; zu sog. virtuellen Beteiligungsrechten *Weitnauer*, GWR 2017, 391.

1 BFH v. 28.10.2004 – VI B 176/03, BFH/NV 2005, 205 (Belegschaftsrabatte).

2 BFH v. 18.8.2005 – VI R 32/03, BStBl. II 2006, 30 = FR 2006, 33; v. 6.10.2004 – X R 36/03, BFH/NV 2005, 682; anders bei eigenbetrieblichem Interesse des ArbG, BFH v. 16.10.2013 – VI R 78/12, BStBl. II 2015, 495 = FR 2014, 346 (Kundenbetreuung auf Regattabegleitschiff); weitere Bsp. s. § 19 Rn. 78.

3 Vgl. insbes. zur Höhe des Zinssatzes BFH v. 4.5.2006 – VI R 28/05, BStBl. II 2006, 781 = FR 2006, 1039; zur Berechnung BMF v. 19.5.2015, BStBl. I 2015, 484 Rn. 4, wonach der Zinsvorteil nur steuerbar ist, wenn die Höhe des nicht getilgten Darlehens am Ende des Lohnzahlungszeitraums die Freigrenze von 2600 Euro übersteigt; *Plenker*, DB 2015, 1310; für die Bemessung auch BayLfSt v. 7.7.2015, DStR 2015, 2020.

4 BFH v. 27.9.1996 – VI R 44/96, BStBl. II 1997, 146 = FR 1997, 98; *Kuhn*, BB 2016, 1951.

5 Allerdings nach § 3 Nr. 33 v. der Steuer befreit.

6 BFH v. 11.5.2011 – VI R 65/09, BStBl. II 2011, 946 = FR 2012, 85 m. Anm. *Bergkemper*; v. 7.11.2006 – VI R 70/02, BFH/NV 2007, 425; v. 16.2.2005 – VI R 46/03, BStBl. II 2005, 529 = FR 2005, 898 m. Anm. *Bergkemper*; v. 19.8.2004 – VI R 33/97, BStBl. II 2004, 1076; FG Saarl. v. 31.1.2018 – 2 K 1198/15, EFG 2018, 1130 m. Anm. *Jacoby* (Rev. VI R 5/18); zur Ermittlung des Nutzungswerts OFD Ffm. v. 22.1.2015, StEd 2015, 126.

7 BFH v. 23.10.1985 – I R 248/81, BStBl. II 1986, 178 (180) = FR 1986, 155.

8 BFH v. 11.11.2010 – VI R 21/09, BStBl. II 2011, 383 = FR 2011, 380 (Gutschein).

9 BFH v. 11.11.2010 – VI R 21/09, BStBl. II 2011, 383 = FR 2011, 380 (Gutschein); v. 11.11.2010 – VI R 27/09, BStBl. II 2011, 386 = FR 2011, 383; v. 11.11.2010 – VI R 41/10, BStBl. II 2011, 389 = FR 2011, 385 m. Anm. *Albert*; **aA** OFD Düss., DStR 2005, 1316.

10 BFH v. 11.11.2010 – VI R 21/09, BStBl. II 2011, 383 = FR 2011, 380; *Plenker*, DB 2015, 94; anders noch R 8.1 Abs. 1 S. 7 LStR 2013.

11 Das Überlassen eines Pkw zu verbilligten Leasingraten soll nach FG Köln v. 15.11.2006 – 14 K 3584/02, EFG 2007, 249 (rkr.), nicht pauschalierend gem. Abs. 2 S. 2, sondern gem. Abs. 2 S. 1 zu bewerten sein.

12 Vgl. BFH v. 26.7.2001 – VI R 122/98, BStBl. II 2001, 844; v. 6.11.2001 – VI R 54/00, BStBl. II 2002, 164 = FR 2002, 340 m. Anm. *Kanzler*.

13 BFH v. 2.2.1990 – VI R 15/86, BStBl. II 1990, 472 = FR 1990, 371; v. 4.6.1993 – VI R 95/92, BStBl. II 1993, 687 = FR 1993, 604; v. 20.5.1994 – VI R 61/93, BFH/NV 1994, 855; v. 17.6.2005 – VI R 84/04, BStBl. II 2005, 795 = FR 2005, 1163 m. Anm. *Bergkemper*.

14 BFH v. 22.1.1988 – VI R 135/84, BStBl. II 1988, 525 = FR 1988, 364; v. 26.5.1993 – VI R 118/92, BStBl. II 1993, 686 = FR 1993, 631; vgl. auch BFH v. 27.5.1993 – VI R 19/92, BStBl. II 1994, 246 = FR 1994, 57.

15 BFH v. 17.8.1973 – VI R 8/70, BStBl. II 1974, 8.

16 BFH v. 4.4.2001 – VI R 96/00, BStBl. II 2001, 813 = FR 2002, 44; zum Zeitpunkt der Bemessung des gemeinen Werts BFH v. 12.11.2013 – VI B 87/13, BFH/NV 2014, 334.

Aktienoptionsrechten § 19 Rn. 78 „Ankaufsrecht [Optionsrecht]"). Die Einladung zu Reisen ist grds. ein privater Vorgang außerhalb des Erwerbslebens, kann aber, wenn der ArbG sie zur Belohnung bestimmter ArbN oder als Ansporn für weitere Leistungssteigerungen veranstaltet (Belohnungs-, Incentive-Reisen), den Zufluss v. Gütern in Geldeswert beim ArbN begründen.[1] Gleiches gilt für an den Reisen teilnehmende Begleitpers., deren Teilnahme ihren Grund allein im Erwerbsrechtsverhältnis des ArbN findet.[2]

19 Die Güter in Geldeswert (**geldwerte Vorteile**) sind v. den **ideellen Vorteilen**[3] zu unterscheiden. Vorteile, die der ArbN aus der Ausgestaltung seines Arbeitsplatzes und der Förderung des Betriebsklimas empfängt, sind Bedingung der Erwerbshandlung, noch nicht Erwerbserfolg. Zudem sind sie kaum in Geldeswert messbar und auch deshalb keine Einnahmen. Die räumliche Gestaltung des Arbeitsplatzes, die Bereitstellung moderner Maschinen, das Angebot v. Wasch- und Duschgelegenheiten, die Nutzbarkeit v. Bibliotheken, Pausen- und Kantinenräumen, das Angebot üblicher Getränke zum Verbrauch im Betrieb[4] oder allg. zugängliche Parkplätze[5] begründen keine steuerbaren Einnahmen (s. auch § 19 Rn. 65). Gewährt der ArbG hingegen dem ArbN einen unentgeltlichen Haustrunk, der nicht zum Verbrauch im Betrieb, sondern zum häuslichen Verzehr bestimmt ist, so fließen dem ArbN Einnahmen zu, über die der Empfänger außerhalb des Betriebes frei verfügen kann und die über „bloße **Aufmerksamkeiten**" hinausgehen, die auch im gesellschaftlichen Verkehr ausgetauscht werden (vgl. § 19 Rn. 67).[6] Werden **Mahlzeiten anlässlich eines außergewöhnlichen Arbeitseinsatzes** unentgeltlich oder teilentgeltlich überlassen, um den Betriebsablauf zu beschleunigen, besteht idR ein überwiegend betriebliches Interesse.[7] **Aufmerksamkeiten** sind Sachzuwendungen, sie steigern die Leistungsfähigkeit des StPfl.;[8] wg. der allg. gesellschaftlichen Üblichkeit werden derartige Leistungen aber nicht durch Nutzung einer Erwerbsgrundlage erzielt. Ebenso gehören die Vorteile aus der Teilnahme an einer **geschäftlich veranlassten Bewirtung** iSv. § 4 Abs. 5 S. 1 Nr. 2 EStG nicht zum Arbeitslohn.[9] Massagen, die ein ArbG Beschäftigten an Bildschirmplätzen kostenlos anbietet, können Arbeitslohn sein, sofern sie nicht Fehlzeiten verhindern, die bei Bildschirmarbeitsplätzen häufig sind, und deshalb „im **eigenbetrieblichen Interesse**", also ohne Entlohnungsfunktion gewährt werden (vgl. § 19 Rn. 64).[10] Bei **rechtswidrigem Verhalten** fehlt nicht der notwendige betriebsfunktionale Zusammenhang. Eine rechtswidrige, zB ohne die notwendige gewerbliche Genehmigung erzielte Einnahme ist steuerbar, ein rechtswidrig, zB durch einen fahrlässig verursachten Unfall veranlasster Aufwand, mindert die Einkünfte. Bußgelder eines Berufskraftfahrers belasten aber selbst bei Anweisung des ArbG, die Lenkzeiten zu überschreiten, als höchstpersönliche Sanktion das versteuerte Einkommen des ArbN, sind Kosten persönlicher Lebensführung (§ 12 Nr. 4, vgl. Rn. 10).[11] Die Frage, ob der ArbG eine Leistung nur aus eigenbetrieblichen Gründen anbietet oder daneben noch private Bedürfnisse seiner ArbN befriedigt (§ 19 Rn. 64, 78),[12] betrifft den Tatbestand des Arbeitslohns. Schuldausgleichend und edukatorisch zu-

1 BFH v. 6.10.2004 – X R 36/03, BFH/NV 2005, 682; vgl. BFH v. 31.5.2001 – VI B 18/99, BFH/NV 2001, 1549; FG Nds. v. 24.9.2008 – 4 K 12244/05, juris (rkr.); R 19.6 LStR: bis 60 Euro nicht steuerbar.

2 FG Nds. v. 24.9.2008 – 4 K 12244/05, juris (rkr.) (Verlosung v. zwei Reisen inklusive Taschengeld).

3 Ausf. *Krüger*, DStR 2013, 2029; *Heger*, DB 2014, 1277; zur Aufgabe des Begriffs der Annehmlichkeit BFH v. 27.3.1991 – VI R 126/87, BStBl. II 1991, 720 (721) = FR 1991, 626; v. 22.3.1985 – VI R 26/82, BStBl. II 1985, 641 (643) = FR 1985, 480.

4 BFH v. 30.4.2009 – VI R 55/07, BStBl. II 2009, 726 = FR 2009, 1116; FG Münster v. 31.5.2017 – 11 K 4108/14, EFG 2017, 1673 (Rev. VI R 36/17) (Heißgetränke und unbelegte Brötchen als Aufmerksamkeit).

5 S. dazu FG Köln v. 13.11.2003 – 2 K 4176/02, EFG 2004, 356 (rkr.); vgl. aber FG Köln v. 15.3.2006 – 11 K 5680/04, EFG 2006, 1516 (rkr.) (vom ArbG angemieteter Parkplatz), dazu OFD Münster v. 25.6.2007, DB 2007, 1498.

6 BFH v. 27.3.1991 – VI R 126/87, BStBl. II 1991, 720 (722) = FR 1991, 626; der Begriff der „Annehmlichkeiten" ist damit abgelöst, BFH v. 22.3.1985 – VI R 26/82, BStBl. II 1985, 641 (643) = FR 1985, 480; v. 9.8.1996 – VI R 88/93, BStBl. II 1997, 97 = FR 1996, 830 = FR 1996, 812.

7 FG Hbg. v. 17.9.2015 – 2 K 54/15, EFG 2016, 36 (rkr.); R 19.6 Abs. 2 S. 2 EStR; *Grasmück*, SteuK 2015, 45 (47).

8 *H/H/R*, § 8 Anm. 32; *Glenk* in Blümich, § 8 Rn. 16: § 8 Abs. 2 S. 11 erlaubt keine weitere Freigrenze.

9 R 8.1 Abs. 8 Nr. 1 LStR.

10 BFH v. 30.5.2001 – VI R 177/99, BStBl. II 2001, 671 = FR 2001, 1064; zum eigenbetrieblichen Interesse und dessen Abgrenzung ausf. *Krüger*, DStR 2013, 2029.

11 Anders aber BFH v. 14.11.2013 – VI R 36/12, BStBl. II 2014, 278 = FR 2014, 281; FG Köln v. 20.6.2005 – 14 K 459/02, EFG 2005, 756 (insoweit rkr.) m. Anm. *Braun* (Aufl. nach § 153a StPO); anders noch BFH v. 7.7.2004 – VI R 29/00, BStBl. II 2005, 367 = FR 2005, 687 (kein Arbeitslohn bei Übernahme von Verwarnungsgeld für verbotswidriges Parken).

12 S. dazu BFH v. 22.6.2006 – VI R 21/05, BStBl. II 2006, 915 = FR 2007, 54 (einheitliche Arbeitskleidung); v. 5.4.2006 – IX R 109/00, BStBl. II 2006, 541 = FR 2006, 736 m. Anm. *Bergkemper* (Umbau des Privathauses des ArbN aus Sicherheitsgründen); v. 11.3.2004 – VI B 26/03, BFH/NV 2004, 957 (Gemeinschaftsverpflegung mit Teilnahmepflicht); v. 21.3.2013 – VI R 31/10, BStBl. II 2013, 700 = FR 2013, 1039 m. Anm. *Kanzler* (Übernahme der Mitgliedsbeiträge für einen Golfclub); v. 17.7.2014 – VI R 69/13, BStBl. II 2015, 41 = FR 2015, 293 (Golfclub-Ehrenmitgliedschaft bei Beendigung des Dienstverhältnisses); FG Thür. v. 15.10.2003 – IV 272/00, EFG 2004, 716 (rkr.) (Übernahme der Instrumentenversicherungsprämie der Orchestermitglieder durch den ArbG); FG Köln v. 24.6.

gemessene Individuallasten bleiben außerhalb des Arbverh.[1] Die allg. Gesundheitsvorsorge liegt ungeachtet ihrer betrieblichen Mitveranlassung primär im persönlichen Interesse der ArbN.[2] Deckt die Haftpflichtversicherung für Mitglieder der Unternehmensführung (D&O-Police) auch Schadenersatzforderungen des ArbG ab, werden die Prämien überwiegend im Interesse des Betriebs gezahlt; sie sind kein Arbeitslohn.[3] Die Mitversicherung angestellter Rechtsanwälte[4] und Klinikärzte[5] in der **Betriebshaftpflichtversicherung** liegt im eigenbetrieblichen Interesse des ArbG, weil der Versicherungsschutz dessen Haftung abdeckt. Bei einer Nettolohnvereinbarung kann ein eigenbetriebliches Interesse des ArbG an der Übernahme v. Steuerberaterkosten bestehen.[6] Soweit ein Nutzungsrecht zufließt, das teilw. zum Erwerb, teilw. privat in Anspr. genommen wird, muss **aufgeteilt** werden.[7] Das gilt auch dann, wenn eine Gesamtveranstaltung sowohl Elemente einer Betriebsveranstaltung als auch einer sonstigen Zuwendung enthält, die nicht oder nicht insgesamt zu einer Lohnzuwendung führt.[8] **Betriebsveranstaltungen** liegen im ganz überwiegend eigenbetrieblichen Interesse, wenn die üblichen Aufwendungen des ArbG für den einzelnen Teilnehmer den Freibetrag v. 110 Euro (§ 19 Abs. 1 S. 1 Nr. 1a) nicht übersteigen; dabei sind jährlich bis zu zwei Betriebsveranstaltungen begünstigt.[9] Das Interesse des ArbG, durch eine Betriebsveranstaltung den Kontakt der ArbN und damit das Betriebsklima zu fördern, ist allerdings schwer abzugrenzen von der Betriebsveranstaltung, die lediglich Anlass ist, die ArbN zu entgelten. Deswegen hat der BFH die Veranstaltungen im „üblichen Rahmen von Aufwendungen" mit – bisher – 110 Euro typisiert.[10] Voraussetzung ist, dass die Veranstaltung allen Angehörigen des Betriebs oder eines Betriebsteils offensteht.[11] Für den Freibetrag sind nicht nur die Bezüge zu bewerten (§ 8 Abs. 2 S. 1), durch die dem ArbN ein geldwerter Vorteil zufließt, sondern auch die Kosten für den äußeren Rahmen – Kosten eines Eventmanagers,[12] Mietkosten, nicht aber die Kosten der Buchhaltung.[13] Dagegen ist der ArbN durch Bustransferkosten zu einer auswärtigen Betriebsveranstaltung ohne eigenen Erlebniswert nicht bereichert.[14] Die Gesamtkosten sind auf die Anzahl der eingeladenen Mitarbeiter zu verteilen.[15] Der geldwerte Vorteil für die musikalische Unterhaltung durch einen berühmten Künstler wird durch den Preis für eine gleichwertige Konzertkarte begrenzt.[16] Der auf **Begleitpers.** entfallende Anteil ist dem ArbN zuzurechnen. Die vom ArbG verauslagten Reisekosten der Teilnehmer werden als stfreier WK-Ersatz nicht in die Gesamtkostenermittlung einbezo-

---

2004 – 2 K 3877/02, EFG 2004, 1622 (rkr.) (Kosten der Raucherentwöhnung); BFH v. 28.1.2003 – VI R 48/99, BStBl. II 2003, 724 = FR 2003, 517 m. Anm. *Bergkemper*; v. 28.1.2003 – VI R 43/99, BFH/NV 2003, 1039; v. 14.7.2004 – I R 57/03, BStBl. II 2011, 285 = FR 2004, 1277 m. Anm. *Pezzer* (Feier des ArbG anlässlich des ArbN- oder G'ter-Geburtstages); zur Übernahme v. Studiengebühren durch den ArbG ausf. BMF v. 13.4.2012, BStBl. I 2012, 531; FinSen. Berlin, DB 2015, 218 (Rückzahlung v. Studiengebühren durch neuen ArbG); FG München v. 3.5.2013 – 8 K 4017/09, EFG 2013, 1407 (rkr.) (Verpflegung von Profifußballern bei Spielen); FG Münster v. 15.1. 2014 – 4 K 1215/12 E, EFG 2014, 638 (rkr.) (Unterkunft und Verpflegung für Teilnehmer einer Fernsehshow).

1 Vgl. aber FG Düss. v. 4.11.2016 – 1 K 2470/14 L, EFG 2017, 315 (Rev. VI R 1/17).

2 BFH v. 4.7.2018 – VI R 16/17, BFH/NV 2018, 1186 (Zuschüsse zur privaten Zusatzkrankenversicherung als Barlohn); v. 7.6.2018 – VI R 13/16, DB 2018, 2414 (Gewährung von ausschließlichem Krankenversicherungsschutz als Sachlohn); vgl. aber stfreie Leistungen nach § 3 Nr. 34 (betriebliche Gesundheitsförderung); dazu *Niermann*, DB 2018, 2894.

3 FG München v. 5.8.2002 – 7 K 5726/00, EFG 2002, 1524; *Loritz/Wagner*, DStR 2012, 2205 (2210); einschr. *Streck/Mack/Schwedhelm*, AG 2002, 287 – zu BMF v. 24.1.2002 – IV C 5 - S 2332 - 8/02.

4 BFH v. 19.11.2015 – VI R 74/14, BStBl. II 2016, 303 = FR 2016, 432 (Rechtsanwalts-GmbH); v. 10.3.2016 – VI R 58/14, BStBl. II 2016, 621 = FR 2016, 682 (Rechtsanwalts-GbR); FinSen. Berlin v. 3.5.2016, DStR 2016, 1266 (Rechtsanwalts-Partnerschaft); *Geserich*, DStR 2016, 441; auch bei Übersteigen der Mindestversicherungssumme, vgl. FG Thür. v. 8.11.2017 – 3 K 337/17, EFG 2018, 954 m. Anm. *Leist* (Rev. VI R 12/18).

5 BFH v. 19.11.2015 – VI R 47/14, BStBl. II 2016, 301 = FR 2016, 432.

6 FG RhPf. v. 21.12.2016 – 1 K 1605/14, EFG 2017, 1205 m. Anm. *Amendt* (Rev. VI R 28/17).

7 BFH v. 18.8.2005 – VI R 32/03, BStBl. II 2006, 30 = FR 2006, 33, m. Anm. *Albert*, DStR 2005, 2150 (Tagungsreise mit touristischem Begleitprogramm); v. 16.11.2005 – VI R 118/01, BStBl. II 2006, 444 = FR 2006, 480 (Betriebsausflug mit Werksbesichtigung); vgl. auch die geänderte Rspr. (BFH v. 21.9.2009 – GrS 1/06, BStBl. II 2010, 672 = FR 2010, 225 m. Anm. *Kempermann*), die nun auch auf der Ausgabenseite von einem grds. Aufteilungsgebot ausgeht.

8 BFH v. 30.4.2009 – VI R 55/07, BStBl. II 2009, 726 = FR 2009, 1116 (Betriebsversammlung auf Ausflugsschiff und Betriebsfest im Hotel) m. Anm. *Bergkemper*, HFR 2009, 885.

9 BayLfSt v. 22.11.2017, DB 2018, 286.

10 BFH v. 12.12.2012 – VI R 79/10, BFH/NV 2013, 637 = FR 2013, 520 m. Anm. *Bergkemper*; v. 16.5.2013 – VI R 94/10, BFH/NV 2013, 1846 = FR 2013, 1094 m. Anm. *Bergkemper*.

11 BMF v. 14.10.2015, BStBl. I 2015, 832; R 19.5 Abs. 2 LStR; *Seifert*, DStZ 2016, 104.

12 FG Köln v. 22.2.2018 – 1 K 3154/15, EFG 2018, 1133 m. Anm. *Dohmen* (Rev. VI R 13/18).

13 BMF v. 14.10.2015, BStBl. I 2015, 832; *Reiling/Brucker/Looser*, DB 2017, 2436.

14 FG Düss. v. 22.2.2018 – 9 K 580/17 L, EFG 2018, 966 m. Anm. *Jelinek* (rkr.).

15 *Eismann*, DStR 2015, 1429; *Bleschick*, DStR 2018, 2322; FG Köln v. 27.6.2018 – 3 K 870/17, EFG 2018, 1647 m. Anm. *Valentin* (Rev. VI R 31/18); **aA** BMF v. 14.10.2015, BStBl. I 2015, 832: Anzahl der tatsächlichen Teilnehmer.

16 FG BaWü. v. 5.5.2015 – 6 K 115/13, EFG 2015, 2167 (rkr.).

gen.[1] Im Freibetrag sind **Geschenke** bis 60 Euro enthalten.[2] Im Einzelnen § 19 Rn. 78. Von diesen Betriebsveranstaltungen sind Repräsentationsveranstaltungen zu unterscheiden, bei denen die Anwesenheit von Geschäftspartnern im Vordergrund steht.[3] Aufwendungen eines Freiberuflers für einen „**Herrenabend**" mindern den Gewinn nicht (§ 4 Abs. 5 S. 1 Nr. 4), wenn sie nach der Art der Veranstaltung und ihrer Durchführung einer „überflüssigen und unangemessenen Unterhaltung und Repräsentation" dienen.[4] Aufwendungen des ArbN für die betriebsinterne Feier seines Dienstjubiläums sind WK, wenn er die Gäste nach abstrakten berufsbezogenen Kriterien einlädt.[5]

20 **II. Zufließen der Einnahmen. 1. Zufluss und Zurechnung.** Das Erfordernis des **„Zufließen"** stellt sicher, dass die Bezüge die Rechtssphäre des bisher Berechtigten verlassen und beim StPfl. angekommen sind. Einnahmen sind zugeflossen, wenn der Empfänger steuerjuristisch über das Gut verfügen kann. Eine Einnahme darf nach § 8 besteuert werden, wenn der StPfl. einen gesicherten Vermögenszuwachs entgegengenommen hat. Fehlt es am Zufluss, fehlt es an einer Einnahme. Das Zuflussprinzip ist insoweit – in Übereinstimmung mit den Gewinneinkünften – Ausdruck eines allg. **Realisationsprinzips.**[6] Die Einnahme darf nach § 11 erst besteuert werden, wenn sie zugeflossen oder bezogen ist. § 11 ordnet den Zufluss zeitlich zu, verdeutlicht das Prinzip der **Jahressteuer** (§ 2 Abs. 7). Die Unterscheidung zw. ideellen und geldwerten Vorteilen berührt sich mit dem Erfordernis des Zuflusses, der Einräumung v. **Verfügungsgewalt** über die Einnahmen. Soweit der StPfl., insbes. der ArbN, lediglich **verbesserte Erwerbsbedingungen vorfindet** (s. § 19 Rn. 64 ff.), fließt ihm kein geldwertes Gut zu. Aufwendungen eines ArbG für die Erwerbsgrundlagen (§ 2 Rn. 55) verbleiben betriebliche Vorkehrungen des ArbG, begründen also nicht den Zufluss v. Einnahmen beim ArbN. Bietet der ArbG hingegen die Nutzung v. Einrichtungen außerhalb der Erwerbsgrundlagen an (s. § 19 Rn. 78 „Betriebssport"), so empfangen die ArbN in der privaten Nutzungsmöglichkeit ein geldwertes Gut, das ihnen als Einkommen zufließt. Wird die Zuwendung der Belegschaft als ganzer angeboten, so werden lediglich Erwerbsbedingungen verbessert (s. § 19 Rn. 64 ff.). Wird die Zuwendung individuell – nach Stellung, Leistung, Zugehörigkeit im Betrieb differenziert – zugemessen, so fließt ein geldwerter Vorteil zu. Die Aufnahme eines Darlehens vermehrt das Vermögen nicht, die Rückzahlung vermindert es nicht.[7]

21 Das „Zufließen" in Abs. 1 erfasst den **Erfolgstatbestand** des Vermögenszuwachses durch ein Gut in Geld oder Geldeswert, das durch Nutzung einer Erwerbsgrundlage erzielt worden ist. Das bloße Innehaben von Rechten und Ansprüchen begründet noch keinen Zufluss. Dem ArbN fließt der geldwerte Vorteil verbilligter Aktien zu, wenn er die wirtschaftl. Verfügungsmacht über die Aktien erlangt,[8] der ArbG die Leistung tatsächlich erbracht hat.[9] Der Erhalt v. Gutscheinen führt bereits vor ihrer Einlösung zu einem Zufluss.[10] § 11 Abs. 1 S. 1 meint mit dem Zufluss die zeitliche Zurechnung, bestimmt also, in welchem VZ eine Einnahme anzusetzen ist. Die Vorschriften über einzelne Einkunftsarten, etwa § 19 iVm. § 2 Abs. 1 S. 1 LStDV, regeln die persönliche Zurechnung, bestimmen also, wem die Einnahmen als Steuerschuldner zuzurechnen sind. Der Zufluss iSd. § 8 entscheidet, ob überhaupt eine Einnahme vorliegt, also der Grundtatbestand des EStG erfüllt ist.[11]

22 Der Zufluss des Abs. 1 setzt somit als dritter Grundtatbestand des EStG (§ 2 Rn. 9) voraus, dass der **realisierte Vermögenszuwachs** bereits eingetreten ist, der StPfl. also in steuerjuristischer Betrachtungsweise die Verfügungsmacht über das Geld oder geldwerte Gut gewonnen und nicht lediglich eine Forderung auf ein solches Gut erworben hat. Diese Vermögensmehrung kommt „von außen" und liegt nicht in einer bloßen Wertsteigerung eines bereits vorhandenen Vermögens.[12] Bei vergünstigten Monatsbeiträgen für ein

1 BFH v. 16.5.2013 – VI R 94/10, BStBl. II 2015, 186 = FR 2013, 1094 m. Anm. *Bergkemper*; Änderung der Rspr. in BFH v. 25.5.1992 – VI R 91/89, BStBl. II 1992, 856 = FR 1992, 630.
2 R 19.3 Abs. 2 Nr. 4 LStR; *Plenker*, DB 2015, 94; zu Tombolapreisen *Seifert*, DStZ 2016, 104.
3 FG BaWü v. 5.5.2015 – 6 K 115/13, EFG 2015, 2167 (rkr.).
4 BFH v. 13.7.2016 – VIII R 26/14, BStBl. II 2017, 161 = FR 2017, 1017.
5 BFH v. 20.1.2016 – VI R 24/15, BStBl. II 2016, 744 = FR 2016, 997.
6 BVerfG v. 10.10.2012 – 1 BvL 6/07, BVerfGE 132, 302 (331).
7 So – vereinfachend für das Zuflussprinzip, nicht den BV-Vergleich – BFH v. 8.10.1969 – I R 94/67, BStBl. II 1970, 44; v. 6.3.1974 – I R 203/72, BStBl. II 1974, 341.
8 BFH v. 18.9.2012 – VI R 90/10, BStBl. II 2013, 289 = FR 2013, 917; FG München v. 29.5.2017 – 12 K 930/14, NZA 2017, 1246 m. Anm. *Intemann* (rkr.) (Stock Options); für die Lohnsteuer: „wenn der Arbeitnehmer das Recht ausübt oder anderweitig verwertet", dort: auf einen Dritten überträgt (Aktienoptionen); FG Hbg. v. 5.4.2016 – 6 K 81/15, DStRE 2017, 395 (NZB VI B 42/16) (Verzicht gegen Entgelt als Verwertung); krit. *Thomas*, DStR 2015, 263.
9 BFH v. 30.6.2011 – VI R 37/09, BStBl. II 2011, 923 = FR 2011, 1173; v. 7.5.2014 – VI R 73/12, BFH/NV 2014, 1291; FG Hess. v. 16.11.2011 – 5 K 1794/06, EFG 2012, 1132 (rkr.); ausf. *Käshammer/Ramirez*, DStR 2014, 1419; *Peetz*, DStZ 2015, 346.
10 FG Sachs. v. 9.1.2018 – 3 K 511/17, EFG 2018, 1259 m. Anm. *Lutter* (rkr.).
11 *K/S/M*, § 8 Rn. A 19; *H/H/R*, § 8 Anm. 6.
12 BFH v. 14.1.2004 – IX R 54/99, BFH/NV 2004, 1088.

Fitnessstudio fließt der geldwerte Vorteil dem teilnehmenden ArbN daher monatlich zu, wenn kein darüber hinausgehender unentziehbarer Nutzungsanspr. besteht.[1] Kein StPfl. soll ein WG versteuern, das ihm nicht zugeflossen ist.[2] Die Werterhöhung eines Gesellschaftsanteils, über den der G'ter nicht frei verfügen kann, ist daher kein Zufluss iSd. § 8.[3] In diesem besonderen Realisationserfordernis ist der Zufluss Voraussetzung der Überschusseinkünfte. Eine Gutschrift in Büchern bewirkt einen Zufluss, wenn sie zum Ausdruck bringt, dass der Betrag dem Berechtigten nunmehr zur Verwendung bereitsteht[4] und dieser den Leistungserfolg v. sich aus herbeiführen kann.[5] Die Gutschrift in den Büchern eines Anlagebetrügers stellt daher keinen Zufluss dar, wenn jener kein leistungsfähiger und leistungswilliger Schuldner ist.[6] An der Leistungsfähigkeit fehlt es, wenn der Anleger eine Auszahlung verlangt, der Schuldner diese jedoch ablehnt und stattdessen abw. Zahlungsmodalitäten vorschlägt.[7] Hat ein beherrschender G'ter einen Anspr. gegen die beherrschte Ges., so steht ihm dieser Vermögensvorteil schon zur Verfügung, ist ihm zugeflossen, wenn er zwar noch nicht gutgeschrieben ist, der Anspr. aber eindeutig, unbestritten und fällig ist, der beherrschende G'ter es in der Hand hat, sich den Betrag auszahlen zu lassen.[8] Der **Rückfluss von WK** und die **Rückzahlung von Erstattungsbeiträgen** sind Einkünfte im Jahr des Rückflusses.[9]

23 Der Grundtatbestand des Zufließens ist **Voraussetzung für die zeitliche und persönliche Zurechnung**[10] der Güter. Der Zeitpunkt des Zuflusses ist prinzipiell Anknüpfungspunkt für die zeitliche Zuordnung der Einnahmen in dem steuererheblichen VZ. Auch die persönliche Zurechnung einer Einnahme bestimmt sich grds. nach dem Zufluss. Bei Leistungen durch Dritte (Rn. 25) oder an Dritte (Rn. 26) regelt der Tatbestand des Zufließens (Abs. 1) in seiner steuerjuristischen Eigenart, wen eine Güterbewegung zum StPfl. macht: Der Einnahmeerfolg ist demjenigen zuzurechnen, der die Erwerbsgrundlage des § 2 Abs. 1 S. 1 Nr. 4–7 mit Erfolg genutzt hat.

24 **2. Tatsächliche Entgegennahme.** Einnahmen sind nur zugeflossen, wenn der Empfänger das geldwerte Gut **tatsächlich entgegengenommen hat** (Rn. 20). Deswegen ist bei einer betrieblichen Verlosung unter ArbN nicht schon die Gewinnchance, sondern erst der Gewinn ein geldwertes Gut, das steuerbares Einkommen begründet.[11] Tatbestandsvoraussetzung ist, dass der StPfl. den ihm in einem Erwerbsrechtsverhältnis zugewendeten Vorteil – das geldwerte Gut – außerhalb der Erwerbssphäre nutzen kann, die Bediensteten einer Fluggesellschaft das Angebot v. Freiflügen oder verbilligten Flügen tatsächlich angenommen,[12] Bundesbahnbedienstete die Freikarte tatsächlich genutzt,[13] Bedienstete der Deutschen Bundespost Ferngespräche tatsächlich kostenlos geführt haben,[14] der ArbN den ihm verbilligt überlassenen Pkw auch tatsächlich genutzt,[15] der ArbN an der Belohnungsreise auch tatsächlich teilgenommen hat.[16]

1 FG Nds. v. 13.3.2018 – 14 K 204/16, EFG 2018, 942 m. Anm. *Wackerbeck* (Rev. VI R 14/18).
2 RFH v. 6.11.1939 – VI 231/38, RStBl. 1939, 1008; BFH v. 22.6.2006 – IV R 56/04, BStBl. II 2006, 838 = FR 2006, 1121 m. Anm. *Kempermann.*
3 BFH v. 23.9.2003 – IX R 81/00, HFR 2004, 648.
4 BFH v. 24.3.1993 – X R 55/91, BStBl. II 1993, 499; v. 3.2.3011 – VI R 4/10, BStBl. II 2014, 493 = FR 2011, 576 m. Anm. *Bergkemper*; FG Hess. v. 20.7.2015 – 6 K 2258/13, juris (rkr.) (Vorsorgekonto).
5 BFH v. 10.7.2001 – VIII R 35/00, BStBl. II 2001, 646 = FR 2001, 958; v. 3.2.3011 – VI R 4/10, BStBl. II 2014, 493 = FR 2011, 576 m. Anm. *Bergkemper.*
6 BFH v. 16.3.2010 – VIII R 4/07, BStBl. II 2014, 147 = FR 2010, 1095; v. 2.4.2014 – VIII R 38/13, BStBl. II 2014, 698 = FR 2015, 240; v. 11.2.2014 – VIII R 25/12, BStBl. II 2014, 461 = FR 2014, 702 (Schneeballsystem); v. 27.8.2014 – VIII R 41/13, BFH/NV 2015, 187; v. 2.12.2014 – VIII R 2/12, BStBl. II 2015, 333 = FR 2015, 952 = GmbHR 2015, 371; v. 29.8.2017 – VIII R 13/16, BFH/NV 2018, 189 (Corporation nach US-Recht); FG Köln v. 26.4.2013 – 10 V 209/13, DStZ 2013, 56 (rkr.); v. 10.4.2013 – 10 V 216/13, DStZ 2013, 568 (rkr.); FG München v. 11.8.2015 – 10 K 175/15, juris (rkr.); v. 27.10.2017 – 2 K 956/16, juris (rkr.); *Otte*, DStR 2014, 245.
7 BFH v. 11.2.2014 – VIII R 25/12, BStBl. II 2014, 461 = FR 2014, 702.
8 BFH v. 2.12.2014 – VIII R 2/12, BStBl. II 2015, 333 = FR 2015, 952 = GmbHR 2015, 371 mwN.
9 Zur Qualifikation der Rückflüsse als positive oder negative Einnahmen oder als zurückgezahlte (erstattete) WK und deren Bedeutung für § 9a vgl. oben Rn. 13, *H/H/R*, § 8 Anm. 33 und *Glenk* in Blümich, § 8 Rn. 55 f.
10 Zur persönlichen Zurechnung ausf. *Lademann*, § 8 Rn. 67 ff.
11 BFH v. 25.11.1993 – VI R 45/93, BStBl. II 1994, 254 = FR 1994, 224. Zur Behandlung v. Preisen bei betrieblichen Losveranstaltungen vgl. BFH, v. 2.9.2008 – X R 8/06, BStBl. II 2010, 548 = FR 2009, 391.
12 BFH v. 20.8.1965 – VI 54/64 U, BStBl. III 1966, 101; v. 9.3.1990 – VI R 48/87, BStBl. II 1990, 711 = FR 1990, 618.
13 BFH v. 25.9.1970 – VI R 85/68, BStBl. II 1971, 55; v. 9.3.1990 – VI R 48/87, BStBl. II 1990, 711 = FR 1990, 618; anders bei Jahresnetzkarten, vgl. BFH v. 12.4.2007 – VI R 89/04, BStBl. II 2007, 719.
14 BFH v. 22.10.1976 – VI R 26/74, BStBl. II 1977, 99; v. 9.3.1990 – VI R 48/87, BStBl. II 1990, 711 = FR 1990, 618.
15 BFH v. 2.2.1990 – VI R 15/86, BStBl. II 1990, 472 = FR 1990, 371; iRd. geldwerten Vorteils bei privater Nutzung des Dienstwagens reicht hingegen die Nutzungsmöglichkeit aus, vgl. BFH v. 21.3.2013 – VI R 31/10, BStBl. II 2013, 700 = FR 2013, 1039; v. 21.3.2013 – VI R 26/10, BFH/NV 2013, 1396; v. 21.3.2013 – VI R 49/11, BFH/NV 2013, 1399; Änderung der Rspr.
16 BFH v. 9.3.1990 – VI R 48/87, BStBl. II 1990, 711 = FR 1990, 618; ausf. dazu *Giloy*, NWB F. 6, 4315.

25 Einnahmen fließen durch Nutzung (§ 2 Rn. 55 ff.) der Erwerbsgrundlage (§ 2 Rn. 46 ff.), also innerhalb eines Erwerbsrechtsverhältnisses zw. ArbG und ArbN, Kapitalertragsschuldner und Gläubiger, Mieter und Vermieter, Rentenschuldner und Rentengläubiger zu. **Leistungen Dritter** sind Einnahmen „im Rahmen einer der Einkunftsarten des § 2 Abs. 1 S. 1 Nr. 4–7", wenn sie vom StPfl. durch Nutzung der Erwerbsgrundlage erzielt worden sind. Diese Voraussetzungen sind gegeben, wenn ein Dritter dem StPfl. eingeschränkte Nutzungsmöglichkeiten, zB bei VuV eine Mietpreisbindung oder ein Belegungsrecht, finanziell ausgleicht,[1] wenn der Dritte ähnlich einer Mietausfallversicherung oder Mieteinnahmegarantie entgangene oder entgehende Einnahmen aus VuV ersetzt,[2] bei Zahlung eines Mietzuschusses, bei dem ungewiss ist, ob und wann er zurückgezahlt wird,[3] und bei einem Darlehen, bei dem ungewiss ist, ob und wann es zurückgezahlt werden muss.[4] Eine Zuwendung an einen ArbN hat Entlohnungscharakter, ist Frucht seiner Arbeit, wenn der Vorteil zugewendet wird, um die Dienste des ArbN zu entlohnen (finaler Zusammenhang).[5] Nicht erforderlich ist ein Leistungsaustausch zw. ArbN und dem Dritten.[6] Ein bloß ursächlicher Zusammenhang zw. Leistung und Dienstverhältnis (kausaler Zusammenhang) genügt hingegen nicht.[7] Die Ehrenmitgliedschaft in einem Golfclub ist Arbeitslohn oder – in einem Gesellschaftsverhältnis – vGA, wenn diese Zuwendung eine Direktzuwendung des ArbG oder der Ges. ist, der Golfclub also lediglich als „Zahlstelle" fungiert.[8] Trinkgelder fließen iRd. § 2 Abs. 1 S. 1 Nr. 4 v. Dritten zu, sind aber ausdrücklich befreit (§ 3 Rn. 132 f.). Bei Leistungen Dritter iRv. Kundenbindungsprogrammen, zB Vielfliegerprogrammen v. Fluggesellschaften, kann der Dritte die auf diese Leistung entfallende ESt in Form einer pauschalen Steuer übernehmen (§ 37a).[9] StPfl. Leistungen eines Dritten liegen auch dann vor, wenn der ArbG ein wirtschaftl. oder tatsächlich verflochtenes (Konzern-)Unternehmen dazu veranlasst, an seine ArbN eine verbilligte Leistung auszureichen,[10] oder wenn der ArbN bei einer v. einem mit dem ArbG wirtschaftl. verflochtenen Dritten veranstalteten Lotterie etwas gewinnt.[11] Auch der verbilligte Erwerb einer GmbH-Beteiligung vom G'ter des ArbG kann Arbeitslohn sein.[12] Haben die Leistungen Dritter hingegen nicht in der steuerbegründenden Erwerbsbeziehung, sondern in anderen Beziehungen ihren Grund, so wird das Einkommen nicht iRd. Erwerbsgrundlage erzielt.[13] Deswegen ist die Weiterleitung einer Versicherungsprovision, die eigentlich dem Versicherer zusteht, an den Versicherungsnehmer bei diesem keine stpfl. Einnahme.[14] Ebenso sind Belohnungen einer Berufsgenossenschaft an den ArbN für seine Verdienste bei der Unfallverhütung[15] oder Streik- und Aussperrungsunterstützungen durch die Gewerkschaft[16] nicht durch das steuerbegründende Erwerbsrechtsverhältnis veranlasst, sondern beruhen auf einer eigenen, unmittelbaren Beziehung zw. dem StPfl. und dem Dritten.[17] Ob der v. einem Dritten gewährte Vorteil vom StPfl. durch Nutzung seiner Erwerbsgrundlage erzielt worden ist, bestimmt sich insbes. nach dem Inhalt des Arbeitsrechtsverhältnisses.[18] Hat eine Versicherung den ArbN eines ArbG verbilligte Tarife eingeräumt, so kann dieser Vorteil darauf beruhen, dass der ArbG als Vermittler der Versicherungsverträge auf seinen Provisionsanspr. verzichtet und der Versicherung unentgeltlich seinen ArbN vermittelt hat. Der günstigere Tarif könnte dann als ein vom ArbG gewährter, deshalb nach Abs. 3 zu bewertender Vorteil verstanden werden, der in Grenzen des Abs. 3 S. 2 stfrei wäre. Ist der ArbG nicht Vermittler der

1 BFH v. 7.12.2010 – IX R 46/09, BStBl. II 2012, 310 = FR 2012, 877.
2 BFH v. 1.12.1992 – IX R 36/86, BFH/NV 1993, 472.
3 BFH v. 12.7.2016 – IX R 56/13, BStBl. II 2017, 253.
4 BFH v. 12.7.2016 – IX R 56/13, BStBl. II 2017, 253.
5 BFH v. 17.7.2014 – VI R 69/13, BStBl. II 2015, 41 = FR 2015, 293; *Barth*, DStR 2016, 2907.
6 FG Bremen v. 17.1.2017 – 1 K 111/16 (5), DStRE 2017, 1481 (rkr.).
7 BFH v. 28.2.2013 – VI R 58/11, BStBl. II 2013, 642; v. 17.7.2014 – VI R 69/13, BStBl. II 2015, 41 = FR 2015, 293.
8 BFH v. 17.7.2014 – VI R 69/13, BStBl. II 2015, 41 = FR 2015, 293.
9 *Lühn*, BB 2007, 2713; *Haupt*, DStR 2017, 2526.
10 BFH v. 12.4.2007 – VI R 36/04, BFH/NV 2007, 1851; v. 10.5.2006 – IX R 110/00, BFH/NV 2006, 2048; FG Hess. v. 20.7.2015 – 6 K 2258/13, juris (rkr.).
11 BFH v. 2.9.2008 – X R 25/07, BStBl. II 2010, 550 = FR 2009, 389 (Wettbewerbsauslosung eines Lieferanten); FG Münster v. 26.3.2002 – 15 K 3309/99 E, EFG 2005, 687 (rkr.) (Goldverlosung eines Reifenherstellers).
12 BFH v. 1.9.2016 – VI R 67/14, BStBl. II 2017, 69 = FR 2017, 338; v. 15.3.2018 – VI R 8/16, BStBl. II 2018, 550.
13 Vgl. BFH v. 10.4.2014 – VI R 62/11, BStBl. II 2015, 191 = FR 2015, 337 (auch für Dritte übliche Rabatte); ausf. *Strohner*, DB 2015, 580.
14 BFH v. 2.3.2004 – IX R 62/02, BFH/NV 2004, 952.
15 BFH v. 22.2.1963 – VI 165/61 U, BStBl. III 1963, 306.
16 BFH v. 24.10.1990 – X R 161/88, BStBl. II 1991, 337 = FR 1991, 52; v. 24.10.1997 – VI R 23/94, BStBl. II 1999, 323 = FR 1998, 107.
17 BFH v. 24.10.1990 – X R 161/88, BStBl. II 1991, 337 = FR 1991, 52; v. 24.10.1997 – VI R 23/94, BStBl. II 1999, 323 = FR 1998, 107.
18 ZB bei Versicherungsleistungen an ArbN, BFH v. 30.5.2001 – VI R 123/00, BStBl. II 2002, 230 = FR 2001, 1061; dazu umfassend *Lang*, StuW 2004, 227; BFH v. 28.2.2013 – VI R 58/11, BStBl. II 2013, 642 = FR 2013, 914.

Versicherung, muss er den Versicherungsvorteil dennoch selbst dem LSt-Abzug unterwerfen, wenn der Dritte – die Versicherung – lediglich als Leistungsmittler fungiert, der Dritte also im Auftrag des ArbG leistet (sog. unechte Lohnzahlung eines Dritten).[1] Ist die Vorteilsgewährung eine echte Lohnzahlung eines Dritten, so ist der ArbG nur unter den Voraussetzungen des § 38 Abs. 1 S. 3 zur Einbehaltung der LSt verpflichtet; Voraussetzung ist insbes., dass der verbilligte Tarif als Frucht der Arbeitsleistung zu beurteilen ist,[2] üblicherweise v. einem Dritten gezahlt wird und – zur Wahrung des Verhältnismäßigkeitsprinzips ggü. dem ArbG – dieser v. der Lohnzahlung und ihrer Höhe Kenntnis hat, weil er in den Zahlungsvorgang eingeschaltet ist oder seine ArbN ihn unterrichtet haben.[3]

Leistungen an Dritte, zB die Bewirtung v. Angehörigen des ArbN durch den ArbG bei einer Betriebsveranstaltung,[4] sind ebenfalls Einnahmen, die durch Nutzung der Erwerbsgrundlage zugeflossen sind, wenn sie im Hinblick auf diese Erwerbstätigkeit erbracht werden.[5] Werden Leistungen iRd. Erwerbsrechtsverhältnisses an einen Dritten erbracht, um dem Erwerbenden ein geldwertes Gut zuzuwenden, zahlt zB der ArbG Prämien für Versicherungen des ArbN, der einen eigenen Anspr. gegen den Versicherer erwirbt, so begründen diese Leistungen bei dem ArbN einen Einkommenszufluss.[6] Das Versicherungsverhältnis selber betrifft dagegen allein die private Vermögenssphäre des ArbN, sodass keine negativen Einkünfte vorliegen, wenn der Anspr. aus der Versicherung sich als nicht werthaltig erweist.[7] Kann der StPfl. nicht über Leistungen oder Geldbeträge verfügen, fehlt es auch dann an einer Einnahme, wenn dem Leistenden bereits Aufwand entstanden ist. Deshalb führt die Zusage einer Altersversorgung nicht zu einer Einnahme.[8] Die Einzahlung auf ein treuhänderisches Vorsorgekonto begründet aber schon Arbeitslohn, selbst wenn die Auszahlung noch aufschiebend bedingt ist.[9] Bei Arbeitszeitkonten, die dem ArbN eine spätere Freistellung v. der Arbeitsleistung ermöglichen sollen, liegt in der Zeitgutschrift keine Einnahme. Erst wenn der ArbN die Zeitgutschrift in eine Lohnauszahlung umwandeln lässt, ist Lohn zugeflossen.[10] 26

III. Im Rahmen einer der Einkunftsarten des § 2 Abs. 1 Nr. 4–7. Der **Erfolgstatbestand** (§ 2 Rn. 9, 85 ff.) der Einnahmen iSd. § 8 setzt voraus, dass die Einnahme durch Nutzung (§ 2 Rn. 8, 55 ff.) der Erwerbsgrundlagen (§ 2 Rn. 7, 47 ff.) erzielt worden ist. Mit der ESt nimmt der Staat am Erfolg individueller Marktteilhabe durch Nutzung der dem Markt gewidmeten Erwerbsgrundlage teil; die Steuer rechtfertigt sich aus den durch diese Rechtsgemeinschaft bereitgestellten Erwerbsmöglichkeiten (§ 2 Rn. 5). Abs. 1 definiert deshalb den Ausgangstatbestand der Erwerbseinnahmen, deren Besteuerung nach § 2 gerechtfertigt ist. 27

Der Verweis des Abs. 1 auf den § 2 Abs. 1 Nr. 4–7 macht diesen Besteuerungsgrund bewusst und hat rechtssystematisch eine **dreifache Funktion:** Zunächst begrenzt er die Verbindlichkeit des Abs. 1 auf die **Überschusseinkünfte:** Der Zufluss v. Einnahmen, der einerseits die bloße Forderung noch nicht als steuerbegründend anerkennt (Rn. 5 ff.), andererseits bereits den empfangenen Nutzungsvorteil belastet (Rn. 18), gilt nur für die Einkunftsarten, die nicht einen Gewinn durch Vermögensvergleich ermitteln, sondern das Entgelt für eine Arbeitsleistung (§ 19) oder die Nutzung des PV (§ 20, § 21 und § 22) belasten, bei der nicht durch Handel und Verarbeitung eines WG Einkommen erzielt wird. Lediglich die Ausnahmetatbestände der §§ 20 Abs. 2, 22 Nr. 2, 23 besteuern den Erlös aus der Veräußerung eines Gutes, sind 28

1 BFH v. 4.6.1993 – VI R 95/92, BStBl. II 1993, 687 = FR 1993, 604; v. 30.5.2001 – VI R 123/00, BStBl. II 2002, 230 = FR 2001, 1061; dazu umfassend *Lang*, StuW 2004, 227.
2 BFH v. 23.10.1992 – VI R 62/88, BStBl. II 1993, 117 = FR 1993, 132; v. 22.10.1996 – III R 240/94, BStBl. II 1997, 346 = FR 1997, 227; v. 30.5.2001 – VI R 123/00, BStBl. II 2002, 230 = FR 2001, 1061.
3 BFH v. 30.5.2001 – VI R 123/00, BStBl. II 2002, 230 = FR 2001, 1061; einschr. BFH v. 18.10.2012 – VI R 64/11, BStBl. II 2015, 184 = FR 2013, 380; § 38 Rn. 17.
4 BFH v. 23.2.1979 – VI R 74/76, BStBl. II 1979, 390 (392); v. 25.5.1992 – VI R 85/90, BStBl. II 1992, 655 (657 ff.) = FR 1992, 550; vgl. aber Rn. 19 aE.
5 BFH v. 23.2.1979 – VI R 74/76, BStBl. II 1979, 390 (392); v. 27.10.2004 – VI R 51/03, BStBl. II 2005, 137 = FR 2005, 209; s. auch BFH v. 14.7.2004 – I R 57/03, BStBl. II 2011, 285 = FR 2004, 1277; FG Münster v. 21.9.2016 – 7 K 990/12 E, EFG 2016, 1852 (Rev. VI R 37/16) (Darlehen an Ehegatten).
6 BFH v. 7.5.2009 – VI R 8/07, BStBl. II 2010, 194 = FR 2009, 958; v. 5.7.2007 – VI R 47/02, BFH/NV 2007, 1876; v. 25.4.2006 – X R 9/04, BFH/NV 2006, 1645; v. 19.2.1993 – VI R 42/92, BStBl. II 1993, 519 (520) = FR 1993, 544.
7 BFH v. 7.5.2009 – VI R 5/08, BStBl. II 2010, 133 = FR 2009, 1153.
8 Vgl. aber BFH v. 25.4.2006 – X R 9/04, BFH/NV 2006, 1645 (Zahlungen einer Rundfunkanstalt an eine Pensionskasse für freie Mitarbeiter); *Bergkemper*, Beil. 2 zu DB 8/2016, 1.
9 FG Hess. v. 20.7.2015 – 6 K 2258/13, juris (rkr.).
10 BFH v. 22.2.2018 – VI R 17/16, BFH/NV 2018, 768 = FR 2018, 804 m. Anm. *Kanzler*; FG BaWü. v. 22.6.2017 – 12 K 1044/15, EFG 2017, 1585 (Rev. VI R 39/17) (kein Zufluss bei Übertragung v. Zeitwertkonto-Guthaben auf neuen ArbG); *Peiter/Westphal*, BB 2011, 1781; einschr. BMF v. 17.6.2009, BStBl. I 2009, 1286; anders bei G'ter-Geschäftsführern: BFH v. 21.10.1981 – I R 230/78, BStBl. II 1982, 139 = FR 1982, 123; **aA** *Graefe*, DStR 2017, 2199.

aber als privates Veräußerungsgeschäft den Überschusseinkünften zugeordnet worden, wie § 17 umgekehrt die betrieblich geprägten privaten Veräußerungsgeschäfte der Gewinnermittlung zurechnet.

29 Sodann schafft Abs. 1 die **Besteuerungsgrundlage**, die bei der Regelung einzelner Einkunftsarten nur unzulänglich formuliert ist. Wenn § 19 Abs. 1 S. 1 die Einkünfte aus nichtselbständiger Arbeit nur exemplarisch skizziert („zu den Einkünften … gehören"), § 20 Abs. 1 und Abs. 2 die gleiche Regelungstechnik verwendet, §§ 21 und 22 Nr. 3 auf eine Legaldefinition oder exemplarische Erläuterung der gemeinten Einkünfte gänzlich verzichten, genügen diese steuerbegründenden Tatbestände dem Erfordernis des Gesetzesvorbehalts nur, weil der stl. Belastungsgrund bereits in § 2 Abs. 1 und 2 und § 8 definiert worden ist. Der Verweis auf den „Rahmen einer der Einkunftsarten des § 2 Abs. 1 S. 1 Nr. 4–7" bestimmt also den ausfüllungsbedürftigen Rahmen, in dem Abs. 1 selber wesentliche Vorgaben regelt.

30 Abs. 1 verdeutlicht schließlich den **Zusammenhang zw. Erwerbsgrundlage, Nutzungshandlung und Nutzungserfolg**. Während bei den Gewinneinkunftsarten die betriebliche Erwerbsgrundlage (der landwirtschaftl. Betrieb, der GewBetr., die Praxiseinrichtung der freiberuflichen Tätigkeit) einen sachlich-gegenständlichen Ausgangspunkt für die Nutzungshandlung und den Nutzungserfolg, für Betriebserfolg und Aufwand bereithält, ist die Nutzungshandlung bei den Überschusseinkünften nicht in einem betrieblichen Erwerbsorganismus gebunden und braucht deshalb eine verdeutlichende Zuordnungsregel. Abs. 1 besagt, dass der Erwerbserfolg – das Zufließen eines Gutes in Geld oder Geldeswert – nur dann eine Steuerschuld begründet, wenn das Gut aus der Nutzung einer Erwerbsgrundlage hervorgegangen, „Frucht seiner Arbeit"[1] oder des genutzten (Privat-)Vermögens ist, der **Zufluss also in der Erwerbsgrundlage seine Quelle und in der Nutzungshandlung seinen Anlass findet**.[2] Die Einnahme ist daher immer Gegenleistung für die sie erzielende Nutzungshandlung. Arbeitslohn ist die Gegenleistung für den Einsatz der Arbeitskraft. Zinsen und Dividenden sind die Gegenleistung für die Überlassung v. Kapital. Mieten und Pachten sind die Gegenleistung für die Überlassung v. unbeweglichem Vermögen oder Rechten. Diese Zuordnung der Einnahmen zu der Erwerbsgrundlage und deren Nutzung ist präziser als das Veranlassungsprinzip, der wirtschaftl. Zusammenhang mit einer bestimmten Einkunftsart.[3] Nicht iRd. § 2 Abs. 1 S. 1 Nr. 4–7 zugeflossen sind deshalb die Güter in Geld oder Geldeswert, die dem Empfänger außerhalb eines Erwerbsrechtsverhältnisses zugewendet, zB vom ArbG dem ArbN aus persönlichen Gründen – bei einem privaten Besuch, als Geschenk für das Kind des ArbN anlässlich eines Festes – geschenkt werden. Anders als die Entschädigung für den Verzicht auf Weiterbeschäftigung führt der Schadensersatz wg. schuldhafter Verletzung von ArbG-Pflichten zu keinem Lohnzufluss.[4] Bei der Verleihung von Preisgeldern kommt es darauf an, ob die Prämierung in erster Linie für die Beschäftigung gewährt wird oder als Auszeichnung ohne wirtschaftl. Anreiz für die geehrte Pers. gedacht ist.[5] Bietet ein drittes Unternehmen ArbN ein „Mitarbeiter-Vorteilsprogramm" an, so ist der gewährte Rabatt nur ausnahmsweise Arbeitslohn, nämlich dann, wenn sich die Zuwendung als durch den Dritten vermittelter Arbeitslohn des ArbG darstellt, der ArbG zB einen ihm zustehenden Vorteil im abgekürzten Zahlungswege als Arbeitsentgelt an seine Mitarbeiter weitergibt. Kein Arbeitslohn liegt idR bei einem überwiegend eigenwirtschaftl. Interesse des Dritten vor.[6] Beschränkt sich der ArbG darauf, Angebote Dritter in seinem Betrieb bekannt zu machen, zu dulden oder nur die Betriebszugehörigkeit der ArbN zu bescheinigen, so bleibt die Vorteilsgewähr außerhalb des Arbeitsrechtsverhältnisses.[7] Vom Betriebs- oder Personalrat vermittelte Rabatte sind dem ArbG nicht zuzurechnen.[8] Gewinne aus der Veräußerung von PV sind nur steuerbar, wenn es sich um Veräußerungsgeschäfte nach § 23, § 20 Abs. 2 oder Anteilsveräußerungen nach § 17 handelt.

---

1 BFH v. 18.10.2012 – VI R 64/11, BStBl. II 2015, 184 = FR 2013, 380 m. Anm. *Kanzler*.

2 Vgl. auch BFH v. 14.12.1999 – IX R 69/98, BStBl. II 2000, 197 = FR 2000, 459 m. Anm. *Fischer*.

3 Dazu BFH v. 18.9.2007 – IX R 42/05, BStBl. II 2008, 26 = FR 2008, 185; *H/H/R*, § 8 Anm. 44; *Glenk* in Blümich, § 8 Rn. 39f.

4 BFH v. 25.4.2018 – VI R 34/16, BStBl. II 2018, 600; FG München v. 8.12.2016 – 11 K 763/15, juris (rkr.); *Schmidt*[37], § 8 Rn. 8.

5 BFH v. 23.4.2009 – VI R 39/08, BStBl. II 2009, 668 = FR 2009, 963 (Nachwuchspreis für Supermarktleiter); FG SchlHol. v. 15.3.2000 – I 210/95, EFG 2000, 787 (rkr.) (Förderpreis für Habilitation); FG Köln v. 12.6.2013 – 4 K 759/10, EFG 2013, 1405 (rkr.) m. Anm. *Wagner* (Preisgeld eines Ideenwettbewerbs im öffentl. Dienst); FG Nürnb. v. 25.2.2014 – 1 K 1718/12, EFG 2014, 1187 (rkr.) (Forschungspreis für angestellten Arzt); *Krumm*, FR 2015, 639; vgl. § 10b Rn. 15.

6 BFH v. 18.10.2012 – VI R 64/11, BStBl. II 2015, 184 = FR 2013, 380; FG Düss. v. 21.12.2016 – 5 K 2504/14 E, NWB 2017, 984 m. Anm. *Stohner* (rkr.); BMF v. 20.1.2015, BStBl. I 2015, 143 Rn. 1; *Strohner*, DB 2015, 580; *Wengerofsky*, DStR 2015, 806; einschr. *Wolf*, DStR 2015, 1727.

7 BFH v. 18.10.2012 – VI R 64/11, BStBl. II 2015, 184 = FR 2013, 380 m. Anm. *Kanzler* (Apothekenartikel); v. 5.7.2012 – VI R 11/11, BStBl. II 2013, 190 (Zukunftssicherungsleistungen als Arbeitslohn); BMF v. 20.1.2015, BStBl. I 2015, 143 Rn. 4.

8 BMF v. 20.1.2015, BStBl. I 2015, 143 Rn. 6.

C. Bewertung von Sachbezügen (Abs. 2)

I. Bewertungsmaßstäbe. Abs. 2 quantifiziert die steuerbaren Einnahmen (Abs. 1) in ihrem Wert, soweit sich nicht der Wert bereits daraus ergibt, dass Güter in Geld bestehen. Abs. 2 S. 1 benennt die Einnahmen, die nicht in Geld bestehen: Wohnung, Kost, Waren, Dienstleistungen und sonstige Sachbezüge, und sieht für diese zu Einnahmen führenden Vorteile als Bewertungsmaßstab grds. die um übliche Preisnachlässe geminderten Endpreise am Abgabeort vor. Ob Barlöhne oder Sachbezüge vorliegen, bestimmt sich nach der arbeitsvertraglichen Vereinbarung über das, was der ArbN vom ArbG verlangen kann.[1] Wie der ArbG den Anspr. tatsächlich erfüllt, ist unerheblich. Werden dem ArbN lediglich Gutscheine – Geschenkgutscheine[2], Tankgutscheine[3] – zum Bezug einer von ihm auszuwählenden Sach- oder Dienstleistung überlassen, so ist dieses Recht ein nicht in Geld bestehender Vorteil, ein Sachbezug.[4] Der Grundsatz der Bewertung nach Abs. 2 S. 1 wird durch zahlreiche Sonderregeln durchbrochen. So bewertet Abs. 2 S. 2–5 die Einnahmen, die in der privaten Nutzung eines betrieblichen Kfz. liegen, mit einem Kfz.-Listenpreis, hilfsweise mit den anteiligen Kfz.-Aufwendungen. Abs. 2 S. 6–10 verweist für bestimmte Sachbezüge der ArbN auf die SozVers.-Entgeltverordnung, die Werte in einer ggü. dem Marktwert häufig niedrigeren Höhe vorgibt. Abs. 2 S. 11 gewährt eine Freigrenze für die nach S. 1 zu bewertenden Sachbezüge iHv. 44 Euro pro Kalendermonat.[5] Daneben enthält Abs. 3 Sondervorschriften für Personalrabatte (Rn. 47 ff.). § 37b pauschaliert die Steuer bei betrieblichen Sonderzuwendungen und Geschenken.[6] Für die Unterscheidung zw. Betriebsveranstaltungen im Interesse der ArbG und dem Entgelten von ArbN-Leistungen hat § 19 Abs. 1 S. 1 Nr. 1a den Tatbestand und die Bewertung in einem Freibetrag von 110 Euro vereinfachend typisiert (Rn. 19). 31

II. Sachlicher und persönlicher Geltungsbereich. Abs. 2 S. 1 **gilt für Einnahmen iSd. Abs. 1**, die nicht in Geld bestehen,[7] bewertet also nur die Einnahmen, die allen Voraussetzungen des Abs. 1 genügen.[8] Anders als die Bewertungsvorschrift des § 6, die nicht an den Begriff der BE, sondern an das WG anknüpft, trifft Abs. 2 S. 1 eine Bewertungsregel nur für die Sachbezüge, die als Güter in Geldeswert aus einer Überschusseinkunftsart zugeflossen sind. Allerdings hebt der einheitliche Tatbestand v. Erwerbsgrundlage, Nutzungshandlung und Erfolgstatbestand (§ 2 Rn. 7) diese tatbestandlichen Differenzierungen iErg. auf.[9] Die Bewertung fordert eine Schätzung, deren Grundsätze nach Abs. 2 dem TW des § 6 Abs. 1 Nr. 1 S. 3 und dem gemeinen Wert des § 9 Abs. 2 BewG entsprechen.[10] 32

Die Bewertung nach Abs. 2 regelt die **StPfl. des Empfängers** der Einnahme, nicht einen etwaigen Abzug beim Geber als BA oder WK und auch nicht AK des Empfängers. Legt ein StPfl. den beim Ausscheiden aus einem Dienstverhältnis v. seinem früheren ArbG verbilligt erworbenen Pkw in einen neu eröffneten eigenen Betrieb ein, so anerkennt der BFH den nach Abs. 1 und Abs. 2 S. 1 ermittelten geldwerten Vorteil nicht als AK.[11] Aufwendungen für die Anschaffung eines WG setzten eine Vermögensbelastung voraus, die bei einem Sachbezug nicht vorliege, soweit die Sachleistung nicht auf vermögenswerte andere Anspr. des Leistungsempfängers angerechnet werde. Die durch den Sachbezugswert erhöhten AK sind deshalb nur bei einem Nachweis eines entspr. Verzichts auf einen ansonsten zustehenden Arbeitslohn anzuerken- 33

---

1 BFH v. 11.11.2010 – VI R 27/09, BStBl. II 2011, 386 = FR 2011, 383; ausf. *Koller/Renn*, DStR 2011, 555.

2 BFH v. 11.11.2010 – VI R 21/09, BStBl. II 2011, 383 = FR 2011, 380.

3 BFH v. 11.11.2010 – VI R 27/09, BStBl. II 2011, 386 = FR 2011, 383; v. 11.11.2010 – VI R 41/10, BStBl. II 2011, 389 = FR 2011, 385 m. Anm. *Albert*; FG Nds. v. 18.2.2015 – 9 K 64/13, EFG 2015, 1257 (rkr.); FG Sachs. v. 9.1.2018 – 3 K 511/17, EFG 2018, 1259 m. Anm. *Lutter* (rkr.).

4 BFH v. 11.11.2010 – VI R 27/09, BStBl. II 2011, 386 = FR 2011, 383; v. 11.11.2010 – VI R 41/10, BStBl. II 2011, 389 = FR 2011, 385 m. Anm. *Albert*.

5 Absenkung v. früher 50 Euro durch das HBeglG 2004 (BGBl. I 2003, 3076); Betrag bestätigt durch G v. 5.4.2011, BGBl. I 2011, 554, nachdem BVerfG v. 8.12.2009 – BvR 758/07, BVerfGE 125, 104, das HBeglG 2004 für formell verfassungswidrig erklärt hat.

6 Ausf. BMF v. 19.5.2015, DStR 2015, 1184; *Mohr*, DStZ 2015, 587; *Grasmück*, SteuK 2015, 365; *Haupt*, DStR 2017, 2526.

7 BFH v. 27.10.2004 – VI R 51/03, BStBl. II 2005, 137 (139) = FR 2005, 209: Die Erstattung des ArbG v. Beiträgen für Sportverein und Fitnessstudio an ArbN ist zweckgebundene Geldleistung, kein Sachbezug; anders die verbilligte Mitgliedschaft aufgrund eines Firmenfitnessvertrags FG Bremen v. 23.3.2011 – 1 K 150/09, DStRE 2012, 144 (rkr.); FG Nds. v. 13.3.2018 – 14 K 204/16, EFG 2018, 942 m. Anm. *Wackerbeck* (Rev. VI R 14/18); dazu auch *Grasmück*, SteuK 2011, 475; für eine Steuerfreiheit nach § 3 Nr. 34 aber *Kuhn*, BB 2016, 1951.

8 *K/S/M*, § 8 Rn. C 7; *H/H/R*, § 8 Anm. 55; zur Lohnsteueroptimierung durch „Flucht in den Sachlohn" vgl. aber BFH v. 11.11.2010 – VI R 27/09, BStBl. II 2011, 386 = FR 2011, 383; FG Sachs. v. 9.1.2018 – 3 K 511/17, EFG 2018, 1259 m. Anm. *Lutter* (rkr.) (Tankgutschein als Sachbezug).

9 So iErg. auch BFH v. 29.11.1960 – I 117/60 S, BStBl. III 1961, 183 f.; v. 28.3.1974 – IV R 172/71, BStBl. II 1975, 9 (10 f.); v. 22.7.1988 – III R 175/85, BStBl. II 1988, 995 (996) = FR 1989, 105.

10 BFH v. 22.7.1988 – III R 175/85, BStBl. II 1988, 995 = FR 1989, 105 für den TW; *Glenk* in Blümich, § 8 Rn. 71.

11 BFH v. 9.11.2000 – IV R 45/99, BStBl. II 2001, 190 (191) = FR 2001, 305.

nen. Die Typisierungen und Pauschalierungen des Abs. 2 und 3 entfalten nur begrenzt die Kraft konstitutiver Vereinfachung.

34 **III. Geminderter üblicher Endpreis am Abgabeort (Abs. 2 S. 1).** Grds. werden Sachbezüge einzeln mit dem üblichen Endpreis am Abgabeort bewertet.[1] **Endpreis** ist der **günstigste Einzelhandelspreis**, der einschl. der USt und sonstiger Preisbestandteile im allg. Geschäftsverkehr **vom Letztverbraucher** in der Mehrzahl der Verkaufsfälle am Abgabeort für gleichartige Waren oder Dienstleistungen tatsächlich gezahlt wird.[2] Er kann den Preislisten,[3] dem Mietspiegel[4] (einschl. umlagefähiger Nebenkosten[5]), Katalogen, Preisauszeichnungen, Preisschildern, Preisaufdrucken, den Börsenkursen[6] und einer Preisbindung entnommen werden. Maßgeblich ist der günstigste Preis, zu dem die Umsätze am Markt getätigt werden.[7] Preisnachlässe, die auch im normalen Geschäftsverkehr erzielt werden können, gehören nicht zu den stpfl. Einkünften.[8] Soweit Preisnachlässe auch im normalen Geschäftsverkehr unter fremden Dritten erzielt werden können, sind diese Rabatte, wenn sie auch ArbN eingeräumt, nicht als Vorteil „für" deren Beschäftigung gewährt werden.[9] Sie sind nicht durch Nutzung einer Erwerbsgrundlage erzielt, sondern Ergebnis allg. Konsumentennachfrage.[10] Bei der Überlassung von Jobtickets[11] ist der Marktpreis der vergleichbaren Monats- oder Jahreskarte anzusetzen und nicht der Betrag, den der ArbG anteilig für die Teilnahme am Jobticketprogramm trägt.[12] Werden Waren – zB „Jahreswagen" – aufgrund eines Dienstverhältnisses verbilligt überlassen, so treffen ArbG und ArbN eine besondere Preisabsprache. Der Vorteil der Verbilligung wird „für" die Erwerbstätigkeit des ArbN gewährt, ist durch das Arbeitsrechtsverhältnis veranlasst.[13] Bei der Veräußerung gebrauchter Firmenfahrzeuge an ArbN bestimmt sich der Endpreis als Händlerverkaufspreis unter Berücksichtigung sowohl des gewerblichen als auch des privaten Gebrauchtwagenmarktes.[14] Tatbestandsmerkmal ist der „übliche" Endpreis, sodass es auf den persönlichen Nutzen für den Empfänger nicht ankommt.[15] Auch die subj. Vorstellungen des ArbG sind unerheblich. Gehen ArbG und ArbN etwa bei einem Verkauf unter Preis v. einem zu niedrigen Grundstückswert aus, ist für den geldwerten Vorteil der richtige (höhere) Wert anzusetzen. Werden Leistungen weitergegeben, die der ArbG v. Dritten bezieht (zB Reisen bei Reisebüro), ist der Preisnachlass, den der ArbG vom Dritten erhält, nicht zu berücksichtigen. Überlässt die Deutsche Bahn ihren Mitarbeitern eine Netzkarte, können die privaten und dienstlichen Fahrten nicht, wie beim Kfz. (Rn. 41), in einem Fahrtenbuch aufgezeichnet werden; die FinVerw.[16] empfiehlt, v. dem nach § 8 maßgeblichem Wert (Rn. 38) den Betrag abzuziehen, der für die nachgewiesenen oder glaubhaft gemachten Fahrten zw. Wohnung und Tätigkeitsstätte und Dienstfahrten nach den jeweils günstigsten Preisen anzusetzen wäre. Bei allein für private Zwecke überlassenen Netzkarten bemisst sich der geldwerte Vorteil nicht nach den tatsächlich in Anspr. genommenen Fahrten, sondern nach dem Wert der Netzkarte.[17]

1 BFH v. 4.6.1993 – VI R 95/92, BStBl. II 1993, 687 (690 f.) = FR 1993, 604; v. 11.5.2011 – VI R 65/09, BStBl. II 2011, 946 = FR 2012, 85.
2 BFH v. 6.6.2018 – VI R 32/16, BStBl. II 2018, 764; R 8.1 Abs. 2 S. 1 und 2 LStR.
3 § 1 PAngV v. 18.10.2002, BStBl. I 2002, 4197; bei verbilligter Veräußerung gebrauchter Kfz. zB die Schwacke-Liste, BFH v. 17.6.2005 – VI R 84/04, BStBl. II 2005, 795 (796 f.) = FR 2005, 1163 m. Anm. *Bergkemper*; v. 23.1.2007 – VI B 115/06, BFH/NV 2007, 889.
4 BFH v. 24.7.2008 – VI B 7/08, BFH/NV 2008, 1838; v. 17.8.2005 – IX R 10/05, BStBl. II 2006, 71 = FR 2006, 191; anders bei G'ter-Geschäftsführern: FG Berlin-Bdbg. v. 24.4.2017 – 10 V 1044/17, EFG 2017, 1087 m. Anm. *Tiedchen* (Kostenmiete).
5 BFH v. 11.5.2011 – VI R 65/09, BStBl. II 2011, 946 = FR 2012, 85.
6 BFH v. 23.6.2005 – VI R 124/99, BStBl. II 2005, 766 (776), m. Anm. *Ackert*, BB 2005, 1778 = FR 2005, 1045 m. Anm. *Bergkemper*.
7 BFH v. 12.4.2007 – VI R 36/04, BFH/NV 2007, 1851; v. 17.8.2005 – IX R 10/05, BStBl. II 2006, 71 (72) = FR 2006, 191; BMF v. 16.5.2013, BStBl. I 2013, 729; *Lohse/Zanzinger*, DStR 2013, 1105 (1106).
8 BFH v. 26.7.2012 – VI R 30/09, BStBl. II 2013, 400 = FR 2013, 180 m. Anm. *Bergkemper*; v. 26.7.2012 – VI R 27/11, BStBl. II 2013, 402 = FR 2013, 332 m. Anm. *Bergkemper*.
9 BFH v. 26.7.2012 – VI R 27/11, BStBl. II 2013, 402 = FR 2013, 332 m. Anm. *Bergkemper*.
10 Vgl. zum Ergebnis: BFH v. 2.2.1990 – VI R 15/86, BStBl. II 1990, 472 = FR 1990, 371; v. 17.6.2009 – VI R 18/07, BStBl. II 2010, 67 = FR 2010, 92.
11 Vgl. aber § 3 Nr. 15 (stfreie Zuschüsse zum ÖPNV für Fahrten zw. Wohnung und erster Tätigkeitsstätte).
12 LfSt RhPf. v. 29.6.2016 – S 2334 A-St 42 3, juris.
13 BFH v. 7.6.2009 – VI R 18/07, BStBl. II 2010, 67; v. 26.7.2012 – VI R 27/11, BStBl. II 2013, 402 = FR 2013, 332 m. Anm. *Bergkemper*.
14 BFH v. 17.6.2005 – VI R 84/04, BStBl. II 2005, 795 (797) = FR 2005, 1163 m. Anm. *Bergkemper*; v. 23.1.2007 – VI B 115/06, BFH/NV 2007, 889.
15 BFH v. 22.7.1988 – III R 175/85, BStBl. II 1988, 995 (999) = FR 1989, 105; v. 30.5.2001 – VI R 123/00, BStBl. II 2002, 230 = FR 2001, 1061.
16 FinMin. Hess. v. 25.2.2002, DStR 2002, 454.
17 BFH v. 12.4.2007 – VI R 89/04, BStBl. II 2007, 719 = FR 2007, 1031 m. Anm. *Bergkemper*; zur tatsächlichen Entgegennahme vgl. Rn. 24.

Gewährt der ArbG dem ArbN Sachbezüge, die er auch fremden Letztverbrauchern anbietet, so ist sein **eigener Endpreis** maßgeblich. Auch wenn funktionsgleiche und qualitativ gleichwertige Produkte anderer Hersteller oder Dienstleister zu einem billigeren Preis abgegeben werden, bleibt der Empfänger eines geldwerten Vorteils bereichert, wenn er das am Markt höher bewertete Produkt zu einem verbilligten Preis erhält.[1] Zudem wäre der ArbG entgegen dem Verhältnismäßigkeitsprinzip überfordert, wenn er nicht nur den üblichen Endpreis für die konkret empfangene Ware oder Dienstleistung ermitteln, sondern auch die Marktangebote funktionsgleicher und qualitativ gleichwertiger Leistungen und deren übliche Endpreise festzustellen hätte.[2] Werden die dem ArbN gewährten Sachbezüge nicht im allg. Geschäftsverkehr angeboten, ist der übliche fremde Endpreis tatsächlich zu ermitteln oder zu schätzen. 35

Maßgebend ist der Endpreis am Abgabeort **im Zeitpunkt des Zuflusses.** Wenn Bestell- und Liefertag auseinanderfallen, ist der Endpreis am Bestelltag maßgeblich.[3] Hat der Zuwendende, insbes. ein ArbG, mehrere Betriebsstätten mit ortsüblich unterschiedlichen Preisen, wird die Sachleistung dennoch für alle ArbN einheitlich nach dem Ort des Angebots des Sachbezuges bewertet werden dürfen. Wird eine Wohnung verbilligt oder unentgeltlich überlassen, bestimmt sich der Wert nach der marktüblichen Miete.[4] Zahlt der ArbG an den Vermieter Zuschüsse, so ergibt sich dadurch nur insoweit ein geldwerter Vorteil, als die tatsächlich gezahlte Miete unter der marktüblichen liegt. Wird dem ArbN ein Mietkostenzuschuss gewährt, fließt ein Gut in Geld zu, das mit dem Nennwert zu bewerten ist. Bei der Zuwendung nicht börsennotierter Anteile gebietet das **Stichtagsprinzip**, den Endpreis nicht nach Durchschnittskursen zu bemessen, sondern diesen aus Verkäufen in zeitlicher Nähe zum Zuflusszeitpunkt abzuleiten.[5] 36

Der übliche Endpreis ist um die **üblichen Preisnachlässe** zu mindern. Die FinVerw. nimmt idR einen 4 % igen Preisabschlag vor.[6] Der Nachweis eines höheren üblichen Nachlasses ist möglich.[7] Sonstige wertmindernde Umstände sind zu beachten, insbes. wenn die Sachbezüge nicht der üblichen Qualität entsprechen, sie einer unüblichen Nutzungsbindung unterliegen,[8] die Zuwendung mit Aufl. belastet ist, ein Grundstück zB mit einer beschränkten persönlichen Dienstbarkeit[9] oder mit der Verpflichtung des ArbN zur Selbstnutzung und Offenheit für Kundenbesichtigungen[10] im Wert gemindert ist. 37

IV. Bewertung der privaten Nutzung eines betrieblichen Kfz. (Abs. 2 S. 2–5). Die S. 2–5 regeln die Bewertung v. Sachbezügen, die in der Nutzung betrieblicher[11] Kfz.[12] zu privaten Fahrten bestehen.[13] Diese private Nutzung stellt einen lohnsteuerrechtl. erheblichen Vorteil dar. Die Regelung vereinfacht und vereinheitlicht die Nutzungswertermittlung bei Gewinn- und Überschusseinkünften. Allerdings bestimmt § 8 den Wert nach objektivierend typisierten Werten; die Aufwendungen des Leistenden sind unerheblich. Bei der Gewinnermittlung werden die tatsächlichen Aufwendungen des Unternehmers für Privatfahrten als BA erfasst.[14] Beim ArbN muss der Nutzungsvorteil durch das Arbverh. veranlasst sein, setzt also eine tatsächliche Nutzungsüberlassung voraus, scheidet bei unbefugter Nutzung aus.[15] Ein Kfz. wird nicht über- 38

---

1 BFH v. 21.4.2010 – X R 43/08, BFH/NV 2010, 1436; v. 28.6.2007 – VI R 45/02, BFH/NV 2007, 1871; v. 30.5.2001 – VI R 123/00, BStBl. II 2002, 230 = FR 2001, 1061; krit. hierzu *Meyer-Scharenberg*, DStR 2005, 1211.
2 BFH v. 30.5.2001 – VI R 123/00, BStBl. II 2002, 230 = FR 2001, 1061.
3 BMF v. 16.5.2013, BStBl. I 2013, 729.
4 BFH v. 17.8.2005 – IX R 10/05, BStBl. II 2006, 71 = FR 2006, 191; v. 7.11.2006 – VI R 70/02, BFH/NV 2007, 425; v. 11.5.2011 – VI R 65/09, BStBl. II 2011, 946 = FR 2012, 85; OFD Ffm. v. 22.1.2015, StEd 2015, 126.
5 BFH v. 1.9.2016 – VI R 16/15, BStBl. II 2017, 149 = FR 2018, 277; FG Berlin-Bdbg. v. 14.6.2017 – 14 K 14026/15, juris (Rev. VI R 6/18); aber Lohnzufluss bei Verzicht auf Schadensersatzanspr., vgl. BMF v. 4.5.2018, BStBl. I 2018, 592 Rn. 18.
6 R 8.1 Abs. 2 S. 3 LStR; R 8.2 Abs. 2 S. 8 LStR; krit. hierzu *Hermann*, 115 ff.
7 R 8.1 Abs. 2 S. 4 LStR.
8 BFH v. 20.8.1965 – VI 54/64 U, BStBl. III 1966, 101 (102) (Freiflüge für die ArbN v. Fluggesellschaften).
9 RFH v. 24.3.1925 – II A 91/25, RFHE 16, 56 (59).
10 FG RhPf. v. 5.10.1978 – III 191/76, EFG 1979, 122 (123) (rkr.).
11 Betrieblich meint nicht das BV. ArbN, deren ArbG kein BV bilden können, dürfen sich auch auf § 8 Abs. 2 S. 2–5 berufen. „Betrieblich" bedeutet erwerbsdienlich; vgl. aber BFH v. 9.3.2010 – VIII R 24/08, BStBl. II 2010, 903 = FR 2010, 583 m. Anm. *Urban*.
12 Auch Geländewagen, BFH v. 13.2.2003 – X R 23/01, BStBl. II 2003, 472 = FR 2003, 791; OFD Berlin v. 3.5.2004, DB 2004, 1235; Wohnmobile, BFH v. 6.11.2001 – VI R 62/96, BStBl. II 2002, 370 = FR 2002, 587 m. Anm. *Kanzler*; umgebautes Renn-KfZ, FG Düss. v. 25.9.2008 – 11 K 698/06 H(L), EFG 2009, 168 (rkr.); nicht Lkw, BMF v. 18.11.2009, BStBl. I 2009, 1326 Tz. 1; zur stfreien Überlassung eines betrieblichen Fahrrads vgl. § 3 Nr. 37; dazu *Niermann*, DB 2018, 2894.
13 Generell zur Dienstwagenbesteuerung: BMF v. 4.5.2018, BStBl. I 2018, 592; *Plenker*, BC 2018, 539; *Niermann*, DB 2018, 914.
14 *H/H/R*, § 8 Anm. 60; *Glenk* in Blümich, § 8 Rn. 71, 91; zur Anerkennung bei Ehegatten-ArbN FG Köln v. 27.9.2017 – 3 K 2547/16, EFG 2018, 755 m. Anm. *Wackerbeck* (Rev. X R 44/17).
15 BFH v. 21.4.2010 – VI R 46/08, BStBl. II 2010, 848; v. 6.10.2011 – VI R 56/10, BStBl. II 2012, 362 = FR 2012, 362.

lassen, wenn es dem ArbN zuzurechnen ist, zB als Leasingnehmer in einer vom Arbeitsvertrag unabhängigen Sonderrechtsbeziehung.[1] Ein geldwerter Vorteil ist dann nach den allg. Grundsätzen zu bewerten.[2] S. 2 verweist für die **reinen Privatfahrten**[3] auf die Pauschalregelung des § 6 Abs. 1 Nr. 4 S. 2,[4] wonach monatlich 1 % des inländ. Kfz.-Listenneukaufpreises zzgl. USt und Sonderausstattung als Zusatzlohn zu versteuern ist (§ 6 Rn. 166).[5] Sonderausstattung ist allein die bereits vom Werk fest in das Kfz. eingebaute Erweiterung der Grundausstattung.[6] Nach § 8 Abs. 2 S. 4 HS 2 ist bei der Ermittlung des geldwerten Vorteils der privaten Nutzung des Pkws § 6 Abs. 1 Nr. 4 S. 3 HS 2 entspr. anzuwenden (s. § 6 Rn. 168).[7] Der Nutzungsvorteil ist auf die tatsächlich angefallenen Kosten beim ArbG begrenzt (**Kostendeckelung**).[8] Wenn der ArbN ein **Entgelt für die Überlassung** an den ArbG zahlt, mindert es den Wert des Nutzungsvorteils.[9] Unerheblich ist, ob dieses pauschal oder nach der tatsächlichen Nutzung bemessen ist.[10] Auch die Übernahme einzelner Kfz.-Gesamtkosten durch den ArbN mindert dessen geldwerten Vorteil. Zu den Gesamtkosten gehören alle durch die Haltung des Kfz. typischerweise entstehenden Kosten, etwa Ausgaben für Treibstoff, Wartungs- und Reparaturkosten, die Kfz.-St, Beiträge für Halterhaftpflicht- und Fahrzeugversicherungen, Garagen- oder Stellplatzmieten, Aufwendungen für Anwohnerparkscheine sowie Kosten der Wagenwäsche.[11] Nicht zu berücksichtigen sind Straßenbenutzungsgebühren (Vignetten, Mautgebühren und Fährkosten), Parkgebühren, Aufwendungen für Insassen- und Unfallversicherungen, Verwarnungs-, Ordnungs- und Bußgelder sowie Ladevorrichtungen bei Elektro-Kfz. und gem. § 3 Nr. 46 stfreier Ladestrom.[12] Übersteigt das Nutzungsentgelt den Nutzungswert, führt der übersteigende Betrag weder zu negativem Arbeitslohn noch zu WK.[13] Hat eine Pers. mehrere betriebliche Kfz. genutzt, so ist die 1 %-Regelung

---

1 BFH v. 18.12.2014 – VI R 75/13, BStBl. II 2015, 670 = FR 2015, 526; zur Verallgemeinerung dieser Entsch. zum „Behördenleasing" BMF v. 4.5.2018, BStBl. I 2018, 592 Rn. 46 f.; FG Nds. v. 12.11.2015 – 7 K 94/13, BB 2016, 1244 (rkr.) (keine schriftliche Vereinbarung erforderlich); zum Leasing durch Barlohnumwandlung *Wehl*, NWB 2016, 1874; FG Nds. v. 9.10.2017 – 9 K 74/17, juris (rkr.).

2 BFH v. 27.4.2016 – VI B 126/15, BFH/NV 2016, 1271.

3 Nicht abgegolten sollen Fahrten im Rahmen einer weiteren Einkünfteerzielung sein, FG Nds. v. 28.6.2007 – 11 K 502/06, EFG 2007, 1582 (rkr.), unter Bezugnahme auf BFH v. 26.4.2006 – X R 35/05, BStBl. II 2007, 445 = FR 2007, 299 (zusätzlicher Sachbezug bei Nutzung des Kfz. im Rahmen weiterer Arbverh., der dann nach § 8 Abs. 2 S. 1 zu bewerten sei). **AA** R 8.1 Abs. 9 Nr. 1 S. 8 und 9 LStR, wonach allerdings eine Ungleichbehandlung zu selbständig Tätigen entstünde, da diese einen solchen zusätzlichen geldwerten Vorteil zu versteuern haben, vgl. BMF v. 18.11. 2009, BStBl. I 2009, 1326 Tz. 17.

4 BFH v. 24.2.2000 – III R 59/98, BStBl. II 2000, 273 = FR 2000, 614 m. Anm. *Kanzler* (Durch Pauschalierung kein Verstoß gegen GG).

5 Zur Verfassungsmäßigkeit der Pauschalbewertung nach dem Listenpreis der Erstzulassung vgl. BFH v. 13.12.2012 – VI R 51/11, BStBl. II 2013, 385 = FR 2013, 670; v. 21.3.2013 – VI R 26/10, BStBl. II 2013, 385; *Plenker*, BC 2014, 8 (10); hierzu bereits BFH v. 24.2.2000 – III R 59/98, BStBl. II 2000, 273 = FR 2000, 614; zur abw. Bewertung bei Elektrofahrzeugen vgl. § 6 Abs. 4 Nr. 4 S. 2–3 (Kürzung des Listenpreises); dazu *Seifert*, StuB 2018, 615.

6 BFH v. 13.10.2010 – VI R 12/09, BStBl. II 2011, 361 = FR 2011, 431; v. 16.2.2005 – VI R 37/04, BStBl. II 2005, 563 = FR 2005, 893 m. Anm. *Bergkemper* (Navigationsgerät); OFD Berlin v. 11.4.2003 – St 176 – S 2334 – 3/03, juris (Diebstahlsicherung). Winterreifen dürften aufgrund der Winterreifenpflicht nach § 2 Abs. 3a StVO zur Grundausstattung und damit nicht zur Sonderausstattung gehören; **aA** vor Einführung der Winterreifenpflicht FG Bremen v. 8.7.2003 – 1 K 116/03, EFG 2004, 1765 (rkr.). Nach R 8.1 Abs. 9 Nr. 1 S. 6 LStR bleiben der Wert eines Autotelefons einschl. Freisprecheinrichtung sowie der Wert eines weiteren Satzes Reifen einschl. Felgen außer Ansatz; zur Bewertung der Sonderausstattung FG Hess. v. 2.11.2016 – 4 K 90/16, juris (rkr.).

7 BFH v. 14.9.2005 – VI R 37/03, BStBl. II 2006, 72.

8 BMF v. 4.5.2018, BStBl. I 2018, 592 Rn. 4; FG RhPf. v. 13.11.2017 – 5 K 1391/15, juris (rkr.); *Seifert*, StuB 2018, 489.

9 BFH v. 7.11.2006 – VI R 95/04, BStBl. II 2007, 269 = FR 2007, 500 m. Anm. *Bergkemper*, m. krit. Anm. *Paus*, DStZ 2007, 149; v. 13.6.2016 – VI B 15/16, BFH/NV 2016, 1302; v. 30.11.2016 – VI R 49/14, BStBl. II 2017, 1011 = FR 2017, 782 m. Anm. *Bergkemper*; R 8.1 Abs. 9 Nr. 4 LStR; BMF v. 4.5.2018, BStBl. I 2018, 592 Rn. 49 f.; dies gilt auch bei Anwendung der Fahrtenbuchmethode, BFH v. 30.11.2016 – VI R 49/14, BStBl. II 2017, 1011 = FR 2017, 782 m. Anm. *Bergkemper*; v. 30.11.2016 – VI R 24/14, BFH/NV 2017, 448; FG SachsAnh. v. 26.5.2017 – 5 K 1166/10, juris (rkr.); **aA** FG Münster v. 28.3.2012 – 11 K 2817/11 E (rkr.), EFG 2012, 1245 (WK); krit. auch *Niermann*, DB 2017, 510; kein Nutzungsentgelt ist der Barlohnverzicht bei einer Gehaltsumwandlung, vgl. FG München v. 25.7.2016 – 7 K 2204/15, juris (rkr.); BMF v. 4.5.2018, BStBl. I 2018, 592 Rn. 52.

10 BFH v. 30.11.2016 – VI R 2/15, BStBl. II 2017, 1014 = FR 2017, 786 m. Anm. *Bergkemper*; Änderung der Rspr.; anders noch BFH v. 18.10.2007 – VI R 96/04, BStBl. II 2008, 198 = FR 2008, 284 m. Anm. *Bergkemper*; zur Einmalzahlung FG Nds. v. 16.4.2018 – 9 K 162/17, EFG 2018, 1170 m. Anm. *Sombeck* (Rev. VI R 18/18); BMF v. 4.5. 2018, BStBl. I 2018, 592 Rn. 61.

11 BMF v. 4.5.2018, BStBl. I 2018, 592 Rn. 29.

12 BMF v. 4.5.2018, BStBl. I 2018, 592 Rn. 30.

13 BFH v. 30.11.2016 – VI R 49/14, BStBl. II 2017, 1011 = FR 2017, 782 m. Anm. *Bergkemper*; *Geserich*, NWB 2017, 706; *Niermann*, DB 2017, 510; BFH v. 15.1.2018 – VI B 77/17, BFH/NV 2018, 521.

grds. auf jedes Fahrzeug einzeln anzuwenden.[1] Steht dem ArbN ein Kfz. aus dem Fahrzeugpool des ArbG zur Vfg., das er sich mit anderen Nutzungsberechtigten teilt, so ist die 1 %-Regelung mit der Maßgabe anzuwenden, dass die Summe der Listenpreise aller nutzbaren Kfz. durch die Anzahl der Fahrzeuge zu teilen ist.[2] Zu Einzelheiten zur 1 %-Regelung s. § 6 Rn. 166 ff.

Bei der Vorschrift des Abs. 2 S. 2 handelt es sich um eine Bewertungsvorschrift, die nicht voraussetzt, dass das Kfz. tatsächlich privat genutzt worden ist.[3] Wird der Dienstwagen durch den ArbG unentgeltlich oder verbilligt zur Privatnutzung überlassen, führt dies beim ArbN **unabhängig von der tatsächlichen privaten Nutzung** zu einem geldwerten Vorteil.[4] Durch diese Regelung soll der pauschalierenden und stark typisierenden Bewertungsregel des Abs. 2 S. 8 angemessen Rechnung getragen werden.[5] Die Nutzungsgestattung und Übernahme der damit verbundenen Kosten durch den ArbG stellt bereits einen nutzungsunabhängigen Vorteil dar.[6] Ist dem ArbN die private Nutzung des betrieblichen Kfz. arbeitsrechtl. erlaubt, so wird daher unabhängig von den tatsächlichen Nutzungsverhältnissen eine private Mitbenutzung vermutet.[7] Ein arbeitsrechtl. Nutzungsverbot schließt einen geldwerten Vorteil jedoch aus.[8] Verbietet der ArbG die private Nutzung, hat der ArbN keinen stl. erheblichen Vorteil. Hierfür reicht allerdings eine mündliche Absprache nicht aus, nach der „in der Regel" keine Privatfahrten unternommen werden sollen.[9] Dies gilt ebenfalls für widersprüchliche Nutzungsklauseln.[10] Ein formelles Nutzungsverbot widerlegt die private Verwendung des Fahrzeugs auch dann nicht, wenn das Verbot nicht hinreichend überwacht wird oder die Nutzung trotzdem konkludent gestattet wurde.[11] Hingegen führt die bloße Annahme, das Nutzungsverbot des G'ter-Geschäftsführers könne nicht ausreichend kontrolliert werden, nicht zur Unwirksamkeit des Nutzungsverbots.[12] Die Entsch. des ArbN, den zur privaten Nutzung überlassenen Pkw nicht für private Fahrten zu nutzen, ist nicht dem Verbot der Privatnutzung gleichzustellen.[13] Der Anscheinsbeweis kann aber dadurch entkräftet werden, dass dem ArbN für nicht berufliche Fahrten ein Fahrzeug mit vergleichbarem Status und Gebrauchswert zur Vfg. steht.[14] Die Nutzungsvermutung gilt ebenfalls nicht, wenn das Fahrzeug typischerweise für den Privatgebrauch ungeeignet ist.[15] Der Anscheinsbeweis streitet nicht für die Annahme, dass der ArbG dem ArbN ein Kfz. zur privaten Nutzung überlassen hat.[16] Die Darlegungslast für diese Feststellung trägt weiterhin die FinVerw.[17] 38a

Die Zuschlagregel des Abs. 2 S. 3 korrigiert den pauschalierten WK-Abzug, gleicht abziehbare, aber tatsächlich nicht entstandene Erwerbsaufwendungen aus. Sie kommt nur zur Anwendung, wenn der ArbN 39

---

1 BFH v. 9.3.2010 – VIII R 24/08, BStBl. II 2010, 903 = FR 2010, 583 m. Anm. *Urban*; v. 13.6.2013 – VI R 17/12, BStBl. II 2014, 340 = FR 2014, 30 m. Anm. *Bergkemper* = BFH/NV 2013, 1965; dazu *Balmes*, BB 2013, 3105; **aA** BMF v. 4.5.2018, BStBl. I 2018, 592 Rn. 22: Bruttolistenpreis des überwiegend verwendeten Kfz., wenn Nutzung durch Dritte so gut wie ausgeschlossen ist.

2 BFH v. 15.5.2002 – VI R 132/00, BStBl. II 2003, 311 = FR 2002, 889 m. Anm. *Kanzler*.

3 BFH v. 21.3.2013 – VI R 31/10, BStBl. II 2013, 700 = FR 2013, 1039; v. 21.3.2013 – VI R 26/10, BFH/NV 2013, 1396; v. 21.3.2013 – VI R 49/11, BFH/NV 2013, 1399; Änderung der Rspr.; anders noch BFH v. 24.2.2000 – III R 59/98, BStBl. II 2000, 273 = FR 2000, 614 m. Anm. *Kanzler* (tatsächliche Nutzung erforderlich).

4 BFH v. 21.3.2013 – VI R 31/10, BStBl. II 2013, 700 = FR 2013, 1039 m. Anm. *Kanzler*; *Geserich*, SteuK 2013, 309; *Balmes*, BB 2013, 2459.

5 BFH v. 21.3.2013 – VI R 49/11, BFH/NV 2013, 1399.

6 BFH v. 21.3.2013 – VI R 49/11, BFH/NV 2013, 1399; v. 18.4.2013 – VI R 23/12, BStBl. II 2013, 920 = FR 2014, 77.

7 Bereits BFH v. 21.4.2010 – VI R 46/08, BStBl. II 2010, 848.

8 BFH v. 21.3.2013 – VI R 31/10, BStBl. II 2013, 700 = FR 2013, 1039 m. Anm. *Kanzler*; v. 21.3.2013 – VI R 49/11, BFH/NV 2013, 1399; v. 8.8.2013 – VI R 71/12, BFH/NV 2014, 153; FG Düss. v. 24.1.2017 – 10 K 1932/16 E, EFG 2017, 458 (rkr.) (Nutzungsverbot bei Fahruntüchtigkeit).

9 BFH v. 6.2.2014 – VI R 39/13, BStBl. II 2014, 641 = FR 2014, 771.

10 FG Hbg. v. 20.10.2017 – 2 K 4/17, juris (rkr.).

11 BFH v. 14.11.2013 – VI R 25/13, BFH/NV 2014, 678.

12 BFH v. 21.3.2013 – VI R 31/10, BStBl. II 2013, 700 = FR 2013, 1039 m. Anm. *Kanzler*; v. 21.3.2013 – VI R 46/11, BStBl. II 2013, 1044 = FR 2014, 77; v. 21.3.2013 – VI R 42/12, BFH/NV 2013, 1305; v. 14.11.2013 – VI R 25/13, BFH/NV 2014, 678; bei einer unerlaubten Privatnutzung liegt vielmehr eine vGA vor, vgl. FG Berlin-Bdbg. v. 3.9. 2013 – 6 K 6154/10, StEd 2013, 680 (rkr.); FG Saarl. v. 7.1.2015 – 1 V 1407/14, EFG 2015, 800 (rkr.); *Krudewig*, BB 2013, 220; *Schmitz-Herscheidt*, NWB 2016, 1429.

13 BFH v. 6.2.2014 – VI R 39/13, BStBl. II 2014, 641 = FR 2014, 771.

14 BFH v. 6.8.2013 – VIII R 33/11, BFH/NV 2014, 151; v. 4.12.2012 – VIII R 42/09, BStBl. II 2013, 365.

15 BFH v. 6.8.2013 – VIII R 33/11, BFH/NV 2014, 151; v. 18.12.2008 – VI R 34/07, BStBl. II 2009, 381 = FR 2009, 677 (Lkw); eine besondere Lackierung schließt die private Nutzungsmöglichkeit hingegen nicht aus, s. BFH v. 18.4. 2013 – X B 18/12, BFH/NV 2013, 1401 (Taxi); FG München v. 29.9.2014 – 7 K 1861/13, juris (rkr.) (Fahrschulfahrzeug).

16 BFH v. 21.3.2013 – VI R 31/10, BStBl. II 2013, 700 = FR 2013, 1039 m. Anm. *Kanzler*; v. 8.8.2013 – VI R 71/12, BFH/NV 2014, 15; **aA** FG Berlin-Bdbg. v. 17.12.2013 – 11 K 11245/08, EFG 2014, 525 (rkr.).

17 BFH v. 21.4.2010 – VI R 46/08, BStBl. II 2010, 848; v. 18.12.2008 – VI R 34/07, BStBl. II 2009, 381 = FR 2009, 677.

den Dienstwagen tatsächlich für Fahrten zw. Wohnung und Tätigkeitsstätte benutzt hat. Abs. 2 S. 3 erhöht den Wert der Privatfahrten für jeden Kalendermonat um 0,03 % des Listenneupreises für jeden km der Entfernung zw. Wohnung und Tätigkeitsstätte, wenn das Kfz. **auch für Fahrten zw. Wohnung und erster Tätigkeitsstätte genutzt werden kann.**[1] Wann eine Fahrt zw. Wohnung und Arbeitsstätte vorliegt, beurteilt sich nach den Grundsätzen, die für den Abzug der Aufwendungen für die Wege zw. Wohnung und erster Tätigkeitsstätte (§ 9 Abs. 1 S. 3 Nr. 4) gelten[2] (§ 9 Rn. 41 ff.). Die pauschale Erhöhung des Nutzungsvorteils gleicht die Möglichkeit des ArbN aus, für diese Fahrten die Entfernungspauschale nach § 9 Abs. 1 S. 3 Nr. 4, Abs. 2 in Anspr. zu nehmen, ohne dass ihm durch die Nutzung des Dienstwagens ein tatsächlicher Aufwand entstanden wäre.[3] Die Pauschalierung geht v. einer geschätzten Nutzung an 180 Arbeitstagen jährlich oder durchschnittlich 15 Tagen monatlich aus. Entscheidend ist jedoch die tatsächliche Nutzung des Kfz. für Fahrten zw. Wohnung und Tätigkeitsstätte.[4] Hierfür spricht eine mit Abs. 2 S. 2 korrespondierende Anscheinsvermutung, die jedoch nicht erst durch ein arbeitsrechtl. Nutzungsverbot widerlegt wird.[5] Wird das überlassene Fahrzeug tatsächlich nur teilw.[6] (park and ride) oder für weniger als 15 Tage je Monat[7] genutzt, ist der tatsächliche Nutzungsvorteil in Ansatz zu bringen.[8] Diese Abkehr v. einer strikten Pauschalisierung ist in diesem Fall anders als bei Abs. 2 S. 2 geboten, da ansonsten das Regelungsziel des Abs. 2 S. 3 verfehlt wird.[9] Eine Berechnung nach einzelnen Nutzungstagen ist hingegen ausgeschlossen.[10] Die FinVerw. drängt auf eine einfache, für das Massenverfahren handhabbare Praxis (einheitliche Erklärung des ArbG über Einzelbewertung oder Pauschale, schriftliche Erklärung des ArbN geg. ArbG, mehrmalige Fahrten pro Tag, mehrere betriebliche Kfz, jahresbezogene Begrenzung, Nutzung des Fahrzeugs nur für Teilstrecke).[11] Zudem kann bei Erschütterung der Anscheinsvermutung durch das Vorbringen eines atypischen Geschehensablaufs, zB die Vorlage einer Jahres-Bahnfahrkarte[12] oder die dokumentierte Nutzung an weniger als 180 Tagen im Kj.,[13] der tatsächliche Nutzungsumfang durch die FinVerw. ohne weitreichenden Aufwand ermittelt werden.[14] Wurde die Anscheinsvermutung erschüttert,[15] so sind die einzelnen Fahrten mit 0,002 % des Listenpreises je Entfernungskilometer (Abs. 2 S. 5) zu erfassen.[16] Wird dem ArbN **für Fahrten zw. Wohnung und erster Tätigkeitsstätte ein Kfz. mit Fahrer** zur Vfg. gestellt, führt dies nach Auffassung des BFH dem Grunde nach zu einem geldwerten Vorteil.[17] Die Stellung

1 Zuschlagsregelung des Abs. 2 S. 3 nicht formell verfassungswidrig, BFH v. 22.9.2010 – VI R 55/09, BStBl. II 2011, 358 = FR 2011, 341.
2 BFH v. 9.6.2011 – VI R 55/10, BStBl. II 2012, 38 = FR 2011, 1106; *Neufang*, DStR 2011, 1986; krit. zur Regelung *Thomas*, DStR 2011, 1341.
3 BFH v. 4.4.2008 – VI R 68/05, BStBl. II 2008, 890 = FR 2008, 1123; *Schmidt*[37], § 8 Rn. 45; *Paetsch*, HFR 2008, 924; abl. *Wolf*, DStR 2009, 152.
4 BFH v. 22.9.2010 – VI R 55/09, BStBl. II 2011, 358 = FR 2011, 341; v. 4.4.2008 – VI R 68/05, BStBl. II 2008, 890 = FR 2008, 1119 m. Anm. *Bergkemper*.
5 BFH v. 4.4.2008 – VI R 85/04, BStBl. II 2008, 887 = FR 2008, 1167 m. Anm. *Bergkemper*.
6 BFH v. 4.4.2008 – VI R 68/05, BStBl. II 2008, 890 (892 f.) = FR 2008, 1119; v. 22.9.2010 – VI R 57/09, BStBl. II 2010, 2627 = FR 2011, 337 m. Anm. *Bergkemper*; für die verbleibende Strecke muss ein arbeitsrechtl. Nutzungsverbot oder der Nachweis über die Benutzung anderer Verkehrsmittel vorliegen, BMF v. 4.5.2018, BStBl. I 2018, 592 Rn. 19.
7 BFH v. 12.6.2018 – VIII R 14/15, BFH/NV 2018, 1332; v. 4.4.2008 – VI R 85/04, BStBl. II 2008, 887 (890) = FR 2008, 1167 m. Anm. *Bergkemper*: teleologische Reduktion des Abs. 2 S. 3 für den Fall, dass ein Außendienstmitarbeiter pro Woche nur eine Fahrt zw. Wohnung und Tätigkeitsstätte unternimmt; **aA** noch die Vorinstanz FG Münster v. 28.4.2004 – 1 K 3214/01 E, EFG 2005, 775; abw. auch FG Düss. v. 24.7.2014 – 11 K 1586/13 F, EFG 2014, 1770 (rkr.).
8 BFH v. 28.8.2008 – VI R 52/07, BStBl. II 2009, 280 = FR 2009, 397, mit krit. Anm. *Thomas*, StC 2/2009, 7.
9 Vgl. *Balmes*, BB 2013, 2459 (2460).
10 FG BaWü. v. 24.2.2015 – 6 K 2540/14, EFG 2015, 896 (rkr.).
11 BMF v. 4.5.2018, BStBl. I 2018, 592 Rn. 10 auf der Grundlage BFH v. 22.9.2010 – VI R 54/09, BStBl. II 2011, 354 = FR 2011, 285 m. Anm. *Bergkemper*.
12 BFH v. 28.8.2008 – VI R 52/07, BStBl. II 2009, 280 = FR 2009, 397.
13 BMF v. 4.5.2018, BStBl. I 2018, 592 Rn. 10; *Günther*, EStB 2018, 256.
14 Vgl. BMF v. 4.5.2018, BStBl. I 2018, 592 Rn. 20.
15 Die FG haben in der Frage, wann zugunsten der tatsächlichen Nutzung von der Pauschalierung abgewichen werden kann, noch keine einheitliche Linie gefunden: FG BaWü. v. 21.7.2010 – 1 K 2195/10, EFG 2011, 38 (rkr.); FG Köln v. 22.10.2009 – 10 K 1476/09, EFG 2010, 408; v. 24.3.2011 – 15 K 290/10, EFG 2011, 1146 (rkr.); FG Düss. v. 12.7.2010 – 11 K 2479/09 E, EFG 2011, 35; FG Nds. v. 11.5.2009 – 4 K 355/08, juris; FG Hess. v. 16.3.2009 – 11 K 3700/05, EFG 2010, 1187.
16 BFH v. 4.4.2008 – VI R 85/04, BStBl. II 2008, 887 = FR 2008, 1167 m. Anm. *Bergkemper*.
17 BFH v. 15.5.2013 – VI R 44/11, BStBl. II 2014, 589 = FR 2014, 283; FG Hess. v. 16.3.2009 – 11 K 3700/05, EFG 2010, 1187; FG SachsAnh. v. 19.4.2011 – 4 K 1831/05, juris (rkr.); zur Bewertung R 8.1 Abs. 10 Nr. 1 LStR; anders noch BFH v. 22.9.2010 – VI R 54/09, BStBl. II 2011, 354 = FR 2011, 285 m. Anm. *Bergkemper*; zu diesem Problem *Schneider*, NWB 2011, 112; *Bilsdorfer*, DStR 2012, 1477 (1483 f.).

eines Fahrers habe Entlohnungscharakter, sei weder Aufwand noch bloße nicht steuerbare Aufmerksamkeit, auch wenn der StPfl. in seinem „fahrenden Büro“ bereits Büroaufgaben wahrnehmen kann.[1] Zur Vereinfachung können die Fahrten mit Fahrer mit einem um 50 % erhöhten Nutzungswert angesetzt werden.[2]

Durch das UntStRÄndG wurde der Begriff der „regelmäßigen Arbeitsstätte“ zum 1.1.2014 durch die gesetzlich definierte **„erste Tätigkeitsstätte“** (§ 9 Abs. 4) ersetzt.[3] Diese Änderung wirkt sich auf die Bewertung der privaten Nutzung eines Pkws zw. Wohnung und Arbeitsplatz des ArbN aus. Der Gesetzgeber folgt durch die Neuregelung im Wesentlichen der bisherigen Ansicht der FinVerw.[4] Während der StPfl. aufgrund der bisherigen Rspr. das Vorhandensein einer regelmäßigen Arbeitsstätte widerlegen konnte (sog. Escape-Klausel), führt die Neuregelung zu einer klaren Bestimmung der Tätigkeitsstätte. Für jedes Arbeits- oder Dienstverhältnis kann der StPfl. **jeweils nur eine „erste Tätigkeitsstätte“** haben.[5] Zu Einzelheiten s. § 9 Rn. 52 ff. 39a

Der nach Abs. 2 S. 3 ermittelte **Nutzungswert** ist zusammen mit dem üblichen Arbeitslohn des ArbN im normalen LSt-Abzugsverfahren zu versteuern. Nach § 40 Abs. 2 S. 2 (§ 40 Rn. 25) kann der Nutzungswert der nach § 9 Abs. 1 S. 3 Nr. 4, Abs. 2 als WK absetzbaren Beträge mit einem Pauschalsteuersatz v. 15 % abgegolten werden, soweit der ArbN das Fahrzeug für Fahrten zw. Wohnung und Tätigkeitsstätte verwendet. 40

Nach Abs. 2 S. 4 HS 1 erhält der StPfl. die Möglichkeit, die Pauschalzurechnung nach Abs. 2 S. 2 und 3 dadurch zu vermeiden, dass er für die gesamte Nutzungszeit alle Kfz.-Kosten-Belege[6] für sämtliche betrieblichen und privaten Fahrten vorlegt und das Verhältnis der privaten Fahrten und der Fahrten zw. Wohnung und Tätigkeitsstätte zu den übrigen Fahrten durch ein **ordnungsgemäßes**[7] **Fahrtenbuch** nachweist (Einzelheiten s. § 6 Rn. 173). Ein Wechsel zur Fahrtenbuchmethode ist nur zu Beginn des VZ möglich.[8] 41

Die Nutzung eines betrieblichen Kfz. zu **Familienheimfahrten** im Rahmen einer doppelten Haushaltsführung[9] (§ 9 Rn. 120 ff.) ist nach Abs. 2 S. 5 HS 1 mit 0,002 % des Listenneupreises für jeden Entfernungskilometer zw. dem Ort des eigenen Hausstands und dem Beschäftigungsort zu bewerten. Dies gilt auch dann, wenn der ArbN tatsächlich eine längere Strecke benutzt.[10] Der geldwerte Vorteil wird nach Abs. 2 S. 5 HS 2 nicht erfasst, wenn für die jeweilige Fahrt ein WK-Abzug nach § 9 Abs. 1 S. 3 Nr. 5 S. 5 und 6 in Betracht käme. Allerdings kann der StPfl. seine Aufwendungen für die wöchentlichen Familienheimfahrten mit einem ihm aufgrund des Arbverh. überlassenen Kfz. nach § 9 Abs. 1 S. 3 Nr. 5 S. 6 nicht als WK abziehen, soweit der ArbG für die Familienheimfahrten keinen lohnsteuerlichen Vorteil angesetzt hat.[11] Der ArbG kann nach § 3 Nr. 16 für Mehraufwendungen bei doppelter Haushaltsführung, nicht aber für Fahrten zw. Wohnung und Tätigkeitsstätte stfreien Ersatz leisten (§ 3 Rn. 37). Die komplizierte Gesamtregelung[12] soll die Einnahmen und Aufwendungen iErg. so aufeinander abstimmen, dass die wöchentlichen Familienheimfahrten des ArbN in einem ihm unentgeltlich überlassenen Firmenfahrzeug estl. ohne 42

---

1 BFH v. 15.5.2013 – VI R 44/11, BStBl. II 2014, 589 = FR 2014, 283.
2 R 8.1 Abs. 10 S. 3 Nr. 1 LStR; zur Bewertung iRd. privaten Fahrten BMF v. 4.5.2018, BStBl. I 2018, 592 Rn. 40 f.
3 Hierzu *Wirfler*, DStR 2013, 2660; *Plenker*, BC 2013, 141; *Grasmück*, SteuK 2013, 155; *Thomas*, DStR 2014, 497.
4 Vgl. BMF v. 15.12.2011, BStBl. I 2012, 57.
5 BMF v. 24.10.2014, BStBl. I 2015, 1412 Rn. 29.
6 FG München v. 29.1.2018 – 7 K 3118/16, juris (rkr.).
7 R 8.1 Abs. 9 Nr. 2 LStR, daran scheitert meist die Anwendung der Fahrtenbuch-Methode, BFH v. 16.3.2006 – VI R 87/04, BStBl. II 2006, 625 = FR 2006, 595 m. Anm. *Bergkemper*; v. 16.11.2005 – VI R 64/04, BStBl. II 2006, 410 = FR 2006, 509; v. 1.3.2012 – VI R 33/10, BStBl. II 2012, 505 = FR 2012, 1085; v. 15.2.2017 – VI R 50/15, BFH/NV 2017, 1155, m. Anm. *Intemann*, NZA 2017, 980; FG München v. 29.1.2018 – 7 K 3118/16, juris (rkr.); ausf. *Bilsdorfer*, DStR 2012, 1477. Zur Ordnungsmäßigkeit eines Fahrtenbuchs bei kleineren Mängeln vgl. BFH v. 10.4.2008 – VI R 38/06, BStBl. II 2008, 768 = FR 2009, 37 m. Anm. *Bergkemper*; zur Voraussetzung einer zeitnahen und geschlossenen Erfassung BFH v. 6.8.2013 – VIII R 33/11, BFH/NV 2014, 151; FG RhPf. v. 13.11.2017 – 5 K 1391/15, juris (rkr.); zu Formerleichterungen BMF v. 4.5.2018, BStBl. I 2018, 592 Rn. 27; für die Anforderungen an ein elektronisches Fahrtenbuch s. OFD Münster v. 18.2.2013, DB 2013, 489; krit. zum Fahrtenbuch *Wöltge*, DStR 2013, 1318; zur Berücksichtigung v. sog. Dreiecksfahrten BFH v. 19.5.2015 – VIII R 12/13, StuB 2015, 938; für die Anforderung an die Unabänderbarkeit der Aufzeichnungen FG Köln v. 18.6.2015 – 10 K 33/15, EFG 2015, 1598 (rkr.) (keine Erfassung durch Diktiergerät).
8 BFH v. 20.3.2014 – VI R 35/12, FR 2015, 383 = BFH/NV 2014, 1283; *H/H/R*, § 8 Anm. 136 f.; anders beim unterjährigen Fahrzeugwechsel, dazu *Lademann*, § 8 Rn. 123.
9 *Geserich*, DStR 2012, 1737.
10 FG Köln v. 22.5.2003 – 10 K 7604/98, EFG 2003, 1229 (rkr.).
11 BFH v. 28.2.2013 – VI R 33/11, BStBl. II 2013, 629 = FR 2013, 1001; FG Saarl. v. 22.1.2014 – 1 K 1441/12, EFG 2014, 828 (rkr.); FG Düss. v. 8.4.2014 – 13 K 339/12 E, juris (rkr.).
12 Die unterschiedlichen Regelungen für Familienheimfahrten der ArbN und derjenigen des Selbstständigen, der das eigene – zum BV gehörende – Auto verwendet, sind insbes. aus Vereinfachungsgründen verfassungsgemäß: BFH v. 19.6.2013 – VIII R 24/09, BStBl. II 2013, 812 = FR 2013, 1032 (1034).

Auswirkung bleiben.[1] Da die Korrekturlösung an die typisierende Bewertung anhand des Listenpreises anknüpft, ist es dennoch möglich, dass der Nutzungswert den WK-Abzug übersteigt (vgl. § 40 Abs. 2 S. 2).[2] Für die Bestimmung des geldwerten Vorteils durch häufigere als wöchentliche Familienheimfahrten mit einem Dienst-Kfz. greift § 8 Abs. 2 S. 5 HS 1.[3] Nach Abs. 2 S. 5 letzter HS ist ein Einzelnachweis nach S. 4 möglich. Er wird insbes. bei teureren Fahrzeugen günstiger sein.

42a **V. Vereinfachte Bewertung von Mahlzeiten und sonstigen Arbeitnehmer-Sachbezügen (Abs. 2 S. 6–10).** Durch UntStRÄndG wurde die stl. Berücksichtigung von Reisekosten zum 1.1.2014 neu geregelt.[4] Hiervon ist auch die Bewertung auswärtiger Mahlzeiten betroffen, die dem StPfl. von seinem ArbG oder auf dessen Veranlassung von einem Dritten zur Vfg. gestellt werden.[5] Ebenfalls erfasst werden Mahlzeiten iRd. doppelten Haushaltsführung. Nach § 8 Abs. 2 S. 8 sind Mahlzeiten bis 60 Euro, die der ArbN anlässlich seiner auswärtigen Tätigkeit erhält, nun zwingend mit dem Sachbezugswert anzusetzen. Das bisherige Wahlrecht des StPfl., die Mahlzeiten mit deren tatsächlichem Wert oder dem Sachbezugswert zu versteuern, besteht nicht mehr.[6] Eine auswärtige Tätigkeit liegt vor, wenn der ArbN aus beruflichen Gründen vorübergehend außerhalb seiner Wohnung und seiner Tätigkeitsstätte beruflich beschäftigt ist (§ 9 Abs. 4a S. 1). Liegt der Wert der Mahlzeit über 60 Euro, ist diese mit dem üblichen Endpreis am Abgabeort gem. § 8 Abs. 2 S. 1 zu bewerten. Der Wert der Mahlzeit bestimmt sich nach dem Preis (einschl. USt), den der ArbG an den Dritten zahlt.[7] Eine Zuzahlung des ArbN für die Mahlzeit ist anzurechnen, nicht aber die Bezahlung von nicht gestellten Getränken.[8] Zu den auswärtigen Mahlzeiten gehören auch die im Flugzeug unentgeltlich angebotenen Speisen, nicht aber Salzgebäck, Süßigkeiten und andere Knabbereien,[9] soweit der ArbG das Flugticket erstattet.[10] Die Überlassung von Essensmarken (Restaurantschecks, Verzehrgutscheine) begründet in den ersten drei Monaten der Auswärtstätigkeit keine vom ArbG gestellte Mahlzeit, sondern einen stfreien Verpflegungszuschuss, der die Verpflegungspauschale mindert.[11] Ab dem vierten Monat hat der ArbN für jede Essensmarke einen geldwerten Vorteil iHd. amtl. Sachbezugswerts nach der SozVers.-Entgeltverordnung zu versteuern, wenn der ArbG keine pauschale Steuer abführt (§ 40 Abs. 2 S. 1 Nr. 1a).[12] Hat der ArbN außerhalb der Auswärtstätigkeit einen Anspr. auf arbeitstägliche Zuschüsse zu Mahlzeiten, ist als Arbeitslohn nicht der Zuschuss, sondern der amtl. Sachbezugswert anzusetzen, wenn insbes. sichergestellt ist, dass die Zuschusshöhe weder mehr als 3,10 Euro über dem Sachbezugswert liegt, noch den tatsächlichen Preis der Speise übersteigt.[13] Mit dem amtl. Sachbezugswert ist auch die in einer Kantine des ArbG unentgeltlich überlassene Mahlzeit zu versteuern.[14] Bei einer Zuzahlung des ArbN zumindest iHv. dem amtl. Sachbezugswert scheidet ein geldwerter Vorteil aus.[15]

42b Die Mahlzeit wird gem. § 8 Abs. 2 S. 9 nicht besteuert, wenn der StPfl. für die auswärtige Tätigkeit eine **Verpflegungspauschale** nach § 9 Abs. 4a beanspruchen kann. In diesem Fall ist die Verpflegungspauschale um den Wert der gewährten Mahlzeiten zu kürzen;[16] auch ein negativer Betrag führt dabei nicht zu einem geldwerten Vorteil.[17] Diese Vereinfachungsregel gilt nicht für Mahlzeiten über 60 Euro.[18] Sollte eine Verrechnung mit der Verpflegungspauschale aus anderen Gründen nicht möglich sein, weil etwa die Mindestabwesenheitsdauer nicht erreicht wurde, kann der ArbG die Mahlzeiten nach § 40 Abs. 2 S. 1 Nr. 1a **pauschal mit 25 %** besteuern. Für Mahlzeiten auf gemischt veranlassten Reisen ist die Verpflegungspauschale entspr. zu kürzen.[19]

---

1 Vgl. *H/H/R*, § 8 Anm. 111.
2 FG Köln v. 28.1.2015 – 12 K 178/12, DStRE 2016, 1219 (rkr.).
3 FG SchlHol. v. 29.9.2010 – 5 K 117/10, EFG 2011, 1871 (rkr.).
4 Hierzu *Wirfler*, DStR 2013, 2660; *Plenker*, BC 2014, 30; vgl. nunmehr auch BMF v. 24.10.2014, BStBl. I 2014, 1412.
5 BMF v. 21.12.2017, BStBl. I 2018, 63.
6 So noch BFH v. 19.11.2008 – VI R 80/06, BStBl. II 2009, 547 = FR 2009, 541; anders nunmehr BMF v. 9.12.2015, BStBl. I 2015, 1057.
7 BMF v. 24.10.2014, BStBl. I 2014, 1412 Rn. 63.
8 R 8.1 Abs. 8 Nr. 2 S. 3 und 4 LStR.
9 BMF v. 20.4.2015, BStBl. I 2015, 786.
10 BMF v. 24.10.2014, BStBl. I 2014, 1412 Rn. 65.
11 BMF v. 5.1.2015, BStBl. I 2015, 119; *Plenker*, BC 2015, 553.
12 BMF v. 5.1.2015, BStBl. I 2015, 119; *Plenker*, BC 2015, 553.
13 BMF v. 24.2.2016, BStBl. I 2016, 238; R 8.1 Abs. 7 Nr. 4 LStR; *Plenker*, BC 2018, 539.
14 R 8.1. Abs. 7 Nr. 1 LStR.
15 *Stier*, Beil. zu NWB 13/2017, 1.
16 Auf die tatsächliche Einnahme der Mahlzeiten kommt es nicht an, vgl. FG BaWü. v. 12.12.2017 – 5 K 432/17, EFG 2018, 1533 m. Anm. *Wackerbeck*.
17 Zur Berechnung BT-Drucks. 17/10774, 26; *Plenker*, BC 2013, 188.
18 BMF v. 16.11.2018, DStR 2018, 2527.
19 BMF v. 24.10.2014, BStBl. I 2014, 1412 Rn. 88.

Die nach Abs. 2 S. 1 grds. mit den üblichen Endpreisen anzusetzenden Sachbezüge werden für andere sehr häufige Sachzuwendungen (Kost,[1] Wohnung, Heizung, Beleuchtung) an rentenversicherungspflichtige ArbN ebenfalls in einem vereinfachten Verfahren bewertet. Für die SozVers. erlässt die BReg. nach § 17 Abs. 1 SGB IV eine **SozVers.-Entgeltverordnung.**[2] Diese übernimmt Abs. 2 S. 8 für das Steuerrecht und befähigt damit den ArbG, bei der Erfüllung seiner lohnstl. wie seiner sozialversicherungsrechtl. Pflichten die gleiche Bemessungsgrundlage zugrunde zu legen. Die amtl. Werte gehen den nach Abs. 1 S. 1 ermittelten Werten und tariflichen Vereinbarungen vor und werden jährlich angepasst und veröffentlicht. Sie sind zwingend der Besteuerung zugrunde zu legen und lassen keine Ausnahme zu.[3] 43

Abs. 2 S. 7 erstreckt die Anwendung dieser Werte auch **auf nicht rentenversicherungspflichtige ArbN,** also insbes. Beamte, Richter, Soldaten, Pensionäre, bestimmte leitende Angestellte, da ansonsten eine nicht zu rechtfertigende Ungleichbehandlung vorläge. 44

Nach Abs. 2 S. 10 kann die oberste Finanzbehörde für weitere Sachbezüge der ArbN, die nicht v. der SozVers.-Entgeltverordnung erfasst sind, mit Zustimmung des BMF **Durchschnittswerte festsetzen.**[4] Diese Verwaltungsvorschriften enthalten typisierte Schätzungen, binden damit die Gerichte nicht förmlich, werden aber um der Rechtsanwendungsgleichheit und der Vereinfachung willen v. den Gerichten beachtet, soweit sie nicht offensichtlich unzutr. sind.[5] Die Bedeutung dieser Festsetzungen[6] geht zurück, weil heute überwiegend Barentlohnungen üblich sind. 45

VI. Freigrenze (Abs. 2 S. 11). Die **Vereinfachungsbefreiung** des Abs. 2 S. 11 soll den Verwaltungsaufwand bei der Bewertung v. Sachbezügen in vertretbarem Rahmen halten;[7] sie will keinen Steuervorteil gewähren. Die mit dem üblichen Endpreis (Abs. 2 S. 1) bewerteten Sachbezüge bleiben außer Ansatz, wenn die Vorteile für den ArbN insgesamt 44 Euro im Kalendermonat nicht übersteigen. Die Freigrenze ist überschritten, wenn dem ArbN innerhalb eines Monats ein Vorteil v. mehr als 44 Euro zufließt, auch wenn der anteilige Nutzen pro Monat darunter liegt (zB Jahresjobticket).[8] Dabei sind die vom StPfl. gezahlten Entgelte (einschl. etwaiger Versandkosten)[9] anzurechnen. Für die Prüfung, ob die Freigrenze überschritten wurde, sind die in einem Kalendermonat zufließenden und nach Abs. 2 S. 1 zu bewertenden Vorteile zusammenzurechnen.[10] Die Freigrenze gilt nicht für Barlohn,[11] die gem. Abs. 2 S. 2–10 erfassten Sachbezüge und für die Belegschaftsrabatte, die von der Sonderregel des Abs. 3 erfasst werden.[12] Auch für den geldwerten Vorteil eines Mitarbeiterbeteiligungsprogramms ist § 8 Abs. 2 S. 11 zu berücksichtigen.[13] Auf Zukunftssicherungsleistungen des ArbG iSd. § 40b (§ 40b Rn. 5) ist die 44-Euro-Grenze hingegen nicht anwendbar.[14] Wird die Freigrenze im jeweiligen Kalendermonat überschritten, unterliegt der gesamte geldwerte Vorteil der Besteuerung. Nicht ausgeschöpfte Freigrenzen können nicht in einen anderen Kalendermonat übertragen werden.[15] 46

---

1 Für die Abgrenzung zur Mahlzeit: FG Münster v. 31.5.2017 – 11 K 4108/14, EFG 2017, 1673; *Albert*, FR 2010, 267.
2 BGBl. I 2006, 3385, zuletzt geändert durch Art. 1 Zehnte ÄndVO v. 6.11.2018, BGBl. I 2018, 1842.
3 Noch für die früher geltende Sachbezugsverordnung: BFH v. 19.11.2008 – VI R 80/06, BStBl. II 2009, 547; v. 23.8.2007 – VI R 74/04, BStBl. II 2007, 948 = FR 2008, 96; abschwächend für atypische Sonderfälle BFH v. 19.8.2004 – VI R 33/97, BStBl. II 2004, 1076 = FR 2004, 1396 (Luxuswohnung) und FG BaWü. v. 14.10.2004 – 3 K 204/00, EFG 2005, 367 (rkr).
4 Vgl. FinMin. BaWü. v. 10.1.2018, StEd 2018, 156 (Bewertung v. Gemeinschaftsunterkünften der Polizei).
5 BFH v. 9.6.1961 – VI 171/60 U, BStBl. III 1961, 409 (410 f.); v. 5.2.1965 – VI 46/64 U, BStBl. III 1965, 302 f.
6 Vgl. im Einzelnen *K/S/M*, § 8 Rn. C 64; *H/H/R*, § 8 Anm. 136.
7 BT-Drucks. 13/901, 294; BT-Drucks. 13/1686, 8.
8 BMF v. 27.1.2004, BStBl. I 2004, 173; OFD Ffm. v. 18.2.2004, DStR 2004, 1046 (Sachgutscheine für ArbN); BayLfSt v. 12.8.2015, DStR 2015, 2287 (Jahresjobticket); vgl. aber auch § 3 Nr. 15 (stfreie Zuschüsse zum ÖPNV für Fahrten zw. Wohnung und erster Tätigkeitsstätte).
9 BFH v. 6.6.2018 – VI R 32/16, BFH/NV 2018, 1110.
10 R 8.1 Abs. 3 S. 2 LStR.
11 BFH v. 27.10.2004 – VI R 51/03, BStBl. II 2005, 137 = FR 2005, 209 (ArbG-Zuschüsse zum Besuch eines Sport- oder Fitnessclubs); v. 26.11.2002 – VI R 161/01, BStBl. II 2003, 331 = FR 2003, 359 (Zahlungen des ArbG an Zusatzversorgungskasse); anders, wenn kein Auszahlungsanspr. besteht, BFH v. 7.6.2018 – VI R 13/16, BFH/NV 2018, 1181 = FR 2018, 1008; v. 4.7.2018 – VI R 16/17, BFH/NV 2018, 1186 = FR 2018, 1008; **aA** BMF v. 10.10.2013, BStBl. I 2013, 1301 (Barlohn).
12 H 8.1 LStH „44-Euro-Freigrenze“.
13 BFH v. 15.1.2015 – VI R 16/12, BFH/NV 2015, 672.
14 R 8.1 Abs. 3 S. 4 LStR; BFH v. 26.11.2002 – VI R 68/01, BStBl. II 2003, 492 = FR 2003, 620; *Grasmück*, SteuK 2015, 45.
15 OFD Erf. v. 30.1.1996, DStR 1996, 429; *Glenk* in Blümich, § 8 Rn. 167.

D. Arbeitgeberrabatte (Abs. 3)

47 **I. Begriff.** Abs. 3 erleichtert den Gesetzesvollzug bei der Ermittlung des geldwerten Vorteils, setzt dabei eine StPfl. der Arbeitgeberrabatte voraus.[1] Rabatte, die ein ArbG nicht nur seinem ArbN „aufgrund seines Dienstverhältnisses", sondern auch fremden Dritten im normalen Geschäftsverkehr einräumt, begründen keinen Arbeitslohn. Nur Rabatte, die ihren Rechtsgrund im Arbeitsverhältnis haben und Frucht der Arbeit des ArbN sind[2], die also eine Verbilligung für eine Beschäftigung gewähren, sind nach § 19 Abs. 2 S. 1, § 8 Abs. 1 steuerbare Einnahmen.[3] Erhält der ArbN v. seinem ArbG unentgeltliche oder verbilligte Zuwendungen, zB Jahreswagen (**Personalrabatte**[4]), so sind diese Rabatte, wenn sie nach Abs. 1, § 19 Abs. 2 S. 1 steuerbare Einnahmen darstellen,[5] bis 1 080 Euro jährlich stfrei (Abs. 3 S. 2),[6] sofern sie nicht bereits nach anderen Vorschriften befreit sind.[7] IÜ sind sie abw. v. Abs. 2 gesondert zu bewerten (Abs. 3 S. 1). Abs. 3 gilt nur für Waren und Dienstleistungen, die der ArbG als eigene herstellt, liefert und erbringt. Der Herstellungsprozess wird dem ArbG zugerechnet, wenn er alle wesentlichen Fragen der Herstellung entscheidet. Er bestimmt, was, wo, wie, zu welchem Preis produziert und eingekauft werden soll.[8] Der ArbG stellt Waren her, wenn er den Gegenstand selbst produziert, er ihn auf eigene Kosten nach seinen Vorgaben und Plänen v. Dritten produzieren lässt oder er damit vergleichbare gewichtige Beiträge zur Herstellung der Ware erbringt.[9] Die Vereinfachung des Abs. 3 gilt nur für die Leistungen, die durch die vom ArbG und ArbN getragene Produktionseinheit dem allg. Markt angeboten werden.

48 **II. Verhältnis zwischen Abs. 2 und Abs. 3.** Abs. 2 ist die Grundnorm, die in Übereinstimmung mit dem Lohnbegriff Rabatte des ArbG erst dann und in der Höhe als geldwerten Vorteil erfasst, als der Preis unterschritten wird, der für das gleiche Produkt am Markt v. fremden Dritten zu entrichten ist.[10] Vergleichspreis ist dabei grds. der günstigste Preis am Markt.[11] Dabei sind alle gewerblichen Anbieter im Inland unter Einschluss allg. zugänglicher Internetangebote zu berücksichtigen.[12] Abw. hiervon geht Abs. 3 als Spezialnorm v. einem unabhängig v. Rabattgewährungen vom ArbG abzugebenden oder auszuzeichnenden Vergleichspreis aus. Sind die Tatbestandsmerkmale des § 8 Abs. 3 erfüllt, wird vorrangig diese Bewertungsvorschrift angewandt. Sie ist wg. des Bewertungsabschlags von 4 % und des Rabattfreibetrags von 1 080 Euro grds. günstiger. Allerdings kann die Bewertung nach § 8 Abs. 2 S. 1 vorteilhaft sein, wenn hohe Rabatte am allg. Markt, jedoch nicht beim ArbG vereinbart werden können.[13] Der BFH erkennt für diese Fälle **eine Art Bewertungswahlrecht** an: Empfängt ein ArbN verbilligt Waren, die sein ArbG herstellt oder vertreibt, darf der geldwerte Vorteil entweder nach der Grundnorm des § 8 Abs. 2 S. 1 (ohne Bewertungsabschlag und Rabattfreibetrag) oder nach § 8 Abs. 3 ermittelt werden.[14]

49 Abs. 3 findet nur Anwendung, wenn die Preisnachlässe gem. Abs. 1 als steuerbare Einnahmen zu qualifizieren sind (Rn. 18); Preisnachlässe, die außerhalb des Dienstverhältnisses gewährt werden, sind nicht steuerbar. Unerheblich ist, ob die Leistung aus einem gegenwärtigen, früheren oder zukünftigen Dienstverhältnis stammt, sofern nur das jeweilige Dienstverhältnis eine ausreichende Bedingung für die Vorteilsgewährung darstellt.[15] Die Qualifikation der Rabatte als Arbeitslohn[16] ist in ihrer Bedeutung durch den

1 BFH v. 4.6.1993 – VI R 95/92, BStBl. II 1993, 687 = FR 1993, 604.
2 BFH v. 26.4.2018 – VI R 39/16, DB 2018, 2280; v. 14.11.2012 – VI R 56/11, BStBl. II 2013, 382 = FR 2013, 472 (473).
3 BFH v. 26.7.2012 – VI R 27/11, BStBl. II 2013, 402 = FR 2013, 332.
4 Ausf. zu Bedeutung und Rechtsentwicklung *Lademann*, § 8 Rn. 171 ff.
5 *K/S/M*, § 8 Rn. D 4; *H/H/R*, § 8 Anm. 159.
6 Absenkung v. früher 1 224 Euro durch das HBeglG 2004 (BGBl. I 2003, 3076); Betrag bestätigt durch G v. 5.4.2011, BGBl. I 2011, 554, nachdem BVerfG v. 8.12.2009 – BvR 758/07, BVerfGE 125, 104, das HBeglG 2004 für formell verfassungswidrig erklärt hat.
7 FG Berlin v. 26.6.2003 – 1 K 1485/02, EFG 2003, 1530; zu verfassungsrechtl. Bedenken gegen Abs. 3 *H/H/R*, § 8 Anm. 147.
8 BFH v. 28.8.2002 – VI R 88/99, BStBl. II 2003, 154 = FR 2003, 253; v. 1.10.2009 – VI R 22/07, BStBl. II 2010, 204 = FR 2010, 344.
9 BFH v. 1.10.2009 – VI R 22/07, BStBl. II 2010, 204 = FR 2010, 344.
10 BFH v. 26.7.2012 – VI R 27/11, BStBl. II 2013, 402 = FR 2013, 332.
11 BFH v. 17.8.2005 – IX R 10/05, BStBl. II 2006, 71 = FR 2006, 191; v. 4.5.2006 – VI R 28/05, BStBl. II 2006, 781 = FR 2006, 1039; v. 12.4.2007 – VI R 36/04, BFH/NV 2007, 1851; BMF v. 16.5.2013, BStBl. I 2013, 729; *Plenker*, BC 2013, 225; *Grasmück*, SteuK 2015, 45.
12 BMF v. 16.5.2013, BStBl. I 2013, 729; *Seifert*, DStZ 2015, 245.
13 *Bergkemper*, FR 2013, 334 (335): Anm. zu BFH v. 26.7.2012 – VI R 27/11, BStBl. II 2013, 402.
14 BFH v. 5.9.2006 – VI R 41/02, BStBl. II 2007, 309 = FR 2007, 95; v. 26.7.2012 – VI R 27/11, BStBl. II 2013, 402 = FR 2013, 332 (334); das BMF hatte diese Entsch. mit einem Nichtanwendungserl. beantwortet: BMF v. 28.3.2007, BStBl. I 2007, 464; dieser Erl. wurde inzwischen aufgehoben: BMF v. 16.5.2013, BStBl. I 2013, 729.
15 BFH v. 8.11.1996 – VI R 100/95, BStBl. II 1997, 330 (331) = FR 1997, 339.
16 So grds. BFH v. 1.12.1995 – VI R 76/91, BStBl. II 1996, 239 (240) = FR 1996, 250; v. 22.5.1992 – VI R 178/87, BStBl. II 1992, 840 = FR 1992, 631.

Freibetrag des Abs. 3 S. 2 wesentlich entschärft. Allerdings gilt Abs. 3 nur für die ArbN-Rabatte,[1] nicht zB für den selbständigen Handelsvertreter[2] oder den Preisnachlass des Freiberuflers, den dieser v. seinen Klienten erhält. Innerhalb der Gruppe der ArbN ist wiederum die Mehrzahl v. der Anwendung des Abs. 3 ausgeschlossen, weil sie keine Sachbezüge erhalten (insbes. im öffentl. Dienst[3]) oder sie nicht in verbraucherorientierten Branchen tätig sind (Rn. 53). Zuwendungen v. anderen Pers. als dem ArbG werden v. Abs. 3 nicht erfasst. Deswegen sollen insbes. **Konzernleistungen** nicht unter Abs. 3 fallen, bei denen Vorteile an ArbN anderer ArbG im Konzern zugewendet oder ein sonstiger überbetrieblicher Belegschaftshandel mit für die ArbN erworbenen Waren betrieben wird.[4] Allerdings greift Abs. 3, wenn der ArbG neben dem Dritten Hersteller (Rn. 52) ist.[5] Ferner dürfte die Rechtsfolge einer Bewertung der Sachleistung nach den Endpreisen, zu denen der ArbG oder der nächstansässige Anbieter Letztverbrauchern anbietet, darauf hinweisen, dass der ArbG nicht Letztanbieter sein muss, sondern in einer Produktions- und Handelskette auch ein Zwischenglied, etwa der Großhändler ggü. dem Einzelhändler oder der Drucker ggü. dem Verlag[6], sein kann. Voraussetzung ist allerdings, dass der ArbG das Endprodukt, nicht nur Teile davon herstellt. Ob ein ArbG im Rahmen einer Unternehmensgruppe ein Produkt herstellt, bemisst sich nach seiner Erwerbsgrundlage und deren Nutzung. Ein Freibetrag, der jeweils im einzelnen Dienstverhältnis gewährt wird, kann bei der Begr. mehrerer Dienstverhältnisse in einem VZ vervielfacht werden.

Die durch Abs. 3 gewährte Entlastung nur des ArbN erscheint gleichheitsrechtl. vertretbar, weil die Entlastung die Verwaltung erleichtert, die typisierende Bewertung einen gleichheitsgerechten Vollzug ermöglicht.[7] 50

III. Unternehmenseigene Sachzuwendungen. Waren oder Dienstleistungen bezeichnen alle Sachbezüge, erstrecken also die gesetzlich beabsichtigte Vereinfachung über den engen zivilrechtl. Sprachgebrauch hinaus auf jeden dem ArbN erbrachten, nicht in Geld bestehenden Sachvorteil.[8] Der BFH[9] versteht in Würdigung des Vereinfachungsanliegens des Abs. 3 und in gleichheitsgerechter, verfassungskonformer Auslegung unter „Waren oder Dienstleistungen" alle Sachbezüge und damit „die gesamte eigene Liefer- und Leistungspalette des jeweiligen ArbG". Abs. 3 regelt deshalb insbes. auch die verbilligte Nutzungsüberlassung v. Grundstücken, Wohnungen,[10] möblierten Zimmern, Kfz., Maschinen und anderen beweglichen Sachen[11] oder die Verbilligung v. Zinsdarlehen,[12] Krankenkassenbeiträgen,[13] ferner die Zuwendung v. Strom[14], Wärme, Genussmitteln außerhalb des Betriebs, Beförderung,[15] Beratungs-, Werbe-, Datenverarbeitungs-, Kontenführungs-, Versicherungs- und Reiseveranstaltungsleistungen,[16] eine Verbilligung v. Flugkosten,[17] die Überführung eines Kfz.,[18] Grundstücksveräußerung, Wohnungs- und Kfz.-Miete, v. Bankgebühren, Abschlussgebühren, Hotelbenutzungen, Post- und Telefonbenutzung. 51

Abs. 3 verwendet – anders als Abs. 2 – die Begriffe „Waren oder Dienstleistungen", weil der Begriff des Sachbezugs „als Anknüpfungspunkt zu der gewollten Beschränkung auf die eigene unternehmerische Lie- 52

1 Zur verfassungsrechtl. Einordnung dieser Einschränkung *Lademann*, § 8 Rn. 177 ff.
2 BFH v. 21.4.2010 – X R 43/08, BFH/NV 2010, 1436.
3 Gerechtfertigt durch BFH v. 4.11.1994 – VI R 81/93, BStBl. II 1995, 338 (340) = FR 1995, 230.
4 BFH v. 15.1.1993 – VI R 32/92, BStBl. II 1993, 356 (357) = FR 1993, 340; v. 28.8.2002 – VI R 88/99, BStBl. II 2003, 154 = FR 2003, 253; v. 1.10.2009 – VI R 22/07, BStBl. II 2010, 204 = FR 2010, 344; FG Nds. v. 21.2.2017 – 14 K 211/15, EFG 2017, 1751 (rkr.); *K/S/M*, § 8 Rn. D 17 ff.; zu verfassungsrechtl. Bedenken *H/H/R*, § 8 Anm. 161; *Meyer-Scharenberg*, DStR 2005, 1210; für eine teleologische Reduktion *Glenk* in Blümich, § 8 Rn. 174.
5 BFH v. 1.10.2009 – VI R 22/07, BStBl. II 2010, 204 = FR 2010, 344; vgl. auch *Birk/Specker*, DB 2009, 2742.
6 BFH v. 28.8.2002 – VI R 88/99, BStBl. II 2003, 154 = FR 2003, 253, m. Anm. *Thomas*, DStR 2003, 110.
7 BFH v. 9.10.2002 – VI R 164/01, BStBl. II 2003, 373 (375) = FR 2003, 21; v. 21.4.2010 – X R 43/08, BFH/NV 2010, 1436; **aA** *K/S/M*, § 8 Rn. D 33 ff.
8 Vgl. Rn. 55 und *K/S/M*, § 8 Rn. D 12 f.; *H/H/R*, § 8 Anm. 157 f.
9 BFH v. 4.11.1994 – VI R 81/93, BStBl. II 1995, 338 (339 f.) = FR 1995, 230; v. 28.8.2002 – VI R 88/99, BStBl. II 2003, 154 = FR 2003, 253.
10 BFH v. 16.2.2005 – VI R 46/03, BStBl. II 2005, 529 = FR 2005, 898.
11 Zur Zuwendung von geleasten betrieblichen Datenverarbeitungsgeräten vgl. FG Sachs. v. 2.11.2017 – 8 K 870/17, juris Rn. 42 (rkr.).
12 BFH v. 4.11.1994 – VI R 81/93, BStBl. II 1995, 338 (340) = FR 1995, 230. S. auch BFH v. 4.5.2006 – VI R 28/05, BStBl. II 2006, 781 = FR 2006, 1039 m. Anm. *Bergkemper*, wonach kein geldwerter Vorteil vorliegt, wenn ein marktüblicher Zinssatz vereinbart wurde, Änderung der Rspr., vgl. zur Berechnung BMF v. 19.5.2015, BStBl. I 2015, 484; *Plenker*, BC 2015, 553.
13 BFH v. 28.10.2004 – VI B 176/03, BFH/NV 2005, 205; FG Nds. v. 21.8.2003 – 11 K 90/00, EFG 2004, 114.
14 BFH v. 15.1.1993 – VI R 32/92, BStBl. II 1993, 356 = FR 1993, 340.
15 FG Nürnb. v. 1.12.2016 – 3 K 588/16, EFG 2017, 386 (Fahrkarten) (Rev. VI R 3/17); vgl. aber FG Berlin v. 26.6.2003 – 1 K 1485/02, EFG 2003, 1530 (rkr.) (Freifahrtberechtigungen).
16 OFD Berlin v. 17.12.1996, DB 1997, 450 (451).
17 Gleichlautender Erlass der obersten FinBeh. der Länder v. 16.10.2018, DStR 2018, 2273.
18 FG München v. 19.5.2017 – 8 K 2605/16, EFG 2017, 1280 (Rev. VI R 31/17).

fer- und Leistungspalette des ArbG sprachlich nicht geeignet war".[1] Die Sonderbewertung oder Befreiung dieser Sachbezüge **gilt nur für unternehmenseigene Sachzuwendungen**, die der ArbG nicht überwiegend für den Bedarf seiner ArbN hergestellt, vertrieben oder erbracht hat. Der ArbG muss den Herstellungs-[2], Vertriebs- oder Erbringungsprozess nicht alleine durchführen; ausreichend ist, dass sein Beitrag von einigem Gewicht ist. Die vereinfachte Bewertung und der Rabattfreibetrag finden keine Anwendung, wenn der ArbN den als Lohn zu beurteilenden Sachbezug auf Veranlassung des ArbG v. einem Dritten erhält, es sich also nicht um Waren oder Dienstleistungen des ArbG handelt.[3] Nach wertender Betrachtung kann der Bezug von einer Vertriebsges. aber dem ArbG als Hersteller zuzurechnen sein.[4] Nimmt hingegen an einer für Bankkunden organisierten Reise auch ein ArbN der Bank auf deren Kosten teil, so ist der geldwerte Vorteil nicht nach Abs. 3 zu bewerten, wenn die Bank lediglich Vermittler und nicht Veranstalter der Reise ist; die bloße Vermittlungstätigkeit ist kein „Vertreiben".[5]

53 Abs. 3 gilt nur für Sachleistungen, die das arbeitgebende Unternehmen **am allg. Markt anbietet**[6] und für den Letztverbraucher bestimmt; ob die Sachleistung nur als Teil einer Gesamtleistung angeboten oder gesondert abgerechnet wird, ist nicht entscheidend.[7] Die vereinfachte Bewertung und der Rabattfreibetrag gelten nicht für Leistungen, die der ArbG überwiegend für den Bedarf seiner ArbN herstellt oder aus eigenen Interessen nur für ArbN zur Vfg. stellen will. Entscheidend ist, dass der ArbG die Leistungen zumindest in gleichem Umfang an fremde Dritte erbringt.[8] Beurteilungsgegenstand ist die Ware oder Dienstleistung selbst, sodass auch im freien Handel nicht verfügbare Mitarbeitertickets erfasst werden.[9] Nach dieser Ausrichtung auf die Allgemeinheit der Letztverbraucher betrifft Abs. 3 nur die Anbieter v. Verbrauchsgütern, die **verbrauchsorientierte Branche**[10] (Kaufhäuser, Banken, Versicherungen, Automobilhersteller, Reiseunternehmen), nicht hingegen die Investitionsgüterindustrie. Die Unterscheidung zw. ArbG-Leistungen aus einem betriebstypischen Angebot und aus einem arbeitnehmerorientierten Angebot führt allerdings zu Ergebnissen, die mit dem Vereinfachungsanliegen des Abs. 3 und dem Gleichheitssatz kaum zu vereinbaren sind: Von Abs. 3 erfasst wären danach Kantinenmahlzeiten im Hotelbetrieb, nicht im Metallbetrieb, Betriebsstoffe im Tankstellenbetrieb, nicht bei der zuliefernden Ölfirma, die verbilligte Übereignung eines Autos durch den Autohändler, nicht durch den Zulieferanten, Zinsermäßigungen durch Banken,[11] nicht durch ein produzierendes Gewerbe, auch wenn Darlehen sonst nur an verbundene Unternehmen ausgereicht wurden,[12] die verbilligte Vermietung eines Wohngrundstücks durch ein Wohnungsbauunternehmen,[13] nicht durch sonstige ArbG mit Betriebswohnungen.[14] Standby-Flüge für Mitarbeiter v. Fluggesellschaften sollen nach Abs. 3 zu bewerten sein, wenn die Mitarbeiter die gleichen Beförderungsbedingungen erhalten wie betriebsfremde Fluggäste, jedoch nach Abs. 2, wenn die Mitnahme davon abhängig ist, dass ausreichend freie Plätze vorhanden sind, oder die LSt pauschal erhoben wird.[15]

54 ArbG-Rabatte werden nur dann nach Abs. 3 vermindert bewertet oder freigestellt, wenn der ArbN sie „**aufgrund seines Dienstverhältnisses**", also als Lohn erhalten hat. Der BFH qualifiziert grds. jeden im Rahmen eines Arbverh. zugewendeten Sondervorteil, den außerhalb des Unternehmens stehende Dritte so nicht erhalten hätten, als Arbeitslohn (§ 19 Rn. 62). Deshalb wendet eine AOK ihrem beihilfeberechtigten Ange-

1 BFH v. 28.8.2002 – VI R 88/99, BStBl. II 2003, 154 = FR 2003, 253; v. 4.11.1994 – VI R 81/93, BStBl. II 1995, 338 (339) = FR 1995, 230.
2 BFH v. 1.10.2009 – VI R 22/07, BStBl. II 2010, 204 = FR 2010, 344.
3 BFH v. 28.8.2002 – VI R 88/99, BStBl. II 2003, 154 = FR 2003, 253; zu Leistungen anderer Konzernmitglieder s. Rn. 47.
4 FG München v. 30.5.2016 – 7 K 532/15, EFG 2016, 1405 (rkr.) (Rabattfreibetrag für verbilligten Strom).
5 BFH v. 7.2.1997 – VI R 17/94, BStBl. II 1997, 363 (364) = FR 1997, 379.
6 BFH v. 27.8.2002 – VI R 63/97, BStBl. II 2002, 881 = FR 2003, 26; v. 27.8.2002 – VI R 158/98, BStBl. II 2003, 95 = FR 2003, 305; v. 18.9.2002 – VI R 134/99, BStBl. II 2003, 371 = FR 2003, 24; v. 26.6.2014 – VI R 41/13, BFH/NV 2014, 1935 (entspr. Anwendung des § 8 Abs. 3 auf Fahrvergünstigungen, die die Deutsche Bahn AG Ruhestandsbeamten des Bundeseisenbahnvermögens gewährt).
7 BFH v. 27.8.2002 – VI R 63/97, BStBl. II 2002, 881 = FR 2003, 26.
8 BFH v. 16.2.2005 – VI R 46/03, BStBl. II 2005, 529 = FR 2005, 898 m. Anm. *Bergkemper* (Überlassung der auf dem Schulgelände befindlichen Hausmeisterdienstwohnung); v. 27.8.2002 – VI R 158/98, BStBl. II 2003, 95 = FR 2003, 305 (Abgabe v. Verhütungsmitteln und Windeln durch Apotheke).
9 FG Nürnb. v. 1.12.2016 – 3 K 1062/16, EFG 2017, 821 (Rev. VI R 4/17); FG Hess. v. 8.2.2017 – 4 K 1925/15, EFG 2017, 923 (Rev. VI R 23/17); **aA** FG Düss. v. 28.6.2000 – 14 K 447/00 E, juris (rkr.).
10 BFH v. 9.10.2002 – VI R 164/01, BStBl. II 2003, 373 (375) = FR 2003, 21.
11 Nicht aber Landeszentralbanken (BFH v. 9.10.2002 – VI R 164/01, BStBl. II 2003, 373); zust. *Kanzler*, FR 2003, 21.
12 BFH v. 18.9.2002 – VI R 134/99, BStBl. II 2003, 371; zust. *Kanzler*, FR 2003, 25.
13 BFH v. 4.11.1994 – VI R 81/93, BStBl. II 1995, 338 (340) = FR 1995, 230.
14 Krit. dazu *H/H/R*, § 8 Anm. 161.
15 Gleichlautender Erlass der obersten FinBeh. der Länder v. 16.10.2018, DStR 2018, 2273; FG Düss. v. 28.6.2000 – 14 K 447/00 E, DStRE 2000, 897 (rkr.); krit. dazu *Weber*, DStR 2006, 1024.

stellten Lohn zu, wenn dieser sich bei ihr unter Verzicht auf Beihilfeansprüche in vollem Umfang versichern lässt und dafür eine Beitragsermäßigung erhält.[1] Der ArbN einer Anlagevermittlungsgesellschaft empfängt Lohn, wenn er v. dieser Anlageobjekte erhält und hierfür einen als Vermittlungsprovision bezeichneten, dem gewöhnlichen Kunden nicht eingeräumten Preisnachlass erhält.[2] Die verbilligte Überlassung v. Jahreswagen ist Lohn.[3] Abs. 3 ist insoweit keine steuerbegründende, sondern eine Bewertungsnorm.

Abs. 3 gilt **nur für Sachzuwendungen**, nicht für Güter in Geld[4] (zur Abgrenzung s. Rn. 15). Eine Sachzuwendung darf nicht durch Umwandlung eines Anspr. auf Barlohn in einen Sachlohnanspr. begründet werden.[5] 55

Wird die für den geldwerten Vorteil zu erhebende LSt **nach § 40 pauschaliert**, findet Abs. 3 keine Anwendung (Abs. 3 S. 1). Der geldwerte Vorteil ist nach Abs. 2 S. 1 mit den um übliche Preisnachlässe geminderten üblichen Endpreisen am Abgabeort zu bewerten. Für jeden einzelnen Sachbezug, für den die Voraussetzungen des Abs. 3 und des § 40 vorliegen, kann zw. der Pauschalbesteuerung und der Anwendung des Abs. 3 gewählt werden.[6] 56

Der ArbG hat auf dem Lohnkonto grds. jeden Sachbezug **aufzuzeichnen** und lfd. einzeln zu erfassen und die Sachbezüge nach Abs. 3 gesondert kenntlich zu machen (§ 4 Abs. 2 Nr. 3 LStDV). 57

IV. Bewertung der Sachzuwendungen. Die Sachbezüge des Abs. 3 S. 1 werden nach den Grundsätzen des Abs. 2 bewertet (Rn. 34 ff.). Von dieser Bewertung nach Abs. 2 gelten jedoch zwei Ausnahmen: 58

a) Bietet der ArbG seine Sachleistungen fremden Letztverbrauchern an, so ist sein Angebotspreis für die Bewertung auch dann maßgebend, wenn er vom üblichen Marktpreis abweicht oder der ArbN anderweitig günstiger erwerben könnte.[7]

b) Etwaige Bewertungsungenauigkeiten zu Lasten des ArbN sollen durch einen pauschalen Abschlag iHv. 4 % des Endpreises ausgeglichen werden.[8] Dieses soll selbst dann gelten, wenn die Endpreise feststehen. Von dem so gebildeten Wert des Sachbezugs ist das vom ArbN gezahlte Entgelt abzuziehen und so der zu versteuernde geldwerte Vorteil (Arbeitslohn) zu ermitteln.

Ausgangsgröße, um den durch einen Personalrabatt veranlassten, lohnsteuerrechtl. erheblichen Vorteil zu ermitteln, ist nach § 8 Abs. 3 S. 1 der **Endpreis**, also der Angebotspreis des ArbG. Dieser angebotene Endpreis ist grds. der unabhängig von Rabattgewährungen nach der PreisangabenVO ausgewiesene Preis.[9] Dieser Preis ist aber kein unwiderlegbar typisierter Preis wie der „inländische Listenpreis" des § 6 Abs. 1 Nr. 4 S. 2, gilt deshalb nur dann, wenn nicht nach den Gepflogenheiten des allg. Geschäftsverkehrs tatsächlich ein niedrigerer Preis gefordert wird.[10] Die FinVerw. anerkennt einen solchen „tatsächlichen Angebotspreis" insbes in der Automobilbranche (Rn. 60).[11] Bietet der ArbG die Sachbezüge fremden Letztverbrauchern im allg. Geschäftsverkehr nicht an, ist für die Bewertung der Endpreis maßgeblich, zu dem der **dem Abgabeort örtlich am nächsten gelegene Abnehmer** anbietet. Der nächstansässige Abnehmer braucht nicht Vertragspartner des ArbG zu sein; es genügt, dass er Waren des ArbG an Letztverbraucher anbietet. Abgabeort ist der Ort, an dem der ArbG seinem ArbN die Sachbezüge verschafft;[12] iSd. Verwaltungsvereinfachung kann auch der Verwaltungssitz des ArbG einheitlich als Abgabeort anerkannt werden. Bewertungszeitpunkt ist der Kalendertag, an dem die Sachbezüge verschafft werden. 59

Erwirbt ein ArbN aus der Produktpalette seines ArbG verbilligt einen **Jahreswagen**, so fließt ihm ein Sachbezug iHd. Preisnachlasses zu.[13] Dieser Zufluss muss iRd. LSt-Abzugverfahrens einfach bewertet werden. 60

---

1 BFH v. 28.10.2004 – VI B 176/03, BFH/NV 2005, 205; v. 1.12.1995 – VI R 76/91, BStBl. II 1996, 239 (240 ff.) = FR 1996, 250.
2 BFH v. 22.5.1992 – VI R 178/87, BStBl. II 1992, 840 = FR 1992, 631.
3 BFH v. 2.2.1990 – VI R 15/86, BStBl. II 1990, 472 (474) = FR 1990, 371; v. 17.6.2009 – VI R 18/07, BStBl. II 2010, 67 = FR 2010, 92.
4 BFH v. 23.8.2007 – VI R 44/05, BStBl. II 2008, 52 = FR 2008, 186 für die Weitergabe v. Vermittlungsprovisionen vom ArbG an ArbN (Barlohn); v. 21.1.2010 – VI R 51/08, BStBl. II 2010, 700 (Unentgeltliche Verpflegung der Besatzung an Bord eines Kreuzfahrtschiffes).
5 Vgl. aber BFH v. 11.11.2010 – VI R 27/09, BStBl. II 2011, 386 = FR 2011, 383 – Tankgutscheine (zu § 8 Abs. 2 Nr. 11); FG Sachs. v. 9.1.2018 – 3 K 511/17, EFG 2018, 1259 m. Anm. *Lutter* (rkr.).
6 R 8.2 Abs. 1 Nr. 4 LStR; *H/H/R*, § 8 Anm. 165.
7 BFH v. 28.6.2007 – VI R 45/02, BFH/NV 2007, 1871; *H/H/R*, § 8 Anm. 169.
8 R 8.2 Abs. 2 S. 8 LStR.
9 BFH v. 17.6.2009 – VI R 18/07, BStBl. II 2010, 67 = FR 2010, 92.
10 BFH v. 17.6.2009 – VI R 18/07, BStBl. II 2010, 67 = FR 2010, 92 (Jahreswagen); FG SchlHol. v. 4.9.2013 – 2 K 23/12, EFG 2013, 2011 (rkr.) (Schiffkreuzfahrt eines Reederei-Mitarbeiters).
11 BMF v. 16.5.2013, BStBl. I 2013, 729; zur Bewertung v. Personalrabatten bei Verkauf v. Pkw an Werksangehörige *Albert*, DStR 2006, 722.
12 BMF v. 18.12.2009, BStBl. I 2010, 20; BT-Drucks. 11/2157, 141.
13 BFH v. 5.9.2006 – VI R 41/02, BStBl. II 2007, 309; v. 17.6.2009 – VI R 18/07, BStBl. II 2010, 67 = FR 2010, 92.

„Endpreis" iSd. Abs. 3 S. 1 ist die Preisempfehlung des ArbG, gemindert um die üblichen Preisnachlässe. Die unverbindliche Preisempfehlung eines Automobilherstellers allerdings ist keine geeignete Grundlage, den steuererheblichen Vorteil eines Personalrabatts für Jahreswagen zu bewerten.[1] Der ArbN kann vortragen, der tatsächliche Angebotspreis sei niedriger als der Listenpreis.[2] Barzahlungsrabatte und Skonti sind durch den Bewertungsabschlag v. 4 % abgegolten.[3] Die FinVerw. erlaubt einen Abzug v. 80 % des Preisnachlasses, der durchschnittlich beim Verkauf an fremde Letztverbraucher tatsächlich gewährt wird.[4] Der BFH anerkennt demgegenüber als geldwerten Vorteil den konkreten Angebotspreis des ArbG, „zu dem das Fahrzeug fremden Letztverbrauchern im allg. Geschäftsverkehr angeboten wird."[5] Gewähren aber andere, dem Abgabeort nicht nächstansässige Händler wesentlich größere Preisnachlässe oder versteckte Rabatte, so kann der Vorteil nach Ansicht des BFH auch nach dem günstigeren Marktpreis bemessen werden.[6] Damit droht ein Wahlrecht, das den Erfordernissen einfachen Verwaltens beim LSt-Abzug widerspricht. Deshalb empfiehlt sich eine klare Alt.:[7] Leistet der ArbG im Eigenvertrieb, leitet er den Angebotspreis durch Einzelnachweis aus seiner Preiskalkulation ab. Verbreitet der ArbG seine Fahrzeuge nur über Händler, ist die Preiskalkulation des nächstansässigen Abnehmers maßgebend. Der Angebotspreis kann um den Abschlag v. 4 % und den Freibetrag v. 1 080 Euro gemindert werden.

61 **V. Freibetrag.** Der nach Abs. 3 S. 1 ermittelte Arbeitslohn ist nach S. 2 **bis zur Höhe v. 1 080 Euro im Kj.** stfrei. Der Freibetrag bezieht sich auf das einzelne Dienstverhältnis, nicht auf die einkunftserzielende Tätigkeit des ArbN insgesamt.[8] Der den Freibetrag übersteigende Betrag wird als geldwerter Vorteil gem. Abs. 1 der Einkommensbesteuerung zugrunde gelegt. Hat der ArbG – wirksam auch gegen den Willen des ArbN[9] – eine Pauschalversteuerung nach § 40 gewählt, so findet Abs. 3 S. 2 insoweit keine Anwendung.

§ 9 Werbungskosten

(1) [1]Werbungskosten sind Aufwendungen zur Erwerbung, Sicherung und Erhaltung der Einnahmen. [2]Sie sind bei der Einkunftsart abzuziehen, bei der sie erwachsen sind. [3]Werbungskosten sind auch

1. **Schuldzinsen und auf besonderen Verpflichtungsgründen beruhende Renten und dauernde Lasten, soweit sie mit einer Einkunftsart in wirtschaftlichem Zusammenhang stehen. [2]Bei Leibrenten kann nur der Anteil abgezogen werden, der sich nach § 22 Nummer 1 Satz 3 Buchstabe a Doppelbuchstabe bb ergibt;**
2. **Steuern vom Grundbesitz, sonstige öffentliche Abgaben und Versicherungsbeiträge, soweit solche Ausgaben sich auf Gebäude oder auf Gegenstände beziehen, die dem Steuerpflichtigen zur Einnahmeerzielung dienen;**
3. **Beiträge zu Berufsständen und sonstigen Berufsverbänden, deren Zweck nicht auf einen wirtschaftlichen Geschäftsbetrieb gerichtet ist;**
4. **Aufwendungen des Arbeitnehmers für die Wege zwischen Wohnung und erster Tätigkeitsstätte im Sinne des Absatzes 4. [2]Zur Abgeltung dieser Aufwendungen ist für jeden Arbeitstag, an dem der Arbeitnehmer die erste Tätigkeitsstätte aufsucht, eine Entfernungspauschale für jeden vollen Kilometer der Entfernung zwischen Wohnung und erster Tätigkeitsstätte von 0,30 Euro anzusetzen, höchstens jedoch 4 500 Euro im Kalenderjahr; ein höherer Betrag als 4 500 Euro ist anzusetzen, soweit der Arbeitnehmer einen eigenen oder ihm zur Nutzung überlassenen Kraftwagen benutzt. [3]Die Entfernungspauschale gilt nicht für Flugstrecken und Strecken mit steuerfreier Sammelbeförderung nach § 3 Nummer 32. [4]Für die Bestimmung der Entfernung ist die kürzeste Straßenverbindung zwischen Wohnung und erster Tätigkeitsstätte maßgebend; eine andere als die kürzeste Straßenverbindung kann zugrunde gelegt werden, wenn diese offensichtlich verkehrsgünstiger ist und vom Arbeitnehmer regelmäßig für die**

1 BFH v. 17.6.2009 – VI R 18/07, BStBl. II 2010, 67 = FR 2010, 92.
2 BFH v. 17.6.2009 – VI R 18/07, BStBl. II 2010, 67 = FR 2010, 92.
3 *Breinersdorfer*, DStR 2009, 2289 (2290).
4 BMF v. 18.12.2009, BStBl. I 2010, 20.
5 BFH v. 17.6.2009 – VI R 18/07, BStBl. II 2010, 67 = FR 2010, 92.
6 BFH v. 5.9.2006 – VI R 41/02, BStBl. II 2007, 309 = FR 2007, 95 m. Anm. *Bergkemper*.
7 *Breinersdorfer*, DStR 2009, 2289 (2292).
8 R 8.2. Abs. 1 Nr. 1 S. 2 LStR.
9 BFH v. 5.11.1982 – VI R 219/80, BStBl. II 1983, 91 (92 f.) = FR 1983, 151.

Wege zwischen Wohnung und erster Tätigkeitsstätte benutzt wird. [5]Nach § 8 Absatz 2 Satz 11 oder Absatz 3 steuerfreie Sachbezüge für Fahrten zwischen Wohnung und erster Tätigkeitsstätte mindern den nach Satz 2 abziehbaren Betrag; ist der Arbeitgeber selbst der Verkehrsträger, ist der Preis anzusetzen, den ein dritter Arbeitgeber an den Verkehrsträger zu entrichten hätte. [6]Hat ein Arbeitnehmer mehrere Wohnungen, so sind die Wege von einer Wohnung, die nicht der ersten Tätigkeitsstätte am nächsten liegt, nur zu berücksichtigen, wenn sie den Mittelpunkt der Lebensinteressen des Arbeitnehmers bildet und nicht nur gelegentlich aufgesucht wird. [7][1]Nach § 3 Nummer 37 steuerfreie Sachbezüge mindern den nach Satz 2 abziehbaren Betrag nicht; § 3c Absatz 1 ist nicht anzuwenden;

4a. Aufwendungen des Arbeitnehmers für beruflich veranlasste Fahrten, die nicht Fahrten zwischen Wohnung und erster Tätigkeitsstätte im Sinne des Absatzes 4 sowie keine Familienheimfahrten sind. [2]Anstelle der tatsächlichen Aufwendungen, die dem Arbeitnehmer durch die persönliche Benutzung eines Beförderungsmittels entstehen, können die Fahrtkosten mit den pauschalen Kilometersätzen angesetzt werden, die für das jeweils benutzte Beförderungsmittel (Fahrzeug) als höchste Wegstreckenentschädigung nach dem Bundesreisekostengesetz festgesetzt sind. [3]Hat ein Arbeitnehmer keine erste Tätigkeitsstätte (§ 9 Absatz 4) und hat er nach den dienst- oder arbeitsrechtlichen Festlegungen sowie den diese ausfüllenden Absprachen und Weisungen zur Aufnahme seiner beruflichen Tätigkeit dauerhaft denselben Ort oder dasselbe weiträumige Tätigkeitsgebiet typischerweise arbeitstäglich aufzusuchen, gilt Absatz 1 Satz 3 Nummer 4 und Absatz 2 für die Fahrten von der Wohnung zu diesem Ort oder dem zur Wohnung nächstgelegenen Zugang zum Tätigkeitsgebiet entsprechend. [4]Für die Fahrten innerhalb des weiträumigen Tätigkeitsgebietes gelten die Sätze 1 und 2 entsprechend;

5. notwendige Mehraufwendungen, die einem Arbeitnehmer wegen einer beruflich veranlassten doppelten Haushaltsführung entstehen. [2]Eine doppelte Haushaltsführung liegt nur vor, wenn der Arbeitnehmer außerhalb des Ortes seiner ersten Tätigkeitsstätte einen eigenen Hausstand unterhält und auch am Ort der ersten Tätigkeitsstätte wohnt. [3]Das Vorliegen eines eigenen Hausstandes setzt das Innehaben einer Wohnung sowie eine finanzielle Beteiligung an den Kosten der Lebensführung voraus. [4]Als Unterkunftskosten für eine doppelte Haushaltsführung können im Inland die tatsächlichen Aufwendungen für die Nutzung der Unterkunft angesetzt werden, höchstens 1 000 Euro im Monat. [5]Aufwendungen für die Wege vom Ort der ersten Tätigkeitsstätte zum Ort des eigenen Hausstandes und zurück (Familienheimfahrt) können jeweils nur für eine Familienheimfahrt wöchentlich abgezogen werden. [6]Zur Abgeltung der Aufwendungen für eine Familienheimfahrt ist eine Entfernungspauschale von 0,30 Euro für jeden vollen Kilometer der Entfernung zwischen dem Ort des eigenen Hausstandes und dem Ort der ersten Tätigkeitsstätte anzusetzen. [7]Nummer 4 Satz 3 bis 5 ist entsprechend anzuwenden. [8]Aufwendungen für Familienheimfahrten mit einem dem Steuerpflichtigen im Rahmen einer Einkunftsart überlassenen Kraftfahrzeug werden nicht berücksichtigt;

5a. notwendige Mehraufwendungen eines Arbeitnehmers für beruflich veranlasste Übernachtungen an einer Tätigkeitsstätte, die nicht erste Tätigkeitsstätte ist. [2]Übernachtungskosten sind die tatsächlichen Aufwendungen für die persönliche Inanspruchnahme einer Unterkunft zur Übernachtung. [3]Soweit höhere Übernachtungskosten anfallen, weil der Arbeitnehmer eine Unterkunft gemeinsam mit Personen nutzt, die in keinem Dienstverhältnis zum selben Arbeitgeber stehen, sind nur diejenigen Aufwendungen anzusetzen, die bei alleiniger Nutzung durch den Arbeitnehmer angefallen wären. [4]Nach Ablauf von 48 Monaten einer längerfristigen beruflichen Tätigkeit an derselben Tätigkeitsstätte, die nicht erste Tätigkeitsstätte ist, können Unterkunftskosten nur noch bis zur Höhe des Betrags nach Nummer 5 angesetzt werden. [5]Eine Unterbrechung dieser beruflichen Tätigkeit an derselben Tätigkeitsstätte führt zu einem Neubeginn, wenn die Unterbrechung mindestens sechs Monate dauert;

6. Aufwendungen für Arbeitsmittel, zum Beispiel für Werkzeuge und typische Berufskleidung. [2]Nummer 7 bleibt unberührt;

7. Absetzungen für Abnutzung und für Substanzverringerung und erhöhte Absetzungen. [2]§ 6 Absatz 2 Satz 1 bis 3 ist in Fällen der Anschaffung oder Herstellung von Wirtschaftsgütern entsprechend anzuwenden.

---

1 Dem § 9 Abs. 1 Satz 3 Nr. 4 wurde mWv. 1.1.2019 Satz 7 angefügt (G zur Vermeidung von Umsatzsteuerausfällen beim Handel mit Waren im Internet und zur Änderung weiterer stl. Vorschriften v. 11.12.2018, BGBl. I 2018, 2338).

(2) [1]Durch die Entfernungspauschalen sind sämtliche Aufwendungen abgegolten, die durch die Wege zwischen Wohnung und erster Tätigkeitsstätte im Sinne des Absatzes 4 und durch die Familienheimfahrten veranlasst sind. [2]Aufwendungen für die Benutzung öffentlicher Verkehrsmittel können angesetzt werden, soweit sie den im Kalenderjahr insgesamt als Entfernungspauschale abziehbaren Betrag übersteigen. [3]Behinderte Menschen,

1. deren Grad der Behinderung mindestens 70 beträgt,
2. deren Grad der Behinderung weniger als 70, aber mindestens 50 beträgt und die in ihrer Bewegungsfähigkeit im Straßenverkehr erheblich beeinträchtigt sind,

können anstelle der Entfernungspauschalen die tatsächlichen Aufwendungen für die Wege zwischen Wohnung und erster Tätigkeitsstätte und für die Familienheimfahrten ansetzen. [4]Die Voraussetzungen der Nummern 1 und 2 sind durch amtliche Unterlagen nachzuweisen.

(3) Absatz 1 Satz 3 Nummer 4 bis 5a sowie die Absätze 2 und 4a gelten bei den Einkunftsarten im Sinne des § 2 Absatz 1 Satz 1 Nummer 5 bis 7 entsprechend.

(4) [1]Erste Tätigkeitsstätte ist die ortsfeste betriebliche Einrichtung des Arbeitgebers, eines verbundenen Unternehmens (§ 15 des Aktiengesetzes) oder eines vom Arbeitgeber bestimmten Dritten, der der Arbeitnehmer dauerhaft zugeordnet ist. [2]Die Zuordnung im Sinne des Satzes 1 wird durch die dienst- oder arbeitsrechtlichen Festlegungen sowie die diese ausfüllenden Absprachen und Weisungen bestimmt. [3]Von einer dauerhaften Zuordnung ist insbesondere auszugehen, wenn der Arbeitnehmer unbefristet, für die Dauer des Dienstverhältnisses oder über einen Zeitraum von 48 Monaten hinaus an einer solchen Tätigkeitsstätte tätig werden soll. [4]Fehlt eine solche dienst- oder arbeitsrechtliche Festlegung auf eine Tätigkeitsstätte oder ist sie nicht eindeutig, ist erste Tätigkeitsstätte die betriebliche Einrichtung, an der der Arbeitnehmer dauerhaft

1. typischerweise arbeitstäglich tätig werden soll oder
2. je Arbeitswoche zwei volle Arbeitstage oder mindestens ein Drittel seiner vereinbarten regelmäßigen Arbeitszeit tätig werden soll.

[5]Je Dienstverhältnis hat der Arbeitnehmer höchstens eine erste Tätigkeitsstätte. [6]Liegen die Voraussetzungen der Sätze 1 bis 4 für mehrere Tätigkeitsstätten vor, ist diejenige Tätigkeitsstätte erste Tätigkeitsstätte, die der Arbeitgeber bestimmt. [7]Fehlt es an dieser Bestimmung oder ist sie nicht eindeutig, ist die der Wohnung örtlich am nächsten liegende Tätigkeitsstätte die erste Tätigkeitsstätte. [8]Als erste Tätigkeitsstätte gilt auch eine Bildungseinrichtung, die außerhalb eines Dienstverhältnisses zum Zwecke eines Vollzeitstudiums oder einer vollzeitigen Bildungsmaßnahme aufgesucht wird; die Regelungen für Arbeitnehmer nach Absatz 1 Satz 3 Nummer 4 und 5 sowie Absatz 4a sind entsprechend anzuwenden.

(4a) [1]Mehraufwendungen des Arbeitnehmers für die Verpflegung sind nur nach Maßgabe der folgenden Sätze als Werbungskosten abziehbar. [2]Wird der Arbeitnehmer außerhalb seiner Wohnung und ersten Tätigkeitsstätte beruflich tätig (auswärtige berufliche Tätigkeit), ist zur Abgeltung der ihm tatsächlich entstandenen, beruflich veranlassten Mehraufwendungen eine Verpflegungspauschale anzusetzen. [3]Diese beträgt

1. 24 Euro für jeden Kalendertag, an dem der Arbeitnehmer 24 Stunden von seiner Wohnung und ersten Tätigkeitsstätte abwesend ist,
2. jeweils 12 Euro für den An- und Abreisetag, wenn der Arbeitnehmer an diesem, einem anschließenden oder vorhergehenden Tag außerhalb seiner Wohnung übernachtet,
3. 12 Euro für den Kalendertag, an dem der Arbeitnehmer ohne Übernachtung außerhalb seiner Wohnung mehr als 8 Stunden von seiner Wohnung und der ersten Tätigkeitsstätte abwesend ist; beginnt die auswärtige berufliche Tätigkeit an einem Kalendertag und endet am nachfolgenden Kalendertag ohne Übernachtung, werden 12 Euro für den Kalendertag gewährt, an dem der Arbeitnehmer den überwiegenden Teil der insgesamt mehr als 8 Stunden von seiner Wohnung und der ersten Tätigkeitsstätte abwesend ist.

[4]Hat der Arbeitnehmer keine erste Tätigkeitsstätte, gelten die Sätze 2 und 3 entsprechend; Wohnung im Sinne der Sätze 2 und 3 ist der Hausstand, der den Mittelpunkt der Lebensinteressen des Arbeitnehmers bildet sowie eine Unterkunft am Ort der ersten Tätigkeitsstätte im Rahmen der doppelten Haushaltsführung. [5]Bei einer Tätigkeit im Ausland treten an die Stelle der Pauschbeträge nach Satz 3 länderweise unterschiedliche Pauschbeträge, die für die Fälle der Nummer 1 mit 120 sowie der Nummern 2 und 3 mit 80 Prozent der Auslandstagegelder nach dem Bundesreisekostengesetz vom Bundesministerium der Finanzen im Einvernehmen mit den obersten Finanz-

behörden der Länder aufgerundet auf volle Euro festgesetzt werden; dabei bestimmt sich der Pauschbetrag nach dem Ort, den der Arbeitnehmer vor 24 Uhr Ortszeit zuletzt erreicht, oder, wenn dieser Ort im Inland liegt, nach dem letzten Tätigkeitsort im Ausland. 6Der Abzug der Verpflegungspauschalen ist auf die ersten drei Monate einer längerfristigen beruflichen Tätigkeit an derselben Tätigkeitsstätte beschränkt. 7Eine Unterbrechung der beruflichen Tätigkeit an derselben Tätigkeitsstätte führt zu einem Neubeginn, wenn sie mindestens vier Wochen dauert. 8Wird dem Arbeitnehmer anlässlich oder während einer Tätigkeit außerhalb seiner ersten Tätigkeitsstätte vom Arbeitgeber oder auf dessen Veranlassung von einem Dritten eine Mahlzeit zur Verfügung gestellt, sind die nach den Sätzen 3 und 5 ermittelten Verpflegungspauschalen zu kürzen:

1. **für Frühstück um 20 Prozent,**
2. **für Mittag- und Abendessen um jeweils 40 Prozent,**

der nach Satz 3 Nummer 1 gegebenenfalls in Verbindung mit Satz 5 maßgebenden Verpflegungspauschale für einen vollen Kalendertag; die Kürzung darf die ermittelte Verpflegungspauschale nicht übersteigen. 9Satz 8 gilt auch, wenn Reisekostenvergütungen wegen der zur Verfügung gestellten Mahlzeiten einbehalten oder gekürzt werden oder die Mahlzeiten nach § 40 Absatz 2 Satz 1 Nummer 1a pauschal besteuert werden. 10Hat der Arbeitnehmer für die Mahlzeit ein Entgelt gezahlt, mindert dieser Betrag den Kürzungsbetrag nach Satz 8. 11Erhält der Arbeitnehmer steuerfreie Erstattungen für Verpflegung, ist ein Werbungskostenabzug insoweit ausgeschlossen. 12Die Verpflegungspauschalen nach den Sätzen 3 und 5, die Dreimonatsfrist nach den Sätzen 6 und 7 sowie die Kürzungsregelungen nach den Sätzen 8 bis 10 gelten entsprechend auch für den Abzug von Mehraufwendungen für Verpflegung, die bei einer beruflich veranlassten doppelten Haushaltsführung entstehen, soweit der Arbeitnehmer vom eigenen Hausstand im Sinne des § 9 Absatz 1 Satz 3 Nummer 5 abwesend ist; dabei ist für jeden Kalendertag innerhalb der Dreimonatsfrist, an dem gleichzeitig eine Tätigkeit im Sinne des Satzes 2 oder des Satzes 4 ausgeübt wird, nur der jeweils höchste in Betracht kommende Pauschbetrag abziehbar. 13Die Dauer einer Tätigkeit im Sinne des Satzes 2 an dem Tätigkeitsort, an dem die doppelte Haushaltsführung begründet wurde, ist auf die Dreimonatsfrist anzurechnen, wenn sie ihr unmittelbar vorausgegangen ist.

(5) 1§ 4 Absatz 5 Satz 1 Nummer 1 bis 4, 6b bis 8a, 10, 12 und Absatz 6 gilt sinngemäß. 2Die §§ 4j und 6 Absatz 1 Nummer 1a gelten entsprechend.

(6) 1Aufwendungen des Steuerpflichtigen für seine Berufsausbildung oder für sein Studium sind nur dann Werbungskosten, wenn der Steuerpflichtige zuvor bereits eine Erstausbildung (Berufsausbildung oder Studium) abgeschlossen hat oder wenn die Berufsausbildung oder das Studium im Rahmen eines Dienstverhältnisses stattfindet. 2Eine Berufsausbildung als Erstausbildung nach Satz 1 liegt vor, wenn eine geordnete Ausbildung mit einer Mindestdauer von 12 Monaten bei vollzeitiger Ausbildung und mit einer Abschlussprüfung durchgeführt wird. 3Eine geordnete Ausbildung liegt vor, wenn sie auf der Grundlage von Rechts- oder Verwaltungsvorschriften oder internen Vorschriften eines Bildungsträgers durchgeführt wird. 4Ist eine Abschlussprüfung nach dem Ausbildungsplan nicht vorgesehen, gilt die Ausbildung mit der tatsächlichen planmäßigen Beendigung als abgeschlossen. 5Eine Berufsausbildung als Erstausbildung hat auch abgeschlossen, wer die Abschlussprüfung einer durch Rechts- oder Verwaltungsvorschriften geregelten Berufsausbildung mit einer Mindestdauer von 12 Monaten bestanden hat, ohne dass er zuvor die entsprechende Berufsausbildung durchlaufen hat.

Verwaltung: BMF v. 31.10.2013, BStBl. I 2013, 1376 (Entfernungspauschalen); v. 24.10.2014, BStBl. I 2014, 1412 (zur Reform des steuerlichen Reisekostenrechts ab 1.1.2014); v. 27.7.2015, BStBl. I 2015, 581 (zur Berücksichtigung von Schuldzinsen als nachträgliche Werbungskosten bei den Einkünften aus VuV); v. 18.10. 2016, BStBl. I 2016, 1147 und v. 21.9.2018, BStBl. I 2018, 1027 (Anerkennung von Umzugskosten nach R 9.9 LStR); v. 14.12.2016, BStBl. I 2016, 1483 (Behandlung von Reisekosten bei betrieblich und beruflich veranlassten Auslandsreisen ab 1.1.2017); v. 6.10.2017, BStBl. I 2017, 1320 (Häusliches Arbeitszimmer).

Literatur: *Arens/Pelke*, Arbeitsrechtliche Gestaltungsmöglichkeiten für die Festlegung der ersten Tätigkeitsstätte nach der Reisekostenreform 2014, DStR 2014, 1239; *Cropp*, Überprüfung der Entfernungspauschale und der Abzugsbeschränkung für ein Arbeitszimmer sowie für die eigene Berufsausbildung am Maßstab des pflichtbestimmten Aufwands, FR 16, 58; *Grube*, Zur Absetzung wegen wirtschaftlicher Abnutzung insbes. v. Gebäuden, FR 2011, 633; *Haase*, Abgrenzungsfragen bei der Zuordnung von Aufwendungen zu laufenden Einnahmen oder Veräußerungsgewinnen, FR 2016, 159; *Harder-Buschner/Schramm*, Die Reform des steuerlichen Reisekostenrechts: Darstellung der neuen gesetzlichen Regelungen, Beil. zu NWB 9/2013, 2; *Hermes*, Die nicht erkannte oder ungewollte erste Tätigkeitsstätte – Risiken der steuerlichen Reisekostenreform, NWB 27/2016, 2022; *Kramer*, Werbungskostenabzug von Beteiligungsverlusten bei Arbeitnehmern, DStR 2017, 366; *Matussek*, Zum Werbungskostenbegriff im Einkommensteuerrecht, 2000; *Niermann*, Die Neuregelung des steuerlichen Reisekostenrechts bei der Gewinnermittlung ab 2014, DB 2014, 1708; *Renner*, Abzugsfähigkeit von Aufwendungen für Bewirtungen und Feiern aus beruflichem und privatem Anlass, DStZ 2016, 121; *Reinhold*, Die Reisekostenreform im internationalen Vergleich, Beil. zu NWB 9/2013, 53; *Renner*, Abzugsfähigkeit von Aufwendungen für Bewirtungen und Feiern aus beruflichem und privatem Anlass, DStZ 16, 121; *Schmitt/Meyen*, Privater Mehraufwand bei Auswärtstätigkeit als Werbungskosten, DB 2013, 1578; *Schmitz-Herscheidt*, Die Surrogationsbetrachtung des BFH beim Schuldzinsenabzug nach nicht steuerbarer Veräußerung einer zuvor vermieteten Immobilie, FR 2014, 625; *Schneider*, Die Reform des Reisekostenrechts: Übereinstimmungen und Abweichungen zur bisherigen BFH-Rechtsprechung, Beil. zu NWB 9/2013, 44; *Söhn*, Abzugsbeschränkungen und Abzugsverbote für gemischt veranlasste Aufwendungen, FS Offerhaus, 1999, 477; *Stapperfend*, Über BA und Werbungskosten, FS Kruse, 2001, 533; *Thomas*, Entfernungspauschale, vom Regen in die Traufe, DStR 2014, 497; *Watrin/Riegler*, Zur ertragsteuerlichen Behandlung von Verlusten aus Währungsswaps, FR 2015, 1049; *Weber*, Die Reform des Reisekostenrechts: Auswirkungen auf die Erstattung von Reisekosten aus Sicht des Arbeitgebers, Beil. zu NWB 9/2013, 21; *Wünnemann/Gödtel*, Die Reform des Reisekostenrechts: Erste Anwendungs- und Umsetzungsfragen aus Sicht der Wirtschaft, Beil. zu NWB 9/2013, 36.

A. Grundaussagen der Vorschrift

I. Regelungsgegenstand. Die ESt belastet nach § 2 Abs. 1 die Einkünfte, nicht die Einnahmen. Es wird 1 nicht der individuelle Vermögenszugang erfasst, sondern nur der Vermögenszuwachs, der nicht zur Erhaltung der Erwerbsquelle benötigt wird. Die ESt verschont den erwerbsichernden Aufwand und folgt dem Gebot einer Besteuerung nach der objektiven (erwerbsichernden) finanziellen Leistungsfähigkeit. Diese Grundentscheidung des § 2 Abs. 1 präzisiert § 2 Abs. 2 Nr. 2 für die Überschusseinkünfte dahin, dass der **Nettobetrag**, also der Überschuss der Einnahmen über die WK, Ausgangsbasis für die Ermittlung des zu versteuernden Einkommens ist, die Einnahmen mithin um die WK gem. § 9 zu kürzen sind. § 9 definiert den v. § 2 Abs. 2 Nr. 2 vorgegebenen Begriff der WK.

II. Systematische Einordnung. Abs. 1 S. 1 gibt eine allg. Definition des Begriffs der WK, und Abs. 1 S. 2 2 ordnet an, dass die als WK zu qualifizierenden Aufwendungen bei der Einkunftsart abzusetzen sind, der sie wirtschaftlich zuzurechnen sind. Abs. 1 S. 3 nennt Beispiele für WK, präzisiert den allg. WK-Begriff, erweitert diesen im konkreten Bsp. und grenzt diesen ein. Abs. 2 trifft eine v. Abs. 1 S. 3 Nr. 4 abw. Sonderregelung für behinderte Menschen, und Abs. 3 ordnet die Geltung v. Abs. 1 S. 3 Nr. 5 und Abs. 2 auch für andere Überschusseinkunftsarten an. Abs. 5 überträgt für BA bestehende Abzugsver- und -gebote auf WK. Abs. 6 definiert die Voraussetzungen für den Abzug von Berufsausbildungs- und Studienkosten.

III. Anwendungsbereich. Die Vorschrift gilt für alle Überschusseinkünfte iSd. § 2 Abs. 2 Nr. 2 EStG. 3

IV. Verhältnis zu anderen Vorschriften. Der WK-Begriff unterscheidet sich im Wortlaut v. dem Begriff 4 der **BA** in **§ 4 Abs. 4**. Die Rspr. legt die Begriffe WK und BA aber angleichend aus und mildert damit den Dualismus der Einkunftsarten. Auch der Gesetzgeber betont die Nähe zw. WK und BA durch die Verweisung in Abs. 5. Abs. 1 S. 1 definiert WK und § 2 Abs. 2 Nr. 2 ordnet deren Abzug an, **§ 12 Nr. 1 S. 2** dagegen verbietet den Abzug v. Aufwendungen, welche die allg. Lebensführung betreffen. Er nimmt eine Grenzziehung zw. als BA oder WK abzugsfähigen Aufwendungen und nicht abzugsfähigen, die Lebensführung betr. Kosten vor. Ist die private Mitveranlassung nicht nur unbedeutend, gebietet das Leistungsfähigkeitsprinzip die Berücksichtigung des beruflichen Anteils durch Aufteilung, notfalls durch Schätzung.[1] Lediglich dann, wenn die – für sich gesehen jeweils nicht unbedeutenden – beruflichen und privaten Veranlassungsbeiträge so ineinandergreifen, dass eine Trennung nicht möglich ist, es also an objektiven Kriterien für eine Aufteilung fehlt, kommt ein Abzug der Aufwendungen insgesamt nicht in Betracht.[2] **SA** sind die in § 10 Abs. 1 aufgezählten Aufwendungen nur, wenn sie keine WK sind. Andererseits gibt es Aufwendungen, die – obwohl sie den WK-Begriff erfüllen – konstitutiv den SA zugeordnet sind, wie zB Rentenversicherungsbeiträge. Diese Entsch. des Gesetzgebers ist verfassungsgemäß.[3]

B. Der allgemeine Werbungskosten-Begriff (Abs. 1 S. 1, 2)

I. Aufwendungen. Abs. 1 S. 1 definiert WK als Aufwendungen zur Erwerbung, Sicherung und Erhaltung 5 der Einnahmen. Abs. 1 S. 2 ordnet an, dass sie bei der Einkunftsart abzuziehen sind, bei der sie erwachsen sind. Der Begriff „Aufwendungen" wird im EStG zwar mehrfach (§ 4 Abs. 4, § 4 Abs. 5, § 4i, § 10 Abs. 1, § 12 Nr. 1 S. 2 und § 33 Abs. 1) verwendet, aber nirgends legal definiert. Auch die Rspr.[4] und die Literatur[5] verwenden den Begriff nicht durchgängig gleich.[6]

---

1 BFH v. 21.9.2009 – GrS 1/06, BStBl. II 2010, 672 = FR 2010, 225 m. Anm. *Kempermann*.
2 BFH v. 21.9.2009 – GrS 1/06, BStBl. II 2010, 672 = FR 2010, 225 m. Anm. *Kempermann*.
3 BVerfG v. 14.7.2016 – 2 BvR 290/10, BStBl. II 2016, 801.
4 Einerseits definiert der BFH die Aufwendungen als die beim StPfl. abfließenden Güter in Geld oder Geldeswert (so BFH v. 27.2.1985 – I R 20/82, BStBl. II 1985, 458 [459]; v. 20.8.1986 – I R 29/85, BStBl. II 1987, 108 [109]; v. 4.7.1990 – GrS 1/89, BStBl. II 1990, 830 [836]). Andererseits führt er aber auch aus, dass das EStG den Begriff „Aufwendungen" als Oberbegriff für Ausgaben und Aufwand verwende und ihn im Sinne aller Wertabflüsse verstehe, die nicht Entnahmen seien, sodass die AfA aus diesem Grund unter den Begriff der Aufwendungen iSd. Abs. 5 S. 1 Nr. 7 zu fassen sei (BFH v. 20.8.1986 – I R 80/83, BStBl. II 1986, 904 [905]; v. 20.8.1986 – I R 29/85, BStBl. II 1987, 108 [110]).
5 Hierzu *K/S/M*, § 4 Rn. E 20ff. und *Stapperfend* in H/H/R, § 4 Anm. 750.
6 So auch *Pohl* in Blümich, § 4i Rn. 27.

6 **1. Definition nach § 8 Abs. 1.** Der Begriff der „Aufwendungen" lässt sich im Umkehrschluss aus der Definition der Einnahmen iSd. § 8 Abs. 1 ableiten: Aufwendungen iSd. § 9 Abs. 1 S. 1 sind – als Gegenstück zu Einnahmen – alle Ausgaben, dh. Güter, die in Geld oder Geldeswert bestehen und bei StPfl. im Rahmen einer der Einkunftsarten des § 2 Abs. 1 Nr. 4–7 abfließen, sowie sonstiger Aufwand (wie zB AfA).[1] Er ist damit ein Oberbegriff für tatsächliche Ausgaben und beruflichen Aufwand im Sinne eines erfolgswirksamen Wertverzehrs (§ 2 Rn. 10 ff.: Erwerbsaufwendungen, sowie § 4 Rn. 168). Dies gilt unabhängig davon, dass iRd. § 9 Abs. 1 bei den Überschusseinkunftsarten zumeist[2] tatsächliche Ausgaben anfallen.[3] Aufwendungen setzen das Abfließen eines Vermögenswerts iSv. § 11 voraus. „Abfließen" meint ein Ausscheiden aus dem Vermögen des Aufwendenden durch Verlust der wirtschaftlichen Verfügungsmacht (§ 11 Rn. 9 ff.).

7 **2. Zeitliche Zuordnung.** WK sind nach dem Abflussprinzip des § 11 Abs. 2 S. 1 für den VZ abzusetzen, in dem sie geleistet worden sind, unabhängig davon, zu welchem VZ sie wirtschaftlich gehören.[4] Maßgebend ist der Zeitpunkt, in dem der StPfl. die wirtschaftliche Verfügungsmacht über die Güter verliert.[5] Es kommt – zB bei Scheckzahlungen oder Banküberweisungen – auf den Zeitpunkt der Leistungshandlung und nicht den des Erfolgseintritts an.[6] Wird dem StPfl. auf seinem lfd. Konto ein Kredit gewährt, so gelten die Zinsen, die diesem Konto belastet werden, im Zeitpunkt der Buchung als abgeflossen, solange der Kreditrahmen nicht ausgeschöpft ist und die Bank weitere Kreditierung verweigert.[7] Nach § 11 Abs. 2 S. 2 iVm. Abs. 1 S. 2 gelten allerdings regelmäßig wiederkehrende Ausgaben, die bei dem StPfl. kurze Zeit vor Beginn oder nach Beendigung des Wj., zu dem sie wirtschaftlich gehören, abgeflossen sind, als in diesem Kj. geleistet. Dabei sieht der BFH als „kurze Zeit" idR einen Zeitraum v. zehn Tagen an.[8]

8 **3. Personelle Zuordnung.** Abs. 1 S. 1 fragt mit dem Begriff der Aufwendungen lediglich nach dem Abfluss v. Gütern in Geld oder Geldeswert und verlangt keinen hierüber hinausreichenden Vermögensvergleich. Dementspr. liegen WK auch dann vor, wenn der StPfl. die **Mittel v. Dritten** unentgeltlich oder darlehensweise erhalten hat.

9 Wenn der StPfl. in seinen eigenen beruflichen/betrieblichen Interessen **Aufwendungen auf fremdes Eigentum** trägt, ist wegen des stl. Nettoprinzips dieser Aufwand auch dann abziehbar, wenn er sich nicht in einem eigenen bilanzierungsfähigen WG niederschlägt. Der Aufwand wird in diesen Fällen „wie ein materielles WG" behandelt, dh. nach den AfA-Regeln.[9]

10 Bei **Eheleuten** bedarf die Frage, in welcher Höhe der Einzelne zu den AK bzw. HK beigetragen hat, einer näheren Betrachtung. Aufwendungen aus gemeinsamen Guthaben oder Darlehensmitteln („aus einem Topf") werden zB der Immobilie des Eigentümerehegatten zugerechnet und sind in vollem Umfang als für dessen Rechnung aufgewendet anzusehen. Es ist davon auszugehen, dass der Nichteigentümerehegatte seinen Anteil dem Eigentümerehegatten zugewendet hat.[10] Bei gemeinsamer Darlehensaufnahme sind in vollem Umfang WK des Eigentümer-Ehegatten gegeben, nicht aber bei einer Darlehensaufnahme allein des Nichteigentümer-Ehegatten.[11]

11 Aus dem Grundsatz der Besteuerung nach der persönlichen Leistungsfähigkeit folgt, dass der StPfl. die Aufwendungen iSv. Abs. 1 grds. persönlich tragen muss. Aufwendungen eines Dritten (sog. **Drittaufwand**) können allerdings im Fall der sog. **Abkürzung des Zahlungswegs** als Aufwendungen des StPfl. zu

---

1 BFH v. 19.1.1982 – VIII R 102/78, BStBl. II 1982, 533 (534) = FR 1982, 362; v. 20.8.1986 – I R 29/85, BStBl. II 1987, 108 = FR 1986, 648; v. 9.11.1993 – IX R 81/90, BStBl. II 1994, 289 = FR 1994, 296; zuletzt BFH v. 16.7.2015 – III R 33/14, BStBl. II 2016, 44 = FR 2016, 220.

2 Ausnahme ist insbes. § 9 Abs. 1 S. 3 Nr. 7.

3 So auch *Söhn*, StuW 1991, 271.

4 Vgl. allerdings zu vor (der üblichen) Fälligkeit geleisteten Zahlungen: BFH v. 13.12.1983 – VIII R 64/83, BStBl. II 1984, 426 = FR 1984, 341 (Damnum); v. 23.9.1986 – IX R 113/82, BStBl. II 1987, 219 = FR 1987, 118 (Haftungs- und Treuhändergebühr).

5 BFH v. 19.1.1982 – VIII R 102/78, BStBl. II 1982, 533 = FR 1982, 362.

6 BFH v. 30.10.1980 – IV R 97/78, BStBl. II 1981, 305 (306 mwN) = FR 1981, 226; v. 14.1.1986 – IX R 51/80, BStBl. II 1986, 453 (454) = FR 1986, 355; v. 11.8.1987 – IX R 163/83, BStBl. II 1989, 702 = FR 1988, 363; v. 20.3.2001 – IX R 97/97, BStBl. II 2001, 482 = FR 2001, 748; v. 8.3.2016 – VIII B 58/15, BFH/NV 2016, 1008.

7 BFH v. 6.3.1997 – IV R 47/95, BStBl. II 1997, 509 = FR 1997, 526.

8 BFH v. 9.5.1974 – VI R 161/72, BStBl. II 1974, 547.

9 BFH v. 23.8.1999 – GrS 1/97, BStBl. II 1999, 778; v. 25.2.2010 – IV R 2/07, BStBl. II 2010, 670; zur Erläuterung: *Fischer*, FR 1999, 1171 (1172).

10 BFH v. 23.8.1999 – GrS 2/97, BStBl. II 1999, 782 = FR 1999, 1173 m. Anm. *Fischer*; v. 23.8.1999 – GrS 5/97, BStBl. II 1999, 774 = FR 1999, 1180 m. Anm. *Fischer*.

11 BFH v. 2.12.1999 – IX R 45/95, BStBl. II 2000, 310 = FR 2000, 661 m. Anm. *Fischer*; v. 2.12.1999 – IX R 21/96, BStBl. II 2000, 312 = FR 2000, 659 (Umschuldung); v. 24.2.2000 – IV R 75/98, BStBl. II 2000, 314 = FR 2000, 770 (abgekürzter Vertragsweg).

werten sein. Nicht zu berücksichtigen ist dagegen Drittaufwand auf der Grundlage des sog. **Zuwendungsgedankens**. Leistungen im sog. **abgekürzten Vertragsweg** (der Dritte schließt im eigenen Namen für den StPfl. einen Vertrag und leistet auch selbst die geschuldeten Zahlungen) sind nicht nur bei Bargeschäften des täglichen Lebens als Aufwendungen des StPfl. anzuerkennen, sondern – so der BFH in seiner neueren Rspr.[1] – allg. dann, wenn Zuwendungsgegenstand ein Geldbetrag ist, nicht dagegen bei Dauerschuldverhältnissen und bei Kreditverbindlichkeiten (ausf.: zu § 4 Rn. 178 f.).

Bei **Personenmehrheiten**, zB Grundstücksgemeinschaften, sind die WK grds. entspr. dem Beteiligungsverhältnis den einzelnen Beteiligten zuzuordnen. Diese können allerdings – auch mit stl. Wirkung – etwas anderes vereinbaren. Voraussetzung ist, dass in der Vereinbarung keine Verwendung des Einkommens liegt, sondern sie ihren Grund im Gemeinschaftsverhältnis hat.[2] Einem einzelnen Beteiligten können insbes. dann überproportional WK zuzurechnen sein, wenn ein anderer Beteiligter nicht willens oder in der Lage ist, seinen Anteil zu tragen[3] oder wenn ein Beteiligter das WG in höherem Maße nutzt als die anderen. 12

4. Bedeutung von Gegenansprüchen. „Aufwendungen" liegen auch dann vor, wenn dem StPfl. ein **Rückforderungsanspr.** gegen den Empfänger zusteht. Der Erwerb des Anspr. auf Rückgewähr betrifft lediglich den Vermögensbereich.[4] Dies gilt dann, wenn der Rückforderungsanspruch durch ein selbständiges Rechtsgeschäft begründet wird, aber auch dann, wenn der Rechtsgrund für die Zahlung v. vornherein fehlte oder nachträglich weggefallen ist. Eine Ausnahme wird nur angenommen, wenn Zahlungen v. StPfl. irrtümlich erbracht werden.[5] Die rückgewährten WK sind eine durch die Einkunftsart veranlasste Einnahme. Dabei kommt es nicht darauf an, ob der StPfl. die WK geltend gemacht hat oder ob sie sich vollständig ausgewirkt haben.[6] Es handelt sich nicht um sog. negative WK, die nur bis zu der Höhe der WK im Jahr des Rückflusses verrechnet werden können.[7] Ebenso wie ein Rückforderungsanspruch gegen den Empfänger steht auch ein **Ersatzanspruch** gegen einen Dritten der Annahme v. Aufwendungen nicht entgegen. Die Ersatzleistung ist als stpfl. Einnahme zu erfassen.[8] 13

II. Einnahmeerzielung. Abs. 1 S. 1 setzt Aufwendungen zur Erwerbung, Sicherung und Erhaltung v. Einnahmen, dh. zur Einnahmeerzielung, voraus. 14

1. Einnahmeerzielung und Vermögenssphäre. Im Rahmen der Überschusseinkünfte des § 2 Abs. 1 Nr. 4–7 findet kein Vermögensvergleich statt – es werden keine Vermögensänderungen in der Form des Vermögenszugangs, des Vermögensabgangs und der Wertminderung erfasst –, sondern es werden – abgesehen v. § 17 und § 23 – nur Einnahmen und WK gegenübergestellt. Soweit Vermögensgegenstände als Einkunftsgrundlage im Rahmen einer steuerrelevanten Erwerbstätigkeit verwendet werden, weisen substanzbezogene Aufwendungen einen ambivalenten Charakter auf. Der WK-Begriff („zur Einnahmeerzielung") muss im Hinblick auf die **Eigenart der Überschusseinkünfte** eingegrenzt werden. Es müssen allg. Aufwendungen „zur Einnahmeerzielung" (die Einkunftssphäre) v. Aufwendungen auf den Vermögensstamm (der Vermögenssphäre) abgegrenzt werden, wobei nach der Art der jeweiligen Aufwendungen zu entscheiden ist, ob der Zusammenhang mit der Einnahmeerzielung oder der Bezug zum Vermögen überwiegt. Beispielsweise sind Beratungskosten iZ mit der Erstellung einer Steuererklärung nach ausländ. Recht keine WK, da sich diese vorrangig nicht auf Einkünfte nach § 2 Abs. 1, sondern auf ausländ. Einkünfte beziehen.[9] 15

Der Erwerb sowohl v. nicht abnutzbaren wie abnutzbaren WG betrifft die **Vermögenssphäre**. Dementspr. werden Aufwendungen zur Anschaffung oder Herstellung v. nicht abnutzbaren WG trotz eines wirtschaftlichen Veranlassungszusammenhangs stl. nicht erfasst (zB AK eines Grundstücks oder Wertpapiers) und bei abnutzbaren WG ein Sofortabzug versagt (und lediglich AfA zum Abzug zugelassen). Wertveränderungen (zB Wertverluste bei Immobilien oder Aktien) bleiben unberücksichtigt. Ebenso wirken sich bei der Veräußerung v. WG anfallende Gewinne oder Verluste – Ausnahmen: § 17 und § 23 – sowie die damit iZ stehenden Aufwendungen (zB Gebäudeabbruchkosten zur Erzielung eines höheren Grundstückspreises) nicht aus. 16

Der Zusammenhang mit der **Einnahmeerzielung** führt jedoch zum WK-Abzug, wenn es sich bei den WG um ein Arbeitsmittel (Abs. 1 S. 3 Nr. 6) handelt, soweit die Aufwendungen zwar einen Substanzbezug auf- 17

---

1 BFH v. 15.11.2005 – IX R 25/03, BStBl. II 2006, 623 = FR 2006, 229.
2 BFH v. 27.6.1978 – VIII R 168/73, BStBl. II 1978, 674; v. 22.1.1980 – VIII R 74/77, BStBl. II 1980, 244 = FR 1980, 197; v. 25.8.1992 – IX R 320/87, BStBl. II 1993, 105 = FR 1993, 570.
3 BFH v. 5.2.1965 – VI 234/63 U, BStBl. III 1965, 256.
4 BFH v. 11.10.1983 – VIII R 61/81, BStBl. II 1984, 267 (269) = FR 1984, 202.
5 *K/S/M*, § 9 Rn. B 63.
6 BFH v. 29.6.1982 – VIII R 6/79, BStBl. II 1982, 755 = FR 1982, 461.
7 Ausf.: *K/S/M*, § 9 Rn. B 64.
8 BFH v. 30.5.1967 – VI R 172/66, BStBl. III 1967, 570.
9 FG Münster v. 14.3.2018 – 3 K 2271/16 E,F, EFG 2018, 846 (rkr.).

weisen, der Einsatz zur Einnahmeerzielung aber vorrangig ist (zB: Zinsen für eine vermietete Immobilie; Kreditkosten für KapVerm.[1]), sich das WG in seinem Einsatz zur Einnahmeerzielung abnutzt (Abs. 1 S. 3 Nr. 7), Erhaltungsaufwendungen dem Erhalt der Gebrauchsfähigkeit zur Einnahmeerzielung dienen oder das WG iZ mit einer auf Einnahmeerzielung gerichteten Tätigkeit untergeht (zB: Unfall mit Pkw auf beruflich veranlasster Fahrt).[2] Aufwendungen, die zugleich auf das Vermögen als auch zur Einnahmeerzielung getätigt werden, sind **aufzuteilen**, ansonsten regelmäßig in vollem Umfang als WK abziehbar.[3]

18 **2. Steuerpflicht der Einnahmen.** WK sind nur Aufwendungen zur Erzielung stpfl. Einnahmen, nicht dagegen Aufwendungen, mit denen der StPfl. stfrei Einnahmen erzielen will, oder Aufwendungen, welche der StPfl. ohne Überschusserzielungsabsicht tätigt. Während die Abgrenzung zwischen privater und beruflicher Veranlassung schon immer große Bedeutung hatte, gerät – insbes. wg. der steigenden Anzahl internationaler Sachverhalte – in jüngster Zeit zunehmend die Zuordnung von Ausgaben zu stpfl. und stfreien Einnahmen (§§ 3 ff. EStG, DBA-Recht, sonstige intern. Abkommen) in den Fokus. § 3c EStG verbietet eine Berücksichtigung als WK, soweit Ausgaben mit stfreien Einnahmen in unmittelbarem wirtschaftlichem Zusammenhang stehen. Erforderlich ist dafür eine **Zuordnung** der WK zu stpfl. bzw. stfreien Einnahmen, die der StPfl. im betreffenden Zeitraum bezogen hat. Lassen sich die WK nicht eindeutig zuordnen, muss eine **Aufteilung** nach den zu § 3c Abs. 1 entwickelten Kriterien vorgenommen werden. Der nicht abziehbare Teil der WK ist nach dem Verhältnis zu bemessen, in dem die stfreien Einnahmen zu den betreffenden Gesamteinnahmen stehen. Von diesem Zuordnungs- und Aufteilungsverfahren sind jedoch solche WK auszunehmen, die entweder ausschließlich zu stfreien Einnahmen gehören (weil sie etwa durch diese unmittelbar abgegolten werden) oder bei denen sich eine Beziehung zu stfreien Bezügen erkennbar nicht herstellen lässt, weil sie Tätigkeiten dienen, die ausschließlich zu stpfl. Einnahmen führen.[4] Nicht steuerbare Einnahmen (bspw. ein sog. „Meisterbonus", der als nicht steuerbarer Zuschuss zu beruflichen Weiterbildungsmaßnahmen gewährt wird) sind nicht in die Berechnung einzubeziehen und mindern den WK-Abzug nicht.[5]

19 **3. Aufwendungen zur Beendigung der Tätigkeit.** WK sind Aufwendungen zur Erwerbung, Sicherung und Erhaltung der Einnahmen, nicht Ausgaben zur Beendigung der Tätigkeit, zB Aufwendungen zum Abbruch eines Mietwohnhauses zwecks Verkaufs des Grundstücks,[6] oder Vorfälligkeitsentschädigungen, die durch die Verpflichtung zur lastenfreien Übertragung veranlasst sind.[7] Nach BFH sind auch Schadensersatz oder Vertragsstrafen bei Rücktritt v. einem Vertrag, der zur Begr. einer Einkunftsquelle geführt hätte, sowie Verzugszinsen, die nach Aufgabe der Absicht, ein Vermietungsobjekt zu erwerben, gezahlt werden, keine WK.[8] Ein durch die Absicht der Einkünfteerzielung begründeter Veranlassungszusammenhang wirkt fort, solange er nicht durch eine der privaten Vermögenssphäre zuzurechnende neue Veranlassung überlagert wird. Dementspr. können nach Aufgabe der Einkünfteerzielungsabsicht vorab entstandene vergebliche WK abziehbar sein, wenn der StPfl. sie trägt, um sich v. der Investition zu lösen.[9]

20 **III. Zusammenhang von Aufwendungen und Einnahmen.** Die Aufwendungen müssen einen Zusammenhang mit stpfl. Einnahmen aufweisen, der eine Zuordnung zum steuerrelevanten Einnahmeerzielungsbereich und eine Abgrenzung zur stl. unerheblichen Sphäre der Einkommensverwendung erlaubt.

21 **1. Finalität oder Veranlassungszusammenhang.** Nach dem Wortlaut v. Abs. 1 S. 1 „zur Erwerbung, Sicherung und Erhaltung der Einnahmen" muss ein finaler Zusammenhang zw. Aufwendungen und Einnahmen bestehen. Die hM in der Literatur und der BFH vertreten jedoch die Ansicht, es reiche ein Veranlassungszusammenhang aus. WK sind alle Aufwendungen, die durch die Erzielung v. (stpfl.) Einnahmen veranlasst sind.[10] Die hM betont den systematischen Zusammenhang und die Parallele zum BA-Begriff, der sich nach § 4 Abs. 4 am Veranlassungsprinzip orientiert, und sieht eine unterschiedliche Inter-

---

1 BFH v. 21.7.1981 – VIII R 154/76, BStBl. II 1982, 37 = FR 1981, 622; v. 30.3.1999 – VIII R 70/96, FR 1999, 1008 = BFH/NV 1999, 1323.
2 BFH v. 27.8.1993 – VI R 7/92, BStBl. II 1994, 235 = FR 1994, 189; v. 16.2.1993 – VI R 82/92, BStBl. II 1993, 518 = FR 1993, 476 m. Anm. *von Bornhaupt*; v. 12.7.1989 – X R 35/86, BStBl. II 1989, 967 = FR 1989, 650.
3 BFH v. 4.5.1993 – VIII R 7/91, BStBl. II 1993, 832 = FR 1993, 803; v. 4.5.1993 – VIII R 89/90, BFH/NV 1994, 225.
4 BFH v. 11.2.1993 – VI R 66/91, BStBl. II 1993, 450 = FR 1993, 1604; v. 26.3.2002, BStBl. II 2002, 823 = FR 2002, 1306.
5 FG München v. 30.5.2016 – 15 K 474/16, EFG 2016, 1513.
6 BFH v. 6.3.1979 – VIII R 110/74, BStBl. II 1979, 551.
7 BFH v. 6.12.2005 – VIII R 34/04, BStBl. II 2006, 265 = FR 2006, 415 m. Anm. *Kempermann.*
8 BFH v. 29.11.1983 – VIII R 160/82, BStBl. II 1984, 307 = FR 1984, 284; v. 15.12.1981 – VIII R 107/79, BStBl. II 1982, 495 = FR 1982, 361; v. 1.8.1989 – IX R 17/86, BFH/NV 1990, 94.
9 BFH v. 15.11.2005 – IX R 3/04, BStBl. II 2006, 258 = FR 2006, 336.
10 BFH v. 20.11.1979 – VI R 25/78, BStBl. II 1980, 75 = FR 1980, 125; v. 15.5.1981 – VI R 66/78, BStBl. II 1981, 735 = FR 1981, 547; vgl. auch *Stapperfend*, FS Kruse, 2001, 539 zur Unterscheidung v. kausaler und finaler Veranlassungstheorie.

pretation v. WK- und BA-Begriff als nicht gerechtfertigt an. Es muss objektiv ein Zusammenhang mit der auf Einnahmeerzielung gerichteten Tätigkeit bestehen und es müssen subj. die Aufwendungen zur Förderung dieser Tätigkeit gemacht werden. Dabei ist der objektive Zusammenhang stets zwingend, während die subj. Absicht je nach Fallgestaltung (zB bei unfreiwilligen Aufwendungen) kein notwendiges Merkmal ist.[1] Die Aufwendungen müssen zu einer Einkunftsart in einem steuerrechtl. anzuerkennenden wirtschaftlichen Zusammenhang stehen. Ob ein solcher besteht, richtet sich nach der – wertenden – Beurteilung des auslösenden Moments und der Zuweisung dieses Bestimmungsgrundes zur estrechtl. relevanten Erwerbssphäre.[2] Der wirtschaftliche Zusammenhang kann nicht allein durch einen bloßen Willensakt des StPfl. hergestellt werden.[3] Abzulehnen ist ein solcher Zusammenhang regelmäßig bei Strafverteidigungskosten, selbst wenn diese „in Ausübung der beruflichen Tätigkeit" provoziert wurden. Die vorgeworfene Tat müsste ausschließlich und unmittelbar aus der beruflichen Tat heraus geschehen sein; andernfalls liegt ein überlagernder privater Mitveranlassungszusammenhang vor.[4]

2. Notwendigkeit, Üblichkeit und Zweckmäßigkeit der Aufwendungen. Stehen Aufwendungen in einem objektiven Zusammenhang mit der auf Einnahmeerzielung gerichteten Tätigkeit, so ist unerheblich, ob die Aufwendungen geeignet sind, die Tätigkeit zu fördern, und ob sie nach objektiven Gesichtspunkten üblich, notwendig oder zweckmäßig sind. Der WK-Begriff belässt dem StPfl. die Entscheidungsfreiheit, ob und welche Aufwendungen er tätigen will, solange nicht Aspekte der allg. Lebensführung eine private Mitveranlassung iSv. § 12 begründen.[5] Etwas anderes gilt nur, soweit der allg. WK-Begriff durch eine spezialgesetzliche Regelung wie zB in Abs. 1 S. 3 Nr. 5 („notwendige Mehraufwendungen") eingeschränkt wird. 22

3. Vorab entstandene, nachträgliche und vergebliche Aufwendungen. WK sind Aufwendungen, die durch die Erzielung v. Einnahmen veranlasst sind. Dementspr. können WK auch schon gegeben sein, bevor Einnahmen zufließen (zB Bewerbungskosten, Sprachkurs[6]). Die Aufwendungen müssen allerdings in einem ausreichend konkreten Zusammenhang mit einer bestimmten Einnahmeerzielung stehen. Ein Abzug kommt v. dem Zeitpunkt an in Betracht, in dem sich anhand objektiver Umstände feststellen lässt, dass der Entschluss, Einkünfte einer bestimmten Einkunftsart zu erzielen, endg. gefasst worden ist.[7] So können bei dem Erwerb eines Bauplatzes Finanzierungskosten als **vorab entstandene WK** abgesetzt werden, wenn konkret mit einer Bebauung in absehbarer Zeit gerechnet wird und die Bauabsicht nachhaltig verfolgt wird.[8] Ein zeitlicher Zusammenhang zw. Aufwendungen und auf Einnahmeerzielung gerichteter Tätigkeit ist dabei ein Indiz für den geforderten Zusammenhang.[9] Als vorab entstandene WK können **Aufwendungen** auch abzuziehen sein, wenn im Rahmen einer Einkunftsart vorübergehend keine Einnahmen zufließen (zB wegen Unterbrechung der ArbN-Tätigkeit oder fehlender Nutzung eines WG). 23

Auch Aufwendungen, die erst nach Aufgabe der auf Einnahmeerzielung gerichteten Tätigkeit anfallen, können durch die Erzielung v. Einnahmen veranlasst und als **nachträgliche WK** abzugsfähig sein. Voraussetzung ist, dass sie noch im wirtschaftlichen Zusammenhang mit der früheren Einnahmeerzielung stehen. Ein derartiger Zusammenhang besteht zB bei Schadensersatzleistungen oder Leistungen aus einer Haftung als ehemaliger Geschäftsführer.[10] Einen derartigen Veranlassungszusammenhang hat der BFH auch bei Schuldzinsen angenommen, die auf die Zeit nach Veräußerung einer qualifizierten Beteiligung iSd. § 17 entfallen.[11] Ebenso hat er – in Abkehr von seiner vorherigen jahrzehntelangen Rspr. – entschieden, dass Schuldzinsen, die auf Verbindlichkeiten entfallen, welche der Finanzierung von AK eines zur Erzielung von Einkünften aus VuV genutzten Wohngrundstücks dienten, auch nach einer gem. § 23 Abs. 1 S. 1 Nr. 1 steuerbaren Veräußerung der Immobilie weiter als (nachträgliche) WK abgezogen werden können, wenn und soweit die Verbindlichkeiten durch den Veräußerungserlös nicht getilgt werden konnten.[12] Ein 24

1 BFH v. 28.11.1980 – VI R 193/77, BStBl. II 1981, 368 = FR 1981, 283; v. 7.2.2008 – VI R 75/06, BStBl. II 2010, 48 (49) = FR 2008, 774 m. Anm. *Bode.*
2 BFH v. 4.7.1990 – GrS 2–3/88, BStBl. II 1990, 817 (823) = FR 1990, 708; v. 17.9.2009 – VI R 24/08, BStBl. II 2010, 198 (201) = FR 2010, 239 m. Anm. *Bergkemper.*
3 BFH v. 28.2.2018 – VIII R 53/14, BFHE 261, 223 Rz. 16 mwN.
4 BFH v. 13.12.2016 – VIII R 43/14, HFR 2017, 487; v. 18.10.2007 – VI R 42/04, BStBl. II 2008, 223 = FR 2008, 232.
5 BFH v. 28.11.1980 – VI R 193/77, BStBl. II 1981, 368 (369) = FR 1981, 283.
6 BFH v. 20.10.1978 – VI R 132/76, BStBl. II 1979, 114.
7 BFH v. 15.4.1992 – III R 96/88, BStBl. II 1992, 819 (821) = FR 1992, 649; v. 29.2.1980 – VI R 165/78, BStBl. II 1980, 395 = FR 1980, 388; v. 31.1.2017 – IX R 17/16, BStBl. II 2017, 633; v. 9.5.2017 – IX R 24/16, BFHE 257, 429.
8 BFH v. 4.6.1991 – IX R 30/89, BStBl. II 1991, 761 = FR 1991, 492.
9 BFH v. 18.4.1996 – VI R 75/95, BStBl. II 1996, 529 = FR 1996, 673; v. 23.3.1982 – VIII R 132/80, BStBl. II 1982, 463 = FR 1982, 335; vgl. auch BFH v. 5.3.1991 – VIII R 6/88, BStBl. II 1991, 744 (746) = FR 1991, 491.
10 BFH v. 14.10.1960 – VI 45/60 U, BStBl. III 1961, 20.
11 BFH v. 16.3.2010 – VIII R 20/08, BStBl. II 2010, 787 = FR 2010, 1038.
12 BFH v. 20.6.2012 – IX R 67/10, BStBl. II 2013, 275 = FR 2013, 39 m. Anm. *Schmitz-Herscheidt.*

Veranlassungszusammenhang soll jedoch regelmäßig nicht bei Forschungsaufwendungen eines emeritierten Professors bestehen.[1]

25 Aufwendungen sind auch dann als **„vergebliche" WK** abziehbar, wenn die Einnahmeerzielung nicht gelingt. Es genügt, wenn die Aufwendungen mit einer konkreten auf Einnahmeerzielung gerichteten Tätigkeit in einem ausreichend bestimmten Zusammenhang stehen.[2] Aufwendungen für ein nicht verwirklichtes Gebäude zB sind als vergebliche WK abzugsfähig, sofern sie nicht mit einem den gleichen Zweck erfüllenden und in gleicher Weise errichteten Gebäude in Verbindung stehen und dessen AK oder HK zuzurechnen sind.[3]

26 **4. Unfreiwillige Aufwendungen.** Auch unfreiwillige Aufwendungen können den WK-Begriff erfüllen. Diese gehören zur Risikosphäre der Erwerbstätigkeit und sind insoweit durch die Einnahmeerzielung veranlasst. WK können zB gegeben sein bei Schadensersatzleistungen des Vermieters wegen Verletzung der Verkehrssicherungspflicht, bei Inanspruchnahme eines ArbN aus einer Bürgschaft zugunsten des ArbG oder bei dem Diebstahl eines Pkw,[4] v. Geld oder anderen Privatgegenständen[5] auf einer Dienstreise.

27 **5. Abwehraufwendungen.** Bei Aufwendungen zur Abwehr v. Gefahren für die Einkunftsquelle wird darauf abgestellt, ob das die Gefahr auslösende Moment durch die Einkunftserzielung als solche (zB die konkrete Verwendung eines WG zur Einkunftserzielung) oder durch private Umstände veranlasst ist.[6] Wenn die Zugehörigkeit eines der Einkunftserzielung dienenden WG zum Vermögen des StPfl. bedroht ist, steht nicht die Absicht der Einkunftserzielung, sondern die Beeinträchtigung des Vermögens im Vordergrund. Ein Veranlassungszusammenhang mit der Erzielung v. Einkünften setzt voraus, dass die abzuwehrende Gefahr durch die Einkunftserzielung veranlasst ist.[7] Aufwendungen, die anlässlich güter- oder erbrechtl. Auseinandersetzungen (Zugewinnausgleich; Pflichtteil) entstehen, weisen regelmäßig keinen ausreichenden Zusammenhang auf.[8]

28 **6. Mehrere Veranlassungszusammenhänge.** Ausgaben, die in mehreren Veranlassungszusammenhängen mit verschiedenen Einkunftsarten bzw. -quellen stehen, müssen den unterschiedlichen Ursachen **anteilig zugeordnet** werden. Kann das „auslösende Moment" aufgrund sich überschneidender Zusammenhänge nicht sinnvoll abgegrenzt werden, ist nach stRspr. der wirtschaftlich **vorrangige Veranlassungszusammenhang**[9] maßgeblich. Zutr. entschieden wurde dies bereits für Rückzahlungsverpflichtungen des ArbN an den alten ArbG aufgrund des Verstoßes gegen die arbeitsvertragliche „Treueklausel" bei einer vorzeitigen Kündigung wegen eines Wechsels zu einem anderen ArbG.[10] Keine Zuordnung zu den WK ist möglich, wenn eine Beteiligung am (künftigen) ArbG Voraussetzung für den Abschluss eines Anstellungsvertrags ist, weil vorrangig Einkünfte aus § 17 erzielt werden.[11] Stellt sich der Schuldbeitritt des GmbH-G'ters wirtschaftlich als Gewährung eines Darlehens an die GmbH dar, liegen keine WK zur Erzielung von Einnahmen aus § 20 EStG vor.[12] Von besonderer praktischer Bedeutung ist die Zuordnung im Bereich der Einkünfte, die mit unterschiedlichen Tarifen besteuert werden, insbes. beim Wechsel zw. inländ. und im Ausland erzielten Einkünften.

29 **IV. Abzugsgebot nach Abs. 1 S. 2.** Abs. 1 S. 2 greift die v. § 2 Abs. 1 angeordnete Trennung nach Einkunftsarten auf und bestimmt nochmals ausdrücklich, dass WK bei der Einkunftsart abzuziehen sind, bei

---

1 BFH v. 5.11.1993 – VI R 24/93, BStBl. II 1994, 238 = FR 1994, 124.

2 BFH v. 4.7.1990 – GrS 1/89, BStBl. II 1990, 830 (836); v. 13.11.1973 – VIII R 157/70, BStBl. II 1974, 161.

3 BFH v. 29.11.1983 – VIII R 96/81, BStBl. II 1984, 303; v. 25.7.1978 – VIII R 42/76, BStBl. II 1979, 14; v. 13.11.1973 – VIII R 157/70, BStBl. II 1974, 161.

4 BFH v. 25.5.1992 – VI R 171/88, BStBl. II 1993, 44 = FR 1992, 774.

5 BFH v. 30.6.1995 – VI R 26/95, BStBl. II 1995, 744 = FR 1995, 823; v. 30.11.1993 – VI R 21/92, BStBl. II 1994, 256.

6 BFH v. 11.5.1993 – IX R 25/89, BStBl. II 1993, 751 = FR 1993, 739; v. 29.7.1997 – IX R 89/94, BStBl. II 1997, 772 = FR 1998, 66.

7 BFH v. 11.5.1993 – IX R 25/89, BStBl. II 1993, 751 = FR 1993, 739; v. 29.7.1997 – IX R 89/94, BStBl. II 1997, 772 (774) = FR 1998, 66.

8 BFH v. 14.4.1992 – VIII R 6/87, BStBl. II 1993, 275 = FR 1993, 229; v. 8.12.1992 – IX R 68/89, BStBl. II 1993, 434 = FR 1993, 540 m. Anm. Drenseck; v. 17.6.1999 – III R 37/98, BStBl. II 1999, 600 = FR 1999, 1117 m. Anm. *Kanzler*; FG RhPf. v. 23.4.2001 – 5 K 1769/99, EFG 2001, 1593 (Abfindung zur Vermeidung des Versorgungsausgleichs).

9 BFH v. 17.5.2017 – VI R 1/16, BFHE 258, 365.

10 BFH v. 25.11.2010 – VI R 34/08, BFH/NV 2011, 680; v. 7.2.2008 – VI R 75/06, BStBl. II 2010, 48 = FR 2008, 774 m. Anm. *Bode*; v. 3.9.2015 – VI R 58/13, BStBl. II 2016, 305 = FR 2016, 324 m. Anm. *Bergkemper*; FG Köln v. 28.1.2015 – 12 K 178/12, EFG 2015, 1532 (rkr.).

11 BFH v. 17.5.2017 – VI R 1/16, BFHE 258, 365.

12 BFH v. 14.3.2017 – VIII R 39/14, GmbHR 2017, 1053; in diese Richtung auch BFH v. 16.2.2017 – VI B 65/16, BFH/NV 2017, 734 = DStZ 2017, 395, wo wiederum das Beteiligungsverhältnis des Gesellschaftergeschäftsführers in den Mittelpunkt gerückt wird.

der sie erwachsen sind. Dies bedeutet, dass sie der Einkunftsart zugerechnet werden, der auch die Einnahmen angehören, zu denen sie im Veranlassungszusammenhang stehen.

C. Schuldzinsen, Renten, dauernde Lasten (Abs. 1 S. 3 Nr. 1)

Nach Abs. 1 S. 3 Nr. 1 sind WK auch Schuldzinsen und auf besonderen Verpflichtungsgründen beruhende Renten und dauernde Lasten. Der Gesetzgeber nennt deklaratorisch Anwendungsfälle für die in Abs. 1 S. 1 enthaltene Definition des allg. WK-Begriffs. Er begrenzt aber zugleich konstitutiv in Abs. 1 S. 3 Nr. 1 S. 2 den Abzug bei Leibrenten auf den Anteil, der sich aus der in § 22 Nr. 1 S. 3 aufgeführten Tabelle ergibt. § 9 Abs. 1 S. 3 Nr. 1 geht **§ 10 Abs. 1 Nr. 1a** vor, der Renten und dauernde Lasten zum Abzug als SA zulässt, wenn sie keine WK sind. Die Regelung des Abs. 1 S. 3 Nr. 1 korrespondiert mit **§ 22 Nr. 1 S. 3**, wonach bei Leibrenten Erträge des Rentenrechts zu den stpfl. sonstigen Einkünften gehören. 30

I. Schuldzinsen. Der Begriff der **„Schuldzinsen"** in Abs. 1 S. 3 Nr. 1 ist – ausgehend v. dem für den WK-Begriff geltenden Veranlassungsprinzip – weit auszulegen. Er meint alle durch eine Tätigkeit des Schuldners zum Zweck der Einnahmeerzielung veranlassten Aufwendungen, die er als Entgelt für die darlehensweise Überlassung v. Kapital an seinen Gläubiger zu entrichten hat. Zu den Schuldzinsen iSv. Abs. 1 S. 3 Nr. 1 zählen Geldbeschaffungskosten wie zB Bereitstellungszinsen, Bereitstellungsprovisionen, Kreditprovisionen, Bankverwaltungskosten, Bankspesen, Abschlussgebühren eines Bausparvertrages,[1] Entgelte für die Überlassung zuteilungsreifer Bausparverträge oder zinsgünstiger Hypotheken, Notargebühren für die Beurkundung der Hypothekenbestellung[2] und deren Eintragung im Grundbuch, Maklerkosten für die Besorgung der Hypothek, Gebühren für die Prüfung der Beleihungsunterlagen, Kreditgebühren für Teilzahlungskredite, Abrechnungs- und Auszahlungsgebühren, Vorfälligkeitsentschädigungen[3] sowie Reisekosten zur Kreditbesorgung. Schuldzinsen sind außerdem alle Aufwendungen, die als Gegenleistung für die Nutzung des in Anspr. genommenen Kapitals geleistet werden, nicht dagegen Ausgaben zur Tilgung des Kredits.[4] 31

Abs. 1 S. 3 Nr. 1 rechnet Schuldzinsen den WK zu, „soweit sie mit einer **Einkunftsart** in wirtschaftlichem Zusammenhang stehen". Sie dürfen nicht der Finanzierung v. SA, ag Belastungen oder allg. privaten Aufwendungen dienen. Da WK nur iRd. Überschusseinkünfte den Einnahmen gegenüberzustellen sind, müssen Schuldzinsen mit einer Einkunftsart iSv. **§ 2 Abs. 1 Nr. 4–7** zusammenhängen. Um dies zu beurteilen, ist auf den **Zweck** der Schuldaufnahme abzustellen. Mit der erstmaligen Verwendung der Darlehensvaluta wird die Darlehensverbindlichkeit einem bestimmten Zweck unterstellt. Dieser Zweck besteht, sofern das Darlehen nicht vorher abgelöst wird, so lange fort, bis die Tätigkeit oder das Rechtsverhältnis iSd. angesprochenen Einkunftsart endet.[5] Eine eindeutige und praktikable Zuordnung ist nur möglich, wenn für die Beurteilung des Veranlassungszusammenhangs **objektive Umstände** maßgebend sind. Ansonsten wäre es ohne weiteres möglich, Darlehen trotz eines objektiv gegebenen Zusammenhangs subj. abw. zuzuordnen und die Zinsen in einen estrechtl. relevanten Bereich zu verlagern.[6] In Fällen einer **erzwungenen Kapitalüberlassung**[7] reicht es zur Begründung des wirtschaftlichen Zusammenhangs zw. Kreditaufnahme und künftigen Zinseinnahmen aus, wenn iErg. damit eine ungerechtfertigte Forderung finanziert wurde, denn in Zwangslagen kann keine subjektive Willkürentscheidung getroffen werden, sondern sind die objektiv vorliegenden Zwänge maßgeblich. 32

Für die Beurteilung einer Darlehensverbindlichkeit und den damit verbundenen Schuldzinsenabzug ist grds. die **tatsächliche Mittelverwendung** entscheidend.[8] Nur die Beobachtung des Mittelflusses erlaubt eine sichere und verlässliche Abgrenzung. Der StPfl. kann bei der jeweiligen Investition frei entscheiden, ob er die Aufwendungen mit Eigen- oder Fremdkapital finanzieren will.[9] Entscheidet sich der StPfl., die der Einnahmeerzielung dienenden Aufwendungen fremd zu finanzieren, behalten die Schuldzinsen grds. 33

---

1 BFH v. 1.10.2002 – IX R 12/00, BStBl. II 2003, 398 = FR 2003, 613.
2 BFH v. 1.10.2002 – IX R 72/99, BStBl. II 2003, 399 = FR 2003, 612.
3 BFH v. 6.12.2005 – VIII R 34/04, BStBl. II 2006, 265 = FR 2006, 415 m. Anm. *Kempermann*; allerdings Veräußerungskosten, wenn sie durch die Verpflichtung zur kostenfreien Übertragung veranlasst sind.
4 BFH v. 29.10.1985 – IX R 56/82, BStBl. II 1986, 143 (146).
5 BFH v. 24.4.1997 – VIII R 53/95, BStBl. II 1997, 682 (684) = FR 1997, 950 m. Anm. *Kempermann*.
6 BFH v. 26.6.1991 – XI R 22/88, BFH/NV 1992, 25.
7 BFH v. 28.2.2018 – VIII R 53/14, BFHE 261, 223; v. 24.5.2011 – VIII R 3/09, BStBl. II 2012, 254.
8 BFH v. 8.12.1997 – GrS 1-2/95, BStBl. II 1998, 193 (197) = FR 1998, 147 m. Anm. *Seer*; v. 26.6.1991 – XI R 22/88, BFH/NV 1992, 25; zur Zuordnung bei Gebäuden: BFH v. 25.3.2003 – IX R 22/01, BStBl. II 2004, 348 = FR 2003, 919; v. 9.7.2002 – IX R 65/00, BStBl. II 2003, 389 = FR 2002, 1359; v. 1.3.2005 – IX R 58/03, BStBl. II 2005, 597 = FR 2005, 892; FG BaWü. v. 13.7.2009 – 9 K 251/07, EFG 2009, 1829.
9 BFH v. 23.7.1986 – I B 25/86, BStBl. II 1987, 328 = FR 1986, 593; v. 2.8.1994 – IX R 21/91, BFH/NV 1995, 203.

bis zur Tilgung des Darlehens WK-Charakter.[1] Da es auf die tatsächliche Verwendung ankommt, führt allerdings auch die nur kurzfristige Rückführung einer die Einkunftssphäre betr. Schuld dazu, dass die auf den getilgten Teil entfallenden Zinsen keine WK mehr sind. Setzt der StPfl. EK zur Einkünfteerzielung ein, kann er diese Entsch. nicht nachträglich durch Aufnahme v. Fremdkapital ändern. Die Einbringung in einen Cash-Pool unterbricht den wirtschaftlichen Zusammenhang. Wer einen als Darlehen empfangenen Geldbetrag nicht dazu nutzt, Aufwendungen iZ mit einer Erwerbstätigkeit zu begleichen, sondern ihn in einen Cash-Pool einbringt, aus dem heraus er später seine Kosten bestreitet, kann Schuldzinsen aus dem aufgenommenen Darlehen nicht als Erwerbsaufwendungen abziehen, sondern nur Schuldzinsen aus einem Darlehen der den Cash-Pool verwaltenden Ges.[2] Als **nachträgliche** WK können **Schuldzinsen** auch dann noch bei Einkünften aus VuV abgezogen werden, wenn und soweit der Veräußerungserlös die Verbindlichkeiten nicht deckt.[3]

34 An die Stelle des bisherigen wirtschaftlichen Zusammenhangs kann ein **neuer wirtschaftlicher Zusammenhang** treten. Wird ein kreditfinanziertes WG veräußert und das Darlehen fortgeführt, so ist die Verwendung des Veräußerungserlöses dafür maßgebend, ob die auf das aufrechterhaltene Darlehen entfallenden Zinsen im wirtschaftlichen Zusammenhang mit einer Einkunftsart stehen.[4] Nach der sog. **„Surrogationsbetrachtung"**, die bei allen Einkünften iSd. § 2 zur Anwendung kommt, können die Zinsen für zurückbehaltene bzw. aufrechterhaltene Darlehen weiter bei der Einkünfte-Berechnung angesetzt werden, wenn der Veräußerungserlös des mit den Fremdmitteln angeschafften WG unmittelbar tatsächlich[5] dazu verwendet wird, eine neue Einkunftsquelle anzuschaffen. Liegt ein fortdauernder Veranlassungszusammenhang mit einer Einkunftserzielung vor, stellen die Schuldzinsen **WK/BA dieser neuen Einkunftsquelle** dar.[6] Wird nicht unmittelbar eine neue Einkunftsquelle angeschafft, endet der Zusammenhang mit der privat motivierten Entscheidung, keiner weiteren Erwerbstätigkeit nachzugehen. Dies gilt unabhängig davon, ob der StPfl. mit dem Erlös das Darlehen ablöst oder stehenlässt.[7] Denkt man die Surrogationstheorie konsequent zu Ende, so kann eine neue Erwerbsquelle grds. auch erschlossen werden, wenn der Veräußerungserlös auf einem gut verzinsten Anlagekonto hinterlegt wird, bspw. weil der StPfl. eine ökonomisch unsinnige Vorfälligkeitsentschädigung bei der Kreditablösung vermeiden möchte. Nach neuerer Auffassung der Rspr., der sich die Verwaltung bereits im Grundsatz angeschlossen hat, kann vom StPfl. kein nachteiliges und wirtschaftlich unsinniges Verhalten erwartet werden.[8] Die Berücksichtigung als **nachträgliche WK** steht unter dem Vorbehalt des **Vorrangs der Schuldentilgung** und ist möglich, wenn der Veräußerungserlös nicht zur Tilgung der Darlehensverbindlichkeit ausreicht.[9] Der ursprüngliche Veranlassungszusammenhang kann auch dann aufrecht erhalten werden, wenn Aufwendungen für ein nach der Veräußerung aufgenommenes Refinanzierungs- und Umschuldungsdarlehen anfallen.[10]

35 **II. Renten.** „Renten" sind – auch aufgrund Wertsicherungsklausel – gleichbleibende Leistungen in Geld (oder auch Sachen) auf die Lebenszeit einer Pers. oder auf eine in anderer Weise festgelegte Laufzeit (§ 22 Rn. 3ff.). Abs. 1 S. 3 Nr. 1 verlangt, dass sie **„auf besonderen Verpflichtungsgründen"** beruhen. Diese Gründe können sich aus dem G (zB bei SozVers.renten), aus einem Vertrag (zB bei Veräußerungsrenten) oder aus einer letztwilligen Anordnung (zB einem Testament) ergeben.

36 Rentenzahlungen sind nur dann als WK zu berücksichtigen, wenn sie **mit einer Einkunftsart iSv. § 2 Abs. 1 S. 1 Nr. 4–7 in wirtschaftlichem Zusammenhang** stehen. Besteht kein Zusammenhang mit Einkünften, kommt ein Abzug als SA nach § 10 Abs. 1 Nr. 1a in Betracht. Dies ist verfassungsgemäß.[11] Bei ei-

---

1 BFH v. 28.2.1990 – I R 205/85, BStBl. II 1990, 537; v. 24.4.1997 – VIII R 53/95, BStBl. II 1997, 682 (684) = FR 1997, 950 m. Anm. *Kempermann*.
2 BFH v. 29.3.2007 – IX R 10/06, BStBl. II 2007, 645 = FR 2007, 1028.
3 BFH v. 20.7.2012 – IX R 67/10, BStBl. II 2013, 275 – zuletzt bestätigt durch BFH v. 11.10.2017 – IX R 10/17, HFR 2018, 299, allerdings nur für Veräußerungsvorgänge nach dem 1.1.1999.
4 BFH v. 7.3.1995 – VIII R 9/94, BStBl. II 1995, 697 = FR 1995, 656.
5 BFH v. 6.12.2017 – IX R 4/17, BStBl. II 2018, 268 mwN sowie mit der deutlichen Abgrenzung von einer bloß gedanklichen Zuweisung des Darlehens zur Finanzierung einer neuen Einkunftsquelle.
6 BFH v. 8.4.2014 – IX R 45/13, BStBl. II 2015, 635 = FR 2014, 650.
7 BFH v. 8.4.2014 – IX R 45/13, BStBl. II 2015, 635 = FR 2014, 650.
8 BFH v. 8.4.2014 – IX R 45/13, BStBl. II 2015, 635 = FR 2014, 650; v. 16.9.2015 – IX R 40/14, BStBl. II 2016, 78 = FR 2016, 426; BMF v. 27.7.2015, BStBl. I 2015, 581; unklar aber noch bei FG Münster v. 11.3.2016 – 4 K 173/13 E, EFG 2016, 805.
9 BFH v. 8.4.2014 – IX R 45/13, BStBl. II 2015, 635 = FR 2014, 650; v. 16.9.2015 – IX R 40/14, BStBl. II 2016, 78 = FR 2016, 426; v. 7.6.2016 – VIII R 32/13, BFH/NV 2016, 1505 = BFHE 253, 565.
10 BFH v. 8.4.2014 – IX R 45/13, BStBl. II 2015, 635 = FR 2014, 650; v. 16.9.2015 – IX R 40/14, BStBl. II 2016, 78 = FR 2016, 426; v. 7.6.2016 – VIII R 32/13, BFH/NV 2016, 1505 = BFHE 253, 565.
11 BVerfG v. 14.6.2016 – 2 BvR 323/10, HFR 2016, 829; v. 14.6.2016 – 2 BvR 290/10, HFR 2016, 837.

nem Zusammenhang mit Gewinneinkünften können BA vorliegen. Der v. Abs. 1 S. 3 Nr. 1 vorausgesetzte wirtschaftliche Zusammenhang besteht bei **Gegenleistungsrenten**, wenn der Rentenverpflichtete ein WG erwirbt, das er zur Erzielung v. Überschusseinkünften verwendet (Mietwohngrundstück, Anteil an einer KapGes., auch: Abstandszahlungen an Mieter). Die Rentenzahlungen sind dann über die gesamte zeitliche Streckung in einen Vermögensumschichtungs- und einen Zinsanteil zu trennen (§ 10 Rn. 12; zur Ermittlung des Zinsanteils: § 22 Rn. 4). Der Kapitalwert der Rente führt zu AK für das erworbene WG, v. denen nach Abs. 1 S. 3 Nr. 7 AfA vorzunehmen sind. Der Zinsanteil ist nach Abs. 1 S. 3 Nr. 1 abzuziehen. Abzugrenzen sind Gegenleistungsrenten v. **„Versorgungsleistungen iRd. privaten Vermögensübergabe"** (vgl. § 10 Abs. 1 Nr. 1a), die in erster Linie der Versorgung, nicht aber der Erzielung, Sicherung und Erhaltung v. Einnahmen dienen.[1] Kein Zusammenhang mit einer Einkunftsart besteht bei **Unterhaltsrenten**, bei denen der Unterhalt des Empfängers im Vordergrund steht (§ 22 Rn. 23).

Bei Leibrenten (zum Begriff: § 22 Rn. 3) ist der Zinsanteil im Ertragsanteil gesetzlich pauschaliert (§ 22 Rn. 3). Dementspr. ist nach **Abs. 1 S. 3 Nr. 1 S. 2** bei Leibrenten nur der Anteil abzuziehen, der sich nach § 22 Nr. 1 S. 3a, bb ergibt.[2] Handelt es sich um Leibrenten, die vor dem 1.1.55 zu laufen begonnen haben, um Renten, deren Dauer v. der Lebenszeit mehrerer Pers. oder einer anderen Pers. als der des Rentenberechtigten abhängt, oder um Leibrenten, die auf eine bestimmte Zeit beschränkt sind, so ergibt sich der abziehbare Ertragsanteil nach Abs. 1 S. 3 Nr. 1 S. 2 iVm. § 22 Nr. 1 S. 3a S. 3 aus den Regelungen in § 55 EStDV. 37

III. Dauernde Lasten. Dies sind – in Abgrenzung zu Renten (Rn. 35) – (in Bezug auf Höhe und Zeitabstand) ungleichmäßige oder abänderbare wiederkehrende Leistungen auf eine bestimmte Laufzeit. Wie für Renten, so verlangt Abs. 1 S. 3 Nr. 1 auch für dauernde Lasten, dass sie auf einem **besonderen Verpflichtungsgrund** beruhen (hierzu Rn. 35). Ein **wirtschaftlicher Zusammenhang mit einer Einkunftsart iSv. § 2 Abs. 1 S. 1 Nr. 4–7** ist – wie bei Renten (Rn. 36) – gegeben, wenn der Verpflichtete als **Gegenleistung** ein WG erwirbt, das er zur Erzielung v. Einnahmen im Rahmen einer Überschusseinkunftsart verwendet. Auch bei der dauernden Last ist dann – wie bei Kaufspreisraten – über die gesamte zeitliche Streckung hinweg ein Vermögensumschichtungs- und ein Zinsanteil zu trennen. Die kapitalisierte dauernde Last führt zu AK und AfA nach § 7. Der lfd. Zinsanteil (zur Ermittlung: § 22 Rn. 4) ist sofort als WK abziehbar.[3] Als Gegenleistung vereinbarte dauernde Lasten sind v. **Versorgungsleistungen iRd. Vermögensübergabe** abzugrenzen (§ 22 Rn. 11, 17 ff.). 38

D. Öffentliche Abgaben und Versicherungen (Abs. 1 S. 3 Nr. 2)

Steuern **„vom Grundbesitz"** knüpfen an das Innehaben des Grundbesitzes an, wie zB die GrSt. Gemeint sind die auf dem Grundstück lastenden Realsteuern, nicht Personalsteuern. Ebenso wie die Steuern sind auch die stl. Nebenleistungen abziehbar.[4] Eine der inländ. GrSt. ähnliche Steuer, die in einem ausländ. Staat erhoben wird, ist ebenfalls abzugsfähig, wenn die Einkünfte aus dem im Ausland gelegenen Grundbesitz der inländ. ESt unterliegen.[5] **„Sonstige öffentl. Abgaben"** sind Gebühren (zB Kanalanschlussgebühren, Straßenreinigungsgebühren), Beiträge (zB Straßenanliegerbeiträge) und Sonderabgaben (zB eine Feuerwehrabgabe). Öffentliche Abgaben sind allerdings nur dann als WK sofort abzugsfähig, wenn sie nicht als AK des Grundstücks oder HK des Gebäudes zu qualifizieren sind. Den AK des Grundstücks werden Beiträge für die Straßenerstanlage[6], Beiträge zur Schaffung einer Fußgängerzone[7], Wasser-, Strom- und Gasanschlussbeiträge[8] und Kanalanschlussgebühren[9] zugerechnet. HK des Gebäudes sind die Kosten des Hausanschlusses (Hauszuleitung des Ver- bzw. Entsorgungsträgers)[10], Ansiedlungsbeiträge[11] und Gara- 39

1 Zur Abgrenzung: BFH v. 14.11.2001 – X R 32–33/01, BStBl. II 2002, 183 (184) = FR 2002, 459 m. Anm. *Weber-Grellet*.
2 Zur Neuregelung durch das AltEinkG: BT-Drucks. 15/2150, 33.
3 BFH v. 9.2.1994 – IX R 110/90, BStBl. II 1995, 47 (51 ff.) = FR 1994, 782 m. Anm. *Drenseck*; v. 18.10.1994 – IX R 46/88, BStBl. II 1995, 169 = FR 1995, 466 (auch zur Ermittlung des Zinsanteils).
4 BFH v. 25.7.1995 – IX R 38/93, BStBl. II 1995, 835 = FR 1995, 824 m. Anm. *Drenseck*.
5 *K/S/M*, § 9 Rn. D 3; offengelassen v. BFH v. 2.10.1963 – I 308/61 U, BStBl. III 1964, 5.
6 BFH v. 18.9.1964 – VI 100/63 S, BStBl. III 1965, 85; v. 12.6.1978 – GrS 1/77, BStBl. II 1978, 620 (625); v. 22.3.1994 – IX R 52/90, BStBl. II 1994, 842 (843) = FR 1994, 824; FG Düss. v. 4.6.1996 – 12 K 541/91 E, EFG 1997, 459.
7 BFH v. 16.11.1982 – VIII R 167/78, BStBl. II 1983, 111 = FR 1983, 177; aber: BFH v. 22.3.1994 – IX R 52/90, BStBl. II 1994, 842 = FR 1994, 824.
8 BFH v. 15.2.1989 – X R 6/86, BFH/NV 1989, 494; v. 14.3.1989 – IX R 138/88, BFH/NV 1989, 633.
9 BFH v. 11.12.2003 – IV R 40/02, BStBl. II 2004, 282 (trotz Sickergrube); v. 12.6.1978 – GrS 1/77, BStBl. II 1978, 620 (625); aber: BFH v. 25.5.1984 – III R 30/79, BStBl. II 1984, 616 (bei besonderen Vorteilen).
10 BFH v. 24.11.1967 – VI R 302/66, BStBl. II 1968, 178.
11 BFH v. 11.3.1976 – VIII R 212/73, BStBl. II 1976, 449.

genablösebeiträge.[1] Sofort abzugsfähige WK sind dagegen zB Ergänzungsbeiträge zur Verbesserung v. Erschließungsanlagen.[2] Beiträge für gesetzliche oder für freiwillig eingegangene **Versicherungen** sind als WK berücksichtigungsfähig, wenn die Versicherungsleistung an die Stelle einer Einnahme treten soll, die aufgrund des Versicherungsfalles ausgefallen ist (wie zB bei einer Mietausfallversicherung) oder wenn die Versicherung einen Schaden ausgleichen soll, der sonst als WK absetzbar wäre (wie zB bei Schaden durch Feuer, Wasser, Sturm, Glasbruch, Hausbesitzerhaftpflicht, nicht: Hausratversicherung, Privathaftpflichtversicherung, allg. Einbruch- und Diebstahlversicherung). Die Versicherungen müssen ein einkünftebezogenes Risiko abdecken. Die in Abs. 1 S. 3 Nr. 2 genannten Steuern, Abgaben und Versicherungsbeiträge müssen sich auf **„Gebäude“** oder „sonstige Gegenstände“ beziehen. Dies wird vor allem iRd. Einkünfte aus VuV in Betracht kommen, sodass es sich aufdrängt, den Begriff des „Gebäudes“ in demselben Sinne zu interpretieren wie den gleich lautenden Begriff in § 21 Abs. 1 S. 1 Nr. 1. Andere **„Gegenstände“** können neben beweglichen und unbeweglichen Sachen auch Forderungen, Immaterialgüterrechte und sonstige Vermögensrechte sein. Das Gebäude oder der Gegenstand, auf den sich die Ausgaben beziehen, müssen „dem StPfl. zur Einnahmeerzielung dienen“. Ansonsten sind die Aufwendungen Ausgaben der privaten Lebensführung iSd. § 12 Nr. 1.

E. Beiträge zu Berufsständen und -verbänden (Abs. 1 S. 3 Nr. 3)

40 Abs. 1 S. 3 Nr. 3 ist ggü. dem allg. WK-Begriff deklaratorisch. Da die Aufgabe v. Berufsständen und -verbänden darin besteht, die beruflichen Belange ihrer Mitglieder wahrzunehmen, sind die Beiträge durch die berufliche Tätigkeit veranlasst. Unter einem **Berufsstand** wird eine Gr. oder Klasse verstanden, der einzelne Pers. ihrem Beruf entspr. angehören. „**Berufsverband**“ – als Oberbegriff zu dem des Berufsstandes – ist ein Zusammenschluss v. nat. Pers. oder Unternehmen, der allg., aus der beruflichen oder unternehmerischen Tätigkeit erwachsene ideelle oder wirtschaftliche Interessen eines Berufsstandes oder Wirtschaftszweiges wahrnimmt. Beiträge an Berufsverbände sind nach Abs. 1 S. 3 Nr. 3 nur abziehbar, wenn deren Zweck nicht auf einen **wirtschaftlichen Geschäftsbetrieb** (Legaldefinition: § 14 AO) gerichtet ist. Denn eine mittelbare Förderung v. Berufsverbänden ist nicht gerechtfertigt, wenn er mit einem wirtschaftlichen Geschäftsbetrieb in Konkurrenz zu Wirtschaftsunternehmen tritt. „**Beiträge**“ sind Pflichtbeiträge, Eintrittsgelder, Umlagen und auch freiwillige Mehrleistungen, wenn sie zur Förderung der beruflichen Interessen verwendet werden sollen.[3] Nicht gemeint sind Aufwendungen für die Teilnahme an Tagungen und Sitzungen, für gesellschaftliche Veranstaltungen oder für private Zwecke der Mitglieder (zB eine Sterbegeldumlage einer Rechtsanwaltskammer)[4], Zahlungen, die auf eine Sonder- oder Gegenleistung[5] des Verbandes abzielen, oder Aufwendungen im Rahmen einer ehrenamtlichen Tätigkeit für den Berufsverband.[6]

F. Wege Wohnung – erste Tätigkeitsstätte (Abs. 1 S. 3 Nr. 4, Abs. 2, Abs. 4)

41 **I. Allgemeine Erläuterungen.** Abs. 1 S. 3 Nr. 4 S. 1 zählt Aufwendungen des ArbN für die Wege zw. Wohnung und Arbeitsstätte zu den WK und lässt diese Aufwendungen in begrenztem Umfang pauschaliert zum Abzug zu.

42 Die Regelung über die Berücksichtigung v. Aufwendungen für Wege Wohnung/Arbeitsstätte war immer wieder Gegenstand v. **Reformen und Reformüberlegungen**. Es wurden Fahrtkosten mit unterschiedlichen Pauschbeträgen und unter wechselnden Voraussetzungen zum Abzug zugelassen (vgl. 16. Aufl., § 9 Rn. 42 mwN). Mit dem Gesetz zur Änderung und Vereinfachung der Unternehmensbesteuerung und des steuerlichen Reisekostenrechts v. 20.2.2013[7] hat der Gesetzgeber zuletzt auf die Rspr. des BFH reagiert und die bisherigen Regelungen für Fahrten zw. Wohnung und regelmäßiger Arbeitsstätte durch eine einfachere und praktikable Regelung für Fahrten zw. Wohnung und erster Tätigkeitsstätte ersetzt.

43 Teilweise sind durch die Neuregelungen Vereinfachungen eingetreten. Der Gesetzgeber hat es allerdings versäumt, die Abziehbarkeit der Aufwendungen für Wege Wohnung/erste Tätigkeitsstätte und die Abziehbarkeit der Aufwendungen bei auswärtiger Tätigkeit jeweils iZ zu regeln, sodass der **systematische Zusammenhang** der einzelnen Regelung des § 9 nur schwer zu erkennen ist.

---

1 BFH v. 8.3.1984 – IX R 45/80, BStBl. II 1984, 702 = FR 1984, 478.
2 BFH v. 2.5.1990 – VIII R 198/85, BStBl. II 1991, 448; v. 13.9.1984 – IV R 101/82, BStBl. II 1985, 49 = FR 1985, 131; v. 4.11.1986 – VIII R 322/83, BStBl. II 1987, 333 = FR 1987, 204.
3 BFH v. 28.11.1980 – VI R 193/77, BStBl. II 1981, 368 = FR 1981, 283.
4 FG RhPf. v. 27.5.1981 – 1 K 151/80, EFG 1982, 70.
5 BFH v. 9.7.1969 – I R 38/66, BStBl. II 1969, 744.
6 Zum Ganzen: *K/S/M*, § 9 Rn. E 12a ff. mwN; BFH v. 28.11.1980 – VI R 193/77, BStBl. II 1981, 368 (371) = FR 1981, 283.
7 BGBl. I 2013, 285.

Aufwendungen für Fahrten zw. Wohnung und Arbeitsstätte sind **gemischte Aufwendungen iSd. § 12 Nr. 1 S. 2.**[1] Sie sind wegen der privaten Wahl des Wohnorts zwangsläufig auch privat mit veranlasst. Wäre die Regelung des Abs. 1 S. 3 Nr. 4 lediglich deklaratorisch, müssten Fahrten zur Tätigkeitsstätte v. anderen Orten als der Wohnung uneingeschränkt abzugsfähig sein. Ebenso sind die Ausnahmen v. Abs. 1 S. 3 Nr. 4 S. 2–6 überzeugend nur zu begründen, wenn Abs. 1 S. 3 Nr. 4 als konstitutiv interpretiert wird. Auch der Gesetzgeber ist seit 1967 davon ausgegangen, dass es sich um Aufwendungen handelt, welche die private Lebensführung berühren.[2] Das BVerfG hat in seinem Beschl. v. 4.12.2002 zu der Zwei-Jahres-Frist bei doppelter Haushaltsführung ausgeführt, die grds. Abzugsfähigkeit der Kosten einer doppelten Haushaltsführung sei traditioneller Teil der Grundentscheidung des deutschen ESt-Rechts, die steuerrechtl. erhebliche Berufssphäre nicht erst „am Werkstor" beginnen zu lassen. Damit gehörten vor allem Fahrtkosten Wohnung/Arbeitsstätte zu den iRd. objektiven Nettoprinzips abzugsfähigen beruflichen Aufwendungen, obwohl solche Aufwendungen wegen der privaten Wahl des Wohnorts zwangsläufig auch privat mit veranlasst seien.[3] Nach der Entsch. des BVerfG v. 9.12.2008 ist der Gesetzgeber – verfassungsrechtl. unbedenklich – davon ausgegangen, dass angesichts der regelmäßig „privaten" Wahl des Wohnorts die Aufwendungen für die Wege zw. Wohnung und regelmäßiger Arbeitsstätte nicht ausschließlich beruflich, sondern auch privat mitveranlasst sind.[4] 44

Aufwendungen für Fahrten Wohnung/Arbeitsstätte bzw. erster Tätigkeitsstätte (und Mehraufwendungen wegen doppelter Haushaltsführung) sind **v. Reisekosten, dh. Aufwendungen für eine Auswärtstätigkeit, abzugrenzen** (vgl. § 3 Nr. 16). Während in der Vergangenheit die Institute Dienstreisen, Einsatzwechseltätigkeit und Fahrtätigkeit unterschieden wurden, hat der BFH mit mehreren Urteilen v. 11.5.2005[5] eine Neuausrichtung vorgenommen. Danach gebietet das **objektive Nettoprinzip** eine Berücksichtigung v. Mobilitätskosten als WK. Allerdings erfahre das objektive Nettoprinzip eine **Einschränkung durch die gesetzlichen Regelungen bei Fahrten Wohnung/Arbeitsstätte und Aufwendungen für doppelte Haushaltsführung.** Diese Abzugsbeschränkungen beträfen aber nur Tätigkeiten, die an einer ortsgebundenen und dauerhaft angelegten Arbeitsstätte ausgeübt werden. Ausgehend v. der Unterscheidung danach, ob eine regelmäßige Arbeitsstätte vorhanden sei, sei hinsichtlich der Abziehbarkeit v. Wegekosten, Verpflegungsmehraufwand und Unterbringungskosten nur noch zw. dem Tätigwerden des StPfl. an einer derartigen Arbeitsstätte einerseits und dem Tätigwerden außerhalb oder ohne eine solche Einrichtung andererseits (unabhängig davon, ob sie den bisherigen Instituten Dienstreise, Einsatzwechseltätigkeit und Fahrtätigkeit entspr.) zu unterscheiden, also zw. Innen- und Außentätigkeit. Nach BFH unterscheiden sich die Fahrtkosten, Mehraufwendungen für Verpflegung und Übernachtungskosten im Rahmen einer Auswärtstätigkeit v. den entspr. Kosten iZ mit einer regelmäßigen Arbeitsstätte. Der StPfl. könne bei einer Auswärtstätigkeit ohne dauerhaft angelegte ortsgebundene regelmäßige Arbeitsstätte seine Fahrtkosten nicht dadurch geringhalten – und Übernachtungskosten vermeiden –, dass er seinen Heimatwohnsitz an den Einsatzort heranverlegt. Er könne sich nicht auf die Benutzung öffentl. Verkehrsmittel dauerhaft einstellen und so auf eine Minderung seiner Wegekosten hinwirken.[6] Dementspr. komme der Frage zentrale Bedeutung zu, ob der Ort, an dem der StPfl. seine Arbeitsleistung zu erbringen hat, seine regelmäßige Arbeitsstätte sei, und dementspr. müsse der Begriff der regelmäßigen Arbeitsstätte auch definiert werden. Regelmäßige Arbeitsstätte sei der ortsgebundene Mittelpunkt der dauerhaft angelegten beruflichen Tätigkeit des ArbN.[7] Mit dem Gesetz zur Änderung und Vereinfachung der Unternehmensbesteuerung und des steuerlichen Reisekostenrechts v. 20.2.2013[8] hat der Gesetzgeber die Unterscheidung des BFH aufgegriffen und ihr in § 9 einen gesetzlichen Niederschlag gegeben. § 9 regelt und unterscheidet nunmehr erstens Aufwendungen zw. Wohnung und erster Tätigkeitsstätte, zweitens Mehraufwendungen wegen doppelter Haushaltsführung und drittens Aufwendungen im Rahmen einer Auswärtstätigkeit (Aufwendungen für Fahr- 45

---

1 BVerfG v. 4.12.2002 – 2 BvR 400/98, 1735/00, BStBl. II 2003, 534 (541); *Offerhaus*, BB 2006, 129; BFH v. 20.12.1982 – VI R 64/81, BStBl. II 1983, 306 (308) = FR 1983, 281; *Olbertz*, BB 1996, 2489 (2491); **aA** *Karrenbrock/Fehr*, DStR 2006, 1303 (1304f.); *Lenk*, BB 2006, 1305; vgl. auch BFH v. 2.3.1962 – VI 79/60 S, BStBl. III 1962, 192.
2 BFH v. 20.12.1982 – VI R 64/81, BStBl. II 1983, 306 (310) = FR 1983, 281; *Offerhaus*, BB 2006, 129 (130).
3 BVerfG v. 4.12.2002 – 2 BvR 400/98, 1735/00, BStBl. II 2003, 534 (541).
4 BVerfG v. 9.12.2008 – 2 BvL 1/07, 2/07, 1/08, 2/08, BGBl. I 2008, 2888 = BFH/NV 2009, 338 zu Rn. 72; *Schneider*; Beil. zu NWB Heft 9/2013, 44 (46).
5 BFH v. 11.5.2005 – VI R 7/02, BStBl. II 2005, 782 (783) = FR 2005, 1107; v. 11.5.2005 – VI R 70/03, BStBl. II 2005, 785 = FR 2005, 1101; v. 11.5.2005 – VI R 15/04, BStBl. II 2005, 788 = FR 2005, 1110; v. 11.5.2005 – VI R 16/04, BStBl. II 2005, 789 = FR 2005, 1110 m. Anm. *Bergkemper*; v. 11.5.2005 – VI R 25/04, BStBl. II 2005, 791 = FR 2005, 1104; v. 11.5.2005 – VI R 34/04, BStBl. II 2005, 793 = FR 2005, 1105.
6 BFH v. 11.5.2005 – VI R 7/02, BStBl. II 2005, 782 (784) = FR 2005, 1107; v. 10.4.2008 – VI R 66/05, BStBl. II 2008, 825 = FR 2008, 1072 m. Anm. *Bergkemper*.
7 BFH v. 11.5.2005 – VI R 16/04, BStBl. II 2005, 789 (791) = FR 2005, 1110 m. Anm. *Bergkemper*.
8 BGBl. I 2013, 285.

ten, die nicht Fahrten zw. Wohnung und erster Tätigkeitsstätte sowie keine Familienheimfahrten sind, Übernachtungskosten an einer Tätigkeitsstätte, die nicht erste Tätigkeitsstätte ist, und Verpflegungsmehraufwendungen bei auswärtiger beruflicher Tätigkeit).

46 Die Entfernungspauschale steht in einem Spannungsverhältnis zu dem Prinzip der Besteuerung nach der wirtschaftlichen Leistungsfähigkeit. Für sie sprechen jedoch umwelt- und verkehrspolitische Gründe. Sie vermittelt eine gleich hohe Steuerersparnis, unabhängig davon, ob der StPfl. hohe Aufwendungen für eine Kfz.-Nutzung oder niedrigere Aufwendungen für die Nutzung öffentl. Verkehrsmittel hat. Je nach ihrer Höhe verweigert sie dem Kfz.-Nutzer eine Berücksichtigung seines Aufwandes und gewährt dem Nutzer öffentl. Verkehrsmittel ein Steuergeschenk. Sie führt vor allem zu einer **Steuervereinfachung.**[1] Sie erübrigt die früher notwendige Prüfung, ob der StPfl. ein Kfz. oder öffentl. Verkehrsmittel benutzt hat. Sie erspart Nachforschungen, ob der StPfl. allein in seinem Kfz. zur Arbeitsstelle gefahren ist oder in einer Fahrgemeinschaft.

47 Problematisch ist die Höhe der Entfernungspauschale. Zwar verweigert die Pauschale dem Benutzer eines Kfz. die vollständige stl. Berücksichtigung seines Aufwands (vgl. die Pauschale v. 0,30 Euro pro gefahrenem km), ist aber an dem Aufwand für die Kfz.-Nutzung orientiert. Sie fördert die Nutzung öffentl. Verkehrsmittel dadurch, dass sie dem Benutzer öffentl. Verkehrsmittel durch die Berücksichtigung eines ihm nicht entstandenen Aufwands ein Steuergeschenk gewährt, das umso höher ausfällt, je länger der Weg zur Arbeit und je höher sein Steuersatz ist. Sie wirkt nicht darauf hin, lange Fahrten zw. Wohnung und Arbeitsstätte zu vermeiden, sondern lenkt hin zur Nutzung bestimmter Verkehrsmittel. Besonders Fernpendlern verschafft sie eine erhebliche Steuerersparnis. Sie wirkt der „Entsiedelung abgelegener Räume" entgegen. Sie hält aber auch den StPfl., der Fahrtaufwand einerseits und höheren Aufwand im Ballungsgebiet (Miete, Grundstückspreise, Lebenshaltungskosten) andererseits abzuwägen hat, v. Umzug ab und stößt insoweit auf **umwelt- und verkehrspolitische Bedenken.**[2] Die Höhe der Pauschale verlangt eine Ausnahme für Flüge und macht die – bei Pkw-Nutzung zu durchbrechende – Obergrenze v. 4 500 Euro erforderlich. Sie lässt die mit dem ArbN-PB beabsichtigte Vereinfachung entfallen, da dieser schon bei einer Entfernung v. 16 km regelmäßig überschritten wird.

48 **II. Der Grundtatbestand (Abs. 1 S. 3 Nr. 4 S. 1). 1. Wohnung.** Mit dem Begriff der Wohnung sind alle Unterkünfte gemeint, die v. einem ArbN zur Übernachtung genutzt werden und v. denen aus er seinen Arbeitsplatz aufsucht.[3] „Wohnung" iSv. Abs. 1 S. 3 Nr. 4 kann die Unterkunft in einem möblierten Zimmer,[4] auf einem Schiff,[5] in einer Holzbaracke,[6] in einem Wohnwagen und auf einem Campingplatz,[7] in der Kaserne oder in einem Baustellenwagen[8] sein. Nach der Vorstellung des Gesetzgebers ist eine „Wohnung" iSd. Abs. 1 S. 3 Nr. 4 grds. nur die **eigene Wohnung** des StPfl.[9] Abs. 1 S. 3 Nr. 4 S. 7 bestätigt dies, indem er ausdrücklich den Fall regelt, dass ein ArbN mehrere Wohnungen „hat". Begünstigte Fahrten liegen danach nicht vor, wenn der ArbN v. einer fremden Wohnung (zB der einer Freundin) oder einem Hotelzimmer zur Arbeitsstätte fährt.[10] Aufwendungen für Fahrten v. einer anderen Unterkunft sind nur in Ausnahmefällen zu berücksichtigen, zB wenn die eigene Wohnung des StPfl. nicht benutzbar ist (zB beim Übernachten in der Wohnung eines Freundes während der Renovierung der eigenen Wohnung) oder wenn die eigene Wohnung zur Erreichung der Arbeitsstätte nicht geeignet ist (zB bei Übernachtung im Hotel, weil die Wohnung v. Arbeitsort zu weit entfernt liegt und der ArbN eine Zweitwohnung am Arbeitsort noch nicht gefunden hat).[11] Aufwendungen für Fahrten zw. einer gemeinschaftlichen Wohnung und der Arbeitsstätte sind nach der Rspr. des BFH abziehbar, wenn der StPfl. selbst keine weitere Wohnung hat oder er zwar noch eine eigene Wohnung besitzt, in der gemeinschaftlichen Wohnung aber nachweislich seit längerer Zeit ständig lebt und übernachtet.[12]

---

1 Zum verfassungsrechtl. Gebot: BVerfG v. 10.4.1997 – 2 BvL 77/92, BStBl. II 1997, 518 = FR 1997, 571; *Kirchhof*, HStR, V, § 124 Rn. 298; *Kirchhof*, Stbg. 1997, 193.
2 Zum verfassungsrechtl. Gebot: BVerfG v. 10.4.1997 – 2 BvL 77/92, BStBl. II 1997, 518 = FR 1997, 571; *Kirchhof*, HStR, V, § 124 Rn. 298; *Kirchhof*, Stbg. 1997, 193.
3 BFH v. 25.3.1988 – VI R 207/84, BStBl. II 1988, 706 (708) = FR 1988, 505; R 42 Abs. 3 S. 1 LStR 2000.
4 BFH v. 4.8.1967 – VI R 261/66, BStBl. III 1967, 727.
5 So ausdrücklich: BFH v. 19.12.2005 – VI R 30/05, BStBl. II 2006, 378 (379); **aA** noch: BFH v. 17.12.1971 – VI R 315/70, BStBl. II 1972, 245.
6 BFH v. 15.11.1974 – VI R 195/72, BStBl. II 1975, 278.
7 BFH v. 15.11.1974 – VI R 195/72, BStBl. II 1975, 278.
8 BFH v. 3.10.1985 – VI R 129/82, BStBl. II 1986, 369 = FR 1986, 215.
9 BFH v. 26.8.1988 – VI R 92/85, BStBl. II 1989, 144 (145) = FR 1989, 172; v. 25.3.1988 – VI R 207/84, BStBl. II 1988, 706 (708) = FR 1988, 505 ist überholt.
10 BFH v. 25.3.1988 – VI R 207/84, BStBl. II 1988, 706 (708) = FR 1988, 505.
11 BFH v. 26.8.1988 – VI R 92/85, BStBl. II 1989, 144 (145) = FR 1989, 172.
12 BFH v. 26.8.1988 – VI R 92/85, BStBl. II 1989, 144 (145) = FR 1989, 172; auch FG Köln v. 24.10.2000 – 8 K 7085/99, EFG 2001, 130.

Nicht entscheidend ist, ob der ArbN v. der Wohnung aus **„regelmäßig"** zu seiner Arbeitsstätte fährt. Abs. 1 S. 3 Nr. 4 enthält weder ausdrücklich eine dementspr. Tatbestandsvoraussetzung noch ist eine entspr. Anforderung aus dem Tatbestandsmerkmal „Wohnung" abzuleiten[1]. Der Abzugsbeschränkung des Abs. 1 S. 3 Nr. 4 S. 1 unterliegen nicht die **Fahrten zw. mehreren ersten Tätigkeitsstätten bei mehreren Dienstverhältnissen.**[2]

2. Erste Tätigkeitsstätte. Mit Wirkung ab 1.1.2014 hat Gesetzgeber den von der Rspr. geprägten Begriff der regelmäßigen Arbeitsstätte durch den der ersten Tätigkeitsstätte ersetzt und das Tatbestandsmerkmal der ersten Tätigkeitsstätte in Abs. 4 definiert (vgl. zu dieser Definition Rn. 52ff.). 49

3. Wegeaufwendungen. Der Begriff der **„Aufwendungen"** wird durch Abs. 1 S. 3 Nr. 4 S. 2–4 bestimmt. 50 Die Regelung über die Entfernungspauschale begrenzt nicht nur den Abzug v. Aufwendungen. Sie unterstellt auch Aufwendungen iHd. Pauschale, wenn tatsächlich geringere Beträge entstanden sind und fingiert Aufwendungen, falls keine angefallen sind (Beispiel: zu Fuß, unentgeltliche Mitnahme). So hat auch der BFH mit Urteil v. 18.4.2013 entschieden, dass die Entfernungspauschale für wöchentliche Heimfahrten im Rahmen einer doppelten Haushaltsführung aufwandsunabhängig in Anspr. genommen werden kann. Die Entfernungspauschale sei auch dann zu gewähren, wenn der ArbN (kostenfrei) von Verwandten abgeholt wird oder als Mitfahrer einer Fahrgemeinschaft keine Aufwendungen hat.[3] Abs. 1 S. 3 Nr. 4 S. 5 und 6 regeln, dass nach § 3 Nr. 32 oder § 8 Abs. 3 stfrei Sachbezüge den nach Abs. 1 S. 3 Nr. 4 S. 2 abziehbaren Betrag mindern, dh. dass keine Aufwendungen iSv. Abs. 1 S. 3 Nr. 4 S. 1 anzunehmen sind. Abs. 1 S. 3 Nr. 4 S. 1 spricht v. Aufwendungen für die **„Wege"** (bis zum 1.1.2001: Fahrten). Der StPfl. soll die Entfernungspauschale auch dann in Anspr. nehmen können, wenn er zu Fuß geht. Außerdem passt der Begriff „Wege" besser für Flüge, die unter Abs. 1 S. 3 Nr. Nr. 4 fallen und v. Abs. 1 S. 3 Nr. 4 S. 3 lediglich v. der Regelung des Abs. 1 S. 3 S. 2 ausgenommen werden.

4. Arbeitnehmer. Abs. 1 S. 3 Nr. 4 regelt nur Aufwendungen „des ArbN" für Wege zw. Wohnung und 51 Arbeitsstätte und betrifft damit zunächst nur Einkünfte aus nichtselbständiger Arbeit. Nach Abs. 3 gilt Abs. 1 S. 3 Nr. 4 bei den anderen Überschusseinkunftsarten jedoch entspr. § 4 Abs. 5 S. 1 Nr. 6 trifft für die Gewinneinkünfte eine spezielle Regelung für Wege Wohnung/Arbeitsstätte.

III. „Erste Tätigkeitsstätte" (Abs. 4). 1. Regelungssystematik. Zentraler Anknüpfungspunkt des seit 52 2014 geltenden Rechts ist die gesetzliche Definition der ersten Tätigkeitsstätte in Abs. 4. Erste Tätigkeitsstätte ist nach **Abs. 4 S. 1** die **ortsfeste** betriebliche **Einrichtung des ArbG, eines verbundenen Unternehmens (§ 15 AktG) oder eines v. ArbG bestimmten Dritten**, welcher der ArbN dauerhaft zugeordnet ist. Hierdurch werden die **Grundvoraussetzungen** definiert. Abs. 4 S. 2ff. regeln sodann die **Zuordnung**, die sich in einem **zweistufigen Verfahren** vollzieht: Vorrangig ergibt sie sich aus der dienst- oder arbeitsrechtlichen Festlegung des ArbG (Abs. 4 S. 2 und 3), andernfalls nach weiteren Kriterien, die in Abs. 4 S. 4ff. festgelegt sind. Dadurch, dass sich die Bestimmung der ersten Tätigkeitsstätte vorrangig aus den dienst- oder arbeitsrechtlichen Festlegungen ergibt, weicht das Gesetz deutlich von der Definition der „regelmäßigen Arbeitsstätte" ab, die bis 2014 galt. Dort war die Frage nach dem Vorhandensein eines qualitativen ortsgebundenen Mittelpunkts der Tätigkeit des ArbN das entscheidende Kriterium.

2. Ortsfeste, betriebliche Einrichtung. Die Tätigkeitsstätte muss zunächst in allen Fällen – wie bisher – 53 **„ortsfest"** sein.[4] Ortsfest können auch Container sein, in denen sich zB Baubüros, Aufenthaltsräume oder Sanitäranlagen befinden, solange sie dauerhaft fest mit dem Erdreich verbunden sind. Fahrzeuge, Flugzeuge oder Schiffe sind keine Tätigkeitsstätten iSv. Abs. 4. Für deren Personal kommen nur die Stamm(flug)häfen bzw. der Haltebetrieb als Tätigkeitsstätten in Betracht.[5] Der Anwendungsbereich der **betrieblichen** Einrichtung ist weiter gefasst als der Begriff der regelmäßigen Arbeitsstätte. Nunmehr kann auch bei einem verbundenen Unternehmen iSd. § 15 AktG oder bei einem v. ArbG bestimmten Dritten eine erste Tätigkeitsstätte begründet werden. Es muss sich also nicht um eine betriebliche Einrichtung des lohnsteuerrechtlichen ArbG handeln.[6] Andere als die in § 15 AktG aufgeführten Unternehmen fallen nicht unter diese Alt., können jedoch Dritter iSv. Abs. 4 S. 1 sein.[7] Dritter ist zB ein Entleiher, dem der ArbN dauerhaft zugeordnet ist, oder ein Kunde, wenn der ArbN dort tätig wird. Der Gesetzgeber ist insoweit der Rspr. des BFH entgegengetreten, nach der die Einrichtung eines Kunden nur dann eine regelmäßige Arbeits-

1 BFH v. 10.11.1978 – VI R 21/76, BStBl. II 1979, 219; *K/S/M*, § 9 Rn. F 11.
2 BFH v. 9.12.1988 – VI R 199/84, BStBl. II 1989, 296 = FR 1989, 202; bei mehreren Dienstverhältnissen: FG Köln v. 20.10.1999 – 12 K 4627/97, EFG 2000, 167; BFH v. 8.11.1974 – VI R 69/72, BStBl. II 1975, 177.
3 BFH v. 18.4.2013 – VI R 29/12, DB 2013, 1459.
4 *Harder-Buschner/Schramm*, Beil. zu NWB 9/2013, 2 (4); BMF v. 30.9.2013, BStBl. I 2013, 1279 Rn. 3.
5 Die Streitfrage ist anhängig beim Hessischen FG unter den Az. 1 K 1824/15 und 6 K 10/16.
6 Hierzu *Seifert*, DStZ 2012, 720 (722); *Bergkemper*, FR 2013, 1017 (1018).
7 *Niermann*, DB 2013, 1015 (1016).

stätte sein konnte, wenn der ArbG dort (ausnahmsweise) über eine eigene Betriebsstätte verfügt.[1] An einer „**Einrichtung**" des ArbG, eines verbundenen Unternehmens oder eines Dritten – und damit an einer ersten Tätigkeitsstätte – fehlt es – wie Abs. 1 S. 3 Nr. 4a zu entnehmen ist –, wenn der ArbN zur Aufnahme seiner Tätigkeit lediglich dauerhaft denselben Ort aufsucht (zB Sammelstelle für Weitertransport) oder in einem weiträumigen Tätigkeitsgebiet tätig wird. Wesentliches (ungeschriebenes) Merkmal der ortsfesten, betrieblichen Einrichtung ist ferner, dass sie **räumlich getrennt von der privaten Wohnung** des ArbN sein muss. Das häusliche Arbeitszimmer bzw. sog. Home-Office-Verabredungen sind keine betrieblichen Einrichtungen des ArbG oder eines Dritten, denn bei Räumen innerhalb der Wohnung des StPfl. überwiegt immer die private Sphäre.[2] Etwas anderes kann nach dem **Gesamtbild der Verhältnisse** gelten, wenn der ArbG in unmittelbarer Nähe zur Wohnung, aber räumlich getrennt (bspw. anliegendes Apartment mit separatem Eingang) ein Büro für den ArbN anmietet.[3]

54 **3. Dienst- und arbeitsvertragliche Regelung.** Die Zuordnung wird nach **Abs. 4 S. 2 vorrangig durch die dienst- und arbeitsrechtlichen Festlegungen** sowie die diese ausfüllenden Absprachen und Weisungen bestimmt. Maßgebend ist nicht mehr die Regelmäßigkeit des Aufsuchens, sondern die Anordnung des ArbG.[4] Dies soll die Anwendung und Nachweisführung für den ArbG erleichtern. Außerdem wird das Auseinanderfallen der arbeits- oder dienstrechtlichen v. der steuerrechtlichen Einordnung bestimmter Zahlungen als Reisekosten verringert. Zu den arbeits- oder dienstrechtlichen Weisungen zählen alle schriftlichen, aber auch mündlichen Absprachen oder Weisungen.[5] Ist der ArbN einer Tätigkeitsstätte dienst- oder arbeitsrechtlich dauerhaft zugeordnet, ist es unerheblich, in welchem Umfang er seine berufliche Tätigkeit an dieser oder einer anderen Tätigkeitsstätte ausübt.[6] Auch ist nicht entscheidend, wo der qualitative Schwerpunkt der Tätigkeit liegt.[7] Entscheidend ist nur, dass der ArbN dort **zumindest in geringem Umfang persönlich tätig** wird, wobei Hilfs- und Nebentätigkeiten ausreichen (bspw. Stundenerfassung, Urlaubsplanung). Die Zuordnung zu einer betrieblichen Einrichtung allein aus tarifrechtlichen, mitbestimmungsrechtlichen oder organisatorischen Gründen, ohne dass der ArbN in dieser Einrichtung – auch nicht in geringem Umfang – Tätigkeiten ausübt, ist nach Auffassung der FinVerw. nicht möglich.[8] Die nach Abs. 4 S. 2 maßgebliche dienst- oder arbeitsrechtliche Zuordnungsentscheidung sollte nachvollziehbar dokumentiert werden, um Meinungsverschiedenheiten mit der FinVerw. vorzubeugen.[9] Die dienst- oder arbeitsrechtl. Festlegung des ArbG, dass der ArbN keiner Tätigkeitsstätte dauerhaft zugeordnet ist (Negativfestlegung), ist unbeachtlich.[10] Ergibt sich gleichwohl aus den vertraglichen Absprachen keine eindeutige Bestimmung, sind die quantitativen Zuordnungskriterien des Abs. 4 S. 4 maßgeblich. In der Praxis ist eine Zuordnungsentscheidung des ArbG damit lediglich in den Fällen erforderlich, in denen die erste Tätigkeitsstätte von Abs. 4 S. 4 abweicht.

55 **4. Dauerhafte Zuordnung.** Damit eine Tätigkeitsstätte zu einer „ersten Tätigkeitsstätte" wird, muss der ArbN dieser nach Abs. 4 S. 1 „dauerhaft" zugeordnet sein. Für die Beurteilung ist eine in die Zukunft gerichtete prognostische Bewertung maßgebend. **Abs. 4 S. 3** nennt exemplarisch („insbesondere") **typische Fälle einer dauerhaften Zuordnung.**[11] Hierzu zählen die unbefristete Zuweisung des ArbN zu einer bestimmten betrieblichen Einrichtung sowie auch die Zuweisung für die Dauer des gesamten Dienstverhältnisses und die Zuweisung über einen Zeitraum v. mehr als 48 Monaten. Bei einer Kettenabordnung ist keine dauerhafte Zuordnung zu einer Tätigkeitsstätte gegeben, wenn die einzelne Abordnung jeweils einen Zeitraum von weniger als 48 Monaten umfasst.[12] Wird eine auf weniger als 48 Monate geplante Auswärtstätigkeit verlängert, kommt es darauf an, ob der ArbN vom Zeitpunkt der Verlängerungsentscheidung an noch mehr als 48 Monate an der Tätigkeitsstätte eingesetzt werden soll.[13] Wurde der ArbN einer bestimmten Tätigkeitsstätte zugeordnet und hat sich der ArbG durch eine sog. „Versetzungsklausel" Änderungen vorbehalten, ist dennoch eine dauerhafte Zuordnung gegeben, sofern die Grundsatzentscheidung unbefristet, dh. bis auf Weiteres, getroffen wurde.

---

1 BFH v. 13.6.2012 – VI R 47/11, BStBl. II 2013, 169 = FR 2013, 285; vgl. zu der Bedeutung der Neuregelung insoweit auch *Wünnemann/Gödtel*, Beil. zu NWB 9/2013, 36 (37).
2 *Niermann*, DB 2013, 1015 (1016); BMF v. 24.10.2014, BStBl. I 2014, 1412.
3 BMF v. 24.10.2014, BStBl. I 2014, 1412; **aA** offenbar *Thürmer* in Blümich, § 9 Rn. 278.
4 Hierzu *Thomas*, DStR 2014, 497 (499).
5 BT-Drucks. 17/10774, 23; BMF v. 24.10.2014, BStBl. I 2014, 1412 Rn. 5.
6 BT-Drucks. 17/10774, 15.
7 Hierzu BFH v. 9.6.2011 – VI R 55/10, BStBl. II 2013, 38 = FR 2011, 1106 m. Anm. *Bergkemper*.
8 BMF v. 24.10.2014, BStBl. I 2014, 1412 Rn. 6.
9 *Niermann*, DB 2013, 1015 (1017); BMF v. 30.9.2013, BStBl. I 2013, 1279 Rn. 10.
10 *Niermann*, DB 2013, 2357 (2358).
11 *Weber*, Beil. zu NWB 9/2013, 21 (22): Erläuterung der „dauerhaften" Zuordnung.
12 BMF v. 24.10.2014, BStBl. I 2014, 1412 Rn. 18; *Niermann*, DB 2013, 2357 (2358).
13 BMF v. 24.10.2014, BStBl. I 2014, 1412 Rn. 13.

5. Quantitative Hilfskriterien nach Abs. 4 S. 4ff. Fehlt es an einer dienst- oder arbeitsrechtlichen Festlegung auf eine Tätigkeitsstätte oder ist sie nicht eindeutig, stellt **Abs. 4 S. 4** auf **quantitative, zeitliche Kriterien** ab. Im Rahmen einer ex-ante-Betrachtung ist zu beurteilen, ob der ArbN an einer bestimmten betrieblichen Einrichtung dauerhaft, **typischerweise arbeitstäglich** oder dort je Arbeitswoche **zwei volle Arbeitstage oder mindestens ein Drittel**[1] seiner vereinbarten regelmäßigen Arbeitszeit tätig werden soll. Die Prognoseentscheidung ist zu Beginn des Dienstverhältnisses zu treffen bzw. – nach dem Grundsatz der Abschnittsbesteuerung – in der Folgezeit zu Beginn eines jeden Kj. Eine abweichende Prognoseentscheidung im Laufe des Jahres kommt zB in Betracht, wenn sich das Berufsbild des ArbN ändert.[2] Durch das Kroatien-AnpG v. 25.7.2014[3] wurde klarstellend das Tatbestandsmerkmal „dauerhaft" zusätzlich aufgenommen,[4] das bereits in Abs. 4 S. 1 enthalten ist und von Abs. 4 S. 3 konkretisiert wird. Der Begriff „typischerweise" arbeitstäglich trägt dem Umstand Rechnung, dass ArbN – außer wegen Urlaubs oder Krankheit – auch wegen Dienstreisen nicht an einem bestimmten Ort tätig werden können. Der ArbN muss an der betrieblichen Einrichtung seine eigentliche berufliche Tätigkeit ausüben. Anders als bei der Zuordnung aufgrund vertraglicher Vereinbarung genügt bei der quantitativen Zuordnung ein regelmäßiges Aufsuchen der betrieblichen Einrichtung, zB um ein Kundendienstfahrzeug, Material, Auftragsbestätigungen, Stundenzettel, Krankmeldungen oder Ähnliches abzuholen oder abzugeben, nicht. Hier sind Quantität und Qualität zu prüfen.[5] Weichen die tatsächlichen Verhältnisse durch Krankheit oder andere unvorhergesehene Ereignisse v. der vereinbarten Festlegung ab (ex-post-Betrachtung), soll die bereits getroffene Prognoseentscheidung bzgl. des Vorliegens der ersten Tätigkeitsstätte davon unberührt bleiben.[6] Ist keine dienst- oder arbeitsrechtliche Zuordnung iSv. Abs. 4 S. 2 erfolgt und sind auch die quantitativen Kriterien iSv. Abs. 4 S. 4 nicht erfüllt, hat der ArbN keine erste Tätigkeitsstätte. 56

Abs. 4 S. 5 bestätigt die Rspr. des BFH, dass der ArbN je Dienstverhältnis höchstens **eine erste Tätigkeitsstätte** mit beschränktem WK-Abzug haben kann (Entfernungspauschale; keine Verpflegungspauschalen; Unterkunftskosten nur bei doppelter Haushaltsführung). Wird die berufliche Tätigkeit an anderen Tätigkeitsstätten als der ersten Tätigkeitsstätte oder außerhalb von ortsfesten betrieblichen Einrichtungen ausgeübt, ist grds. ein WK-Abzug in Höhe der tatsächlich entstandenen beruflich veranlassten Mehraufwendungen möglich.[7] 57

Kommen mehrere Tätigkeitsstätten als erste Tätigkeitsstätte infrage (zB mehrere Filialen oder verschiedene Bahnhöfe oder Flughäfen), ist nach **Abs. 4 S. 6** jeweils die Bestimmung einer dieser Tätigkeitsstätten als erste Tätigkeitsstätte durch den ArbG maßgebend. Dies muss nicht die Tätigkeitsstätte sein, an der der ArbN den überwiegenden Teil seiner beruflichen Tätigkeit verrichtet. Fehlt es an einer solchen **Bestimmung durch den ArbG** oder ist sie nicht eindeutig, wird nach **Abs. 4 S. 7** zugunsten des StPfl. die Tätigkeitsstätte als erste Tätigkeitsstätte angenommen, die der Wohnung am nächsten liegt (Meistbegünstigungsprinzip). Dies ist für den ArbN deshalb von Vorteil, weil beim Aufsuchen anderer, weiter entfernt liegender Tätigkeitsstätten eine Auswärtstätigkeit iSd. Abs. 1 S. 3 Nr. 4a und Abs. 4a vorliegt, und insbes. auch Verpflegungsmehraufwendungen geltend gemacht werden können. 58

Als erste Tätigkeitsstätte wird auch eine **Bildungseinrichtung** behandelt (**Abs. 4 S. 8**), die zum Zwecke eines Vollzeitstudiums oder einer vollzeitigen Bildungsmaßnahme aufgesucht wird. Unter Bildungseinrichtung ist jede Anstalt oder jeder Ort zu verstehen, an dem Wissen oder Bildung vermittelt wird, vorzugsweise iRd. Berufsaus- oder Weiterbildung.[8] Die Bildungseinrichtung wird als erste Tätigkeitsstätte behandelt, wenn sie „aufgesucht", also tatsächlich für eine gewisse Dauer regelmäßig besucht wird. Noch nicht höchstrichterlich geklärt ist der Begriff der „vollzeitigen Bildungsmaßnahme". Hierunter fallen Schulungs-, Aus- und Fortbildungsmaßnahmen aller Art, die nicht im Rahmen eines gewöhnlichen Beschäftigungsverhältnisses typischerweise anfallen, sondern einem besonderen Lern- oder Ausbildungsziel (Erwerb einer höheren oder anderen Qualifikation; Erwerb der Voraussetzungen zur Mitarbeit in einem neuen oder spezielleren Berufsfeld) dienen. Der Begriff „vollzeitig" verlangt eine gewisse Dauer, die zumindest über wenige 59

---

1 Nach dem ursprünglichen Gesetzentwurf sollte darauf abgestellt werden, ob der ArbN je Arbverh. einen vollen Arbeitstag oder mind. 20 % seiner regelmäßigen Arbeitszeit tätig werden soll. Zur Anhebung dieser Grenzen: BT-Drucks. 17/11217, 9.
2 *Niermann*, DB 2013, 1015 (1017); *Schneider*, Beil. zu NWB 9/2013, 44 (47); BMF v. 30.9.2013, BStBl. I 2013, 1279 Rn. 15.
3 BGBl. I 2014, 1266.
4 BT-Drucks. 18/1529, 51.
5 BMF v. 24.10.2014, BStBl. I 2014, 1412 Rn. 26.
6 BT-Drucks. 17/10774, 24; BMF v. 30.9.2013, BStBl. I 2013, 1279 Rn. 26.
7 *Harder-Buschner/Schramm*, Beil. zu NWB 9/2013, 2 (4).
8 FG Münster v. 24.1.2018 – 7 K 1007/17 E,F, EFG 2018, 549 = FR 2018, 473 (Rev. VI R 3/18), unter Hinweis auf *Bergkemper* in H/H/R, § 9 Anm. 562.

Tage oder einzelne Wochen hinausgeht.[1] Voraussetzung für diese Annahme ist allerdings, dass die Maßnahme nicht durch ein bestehendes Dienstverhältnis veranlasst ist.[2] Der Gesetzgeber hat mit der Regelung des Abs. 4 S. 8 eine Nichtanwendungsregelung zu der BFH-Rspr. normiert, nach der die Aufwendungen für Fahrten bei Besuch einer Bildungseinrichtung oder im Rahmen eines Studiums nach Reisekostengrundsätzen abzugsfähig sind.[3] Der Gesetzgeber geht davon aus, da der StPfl. selbst die Entscheidung für die jeweilige Bildungseinrichtung treffe, habe er – ebenso wie ein ArbN, der einer betrieblichen Einrichtung dauerhaft zugeordnet ist – die Möglichkeit, sich auf die entstehenden Wegekosten einzurichten und deren Höhe (durch entspr. Wohnsitznahme, Nutzung öffentlicher Verkehrsmittel oder Fahrgemeinschaften) zu beeinflussen.[4] Ein Vollzeitstudium oder eine vollzeitige Bildungsmaßnahme liegt nach Auffassung der FinVerw. insbes. dann vor, wenn der StPfl. iRd. Studiums oder im Rahmen einer Bildungsmaßnahme für einen Beruf ausgebildet wird und daneben entweder keiner Erwerbstätigkeit nachgeht oder während der gesamten Dauer des Studiums oder der Bildungsmaßnahme eine Erwerbstätigkeit mit durchschnittlich bis zu 20 Stunden regelmäßiger wöchentlicher Arbeitszeit oder in Form eines geringfügigen Beschäftigungsverhältnisses iSd. §§ 8, 8a SGB IV ausübt.[5] Während eines Auslandssemesters begründet ein Vollzeitstudent regelmäßig an der ausländ. Hochschule seine erste Tätigkeitsstätte. Entscheidend ist nicht, an welcher (inländ.) Hochschule ein Student eingeschrieben ist, sondern an welchem Ort ihm tatsächlich für eine gewisse Dauer Bildung vermittelt wird.[6] Durch das Kroatien-AnpG v. 25.7.2014[7] wurde in Abs. 4 S. 8 der 2. HS mit dem Verweis auf die Regelung für ArbN nach Abs. 1 S. 3 Nr. 4 und 5 sowie Abs. 4a angefügt. Es sollte damit klargestellt werden, dass alle Regeln, die für ArbN mit einer ersten Tätigkeitsstätte gelten, auch für diejenigen Personen anzuwenden sind, die eine erste Tätigkeitsstätte nach § 9 Abs. 4 S. 8 begründen.[8]

60 **IV. Entfernungspauschale (Abs. 1 S. 3 Nr. 4 S. 2–6, Abs. 2 S. 1, 2). 1. Verkehrsmittel(un)abhängige Pauschalierung (Abs. 1 S. 3 Nr. 4 S. 2).** Nach Abs. 1 S. 3 Nr. 4 S. 2 ist zur Abgeltung der Aufwendungen (für die Wege zw. Wohnung und erster Tätigkeitsstätte) eine Entfernungspauschale anzusetzen. Welches **Verkehrsmittel** (Kfz., Straßenbahn, Fahrrad) der StPfl. benutzt, ist grds. unerheblich, ebenso, ob er überhaupt ein Verkehrsmittel benutzt oder zu Fuß geht. Es ist auch unerheblich, ob und in welcher Höhe ihm Aufwendungen entstanden sind. Die Abzugsbeschränkung des § 8 Abs. 1 S. 3 Nr. 4 setzt nicht voraus, dass die Arbeitsstätte zum Arbeitseinsatz aufgesucht wird. Sie greift auch ein, wenn die Arbeitsstätte zur Fortbildung aufgesucht wird.[9]

61 Eine Ausnahme v. der Pauschalierung der Aufwendungen für die Wege Wohnung/Arbeitsstätte gilt nach Abs. 2 S. 3 in personeller Hinsicht für **Behinderte**. Sie können an Stelle der Pauschale die tatsächlichen Aufwendungen ansetzen. Eine Ausnahme in sachlicher Hinsicht gilt nach Abs. 1 S. 3 Nr. 4 S. 3 bei **Flügen**. Für diese soll die Entfernungspauschale nicht gelten, da diese bei größeren Entfernungen dazu führen könnte, dass die Steuerentlastung erheblich höher ist als die tatsächlichen Kosten.[10] Nach Abs. 1 S. 3 Nr. 4 S. 4 kann die **verkehrsgünstigere Straßenverbindung** zugrunde gelegt werden. Dazu aber ist die Feststellung erforderlich, welches Verkehrsmittel der ArbN benutzt. Bei Benutzung eines **Kraftwagens** gilt die Besonderheit, dass ein Ansatz der Entfernungspauschale über den Höchstbetrag v. 4 500 Euro hinaus möglich ist. Nach Abs. 2 S. 2 können die tatsächlichen Aufwendungen für die Benutzung **öffentl. Verkehrsmittel** angesetzt werden, soweit sie den als Entfernungspauschale abziehbaren Betrag übersteigen. Diese Privilegierung der Nutzung öffentlicher Verkehrsmittel stellt keinen gleichheitsrechtlichen Verstoß dar und ist verfassungsrechtlich unbedenklich.[11]

62 **2. Flugstrecken und Strecken mit Sammelbeförderung (Abs. 1 S. 3 Nr. 4 S. 3).** Nach Abs. 1 S. 1 Nr. 4 S. 3 gilt die Entfernungspauschale nicht für Flugstrecken und Strecken mit stfreier Sammelbeförderung nach § 3 Nr. 32.

1 Das FG Nürnb. v. 9.5.2018 – 5 K 167/17, EFG 2018, 1262 (Rev. VI R 24/18), schlägt als Bezugsgröße drei Monate (= Regelung für die Verpflegungsmehraufwendungen) vor. Evtl. könnte auch schon ein kürzerer Zeitraum, bspw. die Einmonatsgrenze, angemessen sein.
2 Vgl. BT-Drucks. 17/11217, 7 zu dem (abgelehnten) Änderungsantrag der SPD.
3 BFH v. 9.2.2012 – VI R 42/11, BStBl. II 2013, 236 = FR 2012, 414.
4 BT-Drucks. 17/10774, 15.
5 BMF v. 24.10.2014, BStBl. I 2014, 1412 Rn. 33; krit. zu dem Abgrenzungskriterium der ausgeübten Erwerbstätigkeit: *Niermann*, DB 2013, 2357 (2359).
6 Zutr. insofern FG Münster v. 24.1.2018 – 7 K 1007/17 E,F, EFG 2018, 549 = FR 2018, 473 (Rev. VI R 3/18).
7 BGBl. I 2014, 1266.
8 BT-Drucks. 18/1529, 51.
9 BFH v. 26.2.2003 – VI R 30/02, BStBl. II 2003, 495 = FR 2003, 575.
10 Zur Verfassungsmäßigkeit: BFH v. 26.3.2009 – VI R 42/07, FR 2009, 1065 m. Anm. *Bergkemper* = BFH/NV 2009, 1181.
11 BFH v. 15.11.2016 – VI R 4/15, BStBl. II 2017, 228 und v. 15.11.2016 – VI R 48/15, BFH/NV 2017, 284.

Die Entfernungspauschale soll bei **Flügen** nicht gelten, da diese bei größeren Entfernungen dazu führen könnte, dass die Steuerentlastung erheblich höher ist als die tatsächlichen Kosten (zB tatsächlicher Aufwand: 75 Euro; Steuerersparnis: 900 km × 0,30 Euro = 270 Euro × 45 % Steuersatz = 121,50 Euro). Diese Ausnahme des Abs. 1 S. 3 Nr. 4 S. 3 führt allerdings dazu, dass bei StPfl., bei denen die Benutzung eines Flugzeugs in Betracht kommt, festgestellt werden muss, welches Verkehrsmittel sie benutzt haben. Bei Flügen soll es beim Abzug der tatsächlichen Kosten bleiben.[1] Neben den Flugkosten kann allerdings die Entfernungspauschale für die An- und Abfahrt zu/vom Flughafen angesetzt werden.[2] Wird nur der Hinweg mit dem Flugzeug, der Rückweg mit dem Kfz. zurückgelegt, ist neben den Flugkosten die halbe Entfernungspauschale anzusetzen.[3] 63

Nach Abs. 1 S. 3 Nr. 4 S. 3 gilt die Entfernungspauschale nicht für Strecken mit stfreier **Sammelbeförderung nach § 3 Nr. 32**. Durch diese Änderung sollen die in der Praxis beobachteten Mitnahmeeffekte beseitigt werden.[4] Es wird nicht der nach Abs. 1 S. 3 Nr. 4 S. 2 abziehbare Betrag um den Wert der stfreien Sammelbeförderung gemindert (vgl. die dem entspr. Regelung des Abs. 1 S. 3 Nr. 4 S. 5 für die stfreien Sachbezüge nach § 8 Abs. 3), sondern die Strecke, auf der die Sammelbeförderung erfolgt, bleibt unberücksichtigt und es wird so eine Bewertung der Sammelbeförderung erübrigt. 64

3. Berechnung der Pauschale (Abs. 1 S. 3 Nr. 4 S. 4). Die Pauschale ist auf **einheitlich 0,30 Euro** festgesetzt. Der Betrag v. 0,30 Euro gilt für jeden vollen km, angefangene km sind nicht zu berücksichtigen. 65

Für die Berechnung der Entfernungspauschale ist nach Abs. 1 S. 3 Nr. 4 S. 4 die **kürzeste Straßenverbindung** zw. Wohnung und erster Tätigkeitsstätte maßgebend. Dies gilt unabhängig v. dem tatsächlich benutzten Verkehrsmittel und auch für Fußgänger. Straßenverbindung zw. Wohnung und erster Tätigkeitsstätte ist diejenige Verbindung, die von einem Kfz. mit einer bauartbedingten Höchstgeschwindigkeit von mehr als 60 km/h befahren werden kann.[5] Für die Entfernungspauschale ist die kürzeste Straßenverbindung auch dann maßgeblich, wenn diese mautpflichtig ist oder mit dem vom ArbN tatsächlich verwendeten Verkehrsmittel (zB Moped) straßenverkehrsrechtlich nicht benutzt werden darf.[6] Das StÄndG 01 hat – unter Anknüpfung an die v. BFH gebilligte Definition der LStR – die Möglichkeit eröffnet, eine längere Straßenverbindung zugrunde zu legen. Voraussetzung ist, dass diese **offensichtlich verkehrsgünstiger** ist. Nach der Rspr. des BFH ist eine Verbindung dann „verkehrsgünstiger" als die kürzeste Verbindung, wenn der ArbN eine andere – längere – Straßenverbindung nutzt und auf diese Weise die Arbeitsstätte trotz gelegentlicher Verkehrsstörungen idR schneller und pünktlicher erreicht. „Offensichtlich" verkehrsgünstiger ist die gewählte Verbindung dann, wenn ihre Vorteilhaftigkeit so auf der Hand liegt, dass sich auch ein unvoreingenommener, verständiger Verkehrsteilnehmer unter den gegebenen Verkehrsverhältnissen für die Benutzung der Strecke entschieden hätte. Eine Zeitersparnis v. mindestens 20 Minuten ist nicht erforderlich. Ist allerdings allenfalls eine geringfügige Verkürzung v. unter 10 % der für die kürzeste Verbindung benötigten Fahrzeit zu erwarten, so spricht viel dafür, dass diese Zeitersparnis allein keinen ausschlaggebenden Anreiz darstellen dürfte. Es ist zu berücksichtigen, dass das Merkmal der Verkehrsgünstigkeit auch andere Umstände als die Zeitersparnis beinhaltet. Dass eine Verbindung offensichtlich verkehrsgünstiger ist, kann sich auch aus Umständen wie Straßenführung, Schaltung v. Ampeln etc. ergeben[7] oder auch zur Vermeidung einer unzuverlässigen Fährverbindung[8]. Weitere Voraussetzung ist, dass die Straßenverbindung v. ArbN **regelmäßig** für die Wege Wohnung/Arbeitsstätte **benutzt** wird. Es soll der Autofahrer die längere Fahrstrecke nur geltend machen können, wenn er diese tatsächlich nutzt. Der Nutzer öffentl. Verkehrsmittel und der ArbN, der zu Fuß geht, soll sich nicht auf die für den Autofahrer verkehrsgünstigere Straßenverbindung berufen können. Nicht ausgeschlossen ist allerdings, dass ein Radfahrer, Rollschuhfahrer oder ein Fußgänger (der zB auf der kürzesten Straßenverbindung Wartezeiten an einer Bahnschranke hätte) auf die für ihn verkehrsgünstigere Straßenverbindung verweist. Der Straßenbahnbenutzer kann zwar nicht auf die ggü. der kürzeren Straßenverbindung längere Straßenbahnstrecke verweisen.[9] Auch er kann aber nunmehr die Mehr-km für die ggü. der kürzesten Straßenbahnstrecke längere, aber verkehrsgünstigere Straßenbahnstrecke geltend machen.[10] Die Forderung nach einer **„regelmäßigen"** Benut- 66

---

1 BT-Drucks. 14/4242, 5.
2 BMF v. 31.10.2013, BStBl. I 1376 Tz. 1.2.
3 *Korn*, § 9 Rn. 105, 15.
4 BT-Drucks. 15/1502, 52; zur alten Rechtslage: Nds. FG v. 10.9.2003 – 2 K 496/02, EFG 2004, 94.
5 BFH v. 24.9.2013 – VI R 20/13, BStBl. II 2014, 259 = FR 2014, 424 m. Anm. *Bergkemper*.
6 BFH v. 24.9.2013 – VI R 20/13, BStBl. II 2014, 259 = FR 2014, 424 m. Anm. *Bergkemper*.
7 BFH v. 16.11.2011 – VI R 19/11, BStBl. II 2012, 520 = FR 2012, 359; v. 16.11.2011 – VI R 46/10, BStBl. II 2012, 470 = FR 2012, 360 m. Anm. *Bergkemper*.
8 BFH v. 19.4.2012 – VI R 53/11, BStBl. II 2012, 802 = FR 2012, 1126.
9 FG BaWü. v. 30.3.2009 – 4 K 5374/08, EFG 2009, 926.
10 Vgl. BMF v. 31.10.2013, BStBl. I 2013, 1376 Tz. 1.4.

zung[1] dient der Verwaltungsvereinfachung. Vorübergehende Straßenbauarbeiten, Behinderungen durch Schneefall etc. sollen unberücksichtigt bleiben. Nutzt der StPfl. **verschiedene Verkehrsmittel** (Pkw zum Bahnhof), ist ebenfalls die kürzeste Straßenverbindung, nicht die Summe aller Teilstrecken maßgebend.[2] Bei **Fahrgemeinschaften** ist die kürzeste Straßenverbindung für jeden Teilnehmer zugrunde zu legen. Umwegstrecken zur Abholung v. Mitfahrern bleiben unberücksichtigt. Hat der ArbN bei einem ArbG **mehrere Arbeitsstätten**, fährt er an einem Arbeitstag v. seiner Wohnung A 30 km zur Arbeitsstätte B, anschließend 40 km zur Arbeitsstätte C und v. dort 50 km zurück zur Wohnung, so ist die halbe Entfernungspauschale für den Weg v. A nach B, die tatsächlichen Kosten für den Weg v. B nach C und die halbe Entfernungspauschale für den Weg v. C nach A anzusetzen.[3] Dies gilt auch, wenn die verschiedenen Arbeitsstätten sich daraus ergeben, dass der ArbN mehrere Dienstverhältnisse hat.[4] Nach BMF soll dagegen bei ArbN mit mehreren Dienstverhältnissen die Fahrt zur ersten Arbeitsstätte als Umwegfahrt zur nächsten Arbeitsstätte zu berücksichtigen sein, wobei jedoch die anzusetzende Entfernung höchstens die Hälfte der Gesamtstrecke betragen dürfe.[5] Die Differenzierung danach, ob ein oder mehrere Arbverh. bestehen, erscheint nicht überzeugend. Es ist auch sachlich nicht gerechtfertigt, die Qualifizierung der Fahrt v. B nach C davon abhängig zu machen, ob der ArbN v. C nach A oder nach B zurückfährt. Unterhält der ArbN **mehrere Wohnungen**, so sind nur die tatsächlich durchgeführten Fahrten jeweils v. der einen oder anderen Wohnung zu berücksichtigen.[6]

67 **4. Ansatz pro Arbeitstag (Abs. 1 S. 3 Nr. 4 S. 2).** Die Pauschale wird **für jeden Arbeitstag**, an dem der ArbN die Arbeitsstätte aufsucht, gewährt, allerdings nur einmal. Die frühere Regelung für Mehrfachfahrten wurde nicht fortgeführt. Es soll damit eine Vereinfachung erreicht und berücksichtigt werden, dass durch zusätzliche Fahrten nicht zwangsläufig zusätzliche Kosten anfallen, so zB nicht bei Zeitkarten für öffentl. Verkehrsmittel.[7] Die Pauschale wird nur für die Arbeitstage angesetzt, an denen der ArbN die Arbeitsstätte tatsächlich aufsucht. Legt der ArbN an einem Arbeitstag nur den Hinweg zurück, übernachtet er an der Arbeitsstätte und legt am nächsten Tag den Rückweg zurück, so steht ihm „faktisch" nur eine halbe Pauschale je Arbeitstag zu. Mit Blick auf den Pauschalierungsgedanken kann es jedoch keinen Unterschied machen, ob Hin- und Rückweg am selben Tag erfolgen oder zeitlich versetzt um einen oder mehrere Tage. Richtigerweise ist die Pauschale daher für das „Aufsuchen" der Tätigkeitsstätte zu gewähren, und zwar unabhängig davon, ob Hin- und Rückweg am selben Tag, über Nacht oder – wie bspw. bei Piloten üblich – mit mehreren Tagen zeitversetzt zurückgelegt werden.[8] Die Einschränkung, dass für jeden Tag die Entfernungspauschale nur einmal zu berücksichtigen ist, gilt auch **bei atypischen Dienstzeiten**[9] und auch für ArbN, die in **mehreren Dienstverhältnissen** stehen. Auch bei mehreren Dienstverhältnissen kann es nur auf die Entfernung zw. Wohnung und Arbeitsstätte, nicht darauf ankommen, ob der ArbN zwischenzeitlich zur Wohnung zurückkehrt.[10] Die FinVerw. lässt allerdings bei ArbN, die in mehreren Dienstverhältnissen stehen und denen Aufwendungen für die Wege zu mehreren auseinander liegenden Arbeitsstätten entstehen, den Ansatz der Entfernungspauschale für jeden Weg zur Arbeitsstätte zu, wenn der ArbN zwischenzeitlich in die Wohnung zurückkehrt.[11]

68 **5. Höchstbetrag (Abs. 1 S. 3 Nr. 4 S. 2).** Nach Abs. 1 S. 3 Nr. 4 S. 2 ist für jeden Arbeitstag eine Entfernungspauschale für jeden vollen Entfernungs-km anzusetzen, in der Summe jedoch **höchstens jährlich 4 500** Euro im Kj.,[12] wobei sich diese Grenze ursprünglich mit dem früheren Betrag v. 5 112 Euro an dem Preis für eine Jahresnetzkarte 1. Klasse der Deutschen Bahn AG orientierte. Die Entfernungspauschale soll bei Nutzern öffentl. Verkehrsmittel nicht zu einer unverhältnismäßigen „Überkompensation" der Aufwendungen führen. Dementspr. kann bei Benutzern eines Kfz. ein höherer Betrag angesetzt werden und können bei entspr. Nachweis nach Abs. 2 S. 1 auch höhere Aufwendungen als 4 500 Euro für die Nutzung öf-

1 Vgl. zu diesem Erfordernis bereits BFH v. 10.10.1975 – VI R 33/74, BStBl. II 1975, 852.
2 BMF v. 31.10.2013, BStBl. I 2013, 1376 Tz. 1.6.
3 BFH v. 9.12.1988 – VI R 199/84, BStBl. II 1989, 296 (298) = FR 1989, 202; v. 7.6.2002 – VI R 53/01, BStBl. II 2002, 878 = FR 2002, 1367.
4 *Drenseck*, DB 2001, Beil. Nr. 1, 3; *Thomas*, DStZ 2002, 877 (879).
5 BMF v. 31.10.2013, BStBl. I 2013, 1376 Tz. 1.8; vgl. auch *Niermann*, DB 2007, 17 (19).
6 FG Nds. v. 19.4.2005 – 11 K 11705/03, EFG 2005, 1676.
7 BT-Drucks. 14/4242, 5; BFH v. 11.9.2003 – VI B 101/03, FR 2004, 43 = BFH/NV 2003, 1657; FG SachsAnh. v. 10.12.2003 – 1 K 725/03, EFG 2004, 717; Verfassungsbeschwerde unter 2 BvR 2085/03; *Balmes/v Collenberg*, BB 2004, 1251.
8 Zutr. FG Münster v. 14.7.2017 – 6 K 3009/15 E, EFG 2017, 1582 m. Anm. *Teutenberg* (Rev. VI R 42/17).
9 BFH v. 11.9.2003 – VI B 101/03, BStBl. II 2003, 893 = FR 2004, 43 (Opernsänger).
10 *Drenseck*, DB 2001, Beil. Nr. 1, 3; **aA** *Goydke*, Stbg. 2001, 311 (316).
11 BMF v. 31.10.2013, BStBl. I 2013, 1376 Tz. 1.8.
12 Zur Klarstellung, dass es sich um einen Jahresbetrag handelt: StÄndG 2001; BR-Drucks. 399/01, 6 (Beschluss); BT-Drucks. 14/6877, 4.

fentl. Verkehrsmittel berücksichtigt werden. Abs. 1 S. 3 Nr. 4 S. 2 sieht keine Herabsetzung des Höchstbetrages vor, wenn das Arbverh. nur während eines Teils des VZ besteht oder während des VZ unterschiedliche Entfernungen zurückzulegen sind.

Nach Abs. 1 S. 3 Nr. 4 S. 2 ist ein höherer Betrag als 4500 Euro anzusetzen, soweit der ArbN einen eigenen oder ihm zur Nutzung überlassenen **Kraftwagen benutzt**. Die tatsächliche Nutzung eines Kraftwagens kann der StPfl. zB durch Vorlage v. Inspektionsrechnungen glaubhaft machen. Ein höherer Ansatz als 4500 Euro ist nicht davon abhängig, dass höhere Kosten nachgewiesen werden. Bei Benutzung eines Kraftwagens (nicht: Motorrades) ist die Entfernungspauschale (nicht die tatsächlichen Kfz.-Kosten) über den Höchstbetrag hinaus anzusetzen. Benutzt der StPfl. **während eines Teils des Jahres** einen Kraftwagen, ansonsten andere Verkehrsmittel, gilt der Höchstbetrag v. 4500 Euro für den Ansatz der Entfernungspauschale für die Tage, an denen kein Kraftwagen benutzt wurde.[1] Beteiligt sich der StPfl. an einer **Fahrgemeinschaft**, gilt der Höchstbetrag für die Tage, an denen er mitgenommen wurde.[2] Bei der Nutzung **verschiedener Verkehrsmittel** an einem Arbeitstag (zB: Kfz. zum Bahnhof) gilt die Begrenzung nur für den auf öffentl. Verkehrsmittel entfallenden Streckenabschnitt.[3] Nach BMF soll dabei die maßgebende Entfernung (kürzeste Straßenverbindung) nicht in Teilstrecken im Verhältnis der tatsächlich benutzten Verkehrsmittel aufgeteilt, sondern die Teilstrecke, die mit dem eigenen Pkw zurückgelegt wurde, in voller Höhe und der überbleibende Teil als die Teilstrecke angesetzt werden, die auf öffentl. Verkehrsmittel entfällt.[4] 69

6. Anrechnung von Arbeitgeber-Leistungen (Abs. 1 S. 3 Nr. 4 S. 5 und 7). Anders als in der Vergangenheit mindern gem. Abs. 1 S. 3 Nr. 4 S. 5 **nach § 8 Abs. 2 S. 11 oder Abs. 3 stfreie Sachbezüge** für Fahrten zw. Wohnung und Arbeitsstätte (Freifahrten) den nach Abs. 1 S. 3 Nr. 4 S. 2 abziehbaren Betrag. Ist der ArbG selbst der Verkehrsträger, ist nach Abs. 1 S. 3 Nr. 4 S. 5, 2. HS der Preis anzusetzen, den ein dritter ArbG an den Verkehrsträger zu entrichten hätte. **Nach § 40 Abs. 2 pauschal besteuerte Bezüge** mindern nach § 40 Abs. 2 S. 3 die nach § 9 Abs. 1 S. 3 Nr. 4, Abs. 2 abziehbaren WK. Seit 1.1.2019[5] regelt der neu eingefügte S. 7, dass stfreie Sachbezüge nach § 3 Nr. 37 nicht in die 44-Euro-Freigrenze nach § 8 Abs. 2 S. 11 einzubeziehen sind. In § 3 Nr. 37 nF ist die stfreie Überlassung eines Dienstfahrrads geregelt. Ihre Anrechnung auf die Entfernungspauschale sowie die Anwendung des Abzugsverbots nach § 3c Abs. 1 werden durch den neu geschaffenen Satz 7 ausgeschlossen. Obgleich die Absichten des Gesetzgebers grds. zu begrüßen sind, bleibt anzumerken, dass die Freistellungsbeträge relativ gering sind und eine Anrechnung dieser Leistungen auf die Entfernungspauschale administrativ kaum möglich wäre. 70

7. Wege von mehreren Wohnungen (Abs. 1 S. 3 Nr. 4 S. 6). Wege v. und zu der Wohnung, welche der Arbeitsstätte am nächsten liegt, sind stets zu berücksichtigen. Wege v. und zu einer Wohnung, die v. der Arbeitsstätte weiter entfernt liegt, dagegen nur, wenn sie den **Mittelpunkt der Lebensinteressen** des ArbN bildet. Bei einem verheirateten ArbN dürfte dies idR der ständige Aufenthalts- und Wohnort der Familie sein.[6] Bei ledigen ArbN ist der Mittelpunkt der Lebensinteressen idR an dem Wohnort, v. dem er überwiegend zur Arbeitsstätte fährt.[7] Der Wohnort, v. dem aus der ArbN weniger oft fährt, wird nur dann der Mittelpunkt der Lebensinteressen sein, wenn der ArbN zu diesem Ort besondere persönliche Beziehungen unterhält. Diese persönlichen Beziehungen können ihren Ausdruck in Bindungen an Pers. (Eltern, Verlobte, Freundes- und Bekanntenkreis) finden, aber auch zB in Vereinszugehörigkeiten und anderen Aktivitäten.[8] Bei ledigen ArbN nimmt R 42 Abs. 1 S. 8 LStR den Mittelpunkt der Lebensinteressen an einem weiter entfernten Wohnort, zu dem besondere persönliche Beziehungen bestehen, dann an, wenn der ArbN diesen Ort im Durchschnitt mindestens zweimal monatlich aufsucht. 71

Die weiter entfernt liegende Wohnung darf **„nicht nur gelegentlich"** aufgesucht werden. Nach R 9.10 Abs. 1 S. 6 LStR muss ein verheirateter ArbN den Wohnort seiner Familie, wenn dieser den Mittelpunkt seiner Lebensinteressen bilden soll, mindestens sechsmal im Kj. aufsuchen. Der BFH legt den Begriff „nicht nur gelegentlich" einzelfallbezogen aus und lässt bei sehr weiter Entfernung auch eine geringere Zahl v. Fahrten als sechs ausreichen.[9] 72

---

1 BMF v. 31.10.2013, BStBl. I 2013, 1376 Tz. 1.6.
2 BMF v. 31.10.2013, BStBl. I 2013, 1376 Tz. 1.5.
3 BMF v. 31.10.2013, BStBl. I 2013, 1376 Tz. 1.5 und 1.6, mit weiteren Einzelheiten zur Berechnung.
4 BMF v. 31.10.2013, BStBl. I 2013, 1376 Tz. 1.6.
5 G v. 11.12.2018, BGBl. I 2018, 2338.
6 BFH v. 3.10.1985 – VI R 168/84, FR 1986, 103 = BStBl. II 1986, 95; R 9.10 Abs. 1 S. 4 LStR.
7 BFH v. 13.12.1985 – VI R 7/83, BStBl. II 1986, 221 (222) = FR 1986, 361.
8 BFH v. 13.12.1985 – VI R 7/83, BStBl. II 1986, 221 (222) = FR 1986, 361.
9 BFH v. 26.11.2003 – VI R 152/99, FR 2004, 227 m. Anm. *Bergkemper* = BFH/NV 2004, 278 (fünf Flüge in die Türkei).

73 **8. Abgeltungswirkung (Abs. 2 S. 1, 2).** Nach Abs. 2 S. 1 werden durch die Entfernungspauschale sämtliche Aufwendungen abgegolten, die durch die Wege Wohnung/Arbeitsstätte veranlasst sind (zB Parkgebühren, Finanzierungskosten). Nach dem Gesetzeswortlaut „sämtliche Aufwendungen" können – anders vor dem 1.1.2001 – auch **Aufwendungen auf Grund außergewöhnlicher Ereignisse** (wie Unfall, Diebstahl, Motorschaden) nicht mehr gesondert abgesetzt werden. In dem Gesetzentwurf v. 27.9.2000 waren die Aufwendungen in Folge eines Unfalls ausdrücklich v. Abzug ausgeschlossen. Daraus, dass diese ausdrückliche Klarstellung nicht umgesetzt wurde, wird geschlossen, Unfallkosten seien weiterhin absetzbar.[1] Auch bei der Wiedereinführung der Entfernungspauschale durch G v. 20.4.2009 ging man davon aus, dass Unfallkosten nicht durch die Entfernungspauschale abgegolten seien.[2] Lässt man allerdings Unfallkosten zum Abzug zu, stellt sich die Frage, warum nicht auch Motorschäden berücksichtigungsfähig sein sollen.[3] Auch Aufwendungen, die nicht primär mit dem Betrieb des Kfz., sondern der **Nutzung der Straße** zusammenhängen (wie Straßenbenutzungsgebühren, Brückengelder, Fährgelder), können nicht mehr zusätzlich berücksichtigt werden. Auch dieses Prinzip durchbricht allerdings die FinVerw., wenn sie bei Benutzung einer Fähre die Fahrstrecke der Fähre nicht als Teil der Fahrstrecke berücksichtigt und die Fährkosten zum Abzug zulässt.

74 Abs. 2 S. 2 normiert eine Ausnahme v. der v. Abs. 2 S. 1 angeordneten Abgeltungswirkung. Er gestattet, dass **höhere Aufwendungen für die Benutzung öffentl. Verkehrsmittel** anstelle der Entfernungspauschale angesetzt werden. Es soll im Kurzstreckenbereich, in dem die Kosten für den öffentl. Personennahverkehr höher sein könnten, möglich bleiben, die tatsächlichen Kosten abzuziehen.[4] Abs. 2 S. 2 bietet nicht nur die Möglichkeit, Aufwendungen geltend zu machen, die über der Entfernungspauschale v. 0,30 Euro liegen, sondern erlaubt zugleich, die Obergrenze des Abs. 1 S. 3 Nr. 4 S. 2 v. 4 500 Euro durch den Nachweis höherer Aufwendungen zu überschreiten. Auch höhere Aufwendungen für die Benutzung eines **Taxis** können anstelle der Entfernungspauschale angesetzt werden. § 8 Abs. 2 PBefG rechnet den Verkehr mit Taxen zum „öffentl." Personennahverkehr. § 3 Nr. 34 differenziert zw. öffentl. Verkehrsmitteln im Linienverkehr und sonstigen öffentl. Verkehrsmitteln. Außerdem sprechen umwelt- und verkehrspolitische Gründe für eine Benutzung v. Taxen ggü. der Nutzung des eigenen Kfz. Diese entlastet die Städte zumindest v. ruhenden Verkehr. Abs. 2 S. 2 ließ in der Vergangenheit den Ansatz v. höheren Aufwendungen für die Benutzung öffentl. Verkehrsmittel anstelle der Entfernungspauschale auch für einzelne Tage zu, dh. der StPfl., der regelmäßig mit dem Kfz. zur Arbeit fuhr, konnte, wenn er an einzelnen Tagen öffentl. Verkehrsmittel benutzte, die höheren Aufwendungen für diese Einzelfahrten geltend machen.[5] Diese Möglichkeit hat das StVereinfG 2011[6] dem StPfl. genommen. Aufwendungen für die Benutzung öffentl. Verkehrsmittel können nur noch angesetzt werden, soweit sie den **im Kj. insgesamt** als Entfernungspauschale abziehbaren Betrag überschreiten. Diese Gesetzesänderung wurde damit begründet, weder aus dem G noch aus der Rspr. des BFH ergebe sich, wie bei der bisher zugelassenen tageweisen Günstigerprüfung die Begrenzung der Entfernungspauschale auf den Jahres-Höchstbetrag v. 4 500 Euro im Einzelnen zu berücksichtigen sei. Die FinVerw. habe hierzu einen sehr komplexen Berechnungsmodus entwickelt. Mit der Ergänzung v. § 9 Abs. 2 S. 2 und der jahresbezogenen Vergleichsrechnung zw. Entfernungspauschale und tatsächlichen Kosten für die Benutzung v. öffentl. Verkehrsmitteln – entspr. der Begrenzung der Entfernungspauschale auf 4 500 Euro – werde nun die Berechnung vereinfacht.[7]

75 **V. Wegekosten behinderter Menschen (Abs. 2 S. 3, 4).** Behinderte Menschen können nach Abs. 2 S. 3 anstelle der Entfernungspauschale für die Wege zw. Wohnung und Arbeitsstätte und für Familienheimfahrten die tatsächlichen Aufwendungen ansetzen. Abs. 2 S. 3 soll vor dem Hintergrund nicht kostendeckender Entfernungspauschalen typisierend dem Umstand Rechnung tragen, dass erheblich behinderte Personen nur eingeschränkt auf öffentliche Verkehrsmittel ausweichen können.[8] Begünstigt sind behinderte Menschen, deren GdB mindestens 70 % beträgt, sowie die Behinderten, deren GdB weniger als 70, aber mindestens 50 % beträgt und die in ihrer Bewegungsfähigkeit im Straßenverkehr erheblich beeinträchtigt sind. Abs. 2 S. 3 orientiert sich an dem SchwbG. Er knüpft mit der Tatbestandsvoraussetzung „Beeinträchtigung der Bewegungsfähigkeit im Straßenverkehr" an § 59 Abs. 1 SchwbG an, wonach Schwerbehinderte, die infolge ihrer Behinderung in ihrer Bewegungsfähigkeit im Straßenverkehr erheblich

1 BMF v. 31.10.2013, BStBl. I 2013, 1376 Tz. 4.
2 BT-Drucks. 16/12099, 6.
3 BFH v. 20.3.2014 – VI R 29/13, BStBl. II 2014, 849 = FR 2014, 994.
4 BT-Drucks. 14/4242, 5.
5 BFH v. 11.5.2005 – VI R 40/04, BStBl. II 2005, 712 (714) = FR 2005, 1043 m. Anm. *Bergkemper*; *Niermann*, DB 2009, 753 (754).
6 BGBl. I 2011, 2131.
7 BT-Drucks. 17/5125, 36.
8 BFH v. 11.3.2014 – VI B 95/13, BStBl. II 2014, 525 (526).

beeinträchtigt sind, unentgeltlich zu befördern sind. Die Zugehörigkeit zum Kreis der v. Abs. 2 S. 3 Begünstigten hat der Behinderte durch einen entspr. Schwerbehindertenausweis nachzuweisen (Abs. 2 S. 4). Die FinVerw. ist nach § 171 Abs. 10 AO an die Feststellungen über den Grad der Behinderung in dem entspr. Feststellungsbescheid gebunden. Wird in einem Neufeststellungsverfahren der Grad der Behinderung herabgesetzt, ist dies bereits auf den Neufeststellungszeitpunkt zu berücksichtigen, auch wenn der Schwerbehindertenausweis bis zum bestandskräftigen Abschluss des Neufeststellungsverfahrens fortgilt.[1] Die **„tatsächlichen Aufwendungen"** können nachgewiesen oder aber in Anlehnung an die Regelungen für Dienstreisen (mit 0,30 Euro/Fahrt-km)[2] pauschal geltend gemacht werden. Anders als bei Nichtbehinderten sind auch Aufwendungen für iRv. Abholfahrten anfallende „Leerfahrten" als WK zu berücksichtigen, wenn der StPfl. wegen seiner Behinderung nicht selbst fahren kann.[3] Es besteht allerdings nur die Wahlmöglichkeit, die Wegekosten einheitlich nach den Entfernungspauschalen oder einheitlich nach den tatsächlichen WK zu bemessen („an Stelle").[4] Für die Beschaffung des Fahrzeugs sowie für eine behinderungsgerechte Zusatzausstattung erhaltene Zuschüsse sind mittels Kürzung der AfA-Bemessungsgrundlage zu berücksichtigen.[5]

VI. Einzelnachweise 76

Aufwandsersatz durch den ArbG: Rn. 70.

Behinderte: Diese können die tatsächlichen Aufwendungen an Stelle der Entfernungspauschale absetzen (Rn. 61, 75).

Ehegattenfahrgemeinschaft: Jeder Ehegatte kann die Entfernungspauschale ansetzen.

Fährverbindung: Es ist eine Fährverbindung, soweit sie zumutbar und wirtschaftlich sinnvoll ist, in die Entfernungsberechnung einzubeziehen. Die Fahrstrecke der Fähre selbst sei dann jedoch nicht Teil der maßgebenden Entfernung. An ihrer Stelle könnten die tatsächlichen Fährkosten berücksichtigt werden. Nach der Rspr. des BFH kann eine „offensichtlich verkehrsgünstigere" Straßenverbindung vorliegen, wenn diese eine unzuverlässige Fährverbindung vermeidet (BFH v. 19.4.2012 – VI R 53/11, FR 2012, 1126 = DStR 2012, 1382).

Fahrgemeinschaft: Stellen die Teilnehmer abwechselnd ihren Kraftwagen zur Vfg., so ist für jeden Teilnehmer für jeden Arbeitstag die Entfernungspauschale nach Maßgabe der kürzesten Straßenverbindung ohne Berücksichtigung v. Umwegstrecken anzusetzen (Rn. 60). Für die Tage, an denen der Teilnehmer mitgenommen wurde, gilt der Höchstbetrag v. 4 500 Euro (Rn. 69). Setzt nur ein Teilnehmer sein Fahrzeug ein und zahlen die anderen ihm eine Vergütung, so kann der Fahrer die Aufwendungen für die Umwegstrecken zum Abholen der Mitfahrer v. der Vergütung abziehen. Die verbleibende Mitfahrervergütung ist zu versteuern (*Goydke*, Stbg. 2001, 311 [315]). Das BMF-Schr. v. 31.10.2013 (BStBl. I 2013, 1376 Tz. 1.5) enthält ein ausf. Berechnungsbeispiel.

Feuerwehrmann: Soweit ein städtischer Feuerwehrmann verpflichtet ist, Bereitschaftsdienst als Fahrer eines Noteinsatzfahrzeugs eines nicht städtischen Krankenhauses zu leisten, übt er eine Auswärtstätigkeit aus (BFH v. 19.1.2012 – VI R 23/11, FR 2012, 787 = BFH/NV 2012, 845; Rn. 52).

Mehrfachfahrten: Die Entfernungspauschale ist nur pro Arbeitstag anzusetzen. Mehrfachfahrten bleiben unberücksichtigt (Rn. 66). Eine Ausnahme kommt bei mehreren Dienstverhältnissen in Betracht (Rn. 65).

Motorschaden: Dieser ist mit der Entfernungspauschale abgegolten (str., Rn. 73).

Nutzungsentgelt: Leistet der ArbN an den ArbG ein Nutzungsentgelt für die Nutzung eines betrieblichen Pkw zu privaten Fahrten, mindert dies den geldwerten Vorteil aus der Nutzungsüberlassung; ein WK-Abzug kommt selbst dann nicht in Betracht, wenn das Entgelt den Vorteil übersteigt, weil insoweit eine private Veranlassung anzunehmen wäre (BFH v. 30.11.2016 – VI R 49/14, FR 2017, 783 und v. 30.11.2016 – VI R 24/14, BFH/NV 2017, 448).

Rettungsassistent: Auch ein Rettungsassistent kann nicht mehrere Arbeitsstätten nebeneinander haben (BFH v. 19.1.2012 – VI R 36/11, BStBl. II 2012, 503 = FR 2012, 787).

Umwegstrecken: Die Entfernungspauschale bemisst sich nach der kürzesten Straßenverbindung ohne Umwegstrecken. Für beruflich veranlasste Umwegstrecken sind die tatsächlichen Aufwendungen als WK absetzbar.

Unfallkosten s. Rn. 73.

---

1 BFH v. 11.3.2014 – VI B 95/13, BStBl. II 2014, 525 (526).
2 BMF v. 31.10.2013, BStBl. I 2013, 1376 Tz. 3.
3 BFH v. 2.12.1977 – VI R 8/75, BStBl. II 1978, 260.
4 BFH v. 5.5.2009 – VI R 77/06, BStBl. II 2009, 729 = FR 2009, 964.
5 BFH v. 14.6.2012 – VI R 89/10, BStBl. II 2012, 835 = FR 2013, 429.

Verschiedene Verkehrsmittel: Bei Benutzung verschiedener Verkehrsmittel (zB Pkw zum Bahnhof) ist die kürzeste Straßenverbindung maßgebend. Das BMF-Schr. v. 31.10.2013 (BStBl. I 2013, 1376 Tz. 1.6) lässt zu, dass die Teilstrecke, die mit dem eigenen Pkw zurückgelegt wird, in voller Höhe und der verbleibende Teil als die Teilstrecke angesetzt wird, die auf öffentl. Verkehrsmittel entfällt. Auch in Mischfällen kann sich damit ein höherer Betrag als 4 500 Euro ergeben **Wechsel des Verkehrsmittels:** Fährt ein ArbN während eines Teils des Jahres mit dem eigenen Pkw, ansonsten mit öffentl. Verkehrsmitteln, gilt die Begrenzung auf den Höchstbetrag v. 4 500 Euro nur für den Zeitraum, in dem öffentl. Verkehrsmittel benutzt werden (Rn. 69).

G. Auswärtige Tätigkeit (Abs. 1 S. 3 Nr. 4a und 5a; Abs. 4a)

77 § 9 regelt nunmehr neben der Berücksichtigung v. Aufwendungen für Wege Wohnung/erste Tätigkeitsstätte und der Berücksichtigung v. Aufwendungen wegen doppelter Haushaltsführung auch ausdrücklich die steuerliche Behandlung v. Aufwendungen für Fahrten bei auswärtiger beruflicher Tätigkeit (Abs. 1 S. 3 Nr. 4a), v. Übernachtungskosten bei auswärtiger Tätigkeit (Abs. 1 S. 3 Nr. 5a) und v. Mehraufwendungen für Verpflegung bei auswärtiger Tätigkeit (Abs. 4a).

78 **I. Fahrtaufwendungen (Abs. 1 S. 3 Nr. 4a).** Die steuerliche Berücksichtigung v. Fahrtkosten iZ mit einer auswärtigen beruflichen Tätigkeit ist unverändert geblieben. In dem neuen Abs. 1 S. 3 Nr. 4a S. 1 wird lediglich in Abgrenzung zur Berücksichtigung der Entfernungspauschale (Abs. 1 S. 3 Nr. 4) geregelt, dass bei beruflich veranlassten Fahrten, die nicht Fahrten zw. Wohnung und erster Tätigkeitsstätte iSd. Abs. 4 oder Familienheimfahrten sind, die Fahrtkosten mit den **tatsächlich entstandenen Aufwendungen** als WK berücksichtigt werden können. In der Gesetzesbegründung heißt es hierzu, bei der Benutzung eines eigenen oder zur Nutzung überlassenen Fahrzeugs sei dafür ein Kilometersatz aufgrund der für einen Zeitraum v. zwölf Monaten ermittelten Gesamtkosten für das genutzte Fahrzeug zu errechnen. Dieser könne so lange angesetzt werden, bis sich die Verhältnisse wesentlich ändern (zB durch Ablauf des AfA-Zeitraums).[1]

79 Zusätzlich wird nun bei den Fahrtkosten – anstelle der bisherigen Verwaltungsregelungen – durch **Abs. 1 S. 3 Nr. 4a S. 2** gesetzlich klargestellt, dass der ArbN anstelle der tatsächlichen Aufwendungen aus Vereinfachungsgründen typisierend je nach Art des benutzten Verkehrsmittels (zB Pkw, Motorrad, Fahrrad) auch einen **pauschalen Kilometersatz** für jeden gefahrenen km als WK ansetzen kann.[2] Dieser pauschale Kilometersatz entspricht dabei dem für das jeweils benutzte Beförderungsmittel als höchste Wegstreckenentschädigung nach dem Bundesreisekostengesetz festgesetzten Betrag.[3] Die Kilometersätze betragen zurzeit je Fahrtkilometer 0,30 Euro für Pkw, 0,20 Euro für jedes andere motorbetriebene Fahrzeug.[4] Da die Berücksichtigung dieser Kilometersätze nunmehr gesetzlich geregelt ist, entfällt die Prüfung, ob die Sätze bei einer hohen Jahresfahrleistung zu einer unzutreffenden Besteuerung führen.[5]

80 Nach **Abs. 1 S. 3 Nr. 4a S. 3** gilt Abs. 1 S. 3 Nr. 4 und Abs. 2 (dh. die Regelungen über die Entfernungspauschale) entspr., wenn der ArbN keine erste Tätigkeitsstätte hat, aber dauerhaft denselben Ort oder dasselbe weiträumige Tätigkeitsgebiet aufzusuchen hat. Allerdings gelten für Fahrten innerhalb des weiträumigen Tätigkeitsgebiets nach Abs. 1 S. 3 Nr. 4a S. 4 die Regelungen des Abs. 1 S. 3 Nr. 4a S. 1 und 2 entspr. Der Gesetzgeber qualifiziert eine Tätigkeit ohne erste Tätigkeitsstätte, bei welcher der ArbN typischerweise arbeitstäglich denselben Ort oder dasselbe weiträumige Tätigkeitsgebiet aufsucht, als Auswärtstätigkeit, beschränkt aber den Abzug von Fahrtaufwendungen wie bei dem ArbN mit erster Tätigkeitsstätte. Es werden Fahrtkosten nur nach Maßgabe der Entfernungspauschale berücksichtigt, obwohl keine erste Tätigkeitsstätte vorliegt.[6] Hinsichtlich des Ansatzes von Verpflegungsmehraufwendungen gelten allerdings nach Abs. 4a S. 4, wenn der ArbN keine erste Tätigkeitsstätte hat, die Regeln über den Verpflegungsmehraufwand entspr. Ebenso gilt die Regelung des Abs. 1 S. 3 Nr. 4a für Übernachtungskosten.[7]

81 Bei **Fahrten zu einem v. ArbG dauerhaft festgelegten Ort**, an dem sich der ArbN aufgrund seiner arbeitsvertraglichen Festlegungen typischerweise arbeitstäglich einzufinden oder seine dienstlichen Tätigkeiten aufzunehmen hat (zB Fahrten zu einem Busdepot oder Fährhafen oder Fahrten zu einem Sammeltreff-

1 BT-Drucks. 17/10774, 20.
2 Zu dieser Wahlmöglichkeit: BFH v. 15.4.2010 – VI R 20/08, BStBl. II 2010, 805 = FR 2010, 711 m. Anm. *Urban*; v. 5.5.2009 – VI R 77/06, BStBl. II 2009, 729 = FR 2009, 964; v. 15.3.2011 – VI B 145/10, BFH/NV 2011, 983; *Schneider*, Beil. zu NWB 9/2013, 44 (48).
3 BT-Drucks. 17/10774, 20; *Weber*, Beil. zu NWB 9/2013, 21 (24).
4 BMF v. 24.10.2014, BStBl. I 2014, 1412 Rn. 36.
5 *Niermann*, DB 2013, 1015 (1019).
6 *Schneider*, Beil. zu NWB 9/2013, 44 (48); krit. insoweit auch *Wünnemann/Gödtel*, Beil. zu NWB 9/2013, 36 (38).
7 *Harder-Buschner/Schramm*, Beil. zu NWB 9/2013, 2 (9).

punkt), sollen die Aufwendungen für diese Fahrten v. der Wohnung zu diesem Ort mit der Entfernungspauschale nach Abs. 1 S. 3 Nr. 4 als WK berücksichtigt werden. Durch die Worte „typischerweise arbeitstäglich“ soll klargestellt werden, dass die Regelung lediglich für die Berufsgruppen gilt, die im Normalfall arbeitstäglich, zB an einem v. ArbG festgelegten Ort, ein Fahrzeug in Empfang nehmen und dort iRd. Sammelbeförderung abgeholt werden. Treffen sich mehrere ArbN typischerweise arbeitstäglich an einem bestimmten Ort, um von dort aus gemeinsam zu ihrer Tätigkeitsstätte zu fahren (privat organisierte Fahrgemeinschaft), liegt kein Sammelpunkt nach Abs. 1 S. 3 Nr. 4a S. 3 vor. Es fehlt an einer arbeits-/dienstrechtlichen Festlegung des ArbG.[1]

Hat der ArbN seine Tätigkeit typischerweise arbeitstäglich **in einem weiträumigen Arbeitsgebiet** aus- 82
zuüben, soll – anders als nach der bisherigen BFH-Rspr.[2] – die Entfernungspauschale für die Fahrten v. der Wohnung zu diesem Tätigkeitsgebiet ebenfalls gelten. Betroffen von dieser Regelung sind zB ArbN, die in einem Hafengebiet oder einem Flughafengelände tätig sind, Schornsteinfeger mit einem Kehrbezirk, Forstarbeiter mit einem zugewiesenen Waldgebiet oder Briefzusteller mit einem Zustellbezirk.[3] Ein weiträumiges „Tätigkeitsgebiet“ hat nach dem Gesetzeswortlaut nur der ArbN, der seine Arbeitsleistung auf einer festgelegten Fläche zu erbringen hat. Damit sind Kundendienstmonteure, Pflegekräfte, Handelsvertreter und ähnliche Berufe nicht betroffen.[4] Hat der ArbN das weiträumige Arbeitsgebiet stets v. ein und demselben Zugang aus zu betreten oder zu befahren, so soll für die Fahrten v. der Wohnung bis zu diesem Zugang zu dem weiträumigen Arbeitsgebiet die Entfernungspauschale nach Abs. 1 S. 3 Nr. 4 zu berücksichtigen sein. Wird das weiträumige Arbeitsgebiet immer v. verschiedenen Zugängen betreten oder befahren, soll aus Vereinfachungsgründen nur für die Fahrten v. der Wohnung zum nächstgelegenen Zugang die Entfernungspauschale berücksichtigt werden; für die Fahrten v. der Wohnung zu den weiter entfernten Zugängen sollen hingegen die tatsächlichen Kosten geltend gemacht werden können. Für alle Fahrten innerhalb des weiträumigen Arbeitsgebiets oder Fahrten v. der Wohnung zu einem weiter entfernten Zugang sind nach **Abs. 1 S. 3 Nr. 4a S. 4** die tatsächlichen Aufwendungen oder der sich am Bundesreisekostengesetz orientierende maßgebliche Kilometersatz zu berücksichtigen.[5]

II. Übernachtungskosten (Abs. 1 S. 3 Nr. 5a). Abs. 1 S. 3 Nr. 5a regelt die Abziehbarkeit der beruflich 83
veranlassten Unterkunftskosten während einer Tätigkeit außerhalb der ersten Tätigkeitsstätte (auswärtige berufliche Tätigkeit, Auswärtstätigkeit). Notwendige Mehraufwendungen für beruflich veranlasste Übernachtungen sind als WK abziehbar. Erledigt der ArbN iZ mit einer beruflich veranlassten Auswärtstätigkeit in einem mehr als geringfügigen Umfang private Angelegenheiten, sind die beruflich veranlassten von den privat veranlassten Aufwendungen – ggf. durch Schätzung – zu trennen.[6] Übernachtungskosten sind die tatsächlichen Aufwendungen für die persönliche Inanspruchnahme einer Unterkunft zur Übernachtung. Es können keine Pauschalen berücksichtigt werden. Allerdings darf der ArbG Übernachtungspauschalen stfrei erstatten. Nach der Gesetzesbegründung sollen Unterkunftskosten im Rahmen einer Auswärtstätigkeit für einen Zeitraum von 48 Monaten unbeschränkt als WK abzugsfähig sein.[7] Der Gesetzeswortlaut sieht allerdings nur die Berücksichtigung von „notwendigen“ Mehraufwendungen für beruflich veranlasste Übernachtungen vor. Danach könnte die Notwendigkeit der zeitlichen Dauer, die Mitnahme von Begleitpersonen, aber auch die Höhe der Aufwendungen im Hinblick auf ihre Notwendigkeit (Einschränkung auf eine bestimmte Hotelkategorie, alleinige Nutzung eines Doppelzimmers) geprüft werden.[8] Nach dem BMF-Schr. v. 24.10.2014 soll allerdings lediglich die berufliche Veranlassung geprüft werden, nicht aber die Angemessenheit der Unterkunft (bestimmte Hotelkategorie oder Größe der Unterkunft).[9]

Nutzt der ArbN eine **Unterkunft zusammen mit einer oder mehreren Personen**, die zu seinem ArbG in 84
keinem Dienstverhältnis stehen, ist nach **Abs. 1 S. 3 Nr. 5a S. 3** nur der auf den ArbN entfallende Anteil beruflich veranlasst und damit als WK abziehbar. Bei Nutzung eines Mehrbettzimmers können nach der Gesetzesbegründung der Einfachheit halber die Aufwendungen angesetzt werden, die bei Inanspruchnahme eines Einzelzimmers im selben Haus entstanden wären.[10]

---

1 BMF v. 24.10.2014, BStBl. I 2014, 1412 Rn. 38.
2 BFH v. 17.6.2010 – VI R 20/09, BStBl. II 2012, 32; vgl. hierzu *Bergkemper*, FR 2013, 1017 (1019).
3 BT-Drucks. 17/10774, 20.
4 *Niermann*, DB 2013, 1015 (1019).
5 BT-Drucks. 17/10774, 20.
6 BFH v. 21.9.2009 – GrS 1/06, BStBl. II 2010, 672 = FR 2010, 225 m. Anm. *Kempermann*; BMF v. 30.9.2013, BStBl. I 2013, 1279 Rn. 105.
7 BT-Drucks. 17/10774, 14.
8 *Niermann*, DB 2013, 1015 (1022); *Weber*, Beil. zu NWB 9/2013, 21 (25).
9 BMF v. 24.10.2014, BStBl. I 2014, 1412 Rn. 114.
10 BT-Drucks. 17/10774, 22; BMF v. 24.10.2014, BStBl. I 2014, 1412 Rn. 117.

85 Beruflich veranlasste Unterkunftskosten im Rahmen einer **längerfristigen Auswärtstätigkeit an ein und derselben auswärtigen Tätigkeitsstätte** sind im Zeitraum v. 48 Monaten unbeschränkt als WK abzugsfähig. Nach diesem Zeitraum werden sie gem. **Abs. 1 S. 3 Nr. 5a S. 4** nur noch bis zur Höhe der vergleichbaren Aufwendungen im Rahmen einer doppelten Haushaltsführung als WK berücksichtigt (Abs. 1 S. 3 Nr. 5). Von einer längerfristigen Auswärtstätigkeit an derselben Tätigkeitsstätte ist nach der Gesetzesbegründung nicht nur dann auszugehen, wenn diese länger als 48 Monate arbeitstäglich aufzusuchen ist. Vielmehr soll es auch genügen, wenn an der Tätigkeitsstätte über einen Zeitraum v. 48 Monaten hinaus regelmäßig infolge der beruflichen Tätigkeit, zB einmal oder mehrmals wöchentlich, übernachtet werde.[1] Das gilt für jede Tätigkeitsstätte, die nicht erste Tätigkeitsstätte ist. Aus Vereinfachungsgründen soll es nicht beanstandet werden, wenn die abziehbaren Übernachtungskosten erst ab dem ersten vollen Kalendermonat, der auf den Monat folgt, in dem die 48-Monatsfrist endet, auf 1 000 Euro begrenzt werden.[2]

86 Wie bei der Dreimonatsfrist der Verpflegungspauschale legt **Abs. 1 S. 3 Nr. 5a S. 5** typisierend fest, dass eine **Unterbrechung der beruflichen Tätigkeit an ein und derselben Tätigkeitsstätte** v. sechs Monaten bereits zu einem Neubeginn dieses 48-Monats-Zeitraums führt. Aus welchem Grund (zB Krankheit, Urlaub, Tätigkeit an einer anderen Tätigkeitsstätte) die Tätigkeit unterbrochen wird, soll aus Vereinfachungsgründen dabei unerheblich sein.[3]

87 **III. Verpflegungsmehraufwendungen (Abs. 4a).** Während vorher der Abzug v. Verpflegungsmehraufwendungen in § 4 Abs. 5 S. 1 Nr. 5, dh. im Bereich der BA, geregelt und über den Verweis in Abs. 5 iRd. WK anwendbar war, wurde er ab dem VZ 2014 in den neuen Abs. 4a überführt und ein entspr. Verweis in § 4 Abs. 5 S. 1 Nr. 5 aufgenommen. Dies dient dem Ziel des Gesetzgebers, die steuerlich zu berücksichtigenden Reisekosten umfassend in § 9 zu regeln.

88 Abs. 4a bestimmt, unter welchen Voraussetzungen und in welcher Höhe die dem ArbN aus Anlass einer beruflich veranlassten Tätigkeit entstehenden Mehraufwendungen für Verpflegung steuerlich als WK berücksichtigt werden können. Dabei wird typisierend der Mehraufwand festgelegt, der über das hinausgeht, was ein ArbN für seine Verpflegung ohnehin während eines normalen Arbeitstages an der ersten Tätigkeitsstätte aufwendet (und was als Aufwand für die private Lebensführung steuerlich unberücksichtigt bleibt). Abs. 4a S. 2 spricht zwar davon, dass zur Abgeltung der dem ArbN „tatsächlich entstandenen", beruflich veranlassten Mehraufwendungen eine Verpflegungspauschale anzusetzen sei. Diese Formulierung ist jedoch nicht im Sinne einer Prüfungs-, Nachweis- und Dokumentationspflicht zu verstehen.[4] ArbN haben bei einer Auswärtstätigkeit einen Anspruch darauf, dass die gesetzlichen Pauschbeträge berücksichtigt werden.[5] Umgekehrt berechtigt der Einzelnachweis von Verpflegungsmehraufwendungen nicht zum Abzug höherer Beträge.

89 Der Gesetzgeber hat, um den Bereich der Verpflegungsmehraufwendungen zu vereinfachen, die bisherige dreistufige Staffelung der abziehbaren Pauschalen und Mindestabwesenheitszeiten durch eine **zweistufige Staffelung** (12 Euro und 24 Euro) ersetzt, auf einen Teil der Mindestabwesenheitszeiten verzichtet und die Berechnung der Dreimonatsfrist vereinfacht.

90 Bei **mehrtägigen auswärtigen Tätigkeiten** kann der ArbN nach Abs. 4a S. 3 Nr. 1 für die Kalendertage, an denen er außerhalb seiner Wohnung und ersten Tätigkeitsstätte beruflich tätig ist und aus diesem Grund 24 Stunden v. seiner Wohnung abwesend ist, weiterhin eine Pauschale v. 24 Euro als WK geltend machen. Für den An- und Abreisetag einer solchen mehrtägigen auswärtigen Tätigkeit mit Übernachtung außerhalb seiner Wohnung kann nach Abs. 4a S. 3 Nr. 2 zukünftig ohne Prüfung einer Mindestabwesenheitszeit eine Pauschale v. jeweils 12 Euro als WK berücksichtigt werden. Dabei ist unerheblich, ob die Tätigkeit v. der Wohnung, der ersten oder einer anderen Tätigkeitsstätte des ArbN begonnen wird. Im Hinblick auf die oftmals auch über Nacht oder mehrere Tage andauernden An- und Abreisen bei auswärtigen beruflichen Tätigkeiten genügt es für die Qualifizierung als An- und Abreisetag, wenn der ArbN unmittelbar nach der Anreise oder vor der Abreise auswärtig übernachtet. Wohnung iSd. Abs. 4a S. 4 Halbs. 2 ist der Hausstand, der den Mittelpunkt der Lebensinteressen des ArbN bildet und nicht nur gelegentlich aufgesucht wird, oder die Zweitwohnung am Ort einer doppelten Haushaltsführung.[6]

91 Für **eintägige auswärtige Tätigkeiten** ohne Übernachtung kann nach Abs. 4a S. 3 Nr. 3 ab einer Abwesenheit v. mehr als acht Stunden v. der Wohnung und der ersten Tätigkeitsstätte[7] – ebenso wie für den An-

1 BT-Drucks. 17/10774, 22.
2 BMF v. 24.10.2014, BStBl. I 2014, 1412 Rn. 117.
3 BT-Drucks. 17/10774, 22.
4 *Wünnemann/Gödtel*, Beil. zu NWB 9/2013, 36 (39).
5 BFH v. 4.4.2006 – VI R 44/03, BStBl. II 2006, 567.
6 BMF v. 24.10.2014, BStBl. I 2014, 1412 Rn. 49.
7 Vgl. hierzu die Klarstellung durch das Kroatien-AnpG v. 25.7.2014, BGBl. I 2014, 1266; BT-Drucks. 18/1529, 51.

und Abreisetag bei einer mehrtägigen Tätigkeit – eine Pauschale v. 12 Euro berücksichtigt werden. Darüber hinaus wird geregelt, dass dies auch dann gilt, wenn der ArbN seine eintätige auswärtige berufliche Tätigkeit über Nacht ausübt – somit nicht übernachtet – und dadurch ebenfalls insgesamt mehr als acht Stunden v. der Wohnung und der ersten Tätigkeitsstätte abwesend ist. Die Verpflegungspauschale v. 12 Euro ist in diesen Fällen dann für den Kalendertag zu berücksichtigen, an dem der ArbN den überwiegenden Teil der insgesamt mehr als acht Stunden abwesend ist.

Gemäß **Abs. 4a S. 5** treten bei einer Tätigkeit im **Ausland** an die Stelle der Pauschbeträge nach S. 3 länderweise unterschiedliche Pauschbeträge, die sich an den Auslandstagegeldern nach dem Bundesreisekostengesetz orientieren. Es sind in den Fällen des Abs. 4a S. 3 Nr. 1 120 % und in den Fällen des Abs. 4a S. 3 Nr. 2 und 3 80 % der Auslandstagegelder anzusetzen. 92

Die Berücksichtigung der Pauschalen für die Verpflegungsmehraufwendungen ist – wie bisher – nach **Abs. 4a S. 6** auf die ersten **drei Monate** einer beruflichen Tätigkeit an ein und derselben Tätigkeitsstätte beschränkt. Diese Abzugsbegrenzung beruht auf der gesetzgeberischen Überlegung, dass der StPfl. nach Ablauf der auf drei Monate typisierten Übergangszeit regelmäßig eine Verpflegungssituation vorfindet, die keine beruflich veranlassten Mehraufwendungen verursacht.[1] Die Abzugsbegrenzung gilt auch dann, wenn die Arbeitsaufträge kurzfristig immer wieder aufs Neue erteilt werden.[2] Eine berufliche Tätigkeit an derselben Tätigkeitsstätte nimmt die FinVerw. nur an, wenn der ArbN an dieser regelmäßig mindestens an drei Tagen wöchentlich tätig wird.[3] Bei beruflichen Tätigkeiten auf nicht ortsfesten Einrichtungen (wie zB Fahrzeugen, Schiffen) und bei Tätigkeiten in einem weiträumigen Tätigkeitsgebiet findet die Dreimonatsfrist keine Anwendung.[4] Um die Berechnung zu vereinfachen, wurde eine rein zeitliche Bemessung der Unterbrechungsregelung eingeführt. Eine Unterbrechung führt zu einem Neubeginn, wenn sie mindestens vier Wochen dauert **(Abs. 4a S. 7)**. Dabei ist es unerheblich, aus welchem Grund die Tätigkeit unterbrochen wird (zB Krankheit, Urlaub, andere Tätigkeitsstätte). Die Unterbrechungsregelung gilt auch, wenn die berufliche Tätigkeit bereits vor dem 1.1.2014 begonnen wurde.[5] Die Vorschrift bezweckt insgesamt eine Vereinfachung und Typisierung. Die Kürzung nach **Abs. 4a S. 8** ist deshalb unabhängig davon vorzunehmen, ob der StPfl. zur Verfügung gestellte Mahlzeiten tatsächlich eingenommen hat.[6] 93

Kann der ArbN eine Verpflegungspauschale geltend machen und wird dem ArbN eine **„übliche"** (bis 60 Euro) **Mahlzeit zur Vfg. gestellt**, so wird nach § 8 Abs. 2 S. 9 auf eine Besteuerung dieses Sachbezugs verzichtet und es werden die Pauschalen nach **Abs. 4a S. 8** für ein Frühstück um 20 % und für ein Mittag- und Abendessen um jeweils 40 % gekürzt. Nach dem Gesetzeswortlaut ist eine Kürzung auch dann vorzunehmen, wenn die Bewirtung im ganz überwiegenden betrieblichen Interesse erfolgt.[7] Die Kürzung erfolgt nach **Abs. 4a S. 9** auch, wenn Reisekostenvergütungen wegen der zur Vfg. gestellten Mahlzeiten einbehalten oder gekürzt werden oder die Mahlzeiten nach § 40 Abs. 2 S. 1 Nr. 1a pauschal besteuert werden. Hat der ArbN für die Mahlzeit ein Entgelt gezahlt, mindert dieser Betrag nach Abs. 4a S. 10 den Kürzungsbetrag.[8] Damit das Wohnsitz-FA bei der ESt-Veranlagung erkennen kann, ob der ArbN nur eine gekürzte Verpflegungspauschale beanspruchen darf, muss der ArbG nach § 41b Abs. 1 S. 2 Nr. 8 in der Lohnsteuerbescheinigung den Großbuchstaben „M" angeben, wenn der ArbN Mahlzeiten gestellt bekommen hat, deren Preis 60 Euro nicht übersteigt.[9] 94

Abs. 4a S. 12 und 13 wurden auf Vorschlag des Finanzausschusses aufgenommen.[10] Es wird die bisher in § 4 Abs. 5 S. 1 Nr. 5 S. 6 enthaltene Regelung übernommen und dadurch klargestellt, dass die Regelungen zu den **Verpflegungspauschalen auch iRd. doppelten Haushaltsführung** zur Anwendung kommen. 95

IV. Nebenkosten. Der Große Senat des BFH hat das Aufteilungsverbot für gemischt – teilweise privat und teilweise beruflich – veranlasste Aufwendungen zurückgedrängt und entschieden, dass Aufwendungen, die den Beruf fördern, aber auch der Lebensführung dienen, dann WK sind, wenn der den Beruf fördernde Teil der Aufwendungen sich nach objektiven Maßstäben zutreffend und in nachprüfbarer Weise abgrenzen lässt und nicht nur von untergeordneter Bedeutung ist.[11] Der VI. Senat des BFH hat diesen Ge- 96

1 BFH v. 28.2.2013 – III R 94/10, BStBl. II 2013, 725 (727) = FR 2013, 1090.
2 BFH v. 28.2.2013 – III R 94/10, BStBl. II 2013, 725 (727) = FR 2013, 1090.
3 BMF v. 24.10.2014, BStBl. I 2014, 1412 Rn. 55.
4 BMF v. 24.10.2014, BStBl. I 2014, 1412 Rn. 56f.
5 BMF v. 24.10.2014, BStBl. I 2014, 1412 Rn. 53.
6 Zutr. FG BaWü. v. 12.12.2017 – 5 K 432/17, EFG 2018, 1533 (Rev. VI R 16/18).
7 *Weber*, Beil. zu NWB 9/2013, 21 (27); vgl. auch BMF v. 24.10.2014, BStBl. I 2014, 1412 Rn. 73ff.
8 Anwendungsbeispiele in BT-Drucks. 17/10774, 27f.
9 *Weber*, Beil. zu NWB 9/2013, 21 (30).
10 BT-Drucks. 17/11217, 9.
11 BFH v. 21.9.2009 – GrS 1/06, BStBl. II 2010, 672 = FR 2010, 225 m. Anm. *Kempermann*.

danken weiterentwickelt und entschieden: Kosten, die sowohl privat als auch beruflich veranlasst sind, sind dann vollumfänglich der Berufssphäre zuzuordnen, wenn die Aufwendungen so stark durch die berufliche Situation geprägt sind, dass der private Veranlassungsbeitrag bei wertender Betrachtung unbedeutend ist („**Überlagerungsgedanke**").[1] Danach sind nicht nur Kosten für eine **Reisegepäckversicherung** WK, wenn das verrichtete Risiko auf die Dienstreise begrenzt ist.[2] Es sind auch **Wertverluste** aufgrund eines Schadens an im Rahmen einer Dienstreise mitgeführten Gegenständen WK, sofern der Schaden auf einer reisespezifischen Gefährdung beruht.[3] Es sind auch **Telefonate privaten Inhalts**, die nach einer mindestens einwöchigen Auswärtstätigkeit entstehen, als beruflich veranlasster Mehraufwand der Erwerbssphäre zuzuordnen; die privaten Gründe der Kontaktaufnahme werden – typisierend betrachtet – durch die beruflich veranlasste Auswärtstätigkeit überlagert.[4] **Unterbringungskosten eines Studenten** am Studienort sind als WK zu qualifizieren, soweit der Studienort nicht der Lebensmittelpunkt des Studenten ist.[5] Ebenso stellen auch die **Mehraufwendungen eines Fernfahrers** für Dusche, Toilette und Reinigung der Schlafgelegenheit WK dar.[6] Ferner kommt die Berücksichtigung von Aufwendungen für **Versicherungen** in Betracht, die ein typisches, bei der Auswärtstätigkeit auftretendes Risiko abdecken sollen (zB Auslandskrankenversicherung), von **Steuerberatungskosten** anlässlich einer Auswärtstätigkeit oder von Kosten für eine **zusätzliche Fahrerlaubnis** bei Entsendung ins Ausland.[7]

97 Nach dem BMF-Schr. v. 24.10.2014 gehören zu den Reisenebenkosten die tatsächlichen Aufwendungen für

- Beförderung und Aufbewahrung von Gepäck,
- Ferngespräche und Schriftverkehr beruflichen Inhalts mit dem ArbG oder Geschäftspartnern,
- Straßen- und Parkplatzbenutzung sowie Schadensbeseitigung infolge von Verkehrsunfällen, wenn die jeweils damit verbundenen Fahrtkosten als Reisekosten anzusetzen sind,
- Verlust auf der Reise abhandengekommener oder beschädigter Gegenstände, die der ArbN auf der Reise verwenden musste, wenn der Verlust aufgrund einer reisespezifischen Gefährdung eingetreten ist. Berücksichtigt wird der Verlust bis zur Höhe des Werts, der dem Gegenstand zum Zeitpunkt des Verlusts beigemessen wird,
- private Telefongespräche, soweit sie der beruflichen Sphäre zugeordnet werden können.

Nicht zu den Reisekosten sollen dagegen gehören:

- Kosten für die persönliche Lebensführung wie Tageszeitungen, Massagen, Minibar oder Pay-TV,
- Ordnungs-, Verwarnungs- und Bußgelder, die auf einer Dienstreise verhängt werden,
- Verlust von Geld oder Schmuck,
- AK für Bekleidung, Koffer oder andere Reiseausrüstungsgegenstände, weil sie nur mittelbar mit einer Auswärtstätigkeit zusammenhängen sollen,
- Essengutscheine, zB in Form von Raststätten- oder Autohof-Wertbons.

98 Nach dem BMF-Schr. v. 24.10.2014 sollen die Reisenebenkosten durch geeignete Unterlagen nachgewiesen bzw. glaubhaft gemacht werden. Es wird als zulässig angesehen, regelmäßig wiederkehrende Reisekosten über einen repräsentativen Zeitraum von drei Monaten im Einzelnen nachzuweisen und dann in der Folgezeit mit dem **täglichen Durchschnittsbetrag** anzusetzen.

H. Doppelte Haushaltsführung (Abs. 1 S. 3 Nr. 5)

99 **I. Allgemeine Erläuterungen.** Abs. 1 S. 3 Nr. 5 lässt Mehraufwendungen wegen doppelter Haushaltsführung zum Abzug zu, Abs. 1 S. 3 Nr. 5 S. 3 begrenzt jedoch den Abzug der Aufwendungen für Familienheimfahrten und § 9 Abs. 4a den Abzug v. Mehraufwendungen für Verpflegung. Die stl. Berücksichtigung setzt voraus, dass ein ArbN außerhalb des Ortss seiner ersten Tätigkeitsstätte einen eigenen Hausstand unterhält und aus beruflichem Anlass am Ort der ersten Tätigkeitsstätte wohnt. Alle Voraussetzungen müssen gleichzeitig erfüllt sein. Die melderechtlichen Vorschriften hinsichtlich der „Haupt- und Nebenwohnung" haben ggf. Indizwirkung,[8] sind aber steuerrechtlich nicht entscheidend.

1 *Schmitt/Meyen*, DB 2013, 1578 (1579).
2 BFH v. 19.2.1993 – VI R 42/92, BStBl. II 1993, 519 = FR 1993, 544.
3 BFH v. 30.6.1995 – VI R 26/95, BStBl. II 1995, 744 = FR 1995, 823.
4 BFH v. 5.7.2012 – VI R 50/10, BStBl. II 2013, 282 = FR 2013, 428.
5 BFH v. 19.9.2012 – VI R 78/10, BStBl. II 2013, 284 = FR 2013, 565.
6 BFH v. 28.3.2012 – VI R 48/11, BStBl. II 2012, 926 = FR 2012, 1124 m. Anm. *Bergkemper*; vgl. hierzu BMF v. 4.12.2012, BStBl. I 2012, 1249.
7 *Schmitt/Meyen*, DB 2013, 1578 (1579 f.).
8 FG München v. 30.3.2007 – 8 K 5168/04, EFG 2007, 1322.

Mehraufwendungen wegen doppelter Haushaltsführung (Mehrverpflegung, Unterkunft am Beschäftigungsort, Familienheimfahrten) sind gemischt, privat und beruflich, veranlasst.[1] Die bisher einheitliche Haushaltsführung wird aus beruflichem Anlass auf zwei Haushalte aufgespalten. Der doppelte Haushalt wird sodann am Ort der ersten Tätigkeitsstätte geführt, da der ArbN den Mittelpunkt seiner Lebensinteressen an einem anderen Ort hat. Abs. 1 S. 3 Nr. 5 ist deshalb lex specialis und konstitutiv ggü. § 12 Nr. 1 und § 9 Abs. 1 S. 1.[2] Die Begrenzung auf nur eine Familienheimfahrt wöchentlich in S. 4 sowie die Pauschbeträge bei Benutzung eines Kfz. in S. 5 bestätigen den Charakter der Aufwendungen als gemischt und führen v. der Ausnahme nach Abs. 1 S. 3 Nr. 5 S. 1, 2, der Abzugsfähigkeit, zurück in Richtung auf das Abzugsverbot. 100

Familienheimfahrten erfüllen regelmäßig zugleich die Voraussetzungen des Abs. 1 S. 3 Nr. 4 für den Abzug v. Aufwendungen für Fahrten zw. Wohnung und erster Tätigkeitsstätte. Dem StPfl. wird deshalb ein Wahlrecht eingeräumt. Liegen bei derselben Fahrt ausnahmsweise die Voraussetzungen für Dienstreisen und für Familienheimfahrten vor, geht Abs. 1 S. 3 Nr. 5 als lex specialis vor.[3] 101

II. Der Grundtatbestand (Abs. 1 S. 3 Nr. 5 S. 1–3). 1. Eigener Hausstand. Abs. 1 S. 3 Nr. 5 S. 3 wurde durch das G zur Änderung und Vereinfachung der Unternehmensbesteuerung und des Reisekostenrechts neu eingefügt. In der Begr. des Gesetzentwurfs heißt es hierzu, durch die gesetzliche Konkretisierung des Begriffs des eigenen Hausstands werde zusätzliche Rechtssicherheit geschaffen und Streitpotenzial vermieden. Fraglich ist, ob diese **Neuregelung des Abs. 1 S. 3 Nr. 5 S. 3** nunmehr die Voraussetzungen für das Vorliegen eines „eigenen Hausstands" iSd. Abs. 1 S. 3 Nr. 5 S. 2 abschließend aufführt oder über die bisherigen Voraussetzungen hinaus zusätzlich eine oder zwei weitere Voraussetzungen aufstellt. Wäre Abs. 1 S. 3 Nr. 5 S. 3 abschließend, entfiele die Notwendigkeit der persönlichen Beteiligung am Haushalt und die Prüfung des Mittelpunkts der Lebensinteressen am Wohnort. Der Wortlaut „Das Vorliegen eines eigenen Hausstandes setzt… voraus" spricht zunächst für eine (abschließende) Aufzählung der Voraussetzungen. Er erlaubt allerdings auch das Verständnis, dass **nur einzelne Voraussetzungen** klarstellend genannt werden. Für diese letztere Interpretation spricht die Gesetzesbegründung. Sie stellt klar, dass zukünftig neben dem Innehaben einer Wohnung aus eigenem Recht oder als Mieter auch eine angemessene finanzielle Beteiligung an den Kosten der Lebensführung erforderlich sei.[4] Hinweise darauf, dass auf bisherige Voraussetzungen, die von der Rspr. geprägt wurden, zu verzichten sei, finden sich darin nicht. Es ist danach anzunehmen, dass der Gesetzgeber lediglich „klarstellen" wollte, dass ein eigener Hausstand nicht anzunehmen ist, wenn keine **finanzielle Beteiligung** gegeben ist. Durch die Neuregelung ist die BFH-Rspr.[5] überholt, der zufolge die anteilige Übernahme der Kosten der Haushaltsführung keine zwingende Bedingung, sondern nur ein besonders gewichtiges Indiz für das Unterhalten eines eigenen Hausstands war. 102

Abs. 1 S. 3 Nr. 5 S. 1 iVm. S. 2 setzt also zunächst voraus, dass der StPfl. außerhalb des Orts seiner ersten Tätigkeitsstätte einen **eigenen Hausstand** unterhält. Dies fordert – wie Abs. 1 S. 3 Nr. 5 S. 3 ab VZ 2014 ausdrücklich klarstellt – das Innehaben einer **Wohnung**, in der sich ein Haushalt räumlich entfalten kann. Eine Wohnung ist – wie im Rahmen v. Abs. 1 S. 3 Nr. 4 – jede Unterkunft, die v. ArbN zur Übernachtung genutzt wird. Es kommt nicht darauf an, dass die Räumlichkeiten den bewertungsrechtl. Anforderungen an eine Wohnung gerecht werden. Die Wohnverhältnisse können vergleichsweise einfach und beengt sein.[6] Die Wohnung muss nicht über eine eigene Küche oder Kochgelegenheit verfügen, solange der ArbN in den Hausstand insgesamt eingegliedert und nicht bloß Gast in fremden Räumen ist.[7] Die Hauptwohnung muss nach Größe, Einrichtung und Ausstattung ein eigenständiges Wohnen und Wirtschaften gestatten.[8] Der ArbN muss die Wohnung ferner aus eigenem, gemeinsamem oder abgeleitetem Recht – bspw. als Eigentümer, Mieter, Untermieter, Nießbraucher, Mitbewohner, Ehegatte oder Lebenspartner – nutzen. Das Verbleiben in der Wohnung muss aufgrund einer geschützten Rechtsposition gesichert sein.[9] 103

Weitere Voraussetzung ist nach Abs. 1 S. 3 Nr. 5 S. 3 eine **finanzielle Beteiligung** an den Kosten der Lebensführung. Die finanzielle Beteiligung muss nicht zwingend in Form v. Geldzuwendungen erfolgen. Sie 104

1 *Söhn*, FS Offerhaus, 1999, 470 (480).
2 BFH v. 22.4.1998 – XI R 59/97, BFH/NV 1998, 1216; v. 18.3.1988 – VI R 90/84, BStBl. II 1988, 988 = FR 1988, 555; *K/S/M*, § 9 Rn. G 5.
3 Ausf. *K/S/M*, § 9 Rn. G 18.
4 BT-Drucks. 17/10774, 21.
5 In diesem Sinne auch BMF v. 24.10.2014, BStBl. I 2014, 1412 Rn. 100 mit Hinweis auf BFH v. 16.1.2013 – VI R 46/12, BStBl. II 2013, 627 = FR 2013, 562.
6 BFH v. 14.10.2004 – VI R 82/02, BStBl. II 2005, 98 = FR 2005, 258.
7 BFH v. 28.10.2009 – VIII R 13/09, BFH/NV 2010, 411; v. 30.7.2009 – VI R 13/08, BFH/NV 2009, 1986.
8 BFH v. 28.3.2012 – VI R 87/10, BStBl. II 2012, 800 = FR 2012, 885.
9 BFH v. 4.11.2003 – VI R 170/99, BStBl. II 2004, 16 mwN.

kann auch in der Anschaffung v. Haushaltsgegenständen oder Möbeln oder in der Bereitstellung v. Wohnraum bestehen. Einen eigenen Hausstand kann ferner auch unterhalten, wer die Mittel dazu von einem Dritten erhält.[1] Der Höhe nach ist eine maßgebende finanzielle Beteiligung anzunehmen, wenn die Beiträge für die Unterhaltung des Hausstands nicht erkennbar unzureichend sind.[2] In der Gesetzesbegründung heißt es, kein eigener Hausstand liege vor, wenn dem ArbN eine Wohnung im Haus der Eltern unentgeltlich zur Nutzung überlassen werde.[3] Allerdings kann auch in diesem Fall eine finanzielle Beteiligung an den „Kosten der Lebensführung" vorliegen, wenn der ArbN die Wohnung selbst zwar unentgeltlich zur Verfügung hat, sich aber an den sonstigen Kosten beteiligt.[4] Die Verwaltung geht davon aus, dass der Bagatellbereich jedenfalls dann überschritten ist, wenn die Barbeteiligung mehr als 10 % der regelmäßig anfallenden laufenden Gesamtkosten (Miete, Nebenkosten, Lebensmittel, Dinge des täglichen Bedarfs) beträgt; liegen die Barleistungen darunter, trägt der ArbN die Darlegungs- und Beweislast dafür, dass er auf andere Weise entspr. finanziell beteiligt ist.[5] Bei Ehegatten oder Lebenspartnern unterstellt die Verwaltung, dass sie am Familienwohnsitz einen eigenen Hausstand unterhalten und sich daran finanziell beteiligen. Damit entfällt diesbezüglich die Nachweispflicht.

105 Das „**Unterhalten**" eines eigenen Hausstands setzt voraus, dass der ArbN ein für die **Haushaltsführung** wesentlich bestimmender oder **zumindest mitbestimmender Teil**[6] ist. Dies erfordert gleichwohl nicht, dass ununterbrochen ein hauswirtschaftliches Leben durch die Anwesenheit v. Familienangehörigen herrscht. Die Hauptwohnung muss nach Größe, Einrichtung und Ausstattung ein eigenständiges Wohnen und Wirtschaften gestatten. Das Vorhalten einer Wohnung für gelegentliche Besuche oder Ferienaufenthalte ist nicht als Unterhalten zu bewerten. Ist der ArbN lediglich in einen fremden Haushalt eingegliedert – bspw. bei den Eltern oder als Gastbewohner –, wird ebenfalls kein eigener Hausstand unterhalten, selbst wenn eine Kostenbeteiligung vorgesehen ist. Bei der Prüfung dieses Merkmals kommt den Lebensumständen – insbes. dem Alter der ArbN – große Bedeutung zu. Bei jungen ArbN, die nach Ausbildung zunächst im elterlichen Haushalt ein Zimmer bewohnen, ist das Unterhalten eines eigenen Hausstands in vielen Fällen zu verneinen. Je älter die ArbN sind, desto häufiger wird eine maßgebliche Mitbestimmung bei der Haushaltsführung vorliegen. Dies ist allerdings in jedem Einzelfall gesondert zu würdigen. Leben mehrere Generationen in einem sog. **Mehrgenerationenhaushalt** zusammen, so unterhalten StPfl. auch dann einen eigenen Hausstand, wenn sie einzelne Räume (zB die Küche) nur gemeinsam nutzen können.[7] Dies ist folgerichtig, sofern es sich organisatorisch um eine Wohngemeinschaft handelt. Bei nicht verheirateten ArbN erfordert das Unterhalten eines eigenen Hausstands, dass sich der ArbN in der Wohnung im Wesentlichen nur unterbrochen durch die arbeitsbedingte Abwesenheit und ggf. Urlaubsfahrten aufhält.[8]

Es kann ein eigener Hausstand auch dann in der bisherigen Wohnung unterhalten werden, wenn der StPfl. dort seinen Lebensmittelpunkt beibehält und sich dort regelmäßig – wenn auch jeweils mit Unterbrechungen an den Arbeitstagen – aufhält.[9] Danach kommt eine doppelte Haushaltsführung auch bei an verschiedenen Orten beiderseits beschäftigten Ehegatten in Betracht (sog. dreifache Haushaltsführung),[10] bei Ehegatten, die neben ihrer Hauptwohnung dies. Zweitwohnung am gemeinsamen Beschäftigungsort nutzen,[11] wenn der berufstätige Ehegatte seinen nicht berufstätigen Ehegatten in die Zweitwohnung mitnimmt[12] und auch dann, wenn Partner einer nicht ehelichen Lebensgemeinschaft, die beide berufstätig sind oder v. denen sich einer in Erziehungsurlaub befindet, ein Zusammenhang mit der Geburt eines gemeinsamen Kindes eine Familienwohnung beziehen.[13]

106 Um die Annahme zu rechtfertigen, der ArbN unterhalte trotz seines Wohnens am Beschäftigungsort einen eigenen Hausstand in einer anderen Wohnung, muss diese sich **als Mittelpunkt seiner Lebensinteressen**

1 BFH v. 28.3.2012 – VI R 87/10, BStBl. II 2012, 800 = FR 2012, 885 m. Anm. *Bergkemper*.
2 BFH v. 2.9.1977 – VI R 114/76, BStBl. II 1978, 26; v. 17.1.1986 – VI R 16/83, BStBl. II 1986, 306 = FR 1986, 278.
3 BT-Drucks. 17/10774, 14.
4 *Schneider*, Beil. zu NWB 9/2013, 44 (49).
5 BMF v. 24.10.2014, BStBl. I 2014, 1412 Rn. 100.
6 BFH v. 16.1.2013 – VI R 46/12, BStBl. II 2013, 627 = FR 2013, 562; v. 14.11.2013 – VI R 10/13, HFR 2014, 398; v. 5.6.2014 – VI R 76/13, HFR 2015, 22; v. 1.3.2017 – VI B 74/16, BFH/NV 2017, 903.
7 BFH v. 26.7.2012 – VI R 10/12, BStBl. II 2013, 208 = FR 2013, 335 m. Anm. *Bergkemper*.
8 BFH v. 5.10.1994 – VI R 62/90, BStBl. II 1995, 180 (183) = FR 1995, 52; v. 9.8.2007 – VI R 10/06, BStBl. II 2007, 820 = FR 2008, 40 m. Anm. *Bergkemper*; ausf. zur doppelten Haushaltsführung bei ledigen ArbN: *Henseler*, DStR 2006, 1443.
9 BFH v. 14.6.2007 – VI R 60/05, BStBl. II 2007, 890 = FR 2007, 1120 m. Anm. *Bergkemper*; v. 5.10.1994 – VI R 62/90, BStBl. II 1995, 180 (183) = FR 1995, 52.
10 BFH v. 6.10.1994 – VI R 136/89, BStBl. II 1995, 184 = FR 1995, 151.
11 BFH v. 6.10.1994 – VI R 55/93, BFH/NV 1995, 585; FG Düss. v. 26.3.1999 – 18 K 836/96 E, EFG 1999, 889.
12 Vgl. R 9.11 (3) LStR 2016; FG Thür. v. 28.1.1998– I 76/98, EFG 1998, 1254.
13 BFH v. 15.3.2007 – VI R 31/05, BStBl. II 2007, 533 = FR 2007, 845 m. Anm. *Bergkemper*.

(vgl. Abs. 1 S. 3 Nr. 4 S. 6) darstellen.[1] Vor allem bei alleinstehenden ArbN ist der Mittelpunkt der Lebensinteressen regelmäßig nur durch eine Gesamtwürdigung aller Umstände des Einzelfalls feststellbar. Zu würdigen ist danach insbes., wie oft und wie lange sich der StPfl. in der einen oder anderen Wohnung aufhält, wie die Wohnungen ausgestattet sind, welche Größe sie haben, Lage und Entfernung zu anderen Punkten sowie die Zahl der Heimfahrten. Erhebliches Gewicht hat die Frage, zu welchem Ort die engeren persönlichen Beziehungen bestehen (zB Intensität der sozialen Kontakte, Vereinszugehörigkeiten, andere private Aktivitäten). Dabei ist auch zu beachten, dass ein einzelner Umstand nicht als „conditio sine qua non" angesehen werden darf.[2] Bei verheirateten ArbN ist Lebensmittelpunkt regelmäßig der Aufenthalts- und Wohnort der Familie („Familienhausstand").[3] Ausnahmsweise kann sich der Lebensmittelpunkt an den Beschäftigungsort verlagern, wenn zB der StPfl. dort auf Dauer mit einer anderen Frau zusammenlebt und die eheliche Gemeinschaft aufgehoben ist.[4] Allein die Tatsache, dass der StPfl. den Zweithaushalt am Beschäftigungsort in einer Wohngemeinschaft einrichtet, ist nicht schädlich.[5] Leben berufstätige Ehegatten am Beschäftigungsort in einer gemeinsamen Wohnung mit ihrem Kind und behalten sie an ihrem Heimatort die ursprüngliche eigene Immobilie bei, die sie an den Wochenenden aufsuchen, befindet sich der Haupthausstand am Beschäftigungsort.[6] Bei ledigen ArbN kann nicht ohne weiteres angenommen werden, dass sich ihr Lebensmittelpunkt weiterhin in der bisherigen Wohnung befindet. Je länger die auswärtige Beschäftigung nicht verheirateter ArbN dauert, umso mehr spricht dafür, dass die eigentliche Haushaltsführung und damit der Mittelpunkt der Lebensinteressen an den Beschäftigungsort verlegt worden ist.

Der BFH hat neben der finanziellen Beteiligung auch eine **persönliche Mitwirkung** gefordert. Ein Haushalt werde nur dann vom StPfl. unterhalten, wenn er sich (finanziell und) persönlich an dem Haushalt maßgebend beteiligt.[7] Dieses Erfordernis der persönlichen Beteiligung besteht auch nach Einführung von Abs. 1 S. 3 Nr. 5 S. 3 fort. Allerdings wird man, da der Gesetzgeber das Erfordernis der finanziellen Beteiligung aus dem Tatbestandsmerkmal des „eigenen Hausstandes" entnimmt, das Erfordernis der persönlichen Mitwirkung ebenfalls nicht mehr aus dem Tatbestandsmerkmal des „Unterhaltens" ableiten. Die maßgebliche persönliche Mitwirkung ergibt sich aus dem brieflichen und telefonischen Kontakt sowie den v. StPfl. durchgeführten Familienheimfahrten, deren Mindestanzahl durch die Entfernung des Beschäftigungsortes v. Hausstand bestimmt wird.[8] Eine persönliche Mitwirkung ist zB zu verneinen, wenn der StPfl. aus politischen Gründen nicht mehr in seine Wohnung im Heimatland zurückkehren will oder kann.[9] 107

2. Wohnen am Beschäftigungsort. Nach Abs. 1 S. 3 Nr. 5 S. 2 muss der ArbN **außerhalb** des Ortes, an dem er einen eigenen Hausstand unterhält, beschäftigt sein und am Ort der ersten Tätigkeitsstätte wohnen. „Ort der ersten Tätigkeitsstätte" meint den Ort der langfristig und dauerhaft angelegten Arbeitsstätte.[10] Es müssen der Ort des eigenen Hausstands und der Ort der ersten Tätigkeitsstätte auseinanderfallen. Der ArbN muss grds. in einer anderen politischen Gemeinde als der des Hausstands tätig sein.[11] Allerdings muss der ArbN nicht ausschließlich außerhalb des Ortes seiner Hauptwohnung beschäftigt sein. Der BFH hat die Voraussetzungen des Abs. 1 S. 3 Nr. 5 S. 2 auch dann als erfüllt angesehen, wenn der ArbN neben einer Beschäftigung am Ort der Zweitwohnung zugleich am Ort seiner Hauptwohnung beschäftigt ist.[12] Auf die Entfernung der beiden Orte voneinander stellt Abs. 1 S. 3 Nr. 5 S. 2 nicht ab. Liegen die beiden Orte aber nur wenige km auseinander, wird die doppelte Haushaltsführung idR privat veranlasst sein. Über den Wortlaut des Abs. 1 S. 3 Nr. 5 S. 2 hinaus wird eine auswärtige Beschäftigung in Ausnahmefällen 108

1 Zuletzt: BFH v. 18.12.2017 – VI B 66/17, BFH/NV 2018, 430 mwN; grundlegend: BFH v. 30.10.2008 – VI R 10/07, BStBl. II 2009, 153 = FR 2009, 539 m. Anm. *Bergkemper*; FG Köln v. 6.6.2007 – 10 K 1188/07, EFG 2008, 112; BFH v. 5.10.1994 – VI R 62/90, BStBl. II 1995, 180 (183) = FR 1995, 52.
2 BFH v. 14.6.2007 – VI R 60/05, BStBl. II 2007, 890 = FR 2007, 1120.
3 BFH v. 29.11.1974 – VI R 77/73, BStBl. II 1975, 459; v. 10.11.1978 – VI R 21/76, BStBl. II 1979, 219; v. 3.10.1985 – VI R 168/84, FR 1986, 103 = BStBl. II 1986, 95; v. 27.7.1990 – VI R 5/88, BStBl. II 1990, 985 = FR 1990, 744.
4 BFH v. 14.6.2007 – VI R 60/05, BStBl. II 2007, 890 = FR 2007, 1120 m. Anm. *Bergkemper* (Erst- oder Haupthaushalt); FG BaWü. v. 19.8.1993 – 6 K 17/92, EFG 1994, 202.
5 BFH v. 28.3.2012 – VI R 25/11, BStBl. II 2012, 831 = FR 2013, 89.
6 FG Hbg. v. 17.8.2007 – 5 K 160/06, EFG 2008, 113; vgl. auch FG Hbg. v. 6.11.2007 – 8 K 44/07, EFG 2008, 442 (Größe und Ausstattung der Wohnung; Dauer der Beschäftigung als Kriterien); vgl. FG Berlin-Bdbg. v. 7.10.2010 – 5 K 5230/07, EFG 2011, 435.
7 BFH v. 9.11.1971 – VI R 285/70, BStBl. II 1972, 148; v. 17.1.1986 – VI R 16/83, BStBl. II 1986, 306 = FR 1986, 278.
8 R 9.11 Abs. 3 S. 6 LStR 2008; mindestens eine Heimfahrt im Kj.; bei Australien, Indien etc.: alle zwei Jahre.
9 BFH v. 9.11.1971 – VI R 285/70, BStBl. II 1972, 148; FG Thür. v. 28.1.1998 – I 76/98, EFG 1998, 1254 (1255).
10 BFH v. 11.5.2005 – VI R 7/02, BStBl. II 2005, 782 = FR 2005, 1107; v. 19.9.2012 – VI R 78/10, BStBl. II 2013, 284; v. 16.11.2017 – VI R 31/16, BStBl. II 2018, 404.
11 BFH v. 21.1.1972 – VI R 95/71, BStBl. II 1972, 262; zuletzt BFH v. 16.11.2017 – VI R 31/16, BStBl. II 2018, 404 mwN.
12 BFH v. 24.5.2007 – VI R 47/03, BStBl. II 2007, 609 = FR 2007, 974 m. Anm. *Bergkemper*.

auch dann angenommen, wenn Hausstand und Arbeitsstelle innerhalb einer politischen Großstadtgemeinde so weit auseinander liegen, dass ein tägliches Fahren nicht zumutbar erscheint.[1] Die Entfernung zw. Wohnung und Arbeitsstätte ist ein wesentliches, aber nicht das einzig entscheidungserhebliche Kriterium. Bei der tatrichterlichen Würdigung sind jeweils die Umstände des Einzelfalls maßgeblich.[2]

109 Der StPfl. muss **„am Ort der ersten Tätigkeitsstätte** wohnen". Die Wohnung muss sich hierzu nicht in derselben politischen Gemeinde befinden wie die Arbeitsstelle. Es genügt, wenn sie im Einzugsgebiet des Beschäftigungsortes liegt.[3] Eine Wohnung dient dem Wohnen am Beschäftigungsort, wenn sie dem ArbN ungeachtet von Hoheitsgrenzen ermöglicht, seine Arbeitsstätte täglich aufzusuchen.[4] Ein Wohnen „am Ort der ersten Tätigkeitsstätte" kann auch noch bei einer Entfernung v. 141 km v. der Arbeitsstätte und einer ICE-Fahrzeit v. einer Stunde angenommen werden.[5] Nach der Begründung zum G zur Änderung und Vereinfachung der Unternehmensbesteuerung und des steuerlichen Reisekostenrechts kann aus Vereinfachungsgründen von einer Zweitunterkunft oder -wohnung am Ort der ersten Tätigkeitsstätte auch dann noch ausgegangen werden, wenn der Weg von der Zweitunterkunft oder -wohnung zur neuen ersten Tätigkeitsstätte weniger als die Hälfte der Entfernung der kürzesten Straßenverbindung zw. der Hauptwohnung (Mittelpunkt der Lebensinteressen) und der neuen ersten Tätigkeitsstätte beträgt.[6] Der Bezug einer Unterkunft an ständig wechselnden Tätigkeitsstätten iSd. § 4 Abs. 5 S. 1 Nr. 5 S. 3 führt demgegenüber nur zu einer vorübergehenden räumlichen Bindung, sodass keine doppelte Haushaltsführung iSd. Abs. 1 S. 3 Nr. 5 begründet wird und sowohl Unterkunfts- als auch Fahrtkosten grds. als WK iSv. Abs. 1 S. 1 (nach Maßgabe v. § 4 Abs. 5 S. 1 Nr. 5 S. 5) abzugsfähig sind.[7]

110 Ein **„Wohnen"** am Ort der ersten Tätigkeitsstätte verlangt dem Sprachgebrauch nach einen gewissen Dauerzustand, dh. nicht nur ein gelegentliches Übernachten in einem Hotel.[8] Eine bestimmte Anzahl v. Aufenthaltstagen ist nicht erforderlich. Es genügt, wenn der ArbN eine festangemietete Wohnung zur jederzeitigen Vfg. hat.[9] Unerheblich ist, wie oft der ArbN tatsächlich in der Zweitwohnung am Beschäftigungsort übernachtet. Da Abs. 1 S. 3 Nr. 5 S. 1 Mehraufwendungen wg. doppelter Haushaltsführung begünstigen will, muss das Wohnen am Beschäftigungsort das Führen eines Haushalts beinhalten. Dieser Zweithaushalt muss allerdings – wie Abs. 1 S. 3 Nr. 5 S. 2 zu entnehmen ist – nicht die Qualität eines „Hausstands" haben. Es reicht aus, wenn der ArbN in der Wohnung jederzeit übernachten und dort Mahlzeiten einnehmen kann.[10] Fehlt es aber an einem „Wohnen" am Beschäftigungsort und damit einer doppelten Haushaltsführung, so können Kosten für gelegentliche Hotelübernachtungen nach Abs. 1 S. 1 abzugsfähig sein.[11]

111 **3. Berufliche Veranlassung der doppelten Haushaltsführung.** Die doppelte Haushaltsführung muss nach Abs. 1 S. 3 Nr. 5 S. 1 **„aus beruflichem Anlass begründet"** sein. Eine beruflich begründete doppelte Haushaltsführung liegt vor, wenn aus beruflicher Veranlassung[12] in einer Wohnung an der Tätigkeitsstätte ein zweiter (doppelter) Haushalt zum Hausstand des StPfl. hinzutritt (nicht dadurch, dass ein einheitlicher Haushalt in zwei Haushalte „aufgespaltet" wird). Der Haushalt in der Wohnung an der Tätigkeitsstätte ist beruflich veranlasst, wenn ihn der StPfl. nutzt, um seinen Arbeitsplatz v. dort aus erreichen zu können. Der so beruflich veranlasste Zweithaushalt an der Tätigkeitsstätte qualifiziert auch die doppelte Haushaltsführung selbst als eine aus beruflichem Anlass begründete iSd. Abs. 1 S. 3 Nr. 4 S. 1.[13] Eine beruflich veranlasste doppelte Haushaltsführung wurde dementspr. bejaht, wenn ein StPfl. bisher einen eigenen Hausstand unterhalten hat, nunmehr eine Beschäftigung an einem anderen Ort aufnahm und sich dort eine Wohnung nahm und so eine doppelte Haushaltsführung begründete. Aufgrund der neueren Rspr. des

---

1 FG Berlin v. 29.7.1985 – VIII 221/84, EFG 1986, 286.
2 BFH v. 16.11.2017 – VI R 31/16, BStBl. II 2018, 404.
3 BFH v. 9.11.1971 – VI R 96/70, BStBl. II 1972, 134; zuletzt BFH v. 16.11.2017 – VI R 31/16, BStBl. II 2018, 404.
4 BFH v. 26.8.1988 – VI R 111/85, BStBl. II 1989, 89 = HFR 1989, 191.
5 BFH v. 19.4.2012 – VI R 59/11, BStBl. II 2012, 833 = FR 2012, 1126; FG Düss. v. 13.10.2011 – 11 K 4448/10 E, EFG 2012, 36.
6 BT-Drucks. 17/10774, 21.
7 BFH v. 11.5.2005 – VI R 7/02, BStBl. II 2005, 782 = FR 2005, 1107.
8 BFH v. 22.4.1998 – XI R 59/97, BFH/NV 1998, 1216; FG Hbg. v. 25.4.2003 – VI 237/01, EFG 2004, 92 (Flugbegleiterin); beachte aber R 9.11 Abs. 1 S. 1 LStR.
9 *K/S/M*, § 9 Rn. G 52; FG Nds. v. 11.7.2001 – 4 K 378/94, EFG 2002, 321.
10 *K/S/M*, § 9 Rn. G 57.
11 BFH v. 5.8.2004 – VI R 40/03, BStBl. II 2004, 1074 = FR 2005, 101 m. Anm. *Bergkemper*.
12 Zur privaten Mitveranlassung (finanzielle Unterstützung einer Arbeitskollegin): FG RhPf. v. 30.11.2010 – 5 K 1285/07, EFG 2011, 1968.
13 BFH v. 5.3.2009 – VI R 58/06, FR 2009, 911 m. Anm. *Bergkemper* = BFH/NV 2009, 1173; v. 5.3.2009 – VI R 23/07, FR 2009, 908 = BFH/NV 2009, 1176.

BFH zu den sog. Wegverlegungsfällen[1] liegt eine aus beruflichem Anlass begründete doppelte Haushaltsführung auch dann vor, wenn ein StPfl. seinen Haupthausstand aus privaten Gründen vom Beschäftigungsort wegverlegt und er daraufhin in einer Wohnung am Beschäftigungsort einen Zweithaushalt begründet, um von dort seiner bisherigen Beschäftigung weiter nachgehen zu können. Bereits zuvor hatte der BFH ausnahmsweise eine berufliche Veranlassung angenommen, wenn Jahre nach der Wegverlegung ein zweiter Haushalt an dem Ort der ersten Tätigkeitsstätte neu begründet wurde[2] oder wenn nach einer Heirat beide Ehegatten, die zuvor an verschiedenen Orten berufstätig waren, nun an einem Ort die gemeinsame Familienwohnung begründeten. Diese Ausnahme – so die Rspr. – gebiete schon Art. 6 Abs. 1 GG.[3]

Die auswärtige Beschäftigung ist regelmäßig ausreichender **beruflicher Anlass** für die Unterhaltung des Zweithaushalts am Ort der ersten Tätigkeitsstätte. Eine berufliche Veranlassung besteht, wenn der StPfl. eine neue Arbeitsstelle antritt oder iRd. Unternehmens an einen anderen Arbeitsort versetzt wird. Sie ist ebenso gegeben, wenn der StPfl. zunächst v. seinem Hausstand aus zur Arbeitsstelle fährt und erst später, um Zeit und Fahrtkosten einzusparen, eine Wohnung am Ort der ersten Tätigkeitsstätte mietet.[4] Die Unterhaltung des Zweithaushalts ist auch dann beruflich begründet, wenn private – zB gesundheitliche – Gründe die Entsch. zw. täglichen Fahrten v. dem Hausstand aus und der Begr. eines Zweithaushalts bestimmt haben.[5] 112

Die Mehraufwendungen wegen doppelter Haushaltsführung sind unabhängig davon abzugsfähig, „aus welchen Gründen die doppelte Haushaltsführung beibehalten wird“. Der Gesetzgeber ist damit der Rspr. des BFH entgegengetreten, nach der auch die **Beibehaltung der doppelten Haushaltsführung** beruflich veranlasst sein musste,[6] und hat auch – auf die Entsch. des BVerfG[7] – die zwischenzeitlich eingeführte zeitliche Begrenzung auf zwei Jahre entfallen lassen.[8] 113

III. Notwendige Mehraufwendungen. Nach Abs. 1 S. 3 Nr. 5 S. 1 sind „**notwendige** Mehraufwendungen, die einem ArbN wegen einer beruflich veranlassten doppelten Haushaltsführung entstehen“, als WK abzugsfähig. Während es ansonsten bei WK auf deren Notwendigkeit nicht ankommt, hat der Gesetzgeber bei den Mehraufwendungen wegen doppelter Haushaltsführung im Hinblick auf deren Charakter als gemischte Aufwendungen iSv. § 12 Nr. 1 den Abzug eingeschränkt.[9] 114

1. Unterbringungskosten (Abs. 1 S. 3 Nr. 5 S. 4). Eine doppelte Haushaltsführung setzt ein Wohnen am Beschäftigungsort voraus. Als Unterkunftskosten sind die tatsächlich angefallenen Kosten anzusetzen, also entweder der Mietzins oder – beim Wohnen in der eigenen Wohnung – die AfA und die Finanzierungskosten, sowie in beiden Varianten die kalten und warmen Betriebskosten wie Heizung, Strom und Reinigung.[10] Da sich die Abziehbarkeit auf die „notwendigen“ Mehraufwendungen für eine Unterkunft beschränkt, wird in stRspr. der Durchschnittsmietzins einer 60-qm-Wohnung nach örtlich einschlägigem Mietspiegel als Vergleichsmaßstab herangezogen.[11] Dementspr. sind Aufwendungen für die **Unterbringung** abziehbar, wie Ausgaben für Zeitungsannoncen, Miete, Heizung, Licht, Mobiliar und Wohnungsreinigung. Der Gesetzgeber hat die Abzugsfähigkeit zu Recht nicht allein an der Wohnfläche (60 qm) festgemacht, weil dies zu Wertungswidersprüchen geführt hätte (zB Aufwendungen für ein 40-qm-Luxusappartement wären voll abziehbar, während die Aufwendungen für eine 80-qm-Genossenschaftswohnung gekürzt werden müssten). Er hat deshalb in **Abs. 1 S. 3 Nr. 5 S. 4** als Unterkunftskosten die tatsächlichen Aufwendungen zum Abzug zugelassen, allerdings eine Höchstgrenze v. 1 000 Euro im Monat normiert. Zur Frage, ob der Mehraufwand tatsächlich notwendig war, kann – soweit vorhanden – der ortsübliche Mietspiegel für eine vergleichbare 60-qm-Wohnung herangezogen werden.[12] Der Betrag von 1 000 Euro 115

1 BFH v. 5.3.2009 – VI R 58/06, BStBl. II 2009, 1012 = FR 2009, 911 m. Anm. *Bergkemper*; v. 5.3.2009 – VI R 23/07, BStBl. II 2009, 1016 = FR 2009, 908.
2 BFH v. 30.10.1987 – VI R 76/84, BStBl. II 1988, 358 = FR 1988, 226.
3 BFH v. 6.3.2008 – VI R 3/05, BFH/NV 2008, 1314; v. 15.3.2007 – VI R 31/05, BStBl. II 2007, 533 = FR 2007, 845 m. Anm. *Bergkemper*.
4 BFH v. 9.3.1979 – VI R 223/77, BStBl. II 1979, 520 (521).
5 BFH v. 9.3.1979 – VI R 223/77, BStBl. II 1979, 520 (521).
6 BFH v. 5.12.1975 – VI R 249/74, BStBl. II 1976, 150; v. 13.7.1976 – VI R 172/74, BStBl. II 1976, 654; v. 2.9.1977 – VI R 114/76, BStBl. II 1978, 26.
7 BVerfG v. 4.12.2002 – 2 BvR 400/98, 1735/00, BStBl. II 2003, 534.
8 BT-Drucks. 15/1945, 17.
9 BFH v. 9.8.2007 – VI R 10/06, BStBl. II 2007, 820 = FR 2008, 40 m. Anm. *Bergkemper*; v. 9.8.2007 – VI R 23/05, BStBl. II 2009, 722 = FR 2007, 1067 m. Anm. *Bergkemper* (auch zur gesonderten Beurteilung v. Kosten für ein Arbeitszimmer).
10 BFH v. 12.7.2017 – VI R 42/15, DB 2017, 2205.
11 BFH v. 9.8.2007 – VI R 10/06, BStBl. II 2007, 820 = FR 2008, 40 m. Anm. *Bergkemper*; v. 9.8.2007 – VI R 23/05, BStBl. II 2009, 722 = FR 2007, 1067 m. Anm. *Bergkemper*.
12 BFH v. 12.7.2017 – VI R 42/15, DStR 2017, 2206.

ist ein Monatsbetrag, der nicht auf einen Kalendertag umzurechnen ist. Beziehen mehrere berufstätige ArbN eine gemeinsame Zweitwohnung, kann jeder den Höchstbetrag in Anspr. nehmen.[1] In den Fällen der doppelten Haushaltsführung im Ausland bleibt die bisherige Regelung unverändert, dh., berücksichtigt werden die tatsächlichen Mietkosten, soweit sie notwendig und angemessen, also nicht überhöht sind (Durchschnittsmietzins für eine nach Größe, Lage und Ausstattung am Tätigkeitsort durchschnittliche Wohnung). Die für Unterkunftskosten bestehende Höchstgrenze von 1 000 Euro gilt für alle für die Unterkunft entstehenden Aufwendungen wie Miete, Betriebskosten, Kosten der laufenden Reinigung und Pflege der Wohnung, Miet- oder Pachtgebühren für Kfz.-Stellplätze sowie Aufwendungen für eine Sondernutzung (zB des Gartens). Die FinVerw. will auch Aufwendungen für die Möblierung (AfA für notwendige Einrichtungsgegenstände, Miete für eine möblierte Wohnung) einbeziehen.[2] Bei einer im Eigentum des ArbN stehenden Wohnung sind Schuldzinsen, AfA und Reparaturkosten anzusetzen.

116 **2. Mehraufwendungen für Verpflegung (Abs. 1 S. 3 Nr. 4a S. 12).** Nach **Abs. 4a S. 12** gelten die **Verpflegungspauschalen** nach Abs. 4a S. 3 und 5 sowie die Dreimonatsfrist nach den Sätzen 6 und 7 und die Kürzungsregelungen nach den Sätzen 8bis 10 (bei Mahlzeitengestellung)[3] auch für den Abzug von Mehraufwendungen für Verpflegung, die bei einer beruflich veranlassten doppelten Haushaltsführung entstehen; dabei ist für jeden Kalendertag, an dem gleichzeitig eine Tätigkeit iSd. S. 2 oder des S. 4 ausgeübt wird, nur der jeweils höchste in Betracht kommende Pauschbetrag abziehbar. **Abs. 4a S. 3** sieht eine Pauschale v. 24 Euro bei einer Abwesenheit von 24 Stunden und v. 12 Euro bei einer Abwesenheit von mehr als 8 Stunden vor. Bei einer Tätigkeit im Ausland gelten nach **Abs. 4a S. 5** die dort beschriebenen Aufwandspauschalen. Nach **Abs. 4a S. 6** ist der Abzug der Verpflegungspauschalen auf die ersten drei Monate der Tätigkeit an derselben Tätigkeitsstätte beschränkt. Der Gesetzgeber geht davon aus, dass sich der ArbN nach einer mehrmonatigen Übergangszeit auf die Verpflegungssituation am Beschäftigungsort einstellen, die Höhe der Kosten beeinflussen und damit einen „Mehr"-Aufwand minimieren oder sogar vermeiden kann.[4] Eine Unterbrechung der beruflichen Tätigkeit an derselben Tätigkeitsstätte führt nach **Abs. 4a S. 7** zu einem Neubeginn, wenn sie mindestens vier Wochen beträgt. Wegen der auch für die doppelte Haushaltsführung geltenden Dreimonatsfrist kam bisher der Frage Bedeutung zu, ob der StPfl. eine doppelte Haushaltsführung an seinem Beschäftigungsort beibehalten hat oder sie beendet und neu begründet hat. Eine **Beendigung** der doppelten Haushaltsführung wurde regelmäßig dann angenommen, wenn der Haushalt in der Wohnung am Beschäftigungsort nicht mehr geführt wurde, bspw. weil der StPfl. die Familienwohnung an den Beschäftigungsort oder in dessen Einzugsbereich verlagert und seinen dort geführten zweiten Haushalt aufgegeben hat, oder wenn er den Zweithaushalt nicht mehr führt, weil er seine regelmäßige Arbeitsstätte aufgegeben hat und an einem anderen Ort tätig wird. Nach Beendigung der doppelten Haushaltsführung konnte der StPfl. unter den Voraussetzungen des § 9 Abs. 1 S. 3 Nr. 5 S. 2 erneut eine doppelte Haushaltsführung aus beruflichem Anlass begründen und zwar auch am früheren Beschäftigungsort und in der Wohnung, in der er bereits früher seinen Zweithaushalt errichtet hatte.[5] Nunmehr verweist Abs. 4a S. 12 für die doppelte Haushaltsführung auf Abs. 4a S. 7, der besagt, dass eine Unterbrechung der beruflichen Tätigkeit an derselben Tätigkeitsstätte zu einem Neubeginn führt, wenn sie mindestens vier Wochen dauert. Dies bedeutet, dass die Dreimonatsfrist erneut zu laufen beginnt, wenn die Unterbrechung der beruflichen Tätigkeit mindestens vier Wochen dauert. Für den Fall, dass der ArbN seine Tätigkeitsstätte beibehält und lediglich seine Zweitwohnung aufgibt, trifft Abs. 4a S. 12 iVm. Abs. 4a S. 7 keine Regelung, bietet für diese Fälle mit der Vierwochenfrist aber eine Orientierung. Durch das Kroatien-AnpG v. 25.7.2014[6] wurde auch der Verweis auf die Kürzungsregelungen der **Sätze 8 bis 10** in den Fällen der Mahlzeitengestellung in Abs. 4a S. 12 aufgenommen. Außerdem wurde mit der Formulierung „soweit der ArbN v. eigenen Hausstand iSd. § 9 Abs. 1 S. 3 Nr. 5 abwesend ist" klargestellt, dass für die Verpflegungspauschalen iRd. doppelten Haushaltsführung die Dauer der Abwesenheit vom Haupthausstand maßgebend ist.[7] Dies gilt auch in den Fällen, in denen der ArbN seinen Lebensmittelpunkt aus privaten Gründen vom Ort der ersten Tätigkeitsstätte (Beschäftigungsort) wegverlegt und seine bisherige Hauptwohnung beibehält, um von dort seiner Beschäftigung weiter nachgehen zu können. Der BFH hat wortlautgetreu entschieden, dass mit Umwidmung des Hausstands in einen Zweithaushalt die Dreimonatsfrist ungeachtet des Umstands zu laufen beginnt, dass bereits zuvor ein Aufenthalt am Beschäftigungsort vorlag.[8] Die Verwaltung hat diese Interpre-

1 BMF v. 24.10.2014, BStBl. I 2014, 1412 Rn. 106.
2 BMF v. 24.10.2014, BStBl. I 2014, 1412 Rn. 104; **aA** *Niermann*, DB 2013, 1015 (1023).
3 BGBl. I 2014, 1266.
4 BFH v. 8.10.2014 – VI R 7/13, BStBl. II 2015, 336 (338) = FR 2015, 291.
5 BFH v. 8.7.2010 – VI R 15/09, BStBl. II 2011, 47 = FR 2011, 33 m. Anm. *Bergkemper*.
6 BGBl. I 2014, 1266.
7 BT-Drucks. 18/1529, 51.
8 BFH v. 8.10.2014 – VI R 95/12, BStBl. II 2015, 336 = FR 2015, 471.

tation in die LStR übernommen, sodass dahingestellt bleiben kann, ob dies auch dem Sinn und Zweck der Pauschalierung der Verpflegungsmehraufwendungen entspricht.

3. Aufwendungen für Familienheimfahrten (Abs. 1 S. 3 Nr. 5 S. 5–8). Der StPfl. kann Aufwendungen für die erste Fahrt zum Ort der ersten Tätigkeitsstätte zwecks Begr. des doppelten Haushalts und für die letzte Fahrt v. Beschäftigungsort zum Ort des eigenen Hausstands, mit der die doppelte Haushaltsführung beendet wird, nach Abs. 1 S. 3 Nr. 5 S. 1 iHd. tatsächlichen Kosten bzw. iHd. Pauschbeträge nach Abs. 1 S. 3 Nr. 4a S. 2 absetzen. Alle weiteren Fahrten sind als **Familienheimfahrten** zu qualifizieren, bei denen die Aufwendungen nur nach Maßgabe v. Abs. 1 S. 3 Nr. 5 S. 5–8 abziehbar sind.[1] Nach Abs. 1 S. 3 Nr. 5 S. 5 können Aufwendungen für Familienheimfahrten jeweils nur für eine Familienheimfahrt wöchentlich abgezogen werden. Zur Abgeltung der Aufwendungen ist nach Abs. 1 S. 3 Nr. 5 S. 6 eine Entfernungspauschale v. 0,30 Euro für jeden vollen Kilometer der Entfernung zw. dem Ort des eigenen Hausstands und dem Ort der ersten Tätigkeitsstätte anzusetzen. Gem. Abs. 1 S. 3 Nr. 5 S. 7 ist Abs. 1 S. 3 Nr. 4 S. 3–5 entspr. anzuwenden. Dies bedeutet, dass nach Abs. 1 S. 3 Nr. 5 S. 7 iVm. Abs. 1 S. 3 Nr. 4 S. 3 die Entfernungspauschale nicht für Flugstrecken und Strecken mit stfreier Sammelbeförderung gilt. Es ist nach Abs. 1 S. 3 Nr. 5 S. 7 iVm. Abs. 1 S. 3 Nr. 4 S. 4 grds. die kürzeste Straßenverbindung maßgebend. Es mindern nach Abs. 1 S. 3 Nr. 5 S. 7 iVm. Abs. 1 S. 3 Nr. 5 S. 5 die nach § 8 Abs. 2 S. 11 oder Abs. 3 stfreien Sachbezüge den abziehbaren Betrag. Außerdem ordnet Abs. 1 S. 3 Nr. 5 S. 8 an, dass Aufwendungen für Familienheimfahrten mit einem dem StPfl. im Rahmen einer Einkunftsart überlassenen Kfz. nicht berücksichtigt werden. 117

Aufwendungen für Familienheimfahrten können – unabhängig v. dem benutzten Beförderungsmittel – nur für **eine Familienheimfahrt wöchentlich** abgezogen werden. Der Gesetzgeber erachtet Familienheimfahrten nur insoweit als „notwendig". Andererseits läuft der ArbN, der nur wenige Familienheimfahrten durchführt, Gefahr, dass eine doppelte Haushaltsführung verneint wird, weil er mangels persönlicher Mitwirkung keinen Hausstand mehr unterhält. Abs. 1 S. 3 Nr. 5 S. 5 sieht die Berücksichtigung v. Fahrten einmal pro Woche vor. Der Gesetzgeber stellt nicht auf den wöchentlichen Durchschnitt ab, sodass der ArbN seine Familienheimfahrten nicht in der Weise verteilen kann, dass er zB in einer Woche zweimal und in einer anderen Woche nicht fährt.[2] 118

Nach Abs. 1 S. 3 Nr. 5 S. 6 ist zur Abgeltung der Aufwendungen für eine Familienheimfahrt eine **Entfernungspauschale** v. 0,30 Euro für jeden vollen km zw. dem eigenen Hausstand und dem Beschäftigungsort anzusetzen. Die Entfernungspauschale, wie sie für Wege Wohnung/Arbeitsstätte gilt, soll auch bei Familienheimfahrten Anwendung finden. Da Familienheimfahrten sich typischerweise über größere Entfernungen erstrecken, kann sich bei Benutzung öffentl. Verkehrsmittel eine erhebliche Steuerersparnis ergeben. Andererseits wäre eine unterschiedliche Behandlung im Hinblick auf das dem StPfl. eingeräumte Wahlrecht problematisch. Abs. 1 S. 3 Nr. 6 setzt voraus, dass eine Familienheimfahrt durchgeführt worden ist, verlangt allerdings nicht, dass hierfür Aufwendungen entstanden sind. So hat auch der BFH mit Urteil v. 18.4.2013 entschieden, dass die Entfernungspauschale für wöchentliche Heimfahrten im Rahmen einer doppelten Haushaltsführung aufwandsunabhängig in Anspr. genommen werden kann. Die Entfernungspauschale sei auch dann zu gewähren, wenn der ArbN (kostenfrei) von Verwandten abgeholt wird oder als Mitfahrer einer Fahrgemeinschaft keine Aufwendungen hat (vgl. allerdings zum Sonderfall der Dienstwagenüberlassung: Abs. 1 S. 3 Nr. 5 S. 8).[3] Abs. 1 S. 3 Nr. 5 S. 6 fordert den Ansatz der Entfernungspauschale, ohne den Ansatz auf den Höchstbetrag des Abs. 1 S. 3 Nr. 4 S. 2 v. 4500 Euro zu begrenzen. Auch Abs. 1 S. 3 Nr. 5 S. 7 verweist nur auf Abs. 1 S. 3 Nr. 4 S. 3–5, nicht den Höchstbetrag des Abs. 1 S. 3 Nr. 5 S. 2. Ist der ArbN aus beruflichen Gründen an der Heimfahrt gehindert und wird er vom Ehegatten/Lebenspartner besucht, so können die Aufwendungen für sog. „**umgekehrte Heimfahrten**" bis zu dem Betrag als allgemeine WK gem. Abs. 1 S. 1 berücksichtigt werden, bis zu dem sie auch bei einer gedachten Heimfahrt des ArbN zur Familie entstanden wären.[4] 119

Nach Abs. 1 S. 3 Nr. 5 S. 7 iVm. Abs. 1 S. 3 Nr. 4 S. 3 ist eine Entfernungspauschale nicht für **Flugstrecken** und Strecken mit stfreier **Sammelbeförderung** nach § 3 Nr. 32 anzusetzen. Nach Abs. 1 S. 3 Nr. 5 S. 7 iVm. Abs. 1 S. 3 Nr. 4 S. 4 ist auch bei Familienheimfahrten für die Bestimmung der Entfernung die **kürzeste (oder die offensichtlich verkehrsgünstigere) Straßenverbindung** maßgebend. Und nach Abs. 1 S. 3 Nr. 5 S. 7 iVm. Abs. 1 S. 3 Nr. 4 S. 5 mindern nach § 8 Abs. 3 stfreie Sachbezüge für Fahrten zw. Wohnung und Arbeitsstätte den nach Abs. 1 S. 3 Nr. 5 S. 5 abziehbaren Betrag. Eine Abs. 1 S. 3 Nr. 4 S. 2 entspr. Höchstgrenze v. 4500 Euro ist dagegen für Familienheimfahrten nicht vorgesehen. 120

---

1 Zu Besuchsfahrten des Ehegatten und der Kinder: BFH v. 28.1.1983 – VI R 136/79, BStBl. II 1983, 313 = FR 1983, 305.
2 BFH v. 18.3.1988 – VI R 90/84, BStBl. II 1988, 988 = FR 1988, 555; v. 29.6.1993 – VI R 44/89, BFH/NV 1994, 19.
3 BFH v. 18.4.2013 – VI R 29/12, DB 2013, 1459.
4 BFH v. 28.1.1983 – VI R 136/79, BStBl. II 1983, 313 = FR 1983, 305.

121 Aufwendungen für Familienheimfahrten mit einem dem StPfl. im Rahmen einer Einkunftsart überlassenen Kfz. werden nach **Abs. 1 S. 3 Nr. 5 S. 8** nicht berücksichtigt.[1] Diese Regelung steht iZ mit § 8 Abs. 2 S. 5. Danach ist ein Nutzungswert für ein überlassenes Kfz. nicht anzusetzen, soweit die Aufwendungen für Familienheimfahrten iRd. doppelten Haushaltsführung dem Grunde nach als WK abzugsfähig sind. § 8 Abs. 2 S. 5 und Abs. 1 S. 3 Nr. 5 S. 8 erreichen eine Vereinfachung, indem einerseits auf die Zurechnung als Einnahme verzichtet und andererseits ein WK-Abzug ausgeschlossen wird. Für Familienheimfahrten, die nach Abs. 1 S. 3 Nr. 5 S. 5 nicht berücksichtigungsfähig sind, bleibt es dagegen bei der Zurechnung des Nutzungswertes. Während Abs. 1 S. 3 Nr. 5 S. 5 auch bei Familienheimfahrten grds. den Ansatz der Entfernungspauschale vorsieht, setzt im Sonderfall der Dienstwagenüberlassung der WK-Abzug für solche Fahrten nach Abs. 1 S. 3 Nr. 5 S. 8 entspr. den allg. Grundsätzen einen tatsächlichen Aufwand voraus.[2] Die Regelung des Abs. 1 S. 3 Nr. 5 S. 8 und die korrespondierende Regelung in § 8 Abs. 2 S. 5 sollten ursprünglich durch das HBeglG 04 aus Vereinfachungsgründen aufgehoben werden,[3] wurden jedoch beibehalten.

122 Nach **Abs. 2 S. 1** sind durch die Entfernungspauschale sämtliche Aufwendungen abgegolten, die durch die Familienheimfahrt veranlasst sind. Allerdings können nach **Abs. 2 S. 2** Aufwendungen für die Nutzung öffentl. Verkehrsmittel angesetzt werden, soweit sie den als Entfernungspauschale abziehbaren Betrag übersteigen. Behinderte können nach **Abs. 2 S. 3** die tatsächlichen Aufwendungen ansetzen.

123 **4. Sonstige Mehrausgaben. Der Abzug v.** Mehraufwendungen wegen doppelter Haushaltsführung ist nicht auf Fahrtkosten, Unterbringungskosten und Verpflegungsmehraufwendungen beschränkt. Bei diesen handelt es sich lediglich um die typischen Mehraufwendungen. Es sind auch **sonstige Mehrausgaben** berücksichtigungsfähig, wie zB die Kosten des Umzugs oder die des Rückumzugs oder – so der BFH – Telefonkosten, wenn das Telefongespräch an die Stelle einer sonst durchgeführten Familienheimfahrt tritt.[4] Nach der Rspr. des BFH sind nicht nur AK für die erforderliche Wohnungseinrichtung, sondern auch die Kosten für einen Stellplatz oder eine Garage abziehbar. Die Aufwendungen für einen Stellplatz würden nicht von der Abgeltungswirkung des Abs. 1 S. 3 Nr. 5 S. 4 oder des Abs. 1 S. 3 Nr. 4 erfasst.[5]

124 Die Mehraufwendungen müssen „wegen" einer aus beruflichem Anlass begründeten doppelten Haushaltsführung entstehen, dh., sie müssen ihre **Ursache** in der beruflich veranlassten doppelten Haushaltsführung haben. Abs. 1 S. 3 Nr. 5 ist zwar lex specialis zu § 12 Nr. 1 und lässt gemischt veranlasste Aufwendungen zum Abzug zu. Er begrenzt diese Ausnahme jedoch auf Mehraufwendungen wegen einer aus beruflichem Anlass begründeten doppelten Haushaltsführung und fordert damit – im Rahmen gemischter Aufwendungen – eine erneute Abgrenzung zu nicht abzugsfähigen Aufwendungen der allg. Lebensführung. Diese Abgrenzung ist vor allem bei den sonstigen Aufwendungen vorzunehmen. So sind zB Ausgaben für den Besuch v. Badeanstalt, Sauna, Kino, Theater oder für warme Kleidung gem. § 12 Nr. 1 v. Abzug ausgenommen. Es ist umstritten, ob die Kosten für einen Fernsehapparat und eine Stereoanlage am Beschäftigungsort abzugsfähig sind.[6]Unter Berücksichtigung der neueren Rspr. zu § 12 EStG wird hier wohl eine Aufteilung nach den Gegebenheiten des Einzelfalls erfolgen müssen.

125 IV. Einzelnachweise

Abordnung: Abs. 1 S. 3 Nr. 5 wurde bejaht bei der Abordnung eines Referendars zur Ausbildung nach Brüssel auf eigenen Wunsch (FG Hess. v. 31.7.1968 – I 719/67 EFG 1969, 176).

Arbeitslosigkeit: Trotz Arbeitslosigkeit können – vor allem bei ausländ. ArbN – Aufwendungen nach Abs. 1 S. 3 Nr. 5 als vorab entstandene WK abgezogen werden, wenn eine Wohnung am Beschäftigungsort aufrechterhalten wird, um dort einen neuen Arbeitsplatz zu finden (FG Hbg. v. 16.5.1990 – I 105/86, EFG 1991, 605). Bei inländ. ArbN ist zu prüfen, inwieweit ein ständiger Aufenthalt am Beschäftigungsort (Verpflegungsmehraufwand) beruflich veranlasst ist.

Asylbewerber: Nach BMF soll aus der Gewährung politischen Asyls nicht ohne weiteres auf eine private Veranlassung der doppelten Haushaltsführung und aus dem Unterlassen v. Familienheimfahrten für einen Zeitraum v. fünf Jahren nicht auf das Fehlen des Lebensmittelpunktes im Heimatland geschlossen werden.

Aufenthaltserlaubnis: Wird diese der Ehefrau eines ausländ. ArbN verweigert, soll die doppelte Haushaltsführung privat veranlasst sein, da sie auf der Staatsangehörigkeit der Ehefrau beruhe (*K/S/M*, § 9 Rn. G 300 – Aufenthaltserlaubnis – mwN).

---

1 FG Sachs. v. 16.7.2003 – 7 K 1774/02, EFG 2003, 1529 (Kleintransporter).
2 BFH v. 28.2.2013 – VI R 33/11, BStBl. II 2013, 629 (630) = FR 2013, 1001.
3 BT-Drucks. 15/1750, 16; BT-Drucks. 15/1761, 6; BR-Drucks. 729/03, 5.
4 BFH v. 18.3.1988 – VI R 90/84, BStBl. II 1988, 988 = FR 1988, 555; v. 29.6.1993 – VI R 44/89, BFH/NV 1994, 19.
5 BFH v. 13.11.2012 – VI R 50/11, BStBl. II 2013, 286 = FR 2013, 386.
6 *K/S/M*, § 9 Rn. G 130 und 240; *Blümich*, § 9 Rn. 397 mwN.

Aussiedler: Abs. 1 S. 3 Nr. 5 wurde wegen fehlender Unterhaltung eines Familienhausstandes verneint, wenn keine Möglichkeit der Rückkehr zum Familienwohnsitz bestand (FG Düss. v. 3.10.1979 - VIII 438/77 L, EFG 1980, 69; **aA** FG BaWü. v. 7.2.1980 - X (VII) 6/77, EFG 1980, 231).

Beendigung der doppelten Haushaltsführung: Die Kosten iZ mit der Auflösung des Zweithaushalts sind beruflich veranlasst, auch wenn die Auflösung auf privaten Motiven beruht (BFH v. 29.4.1992 - VI R 146/89, BStBl. II 1992, 667 = FR 1992, 544 m. Anm. *von Bornhaupt*).

Besuch des Ehegatten: Ein besuchsweiser Aufenthalt des Ehegatten im Zweithaushalt am Beschäftigungsort führt noch nicht zur Verlagerung des „Hausstands" (BFH v. 2.12.1981 - VI R 22/80, BStBl. II 1982, 323 = FR 1982, 256; v. 10.5.1985 - VI R 63/82, BFH/NV 1985, 70; v. 19.11.1989 - VI R 27/86, BStBl. II 1990, 308 = FR 1990, 247; v. 20.3.1992 - VI R 90/89, BFH/NV 1992, 652). Ein Zuzug an den Beschäftigungsort des ArbN ist jedoch anzunehmen, wenn der Besuch mehr als zwölf Monate dauert, der Ehegatte am Beschäftigungsort selbst eine Erwerbstätigkeit aufnimmt (BMF v. 10.8.1992, BStBl. I 1992, 448), die bisherige Familienwohnung aufgegeben und eine neue Wohnung am Beschäftigungsort angemietet wird (BFH v. 9.8.1985 - VI R 55/82, BFH/NV 1987, 292).

Besuchsaufwendungen an verschiedenen Orten berufstätiger Ehegatten ohne Vorliegen einer doppelten Haushaltsführung sind nach § 12 Nr. 1 nicht abzugsfähig (**aA** *Nebling*, DStR 2007, 1237). Die Regelung des Abs. 1 S. 3 Nr. 5 über die Berücksichtigung v. Aufwendungen bei doppelter Haushaltsführung ist konstitutiv.

Doktorand: Die Voraussetzungen v. Abs. 1 S. 3 Nr. 5 sind erfüllt, wenn dieser eine bezahlte Assistentenstelle innehat, auch wenn er sich überwiegend wegen der Promotion am Beschäftigungsort aufhält (FG Münster v. 5.12.1996 - 5 K 1253/95 E, EFG 1997, 608; **aA** FG Nds. v. 5.8.1970 IV L 177/69, EFG 1971, 20).

Doppelehe: Besteht nach islamischem Recht eine wirksame Doppelehe, so ist keine doppelte Haushaltsführung anzuerkennen, wenn zwar die erste Ehefrau mit den Kindern im Heimatland verblieben ist, der ArbN aber mit seiner zweiten Frau am Beschäftigungsort lebt und hier der Mittelpunkt seiner Lebensinteressen ist (BFH v. 25.3.1988 - VI R 142/87, BStBl. II 1988, 584; vgl. auch FG Hess. v. 28.11.1995 - 3 K 2747/92, EFG 1996, 315 zu den Folgen einer Ehescheidung).

Flugkosten sind, soweit sie „notwendig" waren, abzuziehen (*K/S/M*, § 9 Rn. G 300 - „Flugkosten" - mwN).

Fußballspieler s. FG Düss. v. 17.5.2002 - 18 K 652/00 E, EFG 2002, 1161.

Hausratgegenstände: Aufwendungen sind zu berücksichtigen, soweit sie für die Einrichtung des Zweithaushalts notwendig waren (FG Köln v. 25.1.1989 - 11 K 3980/87, EFG 1989, 343).

Leasing: Die Pauschbeträge des Abs. 1 S. 3 Nr. 5 S. 4 gelten auch für Fahrten mit einem geleasten Kfz. (*K/S/M*, § 9 Rn. G 122 mwN).

Rückkehr der Familie ins Heimatland führt regelmäßig zur Begr. eines doppelten Haushalts aus privatem Anlass.

Rufbereitschaft: Neben den Aufwendungen für Fahrten Wohnung/Arbeitsstätte kann der ArbN nicht die Aufwendungen für eine am Arbeitsort gemietete Unterkunft geltend machen (BFH v. 2.10.1992 - VI R 11/91, BStBl. II 1993, 113 = FR 1993, 90).

Spätere Begr. eines Haushalts am Beschäftigungsort nach jahrelangen täglichen Fahrten ist ebenfalls begünstigt.

Telefonkosten sind abzugsfähig, wenn das Telefongespräch an die Stelle einer Familienheimfahrt tritt (BFH v. 18.3.1988 - VI R 90/84, BStBl. II 1988, 988 = FR 1988, 555; v. 18.3.1988 - VI R 122/82, BFH/NV 1989, 92). Nach der Entscheidung des BFH v. 5.7.2012 (VI R 50/10, DStR 2012, 2586) sind darüber hinaus Kosten für Telefongespräche, die während einer Auswärtstätigkeit von mindestens einer Woche anfallen, als WK abzugsfähig.

Umgekehrte Familienheimfahrten: Tritt der den doppelten Haushalt führende Ehegatte die wöchentliche Familienheimfahrt aus privaten Gründen nicht an, sind die Aufwendungen für die stattdessen durchgeführte Besuchsfahrt des anderen Ehegatten zum Beschäftigungsort keine WK. Der BFH hat dahinstehen lassen, ob dann, wenn der den zweiten Haushalt führende Ehegatte aus beruflichen Gründen die Familienheimfahrt nicht antreten kann, die Fahrtkosten des Besuchenden beruflich veranlasste Aufwendungen des Besuchten sind (BFH v. 2.2.2011 - VI R 15/10, BStBl. II 2011, 456 = FR 2011, 619).

Unverheirateter ArbN: Mehraufwendungen sind nach Abs. 1 S. 3 Nr. 5 absetzbar bei eigenem Hausstand (Rn. 105 f.).

Zusammenleben: Ein behelfsmäßiges Zusammenleben v. Eheleuten am Beschäftigungsort beendet noch nicht die doppelte Haushaltsführung (vgl. auch „Besuch des Ehegatten"). Das Zusammenleben eines verheirateten ArbN mit einer Freundin am Beschäftigungsort kann den Lebensmittelpunkt zum Beschäftigungsort verlagern.

I. Arbeitsmittel (Abs. 1 S. 3 Nr. 6)

126 **I. Aufwendungen für Arbeitsmittel.** Der Erwerb sowohl v. abnutzbaren wie nicht abnutzbaren WG betrifft grds. die Vermögenssphäre (Rn. 16). Abs. 1 S. 3 Nr. 6 lässt jedoch Aufwendungen für Arbeitsmittel zum Abzug zu, weil bei ihnen als Hilfsmitteln zur Einnahmeerzielung das Prinzip der Nichtberücksichtigung der Vermögenssphäre durch den Aspekt der Einnahmeerzielung verdrängt wird. **Arbeitsmittel** iSv. Abs. 1 S. 3 Nr. 6 sind alle WG, die unmittelbar – oder auch mittelbar[1] – der Erledigung beruflicher Aufgaben dienen.[2] Arbeitsmittel kann grds. jedes WG sein, zB auch der Telefonanschluss in der Mietwohnung, immaterielle WG wie Computerprogramme, ein dingliches oder obligatorisches Nutzungsrecht oder eine rechtl. geschützte Anwartschaft.[3] Aufwendungen für Arbeitsmittel sind auch Zinsen für einen Kredit zur Anschaffung des Arbeitsmittels[4], Aufwendungen für dessen Transport aus beruflichen Erwägungen (zB Hinbringen und Abholen wegen einer Reparatur, nicht bei Umzug aus privaten Gründen[5]), Reinigung und Reparatur.[6] Die in Abs. 1 S. 3 Nr. 6 getroffene Regelung über die Abziehbarkeit der Aufwendungen für Arbeitsmittel hat Vorrang vor der die Kosten der Ausstattung eines häuslichen Arbeitszimmers betr. Regelung in § 4 Abs. 5 Nr. 6b.[7]

127 Bei Aufwendungen für Gegenstände, die ihrer Art nach auch iRd. privaten Lebensführung verwendet werden, hängt die Zuordnung zu den WK und die Qualifizierung als Arbeitsmittel v. **§ 12 Nr. 1 S. 2** ab. Dabei ist davon auszugehen, dass § 12 Nr. 1 S. 2 kein generelles Aufteilungs- und Abzugsverbot beruflich und privat gemischt veranlasster Aufwendungen enthält.[8] Eine **unbedeutende private Mitveranlassung** steht dem vollständigen Abzug v. WK und BA nicht entgegen, wie auch umgekehrt eine unbedeutende berufliche Mitveranlassung v. Aufwendungen für die Lebensführung keinen WK- oder BA-Abzug eröffnet. So kommt eine Anerkennung als Arbeitsmittel in Betracht, wenn feststeht, dass der ArbN das als Arbeitsmittel zu qualifizierende WG weitaus überwiegend beruflich verwendet und eine private Mitbenutzung v. ganz untergeordneter Bedeutung ist.[9] Die Grenze für eine schädliche private Mitbenutzung dürfte bei 10 % liegen.[10] Ist die private Mitveranlassung nicht nur unbedeutend, gebietet das Leistungsfähigkeitsprinzip die **Berücksichtigung des beruflichen Anteils durch Aufteilung**, notfalls durch Schätzung.[11] Gesetzliche Aufzeichnungspflichten über den Umfang v. beruflicher und privater Nutzung bestehen nicht.[12] Der Umfang einer beruflichen Verwendung, hängt grds. v. der tatsächlichen Zweckbestimmung, dh. v. der tatsächlichen Funktion des WG im Einzelfall ab. Bei der Beweiswürdigung zur Feststellung des Verwendungszwecks spielt der objektive Charakter des WG eine bedeutende Rolle. Bestehen nach Ausschöpfung der im Einzelfall angezeigten Ermittlungsmaßnahme gewichtige Zweifel, dass den Aufwendungen eine berufliche Veranlassung zu Grunde liegt, so kommt ein Abzug nicht in Betracht. Bereitet nur die Quantifizierung Schwierigkeiten, so ist der jeweilige Anteil unter Berücksichtigung aller maßgeblichen Umstände zu schätzen.[13] Lediglich dann, wenn die – für sich gesehen jeweils nicht unbedeutenden – beruflichen und privaten Veranlassungsbeiträge so ineinander greifen, dass eine **Trennung nicht möglich** ist, fehlt es also an objektiven Kriterien einer Aufteilung, so kommt ein Abzug der Aufwendungen insgesamt nicht in Betracht.[14] Nach der Rspr des Großen Senats des BFH besteht eine Besonderheit allerdings für grds. nicht abziehbare und nicht aufteilbare **unverzichtbare Aufwendungen für die Lebensführung**, die nach Maßgabe des subjektiven Nettoprinzips durch die Vorschriften zur Berücksichtigung des steuerlichen Existenzminimums pauschal abgegolten oder als SA oder als ag Belastung abziehbar sind. Zwar ließen sich theoretisch auch Aufwendungen für bürgerliche Kleidung, für eine Brille oder für eine Armbanduhr bei feststehender Arbeitszeit durchaus entspr aufteilen. Derartige Aufwendun-

1 Vgl. *v. Bornhaupt*, FR 2000, 971 (974).
2 BFH v. 20.5.2010 – VI R 53/09, FR 2011, 238 = DB 2010, 2371; v. 15.1.1993 – VI R 98/88, BStBl. II 1993, 348 = FR 1993, 440; vgl. auch BFH v. 8.11.1996 – VI R 22/96, BFH/NV 1997, 341.
3 *K/S/M*, § 9 Rn. H 25.
4 BFH v. 21.10.1988 – VI R 18/86, BStBl. II 1989, 356 (357) = FR 1989, 203.
5 BFH v. 21.7.1989 – VI R 102/88, BStBl. II 1989, 972 = FR 1989, 745.
6 BFH v. 29.6.1993 – VI R 77/91, BStBl. II 1993, 837 = FR 1994, 15.
7 BFH v. 21.11.1997 – VI R 4/97, BStBl. II 1998, 351 = FR 1998, 195.
8 BFH v. 21.9.2009 – GrS 1/06, FR 2010, 225 m. Anm. *Kempermann* = DB 2010, 143.
9 BFH v. 15.1.1993 – VI R 98/88, BStBl. II 1993, 348 = FR 1993, 440; v. 21.11.1986 – VI R 137/83, BStBl. II 1987, 262 = FR 1987, 207; v. 21.6.1989 – VI R 138/86, BFH/NV 1990, 89; v. 21.6.1994 – VI R 16/94, BFH/NV 1995, 216.
10 *v. Bornhaupt*, FR 2000, 971 (975); BFH v. 21.11.1986 – VI R 137/83, BStBl. II 1987, 262 = FR 1987, 207.
11 BFH v. 21.9.2009 – GrS 1/06, BStBl. II 2010, 672 = FR 2010, 225 m. Anm. *Kempermann*.
12 FG BaWü. v. 26.7.2000 – 12 K 446/99, EFG 2001, 352 (freie Beweiswürdigung).
13 BFH v. 21.9.2009 – GrS 1/06, BStBl. II 2010, 672 = FR 2010, 225 m. Anm. *Kempermann*.
14 BFH v. 21.9.2009 – GrS 1/06, BStBl. II 2010, 672 = FR 2010, 225 m. Anm. *Kempermann*.

gen seien aber grds. dem Anwendungsbereich des § 9 entzogen, um eine doppelte Berücksichtigung zu vermeiden.[1]

Die private Mitbenutzung steht einer Qualifizierung als Arbeitsmittel nicht entgegen, wenn anhand v. objektiven Merkmalen eine **Aufteilung der Aufwendungen** möglich ist. Eine Aufteilung im Wege der griffweisen Schätzung wurde in der Vergangenheit schon bei der gemischten Nutzung eines Pkw, Flugzeugs, Telefons, Kontokorrentzinsen, Kosten der Waschmaschine, Kontoführungsgebühren und Versicherungsprämien zugelassen. Für die **Nutzung v. PC** wurde § 3 Nr. 45 durch das Zollkodex-AnpG erweitert, sodass der Anteil privater Nutzung unerheblich ist (vgl. § 3 Rn. 126b). Nach R 9.1 Abs. 5 LStR können Telekommunikationsaufwendungen als WK abgezogen werden, soweit sie beruflich veranlasst sind. Dies gilt ohne Einzelnachweis bis 20 % des Rechnungsbetrags, höchstens 20 Euro monatlich; Gesamtaufwendungen nach dem Durchschnitt der Rechnungsbeträge über einen Drei-Monats-Zeitraum. Lässt man in dieser Weise bei der Nutzung v. Computern und Telefonanlagen eine Aufteilung zu, dürfte das Abzugsverbot in Fällen gemischter Nutzung auch zB bei Diktiergeräten, Taschenrechnern, Musikinstrumenten und Sportgeräten entspr. zu verfahren sein. 128

II. Werkzeuge und typische Berufskleidung. Abs. 1 S. 3 Nr. 6 nennt als Bsp. für Arbeitsmittel **Werkzeuge**. Diese lassen sich als Arbeitsgeräte zur Verrichtung handwerklicher Arbeiten definieren (§ 3 Rn. 59). Allerdings ist ein Abzug ausgeschlossen, soweit ein nach § 3 Nr. 30 stfreies Werkzeuggeld gezahlt wird. 129

Das Tragen v. **typischer Berufskleidung** ist beruflich, zugleich aber auch durch das allg. menschliche Bedürfnis, bekleidet zu sein, veranlasst. Abs. 1 S. 3 Nr. 6 vernachlässigt die private Mitveranlassung und lässt Aufwendungen für typische Berufskleidung – konstitutiv[2] – zum Abzug zu. Zur typischen Berufskleidung rechnet **die Rspr.** Kleidungsstücke, die nach ihrer Beschaffenheit objektiv nahezu ausschließlich für die berufliche Verwendung bestimmt und wegen der Eigenart des Berufs notwendig sind,[3] zB Schutzhelme, Sicherheitsschuhe, Amtstrachten,[4] weiße Arztkittel,[5] Arbeitsanzüge, Uniformen,[6] mit Emblem des ArbG versehene Kleidung,[7] Diensthemden eines Polizisten[8] und uniformähnliche Dienstkleidung der Mitarbeiter einer Luftverkehrsgesellschaft.[9] Die Rspr. lässt auch Aufwendungen für ihrer Art nach bürgerliche Kleidung ausnahmsweise zum Abzug zu, wenn wegen der Besonderheiten des Einzelfalls eine Verwendung zu Zwecken der privaten Lebensführung so gut wie ausgeschlossen erscheint (zB schwarzer Anzug des Leichenbestatters,[10] des Oberkellners[11] oder des Geistlichen,[12] Sportsachen des Lehrers[13] und weiße Hosen eines Arztes[14]). Nicht anerkannt hat die Rspr. dagegen die Abendkleidung einer Instrumentalsolistin,[15] die weißen Hemden, Socken und Schuhe eines Arztes[16] oder Masseurs[17] – soweit nicht aus dem Fachhandel für Berufsbedarf,[18] den Lodenmantel eines Försters,[19] den Trachtenanzug des Geschäftsführers eines baye- 130

1 BFH v. 21.9.2009 – GrS 1/06, BStBl. II 2010, 672 = FR 2010, 225 m. Anm. *Kempermann*; vgl. auch v. 22.4.2003 – VI B 275/00, BFH/NV 2003, 1052 (Hörgerät); v. 27.5.1994 – VI R 67/92, BStBl. II 1995, 17 = FR 1994, 746 (bürgerliche Kleidung); v. 20.7.2005 – VI R 50/03, BFH/NV 2005, 2185 (Brille).

2 BFH v. 20.11.1979 – VI R 143/77, BStBl. II 1980, 73; v. 27.5.1994 – VI R 67/92, BStBl. II 1995, 17 = FR 1994, 746; *Völlmeke*, DB 1993, 1590 (1591); zuletzt FG München v. 5.12.2016 – 7 K 2031/13, juris (rkr.).

3 BFH v. 19.1.1996 – VI R 73/94, BStBl. II 1996, 202; FG Hbg. v. 26.3.2014 – 6 K 231/12, EFG 2014, 1377 (rkr.).

4 BFH v. 3.7.1959 – VI 60/57 U, BStBl. III 1959, 328; v. 29.6.1993 – VI R 77/91, BStBl. II 1993, 837 = FR 1994, 15 (Reinigung Diensthemden).

5 BFH v. 6.12.1990 – IV R 65/90, BStBl. II 1991, 348 = FR 1991, 233.

6 BFH v. 20.11.1979 – VI R 25/78, BStBl. II 1980, 75 (76) = FR 1980, 125.

7 FG Nds. v. 22.6.1990 – XIII 260/89, EFG 1991, 118.

8 BFH v. 29.6.1993 – VI R 77/91, BStBl. II 1993, 837 = FR 1994, 15.

9 FG Hess. v. 9.3.1992 – 4 K 2725/90, EFG 1993, 648.

10 BFH v. 30.9.1970 – I R 33/69, BStBl. II 1971, 50; anders BFH v. 18.4.1990 – III R 5/88, BFH/NV 1991, 25 (Aushilfsbestatter).

11 BFH v. 9.3.1979 – VI R 171/77, BStBl. II 1979, 519; v. 4.12.1987 – VI R 20/85, BFH/NV 1988, 703; v. 6.12.1990 – IV R 65/90, BStBl. II 1991, 348 = FR 1991, 233.

12 BFH v. 10.11.1989 – VI R 159/86, BFH/NV 1990, 288; vgl. auch FinMin. Thür. v. 7.4.1992, DStR 1992, 790 (Frack des Musikers).

13 BFH v. 23.2.1990 – VI R 149/87, BFH/NV 1990, 765; FG Münster v. 12.11.1996 – 8 K 2250/94 E, EFG 1997, 334; FG Düss. v. 16.11.1995 – 8 K 1838/95 E, EFG 1996, 176 (zweifelh.).

14 BFH v. 6.12.1990 – IV R 133/88, BFH/NV 1991, 377.

15 BFH v. 18.4.1991 – IV R 13/90, BStBl. II 1991, 751 = FR 1991, 628; aber FinMin. Thür. v. 7.4.1992, DStR 1992, 790.

16 BFH v. 6.12.1990 – IV R 65/90, BStBl. II 1991, 348 = FR 1991, 233.

17 BFH v. 16.8.1994 – I B 5/94, BFH/NV 1995, 207.

18 BFH v. 6.12.1990 – IV R 65/90, BStBl. II 1991, 348 = FR 1991, 233.

19 BFH v. 19.1.1996 – VI R 73/94, BStBl. II 1996, 202 = FR 1996, 287; vgl. aber FG Hess. v. 9.12.1986 – 8 K 200/85, EFG 1987, 552.

rischen Lokals,[1] die Schuhe eines Briefträgers,[2] das weiße Hemd eines Richters,[3] die einheitlichen Kostüme v. Verkäuferinnen[4] und die „Business-Kleidung" eines Rechtsanwalts.[5] Auch darauf, ob die bürgerliche Kleidung außergewöhnlich kostspielig war, kommt es nicht an.[6] **R 3.31 Abs. 1 LStR** zählt solche Kleidungsstücke zur typischen Berufskleidung, die als Arbeitsschutzkleidung auf die jeweils ausgeübte Berufstätigkeit zugeschnitten sind oder nach ihrer zB uniformartigen Beschaffenheit oder dauerhaft angebrachten Kennzeichnung durch Firmenemblem objektiv eine berufliche Funktion erfüllen, wenn ihre private Nutzung so gut wie ausgeschlossen ist. Die **Auslegung** des Tatbestandsmerkmals typische Berufskleidung muss sich daran orientieren, dass Aufwendungen bürgerliche Kleidung den grds. nicht abziehbaren und nicht aufteilbaren unverzichtbaren Aufwendungen für die Lebensführung zuzurechnen sind, die nach Maßgabe des subjektiven Nettoprinzips durch die Vorschriften zur Berücksichtigung des steuerlichen Existenzminimums pauschal abgegolten oder als SA oder ag Belastung abziehbar sind.[7] Dabei vernachlässigt Abs. 1 S. 3 Nr. 6 die private Mitveranlassung durch das Bedürfnis, bekleidet zu sein, Abs. 1 S. 3 Nr. 6 lässt allerdings nur für „typische" Berufskleidung die private Mitveranlassung unerheblich sein. Ob ein Kleidungsstück zur „typischen Berufskleidung" zählt, ist nicht allein nach seiner objektiven Beschaffenheit zu entscheiden. Auch ein Schutzhelm oder ein weißer Arztkittel sind keine typische Berufskleidung, wenn sie ein Finanzrichter anschafft. „Typisch" ist eine Berufskleidung, wenn das Berufsbild und die Eigenart des Berufs das Tragen dieser Kleidung fordert (wegen der Eigenart des Berufs nötige Kleidung).[8] Kleidung ist nicht schon deshalb typische Berufskleidung, weil sie ausschließlich während der Arbeitszeit getragen und am Arbeitsplatz aufbewahrt wird,[9] weil sie bei ihrer beruflichen Verwendung einer besonderen Abnutzung unterliegt[10] weil auf einer beliebigen bürgerlichen Kleidung ein (großes oder kleines) Firmenemblem oder Dienstabzeichen angebracht wird[11] oder weil eine arbeitsvertragliche Verpflichtung besteht, eine bestimmte einheitliche bürgerliche Kleidung zu tragen.[12]

131 **III. AfA.** Aufwendungen für Arbeitsmittel sind nur iRd. Vorschriften über AfA als WK zu berücksichtigen. Abs. 1 S. 3 Nr. 6 S. 2 stellt dies durch **Verweisung auf Abs. 1 S. 3 Nr. 7** ausdrücklich klar. Dieser meint alle abnutzbaren Arbeitsmittel, die einer selbständigen Nutzung fähig sind und deren Verwendung oder Nutzung sich erfahrungsgemäß auf einen Zeitraum v. mehr als einem Jahr erstreckt, wenn ihre AK netto (ohne USt) 410 Euro überschreiten.[13] Sind Arbeitsmittel nicht abnutzbar oder kommt eine Verteilung auf mehr als ein Jahr nicht in Betracht, so sind die Aufwendungen voll absetzbar.[14]

132 **IV. Einzelnachweise (ABC der Arbeitsmittel)**

Arbeitszimmerausstattung: Zu den als Arbeitsmittel berücksichtigungsfähigen WG zählen ein **Schreibtisch** (BFH v. 31.1.1986 – VI R 78/82, BStBl. II 1986, 355 = FR 1986, 438; v. 25.9.1992 – VI R 109/87, BStBl. II 1993, 106, 107 = FR 1993, 16; v. 8.11.1996 – VI R 22/96, BFH/NV 1997, 341) mit den dazugehörenden Gegenständen wie Schreibtischlampe, Schreibtischgarnitur, **Papierkorb** (BFH v. 18.2.1977 – VI R 182/75, BStBl. II 1977, 464; *v. Bornhaupt*, FR 2000, 971, 974) und entspr. Sitzgelegenheit sowie, falls der StPfl. Fachliteratur (s. Bücher) in dem Zimmer aufbewahrt, auch die entspr. dafür erforderlichen Regale und Büro- oder **Bücherschränke** (BFH v. 30.10.1990 – VIII R 42/87, BStBl. II 1991, 340 = FR 1991, 235; FG RhPf. v. 29.3.1973 – I 27/72, EFG 1973, 536 – nicht: Teil eine Regals – zweifelh.) nicht hingegen Kunstgegenstände wie Bilder (BFH v. 14.5.1991 – VI R 119/88, BStBl. II 1991, 837 = FR 1991, 748; v. 30.10.1990 – VIII R 42/87, BStBl. II 1991, 340 = FR 1991, 235; v. 12.3.1993 – VI R 92/92, BStBl. II 1993, 506; FG RhPf.

---

1 BFH v. 20.11.1979 – VI R 143/77, BStBl. II 1980, 73.
2 FG Saarl. v. 26.11.1993 – 2 K 28/93, EFG 1994, 237.
3 BFH v. 24.1.1958 – VI 278/56 U, BStBl. III 1958, 117; vgl. auch BFH v. 20.11.1979 – VI R 25/78, BStBl. II 1980, 75 = FR 1980, 125; **aA** BFH v. 3.7.1959 – VI 60/57 U, BStBl. III 1959, 328.
4 FG Düss. v. 12.12.2000 – 17 K 4509/95 H (L), EFG 2001, 362 (363).
5 FG Hbg. v. 26.3.2014 – 6 K 231/12, EFG 2014, 1377 (rkr.).
6 BFH v. 6.7.1989 – IV R 91/87, IV R 92/87, BStBl. II 1990, 49.
7 Zur bürgerlichen Kleidung insoweit: BFH v. 21.9.2009 – GrS 1/06, FR 2010, 225 m. Anm. *Kempermann* = DB 2010, 143.
8 *K/S/M*, § 3 Rn. B 31/29; BFH v. 9.3.1979 – VI R 171/77, BStBl. II 1979, 519 (520); FG BaWü. v. 13.4.2000 – 3 K 20/97, EFG 2000, 1113.
9 BFH v. 20.11.1979 – VI R 25/78, BStBl. II 1980, 75 = FR 1980, 125; v. 6.12.1990 – IV R 65/90, BStBl. II 1991, 348 (349) = FR 1991, 233.
10 BFH v. 10.10.1986 – VI R 61/83, BFH/NV 1987, 33.
11 BFH v. 19.1.1996 – VI R 73/94, BStBl. II 1996, 202 = FR 1996, 287; FG BaWü. v. 13.4.2000 – 3 K 20/97, EFG 2000, 1113; vgl. auch BFH v. 22.6.2006 – VI R 21/05, FR 2007, 54 = BFH/NV 2006, 2169 (Gestellung bürgerlicher Kleidung nicht zwangsläufig Arbeitslohn – unabhängig v. Firmenlogo); **aA** R 3.31 Abs. 1 LStR; vgl. auch FG Nds. v. 22.6.1990 – XIII 260/89, EFG 1991, 118; FinMin. Nds. v. 1.11.1996, DStR 1996, 1934.
12 FG Düss. v. 12.12.2000 – 17 K 4509/95 H (L), EFG 2001, 362 (363).
13 Vgl. iE R 9.12 LStR.
14 *K/S/M*, § 9 Rn. H 22; sowie Rn. 45; zur AfA bei Antiquitäten: *v. Bornhaupt*, FR 2000, 971 (973).

v. 9.4.1991 – 2 K 2010/89, EFG 1992, 65) oder Teppiche (BFH v. 18.2.1977 – VI R 182/75, BStBl. II 1977, 464 [465]). Schreibtisch, Stuhl und Lampe sind auch dann Arbeitsmittel, wenn es sich um Antiquitäten handelt (BFH v. 31.1.1986 – VI R 78/82, BStBl. II 1986, 355; *v. Bornhaupt* FR 2000, 971 [973]). § 9 Abs. 1 S. 3 Nr. 6 hat Vorrang vor § 4 Abs. 5 S. 1 Nr. 6b S. 1 iVm. § 9 Abs. 5 (BFH v. 21.11.1997 – VI R 4/97, BStBl. II 1998, 351 = FR 1998, 195; BMF v. 16.6.1998, BStBl. I 1998, 863; v. 7.1.2004, BStBl. I 2004, 143 Rn. 7) – auch nach der Änderung v. § 4 Abs. 5 Nr. 6b durch das StÄndG 07 (vgl. BT-Drucks. 16/1545, 12).

Berufskleidung s. Rn. 130.

Bücher: Ob Bücher Arbeitsmittel sind, hängt v. ihrem tatsächlichen Verwendungszweck und ihrem Inhalt ab. Die Anschaffung v. auf das Fachgebiet des StPfl. bezogener **Fachliteratur** durch Lehrer oder Publizisten wird als BA/WK anerkannt, sofern jedes Einzelwerk nachweislich im Unterricht oder für eine Publikation verwendet wird (BFH v. 21.5.1992 – IV R 70/91, BStBl. II 1992, 1015 = FR 1992, 772 mwN). Werke der allgemeinbildenden, insbes. schöngeistigen Literatur sind nicht bereits deswegen Arbeitsmittel, weil ein Deutschlehrer, Universitätsprofessor für Germanistik (BFH v. 19.4.1991 – VI R 164/87, BFH/NV 1991, 598 – „konkrete Funktion des Buchs im Einzelfall"), Publizist (BFH v. 21.5.1992 – IV R 70/91, BStBl. II 1992, 1015 = FR 1992, 772; H 9.12 LStH) oder Literaturwissenschaftler sie zur Vervollkommnung seiner Allgemeinbildung anschafft, wenn nicht nachprüfbar oder nicht klar erkennbar ist, ob sie – ausnahmsweise – weitaus überwiegend ausschließlich dem Beruf oder Betrieb dienen (BFH v. 28.4.1972 – VI R 305/69, BStBl. II 1972, 723; v. 21.2.1986 – VI R 192/82, BFH/NV 1986, 401). Bei nichttypischen Fachbüchern eines Lehrers sind Arbeitsmittel nicht schon deshalb zu verneinen, weil es sich um Bücher handelt, die auch v. zahlreichen StPfl. gekauft werden, die keine berufliche Veranlassung dafür haben. Es muss für jedes Buch einzeln untersucht werden, ob es sich um einen Gegenstand der Lebensführung oder um ein Arbeitsmittel handelt. Dabei kommt es auf die Verwendung gerade im Streitfall an. Dabei ist nicht ausschließlich maßgebend, in welchem Umfang der Inhalt des Buches in welcher Häufigkeit zu Unterrichtszwecken eingesetzt wurde. Es kann auch die Verwendung zur Unterrichtsvor- und -nachbereitung oder die Anschaffung für eine Unterrichtseinheit, die nicht abgehalten wurde, die ausschließlich oder zumindest weitaus überwiegende berufliche Nutzung begründen (BFH v. 20.5.2010 – VI R 53/09, BStBl. II 2011, 723 = FR 2011, 238). Gleiches gilt auch für andere allgemeinbildende Bücher wie **Nachschlagwerke** und Biographien (BFH v. 16.10.1981 – VI R 180/79, BStBl. II 1982, 67 = FR 1982, 74). WK wurden nicht anerkannt für allg. Nachschlagewerk eines Lehrers (BFH v. 29.4.1977 – VI R 208/75, BStBl. II 1977, 716 – Brockhaus des Lehrers; v. 28.10.77 – VI R 194/74, nv. – Duden des Deutschlehrers; v. 5.7.1957 – VI 39/56 U, BStBl. III 1957, 328 – Brockhaus, Lehrerin; BFH v. 6.5.1959 – VI 183/57 U, BStBl. III 1959, 292 – Herder), anders bei Encyclopaedia Britannica eines Englischlehrers (BFH v. 16.10.1981 – VI R 180/79, BStBl. II 1982, 67 = FR 1982, 74). Erst wenn die Ermittlungen zu keinem eindeutigen Ergebnis führen, kann der objektive Charakter den Ausschlag geben (BFH v. 21.2.1986 – VI R 192/82, BFH/NV 1986, 401). Zur griffweisen Schätzung sind FA und FG nicht befugt. Indes sagt der BFH (BFH v. 21.5.1992 – IV R 70/91, BStBl. II 1992, 1015 = FR 1992, 772): „Eine Lösung ist im Rahmen einer tatsächlichen Verständigung mit dem FA möglich und wird vielfach sogar das Vernünftigste sein."(!) Nicht anzuerkennen ist idR – außer „unter besonderen Umständen" (BFH v. 19.1.1996 – VI R 64/95, BFH/NV 1996, 402 – Handelsblatt; vgl. auch FG Köln v. 7.7.1993 – 6 K 4481/92, EFG 1994, 199) – der Bezug einer regionalen wie überregionalen **Tages- oder Wochenzeitung** (BFH v. 30.6.1983 – IV R 2/81, BStBl. II 1983, 715 = FR 1983, 589 – FAZ; FG Saarl. v. 2.6.1992 – 1 K 359/90, EFG 1992, 518 – Capital; Wirtschaftswoche; FG Hess. v. 5.5.1992 – 10 K 580/89, EFG 1992, 517 – Wirtschaftszeitungen; FG Münster v. 8.4.1986 – VI 5361/84 E, EFG 1986, 491 – GEO; FG Saarl. v. 19.3.1991 – 1 K 317/90, EFG 1991, 468 – Effecten-Spiegel; FG BaWü. v. 28.4.1988 – III K 55/87, EFG 1988, 461 – Wirtschaftsbild; BFH v. 7.9.1989 – IV R 128/88, BStBl. II 1990, 19 = FR 1990, 21 – Spiegel, Zeit; v. 27.4.1990 – VI R 35/86, BFH/NV 1990, 701 – Test; FG Nds. v. 8.12.1992 – XV 334/90, EFG 1993, 375 – Flight; FG BaWü. v. 29.10.1992 – 6 K 119/90, EFG 1993, 384 – Herald Tribune), auch nicht durch Kulturkritiker (BFH v. 7.9.1989 – IV R 128/88, BStBl. II 1990, 19 = FR 1990, 21; H 12.1 EStH; s. aber BFH v. 12.11.1982 – VI R 193/79, DB 1983, 372 – Handelsblatt; hiergegen FG BaWü. v. 17.10.1996 – 6 K 252/96, EFG 1997, 467; FG Bdbg. v. 4.2.2002 – 3 K 2613/01, EFG 2002, 1085; FG Hess. v. 6.6.2002 – 3 K 2440/98, EFG 2002, 1289), der Bezug einer englischen Tageszeitung durch Englischlehrer (FG BaWü. v. 29.10.1992 – 6 K 119/90, EFG 1993, 384), anders bei Bezug für ein Wartezimmer.

Hörgerät (BFH v. 8.4.1954 – IV 345/53 U, BStBl. III 1954, 174) und **Brille** (BFH v. 23.10.1992 – VI R 31/92, BStBl. II 1993, 193 = FR 1993, 194) werden nicht als Arbeitsmittel angesehen.

Kosmetika: Aufwendungen für Kosmetika sind grds. Privatausgaben (BFH v. 28.11.1990 – X R 119/88, BFH/NV 1991, 306 – Ausnahme für spezielle Schminke für Fotoaufnahmen).

Musikinstrumente: Der BFH hat im Falle einer Dozentin an einem städtischen Konservatorium einen Flügel (AK 30 600 DM) als Arbeitsmittel anerkannt (BFH v. 21.10.1988 – VI R 18/86, BStBl. II 1989, 356 = FR 1989, 203; v. 10.10.1986 – VI R 193/83, BFH/NV 1987, 88 – Reparaturkosten). Der BFH hat darauf hingewiesen, dass im Falle eines Konzertpianisten das Beherrschen des Instruments die Grundlage seiner wirtschaftlichen Existenz sei. Ein insbes. in privaten Wohnräumen bereitgehaltenes Musikinstrument kann idR nur in den Fällen als Arbeitsmittel anerkannt werden, in denen es der StPfl. als Solist, Orchestermusiker oder Instrumentallehrer (zB Dozent an einem Konservatorium) als Grundlage seiner Berufsausübung intensiv beruflich nutzt. Ansonsten haben der BFH und die FG die Anerkennung insbes. v. Klavier und Flügel als Arbeitsmittel bei Musiklehrern an allgemeinbildenden Schulen ganz überwiegend abgelehnt (BFH v. 30.4.1993 - VI R 99/89, BFH/NV 1993, 722 - Cembalo eines Gesamtschullehrers; v. 10.3.1978 - VI R 111/76, BStBl. II 1978, 459 - Musiklehrerin, anders bei Pianist; FG München v. 29.7.1999 - 16 K 108/97, EFG 1999, 1176 - Sonderschullehrerin; FG BaWü. v. 18.12.1997 - 14 K 21/93, EFG 1998, 643 mwN - Grundschullehrerin; bejaht: FG Nds. v. 11.6.1982 - IV 292/81, EFG 1982, 561 - Musiklehrer; FG Münster v. 19.9.1975 - II 1829/74 E, EFG 1976, 178 - Cembalo; FG Düss. v. 20.4.1993 - 8 K 191/90 E, EFG 1993, 575).

Sportgeräte können ebenfalls Arbeitsmittel sein (BFH v. 21.11.1986 - VI R 137/83, BStBl. II 1987, 262 = FR 1987, 207; FG Düss. v. 16.11.1995 - 8 K 1838/95 E, EFG 1996, 176; FG Münster v. 12.11.1996 - 8 K 2250/94 E, EFG 1997, 334). Anerkannt als Arbeitsmittel wurden zB der **Badminton-Schläger** und die **Fußballschuhe** eines Erziehers (BFH v. 21.11.1986 - VI R 137/83, BStBl. II 1987, 262 = FR 1987, 207). Nicht als Arbeitsmittel angesehen wurde das **Surfbrett** eines Erziehers bei privater Nutzung v. 15 % (BFH v. 21.11.1986 - VI R 137/83, BStBl. II 1987, 262 = FR 1987, 207), eine **Skiausrüstung** eines nebenberuflichen Skilehrers (BFH v. 24.10.1974 - IV R 101/72, BStBl. II 1975, 407), die **Jagdwaffen** eines Forstbeamten (BFH v. 18.4.1958 - VI 24/58 U, BStBl. III 1958, 300; v. 29.1.1960 - VI 9/59 U, BStBl. III 1960, 163; **aA** FG Nds. v. 8.1.1973 - IX 162/69, EFG 1973, 204) oder das Rennrad des Polizeibeamten (FG BaWü. v. 23.11.2005 - 3 K 202/04, EFG 2006, 811).

Technische Geräte: Arbeitsmittel können auch ein **Diktiergerät** (BFH v. 29.1.1971 - VI R 31/68, BStBl. II 1971, 327), **Telefon** (BFH v. 26.7.1974 - VI R 170/71, BStBl. II 1974, 777; v. 19.12.1977 - VI R 198/76, BStBl. II 1978, 287; v. 21.11.1980 - VI R 202/79, BStBl. II 1981, 131 = FR 1981, 228; v. 25.10.1985 - VI R 15/81, BStBl. II 1986, 200 = FR 1986, 158; BMF v. 11.6.1990, BStBl. I 1990, 290; v. 14.10.1993, BStBl. I 1993, 908; OFD Hann. v. 29.9.1998, FR 1998, 1143), Taschenrechner (FG Nürnb. v. 25.1.1978 - V 72/77, EFG 1978, 267), Zeichengerät (BFH v. 28.9.1984 - VI R 144/83, BStBl. II 1985, 89 = FR 1985, 102 - Soldat; mittlere Reife), Schreibmaschine (BFH v. 29.1.1971 - VI R 31/68, BStBl. II 1971, 327; v. 18.2.1977 - VI R 182/75, BStBl. II 1977, 464; FG Münster v. 2.4.1987 - III 5206/86 L, EFG 1987, 501), oder ein **Computer** - auch Laptops, Notebooks usw. einschl. Peripherie und Software (BFH v. 19.2.2004 - VI R 135/01, BStBl. II 2004, 958 = FR 2004, 650 m. Anm. *Bergkemper*; v. 22.9.1995 - VI R 40/95, BFH/NV 1996, 207; OFD Saarbrücken v. 11.7.1997, DStR 1997, 1367; OFD Mgdb. v. 16.4.2002, FR 2002, 697; bei privater Mitbenutzung: Rn. 97) sein. Anerkannt als Arbeitsmittel wurde auch das Tonbandgerät eines Musikers (BFH v. 29.1.1971 - VI R 6/68, BStBl. II 1971, 459 - Musiker; verneint: BFH v. 29.1.1971 - VI R 31/68, BStBl. II 1971, 327 - Richter) oder das Teleskop eines Lehrers (FG Berlin v. 22.3.2004 - 8 K 8079/03, EFG 2004, 1362). Abgelehnt wurde dagegen die Berücksichtigung einer **Videokamera** (BFH v. 21.6.1994 - VI R 16/94, BFH/NV 1995, 216 - Projektmanager), eines Videorecorders (BFH v. 27.9.1991 - VI R 1/90, BStBl. II 1992, 195 = FR 1992, 165 m. Anm. *Urban* - Lehrer; v. 21.6.1994 - VI R 16/94, BFH/NV 1995, 216 - Manager; FG Saarl. v. 18.12.1996 - 1 K 234/94, EFG 1997, 603 - Richter), einer Stereoanlage (FG Düss. v. 16.12.1981 - XIII/XV 165/77 E, EFG 1982, 563 - Musiklehrer; bej.: FG Hess. v. 9.3.1972 - II 189/70, EFG 1972, 329 - Berufsmusiker), eines Fernsehgeräts (BFH v. 8.4.1960 - VI 164/59 U, BStBl. III 1960, 274; v. 13.8.1964 - IV 53/61 U, BStBl. III 1964, 528; v. 19.10.1970 - GrS 3/70, BStBl. II 1971, 21; v. 24.10.1974 - IV R 101/72, BStBl. II 1975, 407), eines Autoradios (FinVerw. Hbg. StEK EStG § 9 Nr. 84) und eines Heimbüglers (BFH v. 13.3.1964 - IV 158/61 S, BStBl. III 1964, 455 - Arzt).

Tiere: Als Arbeitsmittel anerkannt wurde ein Blindenhund (FG München v. 16.11.1984 - V 8/83 E, EFG 1985, 390), der **Hund** eines Försters (BFH v. 29.1.1960 - VI 9/59 U, BStBl. III 1960, 163), der Hund eines Hausmeisters (FG Hbg. v. 22.1.1988 - I 168/85, EFG 1989, 228), der Wachhund eines Dienstmanns (BMF v. 24.4.1990, FR 1990, 317) und der Diensthund eines Polizei-Hundeführers (BFH v. 30.6.2010 - VI R 45/09, BStBl. II 2011, 45), nicht dagegen der Hund eines Landarztes (BFH v. 29.3.1979 - IV R 103/75, BStBl. II 1979, 512) oder eines Schulhausmeisters (BFH v. 10.9.1990 - VI R 101/86, BFH/NV 1991, 234) bzw. der Schulhund einer Lehrerin (FG RhPf. v. 12.3.2018 - 5 K 2345/15, EFG 2018, 726). Ein Arbeitsmittel wurde bej. beim **Reitpferd** des Reitlehrers (FG RhPf. v. 17.3.1995 - 3 K 1280/93, EFG 1995, 746; FG Düss. v. 22.6.1982 - XV 691/78 E, EFG 1983, 65).

Transportmittel: Auch diese können Arbeitsmittel sein, zB die **Aktentasche** des Betriebsprüfers (FG Berlin v. 2.6.1978 - III 126/77, EFG 1979, 225), der Aktenkoffer des Gewerkschaftssekretärs (BFH v. 18.9.1981 - VI R 127/77, nv.). Anerkannt wurde auch der Reisekoffer eines Flugkapitäns (FG Hess. v. 3.8.1988 - 9 K 228/86, EFG 1989, 173 - Flugkapitän; **aA** FG Hbg. v. 17.1.1972 - III 24/70, EFG 1972, 329) nicht dagegen ein für die Fahrten Wohnung/Arbeitsstätte benutztes **Kfz.** (BFH v. 7.2.1964 - VI 201/62 S, BStBl. III 1964, 251; FG Berlin v. 2.6.1988 - I 185/86, EFG 1988, 557 - Fahrten Wohnung/Arbeitsstätte; bej.: BFH v. 28.1.

1966 – VI 66/65, BStBl. III 1966, 291 – gehbehinderter StPfl.; v. 29.4.1983 – VI R 139/80, BStBl. II 1983, 586 – Ingenieur im Außendienst; vgl. auch *v. Bornhaupt*, FR 2000, 971).

J. Absetzungen für Abnutzung (Abs. 1 S. 3 Nr. 7)

Nach Abs. 1 S. 3 Nr. 7 sind WK auch Absetzungen für Abnutzung und für Substanzverringerung – AfA – sowie erhöhte Absetzungen. Es ist umstritten,[1] ob damit ein WK-Abzug begründet oder ein dem Grunde nach gegebener WK-Abzug der Höhe nach eingeschränkt wird. Der GrS[2] des BFH hat sich iSd. Aufwandsverteilungsthese geäußert und damit zu Recht unterstrichen, dass es bei den Überschusseinkünften nur auf den Verzehr von Aufwendungen, nicht auch den tatsächlichen Verbrauch des WG ankommt. Er führt aus, dass es bei dem Abzug v. WK (AfA) nicht um die Nutzung eigenen oder fremden Vermögens geht, sondern darum, ob der StPfl. durch die Einkunftserzielung veranlasst Aufwendungen getragen hat. IdR schlage sich dieser Aufwand in einem bilanzierungsfähigen WG nieder, auf das AfA vorzunehmen seien. Lägen die Voraussetzungen eines bilanzierungsfähigen WG nicht vor, werde der Aufwand „wie ein materielles WG" behandelt, dh. nach den AfA-Regeln.[3] Es kommt nicht darauf an, ob der StPfl. die AK oder HK im Zeitpunkt der Vornahme der AfA bereits bezahlt hat.[4] AK trägt auch, wer den Kaufpreis noch nicht beglichen hat, sondern ganz oder teilw. schuldet.[5] 133

Abs. 1 S. 3 Nr. 7 verweist auf § 7 und die zu **AfA** entwickelten Grundsätze, soweit sie auf Überschusseinkünfte übertragbar sind. Die Berechtigung zur Vornahme v. AfA setzt nicht voraus, dass der StPfl. Eigentümer des WG ist, für das er Aufwendungen getätigt hat. Das objektive Nettoprinzip gebietet den Abzug der zur Einkunftserzielung getätigten Aufwendungen auch dann, wenn und soweit diese auf in fremdem Eigentum stehende WG erbracht werden. In diesen Fällen wird der Aufwand „wie ein materielles WG" behandelt. Dabei ist es unerheblich, ob die Nutzungsbefugnis auf einem unentgeltlichen oder entgeltlichen Rechtsverhältnis beruht.[6] Die Höhe der AfA richtet sich nach der voraussichtlichen Nutzungsdauer des WG, die durch den technischen Verbrauch, die wirtschaftliche Abnutzung und die rechtl. Nutzungsberechtigung begrenzt wird (zu § 7 Rn. 49 ff.). Die AfA können ab dem Beginn der Nutzung zur Einnahmeerzielung angesetzt werden (zu § 7 Rn. 29 f.). Hat der StPfl. das WG zunächst nicht zur Einnahmeerzielung verwendet, bilden ab der Umwidmung zur Einnahmeerzielung die – nach der Gesamtnutzungsdauer berechneten – fortgeführten (ursprünglichen) AK/HK die AfA-Bemessungsgrundlage.[7] Sind die AfA im Zeitpunkt der Umwidmung bereits verbraucht, können weitere AfA nicht mehr abgezogen werden.[8] Wird der Anschaffungsvorgang rückgängig gemacht, so fehlt es in dem Jahr an der zur Inanspruchnahme v. AfA notwendigen Belastung mit AK.[9] 134

Abs. 1 S. 3 Nr. 7 S. 1 lässt „Absetzungen für Abnutzung und für Substanzverringerung" als WK zum Abzug zu. Er verweist damit auch auf § 7 Abs. 1 S. 5, der Absetzungen für außergewöhnliche technische oder wirtschaftliche Abnutzungen **(AfaA)** für zulässig erklärt (zur AfaA: zu § 7 Rn. 66 ff.). Eine außergewöhnliche wirtschaftliche AfA liegt vor, wenn die wirtschaftliche Nutzbarkeit und Verwendungsmöglichkeit eines WG durch besondere Umstände ggü. dem normalen Wertverzehr gesunken ist.[10] Wird ein Arbeitsmittel entwendet, kann dieses nicht mehr genutzt werden. Der Verlust kann im Wege der AfaA zu Erwerbsaufwendungen führen.[11] Eine AfaA muss im VZ des Eintritts, spätestens der Entdeckung des Schadens erfolgen.[12] 135

1 Nach der **Wertverzehrthese** enthält Abs. 1 S. 3 Nr. 7 eine für den Bereich der Überschusseinkünfte konstitutive Ausnahmeregel; erst (und nur) diese ermögliche die Abziehbarkeit des durch die Nutzung eines WG verursachten Wertverzehrs (in Form v. AfA) als WK. Begreife man Abs. 1 S. 3 Nr. 7 nicht als Ausnahme, sei kein Grund ersichtlich, warum AK/HK nicht abnutzbarer WG keine sofort absetzbaren WK sein sollen (vgl. *K/S/M*, § 9 Rn. B 97 f., I 37 f.; BFH v. 14.2.1978 – VIII R 9/76, BStBl. II 1978, 455; v. 21.12.1982 – VIII R 215/78, BStBl. II 1983, 410 = FR 1983, 279). Nach der **Aufwandsverteilungsthese** dienen AfA nur der Verteilung v. (dem Grunde nach gegebenen) WK in Form der AK oder HK eines WG und Abs. 1 S. 3 Nr. 7 hat nur die (deklaratorische) Bedeutung eines Hindernisses für den Sofortabzug. Die angefallenen Kosten sind der Grund, der Wertverzehr der Maßstab für die Verteilung (BFH v. 19.12.2007 – IX R 50/06, ZSteu. 2008, R 291; *Grube*, FR 2011, 633).

2 BFH v. 4.7.1990 – GrS 1/89, BStBl. II 1990, 830 (836).

3 BFH v. 23.8.1999 – GrS 1/97, BStBl. II 1999, 778 (780 zu C.I.2b) = FR 1999, 1167 m. Anm. *Fischer* (780 zu C.I.2b); v. 19.12.2007 – IX R 50/06, FR 2008, 637 = ZSteu. 2008, R 291.

4 BFH v. 16.1.1996 – IX R 60/94, BFH/NV 1996, 600; v. 16.4.2002 – IX R 53/98, BFH/NV 2002, 1152; v. 19.12.2007 – IX R 50/06, FR 2008, 637 = ZSteu. 2008, R 291.

5 BFH v. 16.4.2002 – IX R 53/98, BFH/NV 2002, 1152; v. 19.12.2007 – IX R 50/06, FR 2008, 637 = ZSteu. 2008, R 291.

6 BFH v. 25.2.2010 – IV R 2/07, BStBl. II 2010, 670.

7 BFH v. 15.12.1992 – VIII R 27/91, BFH/NV 1993, 599.

8 BFH v. 2.2.1990 – VI R 22/86, BStBl. II 1990, 684 = FR 1990, 458.

9 BFH v. 19.12.2007 – IX R 50/06, FR 2008, 637 = ZSteu. 2008, R 291.

10 Ausf. *Grube*, FR 2011, 633 (636) mwN.

11 BFH v. 9.12.2003 – VI R 185/97, BStBl. II 2004, 491 = FR 2004, 655.

12 BFH v. 13.3.1998 – VI R 27/97, BStBl. II 1998, 443 = FR 1998, 737.

Ersatzleistungen Dritter sind im VZ des Zuflusses als stpfl. Einnahmen zu erfassen. Eine AfaA kommt neben dem Abzug v. Reparaturkosten nicht in Betracht, wenn die Reparatur technisch fehlerfrei ausgeführt ist, sie keine Substanzeinbuße mehr hinterlässt und lediglich noch ein merkantiler Minderwert verbleibt.[1]

136 Nach **Abs. 1 S. 3 Nr. 7 S. 2** können bei GWG, bei denen die AK/HK weniger als 410 Euro (reiner Warenwert ohne VorSt. – unabhängig v. umsatzsteuerrechtl. Abziehbarkeit[2]) betragen, diese AK bzw. HK in vollem Umfang in dem Jahr, in dem die Aufwendungen anfallen, als WK abgezogen werden (vgl. hierzu § 6 Rn. 187 ff.). Abs. 1 S. 3 Nr. 7 S. 2 idF des Wachstumsbeschleunigungsgesetzes v. 22.12.2009 ordnet die entsprechende Anwendung v. § 6 Abs. 2 S. 1–3 an, nicht dagegen die Anwendung der Regelung des § 6 Abs. 2a über die Bildung eines Sammelpostens.[3]

K. Aufwendungen bei anderen Überschusseinkünften (Abs. 3)

137 Abs. 1 S. 3 Nr. 5 und Abs. 2 sprechen nur v. Aufwendungen „des ArbN" für Fahrten Wohnung/Arbeitsstätte und wegen doppelter Haushaltsführung. Abs. 3 ordnet jedoch die entspr. Anwendung bei den anderen Überschusseinkunftsarten an. Es kann zB **ein Mietobjekt** als regelmäßige Tätigkeitsstätte anzusehen sein, wenn der StPfl. nahezu täglich zu diesem fährt, um dort Arbeiten zu verrichten. Seine Fahrten sind dann nur nach Abs. 3 iVm. Abs. 1 S. 3 Nr. 4, Abs. 2 abzugsfähig. Ebenso können die Grundsätze der doppelten Haushaltsführung v. Bedeutung sein, wenn ein Grundstückseigentümer am Belegenheitsort seiner Mietobjekte eine zweite als Verwaltungsbüro ausgestattete Wohnung unterhält und dort übernachtet.

L. Nichtabziehbare Werbungskosten, anschaffungsnaher Aufwand (Abs. 5)

138 Nach § 9 Abs. 5 S. 1 iVm. **§ 4 Abs. 5 S. 1 Nr. 1–4, 6b bis 8a, 10 und 12** sind diverse Aufwendungen nicht als WK abzugsfähig bzw. ist deren Abzugsfähigkeit der Höhe nach beschränkt. Betroffen sind Aufwendungen für Geschenke, Bewirtung, Gästehäuser, Jagd und Fischerei, Segel- und Motoryachten, das häusliche Arbeitszimmer, Aufwendungen iZ mit Geldbußen, Strafen und sonstigen rechtswidrigen Handlungen sowie – ganz allg. – unangemessene Aufwendungen. Die sinngemäße Anwendung verhindert ua., dass ArbG entspr. Aufwendungen (gegen Erstattungszahlungen) durch ArbN tragen lassen und dadurch das Abzugsverbot unterlaufen.[4] Zu den Einzelheiten vgl. § 4 Rn. 196 ff.

139 Für den Abzug von **Mehraufwendungen für Verpflegung** findet sich seit 2014 ein Verweis in § 4 Abs. 5 S. 1 Nr. 5 S. 2 auf § 9 Abs. 4a (vgl. Rn. 87 ff.). Die Pauschbeträge für beruflich veranlasste Auslandsdienstreisen werden regelmäßig in BMF-Schr. festgelegt.[5]

140 Nach § 9 Abs. 5 S. 1 iVm. **§ 4 Abs. 5 S. 1 Nr. 6b** ist nicht nur der BA-, sondern auch der WK-Abzug v. Aufwendungen für ein **häusliches Arbeitszimmer**[6] eingeschränkt (vgl. hierzu § 4 Rn. 215 ff.).

141 § 9 Abs. 5 S. 1 iVm. **§ 4 Abs. 5 S. 1 Nr. 7** beschränkt den Abzug v. Aufwendungen als WK, wenn sie die Lebensführung berühren und nach allg. Verkehrsauffassung als unangemessen anzusehen sind. Gemeint sind Aufwendungen, die zwar nicht nach § 12 Nr. 1 v. Abzug ausgeschlossen sind, weil sie im konkreten Fall durch die Einnahmeerzielung veranlasst sind, die aber ihrer Art nach Kosten der Lebensführung sind. Beurteilungsmaßstab ist hierfür, ob ein ordentlicher und gewissenhafter StPfl. – ungeachtet seiner Freiheit, den Umfang seiner Erwerbsaufwendungen selbst bestimmen zu können – angesichts der erwarteten Vorteile und Kosten die Aufwendungen ebenfalls auf sich genommen haben würde (zB Benutzung eines Privatflugzeugs und selbstständige Steuerung aus „Freude am Fliegen").[7]

142 Nach **§ 4 Abs. 5 S. 1 Nr. 8, 8a und 10 sowie Abs. 6** sind Geldbußen und ähnliche Sanktionen (Nr. 8), Zinsen auf hinterzogene Steuern (Nr. 8a), „Schmiergelder" (Nr. 10) und Aufwendungen zur Förderung staatspolitischer Zwecke (Abs. 6) nicht als BA und über die Verweisung des § 9 Abs. 5 auch nicht als WK abzugsfähig. Der in § 9 Abs. 5 S. 1 aF enthaltene Verweis auf § 9c wurde mit der Aufhebung v. § 9c durch das StVereinfG 2011 gestrichen.

143 § 9 Abs. 5 S. 2 ordnet die entspr. Geltung v. **§ 6 Abs. 1 Nr. 1a** an. Es soll die gesetzliche Normierung des anschaffungsnahen Aufwands auch für die Überschusseinkünfte gelten.[8] Ebenfalls entspr. gilt seit 2017[9]

1 BFH v. 27.8.1993 – VI R 7/92, BStBl. II 1994, 235 = FR 1994, 189.
2 BFH v. 1.12.1970 – VI R 47/70, BStBl. II 1971, 318.
3 BT-Drucks. 16/4841, 54.
4 *Schmidt*[37], § 9 Rn. 320.
5 BMF v. 14.12.2016, BStBl. I 2016, 1438.
6 BMF v. 6.10.2017, BStBl. I 2017, 1320.
7 BFH v. 19.1.2017 – VI R 37/15, BStBl. II 2017, 526; v. 29.4.2014 – VIII R 20/12, BStBl. II 2014, 679 = FR 2014, 815.
8 BT-Drucks. 15/1562, 33.
9 LizenzboxG, BGBl. I 2017, 2074.

das in **§ 4j** verankerte Abzugsverbot für Lizenzzahlungen. Durch den Verweis findet das Abzugsverbot auch bei den Überschusseinkünften Anwendung.

M. Nichtabziehbare Berufsbildungskosten (Abs. 6)

Mit dem **ZollkodexAnpG** v. 22.12.2014[1] hat der Gesetzgeber § 9 Abs. 6 neu gefasst. Während er zuvor Aufwendungen für eine erstmalige Berufsausbildung v. WK-Abzug ausgenommen hatte,[2] sofern die Ausbildung nicht im Rahmen eines Dienstverhältnisses stattfand, lässt er nunmehr Aufwendungen für die Berufsausbildung zum Abzug als WK zu, setzt aber voraus, dass der StPfl. zuvor eine Erstausbildung abgeschlossen hat oder das Studium im Rahmen eines Dienstverhältnisses stattfindet. Der VI. Senat des BFH hat mit Beschl. v. 17.7.2014 das BVerfG angerufen, weil er die Regelung des § 9 Abs. 6 für verfassungswidrig[3] erachtet, nach der Aufwendungen des StPfl. für seine erstmalige Berufsausbildung oder für ein Erststudium, das zugleich eine Erstausbildung vermittelt, keine WK seien, wenn diese Ausbildung nicht im Rahmen eines Dienstverhältnisses stattfinde.[4] 144

Der Gesetzgeber ordnet als **Grundentscheidung** die erste Berufsausbildung und das Erststudium der privaten Lebensführung zu und lässt Aufwendungen hierfür nur iRd. § 10 Abs. 1 Nr. 7 zum Abzug zu. Er wertet den Veranlassungszusammenhang zw. erstmaliger Berufsausbildung oder Erststudium und späterer Berufstätigkeit als typischerweise nicht hinreichend konkret. Er berücksichtigt, dass die Auszubildenden in der Zeit vor Abschluss der ersten Berufsausbildung oder des Erststudiums idR noch von den Eltern unterstützt werden und bei den Eltern die Aufwendungen in typisierter Form iRd. Familienleistungsausgleichs und iRd. Sonderbedarfs berücksichtigt werden. Er trägt zugleich dem Umstand Rechnung, dass sich die stl. Vorteile eines WK-Abzugs idR erst im Rahmen eines Verlustvortrags nach der Ausbildung ergeben würden, Studierende, die ihr Studium mit Nebentätigkeiten selbst finanzieren, aber von einem Verlustvortrag nicht profitierten, weil ihre Ausbildungskosten mit den Einnahmen aus der Nebentätigkeit verrechnet würden.[5] 145

Nach **Abs. 6 S. 1** sind Aufwendungen des StPfl. für seine Berufsausbildung oder für sein Studium nur dann WK, wenn der StPfl. zuvor bereits eine **Erstausbildung** (Berufsausbildung oder Studium) abgeschlossen hat oder das Studium im Rahmen eines Dienstverhältnisses stattfindet. Der Gesetzgeber schränkt den Abzug von Ausbildungskosten ein, indem er eine zuvor abgeschlossene Erstausbildung voraussetzt, lässt alternativ aber Ausbildungskosten zum Abzug zu, wenn das Studium **im Rahmen eines Dienstverhältnisses** stattfindet. Das Ausbildungsdienstverhältnis wird insoweit weiterhin der Erwerbssphäre zugeordnet. 146

Abs. 6 S. 2 definiert die von S. 1 vorausgesetzte Erstausbildung. Erforderlich ist dafür die Durchführung einer geordneten Ausbildung mit einer Mindestdauer von zwölf Monaten bei vollzeitiger Ausbildung und mit einer Abschlussprüfung. **Ausbildung und Abschlussprüfung** sind zwei Voraussetzungen, die grds. kumulativ vorliegen müssen. Allerdings ergibt sich aus S. 4, dass eine Abschlussprüfung, und aus S. 5, dass auch das Durchlaufen der Ausbildung entbehrlich sein können. Der Gesetzgeber tritt mit Abs. 6 S. 2 der Entsch. des BFH v. 28.2.2013 entgegen, nach der eine erstmalige Berufsausbildung weder ein Berufsausbildungsverhältnis nach dem Berufsbildungsgesetz noch eine bestimmte Ausbildungsdauer oder eine formale Abschlussprüfung voraussetzt.[6] Er will Gestaltungen begegnen, bei denen vor Beginn des Studiums „Ausbildungen" als Taxifahrer oder Skilehrer absolviert wurden.[7] Abs. 6 S. 2 idF des RegEntw. sah zunächst eine Mindestdauer v. 18 Monaten vor. Der RegEntw. orientierte sich dabei an dem Berufsbildungsgesetz, nach dem eine Berufsausbildung einen Zeitraum von zwei Jahren nicht unterschreiten soll, der Ausbildungszeitraum aber unter gewissen Umständen verkürzt werden kann.[8] Auf Vorschlag des FinA wurde die Mindestdauer jedoch auf zwölf Monate verkürzt. Es sollten damit auch kürzere Ausbildungen, die den Einstieg in das Berufsleben ermöglichen, als Berufsausbildung anerkannt werden. Andernfalls wäre „zB die Ausbildung zur Krankenpflege- oder zur Alterspflegehelferin steuerlich nicht in allen Fällen als Erstausbildung anerkannt worden".[9] Berufsvorbereitende Maßnahmen oder Ausbildungen, welche die gesetzliche Mindestausbildungsdauer v. 18 Monaten unterschreiten, sind nach Auffassung des Gesetzgebers 147

1 BGBl. I 2014, 2417.
2 Vgl. die Änderung durch das BeitrRLUmsG v. 7.12.2011, BGBl. I 2011, 2592.
3 Keine Verfassungswidrigkeit sieht *Kirchhof* in DStR 2013, 1867 (1870). Er arbeitet heraus, dass sich die gesetzgeberische Zuordnungsentsch. verfassungskonform zw. privater Sphäre und Erwerbssphäre bewegt. In diese Richtung wohl auch die hM der Literatur, vgl. *Thürmer* in Blümich, § 9 Rn. 685 mwN.
4 BFH v. 17.7.2014 – VI R 2/12, BFH/NV 2014, 1954.
5 BReg., BT-Drucks. 18/3017, 51, 53.
6 BFH v. 28.2.2013 – VI R 6/12, BFH/NV 2013, 1166; BReg., BT-Drucks. 18/3017, 52.
7 BReg., BT-Drucks. 18/3017, 52.
8 BReg., BT-Drucks. 18/3017, 52.
9 BT-Drucks. 18/3441, 52 f., 54, 58.

keine Erstausbildung, weil sie nicht auf eine hinreichend qualifizierte berufliche Tätigkeit vorbereiteten. Es würden nur begrenzte berufliche Fähigkeiten für einfache Tätigkeiten erworben.[1] Unter **„Vollzeit"** ist nach der Begr. des Gesetzesentwurfs der BReg. eine Dauer von durchschnittlich mindestens 20 Stunden wöchentlich zu verstehen.[2]

148 Eine **„geordnete Ausbildung"** liegt nach **Abs. 6 S. 3** vor, wenn sie auf der Grundlage v. Rechts- oder Verwaltungsvorschriften oder internen Vorschriften eines Bildungsträgers durchgeführt wird. Neben staatlich anerkannten oder staatlich geregelten Ausbildungen kommen auch solche Berufsausbildungen in Betracht, die nach den Richtlinien von Berufs- oder Wirtschaftsverbänden oder internen Vorschriften der Bildungsträger geordnet sind.

149 Ist eine Abschlussprüfung nach dem Ausbildungsplan nicht vorgesehen, gilt nach **Abs. 6 S. 4** die Ausbildung **mit der tatsächlichen planmäßigen Beendigung** als abgeschlossen. Auf das kumulative Erfordernis der Abschlussprüfung wird in diesem Ausnahmefall verzichtet.

150 Nach **Abs. 6 S. 5** hat eine Berufsausbildung als Erstausbildung auch abgeschlossen, wer die **Abschlussprüfung** einer durch Rechts- oder Verwaltungsvorschriften geregelten Berufsausbildung mit einer Mindestdauer v. 18 Monaten **bestanden hat**, ohne dass er zuvor die entspr. Berufsausbildung durchlaufen hat. Es wird bei bestandener Abschlussprüfung auf die grds. kumulativ vorausgesetzte Durchführung einer geordneten Ausbildung mit einer Mindestdauer v. 18 Monaten verzichtet. Damit sollen insbes. StPfl., die nach § 45 Abs. 2 Berufsbildungsgesetz, § 37 Abs. 2 Handwerksordnung oder entspr. landesrechtl. Regelungen als „Externe" zur Abschluss-Gesellenprüfung zugelassen werden, diese bestehen und mit diesem Schritt ihre berufliche Perspektive verbessern konnten, auch für steuerliche Zwecke genauso behandelt werden, als hätten sie zuvor die entspr. Berufsausbildung durchlaufen. Der Gesetzgeber sieht diese Ausnahme als gerechtfertigt an, da die Zulassung zur Abschlussprüfung regelmäßig eine längere berufspraktische Tätigkeit voraussetzt, in der die erforderlichen Kenntnisse, Fertigkeiten und Befähigungen erworben wurden.[3]

§ 9a Pauschbeträge für Werbungskosten

[1]Für Werbungskosten sind bei der Ermittlung der Einkünfte die folgenden Pauschbeträge abzuziehen, wenn nicht höhere Werbungskosten nachgewiesen werden:

1. a) **von den Einnahmen aus nichtselbständiger Arbeit vorbehaltlich Buchstabe b:**
   ein Arbeitnehmer-Pauschbetrag von 1 000 Euro;

   b) **von den Einnahmen aus nichtselbständiger Arbeit, soweit es sich um Versorgungsbezüge im Sinne des § 19 Absatz 2 handelt:**
   ein Pauschbetrag von 102 Euro;
2. (weggefallen)
3. **von den Einnahmen im Sinne des § 22 Nummer 1, 1a und 5:**
   ein Pauschbetrag von insgesamt 102 Euro.

[2]Der Pauschbetrag nach Satz 1 Nummer 1 Buchstabe b darf nur bis zur Höhe der um den Versorgungsfreibetrag einschließlich des Zuschlags zum Versorgungsfreibetrag (§ 19 Absatz 2) geminderten Einnahmen, die Pauschbeträge nach Satz 1 Nummer 1 Buchstabe a und Nummer 3 dürfen nur bis zur Höhe der Einnahmen abgezogen werden.

Literatur: *Kirchhof*, Verfassungsrechtliche Maßstäbe für die Steuergesetzgebung, Stbg. 1997, 193; *Zeitler*, Typisierung vs. Einzelfallgerechtigkeit – in dubio pro fisco?, DStZ 1998, 705.

1 BReg., BT-Drucks. 18/3017, 52.
2 BReg., BT-Drucks. 18/3017, 52.
3 BReg., BT-Drucks. 18/3017, 53.

A. Grundaussagen der Vorschrift

I. Regelungsgegenstand und systematische Einordnung. Nach **S. 1** sind Pauschbeträge für WK abzuziehen, wenn der StPfl. keine höheren WK nachweist. Allerdings darf der Abzug der Pauschbeträge nach **S. 2** nicht zu einem negativen Ergebnis führen. § 9a ist **lex specialis zu § 9**. Er stellt für bestimmte Einkunftsarten eine unwiderlegbare gesetzliche WK-Vermutung auf mit der Folge, dass das FA (zumindest) die PB v. Amts wegen berücksichtigen muss.[1] S. 1 scheint darüber hinaus mit der Formulierung „wenn nicht höhere WK nachgewiesen werden" für jeglichen WK-Abzug über die PB hinaus ein Nachweisgebot im Sinne einer subj. Darlegungs- und objektiven Feststellungslast zu enthalten. Tatsächlich handelt es sich aber nur um einen Hinweis darauf, dass § 9a die Berücksichtigung höherer WK nicht ausschließen will. § 9a sieht eine **Vollpauschalierung** v. WK vor. Daneben gibt es iRd. § 9 gesetzliche Pauschalen für bestimmte Arten v. WK, zB die Entfernungspauschale. (§ 9 Abs. 1 S. 3 Nr. 4, Abs. 2) oder die PB für Verpflegungsmehraufwendungen (§ 9 Abs. 5 iVm. § 4 Abs. 5 Nr. 5). Ferner sehen Verwaltungsregelungen PB und Pauschsätze für bestimmte Berufsgruppen und bestimmte Arten v. WK vor (Rn. 9). Die v. § 9a normierten Pauschalen sind nicht nur bei der Ermittlung der Einkünfte iSv. § 2 Abs. 2 anzuwenden, sondern sind zB auch v. **Bedeutung** für die Bemessung der Opfergrenze bei Unterhaltszahlungen iRd. § 33a[2] oder die Berechnung der eigenen Einkünfte beim Kindergeld.[3] 1

II. Sinn und Zweck der Regelung. § 9a bezweckt eine **Vereinfachung**[4] des Besteuerungsverfahrens. Der StPfl. wird von der Einzelnachweisverpflichtung bzgl. seiner WK entlastet; die FinVerw. spart sich Ermittlungsarbeiten. § 9a berücksichtigt in Orientierung an Erfahrungswerten über die Höhe der geltend zu machenden WK und an der zu erzielenden Vereinfachung einen Mindestbetrag v. WK und vermeidet unter Außerachtlassung individueller Besonderheiten und Inkaufnahme eines Steuerausfalls im Einzelfall bereits bei der Formulierung des materiellen Steueranspruchs Nachweisverpflichtungen. Der Gesetzgeber entspricht mit § 9a dem verfassungsrechtl. Gebot zur Steuervereinfachung.[5] Wird dieser Zweck nicht mehr erreicht, bspw. weil die WK bereits konkret ermittelt und in der Steuererklärung angegeben wurden, kann § 9a nicht mehr – auch nicht iRd. § 32b – zur Anwendung kommen.[6] Die Pauschalierung v. WK steht, wie jede Vereinfachungsregelung, in einem gewissen Spannungsverhältnis zu dem Prinzip der **Besteuerung nach der wirtschaftlichen Leistungsfähigkeit**. Um der Vereinfachung willen wird auf ein exaktes Messen der wirtschaftlichen Leistungsfähigkeit verzichtet. Zwar kann iHd. Differenz zw. Pauschbetrag und tatsächlich niedrigeren WK ein Begünstigungseffekt[7] entstehen, jedoch liegt – auch in Anbetracht der relativ geringen Auswirkungen im Einzelfall – in der Vereinfachung der richtige Weg. 2

Gegen den ArbN-PB sind Bedenken geäußert worden, ob in der Besteuerungswirklichkeit die **erzielte Vereinfachung nicht verhältnismäßig gering** sei. Es kann jedoch keinen Verfassungsverstoß darstellen, wenn mit dem ArbN-PB zumindest in dem v. ihm vorgegebenen Rahmen eine gesetzliche Grundlage für den Verzicht auf Belegprüfung und Sachverhaltsermittlung durch die FinVerw. geschaffen wird. Gerade auch in Zeiten der zunehmenden Modernisierung des Besteuerungsverfahrens sowie der Überprüfung ausgewählter Steuerfälle nach Risikogesichtspunkten sind Gedankenspiele über die Erhöhung der Pauschalierungen angezeigt. Kritik, wonach die Pauschale über den durchschnittlich zu erwartenden WK liege und damit **ArbN übermäßig begünstige**, ist in der Sache berechtigt, aber den aktuellen Entwicklungen geradezu immanent. Der BFH hat die Pauschale, jedenfalls bislang, im Hinblick auf die besondere Bedeutung einer Steuervereinfachung im Massenverfahren der ArbN-Besteuerung nicht als Überschreitung des gesetzgeberischen Gestaltungsspielraums angesehen.[8] Er hat allerdings einen Verstoß gegen Art. 3 GG darin erkannt, dass der Gesetzgeber den hohen ArbN-PB auch in den Fällen ungekürzt gewährt, in denen der ArbG dem ArbN **WK stfrei** (zB nach § 3 Nr. 13 oder Nr. 16) oder unter den Voraussetzungen pauschaler Lohnversteuerung (§ 40 Abs. 2 S. 2) ersetzt.[9] Diese Begünstigungskumulation betrifft iErg. aber nicht die Verfassungsmäßigkeit des § 9a, sondern die der besonderen Entlastungstatbestände.[10] 3

III. Rechtsentwicklung. Zur Rechtsentwicklung vgl. 16. Aufl. Rn. 4. 4

---

1 Ebenso *Prinz* in H/H/R, § 9a Anm. 9.
2 BFH v. 11.12.1997 – III R 214/94, BStBl. II 1998, 292 = FR 1998, 369 m. Anm. *Kanzler*; *Zeitler*, DStZ 1998, 705.
3 FG München v. 8.12.1998 – 1 K 554/98, EFG 1999, 340.
4 BFH v. 29.10.1998 – XI R 63/97, BStBl. II 1999, 588 = FR 1999, 659; v. 22.5.2003 – IX R 23/01, juris.
5 BVerfG v. 10.4.1997 – 2 BvL 77/92, BStBl. II 1997, 518 = FR 1997, 571; *Kirchhof*, Der allg. Gleichheitssatz, HStR V § 124 Rn. 298; *Kirchhof*, Stbg. 1997, 193; BFH v. 14.12.1999 – IX R 69/98, BStBl. II 2000, 197 = FR 2000, 459 m. Anm. *Fischer* (PB VuV).
6 BFH v. 25.9.2014 – III R 61/12, BStBl. II 2015, 182 = FR 2015, 528.
7 *Karrenbrock*, DStR 2018, 844 (848).
8 BFH v. 19.2.1993 – VI R 74/91, BStBl. II 1993, 551 (556) = FR 1993, 427.
9 BFH v. 19.2.1993 – VI R 74/91, BStBl. II 1993, 551 (556) = FR 1993, 427.
10 BVerfG v. 10.4.1997 – 2 BvL 77/92, BStBl. II 1997, 518 (520) = FR 1997, 571; *Thomas*, DStZ 1997, 617 (618); BFH v. 20.6.1997 – VI R 74/91, BStBl. II 1998, 59.

B. Die einzelnen Pauschbeträge (S. 1)

5 **I. Arbeitnehmerpauschbetrag (S. 1 Nr. 1).** Der ArbN-PB v. 1 000 Euro (Rn. 4) nach **S. 1 Nr. 1 lit. a** ist „v. den Einnahmen aus nichtselbständiger Arbeit" abzuziehen. Der ArbN erhält den ArbN-PB nur einmal – auch bei Einkünften aus mehreren Dienstverhältnissen und bei einem Wechsel zw. beschränkter und unbeschränkter StPfl. (§ 2 Abs. 7 S. 3). Allerdings ist der volle PB auch dann zu gewähren, wenn der StPfl. nur während eines Teils des Jahres tätig oder unbeschränkt stpfl. war. Bei beschränkt StPfl. (Ausnahme: § 50 Abs. 5 S. 2 Nr. 2 S. 5) ermäßigt sich der PB, wenn die Einnahmen nicht während des vollen Jahres bezogen werden (§ 50 Abs. 1 S. 6). Hat der StPfl. sowohl lfd. als auch außerordentliche Einnahmen aus nicht selbständiger Arbeit, ist der ArbN-PB vorrangig v. den lfd. Einnahmen abzuziehen.[1]

6 **Vorbehalt:** Nach S. 1 Nr. 1 lit. a ist der ArbN-PB v. 1 000 Euro nur „vorbehaltlich Buchst. b" zu gewähren. Soweit es sich um Versorgungsbezüge iSv. § 19 Abs. 2 handelt, beträgt der PB nach **S. 1 Nr. 1 lit. b** nur 102 Euro – wie auch nach S. 1 Nr. 3 für andere Altersbezüge. Der Gesetzgeber hat es nicht als gerechtfertigt angesehen, Pensionären den ArbN-PB v. 1 000 Euro zu gewähren, weil diesen typischerweise keine WK – insbes. nicht für Wege zw. Wohnung und Arbeitsstätte – entstünden. In der Vergangenheit habe der erhöhte PB als Ausgleichselement für die zu geringe Besteuerung der Rente gedient. Um den Wegfall des erhöhten WK-PB in der Übergangsphase abzumildern, wurde ein – schrittweise abzubauender – Zuschlag zum Versorgungsfreibetrag eingeführt. Beim Zusammentreffen v. Bezügen iSv. S. 1 Nr. 1 lit. a und Versorgungsbezügen iSv. S. 1 Nr. 1 lit. b müssen die PB nebeneinander gewährt werden.[2] Ist unklar, ob eine Einnahme Arbeitslohn oder Versorgungsbezug darstellt (bspw. Freifahrkarten für Ruhestandsbeamte der Bundeseisenbahn)[3], muss vorrangig die Zuordnung der empfangenen Leistung geklärt werden. Die Frage, welcher Pauschbetrag zur Anwendung kommt, ist demgegenüber nachrangig.

7 **II. Pauschbetrag bei Einnahmen iSv. § 22 Nr. 1, 1a, 5 (S. 1 Nr. 3).** Empfängern v. wiederkehrenden Bezügen (§ 22 Nr. 1), v. Leistungen und Zahlungen, die nach § 10 Abs. 1 Nr. 1a vom Geber abgezogen werden (§ 22 Nr. 1a)[4] und v. Leistungen aus Altersvorsorgeverträgen etc. (§ 22 Nr. 5) steht nach S. 1 Nr. 3 ein PB v. 102 Euro zu. Der PB ist für alle drei Einkunftsbereiche gemeinsam einmal zu gewähren („v. insgesamt 102 Euro"). Der volle PB steht dem StPfl. auch dann zu, wenn er nur während eines Teils des VZ Einkünfte iSv. § 22 Nr. 1, 1a und 5 bezieht.

C. Der Abzug der Pauschbeträge (S. 2)

8 Nach S. 2 besteht eine Abzugsbegrenzung. Der PB bei Versorgungsbezügen nach S. 1 Nr. 1 lit. b darf nur bis zur Höhe der um den Versorgungsfreibetrag geminderten Einnahmen abgezogen werden. Der ArbN-PB nach S. 1 Nr. 1 lit. a und der PB bei den Einkünften iSv. § 22 darf nur bis zur Höhe der Einnahmen abgezogen werden. StPfl. mit geringen positiven Einnahmen sollen nicht bessergestellt werden als StPfl. ohne steuerrelevante Einnahmen.

D. Werbungskostenpauschalen in Verwaltungsanordnungen

9 Die FinVerw. lässt in Richtlinien (insbes. denLStR) und in Einzelanweisungen zulässigerweise[5] eine Pauschalierung v. WK für bestimmte Berufsgruppen und für bestimmte Arten v. WK zu. Es handelt sich um finanzamtliche Schätzungen nach § 162 AO zur vereinfachten Sachverhaltsermittlung.[6] Diese Regelungen führen wegen des Gebots der Gleichbehandlung zu einer **Selbstbindung der Verwaltung**, dh. den Finanzbehörden ist es verwehrt, in Einzelfällen, die offensichtlich v. der Verwaltungsanweisung gedeckt werden, deren Anwendung ohne triftige Gründe abzulehnen.[7] Die Verwaltungsvorschriften werden unter dem Gesichtspunkt der Gleichmäßigkeit der Besteuerung auch v. den FG beachtet. Ansonsten müsste der StPfl. schon im Hinblick auf ein mögliches Klageverfahren Einzelnachweise sammeln. Die v. der Verwaltung zugelassenen Pauschalen dürfen allerdings nicht zu einer offensichtlich unzutr. Besteuerung führen.[8]

10 Die LStR sehen **Werbungskostenpauschalen für bestimmte Aufwendungsarten** vor, zB für Fahrtaufwendungen mit dem eigenen Kfz. (R 9.5 iVm. H 9.5 LStR), für Übernachtungskosten bei Auslandsreisen (R 9.7

1 BFH v. 29.10.1998 – XI R 63/97, BStBl. II 1999, 588 = FR 1999, 659.
2 BMF v. 19.3.2013, BStBl. I 2013, 1087.
3 Vgl. hierzu FG München v. 8.5.2018 – 6 K 2979/17, EFG 2018, 1448 m. Anm. *Pröller*.
4 Zusammenfassung der Tatbestände aus § 22 Nr. 1a, 1b und 1c in § 22 Nr. 1a nF durch das Zollkodex-AnpG v. 22.12.2014, BGBl. I 2014, 2417 (BT-Drucks. 18/3441, 58).
5 BVerfG v. 28.6.1993 – 1 BvR 390/89, BB 1993, 2068.
6 Ausf. *H/H/R*, § 9a Anm. 65.
7 BFH v. 23.4.1991 – VIII R 61/87, BStBl. II 1991, 752 (753) = FR 1991, 559.
8 BFH v. 25.10.1985 – VI R 15/81, BStBl. II 1986, 200 (205) = FR 1986, 158 mwN.

Abs. 3 S. 2 LStR). Mit diesen Pauschalen werden die tatsächlichen WK geschätzt, so dass der WK-PB nach S. 1 Nr. 1 nicht daneben beansprucht werden kann.

WK-Pauschalen für bestimmte Berufe sind problematisch, da § 9a entweder den Ansatz des ArbN-PB 11
oder den Nachweis der tatsächlichen WK vorsieht. Die Verwaltung hat diese deshalb zurückgeführt.

4a. Umsatzsteuerrechtlicher Vorsteuerabzug

§ 9b [Umsatzsteuerrechtlicher Vorsteuerabzug]

(1) Der Vorsteuerbetrag nach § 15 des Umsatzsteuergesetzes gehört, soweit er bei der Umsatzsteuer abgezogen werden kann, nicht zu den Anschaffungs- oder Herstellungskosten des Wirtschaftsguts, auf dessen Anschaffung oder Herstellung er entfällt.

(2) [1]Wird der Vorsteuerabzug nach § 15a des Umsatzsteuergesetzes berichtigt, so sind die Mehrbeträge als Betriebseinnahmen oder Einnahmen zu behandeln, wenn sie im Rahmen einer der Einkunftsarten des § 2 Absatz 1 Satz 1 bezogen werden; die Minderbeträge sind als Betriebsausgaben oder Werbungskosten zu behandeln, wenn sie durch den Betrieb veranlasst sind oder der Erwerbung, Sicherung und Erhaltung von Einnahmen dienen. [2]Die Anschaffungs- oder Herstellungskosten bleiben in den Fällen des Satzes 1 unberührt.

Literatur: *Dziadkowsky*, Die bilanzmäßige Behandlung nichtabziehbarer Vorsteuern beim Fahrzeugkauf seit 1.4. 1999, DStR 2000, 456; *Eichfelder/Neugebauer*, Gemischt genutzte Kraftfahrzeuge bei Gewinneinkünften: Steuerlich optimale Ausübung von Pauschalierungs- und Zuordnungswahlrechten, StuW 2016, 134; *Eichfelder/Kluska/Neugebauer*, Gemischt genutzte Kraftfahrzeuge bei Gewinneinkünften: Steuerlich optimale Ausübung von Pauschalierungs- und Zuordnungswahlrechten, DStR 2017, 695; *Günther*, Vorsteuer als Anschaffungs-/Herstellungskosten, EStB 2011, 10; *Mairock/Schäble*, Bilanzielle Behandlung der Vorsteuerkorrektur nach § 15a UStG, NWB 2015, 1625; *Meyer*, Neues zum Werbungskostenabzug gem. § 9b Abs. 2 EStG, FR 2014, 876; *Meyer*, Zum Vorsteuerabzug bei einheitlichen Gegenständen, UStB 2014, 115; *Meyer*, Nichtunternehmerisch genutzte Gebäudeteile im Spannungsfeld zwischen Umsatz- und Einkommensteuer, UStB 2012, 259; *Prinz*, Werbungskostenabzug bei veräußerungsbedingter Berichtigung des Vorsteuerabzugs, FR 1993, 399; *Robisch*, Ertragsteuerliche Folgen aus der umsatzsteuerlichen Teilbarkeit gemischt genutzter einheitlicher Gegenstände, UR 1996, 412; *Sterzinger*, Vorsteuerfalle bei gemischt genutzten Gebäuden aufgrund unzureichender Zuordnung, BB 2014, 479; *Volb*, Vorsteuerkorrektur bei Wirtschaftsgütern des Anlagevermögens, BB 2006, 690; *Weber*, Die Änderung der umsatzsteuerlichen Vorschriften zur Aufstellung von Rechnungen und zum Vorsteuerabzug durch das Steueränderungsgesetz 2003, DB 2004, 337.

A. Grundaussagen der Vorschrift

I. Regelungsgegenstand und systematische Einordnung. § 9b regelt die estrechtl. Behandlung der ei- 1
nem StPfl. in Rechnung gestellten USt (VorSt.) bei den AK und HK. Durch die **deklaratorische Anordnung** des Abs. 1 wird ausgeschlossen, dass die VorSt., die dem StPfl. v. FA erstattet wird, ein weiteres Mal über die Erhöhung der AK oder HK stl. berücksichtigt wird. Abs. 1 S. 2 ist durch das StÄndG 2001 aufgehoben worden.[1] Diese Regelung enthielt eine konstitutive Vereinfachungsregelung bei Aufteilung der VorSt. nach § 15 Abs. 4 UStG. **§ 9b Abs. 2** enthält eine konstitutive Regelung für die Berichtigung des VorSt.-Abzugs nach § 15a UStG. Durch das AIFM-StAnpG[2] ist § 9b Abs. 2 dahin angepasst worden, dass

1 StÄndG v. 20.12.2001, BGBl. I 2001, 3793.
2 AIFM-StAnpG v. 18.12.2013, BGBl. I 2013, 4318.

diese Regelung nur für Mehr- oder Minderausgaben gilt, die einkommensteuerwirksam sind (vgl. Rn. 17). Bei § 9b handelt es sich um eine Steuerkollisionsnorm,[1] die ESt und USt systemgerecht aufeinander abstimmt.

2 **II. Verhältnis von Einkommensteuer und Umsatzsteuer.** Bei der Gewinnermittlung iSd. §§ 4, 5 ist die USt, die ein StPfl. in Rechnung stellt, BE. Die Forderung ist einschl. der USt zu aktivieren. Gleichzeitig ist die Verpflichtung, die USt an das FA abzuführen, zu passivieren. Bei USt, die dem StPfl. in Rechnung gestellt wird (VorSt.), handelt es sich ebenso wie bei der an das FA abzuführenden USt um BA.[2] Die **USt** ist **regelmäßig erfolgsneutral**, da der passivierten Verpflichtung der aktivierte Anspr. ggü. dem FA auf Erstattung der VorSt. gegenübersteht. Die USt auf den Eigenverbrauch ist keine BA (§ 12 Nr. 3).[3] Sie ist zu aktivieren und die entspr. Schuld ggü. dem FA zu passivieren; es handelt sich nicht um eine Entnahme.

3 Bei der Gewinnermittlung nach § 4 Abs. 3 und der Einnahme-Überschuss-Rechnung gehört die an das FA abgeführte USt zu den BA oder WK, sofern sie nicht gem. Abs. 1 den AK oder HK eines WG hinzuzurechnen ist.[4] Vereinnahmte USt (vom StPfl. in Rechnung gestellte oder vom FA erstattete) ist BE, nicht negative BA/WK. Maßgebend für den Zeitpunkt der Besteuerung ist die Vereinnahmung/Zahlung oder die Verausgabung oder Verrechnung (§ 11).[5] Fallen der Zeitpunkt der Zahlung der VorSt. an den Lieferanten und der Erstattung durch das FA in verschiedene VZ, kann es zu Gewinnverlagerungen kommen, die nicht nach § 11 Abs. 1 S. 2, Abs. 2 S. 2 zu korrigieren sind oder Billigkeitsmaßnahmen rechtfertigen.[6] Obwohl die USt idR (Ausnahme: nicht erstattete VorSt.) erfolgsneutral behandelt wird, ist sie kein durchlaufender Posten iSd. § 4 Abs. 3 S. 2.[7]

4 Die Wertgrenze für **WG** iSd. § 6 Abs. 2, § 6 Abs. 2a oder § 9 Abs. 1 S. 3 Nr. 7 S. 2 ist ohne die in den AK/HK enthaltenen VorSt. zu ermitteln, unabhängig davon, ob der VorSt.-Betrag ustrechtl. abziehbar ist.[8] Dagegen ist in die Freigrenze für **Geschenke** nach § 4 Abs. 5 S. 1 Nr. 1 ein nicht abziehbarer VorSt.-Betrag einzubeziehen; dabei bleibt § 15 Abs. 1a UStG unberücksichtigt.[9] Zur USt für Eigenverbrauch § 12 Rn. 10. Der im Investitionszulagenrecht verwendete Begriff der HK entspricht der steuerrechtl. Begriffsbestimmung.[10] Die deklaratorische Regelung des Abs. 1 gilt daher auch im InvZulG, nicht aber die estrechtl. Vereinfachungsregelungen des Abs. 2.[11]

B. Vorsteuerabzug (Abs. 1)

5 **I. Grundsätzliches.** Abs. 1 ordnet an, dass die abziehbare VorSt. nicht zu den AK und HK gehört.[12] Die Regelung gilt **für alle Einkunftsarten**, unterscheidet nicht zw. WG des Anlage- und des Umlaufvermögens und gilt auch für die Gemeinkosten, die als Teil der HK/AK behandelt werden.[13] Im Umkehrschluss sind die nicht abziehbaren USt-Beträge den AK/HK zuzuordnen.[14] Stellt sich heraus, dass VorSt. zu Unrecht abgezogen wurden, sind die AK/HK (ggf. rückwirkend) zu erhöhen und die WK/BA entspr. zu kürzen. Die Rückzahlung bereits erstatteter VorSt. an das FA führt in diesem Fall nicht zu Einnahmen oder WK.[15] Scheidet ein Vorsteuerabzug aufgrund von § 42 AO aus, kann die VorSt. auch nicht als WK geltend gemacht werden.[16]

---

1 *K/S/M*, § 2 Rn. A 177.
2 BFH v. 26.6.1979 – VIII R 145/78, BStBl. II 1979, 625.
3 BFH v. 25.4.1990 – X R 135/87, BStBl. II 1990, 742; Anm. in HFR 1990, 552.
4 BFH v. 25.4.1990 – X R 135/87, BStBl. II 1990, 742; R 9b Abs. 1 EStR; vgl. auch FG Düss. v. 7.8.2001 – 7 V 3067/01 A (E), EFG 2001, 1604.
5 BFH v. 29.6.1982 – VIII R 6/79, BStBl. II 1982, 755.
6 BFH v. 29.6.1982 – VIII R 6/79, BStBl. II 1982, 755.
7 BFH v. 30.1.1975 – IV R 190/71, BStBl. II 1975, 776; v. 26.6.1979 – VIII R 145/78, BStBl. II 1979, 625; v. 17.3.1992 – IX R 55/90, BStBl. II 1993, 17; zur Ausnahme bei Gerichtskosten: BFH v. 27.6.1996 – IV B 69/95, nv.; H 9b (Gewinnermittlung nach § 4 Abs. 3) EStH.
8 R 9b Abs. 2 EStR.
9 R 9b Abs. 2 S. 3 EStR; H 9b EStH (Freigrenze für Geschenke).
10 BFH v. 8.2.1996 – III R 35/93, BStBl. II 1996, 427.
11 FG Hess. v. 6.11.1997 – 4 K 3728/94, EFG 1998, 587; **aA** (für die Anwendung von Abs. 2) *K/S/M*, § 9b Rn. A 41; *Blümich*, § 9b Rn. 26.
12 Zu den Folgen zu Unrecht als HK erfasster VorSt.: BFH v. 21.6.2006 – XI R 49/05, BStBl. II 2006, 712.
13 R 9b Abs. 1 S. 3 EStR.
14 BFH v. 27.9.1990 – IX B 268/89, BFH/NV 1991, 297.
15 BFH v. 4.6.1991 – IX R 12/89, BStBl. II 1991, 759; H 9b EStH.
16 BFH v. 12.4.2016 – VIII R 60/14, BFH/NV 2016, 1455; *Jachmann-Michel*, jurisPR-SteuerR 46/2016 Anm. 3.

II. Vorsteuerabzug nach § 15 UStG. Für die Frage, ob der VorSt.-Betrag zu den AK oder HK gehört, sind allein die ustl. Regelungen maßgebend.[1] Ob Vorsteuerbeträge vorliegen, bestimmt sich nach § 15 UStG, der iZ mit Art. 168 ff. MwStSystRL zu sehen ist.[2] 6

1. Vorsteuerbeträge eines Unternehmers. Abziehbar sind nach § 15 UStG die gesetzlich geschuldete Steuer für Lieferungen und sonstige Leistungen, die v. einem anderen Unternehmer für sein Unternehmen ausgeführt worden sind (Abs. 1 Nr. 1), die entrichtete Einfuhr-USt für eingeführte Unternehmensgegenstände (Abs. 1 Nr. 2), die Erwerbssteuer für die aus dem übrigen Gemeinschaftsgebiet erworbenen Unternehmensgegenstände (Abs. 1 Nr. 3), die Steuern für Leistungen iSd. § 13b Abs. 1 UStG (Abs. 1 Nr. 4) und die nach § 13a Abs. 1 Nr. 6 UStG geschuldete Steuer für Umsätze, die für ein Unternehmen ausgeführt worden sind (Abs. 1 Nr. 5). Zum Abzug der VorSt. sind Unternehmer iSd. § 2 UStG im Rahmen ihrer unternehmerischen Betätigung im Inland berechtigt.[3] Mehrere Gemeinschafter als Empfänger einer einheitlichen Leistung können den VorSt.-Abzug anteilig geltend machen, wenn nur sie einzeln und nicht in Gemeinschaft Unternehmer sind.[4] Zum Ausschluss bestimmter Unternehmer aufgrund besonderer Vorschriften Rn. 12. 7

2. Von einem anderen Unternehmer für das Unternehmen des Empfängers. Grds. muss die Lieferung oder Leistung v. einem anderen Unternehmer für das Unternehmen des StPfl. durchgeführt werden. Steuern, die v. einem Nichtunternehmer (Privatperson) in Rechnung gestellt werden, können nicht abgezogen werden, obwohl sie nach § 14c Abs. 2 UStG geschuldet werden. Die Leistung für das Unternehmen des StPfl. setzt voraus, dass dieser Leistungsempfänger (idR der Auftraggeber oder Besteller) ist. Personenvereinigungen (Ges. und Gemeinschaften) sind v. ihren Mitgliedern zu trennen; für eine an ihren G'ter erbrachte Leistung kann die Ges. daher keine VorSt. geltend machen.[5] Bei Miteigentümerschaft (insbes. v. Ehegatten) kommt ein anteiliger VorSt.-Abzug in Betracht, wenn nur ein Ehegatte unternehmerisch tätig ist und dieser einen Teil des Gebäudes ausschließlich für seine unternehmerischen Zwecke (zB als Arbeitszimmer) verwendet; diesem steht das Vorsteuerabzugsrecht aus den bezogenen Bauleistungen anteilig zu, soweit der seinem Unternehmen zugeordnete Anteil am Gebäude seinen Miteigentumsanteil nicht übersteigt.[6] Bei gemeinsamer Auftragserteilung durch mehrere Pers. ist ausreichend, dass die Gemeinschaft als solche einem Gemeinschafter Räume unentgeltlich überlässt. Umsatzsteuerrechtl. ist in diesen Fällen v. einer einheitlichen Leistung an die Gemeinschaft auszugehen. Lediglich für Zwecke des VorSt.-Abzugs ist jeder unternehmerische Gemeinschafter als Leistungsempfänger anzusehen.[7] 8

Der StPfl. muss die Lieferung oder sonstige Leistung für sein Unternehmen bezogen haben. Wird ein Umsatz sowohl für das Unternehmen aus auch für nichtunternehmerische Zwecke ausgeführt, wird die Steuer entspr. aufgeteilt. Bei untrennbaren Sachen hat der StPfl. ein Zuordnungsrecht und kann wählen, ob und inwieweit er den Gegenstand seinem Unternehmen zuordnet.[8] Der VorSt.-Abzug richtet sich grds. nach dem Umfang der Zuordnung zum Unternehmen. Nach § 15 Abs. 1 S. 2 UStG ist eine Zuordnung zum Unternehmen ausgeschlossen, wenn der StPfl. einen Gegenstand zu weniger als 10 % für sein Unternehmen nutzt.[9] Ein Zuordnungswahlrecht besteht auch nicht, wenn ein getrenntes WG im umsatzsteuerrechtl. Sinn neu hergestellt wird.[10] 9

3. Umsatzsteuer-Rechnung. Seit VZ 2004 setzt der VorSt.-Abzug eine vollständige und richtige Eingangsrechnung voraus, die alle in § 14 Abs. 4 und 14a UStG erforderlichen Angaben enthält.[11] Eine zum VorSt.-Abzug berechtigende Rechnung setzt nicht voraus, dass die wirtschaftl. Tätigkeiten des leistenden Unternehmers unter der Anschrift ausgeübt werden, die in der von ihm ausgestellten Rechnung angegeben ist; es ist lediglich erforderlich, dass der Unternehmer unter der angegebenen Anschrift erreichbar ist.[12] 10

---

1 BFH v. 25.1.1994 – IX R 97, 98/90, BStBl. II 1994, 738; FG Köln v. 9.12.2015 – 3 K 2557/11, EFG 2016, 624; vgl. auch BFH v. 14.6.2007 – IX R 2/07, BFH/NV 2007, 2056.

2 BFH v. 9.12.2010 – V R 17/10, DStR 2011, 460; v. 13.1.2011 – V R 12/08, BStBl. II 2012, 61; v. 27.1.2011 – V R 38/09, BStBl. II 2012, 68; *K/S/M*, § 9b Rn. B 2.

3 Besonderheiten gelten bei dem innergemeinschaftlichen Erwerb neuer Fahrzeuge (vgl. §§ 2a, 15 Abs. 4a UStG).

4 BFH v. 1.10.1998 – V R 31/98, BFHE 187, 78; *Lange*, UStR 1999, 17; ggf. sind die VorSt.-Beträge gesondert und einheitlich festzustellen.

5 BFH v. 17.12.1993 – V B 126/93, BFH/NV 1995, 450.

6 BFH v. 6.10.2005 – V R 40/01, BStBl. II 2007, 13; vgl. auch EuGH v. 21.4.2005 – Rs. C-25/03, BStBl. II 2007, 23.

7 BMF v. 1.12.2006, BStBl. I 2007, 90.

8 BFH v. 11.6.1997 – XI R 65/95, BStBl. II 1999, 420; EuGH v. 4.10.1995 – Rs. C-291/92, BStBl. II 1996, 392; Abschn. 15.2 Abs. 21 UStAE.

9 Dazu *Küffner/Zugmaier*, DStR 2005, 280; *Widmann*, DStR 2005, 1161 (1164).

10 BFH v. 23.9.2009 – XI R 18/08, BStBl. II 2010, 313.

11 Zu den Unterschieden zur vorherigen Rechtslage: *Weber*, DB 2004, 337; zu den weiteren Einzelheiten Abschn. 14 ff. UStAE mwN.

12 BFH v. 21.6.2018 – V R 25/15, DStR 2018, 1661.

Vereinfachungen und andere Sonderregelungen bestehen für Kleinbeträge bis 150 Euro und für Fahrausweise (§ 14 Abs. 6 UStG iVm. §§ 33, 34 UStDV). Gem. § 15 Abs. 1 S. 1 Nr. 1 S. 1 UStG ist nur die gesetzlich geschuldete Steuer als VorSt. abziehbar.

11 **4. Kein Ausschluss des Vorsteuerabzugs.** Nicht als VorSt. abziehbar sind zB die USt auf bestimmte nicht streng geschäftliche, der Repräsentation dienende oder die Lebensführung berührende Aufwendungen gem. § 15 Abs. 1a UStG (Aufwendungen für die das Abzugsverbot des § 4 Abs. 5 Nr. 1–4, 7, Abs. 7, § 12 EStG gilt).[1] Dies gilt nach § 15 Abs. 1a S. 2 UStG nicht für Bewirtungsaufwendungen, soweit § 4 Abs. 5 S. 1 Nr. 2 EStG einen Abzug angemessener und nachgewiesener Aufwendungen ausschließt. Mit dem JStG 2010 hat der Gesetzgeber außerdem den Vorsteuerabzug für gemischt genutzte Grundstücke ab dem VZ 2011 neu geregelt. Gem. § 15 Abs. 1b UStG idF. des JStG 2010 hat ein Unternehmer zwar nach wie vor das Wahlrecht, **gemischt genutzte Grundstücke** in vollem Umfang seinem Unternehmen zuzuordnen. Anders als bis 2010 kann die Vorsteuer aber nicht mehr in voller Höhe geltend gemacht werden; vielmehr ist der VorSt.-Abzug für Leistungen im Zusammenhang mit einem Grundstück ausgeschlossen, soweit diese nicht auf die Verwendung des Grundstücks für Zwecke des Unternehmens entfallen.[2] Die Regelung des § 15 Abs. 1b UStG gilt nicht nur, wenn die Nutzungen räumlich voneinander abgegrenzt sind, sondern auch, wenn sie, wie zB bei Ferienwohnungen oder Mehrzweckhallen, zeitlich wechselnd stattfinden.[3] Dem VorSt.-Ausschluss unterliegen auch die wesentlichen Bestandteile des Grundstücks, zB Gebäude. Hiervon unberührt bleiben Gegenstände, die umsatzsteuerlich keine Bestandteile des Grundstücks oder Gebäudes sind (zB Fotovoltaikanlage).[4] VorSt.-Beträge sind gem. § 15 Abs. 2 UStG vom Abzug ausgeschlossen, wenn die Lieferungen oder Leistungen für stfrei oder gleichgestellte Umsätze verwendet werden und diese in § 15 Abs. 3 UStG davon nicht ausgenommen sind. Die Verwendung eines Teils eines insgesamt dem Unternehmen zugeordneten Betriebsgebäudes für den privaten Bedarf des StPfl. schließt den VorSt.-Abzug nicht aus.[5] Der StPfl. kann in den in § 9 UStG genannten Fällen auf die Steuerbefreiung verzichten, indem er einen Umsatz als stpfl. behandelt. Diese sog. Option hat nicht nur ustl., sondern auch estrechtl. Vorteile, da der Vermieter die ihm bei der Anschaffung oder Herstellung in Rechnung gestellte VorSt. sofort als BA oder WK abziehen kann und sie nicht erst als Bestandteil der AK oder HK im Wege der Abschreibung absetzen muss.[6] Die Option setzt gem. § 9 Abs. 2 UStG jedoch voraus, dass der Mieter das Grundstück ausschließlich für Umsätze verwendet oder zu verwenden beabsichtigt, die den VorSt.-Abzug nicht ausschließen, so dass die Option nicht nur für Grundstücke, die Wohnzwecken dienen, ausscheidet, sondern auch bei einer Vermietung zB an Banken und Sparkassen, Ärzte, Altenheime, Kindergärten oder private Schulen.[7] Ist die Ausübung der Option (zB bei einer Zwischenvermietung) gem. § 42 AO unwirksam, ist die VorSt. nicht abziehbar und damit Teil der AK oder HK.[8] Erstattet das FA irrtümlich die VorSt., handelt es sich nicht um Einnahmen; v. StPfl. zurückzuzahlende Erstattungsbeträge sind weder BA noch WK.[9] Auf die Steuerbefreiung bei Grundstücksverkäufen gem. § 4 Nr. 9a UStG kann jedoch nur dann wirksam verzichtet werden, wenn der Verzicht in einem notariell beurkundeten Vertrag erklärt wird (§ 9 Abs. 3 S. 2 UStG idF des HBeglG 2004).

12 Ein Kleinunternehmer ist gem. § 19 Abs. 1 S. 4 UStG nicht zum VorSt.-Abzug berechtigt; er kann jedoch mit der Folge des VorSt.-Abzugs gem. § 19 Abs. 2 UStG zur Umsatzbesteuerung optieren. Zur Anwendbarkeit des § 9b bei Pauschalierung oder Berechnung der USt nach Durchschnittssätzen s. Rn. 15.

13 **III. Teilweise Abziehbarkeit (§ 15 Abs. 4 UStG).** § 9b betrifft nur den VorSt.-Betrag, soweit er bei der USt abgezogen werden kann, so dass für § 9b die **ustl. Aufteilung maßgeblich** ist. Der VorSt.-Betrag ist **aufzuteilen**, wenn der Unternehmer die für sein Unternehmen gelieferten, eingeführten oder innergemeinschaftlich erworbenen Gegenstände **nur zT für Umsätze verwendet, die den VorSt.-Abzug ausschließen (§ 15 Abs. 4 UStG)**. Nicht abziehbar ist der Teil der jeweiligen VorSt.-Beträge, der den zum Ausschluss v. VorSt.-Abzug führenden Umsätzen wirtschaftlich zuzurechnen ist. Die nicht abziehbaren

1 R 9b Abs. 3 EStR.
2 § 15 Abs. 1b UStG idF des JStG 2010 v. 8.12.2010, BGBl. I 2010, 1768; dazu *Meyer*, UStB 2012, 259; *Meyer*, UStB 2014, 115; vgl. auch *Sterzinger*, BB 2014, 479.
3 Abschn. 15.6a UStAE.
4 BT-Drucks. 17/2249, 77 f.
5 BFH v. 24.7.2003 – V R 39/99, BStBl. II 2004, 371; EuGH v. 8.5.2003 – Rs. C-269/00, UR 2003, 288; einschr. BMF v. 13.4.2004, BStBl. I 2004, 468; dazu *Birkenfeld*, UR 2004, 265; **aA** *König*, DStR 2004, 1072.
6 BFH v. 29.6.1982 – VIII R 6/79, BStBl. II 1982, 755; v. 13.11.1986 – IV R 211/83, BStBl. II 1987, 374; *K/S/M*, § 9b Rn. B 111.
7 Vgl. *K/S/M*, § 9b Rn. B 118.
8 BFH v. 13.11.1986 – IV R 211/83, BStBl. II 1987, 374; v. 5.10.1990 – IX B 294/89, BFH/NV 1991, 301; vgl. auch BFH v. 12.4.2016 – VIII R 60/14, BFH/NV 2016, 1455.
9 BFH v. 4.6.1991 – IX R 12/89, BStBl. II 1991, 759; *Unvericht*, FR 1989, 614; **aA** *Maisenbacher*, FR 1988, 182.

Teilbeträge können sachgerecht (entspr. der wirtschaftlichen Zuordnung der Umsätze)[1] geschätzt werden (§ 15 Abs. 4 S. 2 UStG). Gem. § 15 Abs. 4 S. 3 UStG ist eine Aufteilung der Steuerbeträge nach dem Verhältnis der Umsätze nur dann zulässig, wenn keine andere wirtschaftliche Zurechnung möglich ist. So führt bei einer zeitlich abwechselnden Nutzung desselben Gebäudes zu stfreien oder stpfl. Zwecken die Aufteilung der Vorsteuerbeträge nach den Nutzungszeiten zu einer präziseren wirtschaftl. Zurechnung nach § 15 Abs. 4 S. 3 UStG als der (unternehmensbezogene oder objektbezogene) Umsatzschlüssel.[2] Vor einer Aufteilung ist zu prüfen, ob die VorSt.-Beträge ausschließlich den vorsteuerabzugsschädlichen oder den nicht vorsteuerabzugsschädlichen Umsätzen zuzuordnen sind. Soweit zB bei einem teils betrieblich, teils privat zu Wohnzwecken genutzten Gebäude HK ausschließlich dem Wohnteil zuzuordnen sind, scheidet eine Aufteilung und damit ein teilw. VorSt.-Abzug aus.[3] Nach § 15 Abs. 4a UStG besteht ein eingeschränkter VorSt.-Abzug für Fahrzeuglieferer; der VorSt.-Betrag ist auf den Steuerbetrag begrenzt, der auf den Fahrzeugerwerb als solchen entfällt.[4] § 15 Abs. 4b UStG sieht eine Abzugsbeschränkung für Unternehmer vor, die nicht im Gemeinschaftsgebiet ansässig sind und die nur Steuer nach § 13b Abs. 2 UStG schulden.

IV. Vorsteuerbetrag/nicht abgezogene Vorsteuer. Entscheidend für die Zuordnung des VorSt.-Betrages nach § 9b ist nur die rechtl. Möglichkeit oder Zulässigkeit des VorSt.-Abzugs. Deshalb ist unerheblich, ob der Unternehmer die VorSt. auch tatsächlich ggü. dem FA geltend gemacht hat. Es genügt aber nicht, dass der StPfl. die Voraussetzungen für den VorSt.-Abzug erst noch schaffen kann, indem er zB gem. § 9 UStG auf die Steuerbefreiung oder gem. § 19 Abs. 2 UStG auf die Besteuerung als Kleinunternehmer verzichtet.[5] 14

Bei Unternehmern, die ihre **VorSt. nach Durchschnittssätzen** ermitteln (§ 23 UStG iVm. §§ 69, 70 UStDV; § 23a UStG – für Körperschaften iSd. § 5 Abs. 1 Nr. 9 KStG; § 24 UStG – für Landwirte), weicht häufig die tatsächlich entrichtete v. der pauschalierten VorSt. ab. Die AK und HK werden dann nicht um die Pauschalen oder Durchschnittssätze, sondern um die tatsächlich berechnete VorSt. gemindert, denn § 9b stellt auf den VorSt.-Betrag nach § 15 UStG ab.[6] §§ 23 ff. UStG dienen lediglich der Vereinfachung im USt-Recht, schränken aber das Recht zum VorSt.-Abzug nicht ein. Durch die Abweichung v. pauschalierter und entrichteter VorSt. kann es zu Gewinnen oder Verlusten kommen.[7] 15

V. Zeitpunkt. Treten die Voraussetzungen für den Abzug der VorSt. erst nach Zahlung der VorSt. ein, erhält die Zahlung rückwirkend die Eigenschaft v. WK.[8] Dies gilt zB wenn der StPfl. nach Zahlung der VorSt. zur Umsatzbesteuerung optiert oder wenn die Rechnung gem. § 14 UStG im Zeitpunkt der Zahlung noch nicht zugegangen ist.[9] Die VorSt. ist im Jahr der Zahlung (Abfluss) als WK zu berücksichtigen.[10] Wird die ustrechtl. Aufteilung (§ 15 Abs. 4 UStG) mit Wirkung für die Vergangenheit geändert, so muss auch die Zurechnung des nicht abziehbaren Teils eines VorSt.-Betrags zu den AK oder HK des zugehörigen WG entspr. berichtigt werden. Sind VorSt. nicht als BA oder WK abgezogen, sondern zu Unrecht als HK erfasst worden, kann bei der Gewinnermittlung nach § 4 Abs. 3 der Abzug nicht in späteren VZ nachgeholt werden.[11] 16

C. Berichtigung des Vorsteuerabzugs (Abs. 2)

Bei **Änderungen der Verhältnisse** ggü. dem Kj. der erstmaligen Verwendung eines WG innerhalb v. fünf Jahren (bei Grundstücken v. zehn Jahren) ist der VorSt.-Abzug gem. § 15a UStG zu berichtigen. Eine Berichtigung des Vorsteuerabzugs müsste nach Abs. 1 S. 1 Auswirkungen auf die AK oder HK haben und würde sich grds. bei der AfA auswirken. Damit nicht bei jeder Vorsteuerberichtigung die AfA angepasst werden muss, sieht § 9b Abs. 2 vor, dass bei einer Berichtigung nach § 15a UStG die Mehrbeträge als BE bei den Gewinneinkünften oder als Einnahmen bei den Überschusseinkünften sowie die Minderbeträge dementspr. als BA oder WK zu behandeln sind. AK bzw. HK bleiben v. der Berichtigung des Vorsteuerabzugs unberührt. Nach dem AIFM-StAnpG[12] gilt dies jedoch nur dann, wenn die Mehrbeträge im Rahmen einer der sieben Einkunftsarten des § 2 Abs. 1 S. 1 bezogen werden. Die Minderbeträge sind als BA oder WK zu behandeln, wenn sie durch den Betrieb veranlasst sind oder der Erwerbung, Sicherung und 17

---

1 BFH v. 14.2.1980 – V R 49/74, BStBl. II 1980, 533; v. 12.3.1992 – V R 70/87, BStBl. II 1992, 755.
2 BFH v. 26.4.2018 – V R 23/16, DStR 2018, 1864.
3 FG Hess. v. 29.4.1982 – XI 86/77, EFG 1983, 121; vgl. auch BFH v. 12.3.1992 – V R 70/87, BStBl. II 1992, 755.
4 Zur Berücksichtigung der USt bei gemischt genutzten Fahrzeugen: *Eichfelder/Neugebauer*, StuW 2016, 134; *Eichfelder/Kluska/Neugebauer*, DStR 2017, 695.
5 *Lademann*, § 9b Rn. 56.
6 BFH v. 9.9.2010 – IV R 47/08, BFH/NV 2011, 426; *H/H/R*, § 9b Rn. 18; *Heuermann*, BB 2017, 2583 (2588).
7 Vgl. BFH v. 20.4.1995 – IV R 7/93, BStBl. II 1995, 708; v. 9.9.2010 – IV R 47/08, BFH/NV 2011, 426.
8 BFH v. 29.6.1982 – VIII R 6/79, BStBl. II 1982, 755.
9 BFH v. 30.8.1995 – IX B 74/95, BFH/NV 1996, 41.
10 BFH v. 25.1.1994 – IX R 97/90, IX R 98/90, BStBl. II 1994, 738.
11 BFH v. 21.6.2006 – XI R 49/05, BStBl. II 2006, 712.
12 AIFM-StAnpG v. 18.12.2013, BGBl. I 2013, 4318.

Erhaltung von Einnahmen dienen.[1] Die Neuregelung des § 9b Abs. 2 ist auf Mehr- und Minderbeträge infolge von Änderungen der Verhältnisse iSv. § 15a UStG anzuwenden, die nach dem 28.11.2013 (Gesetzesbeschluss des Deutschen BT) eingetreten sind (§ 52 Abs. 23f).

18 § 9b Abs. 2 aF sah bisher vor, dass ein VorSt.-Berichtigungsbetrag nach § 15a generell zu keiner (nachträglichen) Änderung der AK bzw. HK führte, sondern Mehrbeträge sofort als BE angesetzt oder Minderbeträge als BA/WK zu behandeln waren. Es handelte sich um eine Rechtsfolgenverweisung ohne Rücksicht auf die allgemeinen tatbestandlichen Voraussetzungen des Werbungskostenabzugs. Da der BFH die Regelung als eine eigenständige Rechtsgrundlage für die Erfassung der VorSt.-Berichtigungsbeträge bei der Einkünfteermittlung beurteilte, waren VorSt.-Berichtigungsbeträge für Grundstücksteile, die zunächst ausschließlich für ustpfl. Leistungen verwendet wurden, danach aber eigenen Wohnzwecken dienen, als BA oder WK abziehbar, obwohl die eigenen Wohnzwecke der privaten Lebensführung des StPfl. zuzurechnen sind.[2] Dies lag daran, dass eine Änderung des USt-Rechts iRd. JStG 2010, nach der die Nutzung von Grundstücksteilen, die dem Unternehmen zugeordnet und ursprünglich für ustpfl. Leistungen verwendet wurden, für unternehmensfremde Zwecke nicht mehr zu einer unentgeltlichen Wertabgabe iSd. § 3 Abs. 9a Nr. 1 UStG führt, sondern eine VorSt.-Berichtigung nach § 15a Abs. 6a UStG auslöst.

19 Die ab 28.11.2013 geltende Fassung des § 9b Abs. 2 will die damit verbundenen ertragstl. Vorteile[3] vermeiden, indem sie an die einkommenstl. Wertungen anknüpft. Ein Abzug der Korrekturbeträge gem. § 15a UStG als WK kommt jetzt nur noch in Betracht, wenn sie der **Erwerbung, Sicherung und Erhaltung von Einnahmen dienen**. Damit können die Korrekturbeträge bei einem Nutzungswechsel einer Immobilie zu privaten Wohnzwecken nicht mehr berücksichtigt werden. Da es sich nunmehr um eine Rechtsgrundverweisung handelt,[4] ist in jedem Einzelfall zu prüfen, ob es sich bei den Vorsteuermehr- oder -minderbeträgen um Einnahmen iSd. § 8 Abs. 1 oder um WK iSd. § 9 Abs. 1 S. 1 handelt.[5] Damit entfällt der frühere Vereinfachungscharakter der Vorschrift.[6] Der Anwendungsbereich des § 9b Abs. 2 dürfte damit nur noch gering sein.[7]

20 Abs. 2 gibt dem StPfl. **kein Wahlrecht** und gilt nur für eine Berichtigung nach § 15a UStG, nicht auch für andere Änderungen beim VorSt.-Abzug. Wird zB nach einer BP die Aufteilung des VorSt.-Betrages nach § 15 Abs. 4 geändert, ist anders als bei Abs. 2 die Höhe der AK oder HK rückwirkend anzupassen.[8] Abs. 2 ist auch nicht bei einer Änderung der Bemessungsgrundlage (§ 17 UStG) anwendbar. Da die AK/HK ohnehin anzupassen sind, bedarf es nicht der Vereinfachungsregelung des Abs. 2. Führt eine Berichtigung nach § 15a UStG dazu, dass entgegen dem ursprünglichen Ansatz nunmehr VorSt.-Beträge abgezogen werden können, dürfen nach § 9b Abs. 2 die VorSt. nicht v. den AK/HK abgezogen werden. Es kommt jedoch eine Teilwertabschreibung in Betracht.

4b. Kinderbetreuungskosten

§ 9c

(weggefallen)

1 *Benutzerhinweis: § 9c wurde durch das StVereinfG 2011*[9] *mit Wirkung zum 1.1.2012 aufgehoben. Der Regelungsinhalt des § 9c wurde modifiziert in § 10 Abs. 1 Nr. 5 übernommen.*[10] *Die Berücksichtigung der Kinderbetreuungskosten wird dementsprechend iRd. § 10 (§ 10 Rn. 38aff.) kommentiert. Für die frühere Rechtslage wird auf die Kommentierung in den Vorauflagen verwiesen.*[11]

1 Zur bilanziellen Behandlung der Vorsteuerkorrektur nach § 15a UStG vgl. *Mairock/Schäble*, NWB 2015, 1625.
2 Vgl. *Meyer*, UStB 2012, 259; zum Wechsel der Besteuerungsform ausführlich: *K/S/M*, § 9b Rn. C 26.
3 Dazu: *H/H/R*, § 9b Rn. 13–6; *Meyer*, FR 2014, 876.
4 *H/H/R*, § 9b Rn. 4.
5 Zu dem Fall eines Abzugsverbots gem. § 12 Nr. 3 EStG vgl. *Horst*, BB 2017, 2143.
6 *Meyer*, FR 2014, 876 mit Bsp.
7 *Meyer*, FR 2014, 876.
8 FG Düss. v. 29.6.2010 – 6 K 360/08 K, G, EFG 2010, 1662; vgl. auch *K/S/M*, § 9b Rn. C 76ff.
9 G v. 1.11.2011, BGBl. I 2011, 2131.
10 Vgl. BT-Drucks. 17/5125, 37.
11 Aus der aktuellen Rspr. zu § 9c: BFH v. 14.4.2016 – III R 23/14, BStBl. II 2017, 53: Kinderbetreuungskosten können auch dann „wie" WK abgezogen werden, wenn sie durch eine erst angestrebte Tätigkeit veranlasst sind; FG Hbg. v. 16.5.2017 – 2 K 75/16, juris: Die Berücksichtigung von erwerbsbedingten Kinderbetreuungskosten richtet sich ausschließlich nach § 9c aF; eine Berücksichtigung des den Höchstbetrag von 4000 Euro übersteigenden Betrags mit Verweis auf eine doppelte Haushaltsführung gem. § 9 Abs. 1 S. 3 Nr. 5 kommt nicht in Betracht.

5. Sonderausgaben

§ 10 [Sonderausgaben]

(1) Sonderausgaben sind die folgenden Aufwendungen, wenn sie weder Betriebsausgaben noch Werbungskosten sind oder wie Betriebsausgaben oder Werbungskosten behandelt werden:

1. (weggefallen)
2. a) Beiträge zu den gesetzlichen Rentenversicherungen oder zur landwirtschaftlichen Alterskasse sowie zu berufsständischen Versorgungseinrichtungen, die den gesetzlichen Rentenversicherungen vergleichbare Leistungen erbringen;

   b) Beiträge des Steuerpflichtigen

      aa) zum Aufbau einer eigenen kapitalgedeckten Altersversorgung, wenn der Vertrag nur die Zahlung einer monatlichen, auf das Leben des Steuerpflichtigen bezogenen lebenslangen Leibrente nicht vor Vollendung des 62. Lebensjahres oder zusätzlich die ergänzende Absicherung des Eintritts der Berufsunfähigkeit (Berufsunfähigkeitsrente), der verminderten Erwerbsfähigkeit (Erwerbsminderungsrente) oder von Hinterbliebenen (Hinterbliebenenrente) vorsieht. [2]Hinterbliebene in diesem Sinne sind der Ehegatte des Steuerpflichtigen und die Kinder, für die er Anspruch auf Kindergeld oder auf einen Freibetrag nach § 32 Absatz 6 hat. [3]Der Anspruch auf Waisenrente darf längstens für den Zeitraum bestehen, in dem der Rentenberechtigte die Voraussetzungen für die Berücksichtigung als Kind im Sinne des § 32 erfüllt;

      bb) für seine Absicherung gegen den Eintritt der Berufsunfähigkeit oder der verminderten Erwerbsfähigkeit (Versicherungsfall), wenn der Vertrag nur die Zahlung einer monatlichen, auf das Leben des Steuerpflichtigen bezogenen lebenslangen Leibrente für einen Versicherungsfall vorsieht, der bis zur Vollendung des 67. Lebensjahres eingetreten ist. [2]Der Vertrag kann die Beendigung der Rentenzahlung wegen eines medizinisch begründeten Wegfalls der Berufsunfähigkeit oder der verminderten Erwerbsfähigkeit vorsehen. [3]Die Höhe der zugesagten Rente kann vom Alter des Steuerpflichtigen bei Eintritt des Versicherungsfalls abhängig gemacht werden, wenn der Steuerpflichtige das 55. Lebensjahr vollendet hat.

   [2]Die Ansprüche nach Buchstabe b dürfen nicht vererblich, nicht übertragbar, nicht beleihbar, nicht veräußerbar und nicht kapitalisierbar sein. [3]Anbieter und Steuerpflichtiger können vereinbaren, dass bis zu zwölf Monatsleistungen in einer Auszahlung zusammengefasst werden oder eine Kleinbetragsrente im Sinne von § 93 Absatz 3 Satz 2 abgefunden wird. [4]Bei der Berechnung der Kleinbetragsrente sind alle bei einem Anbieter bestehenden Verträge des Steuerpflichtigen jeweils nach Buchstabe b Doppelbuchstabe aa oder Doppelbuchstabe bb zusammenzurechnen. [5]Neben den genannten Auszahlungsformen darf kein weiterer Anspruch auf Auszahlungen bestehen. [6]Zu den Beiträgen nach den Buchstaben a und b ist der nach § 3 Nummer 62 steuerfreie Arbeitgeberanteil zur gesetzlichen Rentenversicherung und ein diesem gleichgestellter steuerfreier Zuschuss des Arbeitgebers hinzuzurechnen. [7]Beiträge nach § 168 Absatz 1 Nummer 1b oder 1c oder nach § 172 Absatz 3 oder 3a des Sechsten Buches Sozialgesetzbuch werden abweichend von Satz 6 nur auf Antrag des Steuerpflichtigen hinzugerechnet;
3. Beiträge zu

   a) Krankenversicherungen, soweit diese zur Erlangung eines durch das Zwölfte Buch Sozialgesetzbuch bestimmten sozialhilfegleichen Versorgungsniveaus erforderlich sind und sofern auf die Leistungen ein Anspruch besteht. [2]Für Beiträge zur gesetzlichen Krankenversicherung sind dies die nach dem Dritten Titel des Ersten Abschnitts des Achten Kapitels des Fünften Buches Sozialgesetzbuch oder die nach dem Sechsten Abschnitt des Zweiten Gesetzes über die Krankenversicherung der Landwirte festgesetzten Beiträge. [3]Für Beiträge zu einer privaten Krankenversicherung sind dies die Beitragsanteile, die auf Vertragsleistungen entfallen, die, mit Ausnahme der auf das Krankengeld entfallenden Beitragsanteile, in Art, Umfang und Höhe den Leistungen nach dem Dritten Kapitel des Fünften Buches Sozialgesetzbuch vergleichbar sind; § 158 Absatz 2 des Versicherungsaufsichtsgesetzes gilt entsprechend. [4]Wenn sich aus den Krankenversicherungsbeiträgen nach Satz 2 ein Anspruch auf Krankengeld oder ein Anspruch auf eine Leistung, die anstelle von Krankengeld gewährt wird, ergeben kann, ist der jeweilige Beitrag um 4 Prozent zu vermindern;

b) gesetzlichen Pflegeversicherungen (soziale Pflegeversicherung und private Pflege-Pflichtversicherung).

[2]Als eigene Beiträge des Steuerpflichtigen werden auch die vom Steuerpflichtigen im Rahmen der Unterhaltsverpflichtung getragenen eigenen Beiträge im Sinne des Buchstaben a oder des Buchstaben b eines Kindes behandelt, für das ein Anspruch auf einen Freibetrag nach § 32 Absatz 6 oder auf Kindergeld besteht. [3]Hat der Steuerpflichtige in den Fällen des Absatzes 1a Nummer 1 eigene Beiträge im Sinne des Buchstaben a oder des Buchstaben b zum Erwerb einer Krankenversicherung oder gesetzlichen Pflegeversicherung für einen geschiedenen oder dauernd getrennt lebenden unbeschränkt einkommensteuerpflichtigen Ehegatten geleistet, dann werden diese abweichend von Satz 1 als eigene Beiträge des geschiedenen oder dauernd getrennt lebenden unbeschränkt einkommensteuerpflichtigen Ehegatten behandelt. [4]Beiträge, die für nach Ablauf des Veranlagungszeitraums beginnende Beitragsjahre geleistet werden und in der Summe das Zweieinhalbfache der auf den Veranlagungszeitraum entfallenden Beiträge überschreiten, sind in dem Veranlagungszeitraum anzusetzen, für den sie geleistet wurden; dies gilt nicht für Beiträge, soweit sie der unbefristeten Beitragsminderung nach Vollendung des 62. Lebensjahrs dienen;

3a. Beiträge zu Kranken- und Pflegeversicherungen, soweit diese nicht nach Nummer 3 zu berücksichtigen sind; Beiträge zu Versicherungen gegen Arbeitslosigkeit, zu Erwerbs- und Berufsunfähigkeitsversicherungen, die nicht unter Nummer 2 Satz 1 Buchstabe b fallen, zu Unfall- und Haftpflichtversicherungen sowie zu Risikoversicherungen, die nur für den Todesfall eine Leistung vorsehen; Beiträge zu Versicherungen im Sinne des § 10 Absatz 1 Nummer 2 Buchstabe b Doppelbuchstabe bb bis dd in der am 31. Dezember 2004 geltenden Fassung, wenn die Laufzeit dieser Versicherungen vor dem 1. Januar 2005 begonnen hat und ein Versicherungsbeitrag bis zum 31. Dezember 2004 entrichtet wurde; § 10 Absatz 1 Nummer 2 Satz 2 bis 6 und Absatz 2 Satz 2 in der am 31. Dezember 2004 geltenden Fassung ist in diesen Fällen weiter anzuwenden;

4. gezahlte Kirchensteuer; dies gilt nicht, soweit die Kirchensteuer als Zuschlag zur Kapitalertragsteuer oder als Zuschlag auf die nach dem gesonderten Tarif des § 32d Absatz 1 ermittelte Einkommensteuer gezahlt wurde;

5. zwei Drittel der Aufwendungen, höchstens 4 000 Euro je Kind, für Dienstleistungen zur Betreuung eines zum Haushalt des Steuerpflichtigen gehörenden Kindes im Sinne des § 32 Absatz 1, welches das 14. Lebensjahr noch nicht vollendet hat oder wegen einer vor Vollendung des 25. Lebensjahres eingetretenen körperlichen, geistigen oder seelischen Behinderung außerstande ist, sich selbst zu unterhalten. [2]Dies gilt nicht für Aufwendungen für Unterricht, die Vermittlung besonderer Fähigkeiten sowie für sportliche und andere Freizeitbetätigungen. [3]Ist das zu betreuende Kind nicht nach § 1 Absatz 1 oder Absatz 2 unbeschränkt einkommensteuerpflichtig, ist der in Satz 1 genannte Betrag zu kürzen, soweit es nach den Verhältnissen im Wohnsitzstaat des Kindes notwendig und angemessen ist. [4]Voraussetzung für den Abzug der Aufwendungen nach Satz 1 ist, dass der Steuerpflichtige für die Aufwendungen eine Rechnung erhalten hat und die Zahlung auf das Konto des Erbringers der Leistung erfolgt ist;

6. (weggefallen)

7. Aufwendungen für die eigene Berufsausbildung bis zu 6 000 Euro im Kalenderjahr. [2]Bei Ehegatten, die die Voraussetzungen des § 26 Absatz 1 Satz 1 erfüllen, gilt Satz 1 für jeden Ehegatten. [3]Zu den Aufwendungen im Sinne des Satzes 1 gehören auch Aufwendungen für eine auswärtige Unterbringung. [4]§ 4 Absatz 5 Satz 1 Nummer 6b sowie § 9 Absatz 1 Satz 3 Nummer 4 und 5, Absatz 2, 4 Satz 8 und Absatz 4a sind bei der Ermittlung der Aufwendungen anzuwenden;

8. (weggefallen)

9. 30 Prozent des Entgelts, höchstens 5 000 Euro, das der Steuerpflichtige für ein Kind, für das er Anspruch auf einen Freibetrag nach § 32 Absatz 6 oder auf Kindergeld hat, für dessen Besuch einer Schule in freier Trägerschaft oder einer überwiegend privat finanzierten Schule entrichtet, mit Ausnahme des Entgelts für Beherbergung, Betreuung und Verpflegung. [2]Voraussetzung ist, dass die Schule in einem Mitgliedstaat der Europäischen Union oder in einem Staat belegen ist, auf den das Abkommen über den Europäischen Wirtschaftsraum Anwendung findet, und die Schule zu einem von dem zuständigen inländischen Ministerium eines Landes, von der Kultusministerkonferenz der Länder oder von einer inländischen Zeugnisanerkennungsstelle anerkannten oder einem inländischen Abschluss an einer öffentlichen Schule als gleichwertig anerkannten allgemein bildenden oder berufsbildenden Schul-, Jahrgangs- oder Berufsabschluss

führt. [3]Der Besuch einer anderen Einrichtung, die auf einen Schul-, Jahrgangs- oder Berufsabschluss im Sinne des Satzes 2 ordnungsgemäß vorbereitet, steht einem Schulbesuch im Sinne des Satzes 1 gleich. [4]Der Besuch einer Deutschen Schule im Ausland steht dem Besuch einer solchen Schule gleich, unabhängig von ihrer Belegenheit. [5]Der Höchstbetrag nach Satz 1 wird für jedes Kind, bei dem die Voraussetzungen vorliegen, je Elternpaar nur einmal gewährt.

(1a) Sonderausgaben sind auch die folgenden Aufwendungen:

1. Unterhaltsleistungen an den geschiedenen oder dauernd getrennt lebenden unbeschränkt einkommensteuerpflichtigen Ehegatten, wenn der Geber dies mit Zustimmung des Empfängers beantragt, bis zu 13 805 Euro im Kalenderjahr. [2]Der Höchstbetrag nach Satz 1 erhöht sich um den Betrag der im jeweiligen Veranlagungszeitraum nach Absatz 1 Nummer 3 für die Absicherung des geschiedenen oder dauernd getrennt lebenden unbeschränkt einkommensteuerpflichtigen Ehegatten aufgewandten Beiträge. [3]Der Antrag kann jeweils nur für ein Kalenderjahr gestellt und nicht zurückgenommen werden. [4]Die Zustimmung ist mit Ausnahme der nach § 894 der Zivilprozessordnung als erteilt geltenden bis auf Widerruf wirksam. [5]Der Widerruf ist vor Beginn des Kalenderjahres, für das die Zustimmung erstmals nicht gelten soll, gegenüber dem Finanzamt zu erklären. [6]Die Sätze 1 bis 5 gelten für Fälle der Nichtigkeit oder der Aufhebung der Ehe entsprechend. [7]Voraussetzung für den Abzug der Aufwendungen ist die Angabe der erteilten Identifikationsnummer (§ 139b der Abgabenordnung) der unterhaltenen Person in der Steuererklärung des Unterhaltsleistenden, wenn die unterhaltene Person der unbeschränkten oder beschränkten Steuerpflicht unterliegt. [8]Die unterhaltene Person ist für diese Zwecke verpflichtet, dem Unterhaltsleistenden ihre erteilte Identifikationsnummer (§ 139b der Abgabenordnung) mitzuteilen. [9]Kommt die unterhaltene Person dieser Verpflichtung nicht nach, ist der Unterhaltsleistende berechtigt, bei der für ihn zuständigen Finanzbehörde die Identifikationsnummer der unterhaltenen Person zu erfragen;
2. auf besonderen Verpflichtungsgründen beruhende, lebenslange und wiederkehrende Versorgungsleistungen, die nicht mit Einkünften in wirtschaftlichem Zusammenhang stehen, die bei der Veranlagung außer Betracht bleiben, wenn der Empfänger unbeschränkt einkommensteuerpflichtig ist. [2]Dies gilt nur für
   a) Versorgungsleistungen im Zusammenhang mit der Übertragung eines Mitunternehmeranteils an einer Personengesellschaft, die eine Tätigkeit im Sinne der §§ 13, 15 Absatz 1 Satz 1 Nummer 1 oder des § 18 Absatz 1 ausübt,
   b) Versorgungsleistungen im Zusammenhang mit der Übertragung eines Betriebs oder Teilbetriebs, sowie
   c) Versorgungsleistungen im Zusammenhang mit der Übertragung eines mindestens 50 Prozent betragenden Anteils an einer Gesellschaft mit beschränkter Haftung, wenn der Übergeber als Geschäftsführer tätig war und der Übernehmer diese Tätigkeit nach der Übertragung übernimmt.

   [3]Satz 2 gilt auch für den Teil der Versorgungsleistungen, der auf den Wohnteil eines Betriebs der Land- und Forstwirtschaft entfällt;
3. Ausgleichsleistungen zur Vermeidung eines Versorgungsausgleichs nach § 6 Absatz 1 Satz 2 Nummer 2 und § 23 des Versorgungsausgleichsgesetzes sowie § 1408 Absatz 2 und § 1587 des Bürgerlichen Gesetzbuchs, soweit der Verpflichtete dies mit Zustimmung des Berechtigten beantragt und der Berechtigte unbeschränkt einkommensteuerpflichtig ist. [2]Nummer 1 Satz 3 bis 5 gilt entsprechend;
4. Ausgleichszahlungen im Rahmen des Versorgungsausgleichs nach den §§ 20 bis 22 und 26 des Versorgungsausgleichsgesetzes und nach den §§ 1587f., 1587g und 1587i des Bürgerlichen Gesetzbuchs in der bis zum 31. August 2009 geltenden Fassung sowie nach § 3a des Gesetzes zur Regelung von Härten im Versorgungsausgleich, soweit die ihnen zu Grunde liegenden Einnahmen bei der ausgleichspflichtigen Person der Besteuerung unterliegen, wenn die ausgleichsberechtigte Person unbeschränkt einkommensteuerpflichtig ist.

(2) [1]Voraussetzung für den Abzug der in Absatz 1 Nummer 2, 3 und 3a bezeichneten Beträge (Vorsorgeaufwendungen) ist, dass sie

1. nicht in unmittelbarem wirtschaftlichen Zusammenhang mit steuerfreien Einnahmen stehen; ungeachtet dessen sind Vorsorgeaufwendungen im Sinne des Absatzes 1 Nummer 2, 3 und 3a zu berücksichtigen, soweit

a) sie in unmittelbarem wirtschaftlichen Zusammenhang mit in einem Mitgliedstaat der Europäischen Union oder einem Vertragsstaat des Abkommens über den Europäischen Wirtschaftsraum erzielten Einnahmen aus nichtselbständiger Tätigkeit stehen,

b) diese Einnahmen nach einem Abkommen zur Vermeidung der Doppelbesteuerung im Inland steuerfrei sind und

c) der Beschäftigungsstaat keinerlei steuerliche Berücksichtigung von Vorsorgeaufwendungen im Rahmen der Besteuerung dieser Einnahmen zulässt;

steuerfreie Zuschüsse zu einer Kranken- oder Pflegeversicherung stehen insgesamt in unmittelbarem wirtschaftlichen Zusammenhang mit den Vorsorgeaufwendungen im Sinne des Absatzes 1 Nummer 3,

2. geleistet werden an

a) Versicherungsunternehmen,

aa) die ihren Sitz oder ihre Geschäftsleitung in einem Mitgliedstaat der Europäischen Union oder einem Vertragsstaat des Abkommens über den Europäischen Wirtschaftsraum haben und das Versicherungsgeschäft im Inland betreiben dürfen, oder

bb) denen die Erlaubnis zum Geschäftsbetrieb im Inland erteilt ist.

[2]Darüber hinaus werden Beiträge nur berücksichtigt, wenn es sich um Beträge im Sinne des Absatzes 1 Nummer 3 Satz 1 Buchstabe a an eine Einrichtung handelt, die eine anderweitige Absicherung im Krankheitsfall im Sinne des § 5 Absatz 1 Nummer 13 des Fünften Buches Sozialgesetzbuch oder eine der Beihilfe oder freien Heilfürsorge vergleichbare Absicherung im Sinne des § 193 Absatz 3 Satz 2 Nummer 2 des Versicherungsvertragsgesetzes gewährt. [3]Dies gilt entsprechend, wenn ein Steuerpflichtiger, der weder seinen Wohnsitz noch seinen gewöhnlichen Aufenthalt im Inland hat, mit den Beiträgen einen Versicherungsschutz im Sinne des Absatzes 1 Nummer 3 Satz 1 erwirbt,

b) berufsständische Versorgungseinrichtungen,

c) einen Sozialversicherungsträger oder

d) einen Anbieter im Sinne des § 80.

[2]Vorsorgeaufwendungen nach Absatz 1 Nummer 2 Buchstabe b werden nur berücksichtigt, wenn

1. die Beiträge zugunsten eines Vertrags geleistet wurden, der nach § 5a des Altersvorsorgeverträge-Zertifizierungsgesetzes zertifiziert ist, wobei die Zertifizierung Grundlagenbescheid im Sinne des § 171 Absatz 10 der Abgabenordnung ist, und

2. der Steuerpflichtige gegenüber dem Anbieter in die Datenübermittlung nach Absatz 2a eingewilligt hat.

[3]Vorsorgeaufwendungen nach Absatz 1 Nummer 3 werden nur berücksichtigt, wenn der Steuerpflichtige gegenüber dem Versicherungsunternehmen, dem Träger der gesetzlichen Kranken- und Pflegeversicherung, der Künstlersozialkasse oder einer Einrichtung im Sinne des Satzes 1 Nummer 2 Buchstabe a Satz 2 in die Datenübermittlung nach Absatz 2a eingewilligt hat; die Einwilligung gilt für alle sich aus dem Versicherungsverhältnis ergebenden Zahlungsverpflichtungen als erteilt, wenn die Beiträge mit der elektronischen Lohnsteuerbescheinigung (§ 41b Absatz 1 Satz 2) oder der Rentenbezugsmitteilung (§ 22a Absatz 1 Satz 1 Nummer 5) übermittelt werden.

(2a) [1]Der Steuerpflichtige hat in die Datenübermittlung nach Absatz 2 gegenüber der mitteilungspflichtigen Stelle schriftlich einzuwilligen, spätestens bis zum Ablauf des zweiten Kalenderjahres, das auf das Beitragsjahr (Kalenderjahr, in dem die Beiträge geleistet worden sind) folgt; mitteilungspflichtige Stelle ist bei Vorsorgeaufwendungen nach Absatz 1 Nummer 2 Buchstabe b der Anbieter, bei Vorsorgeaufwendungen nach Absatz 1 Nummer 3 das Versicherungsunternehmen, der Träger der gesetzlichen Kranken- und Pflegeversicherung, die Künstlersozialkasse oder eine Einrichtung im Sinne des Absatzes 2 Satz 1 Nummer 2 Buchstabe a Satz 2. [2]Die Einwilligung gilt auch für die folgenden Beitragsjahre, es sei denn, der Steuerpflichtige widerruft diese schriftlich gegenüber der mitteilungspflichtigen Stelle. [3]Der Widerruf muss vor Beginn des Beitragsjahres, für das die Einwilligung erstmals nicht mehr gelten soll, der mitteilungspflichtigen Stelle vorliegen. [4]Die mitteilungspflichtige Stelle hat bei Vorliegen einer Einwilligung

1. nach Absatz 2 Satz 2 Nummer 2 die Höhe der im jeweiligen Beitragsjahr geleisteten Beiträge nach Absatz 1 Nummer 2 Buchstabe b und die Zertifizierungsnummer an die zentrale Stelle (§ 81) zu übermitteln,

2. nach Absatz 2 Satz 3 die Höhe der im jeweiligen Beitragsjahr geleisteten und erstatteten Beiträge nach Absatz 1 Nummer 3 sowie die in § 93c Absatz 1 Nummer 2 Buchstabe c der Abgabenordnung genannten Daten mit der Maßgabe, dass insoweit als Steuerpflichtiger die versicherte Person gilt, an die zentrale Stelle (§ 81) zu übermitteln; sind Versicherungsnehmer und versicherte Person nicht identisch, sind zusätzlich die Identifikationsnummer und der Tag der Geburt des Versicherungsnehmers anzugeben,

jeweils unter Angabe der Vertrags- oder Versicherungsdaten sowie des Datums der Einwilligung, soweit diese Daten nicht mit der elektronischen Lohnsteuerbescheinigung oder der Rentenbezugsmitteilung zu übermitteln sind. [5]§ 22a Absatz 2 gilt entsprechend. [6]Wird die Einwilligung nach Ablauf des Beitragsjahres abgegeben, sind die Daten bis zum Ende des folgenden Kalendervierteljahres zu übermitteln. [7]Bei einer Übermittlung von Daten bei Vorliegen der Einwilligung nach Absatz 2 Satz 2 Nummer 2 finden § 72a Absatz 4 und § 93c Absatz 4 der Abgabenordnung keine Anwendung. [8]Bei einer Übermittlung von Daten bei Vorliegen der Einwilligung nach Absatz 2 Satz 3 gilt Folgendes:

1. für § 72a Absatz 4 und § 93c Absatz 4 der Abgabenordnung gilt abweichend von der dort bestimmten Zuständigkeit das Bundeszentralamt für Steuern als zuständige Finanzbehörde,
2. wird in den Fällen des § 72a Absatz 4 der Abgabenordnung eine unzutreffende Höhe der Beiträge übermittelt, ist die entgangene Steuer mit 30 Prozent des zu hoch ausgewiesenen Betrags anzusetzen.

(3) [1]Vorsorgeaufwendungen nach Absatz 1 Nummer 2 sind bis zu dem Höchstbeitrag zur knappschaftlichen Rentenversicherung, aufgerundet auf einen vollen Betrag in Euro, zu berücksichtigen. [2]Bei zusammenveranlagten Ehegatten verdoppelt sich der Höchstbetrag. [3]Der Höchstbetrag nach Satz 1 oder 2 ist bei Steuerpflichtigen, die

1. Arbeitnehmer sind und die während des ganzen oder eines Teils des Kalenderjahres
   a) in der gesetzlichen Rentenversicherung versicherungsfrei oder auf Antrag des Arbeitgebers von der Versicherungspflicht befreit waren und denen für den Fall ihres Ausscheidens aus der Beschäftigung auf Grund des Beschäftigungsverhältnisses eine lebenslängliche Versorgung oder an deren Stelle eine Abfindung zusteht oder die in der gesetzlichen Rentenversicherung nachzuversichern sind oder
   b) nicht der gesetzlichen Rentenversicherungspflicht unterliegen, eine Berufstätigkeit ausgeübt und im Zusammenhang damit auf Grund vertraglicher Vereinbarungen Anwartschaftsrechte auf eine Altersversorgung erworben haben, oder
2. Einkünfte im Sinne des § 22 Nummer 4 erzielen und die ganz oder teilweise ohne eigene Beitragsleistung einen Anspruch auf Altersversorgung erwerben,

um den Betrag zu kürzen, der, bezogen auf die Einnahmen aus der Tätigkeit, die die Zugehörigkeit zum genannten Personenkreis begründen, dem Gesamtbeitrag (Arbeitgeber- und Arbeitnehmeranteil) zur allgemeinen Rentenversicherung entspricht. [4]Im Kalenderjahr 2013 sind 76 Prozent der nach den Sätzen 1 bis 3 ermittelten Vorsorgeaufwendungen anzusetzen. [5]Der sich danach ergebende Betrag, vermindert um den nach § 3 Nummer 62 steuerfreien Arbeitgeberanteil zur gesetzlichen Rentenversicherung und einen diesem gleichgestellten steuerfreien Zuschuss des Arbeitgebers, ist als Sonderausgabe abziehbar. [6]Der Prozentsatz in Satz 4 erhöht sich in den folgenden Kalenderjahren bis zum Kalenderjahr 2025 um je 2 Prozentpunkte je Kalenderjahr. [7]Beiträge nach § 168 Absatz 1 Nummer 1b oder 1c oder nach § 172 Absatz 3 oder 3a des Sechsten Buches Sozialgesetzbuch vermindern den abziehbaren Betrag nach Satz 5 nur, wenn der Steuerpflichtige die Hinzurechnung dieser Beiträge zu den Vorsorgeaufwendungen nach Absatz 1 Nummer 2 Satz 7 beantragt hat.

(4) [1]Vorsorgeaufwendungen im Sinne des Absatzes 1 Nummer 3 und 3a können je Kalenderjahr insgesamt bis 2800 Euro abgezogen werden. [2]Der Höchstbetrag beträgt 1900 Euro bei Steuerpflichtigen, die ganz oder teilweise ohne eigene Aufwendungen einen Anspruch auf vollständige oder teilweise Erstattung oder Übernahme von Krankheitskosten haben oder für deren Krankenversicherung Leistungen im Sinne des § 3 Nummer 9, 14, 57 oder 62 erbracht werden. [3]Bei zusammen veranlagten Ehegatten bestimmt sich der gemeinsame Höchstbetrag aus der Summe der jedem Ehegatten unter den Voraussetzungen von Satz 1 und 2 zustehenden Höchstbeträge. [4]Übersteigen die Vorsorgeaufwendungen im Sinne des Absatzes 1 Nummer 3 die nach den Sätzen 1 bis 3 zu berücksichtigenden Vorsorgeaufwendungen, sind diese abzuziehen und ein Abzug von Vorsorgeaufwendungen im Sinne des Absatzes 1 Nummer 3a scheidet aus.

(4a) [1]Ist in den Kalenderjahren 2013 bis 2019 der Abzug der Vorsorgeaufwendungen nach Absatz 1 Nummer 2 Buchstabe a, Absatz 1 Nummer 3 und Nummer 3a in der für das Kalenderjahr 2004 geltenden Fassung des § 10 Absatz 3 mit folgenden Höchstbeträgen für den Vorwegabzug

Kalenderjahr	Vorwegabzug für den Steuerpflichtigen	Vorwegabzug im Falle der Zusammenveranlagung von Ehegatten
2013	2100	4200
2014	1800	3600
2015	1500	3000
2016	1200	2400
2017	900	1800
2018	600	1200
2019	300	600

zuzüglich des Erhöhungsbetrags nach Satz 3 günstiger, ist der sich danach ergebende Betrag anstelle des Abzugs nach Absatz 3 und 4 anzusetzen. [2]Mindestens ist bei Anwendung des Satzes 1 der Betrag anzusetzen, der sich ergeben würde, wenn zusätzlich noch die Vorsorgeaufwendungen nach Absatz 1 Nummer 2 Buchstabe b in die Günstigerprüfung einbezogen werden würden; der Erhöhungsbetrag nach Satz 3 ist nicht hinzuzurechnen. [3]Erhöhungsbetrag sind die Beiträge nach Absatz 1 Nummer 2 Buchstabe b, soweit sie nicht den um die Beiträge nach Absatz 1 Nummer 2 Buchstabe a und den nach § 3 Nummer 62 steuerfreien Arbeitgeberanteil zur gesetzlichen Rentenversicherung und einen diesem gleichgestellten steuerfreien Zuschuss verminderten Höchstbetrag nach Absatz 3 Satz 1 bis 3 überschreiten; Absatz 3 Satz 4 und 6 gilt entsprechend.

(4b) [1]Erhält der Steuerpflichtige für die von ihm für einen anderen Veranlagungszeitraum geleisteten Aufwendungen im Sinne des Satzes 2 einen steuerfreien Zuschuss, ist dieser den erstatteten Aufwendungen gleichzustellen. [2]Übersteigen bei den Sonderausgaben nach Absatz 1 Nummer 2 bis 3a die im Veranlagungszeitraum erstatteten Aufwendungen die geleisteten Aufwendungen (Erstattungsüberhang), ist der Erstattungsüberhang mit anderen im Rahmen der jeweiligen Nummer anzusetzenden Aufwendungen zu verrechnen. [3]Ein verbleibender Betrag des sich bei den Aufwendungen nach Absatz 1 Nummer 3 und 4 ergebenden Erstattungsüberhangs ist dem Gesamtbetrag der Einkünfte hinzuzurechnen. [4]Nach Maßgabe des § 93c der Abgabenordnung haben Behörden im Sinne des § 6 Absatz 1 der Abgabenordnung und andere öffentliche Stellen, die einem Steuerpflichtigen für die von ihm geleisteten Beiträge im Sinne des Absatzes 1 Nummer 2, 3 und 3a steuerfreie Zuschüsse gewähren oder Vorsorgeaufwendungen im Sinne dieser Vorschrift erstatten, als mitteilungspflichtige Stellen, neben den nach § 93c Absatz 1 der Abgabenordnung erforderlichen Angaben, die zur Gewährung und Prüfung des Sonderausgabenabzugs nach § 10 erforderlichen Daten an die zentrale Stelle zu übermitteln. [5]§ 22a Absatz 2 gilt entsprechend. [6]§ 72a Absatz 4 und § 93c Absatz 4 der Abgabenordnung finden keine Anwendung.

(5) Durch Rechtsverordnung wird bezogen auf den Versicherungstarif bestimmt, wie der nicht abziehbare Teil der Beiträge zum Erwerb eines Krankenversicherungsschutzes im Sinne des Absatzes 1 Nummer 3 Buchstabe a Satz 3 durch einheitliche prozentuale Abschläge auf die zugunsten des jeweiligen Tarifs gezahlte Prämie zu ermitteln ist, soweit der nicht abziehbare Beitragsteil nicht bereits als gesonderter Tarif oder Tarifbaustein ausgewiesen wird.

(6) [1]Absatz 1 Nummer 2 Buchstabe b Doppelbuchstabe aa ist für Vertragsabschlüsse vor dem 1. Januar 2012 mit der Maßgabe anzuwenden, dass der Vertrag die Zahlung der Leibrente nicht vor der Vollendung des 60. Lebensjahres vorsehen darf. [2]Für Verträge im Sinne des Absatzes 1 Nummer 2 Buchstabe b, die vor dem 1. Januar 2011 abgeschlossen wurden, und bei Kranken- und Pflegeversicherungen im Sinne des Absatzes 1 Nummer 3, bei denen das Versicherungsverhältnis vor dem 1. Januar 2011 bestanden hat, ist Absatz 2 Satz 2 Nummer 2 und Satz 3 mit der Maßgabe anzuwenden, dass die erforderliche Einwilligung zur Datenübermittlung als erteilt gilt, wenn

1. die mitteilungspflichtige Stelle den Steuerpflichtigen schriftlich darüber informiert, dass sie
   a) von einer Einwilligung ausgeht und
   b) die Daten an die zentrale Stelle übermittelt und

2. der Steuerpflichtige dem nicht innerhalb einer Frist von vier Wochen nach Erhalt der Information nach Nummer 1 schriftlich widerspricht.

§§ 29, 30 EStDV

§ 29 Anzeigepflichten bei Versicherungsverträgen

[1]Bei Versicherungen, deren Laufzeit vor dem 1. Januar 2005 begonnen hat, hat der Sicherungsnehmer nach amtlich vorgeschriebenem Muster dem für die Veranlagung des Versicherungsnehmers nach dem Einkommen zuständigen Finanzamt, bei einem Versicherungsnehmer, der im Inland weder einen Wohnsitz noch seinen gewöhnlichen Aufenthalt hat, dem für die Veranlagung des Sicherungsnehmers zuständigen Finanzamt (§§ 19, 20 der Abgabenordnung) unverzüglich die Fälle anzuzeigen, in denen Ansprüche aus Versicherungsverträgen zur Tilgung oder Sicherung von Darlehen eingesetzt werden. [2]Satz 1 gilt entsprechend für das Versicherungsunternehmen, wenn der Sicherungsnehmer Wohnsitz, Sitz oder Geschäftsleitung im Ausland hat. [3]Werden Ansprüche aus Versicherungsverträgen von Personen, die im Inland einen Wohnsitz oder ihren gewöhnlichen Aufenthalt haben (§ 1 Abs. 1 des Gesetzes), zur Tilgung oder Sicherung von Darlehen eingesetzt, sind die Sätze 1 und 2 nur anzuwenden, wenn die Darlehen den Betrag von 25 565 Euro übersteigen. [4]Der Steuerpflichtige hat dem für seine Veranlagung zuständigen Finanzamt (§ 19 der Abgabenordnung) die Abtretung und die Beleihung unverzüglich anzuzeigen.

§ 30 Nachversteuerung bei Versicherungsverträgen

[1]Eine Nachversteuerung ist durchzuführen, wenn die Voraussetzungen für den Sonderausgabenabzug von Vorsorgeaufwendungen nach § 10 Absatz 2 Satz 2 des Gesetzes in der am 31. Dezember 2004 geltenden Fassung nicht erfüllt sind. [2]Zu diesem Zweck ist die Steuer zu berechnen, die festzusetzen gewesen wäre, wenn der Steuerpflichtige die Beiträge nicht geleistet hätte. [3]Der Unterschied zwischen dieser und der festgesetzten Steuer ist als Nachsteuer zu erheben.

Verwaltung: BMF v. 9.3.2009, BStBl. I 2009, 487 – Berücksichtigung v. Schulgeldzahlungen als SA nach § 10 Abs. 1 Nr. 9; BMF v. 11.3.2010, BStBl. I 2010, 227 – Einkommensteuerrechtliche Behandlung v. wiederkehrenden Leistungen iZ mit einer Vermögensübertragung (Rn. 85 neu gefasst durch BMF v. 6.5.2016, BStBl. I 2016, 476); BMF v. 9.4.2010, BStBl. I 2010, 323 – Einkommensteuerrechtliche Behandlung v. Ausgleichszahlungen iRd. Versorgungsausgleichs nach § 10 Abs. 1 Nr. 1b EStG und § 22 Nr. 1c EStG; BMF v. 22.9.2010, BStBl. I 2010, 721 – Neuregelung der einkommensteuerlichen Behandlung v. Berufsausbildungskosten gem. §§ 10 Abs. 1 Nr. 7, 12 Nr. 5; BMF v. 14.3.2012, BStBl. I 2012, 307 – Stl. Berücksichtigung von Kinderbetreuungskosten ab dem VZ 2012 (§ 10 Abs. 1 Nr. 5 EStG); BMF v. 27.7.2016, BStBl. I 2016, 759 – Vorsorgeeinrichtungen nach der zweiten Säule der schweizerischen Altersvorsorge (berufliche Vorsorge); BMF v. 24.5.2017, BStBl. I 2017, 820 – Einkommensteuerrechtliche Behandlung von Vorsorgeaufwendungen; BMF v. 6.10.2017, BStBl. I 2017, 1320 – Einkommensteuerliche Behandlung der Aufwendungen für ein häusliches Arbeitszimmer nach § 4 Abs. 5 Satz 1 Nr. 6b, § 9 Abs. 5 und § 10 Abs. 1 Nr. 7 EStG; Senatsverwaltung für Finanzen Berlin v. 6.1.2017, juris – Beitragssätze und Beitragsbemessungsgrenzen in der gesetzlichen Rentenversicherung; OFD Ffm. v. 12.4.2017 – S 2221 A-46-St 218, juris – Abzug von Kirchenbeiträgen wie Kirchensteuern; BMF v. 24.5.2017, BStBl. I 2017, 820 – Einkommensteuerrechtliche Behandlung von Vorsorgeaufwendungen; BMF v. 6.12.2017, BStBl. I 2018, 147 – Stl. Förderung der bAV; BMF v. 21.12.2017, BStBl. I 2018, 93 – Stl. Förderung der privaten Altersvorsorge; BayLfSt v. 10.9.2018 – S 2221.1.1-9/90 St36 – Schulgeldzahlungen als SA (§ 10 Abs. 1 Nr. 9).

Literatur: *Förster*, Lohnt sich Bildung für den StPfl.?, DStR 2012, 486; *Förster*, Aktuelle Rechtsprechung des Bundesfinanzhofs zur Besteuerung der Alterseinkünfte, BetrAV 2014, 352; *Förster*, Steuerliche Aspekte grenzüberschreitender Basisversorgung im Alter, IStR 2017, 461; *Förster*, Gesundheitsvorsorge und Krankheitskosten im Einkommensteuerrecht, DStR 2018, 1405; *Ising*, Die Basisrente – Steuersparmodell in Einzelfällen, StB 2015, 347; *Ismer*, Wieder eine Revolution bei den Bildungsaufwendungen?, FR 2011, 846; *Kulosa*, Verfassungsfragen der Rentenbesteuerung – bereits geklärte und noch offene Fragen, DStR 2018, 1413; *Meindl-Ringler, Die Frage der Verfassungskonformität des Ausschlusses des Werbungskostenabzugs für* erstmalige Berufsausbildungskosten, DStZ 2016, 308; *Myßen/M. Fischer*, Basisvorsorge im Alter und Wohn-Riester, NWB 2013, 1977; *Myßen/J. Müller*, Alterseinkünfte, geförderte Altersvorsorge, Versorgungsausgleich, NWB 2015, 905; *Nolte*, Kinderbetreuungskosten, NWB 2012, 1508; *Scheffler/Kandel*, Systematisierung der SA aus ökonomischer Sicht, StuW 2011, 236; *Schuster*, Einkommensteuerliche Behandlung von Leistungen aus ausländischen Altersvorsorgeeinrichtungen am Beispiel von Schweizer Pensionskassen, DStR 2016, 447; *Seiler*, Leitlinien einer familiengerechten Besteuerung, FR 2010, 113; *Trossen*, Verfassungsmäßigkeit der Regelungen zur Behandlung der Aufwendungen für eine erstmalige Berufsausbildung oder ein Erststudium, FR 2012, 501; *Veser/Schulz*, Die steuerliche Abzugsfähigkeit von Ausbildungskosten, DStZ 2018, 296; *Wälzholz*, Versorgungsausgleich im Steuerrecht nach der Versorgungsausgleichsreform 2009, DStR 2010, 465.

Literatur zur privaten Versorgungsrente und zum AltEinkG: S. den Literaturnachweis vor § 22.

A. Grundaussagen der Vorschrift

1 **I. Abziehbarkeit privater Aufwendungen.** SA sind abschließend aufgezählte private Aufwendungen v. – unbeschränkt und beschränkt[1] (Rn. 13, 14, 15, 38a; s. § 50 Rn. 6 ff.) – StPfl. (§ 50 Abs. 1 S. 3; § 1 Abs. 3;

---

1 Zum Abzug v. Versorgungsleistungen EuGH v. 31.3.2011 – C-450/09 – Schröder, DStR 2011, 664, m. Anm. *Fischer*, FR 2011, 535; *Schuster*, jurisPR-SteuerR 24/2011 Anm. 3; s. auch *Krumm*, IWB 2014, 13; *Beiser*, IStR 2014, 294; zu beschränkt StPfl. *Schwindt/Niederquell*, ISR 2017, 209.

zur fiktiven StPfl. s. § 1a), die nicht – vorrangig[1] – als BA oder WK abziehbar sind oder „wie BA/WK behandelt werden" und die mit Vorrang ggü. § 12 (s. dort Rn. 1; zum Abzug v. Versorgungsleistungen nach § 10 Abs. 1a Nr. 2 s. § 22 Rn. 11 ff.) das G vor allem aus Gründen des subj. Nettoprinzips oder wegen ihrer Förderungswürdigkeit aus sonstigen Gründen bei der **Ermittlung des Einkommens** (§ 2 Abs. 4 – Abzug v. Gesamtbetrag der Einkünfte bis zum Betrag 0 Euro; „negative SA" gibt es nicht) zum betragsmäßig unbeschränkten oder beschränkten Abzug zulässt (§ 12 S. 1; Abzug nach §§ 10a, 10d–i „wie" SA). Die Abziehbarkeit gilt auch bei Zahlung der SA „aus dem Vermögen". Leistungen im Austausch mit einer Gegenleistung sind keine SA (Rn. 3 ff.); auch deswegen ist der Gesetzgeber nicht verpflichtet, private Schuldzinsen zum Abzug als SA zuzulassen.[2] Die Streichung des SA-Abzugs für Nachzahlungszinsen (§ 10 Abs. 1 Nr. 5 aF) war verfassungsgemäß (Rn. 4).[3] Gleiches gilt (str.) für die ab 1.1.2006 nicht mehr abziehbaren Steuerberaterkosten.[4] Hat der StPfl. nur Einkünfte aus KapVerm., ist die fehlende Auswirkung von SA weder unbillig noch verfassungswidrig.[5] Ein **Aufteilungsverbot** (s. § 12 Nr. 1; § 12 Rn. 1) hat für die Abgrenzung zw. BA/WK und SA nie gegolten.[6] Zur Aufteilung der Aufwendungen für eine Kfz.-Haftpflichtversicherung s. R 10.5 EStR 2016. IÜ muss die Aufwendung eindeutig dem SA-Bereich zuzuordnen sein. SA bleiben iRd. § 33 „außer Betracht" (§ 33 Rn. 44).

Die Abziehbarkeit v. Nebenkosten (Zinsen zur Finanzierung v. SA,[7] Kosten eines Prozesses um SA usw.) 2
wird für die einzelnen SA in der Rspr. nicht einheitlich gehandhabt. ZB sind Aufwendungen für eine Klage auf Zustimmung zum Realsplitting[8] oder für die Finanzierung v. Versorgungsleistungen[9] nicht abziehbar. Dem ist zuzustimmen, soweit der gesetzliche Tatbestand Art, Leistenden und Zahlungsempfänger festlegt (zB „Versorgungsleistungen", „Beiträge").[10] Dies vorausgesetzt gilt für Abs. 1 Nr. 7–9 nach dem Gesetzeswortlaut das Veranlassungsprinzip.

II. Zeitpunkt des Abzugs. Generell gilt § 11.[11] Der StPfl. muss tatsächlich und endgültig wirtschaftlich 3
belastet sein.[12] Zum Abflussprinzip und zu willkürlich („missbräuchlich")[13] geleisteten Zahlungen s. § 11 Rn. 33. SA sind nur für den Zeitraum ihrer tatsächlichen Verausgabung (ein gesetzlicher Höchstbetrag ist auch bei Voraus- und Nachzahlungen maßgebend) zu ermitteln, in dem die StPfl. besteht. In einem VZ nicht ausgenutzte SA können weder vor- noch zurückgetragen werden; zu **Spenden** s. aber § 10b Abs. 1 S. 9, 10. Im Falle beschränkter StPfl. (§ 50 Abs. 1 Nr. 5) sind SA auch dann nicht abziehbar, wenn sie v. dem beschränkt stpfl. Erben eines unbeschränkt StPfl. geleistet werden und Zeiträume betreffen, in denen der Erblasser noch lebte.[14] Zahlungen auf offene **KiSt des Erblassers** durch den Erben sind bei diesem im Jahr der Zahlung als SA abziehbar.[15] Bei Fremdfinanzierung zB v. Berufsausbildungskosten (ebenso wie v. BA, WK und ag. Belastungen) wird die konkrete Aufwendung,[16] nicht die Darlehensrückzahlung abgezogen.[17] § 9 Abs. 1 S. 3 Nr. 7 – betr. AfA – ist beim SA-Abzug entspr. anwendbar (Rn. 52).[18]

---

1 BFH v. 28.7.2011 – VI R 38/10, BStBl. II 2012, 561.
2 BFH v. 29.7.1998 – X R 105/92, BStBl. II 1999, 81 = FR 1999, 89 m. Anm. *Weber-Grellet*.
3 BFH v. 15.11.2006 – XI R 73/03, BStBl. II 2007, 387 = FR 2007, 563, *Pfützenreuter*, jurisPR-SteuerR 11/2007 Anm. 3.
4 BFH v. 20.11.2012 – VIII R 29/10, BStBl. II 2013, 344 = FR 2013, 665: Steuerberatungskosten für Erklärungen nach dem StraBEG. Zur Zuordnung v. Steuerberatungskosten zu den BA/WK oder zu Kosten der Lebensführung s. BMF v. 21.12.2007, BStBl. I 2008, 256.
5 BFH v. 24.3.2015 – X B 4/15, BFH/NV 2015, 952.
6 BFH v. 12.7.1989 – X R 35/86, BStBl. II 1989, 967 = FR 1989, 650 – durch die Steuerberatung veranlasste Unfallkosten; BMF v. 28.10.2009, BStBl. I 2009, 1275 – Unfallversicherung.
7 Abl. BFH v. 14.11.2001 – X R 120/98, BStBl. II 2002, 413 = FR 2002, 215; s. aber H 10.9 EStH 2017: Zinsen für Ausbildungsdarlehen, mit Bezugnahme auf BFH v. 28.2.1992 – VI R 97/89, BStBl. II 1992, 834 = FR 1992, 655.
8 BFH v. 10.3.1999 – XI R 86/95, BStBl. II 1999, 522 = FR 1999, 858.
9 BFH v. 14.11.2001 – X R 120/98, BStBl. II 2002, 413 = FR 2002, 215; krit. *Tiedtke*, ZEV 2002, 80; H 10.3 EStH 2016 „Schuldzinsen".
10 BFH v. 10.3.1999 – XI R 86/95, BStBl. II 1999, 522 = FR 1999, 858 – Rechtsanwaltskosten iZ mit dem Realsplitting (§ 10 Abs. 1 Nr. 1).
11 BFH v. 12.11.1976 – VI R 167/74, BStBl. II 1977, 154 – Nachzahlungen zur gesetzlichen Rentenversicherung; v. 4.2.2010 – X R 58/08, BStBl. II 2011, 579 = FR 2010, 766.
12 Zur KiSt BFH v. 24.4.2002 – XI R 40/01, BStBl. II 2002, 569 = FR 2002, 895; H 10.1 EStH 2017 „Abzugshöhe/Abzugszeitpunkt".
13 BFH v. 18.5.2000 – IV R 28/98, BFH/NV 2000, 1455.
14 BFH v. 22.1.1992 – I R 55/90, BStBl. II 1992, 550 = FR 1992, 449 – allg. zum Verhältnis v. § 2 Abs. 7 und § 11 Abs. 2; BFH v. 6.4.1984 – VI R 162/81, BStBl. II 1984, 587 = FR 1984, 455 – unbeschränkte StPfl. nur während eines Teils des VZ.
15 BFH v. 21.7.2016 – X R 43/13, BStBl. II 2017, 256, m. Anm. *Nöcker*, jurisPR-SteuerR 21/2017 Anm. 3.
16 BFH v. 28.2.1992 – VI R 97/89, BStBl. II 1992, 834 – Ausbildungsdarlehen und Zuschlag; H 10.1 EStH 2017 „Abzugshöhe/Abzugszeitpunkt".
17 BFH v. 30.8.2007 – IV B 40/07, BFH/NV 2008, 36.
18 BFH v. 7.5.1993 – VI R 113/92, BStBl. II 1993, 676 = FR 1993, 715.

4 **III. Tatbestand der Aufwendung. Aufwendungen in teleologischer, verfassungsrechtl. bestätigter**[1] **Auslegung** sind **Wertabgaben** (s. auch § 9 Rn. 5 ff.; Sachleistungen werden entspr. § 8 Abs. 2 bewertet), die aus dem Vermögen des StPfl. abfließen.[2] Der StPfl. muss tatsächlich **wirtschaftlich belastet** sein. Hieran fehlt es bei eigener Arbeitsleistung,[3] bei Zahlungen aufgrund eines entgeltlichen Erwerbs[4] oder der entgeltlichen Nutzungsüberlassung (zB gegen Erbbauzinsen[5]), ferner bei Auflagen an Erben oder Vermächtnisnehmer,[6] die aus dem Nachlass erfüllt und deswegen v. Erben nicht wirtschaftlich getragen werden[7] (Ausnahme hiervon: Abziehbarkeit der privaten Versorgungsrente; s. § 22 Rn. 12). Auf die „Gegenleistungsrente" – kauf- und darlehensähnliche Verträge (zB **Verrentung** v. Anspr.) sowie alle Rechtsvorgänge im Austausch mit einer Gegenleistung – ist § 10 Abs. 1a Nr. 2 nicht anwendbar (§ 22 Rn. 3).

5 **Endgültige tatsächliche wirtschaftliche Belastung.**[8] Hieran fehlt es, wenn schon im Zeitpunkt der Zahlung absehbar ist, dass die Leistung des StPfl. im VZ des Abflusses oder zu einem späteren Zeitpunkt zurückgefordert werden kann, zB weil der Versicherungsvertrag nicht zustande kommt[9] oder wenn ein durchsetzbarer und nicht zu versteuernder Rückgriffs- oder Ersatzanspruch[10] gegen einen Dritten besteht, auch wenn der Erstattungsbetrag erst in einem späteren VZ zufließt.[11] Dividenden, Überschuss- oder Gewinnanteile, die bei Versicherungen auf den Erlebens- oder Todesfall v. Versicherer ausgezahlt oder gutgeschrieben werden, mindern im Jahr der Auszahlung oder Gutschrift grds. – anders ua. bei Verwendung zur Erhöhung der Versicherungssumme – die abziehbaren SA.[12] Erstattungen der gesetzlichen Krankenkasse im Rahmen eines Bonusprogramms gem. § 65a SGB V sind eine nicht mit SA verrechenbare Leistung.[13] Prämienzahlungen der gesetzlichen Krankenkassen aufgrund von § 53 Abs. 1 SGB V mindern den SA-Abzug.[14]

6 **Eigene Aufwendungen des StPfl.** Dieser selbst muss die Aufwendungen wirtschaftlich getragen haben.[15] Staatlich vorgeleisteter Unterhalt führt nicht zu SA-Abzug nach Abs. 1 Nr. 1. Zu Zukunftssicherungsleistungen des ArbG s. § 4b Rn. 6. Beiträge einer Ges. zur SozVers., die beim G'ter steuerbarer Gewinnanteil oder vGA sind, kann dieser als SA abziehen.[16] Der StPfl. selbst muss die Leistung rechtsgrundkonform, dh. aufgrund eigener Verpflichtung ggü. dem Empfänger, zB als Versicherungsnehmer ggü. dem Versicherer[17] – auch aufgrund eines Vertrags zugunsten Dritter (§§ 328 ff. BGB)[18] – oder durch einen Bevollmächtigten gezahlt haben.[19] Es ist ohne Bedeutung, wem die Versicherungssumme oder eine andere Leistung

---

1 BVerfG v. 18.2.1988 – 1 BvR 930/86, HFR 1989, 271.
2 BFH v. 23.10.1996 – X R 75/94, BStBl. II 1997, 239 = FR 1997, 178 m. Anm. *Weber-Grellet.*
3 Im Zusammenhang mit Altenteilsleistungen BFH v. 22.1.1992 – X R 35/89, BStBl. II 1992, 552 = FR 1992, 447.
4 BFH v. 9.2.1994 – IX R 110/90, BStBl. II 1995, 47 = FR 1994, 782 m. Anm. *Drenseck* – Erwerb eines Mietwohngrundstücks gegen „dauernde Last" iSv. § 9 Abs. 1 S. 1 Nr. 1 (= Gegenleistungsrente); v. 18.10.1994 – IX R 46/88, BStBl. II 1995, 169 = FR 1995, 466.
5 BFH v. 24.10.1990 – X R 43/89, BStBl. II 1991, 175 = FR 1991, 115; H 10.3 EStH 2016 „Erbbauzinsen"; s. ferner BFH v. 4.2.1986 – IX R 4/80, BFH/NV 1986, 600 – Miete; v. 3.6.1992 – X R 130/90, BFH/NV 1992, 807 – Überlassung eines Nießbrauchs.
6 BFH v. 4.4.1989 – X R 14/85, BStBl. II 1989, 779 = FR 1989, 531 – Grabpflege durch Erben; v. 2.3.1995 – IV R 62/93, BStBl. II 1995, 413 = FR 1995, 500 m. Anm. *Söffing* – Abgeltung v. Pflichtteilsansprüchen; v. 15.6.1999 – X B 16/99, BFH/NV 2000, 29 – Vermächtnisrente.
7 Vgl. zu § 10d BFH v. 5.5.1999 – XI R 1/97, BStBl. II 1999, 653 = FR 1999, 1066 m. Anm. *Hallerbach.*
8 BFH v. 28.5.1998 – X R 7/96, BStBl. II 1999, 95 = FR 1998, 1097; BVerfG v. 18.2.1988 – 1 BvR 930/86, HFR 1989, 271.
9 Vgl. BMF v. 22.8.2002, BStBl. I 2002, 827 Rz. 15.
10 BFH v. 20.6.2007 – X R 13/06, BStBl. II 2007, 879 = FR 2008, 186.
11 BFH v. 28.2.1996 – X R 65/93, BStBl. II 1996, 566 = FR 1996, 459.
12 BFH v. 20.2.1970 – VI R 11/68, BStBl. II 1970, 314; v. 27.2.1970 – VI R 314/67, BStBl. II 1970, 422.
13 BFH v. 1.6.2016 – X R 17/15, DStR 2016, 2156; zu Bonusleistungen einer gesetzlichen Krankenversicherung (§ 65a SGB V); zu Bonuszahlungen FG Münster v. 13.6.2018 – 7 K 1392/17 E, EFG 2018, 1361 (rkr.); FG Sachs. v. 5.4.2018 – 8 K 1313/17, EFG 2018, 1632 (Rev. X R 16/18) – Bonus für allg. gesundheitsfördernde Aktivitäten; FG Hess. v. 22.2.1018 – 4 K 174/17, EFG 2018, 1028 (rkr.) – Abgrenzung von Bonuszahlungen und Beitragsrückerstattungen; BMF v. 6.12.2016, BStBl. I 2016, 1426.
14 BFH v. 6.6.2018 – X R 41/17, BStBl. II 2018, 648.
15 BFH v. 19.4.1989 – X R 2/84, BStBl. II 1989, 683 = FR 1989, 496.
16 BFH v. 8.4.1992 – XI R 37/88, BStBl. II 1992, 812 = FR 1992, 589.
17 BFH v. 19.4.1989 – X R 28/86, BStBl. II 1989, 862 = FR 1989, 721; v. 7.3.2002 – III R 42/99, BStBl. II 2002, 473 = FR 2002, 787 mwN – Tochter hat für Mutter Beiträge zur Rentenversicherung nachentrichtet.
18 BFH v. 29.11.1973 – VI R 6/72, BStBl. II 1974, 265.
19 BFH v. 9.5.1974 – VI R 147/71, BStBl. II 1974, 545 – Eltern zahlen für Kind Beiträge zur studentischen Krankenversicherung; v. 8.3.1995 – X R 80/91, BStBl. II 1995, 637 = FR 1995, 614 – Beiträge für Haftpflichtversicherung; v. 7.3.2002 – III R 42/99, BStBl. II 2002, 473 = FR 2002, 787 – Nachzahlung freiwilliger Rentenversicherungsbeiträge für die Mutter durch die Tochter; krit. *K/S/M,* § 10 Rn. B 129 ff., E 151 ff.

später zufließt. Erhält der StPfl. Geld zur Zahlung geschenkt, hat er selbst, nicht der Schenker (§ 12 Nr. 2) den SA-Abzug. Schließt der Vater eine Kfz.-Haftpflichtversicherung für den Pkw des Kindes ab, entfällt der SA-Abzug beim zahlenden Kind[1] und mangels eigener Aufwendung beim Vater. Ist das Kind Versicherungsnehmer, können nach bisheriger nicht zweifelsfreier Auffassung Eltern mit der Überweisung der Prämien auch nicht den Zahlungsweg abkürzen;[2] das Kind muss aus eigenen, ggf. ihm zugewendeten Mitteln zahlen. IRd. § 10 Abs. 1 Nr. 2 ist Drittaufwand grds. nicht abziehbar.[3] Die FinVerw. akzeptiert bei SA – anders als bei BA/WK[4] – nicht den abgekürzten Vertragsweg.[5] Diese Behandlung des sog. **Drittaufwands** ist indes jedenfalls bei den sog. „Geschäften des täglichen Lebens" als zu formal abzulehnen. Nach Maßgabe des § 10 sollte auch die Abkürzung des Zahlungsweges[6] – Zuwendung eines Geldbetrags an den StPfl. in der Weise, dass der Zuwendende im Einvernehmen mit diesem dessen Schuld tilgt (vgl. § 267 Abs. 1 BGB), statt ihm den Geldbetrag unmittelbar zu geben – zugelassen werden. Für **zusammenveranlagte Ehegatten und Lebenspartner** gilt: SA sind auf der Ermittlungsstufe des § 2 Abs. 4 abzuziehen, auf der die Eheleute als ein Steuersubjekt mit einer gemeinsamen Berechnungsgrundlage gelten[7] (sog. „Einheit der Ehegatten beim SA-Abzug"). Bei **getrennter Veranlagung** nach § 26b Abs. 2 S. 1 und bei Veranlagung nach § 26c hat nur der Zahlende den SA-Abzug. Bei der **Gesamtrechtsnachfolge** (§ 1922 BGB) sind nicht erfüllte (§ 11 Abs. 2) Verpflichtungen des Erblassers aus dem Nachlass zu zahlen; der Erbe ist nicht belastet,[8] es sei denn, die Aufwendungen wären – so zB bei Fortsetzung eines Versicherungsvertrags – in dessen Pers. SA (sehr str.; s. auch Rn. 3).[9] Nachzahlungen auf offene **KiSt des Erblassers** durch den Erben sind bei diesem im Jahr der Zahlung als SA abziehbar.[10] Grds. ist die Herkunft der Mittel (Schenkung, Erbschaft, Kredit, nicht zweckgebundene stfrei Einnahmen[11] – kein unmittelbarer wirtschaftlicher Zusammenhang) unerheblich.

IV. Erstattung von Aufwendungen (Abs. 4b). Übersteigen bei den SA nach Abs. 1 Nr. 2 bis 3a die im VZ erstatteten Aufwendungen die geleisteten Aufwendungen (**Erstattungsüberhang**),[12] ist dieser mit anderen iRd. jeweiligen Nr. anzusetzenden Aufwendungen zu verrechnen. Ein verbleibender Betrag des sich bei den Aufwendungen nach Abs. 1 Nr. 3 und 4 ergebenden Erstattungsüberhangs ist dem Gesamtbetrag der Einkünfte hinzuzurechnen (Abs. 4b S. 2 und 3).[13] Die Begr. zum RegEntw. des StVereinfG 2011[14] enthält die folgenden Beispiele: Ergibt sich ein Überhang bei den Beiträgen für eine Zusatzkrankenversicherung (keine Basisabsicherung), ist dieser Wert mit den Aufwendungen für eine Unfallversicherung zu verrechnen. Erstattungsüberhänge bei § 10 Abs. 1 Nr. 3 sind außerdem mit den Beiträgen nach § 10 Abs. 1 Nr. 3a zu verrechnen. Nur der verbleibende Betrag ist bei der Ermittlung der sich insoweit ergebenden Abzugsvolumina nach § 10 Abs. 3 bis 4a anzusetzen. Ist im Jahr der Erstattung der SA an den StPfl. ein Ausgleich mit gleichartigen Aufwendungen nicht oder nicht in voller Höhe möglich, so ist der SA-Abzug des Jahres der Verausgabung insoweit um die nachträgliche Erstattung zu mindern; ein bereits bestandskräftiger Bescheid ist nach § 175 Abs. 1 S. 1 Nr. 2 AO zu ändern.[15] Ggf. ist § 175 Abs. 1 S. 1 Nr. 2 AO anzuwen- 6a

---

1 BFH v. 8.3.1995 – X R 80/91, BStBl. II 1995, 637 = FR 1995, 614, mE zu formal.
2 BFH v. 19.4.1989 – X R 2/84, BStBl. II 1989, 683 = FR 1989, 496.
3 BFH v. 19.4.1989 – X R 2/84, BStBl. II 1989, 683 = FR 1989, 496; sehr str.
4 BMF v. 7.7.2008, BStBl. I 2008, 717, zu Kreditverbindlichkeiten und anderen Dauerschuldverhältnissen (zB Miet- und Pachtverträge); Bezugnahme auf BFH v. 24.2.2000 – IV R 75/98, BStBl. II 2000, 314 = FR 2000, 770.
5 BMF v. 7.7.2008, BStBl. I 2008, 717, zu „Aufwendungen, die Sonderausgaben oder außergewöhnliche Belastungen darstellen".
6 Dies ist die Zuwendung eines Geldbetrags an den StPfl. in der Weise, dass der Zuwendende im Einvernehmen diesem dessen Schuld tilgt (vgl. § 267 Abs. 1 BGB), statt ihm den Geldbetrag unmittelbar zu geben. Der Dritte leistet für Rechnung des StPfl. an dessen Gläubiger; s. BFH v. 23.8.1999 – GrS 2/97, BStBl. II 1999, 782 = FR 1999, 1173 m. Anm. *Fischer*; v. 22.7.2003 – VI R 4/02, BFH/NV 2004, 32.
7 BFH v. 20.2.1991 – X R 191/87, BStBl. II 1991, 690 = FR 1991, 495; v. 12.10.1994 – XI R 63/93, BStBl. II 1995, 119.
8 BFH v. 12.11.1997 – X R 83/94, BStBl. II 1998, 148 = FR 1998, 306 – zum Realsplitting. Korrespondierend sind die vom geschiedenen Ehegatten vereinnahmten Unterhaltszahlungen nicht steuerbar iSv. § 22 Nr. 1a.
9 BFH v. 5.2.1960 – VI 204/59 U, BStBl. III 60, 140 – Zahlung v. KiSt. durch Erben abziehbar; v. 30.11.1973 – VI R 239/71, BStBl. II 1974, 229 – Zahlung bei Fortsetzung eines (Bauspar-)Vertrages; zum Realsplitting s. Rn. 8; zur Versorgungsrente § 22 Rn. 11 ff.
10 BFH v. 21.7.2016 – X R 43/13, BStBl. II 2017, 256, m. Anm. *Nöcker*, jurisPR-SteuerR 21/2017 Anm. 3.
11 S. aber BFH v. 13.8.1971 – VI R 171/68, BStBl. II 1972, 57 – stfreier Zuschuss des ArbG zur Krankenversicherung; zu Zuschüssen nach AFG und BAföG § 3 Rn. 9 und 28 f.
12 Zu Vorsorgeaufwendungen s. auch BMF v. 24.5.2017, BStBl. I 2017, 820 Rz. 203 ff., mit instruktiven Bsp.
13 Zur Verrechnungsmöglichkeit eines Verlustvortrags OFD Ffm. v. 24.1.2018 – S 2225 A - 019 - St 213, mit Hinweis auf die Rev. X R 8/17 (neues Az. IX R 34/17).
14 BT-Drucks. 17/5125, 37.
15 Zur KiSt BFH v. 7.7.2004 – XI R 10/04, BStBl. II 2004, 1058 = FR 2004, 1341; BMF v. 11.7.2002, BStBl. I 2002, 667; H 10.1 EStH 2017 „Abzugshöhe/Abzugszeitpunkt".

den. Ein Erstattungsüberhang bei der **KiSt** (§ 10 Abs. 1 S 1 Nr. 4) ist bei der Ermittlung des Gesamtbetrags der Einkünfte hinzuzurechnen.[1] Anders als bei den Vorsorgeaufwendungen ist eine Hinzurechnung angezeigt, da sich die in der Vergangenheit gezahlten KiSt im SA-Abzug ausgewirkt haben.[2] Die Vorschrift über die Änderung von Steuerbescheiden bei Datenübermittlung durch Dritte ist in § 175b AO vor die Klammer gezogen worden.[3]

7 **V. Verfahrensrecht.** Für den SA-Abzug ist ein **Antrag** nicht erforderlich (Ausnahme: Realsplitting). Der StPfl. muss die SA „nachweisen" (vgl. § 10c Abs. 1); er trägt nach allg. Grundsätzen die objektive Beweislast (Feststellungslast).[4] § 160 AO ist anwendbar. Die Entsch. über den SA-Abzug wird bei der **Veranlagung** (Folgebescheid), nicht iRd. einheitlichen Feststellung getroffen.[5]

B. SA-Abzug zwecks Transfers von Einkünften (Abs. 1a)

7a **I. Allgemeines.** Seit 2015 sind in Abs. 1a die SA-Tatbestände zusammengefasst, bei denen der Abzugstatbestand des Leistenden mit einer Besteuerung beim Leistungsempfänger korrespondiert („Transfer von Einkünften"). Ein allg. Prinzip der korrespondierenden Besteuerung gibt es nicht.[6]

8 **II. Begrenztes Realsplitting (Abs. 1a Nr. 1). 1. Zweck der Vorschrift.** Die verfassungsgemäße[7] Norm (bis 2014 einschl. § 10 Abs. 1 Nr. 1), die den Wegfall des Splittingvorteils abmildert,[8] korrespondiert mit § 22 Nr. 1a (s. dort Rn. 63). Die StPfl. der Unterhaltsleistungen nach § 22 Nr. 1a hängt aber nicht davon ab, ob und inwieweit der SA-Abzug beim Geber tatsächlich zu einer Steuerminderung geführt hat.[9] SA sind „Unterhaltsleistungen … bis zu 13 805 Euro". Dieser Betrag ist realitätsgerecht.[10] Abziehbar sind ferner gem. Abs. 1 Nr. 1 S. 2 Vorsorgeaufwendungen iSv. Abs. 1 Nr. 3, die tatsächlich für eine Absicherung des geschiedenen oder dauernd getrennt lebenden Ehegatten/Lebenspartners aufgewendet werden; hierbei ist unerheblich, wer Versicherungsnehmer ist. Der StPfl. hat die **Wahl** zw. dem Abzug gem. und im betragsmäßigen (7 188 Euro) Rahmen des **§ 33a** (der Empfänger bleibt stl. unbelastet!) und nach **Abs. 1a Nr. 1**.[11] Die der Art nach den SA zuzuordnenden Aufwendungen können auch dann nicht als ag. Belastungen abgezogen werden, wenn sie den für das Realsplitting geltenden Höchstbetrag übersteigen.[12] Kann ein Antrag nicht gestellt werden, verbleibt ein Abzug nach § 33a Abs. 1. Unerheblich ist es, ob es sich um lfd. oder einmalige Leistungen bzw. um Nach- oder Vorauszahlungen handelt.[13] Dem StPfl. steht der volle Höchstbetrag – also ohne zeitanteilige Kürzung – zu, auch wenn die Voraussetzungen des Abs. 1 S. 1 nicht während des gesamten Kj. gegeben waren oder zB die Einmalzahlung erst zum Schluss des Kj. erbracht wird.[14] Durch die Antragstellung des Unterhaltsleistenden mit Zustimmung des Empfängers werden die gesamten in dem Kj. geleisteten Unterhaltsaufwendungen unbeschadet einer betragsmäßigen Begrenzung durch den Antragsteller oder durch den Höchstbetrag zu SA umqualifiziert. Unterhaltsleistungen, die der Erbe nach § 1586b BGB an den geschiedenen Ehegatten des Erblassers zu erbringen hat, sind nicht als SA abziehbar.[15]

9 **2. Abziehbare Aufwendungen für den Unterhalt.** Abziehbar sind „Aufwendungen" (auch Sachleistungen,[16] nicht: entgangene Einnahmen) „für den Unterhalt". Dies sind lfd. oder einmalige, gesetzliche wie freiwillige[17] Unterhaltsleistungen. Begriff wie § 33a „Aufwendungen für den Unterhalt":[18] Aufwendungen zur Bestreitung der Lebensführung, zB für Ernährung, Wohnung, Kleidung. Bestattungskosten sind keine

1 Zur Verrechnungsmöglichkeit eines Verlustvortrags mit einem Erstattungsüberhang s. FG BaWü. v. 2.2.2017 – 3 K 834/15, EFG 2017, 826 (Rev. IX R 34/17).
2 BT-Drucks. 17/5125, 37.
3 S. im Einzelnen BT-Drucks. 18/7457, 96.
4 BFH v. 27.7.1988 – IX B 35/87, BFH/NV 1990, 98.
5 BFH v. 31.10.1991 – X R 126/90, BFH/NV 1992, 363 – Abzug v. Spenden (§ 10b); v. 18.4.2012 – X R 34/10, BStBl. II 2012, 647 = FR 2012, 921 m. Anm. *Wendt*; v. 10.6.2015 – I R 63/12, BFH/NV 2016, 1.
6 BFH v. 27.4.2015 – X B 47/15, BFH/NV 2015, 1356.
7 BFH v. 25.7.1990 – X R 137/88, BStBl. II 1990, 1022 = FR 1990, 679; v. 26.10.2011 – X B 4/11, BFH/NV 2012, 214; s. auch BVerfG v. 21.11.1986 – 1 BvR 840/86, HFR 1988, 35.
8 BFH v. 12.11.1997 – X R 83/94, BStBl. II 1998, 148 = FR 1998, 306.
9 BFH v. 9.12.2009 – X R 49/07, BFH/NV 2010, 1790; krit. *Stiller*, DStZ 2011, 154.
10 BFH v. 26.10.2011 – X B 4/11, BFH/NV 2012, 214.
11 BFH v. 13.3.1995 – X B 158/94, BFH/NV 1995, 777.
12 BFH v. 7.11.2000 – III R 23/98, BStBl. II 2001, 338 = FR 2001, 431 m. Anm. *Kanzler*; H 10.2 EStR 2015.
13 BFH v. 7.11.2000 – III R 23/98, BStBl. II 2001, 338 = FR 2001, 431 m. Anm. *Kanzler*; H 10.2 EStH 2016 „Allgemeines".
14 BFH v. 7.11.2000 – III R 23/98, BStBl. II 2001, 338 = FR 2001, 431 m. Anm. *Kanzler*; BT-Drucks. 8/2201, 4f.
15 BFH v. 12.11.1997 – X R 83/94, BStBl. II 1998, 148 = FR 1998, 306.
16 BFH v. 12.4.2000 – XI R 127/96, BStBl. II 2002, 130 = FR 2000, 877; H 10.2 „Unterhaltsleistungen" EStH 2016.
17 BFH v. 12.4.2000 – XI R 127/96, BStBl. II 2002, 130 = FR 2000, 877.
18 Grundlegend BFH v. 12.4.2000 – XI R 127/96, BStBl. II 2002, 130 = FR 2000, 877.

Unterhaltsleistungen; die Berücksichtigung nach § 33 bleibt unberührt.[1] Abziehbar sind auch Leistungen aufgrund freiwillig begründeter Rechtspflicht,[2] zB die Übernahme v der Steuer nach § 1578 BGB. Die iRd. Realsplittings erstattete ESt auf die Unterhaltszahlungen ist Unterhaltsleistung.[3] Bei Überlassung einer eigenen Wohnung zwecks Unterhaltsgewährung ist deren in entspr. Anwendung des § 15 Abs. 2 BewG zu beziffernder Mietwert als SA abziehbar[4] (zutr. wegen der gebotenen betragsmäßigen Korrespondenz mit der Besteuerung des Zuflusses nach § 22 Nr. 1a), nach Auffassung des BFH auch die verbrauchsunabhängigen Kosten[5] (wohl zu weitgehend; GrSt., Finanzierungskosten, AfA dürften nicht abziehbar sein). Die Vermietung an Ehegatten/Lebenspartner ist kein Gestaltungsmissbrauch.[6] Kein SA-Abzug bei Tilgung gemeinsamer Schulden sowie für Schuldzinsen aus gemeinsam aufgenommenen Verbindlichkeiten[7] oder wenn Anspr. aus Vermögensauseinandersetzung in Raten oder verrentet gezahlt wird. Kein Abzug von Leistungen des Erben nach § 1586b BGB[8] und der bestimmungsgemäße Unterhalt an Kinder[9] sowie Leistungen aus der Auseinandersetzung v. Vermögen. **Nicht abziehbar** sind zB Prozesskosten[10] zur Vermeidung und (str.) Schuldzinsen zur Finanzierung v. Unterhaltszahlungen (s. auch Rn. 1); ferner nicht Anwaltskosten zwecks Erlangung der Zustimmung zum Realsplitting.[11]

Empfänger abziehbarer Unterhaltsleistungen ist (nur) der geschiedene oder dauernd getrennt lebende 10 (§ 1567 BGB) Ehegatte/Lebenspartner, auch bei Nichtigerklärung oder Aufhebung der Ehe (Abs. 1a Nr. 1 S. 5), wenn beide (zum Geber s. § 50 Abs. 1 S. 5) im Zeitpunkt der Ausgabe (§ 11 Abs. 2) unbeschränkt stpfl. sind[12] oder die Voraussetzungen des § 1a Abs. 1 Nr. 1 (Rn. 14a) vorliegen oder ein DBA einschlägig ist.[13] Unterhaltsleistungen an den ehemaligen Lebenspartner (§ 12 LPartG; Umwandlung in Ehe nach § 20a LPartG)[14] sind SA,[15] nicht hingegen Leistungen nach § 1615 Abs. 1 BGB (ledige Mutter).[16] Die Beschränkung des SA-Abzugs, wenn der Empfänger nicht besteuert wird, verstößt nicht gegen EU-Recht.[17] Unterhaltsleistungen, die ein unbeschränkt StPfl. v. einem nicht unbeschränkt stpfl. Verpflichteten erhält (bei diesem keine Abziehbarkeit; § 50 Abs. 1 S. 3), sind nicht steuerbar.[18] Bei Wechsel der StPfl. während des Kj. tritt keine zeitanteilige Beschränkung ein.[19] Bei mehreren Unterhaltsberechtigten sind die Leistungen an jeden Empfänger bis zum Höchstbetrag abziehbar. Eine einheitlich geleistete Unterhaltszahlung des Unterhaltsverpflichteten an seine ehemalige Ehefrau und seine Kinder ist für Zwecke des Realsplittings nicht nach Köpfen, sondern nach zivilrechtl. Grundsätzen aufzuteilen.[20]

3. Antrag mit Zustimmung des Empfängers. Erst der Antrag des Gebers und die Zustimmung des 11 Empfängers lassen Unterhaltsleistungen mit rechtsgestaltender Wirkung zu SA werden.[21] Fehlt die Zustimmung, kann der Geber die Unterhaltsleistungen uU als ag. Belastung (§ 33a Abs. 1 S. 1) geltend machen; beim Empfänger bleiben sie stfrei. Die Entsch., ob SA-Abzug oder Abzug ag. Belastungen nach § 33a geltend gemacht wird, ist für jeden VZ neu zu treffen. Ein Abzug als ag. Belastung ist auch nicht möglich, soweit die Aufwendungen den Höchstbetrag übersteigen. Das G will, dass die Beteiligten den mit dem Re-

1 BFH v. 20.8.2014 – X R 26/12, BFH/NV 2015, 14.
2 BFH v. 8.3.1989 – X B 203/88, BFH/NV 1989, 779 – nicht: Übernahme gemeinsamer Schulden.
3 BFH v. 28.11.2007 – XI B 68/07, BFH/NV 2008, 372; v. 9.12.2009 – X R 49/07, BFH/NV 2010, 1790.
4 Zur Vermietung an Ehegatten BFH v. 16.1.1996 – IX R 13/92, BStBl. II 1996, 214 = FR 1996, 391 – kein Gestaltungsmissbrauch.
5 BFH v. 12.4.2000 – XI R 127/96, BStBl. II 2002, 130 = FR 2000, 877.
6 BFH v. 16.1.1996 – IX R 13/92, BStBl. II 1996, 214 = FR 1996, 391.
7 BFH v. 17.5.2006 – XI B 128/05, BFH/NV 2006, 2053; anders, aber zweifelh. BFH v. 18.10.2006 – XI R 42/04, BFH/NV 2007, 1283; hierzu *Fischer*, jurisPR-SteuerR 25/2007 Anm. 3.
8 BFH v. 12.11.1997 – X R 83/94, BStBl. II 1998, 148 = FR 1998, 306.
9 Vgl. BFH v. 24.7.1996 – X R 152/90, BFH/NV 1996, 889; v. 3.2.2000 – XI B 35/99, XI B 36/99, BFH/NV 2000, 841.
10 BFH v. 14.11.2001 – X R 120/98, BStBl. II 2002, 413 = FR 2002, 215.
11 BFH v. 10.3.1999 – XI R 86/95, BStBl. II 1999, 522 = FR 1999, 858.
12 S. aber FG Köln v. 3.8.2017 – 15 K 950/13, EFG 2017, 1656 (Vorlage an den EuGH [C-480/17]).
13 BFH v. 25.3.1986 – IX R 4/83, BStBl. II 1986, 603 = FR 1986, 432; BVerfG v. 15.7.1987 – 1 BvR 54/87, NJW 1988, 127 – Regelung verfassungsgemäß; H 10.2 EStH 2016 „Nicht unbeschränkt steuerpflichtiger Empfänger".
14 BVerfG v. 21.7.2010 – 1 BvR 611/07, 1 BvR 2464/07, BVerfGE 126, 400 = DStR 2010, 1721.
15 BFH v. 13.3.1995 – X B 158/94, BFH/NV 1995, 777 (Verfassungsbeschwerde erfolglos); BFH v. 20.7.2006 – III R 8/04, BStBl. II 2006, 883 = FR 2006, 1049.
16 BFH v. 13.3.1995 – X B 158/94, BFH/NV 1995, 777.
17 BFH v. 13.12.2005 – XI R 5/02, BFH/NV 2006, 1069 – Kein Realsplitting bei Unterhaltszahlungen an in Österreich lebenden geschiedenen Ehegatten.
18 BFH v. 31.3.2004 – X R 18/03, BStBl. II 2004, 1047 = FR 2004, 897 m. Anm. *Kanzler* = BFH/NV 2004, 1163 – Grundsatzentscheidung zum Regelungsbereich des Abs. 1 Nr. 1; krit. *Söhn*, StuW 2005, 1009.
19 BFH v. 1.4.1998 – X R 154/94, BFH/NV 1998, 1349.
20 BFH v. 12.12.2007 – XI R 36/05, BFH/NV 2008, 792.
21 BFH v. 9.12.2009 – X R 49/07, BFH/NV 2010, 1790.

alsplitting verbundenen Vorteil einvernehmlich unter sich aufteilen. Der für jedes Kj. zu stellende Antrag an das FA,[1] der wegen seiner rechtsgestaltenden Wirkung nicht – auch nicht übereinstimmend – zurückgenommen oder nachträglich eingeschränkt,[2] wohl aber – auch nach Bestandskraft des ESt-Bescheids – betragsmäßig erweitert werden kann,[3] ist nicht fristgebunden. Ein nach Bestandskraft des Bescheids gestellter Antrag ist ein rückwirkendes Ereignis, wenn nach Eintritt der Bestandskraft sowohl die Zustimmung erteilt als auch der Antrag nach § 10 Abs. 1a Nr. 1 Satz 1 gestellt werden[4] oder der Antrag iVm. einer nachträglichen Zustimmungserweiterung ausgedehnt wird.[5] Der nur nach Maßgabe des § 10 Abs. 1a Nr. 1 S. 3 widerrufbare,[6] bedingungsfeindliche Antrag kann der Höhe nach begrenzt werden mit dem Effekt, den Zufluss v. steuerbarem Einkommen beim Empfänger zu vermeiden. Die Wirkung des Antrags gilt auch für die LSt-Ermäßigung. Änderungen der Höhe sind jährlich auch ohne Widerruf möglich.[7] Ein Anspruch auf Zustimmung genügt nicht;[8] es bedarf einer notfalls zivilrechtl.[9] erzwingbaren (§ 894 Abs. 1 ZPO), ausdrücklichen (Anlage U zur ESt-Erklärung), nicht fristgebundenen, unbedingt und nicht beschränkt zu erklärenden, grds. für den VZ bindenden,[10] jedoch nach Maßgabe des Abs. 1a Nr. 1 S. 3 f. – auch nach gerichtlichem Vergleich – widerrufbaren Zustimmung des Bezugsberechtigten,[11] die mit Zugang bei dem für den Verpflichteten als auch für den Unterhaltsempfänger zuständigen FA wirksam wird.[12] Für die Änderungsbefugnis nach § 173 Abs. 1 Nr. 1 AO muss sich das für die Veranlagung des Unterhaltsleistenden zuständige FA das Wissen des anderen FA um den Widerruf nicht zurechnen lassen.[13]

11a Die Sätze 7 bis 9 stellen den tatsächlichen Vollzug des Korrespondenzprinzips sicher. Der Zahlende ist verpflichtet, die Identifikationsnummer (§ 139b AO) der den Unterhalt empfangenden Person anzugeben. Die unterhaltene Person muss ihrerseits ihre Identifikationsnummer dem den Unterhalt Leistenden für diese Zwecke mitteilen. Ggf. hat der Unterhaltsleistende betr. die der unbeschränkten oder beschränkten StPfl. unterliegenden Zahlungsempfänger einen Auskunftsanspruch gegen die zuständige Finanzbehörde (vgl. auch § 33a Abs. 1).

12 **III. Wiederkehrende Versorgungsleistungen (Abs. 1a Nr. 2). 1. Gegenleistungsrente und private Versorgungsrente.** Grundlegend ist die Unterscheidung zw. Gegenleistungsrenten und dem Sonderrecht der Vermögensübergabe gegen Versorgungsleistungen (zu diesen ausf. § 22 Rn. 11 ff.). Werden außerhalb des Sonderrechts der Vermögensübergabe gegen Versorgungsleistungen wiederkehrende Leistungen vereinbart, greift der den Abzug als SA legitimierende Gesichtspunkt der „vorbehaltenen Vermögenserträge" nicht ein.[14] Soweit dieses Sonderrecht nicht anwendbar ist, gelten die allg. Grundsätze zu § 12[15], zum BA-/WK-Abzug sowie zu den AK. Der entgeltliche Leistungsaustausch führt nicht zu einer Minderung der Leistungsfähigkeit des StPfl.[16] Eine bloße Vermögensumschichtung – idealtypisch im Austausch mit einer gleichwertigen Gegenleistung, insbes. bei der privaten Veräußerungsrente –,[17] ein Nutzungsentgelt (zB der

---

1 BFH v. 20.8.2014 – X R 33/12, BStBl. II 2015, 138, m. Anm. *Steinhauff*, jurisPR-SteuerR 3/2015 Anm. 2; mit Abgrenzung zu BFH v. 12.7.1989 – X R 8/84, BStBl. II 1989, 957.
2 BFH v. 7.11.2000 – III R 23/98, BStBl. II 2001, 338 = FR 2001, 431 m. Anm. *Kanzler*; H 10.2 EStH 2016 „Allgemeines".
3 BFH v. 28.6.2006 – XI R 32/05, BStBl. II 2007, 5 = FR 2006, 1093.
4 BFH v. 12.7.1989 – X R 8/84, BStBl. II 1989, 957; s. auch BFH v. 28.6.2006 – XI R 32/05, BStBl. II 2007, 5 = FR 2006, 1093, betr. erweiterten Antrag mit erweiterter Zustimmungserklärung; H 10.2 EStH 2016 „Allgemeines". Anders, wenn die Zustimmungserklärung des Unterhaltsempfängers dem Geber bereits vor Eintritt der Bestandskraft vorlag; BFH v. 20.8.2014 – X R 33/12, BStBl. II 2015, 138.
5 BFH v. 28.6.2006 – XI R 32/05, BStBl. II 2007, 5.
6 Zur Wirkung des Widerrufs BFH v. 8.2.2007 – XI B 124/06, BFH/NV 2007, 903.
7 BFH v. 14.4.2005 – XI R 33/03, BStBl. II 2005, 825 = FR 2006, 38 m. Anm. *Kanzler*.
8 BFH v. 21.2.2013 – X B 53/11, BFH/NV 2013, 972.
9 Ein ggf. rechtswidriges Verhalten des Ehegatten ist auf zivilrechtl. Wege zu klären; zum zivilrechtl. Anspr. BGH v. 25.6.2003 – XII ZR 161/01, BGHZ 155, 249 = DStR 2003, 1805.
10 BFH v. 8.2.2007 – XI B 124/06, BFH/NV 2007, 903.
11 BFH v. 25.7.1990 – X R 137/88, BStBl. II 1990, 1022 = FR 1990, 679; zur zeitlichen Wirkung des Widerrufs BFH v. 8.2.2007 – XI B 124/06, BFH/NV 2007, 903.
12 BFH v. 2.7.2003 – XI R 8/03, BStBl. II 2003, 803 = FR 2003, 1092 m. Anm. *Kanzler*; zur innerbehördlichen Informationspflicht BFH v. 14.11.2007 – XI R 48/06, BFH/NV 2008, 367.
13 BFH v. 2.7.2003 – XI R 8/03, BStBl. II 2003, 803 = FR 2003, 1092 m. Anm. *Kanzler*.
14 BFH v. 31.7.2002 – X R 39/01, BFH/NV 2002, 1575; v. 18.1.2011 – X R 63/08, BStBl. II 2011, 680 = FR 2011, 573 m. Anm. *Keß*; *Schuster*, jurisPR-SteuerR 24/2011 Anm. 3.
15 BFH v. 8.12.2010 – X R 35/10, BFH/NV 2011, 782: Unterhaltsleistungen iSd. § 12 Nr. 2 sind ebenfalls nicht abziehbar.
16 BFH v. 12.7.1989 – X R 11/84, BStBl. II 1990, 13 = FR 1989, 687; BVerfG v. 18.2.1988 – 1 BvR 930/86, HFR 1989, 271.
17 BFH v. 18.5.2010 – X R 32-33/01, BStBl. II 2011, 675; v. 13.12.2012 – X B 209/11, BFH/NV 2013, 722.

Erbbauzins)[1] oder ein wiederkehrendes Honorar für eine Dienstleistung (zB des Testamentsvollstreckers) führen zu keiner als SA abziehbaren „Belastung“ (Rn. 1, 4). Schon deswegen sind private Schuldzinsen, auch in Gestalt des pauschalierten Zinsanteils (= Ertragsanteil, Abs. 1a Nr. 2), nicht als SA abziehbar.[2] Bei allen wiederkehrenden Leistungen – wie insbes. bei Kaufpreisraten oder darlehensähnlichen Verhältnissen (Beispiel: Verrentung eines Anspr. auf Zugewinnausgleich,[3] v. Erb- und Pflichtteilsrechten,[4] einer sonstigen Vermögensauseinandersetzung; eines Vermächtnisses[5], § 22 Rn. 7) – sind über die gesamte zeitliche Streckung hinweg der Vermögensumschichtungs- und der Zinsanteil v. einander zu sondern. Die Zinsanteile – ebenso der Ertragsanteil – sind je nach ihrer steuerrechtl. Natur als BA/WK abziehbar oder aber als private Schuldzinsen nicht abziehbar.[6] Beim Erwerb eines ertragbringenden WG gegen dauernde Last (§ 9 Abs. 1 S. 3 Nr. 1, s. § 9 Rn. 30 ff.) greift der Vorbehalt im Einleitungssatz des § 10 Abs. 1 zugunsten der Abziehbarkeit v. – fremdüblichen – BA/WK.[7] Demnach gehört die kapitalisierte Gegenleistung zu den AK, die nach § 7 zu verteilen sind;[8] sofort als BA/WK abziehbar ist der lfd. Zinsanteil (§ 22 Rn. 4).[9] Aufwendungen eines mit einem vermieteten Grundstück Beschenkten, die auf einen Rückforderungsanspruch des Schenkers wegen Notbedarfs gem. § 528 Abs. 1 BGB geleistet werden, sind mangels Belastung, welche die subj. Leistungsfähigkeit mindern würde, nicht nach § 10 Abs. 1a Nr. 2 abziehbar.[10]

2. Sonderrecht der Vermögensübergabe gegen Versorgungsleistungen. Seit dem JStG 2008 ist die „dauernde Last“ kein Tatbestandsmerkmal des § 10. Versorgungsleistungen sind nach Maßgabe des § 1a Abs. 1 Nr. 1a auch dann als SA abziehbar, wenn der Empfänger nicht unbeschränkt estpfl. ist (§ 1a Rn. 7). Der beschränkt StPfl. kann abzugsberechtigt sein.[11] Es wird – auch hinsichtlich Grund und Höhe der abziehbaren Versorgungsleistungen – auf die Kommentierung der materiell-rechtl. korrespondierenden Besteuerung nach § 22 Nr. 1a (§ 22 Rn. 11 ff.) verwiesen. 13

IV. Ausgleichszahlungen zur Vermeidung des Versorgungsausgleichs (Abs. 1a Nr. 3). Der erstmals im Jahre 2015 eingeführte neue Abzugstatbestand gilt für Ausgleichszahlungen zur Vermeidung des Versorgungsausgleichs nach einer Ehescheidung bzw. der Auflösung einer Lebenspartnerschaft (§ 6 Abs. 1 S. 2 Nr. 2 VersAusglG und § 1408 Abs. 2, § 1587 BGB; § 20 LPartG – Versorgungsausgleich). Zivilrechtlich hat die ausgleichspflichtige Person die Möglichkeit, zur Vermeidung der Durchführung eines Versorgungsausgleichs Ausgleichszahlungen an den Versorgungsberechtigten zu leisten/zu vereinbaren. Dieser Ausgleich führt auf Antrag des Ausgleichsverpflichteten mit Zustimmung des Ausgleichsberechtigten zu SA. Die stl. Regelungen zur internen und externen Teilung (§ 3 Nr. 55a und 55b EStG) bleiben unberührt. Der Abzugstatbestand korrespondiert mit einer Besteuerung des Zahlungsempfängers nach § 22 Nr. 1a nF (ab dem 1.1.2015). Zum Fall, dass der Empfänger nicht unbeschränkt stpfl. ist, s. § 1a Abs. 1 Nr. 1. Die Regelung gilt für die beamtenrechtl., öffentl.-rechtl., private, geförderte oder die betriebliche Altersversorgung gleichermaßen. Werden iRd. schuldrechtlichen Versorgungsausgleichs Versorgungsbezüge abgetreten (§ 20 ff. VersAusglG), so gehören diese weiterhin zu den Einkünften des Ausgleichspflichtigen; die Ausgleichszahlungen sind als SA lediglich mit derjenigen Quote abziehbar (§ 10 Abs. 1a Nr. 4), mit der die Einnahmen der Besteuerung unterliegen.[12] Die bisherige steuerliche Einordnung dieser Zahlungen als WK (s. auch Rn. 14a)[13] ist ausgeschlossen. Die steuerlichen Regelungen zur internen und externen Teilung (§ 3 13a

1 BFH v. 24.10.1990 – X R 43/89, BStBl. II 1991, 175 = FR 1991, 115.
2 BFH v. 18.5.2010 – X R 32–33/01, BStBl. II 2011, 675 mwN.
3 BFH v. 3.6.1986 – IX R 2/79, BStBl. II 1986, 674 = FR 1986, 431.
4 BFH v. 24.2.1999 – X R 3/95, BFH/NV 2000, 414; FG Münster v. 14.2.2012 – 1 K 2319/09 E, EFG 2012, 1635.
5 BFH v. 27.2.1992 – X R 139/88, BStBl. II 1992, 612 = FR 1992, 545 m. Anm. *Schmidt*; v. 20.7.2010 – IX R 29/09, BFH/NV 2010, 2257; *Fischer*, FR 1992, 765.
6 BFH v. 28.4.1994 – X B 162/94, BFH/NV 1995, 18 – wiederkehrende Leistungen an Miterben; BMF v. 11.3.2010, BStBl. I 2010, 227 Rz. 69 ff.
7 BFH v. 31.8.1994 – X R 44/93, BStBl. II 1996, 676 = FR 1995, 231 m. Anm. *Weber-Grellet* – Vorabkorrektur einer unangemessen hohen Gegenleistung.
8 BFH v. 9.2.1994 – IX R 110/90, BStBl. II 1995, 47 = FR 1994, 782 m. Anm. *Drenseck*; v. 18.10.1994 – IX R 46/88, BStBl. II 1995, 169 = FR 1995, 466; BMF v. 11.3.2010, BStBl. I 2010, 227 Rz. 69 f.
9 BFH v. 18.10.1994 – IX R 46/88, BStBl. II 1995, 169 = FR 1995, 466 – auch zu Laufzeit und Zinsfuß; v. 18.5.2010 – X R 32–33/01, BStBl. II 2011, 675; BMF v. 11.3.2010, BStBl. I 2010, 227 Rz. 71 f.
10 BFH v. 19.12.2000 – IX R 13/97, BStBl. II 2001, 342 Anm. *Fischer*, FR 2001, 365.
11 EuGH v. 31.3.2011 – C-450/09 – Schröder, DStR 2011, 664 = FR 2011, 532 m. Anm. *Fischer*; s. ferner *Krumm*, IWB 2011, 456; EuGH v. 24.2.2015 – C-559/13 – Grünewald, DStR 2015, 474 = EuZW 2015, 480, m. Anm. *Fischer*, jurisPR-SteuerR 27/2015 Anm. 4.
12 BFH v. 9.12.2014 – X R 7/14, BFH/NV 2015, 824, m. Anm. *Fischer*, jurisPR-SteuerR 24/2015 Anm. 3.
13 BFH v. 8.3.2006 – IX R 107/00, BStBl. II 2006, 446, betr. Zahlungen eines zum Versorgungsausgleich verpflichteten Ehegatten auf der Grundlage des § 1587o BGB; v. 8.3.2006 – IX R 78/01, BStBl. II 2006, 448, zur Vereinbarung nach § 1408 Abs. 2 BGB.

Nr. 55a und 55b) bleiben unberührt.[1] Aus EU-rechtl. Gründen ist der Abzug wie bei den übrigen Tatbeständen des § 10 Abs. 1a auch für Ausgleichszahlungen an nicht unbeschränkt estpfl. Leistungsempfänger zu gewähren, die ihren Wohnsitz oder gewöhnlichen Aufenthalt im Hoheitsgebiet eines anderen EU-Mitgliedstaats oder eines EWR-Staates haben (§ 1a Abs. 1 Nr. 1).

14 **V. Ausgleichszahlungen iRd. Versorgungsausgleichs (Abs. 1a Nr. 4).** Nach dem VersAusglG ist bei Ehegatten und Lebenspartnern (§ 20 LPartG) Regelausgleichsform die Realteilung aller ausgleichsreifen Anrechte, bei der gesetzlichen Rentenversicherung sowie für alle Systeme der betrieblichen Altersversorgung und privaten Altersvorsorge (zB § 43 ALG). Das Familiengericht überträgt für die ausgleichsberechtigte Pers. zulasten des Anrechts der ausgleichspflichtigen Pers. ein Anrecht in Höhe des Ausgleichswerts bei dem jeweiligen Versorgungsträger (interne Teilung)[2]. Das eigenständige Versorgungsanrecht wird im jeweiligen System gesondert weitergeführt. Zu einem Ausgleich über ein anderes Versorgungssystem (externe Teilung)[3] kommt es nur noch in den in §§ 14 bis 17 VersAusglG geregelten Ausnahmefällen.[4] Die aufgrund der – internen und externen – Teilung durchgeführte Übertragung ist stfrei (§ 3 Nr. 55a und 55b). Ein schuldrechtlicher Versorgungsausgleich kann auch in einem Ehevertrag vereinbart sein.[5] Aufwendungen, die mit einer Vermögensauseinandersetzung zusammenhängen, sind weder SA noch ag. Belastungen.[6] – S. BMF v. 21.12.2017, BStBl. I 2018, 93 Rz. 308 ff. – Besteuerungszeitpunkte, Rz. 316 ff. – interne Teilung, 319 ff. – externe Teilung. Zur steuerunschädlichen Übertragung iSd. § 93 Abs. 1a s. BMF v. 21.12.2017, BStBl. I 2018, 93 Rz. 330 ff. Zur Leistung als Arbeitslohn s. § 19 Abs. 1 Satz 1 Nr. 2.

14a Hat ein StPfl. aufgrund eines schuldrechtlichen Versorgungsausgleichs betriebliche Versorgungsleistungen mit seinem geschiedenen Ehegatten zu teilen, sind ihm trotz der Verpflichtung zur Weiterleitung die (ungekürzten) Versorgungsbezüge als eigene Einkünfte zuzurechnen.[7] Der Abzug von Ausgleichszahlungen in ein Nicht-EU/-EWR-Land ist ausgeschlossen.[8] Ein SA-Abzug[9] ist zu versagen, wenn statt einer schuldrechtl. Ausgleichszahlung ein Anrecht nach § 23 VersAusglG abgefunden wird.[10] Der SA-Abzug kommt in Betracht, wenn ein noch nicht ausgeglichenes Anrecht bei einem ausländ., zwischenstaatlichen oder überstaatlichen Versorgungsträger besteht und die Witwe oder der Witwer ggü. dem geschiedenen Ehegatten nach § 26 VersAusglG oder § 3a des G zur Regelung v. Härten im Versorgungsausgleich aF zum Ausgleich verpflichtet ist.[11] S. insbes. zu den einzelnen Formen der Ausgleichszahlungen (ua. Basisversorgung, lfd. Versorgung aus Pensionsfonds, Pensionskasse, Direktversicherung, Riester-Vertrag, Ausgleich v. Kapitalzahlungen) das ausführliche **BMF-Schreiben** v. 9.4.2010[12].

14b **VI. Korrespondenzprinzip.** Die Abziehbarkeit der nach Abs. 1a Nr. 1–4 abziehbaren SA ist grds. nur gerechtfertigt, soweit (ggf. Ertragsanteil) und solange eine Verlagerung erwirtschafteter Einkünfte – nach Maßgabe des Korrespondenzprinzips (Rn. 7a)[13] – auf einen Dritten tatsächlich stattfindet.[14] Der SA-Abzug setzt grds. eine unbeschränkte StPfl. des Leistungsempfängers voraus. Zur fiktiven unbeschränkten StPfl. bei Zahlungen an einen im EU-/EWR-Bereich Ansässigen s. § 1a Rn. 3 ff., 5 ff.[15]

C. Vorsorgeaufwendungen (Abs. 1 Nr. 2, 3, 3a, Abs. 2–5)

15 **I. Vorsorgeaufwendungen im System des EStG.** Die **Legaldefinition der Vorsorgeaufwendungen** umfasst sowohl die Vorsorge betr. das „Risiko der Langlebigkeit" (Altersvorsorge, Abs. 1 Nr. 2) als auch das der Krankheit und Pflegebedürftigkeit (Abs. 1 Nr. 3) und nach näherer Maßgabe des Abs. 1 Nr. 3a der Vorsorge für sonstige Lebensrisiken, wie etwa Arbeitslosigkeit, Erwerbs- und Berufsunfähigkeit, Un-

1 Beschlussempfehlung und Bericht des FinA in BT-Drucks. 18/3441, 56.
2 BMF v. 21.12.2017, BStBl. I 2018, 93 Rz. 319 ff.
3 BMF v. 21.12.2017, BStBl. I 2018, 93 Rz. 323 ff.
4 BMF v. 21.12.2017, BStBl. I 2018, 93 Rz. 308 ff., 323 ff.
5 BFH v. 22.8.2012 – X R 36/09, FR 2013, 468 = BFH/NV 2013, 436.
6 BFH v. 15.6.2010 – X R 23/08, BFH/NV 2010, 1807; FG Münster v. 22.6.2016 – 7 K 727/14 E, EFG 2016, 1242 (rkr.).
7 BFH v. 22.8.2012 – X R 36/09, BStBl. II 2014, 109; FG Hbg. v. 5.6.2015 – 6 K 32/15, juris.
8 BFH v. 7.7.2014 – X B 135/13, BFH/NV 2014, 1542: Die Neuregelung erfolgte zur Klarstellung.
9 Instruktiv FG SchlHol. v. 18.7.2016 – 3 K 49/14, EFG 2016, 1603 (rkr.); FG Münster v. 22.6.2016 – 7 K 727/14 E, EFG 2016, 1242 (rkr.).
10 BFH v. 22.8.2012 – X R 36/09, BStBl. II 2014, 109.
11 BT-Drucks. 17/2249, 50.
12 BMF v. 9.4.2010, BStBl. I 2010, 323.
13 BFH v. 19.1.2010 – X R 32/09, BFH/NV 2010, 1168; BMF v. 9.4.2010, BStBl. I 2010, 323; BT-Drucks. 17/2279, 51.
14 BFH v. 15.6.2010 – X R 23/08, BFH/NV 2010, 1807; zum schuldrechtl. Versorgungsausgleich BFH v. 18.9.2003 – X R 152/97, BStBl. II 2007, 749; v. 22.8.2012 – X R 36/09, BStBl. II 2014, 109.
15 BT-Drucks. 17/2249, 50 f.

fälle und Inanspruchnahme aufgrund deliktischer Haftung. Begünstigt sind Beiträge (lfd. Beiträge, Einmalzahlungen, Abschlussgebühren, Eintrittsgelder, VersSt.) zu bestehenden (abgeschlossenen),[1] gesetzlich abschließend aufgeführten Personenversicherungen[2] aufgrund eigener Verpflichtung (Rn. 6), auch bei Vertrag zugunsten eines – nahe stehenden – Dritten. Die Notwendigkeit der Entlastung in der Erwerbsphase folgt aus dem subj. Nettoprinzip.[3] Die nicht kapitalbildende Absicherung durch Versicherungsschutz für die Lebensrisiken Alter, Krankheit und Tod hat keinen „Sparcharakter". Vorsorgeaufwendungen sind der Einkommensverwendung, nicht der Einkommenserzielung zuzurechnen.[4] Altersvorsorgeaufwendungen (Rn. 19 ff.) sind vor[5] und ab Geltung des AltEinkG sondergesetzlich (Abs. 3 S. 5; mit Sperrwirkung ggü. § 10 Abs. 1 S. 1 iVm. § 9 Abs. 1 S. 1, daher keine WK[6]) bzw. „nach der Systematik des EStG" der Privatsphäre zugewiesen, was verfassungsrechtlich nicht zu beanstanden ist.[7] Der Gesetzgeber war für **VZ vor 2005** zu einer „Nachbesserung" des die Altersvorsorge betr. SA-Abzugs nicht verpflichtet.[8] Die verfassungsrechtlichen Fragen zur begrenzten Abzugsfähigkeit der Beiträge nach § 10 Abs. 1 Nr. 2 lit. a iVm. § 10 Abs. 3 sind geklärt.[9] Beschränkt StPfl. können Vorsorgeaufwendungen – mit Ausnahme solcher nach § 10 Abs. 1 Nr. 3a – abziehen, wenn es sich um ArbN handelt, die Einkünfte iSd. § 49 Abs. 1 Nr. 4 beziehen und soweit die Aufwendungen auf die Zeit entfallen, in der diese Einkünfte bezogen werden.

Das **Steuerrecht der Altersvorsorgeaufwendungen** besteht aus **drei Elementen:** (1) Zuordnung der Altersvorsorgeaufwendungen zu den SA, (2) Begrenzung des steuerlichen Abzugs der Vorsorgeaufwendungen sowie (3) Hinzurechnung des nach § 3 Nr. 62 EStG steuerfreien Arbeitgeberanteils zur gesetzlichen Rentenversicherung.[10] Der Gesetzgeber hat bei der im AltEinkG verwirklichten Rentenbesteuerung das Prinzip der „**intertemporalen Korrespondenz**" zugrunde gelegt.[11] Das BMF hat in seinem Schr. v. 24.5. 2017[12] zur Behandlung von Vorsorgeaufwendungen (Beiträge nach § 10 Abs. 1 Nr. 2, 3 und 3a) umfassend Stellung genommen.

Beiträge zu Lebens- und Krankenversicherungen sind auch bei betrieblicher Veranlassung oder bei Bezie- 16
hung zu Einkünften insbes. aus VuV (§ 21 Rn. 62) keine BA/WK; dies auch dann nicht, wenn die Lebensversicherung einen betrieblichen Kredit sichert (§ 4 Rn. 229 f., § 12 Rn. 8) oder zur Aufrechterhaltung des Betriebs oder anderweitig zur Finanzierung v. ertragbringendem Vermögen abgeschlossen ist.[13] Entscheidend ist, welcher Sphäre das **versicherte Risiko** zuzuordnen ist.[14] Unerheblich ist die geplante Verwendung der Versicherungssumme.[15] Beiträge zu Personenversicherungen – zB gegen außerberufliche Unfälle[16] – sind idR nicht WK/BA, da die abzudeckende Risikoursache zumeist auch im privaten Lebensbereich liegt.[17] Beiträge zu einer Versicherung, die speziell ein berufliches Risiko betrifft, können den WK/BA zugeordnet

1 BFH v. 25.2.1972 – VI R 104/69, BStBl. II 1972, 484 – auch zur eng begrenzten zeitlichen Vorwirkung bei ausstehender Annahmeerklärung.
2 BFH v. 15.6.2005 – VI B 64/04, BFH/NV 2005, 1796 – betr. Berufsunfähigkeitsversicherung: Beiträge sind idR SA, keine WK; zu Beiträgen an eine aufsichtsfreie Unterstützungseinrichtung BFH v. 21.2.2014 – X B 142/13, BFH/NV 2014, 899.
3 BFH v. 9.9.2015 – X R 5/13, BStBl. II 2015, 1043; BVerfG v. 13.2.2008 – 2 BvL 1/06, BVerfGE 120, 125.
4 BFH v. 17.6.2003 – X B 173/02, BFH/NV 2003, 1325 mwN; v. 17.3.2004 – IV B 185/02, BFH/NV 2004, 1245.
5 BFH v. 17.6.2010 – X B 218/09, BFH/NV 2010, 1633.
6 BFH v. 27.3.2008 – IX B 36/07, BFH/NV 2008, 1149; BVerfG v. 14.6.2016 – 2 BvR 323/10, DStR 2016, 1731, m. Anm. *Fischer*, jurisPR-SteuerR 43/2016 Anm. 3; BFH v. 9.1.2017 – VI R 75/14, BStBl. II 2017, 684; v. 27.7.2017 – III R 1/09, BStBl. II 2018, 96.
7 BFH v. 18.11.2009 – X R 6/08, BStBl. II 2010, 282 = FR 2010, 389; BVerfG v. 14.6.2016 – 2 BvR 290/10, HFR 2016, 837, m. Anm. *Schuster*, jM 2017, 119.
8 BFH v. 8.11.2006 – X R 45/02, BStBl. II 2007, 574 = FR 2007, 395; BVerfG v. 14.6.2016 – 2 BvR 290/10, HFR 2016, 837.
9 BFH v. 27.7.2017 – III R 1/09, BStBl. II 2018, 96, unter Hinweis auf BVerfG v. 13.2.2008 – 2 BvL 1/06, BVerfGE 120, 125.
10 BFH v. 9.12.2009 – X R 28/07, BStBl. II 2010, 348 = FR 2010, 389; ausf. *Förster*, DStR 2010, 137.
11 BFH v. 14.7.2010 – X R 37/08, BStBl. II 2011, 628 = FR 2011, 239.
12 BMF v. 24.5.2017, BStBl. I 2017, 820.
13 BFH v. 18.6.1997 – X B 209/96, BFH/NV 1997, 842 mwN.
14 BFH v. 15.10.2013 – VI B 20/13, BFH/NV 2014, 327 zu Beiträgen zu einer Berufsunfähigkeitsversicherung; v. 13.10.2015 – IX R 35/14, BStBl. II 2016, 210 = FR 2016, 373.
15 BFH v. 7.10.1982 – IV R 32/80, BStBl. II 1983, 101 (103) = FR 1983, 118 – Versicherung gegen typische Berufskrankheit.
16 BMF v. 28.10.2009, BStBl. I 2009, 1275 – Einkommen-(lohn-)steuerliche Behandlung v. freiwilligen Unfallversicherungen. Zur Praxisausfallversicherung BFH v. 18.8.2009 – X R 21/07, BFH/NV 2010, 192.
17 BFH v. 22.5.1969 – IV R 144/68, BStBl. II 1969, 489 – Krankentagegeldversicherung; v. 15.6.2005 – VI B 64/04, BFH/NV 2005, 1796 – Berufsunfähigkeitsversicherung.

werden.[1] Zu **betrieblichen**[2] **Versicherungsbeiträgen** s. § 4 Rn. 229f.; zur DirektVers. des ArbN durch den ArbG und Pensionskassen s. §§ 4b, 4c; zur Beitragsrückerstattung und -verrechnung Rn. 6a. Die **Aufteilung einer Prämie in BA/WK und SA** ist grds. möglich,[3] zB bei betrieblicher/privater Kfz.-Haftpflicht[4] (für ArbN, bei denen Pauschbeträge für Fahrten zw. Wohnung und Arbeitsstätte und Familienheimfahrten abgezogen werden, lässt R 10.5 S. 2 EStR einen vollen Abzug als SA zu), Rechtsschutz- oder Einbruchversicherung; Versicherung gegen außerberufliche Unfälle.[5] Prämien für die Kfz.-Haftpflichtversicherung für einen gemischt genutzten Pkw sind entspr. dem privaten Nutzungsanteil als SA abziehbar (R 10.5 S. 1 EStR). Wird der private Nutzungsanteil nach der 1 %-Methode (§ 6 Abs. 1 Nr. 4 S. 2) ermittelt, sind die Prämien zwecks Bezifferung des als SA abziehbaren Teils mittels Schätzung aufzuteilen.

17 **II. Allgemeine Voraussetzungen des Abzugs von Vorsorgeaufwendungen als Sonderausgaben (Abs. 2).** Es gilt grds. das Zufluss- und Abflussprinzip (§ 11; Rn. 3).[6] Die Vorsorgeaufwendungen gem. Abs. 1 Nr. 2, 3 und 3a dürfen **nicht in unmittelbarem wirtschaftlichen Zusammenhang mit stfreien Einnahmen** (dies sind zB Zuschüsse des ArbG zur Pflege- und Arbeitslosenversicherung nach § 3 Nr. 62; §§ 7, 15 Abs. 2 USG iVm. § 3 Nr. 48) stehen (§ 10 Abs. 2 Nr. 1);[7] der SA-Abzug ohne Versteuerung der Einnahmen soll verhindert werden (vgl. § 3c). Stfreie Zuschüsse zu einer Kranken- oder Pflegeversicherung stehen – so klarstellend Abs. 2 Nr. 1 HS 2 – insgesamt in unmittelbarem wirtschaftlichem Zusammenhang mit Aufwendungen iSd. Abs. 1 Nr. 3. Solches ist ferner anzunehmen bei ArbN-Beiträgen aus zB nach Montageerlass oder bei nach DBA stfreiem Arbeitslohn[8] sowie bei stfreien Beträgen, die Landwirte nach dem G über die Alterssicherung der Landwirte erhalten. Beiträge an die schweizerische Alters- und Hinterlassenenversicherung können nicht als SA abgezogen werden, wenn sie aus Einkünften stammen, die in Deutschland aufgrund des DBA-Schweiz steuerfrei sind.[9] Beiträge des ArbN in die 2. Säule der schweizerischen Altersvorsorge („Obligatorium“) sind SA nach § 10 Abs. 1 Nr. 2 S. 1 lit. a iVm. Abs. 2 S. 1 Nr. 2 lit. c und sind bis zum Höchstbetrag nach § 10 Abs. 3 EStG als SA abziehbar.[10] Ein nur mittelbarer Zusammenhang liegt vor, wenn sonstige SA aus stbefreitem Arbeitslohn gezahlt werden[11] oder wenn Beiträge an Versicherungen den nach § 3 Nr. 1 lit. a stfreien Leistungen dieser Träger gegenüberstehen. Den Abzug v. Beiträgen an in einem Mitgliedstaat der EG ansässige und andere ausländ. Versicherungsgesellschaften regelt Abs. 2 Nr. 2 Buchst. a konform zum EU-Recht.[12] SozVers.träger iSd. Abs. 2 Nr. 2 Buchst. c sind solche mit Sitz im Inland ebenso wie im Ausland. Beitragsempfänger sind auch die berufsständischen Versorgungseinrichtungen[13] und Anbieter iSd. § 80 (§ 10 Abs. 2 Nr. 2 Buchst. b und d). Zur Aufteilung der an ausländ. Sozialversicherungsträger geleisteten Globalbeiträge s. BMF v. 17.9.2018, BStBl. I 2018, 1024. Die Auslegung des § 10 Abs. 2 darf nicht dazu führen, dass ein StPfl. weder im Tätigkeitsstaat (als beschränkt StPfl.) noch im Inland (als unbeschränkt StPfl.) seine Vorsorgeaufwendungen geltend machen kann.[14] In dieser Hinsicht war nach EuGH[15] § 10 Abs. 2 S. 1 Nr. 1 unionsrechtswidrig. Das BMF[16] hat im

---

1 BFH v. 3.11.2010 – I R 73/09, BFH/NV 2011, 773, zu Krankenversicherungsbeiträgen, unter Bezugnahme auf BFH v. 13.4.1976 – VI R 87/73, BStBl. II 1976, 599.
2 BFH v. 20.4.1972 – IV R 146/68, BStBl. II 1972, 538 – ArbN-Ehegatte; v. 17.12.1997 – VIII B 27/97, BFH/NV 1998, 1218 – G'ter; zur Zuordnung v. Lebensversicherungen zum BV oder PV OFD Düss. v. 7.5.2003, DStR 2003, 1299.
3 BFH v. 7.10.1982 – IV R 32/80, BStBl. II 1983, 101 = FR 1983, 118 – Krankenhaustagegeldversicherung; verneinend BFH v. 15.10.2013 – VI B 20/13, BFH/NV 2014, 327 für Berufsunfähigkeitsversicherungen.
4 BFH v. 25.3.1977 – VI R 96/74, BStBl. II 1977, 693.
5 BMF v. 28.10.2009, BStBl. I 2009, 1275 Tz. 1.2; bei Versicherung gegen Unfallrisiko im beruflichen und außerberuflichen Bereich keine Bedenken gegen Aufteilung mit jeweils 50 % des Gesamtbeitrags; s. auch § 12 Rn. 7f.
6 Ausf. BMF v. 24.5.2017, BStBl. I 2017, 820 Rz. 195ff.
7 BMF v. 24.5.2017, BStBl. I 2017, 820 Rz. 199ff.; s. die Bsp. H 10.4 EStH 2016 „Nichtabziehbare Vorsorgeaufwendungen“. Zu in den Niederlanden versteuerten gesetzlichen Renten s. FG Düsseldorf v. 8.5.2015 – 9 K 400/14 E, EFG 2015, 1355.
8 BFH v. 18.7.1980 – VI R 97/77, BStBl. II 1981, 16; v. 29.4.1992 – I R 102/91, BStBl. II 1993, 149 = FR 1992, 621.
9 BFH v. 18.4.2012 – X R 62/09, BStBl. II 2012, 721 = FR 2013, 233; v. 25.1.2017 – X R 51/14, BFH/NV 2017, 1015 – ArbG-Beiträge zu einer schweizerischen privatrechtl. Pensionskasse; s. auch BFH v. 17.5.2017 – X R 10/15, BStBl. II 2017, 1251. Zu Vorsorgeeinrichtungen nach der zweiten Säule der schweizerischen Altersvorsorge s. BMF v. 27.7.2016, BStBl. I 2016, 759; FinMin. SachsAnh. v. 14.9.2018 – 46-S 1301-71, juris; ausf. zu Schweizer Pensionskassen *Schustek*, DStR 2016, 447; *Förster*, IStR 2017, 461.
10 BMF v. 27.7.2016, BStBl. I 2016, 759 Rz. 19; verneinend Rz. 27 zu Zahlungen in das „Überobligatorium“.
11 BFH v. 29.4.1992 – I R 102/91, BStBl. II 1993, 149 = FR 1992, 621.
12 Zur Basiskrankenversicherung BMF v. 24.5.2017, BStBl. I 2017, 820 Rz. 95ff.
13 BMF v. 8.7.2014, BStBl. I 2014, 1098 – Liste der berufsständischen Versorgungseinrichtungen, die den gesetzlichen Rentenversicherungen vergleichbare Leistungen iSd. § 10 Abs. 1 Nr. 2 Satz 1 lit. a erbringen.
14 FG Düss. v. 10.7.2018 – 10 K 1964/17 E, EFG 2018, 1515.
15 EuGH v. 22.6.2017 – C-20/16 – Bechtel, BStBl. II 2017, 1271.
16 BMF v. 11.12.2017, BStBl. I 2017, 1624.

Vorgriff auf eine Änderung des § 10 Abs. 2 S. 1 Nr. 1 hierauf reagiert. Die Anpassung an die Rspr. des EuGH ist nunmehr unter Ausdehnung auf die übrigen Vorsorgeaufwendungen erfolgt.[1]

III. Datenübermittlung. Siehe allg. BMF v. 24.5.2017.[2] Vorsorgeaufwendungen nach Abs. 1 Nr. 2 lit. b („Rürup-Renten") müssen auf einen zertifizierten Vertrag geleistet werden. Aufgrund eines geplanten Zweiten Datenschutz-Anpassungs- und Umsetzungsgesetzes EU[3] sollen mit Wirkung ab dem 1.1.2019 die mitteilungspflichtigen Stellen zur Übermittlung der erforderlichen Daten unabhängig vom Vorliegen einer Einwilligung verpflichtet werden. Die bisherigen Regelungen zur Einwilligung sowie zum Widerruf der Einwilligung in Abs. 2a sollen aufgehoben werden. Die Ermittlung der Daten soll nicht mehr auf eine fingierte Einwilligung gestützt werden. Im geplanten **Abs. 2b** soll die Datenübermittlung nach Abs. 1 Nr. 3 geregelt werden.[4] Eine gebotene Änderung unterbleibt, wenn die Voraussetzungen des § 156 AO und der KleinbetragsVO vorliegen oder eine entsprechende Saldierung mit materiellen Fehlern nach § 177 AO erfolgt.[5] Das BZSt. bleibt zuständige Stelle für die Aufgabe des Prüfdienstes. 18

IV. Altersvorsorgeaufwendungen (Abs. 1 Nr. 2). 1. Grundlegung; das Drei-Schichten-Modell. Die Regelung der Vorsorgeaufwendungen durch das AltEinkG erfüllt den Auftrag des „Renten-Urteils" des BVerfG.[6] Gleichheitsrechtl.[7] Vorgabe des BVerfG ist, dass das Lebenseinkommen einschl. der Renten aus den gesetzlichen Rentenversicherungen und staatliche Transferleistungen insbes. aus dem Bundeszuschuss zu den Sozialversicherungsrenten (nur) einmal – ggf. nachgelagert – zu besteuern sind.[8] Das AltEinkG orientiert sich weitgehend an dem **„Drei-Schichten-Modell"**. Vorrangig begünstigt sind – als **erste Schicht** – Aufwendungen – Beiträge[9] – für **„echte Altersvorsorgeprodukte"**; dies sind solche, bei denen die erworbenen Anwartschaften nicht beleihbar, nicht vererblich, nicht veräußerbar, nicht übertragbar und nicht kapitalisierbar sind (Abs. 1 Nr. 2 S. 2), bei denen mithin wie bei den Anwartschaften aus den gesetzlichen SozVers. nach der Natur der Sache eine Verwendung für die Altersversorgung gesichert ist.[10] Der Vertrag darf nur die Zahlung einer monatlichen lebenslangen Leibrente vorsehen.[11] Durch Abs. 1 Nr. 3 S. 3 und 4 wird wie bei der Riester-Rente im Falle einer entspr. Vereinbarung zw. dem StPfl. und dem Anbieter seines Vertrags neben der monatlichen Auszahlung eine Zusammenfassung von zwölf Monatsleistungen in einer Auszahlung zugelassen; außerdem wird klargestellt, dass auch die Abfindung einer Kleinbetragsrente möglich ist.[12] Neben den begünstigten Auszahlungsformen darf kein weiterer Anspruch auf Auszahlungen bestehen (Abs. 1 Nr. 2 S. 5). Bzgl. dieser „Basisversorgung" verbleibt es – systematisch richtig und verfassungskonform (Rn. 15)[13] – beim SA-Abzug. Mit der Basisversorgung sind gemeint die gesetzliche Rentenversicherung, die landwirtschaftlichen Alterskassen, die berufsständischen Versorgungseinrichtungen sowie durch die kapitalgedeckte Altersversorgung (sog. Rürup-Renten, diese optional mit einer ergänzenden Invaliditäts- und Hinterbliebenenabsicherung (Abs. 1 Nr. 2 lit. a und b aa). Durch das AltvVerbG wird in der Basisrente ein neues Produkt begünstigt, das ausschließlich der Absicherung der Berufsunfähigkeit bzw. der Erwerbsminderung dient (Abs. 1 Nr. 1 lit. b bb). Für den Abzug der Beiträge zur Basisversorgung (erste Schicht) gilt der einheitliche Höchstbetrag (Rn. 25). Zu den Beiträgen nach den Buchst. a und b ist der nach § 3 Nr. 62 stfreie AG-Anteil zur gesetzlichen Rentenversicherung und ein diesem gleichgestellter stfreier Zuschuss des AG hinzuzurechnen (Abs. 1 Nr. 2 S. 6; Rn. 23). 19

Die **zweite Schicht** dient der **Zusatzversorgung** (betriebliche Altersvorsorge und Riester-Rente). Die **dritte Schicht** umfasst **Kapitalanlageprodukte**, die der Alterssicherung dienen können, aber nicht müssen. Zu Recht nicht begünstigt ist der Aufbau v. idR frei verfügbaren Kapitalanlagen. Eine lfd. Beitragszahlung wird nicht vorausgesetzt (s. aber § 10 Abs. 1 Nr. 1 S. 4).[14]

---

1 S. hierzu BT-Drucks. 19/4455, 39 f.
2 BMF v. 24.5.2017, BStBl. I 2017, 820 Rz. 181 ff.
3 Regierungsentwurf, BT-Drucks. 19/4674, 91 f.
4 S. hierzu ausf. BT-Drucks. 19/4674, 295 f.
5 Bericht des FinA, BT-Drucks. 17/7524, 13.
6 BVerfG v. 6.3.2002 – 2 BvL 17/99, BVerfGE 105, 73 = FR 2002, 391 m. Anm. *Fischer*.
7 Ausf. *Fischer*, NWB F 3, 11985.
8 BFH v. 18.11.2009 – X R 6/08, BStBl. II 2010, 282 = FR 2010, 389, bestätigt durch BVerfG v. 13.7.2016 – 2 BvR 289/10, juris; v. 23.6.2017 – X B 151/16, BFH/NV 2017, 1434; *Förster*, DStR 2010, 137.
9 Ausf. BMF v. 24.5.2017, BStBl. I 2017, 820 Rz. 1 ff.
10 Ausf. zur Basisrente-Alter BMF v. 24.5.2017, BStBl. I 2017, 820 Rz. 10 ff., 23 ff. – keine Vererblichkeit, Übertragbarkeit, Beleihbarkeit, Veräußerbarkeit, Kapitalisierbarkeit.
11 BMF v. 24.5.2017, BStBl. I 2017, 820 Rz. 17 ff., 20 ff.
12 BR-Drucks. 432/14, 49.
13 BVerfG v. 13.7.2016 – 2 BvR 289/10, juris.
14 BT-Drucks. 15/3004, 17.

20 **2. Renten aus gesetzlichen Pflichtversicherungen (Abs. 1 Nr. 2 S. 1 lit. a).** Hierzu gehören Beiträge zu den gesetzlichen[1] – auch ausländ.[2] – **Rentenversicherungen** (SGB VI)[3] oder der landwirtschaftlichen Alterskasse[4] (Beitragsbemessungsgrenze 2018: 78 000 Euro in den alten und 69 600 Euro in den neuen Bundesländern), einschl. der Knappschaftsversicherung, der Alterssicherung für Landwirte (landwirtschaftliche Alterskasse) und der KünstlerSozVers. (Einzugsstelle)[5], auch freiwillige, zur Höher- und Weiter- und Nachversicherung, auch v. Selbständigen; die Nachentrichtung freiwilliger Beiträge ist nur iRd. Höchstbeträge begünstigt.[6] Begünstigt sind ferner Beiträge zu berufsständischen Versorgungseinrichtungen (**Versorgungskassen**),[7] die den gesetzlichen Rentenversicherungen vergleichbare Leistungen erbringen, (gegen Pflichtbeiträge, auch „Kammerbeiträge" v. Selbständigen, zB v. Ärzten, Zahnärzten, RA, Notaren).[8] Bieten diese Versorgungseinrichtungen Leistungen an, die nicht zum Leistungsspektrum der gesetzlichen Rentenversicherung gehören, ist eine Begünstigung nach Abs. 4 möglich.[9] Die zur **Grund- oder Basisversorgung** gehörenden Renten sind in § 22 Nr. 1 S. 3 Buchst. a aa abschließend aufgezählt. Auch Beiträge an Pensionsfonds, Pensionskassen und für Direktversicherungen, die iRd. betrieblichen Altersversorgung erbracht werden, können begünstigt sein.

21 **3. Kapitalgedeckte Altersvorsorgeprodukte (Abs. 1 Nr. 2 S. 2 lit. b aa – „Rürup-Versicherung").** Die zur „ersten Schicht" (Rn. 19) gehörende Basisrente-Alter[10] (sog. Rürup-Versicherung)[11] (§ 10 Abs. 1 Nr. 2 lit. b aa) ist eine kapitalgedeckte[12] Zusatzversicherung (Alterssicherung und – möglich, aber nicht zwingend – ergänzende Absicherung[13] des Eintritts der Berufsunfähigkeit, der verminderten Erwerbsfähigkeit (Basisrente-Erwerbsminderung) und v. Hinterbliebenen – Ehegatte und Kinder iSd. § 32) – gegen Einmalzahlung oder lfd. eigene[14] Beiträge, wobei die Leistungen grds. nur in Form einer auf das Leben bezogenen, nicht vor Vollendung des – bei Vertragsschluss ab dem 1.1.2012 – 62. Lebensjahres des StPfl. beginnenden Leibrente möglich sind, ausgenommen die Waisenrente. Ein Auszahlungsplan erfüllt das gesetzliche Tatbestandsmerkmal der „lebenslangen Leibrente" nicht. Die Rente deckt – soweit nicht andere Risiken „ergänzend" abgesichert sind – schwerpunktmäßig das biometrische „Risiko der Langlebigkeit" ab und darf nicht kapitalbildend wirken.[15] Eine Einmalauszahlung ist grds. nicht möglich. Beitragsempfänger sind auch Pensionsfonds, die dem VAG unterliegen. Ferner (lit. b bb) sind Beiträge zur Absicherung der Risiken der Berufsunfähigkeit oder der verminderten Erwerbsfähigkeit abziehbar. Bei Eintritt des Versicherungsfalls muss eine lebenslange Rente gezahlt werden. Der abziehbare Höchstbetrag ergibt sich aus Abs. 3.

22 Gem. **Abs. 2 S. 2 Nr. 2** ist eine **Zertifizierung** nach § 5a AltZertG erforderlich (Grundlagenbescheid iSv. § 171 Abs. 10 AO). Der Anbieter hat, sofern eine **Einwilligung des StPfl.** (Abs. 2 S. 2 Nr. 2) vorliegt, die erforderlichen Daten an die Zentrale Zulagenstelle für Altersvermögen (§ 81) per Datensatz zu senden (**Abs. 2a**). Dazu wird die ID-Nr. beim BZSt. verwendet (§ 5 Abs. 1 Nr. 18, § 23 FVG).

22a **4. Basisrente Berufsunfähigkeit/Erwerbsminderung (Abs. 1 Nr. 2 lit. b bb).** Die **Basisrente-EU/EM** dient in vollem Umfang der lebenslänglichen – statt der marktüblichen zeitlich befristeten – Absicherung gegen Berufsunfähigkeit/Erwerbsminderung.[16] Die Beiträge müssen auf einen nach § 5a AltZertG zertifi-

---

1 FG Nds. v. 29.5.2013 – 3 K 12050/12, EFG 2013, 1494 (rkr.): Beiträge an die VBL sind keine solchen iSd. § 10 Abs. 1 Nr. 2 lit. a.

2 BFH v. 24.6.2009 – X R 57/06, BStBl. II 2009, 1000 = FR 2010, 83; BMF v. 24.5.2017, BStBl. I 2017, 820 Rz. 4. Zur Aufteilung von an ausländ. Sozialversicherungsträger gezahlten Globalbeiträgen BMF v. 24.5.2017, BStBl. I 2017, 820 Rz. 4, 205, zur Basiskrankenversorgung Rz. 95 ff.

3 BMF v. 24.5.2017, BStBl. I 2017, 820 Rz. 1 ff. – Träger der gesetzlichen Rentenversicherung; ausf. zur Erbringung und Nachweis der Beiträge Rz. 3 zu selbstständigen Künstlern und Publizisten.

4 BMF v. 24.5.2017, BStBl. I 2017, 820 Rz. 6 f.

5 BMF v. 24.5.2017, BStBl. I 2017, 820 Rz. 3.

6 OFD Kobl. v. 14.3.2006, DB 2006, 752.

7 BMF v. 24.5.2017, BStBl. I 2017, 820 Rz. 8 f.; s. die Liste in BMF v. 8.7.2014, BStBl. I 2014, 1098.

8 BMF v. 24.5.2017, BStBl. I 2017, 820 Rz. 8 f.; verneint für die Versorgungsanstalt der Bezirksschornsteinfegermeister (VdBS) als Zusatzversorgung: BFH v. 15.5.2013 – X R 18/10, FR 2014, 571 = BFH/NV 2013, 1843.

9 Vgl. BT-Drucks. 15/3004, 17.

10 BMF v. 24.5.2017, BStBl. I 2017, 820 Rz. 35 ff. „Basisrente-Alter".

11 BMF v. 24.5.2017, BStBl. I 2017, 820 Rz. 10 ff.

12 S. hierzu BFH v. 15.5.2013 – X R 18/10, FR 2014, 571 = BFH/NV 2013, 1843: keine analoge Anwendung bei fehlender Kapitaldeckung.

13 Ausf. BMF v. 24.5.2017, BStBl. I 2017, 820 Rz. 35 ff.

14 BMF v. 24.5.2017, BStBl. I 2017, 820 Rz. 11. Zu Ehegatten/Lebenspartnern s. R 10.1 EStR 2016.

15 Ausf. zur Basisrente BMF v. 24.5.2017, BStBl. I 2017, 820 Rz. 10 ff.: Die Ansprüche aus dem Vertrag dürfen nicht vererblich, nicht übertragbar bzw. veräußerbar, nicht beleihbar und nicht kapitalisierbar sein; dort auch in Rz. 26 f. zu Fondsprodukten.

16 BMF v. 24.5.2017, BStBl. I 2017, 820 Rz. 45 ff.; hierzu *Schrehardt*, DStR 2014, 617.

zierten Vertrag eingezahlt werden.[1] Der Eintritt der Berufsunfähigkeit, der verminderten Erwerbsfähigkeit oder auch Hinterbliebene können abgesichert werden, wenn die Zahlung einer Rente vorgesehen ist. Der Gesetzgeber normiert produktbezogene Mindeststandards. Eine zeitliche Befristung einer Berufsunfähigkeits- oder Erwerbsminderungsrente ausschließlich im Hinblick auf die entfallende Versorgungsbedürftigkeit – Verbesserung der Gesundheitssituation oder Erreichen der Altersgrenze für den Bezug der Altersrente aus dem entsprechenden Vertrag – ist nicht zu beanstanden; ebenso ist es unschädlich, wenn der Vertrag bei Eintritt der Berufsunfähigkeit oder der verminderten Erwerbsfähigkeit anstelle oder ergänzend zu einer Rentenzahlung eine Beitragsfreistellung vorsieht. Diese Versicherung unterscheidet sich von der Basisrente-Alter (Rn. 21) durch die Modalitäten der Auszahlung (monatlich, gleichbleibend oder steigend) und die versicherungsrechtlichen Rahmenbedingungen.[2] Der Vertrag muss immer die Absicherung bis zur Vollendung des 67. Lebensjahres des Versicherungsnehmers vorsehen. Da der Beginn der Altersrente mit dem 67. Lebensjahr sich erst im Laufe einer längeren Übergangsphase vollzieht, kann der Vertrag bereits ab Vollendung des 55. Lebensjahres eine in der Höhe gestaffelte Berufs- oder Erwerbsunfähigkeitsrente vorsehen. Die Auszahlung muss auf die Lebenszeit erfolgen, nicht mittels Auszahlungsplans. Für die Basisrente-EU/EM gilt iÜ der gleiche Rechtsrahmen wie für die Basisrente-Alter.[3] Das BMF-Schr. v. 10.1. 2014, BStBl. I 2014, 75, befasst sich umfassend mit Grundlagen und Details.

5. Hinzurechnungen zu den Beiträgen nach Abs. 1 Nr. 2 lit. a, b (Abs. 1 Nr. 2 S. 6, 7). Zu diesen Bei- 23
trägen ist der nach § 3 Nr. 62 stfreie ArbG-Anteil zur gesetzlichen Rentenversicherung und ein diesem gleichgestellter stfreier Zuschuss des ArbG hinzuzurechnen (**§ 10 Abs. 1 Nr. 2 S. 6**). Dies ist verfassungsrechtlich zulässig.[4] Das Antragserfordernis nach **§ 10 Abs. 1 Nr. 2 S. 6** beruht auf der Überlegung, dass pauschale Beiträge zur Rentenversicherung, die der ArbG bei einer geringfügigen Beschäftigung erbringt, sich bei der Ermittlung des späteren Rentenanspruchs idR kaum auswirken. Von einem solchen Antrag profitiert der Stpfl, wenn er sich für die Entrichtung der Regelsätze zur SozVers. entschieden hat.[5]

6. Höchstbeträge für Aufwendungen zur Alterssicherung nach Abs. 1 Nr. 2 (Abs. 3).[6] Ausf. zur Er- 24
mittlung des Abzugsbetrags nach § 10 Abs. 3 s. BMF v. 24.5.2017[7]. **Aus dem Verbot doppelter Besteuerung v.** Lebenseinkommen lässt sich kein Anspr. auf eine Abziehbarkeit der Beiträge in der Aufbauphase in bestimmter Höhe ableiten.[8] Der Abzug v. Vorsorgeaufwendungen nach Abs. 1 Nr. 2 (Basisversorgung – gesetzliche Rentenversicherung, Knappschaft, berufsständische Versorgung, landwirtschaftliche Alterskasse, private Basisrente – einschl. der Hinzurechnungen nach S. 2) war bis einschl. VZ 2014 durch einen einheitlichen Höchstbetrag **v. 20000 Euro** begrenzt. Mit Wirkung v. 1.1.2015 wurde die Förderhöchstgrenze bei der Basisversorgung im Alter an den Höchstbeitrag bei der knappschaftlichen Rentenversicherung gekoppelt. Dieser errechnet sich aus der VO über maßgebende Rechengrößen der Sozialversicherung und der VO zur Bestimmung der Beitragssätze in der gesetzlichen Rentenversicherung.[9] Mit dieser Anhebung wird der Spielraum für den Aufbau einer zusätzlichen Altersvorsorge sowie zur Absicherung gegen den Eintritt der Berufsunfähigkeit oder verminderten Erwerbsfähigkeit verbessert. **Die betragsmäßige Begrenzung ist verfassungsgemäß.**[10] Abs. 3 sieht eine bis zum Jahr 2024 schrittweise jährlich um zwei Prozentpunkte ansteigende Berücksichtigung der Vorsorge vor; dieser Anstieg korrespondiert mit dem Ansteigen des Besteuerungsanteils nach § 22 Nr. 1 3 Buchst. a. Ab dem Jahre 2025 ist der Gesamtbeitrag zur gesetzlichen Rentenversicherung zu 100 % stl. abziehbar, im Jahre 2018 zu 86 %. Auch diese **Übergangsregelung** des § 10 Abs. 3 S. 4 bis 6 ist verfassungsgemäß.[11] Die Frage einer unzulässigen Doppelbesteuerung[12] kann erst in den VZ der Rentenbesteuerung zum Gegenstand der verfassungsrechtlichen Beurteilung gemacht werden.[13] Der Versorgungsfreibetrag (§ 19 Abs. 2) wird schrittweise abgeschmolzen. Der Höchstbetrag

1 Ausf. BMF v. 24.5.2017, BStBl. I 2017, 820 Rz. 45 ff.
2 Ausf. *Myßen/M. Fischer*, NWB 2013, 1977.
3 *Myßen/M. Fischer*, NWB 2013, 1977 (1980).
4 BFH v. 18.11.2009 – X R 6/08, BStBl. II 2010, 282 = FR 2010, 389; v. 18.11.2009 – X R 34/07, BStBl. II 2010, 149 = FR 2010, 390; FG Nürnb. v. 16.1.2013 – 3 K 974/11, EFG 2013, 843 (rkr.).
5 BT-Drucks. 16/7036, 16.
6 BMF v. 24.5.2017, BStBl. I 2017, 820 Rz. 49 ff. Zur Behandlung sog. Minijobs OFD Rhld. v. 1.3.2007, StEK EStG § 10 Abs. 1 Ziff. 2 Nr. 55.
7 BStBl. I 2017, 820 Rz. 59 ff.
8 BFH v. 18.11.2009 – X R 6/08, BStBl. II 2010, 282 = FR 2010, 389; BVerfG v. 30.9.2015 – 2 BvR 1066/10, FR 2016, 78; hierzu *Weber-Grellet*, FR 2016, 85; BVerfG v. 14.6.2016 – 2 BvR 290/10, HFR 2016, 837.
9 Beschlussempfehlung und Bericht des FinA in BT-Drucks. 18/3341, 57.
10 BFH v. 18.11.2009 – X R 6/08, BStBl. II 2010, 282 = FR 2010, 389, bestätigt durch BVerfG v. 13.7.2016 – 2 BvR 289/10, juris; s. auch BFH v 27.7.2017 – III R 1/09, BStBl. II 2018, 96 mwN.
11 BVerfG v. 13.7.2016 – 2 BvR 289/10, juris.
12 Zur Berechnung s. BFH v. 23.8.2017 – X R 33/15, BStBl. II 2018, 62.
13 BVerfG v. 13.7.2016 – 2 BvR 289/10, juris; zum Problem *Kulosa*, DStR 2018, 1413; *Karrenbrock*, DStR 2018, 844.

wird bei bestimmten Personengruppen – insbes. bei Beamten oder G'ter-Geschäftsführern mit einer betrieblichen Altersversorgung – gekürzt (nachfolgend Rn. 25). Die Höhe des Kürzungsbetrags ist begrenzt auf den Maximalbeitrag zur gesetzlichen Rentenversicherung (Ost): Jedenfalls verbleibt ein Abzugsvolumen für Beiträge zu einer Basisversorgung im Alter iHv. 8 887 Euro. Für die den Höchstbetrag übersteigenden Beiträge ist kein SA-Abzug vorgesehen. Für jeden **Ehegatten und Lebenspartner** ist gesondert zu prüfen, ob und ggf. in welcher Höhe der gemeinsame Höchstbetrag zu kürzen ist.[1] ArbN- und ArbG-Beiträge werden zusammengerechnet (Rn. 23). Jedem StPfl. soll das gleiche stl. unbelastete Vorsorgevolumen zur Vfg. stehen. Die europäischen Grundfreiheiten eines Grenzgängers werden durch den beschränkten SA-Abzug auch dann nicht verletzt, wenn ein anderer Mitgliedstaat die entsprechenden Altersrenten aufgrund des ihm durch ein DBA zugewiesenen Besteuerungsrechts vollständig der Besteuerung unterwirft.[2]

25 **7. Kürzung des Höchstbetrags (Abs. 3 S. 3 und 5).**[3] Der Höchstbetrag ist bei einem StPfl., der zum Personenkreis des § 10 Abs. 3 S. 3 Nr. 1 oder 2 gehört, um den Betrag zu kürzen,[4] der dem Gesamtbeitrag (ArbG- und ArbN-Anteil) zur allgemeinen Rentenversicherung entspricht. Dies gilt für ArbN, die bereits im Rahmen ihres Beschäftigungsverhältnisses einen Anspr. auf Altersversorgung erwerben. Hierzu gehören Beamte und Angestellte. Dies gilt entspr. auch für ArbN, die nicht der gesetzlichen Rentenversicherungspflicht unterliegen, eine Berufstätigkeit ausüben und in diesem Zusammenhang auf Grund vertraglicher Vereinbarungen Anwartschaftsrechte auf eine Altersversorgung erwerben (zB G'ter-Geschäftsführer). Diese ArbN leisten weder Beiträge zur gesetzlichen Rentenversicherung noch zu einem anderen in Abs. 1 Nr. 2 lit. a aufgeführten Alterssicherungssystem; trotzdem steht ihnen eine steuerunbelastet aufgebaute Altersvorsorge zu. Das G sieht unter Verwendung v. Tatbestandsmerkmalen des § 10c aF eine vorab vorzunehmende Kürzung bei bestimmten StPfl. vor, inbes bei nicht rentenversicherungspflichtigen ArbN. Besonderheiten gelten für ArbN nach Abs. 3 S. 5.[5] Bei Beziehern v. Einkünften aus § 22 Nr. 4 (Abgeordneten) ist eine Kürzung des Höchstbetrages nur dann gerechtfertigt, wenn sie iZ mit ihrer Tätigkeit eine Altersversorgung ganz oder teilw. ohne eigene Beiträge erhalten.[6] Der Gesamtbeitrag wird ermittelt unter Zugrundelegung des jeweils zu Beginn des Kj. gültigen Beitragssatzes zur gesetzlichen Rentenversicherung der Arbeiter und Angestellten und der v. StPfl. aus der betr. Tätigkeit erzielten stpfl. Einnahmen, wobei Einnahmen oberhalb der Beitragsbemessungsgrenze nicht angesetzt werden. Bei ArbN, die stfreie ArbG-Leistungen nach § 3 Nr. 62 oder diesen gleichgestellte stfreie Zuschüsse des ArbG erhalten haben, ist der sich aus der Übergangsregelung des § 10 Abs. 3 S. 4 und 6 ergebende Abzugsbetrag zu kürzen.[7]

26 **8. Maßgebender Prozentsatz (Abs. 3 S. 4).** Die so ermittelten Vorsorgeaufwendungen sind die Ausgangsgröße für die Anwendung des maßgebenden Prozentsatzes (Rn. 24). Zu berücksichtigen sind ferner stfreie ArbG-Leistungen iSv. § 3 Nr. 62 (**§ 10 Abs. 3 S. 5**).[8]Diese Vorschrift korrespondiert unmittelbar mit § 10 Abs. 1 Nr. 2 und erfasst daher den stfreien ArbG-Anteil bzw. -zuschuss ohne betragsmäßige Einschränkungen.[9] Erhält der StPfl. einen stfreien ArbG-Anteil, so hat er in diesem Umfang das ihm zur Vfg. stehende Abzugsvolumen ausgeschöpft.

27 **9. Berechnungsschema.** Dieses ergibt wie folgt: (1) Ermittlung der geleisteten Beiträge; (2) Ermittlung des Höchstbetrages für den Abzug v. Beiträgen; (3) in der Übergangsphase bis 2024 Anwendung der Stufenregelung; (4) rechnerischer Abzug der stfreien ArbG-Beiträge; (5) bis zum Jahr 2019 Günstigerprüfung (Rn. 37). Das komplizierte Verfahren will sicherstellen, dass StPfl., die wie zB Selbständige keinen stfreien ArbG-Anteil erhalten oder deren Altersversorgung ohne eigene Beitragsleistung aufgebaut wird, gleichbehandelt werden. Diese Regelung ist verfassungsgemäß; insbes. wird das in der Endstufe zu erreichende Fördervolumen den Anforderungen des subj. Nettoprinzips gerecht.

28 **10. Hausgewerbetreibende.** Zum Begriff s. R 15.1 Abs. 2 EStR. Sie unterliegen der gesetzlichen Rentenversicherungspflicht; die Beiträge werden jeweils zur Hälfte v. Auftraggeber als ArbG und dem Hausgewerbetreibenden getragen und sind insgesamt v. Auftraggeber abzuführen. Der „ArbN"-Anteil führt in jedem Fall bei diesem zu BE und SA. Gleiches gilt, wenn der Auftraggeber den v. ihm wirtschaftlich zu tra-

---

1 BMF v. 24.5.2017, BStBl. I 2017, 820 Rz. 72 – Kürzung bei Ehegatten und Lebenspartnern.
2 BFH v. 24.6.2009 – X R 57/06, BStBl. II 2009, 1000 = FR 2010, 83; *Schuster*, jurisPR-SteuerR 43/2009 Anm. 4.
3 Ausf. BMF v. 24.5.2017, BStBl. I 2017, 820 Rz. 61 ff.
4 BMF v. 24.5.2017, BStBl. I 2017, 820 Rz. 74 ff.
5 BMF v. 24.5.2017, BStBl. I 2017, 820 Rz. 74 ff. Die nach dieser Regelung vorzunehmende Kürzung des SA-Höchstbetrags um den nach § 3 Nr. 62 stfreien ArbG-Anteil zur gesetzlichen Rentenversicherung bzw. einen diesem gleichgestellten stfreien Zuschuss ist nicht auf 20 000 Euro beschränkt; s. BFH v. 25.1.2017 – X R 51/14, BFH/NV 2017, 1015.
6 BT-Drucks. 16/6290, 76 f.
7 Näheres BMF v. 24.5.2017, BStBl. I 2017, 820 Rz. 74 ff.
8 BMF v. 24.5.2017, BStBl. I 2017, 820 Rz. 74 ff. mit instruktiven Bsp.
9 BFH v. 25.1.2017 – X R 51/14, BFH/NV 2017, 1015.

genden „ArbG“-Anteil abführt. Entrichtet der Hausgewerbetreibende den v. Auftraggeber zu ersetzenden Anteil selbst, sollen bei ihm nicht SA, sondern BA anzunehmen sein.[1]

V. Beiträge zu Krankenversicherungen und der gesetzlichen Pflegeversicherung (Abs. 1 Nr. 3). 29
1. Grundsätzliches. Auf der Grundlage des Urt. des BVerfG v. 13.2.2008[2] werden ab dem 1.1.2010 die vom StPfl. tatsächlich geleisteten Beiträge für eine Absicherung auf sozialhilfegleichem Versorgungsniveau (SGB XII; **Basiskrankenversicherung**) zur privaten und gesetzlichen Krankenversicherung und zur gesetzlichen Pflegeversicherung in vollem Umfang stl. berücksichtigt.[3] § 10 Abs. 1 Nr. 3 regelt den SA-Abzug für tatsächlich aufgewendete Beiträge zu einer Kranken- und Pflegeversicherung, die die Versicherten in die Lage versetzen, sich, den nicht dauernd getrennt lebenden unbeschränkt estpfl. Ehegatten/Lebenspartner (LPartG) – anders, wenn dieser selbst Beiträge leistet – und die Kinder (§ 32 Abs. 4 oder Anspr. auf Kindergeld) gegen Krankheit und Pflegebedürftigkeit entspr. abzusichern. Innerhalb der sonstigen Vorsorgeaufwendungen ist zw. den Beiträgen zu Basiskrankenversicherungen[4] und den Beiträgen zur gesetzlichen Pflegeversicherung (§ 10 Abs. 1 Nr. 3 sowie den weiteren sonstigen Vorsorgeaufwendungen in § 10 Abs. 1 Nr. 3a[5] zu unterscheiden. Versicherte in der **gesetzlichen Krankenversicherung** einschl. der landwirtschaftlichen Krankenkassen können ihre Beiträge einschl. der Zusatzbeiträge (§ 242 SGB V) in voller Höhe absetzen.[6] Nicht abziehbar sind Prämien zu Wahltarifen, die auch nicht v. Sozialhilfeträger übernommen werden; ferner Beiträge, die zur Finanzierung v. Zusatzleistungen oder Komfortleistungen aufgewendet werden (zB Chefarztbehandlung, Ein-Bett-Zimmer im Krankenhaus). Beiträge zur Finanzierung des Krankengeldes sind stl. nicht zu berücksichtigen, sie führen klarstellend zu einer pauschalen Kürzung um 4 % (Abs. 1 Nr. 3 Buchst. a S. 4). Begünstigt sind auch die entspr. Beiträge an eine **private Krankenversicherung**.[7] „Beiträge“ sind nur solche Aufwendungen, die gezahlt werden, um Versicherungsschutz zu erhalten.[8] Nicht abziehbar sind selbst getragene Kosten für Krankenbehandlung.[9] Die notwendige wirtschaftliche Belastung mit als SA abziehbaren Aufwendungen mindert sich wg. einer Erstattung erst in dem Jahr, in dem sie dem StPfl. tatsächlich dauerhaft zugeflossen ist.[10] Der Umfang der existenznotwendigen Krankenversorgung bestimmt sich – mit Ausnahme der Krankengeldabsicherung – nach dem Leistungskatalog des sog. Basistarifs (§ 12 VAG 2009). Gleiches gilt auch für die Beiträge der stpfl. Pers. für die soziale Pflegeversicherung und die private Pflege-Pflichtversicherung.[11] Über den Höchstbetrag des Abs. 3 hinaus können Aufwendungen im betragsmäßigen Rahmen des Abs. 4 abziehbar sein (Rn. 34). Stfreie Zuschüsse und Beitragsrückerstattungen mindern den als SA abziehbaren Betrag.[12] Begünstigt sind nach § 10 Abs. 1 Nr. 3 S. 1 lit. b Beiträge zur gesetzlichen Pflegeversicherung, dh. zur sozialen Pflegeversicherung und zur privaten Pflege-Pflichtversicherung.

2. „Eigene Beiträge“. Nach der klarstellenden Regelung des **Abs. 1 Nr. 3 S. 2** kann der StPfl. Kranken- 30
und Pflegeversicherungsbeiträge (Abs. 1 Nr. 3) des dort genannten Personenkreises wie eigene Beiträge berücksichtigen.[13] Ist in der Kranken- oder Pflegepflichtversicherung des StPfl. auch ein geschiedener oder dauernd getrennt lebender unbeschränkt estpfl. Ehegatte mit abgesichert, wird durch Abs. 1 Nr. 3 lit. a S. 3 sichergestellt, dass die Aufwendungen für eine Kranken- und Pflege-Pflichtversicherung auf sozialhilferechtl. gewährleistetem Leistungsniveau berücksichtigt werden. Die v. der stpfl. Pers. geleisteten Beiträge werden in diesem Fall als eigene Beiträge des geschiedenen oder dauernd getrennt lebenden unbeschränkt estpfl. Ehegatten behandelt. Eine Doppelberücksichtigung ist ausgeschlossen, da Abs. 1 Nr. 3 S. 2 nur zur Anwendung kommt, wenn der geschiedene oder dauernd getrennt lebende unbeschränkt estpfl. Ehegatte zuvor einer Versteuerung der Unterhaltsleistungen nach § 22 Nr. 1a iRd. Realsplittings zugestimmt hat. Andernfalls liegen bei ihm stfreie Einnahmen vor und ein Abzug wäre nach Abs. 2 Nr. 1 nicht möglich. Abs. 1 Nr. 3 S. 2 gilt nicht, wenn der Unterhaltsverpflichtete Zahlungen unmittelbar an den Ehegatten oder im Rahmen eines abgekürzten Zahlungsweges an eine Versicherung leistet.[14] **Abs. 1 Nr. 3 S. 3** will

1 BFH v. 9.8.1989 – X R 30/86, BStBl. II 1989, 891 = FR 1989, 722; zu Recht krit. *K/S/M*, § 10 Rn. E 264.
2 BVerfG v. 13.2.2008 – 2 BvL 1/06, BVerfGE 120, 125 = BFH/NV 2008, Beil. 3, 228.
3 Ausf. BMF v. 24.5.2017, BStBl. I 2017, 820 Rz. 80 ff.
4 BFH v. 29.11.2017 – X R 5/17, BStBl. II 2018, 230; BMF v. 24.5.2017, BStBl. I 2017, 820 Rz. 83 ff.
5 BMF v. 24.5.2017, BStBl. I 2017, 820 Rz. 121 ff.
6 BMF v. 24.5.2017, BStBl. I 2017, 820 Rz. 99 ff., dort auch zur Kürzung der Beiträge bei Anspr. auf Krankengeld.
7 BMF v. 24.5.2017, BStBl. I 2017, 820 Rz. 110 ff.
8 BFH v. 29.11.2017 – X R 3/16, BStBl. II 2018, 384: nicht abziehbar sind selbst getragene Krankheitskosten zur Erlangung einer Beitragsrückerstattung; zur Praxisgebühr BFH v. 18.7.2012 – X R 41/11, BStBl. II 2012, 821.
9 FG Berlin-Bdbg. v. 19.4.2017 – 11 K 22327/16, EFG 2017, 1265.
10 Zur Verrechnung erstatteter Beiträge s. BFH v. 6.7.2016 – X R 6/14, DStR 2016, 2385; v. 3.8.2016 – X R 35/15, juris, nv.
11 BMF v. 24.5.2017, BStBl. I 2017, 820 Rz. 117 ff.
12 Ausf. BMF v. 24.5.2017, BStBl. I 2017, 820 Rz. 86 ff.
13 R 10.4 EStR 2016, zur Berücksichtigung eigener Beiträge des Kindes bei den Eltern.
14 BT-Drucks. 16/12254, 22 f.

eine Doppelbegünstigung verhindern. Um missbräuchliche Gestaltungen zu verhindern, ist in **Abs. 1 Nr. 3 S. 4** eine Sonderregelung zum Abflussprinzip vorgesehen.[1] Die Vorschrift begrenzt die innerhalb eines VZ als SA abziehbaren Beiträge zur Basiskranken- und gesetzlichen Pflegeversicherung. Beiträge zum Erwerb eines Basiskranken- und gesetzlichen Pflegeversicherungsschutzes im Alter können allerdings weiterhin unbegrenzt im Jahr des Abflusses abgezogen werden, soweit der Steuerpflichtige wirtschaftlich endg. mit ihnen belastet ist und sie nicht zurückgefordert werden können. Diese Regelung bezieht sich nur auf Fallgestaltungen, in denen Beiträge für künftige Veranlagungszeiträume gezahlt werden.

31 **3. Nichtabziehbarer Teil der Beiträge zum Kranken- und Pflegeversicherungsschutz – KVBEVO (Abs. 5).** Sind in einem Versicherungstarif der Basisabsicherung dienende begünstigte und nicht begünstigte Versicherungsleistungen (Wahlleistungen) abgesichert, muss der Krankenversicherungsbeitrag aufgeteilt werden.[2] Aufgrund der Verordnungsermächtigung des Abs. 5 ist die – rechtmäßige – Krankenversicherungsbeitragsanteil-Ermittlungsverordnung (KVBEVO) ergangen.[3] Die Ermittlung erfolgt durch einheitliche prozentuale Abschläge auf die zugunsten des jeweiligen Tarifs gezahlte Prämie, soweit der nicht abziehbare Beitragsanteil nicht bereits ausgewiesen wird. Zur Aufteilung werden die auf diese Leistungen entfallenden Punkte ins Verhältnis zu den Punkten gesetzt, die den im Tarif insgesamt versicherten Leistungen entsprechen. Die VO sieht für die wesentlichen beitragsbestimmenden Leistungen einen proportional gleichbleibenden Abschlag vor. Enthält ein Tarif ausschließlich Mehrleistungen oder gewährt er ausschließlich einen Anspr. auf Krankentagegeld – die Beiträge sind abziehbar nach § 10 Abs. 1 Nr. 3a –, ist er vollständig nicht abziehbar. Die **Aufteilung ist v. der jeweiligen Krankenversicherung vorzunehmen** und dem Versicherten mitzuteilen. Zu den nicht begünstigten Leistungen gehören ferner die ambulanten Leistungen durch Heilpraktiker, die Erstattung der Aufwendungen für ein Einbettzimmer sowie der Aufwendungen für die Chefarztbehandlung, die Leistungen für Zahnersatz oder implantologische sowie kieferorthopädische Leistungen.

32 **VI. Sonstige Vorsorgeaufwendungen (Abs. 1 Nr. 3a).**[4] **1. Grundfragen.** Die sonstigen Vorsorgeaufwendungen werden – ggf. mit Vorsorgeaufwendungen iSv. Abs. 1 Nr. 3 – als SA[5] mit jeweils eigenen Höchstbeträgen gem. § 10 Abs. 4[6] gefördert. Diese Regelung ist verfassungsrechtlich nicht zu beanstanden.[7] Zu diesen gehören auch die nicht nach Abs. 1 Nr. 3 zu berücksichtigenden, weil nicht existenznotwendigen Beitragsbestandteile einer Krankenversicherung (Mehrleistungen, Wahltarife, Krankentagegeld[8]) und Beiträge für zusätzlich abgeschlossene private Pflegeversicherungen (Pflegekranken-, Pflegerentenversicherung).[9] Vereinbart der Versicherte im Rahmen seiner Krankenversicherung zB einen Selbstbehalt[10] oder erhält er eine Beitragsrückerstattung v. seiner Versicherung, sinken die v. ihm geleisteten Krankenversicherungsbeiträge, und es erhöht sich ggf. der Spielraum[11] für die Geltendmachung v. weiteren sonstigen Vorsorgeaufwendungen. Weiterhin begünstigt sind abgeflossene (§ 11 Abs. 2; Rn. 4 – Verrechnung nur innerhalb gleicher Versicherungsarten; kein WK-Abzug[12]) Beiträge

- zur gesetzlichen **Arbeitslosenversicherung** (§§ 167 ff. AFG) sowie zu privaten Versicherungen;
- zu Versicherungen gegen **Erwerbs- und Berufsunfähigkeit**[13] (zur Fremdversicherung s. § 4 Rn. 229 f. „Versicherungsleistungen"), die nicht Bestandteil einer Versicherung iSd. § 10 Abs. 1 Nr. 2 S. 1 Buchst. b sind, zB „loss-of-licence"-Versicherung der Piloten[14] (str.). Die Beiträge werden einmalig oder lfd. gezahlt;

1 Ausf. zu Beitragsvorauszahlungen BMF v. 24.5.2017, BStBl. I 2017, 820 Rz. 134 ff.
2 BFH v. 29.11.2017 – X R 26/16, BFH/NV 2018, 424.
3 S. die Begründungserwägungen BR-Drucks. 533/09; BMF v. 24.5.2017, BStBl. I 2017, 820 Rz. 110 ff.
4 BMF v. 24.5.2017, BStBl. I 2017, 820 Rz. 121 ff.
5 FG Berlin-Bdbg. v. 7.10.2014 – 6 K 6147/12, EFG 2015, 277: Bezieht sich eine Versicherung auf ein außerbetriebliches Risiko, können entspr. Ausgaben allenfalls als SA i.S.v. § 10 Abs. 1 Nr. 3 berücksichtigt werden.
6 BFH v. 23.1.2013 – X R 43/09, BStBl. II 2013, 608 – betr. ermäßigten Höchstbetrag (§ 10 Abs. 4 S. 2) bei Leistungen des ArbG für den Krankenversicherungsschutz des ArbN-Ehegatten.
7 BFH v. 9.9.2015 – X R 5/13, BStBl. II 2015, 1043, m. Anm. *Nöcker*, jurisPR-SteuerR 20/2016 Anm. 1; BVerfG v. 21.9.2017 – 2 BvR 2445/15, nv. Ein stfreier Zuschuss ist nach § 10 Abs. 2 S. 1 Nr. 1 HS 2 ausschließlich mit den Beiträgen für die Basisleistungen iSd. § 10 Abs. 1 Nr. 3 zu verrechnen; BFH v. 2.9.2014 – IX R 43/13, BStBl. II 2015, 257.
8 BMF v. 24.5.2017, BStBl. I 2017, 820 Rz. 121 ff.; H 10.5 EStH 2016.
9 BMF v. 24.5.2017, BStBl. I 2017, 820 Rz. 121 ff.; H 10.5 EStH 2016.
10 BFH v. 1.6.2016 – X R 43/14, BStBl. II 2017, 55, m. Anm. *Jachmann-Michel*, jurisPR-SteuerR 6/2017 Anm. 3.
11 Bericht des FinA v. 17.6.2009, BT-Drucks. 16/13429, 68.
12 BFH v. 13.10.2015 – IX R 35/14, BStBl. II 2016, 210 = FR 2016, 373: auch bei Finanzierung eines Immobilienobjekts keine WK bei den Einkünften aus VuV; m. Anm. *Jachmann-Michel*, jurisPR-SteuerR 16/2016 Anm. 4.
13 BMF v. 24.5.2017, BStBl. I 2017, 820 Rz. 121.
14 BFH v. 13.4.1976 – VI R 87/73, BStBl. II 1976, 599; H 10.5 EStH 2016.

- zur **Versicherung gegen außerbetriebliche Unfälle**[1] (zB für Auto- und Flugzeuginsassen), wenn es sich nicht um eine Unfallversicherung mit garantierter Beitragsrückzahlung handelt, die insgesamt als Rentenversicherung oder Kapitalversicherung behandelt wird;
- zu **Unfallversicherungen**. Aufwendungen des ArbN für eine Unfallversicherung, die das Unfallrisiko sowohl im beruflichen als auch im außerberuflichen Bereich abdeckt, sind teils WK, teils SA; soweit die Beiträge nicht WK sind, liegen sonstige Vorsorgeaufwendungen nach § 10 Abs. 1 Nr. 3a vor;[2]
- zu **Haftpflichtversicherungen** (zB Familien-, Jagd-, Berufs- Tierhaftpflicht; keine Sachversicherungen). Bei betrieblicher und privater Kfz.-Nutzung ist eine Aufteilung erforderlich. Zur Inanspruchnahme neben der Entfernungspauschale s. R 10.5 EStH 2016;
- zu **Risikoversicherungen**, die **nur für den Todesfall** eine Leistung vorsehen (**Risikolebensversicherungen**). Beiträge zu anderen ab 2005 abgeschlossenen Lebensversicherungen sind nicht mehr abziehbar. Keine SA sind Beiträge zu reinen Erlebensversicherungen, bei denen der Todesfall nicht mitversichert ist. Begünstigt sind zB Beiträge an Witwen- und Waisenkassen, Sterbe- und Versorgungskassen; Bausparrisikoversicherung; uU – soweit nicht ausnahmsweise BA (§ 4 Rn. 229f. „Versicherungsleistungen"; s. auch § 4b) – die Versicherung auf das Leben eines MU'ers/Betriebsangehörigen; BA insbes. bei Bezugsberechtigung des Unternehmens.[3] Laufende Beiträge werden nicht vorausgesetzt;
- zur Erbschaftsteuerversicherung (H 10.5 EStH 2016).

2. Übergangsregelung für kapitalbildende Lebensversicherungen (Abs. 1 Nr. 3a HS 2). Abziehbar sind unter weiteren Voraussetzungen Beiträge zu Versicherungen iSd. Abs. 1 Nr. 2 Buchst. b bb bis dd in der am 31.12.2004 geltenden Fassung.[4] 33

3. Höchstbeträge für Vorsorgeaufwendungen nach Abs. 1 Nr. 3 und 3a (Abs. 4).[5] Die Abziehbarkeit weiterer Vorsorgeaufwendungen ist zwar verfassungsrechtl. nicht geboten. Eine stl. Berücksichtigung „kann aber einen sozialpolitischen sinnvollen Anreiz setzen". In Fortschreibung des bisherigen Rechts gibt es deshalb vorbehaltlich des Mindestansatzes[6] der Günstigerprüfung nach Abs. 4a (Rn. 37) ein gemeinsames – auf 1 900 bzw. 2 800 Euro erhöhtes – Abzugsvolumen. Dieses mindert sich nach Maßgabe des Abs. 4 S. 2 auf 1 900 Euro bei StPfl., die ganz oder teilw. ohne eigene Aufwendungen einen Anspr. auf vollständige oder teilw. Erstattung oder Übernahme v. Krankheitskosten haben oder für deren Krankenversicherung Leistungen iSd. § 3 Nrn. 9, 57, 62 oder § 3 Nr. 14 (betr. stfreie Zuschüsse zur Krankenversicherung der Rentner, § 106 SGB VI) oder – ab VZ 2008 – § 3 Nr. 57 (stfreie Leistungen der Künstlersozialkasse) erbracht werden. Die Kürzung unterbleibt, wenn der ArbG zwar Beiträge zur Rentenversicherung abführt, der StPfl. hieraus aber keine Anspr. erwirbt.[7] Probleme entstehen bei der Nachzahlung v. Arbeitslohn.[8] Bei zusammenveranlagten **Ehegatten** oder Lebenspartnern bestimmt sich der gemeinsame Höchstbetrag aus der Summe der jedem Ehegatten unter den Voraussetzungen des Abs. 4 S. 1, 2 zustehenden Höchstbeträge.[9] Dem ohne eigene Beitragsleistung „mitversicherten" Ehegatten steht nur der verminderte Höchstbetrag zu. Die Nichtberücksichtigung v. **Kindern** ist verfassungswidrig (Rn. 15).[10] 34

Mit steigendem Arbeitseinkommen und damit verbundenen steigenden Krankenversicherungsbeiträgen verringert sich das für die sonstigen Vorsorgeaufwendungen zur Vfg. stehende Abzugsvolumen. Bezieher höherer Einkommen müssen eine zusätzliche Vorsorge für andere Lebensrisiken auch ohne eine Beteiligung des Fiskus finanzieren können. 35

4. Beitragsvorauszahlungen (§ 10 Abs. 1 Nr. 3 S. 4).[11] Die Vorschrift begrenzt die innerhalb eines VZ als SA abziehbaren Basiskranken- und gesetzlichen Pflegeversicherungsbeiträge, soweit diese für nach Ab- 35a

1 BMF v. 28.10.2009, BStBl. I 2009, 1275, zur stl. Behandlung von freiwilligen Unfallversicherungen.
2 Ausf. zur einkommen-(lohn-)steuerlichen Behandlung v. freiwilligen Unfallversicherungen BMF v. 28.10.2009, BStBl. I 2009, 1275; v. 24.5.2017, BStBl. I 2017, 820 Rz. 121.
3 BFH v. 14.3.1996 – IV R 14/95, BStBl. II 1997, 343 = FR 1996, 558 – Versicherung auf das Leben eines Dritten, eines Angehörigen, des Unternehmers bzw. des MU'ers.
4 Zu Rentenversicherungen mit Kapitalwahlrecht und Kapitalversicherungen gegen lfd. Beitragsleistungen mit Sparanteil BMF v. 22.8.2002, BStBl. I 2002, 827 idF v. 1.10.2009, BStBl. I 2009, 1188; weitere Nachweise H 10.5 EStH 2016.
5 Ausf. BMF v. 24.5.2017, BStBl. I 2017, 820 Rz. 125ff.
6 BMF v. 24.5.2017, BStBl. I 2017, 820 Rz. 129.
7 BFH v. 14.12.2005 – XI R 25/04, BFH/NV 2006, 1073.
8 BFH v. 17.5.2006 – X R 19/05, BFH/NV 2006, 2049.
9 BMF v. 24.5.2017, BStBl. I 2017, 820 Rz. 130ff., dort auch zur Einzelveranlagung nach § 26a und zu „Patchwork-Familien".
10 BMF v. 18.6.2018, BStBl. I 2018, 702: keine vorläufige Veranlagung mehr zu § 10 Abs. 3, 4 und 4a.
11 Ausf. BMF v. 24.5.2017, BStBl. I 2017, 820 Rz. 134ff.

lauf des VZ beginnende Beitragsjahre geleistet werden (Beitragsvorauszahlungen). Beitragsvorauszahlungen, die in der Summe das Zweieinhalbfache der im VZ vertraglich geschuldeten Beiträge überschreiten, sind nicht im Jahr der Verausgabung, sondern in dem VZ anzusetzen, für den sie geleistet wurden. Damit wird das Abflussprinzip des § 11 Abs. 2 S. 1 eingeschränkt.

36 **VII. Nicht begünstigte Versicherungen.** Als SA (uU aber – auch aufteilbar – BA/WK) nicht begünstigt sind Beiträge zu **Risikoversicherungen**, die nicht oder nicht nur für den Todesfall eine Leistung vorsehen, zB zu einer Erlebensfall-Risikoversicherung; ferner Beiträge zur Rechtsschutzversicherung[1] und zu reinen Sachversicherungen (insbes. Kfz.-Kasko-, Hausrat-, Hagel-, Feuer-, Wasser-, Diebstahl-, Reisegepäck- und Einbruchversicherung für WG des PV).[2]

37 **VIII. Günstigerprüfung (Abs. 4a).**[3] Nach dem vor VZ 2005 geltenden Recht (§ 10 Abs. 3/§ 3 Nr. 62 aF) konnten bei ArbN mit einem Bruttolohn v. jährlich bis zu 12 000 Euro/24 000 Euro die gesamten SozVers.beiträge als SA abgezogen werden. Die nach neuem Recht vorgesehene Abziehbarkeit mit 60 % führt zu einer Verschlechterung. In den Jahren 2005 bis 2019 wird daher v. Amts wegen geprüft, ob die Anwendung des § 10 Abs. 3 aF zu günstigeren Ergebnissen führt, wobei der Vorwegabzug mit ab dem Jahr 2011 schrittweise verringerten Höchstbeträgen anzusetzen ist.[4] Die Günstigerprüfung stellt damit sicher, dass der Aufbau einer Altersvorsorge in der aktiven Zeit in Höhe wenigstens des Existenzminimums v. Steuerzugriff verschont wird.[5] Der höhere Betrag wird bei der Ermittlung der ESt-Bemessungsgrundlage berücksichtigt. Die in die Günstigerprüfung einzubeziehenden Aufwendungen bestimmen sich stets nach neuem Recht. Hierzu gehört nicht der nach Abs. 1 Nr. 2 S. 2 hinzuzurechnende Betrag. Für die Jahre 2011 bis 2019 werden bei der Anwendung des Abs. 3 die Höchstbeträge schrittweise nach Maßgabe der Tabelle zu Abs. 4a gekürzt. Wegen der Einzelfragen wird Bezug genommen auf BMF v. 24.5.2017, BStBl. I 2017, 820, Rn. 207 ff. („Günstigerprüfung" nach Abs. 4a, mit instruktiven Beispielen).

37a **IX. Übergangsregelung für bestimmte Vorsorgeaufwendungen (Abs. 6).** § 10 Abs. 6 ist eingefügt worden durch Art. 2 Nr. 6 lit. d des Kroatien-AnpG[6] mWv. 31.7.2014. Die Bestimmung übernimmt inhaltlich unverändert die bislang in § 52 Abs. 24 Satz 1 und 2 getroffenen Regelungen, soweit sie noch erforderlich rsind.[7]

D. Gezahlte Kirchensteuer (Abs. 1 Nr. 4)

38 KiSt[8] sind Geldleistungen (auch „Kirchgeld"), welche die als Körperschaften des öffentl. Rechts anerkannten inländ. Religionsgemeinschaften (Art. 140 GG iVm. Art. 137 Abs. 6 WRV) v. ihren Mitgliedern aufgrund gesetzlicher Bestimmungen erheben. Freiwillige zusätzliche Leistungen sind Spenden (§ 10b). Wie KiSt sind Beiträge an den Bund evangelisch-freikirchlicher Gemeinschaften in Deutschland und an die Neuapostolische Kirche zu berücksichtigen. Der Abzug als SA ist zulässig im Umfang der tatsächlichen Zahlung unter Berücksichtigung etwaiger Erstattungen (Rn. 5).[9] Zahlungen in willkürlicher Höhe sind nicht abziehbar.[10] „Nebenkosten" (Stundungs-, Aussetzungszinsen, Säumnis- und Verspätungszuschläge) sind nicht als SA abziehbar.[11] Nach näherer Maßgabe der R 10.7 EStR können Beiträge der Mitglieder v. Religionsgemeinschaften (**Kirchenbeiträge**), die mindestens in einem Bundesland als Körperschaften des öffentl. Rechts anerkannt sind, aber während des ganzen Kj. keine KiSt erheben, aus Billigkeitsgründen wie KiSt abgezogen werden.[12] Zu KiSt an Religionsgemeinschaften in EU-/EWR-Staaten (Kirchen in Finnland und Dänemark) s. H 10.7 EStH 2016.[13] Maßgeblich sind die gezahlten Kirchenbeiträge; dabei ist die

1 BVerfG v. 7.8.1985 – 1 BvR 707/85, HFR 1987, 34.
2 Ausf. H 10.5 EStH 2017.
3 BMF v. 24.5.2017, BStBl. I 2017, 820 Rz. 207 ff., mit ausf. Rechenbeispielen. S. ferner H 10.11 EStH 2016 „Bemessungsgrundlage für die Kürzung des Vorwegabzugs".
4 BT-Drucks. 15/3004, 18.
5 BFH v. 18.11.2009 – X R 6/08, BStBl. II 2010, 282 = FR 2010, 389; v. 18.11.2009 – X R 34/07, BStBl. II 2010, 149 = FR 2010, 390.
6 G v. 25.7.2014, BGBl. I 2014, 1266.
7 BT-Drucks. 18/1529, 52.
8 R 10.7 EStR 2017; H 10.7 EStH 2017; zu glaubensverschiedenen Ehen BFH v. 22.1.2002 – I B 18/01, BFH/NV 2002, 674.
9 BFH v. 22.11.1974 – VI R 138/72, BStBl. II 1975, 350 – versehentlich festgesetzte Zahlung.
10 BFH v. 25.1.1963 – VI 69/61 U, BStBl. III 1963, 141; H 10.7 EStH 2017.
11 *H/H/R*, § 10 Rn. 206; *K/S/M*, § 10 Rn. B 111.
12 BFH v. 10.10.2001 – XI R 52/00, BStBl. II 2002, 201 = FR 2002, 412 – Billigkeitsmaßnahme gem. § 163 AO; H 10.7 EStH 2017.
13 Zur fiktiven Einordnung anderer ausl. Kirchen als Körperschaft des öffentl. Rechts BMF v. 16.11.2010, BStBl. I 2010, 1311.

stl. Berücksichtigung der insgesamt gezahlten Beiträge begrenzt auf 9 % der für den VZ endg. festgesetzten ESt.[1] Die **Einschränkung des SA-Abzugs im HS 2** hat folgende Bewandtnis: Wird die ESt für Einkünfte aus KapVerm. als KapESt erhoben, wird die KiSt bei der Bemessung des für die KapESt geltenden Steuersatzes nach § 32d Abs. 1 mindernd in die Berechnung einbezogen. Damit wird die mit dem SA-Abzug verbundene mindernde Wirkung bereits unmittelbar berücksichtigt. Der Abzug der KiSt als SA iRd. Veranlagung zur ESt wird daher insoweit ausgeschlossen.[2] Kapitalerträge, die nicht dem Abzug der KapESt unterliegen (zB im Ausland angefallene Kapitalerträge), sind nach § 32d Abs. 3 iRd. ESt-Erklärung anzugeben. Bei der Steuerfestsetzung nach § 32d Abs. 3 wird die Abgeltungsteuer auf diese Kapitalerträge nach § 32d Abs. 1 berechnet. Bei bestehender KiStPfl. erfolgt hiernach eine pauschale Minderung der auf die Kapitalerträge entfallenden KiSt um 25 vH (pauschalierter SA-Abzug nach § 32d Abs. 1 S. 3–5). Zu Rechtsfragen iZ mit der Erstattung v. KiSt s. Rn. 6a.

E. Kinderbetreuungskosten (Abs. 1 Nr. 5)

I. Regelungsgegenstand. Der Regelungsgehalt des früheren § 9c wird vereinfachend in § 10 Abs. 1 Nr. 5 normiert. Es ist verfassungsgemäß, den Abzug von Kinderbetreuungskosten vom Vorliegen bestimmter persönlicher Anspruchsvoraussetzungen wie Erwerbstätigkeit, Ausbildung, längerfristige Erkrankung uÄ abhängig zu machen;[3] ferner, dass auch bei zusammenlebenden Eltern mit drei unter vierjährigen Kindern keine zwangsläufige Fremdbetreuungsnotwendigkeit angenommen wird – ebenfalls nicht aus einer während der Eigenbetreuung von Kindern eingetretenen Schwangerschaft.[4] Auch die Beschränkung des Abzugs auf zwei Drittel der Aufwendungen und einen Höchstbetrag von 4000 Euro je Kind ist verfassungsgemäß.[5] Kinderbetreuungskosten sind einheitlich als SA abziehbar. Das G verzichtet auf die persönlichen Anspruchsvoraussetzungen der Eltern. Betreuungskosten für Kinder im Sinne des § 32 Abs. 1 können jetzt ab Geburt des Kindes, wie bisher betragsmäßig eingeschränkt, grds. nur **bis zur Vollendung des 14. Lebensjahres** berücksichtigt werden.[6] Es gibt begriffliche Entsprechungen zu anderen Normen des EStG (z.B. § 35a „Haushalt des StPfl."/„haushaltsnah", § 24c, § 34f – „zum Haushalt des StPfl. gehörendes Kind"; § 35a Abs. 4 – „Dienstleistung", § 35a Abs. 2 und 4 S. 1 – „Betreuungsleistungen"; § 34 Abs. 4 „Behinderung"). Die Nachweispflichten des Abs. 1 Nr. 5 S. 4 entsprechen denen des § 35a Abs. 5 S. 4. Für die Anknüpfung außersteuerlicher Normen an steuerliche Einkommensbegriffe gilt § 2 Abs. 5 S. 2. Bei beschränkter StPfl. ist der Abzug ausgeschlossen (§ 50 Abs. 1 S. 1). 38a

II. Verhältnis zu anderen Vorschriften. § 10 Abs. 1 Nr. 5 ist ggü. den Aufwendungen für haushaltsnahe Beschäftigungsverhältnisse (§ 35a) grds. vorrangig. Eine StErmäßigung nach dieser Vorschrift kommt auch dann nicht in Betracht, wenn sich die Aufwendungen (zB wegen Überschreiten des Höchstbetrages) stl. nicht auswirken. Aufwendungen im Haushalt, die nicht für die Kinderbetreuung anfallen, können nach § 35a neben Abs. 1 Nr. 5 geltend gemacht werden.[7] Ein Abzug v. Aufwendungen als **ag. Belastung** (§§ 33 ff.) kommt nicht in Betracht, wenn für sie der SA-Abzug gegeben ist (§ 33 Abs. 2 S. 2). Andere Aufwendungen als Kinderbetreuungskosten (zB Krankheitskosten) können jedoch zusätzlich unter den Voraussetzungen des § 33 abziehbar sein. Der **Kinderfreibetrag nach § 32 Abs. 6 und der Ausbildungsfreibetrag nach § 33a Abs. 2** sind neben den Kinderbetreuungskosten zu berücksichtigen. 38b

III. Berücksichtigungsfähige Kinder. Abs. 1 Nr. 5 verweist auf § 32 Abs. 1 (s. auch § 32 Rn. 2). Danach sind Betreuungskosten für die im ersten Grad mit dem StPfl. verwandten Kinder (§ 32 Abs. 1 Nr. 1; auch Adoptivkinder) und Pflegekinder (§ 32 Abs. 1 Nr. 2) abziehbar. **Stiefkinder und Enkelkinder werden grds. nicht berücksichtigt**, es sei denn, es handelt sich gleichzeitig um Pflegekinder. Das Kind darf das 14. Lebensjahr noch nicht vollendet haben. Für die Betreuung älterer behinderter Kinder gilt die 2. Alt. des S. 1, wenn das Kind wegen einer vor Vollendung des **25. Lebensjahres** eingetretenen körperlichen, geistigen oder seelischen **Behinderung** außerstande ist, sich selbst zu unterhalten. Diese tatbestandlichen Voraussetzungen entsprechen denen in **§ 32 Abs. 4 S. 1 Nr. 3** (§ 32 Rn. 15). Zu berücksichtigen sind auch Kinder, die wegen einer vor Vollendung des 25. Lebensjahres eingetretenen körperlichen, geistigen oder seelischen Behinderung außerstande sind, sich selbst zu unterhalten. Das gilt auch für Kinder, die wegen einer vor dem 1.1.2007 in der Zeit ab Vollendung des 25. Lebensjahres und vor Vollendung des 27. Le- 38c

---

1 BFH v. 12.6.2002 – XI R 96/97, BStBl. II 2003, 281; zum Abzug von Kirchenbeiträgen wie KiSt OFD Ffm. v. 12.4.2017, S 2221 A-46-St 218.
2 BR-Drucks. 220/07, 86, 96 ff., 108 f., 114 ff.
3 BFH v. 5.7.2012 – III R 80/09, BStBl. II 2012, 816 = FR 2013, 138 m. Anm. *Greite*, m. Anm. *Selder*, jurisPR-SteuerR 17/2014 Anm. 2 (Verfassungsbeschwerde nicht angenommen, BVerfG 2 BvR 2454/12).
4 BFH v. 14.11.2013 – III R 18/13, BStBl. II 2014, 383 = FR 2014, 567, m. Anm. *Selder*, jurisPR-SteuerR 17/2014 Anm. 2.
5 BFH v. 9.2.2012 – III R 67/09, BStBl. II 2012, 567 = FR 2012, 972, m. Anm. *Selder*, jurisPR-SteuerR 33/2012 Anm. 2.
6 Zur stl. Berücksichtigung von Kinderbetreuungskosten ab dem VZ 2012 BMF v. 14.3.2012, BStBl. I 2012, 307.
7 BMF v. 14.3.2012, BStBl. I 2012, 307 Rz. 30.

bensjahres eingetretenen körperlichen, geistigen oder seelischen Behinderung außerstande sind, sich selbst zu unterhalten (§ 52 Abs. 24a S. 2). Es ist nicht erforderlich, dass die Unfähigkeit zum Selbstunterhalt bei Vollendung des 25. Lebensjahres besteht (§ 32 Rn. 15). Die Definition der **Behinderung** ergibt sich aus **§ 2 Abs. 1 SGB IX**. Die Behinderung ist – ggf. durch ärztliche Bescheinigung – nachzuweisen (§ 32 Rn. 20).

38d **IV. Nicht unbeschränkt steuerpflichtige Kinder (Nr. 5 S. 3).** Ist das zu betreuende Kind nicht nach § 1 Abs. 1 oder Abs. 2 unbeschränkt estpfl., ist der in S. 1 genannte **Betrag zu kürzen**, soweit es nach den Verhältnissen im Wohnsitzstaat des Kindes notwendig und angemessen ist. Eine Ausnahme für Staatsangehörige eines Mitgliedstaates der EU ist nicht vorgesehen. Die Kürzungsregelung der Nr. 5 S. 3 entspricht der des § 32 Abs. 6 S. 4 (s. dort). Für die Berechnung der Kürzung s. BMF v. 20.10.2016, BStBl. I 2016, 1183.

38e **V. Haushalt des Steuerpflichtigen.** S. zunächst § 32 Rn. 4 ff., zum Begriff „Haushaltsaufnahme" § 64 Rn. 2. Zum Abzug von Kinderbetreuungskosten ist grundsätzlich nur der Elternteil berechtigt, der die Aufwendungen getragen hat und zu dessen Haushalt das Kind gehört.[1] Trifft dies auf beide Elternteile zu, kann jeder seine tatsächlichen Aufwendungen grundsätzlich nur bis zur Höhe des hälftigen Abzugshöchstbetrags geltend machen. Haushaltszugehörigkeit bedeutet, dass das Kind bei einheitlicher Wirtschaftsführung **unter Leitung des StPfl. dessen Wohnung teilt** oder sich mit Einwilligung des StPfl. vorübergehend außerhalb der Wohnung aufhält.[2] Die Haushaltszugehörigkeit richtet sich nicht nach der familienrechtl. Pflicht zur Personensorge, sondern grds. danach, mit wem ein Kind tatsächlich in einem Haushalt zusammenlebt.[3] Ein zB in einem Internat[4] oder einem Heim[5] untergebrachtes Kind kann dort seinen Wohnsitz oder ständigen Aufenthalt haben, ohne dass dadurch in jedem Fall seine Zugehörigkeit zum Haushalt des StPfl. verloren gehen müsste. Der Tatbestand kann ungeachtet einer anderen Unterbringung erfüllt sein, wenn diese keine Zugehörigkeit zu einem anderen Haushalt begründet.[6] Die Betreuung des Kindes im Haushalt eines Berechtigten muss einen zeitlich bedeutsamen Umfang haben; die Aufenthalte des Kindes dürfen nicht nur Besuchs- oder Feriencharakter haben.[7] Leben die Eltern getrennt, kann **in Ausnahmefällen eine gleichzeitige Zugehörigkeit zu den Haushalten beider Elternteile** bestehen, wenn das Kind tatsächlich zeitweise beim Vater und zeitweise bei der Mutter lebt und nach den tatsächlichen Umständen des einzelnen Falles als in beide Haushalte eingegliedert anzusehen ist.[8] Nach Auffassung des BMF ist bei nicht zusammenlebenden Elternteilen grds. die Meldung des Kindes maßgebend.[9]

38f **VI. Begünstigte Aufwendungen. 1. Aufwendungen zur Kinderbetreuung.** Der Begriff der Betreuung ist weit zu fassen.[10] „Betreuung" (= Personensorge iSd. § 1631 BGB) ist die behütende oder beaufsichtigende persönliche Fürsorge für das Kind einschl. der pädagogisch sinnvollen Beaufsichtigung (nicht lediglich Verwahrung), auch außer Haus, vor allem auch in Kindergärten,[11] Tageseinrichtungen (§ 22 SGB VIII), Kitas und ähnlichen Einrichtungen, bei Tagesmüttern und in Ganztagspflegestellen, auch durch Kinderpfleger, Erzieher und Hilfen im Haushalt sowie bei der Beaufsichtigung von häuslichen Schulaufgaben[12]. Der **Begriff der Dienstleistung** umfasst jede Tätigkeit, die aufgrund einer v. vornherein bestehenden oder freiwillig eingegangenen Verpflichtung, nicht jedoch auf familienrechtl. Grundlage erbracht wird.[13] Es genügt die Vereinbarung über eine Geschäftsbesorgung iSv. § 675 BGB, nicht jedoch ein bloßes Gefälligkeitsverhältnis.[14] Bei Dienstleistungen v. **Angehörigen** des StPfl. ist eine klare und eindeutige Vereinbarung Voraussetzung, die dem zw. fremden Dritten Üblichen entspricht.[15] Aufwendungen für eine Pers., zu der das Kind in einem **Kindschaftsverhältnis** steht (vgl. § 63) sowie Leistungen an eine Person,

---

1 BFH v. 25.11.2010 – III R 79/09, BStBl. II 2011, 450 = FR 2011, 489.
2 BFH v. 14.3.1989 – IX R 45/88, BStBl. II 1989, 776 = FR 1989, 660; v. 14.4.1999 – X R 11/97, BStBl. II 1999, 594 = FR 1999, 812 m. Anm. *Kanzler*; ausf. BMF v. 14.3.2012, BStBl. I 2012, 307 Rz. 12 ff.
3 BFH v. 5.6.1997 – III R 19/96, BStBl. II 1998, 12 = FR 1997, 857; vgl. auch BFH v. 24.10.2000 – VI R 21/99, BFH/NV 2001, 444 zu § 64.
4 FG Thür. v. 25.10.2016 – 2 K 95/15, EFG 2016, 1940 (rkr.); FinMin. SchlHol. v. 21.12.2017 – VI 303 - S 2221 - 356, juris.
5 BFH v. 29.9.2008 – III B 193/07, juris; BMF v. 14.3.2012, BStBl. I 2012, 307 Rz. 12.
6 BFH v. 15.4.1992 – III R 80/90, BStBl. II 1992, 896 = FR 1992, 693 – Behandlung sog. Auslandskinder.
7 BFH v. 22.9.2004 – III R 40/03, BStBl. II 2005, 326; hierzu *Dürr*, jurisPR-SteuerR 15/2005 Anm. 1; BFH v. 23.3.2005 – III R 91/03, BStBl. II 2008, 752 = FR 2005, 902 m. Anm. *Greite*.
8 BFH v. 28.4.2010 – III R 79/08, BStBl. II 2011, 30 = FR 2010, 997 m. Anm. *Greite*.
9 BMF v. 14.3.2012, BStBl. I 2012, 307 Rz. 12 f.
10 Ausf. BFH v. 19.4.2012 – III R 29/11, BStBl. II 2012, 862 = FR 2013, 189.
11 BT-Drucks. 16/643, 9; BT-Drucks. 16/974, 6.
12 BMF v. 14.3.2012, BStBl. I 2012, 307 Rz. 3.
13 BFH v. 10.4.1992 – III R 184/90, BStBl. II 1992, 814 = FR 1992, 482 m. Anm. *Kanzler*; v. 4.6.1998 – III R 94/96, BFH/NV 1999, 163; BMF v. 14.3.2012, BStBl. I 2012, 307 Rz. 4.
14 BFH v. 4.6.1998 – III R 94/96, BFH/NV 1999, 163.
15 BFH v. 4.6.1998 – III R 94/96, BFH/NV 1999, 163; BMF 14.3.2012, BStBl. I 2012, 307.

die für das betreute Kind Anspruch auf einen Freibetrag nach § 32 Abs. 6 oder auf Kindergeld hat, sind nicht berücksichtigungsfähig.[1] Auch bei einer eheähnlichen Lebensgemeinschaft oder einer Lebenspartnerschaft zw. dem StPfl. und der Betreuungsperson ist eine Berücksichtigung v. Kinderbetreuungskosten nicht möglich.[2]

Aufwendungen für die Kinderbetreuung sind **alle Ausgaben in Geld oder Geldeswert** (zB Wohnung, Kost, Waren, Sachleistungen), die für die Betreuung eines Kindes aufgebracht werden. Dazu gehören auch Fahrtkosten, die der Betreuungsperson erstattet werden,[3] nicht aber Kosten für die Verpflegung des Kindes während der Betreuung[4] oder Aufwendungen des StPfl., die nicht für die Betreuungsperson durch die Betreuung der Kinder veranlasst wurden, wie zB die Kosten der Fahrten zur Betreuung.[5] Reduziert ein StPfl. die Arbeitszeit, um Kinder zu betreuen, stellt die Gehaltseinbuße keinen Aufwand für Kinderbetreuung dar.[6] Entstehen Kosten gleichzeitig für andere Leistungen, sind die Kosten grds. im Schätzungswege (§ 162 AO) aufzuteilen.[7] Bei Aufnahme eines Au-Pairs kann ohne Nachweis ein Anteil v. 50 % als Kinderbetreuungsaufwand berücksichtigt werden.[8] 38g

2. Ausgeschlossene Aufwendungen (Nr. 5 S. 2). Die nach Nr. 5 S. 2 ausgeschlossenen Aufwendungen sind durch den Kinderfreibetrag oder das Kindergeld abgegolten. Vom Abzug ausgeschlossen sind **Aufwendungen für Unterricht** (Schulgeld, Nachhilfe- oder Fremdsprachenunterricht, Kosten für Klassenfahrten, Aufwendungen für Schreibmaschinen- oder PC-Kurse, Fahrschulkosten, Tanzkurse oä. Aufwendungen).[9] Der „Unterricht" umfasst Dienstleistungen in einem regelmäßig organisatorisch, zeitlich und räumlich verselbstständigten Rahmen, wenn die gleichzeitig ausgeübte Aufsicht gegenüber der Vermittlung der besonderen – sprachlichen, musischen, sportlichen – Fähigkeiten als dem Hauptzweck der Dienstleistung in den Hintergrund rückt.[10] Wird aus Anlass der Betreuung eines Kindes v. den Erziehern oder Haushaltshilfen auch bei der Erledigung der häuslichen Schulaufgaben geholfen, sind diese Aufwendungen abziehbar.[11] Umfassen Elternbeiträge für eine **Nachmittagsbetreuung in der Schule** nicht nur eine Hausaufgabenbetreuung, so sind Entgeltanteile, die zB auf Nachhilfe oder bestimmte Kurse (zB Computerkurs) oder auf eine etwaige Verpflegung entfallen, nicht zu berücksichtigen. Ein Abzug v. Kinderbetreuungskosten ist nur möglich, wenn eine entsprechende Aufschlüsselung der Beiträge vorliegt.[12] 38h

3. Höhe der Aufwendungen; Höchstbetrag. Kinderbetreuungskosten sind in Höhe von zwei Dritteln der Aufwendungen, höchstens mit 4 000 Euro je Kind abziehbar; dies auch bei einem Elternpaar, das entweder gar nicht oder nur zeitweise zusammengelebt hat. Der **Höchstbetrag** ist ein Jahresbetrag. Eine zeitanteilige Aufteilung findet auch dann nicht statt, wenn für das Kind nicht im gesamten Kj. Betreuungskosten angefallen sind.[13] Die erwerbsbedingten Aufwendungen sind iRd. Quotelung nach S. 1 v. **ersten Euro an** abziehbar. 38i

Sowohl gegen die ⅔-Begrenzung als auch gegen die Höhe v. 4 000 Euro werden **verfassungsrechtliche Bedenken** mit der Begr. erhoben,[14] dass es sich um zwangsläufige Aufwendungen handele, die in vollem Umfang berücksichtigt werden müssten. Unter Hinweis auf die Freiheit der Eltern, über die Art und Weise der Betreuung eigener Kinder eigenverantwortlich zu entscheiden,[15] wird eine Verletzung des Art. 6 GG erörtert.[16] Nach Auffassung des BFH[17] ist es geboten, Kinderbetreuungskosten, die aus anderen Gründen als 38j

---

1 BFH v. 6.11.1997 – III R 27/91, BStBl. II 1998, 187.
2 BMF v. 14.3.2012, BStBl. I 2012, 307 Rz. 4.
3 Vgl. BFH v. 28.11.1986 – III R 1/86, BStBl. II 1987, 490; BMF v. 14.3.2012, BStBl. I 2012, 307 Rz. 8.
4 BMF v. 14.3.2012, BStBl. I 2012, 307 Rz. 9.
5 BFH v. 29.8.1986 – III R 209/82, BStBl. II 1987, 167; v. 11.11.2011 – VI B 60/01, BFH/NV 2011, 876 mwN; BMF v. 14.3.2012, BStBl. I 2012, 307 Rz. 5.
6 BMF v. 14.3.2012, BStBl. I 2012, 307 Rz. 5.
7 BMF v. 14.3.2012, BStBl. I 2012, 307 Rz. 6; vgl. BFH v. 26.6.1996 – XI R 15/85, BStBl. II 1997, 33 = FR 1996, 716.
8 BMF v. 14.3.2012, BStBl. I 2012, 307 Rz. 7.
9 S. im Einzelnen BMF v. 14.3.2012, BStBl. I 2012, 307 Rz. 5 ff.
10 BFH v. 19.4.2012 – III R 29/11, BStBl. II 2012, 862 = FR 2013, 189.
11 Vgl. BFH v. 17.11.1978 – VI R 116/78, BStBl. II 1979, 142.
12 BMF v. 14.3.2012, BStBl. I 2012, 307 Rz. 9.
13 BMF v. 14.3.2012, BStBl. I 2012, 307 Rz. 18 mit instruktivem Beispiel.
14 Hierzu *Hey*, NJW 2006, 2001 (2004); Bedenken hat *Jachmann*, FR 2010, 123, 125.
15 Vgl. BVerfG v. 10.11.1998 – 2 BvR 1057/91, 2 BvR 1226/91, 2 BvR 980/91, BVerfGE 99, 216 (234) = BStBl. II 1999, 182.
16 *Seiler*, DStR 2006, 1631 (1635); *Hey*, NJW 2006, 2001 (2003).
17 Zur Verfassungsmäßigkeit des Abzugs von Kinderbetreuungskosten insgesamt BFH v. 9.2.2012 – III R 67/09, BStBl. II 2012, 567 = FR 2012, 972 m. Anm. *Greite*; *Selder*, jurisPR-SteuerR 33/2012 Anm. 2; BFH v. 5.7.2012 – III R 80/09, BStBl. II 2012, 816 = FR 2013, 138 m. Anm. *Greite*; BFH v 27.7.2017 – III R 1/09, BStBl. II 2018, 96 mwN.

der Erwerbstätigkeit eines alleinstehenden Elternteils oder der beiderseitigen Erwerbstätigkeit der zusammenlebenden Eltern notwendig sind, unter bestimmten Voraussetzungen als zwangsläufige Aufwendungen der grundrechtlich geschützten privaten Lebensführung in realitätsgerechter Höhe zum Abzug zuzulassen; er hält es für zweifelh., ob nicht weitere, neben den in §§ 4f., 9 Abs. 5 S. 1 und 10 Abs. 1 Nr. 8 genannten Zwangsläufigkeitsgründen – zB größere Anzahl minderjähriger Kinder – zu berücksichtigen wären.

38k **4. Zuordnung der Aufwendungen.** Für den Abzug von Kinderbetreuungskosten als SA kommt es bei verheirateten Eltern, die nach § 26b zusammen zur ESt veranlagt werden, nicht darauf an, welcher Elternteil die Aufwendungen geleistet hat oder ob sie von beiden getragen wurden.[1] Bei der Einzelveranlagung (§ 26a Abs. 2 S. 1) sind die SA demjenigen Ehegatten zuzurechnen, der die Aufwendungen wirtschaftlich getragen hat. Trifft dies auf beide Ehegatten zu, kann jeder seine tatsächlichen Aufwendungen grds. bis zur Höhe des hälftigen Abzugshöchstbetrags geltend machen; die Eltern können einvernehmlich eine anderweitige Aufteilung wählen; s. § 26a Abs. 2 S. 2 und 3.[2] Bei nicht verheirateten, dauernd getrennt lebenden oder geschiedenen Eltern ist derjenige Elternteil zum Abzug berechtigt, der die Aufwendungen getragen hat und zu dessen Haushalt das Kind gehört.[3] Trifft dies auf beide Elternteile zu, kann jeder seine tatsächlichen Aufwendungen grds. nur bis zur Höhe des hälftigen Höchstbetrags geltend machen; anders bei einvernehmlicher abweichender Aufteilung.

38l **VII. Nachweis der Aufwendungen (Nr. 5 S. 4).** Nr. 5 S. 4 fordert als Nachweis kumulativ sowohl die Vorlage einer **Rechnung** über die Betreuungsleistungen als auch den **Nachweis der Zahlung auf das Konto** des Erbringers der Leistung.[4] Dabei muss es sich nicht um eine Rechnung iSd. UStG handeln. Bei einem Minijob, einem Au-Pair-Verhältnis oder der Betreuung in einem Kindergarten genügen zB die entspr. Verträge.[5] Der Gesetzgeber fordert diesen bürokratischen Aufwand, um Missbrauch vorzubeugen und Schwarzarbeit zu bekämpfen.[6] Nach dem insoweit eindeutigen Wortlaut scheiden Barzahlungen grds. aus, selbst wenn diese durch Quittungen belegt werden. In einer Rechnung dürften jedoch mehrere Betreuungsleistungen zusammengefasst werden. S. zur vergleichbaren Rechtslage bei haushaltsnahen Dienstleistungen § 35a Rn. 12. Es gelten die Grundsätze zum abgekürzten Zahlungsweg, nicht die des abgekürzten Vertragswegs.[7]

F. Steuerberatungskosten (Abs. 1 Nr. 6 aF)

39 Die Vorschrift ist aufgehoben mit Wirkung v. 1.1.2006. Ab diesem Zeitpunkt können Steuerberaterkosten, die weder BA noch WK sind, nicht mehr als SA abgezogen werden.[8] S. iÜ Rn. 1.

G. Aufwendungen für die Berufsausbildung (Abs. 1 Nr. 7)

40 **I. Allgemeines zum SA-Abzug.** Der **Abzug v. BA/WK** hat **Vorrang vor dem SA-Abzug** (Rn. 1). Als SA abziehbar sind eigene Aufwendungen (Rn. 6; zum Ausnahmefall einer ag. Belastung § 33 Rn. 54 „Privatschule“; für Eltern gelten zB § 10 Abs. 1 Nr. 9 – Schulgeld, § 32 Abs. 6, § 33a, § 33b Abs. 6). Erhält der StPfl. zur unmittelbaren Förderung seiner Ausbildung **stfreie Bezüge** (§ 3, § 3c Rn. 4), mit denen Aufwendungen iSd. § 10 Abs. 1 Nr. 7 abgegolten werden, entfällt insoweit der SA-Abzug; eine Kürzung ist aus Vereinfachungsgründen nur dann vorzunehmen, wenn die stfreien Bezüge ausschließlich zur Bestreitung der Ausbildungsaufwendungen bestimmt sind.[9] Anders, wenn Zuschüsse zur Lebenshaltung gezahlt werden. Kostenerstattungen nach § 45 AFG sind anzurechnen, nicht hingegen das Unterhaltsgeld nach §§ 77, 59, 153 SGB III, §§ 12f. BAföG.[10] Von zusammenveranlagten Ehegatten kann jeder seinen Höchstbetrag nutzen, wobei unerheblich ist, wer die Kosten trägt; ein nicht ausgenutzter Höchstbetrag ist nicht übertragbar. Traditionell ist beim Zusammentreffen v. WK/Privataufwendungen und abgrenzbaren Berufsausbildungskosten eine Aufteilung möglich (Rn. 1).[11] ZB sind Aufwendungen für ein häusliches Arbeitszimmer entspr. der anteilmäßigen Nutzung in WK und SA aufzuteilen, wenn der ArbN das Arbeitszimmer

---

1 Zum Nachfolgenden BMF v. 14.3.2012, BStBl. I 2012, 307 Rz. 25ff.
2 BMF v. 14.3.2012, BStBl. I 2012, 307 Rz. 27.
3 BFH v. 25.11.2010 – III R 79/09, BStBl. II 2011, 450 = FR 2011, 489; BMF v. 14.3.2012, BStBl. I 2012, 307 Rz. 28.
4 Zur Zahlungsart und zum Ausschluss der Barzahlung BMF v. 14.3.2012, BStBl. I 2012, 307 Rz. 22f.
5 BMF v. 14.3.2012, BStBl. I 2012, 307 Rz. 21.
6 BT-Drucks. 16/643, 9.
7 Ausf. BFH v. 25.11.2010 – III R 79/09, BStBl. II 2011, 450 = FR 2011, 489; BMF v. 14.3.2012, BStBl. I 2012, 307 Rz. 24, 29.
8 S. BMF v. 21.12.2007, BStBl. I 2008, 256.
9 R 10.9 EStR 2017.
10 BFH v. 7.2.2008 – VI R 41/05, BFH/NV 2008, 1136.
11 BFH v. 22.6.1990 – VI R 2/87, BStBl. II 1990, 901 = FR 1990, 617 – häusliches Arbeitszimmer für Studierzwecke; v. 18.4.1996 – VI R 54/95, BFH/NV 1996, 740 mwN.

zeitlich nacheinander entweder für berufliche Zwecke oder für Ausbildungszwecke benutzt.[1] Zu „nachlaufenden" Studiengebühren s. R 10.9 EStR 2016.

Das **AOÄndG** hatte mit Wirkung zum 1.1.2004 durch Einfügung des § 12 Nr. 5 die Erstausbildung und das Erststudium[2] klarstellend (str.) grds. – abgesehen vom Ausbildungsdienstverhältnis (Rn. 51) – den Lebenshaltungskosten zugewiesen.[3] Nach Auffassung des BFH war dieses gesetzgeberische Ziel nicht erreicht worden. Dem war indes nicht zu folgen. Diese – auch vereinfachend wirkende – Typisierung verstößt nicht gegen das objektive Nettoprinzip.[4] Demgegenüber hat der BFH[5] entschieden, dass Aufwendungen einer **erstmaligen Berufsausbildung** vorab entstandene WK sein können, wenn ein hinreichend konkreter Veranlassungszusammenhang zu einer gegenwärtigen oder künftigen beruflichen Tätigkeit bestehe. Entschieden wurden ua. Fälle der erstmaligen Ausbildung zum Berufspiloten[6] und des nach dem Abitur durchgeführten Medizinstudiums.[7] Die Frage liegt dem BVerfG vor (s. Rn. 43). Die Rspr. wurde mE zu Recht als mit Wortlaut, Systematik und Entstehungsgeschichte des G nicht vereinbar kritisiert.[8] 41

Der Gesetzgeber hat mit dem BeitrRLUmsG[9] die alte Rechtslage durch Einfügung des § 4 Abs. 9/§ 9 Abs. 6 unter Anhebung des Freibetrags auf 6000 Euro (§ 10 Abs. 1 Nr. 7) wiederhergestellt. Hiernach sind Aufwendungen eines StPfl. für ein Erststudium, welches zugleich eine Erstausbildung vermittelt und das nicht im Rahmen eines Dienstverhältnisses stattgefunden hat, keine (vorweggenommenen) BA; dies ist verfassungskonform.[10] Mit der Ergänzung des § 9 um Abs. 6 (§ 9 Rn. 147ff.) und des § 4 um Abs. 9 wird klargestellt, dass Kosten für eine **erstmalige Berufsausbildung** oder für ein **Erststudium**, das zugleich eine Erstausbildung vermittelt, nur nach § 10 Abs. 1 Nr. 7 berücksichtigt werden können, wenn nicht diese Berufsausbildung oder dieses Erststudium im Rahmen eines Dienstverhältnisses stattfinden.[11] Das Abzugsverbot normiert die Grundentscheidung des Gesetzgebers, dass **die erste Berufsausbildung und das Erststudium als Erstausbildung der privaten Lebensführung zuzuordnen** sind; Aufwendungen für die eigene Berufsausbildung, die hiernach nicht BA oder WK sind, sind abziehbar nach § 10 Abs. 1 Nr. 7. Abziehbar sind jetzt die **Kosten eines Studiums nach einer Erstausbildung** (§ 12 Nr. 5, § 4 Abs. 9, § 9 Abs. 6; Rn. 47). Eine weitere Berufsausbildung, ein Studium nach einer abgeschlossenen nicht akademischen Berufsausbildung[12] oder ein Zweitstudium können zu BA/WK führen, wenn ein hinreichend konkreter, objektiv feststellbarer Zusammenhang mit späteren im Inland stpfl. Einnahmen aus der angestrebten beruflichen Tätigkeit besteht. Der VI. Senat des BFH hat das BVerfG angerufen (Rn. 43).[13] 42

II. Berufsausbildung. Ausbildungskosten des StPfl. bis zum Abschluss der Erstausbildung sind bis zu 6000 Euro im Kj. als SA abziehbar, sofern die Ausbildung nicht im Rahmen eines Dienstverhältnisses stattfindet. Dagegen sind die Aufwendungen für eine weitere Ausbildung – einschließlich eines Studiums nach einer ersten Berufsausbildung oder nach einem Erststudium – grds. als WK oder BA abziehbar, wenn ein Veranlassungszusammenhang zur späteren Einkünfteerzielung besteht. Die Berufsausbildung ist eine „erstmalige", wenn ihr keine andere abgeschlossene Berufsausbildung bzw. kein abgeschlossenes berufsqualifizierendes Hochschulstudium vorausgegangen ist.[14] In Berufsausbildung befindet sich, wer sein 43

---

1 BFH v. 18.4.1996 – VI R 54/95, BFH/NV 1996, 740; ausf. BMF v. 3.4.2007, BStBl. 2007, 442 Rz. 16 – Nutzung eines häuslichen Arbeitszimmers zu Ausbildungszwecken und zur Erzielung v. Einkünften.

2 Ausf. BMF v. 22.9.2010, BStBl. I 2010, 721 Rz. 12ff.

3 Ausf. BMF v. 22.9.2010, BStBl. I 2010, 721.

4 Ausf. *Fischer*, jurisPR-SteuerR 2/2012 Anm. 1.

5 BFH v. 28.7.2011 – VI R 5/10, BStBl. II 2012, 553 = FR 2011, 1169.

6 BFH v. 28.7.2011 – VI R 5/10, FR 2011, 1169 = BFH/NV 2011, 1776.

7 BFH v. 28.7.2011 – VI R 38/10, FR 2011, 859 m. Anm. *Kanzler* = BFH/NV 2011, 1782; v. 28.7.2011 – VI R 7/10, FR 2011, 856 = BFH/NV 2011, 2912.

8 *Ismer*, FR 2011, 846; *Reiß*, FR 2011, 863.

9 G v. 7.12.2011, BGBl. I 2011, 2592.

10 BFH v. 5.11.2013 – VIII R 22/12, BStBl. II 2014, 165; hierzu *Pfützenreuter*, jurisPR-SteuerR 7/2014 Anm. 2; s. grundlegend *Trossen*, FR 2012, 501; *Förster*, DStR 2012, 485 (492ff.); **aA** der VI. Senat des BFH im Vorlagebeschl. v. 17.7.2014 – VI R 8/12, BFH/NV 2014, 1970, m. Anm. *Bergkemper*, jurisPR-SteuerR 50/2014 Anm. 3.

11 Bericht des FinA, BT-Drucks. 17/7543, 5f., 13f.: Diese Grundentscheidung folgt auch den Grundsätzen des Sozialrechts, in dem diese Ausbildungsbereiche der Bildungsförderung und nicht der Arbeitsförderung unterliegen. Der FinA nimmt Bezug auf BVerfG v. 8.7.1993 – 2 BvR 773/93, NJW 1994, 847. Zur verfassungsrechtl. Würdigung *P. Fischer*, jurisPR-SteuerR 2/2012 Anm. 1. BFH v. 17.7.2014 – VI R 2/12, BFH/NV 2014, 1954 und Parallelentsch. (BVerfG 2 BvL 23/14).

12 BFH v. 18.6.2009 – VI R 14/07, BStBl. II 2010, 816; BMF v. 22.9.2010, BStBl. I 2010, 721 Rz. 2: Die (dort umfänglich zitierte) Rspr. des BFH ist weiterhin anwendbar.

13 BFH v. 17.7.2014 – VI R 2/12, BFH/NV 2014, 1954 und Parallelentsch. (BVerfG 2 BvL 23/14). Es sind mehrere Verfahren beim BVerfG anhängig: 2 BvL 22/14, 2 BvL 23/14, 2 BvL 24/14, 2 BvL 25/14, 2 BvL 26/14 und 2 BvL 27/14.

14 BMF v. 22.9.2010, BStBl. I 2010, 721 Rz. 9ff.

Berufsziel noch nicht erreicht hat, sich aber ernstlich darauf vorbereitet. Der StPfl. muss beabsichtigen, eine Erwerbsgrundlage zu schaffen bzw. zu erhalten, und eine nachhaltige berufsmäßige Anwendung der erlernten Fähigkeiten zur Erzielung von Einkünften anstreben („berufliche Motivation").[1] Die erstmalige Berufsausbildung setzte nach Auffassung des BFH weder ein Berufsausbildungsverhältnis nach dem Berufsbildungsgesetz noch eine bestimmte Ausbildungsdauer voraus.[2] Nach Auffassung des BFH war nur maßgeblich, ob die Ausbildung den StPfl. befähigt, aus der angestrebten Tätigkeit Einkünfte zu erzielen.[3] Mit der Änderung des § 4 Abs. 9, § 9 Abs. 6 und durch die Aufhebung des § 12 Nr. 5 hat der Gesetzgeber mWv. 1.1.2015 „die erstmalige Berufsausbildung konkreter definiert und Mindestanforderungen festgelegt, um die gesetzliche Zielrichtung der bestehenden Regelung abzusichern".[4] Den SA-Abzug nach § 10 Abs. 1 Nr. 7 hat der Gesetzgeber bestehen lassen. § 32 Abs. 4 S. 1 Nr. 2 lit. a ist enger gefasst und hat eine andere Zwecksetzung (§ 32 Rn. 11).[5]

44 **III. Besuch von Allgemeinwissen vermittelnden Schulen.** Der Besuch v. Grund-, Haupt-, Real-, Fachschulen,[6] Gesamtschulen,[7] Fachoberschulen,[8] Gymnasien, Ersatz- und Ergänzungsschulen iSv. Art. 7 Abs. 4 GG und des Berufskollegs zum Erwerb der Fachhochschulreife[9] dient grds. der ersten Ausbildung iSv. § 12 Nr. 5. Dies gilt auch, wenn ein solcher Abschluss, zB das Abitur, nach Abschluss einer Berufsausbildung nachgeholt wird.[10] Gleichgestellt sind Berufsausbildungsabschlüsse v. Staatsangehörigen eines Mitgliedstaats der EU oder eines Vertragsstaats des EWR oder der Schweiz, die in einem dieser Länder erlangt werden, sofern der Abschluss in mindestens einem dieser Länder unmittelbar den Zugang zu dem entspr. Beruf eröffnet.[11]

45 **IV. Erwerb von Allgemeinbildung; Aufwendungen für ein Hobby.** Gegenbegriff zur Berufsausbildung ist der Erwerb von Allgemeinbildung. Objektive Umstände müssen erkennen lassen, dass die Kenntnisse durch spätere nachhaltige berufsmäßige Ausübung genutzt werden sollen[12] und nicht lediglich der Ausübung eines Hobbys dienen.[13] Der angestrebte Beruf muss nicht innerhalb bestimmter bildungspolitischer Zielvorstellungen des Gesetzgebers liegen.[14] Keine Ausbildung ist das Erlernen einer Fremdsprache[15] – anders bei Ausbildung zum Dolmetscher oder wenn eine Fremdsprache aus spezifisch berufsbezogenen Gründen erlernt wird – oder der deutschen Sprache;[16] die Aufwendungen hierfür können indes nach allg. Grundsätzen vorweggenommene BA/WK sein (§ 12 Rn. 8).[17] Nicht als SA abziehbar sind Aufwendungen, die im Rahmen ehrenamtlicher Betätigung im Wesentlichen nur den Ausgleich der entstandenen Aufwendungen bezwecken.[18] Der Erwerb v. Allgemeinbildung und Grundfertigkeiten (auch an der Volkshochschule; zB Schreibmaschinenkurs, Steptanzunterricht und Schwimmtraining) auch einer nicht berufstätigen Sportlehrerin[19] ist grds. keine Ausbildung, es sei denn, die Kurse haben einen unmittelbaren Bezug zu einem bestimmten Berufsbild und tatsächlich angestrebten Beruf. Hierzu gehören ferner Aufwendungen

---

1 BFH v. 15.3.2017 – VI R 14/04, BStBl. II 2007, 814; FG SchlHol. v. 16.5.2017 – 4 K 41/16, EFG 2017, 1422, zum Seniorenstudium „Theaterwissenschaften".

2 BFH v. 28.2.2013 – VI R 6/12, BFH/NV 2013, 1166 – zur Ausbildung einer Flugbegleiterin zur Flugzeugführerin.

3 BFH v. 28.2.2013 – VI R 6/12, BFH/NV 2013, 1166; s. aber zur Berufsausbildung BT-Drucks. 15/339, 11; BMF v. 22.9.2010, BStBl. I 2010, 721 Rz. 4 ff.

4 BR-Drucks. 432/14, 46 ff.

5 BFH v. 10.12.2003 – VIII B 151/03, BFH/NV 2004, 929; v. 26.11.2003 – VIII R 30/03, BFH/NV 2004, 1223.

6 S. aber FG Düss. v. 18.3.1999 – 10 K 3845/96 E, EFG 1999, 596 – Besuch einer Berufsfachschule für Kosmetik, wenn an bisheriges Wissen angeknüpft wird.

7 FG Münster v. 15.4.2014 – 1 K 3696/12 E, EFG 2014, 1571 (rkr.).

8 BFH v. 22.6.2006 – VI R 5/04, BStBl. II 2006, 717 = FR 2006, 933.

9 BMF v. 22.9.2010, BStBl. I 2010, 721 Rz. 7: Dies gilt auch, wenn ein solcher Abschluss, zB das Abitur, nach Abschluss einer Berufsausbildung nachgeholt wird; BFH v. 22.6.2006 – VI R 5/04, FR 2006, 933 = BStBl. I 2006, 717.

10 BMF v. 22.9.2010, BStBl. I 2010, 721, unter Bezugnahme auf BFH v. 22.6.2006 – VI R 5/04, BStBl. II 2006, 717 = FR 2006, 933.

11 BMF v. 22.9.2010, BStBl. I 2010, 721 Rz. 11, 17.

12 BFH v. 17.11.1978 – VI R 139/76, BStBl. II 1979, 180; FG RhPf. v. 15.10.2003 – 3 K 2899/00, EFG 2004, 247 – Studium der Kunstgeschichte.

13 BFH v. 25.2.2004 – VI B 93/03, nv. – Kosten für das Aufrechterhalten der Fluglehrerbefähigung.

14 BFH v. 18.12.1987 – VI R 149/81, BStBl. II 1988, 494.

15 BFH v. 26.11.1993 – VI R 67/91, BStBl. II 1994, 248 = FR 1994, 223; ausf. mwN H 9.2 LStH 2018. „Fremdsprachenunterricht"; FG Köln v. 30.5.2012 – 7 K 2764/08, EFG 2012, 2198.

16 BFH v. 15.3.2007 – VI R 14/04, FR 2007, 1032 = BFH/NV 2007, 1561; v. 5.7.2007 – VI R 72/06, BFH/NV 2007, 2096; H 9.2 „Deutschkurs" EStH 2017.

17 Zu Ausbildungskosten für den Beruf eines staatlich geprüften Skilehrers FG Nürnb. v. 2.5.2016 – 4 K 15/14, EFG 2016, 1008 (NZB X B 68/16).

18 BFH v. 22.9.1995 – VI R 13/93, BStBl. II 1996, 8 = FR 1996, 101 – Ausbildung zum Ski-Übungsleiter des Deutschen Skiverbandes.

19 FG Nds. v. 14.2.2002 – 14 K 596/99, EFG 2002, 754.

für Tauch- und Segelexkursionen, für die hauswirtschaftliche Aus- und Weiterbildung, für den Erwerb v. Grundkenntnissen der Computernutzung, für den Erwerb des Pilotenscheins[1] oder eines Führerscheins (Ausnahme bei konkreter Absicht einer Tätigkeit als Bus-,[2] Lkw-, Taxifahrer, Pilot; § 12 Rn. 8).[3] Gleiches gilt für das Aufrechterhalten der Fluglehrerbefähigung außerhalb einer Erwerbsquelle[4]) sowie andere Aufwendungen ohne aufgrund objektiver Umstände erkennbare Absicht einer späteren Erwerbstätigkeit, zB wenn ein Industriekaufmann psychologische Seminare mit einem nicht homogenen Teilnehmerkreis besucht, in denen nicht primär auf den konkreten Beruf zugeschnittene psychologische Kenntnisse vermittelt werden („Persönlichkeitsbildung",[5] Selbsterfahrung, „Auditing"), oder bei „Ausbildung für eine Liebhaberei" (Sport, Töpfern, Musik, Jagd;[6] ausf. § 12 Rn. 8).[7]

V. Erststudium. Ein auf den Erwerb eines Hochschulgrades (§§ 1, 10, 18 HRG) ausgerichtetes, auch berufsbegleitendes[8] **Erststudium** (= Erstausbildung)[9] an einer – uU auch ausländischen[10] – Universität, Fachhochschule, Kunsthochschule, uU Berufsakademie,[11] deren Abschlüsse (anders als bei Wirtschaftsakademien) nach Landesrecht den Fachhochschulen gleichgestellt sind, fällt unter **§ 12 Nr. 5.**[12] Gleichgestellt sind private und kirchliche Bildungseinrichtungen sowie die Hochschulen des Bundes, die nach Landesrecht als Hochschule anerkannt werden (§ 70 HRG). Studien können auch als Fernstudien durchgeführt werden (§ 13 HRG). Ein erstmaliges Studium liegt vor, wenn es sich um eine Erstausbildung handelt, mithin wenn ihm kein anderes, durch einen berufsqualifizierenden Abschluss beendetes Studium vorangegangen ist,[13] solches ist zB der Fall beim Besuch einer Fachschule.[14] 46

VI. Beendigung des Erststudiums. Das Erststudium wird grds. mit dem erfolgreichen Studienabschluss beendet (§§ 15f. HRG),[15] je nach Fachrichtung mit dem Dipl., der Graduierung (zB Bachelor, Master,[16] Magister). Das BMF-Schr. in BStBl. I 2010, 721 befasst sich auch mit Rechtsfragen mehrerer Studiengänge, aufeinander folgender Abschlüsse unterschiedlicher Hochschultypen sowie mit Ergänzungs- und Aufbaustudien.[17] **Hochschulgrade** sind der Diplom- und der Magistergrad (§ 18 HRG). Das Landesrecht kann weitere Grade vorsehen. Ferner können die Hochschulen Bachelor-/Master-Studiengänge einrichten (§ 19 HRG). Zwischenprüfungen stellen keinen Abschluss eines Studiums. Bei einem Wechsel des Studiums ohne Abschluss des zunächst betriebenen Studiengangs ist das zunächst aufgenommene Studium kein abgeschlossenes Erststudium.[18] Ein Universitätsstudium nach einem abgeschlossenen Fachhochschulstudium ist ein weiteres Studium. Postgraduale Zusatz-, Ergänzungs- und Aufbaustudien (§ 12 HRG) setzen den Abschluss eines ersten Studiums voraus und sind daher ein weiteres Studium. Wegen § 19 Abs. 2 HRG ist der Bachelor- oder Bakkalaureusgrad einer inländischen Hochschule ein berufsqualifizierender Abschluss; ein nachfolgender Studiengang ist als ein weiteres Studium anzusehen.[19] Kosten einer Promotion (vgl. § 18 HRG) wurden bisher als privat veranlasst angesehen.[20] Nach Auffassung des BMF[21] geht 46a

---

1 BFH v. 9.8.1996 – VI R 38/96, BFH/NV 1997, 107.
2 FG BaWü. v. 29.8.2006 – 14 K 46/06, EFG 2007, 179.
3 BFH v. 5.8.1977 – VI R 246/74, BStBl. II 1977, 834.
4 BFH v. 25.2.2004 – VI B 93/03, nv.
5 BFH v. 6.3.1995 – VI R 76/94, BStBl. II 1995, 393 = FR 1995, 412; instruktiv BFH v. 20.9.1996 – VI R 40/96, BFH/NV 1997, 110 – Psychodrama-/Supervision-Lehrgang einer Bankkauffrau; FG Hbg. v. 20.9.2016 – 5 K 28/15, juris.
6 Zur Jägerprüfung BFH v. 10.1.2012 – VI B 92/11, BFH/NV 2012, 783.
7 BFH v. 17.11.1978 – VI R 139/76, BStBl. II 1979, 180 – Apotheker gab vor, Pressefotograf werden zu wollen.
8 R 9.2 Abs. 1 S. 2 LStR 2018.
9 BFH v. 17.4.1996 – VI R 94/94, BStBl. II 1996, 450 = FR 1996, 633; BVerfG v. 8.7.1993 – 2 BvR 773/93, DStR 1993, 1403 – unterschiedliche Behandlung v. Berufsausbildungs- und Fortbildungskosten ist verfassungsgemäß. Zum Begriff „Erststudium" BMF v. 22.9.2010, BStBl. I 2010, 721 Rz. 12ff.
10 BMF v. 22.9.2010, BStBl. I 2010, 721 Rz. 17.
11 BMF v. 22.9.2010, BStBl. I 2010, 721 Rz. 25.
12 BFH v. 16.3.1967 – IV R 266/66, BStBl. III 1967, 723; v. 17.4.1996 – VI R 94/94, BStBl. II 1996, 450 = FR 1996, 633 mwN.
13 BFH v. 18.6.2009 – VI R 14/07, BStBl. II 2010, 816; Einzelheiten bei BMF v. 22.9.2010, BStBl. I 2010, 721.
14 BMF v. 22.9.2010, BStBl. I 2010, 721 Rz. 18.
15 BT-Drucks. 15/3339, 10f.; BMF v. 22.9.2010, BStBl. I 2010, 721 Rz. 13.
16 BMF v. 22.9.2010, BStBl. I 2010, 721 Rz. 24.
17 BMF v. 22.9.2010, BStBl. I 2010, 721 Rz. 20ff.
18 BMF v. 22.9.2010, BStBl. I 2010, 721 Rz. 19.
19 BMF v. 22.9.2010, BStBl. I 2010, 721 Rz. 24.
20 BFH v. 20.5.1994 – VI R 3/94, BFH/NV 1994, 856; v. 18.4.1996 – VI R 54/95, BFH/NV 1996, 740 – Dienstverhältnis.
21 BMF v. 22.9.2010, BStBl. I 2010, 721 Rz. 26 unter Bezugnahme auf BFH v. 4.11.2003 – VI R 96/01, BStBl. II 2004, 891 = FR 2004, 411 m. Anm. *Bergkemper*; zum Veranlassungszusammenhang s. auch BFH v. 4.11.2003 – VI R 96/01, BStBl. II 2004, 891 = FR 2004, 411 m. Anm. *Bergkemper*. Ausf. *Jochum*, DStZ 2005, 260 (265): Die Promotion sollte der beruflichen Fortbildung zugerechnet werden.

dem Promotionsstudium und der **Promotion** durch die Hochschule selbst der Abschluss eines Studiums voraus; die Aufwendungen hierfür sind WK/BA, wenn ein berufsbezogener Veranlassungszusammenhang besteht.[1] Ein **Vorbereitungsdienst** wird nach Abschluss des Studiums aufgenommen.[2] Aufwendungen eines wissenschaftlichen Assistenten für seine Habilitation sind WK.[3] Wer nach **Abbruch eines Studiums** eine Lehre oder eine Ausbildung absolviert, befindet sich in einer erstmaligen Berufsausbildung.

46b ZB ist das Jurastudium des Absolventen einer Fachhochschule – etwa eines Dipl.-Finanzwirts oder Dipl.-Verwaltungswirts – kein Erststudium. Aufwendungen eines Finanzbeamten zur Vorbereitung auf die Steuerberaterprüfung sind als Fortbildungskosten abziehbare WK.[4] Aufwendungen eines Flugingenieurs für den Erwerb der Erlaubnis für Berufsflugzeugführer 2. Klasse mit dem Ziel, Kopilot zu werden, werden im Anschluss an eine Erstausbildung getätigt.[5] Andererseits wird die Qualifikation „staatlich geprüfter" Betriebswirt/Wirtschaftsinformatiker nicht durch ein Studium erworben. Die Ausbildung eines Sparkassen-Betriebswirts zum Dipl.-Betriebswirt (FH) ist ein Erststudium.[6] Ein studienbegleitendes Praktikum beim künftigen ArbG ist Teil der Ausbildung. Für ein Zweitstudium ist nicht untypisch, dass die Grundlage für eine neue oder andere berufliche Basis geschaffen werden soll.[7] Anerkennungsjahre und praktische Ausbildungsabschnitte („Arzt im Praktikum") sind idR Bestandteile einer (ersten) Berufsausbildung.[8] Wird das Studienfach gewechselt oder das Studium unterbrochen, wird kein weiteres Studium aufgenommen.[9]

47 **VII. Zweite Ausbildung, Erststudium nach Ausbildung, Aufbau-, Ergänzungsstudium (§ 12 HRG).**[10] Ist einer Berufsausbildung eine abgeschlossene erstmalige Berufsausbildung oder ein abgeschlossenes Erststudium vorausgegangen, handelt es sich bei den nunmehr durch die weitere Berufsausbildung veranlassten Aufwendungen um BA/WK, wenn ein hinreichend konkreter, objektiv feststellbarer Zusammenhang mit späteren im Inland stpfl. Einnahmen aus der angestrebten beruflichen Tätigkeit besteht. ZB sind Aufwendungen einer Flugbegleiterin zur Verkehrsflugzeugführerin WK bei den Einkünften aus nicht selbstständiger Arbeit, denn es handelt sich nicht um eine erstmalige Berufsausbildung.[11] Entspr. gilt für ein Studium nach einem abgeschlossenen Erststudium (weiteres Studium). Die Rspr. des BFH[12] zur Rechtslage vor der Neuordnung gilt insoweit weiter. Den einschlägigen Sachverhalten ist gemeinsam, dass ein erstes Studium bereits abgeschlossen ist. Es ist dann nur noch nach dem konkreten Veranlassungszusammenhang mit dem späteren Beruf zu fragen. Die folgenden Fälle sind unter dem rechtl. Gesichtspunkt des **Erststudiums** unabhängig v. einem konkreten Veranlassungszusammenhang mit einem bereits ausgeübten oder späteren Beruf Ausbildungskosten: Erststudium eines Zeitsoldaten;[13] Studium eines Chemielaboranten an einer Fachhochschule;[14] Medizinstudium (Fachrichtung Orthopädie mit Promotion) einer Krankengymnastin.[15] Nach Auffassung des BFH[16] sind bei verfassungskonformer Auslegung des § 12 Nr. 5 Aufwendungen für ein Erststudium nach abgeschlossener Berufsausbildung – berufsbegleitend oder in sonstiger Weise als Zweitausbildung – bei erwerbsbezogenem Veranlassungszusammenhang als WK abziehbar. Nach Auffassung des FG Münster[17] sind Aufwendungen für ein nach erfolgloser vierjähriger Erstausbildung absolviertes weiteres Studium vorweggenommene WK.

---

1 Bezugnahme auf BFH v. 4.11.2003 – VI R 96/01, FR 2004, 411 m. Anm. *Bergkemper* = BStBl. I 2004, 891.
2 BMF v. 22.9.2010, BStBl. I 2010, 721 Rz. 23: Das erste juristische Staatsexamen ist ein berufsqualifizierender Abschluss.
3 BFH v. 7.8.1967 – VI R 25/67, BStBl. III 1967, 778; H 10.9 EStH 2017.
4 BFH v. 6.11.1992 – VI R 12/90, BStBl. II 1993, 108.
5 BFH v. 24.4.1992 – VI R 131/89, BStBl. II 1992, 963 = FR 1992, 651 m. Anm. *Söffing*.
6 Vgl. BFH v. 17.4.1996 – VI R 94/94, BStBl. II 1996, 450 = FR 1996, 633.
7 BFH v. 22.7.2003 – VI R 50/02, BStBl. II 2004, 889 = FR 2003, 1080 – Universitätsstudium nach Fachhochschulausbildung mit Anm. *MIT*, DStR 2003, 1612.
8 BMF v. 22.9.2010, BStBl. I 2010, 721 Rz. 9, 16.
9 BMF v. 22.9.2010, BStBl. I 2010, 721 Rz. 19.
10 BMF v. 22.9.2010, BStBl. I 2010, 721 Rz. 22.
11 BFH v. 28.2.2013 – VI R 6/12, BFH/NV 2013, 1166.
12 BFH v. 4.12.2002 – VI R 120/01, BStBl. II 2003, 403 = FR 2003, 195; v. 17.12.2002 – VI R 137/01, BStBl. II 2003, 407 = FR 2003, 199 m. Anm. *Bergkemper*; v. 27.5.2003 – VI R 33/01, BStBl. II 2004, 884 = FR 2003, 849 m. Anm. *Balke*; v. 4.11.2003 – VI R 96/01, BStBl. II 2004, 891 = FR 2004, 411 m. Anm. *Bergkemper*.
13 FG Nds. v. 13.6.2001 – 9 K 508/00, EFG 2001, 1190.
14 BFH v. 10.12.1971 – VI R 150/70, BStBl. II 1972, 254.
15 BFH v. 4.11.2003 – VI R 96/01, BStBl. II 2004, 891 = FR 2004, 411 m. Anm. *Bergkemper* ist überholt.
16 BFH v. 18.6.2009 – VI R 14/07, DStR 2009, 1952 – Studium zum Lehrerberuf nach abgeschlossener Ausbildung als Buchhändlerin.
17 FG Münster v. 9.11.2011 – 2 K 862/09 F, EFG 2012, 504; nachgehend BFH v. 17.7.2014 – VI R 61/11, juris: Vorlage an das BVerfG; sa. BFH v. 17.7.2014 – VI R 8/12, BFH/NV 2014, 1970; zur Ausbildung nach erfolglosem Studium s. auch FG Nds. v. 3.11.2011 – 11 K 467/09, EFG 2012, 305.

VIII. Fortbildungskosten. Diese sind – auch vorab entstandene,[1] jedoch nicht „ins Blaue" getätigte – Aufwendungen der Erwerbssphäre des StPfl., um in dem v. ihm – durch Ausbildung oder Studium – erlernten und ausgeübten Beruf auf dem Laufenden zu bleiben oder um „innerhalb des ausgeübten Berufs besser voranzukommen oder aufzusteigen". Bei abgeschlossener Berufsausbildung können vor Aufnahme der Berufstätigkeit Fortbildungskosten in Form v. vorab entstandenen WK vorliegen.[2] Bei Aufwendungen für eine **zweite Ausbildung** (zum Studium nach Ausbildung s. Rn. 47) – insbes. im Rahmen einer einen Berufswechsel vorbereitenden **Umschulung**, zB bei vorübergehender unfreiwilliger Erwerbslosigkeit[3] – entfällt die Sperre des § 12 Nr. 5; dann bleibt es dabei, dass es für den WK-/BA-Abzug auf den konkreten und einzelfallbezogenen Veranlassungszusammenhang zu einer späteren Erwerbstätigkeit ankommt.[4] Die bisherige Rspr. des VI. Senats des BFH zu **Aufwendungen für die Umschulung** iS einer Ausbildung zu einem weiteren, insbes. neuen Beruf bleibt unberührt.[5] Auf die Länge des Zeitraums bis zur Aufnahme der angestrebten Tätigkeit kommt es idR nicht an.[6] ZB führt die Umschulung einer kfm. Angestellten zur Fahrlehrerin, den beschriebenen Veranlassungszusammenhang vorausgesetzt („um nach Zeiten der Arbeitslosigkeit wieder Einnahmen zu erzielen"), zu erwerbssichernden Aufwendungen.[7] Beispiele aus der Rspr.: **Umschulung** eines arbeitslosen Landwirts (Lehrberuf!) zum Dachdecker;[8] Nachqualifikation einer Gemeindediakonin zur staatlich anerkannten Sozialpädagogin;[9] Umschulung eines Biologielaboranten zum Steuerfachgehilfen;[10] eines arbeitslosen Dipl.-Betriebswirts zur Vorbereitung auf die Tätigkeit als Immobilien- und Finanzierungsmakler,[11] einer arbeitslosen Verkäuferin zur Arzthelferin;[12] einer gelernten Krankenschwester für einen Lehrgang mit dem Ziel, Lehrerin für Pflegeberufe zu werden;[13] eines katholischen Priesters zum Pädagogen.[14] Die Aufwendungen für einen **Meisterlehrgang** können auch dann vorab entstandene WK bzgl. der späteren nichtselbständigen Berufstätigkeit als Meister sein, wenn der StPfl. vor Lehrgangsbeginn vorübergehend in einem anderen als dem erlernten Beruf tätig und nach Abschluss des Lehrgangs kurzfristig arbeitslos gewesen ist.[15] Für eine Praxishilfe ohne abgeschlossene Berufsausbildung in einem Massagebetrieb ist die Teilnahme an einem staatlich anerkannten Lehrgang mit dem Ziel, die Erlaubnis zur Tätigkeit unter der Bezeichnung „Masseurin" zu erlangen, Berufsausbildung.[16] Ein hinreichend konkreter Veranlassungszusammenhang zwischen Studium und nachfolgender Berufstätigkeit auf diesem Gebiet ist nicht auszuschließen, wenn das Studium Berufswissen vermittelt und damit auf die Erzielung von Einnahmen gerichtet ist.[17] 48

IX. „Weiterbildung in einem nicht ausgeübten Beruf". Dieser gesetzliche Begriff – bei fehlender Einkünfteerzielungsabsicht sollte der StPfl. mit der Weiterbildung den Anschluss an die berufliche Entwicklung finden[18] – ist mit Wirkung v. 1.1.2004 entfallen. Die Behandlung von Aufwendungen für eine berufliche Fort- und Weiterbildung folgt allg. Regeln. Sie sind abziehbar, wenn sie die Voraussetzungen für – ggf. vorweggenommene – WK/BA erfüllen, soweit nicht der Ausschluss nach § 12 Nr. 5 greift. Dies gilt vor allem für Arbeitsuchende. Bereitet der StPfl. den Wiedereintritt in das Arbeitsleben vor, sind die Aufwendungen nach allg. Grundsätzen WK.[19] Zu **vorab entstandenen** (§ 9 Rn. 23) **WK** führen auch Bildungsmaßnahmen des vorübergehend nicht erwerbstätigen, insbes. des **arbeitslosen ArbN**, zB Aufwendungen für Fachliteratur, Kurse in seinem erlernten Beruf, wenn er nach Beendigung der berufsbezogenen Fortbildungsmaßnahme eine Anstellung konkret anstrebt und dem inländ. (§ 3c) Arbeitsmarkt – ggf. erst nach 49

---

1 BFH v. 18.4.1996 – VI R 75/95, BStBl. II 1996, 529 = FR 1996, 673.
2 BFH v. 14.2.1992 – VI R 69/90, BStBl. II 1992, 961.
3 BFH v. 18.4.1996 – VI R 5/95, BStBl. II 1996, 482 = FR 1996, 672; v. 13.6.1996 – VI R 89/95, BFH/NV 1997, 98 – arbeitsloser ArbN.
4 Grundlegend BFH v. 4.12.2002 – VI R 120/01, BStBl. II 2003, 403 = FR 2003, 195, mit umfangreicher Darstellung der bisherigen Rspr.; BMF v. 22.9.2010, BStBl. I 2010, 721 Rz. 2 mwN der Rspr.; H 10.9 EStH 2017 „Umschulung".
5 So auch *Drenseck*, DStR 2004, 1766 (1770).
6 Hierzu näher BFH v. 22.6.2006 – VI R 71/04, BFH/NV 2006, 1654.
7 BFH v. 4.12.2002 – VI R 120/01, BStBl. II 2003, 403, mit umfangreicher Darstellung der bisherigen Rspr.; Anm. *Bergkemper*, FR 2002, 202.
8 BFH v. 17.12.2002 – VI R 121/01, BFH/NV 2003, 477.
9 BFH v. 23.1.2004 – VII B 126/03, BFH/NV 2004, 483.
10 BFH v. 19.12.2003 – VI R 2/02, BFH/NV 2004, 774.
11 BFH v. 17.12.2002 – VI R 20/01, BFH/NV 2003, 476.
12 BFH v. 17.12.2002 – VI R 42/00, BFH/NV 2003, 474.
13 BFH v. 22.7.2003 – VI R 190/97, FR 2003, 1284 = BFH/NV 2003, 1646.
14 BFH v. 9.12.2003 – VI R 8/03, BFH/NV 2004, 768.
15 BFH v. 18.4.1996 – VI R 75/95, BStBl. II 1996, 529 = FR 1996, 673 – ausreichender Zusammenhang zur bisherigen und künftigen Einkünfteerzielung wurde anerkannt.
16 BFH v. 6.3.1992 – VI R 163/88, BStBl. II 1992, 661.
17 BFH v. 27.10.2011 – VI R 29/11, BFH/NV 2012, 216.
18 BFH v. 19.4.1996 – VI R 24/95, BStBl. II 1996, 452 = FR 1996, 674.
19 BFH v. 18.4.1996 – VI R 5/95, BStBl. II 1996, 482 = FR 1996, 672.

Abschluss einer konkreten Weiterbildungsmaßnahme – tatsächlich uneingeschränkt[1] zur Vfg. steht.[2] Aufwendungen einer StPfl., die sich im Erziehungsurlaub befindet, können vorab entstandene WK sein, wobei der berufliche Verwendungsbezug einer Darlegung bedarf.[3] Indiz für den erforderlichen Zusammenhang zur angestrebten Berufstätigkeit ist die alsbaldige Aufnahme der angestrebten Tätigkeit nach Erwerb der angestrebten Qualifikation.[4]

50 **X. Ausbildungsdienstverhältnis.** Dieses wird **durch § 12 Nr. 5 der Erwerbssphäre zugeordnet**.[5] Die Berufsausbildung ist in der Weise Gegenstand des Dienstverhältnisses, dass die v. ArbN geschuldete Leistung, für die der ArbG ihn bezahlt, in der Teilnahme an den Berufsausbildungsmaßnahmen besteht (zB als Lehrling oder Beamtenanwärter; Verkehrspilotausbildung eines Zeitsoldaten;[6] Hochschulstudium eines Offiziers der Bundeswehr,[7] eines Steuerbeamten;[8] Promotionsdienstverhältnis[9]). Erfasst ist auch der Bereich der Lehrlingsausbildung (duale Berufsausbildung). Aufwendungen eines wissenschaftlichen Assistenten an einer Hochschule für seine **Habilitation** sind WK.[10] Aufwendungen für den Besuch einer Berufsschule sind idR WK.

51 **XI. Umfang und Höhe der abziehbaren Aufwendungen.**[11] Bei der Ermittlung der Aufwendungen gelten die allg. Grundsätze. Mit der Verweisung in Nr. 7 S. 4 wird die gleiche Ermittlung der Aufwendungen beim WK- und SA-Abzug gewährleistet. Abziehbar sind insbes. tatsächliche Schul-, Lehrgangs-, Vorbereitungs- und Prüfungskosten, Studiengebühren, Materialkosten und „Arbeitsmittel"[12] wie Fachliteratur, Druckkosten der Diss.; ggf. Verteilung der AK – zB für einen Computer – nach **Vorschriften über die AfA**. Schafft ein StPfl. für Zwecke seiner Berufsausbildung oder Weiterbildung in einem nicht ausgeübten Beruf abnutzbare **WG v. mehrjähriger Nutzungsdauer** an, so sind ebenso wie bei Arbeitsmitteln nur die auf die Nutzungsdauer verteilten AK als SA abziehbar;[13] die 410-Euro-Grenze des § 6 Abs. 2 gilt auch hier.[14] Eine „Umwidmung" bisher „neutraler" WG ist möglich. UU ist die im Ausbildungsverhältnis begründete Vertragsstrafe abziehbar.[15] Nach § 11 Abs. 2 ist für die stl. Berücksichtigung **kreditfinanzierter Aufwendungen** auf den Zeitpunkt der Verausgabung abzustellen; die Zinsen für das Ausbildungsdarlehen und uU ein etwaiger Zuschlag zur Rückzahlung sind ebenfalls (ggf. nachträgliche) Ausbildungskosten.[16] Für Verfahren wegen der Zulassung zum Studium aufgewendete Anwaltskosten können SA sein.

52 § 10 Abs. 1 Nr. 7 S. 5 verweist auf § 4 Abs. 5 S. 1 Nr. 6b (Aufwendungen für ein häusliches Arbeitszimmer);[17] auf § 9 Abs. 1 S. 3 Nr. 4 und 5, § 9 Abs. 2 Aufwendungen – auch zB Unfallkosten – für Fahrten zw. Wohnung und – regelmäßigem – Ausbildungs- oder Weiterbildungsort; Pauschbeträge für Fahrtkosten Behinderter); auf § 9 Abs. 1 S. 3 Nr. 5 (Mehraufwendungen wegen doppelter Haushaltsführung; § 9 Rn. 83 ff.), Wege zw. Wohnung und Ausbildungsort; auf § 4 Abs. 5 S. 1 Nr. 5 (Mehraufwand für Verpflegung[18]). Ist

---

1 FG Düss. v. 25.6.1999 – 9 K 6291/96 E, EFG 1999, 888 – verneint bei ausländ. Arzt ohne Berufsausübungserlaubnis.
2 BFH v. 18.4.1996 – VI R 5/95, BStBl. II 1996, 482 = FR 1996, 672; v. 13.6.1996 – VI R 89/95, BFH/NV 1997, 98, dort auch zur Fortbildung im Ausland; *Apitz*, DStZ 1997, 145, auch zur Anwendung des § 10d und des § 33; FG Nds. v. 25.3.1998 – IV 664/94, EFG 1999, 19 – Weiterbildung einer arbeitslosen Lehrerin; FG Bdbg. v. 23.11.1999 – 3 K 1011/98 E, EFG 2000, 424 – Umschulungskosten einer Arbeitslosen als WK.
3 BFH v. 22.7.2003 – VI R 137/99, FR 2003, 1079 = BFH/NV 2003, 1380 Anm. *MIT*.
4 Vgl. BFH v. 27.5.2003 – VI R 9/02, BFH/NV 2003, 1319: Angestrebt waren „(möglichst hohe) Einnahmen aus der angestrebten – und auch verwirklichten – Tätigkeit".
5 BMF v. 22.9.2010, BStBl. I 2010, 721 Rz. 27 f.; s. die Beispielsfälle in H 9.2 „Ausbildungsdienstverhältnis" LStH.
6 BFH v. 15.4.1996 – VI R 99/95, BFH/NV 1996, 804 mwN.
7 BFH v. 12.12.1979 – VI R 64/78, BStBl. II 1980, 124 = FR 1980, 150; v. 28.9.1984 – VI R 127/80, BStBl. II 1985, 87 = FR 1985, 133 – Studium eines Sanitätsoffizier-Anwärters; v. 28.9.1984 – VI R 144/83, BStBl. II 1985, 89 = FR 1985, 102 – Erwerb der mittleren Reife; s. aber BFH v. 26.4.1989 – VI R 95/85, BStBl. II 1989, 616 = FR 1989, 498.
8 BFH v. 19.4.1996 – VI R 15/93, BFH/NV 1996, 742.
9 BFH v. 27.3.1991 – VI R 52/88, BStBl. II 1991, 637 = FR 1991, 490 m. Anm. *Söffing*; v. 18.4.1996 – VI R 54/95, BFH/NV 1996, 740.
10 BFH v. 7.8.1967 – VI R 25/67, BStBl. III 67, 778.
11 BMF v. 22.9.2010, BStBl. I 2010, 721 Rz. 29.
12 Die für Arbeitsmittel iSd. § 9 Abs. 1 S. 3 Nr. 6 geltenden Vorschriften sind sinngemäß anzuwenden.
13 BFH v. 7.5.1993 – VI R 113/92, BStBl. II 1993, 676 = FR 1993, 715; H 10.9 EStH 2017.
14 H 10.9 EStH 2017 „Arbeitsmittel".
15 BFH v. 22.6.2006 – VI R 5/03, BStBl. II 2007, 4 = FR 2006, 1126.
16 BFH v. 28.2.1992 – VI R 97/89, BStBl. II 1992, 834 = FR 1992, 655 m. Anm. *von Bornhaupt*; v. 25.9.1992 – VI R 90/90, BFH/NV 1993, 163 – Rückzahlung eines Ausbildungsdarlehens; FG Hbg. v. 9.12.1999 – II 351/98, EFG 2000, 548 mwN; FG Nürnb. v. 31.5.2006 – III 129/2004, DStRE 2007, 89 – keine Abziehbarkeit der Rückzahlung v. BAföG. Ausf. H 10.9 EStH 2017.
17 BFH v. 22.6.1990 – VI R 2/87, BStBl. II 1990, 901 = FR 1990, 617 – zur Promotion genutztes häusliches Arbeitszimmer; ausdrücklich auch für § 10 Abs. 1 Nr. 7 BMF v. 6.10.2017, BStBl. I 2017, 1320 Rz. 24.
18 BFH v. 3.12.1974 – VI R 159/74, BStBl. II 1975, 356; H 10.9 EStH 2017.

der StPfl. für einzelne Ausbildungsabschnitte (zB anlässlich einer Exkursion oder eines Praktikums) vorübergehend außerhalb seiner Bildungsstätte zu Ausbildungszwecken tätig, ist nach allg. Grundsätzen zu prüfen, ob es sich insoweit um Dienstreisen handelt. Hat er am Ausbildungsort eine Unterkunft, kann eine Berücksichtigung iRd. doppelten Haushaltsführung in Betracht kommen. Ein Student mit einem Lebensmittelpunkt am Studienort ist regelmäßig nicht auswärts untergebracht; er kann seinen Lebensmittelpunkt auch dann an seinem Heimatort haben, wenn er dort nicht über einen Hausstand verfügt.[1] Für Fahrtkosten zum Ausbildungs- bzw. Studienort kann der StPfl. (nur) die Entfernungspauschale nach § 9 Abs. 1 S. 3 Nr. 4 EStG in Anspr. nehmen, auch wenn das G v. „Arbeitsstätte" und nicht v. „Bildungsstätte" spricht. Durch die Behandlung der Bildungsstätte als regelmäßige Arbeitsstätte scheidet eine Beurteilung nach Dienstreisegrundsätzen aus, so dass insbes. Verpflegungsmehraufwendungen nicht zu berücksichtigen sind. Nicht abziehbar sind hingegen nach Maßgabe des Abs. 1 Nr. 7 S. 4 die Aufwendungen für den Lebensunterhalt, zB Tageszeitungen.[2] Als letztere Aufwendungen (Verpflegung, Unterkunft und Kleidung) sind nur abziehbar Mehrkosten aufgrund – auch kurzer – auswärtiger Unterbringung („außerhalb des Orts ..."), ohne dass Voraussetzungen einer doppelten Haushaltsführung vorliegen müssten (§ 10 Abs. 1 Nr. 7 S. 4).[3]

Wo sich bei einem **aus Erwerbszwecken absolvierten Studium eine regelmäßige Arbeitsstätte** befindet 53
bzw. unter welchen Voraussetzungen sich der StPfl. vorübergehend außerhalb einer solchen befindet, richtet sich nach allg. Grundsätzen. Regelmäßige Arbeitsstätte ist dabei der ortsgebundene Mittelpunkt der dauerhaft angelegten beruflichen Tätigkeit des StPfl. Dies kann bei einem herkömmlichen Studium die Universität, bei einem Fernstudium aber auch die Wohnung des StPfl. sein, wenn er seinem Studium im Wesentlichen zu Hause nachgeht; iÜ kann ein Studium aber auch an ständig wechselnden Einsatzstellen absolviert werden.[4] Unter Beachtung der Grenzen, die sich im Hinblick auf die Festsetzungsverjährung bzw. die Berichtigungsvorschriften ergeben, können StPfl. diese Aufwendungen iRd. § 10d Abs. 4 geltend machen.

H. Schulgeld (Abs. 1 Nr. 9)

§ 10 Abs. 1 Nr. 9 betrifft den Besuch einer **Schule in freier Trägerschaft** oder einer **überwiegend privat** 54
finanzierten Schule, die im Inland oder in einem anderen Mitgliedstaat der EU oder im EWR-Gebiet belegen ist, zu einem anerkannten oder einem inländ. Abschluss an einer öffentlichen Schule als gleichwertig anerkannten allgemein bildenden oder berufsbildenden Schul-, Jahrgangs- oder Berufsabschluss führt oder darauf vorbereitet. Hierzu gehören nur solche, die nach einem staatlich vorgegebenen, genehmigten oder beaufsichtigten Lehrplan ausbilden. Unter Schulen in freier Trägerschaft sind auch solche zu verstehen, die zu einer Körperschaft des öffentl. Rechts gehören, wie zB konfessionelle Schulen.

Der Gesetzgeber hat sich mit dem SA-Abzug für die **indirekte Förderung der betr. Privatschulen** entschieden, also anstatt direkter Beihilfen eine stl. Verbilligung des Schulgeldes gewählt.[5] Begünstigt[6] sind Aufwendungen des StPfl. für ein schulpflichtiges[7] Kind (§§ 32, 63), für das er einen Kinderfreibetrag oder Kindergeld erhält. Bei anderen als den in Abs. 1 Nr. 9 genannten Privatschulen scheidet ein stl. Abzug aus. Die Begrenzung des SA-Tatbestands des Abs. 1 Nr. 9 auf bestimmte Privatschulen ist verfassungsrechtl. nicht zu beanstanden.[8] Eine verfassungsrechtl. Pflicht des Gesetzgebers, den Besuch v. Privatschulen jeder Art in gleicher Weise zu fördern, besteht nicht.[9] 55

Hochschulen einschl. der Fachhochschulen[10] und die ihnen im EU-/EWR-Ausland gleichstehenden Einrichtungen, ferner die mit Hochschulen vergleichbaren Berufsakademien im tertiären Bereich sind keine Schulen.[11] Aufwendungen für Nachhilfeeinrichtungen, Musikschulen, Sportvereine, Ferienkurse – auch Feriensprachkurse – führen nicht zum SA-Abzug. Zu den Schulen, die als **Ersatzschulen** oder allg. bildende **Ergänzungsschulen** betroffen sind, liegen den FÄ für die meisten Bundesländer Auflistungen vor. Ein Abzug als Spende ist aufgrund der v. der Schule hierfür erbrachten Gegenleistung ausgeschlossen.[12] In 56

1 BFH v. 19.9.2012 – VI R 78/10, BStBl. II 2013, 284 = FR 2013, 565; *Bergkemper*, jurisPR-SteuerR 2/2013 Anm. 4.
2 FG Düss. v. 17.1.2001 – 9 K 5608/00 E, DStRE 2001, 903 – Neue Züricher Zeitung.
3 BFH v. 20.3.1992 – VI R 40/89, BStBl. II 1992, 1033 = FR 1992, 620.
4 BFH v. 29.4.2003 – VI R 86/99, BStBl. II 2003, 749 = FR 2003, 725 m. Anm. *Bergkemper*; ausf. R 9.2 LStR.
5 BVerfG v. 16.4.2004 – 2 BvR 88/03, HFR 2004, 690.
6 Allg. *Geserich*, Spende und Schulgeld im Steuerrecht, 2000.
7 BFH v. 16.11.2005 – XI R 79/03, BStBl. II 2006, 377 = FR 2006, 435.
8 BFH v. 10.10.2017 – X R 32/15, BFH/NV 2018, 414.
9 BFH v. 14.10.2008 – X B 252/07, BFH/NV 2009, 23.
10 Zu Studiengebühren an privaten (Fach-)Hochschulen BFH v. 10.10.2017 – X R 32/15, BFH/NV 2018, 414.
11 BFH v. 10.10.2017 – X R 32/15, BFH/NV 2018, 414.
12 BFH v. 28.2.2002 – XI B 143/01, BFH/NV 2002, 1143.

Zweifelsfällen ist eine Rückfrage bei der zuständigen FinBeh. zweckmäßig. Es besteht kein verfassungsrechtl. Anspr. auf den unbegrenzten Abzug von Schulgeld.[1] Ausführlich – auch zu Berufsakademien, Europäischen Schulen, intern. Schulen im Inland, ausländ. Grundschulen, anderen Einrichtungen iSd. Abs. 1 Nr. 9 S. 3 (Berufsfachschulen, sonstigen Berufsbildungseinrichtungen), Einrichtungen, die auf einen Schulabschluss vorbereiten,[2] zur Eingliederungshilfe nach § 35a SGB VIII und zu Verfahrensfragen – BayLfSt v. 12.9.2018.[3] Entgelte an „Deutsche Schulen" im Ausland bleiben ohne territoriale Beschränkung als SA abziehbar (Abs. 1 Nr. 9 S. 3).[4]

57 **Als Reaktion auf die Rspr. des EuGH**[5] werden alle Schulgeldzahlungen an Schulen in privater Trägerschaft oder an überwiegend privat finanzierte **Schulen innerhalb des EU-/EWR-Raums** gleichbehandelt.[6] Es wird einheitlich auf den mit dem Schulbesuch erreichten oder erstrebten anerkannten Abschluss abgestellt.[7] Entgelte an andere Schulen außerhalb des EU-/EWR-Raums können nicht als SA geltend gemacht werden. Schulgeld, das an eine schweizerische Privatschule gezahlt wird, kann nicht als SA abgezogen werden; hierin liegt keine Verletzung der Kapitalverkehrsfreiheit.[8] Nicht begünstigt sind an inländ. (s. vorstehend)/ausländ. Hochschulen[9], Universitäten, Studienkollegs und die ihnen im EU-/EWR-Ausland gleichstehenden Einrichtungen gezahlte Studiengebühren[10] sowie Aufwendungen für den Besuch einer privaten Highschool in den USA.[11]

58 **Aufwendungen für Fahrten** zur (Gesamt-)Schule sind grds.[12] weder als SA noch als ag. Belastungen[13] zu berücksichtigen.[14] Die Eltern selbst müssen nicht **Vertragspartner** des mit der Privatschule abgeschlossenen Vertrags sein.[15] Der Höchstbetrag v. 5 000 Euro umfasst den wesentlichen Teil der nach bisherigem Recht als SA berücksichtigten Aufwendungen (ausgenommen Kosten für Beherbergung, Betreuung und Verpflegung; insoweit kommt ein Abzug nach §§ 33a, 33c in Betracht). Aus dem Schulgeld ist das Entgelt für Beherbergung, Betreuung und Verpflegung schätzweise herauszurechnen; in der Praxis ist eine diesbezügliche Bescheinigung der Schule gängig. Für zusätzliche freiwillige Zahlungen kommt ein Spendenabzug (§ 10b) in Betracht.[16] Nach Auffassung des BMF[17] – anders richtigerweise des BFH[18] – ist das Sonderungsverbot (Art. 7 Abs. 4 GG) nicht mehr zu prüfen. Aus § 52 Abs. 24b S. 2 idF des JStG 2009 kann kein Anspr. auf die stl. Berücksichtigung des an eine nicht anerkannte inländ. Ergänzungsschule gezahlten Schulgeldes abgeleitet werden.[19]

59 Die **Prüfung und Feststellung der schulrechtlichen Kriterien**[20] – mit Ausnahme der Frage, ob es sich um eine Schule in freier Trägerschaft oder eine überwiegend privat finanzierte Schule handelt – obliegt grds.

---

1 BFH v. 8.6.2011 – X B 176/10, BFH/NV 2011, 1679.
2 BFH v. 20.6.2017 – X R 26/15, BStBl. II 2018, 58.
3 BayLfSt v. 12.9.2018 – S 2221.1.1-9/90 St36, juris.
4 BayLfSt v. 12.9.2018 – S 2221.1.1-9/90 St36, juris; R 10.10 EStR 2017: ausländ. Schulen, deren Besuch mit dem „International Baccalaureate" (Internationales Abitur) abschließt oder abschließen soll.
5 EuGH v. 11.9.2007 – C-318/05 – Kommission ./. Deutschland, Slg. 2007, I-6957; v. 11.9.2007 – C-76/05 – Schwarz und Gootjes-Schwarz, Slg. 2007, I-6849.
6 BayLfSt v. 12.9.2018 – S 2221.1.1-9/90 St 36, juris.
7 BMF v. 9.3.2009, BStBl. I 2009, 487; ausf. BayLfSt v. 12.9.2018 – S 2221.1.1-9/90 St36, juris.
8 BFH v. 9.5.2012 – X R 3/11, BStBl. II 2012, 585 = FR 2013, 90; zur Abziehbarkeit des an eine niederländische Hochschule (Hogeschool) gezahlten Kolleggeldes s. BFH v. 9.11.2011 – X R 24/09, BStBl. II 2012, 321 = FR 2012, 696.
9 Zur Frage, ob eine private Hochschule eine Ersatzschule sein kann, s. BFH v. 5.11.2002 – IX R 32/02, BFH/NV 2003, 599; FG Düss. v. 6.11.2004 – 18 K 1022/03 E, EFG 2005, 353 – Wissenschaftliche Hochschule in privater Trägerschaft: landesrechtl. Genehmigung als Ersatzschule muss vorliegen; FG BaWü. v. 6.4.2006 – 8 K 57/03, EFG 2006, 976: auch Hochschulen können Ersatzschulen sein.
10 BFH v. 11.3.2002 – XI B 125/00, BFH/NV 2002, 1037 mwN.
11 BFH v. 13.6.2013 – X B 232/12, BFH/NV 2013, 1416: § 10 Abs. 1 Nr. 9 ist an der Dienstleistungsfreiheit (Art. 49 ff. EG, Art. 56 ff. AEUV) zu messen, auf die sich ein StPfl. im Verhältnis zu einem Drittland nicht berufen kann.
12 FG Köln v. 23.7.1997 – 12 K 3881/94, EFG 1998, 318; sehr zweifelh. BFH v. 12.5.2011 – VI R 37/10, BStBl. II 2013, 783 = FR 2011, 921 – hochbegabtes Kind. Zu § 33 s. auch BFH v. 10.10.2017 – X R 32/15, BFH/NV 2018, 414.
13 H 33.1–33.4 „Schulbesuch", „Studiengebühren" EStH 2017.
14 FG Münster v. 15.4.2014 – 1 K 3696/12 E, EFG 2014, 1571.
15 BFH v. 9.11.2011 – X R 24/09, BStBl. II 2012, 321; BayLfSt v. 12.9.2018 – S 2221.1.1-9/90 St 36, juris, unter 2.4.
16 BMF v. 4.1.1991, BStBl. I 1992, 266, betr. Spendenfähigkeit v. Elternleistungen an gemeinnützige Schulvereine (Schulen in freier Trägerschaft).
17 BMF v. 9.3.2009, BStBl. I 2009, 487 Rz. 6; s. aber BFH v. 21.10.2008 – X R 15/08, BFH/NV 2009, 559: fiktive Prüfung.
18 BFH v. 17.7.2008 – X R 62/04, BStBl. II 2008, 976 = FR 2009, 228 m. Anm. *Kanzler*; v. 21.10.2008 – X R 15/08, BFH/NV 2009, 559.
19 BFH v. 9.11.2011 – X R 12/10, BFH/NV 2012, 566.
20 Zu den Nachweiserfordernissen BFH v. 20.6.2017 – X R 26/15, BStBl. II 2018, 58.

dem zuständigen inländ. Landesministerium (zB Schul- oder Kultusministerium), der Kultusministerkonferenz der Länder (KMK) oder der zuständigen inländ. Zeugnisanerkennungsstelle (ZASt). Die FinVerw. ist an deren Entsch. gebunden.[1] Der StPfl. ist nachweis- und beweispflichtig.

§ 10a Zusätzliche Altersvorsorge

(1)[2] [1]In der inländischen gesetzlichen Rentenversicherung Pflichtversicherte können Altersvorsorgebeiträge (§ 82) zuzüglich der dafür nach Abschnitt XI zustehenden Zulage jährlich bis zu 2100 Euro als Sonderausgaben abziehen; das Gleiche gilt für

1. **Empfänger von inländischer Besoldung nach dem Bundesbesoldungsgesetz oder einem Landesbesoldungsgesetz,**
2. **Empfänger von Amtsbezügen aus einem inländischen Amtsverhältnis, deren Versorgungsrecht die entsprechende Anwendung des § 69e Absatz 3 und 4 des Beamtenversorgungsgesetzes vorsieht,**
3. **die nach § 5 Absatz 1 Satz 1 Nummer 2 und 3 des Sechsten Buches Sozialgesetzbuch versicherungsfrei Beschäftigten, die nach § 6 Absatz 1 Satz 1 Nummer 2 oder nach § 230 Absatz 2 Satz 2 des Sechsten Buches Sozialgesetzbuch von der Versicherungspflicht befreiten Beschäftigten, deren Versorgungsrecht die entsprechende Anwendung des § 69e Absatz 3 und 4 des Beamtenversorgungsgesetzes vorsieht,**
4. **Beamte, Richter, Berufssoldaten und Soldaten auf Zeit, die ohne Besoldung beurlaubt sind, für die Zeit einer Beschäftigung, wenn während der Beurlaubung die Gewährleistung einer Versorgungsanwartschaft unter den Voraussetzungen des § 5 Absatz 1 Satz 1 des Sechsten Buches Sozialgesetzbuch auf diese Beschäftigung erstreckt wird, und**
5. **Steuerpflichtige im Sinne der Nummern 1 bis 4, die beurlaubt sind und deshalb keine Besoldung, Amtsbezüge oder Entgelt erhalten, sofern sie eine Anrechnung von Kindererziehungszeiten nach § 56 des Sechsten Buches Sozialgesetzbuch in Anspruch nehmen könnten, wenn die Versicherungsfreiheit in der inländischen gesetzlichen Rentenversicherung nicht bestehen würde,**

wenn sie spätestens bis zum Ablauf des Beitragsjahres (§ 88) gegenüber der zuständigen Stelle (§ 81a) schriftlich eingewilligt haben, dass diese der zentralen Stelle (§ 81) jährlich mitteilt, dass der Steuerpflichtige zum begünstigten Personenkreis gehört, dass die zuständige Stelle der zentralen Stelle die für die Ermittlung des Mindesteigenbeitrags (§ 86) und die Gewährung der Kinderzulage (§ 85) erforderlichen Daten übermittelt und die zentrale Stelle diese Daten für das Zulageverfahren verwenden darf. [2]Bei der Erteilung der Einwilligung ist der Steuerpflichtige darauf hinzuweisen, dass er die Einwilligung vor Beginn des Kalenderjahres, für das sie erstmals nicht mehr gelten soll, gegenüber der zuständigen Stelle widerrufen kann. [3]Versicherungspflichtige nach dem Gesetz über die Alterssicherung der Landwirte stehen Pflichtversicherten gleich; dies gilt auch für Personen, die

1. **eine Anrechnungszeit nach § 58 Absatz 1 Nummer 3 oder Nummer 6 des Sechsten Buches Sozialgesetzbuch in der gesetzlichen Rentenversicherung erhalten und**
2. **unmittelbar vor einer Anrechnungszeit nach § 58 Absatz 1 Nummer 3 oder Nummer 6 des Sechsten Buches Sozialgesetzbuch einer der im ersten Halbsatz, in Satz 1 oder in Satz 4 genannten begünstigten Personengruppen angehörten.**

[4]Die Sätze 1 und 2 gelten entsprechend für Steuerpflichtige, die nicht zum begünstigten Personenkreis nach Satz 1 oder 3 gehören und eine Rente wegen voller Erwerbsminderung oder Erwerbsunfähigkeit oder eine Versorgung wegen Dienstunfähigkeit aus einem der in Satz 1 oder 3 genannten Alterssicherungssysteme beziehen, wenn unmittelbar vor dem Bezug der entsprechenden Leistungen der Leistungsbezieher einer der in Satz 1 oder 3 genannten begünstigten Personengruppen angehörte; dies gilt nicht, wenn der Steuerpflichtige das 67. Lebensjahr vollendet hat. [5]Bei der Ermittlung der dem Steuerpflichtigen zustehenden Zulage nach Satz 1 bleibt die Erhöhung der Grundzulage nach § 84 Satz 2 außer Betracht.

1 BayLfSt v. 12.9.2018 – S 2221.1.1-9/90 St 36, juris, unter 2., dort auch zum Verfahren iÜ.

2 In § 10a Abs. 1 Satz 1 wurden mWv. 1.1.2019 die Wörter „zweiten Kalenderjahres, das auf das Beitragsjahr (§ 88) folgt," durch die Wörter „Beitragsjahres (§ 88)" ersetzt (BetriebsrentenstärkungsG v. 17.8.2017, BGBl. I 2017, 3214).

(1a) [1]Sofern eine Zulagenummer (§ 90 Absatz 1 Satz 2) durch die zentrale Stelle oder eine Versicherungsnummer nach § 147 des Sechsten Buches Sozialgesetzbuch noch nicht vergeben ist, haben die in Absatz 1 Satz 1 Nummer 1 bis 5 genannten Steuerpflichtigen über die zuständige Stelle eine Zulagenummer bei der zentralen Stelle zu beantragen. [2]Für Empfänger einer Versorgung im Sinne des Absatzes 1 Satz 4 gilt Satz 1 entsprechend.

(2) [1]Ist der Sonderausgabenabzug nach Absatz 1 für den Steuerpflichtigen günstiger als der Anspruch auf die Zulage nach Abschnitt XI, erhöht sich die unter Berücksichtigung des Sonderausgabenabzugs ermittelte tarifliche Einkommensteuer um den Anspruch auf Zulage. [2]In den anderen Fällen scheidet der Sonderausgabenabzug aus. [3]Die Günstigerprüfung wird von Amts wegen vorgenommen.

(2a) [1]Der Sonderausgabenabzug setzt voraus, dass der Steuerpflichtige gegenüber dem Anbieter als mitteilungspflichtige Stelle in die Datenübermittlung nach Absatz 5 Satz 1 eingewilligt hat. [2]§ 10 Absatz 2a Satz 1 bis Satz 3 gilt entsprechend. [3]In den Fällen des Absatzes 3 Satz 2 und 5 ist die Einwilligung nach Satz 1 von beiden Ehegatten abzugeben. [4]Hat der Zulageberechtigte den Anbieter nach § 89 Absatz 1a bevollmächtigt oder liegt dem Anbieter ein Zulageantrag nach § 89 Absatz 1 vor, gilt die Einwilligung nach Satz 1 für das jeweilige Beitragsjahr als erteilt.

(3) [1]Der Abzugsbetrag nach Absatz 1 steht im Fall der Veranlagung von Ehegatten nach § 26 Absatz 1 jedem Ehegatten unter den Voraussetzungen des Absatzes 1 gesondert zu. [2]Gehört nur ein Ehegatte zu dem nach Absatz 1 begünstigten Personenkreis und ist der andere Ehegatte nach § 79 Satz 2 zulageberechtigt, sind bei dem nach Absatz 1 abzugsberechtigten Ehegatten die von beiden Ehegatten geleisteten Altersvorsorgebeiträge und die dafür zustehenden Zulagen bei der Anwendung der Absätze 1 und 2 zu berücksichtigen. [3]Der Höchstbetrag nach Absatz 1 Satz 1 erhöht sich in den Fällen des Satzes 2 um 60 Euro. [4]Dabei sind die von dem Ehegatten, der zu dem nach Absatz 1 begünstigten Personenkreis gehört, geleisteten Altersvorsorgebeiträge vorrangig zu berücksichtigen, jedoch mindestens 60 Euro der von dem anderen Ehegatten geleisteten Altersvorsorgebeiträge. [5]Gehören beide Ehegatten zu dem nach Absatz 1 begünstigten Personenkreis und liegt ein Fall der Veranlagung nach § 26 Absatz 1 vor, ist bei der Günstigerprüfung nach Absatz 2 der Anspruch auf Zulage beider Ehegatten anzusetzen.

(4) [1]Im Fall des Absatzes 2 Satz 1 stellt das Finanzamt die über den Zulageanspruch nach Abschnitt XI hinausgehende Steuerermäßigung gesondert fest und teilt diese der zentralen Stelle (§ 81) mit; § 10d Absatz 4 Satz 3 bis 5 gilt entsprechend. [2]Sind Altersvorsorgebeiträge zugunsten von mehreren Verträgen geleistet worden, erfolgt die Zurechnung im Verhältnis der nach Absatz 1 berücksichtigten Altersvorsorgebeiträge. [3]Ehegatten ist der nach Satz 1 festzustellende Betrag auch im Fall der Zusammenveranlagung jeweils getrennt zuzurechnen; die Zurechnung erfolgt im Verhältnis der nach Absatz 1 berücksichtigten Altersvorsorgebeiträge. [4]Werden Altersvorsorgebeiträge nach Absatz 3 Satz 2 berücksichtigt, die der nach § 79 Satz 2 zulageberechtigte Ehegatte zugunsten eines auf seinen Namen lautenden Vertrages geleistet hat, ist die hierauf entfallende Steuerermäßigung dem Vertrag zuzurechnen, zu dessen Gunsten die Altersvorsorgebeiträge geleistet wurden. [5]Die Übermittlung an die zentrale Stelle erfolgt unter Angabe der Vertragsnummer und der Identifikationsnummer (§ 139b der Abgabenordnung) sowie der Zulage- oder Versicherungsnummer nach § 147 des Sechsten Buches Sozialgesetzbuch.

(5) [1]Nach Maßgabe des § 93c der Abgabenordnung hat die mitteilungspflichtige Stelle bei Vorliegen einer Einwilligung nach Absatz 2a neben den nach § 93c Absatz 1 der Abgabenordnung erforderlichen Angaben auch die Höhe der im jeweiligen Beitragsjahr zu berücksichtigenden Altersvorsorgebeiträge an die zentrale Stelle zu übermitteln, und zwar unter Angabe

1. der Vertragsdaten,
2. des Datums der Einwilligung nach Absatz 2a sowie
3. der Zulage- oder der Versicherungsnummer nach § 147 des Sechsten Buches Sozialgesetzbuch.

[2]§ 10 Absatz 2a Satz 6 und § 22a Absatz 2 gelten entsprechend. [3]Die Übermittlung muss auch dann erfolgen, wenn im Fall der mittelbaren Zulageberechtigung keine Altersvorsorgebeiträge geleistet worden sind. [4]§ 72a Absatz 4 der Abgabenordnung findet keine Anwendung. [5]Die übrigen Voraussetzungen für den Sonderausgabenabzug nach den Absätzen 1 bis 3 werden im Wege der Datenerhebung und des automatisierten Datenabgleichs nach § 91 überprüft. [6]Erfolgt eine Datenübermittlung nach Satz 1 und wurde noch keine Zulagenummer (§ 90 Absatz 1 Satz 2) durch die zentrale Stelle oder keine Versicherungsnummer nach § 147 des Sechsten Buches Sozialgesetzbuch vergeben, gilt § 90 Absatz 1 Satz 2 und 3 entsprechend.

(6) [1]Für die Anwendung der Absätze 1 bis 5 stehen den in der inländischen gesetzlichen Rentenversicherung Pflichtversicherten nach Absatz 1 Satz 1 die Pflichtmitglieder in einem ausländischen gesetzlichen Alterssicherungssystem gleich, wenn diese Pflichtmitgliedschaft

1. **mit einer Pflichtmitgliedschaft in einem inländischen Alterssicherungssystem nach Absatz 1 Satz 1 oder 3 vergleichbar ist und**
2. **vor dem 1. Januar 2010 begründet wurde.**

[2]Für die Anwendung der Absätze 1 bis 5 stehen den Steuerpflichtigen nach Absatz 1 Satz 4 die Personen gleich,

1. **die aus einem ausländischen gesetzlichen Alterssicherungssystem eine Leistung erhalten, die den in Absatz 1 Satz 4 genannten Leistungen vergleichbar ist,**
2. **die unmittelbar vor dem Bezug der entsprechenden Leistung nach Satz 1 oder Absatz 1 Satz 1 oder 3 begünstigt waren und**
3. **die noch nicht das 67. Lebensjahr vollendet haben.**

[3]Als Altersvorsorgebeiträge (§ 82) sind bei den in Satz 1 oder 2 genannten Personen nur diejenigen Beiträge zu berücksichtigen, die vom Abzugsberechtigten zugunsten seines vor dem 1. Januar 2010 abgeschlossenen Vertrags geleistet wurden. [4]Endet die unbeschränkte Steuerpflicht eines Zulageberechtigten im Sinne des Satzes 1 oder 2 durch Aufgabe des inländischen Wohnsitzes oder gewöhnlichen Aufenthalts und wird die Person nicht nach § 1 Absatz 3 als unbeschränkt einkommensteuerpflichtig behandelt, so gelten die §§ 93 und 94 entsprechend; § 95 Absatz 2 und 3 und § 99 Absatz 1 in der am 31. Dezember 2008 geltenden Fassung sind anzuwenden.

(7) Soweit nichts anderes bestimmt ist, sind die Regelungen des § 10a und des Abschnitts XI in der für das jeweilige Beitragsjahr geltenden Fassung anzuwenden.

Verwaltung: BMF v. 6.12.2017, BStBl. I 2018, 147 – Stl. Förderung der betrieblichen Altersversorgung; BMF v. 21.12.2017, BStBl. I 2018, 93 – Stl. Förderung der privaten Altersvorsorge.

Literatur: *Emser/N. Roth*, Steuerliche Förderung der privaten Altersvorsorge – Die Neuregelungen des Betriebsrentenstärkungsgesetzes, NWB 2017, 2490; *Fasshauer/ Petersen/Rieckhoff*, Bedarf die staatliche Förderung der Riester-Rente der Veränderung? – Ausgewählte Reformüberlegungen in der Diskussion, DRV 2018, 119; *Herrmann*, Riester-Rente und Sonderausgabenabzug, NWB 2014, 748; *Myßen/M. Fischer*, AltvVerbG – Basisvorsorge im Alter und Wohn-Riester, NJW 2013, 1977; *Karbe-Geßler*, Das Betriebsrentenstärkungsgesetz, 2018; *Myßen/M. Fischer*, Steuerliche Förderung der privaten Altersvorsorge, DB 2014, 617; *W. Sauer*, Die geförderte Altersvorsorge, 2017; *Schrehardt*, Änderungsschreiben des BMF zur einkommensteuerrechtlichen Behandlung von Vorsorgeaufwendungen und Altersbezügen und zur steuerlichen Förderung der privaten Altersvorsorge und betrieblichen Altersversorgung, DStR 2014, 617; *Stiftung Warentest*, Private Altersvorsorge, 2018.

A. Grundaussagen der Vorschrift

Die Vorschrift fördert den eigenverantwortlichen Aufbau einer zusätzlichen kapitalgedeckten **betrieblichen** („2. Säule“; § 82 Abs. 2 – DirektVers. iSd. § 4b, Pensionskasse iSd. § 4c, Pensionsfonds iSd. § 4e) **oder privaten Altersvorsorge** („3. Säule“) durch einen zusätzlichen – der Abzug v. Vorsorgeaufwendungen nach § 10 Abs. 1 Nr. 2 iVm. § 10 Abs. 3 bleibt unberührt – SA-Abzug (Höchstgrenze, nicht Freibetrag) oder durch eine progressionsunabhängige Zulage („Kombimodell“)[1] mit Günstigerprüfung (§§ 79 ff.). Voraussetzung ist die Leistung bestimmter Mindesteigenbeiträge. Die Zulagen gehören zu den als SA iRd. Höchstbeträge v. § 10a abziehbaren Aufwendungen. Gefördert werden „typische“, weil lediglich das Risiko der Langlebigkeit abdeckende **Vorsorgeprodukte**, aufgrund derer der Berechtigte im Alter eine lebenslange Rente erhält und bei denen zu Beginn der Auszahlungsphase zumindest die eingezahlten Beiträge zur Vfg. stehen. Durch das EigRentG ist die Förderung der Finanzierung v. selbstgenutztem Wohneigentum („**Wohn-Riester**“) eingeführt worden. 1

1 BMF v. 21.12.2017, BStBl. I 2018, 93 Rz. 1 ff.: Förderung durch Zulage und SA-Abzug.

2 „Die Riester-Rente" ist ein hyperkomplexes Regelwerk.[1] Das hierzu ergangene **BMF-Schr.**[2] umfasst 347 Rn. nebst zwei umfangreichen Anlagen zur Bestimmung der Begünstigten und befasst sich – oft anhand v. nicht stets naheliegenden (wer soll dies alles in der Praxis nachvollziehen!?) Beispielen – mit **unzähligen Zweifelsfragen** der sog. Riester-Rente. Im Internet sind „Zulagenrechner Riesterrente" verfügbar.[3]

3 In der Folge des **EuGH-Urt. v. 10.9.2009**[4] ist mit G v. 8.4.2010[5] der Kreis der potenziell Förderberechtigten auf solche Pers. beschränkt worden, in deren Alterssicherungssystem der inländische Gesetzgeber leistungsmindernd eingegriffen hat und die weiterhin in den betreffenden Systemen „aktiv" versichert sind; hier geht es insbes. um die inländische gesetzliche Rentenversicherung und um die inländische Beamtenversorgung. Nicht begünstigt sind Personen, die in einem ausländischen gesetzlichen Rentenversicherungssystem pflichtversichert sind.[6] Eine entsprechende Begrenzung ist gerechtfertigt, da der deutsche Gesetzgeber nicht leistungsmindernd in diese Alterssicherungssysteme eingegriffen hat. Dies entspricht dem iRd. Klageverfahrens vorgetragenen Vorschlag der EU-Kommission. Das stl. geförderte Altersvorsorgevermögen kann auch für die Anschaffung einer im EU-/EWR-Ausland belegenen selbstgenutzten Wohnimmobilie eingesetzt werden.

B. Fördertatbestände der zusätzlichen Altersvorsorge (Abs. 1)

4 **In personeller Hinsicht begünstigt** sind „aktiv" – eine frühere Pflichtmitgliedschaft reicht nicht aus[7] – in der inländischen[8] gesetzlichen Rentenversicherung – vor allem ArbN – und in der Alterssicherung der Landwirte Pflichtversicherte,[9] uU auch – jedoch wegen der Förderung nur im konkreten Sparjahr nicht rückwirkend – Nachversicherte (§§ 1–4, 229, 229a, 230 SGB VI).[10] Die Berechtigung besteht auch für Personen mit Wohnsitz im Ausland.[11] Versicherungspflichtig sind Auszubildende und geringfügig Beschäftigte iSv. § 8 Abs. 1 SGB IV, die auf die Versicherungsfreiheit verzichtet haben, ferner Kindererziehende ohne Einkommen für Kindererziehungszeiten (§ 3 S. 1 Nr. 1 SGB VI), nicht erwerbstätige Pflegepersonen (§ 3 S. 1 Nr. 1a SGB VI), Wehr- und Zivildienstleistende, Helfer in einem freiwilligen sozialen oder ökologischen Jahr (§ 3 S. 1 Nr. 2 SGB VI), Bezieher v. Lohnersatzleistungen (§ 3 S. 1 Nr. 3 SGB VI) und v. Vorruhestandsgeld nach Maßgabe des § 3 S. 1 Nr. 4 SGB VI. Nicht pflichtversicherte Pers. können die Pflichtversicherung beantragen (§ 4 Abs. 2 SGB IV). § 10a Abs. 1 S. 3 stellt bestimmte Pers. den Pflichtversicherten gleich;[12] hierzu gehören die im G bezeichneten Arbeitssuchenden. Zum begünstigten Personenkreis nach Abs. 1 S. 1 HS 2, Abs. 1 S. 2 gehören Besoldungsempfänger, bestimmte Empfänger v. Amtsbezügen und diesen gleichgestellte Pers. (Abs. 1 S. 1 HS 2 und 3).[13] Einkommensgrenzen sind nicht vorgesehen. Bedienstete der EU und internationaler Institutionen können begünstigt sein.[14] Durch **§ 10a Abs. 1 S. 1 Nr. 3** wird der in **§ 230 Abs. 2 SGB VI** genannte Personenkreis in die Förderung einbezogen, mithin Beschäftigte v. Körperschaften, Anstalten und Stiftungen des öffentl. Rechts oder ihrer Verbände, satzungsmäßige Mitglieder geistlicher Genossenschaften, Diakonissen oder Angehörige ähnlicher Gemeinschaften. **Abs. 1 S. 4** begünstigt Bezieher einer Rente wegen voller Erwerbsminderung oder Erwerbsunfähigkeit oder einer Versorgung wegen Dienstunfähigkeit.[15] **Abs. 1 S. 1 Nr. 5** stellt klar, dass **Kindererziehende**, die während eines den Kindererziehungszeiten in der gesetzlichen Rentenversicherung vergleichbaren Zeitraums einem der in Abs. 1 S. 1 HS 2 genannten Alterssicherungssysteme angehören, in dieser

---

1 S. die zutr. Kritik von *H. Müller/S. Kuper*, DRV 2015, 307.
2 BMF v. 21.12.2017, BStBl. I 2018, 93.
3 ZB https://www.deutsche-rentenversicherung.de/Bund/de/Navigation/2_Rente_Reha/01_rente/01_altersvorsorge/riester_rente/ansprueche_berechnen_node.html.
4 EuGH v. 10.9.2009 – Rs. C-269/07, DStR 2009, 1954 = FR 2009, 964.
5 BGBl. I 2010, 386 mWv. 15.4.2010; hierzu BT-Drucks. 17/506.
6 BFH v. 24.8.2016 – X R 11/15, BFH/NV 2017, 300: kein Verstoß gegen Verfassungs- oder EU-Recht; zu einem sozial- und rentenversicherungspflichtigen Grenzgänger FG Berlin-Bdbg. v. 14.7.2016 – 10 K 10191/14, EFG 2016, 1694.
7 BFH v. 29.7.2015 – X R 11/13, BFH/NV 2015, 1728, m. Anm. *Nöcker*, jurisPR-SteuerR 14/2016 Anm. 1.
8 Zum Bestandsschutz für ausländ. Alterssicherungsrenten (§ 10a Abs. 6) BMF v. 21.12.2017, BStBl. I 2018, 93 Rz. 18 ff.
9 BMF v. 21.12.2017, BStBl. I 2018, 93 Rz. 1, mit Verweis auf die in Anlage 1 genannten Pers.; BFH v. 6.4.2016 – X R 42/14, BFH/NV 2016, 1157 (Verfassungsbeschwerde nicht angenommen, BVerfG v. 27.3.2017 – 2 BvR 1699/16); v. 29.7.2015 – X R 11/13, BFH/NV 2015, 1728; zu einem Fall der Nachversicherung (§ 8 Abs. 1 S. 2 SGB VI) s. BFH v. 24.8.2016 – X R 3/15, BFH/NV 2017, 270.
10 Ausf. zum begünstigten Personenkreis BMF v. 21.12.2017, BStBl. I 2018, 93 Rz. 1 ff.
11 FG Berlin-Bdbg. v. 14.7.2016 – 10 K 10191/14, juris.
12 BMF v. 21.12.2017, BStBl. I 2018, 93 Rz. 10.
13 Ausf. BMF v. 21.12.2017, BStBl. I 2018, 93 Rz. 4 iVm. Anlage 2.
14 BMF v. 21.12.2017, BStBl. I 2018, 93 Rz. 22 ff.
15 BMF v. 21.12.2017, BStBl. I 2018, 93 Rz. 13 ff.

Zeit weiter zum förderberechtigten Personenkreis gehören. **Begünstigt** sind Mitglieder in einer betrieblichen kapitalgedeckten Zusatzversorgungskasse. Gefördert werden auch die ArbN des öffentl. Dienstes. **Nicht unmittelbar begünstigt**[1] sind versicherungsfreie Personengruppen (zB Altersvollrentner und Studenten nach Maßgabe des § 5 Abs. 3 SGB VI), grds. Selbständige[2] (Ausnahmen: § 2 S. 1 Nr. 1–9 SGB VI), ferner die in einer berufsständischen Versorgungseinrichtung Pflichtversicherten,[3] freiwillig Versicherte. **Mittelbar zulageberechtigt** kann ein zusammen veranlagter Ehegatte/Lebenspartner sein.[4] Voraussetzung der mittelbaren Zulageberechtigung ist gem. § 79 S. 2 ua., dass ein Ehegatte nach § 79 S. 1 begünstigt ist. § 79 S. 1 verweist wiederum auf die Voraussetzungen des § 10a Abs. 1. Der Tatbestand des § 10a Abs. 1 ist beim Fehlen einer fristgerechten Einwilligungserklärung nicht erfüllt.[5]

Die persönlichen Voraussetzungen für die Begünstigung müssen zumindest **während eines Teils des Kj.** 5
(„Sparjahr") vorgelegen haben. StPfl., die vor Eintritt des Versicherungsfalles aus dem betr. Arbverh. ausgeschieden sind, können die Förderung auch dann in Anspr. nehmen, wenn sie eine unverfallbare Anwartschaft auf eine (anteilige) Rente aus der Zusatzversorgung haben.

Zu den abziehbaren SA gehören die im VZ geleisteten **Altersvorsorgebeiträge**; ferner die dem Stpfl zu- 6
stehende Altersvorsorgezulage (Grund- und Kinderzulage).[6] **Begünstigte Produkte** sind solche der privaten Altersvorsorge und Sparbeiträge zugunsten einer betrieblichen Altersvorsorge. Der Anleger muss lfd. freiwillig Beiträge entrichten. Abgesichert werden können – jeweils durch Leistungen in Form einer Rente – das **Risiko der verminderten Erwerbsfähigkeit** sowie die Hinterbliebenen. Das G hat die typische „reine" Rentenversicherung mit einer grds. (Ausnahmen bei zusätzlicher Hinterbliebenenversicherung gem. § 93 Abs. 1 S. 3 oder für Ehegatten gem. § 93 Abs. 1 S. 6) höchstpersönlichen Förderung der Altersvorsorge einer bestimmten Pers. im Blick, die ein biometrisches Risiko abdeckt, aber keine Leistungen an den Erben erbringt. Begünstigt sind ferner **Banksparpläne** und **Investmentfonds**.

Zertifizierung der Altersvorsorgeprodukte. Die maßgeblichen Kriterien – Mindeststandards der Absi- 7
cherung durch regelmäßige Zahlungen; erhöhtes Maß an Verbraucherschutz – für den Altersvorsorgevertrag regelt das **AltZertG**. § 1 Abs. 1 S. 2 Nr. 2 AltZertG begünstigt Verträge, die „eine lebenslange und unabhängig v. Geschlecht berechnete Altersversorgung" vorsehen (sog. Unisex-Tarife). Die stl. (nicht: wirtschaftliche, zivilrechtl., § 2 Abs. 3 AltZertG) Zertifizierung, soweit vorgeschrieben (nicht für die betriebliche Altersversorgung), durch die Zertifizierungsstelle des BZSt. ist für die FinVerw. bindend (§ 82 Abs. 1 S. 2). Zum Kreis der Anbieter, denen bestimmte Informationspflichten obliegen (§ 7 AltZertG) s. § 1 Abs. 2 AltZertG. Keiner Zertifizierung bedarf es bei Beiträgen zur DirektVers., zu Pensionskassen und Pensionsfonds. Die Zertifizierung erfolgt auf Antrag des Anbieters oder eines Spitzenverbandes der Anbieter. Die Zertifizierungen werden gem. § 10 AltZertG durch das BZSt. veröffentlicht.

C. Sonderausgabenabzug und Günstigerprüfung (Abs. 2 und 4)

Im Rahmen der Höchstbeträge nach Abs. 1 sind als SA abziehbar[7] die im VZ aus einem zertifizierten 8
Vertrag zivilrechtl. geschuldeten und auf diesen geleisteten **Altersvorsorgebeiträge**.[8] Die dem StPfl. zustehende Altersvorsorgezulage (Grund- und Kinderzulage) ist einzurechnen. Eine Altersvorsorgezulage wird nicht gewährt auf Erträge des Altersvorsorgevermögens.[9] Für den SA-Abzug ist (anders als bei der Zulage, § 87 Abs. 1 S. 1) die Anzahl der begünstigten Verträge nicht begrenzt.[10] Die Altersvorsorgezulage wird wie ein Eigenbeitrag auf den geförderten Vertrag behandelt. Die Altersvorsorgezulage wird bei einem unmittelbar Zulageberechtigten höchstens für zwei Verträge gewährt (§ 87 Abs. 1 S. 1); für den SA-Abzug nach § 10a Abs. 1 ist keine Begrenzung der Anzahl der zu berücksichtigenden Verträge vorgesehen. Die Zulage wird unabhängig davon, ob ein SA-Abzug oder die Gewährung der Zulage im Einzelfall günstiger ist, zunächst auf den Altersvorsorgevertrag des Begünstigten gezahlt.

---

1 BMF v. 21.12.2017, BStBl. I 2018, 93 Rz. 24 iVm. Anlage 1 Abschn. C.
2 BVerfG v. 18.12.2002 – 2 BvR 367/02, DB 2003, 371 = HFR 2003, 409 – der Ausschluss v. selbständig tätigen Rechtsanwälten verstößt nicht gegen Art. 3 Abs. 1 GG; sa. BFH v. 29.7.2015 – X R 11/13, BFH/NV 2015, 1728; v. 6.4.2016 – X R 42/14, BFH/NV 2016, 1157, m. Anm. *Fischer*, jurisPR-SteuerR 37/2016 Anm. 1.
3 BFH v. 6.4.2016 – X R 42/14, BFH/NV 2016, 1157, m. Anm. *Fischer*, jurisPR-SteuerR 37/2016 Anm. 1.
4 BMF v. 21.12.2017, BStBl. I 2018, 93 Rz. 26 ff., 85 ff., 99 ff. – Umfang des SA-Abzugs bei Ehegatten/Lebenspartnern.
5 BFH v. 5.7.2018 – X B 24/18, juris mwN.
6 BMF v. 21.12.2017, BStBl. I 2018, 93 Rz. 30 ff.
7 BMF v. 21.12.2017, BStBl. I 2018, 93 Rz. 92 ff.
8 BMF v. 21.12.2017, BStBl. I 2018, 93 Rz. 85 ff.
9 BFH v. 8.7.2015 – X R 41/13, BStBl. II 2016, 525, m. Anm. *Nöcker*, jurisPR-SteuerR 9/2016 Anm. 4; zust. *Myßen*, DB 2015, 2967.
10 BMF v. 21.12.2017, BStBl. I 2018, 93 Rz. 119 f. betr. Zusammentreffen mehrerer Verträge, Rz. 124 ff., jeweils mit Bsp.

9 Das FA nimmt nach näherer ermittlungstechnischer Maßgabe des Abs. 2[1] eine **Günstigerprüfung vor.** In Fällen, in denen der SA-Abzug für den StPfl. günstiger ist, wird die ESt entspr. festgesetzt, die tarifliche ESt erhöht sich um die gezahlte Zulage. Im letzeren Fall wird der SA-Abzug gesondert festgestellt (**Abs. 4 S. 1**),[2] damit bei schädlicher Verwendung die bis dahin gewährte Förderung – Zulage und SA-Abzug – nicht durch Aufrollung aller zugrunde liegenden Verwaltungsakte, sondern insgesamt durch einen Bescheid zurückgefordert werden kann. Es gelten Besonderheiten für Ehegatten/Lebenspartner (Abs. 4 S. 3 ff.).

D. Private Altersvorsorge v. Ehegatten (Abs. 3)

10 **Gehören beide zusammenveranlagte und unbeschränkt stpfl. Ehegatten zum nach Abs. 1 begünstigten Personenkreis**, steht die Förderung iRd. Höchstbeträge jedem v. ihnen für seine Altersvorsorgebeiträge zu einem je eigenen Altersvorsorgevertrag gesondert zu (**Abs. 3 S. 1**).[3] Die Begrenzung auf den Höchstbetrag nach Abs. 1 ist jeweils gesondert vorzunehmen. Ist nur ein Ehegatte nach § 10a unmittelbar begünstigt, kommt ein SA-Abzug bis zu der dort genannten Höhe grds. nur für seine Altersvorsorgebeiträge sowie für die beiden Ehegatten/Lebenspartnern zustehenden Zulagen in Betracht.[4] Der andere Ehegatte/Lebenspartner ist **mittelbar berechtigt**,[5] wenn beide jeweils einen auf ihren Namen lautenden zertifizierten Vertrag abgeschlossen haben oder der unmittelbar zulageberechtigte Ehegatte/Lebenspartner über eine förderbare Versorgung iSd. § 82 Abs. 2 bei einer Pensionskasse, einem Pensionsfonds oder über eine nach § 82 Abs. 2 förderbare DirektVers. verfügt. Der nicht versicherungspflichtige Ehegatte/Lebenspartner hat Anspr. auf die ungekürzte Zahlung, wenn sein versicherungspflichtiger Partner seine Mindestbeiträge „unter Berücksichtigung der den Ehegatten insgesamt zustehenden Zulagen erbracht hat" (§ 86 Abs. 2 S. 1). Mit Abs. 4 S. 4 wird klargestellt, dass die Steuerermäßigung für Altersvorsorgebeiträge, die der nach § 79 S. 2 mittelbar förderberechtigte Ehegatte auf seinen Altersvorsorgevertrag leistet und für die der nach Abs. 1 förderberechtigte Ehegatte/Lebenspartner gem. **Abs. 3 S. 2** SA geltend macht, diesem Altersvorsorgevertrag zugeordnet wird. Bei der Günstigerprüfung werden die beiden Ehegatten/Lebenspartnern zustehenden Zulagen mit den sich insgesamt ergebenden Steuervorteilen aus dem zusätzlichen SA-Abzug verglichen. Die v. nicht pflichtversicherten Partner geleisteten Beiträge können nur iRd. dem nach Abs. 1 begünstigten Ehegatten/Lebenspartner zustehenden Abzugsvolumens berücksichtigt werden. Die Altersvorsorgebeiträge des unmittelbar zulageberechtigten Ehegatten/Lebenpartners sind zwar – wie bisher – vorrangig zu berücksichtigen. Es sind jedoch mindestens 60 Euro der Altersvorsorgebeiträge des mittelbar Zulageberechtigten zu berücksichtigen.

E. Verfahrensrecht (Abs. 2a und 5)

11 Die Höhe der v. StPfl. geleisteten Altersvorsorgebeiträge ist durch einen entspr. Datensatz des Anbieters nachzuweisen. Hierzu hat der StPfl. ggü. dem Anbieter schriftlich darin einzuwilligen, dass dieser die im jeweiligen Beitragsjahr zu berücksichtigenden Altersvorsorgebeiträge unter Angabe der stl. ID-Nr. (§ 139b AO) an die zentrale Stelle übermittelt. Materielle Voraussetzung für den SA-Abzug ist die fristgebundene (§ 10a Abs. 1 S. 1 HS 2) schriftliche **Einwilligung** ggü. der zuständigen Stelle (§ 81a) **in die Weitergabe** der für einen maschinellen Datenabgleich erforderlichen Daten an die zentrale Stelle (§ 81).[6] Für diese Pers. gibt es – funktionsgleich zur SozVers.-Nummer (§ 18f SGB IV) – die **Zulagenummer** (§ 90 Abs. 1 S. 2) als Ordnungskriterium. Die Bescheinigung ermöglicht den automatisierten Datenabgleich durch die zentrale Stelle. Die gesetzliche Konzeption des Zulageverfahrens – insbes. das Erfordernis einer Einwilligung – begegnet keinen verfassungsrechtl. Zweifeln.[7] Die Übermittlung der Daten des mittelbar zulageberechtigten Ehegatten ist für die zutr. Berechnung der nach Abs. 1 anzusetzenden Zulageansprüche erforderlich. Die Einwilligung des nach § 79 S. 2 zulageberechtigten Ehegatten ist auch dann erforderlich, wenn dieser Ehegatte keine eigenen Altersvorsorgebeiträge geleistet hat. Die Verarbeitung personenbezogener Daten durch die FinBeh. ist zulässig, wenn dies für die Wahrnehmung einer im öffentl. Interesse liegenden Aufgabe erforderlich ist. § **10a Abs. 5** ist die datenschutzrechtliche Ermächtigungsgrundlage.

---

1 Ausf. BMF v. 21.12.2017, BStBl. I 2018, 93 Rz. 101 ff., 104 ff. – Anrechnung des Zulageanspruchs insbes. bei der Zusammenveranlagung v. Ehegatten/Lebenspartnern mit instruktiven Bsp.

2 Hierzu BMF v. 21.12.2017, BStBl. I 2018, 93 Rz. 112 ff.

3 Ausf. zum SA-Abzug bei zusammen veranlagten Eheleuten/Lebenspartnern BMF v. 21.12.2017, BStBl. I 2018, 93 Rz. 99 ff.

4 BMF v. 21.12.2017, BStBl. I 2018, 93 Rz. 105 ff.

5 Zur mittelbaren Zulageberechtigung über den Ehegatten bei Versäumung der für Beamte geltenden Einwilligungsfrist für die unmittelbare Zulageberechtigung s. BFH v. 25.3.2015 – X R 20/14, BStBl. II 2015, 709, Anm. *Schuster*, jurisPR-SteuerR 35/2015 Anm. 6.

6 BFH v. 25.3.2015 – X R 20/14, BStBl. II 2015, 709; sa. BFH v. 22.10.2014 – X R 18/14, BStBl. II 2015, 371 = FR 2015, 514, Anm. *Nöcker*, jurisPR-SteuerR 23/2015 Anm. 4.

7 Vgl. BFH v. 22.10.2014 – X R 18/14, BStBl. II 2015, 371 = FR 2015, 514, Anm. *Nöcker*, jurisPR-SteuerR 23/2015 Anm. 4.

F. Übergangsrecht; intertemporales Recht (Abs. 6 und 7)

Der mWv. 31.7.2014 eingefügte § **10 Abs. 6** übernimmt inhaltlich unverändert die bislang in § 52 Abs. 24c S. 2 bis 4 getroffenen Regelungen, soweit sie noch erforderlich sind. Mit dem durch das BetriebsrentenstärkungsG eingeführten **Abs.** 7 wird klargestellt, dass die Vorschriften für die Riester-Förderung, unabhängig vom Zeitpunkt der Ermittlung der Förderung, in der für das Beitragsjahr geltenden Fassung anzuwenden sind, soweit nicht ausdrücklich etwas anderes normiert ist. 12

§ 10b Steuerbegünstigte Zwecke

(1) [1]Zuwendungen (Spenden und Mitgliedsbeiträge) zur Förderung steuerbegünstigter Zwecke im Sinne der §§ 52 bis 54 der Abgabenordnung können insgesamt bis zu

1. 20 Prozent des Gesamtbetrags der Einkünfte oder

2. 4 Promille der Summe der gesamten Umsätze und der im Kalenderjahr aufgewendeten Löhne und Gehälter

als Sonderausgaben abgezogen werden. [2]Voraussetzung für den Abzug ist, dass diese Zuwendungen

1. an eine juristische Person des öffentlichen Rechts oder an eine öffentliche Dienststelle, die in einem Mitgliedstaat der Europäischen Union oder in einem Staat belegen ist, auf den das Abkommen über den Europäischen Wirtschaftsraum (EWR-Abkommen) Anwendung findet, oder

2. an eine nach § 5 Absatz 1 Nummer 9 des Körperschaftsteuergesetzes steuerbefreite Körperschaft, Personenvereinigung oder Vermögensmasse oder

3. an eine Körperschaft, Personenvereinigung oder Vermögensmasse, die in einem Mitgliedstaat der Europäischen Union oder in einem Staat belegen ist, auf den das Abkommen über den Europäischen Wirtschaftsraum (EWR-Abkommen) Anwendung findet, und die nach § 5 Absatz 1 Nummer 9 des Körperschaftsteuergesetzes in Verbindung mit § 5 Absatz 2 Nummer 2 zweiter Halbsatz des Körperschaftsteuergesetzes steuerbefreit wäre, wenn sie inländische Einkünfte erzielen würde,

geleistet werden. [3]Für nicht im Inland ansässige Zuwendungsempfänger nach Satz 2 ist weitere Voraussetzung, dass durch diese Staaten Amtshilfe und Unterstützung bei der Beitreibung geleistet werden. [4]Amtshilfe ist der Auskunftsaustausch im Sinne oder entsprechend der Amtshilferichtlinie gemäß § 2 Absatz 2 des EU-Amtshilfegesetzes. [5]Beitreibung ist die gegenseitige Unterstützung bei der Beitreibung von Forderungen im Sinne oder entsprechend der Beitreibungsrichtlinie einschließlich der in diesem Zusammenhang anzuwendenden Durchführungsbestimmungen in den für den jeweiligen Veranlagungszeitraum geltenden Fassungen oder eines entsprechenden Nachfolgerechtsaktes. [6]Werden die steuerbegünstigten Zwecke des Zuwendungsempfängers im Sinne von Satz 2 Nummer 1 nur im Ausland verwirklicht, ist für den Sonderausgabenabzug Voraussetzung, dass natürliche Personen, die ihren Wohnsitz oder ihren gewöhnlichen Aufenthalt im Geltungsbereich dieses Gesetzes haben, gefördert werden oder dass die Tätigkeit dieses Zuwendungsempfängers neben der Verwirklichung der steuerbegünstigten Zwecke auch zum Ansehen der Bundesrepublik Deutschland beitragen kann. [7]Abziehbar sind auch Mitgliedsbeiträge an Körperschaften, die Kunst und Kultur gemäß § 52 Absatz 2 Satz 1 Nummer 5 der Abgabenordnung fördern, soweit es sich nicht um Mitgliedsbeiträge nach Satz 8 Nummer 2 handelt, auch wenn den Mitgliedern Vergünstigungen gewährt werden. [8]Nicht abziehbar sind Mitgliedsbeiträge an Körperschaften, die

1. den Sport (§ 52 Absatz 2 Satz 1 Nummer 21 der Abgabenordnung),

2. kulturelle Betätigungen, die in erster Linie der Freizeitgestaltung dienen,

3. die Heimatpflege und Heimatkunde (§ 52 Absatz 2 Satz 1 Nummer 22 der Abgabenordnung) oder

4. Zwecke im Sinne des § 52 Absatz 2 Satz 1 Nummer 23 der Abgabenordnung

fördern. [9]Abziehbare Zuwendungen, die die Höchstbeträge nach Satz 1 überschreiten oder die den um die Beträge nach § 10 Absatz 3 und 4, § 10c und § 10d verminderten Gesamtbetrag der Einkünfte übersteigen, sind im Rahmen der Höchstbeträge in den folgenden Veranlagungszeiträumen als Sonderausgaben abzuziehen. [10]§ 10d Absatz 4 gilt entsprechend.

(1a) [1]Spenden zur Förderung steuerbegünstigter Zwecke im Sinne der §§ 52 bis 54 der Abgabenordnung in das zu erhaltende Vermögen (Vermögensstock) einer Stiftung, welche die Voraussetzungen

zungen des Absatzes 1 Satz 2 bis 6 erfüllt, können auf Antrag des Steuerpflichtigen im Veranlagungszeitraum der Zuwendung und in den folgenden neun Veranlagungszeiträumen bis zu einem Gesamtbetrag von 1 Million Euro, bei Ehegatten, die nach den §§ 26, 26b zusammen veranlagt werden, bis zu einem Gesamtbetrag von 2 Millionen Euro, zusätzlich zu den Höchstbeträgen nach Absatz 1 Satz 1 abgezogen werden. [2]Nicht abzugsfähig nach Satz 1 sind Spenden in das verbrauchbare Vermögen einer Stiftung. [3]Der besondere Abzugsbetrag nach Satz 1 bezieht sich auf den gesamten Zehnjahreszeitraum und kann der Höhe nach innerhalb dieses Zeitraums nur einmal in Anspruch genommen werden. [4]§ 10d Absatz 4 gilt entsprechend.

(2) [1]Zuwendungen an politische Parteien im Sinne des § 2 des Parteiengesetzes sind, sofern die jeweilige Partei nicht gemäß § 18 Absatz 7 des Parteiengesetzes von der staatlichen Teilfinanzierung ausgeschlossen ist, bis zur Höhe von insgesamt 1 650 Euro und im Fall der Zusammenveranlagung von Ehegatten bis zur Höhe von insgesamt 3 300 Euro im Kalenderjahr abzugsfähig. [2]Sie können nur insoweit als Sonderausgaben abgezogen werden, als für sie nicht eine Steuerermäßigung nach § 34g gewährt worden ist.

(3) [1]Als Zuwendung im Sinne dieser Vorschrift gilt auch die Zuwendung von Wirtschaftsgütern mit Ausnahme von Nutzungen und Leistungen. [2]Ist das Wirtschaftsgut unmittelbar vor seiner Zuwendung einem Betriebsvermögen entnommen worden, so bemisst sich die Zuwendungshöhe nach dem Wert, der bei der Entnahme angesetzt wurde, und nach der Umsatzsteuer, die auf die Entnahme entfällt. [3]Ansonsten bestimmt sich die Höhe der Zuwendung nach dem gemeinen Wert des zugewendeten Wirtschaftsguts, wenn dessen Veräußerung im Zeitpunkt der Zuwendung keinen Besteuerungstatbestand erfüllen würde. [4]In allen übrigen Fällen dürfen bei der Ermittlung der Zuwendungshöhe die fortgeführten Anschaffungs- oder Herstellungskosten nur überschritten werden, soweit eine Gewinnrealisierung stattgefunden hat. [5]Aufwendungen zugunsten einer Körperschaft, die zum Empfang steuerlich abziehbarer Zuwendungen berechtigt ist, können nur abgezogen werden, wenn ein Anspruch auf die Erstattung der Aufwendungen durch Vertrag oder Satzung eingeräumt und auf die Erstattung verzichtet worden ist. [6]Der Anspruch darf nicht unter der Bedingung des Verzichts eingeräumt worden sein.

(4) [1]Der Steuerpflichtige darf auf die Richtigkeit der Bestätigung über Spenden und Mitgliedsbeiträge vertrauen, es sei denn, dass er die Bestätigung durch unlautere Mittel oder falsche Angaben erwirkt hat oder dass ihm die Unrichtigkeit der Bestätigung bekannt oder infolge grober Fahrlässigkeit nicht bekannt war. [2]Wer vorsätzlich oder grob fahrlässig eine unrichtige Bestätigung ausstellt oder veranlasst, dass Zuwendungen nicht zu den in der Bestätigung angegebenen steuerbegünstigten Zwecken verwendet werden, haftet für die entgangene Steuer. [3]Diese ist mit 30 Prozent des zugewendeten Betrags anzusetzen. [4]In den Fällen des Satzes 2 zweite Alternative (Veranlasserhaftung) ist vorrangig der Zuwendungsempfänger in Anspruch zu nehmen; die in diesen Fällen für den Zuwendungsempfänger handelnden natürlichen Personen sind nur in Anspruch zu nehmen, wenn die entgangene Steuer nicht nach § 47 der Abgabenordnung erloschen ist und Vollstreckungsmaßnahmen gegen den Zuwendungsempfänger nicht erfolgreich sind. [5]Die Festsetzungsfrist für Haftungsansprüche nach Satz 2 läuft nicht ab, solange die Festsetzungsfrist für von dem Empfänger der Zuwendung geschuldete Körperschaftsteuer für den Veranlagungszeitraum nicht abgelaufen ist, in dem die unrichtige Bestätigung ausgestellt worden ist oder veranlasst wurde, dass die Zuwendung nicht zu den in der Bestätigung angegebenen steuerbegünstigten Zwecken verwendet worden ist; § 191 Absatz 5 der Abgabenordnung ist nicht anzuwenden.

§ 50 EStDV

§ 50 Zuwendungsbestätigung

(1) [1]Zuwendungen im Sinne der §§ 10b und 34g des Gesetzes dürfen vorbehaltlich des Absatzes 2 nur abgezogen werden, wenn der Zuwendende eine Zuwendungsbestätigung, die der Zuwendungsempfänger unter Berücksichtigung des § 63 Absatz 5 der Abgabenordnung nach amtlich vorgeschriebenem Vordruck ausgestellt hat, oder die in den Absätzen 4 bis 6 bezeichneten Unterlagen erhalten hat. [2]Dies gilt nicht für Zuwendungen an nicht im Inland ansässige Zuwendungsempfänger nach § 10b Absatz 1 Satz 2 Nummer 1 und 3 des Gesetzes.

(2) [1]Der Zuwendende kann den Zuwendungsempfänger bevollmächtigen, die Zuwendungsbestätigung der für seine Besteuerung nach dem Einkommen zuständigen Finanzbehörde nach amtlich vorgeschriebenem Datensatz durch Datenfernübertragung nach Maßgabe des § 93c der Abgabenordnung zu übermitteln. [2]Der Zuwendende hat dem Zuwendungsempfänger zu diesem Zweck seine Identifikationsnummer (§ 139b der Abgabenordnung) mitzuteilen. [3]Die Vollmacht kann nur mit Wirkung für die Zukunft widerrufen werden. [4]Der Zuwendungsempfänger hat dem Zuwendenden die nach Satz 1 übermittelten Daten elektronisch oder auf dessen Wunsch als Ausdruck zur Verfügung zu stellen; in bei-

den Fällen ist darauf hinzuweisen, dass die Daten der Finanzbehörde übermittelt worden sind. [5]§ 72a Absatz 4 der Abgabenordnung findet keine Anwendung.

(3) [1]In den Fällen des Absatzes 2 ist für die Anwendung des § 93c Absatz 4 Satz 1 der Abgabenordnung das Finanzamt zuständig, in dessen Bezirk sich die Geschäftsleitung (§ 10 der Abgabenordnung) des Zuwendungsempfängers im Inland befindet. [2]Die nach Absatz 2 übermittelten Daten können durch dieses Finanzamt zum Zweck der Anwendung des § 93c Absatz 4 Satz 1 der Abgabenordnung bei den für die Besteuerung der Zuwendenden nach dem Einkommen zuständigen Finanzbehörden abgerufen und verwendet werden.

(4) [1]Statt einer Zuwendungsbestätigung genügt der Bareinzahlungsbeleg oder die Buchungsbestätigung eines Kreditinstituts, wenn

1. *die Zuwendung zur Hilfe in Katastrophenfällen:*
   a) *innerhalb eines Zeitraums, den die obersten Finanzbehörden der Länder im Benehmen mit dem Bundesministerium der Finanzen bestimmen, auf ein für den Katastrophenfall eingerichtetes Sonderkonto einer inländischen juristischen Person des öffentlichen Rechts, einer inländischen öffentlichen Dienststelle oder eines inländischen amtlich anerkannten Verbandes der freien Wohlfahrtspflege einschließlich seiner Mitgliedsorganisationen eingezahlt worden ist oder*
   b) *bis zur Einrichtung des Sonderkontos auf ein anderes Konto der genannten Zuwendungsempfänger eingezahlt wird; wird die Zuwendung über ein als Treuhandkonto geführtes Konto eines Dritten auf eines der genannten Sonderkonten eingezahlt, genügt der Bareinzahlungsbeleg oder die Buchungsbestätigung des Kreditinstituts des Zuwendenden zusammen mit einer Kopie des Barzahlungsbelegs oder der Buchungsbestätigung des Kreditinstituts des Dritten, oder*
2. *die Zuwendung 200 Euro nicht übersteigt und*
   a) *der Empfänger eine inländische juristische Person des öffentlichen Rechts oder eine inländische öffentliche Dienststelle ist oder*
   b) *der Empfänger eine Körperschaft, Personenvereinigung oder Vermögensmasse im Sinne des § 5 Absatz 1 Nummer 9 des Körperschaftsteuergesetzes ist, wenn der steuerbegünstigte Zweck, für den die Zuwendung verwendet wird, und die Angaben über die Freistellung des Empfängers von der Körperschaftsteuer auf einem von ihm hergestellten Beleg aufgedruckt sind und darauf angegeben ist, ob es sich bei der Zuwendung um eine Spende oder einen Mitgliedsbeitrag handelt oder*
   c) *der Empfänger eine politische Partei im Sinne des § 2 des Parteiengesetzes ist, die nicht gemäß § 18 Absatz 7 des Parteiengesetzes von der staatlichen Teilfinanzierung ausgeschlossen ist, und bei Spenden der Verwendungszweck auf dem vom Empfänger hergestellten Beleg aufgedruckt ist.*

[2]Aus der Buchungsbestätigung müssen der Name und die Kontonummer oder ein sonstiges Identifizierungsmerkmal des Auftraggebers und des Empfängers, der Betrag, der Buchungstag sowie die tatsächliche Durchführung der Zahlung ersichtlich sein. [3]In den Fällen des Satzes 1 Nummer 2 Buchstabe b hat der Zuwendende zusätzlich den vom Zuwendungsempfänger hergestellten Beleg aufzubewahren.

(5) Bei Zuwendungen zur Hilfe in Katastrophenfällen innerhalb eines Zeitraums, den die obersten Finanzbehörden der Länder im Benehmen mit dem Bundesministerium der Finanzen bestimmen, die über ein Konto eines Dritten an eine inländische juristische Person des öffentlichen Rechts, an eine inländische öffentliche Dienststelle oder an eine nach § 5 Absatz 1 Nummer 9 des Körperschaftsteuergesetzes steuerbefreite Körperschaft, Personenvereinigung oder Vermögensmasse geleistet werden, genügt das Erhalten einer auf den jeweiligen Zuwendenden ausgestellten Zuwendungsbestätigung des Zuwendungsempfängers, wenn das Konto des Dritten als Treuhandkonto geführt wurde, die Zuwendung von dort an den Zuwendungsempfänger weitergeleitet wurde und diesem eine Liste mit den einzelnen Zuwendenden und ihrem jeweiligen Anteil an der Zuwendungssumme übergeben wurde.

(6) Bei Zahlungen von Mitgliedsbeiträgen an politische Parteien im Sinne des § 2 des Parteiengesetzes genügen statt Zuwendungsbestätigungen Bareinzahlungsbelege, Buchungsbestätigungen oder Beitragsquittungen.

(7) [1]Eine in § 5 Absatz 1 Nummer 9 des Körperschaftsteuergesetzes bezeichnete Körperschaft, Personenvereinigung oder Vermögensmasse hat die Vereinnahmung der Zuwendung und ihre zweckentsprechende Verwendung ordnungsgemäß aufzuzeichnen und ein Doppel der Zuwendungsbestätigung aufzubewahren. [2]Diese Aufbewahrungspflicht entfällt in den Fällen des Absatzes 2. [3]Bei Sachzuwendungen und beim Verzicht auf die Erstattung von Aufwand müssen sich aus den Aufzeichnungen auch die Grundlagen für den vom Empfänger bestätigten Wert der Zuwendung ergeben.

(8) [1]Die in den Absätzen 1, 4, 5 und 6 bezeichneten Unterlagen sind vom Zuwendenden auf Verlangen der Finanzbehörde vorzulegen. [2]Soweit der Zuwendende sie nicht bereits auf Verlangen der Finanzbehörde vorgelegt hat, sind sie vom Zuwendenden bis zum Ablauf eines Jahres nach Bekanntgabe der Steuerfestsetzung aufzubewahren.

Literatur: *Von Campenhausen/Richter*, Stiftungsrechtshandbuch, 4. Aufl. 2013; *Geserich*, Das Spendenrecht, DStJG 26, 245; *Geserich*, Gemeinnützigkeit, FS für Paul Kirchhof, 2013, § 192; *Grotherr/Hardeck*, Zur Steuerpflicht von Preisgeldern für Wissenschaftspreise, StuW 2014, 1; *Hackenberg*, Treuhandstiftungen in der steuerlichen Beratungspraxis, NWB 2016, 179; *Hüttemann*, Empfiehlt es sich, die rechtlichen Rahmenbedingungen für die Gründung und Tätigkeit von Non-Profit-Organisationen übergreifend zu regeln? – Gutachten G zum 72. Deutschen Juristentag, 2018; *Hüttemann*, Gemeinnützigkeits- und Spendenrecht, 4. Aufl. 2018; *Hüttemann*, Gemeinnützigkeitsrecht als organisationsbezogener Fördertatbestand – Funktion, Stand und Reformfragen, FR 2016, 969; *Kahsnitz*, Spendenabzug bei Betriebsübertragungen gegen bedingte Versorgungszusagen, DStR 2016, 2137; *Oldenburg*, Stiftungen: Ein noch besserer Deal für die Gesellschaft, FR 2016, 987; *Schienke-Ohletz*, Zivil- und steuerrechtliche Aspekte der Umwandlung einer Dauerstiftung in eine Verbrauchsstiftung, ErbStB 2015, 147; *Schiffer/Pruns*, Höchstrichterlicher Abschied von der Vorstellung einer Vorstiftung, BB 2015, 1756; *Söffing/Henrich*, Die gemeinnützige Stiftung als Unternehmensnachfolger, BB 2016, 1943; *Wallenhorst*, in: Wallenhorst/Halaczinsky, Die Besteuerung gemeinnütziger Vereine, Stiftungen und der juristischen Personen des öffentl. Rechts, 7. Aufl. 2017; *Wallenhorst*, Gestaltungsalternativen für Vermögensstockspenden von Wertpapieren unter der Abgeltungsteuer, DStR 2016, 111; *Weitemeyer*, Reformbedarf für den Dritten Sektor?, NJW 2018, 2775; *Weitemeyer/Bornemann*, Problemstellungen gemeinnütziger Tätigkeit mit Auslandsbezug, FR 2016, 437.

A. Grundaussagen der Vorschrift

1 **I. Gemeinnützige Zuwendungen, Stiftungsförderung und Parteizuwendungen.**[1] **Spenden und Mitgliedsbeiträge sind private Aufwendungen, die als SA vom Gesamtbetrag der Einkünfte abgezogen werden können.** Der gemeindienliche SA-Abzug lässt sich nicht mit der für die SA charakteristischen realen oder zumindest typisierten Zwangsläufigkeit[2] rechtfertigen. Zuwendungen iSd. Abs. 1 sind vielmehr tatbestandlich freiwillige Aufwendungen, ein **altruistisches Vermögensopfer**, das zur selbstlosen[3] Finanzierung öffentl. Aufgaben verwendet wird. Der Staat verschont diese Zuwendungen von der ESt, weil sie ähnliche Gemeinnützigkeitswirkungen erreichen wie die Verwendung des Steueraufkommens im Staatshaushalt.[4] Abs. 1 entlastet diese uneigennützige, gemeinwohlwirksame Einkommensverwendung durch Minderung der Bemessungsgrundlage iHd. gemeindienlichen Ausgaben. Das Steuerrecht folgt insoweit in einem besonders grundrechtssensiblen Bereich – Religion, Kunst, Wissenschaft – den Vorgaben der Freiheitsberechtigten, verstärkt private Freiheitsinitiativen, bietet staatliche Wirkungshilfen trotz staatlichen Gestaltungsverbots, öffnet auch Experimentier- und Pionierräume. Diese Entlastung ist verfassungsrechtlich möglich, nicht notwendig. Deshalb ist der Gesetzgeber berechtigt, aber nicht verpflichtet, den gemein-

1 Vgl. zu den Entwicklungen im Gemeinnützigkeitsrecht ausf. *Hüttemann*, ErbR 2012, 5.
2 *K/S/M*, § 2 Rn. E 9; § 10 Rn. B 11.
3 FG Thür. v. 26.2.2015 – 1 K 487/14, EFG 2016, 408 (Rev. V R 51/14).
4 S. *Geserich* in FS P. Kirchhof, § 162 Rn. 7 ff.; *Hüttemann*[3], Rn. 1.85.

dienlichen SA-Abzug durch Höchstbeträge zu begrenzen. Die Voraussetzungen der Gemeinnützigkeit und das Organisationsstatut – die „Mustersatzung"[1] – der gemeinnützigen Körperschaften sind in den §§ 51 ff. AO geregelt. Allerdings sind die gemeinnützigen Zwecke heute zu weit definiert.[2] Das „G zur weiteren Stärkung des bürgerschaftlichen Engagements" 2007[3] hat den Anwendungsbereich des Gemeinnützigkeitsrechts zu sehr erweitert.[4]

Die stl. Entlastung v. **Zuwendungen an politische Parteien** ist v. Verfassungs wegen durch eine absolute Höchstgrenze beschränkt. Der Grundsatz der Staatsfreiheit der Parteien, deren Recht auf Chancengleichheit und das Recht des Bürgers auf gleiche Teilhabe an der politischen Willensbildung erlauben stl. Vorteile für Zuwendungen nat. Pers. an politische Parteien allenfalls insoweit, als diese Zuwendungen innerhalb einer Größenordnung verbleiben, die für den durchschnittlichen Einkommensempfänger erreichbar ist, also dem einkommenstarken Spender kaum größere Abzugsmöglichkeiten bieten als dem einkommenschwachen[5] (**Normalspende**). Im Gegensatz zu Spenden und Mitgliedsbeiträgen für gemeinnützige Zwecke sind Parteizuwendungen keine altruistischen Vermögensopfer; die politische Zuwendung verfolgt idR politische und ökonomische Ziele des Spenders. Abs. 2 regelt also einen interventionsrechtl. Tatbestand mit **außersteuerlicher Zielsetzung**. Im Rahmen einer progressiven ESt wäre es deshalb systematisch konsequent gewesen, auf den Abzug v. der Bemessungsgrundlage zu verzichten und für Zuwendungen an Parteien ausschließlich eine Steuerermäßigung – wie nach § 34g – zu gewähren. Gleichwohl ist der beschränkte und nachrangige Abzug v. der Bemessungsgrundlage vertretbar, da der Zuwendende über den zugewendeten Betrag nicht mehr verfügen kann.[6] 2

II. EStG und EStDV. Der gemeindienliche SA-Abzug ist nach der Reform im Jahre 2007 nunmehr grds. in § 10b geregelt, §§ 48 und 49 EStDV wurden aufgehoben und § 50 EStDV (vgl. dazu § 51 Rn. 68) geändert. In dem neu gefassten Abs. 1 wird auf die Vorschriften der §§ 52 bis 54 AO verwiesen. Die Tatbestandsvoraussetzungen der Parteizuwendungen ergeben sich aus Abs. 2. 3

B. Gemeinnützige Zuwendungen (Abs. 1)

I. Grundsätzliches. Abs. 1 regelt die steuerbegünstigten Zwecke, die Zuwendungsempfänger und den Abzugsbetrag. Abs. 1 S. 1 verweist auf die §§ 52 bis 54 AO und macht dadurch klar, dass alle Zuwendungen zur Förderung der dort genannten Zwecke als SA abzugsfähig sind. Grds. kann jede Körperschaft, die nach § 52 AO nF als gemeinnützig anerkannt ist, stl. abziehbare Zuwendungen entgegennehmen. Nach § 10b Abs. 1 S. 8 sind allerdings bestimmte Mitgliedsbeiträge nicht abziehbar. Wenn nach § 52 Abs. 2 Nr. 24 AO auch die Förderung des demokratischen Staatswesens spendenbegünstigt ist, ergeben sich Abgrenzungsprobleme zu den spezielleren Regelungen des Abs. 2.[7] Unter bestimmten Voraussetzungen können auch Zuwendungen an gemeinnützige, mildtätige und kirchliche Einrichtungen in Mitgliedsländern der EU abgezogen werden (Abs. 1 S. 3 bis 6). 4

II. Zuwendungen. Steuerbegünstigt sind „Zuwendungen". Der Begriff der Zuwendung fasst als Oberbegriff Spenden und Mitgliedsbeiträge zusammen. Spenden sind freiwillige Leistungen, die ohne Gegenleistung, aber mit einer Zweckbestimmung erbracht werden. Mitgliedsbeiträge sind Beiträge, die Mitglieder einer Personenvereinigung nach der Satzung zu entrichten haben.[8] Unter dem Oberbegriff der Zuwendungen werden damit generell alle **Wertabgaben** erfasst, die aus dem geldwerten Vermögen des Spenders abfließen[9] und ihn dadurch tatsächlich und endg. wirtschaftlich belasten.[10] Veranlasst ein Dritter den StPfl. zu einer Spende, ist die Spende eine Zuwendung des StPfl., wenn er über sie frei verfügen konnte; andernfalls ist die Spende eine Zuwendung des Dritten.[11] Als Spenden kommen sowohl Geld- als auch 5

---

1 *Hüttemann*, FR 2016, 969 (970).
2 Gutachten des Wissenschaftlichen Beirats beim BMF v. August 2006, „Die abgabenrechtliche Privilegierung gemeinnütziger Zwecke auf dem Prüfstand"; vgl. auch die Pressemitteilung des BMF Nr. 95/2006.
3 G zur weiteren Stärkung des bürgerschaftlichen Engagements v. 10.10.2007, BGBl. I 2007, 2332; zum Gang des Gesetzgebungsverfahrens s. BT-Drucks. 16/5985.
4 Zum Überblick über die Gesetzesänderung s. *Hüttemann*, DB 2007, 2053; *Fischer*, NWB 2007, 3515 (Fach 2, 9439).
5 BVerfG v. 9.4.1992 – 2 BvE 2/89, BVerfGE 85, 264 (316) = BStBl. II 1992, 766 (770).
6 *K/S/M*, § 10b Rn. A 289.
7 *Hüttemann*, DB 2007, 2053 (2054).
8 *K/S/M*, § 10b Rn. B 2; zu den Rechtsfolgen der unterschiedlichen Zuwendungsarten *Weber*, Wie können Unternehmen Steuerwirkungen bei Spendenentscheidungen nutzen?, StuW 2015, 237.
9 BFH v. 5.2.1992 – I R 63/91, BStBl. II 1992, 748.
10 BFH v. 20.2.1991 – X R 191/87, BStBl. II 1991, 690 = FR 1991, 495; OFD Mgdb. v. 20.8.2013 – S 2223 - 182 - St 217, juris (Sammlung von Zahngold durch Zahnärzte).
11 FG Düss. v. 26.1.2017 – 9 K 2395/15 E, EFG 2017, 460 (Rn. 15) (Rev. X R 6/17); FG Hbg. v. 14.11.2007 – 3 K 250/06, EFG 2008, 842 (843), rkr.; FG Köln v. 12.12.2006 – 9 K 4243/06, EFG 2007, 758 (758) (rkr.).

Sachzuwendungen in Betracht. Nutzungen und Leistungen können nicht Gegenstand einer steuerbegünstigten Zuwendung sein (Abs. 3 S. 1). Auch die verbilligte **Überlassung v. Waren** ist letztlich Einnahmeverzicht und keine Ausgabe.[1] An einer **endg. wirtschaftlichen Belastung** des Spenders fehlt es, wenn der Zuwendungsempfänger (projektgebundene) Mittel zurückzahlt oder an den mit dem Spender zusammen veranlagten Ehegatten zur tatsächlichen Verwendung weiterleitet (Rückfluss).[2] Davon zu unterscheiden ist der Aufwendungsersatz ggü. einem Spender: Dieser steht der endgültigen wirtschaftlichen Belastung des Spenders nicht entgegen, wenn der Ersatzanspruch ernsthaft eingeräumt ist und nicht unter der Bedingung einer vorherigen Spende steht (Rn. 61).

6 Einstweilen frei.

7 **III. Förderung. 1. Voraussetzungen.** Der gemeindienliche SA-Abzug setzt voraus, dass die Ausgaben zur Förderung steuerbegünstigter Zwecke (§§ 52 bis 54 AO) geleistet worden sind und den Zuwendenden endg. wirtschaftlich belasten (R 10b.1 Abs. 1 S. 3 EStR). Steuerwirksam sind nur **Zuwendungen**, die der StPfl. unentgeltlich und freiwillig geleistet hat[3] und die vom Zuwendungsempfänger tatsächlich für steuerbegünstigte Zwecke verwendet werden. Zuwendungen sind nicht abziehbar, wenn sie mit der Auflage geleistet werden, sie an eine bestimmte nat. Pers. weiterzugeben (R 10b.1 Abs. 1 S. 2 EStR).

8 **2. Unentgeltlichkeit.** Unentgeltlich werden Spenden und Mitgliedsbeiträge geleistet, wenn die Zuwendung „um der Sache willen ohne die Erwartung eines besonderen Vorteils gegeben"[4] wird und die Förderungsleistung erkennbar auf einen der steuerbegünstigten Zwecke ausgerichtet ist.[5] Ein Spendenabzug ist ausgeschlossen, wenn die Zuwendung an den Empfänger unmittelbar und ursächlich mit einem v. diesem oder einem Dritten gewährten – nicht zwingend wirtschaftlichen – Vorteil zusammenhängt.[6] Zuwendungen, für die der Geber eine **(konkrete) Gegenleistung** erhält, sind keine unentgeltlichen Leistungen. Keine Gegenleistung begründet eine nach dem Parteiwillen unter einer Auflage stehende Schenkung.[7] Die Unentgeltlichkeit fehlt, wenn Wohlfahrtslose,[8] Wohlfahrtsbriefmarken,[9] Eintrittskarten zu Wohltätigkeitsveranstaltungen erworben werden. Eine einheitliche Gegenleistung kann nicht in ein angemessenes Entgelt und eine den Nutzen übersteigende „unentgeltliche" Leistung aufgeteilt werden (vgl. Rn. 10).[10]

9 Deshalb können weder Eltern, deren Kinder eine gemeinnützige Privatschule[11] besuchen, noch deren Angehörige iSd. § 15 AO[12] zur Deckung der **Schul(betriebs)kosten** an den Schulträger steuerwirksame Zuwendungen leisten. Freiwillige Leistungen der Eltern, die über den festgesetzten[13] Elternbeitrag hinausgehen, lässt die Verwaltung jedoch zum gemeindienlichen SA-Abzug zu.[14] Entspr. gilt – haftungsbewehrt[15] (Rn. 71 ff.) – auch für andere (Bildungs-)Einrichtungen, beispielsweise Kindergärten, sowie für Fördervereine an öffentl. Schulen.[16] Auch die Sicherung oder Erhöhung des unternehmerischen Ansehens und die Werbung für Produkte eines Unternehmens **(Sponsoring)** kann schädliche Gegenleistung sein. Aufwendungen des Sponsors können somit betrieblicher Aufwand, Spende oder stl. nicht abzugsfähige Kosten der Lebensführung (§ 12 Nr. 1) sein.[17] Entscheidend für die Abgrenzung ist, welcher Zweck den StPfl. zu der jeweiligen Aufwendung veranlasst.[18] Steuererhebliche Aufwendungen für VIP-Maßnahmen unterliegen dem beschränkten BA-Abzug, nicht aber dem gemeindienlichen SA-Abzug. Die sog. **Auftragsforschung** dient der Wissenschaft und Forschung (vgl. im Einzelnen § 68 Nr. 9 AO). Der Erwerb einer **Mitglied-**

1 *K/S/M*, § 10b Rn. D 15.
2 BFH v. 20.2.1991 – X R 191/87, BStBl. II 1991, 690 = FR 1991, 495.
3 BFH v. 2.8.2006 – XI R 6/03, BStBl. II 2007, 8 = FR 2007, 145 mwN (Beitrittsspende in einen Golfclub).
4 BVerfG v. 24.6.1958 – 2 BvF 1/57, BVerfGE 8, 51 (66) = NJW 1958, 1131 (1132).
5 BFH v. 19.12.1990 – X R 40/86, BStBl. II 1991, 234 = FR 1991, 201.
6 BFH v. 2.8.2006 – XI R 6/03, BStBl. II 2007, 8 = FR 2007, 145; v. 9.12.2014 – X R 4/11, BFH/NV 2015, 853 (Rn. 40); v. 22.3.2018 – X R 5/16, BStBl. II 2018, 651 Rn. 33; krit. FG Düss. v. 2.6.2009 – 16 V 896/09 A (E, AO), EFG 2009, 1931.
7 FG Düss. v. 2.6.2009, 16 V 896/09 A, EFG 2009, 1931; *Kahsnitz*, DStR 2016, 2137 (2142); **aA** FG Düss. v. 26.1.2017 – 9 K 2395/15 E, EFG 2017, 460 (Rn. 20) (Rev. X R 6/17).
8 BFH v. 29.1.1971 – VI R 159/68, BStBl. II 1971, 799.
9 BFH v. 13.6.1969 – VI R 12/67, BStBl. II 1969, 701.
10 BFH v. 2.8.2006 – XI R 6/03, BStBl. II 2007, 8 = FR 2007, 145.
11 BFH v. 12.8.1999 – XI R 65/98, BStBl. II 2000, 65.
12 OFD München v. 12.8.1998, StEK EStG § 10b Nr. 308.
13 H 10b.1 EStH 2017 (Elternleistungen an gemeinnützige Schulvereine); BFH v. 12.8.1999 – XI R 65/98, BStBl. II 2000, 65; v. 20.7.2006 – XI B 51/05, BFH/NV 2006, 2070.
14 BMF v. 4.1.1991, BStBl. I 1992, 266.
15 **AA** FG SchlHol. v. 19.3.1998 – I 184/95, EFG 1998, 1197.
16 FinSen. Berlin v. 14.8.2003, DB 2003, 2094.
17 AEAO zu § 64 Nr. 7 ff.; BMF v. 18.2.1998, BStBl. I 1998, 212.
18 Vgl. BFH v. 16.12.2015 – IV R 24/13, BFH/NV 2016, 652 (Rn. 34) – dort: „Motiv" des StPfl.

schaft in einem Verein[1] (ADAC, Krankenpflege- oder Dialysevereine) kann ebenfalls Gegenleistung sein (vgl. dazu Rn. 11). Schädlich ist nicht nur eine konkrete Gegenleistung, sondern jeder Vorteil, den der Zuwendungsempfänger oder ein Dritter im Zusammenhang mit der Spende oder dem Mitgliedsbeitrag gewährt.[2] Zahlungen an eine gemeinnützige Einrichtung zur Einstellung eines Strafverfahrens nach **§ 153a StPO** sind deshalb nicht abzugsfähig.[3] Ebenfalls nicht abziehbar sind Zuwendungen, die ein Verwaltungshandeln, beispielsweise die Erteilung einer Baugenehmigung, entgelten.[4]

3. Teilentgeltlichkeit. Die im Leistungsaustausch begründete **Wechselseitigkeit** steht dem gemeindienlichen SA-Abzug entgegen, auch wenn sich Leistung und Gegenleistung nicht entsprechen (Teilentgeltlichkeit). Die Aufteilung einer einheitlichen Zuwendung in einen nicht abzugsfähigen (Entgelt-)Teil und einen abzugsfähigen (Spenden-)Teil ist nicht zulässig.[5] Dieses **Aufteilungsverbot** steht der Spende anlässlich der Entgeltfinanzierung einer **Wohltätigkeitsveranstaltung** jedoch nicht entgegen, wenn ein kostendeckend bemessenes Entgelt **(Deckungsprinzip)** erhoben und eine zusätzliche Spende erbeten wird. Entgelt und Spende sind als zwei zahlungs- und buchungstechnisch unabhängige Vorgänge darzustellen **(Trennungsprinzip)**.[6] Darüber hinaus muss dem StPfl. die Teilnahme an der Veranstaltung oder die Entgegennahme der Leistung auch ohne Spende, allein aufgrund des entrichteten Entgelts, möglich sein. 10

4. Freiwilligkeit. Eine Zuwendung ist freiwillig, wenn die Ausgabe ohne rechtl. Verpflichtung geleistet wird oder der Zuwendende die Zahlungsverpflichtung freiwillig begründet hat.[7] Die Freiwilligkeit der Zuwendung wird deshalb durch die im **Stiftungsgeschäft** begründete Rechtspflicht auf Übertragung des Stiftervermögens (§ 82 BGB) nicht beeinträchtigt.[8] Dagegen fehlt es an der erforderlichen Freiwilligkeit,[9] wenn Zahlungen dem StPfl. durch einseitigen hoheitlichen Rechtsakt auferlegt sind, wie etwa Zahlungen aufgrund einer **Bewährungsauflage** nach § 56b StGB. Ähnliches soll für Aufwendungen des Erben zur Erfüllung v. **Vermächtniszuwendungen** an gemeinnützige oder öffentl.-rechtl. Einrichtungen gelten (str.).[10] Bei der ESt-Veranlagung des Erblassers sind derartige Zuwendungen nicht als Spende zu berücksichtigen, weil die in dem Vermächtnis verfügten Beträge erst nach dem Tode aus seinem Vermögen abfließen.[11] **Pflicht- und Eintrittspenden**, die im Zusammenhang mit der Aufnahme in einen Sport- oder Freizeitverein geleistet werden, sind ebenfalls nicht abzugsfähig.[12] Die FinVerw. behandelt derartige Zuwendungen als nicht abzugsfähige Beiträge, wenn mehr als 75 % der neu eingetretenen Mitglieder neben der Aufnahmegebühr eine gleich oä. hohe Sonderzahlung leisten.[13] **Investitionsumlagen** eines Vereins sind keine stl. abzugsfähigen Spenden. Darüber hinaus hat die Verwaltung **Höchstgrenzen für Mitgliedsbeiträge**, Aufnahmegebühren und Investitionsumlagen festgelegt, deren Überschreiten dem Gemeinnützigkeitsstatus v. Sport- und Freizeitvereinen entgegensteht.[14] Bei der Rückzahlung v. Arbeitslohn sucht die Praxis eine Einzelfallgerechtigkeit je nach konkretem Fall.[15] 11

---

1 BFH v. 11.6.1997 – X R 242/93, BStBl. II 1997, 612 (614) mwN.
2 BFH v. 2.8.2006 – XI R 6/03, BStBl. II 2007, 8 = FR 2007, 145.
3 BFH v. 19.12.1990 – X R 40/86, BStBl. II 1991, 234 (235) = FR 1991, 201; FinMin. BaWü. v. 8.8.1988, StEK AO 1977 § 52 Nr. 54.
4 FG Düss v. 9.6.1999 – 2 K 7411/96 E, DStRE 2000, 630.
5 BFH v. 2.8.2006 – XI R 6/03, BStBl. II 2007, 8 = FR 2007, 145; FinMin. NRW v. 22.6.1988, StEK EStG § 10b Nr. 197.
6 Vgl. BMF v. 4.1.1991, BStBl. I 1992, 266.
7 BFH v. 12.9.1990 – I R 65/86, BStBl. II 1991, 258 (259); v. 28.4.1987 – IX R 9/83, BFH/NV 1988, 151.
8 BFH v. 18.12.1991 – X R 38/90, BStBl. II 1992, 504; v. 12.9.1990 – I R 65/86, BStBl. II 1991, 258; *Wallenhorst*, in: Wallenhorst/Halaczinsky[6], 374.
9 BFH v. 19.12.1990 – X R 40/86, BStBl. II 1991, 234 = FR 1991, 201; FG Hess. v. 24.4.1986 – 3 K 283/84, EFG 1986, 492; FG BaWü. v. 1.12.1970 – IV 105/69, EFG 1971, 129.
10 BFH v. 22.9.1993 – X R 107/91, BStBl. II 1993, 874 = FR 1994, 15 m. Anm. *Schmidt*; vgl. auch BFH v. 23.10.1996 – X R 75/94, BStBl. II 1997, 239 = FR 1997, 178 m. Anm. *Weber-Grellet* (Zahlung des Erben auch nicht dem Erblasser zuzuordnen); *Hüttemann*[4], Rn. 8.53; FG Düss. v. 26.1.2017 – 9 K 2395/15 E, EFG 2017, 460 (Rn. 16 ff.) (Rev. X R 6/17); **aA** noch FG Düss. v. 2.6.2009 – 16 V 896/09 A(E, AO), EFG 2009, 1931 für eine Spende bei einer Schenkung unter Auflage.
11 BFH v. 23.10.1996 – X R 75/94, BStBl. II 1997, 239 = FR 1997, 178 m. Anm. *Weber-Grellet*.
12 BFH v. 11.6.1997 – X R 242/93, BStBl. II 1997, 612; v. 23.7.2003 – I R 41/03, BStBl. II 2005, 443 = FR 2004, 31 m. Anm. *Pezzer*; v. 2.8.2006 – XI R 6/03, BStBl. II 2007, 8 = FR 2007, 145; FG Nds. v. 11.11.2003 – 13 K 121/98, EFG 2004, 887; v. 18.9.2002 – 9 K 637/97, EFG 2003, 447; FG Münster v. 26.4.2001 – 14 K 3980/97 E, EFG 2001, 1273; AEAO zu § 52 Nr. 1.3.1.7; FG München v. 18.3.2003 – 12 K 1211/03, EFG 2005, 1856; **aA** FG Düss. v. 13.8.1998 – 11 K 6161/97 E, EFG 1999, 115; s. auch BFH v. 24.4.2003 – XI B 48/01, BFH/NV 2003, 1586.
13 BMF v. 20.10.1998, BStBl. I 1998, 1424; vgl. zu den Höchstgrenzen für Mitgliedsbeiträge und Aufnahmegebühren BMF v. 19.5.2005, BStBl. I 2005, 786.
14 AEAO zu § 52 Nr. 1.1; vgl. FG Nds. v. 18.9.2002 – 9 K 637/97, EFG 2003, 447; FG Münster v. 22.1.2001 – 9 K 1222/97 K, 9 K 1265/97 K, 9 K 1222/97 K, 9 K 1265/97 K, EFG 2001, 613.
15 *K/S/M*, § 10b Rn. B 440; OFD Berlin v. 20.5.2003, juris VV-Steuer.

12 **5. Tatsächliche Verwendung.** Die tatsächliche Verwendung der Zuwendung für einen steuerbegünstigten Zweck ist sachliche Voraussetzung des gemeindienlichen SA-Abzugs[1] **(spendenrechtl. Gemeinwohlbindung)**. Die Zweckbindung des Spenders wird durch Abs. 1 aufgenommen und zu einer eigenständigen gesetzlichen Pflicht verfestigt. Der Spender ist aber in seinem Vertrauen auf die Spendenbescheinigung geschützt (Rn. 66).

13 Öffentlich-rechtl. Zuwendungsempfänger sind verpflichtet, Spenden unmittelbar für einen in Abs. 1 iVm. §§ 52ff. AO aufgeführten, **steuerbegünstigten Zweck** zu verwenden. Wirtschaftliche Unternehmungen darf die öffentl. Hand nicht mit Spendenmitteln finanzieren. Der Einsatz v. Spendenmitteln in **Betrieben gewerblicher Art**[2] (§ 4 KStG iVm. R 6 KStR 2004) ist deshalb nicht zulässig, es sei denn, der Betrieb dient unmittelbar und ausschließlich gemeinnützigen Zwecken und ist deshalb nach § 5 Abs. 1 Nr. 9 KStG v. der KSt befreit (Abs. 1 S. 2 Nr. 2). Wie bei den privaten Körperschaftsteuersubjekten muss im Einzelfall anhand der AO geprüft werden, ob es sich um einen steuerschädlichen Betrieb gewerblicher Art oder um einen steuerunschädlichen Zweckbetrieb handelt.[3] Die Beteiligung einer gemeinnützigen Körperschaft an einer vermögensverwaltenden, aber nach der Fiktion des § 15 Abs. 3 Nr. 2 gewerblich geprägten PersGes. verbleibt mangels einer tatsächlich erwerbswirtschaftlichen Tätigkeit in der Gemeinnützigkeit.[4]

14 Gemeinnützige Zuwendungsempfänger haben die in der AO begründeten **Verwendungsanforderungen** zu beachten und dürfen ihre Mittel, damit auch Spenden und Mitgliedsbeiträge, nur für satzungsmäßige Zwecke verwenden (§ 55 Abs. 1 Nr. 1 S. 1 AO).[5] Die Mittel sind zeitnah – spätestens in den auf den Zufluss folgenden zwei Kj. oder Wj. – für die steuerbegünstigten Zwecke zu verwenden (§ 55 Abs. 1 Nr. 5 S. 1 und 3 AO).[6] In den Grenzen von § 62 AO besteht jedoch die Möglichkeit, Rücklagen und Vermögen zu bilden.[7] Gemeindienliche Zuwendungen müssen deshalb im **ideellen Bereich** oder einem steuerbegünstigten **Zweckbetrieb** der Körperschaft Verwendung finden.[8] Der ideelle Bereich bestimmt sich nach dem in der Satzung niedergelegten nicht wirtschaftlichen, gemeinnützigen Verbandszweck. Ein Zweckbetrieb (§ 65 AO) liegt vor, wenn die wirtschaftlichen Unternehmungen zur Verwirklichung der steuerbegünstigten, satzungsmäßigen Zwecke unentbehrlich sind und die gemeinnützige Körperschaft zu gewerblichen Unternehmen nicht in größerem Umfang in Wettbewerb treten wird, als es bei Erfüllung der steuerbegünstigten Zwecke unvermeidbar ist.[9] Die Voraussetzungen eines Zweckbetriebs fehlen nach Auffassung der Finanzbehörden bereits, wenn ein Wettbewerb mit stpfl. Unternehmen nur möglich ist.[10] Wird ein wirtschaftlicher Geschäftsbetrieb (§§ 14, 64 Abs. 1 AO) einer gemeinnützigen Körperschaft v. den Finanzbehörden zu Unrecht als steuerbegünstigter Zweckbetrieb (§§ 65 bis 68 AO) behandelt, kann ein Wettbewerber gegen die rechtswidrige Nichtbesteuerung oder zu geringe Besteuerung der gemeinnützigen Körperschaft Klage vor dem FG erheben[11] (sog. **Konkurrentenklage**). Die **Bildung v. Vermögen** aus Spendenmitteln durch sog. Zustiftungen (§ 62 Abs. 3 AO) sowie in den ersten Jahren nach Errichtung der Stiftung (§ 62 Abs. 4 AO) ist zulässig. Darüber hinaus kann die Stiftung in den Grenzen von § 62 Abs. 1–2 AO **Rücklagen** bilden. Ein **Ausgleich v. Verlusten** im wirtschaftlichen Geschäftsbetrieb und der Vermögensverwaltung mit gemeinwohlgebundenen Mitteln ist nur in engen Grenzen statthaft.[12]

15 Die abgabenrechtl. Gemeinwohlbindung unterwirft darüber hinaus **Werbe- und Verwaltungsausgaben** dem Vorbehalt des Angemessenen.[13] Der Rahmen des Angemessenen ist jedenfalls überschritten, wenn

---

1 BFH v. 5.2.1992 – I R 63/91, BStBl. II 1992, 748. Zur Frage des Zeitpunktes der Mittelverwendung bei einer Darlehensvergabe und bei der Bereitstellung einer Sicherheit sowie den Konsequenzen für die Gemeinnützigkeit des Darlehens- oder Sicherungsgebers im Falle der Insolvenz des Darlehensnehmers s. *Kirchhain*, DStR 2012, 2313.

2 *K/S/M*, § 10b Rn. B 49; *Wallenhorst*, in: Wallenhorst/Halaczinsky[6], 419.

3 *K/S/M*, § 10b Rn. B 49.

4 BFH v. 25.5.2011 – I R 60/10, FR 2011, 811 m. Anm. *Kirchhain* = DStR 2011, 1460; zur Aufgabe der „Geprägetheorie" vgl. BFH v. 4.4.2007 – I R 76/05, BStBl. II 2007, 631 = FR 2007, 963; BMF v. 17.1.2012, BStBl. I 2012, 83.

5 Anders bei Spenden für die Opfer der Hochwasserkatastrophe 2002, BMF v. 1.10.2002, BStBl. I 2002, 960, wie auch bei Spenden für die Opfer der Hochwasserkatastrophe 2013, BMF v. 21.6.2013, BStBl. I 2013, 769, und bei Spenden zur Förderung der Flüchtlingshilfe BMF v. 22.9.2015, BStBl. I 2015, 745 (am 6.12.2016 bis zum 31.12.2018 verlängert).

6 Zur Saldierung des Gesamtvermögens BFH v. 20.3.2017 – X R 13/15, DStR 2017, 1754 (1758ff.).

7 Ausführlich dazu *Schauhoff/Kirchhain*, FR 2013, 301 (306ff.).

8 BFH v. 30.11.2016 – V R 53/15, FR 2017, 240 – Kostümparty in der Karnevalswoche.

9 *Kümpel*, DStR 1999, 93; *Franz*, Grundlagen der Besteuerung, 1991, 39; vgl. allg. zur Abgrenzung BFH v. 19.5.2005 – V R 32/03, DStRE 2005, 968; v. 18.3.2004 – V R 101/01, BStBl. II 2004, 798 (801) – für USt; *Hüttemann*[4], Rn. 6.166ff.; zur „Gewinnschranke für Wohlfahrtsbetriebe" vgl. BFH v. 27.11.2013 – I R 17/12, FR 2014, 846; dazu *Hüttemann*, FR 2016, 969 (973).

10 BMF v. 27.11.2000, BStBl. I 2000, 1548; **aA** BFH v. 30.3.2000 – V R 30/99, BStBl. II 2000, 705.

11 BFH v. 15.10.1997 – I R 10/92, BStBl. II 1998, 63 = FR 1998, 284.

12 AEAO zu § 55 Nr. 4ff.; **aA** *Dehesselles*, DStR 2012, 2309.

13 Ausf. dazu *K/S/M*, § 10b B Rn. 485ff.; AEAO zu § 55 Nr. 18ff.; BFH v. 8.8.2001 – I B 40/01, BFH/NV 2001, 1536.

eine Körperschaft, die sich weitgehend durch Geldspenden finanziert, diese (nach einer Aufbauphase)[1] überwiegend zur Bestreitung von Ausgaben für Verwaltung und Spendenwerbung statt für die Verwirklichung der steuerbegünstigten satzungsmäßigen Zwecke verwendet.[2] Diese typisierenden Orientierungshilfen erübrigen aber nicht eine Prüfung der Angemessenheit von Einzelfall und Einzelausgabe.[3] Die Steuerentlastung kann auch dann versagt werden, wenn eine einzelne Verwaltungsausgabe – zB das Gehalt des Geschäftsführers oder der Aufwand für die Mitglieder- und Spendenwerbung – unangemessen ist (§ 55 Abs. 1 Nr. 1 AO).[4] Ein Ausgabeverhalten ist stets unangemessen, wenn es gegen ein gesetzliches Verbot oder gegen die guten Sitten verstößt (Rn. 17).[5] Dagegen gefährdet die Verleihung v. **Preisen und Stipendien** die Gemeinnützigkeit der die Anerkennung vergebenden Einrichtungen nicht, wenn damit ein Anreiz geschaffen wird, auf gemeinnützigem Gebiet tätig zu werden. Preis und Stipendium sind nach **„Vergaberichtlinien"** zuzuwenden, die offenzulegen, allgemeingültig und gemeinnützigkeitsorientiert sind.[6] Ob die Preisgelder beim Empfänger estpfl. sind, beurteilt sich danach, ob die Preise durch Nutzung einer der sieben Erwerbsgrundlagen des § 2 Abs. 1 S. 1 erzielt oder in Würdigung der Person des Empfängers gewährt worden sind (§ 8 Rn. 30).[7] Wissenschaftspreise werden idR in Würdigung des Wissenschaftlers verliehen, mag der Preis auch auf eine während der Erwerbstätigkeit gewonnene Erkenntnis oder Erfindung bezogen sein.[8] Nobelpreise sind nicht steuerbar.[9] Gemeindienliche Zuwendungen dürfen nicht zu **Repräsentationszwecken** bei wissenschaftlichen Tagungen, Vorträgen und ähnlichen Veranstaltungen verwendet werden. Die Finanzierung v. Banketten, Festabenden oder der allg. Bewirtung der Tagungsteilnehmer aus gemeinwohlgebundenen Mitteln ist nicht zulässig. Die FinVerw. beanstandet aber nicht, wenn ein geringer Teil der Mittel für die bei Tagungen üblichen Aufmerksamkeiten verausgabt wird.[10] Die Grenze dürfte in Anlehnung an die Verpflegungspauschale für ArbN (§ 9 Abs. 4a S. 3 Nr. 1) und die Betriebsveranstaltungen im eigenbetrieblichen Interesse[11] zwischen 40 und 110 Euro[12] pro Teilnehmer bemessen werden können (str.). Allerdings werden viele, vor allem internationale Tagungen ihren gemeinnützigen Zweck nur erreichen, wenn der Rahmen einer Mindestrepräsentation die Erfordernisse der Gegenseitigkeit – des gleichen Willkommens wie im Ausland – nicht verletzt. Spendenaufkommen dürfen für **Promotionsfeiern** verwendet werden, wenn der Teilnehmerkreis auf Doktoranden, deren Betreuer und Angehörige beschränkt ist und die Aufwendungen pro Person wiederum 110 Euro nicht übersteigen (str.). Abs. 4 S. 1 schützt den Spender in seinem Vertrauen auf eine Zuwendungsbestätigung (Rn. 66 ff.). Der BFH neigt in neuerer Rspr. dazu, Bewirtungsaufwendungen beim BA-Abzug großzügiger zu beurteilen als im Gemeinnützigkeitsrecht.[13]

IV. Steuerbegünstigte Zwecke. Begünstigt ist die Förderung der Allgemeinheit, dh. der objektiven Wertordnung, wie sie insbes. im Grundrechtskatalog der Art. 1 bis 19 GG zum Ausdruck kommt,[14] sowie die Förderung **mildtätiger** (§ 53 AO), **kirchlicher**[15] (§ 54 AO) und **gemeinnütziger** (§ 52 AO) **Zwecke**. Der Gesetzgeber hat in § 52 Abs. 2 S. 1 AO die gemeinnützigen Zwecke in einem grds. abschließenden Katalog aufgeführt. Nach § 52 Abs. 2 S. 2 AO kann ein v. einer Körperschaft verfolgter Zweck, der nicht unter S. 1 des § 52 Abs. 2 AO fällt, für gemeinnützig erklärt werden, falls die Allgemeinheit auf materiellem, geistigem oder sittlichem Gebiet entspr. selbstlos gefördert wird (sog. Öffnungsklausel).[16] Zuständig für 16

1 BFH v. 23.9.1998 – I B 82/98, BStBl. II 2000, 320 = FR 1998, 1033 m. Anm. *Kempermann*; idR v. einer kürzeren Aufbauphase ausgehend AEAO zu § 55 Abs. Nr. 1, 18.

2 Vgl. AEAO zu § 55 Abs. 1 Nr. 1, 17; BFH v. 23.9.1998 – I B 82/98, BStBl. II 2000, 320 = FR 1998, 1033 m. Anm. *Kempermann*.

3 *Seer* in T/K, § 55 AO Rn. 11; *Orth*, DStJG 26 (2003), 177 (211 ff.); *Hüttemann*[4], Rn. 5.33.

4 AEAO zu § 55 Abs. 1 Nr. 1, 19.

5 BFH v. 18.12.2002 – I R 60/01, BFH/NV 2003, 1025.

6 Vgl. FinMin. Thür. v. 25.4.1996, StEK AO 1977 § 52 Nr. 94.

7 BFH v. 9.5.1985 – IV R 184/82, BStBl. II 1985, 427 = FR 1985, 540; v. 23.4.2009 – VI R 39/08, BStBl. II 2009, 668 = FR 2009, 963.

8 Zu Forschungspreisen insbes. für eine Diss oder Habilitation aber *Krumm*, FR 2015, 639.

9 Vgl. aber FG SchlHol. v. 15.3.2000 – I 210/95, EFG 2000, 787 (lehrbezogener Preis); BayLfSt v. 3.2.2010, juris – Kunstförderpreis; FinMin. Saarl. v. 3.12.2002, juris; OFD München v. 6.7.1998, juris – Meisterpreis; BMF v. 5.9.1996, BStBl. I 1996, 1150; vgl. insgesamt *Hüttemann*[4], Rn. 9.56; *Grotherr/Hardeck*, StuW 2014, 1.

10 OFD Nürnb. v. 1.8.1991, StEK EStG § 10b Nr. 233.

11 Vgl. § 8 Rn. 19.

12 BFH v. 16.11.2005 – VI R 151/99, BStBl. II 2006, 439 = FR 2006, 334 m. Anm. *Bergkemper*.

13 BFH v. 14.10.2015 – I R 74/13, FR 2016, 623 und v. 16.12.2015 – IV R 24/13, FR 2016, 625; zur Würdigung beider Entsch. *Wendt*, FR 2016, 627; vgl. auch BFH v. 13.7.2016 – VIII R 26/14, FR 2017, 1017 = DStR 2016, 2795.

14 BFH v. 17.5.2017 – V R 52/15, DStR 2017, 1749 (1751) – Freimaurerloge (Mitgliedschaft nur von Männern).

15 Gezahlte KiSt sind SA nach § 10 Abs. 1 Nr. 4, doch können Beiträge von Mitgliedern einer Religionsgemeinschaft, die nicht aus Billigkeitsgründen wie KiSt als SA abgezogen werden (§ 51a Rn. 2), iRv. § 10b berücksichtigt werden, R 10.7 EStH 2017.

16 Dazu BFH v. 9.2.2017 – V R 70/14, DStR 2017, 881 – Turnierbridge (Vergleichbarkeit mit Katalogzwecken, eigenständiges Antragsverfahren).

diese Erklärung ist gem. § 52 Abs. 2 S. 3 AO eine v. den obersten Finanzbehörden der Länder zu benennende zentrale Stelle. Werden die steuerbegünstigten Zwecke im Ausland verwirklicht, ist nach § 51 Abs. 2 AO zusätzlich ein struktureller Inlandsbezug erforderlich[1] (Rn. 20). Nach § 55 Abs. 1 AO sind sämtliche Mittel der Körperschaft nur für die satzungsmäßigen gemeinnützigen Zwecke zu verwenden (zu Ausnahmen vgl. § 58 AO). Auch der Gewinn aus einem Zweckbetrieb und aus einem stpfl. wirtschaftlichen Geschäftsbetrieb sowie ein Überschuss aus der Vermögensverwaltung dürfen nur für die satzungsmäßigen Zwecke verwendet werden (vgl. AEAO zu § 55 Abs. 1 Nr. 1, Rn. 2). Eine parteipolitische Betätigung findet in Abs. 2 und § 34g ihren Maßstab, schließt eine Begünstigung nach Abs. 1 aus.[2] Zuwendungen an parteipolitisch tätige Empfänger sind nur unter den Voraussetzungen des Abs. 2 abzugsfähig.

17 Der gemeindienliche SA-Abzug ist ausgeschlossen, wenn sich der finanzierte Zweck gegen die Rechtsordnung richtet.[3] § 51 Abs. 3 AO bestätigt die Verwaltungspraxis[4], wonach eine Körperschaft nur als gemeinnützig anerkannt werden kann, wenn sie sich bei ihrer Betätigung iRd. verfassungsmäßigen Ordnung hält. Die **Verletzung v. Rechtsgütern und Recht** ist Unrecht, kann deswegen weder gemeinnützig[5] noch förderungswürdig sein, kommt somit auch für eine stl. Entlastung nach Abs. 1 nicht in Betracht.

18 **V. Zuwendungsempfänger.** Zuwendungsempfänger sind nur rechtlich verselbständigte Organisationen, nicht nat. Pers. und Pers.-Vereinigungen, da diese zur Sicherung ihrer Existenz immer auch eigennützig handeln und damit nicht ausschließlich gemeinnützig sind. Heute gibt es über eine halbe Million gemeinnütziger Vereine, Stiftungen und KapGes. in Deutschland.[6] Hinzu treten jur. Pers. des öffentlichen Rechts und öffentliche Dienststellen, die Zuwendungsempfänger sein können. Doch der Kreis der Zuwendungsempfänger hat sich unter dem Einfluss des EU-Rechts deutlich erweitert. Abs. 1 S. 2–6 regelt nunmehr ausdrücklich, dass grds. auch Zuwendungen an gemeinnützige, mildtätige oder kirchliche Organisationen, die in einem Mitgliedstaat der EU (oder in einem Staat, auf den das EWR-Abkommen Anwendung findet) belegen sind, als SA abgezogen werden können. Dieser Rechtsänderung liegt die Rspr. des EuGH[7] zugrunde. Der freie Kapitalverkehr stehe einem Abzugsverbot von Auslandsspenden entgegen. In dieser Rspr. tritt der Gemeinnützigkeitsgedanke zurück. Eine Entlastung v. der deutschen ESt ist gerechtfertigt, weil ein StPfl. Gemeinwohlanliegen im Hoheitsbereich des deutschen Gesetzgebers finanziert, der andernfalls Einkommensteuererträge für ähnliche Aufgaben einsetzen müsste. Wenn das Europarecht den Binnenmarkt für den Wettbewerb erschließt, die selbstlose Gemeinnützigkeit aber anderen Gesetzmäßigkeiten folgt, treffen die Grundfreiheiten die gemeinnützige Einkommensverwendung nicht.[8] Trotz dieser Rspr. des EuGH hat sich bisher ein europäischer „Spendenmarkt" nicht gebildet, weil der Spendenabzug voraussetzt, dass der ausländ. Zuwendungsempfänger die jeweiligen (sehr unterschiedlichen) Voraussetzungen des innerstaatl. Gemeinnützigkeitsrechts erfüllt.[9]

Zuwendungen an folgende Empfänger können nach Abs. 1 S. 2 zum SA-Abzug berechtigen:

1. Zuwendungen an eine jur. Pers. des öffentl. Rechts[10] oder an eine öffentl. Dienststelle, die in einem Mitgliedstaat der EU oder in einem Staat belegen ist, auf den das EWR-Abkommen Anwendung findet, oder
2. Zuwendungen an eine nach § 5 Abs. 1 Nr. 9 KStG wegen ihrer Gemeinnützigkeitswidmung steuerbefreite Körperschaft, Personenvereinigung oder Vermögensmasse[11] oder

---

1 Zur Frage der Vereinbarkeit mit dem Unionsrecht s. *Förster*, BB 2011, 663 (665); *Martini*, ISR 2015, 97 (99 f.).

2 Zu den Grenzen BFH v. 20.3.2017 – X R 13/15, DStR 2017, 1754 (1762 f.) – Förderung von Umwelt- und Naturschutz; dort auf S. 1763 die „Grundsystematik" zur Prüfung parteipolitischer und (überwiegender) politischer Einflussnahme.

3 BFH v. 29.10.1997 – I R 13/97, BStBl. II 1998, 9 = FR 1998, 210; v. 13.7.1994 – I R 5/93, BStBl. II 1995, 134 = FR 1995, 110 (135).

4 AEAO zu § 52 Ziff. 16.

5 § 51 Abs. 3 AO hat somit nur klarstellende Wirkung.

6 *Hüttemann*, FR 2016, 969 (970).

7 EuGH v. 14.9.2006 – Rs. C-386/04 – Stauffer, Slg. 2006, I-8803; v. 18.12.2007 – Rs. C-281/06 – Jundt, Slg. 2007, I-12231; v. 27.1.2009 – Rs. C-318/07 – Persche, DStR 2009, 207. Zur Anwendung durch die FinVerw. vgl. BMF v. 16.5.2011, BStBl. I 2011, 559; s. zu den europarechtl. Maßstäben *Geserich* in FS P. Kirchhof, § 162 Rn. 12 ff.; *Hüttemann*[4], Rn. 1.122 ff.

8 Zur Bedeutung des EU-Beihilferechts *Fischer*, FR 2009, 929; s. aber jüngst EU-Kommission v. 5.12.2012 – C(2012) 8761 final – SA.33952 (2012/NN) „Deutschland Kletteranlagen des Deutschen Alpenvereins", nv., mit Anm. *Fischer*, jurisPR-SteuerR 21/2013 Anm. 1.

9 *Hüttemann*, ISR 2014, 133 (135).

10 Vgl. BFH v. 22.3.2018 – X R 5/16, BStBl. II 2018, 651 Rn. 21 ff., zur Anwendbarkeit und Ermittlung des jeweiligen ausländ. Rechts bei der Qualifikation eines Rechtsgebildes als jur. Pers. des öffentl. Rechts.

11 Zu Förder- und Spendensammelvereinen vgl. § 58 AO.

3. Zuwendungen an eine Körperschaft, Personenvereinigung oder Vermögensmasse, die in einem Mitgliedstaat der EU oder in einem Staat belegen ist, auf den das EWR-Abkommen Anwendung findet, und die nach § 5 Abs. 1 Nr. 9 KStG iVm. § 5 Abs. 2 Nr. 2 HS 2 KStG steuerbefreit wäre, wenn sie inländische Einkünfte erzielen würde.

Zuwendungen an einen nicht im Inland ansässigen Zuwendungsempfänger sind als SA nur abziehbar, wenn dieser **die weiteren Voraussetzungen des deutschen Gemeinnützigkeitsrechts erfüllt**. Wer nicht im Inland ansässig ist, hat die Abzugsfähigkeit **nach Inlandsmaßstäben zu rechtfertigen**.[1] Dies gilt gleichermaßen für die **formelle Satzungsmäßigkeit**, auch wenn dadurch der grenzüberschreitende Spendenabzug vielfach ausgeschlossen wird.[2] Mit Einführung des neuen § 60a AO (Rn. 22) kann auch ein nicht im Inland ansässiger Zuwendungsempfänger die Erfüllung der Voraussetzungen formeller Satzungsmäßigkeit durch einen Feststellungsbescheid verbindlich feststellen lassen.[3] Entgegen der Auffassung der FinVerw.[4] gilt dies nicht nur bei einer (beschränkten) KStPfl. der Körperschaft.[5] Das Feststellungsverfahren nach § 60a AO ist kein reines Annexverfahren zur KSt.-Veranlagung, denn andernfalls würde die in § 60a Abs. 2 Nr. 1 AO vorgesehene Feststellung auf Antrag der Körperschaft weitgehend leerlaufen. Zudem wollte der Gesetzgeber gerade die Möglichkeit eröffnen, die Satzungsmäßigkeit „auch außerhalb des Veranlagungsverfahrens“[6] feststellen zu lassen. Verzichtet der nicht im Inland ansässige Zuwendungsempfänger auf die Feststellung nach § 60a AO, hat das Wohnsitz-FA des StPfl. über dessen Gemeinnützigkeit (ohne Bindungswirkung für andere Finanzbehörden) zu entscheiden.[7] Fördert der Zuwendungsempfänger zwar gemeinnützige Zwecke, lässt sich der Satzung aber weder ausdrücklich noch durch Auslegung eine entsprechende Vermögensbindung entnehmen, sind die Voraussetzungen eines entsprechenden Vermögensabzugs nicht erfüllt.[8] Gleiches gilt, wenn der StPfl. nicht nachweist, dass die tatsächliche Geschäftsführung des Zuwendungsempfängers den Anforderungen des § 63 Abs. 1 AO genügt. Ein solcher Nachweis ist nicht zwingend durch Geschäfts- und Tätigkeitsberichte sowie durch Aufzeichnungen über die finanziellen Verhältnisse des Zuwendungsempfängers zu führen, vielmehr kann die Vorlage anderer nachprüfbarer Belege ausreichen.[9] Weitere Voraussetzung für den Sonderausgabenabzug bei Zuwendungen an nicht im Inland ansässige Zuwendungsempfänger ist nach Abs. 1 S. 3, dass deren **Sitzstaat Amtshilfe und Unterstützung bei der Beitreibung leistet**. Grundlage der Abziehbarkeit ist also eine Auskunfts- und Unterstützungsgemeinschaft unter den beteiligten Staaten. Die Begriffe der Amtshilfe und der Beitreibung sind in Abs. 1 S. 4–5 legal definiert. Allerdings sind die FÄ nicht verpflichtet, Informationen über den ausländ. Zuwendungsempfänger im Wege der Amtshilfe einzuholen.[10] 19

Werden die steuerbegünstigten Zwecke des Zuwendungsempfängers im Sinne von Abs. 1 S. 2 Nr. 1 nur im Ausland verwirklicht, ist für den Sonderausgabenabzug gemäß Abs. 1 S. 6 zudem Voraussetzung, dass natürliche Personen gefördert werden, die ihren Wohnsitz oder ihren gewöhnlichen Aufenthalt im Geltungsbereich dieses G haben, oder dass die Tätigkeit dieses Zuwendungsempfängers neben der Verwirklichung der steuerbegünstigten Zwecke auch zum Ansehen der Bundesrepublik Deutschland beitragen kann. Dieses Erfordernis eines sog. **„strukturellen Inlandsbezugs“**[11] ist durch das JStG 2009 in die AO (§ 51 Abs. 2) eingefügt worden. Der Beitrag zum Ansehen der BRD soll bereits – ohne besonderen Nachweis – erbracht sein, wenn eine inländische Körperschaft sich personell, finanziell, planend, schöpferisch oder anderweitig an der Förderung gemeinnütziger, mildtätiger oder kirchlicher Zwecke im Ausland beteiligt.[12] Entsprechendes soll für inländische Privatpersonen gelten, die eine ausländische gemeinnützige Einrichtung fi- 20

---

1 BFH v. 21.1.2015 – X R 7/13, BStBl. II 2015, 588 = FR 2015, 713 m. Anm. *Fischer* (Rn. 22); **aA** zur Vereinbarkeit mit den Vorgaben des Europarechts *Förster*, DStR 2013, 1516 (1517).
2 FG Düss. v. 14.1.2013 – 11 K 2439/10 E, EFG 2013, 678 (rkr.) mit zust. Anm. *Fischer*, jurisPR-SteuerR 18/2013 Anm. 1; FG Münster v. 8.3.2012 – 2 K 2608/09 E, EFG 2012, 1539 (1541) (rkr.); *Schienke-Ohletz*, BB 2018, 221 (224 f.); *Weitemeyer/Bornemann*, FR 2016, 437 (440 f.); *Hüttemann/Helios*, DB 2009, 701 (705); vgl. auch BayLfSt v. 11.9.2012 – S 0170.1.1-3/2 St 31, nv., Tz. 1.2.4.; OFD Münster v. 20.6.2012 – S 2223-239-St 13-31.
3 *Hüttemann*, DB 2013, 774 (775); *Schauhoff/Kirchhain*, FR 2013, 301 (305); *Förster*, DStR 2013, 1516 (1518 f.).
4 AEAO zu § 60a Abs. 1 (Ziff. 3).
5 *Schauhoff/Kirchhain*, FR 2013, 301 (305); *Förster*, DStR 2013, 1516 (1518 f.); *Hüttemann*, DB 2014, 442 (445 f.); krit. auch *Weitemeyer/Bornemann*, FR 2016, 437 (445); iErg. wohl ebenso BFH v. 17.9.2013 – I R 16/12, BStBl. II 2014, 440 (Rn. 11).
6 BR-Drucks. 663/12, 17.
7 *Förster*, DStR 2013, 1516 (1519).
8 FG Düss. v. 14.1.2013 – 11 K 2439/10 E, EFG 2013, 678 (rkr.), mit zust. Anm. *Fischer*, jurisPR-SteuerR 18/2013 Anm. 1; FG Münster v. 8.3.2012 – 2 K 2608/09 E, EFG 2012, 1539 (1541), rkr.
9 BFH v. 21.1.2015 – X R 7/13, BStBl. II 2015, 588 = FR 2015, 713 m. Anm. *Fischer* (Rn. 27).
10 BFH v. 21.1.2015 – X R 7/13, BStBl. II 2015, 588 = FR 2015, 713 m. Anm. *Fischer* (Rn. 37 ff.).
11 Vgl. *Muth*, StuB 2008, 957.
12 BT-Drucks. 16/11108, 45 f.; OFD Münster v. 20.6.2012 – S 2223-239-St 13-31, Tz. 4.

nanziell unterstützen.[1] Der Inlandsbezug kann auch durch ausländische Körperschaften begründet werden, etwa wenn sie eine im Inland lebende natürliche Person fördern, mag sich diese hierzu auch im Ausland aufhalten.[2] Beschränkt kstpfl. ausländ. Körperschaften genügen dem Inlandsbezug bereits aufgrund der stl. Privilegierung der inländ. Einkünfte.[3] Hintergrund dieser Gesetzesänderung ist zum einen die Entscheidung des EuGH[4] in der Rechtssache „Stauffer", in der der Gerichtshof den Ausschluss der Steuerbefreiung nach § 5 Abs. 1 Nr. 9 KStG für Vermietungseinkünfte einer gemeinnützigen, beschränkt stpfl. ausländ. Stiftung für unvereinbar mit der Kapitalverkehrsfreiheit erklärt hatte. Der EuGH sah den Verstoß darin, dass die Körperschaftsteuerbefreiung allein an der Belegenheit des Sitzes der gemeinnützigen Einrichtung anknüpfe und dies kein die Ungleichbehandlung rechtfertigender Grund sei. Zum anderen richtet sich die Neuregelung gegen die v. der Rspr.[5] vertretene „auslandsoffene" Auslegung des Begriffs der Allgemeinheit in § 52 AO und soll die davon abw. Verwaltungsauffassung[6] gesetzlich festschreiben.[7] Zweifelh. ist allerdings, ob dieser strukturelle Inlandsbezug einer europarechtl. Überprüfung standhalten würde.[8] Darüber hinaus ist die Vorschrift aufgrund ihres unbestimmten Tatbestands für die praktische Rechtsanwendung kaum geeignet.[9] Dennoch fordert das Zusammenwirken von Gemeinnützigkeitserfordernis, Amtshilfe, Unterstützung (Abs. 1 S. 3) und strukturellem Inlandsbezug (Abs. 1 S. 6) zutreffend einen Gemeinnützigkeitseffekt, der die Verschonung von der deutschen ESt mit der Verwendung des Zuwendungsaufkommens ähnlich dem Steueraufkommen rechtfertigt. Kein EU-Mitgliedstaat ist verpflichtet, auf eigenes Aufkommen zu verzichten, wenn der rechtfertigende Grund – der Gemeinnützigkeitserfolg im Bereich eigener Finanzverantwortung – nicht vorliegt. Für die Feststellung von steuerbegünstigten Zwecken im Ausland und von Zuwendungen ins Ausland empfehlen sich besondere Vorkehrungen der Beweisvorsorge.[10]

21 **Jur. Pers. des öffentl. Rechts** im Sinne des Abs. 1 S. 2 Nr. 1 sind insbes. die Gebietskörperschaften (Bund, Länder, Gemeinden, Gemeindeverbände, Zweckverbände), öffentl.-rechtl. (rechtsfähige) Anstalten und Stiftungen, öffentl.-rechtl. Religionsgesellschaften[11], staatliche Hochschulen, sofern landesrechtl. vorgesehen auch die verfasste Studentenschaft (so dass auch Spendenbescheinigungen des AStA einer Hochschule anerkannt werden können).[12] Bei einem ausländischen Rechtsgebilde ist entscheidend, ob dieses nach dem jeweiligen ausländischen Recht als jur. Pers. des öffentl. Rechts zu qualifizieren ist.[13] Die einer Religionsgemeinschaft verliehene Stellung als Körperschaft des öffentl. Rechts hat statusbegründenden Charakter und wird bei den überregional vertretenen Religionsgemeinschaften separat für einzelne Untergliederungen ausgesprochen. Das nach kirchlichem Recht der römisch-katholischen Kirche geltende Prinzip der Weltkirche folgt allerdings anderen Regeln. Dennoch ist infrage gestellt worden, dass eine dem Papst im Vatikan überreichte Spende an eine der deutschen Diözesen (oder an eine andere römisch-katholische Körperschaft des öffentl. Rechts), damit an eine in einem Mitgliedstaat der EU oder des EWR belegene jur. Pers. des öffentl. Rechts geleistet wurde und deshalb abzugsfähig ist.[14] Das Selbstverwaltungsrecht der Kirchen (Art. 114 GG, Art. 137 Abs. 3 WRV) prägt auch die Empfangsberechtigung von kirchlichen Körperschaften des öffentl. Rechts. Teil- und nicht rechtsfähige Anstalten wie Hochschulinstitute[15], aber auch Regie- und kommunale Eigenbetriebe sind keine jur. Pers. des öffentl. Rechts. Sie können aber als öffentl. Dienststellen zum Spendenempfang berechtigt sein. Öffentliche Dienststelle iSd. Abs. 1 S. 2 Nr. 1 ist jede Behörde.[16]

22 Abs. 1 S. 2 Nr. 2 verleiht gemeinnützig, mildtätig oder kirchlich tätigen Körperschaften die **Empfangsberechtigung**. Eine besondere förmliche Anerkennung als steuerbegünstigte Körperschaft kennt das Ge-

---

1 BFH v. 22.3.2018 – X R 5/16, BStBl. II 2018, 651 Rn. 44ff.
2 BayLfSt v. 11.9.2012 – S 0170.1.1-3/2 St 31, nv., Tz. 1.3.
3 *Martini*, ISR 2015, 97 (99).
4 EuGH v. 14.9.2006 – C-386/04 – Centro di Musicologia Walter Stauffer, NJW 2006, 3765; *Heger*, FR 2004, 1154 (1158); *K/S/M*, § 10b Rn. B 304; vgl. zu der der Entscheidung zugrunde liegenden Rechtsfrage *Jachmann*, Gemeinnützigkeit in Europa, 2006, 15ff.; *Kube*, IStR 2005, 469; *Geserich*, Gemeinwohlwirksamer Aufwand, 1999, 93ff.
5 BFH v. 14.7.2004 – I R 94/02, BStBl. II 2005, 721 = FR 2007, 387.
6 BMF v. 20.9.2005, BStBl. I 2005, 902.
7 *Geserich*, DStR 2009, 1173 (1176).
8 FG Köln v. 20.1.2016 – 9 K 3177/14, EFG 2016, 653 (Rev. X R 5/16); *Freiherr v. Proff*, IStR 2009, 371 (377); *Geserich*, DStR 2009, 1173 (1176); *Droege*, StuW 2012, 256 (259f., 261f.); *Förster*, DStR 2013, 1516 (1517); *Kirchhain*, IWB 2014, 421 (425); *Weitemeyer/Bornemann*, FR 2016, 437 (438f.).
9 FG Köln v. 20.1.2016 – 9 K 3177/14, EFG 2016, 653 (Rev. X R 5/16); *Geserich*, DStR 2009, 1173 (1176).
10 Vgl. im Einzelnen BayLfSt v. 11.9.2012 – S 0170.1.1-3/2 St 31.
11 *K/S/M*, § 10b Rn. B 310ff.
12 OFD Ffm. v. 10.9.2001, StEK EStG § 10b Nr. 355.
13 BFH v. 22.3.2018 – X R 5/16, BStBl. II 2018, 651 Rn. 21.
14 FG Köln v. 15.1.2014 – 13 K 3735/10, EFG 2014, 667 (rkr.) zu § 9 KStG; **aA** *Deumeland*, IStR 2014, 405.
15 BGH v. 9.2.1978 – III ZR 160/75, NJW 1978, 2548.
16 *K/S/M*, § 10b Rn. B 322.

meinnützigkeitsrecht bisher nicht. Vielmehr entscheidet das FA rückblickend im Veranlagungs- oder Festsetzungsverfahren für die jeweilige Steuer und für den jeweiligen Steuerabschnitt[1] durch einen Steuer(freistellungs)bescheid, ob eine Körperschaft nach ihrer Satzung und tatsächlichen Geschäftsführung ausschließlich und unmittelbar gemeinnützigen Zwecken dient[2] (§§ 51 bis 68 AO). Der durch das EhrenamtsstärkungsG[3] neu eingefügte § 60a AO sieht nunmehr zwar einen Feststellungsbescheid vor, der die satzungsmäßige – formelle – Gemeinnützigkeit feststellt.[4] Über die Gemeinnützigkeitskonformität der tatsächlichen Geschäftsführung (§ 63) befinden aber weiterhin die für die Einzelsteuer zuständigen Behörden und Gerichte.[5] Die Feststellung nach § 60a bietet deshalb nur eingeschränkt Rechtssicherheit für die Berechtigung, Zuwendungsbestätigungen nach § 63 Abs. 5 AO zu erteilen.[6] Der Feststellungsbescheid nach § 60a AO tritt an die Stelle der bisher von den FÄ verwendeten vorl. Bescheinigungen für neu gegründete Körperschaften, bleibt aber anders als diese auch über den Zeitpunkt der Bekanntgabe des – erstmaligen – Steuer(freistellungs)bescheids hinaus in Kraft.[7] Die vor dem Inkrafttreten des neuen § 60a AO am 29.3. 2013[8] ausgestellten vorl. Bescheinigungen behalten ihre Gültigkeit, solange kein Feststellungsbescheid ergangen ist.[9] Bislang ist die Verwaltung gehalten, die Voraussetzungen der Körperschaftsteuerbefreiung[10] idR alle drei Jahre zu überprüfen.[11] In dem Steuer(freistellungs)bescheid wird darüber hinaus mitgeteilt, ob und in welchem Umfang die Körperschaft empfangsberechtigt ist. Es ist einstweiliger Rechtsschutz zu gewähren, wenn der Antragsteller existenziell auf die Vereinnahmung v. Spenden angewiesen ist. In der Hauptsache ist eine allg. Leistungsklage[12] oder eine Feststellungsklage[13] zu erheben.

Spenden, die **unmittelbar einer nat. Pers. zugewendet** werden, sind nicht abzugsfähig. Auch Zuwendun- 23
gen, die an eine Körperschaft mit der Auflage geleistet werden, sie an eine bestimmte nat. Pers. weiterzugeben, können nicht abgezogen werden (R 10b.1 Abs. 1 S. 2 EStR). Aufwendungen für das Patenschaftsabonnement einer Zeitung sind jedoch als (Sach)Spende begünstigt, wenn die Zeitung aus versandtechnischen Gründen nicht dem körperschaftlich verfassten Empfänger, sondern einzelnen Studenten übersandt wird.[14]

Abzugsfähig können auch Spenden sein, die zunächst einem **Crowdfunding-Portal als Treuhänder** zuge- 23a
wendet und von diesem an eine steuerbegünstigte Körperschaft weitergeleitet werden. Voraussetzung ist dabei insbes., dass die Einzelspenden zweifelsfrei dem jeweiligen Zuwendenden zugeordnet werden können, etwa indem der Treuhänder der steuerbegünstigten Körperschaft mit den Spendenmitteln eine Liste mit Namen, Anschrift und jeweiligem Spendenbetrag der Spender übermittelt.[15]

VI. Durchlaufspendenverfahren. Nach der Abschaffung des Durchlaufspendenerfordernisses als zwin- 24
gende Voraussetzung bestimmter Spendenabzüge (R 10b.1 Abs. 2 S. 1 EStR) können nunmehr alle gemeinnützigen Körperschaften, die steuerbegünstigte Zwecke fördern, selbst steuerwirksame Zuwendungen (Rn. 7) entgegennehmen und bescheinigen (unmittelbare, direkte Empfangsberechtigung). Auch ohne Durchlaufspendenverfahren bleibt es **weiter zulässig**, einem gemeinnützigen Verein steuerbegünstigte Spenden über eine inländ. jur. Pers. des öffentl. Rechts oder eine öffentl. Dienststelle zuzuwenden.[16] Nicht mehr Gebrauch gemacht werden darf allerdings v. dem „Listenverfahren".[17] Die Durchlaufstelle muss vor Weiterleitung der Spende prüfen, ob der Zuwendungsempfänger empfangsberechtigt und die Verwendung der Spenden für gemeinnützige Zwecke sichergestellt ist (R 10b.1 Abs. 2 S. 6 EStR).

---

1 Nach BFH v. 19.7.2011 – X R 32/10, FR 2012, 275 = BFH/NV 2012, 179 wirkt die Entscheidung des FA über die Freistellung hinsichtlich der Berechtigung, Zuwendungsbestätigungen auszustellen, jedoch erst ab Entscheidungsdatum für die Zukunft, dazu Rn. 25.
2 BFH v. 13.11.1996 – I R 152/93, BStBl. II 1998, 711 = FR 1997, 231.
3 G v. 21.3.2013, BGBl. I 2013, 556.
4 *T/K*, § 60a AO Rn. 2.
5 Zu divergierenden Entsch. insbes. für die KSt und die USt bei fehlender verfahrensmäßiger Bindungswirkung vgl. *Hüttemann*, FR 2016, 969 (974).
6 *T/K*, § 60a AO Rn. 3; zur Bindungswirkung des Feststellungsbescheids nach § 60a AO vgl. § 60a Abs. 1 S. 2, Abs. 3 u. 4 AO; vgl. zum Reformbedarf insoweit *Weitemeyer*, NJW 2018, 2775 (2776).
7 *T/K*, § 60a AO Rn. 3; *Hüttemann*, DB 2013, 774 (775).
8 § 60a AO ist nach Art. 12 Abs. 2 EhrenamtsstärkungsG am Tag nach dessen Verkündigung am 28.3.2013 in Kraft getreten.
9 *Schauhoff/Kirchhain*, FR 2013, 301 (304 f.).
10 Aber auch die Voraussetzungen des § 3 Nr. 6 GewStG.
11 Zu den Einzelheiten: FinMin. BaWü. v. 9.7.1991, StEK KStG 1977 § 5 Nr. 124.
12 BFH v. 10.5.1992 – I R 107/91, BFH/NV 1993, 13.
13 BFH v. 23.9.1998 – XI R 66/98, BStBl. II 2000, 533.
14 OFD Ffm. v. 6.9.2010, juris VV-Steuer.
15 BMF v. 15.12.2017, BStBl. I 2018, 246 Tz. III. 1.
16 *K/S/M*, § 10b Rn. B 340 mit Darstellung der Rechtslage bis zum 31.12.1999 unter Rn. B 343 f.
17 *K/S/M*, § 10b Rn. B 340; *Thiel*, DB 2000, 392.

25 **VII. Zuwendungsbestätigung.** Nach § 50 Abs. 1 EStDV (vgl. § 51 Rn. 68) dürfen Zuwendungen grds. nur abgezogen werden, wenn sie durch eine Zuwendungsbestätigung des Zuwendungsempfängers (bei der Durchlaufspende der Durchlaufstelle, R 10b.1 Abs. 2 S. 7 EStR) nachgewiesen werden. Diese Bestätigung ist **eine unverzichtbare sachliche Voraussetzung** des gemeindienlichen SA-Abzugs.[1] Ohne Zuwendungsbestätigung ist ein Abzug im Grundsatz ausgeschlossen. Die Zuwendungsbestätigung ist spenderbezogen und kann deshalb nur von demjenigen StPfl. verwendet werden, dem die jeweilige Bestätigung erteilt wurde.[2] Hat der Zuwendungsempfänger die Bestätigung nicht dem „wahren Spender" (zur Zurechnung einer Zuwendung Rn. 5) erteilt, scheidet der SA-Abzug deshalb regelmäßig sowohl für den „wahren Spender" (mangels Zuwendungsbestätigung) als auch für den „vermeintlichen Spender" (mangels Zuwendung) aus. Dies gilt ebenso im Fall der Zusammenveranlagung von „wahrem" und „vermeintlichem" Spender.[3] Die Zuwendungsbestätigung ist für Zuwendungen, die ab VZ 2017 getätigt werden, nur noch auf Verlangen der Finanzbehörde vorzulegen (§ 50 Abs. 8 EStDV). Aufwendungen, für die – wie bei Straßensammlungen, kirchlichen Kollekten oder Gaben in den Opferstock – keine Zuwendungsbestätigungen ausgestellt werden, sind deshalb regelmäßig nicht abzugsfähig, auch wenn der StPfl. sie auf andere Weise, zB durch eine **eidesstattliche Versicherung** oder eine **„formlose" Bescheinigung** des Zuwendungsempfängers, nachweist oder glaubhaft macht.[4] Ausnahmsweise genügt jedoch nach § 50 Abs. 4, 5 EStDV der Bareinzahlungsbeleg oder die Buchungsbestätigung eines Kreditinstituts in bestimmten Fällen der Zuwendung zur Hilfe in Katastrophenfällen sowie bei Kleinbetragsspenden bis 200 Euro (Rn. 31). Außerhalb des Abs. 4 S. 1 (dazu Rn. 66 ff.) berechtigt eine unberechtigterweise ausgestellte Bestätigung nicht zum Abzug der Zuwendung. Entscheidend für die Berechtigung ist nach der Rspr., ob der Zuwendungsempfänger zum Zeitpunkt der Ausstellung[5] – neben den materiellen Voraussetzungen – einen (vorläufigen) Freistellungsbescheid vorweisen kann; der später ergangene, auf den VZ der Zuwendung bezogene Freistellungsbescheid soll insoweit nicht zurückwirken.[6] Das G fordert jedoch lediglich die Befreiung von der KSt nach § 5 Abs. 1 Nr. 9 KStG zum Zeitpunkt der Zuwendung;[7] ob diese vorliegt, regelt der Freistellungsbescheid mit Bindungswirkung für die Verwaltung für den jeweiligen VZ. Aufgrund des durch das EhrenamtsstärkungsG[8] eingefügten Verweises auf § 63 Abs. 5 AO in § 50 Abs. 1 S. 1 EStDV ist zusätzliche materiellrechtl. Voraussetzung[9] für den Spendenabzug, dass die Zuwendungsbestätigung zu einem Zeitpunkt erstellt wurde, an dem der Freistellungsbescheid des Zuwendungsempfängers nicht älter als fünf Jahre ist oder – sofern noch kein Freistellungsbescheid vorliegt – die Feststellung der Satzungsmäßigkeit nach § 60a Abs. 1 AO nicht länger als drei Jahre zurückliegt. Die Bestätigung muss bis **zum Abschluss der Tatsacheninstanz** vorliegen,[10] kann aber auch noch während einer **Außenprüfung** oder einer **Steufa.** nachgereicht werden.[11] Eine Nachholung im **Revisionsverfahren** ist dagegen nicht möglich (§ 118 Abs. 2 FGO). Eine nachgereichte Zuwendungsbestätigung kann auch nicht als rückwirkendes Ereignis die Änderung eines bestandskräftigen Bescheids rechtfertigen (§ 175 Abs. 2 S. 2 AO).[12]

26 Für die Zuwendungsbestätigung ist ein **amtlich vorgeschriebener Vordruck** (Anlage 4 zu R 10b.1 EStR) zu verwenden (R 10b.1 Abs. 3 S. 1 EStR). Für Zuwendungen seit dem 7.11.2013 sind aktualisierte Muster[13] zu verwenden. Jedoch wird nicht beanstandet, wenn bis zum 31.12.2014 weiterhin die alten Muster[14] verwendet werden.[15] Die **allgemeinverbindlichen Mustervordrucke** enthalten umfassende Angaben, v. denen der Zuwendungsempfänger in seiner Zuwendungsbestätigung jedoch nur die Angaben übernehmen muss, die auf ihn zutreffen. Die FinVerw. macht detaillierte Vorgaben zur Verwendung des Vordrucks.[16] Die Bestätigungen sind vom Zuwendungsempfänger selbst auszustellen. Nach entspr. Anzeige ggü. dem zuständigen FA kann die Zuwendung auch durch maschinelle Bestätigung ohne eigenhändige Unterschrift nachgewie-

1 *K/S/M*, § 10b Rn. B 350.
2 FG Düss. v. 26.1.2017 – 9 K 2395/15 E, EFG 2017, 460 (Rn. 12) (Rev. X R 6/17).
3 FG Düss. v. 26.1.2017 – 9 K 2395/15 E, EFG 2017, 460 (Rn. 23) (Rev. X R 6/17).
4 FG Nds. v. 7.10.1965 – VII 221/65, EFG 1966, 270 (271).
5 BFH v. 12.12.2017 – X R 46/16, BFH/NV 2018, 717 Rn. 30.
6 BFH v. 19.7.2011 – X R 32/10, FR 2012, 275 = BFH/NV 2012, 179.
7 *Hüttemann*, FR 2012, 241 (242).
8 G v. 21.3.2013, BGBl. I 2013, 556.
9 *H/H/R*, § 10b Anm. J 12-4.
10 BFH v. 25.7.1969 – VI R 269/67, BStBl. II 1969, 681; BFH v. 26.4.2002 – XI R 30/01, BFH/NV 2002, 1029.
11 *K/S/M*, § 10b Rn. B 351.
12 FG Münster v. 18.7.2013 – 13 K 4515/10 F, EFG 2013, 1720 (Rev. X R 34/13).
13 BMF v. 7.11.2013, BStBl. I 2013, 1333; die Verwendung nicht aktualisierter Muster bis 31.12.2013 wird nicht beanstandet.
14 BMF v. 30.8.2012, BStBl. I 2012, 884.
15 BMF v. 26.3.2014, BStBl. I 2014, 791.
16 BMF v. 7.11.2013, BStBl. I 2013, 1333.

sen werden (R 10b.1 Abs. 4 S. 1 EStR). In diesen Fällen erkennt die FinVerw. auch solche maschinell erstellten Zuwendungsbestätigungen an, die der Zuwendungsempfänger auf elektronischem Weg in Form schreibgeschützter Dokumente an die Zuwendenden übermittelt hat und deren Ausdruck die Zuwendenden sodann selbst übernommen haben.[1] Zuwendungsbestätigungen wissenschaftlicher **Hochschulen** sind v. der für die Personal- und Wirtschaftsverwaltung zuständigen Stelle der Hochschule auszustellen; das soll in der Bescheinigung durch Verwendung des entspr. Briefkopfes zum Ausdruck kommen.[2] Besonderheiten gelten auch für Zuwendungsbestätigungen landesrechtl. verselbständigter **Universitätskliniken**[3] und des **Schulelternbeirats.**[4] Zuwendungsbestätigungen **ausländischer Empfänger** können von den amtlichen Vordrucken abweichen (§ 50 Abs. 1 S. 2 EStDV): Entbehrlich sind Angaben über die Begünstigung des ausländischen Empfängers, die vom FA iRd. Veranlagung des Spenders geprüft wird; nicht verzichtet werden kann dagegen auf die Bescheinigung des Zuwendungsempfängers, dass er die Spende erhalten habe, den satzungsgemäßen gemeinnützigen Zweck verfolge und die Spende ausschließlich satzungsgemäß einsetze.[5]

Erforderlich sind inbes. Angaben zum **Empfänger**, zur **Pers.** des Zuwendenden, zu **Art und Höhe** sowie 27
zum **Zeitpunkt** und **Verwendungszweck**[6] der Zuwendung, nicht jedoch die korrekte Angabe des Datums der Ausstellung der Zuwendungsbestätigung.[7] Ist die Zuwendung v. einer **PerGes.** geleistet worden, genügt es, die Bestätigung für die Ges. auszustellen. Gemeinnützige Zuwendungsempfänger haben zusätzlich Angaben zur **KSt-Befreiung** zu machen. **Besondere Muster** finden sich für gemeinnützige Einrichtungen, die mildtätige Zwecke verfolgen oder den Sport fördern. Darüber hinaus sind Zuwendungen an Stiftungen und Sachspenden nach gesonderten Mustern zu bestätigen.[8] Die Zuwendungsbestätigung ist v. mindestens einer durch Auftrag zur Entgegennahme v. Zahlungen berechtigten Pers. zu unterschreiben (R 10b.1 Abs. 3 S. 2 EStR).

Einstweilen frei. 28, 29

Ab dem VZ 2009 kann der Spender den Zuwendungsempfänger bevollmächtigen, die Zuwendungsbestäti- 30
gung der Finanzbehörde **direkt elektronisch zu übermitteln** (§ 50 Abs. 2 EStDV). Der Zuwendende muss dafür dem Zuwendungsempfänger seine ID-Nr. gem. § 139b AO mitteilen. Nach § 50 Abs. 2 S. 3 EStDV kann der Spender die Vollmacht nur für die Zukunft widerrufen. Der Zuwendungsempfänger muss dem Zuwendenden die Übermittlung bestätigen und die übermittelten Daten elektronisch oder als Ausdruck zur Vfg. stellen.

In bestimmten Ausnahmefällen lässt die FinVerw. einen **vereinfachten Zuwendungsnachweis** zu (§ 50 31
Abs. 4–6 EStDV, dazu § 51 Rn. 68). Zuwendungen zur Hilfe in Katastrophenfällen können durch den Bareinzahlungsbeleg oder die Buchungsbestätigung (Kontoauszug[9], im Fall des Online-Bankings ein entspr. Ausdruck[10], wohl auch der Kontoauszug eines PayPal-Kontos[11]) eines Kreditinstituts nachgewiesen werden, wenn sie innerhalb eines bestimmten Zeitraums auf einem Sonderkonto eines öffentl.-rechtl. verfassten Zuwendungsempfängers oder eines inländ. amtlich anerkannten Verbandes der freien Wohlfahrtspflege einschl. seiner Mitgliedsorganisationen eingehen (vgl. **§ 50 Abs. 4 S. 1 Nr. 1, Abs. 5 EStDV**).[12] Die Regelung in **§ 50 Abs. 4 S. 1 Nr. 2 lit. a EStDV**, nach der zum Nachweis v. Zuwendungen bis 200 Euro der Bareinzahlungsbeleg oder die Buchungsbestätigung eines Kreditinstituts ausreicht, ist auf Zuwendungen an inländ. Pers. des öffentl. Rechts und inländ. Dienststellen beschränkt. Nach **§ 50 Abs. 4 S. 1 Nr. 2 lit. b EStDV** findet diese Vereinfachungsregelung auf alle gemeinnützigen Körperschaften ebenfalls Anwendung. Allerdings gilt dies nur bei unmittelbarer Leistung der Zuwendung durch den Zuwendenden an den Zuwendungsempfänger, nicht aber – wie häufig bei Spendensammlungen über ein Crowdfunding-

---

1 BMF v. 6.2.2017, BStBl. I 2017, 287.
2 OFD Ffm. v. 10.9.2001, StEK EStG § 10b Nr. 355.
3 OFD Ffm. v. 10.9.2001, StEK EStG § 10b Nr. 355.
4 OFD Ffm. v. 29.1.2018, juris VV-Steuer.
5 BFH v. 22.3.2018 – X R 5/16, BStBl. II 2018, 651 Rn. 37; v. 21.1.2015 – X R 7/13, BStBl. II 2015, 588 Rn. 48 = FR 2015, 713 m. Anm. *Fischer*; **aA** *Hüttemann/Helios*, DB 2009, 701 (706); vgl. zu Nachweispflichten bei ausländischen Sachverhalten auch BMF v. 16.5.2011, BStBl. I 2011, 559; *Sydow*, NWB 2012, 2842; *Förster*, DStR 2013, 1516.
6 **AA** FG München v. 14.8.2006 – 15 K 1701/04, EFG 2007, 1873.
7 BFH v. 12.12.2017 – X R 46/16, BFH/NV 2018, 717 Rn. 30.
8 BMF v. 7.11.2013, BStBl. I 2013, 1333.
9 OFD Karls. v. 10.1.2003, DStR 2003, 371; zu den Anforderungen bei einem selbst erstellten Online-Banking-Ausdruck vgl. OFD Mgdb. v. 14.2.2006 – S 2223-145-St 217, nv.
10 BMF v. 19.5.2015, BStBl. I 2015, 466 Tz. III.; v. 22.9.2015, BStBl. I 2015, 745 Tz. I.
11 FinMin. SchlHol. v. 6.6.2013 – VI 305 - S 2223 - 670, juris; LFD Thür. v. 30.5.2013 – S 2223 A - 111 - A 3.15., nv.; **aA** LSF Sachs. v. 27.3.2012 – S 2223 - 208/1 - 211, nv.
12 Zu Zuwendungen zur Hilfe in Katastrophenfällen vgl. § 50 Abs. 4 S. 1 Nr. 1, Abs. 5 EStDV.

Portal – bei Abwicklung der Zahlung über einen Treuhänder.[1] Im Übrigen müssen der steuerbegünstigte Zweck, für den die Zuwendung verwendet wird, und die Angaben über die Körperschaftsteuerfreistellung des Empfängers auf dem Beleg aufgedruckt sein. Zusätzlich muss auf dem Beleg angegeben werden, ob es sich bei der Zuwendung um eine Spende oder einen Mitgliedsbeitrag handelt, weil nicht alle Mitgliedsbeiträge abzugsfähig sind (Rn. 4). Schließlich gilt die Vereinfachungsregelung auch, wenn der Empfänger eine Partei iSd. § 2 ParteiG ist und der Verwendungszweck auf dem Beleg aufgedruckt ist, **§ 50 Abs. 4 S. 1 Nr. 2 lit. c EStDV** (Rn. 49).

32 § 50 Abs. 7 EStDV (vgl. § 51 Rn. 68) schreibt den buchmäßigen Nachweis der Zuwendungen bei gemeinnützigen Zuwendungsempfängern vor. Die entspr. **Aufzeichnungspflichten** ergeben sich bereits aus § 63 Abs. 3 AO. Gemeinnützige Körperschaften haben die Vereinnahmung der Zuwendung und ihre zweckentsprechende Verwendung ordnungsgemäß aufzuzeichnen und **ein Doppel der Zuwendungsbestätigung** aufzubewahren. Bei **Sachzuwendungen** und beim Verzicht auf die **Erstattung v. Aufwendungen** muss sich aus den Aufzeichnungen auch die Grundlage für den vom Empfänger bestätigten Wert der Zuwendung ergeben. Verstöße gegen die Aufzeichnungspflichten können zum Verlust der Gemeinnützigkeit der Körperschaften führen und eine Haftung des Zuwendungsempfängers nach Abs. 4 begründen. Für den buchmäßigen Nachweis v. Zuwendungen an jur. Pers. des öffentl. Rechts und öffentl. Dienststellen bieten die **Haushaltsordnungen** eine ausreichende Grundlage.

33 **VIII. Rechtsfolge. 1. Begrenzter Abzug vom Gesamtbetrag der Einkünfte.** Spenden und steuerwirksame Mitgliedsbeiträge sind als SA vom Gesamtbetrag der Einkünfte (§ 2 Abs. 3) abziehbar. Sie können im VZ allerdings nicht in der tatsächlich geleisteten Höhe, sondern nur im Rahmen bestimmter **Höchstbeträge** steuermindernd berücksichtigt werden. Abgezogen werden dürfen bis zu 20 % des Gesamtbetrags der Einkünfte oder bis zu 4 vT der Summe der gesamten Umsätze und der im Kj. aufgewendeten Löhne und Gehälter.

34 Neben dem einkünfteabhängigen Höchstbetrag bietet der Gesetzgeber mit der sog. **Alternativgrenze** einen gewinnunabhängigen Höchstbetrag an. Danach (Abs. 1 S. 1) ist der SA-Abzug auf 4 vT der Summe der gesamten[2] **Umsätze** des Kj.[3] und der im Kj. aufgewendeten **Löhne** und **Gehälter**[4] beschränkt. Die Alternativgrenze wird, sofern für den StPfl. günstiger, **v. Amts wegen** berücksichtigt. Bei PersGes. werden diese Berechnungsgrundlagen nach dem Gewinnverteilungsschlüssel auf die G'ter verteilt (R 10b.3 Abs. 1 S. 2 EStR).

35 **2. Spendenvortrag und Abzugsreihenfolge (Abs. 1 S. 9).** Die sog. Großspendenregelung (zur alten Rechtslage s. Rn. 41 in der 8. Auflage) hat der Gesetzgeber mit der Neuregelung des Abs. 1 zugunsten eines zeitlich unbegrenzten Spendenvortrags aufgegeben. Gleichzeitig regelt nun das G auch die Reihenfolge der Abzüge vom Gesamtbetrag der Einkünfte. Danach sind zunächst die Vorsorgeaufwendungen nach § 10 Abs. 3 und 4 und nach § 10c sowie der Verlustabzug nach § 10d abzuziehen. Die abziehbaren Aufwendungen nach § 10b mindern den verbleibenden Restbetrag bis auf Null.

36 Ist der Höchstbetrag nach Abs. 1 S. 1 ausgeschöpft, ist die Spende nach Maßgabe des Abs. 1 S. 9 und 10, § 10d Abs. 4 in den folgenden VZ zeitlich unbegrenzt vorzutragen. Ein nicht genutztes Spendenvolumen geht allerdings im Erbfall nicht auf die Erben über.[5] Nach § 10d Abs. 4 S. 1 iVm. § 10b Abs. 1 S. 10 ist der verbleibende Verlustabzug am Schluss eines jeden VZ, für den es eine Restgröße gibt, gesondert festzustellen.[6]

37 Der unbegrenzte Vortrag und der gleichzeitige Ausschluss des Spendenrücktrages gilt für die ESt, die GewSt und die KSt gleichermaßen. In § 9 Nr. 5 S. 2 GewStG wie auch in § 9 Abs. 1 Nr. 2 S. 3 KStG wird an die Regelung im neu formulierten Abs. 1 S. 1 EStG angeknüpft.

38 Einstweilen frei.

C. Steuerliche Förderung von Stiftungen (Abs. 1a)

39 **I. Entwicklung.** Durch das „G zur weiteren stl. Förderung v. Stiftungen v. 14.7.2000"[7] sind **die stl. Rahmenbedingungen für Stiftungen** verbessert worden. Dieser erste Schritt zu einer grundlegenden, später

---

1 BMF v. 15.12.2017, BStBl. I 2018, 246 Tz. III. 1.

2 BFH v. 4.12.1996 – I R 151/93, BStBl. II 1997, 327 = FR 1997, 314; zu den gesamten Umsätzen gehören steuerbare und nicht steuerbare Umsätze; die Bemessung richtet sich nach dem USt-Recht, H 10b.3 EStH 2017.

3 FG Saarl. v. 23.8.2018 – 1 K 1121/16, juris Rn. 32ff.

4 *K/S/M*, § 10b Rn. B 384ff.

5 BFH v. 21.10.2008 – X R 44/05, BFH/NV 2009, 375; *Seidel*, ErbStB 2009, 187 (188f.); demgegenüber kommt im Fall der Entrichtung von KiSt des Erblassers durch den Erben ein SA-Abzug nach § 10 Abs. 1 Nr. 4 in Betracht, BFH v. 21.7.2016 – X R 43/13, FR 2017, 540 = DStR 2016, 2695.

6 Vgl. BFH v. 10.5.2016 – X R 34/13, juris, zu Möglichkeit und Grenzen einer Änderung des Feststellungsbescheids.

7 BGBl. I 2000, 1034ff.

auch zivilrechtl. Reform[1] des Stiftungsrechts sollte die mangelnde Stiftungsfreudigkeit in Deutschland anregen, die „auch auf den unzureichenden Regelungsrahmen des Deutschen Stiftungssteuerrechts" zurückzuführen war.[2] Zwar hielt der Gesetzgeber auch mit der neuerlichen Rechtsänderung durch das G zur weiteren Förderung des bürgerschaftlichen Engagements im Grundsatz an der rechtsformspezifischen Privilegierung v. Spenden an Stiftungen fest (Abs. 1a). Der Dotationshöchstbetrag für Stiftungen ist auf eine Mio. Euro angehoben und auf Zustiftungen ausgedehnt worden (Rn. 43). Der im Jahre 2000 eingeführte zusätzliche Sonderausgabenabzug für Spenden an Stiftungen (Abs. 1 S. 3 aF) wurde allerdings aufgegeben.[3]

II. Stiftungen als Spendenempfänger. Empfangsberechtigt sind Stiftungen des öffentl. Rechts und die nach § 5 Abs. 1 Nr. 9 KStG steuerbefreiten Stiftungen des privaten Rechts. Zu diesen Stiftungen gehören 40
jedenfalls alle **rechtsfähigen Stiftungen des öffentl. und privaten Rechts**.[4] Die Beschränkung der Abzugstatbestände auf Stiftungen wurde für gleichheitswidrig erachtet, weil sie gemeinnützige Organisationen mit gleichartigen Aufgaben allein wegen der unterschiedlichen Rechtsform ungleich behandele.[5] Das BVerfG hatte gegenüber einer allein nach der Rechtsform eines Unternehmers unterscheidenden USt-Befreiung hervorgehoben, dass das Gleichbehandlungsgebot (Art. 3 Abs. 1 GG) eine nur nach der Rechtsform unterscheidende Steuerbelastung verbiete.[6] Bei der stl. Entlastung der rechtsfähigen Stiftungen (vgl. iÜ Rn. 41) liegt der rechtfertigende Grund für die Unterscheidung zw. begünstigten und nicht begünstigten Körperschaften jedoch nicht allein in der Organisationsform, sondern in der verlässlichen Bindung der Zuwendungen ausschließlich für gemeinnützige Zwecke.[7] Die rechtsfähige Stiftung verwaltet ein Vermögen, das dem Zugriff v. Mitgliedern und G'tern entzogen ist und dessen Erträge stetig für gemeinnützige Zwecke zur Vfg. stehen. Der Stifter „bringt ein Kind auf die Welt, das sofort volljährig ist, seinen eigenen rechtserheblichen Willen hat und ihn zwingt, sich diesem Willen zu beugen".[8] Zudem unterliegt die Stiftung der Aufsicht durch die Stiftungsbehörden, die durch ihre dauerhafte Rechtsaufsicht die tatsächliche Einhaltung des Stiftungs- und auch des Steuerrechts gewährleistet.[9] Außerdem fällt die Vermögensausstattung einer Stiftung bei ihrer Auflösung nur um den Preis des Verlustes der Gemeinnützigkeit an den Stifter zurück und kann bei diesem sogar eine Schenkungsteuer auslösen, weil die Stiftung als Zuwendende gilt.[10] Bei gemeinnützigen Körperschaften – wie einer GmbH – hingegen bleibt die Rückgewähr der Einlagen im Falle der Auflösung für den Stifter – G'ter – neutral.

Allerdings gilt die Abziehbarkeit nach Abs. 1a auch für Zuwendungen „an nach § 5 Abs. 1 Nr. 9 KStG 41
steuerbefreite Stiftungen des privaten Rechts". Unter diesen Begriff der Stiftung fallen auch die **unselbständigen, nicht rechtsfähigen Stiftungen**,[11] bei denen das Stiftungsvermögen nicht durch Stiftungsgeschäft und hoheitliche Genehmigung nach § 80 Abs. 1 BGB zur eigenen Rechtsperson erstarkt, sondern in das Eigentum eines anderen Rechtsträgers übergeht, der ggü. dem Stifter obligatorisch in der Verwendung des Vermögens auf die Verfolgung eines Stiftungszwecks beschränkt ist.[12] Unselbständige Stiftungen sind jedoch nur begünstigt, wenn sie gegenüber ihrem Träger wirtschaftlich selbständig sind.[13] Die wirtschaftliche Selbständigkeit liegt nach Auffassung der FinVerw. nur vor, wenn das Stiftungsvermögen gesondert verwaltet wird und die von der unselbständigen Stiftung und ihrem Träger verfolgten Zwecke entweder unterschiedlich sind oder wenn – bei identischen Zwecken – die unselbständige Stiftung über eigene Stiftungsgremien verfügt.[14] Ist die unselbständige Stiftung nicht wirtschaftlich selbständig, werden Zuwen-

1 G zur Modernisierung des Stiftungsrechts v. 15.7.2002 (BGBl. I 2002, 2634), in Kraft seit dem 1.9.2002.
2 BT-Drucks. 14/2340, 1.
3 *Hüttemann*, DB 2007, 2053 (2056).
4 So ausdrücklich Art. 6 Abs. 2 des Entw. eines StiftungsförderungsG v. 1.12.1997, BT-Drucks. 13/9320 – Einführung eines neuen § 10 Abs. 1 Nr. 9 EStG; s. dazu *von Campenhausen/Richter*, Stiftungsrechtshandbuch, 4. Aufl. 2014, § 2.
5 *Hüttemann*, in: Deutsche Stiftungen, Mitteilungen des Bundesverbandes Deutscher Stiftungen, 3/99, 33 (35); *Hüttemann*, DB 2000, 1586 (1592); *Tiedtke/Möllmann*, NJW 2007, 3321 (3323); vgl. auch *Thiel*, DB 2000, 392 (395 f.); *Richter*, ZSt. 2005, 144 (146).
6 BVerfG v. 10.11.1999 – 2 BvR 2861/93, BVerfGE 101, 151 (155 ff.) = BStBl. II 2000, 160 (161); zur weiteren Entwicklung vgl. Einl. Rn. 44 f.
7 FG Hbg. v. 4.9.2006 – 2 K 109/05, EFG 2007, 199.
8 *Leermann*, in: Franz ua., Deutsches Stiftungswesen 1948–1966, 1968, 153.
9 Vgl. *Staudinger/Hüttemann/Rawert*, BGB, Neubearbeitung 2011, Vorbem. zu §§ 80 ff. Rn. 84; *Crezelius/Rawert*, ZEV 2000, 424 f.
10 BFH v. 25.11.1992 – II R 77/90, BStBl. II 1993, 238; dagegen krit. *Meincke*, ErbStG[15], § 7 Rn. 113; *Crezelius/Rawert*, ZEV 2000, 425.
11 BFH v. 11.2.2015 – X R 36/11, BStBl. II 2015, 545 = FR 2015, 719 (Rn. 46 f.).
12 Vgl. *Staudinger/Hüttemann/Rawert*, BGB, Neubearbeitung 2011, Vorbem. zu §§ 80 ff. Rn. 239 ff.; *H/H/R*, Bd. 20 (Steuerreform I) § 10b Anm. R 10; *Hüttemann/Herzog*, DB 2004, 1001 (1002).
13 Vgl. BFH v. 11.2.2015 – X R 36/11, BStBl. II 2015, 545 = FR 2015, 719 (Rn. 47).
14 OFD Ffm. v. 30.8.2011 – S 0170 A-41-St 53. Kritisch *Werner*, ZStV 2012, 129 (131 ff.).

dungen dem Träger zugeordnet mit der Folge, dass sie begünstigt sind, wenn und soweit der Träger nach § 5 Abs. 1 Nr. 9 KStG steuerbefreit ist.[1]

41a Die Steuerbefreiung gilt nicht für die sog. **Vorstiftung**, also im Zeitraum nach Vornahme des Stiftungsgeschäfts und vor der staatlichen Anerkennung.[2] Bereits deren zivilrechtliche Existenz ist aufgrund des Widerrufsrechts des Stifters nach § 81 Abs. 2 BGB fraglich.[3] Aufgrund dieses Widerrufsrechts fehlt der sog. Vorstiftung jedenfalls die Garantie dauerhafter Erfüllung gemeinnütziger Aufgaben. Abs. 1a gilt daher nicht für die sog. Vorstiftung. Allerdings kann die Phase zw. Vornahme des Stiftungsgeschäfts einerseits und Errichtung der Stiftung durch die staatliche Anerkennung andererseits überbrückt werden, indem zunächst eine unselbständige – und von Abs. 1a erfasste – Stiftung gegründet wird, deren Vermögen später auf die zwischenzeitlich errichtete rechtsfähige Stiftung übertragen wird.[4]

42 Nicht in den Anwendungsbereich des Abs. 1a fallen Körperschaften wie die **„Stiftungs-GmbH"** und der **„Stiftungs-Verein"**.[5] Zwar mögen diese jur. Pers. den Begriff „Stiftung" in ihrem Namen führen dürfen.[6] Ihre Einbeziehung in den Abzugstatbestand des Abs. 1a hätte jedoch nahezu jeder gemeinnützigen Körperschaft erlaubt, allein durch Namens- oder Firmenwahl die Höhe des SA-Abzugs ihrer Förderer zu beeinflussen,[7] und damit den Sondertatbestand des Abs. 1a in einer Weise auszudehnen, dass das Tatbestandselement „Stiftungen" kaum noch Bedeutung gewinnt.[8]

43 **III. Erweiterter Abzug bei Spenden in den Vermögensstock von Stiftungen (Abs. 1a).** Durch das G zur weiteren Förderung des bürgerschaftlichen Engagements entfällt die Beschränkung auf Spenden in den Vermögensstock einer neu gegründeten Stiftung. Stattdessen werden auch Spenden als sog. Zustiftungen in das Vermögen bestehender Stiftungen begünstigt. Nach Abs. 1a S. 1 können Spenden in den Vermögensstock einer Stiftung des öffentl. Rechts oder einer nach § 5 Abs. 1 Nr. 9 steuerbefreiten Stiftung des privaten Rechts **bis zu einem Betrag v. einer Mio. Euro** zusätzlich zu den Höchstbeträgen nach Abs. 1 S. 1 abgezogen werden. Dieser besondere Abzugsbetrag wird wie schon nach alter Rechtslage nur **auf Antrag** des StPfl. gewährt (S. 1) und kann der Höhe nach innerhalb des Zehnjahreszeitraums nur einmal in Anspr. genommen werden (S. 2). Ein in einem VZ verbleibender Sonderabzugsbetrag kann in entspr. Anwendung des § 10d Abs. 4 vorgetragen werden (S. 3). Allerdings betrifft § 10b die Ermittlung des Einkommens, bei der eine Trennung nach Einkunftsarten nicht mehr möglich ist. Deshalb ist der am Ende eines VZ verbleibende, nicht verbrauchte Sonderabzugsbetrag der Höhe nach gesondert festzustellen.[9] Die Neufassung von Abs. 1a S. 1 durch das EhrenamtsstärkungsG[10] stellt nunmehr klar, dass zusammen veranlagte Ehegatten den Abzugshöchstbetrag zweimal geltend machen können, selbst wenn die Zuwendung des einen Ehegatten aus dem Vermögen des anderen Ehegatten geleistet wird. Es gilt also ein Höchstbetrag von zwei Mio. Euro.[11]

44 Die Verwendung des Begriffs „Spenden" stellt klar, dass es sich ebenso wie nach alter Rechtslage bei den zu fördernden **Zuwendungen** nicht um Mitgliedsbeiträge handeln kann, da Stiftungen keine Mitglieder haben und auch den Destinatären keine Mitgliedsrechte zustehen.[12] **Begünstigte Empfänger** sind nur Stiftungen des öffentl. Rechts und idR rechtsfähige Stiftungen des Privatrechts (Rn. 40 ff.).

45 Nach Abs. 1a begünstigt sind nur Zuwendungen, die **„in das zu erhaltende Vermögen (Vermögensstock)"** geleistet werden, nicht aber bloße Verbrauchsstiftungen, bei denen nicht nur die Erträge des Stiftungsvermögens, sondern auch das Stiftungsvermögen selbst über die Lebensdauer der Stiftung für satzungsgemäße Zwecke verbraucht werden soll.[13] Dies stellt nunmehr auch der Wortlaut klar. Vermögensstock ist der Bestandteil des Stiftungsvermögens, der nach dem Grundsatz der Vermögenserhaltung dem

---

1 *Werner*, ZStV 2012, 129 (132).
2 BFH v. 11.2.2015 – X R 36/11, BStBl. II 2015, 545 = FR 2015, 719 (Rn. 52 ff.), m. Anm. *Schiffer/Pruns*, BB 2015, 1756; *Fischer*, jurisPR-SteuerR 26/2015 Anm. 2; *Schiffer/Pruns*, NWB 2011, 1258 (1262 ff.).
3 Vgl. *Staudinger/Hüttemann/Rawert*, BGB, Neubearbeitung 2011, Vorbem. zu §§ 80 ff. Rn. 195; *Schauhoff/Schauhoff*, Handbuch der Gemeinnützigkeit[3], § 3 Rn. 44 mwN.
4 BFH v. 11.2.2015 – X R 36/11, BStBl. II 2015, 545 = FR 2015, 719 (Rn. 51); *Schauhoff* in Schauhoff, Handbuch der Gemeinnützigkeit, 3. Aufl. 2010, § 3 Rn. 44; *Schiffer/Pruns*, BB 2015, 1756 (1759).
5 Vgl. zum Problem *Hüttemann*, DB 2000, 1584 (1587); *Hüttemann*[4], Rn. 2.9 f.
6 *Staudinger/Hüttemann/Rawert*, BGB, Neubearbeitung 2011, Vorbem. zu §§ 80 ff. Rn. 294.
7 *Hüttemann*, DB 2000, 1584 (1587).
8 IErg. ebenso *Hüttemann*[4], Rn. 8.162.
9 *H/H/R*, Bd. 20 (Steuerreform I) § 10b Anm. R 14.
10 G v. 21.3.2013, BGBl. I 2013, 556.
11 BMF v. 15.9.2014, BStBl. I 2014, 1278, dort auch zu einem teilweise zu erhaltenden und teilweise zu verbrauchenden Vermögen; so bereits zuvor BFH v. 3.8.2005 – XI R 76/03, BStBl. II 2006, 121 = FR 2006, 435 m. Anm. *Kanzler*; dagegen sieht *H/H/R*, § 10b Anm. J 12-4, in der Neuregelung eine Erweiterung der Möglichkeit des Spendenabzugs für Ehegatten.
12 *H/H/R*, Bd. 20 (Steuerreform I) § 10b Anm. R 10.
13 BMF v. 15.9.2014, BStBl. I 2014, 1278; *Hüttemann/Herzog*, DB 2004, 1001 (1006); *Hüttemann*, DB 2007, 2053 (2057).

Stiftungsvermögen ungeschmälert verbleibt, deswegen nicht zur Erfüllung des Stiftungszwecks verbraucht werden darf und vom anderen Vermögen getrennt zu halten ist.[1] Dieses Stiftungskapital wird aus dem vom Stifter hingegebenen Vermögen und aus den Zustiftungen gebildet. Auch die Gesetzesbegründung für die Einfügung des Abs. 1a aF spricht deshalb v. der „Erhöhung der stl. Abzugsfähigkeit für die Dotation einer Stiftung".[2] Eine Stiftung darf also nicht nach § 58 Nr. 1 und 2 AO die Zuwendungen an andere Körperschaften für die Erfüllung steuerbegünstigter Zwecke weiterleiten (sog. Förderstiftungen).[3] Andernfalls könnten Spenden-Sammelstiftungen gegründet werden, um Zuwendungen an Organisationen abzuführen, die ihren Spendern den Stiftungshöchstbetrag des Abs. 1a nicht vermitteln können.[4] Nach dem Grundsatz der Vermögensbindung (§ 55 Abs. 1 Nr. 4, Abs. 3 AO) muss die Zuwendung auch im Fall der Auflösung der Stiftung für steuerbegünstigte Zwecke verwendet werden.[5]

Förderungswürdig ist nur eine Spende, die für einen der in den §§ 52 bis 54 AO aufgeführten steuerbegünstigten Zwecke verwendet wird. Voraussetzung ist auch hier, dass die Spende durch eine **Zuwendungsbestätigung** (vgl. Rn. 25 ff.) nachgewiesen wird. 46

Mit dem zusätzlichen Abzugsbetrag nach Abs. 1a S. 1 hat der Gesetzgeber die Möglichkeit geschaffen, Vermögensstockspenden sowohl nach Abs. 1 als auch nach Abs. 1a abzuziehen. Der Stpfl kann zunächst **wählen**, ob er die Vermögensstockspende nach Abs. 1 oder Abs. 1a geltend macht.[6] Nimmt er eine Aufteilung vor, soll er nach Auffassung der FinVerw. daran bis zum Ablauf des Zehnjahreszeitraums gebunden sein.[7] Ein nach Ablauf der Zehnjahresfrist nicht aufgebrauchter Betrag verfällt nicht, sondern gelangt in den allg. Spendenabzug des Abs. 1. Der Zehnjahreszeitraum beginnt mit dem VZ, in dem die erste Vermögensstockspende geleistet worden ist.[8] Alle weiteren Zuwendungen innerhalb dieses Zeitraums werden zusammengefasst, bis der Höchstbetrag erreicht ist. Darüber hinaus kann der StPfl. festlegen, in welcher Höhe eine Zuwendung als Vermögensstockspende iSd. Abs. 1a behandelt werden soll. Geht die Zuwendung über den Höchstbetrag v. einer Mio. Euro hinaus oder will der StPfl. nicht die gesamte Zuwendung iRd. Abs. 1a geltend machen, kann der Restbetrag nach Abs. 1 berücksichtigt werden.[9] Gleichzeitig muss der Antrag auch die Angabe enthalten, für welchen VZ und in welcher Höhe in jedem Jahr bis zum Gesamtbetrag v. einer Mio. Euro der Abzug beantragt wird. Nach Abs. 1a S. 3 iVm. § 10d Abs. 4 muss der verbleibende Spendenvortrag am Ende eines jeden VZ gesondert festgestellt werden. Spendenvorträge für Vermögensstockspenden sowie der allg. Spendenvortrag sind jeweils getrennt gesondert festzustellen.[10] 47

Setzen Stifter eine gemeinnützige Stiftung als Alleinerbin ein, wollen sie dabei aber den Lebensunterhalt überlebender Ehegatten oder anderer Pflichtteilsberechtigter angemessen sichern, so wäre ein Nießbrauch am Kapitalvermögen stiftungsrechtlich ein Problem (ertragloses Vermögen), könnte auch Einkünfte aus Kapitalvermögen zur Folge haben. Eine Versorgung über § 58 Nr. 6 AO führt zur Einkommensbesteuerung nach § 22 Nr. 1 S. 2 HS 2 lit. a. Wird die Stiftung zu einer Rentenzahlung verpflichtet, so greift beim Rentenberechtigten nicht § 20 Abs. 1 Nr. 9, weil die Stiftung von der KSt befreit ist. In den lfd. Zahlungen ist auch kein steuerbarer Zinsanteil (§ 20 Abs. 1 Nr. 7) enthalten[11], wenn die wiederkehrenden Leistungen bei Verzicht auf künftige Pflichtteilsansprüche gewährt werden. Der Verzichtende überlässt kein Kapital zur Nutzung, sondern vereinbart einen Rentenanspruch. Die Steuergestaltungspraxis sucht daraus eine Steuerfreiheit der Rentenzahlungen zu entwickeln[12], damit allenfalls eine Erbschaftsteuer zu begründen, die der Nachlass zu tragen hat (§ 10 Abs. 2 ErbStG). 48

D. Parteizuwendungen (Abs. 2)

Nach Abs. 2 S. 1[13] sind Zuwendungen an politische Parteien bis zu einem Höchstbetrag v. 1 650 Euro/ 3 300 Euro im Kj. abziehbar. In ihrer jetzigen Fassung ist die Vorschrift seit dem **VZ 2002** anwendbar. 49

---

1 *H/H/R*, Bd. 20 (Steuerreform I) § 10b Anm. R 12; *Jochum*, IStR 2012, 325 (328).
2 BT-Drucks. 14/2340, Begr. – Allg. Lit (A).
3 **AA** *Hüttemann*, DB 2000, 1584 (1588).
4 *K/S/M*, § 10b Rn. Ba 37.
5 *Schiffer/Pruns*, NWB 2012, 1829 (1836 f.).
6 FG Düss. v. 7.12.2015 – 13 V 2026/15 A (F), EFG 2016, 578 (Rn. 31).
7 BMF v. 18.12.2008, BStBl. I 2009, 16 (17).
8 FG Düss. v. 7.12.2015 – 13 V 2026/15 A (F), EFG 2016, 578 (Rn. 37 ff.); **aA** BMF v. 18.12.2008, BStBl. I 2009, 16: „Mit jeder Spende in den Vermögensstock beginnt ein neuer zehnjähriger Abzugszeitraum".
9 BMF v. 18.12.2008, BStBl. I 2009, 16 f. **AA** noch OFD Ffm. v. 13.6.2008, DB 2008, 2002.
10 BMF v. 18.12.2008, BStBl. I 2009, 16 (17); *Seidel*, ErbStB 2009, 187 (190).
11 BFH v. 9.2.2010 – VIII R 43/06, DStR 2010, 1327.
12 *Reich*, DStR 2011, 1742.
13 IdF v. Art. 4 des Achten G zur Änderung des ParteiG v. 28.6.2002, BGBl. I 2002, 2268; anwendbar ab dem VZ 2002, *K/S/M*, § 10b Rn. C 2.

50 **I. Zuwendungen.** Auch Abs. 2 fasst Mitgliedsbeiträge und Spenden im Tatbestand „Zuwendungen" zusammen. Mitgliedsbeiträge sind regelmäßige Geldleistungen, die ein Parteimitglied aufgrund **satzungsrechtl. Vorschriften** an seine Partei entrichtet (§ 27 Abs. 1 S. 1 ParteiG); Spenden sind nach § 27 Abs. 1 S. 3 und 4 ParteiG **darüber hinausgehende Zahlungen** ohne Gegenleistung, insbes. **Aufnahmegebühren, Sonderumlagen** und **Sammlungen**, sowie geldwerte Zuwendungen aller Art, sofern sie nicht üblicherweise unentgeltlich v. Mitgliedern außerhalb eines Geschäftsbetriebs zur Vfg. gestellt werden. **Zahlungen v. Mandatsträgern**, die aufgrund allg. (bindender) **Umlagebeschlüsse** geleistet werden, sind ebenfalls als Spenden abzugsfähig, auch wenn sie im Hinblick auf (künftige) Mandate geleistet werden.[1] Erhält der Geber für seine Zuwendung – steuerjuristisch betrachtet – eine Gegenleistung, fehlt es an einer unentgeltlichen Zuwendung.[2] Die Steuerermäßigung ist auch ausgeschlossen, wenn die Zuwendungen an den Empfänger unmittelbar und ursächlich mit einem v. einem Dritten gewährten Vorteil zusammenhängen.[3] Honorare, die für die Vortragstätigkeit prominenter Mitglieder an Parteien oder Wählervereinigungen gezahlt werden, sind Gegenleistungsentgelte und keine unentgeltlichen Zuwendungen. Erstattet ein Kandidat der Partei die Kosten seines persönlichen Wahlkampfs, sind die Aufwendungen beruflich veranlasst, somit grds. als Erwerbsaufwand, nicht als Spende abziehbar.[4] Persönliche **Wahlkampfkosten** eines Bewerbers um ein (ehrenamtliches) öffentl. (Stadtrats-)Mandat können als BA oder WK abzugsfähig sein,[5] wenn nicht § 22 Nr. 4 S. 2 und 3 den WK-Abzug verbietet (§ 22 Rn. 75). **Körperschaftszuwendungen** dürfen stlich nicht berücksichtigt werden, weil dadurch die hinter den Körperschaften stehenden nat. Pers. eine doppelte, vom Staat begünstigte Einflussmöglichkeit auf politische Parteien gewönnen.[6]

51 **II. Zuwendungsempfänger.** Nach dem Wortlaut des Abs. 2 S. 1 ist Zuwendungsempfänger eine politische Partei iSd. § 2 ParteiG (§ 34g Rn. 7). Der im Nachgang zur Entsch. des BVerfG im NPD-Verbotsverfahren[7] in Abs. 2 S. 1 neu eingefügte[8] und Art. 21 Abs. 3 S. 2, Abs. 4 GG nF konkretisierende Konditionalsatz schließt jedoch Parteien aus dem Kreis tauglicher Zuwendungsempfänger aus, die nach ihren Zielen oder dem Verhalten ihrer Anhänger darauf ausgerichtet sind, die freiheitliche demokratische Grundordnung zu beeinträchtigen oder zu beseitigen oder den Bestand der Bundesrepublik Deutschland zu gefährden (§ 18 Abs. 7 S. 2 ParteiG iVm. Art. 46a BVerfGG). Es gibt in Zukunft die Tatbestände der **verfassungsfeindlichen** und der **nicht förderungswürdigen** Partei: Beide Tatbestände können nur durch das BVerfG festgestellt werden (§§ 46, 46a BVerfGG). Der Zuwendende gewinnt in dem Entscheidungsmonopol des BVerfG Rechtssicherheit. Art. 21 Abs. 3 S. 2 GG stellt ausdrücklich klar, dass der Ausschluss von verfassungsfeindlichen Parteien von der staatlichen Finanzierung nicht nur für die staatliche Teilfinanzierung iSd. §§ 18f. PartG gilt, sondern auch eine stl. Begünstigung dieser Parteien und von Zuwendungen an diese Parteien entfällt.

51a Anders als in § 34g kann eine **Wählervereinigung** nach § 10b Abs. 2 S. 1 nicht Zuwendungsempfänger sein. Zuwendungen, die die Grenze des § 34g übersteigen, sind also nicht abzugsfähig. Diese Regelung begegnet verfassungsrechtl. Bedenken. Angesichts des eindeutigen Wortlauts des § 10b Abs. 2 S. 1, der ausdrücklich auf § 2 ParteiG verweist, kann die kommunale Wählervereinigung den Tatbestand des Abs. 2 S. 1 nicht erfüllen.[9] Zuwendungen an kommunale Wählervereinigungen und deren Dachverbände sind v. Anwendungsbereich des Abs. 2 ausgeschlossen. Dieses hat der BFH[10] für verfassungsgemäß erklärt, weil die Tätigkeitsfelder der politischen Parteien sehr viel weiter gesteckt seien als die von kommunalen Wählervereinigungen. Das BVerfG hat jedoch in der Entsch. über die Verfassungswidrigkeit der Erbschaft- und Schenkungsteuerpflicht von Zuwendungen an kommunale Wählervereinigungen[11] hervorgehoben, dass der für den politischen Wettbewerb geltende strenge Gleichheitssatz im Erbschaft- und Schenkungsteuerrecht keine unterschiedliche stl. Behandlung von Zuwendungen an Parteien und kommunale Wählervereinigungen rechtfertige. Zwar seien die Aufgaben, Tätigkeitsfelder und Finanzbedürfnisse beider miteinander konkurrierenden Gruppen unterschiedlich. Der finanzielle Mehraufwand der politischen Par-

1 BMF v. 10.4.2003, BStBl. I 2003, 286; BFH v. 23.1.1991 – X R 6/84, BStBl. II 1991, 396 (398) = FR 1991, 268.
2 Zur Behandlung der Zuwendung als Parteisponsoring vgl. *Hey*, DB 2005, 1403 (1405f.).
3 BFH v. 19.12.1990 – X R 40/86, BStBl. II 1991, 234 (235) = FR 1991, 201.
4 BFH v. 23.1.1991 – X R 6/84, BStBl. II 1991, 396 (398) = FR 1991, 268; v. 25.1.1996 – IV R 15/95, BStBl. II 1996, 431 = FR 1996, 560; FG Bremen v. 22.6.1989 – I 158/84 K, EFG 1990, 466; **aA** FG Münster v. 4.2.1988 – II 5917/83 E, EFG 1988, 406.
5 BFH v. 25.1.1996 – IV R 15/95, BStBl. II 1996, 431 = FR 1996, 560.
6 BVerfG v. 9.4.1992 – 2 BvE 2/89, BVerfGE 85, 264 (315).
7 BVerfG v. 17.1.2017 – 2 BvB 1/13, NJW 2017, 611.
8 Art. 3 Nr. 1 des G v. 18.7.2017, BGBl. I 2017, 2730.
9 BFH v. 20.3.2017 – X R 55/14, BFHE 258, 20 (Rn. 15ff.).
10 BFH v. 20.3.2017 – X R 55/14, BFHE 258, 20 (Rn. 21ff.).
11 BVerfG v. 17.4.2008 – 2 BvL 4/05, BVerfGE 121, 208 (128f.).

teien werde jedoch durch die staatliche Parteifinanzierung (§§ 18f. ParteiG) abgegolten.[1] Die Berechnung der staatlichen Teilfinanzierung orientiere sich an der überregionalen politischen Tätigkeit. Diese allg. – nicht speziell v. ErbStG geprägten – Verfassungsmaßstäbe sind auch auf den § 10b Abs. 2 und den dortigen Ausschluss der freien Wählervereinigungen anzuwenden.

Eine Vereinigung ist nicht schon dann Partei iSd. Abs. 2, wenn sie die in der Legaldefinition des § 2 ParteiG geregelten **materiellen Voraussetzungen** (§ 34g Rn. 7) erfüllt. Sie muss (seit 1984) darüber hinaus auch den in den übrigen zwingenden Vorschriften des ParteiG geregelten **formellen Anforderungen** genügen.[2] Den Parteibegriff des Abs. 2 erfüllen damit Parteien, die im Verzeichnis des Bundeswahlleiters enthalten sind. Vereinigungen, die ihre Unterlagen nicht beim **Bundeswahlleiter** hinterlegt haben (§ 6 Abs. 3 ParteiG), sind nur dann als Parteien iSd. § 10b einzustufen, wenn sie als Partei an einer **Bundes- oder Landtagswahl** teilgenommen haben. Im Falle der Hinterlegung der Unterlagen beim Bundeswahlleiter entsteht die Parteieigenschaft iSd. § 10b erst ab dem Zeitpunkt der **Hinterlegung**, im Falle der Teilnahme an einer Wahl ab dem Zeitpunkt der Zulassung zu der Wahl. Die Parteieigenschaft endet – v. Fällen der vorherigen Auflösung oder des Verbots der Partei abgesehen – mit Ablauf des sechsten Jahres nach der letzten Beteiligung an einer Wahl (§ 2 Abs. 2 ParteiG). Hat die Partei sich nach der Hinterlegung ihrer Unterlagen beim Bundeswahlleiter noch nicht an einer Wahl beteiligt, verliert sie ihre Parteieigenschaft mit Ablauf des sechsten Jahres nach der Hinterlegung.[3] Eine **Zusammenstellung der spendenempfangsberechtigten politischen Parteien** wird v. der FinVerw. jährlich bekannt gegeben.[4] Ist eine Vereinigung in der Zusammenstellung nicht aufgeführt, so erkennen die FÄ die Bestätigungen erst an, wenn die oberste Landesfinanzbehörde die Parteieigenschaft festgestellt hat.[5] Der Zuwendungsempfänger muss bei Zufluss der Spende politische Partei iSd. § 2 ParteiG sein (R 10b.2 S. 1 EStR), jedoch nicht im gesamten Kj. den Voraussetzungen des ParteiG genügen. Auch **regionale Untergliederungen** (Landes-, Bezirks-, Ortsverbände)[6] mit einer eigenen Satzung (§ 6 Abs. 1 S. 2 ParteiG) und – in die Organisationsstruktur der Partei eingebundene – **Teilorganisationen**,[7] nicht aber **parteinahe Stiftungen** oder einer Partei nahestehende rechtl. und organisatorisch selbständige **(Neben)Organisationen**, sind empfangs- und bescheinigungsberechtigt. Die verfassungsrechtl. veranlasste Sonderregel des § 10b für politische Parteien hat zur Folge, dass gemeinnützige Organisationen zwar im Rahmen ihrer konkreten Förderzwecke – insbes. des § 52 Abs. 2 Nr. 7, 8 und 24 AO – an der politischen Meinungsbildung teilnehmen dürfen, ihr politisches Wirken aber nicht zu einem eigenen Zweck werden darf und insbes. ihre parteipolitischen Ziele nicht mit politischen Parteien konkurrieren.[8] 51b

III. Tatsächliche Verwendung. Auch Mitgliedsbeiträge und Spenden an politische Parteien sind – haftungsbewehrt – **verwendungsgebunden** und müssen deshalb für die Erfüllung der im ParteiG vorgesehenen Aufgaben der Parteien verwendet werden (§ 1 Abs. 2, Abs. 4 ParteiG).[9] Den Gemeinnützigkeitsanforderungen der AO unterliegen politische Parteien jedoch nicht. Parteien sind deshalb weder dem Gebot zeitnaher Mittelverwendung unterworfen, noch müssen sie die staatspolitischen Zwecke eigenhändig durch parteieigene Organe oder Hilfspersonen erfüllen. Sie dürfen sich vielmehr zur Zweckverwirklichung nahe stehender **Organisationen des politischen Vorfelds** bedienen. Der FinVerw. steht ein **materielles Prüfungsrecht** für die Verwendung v. Parteizuwendungen zu.[10] Die Finanzbehörden haben dabei allerdings die **Selbstorganisation der Parteien** zu achten und zu berücksichtigen, dass sich die Zwecke und Ziele einer Partei nicht so eng wie bei einem gemeinnützigen Zuwendungsempfänger umreißen lassen. Eine Verwendung steuerentlasteter politischer Zuwendungen in einem wirtschaftlichen Geschäftsbetrieb ist jedenfalls nicht zulässig und zu beanstanden. 52

IV. Zuwendungsbestätigung. Der StPfl. hat auch die Voraussetzungen der Parteizuwendung seinem Veranlagungs-FA durch eine besondere Zuwendungsbestätigung nachzuweisen. Nach § 50 Abs. 1 EStDV (vgl. § 51 Rn. 68) hat diese Bestätigung ebenfalls einen **amtlich vorgeschriebenen Vordruck** (Anlage 4 zu R 10b.1 EStR) zu verwenden, R 10b.2 S. 2 und 3 EStR (Rn. 26). Bei **Sachspenden** ist ein besonderes Muster 53

1 BVerfG v. 17.4.2008 – 2 BvL 4/05, BVerfGE 121, 208 (Rn. 69f.).
2 BFH v. 7.12.1990 – X R 1/85, BStBl. II 1991, 508 (509).
3 OFD Ffm. v. 31.5.1995, StEK EStG § 10b Nr. 279.
4 *K/S/M*, § 34g Rn. A 138.
5 OFD Hann. v. 11.7.1991, juris VV-Steuer.
6 BMF v. 30.3.1990, StEK KStG 1977 § 5 Nr. 106; FinMin. BaWü. v. 13.1.1989, StEK KStG 77 § 5 Nr. 104.
7 BMF v. 30.3.1990, StEK KStG 1977 § 5 Nr. 106.
8 Zum Problem vgl. BFH v. 9.2.2011 – I R 19/10, BFH/NV 2011, 1113; *Weitemeyer/Kamp*, DStR 2016, 2623.
9 Zu weitgehend FG BaWü. v. 26.11.1987 – III K 90/84, EFG 1988, 135; **aA** *Gierlich*, FR 1991, 518 (522); Antwort des Parlamentarischen Staatssekretärs *Häfele* auf Anfragen der Abgeordneten *Kelly*, BT-Drucks. 11/3310, 8f. und *Tischer*, BT-Drucks. 10/6599, 12.
10 Vgl. FG BaWü. v. 26.11.1987 – III K 90/84, EFG 1988, 135.

zu verwenden (Rn. 58). Übersteigt die Parteispende den Betrag v. 200 Euro nicht, reicht nach § 50 Abs. 4 Nr. 2 lit. c EStDV der Bareinzahlungsbeleg oder die Buchungsbestätigung eines Kreditinstituts (auch in elektronischer Form[1]) als Nachweis für die Zahlung der Spende aus, wenn der Verwendungszweck der Spende auf dem vom Empfänger hergestellten Einzahlungsbeleg aufgedruckt ist **(vereinfachter Spendennachweis)**. Als **Nachweis für** die **Zahlung v. Mitgliedsbeiträgen** an politische Parteien lässt die FinVerw. die Vorlage v. Bareinzahlungsbelegen, Buchungsbestätigungen oder Beitragsquittungen ausreichen (§ 50 Abs. 6 EStDV).

54 **V. Steuerermäßigung nach § 34g.** Spenden und Mitgliedsbeiträge können nach Abs. 2 S. 2 nur insoweit abgezogen werden, als für sie nicht eine Steuerermäßigung nach § 34g gewährt worden ist. Der SA-Abzug kommt nur in Betracht, wenn die Zuwendungen die nach § 34g zu berücksichtigenden Ausgaben übersteigen (§ 34g Rn. 26). Im Zusammenwirken beider Vorschriften sind Zuwendungen an politische Parteien in Höhe von 3 300 Euro, bei Zusammenveranlagung von 6 600 Euro steuermindernd zu berücksichtigen. Zuwendungen an kommunale Wählervereinigungen können nach § 34g bis zu 1 650 Euro, bei Zusammenveranlagung bis zu 3 300 Euro abgezogen werden.[2] Damit ist das Maß der Normalzuwendung bis zur äußersten Grenze ausgeschöpft.[3]

55 **VI. Normalzuwendung.** Die stl. Begünstigung v. Beiträgen und Spenden kann die vorgefundene Wettbewerbslage unter den Parteien verfälschen, wenn sie Parteien bevorzugt, die eine größere Anziehungskraft auf einkommensstarke Bevölkerungskreise ausüben als andere Parteien, und dadurch die Chancengleichheit der Parteien verletzen.[4] Außerdem wird mit **dem Abzug v. der Bemessungsgrundlage** der einkommensstarke StPfl. in seiner Möglichkeit, durch Zuwendungen an Parteien auf die politische Willensbildung Einfluss zu nehmen, stl. begünstigt. Deshalb dürfen nur Durchschnittszuwendungen abgezogen werden, die v. der Mehrzahl der StPfl. aufgebracht werden und die ihrer Höhe nach politischen Einfluss nicht ausüben können.[5] Politische Zuwendungen dürfen nur iHv. insgesamt 1 650 Euro und im Falle der Zusammenveranlagung iHv. insgesamt 3 300 Euro im Kj. v. der estl. Bemessungsgrundlage abgezogen werden. Es ist unerheblich, ob der StPfl. Zahlungen an eine oder mehrere Parteien oder deren Teilorganisationen geleistet hat. Vielmehr sind alle in einem Kj. geleisteten Zuwendungen zusammenzurechnen. Sind Mitgliedsbeiträge als regelmäßig wiederkehrende Ausgaben kurze Zeit vor Beginn oder kurze Zeit nach Beendigung des Kj. geleistet worden, sind sie nach § 11 Abs. 2 S. 2 dem Jahr zuzuordnen, zu dem sie wirtschaftlich gehören.

E. Sach- und Aufwandzuwendungen (Abs. 3)

56 **I. Sachzuwendungen. 1. Gegenstand der Sachzuwendung.** Auch Sachzuwendungen, nicht aber Nutzungen und Leistungen, können Zuwendungen sein. Gegenstand der Sachzuwendung[6] sind **WG** (Vermögensgegenstände) und damit sowohl Sachen (§ 90 BGB) als auch nicht körperliche Objekte, wie Energien, die sog. Immaterialgüterrechte, werthaltige (Kredit)Forderungen, sonstige Vermögensrechte und tatsächliche Zustände, sowie konkrete Möglichkeiten und Vorteile, sofern ihnen im Geschäftsverkehr ein selbständiger Wert beigelegt wird und sie – allein oder mit dem Betrieb – verkehrsfähig sind.[7] Auch **gebrauchte**[8] und **selbstgeschaffene**[9] **WG**, beispielsweise **Kleidung** oder **Kunstwerke**, können Gegenstand einer Sachzuwendung sein, sofern sie einen über den Gebrauchswert (Nutzungswert) hinausgehenden gemeinen Wert (Marktwert) besitzen. Bewirkt ist die Sachzuwendung mit der Übertragung des **(wirtschaftlichen) Eigentums** auf den Empfänger, der die zugewendeten Gegenstände unmittelbar steuerbegünstigten Zwecken zuführen muss. Deshalb kann der Abzug für das WG nicht gewährt werden, wenn es veräußert und lediglich der Erlös gemeindienlich verwendet wird. **Die kostenlose Blutspende** und die unentgeltliche Zuwendung eines Körperteils (Niere) sind keine Sachzuwendung, sondern der Verzicht auf die kommerzielle Verwertung des eigenen Körpers.[10] Steht dem Blutspender dagegen ein Entgelt zu, auf das er nachträglich verzichtet, soll dieser Verzicht als abgekürzte Geldspende (Rn. 65) spendenwirksam sein.

---

1 OFD Karlsruhe v. 5.10.2007, juris VV-Steuer.
2 *K/S/M*, § 10b Rn. C 53 f.
3 **AA** *Helmes*, Spenden an politische Parteien und an Abgeordnete des Deutschen Bundestages, 2014, 247 ff., der die Grenze der Normalzuwendung insbes. unter Hinweis auf die Einkommensentwicklung seit 1992 für überschritten hält.
4 BVerfG v. 9.4.1992 – 2 BvE 2/89, BVerfGE 85, 264 (313 f.) = BStBl. II 1992, 766 (769).
5 BVerfG v. 9.4.1992 – 2 BvE 2/89, BVerfGE 85, 264 (317) = BStBl. II 1992, 766 (770).
6 S. hierzu *Gold/Lehfeldt*, UR 2003, 220.
7 BFH v. 19.10.2006 – III R 6/05, BStBl. II 2007, 301 = FR 2007, 695 m. Anm. *Kanzler*; v. 26.8.1992 – I R 24/91, BStBl. II 1992, 977.
8 BFH v. 23.5.1989 – X R 17/85, BStBl. II 1989, 879 = FR 1989, 746.
9 FG Berlin v. 14.11.1977 – V 231/77, EFG 1978, 376.
10 Zum Blutspendendienst vgl. FG Bdbg. v. 17.10.2001 – 2 K 2766/99, EFG 2002, 121.

2. Bewertung von Sachzuwendungen. Sachzuwendungen aus dem **PV** wurden bis 2008 mit dem gemeinen Wert angesetzt (Abs. 3 S. 3 aF). Ab dem VZ 2009 ist der Ansatz des gemeinen Werts erheblich eingeschränkt (Abs. 3 S. 3 und 4 nF). Der gemeine Wert darf nur noch angesetzt werden, wenn die Veräußerung des betr. WG selbst nicht stpfl. wäre (zB Spende eines Grundstücks außerhalb der Spekulationsfrist des § 23 Abs. 1 Nr. 1).[1] Wäre eine Veräußerung des WG stpfl., können bei der Sachspende nur die fortgeführten AK oder HK für den Spendenabzug berücksichtigt werden. Diese Werte dürfen nur überschritten werden, soweit Gewinne realisiert worden sind (zB Spende eines Wertpapierdepots nach freiwilligem Einbehalt von KapESt)[2]. Nach Ansicht des Gesetzgebers führte die alte Regelung zu ungerechtfertigten Steuervorteilen im Vergleich zu den Bestimmungen für Zuwendungen aus dem BV.[3] Der gemeine Wert ist nach § 9 Abs. 2 BewG der Veräußerungspreis einschl. der USt (Verkehrswert).[4] Bei neuen WG kann der Verkehrswert mit dem Anschaffungswert angesetzt werden. Bei gebrauchten WG ist der Wert anhand des Anschaffungspreises, der Qualität, des Alters und des Erhaltungszustandes im Abgabezeitpunkt zu schätzen. Werden Kinder aus Krisengebieten beim Zuwendenden untergebracht und verpflegt, sind die Werte der maßgeblichen Sachbezugsverordnung zugrunde zu legen.[5] Werden mehrere WG gespendet, ist für jeden Gegenstand der Einzelveräußerungspreis zu ermitteln. Eine unabhängig v. Alter und Nennwert durchgeführte Pauschalbewertung (Gruppenbewertung) der gespendeten Gegenstände, beispielsweise anhand v. Preisgruppen, reicht nicht aus.[6] Wird ein WG, das vom StPfl. unmittelbar zuvor aus seinem **BV** entnommen worden ist, gespendet, kann der Vermögensgegenstand nach § 6 Abs. 1 Nr. 4 mit dem TW (§ 6 Abs. 1 Nr. 1 S. 3, § 10 BewG) oder dem Buchwert angesetzt (sog. **Buchwertprivileg**) und mit diesem Wert zum Gegenstand der Sachspende gemacht werden (Abs. 3 S. 2). Zzgl. zum Entnahmewert darf auch die bei der Entnahme anfallende USt abgezogen werden (R 10b.1 Abs. 1 S. 4 EStR).[7] Dies stellt nunmehr auch der Wortlaut von Abs. 3 S. 2 klar. 57

3. Zuwendungsbestätigung bei Sachzuwendungen. Rspr. und Verwaltung stellen an den Nachweis des Wertes der Sachzuwendung, insbes. bei gebrauchter Kleidung, **strenge Anforderungen**.[8] Die Zuwendungsbestätigung ist nach **gesondertem Muster** zu gestalten. Der Spender ist verpflichtet, die für eine Schätzung maßgeblichen Faktoren, wie Neupreis (Kaufbeleg), Zeitraum zw. Anschaffung und Weggabe und den tatsächlichen Erhaltungszustand, nachzuweisen.[9] Bei Sachspenden müssen deshalb aus der Zuwendungsbestätigung der Wert (Einzelveräußerungspreis) und die genaue Bezeichnung der gespendeten Sache ersichtlich sein.[10] Werden mehrere Gegenstände gespendet, muss der Aussteller der Zuwendungsbestätigung den **Einzelveräußerungspreis** jedes einzelnen WG ermitteln und in der Spendenbescheinigung gesondert ausweisen, sofern es sich nicht um Massenware handelt.[11] Lautet die Sachzuwendungsbescheinigung auf einen runden Betrag, schließt die Verwaltung auf eine unzulässige Pauschalbewertung (Gruppenbewertung) der Spende. Fehlende Angaben in der Zuwendungsbestätigung können nur in einer geänderten und hinreichend aufgeschlüsselten Bestätigung nachgeholt werden.[12] Bei Sachzuwendungen sind gemeinnützige Zuwendungsempfänger verpflichtet, die **Wertermittlungsgrundlagen** aufzuzeichnen (§ 50 Abs. 7 S. 3 EStDV). 58

II. Aufwandzuwendungen. Aufwendungen können nach Abs. 3 S. 5 nur abgezogen werden, wenn ein Aufwendungsersatz-, Vergütungs- oder Nutzungsentgeltanspruch durch Verzicht auf einen durch Vertrag oder Satzung eingeräumten Erstattungsanspruch dem empfangsberechtigten Schuldner zugewendet worden ist.[13] Auf Zusagen auf Aufwendungsersatz, die bis zum 31.12.2014 erteilt wurden, wendet die FinVerw. weiterhin das mittlerweile überarbeitete BMF-Schr. aus 1999[14] an.[15] 59

---

1 *Seidel*, ErbStB 2009, 187 f.
2 *Wallenhorst*, DStR 2016, 111.
3 BT-Drucks. 16/11108, 14.
4 BFH v. 23.5.1989 – X R 17/85, BStBl. II 1989, 879 = FR 1989, 746.
5 OFD Kobl. v. 15.8.2011, juris VV-Steuer.
6 OFD Hann. v. 30.12.1997, StEK EStG § 10b Nr. 301.
7 *Jachmann/Thiesen*, DStZ 2002, 355; Abschn. 24a und 24b UStR; *Schneider*, DStZ 2000, 291 (296).
8 FG BaWü. v. 31.3.1993 – 2 K 210/89, EFG 1993, 783; H 10b.1 EStH 2017 (gebrauchte Kleidung als Sachspenden); OFD Hann. v. 30.12.1997, StEK EStG § 10b Nr. 301; OFD Ffm. v. 6.11.2003, juris VV-Steuer; OFD NRW v. 17.7.2018, juris VV-Steuer (Kunstgegenstände).
9 Vgl. OFD NRW v. 17.7.2018, juris VV-Steuer.
10 OFD Ffm. v. 6.11.2003, juris VV-Steuer; OFD Hann. v. 30.12.1997, StEK EStG § 10b Nr. 301.
11 OFD Ffm. v. 6.11.2003, juris VV-Steuer.
12 OFD Ffm. v. 6.11.2003, juris VV-Steuer; OFD Hann. v. 30.12.1997, StEK EStG § 10b Nr. 301.
13 FinMin. BaWü. v. 22.2.1995, StEK EStG § 10b Nr. 274.
14 BMF v. 7.6.1999, BStBl. I 1999, 591.
15 BMF v. 25.11.2014, BStBl. I 2014, 1584; dazu *Emser*, DStR 2015, 1960.

60 **1. Erstattungsanspruch.** Die Verkehrssitte begründet eine – **widerlegbare** – **Vermutung**, dass Leistungen ehrenamtlicher Mitglieder für den Verein unentgeltlich und ohne Aufwendungsersatzanspruch erbracht werden.[1] Für den Spendenabzug enthält Abs. 3 S. 5 deshalb eine eigene steuerrechtl. Regelung, die unabhängig vom Zivilrecht einen besonderen Nachweis für das Bestehen eines Aufwendungsersatzanspruches vorschreibt; dieser muss durch **(schriftlichen) Vertrag, Satzung** oder **rechtsgültigen** und auf einer entspr. Satzungsbestimmung beruhenden[2] **Vorstandsbeschluss**[3] unbedingt und ausdrücklich vor Beginn der aufwandsbegründenden Tätigkeit eingeräumt worden sein. Erforderlich ist eine ernstlich gewollte, klare, eindeutige und widerspruchsfreie Regelung.[4] Eine nachträgliche rückwirkende Begr. v. Ersatzpflichten durch den Zuwendungsempfänger, beispielsweise durch eine rückwirkende Satzungsänderung, reicht nicht aus.[5]

61 Erstattungsansprüche (bspw. einer Reisekostenordnung), die auf einer entspr. Satzungsermächtigung beruhen, sind satzungsmäßige Anspr. iSd. Abs. 3 S. 5. Dies soll auch gelten, wenn der Erstattungsanspruch auf einem rechtsgültigen Beschluss des Vorstands oder einer Mitgliederversammlung beruht und dieser Beschluss bekannt gemacht worden ist. Der Aufwendungsersatzanspruch ist nicht Entgelt für die geleisteten Dienste, sondern soll dem Spender die Aufwendungen (beispielsweise **Material**- und **Verpflegungsaufwand, Pkw-Kosten, Reisekosten, Porto, Übernachtungs**- und **Telefonkosten**)[6] ersetzen, die er für den Zuwendungsempfänger erbracht hat. Deshalb begründet der Aufwendungsersatz auch keinen schädlichen, weil die endgültige wirtschaftliche Belastung des Spenders verhindernden Rückfluss, wenn der Ersatzanspruch ernsthaft eingeräumt ist und nicht unter der Bedingung einer vorherigen Spende steht.[7] Als ersatzfähige Aufwendungen nicht erfasst werden Aufwendungen des Spenders, die er (auch) im eigenen Interesse getätigt hat, etwa Aufwendungen für eigene Fahrten des Sportlers oder seiner Eltern.[8] Aufwendungsersatzansprüche nach **§§ 27 Abs. 3 iVm. 670 BGB** v. Vorstandsmitgliedern eines Vereines sind keine durch Satzung eingeräumten Anspr. Der ehrenamtliche Aufwand an Zeit und Arbeitskraft bleibt damit ohne stl. Bedeutung, ebenso die unentgeltliche Überlassung v. Räumen, Pkw oder anderen WG. Ein derartiger Verzicht auf Einnahmen begründet keine Ausgaben.

62 **2. Verzicht.** Der Verzicht auf Nutzungs- und Leistungsentgelte (beispielsweise Arbeitslohn, Miete, Pacht, Darlehen, uU Leasing[9]) ist keine Aufwandsspende, sondern eine abgekürzte Geldzuwendung (Rn. 65).[10] Es wird kein Wert abgegeben, sondern auf Geld verzichtet.[11] **Künftige Forderungen** können nicht Gegenstand eines Erlassvertrags nach § 397 BGB sein. Zudem stünde Abs. 3 S. 6 der Steuererheblichkeit eines bei Entstehen des Anspr. beiderseitig gewollten Verzichts entgegen. Steht dem Spender ein Nutzungsentgelt oder eine Tätigkeitsvergütung aufgrund vertraglicher Vereinbarung, der Satzung oder eines rechtsgültigen Vorstandsbeschlusses zu, so ist ein nachträglicher Verzicht auf die Gegenleistung eine Spende des Entgelts.[12] Insoweit ist – ohne weiteren Hinweis – eine Geldzuwendung zu bestätigen.[13] Ein v. Beginn an **bestehender einseitiger Verzichtsvorbehalt** des Spenders ist unschädlich, wenn er als Gläubiger die begünstigte Körperschaft auf Zahlung in Anspr. nehmen könnte. Der Verzicht auf den Aufwendungsersatzanspruch muss **zeitnah** erklärt werden; hierzu reicht es aus, wenn der Verzicht einmal im Quartal oder – bei regelmäßiger Tätigkeit – innerhalb eines Jahres nach Fälligkeit des Anspruchs[14] erklärt wird.[15] Andernfalls geht die FinVerw. davon aus, dass entweder kein Anspr. bestand[16] oder dass sich die Parteien v. Anfang an über die Unentgeltlichkeit der Leistung oder einen Verzichtsvorbehalt einig waren.[17]

1 BMF v. 25.11.2014, BStBl. I 2014, 1584 Tz. 1.
2 BMF v. 25.11.2014, BStBl. I 2014, 1584 Tz. 2; nach Auffassung der FinVerw. ist es nicht erforderlich, dass eine vor dem 1.1.2015 gegründete Körperschaft ihre Satzung allein zur Einräumung dieser Ermächtigung ändert (BMF, ebd.).
3 OFD Rhld. v. 20.6.2012, juris Tz. 6; **aA** FG Berlin-Bdbg. v. 4.3.2014 – 6 K 9244/11, EFG 2014, 989 (989) (rkr.).
4 FG Berlin-Bdbg. v. 4.3.2014 – 6 K 9244/11, EFG 2014, 989 (990) (rkr.).
5 BMF v. 25.11.2014, BStBl. I 2014, 1584 Tz. 2.
6 OFD Ffm. v. 18.1.2001, juris VV-Steuer.
7 BMF v. 25.11.2014, BStBl. I 2014, 1584 Tz. 4.
8 FG Berlin-Bdbg. v. 4.3.2014 – 6 K 9244/11, EFG 2014, 989 (990) (rkr.).
9 *K/S/M*, § 10b Rn. D 120.
10 BMF v. 25.11.2014, BStBl. I 2014, 1584 Tz. 5.
11 OFD Ffm. v. 18.1.2001, juris VV-Steuer; *Geserich*, DStJG 26, 245 (267); FG BaWü. v. 4.11.2003 – 14 K 140/03, FGReport 2004, 29.
12 BMF v. 25.11.2014, BStBl. I 2014, 1584 Tz. 2.
13 BMF v. 25.11.2014, BStBl. I 2014, 1584 Tz. 5; zum Verfahren *Rausch/Meirich*, DStR 2017, 2769.
14 BMF v. 24.8.2016, BStBl. I 2016, 994.
15 BMF v. 25.11.2014, BStBl. I 2014, 1584 Tz. 3 idF des BMF v. 24.8.2016, BStBl. I 2016, 994.
16 OFD Ffm. v. 21.2.2002, juris VV-Steuer.
17 FinMin. MV v. 21.3.1996, StEK EStG § 10b Nr. 285.

Der Aufwendungsersatzanspruch darf nicht unter der Bedingung des Verzichts (Abs. 3 S. 6) oder einer vorhergehenden Spende eingeräumt und muss ernsthaft gewollt sein. Wesentliches Indiz für die **Ernsthaftigkeit** des vereinbarten Kostenerstattungsanspruchs ist die **wirtschaftliche Leistungsfähigkeit**[1] und die **Zahlungsbereitschaft** der Körperschaft. Der Zuwendungsempfänger muss insbes. über genügend Mittel zur Erfüllung der eingeräumten Anspr. verfügen.[2] Hat der Zuwendungsempfänger in vergleichbaren Fällen bereits Aufwendungsersatz geleistet, wird der Anspr. ernsthaft begründet sein.[3] 63

3. Höhe. Die Höhe der Aufwandzuwendung bemisst sich nach dem vereinbarten Erstattungsanspruch. Es darf jedoch **kein unangemessener Aufwendungsersatz** zum Gegenstand des Verzichts gemacht werden.[4] Bei Fahrten mit dem eigenen Pkw kann der Erstattungsanspruch mit dem stl. anzuerkennenden **Kilometerpauschbetrag** für Dienstreisen angesetzt werden.[5] Pauschaler Aufwendungsersatz für Unterkunft und Verpflegung ist iHd. Werte der jeweils gültigen Sachbezugsverordnung angemessen; darüber hinausgehender Aufwand muss durch Einzelnachweise belegt werden.[6] 64

4. Zuwendungsbestätigung. Bei dem Verzicht auf den Ersatz der Aufwendungen handelt es sich nicht um eine Zuwendung des Aufwands, sondern um eine **abgekürzte Geldzuwendung**. Es ist deshalb eine Geldzuwendung zu bescheinigen.[7] Eine Zuwendungsbestätigung darf nur erteilt werden, wenn sich der Ersatzanspruch auf Aufwendungen bezieht, die zur Erfüllung der **satzungsmäßigen Zwecke** des Zuwendungsempfängers erforderlich waren. Die begünstigte Körperschaft muss in ihren Unterlagen die **Berechnungsgrundlagen** festhalten und die zutr. Höhe des Ersatzanspruchs belegen können (§ 50 Abs. 7 EStDV). Deshalb hat der Zuwendende mit seiner Verzichtserklärung eine **Aufstellung** über seine Leistungen einzureichen. 65

F. Vertrauensschutz und Haftung (Abs. 4)

I. Vertrauensschutz (Abs. 4 S. 1). 1. Inhalt. Abs. 4 S. 1 schützt das Vertrauen des Spenders in die Richtigkeit der Angaben, die nach den **amtlich vorgeschriebenen Mustern** in der Zuwendungsbestätigung vom Empfänger zu machen sind. § 10b Abs. 4 S. 1 schützt auch das Vertrauen auf die Befugnis des Zuwendungsempfängers, Zuwendungsbestätigungen ausstellen zu dürfen.[8] Ist dem Spender hingegen bekannt oder infolge grober Fahrlässigkeit nicht bekannt, dass die Bestätigung nicht hätte ausgestellt werden dürfen, entfällt der Vertrauensschutz. Wird die Berechtigung zum Ausstellen einer Bestätigung nachträglich – zB, weil der Empfänger seine steuerlichen Pflichten inzwischen erfüllt hat – anerkannt, darf nachträglich eine Zuwendungsbestätigung für das Jahr der Zuwendung ausgestellt werden.[9] 66

2. Umfang. Der **Gutglaubensschutz** erstreckt sich auf Art, Höhe und Zeitpunkt der Zuwendung, die Empfangsberechtigung des Ausstellers und die tatsächliche Verwendung des Aufkommens zu dem in der Bestätigung angegebenen Zweck.[10] Die Erklärung der Empfangsberechtigung bestätigt formal, dass die gemeinnützigen Körperschaften **v. der KSt befreit** sind und der in der Zuwendungsbestätigung angegebene KSt(freistellungs)bescheid oder die vorl. Anerkennung der Gemeinnützigkeit noch Geltung besitzen. Aufgrund des Verweises auf den Freistellungsbescheid beruht der Vertrauensschutz auf einem von der FinVerw. gesetzten Vertrauenstatbestand. Der Zuwendungsbestätigung eines ausländischen Zuwendungsempfängers kommt kein Vertrauensschutz zu.[11] Darüber hinaus erklärt der Empfänger, dass für die Zuwendung **keine Gegenleistung** gewährt worden ist.[12] 67

Soweit der **vereinfachte Zuwendungsnachweis** (§ 50 Abs. 4 und 6 EStDV) zugelassen ist, wird auch das Vertrauen in die Richtigkeit dieser Art v. Nachweis geschützt. 68

3. Schutzwürdigkeit. Wer die Zuwendungsbestätigung durch **unlautere Mittel** (vgl. § 130 Abs. 2 Nr. 2 AO), beispielsweise durch arglistige Täuschung, durch Drohung oder falsche Angaben, erwirkt hat, ge- 69

1 BMF v. 25.11.2014, BStBl. I 2014, 1584 Tz. 3 idF des BMF v. 24.8.2016, BStBl. I 2016, 994.
2 BMF v. 25.11.2014, BStBl. I 2014, 1584 Tz. 3 idF des BMF v. 24.8.2016, BStBl. I 2016, 994; **aA** BFH v. 3.12.1996 – I R 67/95, BStBl. II 1997, 474 (476) = FR 1997, 535.
3 OFD Ffm. v. 21.2.2002, juris VV-Steuer.
4 FG München v. 21.11.2000 – 7 V 4116/00, EFG 2001, 538.
5 FinMin. MV v. 21.3.1996, juris VV-Steuer; **aA** FG Thür. v. 2.9.1998 – III 130/98, EFG 1998, 1640.
6 OFD Kiel v. 14.10.1998, StEK EStG § 10b Nr. 309.
7 BMF v. 25.11.2014, BStBl. I 2014, 1584 Tz. 5; **aA** FG Thür. v. 2.9.1998, EFG 1998, 1640.
8 BFH v. 19.7.2011 – X R 32/10, FR 2012, 275 = BFH/NV 2012, 179.
9 BFH v. 19.7.2011 – X R 32/10, FR 2012, 275 = BFH/NV 2012, 179, dort auch zu den Folgen für das Einspruchs- und Gerichtsverfahren.
10 BFH v. 26.4.2002 – XI R 30/01, BFH/NV 2002, 1029; **aA** FG SchlHol. v. 28.3.2001 – II 883/97, EFG 2001, 815 bis einschl. VZ 1999 für Spendenzwecke nach Anlage 7 zu R 111 Abs. 1 aF.
11 *Hüttemann*, FR 2012, 241 (243); **aA** *Blümich*, § 10b Rn. 140.
12 BFH v. 26.4.2002 – XI R 30/01, BFH/NV 2002, 1029; **aA** FG SchlHol. v. 19.3.1998 – I 184/95, EFG 1998, 1197.

nießt keinen Vertrauensschutz. Durch **falsche Angaben** erwirkt hat der StPfl. die Bestätigung, wenn er die empfangsberechtigte Körperschaft aufgrund objektiv unrichtiger, entscheidungserheblicher Tatsachen veranlasst, die Bestätigung auszustellen. Ein schuldhaftes Verhalten des Zuwendenden ist nicht erforderlich. Eine unrichtige Zuwendungsbestätigung erwirkt daher auch, wer irrig den Wert einer Sachzuwendung zu hoch beziffert.[1] Ebenfalls nicht schutzwürdig ist, wer die Unrichtigkeit der Bestätigung **gekannt oder grob fahrlässig nicht gekannt** hat.[2] Eine Zuwendungsbestätigung ist unrichtig, wenn steuererhebliche Angaben in der Bestätigung falsch oder unvollständig sind, ihr Erklärungswert also nicht der objektiven Sach- und Rechtslage entspricht. Unrichtig ist eine Bestätigung auch, wenn der Zuwendende für die bescheinigte Zuwendung vom Empfänger eine (teilentgeltliche) Gegenleistung erhalten hat.[3] Bösgläubig ist nicht nur, wer v. der Unrichtigkeit positiv weiß (Kenntnis), sondern auch, wer die Fehlerhaftigkeit der Bestätigung grob fahrlässig nicht kennt. Grob fahrlässig handelt ein StPfl., wenn er die nach seinen persönlichen Kenntnissen und Fähigkeiten gebotene und zumutbare Sorgfalt in ungewöhnlichem Maße unentschuldbar verletzt.[4] Bei dieser Sorgfaltsprüfung ist typisierend die im allg. Verkehr erforderliche Sorgfalt als widerlegbarer Maßstab zugrunde zu legen. Die Vertrauensschutzregelung greift nur, wenn der StPfl. (noch) **bei Abgabe** der Steuererklärung oder Vorlage der Zuwendungsbestätigung auf die Richtigkeit der Bestätigung vertraut oder vertrauen darf.

70 **4. Rechtsfolge.** Der Vertrauensschutz bewirkt, dass die Steuerfestsetzung **nicht** nach §§ 173, 175 AO **aufgehoben** oder **geändert** werden kann, wenn die Voraussetzungen des gemeindienlichen SA-Abzugs zwar bescheinigt worden sind, tatsächlich aber nicht vorlagen oder nachträglich weggefallen sind. Die Vorschrift erfasst hingegen nicht Gestaltungen, in denen die Bescheinigung zwar inhaltlich unrichtig ist, der in ihr ausgewiesene Sachverhalt aber ohnehin keinen Spendenabzug rechtfertigt.[5] Der Vertrauenstatbestand führt nicht zum Erlöschen des Steueranspruchs, sondern ändert das Steuerrechtsverhältnis dahingehend, „dass eine Forderung oder ein Recht nicht geltend gemacht werden darf".[6]

71 **II. Haftung (Abs. 4 S. 2–4). 1. Voraussetzungen.** Nach Abs. 4 S. 2 haftet für die entgangene Steuer, wer vorsätzlich oder grob fahrlässig eine unrichtige Bestätigung ausstellt **(Ausstellerhaftung)** oder wer veranlasst, dass Zuwendungen nicht zu den in der Bestätigung angegebenen steuerbegünstigten Zwecken verwendet werden **(Veranlasserhaftung)**.[7]

72 **2. Ausstellerhaftung.** Als Aussteller haftet gem. Abs. 4 S. 2 Alt. 1 der Zuwendungsempfänger, der durch seinen vorsätzlich oder grob fahrlässig handelnden **Repräsentanten** eine unrichtige, dh. eine in steuererheblichen Aussagen der objektiven Sach- und Rechtslage nicht entspr. oder unvollständige Zuwendungsbestätigung ausstellt und damit den Vertrauensschutz einer Urkunde gem. § 50 EStDV (Rn. 66) begründet. Eine ursprünglich richtige Bestätigung kann später unrichtig werden, wenn die für die Steuerentlastung erhebliche Sach- und Rechtslage sich nach dem Ausfertigen der Bescheinigung ändert. Die Richtigkeit bemisst sich nach dem Zeitpunkt der Vorlage der Bestätigung, das Verschulden nach dem Zeitpunkt der Ausfertigung. Allerdings kann den Aussteller eine nachträgliche Korrekturverantwortlichkeit treffen. Wird eine ursprünglich unrichtige Bestätigung nachträglich richtig, ist eine Ausstellerhaftung ausgeschlossen, weil der gemeindienliche SA-Abzug nunmehr materiell rechtmäßig ist, dem Staat also keine Steuer entgeht.

73 Nur der Zuwendungsempfänger, der die Richtigkeit der Bestätigung zu verantworten hat und den Vertrauenstatbestand begründen kann, ist Aussteller und damit **Haftungsschuldner**.[8] Die nat. Pers., die eine unrichtige Bestätigung ausfertigt, kann dagegen nicht Aussteller sein.[9] Nach Auffassung der FinVerw. kommt eine Haftung der nat. Pers. jedoch in Betracht, wenn diese den ihr zugewiesenen Kompetenzrahmen überschreitet.[10] Körperschaft und Partei haften jedoch nur, wenn sie sich das Fehlverhalten ihrer Repräsentanten gem. § 31 BGB zurechnen lassen müssen.[11] Fertigt ein Funktionsträger die unrichtige Zuwendungsbestätigung außerhalb des ihm zugewiesenen Wirkungskreises aus, haften Körperschaft und

---

1 Vgl. *H/H/R*, § 10b Anm. 144; **aA** *Herkens*, EStB 2017, 328 (332) mwN.
2 BFH v. 29.1.2003 – XI B 132/01, BFH/NV 2003, 908; v. 2.8.2006 – XI R 6/03, BStBl. II 2007, 8 = FR 2007, 145.
3 BFH v. 12.8.1999 – XI R 65/98, BStBl. II 2000, 65; v. 26.4.2002 – XI R 30/01, BFH/NV 2002, 1029.
4 BFH v. 2.8.2006 – XI R 6/03, BStBl. II 2007, 8 = FR 2007, 145; OFD Ffm. v. 16.1.2001, juris VV-Steuer.
5 BFH v. 5.4.2006 – I R 20/05, BStBl. II 2007, 450 = FR 2007, 356.
6 BFH v. 8.2.1996 – V R 54/94, BFH/NV 1996, 733; v. 19.8.1999 – III R 57/98, BStBl. II 2000, 330; v. 7.7.1999 – X R 52/96, BFH/NV 2000, 174; FG Köln v. 28.9.1995 – 5 K 994/95, EFG 1996, 898.
7 S. dazu *Wallenhorst*, DStZ 2003, 531 (532); OFD Ffm. v. 17.6.2010, juris VV-Steuer.
8 BFH v. 24.4.2002 – XI R 123/96, BStBl. II 2003, 128 (129) = FR 2002, 1195 m. Anm. *Starke*; OFD Ffm. v. 16.1.2001, juris VV-Steuer; *K/S/M*, § 10b Rn. E 43; *Geserich*, Stiftung & Sponsoring 3/01 Rote Seiten, 8; *Geserich*, DStJG 26, 271; *Oppermann/Peter*, DStZ 1998, 424 (426); *Schmidt*[30], § 10b Rn. 52.
9 FG Nds. v. 15.1.2015 – 14 K 85/13, EFG 2015, 904 (Rn. 26).
10 H 10b.1 EStH 2017 (Spendenhaftung).
11 FG Hess. v. 14.1.1998 – 4 K 2594/94, EFG 1998, 757 (758); *Gierlich*, FR 1991, 518 (520).

Partei hierfür nicht.[1] Ebenfalls nicht für die entgangene Steuer einzustehen hat der Zuwendungsempfänger, wenn die unrichtige Bestätigung v. einem nicht berechtigten Dritten ausgefertigt wird. Abs. 4 S. 2 begründet insoweit eine **originäre Haftung des Nichtberechtigten.**[2] Auch jur. Pers. des öffentl. Rechts und öffentl. Dienststellen müssen nur für einen Amtsträger einstehen, der in Ausübung eines öffentl. Amtes handelt.[3] Dies gilt auch, wenn der öffentl.-rechtl. verfasste Empfänger die Zuwendung lediglich als Durchlaufstelle entgegengenommen hat.[4]

Die Haftung setzt voraus, dass der Repräsentant oder Amtsträger die unrichtige Bestätigung vorsätzlich oder grob fahrlässig falsch ausgestellt hat. Auch hier gilt der **subj. Fahrlässigkeitsbegriff**. Die handelnde nat. Pers. haftet nur, wenn sie bei Ausfertigung der Bescheinigung die Unrichtigkeit positiv gekannt hat oder ersichtlich hätte kennen müssen. Wird die Bescheinigung nachträglich unrichtig, weil eine Voraussetzung der Steuerermäßigung später weggefallen ist, fehlt es an dem erforderlichen Verschulden des Repräsentanten, sofern die Änderung der Sachlage ihm nicht bekannt war und er sie auch ersichtlich nicht hätte kennen müssen. Der Verschuldensbegriff soll mit dem des § 173 Abs. 1 Nr. 2 AO übereinstimmen, deshalb insbes. auch die Zurechnung des Verschuldens eines steuerlichen Beraters umfassen.[5] Ein **mitwirkendes Verschulden** des FA am Entstehen eines Steuerausfalls kann die Inanspruchnahme des Haftungsschuldners ermessensfehlerhaft machen, sofern dessen eigenes Verschulden gering ist und dem FA eine besonders grobe oder vorsätzliche Pflichtverletzung zur Last fällt.[6] 74

3. Veranlasserhaftung. Nach Abs. 4 S. 2 Alt. 2 haftet, wer veranlasst, dass Zuwendungen nicht zu den in der Bestätigung angegebenen steuerbegünstigten Zwecken verwendet werden. Nach der Neufassung des Abs. 4 S. 2 durch das EhrenamtsstärkungsG[7] setzt nun auch die Veranlasserhaftung – rückwirkend ab 1.1. 2013[8] – subjektiv eine **vorsätzliche oder grob fahrlässige** Veranlassung zweckfremder Verwendung voraus. Damit ist die Veranlasserhaftung nicht mehr als Gefährdungshaftung ausgestaltet und der Ausstellerhaftung angeglichen. 75

Eine Zuwendung ist fehlverwendet, wenn sie nicht für den bescheinigten, steuerbegünstigten Zweck verausgabt worden ist. Dies ist insbes. der Fall, wenn die gemeinwohlgebundenen Mittel einer privat verfassten Körperschaft nicht in den ideellen Bereich fließen, sondern in einem wirtschaftlichen Geschäftsbetrieb oder im Bereich der Vermögensverwaltung Verwendung finden.[9] Die Abgrenzung zw. einem Zweckbetrieb (Rn. 14) und einem stpfl. wirtschaftlichen Geschäftsbetrieb ist deshalb auch für den Haftungstatbestand v. Bedeutung.[10] Eine Fehlverwendung liegt ebenso vor, wenn steuerbegünstigte Mittel zu einem anderen als dem bescheinigten steuerbegünstigten Zweck verwendet,[11] beispielsweise an eine politische Partei weitergegeben,[12] unangemessen hohe Aufwendungen für Verwaltung und Mitgliederwerbung verausgabt[13] oder Rücklagen entgegen § 62 Abs. 1–2 AO gebildet worden sind.[14] Die Haftungsvoraussetzung der Fehlverwendung ist unabhängig von der Gemeinnützigkeit des Zuwendungsempfängers.[15] Die „nachträgliche Aberkennung" der Gemeinnützigkeit bewirkt daher keine Fehlverwendung; hier greift nicht die verschuldensunabhängige Veranlasserhaftung, sondern die Ausstellerhaftung der spendenempfangenden Körperschaft.[16] Entsprechendes gilt für die nachträgliche Umwandlung einer Dauerstiftung in eine Verbrauchsstiftung.[17] 76

1 *Thiel/Eversberg*, DB 1990, 395 (399); *Teufel*, FR 1993, 772 (774).
2 *K/S/M*, § 10b Rn. E 48.
3 *K/S/M*, § 10b Rn. E 45.
4 BFH v. 24.4.2002 – XI R 123/96, BStBl. II 2003, 128 (130) = FR 2002, 1195 m. Anm. *Starke*.
5 FG Berlin-Bdbg. v. 4.3.2014 – 6 K 9244/11, EFG 2014, 989 (990) (rkr.); FG München v. 16.7.1996 – 16 K 3638/94, EFG 1997, 322 (rkr.).
6 BFH v. 11.5.2000 – VII B 217/99, BFH/NV 2000, 1442.
7 G v. 21.3.2013, BGBl. I 2013, 556.
8 Art. 12 Abs. 1 EhrenamtsstärkungsG.
9 *K/S/M*, § 10b Rn. E 51.
10 BFH v. 23.2.1999 – XI B 130/98, BFH/NV 1999, 1089; v. 23.2.1999 – XI B 128/98, BFH/NV 1999, 1055.
11 *Teufel*, FR 1993, 772 (773); *Gierlich*, FR 1991, 518 (520); *Wallenhorst*, DB 1991, 1410 (1411).
12 BFH v. 22.1.1997 – I R 156/94, FR 1998, 1089 = DStZ 1999, 186.
13 BFH v. 23.2.1999 – XI B 130/98, BFH/NV 1999, 1089; v. 23.2.1999 – XI B 128/98, BFH/NV 1999, 1055; FG Köln v. 28.1.1998 – 6 V 6194/97, EFG 1998, 755.
14 BFH v. 23.2.1998 – XI B 128/98, BFH/NV 1999, 1055.
15 StRspr.: BFH v. 10.9.2003 – XI R 58/01, BStBl. II 2004, 352 = FR 2004, 340 m. Anm. *Fischer*; v. 28.7.2004 – XI R 40/03, juris; v. 3.2.2014 – I S 23/13 (PKH), BFH/NV 2014, 859.
16 *K/S/M*, § 10b Rn. E 52; BFH v. 10.9.2003 – XI R 58/01, BStBl. II 2004, 352 = FR 2004, 340 m. Anm. *Fischer*; FG München v. 3.6.2003 – 6 K 3913/00, EFG 2003, 1258 (bestätigt durch BFH v. 28.7.2004 – XI R 40/03, nv.); FG Hess. v. 14.1.1998 – 4 K 2594/94, EFG 1998, 757 (758).
17 *Schienke-Ohletz*, ErbStB 2015, 147 (150): Die Organe handelten auch nicht schuldhaft, da die Umwandlung stets der Genehmigung der Stiftungsaufsicht unterliege.

Parteizuwendungen sind fehlverwendet, wenn sie nicht zur Finanzierung der politischen Willensbildung verausgabt wurden.[1]

77 **Haftungsschuldner** ist, wer die fehlerhafte Verwendung der Spendenmittel veranlasst hat. Anders als bei der Ausstellerhaftung kommt als Haftungsschuldner die nat. Pers. in Betracht, welche die fehlerhafte Verwendung bewirkt hat. Veranlasser können auch – gesamtschuldnerisch – mehrere Pers. sein, wenn beispielsweise eine Fehlverwendung der Zuwendung vom gesamten Vorstand veranlasst worden ist. Auch eine nat. Pers., die nicht berechtigt ist, über das Vereinsvermögen zu verfügen, kann Veranlasser sein. Daneben haftet als Gesamtschuldner die Empfängerkörperschaft, wenn sie sich das Fehlverhalten ihres Repräsentanten oder Amtsträgers zurechnen lassen muss.[2] Für diesen Fall sieht Abs. 4 S. 4 vor, dass vorrangig der Zuwendungsempfänger haftet, während die handelnde Pers. nur in Anspr. genommen werden kann, wenn die Inanspruchnahme des Empfängers erfolglos ist, der Haftungsanspruch weder durch Zahlung, Aufrechnung, Erlass oder Verjährung erloschen ist, noch Vollstreckungsmaßnahmen gegen den Zuwendungsempfänger Erfolg versprechen. Dadurch soll verhindert werden, dass sich bürgerschaftlich engagierte Pers. davon abhalten lassen, verantwortungsvolle Aufgaben – zB im Vereinsvorstand – zu übernehmen.[3]

78 **4. Haftungsumfang.** Die entgangene Steuer, für die der Haftungsschuldner einzustehen hat, ist nach Abs. 4 S. 3 pauschal **mit 30 %** des zugewendeten Betrags anzusetzen. Als zugewendet gilt der Betrag, der sich aus der Zuwendungsbestätigung ergibt. Hilfsweise ist auf den tatsächlich fehlverwendeten Betrag als Bemessungsgrundlage zurückzugreifen.[4] Die Haftungsschuld beträgt kraft gesetzlicher Typisierung 30 % der Bemessungsgrundlage; die FinVerw. muss und darf den tatsächlichen Steuerausfall nicht ermitteln. Zum Mitverschulden des FA vgl. Rn. 74.

79 **5. Korrespondenzprinzip.** Der Haftungstatbestand korrespondiert mit dem Vertrauensschutz zugunsten des Zuwendenden.[5] Aussteller und Veranlasser haften deshalb nur, wenn der öffentl. Hand durch die Anwendung der Vertrauensschutzregelung – typisiert betrachtet – Steuern entgehen. Steuerschuld und Haftungsschuld schließen sich gegenseitig aus.[6] Damit vermag sich der Haftungsschuldner bei **Bösgläubigkeit des Gebers** zu exkulpieren.[7] Der Einwand, der gemeindienliche SA-Abzug sei beim (gutgläubigen) StPfl. **ohne stl. Auswirkungen** geblieben, ist dem Haftungsschuldner dagegen verwehrt.[8]

80 **6. Festsetzung der Haftungsschuld.** Die entgangene Steuer wird durch einen **Haftungsbescheid** nach § 191 AO festgesetzt. Zuständig für den Erlass dieses Bescheids ist das Betriebsstätten-FA des Zuwendungsempfängers. Es muss prüfen, ob und in welcher Höhe der Haftungsanspruch geltend gemacht werden soll, wenn der gutgläubig Zuwendende als originärer Steuerschuldner wegen des in Abs. 4 S. 1 begründeten Vertrauenstatbestands nicht in Anspr. genommen werden kann. Neben dem **Entschließungsermessen** muss die Finanzbehörde bei der Inanspruchnahme mehrerer Haftungsschuldner ihr **Auswahlermessen** ausüben.[9] Soweit Repräsentanten und Zuwendungsempfänger für die Fehlverwendung steuerbegünstigter Zuwendungen nebeneinander haften, schränkt Abs. 4 S. 4 die Ermessensausübung gesetzlich ein (Rn. 77). Haben mehrere nat. Pers. die Fehlverwendung veranlasst, darf die Verwaltung bei ihrer Ermessensentscheidung verschiedene Stufen individueller und funktionaler Verantwortlichkeit unterscheiden, die unterschiedliche Leistungsfähigkeit der Haftungsschuldner würdigen[10] sowie berücksichtigen, wem letztlich die Zuwendung zugeflossen[11] ist und der Vorteil aus der rechtswidrig begünstigten Zuwendung verbleibt. Die Ermessensentscheidung ist im Haftungsbescheid, spätestens im Einspruchsbescheid zu begründen.[12]

---

1 *K/S/M*, § 10b Rn. E 53; FG BaWü. v. 26.11.1987 – III K 90/84, EFG 1988, 135; **aA** *Gierlich*, FR 1991, 518 (522) mit Hinweis auf BT-Drucks. 11/3310, 9; BT-Drucks. 10/6599, 131.

2 OFD Ffm. v. 16.1.2001, juris VV-Steuer; FG München v. 3.6.2003 – 6 K 3913/00, EFG 2003, 1258; FG Hess. v. 14.1.1998 – 4 K 2594/94, EFG 1998, 757 (758); *K/S/M*, § 10b Rn. E 55; *Gierlich*, FR 1991, 518 (519); BT-Drucks. 11/4176, 17; *Thiel/Eversberg*, DB 1990, 395 (399); *Teufel*, FR 1993, 772 (774); *Wallenhorst*, DStZ 2003, 533 f.

3 BT-Drucks. 16/10189, 49.

4 FG Köln v. 28.1.1998 – 6 V 6194/97, EFG 1998, 755 (756).

5 BT-Drucks. 11/4305, 2; BT-Drucks. 11/4176, 16 f.; BT-Drucks. 11/5582, 10.

6 FG SchlHol. v. 19.3.1998 – I 184/95, EFG 1998, 1197.

7 *Thiel/Eversberg*, DB 1990, 395 (399); *Gierlich*, FR 1991, 518 (521); *Wallenhorst*, DB 1991, 1410 (1413 f.).

8 *K/S/M*, § 10b Rn. E 73; *Geserich*, Spende und Schulgeld im Steuerrecht, Rn. 608.

9 BFH v. 23.2.1999 – XI B 130/98, BFH/NV 1999, 1089; v. 23.2.1999 – XI B 128/98, BFH/NV 1999, 1055; FG BaWü. v. 14.7.1998, DStRE 1999, 295 (298); FG Hess. v. 14.1.1998 – 4 K 2594/94, EFG 1998, 757 (758); *K/S/M*, § 10b Rn. E 76.

10 FG BaWü. v. 14.7.1998 – 3 K 58/94296, DStRE 1999, 295; FG Köln v. 14.1.1998 – 6 V 6026/97, EFG 1998, 753.

11 FG Hess. v. 14.1.1998 – 4 K 2594/94, EFG 1998, 757 (758).

12 OFD Ffm. v. 16.1.2001, juris VV-Steuer; FG Hess. v. 14.1.1998 – 4 K 2594/94, EFG 1998, 757 (758).

Abs. 4 S. 5 sieht eine **Ablaufhemmung** der Festsetzungsfrist für Haftungsbescheide gem. Abs. 4 S. 2 vor. Die Vorschrift ist § 191 Abs. 3 S. 4 AO nachgebildet und besagt, dass die Festsetzungsfrist für den Haftungsbescheid gehemmt ist, solange die Festsetzungsfrist für die vom Zuwendungsempfänger geschuldete KSt für den VZ nicht abgelaufen ist, in dem der Haftungstatbestand erfüllt wurde. So soll verhindert werden, dass der Haftungsanspruch vor dem Steueranspruch verjährt, weil das Vorliegen der Voraussetzungen für eine Inanspruchnahme des Haftungsschuldners ausschließlich iRd. regelmäßig langwierigen Überprüfung der Körperschaftsteuerbefreiung festgestellt werden kann.[1] Der Hinweis des Abs. 4 S. 5, Nachsatz, § 191 Abs. 5 AO sei nicht anzuwenden, enthält eine Klarstellung. 81

7. Rückgriff im Innenverhältnis. Die haftende Körperschaft kann grds. im Innenverhältnis auf die für sie handelnde nat. Pers. zurückgreifen. Die Rückgriffsmöglichkeit bestimmt sich nach den Besonderheiten des privatrechtl. Organ- oder Arbverh., der Amtshaftung (Art. 34 S. 2 GG) oder des der ehrenamtlichen Tätigkeit zugrunde liegenden Rechtsverhältnisses.[2] Allerdings dürfte nunmehr die Sonderregel des Abs. 4 S. 4 einen Rückgriff des Zuwendungsempfängers auf den Veranlasser ausschließen. Das EStG schützt insoweit den Veranlasser in seiner bürgerschaftlichen Einsatzbereitschaft (Rn. 77) auch im Innenverhältnis. 82

§ 10c Sonderausgaben-Pauschbetrag

[1]Für Sonderausgaben nach § 10 Absatz 1 Nummer 4, 5, 7 und 9 sowie Absatz 1a und nach § 10b wird ein Pauschbetrag von 36 Euro abgezogen (Sonderausgaben-Pauschbetrag), wenn der Steuerpflichtige nicht höhere Aufwendungen nachweist. [2]Im Fall der Zusammenveranlagung von Ehegatten verdoppelt sich der Sonderausgaben-Pauschbetrag.

Der pauschale Ansatz v. Vorsorgeaufwendungen im Veranlagungsverfahren mittels Vorsorgepauschale (§ 10c Abs. 2 bis 5 EStG aF)[3] wurde mit Wirkung ab 2010 abgeschafft. Eine Vorsorgepauschale wird nur noch im LSt-Abzugsverfahren berücksichtigt (§ 39b Abs. 2 S. 5 Nr. 3 und Abs. 4). Über die Vorsorgepauschale hinaus werden im LSt-Abzugsverfahren keine weiteren Vorsorgeaufwendungen berücksichtigt; hier ist auch die Günstigerprüfung entfallen.[4] Der **Vorsorge-PB** wird für die in **S. 1** aufgeführten SA abgezogen, wenn der StPfl. nicht höhere Aufwendungen nachweist. Er gilt für alle (auch gem. § 1 Abs. 3) unbeschränkt StPfl. sowie für beschränkt stpfl. ArbN nach Maßgabe des § 50 Abs. 1 S. 1. Der **PB**, der bei **zusammenveranlagten Eheleuten verdoppelt** wird (§ 10c S. 2), ist in die LSt-Tabellen eingearbeitet (§ 39b Abs. 2 S. 5). Im Veranlagungsverfahren sind die tatsächlich geleisteten Beiträge zu berücksichtigen; daher ist dort der Abzug einer Pauschale nicht mehr erforderlich. Durch die Bescheinigung gem. § 41b Abs. 1 S. 2 Nr. 11–13, 14 und wegen der neu eingeführten Übermittlung der Beiträge für eine Krankenversicherung und die gesetzliche Pflegeversicherung durch die Versicherungsunternehmen stehen im Veranlagungsverfahren alle Daten für die als SA abziehbaren Vorsorgeaufwendungen zur Vfg. Die Entlastung des Veranlagungsverfahrens lässt die komplizierten Berechnungen in sog. Mischfällen entfallen.[5] 1

§ 10d Verlustabzug

(1) [1]Negative Einkünfte, die bei der Ermittlung des Gesamtbetrags der Einkünfte nicht ausgeglichen werden, sind bis zu einem Betrag von 1 000 000 Euro, bei Ehegatten, die nach den §§ 26, 26b zusammenveranlagt werden, bis zu einem Betrag von 2 000 000 Euro vom Gesamtbetrag der Einkünfte des unmittelbar vorangegangenen Veranlagungszeitraums vorrangig vor Sonderausgaben, außergewöhnlichen Belastungen und sonstigen Abzugsbeträgen abzuziehen (Verlustrücktrag). [2]Dabei wird der Gesamtbetrag der Einkünfte des unmittelbar vorangegangenen Veranlagungszeitraums um die Begünstigungsbeträge nach § 34a Absatz 3 Satz 1 gemindert. [3]Ist für den unmittelbar vorangegangenen Veranlagungszeitraum bereits ein Steuerbescheid erlassen worden, so ist er insoweit zu ändern, als der Verlustrücktrag zu gewähren oder zu berichtigen ist. [4]Das gilt auch dann, wenn der Steuerbescheid unanfechtbar geworden ist; die Festsetzungsfrist endet insoweit nicht, be-

1 BT-Drucks. 16/10494, 5; *Nacke*, StuB 2009, 55 (58); *Nolte*, NWB 2009, 2236 (2247).
2 *K/S/M*, § 10b Rn. E 78, 100 ff.
3 Hierzu BVerfG v. 14.6.2016 – 2 BvR 323/10, DStR 2016, 1731.
4 S. auch BMF v. 26.11.2013, BStBl. I 2013, 1532: Vorsorgepauschale im LSt-Abzugsverfahren (§ 39b Abs. 2 S. 5 Nr. 3 und Abs. 4).
5 Begr. zum RegEntwurf, BT-Drucks. 16/12254, 25.

vor die Festsetzungsfrist für den Veranlagungszeitraum abgelaufen ist, in dem die negativen Einkünfte nicht ausgeglichen werden. [5]Auf Antrag des Steuerpflichtigen ist ganz oder teilweise von der Anwendung des Satzes 1 abzusehen. [6]Im Antrag ist die Höhe des Verlustrücktrags anzugeben.

(2) **[1]Nicht ausgeglichene negative Einkünfte, die nicht nach Absatz 1 abgezogen worden sind, sind in den folgenden Veranlagungszeiträumen bis zu einem Gesamtbetrag der Einkünfte von 1 Million Euro unbeschränkt, darüber hinaus bis zu 60 Prozent des 1 Million Euro übersteigenden Gesamtbetrags der Einkünfte vorrangig vor Sonderausgaben, außergewöhnlichen Belastungen und sonstigen Abzugsbeträgen abzuziehen (Verlustvortrag). [2]Bei Ehegatten, die nach den §§ 26, 26b zusammenveranlagt werden, tritt an die Stelle des Betrags von 1 Million Euro ein Betrag von 2 Millionen Euro. [3]Der Abzug ist nur insoweit zulässig, als die Verluste nicht nach Absatz 1 abgezogen worden sind und in den vorangegangenen Veranlagungszeiträumen nicht nach Satz 1 und 2 abgezogen werden konnten.**

(3) (weggefallen)

(4) **[1]Der am Schluss eines Veranlagungszeitraums verbleibende Verlustvortrag ist gesondert festzustellen. [2]Verbleibender Verlustvortrag sind die bei der Ermittlung des Gesamtbetrags der Einkünfte nicht ausgeglichenen negativen Einkünfte, vermindert um die nach Absatz 1 abgezogenen und die nach Absatz 2 abziehbaren Beträge und vermehrt um den auf den Schluss des vorangegangenen Veranlagungszeitraums festgestellten verbleibenden Verlustvortrag. [3]Zuständig für die Feststellung ist das für die Besteuerung zuständige Finanzamt. [4]Bei der Feststellung des verbleibenden Verlustvortrags sind die Besteuerungsgrundlagen so zu berücksichtigen, wie sie den Steuerfestsetzungen des Veranlagungszeitraums, auf dessen Schluss der verbleibende Verlustvortrag festgestellt wird, und des Veranlagungszeitraums, in dem ein Verlustrücktrag vorgenommen werden kann, zugrunde gelegt worden sind; § 171 Absatz 10, § 175 Absatz 1 Satz 1 Nummer 1 und § 351 Absatz 2 der Abgabenordnung sowie § 42 der Finanzgerichtsordnung gelten entsprechend. [5]Die Besteuerungsgrundlagen dürfen bei der Feststellung nur insoweit abweichend von Satz 4 berücksichtigt werden, wie die Aufhebung, Änderung oder Berichtigung der Steuerbescheide ausschließlich mangels Auswirkung auf die Höhe der festzusetzenden Steuer unterbleibt. [6]Die Feststellungsfrist endet nicht, bevor die Festsetzungsfrist für den Veranlagungszeitraum abgelaufen ist, auf dessen Schluss der verbleibende Verlustvortrag gesondert festzustellen ist; § 181 Absatz 5 der Abgabenordnung ist nur anzuwenden, wenn die zuständige Finanzbehörde die Feststellung des Verlustvortrags pflichtwidrig unterlassen hat.**

§ 62d EStDV, abgedruckt bei der Kommentierung zu § 26

Literatur: *Bodden*, Die Thesaurierungsbegünstigung des § 34a EStG im Gesamtgefüge der Einkommensbesteuerung, FR 2012, 68; *Dorenkamp*, Systemgerechte Neuordnung der Verlustverrechnung, IFSt.-Schrift Nr. 461, 2010; *Ettlich*, Die gesonderte Feststellung des verbleibenden Verlustvortrags zur Einkommensteuer, DB 2009, 18; *Hallerbach*, Horizontaler Verlustausgleich zwischen zusammenveranlagten Ehegatten nach dem Steuerentlastungsgesetz 1999/2000/2002, DStR 1999, 1253; *Hüsing*, Die Verlustverrechnung nach neuem Recht, DB 2000, 1149; *Isler*, Zulässigkeit einer Klage gegen Nullescheid, AO-StB 2017, 140; *Laule/Bott*, Vererbbarkeit von Verlustvorträgen, DStR 2002, 1373; *Paus*, Verbindlichkeiten und Verluste des Erblassers – Abzugsmöglichkeiten für den Erben, INF 2001, 321; *Raupach/Böckstiegel*, Die Verlustregelungen des Steuerentlastungsgesetzes 1999/2000/2002, FR 1999, 487; *Risthaus/Plenker*, Steuerentlastungsgesetz 1999/2000/2002 – Geänderte Verlustverrechnungsmöglichkeiten im Rahmen der Einkommensteuerfestsetzung, DB 1999, 605; *Ritzer/Stangl*, Die Mindestbesteuerung nach §§ 2 Abs. 3 und 10d EStG in der Fassung des Steuerentlastungsgesetzes 1999/2000/2002 – Teil II, INF 1999, 393; *Röder*, Zur Verfassungswidrigkeit der Mindestbesteuerung (§ 10d Abs. 2 EStG) und der Beschränkung des Verlustabzugs nach § 8c KStG, StuW 2012, 18.

A. Grundaussagen der Vorschrift

1 **I. Regelungsgegenstand.** § 10d ermöglicht als eine Kernvorschrift für den Verlustabzug das Verrechnen negativer Einkünfte, die auf einem Überschuss der Erwerbsaufwendungen über die Erwerbseinnahmen beruhen und die nicht innerhalb der Steuerperiode ausgeglichen werden können. Das unzureichende Be-

rücksichtigen von Verlusten ist mit der Besteuerung entsprechend der wirtschaftlichen Leistungsfähigkeit schwerlich vereinbar. Gleichwohl schließen zahlreiche Bestimmungen des EStG und anderer Steuergesetze eine Verlustverrechnung aus oder beschränken den Verlustausgleich, während andere Regelungen es den StPfl. ermöglichen, Verluste im Wege der innerperiodischen (vgl. insbes. § 2 Abs. 2 und 3) oder periodenübergreifenden Verlustverrechnung zu berücksichtigen. § 10d regelt die periodenübergreifende Verlustberücksichtigung in materiellrechtlicher wie auch in verfahrensrechtlicher Hinsicht.

Die Vorschrift mildert die Folgen der durch § 2 Abs. 7 (§ 2 Rn. 119) geregelten **Abschnittsbesteuerung**, indem StPfl. nach dem gem. § 2 Abs. 3 vorrangigen horizontalen (= innerhalb einer Einkunftsart) und vertikalen (= Summe aller Einkunftsarten) Verlustausgleich im Entstehungsjahr verbleibende Verluste (= negative Einkünfte) mit positiven Einkünften anderer Kj. (VZ) durch Rück- und Vortrag im Wege der außerperiodischen Verlustverrechnung geltend machen können.[1] Die Verlustverrechnung tangiert den Grundsatz der Abschnittsbesteuerung im Verhältnis zum abschnittsübergreifenden Nettoprinzip als Ausfluss des Leistungsfähigkeitsprinzips. Die steuertechnischen Regelungen zum Verlustabzug bestimmen (lediglich), wie sich ein Verlust in dem betr. oder einem anderen VZ auswirkt. Diese jahresübergreifende Verlustberücksichtigung senkt für alle Einkunftsarten in Abkehr v. dem Jahressteuerprinzip (§ 2 Rn. 18 f.) die Durchschnittsbesteuerung des Lebenseinkommens. Auf diese Weise trägt der Gesetzgeber dem Umstand Rechnung, dass die Verteilung positiver und negativer Einkünfte auf verschiedene VZ auch v. Zufälligkeiten abhängt, die angesichts der Abschnittsbesteuerung die Besteuerung nach der Leistungsfähigkeit des einzelnen StPfl. in ungerechtfertigter Weise verzerren könnten. Der Verlustabzug kommt bei der Veranlagung (§§ 25 Abs. 1, 46 Abs. 2 Nr. 8 S. 3) sowie im Vorauszahlungs- und Lohnsteuerabzugsverfahren[2] in Betracht. Dabei besteht zw. der ESt-Veranlagung und dem selbständigen Verlustfeststellungsverfahren durchaus ein enger (verfahrenstechnischer) Zusammenhang.[3] Die Geltung im Beitrittsgebiet ist in § 57 Abs. 4 geregelt. § 8 Abs. 1 und 4 KStG verweist vorbehaltlich der besonderen Identitätsvoraussetzung auf § 10d, während § 10a GewStG nur einen ebenfalls ab dem VZ 2004 eingeschränkten Verlustvortrag zulässt.

Regelungsinhalt. Soweit ein StPfl. keinen abw. Antrag nach S. 4 stellt, bestimmt Abs. 1 Einzelheiten des (im Verhältnis zum Verlustvortrag vorrangigen) zwingend durchzuführenden Verlustrücktrags. Abs. 2 legt – auch im eher technischen Sinne – Einzelheiten im Hinblick auf den Umfang des zeitlich unbegrenzten Verlustvortrags fest. § 10d Abs. 4 iVm. § 179 AO sieht ein besonderes Feststellungsverfahren vor. Weitreichende Änderungsmöglichkeiten der (Feststellungs-)Bescheide, Abs. 1 S. 2, 3 und Abs. 4 S. 4, mindern im Ergebnis die Bestandskraft der betr. Einkommensteuerbescheide (= Folgebescheide). 2

II. Rechtsentwicklung. Der Gesetzgeber hatte 1999 die Verlustberücksichtigung durch ein Mindestbesteuerungskonzept zunächst grundlegend eingeschränkt. Bereits im Jahr 2003 hob er allerdings diese Restriktionen wieder auf und gestaltete den § 10d mit Wirkung für den VZ 2004 neu.[4] Die Änderungen führten zu einer deutlichen (Verfahrens-)Vereinfachung. Zugleich hat der Gesetzgeber die Möglichkeiten des Verlustvortrags aber massiv beschränkt (Mindestbesteuerung durch Sockelbeträge). Im Jahre 2007 fügte der Gesetzgeber in Abs. 1 den neuen S. 2 hinzu.[5] Durch das JStG 2010[6] hat der Gesetzgeber § 10d Abs. 4 S. 4 und 5 neu gefasst. Diese Neuregelung gilt ausweislich § 52 Abs. 25 S. 5 erstmals für Verluste, für die nach dem 13.12.2010 eine entsprechende Feststellungserklärung abgegeben wird.[7] Im Jahre **2013** hob der Gesetzgeber[8] den Höchstbetrag beim Verlustrücktrag auf 1 Mio. Euro, bei zusammenveranlagten StPfl. auf 2 Mio. Euro an, § 52 Abs. 25 S. 7. Die Erhöhung gleicht den Höchstbetrag an entsprechende europäische Regelungen an und soll zugleich kleine und mittlere Unternehmen in Krisenzeiten durch zusätzliche Liquidität entlasten. Diese Gesetzesänderung betrifft gem. § 52 Abs. 25 S. 7 erstmals negative Einkünfte, die im Hinblick auf den VZ 2013 nicht ausgeglichen werden können. 3

Durchschlagende **verfassungsrechtl. Bedenken** bestehen gegen die Neufassung des Verlustvortrags bislang aber nicht. Die im Einzelfall eintretende Einschränkung des abschnittsübergreifenden Nettoprinzips als Ausdruck des Leistungsfähigkeitsprinzips dürfte der Gesetzgeber ohne Verstoß gegen das allg. Willkürverbot in vertretbarer Weise eingeschränkt haben. Denn jedenfalls im Grundsatz erweisen sich in betrags-

---

1 BFH v. 17.12.2007 – GrS 2/04, BStBl. II 2008, 608 (612) = FR 2008, 457 m. Anm. *Kanzler*; v. 22.8.2012 – I R 9/11, BStBl. II 2013, 512 (513) = FR 2013, 213 m. Anm. *Hallerbach*.
2 R 10d Abs. 4 EStR.
3 BFH v. 1.8.2002 – XI B 138/01, BFH/NV 2002, 1455.
4 G v. 22.12.2003, BGBl. I 2003, 2840; BFH v. 22.8.2012 – I R 9/11, BStBl. II 2013, 512 = FR 2013, 213 m. Anm. *Hallerbach*.
5 G v. 14.8.2007, BGBl. I 2007, 1912 (1915).
6 G v. 8.12.2010, BGBl. I 2010, 1768 (1770).
7 G v. 8.12.2010, BGBl. I 2010, 1768 (1776); BFH v. 10.2.2015 – IX R 6/14, juris, Rz. 17: zeitliche Anwendungsbestimmung ist verfassungsgemäß.
8 G v. 20.2.2013, BGBl. I 2013, 285 (288).

mäßiger und zeitlicher sowie anrechnungstechnischer Hinsicht Beschränkungen des Verlustrück- und Verlustvortrags als verfassungskonform.[1] Hiernach gebietet das Nettoprinzip nicht zwingend die unbeschränkte Verlustverrechnung. So dürfte sich etwa das Begrenzen des Verlustrücktrags von ursprünglich zwei auf (lediglich) ein Jahr als verfassungskonform erweisen.[2] Gleichermaßen erweist sich die durch das EStG 2002 eingeführte sog. Mindestbesteuerung im Grundsatz als verfassungsgemäß.[3] Immerhin dürfte zukünftig das Europarecht den Gesetzgeber veranlassen, die grenzüberschreitende Verlustverrechnung (insbes. bei Auslandsbetriebsstätten) neu zu regeln.

4 Einstweilen frei.

5 **III. Verhältnis zu anderen Vorschriften.** Im Verhältnis zu § 10d, der gem. § 8 Abs. 1 S. 1 KStG auch für die KSt beachtlich ist, erweist sich § 15a als vorrangig (§ 15a Rn. 23), da § 15a Abs. 2 die nicht ausgleichsfähigen Verluste in beschränkt verrechenbare Verluste umqualifiziert. StPfl. können sich daher im Einzelfall bemühen, durch **Sachverhaltsgestaltung** die Beschränkungen des Verlustvortrags durch Überleitung in zunächst nicht verrechenbare Verluste zu vermeiden. Auch iÜ können StPfl. sich bemühen, durch gezielte Gestaltung das Verlustpotenzial zu nutzen. Dabei können im Einzelfall sich aus § 42 AO Grenzen ergeben. Allerdings erweist sich das Nutzen tatsächlich entstandener Verluste regelmäßig als „angemessene" Gestaltung.[4] Darüber hinaus gewinnt § 10d Bedeutung bei den besonderen Verrechnungsbeschränkungen gem. §§ 2a, 15 Abs. 4, 22 Nr. 2 und 3 sowie 23.[5] Erforderlich ist in jedem Falle ein umfassendes „Verlustmanagement", das die Gestaltung zu erwartender und bereits entstandener Verluste umfasst; dies gilt nicht zuletzt im Verhältnis zu § 34a Abs. 8 HS 2[6]. Hiernach müssen StPfl. Sorge tragen, insbes. den Untergang v. Verlusten zu vermeiden und entstandene Verluste alsbald zu verrechnen.[7]

B. Verlustrücktrag (Abs. 1)

6 **I. Persönliche Berechtigung zum Verlustabzug (Abs. 1 S. 1).** Zum Verlustabzug berechtigt sind unbeschränkt StPfl., § 1 Abs. 1 S. 1, beschränkt StPfl. dagegen nur iRd. § 50 Abs. 1 S. 2 und Abs. 2 S. 2. Die bei der Einkünfteermittlung maßgebliche persönliche Zurechnung orientiert sich an dem Grundsatz der Tatbestandsverwirklichung; hiernach kann nur der StPfl. den Verlustabzug geltend machen, der den Verlust erlitten hat (**Prinzip der Personenidentität**[8]). Aus diesem Grunde eröffnen auch Rechtsgeschäfte grds. keine Möglichkeit, den Verlustabzug zu übertragen (Rn. 9).

Eine Ausnahme v. der erforderlichen Personenidentität bildete seit 1962 der **Erbfall**. Nach ständiger Rspr. und im Einklang mit der FinVerw. konnten Erben einen ursprünglich dem Erblasser zuzurechnenden Verlust berücksichtigen. Allerdings hat der GrS im Jahre 2007 entschieden, dass der Erbe einen vom Erblasser nicht ausgenutzten Verlustabzug nach § 10d nicht bei seiner eigenen Veranlagung zur ESt geltend machen kann.[9] Die Möglichkeit des Verlustabzugs geht hiernach nicht vom Erblasser auf den Erben über, wenn dieser den Verlust nicht selbst wirtschaftlich getragen hat.[10] Für Altfälle sah der GrS eine ausdrückliche Vertrauensschutzregelung (lediglich) für Erbfälle vor, die bis zur erstmaligen Veröffentlichung seiner Entscheidung am 12.3.2008 eingetreten waren. Weitergehend will die FinVerw. die bisherige – die Erben begünstigende – Rspr. bis zum Ablauf des Tages der Veröffentlichung der BFH-Entscheidung im BStBl. II 2008, 608, am 18.8.2008 anwenden.[11] In diesem Zusammenhang ist zu beachten, dass zwar die Entscheidung des GrS im Jahre 2007 den Übergang von Verlusten auf den oder die Erben verhindert; gleichwohl besteht im Falle der Zusammenveranlagung gem. §§ 26, 26b im VZ des Todes die Möglichkeit, die (negati-

---

1 BVerfG v. 22.7.1991 – 1 BvR 313/88, DStR 1991, 1278 (1279); v. 30.9.1998 – 2 BvR 1818/91, BVerfGE 99, 88 (97) = FR 1998, 1028 m. Anm. *Luttermann*; BFH v. 29.4.2005 – XI B 127/04, BStBl. II 2005, 609 (610) = FR 2005, 885 m. Anm. *Wendt*; v. 9.4.2010 – IX R 191/09, BFH/NV 2010, 1270 (1271); kritisch insgesamt: *Dorenkamp*, Neuordnung, 11ff., 35ff., vor allem im Hinblick auf volatile Einkunftsquellen, sowie *Röder*, StuW 2012, 18 (25ff.).

2 BFH v. 16.4.2013 – IX R 20/12, FR 2013, 1037 = BFH/NV 2013, 1175: auch kein Verstoß gegen die verfassungsrechtlichen Grundsätze des Vertrauensschutzes.

3 BFH v. 22.8.2012 – I R 9/11, BStBl. II 2013, 512 (513) = FR 2013, 213 m. Anm. *Hallerbach*.

4 BFH v. 17.10.2001 – I R 97/00, FR 2002, 277 m. Anm. *Pezzer* = BFH/NV 2002, 240 (241); v. 7.8.2002 – I R 64/01, BFH/NV 2003, 205 (206).

5 BMF v. 29.11.2004, BStBl. I 2004, 1097 zu Einzelheiten der sog. besonderen Verrechnungskreise.

6 Ausf. zum Verhältnis zu § 34a: *Bodden*, FR 2012, 68 (70f.).

7 Ausf. zu Verlustnutzungsstrategien: *Orth*, FR 2005, 515.

8 BFH v. 27.10.1994 – I R 60/94, BStBl. II 1995, 326 = FR 1995, 342; v. 28.7.2004 – XI R 54/99, BStBl. II 2005, 262 (265).

9 BFH v. 17.12.2007 – GrS 2/04, BStBl. II 2008, 608 (611) = FR 2008, 457 m. Anm. *Kanzler*; ausf.: *Dötsch*, DStR 2008, 641, sowie *Moog*, DStR 2010, 1122 (insbes. zur Vererblichkeit bei Zusammenveranlagung).

10 BFH v. 22.5.2013 – IX B 185/12, BFH/NV 2013, 1233; v. 4.10.2016 – IX R 9/16, BFH/NV 2017, 567 Rz. 14.

11 BMF v. 24.7.2008, BStBl. I 2008, 809.

ven) Einkünfte beider Ehegatten iRd. Abs. 1 S. 1 auszugleichen und auch den zum Schluss des vorangegangenen VZ festgestellten verbleibenden Verlustvortrag in dem VZ des Todes des einen Ehegatten noch zu berücksichtigen.[1] In diesen Fällen muss allerdings sicher gestellt sein, dass auch noch in dem maßgeblichen VZ der überlebende Ehegatte oder sonstige Dritte als Erben der Zusammenveranlagung zustimmen.

Zurechnungssubjekt für den Verlustausgleich im **Konkurs** bleibt der Gemeinschuldner, für das Vergleichs-[2] und Insolvenzverfahren gilt Entspr. Mithin kann allein der StPfl. Verluste, die er außerhalb der vorgenannten Verfahren erlitten hat, gem. § 10d abziehen. 7

Hat eine **PersGes.** Verluste erzielt, werden diese zwar zunächst auf der Ebene der Ges. ermittelt. Die anteilige Zurechnung dieses Ergebnisses beim G'ter hat jedoch zur Folge, dass nur dieser als nat. Pers. zum Verlustabzug berechtigt ist.[3] 8

Eine (rechtsgeschäftliche) Übertragbarkeit des Verlustabzugs scheitert an der notwendigen Personenidentität.[4] Bei Umwandlungen ist der Verlustabzug iRd. UmwStG zulässig. Im Falle des **Nießbrauchs** kann der Nießbraucher, der die Einkünfte erzielt, auch den Verlustabzug geltend machen; erst nach Begr. einer **Organschaft** ist der Organträger berechtigt, v. der Organgesellschaft erzielte Verluste abzuziehen.[5] 9

Bei **Ehegatten** gilt ebenfalls für die Verlustberücksichtigung zunächst das Prinzip der Personenidentität (Rn. 6). Als Alleinerbe kann der überlebende Ehegatte aber die Verluste des Verstorbenen idR berücksichtigen (Rn. 6). IÜ ist bei der Veranlagung v. Ehegatten § 62d EStDV zu beachten, im Einzelfall kann sich ein Wechsel der Veranlagungsart empfehlen. 10

II. Durchführung des Verlustrücktrags (Abs. 1 S. 2–6). Für den Verlustabzug außerhalb des Verlustentstehungsjahres kommen nur die nach den allg. Grundsätzen ermittelten Erwerbsverluste als **negative Einkünfte** gem. § 2 Abs. 1 S. 1 in Betracht. Hierzu zählt auch der Verlust, den ein wesentlich beteiligter G'ter anlässlich der Auflösung der KapGes. gem. § 17 Abs. 2 und 4 erleidet,[6] nicht hingegen negative Einkünfte aus pauschalversteuertem Arbeitslohn sowie stfreie Einnahmen und Einkünfte.[7] Dabei muss der Gesamtbetrag der Einkünfte, § 2 Abs. 3, trotz des **vorrangigen Verlustausgleichs** innerhalb des betr. VZ (Verlustentstehungsjahr) negativ sein. Soweit durch den horizontalen oder vertikalen Ausgleich (Rn. 1) gem. § 34 Abs. 1 begünstigte Gewinne verrechnet werden, geht die Steuervergünstigung dieser Tarifvorschrift endg. verloren.[8] Hat sich ein ProgrVorb. im Verlustentstehungsjahr nicht ausgewirkt, ist er beim Steuersatz im Verlustabzugsjahr zu berücksichtigen.[9] Einzelne Normen enthalten Verweise auf den Verlustabzug oder spezielle Beschränkungen der Verlustabzugsmöglichkeit.[10] 11

Der rücktragsfähige Verlust (= negative Einkünfte) ist ab dem VZ 2004 auf insgesamt 511 500 Euro und ab dem VZ 2013 auf insgesamt 1 000 000 Euro sowie im Falle der Zusammenveranlagung auf 1 023 000 Euro bis zum VZ 2012 und ab dem VZ 2013 auf insgesamt 2 000 000 Euro (Rn. 3) je Verlustentstehungsjahr begrenzt, **Abs. 1 S. 1**. Der Höchstbetrag ist grds. für jeden StPfl. getrennt iRd. Einkommensteuerveranlagung zu berücksichtigen.[11] Bei PersGes. und Personengemeinschaften gilt der Höchstbetrag für jeden Beteiligten und zwar unabhängig v. der Anzahl seiner Beteiligungen. Dabei bestimmt der Feststellungsbescheid die Höhe des anteiligen Verlustes; über die Abziehbarkeit ist dagegen iRd. individuellen ESt-Festsetzung zu entscheiden. Der Verlust ist ausschließlich in den unmittelbar vorangegangenen VZ zurückzutragen. Dabei hat der Rücktrag unabhängig von dem in der Steuerfestsetzung des Verlustentstehungsjahres ausgewiesenen Gesamtbetrag der Einkünfte zu erfolgen. Grund und Höhe des rücktragbaren Verlustes bestimmen 12

---

1 *Moog*, DStR 2010, 1122 (1123).
2 BFH v. 12.9.1972 – VIII R 23/67, BStBl. II 1972, 946 (Konkurs); *K/S/M*, § 10d Rn. A 228.
3 R 10d Abs. 2 S. 2 EStR; *K/S/M*, § 10d Rn. A 189.
4 BFH v. 17.7.1991 – I R 74/90, I R 75/90, BStBl. II 1991, 899 (900) = FR 1991, 699 = FR 1991, 699.
5 BFH v. 10.4.1973 – VIII R 132/70, BStBl. II 1973, 679 (Nießbrauch); FG Hbg. v. 20.8.1986 – II 115/84, EFG 1987, 42 (Organschaft).
6 BFH v. 26.1.1999 – VIII R 50/98, BStBl. II 1999, 559 (560) = FR 1999, 761 m. Anm. *Weber-Grellet*; v. 12.12.2000 – VIII R 22/92, BStBl. II 2001, 385 (387) = FR 2001, 690.
7 BFH v. 28.7.1959 – I 41/58 S, BStBl. III 1959, 366 (stfreie Einnahmen, § 3a aF); v. 3.7.1963 – I 276/61 S, BStBl. III 1963, 464 (stfreie Einnahmen aus Schachtelbeteiligung); v. 27.9.1968 – VI R 41/66, BStBl. II 1969, 102 (stfreier Sanierungsgewinn); v. 16.12.1975 – VIII R 147/71, BStBl. II 1976, 360 (Freibetrag, § 16 Abs. 4); *K/S/M*, § 10d Rn. B 32.
8 BFH v. 25.9.1996 – IV B 120/95, BFH/NV 1997, 223.
9 FG München v. 17.9.1997 – 1 K 3241/94, EFG 1998, 37 unter Hinweis auf BFH v. 13.11.1991 – I R 3/91, BStBl. II 1992, 345; **aA** FG RhPf. v. 1.6.1994 – 1 K 2930/93, EFG 1994, 1044.
10 § 2a Abs. 1 S. 5; § 15 Abs. 4; § 15a Abs. 1; § 22 Nr. 3 S. 3f; § 23 Abs. 3 S. 6 f.; § 50 Abs. 1 S. 2 und Abs. 2 S. 2.
11 R 10d Abs. 2 EStR mit Einzelheiten; BFH v. 6.6.2000 – VII R 104/98, BStBl. II 2000, 491 (495) = FR 2000, 1098: Rechtsfolgeanordnung.

sich allein nach dem Jahr, in dem sich der Verlust auswirkt. Folglich stehen Bestandskraft oder Festsetzungsverjährung für das Verlustentstehungsjahr, in dem die für den Verlustrücktrag maßgeblichen Besteuerungsgrundlagen nur inzident ermittelt worden sind, dem Rücktrag nicht entgegen.[1] In dem betr. Abzugsjahr ist der Verlust vom Gesamtbetrag der Einkünfte, § 2 Abs. 3, abzuziehen. Vorbehaltlich eines Verzichts gem. Abs. 1 S. 4 (Rn. 13) sieht das G den Rücktrag zwingend vor. Lediglich (bislang) nicht veranlagte ArbN müssen Veranlagung in der Frist des § 46 Abs. 2 Nr. 8 S. 3 beantragen, um den Verlustrücktrag zu ermöglichen.[2] Der Rücktrag geht ausweislich des Gesetzeswortlauts den SA vor, ebenso Neuverluste den Altverlusten, zudem Vortrag vor Rücktrag.[3] Auch insoweit bestehen, selbst wenn iErg. der Abzug privater Aufwendungen entfällt, keine verfassungsrechtl. Bedenken (Rn. 3).

13 Die Höhe des Verlustrücktrags wird im Abzugsjahr iRd. Veranlagung ohne eigenes Feststellungsverfahren bestimmt; insoweit gewinnt auch die Feststellung des verbleibenden Verlustvortrags (Rn. 19) zum Schluss des Verlustentstehungsjahres für den Rücktrag keine Bedeutung.[4] Entscheidend sind die Umstände im Abzugsjahr. Dabei sieht **§ 10d Abs. 1 S. 2** eine ausdrückliche Minderung um die näher bezeichneten Begünstigungsbeträge iSd. § 34a Abs. 3 S. 1 vor. Nach Auffassung des Gesetzgebers kann insoweit auf den Verlustrücktrag verzichtet werden, weil der StPfl. den Antrag auf Begünstigung der nicht entnommenen Gewinne im Verlustjahr zurücknehmen kann, so dass dem StPfl. der Rücktrag gem. § 10d unmittelbar eröffnet wird. Nimmt der StPfl. den Antrag nach § 34a Abs. 1 S. 4 nicht zurück, wird der Verlust nach § 10d Abs. 2 vorgetragen.[5] Weiterhin enthalten **§ 10d Abs. 1 S. 3 und 4** gegenüber §§ 169 ff. und 172 ff. AO **spezielle Verjährungs- und Änderungsvorschriften**. Berichtigungsgrund ist allein ein fehlerhafter Verlustabzug, demnach ist dessen Ursache bedeutungslos.[6] Abs. 1 bezweckt demnach allein das zutr. Verwirklichen des Verlustabzugs, die Rechtmäßigkeit des Bescheides geht dem Vertrauen in dessen Bestand vor. Bescheide der Verlustabzugsjahre sind auch bei Bestandskraft in Höhe des (berichtigten) Verlusts zu ändern, § 172 Abs. 1 Nr. 2d AO. Der Umfang der nach Abs. 1 S. 3 zulässigen Änderung bestimmt sich allein nach der punktuellen Verlustberücksichtigung; allerdings sind nach hM anderweitige Fehler oder Änderungsmöglichkeiten iRd. § 177 Abs. 2 AO zu berücksichtigen.[7] Zur richtigen und vollständigen Verwirklichung des Verlustabzugs ist dieser stets zu gewähren, wenn er bei der Steuerfestsetzung des Rücktrittsjahres zu Unrecht unterblieben ist; dabei sind jegliche (Rechts-)Fehler, die sich auf den Verlustabzug ausgewirkt haben, zu berichtigen.[8] Die allg. Verjährungsregeln gelten für das Abzugsjahr insoweit nicht, als durch § 10d Abs. 1 S. 4 HS 2 die Ablaufhemmung gem. § 171 AO punktuell hinausgeschoben wird; hiernach ist die Festsetzungsverjährung des Verlustentstehungsjahres maßgeblich.[9]

14 Allerdings kann der StPfl. v. der Durchführung des Verlustrücktrags (teilw.[10]) absehen; der betr. Antrag soll die Höhe des Rücktrags beziffern, **Abs. 1 S. 5 und 6**. Das (Gestaltungs-)Wahlrecht bietet vor allem zum Ausnutzen v. Freibeträgen und bei merklichen Schwankungen des Grenzsteuersatzes beachtliche Einsparmöglichkeiten. Der formlose Antrag oder dessen Änderung ist im Grundsatz nur bis zur Bestandskraft des Feststellungsbescheides iSd. § 10d Abs. 4 S. 1 bei dem nach § 19 AO zuständigen FA zu stellen.[11]

C. Durchführung des Verlustvortrags (Abs. 2)

15 § 10d Abs. 2 regelt die Art und Weise, wie ein Verlust vorgetragen werden muss.[12] Abzugsbeträge, die als **verbleibende Verluste** nicht im Entstehungsjahr ausgeglichen oder in den vorangegangenen VZ zurückgetragen worden sind, hat das FA zwingend in zukünftigen VZ abzuziehen (Verlustvortrag), **Abs. 2 S. 1**.

1 BFH v. 27.1.2010 – IX R 59/08, FR 2010, 704 m. Anm. *Bode* = BFH/NV 2010, 1171 (1172).
2 R 10d Abs. 4 S. 1 EStR.
3 Zu „technischen" Einzelheiten, vgl. R 10d Abs. 1 EStR.
4 BFH v. 27.1.2010 – IX R 59/08, FR 2010, 704 m. Anm. *Bode* = BFH/NV 2010, 1171 (1172); v. 11.11.2014 – I R 51/13, BFH/NV 2015, 305.
5 BT-Drucks. 16/4841, 54.
6 BFH v. 17.9.2008 – IX R 72/06, BStBl. II 2009, 639 (640) = FR 2009, 340 m. Anm. *Bode*.
7 BFH v. 9.7.1992 – XI R 29/91, BStBl. II 1993, 29 (30) = FR 1992, 748; v. 19.5.1999 – XI R 97/94, BStBl. II 1999, 762 (763) zur Ausübung des Wahlrechts nach § 26; *K/S/M*, § 10d Rn. B 114; einschr.: BFH v. 27.9.1988 – VIII R 432/83, BStBl. II 1989, 225 (keine erneute Ausübung des Wahlrechts gem. §§ 26 f. nach Bestandskraft); zur Neuausübung vor Bestandskraft: BFH v. 9.7.1992 – XI R 29/91, BStBl. II 1993, 29 = FR 1992, 748.
8 BFH v. 11.11.1993 – XI R 12/93, BFH/NV 1994, 710 (711); v. 24.6.2008 – IX R 64/06, BFH/NV 2008, 1676 (1678).
9 BFH v. 4.11.1992 – XI R 9/92, BStBl. II 1993, 231 (232) = FR 1993, 160; v. 4.4.2001 – XI R 59/00, BStBl. II 2001, 564 (566) = FR 2001, 800; v. 8.6.2004 – XI B 208/03, BFH/NV 2005, 55 (56).
10 Einzelheiten: R 10d Abs. 3 S. 4 EStR.
11 BFH v. 17.9.2008 – IX R 72/06, BStBl. II 2009, 639 (640) = FR 2009, 340 m. Anm. *Bode*; R 10d Abs. 3 S. 1 EStR; Einzelheiten *K/S/M*, § 10d Rn. B 185 ff.
12 BFH v. 29.6.2011 – IX R 38/10, BStBl. II 2011, 963 (964) = FR 2011, 1112; v. 24.1.2012 – IX B 20/11, BFH/NV 2012, 1132 (1133).

Die Höhe des Vortrags hängt ua. davon ab, ob der StPfl. nach Abs. 1 S. 4 v. dem vorrangigen Rücktrag abgesehen hat (Rn. 13). IÜ ist in diesem Zusammenhang entscheidend, inwieweit der StPfl. den Verlust in der Vergangenheit nicht gem. Abs. 1 tatsächlich zurückgetragen hat oder iRd. Verlustvortrags nach Abs. 2 objektiv hätte abziehen können, **Abs. 2 S. 3.** § 10d Abs. 2 S. 3 bestimmt demnach das Verhältnis zum Verlustrücktrag und zum Verlustvortrag früherer VZ. Insbes. ist hiernach ein Verlustabzug nur insoweit zulässig, als in früheren VZ der StPfl. über keine ausreichenden Gesamtbeträge der Einkünfte verfügte, die zum Abzug zur Verfügung gestanden hätten. Aus diesem Grunde kann ein verbleibender Verlustabzug nach Ablauf der Feststellungsfrist nicht mehr gesondert festgestellt werden, wenn der StPfl. in den bereits festsetzungsverjährten VZ, in die er die verbleibenden Verluste hätte vortragen müssen, über zum Verlustausgleich ausreichende positive Einkünfte verfügt hat.[1] Reichten die Gesamtbeträge der Einkünfte nur zum Teil für einen Verlustausgleich aus, tritt insoweit für die festsetzungsverjährten VZ ein Verbrauch der betreffenden Verluste ein. Erst ab dem ersten noch nicht festsetzungsverjährten VZ kann ein StPfl. den dann noch verbliebenen vortragsfähigen Verlust abziehen. Wegen zahlreicher (auch technischer) Einzelheiten des Verlustvortrags wird auf die „Beispiele für den Verlustabzug" in H 10d EStH verwiesen.

Der nach dem Rücktrag iSd. Abs. 1 verbleibende Verlust wird mit den seit dem VZ 2004 (Rn. 3) in Abs. 2 16
vorgesehenen Beschränkungen in den folgenden VZ durch Verrechnung abgezogen. Die Verluste sind nach Abs. 2 S. 1 auch in solche VZ vorzutragen, in denen das Einkommen eines StPfl. unterhalb des Grundfreibetrages gem. § 32a Abs. 1 S. 2 Nr. 1 liegt.[2] Denn der Grundfreibetrag, den der StPfl. in einem VZ nicht ausnutzt, erhöht den Verlustvortrag nicht. Dabei beschränkt **Abs. 2 S. 1** den Verlustvortrag – vorbehaltlich der Betragserhöhungen gem. Abs. 2 S. 2 (Rn. 17) – betragsmäßig für jedes der Folgejahre dahingehend, dass StPfl. nicht ausgeglichene Einkünfte nur bis zu einem Betrag iHv. 1 Mio. Euro (sog. Sockelbetrag) unbeschränkt abziehen dürfen. Die über diesen Sockelbetrag hinausgehenden Verluste sind dagegen jeweils in den folgenden VZ nur bis zu 60 % abziehbar. Führt die in § 10d Abs. 2 geregelte Verlustbeschränkung aus tatsächlichen oder rechtlichen Gründen im Einzelfall zu einem endgültigen Ausschluss des Verlustausgleichs, während der StPfl. zugleich mit seinem verbleibenden Einkommen besteuert wird, können allerdings die Voraussetzungen einer sachlichen Unbilligkeit gem. § 163 AO vorliegen.[3]

§ 10d Abs. 2 S. 3 bestimmt im Einzelnen, in welcher Weise der Abzug im Wege des Verlustvortrags zu erfolgen hat. Dabei betrifft die Formulierung „konnten" in Satz 3 aE die materiell-rechtl. und nicht die verfahrensrechtl. Voraussetzungen.[4]

Für zusammenveranlagte Eheleute erhöht sich der sog. Sockelbetrag iSd. Abs. 2 S. 1 (Rn. 16) auf 2 Mio. 17
Euro, **Abs. 2 S. 2.** § 62d Abs. 2 S. 2 EStDV regelt ergänzend die Verlustberücksichtigung bei zunächst zusammenveranlagten Ehegatten in VZ, in denen keine Zusammenveranlagung mehr erfolgt.

D. Verweis auf § 2 Abs. 3 aF (§ 10d Abs. 3 aF)

Bei der Neugestaltung der Verlustverrechnung (Rn. 3) hob der Gesetzgeber Abs. 3 aF auf.[5] 18

E. Gesonderte Verlustfeststellung (Abs. 4)

Die gesonderte Verlustfeststellung soll in verfahrensrechtl. Hinsicht die materiell-rechtl. Voraussetzungen 19
des zukünftigen Verlustvortrags praktikabel gestalten. Die gem. Abs. 4 S. 1 („ist festzustellen") zwingend erforderliche Feststellung des – für den weiteren Verlustabzug zur Verfügung stehenden Verlustpotenzials – verbleibenden Verlusts soll im Interesse eines zeitlich unbegrenzten Vortrags zeitnah erfolgen, ohne dass materiell-rechtl. Vor- oder Nachteile für den StPfl. entstehen. Abs. 4 betrifft den **verbleibenden Verlustvortrag**; hierbei handelt es sich um die negativen Einkünfte, die bei der Ermittlung des Gesamtbetrags der Einkünfte trotz Rücktrag (Rn. 13) und Möglichkeit des Vortrags (Rn. 15) sowie erhöht um den festgestellten verbleibenden Verlustvortrag des vorangegangenen VZ nicht ausgeglichen worden sind, **Abs. 4 S. 2.**[6] Der gem. §§ 179 ff. AO als selbständiger VA ergehende Feststellungsbescheid bestimmt allein die Höhe des in künftigen VZ abziehbaren Verlustpotentials, er regelt nicht den Umfang des tatsächlich berücksichtigten Verlustrücktrags.[7] Es handelt sich um einen Grundlagenbescheid iSd. § 171 Abs. 10 AO, der Bindungswirkung sowohl für den ESt-Bescheid des folgenden Jahres als auch für den Verlustfeststellungsbescheid

1 BFH v. 29.6.2011 – IX R 38/10, BStBl. II 2011, 963 (964) = FR 2011, 1112.
2 BFH v. 11.2.2009 – IX B 207/08, BFH/NV 2009, 920.
3 FG Nds. v. 2.1.2012 – 6 K 63/11, EFG 2012, 1015 (1016).
4 BFH v. 15.5.2013 – IX R 5/11, BStBl. II 2014, 143 (146) mwN.
5 G v. 22.12.2003, BGBl. I 2003, 2840.
6 BFH v. 17.9.2008 – IX R 70/06, FR 2009, 396 = BFH/NV 2009, 65; ausf. zum Verlustvortrag: *Ettlich*, DB 2009, 18 (19).
7 BFH v. 28.10.1999 – VIII R 7/97, BFH/NV 2000, 564 (567); v. 23.1.2003 – IV R 64/01, BFH/NV 2003, 904.

des Folgejahres entfaltet (Rn. 22). Ungeachtet des gesonderten Feststellungsverfahrens ist über den Zeitpunkt und die Höhe eines Verlustrücktrags also allein im Abzugsjahr zu entscheiden. Sofern ein Verlust (vollständig) ausgeglichen oder zurückgetragen ist, entfallen mangels eines verbleibenden Verlustes ein Verlustvortrag sowie eine diesbezügliche Verlustfeststellung.

20 Der verbleibende Verlustvortrag ist – bei mehreren Beteiligten (zB PersGes.) einheitlich – v. Amts wegen[1] am Schluss des VZ gesondert festzustellen, **Abs. 4 S. 1**. Die Berücksichtigung v. Verlustvorträgen setzt zwingend den Erlass eines entspr. Feststellungsbescheides am Schluss des vorangegangenen VZ voraus. Sofern am Ende eines VZ noch ein Verlustvortrag „ungenutzt" verbleibt, muss demnach dieser Betrag im Sinne einer fortdauernden Fortschreibungspflicht gesondert festgestellt werden. In einem Veranlagungsverfahren zur ESt können folglich Verluste aus anderen VZ nur berücksichtigt werden, die zuvor gesondert festgestellt wurden.[2] Dies gilt unabhängig von der Frage, ob aus europarechtlichen Gesichtspunkten ein grundsätzlicher Anspruch besteht, dass ausländische Einkünfte zu berücksichtigen sind. Demnach sei über die materiellrechtliche Abziehbarkeit von ausländischen Verlusten – auch unter europarechtlichen Gesichtspunkten – allein in dem Verfahren zu entscheiden, das das nationale Recht – etwa in Gestalt des § 10d Abs. 4 – vorsehe. Der erstmalige Erlass eines derartigen Feststellungsbescheides kam nach gefestigter BFH-Rspr. in der Vergangenheit allerdings nur in Betracht, wenn der zugrunde liegende ESt-Bescheid im Verlustentstehungsjahr, der zunächst keinen Verlust auswies, noch nach allg. AO-Regelungen geändert werden konnte.[3] Lautete demnach ein ESt-Bescheid auf 0 Euro, musste der StPfl. innerhalb der Anfechtungsfrist für diesen Bescheid den Erlass eines Feststellungsbescheides über den verbleibenden Verlustabzug beantragen. Im Hinblick auf § 181 Abs. 5 AO gewannen Feststellungsfristen in der Vergangenheit (Rn. 24) im Regelfall jedoch, sofern im Verlustentstehungsjahr kein Steuerbescheid ergangen war, keine Bedeutung.[4] Nach nunmehr gefestigter Rspr.[5] ist aber für den Erlass eines erstmaligen Verlustfeststellungsbescheids die Feststellungsverjährung iRd. Abs. 4 getrennt von der Festsetzungsverjährung der jeweiligen ESt-Veranlagung zu betrachten. Im Hinblick auf den erstmals zu erlassenden Verlustfeststellungsbescheid tritt keine Feststellungsverjährung ein, solange diese Feststellung für künftige ESt-Festsetzungen oder Verlustfeststellungen nach § 10d unmittelbar oder mittelbar iSd. § 181 Abs. 5 AO Bedeutung gewinnt. Die im Jahre 2006 eingeleitete Änderung der Rspr. hat zu einer deutlich verbesserten Verlustnutzung durch die StPfl. geführt. Für zahlreiche Fallgruppen ermöglicht der BFH die erstmalige Feststellung eines verbleibenden Verlustvortrags, ohne dass etwa ein bereits bestandskräftiger Steuerbescheid dies unmöglich macht.[6] In vergleichbarer Weise ist eine gesonderte Verlustfeststellung erstmalig auch durchzuführen, wenn eine ESt-Veranlagung für das Verlustentstehungsjahr nicht durchgeführt wurde und etwa wegen Ablaufs der zweijährigen Antragsfrist gem. § 46 Abs. 2 Nr. 8 aF nicht mehr durchgeführt werden durfte.[7] Dem erstmaligen Erlass eines gesonderten Verlustfeststellungsbescheides, für den nach nunmehr gefestigter Rspr. Abs. 4 S. 1 und nicht S. 3 die Rechtsgrundlage[8] bildet, steht demnach im Ergebnis regelmäßig keine in § 10d speziell geregelte Feststellungsverjährung entgegen. Nach der zutr. Rspr. des BFH kommt also der verfahrensmäßigen Verselbständigung des Festsetzungsverfahrens ggü. der bestandskräftigen Veranlagung für die nachfolgenden VZ maßgebliche Bedeutung zu. Denn wenn der verbleibende Verlustabzug erstmals gem. Abs. 4 S. 1 festzustellen ist, kommen die Vorgaben in § Abs. 4 S. 2 zum Tragen. Der verbleibende Verlustabzug ist demnach entsprechend den Regelungen in Abs. 1 und 2 zu bestimmen.[9]

21 Das für die Einkommensbesteuerung nach §§ 19f. AO **zuständige FA**, **§ 10d Abs. 4 S. 3**, erlässt einen Feststellungsbescheid gem. § 179 AO, in dem es den am Schluss des VZ verbleibenden Verlust als selbständige Besteuerungsgrundlage, § 157 Abs. 2 AO, gesondert feststellt. Diese zeitnahe Festschreibung der Abzugsbeträge ist, da es sich im Verhältnis zu dem betr. Ertragsteuerbescheid um einen selbständigen VA handelt, mit Rechtsmitteln angreifbar. Unzulässig mangels Beschwer ist indes eine Klage, mit der ein niedrigerer Verlust geltend gemacht wird, als vom FA festgestellt.[10]

---

1 BFH v. 12.6.2002 – XI R 26/01, BStBl. II 2002, 681 = FR 2002, 1193 m. Anm. *Wendt*.
2 BFH v. 24.2.2010 – IX R 57/09, FR 2010, 706 = BFH/NV 2010, 1017 (1018).
3 BFH v. 9.12.1998 – XI R 62/97, BStBl. II 2000, 3 (4) = FR 1999, 542 m. Anm. *Wendt* zu Abs. 3 S. 4 aF.
4 BFH v. 12.6.2002 – XI R 26/01, BStBl. II 2002, 681 (682) = FR 2002, 1193 m. Anm. *Wendt*; v. 2.11.2004 – XI S 15/04, BFH/NV 2005, 490 (491).
5 BFH v. 17.9.2008 – IX R 70/06, BStBl. II 2009, 897 (898) = FR 2009, 396; v. 23.4.2010 – IX B 3/10, BFH/NV 2010, 1449.
6 BFH v. 2.8.2006 – XI R 65/05, BStBl. II 2007, 921 (922) = FR 2007, 143; v. 17.9.2008 – IX R 70/06, BStBl. II 2009, 897 (898) = FR 2009, 396; v. 11.11.2008 – IX R 44/07, BStBl. II 2010, 31 (32) = FR 2009, 726 m. Anm. *Bode*.
7 BFH v. 1.3.2006 – XI R 33/04, BStBl. II 2007, 919 = FR 2006, 593 m. Anm. *Wendt*.
8 BFH v. 14.7.2009 – IX R 52/08, FR 2010, 38 m. Anm. *Bode* = BFH/NV 2009, 1885 (1886).
9 BFH v. 14.7.2009 – IX R 52/08, FR 2010, 38 m. Anm. *Bode* = BFH/NV 2009, 1885 (1886).
10 BFH v. 12.10.2016 – I R 80/14, BStBl. II 2017, 615 Rz. 14 = FR 2017, 642.

Der Feststellungsbescheid iSd. § 10d Abs. 4 betrifft allein den nicht durch Ausgleich im Entstehungsjahr oder Rücktrag ausgeglichenen Verlust, der vorzutragen ist. Für die Verlustfeststellung gelten die allg. Bestimmungen, §§ 179 ff. AO, soweit nicht spezielle Regelungen gem. § 10d Abs. 4 vorgehen. Der Feststellungsbescheid ist **Folgebescheid** hinsichtlich eines Feststellungsbescheids des vorangegangenen VZ und zugleich (Rn. 19) **Grundlagenbescheid**, § 351 Abs. 2 AO, für Steuerbescheide des folgenden VZ sowie den Verlustfeststellungsbescheid zum Schluss des folgenden VZ.[1] Dagegen ist der Steuerbescheid im Verlustentstehungsjahr weder Grundlagenbescheid für den ESt-Bescheid des Verlustrücktragjahres noch für den Verlustfeststellungsbescheid gem. Abs. 4. Allerdings wird durch Abs. 4 S. 4 eine inhaltliche Bindung des Verlustfeststellungsbescheids an den Steuerbescheid des Verlustentstehungsjahres erreicht. Letzterer wird damit zu einem „Quasi-Grundlagenbescheid"(s. Rn. 23). 22

In Reaktion auf eine Rspr.-Änderung[2] hat der Gesetzgeber durch das JStG 2010 die S. 4 und 5 in § 10d Abs. 4 neu gefasst (Rn. 3). Mit der Regelung wird eine inhaltliche Bindung des Verlustfeststellungsbescheids an den Einkommensteuerbescheid herbeigeführt, obwohl dieser kein Grundlagenbescheid ist.[3] Entsprechend der ursprünglichen Intention dient die Änderung ua. dem Ziel, zeitnah verbindlich über die Höhe des abzuziehenden Verlustes zu entscheiden.[4] Folglich kann nach S. 4 eine Verlustfeststellung nur die Besteuerungsgrundlagen berücksichtigen, die bereits bei der Steuerfestsetzung im Verlustfeststellungsjahr und im Jahr des Rücktrags berücksichtigt worden sind.[5] Aus der inhaltlichen Bindung an die der Einkommensteuerfestsetzung zugrunde gelegten Beträge folgt, dass im Feststellungsverfahren des verbleibenden Verlustvortrags die Einkünfte –außerhalb des Regelungsbereichs des Abs. 4 S. 5 – nicht eigenständig zu ermitteln oder zu überprüfen sind.[6] Diese Bindungswirkung kann sich allerdings nur dann entfalten, wenn eine Einkommensteuerveranlagung tatsächlich durchgeführt worden ist. Ist diese unterblieben, ist der Erlass eines Verlustfeststellungsbescheids weiterhin möglich;[7] ist die ESt-Festsetzung indessen bestandskräftig ohne Verlustberücksichtigung erfolgt, kommt eine Verlustfeststellung nur noch in Betracht, wenn und soweit der Steuerbescheid des Verlustentstehungsjahres nach den Vorschriften der AO änderbar ist.[8] Aufgrund der einem Grundlagenbescheid ähnlichen Bindungswirkung des ESt-Bescheids für den Verlustfeststellungsbescheid muss der StPfl. Rechtsschutz gegen eine seines Erachtens zu niedrige Ermittlung der negativen Einkünfte durch Anfechtung des ESt-Bescheids suchen, selbst wenn dort die Steuer auf null festgesetzt worden ist; die Beschwer ist in einem solchen Fall zu bejahen.[9] 23

Die enge Wechselbeziehung zwischen Steuerfestsetzung und Verlustfeststellung kommt zudem in der entsprechenden Anwendung der §§ 171 Abs. 10, 175 Abs. 1 und 351 Abs. 2 AO sowie § 42 FGO zum Ausdruck, **§ 10d Abs. 4 S. 4 HS 2**. Die betreffende Gesetzesänderung im Jahre 2010 korrigierte die Rspr., die eine gegenseitige Abhängigkeit zwischen den beiden Ebenen verneint hatte. Aus diesem Grunde gelten nunmehr die einschlägigen Vorschriften der AO und FGO über Grundlagen- und Folgebescheide entsprechend. **§ 10d Abs. 4 S. 5** gestattet nunmehr die Änderung, den Erlass oder die Aufhebung des Verlustfeststellungsbescheides ausdrücklich. Dies gilt aber lediglich für den Fall, dass sich die Besteuerungsgrundlagen im Ergebnis deshalb nicht ändern, weil der Steuerbescheid mangels steuerlicher Auswirkungen nicht geändert oder berichtigt wird. Dies ist typischerweise der Fall, wenn der Steuerbescheid bereits auf Null festgesetzt war. Regelmäßig muss also zB eine Korrekturvorschrift auf den ESt-Bescheid anwendbar sein, um Abweichungen iRv. S. 5 zu ermöglichen.[10]

Durch das JStG 2007 hat der Gesetzgeber den Abs. 4 um S. 6 erweitert.[11] IErg. sollten die für den Verlustvortrag maßgeblichen Bezugsgrößen in den betr. Verlustfeststellungsbescheid übernommen werden. Nach 24

1 BFH v. 6.7.1999 – VIII R 12/98, BStBl. II 1999, 731 (732) = FR 1999, 1012; R 10d Abs. 7 S. 3–5 EStR mit Einzelheiten; *Ettlich*, DB 2009, 18 (19).
2 BFH v. 17.9.2008 – IX R 70/06, BStBl. II 2009, 897 = FR 2009, 396.
3 BFH v. 13.1.2015 – IX R 22/14, BStBl. II 2015, 829 = FR 2015, 1032 m. Anm. *Bode*; v. 22.2.2018 – VI R 17/16, juris.
4 BT-Drucks. 17/2249, 80.
5 BFH v. 10.2.2015 – IX R 6/14, BFH/NV 2015, 812.
6 BFH v. 7.12.2016 – I R 76/14, BStBl. II 2017, 704 Rz. 14; v. 9.5.2017 – VIII R 40/15, BStBl. II 2017, 1049 Rz. 18; v. 22.2.2018 – VI R 17/16, juris, Rz. 21.
7 BFH v. 10.2.2015 – IX R 6/14, BFH/NV 2015, 812. Die Entsch. hat insbes. Bedeutung für StPfl., die mit erheblichen Ausbildungs- bzw. Studienkosten belastet waren. Sofern bisher tatsächlich keine Veranlagung erfolgt ist, ist nunmehr eine Geltendmachung der Kosten möglich; vgl. *Trossen*, jM 2015, 303.
8 BFH v. 12.7.2016 – IX R 31/15, BFH/NV 2017, 100 Rz. 17 = FR 2017, 152 m. Anm. *Hallerbach*; v. 9.5.2017 – VIII R 40/15, BStBl. II 2017, 1049 Rz. 18.
9 BFH v. 7.12.2016 – I R 76/14, BStBl. II 2017, 704 Rz. 14; v. 9.5.2017 – VIII R 40/15, BStBl. II 2017, 1049 Rz. 17; v. 22.2.2018 – VI R 17/16, juris, Rz. 22; FG Düss. v. 16.2.2016 – 10 K 3686/13 F, EFG 2016, 662 (rkr.); glA OFD Ffm. v. 18.2.2014, DStR 2014, 1114; *Wüllenkemper*, EFG 2016, 665.
10 BFH v. 10.2.2015 – IX R 6/14, juris, Rz. 15; v. 11.10.2017 – IX R 15/17, juris, Rz. 16; *Melchior*, DStR 2010, 2481 (2484).
11 BT-Drucks. 16/2712, 43.

der Begr. des Finanzausschusses stellt die Ergänzung sicher, dass sich die Änderungen der maßgeblichen Beträge im Verlustfeststellungsverfahren auswirken können. Zu diesem Zweck bestimmt der erste HS, dass die Feststellungsfrist nicht endet, solange die Frist für die gesonderte Verlustfeststellung noch läuft. In dem zweiten HS schließt das G unter den näher geregelten Voraussetzungen die Anwendung v. **§ 181 Abs. 5 AO** aus (Rn. 20). Diese Vorschrift gilt aber gem. § 52 Abs. 25 S. 5 nur für die bei Inkrafttreten des JStG 2007 noch nicht abgelaufenen Feststellungsfristen.[1] Insofern ist für eine Anwendung von § 181 Abs. 5 AO und § 10d Abs. 4 S. 6 im Einzelfall zu prüfen, ob die Frist zur Feststellung des verbleibenden Verlustabzugs bei Inkrafttreten des JStG bereits abgelaufen war.[2] Zuvor hatte die Rspr. § 181 Abs. 5 AO auf die Feststellung des Verlustvortrages mit der Folge angewandt, dass im Einzelfall keine Feststellungsverjährung eintrat. Demgegenüber verfolgt der Gesetzgeber mit der Ergänzung in S. 6 das Ziel, zeitnah über die Höhe des Verlustabzugs zu entscheiden. Hiernach sollen Verlustfeststellungsbescheide grds. nur innerhalb der auch für die ESt-Bescheide geltenden, regelmäßig sieben Jahre umfassenden Verjährungsfrist ergehen.[3] Allerdings soll im Einzelfall § 181 Abs. 5 AO dann anwendbar sein, wenn das FA es **pflichtwidrig** unterlassen hat, den Verlustvortrag festzustellen. Dies ist etwa dann der Fall, wenn das FA den Verlust hätte feststellen können, weil ihm der betr. Verlust aus einer Steuererklärung bekannt war.[4] Auch in vergleichbaren Fällen sollen den StPfl. nicht die Folgen pflichtwidrigen Verhaltens treffen.

§ 10e Steuerbegünstigung der zu eigenen Wohnzwecken genutzten Wohnung im eigenen Haus

1 *Benutzerhinweis: § 10e ist letztmals anzuwenden, wenn der StPfl. im Fall der Herstellung vor dem 1.1.1996 mit der Herstellung des Objekts begonnen hat oder im Fall der Anschaffung das Objekt aufgrund eines vor dem 1.1.1996 rechtswirksam abgeschlossenen obligatorischen Vertrags oder gleichstehenden Rechtsakts angeschafft hat. Da die Regelungen nur noch für Altfälle v. Bedeutung sind, wird auf einschlägige Kommentierungen in älteren Kommentaren verwiesen.*

§ 10f Steuerbegünstigung für zu eigenen Wohnzwecken genutzte Baudenkmale und Gebäude in Sanierungsgebieten und städtebaulichen Entwicklungsbereichen

(1) [1]Der Steuerpflichtige kann Aufwendungen an einem eigenen Gebäude im Kalenderjahr des Abschlusses der Baumaßnahme und in den neun folgenden Kalenderjahren jeweils bis zu 9 Prozent wie Sonderausgaben abziehen, wenn die Voraussetzungen des § 7h oder des § 7i vorliegen. [2]Dies gilt nur, soweit er das Gebäude in dem jeweiligen Kalenderjahr zu eigenen Wohnzwecken nutzt und die Aufwendungen nicht in die Bemessungsgrundlage nach § 10e oder dem Eigenheimzulagengesetz einbezogen hat. [3]Für Zeiträume, für die der Steuerpflichtige erhöhte Absetzungen von Aufwendungen nach § 7h oder § 7i abgezogen hat, kann er für diese Aufwendungen keine Abzugsbeträge nach Satz 1 in Anspruch nehmen. [4]Eine Nutzung zu eigenen Wohnzwecken liegt auch vor, wenn Teile einer zu eigenen Wohnzwecken genutzten Wohnung unentgeltlich zu Wohnzwecken überlassen werden.

(2) [1]Der Steuerpflichtige kann Erhaltungsaufwand, der an einem eigenen Gebäude entsteht und nicht zu den Betriebsausgaben oder Werbungskosten gehört, im Kalenderjahr des Abschlusses der Maßnahme und in den neun folgenden Kalenderjahren jeweils bis zu 9 Prozent wie Sonderausgaben abziehen, wenn die Voraussetzungen des § 11a Absatz 1 in Verbindung mit § 7h Absatz 2 oder des § 11b Satz 1 oder 2 in Verbindung mit § 7i Absatz 1 Satz 2 und Absatz 2 vorliegen. [2]Dies gilt nur, soweit der Steuerpflichtige das Gebäude in dem jeweiligen Kalenderjahr zu eigenen Wohnzwecken nutzt und diese Aufwendungen nicht nach § 10e Absatz 6 oder § 10i abgezogen hat. [3]Soweit der Steuerpflichtige das Gebäude während des Verteilungszeitraums zur Einkunftserzielung nutzt,

1 BFH v. 14.4.2015 – IX R 17/14, BFH/NV 2015, 1089: keine verfassungswidrige Rückwirkung.
2 BFH v. 11.2.2009 – I R 15/08, BFH/NV 2009, 1585 (1586).
3 BT-Drucks. 16/2712, 44.
4 BT-Drucks. 16/2712, 44; BFH v. 8.4.2014 – IX R 32/13, BFH/NV 2014, 1206; v. 14.4.2015 – IX R 17/14, BFH/NV 2015, 1089.

ist der noch nicht berücksichtigte Teil des Erhaltungsaufwands im Jahr des Übergangs zur Einkunftserzielung wie Sonderausgaben abzuziehen. [4]Absatz 1 Satz 4 ist entsprechend anzuwenden.

(3) [1]Die Abzugsbeträge nach den Absätzen 1 und 2 kann der Steuerpflichtige nur bei einem Gebäude in Anspruch nehmen. [2]Ehegatten, bei denen die Voraussetzungen des § 26 Absatz 1 vorliegen, können die Abzugsbeträge nach den Absätzen 1 und 2 bei insgesamt zwei Gebäuden abziehen. [3]Gebäuden im Sinne der Absätze 1 und 2 stehen Gebäude gleich, für die Abzugsbeträge nach § 52 Absatz 21 Satz 6 in Verbindung mit § 51 Absatz 1 Nummer 2 Buchstabe x oder Buchstabe y des Einkommensteuergesetzes 1987 in der Fassung der Bekanntmachung vom 27. Februar 1987 (BGBl. I S. 657) in Anspruch genommen worden sind; Entsprechendes gilt für Abzugsbeträge nach § 52 Absatz 21 Satz 7.

(4) [1]Sind mehrere Steuerpflichtige Eigentümer eines Gebäudes, so ist Absatz 3 mit der Maßgabe anzuwenden, dass der Anteil des Steuerpflichtigen an einem solchen Gebäude dem Gebäude gleichsteht. [2]Erwirbt ein Miteigentümer, der für seinen Anteil bereits Abzugsbeträge nach Absatz 1 oder Absatz 2 abgezogen hat, einen Anteil an demselben Gebäude hinzu, kann er für danach von ihm durchgeführte Maßnahmen im Sinne der Absätze 1 oder 2 auch die Abzugsbeträge nach den Absätzen 1 und 2 in Anspruch nehmen, die auf den hinzuerworbenen Anteil entfallen. [3]§ 10e Absatz 5 Satz 2 und 3 sowie Absatz 7 ist sinngemäß anzuwenden.

(5) Die Absätze 1 bis 4 sind auf Gebäudeteile, die selbständige unbewegliche Wirtschaftsgüter sind, und auf Eigentumswohnungen entsprechend anzuwenden.

Literatur: S. den Literaturnachweis zu § 7i.

A. Grundaussagen der Vorschrift

§ 10f erlaubt – in teilw. Nachfolge zu §§ 82a und 82i EStDV, wobei in den letzten Jahren Änderungen sei- 1
tens des Gesetzgebers eher marginal ausfielen[1] – **bei zu eigenen Wohnzwecken** genutzten Baudenkmalen iSv. § 7i, Gebäuden iSv. § 7h oder entspr. Gebäudeteilen iSv. § 10f Abs. 5 den Abzug als SA für bestimmte AK, HK und Erhaltungsaufwand gem. § 10f Abs. 2. Die personenbezogene[2] (also nicht objektbezogene) Vergünstigung steht (un-)beschränkt stpfl. nat. Pers. offen, sofern das Gebäude nicht zur Einkünfteerzielung eingesetzt wird. § 10f überschneidet sich teilw. mit §§ 7h, 7i, 10g, 11a und 11b.[3] Dabei erstreckt § 10f die Steuervergünstigung unter vergleichbaren Voraussetzungen auf Gebäude, soweit diese nicht der Einkunftserzielung dienen. Demgegenüber begünstigt § 7i Abs. 1 als AfA-Regelung nur Gebäude, die ein StPfl. zur Einkünfteerzielung einsetzt.[4] Hiernach entfällt etwa die Förderung nach § 10f für das häusliche Arbeitszimmer, das der StPfl. nicht zu eigenen Wohnzwecken nutzt. Weiterhin entfällt der SA-Abzug, wenn der StPfl. insoweit als ArbN den Abzug diesbezüglicher WK nach § 9 Abs. 1 Nr. 5 – etwa im Rahmen einer doppelten Haushaltsführung – beansprucht.[5] § 10f begünstigt durch zinslose Steuerstundung denkmalpflegerische Bemühungen und fördert die Wohnraumverbesserung, Bestanderhaltung und Gebäudesanierung;[6] an diesem **Begünstigungszweck** hat sich die Auslegung zu orientieren.[7] Der StPfl. muss die Einzelumstände darlegen und ggf. beweisen (**objektive Darlegungslast**).[8] Eine Doppelvergünstigung im Hinblick auf weitere Subventionsnormen ist durch verschiedene Einzelregelungen (vgl. § 10f Abs. 1 S. 2 und 3 sowie Abs. 2 S. 2) teilw. ausgeschlossen. Dagegen können StPfl. unterschiedliche stl. Förderungsmöglichkeiten für dieselbe Baumaßnahme in Anspr. nehmen.[9] Denn § 10f Abs. 1 S. 2 beinhaltet

---

1 Zuletzt: G. v. 5.4.2011, BGBl. I 2011, 554 (555) zu § 10f Abs. 1 und 2; keine inhaltliche Änderung, sondern nur eine inhaltsgleiche Bestätigung der Regelung.
2 BFH v. 17.7.2001 – IX R 50/98, BStBl. II 2001, 760 (761) = FR 2001, 1182.
3 Zum Verhältnis der einzelnen Liquiditätshilfen, vgl. die Übersicht bei *K/S/M*, § 7h Rn. A 37; *Kleeberg*, FR 1997, 174; *Stöcker*, BB 2000, Beil. Nr. 9, 3; zu Wahl- und Gestaltungsmöglichkeiten insbes. im Verhältnis zu § 10e *Stephan*, DB 1992, 8; ausf. zu den einzelnen Fördermitteln *Bajohr*, BauR 2003, 1147.
4 FG BaWü. v. 8.3.2010 – 10 K 2706/08, EFG 2010, 1409.
5 FG Köln v. 6.2.2014 – 10 K 2733/10, EFG 2014, 1086 (1087 f.) (rkr.).
6 BFH v. 14.1.2004 – X R 19/02, FR 2004, 832 m. Anm. *Fischer* = BFH/NV 2004, 1021 (1022) mwN.
7 BFH v. 3.6.1997 – IX R 24/96, BFH/NV 1998, 155 (156); v. 29.3.2001 – IV R 49/99, BStBl. II 2001, 437 = FR 2001, 910.
8 BFH v. 6.4.1990 – III R 2/87, BStBl. II 1990, 752 (753).
9 BFH v. 14.1.2004 – X R 19/02, FR 2004, 832 m. Anm. *Fischer* = BFH/NV 2004, 1021 (1022).

kein ausdrückliches Verbot einer derartigen Mehrfachförderung. Nicht die kumulative Förderung der Baumaßnahme, sondern die Doppelförderung derselben Aufwendungen ist ausgeschlossen. Zur optimalen stl. Förderung besteht eine weitgehende Wahlfreiheit. Verfahrensrechtlich führt die FinVerw. in bestimmten Fällen ein Feststellungsverfahren nach der VO zu § 180 Abs. 2 AO durch.[1]

B. Abzug wie Sonderausgabe (Abs. 1)

2 Begünstigungsfähig sind inländ. Gebäude gem. § 7h Abs. 1 S. 1 in einem Sanierungsgebiet oder städtebaulichen Entwicklungsbereich, die in § 7h Abs. 1 S. 2 näher bezeichnete Gebäude mit geschichtlicher, künstlerischer oder städtebaulicher Bedeutung sowie Baudenkmale iSv. § 7i Abs. 1; dabei kann das betr. Gebäude auch lediglich den Teil einer schützenswerten Einheit gem. § 7i Abs. 1 S. 4 bilden.[2] Der Gebäudebegriff richtet sich nach dem (einheitlichen) Nutzungs- und Funktionszusammenhang (§ 7 Rn. 81). § 10f begünstigt ausschließlich Baumaßnahmen an bestehenden Gebäuden, nicht Neubauten oder Baumaßnahmen an einem bestehenden Gebäude, die einem Neubau gleichkommen.[3] Erforderlich ist ein eigenes Gebäude; wirtschaftliches Eigentum gem. § 39 AO etwa in Form eines Dauerwohnrechts genügt.[4] Der StPfl. muss das Gebäude zu **eigenen Wohnzwecken** nutzen, Abs. 1 S. 2. Der Begriff ist wohnungsbezogen zu verstehen.[5] Dies ist zu bejahen, wenn bei den fraglichen Gebäuden ein Nutzungs- oder Funktionszusammenhang mit dem vom StPfl. genutzten Wohnhaus besteht und sie so zumindest mittelbar Wohnzwecken dienen. Die im Sinne von Abs. 1 S. 2 qualifizierte Nutzung ist zu bejahen, wenn der StPfl. eine oder mehrere Wohnungen selbst bewohnt oder etwa eine Wohnung insgesamt einem ihm einkommensteuerlich zuzurechnenden Kind, für dessen Unterbringung er zu sorgen hat, unentgeltlich zur alleinigen Nutzung überlässt. Demgegenüber entfällt eine Nutzung zu eigenen Wohnzwecken, wenn dem StPfl. das betreffende Kind einkommensteuerlich nicht (mehr) zuzurechnen ist oder er sonstigen Dritten die gesamte Wohnung unentgeltlich überlässt.[6] Bei einem unterjährigen Wechsel von der Selbstnutzung zur steuerlich unbeachtlichen vollständigen unentgeltlichen Überlassung an Angehörige ist die Steuerbegünstigung zeitanteilig zu kürzen.[7] Gem. Abs. 1 S. 4 genügt, dass der StPfl. Teile der eigengenutzten Wohnung einem Dritten unentgeltlich zu Wohnzwecken überlässt. Zur Erzielung v. Einkünften eingesetzte Objekte können nur iRd. §§ 7h und 7i gefördert werden; dies gilt auch für das häusliche Arbeitszimmer.

3 § 10f begünstigt nur **Gebäudeinvestitionen**, die die Voraussetzungen des § 7h oder § 7i erfüllen; somit müssen diese Voraussetzungen durch Bescheinigungen der Gemeinden (Grundlagenbescheid) nachgewiesen werden.[8] **Bemessungsgrundlage** für die SA gem. Abs. 1 sind die AK oder HK[9] (§ 7 Rn. 40) für die geförderten Maßnahmen, die §§ 7h Abs. 1 S. 1–3 und 7i Abs. 1 S. 1, 5 näher bezeichnen. § 10f enthält der Höhe nach keine Begrenzung der abzugsfähigen SA. Nicht begünstigt sind aber insbes. alle erhaltenen Zuschüsse aus öffentl. Kassen oder auch v. privaten Dritten.[10] Sofern keine Doppelförderung vorliegt, hat der abzugsberechtigte (§ 7 Rn. 10) StPfl. das **Wahlrecht, bis zu 9 %** der Bemessungsgrundlage geltend zu machen. Das Wahlrecht betrifft sowohl die Förderungsmöglichkeiten nach dem EigZulG und § 10f als auch die Möglichkeit, den Betrag der Aufwendungen auf die jeweiligen Bemessungsgrundlagen aufzuteilen.[11] Das Recht besteht erstmals in dem Kj., in dem die Baumaßnahme abgeschlossen wird. Bei häufig anzutreffenden baulichen „Gesamtmaßnahmen" setzt die Förderung nach § 10f demgemäß den Abschluss der gesamten Baumaßnahme voraus. Eine Nachholung des (versehentlich) unterlassenen Abzugs ist nicht zulässig.[12] Der einheitliche Höchstbetrag v. 9 % gilt auch im Kj., in dem die Baumaßnahme abgeschlossen wird; eine zeitanteilige Reduzierung entfällt.[13] Dagegen ist der Abzugsbetrag zeitanteilig zu kürzen, wenn das Gebäude im Laufe des Kj. veräußert, zeitweilig zur Einkünfteerzielung eingesetzt oder zeitweilig in vollem Umfang (also nicht nur in Teilen) unentgeltlich überlassen wird.[14] Aus Vereinfachungsgründen verlangt

---

1 Zu den Einzelheiten vgl. BMF v. 2.5.2001, BStBl. I 2001, 256.
2 **AA** *Kleeberg*, FR 1998, 774 (775).
3 BFH v. 14.1.2004 – X R 19/02, FR 2004, 832 m. Anm. *Fischer* = BFH/NV 2004, 1021 (1023); v. 6.12.2016 – IX R 17/15, BStBl. II 2017, 523 Rz. 20f.
4 *K/S/M*, § 10f Rn. B 9; Hinweis auf BMF v. 31.12.1994, BStBl. I 1994, 887 Rn. 6.
5 FG Nds. v. 9.2.2006 – 11 K 11002/03, EFG 2006, 1051; *Koller*, DStR 1990, 128.
6 BFH v. 18.1.2011 – X R 13/10, BFH/NV 2011, 974.
7 GlA *Kulosa* in Schmidt[37], § 10f Rn. 4; **aA** FG Nds. v. 6.5.2013 – 9 K 279/12, EFG 2013, 1321 (1323) (rkr.).
8 BFH v. 25.2.2014 – X R 4/12, BFH/NV 2014, 1512 (1513); v. 6.12.2016 – IX R 17/15, BStBl. II 2017, 523 Rz. 22.
9 FG München v. 1.12.1988 – 13 K 2659/88, EFG 1989, 167.
10 BFH v. 20.6.2007 – X R 13/06, BStBl. II 2007, 879 (880) = FR 2008, 186.
11 FG Sachs. v. 11.4.2002 – 2 K 1616/99, DStRE 2002, 1311 unter Hinweis auf BFH v. 24.1.2001 – X R 73/97, BStBl. II 2001, 603 = FR 2001, 699.
12 R 10f iVm. R 7h Abs. 3 S. 2 EStR; *Koller*, DStR 1990, 128 (129).
13 *K/S/M*, § 10f Rn. B 22.
14 *K/S/M*, § 10f Rn. B 22; *Koller*, DStR 1990, 128f.

die FinVerw. eine **Prüfung, ob die Voraussetzungen der §§ 7h und 7i vorliegen**, nur für das Kj., in dem die begünstigten Baumaßnahmen fertig gestellt sind.[1] Der **Begünstigungszeitraum** umfasst zehn Jahre. Er beginnt mit dem Jahr, in dem die geförderte Maßnahme ihren Abschluss findet. Wird das begünstigte Objekt während des Verteilungszeitraums **übertragen**, kann der Veräußerer den noch nicht geltend gemachten Teil der SA nicht abziehen. Dem Erwerber steht ein Abzug der (verbleibenden) SA nicht zu, da nur Maßnahmen nach Erwerb begünstigt sind. Gleiches gilt für Fälle der Einzelnachfolge, da § 11d EStDV im Bereich der SA keine Anwendung findet. Dagegen erscheint im Falle der unentgeltlichen Gesamtrechtsnachfolge eine Fortführung der Abzugsberechtigung vertretbar, sofern der Rechtsnachfolger ebenfalls das Gebäude zu eigenen Wohnzwecken nutzt.[2]

C. Erhaltungsaufwand (Abs. 2)

Abs. 2 betrifft den **Erhaltungsaufwand** (§ 7 Rn. 40) iSv. §§ 11a oder 11b am eigenen Gebäude, das zu den begünstigungsfähigen Objekten iSv. Abs. 1 gehören muss. Entscheidend ist das Entstehen des Aufwands, § 11 Abs. 2gewinnt keine Bedeutung. Der Aufwand darf allerdings nicht zu den BA/WK gehören, Abs. 2 S. 1; vielmehr muss eine Nutzung zu eigenen Wohnzwecken vorliegen, die auch die unentgeltliche Überlassung iSv. Abs. 1 S. 4 umfasst, Abs. 2 S. 4. Die Vergünstigung entfällt im Falle einer **Doppelförderung**, Abs. 2 S. 2; Rechtsnachfolger können den Abzug nur in eingeschränktem Maße geltend machen.[3] Setzt der StPfl. das Gebäude innerhalb des zehnjährigen Begünstigungszeitraums erstmals zur Einkünfteerzielung ein, kann er im Übergangsjahr den nicht berücksichtigten Aufwand wie SA abziehen, **Abs. 2 S. 3**. Abw. v. Abs. 1 ist iErg. eine Nachholung möglich; ggf. ist daher eine Vermietung im letzten Jahr des Verteilungszeitraums empfehlenswert.[4] 4

D. Objektbeschränkung (Abs. 3)

Abs. 3 beschränkt die Förderung gem. Abs. 1 und 2 auf **ein Objekt je StPfl.**, im Falle einer Zusammenveranlagung können Ehegatten folglich bei zwei Gebäuden den Abzug vornehmen. Dabei führt die Inanspruchnahme nach den Vorläuferbestimmungen zum Objektverbrauch, Abs. 3 S. 3.[5] Allerdings beschränkt Abs. 3 die Förderung lediglich auf ein Objekt; hingegen können bei einem Gebäude mehrere Baumaßnahmen, die der StPfl. (auch in verschiedenen selbstgenutzten Wohnungen) gleichzeitig oder nacheinander durchführt, gem. Abs. 1 und/oder 2 gefördert werden. 5

E. Miteigentümer (Abs. 4)

Hinsichtlich des Objektverbrauchs wird der Anteil eines jeden Miteigentümers als **eigenes Gebäude iSv. Abs. 3** gewertet, Abs. 4 S. 1. Bei einem Hinzuerwerb erweitert sich für einen Miteigentümer die Abzugsmöglichkeit gem. Abs. 4 S. 2. Durch Verweis auf § 10e Abs. 5 S. 2 und 3 bestimmt § 10f Abs. 4 S. 3 (1. Alt.), dass bei **zusammenveranlagten Ehegatten**, die als Miteigentümer beteiligt sind, die Miteigentumsanteile an dem Gebäude wie ein einziges Objekt iSd. Objektverbrauchs zu behandeln sind. Erwirbt in diesen Fällen ein Ehegatte nach dem Tode des anderen oder nach Wegfall der Voraussetzungen gem. § 26 Abs. 1 (Scheidung, dauerndes Getrenntleben) dessen Anteil, erstreckt sich die Abzugsmöglichkeit auch auf den hinzuerworbenen Anteil. Schließlich eröffnet § 10f Abs. 4 S. 3 (2. Alt.) durch den Bezug auf § 10e Abs. 7 die Möglichkeit der gesonderten und einheitlichen Feststellung. 6

F. Ausdehnung der Förderung (Abs. 5)

Abs. 5 erstreckt die Förderung gem. § 10f auf im Einzelnen genannte Objekte. Ob Gebäudeteile **selbständige unbewegliche WG** bilden, richtet sich nach allg. Grundsätzen (§ 7 Rn. 81, 106); die Annahme v. Eigentumswohnungen bestimmt sich nach § 1 Abs. 2 WEG (§ 7 Rn. 109). 7

---

1 R 10f iVm. R 7h Abs. 3 S. 1 EStR.
2 *K/S/M*, § 10f Rn. B 12; **aA** *Koller*, DStR 1990, 128 (130).
3 *K/S/M*, § 10f Rn. C 3.
4 *Koller*, DStR 1990, 128 (130); *Stephan*, DB 1992, 8 (9).
5 Hinweis auf § 52 Abs. 27 idF des StEntlG 1999/2000/2002 v. 24.3.1999, BGBl. I 1999, 402.

§ 10g Steuerbegünstigung für schutzwürdige Kulturgüter, die weder zur Einkunftserzielung noch zu eigenen Wohnzwecken genutzt werden

(1) [1]Der Steuerpflichtige kann Aufwendungen für Herstellungs- und Erhaltungsmaßnahmen an eigenen schutzwürdigen Kulturgütern im Inland, soweit sie öffentliche oder private Zuwendungen oder etwaige aus diesen Kulturgütern erzielte Einnahmen übersteigen, im Kalenderjahr des Abschlusses der Maßnahme und in den neun folgenden Kalenderjahren jeweils bis zu 9 Prozent wie Sonderausgaben abziehen. [2]Kulturgüter im Sinne des Satzes 1 sind

1. **Gebäude oder Gebäudeteile, die nach den jeweiligen landesrechtlichen Vorschriften ein Baudenkmal sind,**
2. **Gebäude oder Gebäudeteile, die für sich allein nicht die Voraussetzungen für ein Baudenkmal erfüllen, aber Teil einer nach den jeweiligen landesrechtlichen Vorschriften als Einheit geschützten Gebäudegruppe oder Gesamtanlage sind,**
3. **gärtnerische, bauliche und sonstige Anlagen, die keine Gebäude oder Gebäudeteile und nach den jeweiligen landesrechtlichen Vorschriften unter Schutz gestellt sind,**
4. **Mobiliar, Kunstgegenstände, Kunstsammlungen, wissenschaftliche Sammlungen, Bibliotheken oder Archive, die sich seit mindestens 20 Jahren im Besitz der Familie des Steuerpflichtigen befinden oder als nationales Kulturgut in ein Verzeichnis national wertvollen Kulturgutes nach § 7 Absatz 1 des Kulturgutschutzgesetzes vom 31. Juli 2016 (BGBl. I S. 1914) eingetragen sind und deren Erhaltung wegen ihrer Bedeutung für Kunst, Geschichte oder Wissenschaft im öffentlichen Interesse liegt,**

wenn sie in einem den Verhältnissen entsprechenden Umfang der wissenschaftlichen Forschung oder der Öffentlichkeit zugänglich gemacht werden, es sei denn, dem Zugang stehen zwingende Gründe des Denkmal- oder Archivschutzes entgegen. [3]Die Maßnahmen müssen nach Maßgabe der geltenden Bestimmungen der Denkmal- und Archivpflege erforderlich und in Abstimmung mit der in Absatz 3 genannten Stelle durchgeführt worden sein; bei Aufwendungen für Herstellungs- und Erhaltungsmaßnahmen an Kulturgütern im Sinne des Satzes 2 Nummer 1 und 2 ist § 7i Absatz 1 Satz 1 bis 4 sinngemäß anzuwenden.

(2) [1]Die Abzugsbeträge nach Absatz 1 Satz 1 kann der Steuerpflichtige nur in Anspruch nehmen, soweit er die schutzwürdigen Kulturgüter im jeweiligen Kalenderjahr weder zur Erzielung von Einkünften im Sinne des § 2 noch Gebäude oder Gebäudeteile zu eigenen Wohnzwecken nutzt und die Aufwendungen nicht nach § 10e Absatz 6, § 10h Satz 3 oder § 10i abgezogen hat. [2]Für Zeiträume, für die der Steuerpflichtige von Aufwendungen Absetzungen für Abnutzung, erhöhte Absetzungen, Sonderabschreibungen oder Beträge nach § 10e Absatz 1 bis 5, den §§ 10f., 10h, 15b des Berlinförderungsgesetzes abgezogen hat, kann er für diese Aufwendungen keine Abzugsbeträge nach Absatz 1 Satz 1 in Anspruch nehmen; Entsprechendes gilt, wenn der Steuerpflichtige für Aufwendungen die Eigenheimzulage nach dem Eigenheimzulagengesetz in Anspruch genommen hat. [3]Soweit die Kulturgüter während des Zeitraums nach Absatz 1 Satz 1 zur Einkunftserzielung genutzt werden, ist der noch nicht berücksichtigte Teil der Aufwendungen, die auf Erhaltungsarbeiten entfallen, im Jahr des Übergangs zur Einkunftserzielung wie Sonderausgaben abzuziehen.

(3) [1]Der Steuerpflichtige kann den Abzug vornehmen, wenn er durch eine Bescheinigung der nach Landesrecht zuständigen oder von der Landesregierung bestimmten Stelle die Voraussetzungen des Absatzes 1 für das Kulturgut und für die Erforderlichkeit der Aufwendungen nachweist. [2]Hat eine der für Denkmal- oder Archivpflege zuständigen Behörde ihm Zuschüsse gewährt, so hat die Bescheinigung auch deren Höhe zu enthalten; werden ihm solche Zuschüsse nach Ausstellung der Bescheinigung gewährt, so ist diese entsprechend zu ändern.

(4) [1]Die Absätze 1 bis 3 sind auf Gebäudeteile, die selbständige unbewegliche Wirtschaftsgüter sind, sowie auf Eigentumswohnungen und im Teileigentum stehende Räume entsprechend anzuwenden. [2]§ 10e Absatz 7 gilt sinngemäß.

Literatur: S. den Literaturnachweis zu § 7i.

A. Grundaussagen der Vorschrift

§ 10g, der in den letzten Jahren nur marginale Änderungen erfuhr,[1] erlaubt **bei schutzwürdigen Kulturgütern** für bestimmten Herstellungs- und Erhaltungsaufwand den Abzug als SA. Die personenbezogene[2] (nicht objektbezogene) Vergünstigung steht (un-)beschränkt stpfl. nat. Pers. offen, sofern das Förderobjekt weder zur Einkünfteerzielung noch zu eigenen Wohnzwecken eingesetzt wird. Der Anwendungsbereich des § 10g überschneidet sich teilw. mit §§ 7h, 7i, 10f, 11a und 11b.[3] Durch zinslose Steuerstundung schafft § 10g Liquiditätserleichterungen für bestimmte Herstellungs- und Erhaltungsmaßnahmen, die bei fehlenden oder geringen Erträgen mit erheblichen finanziellen Belastungen verbunden sind. An diesem **Begünstigungszweck** hat sich die Auslegung zu orientieren.[4] Der StPfl. muss die Einzelumstände darlegen und ggf. beweisen (**objektive Darlegungslast**).[5] § 10g enthält eine Sonderregelung zu § 33.[6] Eine Doppelvergünstigung ist insbes. durch § 10g Abs. 2 ausgeschlossen. 1

B. Abzug wie Sonderausgabe (Abs. 1)

Zu den **begünstigungsfähigen Objekten** gehören die (un)beweglichen Kulturgüter iSv. Abs. 1 S. 2.[7] Es muss sich um ein **eigenes Kulturgut** im Inland handeln; wirtschaftliches Eigentum gem. § 39 AO genügt.[8] Die begünstigten Investitionen umfassen die **Herstellungs- und Erhaltungsmaßnahmen**, die an einem Kulturgut erforderlich sind und abstimmungsgemäß[9] durchgeführt werden, Abs. 1 S. 3. Hiernach betrifft die Förderung nur die Instandhaltung und Instandsetzung eines Kulturguts, nicht aber dessen Anschaffung oder erstmalige Herstellung sowie die lfd. Unterhaltungskosten (Strom, Versicherungen, Sicherungspersonal).[10] **Bemessungsgrundlage** der SA gem. Abs. 1 ist der (Netto-)Aufwand für bestimmte Herstellungs- oder Erhaltungsmaßnahmen; die nur für die Einkünfteerzielung maßgeblichen Zuordnungen wie etwa HK gewinnen insoweit indizielle Bedeutung.[11] Lediglich öffentliche oder private Zuwendungen (Zuschüsse oder Spenden) sowie der Überschuss der aus dem Kulturgut erzielten Einnahmen sind gem. § 11 betragsmindernd zu berücksichtigen.[12] § 10g enthält der Höhe nach keine Begrenzung der abzugsfähigen SA. Ein Abzug der Aufwendungen als WK oder BA ist ggü. dem SA-Abzug gem. § 10g vorrangig.[13] 2

Sofern keine Doppelförderung vorliegt, hat der abzugsberechtigte (§ 7 Rn. 10) StPfl. das **Wahlrecht, bis zu 9 %** der Bemessungsgrundlage (Rn. 2) geltend zu machen. Das Recht besteht erstmals in dem Kj., in dem die jeweilige Maßnahme abgeschlossen wird, eine Nachholung entfällt.[14] Der einheitliche Höchstbetrag v. 9 % gilt auch im Kj., in dem die Maßnahme abgeschlossen wird (keine zeitanteilige Reduzierung). Dagegen ist der Abzugsbetrag zeitanteilig zu kürzen, wenn das Kulturgut im Laufe des Kj. veräußert oder zeitweilig zu eigenen Wohnzwecken genutzt wird. Der **Begünstigungszeitraum** umfasst zehn Jahre. Er beginnt mit dem Jahr, in dem die geförderte Maßnahme ihren Abschluss findet. Wird das begünstigte Objekt während des Verteilungszeitraums **übertragen**, kann der Veräußerer den noch nicht geltend gemachten Teil der SA nicht abziehen. Dem Erwerber steht ein Abzug der (verbleibenden) SA nicht zu, da nur Maßnahmen nach Erwerb begünstigt sind. Gleiches gilt für Fälle der Einzelnachfolge, da § 11d EStDV im Bereich der SA keine Anwendung findet. Dagegen erscheint im Falle der unentgeltlichen Gesamtrechtsnachfolge eine Fortführung der Abzugsberechtigung vertretbar.[15] 3

---

1 Zuletzt: G. v. 5.4.2011, BGBl. I 2011, 554 (555) zu § 10g Abs. 1 S. 1; keine inhaltliche Änderung, sondern nur eine inhaltsgleiche Bestätigung der Regelung. Der in Abs. 2 S. 2 (Doppelförderungsverbot, s. Rn. 4) enthaltene Verweis auf die Förderung gem. § 7 FördG wurde im Zuge der Aufhebung des FördG gestrichen (Art. 68 und 123 Abs. 6 des 2. BundesRBereinG v. 8.7.2016, BGBl. I 2016, 1594).
2 BFH v. 17.7.2001 – IX R 50/98, BStBl. II 2001, 760 (761) = FR 2001, 1182.
3 Zu den einzelnen Liquiditätshilfen vgl. die Übersicht bei *K/S/M*, § 7h Rn. A 37; *Kleeberg*, FR 1997, 174; ausf. zu den einzelnen Förderwegen: *Bajohr*, BauR 2003, 1147.
4 BFH v. 3.6.1997 – IX R 24/96, BFH/NV 1998, 155 (156); v. 29.3.2001 – IV R 49/99, BStBl. II 2001, 437 = FR 2001, 910.
5 BFH v. 6.4.1990 – III R 2/87, BStBl. II 1990, 752 (753).
6 *K/S/M*, § 10g Rn. A 1 und 2; *Stuhrmann*, DStR 1992, 534.
7 Einzelheiten bei *K/S/M*, § 10g Rn. B 3 ff.
8 *K/S/M*, § 10g Rn. B 29.
9 Zu den Abstimmungsvoraussetzungen: *Hahn*, DB 1990, 65 (66).
10 *Wewers*, DB 1992, 753 (754); FG Münster v. 19.11.2009 – 8 K 1089/06 E, EFG 2010, 703; teilw. **aA** *K/S/M*, § 10g Rn. B 19.
11 Einzelheiten bei *K/S/M*, § 10g Rn. B 19.
12 BFH v. 20.6.2007 – X R 13/06, BStBl. II 2007, 879 (880) = FR 2008, 186.
13 FG Münster v. 24.8.2016 – 7 K 1039/14 E, EFG 2016, 1597.
14 *Stuhrmann*, DStR 1992, 534 (535).
15 *K/S/M*, § 10g Rn. B 30.

C. Begrenzung der Förderung (Abs. 2)

4 Der StPfl. darf das Kulturgut weder zur Einkunftserzielung iSv. § 2 noch zu eigenen Wohnzwecken nutzen, **Abs. 2 S. 1**. Die Vergünstigung entfällt weiterhin im Falle einer **Doppelförderung**, Abs. 2 S. 1 aE und S. 2. Setzt der StPfl. das Kulturgut innerhalb des zehnjährigen Verteilungszeitraums erstmals zur Einkünfteerzielung ein, kann er im Übergangsjahr den nicht berücksichtigten Aufwand wie SA abziehen, **Abs. 2 S. 3**. Abw. v. Abs. 1 ist folglich iErg. eine Nachholung möglich.

D. Notwendige Bescheinigung (Abs. 3)

5 Der SA-Abzug setzt **die Vorlage einer Bescheinigung** iSv. Abs. 3 voraus. Die nach Landesrecht zuständige Behörde[1] muss die in ihren Aufgabenbereich fallenden Voraussetzungen gem. Abs. 1, die Erforderlichkeit der Aufwendungen sowie die Höhe v. (ggf. nachträglich) gewährten Zuschüssen bestätigen.[2] Die Bescheinigung bildet einen Grundlagenbescheid iSd. §§ 171 Abs. 10, 175 Abs. 1 Nr. 1 AO. Die Bindungswirkung erstreckt sich nach dem Gesetzeswortlaut auf die erforderlichen Angaben iSd. Abs. 3, nicht hingegen auf sonstige allein steuerrechtl. Vorgaben.[3]

E. Ausdehnung der Förderung (Abs. 4)

6 Abs. 4 erstreckt die Förderung gem. Abs. 1 auf im Einzelnen genannte Objekte. Inwieweit Gebäudeteile **selbständige unbewegliche WG** bilden, richtet sich nach allg. Grundsätzen (§ 7 Rn. 81 und 106); die Annahme v. Eigentumswohnungen und im Teileigentum stehenden Räumen bestimmt sich nach § 1 Abs. 2 und 3 WEG (§ 7 Rn. 109).

§ 10h

(weggefallen)

1 *Benutzerhinweis: § 10h wurde durch Art. 4 Nr. 6 des G zur Modernisierung des Besteuerungsverfahrens v. 18.7.2016[4] mWv. 23.7.2016 aufgehoben.*

§ 10i

(weggefallen)

1 *Benutzerhinweis: § 10h wurde durch Art. 4 Nr. 7 des G zur Modernisierung des Besteuerungsverfahrens v. 18.7.2016[5] mWv. 23.7.2016 aufgehoben. Zur Auslegung und Anwendung v. § 10h wird auf die ältere Kommentarliteratur verwiesen.*

6. Vereinnahmung und Verausgabung

§ 11 [Zufluss und Abfluss von Einnahmen und Ausgaben]

(1) [1]Einnahmen sind innerhalb des Kalenderjahres bezogen, in dem sie dem Steuerpflichtigen zugeflossen sind. [2]Regelmäßig wiederkehrende Einnahmen, die dem Steuerpflichtigen kurze Zeit vor Beginn oder kurze Zeit nach Beendigung des Kalenderjahres, zu dem sie wirtschaftlich gehören, zugeflossen sind, gelten als in diesem Kalenderjahr bezogen. [3]Der Steuerpflichtige kann Einnahmen, die auf einer Nutzungsüberlassung im Sinne des Absatzes 2 Satz 3 beruhen, insgesamt auf den Zeitraum gleichmäßig verteilen, für den die Vorauszahlung geleistet wird. [4]Für Einnahmen aus nicht-

1 Übersicht über die zuständigen Behörden, vgl. BMF v. 4.6.2015, BStBl. I 2015, 506.
2 Zu Einzelheiten der Prüfungskompetenz aus Sicht der FinVerw. R 10g EStR.
3 BFH v. 6.3.2001 – IX R 64/97, BStBl. II 2001, 796 (798) = FR 2001, 1018; v. 13.9.2001 – IX R 62/98, BStBl. II 2003, 912 (913) = FR 2002, 337; v. 14.1.2004 – X R 19/02, FR 2004, 832 m. Anm. *Fischer* = BFH/NV 2004, 1021 (1023).
4 BGBl. I 2016, 1679.
5 BGBl. I 2016, 1679.

selbständiger Arbeit gilt § 38a Absatz 1 Satz 2 und 3 und § 40 Absatz 3 Satz 2. [5]Die Vorschriften über die Gewinnermittlung (§ 4 Absatz 1, § 5) bleiben unberührt.

(2) [1]Ausgaben sind für das Kalenderjahr abzusetzen, in dem sie geleistet worden sind. [2]Für regelmäßig wiederkehrende Ausgaben gilt Absatz 1 Satz 2 entsprechend. [3]Werden Ausgaben für eine Nutzungsüberlassung von mehr als fünf Jahren im Voraus geleistet, sind sie insgesamt auf den Zeitraum gleichmäßig zu verteilen, für den die Vorauszahlung geleistet wird. [4]Satz 3 ist auf ein Damnum oder Disagio nicht anzuwenden, soweit dieses marktüblich ist. [5]§ 42 der Abgabenordnung bleibt unberührt. [6]Die Vorschriften über die Gewinnermittlung (§ 4 Absatz 1, § 5) bleiben unberührt.

Literatur: *Beater*, Steuerbarkeit und Zuflussprinzip am Bsp. v. Buchgutschriften, StuW 1996, 12; *Biergans*, FS L. Schmidt, 1993, 75; *Offerhaus*, Die Rspr. des BFH zum Zuflussprinzip, StuW 2006, 317; *Schurmann*, Das Zu- und Abflussprinzip des § 11 EStG, SteuerStud 1992, 83; *Trzaskalik*, Zuflussprinzip und periodenübergreifende Sinnzusammenhänge, StuW 1985, 222.

A. Grundaussagen der Vorschrift

I. Regelungsgegenstand. Die ESt ist Jahressteuer. Die Grundlagen für ihre Festsetzung sind jeweils für ein Kj. zu ermitteln (§ 2 Abs. 7). Das Veranlagungsverfahren nach Ablauf des Kj. (VZ) erfasst das Einkommen, das der StPfl. in diesem VZ bezogen hat (§ 25 Abs. 1). Vermögensveränderungen des StPfl., die Eingang in die Ermittlung des zu versteuernden Einkommens eines Kj. finden sollen, müssen deshalb **zeitlich zugeordnet** werden. Nur diese Funktion kommt § 11 zu. Ob und inwieweit überhaupt steuerbare und stpfl. Einnahmen oder abziehbare Ausgaben iSd. § 11 vorliegen und wem sie zuzurechnen sind, richtet sich nach anderen Vorschriften.[1] 1

Einnahmen sind nach Abs. 1 S. 1 grds. innerhalb des Kj. bezogen, in dem sie dem StPfl. zugeflossen sind **(Zuflussprinzip)**, Ausgaben gem. Abs. 2 S. 1 grds. für das Kj. abzusetzen, in dem sie geleistet worden sind **(Abflussprinzip)**.[2] Auf die „wirtschaftliche Zugehörigkeit“ der Leistung kommt es insoweit nicht an. Dies gilt bis zur unsicheren Grenze des Rechtsmissbrauchs (§ 42 AO) grds. auch bei Vorauszahlungen.[3] Damit findet für die Ermittlung der Überschusseinkünfte, (nur) im Fall v. § 4 Abs. 3 auch für die Gewinnermitt- 2

1 BFH v. 20.9.2006 – I R 59/05, BStBl. II 2007, 756 = FR 2007, 398 – § 11 kann allerdings mittelbare Auswirkungen haben, wenn sich die Sachlage zu verschiedenen Zeitpunkten anders darstellt; vgl. BFH v. 1.4.2003 – I R 31/02, BStBl. II 2003, 865 = FR 2003, 1189 (Währungskursschwankungen).

2 Das G benutzt den Begriff „leisten“, nicht „abfließen“. Gleichwohl hat sich – in sprachlicher Korrespondenz zum Zuflussprinzip – allg. der Begriff Abfluss bzw. Abflussprinzip eingebürgert; s. schon die amtl. Begr. zu § 11 EStG 1934, s. Rn. 9.

3 Zahlt zB ein den Gewinn nach § 4 Abs. 3 ermittelnder Arzt die Praxismiete für das Kj. 02 am 15.12.01, hat der Vermieter sie in 01 zu versteuern, der Arzt kann sie (nur) in 01 absetzen. Im Kj. 01 angefallene und nicht berücksichtigte Ausgaben können jedenfalls grds. nicht im Kj. 02 nachgeholt, im Kj. 01 zugeflossene und nicht versteuerte Einnahmen nicht im Kj. 02 nachversteuert werden. Korrekturen ermöglichen die §§ 172ff. AO, ausnahmsweise auch § 163 S. 2 AO. Zum Problem vorl. Vermögensverschiebungen Rn. 15f.

lung sowie für SA und ag. Belastungen idR ein einfaches Kassenprinzip (Zahlungsprinzip, Geldverkehrsrechnung)[1] Anwendung – statt komplizierter Buchführungsregeln für den Vermögensvergleich, wie sie das EStG iÜ für die periodengerechte Gewinnermittlung vorschreibt. Von dieser **Vereinfachungsregel** nach Abs. 1 S. 1 und Abs. 2 S. 1 macht § 11 in Abs. 1 S. 2–4, Abs. 2 S. 2–3 jedoch **Ausnahmen** im Interesse einer zutreffenderen zeitlichen Zuordnung. Schließlich nimmt § 11 in Abs. 1 S. 5 und Abs. 2 S. 6 jene Einnahmen und Ausgaben v. seinem Anwendungsbereich aus, die im BV-Vergleich nach §§ 4 Abs. 1, 5 erfasst werden.

3 **II. Anwendungsbereich. 1. Persönlicher Anwendungsbereich.** § 11 gilt prinzipiell für **alle** StPfl., dh. für unbeschränkt und beschränkt StPfl. (bei Letzteren für inländ. Einkünfte iSd. § 49) sowie grds. auch für die KSt-Pflicht. Die Einkünfte v. unbeschränkt stpfl. KSt-Subjekten gelten allerdings nach Maßgabe v. § 8 Abs. 2 KStG stets als solche aus GewBetr. und werden gem. § 5 Abs. 1 durch BV-Vergleich ermittelt (Rn. 4), so dass § 11 iRd. KSt iErg. nur auf beschränkt KStPfl. Anwendung findet, soweit diese nach der sog. isolierenden Betrachtungsweise (s. § 49 Rn. 103 f.) Einkünfte aus VuV oder KapVerm. haben.

4 **2. Sachlicher Anwendungsbereich und Ausnahmeregelungen.** § 11 gilt grds. umfassend, sein Anwendungsbereich wird jedoch teilw. eingeschränkt. Zunächst erfasst die Norm die **Einkünfteermittlung** für **Überschusseinkünfte**[2] (§ 2 Abs. 2 Nr. 2) sowie prinzipiell auch für **Gewinneinkünfte** (§ 2 Abs. 2 Nr. 1). Für Letztere ist die Anwendung aber durch den Vorbehalt in § 11 Abs. 1 S. 5 und Abs. 2 S. 5 zugunsten der Regelungen über den BV-Vergleich (§§ 4 Abs. 1, S. 5) ausgeschlossen, so dass § 11 auf Gewinneinkünfte nur anwendbar bleibt, soweit der Gewinn durch Überschussrechnung nach **§ 4 Abs. 3**[3] ermittelt wird. Nach seiner systematischen Stellung ist § 11 ferner im Bereich der **Einkommensermittlung** (§ 2 Abs. 4, 5) auf privat veranlasste Aufwendungen (**SA, ag. Belastungen**) anwendbar. Dabei erfasst § 11 auch vorab entstandene sowie nachträgliche Einnahmen und Ausgaben. § 11 ist **analog** anwendbar, soweit es um die zeitliche Zuordnung v. Einnahmen/Ausgaben **innerhalb eines Kj.** geht, zB bei (Gesamt-)Rechtsnachfolge (Rn. 18) oder Wechsel zw. unbeschränkter und beschränkter StPfl.[4] Weicht das Wj. v. Kj. ab, ist § 11 entspr. auf das Wj. anzuwenden.[5] Im Einzelnen gilt:

5 (1) Zu den **Einnahmen** iSv. **§ 11 Abs. 1** zählen Einnahmen nach **§ 8** sowie – iRd. Überschussrechnung nach § 4 Abs. 3 – **BE** (§ 4 Abs. 4). Sie müssen nicht in **Geld**, sondern können – um der Vollständigkeit der Einkommenserfassung sowie der Gesamtgewinngleichheit unabhängig v. der Gewinnermittlungsart (s. § 4 Rn. 11) willen – auch in **anderen Gütern** (zB Sachbezügen iSv. § 8 Abs. 2) bestehen.[6] Um das grds. Kassenprinzip des § 11 zu wahren, wird allerdings der bloße Forderungserwerb idR nicht erfasst.

6 **Ausnahmen** v. der Geltung des Zuflussprinzips nach § 11 Abs. 1 S. 1 regeln Abs. 1 S. 2–4 für **regelmäßig wiederkehrende Einnahmen** (Rn. 35 ff.), Vorauszahlungen für **langfristige Nutzungsüberlassungen** (Rn. 41) und (lfd.) **Arbeitslohn** (Rn. 42 ff.). Ein **Veräußerungsgewinn** nach § 17 Abs. 2 ist im Wesentlichen nach Bilanzierungsgrundsätzen, nicht nach § 11 zu ermitteln.[7] Die Zuflussfiktion nach § 44 Abs. 2 und 3 ist eine Sonderregelung allein für den Bereich der **KapESt** und lässt § 11 Abs. 1 für die zu veranlagende ESt unberührt.[8] Für die **Abzugsteuer** nach § 50a (ua. Aufsichtsratsvergütungen für beschränkt StPfl.) gilt als Sonderregelung § 73c EStDV. Der Begriff „entfallen" iSv. § 32 Abs. 4 (und nur er[9]) wird nach wirtschaftlicher Zugehörigkeit bestimmt.[10] Die **§§ 32b und 34 Abs. 1** berühren die Geltung des Zuflussprinzips nicht, sondern sind lediglich besondere Tarifvorschriften. Zu **Billigkeitsregelungen** der FinVerw. s. Rn. 34; zu § 42 AO s. Rn. 33.

---

1 Ungeachtet dieser Begriffe werden auch nicht in Geld bestehende Vermögensverschiebungen nach § 11 zeitlich zugeordnet; zB **Nutzungsüberlassungen** und **Sachbezüge** iSv. § 8 Abs. 2, dazu § 8 Rn. 18, 20 ff.

2 Nach BFH v. 26.1.2000 – IX R 87/95, BStBl. II 2000, 396 = FR 2000, 773 m. Anm. *Fischer*; v. 31.5.2000 – IX R 73/96, BFH/NV 2001, 25 gilt § 11 auch iRd. § 22 Nr. 3 (Bestechungsgelder).

3 § 4 Abs. 3 und damit § 11 sind auch auf nachträgliche Gewinneinkünfte nach einer BetrAufg. anzuwenden; BFH v. 23.2.2012 – IV R 31/09, BFH/NV 2012, 1448.

4 BFH v. 17.4.1996 – I R 78/95, BStBl. II 1996, 571 = FR 1996, 743.

5 BFH v. 23.9.1999 – IV R 1/99, BStBl. II 2000, 121 (122) = FR 2000, 334 m. Anm. *Kanzler* (Land- und Forstwirt, der seinen Gewinn nach § 4 Abs. 3 ermittelt).

6 ZB BFH v. 19.8.2004 – VI R 33/97, BStBl. II 2004, 1076 (1079) = FR 2004, 1396 (Zufluss bei Wohnungsrecht als Lohn mit lfd. Nutzung); v. 12.4.2007 – VI R 89/04, BStBl. II 2007, 719 = FR 2007, 1031 m. Anm. *Bergkemper* (Überlassen einer Jahresnetzkarte der Bahn als Zufluss v. Arbeitslohn).

7 BFH v. 12.2.1980 – VIII R 114/77, BStBl. II 1980, 494 (497); v. 26.6.1996 – VIII B 121/95, BFH/NV 1996, 898; s. auch § 17 Rn. 65 ff.

8 BFH v. 17.11.1998 – VIII R 24/98, BStBl. II 1999, 223 (224) = FR 1999, 302.

9 Für die Ermittlung des Jahresgrenzbetrages bleibt es beim Zuflussprinzip, BFH v. 16.4.2002 – VIII R 76/01, BStBl. II 2002, 525 = FR 2002, 834 m. Anm. *Greite*.

10 BFH v. 1.3.2000 – VI R 162/98, BStBl. II 2000, 459 (460) = FR 2000, 670; bei nicht eindeutiger Zurechnung soll ausnahmsweise doch das Zuflussprinzip gelten; BFH v. 14.5.2002 – VIII R 57/00, BStBl. II 2002, 746 (747) = FR 2002, 1028 m. Anm. *Greite*.

(2) **Ausgaben** iSv. **§ 11 Abs. 2** sind **WK** (§ 9), **BA** (§ 4 Abs. 3, 4), **SA** (§§ 10–10b) sowie **ag. Belastungen** (§§ 33, 33a).[1] Andere Aufwendungen (zB nach § 34g) sind idR ähnlich zu behandeln. Korrespondierend zum Begriff der Einnahmen kann auch die Hingabe geldwerter Güter eine Ausgabe iSv. § 11 sein (s. Rn. 5). 7

Ausnahmen v. Abflussprinzip regeln § 11 Abs. 2 S. 2–3 für **regelmäßig wiederkehrende Ausgaben** (Rn. 35 ff.) und Vorauszahlungen bei **langfristigen Nutzungsüberlassungen** (Rn. 41). Auch die **AfA-Regelungen** gehen dem § 11 Abs. 2 S. 1 vor: Aufwendungen für die Anschaffung oder Herstellung v. abnutzbaren WG des AV sind nach §§ 4 Abs. 3 S. 3, 9 Abs. 1 S. 3 Nr. 7 iVm. §§ 7 ff. zu berücksichtigen;[2] für AK/HK v. GWG greift insoweit § 6 Abs. 2; § 7a Abs. 2 S. 3–5 liefern Spezialregelungen. § 4 Abs. 3 S. 4 verschiebt die Abziehbarkeit v. AK/HK für nicht abnutzbare WG des AV. Für **Erhaltungsaufwand** gelten zT Sondervorschriften (§§ 4 Abs. 8, 10f Abs. 2, 11a, 11b, § 82b EStDV). **§ 10b Abs. 1 S. 9, Abs. 1a** verteilen den Abzug bei Großspenden und Zustiftungen abw. v. § 11 Abs. 2 S. 1. § 10d (Verlustvor- und -rücktrag) modifiziert die nach Anwendung v. § 11 gefundenen Ergebnisse. Dagegen lässt eine Nachversteuerung v. SA (§ 10 Abs. 5, § 30 EStDV) den Abfluss der SA unberührt, beseitigt aber deren Berücksichtigungsfähigkeit. Zu **Billigkeitsregelungen** der FinVerw. s. Rn. 34; zu § 42 AO s. Rn. 33. 8

B. Zufluss- und Abflussprinzip (Abs. 1 S. 1, Abs. 2 S. 1)

I. Zufluss/Abfluss „wirtschaftlicher Verfügungsmacht". § 11 kennt keine Legaldefinition der Begriffe „zufließen" und „leisten" (abfließen). In der amtl. Begr. zu § 11 EStG 1934, auf den der heutige Wortlaut der Norm zurückgeht, heißt es ua.: „Ein WG ist dem Berechtigten dann zugeflossen, wenn er über das WG verfügen kann. Das ist nicht nur dann der Fall, wenn es unmittelbar in das Vermögen des StPfl. übergegangen ist, sondern auch dann, wenn die Verwirklichung eines Anspr. in so greifbare Nähe gerückt und so gesichert ist, dass dies wirtschaftlich dem tatsächlichen Eingang der Leistung gleichzustellen ist, zB idR bei Gutschriften." „Geleistet im Sinn dieser Vorschrift sind Ausgaben in dem Zeitpunkt, in dem sie aus dem Vermögen des StPfl. herausfließen. Für den Begriff des ‚Herausfließens' gelten die Ausführungen über den Begriff des ‚Zufließens' entspr."[3] Das G sieht somit seit § 11 EStG 1934 davon ab, an die Fälligkeit einer Leistung anzuknüpfen. 9

Die Rspr. ist dieser Leitlinie bis heute gefolgt.[4] Allerdings zeigt sie bisweilen – auch aus Gründen der Gleichbehandlung zur Gewinnermittlung durch BV-Vergleich – die Tendenz, den durch das Kassenprinzip des § 11 eröffneten Gestaltungsspielraum des StPfl. zurückzudrängen. Maßgeblich ist jeweils, ob und wann der StPfl. nach dem **Gesamtbild der Verhältnisse** die **„wirtschaftliche Verfügungsmacht"** erlangt oder verliert. **(1)** Regelmäßig ist Zu- oder Abfluss mit Eintritt des **Leistungserfolges** gegeben (idR mit Übertragung der zivilrechtl. Inhaberschaft, zB Barzahlung, Übereignung v. Sachen; uU schon bei Abtretung oder Erl. einer Forderung oder anderen Vfg. durch Willenserklärung, s. Rn. 25 ff.; aber auch beim tatsächlichen Empfang v. Dienstleistungen oder durch Überlassung v. Gegenständen zur Nutzung, s. Rn. 47 „Nutzungsüberlassung"). **(2)** Darüber hinaus bejaht die Rspr. **Zufluss** uU auch schon bei der **Möglichkeit**, den Leistungserfolg herbeizuführen.[5] So reicht es für den Zufluss aus, wenn der Gläubiger v. einem leistungsbereiten und -fähigen Schuldner in die Lage versetzt wird, den Leistungserfolg ohne dessen Zutun herbeizuführen,[6] was etwa bei der Zahlung durch Scheck (Rn. 22), Kreditkarte (Rn. 23) oder bei Gutschriften in den Büchern des Schuldners (s. Rn. 47 „Gutschrift") v. Bedeutung ist. **(3)** Für den **Abfluss** stellt die Rspr. oft – den Zeitpunkt zT noch weiter vorverlagernd – auf die **„Leistungshandlung"** des Schuldners ab, die abgeschlossen ist, wenn der StPfl. v. sich aus alles Erforderliche getan hat, um den Leistungserfolg herbeizuführen[7] 10

---

1 Zur Geltung v. Abs. 2 S. 1 für ag. Belastungen BFH v. 30.7.1982 – VI R 67/79, BStBl. II 1982, 744 (745) = FR 1982, 574; v. 10.6.1988 – III R 248/83, BStBl. II 1988, 814 (816) = FR 1988, 556; v. 30.6.1999 – III R 8/95, BStBl. II 1999, 766 (767) = FR 1999, 1191 m. Anm. *Kanzler*; FG BaWü. v. 30.10.1991 – 2 K 141/86, EFG 1992, 271.

2 Der Vorrang der AfA-Regeln erfasst auch etwaige Einnahmen; BFH v. 29.11.2007 – IV R 81/05, BStBl. II 2008, 561 (562 f.) = FR 2008, 916 m. Anm. *Kanzler* (öffentl. Investitionszuschuss als Teil der AK/HK mit Bewilligung, nicht mit Auszahlung anzusetzen. – Vgl. aber Rn. 47 „Vorauszahlungen" zu verlorenen Vorauszahlungen auf AK oder HK.

3 RStBl. 1935, 40; zur Entstehungsgeschichte v. § 11 *K/S/M*, Rn. A 71 ff.

4 Aus jüngerer Zeit zB BFH v. 12.4.2007 – VI R 89/04, BStBl. II 2007, 719 = FR 2007, 1031 m. Anm. *Bergkemper*; v. 15.11.2007 – VI R 66/03, BStBl. II 2008, 375 (376) = FR 2008, 427 m. Anm. *Bergkemper*; v. 11.2.2010 – VI R 47/08, BFH/NV 2010, 1094; v. 13.11.2012 – VI R 20/10, BStBl. II 2013, 405 = FR 2013, 426 m. Anm. *Bergkemper*; v. 2.12.2014 – VIII R 40/11, BStBl. II 2016, 675.

5 S. etwa BFH v. 20.3.2001 – IX R 97/97, BStBl. II 2001, 482 (483) = FR 2001, 748.

6 BFH v. 10.7.2001 – VIII R 35/00, BStBl. II 2001, 646 (648) = FR 2001, 958; v. 16.3.2010 – VIII R 4/07, BStBl. II 2014, 147 = FR 2010, 1095 m. Anm. *Harenberg*.

7 BFH v. 14.1.1986 – IX R 51/80, BStBl. II 1986, 453 (454 f.) = FR 1986, 355: Abfluss bei Überweisung grds. mit Auftragszugang bei der Bank; v. 7.12.1999 – VIII R 8/98, BFH/NV 2000, 825; v. 8.3.2016 – VIII B 58/15, BFH/NV 2016, 1008: Abfluss einer USt-Zahlung bei Erteilung einer Einzugsermächtigung und ausreichender Kontodeckung mit Fälligkeit unabhängig von tatsächlicher Buchung.

(s. Rn. 20ff. zum bargeldlosen Zahlungsverkehr). Damit geht sie ohne Notwendigkeit v. Ausgangskriterium „Verlust der wirtschaftlichen Verfügungsmacht" ab[1] – denn dass auch nach Begebung des Schecks, Erteilung des Überweisungsauftrags etc. die Verfügungsmacht zunächst noch beim Kontoinhaber liegt, dessen Vermögen also noch nicht (sondern erst bei Lastschrift der Bank) gemindert ist, zeigt sich an der Möglichkeit eines Auftrags- bzw. Scheckwiderrufs. Indessen kann man die Leistungshandlung jedenfalls dann als genügend ansehen, wenn der Schuldner sie nicht mehr selbst rückgängig machen kann (zB bei der Kreditkarte).

11 **Unerheblich** für Zu- und Abfluss sind dagegen die **wirtschaftliche Zugehörigkeit** der Leistung (Umkehrschluss aus Abs. 1 S. 2, Abs. 2 S. 2), dh. der Zeitraum, für den geleistet wird, sowie (grds.) deren **Fälligkeit**. Aus dieser Differenz folgende Härten sind regelmäßig hinzunehmen.[2] – Der Zahlungsfluss ist grds. auch für Vorauszahlungen[3] maßgeblich. Die Rspr. unterstellt hier allerdings in Einzelfällen bei Fälligkeit den Übergang wirtschaftlicher Verfügungsmacht[4] oder sieht in ihr ein Indiz für einen Rechtsmissbrauch (dazu Rn. 33).

12 **Zu- und Abfluss** sind spiegelbildliche Begriffe, können jedoch **zeitlich auseinanderfallen** (zB Belastung einer Überweisung beim Schuldner vor Gutschrift beim Gläubiger). Das gilt erst recht, wenn man mit der Rspr. für den Abfluss die Leistungshandlung des Schuldners für ausreichend hält (Rn. 10). Der Abfluss findet aber spätestens im Zeitpunkt des Zuflusses statt.

13 **II. Sonderfälle. 1. Verfügungsbeschränkungen.** Ist der Tatbestand des Zuflusses einmal erfüllt, entfällt er bei **nachträglicher** Verfügungsbeschränkung des Empfängers nicht.[5]

14 Auch im Zeitpunkt des Zuflusses **bestehende** Verfügungsbeschränkungen werden grds. als unschädlich angesehen, denn eine (zeitliche, persönliche oder sachliche) Einschränkung der Verfügungsmacht über ein WG (etwa beim der **Testamentsvollstreckung** unterliegenden Erben[6] oder bei Zahlung auf ein **ver- oder gepfändetes Konto**[7] oder ein **Sperrkonto**[8]) hindert deren Zuordnung zum Inhaber[9] idR nicht.[10] Anderes gilt ausnahmsweise, wenn die Verfügungsbeschränkung auf den Aufschub[11] oder die Nichternstlichkeit[12] der Leistung hinausläuft.

15 **2. Späterer Verlust wirtschaftlicher Verfügungsmacht.** Zufluss und Abfluss sind tatsächliche Vorgänge. Die **Rückgewähr v. Leistungen**[13] in einem späteren VZ (etwa Erstattung v. Überzahlungen, Auslagen-

1 Krit. auch *K/S/M*, § 11 Rn. C 3, D 1 „Scheck", „Überweisung".
2 Vgl. BFH v. 13.4.2011 – X R 1/10, BStBl. II 2011, 915 = FR 2011, 912 m. Anm. *Fischer* (zwischenzeitlich nachteilige Gesetzesänderung).
3 StRspr.; zB BFH v. 7.11.2001 – XI R 24/01, BStBl. II 2002, 351 (352) = FR 2002, 532; zum dadurch eröffneten Gestaltungsspielraum Rn. 31 ff., s. ferner Rn. 41, 47 „Vorauszahlungen".
4 Insbes. bei fälligen Forderungen eines **beherrschenden G'ters** gegen eine KapGes.; s. Rn. 30.
5 BFH v. 30.1.1975 – IV R 190/71, BStBl. II 1975, 776 (nachträgliche Pfändung).
6 BFH v. 24.1.1996 – X R 14/94, BStBl. II 1996, 287 (289) = FR 1996, 321.
7 BFH v. 9.7.1987 – IV R 87/85, BStBl. II 1988, 342 (343) = FR 1987, 528; BMF v. 27.12.1995, BStBl. I 1995, 809.
8 Zur Gutschrift auf einem **Sperrkonto** zur Sicherung einer Rückzahlungsverpflichtung BFH v. 23.4.1980 – VIII R 156/75, BStBl. II 1980, 643 = FR 1980, 496; v. 11.8.1987 – IX R 163/83, BStBl. II 1989, 702 = FR 1988, 363; v. 28.9.2011 – VIII R 10/08, BStBl. II 2012, 315 = FR 2012, 489; Ähnliches gilt, soweit der Betrag v. Inhaber als Sicherheit eingesetzt werden kann (BFH v. 2.8.1988 – VIII R 18/80, BFH/NV 1989, 307); zur Gutschrift v. Bausparguthabenzinsen mit Verfügungsbeschränkung BFH v. 8.12.1992 – VIII R 78/89, BStBl. II 1993, 301 = FR 1993, 197 m. Anm. *Söffing*; die Rspr. zur Zahlung auf Sperrkonten beruht zT auf dem Gedanken, dass die Möglichkeit des Gläubigers, den Leistungserfolg zu bewirken, für den Zufluss ausreicht.
9 Voraussetzung ist stets, dass eine Position dem Empfänger nach dem Gesamtbild der Verhältnisse zugeordnet werden kann. Hieran kann es etwa im Fall eines **Notar-Anderkontos** fehlen (BFH v. 30.1.1986 – IV R 125/83, BStBl. II 1986, 404 = FR 1986, 599: Zufluss an Verkäufer erst bei Auszahlungsreife). **Kautionskonten** sind idR dem Kautionsgeber zuzuordnen (BFH v. 24.3.1993 – X R 55/91, BStBl. II 1993, 499). Ein anderes soll für noch nicht fällige, unverzinsliche Stornoreservekonten gelten (BFH v. 12.11.1997 – XI R 30/97, BStBl. II 1998, 252 = FR 1998, 280).
10 Gleiches gilt für die Überlassung v. **Belegschaftsaktien** mit Sperrfrist (vgl. aber Rn. 47 „Optionsrecht"), bei denen der ArbN im Erwerbszeitpunkt nahezu alle Befugnisse des Aktionärs (Stimmrecht, Dividendenanspr, Verpfändung) wahrnehmen kann; BFH v. 16.11.1984 – VI R 39/80, BStBl. II 1985, 136 = FR 1985, 223; vgl. auch BFH v. 24.8.2004 – IX R 28/02, BFH/NV 2005, 49 zu § 7a Abs. 2 S. 3 (Überweisung zu treuen Händen).
11 BFH v. 30.10.1980 – IV R 97/78, BStBl. II 1981, 305 = FR 1981, 226: Vereinbarung über erst **spätere Scheckvorlage** (Vordatierung als Indiz; zur Feststellungslast BFH v. 18.9.1986 – VI R 185/81, BFH/NV 1987, 162); v. 14.5.1982 – VI R 124/77, BStBl. II 1982, 469 = FR 1982, 515: auf zehn Jahre **festgelegte Gewinnbeteiligung** ohne weitere Dispositionsbefugnis.
12 ZB Übertragungen mit Rückübertragungsklauseln auf **Angehörige**; s. *H/H/R*, § 11 Anm. 34.
13 Zum Abfluss bei Rückzahlung v. Bestechungsgeldern BFH v. 26.1.2000 – IX R 87/95, BStBl. II 2000, 396 = FR 2000, 773 m. Anm. *Fischer*.

ersatz bei BA und WK) berührt den bereits verwirklichten Steuertatbestand nicht, sondern ist allenfalls **im Jahr des Rückflusses**[1] zu berücksichtigen. Für den Zufluss als Erlangung wirtschaftlicher Verfügungsmacht kommt es nicht darauf an, ob der Empfänger einen rechtl. Anspr. auf die Leistung hat.[2] „Behaltendürfen" ist kein Merkmal des Zuflusses, vorübergehende wirtschaftliche Verfügungsmacht reicht aus (s. aber Rn. 47: „Durchlaufende Posten"). Das soll selbst dann gelten, wenn die Rückzahlungsverpflichtung schon im Leistungszeitpunkt feststeht.[3]

Besonderheiten gelten nach der (umstrittenen) Rspr. bei SA und ag. Belastungen. Erstattungen sind wegen ihres privaten Charakters (anders als bei BA und WK) nicht bei den Einkünften zu berücksichtigen, sondern an sich nach dem „Belastungsprinzip" im Zusammenhang der ursprünglichen Leistung zu sehen. Gleichwohl soll die Erstattung v. SA aus Gründen der Praktikabilität nicht die Ausgabe im Zahlungsjahr mindern, sondern, weil die StPfl. zumeist gleichartigen Aufwand haben, idR nur zu einer **Minderung gleichartiger**[4] **SA im Erstattungsjahr** führen.[5] Nur ausnahmsweise soll, wenn eine Kompensation im Erstattungsjahr nicht möglich ist (zB mangels gleichartiger SA), doch eine Korrektur für das Zahlungsjahr zulässig sein.[6] Indessen setzen **ag. Belastungen** eine endg. Belastung voraus. Spätere Belastungsminderungen (zB Krankenversicherungsleistungen) sind daher grds. schon **im ursprünglichen Abzugsjahr** zu berücksichtigen.[7] S. iÜ Rn. 47 „ag. Belastungen". 16

3. Beteiligung Dritter. Der Erwerb oder Verlust v. Verfügungsmacht durch einen (offenen oder verdeckten) **Vertreter** wird dem Vertretenen zugerechnet. Zu-/Abfluss liegt dann nicht beim Vertreter vor, sondern allein beim Vertretenen.[8] Der Zufluss entfällt nicht deshalb, weil der Vertreter des Empfängers die Leistung nicht weiterreicht (Untergang, Unterschlagung der Leistung, Insolvenz). Leistet ein Schuldner **auf Geheiß** des stpfl. Gläubigers an einen Dritten, fließt die Leistung dem Gläubiger zu, wenn der Vorgang wirtschaftlich zugleich eine Leistung des Schuldners an den StPfl. und eine solche des StPfl. an den Dritten darstellt (abgekürzter Zahlungsweg, Durchgangserwerb).[9] 17

Auch bei (Gesamt-)**Rechtsnachfolge** (insbes. Leistung an einen Erben; s. aber Rn. 29 zum Übergang einzelner Forderungen durch Abtretung) ist aus Sicht des § 11 **nicht** maßgeblich, **für welchen Zeitraum** wirtschaftlich Einnahmen erhalten oder Ausgaben geleistet worden sind, sondern allein, **wann** die Verfügungsmacht übergegangen ist (s. auch Rn. 4). Eine andere, durch § 11 nicht beantwortete Frage lautet, in wessen Pers. (beim Rechtsvorgänger o. -nachfolger) zu diesem Zeitpunkt die persönlichen und sachlichen Voraussetzungen (zB Einkünftetatbestand) vorliegen.[10] 18

Gesamthandsgemeinschaften (GbR, Erben- und eheliche Gütergemeinschaft; insofern ähnlich Grundstücks- und Wohnungseigentümergemeinschaft) sind für die ESt insoweit Steuerrechtssubjekte, als sie den Besteuerungstatbestand in gesamthänderischer (oder vergleichbarer) Verbundenheit ihrer Mitglieder er- 19

1 BFH v. 4.5.2006 – VI R 33/03, BStBl. II 2006, 911 = FR 2006, 1135; v. 7.11.2006 – VI R 2/05, BStBl. II 2007, 315 = FR 2007, 439 m. Anm. *Bergkemper*; stRspr.

2 BFH v. 20.3.2001 – IX R 97/97, BStBl. II 2001, 482 = FR 2001, 748; v. 4.5.2006 – VI R 17/03, BStBl. II 2006, 830 = FR 2006, 894 (Zufluss auch überzahlten Gehalts; spätere Rückzahlung kein rückwirkendes Ereignis iSv. § 175 Abs. 1 1 Nr. 2 AO, sondern gesetzlich in Kauf genommene Zufallsfolge v. § 11). Gleiches gilt im Fall einer auflösenden Bedingung; BFH v. 30.9.2008 – VI R 67/05, BStBl. II 2009, 282 = FR 2009, 485 m. Anm. *Bergkemper.*

3 BFH v. 29.4.1982 – IV R 95/79, BStBl. II 1982, 593 = FR 1982, 494; v. 24.1.1989 – VIII R 74/84, BStBl. II 1989, 419 = FR 1989, 283; v. 13.10.1989 – III R 30/85, III R 31/85, BStBl. II 1990, 287; v. 30.7.1997 – I R 11/96, BFH/NV 1998, 308 (Gewinnausschüttung unter Verstoß gegen § 30 GmbHG); Einzelheiten bei *Blümich*, § 11 Rn. 18 ff.; *Trzaskalik*, StuW 1985, 222.

4 Die „Gleichartigkeit" in diesem Sinne richtet sich nach Zweck und wirtschaftlicher Bedeutung der Aufwendungen, setzt aber nicht voraus, dass sich ihre stl. Auswirkungen im Zahlungs- und Erstattungsjahr entsprechen; BFH v. 6.7.2016 – X R 22/14, BFH/NV 2016, 1688.

5 BFH v. 26.6.1996 – X R 73/94, BStBl. II 1996, 646 = FR 1996, 860; v. 28.5.1998 – X R 7/96, BStBl. II 1999, 95 = FR 1998, 1097; v. 19.1.2010 – X B 32/09, BFH/NV 2010, 1250; BMF v. 11.7.2002, BStBl. I 2002, 667.

6 BFH v. 26.6.1996 – X R 73/94, BStBl. II 1996, 646 = FR 1996, 860 (KiSt trotz Nichtmitgliedschaft); v. 28.5.1998 – X R 7/96, BStBl. II 1999, 95 = FR 1998, 1097 (Versicherungsbeiträge ohne Versicherungspflicht); v. 24.4.2002 – XI R 40/01, BStBl. II 2002, 569 = FR 2002, 895 (Nachzahlungszinsen); v. 7.7.2004 – XI R 10/04, BStBl. II 2004, 1058 = FR 2004, 1341 (KiSt-Erstattung); v. 19.1.2010 – X B 32/09, BFH/NV 2010, 1250 (KiSt-Erstattung).

7 BFH v. 30.6.1999 – III R 8/95, BStBl. II 1999, 766 (768) = FR 1999, 1191 m. Anm. *Kanzler*; s. § 33 Rn. 7, 14.

8 ZB BFH v. 1.10.1993 – III R 32/92, BStBl. II 1994, 179 (181) = FR 1994, 149 – Handeln für Rechnung des StPfl., sofern Verfügungsmacht übergegangen ist.

9 ZB BFH v. 8.12.1987 – IX R 161/83, BStBl. II 1988, 433 = FR 1988, 339 – Überweisung v. Beiträgen eines Abgeordneten an seine Partei unmittelbar aus seinen Bezügen: mit Zahlung Zu- **und** Abfluss beim stpfl. Abgeordneten; BFH v. 24.1.1989 – VIII R 74/84, BStBl. II 1989, 419 = FR 1989, 283 (vGA); s. ferner BFH v. 24.3.1992 – VIII R 51/89, BStBl. II 1992, 941.

10 ZB BFH v. 19.12.1975 – VI R 157/72, BStBl. II 1976, 322: vorschüssige Gehaltszahlungen sind noch dem Erblasser zugeflossen.

füllen.[1] WG fließen bei jedem Mitglied idR in dem Zeitpunkt anteilig zu/ab, in dem die Gemeinschaft wirtschaftliche Verfügungsmacht erhält/verliert,[2] bei Zufluss also nicht erst mit Überweisung des Anteils an den einzelnen Gemeinschafter.

20 **4. Bargeldloser Zahlungsverkehr.** Auch beim bargeldlosen Zahlungsverkehr bedient sich der StPfl. Dritter (vor allem Kreditinstitute), um Zahlungen zu leisten oder entgegenzunehmen.

21 **a) Überweisung, Lastschrift.** Bei **Überweisungen** im Giroverkehr bejaht die Rspr. **Abfluss** bereits mit **Zugang des Überweisungsauftrages** an die Bank, falls mit seiner Ausführung zu rechnen ist (ausreichende Deckung durch Guthaben oder Dispositionskredit) und der Betrag dem Empfänger anschließend tatsächlich zugeht, andernfalls im Zeitpunkt der Lastschrift.[3] Diese Grundsätze hat die Rspr. auch auf **Lastschriften** übertragen. Hiernach soll die Erteilung einer **Einzugsermächtigung** – eine entspr. Kontodeckung vorausgesetzt – im Zeitpunkt der Fälligkeit zum Abfluss führen.[4] Zur Kritik s. Rn. 10. **Zufluss** liegt nicht schon mit Gutschrift bei der Empfängerbank vor,[5] jedoch mit **Gutschrift auf dem Girokonto des StPfl.**,[6] unabhängig v. der Kenntnis des Gläubigers. Auf die Zahlungsfähigkeit der Bank als Vertreter des StPfl. kommt es nicht an (s. Rn. 17).[7] S. auch Rn. 47 „Notar-Anderkonto", „Pfändung", „Sperrkonto".

22 **b) Scheck.** Beim (Bar-, Verrechnungs-, Post-)Scheck nimmt die Rspr. **Abfluss** mit **Hingabe des Schecks** als maßgeblicher Leistungshandlung an,[8] sofern der Scheck alsbald eingelöst und dem Konto des Gläubigers gutgeschrieben wird.[9] Übergabe an die Post reicht aus.[10] Zur Kritik Rn. 10. **Zufluss** beim Gläubiger liegt nach der Rspr. nicht erst mit Gutschrift, sondern schon mit **Empfang des Schecks** vor, wenn der Scheck gedeckt und nicht spätere Vorlage vereinbart ist;[11] vgl. Rn. 10.

23 **c) Kreditkarte.** Bei Benutzung einer **Kreditkarte** erfolgt **Zufluss** der Zahlung beim Zahlungsempfänger unstreitig mit **Zahlung des Kartenausgebers** (nicht erst bei Belastung des Bankkontos des Karteninhabers). Überträgt man die Rspr. zum Scheck (s. Rn. 10, 22), tritt **Abfluss** beim Karteninhaber bereits mit **Unterschrift des Karteninhabers** ein.[12] Dies ist insofern folgerichtig, als die Kreditkarte vorwiegend als Zahlungsmittel genutzt wird und insoweit die Hingabe v. Bargeld ersetzt. Hinzu kommt, dass dem Karteninhaber hiernach iErg. (anders als idR beim Scheck) keine Möglichkeit bleibt, die Zahlung aufzuhalten.

24 **d) Wechsel.** Der Wechsel ist als Kreditmittel (anders als der Scheck) nicht sofort zur Zahlung fällig. **Abfluss** beim bezogenen Schuldner liegt daher nicht mit Hingabe, sondern erst mit **Zahlung** vor.[13] Nach teilw. vertretener Ansicht soll auch schon die Diskontierung durch eine Bank zum Abfluss führen.[14] Letzteres erscheint fraglich, da die diskontierende Bank nicht unmittelbar zulasten des Bezogenen handelt. Sofern der diskontierte Wechsel nur zahlungshalber begeben worden ist, bleibt der Bezogene zudem weiter Schuldner, ohne bereits aktuell belastet zu sein. **Zufluss** beim Wechselnehmer ist im Zeitpunkt der **Einlösung** oder **Diskontierung** anzunehmen, weil ihm die Wechselsumme dann zur Vfg. steht.[15]

---

1 BFH v. 25.6.1984 – GrS 4/82, BStBl. II 1984, 751 (761 f.) = FR 1984, 619; v. 19.8.1986 – IX S 5/83, BStBl. II 1987, 212 (214) = FR 1987, 35; ebenso für **Bruchteilsgemeinschaft** BFH v. 7.10.1986 – IX R 167/83, BStBl. II 1987, 322 = FR 1987, 233 = FR 1987, 338.

2 Auch bei **Gesamtgläubigerschaft** (§ 428 BGB) fließt die Zahlung an einen Gesamtgläubiger anteilig unmittelbar auch den anderen zu, BFH v. 10.12.1985 – VIII R 15/83, BStBl. II 1986, 342 = FR 1986, 276.

3 BFH v. 11.8.1987 – IX R 163/83, BStBl. II 1989, 702 = FR 1988, 363; v. 6.3.1997 – IV R 47/95, BStBl. II 1997, 509 = FR 1997, 526 mwN.

4 BFH v. 8.3.2016 – VIII B 58/15, BFH/NV 2016, 1008 (dabei verwies der BFH für die konkret gegebene USt-Vorauszahlung auf § 224 Abs. 2 Nr. 3 AO, ohne seine Argumentation auf Zahlungen an das FA zu beschränken).

5 BFH v. 11.12.1990 – VIII R 8/87, BStBl. II 1992, 232 = FR 1991, 635.

6 BFH v. 9.5.1984 – VI R 63/80, BStBl. II 1984, 560 = FR 1984, 486. – Bei Gutschriften in Fremdwährung bestimmt § 11 auch den Umrechnungszeitpunkt; BFH v. 3.12.2009 – VI R 4/08, BStBl. II 2010, 698.

7 Vgl. aber FG Köln v. 28.11.1980 – VIII 5/79 E, EFG 1981, 505: eine Zinsgutschrift fließt nicht zu, wenn die Bank (= Schuldner) zahlungsunfähig ist; vgl. auch *Beater*, StuW 1996, 12 (17 f.).

8 BFH v. 24.9.1985 – IX R 2/80, BStBl. II 1986, 284 (286) = FR 1986, 206; v. 20.3.2001 – IX R 97/97, BStBl. II 2001, 482 = FR 2001, 748; vgl. aber § 7a Abs. 2 S. 5.

9 BFH v. 29.10.1970 – IV R 103/70, BStBl. II 1971, 94; v. 20.3.2001 – IX R 97/97, BStBl. II 2001, 482 = FR 2001, 748.

10 BFH v. 24.9.1985 – IX R 2/80, BStBl. II 1986, 284 (286) = FR 1986, 206.

11 BFH v. 30.10.1980 – IV R 97/78, BStBl. II 1981, 305 (306 f.) = FR 1981, 226; v. 20.3.2001 – IX R 97/97, BStBl. II 2001, 482 (483) = FR 2001, 748; vgl. BFH v. 26.4.1995 – XI R 86/94, BStBl. II 1996, 4 (5) = FR 1996, 34 m. Anm. *Kanzler*; krit. *Blümich*, § 11 Rn. 44.

12 So FG RhPf. v. 18.3.2013 – 5 K 1875/10, EFG 2013, 1029 (rkr.); *Schmidt*[37], § 11 Rn. 36; *H/H/R*, § 11 Anm. 120; *Blümich*, § 11 Rn. 46; *K/S/M*, § 11 Rn. D 1 „Kreditkarte".

13 *K/S/M*, § 11 Rn. D 1 „Wechsel"; *Blümich*, § 11 Rn. 49.

14 So wohl H 11 EStH „Wechsel"; sa. die Spezialregelung in § 7a Abs. 2 S. 4.

15 BFH v. 5.5.1971 – I R 166/69, BStBl. II 1971, 624 (626); v. 30.10.1980 – IV R 97/78, BStBl. II 1981, 305 (306) = FR 1981, 226; H 11 EStH „Wechsel". – Anders (nur) für den Fall der Hingabe an Erfüllungs statt *K/S/M*, § 11 Rn. D 1

5. Zu- und Abfluss allein durch Willenserklärungen. Zu- und Abfluss v. Einnahmen und Ausgaben können – außer durch reale Leistungen oder zusammengesetzte Erfüllungshandlungen (wie nach § 929 BGB) – auch allein durch die Abgabe rechtsgeschäftlicher Willenserklärungen bewirkt werden. 25

a) Aufrechnung. Eine Aufrechnung des Schuldners mit einer ihm gegen den Gläubiger zustehenden fälligen Gegenforderung bewirkt das Erlöschen der gegenseitigen Forderungen, soweit diese sich decken (§§ 387 ff. BGB). Damit **steht** sie wirtschaftlich **einer tatsächlichen Leistung gleich**. Dem Aufrechnenden fließt mit Wirksamwerden der Aufrechnung der Gegenstand seiner Forderung zu und gleichzeitig der Gegenstand seiner eigenen Leistungsverpflichtung ab. Beim Aufrechnungsgegner verhält es sich spiegelbildlich. Entscheidend ist (ungeachtet § 389 BGB) nach hM grds. der Zeitpunkt der **Aufrechnungserklärung**,[1] es sei denn, die Aufrechnung ist vor Fälligkeit der Forderung erklärt (dann Zufluss/Abfluss bei Fälligkeit).[2] 26

b) Erlass/Verzicht. Auch ein **Erl.** (Vertrag iSv. § 397 BGB) kann eine Forderung zum Erlöschen bringen. Entspr. gilt für einen einseitigen **Verzicht** des Gläubigers. Da Entstehung und Verlust v. Forderungen im Bereich der Überschusseinkünfte und der Gewinnermittlung nach § 4 Abs. 3 grds. irrelevant sind und fiktive Einnahmen nicht besteuert werden, bleiben Erl. und Verzicht regelmäßig **unbeachtlich**.[3] **Ausnahmen** gelten, falls der Erl. (Verzicht) wirtschaftlich Einkommens**verwendung** darstellt,[4] weil der Gläubiger über die Verwendung des Gegenstandes bestimmen kann, oder wenn ihm eine geldwerte Gegenleistung gegenübersteht.[5] In diesen Fällen vollziehen sich Zu-/Abfluss im Zeitpunkt des – ggf. konkludenten – Erlassvertrages (des Verzichts). 27

c) Schuldumwandlung. Bei der Schuldumwandlung (Novation) vereinbaren[6] Gläubiger und Schuldner, dass die alte Schuld erlischt und durch eine andere ersetzt wird. Das Steuerrecht verwendet diese Begriffe unabhängig v. bürgerlichen Recht. Ein zivilrechtl. Austausch v. Forderungen führt nicht notwendig zum Zufluss des Gegenstandes der ursprünglichen Forderung, kann dies aber dann, wenn er wirtschaftlich einen **Zahlungsersatz** unter Abkürzung v. Zahlungswegen darstellt, nämlich die Begleichung der Altschuld unter Rückgewähr der Leistung und Begr. einer Neuverpflichtung.[7] Voraussetzung ist, dass der Gläubiger zum maßgeblichen Zeitpunkt tatsächlich in der Lage gewesen wäre, den Leistungserfolg herbeizuführen.[8] Dies ist idR nicht anzunehmen, wenn der Schuldner zahlungsunfähig[9] oder nicht leistungsbereit[10] war. Eine Novation kann auch schon **vor Fälligkeit** der ursprünglichen Schuld vereinbart werden („Vorausverfügung").[11] Zur **Abgrenzung** ggü. der bloßen **Stundung**, die keinen Zufluss bewirkt (s. Rn. 47 „Stundung"), stellt die Rspr.[12] maßgeblich darauf ab, ob die Vereinbarung überwiegend im **Interesse des Gläubigers** zustande gekommen ist (dann Wechsel der wirtschaftlichen Verfügungsmacht, dh. Novation) oder nicht (dann stl. 28

„Wechsel": Zufluss mit Übergabe. Jedoch erhält der Wechselnehmer die Wechselsumme auch in diesem Fall erst mit Einlösung oder Diskontierung.

1 BFH v. 24.9.1985 – IX R 2/80, BStBl. II 1986, 284 (286) = FR 1986, 206 (Zugang der Erklärung beim Aufrechnungsgegner); v. 2.5.2007 – VI B 139/06, BFH/NV 2007, 1315.

2 BFH v. 24.9.1985 – IX R 22/85, BFH/NV 1986, 733; vgl. auch BFH v. 21.9.1982 – VIII R 140/79, BStBl. II 1983, 289 = FR 1983, 223.

3 ZB BFH v. 30.7.1993 – VI R 87/92, BStBl. II 1993, 884 und v. 25.11.1993 – VI R 115/92, BStBl. II 1994, 424 = FR 1994, 363 – bedingungsloser Gehaltsverzicht v. ArbN; v. 2.9.1994 – VI R 35/94, BFH/NV 1995, 208; v. 23.9.1998 – XI R 18/98, BStBl. II 1999, 98 = FR 1999, 212 – ArbG-Spende ohne Verwendungsbestimmung.

4 Vgl. BFH v. 5.12.1990 – I R 5/88, BStBl. II 1991, 308 (309).

5 ZB BFH v. 27.3.1992 – VI R 145/89, BStBl. II 1992, 837 = FR 1992, 617 m. Anm. *Söffing* – betrieblich motivierter Verzicht des ArbG auf Schadensersatzanspruch als Lohnzufluss an ArbN; BFH v. 9.6.1997 – GrS 1/94, BStBl. II 1998, 307 (311 f.) – Pensionsanwartschaftsverzicht eines G'ter: wegen der Werterhöhung des Beteiligungskapitals verdeckte Einlage – mit Anm. *Neumann*, FR 1997, 925.

6 Mangels Vereinbarung ist das einseitige Stehenlassen einer Forderung kein Fall der Novation; BFH v. 20.10.2015 – VIII R 40/13, BStBl. II 2016, 342 = FR 2016, 726.

7 StRspr.; zB BFH v. 10.7.2001 – VIII R 35/00, BStBl. II 2001, 646 = FR 2001, 958; v. 30.10.2001 – VIII R 15/01, BStBl. II 2002, 138 (141) = FR 2002, 288 m. Anm. *Kempermann*; zusammenfassend BFH v. 28.10.2008 – VIII R 36/04, BStBl. II 2009, 190 (195) = FR 2009, 487; v. 30.11.2010 – VIII R 40/08, BFH/NV 2011, 592; v. 16.9.2014 – VIII R 15/13, BStBl. II 2015, 468 = FR 2015, 565.

8 BFH v. 30.10.2001 – VIII R 15/01, BStBl. II 2002, 138 (142) = FR 2002, 288 m. Anm. *Kempermann*.

9 BFH v. 6.4.2000 – IV R 56/99, BFH/NV 2000, 1191; v. 30.10.2001 – VIII R 15/01, BStBl. II 2002, 138 (142) = FR 2002, 288 m. Anm. *Kempermann*.

10 Vgl. BFH v. 16.3.2010 – VIII R 4/07, BStBl. II 2014, 147 = FR 2010, 1095 m. Anm. *Harenberg*.

11 BFH v. 22.7.1997 – VIII R 57/95, BStBl. II 1997, 755 = FR 1997, 943; v. 22.7.1997 – VIII R 12/96, BStBl. II 1997, 761 und v. 22.7.1997 – VIII R 13/96, BStBl. II 1997, 767 = FR 1997, 949. – Zur Abgrenzung der „Vorausverfügung" v. der „zustimmenden Kenntnisnahme" (kein Zufluss) BFH v. 30.11.2010 – VIII R 40/08, BFH/NV 2011, 592.

12 BFH v. 30.10.2001 – VIII R 15/01, BStBl. II 2002, 138 (141) = FR 2002, 288 m. Anm. *Kempermann*; v. 28.10.2008 – VIII R 36/04, BStBl. II 2009, 190 (195) = FR 2009, 487.

Stundung).[1] Bei gleichwertigen Interessen ist zu fragen, ob die Vereinbarung Ausdruck der freien Dispositionsbefugnis der Beteiligten ist.[2] S. auch Rn. 47 „ArbN-Darlehen", „Damnum", „Optionsrecht", „Zinsen".

29 **d) Abtretung.** Die Abtretung (§ 398 BGB; gleichgestellt ist die cessio legis[3]) lässt eine Forderung gegen den Schuldner v. alten Gläubiger (Zedent) auf den neuen Gläubiger (Zessionar) übergehen. Da weder Innehabung noch Fälligkeit einer Forderung, sondern erst ihre Erfüllung zum Zufluss führen (Rn. 10f.), bleibt auch die Abtretung einer fälligen Forderung grds. **unbeachtlich**. Das gilt jedenfalls für eine **unentgeltliche** Abtretung (dann Zufluss mit Erfüllung der Forderung ggü. dem neuen, persönliche Zurechnung der Einnahme aber beim alten Gläubiger; für den Abfluss beim Schuldner ergeben sich keine Besonderheiten). Gleiches gilt aber auch bei **entgeltlicher** Abtretung, soweit diese – wie im Regelfall – **zahlungshalber** (erfüllungshalber) erfolgt. Dann bewirkt die Erfüllung der Forderung nur zugleich Zufluss beim Zessionar **und** beim Zedenten (und zugleich Abfluss beim Schuldner und beim Zedenten; abgekürzter Zahlungsweg). Eine **Ausnahme** greift, wenn die Forderung **an Erfüllungs statt** abgetreten wird (§ 364 Abs. 1 BGB) und damit das Schuldverhältnis zw. Alt- und Neugläubiger erlischt. Die Abtretung bewirkt dann als Erfüllungssurrogat Zufluss beim Zessionar und Abfluss beim Zedenten. Die tatsächliche Erfüllung der Forderung führt (nur noch) zum Vermögenszufluss beim Neugläubiger und zum Abfluss beim Schuldner. Die Rspr. geht weiter und lässt diese Ausnahme für Abtretungen an Erfüllungs statt auch bei Abtretungen **erfüllungshalber** gelten, wenn die abgetretene Forderung „fällig, unbestritten und einziehbar" ist,[4] sieht also auch die Abtretung einer sofort realisierbaren Forderung wirtschaftlich als Zahlung an.

30 **6. Beherrschender Gesellschafter.** Die Rspr. unterstellt beim beherrschenden G'ter den Zufluss fälliger Forderungen gegen die beherrschte KapGes.[5] Mangels Interessengegensatzes habe er bereits im Zeitpunkt der **Fälligkeit** (zumeist mit Gewinnverwendungsbeschluss[6]) die Möglichkeit erlangt, den Leistungserfolg herbeizuführen, dh. die wirtschaftliche Verfügungsmacht (s. Rn. 10). Ansonsten hätte er es in der Hand, den Gewinn der KapGes. durch Forderungspassivierung zu kürzen (sofern keine vGA vorliegt), ohne beim G'ter Zufluss zu bewirken. Eine **Ausnahme** wird insbes. unter der engen Voraussetzung einer nicht nur vorübergehenden Zahlungsunfähigkeit, dh. bei **Insolvenzreife** der Ges. gemacht.[7] Auch ein Leistungsverweigerungsrecht der Ges. kann entgegenstehen.[8] Diese verallgemeinernde Rspr. misst der Fälligkeit eine Bedeutung bei, die ihr sonst iRd. § 11 nicht zukommt. Zudem ignoriert sie, dass vernünftige wirtschaftli-

1 **Zufluss bejaht** zB: BFH v. 14.2.1984 – VIII R 221/80, BStBl. II 1984, 480 = FR 1984, 401 – Hinzurechnung fälliger Zinsen zur Darlehensschuld als Vereinbarungsdarlehen, falls Gläubiger v. sich aus Anlage im Betrieb des Schuldners sucht; v. 21.7.1987 – VIII R 211/82, BFH/NV 1988, 224 – Wiederanlage, um zusätzlichen Ertrag zu erzielen; v. 10.7.2001 – VIII R 35/00, BStBl. II 2001, 646 = FR 2001, 958; v. 28.10.2008 – VIII R 36/04, BStBl. II 2009, 190 (195) = FR 2009, 487; v. 16.3.2010 – VIII R 4/07, BStBl. II 2014, 147 = FR 2010, 1095 m. Anm. *Harenberg*; v. 27.8.2014 – VIII R 41/13, BFH/NV 2015, 187 – Wiederanlage vorgetäuschter Renditen in betrügerischem „Schneeballsystem"; s. auch *Karla*, FR 2013, 545ff.); speziell zu nicht lfd. Arbeitslohn: BFH v. 11.2.2010 – VI R 47/08, BFH/NV 2010, 1094 – vereinbarte Gutschrift v. Arbeitslohn als Beteiligungskapital. Dagegen **kein Zufluss**, wenn Schuldner in Zahlungsschwierigkeiten oder zahlungsunwillig ist (BFH v. 21.10.1981 – I R 230/78, BStBl. II 1982, 139 = FR 1982, 123; v. 14.2.1984 – VIII R 221/80, BStBl. II 1984, 480 = FR 1984, 401; v. 21.7.1987 – VIII R 211/82, BFH/NV 1988, 224: Vfg. über wertlose Forderung führt nicht zu Zufluss) oder die Verschiebung der tatsächlichen Leistung sonst allein im Interesse des Schuldners liegt (BFH v. 2.9.1994 – VI R 35/94, BFH/NV 1995, 208).

2 BFH v. 24.6.2003 – IX B 227/02, BFH/NV 2003, 1327.

3 BFH v. 15.11.2007 – VI R 66/03, BStBl. II 2008, 375 (376) = FR 2008, 427 m. Anm. *Bergkemper* zu § 115 Abs. 1 SGB X.

4 BFH v. 30.10.1980 – IV R 97/78, BStBl. II 1981, 305 (306) = FR 1981, 226.

5 Grundlegend RFH RStBl. 1937, 490; fortgeführt zB durch BFH v. 17.11.1998 – VIII R 24/98, BStBl. II 1999, 223 (mit **abl.** Anm. *Paus*, FR 1999, 751); v. 5.10.2004 – VIII R 9/03, BFH/NV 2005, 526; v. 8.5.2007 – VIII R 13/06, BFH/NV 2007, 2249; v. 2.12.2014 – VIII R 2/12, BStBl. II 2015, 333 = FR 2015, 952 = GmbHR 2015, 371; v. 15.6.2016 – VI R 6/13, BStBl. II 2016, 903; FG München v. 8.12.1999 – 1 K 1623/98, EFG 2000, 255 (zwei beherrschende G'ter). – Ein anderes kann bei einem Verzicht auf die Forderung gelten: Hat die Ges. sie nicht erfolgswirksam verbucht und liegt auch keine verdeckte Einlage vor, fließen dem G'ter insofern keine Einnahmen zu, als er eine tatsächliche Vermögenseinbuße erleidet; BFH v. 3.2.2011 – VI R 4/10, FR 2011, 576 m. Anm. *Bergkemper* = BStBl. II 2014, 493. Vgl. auch BFH v. 15.5.2013 – VI R 24/12, FR 2013, 1092 m. Anm. *Siebert/Ivzhenko-Siebert* = BStBl. II 2014, 495 (konkludenter Verzicht auf eine über mehrere Jahre weder verbuchte noch ausgezahlte Sondervergütung). – Diese Grundsätze gelten mangels „Beherrschungssituation" **nicht** für den umgekehrten Fall einer Forderung der KapGes. gegen den G'ter; BFH v. 14.4.2016 – VI R 13/14, BStBl. II 2016, 778. – Gegen eine Übertragung der Rspr. auf den Nur-Geschäftsführer FG BaWü. v. 17.2.1998 – 2 K 143/96, EFG 1998, 1011.

6 BFH v. 21.10.1981 – I R 230/78, BStBl. II 1982, 139 (141) = FR 1982, 123. Eine durch Gewinnverwendungsbeschluss in das Folgejahr hinausgeschobene zivilrechtliche Fälligkeit ist dabei unbeachtlich, ändert also nichts am sofortigen Zufluss; BFH v. 2.12.2014 – VIII R 2/12, BStBl. II 2015, 333 = FR 2015, 952 = GmbHR 2015, 371.

7 BFH v. 8.5.2014 – X B 105/13, BFH/NV 2014, 1213. Vgl. auch bereits BFH v. 14.2.1984 – VIII R 221/80, FR 1984, 401 = BStBl. II 1984, 480 (482); v. 14.6.1985 – VI R 127/81, BStBl. II 1986, 62 = FR 1986, 40; v. 10.5.1989 – I R 159/85, BFH/NV 1990, 635.

8 BFH v. 16.11.1993 – VIII R 33/92, BStBl. II 1994, 632 = FR 1994, 543.

che Gründe dafür sprechen können, der Ges. Liquidität zu belassen. Auch stellt sie den beherrschenden schlechter als andere G'ter. Vielmehr sollte ähnlich wie bei der Novation (Rn. 28) gefragt werden, ob die Forderung vorrangig im objektiven Interesse des G'ters oder der Ges. stehen blieb. Bei Vorliegen nachvollziehbarer Gründe, etwa um einer Unternehmenskrise vorzubeugen, fehlt es am Zufluss. IÜ bleibt es beim Ergebnis der Rspr. Allerdings dürfen die entspr. Maßstäbe wg Art. 6 GG nicht ohne Weiteres auf **Familienangehörige** des G'ters übertragen werden, insbes. gilt auch insoweit keine Vermutung gleichgerichteter wirtschaftlicher Interessen v. Ehegatten.[1] Bei Verträgen unter nahen Angehörigen kann der Zufluss nicht generell unterstellt werden, sondern tritt idR erst mit Zahlung ein.[2] Im Einzelfall kann ein Fremdvergleich Aufschluss geben.

III. Gestaltungsspielraum und Grenzen. Da Zu- und Abfluss unabhängig v. wirtschaftlicher Zugehörigkeit und Fälligkeit der Leistung sind (Rn. 11) und allein an den Übergang der wirtschaftlichen Verfügungsmacht anknüpfen, entstehen dem StPfl. entspr. **Gestaltungsspielräume**. Er kann über die zeitliche Steuerung v. Einnahmen und insbes. v. Ausgaben (Vorauszahlungen) die Bemessungsgrundlage der ESt so variieren, dass Steuerlasten auf spätere VZ verschoben werden (Zins- und Liquiditätsvorteil) oder auf einen VZ entfallen, in dem die ESt geringer ausfällt (insbes. der individuelle Grenzsteuersatz niedriger ist, PB/zumutbare Eigenbelastung [§ 33 Abs. 3] ohnehin ausgeschöpft werden oder Gesetzesänderungen – etwa v. Tarif- und Freibetragsregelungen – zu Belastungsverschiebungen führen). 31

Wortlaut und Ratio v. § 11 nehmen dabei in bewusster Abgrenzung v. BV-Vergleich (§§ 4 Abs. 1, 5) in Kauf, dass Zusammenballungen wirtschaftlich auf mehrere VZ entfallender Einnahmen und Ausgaben des StPfl. progressionswirksam im VZ ihres Zu- oder Abfließens zugerechnet werden. Der Gesetzgeber erkennt somit an, dass es in einzelnen VZ zu stl. „Zufallsergebnissen" kommen kann, die ggf. eine erhebliche stl. Be- oder Entlastung auslösen.[3] 32

Folglich ist es grds. hinzunehmen, wenn der StPfl. Zu- und insbes. Abfluss im Rahmen seiner zivilrechtl. Befugnisse (etwa durch Leistung **vor** Fälligkeit) so gestaltet, wie es für ihn stl. am vorteilhaftesten ist. Da dies weder dem Wortlaut noch dem Zweck v. § 11 widerspricht, liegt **grds. kein Rechtsmissbrauch** vor. Das gilt umso mehr, als das wirtschaftliche Eigeninteresse der Parteien ohnehin Gestaltungsmöglichkeiten begrenzt. So führt die Vorverlagerung v. Ausgaben zu Zinsverlusten, die v. Einnahmen stößt auf entgegengesetzte Interessen des Schuldners. Dies hat die Rspr. vielfach respektiert,[4] gelegentlich dagegen Gestaltungen nach **§ 42 AO** die Anerkennung mit der Begr. versagt, (insbes.) **Vorauszahlungen** seien „ohne wirtschaftlich vernünftigen Grund" – vor allem vor Fälligkeit und über das Geschuldete hinaus – geleistet worden.[5] Diese strenge Rspr. wird in der Literatur überwiegend kritisiert.[6] Ihr sollte auch nur mit der Maßgabe einer im konkreten Fall restriktiven Handhabung von § 42 AO zugestimmt werden. IÜ bleibt es legitim, das Stichtagsprinzip auszunutzen.[7] 33

Umgekehrt kann § 11 dem StPfl. auch erhebliche Nachteile bringen, wenn Einnahmen in einzelnen VZ progressionswirksam zusammentreffen oder Ausgaben in Kj. fallen, in denen sie sich nicht oder kaum auswirken. Teilw Entlastung verschaffen zB die Tarifvorschrift des § 34 oder einzelne Sondervorschriften (s. Rn. 4 ff.). Ein **Billigkeitserlass** (§ 163 S. 2 AO) kommt regelmäßig nicht in Betracht. Gleichwohl gewährt die FinVerw. dem StPfl. in bestimmten Fällen die Möglichkeit, Folgen des § 11 durch abw. Zuordnungen abzumildern.[8] Ob dies mit dem G vereinbar ist, darf jenseits v. Abs. 1 S. 3, Abs. 2 S. 3 (Rn. 41) bezweifelt werden.[9] 34

---

1 BFH v. 14.6.1985 – VI R 127/81, BStBl. II 1986, 62 = FR 1986, 40; zust. *K/S/M*, § 11 Rn. B 3.
2 FG Köln v. 22.11.1994 – 2 K 4025/90, EFG 1995, 419.
3 BFH v. 26.1.2000 – IX R 87/95, BStBl. II 2000, 396 (397) mwN = FR 2000, 773 m. Anm. *Fischer.*
4 **Zufluss:** zB BFH v. 11.10.1983 – VIII R 61/81, BStBl. II 1984, 267 = FR 1984, 202 – Miet- und Pachtvorauszahlungen; v. 24.9.1985 – IX R 2/80, BStBl. II 1986, 284 = FR 1986, 206 – Zinsvorauszahlungen für zwei Jahre; allerdings besondere Umstände; v. 11.11.2009 – IX R 1/09, BStBl. II 2010, 746 – Arbeitnehmerabfindung (nicht lfd. Arbeitslohn); **Abfluss:** FG RhPf. v. 29.1.1988 – 6 K 195/85, EFG 1988, 641 – Honorarvorauszahlung.
5 BFH v. 25.1.1963 – VI 69/61 U, BStBl. III 1963, 141 – willkürlich überhöhte Vorauszahlung v. KiSt, um höheren SA-Abzug zu erlangen; v. 23.9.1986 – IX R 113/82, BStBl. II 1987, 219 = FR 1987, 118 – Vorauszahlung v. Treuhänder-/Haftungsgebühren, Verwaltungskosten, Mietgarantie vor Bezugsfertigkeit; vgl. auch BFH v. 11.8.1987 – IX R 163/83, BStBl. II 1989, 702 = FR 1988, 363; zum „Damnum" s. Rn. 47.
6 *Seer*, DStR 1987, 603; *K/S/M*, § 11 Rn. A 142; eher auf Linie der Rspr. dagegen *H/H/R*, § 11 Anm. 9; *B/B*, § 11 Rn. 18.
7 So ausdrücklich BFH v. 11.10.2000 – I R 99/96, BStBl. II 2001, 22 (24) mit Anm. *Fischer*, FR 2001, 156.
8 Bsp. bei *Schmidt*[37], § 11 Rn. 7.
9 Krit. auch *K/S/M*, § 11 Rn. A 99; dagegen iSd. FinVerw. BFH v. 28.10.1980 – VIII R 34/76, BStBl. II 1981, 161 (163) = FR 1981, 123; ebenso zu Zuschüssen nach dem 3. Förderungsweg BFH v. 14.7.2004 – IX R 65/03, BFH/NV 2004, 1623.

C. Ausnahmetatbestände zum Zu- und Abflussprinzip

35 **I. Regelmäßig wiederkehrende Einnahmen und Ausgaben (Abs. 1 S. 2, Abs. 2 S. 2).** Abs. 1 S. 2 und Abs. 2 S. 2 regeln als nicht verallgemeinerungsfähige Ausnahmetatbestände die zeitliche Zurechnung regelmäßig wiederkehrender Einnahmen und Ausgaben. Für sie ist – unter weiteren Voraussetzungen – nicht ihr Zu- oder Abfluss (Zeitpunkt, **in dem** sie geleistet werden) maßgeblich, sondern ihre wirtschaftliche Zugehörigkeit (Zeitraum, **für den** sie geleistet werden). Sinn der Vorschrift ist die Vermeidung v. Zufallsergebnissen bei Leistungen um die Jahreswende, speziell bei längerfristig angelegten Leistungsverhältnissen.[1]

36 **Wiederkehrend** sind Leistungen, deren Wiederholung **v. vornherein** aufgrund eines bestehenden **Rechtsverhältnisses** in bestimmten Zeitabständen vorgesehen ist,[2] **nicht** also freiwillig **tatsächlich** wiederholt erbrachte Leistungen oder **Ratenzahlungen** auf eine einmalige Leistungspflicht. **Zweimalig** gilt schon als wiederkehrend.[3] Eine als wiederkehrend vereinbarte Leistung bleibt eine solche auch dann, wenn das zugrunde liegende Rechtsverhältnis rückwirkend aufgelöst wird.

37 **Regelmäßig** kehren Einnahmen/Ausgaben wieder, wenn sie periodisch nach bestimmten Zeitabschnitten und in bestimmten Zeitabständen anfallen, wobei Schwankungen der **Höhe** nach unerheblich sind.[4] **Bsp.** sind Miet- und Pachtzahlungen, Renten, Zinsen, Versicherungsbeiträge, Bausparbeiträge, periodische Abschlagszahlungen, Umsatzsteuervorauszahlungen[5] und Unterhaltszahlungen (soweit regelmäßig und nicht freiwillig, s. Rn. 47 „Unterhaltsleistungen"). Für den Arbeitslohn geht die Spezialregelung des Abs. 1 S. 4 vor (Rn. 42 ff.).

38 Die Rspr. verlangt in **teleologischer Reduktion** v. Abs. 1 S. 2, Abs. 2 S. 2 ferner zutr., dass die Leistungen in engem zeitlichen Zusammenhang zum Jahreswechsel fällig werden, weil sich nur bei Fälligkeitsterminen um die Jahreswende zufällige Verschiebungen kurzfristiger Zu-/Abflussschwankungen ergeben können:[6] Die am 5.1.02 überwiesene, am 31.12.01 fällige Monatsmiete ist in 01 zu berücksichtigen, nicht dagegen die Nachzahlung der am 30.11.01 fälligen Novembermiete.

39 Als **kurze Zeit** vor Beginn oder nach Ablauf des Kj., innerhalb der die Leistung fällig und erbracht sein muss, sieht die Rspr. idR[7] einen Zeitraum v. höchstens **zehn Tagen** um den Jahreswechsel an – also die Zeit v. 22.12. bis 10.1.[8]

40 Liegen diese Voraussetzungen vor, richtet sich die zeitliche Zuordnung nicht nach dem Zu- oder Abfluss der Leistung, sondern nach deren **wirtschaftlicher Zugehörigkeit**, also nach dem Zeitraum, für den sie (als Gegenleistung) erbracht wird. Auf den Fälligkeitstermin der Leistung kommt es *insoweit* nicht an (zB Fälligkeit der Dezembermiete 01 am 3.1.02, Zahlung am 5.1.02: Zurechnung in 01).[9]

---

1 BFH v. 24.7.1986 – IV R 309/84, BStBl. II 1987, 16; s. auch BFH v. 23.9.1999 – IV R 1/99, BStBl. II 2000, 121 mwN = FR 2000, 334 m. Anm. *Kanzler*: entspr. Anwendbarkeit v. § 11 Abs. 1 S. 2 und Abs. 2 S. 2 bei Gewinnermittlung nach § 4 Abs. 3, auch wenn das Wj. v. Kj. abweicht.

2 Vgl. BFH v. 10.12.1985 – VIII R 15/83, BStBl. II 1986, 342 = FR 1986, 276; v. 24.7.1986 – IV R 309/84, BStBl. II 1987, 16.

3 *Blümich*, § 11 Rn. 90; *Schmidt*[37], § 11 Rn. 26 (hM); **aA** (mindestens dreimalig) *H/H/R*, § 11 Anm. 78; *K/S/M*, § 11 Rn. B 32.

4 Etwa BFH v. 6.7.1995 – IV R 63/94, BStBl. II 1996, 266 = FR 1995, 827 (Quartalsabschlusszahlungen der Kassenärztlichen Vereinigungen); v. 1.8.2007 – XI R 48/05, BStBl. II 2008, 282 (283 f.) = FR 2008, 29 (Umsatzsteuervorauszahlungen, Nullfestsetzungen oder Erstattungen unschädlich).

5 BFH v. 1.8.2007 – XI R 48/05, BStBl. II 2008, 282 (283) = FR 2008, 29 (Entspr. gilt spiegelbildlich für Umsatzsteuererstattungen); v. 11.11.2014 – VIII R 34/12, BStBl. II 2015, 285.

6 BFH v. 9.5.1974 – VI R 161/72, BStBl. II 1974, 547 (Fälligkeit am 1.12. reicht nicht); v. 24.7.1986 – IV R 309/84, BStBl. II 1987, 16; zust. *K/S/M*, § 11 Rn. B 34; *Schmidt*[37], § 11 Rn. 27. Die Ausführungen v. BFH v. 23.9.1999 – IV R 1/99, BStBl. II 2000, 121 = FR 2000, 334 m. Anm. *Kanzler* beziehen sich wohl nur auf die wirtschaftliche Zugehörigkeit (s. Rn. 40). – Vgl. aber jüngst auch BFH v. 27.6.2018 – X R 44/16, juris.

7 **AA** FG München v. 7.3.2018 – 13 K 1029/16, EFG 2018, 1033 (Rev. VIII R 10/18): zwölf oder mehr Tage (zu USt-Vorauszahlungen.

8 BFH v. 6.11.2002 – X B 30/02, BFH/NV 2003, 169 mwN; v. 1.8.2007 – XI R 48/05, BStBl. II 2008, 282 (283) = FR 2008, 29; v. 11.11.2014 – VIII R 34/12, BStBl. II 2015, 285; v. 27.6.2018 – X R 44/16, juris; stRspr. – §§ 108 Abs. 1 AO, 193 BGB bzw. § 108 Abs. 3 AO sind nicht entspr. anzuwenden, sodass sich weder das Ende des Zehn-Tages-Zeitraums (BFH v. 11.11.2014 – VIII R 34/12, BStBl. II 2015, 285) noch die iRd. § 11 Abs. 1 S. 2, Abs. 2 S. 2 maßgebliche gesetzliche Regelfälligkeit (BFH v. 27.6.2018 – X R 44/16, juris) verschieben, falls sie auf einen Sams oder Sonntag fallen. Parallel hierzu sollte bei erteilter Einzugsermächtigung auch der nach § 224 Abs. 2 Nr. 3 AO unterstellte Zahlungszeitpunkt an die Regelfälligkeit anknüpfen (offengelassen in FG Thür. v. 27.1.2016 – 3 K 791/15, EFG 2016, 1425).

9 BFH v. 24.7.1986 – IV R 309/84, BStBl. II 1987, 16; v. 6.7.1995 – IV R 63/94, BStBl. II 1996, 266 = FR 1995, 827; v. 6.7.1995 – IV R 72/94, BFH/NV 1996, 209; v. 23.9.1999 – IV R 1/99, BStBl. II 2000, 121 = FR 2000, 334 m. Anm. *Kanzler*; H 11 EStH „Allgemeines – Kurze Zeit"; ebenso *Theler*, DB 1987, 1168; *K/S/M*, § 11 Rn. B 34; *H/H/R*, § 11 Anm. 85; **aA** BMF v. 5.11.2002, BStBl. I 2002, 1346 Tz. 1: Zuordnung v. Sparzinsen nach Fälligkeit.

II. Vorauszahlungen bei langfristigen Nutzungsüberlassungen (Abs. 1 S. 3, Abs. 2 S. 3). Eine weitere Ausnahme v. Zu-/Abflussprinzip gilt für Vorauszahlungen, die für eine **Nutzungsüberlassung** v. **mehr als fünf Jahren**[1] geleistet werden. Als **Einnahmen können** sie gem. Abs. 1 S. 3, als **Ausgaben müssen** sie nach Abs. 2 S. 3 gleichmäßig auf den Zeitraum verteilt werden, für den sie geleistet worden sind.[2] Dies soll nach dem Willen des Gesetzgebers vor allem für Erbbauzinsen gelten, deren frühere[3] Behandlung damit überholt wird, lässt sich aber auf andere Vorauszahlungen übertragen, soweit sie eine Nutzungsüberlassung von Sachen und Rechten aller Art entgelten (zB Zuschüsse zu Baukosten; R 21.5 Abs. 2 u. 3 EStR).[4] Dagegen bleibt es für ein marktübliches Damnum oder Disagio gem. Abs. 2 S. 4 beim Abflussprinzip.[5] 41

III. Einnahmen aus nichtselbständiger Arbeit (§ 11 Abs. 1 S. 4 iVm. § 38a Abs. 1 S. 2 und 3, § 40 Abs. 3 S. 2). Für den **Zufluss** v. Einnahmen aus nichtselbständiger Arbeit gilt Abs. 1 S. 4 als lex specialis zu Abs. 1 S. 1 und 2. Die Norm verweist auf **Sondervorschriften** des LSt-Rechts zum Zufluss v. Arbeitslohn und ordnet damit an, dass diese nicht nur für das LSt-Abzugsverfahren, sondern **auch für die ESt-Veranlagung** gelten. 42

Gem. § 11 Abs. 1 S. 4 iVm. **§ 38a Abs. 1 S. 2** richtet sich die **zeitliche Zuordnung** v. **lfd. Arbeitslohn** (vgl. R 39b.2 Abs. 1 LStR) nicht nach dem Zahlungseingang beim ArbN und auch nicht notwendig nach dessen wirtschaftlicher Zugehörigkeit. Laufender Arbeitslohn gilt vielmehr als in dem Kj. bezogen, in dem der Lohnzahlungs- bzw. -abrechnungszeitraum **endet**. **Ob** dem ArbN Einnahmen zugeflossen sind, regelt die Vorschrift nicht. § 38a Abs. 1 S. 2 betrifft nur Arbeitslohn für einen Lohnzahlungs-/-abrechnungszeitraum um den Jahreswechsel; **Vorauszahlungen** für einen erst im Folgejahr beginnenden Zeitraum oder **Nachzahlungen** für einen im Vorjahr abgelaufenen Zeitraum sind im Kj. des Zuflusses zu erfassen (näher § 38a).[6] 43

Für **sonstige** (insbes. einmalige) **Bezüge** des ArbN (zB 13. Monatsgehalt, einmalige Gratifikation etc.[7], näher R 39b.2 Abs. 2 LStR) bleibt es gem. § 11 Abs. 1 S. 4 iVm. **§ 38a Abs. 1 S. 3** bei Geltung des Zuflussprinzips (vgl. § 19 Rn. 72).[8] 44

Nach der Fiktion des § 11 Abs. 1 S. 4 iVm. **§ 40 Abs. 3 S. 2** gilt auf den ArbN **abgewälzte pauschale LSt** mit Abwälzung als zugeflossener Arbeitslohn. Näher § 40. 45

Abs. 1 S. 4 und der Verweis auf das LSt-Recht beschränken sich auf den Zufluss v. Einnahmen. Für den **Abfluss** sowohl zu erstattenden Arbeitslohns[9] als auch abzugsfähiger WK gilt **Abs. 2**, so dass der tatsächliche Leistungszeitpunkt maßgeblich bleibt. – Auf Lohnersatzleistungen iSv. § 32b Abs. 1 ist Abs. 1 S. 4 weder direkt noch entsprechend anwendbar.[10] 46

D. Einzelnachweise (ABC Zu- und Abfluss)

Abtretung s. Rn. 29. 47

---

1 Die mehr als fünfjährige Dauer der Nutzung muss von vornherein feststehen; FG RhPf. v. 16.11.2016 – 1 K 2434/14, EFG 2017, 393 (Rev. VI R 54/16); *H/H/R*, § 11 Anm. 125; *K/S/M*, § 11 Rn. C 23; vgl. aber auch FG Münster v. 9.6.2017 – 4 K 1034/15 E, EFG 2017, 1268 (Rev. VI R 34/17).

2 Umstritten ist die Anwendbarkeit v. Abs. 2 S. 3 im VZ 2004. Das EURLUmsG, hat die Regelung auf ab dem 1.1. 2004 geleistete Zahlungen rückbezogen (§ 52 Abs. 30 S. 1). Der BFH hat mit Urteil v. 7.12.2010 – IX R 70/07, BStBl. II 2011, 346 = FR 2011, 325 m. Anm. *Fleischmann* dem BVerfG (Az. 2 BvL 1/11) die Frage vorgelegt, ob hierin für den Zeitraum v. 1.1.2004 bis zum 27.10.2004 (maßgebliche Beschlussempfehlung des FinA) eine unzulässige tatbestandliche Rückanknüpfung liegt. Ob indes die vormalige Rspr. bereits eine verfestigte Vermögensposition vermittelt hat, die einen gesteigerten Vertrauensschutz vermitteln könnte, darf bezweifelt werden; vgl. BVerfG v. 7.7.2010 – 2 BvL 14/02 u.a., BVerfGE 127, 1 (16ff.); zu diesem Urteil ausf. Einl. Rn. 52ff.

3 Anders noch BFH v. 23.9.2003 – IX R 65/02, BStBl. II 2005, 159 = FR 2004, 167 m. Anm. *Fischer*: sofortige Abziehbarkeit im Voraus geleisteter Erbbauzinsen.

4 Nicht für eine Nutzungsüberlassung gezahlt wird eine Vorabgebühr für die Verwaltung von KapVerm. Im Einzelfall kann sich jedoch – unabhängig von § 11 – die Frage eines Gestaltungsmissbrauchs stellen (§ 42 AO); großzügig insofern BFH v. 24.2.2015 – VIII R 44/12, BStBl. II 2015, 649.

5 S. Rn. 47 „Damnum“.

6 BFH v. 22.7.1993 – VI R 104/92, BStBl. II 1993, 795 = FR 1993, 813; v. 29.5.1998 – VI B 275/97, BFH/NV 1998, 1477; s. auch R 39b.2 Abs. 1 Nr. 7, Abs. 2 S. 2 Nr. 8 LStR („lfd.“ Arbeitslohn nur bei Nachzahlung innerhalb v. drei Wochen des folgenden Kj.).

7 Siehe auch BFH v. 15.12.2011 – VI R 26/11, BStBl. II 2012, 415 = FR 2012, 483: Ausgleichszahlungen bei Altersteilzeitmodell; v. 3.9.2015 – VI R 1/14, BStBl. II 2016, 31 = FR 2016, 73: vom ArbG übernommene ESt des ArbN bei Nettolohnvereinbarung.

8 BFH v. 24.8.2017 – VI R 58/15, BStBl. II 2018, 72 Rn. 30f. – Der Zuflusszeitpunkt ist damit gestaltbar (vgl. Rn. 31ff.); BFH v. 11.11.2009 – IX R 1/09, BStBl. II 2010, 746 (verschobene Abfindung).

9 BFH v. 7.11.2006 – VI R 2/05, BStBl. II 2007, 315 = FR 2007, 439 m. Anm. *Bergkemper*.

10 BFH v. 1.3.2012 – VI R 4/11, BStBl. II 2012, 596 = FR 2012, 1163.

AfaA ist im Regelfall nur im VZ des wertmindernden Ereignisses abziehbar, BFH v. 13.3.1998 – VI R 27/97, BStBl. II 1998, 443 (Unfallschaden an Pkw).

Ag. Belastungen fließen nicht schon bei Eintritt des zwangsläufigen Ereignisses, sondern erst im Zahlungszeitpunkt (zB für die Wiederbeschaffung) ab (BFH v. 30.7.1982 – VI R 67/79, BStBl. II 1982, 744 = FR 1982, 574); bei Kreditfinanzierung Abfluss bereits im VZ der Verausgabung, nicht erst bei Kredittilgung (BFH v. 10.6.1988 – III R 248/83, BStBl. II 1988, 814 = FR 1988, 556). Spätere Ersatzleistungen (zB Versicherungen) mindern die ag. Belastungen bereits im VZ des Abflusses, da nur endg. Belastungen zu berücksichtigen sind (BFH v. 30.6.1999 – III R 8/95, BStBl. II 1999, 766 = FR 1999, 1191 m. Anm. *Kanzler*). Ausnahmsweise kann eine Verteilung auf mehrere VZ in Betracht kommen, falls sehr hohe ag. Belastungen ansonsten weitgehend ohne stl. Auswirkungen blieben; FG Saarl. v. 6.8.2013 – 1 K 1308/12, EFG 2013, 1927 (rkr.). S. iÜ Rn. 4, 16; ferner: Darlehen, Unterhaltsleistungen.

Aktien s. Optionsrecht.

Alleingesellschafter s. Rn. 30.

Angehörige s. Rn. 30.

Arbeitslohn s. Rn. 42 ff.; ferner: ArbG-/ArbN-Darlehen, Belegschaftsaktien, Erl., Gewinnchancen, Gutschrift, Nutzungsüberlassung, Optionsrecht, Pfändung, Sachleistungen, Zukunftssicherungsleistungen.

Arbeitszeitkonto s. Zeitwertkonto.

ArbG-Darlehen an ArbN. Leistungen des ArbG an den ArbN über den fälligen Arbeitslohn hinaus können **Vorschuss** auf künftigen Arbeitslohn sein (dann Lohnzufluss mit Auszahlung) oder – als solche nicht steuerbare – **Darlehensgewährung**. Für Ersteres sprechen Kurzfristigkeit und Abrede der Tilgung durch Verrechnung mit künftigem Arbeitslohn, für Letzteres Zinsvereinbarung.

ArbN-Darlehen an ArbG. Dem ArbN kann Arbeitslohn auch dann zufließen, wenn er ihn dem ArbG darlehensweise überlässt (s. auch Gutschrift, Schuldumwandlung). Eine bloße Stundung (s. dort) reicht hierfür aber nicht aus. Ob der ArbN wirtschaftliche Verfügungsmacht über nicht ausgezahlten Arbeitslohn erhält, ist eine Frage des Einzelfalls (BFH v. 14.5.1982 – VI R 124/77, BStBl. II 1982, 469 = FR 1982, 515). **Für einen Zufluss** spricht ein eigenes Interesse des ArbN (Schaffung einer Kapitalanlage, Sicherung des Arbeitsplatzes). **Gegen einen Zufluss** sprechen die Zusage künftiger Leistungen des ArbG ohne Wahlrecht des ArbN zu sofortiger Auszahlung (BFH v. 30.1.1974 – I R 139/71, BStBl. II 1974, 454: Gewinngutschrift für den Versorgungsfall; v. 14.5.1982 – VI R 124/77, BStBl. II 1982, 469 = FR 1982, 515: wegen zehnjähriger Auszahlungssperre kein Zufluss trotz unbedingter Zusage und fester Verzinsung), geringe Verzinsung. Kein Zufluss bei mangelnder Zahlungsfähigkeit oder -willigkeit des ArbG.

Arzthonorar: Bei **Direkteinzug** oder Einzug durch **kassenärztliche Vereinigung** Zufluss mit Auszahlung an den Arzt. Abschlagszahlungen der kassenärztlichen Vereinigung sind regelmäßig wiederkehrende Einnahmen iSv. Abs. 1 S. 2 (Rn. 35 ff.). Ihre Abschlusszahlungen im Januar 02 für das 3. Quartal Kj. 01 sollen dem Kj. 01 zugerechnet werden (BFH v. 6.7.1995 – IV R 63/94, BStBl. II 1996, 266 = FR 1995, 827), selbst wenn sie wegen Ablaufs der Festsetzungsfrist nicht mehr erfasst werden können (BFH v. 6.7.1995 – IV R 72/94, BFH/NV 1996, 209). Bei Einzug durch **privatärztliche Verrechnungsstelle** Zufluss schon bei Zahlungseingang an diese (R 11 S. 2 EStR), s. Rn. 17.

Aufrechnung s. Rn. 26.

Bank s. Sperrkonto sowie Rn. 20–24.

Barzahlung ist bei Übergabe des Geldes zu- und abgeflossen – unabhängig v. Bestand einer Zahlungspflicht oder deren Fälligkeit (Rn. 11), auch bei Vorauszahlungen (s. dort).

Beherrschender Gesellschafter s. Rn. 30.

Belegschaftsaktien fließen dem ArbN regelmäßig im Erwerbszeitpunkt (zum dann aktuellen Wert) zu, selbst wenn er sich verpflichtet, sie innerhalb eines bestimmten Zeitraumes nicht zu veräußern (BFH v. 16.11.1984 – VI R 39/80, BStBl. II 1985, 136 = FR 1985, 223; v. 7.4.1989 – VI R 47/88, BStBl. II 1989, 608 = FR 1989, 556); s. Rn. 14; ferner Optionsrecht.

Beschränkte StPfl. s. Rn. 3, 4.

Bezugsrecht s. Optionsrecht.

Bonusaktien sind im Zeitpunkt der Depoteinbuchung beim einzelnen Aktionär zu berücksichtigen (BFH v. 7.12.2004 – VIII R 70/02, BStBl. II 2005, 468, 473).

Damnum („Abgeld", „Disagio") ist der Unterschiedsbetrag zw. dem Nennbetrag (Rückzahlungsbetrag) eines Darlehens und dem Verfügungsbetrag, der dem Darlehensnehmer tatsächlich ausgezahlt wird. Der BGH (BGH v. 29.5.1990 – XI ZR 231/89, NJW 1990, 2250; v. 8.10.1996 – XI ZR 283/95, NJW 1996, 3337) sieht hierin im Regelfall einen laufzeitabhängigen Ausgleich für einen niedrigeren Nominalzins. Unabhängig davon, ob man ihm deshalb zinsähnlichen Charakter beimisst, kommt es im Rahmen v. § 11 für seine zeitliche Zurechnung auf den Zahlungszeitpunkt nach dem Zu-/Abflussprinzip an. Das Damnum ist also, wie Abs. 2 S. 4 nun ausdrücklich klarstellt, grds. nicht nach wirtschaftlicher Zugehörigkeit auf mehrere VZ der Darlehensüberlassung zu verteilen (vgl. zuvor BMF v. 5.4.2005, BStBl. I 2005, 617). Voraussetzung hierfür ist, dass das Damnum als marktüblich angesehen werden kann. Dies ist anzunehmen bei einem Zinsfestschreibungszeitraum v. mindestens fünf Jahren und einem Damnum v. höchstens 5 % (vgl. BR-Drucks. 622/06, 72 f.; Bestätigung durch BMF v. 20.10.2003, BStBl. I 2003, 546 Tz. 15); iÜ entscheidet ein Fremdvergleich (BFH v. 8.3.2016 – IX R 38/14, BStBl. II 2016, 646). Im Einzelnen gilt: **(1) IdR** fließt das Damnum mit Auszahlung des (Netto-)Darlehensbetrages beim Darlehensnehmer ab (BFH v. 6.12.1965 – GrS 2/64 S, BStBl. III 1966, 144; v. 3.2.1987 – IX R 85/85, BStBl. II 1987, 492). Er erhält den Betrag mit der übrigen Darlehenssumme und zahlt ihn sofort zurück, der Zahlungsweg wird durch Verrechnung abgekürzt. **(2)** Bei **ratenweiser** Darlehensauszahlung hängt der Zeitpunkt der Damnumzahlung v. der – tatsächlich durchgeführten – zivilrechtl. Vereinbarung der Beteiligten ab (BFH v. 8.6.1994 – X R 36/91, BStBl. II 1995, 16 = FR 1994, 641). **(3)** Bei Damnum**vorauszahlung** vor Darlehensauszahlung wird ein Abfluss im Zahlungszeitpunkt jedoch nach § 42 AO nicht anerkannt (s. Rn. 33), wenn wirtschaftliche Gründe für die Vorauszahlung fehlen (BFH v. 3.2.1987 – IX R 85/85, BStBl. II 1987, 492). Die FinVerw. nimmt grds. marktübliche (idR maximal 5 % der Darlehenssumme) Vorausleistungen bis zu drei Monaten hin (H 11 EStH; BMF v. 20.10.2003, BStBl. I 2003, 546 Tz. 15); s. auch Vorauszahlungen. **(4)** Wird das Damnum durch ein **Tilgungsstreckungsdarlehen** finanziert, fließt es, sofern beide eine rechtl. und wirtschaftliche Einheit bilden, idR erst mit dessen Tilgungsraten ab, BFH v. 26.11.1974 – VIII R 105/70, BStBl. II 1975, 330; v. 13.9.1994 – IX R 20/90, BFH/NV 1995, 293 und v. 15.11.1994 – IX R 11/92, BFH/NV 1995, 669; FG Köln v. 28.9.1995 – 2 V 4114/95, EFG 1995, 1098. – Zur zeitanteiligen Anrechnung des Damnums bei vorzeitiger Rückzahlung BFH v. 19.2.2002 – IX R 36/98, BStBl. II 2003, 126; zum Schuldscheindarlehen BFH v. 21.5.1993 – VIII R 1/91, BStBl. II 1994, 93.

Darlehen: Wird eine bestehende Schuld im Vereinbarungswege durch eine Darlehensverbindlichkeit ersetzt, kann darin wirtschaftlich die Begleichung der Forderung unter Rückgewähr des geleisteten Gegenstandes und damit Zu- und Abfluss liegen (s. Schuldumwandlung), zB in Fällen des ArbN-Darlehens (s. dort). – Leistet der StPfl. **Ausgaben** (BA, WK, SA, ag. Belastungen) nicht aus eigenen Mitteln, sondern **kreditfinanziert**, fließen sie gleichwohl im Zeitpunkt der Zahlung und nicht erst bei Darlehenstilgung ab (s. zB zu ag. Belastungen: BFH v. 10.6.1988 – III R 248/83, BStBl. II 1988, 814 = FR 1988, 556; v. 6.4.1990 – III R 60/88, BStBl. II 1990, 958).

DBA: Der Zeitpunkt des Zu-/Abflusses im Inland steuererheblicher Zahlungsströme richtet sich grds. nach § 11 (vgl. BFH v. 24.3.1992 – VIII R 51/89, BStBl. II 1992, 941: erstattungsfähiger Teil ausländ. Quellensteuer fließt dem Empfänger bereits bei Einbehaltung zu; vgl. ferner BFH v. 29.11.2000 – I R 102/99, BStBl. II 2001, 195 = FR 2001, 311); s. auch *Portner*, IStR 1998, 268.

Durchlaufende Posten sind Geld oder andere WG, die der StPfl. erkennbar für einen Dritten vereinnahmt oder verausgabt (§ 4 Abs. 3 S. 2); zB durch Anwalt verauslagte Gerichtskosten. Sie verschaffen dem StPfl. keine **eigene** Verfügungsmacht, fließen also nicht **ihm** zu (vgl. Rn. 17). Zur Abgrenzung zu weitergeleiteten und zurückgezahlten Einnahmen BFH v. 30.1.1975 – IV R 190/71, BStBl. II 1975, 776; zur USt s. dort.

Erbbauzinsen fließen grds. mit Zahlung zu/ab. Für Vorauszahlungen gelten allerdings die Ausnahmen nach Abs. 1 S. 3, Abs. 2 S. 3 (s. Rn. 41).

Erbschaft: Zuwendungen v. Todes wegen fließen erst mit dem Tode ab. Sie sind daher bei der Besteuerung des Erblassers nicht zu berücksichtigen (zB als Spende); BFH v. 16.2.2011 – X R 46/09, BStBl. II 2011, 685. S. auch Rechtsnachfolge.

Erlass s. Rn. 27.

Erstattung v. Einnahmen/Ausgaben: s. Rn. 15.

Fälligkeit einer Leistung ist grds. ohne Bedeutung für Zu-/Abfluss, s. Rn. 11, sowie Stundung, Vorauszahlungen; zu Ausnahmen s. Rn. 30, 31 sowie Damnum, Forderungen, Gutschrift, Vorauszahlungen, Zinsen; zur Bedeutung im Rahmen v. Abs. 1 S. 2 und Abs. 2 S. 2 s. Rn. 38.

Forderungen fließen grds. im Zeitpunkt der Einziehung, nicht schon bei Fälligkeit zu, nach der Rspr. uU auch schon dann, wenn der Gläubiger v. einem leistungsbereiten und leistungsfähigen Schuldner in die Lage versetzt wird, den Leistungserfolg ohne dessen Zutun herbeizuführen (s. Rn. 10, 30, 31 ff.); s. auch Damnum, Gutschrift, Vorauszahlungen; zur Vfg. über Forderungen durch Aufrechnung, Erl., Schuldumwandlung, Abtretung s. Rn. 25 ff.

Gehaltsumwandlung s. ArbN-Darlehen, Erl., Optionsrecht, Schuldumwandlung, Zukunftssicherungsleistungen; zum Gehaltsverzicht s. Rn. 27.

Geldbeträge s. Barzahlung, Gutschrift, Überweisung.

Geldwerte Vorteile s. Gewinnchancen, Nutzungsüberlassung, Optionsrecht, Sachleistungen, Wohnungsrecht.

Gewinnchancen: Die Einräumung einer Gewinnchance (zB Verlosung durch den ArbG) bewirkt noch keinen Zufluss (sondern erst ihre Realisierung), BFH v. 25.11.1993 – VI R 45/93, BStBl. II 1994, 254; s. auch Optionsrecht.

Gutscheine über geldwerte Leistungen bewirken mit ihrer Hingabe Zufluss, soweit sie einen Anspr. gegen einen Dritten vermitteln (FG Sachs. v. 9.1.2018 – 3 K 511/17, EFG 2018, 1259 [rkr.] [Tankgutscheine]). Enthalten sie das Versprechen einer eigenen Leistung des Gebenden (zB des ArbG), fließt deren Gegenwert erst mit Inanspruchnahme der Leistung zu (BFH v. 21.8.2012 – IX R 55/10, BFH/NV 2013, 354 [Hotelgutscheine als Pachtzins]). S. auch R 38.2 Abs. 3 LStR.

Gutschrift: (1) auf dem Bankkonto des Empfängers: s. Rn. 21 ff.; **(2) bei sonstigen Dritten** für den Empfänger: s. Rn. 17 ff.; **(3) in den Büchern des Schuldners:** Grds. hält die Gutschrift nur buchmäßig das Bestehen einer Verpflichtung fest und verschafft dem Gläubiger **keine** unmittelbare Zugriffsmöglichkeit auf die Leistung, bewirkt also keinen Zufluss. **Ausnahmsweise** ist nach der Rspr. die Verwirklichung des Anspr. in so greifbare Nähe gerückt und so gesichert, dass sie dem tatsächlichen Eingang der Leistung gleichsteht und Zufluss iSv. Abs. 1 S. 1 vorliegt (vgl. Rn. 9 f.), wenn die Gutschrift nach dem Gesamtbild der Verhältnisse zum Ausdruck bringt, dass der Betrag dem Berechtigten **v. nun an zur Vfg. steht** (BFH v. 14.2.1984 – VIII R 221/80, BStBl. II 1984, 480 = FR 1984, 401; v. 24.3.1993 – X R 55/91, BStBl. II 1993, 499; v. 30.10.2001 – VIII R 15/01, BStBl. II 2002, 138 = FR 2002, 288 m. Anm. *Kempermann*). Als Indizien für die Verfügungsmacht des Gläubigers wertet die Rspr. die Fälligkeit der Schuld und ihre Verzinsung (BFH v. 12.11.1997 – XI R 30/97, BStBl. II 1998, 252 = FR 1998, 280) sowie vor allem den Umstand, dass die Gutschrift im **Gläubigerinteresse** an die Stelle der tatsächlichen Auszahlung tritt (BFH v. 22.7.1997 – VIII R 57/95, BStBl. II 1997, 755 = FR 1997, 943). Zufluss beim Gläubiger setzt in jedem Fall voraus, dass der Schuldner uneingeschränkt **leistungsbereit und -fähig** ist (BFH v. 22.7.1997 – VIII R 57/95, BStBl. II 1997, 755 = FR 1997, 943; FG Münster v. 24.9.1998 – 14 K 5151/95 E, F, EFG 1999, 1116). Regelmäßig ist eine **Mitteilung** über die Gutschrift an den Berechtigten erforderlich (zB BFH v. 22.11.1974 – VI R 138/72, BStBl. II 1975, 350: Gutschrift der Finanzkasse), soweit Gutschrift nicht ausdrücklich vereinbart wurde (BFH v. 24.3.1993 – X R 55/91, BStBl. II 1993, 499). Bedenken gegen diese Vorverlagerung des Zuflusses durch die Rspr. äußert *Blümich*, § 11 Rn. 64. S. auch Rn. 30 sowie ArbN-Darlehen.

Hinterlegung: Die bloße Sicherheitshinterlegung (§§ 232 ff. BGB) bewirkt keinen Zu-/Abfluss. Ein anderes kann für die Hinterlegung nach §§ 372 ff. BGB gelten, sofern die Rücknahme nach §§ 376 Abs. 2, 378 BGB ausgeschlossen ist (zust. *K/S/M*, § 11 Rn. D 1 „Hinterlegung"; **aA** *Blümich*, § 11 Rn. 110). Zuvor kann jedenfalls § 373 BGB den Übergang verhindern. Entscheidend ist jeweils das Gesamtbild der Verhältnisse (zB Zufluss beim zunächst unbekannten Gläubiger erst mit Auszahlung; FG München v. 16.3.2004 – 12 K 519/03, EFG 2004, 1295). S. auch Sperrkonto sowie Rn. 14.

Instandhaltungsrücklage nach WEG: Abfluss nicht schon bei Beitragsleistung der Wohnungseigentümer, sondern erst mit den späteren Reparaturaufwendungen (BFH v. 26.1.1988 – IX R 119/83, BStBl. II 1988, 577 = FR 1988, 360; zuletzt BFH v. 8.10.2012 – IX B 131/12, BFH/NV 2013, 32). – Veruntreut der Hausverwalter die Instandhaltungsrücklage, ist der Zeitpunkt maßgeblich, zu dem der Eigentümer erstmals Kenntnis von der Entreicherung erlangt; FG RhPf. v. 24.1.2013 – 6 K 1973/10, EFG 2013, 609 (rkr.).

Kapitalerträge s. Rn. 30 zum beherrschenden G'ter; ferner Schuldverschreibungen, Zinsen; iÜ § 20 Rn. 18.

Kaution: Kautionszahlung (zB Mietkaution nach § 551 BGB) führt idR nicht zum Zufluss beim Kautionsnehmer, der sie nur treuhänderisch verwaltet (§ 39 Abs. 2 Nr. 1 S. 2 Fall 1 AO); BFH v. 24.3.1993 – X R 55/91, BStBl. II 1993, 499 (mit Abgrenzung in BFH v. 12.11.1997 – XI R 30/97, BStBl. II 1998, 252 = FR 1998, 280); s. auch Sperrkonto.

Kreditkarte s. Rn. 23.

Lastschrift: Eine Zahlung gilt bei Erteilung einer Einzugsermächtigung und entspr. Kontodeckung bereits mit Fälligkeit der Forderung als abgeflossen; auf die Belastung des Girokontos (die erst einen tatsächlichen Verlust der wirtschaftlichen Verfügungsmacht bedeutet) soll es dann nicht ankommen (BFH v. 8.3.2016 – VIII B 58/15, BFH/NV 2016, 1008; Sonderfall einer Zahlung an das FA). – Ist die Bank selbst Empfänger der Leistung (zB Zinsen für ein Kontokorrentkonto), wurde hingegen der Zeitpunkt der Buchung angesetzt; dies gilt allerdings nur, sofern die Bank dem Kontoinhaber noch Kredit gewährt (BFH v. 6.3.1997 – IV R 47/95, BStBl. II 1997, 509 = FR 1997, 526).

Lebensversicherung: Verzichtet der Versicherungsnehmer bei einer Lebensversicherung gegen Einmalzahlung vor Laufzeitende auf vertraglich vereinbarte Teilauszahlungsansprüche, ist allenfalls eine Stundung, nicht aber eine Schuldumwandlung (Novation) und damit kein Zufluss der Einnahmen gegeben (BFH v. 16.9.2014 – VIII R 15/13, BStBl. II 2015, 468 = FR 2015, 565). Auch im Fall einer vor Fälligkeit verlängerten Vertragslaufzeit fließen die dem Versicherungsnehmer zustehenden Zinsen erst mit ihrem tatsächlichen Eingang zu (BFH v. 27.9.2016 – VIII R 66/13, BStBl. II 2017, 626).

Nießbrauch s. Nutzungsüberlassung.

Notar-Anderkonto: Entscheidend ist jeweils die wirtschaftliche Zuordnung nach dem Gesamtbild der Verhältnisse; s. Rn. 14.

Novation s. Rn. 28.

Nutzungsüberlassung: Maßgeblich für den Zufluss ist der Zeitpunkt der tatsächlichen Nutzungsmöglichkeit. Räumt der ArbG dem ArbN mit Rücksicht auf das Arbverh. unentgeltlich den Nießbrauch an einer Wohnung ein, fließt der geldwerte Vorteil nicht schon mit Bestellung des Nießbrauchs, sondern fortlaufend in Höhe des Nutzungswertes zu (BFH v. 26.5.1993 – VI R 118/92, BStBl. II 1993, 686 = FR 1993, 631; H 11 EStH); ebenso bei obligatorischem Wohnrecht (BFH v. 22.1.1988 – VI R 135/84, BStBl. II 1988, 525 = FR 1988, 364). Anderes – Zufluss des Nutzungswertes schon bei Erbbaurechtsbestellung – soll bei unangemessen niedrigem Erbbauzins gelten, BFH v. 10.6.1983 – VI R 15/80, BStBl. II 1983, 642 (str.). Zur Nutzung v. Ferienwohnungen als Einkünfte aus KapVerm. (Hapimag/Timesharing) s. BFH v. 16.12.1992 – I R 32/92, BStBl. II 1993, 399 (402); v. 26.8.1993 – I R 44/92, BFH/NV 1994, 318 (Zufluss jeweils mit Nutzungsüberlassung); zur Verteilung einmaliger Nutzungsentgelte auf mehrere VZ s. Rn. 34.

Optionsrecht ist das Recht, durch einseitige Erklärung einen Vertrag (insbes. Kauf- oder Mietvertrag) zustande zu bringen. Hauptanwendungsfall sind Bezugsrechte v. ArbN auf Aktien des eigenen Unternehmens („stock options"). Bei **nicht handelbaren Optionen** führt nicht deren Erwerb, sondern erst die **Rechtsausübung** (BFH v. 23.7.1999 – VI B 116/99, BStBl. II 1999, 684 = FR 1999, 1125; v. 24.1.2001 – I R 100/98, BStBl. II 2001, 509 = FR 2001, 738 m. Anm. *Kanzler*; v. 24.1.2001 – I R 119/98, BStBl. II 2001, 512 = FR 2001, 743 m. Anm. *Kanzler*; v. 20.6.2001 – VI R 105/99, BStBl. II 2001, 689 = FR 2001, 901 m. Anm. *Kessler/Strnad*; BMF v. 10.3.2003, BStBl. I 2003, 234) oder eine **anderweitige Verwertung**, zB durch entgeltliche Übertragung auf Dritte (BFH v. 18.9.2012 – VI R 90/10, BStBl. II 2013, 289 = FR 2013, 917), zum Zufluss. Gleiches soll auch bei **verkehrsfähigen**, insbes. börsennotierten **Optionsrechten** gelten (BFH v. 20.11.2008 – VI R 25/05, BStBl. II 2009, 382 [384 f.] = FR 2009, 625 m. Anm. *Bergkemper*; offen noch BFH v. 24.1.2001 – I R 100/98, BStBl. II 2001, 509 [510] = FR 2001, 738 m. Anm. *Kanzler* – fraglich, da bereits mit Optionsgewährung verfügbarer Vermögenswert). Obligatorische Haltefristen und sogar Verfallsklauseln stehen nicht entgegen; BFH v. 30.9.2008 – VI R 67/05, BStBl. II 2009, 282 (283 f.); vgl. aber BFH v. 30.6.2011 – VI R 37/09, BStBl. II 2011, 923 zu vinkulierten Aktien. Bei entgeltlichem Verzicht auf die Rechtsausübung ist dieser Zeitpunkt maßgeblich; BFH v. 19.6.2008 – VI R 4/05, BStBl. II 2008, 826 (829). Nach gleichen Grundsätzen behandelt werden Wandelschuldverschreibungen (BFH v. 23.6.2005 – VI R 124/99, BStBl. II 2005, 766 = FR 2005, 1045 m. Anm. *Bergkemper*) und Wandeldarlehen (BFH v. 23.6.2005 – VI R 10/03, BStBl. II 2005, 770 = FR 2005, 1165), bei denen Zufluss idR erst mit dem Erwerb der Aktien eintritt. Zum Ganzen s. *Geserich*, DStR-Beihefter 2014, 56 ff.; zu Belegschaftsaktien s. auch Rn. 14.

Pfändung/Verpfändung eines Kontos, auf das eine Zahlung erfolgt, hindert Zufluss nicht (BFH v. 9.7.1987 – IV R 87/85, BStBl. II 1988, 342 = FR 1987, 528; auch anschließende Verpfändung nicht, BFH v. 11.8.1987 – IX R 163/83, BStBl. II 1989, 702 = FR 1988, 363; s. auch Rn. 13 f.), bewirkt aber selbst auch noch keinen Zu- oder Abfluss (BFH v. 30.1.1975 – IV R 190/71, BStBl. II 1975, 776).

Rechtsmissbrauch s. Rn. 33; ferner Damnum, Vorauszahlungen.

Rechtsnachfolge s. Rn. 4, 18.

SA fallen unter § 11 Abs. 2 (Rn. 4, 7). **Erstattung** v. SA in späterem VZ reduziert nicht die Ausgabe im Zahlungsjahr, sondern mindert idR nur die **gleichartigen** SA im Erstattungsjahr (Rn. 16). Zum Abfluss bei **Kreditfinanzierung** s. Darlehen; s. auch Spenden.

Sachleistungen: Übertragene **Sachen** fließen mit Verschaffung des wirtschaftlichen Eigentums zu. Dies deckt sich idR mit der zivilrechtl. Übereignung. Abw. hiervon kann das wirtschaftliche Eigentum auch mit Übergang v. Besitz, Gefahr, Nutzungen und Lasten erworben werden (BFH v. 2.5.1984 – VIII R 276/81, BStBl. II 1984, 820; v. 23.3.1994 – VIII B 50/93, BFH/NV 1994, 786 aE; stRspr.). Zufluss setzt voraus, dass der Empfänger über den Gegenstand frei verfügen kann (BFH v. 21.11.1989 – IX R 170/85, BStBl. II 1990, 310 = FR 1990, 159: werterhöhende Aufwendungen des Erbbauberechtigten fließen dem Grundstückseigentümer erst mit Realisierung des Wertzuwachses zu). – Bei Einräumung des **Rechts**, von einem Dritten eine (vergünstigte) Sach oder Dienstleistung zu beziehen, fließt der Vorteil erst mit Inanspruchnahme dieses Rechts zu (BFH v. 14.11.2012 – VI R 56/11, BStBl. II 2013, 382 = FR 2013, 472 m. Anm. *Bergkemper*: Jobticket; FG Nds. v. 13.3.2018 – 14 K 204/16, EFG 2018, 942 (Rev. VI R 14/18): vergünstigte Nutzung eines Fitnessstudios); s. auch Gewinnchancen, Nutzungsüberlassung, Optionsrecht.

Scheck s. Rn. 22.

Scheinrendite aus **Schneeballsystem:** Werden vorgetäuschte Renditen in betrügerischen Schneeballsystemen wieder angelegt, gelten sie grds. als zugeflossen, sofern der Schuldner bei einem entsprechenden Auszahlungsverlangen leistungsbereit und leistungsfähig gewesen wäre (stRspr.; s. zB BFH v. 16.3.2010 – VIII R

4/07, BStBl. II 2014, 147 = FR 2010, 1095 m. Anm. *Harenberg*; v. 11.2.2014 – VIII R 25/12, BStBl. II 2014, 461 = FR 2014, 702 m. Anm. *Marx*; v. 27.8.2014 – VIII R 41/13, BFH/NV 2015, 187; v. 29.8.2017 – VIII R 13/16, juris, Rn. 28 ff.; v. 5.10.2017 – VIII R 13/14, juris, Rn. 29 ff.). Ausschlaggebend ist, ob der Gläubiger nach den Umständen des Falls die Auszahlung seiner Erträge hätte erreichen können. S. auch Rn. 28.

Schuldübernahme s. Abtretung.

Schuldumwandlung s. Rn. 28; ferner ArbN-Darlehen, Damnum, Zinsen.

Schuldverschreibungen: Ein Disagio fließt dem Inhaber bei Rückgabe der Schuldverschreibung zu (BFH v. 13.10.1987 – VIII R 156/84, BStBl. II 1988, 252 = FR 1988, 127). Gleiches gilt beim Bundesschatzbrief Typ B (BMF v. 20.12.1988, BStBl. I 1988, 540 Tz. 2.4), anders bei Typ A (jährliche Zinszahlung), näher § 20 Rn. 110 ff.

Sozialleistungen: Hat ein Leistungsträger Sozialleistungen (zB Krankengeld) erbracht und entfällt der Anspr. auf sie wegen eines Anspr. gegen einen anderen Leistungsträger (zB Erwerbsunfähigkeitsrente) mit der Wirkung, dass letzterer dem ersten erstattungspflichtig ist und zugleich seine Leistungspflicht als erfüllt gilt (§§ 103 Abs. 1, 107 Abs. 1 SGB X), wirkt eine geänderte stl. Beurteilung (zB Besteuerung des Ertragsanteils der Rente) auf den Zahlungszeitpunkt zurück, der unverändert Zuflusszeitpunkt bleibt; BFH v. 10.7.2002 – X R 46/01, BStBl. II 2003, 391.

Spenden iSv. § 10b unterliegen (vorbehaltlich der Verteilungsregeln für Großspenden nach Abs. 1 S. 9 und für Spenden in den Vermögensstock einer Stiftung nach Abs. 1a) dem Abflussprinzip; BFH v. 16.2. 2011 – X R 46/09, BStBl. II 2011, 685). S. auch SA.

Sperrkonto: Überweisung auf ein Sperrkonto hindert Zufluss nicht, Rn. 14; s. Kaution.

Stille Ges.: Der **Zufluss v. Gewinnanteilen** typisch stiller G'ter richtet sich nach § 11 Abs. 1. § 44 Abs. 3 regelt nur den KapESt-Abzug (hM). Zufluss grds. erst nach Bilanzerstellung (§ 232 Abs. 1 HGB) mit Zahlung oder Gutschrift (s. dort; zB BFH v. 24.1.1990 – I R 55/85, BStBl. II 1991, 147: Wiederauffüllung der durch Verluste geminderten Einlage des stillen G'ters durch Gutschrift als Zufluss). **Verlustanteile** stiller G'ter sind erst nach Feststellung des Jahresabschlusses mit Berechnung und (idR) Abbuchung des individuellen Verlustanteils abgeflossen (BFH v. 16.10.2007 – VIII R 21/06, BStBl. II 2008, 126 = FR 2008, 320 m. Anm. *Kempermann*; v. 28.1.2014 – VIII R 5/11, BFH/NV 2014, 1193; vgl. auch BFH v. 23.2.2007 – VIII B 105/06, BFH/NV 2007, 1118). Abw. hiervon kann (nur) ein späterer Zeitpunkt vereinbart werden (BFH v. 16.10.2007 – VIII R 21/06, BStBl. II 2008, 126 = FR 2008, 320 m. Anm. *Kempermann*). Zum Abfluss bei Verlust der Einlage bei Insolvenz FG Düss. v. 2.4.1993 – 14 K 82/89 E, EFG 1993, 710, beim Vergleich FG BaWü. v. 2.9.1992 – 12 K 353/88, EFG 1993, 228; s. ferner *Geuenich*, DStR 1998, 57.

Stundung löst idR **keinen Zufluss** beim Gläubiger aus. Auch die Vereinbarung v. Stundungszinsen allein, die zwar ein gewisses Interesse des Gläubigers begründen kann (zum Interesse als maßgeblichem Abgrenzungsmerkmal zur Schuldumwandlung s. Rn. 28), führt nicht notwendig zum Zufluss. Verzögert der Gläubiger die Zahlung im eigenen Interesse, während der Schuldner leistungsfähig und -bereit ist, liegt eine Schuldumwandlung vor.

Treuhandkonto: Zahlungen fließen idR nicht dem Treuhänder, sondern dem Treugeber zu (BFH v. 30.1. 1986 – IV R 125/83, BStBl. II 1986, 404 = FR 1986, 599: Zinsen auf Notar-Anderkonto), s. Rn. 14.

Überweisung s. Rn. 21 sowie Sperrkonto, Pfändung/Verpfändung.

Umbuchung s. ArbN-Darlehen; Aufrechnung, Erl., Gutschrift, Schuldumwandlung.

Ungerechtfertigte Bereicherung s. Rn. 15 f.

Unterhaltsleistungen iSv. § 33a können nach der Rspr. idR nicht für Zeiten geltend gemacht werden, die **vor** der Zahlung selbst liegen, auch wenn sie hierfür bestimmt sind (BFH v. 25.7.1991 – III R 52/88, BStBl. II 1992, 32 = FR 1992, 25 mwN). § 11 Abs. 1 S. 2, Abs. 2 S. 2 gelten nicht für sporadische Zahlungen (BFH v. 9.8.1991 – III R 63/89, BFH/NV 1992, 101).

USt ist nach der Rspr. kein durchlaufender Posten (BFH v. 29.6.1982 – VIII R 6/79, BStBl. II 1982, 755 = FR 1982, 461). Gezahlte (auch abziehbare) VorSt. und an das FA abzuführende Zahllast sind danach Ausgaben (s. auch Rn. 37), erhaltene USt und erstattete VorSt. Einnahmen, für die das Zu- und Abflussprinzip gelten. Am Zeitpunkt der Zurechnung ändert sich auch bei nachträglichem Eintritt der Vorsteuerabzugsvoraussetzungen nichts; geleistete Zahlungen können dann rückwirkend die Eigenschaft v. WK oder BA erhalten (BFH v. 30.8.1995 – IX B 74/95, BFH/NV 1996, 41). S. auch Gutschrift.

Verlust: Soweit Vermögensverluste als **BA** oder **WK** abgezogen werden können, sind sie idR zum (nach wirtschaftlichen Kriterien zu bestimmenden) Zeitpunkt des Verlusteintritts abgeflossen (vgl. BFH v. 1.9.1997 – VIII B 105/96, BFH/NV 1998, 450 mwN). Reparaturkosten nach bloßen Beschädigungen sind allerdings wohl erst im Zeitpunkt der Zahlung anzusetzen. S. ferner ag. Belastungen, stille Ges., Vorauszahlungen.

Verpfändung s. Pfändung/Verpfändung.

Verrechnung s. ArbN-Darlehen, Aufrechnung, Erl., Damnum, Gutschrift, Schuldumwandlung.

Versorgungsausgleichsleistungen bei Ehescheidung sind im Zeitpunkt ihrer Zahlung abgeflossen (BFH v. 17.6.2010 – VI R 33/08, BFH/NV 2010, 2051). **Verzicht** s. Rn. 27.

VGA (Begriff s. § 20 Rn. 50): Zufluss im Zeitpunkt der Vorteilszuwendung, auch bei Leistung an Dritte (BFH v. 24.1.1989 – VIII R 74/84, BStBl. II 1989, 419 = FR 1989, 283; vgl. Rn. 17); s. Erl.; Nutzungsüberlassung, Optionsrecht, Sachleistungen; zur vGA beim beherrschenden G'ter s. Rn. 30.

Vorauszahlungen sind, soweit § 11 reicht, grds. im VZ der Zahlung zuzurechnen (BFH v. 7.11.2001 – XI R 24/01, BStBl. II 2002, 351 = FR 2002, 532). Ein anderes gilt bei Umsatzsteuervorauszahlungen (s. Rn. 37) und Zahlungen für langfristige Nutzungsüberlassungen (s. Rn. 41). Aus der Anwendung des Zuflussprinzips erwachsene **Gestaltungsspielräume** des StPfl. (Rn. 31) schränkt die Rspr. zT unter dem Gesichtspunkt des **Rechtsmissbrauchs** (§ 42 AO) ein, wenn Vorauszahlungen „ohne vernünftigen wirtschaftlichen Grund" geleistet werden (Rn. 33, s. auch Damnum). Umgekehrt lässt die FinVerw. gelegentlich aus **Billigkeitserwägungen** (§ 163 S. 2 AO) die Aufteilung insbes. einmaliger Nutzungsentgelte für mehrere VZ zu (Rn. 34). **Verlorene Vorauszahlungen** auf **AK** oder **HK** unterfallen nicht den AfA-Regelungen, sondern sind grds. verausgabt, sobald der Verlust endg. feststeht (BFH v. 4.7.1990 – GrS 1/89, BStBl. II 1990, 830; v. 31.3.1992 – IX R 164/87, BStBl. II 1992, 805 = FR 1992, 717; v. 28.6.2002 – IX R 51/01, BStBl. II 2002, 758 = FR 2002, 1323). Zur Vorauszahlung v. Arbeitslohn s. Rn. 43.

Vorsteuer s. USt.

Wandelschuldverschreibung s. Optionsrecht.

Wechsel s. Rn. 24.

Wirtschaftsjahr: Weicht das Wj. (im Fall v. § 4 Abs. 3) v. Kj. ab, ist § 11 auf das Wj. anzuwenden (BFH v. 23.9.1999 – IV R 1/99, BStBl. II 2000, 121 = FR 2000, 334 m. Anm. *Kanzler*).

Wohnungsrecht als Lohnbestandteil. Zufluss mit lfd. Nutzung (BFH v. 19.8.2004 – VI R 33/97, BStBl. II 2004, 1076 = FR 2004, 1396).

Zahlungsunfähigkeit s. Rn. 10, 17, 21, 22; ArbN-Darlehen, Schuldumwandlung, Stundung.

Zeitwertkonto: Eine Wertgutschrift auf einem Zeitwertkonto (Wertguthabenkonto) eines ArbN zur Finanzierung einer späteren Freistellung führt noch nicht zum Zufluss v. Arbeitslohn; als solcher gilt erst die Lohnzahlung in der Freistellungsphase (BFH v. 22.2.2018 – VI R 17/16, juris, Rn. 24 ff.).

Zinsen, Zufluss: Zinsen fließen grds. mit Zahlung zu; uU kann auch schon die Gutschrift auf einem Konto des StPfl. (s. Rn. 21) oder in den Büchern des Schuldners (s. Gutschrift) genügen, grds. auch bei Verfügungsbeschränkungen (zB BFH v. 8.12.1992 – VIII R 78/89, BStBl. II 1993, 301 = FR 1993, 197 m. Anm. *Söffing*: Bausparzinsen; s. Rn. 13 f.). Werden sie dem Kapital des Gläubigers zugeschlagen, kommt eine Novation in Betracht (s. Rn. 28). Sparzinsen sind regelmäßig wiederkehrende Leistungen und damit bei Zahlung/Gutschrift um die Jahreswende dem VZ ihrer wirtschaftlichen Zugehörigkeit zuzurechnen (Abs. 1 S. 2, Abs. 2 S. 2; BFH v. 3.6.1975 – VIII R 47/70, BStBl. II 1975, 696; s. Rn. 35 ff.), wobei es auf die Eintragung im Sparbuch nicht ankommt, wenn der Gläubiger nach der zugrunde liegenden Vereinbarung (AGB) mit Jahresablauf über die Zinsen verfügen kann. Für den **Abfluss** v. Zinsen gilt Entspr. S. iÜ BMF v. 5.11.2002, BStBl. I 2002, 1346; ferner Lastschrift, Damnum, Vorauszahlungen.

Zukunftssicherungsleistungen: Die zeitliche Zuordnung v. Zukunftssicherungsleistungen des ArbG für seinen ArbN steht iZ ihrer Einordnung als (aktuell oder später verfügbarer) Lohn (§ 19) oder als (künftige) wiederkehrende Bezüge (§ 22). Bedeutsam ist idR, ob der ArbG dem ArbN einen Anspr. gegen Dritte verschafft. **(1)** Leistungen des ArbG für Rechnung des ArbN an einen Dritten (zB SozVers.träger, Direktversicherer [§ 4b], Pensionskassen [§ 4c]) fließen dem ArbN gegenwärtig zu, wenn er bereits einen **unentziehbaren Rechtsanspruch gegen den Dritten** erwirbt (BFH v. 27.5.1993 – VI R 19/92, BStBl. II 1994, 246 = FR 1994, 57; v. 25.4.2006 – X R 9/04, BFH/NV 2006, 1645; v. 16.1.2007 – IX R 69/04, BStBl. II 2007, 579 [581] = FR 2007, 927; v. 5.7.2007 – VI R 47/02, BFH/NV 2007, 1876; v. 7.5.2009 – VI R 8/07, BStBl. II 2010, 194 = FR 2009, 958 m. Anm. *Bergkemper*; vgl. aber auch BFH v. 13.11.2012 – VI R 20/10, BStBl. II 2013, 405 = FR 2013, 426 m. Anm. *Bergkemper* zur Übertragung des Kapitals zwischen zwei Versorgungseinrichtungen) und er der Zukunftssicherung ausdrücklich oder stillschweigend zustimmt (§ 2 Abs. 2 Nr. 3 S. 2 LStDV). Wirtschaftlich betrachtet stellt der ArbG dem ArbN Mittel zur Vfg., die dieser für die Beitragszahlung aufwendet. Die Zukunftssicherungsleistungen fließen beim ArbN sogleich wieder ab (als SA). Ob der erworbene Anspr. des ArbN rechtl. und wirtschaftlich als sicher erscheint, ist nicht maßgeblich (BFH v. 27.5.1993 – VI R 19/92, BStBl. II 1994, 246 = FR 1994, 57). **(2)** An einem solchen **Anspr.** gegen den Dritten und damit am Zufluss **fehlt** es (noch), wenn der ArbG die Prämienzahlung nur zugesagt hat, bei irrtümlich gezahlten ArbG-Anteilen zur Rentenversicherung (BFH v. 27.3.1992 – VI R 35/89, BStBl. II 1992, 663; ArbN erlangt insoweit keinen Anspr.), wenn dem ArbG ein Heimfallsrecht zusteht (vgl. BFH v. 11.10.1974 – VI R 173/71, BStBl. II 1975, 275), wenn sich der Anspr. nur gegen den ArbG (nicht gegen die Versorgungseinrichtung) richtet (BFH v. 27.5.1993 – VI R 19/92, BStBl. II 1994, 246 = FR 1994, 57; **aA** *v. Bornhaupt*, DStZ 1994, 152) oder wenn materiell der ArbG die ArbN-Rechte ausübt (BFH v. 16.4.1999 – VI R 60/96, BStBl. II 2000, 406 = FR 1999, 909 zur Gruppenversicherung; vgl. aber auch BFH v. 16.4.1999 – VI R 66/97, BStBl. II 2000, 408 = FR 1999, 911). Gleiches soll bei Leistungen an Unterstützungskassen (§ 4d) gelten (FG Köln v. 17.12.1997 – 12 K 824/92, EFG 1998, 875; vor dem Hintergrund der Rspr. des BAG fraglich). Ebenso verhält es sich, wenn der ArbG lediglich eine **Versorgungszusage aus eigenen Mitteln** gibt (Beamtenpension; Versorgungszusage mit -rückstellung, BFH v. 20.7.2005 – VI R 165/01, BStBl. II 2005, 890 = FR 2005, 1210 m. Anm. *Bergkemper*; v. 22.11.2006 – X R 29/05, BStBl. II 2007, 402 = FR 2007, 356) oder bei einer Rückdeckungsversicherung Leistungen als Versicherungsnehmer anspart (vgl. § 2 Abs. 2 Nr. 3 aE LStDV; zur Abgrenzung Rückdeckung/DirektVers. BFH v. 20.11.1987 – VI R 91/84, BFH/NV 1988, 564 mwN). Die Versorgungsleistungen fließen dann jeweils erst bei **Auszahlung** zu. S. allg. § 19 Rn. 78; BMF v. 4.2.2000, BStBl. I 2000, 354; v. 17.7.2000, BStBl. I 2000, 1204 (hierzu *Niermann*, DB 2000, 347; *Ebel*, FR 2000, 241; *Barein*, StB 2000, 250). **(3)** Ein bloßer **Schuldnerwechsel** einer zuvor vom ArbG erteilten Pensionszusage bewirkt noch keinen Zufluss (BFH v. 18.8.2016 – VI R 18/13, BStBl. II 2017, 730). Ein anderes gilt, wenn der Ablösungsbetrag auf Verlangen des ArbN an den Dritten gezahlt wird (BFH v. 12.4.2007 – VI R 6/02, BStBl. II 2007, 581) oder dieser ein Wahlrecht erhält, den Ablösungsbetrag alternativ an sich auszahlen zu lassen (BFH v. 18.8.2016 – VI R 18/13, BStBl. II 2017, 730).

§ 11a Sonderbehandlung von Erhaltungsaufwand bei Gebäuden in Sanierungsgebieten und städtebaulichen Entwicklungsbereichen

(1) [1]Der Steuerpflichtige kann durch Zuschüsse aus Sanierungs- oder Entwicklungsförderungsmitteln nicht gedeckten Erhaltungsaufwand für Maßnahmen im Sinne des § 177 des Baugesetzbuchs an einem im Inland belegenen Gebäude in einem förmlich festgelegten Sanierungsgebiet oder städtebaulichen Entwicklungsbereich auf zwei bis fünf Jahre gleichmäßig verteilen. [2]Satz 1 ist entsprechend anzuwenden auf durch Zuschüsse aus Sanierungs- oder Entwicklungsförderungsmitteln nicht gedeckten Erhaltungsaufwand für Maßnahmen, die der Erhaltung, Erneuerung und funktionsgerechten Verwendung eines Gebäudes im Sinne des Satzes 1 dienen, das wegen seiner geschichtlichen, künstlerischen oder städtebaulichen Bedeutung erhalten bleiben soll, und zu deren Durchführung sich der Eigentümer neben bestimmten Modernisierungsmaßnahmen gegenüber der Gemeinde verpflichtet hat.

(2) [1]Wird das Gebäude während des Verteilungszeitraums veräußert, ist der noch nicht berücksichtigte Teil des Erhaltungsaufwands im Jahr der Veräußerung als Betriebsausgaben oder Werbungskosten abzusetzen. [2]Das Gleiche gilt, wenn ein nicht zu einem Betriebsvermögen gehörendes Gebäude in ein Betriebsvermögen eingebracht oder wenn ein Gebäude aus dem Betriebsvermögen entnommen oder wenn ein Gebäude nicht mehr zur Einkunftserzielung genutzt wird.

(3) Steht das Gebäude im Eigentum mehrerer Personen, ist der in Absatz 1 bezeichnete Erhaltungsaufwand von allen Eigentümern auf den gleichen Zeitraum zu verteilen.

(4) § 7h Absatz 2 und 3 ist entsprechend anzuwenden.

Literatur: S. den Literaturnachweis zu § 7i.

A. Grundaussagen der Vorschrift

1 Während § 7h durch erhöhte Absetzungen v. bestimmten AK/HK die Finanzierung v. Gebäuden in Sanierungsgebieten und städtebaulichen Entwicklungsbereichen fördert, begünstigt § 11a den **Erhaltungsaufwand** hinsichtlich der betr. Gebäude. § 11a Abs. 1 räumt dem StPfl. das Wahlrecht ein, zwecks **optimaler Steuergestaltung** Erhaltungsaufwand, der an sich sogleich als WK/BA abziehbar ist, abw. v. § 11 in einem fünfjährigen Verteilungszeitraum geltend zu machen. An diesem Begünstigungszweck hat sich die Auslegung zu orientieren.[1]

1 BFH v. 3.6.1997 – IX R 24/96, BFH/NV 1998, 155 (156); v. 29.3.2001 – IV R 49/99, BStBl. II 2001, 437 = FR 2001, 910.

B. Verteilung des Erhaltungsaufwands (Abs. 1)

Das betr. Gebäude muss ausweislich des Gesetzeswortlauts in einem förmlich festgelegten Sanierungsgebiet oder städtebaulichen Entwicklungsgebiet liegen. Der Begriff des solcherart bestimmten Sanierungsgebiets richtet sich nach § 142 Abs. 1 und 3 BauGB, insofern gewinnt die betr. Gemeindesatzung maßgebliche Bedeutung.[1] Der **Erhaltungsaufwand** umfasst Aufwendungen, durch die ein StPfl. ein hergestelltes WG weder erweitert noch über seinen ursprünglichen Zustand hinaus wesentlich verbessert.[2] Begünstigt ist der im jeweiligen Kj./Wj. entstandene Aufwand unabhängig vom Stand der Baumaßnahme, Rechnungslegung oder Leistung iSv. § 11 Abs. 2.[3] Der Erhaltungsaufwand muss Maßnahmen iSv. § 177 BauGB, **§ 11a Abs. 1 S. 1**, betreffen oder Maßnahmen, zu denen sich der Gebäudeeigentümer iSv. **§ 11a Abs. 1 S. 2** gegenüber der Gemeinde verpflichtet hat. Der StPfl. hat das **Wahlrecht**, den nach Abzug v. Zuschüssen noch v. ihm zu tragenden Erhaltungsaufwand auf 2–5 Jahre gleichmäßig zu verteilen. Bilanzierende StPfl. haben im Hinblick auf § 4 Abs. 8 die Zu- und Abrechnung außerbilanzmäßig vorzunehmen.[4] Die Wahl im Erstjahr ist vorbehaltlich einer zulässigen Änderung des Wahlrechts bindend.[5] Soweit ein Bauträger Sanierungsmaßnahmen an einem Gesamtobjekt durchführt und ein Erwerber eine Steuerbegünstigung nach § 11a beantragt, führt die FinVerw. eine gesonderte und einheitliche Feststellung der betr. Besteuerungsgrundlagen nach der VO zu § 180 Abs. 2 AO durch.[6] 2

C. Einzelvoraussetzungen (Abs. 2–4)

Endet die Möglichkeit, den restlichen Erhaltungsaufwand noch geltend zu machen, vorzeitig, kann der StPfl. den **gesamten Restbetrag** im Jahr der Veräußerung, Einbringung oder Einlage etc. als WK oder BA geltend machen, Abs. 2. Allerdings ist die Nachholung einer in den Vorjahren (versehentlich) unterbliebenen Geltendmachung ausgeschlossen.[7] Bei Miteigentum richtet sich der zu berücksichtigende Abzug nach dem Verhältnis der Eigentumsanteile.[8] Miteigentümer und in vergleichbarer Weise Beteiligte dürfen gem. Abs. 3 den Erhaltungsaufwand nur **auf den gleichen Zeitraum** verteilen. Abs. 4 **erklärt** das Bescheinigungsverfahren gem. § 7h Abs. 2 und die Erstreckung auf die in § 7h Abs. 3 genannten Objekte **für anwendbar**.[9] Die Bescheinigung bildet einen Grundlagenbescheid iSd. §§ 171 Abs. 10, 175 Abs. 1 Nr. 1 AO. Die Bindungswirkung erstreckt sich nur auf die Einzelumstände der durch § 11a Abs. 1 geförderten Maßnahmen, hingegen nicht auf die sonstigen steuerrechtl. Vorgaben.[10] 3

§ 11b Sonderbehandlung von Erhaltungsaufwand bei Baudenkmalen

[1]Der Steuerpflichtige kann durch Zuschüsse aus öffentlichen Kassen nicht gedeckten Erhaltungsaufwand für ein im Inland belegenes Gebäude oder Gebäudeteil, das nach den jeweiligen landesrechtlichen Vorschriften ein Baudenkmal ist, auf zwei bis fünf Jahre gleichmäßig verteilen, soweit die Aufwendungen nach Art und Umfang zur Erhaltung des Gebäudes oder Gebäudeteils als Baudenkmal oder zu seiner sinnvollen Nutzung erforderlich und die Maßnahmen in Abstimmung mit der in § 7i Absatz 2 bezeichneten Stelle vorgenommen worden sind. [2]Durch Zuschüsse aus öffentlichen Kassen nicht gedeckten Erhaltungsaufwand für ein im Inland belegenes Gebäude oder Gebäudeteil, das für sich allein nicht die Voraussetzungen für ein Baudenkmal erfüllt, aber Teil einer Gebäudegruppe oder Gesamtanlage ist, die nach den jeweiligen landesrechtlichen Vorschriften als Einheit geschützt ist, kann der Steuerpflichtige auf zwei bis fünf Jahre gleichmäßig verteilen, soweit die Aufwendungen nach Art und Umfang zur Erhaltung des schützenswerten äußeren Erscheinungsbildes der Gebäudegruppe oder Gesamtanlage erforderlich und die Maßnahmen in Abstim-

1 BFH v. 25.2.2014 – X R 4/12, BFH/NV 2014, 1512 (1514).
2 BFH v. 9.5.1995 – IX R 116/92, BStBl. II 1996, 632 (633 ff.) = FR 1995, 741 m. Anm. *Drenseck*; Einzelnachweis *K/S/M*, § 11a Rn. B 2.
3 *K/S/M*, § 11a Rn. B 12.
4 *K/S/M*, § 11a Rn. B 6 mwN; **aA** *Hahn*, DB 1990, 65 (67).
5 BFH v. 13.2.1997 – IV R 59/95, BFH/NV 1997, 635; *K/S/M*, § 11a Rn. B 11.
6 Vgl. BMF v. 2.5.2001, BStBl. I 2001, 256.
7 *K/S/M*, § 11a Rn. C 5.
8 R 11a iVm. R 7h Abs. 1 EStR.
9 Fundstellennachweis der länderspezifischen Bescheinigungsrichtlinien: BMF v. 8.11.2004, BStBl. I 2004, 1049.
10 BFH v. 6.3.2001 – IX R 64/97, BStBl. II 2001, 796 (798) = FR 2001, 1018; v. 13.9.2001 – IX R 62/98, BStBl. II 2003, 912 = FR 2002, 337; v. 14.1.2004 – X R 19/02, FR 2004, 832 m. Anm. *Fischer* = BFH/NV 2004, 1021 (1023).

mung mit der in § 7i Absatz 2 bezeichneten Stelle vorgenommen worden sind. [3]§ 7h Absatz 3 und § 7i Absatz 1 Satz 2 und Absatz 2 sowie § 11a Absatz 2 und 3 sind entsprechend anzuwenden.

Literatur: S. den Literaturnachweis zu § 7i.

A. Grundaussagen der Vorschrift

1 Während § 7i durch erhöhte Absetzungen v. bestimmten AK oder HK die Finanzierung v. Baudenkmalen und einzelner Gesamtanlagen fördert, begünstigt § 11b den **Erhaltungsaufwand** hinsichtlich der betr. Gebäude. § 11b S. 1 und 2 räumt StPfl. das Wahlrecht ein, zwecks **optimaler Steuergestaltung** Erhaltungsaufwand, der an sich sogleich als WK oder BA abziehbar ist, abw. v. § 11 in einem fünfjährigen Verteilungszeitraum geltend zu machen, um auf diese Weise bestmöglich der Progressionsbesteuerung entgegen zu wirken. An diesem, auf eine indirekte Subvention abzielenden Begünstigungszweck hat sich die Auslegung zu orientieren.[1]

B. Verteilung des Erhaltungsaufwands

2 Der **Erhaltungsaufwand** umfasst Aufwendungen, durch die ein StPfl. ein hergestelltes WG weder erweitert noch über seinen ursprünglichen Zustand hinaus wesentlich verbessert.[2] Begünstigt ist der im jeweiligen Kj. oder Wj. entstandene Aufwand unabhängig vom Stand der Baumaßnahme, Rechnungslegung oder Leistung iSv. § 11 Abs. 2.[3] Der Erhaltungsaufwand muss Maßnahmen an einem Baudenkmal, **§ 11b S. 1**, betreffen oder sich auf ein Gebäude(-teil) beziehen, das den Teil einer Gebäudegruppe oder Gesamtanlage iSv. § 7i Abs. 1 S. 4 bildet, **§ 11b S. 2**. Der StPfl. hat das **Wahlrecht**, den nach Abzug v. Zuschüssen noch v. ihm zu tragenden Erhaltungsaufwand auf 2–5 Jahre gleichmäßig zu verteilen. Bilanzierende StPfl. haben im Hinblick auf § 4 Abs. 8 die Zu- und Abrechnung außerbilanzmäßig vorzunehmen.[4] Die Wahl im Erstjahr ist vorbehaltlich einer zulässigen Änderung des Wahlrechts bindend.[5] **§ 11b S. 3** bestimmt die Erstreckung auf die in § 7h Abs. 3 genannten Objekte (§ 7h Rn. 6) und erklärt einzelne Bestimmungen der §§ 7i und 11a für anwendbar. Soweit ein Bauträger Sanierungsmaßnahmen an einem Gesamtobjekt durchführt und ein Erwerber eine Steuerbegünstigung nach § 11b beantragt, führt die FinVerw. eine gesonderte und einheitliche Feststellung der betr. Besteuerungsgrundlagen nach der VO zu § 180 Abs. 2 AO durch.[6]

7. Nicht abzugsfähige Ausgaben

§ 12 [Nicht abzugsfähige Ausgaben]

Soweit in § 10 Absatz 1 Nummer 2 bis 5, 7 und 9 sowie Absatz 1a Nummer 1, den §§ 10a, 10b und den §§ 33 bis 33b nichts anderes bestimmt ist, dürfen weder bei den einzelnen Einkunftsarten noch vom Gesamtbetrag der Einkünfte abgezogen werden

1. **die für den Haushalt des Steuerpflichtigen und für den Unterhalt seiner Familienangehörigen aufgewendeten Beträge. [2]Dazu gehören auch die Aufwendungen für die Lebensführung, die die wirtschaftliche oder gesellschaftliche Stellung des Steuerpflichtigen mit sich bringt, auch wenn sie zur Förderung des Berufs oder der Tätigkeit des Steuerpflichtigen erfolgen;**
2. **freiwillige Zuwendungen, Zuwendungen auf Grund einer freiwillig begründeten Rechtspflicht und Zuwendungen an eine gegenüber dem Steuerpflichtigen oder seinem Ehegatten gesetzlich unterhaltsberechtigte Person oder deren Ehegatten, auch wenn diese Zuwendungen auf einer besonderen Vereinbarung beruhen;**
3. **die Steuern vom Einkommen und sonstige Personensteuern sowie die Umsatzsteuer für Umsätze, die Entnahmen sind, und die Vorsteuerbeträge auf Aufwendungen, für die das Abzugsverbot**

---

1 BFH v. 3.6.1997 – IX R 24/96, BFH/NV 1998, 155 (156); v. 29.3.2001 – IV R 49/99, BStBl. II 2001, 437 = FR 2001, 910.
2 BFH v. 9.5.1995 – IX R 116/92, BStBl. II 1996, 632 (633 ff.) = FR 1995, 741 m. Anm. *Drenseck*; Einzelnachweis: *K/S/M*, § 11a Rn. B 2.
3 *K/S/M*, § 11a Rn. B 12.
4 *K/S/M*, § 11a Rn. B 6 mwN; **aA** *Hahn*, DB 1990, 65 (67).
5 BFH v. 13.2.1997 – IV R 59/95, BFH/NV 1997, 635; *K/S/M*, § 11a Rn. B 11.
6 Vgl. BMF v. 2.5.2001, BStBl. I 2001, 256.

der Nummer 1 oder des § 4 Absatz 5 Satz 1 Nummer 1 bis 5, 7 oder Absatz 7 gilt; das gilt auch für die auf diese Steuern entfallenden Nebenleistungen;

4. in einem Strafverfahren festgesetzte Geldstrafen, sonstige Rechtsfolgen vermögensrechtlicher Art, bei denen der Strafcharakter überwiegt, und Leistungen zur Erfüllung von Auflagen oder Weisungen, soweit die Auflagen oder Weisungen nicht lediglich der Wiedergutmachung des durch die Tat verursachten Schadens dienen.

Verwaltung: BMF v. 6.7.2010, BStBl. I 2010, 614; v. 22.9.2010, BStBl. I 2010, 721.

Literatur: *Albert*, Auswirkungen des Beschl. des Großen BFH-Senats zum Aufteilungs- und Abzugsverbot, FR 2010, 220 ff.; *Balliet*, Besteuerung v. Erstattungszinsen, DStZ 2012, 436; *Drenseck*, Gedanken zum Aufteilungs- und Abzugsverbot – § 12 Nr. 1 Satz 2 EStG im Wandel, FS Offerhaus, 1999, 497; *Eisendick*, Das Aufteilungs- und Abzugsverbot, 1995; *Leisner-Egensperger*, Die Abgrenzung v. privater Lebensführung und berufsbedingten Aufwendungen (§ 12 Nr. 1 EStG), DStZ 2010, 185 ff.; *Neufang*, Einkommensteuerrechtliche Behandlung v. gemischten Aufwendungen, BB 2010, 2409 ff.; *Pezzer*, Das Aufteilungsverbot ist aufgegeben; wie geht es weiter?, DStR 2010, 93 ff.; *Roth*, Steuerliche Absetzbarkeit des Strafzuschlags i.S. des § 398a Nr. 2 AO?, DStR 2011, 1410; – Aus der Zeit vor dem Beschl. des GrS v. 21.9.2009: *Scheich*, Das Abzugsgebot und -verbot gemischter Aufwendungen, 1996; *Völlmeke*, Die Rspr. des BFH zu § 12 EStG, DStR 1995, 745; *Wissenschaftlicher Beirat Ernst & Young*, Aufteilungs- und Abzugsverbot nach § 12 Nr. 1 S. 2 EStG, BB 2004, 1024.

A. Grundaussagen der Vorschrift

Der verfassungsgemäße[1] § 12 dient (bezogen auf die Ausgabenseite, grds. nicht auf die Einnahmen[2]) der **Abgrenzung** v. **Erwerbs-** (Einkommenserzielung) und **Privatsphäre** (Einkommensverwendung), indem er insbes. das Veranlassungsprinzip für BA (§ 4 Abs. 4) und WK (§ 9 Abs. 1 S. 1) konkretisiert und klarstellt, dass Aufwendungen für die private Lebensführung das Erwerbseinkommen nicht mindern. Die Nr. 1–4 (bei etwas anderer Ausrichtung der Nr. 3[3]) des § 12 entfalten dieses **Abzugsverbot** im Einzelnen. Besondere Abzugsbeschränkungen (zB § 4 Abs. 5, § 9 Abs. 5 S. 1) bleiben dabei ebenso unberührt wie der speziell geregelte Abzug privat veranlasster Aufwendungen als SA und ag. Belastungen. 1

In der Vergangenheit wurde der Vorschrift (Nr. 1 S. 2) zudem ein allg. Aufteilungsverbot für (untrennbar) **„gemischte"**, dh. sowohl beruflich als auch privat veranlasste **Aufwendungen** entnommen, die einheitlich, also auch mit ihrem der Einkünfteerzielung dienenden Anteil als privat eingeordnet und nicht als BA oder WK anerkannt wurden.[4] Der GrS des BFH[5] hat diese Rspr. aufgegeben. Er hat das frühere Aufteilungsver-

1 Vgl. BVerfG v. 11.10.1977 – 1 BvB 343/73, 1 BvR 83/74, 1 BvR 183/75, 1 BvR 428/75, BVerfGE 47, 1 (19 f.).

2 BFH v. 28.1.2003 – VI R 48/99, BStBl. II 2003, 724 (726) = FR 2003, 516 m. Anm. *Bergkemper*; v. 18.8.2005 – VI R 32/03, BStBl. II 2006, 30 = FR 2006, 33.

3 Nr. 3 beschränkt nur zT den Abzug an sich berücksichtigungsfähiger Aufwendungen (zB soweit die VorSt. auf nichtabzugsfähige Aufwendungen geregelt wird). Teilweise bringt die Norm auch bereits dem Grunde nach die fehlende Steuerbarkeit der dort genannten Steuern und ihrer Nebenleistungen zum Ausdruck. Folgerichtig müssten insofern auch Einnahmen, etwa Erstattungszinsen, stfrei bleiben; so noch BFH v. 15.6.2010 – VIII R 33/07, BStBl. II 2011, 503 = FR 2010, 1043 m. Anm. *Kanzler* (Änderung der Rspr.), allerdings überholt durch § 20 Abs. 1 Nr. 7 S. 3 n.F. Diese Argumentation lässt sich jedenfalls auf Nr. 1 nicht übertragen.

4 S. insbes. BFH v. 19.10.1970 – GrS 2/70, BStBl. II 1971, 17 als Ausgangspunkt einer ständigen, aber zunehmend v. Ausnahmen durchbrochenen Rspr. – Hauptargumente der Rspr. waren die Steuergerechtigkeit und die Praktikabilität des Vollzugs. Dahinter stand nicht zuletzt das Anliegen, jenen Berufsgruppen, deren Tätigkeit persönlichen Neigungen folgt oder besondere Annehmlichkeiten mit sich bringt, die Sozialisierung eines zugleich privat motivierten Aufwandes zu verwehren. – Das Schrifttum begegnete dieser Rspr. überwiegend mit Kritik; Darstellungen des vormaligen Streitstands bei *Eisendick*, Das Aufteilungs- und Abzugsverbot, 1995, 32 ff.; *Völlmeke*, DStR 1995, 751; *Drenseck*, FS Offerhaus, 1999, 499 ff.

5 BFH v. 21.9.2009 – GrS 1/06, BStBl. II 2010, 672 = FR 2010, 225 m. Anm. *Kempermann*. – Voraus ging die Vorlage des BFH v. 20.7.2006 – VI R 94/01, BStBl. II 2007, 121 = FR 2006, 1079 m. Anm. *Bergkemper*, zum Fragenkreis der

bot dabei nicht durch ein generelles Aufteilungsgebot, sondern durch eine stärker **einzelfallorientierte Betrachtungsweise** ersetzt, nach der gemischte Aufwendungen (insbes. Reisekosten) – vorbehaltlich und in den Grenzen spezialgesetzlicher Regelungen (zB für Fahrten zw. Wohnung und Arbeitsstätte, doppelte Haushaltsführung) – je nach den Umständen des konkreten Falls aufteilbar sein können. Dennoch bleiben auch künftig zahlreiche Aufwendungen mit besonderer Nähe zur Lebensführung trotz einer beruflichen Nützlichkeit einheitlich v. Abzug ausgeschlossen. An die Stelle der alten Kasuistik ist eine neue getreten.

Der Anwendungsbereich v. § 12 beschränkt sich auf die Abgrenzung zw. erwerbsbezogenen und privaten Aufwendungen. Die Vorschrift schweigt zur Zuordnung zu verschiedenen Einkunftsarten ebenso wie zum Zusammentreffen v. Erwerbsaufwendungen (BA/WK) und SA.[1] § 12 ist mangels einer Privatsphäre der Ges. nicht auf die Einkommensermittlung der KapGes. anwendbar,[2] jedoch kann nach gleichen Kriterien zu beurteilen sein, ob eine vGA vorliegt.[3] Die Norm greift dagegen direkt ein, wenn eine PersGes. die bei ihrem G'ter nicht abziehbaren Kosten der Lebensführung übernimmt.[4] Bei Verträgen zw. nahen Angehörigen ist ggf. ein Fremdvergleich anzustellen, um berufliche und private Leistungen abzugrenzen.[5]

B. Aufwendungen für den Haushalt des Steuerpflichtigen und den Unterhalt seiner Familienangehörigen (Nr. 1)

2 **I. Abzugsverbot bei Aufwendungen für die Lebensführung.** Nr. 1 meint über den engeren Wortlaut v. S. 1 hinaus allg. Aufwendungen für die private Lebensführung des StPfl. und seiner Familie, zB für Wohnung, Ernährung, Kleidung, kulturelle Bedürfnisse, auch für Schul-, Aus- und Fortbildung der Kinder. Sie sind grds. keine BA/WK und finden im Grundfreibetrag sowie im Familienleistungsausgleich, ggf. auch in SA und ag. Belastungen Berücksichtigung. S. 2 erstreckt die Regel auf jene Aufwendungen der Lebensführung, die durch die wirtschaftliche oder gesellschaftliche Stellung des StPfl. bedingt, dh. letztlich (auch) beruflich veranlasst sind. Sie sind selbst dann einheitlich nicht absetzbar, wenn sie zweckgerichtet zur Förderung des Erwerbs eingesetzt werden. Damit verbleibt auch nach der jüngeren Neuausrichtung der Rspr. ein engerer Restbereich eigentlich „gemischter", aber gleichwohl nicht aufteilungs- und abzugsfähiger Aufwendungen, dessen Leitbild die soziale Erwartung und dessen Kerngehalt Repräsentationsaufwendungen aller Art (einschl. der Kosten zB für gehobene Kleidung, Kosmetika, private Bewirtung) bilden dürften.[6] Wo seine genauen Grenzen liegen, lässt sich nicht abstrakt, sondern nur von Fall zu Fall festlegen.

3 **II. „Gemischte" Aufwendungen.** Hauptproblem der Nr. 1 ist die Behandlung des jenseits v. S. 2 anzusiedelnden „gemischten" Aufwands, dh. jener Aufwendungen, die in enger Verbindung sowohl betrieblich/beruflich als auch privat veranlasst sind. Sie können nun dem Grundsatz nach aufteilbar und anteilig absetzbar sein, womit die auftretenden Abgrenzungsprobleme jedoch nicht gelöst, sondern nur verschoben sind.[7] Im Einzelnen sind mehrere Fragenkreise zu betrachten:

4 Zunächst ist der „gemischte" Aufwand v. den ausschließlich berufsbedingten und rein privaten Aufwendungen **abzugrenzen**. Typischerweise (objektiv) berufsbedingte Aufwendungen (zB Arztkittel, Spezialwerkzeug) sind nicht „gemischt", daher unabhängig v. § 12 zur Gänze als BA/WK anzuerkennen. Umgekehrt sind (objektiv) typische Kosten der privaten Lebensführung ungeteilt nicht abzugsfähig. Als **„gemischte" Aufwendungen** kommen solche Ausgaben in Betracht, die sich nicht objektiv allein dem einen oder anderen Bereich zuordnen lassen und die der StPfl. subj., aber objektiv nachvollziehbar aus sowohl beruflichen wie privaten Gründen tätigt.[8] – Die Abgrenzung zw. einheitlich zu beurteilenden und gemischten Aufwendungen ist anhand der Anforderungen der jeweiligen Berufsgruppe und unter Berücksichtigung der Besonderheiten des Einzelfalls durchzuführen. Sie wird ohne eine höchstrichterliche Ka-

---

Reisekosten bei gemischt betrieblich/beruflichen und privaten Reisen. – Zum Beschl. des GrS s. auch BMF v. 6.7. 2010, BStBl. I 2010, 614; *Pezzer*, DStR 2010, 93 ff.

1 BFH v. 22.6.1990 – VI R 2/87, BStBl. II 1990, 901 = FR 1990, 617.

2 BFH v. 4.12.1996 – I R 54/95, FR 1997, 311 = DStR 1997, 492. – Ein anderes gilt jedoch für eingetragene Vereine. BFH v. 15.1.2015 – I R 48/13, BStBl. II 2015, 713, hat ihnen eine außersteuerliche Sphäre zugeordnet und eine Aufteilung gemischt veranlasster Aufwendungen in Anlehnung an § 12 EStG gestattet.

3 BFH v. 6.4.2005 – I R 86/04, BStBl. II 2005, 666 = FR 2005, 987.

4 BFH v. 27.2.1997 – IV R 60/96, BFH/NV 1997, 560 mwN.

5 Hierzu BFH v. 7.6.2006 – IX R 4/04, BStBl. II 2007, 294 = FR 2007, 91.

6 BFH v. 21.9.2009 – GrS 1/06, BStBl. II 2010, 672 = FR 2010, 225 m. Anm. *Kempermann*, sieht als historischen Anlass v. Nr. 1 S. 2 die Repräsentationsaufwendungen (Rn. 105) und nennt als weitere Bsp. ungeteilter Nichtabzugsfähigkeit die Aufwendungen für Kleidung (Rn. 122) und Gesundheit (Rn. 123).

7 Zum Folgenden s. BFH v. 21.9.2009 – GrS 1/06, BStBl. II 2010, 672 Rn. 92 ff. = FR 2010, 225 m. Anm. *Kempermann*.

8 Zur Maßgeblichkeit der „Gründe" (zu verstehen als „auslösendes Moment", das den StPfl. bewogen hat, die Aufwendungen zu tätigen) für die Einordnung „gemischter" Aufwendungen BFH v. 21.9.2009 – GrS 1/06, BStBl. II 2010, 672 Rn. 95 f. = FR 2010, 225 m. Anm. *Kempermann*.

suistik nicht zu leisten sein. Nicht ausräumbare Zweifel an der beruflichen (Mit-)Veranlassung gehen zu Lasten des StPfl.[1]

Sodann finden sich Fälle einer **einheitlichen Behandlung an sich „gemischter" Aufwendungen**. – Der Gesetzestext erweitert den Bereich der ungeteilt privaten Lebensführung in **Nr. 1 S. 2** um bestimmte gesellschaftlich übliche Aufwendungen, deren berufliche (Mit-)Veranlassung durchgängig unbeachtlich bleiben soll, so dass sie insoweit wie rein private Aufwendungen zu handhaben sind (s. Rn. 2). – Bleibt der Zusammenhang entweder mit der Lebensführung oder mit der Einkünfteerzielung v. **untergeordneter Bedeutung**, wird der Aufwand allein nach seinem überwiegenden Charakter behandelt.[2] Dies festzustellen ist eine Frage tatrichterlicher Würdigung.[3] Als Indiz mag eine Grenze v. 10 % dienen.[4] – Ferner scheidet eine Aufteilung in einen privaten und einen beruflich bedingten Anteil trotz einer an sich gemischten Veranlassung grds. aus, sofern beide derart ineinander verschränkt sind, dass sich **keine objektivierbaren Kriterien der Aufteilung** finden lassen, sofern also die dem „gemischten" Aufwand eigene Doppelmotivation nicht mit handhabbaren äußeren Anzeichen einhergeht. Sie sind dann insgesamt nicht abzugsfähig.[5] 5

Handelt es sich hiernach um grds. aufteilbaren „gemischten" Aufwand, stellt sich die Folgefrage nach den **Maßstäben einer Aufteilung**. Die Rspr. stellt hierzu eine Gesamtbetrachtung aller Umstände des Einzelfalls an.[6] Zu fragen ist insbes. nach objektiven Merkmalen einer Trennung (zB Zeitanteile einer Reise[7], Aufteilung nach Köpfen, Fahrleistung eines Pkw, ggf. Flächenanteil bei Räumen wie zB Arbeitszimmer).[8] – Steht die dem Grunde nach anteilige berufliche Mitveranlassung außer Zweifel, lässt sich ihre Quantifizierung notfalls auch schätzen.[9] Hierzu kann auf Erfahrungen auch aus der älteren Praxis zurückgegriffen werden, die zahlreiche – zunächst noch als systematische Ausnahme verstandene – Beispiele höchstrichterlich gebilligter Schätzungen bereithält.[10] 6

Die auf der Gesetzesebene eher unbestimmte Behandlung des „gemischten" Aufwands verlagert die Problematik auf die Ebene der nunmehr anspruchsvolleren Normanwendung. FinVerw. und -gerichte haben die im Einzelfall angezeigten Ermittlungsmaßnahmen auszuschöpfen.[11] Den StPfl. treffen weitreichende Mitwirkungspflichten. Er hat eine berufliche (Mit-)Veranlassung substantiiert darzulegen und nachzuweisen. Bloße Behauptungen genügen nicht.[12] FA und FG dürfen seine Darstellung nicht unhinterfragt übernehmen. Die Feststellungslast liegt beim StPfl. 7

III. Einzelnachweise (ABC der gemischten Aufwendungen). Die je nach den Umständen des Einzelfalls differenzierende vollständige oder anteilige Abzugsfähigkeit v. Aufwendungen mit Bezug oder Nähe zur privaten Lebensführung lässt sich nur kasuistisch erfassen. Der nachfolgende Überblick schildert in Teilen noch die Praxis vor der maßstabgebenden Entsch. des GrS v. 2009. Diese kann beibehalten werden, wo es dem Grunde nach um die Zuordnung zur Privat- oder Berufssphäre geht, wird aber zu überdenken sein, wo ein Abzug gerade wegen des vormaligen Aufteilungsverbotes versagt wurde. 8

---

1 BFH v. 21.9.2009 – GrS 1/06, BStBl. II 2010, 672 Rn. 96, 114 = FR 2010, 225 m. Anm. *Kempermann*.

2 BFH v. 21.9.2009 – GrS 1/06, BStBl. II 2010, 672 Rn. 97, 124 = FR 2010, 225 m. Anm. *Kempermann*, im Anschluss an die dort nachgewiesene, ausdrücklich bestätigte ältere Rspr.

3 Vgl. BFH v. 26.1.2001 – VI B 210/00 BFH/NV 2001, 809.

4 BMF v. 6.7.2010, BStBl. I 2010, 614 Tz. 11; zuvor BFH v. 19.2.2004 – VI R 135/01, BStBl. II 2004, 958 = FR 2004, 650 m. Anm. *Bergkemper* („etwa 10 vH"). – Vgl. auch BFH v. 21.11.1986 – VI R 137/83, BStBl. II 1987, 262 = FR 1987, 207: 15,5 % sind nicht „v. ganz untergeordneter Bedeutung".

5 BFH v. 21.9.2009 – GrS 1/06, BStBl. II 2010, 672 Rn. 125 = FR 2010, 225 m. Anm. *Kempermann*.

6 So durchgängig das Argumentationsmuster in BFH v. 21.9.2009 – GrS 1/06, BStBl. II 2010, 672 = FR 2010, 225 m. Anm. *Kempermann*, bes. deutlich zB in Rn. 96 (allg. zu Reisen), 130 (zu Auslandsgruppenreisen).

7 BFH v. 21.9.2009 – GrS 1/06, BStBl. II 2010, 672 Rn. 128 = FR 2010, 225 m. Anm. *Kempermann*. – Näheres unten Rn. 8 zu „Reisen".

8 Die Kriterien der Aufteilung müssen sich auf die getätigten Aufwendungen beziehen. Unbeachtlich bleibt hingegen das Verhältnis beruflich und privat (zB aus Liebhaberei) erzielter Einnahmen; BFH v. 17.10.2013 – III R 27/12, BStBl. II 2014, 372.

9 BFH v. 21.9.2009 – GrS 1/06, BStBl. II 2010, 672 Rn. 98, 115 = FR 2010, 225 m. Anm. *Kempermann*.

10 Zu nennen sind zB die gemischte Nutzung eines Pkw (BFH v. 19.10.1970 – GrS 2/70, BStBl. II 1971, 17) oder eines vergleichbaren Verkehrsmittels (zum Flugzeug BFH v. 4.8.1977 – IV R 157/74, BStBl. II 1978, 93; zum Motorboot BFH v. 10.5.2001 – IV R 6/00, BStBl. II 2001, 575 = FR 2001, 842 m. Anm. *Kanzler*), die Nutzung eines Telefons, (Kontokorrent-)Zinsen (§ 4 Rn. 185 ff.; § 9 Rn. 31 ff.), Kontoführungsgebühr (BFH v. 9.5.1984 – VI R 63/80, BStBl. II 1984, 560 = FR 1984, 486), Prämien für Versicherungen mit gemischtem Charakter, Kosten eines teilw. beruflich/betrieblich genutzten Computers.

11 Vgl. BFH v. 1.6.2010 – VIII R 80/05, BFH/NV 2010, 1805: Bei der Beurteilung einer Gruppenreise kann das Gericht v. Amts wegen gehalten sein, die anderen Reiseteilnehmer zu befragen.

12 Vgl. BFH v. 27.9.1991 – VI R 1/90, BStBl. II 1992, 195 = FR 1992, 165 m. Anm. *Urban* (Videorecorder eines Lehrers).

Arbeitsmittel: Arbeitsmittel (§ 9 Abs. 1 S. 3 Nr. 6: „zB Werkzeuge und typische Berufskleidung") sind solche WG, die nach ihrer tatsächlichen **Zweckbestimmung**, dh. nach der Funktion im Einzelfall, unmittelbar und so gut wie ausschließlich (privater Nutzungsanteil weniger als 10 %) der sinnvollen und effektiven Erledigung der beruflichen Arbeiten dienen. Gemischte Aufwendungen für Arbeitsmittel wurden bereits in der Vergangenheit immer öfter im Wege der Schätzung aufgeteilt (weitreichend zB BFH v. 29.6.1993 – VI R 53/92, BStBl. II 1993, 838 = FR 1994, 15: Aufteilung der Kosten einer Waschmaschine bei Reinigung privater und typischer Berufskleidung im Wege der Schätzung anhand v. Erfahrungen der Verbraucherverbände). S. auch „Computer", „Literatur", „Werkzeuge". Näheres s. § 9 Rn. 126 ff.

Arbeitszimmer: Ein häusliches Arbeitszimmer ist als Teil der Wohnung an sich privater Natur. Dennoch wird ein Abzug anfallender Kosten uU anerkannt (s. § 4 Rn. 215 ff.), dies aber richtigerweise nur, sofern es für die betriebliche/berufliche Tätigkeit erforderlich ist (abl. für Stewardess: FG Düss. v. 4.5.2017 – 8 K 329/15 E, EFG 2018, 277 Rn. 20 [Rev. VI R 46/17]; vgl. auch FG RhPf. v. 25.1.2018 – 6 K 2234/17, EFG 2018, 449 zum geringen Nutzungsbedarf für eine Fotovoltaik-Anlage). Das Arbeitszimmer muss zudem (nahezu) ausschließlich betrieblich/beruflich genutzt werden; eine Aufteilung der Kosten für gemischt genutzte Arbeitsräume scheidet aus (BFH v. 27.7.2015 – GrS 1/14, BStBl. II 2016, 265 = FR 2016, 314). Entsprechendes gilt für Nebenräume (zB Küche, Bad, Flur), die in die häusliche Sphäre eingebunden sind und auch privat genutzt werden (BFH v. 17.2.2016 – X R 26/13, BStBl. II 2016, 611 = FR 2016, 782). Zur Nutzung eines Arbeitszimmers durch mehrere StPfl. (Ehegatten) BFH v. 15.12.2016 – VI R 53/12, BStBl. II 2017, 938. Die Ausschmückung – anders bei Ausstattung – v. Arbeitszimmern/Diensträumen ist wegen überwiegend privater Veranlassung als nicht betrieblich/beruflich veranlasst anzusehen (BFH v. 12.3.1993 – VI R 92/92, BStBl. II 1993, 506; v. 21.11.1997 – VI R 4/97, BStBl. II 1998, 351 = FR 1998, 195; FG Köln v. 4.12.2002 – 10 K 5858/98, EFG 2003, 518; vgl. aber BFH v. 8.11.1996 – VI R 22/96, BFH/NV 1997, 341: Orientteppich im Arbeitszimmer als Ausstattung und damit WK [zweifelh.]).

Aufenthaltstitel: Der Erwerb einer Aufenthaltserlaubnis („Blaue Karte EU") soll beruflich veranlasst sein, sofern diese Voraussetzung einer Anstellung ist (FG Nürnb. v. 9.8.2017 – 5 K 815/15, juris, Rn. 63 ff.; zweifelh., da persönlicher Status als Umstand der allg. Lebensführung).

Ausbildung: Aufwendungen für die **eigene Ausbildung** wurden herkömmlich nur als abzugsfähig anerkannt, soweit sie berufsbegleitend erfolgte. Inzwischen gilt auch eine Zweitausbildung als beruflich veranlasst (eingehender hierzu § 4 Rn. 241a f., § 9 Rn. 144 ff. und § 10 Rn. 40 ff.). Auch im derart erweiterten Rahmen bleibt jeweils zu fragen, ob nicht überwiegend private Veranlassungsmomente vorliegen. Nicht anerkannt wurden zB die Kosten für einen Promotionsberater (FG Sachs. v. 13.7.2017 – 8 K 1677/16, juris) oder für die Vermittlung eines ausländ. Professorentitels (FG Münster v. 13.10.2017 – 4 K 1891/14 F, EFG 2017, 1949 [rkr.]). – Aus- und Fortbildung der **Kinder** zählen hingegen grds. zur privaten Lebensführung und sind damit nach § 31 f. zu berücksichtigen, iÜ allenfalls als SA oder ag. Belastungen abzuziehen (BFH v. 23.11.2000 – VI R 38/97, BStBl. II 2001, 132 = FR 2001, 209 [Schulgeld einer fremdsprachigen Schule bei Versetzung ausländ. Eltern ins Inland]). Dies gilt auch, wenn die Ausbildung eine spätere Unternehmensnachfolge vorbereiten soll (BFH v. 29.10.1997 – X R 129/94, BStBl. II 1998, 149 = FR 1998, 282 [Rückzahlungsklausel unbeachtlich]). Allerdings kann eine Aus- und Fortbildung im elterlichen Betrieb für diesen (nur) dann zu BA führen, wenn sie einem Fremdvergleich standhält (BFH v. 11.12.1997 – IV R 42/97, BFH/NV 1998, 952).

Auslandsgruppenreisen s. „Reisen".

Bewirtung s. gesellschaftliche Veranstaltungen.

Bildung: Aufwendungen für Bildung dienen der Entwicklung der Persönlichkeit und sind daher an sich privater Natur. Dies gilt jedenfalls für die Erlangung des Abiturs (BFH v. 29.4.1992 – VI R 33/89, BFH/NV 1992, 733). Indessen werden Hochschulstudium und Promotion heute der „Ausbildung" (s. dort) zugeordnet und als solche anders beurteilt. **Bücher** s. „Literatur" sowie § 9 Rn. 132 „Bücher".

Computer: Ausgaben für privat angeschaffte, aber beruflich genutzte Computer sind bei nur unwesentlicher privater Mitbenutzung (bis zu 10 %) ganz, bei gemischter Nutzung anteilig (ggf. im Wege der Schätzung, zB auf 50 %) abziehbar (BFH v. 19.2.2004 – VI R 135/01, BStBl. II 2004, 958 = FR 2004, 650 m. Anm. *Bergkemper*; v. 10.3.2004 – VI R 19/02 BFH/NV 2004, 1386). S. § 9 Rn. 128, 132; vgl. auch § 3 Nr. 45 zur Einnahmenseite.

Deutschkurse v. Ausländern sind idR nicht betrieblich/beruflich veranlasst (BFH v. 15.3.2007 – VI R 14/04, BStBl. II 2007, 814 = FR 2007, 1032; v. 5.6.2007 – VI R 72/06, BFH/NV 2007, 2096).

Diebstahlverlust betrieblicher WG während privater Mitnutzung wurde als nicht betrieblich/beruflich veranlasst angesehen (BFH v. 18.4.2007 – XI R 60/04, BStBl. II 2007, 762 = FR 2008, 27 m. Anm. *Wendt* [Diebstahl eines betrieblichen Pkw während eines privaten Umwegs]).

Ehescheidung: Aufwendungen für Ehescheidung (BFH v. 10.2.1977 – IV R 87/74, BStBl. II 1977, 462) und Ehevertrag (BFH v. 7.2.1958 – VI 37/56, BStBl. III 1958, 165) sind stets privater Natur.

Ehrenamt: Aufwendungen für die Übernahme eines Ehrenamts, zB als Honorarkonsul, sind idR nicht betrieblich/beruflich veranlasst (FG Hbg. v. 23.4.1993 – V 269/90, EFG 1994, 99), jedenfalls als Repräsentationsaufwendungen nicht abzugsfähig (Nr. 1 S. 2).

Einbürgerungskosten beziehen sich auf die persönliche Rechtsstellung und sind daher nicht abzugsfähig (BFH v. 18.5.1984 – VI R 130/80, BStBl. II 1984, 588 = FR 1984, 510; v. 31.1.1985 – IV S 3/84, BFH/NV 1986, 150; H 12.1 EStH).

Elektrische Geräte: Aufwendungen für den Erwerb solcher Geräte, die auch Freizeitzwecken dienen, dürften idR mangels objektivierbarer Aufteilungskriterien nicht abzugsfähig sein. Zumindest wurden sie vor BFH v. 21.9.2009 – GrS 1/06, BStBl. II 2010, 672 (s Rn. 3 ff.) wegen privater (Mit-)Veranlassung als nicht betrieblich/beruflich veranlasst angesehen (zB Fernsehapparat [BFH v. 24.10.1974 – IV R 101/72, BStBl. II 1975, 407]; Videorecorder/Videokamera eines Lehrers [BFH v. 27.9.1991 – VI R 1/90, BStBl. II 1992, 195 = FR 1992, 165 m. Anm. *Urban*; H 12.1 EStH] oder eines Projektmanagers [BFH v. 21.6.1994 – VI R 16/94, BFH/NV 1995, 216]; Geräte der Unterhaltungselektronik [BFH v. 27.5.1993 – VI R 54/90, BFH/NV 1994, 18: für Anerkennung als betrieblich/beruflich sind „eingehende Feststellungen" erforderlich]; „typische Spielecomputer" [BFH v. 15.1.1993 – VI R 98/88, BStBl. II 1993, 348 = FR 1993, 440]; s. aber „Computer").

Fahrerlaubnis: Der Erwerb eines Führerscheins führt grds. nur zu WK, wenn er unmittelbare Voraussetzung für die Berufsausbildung ist (zB als Lkw- [FG Münster v. 25.2.1998 – 7 K 5197/96 E, EFG 1998, 941: Nutzung des Lkw-Führerscheins außerhalb des Berufs nicht erkennbar] oder Taxifahrer). Großzügigere Maßstäbe gelten, wenn die Fahrerlaubnis ihrer Art nach nur betrieblich nutzbar ist (zB bei landwirtschaftlichen Zugmaschinen [vgl. Nds. FG v. 6.6.2012 – 4 K 249/11, EFG 2012, 1532, rkr.]).

Fernsehgebühren: Die Aufwendungen eines Profifußballspielers oder -trainers für das Sportpaket eines Pay-TV-Senders sind privat veranlasst. Jedenfalls fehlen objektivierbare Kriterien zur Bestimmung eines beruflich veranlassten Nutzungsanteils (so FG Münster v. 24.3.2015 – 2 K 3027/12 E, juris [rkr.]; FG Düss. v. 14.9.2015 – 15 K 1712/15 E, EFG 2016, 1416 [Rev. VI R 24/16]).

Flugschein: Aufwendungen für den privaten Flugsport einschl. der Flüge, die zur Erhaltung der Privatpilotenlizenz erforderlich sind, sind keine WK, auch wenn die beim Fliegen gewonnenen Erfahrungen für die Berufsausübung nützlich sind (stRspr.; zuletzt BFH v. 27.5.2003 – VI R 85/02, BStBl. II 2005, 202 [203] = FR 2005, 438). Dies gilt auch für den Fluglotsen (BFH v. 14.2.1992 – VI R 7/89, BFH/NV 1992, 725), den Arzt für Flugmedizin (**aA** FG Nürnb. v. 25.3.1992 – V 30/91, EFG 1992, 508), den mit Luftfahrtunfällen befassten Zivilrichter (BFH v. 3.12.2003 – VI B 17/01, BFH/NV 2004, 338) oder den Programmleiter für Piloten-Trainingssimulatoren (BFH v. 20.7.2010 – IX R 49/09, BStBl. II 2010, 1038 = FR 2010, 1087 m. Anm. *Bode*). Restriktiv auch FG Hess. v. 14.10.2014 – 4 K 781/12, EFG 2015, 542; FG Münster v. 11.8.2017 – 4 K 2867/16 F, EFG 2017, 1574. – Ein anderes gilt bei Ausbildungskosten v. **Berufspiloten**, die nach allg. Grds. abzugsfähig sein können (BFH v. 27.5.2003 – VI R 85/02, BStBl. II 2005, 202 = FR 2005, 438; v. 28.7. 2011 – VI R 38/10, BStBl. II 2012, 561 = FR 2011, 859 m. Anm. *Kanzler*; Näheres s. §§ 4 Abs. 9, 9 Abs. 6 und 10 Abs. 1 Nr. 7). Insofern ist es unschädlich, wenn die Schulung zum Verkehrsflugzeugführerschein den Erwerb des Privatflugzeugführerscheins einschließt (BFH v. 30.9.2008 – VI R 4/07, BStBl. II 2009, 111 [112] = FR 2009, 289). – S. auch „Privatflugzeug".

Fremdsprachenkurse s. „Studienaufenthalte".

Geschenke (s. § 4 Rn. 197 ff.) sind grds. nach den gleichen Regeln zu beurteilen wie Aufwendungen für Bewirtung. So sind Präsente eines angestellten Chefarztes an das Krankenhauspersonal (BFH v. 8.11.1984 – IV R 186/82, BStBl. II 1985, 2286 = FR 1985, 274) oder Geschenke unter Behördenleitern (BFH v. 1.7.1994 – VI R 67/93, BStBl. II 1995, 273) nicht abziehbar.

Gesellschaftliche Veranstaltungen, Bewirtung: (R 4.10 EStR; zur Bewirtung v. ArbN, Kundschaftsessen/-trinken § 4 Rn. 201 ff.). Die Zuordnung derartiger Aufwendungen zur beruflichen oder privaten Sphäre ist unter Würdigung aller **Umstände des Einzelfalls** zu treffen, wobei die einstmals strenge Rspr. mit der Zeit großzügiger geworden ist. Insbes. wird man nun bei einer dem Grunde nach gemischten Veranstaltung eine (ggf. schätzweise) Aufteilung der Kosten anerkennen können (vgl. BFH v. 24.9.2013 – VI R 35/11, BFH/NV 2014, 500; v. 8.7.2015 – VI R 46/14, BStBl. II 2015, 1013). – Ein Indiz für die Beurteilung gesellschaftlicher Veranstaltungen ist namentlich ihr **Anlass** (BFH v. 11.1.2007 – VI R 52/03, BStBl. II 2007, 317; v. 1.2.2007 – VI R 25/03, BStBl. II 2007, 459 = FR 2007, 437 m. Anm. *Bergkemper*; v. 10.7.2008 – VI R 26/07, BFH/NV 2008, 1831 [nicht allein entscheidend]). Sicher privat veranlasst ist eine **Trauung** (FG Köln v. 11.11.2014 – 2 K 1706/11, EFG 2015, 635; FG Nürnb. v. 5.12.2014 – 7 K 1981/12, EFG 2015, 1188). Einladungen zu einem **Geburtstagsfest** sind dem Grundsatz nach ebenfalls privater Natur. Dies gilt (jedenfalls nach der älteren, nun in Bewegung geratenen Rspr.) grds. auch dann, wenn ausschließlich Geschäftsfreunde und Mitarbeiter des Unternehmens geladen sind (BFH v. 12.12.1991 – IV R 58/88, BStBl. II 1992, 524 = FR 1992, 509; v. 27.2.1997 – IV R 60/96, BFH/NV 1997, 560 mwN). Im Einzelfall (zB bei Einladung aller Angehörigen einer betrieblichen Einheit oder Funktion als Dank für ihre Unterstützung) kann jedoch ein anderes gelten (BFH v. 10.11.2016 – VI R 7/16, BStBl. II 2017, 409). Wird neben dem Geburtstag zugleich ein beruflicher Anlass gefeiert, soll eine Aufteilung in Betracht kommen (BFH v. 8.7.2015 – VI R 46/14, BStBl. II 2015, 1013: Geburtstag und Bestellung zum Steuerberater). Das **Dienstjubiläum** eines Beamten wird inzwischen als berufsbezogenes Ereignis gewürdigt (BFH v. 20.1.2016 – VI R 24/15, BStBl. II 2016, 744: 40-jähriges Dienstjubiläum eines Finanzbeamten). Für eine andere Berufsgruppe ist Entsprechendes jedoch abgelehnt worden (BFH v. 24.9.2013 – VI R 35/11, BFH/NV 2014, 500: 25-jähriges Priesterjubiläum eines verbeamteten Priesters mit Berufskollegen und beruflichen Wegbegleitern). Als (überwiegend) berufsbezogener Anlass anerkannt wurden auch ein betrieblicher **Ausstand** (FG Hess. v. 23.4.2013 – 3 K 11/10, EFG 2013, 1583 [rkr.]; FG Münster v. 29.5.2015 – 4 K 3236/12 E, EFG 2015, 1520) und eine **Habilitation** (BFH v. 18.8.2016 – VI R 52/15, BFH/NV 2017, 151), nicht aber die Primiz (erste Messe) eines gerade geweihten Priesters (FG München v. 7.12.2017 – 13 K 3477/16, juris). – Neben dem Anlass sind noch **weitere Kriterien** zu berücksichtigen. So ist „auch v. Bedeutung, wer als Gastgeber auftritt, wer die Gästeliste bestimmt, ob es sich bei den Gästen um Kollegen, Geschäftsfreunde oder Mitarbeiter (des StPfl. oder des ArbG), um Angehörige des öffentl. Lebens, der Presse, um Verbandsvertreter oder um private Bekannte oder Angehörige des StPfl. handelt. Zu berücksichtigen ist außerdem, in wessen Räumlichkeiten bzw. an welchem Ort die Veranstaltung stattfindet und ob das Fest den Charakter einer privaten Feier aufweist" (BFH v. 11.1.2007 – VI R 52/03, BStBl. II 2007, 317 [Empfang eines Berufsoffiziers anlässlich der Übergabe seiner Dienstgeschäfte bei Verabschiedung in den Ruhestand kann WK begründen]; v. 10.7.2008 – VI R 26/07, BFH/NV 2008, 1831 [Empfang eines Professors nach Antrittsvorlesung als WK]). Insbes. eine Bewirtung in der eigenen Wohnung des StPfl. kann (muss aber nicht) für nicht abzugsfähigen Repräsentationsaufwand sprechen (R 4.10 Abs. 6 S. 8 EStR, H 12.1 EStH; anders BFH v. 1.2.2007 – VI R 25/03, BStBl. II 2007, 459 = FR 2007, 437 m. Anm. *Bergkemper* [Gartenfest für Betriebsangehörige zum 25-jährigen Dienstjubiläum beruflich bedingt]). – Vgl. auch § 19 Rn. 62 ff. zur Einnahmenseite, für die § 12 zwar nicht gilt, zu der die Rspr. (BFH v. 11.1.2007 – VI R 52/03, BStBl. II 2007, 317; v. 1.2.2007 – VI R 25/03, BStBl. II 2007, 459 = FR 2007, 437 m. Anm. *Bergkemper*) aber inhaltliche Parallelen gezogen hat. – Auch **Bewirtungsaufwendungen v. ArbN** können WK sein (BFH v. 12.4.2007 – VI R 77/04, BFH/NV 2007, 1643); s. aber §§ 3 Nr. 50, 3c Abs. 1. Als Indiz hierfür spricht insbes. eine erfolgsabhängige Entlohnung (BFH v. 24.5.2007 – VI R 78/04, BStBl. II 2007, 721 = FR 2007, 1029 m. Anm. *Bergkemper*; v. 19.6.2008 – VI R 33/07, BStBl. II 2009, 11 [12] = FR 2009, 236 m. Anm. *Bergkemper*). Auf WK kann auch ein besonderer sachlicher und zeitlicher Zusammenhang mit einer konkreten beruflichen Tätigkeit deuten (BFH v. 10.7.2008 – VI R 26/07, BFH/NV 2008, 1831 [Empfang im Anschluss an die – berufsbedingte – Antrittsvorlesung eines Medizinprofessors]). – Für Bewirtungskosten des ArbN, die hiernach WK sind, kommen die Einschränkungen aus § 4 Abs. 5 S. 1 Nr. 2 nur im Spezialfall des „geschäftlichen Anlasses" zum Tragen; uneingeschränkt berücksichtigungsfähig sind insofern die betriebsinterne Bewirtung v. Kollegen des ArbN (BFH v. 10.7.2008 – VI R 26/07, BFH/NV 2008, 1831 [geladen waren fast ausschließlich ArbN der v. Kläger geleiteten Klinik]) ebenso wie v. ihm unterstellten Mitarbeitern (BFH v. 19.6.2008 – VI R 33/07, BStBl. II 2009, 11 [12] = FR 2009, 236 m. Anm. *Bergkemper*). – Aufwendungen eines ArbN für eine Weihnachtsfeier mit Mitarbeitern oder für ein Arbeitsessen mit Berufskollegen sind jedoch regelmäßig keine WK.

Gesundheit: Aufwendungen für die Gesundheit sind (idR ungeteilt) privater Natur (BFH v. 21.9.2009 – GrS 1/06, BStBl. II 2010, 672 Rn. 123 = FR 2010, 225 m. Anm. *Kempermann*). Kosten zur Wiederherstellung der Gesundheit sind indes (nur) dann WK/BA, wenn es sich um eine typische Berufskrankheit handelt oder wenn der Zusammenhang zw. der Erkrankung und dem Beruf eindeutig feststeht (BFH v. 4.10.1968 – IV R 59/68, BStBl. II 1969, 179: Freiberufler; FG Sachs. v. 26.10.2010 – 5 K 435/06, juris: Schultergelenkerkrankung einer Berufsgeigerin). Bei psychischen Erkrankungen („Burn-out") soll dies idR nicht anzunehmen sein (FG München v. 26.4.2013 – 8 K 3159/10, EFG 2013, 1387 [als tatsächliche Feststellung nicht beanstandet durch BFH v. 9.11.2015 – VI R 36/13, BFH/NV 2016, 194]).

Hauspersonal: Kosten für Hauspersonal (Kinderfrau, Haushaltshilfe) zählen jenseits v. §§ 9c iVm. 9 Abs. 5 und § 35a zur außerstl. Privatsphäre. Wird das Personal sowohl im Haushalt als auch im Betrieb tätig, sind die Kosten idR nach den geleisteten Arbeitsstunden aufteilbar (BFH v. 8.11.1979 – IV R 66/77, BStBl. II 1980, 117 = FR 1980, 171; FG München v. 19.2.1998 – 10 K 156/93, EFG 1998, 937).

Haustiere zählen zur privaten Lebensführung. Jedoch sind die Kosten eines Polizei-Hundeführers für seinen Diensthund WK (BFH v. 30.6.2010 – VI R 45/09, BStBl. II 2011, 45). Dies lässt sich indes nicht auf den „Schulhund" einer Lehrerin übertragen (FG RhPf. v. 12.3.2018 – 5 K 2345/15, EFG 2018, 726).

Jagdschein: Die Aufwendungen zum Erwerb eines Jagdscheines sind privater Natur, es sei denn dieser ist unmittelbare Voraussetzung der Berufsausübung (BFH v. 29.1.1960 – VI 9/59 U, BStBl. III 1960, 163 – Forstbeamter).

Literatur: Aufwendungen für Bücher, Zeitschriften etc. können je nach den Umständen des Einzelfalls zu WK/BA führen. Lehrer können den Aufwand für Literatur zur Unterrichtsvorbereitung geltend machen, ein gleichzeitiges Eigeninteresse steht nicht zwingend entgegen (BFH v. 20.5.2010 – VI R 53/09, BStBl. II 2011, 723 = FR 2011, 238). Allgemein soll eine Vielzahl erworbener Zeitschriften eher für als gegen eine berufliche Nutzung sprechen (FG München v. 3.3.2011 – 5 K 3379/08, juris). Näheres s. § 9 Rn. 132 „Bücher".

Medizinisch-technische Hilfsmittel (zB Brille, Kontaktlinsen, Hörgerät) sind nicht betrieblich/beruflich veranlasst (BFH v. 23.10.1992 – VI R 31/92, BStBl. II 1993, 193 = FR 1993, 194; v. 22.4.2003 – VI B 275/00, BFH/NV 2003, 1052; v. 20.7.2005 – VI R 50/03, BFH/NV 2005, 2185).

Musik-CDs: Aufwendungen eines Gymnasiallehrers für den Erwerb v. Musik-CDs wurden als nicht beruflich veranlasst angesehen (FG München v. 11.5.1999 – 16 K 1376/96, EFG 1999, 891).

Persönlichkeitsentfaltung: Kurse zur Persönlichkeitsentfaltung (auch: allg. Führungsqualitäten, Gedächtnistraining, Gesprächsführung, Gruppendynamik, Kommunikationstraining, Rhetorik, Selbsterfahrung) gehören grds. zur privaten Lebensführung. Dies auch, wenn der ArbG bezahlten Bildungsurlaub gewährt (BFH v. 6.3.1995 – VI R 76/94, BStBl. II 1995, 393 = FR 1995, 412) sowie unabhängig v. einer arbeits-/beamtenrechtl. Anerkennung als Fortbildungsmaßnahme. Eine ausnahmsweise berufliche Veranlassung kann indes gegeben sein, wenn der Kursinhalt über die Persönlichkeitsentwicklung hinaus auf eine anschließende Verwendung in der **konkreten beruflichen Tätigkeit** des StPfl. angelegt ist. Eine allg. berufsförderliche Wirkung (dh. ein Bezug zum Berufsleben an sich mit Nutzen für verschiedene Berufe) genügt nicht. Ausschlaggebend ist dabei auch, wer **Veranstalter** ist (berufsmäßiger Veranstalter, wie zB IHK, Unternehmensberater, oder aber allgemeinbildender Ausrichter, wie zB Volkshochschule) und ob der Kurs sich an einen **homogenen Teilnehmerkreis** mit gleichgerichteten fachlichen Interessen wendet (BFH v. 28.8.2008 – VI R 44/04, BStBl. II 2009, 106 [107] = FR 2009, 288; dabei müssen nicht alle Teilnehmer ders. Berufsgruppe angehören). Geboten ist jeweils eine Würdigung des **Einzelfalls** (BFH v. 28.8.2008 – VI R 44/04, BStBl. II 2009, 106 [107] = FR 2009, 288); eine hierauf gerichtete Lebenserfahrung gibt es nicht (BFH v. 24.8.2001 – VI R 40/94, BFH/NV 2002, 182). Zugleich private Anwendungsmöglichkeiten können sich zwangsläufig und untrennbar aus den im beruflichen Interesse erforderlichen und damit so gut wie ausschließlich beruflich veranlassten Erkenntnissen und Fertigkeiten ergeben und bleiben dann unschädlich (BFH v. 28.8.2008 – VI R 44/04, BStBl. II 2009, 106 [107] = FR 2009, 288).

Beispiele (Persönlichkeitsentfaltung): Aufwendungen einer angestellten Dipl.-Psychologin für eine Psychoanalyse können als Fortbildungskosten abziehbare WK sein, wenn die damit gewonnene Selbsterfahrung für ihre berufliche Tätigkeit erforderlich ist (BFH v. 17.7.1992 – VI R 12/91, BStBl. II 1992, 1036 = FR 1992, 719 [zu großzügig]; s. ferner FG Hbg. v. 1.2.2000 – II 278/99, EFG 2000, 616 – Ausbildung einer Heilpraktikerin zur Shiatsu-Praktikerin; FG Köln v. 13.1.1999 – 4 K 9082/97, EFG 1999, 599 – Fortbildung einer Dipl.-Sozialpädagogin und Leiterin einer Kindertagesstätte zum NLP-Practitioner). Anzuerkennen sind uU auf den Beruf zugeschnittene Supervision für Führungskräfte (BFH v. 28.8.2008 – VI R 35/05, BStBl. II 2009, 108 [110 f.] = FR 2009, 288), ggf. auch für Lehrer (BFH v. 24.8.2001 – VI R 40/94, BFH/NV 2002, 182), Kurse für Gesprächsführung (FG RhPf. v. 29.6.1994 – 1 K 1656/93, EFG 1995, 8), Seminare einer Lehrerin in Gestaltpädagogik und -therapie (BFH v. 24.8.2001 – VI R 40/94, BFH/NV 2002, 182), Kurse einer Redakteurin für neuro-linguistisches Programmieren (BFH v. 28.8.2008 – VI R 44/04, BStBl. II 2009, 106 [107] = FR 2009, 288). **Nicht abziehbar** sind Scientology-Kurs (FG Hbg. v. 4.10.1995 – V 186/93, EFG 1996, 136; FG BaWü. v. 20.3.1997 – 6 K 185/96, EFG 1997, 1098), WILL-Kurs (FG RhPf. v. 19.1.1995 – 3 K 1372/94, EFG 1995, 662 – Dipl.-Pädagoge; **aA** FG RhPf. v. 21.9.1994 – 1 K 2710/93, EFG 1995, 164 – Gymnasiallehrer), Interaktions- und Kommunikationstraining (FG Nds. v. 4.6.1998 – XIV 587/95, EFG 1998, 1510), allg. psychologische Seminare (BFH v. 18.5.2006 – VI B 145/05, BFH/NV 2006, 1474) und Shaolin-Kurs (FG Köln v. 14.11.2013 – 10 K 1356/13, EFG 2014, 519 [rkr.] – Zahnärztin).

Privatflugzeug: Die Nutzung eines privaten Flugzeugs zu betrieblichen/beruflichen Zwecken kann BA/WK veranlassen. Ihr Abzug wird jedoch durch §§ 4 Abs. 5 S. 1 Nr. 7, 9 Abs. 5 S. 1 EStG begrenzt (BFH v. 19.1.2017 – VI R 37/15, BStBl. II 2017, 526).

Prozesskosten und sonstige Rechtsverfolgungskosten teilen als Folgekosten grds. das stl. Schicksal des Streitgegenstandes. So können arbeitsrechtliche Streitigkeiten WK veranlassen (BFH v. 9.2.2012 – VI R 23/10, BStBl. II 2012, 829 = FR 2012, 1160 m. Anm. *Kanzler*). Dagegen sind Streitigkeiten um einen Erbanspruch grds. privater Natur, auch wenn ihr Gegenstand ein Betrieb ist. Ein anderes kann in Betracht kommen, wenn es um eine entgeltliche Erbauseinandersetzung geht oder die Inhaberschaft eines Unternehmens bzw. einer MU'er-Stellung infrage gestellt wird (vgl. BFH v. 16.5.2001 – X R 16/98, BFH/NV 2001, 1262). – Zu den Kosten eines Strafverfahrens s. Rn. 11.

Radio- und Fernsehgeräte: Der Betrieb eines Radio- und Fernsehgeräts am Arbeitsplatz wurde vor BFH v. 21.9.2009 – GrS 1/06, BStBl. II 2010, 672 (s. Rn. 3 ff.) wegen privater (Mit-)Veranlassung als nicht betrieblich/beruflich veranlasst angesehen (FG RhPf. v. 30.4.1997 – 1 K 2313/96, EFG 1997, 952). S. auch „elektrische Geräte".

Reisen: Die (ggf. anteilige) berufliche oder betriebliche Veranlassung v. Reisen ist im Wege einer Gesamtwürdigung aller Umstände des Einzelfalls zu prüfen (grundlegend hierzu wie zum Folgenden BFH v. 21.9. 2009 – GrS 1/06, BStBl. II 2010, 672 = FR 2010, 225 m. Anm. *Kempermann* auf Vorlage des BFH v. 20.7. 2006 – VI R 94/01, BStBl. II 2007, 121 = FR 2006, 1079 m. Anm. *Bergkemper* – s. auch speziell zu „Studienaufenthalten"). Ausschlaggebend sind die **Gründe**, aus denen der StPfl. die Reise unternimmt (BFH v. 21.9. 2009 – GrS 1/06, BStBl. II 2010, 672 Rn. 95f. = FR 2010, 225 m. Anm. *Kempermann*). Berufliche Anlässe können zB sein: eine Weisung des ArbG, das Aufsuchen eines Geschäftsfreundes, das Halten eines Vortrags (restriktiv BFH v. 31.7.1996 – XI R 74/95, BStBl. II 1997, 157), eine sonstige aktive Teilnahme an einem Fachkongress (BFH v. 18.4.1996 – IV R 46/95, BFH/NV 1997, 18 – restriktiv zur „unmittelbaren beruflichen Veranlassung"), der Besuch einer Messe aus speziellem beruflichen Interesse (nicht aber bei bloß allg. Informations- und Fortbildungsinteresse; hierzu FG RhPf. v. 15.11.2010 – 5 K 1482/08, EFG 2011, 1966: CeBIT-Besuch eines Bankbetriebswirtes; nachfolgend BFH v. 16.11.2011 – VI R 19/11, BStBl. II 2012, 520 = FR 2012, 359), die Durchführung eines Forschungsauftrags, eine am Reiseziel auszuübende künstlerische Tätigkeit (BFH v. 16.10.1986 – IV R 138/83, BStBl. II 1987, 208 = FR 1987, 174 [Reise einer Künstlerin auf die Seychellen, um dort zu malen; zweifelh.]; vorsichtiger BFH v. 7.5.1993 – VI R 39/90, BFH/NV 1993, 652 [Italienreise eines Malers]), das Verfassen eines wissenschaftlichen Fachbuchs (BFH v. 18.10.1990 – IV R 72/89, BStBl. II 1991, 92 = FR 1991, 113 – abl. zur Mitwirkung an einem Fremdsprachenbuch für die Sekundarstufe 1). Gegen eine berufliche Veranlassung spricht die Befriedigung privater Interessen wie Erholung, Bildung oder Erweiterung des allg. Gesichtskreises. Bei alledem sind neben dem Anlass der Reise auch das vorgesehene Programm (Mögliche Kriterien: Art ggf. dargebotener Informationen, Teilnehmerkreis, Reiseroute, Charakter aufgesuchter Orte als beliebte Tourismusziele, fachliche Organisation, Gestaltung freier Zeiten etc.) und seine tatsächliche Durchführung zu beachten (s. ferner BFH v. 6.5.2002 – VI B 34/00, BFH/NV 2002, 1030 – Hochschullehrer als stellvertretender Exkursionsleiter; v. 27.8.2002 – VI R 22/01, BStBl. II 2003, 369 = FR 2003, 138 – Teilnahme einer wissenschaftlichen Hilfskraft einer Universität an v. ihr organisierter Exkursion). Entscheidend ist nicht zuletzt, ob die Reisetage „wie normale Arbeitstage mit beruflicher Tätigkeit" ausgefüllt werden (BFH v. 18.10.1990 – IV R 72/89, BStBl. II 1991, 92 = FR 1991, 113). – An den v. StPfl. zu erbringenden Nachweis des beruflichen Charakters der Reise sind strenge Anforderungen zu stellen (BFH v. 15.3.1990 – IV R 60/88, BStBl. II 1990, 736 = FR 1990, 545).

Eigenständige Betrachtung verdient die anzustellende Gesamtwürdigung bei **Auslandsgruppenreisen** (grundlegend hierzu BFH v. 27.11.1978 – GrS 8/77, BStBl. II 1979, 213. – BFH v. 19.1.2012 – VI R 3/11, BStBl. II 2012, 416 = FR 2012, 481 m. Anm. *Bergkemper*, hat das Fortgelten der dort entwickelten Abgrenzungsmerkmale auch nach BFH v. 21.9.2009 – GrS 1/06, BStBl. II 2010, 672 = FR 2010, 225 m. Anm. *Kempermann* ausdrücklich bestätigt), wobei Gleiches auch für Inlandsgruppenreisen gelten dürfte, so dass keine Europarechtswidrigkeit anzunehmen ist. Soweit sie zumindest auch im Interesse an allg. Information und allg. beruflicher Fortbildung sowie um des Erlebniswertes willen durchgeführt werden, fehlt regelmäßig der berufliche Zweck. Als **gewichtige Indizien** (BFH v. 27.11.1978 – GrS 8/77, BStBl. II 1979, 213; v. 27.3.1991 – VI R 51/88, BStBl. II 1991, 575 = FR 1991, 563; ausf. OFD Ffm. v. 2.11.1999, DStR 2000, 551) kommen hierbei in Betracht **einerseits** die Organisation durch einen Fachverband für einen im Wesentlichen gleichartigen (homogenen) Teilnehmerkreis (OFD Hann. v. 3.2.1999, DB 1999, 408: FinVerw. kann Teilnehmerverzeichnisse anfordern) mit straff sowie berufsbezogen durchorganisiertem Reiseprogramm mit Teilnahmepflicht (BFH v. 15.12.1982 – I R 73/79, BStBl. II 1983, 409 = FR 1983, 255; v. 22.1. 1993 – VI R 64/91, BStBl. II 1993, 612 = FR 1993, 547; v. 21.10.1996 – VI R 39/96, BFH/NV 1997, 469) und **andererseits** eine weit auseinandergezogene Reiseroute mit häufigem Ortswechsel und mit Besuch v. Orten, die auch beliebte Tourismusziele darstellen, mit Gelegenheit zu Erholung, Vergnügungen und persönlichem Erleben, sofern diese Umstände nicht lediglich notwendigerweise hingenommene Begleiterscheinung der beruflichen Informationsvermittlung sind.

Hohe Anforderungen sind ferner an sog. **Kongressreisen** gestellt worden. Es muss aufgrund v. Aufzeichnungen oder glaubhaften Bestätigungen feststehen, dass der Kläger an allen Veranstaltungen teilgenommen hat (BFH v. 15.3.1990 – IV R 60/88, BStBl. II 1990, 736 = FR 1990, 545; v. 2.3.1995 – IV R 59/94, BFH/NV 1995, 959), dass die Fortbildungsveranstaltung straff organisiert und durchgeführt worden ist und die Befriedigung privater Interessen während des beruflichen Teils der Reise nahezu ausgeschlossen ist.

Reisekosten sind grds. **aufteilbar** und ggf. anteilig abzugsfähig (grundlegend BFH v. 21.9.2009 – GrS 1/06, BStBl. II 2010, 672 = FR 2010, 225 m. Anm. *Kempermann* – Die gegenteilige frühere Rspr. wurde damit aufgegeben). Dies gilt vor allem – zeitlich – für Aufwendungen in verschiedenen Reiseabschnitten (zB Dienstreise mit anschließendem Urlaub) und – sachlich – für abgrenzbare Einzelaufwendungen (zB Kongress- oder Lehrgangsgebühren), lässt sich aber auf andere objektive Merkmale übertragen (zB bei „gemischtem" Aufwand infolge der Mitnahme v. Angehörigen [dann ggf. Aufteilung nach Köpfen]). Die Rspr. verfährt insofern recht großzügig und neigt immer öfter zu einer – dann schätzweisen – Aufteilung auch in Fällen, in denen es an objektiven Kriterien einer Aufteilung fehlt (in denen also eigentlich eine untrennbare beruflich/private Doppelmotivation des Reisegrundes zur ungeteilten Nichtabzugsfähigkeit führen müsste). Insbes. soweit sich das Gewicht einzelner Veranlassungsbeiträge (namentlich bei gleichzeitiger Verwirklichung) durch Zeitanteile nicht sachgerecht abbilden lässt, wählt sie den Weg einer anderen Aufteilung durch Schätzung (zB BFH v. 24.2.2011 – VI R 12/10, BStBl. II 2011, 796 = FR 2011, 679 m. Anm. *Kanzler*: beruflich bedingter Sprachkurs mit touristisch veranlasster Auswahl des Kursortes). – Die verbindenden, insofern „gemischten" Kosten der An- und Rückreise sind nach grds. gleichen Kriterien, dh. im Regelfall nach dem Verhältnis der Zeitabschnitte aufzuteilen, sofern nicht ein unterschiedliches Gewicht der verschiedenen Veranlassungsbeiträge eine andere Aufteilung erfordert (zB volle Abzugsfähigkeit bei beruflicher Reise auf Weisung des ArbG, auch wenn mit anschließendem Urlaub verbunden), BFH v. 21.9. 2009 – GrS 1/06, BStBl. II 2010, 672 Rn. 92, 99, 128f. – Soweit hiernach Zeitanteile zu bestimmen sind, werden An- und Abreisetag nur mitgerechnet, falls sie zumindest teilw. für berufliche/private Nutzungen zur Vfg. standen (BFH v. 21.4.2010 – VI R 5/07, BStBl. II 2010, 687 = FR 2010, 1045).

Einzelfälle (Reisen): Aufwendungen für den Lehrgang eines **Arztes** zum Erwerb der Bezeichnung „Sportmedizin" sind anteilig abzugsfähig, soweit sie sich auf sportmedizinische Veranstaltungen, nicht aber auf sportpraktische Betätigungen (Ausübung verbreiteter Sportarten in einem Urlaubsgebiet) beziehen (BFH v. 21.4.2010 – VI R 66/04, BStBl. II 2010, 685 = FR 2010, 1045). – Aufwendungen einer Englisch**lehrerin** für eine Fortbildungsreise nach Dublin (mit Dienstbefreiung des ArbG) können je nach den Umständen des Einzelfalls anteilig abziehbar sein (BFH v. 21.4.2010 – VI R 5/07, BStBl. II 2010, 687 = FR 2010, 1045). Dagegen ist die touristisch geprägte Chinareise einer Lehrerin trotz Vorbereitung durch einen Fachverband ungeteilt privater Natur (BFH v. 19.1.2012 – VI R 3/11, BStBl. II 2012, 416 = FR 2012, 481 m. Anm. *Bergkemper*). – Reisekosten eines **Pfarrers**, der eine Pilgerreise nach Rom begleitet und dabei ihre seelsorgerische Betreuung übernimmt, sollen trotz eines auch touristisch interessanten Programms (grds. in voller Höhe!) WK darstellen (BFH v. 9.12.2010 – VI R 42/09, BStBl. II 2011, 522 = FR 2011, 619). – Die Sprachreise eines **Bundeswehroffiziers** nach Südafrika (mit Intensivkurs Englisch) kann zwar beruflich veranlasst sein, jedoch legt die außergewöhnliche Wahl des Reiseziels ein auch touristisches Interesse und deshalb einen v. den Zeitanteilen abweichenden Aufteilungsmaßstab nahe (BFH v. 24.2.2011 – VI R 12/10, BStBl. II 2011, 796 = FR 2011, 679 m. Anm. Kanzler: Tatsachenfrage). – Reisen eines nebenberuflichen **Lehrbuchautors** an ausländ. Ferienorte zur Erholung und Aktualisierung seiner Lehrbücher weisen eine nicht unwesentliche private Mitveranlassung auf, die mangels Trennbarkeit zur Nichtabziehbarkeit führen kann (BFH v. 7.5.2013 – VIII R 51/10, BStBl. II 2013, 808 = FR 2014, 278). – Eine einheitliche Linie lässt sich dieser Kasuistik kaum noch entnehmen.[1]

Reisepass: Aufwendungen eines Vertriebsleiters für einen beruflich erforderlichen, nicht auch privat genutzten Reisepass sind als WK anerkannt worden (FG Saarl. v. 22.1.2014 – 1 K 1441/12, EFG 2014, 828).

Schadensersatzleistungen teilen die Einordnung des sie begründenden Umstandes (ggf. Schwerpunktbildung), BFH v. 1.12.2005 – IV R 26/04, BStBl. II 2006, 182.

Seminare s. „Persönlichkeitsentfaltung" und „Studienaufenthalt".

Sicherheit: Die persönliche Sicherheit gehört zur privaten Lebensführung (BFH v. 5.4.2006 – IX R 109/00, BStBl. II 2006, 541 = FR 2006, 736 m. Anm. *Bergkemper*; BMF v. 30.6.1997, BStBl. I 1997, 696 Tz. 4). Zahlungen nach Entführung eines Unternehmers sind keine BA (BFH v. 30.10.1980 – IV R 27/77, BStBl. II 1981, 303; v. 30.10.1980 – IV R 27/77, BStBl. II 1981, 303 = FR 1981, 202 – G'ter einer PersGes.).

Sponsoring s. BMF v. 18.2.1998, BStBl. I 1998, 212 Rn. 8.

Sport: Aufwendungen für Sport (Fitnesscenter) sind regelmäßig nicht betrieblich/beruflich veranlasst (BFH v. 22.5.2007 – VI B 107/06, BFH/NV 2007, 1690 [Polizeibeamter]). Eine Ausnahme kann greifen, wenn das Training Inhalt eines Dienstverhältnisses ist (FG Thür. v. 25.9.2013 – 3 K 290/13, EFG 2014, 292 [Auszubildender in einer Sportfördergruppe der Polizei]).

Steuerberaterkosten sind als BA/WK abzugsfähig, soweit sie sich auf die Ermittlung der Einkünfte oder auf Betriebssteuern beziehen (s. BMF v. 21.12.2007, BStBl. I 2008, 256). Eine weitergehende Abzugsfähigkeit ist verfassungsrechtlich nicht geboten (BFH v. 4.2.2010 – X R 10/08, BStBl. II 2010, 617 = FR 2010, 619 m. Anm. *Kanzler*; v. 16.2.2011 – X R 10/10, BFH/NV 2011, 977).

Strafbare Handlungen: zu Folgeaufwendungen s. Rn. 11.

Studienaufenthalte/Fremdsprachenkurse: Studienaufenthalte/Fremdsprachenkurse sind wg. Art. 56 AEUV (ex-Art. 49 EGV) im Inland und im EU-Ausland grds. gleich zu behandeln (EuGH v. 28.10.1999 – C-55/98, IStR 1999, 694; BFH v. 13.6.2002 – VI R 168/00, BStBl. II 2003, 765 [766f.] = FR 2002, 1231 m. Anm. *Kanzler*). Entscheidend ist, ob der Kurs auf die besonderen betrieblichen oder beruflichen Bedürf-

1 Zur Rspr. **vor** BFH v. 21.9.2009 – GrS 1/06, BStBl. II 2010, 672 = FR 2010, 225 m. Anm. *Kempermann* s. 12. Aufl., Rn. 8 „Reisen" mit Fn. 1.

nisse und Belange des StPfl. ausgerichtet ist (BFH v. 26.11.1993 – VI R 67/91, BStBl. II 1994, 248 = FR 1994, 223; v. 13.6.2002 – VI R 168/00, BStBl. II 2003, 765 [768] = FR 2002, 1231 m. Anm. *Kanzler*). Es muss ein konkreter Zusammenhang mit der Berufstätigkeit bestehen, was nach dem Gesamtbild der Verhältnisse zu entscheiden ist. Eine fachspezifische Sprachfortbildung iSd. Erlernens einer Fachsprache ist idR betrieblich/beruflich veranlasst. Benötigt der StPfl. zur Ausübung seines Berufs auch allg. Kenntnisse einer bestimmten Fremdsprache, genügt ein entspr. Kurs (BFH v. 13.6.2002 – VI R 168/00, BStBl. II 2003, 765 [768] = FR 2002, 1231 m. Anm. *Kanzler*; v. 24.2.2011 – VI R 12/10, FR 2011, 679 m. Anm. *Kanzler* = BStBl. II 2011, 796). Ein Veranlassungszusammenhang kann uU auch beim Erwerb v. Grundkenntnissen einer Sprache vorliegen, wenn bereits die nächste Stufe des beruflichen Fortkommens des StPfl. Fremdsprachenkenntnisse erfordert und der Erwerb v. Grundkenntnissen die Vorstufe zum Erwerb qualifizierter Fremdsprachenkenntnisse ist oder für die angestrebte Tätigkeit Grundkenntnisse der betr. Sprache ausreichen. Der Nachweis einer wegen fehlender Fremdsprachenkenntnisse v. vornherein erfolglosen Bewerbung kann nicht verlangt werden (BFH v. 10.4.2002 – VI R 46/01, BStBl. II 2002, 579 = FR 2002, 894; Änderung der Rspr., s. BFH v. 26.11.1993 – VI R 67/91, BStBl. II 1994, 248 = FR 1994, 223). Bei auswärtigen Kursen (im In- und Ausland) kann zu berücksichtigen sein, in welcher Gegend und zu welcher Jahreszeit der Kurs durchgeführt wird. Von Bedeutung sind ferner der Umfang der unterrichtsfreien Zeit einschl. der Wochenenden sowie die Möglichkeit der Befriedigung allgemeintouristischer Interessen (BFH v. 31.7. 1980 – IV R 153/79, BStBl. II 1980, 746 = FR 1981, 19; v. 15.7.1994 – VI R 69/93, BFH/NV 1995, 26; v. 16.1.1998 – VI R 46/87, BFH/NV 1998, 851). Allerdings belegen übliche Freizeiten zur Regeneration bei einem Intensiv-Sprachkurs noch nicht eine relevante private (Mit-)Veranlassung (BFH v. 10.4.2002 – VI R 46/01, BStBl. II 2002, 579 = FR 2002, 894). Die Anerkennung oder Förderung durch den ArbG als Fortbildungsmaßnahme oder die Gewährung v. Bildungsurlaub ist unerheblich. Fehlt die berufliche Veranlassung der gesamten Reise, können die reinen Lehrgangskosten gleichwohl abziehbar sein. § 3c ist zu beachten (BFH v. 24.4.1992 – VI R 141/89, BStBl. II 1992, 666 = FR 1992, 543 m. Anm. *Söffing*). – S. auch „Reisen".

Einzelfälle (Studien-/Sprachaufenthalte): Anerkannt wurden zB der Besuch eines zum Erwerb der Lehrbefähigung im Fach Französisch absolvierten (obligatorischen) Intensiv-Sprachkurses an einer französischen Partneruniversität (BFH v. 3.7.2002 – VI R 9/99, nv.) und der ein ergänzendes Staatsexamen im Lehrfach Englisch vorbereitende Sprachkurs in Großbritannien (BFH v. 19.12.2005 – VI R 65/04, BFH/NV 2006, 1075). **Nicht anerkannt** wurden (noch ohne Berücksichtigung des EU-Rechts) zB Kosten der Reise einer Lehrerin nach England mit Wochenendausflug, wobei v. insgesamt zehn Arbeitstagen ein Tag sowie drei Nachmittage mit der Verfolgung **allgemeintouristischer Zwecke** verbracht wurden, trotz homogenen Teilnehmerkreises, Schulbesuchen in Exeter und berufsbezogenen Seminarthemen (BFH v. 21.8. 1995 – VI R 47/95, BStBl. II 1996, 10 = FR 1996, 141); der Aufenthalt eines Englischlehrers in Oxford und Stratford-upon-Avon (BFH v. 31.1.1997 – VI R 83/96, BFH/NV 1997, 647); eines Englischlehrers während der Ferien an einer englischen Universität mit Kursen allgemeinbildenden Inhalts (BFH v. 15.7.1994 – VI R 69/93, BFH/NV 1995, 26); Besuch des „Canadian Studies Seminars for European Educators" durch Gymnasiallehrer (BFH v. 31.1.1997 – VI R 72/95, BFH/NV 1997, 476); Sprachkurs für Spanischlehrer und Unterrichtsstunden mit politischen, wirtschaftlichen, geographischen oder kulturellen Themen (BFH v. 8.11.1996 – VI R 90/94, BFH/NV 1997, 470); Intensivkursus für Neugriechisch einer Sozialarbeiterin in einer Beratungsstelle für griechische Gastarbeiter in Griechenland – der ArbG hatte Kursgebühren übernommen und Fortbildungsurlaub gewährt; für private Mitveranlassung sprachen das umfangreiche Beiprogramm des Kurses mit kulturellen Veranstaltungen, Ausflügen und Führungen zur Hauptferienzeit, schließlich der sich zeitlich anschließende Erholungsurlaub (BFH v. 16.1.1998 – VI R 46/87, BFH/NV 1998, 851); dreiwöchiger Italienisch-Grundkurs einer Reiseverkehrsfrau in Rom (BFH v. 22.7.1993 – VI R 103/92, BStBl. II 1993, 787 = FR 1993, 845).

Tageszeitung: Die Kosten für die Tageszeitung eines Lehrers (BFH v. 7.4.2005 – VI B 168/04, BFH/NV 2005, 1300) oder eines Wirtschaftsprüfers (FG Berlin-Bdbg. v. 23.5.2017 – 7 K 7134/15, juris) sind privater Natur.

Telefon: Aufwendungen für Telefonate privaten Inhalts sind typische Lebensführungskosten; sie können aber im Fall einer mindestens einwöchigen Auswärtstätigkeit beruflich veranlasst sein (BFH v. 5.7.2012 – VI R 50/10, BStBl. II 2013, 282 = FR 2013, 428). – Gemischter Aufwand: Wird ein privater Telefonanschluss sowohl privat als auch beruflich genutzt (das einzelne Gespräch ist keine gemischte Aufwendung), sind die Kosten einschl. (im selben Verhältnis) Grund- und Anschlussgebühr ggf. im Schätzwege aufzuteilen (BFH v. 25.10.1985 – VI R 15/81, BStBl. II 1986, 200 = FR 1986, 158). Umgekehrt sind bei einem überwiegend beruflich genutzten Telefon die privat veranlassten Telefongespräche v. WK-Abzug auszuschließen. Der StPfl. muss uU Aufzeichnungen für einen repräsentativen Zeitraum führen. Hierzu sowie ua. zur Aufteilung der v. ArbG ersetzten Gebühren für Telefon in der Wohnung des ArbN s. R 3.45, 3.50, 9.1 Abs. 5 LStR.

Testament: Aufwendungen für die Errichtung eines Testaments, auch betr. BV, sind nicht betrieblich/beruflich veranlasst (FG Nds. v. 19.7.2000 – 12 K 153/96, EFG 2000, 1372).

Umzug s. „Wohnungswechsel".

Verein: Die Mitgliedschaft in einem (Sport-)Verein ist, auch wenn sich dort beruflich nützliche Kontakte knüpfen lassen, ungeteilt privater Natur (zB FG Köln v. 16.6.2011 – 10 K 3761/08, EFG 2011, 1782 – Golfclub).

Verpflegungsaufwendungen: Verpflegungsaufwendungen sind der privaten Lebensführung zuzuordnen. Allerdings sind Mehraufwendungen für Verpflegung infolge einer Auswärtstätigkeit in § 4 Abs. 5 S. 1 Nr. 5, § 9 Abs. 5 vorrangig spezialgesetzlich geregelt (§ 4 Rn. 211), so dass § 12 nicht eingreift (BFH v. 13.1.1995 – VI R 82/94, BStBl. II 1995, 324 = FR 1995, 378). **Sonderfälle:** Kosten für „Testessen" eines Spitzengastronomen in Konkurrenzbetrieben sind privat (BFH v. 16.1.1996 – III R 11/94, BFH/NV 1996, 539). Ein anderes gilt bei Aufwendungen eines Restaurantkritikers, bei denen aber ein Abschlag für „Haushaltsersparnis" vorzunehmen ist (BFH v. 25.8.2000 – IV B 131/99, BFH/NV 2001, 162).

Versicherungsbeiträge: Die Abzugsfähigkeit v. Versicherungsprämien folgt dem Charakter des **versicherten Risikos** (zum Folgenden BFH v. 6.2.1992 – IV R 30/91, BStBl. II 1992, 653 = FR 1992, 575 [Teilhaberversicherung]; v. 19.5.2009 – VIII R 6/07, BStBl. II 2010, 168 = FR 2009, 1141 m. Anm. *Kanzler* [Praxisausfallversicherung für Krankheitsfall]; zusammenfassend BFH v. 23.4.2013 – VIII R 4/10, BStBl. II 2013, 615 = FR 2014, 64). Ist es privater Natur, sind die Beiträge allenfalls SA. Hat das abgesicherte Risiko seine Ursache hingegen im beruflichen/betrieblichen Bereich, sind Prämien als BA/WK abziehbar (und etwaige Versicherungsleistungen BE/Einnahmen). Unbeachtlich ist dagegen, ob die Prämien aus einem BV erbracht oder die Versicherungsleistungen für ein BV verwendet werden. Die somit ausschlaggebende Veranlassung des abgesicherten Risikos ist bei **Sachversicherungen** idR nach dem versicherten Gegenstand zu beurteilen. Beiträge zur Rechtsschutzversicherung können betrieblich/beruflich veranlasst sein (BFH v. 31.1.1997 – VI R 97/94, BFH/NV 1997, 346), sofern diese an betriebliche Vorgänge anknüpft; Ähnliches gilt für Prämien einer Haftpflichtversicherung. Bei **Personenversicherungen** ist zu differenzieren: Wurzelt das abgesicherte persönliche Risiko in spezifischen Gefahren des Berufs/Betriebs, ist es beruflich/betrieblich veranlasst (zB bei Absicherung gegen Berufskrankheiten oder ein spezifisches Berufsrisiko). Gefahren, die in der Person des StPfl. begründet sind, wie etwa das allgemeine Lebensrisiko zu sterben, zu erkranken oder Opfer eines Unfalls zu werden, sind dagegen der privaten Lebensführung zuzuordnen. Letzteres gilt grds. auch dann, wenn das Unternehmen oder einzelne Mitgesellschafter bezugsberechtigt sind (BFH v. 23.4.2013 – VIII R 4/10, BStBl. II 2013, 615 = FR 2014, 64 – Risikolebensversicherung eines Rechtsanwalts), selbst wenn die Versicherung Betriebskredite oder Abfindungsansprüche absichern soll (BFH v. 13.10.2015 – IX R 35/14, BStBl. II 2016, 210 = FR 2016, 373 – Risikolebensversicherung als Kreditsicherheit bei VuV). Ein anderes mag uU gelten, wenn eine Lebensversicherung nicht zur Absicherung eines persönlichen Risikos, sondern allein zu Ansparzwecken abgeschlossen worden ist (vgl. BFH v. 3.3.2011 – IV R 45/08, BStBl. II 2011, 552 = FR 2011, 658 m. Anm. *Kanzler*: Lebensversicherung als BV). Abzugrenzen ist auch der Fall der Versicherung fremder Dritter, zB von Arbeitnehmern oder Geschäftspartnern (hierzu BFH v. 14.3.1996 – IV R 14/95, BStBl. II 1997, 343 = FR 1996, 558 unter Hinweis auf § 4b). – Bei Versicherungen mit **gemischtem Charakter** ist eine Aufteilung im Wege der Schätzung (zB hälftig) zulässig; dies war bereits vor dem Grundsatzbeschluss des GrS anerkannt (BFH v. 19.2.1993 – VI R 42/92, BStBl. II 1993, 519 = FR 1993, 544 (Reisegepäckversicherung); v. 31.1.1997 – VI R 97/94, BFH/NV 1997, 346 [Rechtsschutzversicherung]; hierzu BMF v. 17.7.2000, BStBl. I 2000, 1204 [freiwillige Unfallversicherungen der ArbN]; R 10.5 S. 1 EStR [Kfz.-Haftpflichtversicherung]; vgl. auch BFH v. 22.6.1990 – VI R 2/87, BStBl. II 1990, 901 [Aufteilung zw. WK und SA außerhalb v. § 12]. Soweit eine Versicherung hierbei verschiedene Risiken abdeckt, muss der Versicherer die Anteile bescheinigen). Zu betrieblichen Versicherungen § 4 Rn. 256 („Versicherungsleistungen"), 257 („Versicherungen"); zu WK bei VuV § 9 Rn. 39.

Wehrdienst: Zahlungen eines Ausländers für die Freistellung v. Wehrdienst sind nicht betrieblich/beruflich veranlasst (BFH v. 20.12.1985 – VI R 45/84, BStBl. II 1986, 459 = FR 1986, 362).

Werkzeuge sind typische Arbeitsmittel (s. dort). Vgl. auch § 3 Nr. 30 zur Einnahmenseite.

Wohnung: Aufwendungen für die Wohnung, die den Mittelpunkt der Lebensführung darstellt (BFH v. 1.12.1993 – I R 61/93, BStBl. II 1994, 323 = FR 1994, 255; v. 26.5.2003 – VI B 13/03, BFH/NV 2003, 1182), sind **typische Kosten der Lebensführung**. Dies gilt grds. auch für die Zweit-Familienwohnung (BFH v. 29.3.1979 – IV R 137/77, BStBl. II 1979, 700 – Zweitwohnung am Ort einer zweiten beruflichen Niederlassung), ebenso für eine Ersatzwohnung, wenn mit der Vermietung der Erstwohnung Einkünfte aus VuV erzielt werden (BFH v. 11.2.2014 – IX R 24/13, BFH/NV 2014, 1197 – „negative Eigenmiete"), schließlich auch für die Nutzung einer **Ferienwohnung** in einem typischen Feriengebiet (BFH v. 25.11.1993 – IV R 37/93, BStBl. II 1994, 350 = FR 1994, 362 mwN) einschl. der Fahrtkosten zur Ferienwohnung und der Aufwendungen während des Ferienaufenthalts (BFH v. 16.12.1992 – I R 32/92, BStBl. II 1993, 399 = FR 1993, 403). Ausnahmsweise können betrieblich/beruflich veranlasste Aufwendungen für eine Wohnung BA/WK sein, zB räumlich abgegrenzt als **Arbeitszimmer** (§ 4 Rn. 215 ff.) oder bei **doppelter Haushaltsführung**

(§ 4 Rn. 214; § 9 Rn. 99 ff.). Anerkannt wurde darüber hinaus sogar ein beruflich veranlasstes Vorhalten einer zusätzlichen, aktuell ungenutzten Wohnung (FG Berlin-Bdbg. v. 1.6.2017 – 3 K 3278/14, EFG 2017, 1580 [Rev. VI R 1/18]; im Lichte des abschließenden § 9 Abs. 1 S. 3 Nr. 5 zweifelh.). Der Wohnwagen eines Schaustellers kann dessen BV sein (BFH v. 9.10.1974 – I R 129/73, BStBl. II 1975, 172).

Wohnungswechsel (Umzug): Kosten eines Umzugs (bei Erstattung greift § 3 Nr. 13, 16) gehören zur privaten Lebensführung, es sei denn, die berufliche Tätigkeit ist der entscheidende Grund für den Umzug und private Umstände spielen nur eine ganz untergeordnete Rolle. Ein Wohnungswechsel ist gem. H 9.9 LStH beruflich veranlasst zB bei der erstmaligen Aufnahme einer beruflichen Tätigkeit (**aA** FG Düss. v. 21.1.2000 – 7 K 3191/98 E, EFG 2000, 485) oder bei Umzug aus Anlass eines **Arbeitsplatzwechsels**, auch bei Versetzung auf eigenen Wunsch (**aA** FG Nds. v. 25.9.2001 – 1 K 271/00, DStRE 2002, 411), str., ebenso bei Ein- oder Auszug aus einer **Dienstwohnung** auf Weisung des ArbG (BFH v. 15.10.1976 – VI R 162/74, BStBl. II 1977, 117). Macht der ArbG eine vorgesehene Versetzung rückgängig, sind die dem ArbN durch die Aufgabe seiner Umzugsabsicht entstandenen vergeblichen Aufwendungen WK (BFH v. 24.5.2000 – VI R 17/96, BStBl. II 2000, 584 = FR 2000, 1141). Hin- und Rückumzugskosten sind WK, wenn ein ausländ. ArbN für eine v. vornherein bestimmte Zeit in das Inland versetzt wird (BFH v. 4.12.1992 – VI R 11/92, BStBl. II 1993, 722); anders bei Beendigung der Berufstätigkeit (BFH v. 8.11.1996 – VI R 65/94, BStBl. II 1997, 207 = FR 1997, 260; v. 22.7.1999 – XI B 42/98, BFH/NV 2000, 37 – Politiker; FG Düss. v. 21.11.1997 – 3 K 3505/96 E, EFG 1998, 642). Die berufliche Veranlassung endet idR mit dem Einzug in die erste Wohnung am neuen Arbeitsort (BFH v. 21.9.2000 – IV R 78/99, BStBl. II 2001, 70 = FR 2001, 207); weitere Umzüge sind dann privat veranlasst. Ausnahmsweise kann auch ein Umzug „in Etappen" („Zwischenwohnung") beruflich veranlasst sein, insbes. sofern zunächst keine den sozialen und familiären Verhältnissen des StPfl. angemessene Wohnung zur Verfügung stand (FG Thür. v. 27.1.2016 – 3 K 693/15, EFG 2016, 1418). Für die Berücksichtigung v. BA eines Unternehmers gelten entspr. Grundsätze (BFH v. 28.4.1988 – IV R 42/86, BStBl. II 1988, 777 = FR 1988, 504 mwN).

Umzugskosten werden auch ohne berufliche Veränderung anerkannt, wenn der erforderliche **Zeitaufwand für den Weg zw. Wohnung und Arbeitsstätte erheblich vermindert** worden ist, dh. bei einer Fahrtzeitverkürzung v. einer Stunde täglich als wesentlichem Indiz (BFH v. 23.3.2001 – VI R 175/99, BStBl. II 2001, 585 = FR 2001, 903; v. 21.2.2006 – IX R 79/01, BStBl. II 2006, 598 = FR 2006, 738; stRspr.). Sucht der StPfl. jedoch seinen Arbeitsplatz eher selten auf, fällt diese Zeitersparnis deutlich weniger ins Gewicht (BFH v. 7.5. 2015 – VI R 73/13, HFR 2015, 1025: bei nur 13 Hin- und Rückfahrten in fünf Monaten unerheblich). Es kommt auf eine **Gesamtbewertung** der ursprünglichen Fahrzeit, der Wegezeitverkürzung und der nach dem Umzug verbleibenden Fahrzeit an. Die nach dem Umzug verbliebene Entfernung zur neuen Arbeitsstätte kann aber ein Indiz dafür sein, dass der Umzug nicht nahezu ausschließlich beruflich veranlasst war. Die Fahrzeitersparnisse sind für jeden Ehegatten gesondert zu ermitteln und nicht zu saldieren, so dass auch eine gegenläufige Verlängerung der Wegstrecke für den anderen Ehegatten nicht den Abzug der gesamten Umzugskosten versperrt (BFH v. 21.2.2006 – IX R 79/01, BStBl. II 2006, 598 = FR 2006, 738 im Anschluss an BFH v. 23.3.2001 – VI R 175/99, BStBl. II 2001, 585 = FR 2001, 903; v. 23.3.2001 – VI R 189/97, BStBl. II 2002, 56 = FR 2002, 286 m. Anm. *Kanzler*). Auch sonstige erhebliche Verbesserungen der Weg- oder Arbeitsbedingungen (BFH v. 28.4.1988 – IV R 42/86, BStBl. II 1988, 777 = FR 1988, 504 – praxisnahe Wohnung eines Arztes) – Umsteigen auf öffentl. Verkehrsmittel, Fußweg wird ermöglicht – können zu berücksichtigen sein. Es genügt aber nicht, dass in der neuen Wohnung ein Arbeitszimmer eingerichtet werden kann (BFH v. 16.10.1992 – VI R 132/88, BStBl. II 1993, 610 = FR 1993, 546). Liegen diese objektiven Kriterien vor, ist es unerheblich, ob der StPfl. zB in eine größere Familienwohnung oder in ein eigenes EFH zieht oder anlässlich der Eheschließung mit einem Partner zusammenzieht (BFH v. 23.3.2001 – VI R 175/99, BStBl. II 2001, 585 = FR 2001, 903; ein anderes gilt, wenn der StPfl. nach privat veranlasstem Einzug ins Eigenheim eine neue Beschäftigung am Ort aufnimmt, BFH v. 21.2.2006 – IX R 108/00, BFH/NV 2006, 1273). Hingegen ist ein Umzug aus Anlass einer Trennung/Scheidung grds. privat veranlasst (FG Hess. v. 2.11.1995 – 3 K 5967/91, EFG 1996, 311; FG BaWü. v. 15.7.1997 – 6 K 30/94, EFG 1998, 91). Ein anderes soll wiederum gelten, wenn der ausziehende Ehegatte den neuen Wohnort so wählt, dass sich zu seinem Arbeitsplatz eine erhebliche Fahrzeitersparnis ergibt (beiläufig BFH v. 23.3.2001 – VI R 175/99, BStBl. II 2001, 585 = FR 2001, 903).

Art und Höhe der Kosten werden in R 9.9 LStR, H 9.9 LStH umfassend benannt, sind aber gleichwohl nur maßgeblich, soweit sie mit dem allg. WK-Begriff vereinbar sind (BFH v. 17.12.2002 – VI R 188/98, BStBl. II 2003, 314 = FR 2003, 307). Nach R 9.9 Abs. 2 LStR werden Kosten bis zur Höhe der Beträge anerkannt, die ein Beamter nach dem BUKG oder der AUV erhält. Werden die in den hierzu ergangenen Verwaltungsanweisungen festgelegten Grenzen eingehalten, prüft die Verwaltung nicht, ob die Umzugskosten der Höhe nach WK darstellen; bei höheren Kosten ist eine Einzelfallprüfung erforderlich. – **Typische BA/WK** sind die Kosten der Wohnungsbeschaffung (insbes. Maklergebühren bei Anmietung einer Wohnung), die Beförderungskosten sowie pauschale Umzugsnebenkosten (BFH v. 17.12.2002 – VI R 188/98, BStBl. II 2003, 314 = FR 2003, 307). Nicht anzuerkennen ist der zum Erwerb v. Wohneigentum getätigte Aufwand (Maklergebühren, Grundbuch- und Notariatskosten, GrESt und andere Nebenkosten), da insoweit die Vermögenssphäre betreffende AK vorliegen; Maklerkosten können dann auch nicht in dem Umfang angesetzt werden, der ansonsten für die Vermittlung einer vergleichbaren Wohnung angefallen wäre (BFH v. 24.5.2000 – VI R 188/97, BStBl. II 2000, 586 = FR 2000, 1140). Umgekehrt sind Aufwendungen für den Verkauf des bisher bewohnten Eigenheims (zB Maklergebühr, Vorfälligkeitsentschädigung bei Darlehensablösung) keine WK bei § 19, ggf. aber relevant bei § 23 (BFH v. 15.11.1991 – VI R 36/89, BStBl. II 1992, 492 = FR 1992, 411; v. 24.5.2000 – VI R 28/97, BStBl. II 2000, 474 = FR 2000, 1001 mwN; v. 24.5.2000 – VI R 147/99, BStBl. II 2000, 476 = FR 2000, 1000). Aufwendungen im Vermögensbereich können ausnahmsweise WK sein, wenn der ArbG eine v. ihm vorgesehene Versetzung rückgängig macht (BFH v. 24.5.2000 – VI R 17/96, BStBl. II 2000, 584 = FR 2000, 1141). Anerkannt worden ist auch die grds. Abzugsfähigkeit einer Mietausfallentschädigung (BFH v. 1.12.1993 – I R 61/93, BStBl. II 1994, 323 = FR 1994, 255), nicht aber der Aufwand für eine Zwischenlagerung v. Möbeln (BFH v. 21.9.2000 – IV R 78/99, BStBl. II 2001, 70 = FR 2001, 207). Keine BA/WK sind die Aufwendungen für Renovierung, Einrichtung und Ausstattung der neuen Wohnung (BFH v. 17.12.2002 – VI R 188/98, BStBl. II 2003, 314 = FR 2003, 307; v. 3.8.2012 – X B 153/11, BFH/NV 2012, 1956; an der ungeteilten Nichtabzugsfähigkeit derartiger Aufwendungen ist auch nach BFH v. 21.9.2009 – GrS 1/06, BStBl. II 2010, 672 = FR 2010, 225 m. Anm. *Kempermann* festzuhalten; BFH v. 3.8.2012 – X B 153/11, BFH/NV 2012, 1956). – Nicht als WK (und als ag. Belastung) abziehbar ist das Schulgeld, das ein ausländ. ArbN mit vorübergehendem Inlandsaufenthalt aufwenden muss, um seinem Kind die allg. Schulbildung an einer fremdsprachigen Privatschule zu ermöglichen (BFH v. 23.11.2000 – VI R 38/97, BStBl. II 2001, 132 = FR 2001, 209). Das BMF (v. 1.10.2012, BStBl. I 2012, 262) gewährt jedoch einen pauschalen Höchstbetrag für umzugsbedingte Unterrichtskosten für ein Kind nach § 9 Abs. 2 des BUKG.

Zeitschriften s. Literatur.

C. Freiwillige Zuwendungen und Zuwendungen aufgrund einer freiwillig begründeten Rechtspflicht und an unterhaltsberechtigte Personen (Nr. 2)

Sinn und Zweck der mehr verwirrenden als klärenden Vorschrift sind nicht einfach ersichtlich. Sie benennt ergänzend zu Nr. 1 typische **Leistungen in der Privatsphäre** (freiwillige Zuwendungen, Erfüllung einer freiwillig eingegangenen Verpflichtung, Leistungen an Unterhaltsberechtigte oder deren Ehegatten), die nicht als **BA/WK** abgezogen werden dürfen.[1] Nr. 2 trägt insofern ebenso wie Nr. 1 zur Konkretisierung der privaten Veranlassung im Gegenüber zur betrieblichen/beruflichen Veranlassung (§§ 4 Abs. 4, 9) bei und verstärkt auf diese Weise **deklaratorisch** das objektive Nettoprinzip. Ob eine Zuwendung iSv. Nr. 2 vorliegt, ist weniger an der formalen Einkleidung als an den wirtschaftlichen Gegebenheiten des Sachverhalts auszurichten.[2] – Die Vorschrift schweigt zur Behandlung der Zuwendungen beim Empfänger. 9

§ 12 Nr. 2 bezieht sich dagegen nur scheinbar (Abzug auch „vom Gesamtbetrag der Einkünfte") auf die Vorschriften über **SA** (zB § 10b) und **ag. Belastungen** (zB § 33a). Denn diese haben, wie die Einleitungsformel des § 12 bestätigt, grds. Vorrang ggü. Nr. 2, verdrängen sie also bereits dem Grunde nach (andere private Aufwendungen als SA und ag. Belastungen sind ohnehin nicht nach § 2 Abs. 4 abzugsfähig). Das Abzugsverbot der Nr. 2 greift insofern ins Leere. Ein anderes (und damit ein auch konstitutiver Regelungsgehalt v. Nr. 2) käme allein im Verhältnis zu **§ 10 Abs. 1a Nr. 2** in Betracht, der in der Eingangsformel des § 12 nicht eigens erwähnt wird.[3] Jedoch dürfte es dem Willen des Gesetzgebers[4] entsprechen, diese Spezialregelung unberührt zu lassen.[5] Leistungen iSv. § 10 Abs. 1a Nr. 2 sollten daher tatbestandlich nicht als Zuwendungen iSv. § 12 Nr. 2 angesehen werden. Im Ergebnis sind private **Unterhaltsrenten** nicht abziehbar, wohl aber als SA berücksichtigungsfähige Leibrenten und dauernde Lasten, die iRd. stl. privilegierten un-

1 Vgl. BFH v. 12.2.1992 – X R 121/88, BStBl. II 1992, 468 = FR 1992, 402 m. Anm. *Schmidt*; v. 15.4.1999 – IV R 60/98, BStBl. II 1999, 524 = FR 1999, 894.
2 BFH v. 12.2.1992 – X R 121/88, BStBl. II 1992, 468 = FR 1992, 402 m. Anm. *Schmidt*.
3 Das Fehlen der Nr. 2 v. § 10 Abs. 1a im Einleitungssatz zu § 12 ist entstehungsgeschichtlich nicht einfach verständlich. Die heutige Formulierung entstammt dem Zollkodex-AnpG v. 22.12.2014 (BGBl. I 2014, 2417), das ausweislich seiner Begründung nur eine Folgeanpassung zur Neuordnung des § 10 beabsichtigte (BT-Drucks. 18/3441, 57). Es knüpft damit an eine Vorgängerregelung an, deren Eingangsworte („Absatz 1 Nummer 1, 2 bis 5 …") ebenfalls die Vermögensübergabe gegen Versorgungsleistungen (damals Abs. 1 Nr. 1a) übergingen, aber ihrerseits nur als redaktionelle Folgeanpassung gedacht waren (BT-Drucks. 16/643, 10). Ein materieller Regelungsgehalt lässt sich dem nicht entnehmen.
4 § 10 Abs. 1a Nr. 2 idF des Zollkodex-AnpG v. 22.12.2014 (BGBl. I 2014, 2417) schreibt § 10 Abs. 1 Nr. 1a aF fort und bezweckt damit lediglich eine „übersichtlichere Darstellung" „ohne wesentliche inhaltliche Änderungen" (BT-Drucks. 18/3441, 56). Mit der vorherigen Neufassung v. § 10 Abs. 1 Nr. 1a aF durch das JStG 2008 strebte der Gesetzgeber indes eine vollständige Abzugsfähigkeit der dort auf ihren „Kernbereich" zurückgeführten Leistungen an und ging dabei offensichtlich nicht davon aus, dass § 12 entgegenstehen könnte; vgl. BR-Drucks. 544/07, 65 ff.
5 Im Ergebnis wohl ebenso *Schmidt*[37], § 12 Rn. 21; *Blümich*, § 12 Rn. 166; vgl. aber *H/H/R*, § 12 Anm. 102, 105.

entgeltlichen **Vermögensübergabe gegen Versorgungsleistungen** geleistet werden (Näheres s. zu §§ 10 und 22, insbes. § 10 Rn. 12 f., § 22 Rn. 11 ff.).[1]

D. Nicht abziehbare Steuern (Nr. 3)

10 § 12 Nr. 3[2] untersagt den Abzug bestimmter Steuern und ihrer Nebenleistungen, teils weil diese (als personenbezogene und daher private Lasten) bereits dem Grunde nach nicht zum steuerbaren Markterfolg zählen, teils (soweit es sich um an sich abzugsfähige BA/WK handelt) in Ergänzung anderer Abzugsbeschränkungen.

Personensteuern, namentlich die **ESt** und ihre **Annexsteuern** (KiSt, SolZ), sind grds. privater Natur. § 12 Nr. 3 HS 1 EStG verortet sie demgemäß außerhalb der steuerbaren Marktsphäre.[3] Dies gilt ausdrücklich für die Ausgaben-, konkludent aber auch für die Einnahmenseite. Gezahlte Personensteuern sind daher mit Ausnahme der KiSt, die nach dem vorrangigen § 10 Abs. 1 Nr. 4 geltend gemacht werden kann, nicht abziehbar; etwaige Steuererstattungen sind spiegelbildlich grds. nicht steuerbar.[4] Eine „sonstige Personensteuer" war die **VSt**. Unter § 12 Nr. 3 fallen auch die **ErbSt** und die **SchenkSt**;[5] folgerichtig gehören sie beim teilentgeltlichen Erwerb nicht zur AfA-Bemessungsgrundlage.[6] – Keine Personensteuern und damit grds. abzugsfähig sind die Sach- oder Realsteuern. Zu diesen kann (jedenfalls nach ihrer ursprünglichen Konzeption) insbes. die GewSt gezählt werden, deren Abzug aber bereits durch § 4 Abs. 5b ausgeschlossen wird. Im Übrigen (zB GrSt) bleibt ein Abzug möglich (vgl. auch § 9 Abs. 1 S. 3 Nr. 2).

Innerhalb der Marktsphäre setzt das die **USt** betr. Abzugsverbot an. Es will eine Gleichstellung mit dem privaten Endverbraucher (Nichtunternehmer) erreichen, der die ihm beim Erwerb v. WG mit dem Entgelt überwälzte USt nicht abziehen kann; für den Unternehmer entstünde ein Vorteil, wenn er die USt auf Umsätze, die Entnahmen sind, gewinnmindernd berücksichtigen könnte.[7] Aus gleichem Grund sind die im Gesetz (Nr. 3 HS 1 aE) genannten VorSt.-Beträge auf nichtabziehbare Aufwendungen (zB § 4 Abs. 5, § 12 Nr. 1) nicht abziehbar. Die USt ist dabei jeweils nach umsatz-, nicht nach ertragsteuerrechtl. Maßstäben zu ermitteln.[8] Im Fall der Gewinnermittlung nach § 4 Abs. 3 EStG kommt es nicht darauf an, wann die USt vorangemeldet, festgesetzt oder gezahlt wurde, sondern darauf, wann der USt auslösende Entnahmetatbestand verwirklicht wurde.[9]

Stl. Nebenleistungen (§ 12 Nr. 3 HS 2 iVm. § 3 Abs. 4 AO), wie zB Nachzahlungs- (§ 233a AO)[10], Stundungs- (§ 234 AO)[11] und Hinterziehungszinsen (§ 235 AO), Säumniszuschläge (§ 240 AO), Verspätungszuschläge (§ 152 AO), Zuschläge wegen ungenügender Aufzeichnungen (§ 162a Abs. 4 AO), Zwangsgelder (§ 329 AO) und Kosten (§§ 89, 178a, 337 ff. AO), teilen das Schicksal der jeweiligen Hauptleistung.[12] Gleiches gilt für **Rechtsverfolgungskosten** in Steuerstreitigkeiten.[13] – Die prinzipielle Spiegelbildlichkeit von Aufwand und Ertrag wird allerdings durchbrochen, soweit § 20 Abs. 1 Nr. 7 S. 3 nF vereinnahmte **Erstattungszinsen** als Einkünfte aus KapVerm. ansieht und sie damit (die anderslautende Rspr.[14] bewusst über-

---

1 Vgl. (vor Einf. v. § 10 Abs. 1 Nr. 1a n.F.) BFH v. 26.11.2003 – X R 11/01, BStBl. II 2004, 820 = FR 2004, 484 m. Anm. *Weber-Grellet*; v. 19.1.2005 – X R 23/04, BStBl. II 2005, 434 = FR 2005, 550; v. 7.3.2006 – X R 12/05, BStBl. II 2006, 797 = FR 2006, 743; v. 13.12.2005 – X R 61/01, BStBl. II 2008, 16 = FR 2006, 518; v. 20.6.2007 – X R 2/06, BStBl. II 2008, 99 = FR 2008, 189; BMF v. 16.9.2004, BStBl. I 2004, 922.

2 Gegen die Verfassungsmäßigkeit der Nr. 3 bestehen keinerlei Bedenken; BFH v. 2.9.2008 – VIII R 2/07, BStBl. II 2010, 25 = FR 2009, 539.

3 Grundlegend hierzu BFH v. 15.6.2010 – VIII R 33/07, BStBl. II 2011, 503 = FR 2010, 1043 m. Anm. *Kanzler* (Änderung der Rspr.).

4 Vgl. auch BFH v. 18.6.1998 – IV R 61/97, BStBl. II 1998, 621 = FR 1998, 994 – Schadensersatz gegen Steuerberater wegen zu hoher ESt-Festsetzung beim Mandanten nicht steuerbar.

5 BFH v. 9.8.1983 – VIII R 35/80, BStBl. II 1984, 27 = FR 1984, 46.

6 FG Münster v. 25.5.1994 – 1 K 1591/94 F, EFG 1994, 1037.

7 Dies gilt nicht für nach § 24 UStG pauschalierende Landwirte; BFH v. 3.2.2010 – IV R 45/07, BStBl. II 2010, 689.

8 BFH v. 7.12.2010 – VIII R 54/07, BStBl. II 2011, 451 (zur 1 %-Regelung bei Kfz).

9 BFH v. 7.12.2010 – VIII R 54/07, BStBl. II 2011, 451.

10 BFH v. 2.9.2008 – VIII R 2/07, BStBl. II 2010, 25 = FR 2009, 539 (Nachzahlungszinsen auf die ESt-Schuld auch dann keine WK, wenn mit dem Betrag in der Zwischenzeit steuerbare Einkünfte aus KapVerm. erzielt wurden); fortschreibend BFH v. 15.6.2010 – VIII R 33/07, BStBl. II 2011, 503 = FR 2010, 1043 m. Anm. *Kanzler* (Zuordnung gezahlter Nachzahlungszinsen zum nicht steuerbaren Bereich).

11 BFH v. 28.11.1991 – IV R 122/90, BStBl. II 1992, 342.

12 Über § 12 Nr. 3 hinaus sind nach allg. Grundsätzen auch Zinsen auf ein zur Begleichung der ESt aufgenommenes Darlehen keine BA/WK; BFH v. 6.10.2009 – I R 39/09, BFH/NV 2010, 470.

13 BFH v. 1.8.2005 – IV B 45/04, BFH/NV 2005, 2186.

14 BFH v. 15.6.2010 – VIII R 33/07, BStBl. II 2011, 503 = FR 2010, 1043 m. Anm. *Kanzler* (fehlende Steuerbarkeit von Erstattungszinsen, hergeleitet im Umkehrschluss aus der Zuordnung gezahlter Nachzahlungszinsen zum nicht steuerbaren Bereich).

holend) für steuerbar erklärt. An der systematischen Folgerichtigkeit dieser Regelung mag man zweifeln, nicht aber am eindeutigen Willen des Gesetzgebers.[1]

E. Geldstrafen (Nr. 4)

Nicht als BA/WK abziehbar sind in einem **Strafverfahren** festgesetzte Geldstrafen o. gleichgestellte Sanktionen mit überwiegendem Strafcharakter. Diese Rechtsfolgen sind, auch wenn sie in sachlichem Zusammenhang mit der Einkünfteerzielung stehen, Sühne für (eigenes) **kriminelles Unrecht** und Ahndung persönlicher Schuld, daher der Privatsphäre zuzuordnen. – Die Anwendungsbereiche der §§ 4 Abs. 5 S. 1 Nr. 8, 9 Abs. 5 S. 1 (betr. Geldbußen, Ordnungsgelder und Verwarnungsgelder) und derjenige des § 12 Nr. 4 schließen sich gegenseitig aus (vgl. § 4 Rn. 222 ff.).[2] 11

Einer Strafe **gleichgestellt** iSv. § 12 Nr. 4 sind zB Auflagen nach § 153a Abs. 1 S. 2 Nr. 2 StPO[3] (nicht jedoch Wiedergutmachungen nach § 153a Abs. 1 S. 2 Nr. 1 StPO)[4] sowie der Strafzuschlag nach § 398a Nr. 2 AO.[5] – Die strafrechtl. Anordnung des Verfalls der Gewinne aus einer Straftat hat nach der Rspr.[6] keinen Strafcharakter und unterfällt damit nicht § 12 Nr. 4.[7] – Die v. einem ausländ. Gericht festgesetzte Geldstrafe muss in wesentlichen Grundsätzen der deutschen Rechtsordnung (ordre public; vgl. § 328 Abs. 1 Nr. 4 ZPO; Art. 6 EGBGB) entsprechen.[8]

Ein anderes kann für **Folgeaufwendungen** ohne Sanktionscharakter gelten, die etwa zum Schadensausgleich getätigt werden (zB Inanspruchnahme aus Haftung[9], Wiedergutmachungsleistungen[10]) oder als Kosten eines Strafverfahrens (zB Gerichtskosten, Aufwand für Strafverteidigung)[11] anfallen. Sie können betrieblich/beruflich veranlasst und damit abziehbar sein, sofern die dem StPfl. zur Last gelegte Tat ausschließlich und unmittelbar aus seiner Erwerbstätigkeit heraus erklärbar ist, also nicht nur gelegentlich der Erwerbstätigkeit[12] und nicht mit abw. Zielrichtung (zB bewusste Schädigung des ArbG) erfolgte.[13]

F. Altfälle: Erstmalige Berufsausbildung (Nr. 5 aF)

§ 12 Nr. 5 ist mit Wirkung **ab VZ 2015 aufgehoben** worden.[14] Die Abzugsfähigkeit von Berufsausbildungskosten als BA oder WK wird jetzt abschließend in §§ 4 Abs. 9, 9 Abs. 6 geregelt. Die Möglichkeit eines SA-Abzugs nach § 10 Abs. 1 Nr. 7 bleibt unberührt. – Zu **Altfällen** s. 14. Aufl. 12

1 So nun auch BFH v. 12.11.2013 – VIII R 36/10, BStBl. II 2014, 168 = FR 2014, 429 m. Anm. *Maciejewski*; gleichsinnig BFH v. 12.11.2013 – VIII R 1/11, BFH/NV 2014, 830 (hiergegen Verfassungsbeschwerde anhängig; 2 BvR 482/14); bestätigend BFH v. 24.6.2014 – VIII R 29/12, BStBl. II 2014, 998 = FR 2015, 239 (BVerfG: 2 BvR 2674/14); **aA** zuvor zahlreiche FG-Urteile; stellvertretend FG Münster v. 10.5.2012 – 2 K 1947/00 E, EFG 2012, 1750: Vorrang von § 12 Nr. 3 (sodass § 20 Abs. 1 Nr. 7 S. 3 nF für Personensteuern ins Leere greife). – Vertiefend *Balliet*, DStZ 2012, 436; *Thiemann*, FR 2012, 673.

2 BFH v. 6.4.2000 – IV R 31/99, BStBl. II 2001, 536 = FR 2000, 939.

3 BFH v. 22.7.2008 – VI R 47/06, BStBl. II 2009, 151 (153) = FR 2009, 342 m. Anm. *Bergkemper*. – Ein Abzug scheidet auch dann aus, wenn eine PersGes. die gegen ihren G'ter festgesetzte Auflage übernimmt, um den Ruf der Ges. zu schützen; BFH v. 16.9.2014 – VIII R 21/11, DStR 2015, 1590.

4 BFH v. 16.9.2014 – VIII R 21/11, DStR 2015, 1590, im Anschluss an BFH v. 22.7.2008 – VI R 47/06, BStBl. II 2009, 151 (153) = FR 2009, 342 m. Anm. *Bergkemper*.

5 Ebenso *Roth*, DStR 2011, 1410 (1411).

6 BVerfG v. 14.1.2004 – 2 BvR 564/95, BVerfGE 110, 1 (13 ff.).

7 BFH v. 14.5.2014 – X R 23/12, BStBl. II 2014, 684 = FR 2014, 858; ebenso zur bis 1992 geltenden Strafrechtslage BFH v. 6.4.2000 – IV R 31/99, BStBl. II 2001, 536 = FR 2000, 939. – Soweit es sich um ein Bestechungsdelikt handelt, kann jedoch § 4 Abs. 5 S. 1 Nr. 10 eingreifen.

8 BFH v. 31.7.1991 – VIII R 89/86, BStBl. II 1992, 85 = FR 1991, 718.

9 BFH v. 9.12.2003 – VI R 35/96, BStBl. II 2004, 641 (642 f.) = FR 2004, 840; v. 5.8.2004 – VI R 18/04, BFH/NV 2004, 1648.

10 BFH v. 15.1.2009 – VI R 37/06, BStBl. II 2010, 111 = FR 2009, 818 m. Anm. *Bergkemper* (Auflage nach § 56b Abs. 2 S. 1 Nr. 1 StGB).

11 BFH v. 13.12.1994 – VIII R 34/93, BStBl. II 1995, 457 (Wiederaufnahme v. Straf- und Disziplinarverfahren).

12 Am Zurechnungszusammenhang fehlt es etwa bei Exzesshandlungen im Straßenverkehr, auch wenn die Fahrt als solche beruflich veranlasst war; FG RhPf. v. 27.6.2008 – 4 K 1928/07, EFG 2009, 31 (32 f.).

13 StRspr., zusammengefasst in BFH v. 9.12.2003 – VI R 35/96, BStBl. II 2004, 641 (642) = FR 2004, 840; v. 17.8.2011 – VI R 75/10, BFH/NV 2011, 2040.

14 Zollkodex-AnpG v. 22.12.2014, BGBl. I 2014, 2417.

8. Die einzelnen Einkunftsarten

a) Land- und Forstwirtschaft (§ 2 Absatz 1 Satz 1 Nummer 1)

§ 13 Einkünfte aus Land- und Forstwirtschaft

(1) Einkünfte aus Land- und Forstwirtschaft sind

1. Einkünfte aus dem Betrieb von Landwirtschaft, Forstwirtschaft, Weinbau, Gartenbau und aus allen Betrieben, die Pflanzen und Pflanzenteile mit Hilfe der Naturkräfte gewinnen. [2]Zu diesen Einkünften gehören auch die Einkünfte aus der Tierzucht und Tierhaltung, wenn im Wirtschaftsjahr

für die ersten 20 Hektar	nicht mehr als 10 Vieheinheiten,
für die nächsten 10 Hektar	nicht mehr als 7 Vieheinheiten,
für die nächsten 20 Hektar	nicht mehr als 6 Vieheinheiten,
für die nächsten 50 Hektar	nicht mehr als 3 Vieheinheiten
und für die weitere Fläche	nicht mehr als 1,5 Vieheinheiten

je Hektar der vom Inhaber des Betriebs regelmäßig landwirtschaftlich genutzten Fläche erzeugt oder gehalten werden. [3]Die Tierbestände sind nach dem Futterbedarf in Vieheinheiten umzurechnen. [4]§ 51 Absatz 2 bis 5 des Bewertungsgesetzes ist anzuwenden. [5]Die Einkünfte aus Tierzucht und Tierhaltung einer Gesellschaft, bei der die Gesellschafter als Unternehmer (Mitunternehmer) anzusehen sind, gehören zu den Einkünften im Sinne des Satzes 1, wenn die Voraussetzungen des § 51a des Bewertungsgesetzes erfüllt sind und andere Einkünfte der Gesellschafter aus dieser Gesellschaft zu den Einkünften aus Land- und Forstwirtschaft gehören;
2. Einkünfte aus sonstiger land- und forstwirtschaftlicher Nutzung (§ 62 Bewertungsgesetz);
3. Einkünfte aus Jagd, wenn diese mit dem Betrieb einer Landwirtschaft oder einer Forstwirtschaft im Zusammenhang steht;
4. Einkünfte von Hauberg-, Wald-, Forst- und Laubgenossenschaften und ähnlichen Realgemeinden im Sinne des § 3 Absatz 2 des Körperschaftsteuergesetzes.

(2) Zu den Einkünften im Sinne des Absatzes 1 gehören auch

1. Einkünfte aus einem land- und forstwirtschaftlichen Nebenbetrieb. [2]Als Nebenbetrieb gilt ein Betrieb, der dem land- und forstwirtschaftlichen Hauptbetrieb zu dienen bestimmt ist;
2. der Nutzungswert der Wohnung des Steuerpflichtigen, wenn die Wohnung die bei Betrieben gleicher Art übliche Größe nicht überschreitet und das Gebäude oder der Gebäudeteil nach den jeweiligen landesrechtlichen Vorschriften ein Baudenkmal ist;
3. die Produktionsaufgaberente nach dem Gesetz zur Förderung der Einstellung der landwirtschaftlichen Erwerbstätigkeit.

(3) [1]Die Einkünfte aus Land- und Forstwirtschaft werden bei der Ermittlung des Gesamtbetrags der Einkünfte nur berücksichtigt, soweit sie den Betrag von 900 Euro übersteigen. [2]Satz 1 ist nur anzuwenden, wenn die Summe der Einkünfte 30 700 Euro nicht übersteigt. [3]Im Fall der Zusammenveranlagung von Ehegatten verdoppeln sich die Beträge der Sätze 1 und 2.

(4) [1]Absatz 2 Nummer 2 findet nur Anwendung, sofern im Veranlagungszeitraum 1986 bei einem Steuerpflichtigen für die von ihm zu eigenen Wohnzwecken oder zu Wohnzwecken des Altenteilers genutzte Wohnung die Voraussetzungen für die Anwendung des § 13 Absatz 2 Nummer 2 des Einkommensteuergesetzes in der Fassung der Bekanntmachung vom 16. April 1997 (BGBl. I S. 821) vorlagen. [2]Der Steuerpflichtige kann für einen Veranlagungszeitraum nach dem Veranlagungszeitraum 1998 unwiderruflich beantragen, dass Absatz 2 Nummer 2 ab diesem Veranlagungszeitraum nicht mehr angewendet wird. [3]§ 52 Absatz 21 Satz 4 und 6 des Einkommensteuergesetzes in der Fassung der Bekanntmachung vom 16. April 1997 (BGBl. I S. 821) ist entsprechend anzuwenden. [4]Im Fall des Satzes 2 gelten die Wohnung des Steuerpflichtigen und die Altenteilerwohnung sowie der dazugehörende Grund und Boden zu dem Zeitpunkt als entnommen, bis zu dem Absatz 2 Nummer 2 letztmals angewendet wird. [5]Der Entnahmegewinn bleibt außer Ansatz. [6]Werden

1. die Wohnung und der dazugehörende Grund und Boden entnommen oder veräußert, bevor sie nach Satz 4 als entnommen gelten, oder

2. eine vor dem 1. Januar 1987 einem Dritten entgeltlich zur Nutzung überlassene Wohnung und der dazugehörende Grund und Boden für eigene Wohnzwecke oder für Wohnzwecke eines Altenteilers entnommen,

bleibt der Entnahme- oder Veräußerungsgewinn ebenfalls außer Ansatz; Nummer 2 ist nur anzuwenden, soweit nicht Wohnungen vorhanden sind, die Wohnzwecken des Eigentümers des Betriebs oder Wohnzwecken eines Altenteilers dienen und die unter Satz 4 oder unter Nummer 1 fallen.

(5) Wird Grund und Boden dadurch entnommen, dass auf diesem Grund und Boden die Wohnung des Steuerpflichtigen oder eine Altenteilerwohnung errichtet wird, bleibt der Entnahmegewinn außer Ansatz; der Steuerpflichtige kann die Regelung nur für eine zu eigenen Wohnzwecken genutzte Wohnung und für eine Altenteilerwohnung in Anspruch nehmen.

(6) [1]Werden einzelne Wirtschaftsgüter eines land- und forstwirtschaftlichen Betriebs auf einen der gemeinschaftlichen Tierhaltung dienenden Betrieb im Sinne des § 34 Absatz 6a des Bewertungsgesetzes einer Erwerbs- und Wirtschaftsgenossenschaft oder eines Vereins gegen Gewährung von Mitgliedsrechten übertragen, so ist die auf den dabei entstehenden Gewinn entfallende Einkommensteuer auf Antrag in jährlichen Teilbeträgen zu entrichten. [2]Der einzelne Teilbetrag muss mindestens ein Fünftel dieser Steuer betragen.

(7) § 15 Absatz 1 Satz 1 Nummer 2, Absatz 1a, Absatz 2 Satz 2 und 3, §§ 15a und 15b sind entsprechend anzuwenden.

§ 51 EStDV

§ 51 Pauschale Ermittlung der Gewinne aus Holznutzungen

(1) Steuerpflichtige, die für ihren Betrieb nicht zur Buchführung verpflichtet sind, den Gewinn nicht nach § 4 Absatz 1 des Einkommensteuergesetzes ermitteln und deren forstwirtschaftlich genutzte Fläche 50 Hektar nicht übersteigt, können auf Antrag für ein Wirtschaftsjahr bei der Ermittlung der Gewinne aus Holznutzungen pauschale Betriebsausgaben abziehen.

(2) Die pauschalen Betriebsausgaben betragen 55 Prozent der Einnahmen aus der Verwertung des eingeschlagenen Holzes.

(3) Soweit Holz auf dem Stamm verkauft wird, betragen die pauschalen Betriebsausgaben 20 Prozent der Einnahmen aus der Verwertung des stehenden Holzes.

(4) Mit den pauschalen Betriebsausgaben nach den Absätzen 2 und 3 sind sämtliche Betriebsausgaben mit Ausnahme der Wiederaufforstungskosten und der Minderung des Buchwerts für ein Wirtschaftsgut Baumbestand abgegolten.

(5) Diese Regelung gilt nicht für die Ermittlung des Gewinns aus Waldverkäufen sowie für die übrigen Einnahmen und die damit in unmittelbarem Zusammenhang stehenden Betriebsausgaben.

Literatur: *Bahrs*, Die Agrarreform 2005: ein neues Kapitel im landwirtschaftlichen Steuerrecht, Inf. 2006, 176; *Beyme*, Aktuelle Steuergesetzgebung im Bereich der Land- und Forstwirtschaft, HLBS-Report 2012, 109; *Bolin/Butke*, Abgrenzung der Einkünfte aus Land- und Forstwirtschaft zur Liebhaberei, Inf. 2000, 70; *Forchhammer*, Der entgeltliche und unentgeltliche Erwerb eines Waldes im Einkommensteuerrecht, DStR 2015, 977; *Giere*, Einkommensteuer und Gewinnermittlung in der Landwirtschaft 2008/2009, 2009; *Herden*, Aktuelle Rspr. zur Ertragsbesteuerung in der Land- und Forstwirtschaft, Hauptverband der landwirtschaftlichen Buchstellen und Sachverständigen e.V. Fachtagung 2009, 27; *Hess*, Zur Steuerpflicht von Buchgewinnen aus einem freiwilligen Landtausch als Einkünfte aus Land- und Forstwirtschaft, BB 2017, 1522; *Hiller*, Die Bewertung des Grund und Bodens in der Bilanz landwirtschaftlicher Betriebe, Inf. 2002, 103; *Koss*, Besonderheiten bei der Besteuerung forstwirtschaftlicher Betriebe, DStZ 2015, 326; *Kreckl*, Umstrukturierung landwirtschaftlicher Betriebe, 2011; *Nesselrode*, Ertragsbesteuerung der Land- und Forstwirtschaft in Europa, 2009; *Riegler/Riegler*, Ertragsbesteuerung von Einkünften aus Traktatländereien, IStR 2015, 185; *Ritzrow*, Mitunternehmerschaft bei Ehegatten in der Land- und Forstwirtschaft, StBp. 2007, 17; *Schild*, Pauschalierende Ermittlung des Gewinns aus Weinbau. Ein Beispiel praxisbewährter Verwaltungsvereinfachung, Inf. 2007, 382; *v. Schönberg*, Die ertragsteuerlichen Folgen bei der Veräußerung und Entnahme von Grund und Boden und immateriellen Wirtschaftsgütern in der Land- und Forstwirtschaft, DStZ 2001, 145; *Stephany*, Faktische Ehegatten-Mitunternehmerschaften in der Land- und Forstwirtschaft (1), AUR 2011, 190; *Stephany*, Steuerliche Behandlung von Photovoltaik- und Biogas-Anlagen bei Land- und Forstwirten, AUR 2006, 5; *Stephany*, Die Besteuerung von Ausgleichsflächen, Inf. 2003, 658; *v. Twickel*, Drum prüfe, wer sich ewig bindet … – Mitunternehmerschaft bei Landwirtsehegatten, DStR 2009, 411; *v. Twickel*, Und ewig (?) rauschen die Wälder?, FR 2008, 612; *Wiegand*, Neue Regelungen zur Bewertung des Feldinventars, NWB 2013, 2330; *Wiegand*, Abgrenzung der Land- und Forstwirtschaft vom Gewerbe, NWB 2012, 460; *Wiegand*, Neue Regelung zur Abgrenzung der Land- und Forstwirtschaft vom Gewerbe, HLBS-Report 2012, 3; *Wittwer*, Aktuelle Rspr. zur Ertragsbesteuerung in der Land- und Forstwirtschaft, 62. HLBS-Steuerfachtagung 2012, 7; *Wittwer*, Zur steuerfreien Entnahme des Grund und Bodens im Zusammenhang mit der Abwahl der Nutzungswertbesteuerung, DStR 2009, 414; *Wittwer*, Auf der Suche nach dem Wirtschaftsgut im Wald?, FR 2008, 617.

A. Grundaussagen der Vorschrift

1 **I. Regelungsgegenstand.** § 13 enthält keine Definition des Begriffs der LuF.[1] In § 13 Abs. 1, 2 werden in nicht erschöpfender Weise Formen v. Einkünften aus LuF aufgezählt. § 13 knüpft an § 2 Abs. 1 S. 1 Nr. 1 an. Für die Erwerbsgrundlage LuF sieht das EStG diverse Sonderregelungen vor: § 13a gestattet – ausgehend v. der Einordnung der LuF als Gewinneinkunftsart (§ 2 Abs. 2 Nr. 1) – zusätzlich zur Gewinnermittlung durch BV-Vergleich (§ 4 Abs. 1) und durch Überschussrechnung (§ 4 Abs. 3) die Ermittlung des Gewinns nach Durchschnittssätzen. § 13 Abs. 3 gewährt einen allg. Freibetrag, der aus sozialpolitischen Gründen der Subventionierung kleiner und mittlerer Vollerwerbsbetriebe dient.[2] Neben dem Freibetrag nach § 13 Abs. 3 sind weitere besondere Freibeträge vorgesehen (§ 13a Abs. 6; § 14 S. 2, § 14a Abs. 1). In § 13 Abs. 7 werden § 15 Abs. 1 S. 1 Nr. 2, Ab. 1a, Abs. 2 S. 2 und 3, §§ 15a und 15b für entspr. anwendbar erklärt. Für Veräußerungs- und Aufgabegewinne trifft § 14 eine – dem § 16 weitgehend entspr. – Sonderregelung. Bei außerordentlichen Einkünften wird gem. § 34 Abs. 2 Nr. 1 eine Tarifvergünstigung gewährt. Verlustausgleich und Verlustabzug sind beschränkt (§ 2a Abs. 1 S. 1 Nr. 1; § 13 Abs. 7 iVm. §§ 15a und 15b). Bestimmte Leistungen werden stfrei gestellt (§ 3 Nr. 1a, b, c, d; 17; 27; 62). § 13 Abs. 6 gestattet die Steuerzahlung in Raten bei Sacheinlagen in einen der gemeinschaftlichen Tierhaltung dienenden Betrieb. § 4a sieht einen abw. Gewinnermittlungszeitraum vor und § 37 Abs. 2 S. 1 ermächtigt zu abw. Vorauszahlungszeitpunkten.

2 **II. Systematische Einordnung.** LuF ist die planmäßige **Nutzung der Naturkräfte, vor allem des Bodens**, zur Erlangung ersetzbarer Stoffe, die sich mit Hilfe der Naturkräfte erneuern (Urproduktion;[3] zum Substanzabbau s. Rn. 26), **und** die **Verwertung** der gewonnenen pflanzlichen und tierischen Erzeugnisse durch Verkauf[4] oder als Futtermittel für die Tierhaltung.[5] Ein **Betrieb** der LuF setzt eine selbständige

1 Vgl. *H/H/R*, § 13 Rn. 40.
2 FG Nds. v. 26.8.1999 – XIV 838/97, EFG 2000, 745 (746), aus diesem Grund kann der Freibetrag auch nicht auf Einkünfte aus KapVerm. analog angewendet werden.
3 *Leingärtner*, Kap. 5.
4 Zum Verkauf im Hofladen vgl. *Bolin*, Inf. 2001, 365 ff.
5 BFH v. 23.1.1992 – IV R 19/90, BStBl. II 1992, 651 (652); R 15.5 Abs. 1 S. 1 EStR.

nachhaltige Betätigung iSv. § 13 voraus, die mit der Absicht der Gewinnerzielung unternommen wird (§ 15 Abs. 2 S. 1).[1] Die Gewinnerzielungsabsicht kann Nebenzweck sein, während die Beteiligung an einem luf. Betrieb, die lediglich der Verlusterzielung zur Minderung der Steuerbelastung via Verlustausgleich oder durch steuerbegünstigte Veräußerungsgewinne iSv. §§ 14, 14a dient, v. § 13 nicht erfasst ist (§ 13 Abs. 7 iVm. § 15 Abs. 2 S. 2, 3). Die Betätigung muss sich auch als eine Beteiligung am allg. wirtschaftlichen Verkehr darstellen.[2] Diese Beteiligung fehlt, wenn alle Erzeugnisse vom Betriebsinhaber oder seiner Familie verbraucht werden. Dagegen kann eine Beteiligung am allg. Verkehr vorliegen, wenn die Leistungen zwar nur an Angehörige, dafür aber entgeltlich erbracht werden.[3]

LuF kann als Einzelunternehmen oder in MU'schaft (s. dazu Rn. 44 ff.) betrieben werden. KapGes. erzielen kraft **Rechtsform** stets Einkünfte aus GewBetr. (§§ 8 Abs. 2 KStG, 2 Abs. 2 S. 1 GewStG), andere Körperschaften ggf. kstpfl. Einkünfte aus LuF (vgl. auch Rn. 21). Gegen die Steuerfreistellung nach § 1 Abs. 1 Nr. 6 KStG, wodurch der Privatwald in wettbewerbsverzerrender Weise benachteiligt wird, bestehen verfassungsrechtl. Bedenken (Art. 3 Abs. 1 GG).[4] **Gewerbliche Einkünfte** erzielt eine luf. PersGes. bei Beteiligung einer KapGes. als Geschäftsführer (§ 15 Abs. 3 Nr. 2) sowie bei Beteiligung der luf. PersGes. an einer gewerblich tätigen anderen PersGes. (§ 15 Abs. 1 Nr. 2).[5] Hält ein G'ter einer luf. PersGes. den Anteil an dieser in seinem gewerblichen BV, so werden die Einkünfte hieraus auf der Ges. ebene als solche aus LuF festgestellt (§§ 179, 180 AO) und gem. § 4a Abs. 2 Nr. 1 zeitlich zugeordnet, während es sich beim G'ter um gewerbliche Einkünfte handelt. 3

III. Verhältnis zu anderen Vorschriften. 1. Abgrenzung zum Gewerbebetrieb. Da auch der luf. Betrieb den Anforderungen des § 15 Abs. 2 S. 1 (dazu § 15 Rn. 11 ff.) zu genügen hat, ist er nach seinem Gegenstand vom GewBetr. abzugrenzen. Die Abgrenzung zum GewBetr. ist im Hinblick auf die besondere Gewinnermittlungsart des § 13a, besondere Begünstigungen (Rn. 71 ff.), die fehlende GewStPfl. der luf. Betriebe[6] und die GrSt.-Pflicht der luf. Betriebe als solche (§ 2 Nr. 1 GrStG) bedeutsam. Hierfür enthält R 15.5 EStR Vereinfachungsregeln,[7] die auch nebeneinander angewendet werden können. Liegt eine **teils gewerbliche, teils luf. Betätigung** vor, so hängt die getrennte oder einheitliche Beurteilung als GewBetr. oder LuF v. der wirtschaftlichen Verknüpfung beider Bereiche ab. Zwei selbständige Betriebe liegen vor, wenn entweder keine Verbindung zw. beiden Betrieben besteht oder die Verbindung zw. beiden lediglich zufällig, vorübergehend und ohne Nachteile für die gesamte Betätigung lösbar ist.[8] Von einem einheitlichen Betrieb ist auszugehen, wenn die Verbindung planmäßig im Interesse des Hauptbetriebs gewollt ist, dh. eine Betätigung der anderen zu dienen bestimmt ist und die Betätigung insgesamt nach der Verkehrsauffassung als Einheit erscheint.[9] Dabei handelt es sich um einen luf. Betrieb, wenn die LuF dem Unternehmen das Gepräge gibt, die gewerbliche Betätigung nur dienender Bestandteil der LuF, dh. Nebenbetrieb (vgl. Rn. 22 ff.) ist. Ein GewBetr. liegt vor, wenn das Gewerbe dem Unternehmen das Gepräge gibt und die LuF nur untergeordnete Bedeutung hat.[10] Bei in MU'schaft geführten Betrieben ist § 15 Abs. 3 Nr. 1 anzuwenden;[11] Tätigkeiten, die dem Grunde und der Höhe nach innerhalb der nachfolgenden Grenzen liegen, gelten dabei als land- und forstwirtschaftlich. 4

Der **Absatz von Produkten** über einen für den Verkauf eigens hergerichteten Hofladen oder auch ein räumlich getrenntes Handelsgeschäft (etwa Marktstand) führt nur dann zu einem GewBetr., wenn dauernd und nachhaltig fremde Produkte zugekauft werden. Ansonsten ist die Verkaufsstelle Bestandteil des luf. Betriebs (auch nicht Nebenbetrieb iSd Abs. 2 Nr. 1; s. Rn. 22). Die schädliche Zukaufsschwelle ist überschritten, wenn der Nettoumsatzanteil aus den zugekauften Produkten ein Drittel des Nettogesamtumsatzes des Hofladens bzw. Handelsgeschäfts oder 51 500 Euro nachhaltig übersteigt.[12] Fremdprodukte, 5

---

1 BFH v. 29.3.2001 – IV R 62/99, BFH/NV 2001, 1248 (1249).

2 BFH v. 13.12.2001 – IV R 86/99, BStBl. II 2002, 80 (81) = FR 2002, 351 m. Anm. *Kanzler*; *Leingärtner*, Kap. 3 Rn. 2; **aA** *Märkle/Hiller*[10], Rn. 152.

3 BFH v. 13.12.2001 – IV R 86/99, BStBl. II 2002, 80 (81) mit Anm. *v. Schönberg*, HFR 2002, 390 = FR 2002, 351 m. Anm. *Kanzler*.

4 *H/H/R*, § 13 Rn. 3.

5 BFH v. 8.12.1994 – IV R 7/92, BStBl. II 1996, 264 (266) = FR 1995, 380 m. Anm. *Söffing*.

6 Zur Verfassungsmäßigkeit BVerfG v. 15.1.2008 – 1 BvL 2/04, BVerfGE 120, 1 = FR 2008, 818 m. Anm. *Keß*.

7 Auch BMF v. 19.12.2011, BStBl. I 2011, 1249 iVm. 1213 und 1217; zur Überschreitung der Grenzen aufgrund v. Naturkatastrophen BMF v. 4.6.2002 – IV D 2 – S – 0336 – 4/02 Tz. 4.2.6.

8 R 15.5 Abs. 1 S. 4 EStR.

9 BFH v. 27.1.1995 – IV B 109/94, BFH/NV 1995, 772; zur Einordnung bei BetrAufsp. *Gurn*, Inf. 2005, 670.

10 BFH v. 27.1.1995 – IV B 109/94, BFH/NV 1995, 772; R 15.5 Abs. 1 S. 7 EStR; zum Hofladen vgl. *Bolin*, Inf. 2001, 365 ff.

11 Etwa FG SachsAnh. v. 20.2.2012 – 1 K 850/07, EFG 2012, 1645.

12 R 15.5 Abs. 6 und 11 EStR; BFH v. 25.3.2009 – IV R 21/06, BStBl. II 2010, 113 = FR 2009, 1163, auch zum Folgenden; entspr. BMF v. 18.1.2010, BStBl. I 2010, 46 und 598 (zur zeitlichen Anwendbarkeit BMF v. 27.5.2011, BStBl. I 2011, 561).

die iRd. Erzeugungsprozesses im luf. Betrieb verwendet werden (Saatgut, Dünger, Jungpflanzen, Jungtiere), werden nicht zu den Zukaufswaren in diesem Sinne gezählt. Ob die zugekauften Erzeugnisse betriebstypisch sind oder nicht, ist insoweit unerheblich. Ob eine nachhaltige Überschreitung der Zukaufsgrenzen vorliegt, beurteilt sich nach denselben Kriterien, die auch in anderen Fällen des Strukturwandels zugrunde zu legen sind. Bei Überschreitung der Zukaufsgrenzen werden sämtliche im Hofladen bzw. Handelsgeschäft getätigten Umsätze als gewerbliche Umsätze qualifiziert. Die übrigen Umsätze des Landwirts (Produktionstätigkeit; Abverkauf selbstgewonnener landwirtschaftlicher Erzeugnisse ab Hof in nicht eigens für den Verkauf hergerichteten Räumlichkeiten; Auslieferung v. Erzeugnissen an Kunden) bleiben unberührt.

6 Die selbständige **Erbringung v. Dienstleistungen** bildet grds. einen eigenen GewBetr.[1] Die Zuordnung zur LuF setzt eine enge Verbindung zum luf. Betrieb voraus:[2] Die Dienstleistung muss entweder iZ mit dem Verkauf v. luf. Erzeugnissen stehen,[3] unter Einsatz v. typischen luf. Maschinen/Geräten des luf. BV des StPfl. erbracht werden,[4] oder es müssen typische luf. Tätigkeiten für Dritte durchgeführt werden.[5] Dienstleistungen wie Grabpflege oder Gartengestaltung werden aus Vereinfachungsgründen der LuF zugerechnet, soweit hierbei die Umsätze aus selbstgewonnenen luf. Erzeugnissen überwiegen und der Umsatz aus diesen Dienstleistungen 50 % des Gesamtumsatzes des Betriebs nicht übersteigt.[6] Eine **Maschinen- oder Transportgemeinschaft**, die nicht nur für die beteiligten Land- und Forstwirte arbeitet, sondern auch für Dritte, ist eine gewerbliche Einkünfte erzielende MU'schaft. Solange jedoch die jeweilige Maschine v. den Beteiligten nur in den eigenen luf. Betrieben genutzt wird und die Kosten nach Köpfen oder dem Grad der Nutzung geteilt werden, ist bei jedem Beteiligten sein Anteil an den AK als BV-Gegenstand zu behandeln.[7] Schafft der Land- und Forstwirt eigens für einen Einsatz für Dritte eine Maschine an und kann diese nicht dem luf. BV zugeordnet werden, so handelt es sich insoweit um einen selbständigen GewBetr., selbst wenn die Maschine gelegentlich in der eigenen Landwirtschaft eingesetzt wird.[8] Von einer gesonderten gewerblichen Tätigkeit ist auch dann auszugehen, wenn der Umsatz aus solchen Dienstleistungen nachhaltig ein Drittel des Gesamtumsatzes oder 51 500 Euro übersteigt.[9] Die Verbindung v. Leistungen für Dritte mit der **Lieferung v. zugekauften Produkten** – insbes. lohnunternehmerische Leistungen unter Verwendung v. durch den StPfl. im eigenen Namen gekauften Spritz- und Düngemitteln oder Saatgut – führt zur Begr. eines GewBetr.[10] Diese Gewerblichkeit ist zu vermeiden, indem die erforderlichen Zusatzstoffe vom Leistungsempfänger im eigenen Namen oder auch vom leistenden Land- und Forstwirt im Namen des Leistungsempfängers eingekauft werden.

7 Zur Unterscheidung der luf. v. der **gewerblichen Tierzucht oder Tierhaltung** s. Rn. 14ff. Zur **Energieerzeugung** s. R 15.5 Abs. 12 EStR,[11] speziell zu Biogas auch Rn. 25. Wird die durch Wind-, Solar- oder Wasserkraft erzeugte Energiemenge zu mehr als 50 % in ein Versorgungsnetz eingespeist, so ist die Energieanlage notwendiges gewerbliches BV.[12] Bei **Vermietung v. Fremdenzimmern** ist nach R 15.5 Abs. 13 S. 2 EStR[13] aus Vereinfachungsgründen keine gewerbliche Tätigkeit anzunehmen, wenn weniger als vier Zimmer und weniger als sechs Betten zur Beherbergung v. Fremden bereitgehalten werden und keine Hauptmahlzeit angeboten wird. IÜ ist für einen GewBetr. eine pensionsartige Organisation zu verlangen. **Erwerb und Veräußerung v. Grundstücken** zur luf. Nutzung sind idR luf. Hilfsgeschäfte. Gewerblichkeit ist anzunehmen, wenn der StPfl. eine über die Parzellierung und Veräußerung hinausgehende Aktivität entfaltet, um den zu veräußernden Grundbesitz zu einem Objekt anderer Marktgängigkeit zu machen,[14]

1 R 15.5 Abs. 10 EStR; zu Maschinenlohnarbeiten BFH v. 22.1.2004 – IV R 45/02, BStBl. II 2004, 512 = FR 2004, 763 mit Anm. *v. Schönberg*, HFR 2004, 663; zu Klärschlammtransporten einschl. des Ausbringens des Klärschlamms mit Maschinen des GewBetr. auf selbstbewirtschafteten Feldern BFH v. 8.11.2007 – IV R 24/05, BStBl. II 2008, 356 mit Anm. *Kanzler*, FR 2008, 636f.
2 S. dazu eingehend *F/P/G*, Rn. A 348ff.
3 S. dazu die Umsatzgrenzen in R 15.5 Abs. 7 und 8 EStR sowie *Bracke*, Inf. 1997, 389 (391f.).
4 S. dazu die Umsatzgrenzen nach R 15.5 Abs. 9 EStR.
5 S. dazu die Umsatzgrenzen nach R 15.5 Abs. 10 EStR.
6 R 15.5 Abs. 7 S. 2 EStR.
7 *Wendt*, FR 1996, 265 (280).
8 R 15.5 Abs. 9 S. 4 EStR; BFH v. 14.12.2006 – IV R 10/05, BStBl. II 2007, 516 = FR 2007, 843; v. 20.9.2007 – IV R 32/06, BFH/NV 2008, 569.
9 R 15.5 Abs. 11 EStR; BFH v. 14.12.2006 – IV R 10/05, BStBl. II 2007, 516 = FR 2007, 843; v. 20.9.2007 – IV R 32/06, BFH/NV 2008, 569; BMF v. 19.12.2011, BStBl. I 2011, 1249 iVm. 1213 (1215).
10 *Wendt*, FR 1996, 265 (278).
11 Auch BMF v. 19.12.2011, BStBl. I 2011, 1249 iVm. 1213 (1215); *Märkle*, DStR 1998, 1369 (1372).
12 *F/P/G*, Rn. A 347; zur stl. Behandlung v. Photovoltaik-Anlagen vgl. *Koepsell*, Inf. 1998, 165 (201).
13 S. auch BMF v. 19.12.2011, BStBl. I 2011, 1249 iVm. 1213 (1215).
14 *Hiller*, Inf. 2000, 619.

insbes. die Aufstellung eines Bebauungsplans betreibt und/oder sich aktiv an der Erschließung des Areals beteiligt,[1] Grundstücksflächen zur Optimierung der Bebaubarkeit hinzutauscht und einen konkreten Bauvorbescheid beantragt[2] oder wenn er nachhaltig luf. Grundstücke veräußert, die er bereits in Veräußerungsabsicht erworben hat; insoweit gelten die allg. Grundsätze der sog. Drei-Objekt-Grenze (s. dazu § 15 Rn. 118ff.).[3]

2. Abgrenzung zur Liebhaberei. Allg. zur Liebhaberei s. § 2 Rn. 57ff., 85f. Es gilt bei LuF – anders als 8
bei GewBetr. (§ 15 Rn. 44) – nicht der Beweis des ersten Anscheins, dass eine Gewinnerzielungsabsicht vorliegt.[4] Bei luf. Betrieben können künftige Gewinne idR über einen Zeitraum v. ca. 30 Jahren berücksichtigt werden.[5] Bei sehr geringem Totalgewinn kann die Gewinnerzielungsabsicht zweifelh. sein.[6] In den maßgeblichen Totalgewinn sind **stille Reserven** einzubeziehen,[7] so dass Liebhaberei erst mit deren rechnerischer Aufzehrung angenommen werden kann. Zur Einbeziehung sachlich stfrei gestellter Beträge (insbes. nach §§ 14, 14a) s. § 2 Rn. 57f. Bei gepachteten Betrieben ist der Totalgewinn auf die **vereinbarte Dauer der Pacht** zu beziehen. Im Fall vorweggenommener Erbfolge mit Nießbrauchsvorbehalt ist dagegen nicht bloß auf die voraussichtliche Dauer des Nießbrauchsrechts abzustellen.[8] Bei **Gewinnermittlung nach § 13a** kommt Liebhaberei nur in Betracht, wenn die Durchschnittssatzgewinne nachhaltig negativ sind,[9] nicht aber, wenn gem. § 13a positive Gewinne fingiert werden.[10] Das Vorliegen einer Liebhaberei kann vom StPfl. erst nach Wechsel zur Gewinnermittlung nach § 4 Abs. 1 oder 3 (§ 13a Rn. 5) durch die Steuerbilanz nachgewiesen werden.[11]

Bei einer geringen Fläche („Faustregel": ca. 3 000 m²) ist im Rahmen einer allg. landwirtschaftlichen Bewirt- 9
schaftung nicht v. einer Erwerbstätigkeit auszugehen (Gartenbewirtschaftung für Eigenbedarfszwecke).[12] Einzelne wirtschaftlich **abgrenzbare Betriebsteile eines Gesamtbetriebes** können selbständig zu beurteilen sein.[13] Eine Pferdezucht ist kein selbständig zu beurteilender Betriebsteil, wenn sie in die übrige Landwirtschaft voll integriert ist, weil Weiden, Betriebsanlagen und Personal ohne Unterschied in beiden Betriebszweigen eingesetzt werden. Auch eine zum luf. Betrieb gehörende Jagd ist nicht isoliert zu betrachten.[14] Gehören dagegen zu einem luf. Gutshof eine Landwirtschaft und eine Forstwirtschaft, die beide v. ihrer Größe her für sich lebensfähige Betriebe darstellen, so ist die Frage der nichtsteuerbaren negativen Einkünfte aus Liebhaberei grds. getrennt zu beurteilen (s. auch Rn. 20). **Verluste während einer Anlaufphase** (bei LuF regelmäßig 8–10 Jahre[15]) stehen der Annahme eines luf. Betriebs grds. nicht entgegen, es sei denn, es handelt sich v. Beginn an um einen typischen Liebhabereibetrieb, was sich – freilich vorbehaltlich eines Gegenbeweises – häufig bei nebenberuflichen Pferdezucht- bzw. Pferdehaltungsbetrieben, Sportangeln oder nicht

1 BFH v. 31.5.2001 – IV R 73/00, BStBl. II 2001, 673 (674); v. 8.9.2005 – IV R 38/03, BStBl. II 2006, 166; v. 8.11.2007 – IV R 35/06, BStBl. II 2008, 359 mit Abgrenzung zur selbständigen Erschließung durch einen Dritten, dazu Anm. *Kanzler*, FR 2008, 633; FG Münster v. 27.4.2007 – 11 K 1654/04 E, EFG 2007, 1435.

2 BFH v. 8.11.2007 – IV R 34/05, BStBl. II 2008, 231 = FR 2008, 470 m. Anm. *Kanzler*; FG Düss. v. 4.11.2010 – 16 K 4489/08 E, G, EFG 2011, 542.

3 FG BaWü. v. 5.4.2017 – 4 K 1740/16, EFG 2017, 1346; BMF v. 26.3.2004, BStBl. I 2004, 434 Rn. 27; vgl. *v. Schönberg*, DStZ 2005, 61; **aA** FG Münster v. 27.4.2007 – 11 K 1654/04 E, EFG 2007, 1435.

4 BFH v. 25.6.1996 – IV B 82/95, BFH/NV 1997, 21; v. 15.5.1997 – IV B 74/96, BFH/NV 1997, 668; s. allerdings BFH v. 5.5.2011 – IV R 48/08, BStBl. II 2011, 792 = FR 2011, 907 m. Anm. *Kanzler* zu einzelnen Beweisanzeichen.

5 Vgl. *Schmidt*[37], § 13 Rn. 100.

6 BFH v. 25.11.2004 – IV R 8/03, BFH/NV 2005, 854 (763 DM).

7 BFH v. 17.6.1998 – XI R 64/97, BStBl. II 1998, 727 (728) = FR 1998, 1027; v. 30.8.2007 – IV R 12/05, BFH/NV 2008, 759; v. 4.6.2009 – IV B 69/08, BFH/NV 2009, 1644; *Lademann*, § 13 Rn. 125; nicht dagegen die im selbstgenutzten Wohnhaus des Landwirts und Forstwirts gebundenen stillen Reserven, spätestens ab 1999 (Ende der Nutzungswertbesteuerung) s. BFH v. 25.11.2004 – IV R 8/03, BFH/NV 2005, 854.

8 FG Münster v. 16.12.2016 – 4 K 2629/14 F, EFG 2017, 396 (Rev. VI R 5/17).

9 Vgl. BFH v. 6.3.2003 – IV R 26/01, BStBl. II 2003, 702 mit Anm. *v. Schönberg*, HFR 2003, 850 = FR 2003, 795 m. Anm. *Kanzler*.

10 BFH v. 24.5.2007 – IV B 41/06, BFH/NV 2007, 2049; v. 17.3.2010 – IV R 60/07, BFH/NV 2010, 1446.

11 BFH v. 18.5.2000 – IV R 27/98, BStBl. II 2000, 524 = FR 2000, 1053.

12 BFH v. 12.11.1992 – IV R 41/91, BStBl. II 1993, 430 (431f.) = FR 1993, 434; v. 24.11.1994 – IV R 53/94, BFH/NV 1995, 592 (593); v. 5.5.2011 – IV R 48/08, BStBl. II 2011, 792 = FR 2011, 907 m. Anm. *Kanzler*.

13 BFH v. 20.9.2007 – IV R 20/05, BFH/NV 2008, 532 für luf. Betrieb; *Bolin/Butke*, Inf. 2000, 70 (73); **aA** *K/S/M*, § 13 Rn. B 141; *Hiller*, StWa. 2002, 259 (265): keine isolierte Betrachtung, auch wenn es sich um TB handelt.

14 BFH v. 13.7.1978 – IV R 35/77, BStBl. II 1979, 100 (101ff.).

15 BFH v. 22.7.1982 – IV R 74/79, BStBl. II 1983, 2 (4) = FR 1983, 18; FG Saarl. v. 22.5.1997 – 1 K 58/96, EFG 1998, 92; zum Einwand unvorhergesehener Ereignisse (schwere Erkrankung) bei darüber hinausgehenden Verlusten BFH v. 3.3.2003 – IV B 130/01, BFH/NV 2003, 1303 mwN.

ernsthaftem Betreiben eines Gutsbetriebs ergeben wird.[1] Eine Gewinnerzielungsabsicht ist daher nicht anzunehmen, wenn der StPfl. eine ursprünglich als Hobby begonnene kleine Pferdezucht nicht aufgibt, sondern unverändert beibehält. Insbes. muss die Pferdezucht auf hinreichend breiter Basis betrieben werden, da dort die Qualität aus der Quantität kommt.[2] Eine Trabpferdezucht ist keine Liebhaberei, wenn über mehrere Jahre hinweg aus der Haltung des Trabers Gewinne erzielt werden, weil hierin ein Beweisanzeichen für die Gewinnerzielungsabsicht liegt.[3] Bei kleinen Flächen[4] steht das Unterschreiten eines mutmaßlichen Jahresgewinns v. 512 Euro der Annahme eines **Forstbetriebes** nicht entgegen, sofern nach Ablauf der Umtriebszeit ein ins Gewicht fallender Gewinn erzielt werden kann (vgl. auch Rn. 12).[5] Auch bei großen Forstflächen kann – ungeachtet eines öffentl.-rechtl. Bewirtschaftungszwangs – Liebhaberei zu bejahen sein.[6]

10 **3. Sondereinnahmen.** Einkünfte aus KapVerm. wie auch Einkünfte aus VuV sind zu den Einkünften aus LuF zu rechnen, soweit sie wirtschaftlich zu diesen gehören (§§ 20 Abs. 3, 21 Abs. 3; vgl. aber zum Ausbeutevertrag Rn. 67). Zinseinnahmen eines Genossen aus der Gewährung eines Darlehens an eine landwirtschaftliche Genossenschaft können als Einkünfte aus KapVerm. zu qualifizieren sein, sofern ggü. Nichtmitgliedern keine messbaren Vorteile erzielt werden.[7] Erfüllt ein im Bereich der Liebhaberei verwirklichter Vorgang die Tatbestandsmerkmale einer ggü. der LuF subsidiären **anderen Einkunftsart**, so ist er bei dieser zu erfassen.[8]

B. Formen land- und forstwirtschaftlicher Einkünfte (Abs. 1)

11 **I. Einkünfte aus Land- und Forstwirtschaft (Abs. 1 Nr. 1). 1. Landwirtschaft.** Landwirtschaft ist die planmäßige Nutzung der natürlichen Kräfte des Bodens zur Erzeugung und Verwertung v. lebenden Pflanzen und Tieren,[9] dh. im Wesentlichen die Bewirtschaftung v. Acker und Dauergrünland. Eigene Flächen sind nicht erforderlich, ebenso kein voller landwirtschaftlicher Besatz (Betriebsgebäude, Inventar usw.).[10] Bei einer eigenbewirtschafteten Fläche v. mindestens 3 000 m^2 kann idR ein landwirtschaftlicher Betrieb angenommen werden.[11] Pilzzucht ist Landwirtschaft, ebenso die Herstellung v. Getreidekeimlingen oder v. Humus aus pflanzlichen Abfällen des Betriebs (Rn. 24).[12]

12 **2. Forstwirtschaft.** Forstwirtschaft ist Bodenbewirtschaftung zur Gewinnung v. Walderzeugnissen, insbes. Holz, soweit sie nicht einem landwirtschaftlichen oder gewerblichen Betrieb angehört. Für die Annahme eines Forstbetriebs[13] genügt nicht schon jede Forstfläche iSd. BWaldG. Erforderlich ist eine **gewisse Größe,**[14] die die Erzielung eines Totalgewinns ermöglicht.[15] Kann nach Ablauf der Umtriebszeit[16] ein ins Gewicht fallender Gewinn erzielt werden, so ist nicht entscheidend, welcher Gewinn rechnerisch auf die einzelnen Jahre der gesamten Umtriebszeit entfällt. Die planmäßige Aufforstung eines nicht unbedeutenden Areals ist Indiz dafür, dass die Gewinnerzielung durch Holznutzungen beabsichtigt ist.[17] Jedoch kann

1 BFH v. 20.1.2005 – IV R 6/03, BFH/NV 2005, 1511 mit Anm. *v. Schönberg*, HFR 2005, 964; v. 10.1.2012 – IV B 137/10, BFH/NV 2012, 732; für Liebhaberei spricht es dabei insbes., wenn die Verluste durch anderweitige Einkünfte oder hohes Vermögen ausgeglichen werden können, s. BFH v. 14.7.2003 – IV B 81/01, BStBl. II 2003, 804 (805) mit Anm. *Kanzler*, FR 2003, 1096, oder wenn ein Landwirt, dem keine lfd. Mittelzuflüsse v. außen zur Vfg. stehen, den Betrieb nicht über die notwendige Anlaufzeit hinaus geführt hätte oder hätte führen können, während dies einem StPfl. möglich ist, der über andere Geldmittel verfügt, s. BFH v. 13.10.2004 – IV B 122/02, BFH/NV 2005, 560.

2 BFH v. 27.1.2000 – IV R 33/99, BStBl. II 2000, 227 = FR 2000, 621 m. Anm. *Fischer*; FG Nds. v. 14.1.2009 – 4 K 10/07, BB 2009, 1579; FG Düss. v. 12.3.2014 – 7 K 2815/13 E, EFG 2014, 991; vgl. auch BFH v. 27.11.2008 – IV R 17/06, HFR 2009, 771 (vorl. Festsetzung, § 165 AO).

3 BFH v. 16.3.2000 – IV R 53/98, BFH/NV 2000, 1090.

4 BFH v. 13.4.1989 – IV R 30/87, BStBl. II 1989, 718 = FR 1989, 554: 3 ha mit gutem Holzbestand; s. auch FG Nürnb. v. 22.3.2011 – 1 K 1498/2008, juris.

5 Vgl. dazu *Bolin/Butke*, Inf. 2000, 70 (74f.).

6 BFH v. 20.1.2005 – IV R 6/03, BFH/NV 2005, 1511 mit Anm. *v. Schönberg*, HFR 2005, 964 (90 ha).

7 FG Nds. v. 12.9.2001 – 2 K 905/99, 2 K 113/00, EFG 2002, 619; BFH v. 4.2.1998 – XI R 45/97, BStBl. II 1998, 301 (302) = FR 1998, 559 zu Genossenschaftsanteilen als notwendiges BV.

8 *F/P/G*, Rn. A 207.

9 BFH v. 23.1.1992 – IV R 19/90, BStBl. II 1992, 651 (652); R 15.5 Abs. 1 EStR.

10 BFH v. 29.3.2001 – IV R 62/99, BFH/NV 2001, 1248 (1250).

11 BFH v. 24.11.1994 – IV R 53/94, BFH/NV 1995, 592 (593); BMF StEK EStG § 13 Nr. 198.

12 *Leingärtner*, Kap. 5 Rn. 4ff., 35; zur Verwertung organischer Abfälle s. R 15.5 Abs. 4 EStR.

13 S. zur Behandlung forstwirtschaftlicher Flächen als BV eines Erwerbsbetriebs BMF v. 18.5.2018, BStBl. I 2018, 689.

14 BFH v. 29.3.2001 – IV R 88/99, FR 2001, 729 = DB 2001, 1394 (1395); v. 9.3.2017 – VI R 86/14, BStBl. II 2017, 981.

15 BFH v. 13.4.1989 – IV R 30/87, BStBl. II 1989, 718 (719f.) = FR 1989, 554.

16 Zu deren Maßgeblichkeit BFH v. 7.4.2016 – IV R 38/13, BStBl. II 2016, 765 (generationenübergreifende Betrachtung, auch bei Weitergabe zunächst unter Nießbrauchsvorbehalt); auch FG München v. 15.12.2014 – 7 K 2242/12, EFG 2015, 376.

17 BFH v. 13.4.1989 – IV R 30/87, BStBl. II 1989, 718ff. = FR 1989, 554: schon bei 3,2 ha, selbst wenn im Wesentlichen nur eine einzige Altersklasse vorhanden ist.

auch Wald, der durch Samenanflug oder ggf. durch Stockausschlag entstanden ist, ab einer gewissen Größe einen Forstbetrieb begründen.[1] Der Forstwirt nimmt hier jedenfalls an dem jährlichen Wertzuwachs des Holzes teil. In einem Zeitraum v. fünf Tagen ist es aber objektiv unmöglich, eine Wertsteigerung durch Ausnutzen des Waldwachstums zu erzielen, so dass während dieser Zeit keine Einkünfte aus Forstwirtschaft erzielt werden.[2] Der forstwirtschaftliche Betrieb kann Nachhaltsbetrieb oder aussetzender Betrieb sein.[3] Bei **Nachhaltsbetrieben** ermöglichen Art und Alter der vorhandenen Baumbestände eine planmäßige jährliche Nutzung, während bei **aussetzenden Betrieben** die vorhandenen Baumbestände keine jährlichen Nutzungen gestatten, sondern erst der Kahlhieb nach mehreren Jahrzehnten Ertrag bringt. Als typische aussetzende forstwirtschaftliche Betriebe gelten sog. Bauernwaldungen, welche regelmäßig nur eine Holzart und eine Altersklasse enthalten und bei Schlagreife kahlgeschlagen werden.[4] Allein die Intensität der Bewirtschaftung ist bei forstwirtschaftlichen Betrieben nicht entscheidend für die Gewinnerzielungsabsicht. Wurden allerdings überhaupt keine Bewirtschaftungsmaßnahmen vorgenommen, liegt kein forstwirtschaftlicher Betrieb vor.[5] Gerade bei aussetzenden Betrieben ist hinsichtlich der Totalgewinnprognose auf die langfristigen, ggf. generationsüberschreitenden Wertsteigerungen durch das natürliche Holzwachstum abzustellen,[6] so dass idR auch bei langjährigen Verlusten nicht v. Liebhaberei auszugehen ist.[7]

3. Wein- und Gartenbau. Weinbau ist die planmäßige, auf die Erzeugung v. Weinreben gerichtete Bewirtschaftung v. Grundstücken mit Weinstöcken einschl. der Verwertung der Reben, insbes. Herstellung des Weins (mosten, keltern, lagern), sofern insoweit nicht – vor allem infolge hohen Zukaufs (dazu Rn. 23 f.)[8] – eine gewerbliche Tätigkeit vorliegt.[9] Der Wein ist das Erg landwirtschaftlicher Urproduktion, wofür aber allein der Bearbeitungsprozess nicht ausreicht. Bei ausschließlicher Verwendung selbst erzeugten Grundweins gehört die Herstellung v. Winzer-Sekt zum luf. Betrieb.[10] Bei Verpachtung (Rn. 33 ff.) eines Weinguts mit sich daran anschließender Bewirtschaftung durch den Verpächter im Auftrag und nach Weisung des Pächters erfolgt eine Zuordnung zu luf. oder gewerblichen Einkünften danach, ob es sich bei dieser Vertragsgestaltung um einen (verdeckten) Kaufvertrag über die Lieferung des produzierten Weins – dann LuF – oder um einen Dienstleistungsvertrag – dann GewBetr. – handelt.[11] **Gartenbau** ist die verfeinerte Bodenbewirtschaftung zur Erzeugung hochwertiger Pflanzen (Blumen, Gemüse).[12] Friedhofsgärtnerei ist Gartenbau. Sie wird jedoch wie die Landschaftsgärtnerei idR gewerblich betrieben.[13] Unter den Oberbegriff des Gartenbaus fällt weiter das Betreiben v. Baumschulen.[14] Einkünfte aus LuF liegen auch vor, wenn der Baumschulbetrieb sog. Kostpflanzen bei Dritten aufziehen lässt, soweit das Aufzuchtrisiko (und die Verfügungsmacht) bei ihm verbleibt.[15] Nicht erforderlich ist, dass der Kostgeber die Kostpflanzen selbst erzeugt hat. 13

Der Gesetzgeber schließt die Aufzählung in § 13 Abs. 1 Nr. 1 S. 1 mit einer Generalklausel ab, wonach zu den Einkünften aus Land- und Forstwirtschaft auch die Einkünfte aus allen Betrieben gehören, die **Pflanzen und Pflanzenteile mit Hilfe der Naturkäfte gewinnen**. Dies ermöglicht, Einkünfte aus Land- und Forstwirtschaft anzuerkennen, auch wenn sich der Betrieb nicht unter einer der zuvor einzeln aufgeführten Kategorien fassen lässt. Entscheidend ist die Gewinnung v. Pflanzen und Pflanzenteilen mit Hilfe der Naturkräfte. Eine Verbindung mit dem Grund und Boden ist nicht erforderlich. Beispielhaft genannt werden Betriebe der Pilzzucht, Hydro- und Keimsprossenkulturen, Pflanzenzucht, Saatvermehrungsbetriebe und Samensowie Kräutererzeugungsbetriebe.[16] Überschneidungen ergeben sich insbes. zu § 13 Abs. 1 Nr. 2 (Rn. 19).

4. Land- und forstwirtschaftliche Tierzucht und Tierhaltung (Abs. 1 Nr. 1 S. 2–5). Land- und forstwirtschaftliche Tierzucht und Tierhaltung wird – abgesehen v. den Fällen des Abs. 1 Nr. 2 (dazu Rn. 19) – bodenabhängig durch (potentielle) Verwertung der erzeugten Pflanzen nach Maßgabe v. Abs. 1 Nr. 1 S. 2–5 betrieben. Es muss sich um **Tiere** handeln, die nach der Verkehrsauffassung **typischerweise in landwirt-** 14

1 BFH v. 18.5.2000 – IV R 27/98, BStBl. II 2000, 524 = FR 2000, 1053; v. 18.5.2000 – IV R 28/98, BFH/NV 2000, 1455.
2 FG München v. 7.12.1999 – 16 K 2314/97, EFG 2000, 361 (362).
3 BFH v. 17.1.1991 – IV R 12/89, BStBl. II 1991, 566 (567) mwN = FR 1991, 394 m. Anm. *Kanzler.*
4 Vgl. *F/P/G*, Rn. A 1007.
5 FG München v. 20.6.2000 – 13 K 348/95, EFG 2000, 1319.
6 BFH v. 9.3.2017 – VI R 86/14, BStBl. II 2017, 981.
7 BFH v. 18.5.2000 – IV R 28/98, BFH/NV 2000, 1455 (1457).
8 Eingehend *Schild*, Inf. 1997, 421 ff.
9 Zur Abgrenzung BMF v. 19.10.2017, BStBl. I 2017, 1431.
10 BMF v. 18.11.1996, BStBl. I 1996, 1434; im Einzelnen *Schild*, Inf. 1997, 421 ff.
11 BFH v. 29.11.2001 – IV R 91/99, BStBl. II 2002, 221 (223) = FR 2002, 536, dazu *v. Schönberg*, HFR 2002, 497.
12 *Schmidt*[37], § 13 Rn. 27.
13 S. R 15.5 Abs. 7 EStR; *Schild*, DStR 1997, 642 (646).
14 Vgl. BR-Drucks. 475/99 und §§ 61, 125 Abs. 6 Nr. 3, 142 Abs. 2 Nr. 4 BewG.
15 H 15.5 EStR „Baumschulen"; FG BaWü. v. 27.3.1998 – 9 V 54/97, EFG 1998, 1003.
16 *K/S/M*, § 13 Rn. B 18.

schaftlichen Betrieben gezogen oder gehalten werden[1] und der luf. Betrieb muss eine ausreichende Ernährungsgrundlage für die Tiere bieten. Die in Abs. 1 Nr. 1 genannte Grenze der Futtergrundlage darf nicht überschritten werden, auch wenn die Tiere nicht tatsächlich mit Erzeugnissen des Betriebs gefüttert werden müssen. Ob neben Pferden, Rindvieh, Schafen, Ziegen, Schweinen, Geflügel und Damwild auch **Pelztiere** (§ 51 Abs. 5 BewG) zur LuF zählen, ist danach zu entscheiden, ob die Tiere mit Erzeugnissen der Bodenproduktion des Betriebs ernährt werden können, was bei Fleischfressern nicht der Fall ist.[2] Handelt es sich iÜ um nicht typischerweise in luf. Betrieben gehaltene Tiere, insbes. **Kleintiere**, die als Haustiere oder als Lebendfutter für andere Tiere verwendet werden (Hunde, Katzen, Vögel, Meerschweinchen, Hamster, Zierfische, Brieftauben, Ratten, Mäuse; nicht aber Wachteln, Straußen, Lamas, Alpakas, Schlachtkaninchen,[3] die landwirtschaftliche Tiere sind[4]), liegt ein Gewerbe oder Liebhaberei vor.[5] **Tierhaltung** umfasst die Ernährung und Pflege eigener wie fremder (sog. Pensionstierhaltung)[6] Tiere. Ein GewBetr. liegt vor, wenn zugekaufte Jungtiere im Betrieb keinen nennenswerten Zuwachs erfahren, so dass sie nicht der Weiterzucht oder Mast dienen.[7] Eine **Brüterei**, in der Küken aus Eiern gewonnen und als Eintagsküken weiterveräußert werden, ist GewBetr. Werden überwiegend Küken für die zum luf. Betrieb gehörende Legehennenfarm oder Hähnchenmästerei ausgebrütet, ist die Brüterei Bestandteil des luf. Betriebs. Werden die erzeugten Küken überwiegend verkauft, so kann bei überwiegender Eigenerzeugung der Brüteier ein luf. Nebenbetrieb vorliegen.[8] Zucht und Haltung v. (auch fremden) **Reit- und Rennpferden** ist – sofern es sich nicht um Liebhaberei handelt (Rn. 8f.) – LuF, in der Verbindung mit Reitunterricht jedoch GewBetr.[9] Einem luf. Betrieb zuzuordnen ist auch die bloße Gelände- und Gebäudeverpachtung mit Versorgung der Tiere, ebenso das Betreiben eines Reiterhofes, wenn außer der Vermietung der Pferde keine weiteren ins Gewicht fallenden Leistungen erbracht werden.[10] Gleiches gilt für die Ausbildung der Pferde, insbes. als Dressur- oder Rennpferd.[11] Gewerblich ist dagegen das entgeltliche Zurschaustellen v. Tieren.[12]

15 Werden die **Vieheinheiten-Grenzen des Abs. 1 Nr. 1** nachhaltig überschritten, liegt gewerbliche Tierzucht oder Tierhaltung vor.[13] Hierfür ist der **Tierbestand** nach § 51 BewG mit Anl. 1 und 2 entspr. dem Futterbedarf in Vieheinheiten umzurechnen. Durch das G zur Anpassung stl. Vorschriften der LuF[14] wurde die Vieheinheiten-Staffel in § 13 und § 21 BewG für Wj., die nach dem 30.6.1998 beginnen, an den in der LuF eingetretenen Strukturwandel angepasst.[15] Für die Vieheinheiten-Grenzen relevant sind nur Tiere mit einer gewissen Mindestverweildauer im Betrieb, die mit etwa drei Monaten anzusetzen ist.[16] Abs. 1 Nr. 1 bestimmt die Zahl der Vieheinheiten, die bei einer bestimmten landwirtschaftlichen Nutzfläche (Futtergrundlage) nicht überschritten werden darf. Der Umrechnungsschlüssel ergibt sich aus R 13.2 EStR, sofern die dort angegebenen Schlüsselwerte nicht offensichtlich unzutr. sind.[17] Der letzte angefangene ha wird bei der Umrechnung nicht als voller ha berücksichtigt. **Regelmäßig landwirtschaftlich genutzte Flächen** (§ 51 BewG)[18] können neben den dem Betriebsinhaber gehörenden auch gepachtete Flächen[19] sein, sofern

1 Vgl. Anlage 1 zu § 51 BewG; R 13.2 Abs. 1 EStR.
2 *Leingärtner*, Kap. 6 Rn. 18, 71; vgl. BFH v. 19.12.2002 – IV R 47/01, BStBl. II 2003, 507 (508) = FR 2003, 523 m. Anm. *Kanzler*.
3 FG Nds. v. 22.11.2006 – 2 K 414/01, EFG 2007, 1151 Verkauf v. Kaninchenblut als luf. Tätigkeit.
4 FinVerw. BaWü. v. 30.8.1999, DB 1999, 1832.
5 BFH v. 16.12.2004 – IV R 4/04, BStBl. II 2005, 347 mit Anm. *Kanzler*, FR 2005, 548.
6 S. auch FG Bremen v. 26.10.1995 – 3 95018 K 5, EFG 1996, 794; FG Münster v. 23.5.2005 – 7 K 5673/02 E, EFG 2005, 1762; FG Nds. v. 22.1.2008 – 4 K 11246/04, EFG 2008, 1203; FG Münster v. 13.1.2015 – 1 K 2332/12 F, EFG 2015, 907.
7 *F/P/G*, Rn. A 297.
8 BFH v. 27.5.1998 – II R 38/96, BFH/NV 1998, 1338.
9 Eingehend dazu *Lüschen/Willenborg*, Inf. 1999, 577.
10 BFH v. 24.1.1989 – VIII R 91/83, BStBl. II 1989, 416 = FR 1989, 306.
11 BFH v. 31.3.2004 – Abs. I R 71/03, BStBl. II 2004, 742; v. 17.12.2008 – IV R 34/06, BStBl. II 2009, 453 = FR 2009, 873; FG Köln v. 3.11.1988 – 5 K 317/84, EFG 1989, 176f.; **aA** OFD Ffm. v. 3.11.1981, Inf. 1982, 91; OFD Kobl. v. 8.5.1989, DStR 1989, 681 (682) (Ausbildung nur bis zum ersten Anreiten zur LuF gehörig).
12 *Märkle/Hiller*[10], Rn. 186.
13 R 13.2 Abs. 2, 15.5 Abs. 1, 2 EStR; BFH v. 19.2.2009 – IV R 18/06, BStBl. II 2009, 654 = FR 2009, 921.
14 BStBl. I 1998, 930.
15 *Kruhl*, BB 1998, 1289.
16 A 1.03 Abs. 1 BewRL.
17 *Leingärtner*, Kap. 6 Rn. 44ff.
18 S. dazu R 13.2 Abs. 3 EStR.
19 UU auch ohne ein solches Nutzungsrecht, wenn die Nutzung einvernehmlich erfolgt und der Pächter die Aufwendungen trägt s. BFH v. 26.6.2002 – IV R 55/01, BStBl. II 2003, 13 (15) = FR 2002, 1379; **aA** Vorinstanz FG Nds. v. 12.10.2000 – 14 K 145/95, EFG 2002, 622 (623).

der Pächter das volle Bewirtschaftungsrisiko trägt und es sich nicht um einen gesonderten Betrieb (Rn. 16) handelt.[1] Erforderlich ist, dass die Flächen der landwirtschaftlichen Nutzung dienen. Dies ist auch bei Brachland sowie bei nach § 52 BewG bewerteten Sonderkulturen der Fall. Werden Flächen aufgrund eines staatlichen Förderprogramms vorübergehend nicht oder nur eingeschränkt landwirtschaftlich genutzt, so gelten sie regelmäßig als selbst bewirtschaftet.[2] Zur landwirtschaftlichen Nutzfläche zählen auch Hofflächen, Gebäudeflächen und Hausgärten bis zu einer Größe v. 10 ar, soweit sie der LuF dienen (§ 40 Abs. 3 BewG), nicht aber Flächen, die der Forstwirtschaft, dem Weinbau/Gartenbau oder der sonstigen luf. Nutzung gewidmet sind, ebenso wenig Flächen der Nebenbetriebe, v. Abbauland, Geringstland und Unland.

Die Vieheinheiten-Grenzen beziehen sich auf den **einzelnen landwirtschaftlichen Betrieb** (§ 33 Abs. 1 16
BewG). Ob mehrere räumlich voneinander getrennte Betriebsstätten einen einheitlichen luf. Betrieb bilden, ist aufgrund einer Gesamtbetrachtung der betrieblichen Verhältnisse zu entscheiden, wobei auch die Entfernung zw. den Betriebsstätten zu berücksichtigen ist. Eine feste Grenze für die höchstzulässige Entfernung gibt es nicht.[3] Bei Grundstücken im Umkreis v. 40 km kann jedoch prima facie v. einer einheitlichen Bewirtschaftung ausgegangen werden. Bei **Lohntierhaltung** – der Eigentümer gibt seine Tiere in fremde Aufzucht und Haltung, wobei es sich für den Halter um eine landwirtschaftliche Betätigung handelt – sind im Hinblick auf die Vieheinheiten-Grenzen beim Eigentümer dessen selbst gehaltene Tiere mit den in Pension gegebenen Tieren zusammenzurechnen. Gleiches gilt für den Halter.[4] Beim Zusammenschluss mehrerer luf. Betriebe zu einer **PersGes.**, in die die Betriebe ihre landwirtschaftlichen Nutzflächen (zT) einbringen oder der sie die Nutzung v. Flächen überlassen, ist für die Berechnung der Vieheinheiten-Grenzen die der PersGes. zur Vfg. stehende landwirtschaftliche Nutzfläche maßgeblich, wobei die Vieheinheiten-Grenzen regelmäßig geringer sind als die Summe der den Einzelbetrieben vor ihrem Zusammenschluss zur Vfg. stehenden Vieheinheiten. Bei **gemeinschaftlicher Tierzucht und Tierhaltung** (§ 13 Abs. 1 Nr. 1 S. 5 iVm. § 51a BewG)[5] können die Mitglieder die sich aufgrund der landwirtschaftlich genutzten Flächen ihres eigenen Betriebs ergebenden Vieheinheiten (zT) auf die Gemeinschaft übertragen mit der Folge, dass sich die Vieheinheiten des jeweiligen Einzelbetriebs entspr. mindern (§ 51a Abs. 3, Abs. 4 BewG). Die landwirtschaftlichen Nutzflächen müssen nicht durch die Kooperation bewirtschaftet werden (§ 51a Abs. 2 BewG).[6]

Bei **nachhaltiger Überschreitung** der Vieheinheiten-Grenzen – dh. in einem Zeitraum v. ca. drei bis vier 17
aufeinanderfolgenden Wj. – wäre nach allg. Grundsätzen der gesamte Betrieb als ein einheitlicher GewBetr. zu qualifizieren. Abw. davon zählt R 13.2 Abs. 2 EStR nur den **überschießenden Tierbestand** nicht zum landwirtschaftlichen Betrieb; seine Verwertung führt zu gewerblichen Einkünften. Als gewerbliche Tierhaltung ausgesondert wird stets ein ganzer Tierzweig.[7] Die weniger flächenabhängigen Tierzweige werden vor den mehr flächenabhängigen ausgesondert, dh. Geflügel und Schweine vor Schafen, Pferden und Rindern. Innerhalb jeder Gruppe werden zuerst Zweige des Tierbestands mit der geringeren Anzahl v. Vieheinheiten und dann Zweige mit der größeren Anzahl v. Vieheinheiten zur landwirtschaftlichen Nutzung gerechnet (§ 51 Abs. 2 S. 3 BewG). Die verbleibenden Tierbestände dürfen zusammen die Vieheinheiten-Grenzen nicht mehr überschreiten. Der **GewBetr.** beginnt, sobald der StPfl. durch eine Ausweitung der Tierzucht und Tierhaltung erheblich über die Vieheinheiten-Grenzen hinaus oder durch eine wesentliche Verminderung der landwirtschaftlichen Nutzflächen ohne gleichzeitige Reduzierung der Tierzucht und Tierhaltung zu erkennen gibt, dass er den Betrieb dauerhaft umstrukturieren will.[8] Von einer dauerhaften Umstrukturierung zum GewBetr. ist insbes. auszugehen, wenn dem bisherigen Charakter des Betriebs nicht mehr entspr. Investitionen vorgenommen, vertragliche Verpflichtungen eingegangen oder WG angeschafft werden, die jeweils dauerhaft dazu führen, dass die Vieheinheiten-Grenzen überschritten werden.[9] Der GewBetr. beginnt im ersten Jahr der Überschreitung der Vieheinheiten-Grenzen.[10] Die Überschreitung in den Folgejahren ist lediglich Beweisanzeichen, vergleichbar der Situation beim sog. gewerb-

1 *F/P/G*, Rn. A 42.
2 G zur Gleichstellung stillgelegter und landwirtschaftlich genutzter Flächen, BGBl. I 1995, 910; R 13.2 Abs. 3 S. 1 EStR.
3 BFH v. 10.4.1997 – IV R 48/96, BFH/NV 1997, 749 f.; FG Nds. v. 20.1.1999 – XI 256/94, EFG 1999, 825.
4 *Lademann*, § 13 Rn. 39.
5 Dazu BFH v. 5.11.2009 – IV R 13/07, BFH/NV 2010, 652: alle formalen und sachlichen Voraussetzungen des § 51a BewG müssen erfüllt sein; auch FG Nds. v. 11.5.2016 – 4 K 122/15, EFG 2016, 1885.
6 *Leingärtner*, Kap. 7 Rn. 1.
7 Vgl. dazu *Leingärtner*, Kap. 6 Rn. 62 ff.
8 *F/P/G*, Rn. A 59.
9 R 15.5 Abs. 2 EStR.
10 FG Nds. v. 24.9.2002 – 3 K 283/02, EFG 2003, 454 (455).

lichen Grundstückshandel (§ 15 Rn. 116ff.). Dies gilt ausnahmslos.[1] Eine begonnene gewerbliche Tierzucht und Tierhaltung verliert nicht rückwirkend ihren gewerblichen Charakter, wenn der StPfl. bereits nach weniger als drei Jahren wieder zur landwirtschaftlichen Tierzucht und Tierhaltung übergeht.[2]

18 Zum **Verlustausgleich** bei gewerblicher Tierhaltung s. § 15 Abs. 4,[3] zur **Verarbeitung** v. Fleisch s. Rn. 24. **Tierhaltung im Gartenbau-, Weinbau- oder Forstbetrieb** ist der LuF zuzurechnen, wenn sie in engem wirtschaftlichem Zusammenhang mit dem Betrieb steht, insbes. die erforderlichen Futtermittel überwiegend im eigenen Betrieb gewonnen werden oder das Vieh im Wesentlichen nur zur Eigenversorgung gehalten wird.[4]

19 **II. Einkünfte aus sonstiger land- und forstwirtschaftlicher Nutzung iSv. § 62 BewG (Abs. 1 Nr. 2).** Zur sonstigen luf. Nutzung iSv. § 13 Abs. 1 Nr. 2 iVm. **§ 62 BewG** zählen insbes. Binnenfischerei (Küsten- und Hochseefischerei ist gewerblich[5]), Teichwirtschaft, Fischzucht für Binnenfischerei und Teichwirtschaft, Imkerei, Wanderschäferei und Saatzucht. **Bodenunabhängige Tierzucht und Tierhaltung** ist erfasst, wenn die erzeugten Tiere letztlich zur menschlichen Ernährung bestimmt sind.[6] **Fischzucht** ist die Erzeugung v. Fischen unter Ausnutzung der Naturkräfte, insbes. die Erzeugung v. Speisefischen, v. Futterfischen und Setzlingen als Vorstufe für die Erzeugung v. Speisefischen wie auch die Erzeugung v. Köderfischen für Angler v. Speisefischen, nicht aber die Zucht v. Zierfischen.[7] Auch der Betrieb einer Großanlage zur Fischmästung und -verarbeitung ist nicht als gewerbliche Tierzucht oder Tierhaltung zu qualifizieren,[8] sofern nicht überwiegend zugekaufte Fische verarbeitet werden (Rn. 24). Der Zukauf v. Tieren ist jedoch unschädlich, wenn sie nicht nur vorübergehend im Betrieb verweilen und so die Tierhaltung nicht den Charakter eines Handelsbetriebs bekommt. Zur bodenunabhängigen Tierzucht und Tierhaltung zählt – neben der nicht abschließenden Aufzählung in § 62 BewG – auch die **Zucht v. Weich- und Krebstieren**. Gleiches gilt für die **Nützlingsproduktion**, auch für die Vermarktung. Das **Räuchern** v. Forellen ist im Rahmen einer Forellenteichwirtschaft keine relevante Be- oder Verarbeitung, sondern lediglich als Haltbarmachung des landwirtschaftlichen Urprodukts zu begreifen. **Saatzucht** iSd. § 62 Abs. 1 Nr. 6 BewG ist nur die Erzeugung v. Zuchtsaatgut und liegt daher nicht vor, wenn Saatgut vermehrt und vertrieben wird, das nicht selbst erzeugt wurde.[9] Dagegen handelt es sich um Einkünfte aus LuF, wenn das vom StPfl. gestellte Saatgut v. Dritten vermehrt wird, um Vermehrungsmaterial zu erzeugen und der StPfl. das Aufzuchtrisiko trägt.[10] Zur sonstigen luf. Nutzung zählen auch Weihnachtsbaumkulturen.

20 **III. Einkünfte aus Jagd (Abs. 1 Nr. 3).** Einkünfte aus Jagd sind solche aus LuF, wenn die Jagd **mit einem luf. Betrieb in Zusammenhang** steht; andernfalls handelt es sich – sofern die Jagd auch nicht iZ mit einem GewBetr. steht – um Liebhaberei. Der Zusammenhang besteht, wenn die Jagd dem luf. Betrieb in der Weise dient, dass sie den luf. genutzten Grundflächen zugutekommt (Verhinderung v. Wildschäden, Abstimmung der Hege mit luf. Arbeiten).[11] Erforderlich ist, dass die zum Betrieb gehörenden Flächen einen Eigenjagdbezirk bilden (§ 7 BJagdG) oder der Land- und Forstwirt Mitglied einer Jagdgenossenschaft ist und ihm nach § 11 Abs. 2 BJagdG ein Teil eines Jagdbezirks verpachtet worden ist, der zum überwiegenden Teil aus seinen gepachteten luf. Grundflächen besteht.[12] Die bloße Zupachtung eines Jagdbezirks begründet grds. keine luf. Betätigung. Einkünfte aus einer zusätzlich zur Eigenjagd zugepachteten Jagd stehen nur dann in ausreichendem Zusammenhang mit dem luf. Betrieb, wenn die Zupachtung auf zwingenden öffentl.-rechtl. Gründen beruht,[13] zur ordnungsgemäßen Bewirtschaftung des luf. Betriebs erforderlich ist, wenn die zugepachteten Jagdflächen überwiegend eigenbetrieblich genutzt werden[14] oder wenn das Jagdausübungsrecht auf den nicht selbst genutzten Flächen der Abrundung dient.[15] Bringt eine in Zusammenhang mit dem luf. Betrieb ausgeübte Jagd **Verluste**, so ist der Betrieb dennoch insges ein Erwerbsbetrieb. Ohne

1 **AA** R 13.2 Abs. 2 S. 7, 15.5 Abs. 2 S. 4 EStR: GewBetr. ab dem 4. Jahr der Überschreitung der Vieheinheiten-Grenzen; *Leingärtner*, Kap. 6 Rn. 55, 57 für Fälle, in denen die Höchstgrenzen während eines Zeitraums v. drei Wj. regelmäßig überschritten werden und kein Entschluss des StPfl. zum Strukturwandel vorliegt.
2 *F/P/G*, Rn. A 59.
3 S. dazu BFH v. 21.9.1995 – IV R 96/94, BStBl. II 1996, 85 = FR 1996, 144.
4 *Leingärtner*, Kap. 6 Rn. 72.
5 *H/H/R*, § 13 Rn. 284.
6 BFH v. 13.3.1987 – V R 55/77, BStBl. II 1987, 467ff.
7 BFH v. 13.3.1987 – V R 55/77, BStBl. II 1987, 467 (469f.).
8 Vgl. aber FG Nds. v. 8.9.1994 – V 210/91, EFG 1995, 232f.: Fischzucht in künstlichen Stahlbehältern keine Teichwirtschaft.
9 FG BaWü. v. 27.3.1998 – 9 V 54/97, EFG 1998, 1003.
10 FG BaWü. v. 27.3.1998 – 9 V 54/97, EFG 1998, 1003.
11 BFH v. 15.11.2002 – IV R 19/00, FR 2003, 42 = BStBl. II 2002, 692 (694) mit Anm. *v. Schönberg*, HFR 2003, 28.
12 BFH v. 13.7.1978 – IV R 35/77, BStBl. II 1979, 100 (102f.); FG RhPf. v. 24.5.2004 – 5 K 2297/02, EFG 2004, 1682.
13 FG RhPf. v. 24.5.2004 – 5 K 2297/02, EFG 2004, 1682.
14 BFH v. 11.7.1996 – IV R 71/95, BFH/NV 1997, 103f.; FG München v. 15.2.1996 – 11 K 3030/95, EFG 1996, 703.
15 FG Nds. v. 25.1.2017 – 11 K 80/16, juris (Rev. VI R 11/17).

Zusammenhang mit der LuF oder mit einem GewBetr. liegt idR Liebhaberei vor. IÜ gilt § 4 Abs. 5 Nr. 4. Das **Eigenjagdrecht** ist ein selbständiges immaterielles WG (vgl. § 140 Abs. 1 S. 2 BewG).[1]

IV. Einkünfte aus Realgemeinden (Abs. 1 Nr. 4). Berg-, Wald-, Forst- und Laubgenossenschaften sowie ähnliche[2] Realgemeinden iSv. § 3 Abs. 2 KStG sind gem. § 13 Abs. 1 Nr. 4 als luf. MU'schaft zu behandeln. Soweit jedoch die Realgemeinde einen GewBetr. unterhält oder verpachtet, der über den Rahmen eines Nebenbetriebs hinausgeht, ist sie kstpfl. (§ 3 Abs. 2 KStG).[3] 21

C. Formen land- und forstwirtschaftlicher Einkünfte gem. Abs. 2

I. Einkünfte aus land- und forstwirtschaftlichen Nebenbetrieben (Abs. 2 Nr. 1). Ein luf. Nebenbetrieb ist ein Betrieb v. gewisser Selbständigkeit (mindestens Qualität eines Teilbetriebs), der dem luf. Hauptbetrieb zu dienen bestimmt ist (**sachliche Abhängigkeit**). Die gesamte Tätigkeit muss nach der Verkehrsauffassung insgesamt als Einheit erscheinen, wobei die LuF dem Unternehmen das Gepräge geben muss (s. auch Rn. 4).[4] 22

Ein luf. Nebenbetrieb kann nur bestehen, wenn ders. StPfl. den luf. Hauptbetrieb unterhält (**Inhaberidentität**). Bei **MU'schaft** gilt ab VZ 2005 nach R 15.5 Abs. 3 S. 8 EStR, dass ein Nebenbetrieb nur dann vorliegen kann, wenn er ausschließlich v. Land- und Forstwirten gemeinschaftlich betrieben wird und nur in deren Hauptbetrieben erzeugte Rohstoffe im Rahmen einer ersten Stufe der Be- oder Verarbeitung be- oder verarbeitet werden, oder nur Erzeugnisse gewonnen werden, die ausschließlich in diesen Betrieben verwendet werden. 23

Als luf. Nebenbetriebe kommen insbes. Be- und Verarbeitungsbetriebe und Substanzbetriebe in Betracht (zum Absatzbetrieb Rn. 5).

Die **Be- und Verarbeitung** dient nach R 15.5 Abs. 3 S. 4 EStR als Nebenbetrieb der LuF, wenn **überwiegend im eigenen Hauptbetrieb erzeugte Rohstoffe** be- oder verarbeitet werden[5] und die dabei gewonnenen Erzeugnisse überwiegend für den Verkauf bestimmt sind, oder wenn ein Land- und Forstwirt Umsätze aus der Übernahme und Be- oder Verarbeitung v. Rohstoffen (zB organische Abfälle[6]) erzielt, indem er die dabei gewonnenen Erzeugnisse nahezu ausschließlich im eigenen Betrieb der LuF verwendet und die Erzeugnisse jeweils im Rahmen einer ersten Stufe der Be- oder Verarbeitung, die noch dem luf. Bereich zuzuordnen ist, hergestellt werden (geringfügige Weiterverarbeitung). Während Entspr. nach R 15.5 Abs. 3 S. 2 EStR 2008 aus Vereinfachungsgründen auch für Produkte der zweiten (gewerblichen) Verarbeitungsstufe gelten sollte, wenn diese zur Angebotsabrundung iRd. Direktvermarktung eigener luf. Produkte abgegeben werden und der Umsatz daraus nicht mehr als 10300 Euro im Wj. beträgt, sieht R 15.5 Abs. 3 S. 5 und 6 EStR idF der EStÄR 2012 vor, dass die Be- und Verarbeitung eigener Erzeugnisse im Rahmen einer zweiten Verarbeitungsstufe und die Be- und Verarbeitung fremder Erzeugnisse grundsätzlich eine gewerbliche Tätigkeit sind und nur innerhalb der Umsatzgrenzen der R 15.5 Abs. 11 EStR (Umsätze dauerhaft nicht mehr als ein Drittel des Gesamtumsatzes und nicht mehr als 51 500 Euro im Wj.) der LuF zugerechnet werden können, wenn die Erzeugnisse iRd. Direktvermarktung abgesetzt werden. Richtigerweise kann es jedoch von vornherein nicht auf die Unterscheidung zw. erster und zweiter Bearbeitungsstufe ankommen, da diese im G keine Stütze findet und auch keine eindeutige Zuordnung gestattet.[7] Die Entsch., ob ein landwirtschaftlicher Nebenbetrieb vorliegt, kann auch nicht davon abhängig gemacht werden, ob es sich bei den hergestellten Erzeugnissen nach der Verkehrsauffassung noch um landwirtschaftliche Produkte handelt.[8] Maßgeblich ist vielmehr der **Vergleich** mit einer gewerblichen Produktionsweise, dh. **mit** den Typenmerkmalen einer entspr. konkreten **gewerblichen Tätigkeit**.[9] Für die Abgrenzung v. luf. Nebenbetrieb und selbständigem GewBetr. ist primär auf den Umfang der Veränderung der landwirtschaftlichen Produkte abzustellen. Ein luf. Nebenbetrieb liegt vor, wenn der Land- und Forstwirt einen 24

1 BMF v. 23.6.1999, BStBl. I 1999, 593.
2 Dazu FG Bremen v. 16.3.2004 – 1 K 413/02 (1), EFG 2004, 1551.
3 Partielle KStPflicht, s. *H/H/R*, § 13 Rn. 302.
4 BFH v. 27.11.1997 – V R 78/93, BStBl. II 1998, 359 (360); v. 27.1.1995 – IV B 109/94, BFH/NV 1995, 772f.; BMF v. 19.12.2011, BStBl. I 2011, 1249 iVm. 1213 (1214).
5 BFH v. 27.11.1997 – V R 78/93, BStBl. II 1998, 359 (360): Brennerei; s. auch BFH v. 8.5.2008 – VI R 76/04, BStBl. II 2009, 40 = FR 2008, 1178.
6 Zur unmittelbaren Verwertung organischer Abfälle s. R 15.5 Abs. 4 EStR; BMF v. 19.12.2011, BStBl. I 2011, 1249 iVm. 1213 (1214).
7 BFH v. 12.12.1996 – IV R 78/95, BStBl. II 1997, 427 (429); dazu Nichtanwendungserlass BMF v. 3.6.1997, BStBl. I 1997, 629.
8 BFH v. 12.12.1996 – IV R 78/95, BStBl. II 1997, 427 (429); **aA** *Leingärtner*, Kap. 12 Rn. 9; *Märkle/Hiller*[10], Rn. 177, 182.
9 *Zugmaier*, Inf. 1997, 579 (580).

Teil seiner landwirtschaftlichen Urerzeugnisse nach nur geringfügiger Bearbeitung[1] in einem Ladengeschäft absetzt, etwa wenn Milch zu Butter, Quark oder Käse verarbeitet und erst so verkauft wird.[2] Unterscheidet sich die vom Land- und Forstwirt betriebene Weiterverarbeitung aber nicht wesentlich v. der üblicher Handwerks- und GewBetr., so ist ein selbständiger GewBetr. anzunehmen. Aus Vereinfachungsgründen kann eine solche gewerbliche Tätigkeit dann dem luf. Betrieb zugeordnet werden, wenn sie ggü. dem luf. Betrieb im Umfang nicht ins Gewicht fällt (nicht mehr als 10 % des Umsatzes im luf. Betrieb sowie innerhalb der Grenze des § 19 Abs. 1 UStG).[3]

25 Die Erzeugung v. **Biogas** aus im eigenen luf. Betrieb anfallender Biomasse kann bei Vorliegen der Voraussetzungen v. R 15.5 Abs. 3 EStR luf. Nebenbetrieb sein.[4] Ein luf. Nebenbetrieb ist im Einzelnen anzunehmen, wenn die für den Betrieb der Biogasanlage verwendeten Rohstoffe zwar überwiegend im eigenen luf. Hauptbetrieb erzeugt wurden, das durch die Be- und Verarbeitung gewonnene Erzeugnis jedoch überwiegend zum Verkauf bestimmt ist oder wenn die Biomasse gegen Entgelt erworben wird und das daraus selbst erzeugte Biogas nahezu ausschließlich im eigenen luf. Betrieb verwendet wird.[5]

26 **Substanzbetriebe** (Abbauland iSv. § 43 BewG), zB Sandgruben, Kiesgruben, Torfstiche, werden im Grundsatz als GewBetr. eingeordnet, außer es handelt sich um einen luf. Nebenbetrieb (§ 15 Abs. 1 S. 1 Nr. 1 S. 2). Ein solcher liegt vor, wenn die gewonnene Substanz überwiegend im eigenen luf. Betrieb verwendet wird.[6] Zum Abbau durch einen Dritten s. Rn. 67.

27 **II. Nutzungswert der Wohnung (Abs. 2 Nr. 2, Abs. 4, 5).** Da die Übergangsregelung zum selbst genutzten Wohneigentum Ende 1998 ausgelaufen ist,[7] wurde § 52 Abs. 15 aF gestrichen. Die Regelung der Baudenkmäler wurde in Abs. 2 Nr. 2, Abs. 4, die Regelung zur stfreien Entnahme v. Altenteilerwohnungen in Abs. 5 übernommen.[8] Der **Nutzungswert der Wohnung** des Land- und Forstwirts gehört gem. Abs. 2 Nr. 2, Abs. 4 S. 1 zu den Einkünften aus LuF, soweit das Gebäude oder der Gebäudeteil ein Baudenkmal iSd. landesrechtl. Vorschriften darstellt, die Wohnung die bei vergleichbaren Betrieben übliche Größe nicht überschreitet[9] und im VZ 1986 wie auch danach ununterbrochen zu eigenen Wohnzwecken oder zu Wohnzwecken des Altenteilers genutzt wurde. Wohnung in diesem Sinne ist eine in sich abgeschlossene, mehr als ca. 20 m² große Zusammenfassung v. Räumen, welche baurechtl. zum dauernden Aufenthalt v. Menschen geeignet ist und über einen eigenen Zugang und eine Koch- und Wohngelegenheit verfügt.[10] Ab VZ 1987 zur Selbstnutzung angeschafftes oder hergestelltes Wohneigentum wird v. Anfang an nicht BV, es sei denn, es ist gem. § 13 Abs. 4 S. 1 iVm. § 52 Abs. 15 S. 3 aF wie ein Altobjekt zu behandeln (Bauantrag vor dem 1.1.1987 und Nutzung der Wohnung im Jahr der Fertigstellung zu Wohnzwecken entweder des StPfl. oder eines Altenteilers). Wird eine Wohnung nach der Abschaffung der Besteuerung des Nutzungswerts der eigengenutzten Wohnung aufgrund eines Altenteilsvertrags überlassen, kann der Nutzungswert der Wohnung, wenn Abs. 2 Nr. 2 nicht mehr angewendet werden kann, beim Altenteilsverpflichteten nicht als dauernde Last nach § 10 Abs. 1 Nr. 1a abgezogen werden; er ist beim Altenteiler auch nicht als wiederkehrende Bezüge nach § 22 Nr. 1 S. 1 zu erfassen.[11]

28 Mit Ablauf des VZ, in dem **die Nichtanwendung der Nutzungswertbesteuerung** nach Abs. 2 Nr. 2 **beantragt (Abs. 4 S. 2)**[12] wurde, gelten die betroffenen Wohnungen sowie der dazugehörende Grund und

---

1 FG München v. 25.8.2005 – 2 K 5007/03, EFG 2006, 106 Einfüllen v. Gurken in Gläser.
2 BFH v. 12.12.1996 – IV R 78/95, BStBl. II 1997, 427 (429).
3 BFH v. 12.12.1996 – IV R 78/95, BStBl. II 1997, 427 (429 f.).
4 R 15.5 Abs. 12 S. 3 EStR; BMF v. 19.12.2011, BStBl. I 2011, 1249 iVm. 1213 (1215); *Stephany*, AUR 2006, 5.
5 Vgl. auch *F/P/G*, Rn. A 343b; *Hiller/Horn*, Inf. 2005, 221; *Wiegand*, Inf. 2005, 667.
6 R 15.5 Abs. 3 S. 9 EStR; vgl. BFH v. 24.1.2008 – IV R 45/05, BStBl. II 2009, 449 = FR 2008, 1164.
7 Zur Verfassungsmäßigkeit FG Münster v. 24.5.2007 – 8 K 1323/02 E, EFG 2008, 297, bestätigt durch BFH v. 25.6. 2009 – IX R 73/07, BFH/NV 2009, 1802; vgl. auch FG BaWü. v. 15.5.2012 – 8 K 1936/09, EFG 2012, 1545.
8 Zu den verfassungsrechtl. Bedenken wegen der alleinigen Begünstigung der Einkünfte aus LuF vgl. *Hiller*, Inf. 1998, 449 (450).
9 BFH v. 27.5.2004 – IV R 30/02, BStBl. II 2004, 945 = FR 2004, 1171 – 376 qm Wohnfläche überschreitet übliche Größe bei Betrieb v. 131 ha nicht.
10 *Hiller*, Inf. 1998, 449 (451); *Hiller*, Inf. 2001, 6 (7). Die Identität einer Wohnung kann trotz erheblichen Umbaus und Zusammenlegung mit einer anderen Wohnung fortbestehen, s. BFH v. 28.2.2002 – IV R 20/00, BStBl. II 2003, 644 (645) = FR 2002, 841; v. 5.6.2003 – IV R 24/02, BFH/NV 2003, 1552; *v. Schönberg*, HFR 2002, 588. Mehrere kleine Wohnungen können als eine Wohnung in Betracht kommen, sofern sie einheitlich genutzt werden, s. BFH v. 11.12.2003 – IV R 7/02, BStBl. II 2004, 277 mit Anm. *v. Schönberg*, HFR 2004, 530.
11 OFD München v. 15.1.2001, DStR 2001, 1117.
12 BFH v. 5.6.2003 – IV R 24/02, BFH/NV 2003, 1552: Antrag auch für ein bereits abgelaufenes, aber noch nicht bestandskräftig veranlagtes Kj.; v. 6.11.2003 – IV R 41/02, BStBl. II 2004, 419; v. 3.3.2011 – IV R 35/09, BFH/NV 2011, 2045; FG München v. 29.7.2003 – 13 K 5360/99, EFG 2004, 28: Antrag jedenfalls bei bestandskräftiger und endg. Veranlagung nicht widerrufbar.

Boden als **stfrei entnommen** (Abs. 4 S. 4, 5).[1] Es können auf diese Weise bis zu drei Wohnungen (bei drei Generationen) entnommen werden.[2] Der Gewinn bleibt auch bei **Veräußerung oder Entnahme** einer Wohnung stfrei **(Abs. 4 S. 6)**. Die Wohnung muss bis zur Veräußerung oder Entnahme der Nutzungswertbesteuerung unterliegen (Abs. 4 S. 6 Nr. 1 iVm. S. 4).[3] Da Abs. 4 S. 6 Nr. 1 eine sachliche Steuerbefreiung darstellt, scheidet der betroffene Gewinn bei der Berechnung des Veräußerungsfreibetrages nach §§ 14, 16 Abs. 4 aus.[4] Ein etwaiger Entnahmeverlust bleibt berücksichtigungsfähig.[5] Nach der Entnahme ist der BA-Abzug v. Schuldzinsen während der Eigennutzung im PV ausgeschlossen.[6] Bei einer **entgeltlichen Nutzungsüberlassung der Wohnung vor dem 1.1.1987** ist der Entnahmegewinn nach **Abs. 4 S. 6 Nr. 2** stfrei, wenn die Wohnung und der dazugehörende Grund und Boden nach dem 31.12.1986 für eine dauernde[7] Nutzung zu Wohnzwecken des StPfl. oder eines Altenteilers entnommen wird, soweit nicht Wohnungen vorhanden sind, die Wohnzwecken des Eigentümers des Betriebs oder Wohnzwecken eines Altenteilers dienen und die unter Abs. 4 S. 4 oder 6 Nr. 1 fallen.[8] Entgeltlichkeit setzt voraus, dass für die Nutzungsüberlassung ein Miet- oder Pachtzins ausdrücklich vereinbart und gezahlt wird.

Gem. **Abs. 5** ist der **Entnahmegewinn stfrei**, der durch die **Bebauung** v. zum luf. BV gehörenden Grund und Boden[9] mit einem – tatsächlich entspr. genutzten[10] – **Wohnhaus** für den StPfl. (= Betriebseigentümer) oder einen Altenteiler (tatsächliche Nutzung durch Altenteiler) entsteht, selbst wenn der StPfl. die Steuerfreiheit für Entnahmegewinne nach Abs. 4 voll ausgeschöpft hat. Nach der **Objektbegrenzung** des Abs. 5 gilt dies jedoch nur für eine Betriebsleiterwohnung und für eine Altenteilerwohnung (Wohnung, die im Eigentum des Betriebsinhabers steht und v. ihm dem bisherigen Betriebsinhaber als Versorgungsleistung schuldrechtl. oder dinglich gesichert unentgeltlich zur Wohnnutzung überlassen wird). Abs. 5 ist auch anzuwenden, wenn der Grund und Boden erst nach dem 31.12.1986 BV geworden ist. Die Objektbegrenzung ist personenbezogen, so dass ein neuer Betriebsinhaber – Rechtsnachfolger iSv. § 6 Abs. 3 wie auch entgeltlicher oder teilentgeltlicher Erwerber – unabhängig v. der Inanspruchnahme des Abs. 5 durch den Rechtsvorgänger eigene begünstigte Objekte errichten kann.[11] Die Anwendung der Steuerbefreiungen bei MU'schaften ist umstritten. Unproblematisch ist sie auf im Sonder-BV befindliche Grundstücke anwendbar.[12] Bei Wohnungen, die auf gesamthänderisch gebundenem Grund und Boden errichtet und v. den MU'ern unentgeltlich genutzt werden, ist die Steuerbefreiung wegen der Personenbezogenheit der Objektbegrenzung für jeden MU'er oder dessen Altenteiler anzuwenden.[13] Dies gilt jedoch nicht bei Veräußerung eines Grundstücks an einen G'ter zur Errichtung einer Wohnung.[14] Abs. 5 ist nicht anzuwenden bei **Nutzungsänderungen** einer Wohnung, die nicht unter Abs. 4 fällt, wie auch bei **Erweiterungen** einer bereits zum PV gehörenden Betriebsleiter- oder Altenteilerwohnung, für die Grund und Boden des BV beansprucht wird,[15] ebenso nicht bei Entnahme der **Pächterwohnung** durch Betriebsübergang auf den Pächter und Hoferben.[16] Ein Umbau/Ausbau muss so umfassend sein, dass bei wirtschaftlicher Betrachtung v. der Neuerrichtung einer Wohnung auszugehen ist.[17] Bei einem Umbau eines Altgebäudes ist nur der nackte Grund und Boden stfrei zu entnehmen, während der durch die Entnahme des vorhandenen Gebäudes entstehende Gewinn stpfl. ist.[18] 29

1 Zur Auswirkung auf § 4 Abs. 9a s. OFD Kobl. v. 21.7.2003, DStR 2003, 1483.
2 *v. Schönberg*, HFR 2002, 25.
3 BFH v. 9.5.2000 – VIII R 2/99, BStBl. II 2001, 275 (276) = FR 2000, 1133; nach BFH v. 15.4.2010 – IV R 58/07, BFH/NV 2010, 1785 müssen jedenfalls die Voraussetzungen der Nutzungswertbesteuerung vorgelegen haben.
4 *Schmidt*[37], § 13 Rn. 90.
5 BMF v. 12.11.1986, BStBl. I 1986, 528 A I II S. 7.
6 BFH v. 1.10.1996 – VIII R 68/94, BStBl. II 1997, 454 = FR 1997, 481; s. aber zur Abzugsfähigkeit v. Aufwendungen für Erhaltungsmaßnahmen vor Wegfall der Nutzungswertbesteuerung unabhängig vom Zahlungszeitpunkt BFH v. 13.2.2003 – IV R 12/01, BStBl. II 2003, 837 f. = FR 2003, 797; auch BFH v. 28.2.2003 – IV B 19/01, BFH/NV 2003, 1159.
7 BFH v. 1.7.2004 – IV R 10/03, BStBl. II 2004, 947 = FR 2004, 1181.
8 BMF v. 12.11.1986, BStBl. I 1986, 528 A III S. 2b; BFH v. 6.8.1998 – IV R 6/98, BFH/NV 1999, 175; v. 6.3.2008 – IV R 49/06, BFH/NV 2008, 1467; nach FG Nds. v. 18.6.2003 – 2 K 408/00, EFG 2003, 1476, auf vor dem 1.1.1987 leer stehende Wohnung entspr. anwendbar; FG SchlHol. v. 5.4.2017 – 2 K 26/17, EFG 2017, 1090 (nur bei Baudenkmälern).
9 *F/P/G*, Rn. A 178d; BMF v. 4.6.1997, BStBl. I 1997, 630.
10 BFH v. 13.10.2005 – IV R 33/04, BStBl. II 2006, 68 = FR 2006, 291.
11 *F/P/G*, Rn. A 178d.
12 Hierbei ist jedoch § 6 Abs. 5 S. 3 zu beachten; s. auch BFH v. 25.4.2003 – IV B 211/01, BFH/NV 2003, 1407.
13 **AA** *Lademann*, § 13 Rn. 84d: nicht bei Personenhandelsgesellschaften.
14 BFH v. 28.7.1998 – VIII R 23/95, BStBl. II 1999, 53 (54 f.) = FR 1998, 1134.
15 *F/P/G*, Rn. A 178e.
16 BMF v. 29.4.1991, DStZ 1991, 477.
17 *F/P/G*, Rn. A 178 f.
18 *F/P/G*, Rn. A 178 f.

30 Zur Wohnung dazugehörender **Grund und Boden** liegt vor, wenn vor der Entnahme ein Nutzungs- und Funktionszusammenhang mit der Wohnung besteht.[1] Dem Umfang nach ist der Grund und Boden als zur Wohnung gehörend zu qualifizieren, der auch nach Abs. 2 Nr. 2 der Nutzungswertbesteuerung unterlag;[2] er darf die bei Betrieben gleicher Art übliche Größe nicht überschreiten. Eine Bindung an die bewertungsrechtl. Behandlung (§ 33 Abs. 2 BewG) besteht nicht. Zu einer Wohnung sind insbes. die bebaute Fläche sowie Zier- und Hausgärten in unmittelbarer Nähe des Wohngebäudes zu zählen,[3] soweit ihr Umfang dem bei Betrieben gleicher Art Üblichen entspricht. Auch ein zu mehr als 90 % privat genutzter Garten, der sich ca. 400 m vom Hofgebäude entfernt befindet, kann noch zur Wohnung dazugehörenden Grund und Boden darstellen.[4] Jedenfalls können der Wohnung nur Zugänge, Zufahrten, Stellflächen und Gärten zugeordnet werden, die **zu mehr als 90 % privat genutzt** werden.[5] Bei einer nicht privaten Nutzung v. mindestens 10 % besteht die Möglichkeit der Beibehaltung als – gewillkürtes – BV.[6] Maßgeblich sind die tatsächlichen Verhältnisse im Entnahmezeitpunkt.[7] Darauf ist jedoch nicht abzustellen, wenn eine zuvor anderweitig genutzte Fläche erst kurze Zeit vor der Entnahme des Wohngrundstücks einer Nutzung als Haus- oder Ziergarten zugeführt wurde und zeitnah nach dem Wegfall der Nutzungswertbesteuerung wieder anderweitig genutzt wird. Der Teil des zur Wohnung gehörenden Grund und Bodens, der den üblichen Umfang übersteigt, wird **nicht** schon mit Wegfall der Nutzungswertbesteuerung **stpfl. entnommen**.[8] Dabei ist es nicht erforderlich, dass der StPfl. ausdrücklich erklärt, dass die Fläche nach dem Wegfall der Nutzungswertbesteuerung zur Verwendung als betriebliche Nutzfläche bestimmt ist, und dass mit dieser Nutzung innerhalb v. zwei Jahren tatsächlich begonnen wird.[9]

31 **III. Produktionsaufgaberente (Abs. 2 Nr. 3).** Die Produktionsaufgaberente nach dem G zur Förderung der Einstellung der landwirtschaftlichen Erwerbstätigkeit (FELEG)[10] ist, soweit nicht nach § 3 Nr. 27 stfrei (Höchstbetrag v. 18 407 Euro), gem. Abs. 2 Nr. 3 den Einkünften aus LuF zuzurechnen.[11] Mit Aufgabe des nicht mehr aktiv bewirtschafteten Betriebs ist die Produktionsaufgaberente den nachträglichen Einkünften aus LuF zuzurechnen (§ 24 Nr. 2).[12] Da es sich um gesetzliche und nicht um entgeltlich erworbene Anspr. handelt, ist die Produktionsaufgaberente nicht zu aktivieren, sondern im Zeitpunkt des Zuflusses als lfd. BE zu erfassen.[13] Bei Gewinnermittlung nach § 13a ist die Produktionsaufgaberente mit dem Grundbetrag abgegolten.[14]

D. Persönliche Zurechnung der Einkünfte aus Land- und Forstwirtschaft

32 **I. Grundsätzliches.** Einkünfte aus LuF werden demjenigen zugerechnet, der den Betrieb auf eigene Rechnung und Gefahr führt.[15] Das kann neben dem Eigentümer der luf. Nutzflächen der Pächter des Betriebs (Rn. 33 ff.), der auf der Grundlage eines Wirtschaftsüberlassungsvertrages (Rn. 39) oder nach § 14 HöfeO (Rn. 41) Nutzungsberechtigte, der Nießbrauchsberechtigte (Rn. 40) oder ein MU'er (Rn. 44 ff.) sein.

33 **II. Betriebsverpachtung. 1. Betriebsverpachtung im Ganzen. Pacht** ist die entgeltliche[16] Überlassung eines Gegenstands zur Nutzung durch einen anderen (§§ 581 ff. BGB). Pachtverhältnisse **zw. nahen Ange-**

1 BFH v. 24.4.2008 – IV R 30/05, BStBl. II 2008, 707 = FR 2008, 1075; soweit der BFH zur Bestimmung des dazugehörenden Grund und Bodens zuvor auch auf die künftige für die Wohnnutzung vorgesehene Zweckbestimmung der Grundstücksflächen abgestellt hat (s. BFH v. 24.10.1996 – IV R 43/95, BStBl. II 1997, 50), hält er daran nicht mehr fest.
2 Vgl. auch *Schuh/Burkart/Völlinger*, Inf. 1997, 201 ff.; *Scheich*, Inf. 1997, 584 (586); *Hiller*, Inf. 2001, 6 (7).
3 Ein enger räumlicher Zusammenhang ist nicht erforderlich, BFH v. 26.9.2001 – IV R 31/00, BStBl. II 2002, 78 (79); *Kanzler*, FR 2002, 639.
4 BFH v. 26.9.2001 – IV R 31/00, BStBl. II 2002, 78 (79) mit Anm. *MK*, DStRE 2002, 222 = FR 2002, 638 m. Anm. *Kanzler*; ähnlich BFH v. 23.1.2003 – IV R 64/01, BFH/NV 2003, 904.
5 BFH v. 18.5.2000 – IV R 84/99, BStBl. II 2000, 470 = FR 2000, 1051 m. Anm. *Kanzler*; *Hiller*, Inf. 1998, 449 (451 f.).
6 BMF v. 4.6.1997, BStBl. I 1997, 630; § 4 Rn. 46.
7 *F/P/G*, Rn. A 171i.
8 BMF v. 2.4.2004, BStBl. I 2004, 442; BFH v. 20.11.2003 – IV R 21/03, BStBl. II 2004, 272 mit Anm. *v. Schönberg*, HFR 2004, 220; BFH v. 24.2.2005 – IV R 39/03, BFH/NV 2005, 1273; *Hiller*, Inf. 2001, 6 (9).
9 So noch BMF v. 13.1.1998, BStBl. I 1998, 129.
10 FELEG v. 21.2.1989, BGBl. I 1989, 233.
11 OFD München v. 7.1.1993, StEK EStG § 13 Nr. 585; zur Abgrenzung v. anderen Leistungen nach dem FELEG BFH v. 8.11.2007 – IV R 30/06, BFH/NV 2008, 546.
12 OFD Chem. v. 17.12.1996, FR 1997, 242 (243).
13 OFD München v. 7.1.1993, StEK EStG § 13 Nr. 585.
14 OFD Chem. v. 17.12.1996, FR 1997, 242 (243); diff. OFD München v. 7.1.1993, StEK EStG § 13 Nr. 585.
15 BFH v. 8.5.2008 – VI R 50/05, BStBl. II 2008, 868 = FR 2009, 41 m. Anm. *Bergkemper*.
16 Bei einem unüblich niedrigen Pachtzins ist v. einem teilentgeltlichen Geschäft auszugehen; *Schmidt*[37], § 13 Rn. 112; vgl. BFH v. 29.4.1999 – IV R 49/97, BStBl. II 1999, 652 (653) = FR 1999, 816 m. Anm. *Kanzler*.

hörigen sind nach allg. Grundsätzen stl. anzuerkennen, wenn sie klar und eindeutig vereinbart sowie tatsächlich vollzogen sind und wenn Vertragsgestaltung wie Vertragsdurchführung dem zw. Fremden Üblichen entsprechen (dazu § 4 Rn. 257 „Angehörige"). Bei einer (Teil-)Betriebsverpachtung im Ganzen erzielt der **Verpächter**, solange der (Teil-)Betrieb nicht aufgegeben wird (Rn. 36), in Gestalt der Pachteinnahmen weiterhin Einkünfte aus LuF.[1] Der **Pächter** erzielt Einkünfte aus LuF.[2] Die Pachtzahlungen sind BA. Erhaltungsaufwand zugunsten v. Pachtgegenständen ist betrieblich veranlasst, wenn er sich als Pachtentgelt darstellt.[3] Aufwendungen auf Pachtgegenstände kann der Pächter dann als BA abziehen, wenn das eigenbetriebliche Interesse des StPfl. an der Nutzung des fremden WG für die Übernahme des Aufwandes maßgeblich war.[4] AfA steht dem Pächter nur für WG in seinem Eigentum zu, nicht für die Pachtgegenstände.[5] Trägt der Pächter aber zu aktivierende Aufwendungen auf einen Pachtgegenstand, dann kann er AfA zwar nicht auf den Pachtgegenstand, aber auf ein „Quasi"-WG (Behandlung des Aufwandes „wie ein materielles WG" s. § 4 Rn. 173; § 7 Rn. 21) geltend machen.[6] Zum Übergang der Buchführungspflicht s. Rn. 51. Zu den Voraussetzungen der **Betriebsverpachtung im Ganzen** (auch Teilbetriebs-Verpachtung)[7] s. § 16 Rn. 218 ff. Sofern die konkrete Möglichkeit einer späteren Eigenbewirtschaftung besteht, ist auch die parzellenweise Verpachtung als Betriebsverpachtung mit der Möglichkeit der Fortführung des BV einzuordnen.[8] Hierfür ist nicht zu verlangen, dass die Pachtverträge alle zum selben Zeitpunkt enden.[9] Eine Unterscheidung zw. Haupt- und Nebenerwerbsbetrieben ist nicht zu treffen.[10] Als Fortführung des Betriebs in anderer Form hat die Betriebsverpachtung keinen Einfluss auf **Bestand und Zuordnung des BV** (vgl. auch Rn. 54).[11] Zu den **wesentlichen Betriebsgrundlagen** zählen insbes. die selbstbewirtschafteten (dh. nicht verpachteten) Nutzflächen samt Feldinventar und stehender Ernte,[12] die Hofstelle mit den selbstgenutzten Wirtschaftsgebäuden und sonstigen Anlagen, sowie die für die Bewirtschaftung wesentlichen immateriellen WG (zB Milchquote[13] oder Rübenlieferrechte). Anders als bei der Betriebsveräußerung bestimmen sich die wesentlichen Betriebsgrundlagen allein nach ihrer Funktion und nicht danach, ob in ihnen erhebliche stille Reserven ruhen (s. § 16 Rn. 48 ff., 220 und § 14 Rn. 8). Das **lebende und tote Inventar** ist bei Eigentumsbetrieben grds. nicht zu den wesentlichen Betriebsgrundlagen zu rechnen, da es idR – uU auch gemessen an der Betriebsgröße mit nicht ganz unerheblichen Mitteln – leicht wiederbeschafft werden könnte.[14] Bei einem reinen Pachtbetrieb ist das im Eigentum des Pächters stehende Inventar jedoch wesentliche Betriebsgrundlage.

Unschädlich für das Vorliegen einer Betriebsverpachtung im Ganzen ist es, wenn **WG nicht mitverpachtet** werden, die für die Fortführung des Betriebes nicht ins Gewicht fallen,[15] oder wenn Pachtverhältnisse über einzelne Flächen aufrechterhalten werden, die bei der Betriebsverpachtung schon bestanden haben und nicht iZ mit der beabsichtigten Betriebsverpachtung begründet worden sind. Werden selbstbewirtschaftete Nutzflächen zurückbehalten, so dürfen sie im Verhältnis zur Gesamtfläche nur v. untergeordneter Bedeutung sein, dh. idR nicht mehr als 10 % ausmachen, wobei jedoch auch die absolute Größe und die Ertragsfähigkeit der Böden zu berücksichtigen sind.[16] Auch bei sog. **Flächenpacht** (zu den wesentlichen Betriebsgrundlagen gehörende Wirtschaftsgebäude werden nicht mitverpachtet) ist eine Betriebsfortführung möglich, wenn die Wirtschaftsgebäude in einem Zustand bleiben, dass bei Beendigung des Pacht- 34

1 BFH v. 27.11.1997 – IV R 86/96, BFH/NV 1998, 834; v. 3.5.2007 – IV B 79/06, BFH/NV 2007, 2084; vgl. auch *v. Schönberg*, HFR 2001, 864.
2 Zum Prognosezeitraum für die Gewinnerzielungsabsicht BFH v. 11.10.2007 – IV R 15/05, BStBl. II 2008, 465 m. Anm. *Kanzler*, FR 2008, 981: an Pachtdauer auszurichten, selbst wenn Pachtverhältnis lediglich Vorstufe zu später geplanter unentgeltlicher Hofübergabe ist.
3 BFH v. 28.7.1994 – IV R 89/93, BFH/NV 1995, 379 (380); v. 10.11.1994 – IV B 22/94, BFH/NV 1995, 591 (592).
4 BFH v. 30.1.1995 – GrS 4/92, BStBl. II 1995, 281 (284) = FR 1995, 268 m. Anm. *Kanzler*; v. 15.5.1996 – X R 99/92, BFH/NV 1996, 891 (893); v. 13.5.2004 – IV 1/02, BStBl. II 2004, 780 mit Anm. *Kanzler*, FR 2004, 1002.
5 *Wendt*, FR 1996, 265 (274).
6 BFH v. 23.8.1999 – GrS 1/97, BStBl. II 1999, 778 (780) = FR 1999, 1167 m. Anm. *Fischer*; *Valentin*, EFG 2002, 449 (450).
7 *Schoor*, DStR 1997, 1 (2); SenVerw Bremen v. 31.5.2000, DStR 2000, 1308.
8 BFH v. 22.8.2002 – IV R 57/00, BStBl. II 2003, 16 (17) = FR 2003, 315 m. Anm. *Kanzler*; v. 27.11.1997 – IV R 86/96, BFH/NV 1998, 834; v. 26.8.2004 – IV R 52/02, BFH/NV 2005, 674; v. 8.3.2007 – IV R 57/04, BFH/NV 2007, 1640.
9 BFH v. 28.11.1991 – IV R 58/91, BStBl. II 1992, 521 (523) = FR 1992, 444.
10 BFH v. 7.11.1996 – IV B 162/95, BFH/NV 1997, 558 f.
11 BFH v. 17.9.1997 – IV R 97/96, BFH/NV 1998, 311 f.; v. 24.9.1998 – IV R 1/98, BStBl. II 1999, 55 (56); *Haakshorst*, NWB Fach 3d, 627 (631).
12 *F/P/G*, Rn. D 67.
13 **AA** *Lademann*, § 13 Rn. 118n.
14 BFH v. 2.3.1995 – IV R 52/94, BFH/NV 1996, 110 f.
15 So die Hofstelle BFH v. 29.7.2004 – IV B 204/02, BFH/NV 2004, 1647.
16 BFH v. 1.2.1990 – IV R 8/89, BStBl. II 1990, 428 (429) = FR 1990, 367; v. 24.7.1986 – IV R 137/84, BStBl. II 1986, 808 (810) = FR 1986, 595; v. 28.3.1985 – IV R 88/81, BStBl. II 1985, 508 (509 f.) = FR 1985, 535.

verhältnisses die Wiederaufnahme des luf. Betriebes in seiner bisherigen Gestalt ohne weiteres möglich ist.[1] Hierfür ist eine Vermietung an Dritte für die Dauer der Pacht ohne bauliche Veränderung unschädlich.[2] Die bei der Betriebsfortführung zurückbehaltenen WG bleiben BV des Verpächters. Bei ihrer Entnahme oder Veräußerung entsteht ein lfd. Gewinn; §§ 14, 14a Abs. 1–3 sind nicht anwendbar.

35 Werden **die wesentlichen Betriebsgrundlagen** zu Beginn oder während des Pachtverhältnisses wesentlich und nachhaltig **verändert, umgestaltet oder veräußert**, so führt dies zwangsläufig zu einer BetrAufg. (dazu grds. § 16 Rn. 192 ff.), wenn eine spätere identitätswahrende Fortführung des luf. Betriebs nicht mehr möglich ist,[3] und zwar auch dann, wenn der Verlust der Fortführungsmöglichkeit dem Verpächter nicht bewusst ist.[4] Eine Hofstelle mit selbstgenutzten Wirtschaftsgebäuden kann zwar wesentliche Betriebsgrundlage sein, mit der Zerstörung, Umgestaltung oder Veräußerung der Hofstelle eines verpachteten Betriebs ist aber nicht zwangsläufig eine BetrAufg. verbunden.[5] Auch die Entnahme oder Veräußerung v. Betriebsgrundstücken aus dem verpachteten Betrieb hat idR keinen Einfluss auf das Fortbestehen eines im Ganzen verpachteten luf. Betriebs, es sei denn, die im Eigentum des Verpächters verbleibenden Flächen würden für die Fortführung eines luf. Betriebs nach Pachtende nicht mehr ausreichen.[6] Allein darauf, ob die verbleibenden Flächen eine ertragbringende Bewirtschaftung ermöglichen, kann jedoch nicht abgestellt werden (vgl. § 14 Rn. 12).[7] Von einer einheitlichen Verpachtung der wesentlichen Betriebsgrundlagen kann freilich nicht mehr ausgegangen werden, wenn deutlich mehr als die Hälfte der landwirtschaftlichen Nutzfläche veräußert oder entnommen wird, es sei denn die Veräußerung beruht auf äußerem Zwang oder ersatzbeschaffte Grundstücke werden wieder dem Pachtbetrieb zugeführt.

36 Solange die wesentlichen Betriebsgrundlagen **als einheitliches Ganzes verpachtet** sind und der Betrieb nicht (zwangsweise) aufgegeben ist (so bei Verpachtung an eine MU'schaft, an der der Verpächter als MU'er beteiligt ist[8]), hat der Verpächter das **Wahlrecht**, den (Teil-)Betrieb fortzuführen oder aufzugeben (zur Aufgabeerklärung vgl. § 14 Rn. 12).[9] Der Verpächter kann den verpachteten Betrieb jederzeit durch Erklärung der BetrAufg. ggü. dem FA aufgeben. Die BetrAufg. tritt dann grds. mit Eingang der Erklärung beim FA ein.[10] Das Verpächterwahlrecht geht bei Betriebsübertragungen nach **§ 6 Abs. 3** auf den **Rechtsnachfolger** über.[11] Bei **entgeltlichem Erwerb** ist das Verpächterwahlrecht ausgeschlossen, wenn nicht der Betrieb zunächst selbst bewirtschaftet wird.[12] Etwas anderes kommt nur in Betracht, wenn der StPfl. ein luf. Anwesen zu seinem bisherigen luf. Betrieb hinzuerwirbt und nach dem Erwerb zwar nicht sofort selbst bewirtschaftet, aber mit der bekundeten Absicht erworben hat, den Betrieb alsbald selbst zu übernehmen und seinen diesbezüglichen Willen auch verwirklicht.[13] Bei einem **teilentgeltlichen Erwerb** tritt der Erwerber hinsichtlich des Wahlrechts in die Rechtsstellung des ursprünglichen Betriebsinhabers ein, wenn das Teilentgelt nicht höher ist als der Buchwert des Kapitalkontos des Übertragenden (vgl. auch § 14 Rn. 7).

37 **2. Besondere Gestaltungen. a) Verpachtung mit Substanzerhaltungspflicht.** Eine Verpachtung mit Substanzerhaltungspflicht (eisernes Inventar)[14] liegt vor, wenn der Pächter verpflichtet ist, das übernommene Inventar (§§ 97, 98 Nr. 2 BGB) bei Pachtende im gleichen Realwert zurückzugeben (§ 582a BGB). Wirtschaftlicher Eigentümer des **Umlaufvermögens** (insbes. Feldinventar und stehende Ernte) ist – auch bei Eigentumsvorbehalt – der **Pächter**. Er hat die übernommenen WG zu aktivieren und gleichzeitig einen

1 BFH v. 18.3.1999 – IV R 65/98, BStBl. II 1999, 398 = FR 1999, 814 m. Anm. *Kanzler* sowie *Haakshorst*, NWB Fach 3d, 627 (631); BFH v. 18.6.1997 – II R 6/96, BFH/NV 1997, 834.
2 AA *Märkle*, Inf. 1982, 526 (530); zur Übergangsregelung vgl. BFH v. 19.10.1995 – IV R 111/94, BStBl. II 1996, 188 ff. = FR 1996, 287 sowie BMF v. 23.11.1990, BStBl. I 1990, 770.
3 BFH v. 8.1.1998 – IV B 9/97, BFH/NV 1998, 699 f.; v. 26.2.1997 – X R 31/95, BStBl. II 1997, 561 (563 f.).
4 BFH v. 3.6.1997 – IX R 2/95, BStBl. II 1998, 373 = FR 1997, 818.
5 BFH v. 26.6.2003 – IV R 61/01, BStBl. II 2003, 755 (756 f.) mit Anm. *v. Schönberg*, HFR 2003, 1052 sowie NWB Fach 3, 13345; BFH v. 20.1.2005 – IV R 35/03, BFH/NV 2005, 1046 mit Anm. *v. Schönberg*, HFR 2005, 961; krit. *Hiller*, Inf. 2003, 815.
6 BMF v. 1.12.2000, BStBl. I 2000, 1556; BFH v. 6.9.2005 – IV B 95/04, BFH/NV 2006, 50: Abverkäufe v. Ländereien.
7 BFH v. 12.11.1992 – IV R 41/91, BStBl. II 1993, 430 (432) = FR 1993, 434.
8 BFH v. 25.3.2004 – IV R 49/02, BFH/NV 2004, 1247: Betrieb besteht nur noch in Form v. Sonder-BV fort.
9 BFH v. 28.6.2001 – IV R 23/00, FR 2001, 1115 m. Anm. *Kanzler* = DB 2001, 2176 (2177); v. 17.5.2018 – VI R 66/15, juris.
10 BFH v. 26.6.2003 – IV R 61/01, BStBl. II 2003, 755 (756) = FR 2003, 1140.
11 *Heidrich/Rosseburg*, NWB Fach 3, 12699 f.; BFH v. 26.7.2006 – X R 10/05, BFH/NV 2006, 2073; v. 4.6.2007 – IV B 88/06, BFH/NV 2007, 2088.
12 BFH v. 29.3.2001 – IV R 88/99, BStBl. II 2002, 791 (792) = FR 2001, 729; v. 29.3.2017 – VI R 82/14, BFH/NV 2017, 1313.
13 BFH v. 29.3.2001 – IV R 88/99, BStBl. II 2002, 791 (792) = FR 2001, 729; v. 12.9.1991 – IV R 14/89, BStBl. II 1992, 134.
14 Dazu BMF v. 21.2.2002, BStBl. I 2002, 262; *Ostmeyer*, Inf. 2002, 357.

Passivposten iHd. Rückgabeverpflichtung (Sachwertdarlehen) auszuweisen. Der **Verpächter** hat grds. seinen Rückgabeanspruch zu aktivieren. Er kann auf Aktivierung seiner Sachwertforderung verzichten, wenn er zuvor auch das Umlaufvermögen, dessen Überlassung zur Entstehung der Sachwertforderung geführt hat, in zulässiger Weise nicht aktiviert hat.[1] Die Übergabe als Sachwertdarlehen führt nicht zu einer Gewinnrealisierung.[2] Ist im Pachtvertrag vereinbart, dass der Verpächter bei Beendigung der Pacht Vorräte und Feldbestände gegen Entschädigung vom Pächter zu übernehmen hat, so kann er hierfür keine Rückstellung und keinen passiven RAP ausweisen. Von einer gewinnrealisierenden Veräußerung ist auszugehen, wenn bei Vertragsschluss feststeht, dass der Pächter die übernommenen Sachen wegen ihrer besonderen Eigenart nach ihrer Verwertung nicht in gleicher Güte, Menge oder Qualität zurückgeben kann (zB Wein bestimmter Qualität).

AV bleibt – oder wird bei Neuanschaffungen – zivilrechtl. und wirtschaftlich Eigentum des **Verpächters**. 38
Dieser ist berechtigt, AfA und Sonderabschreibungen vorzunehmen. Gleichzeitig muss er jedoch einen Anspr. auf Substanzerhaltung aktivieren,[3] der jährlich mit dem TW zu bewerten ist.[4] Da dabei v. den Wiederbeschaffungskosten auszugehen ist, kommt es zu einer lfd. Gewinnverwirklichung. Der Verzicht des Verpächters auf den Anspr. auf Substanzerhaltung stellt einen Zufluss beim Verpächter dar (bei Gewinnermittlung nach § 4 Abs. 3). Dies gilt auch dann, wenn der Betrieb während der Pachtzeit im Wege der vorweggenommenen Erbfolge auf den Pächter übergeht.[5] Der **Pächter** hat für seine Ersatzverpflichtung eine Rückstellung zu bilden (Pachterneuerungsrückstellung), deren Höhe durch die Abnutzung der gepachteten WG während der Pachtzeit und durch die Wiederbeschaffungskosten am jeweiligen Bilanzstichtag bestimmt wird.[6] Der Pächter kann Wertverzehr nur für solche WG gewinnmindernd gelten machen, bei denen dies im Pachtvertrag vorgesehen ist.[7] Im Fall der **Ersatzbeschaffung** ist der Erlös für das ausgeschiedene WG als BE des Pächters zu behandeln. Die AK/HK des Ersatzguts sind bis zur Höhe der Rückstellung mit dieser zu verrechnen. Ein übersteigender Betrag wird als Wertausgleichsanspruch aktiviert.[8] Beim Verpächter ist das Ersatzgut mit den AK/HK des Pächters zu aktivieren und gleichzeitig der Substanzerhaltungsanspruch aufzulösen. Zur Behandlung vor dem 1.4.2002 geschlossener Pachtverträge s. 3. Aufl. Ausnahmsweise kann der Pächter das eiserne Inventar mit den Buchwerten des Verpächters ansetzen und AfA vornehmen, wenn die eiserne Verpachtung im Vorgriff auf eine Hofübertragung vorgenommen wird und wenigstens einer v. beiden (Verpächter oder Pächter) seinen Gewinn nicht nach § 4 Abs. 1 ermittelt (Buchwertmethode).[9] In diesem Fall darf der Verpächter keine Abschreibungen vornehmen. Bei der späteren unentgeltlichen Übertragung des Betriebs ergibt sich keine Gewinnauswirkung.

b) Wirtschaftsüberlassungsvertrag. Beim **Wirtschaftsüberlassungsvertrag** überlässt der Hofeigentümer 39
dem Nutzungsberechtigten (typischerweise Kind oder anderer Angehöriger)[10] die Nutzung des Vermögens gegen Übernahme verschiedener Verpflichtungen. Unternehmerrisiko und Nutzungsrecht am luf. Vermögen – nicht aber das wirtschaftliche Eigentum – gehen dabei auf den Nutzungsberechtigten über.[11] Es handelt sich um Pacht, wobei der Nutzungsberechtigte nicht zur Zahlung eines Pachtzinses ausschließlich in Geld, sondern zu altenteilsähnlichen Leistungen (zB freier Umgang auf dem Hof, Übernahme von Kosten für Strom, Heizung etc., auch ein Geldbetrag zur Bestreitung des Lebensunterhalts) verpflichtet ist.[12] Die **Einkünftezurechnung beim Nutzungsberechtigten** setzt voraus, dass das Nutzungsrecht für einen nicht nur vorübergehenden Zeitraum nach außen erkennbar eingeräumt ist und er die alleinige Entscheidungsbefugnis über alle zur Betriebsführung erforderlichen Maßnahmen hat. Der **Nutzungsberechtigte** erzielt aus der lfd. Betriebsbewirtschaftung Einkünfte aus LuF. Er ist hinsichtlich der WG des unbeweglichen AV einschl. der wesentlichen Bestandteile der Grundstücke nicht AfA-berechtigt.[13] Ein Sonderausgabenabzug gem. § 10 Abs. 1 Nr. 1a für die Leistungen an den Hofeigentümer kommt nicht in Betracht.[14] Bei ei-

1 BFH v. 6.12.1984 – IV R 212/82, BStBl. II 1985, 391 (393); v. 30.1.1986 – IV R 130/84, BStBl. II 1986, 399 (400) = FR 1986, 599.
2 *Leingärtner*, Kap. 42 Rn. 71.
3 BFH v. 3.12.1991 – VIII R 88/87, BStBl. II 1993, 89 f. = FR 1992, 576.
4 BFH v. 17.2.1998 – VIII R 28/95, BStBl. II 1998, 505 (509); *Leingärtner*, Kap. 42 Rn. 94; *Wendt*, FR 1996, 265 (275).
5 BFH v. 24.6.1999 – IV R 73/97, BStBl. II 2000, 309 = FR 2000, 53 m. Anm. *Kanzler*; krit. dazu *F/P/G*, Rn. A 663a.
6 BFH v. 17.2.1998 – VIII R 28/95, BStBl. II 1998, 505 (506 ff.) = FR 1998, 786.
7 BFH v. 28.5.1998 – IV R 31/97, BStBl. II 2000, 286 f. = FR 1998, 879.
8 BFH v. 3.12.1991 – VIII R 88/87, BStBl. II 1993, 89 (90) = FR 1992, 576.
9 BMF v. 21.2.2002, BStBl. I 2002, 262 (263).
10 BFH v. 26.11.1992 – IV R 53/92, BStBl. II 1993, 395 (397) = FR 1993, 432.
11 BFH v. 26.8.1993 – IV B 32/93, BFH/NV 1994, 539.
12 *Schmidt*[37], § 13 Rn. 141 f.
13 BFH v. 23.1.1992 – IV R 104/90, BStBl. II 1993, 327 f. = FR 1992, 406 m. Anm. *Söffing*; BMF v. 29.4.1993, BStBl. I 1993, 337.
14 BFH v. 25.6.2014 – X R 16/13, BStBl. II 2014, 889.

nem Wirtschaftsüberlassungsvertrag mit eisernem Inventar (s. dazu Rn. 37 f.) besteht hinsichtlich des UV ein Sachwertdarlehen ohne Gewinnrealisierung. Der **Hofeigentümer** hat das Wahlrecht zur Erklärung der BetrAufg. Macht er hiervon keinen Gebrauch, so erzielt er weiterhin Einkünfte aus LuF.[1] BA stellen bei ihm neben der AfA für die abnutzbaren unbeweglichen WG des AV etwa Versicherungsprämien, Darlehenszinsen oder öffentl. Abgaben (zB GrSt) dar.[2]

40 **III. Nießbrauch.** Die Bestellung eines Nießbrauchs (§§ 1030 ff. BGB)[3] an einem luf. Betrieb führt zum Nebeneinander eines ruhenden luf. Eigentümerbetriebs und eines wirtschaftenden Betriebs des Nießbrauchers. Für die Einkünftezurechnung ist zw. **Unternehmensnießbrauch**, bei dem die Einkünfte aus dem belasteten Unternehmen dem Nießbraucher zuzurechnen sind, und Ertragsnießbrauch, der auf die Einkünftezurechnung keinen Einfluss nimmt, zu unterscheiden. Beim **entgeltlichen** Unternehmensnießbrauch treten grds. dieselben stl. Wirkungen ein wie bei der Betriebsverpachtung (Rn. 33 ff.). Der Nießbrauchsbesteller bleibt wirtschaftlicher Eigentümer des Anlagevermögens; er ist zu AfA und etwaigen Sonderabschreibungen berechtigt. Das Entgelt aus dem Nießbrauch führt zu Einkünften aus LuF oder – bei BetrAufg. – aus VuV. Der Nießbrauchsberechtigte hat die Aufwendungen für das Nutzungsrecht zu aktivieren und auf die Nutzungsdauer abzuschreiben.[4] Beim **unentgeltlichen** Unternehmensnießbrauch ist zw. Vorbehaltsnießbrauch und Zuwendungsnießbrauch zu unterscheiden. Beim **Vorbehaltsnießbrauch** überträgt der den Betrieb weiterführende luf. Unternehmer das Eigentum auf den künftigen Hoferben, behält sich aber den lebenslangen Nießbrauch vor. Zivilrechtl. Eigentümer wie Nießbraucher erzielen Einkünfte aus LuF.[5] Der Nießbraucher ist wirtschaftlicher Eigentümer und AfA-berechtigt, wobei Bemessungsgrundlage seine tatsächlichen Aufwendungen sind.[6] Der Nießbrauchsbesteller erzielt ggf. Einkünfte aus der Veräußerung oder Entnahme v. Grundstücken wie auch aus einer etwaigen BetrAufg. oder -veräußerung.[7] Beim **Zuwendungsnießbrauch** bestellt der Hofeigentümer dem künftigen Hoferben einen Nießbrauch an dem luf. Betrieb, auf dessen Grundlage der Nießbraucher diesen bewirtschaftet. Der Nießbraucher erzielt Einkünfte aus LuF. Er darf weder sein Nießbrauchsrecht als immaterielles WG aktivieren und abschreiben – hierfür sind ihm keine relevanten Aufwendungen entstanden – noch die AfA v. den AK/HK des Hofeigentümers absetzen.[8]

41 **IV. Nutzungsberechtigung nach § 14 HöfeO.**[9] Das dem **überlebenden Ehegatten** eines verstorbenen Hofeigentümers nach § 14 HöfeO nF[10] zustehende Verwaltungs- und Nutzungsrecht am Hof entspricht bei wirtschaftlicher Betrachtung der Berechtigung eines Nießbrauchers. Dem Nutzungsberechtigten sind die Erträge aus dem luf. Betrieb als Einkünfte aus LuF zuzurechnen. Bei deren Ermittlung ist die AfA v. den AK oder HK des Erblassers nicht abziehbar.[11] Der **Hoferbe** erzielt luf. Einkünfte etwa aus der Veräußerung oder Entnahme v. Grundstücken. Die Nutzungsüberlassung des toten und lebenden Inventars folgt den Grundsätzen der eisernen Verpachtung (Rn. 37 f.). IErg. hat der überlebende Ehegatte einen um den unzulässigen AfA-Abzug erhöhten Gewinn aus LuF zu versteuern, ohne dass dem minderjährigen Hoferben ein entspr. Steuervorteil entsteht. Um dies zu vermeiden, sollte das **Nutzungsrecht nach § 14 HöfeO vertraglich abbedungen** werden. Alternativ kann der überlebende Ehegatte den Betrieb in Ausübung seines Rechts nach § 14 HöfeO an den Hoferben und Eigentümer des Betriebs verpachten, so dass dieser die volle Verfügungsmacht über den Betrieb erlangt. Ein solcher **Pachtvertrag** ist stl. jedoch nur anzuerkennen, wenn der Hoferbe tatsächlich in der Lage ist, den Betrieb zu bewirtschaften und sich der überlebende Ehegatte nicht maßgeblich an der Bewirtschaftung beteiligt.[12] Es handelt sich dann um eine unentgeltliche Betriebsübertragung (§ 6 Abs. 3), wobei die Pachtzahlung die Versorgung des Ehegatten sicherstellen soll und einkommensteuerrechtl. als Altenteilsleistung zu behandeln ist.

42 **V. Hofübergabe.** Bei der Hofübergabe geht der Hof an den Erben unentgeltlich (Erbfall oder vorweggenommene Erbfolge) und im Ganzen über. Als vorweggenommene Erbfolge (§ 16 Rn. 124 ff.) kann die

1 BFH v. 18.2.1993 – IV R 51/92, BFH/NV 1994, 14 (15).
2 *Kanzler*, FR 1992, 239 (244 f.).
3 Vgl. auch BMF v. 24.7.1998, BStBl. I 1998, 914.
4 BFH v. 20.11.1980 – IV R 117/79, BStBl. II 1981, 68 (69 f.) = FR 1981, 149.
5 BFH v. 28.9.1995 – IV R 7/94, BStBl. II 1996, 440 (441) = FR 1996, 557 m. Anm. *Söffing*.
6 BFH v. 28.9.1995 – IV R 7/94, BStBl. II 1996, 440 = FR 1996, 557 m. Anm. *Söffing*.
7 *Blümich*, § 13 Rn. 34.
8 BFH v. 28.9.1995 – IV R 7/94, BStBl. II 1996, 440 = FR 1996, 557 m. Anm. *Söffing* zum Vermächtnisnießbrauch.
9 *Lange/Wulff/Lüdtke-Handjery*[10], § 14.
10 BGBl. I 1976, 1933 zuletzt geändert BGBl. I 2000, 897, anwendbar in Nds., NRW, SchlHol. und Hbg.; zur entspr. Regelung in § 23 HöfeO RhPf. vgl. GVBl. 1967, 138 (141).
11 Vgl. BFH v. 28.9.1995 – IV R 7/94, BStBl. II 1996, 440 (441) = FR 1996, 557 m. Anm. *Söffing*; BMF v. 5.11.1996, BStBl. I 1996, 1257.
12 *F/P/G*, Rn. A 276c.

Hofübergabe eine Vermögensübergabe oder **Unternehmensnachfolge gegen Versorgungsleistungen** sein.[1] Zur Frage, wer als Hofübernehmer und wer als Empfänger der Versorgungsleistungen in Betracht kommt, s. § 22 Rn. 12f. Zum Problemkreis, wann Unentgeltlichkeit anzunehmen ist, s. § 16 Rn. 125. Der Betrieb wird **im Ganzen** übergeben, wenn alle wesentlichen Betriebsgrundlagen (s. dazu Rn. 33) in einem einheitlichen wirtschaftlichen Vorgang auf den Erwerber übergehen (dazu § 16 Rn. 48ff.). Es ist unschädlich, wenn Grundstücke zurückbehalten werden, denen im Verhältnis zum übergebenen Gesamtbetrieb nur untergeordnete Bedeutung zukommt.[2]

Liegt eine Hofübergabe vor, so hat der Erwerber die **Buchwerte des Rechtsvorgängers** ohne Realisierung der stillen Reserven fortzuführen (§ 6 Abs. 3). Bei Hofübergabe während des Wj. ist für Übergeber und Erwerber ein **Rumpf-Wj.** zu bilden (§ 4a).[3] Zur ertragstl. Behandlung der Altenteilsleistungen beim Verpflichteten und beim Empfänger s. § 16 Rn. 126 und § 22 Rn. 11ff. Der Wert v. unbaren Altenteilsleistungen (Verpflegung, Heizung, Beleuchtung) kann am Maßstab der Sachbezugswerte des § 1 Abs. 1 SachBezV in der jeweils geltenden Fassung geschätzt werden.[4] 43

VI. Land- und forstwirtschaftliche Mitunternehmerschaft. Eine luf. **MU'schaft** kommt vor allem in zwei Varianten vor: als gemeinschaftliche Einkünfteerzielung durch nahe Angehörige, insbes. Ehegatten, sowie zw. Nutzungsberechtigtem und Eigentümer. MU'schaft ist weiter die Erbengemeinschaft. Hat eine Gemeinschaft lediglich die Koordinierung der Interessen der Beteiligten bei der Bewirtschaftung v. Grund und Boden zum Zweck, so handelt es sich idR nicht um eine MU'schaft; zu Maschinengemeinschaften s. Rn. 6. Ein geringes MU'risiko kann durch ein stark ausgeprägtes Initiativrecht kompensiert werden.[5] Für die Feststellung einer MU'schaft kann in Fällen v. geringerer Bedeutung auf ein formelles Feststellungsverfahren (§ 180 Abs. 1 Nr. 2a AO) verzichtet werden.[6] 44

Eine MU'schaft begründende, konkludent vereinbarte gesellschaftsrechtl. Bindung **zw. Ehegatten** kann gerade in der LuF regelmäßig angenommen werden, wenn Eheleute ohne ausdrücklichen Gesellschaftsvertrag durch den beiderseitigen Einsatz eigener luf. Grundstücke gemeinsam eine LuF betreiben.[7] Grund hierfür ist die spezifische Funktion v. Grund und Boden für die LuF. Steht je ein Teil der bewirtschafteten Flächen, der nicht lediglich v. untergeordneter Bedeutung, dh. – entspr. den Grundsätzen für wesentliche Betriebsgrundlagen (vgl. Rn. 33, § 14 Rn. 8) – nicht kleiner als 10 % der Nutzfläche ist,[8] im Alleineigentum eines Ehegatten, so ist idR auf das Vorliegen eines Gesellschaftsverhältnisses zu schließen,[9] sofern zw. den Ehegatten kein Nutzungsüberlassungsverhältnis besteht, dh. das Nutzungsrecht nicht vom Eigentum vertraglich abgespalten ist,[10] und beide Ehegatten im luf. Betrieb mitarbeiten, wobei jedoch die Art der beigetragenen Leistung sehr unterschiedlich[11] und insbes. der Beitrag der Ehefrau weit geringer sein kann als der des Ehemannes.[12] Zu verlangen ist jedoch, dass die Bewirtschaftung der landwirtschaftlichen Flächen und die Verwertung der gewonnenen Erzeugnisse einem einheitlichen Plan unterliegen. 45

Ergibt sich der für die Annahme einer MU'schaft erforderliche Beitrag eines Ehegatten nicht aus seinem Alleineigentum an Grund und Boden, so kann er auch in Gestalt anderer für den luf. Betrieb wesentlicher

---

1 Vgl. dazu nur *Hipler*, DStR 2001, 1918ff.; BFH v. 27.8.1997 – X R 54/94, BFHE 184, 337 = FR 1997, 955; v. 24.7.1996 – X R 167/95, BStBl. II 1997, 315 = FR 1996, 787; v. 31.8.1994 – X R 58/92, BStBl. II 1996, 672 (674) = FR 1995, 307; v. 31.8.1994 – X R 44/93, BStBl. II 1996, 676 (678) = FR 1995, 231 m. Anm. *Weber-Grellet*; BMF v. 26.8.2002, BStBl. I 2002, 893.

2 *Märkle/Hiller*[10], Rn. 411d: idR nicht mehr als 10 % der eigenen landwirtschaftlichen Nutzfläche.

3 BFH v. 23.8.1979 – IV R 95/75, BStBl. II 1980, 8 (9) = FR 1980, 47.

4 OFD München v. 15.1.2001, DStR 2001, 1117.

5 BFH v. 10.5.2007 – IV R 2/05, BStBl. II 2007, 927; anders vorgehend FG Sachs. v. 2.12.2004 – 5 K 76/99, EFG 2005, 1111; s. auch FG München v. 17.3.2014 – 7 K 897/10, EFG 2014, 1296.

6 BFH v. 10.10.1989 – IV B 135/88, BFH/NV 1990, 485ff.

7 BFH v. 22.1.2004 – IV R 44/02, BStBl. II 2004, 500 mit Anm. *Kanzler*, FR 2004, 711; BFH v. 25.9.2008 – IV R 16/07, BStBl. II 2009, 989 = FR 2009, 1163; dazu BMF v. 18.12.2009, BStBl. I 2009, 1593; s. auch *Märkle/Hiller*[10], Rn. 282a; ebenso BFH v. 18.8.2005 – IV R 37/04, BStBl. II 2006, 165 = FR 2006, 147; v. 14.2.2008 – IV R 44/05, BFH/NV 2008, 1156; v. 16.12.2009 – IV R 18/07, BFH/NV 2010, 1419 u. v. 26.10.2011 – IV B 66/10, BFH/NV 2012, 411 für den Fall der Gütergemeinschaft; v. 16.5.2018 – VI R 45/16, DStR 2018, 2012 (auch Berücksichtigung forstwirtschaftlich genutzter Flächen).

8 BFH v. 25.9.2008 – IV R 16/07, BStBl. II 2009, 989 = FR 2009, 1163; v. 21.12.2016 – IV R 45/13, BFH/NV 2017, 459; *Kanzler*, FS L. Schmidt, 1993, 379 (386); anders noch BFH v. 30.6.1983 – IV R 206/80, BStBl. II 1983, 636 (637) = FR 1983, 590; v. 27.2.1962 – I 140/61 U, BStBl. III 1962, 214 (20 %); in BFH v. 22.1.2004 – IV R 44/02, FR 2004, 709 m. Anm. *Kanzler* = BStBl. II 2004, 500 (501f.) offengelassen.

9 BFH v. 27.1.1994 – IV R 26/93, BStBl. II 1994, 462f. = FR 1994, 397 m. Anm. *Söffing*.

10 BFH v. 14.8.1986 – IV R 248/84, BStBl. II 1987, 17 (20) = FR 1986, 650.

11 BFH v. 14.8.1986 – IV R 264/84, BStBl. II 1987, 20 (22) = FR 1986, 651.

12 BFH v. 6.6.1995 – IV B 104/94, BFH/NV 1996, 27.

WG erbracht werden (zB Eigentum an den Stallgebäuden bei einem Viehhaltungsbetrieb, Zuckerrübenlieferrecht bei einem Betrieb, der in erheblichem Umfang Zuckerrüben erzeugt oder Milchquote bei einem Milchviehbetrieb).[1] Die Regelvermutung zugunsten einer MU'schaft v. Ehegatten setzt jedoch stets voraus, dass jeder Ehegatte überhaupt ein (originäres) Fruchtziehungsrecht am luf. Grund und Boden hat. Eigentum am toten und lebenden Inventar ist allein kein Vermögensbeitrag für die Begr. einer Ehegatten-Innengesellschaft.[2] Gleiches gilt für einen Anteil an der Hofstelle.[3] Da das Fruchtziehungsrecht über die Zurechnung der Einkünfte aus LuF entscheidet,[4] sind auch die v. einem Ehegatten gepachteten Flächen als taugliche Grundlage für eine Ehegatten-Innengesellschaft anzuerkennen.[5] Der BFH[6] will demgegenüber dem Pächter-Ehegatten die Stellung eines Verwalters zuschreiben und die in seinem Eigentum stehenden WG dem Unternehmer-Ehegatten (Eigentümer v. Grund und Boden) zurechnen, obwohl dieser nicht (alleiniger) wirtschaftlicher Eigentümer ist.[7] Ist ausnahmsweise der luf. Grund und Boden nicht v. ausschlaggebender Bedeutung für den luf. Betrieb, so kann, wenn keine anzuerkennenden Vertragsbeziehungen zw. den Ehegatten bestehen, ungeachtet ihrer Vermögensbeiträge nicht v. einer MU'schaft ausgegangen werden. Liegt eine Ehegatten-MU'schaft vor, so kann sie nur durch eindeutige vertragliche Vereinbarung **beendet** werden.[8] Die Trennung bzw. Scheidung der Ehegatten reicht als solche nicht aus.[9] Nach dem Tod eines Ehegatten treten mangels einer solchen Vereinbarung dessen Erben in die Stellung als MU'er ein.[10] Wird eine im gemeinsamen Eigentum v. Eheleuten stehende und im gemeinsamen luf. Betrieb bewirtschaftete Forstfläche in das Alleineigentum eines Ehegatten übertragen, spricht eine tatsächliche Vermutung dafür, dass die bestehenden wirtschaftlichen Beziehungen aufrechterhalten bleiben und es sich nunmehr um Sonder-BV des Ehegatten handelt, nicht jedoch um einen selbständigen Forstbetrieb.[11]

46 Für die **MU'schaft mit Kindern** sind die Grundsätze der Ehegatten-Innengesellschaft jedenfalls nicht in vollem Umfang anzuwenden.[12] Vielmehr ist maßgeblich darauf abzustellen, ob wesentliches Vermögen, insbes. Grund und Boden, einheitlich bewirtschaftet wird und Eltern wie Kinder gemeinsam verantwortlich im Betrieb mitarbeiten. Die fortgesetzte Gütergemeinschaft ist MU'schaft.[13] Eine **MU'schaft zw. Nutzungsberechtigtem und Eigentümer** kommt in Betracht, wenn ein Nießbraucher oder der nutzungsberechtigte Ehegatte nach § 14 HöfeO und der Hofeigentümer gemeinsam den Hof bewirtschaften. Die hierbei erzielten Einkünfte sind ihnen dann entspr. den getroffenen Vereinbarungen gemeinsam zuzurechnen.

E. Gewinnermittlung

47 **I. Grundsätzliches.** Der Gewinn luf. Betriebe kann **durch Vermögensbestandsvergleich** (§ 4 Abs. 1), **nach Durchschnittssätzen** (§ 13a) oder **durch Überschussrechnung** (§ 4 Abs. 3) ermittelt werden, je nachdem, ob der StPfl. aufgrund gesetzlicher Verpflichtungen Bücher führen muss und ob er die Grenzen des § 13a Abs. 1 S. 1 Nr. 2–4 überschreitet (dazu § 13a Rn. 2f.). Nicht buchführungspflichtige StPfl., die diese Grenzen nicht überschreiten, müssen, sofern sie keinen Antrag nach § 13a Abs. 2 (§ 13a Rn. 5) stellen, den Gewinn nach Durchschnittssätzen ermitteln, was sich aufgrund des zT erheblich unter dem tatsächlichen Gewinn liegenden erfassten Gewinns günstig auswirken kann (vgl. § 13a Rn. 1). Erfüllt der StPfl. seine Verpflichtung zur Buchführung oder seine Aufzeichnungspflicht im Rahmen v. § 4 Abs. 1 oder 3 nicht, so ist der **Gewinn** entspr. den Grundsätzen des § 4 Abs. 1 oder 3 **zu schätzen**.[14] Auch bei der Schätzung nach § 4 Abs. 3 können die auf § 4 Abs. 1 basierenden Richtsätze herangezogen werden.[15] Bei der Schätzung kann sich das FA an der oberen Grenze des Schätzungsrahmens orientieren, weil der StPfl.

---

1 *F/P/G*, Rn. A 470.
2 BFH v. 26.11.1992 – IV R 53/92, BStBl. II 1993, 395 (396) = FR 1993, 432.
3 BFH v. 27.1.1994 – IV R 26/93, BStBl. II 1994, 462 (463) = FR 1994, 397 m. Anm. *Söffing*.
4 Vgl. BFH v. 27.1.1994 – IV R 26/93, BStBl. II 1994, 462 (463) = FR 1994, 397 m. Anm. *Söffing*.
5 *F/P/G*, Rn. A 469; **aA** BFH v. 7.10.1982 – IV R 186/79, BStBl. II 1983, 73 = FR 1983, 95; v. 27.1.1994 – IV R 26/93, BStBl. II 1994, 462f. = FR 1994, 397 m. Anm. *Söffing*; v. 22.1.2004 – IV R 44/02, FR 2004, 709 m. Anm. *Kanzler* = BStBl. II 2004, 500.
6 BFH v. 26.5.1994 – IV R 134/92, BFH/NV 1995, 114 (116).
7 Vgl. *F/P/G*, Rn. A 470.
8 BFH v. 28.7.1994 – IV R 81/93, BFH/NV 1995, 202 (203).
9 BFH v. 26.10.2011 – IV B 66/10, BFH/NV 2012, 411.
10 FG BaWü. v. 18.10.1995 – 12 K 58/91, EFG 1996, 649 (650).
11 BFH v. 16.2.1995 – IV R 62/94, BStBl. II 1995, 592ff. = FR 1995, 546.
12 *F/P/G*, Rn. A 475a.
13 Zur stillen Ges. mit nahen Angehörigen s. OFD München v. 4.4.1997, FR 1997, 426f.
14 Dazu BFH v. 13.7.2000 – IV R 55/99, BFH/NV 2001, 3 (5); OFD Hann. v. 7.4.1997, DStR 1997, 1289; *Leingärtner*, Kap. 28 Rn. 1; *H/H/R*, § 13 Rn. 29.
15 BFH v. 15.4.1999 – IV R 68/98, BStBl. II 1999, 481 (483) = FR 1999, 853 m. Anm. *Kanzler*; vgl. auch *Haakshorst*, NWB Fach 3d, 627.

möglicherweise Einnahmen verheimlichen will.[1] Der Schätzungsrahmen wird bei der weitgehend üblichen Richtsatzschätzung durch die aus Vergleichsbetrieben ermittelten Richtsätze selbst gezogen und lässt keinen Raum für die Berücksichtigung v. individuellen gewinnmindernden Besonderheiten des Betriebs des Schätzungslandwirts.[2] Der StPfl. kann die Schätzung aber jederzeit durch Einrichtung einer Buchführung oder Führung v. Aufzeichnungen, die eine Gewinnermittlung nach § 4 Abs. 3 ermöglichen, vermeiden.

II. Buchführungspflicht. Nach **§ 140 AO** hat derjenige, der nach anderen Gesetzen als den Steuergesetzen Bücher und Aufzeichnungen zu führen hat, die für die Besteuerung v. Bedeutung sind, diese Verpflichtungen auch für die Besteuerung zu erfüllen. In der LuF sind neben §§ 238 ff. HGB insbes. die folgenden Buchführungs- und Aufzeichnungsvorschriften relevant.[3] Forstsamen- und Forstpflanzenbetriebe: Bücher, § 17 Abs. 2 Forstvermehrungsgutgesetz;[4] Landwirte, die mit frischem Geflügelfleisch handeln: Aufzeichnungen nach §§ 2, 14 und Anlage 1 GeflügelfleischhygieneVO;[5] Getreide und Futtermittel verarbeitende Betriebe: Geschäftsbücher, § 15 Getreide-Ausfuhr- und -Verarbeitungs-ÜberwachungsVO;[6] Verkäufer v. Schlachtvieh: Marktschlussscheine, § 10 Abs. 1 Vieh- und Fleischgesetz.[7] Eine sog. Auflagenbuchführung durch die Landwirtschaftskammer oder eine freiwillige Buchführung als Testbetrieb iSd. Landwirtschaftsgesetzes[8] begründen keine Buchführungspflicht iSv. § 140 AO. 48

Die Buchführungspflicht nach **§ 141 Abs. 1 AO**[9] beginnt bei Überschreiten der betriebsbezogenen **Grenzwerte** für den Jahresumsatz v. 350 000 Euro, für den Wirtschaftswert der selbstbewirtschafteten luf. Flächen v. 25 000 Euro oder für den Gewinn aus LuF v. 30 000 Euro. Maßgeblich ist der **Umsatz im Kj. Wirtschaftswert** ist der nach § 46 BewG errechnete Wert der selbstbewirtschafteten luf. Flächen. Der Wohnungswert iSv. § 47 BewG bleibt außer Betracht.[10] Verpachtete Flächen müssen ab- und gepachtete Fläche hinzugerechnet werden. Nach einem öffentl. Förderprogramm stillgelegte Flächen gelten für die Ermittlung des Wirtschaftswerts als selbstbewirtschaftet.[11] Soweit sich der Wirtschaftswert nicht ausschließlich aus dem EW-Bescheid ergibt, ist er nach bewertungsrechtl. Vorschriften – einschl. v. Ab- und Zuschlägen (§ 41 BewG) – fiktiv festzustellen.[12] Die Einzelertragswerte der im EW erfassten Nebenbetriebe sind nicht maßgeblich.[13] Für luf. Betriebe in den **neuen Bundesländern** ist der Ersatzwirtschaftswert der selbst genutzten Flächen iSv. §§ 125 ff. BewG maßgeblich. Insgesamt bestimmt sich der Wirtschaftswert nach dem **Zeitpunkt**, zu dem die FinVerw. die Feststellung iSv. § 141 Abs. 1 S. 1 AO trifft.[14] Maßgeblich für die **Gewinngrenze** nach § 141 Abs. 1 S. 1 Nr. 5 AO ist bei abw. Wj. (§ 4a Abs. 1 S. 2 Nr. 1 S. 1) der zeitlich aufgeteilte und auf das jeweilige Kj. entfallende Gewinn des beginnenden und des endenden Wj. Bezieht sich bei Neugründung oder Übernahme eines luf. Betriebs der Gewinn auf weniger als zwölf Monate, so wird der zeitanteilige Gewinn nicht auf einen Jahresgewinn umgerechnet.[15] Der Gewinnabzug nach § 5 FördG wird nicht berücksichtigt.[16] Stfreie Rücklagen sind nicht hinzuzurechnen, ausgenommen die Rücklage nach § 3 Abs. 5 FSchAusglG.[17] 49

Beginn und Ende der Buchführungs- und Aufzeichnungspflicht nach **§ 140 AO** bestimmen sich nach den außerstl. Gesetzen. Einer besonderen Mitteilung durch das FA bedarf es hier nicht. Für den Beginn der Buchführungspflicht nach **§ 141 AO** sind jedoch die Feststellungen der Finanzbehörde nach § 141 Abs. 1 S. 1 AO sowie die entspr. Mitteilung über den Beginn der Buchführungspflicht (§ 141 Abs. 2 S. 1 AO) Voraussetzung. Die Buchführungspflicht nach § 141 Abs. 1 S. 1 AO endet gem. § 141 Abs. 2 S. 2 AO mit dem Ablauf des Wj., das auf das Wj. folgt, in dem die Finanzbehörde feststellt, dass die Voraussetzun- 50

---

1 BFH v. 13.7.2000 – IV R 55/99, BFH/NV 2001, 3 (5); v. 29.3.2001 – IV R 67/99, BStBl. II 2001, 484 (485) = FR 2001, 905 m. Anm. *Kanzler*.
2 BFH v. 29.3.2001 – IV R 67/99, BStBl. II 2001, 484 (485 f.) = FR 2001, 905 m. Anm. *Kanzler*.
3 Vgl. auch AEAO 1977, BMF v. 15.7.1998, BStBl. I 1998, 630 (702); vgl. iÜ *Lademann*, Anhang zu § 13 Rn. 11.
4 BGBl. I 2002, 1658.
5 BGBl. I 2001, 4098 und BGBl. I 2003, 2304.
6 BGBl. I 1995, 593.
7 BGBl. I 1977, 477.
8 Art. 75 EGAO, BGBl. I 1976, 3341.
9 Änderung durch G v. 31.7.2003, BGBl. I 2003, 1550 ab Kj. 2004.
10 *F/P/G*, Rn. B 26.
11 BGBl. I 1995, 910.
12 S. dazu im Einzelnen *F/P/G*, Rn. B 31 ff.
13 BFH v. 6.7.1989 – IV R 97/87, BStBl. II 1990, 606 ff. = FR 1989, 633.
14 *F/P/G*, Rn. B 39.
15 *F/P/G*, Rn. B 40.
16 Dazu, dass nach der Entsch. der Europäischen Kommission ab dem 3.9.1998 keine Sonderabschreibungen nach dem FördG und keine Investitionszulagen nach dem InvZulG 1996 zur Verarbeitung und Vermarktung landwirtschaftlicher Erzeugnisse gewährt werden dürfen, BMF v. 18.9.1998, DStR 1998, 1720.
17 *Blümich*, § 13 Rn. 230; OFD Hann. v. 7.6.2000, StEK EStG § 13 Nr. 677.

gen nach § 141 Abs. 1 AO nicht mehr vorliegen. Die Buchführungspflicht gem. § 141 AO endet nicht bei Rechtsänderungen, auch hier bedarf es der Feststellung durch das FA.

51 Gem. **§ 141 Abs. 3 AO geht** die **Buchführungspflicht** auf denjenigen **über**, der den Betrieb im Ganzen (§ 14 Rn. 2) zur Bewirtschaftung als Eigentümer oder – entgeltlicher wie unentgeltlicher – Nutzungsberechtigter übernimmt (Rn. 33 ff.). Wird ein TB eines einheitlichen luf. Betriebs einem anderen zur Nutzung überlassen, der andere TB weiterhin vom Land- und Forstwirt selbst bewirtschaftet, so geht die Buchführungspflicht nicht über.[1] Mit dem Übergang der Buchführungspflicht nach § 141 Abs. 3 AO fällt sie – da betriebsbezogen – beim bisherigen Buchführungspflichtigen weg,[2] unabhängig davon, ob der Übergebende die Aufgabe des Betriebs erklärt. So geht etwa beim **Wirtschaftsüberlassungsvertrag** (Rn. 39) mit der Übernahme der Bewirtschaftung des Betriebs eine bestehende Buchführungspflicht auf den Nutzungsberechtigten über; beim Hofeigentümer erlischt sie, auch wenn er den Betrieb fortführt.[3] Die Buchführungspflicht kann aber für den Übergebenden hinsichtlich des nicht aufgegebenen Betriebs wegen Überschreitens einer Gewinngrenze erneut begründet werden.[4] Mit Ablauf des Pachtverhältnisses endet die Buchführungspflicht des Pächters.

52 Nach § 141 Abs. 1 S. 4 AO braucht sich die Bestandsaufnahme nicht auf **das stehende Holz** (Rn. 65) zu erstrecken. Bei Betrieben mit jährlicher Fruchtfolge kann aus Vereinfachungsgründen trotz § 6 Abs. 1 Nr. 2 auch für **Feldinventar und stehende Ernte** auf eine Bestandsaufnahme und Bewertung verzichtet werden.[5] Nach § 142 AO ist ein **Anbauverzeichnis** zu führen,[6] nach § 144 AO ein **Warenausgangsbuch**.[7] Gem. § 148 AO können die Finanzbehörden **Buchführungserleichterungen** aus sachlichen Gründen nach pflichtgemäßem Ermessen bewilligen. § 148 AO gestattet insbes. bei voraussichtlich nur einmaligem Überschreiten der Buchführungsgrenzen des § 141 Abs. 1 AO die Befreiung v. der Buchführungspflicht.

53 **III. Gewinnermittlung nach § 4 Abs. 1. 1. Betriebsvermögen.** Als **luf. BV** geeignet sind neben dem luf. genutzten Grund und Boden[8] hiervon **selbständige WG**, wie etwa Aufwuchs, ein Zuckerrübenlieferrecht (immaterielles WG),[9] ein Wiederbepflanzungsrecht im Weinbau (immaterielles WG),[10] ein Eigenjagdrecht (Rn. 20), besondere Anlagen im Boden, etwa Drainagen, und Bodenschätze (s. Rn. 67).[11] Gleiches gilt für die Milchreferenzmenge (oder Milchquote; immaterielles WG, s. auch Rn. 60 und § 55 Rn. 4),[12] die eine Beschränkung der Milchproduktion iHd. Milchreferenzmenge vornimmt und daher wesentliche Bedeutung für die Einkommenssituation in der deutschen Landwirtschaft hat, und ebenso für Zahlungsansprüche auf Grundlage der GAP-Reform 2003 der EU, die der Verpächter nach Beendigung des Pachtverhältnisses vom Pächter entgeltlich erwirbt.[13] Diese selbständigen WG und Nutzungsbefugnisse gehören gem. § 55 Abs. 1 S. 2 nicht zum Grund und Boden und sind daher nicht v. der Ermittlung des pauschalen Bodenwerts erfasst[14]

---

1 BFH v. 24.2.1994 – IV R 4/93, BStBl. II 1994, 677 f. = FR 1994, 503 m. Anm. *Söffing*; v. 6.11.2003 – IV R 27/02, BFH/NV 2004, 753 für die Rückpacht einzelner Teile eines übergebenen Hofes.

2 *Tipke/Kruse*, § 141 AO Rn. 56; *Felsmann*, StBp. 1983, 184 (185).

3 *F/P/G*, Rn. B 77.

4 *F/P/G*, Rn. B 77.

5 R 14 Abs. 3 S. 1 EStR; nach BFH v. 18.3.2010 – IV R 23/07, BStBl. II 2011, 654 = FR 2010, 711 m. Anm. *Kanzler* handelt es sich um eine Billigkeitsmaßnahme nach § 163 AO; ein Landwirt, der das Feldinventar aktiviert hat, hat keinen Anspr. darauf, aus Billigkeitsgründen zu einem Verzicht auf die Bewertung wechseln zu können; zum wiederholten Wechsel bei Wechsel der Gewinnermittlungsart auch FG Münster v. 1.7.2010 – 6 K 2727/09 E, EFG 2010, 1873 (Rev. IV R 31/10).

6 Vgl. im Einzelnen BMF v. 15.12.1981, BStBl. I 1981, 878 Tz. 3.3.

7 S. dazu BMF v. 15.12.1981, BStBl. I 1981, 878 Tz. 4.

8 Ein Grundstück, das mehr als 100 km v. der Hofstelle entfernt liegt, kann regelmäßig weder dem notwendigen noch dem gewillkürten BV eines aktiv bewirtschafteten oder verpachteten luf. Betriebs zugeordnet werden; BFH v. 19.7.2011 – IV R 10/09, BStBl. II 2012, 93 = FR 2012, 127 m. Anm. *Kanzler*.

9 BFH v. 24.6.1999 – IV R 33/98, BStBl. II 2003, 58 (59) = FR 1999, 1002 m. Anm. *Wendt*; v. 11.9.2003 – IV R 53/02, FR 2004, 170 m. Anm. *Kanzler* = BFH/NV 2004, 258 (259); v. 11.9.2003 – IV R 25/02, BFH/NV 2004, 617; v. 15.4. 2004 – IV R 51/02, BFH/NV 2004, 1393; BMF v. 25.6.2008, BStBl. I 2008, 682 Tz. 23; v. 17.3.2010 – IV R 3/08, BStBl. II 2014, 512; *Valentin*, EFG 2001, 1433.

10 BFH v. 6.12.2017 – VI R 65/15, BStBl. II 2018, 353 (jedenfalls bis zum 30.6.2011 nicht abnutzbar).

11 Nicht dagegen die sog. Ackerprämienberechtigung aufgrund VO (EWG) Nr. 1765/92 iVm. der KultPflAZV, BFH v. 30.9.2010 – IV R 28/08, BStBl. II 2011, 406 = FR 2011, 282 m. Anm. *Kanzler*.

12 Eingeführt am 2.4.1984 durch MilchgarantiemengenVO (MGVO, BGBl. I 1984, 720); ersetzt mit Wirkung ab 1.4. 2000 durch ZusatzabgabenVO (ZusAbgV, BGBl. I 2000, 27) und mit Wirkung ab 1.4.2004 durch MilchabgabenVO (MilchAbgV, BGBl. I 2004, 462, zum In- und Außerkrafttreten Art. 2); dazu BMF v. 14.1.2003, BStBl. I 2003, 78; v. 25.6.2008, BStBl. I 2008, 682 Tz. 22; vgl. eingehend *Märkle/Hiller*[10], Rn. 88a ff.; *v. Schönberg*, DStZ 2002, 525 und FR 1998, 253 ff.; *Bahrs*, Inf. 2000, 683 (684).

13 BFH v. 21.10.2015 – IV R 6/12, BStBl. II 2017, 45.

14 Zur Milchreferenzmenge BFH v. 25.11.1999 – IV R 64/98, BStBl. II 2003, 61 = FR 2000, 277 m. Anm. *Kanzler* (Buchwertabspaltung); vgl. *Bahrs*, Inf. 2000, 683 (684).

(vgl. § 55 Rn. 4). Die Grasnarbe ist kein vom Weideland selbständiges WG. Eine Dauerkultur ist als geschlossene Pflanzenanlage, die während einer Reihe v. Jahren regelmäßig Erträge durch ihre zum Verkauf bestimmten Früchte und Pflanzenteile liefert, ein einheitliches bewegliches WG des Anlagevermögens.[1] Mehrjährige Kulturen gehören zum Umlaufvermögen.[2] Aus Mitteln des BV angeschaffte Wertpapiere sind bei einem Landwirt nicht grds. ebenfalls BV.[3] Eine mit einem Pachtvertrag über ein luf. genutztes Grundstück final zusammenhängende Darlehensforderung gehört zum BV.[4]

Notwendiges luf. BV[5] sind alle WG, die dem luf. Betrieb unmittelbar zu dienen bestimmt sind, insbes. der im wirtschaftlichen Eigentum des Betriebsinhabers stehende **Grund und Boden**, soweit er **selbstbewirtschaftet** wird,[6] einschl. Weideland.[7] Ein hinzuerworbenes Grundstück wird notwendiges BV, wenn seine sofortige eigenbetriebliche Nutzung objektiv möglich und – insbes. aus Erklärungen oder dem Verhalten des Land- und Forstwirts – erkennbar ist, dass er das Grundstück zum Zwecke der betrieblichen Nutzung angeschafft hat.[8] Ist das Grundstück im Zeitpunkt des Hinzuerwerbs an einen Dritten verpachtet, hängt die Zuordnung zum notwendigen BV davon ab, dass die beabsichtigte Eigenbewirtschaftung innerhalb v. 12 Monaten erfolgt.[9] Notwendiges BV bilden auch Flächen, die als Einzelflächen betriebsbedingt **verpachtet**[10] oder vorübergehend **nicht bestellt** werden, Flächen, die im Rahmen v. Ersatzflächenpools mit naturschutzrechtl. **Auflagen** belastet werden,[11] und Flächen mit geringer Ertragsfähigkeit (insbes. Geringstland).[12] Auch der Übergang eines bisher landwirtschaftlich genutzten Grundstücks zur Brachlage (Brachland) stellt keine Nutzungsänderung dar, die aus notwendigem BV gewillkürtes BV macht.[13] Dauerhaft, dh. für mindestens zwei oder drei Wj.[14] stillgelegte oder ungenutzte Flächen sind dagegen gewillkürtes oder entnehmbares geduldetes BV.[15] Dies gilt nicht, wenn eine Fläche aufgrund eines öffentl. Förderprogramms brach liegt und die Regelungen des AgrarstrukturG[16] oder des G zur Gleichstellung stillgelegter und landwirtschaftlich genutzter Flächen[17] anzuwenden sind.[18] Notwendiges BV sind weiter luf. **Aufwuchs, Wirtschaftsgebäude, Anlagen** auf oder im Grund und Boden, das tote und lebende **Inventar**, Vorräte, Forderungen aufgrund v. Lieferungen und Leistungen, Anteile an den Maschinen einer Maschinengemeinschaft (vgl. aber Rn. 6) oder Aktien einer Zuckerfabrik, mit deren Besitz eine Rübenanbauverpflichtung verbunden ist.[19] WG, die bei **Verpachtung des Betriebs** (Rn. 33 ff.) unter Betriebsfortführung dem Pächter zur eigenbetrieblichen Nutzung überlassen werden, bleiben notwendiges BV;[20] sie sind grds. entnehmbar, da der Betriebsverpächter jederzeit die Möglichkeit hat, sie durch BetrAufg. in das PV zu überführen.[21] Ein landwirtschaftliches Grundstück bleibt jedoch trotz Ausbuchung und Entnahmeerklärung ggü. dem FA notwendiges BV des Verpachtungsbetriebes, solange es iRd. Gesamtbetriebs mitverpachtet und landwirtschaftlich genutzt wird.[22] Eine vom Verpächter hinzugekaufte Nutzfläche, die dazu geeignet und bestimmt ist, dem verpachteten Betrieb auf Dauer zu dienen, wird mit Einbeziehung in das Pachtver- 54

---

1 BMF v. 17.9.1990, BStBl. I 1990, 420; zum Anlagevermögen/Umlaufvermögen im Umlegungsverfahren *Sorgenfrei*, Inf. 2001, 615.
2 BMF v. 15.12.1981, BStBl. I 1981, 878 Tz. 3.2.
3 BFH v. 21.3.1997 – IV B 53/96, BFH/NV 1997, 651; v. 23.9.2009 – IV R 14/07, BStBl. II 2010, 227 = FR 2010, 278.
4 FG Nds. v. 6.10.2003 – 11 K 180/97, EFG 2004, 553.
5 S. dazu umfassend *F/P/G*, Rn. B 318 ff.
6 BFH v. 12.11.1992 – IV R 41/91, BStBl. II 1993, 430 (431) = FR 1993, 434; FG BaWü. v. 27.6.2007 – 8 K 139/03, EFG 2008, 27.
7 FG München v. 27.2.2007 – 13 K 4449/01, EFG 2007, 1579 unabhängig davon, dass es zum Preis v. Bauland erworben wurde.
8 BFH v. 12.9.1991 – IV R 14/89, BStBl. II 1992, 134 f.; vgl. FG München v. 13.9.2006 – 10 K 2650/03, EFG 2007, 181; zum Fall des Tauschs FG Köln v. 22.1.2009 – 10 K 5026/06, EFG 2009, 913.
9 BFH v. 19.7.2011 – IV R 10/09, BStBl. II 2012, 93 = FR 2012, 127 m. Anm. *Kanzler*.
10 *Blümich*, § 13 Rn. 272.
11 BMF v. 3.8.2004, BStBl. I 2004, 716.
12 *F/P/G*, Rn. B 321.
13 BFH v. 7.11.1996 – IV R 69/95, BStBl. II 1997, 245 = FR 1997, 374; v. 17.1.2002 – IV R 74/99, BStBl. II 2002, 356 = FR 2002, 828 m. Anm. *Seeger*; v. 20.6.2012 – IV B 122/11, BFH/NV 2012, 1577.
14 *Märkle/Hiller*[10], Rn. 214.
15 Vgl. BFH v. 6.11.1991 – XI R 27/90, BStBl. II 1993, 391 (392) = FR 1993, 362.
16 BGBl. I 1988, 1053.
17 BGBl. I 1995, 910.
18 Anm. *v. Schönberg*, HFR 2001, 1055 (1056).
19 BFH v. 11.12.2003 – IV R 19/02, BStBl. II 2004, 280 = FR 2004, 463 m. Anm. *Kanzler*; s. auch FG Nürnb. v. 24.7.2009 – 7 K 1653/2008, EFG 2010, 637.
20 BFH v. 28.6.2001 – IV R 23/00, FR 2001, 1115 m. Anm. *Kanzler* = DB 2001, 2176 (2177).
21 *F/P/G*, Rn. B 321.
22 BFH v. 17.9.1997 – IV R 97/96, BFH/NV 1998, 311 (312).

hältnis unabhängig v. der Marktkonformität des Pachtzinses notwendiges BV.[1] Ist das Grundstück im Erwerbszeitpunkt an einen fremden Landwirt verpachtet, hängt die Zuordnung zum notwendigen BV davon ab, dass das Grundstück innerhalb v. 12 Monaten vom Betriebspächter bewirtschaftet wird.[2] Grund und Boden und ein darauf errichtetes **Gebäude** sind grds. nur einheitlich als BV oder PV zu qualifizieren.[3] Wird ein Gebäude teilw. eigenbetrieblich genutzt, so gehört der zum Gebäude gehörende Grund und Boden anteilig zum notwendigen BV.[4] Erwirbt ein Land- und Forstwirt einen weiteren selbständigen luf. Betrieb in der erklärten Absicht, ihn alsbald als eigenständigen Betrieb zu bewirtschaften, kommt es selbst dann zur Bildung v. BV, wenn die Absicht wieder aufgegeben wird, ihrer alsbaldigen Verwirklichung aber keine Hindernisse entgegenstanden.[5]

55 **Gewillkürtes luf. BV**[6] liegt vor, wenn ein WG weder die Voraussetzungen für notwendiges BV noch für notwendiges PV erfüllt, den luf. Betrieb zu fördern geeignet ist, also in einer gewissen objektiven Beziehung zum Betrieb steht, und der StPfl. es subj. dem BV zuordnet (§ 4 Rn. 43 ff.).[7] Erforderlich ist, dass die Nutzung des jeweiligen WG in der LuF möglich ist.[8] Ein hinzuerworbenes Grundstück kann nicht gewillkürtes BV eines luf. Betriebs sein, wenn es der StPfl. v. Anfang an nicht für landwirtschaftliche Zwecke bestimmt hat, etwa bei Erwerb zwecks Errichtung eines Mietwohnhauses.[9] Die entfernte Möglichkeit einer Verpfändung eines erworbenen Grundstücks für betriebliche Zwecke genügt ebenso wenig wie die Verwendung etwaiger Veräußerungserlöse oder Mieteinnahmen im luf. Bereich.[10] Erwirbt jedoch ein Land- und Forstwirt zu seinem bereits bestehenden Betrieb eine weitere Hofstelle mit landwirtschaftlich genutzten Flächen und einem Wohnhaus hinzu und vermietet er das Wohnhaus sodann an einen betriebsfremden Dritten, so kann er das Haus als BV behandeln.[11] Die Verpachtung ehemals eigenbetrieblich genutzter Flächen verändert die Zuordnung vom notwendigen BV hin zum gewillkürten BV mit der Folge, dass diese Flächen entnommen werden können.[12] Dem gewillkürten BV gleichzustellen war das sog. **geduldete BV**. Hierauf war abzustellen, solange die Bildung v. gewillkürtem BV bei Gewinnermittlung nach § 4 Abs. 3 oder § 13a nicht anerkannt war.[13] Gewillkürtes BV können etwa aus nicht betrieblichen Gründen verpachtete,[14] uU auch mit einem Miets- oder Geschäftshaus bebaute[15] oder brachliegende ehemalige landwirtschaftliche Nutzflächen sein, weiter Anteile an Forst- oder Weidegenossenschaften, die nicht zum notwendigen BV gehören,[16] bei Betriebsübertragungen unter Vorbehaltsnießbrauch nicht übertragene Grundstücke, wenn sie weiter dem Nießbrauchsbetrieb dienen[17] sowie Flächen v. untergeordneter Bedeutung, die mit einem entgeltlichen **Erbbaurecht**[18] belastet sind.[19] Letzteres ist anzunehmen, wenn die mit dem Erbbaurecht belasteten Flächen nicht mehr als 10 % der gesamten landwirtschaftlichen Fläche ausmachen. Jenseits dieser Geringfügigkeitsgrenze scheidet die Behandlung nicht landwirtschaftlich genutzter Grundstücke als gewillkürtes BV aus, wenn sie aufgrund ihres Umfangs das Gesamtbild der luf. Tätigkeit in der Weise wesentlich verändern würden, dass die Vermögensverwaltung die luf. Betätigung verdrängte.[20] Entscheidend ist, dass die verbleibende LuF hinsichtlich Flä-

1 BFH v. 24.9.1998 – IV R 1/98, BStBl. II 1999, 55; anders für den Fall, dass die spätere eigenwirtschaftliche Nutzung durch den Verpächter noch unklar ist, FG Köln v. 21.9.2016 – 4 K 1927/15, EFG 2016, 2047 (Rev. VI R 53/16).
2 BFH v. 19.7.2011 – IV R 10/09, BStBl. II 2012, 93 = FR 2012, 127 m. Anm. *Kanzler*; zuvor v. 24.9.1998 – IV R 1/98, BStBl. II 1999, 55 (56).
3 *Hiller*, Inf. 2001, 6.
4 R 4.2 Abs. 7 EStR; *F/P/G*, Rn. B 321.
5 BFH v. 17.6.1993 – IV R 110/91, BStBl. II 1993, 752 (754) = FR 1993, 810 m. Anm. *Söffing*.
6 S. dazu umfassend *F/P/G*, Rn. B 334 ff.; auch *Zaisch*, GodStFachtg. 2004, 63.
7 S. nur BFH v. 9.3.2000 – IV B 112/99, BFH/NV 2000, 1086.
8 BFH v. 23.9.1999 – IV R 12/98, BFH/NV 2000, 317 (318); zu Genossenschaftsanteilen BFH v. 23.9.2009 – IV R 14/07, BStBl. II 2010, 227 = FR 2010, 278 und v. 23.9.2009 – IV R 5/07, BFH/NV 2010, 612.
9 Vgl. FG Düss. v. 1.6.2006 – 15 K 2167/04 E, EFG 2006, 1499.
10 Vgl. auch *F/P/G*, Rn. B 338 ff.
11 BFH v. 23.9.1999 – IV R 12/98, BFH/NV 2000, 317 (318).
12 BFH v. 17.1.2002 – IV R 74/99, BStBl. II 2002, 356 (357) = FR 2002, 828 m. Anm. *Seeger*.
13 Vgl. noch 3. Aufl.; s. nun aber BFH v. 2.10.2003 – IV R 13/03, BStBl. II 2004, 985 = FR 2004, 90.
14 BFH v. 17.1.2002 – IV R 74/99, BStBl. II 2002, 356 (357) = FR 2002, 828 m. Anm. *Seeger*.
15 BFH v. 22.8.2002 – IV R 57/00, BStBl. II 2003, 16 = FR 2003, 315 m. Anm. *Kanzler*; v. 1.2.2000 – IV B 138/98, BFH/NV 2000, 713 (715); v. 25.11.2004 – IV R 51/03, BFH/NV 2005, 547; *Leingärtner*, Kap. 24 Rn. 139.
16 Dazu BFH v. 23.9.2009 – IV R 14/07, BStBl. II 2010, 227 = FR 2010, 278 und v. 23.9.2009 – IV R 5/07, BFH/NV 2010, 612.
17 BFH v. 3.2.1999 – IV B 50/98, BFH/NV 1999, 1075 (1076).
18 Zur bilanziellen Behandlung vgl. *Weber-Grellet*, DStR 1998, 1343 (1345).
19 BFH v. 10.12.1992 – IV R 115/91, BStBl. II 1993, 342 (343); v. 26.8.2004 – IV R 52/02, BFH/NV 2005, 674; v. 24.3.2011 – IV R 46/08, BStBl. II 2011, 692 = FR 2011, 769 m. Anm. *Kanzler*.
20 Vgl. *F/P/G*, Rn. B 341d, 389; R 4.2 Abs. 9 S. 4 EStR.

chenumfang, Rohertrag, tatsächlichem Betriebsgewinn (ohne Erbbauzinsen) und Wert überwiegt.[1] Wird ein Erbbaurecht (zugunsten eines Angehörigen) **unentgeltlich** bestellt und das Grundstück anschließend vom Erbbauberechtigten bebaut, so führt dies zur Entnahme.[2] Gleiches gilt für eine **teilentgeltliche** Erbbaurechtsbestellung, wenn das Teilentgelt weniger als 50 % des ortsüblichen Vollentgelts beträgt, sofern nicht der StPfl. im Einzelfall besondere Umstände nachweist, wonach das Grundstück gleichwohl gewillkürtes BV geblieben ist.[3] Nicht gewillkürtes oder geduldetes BV sein können nach dem 31.12.1986 errichtete oder nach der Übergangsregelung des §§ 52 Abs. 15 aF, 13 Abs. 4 stfrei entnommene selbstgenutzte Wohnungen oder Altenteilerwohnungen wie auch alle dauerhaft unentgeltlich zur Nutzung überlassenen WG.

2. Entnahme. Durch die Entnahme (§ 4 Rn. 85 ff.) verliert ein WG die Eigenschaft als luf. BV.[4] Bei WG 56
des geduldeten oder gewillkürten BV reicht eine Entnahmeerklärung dem FA ggü.[5] Erforderlich ist iÜ eine eindeutige Entnahmehandlung.[6] Die **betriebliche Zuordnung** muss stets **aufgegeben** werden (zB bei Flächen: keine eigene Bewirtschaftung, kein Erlangen v. Flächenstilllegungsprämien).[7] Als schlüssige Entnahmehandlung kommt bei buchführenden Landwirten insbes. eine entspr. Buchung in Betracht.[8] Zur Entnahme führt auch die Bebauung eines Grundstücks des BV mit einem privaten Wohnzwecken dienenden Haus durch einen Angehörigen des Betriebsinhabers in dem Fall, dass Letzterer einwilligt und die Überlassung unentgeltlich ist,[9] ebenso die unentgeltliche Bestellung v. Erbbaurechten zum Zwecke der Wohnnutzung in schädlichem Umfang.[10] Die **Nutzungsänderung** eines bislang landwirtschaftlich genutzten Grundstücks, durch die das Grundstück nicht zu notwendigem PV wird, ist als solche keine Entnahmehandlung.[11] Die Mitteilung zur Weinbaukartei über die Verpachtung einer Weinbaufläche,[12] die Erklärung v. Einkünften aus VuV[13] oder auch die unentgeltliche Übertragung zw. Ehegatten[14] genügen als solche ebenso wenig. **Abbauland**, das bisher luf. genutzt war, wird gewillkürtes/geduldetes BV, wenn der Land- und Forstwirt die Ausbeute nicht selbst durchführt und das Grundstück später wieder landwirtschaftlich nutzen will. Landwirtschaftlich genutzte Grundstücke werden nach der Rspr. nicht dadurch entnommen, dass **keine ertragreiche Bewirtschaftung mehr möglich** ist, weil der Betrieb st. verkleinert wurde (vgl. § 14 Rn. 12).[15] Werden Grundstücke eines luf. BV ab einem bestimmten Zeitpunkt lediglich noch zu Liebhabereizwecken, etwa als Futtergrundlage für einige aus Passion gehaltene Pferde genutzt, werden sie deshalb nicht automatisch entnommen.[16] Eine gewinnrealisierende Entnahme ist weiterhin möglich.[17] Unerheblich ist für sich allein auch die Tatsache, dass betrieblich genutzte Flächen **Bauland** oder Bauerwartungsland werden.[18] Die Überführung eines **aussetzenden Forstbetriebs** in das PV ist – anders als die Überführung landwirtschaftlich genutzter Grundflächen – nur bei vollständiger Beendigung des Holzwachstums durch Abhieb oder bei einer solchen Umwidmung denkbar, dass eine forstwirtschaftliche (Weiter-)Nutzung praktisch ausgeschlossen ist. Bei Einbringung v. Grundstücken im **Umlegungsverfahren/Flurbereinigungsverfahren** setzt sich die Eigenschaft des BV an den erlangten Grundstücken fort.[19]

---

1 Vgl. BFH v. 22.8.2002 – IV R 57/00, BStBl. II 2003, 16 (17); OFD München v. 29.9.1997, FR 1997, 920.
2 OFD München v. 29.9.1997, FR 1997, 920.
3 OFD München v. 29.9.1997, FR 1997, 920.
4 Vgl. dazu, insbes. zur Entnahme v. Grundstücken *Jachmann*, DStR 1995, 40 ff. mwN.
5 BFH v. 17.1.2002 – IV R 74/99, BStBl. II 2002, 356 (357); *Seeger*, FR 2002, 829; *v. Schönberg*, HFR 2002, 592.
6 BFH v. 31.1.1985 – IV R 130/82, BStBl. II 1985, 395 (396 f.) = FR 1985, 444; v. 27.8.2004 – IV B 173/03, BFH/NV 2005, 334; FG Nds. v. 27.8.2003 – 2 K 350/00, EFG 2004, 245 (246).
7 *v. Schönberg*, HFR 2001, 1055 (1056); vgl. FG BaWü. v. 27.6.2007 – 8 K 139/03, EFG 2008, 27: nicht bei vorübergehend geduldeter Nutzung zu privaten Zwecken Dritter.
8 Zur Situation bei Gewinnermittlung nach § 4 Abs. 3 und § 13a BFH v. 18.2.2005 – IV B 57/03, BFH/NV 2005, 1265; v. 5.7.2006 – IV B 91/05, BFH/NV 2006, 2245; vgl. *Jachmann*, DStR 1995, 40 (44).
9 BFH v. 14.2.2008 – IV R 44/05, BFH/NV 2008, 1156; ähnlich FG München v. 10.7.2014 – 15 K 973/10, EFG 2014, 1953 (Weitergabe im Weg der vorweggenommenen Erbfolge an Nichtlandwirt).
10 BFH v. 24.3.2011 – IV R 46/08, BStBl. II 2011, 692 = FR 2011, 769 m. Anm. *Kanzler*.
11 BFH v. 14.3.2006 – IV B 123/04, BFH/NV 2006, 1281; v. 3.5.2007 – IV B 79/06, BFH/NV 2007, 2084; v. 14.5.2009 – IV R 44/06, BStBl. II 2009, 811 = FR 2010, 92.
12 BFH v. 30.3.1999 – IV B 57/98, BFH/NV 1999, 1210 f.
13 BFH v. 7.2.2002 – IV R 32/01, BFH/NV 2002, 1135 (1136); v. 18.2.2005 – IV B 57/03, BFH/NV 2005, 1265.
14 FG Münster v. 17.2.2016 – 7 K 2471/13 E, EFG 2016, 614 (Fall des § 6 Abs. 3).
15 BFH v. 12.11.1992 – IV R 41/91, BStBl. II 1993, 430 (431) = FR 1993, 434; *Hiller*, Inf. 2003, 575 (578).
16 BFH v. 30.1.1986 – IV R 270/84, BStBl. II 1986, 516 (517 f.) = FR 1986, 438.
17 BFH v. 13.12.2001 – IV R 86/99, BStBl. II 2002, 80 (81) = FR 2002, 351 m. Anm. *Kanzler*.
18 BFH v. 14.5.2009 – IV R 44/06, BStBl. II 2009, 811 = FR 2010, 92.
19 *Sorgenfrei*, Inf. 2001, 615; BFH v. 29.3.1995 – X R 3/92, FR 1995, 618 = BB 1995, 2096 (2097); vgl. aber BFH v. 15.7.2003 – IV B 34/02, BFH/NV 2004, 30; FG BaWü. v. 8.1.2007 – 6 K 299/06, EFG 2007, 677.

57 Als **Entnahmewert** ist der TW anzusetzen (§ 6 Abs. 1 Nr. 4 S. 1), dh. insbes. bei Bau- oder Bauerwartungsland, auch wenn dieses noch landwirtschaftlich genutzt wird, idR der Verkehrswert.[1] Zur Entnahme v. landwirtschaftlichem Grund, wenn dieser mit Altenteiler- oder Betriebsleiterwohnungen bebaut wird, vgl. Rn. 29.

58 **3. Aktivierung/Bewertung/Absetzung für Abnutzung. Tiere**[2] sind Umlaufvermögen (§ 6 Abs. 1 Nr. 2), wenn sie v. vornherein zur Veräußerung bestimmt sind (zB Mastschweine), iÜ (Zucht- und Milchvieh) Anlagevermögen (§ 6 Abs. 1 Nr. 1).[3] Sie sind grds. einzeln zu bewerten. Daneben ist eine Gruppenbewertung nach § 240 Abs. 4 HGB möglich. Bei der **Einzelbewertung** kommt neben einer betriebsindividuellen Ermittlung der dem jeweiligen Tier zurechenbaren AK und HK der Ansatz v. Richtwerten der FinVerw. oder v. Werten aus vergleichbaren Musterbetrieben in Betracht.[4] Bei der **Gruppenbewertung** werden die am Bilanzstichtag vorhandenen Tiere in Gruppen zusammengefasst, die nach Tierarten[5] und Altersklassen gebildet sind und mit dem gewogenen Durchschnittswert bewertet werden (§ 240 Abs. 4 HGB).[6] Auch hier ist neben der betriebsindividuellen Wertermittlung eine Orientierung an vergleichbaren Musterbetrieben oder der Ansatz v. Richtwerten möglich.[7] Bemessungsgrundlage für **AfA** ist die Differenz zw. AK/HK und Schlachtwert (Veräußerungserlös, der bei vorsichtiger Beurteilung nach Beendigung der Nutzung erzielbar sein wird).[8] Auch dieser kann betriebsindividuell, mit Wertansätzen aus vergleichbaren Musterbetrieben oder mit den Richtwerten des BMF[9] ermittelt werden. Bei Inanspruchnahme v. § 6 Abs. 2 sind die AK/HK bis zur Höhe des Schlachtwerts abzusetzen.[10] Bis einschl. Wj. 1993/94 konnte die v. der FinVerw. ursprünglich anerkannte **Viehdurchschnittsbewertung** beibehalten werden, wonach insbes. die gesamten AK/HK der AfA unterlagen. Durch die neuen Bewertungsgrundsätze ergeben sich demgegenüber regelmäßig höhere Wertansätze. Die FinVerw. lässt aus Billigkeitsgründen die Bildung einer Rücklage iHv. 9/10 des saldierten Gewinnerhöhungsbetrages zu.[11] Eine sich beim Übergang v. einer zunächst verwaltungsseitig zugelassenen Durchschnittsbewertung zur Gruppenbewertung (§ 240 Abs. 4 HGB) ergebende Werterhöhung ist in der Bilanz zu erfassen. Handelt es sich hierbei um Vieh, das vor dem BMF-Schr. v. 22.2.1995 zulässigerweise niedriger bewertet wurde, ist die Differenz als „Quasi-Einlage" nach § 4 Abs. 1 S. 1 zu neutralisieren.[12] Nach dem Grundsatz der **Bewertungsstetigkeit**[13] ist eine einmal gewählte Bewertungsmethode wie auch das Wertermittlungsverfahren für die jeweilige Tiergruppe grds. beizubehalten.[14] Der Grundsatz der Bewertungsstetigkeit ist nicht berührt, wenn der Viehbestand nicht mehr mit den alten, v. der FinVerw. vorgehaltenen Durchschnittswerten, sondern mit den neuen Gruppenwerten[15] angesetzt wird. Dadurch wird die Bewertungsmethode nicht geändert, vielmehr waren nur deren Ergebnisse bisher falsch.[16] Es widerspricht auch nicht dem Grundsatz der Bewertungsstetigkeit, vorhandene einzelne Tiere weiter einzeln zu bewerten und für neu hinzugekommene Tiere jederzeit zur Einzelbewertung überzugehen und dabei das Wahlrecht nach § 6 Abs. 2 auf Sofortabschreibung geringwertiger WG zu beanspruchen.[17] Bei Inanspruchnahme v. § 6 Abs. 2 ist dann aber grds. ein (verbleibender) Schlachtwert zu berücksichtigen.[18] Der Landwirt kann auch nur für einen Teil der Neuzugänge die Bewertungsfreiheit nach § 6

1 OFD München v. 5.8.1996, FR 1996, 683; zur Ermittlung des Entnahmewerts luf. Grundstücke *Bolin/Müller*, Inf. 2002, 449 ff. und Inf. 1998, 289 ff.
2 Grds. zur Bewertung v. Tieren in luf. tätigen Betrieben s. BFH v. 5.12.1996 – IV R 81/95, HFR 1997, 477 f.; v. 1.10. 1992 – IV R 97/91, BStBl. II 1993, 284 ff. = FR 1993, 121 m. Anm. *Söffing*; BMF v. 14.11.2001, BStBl. I 2001, 864 ff.
3 *L/B/P*, § 13 Rn. 252; *Hiller*, Inf. 2000, 618.
4 S. dazu BMF v. 14.11.2001, BStBl. I 2001, 864, Sp. 2–3 der Anlage.
5 Aufgrund der BSE-Krise kann auf den Bilanzstichtag 30.4.2001 innerhalb der Gruppe Rindvieh eine besondere Gruppe für schlachtreife Tiere gebildet werden (OFD Hann. v. 6.12.2001, DStR 2002, 404).
6 S. dazu BMF v. 14.11.2001, BStBl. I 2001, 864 Tz. 14 sowie Sp. 6–7 der Anlage.
7 BFH v. 23.4.1997 – IV B 47/96, BFH/NV 1997, 835 f.
8 § 7 Rn. 41; BFH v. 6.8.1998 – IV R 67/97, BStBl. II 1999, 14 (16); dazu *Haakshorst*, NWB Fach 3d, 627 (628).
9 BMF v. 14.11.2001, BStBl. I 2001, 864 Tz. 24 und Sp. 4–5 der Anlage.
10 BMF v. 14.11.2001, BStBl. I 2001, 864 Tz. 25; BFH v. 15.2.2001 – IV R 19/99, BStBl. II 2001, 549 (551) = FR 2001, 648 m. Anm. *Kanzler*; anders noch BMF v. 22.2.1995, BStBl. I 1995, 179 Tz. 25.
11 BMF v. 22.2.1995, BStBl. I 1995, 179 Tz. 33; zu Einzelheiten *F/P/G*, Rn. B 751 ff.
12 BFH v. 6.8.1998 – IV R 67/97, BStBl. II 1999, 14 (17).
13 BMF v. 14.11.2001, BStBl. I 2001, 864 Tz. 19 f.
14 BFH v. 5.12.1996 – IV R 81/95, BFH/NV 1997, 394; v. 14.4.1988 – IV R 96/86, BStBl. II 1988, 672 ff. = FR 1988, 509; **aA** *H/H/R*, § 6 Rn. 92 ff.
15 BMF v. 14.11.2001, BStBl. I 2001, 864 Tz. 18 und Sp. 6–7 der Anlage.
16 BFH v. 6.8.1998 – IV R 67/97, BStBl. II 1999, 14 (16).
17 BFH v. 15.2.2001 – IV R 19/99, BStBl. II 2001, 549 (550) = FR 2001, 648 m. Anm. *Kanzler*; v. 15.2.2001 – IV R 43/99, BFH/NV 2001, 1021.
18 H 40 EStH 2003; BMF v. 14.11.2001, BStBl. I 2001, 864 Tz. 25.

Abs. 2 beanspruchen. Allerdings kann er für die übrigen Tiere, für die er nicht die Sofortabschreibung gewählt hat, nicht die Gruppenbewertung anwenden.[1] Noch nicht geborene Tiere sind nicht zu bewerten.[2] Die **Abschreibung beginnt** bei Vatertieren mit Beginn der ersten Deckperiode, bei Muttertieren mit der ersten Geburt. Reitpferde gelten mit dem Abschluss des Zureitens als fertiggestellt.[3] Die vor der Geburt eines Jungtiers entstandenen HK sind nur auf kalkulatorischem Weg v. den HK und Erhaltungsaufwendungen des Muttertiers abgrenzbar.[4]

Feldinventar und stehende Ernte brauchen bei einjähriger Fruchtfolge nicht bilanziert zu werden (zur Pacht vgl. Rn. 33 ff.).[5] Die Kulturzeit richtet sich nicht nach der Aufzucht im Betrieb des StPfl., sondern nach der üblichen Kulturzeit.[6] Das in das BV eingelegte Feldinventar muss nicht aktiviert werden, ist aber bei der Gewinnermittlung nach § 4 Abs. 1 als Einlage gewinnmindernd zu berücksichtigen.[7] IÜ wäre der gesamte Bestand, nicht die einzelne Parzelle zu bewerten. Grds. gilt auch hier der Grundsatz der Bewertungsstetigkeit (dazu § 6 Rn. 15), wenn v. der Billigkeitsregelung (Nichtbewertung) kein Gebrauch gemacht wird. Dagegen kann v. der Nichtaktivierung zur Aktivierung gewechselt werden.[8] Zum **stehenden Holz** s. Rn. 65. In den **neuen Bundesländern** können für die Bewertung v. Feldinventar und stehender Ernte anstelle der Einzel-HK aus Vereinfachungsgründen als Durchschnittswerte die Standard-HK des BML-Jahresabschlusses angesetzt werden.[9] Für selbstgewonnene Vorräte, die nicht zum Verkauf bestimmt sind, können die niedersächsischen Durchschnittswerte angesetzt werden. Bei **mehrjährigen Kulturen und Dauerkulturen** sind die Kosten der Erstanlage zu aktivieren (bezogen auf die durch Lage, Alter und Fruchtart jeweils gekennzeichnete einzelne Anlage als maßgebliches WG), während Pflegekosten – auch soweit sie in der Zeit vor der Ertragsreife anfallen – nicht aktiviert werden müssen.[10] Die AfA beginnt bei Dauerkulturen im Wj. des ersten Vollertrags.[11] Macht der StPfl. v. den ha-**Richtsätzen der FinVerw.**[12] keinen Gebrauch, hat er eine den tatsächlichen AK/HK entspr. Einzelbewertung vorzunehmen, die eine exakte mengenmäßige Erfassung der Pflanzenbestände zum Bilanzstichtag und eine zutr. Verteilung der angefallenen Kosten auf die einzelnen Pflanzenkulturen in den unterschiedlichen Kulturperioden erfordert. Auch ein nachträglicher Übergang zu den tatsächlichen AK/HK ist für den gesamten Bestand möglich, wenn die Bewertung anhand einer körperlichen Bestandsaufnahme vorgenommen wird.[13] Von Grund und Boden **getrennter Aufwuchs** (Ernte; zum geschlagenen Holz vgl. Rn. 65) ist als Vorratsvermögen zu bewerten. Wie Gemeinkosten brauchen **Pflegekosten** für Pflanzenbestände gärtnerischer Betriebe – soweit geringfügig, dh. nicht bei Pflanzen unter Glas – nicht aktiviert zu werden.[14] Sofern die Flächenbewertung nach Hektarwerten gewählt wird, handelt es sich um Festwerte, so dass AfA oder Sonderabschreibungen für Dauerkulturen des Anlagevermögens ausscheiden. 59

Bei einer **entgeltlich erworbenen oder abgespaltenen Milchreferenzmenge**[15] (immaterielles WG; Rn. 53) ist AfA nach § 7 Abs. 1 zulässig, weil nach dem Vorsichtsgrundsatz v. einer zeitlich begrenzten Nutzung auszugehen ist.[16] Der Buchwert der **originären Milchreferenzmenge** ist aus dem gem. § 55 festgestellten 60

1 BFH v. 15.2.2001 – IV R 5/99, BStBl. II 2001, 548 (549) = FR 2001, 651 m. Anm. *Kanzler*.
2 BMF v. 14.11.2001, BStBl. I 2001, 864 Tz. 7.
3 *Leingärtner*, Kap. 29a Rn. 206; **aA** für Gebrauchstiere *L/B/P*, § 13 Rn. 257: Beginn des Zureitens.
4 BMF v. 14.11.2001, BStBl. I 2001, 864 Tz. 7.
5 R 14 Abs. 3 S. 1 EStR; *Meier*, Inf. 2005, 106; vgl. auch BFH v. 23.4.1998 – IV R 25/97, HFR 1999, 12 (13); dies gilt nicht für den GewBetr. nach Strukturwandel, FG Berlin-Bdbg. v. 13.4.2016 – 1 K 5322/14, EFG 2016, 1701 (Rev. VI R 48/16).
6 BFH v. 23.4.1998 – IV R 25/97, HFR 1999, 12 (13).
7 FG MV v. 5.8.1998 – 1 K 184/95, EFG 1998, 1630.
8 BFH v. 6.4.2000 – IV R 38/99, BStBl. II 2000, 422 = FR 2000, 876 m. Anm. *Kanzler*.
9 Dazu FinMin. Sachs. v. 29.9.1997, DStR 1997, 2023; v. 12.3.1998, DStR 1998, 606.
10 BMF v. 15.12.1981, BStBl. I 1981, 878 Tz. 3.2.1; BMF v. 17.9.1990, BStBl. I 1990, 420; OFD Kiel, BB 2002, 2381; *Leingärtner*, Kap. 29a Rn. 221.
11 *Blümich*, § 13 Rn. 299.
12 Zur Bewertung mehrjähriger Baumschulkulturen s. BMF v. 21.3.1997, BStBl. I 1997, 369; zur Anpassung an den Euro BMF v. 17.1.2002, BStBl. I 2002, 147; weiterhin BMF v. 6.5.2002, BStBl. I 2002, 526; v. 10.8.2006, BStBl. I 2006, 493; v. 8.9.2009, BStBl. I 2009, 927; v. 27.6.2014, BStBl. I 2014, 1094.
13 BFH v. 23.4.1998 – IV R 25/97, HFR 1999, 12 (13).
14 BMF v. 15.12.1981, BStBl. I 1981, 878 Tz. 3.2.1.
15 Umfassend zur Bewertung BMF v. 5.11.2014, BStBl. I 2014, 1503.
16 BFH v. 29.4.2009 – IX R 33/08, BStBl. II 2010, 958 = FR 2010, 134. Gleiches gilt für entgeltlich erworbene Zahlungsansprüche auf Grundlage der GAP-Reform 2003 der EU; BFH v. 21.10.2015 – IV R 6/12, BStBl. II 2017, 45 (betriebsgewöhnliche Nutzungsdauer jedenfalls am Bilanzstichtag 30.6.2007 typisierend zehn Jahre). Zur Abschreibung eines entgeltlich erworbenen Zuckerrübenlieferrechts BFH v. 17.3.2010 – IV R 3/08, BStBl. II 2014, 512; FG Münster v. 4.6.2013 – 1 K 813/10 E, EFG 2013, 1640 (rkr.).

Wert des Grund und Bodens abzuleiten.[1] Wird eine Milchquote ohne Fläche veräußert,[2] so entsteht ein lfd. Gewinn;[3] es ist kein RAP zu bilden.[4] Bei einer BetrAufg. ist sie mit dem gemeinen Wert zu berücksichtigen.[5] Seit dem 1.4.2000 können Milchreferenzmengen – abgesehen v. wenigen Ausnahmefällen[6] (unmittelbarer Übergang bzw. unmittelbare Übertragung zugunsten v. Gesamtbetriebsnachfolgern, v. ausscheidenden G'tern, v. „Erben", v. Pächtern bei flächengebundener Rückgewähr v. Milchreferenzmengen bei vor dem 1.4.2000 abgeschlossenen Pachtverträgen sowie unmittelbare Überlassung der Milchreferenzmenge an einen anderen Milcherzeuger im Falle getöteter oder verendeter Milchkühe für zwei aufeinanderfolgende Zwölfmonatszeiträume) – nur noch flächenlos über regionale Verkaufsstellen (sog. Börsen) zu best Terminen entgeltlich erworben werden. Die Milchreferenzmenge ist dann in der Bilanz mit den AK anzusetzen.

61 **Teilwertabschreibungen**[7] kommen – in den Grenzen v. § 6 Abs. 1 Nr. 1 S. 4, Nr. 2 S. 3 (§ 6 Rn. 103 ff.) – auf luf. Grund und Boden in Betracht, wenn dessen TW auf Dauer[8] nicht nur geringfügig, dh. jedenfalls mehr als 10 % des ursprünglich bilanzierten Werts, unter die AK/HK fällt, was der StPfl. durch aussagekräftige Unterlagen nachzuweisen hat.[9] Eine Teilwertabschreibung ist nicht zulässig bei einem aus betrieblichen Gründen gezahlten Überpreis bei der Anschaffung des WG.[10] Der Ansatz eines WG mit dem über den AK/HK liegenden TW nach § 6 Abs. 1 Nr. 2 S. 4 aF ist nach den Änderungen durch das StEntlG 1999/2000/2002 nicht mehr möglich. Insbes. im Bereich der Forstwirtschaft kann nunmehr das geschlagene Holz nicht mehr im Zeitpunkt der Trennung vom Boden mit dem TW angesetzt werden (Rn. 65 f.).

62 **4. Betriebseinnahmen. Nutzungsvergütungen** sind BE, wenn die vermieteten, verpachteten oder auch zwangsweise für öffentl. Zwecke überlassenen WG zum luf. BV (Rn. 53 ff.) gehören.[11] Stellen sie wirtschaftlich Erträge für eine bestimmte Zeit nach dem Abschlussstichtag dar, so ist nach § 5 Abs. 5 S. 1 Nr. 2 ein passiver RAP zu bilden.[12] Hierfür ist ausreichend, dass sich rechnerisch eine bestimmte Mindestzeit aus der vertraglichen Vereinbarung entnehmen lässt.[13] Bei einer unbefristeten Dauerleistung ist ein RAP längstens in einem Zeitraum v. 25 Jahren aufzulösen, sofern die Parteien nichts anderes vereinbart haben.[14] **Entschädigungen für Wirtschaftserschwernisse**, die bei der Veräußerung einer Fläche oder eines TB für künftige nachteilige Betriebsführung geleistet werden, zB beim Bau einer Straße quer durch das Betriebsgelände, so dass Umwege nötig werden, gehören zu den lfd., nicht abgrenzbaren BE. Gleiches gilt für Entschädigungsforderungen wegen **Enteignung**.[15] Entschädigungen nach der Nichtvermarktungs-Entschädigungsverordnung[16] wie auch Entschädigungen wegen Verfassungswidrigkeit v. § 6 Abs. 6 Milch-Garantiemengen-VO (MGVO) aF fallen unter § 24 Nr. 1a. Zur **Milchaufgabevergütung** s. 3. Aufl. Entgelte für das sog. **Quotenleasing** sind lfd. BE.[17] Ab dem 1.4.2000 ist der Abschluss neuer Leasing- und Pachtverträge über Milchreferenzmengen ausgeschlossen.[18] Pachtverträge über eine Milchreferenzmenge nach § 7 MGVO, die vor dem 1.4.2000 geschlossen worden sind, können aber zw. den bisherigen Vertragsparteien verlängert werden.[19] Der Überlassende bildet für die Zeit nach dem Bilanzstichtag einen passiven RAP,

---

1 BFH v. 25.11.1999 – IV R 64/98, BStBl. II 2003, 61 (63) = FR 2000, 277 m. Anm. *Kanzler*; v. 24.8.2000 – IV R 11/00, BStBl. II 2003, 64 (66) = FR 2001, 40; *Bahrs*, Inf. 2000, 683 (685 f.); *Riegler*, DStZ 2003, 685 (687 ff.); zur Berichtigung der Buchansätze des Grund und Bodens nach § 4 Abs. 2 S. 1 BFH v. 16.12.2009 – IV R 18/07, BFH/NV 2010, 1419; v. 10.6.2010 – IV R 32/08, BStBl. II 2012, 551; v. 10.6.2010 – IV R 19/07, BFH/NV 2011, 209; v. 10.6.2010 – IV R 66/07, BFH/NV 2011, 211.

2 Dazu *F/P/G*, Rn. A 1490d ff.

3 Zur Bewertung *v. Schönberg*, FR 1998, 253 (256 ff., 263); *Bahrs*, Inf. 2000, 683.

4 *F/P/G*, Rn. A 1490d.

5 BFH v. 24.8.2000 – IV R 11/00, BStBl. II 2003, 64 (65) = FR 2001, 40; *Fischer-Tobies/Schmitz*, Inf. 1994, 73 (75 f.).

6 Dazu *Netzer*, Agrarrecht 2001, 133 ff.

7 Zur Teilwertbewertung des Grund und Bodens *Hiller*, Inf. 2002, 103; zur Wertaufholung s. FinMin. Nds. v. 18.6. 2002, DStR 2002, 1220.

8 Für einen Beurteilungszeitraum v. drei Jahren, uU auch wesentlich kürzer, *Hiller*, Inf. 2002, 103 (104), v. fünf Jahren *Ringwald*, Inf. 1999, 321 (322) bzw. v. 5–10 Jahren *F/P/G*, Rn. B 737a.

9 Zur Belegpflicht *Schmidt*[37], § 13 Rn. 235.

10 BFH v. 12.8.1998 – IV B 4/98, BFH/NV 1999, 305; verhältnismäßige Minderung des Überpreises bei Minderung des Marktpreises BFH v. 7.2.2002 – IV R 45/01, BFH/NV 2002, 1021 (1022).

11 Dazu *F/P/G*, Rn. A 750 ff.

12 BFH v. 9.12.1993 – IV R 130/91, BStBl. II 1995, 202 f. = FR 1994, 355.

13 BFH v. 9.12.1993 – IV R 130/91, BStBl. II 1995, 202 (204) = FR 1994, 355.

14 BFH v. 9.12.1993 – IV R 130/91, BStBl. II 1995, 202 (204) = FR 1994, 355; dazu BMF v. 15.3.1995, BStBl. I 1995, 183; *F/P/G*, Rn. A 755 ff.; s. auch *Risthaus*, Inf. 1996, 489 ff.

15 FG München v. 24.11.2004 – 1 K 461/02, EFG 2005, 586.

16 BGBl. I 1993, 1510.

17 *F/P/G*, Rn. A 1490.

18 Vgl. § 7 MilchAbgV, BGBl. I 2004, 462.

19 § 12 Abs. 1 MilchAbgV, BGBl. I 2004, 462.

den er im Folgenden Wj. gewinnerhöhend aufzulösen hat. Der Übernehmer hat einen aktiven RAP auszuweisen, den er im Folgenden Wj. gewinnmindernd aufzulösen hat.[1] **Ausgleichsleistungen nach dem LaFG**[2] sind luf. BE, ebenso **Einnahmen aus der Einrichtung v. Ersatzflächenpools**[3] und die **Flächenstilllegungsprämie.**[4] Bei Gewinnermittlung nach § 4 Abs. 1 und abw. Wj. ist die jährliche Flächenstilllegungsprämie in dem Wj. anteilig zu erfassen, in dem die fragliche Ernte üblicherweise angefallen wäre.[5] Die Beihilfen nach dem Flächenstilllegungsgesetz 1991[6] sind lfd. BE. Zur Produktionsaufgaberente s. Rn. 31.

5. Betriebsausgaben. Aufwendungen zur **Bodenverbesserung** sind lfd. BA, wenn sie die Steigerung der Ertragsfähigkeit der Ackerkrume betreffen.[7] Dagegen liegen HK v. Grund und Boden vor, wenn die Aufwendungen die Urbarmachung bisher landwirtschaftlich nicht nutzbarer Flächen betreffen. Der **Austausch einzelner Pflanzen** in Baumkulturen führt zu sofort abzugsfähigen BA, auch wenn die einzelne Pflanze regelmäßig nicht als WG angesehen wird, so dass die Sofortabschreibung nach § 6 Abs. 2 nicht greift. Wird der gesamte Bestand an Pflanzen gleichen Alters, gleicher Art und gleicher Lage und Güte als WG angesehen, so handelt es sich um Reparaturaufwendungen (Erhaltungsaufwendungen).[8] Wird dagegen mit dem Austausch der einzelnen Bäume planmäßig auf mehrere Jahre eine Neuanlage bezweckt, sind die Aufwendungen als HK zu aktivieren. Die **Milchabgabe** für Überschussmilch ist lfd. BA, die **Abgaben**, die der Land- und Forstwirt **aufgrund v. EU-Vorschriften** im Interesse der Vermeidung einer luf. Überproduktion zu leisten hat,[9] insbes. die Mitverantwortungsabgabe Getreide sowie die v. den Zuckerrübenerzeugern erhobene besondere Großtilgungsabgabe Zucker sind BA. Informationsreisen, bei denen aus betrieblichen Gründen luf. Betriebe an weit entfernt liegenden Fremdenverkehrszentren besichtigt werden, können im Einzelfall überwiegend betrieblich veranlasst und damit BA sein.[10] Das Gleiche kann für Aufwendungen für die Renovierung einer Kirchenruine und eines historischen Brunnens gelten, die sich auf dem Gelände eines zur Erzielung luf. Einkünfte genutzten Gutshofs befinden.[11] 63

6. Übergangsbilanz. Beim **Übergang v. der Gewinnermittlung nach Durchschnittssätzen zum Bestandsvergleich**[12] ist das zu diesem Zeitpunkt vorhandene BV in einer Übergangsbilanz auszuweisen, worin die abnutzbaren WG des Anlagevermögens nach § 6 Abs. 1 Nr. 1 S. 1 mit den AK/HK vermindert um die übliche AfA (§ 7) anzusetzen sind. Es kann nicht davon ausgegangen werden, dass ein Land- und Forstwirt bei seiner bisherigen Gewinnermittlung nach § 13a Bewertungswahlrechte ausgeübt habe, die v. buchführenden Land- und Forstwirten üblicherweise ausgeübt werden. Der BFH[13] gesteht dem Landwirt bei der Aufstellung der Übergangsbilanz erstmals ein Wahlrecht zu, ob er seine selbstgewonnenen, nicht zum Verkauf bestimmten Futtervorräte aktivieren oder nach der Vereinfachungsregelung der FinVerw. auf die Aktivierung verzichten will.[14] Der Landwirt ist an das ausgeübte Wahlrecht nicht gebunden; er kann jederzeit zur Aktivierung seiner Feldbestände übergehen.[15] Die für die Bewertung des Viehbestandes in der Übergangsbilanz und in den Folgebilanzen maßgeblichen AK/HK können im Rahmen einer Gruppenbewertung (Rn. 58) ermittelt werden. Hierbei kann auf Wertermittlungen in Musterbetrieben zurückgegriffen werden. Die Durchschnittswerte der FinVerw. müssen nicht übernommen werden.[16] Auch in der Übergangsbilanz eines zur Buchführung übergehenden **Schätzungslandwirts** sind die WG mit den Werten anzusetzen, mit denen sie zu Buche stünden, wenn der Gewinn v. Anfang an durch Bestandsvergleich ermittelt worden wäre.[17] Der Landwirt ist nicht an die Schätzwerte der FinVerw. gebunden.[18] Hat es 64

1 BMF v. 15.4.1991, BStBl. I 1991, 497 (498) Tz. 2a.
2 BGBl. I 1989, 1435.
3 BMF v. 3.8.2004, BStBl. I 2004, 716.
4 Vgl. BMF v. 25.6.2008, BStBl. I 2008, 682 Tz. 28; *H/H/R*, § 13 Rn. 50.
5 OFD Nürnb. v. 10.10.1989, DStR 1989, 783.
6 BGBl. I 1991, 1582.
7 FG Nds. v. 23.2.1995 – XII 304/91, EFG 1995, 878 (879).
8 Zur Vereinfachung durch eine Nichtbeanstandungsgrenze v. 1 600 Euro s. OFD Kiel, BB 2002, 2381; zur Erleichterung bei Naturkatastrophen BMF v. 4.6.2002 – IV D 2 - S 0336 - 3/02 Tz. 4.2.2.
9 *H/H/R*, § 13 Rn. 54.
10 BFH v. 10.11.1999 – IV B 58/99, BFH/NV 2000, 695.
11 FG Münster v. 24.8.2016 – 7 K 1039/14 E, EFG 2016, 1597.
12 Dazu *Opel*, FR 1998, 41 ff.
13 BFH v. 14.4.1988 – IV R 96/86, BStBl. II 1988, 672 ff. = FR 1988, 509.
14 Zu Recht krit. *Opel*, FR 1998, 41 (44 ff.).
15 BFH v. 6.4.2000 – IV R 38/99, BStBl. II 2000, 422 = FR 2000, 876 m. Anm. *Kanzler.*
16 BFH v. 1.10.1992 – IV R 97/91, BStBl. II 1993, 284 ff. = FR 1993, 121 m. Anm. *Söffing*; eine Bilanzberichtigung nach Bestandskraft der Veranlagung scheidet aber aus BFH v. 13.2.2003 – IV R 72/00, BFH/NV 2003, 1155.
17 BFH v. 8.8.1991 – IV R 56/90, BStBl. II 1993, 272 ff. = FR 1992, 415 m. Anm. *Söffing*; BMF v. 19.10.1984, DStZ/E 1985, 7; **aA** *F/P/G*, Rn. B 868c.
18 BFH v. 4.6.1992 – IV R 101/90, BStBl. II 1993, 276 ff. = FR 1993, 329.

ein StPfl. beim Übergang v. der Gewinnermittlung nach § 13a zur Buchführung unterlassen, für periodenübergreifende Aufwendungen RAP zu bilden, so sind die RAP in der Bilanz für das erste Wj. gewinnerhöhend anzusetzen, dessen Veranlagung insgesamt abänderbar ist.[1]

65 **7. Besonderheiten beim forstwirtschaftlichen Betrieb.**[2] Aktivierungspflichtig sind jedenfalls Erstaufforstungskosten[3] und Waldanschaffungskosten, soweit sie auf das stehende Holz entfallen.[4] Auf die periodische Bewertung v. Waldbeständen wird aus Vereinfachungsgründen verzichtet (§ 141 Abs. 1 S. 4 AO).[5] Die AK für einen erworbenen Waldbestand sind fortzuführen und mindern bei späterer Veräußerung den entstehenden Gewinn.[6] Der Abzug der AK/HK vom Gewinn ist allerdings nur dann zuzulassen, wenn es sich dabei um die Abholzung v. wesentlichen Teilen des aktivierten Waldes handelt und nicht nur um das Herausschlagen einzelner Bäume, das zur Abspaltung eines Teilbetrags vom Buchwert des stehenden Holzes führt.[7] Für Wj., die vor dem 1.1.1999 begannen, konnten nach R 212 Abs. 1 EStR 1999 die aktivierten AK oder HK jedes nach objektiven Kriterien abgrenzbaren Baumbestandes jährlich um 3 % gemindert werden.[8] Ein bei der Veräußerung eines Waldgrundstücks erzielter einheitlicher Kaufpreis muss zur Ermittlung des auf Grund und Boden und aufstehendes Holz entfallenden Gewinns oder Verlusts nach dem Verhältnis der TW aufgeteilt werden. In den TW für das aufstehende Holz sind nicht nur die hiebreifen Bestände, sondern auch junge und mittelalte Bestände einzubeziehen. **Sofort abzugsfähig** sind Aufforstungsmaßnahmen bei einem bereits bestehenden forstwirtschaftlichen Betrieb, die nicht zu einer erheblichen Vermehrung des Waldbestandes führen.[9] Etwas anderes gilt, wenn es sich um HK handelt. Dabei ist nach der gebotenen wirtschaftlichen Betrachtung nicht der gesamte Waldbestand eines forstwirtschaftlichen Betriebes als einheitliches WG des nicht abnutzbaren Anlagevermögens des Betriebes zu betrachten, sondern jeder nach objektiven Kriterien, insbes. Alter, Holzart und räumlicher Lage, abgrenzbare Teil des stehenden Holzes (Bestand).[10] Insoweit sind auch Wiederaufforstungskosten zu aktivieren.[11] Sofern die Wiederaufforstung zu lfd. BA führt, kann bei einer Wiederaufforstungsverpflichtung eine entspr. Rückstellung gebildet werden.[12] Durch **Trennung vom Grund und Boden** wird das Holz zu Umlaufvermögen, welches nach § 6 Abs. 1 Nr. 2 mit den AK/HK zu bewerten ist (zum Kalamitätsholz vgl. Rn. 66).[13] Zu den HK gehören neben den Erwerbs- und Aufzuchtkosten auch die Bringungs- und sonstigen Bearbeitungskosten.[14] Soweit sich die HK nicht ermitteln lassen – was häufig der Fall sein wird –, sind sie zu schätzen.[15]

66 Nach **§ 3 Abs. 1 FSchAusglG**[16] kann bei Bildung eines betrieblichen Ausgleichsfonds in gleicher Höhe eine gewinnmindernde **Rücklage** gebildet werden. Diese darf 100 %, die jährliche Zuführung zur Rücklage 25 % der im Durchschnitt der vorangegangenen drei Wj. erzielten nutzungssatzmäßigen Einnahmen (tatsächliche Holzroherlöse) nicht übersteigen. Über- oder Unternutzungen sind im maßgeblichen Dreijahreszeitraum nicht auszugleichen.[17] Gem. **§ 4a FSchAusglG** kann im Fall einer Einschlagsbeschränkung v. der Aktivierung des eingeschlagenen **Kalamitätsholzes** ganz oder teilw. abgesehen werden. Dann wirken sich

1 FG Nds. v. 21.3.1997 – VII 345/96, EFG 1997, 945.
2 S. BMF v. 16.5.2012, BStBl. I 2012, 595.
3 BFH v. 19.12.1962 – IV 257/60 S, BStBl. III 1963, 361 (362); *Leingärtner*, Kap. 44 Rn. 10.
4 *Kleeberg*, FR 1998, 189.
5 BFH v. 10.11.1994 – IV R 68/93, BStBl. II 1995, 779 (780).
6 BFH v. 10.11.1994 – IV R 68/93, BStBl. II 1995, 779 (780).
7 BFH v. 18.2.2015 – IV R 35/11, BStBl. II 2015, 763; v. 18.2.2015 – IV R 37/11, juris; gegen das Erfordernis des wesentlichen Teils, da so der Großkahlschlag ggü. einem ökologisch günstigeren Einschlag auf vielen Kleinflächen stl. begünstigt wird, *K/S/M*, § 13 Rn. B 199; zur Abgrenzung des wesentlichen Teils *Woltmann*, Inf. 2001, 553 (555).
8 S. *Woltmann*, Inf. 2001, 553 und Inf. 2002, 139; **aA** (keine Rechtsgrundlage, weil Wald nicht abnutzbares WG des Anlagevermögens) FG Köln v. 8.12.2004 – 7 K 7491/00, EFG 2005, 523; zweifelnd auch BFH v. 5.6.2008 – IV R 67/05, BStBl. II 2008, 960; *Hiller*, Inf. 2002, 9.
9 BFH v. 19.12.1962 – IV 268/59 S, BStBl. III 1963, 357 (360).
10 BFH v. 5.6.2008 – IV R 67/05, BStBl. II 2008, 960 und v. 5.6.2008 – IV R 50/07, BStBl. II 2008, 968: Mindestgröße regelmäßig 1 ha, Orientierung an amtl. anerkanntem Betriebsgutachten oder Betriebswerk möglich; auch BFH v. 18.2.2015 – IV R 35/11, BStBl. II 2015, 763; v. 18.2.2015 – IV R 37/11, juris; v. 2.7.2015 – IV R 21/14, BFH/NV 2016, 17; BMF v. 2.3.2010, BStBl. I 2010, 224; v. 16.5.2012, BStBl. I 2012, 595; *F/P/G*, Rn. B 779; *Leingärtner*, Kap. 44 Rn. 2; *Hiller*, FR 1998, 512 (513); *Wittwer*, FR 2008, 617 (619): **aA** *Kleeberg*, FR 1998, 189; *K/S/M*, § 13 Rn. B 195: WG ist der einzelne Baum.
11 Vgl. *Leingärtner*, Kap. 44 Rn. 10, 14; **aA** *Kleeberg*, FR 1998, 189.
12 *Leingärtner*, Kap. 44 Rn. 14.
13 BFH v. 29.9.1966 – IV 166/62, BStBl. III 1967, 3; RFH RStBl. 1944, 50 (51); *K/S/M*, § 13 Rn. B 211; *Blümich*, § 13 Rn. 290; *Hiller*, Inf. 2000, 618.
14 BFH v. 29.9.1966 – IV 166/62, BStBl. III 1967, 3 (4).
15 *Leingärtner*, Kap. 44 Rn. 30.
16 BStBl. I 1985, 591 (592).
17 OFD Hann. v. 7.6.2000, StEK EStG § 13 Nr. 677.

Kosten, die in der Folge der Nichtaktivierung den Gewinn bereits gemindert haben, bei der Berechnung des Veräußerungsgewinns, der nach **§ 5 FSchAusglG** dem ermäßigten Steuersatz des § 34b unterliegt, nicht aus.[1] Gem. § 7 FSchAusglG kann an Bilanzstichtagen, die in die Zeit der Einschlagsbeschränkung fallen, der Mehrbestand an bestimmten Holzvorräten mit einem um 50 % niedrigeren Wert angesetzt werden.

8. Bodenschätze. Zu Bodenschätzen s. § 5 Rn. 158. Die Frage, ob nur der Grund und Boden oder auch der Bodenschatz veräußert wird, ist insoweit relevant, als Bodenschätze, die auf Grundstücken im luf. BV entdeckt werden, idR im PV entstehen[2] und damit der Veräußerungsgewinn stfrei wäre. Notwendiges luf. BV sind Bodenschätze nur, wenn sie v. Anfang an überwiegend für Zwecke der LuF gewonnen und verwertet werden (zB Bau v. Forstwegen oder Betriebsgebäuden), oder wenn sie im eigenen luf. Nebenbetrieb verwertet werden.[3] Ein originär im BV entstehendes WG ist in der Bilanz nicht mit den fiktiven AK/HK, sondern höchstens mit dem Erinnerungswert anzusetzen.[4] Zur Einlage eines im PV entdeckten Bodenschatzes (zu AK § 6 Rn. 47 f.) in ein BV vgl. § 5 Rn. 158; zur AfS s. § 7 Rn. 115 f. Zwingend zum PV gehören Bodenschätze, deren Gewinnung gegen Entgelt Dritten überlassen wird (**Ausbeutevertrag**). Das Entgelt aus dem Ausbeutevertrag gehört zu den Einkünften aus VuV.[5] Die Grundstücke bleiben luf. BV. Die durch die Ausbeutung bewirkte Wertminderung an den betroffenen Grundstücken vollzieht sich iRd. BV. Sie führt grds. zu einer Teilwertabschreibung (§ 6 Abs. 1 Nr. 2 S. 2) und einer entspr. Entnahme (§ 4 Abs. 1 S. 1, 2), deren Höhe den Umfang der WK bei den Einkünften aus VuV bestimmt. Dies gilt aber nicht für einen nach § 55 Abs. 6 außer Betracht bleibenden Veräußerungs- oder Entnahmeverlust, der auch nicht via Teilwertabschreibung vorweggenommen werden kann. Die Wertminderung ist erst nach Abschluss der Ausbeute zu berücksichtigen.[6] Bei den Einkünften aus LuF zu erfassen ist auch die **Oberflächenentschädigung**. 67

9. Strukturwandel. Bei einem Strukturwandel (vgl. Rn. 15, 17) **vom luf. Betrieb zum GewBetr.**[7] sind die im Grund und Boden enthaltenen stillen Reserven nicht aufzudecken.[8] Entspr. gilt bei der Überführung v. WG aus dem gewerblichen BV in das luf. BV desselben StPfl. (§ 6 Abs. 5 S. 1). 68

IV. Gewinnermittlung nach § 4 Abs. 3. Zur Geldrechnung nach § 4 Abs. 3 s. § 4 Rn. 11, 132 ff.; zum Zufluss-/Abflussprinzip, das auch iRd Einkünfte aus LuF zu beachten ist, §§ 11 Abs. 1 S. 4, 4 Abs. 3, s. § 11 Rn. 4 ff. Seinem Wortlaut nach regelt § 11 zwar nur die Zuordnung zu einem bestimmten Kj. Grundgedanke des § 11 ist es aber, die Erfassung der Einnahmen und Ausgaben in dem Zeitabschnitt sicherzustellen, zu dem sie wirtschaftlich gehören, so dass die Vorschrift auch für das vom Kj. abw. Wj. gem. § 4a gelten muss.[9] So gelten gem. § 11 Abs. 1 S. 2 lfd. Pachteinnahmen eines Land- und Forstwirts als in dem Wj. bezogen, zu dem sie wirtschaftlich gehören. Zum gewillkürten BV bei Gewinnermittlung nach § 4 Abs. 3 s. § 4 Rn. 137.[10] Aufwendungen für WG des Umlaufvermögens sind **sofort als BA abzugsfähig**. Bei einem **forstwirtschaftlichen Betrieb** können die bei der Gewinnermittlung nach § 4 Abs. 1 S. 1 aktivierungspflichtigen Aufforstungskosten (s. dazu Rn. 65) nicht sofort als BA abgezogen werden (§ 4 Abs. 3 S. 4). Gem. **§ 51 EStDV** können StPfl., die für ihren forstwirtschaftlichen Betrieb nicht zur Buchführung verpflichtet sind, den Gewinn nicht nach § 4 Abs. 1 ermitteln und deren forstwirtschaftlich genutzte Fläche 50 ha. nicht übersteigt, die BA auf Antrag mit einem Pauschsatz v. 55 % der Einnahmen aus der Verwertung des eingeschlagenen Holzes abziehen.[11] Der Pauschsatz beträgt 20 %, soweit das Holz auf dem Stamm verkauft wird. Durch die Anwendung dieser Pauschsätze sind sämtliche BA im Wj. der Holznutzung mit Ausnahme der Wiederaufforstungskosten und der Minderung des Buchwerts für ein WG Baumbestand abgegolten. Die Regelung gilt nicht für die Ermittlung des Gewinns aus Waldverkäufen sowie für die übrigen Einnahmen und die damit in Zusammenhang stehenden BA. Für das Aufräumen v. Windbrüchen gewährte Beihilfen mindern den BA-PB.[12] Nach **§ 4 FSchAusglG**[13] beträgt nach Eintritt v. Kalamitä- 69

1 OFD Hann. v. 7.6.2000, StEK EStG § 13 Nr. 677.
2 BFH v. 19.7.1994 – VIII R 75/91, BStBl. II 1994, 846 = FR 1994, 712 mwN; FG Hess. v. 13.5.2003 – 1 K 3451/99, EFG 2003, 1377; FG Münster v. 24.3.2015 – 12 K 1521/14 E, EFG 2015, 1265 (zur Irrelevanz der nachträglichen Verzögerung des Abbaus).
3 BMF v. 7.10.1998, BStBl. I 1998, 1221 (1222).
4 BFH v. 21.1.1999 – IV R 27/97, BStBl. II 1999, 638 (644) = FR 1999, 604.
5 BFH v. 16.10.1997 – IV R 5/97, BStBl. II 1998, 185 (186) = FR 1998, 364; v. 15.3.1994 – IX R 45/91, BStBl. II 1994, 840 (841) = FR 1994, 719; vgl. BFH v. 24.1.2008 – IV R 45/05, BStBl. II 2009, 449 = FR 2008, 1164; FG MV v. 15.12.1999 – 1 K 116/98, EFG 2000, 306 (307).
6 FG MV v. 15.12.1999 – 1 K 116/98, EFG 2000, 306 (308).
7 R 15.5 Abs. 2 EStR; BFH v. 19.2.2009 – IV R 18/06, BStBl. II 2009, 654 = FR 2009, 921.
8 *Wendt*, FR 1998, 264 (273 f.).
9 BFH v. 23.9.1999 – IV R 1/99, BStBl. II 2000, 121 (122) = FR 2000, 334 m. Anm. *Kanzler*.
10 BFH v. 2.10.2003 – IV R 13/03, BStBl. II 2004, 985 = FR 2004, 90; zum geduldeten BV s. 3. Aufl.
11 Vgl. dazu eingehend *Leingärtner*, Kap. 44 Rn. 35 ff.; BMF v. 16.5.2012, BStBl. I 2012, 595 (597).
12 OFD Hann. v. 23.10.1974, FR 1975, 16; OFD Münster v. 4.6.1975, FR 1975, 427.
13 BStBl. I 1985, 591; BMF v. 16.5.2012, BStBl. I 2012, 595 (597).

ten der Pauschsatz für BA iSv. § 51 EStDV im Wj. der Einschlagsbeschränkung 90 % der Einnahmen aus der Verwertung des eingeschlagenen Holzes,[1] bei Verkauf des Holzes auf dem Stamm 65 % der Einnahmen aus der Verwertung des stehenden Holzes.[2] Eine **Rücklage für Ersatzbeschaffung** kann auch fortgeführt werden, wenn der StPfl. v. der Gewinnermittlung nach § 4 Abs. 1 zur Einnahmen-Überschussrechnung nach § 4 Abs. 3 übergeht.[3]

70 **V. Gewinnermittlung bei Mitunternehmerschaften (Abs. 7).** Für die Gewinnermittlung bei luf. MU'schaften gelten gem. § 13 Abs. 7 die §§ 15 Abs. 1 S. 1 Nr. 2, 15a entspr.[4] Gem. § 13 Abs. 7 iVm. § 15a können beschränkt haftende G'ter v. luf. PersGes. die ihre Kapitaleinlage übersteigenden Verluste zwar mit Gewinnen aus der Beteiligung, die in späteren Jahren anfallen, verrechnen, iÜ aber nicht abziehen oder nach § 10d ausgleichen.

F. Begünstigungen der Land- und Forstwirtschaft

71 **I. Freibetrag nach Abs. 3.** Durch das Zollkodex-AnpG[5] wurde der Freibetrag in Abs. 3 S. 1 auf 900 Euro angehoben; er ist bis zu einer Summe der Einkünfte v. 30 700 Euro anwendbar (Abs. 3 S. 2). Der erhöhte Freibetrag bei Zusammenveranlagung ist auch dann zu gewähren, wenn nur ein Ehegatte Einkünfte aus LuF hat.[6] Der – personenbezogene – Freibetrag ist ein Jahresbetrag. Er kann nur abgezogen werden, soweit positive Einkünfte aus LuF erzielt worden sind. Der Freibetrag wird nach der Zusammenrechnung der Einkünfte gem. § 26b bei der Ermittlung des Gesamtbetrags der Einkünfte abgezogen. Gegenüber §§ 14, 14a ist § 13 Abs. 3 nachrangig, da es sich dabei um Steuerbefreiungen bei der Einkünfteermittlung handelt.[7] Der Freibetrag nach § 13 Abs. 3 ist zunächst von den nicht nach § 34 begünstigten Einkünften aus LuF abzuziehen und mindert in verbleibender Höhe die außerordentlichen Einkünfte aus LuF.[8] Bei der Ermittlung der Veranlagungsgrenze iSv. § 46 Abs. 2 S. 1 Nr. 1 ist der Freibetrag nach § 13 Abs. 3 abzuziehen. Bei der Berechnung des Altersentlastungsbetrages nach § 24a ist § 13 Abs. 3 nicht zu berücksichtigen. Für die Buchführungsgrenze gem. § 141 Abs. 1 Nr. 5 AO ist der Freibetrag ohne Bedeutung. Abzuziehen ist er bei der **ESt-Veranlagung** jedes MU'ers, nicht bei der Gewinnfeststellung einer MU'schaft.

72 **II. Verteilung der Steuer nach Abs. 6.** Die Übertragung einzelner WG aus einem luf. BV auf eine KapGes. führt zur Gewinnrealisierung. Werden WG in einen gemeinschaftlichen Betrieb der Tierhaltung iSv. § 34 Abs. 6a BewG gegen die Gewährung v. Mitgliedschaftsrechten eingebracht, so kann die auf den Entnahmegewinn entfallende Steuer gem. § 13 Abs. 6 ratenweise auf bis zu fünf Jahre verteilt werden.

73 **III. Sonstige. § 3 Nr. 17** belässt Zuschüsse zum Beitrag nach § 32 des G über die Alterssicherung der Landwirte, **§ 3 Nr. 27** den Grundbetrag der Produktionsaufgaberente und das Ausgleichsgeld nach dem G zur Förderung der Einstellung der landwirtschaftlichen Erwerbstätigkeit bis zum Höchstbetrag v. 18 407 Euro stfrei. **§§ 6b und 6c** gestatten die Übertragung stiller Reserven aus der Veräußerung gewisser Anlagegüter eines luf. Betriebs.[9] Bei der Gewinnermittlung nach Durchschnittssätzen gem. **§ 13a** wird idR ein geringerer als der tatsächlich erzielte Gewinn erfasst, was sich ggü. der Gewinnermittlung bei buchführenden Landwirten, Überschussrechnern oder Schätzlandwirten günstiger auswirkt.[10] **§§ 14 und 14a** regeln Vergünstigungen iZ der Besteuerung der Veräußerungsgewinne aus LuF. **§ 34b** gewährt ermäßigte Steuersätze bei Einkünften aus außerordentlichen Holznutzungen. **§ 34d Nr. 1** bezieht die Einkünfte aus LuF in die ausländ. Einkünfte iSv. § 34c ein. **§ 34e** sieht unter bestimmten Voraussetzungen eine Steuerermäßigung bei Einkünften aus LuF vor. Das **FSchAusglG**[11] gewährt eine Reihe stl. Entlastungen: vgl. insbes. § 3 (stfreie Rücklage), § 4 (Erhöhung des Pauschsatzes für BA), § 4a (Absehen v. der Aktivierung v. Kalamitätsholz), § 5 (ermäßigter Steuersatz für Kalamitätsnutzung).[12] Dazu Rn. 65 f., 69.

---

1 FG BaWü. v. 29.7.1999 – 14 K 181/95, EFG 1999, 1068; krit. *Reimer*, FR 2011, 929 (935).
2 S. auch OFD Hann. v. 7.6.2000, StEK EStG § 13 Nr. 677; OFD München/Nürnb. v. 30.6.2000, StEK EStG § 13 Nr. 678; BFH v. 3.2.2010 – IV R 27/07, BStBl. II 2010, 546; v. 3.2.2010 – IV R 28/07, BFH/NV 2010, 1427.
3 BFH v. 29.4.1999 – IV R 7/98, BStBl. II 1999, 488 (490 f.) = FR 1999, 850 m. Anm. *Kanzler*; dazu *Haakshorst*, NWB Fach 3d, 627 (629).
4 Zum gesonderten Feststellungsverfahren FG Münster v. 16.7.2013 – 2 K 2087/10 F, EFG 2014, 96 (rkr.).
5 G v. 22.12.2014, BGBl. I 2014, 2417.
6 *Leingärtner*, Kap. 47 Rn. 5.
7 *Dankmeyer/Giloy*, § 13 Rn. 154.
8 Sächs. FG v. 9.1.2013 – 2 K 1710/12, juris (NZB IV B 14/13).
9 Vgl. zur Übertragung auf luf. AV BFH v. 30.8.2012 – IV R 28/09, BStBl. II 2012, 877 = FR 2013, 226 m. Anm. *Wendt*.
10 *K/S/M*, § 13a Rn. A 66.
11 BStBl. I 1985, 591.
12 Zur Rücklagenbildung bei Betrieben, die v. der BSE-Krise betroffen sind, BMF v. 11.4.2001, BStBl. I 2001, 254.

G. Gestaltungshinweise

Eine **Betriebsteilung** – durch teilw. Übertragung der luf. Nutzfläche im Wege vorweggenommener Erbfolge oder Verpachtung oder durch Aufteilung der luf. Tierhaltung – bringt stl. Vorteile, indem der Freibetrag nach § 13 Abs. 3 und die Steuerermäßigung nach § 34e zweimal in Anspr. genommen werden können. Ggf. kann die Buchführungspflicht oder ein Übergang zum GewBetr. vermieden werden. Voraussetzung der stl. Anerkennung einer Betriebsteilung ist nicht, dass schon vorher Teilbetriebe bestanden haben. Es müssen jedoch zwei rechtl. und tatsächlich – vor allem organisatorisch – getrennte Unternehmen entstehen. Erforderlich sind insbes. eine entspr. Änderung oder Begr. stl. anzuerkennender Arbeitsverträge, getrennte Buchführung, getrennter Einkauf, Verrechnung der Maschinenverwendung sowie getrennte Tierhaltung. 74

Die **Kooperation luf. Betriebe**[1] in Gestalt v. Ernteteilungsverträgen (sog. cropsharing) oder Bewirtschaftungsverträgen mit dem Ziel, die Kosten des einzelnen Betriebes durch bessere Gesamtauslastung der vorhandenen Maschinen zu verringern, das Ernterisiko zu verteilen oder die Mitarbeit eines erfahrenen Ackerbauern zu erreichen, führt zur **luf. MU'schaft** (Rn. 44 ff., 70), sofern auf gemeinsames Risiko gemeinwirtschaftlich bewirtschaftet wird. Hierfür spricht eine insgesamt erfolgsabhängige Beteiligung am Ertrag.[2] Die gemeinschaftlich bewirtschafteten Flächen sind Sonder-BV des Flächeneigentümers; sie dienen einem etwaigen daneben bestehenden luf. Einzelbetrieb nicht mehr als Grundlage für die luf. Tierhaltung iSv. § 13 Abs. 1 Nr. 1 und sind bei der Ermittlung des Wirtschaftswerts iSv. § 141 Abs. 1 Nr. 3 AO nicht zu berücksichtigen.[3] Liegt keine MU'schaft, sondern ein **partiarisches Rechtsverhältnis** mit alleiniger Weisungsbefugnis eines Land- und Forstwirts vor, so sind allein diesem die Erträge aus der Flächenbewirtschaftung zuzurechnen. Die Getreidelieferungen an seinen Vertragspartner (Lohnunternehmer) sind als Honorar für dessen Tätigkeit zu behandeln.[4] Diese stellt LuF dar, wenn sie sich auf Arbeits- und Maschineneinsatz beschränkt und die Umsatzgrenze nach R 15.5 Abs. 9 EStR nicht überschritten ist. Erbringt der Lohnunternehmer jedoch iRd. einheitlichen Werkvertrages auch typisch gewerbliche Leistungen (zB Lieferung v. Saatgut), so liegt insgesamt eine gewerbliche Betätigung vor. In Betracht kommt auch eine pachtähnliche Vereinbarung, wobei die Erträge aus der Bewirtschaftung dem die luf. Arbeiten tatsächlich Ausführenden (Pächter) zuzurechnen sind, der die Lieferung der luf. Erzeugnisse an den Grundeigentümer (Verpächter) als BA (Pachtentgelt) abziehen kann.[5] Bei einer **stillen Ges. mit nahen Angehörigen** kann die Einlage des Stillen auch in der Erbringung seiner Arbeitskraft bestehen.[6] Er erzielt Einkünfte aus KapVerm. und kann den Sparerfreibetrag (§ 20 Abs. 4) nutzen. 75

§ 13a Ermittlung des Gewinns aus Land- und Forstwirtschaft nach Durchschnittssätzen

(1) [1]Der Gewinn eines Betriebs der Land- und Forstwirtschaft ist nach den Absätzen 3 bis 7 zu ermitteln, wenn

1. **der Steuerpflichtige nicht auf Grund gesetzlicher Vorschriften verpflichtet ist, für den Betrieb Bücher zu führen und regelmäßig Abschlüsse zu machen und**
2. **in diesem Betrieb am 15. Mai innerhalb des Wirtschaftsjahres Flächen der landwirtschaftlichen Nutzung (§ 160 Absatz 2 Satz 1 Nummer 1 Buchstabe a des Bewertungsgesetzes) selbst bewirtschaftet werden und diese Flächen 20 Hektar ohne Sondernutzungen nicht überschreiten und**
3. **die Tierbestände insgesamt 50 Vieheinheiten (§ 13 Absatz 1 Nummer 1) nicht übersteigen und**
4. **die selbst bewirtschafteten Flächen der forstwirtschaftlichen Nutzung (§ 160 Absatz 2 Satz 1 Nummer 1 Buchstabe b des Bewertungsgesetzes) 50 Hektar nicht überschreiten und**
5. **die selbst bewirtschafteten Flächen der Sondernutzungen (Absatz 6) die in Anlage 1a Nummer 2 Spalte 2 genannten Grenzen nicht überschreiten.**

[2]Satz 1 ist auch anzuwenden, wenn nur Sondernutzungen bewirtschaftet werden und die in Anlage 1a Nummer 2 Spalte 2 genannten Grenzen nicht überschritten werden. [3]Die Sätze 1 und 2 gelten

1 S. dazu eingehend *Wendt*, FR 1996, 265 ff.
2 Zu Einzelheiten s. *F/P/G*, Rn. A 290p ff.
3 *F/P/G*, Rn. A 290r.
4 *F/P/G*, Rn. A 290s.
5 *F/P/G*, Rn. A 290t.
6 Vgl. zu den Voraussetzungen der stl. Anerkennung OFD München v. 4.4.1997, FR 1997, 426 f.

nicht, wenn der Betrieb im laufenden Wirtschaftsjahr im Ganzen zur Bewirtschaftung als Eigentümer, Miteigentümer, Nutzungsberechtigter oder durch Umwandlung übergegangen ist und der Gewinn bisher nach § 4 Absatz 1 oder 3 ermittelt wurde. [4]Der Gewinn ist letztmalig für das Wirtschaftsjahr nach Durchschnittssätzen zu ermitteln, das nach Bekanntgabe der Mitteilung endet, durch die die Finanzbehörde auf den Beginn der Buchführungspflicht (§ 141 Absatz 2 der Abgabenordnung) oder auf den Wegfall einer anderen Voraussetzung des Satzes 1 hingewiesen hat. [5]Der Gewinn ist erneut nach Durchschnittssätzen zu ermitteln, wenn die Voraussetzungen des Satzes 1 wieder vorliegen und ein Antrag nach Absatz 2 nicht gestellt wird.

(2) [1]Auf Antrag des Steuerpflichtigen ist für einen Betrieb im Sinne des Absatzes 1 der Gewinn für vier aufeinander folgende Wirtschaftsjahre nicht nach den Absätzen 3 bis 7 zu ermitteln. [2]Wird der Gewinn eines dieser Wirtschaftsjahre durch den Steuerpflichtigen nicht nach § 4 Absatz 1 oder 3 ermittelt, ist der Gewinn für den gesamten Zeitraum von vier Wirtschaftsjahren nach den Absätzen 3 bis 7 zu ermitteln. [3]Der Antrag ist bis zur Abgabe der Steuererklärung, jedoch spätestens zwölf Monate nach Ablauf des ersten Wirtschaftsjahres, auf das er sich bezieht, schriftlich zu stellen. [4]Er kann innerhalb dieser Frist zurückgenommen werden.

(3) [1]Durchschnittssatzgewinn ist die Summe aus

1. dem Gewinn der landwirtschaftlichen Nutzung,
2. dem Gewinn der forstwirtschaftlichen Nutzung,
3. dem Gewinn der Sondernutzungen,
4. den Sondergewinnen,
5. den Einnahmen aus Vermietung und Verpachtung von Wirtschaftsgütern des land- und forstwirtschaftlichen Betriebsvermögens,
6. den Einnahmen aus Kapitalvermögen, soweit sie zu den Einkünften aus Land- und Forstwirtschaft gehören (§ 20 Absatz 8).

[2]Die Vorschriften von § 4 Absatz 4a, § 6 Absatz 2 und 2a sowie zum Investitionsabzugsbetrag und zu Sonderabschreibungen finden keine Anwendung. [3]Bei abnutzbaren Wirtschaftsgütern des Anlagevermögens gilt die Absetzung für Abnutzung in gleichen Jahresbeträgen nach § 7 Absatz 1 Satz 1 bis 5 als in Anspruch genommen. [4]Die Gewinnermittlung ist nach amtlich vorgeschriebenem Datensatz durch Datenfernübertragung spätestens mit der Steuererklärung zu übermitteln. [5]Auf Antrag kann die Finanzbehörde zur Vermeidung unbilliger Härten auf eine elektronische Übermittlung verzichten; in diesem Fall ist der Steuererklärung eine Gewinnermittlung nach amtlich vorgeschriebenem Vordruck beizufügen. [6]§ 150 Absatz 8 der Abgabenordnung gilt entsprechend.

(4) [1]Der Gewinn aus der landwirtschaftlichen Nutzung ist die nach den Grundsätzen des § 4 Absatz 1 ermittelte Summe aus dem Grundbetrag für die selbst bewirtschafteten Flächen und den Zuschlägen für Tierzucht und Tierhaltung. [2]Als Grundbetrag je Hektar der landwirtschaftlichen Nutzung (§ 160 Absatz 2 Satz 1 Nummer 1 Buchstabe a des Bewertungsgesetzes) ist der sich aus Anlage 1a ergebende Betrag vervielfältigt mit der selbst bewirtschafteten Fläche anzusetzen. [3]Als Zuschlag für Tierzucht und Tierhaltung ist im Wirtschaftsjahr je Vieheinheit der sich aus Anlage 1a jeweils ergebende Betrag vervielfältigt mit den Vieheinheiten anzusetzen.

(5) Der Gewinn aus der forstwirtschaftlichen Nutzung (§ 160 Absatz 2 Satz 1 Nummer 1 Buchstabe b des Bewertungsgesetzes) ist nach § 51 der Einkommensteuer-Durchführungsverordnung zu ermitteln.

(6) [1]Als Sondernutzungen gelten die in § 160 Absatz 2 Satz 1 Nummer 1 Buchstabe c bis e des Bewertungsgesetzes in Verbindung mit Anlage 1a Nummer 2 genannten Nutzungen. [2]Bei Sondernutzungen, die die in Anlage 1a Nummer 2 Spalte 3 genannten Grenzen überschreiten, ist ein Gewinn von 1 000 Euro je Sondernutzung anzusetzen. [3]Für die in Anlage 1a Nummer 2 nicht genannten Sondernutzungen ist der Gewinn nach § 4 Absatz 3 zu ermitteln.

(7) [1]Nach § 4 Absatz 3 zu ermittelnde Sondergewinne sind

1. Gewinne
   a) aus der Veräußerung oder Entnahme von Grund und Boden und dem dazugehörigen Aufwuchs, den Gebäuden, den immateriellen Wirtschaftsgütern und den Beteiligungen; § 55 ist anzuwenden;
   b) aus der Veräußerung oder Entnahme der übrigen Wirtschaftsgüter des Anlagevermögens und von Tieren, wenn der Veräußerungspreis oder der an dessen Stelle tretende Wert für das jeweilige Wirtschaftsgut mehr als 15 000 Euro betragen hat;

c) aus Entschädigungen, die gewährt worden sind für den Verlust, den Untergang oder die Wertminderung der in den Buchstaben a und b genannten Wirtschaftsgüter;

d) aus der Auflösung von Rücklagen;

2. Betriebseinnahmen oder Betriebsausgaben nach § 9b Absatz 2;
3. Einnahmen aus dem Grunde nach gewerblichen Tätigkeiten, die dem Bereich der Land- und Forstwirtschaft zugerechnet werden, abzüglich der pauschalen Betriebsausgaben nach Anlage 1a Nummer 3;
4. Rückvergütungen nach § 22 des Körperschaftsteuergesetzes aus Hilfs- und Nebengeschäften.

[2]Die Anschaffungs- oder Herstellungskosten bei Wirtschaftsgütern des abnutzbaren Anlagevermögens mindern sich für die Dauer der Durchschnittssatzgewinnermittlung mit dem Ansatz der Gewinne nach den Absätzen 4 bis 6 um die Absetzung für Abnutzung in gleichen Jahresbeträgen. [3]Die Wirtschaftsgüter im Sinne des Satzes 1 Nummer 1 Buchstabe a sind unter Angabe des Tages der Anschaffung oder Herstellung und der Anschaffungs- oder Herstellungskosten oder des an deren Stelle getretenen Werts in besondere, laufend zu führende Verzeichnisse aufzunehmen. [4]Absatz 3 Satz 4 bis 6 gilt entsprechend.

(8) Das Bundesministerium der Finanzen wird ermächtigt, durch Rechtsverordnung mit Zustimmung des Bundesrates die Anlage 1a dadurch zu ändern, dass es die darin aufgeführten Werte turnusmäßig an die Ergebnisse der Erhebungen nach § 2 des Landwirtschaftsgesetzes und im Übrigen an Erhebungen der Finanzverwaltung anpassen kann.

Anlage 1a (zu § 13a)

Ermittlung des Gewinns aus Land- und Forstwirtschaft nach Durchschnittssätzen

Für ein Wirtschaftsjahr betragen

1. der Grundbetrag und die Zuschläge für Tierzucht und Tierhaltung der landwirtschaftlichen Nutzung (§ 13a Absatz 4):

Gewinn pro Hektar selbst bewirtschafteter Fläche	350 EUR
bei Tierbeständen für die ersten 25 Vieheinheiten	0 EUR/Vieheinheit
bei Tierbeständen für alle weiteren Vieheinheiten	300 EUR/Vieheinheit

[2]Angefangene Hektar und Vieheinheiten sind anteilig zu berücksichtigen.

2. die Grenzen und Gewinne der Sondernutzungen (§ 13a Absatz 6):

Nutzung	Grenze	Grenze
1	2	3
Weinbauliche Nutzung	0,66 ha	0,16 ha
Nutzungsteil Obstbau	1,37 ha	0,34 ha
Nutzungsteil Gemüsebau		
Freilandgemüse	0,67 ha	0,17 ha
Unterglas Gemüse	0,06 ha	0,015 ha
Nutzungsteil Blumen/Zierpflanzenbau		
Freiland Zierpflanzen	0,23 ha	0,05 ha
Unterglas Zierpflanzen	0,04 ha	0,01 ha
Nutzungsteil Baumschulen	0,15 ha	0,04 ha
Sondernutzung Spargel	0,42 ha	0,1 ha
Sondernutzung Hopfen	0,78 ha	0,19 ha
Binnenfischerei	2000 kg Jahresfang	500 kg Jahresfang
Teichwirtschaft	1,6 ha	0,4 ha

Nutzung	Grenze	Grenze
1	2	3
Fischzucht	**0,2 ha**	**0,05 ha**
Imkerei	**70 Völker**	**30 Völker**
Wanderschäfereien	**120 Mutterschafe**	**30 Mutterschafe**
Weihnachtsbaumkulturen	**0,4 ha**	**0,1 ha**

3. in den Fällen des § 13a Absatz 7 Nummer 3 die Betriebsausgaben 60 Prozent der Betriebseinnahmen.

Verwaltung: BMF v. 10.11.2015, BStBl. I 2015, 877 (Gewinnermittlung nach Durchschnittssätzen für Land- und Forstwirte gem. § 13a EStG; Neuregelung für die Wirtschaftsjahre 2015 ff. bzw. abweichenden Wirtschaftsjahre 2015/2016 ff.).

Literatur: *Bahrs*, Die Agrarreform 2005: ein neues Kapitel im landwirtschaftlichen Steuerrecht, Inf 2006, 176; *Hiller*, Die Bodengewinnbesteuerung in der Land- und Forstwirtschaft, StuW 2007, 75; *Kanzler*, Die neue Durchschnittssatzgewinnermittlung für Land- und Forstwirte – „noch zielgenauer ausgestaltet und weiter vereinfacht“, DStZ 2015, 375; *Kanzler*, Das besondere Gewinnermittlungswahlrecht des Landwirts mit Durchschnittssatzgewinnermittlung und seine wiederholte Ausübung, FR 2017, 96; *Vöcking*, Die Änderung der pauschalen Gewinnermittlung in der Landwirtschaft nach § 13a EStG aus Sicht von Ackerbau, Rinder-, Schweine- und Bienenhaltung, Briefe zum Agrarrecht 2015, 296; *Wiegand*, Die Ermittlung des Gewinns aus Land- und Forstwirtschaft nach Durchschnittssätzen im neuen Gewand, NWB 2015, 250; *Wiegand*, Neuregelung der Gewinnermittlung nach Durchschnittssätzen für Land- und Forstwirte gem. § 13a EStG – Die BMF-Schreiben v. 22.10.2015 und 10.11.2015, NWB 2016, 103.

A. Grundaussagen der Vorschrift

1 Der Gewinn aus LuF wird gem. § 13a nach Durchschnittssätzen ermittelt, soweit § 13a Abs. 1 dies vorsieht und der StPfl. nicht gem. § 13a Abs. 2 eine andere Art der Gewinnermittlung wählt. § 13a gilt für inländ. Betriebe v. unbeschränkt wie beschränkt StPfl. (§§ 1 Abs. 4, 49 Abs. 1 Nr. 1)[1] und ebenso für den Betrieb einer MU'schaft oder Tierhaltungsgemeinschaft iSd. § 13a Abs. 1 Nr. 1 S. 5.[2] Bei der Gewinnermittlung nach § 13a handelt es sich um eine **selbstständige Gewinnermittlungsart** neben § 4 Abs. 1 und § 4 Abs. 3.

1 BFH v. 17.12.1997 – I R 95/96, BStBl. II 1998, 260 = FR 1998, 474; *Leingärtner*, Kap. 26a Rn. 9; *L/B/P*, § 13a Rn. 20.
2 *L/B/P*, § 13a Rn. 22.

Bei der Durchschnittssatzgewinnermittlung wird nicht der tatsächliche Gewinn festgestellt, sondern ein typisierter Gewinn auf der Basis einer Gewinnschätzung mit gesetzlich festgelegten Durchschnittswerten angesetzt.[1] Der Durchschnittssatzgewinn umfasst die in § 13a Abs. 3 aufgeführten Bestandteile. § 13a soll die Gewinnermittlung im Bereich der LuF vereinfachen und zu einer für typische luf. Betriebe angemessenen Gewinnerfassungsquote führen.[2] Da regelmäßig ein erheblich unter dem tatsächlichen Gewinn liegender Gewinn erfasst wird, erscheint die Regelung im Hinblick auf das Gebot einer gleichmäßigen Besteuerung nach der wirtschaftlichen Leistungsfähigkeit verfassungsrechtl. bedenklich.[3]

Auf Kritik des Bundesrechnungshofs hin[4] war § 13a bereits durch das StEntlG 1999/2000/2002 angepasst worden,[5] um den Anwenderkreis enger zu ziehen, die Gewinnerfassungsquote zu erhöhen und die Gewinnermittlung tatsächlich zu vereinfachen. Nach den Feststellungen des Bundesrechnungshofs von Anfang 2012[6] wurden diese Ziele durch die Novellierung jedoch nicht hinreichend verwirklicht. § 13a wurde deshalb durch das **Zollkodex-AnpG**[7] abermals erheblich modifiziert, um die Regelung noch zielgenauer auszugestalten.[8] Insbes. wurden die Zugangsvoraussetzungen im Bereich der Sondernutzungen geändert (§ 13a Abs. 1 Nr. 4 und 5), der Ansatz eines einheitlichen Grundbetrags für die landwirtschaftlichen Flächen sowie eines Zuschlags für Tierzucht und -haltung je Vieheinheit oberhalb von 25 Vieheinheiten vorgesehen (§ 13a Abs. 4), die Erfassung der BE und die Berücksichtigung von Betriebsausgabenpauschalen für die forstwirtschaftliche Nutzung neu geregelt (§ 13a Abs. 5), die Durchschnittssatzgewinnermittlung bei den Sondernutzungen geändert (§ 13a Abs. 6) und weitere Sondergewinne einbezogen (§ 13a Abs. 7). § 13a idF des Zollkodex-AnpG gilt erstmals für das Wj., das nach dem 30.12.2015 endet (§ 52 Abs. 22a idF des Zollkodex-AnpG). Ausführliche Anwendungsregelungen enthält ein **BMF-Schr. v. 10.11.2015**[9]. Die **R 13a.1 und R 13a.2 EStR** sind für Wj., die nach dem 30.12.2015 enden, **nicht mehr** anzuwenden.[10] 2

B. Recht zur Gewinnermittlung nach Durchschnittssätzen (Abs. 1 und 2)

I. Voraussetzungen (Abs. 1). Die Gewinnermittlung nach § 13a Abs. 3–7 setzt gem. Abs. 1 **kumulativ** voraus, dass der StPfl. nicht buchführungspflichtig ist (s. dazu § 13 Rn. 48 ff.), die selbst bewirtschaftete landwirtschaftliche Nutzfläche gem. § 160 Abs. 2 S. 1 Nr. 1 lit. a BewG 20 ha ohne Sondernutzungen nicht überschreitet, die Tierbestände insgesamt 50 Vieheinheiten nicht übersteigen, die selbst bewirtschaftete forstwirtschaftliche Nutzfläche gem. § 160 Abs. 2 S. 1 Nr. 1 lit. b BewG 50 ha nicht überschreitet und die selbst bewirtschafteten Flächen der Sondernutzungen (§ 13a Abs. 6) die in Anlage 1a Nr. 2 Spalte 2 genannten Grenzen nicht überschreiten. Als **Fläche der landwirtschaftlichen Nutzung** (§ 13a Abs. 1 S. 1 Nr. 2 iVm. § 160 Abs. 2 S. 1 Nr. 1 lit. a BewG) gelten neben den auf die landwirtschaftliche Nutzung entfallenden – im In- und auch im Ausland[11] belegenen – Hof- und Gebäudeflächen[12] – ohne den zu Wohnzwecken genutzten Grund und Boden – auch die stillgelegten Flächen,[13] nicht dagegen Abbauland, Geringstland und Unland.[14] Als **selbst bewirtschaftet** werden die eigenen und die gepachteten, jedoch nicht die zur Nutzung an Dritte überlassenen Flächen erfasst.[15] Die Belastung mit Naturschutzauflagen iRv. Ersatzflächenpools ist für die Selbstbewirtschaftung unschädlich.[16] Auch die im SBV befindliche Fläche gilt als v. einer MU'schaft selbst bewirtschaftet.[17] Stichtag für die Flächenermittlung ist der 15. Mai, da die Land- und Forstwirte zu diesem Tag zwecks Beantragung der Betriebsprämien ohnehin die Flächenverhältnisse ihres Betriebs ermitteln müssen. Für die Prüfung der Grenzen des § 13a Abs. 1 S. 1 Nr. 3 sind die **Tierbestände** nach § 51 BewG mit Anlage 1 sowie R 13.2 EStR in Vieheinheiten umzurechnen. Zu berücksichtigen sind die im Wj. 3

1 *L/B/P*, § 13a Rn. 13; FG München v. 31.7.2007 – 13 K 3258/05, EFG 2007, 1681.
2 Zuletzt BT-Drucks. 18/3017, 45.
3 Für Verfassungswidrigkeit nach alter Rechtslage *Hiller*, Inf 1999, 449; zu den verfassungsrechtl. Anforderungen vgl. *K/S/M*, § 13a Rn. A 44.
4 BT-Drucks. 13/2600, 108.
5 BGBl. I 1999, 402; s. zur Begründung BT-Drucks. 14/265, 177.
6 BT-Drucks. 17/8428.
7 G v. 22.12.2014, BGBl. I 2014, 2417.
8 BT-Drucks. 18/3017, 45.
9 BMF v. 10.11.2015, BStBl. I 2015, 877.
10 BMF v. 10.11.2015, BStBl. I 2015, 877 Rz. 90.
11 BMF v. 10.11.2015, BStBl. I 2015, 877 Rz. 1 (zB Traktatländereien).
12 **AA** *Kanzler*, DStZ 1999, 682 (685).
13 *Engel*, NWB Fach 3d, 613 (615).
14 BMF v. 10.11.2015, BStBl. I 2015, 877 Rz. 4.
15 FG Münster v. 16.5.2008 – 6 K 3233/03 E, EFG 2008, 1939 zur Betriebsverpachtung; s. auch FG BaWü. v. 10.12.2008 – 2 K 417/04, EFG 2009, 661.
16 BMF v. 3.8.2004, BStBl. I 2004, 716.
17 *Hiller*, Inf 1999, 449 (450).

erzeugten und gehaltenen eigenen und auch fremden Tiere.[1] Die Höchstgrenze der selbst bewirtschafteten **Flächen der forstwirtschaftlichen Nutzung** (§ 13a Abs. 1 S. 1 Nr. 4 iVm. § 160 Abs. 2 S. 1 Nr. 1 lit. b BewG) ist als eigenständige Voraussetzung der Anwendung der Durchschnittssatzgewinnermittlung durch das Zollkodex-AnpG hinzugekommen. Im Bereich der **Sondernutzungen** wurde durch das Zollkodex-AnpG von Wert- zu Flächen- bzw. Umfanggrenzen übergegangen (§ 13a Abs. 1 S. 1 Nr. 5 iVm. Anlage 1a Nr. 2 Spalte 2). Bei Sondernutzungen, die in Spalte 2 nicht aufgeführt sind, gelten für die Zugangsvoraussetzung keine Grenzen.[2] Das **Überschreiten der Grenzen** muss nachhaltig sein, dh., es muss im Laufe eines Wj. objektiv erkennbar sein, dass durch Maßnahmen des StPfl. oder eines Dritten der Betrieb in seiner Größe oder Struktur nachhaltig verändert werden soll.[3] Hinsichtlich der Flächen- und Tierbestandsgrenzen entfaltet der EW-Bescheid keine rechtl. Bindungswirkung. § 13a Abs. 1 S. 2 idF des Zollkodex-AnpG regelt – im Unterschied zu der zuvor geltenden Rechtslage[4] –, dass die Durchschnittssatzgewinnermittlung auch dann anzuwenden ist, wenn **nur Sondernutzungen** bewirtschaftet und die in Anlage 1a Nr. 2 Spalte 2 genannten Grenzen nicht überschritten werden. Bei alleiniger Forstwirtschaft ist § 13a nicht eröffnet.[5]

4 Die Durchschnittssatzgewinnermittlung bestimmt sich bei **Neueröffnung eines Betriebs** ausschließlich nach § 13a Abs. 1 S. 1 oder 2.[6] § 13a gelangt auch bei einer **Betriebsverpachtung** (selbst bewirtschaftete Fläche ist 0; vgl. iÜ zur Verpachtung § 13 Rn. 33 ff.) zur Anwendung.[7] Die Pachtzinsen werden durch § 13a Abs. 3 S. 1 Nr. 5 als Einnahmen erfasst (Rn. 22).[8] Die Befugnis und Verpflichtung zur Gewinnermittlung nach Durchschnittssätzen geht – abgesehen v. Fällen der Gesamtrechtsnachfolge – nicht auf einen **Erwerber** oder Pächter eines Betriebs über.[9] Dies gilt auch bei der Einbringung eines Betriebs in eine PersGes.[10] Wurde der Gewinn bislang nach § 4 Abs. 1 oder 3 ermittelt und geht der Betrieb im lfd. Geschäftsjahr im Ganzen zur Bewirtschaftung als Eigentümer, Miteigentümer, Nutzungsberechtigter oder durch Umwandlung über, ist die Gewinnermittlung nach Durchschnittssätzen nicht anwendbar (§ 13a Abs. 1 S. 3).

5 **II. Wechsel der Gewinnermittlungsart. 1. Wegfall der Voraussetzungen für die Gewinnermittlung nach Durchschnittssätzen (Abs. 1 S. 4).** Die Finanzbehörde hat gem. § 13a Abs. 1 S. 4 durch eine Mitteilung (rechtsgestaltender VA)[11] auf den Wegfall einer Voraussetzung des § 13a Abs. 1 S. 1 hinzuweisen. Die Gewinnermittlung nach Durchschnittssätzen entfällt ab dem Wj., das auf das Wj. folgt, in dem die Mitteilung bekannt gegeben worden ist. Grds. ist bis zur Bekanntgabe der Mitteilung der Gewinn weiterhin nach § 13a zu ermitteln.[12] Die Mitteilung dient der Rechtssicherheit des StPfl.[13] Eine rückwirkende Buchführungspflicht kann nicht begründet werden, da eine solche Pflicht nachträglich nicht erfüllbar ist. Jedoch entfällt die Möglichkeit zur Gewinnermittlung nach Durchschnittssätzen auch ohne entspr. Mitteilung des FA dann, wenn die Voraussetzungen dieser Gewinnermittlung von Anfang an nicht vorgelegen haben[14] oder der StPfl. in seiner Steuererklärung wissentlich falsche Angaben macht, aufgrund derer das FA die Voraussetzungen für diese Gewinnermittlungsart weiterhin bejaht.[15] In solchen Fällen bedürfen StPfl. nicht des Schutzes durch den Mitteilungsvorbehalt. Das FA kann dann den Gewinn schätzen. Entsprechendes gilt, wenn der StPfl. jahrelang keine Steuererklärungen einreicht, aus denen das FA das Vorliegen und ggf. den Wegfall der Voraussetzungen der Gewinnermittlung nach Durchschnittssätzen erkennen könnte.[16] Das Ergehen der Mitteilung kann insoweit für den Zeitpunkt unterstellt werden, zu dem sie bei rechtzeitiger Kenntnis der maßgebenden Umstände ergangen wäre. Die Mitteilung kann mit einem Steuerbescheid verbunden werden oder gleichzeitig mit der Mitteilung über die Feststellung des Bestehens der Buchführungspflicht ergehen.[17] Anders als § 141 Abs. 1 S. 1 AO sieht § 13a Abs. 1 S. 4 neben der Mit-

---

1 BMF v. 10.11.2015, BStBl. I 2015, 877 Rz. 5 (entspr. Anwendung der Grundsätze zum Strukturwandel; R 15.5 Abs. 2 EStR).
2 BMF v. 10.11.2015, BStBl. I 2015, 877 Rz. 12.
3 *Kanzler*, DStZ 1999, 682 (683 f., 689); **aA** *Hiller*, Inf 1999, 449 (450 f.): ausschlaggebend ist der Beginn des Wj.
4 BFH v. 14.4.2011 – IV B 57/10, BFH/NV 2011, 1331 (reiner Imkereibetrieb); v. 14.4.2011 – IV R 1/09, BFH/NV 2011, 1336; v. 13.12.2012 – IV R 51/10, BStBl. II 2013, 857 (reiner Weinbaubetrieb).
5 BMF v. 10.11.2015, BStBl. I 2015, 877 Rz. 7.
6 Zu Einzelheiten BMF v. 10.11.2015, BStBl. I 2015, 877 Rz. 16 ff.
7 *Blümich*, § 13a Rn. 7; **aA** *Kanzler*, DStZ 1999, 682 (685); *L/B/P*, § 13a Rn. 27.
8 *Hiller*, Inf 1999, 487 (488); *Engel*, NWB Fach 3d, 613 (616).
9 Im Einzelnen BMF v. 10.11.2015, BStBl. I 2015, 877 Rz. 22; *K/S/M*, § 13a Rn. B 25.
10 BFH v. 26.5.1994 – IV R 34/92, BStBl. II 1994, 891 (892 f.) = FR 1994, 825.
11 *F/P/G*, Rn. C 121.
12 *Lademann*, § 13a nF Rn. 57.
13 *v. Schönberg*, HFR 2002, 392.
14 BFH v. 23.8.2017 – VI R 70/15, BStBl. II 2018, 174.
15 BFH v. 29.11.2001 – VI R 13/00, BStBl. II 2002, 147; H 13a.1 EStH „Mitteilung nach § 13a Abs. 1 Satz 2 EStG".
16 BFH v. 30.10.2014 – IV R 61/11, BStBl. II 2015, 478; FG Nds. v. 25.3.2014 – 12 K 38/10, EFG 2014, 1490 (rkr.).
17 *F/P/G*, Rn. C 160.

teilung keine besondere Feststellung durch das FA vor. Gegen die Mitteilung ist der Einspruch (§ 347 Abs. 1 Nr. 1 AO) statthaft. Maßgeblich für den Wegfall der Voraussetzungen nach § 13a Abs. 1 S. 1 Nr. 2, 3, 4 und 5 sind die tatsächlichen Verhältnisse. Konstitutiv ist die Mitteilung iSv. § 13a Abs. 1 S. 4 nur für den Wegfall der Voraussetzungen der Gewinnermittlung nach Durchschnittssätzen.[1] Das Erfordernis des Fehlens einer solchen Mitteilung als negative Tatbestandsvoraussetzung für die Zulässigkeit der Gewinnermittlung nach Durchschnittssätzen ist § 13a Abs. 1 S. 4 nicht zu entnehmen. Es bedarf jedoch gem. § 141 Abs. 2 S. 2 AO einer Mitteilung über den Wegfall der Voraussetzungen nach § 141 Abs. 1 AO, sofern nach dieser Vorschrift eine Buchführungspflicht bestand.[2] Die Mitteilung nach § 13a Abs. 1 S. 4 kann sich nur auf vergangene Verhältnisse stützen. Sie kann deshalb nicht so ausgelegt werden, als würde sie einen Hinweis auf den Wegfall der Voraussetzungen für die Gewinnermittlung nach Durchschnittssätzen auch im Hinblick auf eine spätere Änderung der Verhältnisse enthalten. Die Mitteilung nach § 13a Abs. 1 S. 4 soll dem Land- und Forstwirt rechtzeitig (mindestens einen Monat vor Beginn des neuen Wj.) bekannt gegeben werden, damit er sich auf die neue Gewinnermittlungsart einstellen kann.[3] Da es sich aber nicht um eine gesetzliche Frist handelt, lassen geringfügige Überschreitungen die Wirksamkeit der Mitteilung unberührt.[4] Zudem bedarf eine künftig zu fertigende Überschussrechnung keiner zeitaufwendigen Vorkehrungen. Besteht keine Buchführungspflicht, so hat der StPfl. nach wirksamer Bekanntgabe der Mitteilung die Wahl, ab Beginn des auf die Mitteilung folgenden Wj. den Gewinn nach § 4 Abs. 1 oder § 4 Abs. 3 zu ermitteln.[5] Der StPfl. kann nicht durch Androhung und Festsetzung v. Zwangsgeld zur Gewinnermittlung durch Bestandsvergleich oder durch Ansatz des Überschusses der BE über die BA gezwungen werden.[6] Liegen im Anschluss an die Mitteilung nach § 13a Abs. 1 S. 4 infolge einer Änderung der Verhältnisse die Voraussetzungen des § 13a Abs. 1 S. 1 wieder vor und wird auch ein Antrag nach § 13a Abs. 2 nicht gestellt, ist der Gewinn erneut nach Durchschnittssätzen zu ermitteln (§ 13a Abs. 1 S. 5). Tritt die entsprechende Änderung der Verhältnisse noch im Wj. der Mitteilung ein, bleibt es von vornherein bei der Gewinnermittlung nach Durchschnittssätzen.[7]

2. Wahlrecht (Abs. 2). Gem. § 13a Abs. 2 kann der StPfl. bei Vorliegen der Voraussetzungen des § 13a Abs. 1 beantragen, den Gewinn nicht nach § 13a Abs. 3–7 zu ermitteln, sondern nach § 4 Abs. 1 oder § 4 Abs. 3. Durch die **Wahl der Besteuerung nach den tatsächlichen Betriebsergebnissen** kann der StPfl. insbes. eine Berücksichtigung erhöhter Absetzungen oder etwaiger Verluste erreichen. Die Wahl ist für vier aufeinander folgende Wj. bindend (§ 13a Abs. 2 S. 1). Eine Beschränkung auf einzelne Tätigkeitsbereiche ist nicht möglich.[8] Eine **wirksame Antragstellung** ist nur bis zur Abgabe der Steuererklärung, jedoch spätestens zwölf Monate nach Ablauf des ersten Wj., auf das sich der Antrag bezieht (Ausschlussfrist), möglich (§ 13a Abs. 2 S. 3). Innerhalb dieser Frist kann der Antrag zurückgenommen werden (§ 13a Abs. 2 S. 4), nicht jedoch ein innerhalb der abgegebenen Steuererklärung gestellter Antrag.[9] Bei schuldloser Fristversäumnis kann sowohl für die Stellung des Antrags wie auch für die Rücknahme die Wiedereinsetzung in den vorigen Stand (§ 110 AO) beantragt werden.[10] Gem. § 13a Abs. 2 S. 3 ist der Antrag schriftlich zu stellen. Eine konkludente Antragstellung – etwa durch Beifügung einer Abschlussbilanz oder einer Überschussrechnung – ist möglich, sofern der StPfl. unzweifelhaft seiner Besteuerung den tatsächlichen Gewinn zugrunde legen will.[11] Das in der Anlage L vorgesehene Kästchen muss nicht unbedingt angekreuzt sein.[12] In einem verspäteten Antrag kann ein wirksam für das folgende Wj. gestellter Antrag zu sehen sein.[13] Nach der Gesetzesbegründung ist die tatsächliche Führung v. Büchern oder die Aufzeichnung der BE und BA eine Wirksamkeitsvoraussetzung für den Antrag,[14] der als solcher jedoch unerlässlich ist.[15] Nach wirksam ausgeübter Wahl ist ein wiederholter Wechsel der Gewinnermittlungsart für das gleiche 6

1 Zu Einschränkungen BFH v. 29.11.2001 – IV R 13/00, BStBl. II 2002, 147 (148) = FR 2002, 353.
2 BMF v. 10.11.2015, BStBl. I 2015, 877 Rz. 24.
3 BMF v. 10.11.2015, BStBl. I 2015, 877 Rz. 23.
4 BFH v. 29.3.2007 – IV R 14/05, BStBl. II 2007, 816; FG Nds. v. 4.4.2000 – 7 K 249/99, EFG 2000, 1183 (1184).
5 *Märkle/Hiller*[11], Rn. 14.
6 BFH v. 11.8.1992 – VII R 90/91, BFH/NV 1993, 346 (348); *Märkle/Hiller*[11], Rn. 14a; **aA** *Kanzler*, FR 1993, 761 (762).
7 BMF v. 10.11.2015, BStBl. I 2015, 877 Rz. 24.
8 BT-Drucks. 18/3017, 46.
9 *Blümich*, § 13a Rn. 13.
10 S. FG Nds. v. 22.1.2008 – 4 K 11246/04, EFG 2008, 1203 zum Zeitpunkt des Wegfalls des Hindernisses für einen Wiedereinsetzungsantrag.
11 BFH v. 4.6.1992 – IV R 123, 124/91, BStBl. II 1993, 125 ff. = FR 1993, 125; v. 2.6.2016 – IV R 39/13, BStBl. II 2017, 154 = FR 2017, 93.
12 BFH v. 28.1.1988 – IV R 12/86, BStBl. II 1988, 530 (532) = FR 1988, 364.
13 BFH v. 27.1.1994 – IV R 55/93, BFH/NV 1994, 863 f.
14 BT-Drucks. 14/443, 27; *Engel*, NWB Fach 3d, 613 (616).
15 BMF v. 10.11.2015, BStBl. I 2015, 877 Rz. 2.

Wj. auch vor Eintritt der Bestandskraft nur bei Vorliegen eines besonderen Grundes zulässig.[1] Wird der Gewinn eines der vier betreffenden Wj. nicht nach § 4 Abs. 1 oder § 4 Abs. 3 ermittelt, ist der Gewinn für den gesamten Zeitraum von vier Wj. nach § 13a Abs. 3 bis 7 zu ermitteln (§ 13a Abs. 2 S. 2); eine Schätzung nach den Grundsätzen der gewählten Gewinnermittlungsart (§ 162 AO) scheidet aus.[2] Demgegenüber ist es dem StPfl. unbenommen, innerhalb des Vierjahreszeitraums zw. § 4 Abs. 1 und § 4 Abs. 3 zu wechseln.[3] Nach **Ablauf des Vierjahreszeitraums** wird – sofern kein neuer Antrag nach § 13a Abs. 2 gestellt wird – der Gewinn wieder nach Durchschnittssätzen ermittelt.[4] Sind die **Voraussetzungen des Abs. 1 während des Vierjahreszeitraums entfallen**, soll innerhalb einer Frist von einem Monat vor Beginn des nächstfolgenden Wj. darauf hingewiesen werden, dass der Gewinn nicht mehr nach Durchschnittssätzen zu ermitteln ist.[5] Der Vierjahreszeitraum verkürzt sich entsprechend.

7 **3. Gewinnkorrekturen beim Wechsel der Gewinnermittlungsart.** Der Gesamtgewinn in der Totalperiode muss nach allen Gewinnermittlungsarten gleich hoch sein, auch wenn der Periodengewinn je nach Gewinnermittlungsart unterschiedlich ausfallen kann (§ 4 Rn. 245, 242 ff., zur Übergangsbilanz s. § 13 Rn. 64). Dies kann **Korrekturen im Zeitpunkt des Wechsels** erforderlich machen. Beim Übergang von § 13a zum **Betriebsvermögensvergleich** (§ 4 Abs. 1) und umgekehrt ist im Bereich des § 13a Abs. 3 S. 1 Nr. 1 und 3 iVm. Abs. 6 S. 2 (Gewinn der landwirtschaftlichen Nutzung und der in Anlage 1a Nr. 2 genannten Sondernutzungen) kein Übergangsgewinn zu ermitteln. In den übrigen Bereichen des § 13a Abs. 3 S. 1 Nr. 2 bis 6 ist ein Übergangsgewinn nach den Grundsätzen des Übergangs von der Gewinnermittlung nach § 4 Abs. 3 zur Gewinnermittlung nach § 4 Abs. 1 und umgekehrt zu ermitteln. R 4.6 EStR ist anzuwenden.[6] Beim Übergang zu § 4 Abs. 1 sind die WG in der Übergangsbilanz mit den Werten anzusetzen, die sich ergeben hätten, wenn von Anfang an ein Bestandsvergleich stattgefunden hätte.[7] Bei einem Wechsel von § 13a zu **§ 4 Abs. 3** und umgekehrt ist im Bereich des § 13a Abs. 3 S. 1 Nr. 1 und 3 iVm. Abs. 6 S. 2 ein Übergangsgewinn zu ermitteln; R 4.6 EStR ist anzuwenden.[8] Beim Übergang zur Gewinnermittlung nach § 13a nF gelten hinsichtlich § 6 Abs. 2a und § 7g Abs. 2 und 3 Besonderheiten.[9]

C. Ermittlung des Durchschnittssatzgewinns (Abs. 3–7)

8 **I. Gewinnermittlung nach Abs. 3.** Der **Durchschnittssatzgewinn** nach Abs. 3 idF des Zollkodex-AnpG (Rn. 2) setzt sich zusammen aus den Gewinnen aus der landwirtschaftlichen und der forstwirtschaftlichen Nutzung (Abs. 3 S. 1 Nr. 1 und 2), dem Gewinn aus den Sondernutzungen (Abs. 3 S. 1 Nr. 3), den Sondergewinnen (Abs. 3 S. 1 Nr. 4), den Einnahmen aus VuV von WG des luf. BV (Abs. 3 S. 1 Nr. 5) und den Einnahmen aus KapVerm., soweit sie zu den Einkünften aus LuF gehören (Abs. 3 S. 1 Nr. 6). Der Nutzungswert der Wohnung des Betriebsinhabers (Abs. 3 S. 1 Nr. 4 iVm. Abs. 7 aF) ist nicht mehr zu berücksichtigen. Der **BA-Abzug** unterliegt aus Vereinfachungsgründen Beschränkungen: Die Vorschriften der § 4 Abs. 4a, § 6 Abs. 2 und 2a sowie zum Investitionsabzugsbetrag und zu Sonderabschreibungen finden keine Anwendung (Abs. 3 S. 2); bei abnutzbaren WG ist von linearer AfA (§ 7 Abs. 1 S. 1 bis 5) auszugehen (Abs. 3 S. 3). Darüber hinaus sind die Besonderheiten zum BA-Abzug bei den einzelnen Gewinnbestandteilen (Rn. 10 ff.) zu berücksichtigen (Abgeltung mit dem Grundbetrag, Pauschalierung, Ansatzmöglichkeit etc.). Die weitreichende Begrenzung des BA-Abzugs gem. Abs. 3 S. 2 und 3 aF ist mit dem Zollkodex-AnpG[10] entfallen.

9 Der Durchschnittssatzgewinn ist für das **Wj.** zu ermitteln. Bei einem **Rumpf-Wj.** sind der Grundbetrag (Abs. 4 S. 2), der Zuschlag für Tierzucht und Tierhaltung (Abs. 4 S. 3) und die pauschalen Gewinne für Sondernutzungen (Abs. 6 S. 2) für ein volles Wj. anzusetzen.[11] Alle übrigen BE und BA sind in der tatsächlichen Höhe zu berücksichtigen, soweit sie im Rumpf-Wj. angefallen sind.[12] Die Gewinnermittlung ist nach

1 BFH v. 2.6.2016 – IV R 39/13, BStBl. II 2017, 154 = FR 2017, 93.
2 *Leingärtner*, Kap. 26a Rn. 52.
3 BFH v. 2.6.2016 – IV R 39/13, BStBl. II 2017, 154 = FR 2017, 93.
4 *Blümich*, § 13a Rn. 14.
5 BMF v. 10.11.2015, BStBl. I 2015, 877 Rz. 25.
6 BMF v. 10.11.2015, BStBl. I 2015, 877 Rz. 81 f.; vgl. zum Übergang von der Schätzung zu § 13a FG München v. 29.7.2014 – 7 K 3760/12, EFG 2014, 1949.
7 BFH v. 5.6.2003 – IV R 56/01, BStBl. II 2003, 801 (802) = FR 2003, 1128 m. Anm. *Kanzler*; ggf. Schätzung, R 13.5 Abs. 2 S. 3 EStR; s. auch BFH v. 12.12.2013 – IV R 31/10, BFH/NV 2014, 514 zum Übergang von der Gewinnermittlung gem. § 13a zur EÜR.
8 BMF v. 10.11.2015, BStBl. I 2015, 877 Rz. 83.
9 Dazu BMF v. 10.11.2015, BStBl. I 2015, 877 Rz. 84 f.
10 G v. 22.12.2014, BGBl. I 2014, 2417.
11 BMF v. 10.11.2015, BStBl. I 2015, 877 Rz. 29.
12 *Lademann*, § 13a nF Rn. 173; *L/B/P*, § 13a Rn. 151.

amtlich vorgeschriebenem Datensatz durch Datenfernübertragung spätestens mit der Steuererklärung **zu übermitteln** (Abs. 3 S. 4). Auf Antrag kann die Finanzbehörde zur Vermeidung unbilliger Härten auf eine elektronische Übermittlung verzichten; in diesem Fall ist der Steuererklärung eine Gewinnermittlung nach amtlich vorgeschriebenem Vordruck beizufügen (Abs. 3 S. 5).[1] § 150 Abs. 8 AO gilt entspr. (Abs. 3 S. 6).

II. Gewinnbestandteile. 1. Gewinn aus der landwirtschaftlichen Nutzung (Abs. 3 S. 1 Nr. 1, Abs. 4). Der Gewinn aus der landwirtschaftlichen Nutzung (§ 160 Abs. 2 S. 1 Nr. 1 lit. a BewG) ist die nach den Grundsätzen des § 4 Abs. 1 ermittelte Summe aus dem Grundbetrag für die selbst bewirtschafteten Flächen und den Zuschlägen für Tierzucht und -haltung (Abs. 4 S. 1). Als **Grundbetrag** ist der sich aus Anlage 1a ergebende Hektarwert vervielfältigt mit der Größe der selbst bewirtschafteten landwirtschaftlichen Nutzfläche anzusetzen (Abs. 4 S. 2). Zur Vereinfachung wird seit dem Zollkodex-AnpG auf einen einheitlichen Hektarsatz abgestellt.[2] Die vormals erforderliche Hektarwertgruppeneinteilung (Abs. 4 S. 2 aF)[3] ist damit entfallen. Zu den selbst bewirtschafteten Flächen landwirtschaftlicher Nutzung gehören auch die auf die landwirtschaftliche Nutzung entfallenden Hof- und Gebäudeflächen, jedoch ohne den zur Wohnung gehörenden Grund und Boden (s. Rn. 3). Angefangene ha sind nach Anlage 1a anteilig zu berücksichtigen. Hinsichtlich des für die Bewertung maßgeblichen Zeitpunkts ist nicht auf den Beginn des Wj.,[4] sondern auf eine nachhaltige Nutzung der selbst bewirtschafteten Fläche abzustellen.[5] Erhält ein Landwirt, der seinen Gewinn nach Durchschnittssätzen ermittelt, eine Entschädigung dafür, dass er auf einer bisher landwirtschaftlich genutzten Fläche einen Forst anpflanzt, ist die Entschädigung mit dem Grundbetrag abgegolten, soweit Wertminderungen des Grundstücks und Wirtschaftserschwernisse abgegolten werden sollen.[6] Der Grundbetrag deckt grds. in typisierender Weise alle nicht gesondert zu erfassenden **BE** und auch **BA** ab. Nicht abgezogen werden können – vorbehaltlich gesonderter Erfassung – insbes. AfA sowie erhöhte Absetzungen gem. §§ 7, 7b, 7c, 7d, 7g, 7h, 7i, 7k und § 82a EStDV; auch Erhaltungsaufwendungen können nicht gesondert geltend gemacht werden.[7] 10

Als **Zuschlag für Tierzucht und Tierhaltung** ist im Wj. je Vieheinheit der sich aus Anlage 1a ergebende Betrag vervielfältigt mit den Vieheinheiten anzusetzen (Abs. 4 S. 3). Dies begründet sich dadurch, dass eine intensive Tierhaltung ggü. einer viehlosen Bewirtschaftung zu deutlich höheren Gewinnen führt.[8] Nach Anlage 1a ist ein Zuschlag je Vieheinheit ab einer Anzahl von mehr als 25 Vieheinheiten anzusetzen. Angefangene Vieheinheiten sind anteilig zu berücksichtigen. Tiere, die in einem gesonderten GewBetr. des StPfl. gehalten oder erzeugt werden, kommen nicht in Betracht.[9] Maßgeblich sind bei Tieren des UV die im Wj. erzeugten Tiere, bei Tieren im AV die im Durchschnitt des Wj. gehaltenen Tiere.[10] 11

2. Gewinn aus der forstwirtschaftlichen Nutzung (Abs. 3 S. 1 Nr. 2, Abs. 5). Der Gewinn aus der forstwirtschaftlichen Nutzung (§ 160 Abs. 2 S. 1 Nr. 1 lit. b BewG; § 13 Rn. 12) ist nach den Grundsätzen des § 4 Abs. 3 unter Berücksichtigung von **§ 51 EStDV** zu ermitteln (Abs. 5). Die durch das Zollkodex-AnpG eingeführte Regelung dient ihrerseits der Vereinfachung und Vereinheitlichung der Gewinnermittlung.[11] Die **Einnahmen** aus der forstwirtschaftlichen Nutzung sind danach in tatsächlicher Höhe anzusetzen. Einnahmen werden insb. aus dem Verkauf von Holz und entspr. Entnahmen erzielt. Nicht umfasst sind dagegen die Erlöse aus dem Verkauf von Baum- und Waldfrüchten, Wild und aus der Jagdpacht.[12] Der Gewinn aus Waldverkäufen wird grds. als Sondergewinn nach Abs. 7 S. 1 Nr. 1 lit. a erfasst, Gewinn aus der Flächenverpachtung und der Jagdpacht nach Abs. 3 S. 1 Nr. 5.[13] Die **BA** (Aufwendungen, die mit der forstwirtschaftlichen Nutzung in Zusammenhang stehen, zB Holzeinschlagskosten, Pflegekosten, Bodenverbesserungskosten, Nachaufforstungskosten und Aufwendungen für das Forstbetriebswerk oder für Forstbetriebsgutachten)[14] sind demgegenüber zwingend[15] nach Maßgabe von § 51 EStDV, also weitgehend 12

1 S. zum Vordruck für das Wj. 2015 bzw. die abw. Wj. 2015/2016 BMF v. 22.10.2015, BStBl. I 2015, 795.
2 BT-Drucks. 18/3017, 46.
3 *Kanzler*, DStZ 1999, 682 (688); *Leingärtner*, Kap. 26a Rn. 63; *Hiller*, Inf 1999, 449 (452); *L/B/P*, § 13a Rn. 156.
4 *Hiller*, Inf 1999, 449 (454).
5 *Leingärtner*, Kap. 26a Rn. 64.
6 BFH v. 11.9.2013 – IV R 57/10, BFH/NV 2014, 316 (wird die Entschädigung für die Kosten der Aufforstung gewährt, mindert sie dagegen die HK des Forsts).
7 *Kleeberg*, AUR 2001, 306 (308).
8 BT-Drucks. 18/3017, 46.
9 BMF v. 10.11.2015, BStBl. I 2015, 877 Rz. 31.
10 BMF v. 10.11.2015, BStBl. I 2015, 877 Rz. 32.
11 BT-Drucks. 18/3017, 46.
12 BMF v. 10.11.2015, BStBl. I 2015, 877 Rz. 35.
13 BMF v. 10.11.2015, BStBl. I 2015, 877 Rz. 37.
14 *Leingärtner*, Kap. 26 Rn. 142.
15 Vgl. zur alten Rechtslage (Option) FG BaWü. v. 29.7.1999 – 14 K 181/95, EFG 1999, 1068 (Verfahren eingestellt).

pauschaliert zu berücksichtigen.[1] § 34b ist auf Gewinne aus außerordentlicher Holznutzung anzuwenden.[2] Die auf die Gewinnermittlung nach § 4 Abs. 1 bezogenen Vergünstigungen des FSchAusglG (dazu § 13 Rn. 66) kommen nicht zur Anwendung.[3] Die nach § 4 Abs. 3 zu beachtenden Aufzeichnungs- und Aufbewahrungsvorschriften sind zu berücksichtigen.[4]

13 **3. Gewinn aus den Sondernutzungen (Abs. 3 S. 1 Nr. 3, Abs. 6).** Durch die Bezugnahme auf § 160 Abs. 2 S. 1 Nr. 1 lit. c bis e BewG und die Anlage 1a Nr. 2 (Abs. 6 S. 1)[5] wird klargestellt, welche Sondernutzungen der Durchschnittssatzgewinnbesteuerung unterfallen. Erfasste Sondernutzungen sind danach weinbauliche, gärtnerische (Obst-, Gemüse-, Zierpflanzenanbau, Baumschulen, auch Spargel, Hopfen, Tabak) und übrige (Binnenfischerei, Teichwirtschaft, Fischzucht, Imkerei, Wanderschäferei, Saatzucht, Pilzanbau, Produktion von Nützlingen, Weihnachtsbaumkulturen, Kurzumtriebsplantagen) luf. Nutzungen. Die erfassten Sondernutzungen sind jeweils **pauschal** mit 1 000 Euro pro Sondernutzung anzusetzen, soweit sie die in Anlage 1a Nr. 2 Spalte 3 genannten Flächen- und Umfanggrenzen[6] überschreiten (§ 13a Abs. 6 S. 2). Liegt der Umfang der einzelnen Sondernutzung unterhalb der **Bagatellgrenze** gem. Spalte 3, wird ein Gewinn von 0 Euro für das Wj. angesetzt. Liegt der Umfang einer Sondernutzung dagegen oberhalb der Grenze gem. Spalte 2, ist der **tatsächliche Gewinn** zugrunde zu legen; § 13a scheidet dann aus (Rn. 3). Steigt der Umfang im zeitlichen Verlauf über die Grenze gem. Spalte 2 an und erhält der StPfl. keine Mitteilung (Abs. 1 S. 4), ist die Gewinnermittlung nach § 13a beizubehalten (vgl. Rn. 5), wobei der Pauschbetrag von 1 000 Euro pro Sondernutzung nicht erhöht werden kann.[7] **Verluste** sind nicht ausgleichsfähig; selbst bei nachgewiesenen Verlusten ist vielmehr der Pauschbetrag anzusetzen. Bei Betrieben, die nur erfasste Sondernutzungen unterhalb der Bagatellgrenzen unterhalten, ist zwar eine Durchschnittssatzgewinnermittlung durchzuführen, der Gewinn aber mit 0 Euro zu veranschlagen. Für die in Anlage 1a Nr. 2 nicht genannten Sondernutzungen (insb. Anbau von Tabak und von Energieholz auf Kurzumtriebsplantagen, Produktion von Nützlingen) ist der Gewinn nach § 4 Abs. 3 zu ermitteln (Abs. 6 S. 3). Die korrespondierenden Aufzeichnungs- und Aufbewahrungsvorschriften sind zu beachten.[8]

14 **4. Sondergewinne (Abs. 3 S. 1 Nr. 4, Abs. 7). a) Allgemeines.** Die – durch das Zollkodex-AnpG 2014 zur Schließung der zuvor gerügten Besteuerungslücken inhaltlich ausgeweiteten (Rn. 2) – **Sondergewinne** gem. Abs. 3 S. 1 Nr. 4, Abs. 7 S. 1 sind zwingend nach **§ 4 Abs. 3** zu ermitteln (Abs. 7 S. 1). Die eigenständige volle Berücksichtigung der Sondergewinne dient der zutr. Totalgewinnermittlung in nicht typisierbaren Bereichen. Erfasst werden Gewinne in besonderen Tätigkeitsbereichen und aufgrund außerordentlicher Geschäftsvorfälle, die in den Abs. 4 bis 6 nicht aufgenommen sind.[9] Es sind diejenigen BA anzusetzen, die einem Tatbestand des Abs. 7 S. 1 direkt zugeordnet werden können oder die anteilig auf den Sondergewinnbereich entfallen.[10] Verluste aus einzelnen Betriebsteilen sind mit Gewinnen aus anderen Betriebsteilen auszugleichen. Ergibt sich bei den gesondert zu ermittelnden Gewinnen insgesamt ein Verlust, ist dieser bei der Ermittlung des Durchschnittssatzgewinns abzuziehen. Der nach Abs. 6 S. 1 aF gewährte betriebsbezogene Freibetrag ist mit dem Zollkodex-AnpG 2014 entfallen.[11] Die Sondergewinnermittlung ist grds. elektronisch zu übermitteln; Abs. 3 S. 4 bis 6 gelten entspr. (Abs. 7 S. 4). Einer Aufforderung zur Gewinnermittlung bedarf es nicht.[12] Eine Schätzung nach den Grundsätzen der EÜR ist demgegenüber geboten, wenn der Landwirt weder eine Buchführung eingerichtet noch Aufzeichnungen geführt hat, die eine Gewinnermittlung ermöglichen.[13]

15 **b) Gewinne aus der Veräußerung oder Entnahme von Grund und Boden, Gebäuden, immateriellen WG und Beteiligungen (Abs. 7 S. 1 Nr. 1 lit. a).** Als Sondergewinne erfasst werden nach Abs. 7 S. 1 Nr. 1 lit. a die Gewinne aus der Veräußerung oder Entnahme von Grund und Boden und dem dazugehörigen Aufwuchs, den Gebäuden, den immateriellen WG und Beteiligungen (insbes. Anteilen an KapGes. und

---

1 Dazu im Einzelnen BMF v. 10.11.2015, BStBl. I 2015, 877 Rz. 36.
2 *F/P/G*, Rn. C 249.
3 *Blümich*, § 13a Rn. 37.
4 BMF v. 10.11.2015, BStBl. I 2015, 877 Rz. 86, auch unter Verweis auf BMF v. 16.5.2012, BStBl. I 2012, 595.
5 § 160 Abs. 2 S. 2 BewG findet mangels Bezugnahme keine Anwendung; BT-Drucks. 18/3017, 46.
6 Zum Systemwechsel durch das Zollkodex-AnpG s. Rn. 3.
7 *Engel*, NWB Fach 3d, 613 (617); *L/B/P*, § 13a Rn. 167; **aA** *Kanzler*, DStZ 1999, 682 (689 f.): mehrfacher Ansatz des Pauschbetrags.
8 BMF v. 10.11.2015, BStBl. I 2015, 877 Rz. 86.
9 BT-Drucks. 18/3017, 46.
10 *Blümich*, § 13a Rn. 33.
11 BT-Drucks. 18/3017, 46 (Entfall wegen des sachlichen Zusammenhangs mit § 34e aF und zur Gewährleistung der Gleichbehandlung aller Land- und Forstwirte).
12 BFH v. 27.11.1997 – IV R 33/97, BStBl. II 1998, 145 = FR 1998, 198.
13 *Blümich*, § 13a Rn. 32.

Genossenschaften; nicht dagegen MU'anteilen, wenn sie außerhalb der Gewinnermittlung nach § 13a als gesondertes BV behandelt werden[1]). Dies gilt auch für WG des gewillkürten BV.[2] Für den Begriff der Entnahme gilt § 4 Abs. 1 S. 2 (§ 13 Rn. 56, § 4 Rn. 85 ff.).[3] Bei Gewinnermittlung nach § 13a muss die Entnahme grds. in der Anlage L zur ESt-Erklärung ausdrücklich und eindeutig erklärt werden.[4] Zur Ermittlung des Veräußerungsgewinns sind vom Veräußerungspreis, zur Ermittlung des Entnahmegewinns vom Entnahmewert[5] die AK oder HK ganz oder nach Maßgabe der AfA gemindert (fiktiver Restbuchwert) als BA abzuziehen (§ 4 Abs. 3 S. 3 und 4). Bei vor dem 1.7.1970 angeschafftem Grund und Boden und ggf. betroffenen immateriellen WG gilt der nach § 55 ermittelte Betrag als AK (Abs. 7 S. 1 Nr. 1 lit. a aE, § 55 Abs. 1). Bei abnutzbaren WG des AV ist von linearer AfA auszugehen (Abs. 7 S. 2). Gem. Abs. 7 S. 3 ist für die in Abs. 7 S. 1 Nr. 1 lit. a genannten WG ein Anlagenverzeichnis zu führen.[6]

c) Gewinne aus der Veräußerung oder Entnahme anderer WG (Abs. 7 S. 1 Nr. 1 lit. b). Abs. 7 S. 1 Nr. 1 lit. b erstreckt die Veräußerungs- und Entnahmegewinnbesteuerung auf **Gewinne aus der Veräußerung oder Entnahme der übrigen WG des AV und von Tieren**, wenn der Veräußerungspreis (bürgerlich-rechtlicher Gesamtendpreis einschl. USt) oder der Entnahmewert für das jeweilige WG oberhalb der Bagatellgrenze[7] von **15 000 Euro** liegt. Bei einem Tausch ist die Angemessenheit des Werts für das hingegebene WG auf Verlangen des FA glaubhaft zu machen.[8] Bei der Ermittlung des Gewinns ist der Buchwert des jeweiligen WG unter Berücksichtigung von AfA (Restbuchwert) nur bei Nachweis oder Glaubhaftmachung in Abzug zu bringen.[9] 16

d) Gewinne aus Entschädigungen für Verlust, Untergang oder Wertminderung (Abs. 7 S. 1 Nr. 1 lit. c). Auch **Entschädigungen für den Verlust, den Untergang oder die Wertminderung der in lit. a und b genannten WG** werden zwecks zutr. Erfassung des Totalgewinns als außergewöhnliche Geschäftsvorfälle, iErg. als Sondergewinne erfasst (Abs. 7 S. 1 Nr. 1 lit. c).[10] R 6.6 EStR kann zu berücksichtigen sein. Zur Ermittlung der Bagatellgrenze von 15 000 Euro ist die gezahlte Entschädigung einschl. USt maßgeblich.[11] Entschädigungen als Ersatz für entgangene Einnahmen oder erhöhte BA sind abzugrenzen.[12] Hinsichtlich anderer Entschädigungen – insbes. für den Verlust, Untergang oder die Wertminderung von WG des UV – geht der Gesetzgeber demgegenüber davon aus, dass diese als Ersatz für entgangene Einnahmen gewährt werden und beim Grundbetrag bzw. den pauschalen BA erfasst werden.[13] 17

e) Gewinne aus der Auflösung von Rücklagen (Abs. 7 S. 1 Nr. 1 lit. d). Durch die Einbeziehung von **Erträgen oder Aufwendungen aus der Auflösung erfolgswirksam gebildeter Rücklagen** (Abs. 7 S. 1 Nr. 1 lit. d) sollen eine klare Rechtslage geschaffen und Übergangsfragen bei einem Wechsel der Gewinnermittlungsart vermieden werden.[14] Gewinne aus der Auflösung von Rücklagen nach § 6b und § 6c (vgl. auch § 6c Rn. 6) wie auch von Rücklagen für Ersatzbeschaffung (R 6.6 Abs. 6 EStR) waren bereits nach § 13a Abs. 8 Nr. 3 aF und sodann nach § 13a Abs. 6 S. 1 Nr. 4 aF zu erfassen. Bei der RfE wird der Auflösungsbetrag angesetzt, während der Zufluss der Entschädigung stfrei bleibt.[15] 18

f) Betriebseinnahmen und -ausgaben nach § 9b Abs. 2 (Abs. 7 S. 1 Nr. 2). Abs. 7 S. 1 Nr. 2 stellt seit dem Zollkodex-AnpG[16] klar, dass Mehrbeträge und Minderbeträge, die aufgrund einer Berichtigung des VorSt.-Abzugs gem. § 15a UStG anfallen und die nach Maßgabe von **§ 9b Abs. 2** als **BE und BA** zu behandeln sind, zu den Sondergewinnen gehören. 19

---

1 BMF v. 10.11.2015, BStBl. I 2015, 877 Rz. 45.
2 BMF v. 10.11.2015, BStBl. I 2015, 877 Rz. 44; s. iÜ Rz. 46 zum Fall der Beteiligung an einer Bruchteilsgemeinschaft, die keine eigene Gewinnerzielungsabsicht verfolgt.
3 Auch BFH v. 26.1.1995 – IV R 39/93, BFH/NV 1995, 873; v. 2.12.2005 – IV B 62/04, BFH/NV 2006, 543; *Jachmann*, MittBayNot. 1996, 333 ff.; *Jachmann*, DStR 1995, 40 ff.
4 BFH v. 7.2.2002 – IV R 32/01, BFH/NV 2002, 1135; v. 2.12.2005 – IV B 62/04, BFH/NV 2006, 543; v. 14.3.2006 – IV B 123/04, BFH/NV 2006, 1281.
5 Zur Teilwertermittlung bei Entnahme eines betrieblichen Grundstücks im Rahmen eines sogenannten Einheimischen-Modells FG München v. 12.7.2011 – 2 K 769/08, EFG 2012, 501.
6 Dazu BayLfSt v. 2.5.2017 – S 2149.2.1-20/1 St 32, juris.
7 BT-Drucks. 18/3017, 47: zur Vereinfachung der Erfassungs- und Aufzeichnungspflicht.
8 BMF v. 10.11.2015, BStBl. I 2015, 877 Rz. 48.
9 Im Einzelnen BMF v. 10.11.2015, BStBl. I 2015, 877 Rz. 49 ff. und 87.
10 BFH v. 25.9.2014 – IV R 44/11, BStBl. II 2015, 470 (Versicherungsentschädigung für Zerstörung eines WG des AV durch höhere Gewalt).
11 BMF v. 10.11.2015, BStBl. I 2015, 877 Rz. 52.
12 Dazu BMF v. 10.11.2015, BStBl. I 2015, 877 Rz. 53.
13 BT-Drucks. 18/3017, 47.
14 BT-Drucks. 18/3017, 47.
15 *Hiller*, Inf 1999, 487 (491); **aA** *Kanzler*, DStZ 1999, 682 (692) und *Leingärtner*, Kap. 26a Rn. 124.
16 G v. 22.12.2014, BGBl. I 2014, 2417.

20 **g) Einnahmen aus dem Grunde nach gewerblichen Tätigkeiten (Abs. 7 S. 1 Nr. 3).** Sondergewinne sind weiterhin die **Einnahmen aus dem Grunde nach gewerblichen Tätigkeiten**, die dem Bereich der LuF zugerechnet werden, abzgl. der pauschalen BA nach Anlage 1a Nr. 3 (Abs. 7 S. 1 Nr. 3). Während die Vorgängernorm des Abs. 6 S. 1 Nr. 3 aF „Dienstleistungen und vergleichbare Tätigkeiten" erfasste,[1] ist Abs. 7 S. 1 Nr. 3 idF des Zollkodex-AnpG ausdrücklich auf dem Grunde nach gewerbliche Tätigkeiten bezogen. Die den Einnahmen zugrunde liegenden, materiell gewerblichen Tätigkeiten müssen dem Bereich der LuF zuzurechnen sein (§ 13 Rn. 6). Zu diesen Tätigkeiten gehören insbes. die innerhalb der Grenzen nach R 15.5 Abs. 11 EStR ausgeübten Tätigkeiten iSv. R 15.5 Abs. 3 bis 10 EStR.[2] Beispielhaft zu nennen sind Fuhr- oder Ernteleistungen, Hand- und Spanndienste für die Teilnehmergemeinschaft einer Flurbereinigung, Pensionstierhaltung[3] oder die Beherbergung von Fremden, sofern es sich nicht um eine bloße Vermietungsleistung iSd. Abs. 3 S. 1 Nr. 5 handelt.[4] Die Tätigkeiten dürfen nicht für einen anderen luf. Betrieb erbracht werden.[5] Abs. 7 S. 1 Nr. 3 iVm. Anlage 1a Nr. 3 sieht einen **pauschalen BA-Abzug** iHv. 60 % der BE (vormals 65 %) vor. Tatsächlich entstandene höhere Aufwendungen können nicht nach § 4 Abs. 3 abgezogen werden. Die erzielten Einnahmen iSv. Abs. 7 S. 1 Nr. 3 sind aufzuzeichnen. Darüber hinaus obliegt es dem StPfl., die Voraussetzungen von R 15.5 Abs. 11 EStR nachzuweisen.[6]

21 **h) Rückvergütungen nach § 22 KStG aus Hilfs- und Nebengeschäften (Abs. 7 S. 1 Nr. 4).** Abs. 7 S. 1 Nr. 4 erfasst als hinzuzurechnende Sondergewinne schließlich – seit dem Zollkodex-AnpG – die genossenschaftlichen **Rückvergütungen nach § 22 KStG aus Hilfs- und Nebengeschäften**. Abzugrenzen ist nach R 20 Abs. 6 Nr. 3 und 4 KStR.[7]

22 **5. Einnahmen aus VuV von WG des luf. BV (Abs. 3 S. 1 Nr. 5).** Neben den Sondergewinnen (Abs. 3 S. 1 Nr. 4) werden gem. Abs. 3 S. 1 Nr. 5 auch **Einnahmen aus der VuV von WG des luf. BV**,[8] die zu den Einkünften aus LuF gehören, in tatsächlicher Höhe erfasst (Abs. 3 S. 1 Nr. 4 aF: vereinnahmte Miet- und Pachtzinsen). Als Miet-/Pachtobjekt kommt nicht nur ein Grundstück oder ein dingliches Nutzungsrecht (zB Nießbrauch, Erbbaurecht) in Betracht, sondern auch jedes andere WG des luf. BV.[9] Eine unzulässige Analogie bedeutete es jedoch, wollte man vereinnahmte Schuldzinsen einbeziehen.[10] Ebenso wenig werden Flächenstilllegungsprämien erfasst, da die entspr. Flächen als selbst bewirtschaftete Flächen schon im Grundbetrag berücksichtigt werden. Werden WG iZ mit dem Grunde nach gewerblichen Dienstleistungen und vergleichbaren Tätigkeiten (Abs. 7 S. 1 Nr. 3) von untergeordneter Bedeutung zur Nutzung überlassen, greift Abs. 3 S. 1 Nr. 5; es handelt sich dann nicht um einen Sondergewinn.[11] Die durch die Verpachtung veranlassten **Aufwendungen** (GrSt, Landwirtschaftskammerbeiträge, Berufsgenossenschaftsbeiträge, AfA) sind nicht abzugsfähig.[12] Der Gewinn ist nach § 4 Abs. 3 zu ermitteln.[13]

23 **6. Einnahmen aus KapVerm., soweit sie zu den Einkünften aus LuF gehören (Abs. 3 S. 1 Nr. 6).** Nach Abs. 3 S. 1 Nr. 6 werden dem Durchschnittssatzgewinn auch die vereinnahmten **Kapitalerträge**, die den Einkünften aus LuF zuzuordnen sind, hinzugerechnet. § 11 Abs. 1 ist zu berücksichtigen.[14] Die Vorschrift war erstmals durch das StÄndG 2001[15] eingefügt worden, zunächst beschränkt auf die Kapitalerträge, die sich aus Kapitalanlagen von Veräußerungserlösen iSd. Abs. 7 S. 1 Nr. 1 lit. a und b ergeben. Die Regelung soll dazu beitragen, ungewollte Steuerausfälle zu vermeiden.[16] Gerechtfertigt wird sie damit, dass sie über die gewöhnliche Betriebstätigkeit hinausgehende Vorgänge erfasst, die weder mit dem Grundbetrag abgegolten sind noch unter Abs. 3 S. 1 Nr. 5 (VuV) fallen. Die den Einkünften aus LuF zuzurechnenden Erträge aus anderen Kapitalanlagen waren von der Besteuerung verschont geblieben, was sich als

1 S. BT-Drucks. 14/265, 178.
2 So BMF v. 10.11.2015, BStBl. I 2015, 877 Rz. 58.
3 BFH v. 29.11.2007 – IV R 49/05, BStBl. II 2008, 425 = FR 2008, 777; FG Nds. v. 22.1.2008 – 4 K 11246/04, EFG 2008, 1203; v. 19.12.2012 – 4 K 170/12, EFG 2013, 610 (rkr.).
4 Im Einzelnen BMF v. 10.11.2015, BStBl. I 2015, 877 Rz. 59 ff.; s. auch *Leingärtner*, Kap. 26a Rn. 115 f.
5 BFH v. 14.12.2006 – IV R 10/05, BStBl. II 2007, 516 = FR 2007, 843.
6 BMF v. 10.11.2015, BStBl. I 2015, 877 Rz. 88.
7 BMF v. 10.11.2015, BStBl. I 2015, 877 Rz. 73.
8 Einschl. vereinnahmter Nebenkosten, BFH v. 14.5.2009 – IV R 47/07, BStBl. II 2009, 900 = FR 2009, 1163.
9 BFH v. 11.9.2013 – IV R 57/10, BFH/NV 2014, 316; *Hiller*, Inf 1999, 487 (488).
10 So aber *Leingärtner*, Kap. 26a Rn. 87.
11 BMF v. 10.11.2015, BStBl. I 2015, 877 Rz. 76 mit entspr. Aussage zum umgekehrten Fall (mehr als nur unbedeutende Dienstleistungen und vergleichbare Tätigkeiten).
12 BFH v. 5.12.2002 – IV R 28/02, BStBl. II 2003, 345 (346) = FR 2003, 739, m. Anm. *v. Schönberg*, HFR 2003, 562; BMF v. 10.11.2015, BStBl. I 2015, 877 Rz. 77.
13 *Lademann*, § 13a nF Rn. 106.
14 BMF v. 10.11.2015, BStBl. I 2015, 877 Rz. 78.
15 G v. 20.12.2001, BGBl. I 2001, 3794.
16 BT-Drucks. 14/7341, 23.

Besteuerungslücke darstellte.[1] Diese Lücke wurde durch das Zollkodex-AnpG geschlossen. Die Kapitalanlage muss zum BV gehören. Ein Abzug von **BA** kommt nicht in Betracht.[2] Unterliegen die Einnahmen dem Teileinkünfteverfahren, sind sie nur iHv. 60 % zu erfassen (§ 3 Nr. 40 S. 1 lit. d).

D. Ermächtigung zur Anpassung der Werte (Abs. 8)

Abs. 8 idF des Zollkodex-AnpG ermächtigt das BMF, die in Anlage 1a aufgeführten Werte (Pauschsätze, Größengrenzen) durch zustimmungsbedürftige **Rechtsverordnung** anzupassen (s. Art. 80 Abs. 1 GG). Vorgesehen ist eine turnusmäßige Anpassung nach inhaltlicher Maßgabe der Erhebungen gem. § 2 Landwirtschaftsgesetz und der weiteren Erhebungen der FinVerw. – dies, um sich ändernde Rahmenbedingungen und wirtschaftliche Entwicklungen in der LuF bei der Durchschnittssatzgewinnermittlung mitvollziehen zu können.[3] 24

§ 14 Veräußerung des Betriebs

[1]Zu den Einkünften aus Land- und Forstwirtschaft gehören auch Gewinne, die bei der Veräußerung eines land- oder forstwirtschaftlichen Betriebs oder Teilbetriebs oder eines Anteils an einem land- und forstwirtschaftlichen Betriebsvermögen erzielt werden. [2]§ 16 gilt entsprechend mit der Maßgabe, dass der Freibetrag nach § 16 Absatz 4 nicht zu gewähren ist, wenn der Freibetrag nach § 14a Absatz 1 gewährt wird.

Literatur: *Hiller/Weber*, Gestaltungsmöglichkeiten bei Hofübergabeverträgen, Inf. 1997, 680; *Kanzler*, Ermittlung des Betriebsaufgabegewinns und Zeitpunkt einer Betriebsaufgabe bei Abgabe einer rückwirkenden Aufgabeerklärung, FR 2006, 380; *Märkle*, Die Betriebsunterbrechung und der ruhende Betrieb in der Ertragsbesteuerung, BB 2002, 17; *Meyne-Schmidt*, Betriebsaufgabe v. verpachteten landwirtschaftlichen Betrieben, StBp. 2004, 235; *Wendt*, Zur Grauzone zw. Betriebsaufgabe und Betriebsänderung, FR 1998, 264; *Zugmaier*, Das Verpächterwahlrecht bei der Verpachtung gewerblicher land- und forstwirtschaftlicher sowie freiberuflicher Betriebe, FR 1998, 597.

A. Grundaussagen der Vorschrift

Die gesonderte Erfassung der Realisierung stiller Reserven durch Veräußerung oder Aufgabe eines (Teil-) Betriebs oder Anteils an einem BV in § 14 dient als Anknüpfungspunkt für stl. Begünstigungen (§§ 14a, 16 Abs. 4, 34). Die Neuregelung des § 34 Abs. 1 seit 1.1.1999 wird, anders als die Vorgängernorm, den Besonderheiten des § 14 nicht gerecht, solange sich die generelle Tarifprogression nicht erheblich verringert.[4] Dabei entspricht § 14 nach Inhalt und Bedeutung § 16. Der Freibetrag ist bei Veräußerungsvorgängen, die nach dem 31.12.1995 stattfinden, nur einmal im Leben zu gewähren. Der Freibetrag nach § 16 Abs. 4 ist ausgeschlossen, wenn der Freibetrag nach § 14a Abs. 1 gewährt wird. Bei Veräußerungen seit dem 1.1.2001 kommt ausschließlich der Freibetrag nach §§ 14, 16 Abs. 4 in Betracht, weil § 14a Abs. 1–3 ab dem 1.1.2001 ersatzlos wegfällt. 1

B. Veräußerung und Aufgabe (S. 1)

I. Veräußerungsgegenstand. Zum Gegenstand der **LuF** s. § 13 Rn. 2ff. Der **Betrieb** umfasst die Gesamtheit der WG des luf. BV (§ 13 Rn. 53ff.). Auch die Bewirtschaftung v. Stückländereien ist Betrieb. Erforderlich ist eine einheitliche Bewirtschaftung. Diese ist auch bei Grundstücken im Umkreis v. ca. 40 km möglich. Ob bei mehreren Hofstellen ein einheitlicher Betrieb vorliegt, hängt v. dem Gesamtbild der Verhältnisse im Einzelfall unter Berücksichtigung der Verkehrsanschauung ab. 2

1 *Hiller*, Inf 2002, 321 (322).
2 BMF v. 10.11.2015, BStBl. I 2015, 877 Rz. 78.
3 BT-Drucks. 18/3017, 47: verfassungsrechtl. Gebot.
4 *K/S/M*, § 14 Rn. A 49.

3 **Landwirtschaftlicher TB** ist ein mit einer gewissen Selbständigkeit ausgestatteter, organisatorisch in sich geschlossener und für sich lebensfähiger Teil eines Gesamtbetriebs, v. dem seiner Natur nach eine eigenständige betriebliche Tätigkeit ausgeübt werden kann.[1] Aus der Größe einer landwirtschaftlichen Nutzfläche allein lässt sich dagegen nicht auf die Eigenschaft als TB schließen.[2] Es gelten grds. dieselben Maßstäbe wie im gewerblichen Bereich (vgl. § 16 Rn. 53 ff.). Diese Maßstäbe sind jedoch für Betriebe der LuF nur bedingt aussagekräftig.[3] Eigene Hofstelle, Personal und Anlagevermögen sind für die Abgrenzung bedeutsamer als zB die eigene Buchführung, Gewinnermittlung oder Abnehmer.[4] Maßgeblich ist das Gesamtbild der Verhältnisse beim Betriebsinhaber/Veräußerer.[5] Die zum jeweiligen Betriebsteil gehörenden WG müssen eindeutig abgrenzbar sein. Indizien für einen TB sind eine besondere Inventarausstattung, ein eigener Arbeitnehmerstamm oder eine getrennte Abrechnung.[6] Zur Anerkennung als TB ist aber eine gesonderte Buchführung nicht erforderlich.[7] Mehrere selbständige Betriebsteile eines Gesamtbetriebs können auch dann TB sein, wenn sie gleichartige luf. Betätigungen ausüben. Der luf. Nebenbetrieb (§ 13 Rn. 22 ff.) ist TB,[8] **nicht** aber **einzelne WG**, etwa Wohngebäude mit Stallungen. Das gesamte **lebende und tote Inventar** kann nur bei einem gepachteten Betriebsteil einen TB ausmachen.[9] Wird bei einer BetrAufsp. BV veräußert, dann ist für dessen Qualifizierung als TB allein auf die Abgrenzbarkeit der Betätigung bei der Besitz-Ges. abzustellen, die idR als einheitliche Verpachtungstätigkeit anzusehen ist (dazu § 16 Rn. 53 ff.).[10] Wenn die veräußerten WG bei der Betriebs-Ges. einer abgesonderten Tätigkeit dienen, wird dies der Besitz-Ges. nicht zugerechnet.[11] Entspr. ist bei der Betriebsverpachtung zu verfahren.[12]

4 Im Verhältnis zur landwirtschaftlichen Nutzung ist eine v. selben Steuerpflichtigen betriebene Forstwirtschaft stets TB.[13] Im Verhältnis zu anderer Forstwirtschaft ist ein **forstwirtschaftlicher TB** anzunehmen, wenn der Erwerber die Teilfläche als selbständiges, lebensfähiges Forstrevier fortführen kann.[14] Es kommt insbes. nicht auf einen eigenen Betriebsplan und eine eigene Betriebsabrechnung für die Teilfläche beim Veräußerer an.[15] Bei aussetzenden Betrieben kann nicht entscheidend sein, ob der übertragene Teil für sich lebensfähig ist, weil auch der gesamte Wald oft über Jahrzehnte hinweg bis zur Hauptnutzung keine nennenswerten Erträge abwirft. Bei Veräußerung einer Teilfläche v. 88,2 ha eines Nachhaltsbetriebes setzt die Annahme eines forstwirtschaftlichen TB weder voraus, dass für die veräußerten Flächen bereits ein eigener Betriebsplan sowie eine eigene Betriebsabrechnung vorlagen, noch dass die veräußerte Fläche selbst einen Nachhaltsbetrieb mit unterschiedlichen Holzarten und Altersklassen bildet. Um zu vermeiden, dass die Mehrzahl der Forstbetriebe der Steuervergünstigungen nach §§ 14, 16, 34 verlustig gehen, werden an den forstwirtschaftlichen TB keine hohen Anforderungen gestellt.[16] Die hier geltenden Grundsätze können im Hinblick auf die unterschiedliche Struktur aber nicht auf die landwirtschaftliche Betätigung übertragen werden.

5 **Anteil** an einem luf. BV ist der (gesamte[17]) Anteil an einer luf. MU'schaft (§ 13 Rn. 44 ff.), ebenso die Beteiligung an einer Realgemeinde (§ 3 Abs. 2 KStG), nicht aber der Miteigentumsanteil an einem bisher im Alleineigentum eines StPfl. stehenden Betriebs.[18]

6 **II. Veräußerung.** (Teil-)Betriebsveräußerung ist die entgeltliche Übertragung des (wirtschaftlichen) Eigentums an allen[19] wesentlichen Betriebsgrundlagen des (Teil-)Betriebs auf eine andere Rechtsperson in einem

1 R 14 Abs. 4 EStR; *K/S/M*, § 14 Rn. B 3.
2 BFH v. 16.11.2017 – VI R 63/15, BFHE 260, 138 = FR 2018, 568.
3 *F/P/G*, Rn. D 74a.
4 BFH v. 29.3.2001 – IV R 62/99, BFH/NV 2001, 1248 (1250).
5 Vgl. BFH v. 5.6.2003 – IV R 18/02, BStBl. II 2003, 838 (839) = FR 2003, 1181 m. Anm. *Wendt*.
6 *F/P/G*, Rn. D 74.
7 *K/S/M*, § 14 Rn. B 4.
8 *Blümich*, § 14 Rn. 14.
9 *K/S/M*, § 14 Rn. B 4.
10 BFH v. 12.11.1997 – XI R 24/97, BFH/NV 1998, 690; v. 27.9.1993 – IV B 125/92, BFH/NV 1994, 617; **aA** *Tiedtke/Wälzholz*, BB 1999, 765 (767 ff.).
11 BFH v. 12.11.1997 – XI R 24/97, BFH/NV 1998, 690.
12 **AA** wohl BFH v. 18.6.1998 – IV R 56/97, BStBl. II 1998, 735 (736 f.) = FR 1998, 1004.
13 FG Münster v. 2.4.2012 – 4 K 4274/10 AO, EFG 2012, 1467.
14 Früher wurde zw. Nachhaltsbetrieben, dh. Betrieben, die durch unterschiedliche Holzarten und Altersklassen planmäßig jährliche Holzernten ermöglichen, und aussetzenden Betrieben ohne regelmäßige Holznutzung unterschieden; dazu *Leingärtner*, Kap. 44 Rn. 141.
15 *K/S/M*, § 14 Rn. B 5.
16 BFH v. 17.1.1991 – IV R 12/89, BStBl. II 1991, 566 (568) = FR 1991, 394 m. Anm. *Kanzler*.
17 Ab VZ 2002 ist die Veräußerung eines Anteils an einem MU-Anteil nicht mehr begünstigt; s. § 16 Abs. 1 Nr. 2; *K/S/M*, § 14 Rn. B 9.
18 *F/P/G*, Rn. D 84; BFH v. 18.10.1999 – GrS 2/98, BStBl. II 2000, 123 (126) = FR 2000, 143 m. Anm. *Kempermann*.
19 BFH v. 17.4.2007 – IV B 91/06, BFH/NV 2007, 1853: Milchlieferrecht nicht einzige wesentliche Betriebsgrundlage eines Milchviehbetriebs.

einheitlichen Übertragungsakt sowie im Zusammenhang mit der Beendigung der mit dem veräußerten (Teil-)Betrieb verbundenen Tätigkeit (vgl. dazu § 16 Rn. 43 ff.). Werden WG, die keine wesentliche Betriebsgrundlage sind, zurückbehalten, ist § 14 gleichwohl anwendbar. Ist bei der Anteilsveräußerung dieselbe Pers. auf der Veräußerer- und auf der Erwerberseite beteiligt, so liegt lediglich lfd. Gewinn vor.[1] Der StPfl. trägt die Feststellungslast für die Behauptung, das veräußerte Grundstück sei schon vorher aufgegeben worden.[2]

Eine **entgeltliche** Übertragung liegt vor, wenn Leistung und Gegenleistung nach kfm. Gesichtspunkten ausgewogen sind.[3] Bei einer **unentgeltlichen** Übertragung eines (Teil-)Betriebs oder MU'anteils gilt § 6 Abs. 3.[4] Eine unentgeltliche Übertragung eines forstwirtschaftlichen Betriebs liegt jedoch nicht vor, wenn der Erwerber das Grundstück schon wenige Tage nach der Schenkung veräußert, weil der Erwerber in dieser kurzen Zeit keinen forstwirtschaftlichen Betrieb führen konnte.[5] Von einer unentgeltlichen Übertragung ist auch auszugehen, wenn der Erwerber Gegenleistungen erbringt, die lediglich der Versorgung des Übertragenden dienen (§ 13 Rn. 42 f.). Hiervon zu unterscheiden ist die Veräußerung gegen wiederkehrende Bezüge, die v. Kaufpreisgedanken bestimmt sind.[6] Bei einer – einheitlich als Betriebsveräußerung zu qualifizierenden – **teilentgeltlichen** Betriebsübertragung wird v. Übergeber erst dann ein Gewinn verwirklicht, wenn das Veräußerungsentgelt das Buchwert- oder Kapitalkonto des Betriebs oder Anteils übersteigt (Einheitstheorie).[7] 7

Wesentliche Betriebsgrundlagen sind WG, die zur Erreichung des Betriebszwecks erforderlich sind und ein besonderes Gewicht für die Betriebsführung besitzen (funktionale Betrachtungsweise; vgl. dazu § 16 Rn. 48 ff.),[8] sowie – anders als bei der Betriebsverpachtung (dazu § 13 Rn. 33 f.) – auch WG, in denen erhebliche stille Reserven ruhen.[9] Maßgeblich sind die Verhältnisse des jeweiligen Betriebes am Tag der Veräußerung aus der Sicht des Veräußerers. Bei Veräußerung eines MU'anteils sind die ideellen Anteile an den WG der MU'schaft und ein entspr. Anteil an den wesentlichen WG des Sonder-BV zu übertragen.[10] Das lebende und tote Inventar ist idR nur beim reinen Pachtbetrieb wesentliche Betriebsgrundlage (§ 13 Rn. 33).[11] Die luf. Nutzfläche ist idR wesentliche Betriebsgrundlage, sofern sie nicht nach Größe (ca. 10 %) oder Bonität v. untergeordneter Bedeutung ist.[12] Fremd bewirtschaftete luf. Nutzfläche sowie Wirtschafts- und Wohngebäude sind idR keine wesentlichen Betriebsgrundlagen.[13] Keine wesentlichen Betriebsgrundlagen sind weiter: luf. Grundstücke, die zur Abfindung weichender Erben dienen, bereits vor der Veräußerung verpachtete Grundstücke, WG des gewillkürten BV (vgl. § 13 Rn. 55) und Eigentümer- und Altenteilerwohnung.[14] 8

III. Übertragungen im Zusammenhang mit der Erbfolge. 1. Hoferbfolge. Soweit für den Betrieb keine höferechtl. Sondernachfolge gilt (insbes. in Bay., Berlin, im Saarl. und in den neuen Bundesländern), bilden die Miterben eine MU'schaft (§ 13 Rn. 44).[15] Eine nach der HöfeO erfolgte Hoferbfolge begründet bzgl. des Hofes keine Erbengemeinschaft oder MU'schaft zw. dem Hoferben und den weichenden Miterben, die nur schuldrechtl. Abfindungs-Anspr. erhalten.[16] Der Hoferbe hat die Buchwerte fortzuführen (§ 6 Abs. 3).[17] Der Hof gehört nur seinem Wert nach zum Nachlass. Abfindungszahlungen nach §§ 12, 13 HöfeO sind kein Entgelt.[18] Hinsichtlich des hoffreien Vermögens, für welches die anderen Nachkommen des Erblassers zu Erben eingesetzt werden, ist v. einer Entnahme beim Erblasser auszugehen.[19] Bei abw. lan- 9

1 *K/S/M*, § 14 Rn. B 9a.
2 BFH v. 2.6.2006 – IV B 3/05, BFH/NV 2006, 1652.
3 *Leingärtner*, Kap. 50 Rn. 6.
4 Vgl. dazu *F/P/G*, Rn. D 95; zur Anwendbarkeit der 10 %-Grenze BFH v. 8.9.2005 – IV B 101/04, BFH/NV 2006, 53.
5 FG München v. 7.12.1999 – 16 K 2314/97, EFG 2000, 361 f.
6 Dazu BMF v. 26.8.2002, BStBl. I 2002, 893 Tz. 4 f., 42 ff.; *Strahl*, KÖSDI 1998, 11575 f.
7 BFH v. 7.2.1995 – VIII R 36/93, BStBl. II 1995, 770 (772) = FR 1995, 781; v. 16.12.1992 – XI R 34/92, BStBl. II 1993, 436 f. = FR 1993, 334; v. 10.7.1986 – IV R 12/81, BStBl. II 1986, 811 (814) = FR 1986, 489; FG Düss. v. 4.3.1998 – 14 V 9135/97 A (E), EFG 1998, 873 (874).
8 BFH v. 28.3.1985 – IV R 88/81, BStBl. II 1985, 508 (509) = FR 1985, 535.
9 BFH v. 2.10.1997 – IV R 84/96, FR 1998, 319 = BStBl. II 1998, 104 (105 f.); v. 13.2.1996 – VIII R 39/92, BStBl. II 1996, 409 (412) = FR 1996, 529; *K/S/M*, § 14 Rn. B 7.
10 *K/S/M*, § 14 Rn. B 6a; BFH v. 12.4.2000 – XI R 35/99, BStBl. II 2001, 26 = FR 2001, 29.
11 BFH v. 26.10.1989 – IV R 25/88, BStBl. II 1990, 373 (375) = FR 1990, 312; *K/S/M*, § 14 Rn. B 6, 4.
12 BFH v. 1.2.1990 – IV R 8/89, BStBl. II 1990, 428 = FR 1990, 367; v. 9.7.1981 – IV R 101/77, BStBl. II 1982, 20 = FR 1982, 40.
13 *Blümich*, § 14 Rn. 12.
14 *K/S/M*, § 14 Rn. B 6a.
15 BMF v. 11.1.1993, BStBl. I 1993, 62 Tz. 3.
16 BFH v. 26.3.1987 – IV R 20/84, BStBl. II 1987, 561 (562) = FR 1987, 381; FG Nds. v. 14.6.1990 – II 322/87, EFG 1991, 105 f.
17 *Hiller*, Inf 1993, 361; *Blümich*, § 14 Rn. 21, 28.
18 *K/S/M*, § 14 Rn. B 26a.
19 BMF v. 11.1.1993, BStBl. I 1993, 62 Tz. 91; *Blümich*, § 14 Rn. 28; *F/P/G*, Rn. D 117c, 120a; *K/S/M*, § 14 Rn. B 26a.

desgesetzlichen Regelungen, die zunächst den Rechtsübergang auf die Erbengemeinschaft vorsehen, gelten die allg. Grundsätze der Erbauseinandersetzung (dazu § 16 Rn. 95 ff.). Die Auseinandersetzung v. Miterben als sog. geborene MU'er eines luf. Betriebs vollzieht sich wie die Auseinandersetzung v. PersG'tern im Wege der **Sachwertabfindung** der weichenden Erben oder durch **Realteilung** (§ 16 Abs. 3 S. 2–4 idF UntStFG[1]) mit oder ohne Ausgleichs- oder Abfindungszahlung (§ 16 Rn. 226 ff.; § 6b Rn. 7, 11, 18, 21).[2]

10 **2. Vorweggenommene Erbfolge.** Zur Frage, wann es sich bei einem Vertrag zur Vorwegnahme der Erbfolge (vgl. zur Hofübergabe § 13 Rn. 55 f.) um eine entgeltliche, teilentgeltliche oder unentgeltliche Veräußerung handelt, s. § 16 Rn. 121 ff. Bei **teilentgeltlichen** Übertragungen greift § 14 ein, wenn Abstandszahlungen an den Übergeber oder Zahlungsverpflichtungen an Dritte höher sind als der Buchwert oder das Kapitalkonto (Rn. 7).[3] Diese Grundsätze sind auch auf luf. Betriebe, die der **HöfeO** unterliegen, anzuwenden;[4] § 17 HöfeO soll lediglich den Abfindungs-Anspr. der Geschwister nach §§ 12, 13 HöfeO entstehen lassen, fingiert aber nicht umfassend den Erbfall.[5] Unstreitig gelten die Grundsätze der vorweggenommenen Erbfolge für die Übertragung v. hoffreiem Vermögen.[6] Erwirbt jemand im Wege vorweggenommener Erbfolge einen luf. Betrieb unter dem **Vorbehalt des Nießbrauchs** des bisherigen Eigentümers und veräußert er während der Dauer des Nießbrauchs den luf. Betrieb weiter, so ist der bei der Veräußerung erzielte Veräußerungsgewinn ihm zuzurechnen. Behält der Erblasser bei der im Wege vorweggenommener Erbfolge erfolgten Übertragung eines luf. Betriebs Flächen in einem Umfang zurück, der die unentgeltliche Betriebsübertragung nicht gefährdet, führt dies nicht zur Zwangsentnahme dieser Flächen, wenn sie groß genug sind, als Grundlage eines fortgeführten, verkleinerten Betriebs zu dienen; wird der verkleinerte **Restbetrieb** dem Hofnachfolger zur Nutzung überlassen, steht dem Erblasser das Verpächterwahlrecht zu.[7]

11 **IV. Aufgabe.** Eine der Veräußerung gleichgestellte BetrAufg. (§§ 14 S. 2 iVm. 16 Abs. 3 S. 1) ist anzunehmen, wenn der StPfl. auf der Grundlage eines **erkennbaren einheitlichen Entschlusses** die **wesentlichen Grundlagen** (Rn. 8) des Betriebs[8] oder Teilbetriebs[9] in einem **einheitlichen wirtschaftlichen Vorgang innerhalb kurzer Zeit** (idR innerhalb v. 1 bis 1½ Jahren)[10] an **verschiedene Abnehmer** veräußert oder (zT) in das **PV** oder in ein **gewerbliches BV**[11] überführt, so dass der Betrieb als selbständiger Organismus des Wirtschaftslebens zu bestehen aufhört (dazu § 16 Rn. 192 ff.).[12] Die Vererbung eines verpachteten luf. Betriebs an eine Körperschaft des öffentl. Rechts führt mit dem Tod des Erblassers zu einer BetrAufg., wenn sie den Betrieb nicht als stpfl. Betrieb gewerblicher Art iSv. §§ 1 Abs. 1 Nr. 6, 4 Abs. 1 KStG fortführt.[13] Die **Betriebseinstellung** ist als BetrAufg. anzusehen, wenn sich aus äußerlich erkennbaren Umständen eindeutig ergibt, dass sie endg. ist[14] oder wenn der Land- und Forstwirt eine entspr. eindeutige Erklärung abgibt.[15] Die schlichte Einstellung der Eigenbewirtschaftung bei gleichzeitigem Erhalt der wesentlichen Betriebsgrundlagen führt deshalb nicht zur BetrAufg.[16] Nicht ausreichend ist auch die Flucht des Landwirts unter Zurücklassung v. Zetteln mit der Anweisung zur Betriebsauflösung; die Aufgabe setzt insoweit die Umsetzung des Entschlusses durch Veräußerung und/oder Entnahme der wesentlichen Betriebsgrundlagen voraus.[17] Zur

1 V. 20.12.2001, BGBl. I 2001, 3858; zur Realteilung s. *Stephany*, Inf 2002, 718 ff.
2 Vgl. BFH v. 5.7.1990 – GrS 2/89, BStBl. II 1990, 837 (843 ff.) = FR 1990, 635; v. 27.8.2004 – IV B 173/03, BFH/NV 2005, 334.
3 *Blümich*, § 14 Rn. 22; *K/S/M*, § 14 Rn. B 16.
4 *F/P/G*, Rn. D 89d.
5 *Blümich*, § 14 Rn. 24; **aA** BMF v. 13.1.1993, BStBl. I 1993, 80 Tz. 44: Auf Abfindungen und Ergänzungsabfindungen, die der Übernehmer eines luf. Betriebs nach §§ 12, 13, 17 Abs. 2 HöfeO an andere Abkömmlinge des Übergebers zahlen muss, sind die Grundsätze der ertragst Behandlung der Erbauseinandersetzung anzuwenden.
6 BMF v. 13.1.1993, BStBl. I 1993, 80 Tz. 44 aE.
7 BFH v. 24.2.2005 – IV R 28/00, BFH/NV 2005, 1062.
8 BFH v. 17.5.2018 – VI R 66/15, juris (BetrAufg. mit Übertragung sämtlicher landwirtschaftlicher Nutzflächen); v. 17.5.2018 – VI R 73/15, juris.
9 FG Nds. v. 22.1.2014 – 9 K 74/12, EFG 2014, 912 (Kornbrennerei).
10 15 Monate mit Rücksicht auf die schwere Verkäuflichkeit luf. Flächen akzeptabel; BFH v. 17.12.2008 – IV R 11/06, BFH/NV 2009, 937.
11 BFH v. 30.3.2006 – IV R 31/03, BStBl. II 2006, 652 = FR 2006, 828; v. 30.8.2007 – IV B 40/07, BFH/NV 2008, 35.
12 BFH v. 13.2.1997 – IV R 57/96, BFH/NV 1997, 649 (650); die Beweislast liegt beim StPfl., BFH v. 26.2.2010 – IV B 25/09, BFH/NV 2010, 1116.
13 BFH v. 19.2.1998 – IV R 38/97, BStBl. II 1998, 509 (510); **aA** *Hiller*, Inf 1993, 217 (219).
14 FG Düss. v. 14.8.2006 – 11 K 4646/04 F, EFG 2007, 254.
15 Vgl. BFH v. 16.12.1997 – VIII R 11/95, BStBl. II 1998, 379 f. = FR 1998, 436; v. 18.7.2003 – IV B 60/03, BFH/NV 2004, 31; auch ein Zeitraum v. 25 Jahren zw. Betriebseinstellung und Veräußerung führt nicht notwendig zur Zwangs-BetrAufg., BFH v. 22.3.2005 – IV B 159/03, BFH/NV 2005, 1295.
16 BFH v. 11.5.2017 – VI B 105/16, BFH/NV 2017, 1172.
17 BFH v. 30.8.2007 – IV R 5/06, BStBl. II 2008, 113 = FR 2008, 181 m. Anm. *Kanzler*; vgl. auch FG Münster v. 13.6. 2014 – 4 K 4560/11 F, EFG 2014, 1668.

Aufgabe eines MU'anteils (§ 14 S. 2 iVm. § 16 Abs. 3 S. 1) s. § 16 Rn. 226 ff.[1] Die Verteilung von Grundstücken an die Miterben führt zur BetrAufg. des luf. Betriebs der **Erbengemeinschaft.**[2] Die Auflösung einer PersGes. führt iÜ nicht zwingend zur Überführung der im SonderBV gehaltenen landwirtschaftlich genutzten Flächen in das PV.[3] Die Begr. einer **BetrAufsp.** durch Vermietung wesentlicher Betriebsgrundlagen schließt die vorangehende Aufgabe eines Betriebs, zu dessen BV die zur Nutzung überlassenen WG gehörten, nicht aus, wenn der StPfl. zuvor seine luf. Betätigung beendet hat.[4]

Wird ein luf. Betrieb ohne BetrAufg.-Erklärung mit der Absicht eingestellt, die noch vorhandenen Be- 12
triebsgrundstücke nach und nach zu veräußern, so liegt eine **Betriebsabwicklung** vor.[5] Die dabei durch die Veräußerung der Betriebsgrundstücke erzielten Veräußerungsgewinne sind lfd. Gewinn aus LuF. Die Verwertung der wesentlichen Betriebsgrundlagen innerhalb v. sechs Monaten ist idR keine Betriebsabwicklung.[6] Die **Verpachtung** (§ 13 Rn. 33) der wesentlichen Betriebsgrundlagen ist bloße **Betriebsunterbrechung**, wenn der StPfl. oder sein Rechtsnachfolger[7] beabsichtigt, seine luf. Tätigkeit wieder aufzunehmen und fortzuführen,[8] und dies nach den gegebenen Verhältnissen auch möglich erscheint.[9] Aus Gründen der Sachverhaltsfeststellung wird die Verpachtung grds. als bloße Betriebsunterbrechung behandelt, wenn der StPfl. dem FA gegenüber keine BetrAufg.-Erklärung abgibt.[10] Eine rückwirkende Erklärung ist nicht möglich. Eine konkludente Aufgabeerklärung muss erkennbar v. dem Bewusstsein getragen sein, dass infolge der Aufgabeerklärung die stillen Reserven versteuert werden.[11] Dafür genügt weder die Beantragung einer Rente wegen Unternehmensaufgabe[12] und die Beantragung der Löschung des Hofvermerks aus der Höferolle[13] noch der in der USt-Erklärung enthaltene Vermerk, dass die Weinbaufläche verpachtet und der Weinverkauf eingestellt wird.[14] Behält der StPfl. zu den wesentlichen Betriebsgrundlagen gehörende WG zurück und veräußert er nur wiederbeschaffbare Betriebsgrundlagen, so dass er den Betrieb jederzeit wieder aufnehmen kann, liegt ebenfalls bloße Betriebsunterbrechung vor.[15] Um eine **Betriebsstilllegung** handelt es sich dagegen, wenn der Betrieb für einen überschaubaren Zeitraum – im Einzelfall kann dieser einige Jahre dauern – stillgelegt und seine Identität gewahrt wird.[16] Die Veräußerung wesentlicher Teile des BV ist bei möglicher Fortführung des Betriebs nur dann BetrAufg., wenn dies dem FA ausdrücklich erklärt wird.[17] Eine Veränderung der Hofstelle (zB Zerstörung v. Gebäuden) schließt eine Fortführung nicht aus.[18] Nach der Rspr. führt eine **Verkleinerung des Betriebs** auch dann, wenn eine ertragbringende luf. Betätigung nicht mehr möglich ist, noch nicht zur BetrAufg.,[19] ebenso wenig der Umstand, dass die luf. Nutzung ohne Gewinnerzielungsabsicht, also als **Liebhaberei** (§ 13 Rn. 8 f.) betrieben wird,[20] sondern erst eine auf die BetrAufg. gerichtete äußerlich erkennbare Handlung oder ein entspr. Rechtsvorgang.[21]

---

1 Vgl. auch *Leingärtner*, Kap. 50 Rn. 64 f.
2 BFH v. 26.9.2013 – IV R 16/10, BFH/NV 2014, 324 (auch dann, wenn die verteilten Flächen unentgeltlich einem Dritten zur Nutzung überlassen werden); v. 14.7.2016 – IV R 19/13, BFH/NV 2016, 1702; v. 17.5.2018 – VI R 66/15, juris; v. 17.5.2018 – VI R 73/15, juris; anders zumindest für den Fall eines verpachteten Betriebs FG Nds. v. 2.7.2013 – 15 K 265/11, ErbBstg 2013, 250 m. Anm. *Grewe* (rkr.) (demggü. noch FG Nds. v. 24.2.2009 – 15 K 375/06, EFG 2009, 1026).
3 BFH v. 27.6.2007 – IV B 113/06, BFH/NV 2007, 2257 auch zur Geltung der Betriebsverpachtungsgrundsätze für eine Betriebsverpachtung nach Realteilung einer luf. PersGes.
4 BFH v. 30.3.2006 – IV R 31/03, BStBl. II 2006, 652 mit Anm. *Wendt*, BFH-PR 2006, 340 = FR 2006, 828.
5 BFH v. 5.12.1996 – IV R 65/95, BFH/NV 1997, 225 (226); *K/S/M*, § 14 Rn. D 2.
6 *K/S/M*, § 14 Rn. D 14.
7 BFH v. 21.9.2000 – IV R 29/99, BFH/NV 2001, 433 (434); v. 20.1.1999 – IV B 99/98, BFH/NV 1999, 1073 (1074).
8 BFH v. 11.2.1999 – III R 112/96, BFH/NV 1999, 1198 (1199); v. 18.7.2003 – IV B 60/03, BFH/NV 2004, 31.
9 BFH v. 10.6.2003 – IV B 25/02, BFH/NV 2003, 1554 (1555); *Bolin*, Inf 2001, 39 (40).
10 BMF v. 1.12.2000, BStBl. I 2000, 1556; BFH v. 15.4.2010 – IV R 58/07, BFH/NV 2010, 1785; FG Münster v. 16.8.2002 – 4 K 1249/00 F, EFG 2002, 1593; s. allerdings zu dem durch den sog. Verpachtungserlass (FinMin. Nds. v. 17.12.1965, BStBl. II 1966, 34) geschaffenen Vertrauenstatbestand FG Nds. v. 28.2.2007 – 2 K 710/04, EFG 2008, 49; FG Hbg. v. 27.1.2012 – 2 K 4/12, HLBS-Report 2012, 118.
11 BFH v. 27.11.1997 – IV R 86/96, HFR 1998, 645 (646); v. 7.5.1998 – IV B 31/97, BFH/NV 1998, 1345.
12 BFH v. 21.9.2000 – IV R 29/99, BFH/NV 2001, 433 (434): Beantragung einer Landabgaberente.
13 BFH v. 27.11.1997 – IV R 86/96, HFR 1998, 645 (646).
14 FG RhPf. v. 28.5.1998 – 6 K 2710/96, EFG 1998, 1261.
15 *K/S/M*, § 14 Rn. D 3.
16 *K/S/M*, § 14 Rn. D 4.
17 BFH v. 18.3.1999 – IV R 65/98, BStBl. II 1999, 398 = FR 1999, 814 m. Anm. *Kanzler*.
18 BFH v. 20.1.2005 – IV R 35/03, BFH/NV 2005, 1046 mit Anm. *v. Schönberg*, HFR 2005, 961.
19 BFH v. 13.2.1997 – IV R 57/96, BFH/NV 1997, 649; v. 8.6.2004 – IV B 180/02, BFH/NV 2004, 1634; v. 30.12.2004 – IV B 57/04, BFH/NV 2005, 1042; *Bolin*, Inf 2001, 39 (40).
20 *K/S/M*, § 14 Rn. D 10.
21 BFH v. 23.11.1995 – IV R 36/94, BFH/NV 1996, 398 (399); v. 30.8.2007 – IV B 40/07, BFH/NV 2008, 35: auch dann, wenn künftig Hobbylandwirtschaft betrieben wird.

C. Veräußerungs- und Aufgabegewinn (S. 2)

13 **I. Definition und Anwendung von § 16.** Der **Veräußerungsgewinn** ist der Unterschiedsbetrag zw. dem Veräußerungserlös und dem nach § 4 Abs. 1 ermittelten Wert des BV (Summe der Buchwerte der veräußerten WG[1] abzgl. der Veräußerungskosten, §§ 14 S. 2; 16 Abs. 2). Nachträgliche Änderungen des Veräußerungspreises wie auch der für die Ermittlung des Veräußerungsgewinns maßgeblichen Höhe des BV wirken steuerrechtl. auf den Zeitpunkt der Veräußerung zurück.[2] Zum Veräußerungspreis gehört auch die Übernahme v. Verbindlichkeiten durch den Erwerber; der Ausgleich eines negativen Kapitalkontos rechnet dagegen zum Veräußerungsgewinn.[3] Veräußerungskosten sind Aufwendungen, die in unmittelbarer sachlicher Beziehung zum Veräußerungsvorgang stehen. Sie sind auch dann bei der Ermittlung des begünstigten Veräußerungsgewinns abzuziehen, wenn sie bereits im VZ vor dem Entstehen des Veräußerungsgewinns angefallen sind.

14 Zum **BetrAufg.-Gewinn** gehören gem. § 14 S. 2 iVm. § 16 Abs. 3 S. 6, 7 idF UntStFG[4] (bzw. § 16 Abs. 3 S. 4, 5 idF StEntlG 1999/2000/2002) iVm. § 16 Abs. 2 neben den iRd. BetrAufg. durch die Veräußerung v. WG des BV erzielten Veräußerungsgewinnen auch die stillen Reserven der zurückbehaltenen und ins PV überführten WG.[5] Der Aufgabegewinn kann zum einen durch **Vermögensvergleich**, dh. durch Gegenüberstellung des bis zum Aufgabebeginn fortentwickelten letzten BV als Aufgabeanfangsvermögen mit dem sich durch Ansatz der Werte des § 16 Abs. 3 ergebenden Aufgabeendvermögen ermittelt werden. Verbindlichkeiten sind dabei sowohl im Ausgangs- als auch im Endvermögen zu berücksichtigen. Der Aufgabegewinn kann auch durch **Gegenüberstellung v. Ertrag und Aufwand** des Aufgabevorgangs ermittelt werden. Dies entspr. der in § 16 Abs. 2 für den Veräußerungsgewinn vorgesehenen Berechnung. Danach sind dem Veräußerungspreis (insbes. Entgelt und gemeiner Wert der ins PV überführten WG)[6] der Wert des abgehenden BV und die Veräußerungskosten gegenüberzustellen. Bei TB-Veräußerung erstreckt sich der Bestandsvergleich nur auf das BV des TB.[7] Werden die vorhandenen Verbindlichkeiten in das PV übernommen, so können sie zu Vereinfachungszwecken bei der Gegenüberstellung v. Aufgabeanfangs- und Aufgabeendvermögen weggelassen werden.[8] Ist der aufzugebende Betrieb buchmäßig überschuldet, so mindert der Überschuldungsbetrag nicht den Aufgabegewinn.[9]

15 Bei der **Ermittlung des begünstigten Gewinns** sind alle WG des BV, die mitveräußert oder zurückbehalten werden, mit dem stl. Wert v. Veräußerungspreis oder Entnahmewert abzuziehen. Die Produktionsaufgaberente nach dem FELEG ist nicht zu erfassen (§ 13 Rn. 31).[10] Vorruhestandsbeihilfen, die das Staatliche Amt für Landwirtschaft zahlt, erhöhen den Veräußerungsgewinn.[11] Werden die Buchwerte v. Grund und Boden nach § 55 Abs. 1 angesetzt, so darf ein Verlust aus dem Grundstücksverkauf den Veräußerungsgewinn nicht mindern (§ 55 Abs. 6; zur Veräußerung v. Grund und Boden mit einer Milchreferenzmenge vgl. § 13 Rn. 60, § 55 Rn. 8, 10ff.). Haben sich die Bestandsaufnahmen hinsichtlich forstwirtschaftlicher Flächen nicht auf das stehende Holz erstreckt, so sind die AK oder Erstaufforstungskosten für das stehende Holz abzgl. etwaiger Absetzungen maßgeblich.[12] War der Veräußerer schon vor dem 21.6.1948 Eigentümer der forstwirtschaftlichen Fläche, so ist im Veräußerungserlös anstelle des Buchwerts der Betrag anzusetzen, mit dem das stehende Holz in dem für den 21.6.1948 maßgeblichen EW des forstwirtschaftlichen (Teil-)Betriebs enthalten war.[13] Wurden Feldinventar und stehende Ernte nach R 14 Abs. 3 EStR nicht aktiviert, so gehört die bei der Veräußerung oder Aufgabe hierfür gezahlte Entschädigung zum Veräußerungserlös und beim Übernehmer zu den sofort abzugsfähigen BA des lfd. Wj. Hat der Verkäufer das Recht, die Ernte auf dem Halm bei Fruchtreife nach Übergabe des Betriebs noch abzuernten, so erzielt er

1 Zur Buchwertabspaltung eines Zuckerrübenlieferrechts BFH v. 9.9.2010 – IV R 2/10, BFHE 230, 453.
2 BFH v. 19.7.1993 – GrS 1/92, BStBl. II 1993, 894 (896) = FR 1993, 848; v. 19.7.1993 – GrS 2/92, BStBl. II 1993, 897 (901f.) = FR 1993, 848; dazu *Fichtelmann*, Inf 1994, 103ff.
3 *K/S/M*, § 14 Rn. C 3.
4 V. 20.12.2001, BGBl. I 2001, 3858.
5 *K/S/M*, § 14 Rn. D 18; s. zur Überführung eines Milchlieferrechts in das PV BFH v. 29.4.2009 – IX R 33/08, BStBl. II 2010, 958 = FR 2010, 134, auch zur AfA-Bemessungsgrundlage iRd. sich anschließenden Verpachtung des Rechts.
6 FG Düss. v. 24.11.2005 – 12 K 6851/02 E, EFG 2006, 657: zum gemeinen Wert kann der kapitalisierte Wert des durch Verpachtung erzielbaren höheren Jahresertrags hinzuzurechnen sein.
7 *K/S/M*, § 14 Rn. A 32.
8 BFH v. 7.3.1996 – IV R 52/93, BStBl. II 1996, 415 = FR 1996, 492.
9 BFH v. 7.3.1996 – IV R 52/93, BStBl. II 1996, 415 = FR 1996, 492; *K/S/M*, § 14 Rn. D 19.
10 *K/S/M*, § 14 Rn. C 3c.
11 BFH v. 11.11.2010 – IV R 17/08, BStBl. II 2011, 716.
12 BFH v. 19.12.1962 – IV 268/59 S, BStBl. III 1963, 357.
13 BFH v. 21.5.1970 – IV 344/64, BStBl. II 1970, 747f.; v. 17.5.1960 – I 35/57 S, BStBl. III 1960, 306ff.

aus den geernteten Früchten nachträgliche luf. Einkünfte iSv. § 24 Nr. 2. Dabei handelt es sich nicht um einen Teil des v. § 14 erfassten Veräußerungsgewinns.[1]

Zeitlich sind Gewinne aus der Veräußerung oder Aufgabe eines luf. Betriebs in dem VZ **zu erfassen**, in dem sie entstanden sind (§ 4a Abs. 2 Nr. 1 S. 2).[2] Ein Aufgabegewinn ist in dem VZ zu versteuern, in dem die Voraussetzungen der BetrAufg. vorliegen. Erstreckt sich die BetrAufg. über einen längeren Zeitraum (vgl. § 16 Rn. 192 ff.)[3] – sie beginnt grds. mit der Einstellung der werbenden Tätigkeit und endet insbes. mit der Veräußerung des letzten, zu den wesentlichen Betriebsgrundlagen gehörenden WG –, so entsteht der Aufgabegewinn aus der Veräußerung v. WG im Rahmen dieser BetrAufg. mit Übergang des wirtschaftlichen Eigentums an den jeweiligen WG.[4] Für WG, die nicht zur Veräußerung bestimmt sind, entsteht der Aufgabegewinn in dem Zeitpunkt, in dem sie während des Zeitraums der BetrAufg. ausdrücklich ins PV überführt werden oder – falls dies nicht geschieht – in dem Zeitpunkt, in dem nach Einstellung der werbenden Tätigkeit alle anderen wesentlichen Betriebsgrundlagen veräußert oder entnommen worden sind.[5] Soweit die FinVerw. die Ermittlung des BetrAufg.-Gewinns auf einen längstens drei Monate zurückliegenden Zeitpunkt zulässt, handelt es sich um die Übertragung v. Werten, die für einen früheren Zeitpunkt ermittelt wurden, auf den BetrAufg.-Zeitpunkt im Hinblick auf den Erfahrungsgrundsatz, dass sich die Werte in einem Zeitraum v. drei Monaten regelmäßig kaum verändern.[6] 16

Hat der seinen Betrieb aufgebende Land- und Forstwirt den **Gewinn nach § 4 Abs. 3 oder § 13a ermittelt**, so ist die Veräußerungs-/Aufgabebilanz so aufzustellen, als ob der Betrieb bisher seinen Gewinn nach § 4 Abs. 1 ermittelt hätte.[7] Die sich daraus ergebenden Zu- und Abrechnungen (§ 13a Rn. 6) sind lfd. Gewinn. Die Buchwerte sind aus der Buchführung, dem nach § 4 Abs. 3 S. 5 zu führenden Verzeichnis oder aus sonstigen Aufzeichnungen des StPfl. zu entnehmen, erforderlichenfalls auf den Zeitpunkt der Betriebsveräußerung oder -aufgabe zu schätzen.[8] 17

II. Steuerbegünstigungen. Ein Veräußerungs- wie Aufgabegewinn wird nur bei Überschreiten des **Freibetrags nach § 13 Abs. 3 und nach § 14 S. 2 iVm. § 16 Abs. 4**[9] besteuert. Der Freibetrag wird – auch bei Veräußerung eines TB – stets in voller Höhe gewährt, dies aber gewinneinkunftsartübergreifend nur einmal pro Pers. Als außerordentliche Einkünfte unterliegen Veräußerungsgewinne iSv. § 14 dem ermäßigten Steuersatz nach **§ 34 Abs. 1**. Veräußerungsgewinne iSv. § 14 sind nicht mit dem Durchschnittssatzgewinn des § 13a abgegolten und nicht nach § 34e begünstigt. 18

§ 14a Vergünstigungen bei der Veräußerung bestimmter land- und forstwirtschaftlicher Betriebe

Benutzerhinweis: § 14a enthält zwei unterschiedliche, voneinander unabhängige Teilregelungen. Abs. 1–3 erweitert gegenüber § 14 die ermäßigte Besteuerung v. Gewinnen aus der Veräußerung und Aufgabe kleinerer luf. Betriebe, indem bis zum 31.12.2000 ein Freibetrag v. 150 000 DM gewährt wird. Abs. 4 gewährt bis zum 31.12.2005 bei Veräußerung oder Entnahme v. luf. Grund und Boden zur Abfindung weichender Erben einen Freibetrag v. 61 800 Euro für jeden weichenden Erben. Nach Abs. 5 wird für die Veräußerung v. Grund und Boden bis 31.12.2000 ein Freibetrag v. 90 000 DM gewährt, wenn der Veräußerungserlös zur Tilgung v. Altschulden verwendet wird. Gem. Abs. 6 wird auch die teilw. begünstigte Verwendung des Veräußerungserlöses oder des entnommenen Grund und Bodens erfasst. Da die Regelungen keine aktuelle Bedeutung mehr haben, wird auf die Kommentierung in der 10. Aufl. verwiesen.[10] 1

1 *Blümich*, § 14 Rn. 48.
2 BFH v. 31.8.2006 – IV R 53/04, BStBl. II 2006, 906 = FR 2007, 144 zur Erhöhung des BetrAufg.-Gewinns durch Zahlung aufgrund einer Nachforderungsklausel (Bauland); vgl. *F/P/G*, Rn. D 190; BFH v. 11.11.2010 – IV R 17/08, BStBl. II 2011, 716 zur Sofortbesteuerung des Rentenbarwerts einer Vorruhestandsbeihilfe.
3 *K/S/M*, § 14 Rn. D 14.
4 *K/S/M*, § 14 Rn. D 19.
5 Zur Verhinderung v. Missbrauch muss die Absichtslage allerdings klar sein; BFH v. 16.12.2009 – IV R 7/07, BStBl. II 2010, 431 = FR 2010, 428 m. Anm. *Kanzler*.
6 BFH v. 27.2.1985 – I R 235/80, BStBl. II 1985, 456 (457); v. 18.8.2005 – IV R 9/04, BStBl. II 2006, 581 mit Anm. *Kanzler*, FR 2006, 380 – keine Wertübertragung bei zwischenzeitlichen bedeutenden Wertveränderungen.
7 *Lademann*, § 14 Rn. 342 f.; *K/S/M*, § 14 Rn. A 29.
8 *Schmidt*[37], § 14 Rn. 28.
9 Rechtsgrundverweisung; BFH v. 21.7.2009 – X R 2/09, BStBl. II 2009, 963 = FR 2010, 29 m. Anm. *Wendt*.
10 S. aus jüngerer Zeit lediglich BFH v. 24.9.2015 – IV R 39/12, BFH/NV 2016, 30: Über die Gewährung und Höhe des Freibetrags gem. § 14a Abs. 4 ist in der ESt-Veranlagung der MU'er zu entscheiden, nicht bereits bei der gesonderten und einheitlichen Feststellung der luf. Einkünfte der MU'schaft.

b) Gewerbebetrieb (§ 2 Absatz 1 Satz 1 Nummer 2)

§ 15 Einkünfte aus Gewerbebetrieb[1]

(1) [1]Einkünfte aus Gewerbebetrieb sind

1. Einkünfte aus gewerblichen Unternehmen. [2]Dazu gehören auch Einkünfte aus gewerblicher Bodenbewirtschaftung, z.B. aus Bergbauunternehmen und aus Betrieben zur Gewinnung von Torf, Steinen und Erden, soweit sie nicht land- oder forstwirtschaftliche Nebenbetriebe sind;
2. die Gewinnanteile der Gesellschafter einer Offenen Handelsgesellschaft, einer Kommanditgesellschaft und einer anderen Gesellschaft, bei der der Gesellschafter als Unternehmer (Mitunternehmer) des Betriebs anzusehen ist, und die Vergütungen, die der Gesellschafter von der Gesellschaft für seine Tätigkeit im Dienst der Gesellschaft oder für die Hingabe von Darlehen oder für die Überlassung von Wirtschaftsgütern bezogen hat. [2]Der mittelbar über eine oder mehrere Personengesellschaften beteiligte Gesellschafter steht dem unmittelbar beteiligten Gesellschafter gleich; er ist als Mitunternehmer des Betriebs der Gesellschaft anzusehen, an der er mittelbar beteiligt ist, wenn er und die Personengesellschaften, die seine Beteiligung vermitteln, jeweils als Mitunternehmer der Betriebe der Personengesellschaften anzusehen sind, an denen sie unmittelbar beteiligt sind;
3. die Gewinnanteile der persönlich haftenden Gesellschafter einer Kommanditgesellschaft auf Aktien, soweit sie nicht auf Anteile am Grundkapital entfallen, und die Vergütungen, die der persönlich haftende Gesellschafter von der Gesellschaft für seine Tätigkeit im Dienst der Gesellschaft oder für die Hingabe von Darlehen oder für die Überlassung von Wirtschaftsgütern bezogen hat.

[2]Satz 1 Nummer 2 und 3 gilt auch für Vergütungen, die als nachträgliche Einkünfte (§ 24 Nummer 2) bezogen werden. [3]§ 13 Absatz 5 gilt entsprechend, sofern das Grundstück im Veranlagungszeitraum 1986 zu einem gewerblichen Betriebsvermögen gehört hat.

(1a) [1]In den Fällen des § 4 Absatz 1 Satz 5 ist der Gewinn aus einer späteren Veräußerung der Anteile ungeachtet der Bestimmungen eines Abkommens zur Vermeidung der Doppelbesteuerung in der gleichen Art und Weise zu besteuern, wie die Veräußerung dieser Anteile an der Europäischen Gesellschaft oder Europäischen Genossenschaft zu besteuern gewesen wäre, wenn keine Sitzverlegung stattgefunden hätte. [2]Dies gilt auch, wenn später die Anteile verdeckt in eine Kapitalgesellschaft eingelegt werden, die Europäische Gesellschaft oder Europäische Genossenschaft aufgelöst wird oder wenn ihr Kapital herabgesetzt und zurückgezahlt wird oder wenn Beträge aus dem steuerlichen Einlagenkonto im Sinne des § 27 des Körperschaftsteuergesetzes ausgeschüttet oder zurückgezahlt werden.

(2) [1]Eine selbständige nachhaltige Betätigung, die mit der Absicht, Gewinn zu erzielen, unternommen wird und sich als Beteiligung am allgemeinen wirtschaftlichen Verkehr darstellt, ist Gewerbebetrieb, wenn die Betätigung weder als Ausübung von Land- und Forstwirtschaft noch als Ausübung eines freien Berufs noch als eine andere selbständige Arbeit anzusehen ist. [2]Eine durch die Betätigung verursachte Minderung der Steuern vom Einkommen ist kein Gewinn im Sinne des Satzes 1. [3]Ein Gewerbebetrieb liegt, wenn seine Voraussetzungen im Übrigen gegeben sind, auch dann vor, wenn die Gewinnerzielungsabsicht nur ein Nebenzweck ist.

(3) Als Gewerbebetrieb gilt in vollem Umfang die mit Einkünfteerzielungsabsicht unternommene Tätigkeit

1. einer offenen Handelsgesellschaft, einer Kommanditgesellschaft oder einer anderen Personengesellschaft, wenn die Gesellschaft auch eine Tätigkeit im Sinne des Absatzes 1 Nummer 1 ausübt oder gewerbliche Einkünfte im Sinne des Absatzes 1 Satz 1 Nr. 2 bezieht,
2. einer Personengesellschaft, die keine Tätigkeit im Sinne des Absatzes 1 Satz 1 Nummer 1 ausübt und bei der ausschließlich eine oder mehrere Kapitalgesellschaften persönlich haftende Gesellschafter sind und nur diese oder Personen, die nicht Gesellschafter sind, zur Geschäftsführung befugt sind (gewerblich geprägte Personengesellschaft). [2]Ist eine gewerblich geprägte Personengesellschaft als persönlich haftender Gesellschafter an einer anderen Personengesellschaft beteiligt, so steht für die Beurteilung, ob die Tätigkeit dieser Personengesellschaft als Gewerbebetrieb gilt, die gewerblich geprägte Personengesellschaft einer Kapitalgesellschaft gleich.

---

1 Der Verfasser dankt *Wolfram Reiß* für die Überlassung einer qualitativ hochwertigen Kommentierung mit dem Stand der 17. Auflage als Grundlage für die vorgelegte Neubearbeitung.

(4) [1]Verluste aus gewerblicher Tierzucht oder gewerblicher Tierhaltung dürfen weder mit anderen Einkünften aus Gewerbebetrieb noch mit Einkünften aus anderen Einkunftsarten ausgeglichen werden; sie dürfen auch nicht nach § 10d abgezogen werden. [2]Die Verluste mindern jedoch nach Maßgabe des § 10d die Gewinne, die der Steuerpflichtige in dem unmittelbar vorangegangenen und in den folgenden Wirtschaftsjahren aus gewerblicher Tierzucht oder gewerblicher Tierhaltung erzielt hat oder erzielt; § 10d Absatz 4 gilt entsprechend. [3]Die Sätze 1 und 2 gelten entsprechend für Verluste aus Termingeschäften, durch die der Steuerpflichtige einen Differenzausgleich oder einen durch den Wert einer veränderlichen Bezugsgröße bestimmten Geldbetrag oder Vorteil erlangt. [4]Satz 3 gilt nicht für die Geschäfte, die zum gewöhnlichen Geschäftsbetrieb bei Kreditinstituten, Finanzdienstleistungsinstituten und Finanzunternehmen im Sinne des Gesetzes über das Kreditwesen gehören oder die der Absicherung von Geschäften des gewöhnlichen Geschäftsbetriebs dienen. [5]Satz 4 gilt nicht, wenn es sich um Geschäfte handelt, die der Absicherung von Aktiengeschäften dienen, bei denen der Veräußerungsgewinn nach § 3 Nummer 40 Satz 1 Buchstabe a und b in Verbindung mit § 3c Absatz 2 teilweise steuerfrei ist, oder die nach § 8b Absatz 2 des Körperschaftsteuergesetzes bei der Ermittlung des Einkommens außer Ansatz bleiben. [6]Verluste aus stillen Gesellschaften, Unterbeteiligungen oder sonstigen Innengesellschaften an Kapitalgesellschaften, bei denen der Gesellschafter oder Beteiligte als Mitunternehmer anzusehen ist, dürfen weder mit Einkünften aus Gewerbebetrieb noch aus anderen Einkunftsarten ausgeglichen werden; sie dürfen auch nicht nach § 10d abgezogen werden. [7]Die Verluste mindern jedoch nach Maßgabe des § 10d die Gewinne, die der Gesellschafter oder Beteiligte in dem unmittelbar vorangegangenen Wirtschaftsjahr oder in den folgenden Wirtschaftsjahren aus derselben stillen Gesellschaft, Unterbeteiligung oder sonstigen Innengesellschaft bezieht; 10d Absatz 4 gilt entprechend. [8]Die Sätze 6 und 7 gelten nicht, soweit der Verlust auf eine natürliche Person als unmittelbar oder mittelbar beteiligter Mitunternehmer entfällt.

Verwaltung: R 15.1 bis R 15.10 EStR 2012; BMF v. 21.6.2017, BStBl. I 2017, 880 – Beteiligung einer jur. Pers. des öffentl. Rechts an einer PersGes.; BMF v. 19.12.2016, BStBl. I 2017, 34 – AfA eines in der Ergänzungsbilanz aktivierten Mehrwerts; BMF v. 5.1.2017, BStBl. I 2017, 32 – Neufassung des § 50i EStG durch das BEPS-UmsG v. 20.12.2016 und Aufhebung des BMF-Schr. v. 21.12.2015, BStBl. I 2016, 7 – Anwendung des § 50i Abs. 2 idF des Kroatien-AnpG; BMF v. 26.7.2016, BStBl. I 2016, 684 – Einbringung eines WG in eine PersGes. gegen Gutschrift auf dem sog. Kapitalkonto II; BMF v. 26.9.2014, BStBl. I 2014, 1258 – Anwendung der DBA auf PersGes.; BMF v. 17.3.2014, BStBl. I 2014, 555 – Gewerbliche Prägung einer „GmbH & Co. GbR" im Fall eines individualvertraglich vereinbarten Haftungsausschlusses; BMF v. 8.12. 2011, BStBl. I 2011, 1279 – Zweifelsfragen zur Übertragung und Überführung v. einzelnen WG nach § 6 Abs. 5 EStG; BMF v. 19.12.2011, BStBl. I 2011, 1249 – Abgrenzung der LuF v. Gewerbe, Neuregelung ab 2012; BMF v. 11.7.2011, BStBl. I 2011, 713 – Einbringung v. zum PV gehörenden WG in das betriebliche Gesamthandsvermögen einer PersGes.; BMF v. 23.12.2010, BStBl. I 2011, 37 – Anerkennung v. Darlehensverträgen zw. Angehörigen; BMF v. 1.4.2009, BStBl. I 2009, 515 – Abgrenzung zur vermögensverwaltenden Tätigkeit (Ein-Objekt-Gesellschaften); BMF v. 29.1.2008, BStBl. I 2008, 317 – Pensionszusagen an G'ter und Hinterbliebene; BMF v. 26.3.2004, BStBl. I 2004, 434 – private Vermögensverwaltung und Grundstückshandel; BMF v. 16.12.2003 mit Änderung v. 21.3.2007, BStBl. I 2004, 40 und 2007, 302 – Abgrenzung private Vermögensverwaltung und GewBetr. bei Venture Capital und Private Equity Fonds.

A. Grundaussagen der Vorschrift

I. Regelungsgegenstand. § 15 Abs. 1 S. 1 Nr. 1 erläutert, was die in § 2 Abs. 1 Nr. 2 genannten Einkünfte aus GewBetr. sind, nämlich: Einkünfte aus gewerblichen Unternehmen. Ausdrücklich werden dazu nach Nr. 1 S. 2 auch Einkünfte aus gewerblicher Bodenbewirtschaftung gerechnet. Die Vorschrift wird letztlich erst durch § 15 Abs. 2 mit Inhalt gefüllt, der den maßgeblichen GewBetr. umschreibt. 1

Abs. 1 S. 1 Nr. 2 ergänzt die Nr. 1 für die **G'ter/Gemeinschafter v. PersGes.** und gleichgestellten Gemeinschaften, indem er bestimmt, dass diese ebenfalls gewerbliche Einkünfte beziehen, sofern die G'ter/Gemeinschafter als **MU'er** des Betriebes anzusehen sind. Dabei muss es sich um einen GewBetr. iSd. Nr. 1 iVm. Abs. 2 handeln. Abs. 1 S. 1 Nr. 2 S. 2 bezieht den mittelbar über eine PersGes. beteiligten G'ter (sog. **doppelstöckige Ges.**) als MU'er in die Ges., an der er nur mittelbar beteiligt ist (Untergesellschaft), mit ein. Abs. 1 S. 1 Nr. 3 erklärt die Gewinnanteile und Sondervergütungen des **Komplementärs einer KGaA** zu gewerblichen Einkünften. Dies gilt unabhängig davon, ob die KGaA eine originär gewerbliche Tätigkeit ausübt oder nicht. Für Sondervergütungen, die als **nachträgliche Einkünfte** v. MU'er oder Komplementär der KGaA oder seinem Rechtsnachfolger bezogen werden, ordnet Abs. 1 S. 2 an, dass diese ebenfalls zu den Einkünften aus GewBetr. gehören. Abs. 1 S. 3 ordnet durch Verweisung auf § 13 Abs. 5 an, dass die Entnahme von Grund und Boden zwecks Errichtung einer eigenen Wohnung des StPfl. oder einer Altenteilerwohnung nicht zu besteuern ist. Anders als bei den Einkünften aus LuF nach § 13 gilt dieses Entnahmeprivileg aber für § 15 nur, sofern das Grundstück bereits 1986 zum gewerblichen BV gehört hat. Für diese Differenzierung existiert kein sachlicher Grund.[1] Das Problem ist allerdings § 13 Abs. 5 als Dauerlösung und nicht die begrenzte Sonderregelung des § 15 Abs. 1 S. 3. 2

Der durch das SEStEG[2] eingefügte § 15 Abs. 1a ergänzt die zur Sicherung des Besteuerungsrechtes eingefügte Entstrickungsregelung des § 4 Abs. 1 S. 3 und 4 für Einkünfte aus GewBetr. Danach besteuert Deutschland Gewinne aus einer Anteilsveräußerung auch nach einer Sitzverlegung einer Europäischen Ges. (SE) oder Europäischen Genossenschaft (SCE) weiter, auch wenn dem an sich ein DBA mit Zuweisung des Besteuerungsrechtes an einen anderen Staat entgegenstünde. 3

Abs. 3 ergänzt Abs. 1 S. 1 Nr. 2 und Abs. 2 bzgl. der Einkünfte v. MU'ern. Nach Abs. 3 Nr. 1 führt die Tätigkeit einer OHG, KG oder anderen PersGes. in vollem Umfange zu Einkünften aus GewBetr., sofern auch nur ein Teil der Tätigkeit der Ges. eine originäre gewerbliche Tätigkeit iSd. Abs. 1 S. 1 Nr. 1 darstellt (Abfärbewirkung). Die Abfärbewirkung tritt nach der Ergänzung des Abs. 3 Nr. 1 durch das JStG 2007[3] auch ein, wenn die (Ober-)Ges. lediglich eine Beteiligung an einer gewerblichen MU'er-Ges. hält und dadurch gewerbliche Einkünfte iSd. Abs. 1 Nr. 2 bezieht. Abs. 3 Nr. 2 wiederum qualifiziert die Tätigkeit einer gewerblich geprägten PersGes. auch dann als GewBetr., wenn an sich originär keine gewerblichen Einkünfte vorlägen. 4

---

1 *Desens/Blischke* in *K/S/M*, § 15 Rn. G 2; *Krumm* in *K/S/M*, § 13 Rn. H 3.
2 G v. 7.12.2006, BGBl. I 2006, 2782; Materialien Entw. BReg. BT-Drucks. 16/2710; Bericht und Beschlussempfehlung FinA BT-Drucks. 16/3315 und 16/3369.
3 G v. 13.12.2006, BGBl. I 2006, 2878; Materialien Entw. BReg. BT-Drucks. 16/2712; Bericht und Beschlussempfehlung FinA BT-Drucks. 16/3368 und 16/3325.

5 Abs. 4 S. 1 und 2 enthält ein lenkungspolitisches Verlustausgleichs- und Abzugsverbot für Verluste aus gewerblicher Tierzucht und -haltung, sowie in S. 3 und 5 für gewerbliche Termingeschäfte und die Veräußerung v. Aktien und anderen Anteilen an Körperschaften. Abs. 4 S. 6 statuiert mit Wirkung ab VZ 2003 ein weiteres Verlustausgleichverbot für die mitunternehmerische Beteiligung einer KapGes. an einer KapGes. durch eine Innenges. oder eine Unterbeteiligung. Durch die mit dem AmtshilfeRLUmsG[1] erfolgten Ergänzungen in den Sätzen 2 und 7 wird eine gesonderte Feststelllung der Verluste entspr. § 10d Abs. 4 vorgeschrieben.

6 **II. Systematische Einordnung.** § 15 regelt Art und Umfang der Gewinneinkunftsart Einkünfte aus GewBetr. iSd. §§ 2 Abs. 1 Nr. 2, 2 Abs. 2 Nr. 1. Er grenzt diese Einkunftsart zugleich ggü. den übrigen sechs Einkunftsarten und den nicht estpfl. Vermögensveränderungen ab. Die Vorschrift erfasst nur den **lfd. Gewinn** als Teil der Einkünfte aus GewBetr. Sie wird insoweit ergänzt durch **§ 16**, der Veräußerungs- und Aufgabegewinne aus der **Veräußerung/Aufgabe** v. ganzen (Gewerbe-)Betrieben, Teilbetrieben oder MU'anteilen zu den Einkünften aus GewBetr. rechnet. Spezielle **Verlustausgleichs- und (Abzugs)beschränkungen** für Einkünfte aus GewBetr. bei lediglich beschränkter Haftung des (Mit)Unternehmers und iZ mit Steuerstundungsmodellen enthalten **§ 15a und § 15b**. Umstrukturierungen gewerblicher Unternehmen, insbes. Umwandlungen nach dem UmwG und Einbringungen in KapGes. und PersGes. sind spezialgesetzlich im **UmwStG** geregelt.

7 Die Abgrenzung zu den anderen Einkunftsarten hat primär Bedeutung für die Einkunftsermittlungsart und den Umfang der Einkünfte. Da es sich um eine **Gewinneinkunftsart** handelt, sind sämtliche Vermögensänderungen hinsichtlich der WG des BV für die Gewinnermittlung zu berücksichtigen. Ansonsten hat die Abgrenzung vor allem Relevanz für die **Gewerbesteuer**, da das GewStG an den GewBetr. iSv. Abs. 1 Nr. 1, Abs. 2 anknüpft (Rn. 12).

8 Des Weiteren greift das ErbStG mitunter auf die Kategorien des § 15 zurück. So verweist 13b Abs. 1 S. 1 Nr. 2 iVm. § 95 **BewG** hinsichtlich des Begriffes des BV ausdrücklich auf § 15 Abs. 1 und 2, ebenso § 97 Abs. 1 Nr. 5 BewG auf § 15 Abs. 3 und in der Sache auf die Einbeziehung des SBV in das gewerbliche BV.[2]

III. Anwendungsbereich

Literatur: *Lüdicke*, PersGes. im Internationalen Steuerrecht, in Dötsch/Herlinghaus ua. (Hrsg.): Die PersGes. im Steuerrecht, Gedächtnissymposion für B. Knobbe-Keuk, Köln 2011, 95; *Prinz*, Besteuerungsgrundsätze für hybride internationale Mitunternehmerschaften, FR 2012, 381; *Prinz*, Finanzierungsbezogene Sonderbetriebsausgaben eines im Ausland ansässigen Mitunternehmers, GmbHR 2017, 553; *Prinz*, Grenzüberschreitende Personengesellschaften: Gedanken zu Erscheinungsformen, Systematik, diversen Einzelfragen, FR 2018, 973; *Richter*, Einzelfragen internationaler PersGes. im Abkommensrecht, FR 2010, 544; *Richter/John*, Mitunternehmer und Betriebsstätten, FR 2015, 142; *Spengel/Schaden/Wehrße*, Grenzüberschreitende Besteuerung von PersGes. im OECD-MA, StuW 2012, 105; *Töben*, PersGes. im Internationalen Steuerrecht, FR 2016, 543; *Wassermeyer*, Grundfragen internationaler PersGes. im Abkommensrecht, FR 2010, 537; *Wassermeyer*, Die abkommensrechtliche Behandlung v. Einkünften einer in einem Vertragsstaat ansässigen Personengesellschaft, IStR 2011, 85; *Wassermeyer/Richter/Schnittker*, PersGes. im Internationalen Steuerrecht, 2. Aufl., Köln 2015.

9 § 15 gilt wegen § 1 Abs. 1 unmittelbar nur für Einkünfte aus GewBetr. nat. Pers. als StPfl. Dabei gilt er über § 1 Abs. 4 iVm. § 49 Abs. 1 S. 2 auch für beschränkt stpfl. Pers., soweit danach inländ. Einkünfte aus GewBetr. vorliegen (einschl. § 15 Abs. 3 Nr. 2)[3], insbes. bei inländ. Betriebsstätten oder ständigem Vertreter im Inland. Dies gilt auch für die gewerblichen Einkünfte aus internationalen MU'er-Ges. Diese liegen ua. vor, a) wenn eine deutsche PersGes. (auch) ausländ. (nicht im Inland ansässige) G'ter hat (beschränkt stpfl., § 49 Abs. 1 Nr. 2) oder im Ausland Betriebsstätten (ausländ. Einkünfte nach § 34d Nr. 2) unterhält oder b) eine ausländ. PersGes. inländ. G'ter hat (unbeschränkt stpfl. mit deren in- und ausländ. Einkünften, § 1 Abs. 1 iVm. § 34d) oder im Inland eine Betriebsstätte unterhält (beschränkte StPflicht für ausländ. G'ter). Über die Qualifikation als transparent zu besteuernde PersGes. oder als intransparent zu besteuerndes Gebilde entscheidet der sog. Typenvergleich auf der Grundlage des deutschen und nicht des ausländ. Steuerrechts.[4] Der Sitz der Geschäftsleitung der PersGes. sowie weitere Betriebsstätten der PersGes. sind jeweils als Betriebsstätten des/der MU'er zu behandeln (Rn. 313). Jedem G'ter als MU'er wird das Unternehmen „PersGes." anteilig als sein Unternehmen zugerechnet. Es ist ein Unternehmen des Sitzstaates der Ansässigkeit des MU'ers.[5] Bei Erfüllung der sonstigen Voraussetzungen sind jeweils die MU'er selbst als

1 G v. 26.6.2013, BGBl. I 2013, 1809 = BStBl. I 2013, 802.
2 Vgl. dazu BFH v. 5.5.2010 – II R 16/08, BStBl. II 2010, 923 (zu Pensionsanspruch der G'ter-Witwe als SBV im Erbfall).
3 BFH v. 29.11.2017 – I R 58/15, BFH/NV 2018, 684 Rn. 18.
4 BFH v. 21.1.2016 – I R 49/14, BStBl. II 2017, 107 (zu einer spanischen SC mit in Deutschland ansässigen G'tern); v. 25.5.2011 – I R 95/10, BStBl. II 2014, 760 (zum DBA Ungarn).
5 BFH v. 20.1.2016 – I R 49/14, BStBl. II 2017, 107; v. 11.12.2013 – I R 4/13, BStBl. II 2014, 791 (Vorlagebeschl. zu § 50d Abs. 10 [BVerfG 2 BvL 15/14]; v. 12.6.2013 – I R 47/12, BStBl. II 2014, 770.

abkommensberechtigt anzusehen. Die transparent besteuerte PersGes. ist grds. nicht abkommensberechtigt.[1] Der auf den unbeschränkt steuerpflichtigen (Mit-)Unternehmer entfallende (anteilige) ausländische Betriebsstättengewinn ist idR nach dem Methodenartikel des jeweilig anwendbaren DBA unter ProgrVorb. freizustellen (vorbehaltlich von Rückfallklauseln, Aktivitätsklauseln uÄ). Soweit nach dem jeweiligen DBA (ausdrücklich auch) eine (deutsche) PersGes. als ansässig und abkommensberechtigt zu behandeln ist, betrifft dies nur die von der PersGes. erwirtschafteten Gewinne. Die Besteuerungszuordnung der vom G'ter erwirtschafteten (Veräußerungs-)Gewinne bleibt davon unberührt.[2]

Über §§ 7 Abs. 1 iVm. § 8 Abs. 1, 2 KStG iVm. §§ 1–3 KStG gilt § 15 auch für unbeschränkt und beschränkt stpfl. Körperschaften, soweit diese danach Einkünfte aus GewBetr. beziehen. 10

B. Einkünfte aus Gewerbebetrieb (Abs. 1 S. 1 Nr. 1 iVm. Abs. 2)

I. Tatbestandsmerkmale des Gewerbebetriebs (Abs. 2)

Literatur: *Birk*, Liebhaberei im Ertragsteuerrecht, BB 2009, 860; *Ismer*, Der zweigliedrige Liebhabereibegriff: Negative Totalgewinnprognose und fehlende Einkünfteerzielungsabsicht, FR 2011, 455; *Jahn*, Steuerliche Abgrenzung gewerblicher Tätigkeit von freiberuflicher und sonstiger Tätigkeit, DB 2012, 1947; *Paus*, Spätere Realisationstatbestände für die stillen Reserven bei Wechsel zur Liebhaberei, DStZ 2017, 377; *Seer*, Die ertragsteuerliche Qualifizierung des beherrschenden Gesellschafter-Geschäftsführers einer GmbH, GmbHR 2011, 225; *Schön*, Die Funktion des Unternehmenssteuerrechts im Einkommensteuerrecht, DStJG Bd. 37, 217.

1. Einkommensteuerlicher Begriff des Gewerbebetriebes im Überblick. Der estl. Begriff des GewBetr. ergibt sich seit 1983 (StEntlG 84) unmittelbar aus dem EStG. Die Vorschrift des § 15 Abs. 2 geht zurück auf § 1 Abs. 1 GewStDV, der seinerseits die Rspr. des preußischen OVG[3] und des RFH[4] kodifizierte. Bei dem GewBetr.-Begriff des Abs. 2 handelt es sich um einen kernbereichsbeschreibenden offenen Typusbegriff.[5] Der GewBetr. iSd. EStG wird danach durch folgende vier positive Merkmale gekennzeichnet: (1) Selbständigkeit (2) Nachhaltigkeit (3) Teilnahme am allg. wirtschaftlichen Verkehr und (4) Gewinnerzielungsabsicht. Außerdem ergibt sich aus § 15 Abs. 2, dass der GewBetr. durch eine Betätigung des StPfl. konstituiert wird. Wie bei allen Einkunftsarten ergibt sich die Einkunftsart aus dem Handlungstatbestand, der v. StPfl. verfolgten Tätigkeit. Die positiven Tatbestandsmerkmale der **Selbständigkeit, Nachhaltigkeit und der Teilnahme am allg. Wirtschaftsverkehr** dienen der Abgrenzung zu a) den Einkunftsarten aus nicht selbständiger Arbeit (§ 19, s. Rn. 19 ff.), zu den gelegentlichen sonstigen Einkünften (§ 22 Nr. 3) sowie b) zu den nicht steuerbaren Vermögensveränderungen außerhalb der Einkunftsarten. Die Einkünfteerzielungsabsicht ist ein allen Einkunftsarten gemeinsames Merkmal,[6] das missverständlicherweise v. Gesetzgeber nur für die Einkünfte aus GewBetr. bes. hervorgehoben wird (s. § 2 Rn. 57 f.). Negativ wird der GewBetr. in § 15 Abs. 2 dadurch abgegrenzt, dass es sich nicht um eine Tätigkeit handeln darf, die (1) als Ausübung v. LuF oder (2) selbständiger Arbeit oder (3) als private Vermögensverwaltung[7] (Einkünfte aus VuV oder KapVerm.) anzusehen ist. Die letztere Einschränkung ergibt sich nicht unmittelbar aus dem Wortlaut des § 15 Abs. 2, folgt aber daraus, dass andernfalls Einkünfte aus §§ 20, 21 niemals in Betracht kämen, weil dabei immer zugleich die positiven Merkmale des § 15 Abs. 2 erfüllt wären und wegen der Subsidiaritätsklauseln der §§ 20 Abs. 8, 21 Abs. 3 Einkünfte aus GewBetr. vorrangig wären. Daher muss davon ausgegangen werden, dass § 15 Abs. 2 voraussetzt, dass der Rahmen privater Vermögensverwaltung zur Erzielung v. Einkünften aus §§ 20, 21 überschritten wird, wenn gewerbliche Einkünfte vorliegen sollen. Für alle positiven wie negativen Merkmale gilt: Zugrunde zu legen ist der Sachverhalt, wie er sich für den StPfl. im Zeitpunkt seines Handelns dargestellt hat. Wird der StPfl. selbst Opfer eines Betruges und stellt 11

1 BMF v. 26.9.2014, BStBl. I 2014, 1258 Tz. 2.1 (anders aber für die Entlastung v. deutschen Abzugssteuern, falls sie im anderen Staat als dort ansässige Person intransparent besteuert wird, s. auch BMF v. 24.1.2012, BStBl. I 2012, 171 Tz. 3); **aA** insoweit *Wassermeyer*, FR 2010, 537 (auch insoweit keine Abkommensberechtigung der in Deutschland transparent zu besteuernden ausl. PersG) und *Richter*, FR 2010, 544 (kein sachlicher Abkommensschutz, da innerstaatlich schon keine Einkünftezurechnung). Wegen abkommensrechtlicher Sonderregelung s. *Weggenmann/Rödl*, FS Reiß, 697.

2 BFH v. 13.11.2013 – I R 67/12, BStBl. II 2014, 72.

3 OVGSt. 6, 385; 7, 418, 421; 10, 382.

4 RFH v. 4.2.1931 – VI A 176/30, RFHE 28, 21.

5 Für Typusbegriff ua. *Hey* in Tipke/Lang[23], § 8 Rn. 415; *Fischer*, FR 1995, 803; BFH v. 29.10.1997 – X R 183/96, BStBl. II 1998, 332; v. 22.4.1998 – X R 17/96, BFH/NV 1998, 1467; v. 7.2.2018 – X R 10/16, BFH/NV 2018, 754 Rn. 61; abl. *Weber-Grellet*, FS Beisse, 1997, 551.

6 BFH v. 14.3.1985 – IV R 8/84, BStBl. II 1985, 424; v. 25.6.1984 – GrS 4/82, BStBl. II 1984, 751; v. 19.7.1990 – IV R 82/89, BStBl. II 1991, 333.

7 Vgl. insoweit grundlegend BFH v. 25.6.1984 – GrS 4/82, BStBl. II 1984, 751 (762); v. 3.7.1995 – GrS 1/93, BStBl. II 1995, 617.

sich daher (nachträglich) heraus, dass objektiv ein ganz anderer Sachverhalt vorgelegen hat, dann bleibt dies außer Betracht.[1]

12 Estl. und gewstl. Tatbestand des GewBetr. stimmen überein, § 2 Abs. 1 S. 2 GewStG. Allerdings wird die GewSt auf den im Inland betriebenen GewBetr. beschränkt. Darüber hinausgehend soll aus dem **Objektcharakter der GewSt** zu folgern sein, dass bloße Vorbereitungshandlungen im GewSt-Recht im Unterschied zum Einkommensteuerrecht noch keine sachliche GewStPfl. begründen. Die sachliche GewStPfl. beginne, unabhängig von der Rechtsform, erst mit Beginn der werbenden Tätigkeit durch Beteiligung am allgemeinen wirtschaftlichen Verkehr durch Erbringung eigener gewerblicher Leistungen.[2] Umgekehrt unterliegen aus demselben Grunde bei natürlichen Pers. nach Einstellung der werbenden Tätigkeit erzielte Veräußerungsgewinne nach § 16 nicht mehr der sachlichen GewStPfl. (s. § 16 Rn. 12). Die sachliche GewStPfl. endet – außer für KapGes. – mit der Einstellung der werbenden Tätigkeit auch für gewerblich geprägte PersGes.[3]

13 Der estl. Begriff des GewBetr. ist **nicht** mit dem zivilrechtl. (vgl. ua. § 112 BGB, § 1822 Nr. 3 und 4, 1823 BGB) und **handelsrechtl. Begriff des GewBetr.** (§§ 1, 2 HGB) **identisch**. Abweichungen ergeben sich ua. wegen der unterschiedlichen Beschreibungen der freiberuflichen Einkünfte; so kennt das PartGG zB keine dem § 18 Abs. 1 Nr. 1 S. 3 vergleichbare Einschränkung (dazu § 18 Rn. 90 ff.): steuerrechtlich können mithin gewerbliche Einkünfte vorliegen, während das Zivilrecht nach wie vor von einem freien Beruf ausgeht. Auch die Eintragung in das Handelsregister ist für die Einkünftequalifikation ohne Belang. Daher verbleibt es bei **luf. Einkünften** selbst dann, wenn das Unternehmen nach § 3 Abs. 2 iVm. **§ 2 HGB** eingetragen ist **(Kann-Kfm.)** oder bei **Einkünften aus §§ 20, 21**, falls eine **vermögensverwaltende Ges. als OHG oder KG** in das Handelsregister eingetragen ist, §§ 105 Abs. 2, 161 HGB.

14–17 Einstweilen frei.

18 **2. Positive Begriffsmerkmale. a) Selbständigkeit.** Die selbständige Tätigkeit ist dadurch gekennzeichnet, dass sie auf eigene Rechnung **(Unternehmerrisiko)** und in eigener Verantwortung **(Unternehmerinitiative)** ausgeübt wird.[4] Der gewerbetreibende StPfl. wird auf eigene Rechnung und Gefahr tätig, wenn er das Erfolgsrisiko, insbes. das Vergütungsrisiko,[5] trägt. Grds ist auch erforderlich, dass die Tätigkeit auf seiner Initiative beruht, letztlich auf seinen Willen zurückzuführen ist. Dies ist auch dann der Fall, wenn er sich zur Ausübung seiner gewerblichen Tätigkeit fremder Arbeitskräfte bedient. Maßgebend ist insoweit, dass diese seinem Geschäftswillen untergeordnet sind und deshalb ihre Tätigkeit im Außenverhältnis dem Gewerbetreibenden als ArbG zuzurechnen ist. Dies gilt auch, soweit sich der Gewerbetreibende leitenden Personals (Geschäftsführer, Vorstandsmitglieder, Prokuristen usw.) bedient und diesen die Initiative überlässt. Entscheidend ist, dass diese Initiative des Leitungspersonals nur entfaltet werden kann, weil dies auf den Willen des Gewerbetreibenden zurückzuführen ist. Soweit der Gewerbetreibende selbst nicht handlungsfähig ist, kommt es nicht auf die v. ihm willentlich entfaltete Unternehmerinitiative an, sondern auf die für ihn v. den **gesetzlichen Vertretern** oder Pflegern (nat. Pers., insbes. minderjährige Kinder)[6] oder für ihn handelnden **Organen** (jur. Pers., nicht rechtsfähige Vereine) entfaltete Unternehmerinitiative. Das-

---

1 BFH v. 7.2.2018 – X R 10/16, BFH/NV 2018, 754 Rn. 29 ff. (vergebliche Investitionen in betrügerische Modelle über den Erwerb von tatsächlich nicht existierenden Blockheizkraftwerken).

2 Vgl. BFH v. 12.5.2016 – IV R 1/13, DB 2016, 2580 (zu doppelstöckigen „Schiffs(beteiligungs-)ges." – auch für die Oberges. erst mit Beginn der werbenden Tätigkeit der Unterges.!); v. 22.1.2015 – IV R 10/12, BFH/NV 2015, 678 und v. 3.4.2014 – IV R 12/10, BStBl. II. 2014, 1000 (zur Einschiffgesellschaften mit diffizilen und kaum feststellbaren Differenzierungen je nach „entfalteten" Tätigkeiten, ua. Verkauf oder Vercharterung); v. 14.4.2011 – IV R 52/09, BStBl. II 2011, 929 (zu tatsächlich echt gewerblich tätiger GmbH & Co. KG); v. 15.1.1998 – IV R 8/97, BStBl. II 1998, 478 (für Besitzges. mit Erfüllung der Voraussetzungen für BetrAufsp.); v. 20.11.2003 – IV R 5/02, BStBl. II 2004, 464 (bei gewerblich geprägter PersGes. erst und schon mit Aufnahme der werbenden [an sich] vermögensverwaltenden Tätigkeit); v. 16.2.1977 – I R 244/74, BStBl. II 1974, 561. Bei KapGes. als GewBetr. kraft Rechtsform spätestens mit Eintragung, bei vorheriger Aufnahme der (an sich vermögensverwaltenden) Tätigkeit schon früher, s. BFH v. 24.1. 2017 – I R 81/15, DB 2017, 1627; sa. R 2.5 GewStR und BFH v. 13.10.2016 – IV R 21/13, BStBl. II 2017, 475 (Abgrenzung der nicht gewerbesteuerlichen Abwicklung eines Schiffsbetriebs von der Aufnahme einer neuen gewerbesteuerlichen Tätigkeit) und v. 13.4.2017 – IV R 49/15, DStR 2017, 1428 (vorbereitende vermögensverwaltende Tätigkeit größeren Umfangs als gewerbliche Tätigkeit – Währungs- und Devisentermingeschäfte).

3 BFH v. 18.5.2017 – IV R 30/15, BFH/NV 2017, 1191.

4 BFH v. 22.2.2012 – X R 14/10, BStBl. II 2012, 511 (Werbeeinnahmen eines DFB-Nationalspielers); v. 27.9.1988 – VIII R 193/83, BStBl. II 1989, 414; v. 31.7.1990 – I R 173/83, BStBl. II 1991, 66 mwN.

5 BFH v. 18.6.2015 – VI R 77/12, BStBl. II 2015, 903 (Erfolgshonorar, Telefoninterviewer); v. 2.12.1998 – X R 83/96, BStBl. II 1999, 534; v. 22.1.1988 – III R 43–44/85, BStBl. II 1988, 497; v. 12.10.1989 – IV R 118–119/87, BStBl. II 1990, 64; v. 17.10.1996 – V R 63/94, BStBl. II 1997, 188.

6 BFH v. 27.9.1988 – VIII R 193/83, BStBl. II 1989, 414; anders aber bei Handeln für eigene Rechnung BFH v. 20.9. 1991 – III R 36/90, BStBl. II 1992, 300.

selbe gilt, soweit zwar keine allg. Handlungsunfähigkeit vorliegt, aber dem Gewerbetreibenden für den Geschäftsbereich seines GewBetr. die Verfügungsbefugnis fehlt und deshalb für ihn **besondere (Amts-)Verwalter** handeln (müssen). Dies betrifft ua. die Zurechnung der Tätigkeit des **Testamentsvollstreckers,**[1] **des Insolvenzverwalters,**[2] **des Nachlassverwalters**, soweit der GewBetr. der besonderen Verwaltung unterliegt und dem Inhaber die Verfügungsbefugnis darüber genommen ist. Schließlich schließt die **Ausübung hoheitlicher Funktionen**, insbes. die Wahrnehmung öffentl. Aufgaben als **beliehener Unternehmer** die Annahme einer selbständigen Tätigkeit als Gewerbetreibender nicht aus.[3]

Durch das Merkmal der selbständigen Betätigung unterscheiden sich der GewBetr. iSv. § 15, die luf. Tätigkeit (§ 13) sowie die selbständige Tätigkeit (§ 18) von der Ausübung nichtselbständiger Arbeit iSv. § 19. Insoweit schließen sich bezogen auf **eine Tätigkeit** (identischer Lebenssachverhalt) ArbN-Eigenschaft mit Einkünften aus § 19 (s. dazu § 19 Rn. 15 f.) und Unternehmereigenschaft mit Einkünften aus §§ 15, 13 oder 18 aus. Auch hier gilt freilich die Relativität der Rechtsbegriffe: Die vorstehende Abgrenzungsfrage mag auch im Arbeits- und Sozialrecht auftreten, die Ergebnisse müssen wegen der unterschiedlichen Zwecke nicht identisch sein. Daher steht eine sozialversicherungspflichtige Beschäftigung als **Scheinselbständiger** (s. § 19 Rn. 7) und nach § 2 S. 1 Nr. 9 SGB VI (arbeitnehmerähnliche Selbständige) einerseits nicht der Annahme entgegen, dass Einkünfte aus GewBetr. bezogen werden,[4] andererseits werden angestellte Vorstandsmitglieder und Geschäftsführer stl. auch dann unselbständig tätig, wenn sie arbeitsrechtl. nicht als ArbN behandelt werden.[5] 19

Für die **Unselbständigkeit** einer Tätigkeit sprechen ua. die **Weisungsgebundenheit** hinsichtlich Ort, Zeit und Inhalt der Tätigkeit, feste Arbeitszeiten, verhältnismäßig einfache Tätigkeiten ohne besonderen Kapitaleinsatz, Lohnfortzahlung bei Krankheit und Urlaub, weitgehend erfolgsunabhängige Entlohnung, Schulden der Arbeitskraft und nicht eines bestimmten Erfolges, längere Tätigkeit für nur einen (ArbG) Vertragspartner. Der Einbehaltung oder Nichteinbehaltung v. LSt und/oder SozVers.beiträgen kommt lediglich indizielle Bedeutung[6] zu, keine Bindungswirkung[7]. Umgekehrt sprechen für die **Selbständigkeit** ua. eigenes Bestimmungsrecht über Ort, Zeit und Umfang der Tätigkeit, keine Eingliederung in einen fremden Betrieb, Einfluss auf die Höhe der Einnahmen und Aufwendungen durch Entfaltung eigener Aktivitäten, das Recht, die übertragenen Tätigkeiten v. anderen ausführen zu lassen, die Beschäftigung v. eigenen ArbN, fehlende Anspr. auf Fortzahlung einer Entlohnung bei Krankheit oder Urlaub, das Schulden eines Erfolges hinsichtlich des übernommenen Auftrages/der übernommenen Arbeiten und nicht nur der Erbringung der Arbeitsleistung.[8] Die für und gegen die Selbständigkeit sprechenden Merkmale sind gegeneinander abzuwägen. Maßgebend für die endg. Einordnung ist das **Gesamtbild der Verhältnisse**.[9] Die (umfangreichen) **Einzelnachweise aus der Rspr.** sind nachgewiesen bei § 19 Rn. 54. 20

Ob eine **Nebentätigkeit oder Aushilfstätigkeit** unselbständig oder selbständig ausgeübt wird, ist nach den allg. Abgrenzungsmerkmalen (§ 1 Abs. 1 und 2 LStDV) zu entscheiden. Dabei ist die Nebentätigkeit oder Aushilfstätigkeit idR für sich allein zu beurteilen. Die Art einer etwaigen Haupttätigkeit ist für die Beurteilung nur wesentlich, wenn beide Tätigkeiten unmittelbar zusammenhängen. **Gelegenheitsarbeiter**, die zu bestimmten, unter Aufsicht durchzuführenden Arbeiten herangezogen werden, sind auch dann ArbN, wenn sie die Tätigkeit nur für einige Stunden ausüben.[10] Einnahmen aus der Nebentätigkeit eines ArbN, die er iRd. **Dienstverhältnisses für denselben ArbG** leistet, für den er die Haupttätigkeit ausübt, sind Arbeitslohn (zB nebenberufliche Lehr- und Prüfungstätigkeit), wenn dem ArbN aus seinem Dienstverhältnis Nebenpflichten obliegen, die zwar im Arbeitsvertrag nicht ausdrücklich vorgesehen sind, deren Erfüllung 21

1 BFH v. 1.6.1978 – IV R 36/73, BStBl. II 1978, 499; v. 16.5.1995 – VIII R 18/93, BStBl. II 1995, 714; vgl. aber BFH v. 11.6.1985 – VIII R 252/80, BStBl. II 1987, 33 (Treuhandlösung bei Komplementäranteil) und v. 11.10.1990 – V R 75/85, BStBl. II 1991, 191 zur USt.
2 BFH v. 8.6.1972 – IV R 129/66, BStBl. II 1972, 784.
3 BFH v. 2.12.1998 – X R 83/96, BStBl. II 1999, 534; v. 13.11.1996 – XI R 53/95, BStBl. II 1997, 295; v. 18.1.1995 – XI R 71/93, BStBl. II 1995, 559 – zur USt vgl. EuGH v. 25.7.1991 – C-202/90, EuGHE I 1991, 4247.
4 BFH v. 2.12.1998 – X R 83/96, BStBl. II 1999, 534; R 15.1 (2) und (3) und H 15.1 EStH; vgl. auch BFH v. 30.8.2007 – IV R 14/06, BStBl. II 2007, 942 (MU als sozialversicherungspflichtiger ArbN).
5 BFH v. 13.2.1980 – I R 17/78, BStBl. II 1980, 303.
6 BFH v. 20.10.2010 – VIII R 34/08, GmbHR 2011, 313; v. 16.5.2002 – IV R 94/99, BStBl. II 2002, 565; v. 2.12.1998 – X R 83/96, BStBl. II 1999, 534; v. 24.7.1992 – VI R 126/88, BStBl. II 1993, 155.
7 BFH v. 9.7.2012 – VI B 38/12, BFH/NV 2012, 1968.
8 Vgl. ua. BFH v. 20.12.2017 – I R 98/15, BFH/NV 2018, 497 Rn. 17 ff. (für einen Fußballschiedsrichter); v. 2.12.1998 – X R 83/96, BStBl. II 1999, 534; v. 14.6.1985 – VI R 150–152/82, BStBl. II 1985, 661; v. 20.4.1988 – X R 40/81, BStBl. II 1988, 804; v. 12.10.1989 – IV R 118–119/87, BStBl. II 1990, 64; v. 18.1.1995 – XI R 71/93, BStBl. II 1995, 559.
9 BFH v. 18.1.1995 – XI R 71/93, BStBl. II 1995, 559 mwN.
10 BFH v. 18.1.1974 – VI R 221/69, BStBl. II 1974, 301.

der ArbG aber nach der tatsächlichen Gestaltung des Dienstverhältnisses und nach der Verkehrsauffassung erwarten darf, auch wenn er die zusätzlichen Leistungen bes. vergüten muss.[1]

22, 23 Einstweilen frei.

24 **b) Nachhaltigkeit.** Nach Abs. 2 ist zur Annahme eines GewBetr. eine **nachhaltige Betätigung** erforderlich. Eine geschäftsmäßige Tätigkeit ist nachhaltig, wenn sie auf eine bestimmte Dauer und regelmäßig auf Wiederholung angelegt ist.[2] Nachhaltigkeit ist jedenfalls immer dann zu bejahen, wenn die Tätigkeit v. der Absicht getragen ist, sie zu wiederholen und daraus eine ständige **Erwerbsquelle** zu machen.[3] Da die Wiederholungsabsicht eine innere Tatsache ist, kommt den tatsächlichen Umständen besondere Bedeutung zu. Das Merkmal der Nachhaltigkeit ist bei einer Mehrzahl v. gleichartigen Handlungen im Regelfall zu bejahen.[4] Bei erkennbarer Wiederholungsabsicht kann bereits eine einmalige Handlung den Beginn einer fortgesetzten Tätigkeit begründen.[5]

25 Eine **einmalige Tätigkeit** ist im Allg. nicht nachhaltig.[6] Eine einmalige Tätigkeit kann aber nachhaltig sein, wenn sie in dem für das Merkmal nachhaltig erforderlichen Willen ausgeübt wird, sie (bei sich bietender Gelegenheit) zu wiederholen,[7] oder wenn sie sich auf andere Weise als durch die tatsächliche Wiederholung objektiv als nachhaltig darstellt[8] oder wenn aus den Umständen auf den Willen des Handelnden zu schließen ist, das Geschäft bei sich bietender Gelegenheit zu wiederholen.[9] Eine einmalige Handlung kann ferner eine nachhaltige Betätigung darstellen, wenn sie als weitere Tätigkeiten des StPfl. ein dauerhaftes Dulden oder Unterlassen auslöst.[10] Nachhaltig sind auch Einzeltätigkeiten, die Teil einer in organisatorischer, technischer und finanzieller Hinsicht aufeinander abgestimmten Gesamttätigkeit sind,[11] etwa die Förderung der Verwertungsreife einer Erfindung.[12] Nachhaltigkeit kann auch bei einem einzigen Geschäft oder Vertrag zu bejahen sein, wenn die Erfüllung dieses Geschäftes eine Vielzahl gewichtiger unterschiedlicher Einzeltätigkeiten erfordert.[13] Einzelaktivitäten beauftragter Generalunternehmer und v. Subunternehmern sind dem Auftraggeber zuzurechnen. Im Allgemeinen wird es an einer Wiederholungsabsicht fehlen, wenn derjenige, der tätig wird, noch unentschlossen ist, ob er seine Tätigkeit wiederholen wird. Eine bestimmte Zeitdauer der Tätigkeiten ist für den Begriff nachhaltig nicht zu fordern. Deshalb ist Nachhaltigkeit auch dann anzunehmen, wenn die Tätigkeiten v. vornherein nur für eine abgegrenzte Zeit beabsichtigt sind, wenn die Tätigkeiten zeitweilig unterbrochen werden, oder wenn sich die Tätigkeiten nur in größeren Zeitabständen wiederholen.[14]

26 Im Gegensatz zur nachhaltigen Betätigung steht die **lediglich gelegentliche Betätigung**. Durch gelegentliche Tätigkeiten soll gerade keine ständige oder zumindest vorübergehende Erwerbsquelle geschaffen werden. Nicht nachhaltige Veräußerungen der Substanz v. Vermögenswerten unterliegen – abgesehen v. §§ 17, 23, 20 Abs. 2 – mangels Einkunftsart nicht der ESt,[15] hingegen werden gelegentlich gegen Entgelt erbrachte sonstige Leistungen v. § 22 Nr. 3 erfasst, insbes. die dort genannten gelegentlichen Vermittlungen und Vermietungen, aber auch bindende Kaufangebote[16] gegen Beteiligung am Gewinn bei Gelegenheits-

1 BFH v. 25.11.1971 – IV R 126/70, BStBl. II 1972, 212; vgl. auch BFH v. 20.12.2000 – XI R 32/00, BStBl. II 2001, 496 (Honorar an leitenden Angestellten für Beratung bei Verkauf des Unternehmens).
2 So zur USt ua. BFH v. 18.1.1995 – XI R 71/93, BStBl. II 1995, 559; v. 18.7.1991 – V R 86/87, BStBl. II 1991, 776; v. 27.10.1993 – XI R 86/90, BStBl. II 1994, 274.
3 BFH v. 10.12.1998 – III R 61/97, BStBl. II 1999, 390; v. 7.3.1996 – IV R 2/92, BStBl. II 1996, 369 und v. 13.12.1995 – XI R 43–45/89, BStBl. II 1996, 232.
4 BFH v. 10.12.1998 – III R 61/97, BStBl. II 1999, 390; v. 23.10.1987 – III R 275/83, BStBl. II 1988, 293 und v. 12.7. 1991 – III R 47/88, BStBl. II 1992, 143.
5 BFH v. 31.7.1990 – I R 173/83, BStBl. II 1991, 66.
6 BFH v. 21.8.1985 – I R 60/80, BStBl. II 1986, 88; v. 7.10.2004 – IV R 27/03, BStBl. II 2005, 164 (Verkauf v. mehr als drei Objekten durch ein Verkaufsgeschäft).
7 BFH v. 26.4.1962 – V 293/59 U, BStBl. III 1962, 264.
8 BFH v. 13.12.1995 – XI R 43–45/89, BStBl. II 1996, 232; v. 29.10.1997 – X R 112, 153/94, BFH/NV 1998, 853; v. 28.4.1977 – IV R 98/73, BStBl. II 1977, 728.
9 BFH v. 13.2.1969 – V R 92/68, BStBl. II 1969, 282.
10 BFH v. 14.11.1963 – IV 6/60 U, BStBl. III 1964, 139.
11 BFH v. 21.8.1985 – I R 60/80, BStBl. II 1986, 88.
12 BFH v. 10.9.2003 – XI R 26/02, BStBl. II 2004, 218; v. 18.6.1998 – IV R 29/97, BStBl. II 1998, 567.
13 BFH v. 19.2.2009 – IV R 10/06, BStBl. II 2009, 533 (Errichtung v. mehreren Gebäuden auf einem Grundstück des Bestellers); v. 9.12.2002 – VIII R 40/01, BStBl. II 2003, 294 (Errichtung eines aufwendigen Gebäudes).
14 BFH v. 31.7.1990 – I R 173/83, BStBl. II 1991, 66; v. 30.1.1979 – VIII R 35/73, BStBl. II 1979, 530.
15 BFH v. 17.5.1995 – X R 64/92, BStBl. II 1995, 640; v. 21.9.1982 – VIII R 73/79, BStBl. II 1983, 201; v. 9.8.1990 – X R 140/88, BStBl. II 1990, 1026; v. 28.11.1990 – X R 197/87, BStBl. II 1991, 300.
16 BFH v. 26.4.1977 – VIII R 2/75, BStBl. II 1977, 631; v. 28.11.1984 – I R 290/81, BStBl. II 1985, 264; zur Verfassungsgemäßheit vgl. BVerfG v. 17.1.1978 – 1 BvR 972/77, StRK EStG bis 1974, § 22 Nr. 3 R. 22.

innengesellschaften,[1] Stillhalterposition bei Wertpapieroptionen[2] und die Verwertung v. sog. Zufallserfindungen.[3] Die Abgrenzung der nachhaltigen Tätigkeit v. der gelegentlichen Betätigung spielt insbes. eine Rolle für die Beurteilung des **gewerblichen Grundstückshandels** (dazu unter Rn. 116ff.).

Die Feststellung, ob eine bestimmte Tätigkeit mit Wiederholungswillen ausgeübt worden ist und ob sie objektiv als nachhaltig zu werten ist, obliegt dem FG als Tatsacheninstanz. Die Nichtfeststellbarkeit der erforderlichen Tatsachen geht zu Lasten desjenigen Beteiligten, der sich zur Ableitung bestimmter steuerrechtl. Folgen auf die Nachhaltigkeit beruft.[4] 27

c) Teilnahme am allgemeinen wirtschaftlichen Verkehr. Die v. Abs. 2 verlangte **Beteiligung am allg. wirtschaftlichen Verkehr** hat die Aufgabe, Tätigkeiten aus dem gewerblichen Bereich auszuklammern, die nicht auf einen Güter- oder Leistungsaustausch unter Inanspruchnahme des allg. Marktes gerichtet sind. Das Merkmal ist Ausdruck der Markteinkommenstheorie, der das EStG grds. hinsichtlich der Erfassung der Einkunftsarten folgt (s. § 2 Rn. 56ff.). Es dient insbes. dazu, bloße Vermögensumschichtungen innerhalb der privaten Vermögenssphäre aus dem Einkünftebegriff, hier aus den gewerblichen Einkünften, auszuschalten. 28

Die Beteiligung am allg. wirtschaftlichen Verkehr verlangt grds., dass der Gewerbetreibende als **Anbieter v. entgeltlichen Leistungen** für andere Abnehmer am allg. Markt auftritt. **Nicht genügend** ist ein Auftreten als bloßer **Abnehmer v.** entgeltlich angebotenen **Leistungen.**[5] Ausgeschieden werden zunächst alle Vermögensmehrungen durch „Eigenleistungen" an sich selbst. Ebenso werden solche **„Leistungen" an andere** ausgeschieden, die **auf familiärer Grundlage** erbracht werden, selbst wenn insoweit Zahlungen aus dem Vermögen des „Leistungsempfängers" erfolgen.[6] Die Abgrenzung ist hier äußerst problematisch. Entscheidend kommt es dabei darauf an, dass die entspr. „Leistungen" nicht generell auch ggü. Dritten erbracht würden. Soweit hingegen die Bezahlung causa für das Erbringen der Leistung ist, liegt selbst dann eine Teilnahme am allg. wirtschaftlichen Verkehr vor, wenn der Empfänger ein naher Angehöriger ist.[7] 29

Problematisch ist, **ob** eine Teilnahme am allg. wirtschaftlichen Verkehr immer voraussetzt, dass überhaupt eine **Leistung** erbracht wird. Daher sollten bloße **Differenzgeschäfte** (Termin- und Optionsgeschäfte **ohne physische Erfüllung**) im Finanzsektor mangels Leistungsaustausch (keine Lieferung oder sonstige Leistung) nicht zur Teilnahme am wirtschaftlichen Geschäftsverkehr führen.[8] Dem könnte schon mit Rücksicht auf § 15 Abs. 4 S. 3 und § 23 Abs. 1 Nr. 4 aF, 20 Abs. 2 S. 1 Nr. 3 so[9] nicht mehr gefolgt werden. Träfe dies zu, könnte iÜ auch für branchentypische Differenzgeschäfte iSd. § 15 Abs. 4 S. 3 das Vorliegen eines GewBetr. nicht bejaht werden.[10] Denn die Teilnahme am allg. wirtschaftlichen Verkehr gehört auch und gerade für branchentypische Geschäfte zu den Grundvoraussetzungen des GewBetr. Tatsächlich ist zu differenzieren: Für den Regelfall wird eine gewerbliche Tätigkeit nicht allein dadurch begründet, dass der StPfl. am Markt als Leistungsabnehmer auftritt und für die empfangene Leistung Geld aufwendet. Kennzeichnend ist vielmehr, dass er seinerseits am Markt Leistungen erbringt. In Ausnahmefällen kann aber auch eine nachhaltig entfaltete Tätigkeit als Erwerber bereits zu einer gewerblichen Tätigkeit führen, wenn weitere Verwertungshandlungen durch Leistungserbringung nicht mehr erforderlich sind, um Gewinne zu realisieren. Dies trifft etwa für das **echte Factoring-Geschäft** zu.[11] Entscheidend ist, dass bereits eine nachhaltig entfaltete Tätigkeit auf der Erwerberseite verbunden mit späteren Verwertungshandlungen genügt, um sich eine „Erwerbsquelle" zu schaffen. Maßgebend muss allerdings sein, dass der StPfl. bereits 30

1 BFH v. 26.5.1993 – X R 108/91, BStBl. II 1994, 96.
2 BFH v. 28.11.1990 – X R 197/87, BStBl. II 1991, 300 (jetzt aber § 20 Abs. 1 Nr. 11).
3 BFH v. 18.6.1998 – IV R 29/97, BStBl. II 1998, 567.
4 BFH v. 21.8.1985 – I R 60/80, BStBl. II 1986, 88; v. 28.4.1977 – IV R 98/73, BStBl. II 1977, 728.
5 BFH v. 16.9.1970 – I R 133/68, BStBl. II 1970, 865 (nachhaltiger Abschluss v. Spielverträgen, Lotto, Toto für den Spieler), anders aber BFH v. 11.11.1993 – XI R 48/91, BFH/NV 1994, 622 und v. 12.1.1998 – X B 276/96, BFH/NV 1998, 854 für Leistungen v. Berufsspielern.
6 BFH v. 14.9.1999 – IX R 88/95, BStBl. II 1999, 776 (Pflege eines Angehörigen, vgl. aber § 3 Nr. 36 Befreiung); vgl. auch BFH v. 27.10.1978 – VI R 166, 173, 174/76, BStBl. II 1979, 80; v. 9.12.1993 – IV R 14/92, BStBl. II 1994, 298; v. 30.1.1996 – IX R 100/93, BStBl. II 1996, 359 (Reinigungstätigkeiten, Telefondienst, Vermietungen im Familienkreis ohne entspr. schuldrechtl. Verträge).
7 BFH v. 28.6.2001 – IV R 10/00, BStBl. II 2002, 338 (Buchhaltung ggü. Vater und Ehemann).
8 BFH v. 19.2.1997 – XI R 1/96, BStBl. II 1997, 399; v. 13.10.1988 – IV R 220/85, BStBl. II 1989, 39.
9 Vgl. aber zutr. BFH v. 8.12.1981 – VIII R 125/79, BStBl. II 1982, 618 zur Verneinung eines Spekulationsgeschäftes nach früherer Rechtslage mangels Leistungsaustausches.
10 Insoweit aber GewBetr. auch bei Termin- und Optionsgeschäften bej. BFH v. 19.2.1997 – XI R 1/96, BStBl. II 1997, 399 und bereits BFH v. 5.3.1981 – IV R 94/78, BStBl. II 1981, 658.
11 Zur umsatzsteuerlichen Beurteilung vgl. EuGH v. 27.10.2011 – C 93/10 (GFKL Financial Services), UR 2011, 933; v. 20.6.2003 – C-305/01, EuGHE 2003, 6729 = BStBl. II 2004, 688 und BFH v. 4.9.2003 – V R 34/99, BStBl. II 2004, 667.

beim Erwerb als gewerbsmäßiger Marktteilnehmer auftritt (dazu Rn. 132a). Nicht anders verhält es sich bei Differenzgeschäften. Auch hier wird die Teilnahme am wirtschaftlichen Verkehr nicht allein dadurch ausgeschlossen, dass keine Leistungen erbracht werden. Dies schließt nur aus, dass sonstige Einkünfte nach § 22 Nr. 3 vorliegen.[1] Daher kann auch die Durchführung v. Differenzgeschäften eine Teilnahme am wirtschaftlichen Geschäftsverkehr begründen und zu einer gewerblichen Tätigkeit führen.[2] Dann ist allerdings erforderlich, dass die Beteiligung als Teilnehmer an Differenzgeschäften den Rahmen einer privaten Vermögensverwaltung überschreitet[3] (Rn. 131a).

31 Die Teilnahme am wirtschaftlichen Verkehr erfordert, dass die Tätigkeit des StPfl. **nach außen in Erscheinung**[4] tritt. Er muss sich mit seiner Tätigkeit, normalerweise mit seinen **Leistungen, an die Allgemeinheit der Marktteilnehmer** wenden. Nicht erforderlich ist, dass spezielle Werbemaßnahmen erfolgen oder die Leistungen einer Mehrzahl v. Interessenten angeboten werden.[5] Es ist auch nicht erforderlich, dass allg. für das Publikum erkennbar wird, dass der StPfl. Leistungen für die Allgemeinheit anbietet.[6] Das Unterhalten eines eigenen Geschäftslokales indiziert zwar eine Teilnahme am wirtschaftlichen Verkehr, ist aber nicht notwendige Voraussetzung.[7] Vorbehaltlich der Abgrenzung zu den anderen Gewinneinkunftsarten und der Vermögensverwaltung können Leistungen aller Art Gegenstand der Teilnahme am allg. wirtschaftlichen Verkehr sein, ua. Veräußerungen v. beweglichen und unbeweglichen Sachen und immateriellen Gütern, Nutzungsüberlassungen, Dienst- und Werkleistungen. Abnehmer der Leistungen können ihrerseits Gewerbetreibende und andere Unternehmer mit Gewinneinkunftsarten, aber auch private Endabnehmer sein. Eine Beteiligung am allg. wirtschaftlichen Verkehr liegt auch dann vor, wenn der StPfl. tatsächlich seine Leistungen nur an einen Abnehmer erbringt.[8] Dies gilt selbst dann, wenn es sich hierbei um eine von ihm beherrschte KapGes. handelt; denn wegen des Trennungsprinzips verbietet sich die Annahme einer irrelevanten Eigenleistung (Rn. 29).[9] Entscheidend ist nicht, dass die Leistungen tatsächlich an eine Vielzahl v. Marktteilnehmern erbracht werden – dies scheitert oftmals schon daran, dass ein derartiger Kundenstamm aus tatsächlichen Gründen nicht aufgebaut werden kann oder dass der Kunde auf Exklusivität Wert legt –, sondern dass die **Leistungen an den Abnehmer**, wenn auch unter Ausschluss weiterer Marktteilnehmer, **in seiner Eigenschaft als Marktteilnehmer** erbracht werden.[10] Die Leistung muss nach Art und Umfang einer unternehmerischen Marktteilhabe entsprechen.[11] Dies ist jedenfalls dann regelmäßig gegeben, wenn der Abnehmer seinerseits die Leistungen für einen eigenen GewBetr. bezieht. Dagegen fehlt eine Teilnahme am allg. wirtschaftlichen Verkehr, wenn die Leistungen zwar entgeltlich an andere Pers. erbracht werden, aber dies nicht seinen Grund in deren Eigenschaft als Marktteilnehmer hat, sondern auf anderen Gründen beruht.[12]

32 Nicht erforderlich ist, dass die eigentliche Vermarktung der Leistung nach außen durch den StPfl. selbst erfolgt. Er kann sich dabei sowohl **angestellter Hilfspersonen**, aber auch selbständiger **Vertreter oder**

1 BFH v. 28.11.1990 – X R 197/87, BStBl. II 1991, 300.
2 BFH v. 6.12.1983 – VIII R 172/83, BStBl. II 1984, 132 (Devisen- und Edelmetalltermingeschäfte); v. 20.4.1999 – VIII R 63/96, BStBl. II 1999, 466.
3 BFH v. 6.12.1983 – VIII R 172/83, BStBl. II 1984, 132 und v. 29.10.1998 – XI R 80/97, BStBl. II 1999, 448 (zum Wertpapierhandel).
4 BFH v. 29.10.1998 – XI R 80/97, BStBl. II 1999, 448; v. 31.7.1990 – I R 173/83, BStBl. II 1991, 66.
5 BFH v. 6.3.1991 – X R 39/88, BStBl. II 1991, 631; v. 11.4.1989 – VIII R 266/84, BStBl. II 1989, 621; v. 1.8.1957 – IV 399/55 U, BStBl. III 1957, 355.
6 BFH v. 16.5.2002 – IV R 94/99, BStBl. II 2002, 565 (verlangte noch Erkennbarkeit für die beteiligten Kreise – auch darauf kommt es letztlich nicht an); v. 4.3.1980 – VIII R 150/76, BStBl. II 1980, 389.
7 BFH v. 13.12.1961 – VI 133/60 U, BStBl. III 1962, 127; v. 20.12.1963 – VI 313/62 U, BStBl. III 1964, 137.
8 BFH v. 20.12.2017 – I R 98/15, BFH/NV 2018, 497 Rn. 20 ff. (DFB-Fußballschiedsrichter); v. 20.2.2003 – III R 10/01, BStBl. II 2003, 510 (zum gewerblichen Grundstückshandel bei Veräußerung an Mieter und Mandanten); v. 22.1.2003 – X R 37/00, BStBl. II 2003, 464 (Vermietung und Verkauf v. Wohnmobilen); v. 16.5.2002 – IV R 94/99, BStBl. II 2002, 565 und v. 15.12.1999 – I R 16/99, BStBl. II 2000, 404; v. 6.3.1991 – X R 39/88, BStBl. II 1991, 631 (Generalagent einer Versicherung); FG BaWü v. 5.4.2017 – 4 K 3005/14, juris Rn. 49 ff. (Betrieb einer Photovoltaik-Anlage und Lieferung des Stroms an nur einen Abnehmer [Netzbetreiber]).
9 FG Düss. v. 24.4.2018 – 14 K 2347/15, EFG 2018, 1287 Rn. 47 ff. (Beratungsleistungen an die „eigene" GmbH).
10 Vgl. BFH v. 19.9.2002 – X R 51/98, BStBl. II 2003, 394 mwN (Kinder/Angehörige/nahestehende Ges.).
11 BFH v. 22.7.2010 – IV R 62/07, BFH/NV 2010, 2261; v. 19.2.2009 – IV R 10/06, BStBl. II 2009, 533 mwN, ua. BFH v. 10.12.2001 – 1 GrS 1/98, BStBl. II 2002, 291.
12 BFH v. 15.3.2012 – III R 30/10, BStBl. II 2012, 661 (Eigenprostitution als Leistung an Marktteilnehmer); BFH v. 11.12.1970 – VI R 387/69, BStBl. II 1971, 173 (Pkw-Überlassung an Angestellte gegen Kostenersatz); vgl. aber BFH v. 28.6.2001 – IV R 10/00, BStBl. II 2002, 338 (Buchhaltung für Betrieb des Ehemannes als Marktteilnahme); zweifelh. aber BFH v. 6.6.1973 – I R 203/71, BStBl. II 1973, 727 (Erlangung v. Pfandgeld für gesammelte leere Flaschen); BFH v. 20.7.2007 – XI B 193/06, BFH/NV 2007, 1887 (zutr. verneint für v. Beamtem verlangte Bestechungsgelder für Auftragsvergabe im Namen des Dienstherren).

Makler bedienen. Deren Verkaufsaktivitäten sind dann dem die eigentliche Leistung erbringenden StPfl. zuzurechnen.[1] Ebenfalls nimmt am allg. Marktgeschehen teil, wer zwar Leistungen auf eigene Rechnung und Gefahr an Marktteilnehmer als Abnehmer erbringt, aber diese über die Pers. des Leistenden täuscht, indem er seine Marktteilnahme verschleiert[2] und über einen **Strohmann** tätig wird.[3]

In Ausübung **hoheitlicher Gewalt** erbrachte Leistungen durch die Träger der öffentl. Gewalt selbst begründen für diese keine Teilnahme am allg. wirtschaftlichen Verkehr, selbst wenn sie entgeltlich erfolgen (Gebühren, Beiträge).[4] Für Betriebe gewerblicher Art v. jur. Pers. des öffentl. Rechtes ist allerdings nach § 4 Abs. 1 S. 2 KStG eine Beteiligung am allg. wirtschaftlichen Verkehr auch nicht erforderlich. Diese Ausnahme hat ihren Grund ausschließlich darin, Wettbewerbverzerrungen zugunsten der öffentl. Hand zu vermeiden. Sie lässt sich nicht auf die gewerbliche Tätigkeit nat. Pers. oder anderer jur. Pers. als solcher der öffentl. Hand übertragen. Soweit sich die öffentl. Hand zur Erfüllung ihrer Aufgaben privater Leistungserbringer bedient oder diese als **beliehene Unternehmer** ggü. der Allgemeinheit tätig werden, liegt für die betr. Unternehmer eine Teilnahme am allg. wirtschaftlichen Verkehr vor (zur Selbständigkeit auch Rn. 18).[5] 33

Verbotene oder unsittliche Leistungen schließen die Annahme einer Teilnahme am allg. wirtschaftlichen Verkehr nicht aus. Sie können daher zu einer gewerblichen Tätigkeit führen, so etwa Schmuggeltätigkeit,[6] Untreuehandlungen durch eigenmächtiges Betreiben v. Bankgeschäften,[7] das Betreiben eines Bordells,[8] Zuhälterei,[9] Telefonsex[10] und (Eigen-)Prostitution[11]. Auch gegen Entgelt erfolgende nachhaltige **Teilnahme an Geschicklichkeits- und Glücksspielen** (insbes.: Teilnahme an **Pokerturnier**/Cash Games wie Black Jack[12]) kann bei Bejahung der Gewinnerzielungsabsicht eine zu Einkünften aus GewBetr. führende Teilnahme am wirtschaftlichen Verkehr darstellen.[13] 34

d) Gewinnerzielungsabsicht. Die in Abs. 2 ausdrücklich zum Tatbestandsmerkmal des GewBetr. erhobene **Absicht, Gewinn zu erzielen**, ist auch für die übrigen zwei Gewinneinkunftsarten erforderlich. Es handelt sich um einen Unterfall der für alle Einkunftsarten (stillschweigend) geforderten **Einkünfteerzielungsabsicht.**[14] Die Funktion dieses allen Einkunftsarten gemeinsamen Merkmals besteht **einerseits** darin, die Einkunftserzielungssphäre v. der estl. irrelevanten **Einkommensverwendungssphäre** abzugrenzen. Insoweit verdeutlicht dieses Merkmal lediglich den sich bereits aus § 12 Nr. 1 S. 2 ergebenden Grundsatz, dass **Aufwendungen für die Lebensführung** nicht das objektive Einkommen mindern dürfen. Dies ist die Grundlage für das Ausscheiden des Ausgleichs v. „Verlusten" aus **Liebhaberei**[15] aus dem horizontalen und vertikalen Verlustausgleich und -abzug nach § 2 Abs. 3 und § 10d. Bei den sog. **Liebhabereiverlusten** handelt es sich der Sache nach um Aufwendungen für die Lebensführung (s. § 2 Rn. 56 f.). Daher spielt die fehlende Gewinnerzielungsabsicht nicht nur faktisch, sondern auch rechtl. nur dann eine Rolle, wenn es um die Frage der Verlustberücksichtigung geht. Sofern eine Tätigkeit äußerlich die Merkmale des GewBetr. (oder einer anderen Einkunftsart) erfüllt und **objektiv tatsächlich zu Gewinn** (Überschuss) führt, wird man die Gewinnerzielungsabsicht nie verneinen können. Im Ergebnis zutr. geht die Rspr. davon aus, dass bei tatsächlich objektiv erzielten Gewinnen das Vorliegen eines GewBetr. nicht mangels Ge- 35

1 BFH v. 29.10.1998 – XI R 80/97, BStBl. II 1999, 448; v. 7.12.1995 – IV R 112/92, BStBl. II 1996, 367; v. 31.7.1990 – I R 173/83, BStBl. II 1991, 66 (für Wertpapiergeschäfte vermittels Banken); v. 19.11.1990 – VIII B 101/89, BFH/NV 1991, 321 und v. 20.8.1986 – I R 148/83, BFH/NV 1987, 646 (Grundstücksmakler).
2 BFH v. 3.7.1991 – X R 163/87, X R 164/87, BStBl. II 1991, 802 (Wertpapierverkauf eines ungetreuen Bankangestellten auf eigene Rechnung ohne Kenntnis der Bank).
3 BFH v. 2.4.1971 – VI R 149/67, BStBl. II 1971, 620 (Wertpapierverkäufe am grauen Markt über Bank als Strohmann).
4 BFH v. 26.2.1988 – III R 241/84, BStBl. II 1988, 615; vgl. auch § 4 Abs. 5 KStG.
5 BFH v. 2.12.1998 – X R 83/96, BStBl. II 1999, 534 (Rundfunkermittler); v. 13.11.1996 – XI R 53/95, BStBl. II 1997, 295 (Bezirksschornsteinfegermeister); v. 18.1.1995 – XI R 71/93, BStBl. II 1995, 559 (Rettungswache).
6 BFH v. 7.2.1957 – IV 547/56 U, BStBl. III 1957, 160.
7 BFH v. 3.7.1991 – X R 163-164/87, BStBl. II 1991, 802.
8 BFH v. 3.8.1961 – IV 79/60 U, BStBl. III 1961, 518; BVerfG v. 12.4.1996 – 2 BvL 18/93, HFR 1996, 597; FG Düss. v. 6.11.1995 – 18 V 1857/95, EFG 1996, 177.
9 BFH v. 29.8.1991 – V B 116/90, BFH/NV 1992, 277.
10 BFH v. 23.2.2000 – X R 142/95, BStBl. II 2000, 610.
11 BFH v. 20.2.2013 – GrS 1/12, BStBl. II 2013, 441.
12 BFH v. 16.9.2015 – X R 43/12, BStBl. II 2016, 48; FG Münster v. 18.7.2016 – 14 K 1370/12, EFG 2016, 1864 (Rev. X R 34/16); v. 12.10.2018 – 14 K 799/11, juris (dort insbes. auch zum Beginn der Gewerblichkeit, Rev. III R 67/18); vgl. ferner BFH v. 11.1.1993 – XI R 48/91, BFH/NV 1993, 622 (Croupier als Berufs[karten]spieler).
13 Vgl. FG Münster v. 28.11.1995 – 13 V 3276/95, EFG 1996, 267 (Gewinne aus Werbung von Mitgliedern für ein „Unternehmensspiel" nach dem Schneeballsystem).
14 Statt vieler BFH v. 14.3.1985 – IV R 8/84, BStBl. II 1985, 424.
15 BFH v. 25.6.1984 – GrS 4/82, BStBl. II 1984, 751; v. 19.7.1990 – IV R 82/89, BStBl. II 1991, 333.

winnerzielungsabsicht verneint werden kann.[1] Die Einzelheiten werden einkünfteübergreifend bei § 2 Rn. 56 ff., 85 ff. dargestellt.

36 Die Gewinnerzielungsabsicht ist zu bejahen, wenn die Tätigkeit des StPfl. darauf gerichtet ist, **für die Dauer seiner gewerblichen Betätigung** einen **Totalgewinn** zu erzielen. Der Totalgewinn ergibt sich durch einen **BV-Vergleich** iSd. § 4 Abs. 1 oder eine Einnahme/Überschussrechnung nach § 4 Abs. 3 für die gesamte Dauer v. Beginn der Tätigkeit bis zu ihrer Aufgabe.[2] Danach muss sich eine Vermögensmehrung ergeben bzw. ein Überschuss der BE über die BA. Einzubeziehen sind, weil es sich um eine Gewinneinkunftsart handelt, auch (steuerbare) Aufgabe- und Veräußerungsgewinne nach § 16,[3] auch wenn sie nach § 16 Abs. 4 befreit sind. Generell sind alle steuerbaren Vermögensmehrungen (BE) zu berücksichtigen, auch wenn aus subventionellen Gründen eine Steuerbefreiung erfolgt, zB stfreie Investitionszulagen.[4] **Kalkulatorische Aufwendungen und Erträge** sind, wie sonst auch, nicht zu berücksichtigen. Eine kalkulatorische Mindestverzinsung des eingesetzten Kapitals ist daher ebenso wenig erforderlich wie irgendeine sonstige Mindestgröße des tatsächlichen Gewinnes, solange nur insgesamt für die Totalperiode sich ein positives Ergebnis ergibt. Soweit aus subventionellen Gründen **erhöhte Absetzungen, Sonderabschreibungen** oder andere Aufwendungen periodisch zu Verlusten führen, ist dies für den Totalgewinn bei den Gewinneinkünften ohne Bedeutung, da sich dies in späteren Perioden und spätestens bei BetrAufg. ausgleicht.

37 Die Rspr. versteht die Gewinnerzielungsabsicht als **subj. Tatbestandsmerkmal.**[5] Dafür spricht in der Tat zunächst der Gesetzeswortlaut des Abs. 2. Dabei soll es sich um ein **zweigliedriges Tatbestandsmerkmal** handeln mit einer objektiven und subj. Komponente. Erstens gehe es um eine objektive Ergebnisprognose aufgrund der bisherigen Entwicklung, etwa langanhaltender Verlustperioden, und zweitens um die subj. Ausübung der Tätigkeit aus persönlicher Neigung als Ausdruck der persönlichen Lebensführung.[6] Allerdings sei die Gewinnerzielungsabsicht als „innere Tatsache" ausschließlich anhand äußerer Merkmale zu beurteilen. Aus äußeren Umständen müsse auf das Vorliegen oder Fehlen der Gewinnerzielungsabsicht geschlossen werden.[7]

38 **„Äußere Umstände".** Maßgebend ist, wie sich die Verhältnisse aus der Sicht des StPfl. bei einer an objektiven Gegebenheiten orientierten Erfolgsprognose darstellten.[8] Dabei können einzelne Umstände den Anschein für eine Tätigkeit außerhalb der Gewinneinkunftsarten begründen (nach Ansicht der Rspr. ein **Anscheinsbeweis,**[9] der jedoch v. StPfl. widerlegt werden kann[10]). Bei einem **neu gegründeten GewBetr.** soll der – v. FA entkräftbare – Beweis des ersten Anscheins für eine Gewinnabsicht[11] sprechen. Auch bei spekulativen Geschäften ist nicht a priori von einer fehlenden Gewinnerzielungsabsicht auszugehen.[12] **Verluste in der Anlaufphase** entkräften diesen Anscheinsbeweis nicht, wenn der StPfl. auf die Verluste reagiert und den Betrieb umstrukturiert oder einstellt.[13] Die Anlaufphase soll, v. Ausnahmefällen erkennbarer

1 BFH v. 16.3.2012 – IV B 155/11, BFH/NV 2012, 950; v. 19.7.1990 – IV R 82/89, BStBl. II 1991, 333; v. 18.5.1995 – IV R 31/94, BStBl. II 1995, 718; v. 7.3.1996 – IV R 2/92, BStBl. II 1996, 369.

2 BFH v. 30.10.2014 – IV R 34/11, BStBl. II 2015, 380 (Anlaufverluste einer gewerblich geprägten Vorratsges.); v. 31.1.2011 – III B 107/09, BFH/NV 2011, 804 (Handel mit Streichinstrumenten) mwN; v. 13.4.2011 – X B 186/10, BFH/NV 2011, 1137 (Hotelbetrieb) mwN; vgl. aber BFH v. 26.2.2004 – IV R 43/02, BStBl. II 2004, 455 (in der Vergangenheit erzielte Gewinne ohne Bedeutung bei erst späterem Wegfall der Gewinnerzielungsabsicht, etwa gegen Ende der Berufstätigkeit).

3 BFH v. 21.1.1999 – IV R 27/97, BFH/NV 1999, 1003; v. 18.9.1996 – I R 69/95, BFH/NV 1997, 408.

4 *Groh*, DB 1984, 2424.

5 BFH v. 25.6.1984 – GrS 4/82, BStBl. II 1984, 751; v. 25.10.1989 – X R 109/87, BStBl. II 1990, 278; v. 22.4.1998 – XI R 10/97, BStBl. II 1998, 663; krit. dazu *Seeger*, FS L. Schmidt, 1993, 38 ff.; *Weber-Grellet*, DStR 1993, 980; *Lang*, FR 1997, 201.

6 Vgl. BFH v. 22.4.1998 – XI R 10/97, BStBl. II 1998, 663 und v. 17.6.1998 – XI R 64/97, BStBl. II 1998, 727; BVerfG v. 30.9.1998 – 2 BvR 1818/91, DStR 1998, 1743; BFH v. 9.3.1999 – X B 156/98, BFH/NV 1999, 1204.

7 Statt vieler BFH v. 23.5.2007 – X R 33/04, BStBl. II 2007, 874; v. 22.4.1998 – XI R 10/97, BStBl. II 1998, 663; v. 25.6.1984 – GrS 4/82, BStBl. II 1984, 751.

8 BFH v. 25.6.1996 – VIII R 28/94, BStBl. II 1997, 202.

9 Krit. zu Recht ggü. den Begriffen Anscheins- und Indizienbeweis in diesem Zusammenhang *Weber-Grellet*, DStR 1998, 873.

10 StRspr. zB BFH v. 25.6.1984 – GrS 4/82, BStBl. II 1984, 751; v. 25.6.1996 – VIII R 28/94, BStBl. II 1997, 202; v. 24.2.1999 – X R 106/95. BFH/NV 1999, 1081.

11 BFH v. 30.10.2014 – IV R 34/11, BStBl. II 2014, 380; v. 25.6.1996 – VIII R 28/94, BStBl. II 1997, 202 mwN; v. 15.5.1997 – IV B 74/96, BFH/NV 1997, 668.

12 FG Nds. v. 2.12.2015 – 3 K 304/14, EFG 2016, 916 (Goldhandel mit bei Bank verwahrten Barren durch GbR, in der Revisionsentscheidung von BFH v. 19.1.2017 – IV R 5/16, BFH/NV 2017, 755 nicht thematisiert).

13 BFH v. 11.2.2003 – VIII R 13/01, BFH/NV 2003, 1298 (aber keine Anlaufphase bei Einbringung eines Verlustbetriebes nach § 24 UmwStG); v. 15.11.1984 – IV R 139/81, BStBl. II 1985, 205; v. 25.10.1989 – X R 109/87, BStBl. II 1990, 278; v. 29.6.1995 – VIII R 68/93, BStBl. II 1995, 722.

Führung eines verlustbringenden Betriebes zur Befriedigung persönlicher Bedürfnisse (Freizeitgestaltung, Hobby) abgesehen, zumindest mit fünf Jahren anzunehmen sein.[1] Führt der StPfl. dagegen die verlustbringende Tätigkeit unverändert fort, ist dies ein Beweisanzeichen dafür, dass er die Tätigkeit aus persönlichen, im Bereich der Lebensführung liegenden Gründen ausübt.[2] Steht aufgrund der Entwicklung eindeutig fest, dass der Betrieb, so wie ihn der StPfl. betrieben hat, **v. vornherein keine nachhaltigen Gewinne** abwerfen konnte, sind auch Verluste in der Anlaufphase ein Indiz für fehlende Gewinnabsicht, selbst wenn der StPfl. den Betrieb aufgrund der Verluste später einstellt.[3] Dasselbe gilt bei einer Erweiterung des bestehenden GewBetr. um eine zusätzliche Tätigkeit.[4] Umstrukturierungsmaßnahmen können trotz tatsächlich erzielter Verluste den Schluss auf eine Gewinnerzielungsabsicht zulassen, wenn nach dem damaligen Erkenntnishorizont dadurch die hinreichende Wahrscheinlichkeit bestand, die Gewinnzone in absehbarer Zeit zu erreichen.[5] Bei Verlustgesellschaften (dazu Rn. 42) soll umgekehrt der – v. StPfl. widerlegbare – Anscheinsbeweis für eine fehlende Gewinnerzielungsabsicht sprechen.[6] Verfahrensrechtlich kann einer Ungewissheit, ob mit oder ohne Gewinnerzielungsabsicht gehandelt wurde, durch eine vorläufige Steuerfestsetzung nach § 165 AO Rechnung getragen werden. Die Ungewissheit muss dabei das Vorliegen oder Nichtvorliegen der für die Beurteilung der „Einkünfterzielungsabsicht" maßgebenden äußeren Umstände (sog. Hilfstatsachen, zB Art der Betriebsführung, Verluste in den Anfangsjahren) betreffen, nicht die rechtliche Beurteilung des äußeren Sachverhaltes im Hinblick auf seine Bedeutung für die Annahme eines Handelns mit oder ohne Gewinnerzielungsabsicht.[7]

Grds. sollen allerdings auch langfristige **Verluste allein nicht** ausreichen, um einen für Gewinnabsicht sprechenden Anscheinsbeweis zu entkräften. Es müssten vielmehr **weitere Umstände** hinzukommen, welche auf eine Ausübung der verlustbringenden **Tätigkeit** aus persönlichen, die **Lebensführung betr. Gründen (sog. Liebhaberei)** hinweisen. Als solche Umstände sind ua. angesehen worden, dass vermietete Gegenstände der Freizeitgestaltung (Motorboot, Segelyacht, Wohnmobil usw.) dienen, ein verlustbringender Betrieb aus Gründen der Familientradition[8] oder aus Altersstarrsinn[9] fortgeführt wird, eine Tätigkeit nur nebenberuflich ausgeübt wird und der StPfl. aufgrund hoher anderer Einkünfte Verluste finanziell tragen kann.[10] Ist ein Betrieb nach der Art der Tätigkeit objektiv geeignet, einen Totalgewinn zu erwirtschaften und spricht die Art der Tätigkeit nicht für eine die Lebensführung berührende Tätigkeit, so sollen auch längerfristige Verluste nicht die Annahme begründen, dass es sich um eine Tätigkeit außerhalb der Einkunftsarten handelt.[11] Dem ist insoweit zu folgen, als vorrangig zu untersuchen ist, ob die geltend gemachten Aufwendungen überhaupt als BA zu berücksichtigen sind oder nicht mangels betrieblicher Veranlassung § 4 Abs. 4 oder nach § 12 Nr. 1 S. 2 oder § 4 Abs. 5 v. BA-Abzug ausgeschlossen sind.[12] Kommt dies aber nicht infrage, so begründet entgegen früherer Ausführungen des BFH[13] auch schon eine langjährige subj. schlechte Betriebsführung, die nur wegen anderweitig hoher positiver Einkünfte aufrechterhalten werden kann und aufrechterhalten wird, die fehlende Gewinnerzielungsabsicht, ohne dass noch zusätzli- 39

1 BFH v. 23.5.2007 – X R 33/04, BStBl. II 2007, 874.
2 BFH v. 27.1.2000 – IV R 33/99, BStBl. II 2000, 227; v. 24.2.1999 – X R 106/95, BFH/NV 1999, 1081.
3 BFH v. 22.7.1982 – IV R 74/79, BStBl. II 1983, 2; v. 15.11.1984 – IV R 139/81, BStBl. II 1985, 205; v. 28.8.1987 – III R 273/83, BStBl. II 1988, 10; v. 11.4.1990 – I R 22/88, BFH/NV 1990, 768; v. 25.6.1996 – VIII R 28/94, BStBl. II 1997, 202; v. 9.7.1998 – X B 44/98, BFH/NV 1999, 168.
4 BFH v. 24.2.1999 – X R 106/95, BFH/NV 1999, 1081.
5 BFH v. 4.3.2015 – X B 188/15, BFH/NV 2016, 1036.
6 BFH v. 12.12.1995 – VIII R 59/92, BStBl. II 1996, 219.
7 Vgl. BFH v. 4.9.2008 – IV R 1/07, BStBl. II 2009, 335; v. 17.3.2010 – IV R 60/07, BFH/NV 2010, 1446 (Einkünfteermittlungsart vorrangig ggü. Frage nach der Gewinnerzielungsabsicht).
8 BFH v. 14.7.2003 – IV B 81/01, BStBl. II 2003, 804 (Weingut).
9 BFH v. 12.9.2002 – IV R 60/01, BStBl. II 2003, 85 (Architekt).
10 FG Münster v. 25.4.2012 – 11 K 1021/10 E, EFG 2012, 1842 (Rechtsanwalt); FG Köln v. 19.5.2010 – 10 K 3679/08, EFG 2010, 1411 (jahrelange Verluste als Steuerberaterin bei Ausgleich mit hohen Einkünften des Ehepartners); BFH v. 24.2.1999 – X R 106/95, BFH/NV 1999, 1081 mwN; v. 28.8.1987 – III R 273/83, BStBl. II 1988, 10; v. 11.4.1990 – I R 22/88, BFH/NV 1990, 768; v. 19.11.1985 – VIII R 4/83, BStBl. II 1986, 289; v. 31.3.1987 – IX R 111/86, BStBl. II 1987, 668; **aA** möglicherweise BFH v. 22.4.1998 – XI R 10/96, BStBl. II 1998, 663 (Rechtsanwalt mit Ausgleichsmöglichkeit wegen anderweitig hoher Einkünfte).
11 BFH v. 10.5.2012 – X B 57/11, BFH/NV 2012, 1307 mwN; v. 19.3.2009 – IV R 40/06, BFH/NV 2009, 1115 (Automatenaufsteller); v. 21.7.2004 – X R 33/03, BStBl. II 2004, 1063 (Einzelhändler Boote und Bootszubehör); v. 12.9.2002 – IV R 60/01, BStBl. II 2003, 85 (Architekt); v. 31.5.2001 – IV R 81/99, BStBl. II 2002, 276 (Steuerberater); v. 22.4.1998 – XI R 10/97, BStBl. II 1998, 663 (RA) unter Hinweis auf BFH v. 19.11.1985 – VIII R 4/83, BStBl. II 1986, 289 (Getränkehandel).
12 BFH v. 31.7.2002 – X R 48/99, BStBl. II 2003, 282; s. auch BFH v. 19.3.2009 – IV R 40/06, BFH/NV 2009, 1115 (Automatenaufsteller, Zweifel an zutr. Verlustermittlung, vorrangige Ausübung der Schätzungsbefugnis).
13 BFH v. 31.7.2002 – X R 48/99, BStBl. II 2003, 282.

che private Motive (und vor allem eine spekulative Motivforschung) hinzutreten müssten.[1] Außerhalb des Hobbybereichs soll es freilich zusätzlicher Anhaltspunkte dafür bedürfen, dass die Verluste aus persönlichen Gründen oder Neigungen, etwa aus Gründen des gesellschaftlichen Ansehens, hingenommen werden.[2] Die Feststellungslast für das Vorliegen der Gewinnerzielungsabsicht, namentlich auch für nicht private Motive, liegt insoweit bei dauerhaften Verlusten beim StPfl.

40 Soweit der StPfl. verschiedene, voneinander abgrenzbare Tätigkeiten verfolgt **(Segmentierung)**, ist für jeden Tätigkeitsbereich gesondert zu entscheiden, ob er mit Gewinnerzielungsabsicht tätig wird. Aufwendungen für die Lebensführung können nicht dadurch zu betrieblich veranlassten Aufwendungen werden, dass sie äußerlich mit gewinnbringenden gewerblichen Tätigkeiten zusammengefasst werden (§ 2 Rn. 68). Es bleibt dann dabei, dass derartige „Verluste“ mangels betrieblicher Veranlassung schon nicht in den **horizontalen Verlustausgleich** innerhalb der Einkünfte aus GewBetr. einbezogen werden dürfen.[3] Dies gilt auch bei PersGes.[4] Allerdings muss eine Segmentierung möglich sein.[5] Soweit Tätigkeiten miteinander verzahnt sind, sich gegenseitig bedingen und in einem Förder- und Sachzusammenhang stehen, dürfen sie nicht in gewinnbringende zu berücksichtigende Bereiche und auszuschließende verlustbringende Bereiche separiert werden. Insoweit kann auch eine Einkünftearten übergreifende Betrachtung geboten sein (§ 2 Rn. 70 f.).[6]

41 **Änderungen hinsichtlich der Gewinnerzielungsabsicht** sind ab ihrem – aus den äußeren Umständen ableitbaren – Eintritt zu berücksichtigen. Wird eine zunächst ohne Gewinnerzielungsabsicht ausgeübte Tätigkeit später mit Gewinnerzielungsabsicht fortgesetzt, so stellt dies die **Eröffnung eines GewBetr.** dar. Daher sind danach erzielte Gewinne (und Verluste) zu berücksichtigen, auch wenn vorherige „Verluste“ als Kosten der Lebensführung nicht zu berücksichtigen waren.[7] Umgekehrt sind bis zum Wegfall der Gewinnerzielungsabsicht angefallene Verluste zu berücksichtigen, ebenso wie Verluste in der Abwicklungsphase.[8] Nach Auffassung der Rspr. soll der durch nachträglichen Wegfall der Gewinnerzielungsabsicht eintretende **Strukturwandel**, auch vom GewBetr. zur Liebhaberei, nicht zur Aufgabe des GewBetr. nach § 16 führen, sondern zu **„eingefrorenem BV“** (s. § 16 Rn. 186).

42 **(Intransparente) Verlustzuweisungsgesellschaften** unterhalten **keinen GewBetr.** Die Absicht, den G'tern **Steuervorteile durch Verlustzuweisungen** zu verschaffen, begründet keine Gewinnerzielungsabsicht. Dies stellt das G in Abs. 2 S. 2 nunmehr ausdrücklich allg. klar.[9] Von einer typischen Verlustzuweisungsgesellschaft ist nach der Rspr. insbes. auszugehen, wenn a) die Ges. nicht über ausreichendes EK verfügt, um die beabsichtigte wirtschaftliche Tätigkeit zu finanzieren und b) sich dieses Kapital über eine Vielzahl v. Anlegern beschafft und c) sich hierzu die Rechtsform einer GmbH und Co KG oder einer atypisch stillen Ges. wählt, sowie d) und das erforderliche Kapital zu einem Großteil fremdfinanziert, um Verlustzuweisungen v. mehr als 100 % zu erreichen.[10] Solche Verlustzuweisungsgesellschaften sind ein bes. wichtiger Anwendungsfall fehlender Gewinnerzielungsabsicht aus anderen Gründen als der Aufwendungen für die Lebens-

1 IErg ebenso auch BFH v. 18.4.2013 – VIII B 135/12, BFH/NV 2013, 1556 (Rechtsanwaltskanzlei mit hohen Personalkosten im Verhältnis zum Umsatz); v. 31.5.2012 – IV R 40/09, BFH/NV 2012, 1440 mwN; v. 19.3.2009 – IV R 40/06, BFH/NV 2009, 1115; v. 12.9.2002 – IV R 60/01, BStBl. II 2003, 85; abl. jedenfalls für „echte Verluste“ BFH v. 21.7.2004 – X R 33/03, BStBl. II 2004, 1063 und v. 29.3.2007 – IV R 6/05, BFH/NV 2007, 1492 (gewerbliche Ferienwohnung).

2 BFH v. 23.8.2017 – X R 27/16, BFH/NV 2018, 36.

3 BFH v. 18.5.1995 – IV R 31/94, BStBl. II 1995, 718 (Tanzschule und Getränkeverkauf); v. 28.8.1987 – III R 273/83, BStBl. II 1988, 10; v. 11.4.1990 – I R 22/88, BFH/NV 1990, 768; v. 24.2.1999 – X R 106/95, BFH/NV 1999, 1081 (Segelyacht); v. 28.11.1985 – IV R 178/83, BStBl. II 1986, 293 (Pferdehaltung bei LuF); v. 13.12.1990 – IV R 1/89, BStBl. II 1991, 452 (LuF); v. 1.2.1990 – IV R 45/89, BStBl. II 1991, 625 (Schlachttierhaltung bei Fleischfabrik).

4 BFH v. 25.6.1996 – VIII R 28/94, BStBl. II 1997, 202 (Hubschraubervermietung im Rahmen BetrAufsp.).

5 Verneint v. BFH v. 19.11.2003 – I R 33/02, BFHE 204, 21 für Motorsportverein mit teils gewinnbringenden, teils verlustbringenden Veranstaltungen gleicher Art, bejaht von BFH v. 17.10.2013 – III R 27/12, BStBl. II 2014, 372 für Verluste aus Gebäudevermietung und Gewinn aus Betrieb einer Photovoltaikanlage auf dem Dach des Gebäudes.

6 BFH v. 6.3.2003 – XI R 46/01, BStBl. II 2003, 602 (nichtselbständige und selbständige Arbeit eines Künstlers); s. aber BFH v. 25.4.2008 – IV R 80/05, BStBl. II 2009, 266 (keine Zusammenfassung für Abs. 3 S. 2 bei gew. Grundstückshandel und geplanter anschließender Vermietung außerhalb v. Abs. 3 S. 2) und BFH v. 9.3.2011 – IX R 50/10, BStBl. II 2011, 704 (keine Zusammenfassung v. VuV als Einzelvermieter und späterer Vermietung als MU'er einer gewerblich geprägten PersGes.).

7 BFH v. 21.8.1990 – VIII R 25/86, BStBl. II 1991, 564 (zu Verlust-Ges.); vgl. aber BFH v. 16.3.2012 – IV B 155/11, BFH/NV 2012, 950 (offen, ob vorhergehende „Verluste“ für die Feststellung der Gewinnerzielungsabsicht zu berücksichtigen sind).

8 Vgl. BFH v. 15.5.2002 – X R 3/99, BStBl. II 2002, 809 (zu Schuldzinsen nach Übergang zu Liebhabereibetrieb).

9 Im Anschluss an BFH v. 25.6.1984 – GrS 4/82, BStBl. II 1984, 751 unter Aufgabe der sog. Baupaten-Rspr. BFH v. 17.1.1972 – GrS 10/70, BStBl. II 1972, 700.

10 BFH v. 12.12.1995 – VIII R 59/92, BStBl. II 1996, 219; v. 21.8.1990 – VIII R 25/86, BStBl. II 1991, 564; v. 10.9.1991 – VIII R 39/86, BStBl. II 1992, 328; vgl. auch BFH v. 21.11.2000 – IX R 2/96, BStBl. II 2001, 789 (zu VuV – Immobilienfonds).

führung, nämlich zur Erzielung einer (estl. irrelevanten) **Vermögensmehrung nach Steuern**. Es genügt hier festzustellen, dass „Verluste" erstrebt wurden, um nach Steuern eine Vermögensmehrung zu erzielen. Der Feststellung zusätzlicher auf Aufwendungen für die Lebensführung hindeutender Umstände bedarf es nicht mehr.[1] Sofern die anfängliche Vermutung fehlender Gewinnerzielungsabsicht widerlegt wird,[2] ist zusätzlich – wie allg. – bei PersGes. auch noch zu prüfen, ob auf der Ebene des G'ters Gewinnerzielungsabsicht vorliegt. Hier liegt das Augenmerk vor allem auf befristeten Beteiligungen.[3] Ist Gewinnerzielungsabsicht (deshalb) zu verneinen, sind dem G'ter mangels MU'schaft keine Verlustanteile zuzurechnen.[4] Zum Verhältnis „Liebhaberei" und § 15b s. § 15b Rn. 12.

Gewinnerzielungsabsicht ist ua. in folgenden **Einzelfällen bejaht** worden: Druckerei (BFH v. 7.12.1989 – 43
IV R 79/88, BFH/NV 1991, 364); Erfinder (BFH v. 14.3.1985 – IV R 8/84, BStBl. II 1985, 424); Fußballtrainer (BFH v. 13.5.1993 – IV R 131/92, BFH/NV 1994, 93); Gästehaus (BFH v. 13.12.1984 – VIII R 59/82, BStBl. II 1985, 455); Kunstmaler (BFH v. 26.4.1989 – VI R 104/86, BFH/NV 1989, 696); RA (BFH v. 22.4.1998 – XI R 10/97, BStBl. II 1998, 663); Reitschule und Pferdeverleih (BFH v. 15.11.1984 – IV R 139/81, BStBl. II 1985, 205 und v. 28.11.1985 – IV R 178/83, BStBl. II 1986, 293); Trabergestüt (BFH v. 2.2.1989 – IV R 109/87, BFH/NV 1989, 692); Trabrennstall (BFH v. 19.7.1990 – IV R 82/89, BStBl. II 1991, 333); Vermietung Tennishalle (BFH v. 2.8.1994 – VIII R 55/93, BFH/NV 1995, 866); Vorratsgesellschaften (BFH v. 30.10.2014 – IV R 34/11, BStBl. II 2014, 380).

Hingegen ist ua. in folgenden **Einzelfällen Gewinnerzielungsabsicht verneint** worden: Automatenaufstel- 44
ler (BFH v. 21.1.1993 – XI R 18–19/92, BFH/NV 1993, 475, offen aber in BFH v. 19.3.2009 – IV R 40/06, BFH/NV 2009, 1115); Farm in Paraguay (BFH v. 2.7.1998 – IV R 90/96, BFH/NV 1999, 757 und v. 11.12.1997 – IV R 86/95, BFH/NV 1998, 950); Film KG (BFH v. 28.1.1988 – IV R 148/85, BFH/NV 1988, 627); Gebrauchtwagenhandel (BFH v. 9.3.1999 – X B 156/98, BFH/NV 1999, 1204); Gestüt, insbes. Pferdezucht (BFH v. 27.1.2000 – IV R 33/99, BStBl. II 2000, 227); Getränkegroßhandel mit langjährigen Verlusten (BFH v. 19.11.1985 – VIII R 4/83, BStBl. II 1986, 289); gewerblicher Grundstückshandel und nachträgliches Entfallen der Gewinnerzielungsabsicht (BFH v. 5.4.2017 – X R 6/15, BStBl. II 2017, 1130); Kraftwerksbetrieb (BFH v. 19.3.1997 – III B 90/96, BFH/NV 1997, 571); Motorboot-Vermietung (BFH v. 24.2.1999 – X R 106/95, BFH/NV 1999, 1081); Motorsegler-Vercharterung (BFH v. 2.9.1987 – I R 315/83, BFH/NV 1988, 300); Schriftstellerei eines RA (BFH v. 23.5.1985 – IV R 84/82, BStBl. II 1985, 515); Segelyacht, Vermietung (BFH v. 11.4.1990 – I R 22/88, BFH/NV 1990, 768); Weingut (BFH v. 14.7.2003 – IV B 81/01, BStBl. II 2003, 804; v. 15.5.1997 – IV B 74/96, BFH/NV 1997, 668); Wohnmobil-Vermietung (FG Bremen v. 10.9.1997 – 4 96020 K 3, EFG 1998, 281).

Einstweilen frei. 45–51

3. Negative Abgrenzungsmerkmale. Die positiven Tatbestandsmerkmale des GewBetr. (Selbständigkeit, 52
Nachhaltigkeit, Teilnahme am allg. wirtschaftlichen Verkehr und Gewinnerzielungsabsicht) grenzen die gewerblichen Einkünfte nicht ausreichend ggü. anderen Einkunftsarten ab. Denn bei den übrigen **Unternehmenseinkünften (Gewinneinkunftsarten § 2 Abs. 2 S. 1)** muss übereinstimmend ebenfalls eine selbständige nachhaltige Betätigung unter Teilnahme am allg. wirtschaftlichen Verkehr ausgeübt werden. Daher erfolgt hier die Abgrenzung zum GewBetr. negativ dadurch, dass die Einkünfte aus LuF nach § 13 und aus selbständiger Arbeit nach § 18 ausdrücklich aus dem GewBetr.-Begriff ausgeklammert werden. Da bei allen drei Gewinneinkunftsarten auch Veräußerungsgewinne erfasst sind, ergibt sich die Abgrenzungsnotwendigkeit typischerweise wegen der Einkunftsermittlungsart und der GewSt. Für die Abgrenzung zu den übrigen (außer § 19) Überschusseinkunftsarten (§ 2 Abs. 2 S. 2) enthält das Gesetz hingegen keine expliziten Abgrenzungsmerkmale. Auch bei den Einkünften aus KapVerm. (§ 20) und VuV (§ 21) liegen **Nachhaltigkeit** und **Teilnahme am allg. wirtschaftlichen Verkehr** sowie **Einkünfteerzielungsabsicht** vor. Gegenüber den Unternehmenseinkünften liegt allerdings ein eingeschränkter Umfang der Steuerbarkeit, und zwar in Ansehung von Veräußerungsgewinnen. Der Sache nach geht es daher häufig, soweit §§ 22, 17 oder 20 Abs. 2 nicht eingreifen, um die Abgrenzung der estl. relevanten Betätigung als Gewerbetreibender von der estl. irrelevanten Vermögensumschichtung im privaten Bereich. Für diese Abgrenzung zum nicht steuerbaren Bereich, aber auch für die Abgrenzung zu § 22, 17 und 20 Abs. 2, kommt insbes. den Merkmalen der **Nachhaltigkeit** und der **Teilnahme am allg. wirtschaftlichen Verkehr** durch die Veräußerungsakte Bedeutung zu.

Einstweilen frei. 53, 54

---

1 BFH v. 9.7.2002 – IX R 47/99, BStBl. II 2003, 580; v. 12.12.1995 – VIII R 59/92, BStBl. II 1996, 219, ebenso BFH v. 2.7.1998 – IV R 90/96, BFH/NV 1999, 753 mwN (Steuerersparnis als Lebensführung betrachtend).

2 Vgl. dazu für Filmfonds BMF v. 23.2.2001, BStBl. I 2001, 175 (realistische Erlösprognose anhand v. Lizenzverträgen).

3 BFH v. 21.7.2004 – X R 33/03, BStBl. II 2004, 1063.

4 BFH v. 23.4.1999 – IV B 149/98, BFH/NV 1999, 1336.

55 **II. Abgrenzung gegenüber Land- und Forstwirtschaft (§ 13).** LuF ist die **planmäßige Nutzung der Naturkräfte des Bodens und** die **Verwertung der** hierdurch gewonnenen pflanzlichen oder tierischen **Erzeugnisse** (§ 13 Rn. 2). Der **Abgrenzung zum GewBetr.** kommt **estl.** wegen der Besonderheiten der Gewinnermittlung bei LuF besondere Bedeutung zu (dazu § 13 Rn. 47 f., 71–73; § 13a Rn. 1). Vor allem aber hat sie Bedeutung, weil luf. Betriebe nicht der **GewSt** unterliegen. **Die Abgrenzungsproblematik** ergibt sich aus (1) der generellen Begrenzung auf die Erzeugung und Verwertung von pflanzlichen und tierischen Produkten unter Ausnutzung der Naturkräfte des Bodens (sog. Urproduktion, einschließlich der Tierzucht und Tierhaltung nach Maßgabe des § 13 Abs. 1 Nr. 1 S. 2, § 13 Rn. 14 ff.) sowie (2) der Einbeziehung landwirtschaftlicher **Nebenbetriebe** in die Einkünfte aus LuF (§ 13 Rn. 22 ff.). Häufig treten mit Handel und/oder Weiterverarbeitung eigener und/oder fremder Produkte sowie Dienstleistungen auch gewerbliche Tätigkeitselemente hinzu (§ 13 Rn. 5 f.). Sodann muss beurteilt werden, ob die Tätigkeiten so trennbar sind, dass zwei Betriebe vorliegen (ein Betrieb der LuF, ein GewBetr.), oder ob ein einheitlicher Betrieb vorliegt, der entweder insgesamt LuF ist (weil die gewerblichen Elemente von geringer Bedeutung sind) oder der insgesamt § 15 Abs. 2 verwirklicht (§ 13 Rn. 4).

56–60 Einstweilen frei.

61 **III. Abgrenzung gegenüber selbständiger Arbeit (§ 18).** Ein **GewBetr. liegt nicht vor**, wenn die selbständige nachhaltige mit Gewinnerzielungsabsicht unter Teilnahme am allg. Verkehr erfolgte Betätigung sich als **Ausübung eines freien Berufes oder als andere selbständige Arbeit** darstellt (§ 15 Abs. 2 S. 1). Aus der Sicht des § 18 muss eine die positiven Merkmale des § 15 Abs. 2 erfüllende Betätigung zusätzlich die Merkmale des § 18 Abs. 1 erfüllen, um zu Einkünften aus § 18 zu führen (§ 18 Rn. 39), aus der Sicht des § 15 Abs. 2 scheiden dann **(negatives Tatbestandsmerkmal)** gewerbliche Einkünfte aus. Die wesentliche **Bedeutung der negativen Ausgrenzung** der Einkünfte aus selbständiger Arbeit aus den Einkünften aus GewBetr. liegt darin, dass **keine GewSt** anfällt.

62 Im Einzelnen kommen daher gewerbliche Einkünfte nicht in Betracht: – **(1)** bei der Ausübung **wissenschaftlicher** (§ 18 Rn. 41), **künstlerischer** (§ 18 Rn. 44), **schriftstellerischer** (§ 18 Rn. 47), **unterrichtender** (§ 18 Rn. 49) **und erzieherischer Tätigkeit** (§ 18 Rn. 53), **(2)** bei der Berufstätigkeit innerhalb der **Katalogberufe** (Heilberufe, § 18 Rn. 55, Rechts- und Wirtschaftsberatung, § 18 Rn. 61, Technische Berufe § 18 Rn. 70, und Medienberufe, § 18 Rn. 79), **(3)** bei Ausübung eines den Katalogberufen **ähnlichen Berufes** (§ 18 Rn. 82), und **(4)** bei **sonstiger selbständiger Arbeit** iSv. § 18 Abs. 1 Nr. 3 (§ 18 Rn. 97). Abgrenzungsschwierigkeiten ergeben sich typischerweise aus der Frage, wann ein den **Katalogberufen ähnlicher Beruf** vorliegt. Dieser muss hinsichtlich der **für den einzelnen Katalogberuf charakteristischen Merkmale ähnlich** sein, nämlich bzgl. Art der Tätigkeit, Ausbildungs- und Zulassungsvoraussetzungen (§ 18 Rn. 82 ff.). Entsprechendes gilt für die Gruppenähnlichkeit zu den Einkünften aus auf die Vermögensverwaltung gerichteten Tätigkeiten in § 18 Abs. 1 S. 3 (§ 18 Rn. 97). Ferner kann auch die Frage der **qualifizierten eigenverantwortlichen Leitung** bei Beschäftigung fachlich qualifizierter Mitarbeiter die Abgrenzung zwischen § 18 und § 15 aufwerfen (§ 18 Rn. 90).

63 Die freiberufliche Tätigkeit ist – zumindest nach der Vorstellung des historischen Gesetzgebers (§ 18 Rn. 2) – durch persönlichen Arbeitseinsatz des Freiberuflers (im Gegensatz zum Einsatz v. Kapital und Einsatz abhängiger ArbN) gekennzeichnet. Hinzukommen können bei bestimmten Katalogberufen (ua. Heilberufe, Rechtsberatung) **Ausbildungs- und Zulassungsvoraussetzungen**. Fehlt dem StPfl. diese **persönliche Berufsqualifikation**, liegen gewerbliche Einkünfte vor.[1] Daher liegen bei **Fortführung einer freiberuflichen Praxis durch** den oder die **Erben** gewerbliche Einkünfte vor,[2] wenn der oder die Erben nicht die Berufsqualifikation besitzen. Dies gilt auch, wenn treuhänderisch für eine Übergangszeit ein Vertreter bestellt ist[3] (§ 18 Rn. 34, 95) oder im Falle einer Verpachtung durch den Erben bis zur Erlangung der Berufsqualifikation.[4] Bei **PersGes.** mit an sich freiberuflicher Tätigkeit führt die **Beteiligung v. G'tern ohne Berufsqualifikation**, namentlich v. KapGes.,[5] insgesamt zu gewerblichen Einkünften aller MU'er (§ 18

1 Vgl. BFH v. 13.2.2003 – IV R 49/01, BStBl. II 2003, 721 (Sprachheilpädagogin); v. 19.9.2002 – IV R 45/00, BStBl. II 2003, 21 (Fußpfleger/Heilpraktiker – Ausführungen zur Verfassungsmäßigkeit der GewSt); v. 22.1.2004 – IV R 51/01, BStBl. II 2004, 509 (Krankenpfleger); v. 27.1.2004 – IV B 135/01, BFH/NV 2004, 783 (Krankenpfleger).

2 FG Köln v. 24.6.2015 – 14 K 1130/13, juris; BFH v. 14.12.1993 – VIII R 13/93, BStBl. II 1994, 922; v. 29.4.1993 – IV R 16/92, BStBl. II 1993, 716; BMF v. 11.1.1993, BStBl. I 1993, 62; anders nur für nachträgliche Einkünfte BFH v. 29.4.1993 – IV R 16/92, BStBl. II 1993, 716.

3 BFH v. 19.5.1981 – VIII R 143/78, BStBl. II 1981, 665; vgl. aber BFH v. 22.1.1963 – I 242/62 U, BStBl. III 1963, 189.

4 BFH v. 12.3.1992 – IV R 29/91, BStBl. II 1993, 36.

5 BFH v. 10.10.2012 – VIII R 42/10, BStBl. II 2013, 79 (sog. Freiberufler-GmbH & Co. KG); v. 23.4.2009 – IV R 73/06, BStBl. II 2010, 40; v. 8.4.2008 – VIII R 73/05, BStBl. II 2008, 681 (RA GbR mit GmbH); v. 4.5.2009 – VIII B 220/08, BFH/NV 2009, 1429 (GmbH & Still); v. 3.12.2003 – IV B 192/03, BStBl. II 2004, 303 mwN.

Rn. 24). Bei einer doppelstöckigen PersGes. müssen auch sämtliche G'ter der Obergesellschaft die Qualifikationsmerkmale erfüllen.[1]

Bei **gemischten Tätigkeiten**, dh. teils gewerblicher Tätigkeit, teils freiberuflicher Tätigkeit ist zu differenzieren: **(a)** Es liegen **nebeneinander gewerbliche Einkünfte und freiberufliche Einkünfte** vor, wenn zw. den Tätigkeiten entweder schon keinerlei Zusammenhang besteht oder wenn die Tätigkeiten sich trotz sachlichem und wirtschaftlichem Zusammenhang trennen lassen. Dann ist v. einem v. der freiberuflichen Tätigkeit getrennten GewBetr. auszugehen, für den der Gewinn gesondert zu ermitteln ist, ggf. im Wege der Schätzung.[2] Dies ist insbes. der Fall, wenn ein Freiberufler neben berufstypischen Leistungen weitere Leistungen erbringt, die außerhalb der die freiberufliche Tätigkeit charakterisierenden Leistungen liegen (zB Handel mit Waren, Darlehensgewährungen, andere Geldgeschäfte, Treuhändertätigkeit bei Bauherrengemeinschaften).[3] Von einer Trennbarkeit ist prinzipiell auszugehen. **(b)** Es liegt ein **einheitlicher GewBetr.** vor, wenn die isoliert gesehenen gewerblichen und freiberuflichen Tätigkeiten so miteinander verflochten sind, dass sie nach der Verkehrsauffassung als einheitliche Tätigkeit erscheinen, und wenn die **gewerbliche Tätigkeit** der einheitlichen Tätigkeit das **Gepräge** gibt.[4] **(c)** Es liegen **einheitlich Einkünfte aus selbständiger Arbeit** vor, wenn bei nach der Verkehrsauffassung einheitlicher Tätigkeit wie unter (b) die **freiberufliche Tätigkeit** das **Gepräge** gibt (§ 18 Rn. 21 f.).[5] Eine enge Verflechtung liegt insbes. vor, wenn ein einheitlicher Erfolg ggü. einem Auftraggeber geschuldet wird und die dazu erforderliche Gesamttätigkeit sich aus einer Vielzahl einzelner Leistungselemente zusammensetzt.[6] Eine gewerbliche Prägung ist immer dann anzunehmen, wenn es sich – unabhängig v. den Anteilen an der Tätigkeit oder dem Umsatz – um der jeweiligen freiberuflichen Tätigkeit wesensfremde Leistungen handelt und die gewerblichen Leistungselemente nicht lediglich notwendigen Hilfscharakter haben.[7] 64

Bei PersGes. führen – im Unterschied zum Einzelunternehmer (Rn. 64) – wegen der **Abfärbewirkung** nach § 15 Abs. 3 Nr. 1 (s. Rn. 143 ff.) auch **trennbare gemischte Tätigkeiten** insgesamt einheitlich zu Einkünften aus GewBetr. (§ 18 Rn. 25).[8] Dies gilt auch für stille Ges. bei Beteiligung des Stillen sowohl an freiberuflichen als auch gewerblichen Einkünften.[9] Liegt eine einheitlich zu beurteilende gemischte Tätigkeit mit freiberuflichem Gepräge vor, verbleibt es auch bei einer PersGes. bei freiberuflichen Einkünften der G'ter.[10] 65

Einstweilen frei. 66–68

IV. Abgrenzung gegenüber Vermögensverwaltung (§§ 20, 21). 1. Vermietung und Verpachtung. Die **Vermietung** oder Verpachtung v. unbeweglichem Vermögen, insbes. **Grundstücken**, begründet für sich allein keinen GewBetr., sofern nicht weitere Sonderleistungen oder andere Umstände hinzutreten, die 69

1 BFH v. 28.10.2008 – VIII R 69/06, BStBl. II 2009, 642 und v. 28.10.2008 – VIII R 73/06, BStBl. II 2009, 647 (Gesellschaften mit Ingenieuren als G'tern und Betriebs- und Volkswirten in kfm. Funktion, geschäftsleitende Managementfunktion durch Holding-Obergesellschaft); v. 9.10.1986 – IV R 235/84, BStBl. II 1987, 124; vgl. aber BFH v. 23.11.2000 – IV R 48/99, BStBl. II 2001, 241 (Zusammenschluss unterschiedlicher freier Berufsangehöriger); **aA** *Lang*, FS L. Schmidt, 1993, 297; *Korn*, DStR 1995, 1249; *Pinkernell*, Einkünftezurechnung bei PersGes., 2001, 172 f.; *Bodden*, Einkünftequalifikation bei MU'ern, 2001, 57 f.

2 BFH v. 8.10.2008 – VIII R 53/07, BStBl. II 2009, 143 (Aufteilung auch bei gleichartigen Tätigkeiten, soweit für einige selbst eigenverantwortlich und leitend tätig, für weitere hingegen Überwachung durch Angestellten); v. 2.10.2003 – IV R 48/01, BStBl. II 2004, 363 (Arzt mit gewerblicher Klinik); v. 11.7.1991 – IV R 33/90, BStBl. II 1992, 353; v. 11.7.1991 – IV R 102/90, BStBl. II 1992, 413; v. 21.4.1994 – IV R 99/93, BStBl. II 1994, 650.

3 BFH v. 19.9.2002 – IV R 70/00, BStBl. II 2003, 25 (Personalvermittlung/Mitarbeiterschulung); v. 1.2.1990 – IV R 42/89, BStBl. II 1990, 534 (Treuhänder); v. 9.8.1983 – VIII R 92/83, BStBl. II 1984, 129 (Kapitalanlagen); v. 14.6.1984 – I R 204/81, BStBl. II 1985, 15 (Vermittlung Möbelverkauf); v. 1.2.1979 – IV R 113/76, BStBl. II 1979, 574 (Medikamentenverkauf).

4 BFH v. 11.2.1988 – IV R 223/85, BFH/NV 1988, 737 (Lizenzvergabe); v. 15.12.1971 – I R 49/70, BStBl. II 1972, 291 (Veräußerung schlüsselfertiger Häuser); v. 21.3.1995 – XI R 85/93, BStBl. II 1995, 732 (Laboratoriumsarzt); v. 24.4.1997 – IV R 60/95, BStBl. II 1997, 567 (Computerhardwareveräußerung, falls nicht ausnahmsweise nur dienend).

5 BFH v. 24.8.1989 – IV R 80/88, BStBl. II 1990, 17 (Geldgeschäfte als Hilfsgeschäfte); v. 22.4.1980 – VIII R 236/77, BStBl. II 1980, 571 (Darlehensgewährung zur Honorarsicherung).

6 BFH v. 10.9.1998 – IV R 16/97, BStBl. II 1999, 215 (Software-Lernprogramm); FG Köln v. 25.4.2018 – 3 K 265/15, EFG 2018, 1212 Rn. 51 ff. (Werbefilm-Produzentin).

7 BFH v. 24.4.1997 – IV R 60/95, BStBl. II 1997, 567.

8 BFH v. 21.2.2017 – VIII R 45/13, BStBl. II 2018, 4 (zu technischen Übersetzungen, Zukauf von Fremdübersetzungen von Sprachen, die G'ter nicht selbst beherrschen); v. 27.8.2014 – VIII R 6/12, BStBl. II 2015, 1002 (Rechtsanwälte, angestellter Rechtsanwalt als Insolvenzverwalter); v. 12.12.2001 – XI R 56/00, BStBl. II 2002, 202 (RA, Insolvenzverwaltung, Vervielfältigung); v. 24.4.1997 – IV R 60/95, BStBl. II 1997, 567; v. 13.11.1997 – IV R 67/96, BStBl. II 1998, 254.

9 BFH v. 10.8.1994 – I R 133/93, BStBl. II 1995, 171.

10 Vgl. auch *Kempermann*, FR 2007, 577.

der Tätigkeit einen gewerblichen Charakter geben.[1] Dies folgt bereits aus § 21 und wird unterstützt durch § 14 AO. Es entspricht daher allg. Meinung, dass vermögensverwaltende (Vermietungs-/Verpachtungs-) Tätigkeiten nicht dem § 15 unterfallen. Von einer solchen „bloßen" Vermögensverwaltung ist dann auszugehen, wenn die entgeltliche **Nutzungsüberlassung des Grundstückes** oder Grundstücksteiles im Vordergrund steht. Auf die Dauer und Eigentumsverhältnisse (Untervermietung) kommt es grds. nicht an. Auch wenn für die Verwaltung vermieteten umfangreichen Grundbesitzes ein „in kfm. Weise eingerichteter Geschäftsbetrieb" erforderlich ist, verbleibt es bei Einkünften aus VuV.[2] Dies gilt auch bei Vermietung durch eine OHG oder KG gem. § 105 Abs. 2 HGB iVm. § 2 HGB, falls diese daneben keine eigenständige gewerbliche Tätigkeit entfaltet. In den Rahmen der privaten Vermögensverwaltung fallen die Vermietung v. unbebauten Grundstücksflächen (zB für Verkaufsstände,[3] Abstellplätze Kfz.) und v. Gebäuden bzw. Gebäudeteilen (Wohnungen, Geschäftsräume, Garagen). Bei der Überlassung v. Wohnräumen führt auch eingeschlossene Gebrauchsüberlassung v. Möbeln sowie die Erbringung üblicher untergeordneter Nebenleistungen (Reinigung, Frühstück) noch nicht zu einer gewerblichen Tätigkeit (**möblierte Zimmer, Ferienzimmer,**[4] Ferienwohnungen[5]). Die Vermietung von **Wohnungen in einer Seniorenanlage** iRd. „betreuten Wohnens" führt nicht schon wegen der Kooperation mit einem Betreuungsleistungen anbietenden Partner zu einer gewerblichen Vermietung, sofern es sich im Wesentlichen nur um wahlweise Leistungen handelt, die gesondert vom Kooperationspartner erbracht und abgerechnet werden.[6]

70 Der Rahmen privater Vermögensverwaltung wird jedoch überschritten, wenn die Gebrauchsüberlassung der Grundstücksfläche sich als einheitlicher Teil einer über sie hinausgehenden Gesamtleistung darstellt[7] oder wenn zu ihr erhebliche weitere Sonderleistungen[8] hinzutreten oder wenn wegen des häufigen Wechsels bei kurzfristiger Überlassung eine besondere Organisation vorgehalten wird.[9] GewBetr. ist danach nicht nur das Betreiben eines Hotels, das Betreiben einer Fremdenpension, eines Wohnheimes und einer Flüchtlingsunterkunft[10], sondern auch die Vermietung v. **Ferienwohnungen**, soweit die Wohnung in einer Ferienwohnanlage zusammen mit anderen hotelmäßig professionell angeboten wird oder soweit, insbes. bei mehreren Ferienwohnungen, Zusatzleistungen – auch über einen Geschäftsbesorger – erbracht werden, die nicht mehr im Haushalt des StPfl. miterledigt werden können, sondern eine eigene unternehmerische Organisation verlangen.[11] Voraussetzung ist allerdings, dass diese Tätigkeiten dem StPfl. zuzurechnen sind (s. insbes. Rn. 153, 155). So ist Gewerblichkeit zB zu verneinen, wenn der StPfl. sein in einem Hotelkomplex gelegenes Appartement an den Hotelbetreiber vermietet und Letzterer auf eigene Rechnung anlässlich der Weitervermietung die hoteltypischen Dienstleistungen anbietet.[12] Zur Gewerblichkeit können – entgegen der Ansicht des BFH – auch werbliche und verkaufsfördernde Zusatzleistungen durch Beitritt zu einer Werbegemeinschaft und Beauftragung zur Durchführung von gemeinsamen Werbemaßnahmen für die Geschäfte der Mieter bei der Vermietung von Flächen an Gewerbetreibende in einem Einkaufscenter führen.[13]

71 „**Verklammerung von Fruchtziehung und Veräußerung**": Der Rahmen privater Vermögensverwaltung wird nach Ansicht der Rspr. ferner dann überschritten, wenn das Geschäftskonzept darin besteht, WG zu erwerben, diese sodann durch Vermietung/Verpachtung zum Gebrauch zu überlassen und nach Ablauf der Gebrauchsüberlassung zu veräußern. Die Verklammerung von Nutzungsüberlassung im Sinne einer Fruchtziehung mit der Umschichtung von Vermögenswerten durch Veräußerung führt dazu, dass von vornherein Einkünfte aus GewBetr. vorliegen. Voraussetzung soll sein, dass sich Vermietung und Ver-

1 BFH v. 13.11.1996 – XI R 31/95, BStBl. II 1997, 247 mwN.
2 BFH v. 12.3.1964 – IV 136/61 S, BStBl. III 1964, 364.
3 BFH v. 18.3.1964 – IV 141/60 U, BStBl. III 1964, 367.
4 BFH v. 28.6.1984 – IV R 150/82, BStBl. II 1985, 211; vgl. auch H 15.7 (2) EStH 2008.
5 BFH v. 14.12.2004 – IX R 70/02, BFH/NV 2005, 1040; v. 13.11.1996 – XI R 31/95, BStBl. II 1997, 247.
6 FG BaWü. v. 17.2.2016 – 4 K 1349/15, EFG 2016, 820.
7 BFH v. 25.10.1988 – VIII R 262/80, BStBl. II 1989, 291 (Tennisplätze); v. 9.4.2003 – X R 21/00, BStBl. II 2003, 520 und v. 23.6.1988 – IV R 139/86, BStBl. II 1988, 1001 (bewachter Parkplatz); v. 6.10.1982 – I R 7/79, BStBl. II 1983, 80 (Campingplatz); R 15.7 (2) EStR 2008 (Messestände).
8 BFH v. 12.4.1988 – VIII R 256/81, BFH/NV 1989, 44 (Zimmervermietung an Dirnen gewerbsmäßig).
9 BFH v. 18.5.1999 – III R 65/97, BStBl. II 1999, 619 mwN.
10 FG Thür. v. 18.4.2013 – 4 K 164/08, EFG 2013, 1364; BFH v. 30.9.2003 – IV B 29/02, BFH/NV 2004, 330 mwN; v. 11.7.1984 – I R 182/79, BStBl. II 1984, 722 und v. 6.10.1982 – I R 7/79, BStBl. II 1983, 80.
11 BFH v. 28.9.2010 – X B 42/10, BFH/NV 2011, 37 (im Einzelfall auch zu verneinen bei jeweils kurzfristiger Vermietung einer Wohnung an Touristen); v. 17.3.2009 – IV B 52/08, BFH/NV 2009, 1114; v. 14.1.2004 – X R 7/02, BFH/NV 2004, 945; v. 23.7.2003 – IX B 23/03, BFH/NV 2003, 1425; v. 18.5.1999 – III R 65/97, BStBl. II 1999, 619; v. 13.11.1996 – XI R 31/95, BStBl. II 1997, 247.
12 FG Hessen v. 28.5.2018 – 2 K 1925/16, juris Rn. 21 ff. (Rev. IX R 18/18); vgl. auch FG MV v. 20.12.2017 – 3 K 342/14, EFG 2018, 1172 (Rev. IV R 10/18).
13 **AA** BFH v. 14.7.2016 – IV R 34/13, BStBl. II 2017, 175.

äußerung derart bedingen, dass die Veräußerung erforderlich ist, um überhaupt einen Gewinn zu erzielen. Das Geschäftskonzept müsse also darauf gerichtet sein, dass sich erst unter Einbeziehung des Veräußerungserlöses ein Totalgewinn erzielen lässt.[1] Die Veräußerung führt dann noch zu einem lfd., nicht nach §§ 16 Abs. 4, 34 begünstigten Aufgabegewinn.[2] Diese Rspr. verdient Zustimmung; sie trägt dem Typus des Gewerbetreibenden nachvollziehbar Rechnung. Angewendet wurden diese Grundsätze bisher auf Grundstücke bzw. grundstücksgleiche Rechte[3] und Container[4], aber letztlich gelten sie für alle WG. Meines Erachtens macht es auch keinen Unterschied, ob und inwieweit das Zivilrecht ein WG für „vollverkehrsfähig" erklärt, solange zumindest eine Übertragung des wirtschaftlichen Eigentums möglich ist.[5] Ebenso wenig lässt sich aus § 23 Abs. 1 Nr. 1 EStG ableiten, dass (nur) bei Grundstücken nach zehn Jahren eine Verklammerung nicht mehr in Betracht kommen soll.[6] Entscheidend ist für jedes WG die Tatsachenwürdigung bezogen auf den Zeitpunkt der Anschaffung. Insoweit trägt das FA die Feststellungslast dafür, dass zu diesem Zeitpunkt nicht nur eine spätere Veräußerung, sondern auch deren Zeitpunkt absehbar war.

Die (ausschließliche) **Vermietung einzelner beweglicher Sachen** (zB Wohnmobile, Boote, Container) führt grds. zu Einkünften aus sonstigen Leistungen nach § 22 Nr. 3,[7] sofern nicht Liebhaberei vorliegt. Auch hier wird jedoch der Rahmen privater Vermögensverwaltung überschritten, wenn erhebliche Zusatzleistungen erbracht werden oder eine unternehmerische Organisation vorgehalten wird.[8] Werden nachhaltig mehrere bewegliche Gegenstände an wechselnde Nutzer „vermietet" (Ruderbootverleih, Autoverleih usw.) liegt schon wegen der erforderlichen Organisation gewerbliche Tätigkeit vor. Und auch hier gilt: Werden Vermietung und nachhaltige kurzfristige Veräußerungen miteinander aufgrund eines einheitlichen Geschäftskonzeptes untrennbar verwoben/verklammert, namentlich wenn und weil nur unter Einbeziehung v. Veräußerungserfolgen überhaupt ein positives Ergebnis oder jedenfalls eine attraktive Rendite erzielbar wird, liegt ein einheitlicher GewBetr. vor (Rn. 71). Allein daraus, dass vermietete bewegliche WG bereits vor Ablauf der gewöhnlichen oder tatsächlichen Nutzungsdauer gegen neue, funktionstüchtigere WG ausgetauscht werden, ergibt sich aber noch nicht eine gewerbliche Tätigkeit.[9] 72

Die Entwicklung und Veräußerung v. **Patenten und Urheberrechten** fällt grds. unter die gewerblichen oder freiberuflichen Einkünfte.[10] Dazu gehören auch die aus der (zeitlich begrenzten) Lizenzvergabe entstehenden Einkünfte, auch soweit iÜ der Betrieb eingestellt wird.[11] Einkünfte aus VuV nach § 21 Abs. 1 S. 3 kommen insoweit nur für erworbene und weitervermietete Rechte in Betracht.[12] 73

2. Betriebsverpachtung. Die **Verpachtung eines Betriebes** stellt als solche keine gewerbliche Tätigkeit dar. Sie fällt unter die Einkünfte aus VuV, soweit Grundstücke und das übrige AV vermietet werden. Allerdings wird dem früheren Gewerbetreibenden (und seinem unentgeltlichen Rechtsnachfolger) ein Wahlrecht gewährt, die **Betriebsverpachtung nicht als BetrAufg.** zu behandeln. Dann erzielt er durch die Verpachtung weiterhin **Einkünfte aus GewBetr.** Aber auch außerhalb einer Betriebsverpachtung kann die Vermietung v. Grundstücken nach Einstellung der werbenden Tätigkeit wegen des **Ruhens des GewBetr.** weiterhin zu gewerblichen Einkünften führen (Einzelheiten § 16 Rn. 232 ff.). 74

---

1 BFH v. 8.6.2017 – IV R 30/14, BStBl. II 2017, 1061 Rn. 31 (Vermietung und Verkauf von Containern: nicht ausreichend sei es, dass sich die besonders hohe Rendite nur unter Berücksichtigung der Veräußerungsgewinne erzielen lasse).

2 BFH v. 8.6.2017 – IV R 30/14, BStBl. II 2017, 1061; v. 8.6.2017 – IV R 6/14, BStBl. II 2017, 1053 (Fondsges. zur Verwaltung, Nutzung und Veräußerung von Schiffscontainern); v. 11.8.2010 – IV B 17/10, BFH/NV 2010, 2268; v. 29.6.2007 – IV R 49/04, BStBl. II 2009, 289 (Leasing und Verkauf v. Flugzeugen); v. 1.4.2009 – X B 173/08, BFH/NV 2009, 1260 und v. 22.1.2003 – X R 37/00, BStBl. II 2003, 464 (Leasing v. Wohnmobilen); v. 4.7.2002 – IV B 44/02, BFH/NV 2002, 1559 (Flugzeugleasing mit Verkauf); BMF v. 1.4.2009, BStBl. I 2009, 515.

3 BFH v. 28.9.2017 – IV R 50/15, BStBl. II 2018, 89 (zur langfristigen Vermietung eines aufgrund Erbbaurechts errichteten Gebäudes an den Grundstückseigentümer, der mit Erlöschen des Erbbaurechts und Beendigung des Mietvertrags eine Entschädigung an den Erbbauberechtigten [und Vermieter] zu zahlen hatte).

4 BFH v. 8.6.2017 – IV R 30/14, BStBl. II 2017, 1061.

5 **AA** *Lüdicke/Warias*, DB 2018, 1620 (1622) für Filmrechte.

6 **AA** *Spohn/Lipps*, DStR 2018, 605 (608).

7 R 15.7 (3) EStR; BFH v. 12.11.1997 – XI R 44/95, BStBl. II 1998, 774.

8 BFH v. 18.5.1999 – III R 65/97, BStBl. II 1999, 619 (verneint für Segelyacht); v. 12.11.1997 – XI R 44/95, BStBl. II 1998, 774 (verneint für Wohnmobil).

9 BFH v. 31.5.2007 – IV R 17/05, BStBl. II 2007, 768 (Vermietung v. 40 Maschinen über einen Zeitraum v. zwölf Jahren, veräußert wurden sieben, davon fünf innerhalb v. zwei Jahren).

10 BFH v. 10.9.2003 – XI R 26/02, BStBl. II 2004, 218; v. 18.6.1998 – IV R 29/97, BStBl. II 1998, 567 (anders nur die praktisch nicht vorkommende Zufallserfindung); v. 11.9.1969 – IV 304/65, BStBl. II 1970, 306.

11 BFH v. 13.7.1967 – VI R 185/66, BStBl. III 1967, 674 (auch zu Know-how); v. 27.6.1978 – VIII R 26/76, BStBl. II 1978, 672.

12 BFH v. 4.3.1970 – I R 86/69, BStBl. II 1970, 567; s. auch BFH v. 4.9.2014 – VIII B 135/13, juris (zur Subsidiarität der Einkünfte aus § 21 [VuV] ggü. Einkünften aus GewBetr. bei Lizenzeinkünften).

3. Betriebsaufspaltung

Literatur: *Bachmann/Richter*, Steuerneutrale Umstrukturierung der Erbengemeinschaft mit BetrAufsp., DB 2014, 1282; *Crezelius*, Die BetrAufsp. – ein methodologischer Irrgarten, FS Streck 2011, 45; *Crezelius*, „Einheitsbilanzierung" bei Betriebsaufspaltung?, DB 2012, 651; *Dreßler*, BetrAufsp.: Keine Abfärbung auf transparente Betriebsges., DStR 2013, 1818; *Kudert/Mroz*, Die BetrAufsp. im Spannungsverhältnis zw. gesetzlichen Regelungen und richterlicher Rechtsfortbildung, StuW 2016, 146; *Micker/Schwarz*, Aktuelle Anwendungsfragen der Betriebsaufspaltung, FR 2018, 765; *Mroz*, Merkmalsübertragung bei der BetrAufsp., FR 2017, 476; *Neufang/Bohnenberger*, Wegfall der personellen Verflechtung bei der BetrAufsp., DStR 2016, 578; *Prinz*, Beteiligung an einer Komplementär-GmbH als notwendiges BV eines Besitzeinzelunternehmers, JbFfSt. 2014/15, 438; *Prinz*, Neue Rspr. zum uferlosen BV bei einer BetrAufsp., DB 2014, 1218; *Schulze zur Wiesche*, Freiberufliche Tätigkeit und Betriebsaufspaltung, DStZ 2018, 472; *Stoschek/Sommerfeld*, BetrAufsp. – Durchgriffsverbot (nur) auf S. des Besitzunternehmens?, DStR 2012, 215.

75 **a) Grundlagen.** Bei der BetrAufsp. wird die v. **Besitzunternehmen** entfaltete Tätigkeit der (normalerweise entgeltlichen) **Nutzungsüberlassung** v. Grundstücken und anderen Gegenständen des Anlagevermögens an das sog. (meist operativ tätige) **Betriebsunternehmen** nicht als lediglich vermögensverwaltend (VuV, KapVerm.) angesehen, sondern als das **Betreiben eines GewBetr.**[1] Es handelt sich um eine **gewerblich qualifizierte Vermietung.**[2] Der Ausdruck der Betriebsaufspaltung ist letztlich missverständlich. Es liegt nämlich kein aufgespaltener Betrieb vor, sondern es handelt sich um **zwei (oder mehrere)**[3] **getrennte GewBetr.** mit jeweils selbständigen Rechtsträgern als StPfl.

76 Die besondere Qualifikation einer an sich dem äußeren Anschein nach nur vermögensverwaltenden Tätigkeit als GewBetr. folgt aus der engen **sachlichen und personellen Verflechtung**[4] zw. dem Besitzunternehmen und dem Betriebsunternehmen. Die das Besitzunternehmen beherrschende Pers. oder Personengruppe nimmt über die Nutzungsüberlassung v. für das Betriebsunternehmen wesentlichen Betriebsgrundlagen am allg. wirtschaftlichen Verkehr in einer bes. intensiven Weise teil, die den Rahmen bloßer Vermögensverwaltung durch Fruchtziehung aufgrund Nutzungsüberlassung überschreitet. Aufgrund der engen personellen Verflechtung besteht einerseits eine Einfluss- und Beherrschungsmöglichkeit auf die Betriebsgesellschaft, andererseits trägt der Besitzunternehmer (oder die Besitzunternehmer) auch in besonderer Weise das Risiko eines Fehlschlages der Geschäfte im Betriebsunternehmen mit. Entscheidend ist dabei, dass sich dieses Risiko nicht auf den Verlust oder die Wertminderung der Beteiligung am Betriebsunternehmen beschränkt – dieses Risiko betrifft die Beteiligung am Betriebsunternehmen –, sondern es geht um die besondere Risikostruktur hinsichtlich der dem Betriebsunternehmen überlassenen WG. Dieses Risiko wird wegen der engen personellen Beziehungen v. Besitzunternehmer eingegangen und deshalb handelt es sich für ihn um eine qualifizierte gewerbliche Vermietung. Nach der ständigen Formulierung der Rspr. hat diese stl. Beurteilung der Betätigung des Besitzunternehmens als gewerblich ihren Grund darin, dass die „hinter dem Besitz- und dem Betriebsunternehmen stehenden Pers. einen **einheitlichen geschäftlichen Betätigungswillen** haben, der (über das Betriebsunternehmen) auf die Ausübung einer gewerblichen Betätigung gerichtet ist".[5]

77 Die **Rechtsgrundlage** für diese Behandlung ergibt sich aus § 15 Abs. 1, Abs. 2 iVm. §§ 21, 20 mit der Auslegung des Begriffes des Gewerbebetriebes als Betätigung durch „Beteiligung am allgemeinen wirtschaftlichen Verkehr".[6] Abgesehen davon, dass bereits §§ 21 Abs. 3 und 20 Abs. 8 einen Vorrang gewerblicher Einkünfte vorsehen für Betätigungen, die ihrer Art nach auch zu den Einkünften aus VuV oder KapVerm. gehören könnten, ist auch unstr., dass auch Nutzungsüberlassungen oder Kapitalüberlassungen dann zu einer gewerblichen Tätigkeit führen, wenn sie sich als einheitlicher Teil einer übergreifenderen Gesamtleistung darstellen. Letztlich nichts anderes liegt der Qualifizierung der Nutzungsüberlassung im Rahmen einer BetrAufsp. als GewBetr. zugrunde. Die Qualifizierung als gewerblich beruht hier nicht auf einem „Durchgriff" oder einer Art Abfärbung der Tätigkeit des Betriebsunternehmens auf das Besitzunternehmen,[7] sondern

---

1 Grundlegend BFH v. 8.11.1971 – GrS 2/71, BStBl. II 1972, 63; v. 8.11.1960 – I 131/59 S, BStBl. III 1960, 513; BVerfG v. 14.1.1969 – 1 BvR 136/62, BStBl. II 1969, 389.

2 BFH v. 23.1.1991 – X R 47/87, BStBl. II 1991, 405; so auch schon BVerfG v. 14.1.1969 – 1 BvR 136/62, BStBl. II 1969, 389.

3 S. BFH v. 18.6.2015 – IV R 11/13, BFH/NV 2015, 1398; v. 18.6.2015 – IV R 12/13, BFH/NV 2015, 1401; v. 18.6.2015 – IV R 13/13, BFH/NV 2015, 1405 (mehrere Besitz[personen]ges. und eine Betriebs[kapital]ges. mit personeller Verflechtung zu allen PersGes. und sachlicher Verflechtung durch Überlassung je eines Grundstücks als wesentlicher Betriebsgrundlage).

4 StRspr., statt vieler BFH v. 24.9.2015 – IV R 9/13, BStBl. II 2016, 154 mwN; v. 27.8.1992 – IV R 13/91, BStBl. II 1993, 134; v. 24.2.1994 – IV R 8–9/93, BStBl. II 1994, 466; s. grundlegend BFH v. 8.11.1971 – GrS 2/71, BStBl. II 1972, 63; BVerfG v. 14.1.1969 – 1 BvR 136/62, BStBl. II 1969, 389 und v. 12.3.1985 – 1 BvR 571/81, 1 BvR 494/82, 1 BvR 47/83, BStBl. II 1985, 475.

5 BFH v. 15.1.1998 – IV R 8/97, BStBl. II 1998, 478; v. 10.4.1997 – IV R 73/94, BStBl. II 1997, 569 mwN.

6 BFH v. 23.3.2011 – X R 45/09, BStBl. II 2011, 778; v. 17.7.1991 – I R 98/88, BStBl. II 1992, 246.

7 So wohl *Kudert/Mroz*, StuW 2016, 146.

darauf, dass die sich aus der engen sachlichen und personellen Verflechtung ergebenden Risiken hinsichtlich der zur Nutzung überlassenen WG sich nicht mehr als bloße Fruchtziehung aus privaten Vermögensgegenständen ansehen lassen.[1] Es ist mithin die besondere Risikostruktur, die die Tätigkeit des sog. Besitzunternehmens gewerblich macht.[2] Dieser Rspr. ist oft vorgehalten worden, sie entbehre der gesetzlichen Grundlage.[3] Diese Kritik war immer schon unberechtigt[4] und das BVerfG ist ihr auch nicht gefolgt.[5] Dessen ungeachtet hat der Gesetzgeber nunmehr auch mehrfach gezeigt, dass er die zur BetrAufsp. entwickelten Grundsätze in seinen Willen übernommen hat. Dies hat er zuletzt (endlich, wenngleich an systematisch unzutr. Stelle) auch im EStG getan, nämlich in § 50i Abs. 1 S. 4.[6]

Einstweilen frei. 78, 79

b) Voraussetzungen. aa) Rechtsformvarianten. Das **Betriebsunternehmen** hat typischerweise die Rechtsform einer **KapGes.** (auch börsennotierte AG, auch schon Vorgesellschaften und auch eingetragene Genossenschaft)[7], während das **Besitzunternehmen** entweder ein **Einzelunternehmer** oder eine **PersGes. mit nat. Pers.** als G'ter ist.[8] Bei dieser klassischen Konstellation wirkt sich die Qualifizierung des Besitzunternehmens als GewBetr. wegen des Unterschiedes der Einkunftsarten bes. gravierend aus. Die Einkünfte unterliegen der GewSt und die zur Nutzung überlassenen WG stellen BV dar. IErg. wird damit eine vergleichbare Situation wie bei den Sondervergütungen und dem SBV bei den MU'ern einer gewerblich tätigen PersGes. herbeigeführt, soweit es die prinzipielle Behandlung der WG als BV und die Erfassung bei der GewSt betrifft. Allerdings bleibt der Unterschied zu beachten, dass bei der BetrAufsp. zwei getrennte GewBetr. vorliegen, während das SBV und die Sondervergütungen in den einheitlich bei einer PersGes. bestehendenden GewBetr. einzubeziehen sind (Rn. 227 ff.). 80

Das **Betriebsunternehmen** kann auch die Rechtsform einer **PersGes.** haben.[9] Eine sog. **mitunternehmerische BetrAufsp.**[10] liegt vor, wenn auch **das Besitzunternehmen** die Rechtsform einer **PersGes.** hat. Es ist allerdings zu differenzieren: (1) Die Besitz-PersGes. ist nicht selbst als G'ter an der Betriebsgesellschaft beteiligt. Es besteht lediglich G'ter-Identität oder jedenfalls Beherrschungsidentität (Rn. 90 ff.) – sog. **Schwester-PersGes.** Dann ist v. einem eigenen GewBetr. der Besitzgesellschaft auszugehen **(Vorrang der BetrAufsp.).**[11] Bei der Betriebsgesellschaft liegt **kein** (zu bilanzierendes) **SBV** der G'ter der Betriebsgesellschaft (mehr) vor. Die bestehende Bilanzierungskonkurrenz ist zugunsten einer Bilanzierung bei der Besitzgesellschaft zu lösen[12]; (2) Die vermietende oder sonst nutzungsüberlassende Ges. ist ihrerseits als G'ter (Obergesellschaft) und MU'er (s. aber Rn. 344, 347) an der operativen Ges. (Untergesellschaft) beteiligt – **sog. doppelstöckige Ges.** Dann stellen die zur Nutzung überlassenen WG **SBV** der Obergesellschaft bei der Untergesellschaft dar (**Vorrang des SBV**).[13] Es liegt insoweit keine BetrAufsp. vor, weil nach der ausdrücklichen Anordnung des § 15 Abs. 1 S. 1 Nr. 2 S. 1, 2. Alt. v. Sondervergütungen auszugehen ist, die in den GewBetr. der nutzenden Ges. zwingend einzubeziehen sind. Dann kann daneben nicht noch ein weiterer GewBetr. der nutzungsüberlassenden Ges. (G'ter) bestehen. Abs. 1 S. 1 Nr. 2 S. 1, 2. Alt. verdrängt insoweit die ansonsten anzunehmende BetrAufsp. (s. Rn. 347 f.). 81

1 Das BVerfG spricht v. einer „qualifizierten Verpachtung" (BVerfG v. 25.3.2004 – 2 BvR 944/00, HFR 2004, 691).
2 Wie hier *Desens/Blischke* in K/S/M, § 15 Rn. B 117 f.
3 *Schachtschneider*, Steuerverfassungsrechtl. Probleme der BetrAufsp., 2004; *Knobbe-Keuk*[9], § 22 Abs. 10 S. 2; *Kruse*, DStJG 18 (1995), 115 (129).
4 So zutr. BFH v. 23.3.2011 – X R 45/09, BStBl. II 2011, 778; *Beisse*, FS Schmidt, 1993, 455; *Wacker* in Schmidt[37], § 15 Rn. 807; *Weber-Grellet*, FR 1998, 955.
5 BVerfG v. 14.2.2008 – 1 BvR 19/07 und v. 25.3.2004 – 2 BvR 944/00, HFR 2008, 754 und HFR 2004, 691; BVerfG v. 14.1.1969 – 1 BvR 136/62, BVerfGE 25, 28 und v. 12.3.1985 – 1 BvR 571/81, 1 BvR 494/82, 1 BvR 47/83, BVerfGE 69, 188; sa. BFH v. 10.5.2016 – X R 5/14, HFR 2017, 32, mit Hinweis auf die Rspr. des BVerfG und § 21 Abs. 3 EStG.
6 *Drüen*, FS 100 Jahre Steuerrechtsprechung, 2018, 1317 (1340); *Wendt*, FR 2016, 273.
7 BFH v. 8.9.2011 – IV R 44/07, BStBl. II 2012, 136 (Genossenschaft); v. 23.3.2011 – X R 45/09, BStBl. II 2011, 778 (AG); v. 12.12.2007 – X R 17/05, BStBl. II 2008, 579 (Vorgesellschaft).
8 BFH v. 28.1.1982 – IV R 100/78, BStBl. II 1982, 479; v. 25.8.1993 – XI R 6/93, BStBl. II 1994, 23.
9 BFH v. 25.7.1997 – VI R 107/96, BStBl. II 1998, 329; v. 10.11.1994 – IV R 15/93, BStBl. II 1995, 452.
10 BFH v. 23.4.1996 – VIII R 13/95, BStBl. II 1998, 325; v. 25.4.1985 – IV R 36/82, BStBl. II 1985, 622.
11 BFH v. 5.11.2009 – IV R 99/06, BStBl. II 2010, 593; v. 23.4.1996 – VIII R 13/95, BStBl. II 1998, 325 und v. 26.11.1996 – VIII R 42/94, BStBl. II 1998, 328; v. 24.11.1998 – VIII R 61/97, BStBl. II 1999, 483; v. 16.6.1994 – IV R 48/93, BStBl. II 1996, 82 und v. 22.11.1994 – VIII R 63/93, BStBl. II 1996, 93.
12 Vgl. BFH v. 22.9.2011 – IV R 33/08, BStBl. II 2012, 10 (Bilanzierungskonkurrenz mit Vorrang der Besitzgesellschaft, aber „latentes" [Sonder]BV auch bei Betriebs-PersGes.); ebenso jetzt BMF v. 18.2.2013, BStBl. I 2013, 197 (keine Entnahme und Einlage iSd. § 4 Abs. 4a bei geänderter vermögensmäßiger Zuordnung nach Begr. einer mitunternehmerischen BetrAufsp.).
13 BFH v. 7.12.2000 – III R 35/98, BStBl. II 2001, 316; v. 24.3.1999 – I R 114/97, BStBl. II 2000, 399; BMF v. 28.4.1998, BStBl. I 1998, 583.

82 Ein **Einzelunternehmer** als nat. Pers. kann **kein Betriebsunternehmen** sein.[1] Dies folgt schon daraus, dass hier eine Beherrschung nicht möglich ist. Bei einer Nutzungsüberlassung durch eine v. Einzelunternehmer beherrschte KapGes. oder PersGes./gemeinschaft (GbR, rein vermögensverwaltende OHG oder KG nach § 105 Abs. 2 HGB, Erbengemeinschaft), beherrscht nicht diese den Einzelunternehmer, sondern allenfalls umgekehrt. Allerdings sind die überlassenen WG bei Überlassung durch eine nicht gewerblich tätige Personengemeinschaft dann anteilig als BV des Einzelunternehmers zu behandeln.[2]

83 **Besitzunternehmen** kann eine nat **Einzelperson**,[3] eine **PersGes. und Persgemeinschaft**[4] (s. auch Rn. 176 ff.) oder eine **KapGes.**[5] (**sog. kapitalistische BetrAufsp.**) sein. Besitzunternehmen können auch sein: Andere jur. Pers. des Privatrechtes[6] und Körperschaften des öffentl. Rechts.

84 Bei einer **KapGes. als Besitzunternehmen** liegt BetrAufsp. vor, wenn die KapGes. selbst an der Betriebs-KapGes. beherrschend beteiligt ist (**vermögensmäßige Verbindung**)[7] oder eine Betriebs-PersGes. über eine rechtsfähige Stiftung oder eine Komplementär KapGes. nur mittelbar beherrscht[8] (bei unmittelbarer Beteiligung bestünde Vorrang v. Abs. 1 S. 2). Keine BetrAufsp. soll hingegen vorliegen, wenn nur G'ter-Identität besteht (Schwester-KapGes.)[9] (Rn. 96). Bei einer PersGes. als Betriebsunternehmen ist allerdings bei Erfüllung der sonstigen Voraussetzungen eine BetrAufsp. doch anzunehmen, wenn die Anteile an der Besitz-KapGes. zum SBV der G'ter der PersGes. gehören (sog. **umgekehrte BetrAufsp.**).[10]

85 Da eine KapGes. ohnehin wegen § 8 Abs. 2 KStG nur gewerbliche Einkünfte hat, spielt die Frage nach dem Vorliegen einer BetrAufsp. regelmäßig nur eine Rolle, soweit es für **Steuervergünstigungen** und **Investitionszulagen** auf Zugehörigkeitsvoraussetzungen, Verbleibensvoraussetzungen oder andere Voraussetzungen[11] in einer eigenen Betriebsstätte ankommt. Für die BetrAufsp. wird allerdings – obwohl zwei GewBetr. vorliegen – als unschädlich angesehen, dass Investitionen des Besitzunternehmens in einer Betriebsstätte des Betriebsunternehmens erfolgen. Dazu verlangt die Rspr. eine **vermögensmäßige Verbindung**.[12] Dazu ist erforderlich, dass die die Beherrschung ermöglichende Beteiligung an der Betriebs-KapGes. unmittelbar v. Besitzunternehmen gehalten wird oder bei einer PersGes. als Besitzunternehmen sich zumindest im SBV der G'ter oder Gesamthandsvermögen einer Schwester-PersGes. befindet.[13] Unerheblich ist, ob die Besitzkapitalgesellschaft neben der Überlassung an die Betriebsgesellschaft auch noch eine originär eigengewerbliche Tätigkeit entfaltet.[14] Bei der mitunternehmerischen BetrAufsp. (Schwester-PersGes.) besteht eine vermögensmäßige Verbindung an sich nicht,[15] denn die Beteiligungen können nicht jeweils zum SBV bei der jeweils anderen Ges. gehören.[16] Dennoch hat der BFH zutr. entschieden, dass auch bei mitunter-

1 **AA** *Schulze zur Wiesche*, DB 1983, 634.
2 BFH v. 26.1.1978 – IV R 160/73, BStBl. II 1978, 299.
3 BFH v. 27.4.1999 – III R 32/98, BStBl. II 1999, 615; v. 14.1.1998 – X R 57/93, BFHE 185, 230.
4 BVerfG v. 14.2.2008 – 1 BvR 19/07, HFR 2008, 754 (Gütergemeinschaft – Bhdlg. als gew. Besitzunternehmen nicht verfassungswidrig); BFH v. 18.8.2005 – IV R 59/04, BStBl. II 2005, 830 und v. 2.2.2006 – XI B 91/05, BFH/NV 2006, 1266 (Bruchteilseigentümer als GbR); v. 23.4.1996 – VIII R 13/95, BStBl. II 1998, 325 (KG); v. 23.10.1986 – IV R 214/84, BStBl. II 1987, 120 (Erbengemeinschaft); v. 15.12.1988 – IV R 36/84, BStBl. II 1989, 363 (Bruchteilsgemeinschaft); v. 4.10.2006 – VIII R 7/03, BFH/NV 2007, 147; v. 26.11.1992 – IV R 15/91, BStBl. II 1993, 876 (Gütergemeinschaft); v. 10.4.1997 – IV R 73/94, BStBl. II 1997, 569 (Wohnungseigentümergemeinschaft).
5 BFH v. 28.1.2015 – I R 20/14, GmbHR 2015, 832; v. 24.1.2012 – I B 136/11, GmbHR 2012, 698; v. 9.9.1994 – III R 17/93, BStBl. II 1995, 8; v. 26.3.1993 – III S 42/92, BStBl. II 1993, 723.
6 BFH v. 21.5.1997 – I R 164/94, BFH/NV 1997, 825 (Verein).
7 BFH v. 16.9.1994 – III R 45/92, BStBl. II 1995, 75.
8 BFH v. 16.6.1982 – I R 118/80, BStBl. II 1982, 662; v. 10.11.1982 – I R 178/77, BStBl. II 1983, 136.
9 BFH v. 16.9.1994 – III R 45/92, BStBl. II 1995, 75.
10 BFH v. 26.3.1993 – III S 42/92, BStBl. II 1993, 723.
11 Vgl. BFH v. 29.11.2007 – IV R 82/05, BStBl. II 2008, 471 (zur Ansparrücklage § 7g aF); v. 30.9.2003 – III R 6/02, BStBl. II 2004, 85 (zur Zurechnung der Eintragung in die Handwerksrolle durch Betriebsunternehmen an das Besitzunternehmen).
12 BFH v. 10.12.1998 – III R 50/95, BStBl. II 1999, 607; v. 28.1.1999 – III R 77/96, BStBl. II 1999, 610; v. 11.2.1999 – III B 91/98, BFH/NV 1999, 1122; v. 30.10.1997 – III B 108/95, BFH/NV 1998, 497; v. 22.9.1996 – III R 91/93, BStBl. II 1996, 428; v. 16.9.1994 – III R 45/92, BStBl. II 1995, 75; v. 26.3.1993 – III S 42/92, BStBl. II 1993, 723; ebenso BMF v. 13.9.1999, BStBl. I 1999, 839; v. 27.3.2000, BStBl. I 2000, 451 (zum InvZulG 1991).
13 BFH v. 26.3.1993 – III S 42/92, BStBl. II 1993, 723.
14 BFH v. 28.1.2014 – I R 20/14, GmbHR 2015, 832; v. 20.5.2010 – III R 28/08, BStBl. II 2014, 194.
15 BFH v. 22.9.1996 – III R 91/93, BStBl. II 1996, 428 (verneinend – allerdings für den Sonderfall gegenseitiger Vermietung zweier aktiver Schwester-PersGes.).
16 Vgl. *Patt/Rasche*, DStZ 1999, 127; vgl. auch FG Nds. v. 3.6.1998 – II 67/96, EFG 1998, 1483 (Investitionszulage bei Vorrang v. SBV); BMF v. 28.4.1998, BStBl. I 1998, 583.

nehmerischen BetrAufsp. Investitionen in der Betriebsstätte des Betriebsunternehmens begünstigt sind.[1] Bei Beteiligung der Besitz-PersGes. an der Betriebs-PersGes. ist allein die Betriebs-PersGes. antragsberechtigt – Vorrang des SBV (Rn. 81).[2]

Einstweilen frei. 86

bb) Nutzungsüberlassung. Die gewerbliche Tätigkeit des Besitzunternehmens besteht in der **Nutzungsüberlassung** zumindest einer wesentlichen Betriebsgrundlage (Rn. 97) an das Betriebsunternehmen. Die Nutzungsüberlassung kann auch über eine beherrschte zwischengeschaltete (Kapital-)Gesellschaft an das Betriebsunternehmen erfolgen.[3] Dabei ist unerheblich, auf welcher causa die Nutzungsüberlassung beruht. Es kommen einerseits **schuldrechtl. Miet- oder Pachtverträge** in Betracht, aber auch Nutzungsüberlassungen aufgrund **dinglichen Rechtes**, zB **Nießbrauch und Erbbaurecht**.[4] Auch **unentgeltliche Nutzungsüberlassungen** (Leihe, unentgeltlicher Nießbrauch) können eine BetrAufsp. begründen. Allerdings muss das Besitzunternehmen als GewBetr. nach Abs. 2 einen Gewinn erstreben (Gewinnerzielungsabsicht, Rn. 35 ff.)[5] Dies ist bei der **klassischen BetrAufsp. zu einer Betriebs-KapGes.** auch bei einer unentgeltlichen Nutzungsüberlassung zu bejahen. Denn da die Anteile an der Betriebsgesellschaft dem Besitzunternehmen selbst unmittelbar zustehen (Besitz-KapGes. oder Einzelunternehmer) oder jedenfalls zu seinem BV rechnen (SBV der G'ter bei einer Besitz-PersGes.), liegt eine **Gewinnerzielungsabsicht** auch bei unentgeltlicher Nutzungsüberlassung vor.[6] Dadurch werden ua. Gewinnausschüttungen erzielt, die dem Besitzunternehmen zuzurechnen sind und dort in die Beurteilung der Gewinnerzielungsabsicht einzustellen sind (s. zu § 3c Abs. 2 S. 6 § 3c Rn. 30ff.). Richtigerweise muss dies aber auch für eine (bloße) Wertsteigerung der KapGes.-Anteile gelten, weshalb auch dann von einer Gewinnerzielungsabsicht auszugehen sein kann, wenn die Betriebs-KapGes. die Gewinne thesauriert. Der IV. Senat scheint dies aber anders zu sehen und auf tatsächliche Ausschüttungen abzustellen.[7] Liegt eine **mitunternehmerische BetrAufsp.** vor, verneint die Rspr. eine derart übergreifende Gewinnerzielungsbetrachtung vollständig. Diese solle bei der unentgeltlichen Nutzungsüberlassung zw. Schwester-PersGes. deshalb ausscheiden, weil hier die Anteile an der nutzenden Ges. nicht zum (Sonder-)BV bei der überlassenden PersGes. gehören können. Die Einkünfte aus der Betriebs-PersGes. werden deren G'tern direkt und nicht vermittelt über die Besitz-PersGes. zugerechnet. Daher begründet mangels Gewinnerzielungsabsicht hier die **unentgeltliche Nutzungsüberlassung keine mitunternehmerische BetrAufsp.**[8] Diese Sichtweise scheint sehr formal. Folgt man ihr, müssen dann die überlassenen WG dem SBV bei der nutzenden Schwester-PersGes. zugerechnet werden. Entfällt die Gewinnerzielungsabsicht nach dieser Maßgabe nachträglich und kommt es deshalb zu einer Entflechtung der BetrAufsp., wechseln die an die Betriebs-PersGes. überlassenen WG steuerneutral aus dem Gesamthands-BV der vormaligen Besitz-PersGes. (vgl. zum Vorrang des Gesamthands-BV bei mitunternehmerischer BetrAufsp. Rn. 81) in das SBV (§ 6 Abs. 5 S. 3 EStG). 87

cc) Gewerbliche Tätigkeit des Betriebsunternehmens. Das operative Betriebsunternehmen unterhält normalerweise einen originären GewBetr. nach § 15 Abs. 1 iVm. Abs. 2. Es genügt aber auch ein GewBetr. kraft Abfärbung (§ 15 Abs. 3 Nr. 1), kraft gewerblicher Prägung (§ 15 Abs. 3 Nr. 2) oder kraft Rechtsform, § 8 Abs. 2 KStG.[9] Fraglich könnte hingegen sein, ob es auch genügt, dass ein Betriebsunternehmen Einkünfte nach § 18 oder § 13 erzielt. Für eine klassische BetrAufsp. zu einer (inländ.) KapGes. scheidet dies wegen § 8 Abs. 2 KStG natürlich aus. Es käme aber ggü. einer freiberuflichen oder luf. Schwester-PersGes. als Betriebsgesellschaft in Betracht. Die Rspr. und hM gehen allerdings davon aus, dass das Betriebsunter- 88

1 BFH v. 30.10.2002 – IV R 33/01, BStBl. II 2003, 272. Das soll allerdings nicht bei bereits originärer gewerblicher Tätigkeit des „Besitzunternehmens" gelten, weil dann keine mitunternehmerische BetrAufsp. vorliege. Das ist letztlich unvereinbar mit BFH v. 20.5.2010 – III R 28/08, FR 2010, 1105.

2 BFH v. 7.12.2000 – III R 35/98, BStBl. II 2001, 316; vgl. aber BFH v. 20.5.2010 – III R 28/08, FR 2010, 1105 (zu sale and lease back zw. Betriebs- und Besitzunternehmen).

3 Vgl. aber BFH v. 24.9.2015 – IV R 9/13, BStBl. II 2016, 154 (zur Nutzungsüberlassung durch Eigentümer [GbR] an Erbbauberechtigten [GmbH 1] aufgrund Erbbaurechts und durch Vermietung an den Mieter [GmbH 2] durch den Erbbauberechtigten – dann fehlt es bzgl. der Überlassung an den Mieter im Verhältnis zum Eigentümer an der sachlichen Verflechtung).

4 BFH v. 24.9.2015 – IV R 9/13, BStBl. II 2016, 154; v. 17.12.2008 – IV R 65/07, BStBl. II 2009, 371; v. 19.3.2002 – VIII R 57/99, BStBl. II 2002, 662.

5 BFH v. 12.4.2018 – IV R 5/15, BFH/NV 2018, 881 Rn. 24.

6 BFH v. 13.11.1997 – IV R 67/96, BStBl. II 1998, 254; v. 24.4.1991 – X R 84/88, BStBl. II 1991, 713.

7 BFH v. 12.4.2018 – IV R 5/15, BFH/NV 2018, 881 Rn. 39, 41.

8 BFH v. 12.4.2018 – IV R 5/15, BFH/NV 2018, 881 Rn. 25; BMF v. 28.4.1998, BStBl. I 1998, 583; **aA** *Neu*, DStR 1998, 1251; *Hoffmann*, GmbHR 1998, 824.

9 BFH v. 18.6.2015 – IV R 11/13, BFH/NV 2015, 1398; v. 18.6.2015 – IV R 12/13, BFH/NV 2015, 1401; v. 18.6.2015 – IV R 13/13, BFH/NV 2015, 1405 (BetrAufsp. mit vermögensverwaltender GmbH); **aA** *Kudert/Mroz*, StuW 2016, 146 (152); *Desens/Blischke* in K/S/M, § 15 Rn. B 120 (nur originär gewerblich tätiges Betriebsunternehmen genügend).

nehmen einen GewBetr. unterhalten muss, dessen Gewerblichkeit auf das Besitzunternehmen „abfärbt".[1] Erwirtschaftet die Schwester-PersGes. also Einkünfte iSv. §§ 13, 18, scheidet hiernach eine BetrAufsp. aus. Das überzeugt allerdings nicht.[2] Denn eine Vermietungstätigkeit kann weder durch einen auf die Ausübung einer gewerblichen Tätigkeit gerichteten Betätigungswillen noch dazu v. „hinter den Unternehmen stehenden Pers." zu einer gewerblichen Tätigkeit werden, noch lässt sich aus der Entstehungsgeschichte des „Rechtsinstitutes der BetrAufsp." zur Sicherung der GewSt heute noch etwas für die estl. Auslegung ableiten. Die v. Besitzunternehmen, dh. v. dem Unternehmer oder den MU'ern des Besitzunternehmens selbst in den Fällen personeller und sachlicher Verflechtung entfaltete Tätigkeit der Nutzungsüberlassung ist wegen der besonderen Risikostruktur aus sich selbst heraus gewerbliche Tätigkeit und nicht durch Zurechnung der v. Betriebsunternehmen entfalteten gewerblichen Tätigkeit (Rn. 76 f.).

89 Einstweilen frei.

90 **dd) Personelle Verflechtung.** Die personelle Verflechtung verlangt, dass das Betriebsunternehmen und das Besitzunternehmen v. einem **einheitlichen geschäftlichen Betätigungswillen**[3] getragen sind. Dieser muss sich insbes. auch **auf das Nutzungsverhältnis** hinsichtlich der überlassenen wesentlichen Betriebsgrundlagen beziehen, sodass es nicht gegen den Willen des Besitzunternehmers aufgelöst werden kann.[4] Erforderlich ist, dass die „hinter den beiden Unternehmen stehenden Pers."[5] kraft ihrer G'ter-Stellung und/oder etwaiger Geschäftsführungs- und Vertretungsbefugnisse das Betriebsunternehmen so beherrschen, dass bzgl. der zur Nutzung überlassenen WG in beiden Unternehmen einheitliche Entscheidungen – sog. einheitlicher Geschäfts- und Betätigungswille – durchgesetzt werden können.[6] Bei einer PersGes./Gemeinschaft kommt es dabei auf die **Willensentfaltung durch die G'ter**/MU'er an, bei der **KapGes.** auf die Willensbildung durch deren Organe, mithin Geschäftsführer/Vorstand und G'ter-Versammlung. Dabei kommt der **G'ter-Versammlung** die maßgebliche Bedeutung zu. Dies versteht sich für die GmbH, bei der der Geschäftsführer nach § 43 GmbHG weisungsabhängig ist, v. selbst. Es ist aber auch für die AG zu bejahen – trotz der eigenverantwortlichen Leitung gem. § 76 AktG durch den Vorstand –, weil auch hier sichergestellt ist, dass sich auf Dauer in der AG, wie in der GmbH, nur ein geschäftlicher Betätigungswille entfalten kann, der v. Vertrauen der Mehrheit der G'ter getragen wird.[7]

91 Der einheitliche geschäftliche Betätigungswille wird durch die personelle Verflechtung sichergestellt. Diese ist jedenfalls bei **Beteiligungsidentität** (vollständig übereinstimmende Beteiligungsverhältnisse) oder **Beherrschungsidentität** (dieselben G'ter, aber in unterschiedlichem Umfang an Besitz- und Betriebsgesellschaft) zu bejahen. Es genügt aber auch grds. eine **Mehrheitsbeteiligung** (mehr als 50 %) an beiden Unternehmen.[8] Maßgeblich ist, dass die an beiden Unternehmen mit Mehrheit beteiligten G'ter (**Personengruppentheorie**) durch gleichgerichtete Interessen verbunden sind und dadurch ein einheitlicher Betätigungswille sichergestellt ist. Der personellen Verflechtung schadet es daher nicht, wenn die Beteiligungsverhältnisse der an beiden Ges. beteiligten G'ter (extrem) entgegengesetzt sind.[9] Eine personelle Verflechtung kann auch über ein Treuhandverhältnis begründet werden, weil dann die Gesellschaftsanteile dem Treugeber zuzurechnen sind.[10] Bei Mehrheitsbeteiligung v. Erben am Besitz – und Betriebsunternehmen besteht auch dann eine personelle Verflechtung, wenn hinsichtlich einer der Beteiligungen eine Testamentsvollstreckung besteht. Umgekehrt entfällt trotz Testamentvollstreckung, die sich sowohl auf die Beteiligung am früheren Betriebsunternehmen als auch auf das an diese vermietete Nachlassgrundstück bezieht, die personelle Verflechtung, wenn aufgrund des Erbfalles nicht mehr in beiden Unternehmen eine Mehrheitsbeteiligung der jeweils beteiligten Erben bestehen bleibt.[11]

92 Die **Mehrheitsbeteiligung** ist allerdings nur dann ausreichend, wenn sie im Einzelfall ausreicht, um den Willen in Bezug auf die Nutzungsüberlassung im jeweiligen Unternehmen durchzusetzen. Maßgeblich da-

---

1 BFH v. 10.11.2005 – IV R 29/04, BStBl. II 2006, 173; v. 12.5.2004 – X R 59/00, BStBl. II 2004, 607; v. 13.11.1997 – IV R 67/96, BStBl. II 1998, 254; v. 18.6.1980 – I R 77/77, BStBl. II 1981, 39; *Wacker* in Schmidt[37], § 15 Rn. 855.
2 So auch *Patt/Rasche*, GmbHR 1997, 481.
3 So grundlegend BFH v. 8.11.1971 – GrS 2/71, BStBl. II 1972, 63 und seither stRspr., vgl. statt vieler BFH v. 29.1.1997 – XI R 23/96, BStBl. II 1997, 437.
4 BFH v. 21.8.1996 – X R 25/93, BStBl. II 1997, 44.
5 Statt vieler BFH v. 10.4.1997 – IV R 73/94, BStBl. II 1997, 569.
6 BFH v. 30.11.2005 – X R 56/04, BStBl. II 2006, 415 (es genügt die Möglichkeit der Durchsetzung).
7 BFH v. 23.3.2011 – X R 45/09, BStBl. II 2011, 778.
8 BFH v. 8.11.1971 – GrS 2/71, BStBl. II 1972, 63; stRspr. vgl. BFH v. 24.2.1994 – IV R 8–9/93, BStBl. II 1994, 466.
9 BFH v. 23.12.2003 – IV B 45/02 unter Hinweis auf BFH v. 24.2.2000 – IV R 62/98, BStBl. II 2000, 417; **aA** noch BFH v. 24.2.1994 – IV R 8–9/93, BStBl. II 1994, 466; v. 2.8.1972 – IV 87/65, BStBl. II 1972, 796; v. 12.10.1988 – X R 5/86, BStBl. II 1989, 152.
10 BFH v. 2.3.2004 – III B 114/03, BFH/NV 2004, 1109; v. 17.3.1987 – VIII R 36/84, BStBl. II 1987, 858.
11 BFH v. 5.6.2008 – IV R 76/05, BStBl. II 2008, 858.

für ist die **Regelung über die Geschäftsführungsbefugnis**. Gilt im **Besitzunternehmen** insoweit kraft **Gesetzes** oder vertraglicher Vereinbarung das **Einstimmigkeitsprinzip** (so für die BGB-Ges., § 709 Abs. 1 BGB) für die Geschäftsführung und damit auch für die Nutzungsüberlassung der wesentlichen Betriebsgrundlagen, so scheidet eine personelle Verflechtung bei Beteiligung eines **Nur-Besitz-G'ters** aus.[1] Entspr. gilt bei gesellschaftsvertraglicher Vereinbarung eines qualifizierten Mehrheitsprinzips (zB 75 %), soweit die Mehrheit ohne den Nur-Besitz-G'ter nicht herzustellen ist. Ist aber der Nur-Besitz-G'ter v. der Geschäftsführung ausgeschlossen und liegt diese nur in den Händen aller oder auch nur eines der beherrschenden G'ter, so steht der Annahme einer Beherrschung nicht entgegen, dass bei Grundlagengeschäften, zu denen die Nutzungsüberlassung jedenfalls nicht gehört, auch die Nur-Besitz-G'ter zustimmen müssen.[2] Ebenso verhält es sich, wenn der Nur-Besitz-G'ter zwar (Mit)Geschäftsführer ist, aber auch in Bezug auf die lfd. Geschäftsführung in der Besitzgesellschaft den Mehrheitsgesellschafterbeschlüssen zu folgen hat.[3] Es kann daher jeweils durch entspr. Ausgestaltung des Gesellschaftsvertrages über die Geschäftsführung dafür gesorgt werden, dass bei Beteiligung eines Nur-Besitz-G'ters die Voraussetzungen der personellen Verflechtung gegeben oder nicht gegeben sind.[4] Entgegen der früheren Auffassung der FinVerw.[5] reicht mangels rechtl. Beherrschungsmöglichkeit eine rein tatsächliche Beherrschung (Rn. 95) nicht aus. Allerdings soll für **Ausnahmefälle** – wirtschaftliches Druckpotential oder Drohpotential aus anderen Gründen ggü. **Nur-Besitz-G'tern** – eine faktische Machtstellung dennoch genügen[6] (Rn. 95). Ein bloßes **Stimmrechtsverbot** für die beherrschenden G'ter in der Besitzgesellschaft für Geschäfte iZ mit der Nutzungsüberlassung, wenn es tatsächlich nicht praktiziert wird oder bedeutungslos ist,[7] schließt die personelle Verflechtung jedoch nicht aus, ebenso wenig wie eine fehlende Befreiung v. Verbot des Selbstkontrahierens.[8]

Bei einem **Betriebsunternehmen** in der Form einer KapGes. genügt ebenfalls grds. die **Mehrheit der Anteile**, soweit nicht durch Satzung für G'ter-Beschlüsse das Einstimmigkeitsprinzip[9] abw. v. § 47 Abs. 1 GmbHG auch für gewöhnliche Geschäfte[10] oder ein qualifiziertes Mehrheitsprinzip auch für die Bestellung und Abberufung der Geschäftsführer zulässigerweise vereinbart ist.[11] Kann die Beendigung des Nutzungsverhältnisses gegen den Willen der beherrschenden Gesellschafter(gruppe) in der Betriebsgesellschaft nicht erfolgen, steht der personellen Verflechtung auch nicht entgegen, wenn ihnen (entspr. § 47 Abs. 4 GmbHG) bei Beschlüssen über die Vornahme eines solchen Rechtsgeschäfts kein Stimmrecht zusteht oder wenn für wichtige außerordentliche Geschäfte einstimmige Gesellschafterbeschlüsse erforderlich sind. Entscheidend ist allerdings die **Stimmrechtsmehrheit**, die sich normalerweise aus der Anteilsinnehabung ergibt. Daher kann auch bei Minderheitsanteilsinnehabung der in der Besitzgesellschaft herrschenden Personengruppe eine BetrAufsp. gegeben sein, wenn durch **Stimmrechtsbindungsverträge oder Stimmrechtsvollmachten mit/v. Nur-Betriebs-G'tern** diese Gr. auch in der Betriebsgesellschaft ihren Willen durchsetzen kann.[12] Umgekehrt entfällt die Beherrschungsmöglichkeit, falls wegen Stimmrechtsbindung 93

1 BFH v. 24.9.2015 – IV R 9/13, BStBl. II 2016, 154; v. 16.5.2013 – IV R 54/11, BFH/NV 2013, 1557; v. 21.1.1999 – IV R 96/96, BStBl. II 2002, 771; v. 11.5.1999 – VIII R 72/96, BStBl. II 2002, 722; v. 15.3.2000 – VIII R 82/98, BStBl. II 2002, 774; v. 7.12.1999 – VIII R 50–51/96, BFH/NV 2000, 601; sa. FG Köln v. 7.12.2016 – 9 K 2034/14, EFG 2017, 593 (Rev. IV R 4/17) (keine personelle Verflechtung bei Beteiligung eines Nur Besitz-G'ters mit 1 % ohne Befreiung der zur Geschäftsführung berufenen Mehrheits-G'ter von den Beschränkungen des § 181 BGB).

2 BFH v. 15.6.2011 – X B 255/10, BFH/NV 2011, 1859; v. 1.7.2003 – VIII R 24/01, BStBl. II 2003, 757; v. 23.12.2003 – IV B 45/02, nv.

3 BFH v. 16.5.2013 – IV R 54/11, BFH/NV 2013, 1557 (bei Einzelvertretungsbefugnis des nicht abberufbaren Nur-Besitz-G'ters als (Mit-)Geschäftsführer keine personelle Verflechtung).

4 Vgl. einerseits BFH v. 8.9.2011 – IV R 44/07, BStBl. II 2012, 136 (Besitz-GbR beherrscht durch Betriebsgenossenschaft als Mehrheitsgesellschafter bei vereinbarter Geltung des Mehrheitsprinzips) und andererseits BFH v. 21.1.1999 – IV R 96/96, BFH/NV 1999, 1033 (KG mit vereinbartem Einstimmigkeitsverhältnis auch für K'dist).

5 So früher BMF v. 29.3.1985, BStBl. I 1985, 121 und BMF v. 23.1.1989, BStBl. I 1989, 39, aber aufgehoben durch BMF v. 7.10.2002, BStBl. I 2002, 1028 (dort auch Übergangsregelung für Altfälle vor dem 1.1.2002 – an der dort vorgesehenen Änderungsmöglichkeit nach § 174 AO bei bestandskräftigen Bescheiden zur Ermöglichung der Erfassung der stillen Reserven bestehen ernstliche Zweifel, BFH v. 14.1.2010 – IV R 33/07, BStBl. II 2010, 586; v. 18.8.2005 – IV B 167/04, BStBl. II 2006, 158).

6 BMF v. 7.10.2002, BStBl. I 2002, 1028; BFH v. 3.2.2004 – III B 114/03, BFH/NV 2004, 1109; v. 21.1.1999 – IV R 96/96, BStBl. II 2002, 771; v. 15.3.2000 – VIII R 82/98, BStBl. II 2002, 774 (aber einschr. bzgl. wirtschaftlichem Druck durch schuldrechtl. Überlassung der wesentlichen Betriebsgrundlagen).

7 BFH v. 12.11.1985 – VIII R 240/81, BStBl. II 1986, 296; v. 1.2.1990 – IV R 91/89, BFH/NV 1990, 562; **aA** möglicherweise BFH v. 9.11.1983 – I R 174/79, BStBl. II 1984, 212.

8 BFH v. 24.8.2006 – IX R 52/04, BStBl. II 2007, 165.

9 Dazu BFH v. 10.12.1991 – VIII R 71/87, BFH/NV 1992, 551.

10 Vgl. dazu BFH v. 24.11.2004 – IV B 15/03, BFH/NV 2005, 545 (BetrAufsp. bejaht bei Beteiligung eines Nurbesitz-G'ters trotz Einstimmigkeitsprinzips, weil Mietvertrag bereits bestand und nur gekündigt werden konnte).

11 BFH v. 30.1.2013 – III R 72/11, BStBl. II 2013, 684; v. 30.11.2005 – X R 56/04, BStBl. II 2006, 415 mwN.

12 BFH v. 29.1.1997 – XI R 23/96, BStBl. II 1997, 437.

zugunsten v. Nicht-Besitz-G'tern trotz Anteilsmehrheit keine Beherrschungsmöglichkeit in der Betriebsgesellschaft besteht.[1] Unerheblich ist es allerdings, wenn die an der Betriebsgesellschaft mit Mehrheit beteiligten G'ter zwar v. Beschlüssen der G'ter-Versammlung über Geschäfte mit dem Besitzunternehmen kraft G oder Satzungsbestimmung ausgeschlossen sind, sie aber Geschäftsführer sind, soweit diese Geschäfte – wie regelmäßig – lediglich zu den v. der Geschäftsführung wahrzunehmenden Geschäften des täglichen Lebens gehören, weil und sofern ihnen die Geschäftsführung nicht gegen ihren Willen entzogen werden kann.[2] Bei mitunternehmerischer BetrAufsp. muss in der **Betriebs-PersGes.**[3] bei Beteiligung v. Minderheits-Nur-Betriebs-G'tern das Mehrheitsprinzip gelten oder der Nur-Betriebs-G'ter muss v. der Geschäftsführung ausgeschlossen sein, zB K'dist. Die personelle Verflechtung bleibt bestehen, wenn der G'ter der Betriebs-KapGes. seine Anteile unter Vorbehaltsnießbrauch zwar überträgt, ihm als Nießbraucher aber die Stimmrechte weiterhin überlassen werden.[4] Hingegen endet sie, wenn die Stimmrechte dem (neuen) G'ter zustehen, weil dann die Betriebs-Ges. nicht mehr vom Besitzunternehmer/n beherrscht wird.[5]

94 Für **Ehegatten und Kinder** gelten grds. dies. Grundsätze. Sie können wie einander fremde G'ter eine geschlossene **Personengruppe** bilden, die mit Mehrheit das Besitz- und Betriebsunternehmen beherrscht.[6] Unzulässig ist allerdings die **Zusammenrechnung v. Ehegatten- und Kinderanteilen** nur wegen des Ehe- oder Familienverhältnisses. Auch eine insoweit aufgestellte widerlegliche Vermutung gleichgerichteter Interessen widerspricht **Art. 6 iVm. Art. 3 GG.**[7] Wie bei Fremden auch kann sich allerdings aus **Stimmrechtsbindungen oder -vollmachten**[8] die Beherrschungsidentität ergeben, nicht dagegen aus konfliktfreiem Zusammenleben oder Herkunft der Mittel.[9] Daher scheidet eine BetrAufsp. grds. aus, wenn am Besitzunternehmen nur der eine und am Betriebsunternehmen nur der andere Ehegatte beteiligt ist **(sog. Wiesbadener Modell).**[10] Anders ist es selbstverständlich, wenn tatsächlich jeweils ein verdecktes Gesellschaftsverhältnis an beiden Ges. vorliegt[11] oder der Anteil jeweils nur treuhänderisch für den anderen Ehegatten gehalten wird. Bei **minderjährigen Kindern** soll nach Ansicht der FinVerw. ohne weitere hinzutretende Umstände eine Zurechnung der Kinderanteile dann zulässig sein, wenn an beiden Ges. die für das Kind vermögenssorgeberechtigten Elternteile beteiligt sind.[12] Allerdings soll dann aus Billigkeitsgründen bei Eintritt der Volljährigkeit ein Wahlrecht zur Fortsetzung der gewerblichen Vermietung bestehen.[13]

95 Fraglich ist, ob und unter welchen Voraussetzungen auch ohne (ausreichende) gesellschaftsrechtl. Beteiligung eine BetrAufsp. kraft **faktischer Beherrschung** in Betracht kommt. Die Rspr. hat in einem Ausnahmefall die faktische Beherrschung **der Betriebsgesellschaft** durch die dort als Geschäftsführer angestellten Besitz-G'ter und Ehemänner der fachunkundigen G'terinnen der Betriebsgesellschaft bejaht,[14] inzwischen aber in weitgehend vergleichbaren Fällen stets abgelehnt,[15] wenngleich sie weiterhin Ausnahmefälle für möglich hält.[16] Eine sog. faktische Beherrschung des Betriebsunternehmens würde voraussetzen, dass die

---

1 BFH v. 12.2.1998 – VIII B 22/97, BFH/NV 1998, 852.
2 BFH v. 30.11.2005 – X R 56/04, BStBl. II 2006, 415; v. 21.8.1996 – X R 25/93, BStBl. II 1997, 44; v. 26.1.1989 – IV R 151/86, BStBl. II 1989, 455; vgl. auch BFH v. 28.1.1982 – IV R 100/78, BStBl. II 1982, 479 (mitbestimmte AG).
3 BFH v. 27.8.1992 – IV R 13/91, BStBl. II 1993, 134.
4 BFH v. 25.1.2017 – X R 45/14, BFH/NV 2017, 1039 Rn. 26ff.
5 BFH v. 21.1.2015 – X R 16/12, GmbHR 2015, 776.
6 BFH v. 24.2.1994 – IV R 8/93, IV R 9/93, BStBl. II 1994, 466; v. 26.11.1992 – IV R 15/91, BStBl. II 1993, 876 (Gütergemeinschaft).
7 BVerfG v. 12.3.1985 – 1 BvR 571/81, 1 BvR 494/82, 1 BvR 47/83, BStBl. II 1985, 475; BFH v. 27.8.1992 – IV R 13/91, BStBl. II 1993, 134 statt vieler.
8 BFH v. 11.7.1989 – VIII R 151/85, BFH/NV 1990, 99; BMF v. 18.11.1986, BStBl. I 1986, 537.
9 BFH v. 1.12.1989 – III R 94/87, BStBl. II 1990, 500.
10 BFH v. 12.10.1988 – X R 5/86, BStBl. II 1989, 152 und v. 26.10.1988 – I R 228/84, BStBl. II 1989, 155.
11 Vgl. auch BFH v. 24.7.1986 – IV R 98–99/85, BStBl. II 1986, 913 und v. 17.3.1987 – VIII R 36/84, BStBl. II 1987, 858 (planmäßige gemeinsame Gestaltung des Zusammenwirkens in mehreren Ges.).
12 R 15.7 (8) EStR; **aA** *Felix*, StB 1997, 145 mwN.
13 R 16 (2) EStR.
14 BFH v. 29.7.1976 – IV R 145/72, BStBl. II 1976, 750.
15 BFH v. 15.10.1998 – IV R 20/98, BStBl. II 1999, 445; v. 1.12.1989 – III R 94/87, BStBl. II 1990, 500; v. 26.10.1988 – I R 228/84, BStBl. II 1989, 155; v. 15.10.1998 – IV R 20/98, BFH/NV 1999, 700; v. 21.1.1999 – IV R 96/96, BStBl. II 2002, 771; vgl. auch BFH v. 26.7.1984 – IV R 11/81, BStBl. II 1984, 714 (Besitz-G'ter nur Geschäftsführer in Betriebs-KapGes. mit Kindern als G'ter); v. 30.7.1985 – VIII R 263/81, BStBl. II 1986, 359 (Vater und Tochter in Besitz-GbR und Mutter und Schwiegersohn in Betriebs-GmbH und Co KG); v. 12.10.1988 – X R 5/86, BStBl. II 1989, 152 (Einzelunternehmer an GmbH mit nicht völlig fachunkundiger Ehefrau als Allein-G'terin); v. 15.3.2000 – VIII R 82/98, FR 2000, 818 (Vater, Mutter und Tochter in Besitz-, aber in Betriebsgesellschaft nur Vater und Tochter).
16 BFH v. 3.2.2004 – III B 114/03, BFH/NV 2004, 1109; v. 21.1.1999 – IV R 96/96, BStBl. II 2002, 771; v. 15.3.2000 – VIII R 82/98, BStBl. II 2002, 774.

mit Mehrheit nur an der Betriebsgesellschaft beteiligten G'ter v. ihren Stimmbefugnissen keinen Gebrauch machen können[1] und stattdessen die Besitz-G'ter auch ohne gesellschaftsrechtl. Stimmbefugnisse ihren Willen durchsetzen können. Dies ist bejaht worden bei Vorliegen einer (widerruflichen) Vollmacht für den lediglich mit Minderheit an der Betriebs-KapGes. beteiligten Besitzunternehmer,[2] wonach dieser auch den Mehrheitsbesitz der Anteile aufgrund der Vollmacht v. Vollmachtgeber erwerben konnte. Tatsächlich liegt hier kein Fall lediglich faktischer Beherrschung vor, sondern rechtl. Beherrschung kraft der bestehenden Vollmacht, vergleichbar der Stimmrechtsbindung.

Eine **mittelbare Beteiligung** kann **Beherrschungsidentität bei der Betriebsgesellschaft** vermitteln,[3] etwa indem eine Mehrheitsbeteiligung des Besitzunternehmens an einer KapGes. besteht, die ihrerseits mehrheitlich an der Betriebs-KapGes. beteiligt ist,[4] oder bei mittelbarer Beteiligung über eine Schwesterpersonengesellschaft.[5] Die Betriebsgesellschaft kann auch eine PersGes., insbes. eine GmbH & Co KG sein.[6] Der mittelbaren Beteiligung wird zutr. die Beherrschung über eine Stiftung[7] durch die Besitz-G'ter gleichgesetzt. **Umgekehrt** soll allerdings die am Besitzunternehmen bestehende **mittelbare Beteiligung** des Betriebsunternehmers oder der das Betriebsunternehmen beherrschenden G'ter **über eine KapGes.** – im Unterschied zur mittelbaren Beteiligung über eine PersGes. – nicht ausreichen, um zw. den beiden Ges. eine personelle Verflechtung zu begründen.[8] Diesen auf ein angebliches Durchgriffsverbot gestützten Entscheidungen ist nicht zu folgen.[9] Denn entscheidend kann allein sein, ob im Besitz- und Betriebsunternehmen in Bezug auf die Nutzungsüberlassung eine einheitliche Willensbildung gewährleistet ist. Dies ist gleichermaßen der Fall, wenn die Betriebsgesellschaft nur mittelbar v. Besitzunternehmer beherrscht wird, wie auch, wenn Betriebs- und Besitzgesellschaft mittelbar v. denselben Pers. beherrscht werden.[10] Dies kann nicht davon abhängen, ob die Anteile an der die Beherrschung vermittelnden KapGes. zum SBV der G'ter der Betriebs-(Pers.)Ges. gehören oder nicht. 96

ee) Sachliche Verflechtung. Die erforderliche sachliche Verflechtung wird darin gesehen, dass dem Betriebsunternehmen v. Besitzunternehmen **materielle**[11] **oder immaterielle WG**[12] **zur Nutzung** überlassen werden und diese **beim Betriebsunternehmen** zumindest **eine wesentliche Betriebsgrundlage**[13] darstellen. Werden mehrere wesentliche Betriebsgrundlagen (Grundstücke) von verschiedenen Besitz-PersGes. an eine Betriebs(kapital)gesellschaft überlassen, liegen mehrere BetrAufsp. vor, wenn ggü. jeder Besitz-PersGes. eine personelle Verflechtung (Rn. 90 ff.) besteht.[14] Nicht erforderlich ist, dass die WG ihrerseits dem Besitzunternehmer zu (Gesamthands- oder Bruchteils-)Eigentum gehören oder sonst bei dem Besitzunternehmen zu bilanzierende WG sind.[15] Ausreichend ist bereits eine schuldrechtliche Nutzungsberechtigung des Besitzunternehmens mit Weiterüberlassung an das Betriebsunternehmen.[16] Ferner reicht eine **mittelbare Nutzungsüberlassung**[17] über eine quasi treuhänderisch zwischengeschaltete Pers. an das Betriebsunternehmen, wenn vertraglich oder faktisch sichergestellt ist, dass die WG ihrerseits der Betriebs- 97

1 BFH v. 27.2.1991 – XI R 25/88, BFH/NV 1991, 454; v. 15.10.1998 – IV R 20/98, BFH/NV 1999, 700.
2 BFH v. 29.1.1997 – XI R 23/96, BStBl. II 1997, 437.
3 BFH v. 28.11.2001 – X R 50/97, BStBl. II 2002, 363.
4 BFH v. 22.1.1988 – III B 9/87, BStBl. II 1988, 537; v. 27.8.1992 – IV R 13/91, BStBl. II 1993, 134.
5 BFH v. 29.11.2007 – IV R 82/05, BStBl. II 2008, 471; *Wacker* in Schmidt[37], § 15 Rn. 835, 858.
6 BFH v. 10.11.1982 – I R 178/77, BStBl. II 1983, 136 und v. 23.7.1981 – IV R 103/78, BStBl. II 1982, 60; v. 26.8.1993 – IV R 48/91, BFH/NV 1994, 265.
7 BFH v. 16.6.1982 – I R 118/80, BStBl. II 1982, 662.
8 BFH v. 8.9.2011 – IV R 44/07, BStBl. II 2012, 136; v. 15.4.1999 – IV R 11/98, BStBl. II 1999, 532 (zu § 9 Nr. 1 S. 5 GewStG); v. 27.8.1992 – IV R 13/91, BStBl. II 1993, 134; v. 16.9.1994 – III R 45/92, BStBl. II 1995, 75.
9 So auch *Wacker* in Schmidt[37], § 15 Rn. 835; vgl. auch *Stoschek/Sommerfeld*, DStR 2012, 215.
10 Vgl. BFH v. 15.12.1998 – VIII R 77/93, BStBl. II 1999, 168 (zu § 9 Nr. 1 S. 5 GewStG, aber nur bei Schwester-PersGes.).
11 So ua. für Grundstücke BFH v. 10.6.1999 – IV R 21/98, BStBl. II 1999, 715.
12 BFH v. 29.11.2017 – X R 34/15, BFH/NV 2018, 623 Rn. 55; v. 23.9.1998 – XI R 72/97, BStBl. II 1999, 281.
13 BFH v. 29.11.2012 – IV R 37/10, BFH/NV 2013, 910; zutr. verneint für Darlehensvergabe eines mittelbar beteiligten G'ters an eine KapGes.: FG Köln v. 18.1.2017 – 9 K 267/14, EFG 2017, 988 (Rev. X R 9/17).
14 BFH v. 18.6.2015 – IV R 11/13, IV R 12/13, IV R 13/13, BFH/NV 2015, 1398, 1401, 1405.
15 BFH v. 10.5.2016 – X R 5/14, BFH/NV 2017, 8; v. 24.8.1989 – IV R 135/86, BStBl. II 1989, 1014; v. 17.9.1992 – IV R 49/91, BFH/NV 1993, 95.
16 BFH v. 29.11.2017 – X R 34/15, BFH/NV 2018, 623 Rn. 40; v. 10.5.2016 – X R 5/14, BFH/NV 2017 Rn. 8, 19 ff.; v. 9.6.2015 – X R 38/12, HFR 2015, 1144 (Besitz-PersGes., in die Grundstücke ihrer G'ter zur bloßen Nutzung durch Weitervermietung an eine gemeinsam beherrschte Betriebs-KapGes. eingebracht werden).
17 S. aber BFH v. 24.9.2015 – IV R 9/13, BStBl. II 2016, 154 (keine BetrAufsp. mangels sachlicher Verflechtung zw. Grundstückseigentümer/Erbbaurechtsverpflichtetem und Mieter bei Vermietung erst durch den Erbbauberechtigten).

gesellschaft zur Nutzung überlassen werden. Eine gesellschaftsrechtl. Beherrschung der zwischengeschalteten Pers. durch das Besitzunternehmen ist nicht erforderlich.[1]

98 Zu den wesentlichen Betriebsgrundlagen gehören diejenigen WG, die v. Betriebszweck gefordert werden und für die Betriebsführung besonderes Gewicht besitzen.[2] Maßgebend ist allein die **funktionale Bedeutung** des überlassenen WG für das Betriebsunternehmen. Ob und inwieweit das WG v. erheblichem Wert ist oder ob es erhebliche **stille Reserven** enthält (quantitative Betrachtung), spielt – anders als für die Betriebsveräußerung nach § 16 (§ 16 Rn. 37 ff.) – keine Rolle.[3] Zutr. wird auf die funktionale Bedeutung beim Betriebsunternehmen abgestellt, obgleich es um die Frage nach der Beurteilung der Tätigkeit des Besitzunternehmens als gewerblich geht. Die besondere Risikostruktur, die aus der an sich vermeintlich nur vermietenden Tätigkeit eine gewerbliche macht (Rn. 76), ergibt sich letztlich daraus, dass das personell verflochtene Betriebsunternehmen das ihm überlassene WG funktional für seine betrieblichen Zwecke benötigt und wegen der Interessenübereinstimmung der oder die Besitzunternehmer dies in besonderer Weise berücksichtigen, etwa durch Beschränkung ihrer Kündigungsbefugnisse bei schlechter wirtschaftlicher Lage. Daher ist auch unerheblich, ob das Betriebsunternehmen jederzeit am Markt ein gleichwertiges WG v. einem anderen erwerben oder mieten könnte[4] oder ob die WG auch v. anderen Unternehmen sinnvoll genutzt werden könnten.

99 Für (bebaute und unbebaute) **Grundstücke** hat die Rspr. die sachliche Verflechtung ursprünglich nur dann bejaht, wenn a) das Grundstück auf die Bedürfnisse des Betriebs zugeschnitten ist, insbes. das Gebäude für Zwecke des Betriebsunternehmens errichtet oder hergerichtet wurde oder b) die Betriebsführung durch die Lage des Grundstücks bestimmt ist oder c) das Grundstück aus anderen innerbetrieblichen Gründen für das Betriebsunternehmen unentbehrlich ist (Auffangklausel).[5] Schon danach ist bei Grundstücken die Wesentlichkeit nahezu immer zu bejahen, insbes. für Laden-,[6] Fabrik-[7] und Werkstatt- und Lagergebäude.[8] Zwischenzeitlich verlangt die Rspr. diesen „Zuschnitt" nicht mehr. Dies zeigt sich deutlich an „normalen Bürogebäuden", wenn es sich um Dienstleistungsbetriebe handelt, deren Dienstleistung büromäßig erstellt wird.[9] Auch für Handels- und Produktionsbetriebe bejahen Rspr. und FinVerw. die Wesentlichkeit bereits dann, wenn das Gebäude benötigt wird (zB für die Geschäftsleitung[10] und/oder als Ort des Unternehmenssitzes[11]), für die Zwecke geeignet ist und nicht v. völlig untergeordneter Bedeutung ist.[12] Dies führt so weit, dass selbst das häusliche Arbeitszimmer im ansonsten zu privaten Wohnzwecken genutzten Einfamilienhaus eine wesentliche Betriebsgrundlage sein kann, wenn sich dort der Mittelpunkt der Geschäftsleitung der Betriebs-KapGes. befindet.[13] Auch Lagergebäude[14] wie Grundflächen für die Lage-

---

1 BFH v. 28.11.2001 – X R 50/97, BStBl. II 2002, 363; s. aber BFH v. 28.6.2006 – XI R 31/05, BStBl. II 2007, 378 (keine sachliche Verflechtung bei unentgeltlicher Überlassung an GbR durch MU'er und Weitervermietung durch GbR an v. MU'er beherrschte GmbH, weil vorher v. GbR selbst genutzt – mE zweifelh.).

2 BFH v. 23.9.1998 – XI R 72/97, BStBl. II 1999, 281.

3 BFH v. 24.8.1989 – IV R 135/86, BStBl. II 1989, 1014; v. 2.10.1997 – IV R 84/96, BStBl. II 1998, 104.

4 BFH v. 19.3.2009 – IV R 78/06, BStBl. II 2009, 803; v. 26.5.1993 – X R 78/91, BStBl. II 1993, 718.

5 BFH v. 2.4.1997 – X R 21/93, BStBl. II 1997, 565 mwN. im Anschluss an BFH v. 26.5.1993 – X R 78/91, BStBl. II 1993, 718.

6 BFH v. 12.2.1992 – XI R 18/90, BStBl. II 1992, 723; v. 7.8.1990 – VIII R 110/87, BStBl. II 1991, 336; v. 23.1.1991 – X R 47/87, BStBl. II 1991, 405; v. 12.2.1992 – XI R 18/90, BStBl. II 1992, 723; v. 4.11.1992 – XI R 1/92, BStBl. II 1993, 245.

7 BFH v. 15.12.1988 – IV R 36/84, BStBl. II 1989, 363; v. 1.2.1990 – IV R 91/89, BFH/NV 1990, 562; v. 12.9.1991 – IV R 8/90, BStBl. II 1992, 347; v. 10.4.1991 – XI R 22/89, BFH/NV 1992, 312; v. 26.3.1992 – IV R 50/91, BStBl. II 1992, 830; v. 17.11.1992 – VIII R 36/91, BStBl. II 1993, 233.

8 BFH v. 11.9.2003 – X B 103/02, BFH/NV 2004, 180 (auch bei Nutzung nur für eine Überbrückungszeit); v. 20.4.2004 – VIII R 13/03, BFH/NV 2004, 1253 mwN; v. 23.5.2000 – VIII R 11/99, BStBl. II 2000, 621; v. 26.5.1993 – X R 78/91, BStBl. II 1993, 718; v. 26.11.1992 – IV R 15/91, BStBl. II 1993, 876; v. 21.8.1996 – X R 25/93, BStBl. II 1997, 44 und v. 29.1.1997 – XI R 23/96, BStBl. II 1997, 437.

9 BFH v. 13.12.2005 – XI R 45/04, BFH/NV 2006, 1453 und v. 2.4.1997 – X R 21/93, BStBl. II 1997, 565 (Werbeagentur); v. 4.12.1997 – III R 231/94, BFH/NV 1998, 1001; v. 12.4.1991 – III R 39/86, BStBl. II 1991, 773 (Entwicklung, Fertigung und Büro).

10 BFH v. 13.7.2006 – IV R 25/05, BStBl. II 2006, 804 (Teil eines EFH als Büro für Geschäftsleitung einer Unternehmensberatungs-GmbH).

11 S. aber BFH v. 29.7.2015 – IV R 16/13, GmbHR 2015, 1337 (formaler Sitzort allein nicht ausreichend).

12 BFH v. 3.6.2003 – IX R 15/01, BFH/NV 2003, 1321; v. 11.2.2003 – IX R 43/01, BFH/NV 2003, 910; v. 23.5.2000 – VIII R 11/99, BStBl. II 2000, 621; BMF v. 18.9.2001, BStBl. I 2001, 634 und v. 20.12.2001, BStBl. I 2002, 88, v. 11.6.2002, BStBl. I 2002, 647 (mit Übergangsregelung bis 31.12.2002); verneinend noch BFH v. 11.11.1970 – I R 101/69, BStBl. II 1971, 61 und v. 12.11.1985 – VIII R 253/80, BFH/NV 1986, 360.

13 BFH v. 29.11.2017 – X R 34/15, BFH/NV 2018, 623 Rn. 39; v. 13.7.2006 – IV R 25/05, BStBl. II 2006, 804.

14 BFH v. 29.11.2012 – IV R 37/10, BFH/NV 2013, 910 (Lager und Verwaltung); v. 19.7.1994 – VIII R 75/93, BFH/NV 1995, 597; v. 22.6.1993 – VIII R 29/92, BFH/NV 1994, 228.

rung[1] sind grds. wesentliche Betriebsgrundlagen für Produktions- und Handelsbetriebe. Soweit es sich um Dienstleistungsunternehmen oder nur kraft Rechtsform gewerblich tätige vermögensverwaltende Vermietungsunternehmen handelt, sind Grundstücke, auf denen oder mit denen die Dienstleistungen oder die Vermietungsleistungen erbracht werden, wesentliche Betriebsgrundlagen.[2] Ausnahmsweise sind Grundstücke nur dann keine wesentliche Betriebsgrundlage, wenn ihnen funktional für die v. der Betriebsgesellschaft ausgeübte Tätigkeit keine oder nur eine völlig untergeordnete funktionale Bedeutung zukommt. Eine funktional lediglich untergeordnete Bedeutung ergibt sich nicht schon aus einem quantitativ geringen Nutzungsflächenanteil des angemieteten Grundstücks im Verhältnis zur Gesamtnutzfläche oder aus dem Umsatz/Erfolgsanteil des Betriebsunternehmens, der dort erzielt wird.[3]

Bewegliches AV, insbes. Maschinen, gehört dann zu den wesentlichen Betriebsgrundlagen, wenn es nicht völlig unbedeutend im Verhältnis zu eigenem AV oder zu v. Fremden gemieteten AV ist.[4] Auch hier kann es auf die abstrakte Möglichkeit, dieses auch v. Dritten beschaffen zu können, nicht ankommen. Allerdings soll dies nicht gelten, wenn eine kurzfristige Wiederbeschaffung möglich ist und das WG für die Fortführung der Produktion nicht unerlässlich ist.[5] **Immaterielle WG**, insbes. **Patente**, stellen wesentliche Betriebsgrundlagen dar, wenn die Umsätze des Betriebsunternehmens in erheblichem Umfang auf der Überlassung der WG beruhen.[6] Dies gilt auch für einen Mandanten- oder Kundenstamm.[7] Dabei ist nicht erforderlich, dass der Kundenstamm nicht vertraglich abgesichert ist (zB bei öffentl. Auftraggebern aufgrund des Vergaberechts).[8] Allerdings muss beachtet werden, dass sich ein Kundenstamm verflüchtigen kann, insbes. wenn der Kundenkreis wechselt. Dann baut sich das Betriebsunternehmen seinen eigenen Kundenstamm auf und die Eigenschaft des „alten Kundenstamms“ als wesentliche Betriebsgrundlage kann entfallen.[9] Beruht die sachliche Verflechtung allein auf der Überlassung des Kundenstamms, dann führt dies zur Entflechtung der BetrAufsp. (Rn. 111). 100

c) Rechtsfolgen. Der (Einzelunternehmer, jur. Pers.) oder die (PersGes./gemeinschaft) Besitzunternehmer beziehen **gewerbliche Einkünfte** iSv. § 15, und der Gewerbeertrag unterliegt der GewSt[10]. Das gilt nicht für angemessene Vergütungen, die als **Arbeitslohn** etwa für die **Geschäftsführung**, bezogen werden einschl. Pensionszusagen.[11] Es besteht kein einheitlicher GewBetr. mit dem Betriebsunternehmen.[12] 101

Zum **notwendigen BV** des Besitzunternehmers gehören neben den dem Betriebsunternehmen überlassenen wesentlichen Betriebsgrundlagen auch **alle** übrigen für sich nicht wesentlichen **dem Betriebsunternehmen zur Nutzung überlassenen WG**. Die Qualifizierung setzt nicht voraus, dass sie für die Betriebsgesellschaft notwendig, erforderlich oder unentbehrlich sind.[13] Es genügt, dass sie geeignet sind, die Vermögens-, Liquiditäts- oder Ertragslage der Betriebsges. zu verbessern und damit den Wert der Beteiligung 102

---

1 BFH v. 24.8.1989 – IV R 135/86, BStBl. II 1989, 1014; v. 15.1.1998 – IV R 8/97, BStBl. II 1998, 478.
2 BFH v. 18.6.2015 – IV R 11/13, BFH/NV 2015, 1398; v. 18.6.2015 – IV R 12/13, BFH/NV 2015, 1401; v. 18.6.2015 – IV R 13/13, BFH/NV 2015, 1405; v. 1.7.2003 – VIII R 24/01, BStBl. II 2003, 757 (Steuerberatungs-GmbH); v. 10.4. 1997 – IV R 73/94, BStBl. II 1997, 569 (Hotel); v. 18.6.1980 – I R 77/77, BStBl. II 1981, 39 (Kurheim).
3 BFH v. 19.3.2009 – IV R 78/06, BStBl. II 2009, 803 (Geschäftslokal eines Filialbetriebs weniger als 10 % der gesamten Nutzfläche und des Gesamtumsatzes), unter teilw. Aufgabe v. BFH v. 4.11.1992 – XI R 1/92, BStBl. II 1993, 245; v. 18.9.2002 – X R 4/01, BFH/NV 2003, 41; v. 4.11.1992 – XI R 1/92, BStBl. II 1993, 245.
4 BFH v. 12.6.1996 – XI R 56–57/95, BStBl. II 1996, 527.
5 BFH v. 18.5.2004 – X B 167/03, BFH/NV 2004, 1262 unter Hinweis auf BFH v. 26.5.1993 – X R 101/90, BStBl. II 1993, 710; BFH v. 14.12.1978 – IV R 106/75, BStBl. II 1979, 300 und v. 20.11.1979 – VII R 82/77, BStBl. II 1980, 81.
6 BFH v. 26.8.1993 – I R 86/92, BStBl. II 1994, 168; v. 26.1.1989 – IV R 151/86, BStBl. II 1989, 455; vgl. auch FG Münster v. 11.5.1995 – 11 K 1071/91 F, G, EFG 1996, 434 (Taxikonzession).
7 BFH v. 29.11.2017 – X R 34/15, BFH/NV 2018, 623 Rn. 55 (Kundenstamm, Geschäftsorganisation, Einkaufsverbindungen, Firmenname); v. 21.11.2017 – VIII R 17/15, BFH/NV 2018, 522 Rn. 34 (an Betriebs-GmbH verpachteter Mandantenstamm eines Steuerberaters); v. 26.11.2009 – III R 40/07, BStBl. II 2010, 609 (zum Kundenstamm eines gewerblichen Unternehmens).
8 BFH v. 29.11.2017 – X R 34/15, BFH/NV 2018, 623 Rn. 57.
9 BFH v. 29.11.2017 – X R 34/15, BFH/NV 2018, 623 Rn. 58 (dort verneint für den Fall, dass von dem Betriebsunternehmen ein Neukunde mit einem Umsatzanteil von 12 % hinzugewonnen wurde).
10 BFH v. 15.1.1998 – IV R 8/97, BStBl. II 1998, 478; abkommensrechtlich bleibt es allerdings nach der Rspr. des I. Senates bei Einkünften aus (unbwgl. oder bewgl.) Vermögensverwaltung nach Art. 6, 21 OECD-MA, vgl. BFH v. 25.5.2011 – I R 95/10, BStBl. II 2014, 760 = IStR 2011, 688.
11 BFH v. 23.3.2011 – X R 42/08, FR 2011, 1002; **aA** *Kudert/Mroz*, StuW 2016, 146 (153) – Geschäftsführervergütung an Besitzunternehmer als Teil der gewerblichen Einkünfte des Besitzunternehmers).
12 BFH v. 27.9.1979 – IV R 89/76, BStBl. II 1980, 94 (jeweils eigene Wj.); v. 17.7.1991 – I R 98/88, BStBl. II 1992, 246 (§ 7g getrennt); vgl. aber BFH v. 16.12.2003 – VIII R 89/02, BFH/NV 2004, 936 (Missbrauch nach § 42 AO bei Wahl unterschiedlicher Wj.).
13 BFH v. 23.9.1998 – XI R 72/97, BStBl. II 1999, 281.

an der Betriebsges. zu erhöhen. Daher gehören auch **Darlehen**,[1] **unwesentliche Grundstücke**[2] und „nicht beherrschte" (und damit die BetrAufsp. selbst nicht begründende) **Grundstücks(-miteigentums-)anteile** (zB nur 50 % Miteigentumsanteil, nur 50 % an einer Grundstücks-GbR)[3] usw., die **ein Einzelbesitzunternehmer** der Betriebs-KapGes. zur Nutzung überlässt, zum notwendigen BV.[4] Dies soll jedenfalls dann gelten, wenn ein unmittelbarer wirtschaftlicher Zusammenhang mit der Nutzungsüberlassung der wesentlichen Betriebsgrundlagen besteht.[5] Dies wird kaum je zu verneinen sein. Die **Anteile an der Betriebs-KapGes.**[6] sowie **Anteile an einer KapGes.**,[7] die eine mittelbare Beherrschung der Betriebsges. (Rn. 96) ermöglichen, gehören ebenfalls zwingend zum notwendigen BV des Besitzunternehmers (Rn. 337).

103 Bei der **Besitz-PersGes.** gehören alle WG des Gesellschaftsvermögens einschl. der an Dritte zur Nutzung überlassenen WG sowie Darlehensforderungen[8] und stille Beteiligungen[9] zum BV. Dies folgt aus Abs. 3 Nr. 1, soweit sich die Tätigkeit nicht ohnehin schon als originär gewerblich darstellt.[10] Die Abfärbung erstreckt sich allerdings nicht auf WG, die nicht zum Gesellschaftsvermögen gehören, sondern im Eigentum der G'ter stehen oder diesen sonst persönlich zuzurechnen sind. Diese können allerdings nach allgemeinen Grundsätzen SBV sein. So stellen **Grundstücke**[11] und andere WG, die unmittelbar v. G'ter der Besitzgesellschaft dem Besitzunternehmen zur Weitervermietung an das Betriebsunternehmen überlassen werden, notwendiges SBV (I) dar.[12] Aber auch unmittelbar dem Betriebsunternehmen zur Nutzung überlassene WG können ebenfalls **SBV (II)** bei der Besitzgesellschaft sein. Dies kommt allerdings nur in Betracht, sofern die Überlassung an das Betriebsunternehmen letztlich dem Interesse des Besitzunternehmens und der Beteiligung des G'ters am Besitzunternehmen dient, etwa durch Verbesserung der Vermögens- und Ertragslage der Betriebsgesellschaft und die dadurch bedingte Erhöhung des Werts der Beteiligung,[13] nicht aber, wenn mit der Überlassung lediglich davon unabhängige eigene wirtschaftliche Interessen des G'ters verfolgt werden. Die Abgrenzung soll anhand der „Veranlassung" erfolgen.[14] Als wesentliche Indizien für eine Veranlassung im Interesse der Besitz-PersGes. werden angesehen:[15] (a) Überlassung zu nicht fremdüblichen Bedingungen;[16] (b) Nutzungsdauer abhängig v. der Dauer der Beteiligung am Betriebsunternehmen;[17] (c) nach Zweckbestimmung nur für das Betriebsunternehmen geeignet oder sonst für dieses unverzichtbar;[18] (d) enger zeitlicher Zusammenhang mit Begr. der BetrAufsp.[19] Ansonsten ist davon auszugehen, dass die unmittelbare Nutzungsüberlassung zu Einkünften des Überlassenden aus § 21[20] oder aus einem eigenen GewBetr. als Besitzunternehmen führt, etwa wenn er selbst bereits wesentlich beteiligt ist.[21] Unter denselben Voraussetzungen können auch (einfache und eigenkapitalersetzende) **Darlehensforde-**

1 BFH v. 25.11.2004 – IV R 7/03, BStBl. II 2005, 354.
2 BFH v. 23.1.1991 – X R 47/87, BStBl. II 1991, 405.
3 BFH v. 29.11.2017 – I R 7/16, BFH/NV 2018, 810 Rn. 11 (dort ergab sich die BetrAufsp. aus der Überlassung von im Alleineigentum des G'ters stehenden Maschinen, während er an dem überlassenen Grundstück nur zu 50 % beteiligt war).
4 BFH v. 7.3.1978 – VIII R 38/74, BStBl. II 1978, 378; v. 10.11.1994 – IV R 15/93, BStBl. II 1995, 452; v. 23.9.1998 – XI R 72/97, BStBl. II 1999, 281.
5 BFH v. 23.1.1991 – X R 47/87, BStBl. II 1991, 405; v. 23.9.1998 – XI R 72/97, BStBl. II 1999, 281 mwN.
6 FG Nds. v. 19.11.2015 – 5 K 286/12, EFG 2016, 138; BFH v. 10.5.2012 – IV R 34/09, DB 2012, 1965; v. 4.7.2007 – X R 49/06, BStBl. II 2007, 772; v. 24.4.1991 – X R 84/88, BStBl. II 1991, 713; v. 30.3.1999 – VIII R 15/97, BFH/NV 1999, 1468.
7 BFH v. 23.7.1981 – IV R 103/78, BStBl. II 1982, 60.
8 BFH v. 25.11.2004 – IV R 7/03, BStBl. II 2005, 354 (s. dort aber auch Abgrenzung zur verdeckten Einlage, falls nur im Interesse eines G'ters der Besitzges., der am Darlehensnehmer beteiligt ist); v. 20.4.2005 – X R 2/03, BStBl. II 2005, 694.
9 BFH v. 19.2.1991 – VIII R 106/87, BStBl. II 1991, 569.
10 BFH v. 25.11.2004 – IV R 7/03, BStBl. II 2005, 354; v. 13.11.1997 – IV R 67/96, BStBl. II 1998, 254.
11 BFH v. 10.6.1999 – IV R 21/98, BStBl. II 1999, 715; v. 13.10.1998 – VIII R 46/95, BStBl. II 1999, 357; v. 10.4.1997 – IV R 73/94, BStBl. II 1997, 569; v. 10.11.1994 – IV R 15/93, BStBl. II 1995, 452.
12 BFH v. 22.9.2011 – IV R 33/08, BStBl. II 2012, 10 und v. 18.8.2005 – IV R 59/04, BStBl. II 2005, 830 (zu Bruchteilseigentum als SBV I bei Besitz-GbR); v. 2.12.2004 – III R 77/03, BStBl. II 2005, 340.
13 BFH v. 17.12.2008 – IV R 65/07, BStBl. II 2009, 371; v. 2.12.2004 – III R 77/03, BStBl. II 2005, 340; v. 18.8.2005 – IV R 59/04, BStBl. II 2005, 830.
14 BFH v. 10.6.1999 – IV R 21/98, BStBl. II 1999, 715; v. 13.10.1998 – VIII R 46/95, BStBl. II 1999, 357.
15 Vgl. BFH v. 13.10.1998 – VIII R 46/95, BStBl. II 1999, 357 und v. 10.6.1999 – IV R 21/98, BStBl. II 1999, 715.
16 BFH v. 30.3.1993 – VIII R 8/91, BStBl. II 1993, 864 und v. 10.11.1994 – IV R 15/93, BStBl. II 1995, 452 (zu Darlehen).
17 BFH v. 10.11.1994 – IV R 15/93, BStBl. II 1995, 452.
18 BFH v. 15.5.1975 – IV R 89/73, BStBl. II 1975, 781; v. 13.10.1998 – VIII R 46/95, FR 1999, 297.
19 BFH v. 1.10.1996 – VIII R 44/95, BStBl. II 1997, 530.
20 BFH v. 27.8.1998 – IV R 77/97, BStBl. II 1999, 279; v. 1.10.1996 – VIII R 44/95, BStBl. II 1997, 530.
21 BFH v. 17.12.2008 – IV R 65/07, BStBl. II 2009, 371; v. 10.7.1996 – I R 132/94, BStBl. II 1997, 226; FG Münster v. 24.6.2014 – 3 K 3886/12, EFG 2014, 1951.

rungen[1] gegen die Betriebsgesellschaft und als negatives SBV auch **Bürgschaften** für die Betriebsgesellschaft (Rückstellungen dafür in Sonderbilanz, falls Regressanspruch nicht werthaltig)[2] zum SBV II gehören. Dem **notwendigen SBV (II)** der G'ter der Besitz-PersGes. sind schließlich die **Anteile an der Betriebs-KapGes.**[3] sowie Anteile an KapGes., die einen mittelbaren Einfluss auf das Betriebsunternehmen[4] gewähren (Rn. 96) oder Anteile, die sonst für das Besitzunternehmen wirtschaftlich v. besonderem Vorteil[5] sind, namentlich Anteile an wichtigen Kunden der Betriebs-KapGes[6], zuzurechnen. Sofern allerdings die KapGes. einen erheblichen eigenen Geschäftsbereich hat, ist die Zurechnung zum SBV des Besitzunternehmens nur dann gerechtfertigt, wenn sich aus besonderen Umständen ergibt, dass die Beteiligung vorrangig im Interesse der Besitzges. gehalten wird.[7]

Es besteht kein Grundsatz korrespondierender Bilanzierung.[8] Dies gilt insbes. auch für offene Gewinnausschüttungen[9] und vGA[10] (wenn Betriebsunternehmen eine KapGes. ist). **Teilwertabschreibungen** auf Forderungen gegen die Betriebsgesellschaft sind grds. zulässig.[11] Allerdings ist jedenfalls bei eigenkapitalersetzenden Darlehen (einschl. rückständiger Pachtzahlungen) auch die funktionale Bedeutung für das Besitzunternehmen zu berücksichtigen,[12] ebenso wie bei einer Teilwertabschreibung auf die Anteile an der Betriebsgesellschaft. Insoweit bedarf es einer Gesamtbetrachtung der Ertragsaussichten v. Besitz- und Betriebsunternehmen.[13] Teilwertabschreibungen auf die Beteiligung an der Betriebskapitalgesellschaft sind nach § 3c Abs. 2 EStG bei der Ermittlung der Einkünfte der G'ter der Besitzgesellschaft nur zu 60 Prozent abzugsfähig, respektive nach § 8b Abs. 3 S. 3 KStG bei der Ermittlung des Einkommens einer (Besitz-)Kapitalgesellschaft nicht zu berücksichtigen. Aufwand aus zulässigen Teilwertabschreibungen oder aus Forderungsverzichten auf (auch eigenkapitalersetzende) Darlehensforderungen oder andere Forderungen des Besitzunternehmens ggü. der Betriebsgesellschaft unterfallen nach Maßgabe des § 3c Abs. 2 S. 2f. dem Abzugsverbot des § 3c Abs. 2 (§ 3c Rn. 30aff.). Für andere Betriebsvermögensminderungen bzw. Ausgaben ist darüber hinaus § 3c Abs. 2 S. 6 zu beachten (eingehend § 3c Rn. 30ff.). 104

Verzichtet das Besitzunternehmen **auf Forderungen** (Pacht, Miete, Darlehen usw.) ggü. der Betriebsges., so führt dies iHd. werthaltigen Teils zu nachträglichen AK der Beteiligung und bei der Betriebs-KapGes. zu einer Einlage, nicht aber ein bloßer Rangrücktritt.[14] Hinsichtlich des nicht werthaltigen Teils entsteht durch Teilwertabschreibung oder Forderungsverzicht beim Besitzunternehmen Aufwand und beim Betriebsunternehmen Ertrag.[15] Soweit die Anteile an der KapGes. im SBV der G'ter des Besitzunternehmens stehen, soll der Aufwand im SBV entstehen.[16] **Unangemessen hohe Nutzungsvergütungen** durch eine Betriebs-KapGes. führen zu **vGA**.[17] Unentgeltliche Nutzungsüberlassungen oder zu niedrige Nutzungsvergütungen führen nach den Grundsätzen über die Nutzungseinlage nicht zu Gewinnkorrekturen.[18] Aller- 105

1 BFH v. 10.11.2005 – IV R 13/04, BStBl. II 2006, 618; v. 19.10.2000 – IV R 73/99, BStBl. II 2001, 335; v. 10.11.1994 – IV R 15/93, BStBl. II 1995, 452.
2 BFH v. 18.12.2001 – VIII R 27/00, BStBl. II 2002, 733; v. 22.1.2003 – X R 60/99, BFH/NV 2003, 900.
3 BFH v. 4.12.2014 – IV R 28/11, GmbHR 2015, 274; v. 14.9.1999 – III R 47/98, BStBl. II 2000, 255; v. 26.11.1998 – IV R 52/96, BStBl. II 1999, 547; v. 10.6.1999 – IV R 21/98, BStBl. II 1999, 715; v. 16.4.1991 – VIII R 63/87, BStBl. II 1991, 832; v. 7.7.1992 – VIII R 2/87, BStBl. II 1993, 328.
4 BFH v. 12.6.2013 – X R 2/10, BStBl. II 2013, 907 (zu Anteilen an der Komplementär-GmbH bei einer GmbH & Co. KG als (mittelbarer) Betriebsges.; v. 16.6.1982 – I R 118/80, BStBl. II 1982, 662.
5 BFH v. 3.3.1998 – VIII R 66/96, BStBl. II 1998, 383.
6 BFH v. 25.11.2004 – IV R 7/03, BStBl. II 2005, 354; v. 26.8.2005 – X B 98/05, BStBl. II 2005, 833 (Anteile an zwischengeschalteter Holding).
7 BFH v. 3.3.1998 – VIII R 66/96, BStBl. II 1998, 383; v. 7.7.1992 – VIII R 2/87, BStBl. II 1993, 328.
8 BFH v. 26.11.1998 – IV R 52/96, BStBl. II 1999, 547; bej. BFH v. 21.12.1965 – IV 228/64 S, BStBl. III 1966, 147 und v. 23.6.1966 – IV 75/64, BStBl. III 1966, 589 sowie für die Warenrückgabeverpflichtung BFH v. 26.6.1975 – IV R 59/73, BStBl. II 1975, 700.
9 BFH v. 31.10.2000 – VIII R 85/94, BStBl. II 2001, 185; überholt BMF v. 24.8.1999, BStBl. I 1999, 822.
10 BFH v. 23.3.2011 – X R 42/08, BStBl. II 2012, 188 (zu überhöhten [Hinterbliebenen-]Versorgungszusagen).
11 BFH v. 18.4.2012 – X R 7/10, BStBl. II 2013, 791; v. 8.3.1989 – X R 9/86, BStBl. II 1989, 714.
12 BFH v. 6.11.2003 – IV R 10/01, BStBl. II 2004, 416; BFH v. 10.11.2005 – IV R 13/04, BStBl. II 2006, 618.
13 BFH v. 7.5.2014 – X R 19/11, BFH/NV 2014, 1736 (zu Sanierungszuschüssen als AK und Nichteinbeziehung von [angemessenen] Geschäftsführergehältern); BFH v. 18.4.2012 – X R 7/10, BStBl. II 2013, 791; v. 18.4.2012 – X R 5/10, BStBl. II 2013, 785; v. 14.10.2009 – X R 45/06, BStBl. II 2010, 274; v. 2.9.2008 – X R 48/02, BFH/NV 2008, 2111.
14 BFH v. 10.11.2005 – IV R 13/04, BStBl. II 2006, 618; v. 9.6.1997 – GrS 1/94, BStBl. II 1998, 307; BMF v. 8.11.2010, BStBl. I 2010, 1292.
15 BFH v. 18.4.2012 – X R 7/10, BStBl. II 2013, 791 unter Hinweis auf BFH v. 9.6.1997 – GrS 1/94, BStBl. II 1998, 307.
16 BFH v. 29.7.1997 – VIII R 57/94, BStBl. II 1998, 652.
17 Zu bewertungsrechtl. Fragen bei der Bedarfsbewertung vgl. BFH v. 2.2.2005 – II R 4/03, BStBl. II 2005, 426 (Ansatz der vereinbarten und nicht einer üblichen – niedrigeren – Miete).
18 BFH v. 26.10.1987 – GrS 2/86, BStBl. II 1988, 348.

dings sind **Gewinnkorrekturen** durch Nutzungsentnahme nach § 12 iVm. § 4 dann in Höhe einer anteiligen BA-Kürzung beim Besitzunternehmen erforderlich, wenn an der Betriebsges. Familienangehörige beteiligt sind, die nicht am Besitzunternehmen gleich beteiligt sind.[1] Ein **Geschäftswert** verbleibt bei der echten BetrAufsp. beim Besitzunternehmen, wenn dieses an das Betriebsunternehmen alle wesentlichen Betriebsgrundlagen nur verpachtet und jederzeit den Betrieb wieder selbst aufnehmen kann (§ 16 Rn. 244). Werden hingegen die geschäftswertbildenden Faktoren endg. übertragen, wird auch der Geschäftswert veräußert resp. verdeckt eingelegt.[2] Eine anteilige Entnahme kommt dann auch bei disquotaler Beteiligung v. Familienangehörigen an der Betriebsges. in Betracht.[3]

106–109 Einstweilen frei.

110 **d) Begründung und Beendigung.** Die BetrAufsp. kann bewusst herbeigeführt werden, indem ein bisher einheitliches Unternehmen auf zwei **Rechtsträger aufgeteilt** wird – sog. echte BetrAufsp. Dabei ist gleichgültig, ob – wie im Regelfall – das Betriebsunternehmen ausgegründet wird oder umgekehrt das Besitzunternehmen. Denkbar wäre auch, dass das bisher einheitliche Unternehmen geteilt auf zwei neu gegründete Rechtsträger übertragen wird. Die Übertragung der Vermögensgegenstände kann durch **Einzelrechtsübertragung** oder nach dem UmwG, insbes. durch **Spaltung oder Verschmelzung**, vollzogen werden. Nachdem eine erfolgsneutrale Vermögensübertragung – außer auf PersGes. und nach § 20 UmwStG – nicht mehr möglich ist, wird bei einer geplanten echten BetrAufsp. regelmäßig das Betriebsunternehmen ausgegründet werden. Ggf. können dann Ersatzneuanschaffungen bereits im Betriebsunternehmen vorgenommen werden. Für die stl. Beurteilung ist unerheblich, ob bewusst eine echte BetrAufsp. herbeigeführt wurde oder ob bewusst oder unbewusst die Voraussetzungen einer personellen und sachlichen Verflechtung nachträglich geschaffen wurden. Sobald diese eintreten (etwa mit Beginn der Nutzungsüberlassung oder umgekehrt durch nachträglichen Eintritt der personellen Verflechtung), beginnt die gewerbliche Tätigkeit des Besitzunternehmers. Soweit die überlassenen **WG** und/oder die Beteiligung am nunmehrigen Betriebsunternehmen nicht schon bisher BV waren, werden sie zu diesem Zeitpunkt **in das BV eingelegt** (§ 4 Abs. 1 S. 5 iVm. § 6 Abs. 1 S. 6), andernfalls werden sie unter Fortführung der Buchwerte nach § 6 Abs. 5 S. 1 in das Besitzunternehmen überführt. Eine vorher eingetretene Wertminderung einer in das nunmehrige Besitzunternehmen eingelegten Beteiligung nach § 17 unter die AK ist nicht gewinnmindernd durch eine Teilwertabschreibung im Besitzunternehmen zu berücksichtigen. Sie ist erst bei Veräußerung der Beteiligung oder Liquidation der Betriebsgesellschaft zu berücksichtigen und mindert auch dann nicht den gewerblichen Gewinn des Besitzunternehmens.[4] Die Zuordnung zu einem durch die BetrAufsp. begründeten GewBetr. entfällt nicht deshalb, weil die WG schon vorher zu einem GewBetr. gehörten – keine Subsidiarität der BetrAufsp.[5]

111 Die **BetrAufsp. endet** mit Wegfall entweder der personellen oder der sachlichen Verflechtung, gleichgültig aus welchem Grunde. So kann die personelle Verflechtung durch Veräußerungen (einschl. Verschmelzung[6]) oder Schenkung der Anteile an der Betriebs- oder Besitzgesellschaft[7] entfallen, aber auch durch Erbfall,[8] Eintritt der Volljährigkeit[9] oder Insolvenz.[10] Die sachliche Verflechtung endet jedenfalls mit Beendigung der Nutzungüberlassung der (letzten) wesentlichen Betriebsgrundlage (auch durch ihre Veräußerung an die Betriebs-KapGes.[11]), aber auch durch Beendigung der gewerblichen (werbenden) Tätigkeit des Betriebsunternehmens trotz Fortsetzung der Nutzungsüberlassung.[12] Werden im Rahmen einer vorweggenommenen Erbfolge zeit- und personengleich die MU'anteile an der Besitzpersonengesellschaft und die in deren SBV gehaltenen Anteile an der Betriebskapitalgesellschaft sowie der an diese vermietete Grund-

1 BFH v. 14.1.1998 – X R 57/93, BFHE 185, 230.
2 BFH v. 18.6.2015 – IV R 5/12, BStBl. II 2015, 935; v. 26.11.2009 – III R 40/07, BStBl. II 2010, 609; v. 2.9.2008 – X R 32/05, BStBl. II 2009, 634; v. 27.3.2001 – I R 42/00, BStBl. II 2001, 771; v. 16.6.2005 – X R 34/03, BStBl. II 2005, 378.
3 BFH v. 16.6.2004 – X R 34/03, BStBl. II 2005, 378; anders aber BFH v. 14.1.1998 – X R 57/93, BFHE 185, 230; v. 14.1.1998 – X R 57/93, BFH/NV 1998, 1160 (falls Geschäftswert bei Besitzunternehmen verbleibt).
4 BFH v. 2.9.2008 – X R 48/02, BStBl. II 2010, 162.
5 BFH v. 21.6.2001 – III R 27/98, BStBl. II 2002, 537.
6 Vgl. BFH v. 24.10.2000 – VIII R 25/98, BStBl. II 2001, 321.
7 BFH v. 24.4.2014 – IV R 20/11, BFH/NV 2014, 1519 (auch wenn vom Schenker weiterhin als Treuhänder für den Beschenkten gehalten); v. 29.11.2012 – IV R 37/10, BFH/NV 2013, 910; v. 25.8.1993 – XI R 6/93, BStBl. II 1994, 23; vgl. auch BFH v. 14.10.2009 – X R 37/07, BFH/NV 2009, 406 (bei Einräumung einer Option zum Erwerb erst mit Ausübung der Option).
8 Vgl. aber BFH v. 5.6.2008 – IV R 76/05, BStBl. II 2008, 858 (Testamentsvollstreckung); v. 21.4.2005 – III R 7/03 (Erbengemeinschaft weiterhin als Durchgangsbesitzunternehmer), v. 21.4.2005 – III R 7/03, BFH/NV 2005, 1974.
9 R 16 (2) S 3 EStR mit Billigkeitsmaßnahme.
10 BFH v. 30.8.2007 – IV R 50/05, BStBl. II 2008, 129; v. 6.3.1997 – XI R 2/96, BStBl. II 1997, 460.
11 BFH v. 21.11.2017 – VIII R 17/15, BFH/NV 2018, 522 Rn. 41; v. 22.10.2013 – X R 14/11, BStBl. II 2014, 158 Rn. 25.
12 BFH v. 14.3.2006 – VIII R 80/03, BStBl. II 2006, 591; v. 23.4.1996 – VIII R 13/95, BStBl. II 1998, 325.

besitz unentgeltlich übertragen, bleibt die BetrAufsp. zw. der Besitzpersonen- und Betriebskapitalgesellschaft bestehen. Das gilt auch dann, wenn die unentgeltliche Übertragung der im SBV befindlichen WG unter Nießbrauchsvorbehalt erfolgt. Auf die Übertragung der MU'anteile einschl. des SBV ist § 6 Abs. 3 anzuwenden.[1] Hingegen soll eine gewinnrealisierende BetrAufg. durch Beendigung der BetrAufsp. wegen Entfallens der personellen Verflechtung vorliegen, wenn sowohl das als Einzelunternehmen geführte Besitzunternehmen als auch die dazu gehörenden Anteile an der Betriebs-KapGes. unentgeltlich unter Nießbrauchsvorbehalt im Wege der vorweggenommenen Erbfolge übertragen werden.[2] Dem sollte nicht gefolgt werden. Denn die Personengruppe Eigentümer/Vorbehaltsnießbraucher beherrscht sowohl das Besitz- als auch das Betriebsunternehmen.

Der **Wegfall der personellen oder sachlichen Verflechtung** führt nach stRspr. des BFH grds. zu einer **Gewinn realisierenden BetrAufg.**[3] Der Gewinn unterliegt nicht der GewSt.[4] Dabei sind die stillen Reserven sowohl in den zur Nutzung überlassenen WG als auch in den Anteilen an der Betriebs-KapGes. oder sonstigem SBV aufzudecken (Rn. 102 f.).[5] Allerdings entfällt eine BetrAufg., wenn zugleich die Voraussetzungen einer **Betriebsverpachtung** erfüllt sind (dh.: Überlassung aller [!] wesentlichen Betriebsgrundlagen, sog. **qualifizierte BetrAufsp.**) und keine Aufgabe erklärt wird (vgl. auch § 16 Rn. 233),[6] wenn das Besitzunternehmen ohnehin eine gewerbliche Tätigkeit ausübt,[7] wenn die Besitzgesellschaft nach § 8 Abs. 2 KStG oder § 15 Abs. 3 S. 2 (gewerblich geprägt) oder § 15 Abs. 3 S. 1 (Abfärbung) weiterhin gewerbliche Einkünfte erzielt oder sonst Einkünfte aus LuF oder selbständiger Arbeit erzielt oder wenn bei Beendigung einer mitunternehmerischen BetrAufsp. (Rn. 364) die überlassenen WG bei der ehemaligen Betriebsgesellschaft wieder SBV werden[8] oder wenn eine unter § 6 Abs. 3 fallende unentgeltliche Übertragung erfolgt.[9] IÜ hatte die Rspr. es früher für andere Konstellationen abgelehnt,[10] § 16 Abs. 3 einzuschränken. Neuerdings vermeidet die Rspr. aber durch eine **Ausweitung des Verständnisses der Betriebsunterbrechung**[11] (§ 16 Rn. 232) die in der Tat unbilligen Folgen einer Zwangsrealisierung stiller Reserven. Dem ist zu folgen. Allerdings hätte sich die Rspr. dazu durchringen sollen, grds. davon auszugehen, dass ohne ausdrückliche Aufgabeerklärung[12] auch nach Wegfall der personellen oder sachlichen Verflechtung weiterhin BV vorliegt und estl. gewerbliche Einkünfte erzielt werden.[13] 112

e) Grenzüberschreitende Betriebsaufspaltung. Bei einer **BetrAufsp. über die Grenze** ist hinsichtlich der Behandlung des Besitzunternehmens zu differenzieren zw. dem innerstaatlichen Recht und der DBA-rechtl. Einkünftequalifizierung. Nach innerstaatlichem Recht werden durch das Besitzunternehmen Einkünfte aus GewBetr. erzielt. Bei **Ansässigkeit** des **Besitzunternehmer**s im Ausland (Einzelunternehmer/MU'er) ergibt sich die beschränkte StPfl. in Ansehung der Mieteinkünfte, aber auch der Veräußerungs-/Entnahmegewinne (erst) aus § 49 Abs. 1 Nr. 2 lit. f. (§ 49 Rn. 43).[14] **§ 49 Nr. 2 lit. a ist** hingegen nicht ein- 113

1 Vgl. FG Münster v. 24.6.2014 – 3 K 3886/12, EFG 2014, 1951.
2 BFH v. 21.1.2015 – X R 16/12, GmbHR 2015, 776.
3 FG BaWü. v. 10.2.2016 – 12 K 2840/13, EFG 2016, 1167 (Rev. IV R 12/16); BFH v. 21.1.2015 – X R 16/12, GmbHR 2015, 776; v. 5.2.2014 – X R 22/12, BStBl. II 2014, 388; v. 22.10.2013 – X R 14/11, BStBl. II 2014, 158; v. 29.11.2012 – IV R 37/10, BFH/NV 2013, 910; v. 17.4.2002 – X R 8/00, BStBl. II 2002, 527; v. 23.4.1996 – VIII R 13/95, BStBl. II 1998, 325 mwN; vgl. auch BFH v. 24.10.2000 – VIII R 25/98, BStBl. II 2001, 321 (Beendigung einer BetrAufsp. durch Verschmelzung der Betriebsgesellschaft wegen Wegfalls der persönlichen Verflechtung). Zur Korrektur von Bescheiden nach § 173 AO bei erst nachträglich erkannter Betriebsaufspaltung und -aufgabe vgl. BFH v. 16.4.2015 – IV R 2/12, BFH/NV 2015, 1331.
4 BFH v. 21.6.2001 – III R 27/98, BStBl. II 2002, 537.
5 BFH v. 22.10.2013 – X R 14/11, BStBl. II 2014, 158; v. 24.10.2000 – VIII R 25/98, BStBl. II 2001, 321; v. 25.8.1993 – XI R 6/93, BStBl. II 1994, 23.
6 BFH v. 29.11.2017 – X R 34/15, BFH/NV 2018, 623 Rn. 62 ff.; v. 11.10.2007 – X R 39/04, BStBl. II 2008, 220; v. 17.4.2002 – X R 8/00, BStBl. II 2002, 527 (unecht); v. 23.4.1996 – VIII R 13/95, BStBl. II 1998, 325 (echt); sa. *Neufang/Bohnenberger*, DStR 2016, 578.
7 Vgl. BFH v. 24.10.2000 – VIII R 25/98, BStBl. II 2001, 321.
8 Vgl. BFH v. 22.9.2011 – IV R 33/08, BStBl. II 2012, 10 (zu latentem SonderBV); v. 30.8.2007 – IV R 50/05, BStBl. II 2008, 129.
9 BFH v. 22.10.2013 – X R 14/11, BStBl. II 2014, 158.
10 Vgl. BFH v. 15.12.1988 – IV R 36/84, BStBl. II 1989, 363 mit umfangreichen Nachweisen.
11 BFH v. 14.3.2006 – VIII R 80/03, BStBl. II 2006, 591 (für Grundstücksvermietung); v. 2.2.2006 – XI B 91/05, BFH/NV 2006, 1266 (für Erfinder-GbR nach Beendigung der sachlichen Verflechtung); so bereits BFH v. 6.3.1997 – XI R 2/96, BStBl. II 1997, 460 (für Einstellung des Konkursverfahrens); v. 11.5.1999 – VIII R 72/96, BStBl. II 2002, 722 (fehlgeschlagene BetrAufsp., keine BetrAufg. trotz Veräußerung des Anlagevermögens an die Pächterin bei Zurückbehaltung des Grundstückes).
12 So *Wendt*, FR 1998, 264.
13 Vgl. *Graw* in K/S/M, § 16 Rn. F 34, 35; vgl. auch *Wendt*, FR 2006, 868.
14 *Wacker* in Schmidt[37], § 15 Rn. 855, 862; *Schulze zur Wiesche*, BB 2013, 2463.

schlägig, da bei Vermietung eines zum BV gehörenden Grundstücks das vermietete **Grundstück** für den vermietenden Gewerbetreibenden nach der Rspr. des BFH grds. keine Betriebsstätte iSd. § 12 AO darstellt (§ 49 Rn. 13),[1] und dies gilt auch für die BetrAufsp. Dass das Grundstück eine die sachliche Verpflichtung begründende wesentliche Betriebsgrundlage darstellt, ist hierfür irrelevant. Ist der Besitzunternehmer hingegen unbeschränkt stpfl., stellen sich auf der Ebene des innerstaatlichen Rechts keine Anwendungsprobleme ein. Er erzielt – ungeachtet der Qualifikation seiner Einkünfte nach ausländischem Recht oder nach DBA – nach innerstaatlichem Recht Einkünfte aus GewBetr.[2] Diese Qualifikation entscheidet auch über die Bilanzierungspflicht nach §§ 140, 141 AO iVm. § 238 ff. HGB, § 4 Abs. 1 und 3 EStG. Da es sich um gewerbliche Einkünfte handelt, ist auch die Befreiung nach § 3 Nr. 40 lit. a bis d für Einkünfte aus Anteilen an einer Betriebs-KapGes. anzuwenden (Teileinkünfteverfahren).[3]

114 Auf **abkommensrechtlicher Ebene** sind die Einkünfte des Besitzunternehmens hingegen nicht als Unternehmenseinkünfte iSd. Art. 7 und 13 Abs. 2 OECD-MA einzustufen, jedenfalls dann nicht, wenn man mit dem BFH insoweit der abkommensautonomen Auslegung folgt. Vielmehr sind die Einkünfte dann – vorbehaltlich einer ausdrücklich anderweitigen Regelung im jeweils anzuwendenden DBA – abkommensrechtlich unmittelbar anderen Einkünften, namentlich Einkünften aus unbeweglichem Vermögen nach Art. 6 OECD-MA oder aus Dividenden, Zinsen und Lizenzen nach Art. 10 bis 12 OECD-MA zuzuordnen.[4] Für den im Ausland ansässigen Besitzunternehmer (MU'er einer Besitzges.) steht Deutschland dann entspr. der Verteilungsnormen der Art. 6 u. 13 Abs. 1 OECD-MA das Recht zu, die Einkünfte aus der Nutzungsüberlassung oder Veräußerung der im Inland belegenen Grundstücke uneingeschränkt zu besteuern, soweit diese die sachliche Verflechtung begründe(te)n. Diese Einkünfte sind dann nach innerstaatlichem Recht bei diesem beschränkt StPfl. nach § 49 Abs. 1 Nr. 2 lit. f (Rn. 113) als gewerbliche Einkünfte iSd. §§ 15, 16 zu erfassen. Für die DBA-rechtlich nur als Dividenden-, Zins-, Lizenz- und Veräußerungseinkünfte aus beweglichem Vermögen zu qualifizierenden Einkünfte steht Deutschland allenfalls entspr. Art. 10 Abs. 2, 11 Abs. 2 und 12 Abs. 2 OECD-MA als Quellenstaat ein Quellensteuerabzugsrecht zu, falls dies im jeweiligen DBA vorgesehen sein sollte. Daran fehlt es normalerweise bei Zins- und Lizenzeinkünften.

115 Beim nach § 1 Abs. 1 unbeschränkt stpfl., im Inland ansässigen Besitzunternehmer (MU'er der Besitzges.) unterliegen die grenzüberschreitend aus BetrAufsp. erzielten Einkünfte aus GewBetr. gem. § 2 Abs. 1 Nr. 2, Abs. 2 Nr. 1 als solche grds. uneingeschränkt der deutschen Besteuerung (Rn. 113). Allerdings gelten die Ausführungen zur abkommensrechtlichen Zuordnung (Rn. 114) entspr. Einschlägig ist in Ansehung des Grundbesitzes mithin Art. 6 DBA. Ob Deutschland freistellen muss oder ob zumindest eine Besteuerung unter Anrechnung der ausländischen Steuer zulässig ist, entscheidend das konkret einschlägige DBA. Steht dem ausländischen Staat nach dem DBA kein Besteuerungsrecht zu, sondern wird dieses ausschließlich Deutschland als dem Wohnsitzstaat zugewiesen, hat es damit auch bei den wg. der BetrAufsp. innerstaatlich gewerblichen Einkünften des im Inland ansässigen Besitzunternehmers sein Bewenden. Insoweit muss ein einheitlicher Gewinn uU aufgeteilt werden: Vermietet ein inländischer StPfl. sowohl Grundstücke als auch Maschinen an eine im Ausland ansässige Betriebs-KapGes., dann kann sich für das Grundstück eine Freistellungsverpflichtung ergeben, während Deutschland die auf die Maschinen entfallenden Mieten als Wohnsitzstaat besteuern darf.[5]

4. Gewerblicher Grundstückshandel

Literatur: *Dorn/Langeloh*, Gewerblicher Grundstückshandel durch Formwechsel einer Personen- in eine Kapitalgesellschaft in mehrstufigen Strukturen?, DStR 2016, 1455; *Fischer*, Gewerblicher Grundstückshandel: Zurechnung v. Grundstücksgeschäften bei Zwischenschaltung Dritter, FR 2005, 949; *Fischer*, Immobilien: Gewerblicher Grundstückshandel durch Verkauf und anschließende Bebauung v. einem Objekt, FR 2005, 991; *Kanzler*, Zur Nachhaltigkeit im gewerblichen Grundstückshandel bei einmaliger, mehraktiger Transaktion, FR 2016, 176; *Kanzler*, Gewerblicher Grundstückshandel bei Grundstückseinbringung in eine Grundstückshandel betreibende PersGes., FR 2016, 474; *Kempermann*, Gewerblicher Grundstückshandel: Nachhaltigkeit in „Ein-Objekt-Fällen", DStR 2006, 265; *Kempermann*, Gewerblicher Grundstückshandel, Indizien für eine Veräußerungsabsicht, DStR 2009, 1725; *Leisner-Egensperger*, Grundstückshandel im Steuerrecht zwischen privater Vermögensverwaltung und gewerblicher Tätigkeit, FR 2007, 813; *Söffing/Seitz*, Gewerblicher Grundstückshandel: Private Vermögensverwaltung trotz Veräußerungsabsicht

1 BFH v. 13.6.2006 – I R 84/05, BStBl. II 2007, 94 (verpachtete Tankstelle nur Betriebsstätte des Pächters, nicht des Verpächters); v. 10.2.1988 – VIII R 159/84, BStBl. II 1988, 653 (zu Brauereigaststätte und Sonderabschreibungen nach ZonenrandförderungsG); v. 6.7.1978 – IV R 24/73, BStBl. II 1979, 18.

2 FG Hess. v. 26.3.2015 – 10 K 2347/09, EFG 2015, 1454; FG Köln v. 31.8.2016 – 10 K 3550/14, EFG 2016, 1997 (Rev. I R 72/16).

3 *Schulze zur Wiesche*, BB 2013, 2463 (2467).

4 BFH v. 25.5.2011 – I R 95/10, BStBl. II 2014, 760 (zu Art. 5, 6, 7 und 21 DBA Ungarn); FG Köln v. 31.8.2016 – 10 K 3550/14, EFG 2016, 1997 (Rev. I R 72/16) (zum DBA Niederlande); so auch BMF v. 26.9.2014, BStBl. I 2014, 1258 Tz. 2.2.1.

5 Vgl. BFH v. 25.5.2011 – I R 95/10, BStBl. II 2014, 760.

– eine verfassungskonforme Auslegung, DStR 2007, 1841; *Sommer*, Gewerblicher Grundstückshandel im Wandel: „Objektivierung" der unbedingten Veräußerungsabsicht?, DStR 2010, 1405.

a) Generelle Abgrenzung zur Vermögensverwaltung. Sowohl der An- und Verkauf v. unveränderten bebauten und unbebauten Grundstücken (**Grundstückshändler**) als auch die Errichtung v. Bauwerken auf fremden Grundstücken (**Bauunternehmer**) und die Errichtung v. Bauwerken auf eigenem Grundstück mit anschließender Veräußerung des bebauten Grundstückes (**Bauträger**) **können die Merkmale einer gewerblichen Tätigkeit (GewBetr.)** iSd. § 15 Abs. 2 (und auch iSd. §§ 1, 2 HGB) begründen.[1] Auf der anderen Seite folgt bereits aus § 22 Nr. 2 iVm. § 23 Abs. 1 Nr. 1 (**private Veräußerungsgeschäfte**), dass nicht jede Grundstücksveräußerung bereits zu einer gewerblichen Tätigkeit führen kann. Außerdem ergibt sich aus § 21 (**Einkünfte aus VuV**), dass nicht jeder Erwerb mit einer Veräußerung nach längerer Fruchtziehungsperiode zur Annahme v. gewerblichen Einkünften führen kann. Die Rspr. nimmt die insoweit gebotene Abgrenzung zw. GewBetr. und privater Vermögensverwaltung danach vor, ob die **Ausnutzung substantieller Vermögenswerte durch Umschichtung (GewBetr.)** oder die **Nutzung v. Grundbesitz im Sinne einer Fruchtziehung** durch Selbstnutzung oder Vermietung im Vordergrund steht (**private Vermögensverwaltung**).[2] Dabei sei zur Abgrenzung auf das Gesamtbild der Verhältnisse und die Verkehrsanschauung abzustellen. Das Vorliegen einer Gewinnerzielungsabsicht ist auch für den gewerblichen Grundstückshandel erforderlich. Die Gewinnerzielungsabsicht kann auch erst nachträglich entfallen.[3] 116

Für die Annahme einer gewerblichen Tätigkeit durch Grundstücksveräußerungen sei insoweit erforderlich, dass der StPfl. bereits bei Erwerb des Grundstückes (Händler) oder Errichtung (Bauträger) mit mindestens **bedingter Verkaufsabsicht**[4] gehandelt habe. Habe der StPfl. innerhalb eines engen Zeitraumes mehrere Objekte erworben oder errichtet und dann veräußert, sei v. Vorliegen einer zumindest bedingten Veräußerungsabsicht auszugehen. Dagegen spreche eine langfristige Vermietung zu Wohnzwecken[5] oder nicht nur kurzfristige Eigennutzung[6] gegen die bedingte Veräußerungsabsicht bereits bei Erwerb oder Errichtung. Hier stelle sich die **Veräußerung als Abschluss der privaten Vermögensverwaltung** dar, selbst wenn es sich um umfangreichen Grundbesitz handele, der fremdfinanziert worden sei und der Veräußerer nicht branchenfremd sei.[7] Eine langfristige Fruchtziehung wird jedenfalls nicht angenommen, wenn sie kürzer als fünf Jahre ist. Die bedingte Veräußerungsabsicht ist mangels längerfristiger Fruchtziehung selbst dann zu bejahen, wenn die Veräußerung konkret durch Krankheit, Verluste, schlechte Vermietbarkeit, Eintritt einer finanziellen Notlage oder andere subj. Beweggründe veranlasst wurde.[8] Die bloße Berufung darauf, sich entgegen der ursprünglichen Absicht einer längerfristigen Vermögensnutzung zu einer Veräußerung entschlossen zu haben, sei zur Widerlegung der Vermutung ungeeignet.[9] De facto wird richtigerweise ausschließlich anhand des objektiv verwirklichten Sachverhaltes entschieden. Es sollte daher auch verbal darauf verzichtet werden, eine subj. Verkaufsabsicht zu verlangen.[10] 117

b) 3-Objekt-Grenze und enger zeitlicher Zusammenhang. Die Rspr. hat im Wege normfüllender Typisierung[11] zum Zwecke der Gleichheit der Rechtsanwendung[12] und im Interesse der Rechtssicherheit die **Drei-Objekt-Grenze** entwickelt. Danach wird die Grenze privater Vermögensverwaltung überschritten, 118

1 Vgl. auch BFH v. 7.5.2008 – X R 49/04, BStBl. II 2008, 711 (Errichtung und Veräußerung eines Einkaufsmarktes im Rahmen eines gewerblichen Immobilienmaklerbetriebes bei Nähe zu Bauträgergesellschaft).

2 StRspr., statt vieler BFH v. 3.7.1995 – GrS 1/93, BStBl. II 1995, 617, nunmehr BFH v. 10.12.2001 – GrS 1/98, BStBl. II 2002, 291.

3 BFH v. 5.4.2017 – X R 6/15, BStBl. II 2017, 1130 (Strukturwandel zur Liebhaberei).

4 BFH v. 10.12.2001 – GrS 1/98, BStBl. II 2002, 291; v. 29.10.1998 – XI R 58/97, BFH/NV 1999, 766; v. 18.9.1991 – XI R 23/90, BStBl. II 1992, 135.

5 BFH v. 17.2.2005 – X B 185/03, BFH/NV 2005, 1060 (nicht bei Gewerbeobjekten).

6 BFH v. 15.3.2005 – X R 36/04, BFH/NV 2005, 1535; v. 18.9.2002 – X R 28/00, BStBl. II 2003, 133 und v. 16.10.2002 – X R 74/99, BStBl. II 2003, 245; s. aber BFH v. 12.7.2005 – X B 37/05, BFH/NV 2005, 1802 (vorübergehende kurzfristige Eigennutzung schließt Veräußerungsabsicht nicht aus).

7 BFH v. 29.10.1998 – XI R 58/97, BFH/NV 1999, 766 mwN.

8 BFH v. 27.9.2012 – III R 19/11, BStBl. II 2013, 433 (freihändiger Verkauf zur Abwendung einer Zwangsvollstreckung wegen Steuerschulden); v. 17.12.2009 – III R 101/06, BStBl. II 2010, 541 (Druck der finanzierenden Bank); v. 20.2.2003 – III R 10/01, BStBl. II 2003, 510 (Krankheit und finanzielle Situation); sa. BFH v. 12.12.2002 – III R 20/01, BStBl. II 2003, 297 (günstiges Angebot trotz geplanter langfristiger Vermietung zur Alterssicherung bei gewerblicher Grundstückshändler); v. 16.3.1999 – IV B 2/98, BFH/NV 1999, 1320 (schlechte Vermietbarkeit); BFH v. 7.6.2000 – III B 75/99, BFH/NV 2000, 1340 (finanzielle Notlage).

9 BFH v. 20.2.2003 – III R 10/01, BStBl. II 2003, 510; v. 11.12.1997 – III R 14/96, BStBl. II 1999, 401.

10 Dezidiert **aA** *Anzinger*, Anscheinsbeweis und tatsächliche Vermutung im Ertragsteuerrecht, 2006, 312 f. (alsbaldige Veräußerungsabsicht als subj. Tatbestandsmerkmal).

11 BFH v. 18.5.1999 – I R 118/97, BStBl. II 2000, 28.

12 BFH v. 3.7.1995 – GrS 1/93, BStBl. II 1995, 617.

wenn im engen zeitlichen Zusammenhang zw. Erwerb und Veräußerung **mehr als drei Objekte** veräußert werden.[1] Daneben muss aber auch Nachhaltigkeit gegeben sein. Die Nachhaltigkeit stellt ein Tatbestandsmerkmal dar, das unabhängig vom Überschreiten der Drei-Objekt-Grenze zu prüfen ist. Handelt es sich dabei um mehrere Veräußerungen an verschiedene Erwerber, liegt allerdings stets auch Nachhaltigkeit vor. Werden mehr als drei Objekte allerdings an nur einen Erwerber aufgrund eines einheitlichen Kaufvorgangs veräußert, ist Nachhaltigkeit nicht indiziert. Es bedarf dann zusätzlicher Umstände, ua. längerfristige Verkaufsbemühungen, um v. einer **Nachhaltigkeit** ausgehen zu können.[2] Der Zahl der veräußerten Objekte und dem engen zeitlichen Zusammenhang kommt lediglich **indizielle Bedeutung** zu.[3] Das Überschreiten der Drei-Objekt-Grenze indiziert nicht stets die Nachhaltigkeit.[4]

119 Als **enger zeitlicher Zusammenhang** wird ein Zeitraum v. **fünf Jahren** angesehen.[5] Bei Herstellung, Modernisierung und Sanierung beginnt die Frist erst mit Abschluss der Arbeiten.[6] Für die Frage, ob die Veräußerung innerhalb v. fünf Jahren erfolgte, ist auf den Abschluss des Kaufvertrages abzustellen, nicht auf die dingliche Übereignung.[7] Der zeitliche Zusammenhang v. nicht mehr als fünf Jahren muss sowohl zw. der Anschaffung bzw. Errichtung und der Veräußerung der Objekte als auch zw. den Veräußerungen bestehen.[8] Es handelt sich nicht um eine starre Zeitgrenze.[9] Je kürzer der Zeitabstand zw. Erwerb und Veräußerung sei, desto eher sei v. einer gewerblichen Tätigkeit auszugehen. Umgekehrt können auch außerhalb des Fünf-Jahres-Zeitraumes liegende Veräußerungen mit einbezogen werden.[10] Generell wird v. folgender Abstufung ausgegangen: Innerhalb v. fünf Jahren wird Gewerblichkeit indiziert und kann nur bei außergewöhnlichen Umständen ausgeschlossen sein, innerhalb eines zehnjährigen Betrachtungszeitraumes nach Ablauf der fünf Jahre müssen weitere Indizien für die Gewerblichkeit sprechen, zB nur geringfügige zeitliche Überschreitung, eine große Anzahl weiterer Veräußerungen, Branchennähe, kontinuierlich weitere Verkäufe.[11] Außerhalb des Zehn-Jahres-Zeitraumes ist grds. davon auszugehen, dass sich die Veräußerungen als Abschluss der privaten Vermögensverwaltungen darstellen.[12] Das gilt auch dann, wenn der Veräußerer einen gewerblichen Grundstückshandel (mit anderen Grundstücken) betreibt. Es kann jedenfalls nicht ohne Weiteres unterstellt werden, dass – selbst bei einem umfangreichen gewerblichen Grundstückshandel – in Ansehung dieser Grundstücke vor der Veräußerung noch eine Einlage in das BV stattfindet.[13]

---

1 BFH v. 18.5.1999 – I R 118/07, BStBl. II 2000, 28 mwN.

2 Vgl. BFH v. 22.4.2015 – X R 25/13, BStBl. II 2015, 897 (Nachhaltigkeit bejaht für in einer notariellen Urkunde zusammengefasste Veräußerung einer Vielzahl von Grundstücken durch mehrere [Schwester-]GbRs an mehrere [Tochter-]GmbHs einer AG als Erwerber); v. 22.76.2010 – IV R 62/07, BFH/NV 2010, 2261 (bejaht für Teilung in Wohnungseigentum vor Veräußerung an beherrschte GmbH); v. 12.7.2007 – X R 4/04, BStBl. II 2007, 885 (Erschließungsaktivitäten, Baureifmachung, ggf. auch durch Dritte, falls gemeinsame Zielsetzung); v. 7.10.2004 – IV R 27/03, BStBl. II 2005, 164 (grds. Wiederholungsabsicht erforderlich oder Vielzahl v. auf Veräußerung gerichteten Tätigkeiten); v. 23.2.2005 – XI R 35/02, BFH/NV 2005, 1267 (Nachhaltigkeit bei Veräußerung v. zehn Eigentumswohnungen an einen Erwerber wegen weiterer Veräußerung); v. 5.12.2002 – IV R 57/01, BStBl. II 2003, 291 (Nachhaltigkeit bejaht wegen mehrerer Verkäufe); v. 9.12.2002 – VIII R 40/01, BStBl. II 2003, 294; v. 2.3.2006 – V R 7/03, BStBl. II 2006, 672 (Nachhaltigkeit bejaht wegen umfangreicher Aktivitäten); v. 15.4.2004 – IV R 54/02, BStBl. II 2004, 868 (Nachhaltigkeit verneint für unbebautes Grundstück aus fünf Parzellen an einen Erwerber); v. 23.1.2004 – IV B 3/03, BFH/NV 2004, 781 (Nachhaltigkeit auch bei Veräußerung an mehr als einen, aber weniger als vier Erwerber); v. 15.7.2004 – III R 37/02, BStBl. II 2004, 950 (Nachhaltigkeit bei Veräußerung v. zwei in mehrere Eigentumswohnungen aufgeteilten Häusern an zwei Erwerber).

3 BFH v. 10.12.2001 – GrS 1/98, BStBl. II 2002, 291; v. 13.8.2002 – VIII R 14/99, BStBl. II 2002, 811; krit. insoweit *Anzinger*, Anscheinsbeweis und tatsächliche Vermutung im Ertragsteuerrecht, 2006, 325 f., 338.

4 BFH v. 7.10.2004 – IV R 27/03, BStBl. II 2005, 164.

5 BFH v. 20.2.2003 – III R 10/01, BStBl. II 2003, 510; v. 14.1.1998 – X R 1/96, BStBl. II 1998, 346; v. 12.7.1991 – III R 47/88, BStBl. II 1992, 143 mwN; BMF v. 20.12.1990, BStBl. I 1990, 884.

6 BFH v. 17.12.2009 – III R 101/06, BStBl. II 2010, 541; BMF v. 26.3.2004, BStBl. I 2004, 434; BFH v. 5.12.2002 – IV R 57/01, BStBl. II 2003, 291.

7 BFH v. 5.12.2002 – IV R 57/01, BStBl. II 2003, 291.

8 BFH v. 20.4.2006 – III R 1/05, BStBl. II 2007, 375; v. 5.5.2004 – XI R 7/02, BStBl. II 2004, 738.

9 BFH v. 4.4.2005 – IV B 104/03, BFH/NV 2005, 1541; v. 16.10.2002 – X R 74/99, BStBl. II 2003, 245; v. 21.6.2001 – III R 27/98, BStBl. II 2002, 537; v. 16.3.1999 – IV B 2/98, BFH/NV 1999, 1320.

10 BFH v. 6.2.2009 – IV B 74/08, BFH/NV 2009, 919 mwN; v. 16.10.2002 – X R 74/99, BStBl. II 2003, 245 und v. 10.7.2002 – X B 141/01, BFH/NV 2002, 1453 (dort auch zur Bedeutung eines kurzen einheitlichen Verwertungszeitraumes).

11 BFH v. 7.6.2005 – X B 140/04, BFH/NV 2005, 1794; v. 5.5.2004 – XI R 7/02, BStBl. II 2004, 738; v. 5.5.2004 – XI R 25/03, BFH/NV 2004, 1399.

12 BMF v. 26.3.2004, BStBl. I 2004, 434; BFH v. 16.3.1999 – IV B 2/98, BFH/NV 1999, 1320; v. 18.9.1991 – XI R 23/90, BStBl. II 1992, 135; BMF v. 20.12.1990, BStBl. I 1990, 884; BFH v. 11.12.1996 – X R 241/93, BFH/NV 1997, 396; FG Nds. v. 18.12.1997 – XII 197/90, EFG 1998, 653 (neun Jahre).

13 BFH v. 27.6.2018 – X R 26/17, BFH/NV 2018, 1255 Rn. 45.

Als Zählobjekte sind selbständig veräußerbare[1] in- und ausländ.[2] Grundstücke jeder Art, ua. unbebaute Grundstücke,[3] Ein- und Zweifamilienhäuser, Eigentumswohnungen,[4] auch Mehrfamilienhäuser und Gewerbebauten, auch Großbauten,[5] bestehende Erbbaurechte anzusehen[6], nicht aber die Bestellung eines Erbaurechtes[7] und auch nicht Garagen als Zubehör.[8] Einheitlich genutzte zivilrechtl. Grundstücke im Sinne einer Bewertungseinheit gem. § 70 BewG sollen lediglich als ein Objekt anzusehen sein,[9] umgekehrt ist ein zivilrechtl. Grundstück bei Veräußerung an einen Erwerber nur als ein Objekt anzusehen, selbst wenn es mit mehreren Gebäuden bebaut wurde.[10] Wird ein Grundstück geteilt, auch bei Aufteilung in Teileigentum, liegen jedenfalls ab vollzogener Teilung, aber auch schon vor sachenrechtlicher Teilung bei Veräußerung an verschiedene Erwerber,[11] mehrere Objekte vor. Ebenfalls als Objekte zählen insoweit Miteigentumsanteile[12] an den genannten Objekten. Keine Zählobjekte sind Grundstücke, die nach dem VerkehrsflächenbereinigungsG veräußert werden.[13] Zählobjekte sind auch solche Grundstücke, die ohnehin schon UV eines bestehenden GewBetr. sind.[14] Auf Größe und Wert kommt es nicht an. Als Zählobjekt sind auch solche zu berücksichtigen, die in festsetzungsverjährter Zeit veräußert worden sind.[15] 120

Bei **unbebauten Grundstücken** kommt es auf die Veräußerung v. mehr als drei Objekten innerhalb des engen zeitlichen Zusammenhanges seit Erwerb an, auch wenn **nur ein Grundstück erworben** und dann parzelliert wurde,[16] anders aber bei Veräußerung nach langjähriger eigener Vermögensverwaltung. Ebenso ist es bei Erwerb eines Mehrfamilienwohnhauses mit anschließender Aufteilung in Eigentumswohnungen und Veräußerung v. mehr als drei davon.[17] Unabhängig v. der Zahl der veräußerten Objekte und/oder der Dauer einer vorhergehenden Vermögensverwaltung ist Gewerblichkeit dann zu bejahen, wenn der Veräußerer außer der Veräußerung erhebliche weitere Aktivitäten zur Verbesserung seiner Verwertungsmöglichkeiten entfaltet, etwa durch **umfangreiche Modernisierung**[18] oder vorherige **Erschließung als Bauland**,[19] nicht aber bei Veräußerung nach Sanierung, wenn nicht feststellbar ist, dass die Sanierung schon 121

1 Vgl. zur selbständigen Veräußerbarkeit BFH v. 5.5.2011 – IV R 34/08, BStBl. II 2011, 787 und v. 30.9.2010 – IV R 44/08, BStBl. II 2011, 645 (sachenrechtliche Qualifikation als Grundstück im grundbuchrechtlichen Sinne unabhängig v. Größe, Wert und Anzahl der Gebäude maßgeblich).

2 FinVerw. (OFD Nürnb. v. 15.7.1993, DStR 1993, 1481); vgl. auch FG BaWü. v. 12.12.2002 – 14 K 153/01, EFG 2003, 1302 (beschränkt StPfl. bei inländ. Grundstückshandel) und FG Nds. v. 4.3.2010 – 10 K 259/08, EFG 2010, 1133 (ausländ. Grundstückshandel, aber befreit nach DBA).

3 BFH v. 7.12.1995 – IV R 112/92, BStBl. II 1996, 367.

4 BFH v. 3.7.1995 – GrS 1/93, BStBl. II 1995, 617; bei einheitlicher Wohnung können auch zwei Wohnungsrechte nur als ein Objekt zählen, BFH v. 11.3.1992 – XI R 17/90, BStBl. II 1992, 1007; vgl. aber BFH v. 16.5.2002 – III R 9/98, BStBl. II 2002, 571 (jedes zivilrechtl. Wohnungseigentum ist ein Objekt – es sei denn einheitliche Verpflichtung zur Übertragung mehrerer Wohnungsrechte umfassender Wohnung schon bei Vertragsabschluss).

5 BFH v. 18.5.1999 – I R 118/97, BStBl. II 2000, 28; v. 15.3.2000 – X R 130/97, BStBl. II 2001, 530.

6 BFH v. 3.7.2002 – XI R 31/99, BFH/NV 2002, 1559.

7 BFH v. 12.7.2007 – X R 4/04, BStBl. II 2007, 885.

8 BFH v. 18.9.2002 – X R 183/96, BStBl. II 2003, 238; BMF v. 26.3.2004, BStBl. I 2004, 434.

9 BFH v. 16.5.2002 – III R 9/98, BStBl. II 2002, 571 (für eine Wohnung aus mehr als einem Wohnungseigentum); offen gelassen v. BFH v. 15.4.2004 – IV R 54/02, BStBl. II 2004, 868 (unbebautes Grundstück aus fünf Parzellen).

10 BFH v. 14.10.2003 – IX R 56/99, BStBl. II 2004, 227; anders aber, wenn erst nachträglich Vereinigung/Zuschreibung nach § 890 BGB, § 3 GBO, BFH v. 3.8.2004 – X R 40/03, BStBl. II 2005, 35 (mehrere Mehrfamilienhäuser = mehrere Objekte, selbst wenn zivilrechtl. nur ein Grundstück).

11 BFH v. 21.7.2016 – X R 56–57/14, BFH/NV 2017, 481 (Veräußerung eines vier Wohnungen umfassenden Miteigentumsanteils); v. 23.2.2015 – X B 71/14, BFH/NV 2015, 834; v. 5.5.2011 – IV R 34/08, BStBl. II 2011, 787; v. 24.6.2009 – X R 36/06, BStBl. II 2010, 171; sa. BFH v. 30.9.2010 – IV R 44/08, BStBl. II 2011, 645 (mehrere Objekte schon vor vollzogener Teilung, falls bereits im Kaufvertrag über einen Miteigentumsanteil eine Teilungserklärung enthalten ist).

12 BFH v. 19.1.2012 – IV B 3/10, BFH/NV 2012, 740 mwN: v. 11.12.1997 – III R 14/96, BStBl. II 1999, 401; v. 7.12.1995 – IV R 112/92, BStBl. II 1996, 367; v. 10.12.1998 – III R 61/97, BFH/NV 1999, 859 (offen, ob auch, falls unter 10 %).

13 BMF v. 22.3.2004 – IV A 6 - S 2240 - 151/03, nv.

14 BFH v. 15.3.2005 – X R 51/03, BFH/NV 2005, 1532.

15 BFH v. 5.5.2011 – X B 149/10, BFH/NV 2011, 1348.

16 BFH v. 20.4.2006 – III R 1/05, BStBl. II 2007, 375; v. 7.12.1995 – IV R 112/92, BStBl. II 1996, 367; v. 24.1.1996 – X R 12/92, BFH/NV 1996, 608.

17 BMF v. 26.3.2004, BStBl. I 2004, 434; BFH v. 6.4.1990 – III R 28/87, BStBl. II 1990, 1057; v. 8.2.1996 – IV R 28/95, BFH/NV 1996, 747.

18 BMF v. 26.3.2004, BStBl. I 2004, 434 (nur bei Entstehung eines WG anderer Marktgängigkeit); BFH v. 28.10.1993 – IV R 66–67/91, BStBl. II 1994, 463.

19 Vgl. BFH v. 29.8.1973 – I R 214/71, BStBl. II 1974, 6; v. 6.2.1986 – IV R 133/85, BStBl. II 1986, 666; v. 16.4.1991 – VIII R 74/87, BStBl. II 1991, 844; v. 13.12.1995 – XI R 43–45/89, BStBl. II 1996, 232; vgl. aber FinMin. Bay. v. 17.3.1997, FR 1997, 427 (städtebaulicher Vertrag soll nicht reichen).

mit unbedingter Veräußerungsabsicht erfolgte.[1] Unter denselben Voraussetzungen stellt sich auch die **Veräußerung v. Grundstücken durch einen Landwirt als GewBetr.** dar, ansonsten verbleibt es bei der Veräußerung v. luf. AV (§ 13 Rn. 7).

122 Die **Drei-Objekt-Grenze** gilt gleichermaßen für die **Errichtung und Veräußerung** v. Gebäuden (Produktion) wie für den Erwerb und die Veräußerung (Handel) mit unveränderten Objekten.[2] (Durch)-Gehandelte und erschlossene Grundstücke sind gleichermaßen Zählobjekte und zur Bestimmung der Drei-Objekt-Grenze zu addieren.[3] Ihr kommt allerdings ohnehin nur eine Indizwirkung zu. Es handelt sich nicht um eine Freigrenze. Auch bei Veräußerung v. **weniger als vier Objekten** kann daher ein gewerblicher Grundstückshandel vorliegen. Dies sei dann der Fall, wenn bei Erwerb des Grundstückes und/oder vor Abschluss der Bauverträge bereits nachweisbar eine **unbedingte Veräußerungsabsicht** vorlag.[4] **Bedingte Veräußerungsabsicht** genügt – anders als bei Überschreiten der Drei-Objekt-Grenze[5] – nicht. Auch auf das Vorliegen einer zweifelsfrei v. vornherein bestehenden unbedingten Veräußerungsabsicht kann nur aus den äußeren Umständen geschlossen werden.[6] Als solche äußeren Umstände sehen der GrS, die Folgerechtsprechung und die FinVerw. ua. an: Veräußerung bereits vor Bebauung,[7] Bebauung bereits auf Rechnung und nach den Wünschen des Erwerbers (im Unterschied zu Veräußerung erst nach Abschluss der Bauverträge und Beginn der Bauarbeiten), kurzfristige Finanzierung des Bauvorhabens, Einschaltung eines Maklers oder Veräußerungsannoncen bereits während der Bauzeit, Abschluss eines Vorvertrages mit einem künftigen Erwerber, Übernahme erheblicher Gewährleistungspflichten, Einräumung v. Ankaufsrechten für den Mieter.[8] Selbst bei Veräußerung nur eines Objektes kann dann auch die Nachhaltigkeit zu bejahen sein.[9] Nachdem der GrS eine generelle Unterscheidung danach, ob der Typus Grundstückshändler (mehr als drei Objekte notwendig) oder der Typus Bauträger, Bauunternehmer (schon ein „Groß"objekt genügt)[10] vorliegt, zutr. abgelehnt hat, ist primär auf das Überschreiten der Drei-Objekt-Grenze (bedingte Verkaufsabsicht wird vermutet) abzustellen. Bei Unterschreiten der Drei-Objekt-Grenze soll demgegenüber nur bei Vorliegen einer unbedingten Veräußerungsabsicht ein gewerblicher Grundstückshandel anzunehmen sein, falls auch die Nachhaltigkeit zu bejahen ist.[11] Eine solche unbedingte Veräußerungsabsicht ist zwar nicht schon isoliert aus einer kurzfristigen Veräußerung kurz nach der Errichtungsphase v. Gebäuden abzuleiten[12], wohl aber dann, wenn dafür noch weitere oben genannte Indizien sprechen.[13] Umgekehrt kann ausnahmsweise trotz Veräußerung v. mehr als drei Objekten die Gewerblichkeit zu verneinen sein, wenn eindeutige äußerlich erkennbare Anhaltspunkte gegen eine v. Anfang an bestehende – auch nur bedingte – Veräußerungsabsicht sprechen wie bei lang-

1 BFH v. 15.4.2004 – IV R 54/02, BStBl. II 2004, 868.
2 BFH v. 10.12.2001 – GrS 1/98, BStBl. II 2002, 291.
3 BFH v. 20.4.2006 – III R 1/05, BStBl. II 2007, 375.
4 BFH v. 5.5.2011 – IV R 34/08, BStBl. II 2011, 787 mwN; v. 19.2.2009 – IV R 12/07, BFH/NV 2009, 926 mwN; v. 17.12.2008 – IV R 77/06, BStBl. II 2009, 791 und v. 17.12.2008 – IV R 72/07, BStBl. II 2009, 529; v. 28.4.2005 – IV R 17/04, BStBl. II 2005, 606; im Anschluss an BFH v. 10.12.2001 – GrS 1/98, BStBl. II 2002, 291.
5 Dazu BFH v. 3.3.2011 – IV R 10/08, BFH/NV 2011, 1666 (zur Zurückweisung des Einwandes, es habe nur Absicht zur Selbstnutzung/Vermögensverwaltung) vorgelegen; s. aber BFH v. 22.11.2013 – X B 114/13, BFH/NV 2014, 346 (Erwerb eines weiteren Grundstücks für BV, falls bereits gewerblicher Grundstückshandel und bedingte Veräußerungsabsicht vorlagen) und v. 29.5.2013 – X B 254/12, BFH/NV 2013, 1411 (Bedeutung von früheren Erklärungen über Zuordnung zum BV eines Grundstückshandels).
6 BFH v. 12.4.2011 – X S 31/09, BFH/NV 2011, 1178 und v. 18.8.2009 – X R 25/06, BStBl. II 2009, 965 (verneint, subjektive Beurteilung durch StPfl. nicht maßgebend); v. 18.9.2002 – X R 5/00, BStBl. II 2003, 286 (Veräußerung v. zwei Objekten während der Bauphase); v. 18.9.2002 – X R 183/96, BStBl. II 2003, 238; v. 5.12.2002 – IV R 57/01, BStBl. II 2003, 291; v. 10.12.2001 – GrS 1/98, BStBl. II 2002, 291.
7 BFH v. 5.5.2011 – IV R 34/08; BStBl. II 2011, 787 mwN; v. 3.3.2011 – IV R 10/08, FR 2011, 952; v. 21.2.2005 – VIII B 270/03, BFH/NV 2005, 890; nach BFH v. 28.4.2005 – IV R 17/04, BStBl. II 2005, 606 muss die unbedingte Verkaufsabsicht vor Abschluss der Bauverträge vorliegen.
8 BFH v. 15.12.2004 – X B 48/04, BFH/NV 2005, 698; BMF v. 26.3.2004, BStBl. I 2004, 434; vgl. auch BFH v. 18.9.2002 – X R 5/00, BStBl. II 2003, 286; v. 18.9.2002 – X R 183/96, BStBl. II 2003, 238; v. 13.8.2002 – VIII R 14/99, BStBl. II 2002, 811.
9 BFH v. 19.2.2009 – IV R 12/07, BFH/NV 2009, 926 mwN; v. 1.12.2005 – IV R 65/04, BStBl. II 2006, 259; v. 28.1.2009 – X R 35/07, BFH/NV 2009, 1249.
10 BFH v. 14.1.1998 – X R 1/96, BStBl. II 1998, 346; v. 24.1.1996 – X R 255/93, BStBl. II 1996, 303; **aA** für Wohngebäude BFH v. 23.4.1996 – VIII R 27/94, BFH/NV 1997, 170.
11 Vgl. BFH v. 28.1.2009 – X R 35/07, BFH/NV 2009, 1249 (keine Nachhaltigkeit trotz unbedingter Veräußerungsabsicht bei Veräußerung eines Mehrfamilienhauses vor Fertigstellung).
12 BFH v. 5.5.2011 – IV R 34/08, BStBl. II 2011, 787; v. 19.2.2009 – IV R 8, 9/07, BFH/NV 2009, 923.
13 BFH v. 24.6.2009 – X R 36/06, BStBl. II 2010, 171; v. 25.9.2008 – IV R 80/05, BStBl. II 2009, 266; v. 27.11.2008 – IV R 38/06, BStBl. II 2009, 278; v. 17.12.2008 – IV R 77/06, BStBl. II 2009, 791; v. 17.12.2008 – IV R 72/07, BStBl. II 2009, 529; v. 19.2.2009 – IV R 8–9/07, BFH/NV 2009, 923 und v. 19.2.2009 – IV R 12/07, BFH/NV 2009, 926.

fristigen über fünf Jahre hinausgehenden Mietverträgen oder einer auf längere Dauer angelegten Eigennutzung zu Wohnzwecken.[1]

Veräußerungen sind jedenfalls alle **entgeltlichen Objektübertragungen** zu fremdüblichen Bedingungen wie Kauf oder Tausch. Dagegen sind **unentgeltliche Übertragungen**[2] (zu Ausnahmen sogleich) ebenso wie Übertragungen im Wege der **Realteilung**[3] außer Betracht zu lassen, weil es insoweit schon an einer Teilnahme am allg. wirtschaftlichen Verkehr fehlt. Dagegen soll die **Einbringung in KapGes. und PersGes. gegen Gewährung v. Gesellschaftsrechten** als Grundstücksveräußerung iSd. indiziellen Drei-Objekt-Grenze zu werten sein,[4] nicht aber die verdeckte Einlage. Dem ist für den v. BFH entschiedenen Konstellationen – Übernahme v. Verbindlichkeiten neben der Gewährung v. Gesellschaftsrechten und Weiterveräußerung der eingebrachten Grundstücke durch die allein beherrschte GmbH – zu folgen. Die KapGes. wurde hier erkennbar wie ein Käufer als Marktteilnehmer eingeschaltet, um durch diese (dreiste) Sachverhaltsgestaltung den gewerblichen Grundstückshandel zu vermeiden. Hier dürfte auch dann nicht anders entschieden werden, wenn die Grundstückseinbringung im Wege der verdeckten Sacheinlage erfolgt wäre.[5] Soweit jedoch Grundstücke verdeckt oder im Wege offener Sacheinlagen in KapGes. oder PersGes. nur gegen Gesellschaftsrechte eingebracht werden und dort als normales AV – im Unterschied zur Einbringung zwecks Veräußerung durch die KapG[6] oder PersGes.[7] – genutzt werden, sind diese Einbringungen, auch wenn es sich für den Einbringenden um entgeltliche Veräußerungsgeschäfte handelt (s. § 16 Rn. 18, 63 zur Einbringung in KapGes., s. aber Rn. 381, 384 zu PersGes.), mangels Teilnahme am allg. wirtschaftlichen Verkehr gerade nicht geeignet, einen gewerblichen Grundstückshandel zu begründen. Veräußerungen gegen bloße Kostenerstattung – aus privaten Erwägungen an Angehörige oder bei Konzernverflechtung an Schwestergesellschaften – sollen mangels Gewinnerzielungsabsicht nicht zu berücksichtigen sein,[8] anders aber für verbilligte Veräußerungen über Selbstkosten und gegen echtes Entgelt durch Schuldübernahme und/oder gestundeten Kaufpreis.[9] Die entgeltliche Bestellung v. **Erbbaurechten** an unbebauten Grundstücken führt nicht zu einer Veräußerung des Objektes,[10] anders bzgl. Bauwerken.[11] Die bloße Veräußerung (im Gegensatz zu substantiell durch Bau- oder Erschließungsmaßnahmen veränderten[12]) **unentgeltlich erworbener Objekte** innerhalb eines engen zeitlichen Zusammenhanges ist weder beim Erwerber noch beim Schenker zu berücksichtigen, etwa die Veräußerung ererbten oder im Wege der vorweggenommenen Erbfolge geschenkten Grundbesitzes.[13] Wird ein Grundstück unentgeltlich auf einen Dritten übertragen und von diesem veräußert, kann uU eine Zurechnung dieser Veräußerung zum Schenker in Betracht kommen mit der Folge, dass das Grundstück bei ihm Zählobjekt ist. Dies hat die Rspr. zB dann angenommen, wenn der Schenker die Weiterveräußerung durch den Beschenkten „beherrscht" hat[14] oder die Einschaltung naher Angehöriger in „eigene Grundstücksgeschäfte" des Schenkers 123

1 BMF v. 26.3.2004, BStBl. I 2004, 434; BFH v. 20.2.2003 – III R 10/01, BStBl. II 2003, 510; v. 16.10.2002 – X R 74/99, BStBl. II 2003, 245 (langjährige Eigennutzung); v. 12.12.2002 – III R 20/01, BStBl. II 2003, 297; v. 18.9.2002 – X R 28/00, BStBl. II 2003, 133; v. 18.9.2002 – X R 28/00, BFH/NV 2003, 243; vgl. aber einschr. BFH v. 14.1.2004 – IX R 88/00, BFH/NV 2004, 1089 für gewerblich genutzte Objekte.
2 BFH v. 23.8.2017 – X R 7/15, BFH/NV 2018, 325 Rn. 30; v. 18.9.2002 – X R 183/96, BStBl. II 2003, 238.
3 BFH v. 9.5.1996 – IV R 74/95, BStBl. II 1996, 599.
4 BFH v. 24.6.2009 – X R 36/06, BStBl. II 2010, 171; v. 19.9.2002 – X R 51/98, BStBl. II 2003, 394 (Einbringung in KapGes.); ebenso BMF v. 26.3.2004, BStBl. I 2004, 434.
5 Aber offen gelassen v. BFH v. 19.9.2002 – X R 51/98, BStBl. II 2003, 394.
6 Vgl. dazu zutr. BFH v. 24.6.2009 – X R 36/06, BStBl. II 2010, 171 (Einbringung in allein beherrschte KapGes. vor Fertigstellung des aufzuteilenden Objektes zwecks Veräußerung durch die KapGes. – lfd. Gewinn aus gew. Grundstückshandel, da unbedingte Veräußerungsabsicht zu bejahen).
7 BFH v. 28.10.2015 – X R 22/13, BStBl. II 2016, 95; v. 28.10.2015 – X R 21/13, BFH/NV 2016, 405.
8 So BFH v. 13.8.2002 – VIII R 14/99, BStBl. II 2002, 811 (zweifelh.); ebenso BFH v. 23.7.2002 – VIII R 19/01, BFH/NV 2002, 1571 (für teilentgeltliche Veräußerungen) und v. 25.4.2008 – IV R 80/05, BStBl. II 2009, 266 (Veräußerung im Konzern ohne Gewinnaufschlag).
9 BFH v. 20.10.2003 – VIII R 15/00, BFH/NV 2005, 1033 (an Schwestergesellschaft und an G'ter); sa. BFH v. 28.10.2015 – X R 22/13, BStBl. II 2016, 95 (Einbringung in GbR gegen Entgelt in Form von Schuldenübernahme und Gutschrift auf dem Privatkonto iHd. übersteigenden [Teil-]Werts).
10 BFH v. 12.7.2007 – X R 4/04, BStBl. II 2007, 885; v. 22.4.1998 – XI R 28/97, BStBl. II 1998, 665 mwN; v. 10.12.1992 – IV R 115/91, BStBl. II 1993, 342; vgl. aber BFH v. 28.1.1988 – IV R 2/85, BFH/NV 1989, 580.
11 BFH v. 10.12.1998 – III R 61/97, BFH/NV 1999, 859.
12 Dazu BFH v. 23.8.2017 – X R 7/15, BFH/NV 2018, 325 Rn. 27 (umfangreiche Sanierung, mit der die Voraussetzung für einen Verkauf geschaffen worden ist); v. 20.4.2006 – III R 1/05, BStBl. II 2007, 375 (unentgeltlich erworbenes Grundstück als Zählobjekt wegen Baureifmachung).
13 BFH v. 20.4.2006 – III R 1/05, BStBl. II 2007, 375; v. 15.3.2000 – X R 130/97, BStBl. II 2001, 530; nunmehr offengelassen von BFH v. 23.8.2017 – X R 7/15, BFH/NV 2018, 325 Rn. 26.
14 BFH v. 17.10.2002 – X B 13/02, BFH/NV 2003, 162.

als Gestaltungsmissbrauch zu würdigen war.[1] Zudem kommt eine Einbeziehung der an Angehörige schenkweise übertragenen Objekte hinsichtlich der Frage des Überschreitens der Drei-Objekt-Grenze dann in Betracht, wenn der übertragende StPfl. – bevor er sich dazu entschließt, das Objekt unentgeltlich zu übertragen – die zumindest bedingte Absicht besessen hat, auch dieses Objekt am Markt zu verwerten.[2]

124 **c) Beteiligung an Gesellschaften und Gemeinschaften.** Für die Frage, ob die Drei-Objekt-Grenze durch Veräußerungen im engen zeitlichen Zusammenhang überschritten wurde oder ob sonst eine gewerbliche Tätigkeit zu bejahen ist – etwa wegen unbedingter Veräußerungsabsicht (Rn. 122) –, ist zunächst auf die **Ebene der PersGes./Gemeinschaft** (ua. Erbengemeinschaft, Gütergemeinschaft, Bruchteilsgemeinschaft) abzustellen.[3] Dabei sind auch Veräußerungen zw. beteiligungsidentischen Schwester-PersGes. zu berücksichtigen.[4] Bejahendenfalls liegt für diese und damit für ihre G'ter/Gemeinschafter als MU'er **ein gemeinsamer GewBetr.** (Grundstückshandel) vor.[5] Dann führen auch Veräußerungen des Gesellschaftsanteils zu bereits auf der Ebene der Ges. zu berücksichtigenden lfd. der GewSt unterliegenden Gewinn des G'ters.[6] Verneinendenfalls begründen außerhalb der – dann **lediglich vermögensverwaltenden – PersGes.** entfaltete **eigene gewerbliche Aktivitäten der G'ter** im Grundstückssektor weder für die PersGes. als solche noch für die anderen G'ter einen GewBetr.[7] Dies gilt ebenso für die gewerbliche Betätigung v. G'tern als MU'er in anderen PersGes. Allerdings sollen **beteiligungsidentische PersGes.** und Bruchteilsgemeinschaften[8] zusammenzufassen sein, sofern sie nicht ohnehin schon einen GewBetr. unterhalten. Auch bei einer Realteilung (Rn. 123) wird der PersGes. weder diese selbst als Veräußerung zugerechnet, noch eine spätere Veräußerung des übertragenen Grundstückes durch den abgefundenen G'ter,[9] wohl aber wird dem G'ter die Veräußerung des durch Realteilung erworbenen Objektes zugerechnet. Für den Zeitraum ist auf den Erwerb bei der PersGes. und die Zugehörigkeit des G'ters zu dieser, nicht auf die Zuteilung durch Realteilung abzustellen.

125 Dagegen sind auf der **Ebene der G'ter** für die Frage, ob die Drei-Objekt-Grenze v. ihm überschritten wurde, neben den eigenen Veräußerungen auch **Veräußerungen v. Objekten durch die PersGes.** mit einzubeziehen. Dies gilt sowohl für an sich lediglich vermögensverwaltende als auch für gewerbliche PersGes., soweit deren GewBetr. gerade auf Grundstückshandel oder Bauträgeraktivitäten gerichtet ist.[10] Insoweit findet ein „**Durchgriff**" durch die PersGes. statt. Nicht zu berücksichtigen sind allerdings Grundstücksveräußerungen als bloße Hilfsgeschäfte einer gewerblich tätigen PersGes. außerhalb des Grundstückssektors. Ebenfalls zu berücksichtigen sind Objektveräußerungen anderer PersGes., an denen der G'ter beteiligt ist. Für den zeitlichen Zusammenhang ist auf die Dauer der Beteiligung des G'ters abzustellen.[11]

126 Auf der Ebene des G'ters zu berücksichtigen sind auch **Anteilsveräußerungen an auf dem Grundstücksmarkt tätigen grundstücksbesitzenden PersGes.**, gleichgültig, ob vermögensverwaltend oder gewerblich.[12] Dabei führt jede Veräußerung eines Anteiles grds. zu so vielen Objektveräußerungen, wie die PersGes. an Grundstücken zu ihrem Vermögen zählt.[13] Auf den Umfang der Beteiligung kann es nicht ankommen. Die FinVerw.[14] vertritt allerdings die Auffassung, dass Beteiligungen unter 10 % nicht zu berücksich-

1 BFH v. 15.3.2005 – X R 39/03, BStBl. II 2005, 817.
2 BFH v. 23.8.2017 – X R 7/15, BFH/NV 2018, 325 Rn. 32; BMF v. 26.3.2004, BStBl. I 2004, 434 Rn. 9.
3 BFH v. 28.10.1993 – IV R 66–67/91, BStBl. II 1994, 463; v. 20.11.1990 – VIII R 15/87, BStBl. II 1991, 345.
4 BFH v. 1.12.2005 – IV R 65/04, BStBl. II 2006, 259.
5 BFH v. 13.8.2002 – VIII R 14/99, BStBl. II 2002, 811; v. 30.11.2004 – VIII R 15/00, BFH/NV 2005, 1033; v. 23.7.2002 – VIII R 14/99, BFH/NV 2002, 1571; zur Bindungswirkung vgl. BFH v. 20.1.2003 – VIII B 76/02, BFH/NV 2003, 1281.
6 BFH v. 6.3.2009 – IV B 71/08, BFH/NV 2009, 930; v. 14.12.2006 – IV R 3/05, BStBl. II 2007, 777; v. 10.5.2007 – IV R 69/04, BFH/NV 2007, 2023.
7 BFH v. 17.12.2008 – IV R 72/07, BStBl. II 2009, 529 und v. 17.12.2008 – IV R 85/06, BStBl. II 2009, 795; v. 25.4.2008 – IV R 80/05, BStBl. II 2009, 266; v. 3.7.1995 – GrS 1/93, BStBl. II 1995, 617.
8 BFH v. 31.1.2008 – IV B 144/06, BFH/NV 2008, 1138; v. 7.3.1996 – IV R 2/92, BStBl. II 1996, 369; v. 10.11.1992 – VIII R 100/90, BFH/NV 1993, 538.
9 BFH v. 7.3.1996 – IV R 2/92, BStBl. II 1996, 599.
10 BFH v. 28.10.2015 – X R 22/13, BStBl. II 2016, 95; v. 28.10.2015 – X R 21/13, BFH/NV 2016, 405; v. 17.12.2008 – IV R 72/07, BStBl. II 2009, 529; v. 28.11.2002 – III R 1/01, BStBl. II 2003, 250; v. 3.7.1995 – GrS 1/93, BStBl. II 1995, 617; v. 7.3.1996 – IV R 2/92, BStBl. II 1996, 369; BMF v. 20.12.1990, BStBl. I 1990, 884.
11 *Penne/Holz*, WPg. 1995, 753.
12 BFH v. 18.4.2012 – X R 34/10, BStBl. BStBl. II 2012, 647; v. 5.6.2008 – IV R 81/06, BStBl. II 2010, 974; v. 28.11.2002 – III R 1/01, BStBl. II 2003, 250; v. 3.7.2002 – XI R 31/99, BFH/NV 2002, 1559.
13 BFH v. 28.11.2002 – III R 1/01, BStBl. II 2003, 250.
14 BMF v. 26.3.2004, BStBl. I 2004, 434; **aA** BFH v. 12.7.2007 – X R 4/04, BStBl. II 2007, 885 (jedenfalls dann, wenn ein mit weniger als 10 % beteiligter G'ter über eine Generalvollmacht verfügt oder sonst die Geschäfte einer GrundstücksGes. maßgeblich mitbestimmt).

tigen seien, es sei denn, ihr Wert beträgt mehr als 250 000 Euro. Für die Veräußerung v. Anteilen an **Immobilienfonds** in Form der PersGes. gilt nicht anderes.[1] Ein eigener GewBetr. kann auch allein durch die Veräußerung v. mehr als drei Anteilen an vermögensverwaltenden oder gewerblich geprägten grundbesitzenden PersGes. entstehen. In einen bestehenden eigenen GewBetr. Grundstückshandel des Gesellschafters sind Anteilsveräußerungen an grundbesitzenden – vermögensverwaltenden oder gewerblichen – PersGes. einzubeziehen. Die Anteilsveräußerungen führen dann zu einem auch der GewSt unterliegenden lfd. Gewinn aus eigenem gewerblichem Grundstückshandel des G'ters und nicht zu nach § 16 Abs. 1 S. 2, § 34 EStG begünstigten Veräußerungsgewinnen. Die Umqualifikation eines bei der einheitlichen und gesonderten Gewinnfeststellung durch das dafür zuständige FA in einem lfd. Gewinn erfassten „Veräußerungsgewinns" aus den Anteilsveräußerungen erfolgt erst durch das für die Besteuerung des G'ters zuständige (Wohnsitz-)FA auf der Ebene der Besteuerung des G'ters.[2]

Bei Veräußerung durch PersGes. und Anteilsveräußerungen ist – insbes. **auch für die GewSt** – v. Bedeutung, wie viele GewBetr. bestehen und wem diese zuzurechnen sind. Dabei ist wie folgt zu differenzieren: Bei auf dem Grundstücksmarkt tätigen PersGes., die selbst schon auf der Ebene der Ges. wegen Überschreitens der Drei-Objekt-Grenze (oder aus anderen Gründen) **gewerbliche MU'schaften** sind, gehören die Veräußerungen schon zum (gemeinsamen) GewBetr. der PersGes./MU'schaft.[3] Daneben begründet dann auch schon eine (oder mehrere) weitere Objektveräußerung durch den G'ter selbst einen (weiteren) eigenen GewBetr. des G'ters. Die Grundstücksgeschäfte einer den Grundstückshandel betreibenden PersGes. sind dabei insoweit in eine beim G'ter vorzunehmende Beurteilung der eigenen Grundstücksgeschäfte wegen Überschreitens der Drei-Objekt-Grenze als gewerblich mit einzubeziehen.[4] Objektveräußerungen durch an sich nur **vermögensverwaltend tätige PersGes.** sind hingegen anteilig auch schon für die GewSt in den eigenen GewBetr. des G'ters mit einzubeziehen.[5] Dabei kann sich der eigene GewBetr. des G'ters auch erst dadurch ergeben, dass ihm auch ohne eigene alleinige Grundstücksveräußerungen Objektveräußerungen aus einer oder mehreren vermögensverwaltenden PersGes., an denen er beteiligt ist, zuzurechnen sind. Auch hier sind für die Beurteilung als gewerbliche Einkünfte wegen Überschreitens der Objektgrenze Veräußerungen durch eine den gewerblichen Grundstückshandel betreibende MU'schaft ggf. mit einzubeziehen.[6] Zu Anteilsveräußerungen s. Rn. 126. 127

Verfahrensrechtl. beziehen sich nach Auffassung der Rspr. die Feststellungswirkungen einer gesonderten und einheitlichen Feststellung der Einkünfte nur auf die gemeinsam verwirklichten Tatbestandsmerkmale des Besteuerungstatbestands. Eine Bindung besteht hingegen nicht bzgl. solcher Tatbestandsmerkmale, die außerhalb der Beteiligung an der Ges. nur im Bereich der persönlichen Einkunftserzielung v. jeweiligen G'ter allein verwirklicht werden. Erst das für die Besteuerung des G'ters zuständige (Wohnsitz-)FA ist daher für die endgültige Feststellung der Einkunftsart, der Höhe (s. Rn. 397) und der Tarifierung als begünstigter oder lfd. Gewinn zuständig, soweit diese sich erst aus den v. G'ter nicht gemeinsam mit den anderen Feststellungsbeteiligten verwirklichten Tatbestandsmerkmalen ergeben. Für die ESt und GewSt besteht insoweit keine Bindung an die Feststellungen im Gewinnfeststellungsbescheid.[7] G'ter sind im Gewinnfeststellungsverfahren nicht Dritte.[8] Bestandskräftige Veranlagungen sind ggf. nach § 173 AO änderbar, nicht nach § 175 Abs. 1 Nr. 2 AO.[9] 128

Veräußerungen durch eine **KapGes.** sowie der Anteile an KapGes. sind in die Drei-Objekt-Grenze grds. nicht einzubeziehen.[10] Es findet kein „Durchgriff" statt.[11] Wird allerdings zwecks Abschirmung eine nahestehende KapGes. durch den oder die beherrschenden G'ter lediglich zwischengeschaltet, um die Drei-Objekt-Grenze zu vermeiden, so kann bereits die einmalige Veräußerung an die KapGes. die Nachhaltigkeit 129

1 BFH v. 10.12.1998 – III R 62/97, BFH/NV 1999, 1067 und v. 10.12.1998 – III R 61/97, BFH/NV 1999, 859; vgl. aber *Schmidt-Liebig*, BB 1998, 563 (nicht, wenn wirtschaftlich nur Kapitalanlage).
2 BFH v. 18.4.2012 – X R 34/10, BStBl. II 2012, 647; v. 5.6.2008 – IV R 81/06, BStBl. II 2010, 974 mwN; v. 28.11.2002 – III R 1/01, BStBl. II 2003, 250.
3 BFH v. 18.12.2014 – IV R 59/11, BFH/NV 2015, 520.
4 BFH v. 22.8.2012 – X R 24/11, BStBl. II 2012, 865; v. 3.7.2002 – XI R 31/99, BFH/NV 2002, 1559.
5 BFH v. 17.12.2003 – XI R 83/00, BStBl. II 2004, 699.
6 BFH v. 28.10.2015 – X R 22/13, BStBl. II 2016, 95; v. 22.8.2012 – X R 24/11, BStBl. II 2012, 865.
7 Vgl. BFH v. 18.4.2012 – X R 34/10, BStBl. II 2012, 647; v. 5.6.2008 – IV R 81/06, BStBl. II 2010, 974; v. 17.12.2003 – XI R 83/00, BStBl. II 2004, 699; vgl. aber BFH v. 24.6.2009 – X R 36/06, BFHE 225, 407 und v. 23.6.2004 – X R 59/01, BStBl. II 2004, 901 zur Aufhebung nach § 35b GewStG bei Änderung des ESt-Bescheides.
8 BFH v. 15.6.2004 – VIII R 7/02, BStBl. II 2004, 914.
9 BFH v. 20.4.2006 – III R 1/05, BStBl. II 2007, 375; v. 6.7.1999 – VIII R 17/97, BStBl. II 2000, 306.
10 FinVerw. (OFD Düss. v. 9.7.1997, DStR 1997, 1208); so wohl auch BFH v. 20.5.1998 – III B 9/98, BStBl. II 1998, 721; vgl. aber *Weber-Grellet*, DStR 1996, 625 (für beherrschende G'ter).
11 BFH v. 18.3.2004 – III R 25/02, BStBl. II 2004, 787.

und Beteiligung am allg. wirtschaftlichen Verkehr begründen.[1] Der StPfl. muss sich die v. der KapGes. vorgenommenen Veräußerungen als seine Beteiligung am allg. wirtschaftlichen Verkehr zurechnen lassen, wenn die KapGes. ohne eigenes Risiko und eigene Gewinnchancen nur als quasi Tatwerkzeug für den das Geschehen beherrschenden StPfl. handelt.[2] Im Einzelfall kann sich die Zwischenschaltung einer KapGes. auch als rechtsmissbräuchlich iSd. § 42 AO darstellen.[3] Das wird namentlich bejaht bei einer lediglich formalen Zwischenschaltung einer KapGes., um die Drei-Objekt-Grenze zu umgehen, scheidet aber aus bei einer nicht funktionslosen KapG, namentlich bei eigener Wertschöpfung.[4] Indiziell ist insbes., wenn der KapGes. kein wesentlicher Gewinn aus einer Weiterveräußerung verbleibt.[5] Von KapGes. im Auftrage des (beherrschenden) G'ters entfaltete Aktivitäten zur Projektierung, Baureifmachung und Vermarktung eines Grundstückes muss sich der G'ter als Auftraggeber zurechnen lassen.[6]

130 **d) Beginn, Umfang und Beendigung.** Bei Errichtung beginnt der gewerbliche Grundstückshandel grds. im Zeitpunkt des Beginns der Herstellung des Objekts/Stellung des Bauantrags, bei Erwerb und Veräußerung ist der Zeitpunkt des Erwerbs maßgeblich,[7] bei Modernisierung/Sanierung der Zeitpunkt des Beginns der Modernisierungsmaßnahmen.[8] Dies gilt entspr. für die Erschließung und Veräußerung v. unbebauten Grundstücken. Mit Beginn sind Grundstücke, die bisher PV waren, mit dem TW in den Betrieb einzulegen (§ 6 Abs. 1 Nr. 5 und 6), hingegen Grundstücke aus einem anderen Eigen- oder SBV mit dem Buchwert (§ 6 Abs. 5).[9] Grundstücke, die innerhalb der letzten drei Jahre vor dem Zeitpunkt der Zuführung im PV angeschafft oder hergestellt worden sind, sind höchstens mit den AK oder HK, ggf. vermindert um die AfA bis zum Zeitpunkt der Einlage anzusetzen. Allerdings dürfte regelmäßig anzunehmen sein, dass bereits bei Erwerb ein gewerblicher Grundstückshandel begründet wurde.[10] Im Zeitpunkt des Beginns des gewerblichen Grundstückshandels entspr. der TW idR dem gemeinen Wert.[11] Alle zur Veräußerung bestimmten Grundstücke gehören zum BV, nicht die nachweisbar zur Vermögensanlage bestimmten.[12] Die Grundstücke gehören zum Umlaufvermögen, sodass auch bei zwischenzeitlicher Vermietung AfA und § 6b nicht zulässig sind.[13] Allerdings ist für jedes Grundstück, das dem StPfl. zuzurechnen ist, gesondert zu prüfen, ob es nach dieser Maßgabe BV des gewerblichen Grundstückshandels ist; denn der StPfl. kann durchaus auch Grundstücke in seinem PV[14] oder einem anderen (zB luf.) BV halten. Die Veräußerung der Grundstücke oder ihre Überführung in das PV iZ mit der Aufgabe des gewerblichen Grundstückshandels führt zu lfd., nicht nach §§ 16, 34 begünstigtem Gewinn (s. § 16 Rn. 257). Der Gewinn unterliegt der GewSt. Dies gilt auch, wenn der gesamte Grundstücksbestand im Ganzen an einen Erwerber veräußert wird.[15] Bei Nichtüberschreiten der Grenzen des § 141 Abs. 1 AO, fehlender Mitteilung iSv. § 141 Abs. 2 AO und falls kein in kfm. Weise eingerichteter Geschäftsbetrieb iSv. § 1 Abs. 2 HGB vorliegt,[16] steht dem StPfl. die Überschussrechnung nach § 4 Abs. 3 offen. Der StPfl. muss seine Wahl allerdings auch ausgeübt haben.

---

1 BFH v. 13.12.1995 – XI R 43–45/89, BStBl. II 1996, 232.
2 BFH v. 17.6.1998 – X R 68/95, BStBl. II 1998, 667; vgl. auch *v. Groll*, StuW 1995, 326; *Gosch*, DStZ 1996, 417; abl. BFH v. 18.3.2004 – III R 25/02, BStBl. II 2004, 787 (aber Anwendung v. § 42 AO).
3 BFH v. 20.5.1998 – III B 9/98, BStBl. II 1998, 721; vgl. auch *Fischer*, FR 2004, 1068; BFH v. 22.7.2010 – IV R 62/07, BFH/NV 2010, 2261 (Anwendung v. § 42 AO konnte dahingestellt bleiben, wurde aber erkennbar sachlich bejaht).
4 BFH v. 17.3.2010 – IV R 25/08, BStBl. II 2010, 622.
5 BFH v. 15.3.2005 – X R 39/03, BStBl. II 2005, 813; v. 18.3.2004 – III R 25/02, BStBl. II 2004, 787.
6 BFH v. 12.9.2007 – X B 192/06, BFH/NV 2008, 68.
7 BFH v. 21.6.2001 – III R 27/98, BStBl. II 2002, 537.
8 BMF v. 26.3.2004, BStBl. I 2004, 434.
9 BFH v. 15.6.2004 – VIII R 7/02, BStBl. II 2004, 914 (v. SBV in SBV); v. 18.9.2002 – X R 28/00, BStBl. II 2003, 133 (so schon zur alten Rechtslage vor § 6 Abs. 5 S. 1 wegen des weiten Betriebsbegriffes).
10 Vgl. BFH v. 15.6.2004 – VIII R 7/02, BStBl. II 2004, 914.
11 BFH v. 10.7.1991 – VIII R 126/86, BStBl. II 1991, 840.
12 BFH v. 7.11.2003 – XI B 221/02, BFH/NV 2004, 486; v. 27.10.2003 – X B 30/03, BFH/NV 2004, 194; v. 28.10.1993 – IV R 66/91, IV R 67/91, BStBl. II 1994, 463.
13 BFH v. 5.12.2002 – IV R 57/01, BStBl. II 2003, 291; v. 21.6.2001 – III R 27/98, BStBl. II 2002, 537; v. 23.1.1991 – X R 105–107/88, BStBl. II 1991, 519; vgl. aber BFH v. 7.3.1996 – IV R 2/92, BStBl. II 1996, 369.
14 BFH v. 27.6.2018 – X R 26/17, juris; FG Nürnb. v. 6.10.2017 – 4 K 857/15, EFG 2018, 639 Rn. 54 (NZB IV B 1/18).
15 BFH v. 5.7.2005 – VIII R 65/02, BStBl. II 2006, 160; v. 23.1.2003 – IV R 75/00, BStBl. II 2003, 467 mwN; v. 25.1.1995 – X R 76–77/92, BStBl. II 1995, 388; vgl. auch FG Hbg. v. 13.5.2004 – V 284/00, EFG 2004, 1563 (lfd. Gewinn auch bei Veräußerung v. MU'anteilen an Ges., die gewerblichen Grundstückshandel betreibt).
16 FG Berlin-Bdbg. v. 21.6.2011 – 5 K 5148/07, DStRE 2012, 201 f. (verneint für den Erwerb, die Sanierung und Weiterveräußerung mehrerer Eigentumswohnungen bei einem Investitionsvolumen von mehreren Millionen Euro); FG Berlin-Bdbg. v. 20.3.2012 – 11 K 11159/07, DStRE 2012, 1425 (bejaht für einen StPfl., der innerhalb von vier Jahren elf unbebaute Grundstücke erworben, in 108 Parzellen aufgeteilt, diese erschlossen und sodann weiterverkauft hat); eingehend zur Kaufmannseigenschaft bei gewerblichem Grundstückshandel auch *Drüen/Krumm*, FR 2004, 685).

5. Verwaltung/Veräußerung von Kapitalvermögen – gewerblicher Wertpapierhandel

Literatur: *Egner/Kohl*, Vermögensanlage in „gebrauchte" Lebensversicherungen, NWB 2013, 2546; *Elser/Dürrschmidt*, Private Equity Fonds in Sondersituationen und Qualifizierung ihrer Tätigkeit für steuerliche Zwecke, FR 2010, 817; *Mann/Stahl*, Hat das „Goldfinger-Modell" seinen Glanz verloren?, DStR 2015, 1425; *Preißer*, Der Goldhandel im Steuerrecht, DB 2015, 1558; *Ritzrow*, Überschreiten der Grenze der privaten Vermögensverwaltung zum gewerblichen Wertpapierhandel, StBp 2012, 284; *Salzmann*, Auswirkungen der bisherigen BFH-Rspr. zu den sog. Goldfingerfällen, DStR 2015, 1725.

Die Abgrenzung zw. gewerblichen Einkünften und solchen aus KapVerm. hatte bis zum UntStRefG 2008[1] entscheidende Bedeutung für die Frage der Steuerbarkeit; denn bis dahin war die Veräußerung einer privaten Anlage nur nach Maßgabe des § 23 EStG steuerbar. Mit Wirkung ab dem VZ 2009 hat der Gesetzgeber nunmehr auch die Einkünfte aus KapVerm. um weitreichende Veräußerungsgewinntatbestände erweitert. Relevant ist die Abgrenzung aber nach wie vor. Ihre Rechtserheblichkeit hat sich indes verschoben: von der grundsätzlichen Steuerbarkeitsfrage in die Normen, die eine Sonderbehandlung von Einkünften aus KapVerm. vorsehen. Dies gilt insbes. für das Verlustausgleichsverbot mit anderen Einkünften nach § 20 Abs. 6, den Ausschluss des Abzugs v. WK, die Anwendbarkeit der Befreiung nach § 3 Nr. 40 S. 2 (Teileinkünfteverfahren) und die GewSt. 131

Die Rspr. grenzt ebenso wie bei Grundstücken den **Handel mit Wertpapieren** als GewBetr. v. der Umschichtung iRd. privaten Vermögensanlage zur Erzielung v. Einkünften aus § 20 (KapVerm.) zumindest verbal danach ab, ob lediglich der Beginn (Ankauf) oder das Ende (Verkauf) einer auf Fruchtziehung gerichteten Tätigkeit (Private Vermögensverwaltung) oder die Verwertung der Vermögenssubstanz in den Vordergrund trete. Im Zweifel solle v. Bedeutung sein, ob sich der StPfl. „wie ein Händler" verhält.[2] Allerdings ließen sich Wertpapiere – im Gegensatz zu Grundstücken – leicht und schnell erwerben und veräußern. Dem Charakter der Vermögensanlage in Wertpapieren entspräche es, dass sie nicht nur auf die Erzielung v. Zins- und Dividendenerträgen ausgerichtet seien, sondern auch Wertveränderungen durch An- und Verkauf genutzt würden, um dadurch Erträge in Form v. Kursgewinnen zu erzielen. Daraus folge, dass selbst bei häufigem Umschlag v. Wertpapieren der Bereich der privaten Vermögensverwaltung noch nicht verlassen werde. Daher seien Wertpapiergeschäfte selbst in größerem Umfang im Allg. noch zur privaten Vermögensverwaltung mit Einkünften aus KapVerm. nach § 20 Abs. 2 zu rechnen.[3] Der An- und Verkauf v. Wertpapieren überschreite die Grenze zur gewerblichen Betätigung nur in besonderen Fällen. Dafür sprächen ua.: das Unterhalten eines Büros oder einer Organisation zur Durchführung v. Geschäften, Ausnutzung eines Marktes unter Einsatz beruflicher Erfahrungen; Anbieten v. Wertpapiergeschäften einer breiteren Öffentlichkeit ggü., Fremdfinanzierung, Ausnutzen v. Kursdifferenzen ohne Einsatz eigenen Vermögens in „banktypischer" Weise.[4] Ein gewerblicher Wertpapierhandel soll nur dann vorliegen, wenn die Tätigkeit dem Leitbild eines Wertpapierhandelsunternehmens (Handeln für fremde Rechnung) oder eines Finanzunternehmens (Handeln für eigene Rechnung) als Haupttätigkeit und ohne Zwischenschaltung v. Banken iSd. KWG entspreche (dazu auch Rn. 422).[5] 131a

Die Rspr. zum Wertpapierhandel ist von einem nachvollziehbaren Typusbild des Aktienanlegers gekennzeichnet. Sie kann daher nur sehr eingeschränkt auf andere „Anlage- bzw. Handelsgüter" übertragen werden. Daher statuiert die Rspr. iÜ keine allzu hohen Anforderungen an einen GewBetr. Dies zeigt zB der **Handel mit Unternehmensbeteiligungen**. Erfolgt die Gründung und Beteiligung an KapGes. (GmbH und nicht börsenfähige AG) vornehmlich mit dem Ziel, die Beteiligungen anschließend zu veräußern, namentlich auch beim Handel mit Vorratsgesellschaften, liegt ein GewBetr. vor.[6] Entsprechendes gilt auch für den umfangreichen **An- und Verkauf anderer Güter, wie zB Gold**, andere Edelmetalle oder sonstige Rohstoffe. Er führt daher auch dann zu Einkünften aus GewBetr. und stellt nicht lediglich eine private Ver- 131b

1 V. 14.8.2007, BGBl. I 2007, 1912.

2 BFH v. 1.6.2004 – IX R 35/01, BStBl. II 2005, 26; v. 20.12.2000 – X R 1/97, BStBl. II 2001, 706; v. 29.10.1998 – XI R 80/97, BStBl. II 1999, 448; v. 19.2.1997 – XI R 1/96, BStBl. II 1997, 399 mwN.

3 BFH v. 28.5.2015 – X B 171/14, BFH/NV 2015, 1243; v. 2.9.2008 – X R 14/07, BFH/NV 2008, 2012; v. 7.9.2004 – IX R 73/00, BFH/NV 2005, 51; v. 30.7.2003 – X R 7/99, BStBl. II 2004, 408 mwN; v. 20.12.2000 – X R 1/97, BStBl. II 2001, 706.

4 BFH v. 1.6.2004 – IX R 35/01, BStBl. II 2005, 26 mwN; s. aber BFH v. 29.10.1998 – XI R 80/97, BStBl. II 1999, 448 und v. 7.9.2004 – IX R 73/00, BFH/NV 2005, 51 (Fremdfinanzierung auch bei privater Vermögensverwaltung).

5 BFH v. 19.8.2009 – III R 31/07, BFH/NV 2010, 844; v. 30.7.2003 – X R 7/99, BStBl. II 2004, 408, unter Berufung auf die Verkehrsanschauung, artspezifische Besonderheiten, des Typus des Händlers und den entgegengesetzten Typus des privaten Anlegers mit Hinweis auf die umsatzsteuerliche Rspr. des EuGH zum Begriff des StPfl. bei Wertpapierverwaltung (EuGH v. 20.6.1996 – C-155/94, Slg. 1996 I-3013 und v. 14.11.2000 – C-142/99, Slg. 2000 I-9567); vgl. auch BFH v. 29.6.2004 – IX R 26/03, BStBl. II 2004, 995 (Handel mit Optionen).

6 BFH v. 27.6.2017 – IX R 3/17, BFH/NV 2018, 20 Rn. 14ff.; v. 25.7.2001 – X R 55/97, BStBl. II 2001, 809.

mögensverwaltung dar,[1] wenn er unter Einschaltung von professionellen Händlern, Banken etc. erfolgt, die dabei aber für Rechnung des „privaten" (Metall-/Rohstoff-)Händlers handeln. Wer Edelmetalle, Rohstoffe und andere Güter schon zum sofortigen (gewinnbringenden) Zwecke der Weiterveräußerung erwirbt, erwirbt sie gerade nicht als Vermögensanlage. Ob er diese Güter sodann selbst im eigenen Namen und für eigene Rechnung veräußert oder sie für seine Rechnung veräußern läßt, darf keinen Unterschied begründen. Das gilt auch dann, wenn solche Aktivitäten im Ausland entfaltet werden, um in den Genuß eines negativen Progressionsvorbehalts zu gelangen. Auch das hat mit einer bloßen Vermögensverwaltung nichts zu tun. Ggf. könnte es freilich an der Einkünfteerzielungsabsicht mangeln und jedenfalls ist der Progressionsvorbehalt nicht zu gewähren (s. dazu § 15b Rn. 53a ff.).

132 Sog. **private equity fonds** als (Wagnis-)Kapitalsammelstellen (für sog. **venture capital**) können in der Rechtsform v. KapGes. oder in der Rechtsform v. (auch ausländischen)[2] PersGes. – regelmäßig als GmbH & Co KG – organisiert sein. Für Fonds in der Rechtsform der **KapGes.** oder als **gewerblich geprägte PersGes.** gem. § 15 Abs. 3 Nr. 2 stellt sich die Veräußerungstätigkeit der erworbenenen Beteiligungen ohnehin als **GewBetr.** dar. Grds sind Veräußerungserfolge nach § 8b Abs. 2 und Abs. 6 KStG befreit, bzw. unterliegen nach § 3 Nr. 40 lit. a dem Teileinkünfteverfahren. Die Befreiungen sind allerdings nach § 8b Abs. 7 KStG, § 3 Nr. 40 S. 3 im dort gekennzeichneten Umfange für Kreditinstitute, Finanzdienstleistungsinstitute und Finanzunternehmen iSd. KWG ausgeschlossen.[3] Problematisch ist die **Abgrenzung zur Vermögensverwaltung hingegen dann, sofern die gewerblich geprägte PersGes. vermieden wird**, etwa durch Übernahme der Geschäftsführung durch einen der Fonds-Initiatoren, der zugleich G'ter wird. Die Abgrenzung ist nach denselben Kriterien vorzunehmen, die für den Wertpapierhandel einer Einzelperson gelten (Rn. 131a f.). Abzustellen ist dabei auf die v. der Fondsgesellschaft insgesamt entfalteten Aktivitäten. Die einzelnen Anleger haben sich die geschäftliche Organisation der Fondsgesellschaft insgesamt zurechnen zu lassen, ebenso die Anzahl der Veräußerungen sowie die Einschaltung v. mit der Fondsgesellschaft verbundenen gewerblichen „Inkubatoren". Da das Geschäftsziel primär darin besteht (unbedingte Veräußerungsabsicht), durch Veräußerungen erworbener Beteiligungen Vermögensmehrungen zu erzielen, wäre richtigerweise schon deshalb ein GewBetr. zu bejahen. Denn der Geschäftsbetrieb ist gerade nicht auf eine Fruchtziehung, sondern auf die Erzielung v. Vermögensmehrungen durch Substanzumschichtung ausgerichtet.[4] Die FinVerw. vertritt demgegenüber eine großzügigere Auffassung. Danach liegen lediglich **vermögensverwaltende Fonds** vor, sofern lediglich mittelfristige Veräußerungen (drei bis fünf Jahre) geplant sind. Außerdem soll erforderlich sein: a) Keine Fremdfinanzierung außer kurzfristiger Zwischenfinanzierung durch Bankkredite und keine Übernahme v. Sicherheitsleistungen durch den Fonds; b) keine umfangreiche eigene Organisation; c) kein Anbieten einer breiteren Öffentlichkeit unter Handeln auf fremde Rechnung; d) keine größeren Reinvestitionen der Veräußerungserlöse und e) kein Eingreifen in die Geschäftsführung der Beteiligungsunternehmen.[5]

132a **Lebensversicherungszweitmarkt-Fonds** in Gestalt von nicht gewerblich geprägten (Anleger-/Publikums-) KG sollen nach Auffassung des IV. Senats lediglich vermögensverwaltend tätig sein.[6] Dem ist nicht zu folgen. Der nachhaltig und umfangreich betriebene Erwerb von Anprüchen aus (Kapital-)Lebensversicherungen auf einem „Zweitmarkt", um Gewinn aus deren Einlösung zu erzielen, stellt vielmehr – nicht anders als der Erwerb von Forderungen beim **echten Factoring** oder sonst **der Erwerb und die Einziehung zahlungsgestörter Forderungen** entgegen der Auffassung des IV. Senats[7] – keine auf bloße Fruchtziehung aus Kapitalnutzung gerichtete „vermögensverwaltende" Tätigkeit mehr dar. Er ist erkennbar darauf gerichtet, nachhaltig und wiederholt und über einen längeren Zeitraum Substanzgewinne dadurch zu erzielen, dass der Einlösungsbetrag die Anschaffungsaufwendungen übersteigt. Das gilt insbes. auch für ein

---

1 So zutr. BFH v. 19.1.2017 – IV R 50/14, BStBl. II 2017, 456; v. 19.1.2017 – IV R 50/13, BFH/NV 2017, 751; zust. BFH v. 27.9.2017 – I R 62/15, BFH/NV 2018, 620 Rn. 25.

2 Vgl. BFH v. 24.8.2011 – I R 46/10, BStBl. II 2014, 764 (zu britischem Private Equity Fonds in der Rechtsform einer Limited Partnership mit einer Limited als Komplementärin); FG Münster v. 28.4.2017 – 10 K 106/13 F, juris, Rn. 78 ff.; v. 28.4.2017 – 10 K 3435/13 F, juris, Rn. 61 ff. (zutr. gewerbliche Einkünfte für die deutschen G'ter eines britischen equity fonds bej.); zuvor auch bereits *Seer/Krumm*, FS Herzig, 2010, 45.

3 Dazu BMF v. 25.7.2002, BStBl. I 2002, 712.

4 Vgl. zutr. BFH v. 24.8.2011 – I R 46/10, BStBl. II 2014, 764 (zu professionell gemanagter Partnership); anders aber (zu eng) BFH v. 20.12.2000 – X R 1/97, BStBl. II 2001, 706 für Veräußerung v. Wertpapieren; s. auch BFH v. 30.7.2003 – X R 7/99, BStBl. II 2004, 408 (bei professionell gemanagten Fonds durch „Sponsoren" ist Finanzunternehmen nach dem KWG gegeben).

5 BMF v. 16.12.2003, BStBl. I 2004, 40; vgl. bereits Erlassentwurf des BMF v. 28.11.2001 – IV A 6 - S - 2240 - 0/01 II, nv.; zur Kritik an den einzelnen Merkmalen vgl. ua. *Blumers/Witt*, DB 2002, 60; *Hey*, BB 2002, 870; *Gocksch/Watrin*, DB 2002, 341.

6 BFH v. 11.10.2012 – IV R 32/10, BStBl. II 2013, 538.

7 BFH v. 14.9.2017 – IV R 34/15, BFH/NV 2018, 24.

nachhaltig betriebenes echtes Factoring durch ein Factoringunternehmen, ganz gleich welcher Rechtsform. Entgegen der Auffassung des IV. Senats mangelt es auch nicht an der Nachhaltigkeit, wenn eine Vielzahl von (durch Grundpfandrechte abgesicherten) Forderungen aufgrund eines einheitlichen Vertrags von einem (insolventen) Schuldner erworben wird. Die Vorstellung des IV. Senats und der ihm folgenden FinVerw.[1], dass ein GewBetr. nicht vorliege, weil das „Bild des Handels" durch „marktmäßigen Umschlag von Sachwerten" bei Halten der Versicherung bis zur Einlösung bei Eintritt des Versicherungsfalls und das „Bild des Dienstleistenden" mangels Tätigwerden für fremde Rechnung nicht erfüllt seien, und es bei bloßem Forderungseinzug iRd. Factoring an einer nachhaltigen Veräußerungstätigkeit fehle und lediglich ein Handeln am Beschaffungsmarkt vorliege, ist reichlich antiquiert. Zu Recht geht die Rspr. in vergleichbarem Zusammenhang davon aus, dass die Einlösung einer erworbenen Forderung/eines Rechts durch Glattstellung im Wege einer „Verrechnung" einer Veräußerung im Hinblick auf die Erzielung von Substanzgewinnen aus Wertänderungen von Kapitalansprüchen gleichzustellen ist.[2] Davon geht auch der Gesetzgeber iRv. § 20 Abs. 2 S. 2 ausdrücklich aus. Werden nachhaltig und in einer Vielzahl von Fällen Forderungen unter „Nennwert" erworben und später vereinnahmt, ist dies mithin ebenso zu behandeln wie der „Handel mit Forderungen". Tatsächlich wird hiermit für den Erwerber vorteilhaften Verträgen „gehandelt" – und dies mehrfach, nachhaltig und mit Gewinnerzielungsabsicht. Es kann auch nicht geltend gemacht werden, dass die Gewinne aus der Veräußerung von Lebensversicherungen bereits von § 20 Abs. 2 Nr. 6 erfasst seien. Denn auch dem gewerblichen Wertpapierhandel hält man den § 20 Abs. 2 Nr. 1 nicht entgegen. Schließlich geht auch der vom IV. Senat bemühte Vergleich mit dem Erwerb von vermieteten Sachen vom Vermieter und dem Eintritt in den Mietvertrag ebenso fehl wie ein Vergleich mit umfangreichem Erwerb von Wertpapieren noch im Rahmen privater Vermögensverwaltung. Es wird gerade nicht – jedenfalls nicht primär – eine auf Fruchtziehung in Gestalt von Mieten, Gewinnausschüttungen oder Zinsen gerichtete Tätigkeit entfaltet, sondern es geht um die Erzielung von Substanzgewinnen aus der unterschiedlichen Bewertung der Lebensversicherungen durch den Versicherer (Rückkaufswert) und den „Markt" in Gestalt des Erwerbers. Selbst wenn es sich dabei teilweise wirtschaftlich um den Erwerb abgezinster Erfüllungs- und abgezinster Zinsansprüche, respektive um eine Verbindung von Kapitalnutzung und Erzielung von Substanzgewinnen aus der Wertveränderung von Kapitalansprüchen handelt, ändert dies nichts daran, dass der nachhaltige und umfangreiche Erwerb solcher Ansprüche auf einem „Zweitverwertungsmarkt" weit jenseits einer bloßen Vermögensverwaltung liegt.

V. Gewerbebetrieb kraft Rechtsform

Literatur: *Briese*, Außerbetriebliche Vermögenssphäre bei KapGes.?, FR 2014, 1001; *Bron*, Der neu gefasste § 50i und seine Gefahren, DStR 2014, 1849; *Crezelius*, Restriktionen steuerrechtlicher Subsysteme – Gewerblich geprägte Gesellschaften, Sondervergütungen, Betriebsaufspaltung, beherrschender Gesellschafter, FR 2013, 1065; *Dornheim*, Die ertragsteuerliche Beurteilung der GmbH & Co. GbR, DStR 2014, 13; *Kubata/Riegler/Straßen*, Zur Gewerblichkeit freiberuflich tätiger Personengesellschaften, DStR 2014, 1949; *Lüdicke*, Gedanken zu § 50i, FR 2015, 128; *Neugebauer*, Umqualifizierungsproblematik bei freiberuflichen MU'schaften am Beispiel der Heilberufe, DB 2015, 2041; *Pohl*, Die „vermögensverwaltende" PersGes. im Abkommensrecht, IStR 2013, 699; *Roderburg/Richter*, Offene Fragen und Probleme bei der Anwendung des § 50i EStG idF des Kroatiengesetzes, IStR 2015, 227; *Schnittker*, Der neue § 50i Abs. 2 EStG – „Umgehungsvermeidungstatbestand" oder „Bereichsausnahme" für gewerblich geprägte oder infizierte PersGes.?, FR 2015, 134; *Wachter*, Gewerbliche Prägung der Einheitsgesellschaft, DB 2017, 2827; *Weiss*, Keine Bagatellgrenze bei der Aufwärtsinfektion des § 15 Abs. 3 Nr. 1 Alt. 2 EStG, DB 2016, 2133.

1. Körperschaften. Die Abgrenzung der Einkunftsarten untereinander gem. § 15 Abs. 2 spielt keine Rolle, soweit das G anderweitig vorschreibt, dass Einkünfte aus GewBetr. vorliegen. Dies betrifft vor allem **§ 8 Abs. 2 KStG**. Seit dem VZ 2006 wird hiernach für unbeschränkt stpfl. Körperschaften iSd. § 1 Abs. 1 Nr. 1–3 KStG die Umqualifizierung aller Einkünfte in gewerbliche Einkünfte unabhängig davon vorgenommen, ob eine Pflicht zur Führung v. Handelsbüchern nach deutschem HGB besteht oder nicht. Nach zutr. Rspr. werden wg. § 8 Abs. 2 KStG auch dann Einkünfte aus GewBetr. erzielt, wenn die Tätigkeit der KapGes. für sich betrachtet nicht unter § 15 Abs. 2 oder eine andere Einkunftsart des EStG fallen würde.[3] Dies hat ua. Bedeutung für die Gewinnerzielungsabsicht. Selbst wenn eine KapGes. ausschließlich im 133

1 Vgl. BFH v. 14.9.2017 – IV R 34/15, BFH/NV 2018, 24 und OFD Ffm. v. 23.8.2013, DB 2013, 2119.

2 Vgl. BFH v. 20.8.2013 – IX R 38/11, BStBl. II 2013, 1021 (zur Abgrenzung von [negativem] Entgelt für Kapitalnutzung und Wertverlust gem. § 20 Abs. 2 Nr. 4 aF und § 22 Nr. 2, § 23); v. 7.12.2010 – VIII R 37/08, BFH/NV 2011, 766 (zu § 20 Abs. 1 Nr. 4, § 23 aF); v. 29.6.2004 – IX R 26/03, BStBl. II 2004, 995 (zu § 22 Nr. 2 iVm. § 23 Abs. 1 S. 1 Nr. 1b EStG 1990 – Glattstellung als Veräußerungsgeschäft bei Optionsgeschäften); v. 24.6.2003 – IX R 2/02, BStBl. II 2003, 752 (Glattstellung durch Verrechnung als Veräußerung); s. auch BFH v. 11.2.2014 – IX R 46/12, BFH/NV 2014, 1025.

3 BFH v. 22.8.2007 – I R 32/06, BStBl. II 2007, 961; v. 8.8.2001 – I R 106/99, BStBl. II 2003, 487; v. 4.12.1996 – I R 54/95, BFHE 182, 123 (unter Aufgabe v. BFH v. 4.3.1970 – I R 123/68, BStBl. II 1970, 470); v. 22.1.1997 – I R 64/96, BStBl. II 1997, 548; **aA** *Schön*, FS Flume, 1998, 265; *Pezzer*, StuW 1998, 76; *Weber-Grellet*, BB 2014, 2263.

Freizeit-/Liebhabereiinteresse ihrer G'ter tätig wird, kann sie nicht fehlen. Der I. Senat qualifiziert dann die gesamten „Verluste" als dem Steuerbilanzgewinn hinzuzurechnende vGA. Dabei zieht er die gleichen Kriterien heran wie im Kontext der stl. unbeachtlichen „Liebhaberei" bei nat. Pers.[1] Dies alles gilt indes nicht für Betriebe gewerblicher Art und für v. jur. Pers. des öffentl. Rechts beherrschte KapGes. mit Dauerverlusten (s. dazu § 8 Abs. 7 bis Abs. 9 KStG).[2] Es gilt ferner nicht für (gemeinnützige oder nicht gemeinnützige) nicht wirtschaftliche (Sport- oder sonstige) Vereine mit wirtschaftlichem Geschäftsbetrieb. Die eigentliche Vereinssphäre stellt hier eine außerbetriebliche/außersteuerliche Sphäre dar. Dadurch veranlasste Aufwendungen sind nicht mit etwaigen Gewinnen des wirtschaftlichen Geschäftsbetriebs zu verrechnen.[3]

134 Einkünfte **ausländ. KapGes.** sind bis zum VZ 2005, soweit sie nicht nach deutschem HGB buchführungspflichtig sind, nur dann als Einkünfte aus GewBetr. zu qualifizieren, wenn sie die Merkmale des § 15 Abs. 2 erfüllen. Ab dem VZ 2006 ist allein darauf abzustellen, ob die ausländ. Körperschaft einer inländ. Körperschaft iSd. § 1 Abs. 1 Nr. 1–3 KStG vergleichbar ist. Im Rahmen der **beschränkten StPflicht** nach § 2 KStG sind Vermietungen, Verpachtungen und Veräußerungen von inländ. unbeweglichem Vermögen (Grundstücken) gem. § 49 Abs. 1 Nr. 2 lit. f durch ausländ. KapGes. immer als inländ. Einkünfte aus GewBetr. zu behandeln[4] (§ 49 Rn. 44) und unterliegen der beschränkten StPfl. auch ohne Vorliegen einer Betriebsstätte. Umgekehrt gilt bei den Subsidiaritätseinkünften die isolierende Betrachtungsweise des § 49 Abs. 2 auch für KapGes. (§ 49 Rn. 103).[5]

135 **2. Gewerblich geprägte Personengesellschaften (Abs. 3 Nr. 2).** Die Tätigkeit einer **gewerblich geprägten PersGes.** gilt nach Abs. 3 Nr. 2 immer und in vollem Umfange als GewBetr. (s. aber zum carried interest § 18 Rn. 102). Die Vorschrift wurde durch das StBerG 86[6] eingeführt und stellte die Reaktion des Gesetzgebers auf die Aufgabe der alten GeprägeRspr.[7] durch den GrS[8] im Jahre 1984 dar. Die angeordnete rückwirkende Geltung ist verfassungsgem.[9] Die Vorschrift ermöglicht nunmehr den **GewBetr. auf Antrag**. Für an sich vermögensverwaltende Tätigkeiten können durch entspr. Sachverhaltsgestaltungen, insbes. hinsichtlich der Geschäftsführungsbefugnis (Rn. 141), leicht die Voraussetzungen für oder gegen einen GewBetr. geschaffen werden. Die Beteiligung an einer gewerblich geprägten PersGes. durch eine jur. Pers. des öffentlichen Rechts oder eine gemeinnützige Körperschaft führt für diese nicht zu einem Betrieb gewerblicher Art respektive einem wirtschaftlichen Geschäftsbetrieb (s. Rn. 170).[10]

136 Eine gewerblich geprägte PersGes. liegt vor, wenn a) es sich um eine **PersGes.** handelt **und** b) an ihr eine oder mehrere **KapGes. als persönlich haftende G'ter** beteiligt sind **und** c) **nur** diese **KapGes. oder Nicht-G'ter** zur **Geschäftsführung** befugt sind. Bei doppel- oder mehrstöckigen PersGes. steht die gewerblich geprägte PersGes. einer KapGes. gleich. Das Leitbild der gesetzlichen Regelung ist die GmbH & Co. KG, mit der GmbH als phG'ter und Geschäftsführer und nat. Pers. als Kdist. Zur Vermeidung v. Umgehungen wird auch die KG erfasst, bei der ihrerseits eine gewerblich geprägte GmbH & Co KG phG'ter und Geschäftsführer ist.

137 Negativ setzt Abs. 3 Nr. 2 voraus, dass die PersGes. nicht ohnehin nach Abs. 2 die Merkmale des GewBetr. erfüllt oder nach Abs. 3 Nr. 1 iVm. Abs. 2 in vollem Umfang eine gewerbliche Tätigkeit ausübt.[11] Soweit bei der doppel- oder mehrstöckigen PersGes. auch die Beteiligung einer gewerblich geprägten PersGes. anstelle einer KapGes. genügt, ist allerdings für die beteiligte Obergesellschaft nicht zu verlangen, dass sie ihrerseits nicht originär gewerblich tätig ist.[12]

1 BFH v. 15.5.2002 – I R 92/00, BFHE 199, 217; vgl. auch BFH v. 8.8.2001 – I R 106/99, BStBl. II 2003, 487; s. auch BFH v. 12.6.2013 – I R 109–111/10, BStBl. II 2013, 1024.
2 Eingefügt durch JStG 2009 v. 19.12.2008, BGBl. I, 2794 mit Wirkung auch für VZ vor 2009, § 34 Abs. 8 KStG; vgl. zu diesen Sonderregelungen für die öffentl. Hand BMF v. 12.11.2009, BStBl. I 2009, 1303.
3 BFH v. 15.1.2015 – I R 48/13, BStBl. II 2015, 713.
4 Vgl. zur Veräußerung nach § 49 Abs. 1 Nr. 2 lit. f BFH v. 5.6.2002 – I R 81/00, BStBl. II 2004, 344.
5 BFH v. 28.3.1984 – I R 129/79, BStBl. II 1984, 620; v. 4.3.1970 – I R 140/66, BStBl. II 1970, 428.
6 BStBl. I 1985, 735 mit Wirkung ab 25.12.1985.
7 Vgl. BFH v. 22.11.1972 – I R 252/70, BStBl. II 1973, 405; v. 3.8.1972 – IV R 235/67, BStBl. II 1972, 799.
8 BFH v. 25.6.1984 – GrS 4/82, BStBl. II 1984, 751.
9 BFH v. 4.9.1997 – IV R 27/96, BStBl. II 1998, 286 mwN. (dort auch zur „Steuerfreistellung" für Veräußerungen/Entnahmen zw. dem 31.10.1984 und 11.4.1985); im Einzelfall können für Altfälle auch bei Veräußerungen außerhalb dieses Zeitraumes Billigkeitsmaßnahmen geboten sein, BMF v. 17.3.1986, BStBl. I 1986, 129; BFH v. 12.1.1989 – IV R 67/87, BStBl. II 1990, 259.
10 BFH v. 29.11.2017 – I R 83/15, BStBl. II 2018, 495 Rn. 24; v. 18.2.2016 – V R 60/13, BStBl. II 2017, 251; v. 25.5.2011 – I R 60/10, BStBl. II 2011, 858.
11 BFH v. 9.11.2017 – IV R 37/14, BStBl. II 2018, 227.
12 BFH v. 8.6.2000 – IV R 37/99, BStBl. II 2001, 162; s. auch *Euhus*, DStR 2011, 1350.

PersGes. sind grds. alle PersGes. des BGB und HGB, dh. die **BGB Ges.** (einschl. der Innengesellschaft), die **OHG** und die **KG** einschl. der **Stillen Ges.** und die **Partnerschaft** nach dem PartGG sowie die entspr. Gesellschaftsformen ausländ. Rechtes (Rn. 9, 312).[1] Dagegen kommen Erben- und Gütergemeinschaft nicht in Betracht. Problematisch ist die Einordnung der Partenreederei.[2] **KapGes.** sind die AG, GmbH und die KGaA gem. § 1 Abs. 1 Nr. 1 KStG einschl. der VorGes., wenn es zur Eintragung in das Handelsregister kommt, und die entspr. **Ges. ausländ. Rechtes**[3], nicht hingegen andere jur. Pers. wie die Stiftung, die eingetragene Genossenschaft oder der VVaG. Daher fällt die **Stiftung & Co KG nicht** unter Abs. 3 Nr. 2. 138

PhG'ter ist ein G'ter, der im Außenverhältnis den Gesellschaftsgläubigern grds. neben der Ges. (Gesellschaftsvermögen) mit seinem (übrigen) Eigenvermögen unbeschränkt haftet (schuldet). Das gesetzliche Leitbild ist die persönliche Haftung der **OHG G'ter** und des **Komplementärs** einer KG nach §§ 128, 161 Abs. 2 HGB. Den Gegensatz bietet die beschränkte Haftung des K'disten nach § 171 HGB. Die persönliche Haftung muss kraft G aufgrund der Gesellschaftsform bestehen.[4] Unerheblich sind **individualrechtlich vereinbarte Haftungsausschlüsse** und -beschränkungen kraft Vertrages ggü. einzelnen Gläubigern[5] oder umgekehrt vertragliche Haftungserweiterungen. Bei der **sog. GmbH & Co. GbR** haften die G'ter gesellschaftsrechtl. grds. unbeschränkt., sodass für sie keine gewerbliche Prägung eintritt, wie nunmehr auch die FinVerw.[6] annimmt. Soweit fälschlich bisher von einer gewerblichen Prägung ausgegangen wurde, kann die Behandlung als GewBetr. auf Antrag beibehalten werden, wenn die betr. GbR bis zum 31.12.2014 in eine GmbH & Co. KG „umgewandelt" wurde. Der Antrag auf Eintragung in das Handelsregister als KG musste bis zum 31.12.2014 gestellt worden sein. 139

Auch eine **GbR mbH** ist gesellschaftsrechtl. unzulässig,[7] auch soweit nur die Haftung für vertragliche Schulden auf das Gesellschaftsvermögen beschränkt werden soll. Insoweit sind allenfalls individualrechtl. vereinbarte Haftungsausschlüsse möglich.

Bei der **stillen Ges.** nach § 230 HGB, etwa einer **GmbH & Still,**[8] oder bei InnenGes. nach § 705 BGB, soll der nach außen auftretende G'ter als phG'ter anzusehen sein. Die GmbH & Still falle daher bei Erfüllung der übrigen Voraussetzungen (keine Geschäftsführungsbefugnis des Stillen) unter Abs. 3 Nr. 2. Bei einer **atypischen Unterbeteiligung** am Gesellschaftsanteil an einer KapGes. (oder an einer gewerblich geprägten PersGes.) soll hingegen Abs. 3 Nr. 2 keine Anwendung finden.[9] Dem ist jedenfalls bzgl. der Unterbeteiligung am Anteil an einer gewerblich geprägten PersGes. zu folgen. Denn auf die Unterbeteiligungsgesellschaft ist schon deshalb Abs. 1 S. 1 Nr. 2 anzuwenden, weil die gewerblich geprägte PersGes. wegen Abs. 3 Nr. 2 als MU'er gewerbliche Einkünfte bezieht[10] und eine Untergesellschaft iSd. Abs. 1 S. 1 Nr. 2 S. 2 zu einer doppelstöckigen PersGes. führt.[11] Richtigerweise ist Abs. 3 Nr. 2 entgegen der hM ohnehin auf atypisch stille Ges. und atypische Unterbeteiligungen nicht anzuwenden (Rn. 191). 140

Die organschaftliche **Befugnis zur Geschäftsführung** ergibt sich aus dem Gesellschaftsvertrag[12] und/oder den ergänzenden gesetzlichen Bestimmungen, nämlich § 709 BGB (Gesamtgeschäftsführung), §§ 114, 115 HGB (Einzelgeschäftsführung aller), §§ 161, 164 HGB (nur Komplementäre). Sie betrifft das **Innenverhältnis, nicht die Vertretung nach außen.**[13] Gesellschaftsvertraglich kann, abw. v. Regelstatut, etwa dem Kom- 141

---

1 BFH v. 10.12.2014 – I R 3/13, DStR 2015, 629 (zu englischer, einer GmbH & Co. KG entsprechender partnership mit deutschen G'tern als Kommanditisten); v. 28.4.2010 – I R 81/09, BStBl. II 2014, 754 (zu einer US-partnership); v. 19.5.2010 – I B 1919/09, BFH/NV 2010, 1554 (zu spanischer Sociedad en Commandita); v. 17.12.1997 – I R 34/97, BStBl. II 1998, 296 (zur limited partnership).

2 Dazu *Groh*, DB 1987, 1006.

3 BFH v. 19.5.2010 – I B 1919/09, BFH/NV 2010, 1554; v. 28.4.2010 – I R 81/09, BStBl. II 2014, 754; v. 4.2.2009 – II R 41/07, BStBl. II 2009, 600; v. 14.3.2007 – XI R 15/05, BStBl. II 2007, 924.

4 Vgl. BFH v. 23.2.2011 – I R 52/10, BFH/NV 2011, 1354 (GewBetr. erst mit haftungsbeschränkender Eintragung in das Handelsregister).

5 BFH v. 22.9.2016 – IV R 35/13, BStBl. II 2017, 116; FG Hbg. v. 29.10.2008 – 1 K 56/07, EFG 2009, 589; FG München v. 17.10.2008 – 11 K 1401/06, EFG 2009, 253.

6 BMF v. 17.3.2014, BStBl. I 2014, 555; sa. BFH v. 22.9.2016 – IV R 35/13, BStBl. II 2017, 116 (keine gewerbliche Prägung bei Beteiligung einer nat. Pers. als G'ter der GbR).

7 BGH v. 27.9.1999 – II ZR 371/98, BGHZ 142, 315.

8 BFH v. 26.11.1996 – VIII R 42/94, BStBl. II 1998, 328; v. 27.7.1998 – VIII R 34/97, BFH/NV 1999, 199; *Gschwendtner*, DStZ 1998, 335.

9 *Wacker* in Schmidt[37], § 15 Rn. 228, 367, 359.

10 BFH v. 31.8.1999 – VIII B 74/99, BStBl. II 1999, 794; v. 2.10.1997 – IV R 75/96, BStBl. II 1998, 137; v. 5.11.1973 – GrS 3/72, BStBl. II 1974, 414.

11 BFH v. 2.10.1997 – IV R 75/96, BStBl. II 1998, 137.

12 Vgl. BFH v. 23.2.2011 – I R 52/10, BFH/NV 2011, 1354 (maßgebend nur organschaftliche Geschäftsführungsbefugnis); v. 23.5.1996 – IV R 87/93, BStBl. II 1996, 523.

13 BFH v. 3.5.2017 – IV R 42/14, BStBl. II 2017, 1126 Rn. 19.

manditisten Geschäftsführungsbefugnis eingeräumt werden und dem Komplementär diese entzogen werden.[1] Es kann auch Nicht-G'tern (zumindest neben G'tern) gesellschaftsvertraglich Geschäftsführungsbefugnis eingeräumt werden. Lediglich für die Vertretung nach außen verlangt das Gesellschaftsrecht zwingend eine organschaftliche Vertretung durch einen phG'ter. Für Abs. 3 Nr. 2 ist aber allein die Geschäftsführungsbefugnis maßgebend. Daher lässt sich Abs. 3 Nr. 2 leicht vermeiden, indem auch nat. Pers. als K'disten die Geschäftsführungsbefugnis zusätzlich (oder allein) neben (anstelle) der KapGes. eingeräumt wird. Nicht ausreichend ist es, wenn die K'disten lediglich die Komplementär-GmbH als deren Geschäftsführer vertreten.[2] In diesem Fall bleibt es bei der gewerblichen Prägung. Soweit auch **KapGes. als K'disten** beteiligt sind, ist Abs. 3 Nr. 2 teleologisch entgegen dem zu weit geratenen Wortlaut dahin einzuschränken, dass er auch anwendbar bleibt, wenn der KapGes. als K'dist zusätzlich oder allein die Geschäftsführungsbefugnis zusteht.[3] Besteht eine **GbR nur aus KapGes.** ist schon nach dem Wortlaut Abs. 3 Nr. 2 anzuwenden,[4] denn auch Gesamtgeschäftsführung ist Geschäftsführung durch alle KapGes. Bei der sog. „Einheits-GmbH und Co. KG", bei der die KG ihrerseits Alleingesellschafter der GmbH ist, steht es der gewerblichen Prägung nicht entgegen, wenn der K'dist (oder die K'disten) seinerseits Geschäftsführer der Komplementär-GmbH ist. Denn gleichwohl bleibt allein die GmbH der organschaftliche Geschäftsführer der KG. Ebenfalls entfällt die gewerbliche Prägung nicht, wenn den K'disten (nur) beschränkte (Geschäftsführungs-)Befugnisse hinsichtlich der Ausübung der von der KG gehaltenen Gesellschafterrechte an der GmbH zustehen, es aber für die normale Unternehmenstätigkeit bei der alleinigen Geschäftsführungsbefugnis der GmbH bleibt.[5]

142 Hinsichtlich der **Rechtsfolgen** ist die gewerblich geprägte Ges. in vollem Umfang wie eine echte gewerblich tätige Ges. zu behandeln (auch für Zwecke des § 49 Abs. 1 Nr. 2,[6] s. auch Rn. 9). Mit Eintritt der Tatbestandsvoraussetzungen, zu denen die Eintragung in das Handelsregister gehört[7], liegt eine Betriebseröffnung iSd. § 6 Abs. 1 Nr. 6 vor. Die **GewStPfl.** beginnt hingegen erst mit der werbenden Tätigkeit und endet mit der tatsächlichen Einstellung.[8] Für die Gewinnermittlung ist § 4 Abs. 3 anwendbar. Auch bei gewerblich geprägten PersGes. ist zw. AV und UV zu unterscheiden.[9] – Wurde bereits vorher eine gewerbliche Tätigkeit ausgeübt, die auch fortgesetzt wird, dann bleibt § 15 Abs. 3 Nr. 2 (erst einmal) bedeutungslos (Rn. 137). Fällt die vormals ausgeübte, originär gewerbliche Tätigkeit weg und liegt fortan nur noch Vermögensverwaltung vor, dann greift nunmehr § 15 Abs. 3 Nr. 2 ein und die Tätigkeit kann nahtlos als gewerblich geprägt fortgesetzt werden. Es kommt weder zu einer BetrAufg., noch zu einer Betriebseröffnung. Umgekehrt führt der **Wegfall** der tatbestandlichen Voraussetzungen zu einer **BetrAufg.** nach § 16,[10] falls nicht eine gewerbliche Tätigkeit vorher aufgenommen wird. Dies kann auch durch Schaffung der Voraussetzungen für eine BetrAufsp. erfolgen. Dies gilt erst recht, wenn zuvor bereits eine originär gewerbliche Tätigkeit ausgeübt wurde. Wenn bspw. ein ruhender, aber nicht aufgegebener Betrieb weiterhin zu originär gewerblichen Einkünften führt, dann liegt kein Fall des § 15 Abs. 3 Nr. 2 vor und daher ist es auch irrelevant, wenn später eine andere Voraussetzung des § 15 Abs. 3 Nr. 2 entfällt.[11]

142a Für **grenzüberschreitende Sachverhalte** bei gewerblich geprägten PersGes. ist die ggf. abweichende Einkünftequalifikation nach dem jeweiligen DBA-Recht als nicht unternehmerische, sondern als rein ver-

---

1 BGH v. 9.12.1968 – II ZR 33/67, BGHZ 51, 198.

2 BFH v. 13.7.2017 – IV R 42/14, BStBl. II 2017, 1126 Rn. 21 (zur Einheits GmbH & Co. KG); v. 29.1.2004 – IV B 95/02, BFH/NV 2004, 949. Nicht erforderlich ist, dass von der eingeräumten Geschäftsführungsbefugnis vom K'disten auch tatsächlich Gebrauch gemacht wird (FG BaWü. v. 17.2.2016 – 4 K 1349/15, EFG 2016, 820 – zur gewerblichen [Ent-]Prägung bei Investmentkommanditges.).

3 Vgl. BFH v. 22.11.1995 – VIII R 63/93, BStBl. II 1996, 93 (allerdings zu einer GbR); *Wacker* in Schmidt[37], § 15 Rn. 222, 229; **aA** FinVerw. R 15.8 (6) EStR; *Spilker/Früchtl*, DStR 2010, 1007.

4 BFH v. 25.4.2008 – IV R 80/05, BStBl. II 2009, 266 mwN; so schon BFH v. 22.11.1994 – VIII R 63/93, BStBl. II 1996, 93.

5 BFH v. 13.7.2017 – IV R 42/14, BStBl. II 2017, 1126 Rn. 22ff.

6 BFH v. 29.11.2017 – I R 58/15, BFH/NV 2018, 684 Rn. 18.

7 Vgl. BFH v. 23.2.2011 – I R 52/10, BFH/NV 2011, 1354; v. 18.5.2011 – II R 10/10 und 11/10, BFH/NV 2011, 2063; v. 4.2.2009 – II R 41/07, BStBl. II 2009, 600; v. 2.3. 2011 – II R 5/09, BFH/NV 2011, 1147.

8 R 2.5 Abs. 1 und R 2.6 Abs. 1 GewStR; BFH v. 29.9.2011 – IV B 56/10, juris; v. 19.4.2010 – IV B 38/09, BFH/NV 2010, 1489; v. 5.3.1998 – IV R 23/97, BStBl. II 1998, 745; vgl. auch BFH v. 17.3.2010 – IV R 41/07, BStBl. II 2010, 977 (Fortdauer der GewStPfl. bei Übergang v. originär zu gewerblich geprägter Tätigkeit durch Veräußerung des gewerblichen Geschäftsbereichs).

9 BFH v. 19.1.2017 – IV R 10/14, BStBl. II 2017, 466 Rn. 21; v. 19.1.2017 – IV R 50/13, BFH/NV 2017, 751; v. 19.1.2017 – IV R 5/16, BFH/NV 2017, 755 Rn. 21 (alle zu Goldhandel; Goldbarren sind Sachen und keine Wertpapiere iSv. § 4 Abs. 3 S. 4).

10 BFH v. 13.7.2017 – IV R 42/14, BStBl. II 2017, 1126 (in concreto aber verneint für Entzug der Ausübung der Gesellschaftsrechte an GmbH und Übetragung auf die K'disten bei Einheits-GmbH & Co. KG); v. 14.3.2007 – XI R 15/05, BStBl. II 2007, 924; R 16 Abs. 2 EStR.

11 BFH v. 9.11.2017 – IV R 37/14, BStBl. II 2018, 227 Rn. 37f.

mögensverwaltende Tätigkeit zu beachten.[1] Es sind dann allerdings auch die insoweit bestehenden Sonderregelungen nach § 50d Abs. 10, § 50i zu beachten (s. Rn. 312, 313).

3. Einheitliche Beurteilung und Abfärbung (Abs. 3 Nr. 1). Abs. 3 Nr. 1 schreibt als **Rechtsfolge** vor, dass die v. einer PersGes. ausgeübte Tätigkeit **in vollem Umfange als GewBetr. „gilt"**, wenn die Ges. auch eine Tätigkeit iSd. Abs. 1 S. 1 Nr. 1 ausübt. Durch das JStG 2007[2] wurde der Wortlaut des Abs. 3 S. 1 dahingehend erweitert, dass diese Rechtsfolge auch eintritt, wenn die Ges. „gewerbliche Einkünfte iSd. Abs. 1 S. 1 Nr. 2 bezieht" (Rn. 150a). Diese gesetzliche Erweiterung erfolgt mit Rückwirkung. Sie ist verfassungsrechtl. zulässig, da lediglich eine Rechtslage wieder hergestellt wurde, die vor der Rechtsprechungsänderung durch den BFH gefestigter Rspr. entsprach.[3] 143

Der Zweck des Abs. 3 Nr. 1 besteht darin, die v. den G'tern vermittels der PersGes. erzielten Einkünfte **einheitlich nur als Einkünfte aus GewBetr.** zu qualifizieren. Voraussetzung dafür ist – im Unterschied zu Abs. 3 Nr. 2 (gewerblich geprägt) –, dass die PersGes. zT eine originär gewerbliche Tätigkeit iSd. Abs. 1 S. 1 Nr. 1 S. 1 ausübt. Daneben muss sie zumindest noch eine weitere Tätigkeit ausüben, die isoliert gesehen zu anderen Einkunftsarten (Gewinn- oder Überschusseinkünften) führen würde. Die Anwendung des Abs. 3 Nr. 1, 1. Alt. setzt also voraus, dass zumindest **zwei voneinander abgrenzbare Tätigkeiten** ausgeübt werden, v. denen eine sich als gewerblich und die andere sich an sich nicht als gewerblich darstellt, etwa freiberuflich iSv. § 18[4], luf. iSv. § 13[5] oder vermögensverwaltend nach §§ 20, 21.[6] Zudem müssen aus der gewerblichen Tätigkeit positive Einkünfte erwachsen; eine Abfärbung soll ausscheiden, wenn die Tätigkeit, die für sich betrachtet die Voraussetzungen des § 15 Abs. 2 erfüllt, nur zu negativen Einkünften führt.[7] Soweit innerhalb der PersGes. einige G'ter an sich nur freiberuflich tätig werden, aber andere G'ter gewerblich, führt Abs. 3 Nr. 1 ebenfalls insgesamt zu gewerblichen Einkünften für alle G'ter[8] (Rn. 65, § 18 Rn. 24). Dagegen soll die Abfärbung nicht eintreten, wenn die PersGes. mit einem zum (gewillkürten) SBV eines freiberuflichen MU'ers gehörenden Grundstück nur vermögensverwaltend (durch Weitervermietung) tätig wird, aber der Anteil eines G'ters an den an sich vermögensverwaltenden Einkünften aus nur in seiner Pers. liegenden Gründen als gewerblich zu qualifizieren ist.[9] Richtigerweise kommt insoweit freilich schon keine Zurechnung zum freiberuflichen SBV infrage. Die Abfärbung tritt auch dann ein, wenn die gewerbliche Tätigkeit v. der GewSt befreit ist. Allerdings erstreckt sich dann die Befreiung auch auf die nur wegen der Abfärbung als gewerblich qualifizierten Einkünfte.[10] Die Abfärbung nach Abs. 3 S. 1 hat nur Bedeutung für die Einkünftequalifikation der G'ter bei der ESt und für die GewSt, nicht für andere Steuerarten.[11] 144

Liegt **nur eine insgesamt einheitlich zu beurteilende Gesamttätigkeit** vor, so muss vorrangig für diese anhand der sie prägenden Merkmale bestimmt werden, ob es sich um gewerbliche Einkünfte nach Abs. 1 145

---

1 So zutr. die Rspr., vgl. BFH v. 24.8.2011 – I R 46/10, BStBl. II 2014, 764; v. 25.5.2011 – I R 95/10, BStBl. II 2014, 760; v. 9.12.2010 – I R 49/09, BStBl. II 2011, 482; v. 28.4.2010 – I R 81/09, BStBl. II 2014, 754; v. 24.8.2011 – II R 10/10, BFH/NV 2011, 2065; so jetzt auch BMF v. 29.6.2014, BStBl. I 1258 Tz. 2.2 unter Aufgabe von BMF v. 16.4.2010, BStBl. I 2010, 354 Tz. 2.2.1 (danach sollten aufgrund der Anwendung des innerstaatlichen Rechts der Bundesrepublik – hier § 15 Abs. 3 Nr. 1 und 2 – als Anwenderstaat gem. Art. 3 Abs. 2 OECD-MA Unternehmenseinkünfte auch iSd. Art. 7, 13 OECD-MA vorliegen).

2 JStG 2007 v. 13.12.2006, BGBl. I 2006, 2878.

3 BFH v. 19.7.2018 – IV R 39/10, BFH/NV 2018, 1344 Rn. 18.

4 Vgl. BFH v. 3.11.2015 – VIII R 62/13, BStBl. II 2016, 381; v. 3.11.2015 – VIII R 63/13, BStBl. II 2016, 383; v. 20.12.2000 – XI R 8/00, BStBl. II 2002, 478 (Bildberichterstatter mit Weitergabe v. Aufträgen ohne eigenverantwortliche Einflussnahme); v. 11.5.1989 – IV R 43/88, BStBl. II 1989, 797; BMF v. 14.5.1997, BStBl. I 1997, 566 (ärztliche Gemeinschaftspraxis); s. auch *Neugebauer*, DB 2015, 2014 (zu heilberuflichen MU'schaften).

5 Vgl. BFH v. 1.2.1990 – IV R 45/89, BStBl. II 1991, 625.

6 BFH v. 29.11.2012 – IV R 37/10, BFH/NV 2013, 910 (nachträglich erkannte BetrAufsp.); v. 13.11.1997 – IV R 67/96, BStBl. II 1998, 254; v. 23.9.1998 – XI R 92/97, BStBl. II 1999, 281 (BetrAufsp.).

7 BFH v. 12.4.2018 – IV R 5/15, BFH/NV 2018, 881 Rn. 35 (arg.: GewSt-Aufkommen würde dann nicht gefährdet; im Entscheidungsfall ging es in einer Konstellation der mitunternehmerischen BetrAufsp. um die ohne Gewinnerzielungsabsicht tätige Besitz-PersGes.).

8 BFH v. 23.4.2009 – IV R 73/06, BStBl. II 2010, 40 (KapGes. als MU'er); v. 28.10.2008 – VIII R 69/06, BStBl. II 2009, 642 und v. 28.10.2008 – VIII R 73/06, BStBl. II 2009, 647; v. 8.4.2008 – VIII R 73/05, BStBl. II 2008, 681 (KapGes. als Mitgesellschafter); v. 7.11.1991 – IV R 17/90, BStBl. II 1993, 324; vgl. auch BFH v. 3.12.2003 – IV B 192/03, BStBl. II 2004, 303; v. 29.11.2001 – IV R 65/00, BStBl. II 2002, 149; v. 19.9.2002 – IV R 45/00, BStBl. II 2003, 21 (jeweils zur Beteiligung einer KapGes. als MU'er) und BVerfG v. 9.7.2003 – 2 BvR 2317/02, NJW 2004, 3264 (Verfassungsbeschwerde nicht zur Entsch. angenommen).

9 BFH v. 28.6.2006 – XI R 31/05, BStBl. II 2007, 378 (Zahnarzt GbR vermietet ihr v. einem G'ter unentgeltlich überlassenes Grundstück an eine Dental GmbH, die v. diesem G'ter beherrscht wird).

10 BFH v. 29.3.2006 – X R 59/00, BStBl. II 2006, 661; anders noch v. 19.3.2002 – VIII R 57/99, BStBl. II 2002, 662.

11 BFH v. 14.9.2005 – VI R 89/98, BStBl. II 2006, 92 (Pauschalierung v. LSt für luf. Aushilfskräfte nach § 40a).

S. 1 Nr. 2 iVm. Abs. 2 handelt oder um eine andere Einkunftsart.[1] Auf eine derart einheitlich zu beurteilende Tätigkeit ist Abs. 3 Nr. 1 nicht anwendbar.[2] Von einer derartig einheitlichen Gesamttätigkeit ist nur dann auszugehen, wenn die einzelnen Elemente der Tätigkeit so miteinander verflochten sind, dass eine Trennung willkürlich erscheint, etwa bei einem einheitlich geschuldeten Erfolg ggü. einem Auftraggeber.[3]

146 Vorbild für § 15 Abs. 3 Nr. 1 dürfte die Regelung des HGB gewesen sein, wonach die Geschäfte einer **OHG oder KG** immer und in vollem Umfange zu deren Handelsgeschäften gehören, wie aus § 6 HGB folgt.[4] Stl. geht § 15 Abs. 3 Nr. 1 allerdings darüber hinaus, indem er nicht nur die OHG und KG, sondern **jede PersGes.** erfasst. Die Vorschrift dient damit zunächst einmal der **Vereinfachung**, indem sie eine einheitliche Gewinnermittlung ermöglicht. Soweit es sich um eine OHG oder KG handelt, schafft sie zugleich die Voraussetzungen für eine unkomplizierte Anwendung des **Maßgeblichkeitsprinzips** nach § 5 Abs. 1. Die Einbeziehung aller PersGes. rechtfertigt sich stl. daraus, dass iRd. § 15 alle PersGes. grds. gleich behandelt werden, gleichgültig ob HandelsGes. oder nicht.[5] Dies ist stl. auch geboten, weil andernfalls der jederzeit mögliche Übergang v. und zur GbR jeweils zu einem Wechsel der Einkunftsart mit allen Folgen etwa für die Entnahmevorschriften führen würde. Allerdings führt § 15 Abs. 3 Nr. 1 dadurch – verglichen mit der Tätigkeit eines Einzelunternehmers (als nat. Pers.) – zu stl. abw. Rechtsfolgen. Während bei diesem verschiedene neben einem GewBetr. ausgeübte Tätigkeiten nach den jeweiligen Tatbestandsmerkmalen der Einkunftsarten zu qualifizieren sind, werden für die G'ter einer PersGes., die auch gewerblich tätig ist, alle Einkünfte (insoweit wegen der Rechtsform der PersGes.) als gewerbliche qualifiziert.

147 Gegen die einheitliche Qualifizierung als Einkünfte aus GewBetr. wurde der Vorwurf der **Verfassungswidrigkeit** erhoben, da der G'ter und MU'er einer PersGes. estl. **ungleich ggü. dem Einzelunternehmer** behandelt werde.[6] Dieser Vorwurf ist angesichts der gravierenden Unterschiede in der stl. Behandlung der Einkunftsarten, insbes. mit Rücksicht auf die GewSt, verständlich, aber unbegründet.[7] Das BVerfG[8] sieht nach wie vor die Sonderbelastung gewerblicher Einkünfte mit GewSt im Vergleich zur fehlenden Belastung freiberuflicher Einkünfte als unter Äquivalenzgesichtspunkten wegen typisierend höherer Infrastrukturaufwendungen der öffentl. Hand als Rechtfertigungsgrund für eine den Gleichheitsgrundsatz nicht verletzende Differenzierung an. IÜ verweist es auf die Entlastungswirkung durch Kompensationsmaßnahmen iRd. Anrechnung der GewSt bei der Einkommensbesteuerung nach § 35 GewStG. Zutr. wird auch eine Verfassungswidrigkeit der Abfärberegelung des Abs. 3 S. 1 verneint. Die unterschiedliche Behandlung ggü. dem Einzelunternehmer und ggü. (Bruchteils-, Güter- oder Erben-)Gemeinschaften (s. Rn. 149) ist sachlich aus Vereinfachungszwecken für die Einkünfteermittlung und zum Schutze des Gewerbesteueraufkommens begründet.[9] Sie genügt auch dem Verhältnismäßigkeitsgrundsatz.

148 Die Rspr. hatte Abs. 3 Nr. 1 ursprünglich dahin verstanden, dass jede auch **geringfügige gewerbliche Tätigkeit**[10] dazu führt, dass dann einheitlich für die PersGes. nur ein GewBetr. besteht. Inzwischen hat allerdings der XI. Senat entschieden, dass bei einem **„äußerst geringen Anteil"** originär gewerblicher Einkünfte keine Umqualifizierung zu erfolgen habe.[11] Aus einer verfassungskonformen Auslegung des Abs. 3 Nr. 1, nämlich dem Grundsatz der Verhältnismäßigkeit, ergibt sich allerdings, dass bei Abs. 3 Nr. 1 zu differenzieren ist zw. einer nach wie vor „schädlichen" geringen gewerblichen Tätigkeit und einer „unschädlichen" „äußerst geringfügigen" gewerblichen Tätigkeit. Der VIII. Senat hat die unschädliche Grenze äußerster Geringfügigkeit dahingehend konkretisiert, dass sie nicht überschritten wird, wenn die Netto-

1 BFH v. 11.7.1991 – IV R 102/90, BStBl. II 1992, 413; v. 30.3.1994 – I R 54/93, BStBl. II 1994, 864; v. 7.11.1991 – IV R 17/90, BStBl. II 1993, 324.
2 BFH v. 24.4.1997 – IV R 60/95, BStBl. II 1997, 567.
3 BFH v. 24.4.1997 – IV R 60/95, BStBl. II 1997, 567.
4 BGH v. 5.5.1960 – II ZR 128/58, NJW 1960, 1852.
5 BFH v. 25.2.1991 – GrS 7/89, BStBl. II 1991, 691.
6 *Schulze-Osterloh*, GS Knobbe Keuk, 1997, 531; *Seer*, FR 1998, 1022.
7 So schon BVerfG v. 26.10.2004 – 2 BvR 246/98, FR 2005, 139; BFH v. 29.11.2001 – IV R 91/99, BStBl. II 2002, 221.
8 BVerfG v. 15.1.2008 – 1 BvL 2/04, BVerfGE 120, 1; vgl. auch BVerfG v. 24.3.2010 – 1 BvR 2130/09, FR 2010, 670 (Nichtannahmebeschluss zur GewSt für „Freiberufler" – KapGes. kraft Rechtsform) und v. 5.6.2013 – 2 BvR 2677/11, HFR 2013, 842 (Nichtannahmebeschl. zur Abfärberegelung nur bei Ges. ggü. Gemeinschaften).
9 So auch BFH v. 29.11.2012 – IV R 37/10, BFH/NV 2013, 910; s. auch Nichtannahmebeschl. BVerfG v. 5.6.2013 – 2 BvR 2677/11, HFR 2013, 842 (von GbR eingelegte Verfassungsbeschwerde gegen Abfärberegelung unzulässig; anders als nach AO/FGO keine Beschwerdebefugnis einer GbR im Verfassungsbeschwerdeverfahren bei einheitlicher Gewinnfeststellung).
10 BFH v. 10.8.1994 – I R 133/93, BStBl. II 1995, 171; v. 13.11.1997 – IV R 67/96, BStBl. II 1998, 254; v. 19.2.1998 – IV R 11/97, BStBl. II 1998, 603.
11 BFH v. 11.8.1999 – XI R 12/98, BStBl. II 2000, 229; ebenso auch der IV. Senat BFH v. 29.11.2001 – IV R 91/99, BStBl. II 2002, 221.

umsatzerlöse 3 % der Gesamtnettoumsätze und maximal 24 500 Euro nicht überschreiten.[1] In der Entsch. des VII. Senats ging es um das Verhältnis zu freiberuflichen Einkünften. Für das Zusammentreffen von (geringfügiger) gewerblicher Tätigkeit und Vermögensverwaltung hat der IV. Senat offengelassen, ob er dieser Konkretisierung folgt.[2]

PersGes. sind neben der **OHG**, der **KG** und der **Partnerschaftsgesellschaft**[3] auch die **GbR** und die atypisch **stille Ges.**[4] einschl. der BGB-Innengesellschaft auch in Form v. **Unterbeteiligungen**[5] Abs. 3 Nr. 1 findet hingegen keine Anwendung auf die Erbengemeinschaft,[6] die eheliche Gütergemeinschaft[7] und reine Bruchteilsgemeinschaften.[8] Soweit eine Bruchteilsgemeinschaft im Rahmen einer BetrAufsp. einen GewBetr. unterhält, tritt hinsichtlich der fremdvermieteten Grundstücksteile keine Abfärbewirkung ein.[9] 149

Ausweichmöglichkeiten, um der Abfärbewirkung zu entgehen, bietet die Verlagerung (Ausgliederung) der gewerblichen Tätigkeit auf nur einen der beteiligten G'ter oder auf eine **personenidentische Schwestergesellschaft** – sog. **Ausgliederungsmodell.**[10] Die sog. Abfärbewirkung beschränkt sich auf die Tätigkeiten der jeweiligen PersGes. Eine Zusammenfassung mehrerer zivilrechtl. verselbständigter PersGes. zu einer einzigen stl. MU'schaft findet nicht statt,[11] sodass – allerdings ist klare Trennung erforderlich[12] – die Abfärbewirkung auf die nicht gewerblich tätige Schwestergesellschaft nicht eintreten kann. 150

Abs. 3 S. 1 idF des JStG 2007 bestimmt in der 2. Alt. ausdrücklich, dass eine **Abfärbung** (Qualifizierung sämtlicher Einkünfte als Einkünfte aus GewBetr.) **auch dann eintritt**, wenn die Ges. „gewerbliche Einkünfte nach Abs. 1 S. 1 Nr. 2 bezieht", dh. **ihrerseits als G'ter** (mit Unternehmerrisiko und Unternehmerinitiative) **an einer gewerblichen MU'schaft beteiligt** ist (zur Rückwirkung bereits Rn. 143). Voraussetzung soll insoweit allerdings sein, dass der Oberges. für das betr. Kj. tatsächlich (schon) ein Gewinnanteil iSd. Abs. 1 S. 1 Nr. 2 zugewiesen (worden) ist.[13] Sowohl nach dem Wortlaut als auch nach dem sich unmissverständlich aus den Materialien[14] ergebenden Willen des Gesetzgebers führt daher jede Beteiligung einer iÜ an sich daneben nur Einkünfte aus vermögensverwaltender Tätigkeit und/oder Gewinneinkünfte aus § 13 oder § 18 erzielenden transparent zu besteuernden Ges. (GbR) an einer gewerblichen MU'schaft insgesamt zu gewerblichen Einkünften der Ges. und damit für die an ihr beteiligten G'ter. Anders als bei § 15 Abs. 3 Nr. 1 Alt. 1 (Rn. 148) soll bei Alt. 2 auch keine Einschränkung der Abfärbewirkung durch eine Bagatellgrenze in Betracht kommen.[15] Die Beteiligung an einer gewerblich tätigen (Unter-)Ges. führt mithin stets dazu, dass die sich beteiligende (Ober-)Ges. ihrerseits insgesamt zu einer gewerblichen MU'schaft wird und ihre G'ter ihrerseits MU'er bei der (Ober-)Ges. und (mittelbare) MU'er bei der (Unter-)Ges., an der die Beteiligung besteht, werden.[16] Eine (weitere) Beteiligung an einer solchen Ges. führt dann ihrerseits ebenfalls zur Anwendung des Abs. 3 S. 1, 2. Alt. für die sich beteiligende Ges. und ihre G'ter. 150a

VI. Persönliche Zurechnung. Die Einkünfte aus GewBetr. sind demjenigen Steuersubjekt zuzurechnen, das die nach Abs. 2 den GewBetr. konstituierende Betätigung „unternimmt". Das G bezeichnet ihn als **Unternehmer** (MU'er), wenn auch nur iZ mit den Einkünften aus der Betätigung im Rahmen einer OHG, KG oder anderen Ges., Abs. 1 S. 1 Nr. 2. Aber schon in Abs. 1 S. 1 Nr. 1 S. 1 werden die Einkünfte aus GewBetr. als Einkünfte aus Unternehmen bezeichnet. Dieses Unternehmen (Objekt/Erwerbsgrundlage s. § 2 Rn. 48) ist dem Unternehmer (Subjekt) zuzurechnen und diesem sind auch die aus dem Unternehmen 151

---

1 BFH v. 27.8.2014 – VIII R 6/12, VIII R 41/11 und VIII R 16/11, BStBl. II 2015, 1002, 999 und 996.
2 BFH v. 12.4.2018 – IV R 5/15, BFH/NV 2018, 881 Rn. 36.
3 Vgl. zur PartGmbB OFD Nds. v. 26.10.2015 – S 2000 - 103 - St 221/St 222, juris.
4 BFH v. 10.8.1994 – I R 133/93, BStBl. II 1995, 171.
5 R 15.8 Abs. 5 EStR.
6 BFH v. 23.10.1986 – IV R 214/84, BStBl. II 1987, 120; **aA** bzgl. Erbengemeinschaft aber FG Köln v. 24.6.2015 – 14 K 1130/13, juris.
7 R 15.8 Abs. 5 EStR.
8 OFD Ffm. v. 4.9.2008 – S 2241A - 110 - St 213, EStK § 15 EStG Fach 2 Karte 22 (Vermietung und Fotovoltaikanlage).
9 BFH v. 27.8.1998 – IV R 77/97, BStBl. II 1999, 279.
10 BFH v. 19.2.1998 – IV R 11/97, BStBl. II 1998, 603 mwN; v. 25.6.1996 – VIII R 28/94, BStBl. II 1997, 202; v. 10.8.1994 – I R 133/93, BStBl. II 1995, 171; BMF v. 14.5.1997, BStBl. I 1997, 566.
11 Vgl. aber BFH v. 7.3.1996 – IV R 2/92, BStBl. II 1996, 369 (Zusammenfassung v. GbR und Bruchteilsgemeinschaft bei gewerblichem Grundstückshandel).
12 Dazu BMF v. 14.5.1997, BStBl. I 1997, 566; BFH v. 19.2.1998 – IV R 11/97, BStBl. II 1998, 603.
13 BFH v. 26.6.2014 – IV R 5/11, BStBl. II 2014, 972.
14 RegEntw. BT-Drucks. 16/2712 v. 25.9.2006, Art. 1 Nr. 11 (S. 9, 44); Beschl. und Bericht FinA BT-Drucks. 16/3325 und 16/3368 v. 8.11.2006.
15 FG BaWü. v. 22.4.2016 – 13 K 3651/13, EFG 2016, 1246 (Rev. IV R 30/16); **aA** *Weiss*, DB 2016, 2133.
16 Vgl. dazu BFH v. 18.4.2000 – VIII R 68/98, BStBl. II 2001, 359 (II. 4. b); sa. FG BaWü. v. 22.4.2016 – 13 K 3651/13, EFG 2016, 1246 (Rev. IV R 30/16) – zu Beteiligungen an zwei [Flugzeug-]Leasingfonds).

fließenden (dort erwirtschafteten) Einkünfte zuzurechnen. Die Zurechnungskriterien für den MU'er iSd. Abs. 1 S. 1 Nr. 2 und den (Einzel)Unternehmer des Abs. 1 S. 1 Nr. 1 müssen daher auch grds. übereinstimmen,[1] abgesehen v. dem Unterschied, dass bei der PersGes. und den diesen gleichzustellenden Gemeinschaften die v. Abs. 2 verlangte Betätigung „gemeinsam“ v. den (Mit)Unternehmern „unternommen“ wird.

152 Nach der stRspr. ist Unternehmer und damit Zurechnungssubjekt für die gewerblichen Einkünfte dasjenige Steuersubjekt (nat. Pers. für die ESt und Körperschaft für die KSt), das das (Unternehmer)Risiko trägt und die (Unternehmer)Initiative entfalten kann.[2] Dabei kennzeichnet das Unternehmerrisiko die Chance und die Gefahr, dass die Betätigung GewBetr. unmittelbar zu Vermögensmehrungen (Gewinn) oder -minderungen (Verlust) im Vermögen des Unternehmers führt. Die Unternehmerinitiative kennzeichnet, dass die Betätigung auf den Willen des Unternehmers zurückzuführen ist und seiner Einflussmöglichkeit unterliegt. Unternehmerrisiko und Unternehmerinitiative konkretisieren für die Gewinneinkünfte das allg. Merkmal des „Erzielens“ v. Einkünften, wie es § 2 Abs. 1 grds. für alle Einkunftsarten verlangt (§ 2 Rn. 54ff.).[3] Dabei sich ergebende Abstufungen sind dem jeweiligen Tatbestand zu entnehmen, etwa einerseits § 19, der eine persönlich zu erbringende Dienstleistung verlangt ggü. § 15, der jedenfalls nicht verlangt, dass die am Markt angebotenen Leistungen persönlich v. Unternehmer erstellt wurden.

153 **Unternehmerrisiko** trägt derjenige, **für dessen Rechnung** das **Gewerbe betrieben** wird, wie – auch für die estl. Zurechnung zutr. – § 5 Abs. 1 GewStG formuliert. Dabei wird das Gewerbe (= die Betätigung iSd. § 15 Abs. 2) für desjenigen Rechnung betrieben, dem unmittelbar der Erfolg oder Misserfolg der entgeltlichen (wirtschaftliche) Leistungserbringung am Markt (Beteiligung am allg. Verkehr) zugutekommt.[4] Unproblematisch ist dabei die Zurechnung, wenn der Unternehmer bereits im **Außenverhältnis** als **Leistungserbringer** auftritt und ihm der Erfolg oder Misserfolg aus der Leistungserbringung im Innenverhältnis verbleibt. Dazu gehören alle Gestaltungen, bei denen die Leistungen im Namen des Unternehmers erbracht werden, sei es durch ihn selbst, seine ArbN oder andere (Sub)Unternehmer. Unerheblich ist dabei, ob der Unternehmer selbst im eigenen Namen handelt oder für ihn in – offener oder nach den Grundsätzen der „Geschäfte für den, den es angeht“ zu beurteilender – **Stellvertretung** gehandelt wird.[5] Als weitere Voraussetzung muss insoweit negativ hinzukommen, dass im **Innenverhältnis keine rechtl. durchsetzbaren** (schuldrechtl. oder sonstige) **Anspr. gegen einen Dritten** bestehen, wonach dieser einen Gewinn (die Vermögensmehrung) zu beanspruchen oder einen Verlust (Vermögensminderung) zu tragen hat (s. noch Rn. 155). Dabei ist allerdings nicht auf die einzelne Leistungserbringung abzustellen, sondern darauf, ob die gesamte nachhaltige Betätigung in ihrem Erfolgssaldo (Gewinn oder Verlust) durchsetzbar einem anderen als dem nach außen Handelnden vermögensmäßig zugutekommt oder ihm zur Last fällt.[6]

154 Im Einzelnen ist danach unproblematisch, dass bei der **Insolvenz** nicht der Insolvenzverwalter, sondern der **Gemeinschuldner**[7] und bei der **Testamentsvollstreckung**[8] nicht der Testamentsvollstrecker, sondern der (oder die) **Erbe**(n) Unternehmer und Zurechnungssubjekt sind. Entspr. gilt für die Nachlassverwaltung[9] oder bei gesetzlicher Vertretung durch die Eltern zur Führung eines Geschäftes durch einen Minderjährigen. Bei der Testamentsvollstreckung ist allerdings zivilrechtl. zw. der (fremdnützigen) Treuhandlösung und der Vollmachtlösung zu unterscheiden. Bei der Treuhandlösung wird das Geschäft nach außen im Namen des Testamentsvollstreckers geführt, aber für Rechnung des/der Erben.[10] Auch dann sind dem/den Erben die Einkünfte aus GewBetr. persönlich zuzurechnen.[11]

155 Die treuhänderische Testamentsvollstreckung (Rn. 154) ist nur ein Anwendungsfall des allg. Grundsatzes, dass bei der **fremdnützigen Treuhandschaft** die Einkünfte dem **Treugeber** und nicht dem Treuhänder

1 BFH v. 3.5.1993 – GrS 3/92, BStBl. II 1993, 616 (621).
2 StRspr., statt vieler BFH v. 3.5.1993 – GrS 3/92, BStBl. II 1993, 616 mwN.
3 *Ruppe*, DStJG 1 (1978), 7; BFH v. 27.1.1993 – IX R 269/87, BStBl. II 1994, 615.
4 BFH v. 7.2.2018 – X R 10/16, BStBl. II 2018, 630 Rn. 52.
5 BFH v. 7.2.2018 – X R 10/16, BStBl. II 2018, 630 Rn. 52; FG MV v. 20.12.2017 – 3 K 342/14, EFG 2018, 1172 (Rev. IV R 10/18, dort Vermarktung einer Wohnung als Hotelzimmer: in den Zeiten des Massentourismus sei es den Hotelgästen bekannt, dass der Vermittler nur den Eigentümer vertrete).
6 *Schön*, FS Offerhaus, 1999, 400; vgl. auch BFH v. 5.7.1978 – I R 97/75, BStBl. II 1979, 40; v. 24.6.1976 – IV R 173/74, BStBl. II 1976, 643.
7 BFH v. 8.6.1972 – IV R 129/66, BStBl. II 1972, 784.
8 BFH v. 29.11.1995 – X B 328/94, BStBl. II 1996, 322 (auch zum Rechtsbehelfsverfahren).
9 BFH v. 28.4.1992 – VII R 33/91, BStBl. II 1992, 781.
10 Zu den zivilrechtl. Gründen (Unvereinbarkeit der beschränkten Erbenhaftung) vgl. BFH v. 11.10.1990 – V R 75/85, BStBl. II 1991, 191.
11 BFH v. 16.5.1995 – VIII R 18/93, BStBl. II 1995, 714; v. 1.6.1978 – IV R 36/73, BStBl. II 1978, 499; anders zur USt BFH v. 11.10.1990 – V R 75/85, BStBl. II 1991, 191.

zuzurechnen sind.[1] Der Treuhänder scheidet als Unternehmer iSd. estl. Zurechnungssubjektes idR aus, weil er gerade kein Unternehmerrisiko trägt, ungeachtet seiner Haftung (Schuldnerschaft) im Außenverhältnis.[2] Allerdings trifft denjenigen, der behauptet, er führe ein Unternehmen lediglich als Treuhänder, dafür die Nachweispflicht. § 159 AO enthält insoweit einen allg. Rechtsgedanken. Allgemein gilt: Die Abgrenzung erfolgt allein nach materiellen Kriterien; wer nach außen in wessen Namen auftritt ist, irrelevant. Daher kann auch bei **offener Stellvertretung der Vertreter** (Rn. 153) persönliches Zurechnungssubjekt sein, wenn er im Innenverhältnis auf eigene Rechnung handelt.[3] Dies folgt schon daraus, dass er bei fehlender Vollmacht selbst verpflichtet wird oder bei Bestehen einer Vollmacht im Innenverhältnis gerade wieder ein Treuhandverhältnis vorliegt. Bei sog. **Strohmannverhältnissen** ist zu differenzieren: Handelt es sich um echte Treuhandverhältnisse – der sog. Strohmann hat einen durchsetzbaren Anspr. auf einerseits Ersatz des Verlustes, andererseits ist er zur Abführung des Gewinnes verpflichtet – so erfolgt die Zurechnung beim **Hintermann**. Unerheblich ist insoweit, dass der Hintermann nicht im Handelsregister eingetragen ist.[4] Soweit allerdings solche Anspr. effektiv gerade nicht bestehen, sondern lediglich unverbindlich in Aussicht gestellt ist, dass dem Strohmann das Risiko abgenommen wird, ist der Strohmann der Unternehmer, weil er effektiv das Risiko trägt. Eine evtl. tatsächliche Abführung des Gewinnes ist dann nichts anderes als Einkommensverwendung, soweit nicht Arbeitslohn für die v. angeblichen Hintermann erbrachte Tätigkeit vorliegt oder eine verdeckte MU'schaft zu bejahen ist. Dies betrifft insbes. die Fallkonstellationen, bei denen dem Hintermann das Führen eines GewBetr. gewerberechtl. oder neben seiner anderweitigen Tätigkeit untersagt ist und er einen Strohmann (oder häufig eine Strohfrau) dazu überredet, nach außen den früher v. ihm geführten GewBetr. fortzuführen. In diesen Fällen soll der GewBetr. gerade nicht nur zum Schein v. Strohmann geführt werden, sondern tatsächlich, weil andernfalls das Gewerbe nicht geführt werden dürfte.[5]

Die **Eigentumsverhältnisse** an den dem GewBetr. dienenden WG sind unerheblich. Ein GewBetr. kann auch mit gepachteten oder gemieteten WG geführt werden.[6] Ebenso führt der sog. **Unternehmensnießbrauch** (vgl. § 22 HGB) zur persönlichen Zurechnung beim Nießbraucher.[7] Dagegen führt der sog. **Ertragsnießbrauch** (Nießbrauch am Gewinnstammrecht) nicht zur Zurechnung beim Nießbraucher.[8] Die Zurechnung scheitert nicht erst an der fehlenden (Mit)Unternehmerinitiative, sondern bereits am fehlenden Unternehmerrisiko, da weder eine Verlusttragung in Betracht kommt noch eine Beteiligung an den stillen Reserven vorliegt. Anders ist es, wenn der **Nießbrauch am Gesellschaftsanteil** (Rn. 201 f.) selbst eingeräumt wird. Dies entspricht dem Unternehmensnießbrauch[9] mit der Besonderheit, dass sowohl der Besteller als auch der Nießbraucher gemeinsam (Mit)Unternehmer des GewBetr. sind.[10] **Gewinnvermächtnisse** begründen für den Vermächtnisnehmer mangels Risikotragung (und mangels Unternehmerinitiative) keine Unternehmerstellung. Aufseiten des Belasteten liegen keine BA vor.[11] 156

Die **Unternehmerinitiative** äußert sich in den unternehmerischen Entscheidungen. Für MU'er wird im Allg. darauf abgestellt, ob eine gesellschaftsrechtl. Teilhabe an Entscheidungen vorgesehen ist, wie sie Ge- 157

1 BFH v. 1.10.1992 – IV R 130/90, BStBl. II 1993, 574; v. 10.12.1992 – XI R 45/88, BStBl. II 1993, 538; v. 25.2.1991 – GrS 7/89, BStBl. II 1991, 691; FG MV v. 20.12.2017 – 3 K 342/14, EFG 2018, 1172 (Rev. IV R 10/18, für die Vermarktung von Wohnungen als Hotelzimmer).

2 BFH v. 30.6.2005 – IV R 40/03, BFH/NV 2005, 1994; vgl. aber BFH v. 27.1.1993 – IX R 269/87, BStBl. II 1994, 615 (zu VuV Zurechnung beim angeblichen „Treuhänder", der aber das Risiko zu tragen hatte); vgl. aber zum sog. Treuhandmodell bei der GewSt OFD Mgdb. v. 4.4.2005, DStZ 2005, 424.

3 Vgl. BFH v. 20.9.1991 – III R 36/90, BStBl. II 1992, 300 (dort allerdings zweifelh. v. Sachverhalt).

4 BFH v. 24.9.1991 – VIII R 349/83, BStBl. II 1992, 330.

5 Vgl. aber genau umgekehrt BFH v. 26.8.2010 – X B 210/09, BFH/NV 2010, 2287; v. 1.7.2003 – VIII R 61/02, BFH/NV 2004, 27 (Hintermann als Alleinunternehmer, obwohl Strohfrau allein nach außen auftrat und Gewerbe auf ihren Namen angemeldet war); vgl. auch BFH v. 4.11.2004 – III R 21/02, BStBl. II 2005, 168 (Hintermann – ausnahmsweise – als Alleinunternehmer bei Handelsvertretung, obwohl die Strohfrau erfolgreich einen Ausgleichsanspruch nach § 89b einklagte).

6 BFH v. 23.1.1992 – IV R 104/90, BStBl. II 1993, 327 (unentgeltliche Überlassung).

7 BFH v. 28.9.1995 – IV R 7/94, BStBl. II 1996, 440 (zu Vermächtnisnießbrauch bei LuF); v. 13.5.1987 – II R 225/82, BStBl. II 1987, 722 (Vorbehaltsnießbrauch bei LuF), v. 4.11.1980 – VIII R 55/77, BStBl. II 1981, 396.

8 BFH v. 6.5.2010 – IV R 52/08, BStBl. II 2011, 261; v. 16.5.1995 – VIII R 18/93, BStBl. II 1995, 714; v. 1.3.1994 – VIII R 35/92, BStBl. II 1995, 241; v. 28.1.1992 – VIII R 207/85, BStBl. II 1992, 605; v. 24.9.1991 – VIII R 349/83, BStBl. II 1992, 330; v. 9.4.1991 – IX R 78/88, BStBl. II 1991, 809.

9 BFH v. 1.3.1994 – VIII R 35/92, BStBl. II 1995, 241.

10 BFH v. 6.5.2015 – II R 34/13, BStBl. II 2015, 821; s. aber BFH v. 1.10.2014 – II R 40/12, BFH/NV 2015, 500; v. 23.02. 2010 – II R 42/08, BStBl. II 2010, 555; v. 10.12.2008 – II R 34/07, BStBl. II 2009, 491 (vorbehaltener Nießbrauch mit alleinigen Stimm- und Verwaltungsrechten für Nießbraucher).

11 BFH v. 16.5.1995 – VIII R 18/93, BStBl. II 1995, 714; vgl. aber BFH v. 20.9.1991 – III R 36/90, BStBl. II 1992, 300 (Gewinn- und Verschaffungsvermächtnis bzgl. Betrieb).

schäftsführern und leitenden Angestellten obliegen.[1] Allerdings soll bei MU'ern genügen, dass Kontroll- und Widerspruchsrechte zustehen, wie sie nach dem Regelstatut des HGB einem K'disten zustehen.[2] Mindestens in dieser rudimentären Form müsse die MU'er-Initiative kumulativ zum Unternehmerrisiko hinzutreten.[3] Richtigerweise ist darauf abzustellen, dass die unternehmerischen Entscheidungen auf den Willen des Unternehmers zurückzuführen sein müssen, nicht aber müssen sie de facto v. ihm getroffen werden. Daher ist zu Recht völlig unstr., dass der Einzelunternehmer sich eines Geschäftsführers, Prokuristen etc. bedienen kann und nicht etwa in persona die Entscheidungen treffen muss. Entscheidend ist allein, dass der angestellte Geschäftsführer etc. seine Entscheidungsbefugnis v. Unternehmer ableitet und dieser sich notfalls auch v. ihm trennen kann. Soweit allerdings der Unternehmer handlungsunfähig ist, kommt es auf den Willen der für ihn handelnden gesetzlichen Vertreter (Eltern), Amtswalter (Testamentsvollstrecker, Insolvenzverwalter) oder Organe (Körperschaften) an. Daraus kann aber nicht hergeleitet werden, dass die Unternehmerinitiative bedeutungslos für die persönliche Zurechnung sei.[4]

158 Nichts anderes kann für PersGes. gelten. Soweit dort G'ter nach Gesellschaftsvertrag oder Regelstatut (K'dist bei der KG) v. der Geschäftsführung ausgeschlossen sind, ist ihnen die v. G'ter-Geschäftsführer entfaltete Unternehmerinitiative nicht anders als bei einem angestellten Geschäftsführer zuzurechnen. Die Geschäftsführungsbefugnis beruht auch hier auf dem Willen des v. ihr nach dem v. ihm abgeschlossenen Vertrag ausgeschlossenen G'ter. Der geschäftsführende G'ter bedarf auf Dauer des Vertrauens auch der v. der Geschäftsführung ausgeschlossenen G'ter. Er hat auf deren Interessen Rücksicht zu nehmen, da die Geschäftsführung für „gemeinsame Rechnung" erfolgt. Daher kann v. einem Fehlen der Unternehmerinitiative nur dann ausgegangen werden, wenn der v. der Geschäftsführung ausgeschlossene G'ter sich vertraglich so entrechtet hat – die zivilrechtl. Zulässigkeit dahingestellt[5] –, dass die Geschäftsführung durch die geschäftsführenden G'ter nicht mehr im gemeinsamen Interesse erfolgen muss. Dies ist etwa der Fall, wenn dem G'ter keinerlei Widerspruchsrecht auch bei über den gewöhnlichen Betrieb hinausgehenden Handlungen zusteht (vgl. § 163 HGB), Kündigungsrechte durch einseitige Benachteiligungen praktisch nicht ausgeübt werden können oder umgekehrt Kündigungen des G'ters durch einseitige benachteiligende Abfindungsregeln ermöglicht werden,[6] einseitige und ungewöhnliche Entnahmebeschränkungen bestehen. Bei Treuhandverhältnissen ist der MU'anteil dem Treugeber zuzurechnen. Bei einer atypischen Unterbeteiligung (Rn. 196) ist der auf den atypisch Unterbeteiligten entfallende Anteil diesem und nicht dem Hauptbeteiligten zuzurechnen.[7]

159 **VII. Fortdauer des Besteuerungsrechts für Anteile an einer SE nach Sitzverlegung (Abs. 1a).** § 15 Abs. 1a ergänzt die Regelungen in § 4 Abs. 1 S. 5 EStG und § 12 Abs. 1 S. 1 KStG zur Entstrickung bei Verlust oder Einschränkung des deutschen Besteuerungsrechtes für den Fall einer Sitzverlegung einer SE (Europäische Gesellschaft) oder SEC (Europäische Genossenschaft). Erfolgt eine derartige Sitzverlegung aus Deutschland oder einem anderen Mitgliedstaat in einen anderen Mitgliedstaat der Gemeinschaft, so darf diese Sitzverlegung bei ihren Anteilseignern/Mitgliedern nicht eine unmittelbare Besteuerung auslösen (Art. 10d Abs. 1 **Fusionsrichtlinie** 90/434/EWG).[8] Demzufolge ordnet § 4 Abs. 1 S. 5 EStG an, dass eine entspr. Sitzverlegung abw. v. § 4 Abs. 1 S. 3 nicht zu einer Entstrickung v. Anteilen an einer SE oder SEC durch eine Entnahme führen darf (s. § 4 Rn. 109). Für unter § 17 EStG fallende Anteile an einer SE oder SEC trifft § 17 Abs. 5 S. 2 eine entspr. Regelung, wonach für diese Anteile die ansonsten nach § 17 Abs. 5 S. 1 geltende Fiktion einer Veräußerung der Anteile zum gemeinen Wert nicht gilt. Ebenso wird nach § 12 Abs. 1 S. 1 HS 2 KStG durch Verweisung auf § 4 Abs. 1 S. 5 EStG ausgeschlossen, dass die Sitzverlegung einer SE oder SEC als Veräußerung ihrer Anteile zum gemeinen Wert behandelt wird. Die bloße Sitzverlegung einer SE oder SEC wird freilich nur in Ausnahmefällen dazu führen können, dass das Besteuerungsrecht Deutschlands hinsichtlich eines Gewinns aus der Veräußerung der Anteile an der SE ausgeschlossen oder beschränkt wird. Denn wenn die Anteile weiterhin zu einer inländ. Betriebsstätte

1 BFH v. 1.8.1996 – VIII R 12/94, BStBl. II 1997, 272.
2 BFH v. 25.6.1984 – GrS 4/82, BStBl. II 1984, 751; v. 11.10.1988 – VIII R 328/83, BStBl. II 1989, 762; vgl. aber BFH v. 10.11.1987 – VIII R 166/84, BStBl. II 1989, 758.
3 BFH v. 1.8.1996 – VIII R 12/94, BStBl. II 1997, 272; v. 15.12.1992 – VIII R 42/90, BStBl. II 1994, 702 mwN.
4 **AA** *Schön*, FS Offerhaus, 1999, 385.
5 BFH v. 29.4.1981 – IV R 131/78, BStBl. II 1981, 663 (auch bei Unwirksamkeit schädlich).
6 Vgl. BFH v. 6.7.1995 – IV R 79/94, BStBl. II 1996, 269 (mangelnde Kontrollrechte, einseitige Kündigungsrechte mit Buchwertabfindung, Beschränkung der Entnahmebefugnisse); v. 6.4.1979 – I R 116/77, BStBl. II 1979, 620 (unschädlich Buchwertklausel bei eigener Kündigung); v. 9.10.1986 – IV R 259/84, BFH/NV 1987, 567 (unübliche, einseitige Beschränkung v. Entnahmebefugnissen); v. 21.2.1991 – IV R 35/89, BStBl. II 1995, 449 (noch ausreichende Kontrollrechte).
7 BFH v. 19.4.2007 – IV R 70/04, BStBl. II 2007, 868 (zum Verlustausgleichspotential für § 15a, aber allg. gültig).
8 RL 90/434/EWG v. 23.7.1990, ABlEG 1990 Nr. L 225, 1 in der durch die RL 2005/19/EG v. 17.2.2005, ABlEU 2005 Nr. L 58, 19 zur Änderung der RL 90/434/EWG geänderten Fassung.

gehören, so ändert sich durch die bloße Sitzverlegung der SE oder SEC nichts. Es geht um die Konstellationen, in denen das Besteuerungsrecht deshalb entfallen würde, weil es sich nach der Sitzverlegung nicht mehr um eine Beteiligung an einer inländ. Ges. handelt. Dies betrifft namentlich die Konstellation der beschränkten StPfl. nach § 49 Abs. 1 Nr. 2 lit. e sowie den Fall, dass ein DBA das Besteuerungsrecht Deutschlands abw. v. Art. 13 Abs. 2 OECD-MA auf in Deutschland ansässige Ges. beschränkt.[1]

Soweit § 4 Abs. 1 S. 5 EStG ausschließt, bereits die Sitzverlegung als Entnahme/Entstrickung zu behandeln, 160
ordnet § 15 Abs. 1a S. 1 an, dass die spätere tatsächliche Veräußerung der Anteile nach der Sitzverlegung noch der Besteuerung in Deutschland unterliegt. Ausdrücklich wird insoweit angeordnet, dass eine etwaige entgegenstehende Bestimmung eines DBA, wonach Deutschland die Veräußerung nach der Sitzverlegung nicht mehr besteuern dürfte, zu missachten ist – **treaty overriding**. Europarechtl. wird diese Bestimmung als durch Art. 10d Abs. 2 der Fusionsrichtlinie 90/434/EWG gedeckt angesehen.[2] Dieser bestimmt, dass die Anwendung des Art. 10d Abs. 1 (Verbot der Besteuerung wegen Sitzverlegung) die Mitgliedstaaten nicht hindere, den Gewinn aus einer späteren Veräußerung der Anteile der ihren Sitz verlegenden SE oder SEC zu besteuern. Sachlich bedeutet die Regelung des § 15 Abs. 1a, dass die Anteile an der sitzverlegenden SE oder SEC ungeachtet etwaiger entgegenstehender DBA-Regelungen in Deutschland bis zu einer Veräußerung steuerverstrickt bleiben und bei einer Veräußerung der volle Gewinn zu besteuern ist. Dies wird in der Tat durch die Fusionsrichtlinie nicht verboten.[3] Unter dem Aspekt eines völkerrechtsfreundlichen Verhaltens bleibt freilich fragwürdig, dass danach v. der deutschen Besteuerung auch stille Reserven erfasst werden, die sich überhaupt erst nach der Sitzverlagerung gebildet haben.[4] Legt man den deutschen DBA-Regelungen entspr. Art. 13 Abs. 2, Abs. 5 des OECD-MA die allerdings nicht unumstrittene Auslegung zugrunde, dass sie einer Besteuerung v. Veräußerungsgewinnen nicht entgegenstehen, soweit dabei nur die bereits während des Bestehens der (unbeschränkten oder beschränkten) StPfl. in Deutschland gebildeten stillen Reserven erfasst werden[5] (§ 16 Rn. 229), hätte sich durch eine entspr. Beschränkung eine Missachtung v. Deutschland abgeschlossener DBA vermeiden lassen.

§ 15 Abs. 1a S. 2 stellt der späteren Veräußerung die **verdeckte Einlage in eine KapGes.**, die **Auflösung der SE oder SEC und die Kapitalherabsetzung bei ihnen** gleich sowie die **Ausschüttung oder Rückzahlung v. Beträgen aus dem stl. Einlagenkonto** iSd. § 27 KStG. Es handelt sich dabei um Vorgänge, die nach innerstaatlichem Recht auch sonst als Veräußerungen behandelt werden resp. einer Veräußerung gleichgestellt werden (vgl. §§ 6 Abs. 6 S. 2, 17 Abs. 4, 20 Abs. 1 Nr. 1 S. 3, 23 Abs. 1 S. 5 Nr. 2 EStG). Bei diesen Vorgängen gehen die Anteile entweder auf ein anderes Rechtssubjekt über (verdeckte Einlage) oder aber (ganz oder teilw.) unter (Auflösung und Kapitalherabsetzung). Die Vorgänge erfolgen für den bisherigen Anteilsinhaber nicht unentgeltlich und werden insofern zutr. einer Veräußerung gleichgestellt, resp. sind entgeltliche Veräußerungen. 161

C. Gewerbliche Einkünfte der Mitunternehmer (Abs. 1 S. 1 Nr. 2 iVm. Abs. 3)

Literatur: *Bareis*, Änderungen der Verfügungsrechte bei Mitunternehmerschaften mit oder ohne Gewinnrealisierung, FR 2011, 153; *Bolk*, Bilanzierung und Besteuerung der PersGes. und ihrer G'ter, 2. Aufl., Köln 2016; *Brandenburg*, Besteuerung der PersGes. – unpraktikabel und realitätsfremd?, FR 2010, 731; *Fischer*, Gesamthandsgesellschaft, juristische Person und das Steuerrecht, in Fischer/Geck/Haarmann (Hrsg.), Zivilrechtliches Ordnungsgefüge und Steuerrecht, Festschrift für Georg Crezelius, 2018, 117; *Hennrichs*, Besteuerung v. PersGes. – Transparenz- oder Trennungsprinzip?, FR 2010, 721; *Herbst/Stegemann*, Neues zur korrespondierenden Bilanzierung, DStR 2017, 2081; *Hüttemann*, Gewinnermittlung bei Personengesellschaften, in Dötsch/Herlinghaus ua. (Hrsg.): Die PersGes. im Steuerrecht, Gedächtnissymposion für B. Knobbe-Keuk, Köln 2011, 39; *Hüttemann*, Einkünfteermittlung bei Gesellschaften, in *Hey* (Hrsg.), Einkünfteermittlung, DStJG 34, 2011, 291; *Kleinert/Bahnmüller*, Mitunternehmerinitiative bei (Vorbehaltsquoten-)Nießbrauch und gesellschaftsvertraglichem Einstimmigkeitserfordernis in Grundlagen- sowie Kernbereichsangelegenheiten, BB 2017, 1687; *Ley*, Steuerliche Transparenz v. Personengesellschaften, Ubg 2011, 274; *Küspert*, Der Nießbrauch am Personengesellschaftsanteil, FR 2014, 397; *v. Oertzen/Stein*, Vorbehaltsnießbrauch an mitunternehmerischen PersGes.-Anteilen – Probleme in der laufenden steuerlichen Behandlung, Ubg 2012, 285; *Prinz*, Besteuerung der PersGes. – unpraktikabel und realitätsfremd?, FR 2010, 736; *Reich/Stein*, Ertragsteuerliche Folgen des Nießbrauchserlasses 2012, DStR 2013, 1272; *Schiffers*, Besteuerung von Beteiligung einer jur. Pers. des öffentl. Rechts an einer PersGes., DStZ 2017, 305 und DStZ 2016, 535; *Schulze zur Wiesche*, Unentgeltliche Übertragung von Anteilen an einer PersGes. unter Nießbrauchsvorbehalt, DStZ 2016, 44; *Seibert*, Die Partnerschaftsgesellschaft mit beschränkter Berufshaftung, DB 2013, 1710; *Wälzholz*, Wege in die PartGmbB, DStR 2013, 2637; *Söffing/*

1 Vgl. *Schwarz van Berk*, SteuerStud. 2010, 445.
2 Begr. RegEntw. BT-Drucks. 16/2710, 28 und Bericht FinA BT-Drucks. 16/3369, 12.
3 **AA** *Frotscher*, IStR 2006, 65; *Stapperfend* in H/H/R, § 15 Anm. 971 (danach soll ein Verstoß gegen das Unionsrecht vorliegen, da Art. 10d Fusionsrichtlinie nur die Besteuerung bei Sitzverlegung bereits vorhandener stiller Reserven sichern solle).
4 Krit. auch *Schaumburg*[4], Rn. 18.30; *Rödder/Schuhmacher*, DStR 2006, 1481.
5 Vgl. BFH v. 17.7.2008 – I R 77/06, BStBl. II 2009, 464.

Kranz, Steuerrechtliche Auswirkungen bei Übertragung von Kommanditbeteiligungen unter Vorbehaltsnießbrauch und Zurückbehalten einer Zwergbeteiligung, SAM 2017, 131.

162 **I. Grundlagen – Transparenzprinzip. 1. Gesellschafter als Einkommen- und Körperschaftsteuersubjekte.** Die **PersGes.** ist als solche **weder Einkommen- noch KSt-Subjekt**. Dies sind nach § 1 nur nat. Pers. und nach §§ 1–3 KStG nur Körperschaften. Stattdessen ordnet § 15 Abs. 1 S. 1 Nr. 2 an, dass bei der OHG, KG und „anderen Ges." (Rn. 173 ff.) das „Einkommen der Personenvereinigung" nicht bei der Personenvereinigung, sondern bei deren G'tern zu versteuern ist: Der v. einer Ges. iSd. § 15 Abs. 1 S. 1 Nr. 2 erwirtschaftete Gewinn gehört anteilig (Gewinnanteil) zu den Einkünften aus GewBetr. bei den G'tern. Da nach § 2 Abs. 1 S. 1 nur solche Einkünfte bei dem StPfl. der ESt unterliegen, die der StPfl. „erzielt", folgt iZ mit § 15 Abs. 1 S. 1 Nr. 2 daraus, dass der dort genannte Gewinnanteil (am Gewinn der Ges.) v. dem jeweiligen G'ter iSd. § 2 Abs. 1 „erzielt" wird. Da in vielen Fällen freilich die PersGes. am Wirtschaftsverkehr teilnimmt und jedenfalls zivilrechtlich nicht der G'ter selbst, führt dies zu der dogmatischen Frage, ob hier ein „fremder Gewinn" zugerechnet wird, der durch die gewerbliche Betätigung eines Dritten (der Ges.) erwirtschaftet wurde, oder ob es sich um die Zurechnung eines eigenen, allerdings aufgrund gemeinsamer Betätigung erzielten Gewinn(anteil)s handelt.[1] Die normative Grundaussage berührt dies allerdings nicht: **Einkommen- oder KSt-Subjekt** ist nur **der G'ter** (vgl. auch § 2 Rn. 73 f.).[2] Diese steuergesetzliche Anordnung begründet den Dualismus der Unternehmensbesteuerung (Transparenzprinzip für PersGes., Trennungsprinzip für jur. Pers., s. Rn. 163). Für die PersGes. unterstellt das Gesetz ein gemeinsames Handeln mittels der Ges., rechnet wechselseitig die Handlungen zu und knüpft hieran seine Rechtsfolgen (zB auf der Einkünftequalifikationsebene, s. Rn. 164 ff.). Ob das Steuerrecht damit das Gesamthandsprinzip konsequent abbildet oder ob dies alles ob der Rechtsfähigkeit der PersGes. eine bloße Fiktion ist, kann auf sich beruhen. Der Gesetzgeber hat sich jedenfalls für dieses Zurechnungsmodell entschieden und damit zugleich auch für eine gewisse Rechtserheblichkeit der auf Gesamthandsebene gemeinsam verwirklichten Tatsachen. Daher gilt dies alles auch ungeachtet von Stand und Entwicklung der gesellschaftsrechtlichen Dogmatik. Selbst wenn sich das Gesellschaftsrecht dazu durchringen sollte, den Gesamthandsgedanken zurückzudrängen und aus der Rechtsfähigkeit der PersGes. vielmehr die gleichen oder zumindest vergleichbaren Konsequenzen wie bei den Körperschaften zu ziehen,[3] würde dies das ertragsteuerliche Besteuerungskonzept für PersGes. nach EStG und KStG nicht grundlegend verändern (können). Im Detail kann eine solche Anpassung durchaus nachvollzogen werden – was die Rspr. mit der Anerkennung der partiellen Steuerrechtsfähigkeit in Ansehung von Einkünftequalifikation und -ermittlung auch getan hat (Rn. 164 ff.) –, aber das an die Rechtsformen des Zivilrechts anknüpfende Transparenzprinzip selbst kann nur der Gesetzgeber aufgeben.[4] Lediglich auf steuerdogmatischer Ebene würde dann wohl nicht mehr bezweifelt werden können, dass § 15 Abs. 1 S. 1 Nr. 2 den G'tern einen fremden Gewinn zurechnet.[5]

163 Die Zurechnung des Gewinnanteils als eigene gewerbliche Einkünfte des G'ters (Rn. 162) erfolgt bereits mit der im Gesellschaftsbereich eingetretenen Vermögensmehrung, unabhängig davon, ob der Gewinnanteil v. G'ter entnommen wird oder nicht, selbst wenn temporär keine Entnahmebefugnis besteht.[6] Insoweit besteht eine grundlegend andere – gleichwohl nicht gleichheitswidrige[7] – Rechtslage als im Verhältnis Körperschaft und Anteilseigner. Da dort die Vermögensmehrung der Körperschaft selbst als dem Steuersubjekt zugerechnet wird, kommen für den Anteilseigner erst bei einer Ausschüttung eigene Einkünfte in Betracht. Bis zu einer Ausschüttung entfaltet die **Körperschaft** hinsichtlich der thesaurierten Gewinne eine **Abschirmwirkung**. Diese Abschirmwirkung stellt das Fundament des **Trennungsprinzips** dar. Demgegenüber entfaltet die Ges. des Abs. 1 S. 1 Nr. 2 gerade keine Abschirmwirkung. Vielmehr gilt das **Transparenzprinzip**. Es ging dem historischen Gesetzgeber um eine Gleichstellung von Einzelunternehmen

---

1 Siehe einerseits *Pinkernell*, Einkünftezurechnung bei PersGes., 2001, 172 f.; *Bodden*, Einkünftequalifikation bei MU'ern, 2001, 57 f.; *Bareis*, FR 2011, 153; andererseits *Hüttemann*, Personengesellschaft im Steuerrecht, 39 (44); *Schön*, StuW 1996, 275 (283 f.); *Raupach*, FS Beisse, 1997, 403; *Hennrichs*, FR 2010, 721; vermittelnd *Desens/Blischke* in K/S/M, § 15 Rn. A 50, C 24 f. (Zurechnung der gewerblichen Betätigung der PersGes. an die G'ter-MU'er. Die PersGes. und die mitunternehmerischen G'ter seien [zusammen] die Einkünfteerzielungssubjekte).

2 *Pinkernell*, Einkünftezurechnung bei PersGes., 2001, 172f; *Bodden*, Einkünftequalifikation bei MU'ern, 2001, 57 f.; *Bareis*, FR 2011, 153; **aA** *Hüttemann*, Personengesellschaft im Steuerrecht, 39 (44); *Schön*, StuW 1996, 275 (283 f.); vermittelnd *Desens/Blischke* in K/S/M, § 15 Rn. A 50, C 24 f. (Zurechnung der gewerblichen Betätigung der PersGes. an die G'ter-MU'er. Die PersGes. und die mitunternehmerischen G'ter seien (zusammen) die Einkünfteerzielungssubjekte).

3 Siehe zur Diskussion nur *Fischer*, FS Crezelius, 2018, 117.

4 *Drüen*, FS 100 Jahre Steuerrechtsprechung, 2018, 1317 (1326).

5 *Fischer*, FS Crezelius, 2018, 117 (130).

6 BFH v. 15.11.2011 – VIII R 12/09, BStBl. II 2012, 207.

7 Zur Verfassungsmäßigkeit des Dualismus der Unternehmensbesteuerung vgl. BVerfG v. 29.3.2017 – 2 BvL 6/11, BVerfGE 145, 106 Rn. 112; v. 24.3.2010 – 1 BvR 2130/90, FR 2010, 670 Rn. 10; v. 21.6.2006 – 2 BvL 2/99, BVerfGE 116, 164; zur Diskussion statt vieler *Drüen*, GmbHR 2008, 393 (398 ff.); *Hennrichs* in Tipke/Lang[23], § 10 Rn. 4.

und PersGes. in steuerrechtlicher Hinsicht. Diese sog. Gleichstellungsthese prägt auch bis heute noch die Konkretisierung der transparenten Besteuerung. Auf den ersten Blick ist damit die prägende Weichenstellung allein die Rechtsform. Es erfolgt allerdings dann, wenn die Weiche in Richtung PersGes. gestellt worden ist, noch eine zweite, ebenso wichtige Weichenstellung, nämlich die Unterscheidung zw. einem MU'er und einem „Nur-Gesellschafter". An dieser Stelle muss der „Unternehmer" vom bloßen Kapitalanleger oder ArbN geschieden werden. Jedenfalls im Verhältnis zum Kapitalanleger tut dies die Rspr. mit ihren niedrigen Mitunternehmeranforderungen wenig überzeugend. So richtig es ist, dass eine kapitalistisch geprägte Publikums-GmbH & Co. KG kein KSt-Subjekt ist und damit grds. das Transparenzprinzip gilt,[1] so sehr drängt sich doch die Frage auf, ob die K'disten auch wirklich „Unternehmer" sind und auch insoweit die Gleichstellungsthese den Pfad vorgibt, oder nicht doch vielmehr bloße Kapitalanleger (Rn. 212).

2. Gesellschaft als partielles Steuersubjekt. Nach der Rspr. soll die mitunternehmerische PersGes. zwar 164
nicht ESt-Subjekt sein, aber doch Subjekt der Gewinnerzielung, Gewinnermittlung und Einkünftequalifikation.[2] Sie sei partielles Steuersubjekt.[3] Die Lehre v. der partiellen Steuersubjektfähigkeit der PersGes. mit Gewinneinkünften ist in bewusstem Gegensatz zur sog. Bilanzbündeltheorie[4] entwickelt worden. Nach dieser maßgeblich v. *Becker*[5] vertretenen Auffassung war die PersGes. estl. als nicht vorhanden zu fingieren. Die gemeinsame Gesellschaftsbilanz sollte nichts anderes sein als das Bündel der Einzelbilanzen der G'ter.[6] Demgegenüber wird nunmehr zutr. der Verselbständigung des gemeinsam betriebenen GewBetr. der G'ter ggü. Einzelbetrieben der G'ter und auch der zivilrechtl. Verselbständigung der PersGes. ggü. den G'tern Rechnung getragen. Dabei ist für die stl. Einordnung allerdings unerheblich, ob die PersGes. zivilrechtl. als der Rechtsträger des Gesellschaftsvermögens angesehen wird[7] oder ob das Gesellschaftsvermögen lediglich als verselbständigte Vermögensmasse angesehen wird (Gesamthandsvermögen), dessen Rechtsträger die G'ter in ihrer gesamthänderischen Verbundenheit sind. Zu Recht hat der GrS es abgelehnt,[8] unterschiedliche Folgerungen daraus herzuleiten, ob zivilrechtl. einer unter Abs. 1 S. 1 Nr. 2 fallenden Ges. vollst, partielle oder gar keine Rechtsfähigkeit zukomme.[9] Vielmehr geht es darum, dem zivilrechtl. Befund, dass die PersGes. (und andere ihr gleichstehende Gesamthandsgemeinschaften) jedenfalls insoweit verselbständigt und zivilrechtl. auch Rechtsträger sind, dass Rechtsgeschäfte zw. ihnen (bzw. der Gesamtheit der G'ter) und dem einzelnen G'ter wie unter fremden Dritten möglich sind, auch stl. Rechnung zu tragen. Die rechtlich wie auch wirtschaftlich bedeutsame Trennung zw. den Vermögensmassen und Vermögenszuständigkeiten soll nicht hinwegfingiert werden.[10]

Die **Lehre v. der Steuersubjektfähigkeit** der PersGes. soll erklären, dass (1) **Veräußerungsgeschäfte** zw. 165
der mitunternehmerischen PersGes. und ihrem G'ter und umgekehrt **zu Bedingungen wie unter Fremden** auch ebenso stl. behandelt werden (Rn. 376); (2) auch alle **anderen Leistungen** (Vermietungen, Dienstleistungen, Darlehensgewährungen etc.) der mitunternehmerischen **PersGes. an** ihre **G'ter** zu fremdüblichen Bedingungen ebenfalls nach den normalen Regelungen behandelt werden (Rn. 299); (3) normal zu behandelnde Leistungsbeziehungen zw. gewerblichen **Schwester-PersGes.** möglich sind (Rn. 351 f.); (4) auch **Innen**gesellschaften einen eigenen GewBetr. unterhalten;[11] und (5) eine PersGes. ihrerseits MU'er einer anderen PersGes. sein kann (Rn. 347).[12] Sie ist insoweit identisch mit der **Einheitstheorie**, wonach die stl. Würdigung primär v. der **Einheit der Ges.** auszugehen habe.[13] Danach soll die Einkünftequalifikation, Einkünfteerzielung und Einkünfteermittlung primär auf der Ebene der Ges. erfolgen. Die lediglich vermögensverwaltende PersGes. soll hingegen materiell nicht als Steuersubjekt der Einkünfteerzielung zu behandeln sein. Stattdessen wird eine auf den G'ter abstellende „Bruchteilsbetrachtung" angewendet (Rn. 394 f.).[14]

1 BFH v. 25.6.1984 – GrS 4/82, BStBl. II 1984, 751.
2 BFH v. 26.4.2012 – IV R 44/09, BStBl. II 2013, 142 mwN; vgl. *Gschwendtner*, DStZ 1998, 335.
3 BFH v. 25.6.1984 – GrS 4/82, BStBl. II 1984, 751; v. 25.2.1991 – GrS 7/89, BStBl. II 1991, 691; v. 3.7.1995 – GrS 1/93, BStBl. II 1995, 617; v. 26.11.1996 – VIII R 42/94, BStBl. II 1998, 328.
4 Dazu *Desens/Blischke* in K/S/M, § 15 Rn. C 5 f.
5 *Becker*, Grundlagen der ESt, 1940, 94.
6 RFH RStBl. 1937, 937.
7 So nunmehr BGH v. 29.1.2001 – II ZR 331/00, BGHZ 146, 341 auch für die GbR-Außengesellschaft.
8 BFH v. 3.7.1995 – GrS 1/93, BStBl. II 1995, 617.
9 Rechtsfähigkeit auch der BGB-Außengesellschaft ausdrücklich bej. BGH v. 29.1.2001 – II ZR 331/00, NJW 2001, 1056; zur terminologischen Konzeptionslosigkeit des Zivirechtsgesetzgebers s. § 14 Abs. 2 BGB („rechtsfähige PersGes.") einerseits und § 93 InsO („Ges. ohne Rechtspersönlichkeit") andererseits.
10 *Reiß*, FS P. Kirchhof, 1925 f.
11 BFH v. 26.11.1996 – VIII R 42/94, BStBl. II 1998, 328; *Gschwendtner*, DStZ 1998, 335.
12 BFH v. 25.2.1991 – GrS 7/89, BStBl. II 1991, 691; v. 31.8.1999 – VIII B 74/99, BStBl. II 1999, 794.
13 BFH v. 30.4.1991 – VIII R 68/86, BStBl. II 1991, 873.
14 BFH v. 26.4.2012 – IV R 44/09, BStBl. II 2013, 142; v. 2.4.2008 – IX R 18/06, BStBl. II 2008, 679.

166 Auf der anderen Seite sei aber zu berücksichtigen, dass die PersGes. nicht das ESt-Subjekt sei. Subjekt der Einkünfteerzielung sind danach allein die G'ter.[1] Diese seien die **MU'er des Betriebes der PersGes.** und damit letztlich stl. die Träger des Unternehmens.[2] Hat eine PersGes. nur einen (Mit)Unternehmer (Treuhandmodell), liegt einkommensteuerlich keine MU'schaft vor. Es unterhält dann nur der Treugeber den GewBetr. iSd. § 15 Abs. 2 EStG und auch des §§ 2, 5 GewStG.[3] Es handelt sich dann auch gewerbesteuerlich um ein „Einzelunternehmen". Daher seien auf einer zweiten Ebene auch die sich aus der persönlichen Sphäre der G'ter ergebenden Merkmale für diesen zusätzlich zu berücksichtigen. Daraus ergäbe sich ein **duales System**. Dies führe einerseits dazu, dass **zusätzlich zum Gesellschaftsbereich** zu berücksichtigen seien (1) die Sonderbereiche der G'ter mit ihren SBV, ihren Sondervergütungen und Sonder-BA (Rn. 309 f.) und (2) die Ergänzungsbereiche (Rn. 244 f.) der G'ter. Anderseits sei aber für die Frage, ob der G'ter einen eigenen GewBetr. unterhält, auch die Betätigung in der PersGes. mitzuberücksichtigen (Rn. 75 ff. BetrAufsp.; Rn. 116 ff. gewerblicher Grundstückshandel).

167 Darüber hinausgehend wird bei der **nicht gewerblich tätigen PersGes.**, insbes. bei der lediglich vermögensverwaltend tätigen PersGes., die Einkünftequalifikation und daraus folgend die Einkünfteermittlung nicht abschließend anhand der auf der Ebene der PersGes. verwirklichten Tatbestandsmerkmale entschieden, sondern unter Einbeziehung der Ebene der G'ter. Gehört daher die Beteiligung an der PersGes. zu einem gewerblichen Unternehmen des G'ters, erzielt dieser in der PersGes. anteilig gewerbliche Einkünfte (Rn. 127, 128 zum Grundstückshandel) – sog. **Zebragesellschaft** (Rn. 393). Auch bei der gewerblich tätigen PersGes. ist trotz Maßgeblichkeit der HB für die Gewinnermittlung auf Gesellschaftsebene zu beachten, dass die G'ter als MU'er die Subjekte der Einkünfteerzielung sind (Rn. 228 f.).

168, 169 Einstweilen frei.

170 **3. Gemeinsamer Gewerbebetrieb – Gewerbebetrieb der Personengesellschaft.** Abs. 1 S. 1 Nr. 2 ist nur anwendbar, wenn die erzielten Gewinnanteile am Gewinn der PersGes. aus einer gewerblichen Betätigung stammen. Die G'ter in ihrer Gesamtheit als Mitglieder der Ges. entfalten auf der Ebene der Ges. eine originär gewerbliche Betätigung iSd. Abs. 1 S. 1 Nr. 1 iVm. Abs. 2. Dies gilt auch bei **Beteiligung einer** steuerbefreiten Körperschaft oder **jur. Pers. des öffentlichen Rechts** (ua. Gebietskörperschaft) als G'ter und MU'er. Insoweit liegt für sie ein wirtschaftlicher Geschäftsbetrieb iSd. § 14 AO vor[4] bzw. handelt sie im Rahmen eines Betriebs gewerblicher Art gem. § 1 Abs. 1 Nr. 6 iVm. § 4 KStG,[5] wenn die PersGes. nicht lediglich eine vermögensverwaltende, aber kraft Rechtsform gewerbliche Tätigkeit ausübt (s. Rn. 135).[6] Die gemeinsame gewerbliche Betätigung lässt sich abgekürzt als der GewBetr. der PersGes. bezeichnen. Zu beachten ist, dass eine PersGes. als MU'schaft, resp. die MU'er gemeinsam – anders als ggf. Einzelgewerbetreibende – immer nur einen GewBetr. unterhält.[7] Bei einer **Außengesellschaft** müssen daher die Tatbestandsmerkmale des GewBetr. bereits auf der Ebene der PersGes.[8] erfüllt sein, dh. sie muss sich nachhaltig durch Beteiligung am allg. wirtschaftlichen Verkehr betätigen (Rn. 24 f.). Negativ darf es sich nicht um eine selbständige Arbeit (Rn. 61), LuF (Rn. 55) oder um Vermögensverwaltung (Rn. 69) handeln. Eine Unselbständigkeit kommt für PersGes. nicht in Betracht. Bei einer **Innengesellschaft** muss der nach außen auftretende Unternehmer im Außenverhältnis eine gewerbliche Betätigung iSd. Abs. 2 entfalten. Diese stellt sich im maßgeblichen Innenverhältnis als die v. den MU'ern der Innengesellschaft entfaltete gemeinsame gewerbliche Betätigung dar,[9] weil der im Außenverhältnis tätige Unternehmer die Geschäfte auch für Rechnung des atypisch still Beteiligten führt. Grundsätzlich kann auch eine Gewinn- (und Verlust-)Ge-

---

1 BFH v. 15.11.2011 – VIII R 12/09, BStBl. II 2012, 207; v. 3.2.2010 – IV R 26/07, BStBl. II 2010, 751; **aA** *Hüttemann*, DStJG 34, 291 (294).

2 BFH v. 3.5.1993 – GrS 3/92, BStBl. II 1993, 616; v. 3.7.1995 – GrS 1/93, BStBl. II 1995, 617.

3 BFH v. 3.2.2010 – IV R 26/07, BStBl. 2010, 751 (keine GewStPfl. einer KG, sondern nur der GmbH als alleiniger treugeberischer Gesellschafterin – sog. Treuhandmodell); vgl. auch *Fuhrmann/Urbach*, KÖSDI 2011, 17630 mwN zu Gestaltungen (Ergebniskonsolidierung) bei der GewSt.

4 BFH v. 27.3.2001 – I R 78/99, BStBl. II 2001, 449; v. 25.5.2011 – I R 60/10, BStBl. II 2011, 858. Die Gewerblichkeit kann sich dabei auch aus einer BetrAufsp. ergeben (FG Düss. v. 17.9.2013 – 6 K 2430/13 K, EFG 2013, 1958).

5 BFH v. 25.3.2015 – I R 52/13, BStBl. II 2016, 172 und BMF v. 21.6.2017, BStBl. I 2017, 880. Auf der Ebene der Trägerkörperschaft unterliegen die Sondervergütungen der KapESt gem. § 20 Abs. 1 Nr. 10 lit. b, § 43 Abs. 1 Nr. 7c, BMF v. 9.1.2015, BStBl. I 2015, 111 und *Bott*, DStZ 2016, 480; sa. FG München v. 21.7.2015 – 6 K 3113/11, EFG 2015, 1950 (Rev. VIII R 43/15); sa. *Schiffers*, DStZ 2017, 305.

6 BFH v. 18.2.2016 – V R 60/13, BStBl. II 2017, 251 (kein wirtschaftlicher Geschäftsbetrieb bei Beteiligung einer gemeinnützigen Stiftung als G'ter einer nur vermögensverwaltenden, gewerblich geprägten KG).

7 BFH v. 13.7.2016 – VIII R 56/13, DStR 2016, 2377 (zur Betriebsgröße beim Investitionsabzug nach § 7g EStG und zur für den Schuldzinsenabzug nach § 4 Abs. 4a unschädlichen Grenze von 2 050 Euro/Betrieb).

8 BFH v. 25.6.1984 – GrS 4/82, BStBl. II 1984, 751.

9 BFH v. 22.2.2017 – I R 35/14, BStBl. II 2018, 33; v. 26.11.1996 – VIII R 42/94, BStBl. II 1998, 328; v. 12.11.1985 – VIII R 364/83, BStBl. II 1986, 311.

meinschaft (**Gewinnpool**) nach § 292 AktG eine MU'schaft bilden. Diese wird vom I. Senat zutr. als GbR-Innenges. qualifiziert.[1] Eine MU'schaft dürfte aber gleichwohl idR nicht vorliegen. Auch wenn der BFH es grds. für möglich hält,[2] dass die Gewinngemeinschaft einen „gemeinen Betrieb" unterhält, so dürfte dies in der Praxis allerdings kaum anzutreffen sein (Tatfrage). Vielmehr werden idR die jeweiligen Einzelbetriebe der Mitglieder der Gewinngemeinschaft von diesen betrieben und nicht gemeinsam von und für die Mitglieder der Gewinngemeinschaft. Der Gewinn- und Verlustausgleich ändert daran nichts.

Keine originär gewerbliche Tätigkeit ist bei **gewerblich geprägten PersGes.** erforderlich (Rn. 135). Auch eine Innengesellschaft kann gewerblich geprägte Ges. sein[3] (Rn. 140). Bei einer PersGes., die neben einer originär gewerblichen Tätigkeit (außer in äußerst geringem Umfange) noch andere Tätigkeiten ausübt, ist die gesamte Tätigkeit als gewerblich zu behandeln – sog. **Abfärbung** (Rn. 143). Zur Abfärbung führt das bloße Halten einer Beteiligung an einer originär gewerblichen, gewerblich geprägten oder ihrerseits der Abfärberegelung unterliegenden (Unter)PersGes. (s. Rn. 144). 171

Die **Gewinnerzielungsabsicht** (Rn. 35 f.) muss nach Ansicht der Rspr. bei PersGes. als MU'schaften in zweifacher Hinsicht geprüft werden[4]. Sie muss einerseits bereits auf der Ebene der Ges. bestehen. Dabei soll auf den Totalgewinn unter Einschluss des SBV abzustellen sein.[5] Sodann muss auch noch auf der Ebene des einzelnen G'ter Gewinnerzielungsabsicht bestehen.[6] Daran kann es etwa fehlen, wenn innerhalb einer befristeten G'ter-Beteiligung ein Totalgewinn für diesen G'ter nicht erzielt werden kann. Ein derartiger G'ter ist kein MU'er, sodass ihm auch kein Gewinnanteil als gewerbliche Einkünfte zugerechnet werden kann. Bei allen PersGes. kann wie bei einem Einzelunternehmer für einzelne Geschäftsbereiche die Gewinnerzielungsabsicht fehlen[7] (Segmentierung – Rn. 40). 172

II. Gesellschafts- und Gemeinschaftsverhältnisse. 1. Gesellschaftsverhältnis als Rechtsverhältnis zum Führen eines Gewerbebetriebs auf gemeinsame Rechnung. Abs. 1 S. 1 Nr. 2 erfasst neben den als Prototypen für transparente Ges. genannten **OHG** und **KG** ausdrücklich auch **andere Ges.**, bei denen der G'ter als Unternehmer (MU'er) des Betriebes anzusehen ist. Zivilrechtl. beruhen Ges. auf einem **Gesellschaftsvertrag.** Als andere Ges. kommen neben der **GbR** und der – allerdings vorbehaltlich § 15 Abs. 3 Nr. 1 – unter § 18 fallenden Partnerschaftsges. schon nach dem zivilrechtl. Ges.-Begriff die **Stille Ges.**, § 230 HGB, und andere BGB-**Innenges.** sowie die **Partenreederei**, §§ 489 ff. HGB in Betracht. Unerheblich ist insoweit, ob der Gesellschaftsvertrag zivilrechtl. fehlerhaft ist. Auch die sog. **faktische oder fehlerhafte Ges.** ist, soweit der Gesellschaftsvertrag ins Werk gesetzt wurde, als Ges. zu behandeln.[8] Lediglich solche Ges., die ihrerseits selbst als Körperschaften behandelt werden, §§ 1–3 KStG, scheiden für § 15 Abs. 1 S. 1 Nr. 2 aus, insbes. die KapGes.[9] Bei **ausländ. Ges.** kommt es auf einen **Typenvergleich**[10] an. Unabhängig v. der zivilrechtl. Rechtsfähigkeit (jur. Pers. oder nicht) und steuerrechtl. (Steuersubjekt oder nicht) Qualifikation nach dem betr. ausländ. Recht entscheidet die Ähnlichkeit einerseits zur OHG, KG oder GbR und andererseits zur AG oder GmbH. Eine Sitzverlegung in das Inland führt nicht dazu, dass eine ausländ. EU-KapGes. als aufgelöst und als mitunternehmerische PersGes. zu behandeln wäre.[11] 173

Die Rspr. nimmt zutr. an, dass der Begriff der Ges. in Abs. 1 S. 1 Nr. 2 nicht im engeren zivilrechtl. Verständnis verstanden werden dürfe. Vielmehr seien unter den estl. Begriff der Ges. in § 15 auch „wirtschaftlich vergleichbare Gemeinschaftsverhältnisse" zu subsumieren.[12] Dazu gehören ua. die **Erbengemeinschaft,**[13] sie beruht nicht auf Vertrag, und die **Gütergemeinschaft,**[14] sie beruht auf einem Ehevertrag und nicht auf einem Gesellschaftsvertrag. Darüber hinausgehend wurden als mitunternehmerische „Ges." iSd. 174

---

1 BFH v. 22.2.2017 – I R 35/14, BStBl. II 2018, 33.
2 BFH v. 22.2.2017 – I R 35/14, BStBl. II 2018, 33 Rn. 22 ff.
3 BFH v. 26.11.1996 – VIII R 42/94, BStBl. II 1998, 328.
4 BFH v. 30.10.2014 – IV R 34/11, BStBl. II 2015, 380.
5 BFH v. 25.6.1996 – VIII R 28/94, BStBl. II 1997, 202; v. 2.8.1994 – VIII R 55/93, BFH/NV 1995, 866; v. 4.11.2003 – VIII R 38/01, BFH/NV 2004, 1372 (auch für doppelstöckige PersGes. mit deutscher Ober- und ausländ. Untergesellschaft).
6 BFH v. 10.12.1992 – XI R 45/88, BStBl. II 1993, 538; v. 8.12.1998 – IX R 49/95, BStBl. II 1999, 468 (für VuV-Immobilienfonds).
7 BFH v. 25.6.1996 – VIII R 28/94, BStBl. II 1997, 202.
8 BFH v. 1.7.2010 – IV R 100/06, BFH/NV 2010, 2056; v. 22.1.1985 – VIII R 303/81, BStBl. II 1985, 363.
9 BFH v. 25.6.1984 – GrS 4/82, BStBl. II 1984, 751.
10 BFH v. 27.2.1991 – I R 15/89, BStBl. II 1991, 444; v. 17.12.1997 – I R 34/97, BStBl. II 1998, 296.
11 Vgl. EuGH v. 30.9.2003 – C-167/01 (Inspire Art), GmbHR 2003, 1260; v. 5.11.2002 – C-208/00, Slg. 2002 I-9919 (Überseering); BGH v. 13.3.2003 – VII ZR 370/98, BB 2003, 915.
12 BFH v. 25.6.1984 – GrS 4/82, BStBl. II 1984, 751.
13 BFH v. 5.7.1990 – GrS 2/89, BStBl. II 1990, 837.
14 BFH v. 18.8.2005 – IV R 37/04, BStBl. II 2006, 165; v. 1.10.1992 – IV R 130/90, BStBl. II 1993, 574.

Abs. 1 S. 1 Nr. 2 auch die **Wohnungseigentümergemeinschaft** (jedenfalls innerhalb ihres Verbandszwecks),[1] **Bruchteilsgemeinschaften**[2] sowie eine Vermietergemeinschaft aus **Eigentümer und Nießbraucher**[3] angesehen. Da einerseits echte auf Gesellschaftsvertrag beruhende Außen- wie Innengesellschaften erfasst werden, andererseits aber auch Gemeinschaften ohne Gesellschaftsvertrag, aber mit Gesamthandseigentum und darüber hinausgehend auch mit Bruchteilseigentum und sogar eine Gemeinschaft aus einem Eigentümer und einem Fruchtziehungsberechtigten, stellt sich die Frage, was denn eigentlich das „wirtschaftlich vergleichbare Gemeinschaftsverhältnis" als kennzeichnendes Merkmal konstituiert. Dieses Merkmal kann nur darin gesehen werden, dass ein **Rechtsverhältnis** besteht, wonach der GewBetr. auf **gemeinsame Rechnung** mehrerer geführt wird. Bei den echten **PersGes.** und der **Partenreederei** besteht schon vertraglich der gemeinsame Zweck, § 705 BGB, § 489 HGB aF,[4] im Führen eines GewBetr. zum Erwerb für gemeinschaftliche Rechnung. Bei den anderen „wirtschaftlich vergleichbaren Gemeinschaftsverhältnissen" ergibt es sich aus den jeweiligen gesetzlichen Bestimmungen, falls ein auf Erwerb gerichteter GewBetr. unterhalten wird. Kennzeichnend für das Betreiben auf gemeinsame Rechnung ist dabei, dass die Beteiligten kraft des bestehenden Rechtsverhältnisses, beruhe es auf Vertrag oder G, an einer Vermögensmehrung (Gewinn) partizipieren und das Risiko einer Vermögensminderung (Verlust) mittragen.[5]

175 Nach der Rspr. soll eine MU'schaft iSd. § 15 ausscheiden, wenn kein **Gesellschaftsverhältnis oder vergleichbares Gemeinschaftsverhältnis** vorliegt. Insbes. sollen Austauschverhältnisse, wie Dienst-, Arbeits-, Darlehens-, Miet- und Pachtverträge, keine mitunternehmerische „Ges." begründen können, wenn sie in Wahrheit nicht verdeckte zivilrechtl. Gesellschaftsverhältnisse sind, also insbes. eine stille Innengesellschaft nach § 705 BGB darstellen. Eine MU'schaft könne auch nicht auf rein tatsächliche Beziehungen begründet werden – **keine faktische MU'schaft.**[6] Andererseits wird gerade aus einem unbeanstandeten faktischen Verhalten – hier Entnahmen und Einlagen, Gehaltsverzicht – auf das Vorliegen eines verdeckten Gesellschaftsverhältnisses geschlossen.[7] Dem ist iErg. zu folgen. Richtigerweise kommen Austauschrechtsverhältnisse gerade mangels gemeinsamer Zweckverfolgung nicht als Rechtsverhältnisse für das Betreiben eines GewBetr. auf gemeinsame Rechnung in Betracht. Ob ein Austauschverhältnis vorliegt, kann aber nicht allein aufgrund der v. den Parteien gewählten Bezeichnung entschieden werden,[8] sondern ist durch Vertragsauslegung zu bestimmen. Darüber hinausgehend kann aus dem tatsächlichen Verhalten auf das Vorliegen eines Rechtsverhältnisses geschlossen werden, wonach der GewBetr. für gemeinsame Rechnung betrieben wird. Das tatsächliche Verhalten begründet dann nicht als solches die MU'schaft, sondern es indiziert das Vorliegen eines entspr. Rechtsverhältnisses. „Ges." iSd. Abs. 1 S. 1 Nr. 2 ist daher jedes **Rechtsverhältnis**, kraft dessen ein **GewBetr. für Rechnung mehrerer** v. diesen geführt wird. Unerheblich ist, ob dieses Rechtsverhältnis iSd. Gesellschaftsrechtes als Ges. zu qualifizieren ist oder nicht.[9]

176 **2. Einzelne Gesellschafts- und Gemeinschaftsverhältnisse. a) OHG, KG und GbR als Außengesellschaften.** Das G nennt die **OHG und KG** als **typische Ges.**, die dazu führen, dass die G'ter gewerbliche Einkünfte erzielen. Auch für diese Ges. ist jedoch Voraussetzung, dass die OHG- oder KG-G'ter als „Unternehmer (MU'er) des Betriebes anzusehen" sind[10] (dazu Rn. 205 f.). Der Relativsatz ist auch auf die OHG- und KG-G'ter zu beziehen. Dies lässt der Wortlaut nicht nur zu, sondern es ist auch geboten. Denn die Zurechnung v. gewerblichen Einkünften setzt für alle Gemeinschaftsrechtsverhältnisse voraus, dass die Beteiligten sich als Unternehmer des GewBetr. betätigen, weil andernfalls eine Zurechnung zu ihren gewerblichen Einkünften nicht zu rechtfertigen wäre (Rn. 151).

177 Für die **phG'ter** einer OHG und GbR sowie die Komplementäre der KG soll sich die MU'schaft bereits aus der **persönlichen Haftung** ergeben.[11] Daher soll auch der **Treuhänder** als phG'ter MU'er sein, selbst wenn er keine Kapitaleinlage geleistet hat, im Innenverhältnis nicht am Gewinn und Verlust teilhat und

---

1 BFH v. 20.9.2018 – IV R 6/16, juris (dort: Betrieb eines Blockheizkraftwerks); v. 10.4.1997 – IV R 73/94, BStBl. II 1997, 569.
2 BFH v. 3.7.1995 – GrS 1/93, BStBl. II 1995, 617.
3 BFH v. 14.11.1979 – I R 123/76, BStBl. II 1980, 432.
4 Vgl. Art. 71 EGHGB.
5 Vgl. auch *Fischer*, FR 1998, 813.
6 Vgl. BFH v. 1.7.2003 – VIII R 2/03, BFH/NV 2003, 1564 (keine MU'schaft durch Ausnutzung faktischer Machtstellung); v. 25.6.1984 – GrS 4/82, BStBl. II 1984, 751; v. 16.12.1997 – VIII R 32/90, BStBl. II 1998, 480; v. 1.8.1996 – VIII R 12/94, BStBl. II 1997, 272; v. 13.7.1993 – VIII R 50/92, BStBl. II 1994, 282; v. 7.7.1998 – IV B 62/97, BFH/NV 1999/167.
7 BFH v. 16.12.1997 – VIII R 32/90, BStBl. II 1998, 480.
8 BFH v. 16.12.1997 – VIII R 32/90, BStBl. II 1998, 480 mwN.
9 Vgl. auch (abl.) *Hennrichs* in Tipke/Lang[23], § 10 Rn. 31 f.; *Schulze-Osterloh*, FS L. Schmidt, 1993, 307.
10 BFH v. 25.6.1984 – GrS 4/82, BStBl. II 1984, 751; v. 3.5.1993 – GrS 3/92, BStBl. II 1993, 616.
11 BFH v. 3.2.2010 – IV R 26/07, BStBl. II 2010, 751; v. 10.5.2007 – IV R 2/05, BStBl. II 2007, 927; v. 25.4.2006 – VIII R 74/03, BStBl. II 2006, 595.

ihm ein unbeschränkter Freistellungsanspruch gegen die übrigen G'ter zusteht. Dem ist – entgegen der neueren Rspr. – nicht zu folgen.[1] Dafür ist unerheblich, ob zivilrechtl. der **„angestellte Komplementär"** G'ter ist.[2] Ohne Gewinnbeteiligung wird ein GewBetr. nicht auf Rechnung des betr. G'ters geführt.[3] Rein schuldrechtl. Vergütungen begründen ohne sonstige gesellschaftsrechtl. Gewinnbeteiligung nicht die Unternehmerstellung.[4] Sofern sich die Haftung realisieren sollte, führt dies beim „angestellten Komplementär" zu WK aus § 19 oder beim Treuhänder zu BA in seinem GewBetr. oder bei selbständiger Tätigkeit nach §§ 15, 18,[5] ansonsten in der Tat zu einem unbeachtlichen Verlust auf der Vermögensebene.[6] Eine Gewinnbeteiligung liegt allerdings vor, wenn für die aus dem Gesellschaftsverhältnis folgende Übernahme der persönlichen unbeschränkten Haftung eine sog. Haftungsprämie gewährt wird. Dabei handelt es sich immer um eine Teilnahme am Gewinn (Vorweggewinn) und nicht um eine schuldrechtl. Vergütung für eine Haftungsübernahme, weil die Haftung zwingend mit der G'ter-Stellung verbunden ist und insoweit nicht noch schuldrechtl. versprochen werden kann (Rn. 310). Insoweit genügt dann auch bei einem Ausschluss der Verlustbeteiligung im Innenverhältnis das Haftungsrisiko im Außenverhältnis, um zu bejahen, dass der GewBetr. auch für Rechnung des Komplementärs geführt wird.[7] Daher ist bei der **GmbH & Co. KG** die Unternehmerstellung der GmbH als phG'ter auch dann zu bejahen, wenn ihr lediglich eine Haftungsvergütung zugesagt wird und sie iÜ keinen Kapitalanteil erhält.[8] Soweit **K'disten** entspr. dem Regelstatut der KG beteiligt sind, wird der GewBetr. auch auf ihre Rechnung betrieben.[9] Sie sind daher MU'er des Betriebs (Rn. 212), es sei denn, sie sind lediglich fremdnützige Treuhänder.[10]

Rein **vermögensverwaltende OHG und KG (Eintragung ist erforderlich)** betreiben handelsrechtl. ein kfm. Gewerbe (§§ 105 Abs. 2, 161 HGB). Stl. fallen sie jedoch mangels originär gewerblicher Einkünfte iSd. § 15 Abs. 2 nicht unter § 15 Abs. 1 S. 1 Nr. 2, es sei denn, es liege wegen ausschließlicher Beteiligung v. KapGes. eine gewerblich geprägte OHG vor oder eine gewerblich geprägte KG, weil nur KapGes. als Komplementäre vorhanden sind (Rn. 135 ff.). Soweit handelsrechtl. auch bei **fehlender Gewinnabsicht** eine OHG oder KG vorliegt,[11] begründet dies stl. dennoch keine gewerblichen Einkünfte (Rn. 35 ff.).[12] 178

Die **GbR** kann zu jedem beliebigen Zweck gegründet werden. Die persönliche und unbeschränkte G'ter-Haftung besteht kraft G und kann außer durch Individualvertrag nicht beschränkt werden. Als MU'schaft kommt sie nur in Betracht, wenn eine gewerbliche Tätigkeit entfaltet wird, aber dafür **kein in kfm. Weise eingerichteter Geschäftsbetrieb** erforderlich ist, § 105 HGB iVm. § 1 Abs. 2 HGB. GbR sind auch die **Hilfsgemeinschaften**, wie **Büro-, Labor-,**[13] **Apparate- und Werbegemeinschaften**. Dies kann auch auf Koproduktionsgemeinschaften v. Film- und Fernsehproduzenten zutreffen, wenn diese lediglich kostendeckend arbeiten und die Verwertungsrechte nur bei den Koproduzenten selbst verbleiben,[14] ansonsten handelt es sich um gewerbliche MU'schaften. Mangels eigenständiger (gemeinsamer) Gewinnerzielungsabsicht stellen Hilfsgemeinschaften jedoch keine MU'er-Gemeinschaften dar.[15] Vielmehr sind die BA anteilig den GewBetr. der beteiligten G'ter zuzuordnen. Zu diesem Zweck ist verfahrensrechtl. allerdings eine gesonderte Feststellung durchzuführen (VO zu § 180 Abs. 2 AO).[16] **Arbeitsgemeinschaften**, insbes. im Baugewerbe, stellen grds. selbstständige MU'schaften dar.[17] Für die sog. kleine Arbeitsgemeinschaft, eine GbR zur Durchführung nur eines Werkvertrages, ist nach § 180 Abs. 4 AO eine einheitliche und gesonderte Gewinnfeststellung nicht erforderlich. Gewstl. gelten sie als Betriebsstätten der beteiligten Partner 179

1 Zutr. noch Bedenken in BFH v. 21.4.1988 – IV R 47/85, BStBl. II 1989, 722 und für das Bewertungsrecht ausdrücklich abw. BFH v. 16.12.1992 – II R 57/89, BStBl. II 1993, 270.
2 Dazu Nachweise in BFH v. 11.6.1985 – VIII R 252/80, BStBl. II 1987, 33.
3 So auch BFH v. 28.10.1999 – VIII R 66–70/97, BStBl. II 2000, 183.
4 BFH v. 21.4.2009 – II R 26/07, BStBl. II 2009, 602.
5 BFH v. 30.6.2005 – IV R 40/03, BFH/NV 2005, 1994 (zum Treuhand-K'disten).
6 BFH v. 28.10.1999 – VIII R 66–70/97, BStBl. II 2000, 183 (wie Darlehensgeber).
7 BFH v. 11.12.1986 – IV R 222/84, BStBl. II 1987, 553.
8 BFH v. 10.10.2012 – VIII R 42/10, BStBl. II 2013, 79.
9 BFH v. 25.6.1984 – GrS 4/82, BStBl. II 1984, 751.
10 BFH v. 30.6.2005 – IV R 40/03, BFH/NV 2005, 1994.
11 MünchKomm/HGB § 1 Rn. 23.
12 BFH v. 8.12.1998 – IX R 49/95, BStBl. II 1999, 468 (zu VuV).
13 Zu ärztlichen Laborgemeinschaften BMF v. 12.2.2009, BStBl. I 2009, 398.
14 Vgl. BMF v. 23.2.2001, BStBl. I 2001, 175 (MU'schaft aber bei gemeinsamer Vermarktung – auch bei fehlender MU'schaft keine Anwendung des § 2a GewStG).
15 BFH v. 14.4.2005 – XI R 82/03, BStBl. II 2005, 752; v. 6.2.1986 – IV R 133/85, BStBl. II 1986, 666; v. 1.7.2004 – IV R 10/03, BStBl. II 2004, 947.
16 BMF v. 12.2.2009, BStBl. I 2009, 398; v. 31.1.2003, BStBl. I 2003, 170 (für ärztliche Laborgemeinschaften); zur Antragsberechtigung nach dem InvZulG 1999 vgl. BMF v. 28.6.2001, BStBl. I 2001, 379 und BFH v. 1.7.2004 – IV R 10/03, BStBl. II 2004, 947.
17 BFH v. 2.12.1992 – I R 165/90, BStBl. II 1993, 577.

(§ 2a GewStG). Werden Leistungen der Partner an die Arge wie unter fremden Dritten vergütet, findet auch eine Gewinnrealisierung statt.[1]

180 Die auf die Gründung einer KapGes. gerichtete **Vorgründungsgesellschaft** (vor Abschluss des notariellen Gesellschaftsvertrages) stellt eine GbR dar, deren Zweck auf die Errichtung der KapGes. gerichtet ist. Ihr Vermögen geht auch mit der späteren Errichtung und Eintragung der KapGes. nicht automatisch auf diese über, sondern es bedarf der Übertragung auf diese.[2] Daraus wird zutr. gefolgert, dass die Vorgründungsgesellschaft nicht als KapGes. behandelt werden kann. Ihr Gewinn sei vielmehr den G'tern als MU'ern einer GbR[3] zuzurechnen, es sei denn, es handle sich wegen der Vielzahl der Mitglieder und der besonderen körperschaftlichen Struktur um einen nicht rechtsfähigen Verein.[4] Dagegen geht das Vermögen der **Vorgesellschaft** (ab Abschluss des notariellen Gründungsvertrages) mit der Eintragung der KapGes. automatisch auf die KapGes. über. Demzufolge ist dieser dann auch der bereits v. der Vorgesellschaft erwirtschaftete Gewinn zuzurechnen[5] bzw. die Vorgesellschaft bereits als KapGes. zu behandeln.[6] Allerdings setzt dies voraus, dass es zu einer Eintragung kommt. Kommt es (endgültig) nicht (mehr) zu einer Eintragung, ist die Vorges. als (gewerbliche oder vermögensverwaltende) PersGes. zu behandeln.[7] Fraglich ist, ob bei der Vorgründungsgesellschaft nicht angenommen werden muss, dass die G'ter treuhänderisch für die noch zu errichtende KapGes. tätig werden, sodass jedenfalls bei erfolgender Eintragung doch eine Zurechnung zur KapGes. erfolgen müsste.[8] Verfahrensrechtl. würde § 175 Abs. 1 Nr. 2 AO die entspr. Änderungsmöglichkeiten eröffnen.

181 Die **Partnerschaft** ist eine spezielle Gesellschaftsform für die **freien Berufe**. Sie ist weitgehend der OHG angenähert. Dadurch unterscheidet sie sich v. der Sozietät, die eine GbR darstellt. Angehörige der Partnerschaft können nur nat. Pers. sein. Mangels Ausübung eines GewBetr. fällt die Partnerschaft typischerweise unter § 18 (§ 18 Rn. 23), es sei denn, einem Partner fehlt die berufliche Qualifikation oder es fehlt an der eigenverantwortlichen und leitenden Tätigkeit (§ 18 Rn. 90).[9] Auch die von § 8 Abs. 4 PartGG vorgesehene Partnerschaftsges. „mit beschränkter Berufshaftung (mbB)" ist wie die normale Partnerschaftsges. eine PersGes.[10] Auch sie ist kein Einkommensteuersubjekt, sondern führt – vorbehaltlich § 15 Abs. 3 Nr. 2 EStG – zur transparenten Besteuerung ihrer G'ter mit Einkünften aus § 18 EStG.[11] Eine Beteiligung berufsfremder Personen, insbes. von KapGes., kommt nicht in Betracht.

182 Die **EWIV**[12] ist eine europarechtl. supranationale Ges. Soweit sie im Inland ihren Sitz hat, sind auf sie ergänzend die Vorschriften über die OHG anzuwenden. Ist sie im Nebenzweck auf Gewinnerzielung gerichtet, stellt sie eine MU'schaft dar. Ansonsten ist sie eine reine Hilfsgesellschaft für die GewBetr. ihrer Mitglieder (Rn. 179).[13] Die Annahme einer MU'schaft iSd. § 15 Abs. 1 Nr. 2 und eine gesonderte und einheitliche Gewinnfeststellung nach § 180 Abs. 1 Nr. 2 lit. a AO scheiden dann aus.

183 Einstweilen frei.

184 **b) Stille Gesellschaft, Unterbeteiligung und andere Innengesellschaften.** Die **stille Ges. des HGB** verlangt, dass der Stille sich **am Handelsgewerbe** eines anderen beteiligt (§ 230 HGB). Der Hauptbeteiligte kann EinzelKfm., OHG, KG oder auch eine KapGes. sein. Zivilrechtl. liegt eine stille Ges. auch dann vor, wenn die KapGes. oder OHG und KG iSd. EStG keine originär gewerbliche Tätigkeit ausüben, sondern die Gewerblichkeit lediglich auf der Rechtsform beruht (§ 6 HGB iVm. § 105 Abs. 2, 161 HGB). Die Besonderheit der stillen Ges. besteht darin, dass kein Gesamthandseigentum für die G'ter der stillen Ges. entsteht. Soweit der Stille eine Einlage in das Vermögen erbringt, leistet er sie in das Vermögen des Hauptbeteiligten, bei einer OHG oder KG als Hauptbeteiligten mithin in deren Gesamthandsvermögen. Im **Außenverhältnis** wird das **Handelsgewerbe allein v. Hauptbeteiligten** geführt. Nur er wird aus den

---

1 BMF v. 27.1.1998, BStBl. I 1998, 251; **aA** *Paus*, FR 1998, 994.
2 BFH v. 8.11.1989 – I R 174/86, BStBl. II 1990, 91.
3 BFH v. 5.2.1998 – III R 48/91, BStBl. II 1999, 836.
4 R 2 Abs. 4 KStR; BFH v. 6.5.1952 – I 8/52 U, BStBl. III 1952, 172.
5 BFH v. 11.4.1973 – I R 172/72, BStBl. II 1973, 568.
6 BFH v. 3.9.2009 – IV R 38/07, BStBl. II 2010, 60; v. 14.10.1992 – I R 17/92, BStBl. II 1993, 352; anders aber (MU'schaft und GbR) bei der sog. echten und unechten fehlgeschlagenen Vorgesellschaft, BFH v. 18.3.2010 – IV R 88/06, BFH/NV 2010, 1368; v. 21.3.2003 – VIII B 55/02, BFH/NV 2003, 1304.
7 BFH v. 21.10.2014 – VIII R 22/11, BStBl. II 2015, 687.
8 Vgl. BFH v. 5.2.1998 – III R 48/91, BStBl. II 1999, 836 (zur Problematik bei einer Investitionszulage).
9 BFH v. 3.11.2015, VIII R 62/13, BStBl. II 2016, 381; v. 3.11.2015 – VIII R 63/13, BStBl. II 2016, 383; v. 16.7.2014 – VIII R 41/12, BStBl. II 2015, 216.
10 S. OLG Nürnb. v. 5.2.2014 – 12 W 351/14, BB 2014, 534.
11 OFD Nds. v. 26.10.2015 – S 2000 - 103 - St 221/St 222, juris.
12 ABlEG Nr. L 85/1; Ausführungsgesetz BGBl. I 1988, 514.
13 Vgl. BFH v. 22.5.2014 – III B 73/13, BFH/NV 2014, 1495.

Geschäften berechtigt und verpflichtet. Im Innenverhältnis verlangt eine stille Ges. zwingend eine **Gewinnbeteiligung des Stillen** (§ 231 Abs. 2 HGB). Nach dem Regelstatut nimmt der stille G'ter am Verlust nur bis zur Höhe seiner Einlage teil,[1] ihm stehen nur sehr eingeschränkte Kontrollrechte zu (Mitteilung des Jahresabschlusses, Prüfung der Richtigkeit), an der Geschäftsführung nimmt er nicht teil, in der Insolvenz hat er die Stellung eines normalen Insolvenzgläubigers. Eine rückständige Einlage hat er zur Insolvenzmasse zu entrichten. Soweit im Gesellschaftsvertrag im Wesentlichen keine abw. Vereinbarungen getroffen werden, spricht man v. einer **typischen stillen Ges.** Die Verlustbeteiligung kann ausgeschlossen werden. In diesen Fällen ist die Abgrenzung zum partiarischen Darlehen problematisch.[2]

Eine **atypisch** stille Ges. im zivilrechtl. Sinne liegt vor, wenn dem Stillen im Gesellschaftsvertrag abw. v. 185
Regelstatut wesentlich umfangreichere Befugnisse und Pflichten eingeräumt werden.[3] Insbes. können ihm im Innenverhältnis Geschäftsführungsbefugnisse eingeräumt werden oder zusätzliche Kontrollrechte, mit denen ggf. im Außenverhältnis Vertretungsbefugnisse korrespondieren, und vor allem kann er auch hinsichtlich der vermögensrechtl. S. einerseits nicht nur am lfd. Gewinn beteiligt werden, sondern auch an den stillen Reserven einschl. eines Geschäftswertes sowie umgekehrt am Verlust über den Betrag seiner Einlage hinaus und mit Wirkung für das Außenverhältnis dadurch, dass er als Eigenkapitalgeber in der Insolvenz zu behandeln ist.

Stl. kann die stille Ges. beim Stillen zu Einkünften aus § 20 Abs. 1 Nr. 4 führen oder zu Einkünften aus 186
§ 15 Abs. 1 S. 1 Nr. 2. Entspricht die Stellung des Stillen dem Regelstatut der §§ 230 f. HGB – **typische stille Ges.** – so ist § 20 Abs. 1 Nr. 4 anwendbar. Dagegen fällt die stille Ges. unter die „anderen Ges." des § 15 Abs. 1 S. 1 Nr. 2, wenn die Stellung des Stillen nach dem Gesellschaftsvertrag erheblich über die ihm nach dem Regelstatut zukommenden Befugnisse und Pflichten hinausgeht – **atypisch stille Ges.** Für die stl. Wertung stellt die Rspr. zutr. auf einen Vergleich mit den Befugnissen ab, die einem K'disten nach dem Regelstatut der §§ 161 ff. HGB zukommen. Danach ist v. einer atypischen stillen Ges. stl. jedenfalls auszugehen, wenn dem Stillen die Mitwirkungs- und Kontrollbefugnisse nach §§ 164, 168 HGB zukommen, er an den stillen Reserven beteiligt ist und mit seiner Einlage auch im Außenverhältnis hinter den übrigen Gläubigern zurücksteht.[4] Unerheblich ist hingegen, dass weder eine unmittelbare dingliche Berechtigung an den Vermögensgegenständen des Hauptbeteiligten besteht, noch eine unmittelbare Außenhaftung in Betracht kommt.[5] Liegt hiernach eine atypisch stille Ges. vor, ist diese als eigenständige MU'schaft zu behandeln. Für die Dauer des Bestehens der atypisch stillen Ges. wird das Unternehmen des Inhabers des Handelsgewerbes ertragsteuerlich dieser MU'schaft zugeordnet (zum BV s. Rn. 194, 371). Sie wird für stl. Zwecke wie eine im Innenverhältnis bestehende „fiktive KG" behandelt.[6]

Ohne Gewinnbeteiligung scheidet sowohl eine typische als auch eine atypische stille Ges. aus. Soweit bei 187
schuldrechtl. Austauschverträgen gewinnabhängige Entgelte gewährt werden, zB partiarische Darlehen, Tantiemen bei Dienst- und Arbeitsverträgen, reicht dies grds. nicht aus.[7] Keine Gewinnbeteiligungen stellen auch umsatzabhängige Entgelte,[8] zB bei Pachten und Mieten, dar. Allerdings ist im Einzelfall zu prüfen, ob sich nicht entgegen den Bezeichnungen anhand der tatsächlichen Durchführung ergibt, dass unter dem Deckmantel v. Austauschverträgen in Wahrheit doch eine Beteiligung am Gewinn vorliegt. Dafür stellen Anhaltspunkte ua. dar, dass ungewöhnlich hohe umsatzabhängige Provisionen oder gewinnabhängige Bezüge als Lohn[9] vereinbart werden, dass feste Entgelte lfd. der Ertragslage angepasst werden ohne Rücksicht auf den Umfang der erbrachten Leistung,[10] dass de facto Entnahmen und Einlagen getätigt werden.[11] Die Rspr. geht in diesen Fällen v. Vorliegen einer verdeckten atypisch stillen Ges. (oder einer BGB-Innengesellschaft) aus (s. auch Rn. 175). Derartige verdeckte Rechtsverhältnisse sind typischerweise nur bei einem Näheverhältnis zw. den vermeintlichen Austauschparteien anzunehmen, insbes. bei **Familienbeziehungen**.

---

1 Vgl. dazu BFH v. 23.7.2002 – VIII R 36/01, BStBl. II 2002, 858 (dennoch Verlustzuweisung über Bestand der Einlage hinaus, sodass negatives Kapitalkonto entsteht – mE unzutr. Auslegung des § 232 HGB).

2 Vgl. dazu BFH v. 19.10.2005 – I R 48/04, BStBl. II 2006, 334 (Abgrenzung v. Bedeutung für Hinzurechnung nach § 8 Nr. 3 oder Nr. 1 GewStG aF – jetzt § 8 Nr. 1 lit. c).

3 Zur zivilrechtl. Abgrenzung vgl. *Schulze-Osterloh*, FS Kruse, 2001, 377.

4 BFH v. 6.7.1995 – IV R 79/94, BStBl. II 1996, 269; v. 27.5.1993 – IV R 1/92, BStBl. II 1994, 700.

5 BFH v. 10.8.1994 – I R 133/93, BStBl. II 1995, 171; v. 12.11.1985 – VIII R 364/83, BStBl. II 1986, 311.

6 BFH v. 1.3.2018 – IV R 38/15, BStBl. II 2018, 587 Rn. 37; v. 21.12.2017 – IV R 44/14, BFH/NV 2018, 407 Rn. 26.

7 BFH v. 18.6.1998 – IV R 94/96, BFH/NV 1999, 295; v. 1.12.1989 – III R 94/87, BStBl. II 1990, 500; v. 6.12.1988 – VIII R 362/83, BStBl. II 1989, 705; v. 13.7.1993 – VIII R 50/92, BStBl. II 1994, 282.

8 BFH v. 26.6.1990 – VIII R 81/85, BStBl. II 1994, 645.

9 BFH v. 2.9.1985 – IV B 51/85, BStBl. II 1986, 10; v. 16.12.1997 – VIII R 32/90, BStBl. II 1998, 480; v. 21.9.1995 – IV R 65/94, BStBl. II 1996, 66.

10 BFH v. 13.10.1992 – VIII R 57/91, BFH/NV 1993, 518.

11 BFH v. 16.12.1997 – VIII R 32/90, BStBl. II 1998, 480; v. 21.5.1987 – IV R 283/84, BStBl. II 1987, 601.

188 Wie aus § 20 Abs. 1 Nr. 4 folgt, reicht eine bloße Gewinnbeteiligung nicht aus, um v. einer mitunternehmerischen stillen Ges. auszugehen. Die im stl. Sinne **atypische Ges.** setzt voraus, dass der Hauptbeteiligte das Handelsgewerbe umfassend auch für Rechnung des Stillen führt. Dazu ist grds. erforderlich, dass der Stille sowohl am **lfd. Gewinn und Verlust** und an den **stillen Reserven einschl. Geschäftswert** bei Auflösung der stillen Ges. beteiligt ist[1] (MU'er-Risiko) und ihm zumindest die Kontrollrechte nach § 233 HGB[2] (rudimentäre MU'er-Initiative) zustehen. Ob eine bloße Beteiligung an den stillen Reserven ohne Beteiligung am lfd. Gewinn genügt, ist fraglich.[3] Jedenfalls wäre eine MU'schaft des Stillen zu verneinen, wenn zugleich keine Verlustteilnahme vorliegt.[4] An einer Verlustteilnahme fehlt es, wenn der Stille lediglich eine wirtschaftlich wertlose Einlage zu leisten hat.[5] Der vertraglichen Beteiligung an den stillen Reserven kommt weder im positiven noch im negativen Sinne Bedeutung zu, wenn solche nach der Art des Geschäftes weder vorhanden noch zu erwarten sind.[6] Der nach außen tätige Hauptbeteiligte soll auch ohne Gewinn- und Verlustbeteiligung wegen der Geschäftsführung und der Verlusthaftung im Außenverhältnis immer MU'er sein (s. Rn. 177).[7]

189 Insbes. bei verdeckten stillen Ges. wird eine vertragliche Vereinbarung über eine Beteiligung an den stillen Reserven häufig ausdrücklich nicht getroffen. Die Rspr. lässt ausnahmsweise genügen, dass eine hohe Beteiligung am lfd. Gewinn bei erheblicher Vermögenseinlage auch ohne Beteiligung an den stillen Reserven vorliegt, wenn kompensatorisch erhebliche Verwaltungsbefugnisse für die Geschäftsführung bestehen.[8] Diese Befugnisse müssen (gesellschafts-)vertraglich abgesichert sein; sie können sich nicht allein daraus ergeben, dass der Geschäftsinhaber den Stillen (faktisch) gewähren lässt.[9] Sofern die Geschäftsführungsbefugnisse vertraglich abgesichert sind, kommt es dann indes nicht darauf an, ob sie unmittelbarer oder mittelbarer Natur sind.[10] Das klassische Bsp. ist die **(atypische?) GmbH & Still** mit Beteiligung des die GmbH beherrschenden G'ter-Geschäftsführers.[11] Denn wenn es genügt, dass derart weitreichende Verwaltungsbefugnisse für den Stillen die fehlende Beteiligung an den stillen Reserven kompensieren, so wäre es eine reine Formalie, wenn ihre ausdrückliche Einräumung im Vertrag über die stille Ges. verlangt würde, obgleich dazu angesichts der ohnehin bestehenden Verwaltungs- und Kontrollbefugnisse keinerlei Bedürfnis besteht. Auch bei **beherrschenden G'tern** kommt allerdings nur eine typische GmbH & Still in Betracht, wenn nur eine Beteiligung am lfd. Gewinn vorliegt und/oder eine auf die Einlage beschränkte Verlustteilnahme, sofern eine derartige Vereinbarung hinsichtlich des der GmbH verbleibenden Gewinnes auch mit Nicht-G'tern getroffen worden wäre. Eine GmbH & Still kann nicht bereits deshalb angenommen werden, weil der beherrschende G'ter über die v. ihm zu leistende Stammeinlage hinaus weitere Leistungen an die GmbH bewirkt. Derartige Leistungen haben mangels anderweitig klarer Vereinbarung ihre Grundlage im GmbH-Gesellschaftsverhältnis.[12] Das Vorliegen einer (zusätzlichen) stillen Ges. muss sich aus klaren im Voraus getroffenen Vereinbarungen ergeben.[13]

1 BFH v. 1.7.2010 – IV R 100/06, BFH/NV 2010, 2056 mwN (bejaht bei Auseinandersetzungsanspruch anhand eines nach dem Ertragswertverfahren bemessenen Unternehmenswerts); v. 9.12.2002 – VIII R 20/01, BFH/NV 2003, 601; v. 22.8.2002 – IV R 6/01, BFH/NV 2003, 36; v. 12.11.1985 – VIII R 364/83, BStBl. II 1986, 311; vgl. aber BFH v. 16.12.2003 – VIII R 6/93, BFH/NV 2004, 1080 (keine Beteiligung am Geschäftswert, aber hohe Gewinn- und Verlustbeteiligung und Mitgeschäftsführer); exemplarisch auch FG Sachs. v. 7.3.2018 – 8 K 900/17, juris Rn. 35 ff. (keine Teilhabe am Geschäftswert, Teilhabe an den stillen Reserven nur, soweit sie im lfd. Betrieb aufgedeckt wurden, und die Geschäftsführung hatte der Stille nicht aufgrund gesellschaftsvertraglicher Grundlage inne, sondern nur deshalb, weil der Geschäftsinhaber ihn gewähren ließ, daher MU'er-Stellung des Stillen verneint).

2 BFH v. 27.1.1994 – IV R 114/91, BStBl. II 1994, 635.

3 BFH v. 27.5.1993 – IV R 1/92, BStBl. II 1994, 700.

4 BFH v. 13.7.2017 – IV R 41/14, BStBl. II 2017, 1133.

5 BFH v. 31.5.2012 – IV R 40/09, BFH/NV 2012, 1440 (zur Verwendung wertloser Darlehensforderung des GmbH-Gesellschafters als Einlage eines Stillen).

6 BFH v. 18.2.1993 – IV R 132/91, BFH/NV 1993, 647; v. 22.1.1981 – IV B 41/80, BStBl. II 1981, 424.

7 BFH v. 10.5.2007 – IV R 2/05, BStBl. II 2007, 927.

8 BFH v. 7.11.2006 – VIII R 5/04, BFH/NV 2007, 906; v. 14.10.2003 – VIII B 281/02, BFH/NV 2004, 188 mwN.

9 Vgl. FG Sachs. v. 7.3.2018 – 8 K 900/17, juris Rn. 35 ff.

10 BFH v. 13.7.2017 – IV R 41/14, BStBl. II 2017, 1133 Rn. 20; v. 26.11.2003 – VIII R 64/03, BFH/NV 2004, 631; v. 15.12.1992 – VIII R 42/90, BStBl. II 1994, 702 (GmbH & Still); v. 20.11.1990 – VIII R 10/87, BFHE 163, 336 und v. 11.12.1990 – VIII R 122/86, BFHE 193, 346 (GmbH & Co. KG und Still); vgl. auch BFH v. 15.10.1998 – IV R 18/98, BStBl. II 1999, 286 (einerseits GmbH als Geschäftsführer der stillen Ges., andererseits Weisungsbefugnis der stillen Ges. ggü. der GmbH).

11 Bei einem nicht die GmbH beherrschenden G'ter-Geschäftsführer kommt eine atypisch stille Ges. ohne Beteiligung an den stillen Reserven nur bei besonderem Gewicht seiner Einlage in Betracht, BFH v. 15.1.2004 – VIII B 62/03, nv.

12 BFH v. 28.1.1986 – VIII R 335/82, BStBl. II 1986, 599.

13 BFH v. 3.3.1998 – VIII B 62/97, BFH/NV 1998, 1339; v. 10.4.1997 – IV B 90/96, BFH/NV 1997, 662; v. 13.6.1989 – VIII R 47/85, BStBl. II 1989, 720.

Strittig ist, ob bei der atypischen Ges. die **Einkünftefärbung bei dem Hauptbeteiligten** auch für die Einkünfte der Beteiligten an der atypischen Ges. maßgeblich ist.[1] Dies ist dann relevant, wenn der Hauptbeteiligte der Sache nach nur eine vermögensverwaltende Tätigkeit ausübt. Der BFH leitet inzwischen aus der Steuersubjektfähigkeit der atypischen Ges. her, dass sich die estl. Qualifikation der Einkünfte der atypisch stillen Ges. nach deren Tätigkeit und nicht nach der des Hauptbeteiligten richte.[2] Danach lägen bei Beteiligung an einer vermögensverwaltenden KapGes. (§ 8 Abs. 2 KStG) oder einer gewerblich geprägten PersGes. (§ 15 Abs. 3 Nr. 2) für den atypisch still Beteiligten grds. vermögensverwaltende Einkünfte vor, während der Hauptbeteiligte wegen seiner Rechtsform weiterhin gewerbliche Einkünfte erzielt. Die atypisch stille Ges. müsste demzufolge als Zebragesellschaft (Rn. 393 ff.) behandelt werden. Allerdings stellt sich die atypisch stille Ges. selbst als gewerblich geprägt dar,[3] wenn – wie nach dem Regelfall für die stille Ges. – dem atypisch Stillen keine Geschäftsführungsbefugnis zusteht. Dem soll leicht dadurch abgeholfen werden können, dass dem Stillen im Innenverhältnis Geschäftsführungsbefugnis erteilt wird.[4] Dadurch soll die grds. gebotene Gleichstellung der atypisch stillen Ges. mit der KG[5] erreicht werden. So wie bei dieser Abs. 3 Nr. 2 über die manipulierbare Regelung bzgl. der Geschäftsführung den GewBetr. auf Antrag eröffnet, ist dies dann auch bei der atypisch stillen Beteiligung an einer KapGes. oder gewerblich geprägten PersGes. möglich. 190

Diese Rspr. kann nicht überzeugen. Sowohl bei der atypisch stillen Ges. als auch bei einer Unterbeteiligung sind die Geschäftsführungsbefugnisse völlig frei gestaltbar und auch eigentlich ohne jede Bedeutung,[6] weil die Geschäfte ohnehin nur v. Unternehmer oder dem Hauptbeteiligten geführt werden können. In der stillen Ges. wie in der Unterbeteiligungsges. sind keine Geschäfte zu führen. Allenfalls kann es dabei um Weisungsbefugnisse gehen, wie der tätige Unternehmer oder der Hauptbeteiligte die Geschäfte zu führen habe. Darauf aber stellt Abs. 3 Nr. 2 gerade nicht ab. Es bedarf auch nicht der Anwendung des Abs. 3 Nr. 2, um zu zutr. Ergebnissen zu gelangen. Wer sich atypisch still an einem Unternehmen beteiligt oder eine atypisch stille Unterbeteiligung eingeht, beteiligt sich an den Einkünften des Unternehmers oder des G'ters. Er kann an diesen nur so beteiligt werden, wie sie beim Hauptbeteiligten vorliegen. Dies ergibt sich aus § 15 Abs. 1 S. 1 Nr. 2 iVm. § 15 Abs. 2, Abs. 3 Nr. 1 und 2 oder § 8 Abs. 2 KStG. Die gegenteilige Auffassung führt auch zu unangemessenen Ergebnissen. Die Einkünftequalifikation wird danach v. der völlig substanzlosen Wortwahl abhängig gemacht, ob dem Stillen Geschäftsführungsbefugnisse eingeräumt werden – dann nicht gewerbliche Einkünfte – oder „nur" Weisungsbefugnisse – dann gewerbliche Einkünfte.[7] Solchen in der Sache substanzlosen Manipulationsmöglichkeiten sollte die Rspr. nicht einmal bei Vorschriften wie Abs. 3 Nr. 2 die Hand reichen. Nicht anders verhält es sich bei Unterbeteiligungen. Bei atypisch stiller Beteiligung einer FreiberuflerPersGes. an einer KapGes.(GmbH) folgt schon aus der Abfärberegelung des Abs. 3 S. 1, dass alle MU'er der atypisch stillen Ges. wegen der Beteiligung der KapGes. nur gewerbliche Einkünfte beziehen (Rn. 65).[8] 191

Die stille Ges. nach § 230 HGB setzt eine Beteiligung am Handelsgewerbe voraus. Soweit eine stille Beteiligung an einem gewerblichen Unternehmen erfolgt, das nicht die Kriterien des Handelsgewerbes erfüllt, etwa keinen in kfm. Weise eingerichteten Geschäftsbetrieb erfordert, liegt eine **BGB-Innengesellschaft** vor. Sie wird sowohl in zivilrechtl.[9] wie in stl. Hinsicht[10] grds. ebenso wie die stille Ges. des HGB behandelt. Auch hier ist entspr. zw. der typischen und atypischen Innengesellschaft zu unterscheiden. 192

Str. ist, ob es für die atypisch stille Ges. neben der HB des nach außen tätigen Unternehmers auch einer **eigenen Steuerbilanz** der stillen Ges. bedarf (s. Rn. 373a).[11] Der Streit ist materiell bedeutungslos. In der Sache ist zweifelsfrei der Gewinn sowohl des gewerblich tätigen Teilhabers als auch der des Stillen aufgrund eines BV-Vergleichs gem. §§ 5 Abs. 1, 4 Abs. 1 zu ermitteln und insoweit einer aus der Handels- und Steu- 193

---

1 Bej. BFH v. 12.11.1985 – VIII R 364/83, BStBl. II 1986, 311; OFD Ffm. v. 26.6.1996, DStR 1996, 1406; *Blaurock*, BB 1992, 1692; *Bolk*, FS Reiß, 2008, 449 (455); verneinend *Wacker* in Schmidt[37], § 15 Rn. 359; *Gschwendtner*, DStZ 1998, 335; *Groh*, DB 1987, 1006.

2 BFH v. 5.7.2002 – IV B 42/02, BFH/NV 2002, 1447; v. 14.7.1998 – VIII B 112/97, BFH/NV 1999, 169.

3 BFH v. 23.4.2009 – IV R 73/06, BFH/NV 2009, 1534; v. 15.10.1998 – IV R 18/98, BStBl. II 1999, 286.

4 So *Gschwendtner*, DStZ 1998, 335.

5 BFH v. 15.10.1998 – IV R 18/98, BStBl. II 1999, 286 (zu GmbH & Still und GmbH & Co KG).

6 Vgl. auch BFH v. 3.3.1998 – VIII B 62/97, BStBl. II 1998, 401 („die Innengesellschaft hat keine Organe").

7 Vgl. den Sachverhalt in BFH v. 15.10.1998 – IV R 18/98, BStBl. II 1999, 286.

8 BFH v. 4.5.2009 – VIII B 220/08, BFH/NV 2009, 1429.

9 BGH v. 22.6.1981 – II ZR 94/80, NJW 1982, 99.

10 BFH v. 28.10.1981 – I R 25/79, BStBl. II 1982, 186 (Filmrechte); v. 4.8.1988 – IV R 60/86, BFH/NV 1990, 19 (Filmherstellung); v. 2.4.1971 – VI R 149/67, BStBl. II 1971, 620 (An- und Verkauf v. Wertpapieren); v. 9.10.1964 – VI 317/62 U, BStBl. III 1965, 71 (verneinend bei Gewinnpoolung).

11 Bej. von BFH v. 5.7.2002 – IV B 42/02, BFH/NV 2002, 1447; offengelassen von BFH v. 25.6.2014 – I R 24/13, BStBl. II 2015, 141.

erbilanz des Geschäftsinhabers abgeleiteten „Steuerbilanz" der atypisch stillen Ges. zu entnehmen, wenn der gewerblich tätige Teilhaber nach § 140 AO iVm. § 238 HGB buchführungspflichtig ist oder wenn die Gewinngrenzen des § 141 AO unter Einbeziehung des Sonderbereiches des Stillen überschritten werden. Das gilt für den Gewinnanteil eines in Deutschland ansässigen atypisch still Beteiligten auch dann, wenn die im Ausland ansässige KapGes. als Geschäftsinhaberin im Inland über keine Betriebsstätte verfügt, aber tatsächlich – ggf. aufgrund ausländ. Rechts dazu verpflichtet – „freiwillig" Bücher führt.[1]

194 Hinsichtlich des **Umfanges des BV** bestehen zw. einer atypisch stillen Ges. und Außengesellschaft keine Unterschiede. Für die Dauer des Bestehens der atypisch stillen Ges. wird das Unternehmen des Inhabers des Handelsgewerbes ertragsteuerlich dieser MU'schaft zugeordnet (Rn. 371). Demgemäß steht auch der erwirtschaftete Gewinn der MU'schaft zu und wird auf die MU'er (Inhaber des Handelsgewerbes und den/die stille[n] G'ter) verteilt.[2] Die **GmbH & Still** ist insoweit ebenso wie die **GmbH & Co. KG** zu behandeln (Rn. 186). Dies gilt auch hinsichtlich der Zugehörigkeit der GmbH-Anteile zum **SBV** und der Geschäftsführervergütungen[3] (Rn. 367 ff.). Zumindest theoretisch kommen für den Geschäftsinhaber auch Sondervergütungen und SBV in Betracht (Rn. 371 f.). Allerdings muss im Einzelfall geprüft werden, ob entspr. Vereinbarungen im Gesellschaftsvertrag wirklich zu einer eigenständigen Leistungsbeziehung bzw. zu einer WG-Zurechnung zum Geschäftsinhaber führen (dann SBV und Nutzungsentgelte hierauf sind Sonderbetriebsvergütungen) oder ob es sich nicht lediglich um eine Gewinnverteilungsabrede in Form eines Gewinnvorabs für den tätigen G'ter oder für die Nutzung v. bestimmten Vermögensgegenständen handelt (vgl. Rn. 310).

195 **Verfahrensrechtl.** ist hinsichtlich der Einkünfte **eine einheitliche und gesonderte Feststellung** nach § 180 Abs. 1 S. 2 lit. a AO durchzuführen. Dies gilt auch dann, wenn zivilrechtl. mehrere stille Ges. vorliegen, sofern diese sich jeweils auf den gesamten Betrieb des Inhabers des Geschäfts beziehen.[4] Hingegen liegen mehrere GewBetr. vor, wenn die atypisch stillen G'ter sich nur an einzelnen, unterschiedlichen und klar abgegrenzten Geschäftsbereichen beteiligen. Dann sind auch verfahrensrechtl. mehrere GewSt-Bescheide zu erlassen und mehrere einheitliche und gesonderte Gewinnfeststellungen durchzuführen.[5] Das kommt hingegen nicht in Betracht, wenn lediglich für einzelne Geschäftsvorfälle „Innengesellschaften" gebildet werden. Die Nur-Innengesellschafter sind dann als G'ter einer typischen Innengesellschaft auch keine MU'er.[6] Der tätige Teilhaber soll – anders als bei Außengesellschaften – nicht nach § 352 Abs. 1 S. 1 AO, § 48 Abs. 1 S. 1 FGO in Prozessstandschaft einspruchs- und klagebefugt sein.[7] Für die **GewSt** kann die stille Ges. mangels dinglicher Vermögenszuständigkeit abw. v. § 5 Abs. 1 S. 3 GewStG **nicht Steuerschuldner** sein. Gleichwohl sind die G'ter die Unternehmer, für deren Rechnung das Gewerbe betrieben wird (§ 5 Abs. 1 S. 2 GewStG). Sie sind sachlich stpfl. Der GewSt-Bescheid ist an den nach außen tätigen Unternehmer, respektive den Inhaber des Handelsgeschäfts, ggf. die Außen-PersGes. zu richten.[8] Wird er gleichwohl an die stille Ges. gerichtet, ist er nicht nichtig.[9]

196 Eine **Unterbeteiligung** liegt vor, wenn der G'ter einer PersGes.[10] einem anderen eine Beteiligung an seinem Gesellschaftsanteil einräumt. Zivilrechtl. liegt dann eine **BGB-Innengesellschaft** vor. Wie bei der stillen Ges. und nach denselben Kriterien ist zw. typischen und atypischen Unterbeteiligungen zu unterscheiden.[11] Die **typische Unterbeteiligung** führt zu Einkünften aus § 20 Abs. 1 S. 4 und zu **Sonderbetriebsaufwand** des G'ters der Hauptgesellschaft. Bei der **atypischen Unterbeteiligung** bezieht auch der Unterbeteiligte gewerbliche **Einkünfte als MU'er** nach Abs. 1 S. 1 Nr. 2. Es bestehen nach herrschender Auffassung zwei MU'schaften, nämlich die HauptGes. und die Unterbeteiligungsgesellschaft.[12] Der Unter-

1 BFH v. 25.6.2014 – I R 24/13, BStBl. II 2015, 141.
2 BFH v. 1.3.2018 – IV R 38/15, BStBl. II 2018, 587 Rn. 37.
3 BFH v. 28.3.2003 – VIII B 194/01, BFH/NV 2003, 1308 mwN; v. 15.10.1998 – IV R 18/98, BStBl. II 1999, 286 mwN. auch zur Gegenansicht.
4 BFH v. 5.7.2002 – IV B 42/02, BFH/NV 2002, 1447; v. 15.10.1998 – IV R 18/98, BStBl. II 1999, 286.
5 R 5.1 Abs. 2 S. 4 GewStR.
6 Vgl. BFH v. 23.4.2009 – IV R 73/06, BStBl. II 2010, 40 (zu „Mitarbeiterinnengesellschaften" im Medienbereich); v. 6.12.1995 – I R 109/94, BStBl. II 1998, 685.
7 BFH v. 23.4.2009 – IV R 24/08, BFH/NV 2009, 1427; v. 3.3.1998 – VIII B 62/97, BStBl. II 1998, 401.
8 BFH v. 8.12.2016 – IV R 8/14, BStBl. II 2017, 538 (zur atypisch stillen Beteiligung an einer PersGes. = doppelstöckige MU'schaft, zwei GewBetr.) mwN; v. 23.4.2009 – IV R 73/06, BStBl. II 2010, 40; v. 8.2.1995 – I R 127/93, BStBl. II 1995, 764; v. 25.7.1995 – VIII R 54/93, BStBl. II 1995, 794.
9 BFH v. 8.2.1995 – I R 126/93, BStBl. II 1995, 626.
10 Zur Unterbeteiligung an einem GmbH-Anteil vgl. BFH v. 18.5.2005 – VIII R 34/01, BStBl. II 2005, 857 (keine MU'schaft, sondern wirtschaftliches Eigentum) und v. 15.11.2005 – IX R 3/04, BStBl. II 2006, 253.
11 Vgl. BFH v. 16.1.2008 – II R 10/06, BStBl. II 2008, 768 mwN; v. 6.7.1995 – IV R 79/94, BStBl. II 1996, 269.
12 BFH v. 19.4.2007 – IV R 70/04, BStBl. II 2007, 868; v. 29.10.1991 – VIII R 51/84, BStBl. II 1992, 512.

beteiligte ist nicht G'ter der Hauptgesellschaft und auch nicht deren MU'er.[1] Allerdings liegt nach zutr. Ansicht insoweit dann eine **doppelstöckige MU'schaft**[2] vor, sodass auch auf Leistungen des Unterbeteiligten an die Hauptgesellschaft § 15 Abs. 1 S. 1 Nr. 2 anwendbar ist (Unterbeteiligter als mittelbarer MU'er Rn. 346). **Verfahrensrechtl.** ist für die Beteiligten der Untergesellschaft eine eigene einheitliche und gesonderte Gewinnfeststellung durchzuführen, es sei denn, alle Beteiligten seien mit einer Zusammenfassung bei der Hauptgesellschaft einverstanden (§ 179 Abs. 3 AO).[3]

Einstweilen frei. 197

c) Erbengemeinschaft und Gütergemeinschaft. Geht ein GewBetr. mit dem Tode des Erblassers auf eine **Erbengemeinschaft** über, werden alle Miterben mit dem Tode „geborene" MU'er.[4] Dies gilt auch für diejenigen Erben, die den GewBetr. nicht auf Dauer fortführen bis zur Erbauseinandersetzung.[5] Der GewBetr. kann v. der Erbengemeinschaft auch auf Dauer fortgeführt werden.[6] Die Erbengemeinschaft ist „andere Ges." iSd. Abs. 1 S. 1 Nr. 2 (wirtschaftlich vergleichbares Gemeinschaftsverhältnis). Die **Abfärberegelung** des Abs. 3 Nr. 1 gilt nicht für die Erbengemeinschaft.[7] Vom Vorliegen der MU'schaft zu unterscheiden ist die Frage einer ggf. rückwirkenden Zurechnung der lfd. Einkünfte bei der Erbauseinandersetzung (zur Erbauseinandersetzung im Einzelnen § 16 Rn. 84 ff.). 198

Gehört zum Nachlass der **Anteil an einer PersGes.**, ist zu differenzieren zw. einer **einfachen Nachfolgeklausel**[8], einer **qualifizierten Nachfolgeklausel**[9], der **Auflösung durch Tod**[10] und der **Fortsetzung** der Ges. nur unter den Alt.-G'tern[11] (zur Nachfolge in eine Personengesellschaftsbeteiligung s. § 16 Rn. 149 ff.). 199

Gehört zum Gesamtgut bei Bestehen einer ehelichen **Gütergemeinschaft** (§ 1415f BGB) ein GewBetr., so sind die Ehegatten grds. als MU'er einer „anderen Ges." (wirtschaftlich vergleichbares Gemeinschaftsverhältnis) anzusehen.[12] Dies gilt unabhängig davon, ob beiden Ehepartnern die Verwaltungsbefugnis zusteht oder nur einem v. ihnen. Die Annahme einer solchen Ehegatten-MU'schaft liegt vor allem im Bereich der LuF nahe. Denn dort bildet der Grund und Boden und das hieran anknüpfende Fruchtziehungsrecht die wesentliche Grundlage des Betriebs und beides steht den im Güterstand der Zugewinngemeinschaft lebenden Ehegatten gemeinsam zu.[13] Eine derart starke Prägung durch den sachlichen Produktionsfaktor kann auch bei gewerblicher Tätigkeit auftreten, ist dort aber seltener zu beobachten. Dementsprechend verneint die Rspr. zu Recht eine solche Ehegatten-MU'schaft, wenn für den GewBetr. kein wesentlicher Kapitaleinsatz erforderlich ist und der Gewinn im Wesentlichen v. der persönlichen Leistung des handelsrechtl. Inhabers des GewBetr. abhängt.[14] Dessen ungeachtet kann eine MU'schaft auch dadurch vermieden werden, dass der GewBetr. nicht für gemeinsame Rechnung beider Ehegatten betrieben wird. Dann bedarf es der jederzeit durch Ehevertrag möglichen Vereinbarung v. Vorbehaltsgut.[15] Soweit sich der Güterstand nach ausländ. Zivilrecht bestimmt, gilt entspr., wenn dieses der deutschen Gütergemeinschaft ähnliche Regelungen enthält.[16] Hingegen besteht keine MU'schaft der Ehegatten, soweit der GewBetr. zum Vorbehalts- oder Sondergut nur eines Ehegatten gehört.[17] Bei der **fortgesetzten Gütergemeinschaft** sind der überlebende Ehegatte und die Abkömmlinge MU'er. Allerdings stehen die lfd. Erträge nur dem überlebenden Ehegatten zu.[18] Eine 200

1 Vgl. aber BFH v. 23.1.1974 – I R 206/69, BStBl. II 1974, 480 (Unterbeteiligter als MU'er der Hauptgesellschaft bei bes. starker Stellung; überholt durch doppelstöckige MU'schaft).
2 BFH v. 2.10.1997 – IV R 75/96, BStBl. II 1998, 137.
3 BFH v. 19.4.2007 – IV R 70/04, BStBl. II 2007, 868; v. 5.11.1973 – GrS 3/72, BStBl. II 1974, 414.
4 BFH v. 5.7.1990 – GrS 2/89, BStBl. II 1990, 837; vgl. auch BFH v. 16.5.2013 – IV R 15/10, BStBl. II 2013, 858 (im Vergleichswege abgefundene Erbprätendenten als MU'er zu behandeln, anders noch die Vorinstanz FG Münster v. 19.1.2010 – 1 K 2093/07 F, EFG 2010, 918).
5 BFH v. 21.4.2005 – III R 7/03, BFH/NV 2005, 1974 (Erbengemeinschaft weiterhin als Durchgangsbesitzunternehmer).
6 BGH v. 8.10.1984 – II ZR 223/83, BGHZ 92, 259; BFH v. 9.7.1987 – IV R 95/85, BStBl. II 1988, 245.
7 BFH v. 5.7.1990 – GrS 2/89, BStBl. II 1990, 837; BMF v. 11.1.1993, BStBl. I 1993, 62.
8 BFH v. 4.11.1998 – IV B 136/98, BStBl. II 1999, 291.
9 BFH v. 29.10.1991 – VIII R 51/84, BStBl. II 1992, 512.
10 BFH v. 1.3.1994 – VIII R 35/92, BStBl. II 1995, 241.
11 BFH v. 15.4.1993 – IV R 66/92, BStBl. II 1994, 227; v. 13.11 997 – IV R 18/97, BStBl. II 1998, 290.
12 BFH v. 18.4.2005 – IV R 37/04, BStBl. II 2006, 165; v. 25.6.1984 – GrS 4/82, BStBl. II 1984, 751.
13 BFH v. 16.5.2018 – VI R 45/16, BFH/NV 2018, 1189 Rn. 20.
14 BFH v. 7.10.1976 – IV R 50/72, BStBl. II 1977, 201; v. 20.3.1980 – IV R 53/76, BStBl. II 1980, 634; v. 2.10.1980 – IV R 42/79, BStBl. II 1981, 63 (für Handelsvertreter); v. 22.6.1977 – I R 185/75, BStBl. II 1977, 836 (Installateur); v. 18.10.1989 – I R 126/88, BStBl. II 1990, 377 (Erfinder); krit. *Schmidt-Liebig*, StuW 1989, 110.
15 Vgl. BVerfG v. 14.2.2008 – 1 BvR 19/07, HFR 2008, 754.
16 BFH v. 4.11.1997 – VIII R 18/95, BStBl. II 1999, 384 mwN.
17 BFH v. 7.10.1976 – IV R 50/72, BStBl. II 1977, 201.
18 BFH v. 12.11.1992 – IV R 41/91, BStBl. II 1993, 430; v. 8.1.1975 – I R 142/72, BStBl. II 1975, 437.

MU'schaft kann auch bei derZugewinngemeinschaft bestehen, wenn die wesentlichen Betriebsgrundlagen des GewBetr. im gemeinschaftlichen Eigentum stehen und beide Ehepartner an den unternehmerischen Entscheidungen teilhaben. Denn dann kann es zu einem konkludenten Abschluss eines Gesellschaftsvertrags gekommen sein und es liegt eine Ges. iSv. § 15 Abs. 1 S. 1 Nr. 2 vor.[1]

201 **d) Nießbrauch am Gesellschaftsanteil.** Beim **Nießbrauch am Gesellschaftsanteil**[2] ist zu differenzieren. Je nach vertraglicher Ausgestaltung kann es sich um einen bloßen **Ertragsnießbrauch** handeln oder um einen echten Unternehmensnießbrauch. Beim Ertragsnießbrauch bleibt/wird nur der Nießbrauchbesteller/Inhaber des Gesellschaftsanteils (Mit-)Unternehmer. Die Rechte des Nießbrauchers beschränken sich auf den Anspr. auf den lfd. Gewinnanteil (sog. **Nießbrauch am Gewinnstammrecht**[3]). Das Unternehmen wird allein v. Inhaber des Gesellschaftsanteils und den übrigen G'tern geführt. Diesem ist daher auch stl. der ihm gebührende Gewinnanteil allein als seine gewerblichen Einkünfte zuzurechnen.[4] Ist der Nießbrauch unentgeltlich eingeräumt worden, so liegt auf Seiten des Nießbrauchbestellers eine unbeachtliche Einkommensverwendung zugunsten des Nießbrauchers vor. Handelt es sich um eine entgeltliche Nießbrauchsbestellung, so stellt sich das Entgelt für den Nießbrauchbesteller als betrieblicher Ertrag (Sonder-BE) und die „Gewinnabführung" als betrieblicher Aufwand dar.[5] Der Nießbraucher bezieht vorbehaltlich § 20 Abs. 8 Einkünfte aus KapVerm. nach § 20 Abs. 1 Nr. 7. Aufgrund vorbehaltenen Ertragsnießbrauchs erhaltene Gewinnanteile stellen für den Nießbraucher und Übertrager des Gesellschaftsanteils (Schenker) Entgelt für die Veräußerung des Mitunternehmeranteils dar.[6] Der Ertragsnießbrauch ist dadurch gekennzeichnet, dass dem Nießbraucher hinsichtlich der Führung des Unternehmens keinerlei Mitwirkungsrechte zustehen. Entspr. Grundsätze gelten bei einem **Vermächtnisnießbrauch** im Verhältnis Erbe und Vermächtnisnießbraucher.[7]

202 Demgegenüber wird der **Nießbraucher** beim **echten Unternehmensnießbrauch** am Gesellschaftsanteil **MU'er** des GewBetr.[8] Dies ist jedenfalls zu bejahen, wenn die Einräumung des Nießbrauches durch die sog. **Treuhandlösung** vollzogen wird, bei der dem Nießbraucher bis zur Beendigung des Nießbrauchs der Gesellschaftsanteil mit der Verpflichtung zur Rückübertragung übertragen wird. Hier nimmt der Nießbraucher einerseits die Verwaltungsbefugnisse des G'ters wahr und ist am lfd. Gewinn und Verlust beteiligt. IÜ trägt er im Umfange der G'ter-Stellung auch im Außenverhältnis das Risiko, etwa bei nicht erbrachter Einlage oder Rückgewähr der Einlage. Dem **Nießbrauchbesteller** stehen zwar lediglich schuldrechtl. Rückübertragungsanspr. zu. Gleichwohl bleibt er neben dem Nießbraucher MU'er als Treugeber (Rn. 155),[9] sodass ihm der auf ihn entfallende Anteil am Gewinn, soweit er nicht dem Nießbraucher gebührt, zuzurechnen ist. Dies betrifft nach der gesetzlichen Regelung jedenfalls den Gewinn aus der Auflösung stiller Reserven. Dieser ist dann zwar handelsrechtl. dem Kapital des Nießbrauchers (oder Gewinnrücklagen) gutzuschreiben, aber stl. dem Treugeber zuzurechnen.

203 Zivilrechtl. ist anerkannt, dass der PersGes.-Anteil auch mit einem Nießbrauch belastet werden kann (**echte Nießbrauchlösung**),[10] sodass es der Treuhandlösung nicht bedarf. Dem **Nießbraucher** stehen dann die aus der dinglichen Berechtigung fließenden Rechte auch gegen die übrigen Mit-G'ter zu. Dies betrifft die vermögensrechtl. S. hinsichtlich seines Anspr. auf den entnahmefähigen lfd. Gewinn und Kontroll- und Stimmrechte. Dabei kann dahinstehen, ob diese im Verhältnis zu den anderen G'tern nur gemeinsam mit dem Nießbrauchbesteller ausgeübt werden können oder ob sie hinsichtlich der lfd. Geschäfte nur v. Nießbraucher ausgeübt werden. Jedenfalls ist es dem Nießbraucher insoweit möglich, MU'er-Initiative zu entfalten. Er wird daher **MU'er**. Auf der anderen Seite behält der **Nießbrauchbesteller** jedenfalls die Kompetenz zur Mitwirkung an Grundlagenbeschlüssen, es können auch gesellschaftsvertraglich weitere Angelegenheiten der lfd. Geschäftsführung seiner Zustimmung bedürfen,[11] und er bleibt an den stillen Reserven

1 BFH v. 16.5.2018 – VI R 45/16, DStR 2018, 2012 Rn. 17 ff. (für eine luf. Tätigkeit).
2 Dazu *Götz/Jorde*, FR 2003, 998.
3 BFH v. 6.5.2010 – IV R 52/08, BStBl. II 2011, 261 (vorbehaltener Gewinnanteilsnießbrauch); v. 9.4.1991 – IX R 78/88, BStBl. II 1991, 809; v. 13.5.1976 – IV R 83/75, BStBl. II 1976, 592; zur zivilrechtl. (Un-)Zulässigkeit vgl. *Schön*, StbJb. 1996/97, 45; zur entspr. Differenzierung bei einem Nießbrauch am Gesellschaftsanteil einer GbR mit Einkünften aus VuV s. BMF v. 30.9.2013, BStBl. I 2013, 1184.
4 BFH v. 16.5.1995 – VIII R 18/93, BStBl. II 1995, 714.
5 Vgl. auch *Schön*, ZHR 158 (1994), 229; *Haas*, FS L. Schmidt, 1993, 315.
6 BFH v. 6.5.2010 – IV R 52/08, BStBl. II 2011, 261.
7 BFH v. 16.5.1995 – VIII R 18/93, BStBl. II 1995, 714.
8 BFH v. 1.9.2011 – II R 67/09, BStBl. II 2013, 210 mwN.
9 **AA** FG BaWü. v. 17.5.2006 – 5 K 567/02, EFG 2006, 1672 (Treuhandvorbehaltsnießbrauch an geschenktem Gesellschaftsanteil unzutr. als rein fremdnützig angesehen und MU'schaft des Nießbrauchsbestellers verneint).
10 BGH v. 9.11.1998 – II ZR 213/97, NJW 1999, 571; v. 20.4.1972 – II ZR 143/69, BGHZ 58, 316.
11 BGH v. 9.11.1998 – II ZR 213/97, NJW 1999, 571; vgl. auch BFH v. 1.10.1996 – VIII R 44/95, BStBl. II 1997, 530.

beteiligt. Der Nießbrauchbesteller bleibt daher ebenfalls **MU'er**. Anders ist es, wenn dem Nießbrauchbesteller/Inhaber des Gesellschaftsanteils jede Mitunternehmeriniative genommen ist, weil die Gesellschaftsrechte nur v. (Vorbehalts)Nießbraucher aufgrund der vertraglichen Schenkungsvereinbarung und unwiderruflicher Stimmrechtsvollmacht wahrgenommen werden können.[1]

IErg. ist sowohl bei der Treuhandlösung als auch bei der echten Nießbrauchlösung v. einer **gemeinsamen MU'er-Stellung v. Nießbraucher und Nießbrauchbesteller**[2] auszugehen, vorausgesetzt, dass nach den getroffenen (und durchgeführten) Vereinbarungen oder nach der gesetzlichen Regelung Nießbraucher und Nießbrauchbesteller zumindest gemeinsam an Entscheidungen in der Ges. zu beteiligen sind (jedenfalls durch Kontroll- und Widerspruchsrechte) und der Nießbraucher am lfd. (gesellschaftsrechtl. entnahmefähigen) Gewinn beteiligt ist. Darüber hinausgehende Verluste sind dem G'ter und Nießbrauchbesteller zuzurechnen. Davon ist nach den gesetzlichen Bestimmungen über den Nießbrauch auszugehen, wenn keine abw. Vereinbarungen getroffen sind.[3] 204

III. Subjektive Zurechnung – Mitunternehmer. 1. Funktion des (Mit-)Unternehmerbegriffes. Nach Abs. 1 S. 1 Nr. 2 S. 1 sind den G'tern einer OHG, KG oder „anderen Ges." ihre Gewinnanteile dann (und nur dann) als (eigene) Einkünfte aus GewBetr. zuzurechnen, wenn sie **Unternehmer (MU'er) des GewBetr** sind. Abs. 1 S. 1 Nr. 2 trifft insoweit eine spezielle **klarstellende Regelung für** die **subj. Zurechnung v. Einkünften aus GewBetr.**, die gemeinsam durch mehrere (MU'er) erzielt werden. 205

Für den **Einzelgewerbetreibenden** ergibt sich die subj. Zurechnung der objektiv in § 15 Abs. 1 S. 1 Nr. 1 bezeichneten Einkünfte aus GewBetr. aus § 15 Abs. 2 iVm. § 2 Abs. 1 (Rn. 151 f.). Danach erfolgt die subj. Zurechnung bei demjenigen, der die in § 15 Abs. 2 verlangte Betätigung „unternimmt". Der Unternehmer als Zurechnungssubjekt des GewBetr. ist derjenige, der das Vermögensrisiko **(Unternehmerrisiko)** der Betätigung trägt und der entweder selbst die Betätigung entfaltet oder dem sie zuzurechnen ist, weil andere für ihn mit seinem Willen oder kraft G handeln **(Unternehmerinitiative)**. Der Hinweis auf den MU'er des GewBetr. in Abs. 1 S. 1 Nr. 2 hat insoweit die klarstellende Bedeutung zu bestätigen, dass auch mehrere **gemeinsam einen GewBetr.** betreiben können und dabei gemeinsam Unternehmerrisiko tragen und Unternehmerinitiative entfalten können, dass dies aber auch erforderlich ist, um ihnen die Einkünfte aus dem gemeinsamen GewBetr. (anteilig) als ihre Einkünfte zuzurechnen. Daher wird zutr. angenommen, dass die **G'ter-Stellung** auch bei einer OHG und KG allein gerade **nicht genügt**, um die persönliche Zurechnung zu begründen.[4] Zugleich verdeutlicht § 15 Abs. 1 S. 1 Nr. 2 auch, dass die subj. Zurechnung nicht verlangt, dass der Unternehmer allein das Risiko trägt und er sich allein betätigt. Allein insoweit besteht eine spezielle Problematik der persönlichen Zurechnung bei sog. MU'schaften, indem hier zu entscheiden ist, ob eine ausreichende Risikobeteiligung und eine ausreichende Entscheidungsbefugnis besteht. Denn anders als beim Einzelunternehmer trägt der MU'er jedenfalls nicht allein das Risiko und entscheidet nicht allein. 206

Der Zusammenhang zw. der persönlichen Zurechnung bei Einzelgewerbetreibenden und MU'ern wird adäquat in § 5 Abs. 1 S. 2 **GewStG** ausgedrückt. Danach ist Unternehmer der, für dessen Rechnung das Gewerbe betrieben wird. Die PersGes. wird zwar in § 5 Abs. 1 S. 3 GewStG zum Schuldner der GewSt erklärt, aber Unternehmer können schon mangels Steuersubjektfähigkeit der PersGes. für die ESt und KSt nur diejenigen G'ter sein, für deren Rechnung das Gewerbe betrieben wird. Anders sieht dies freilich die Rspr. Danach soll auch eine PersGes. ihrerseits MU'er sein können.[5] Das Merkmal des Betreibens für Rechnung des Unternehmers umfasst sowohl den vermögensmäßigen Erfolg (Unternehmerrisiko) der Betätigung, der sich unmittelbar im Vermögen des Unternehmers niederschlägt als auch die Tätigkeit (Unternehmerinitiative) selbst. Denn eine Betätigung kann nur dann unmittelbar zu einer positiven Erfolgsauswirkung im Vermögen eines anderen führen, wenn sie mit dessen Willen unternommen wird oder kraft G für ihn erfolgt. 207

2. Mitunternehmerrisiko und Mitunternehmerinitiative. MU'er-Risiko bedeutet unmittelbare Teilhabe am Erfolg oder Misserfolg des GewBetr. in Form der Vermögensmehrung oder -minderung. Unerheblich 208

---

1 Vgl. BFH v. 6.5.2015 – II R 34/13, BStBl. II 2015, 821; v. 1.10.2014 – II R 40/12, BFH/NV 2015, 500; v. 16.5.2013 – II R 5/12, BStBl. II 2013, 635; v. 23.2.2010 – II R 42/08, BStBl. II 2010, 555 (zu Schenkung eines Kommanditanteils unter Vorbehaltsnießbrauch mit alleinigen Stimm- und Verwaltungsrechten für den Nießbraucher); vgl. auch BFH v. 10.12.2008 – II R 32/07, BFH/NV 2009, 774; v. 4.5.2016 – II R 18/15, BFH/NV 2016, 1565 (bei Vorbehalt der Stimmrechte für den Nießbraucher kein Erwerb der Mitunternehmerstellung für den Beschenkten, daher kein § 13a Abs. 4 ErbStG).

2 BFH v. 3.12.2015 – IV R 43/13, BFH/NV 2016, 742; v. 23.5.1996 – IV R 87/93, BStBl. II 1996, 523; v. 11.4.1973 – IV R 67/69, BStBl. II 1973, 528.

3 BFH v. 3.12.2015 – IV R 43/13, BFH/NV 2016, 742; v. 16.5.2013 – II R 5/12, BStBl. II 2013, 639; v. 15.9.1994 – V R 34/93, BStBl. II 1995, 214.

4 BFH v. 3.5.1993 – GrS 3/92, BStBl. II 1993, 616.

5 BFH v. 12.4.1991 – III R 105/88, BStBl. II 1991, 616; v. 31.8.1999 – VIII B 74/99, BStBl. II 1999, 794.

ist dabei, dass bei Gesamthandsgemeinschaften das Vermögen gesamthänderisch gebunden ist, bzw. im Außenverhältnis der PersGes. als Rechtsträger zuzurechnen ist. Auch dann kommt dem MU'er spätestens bei der Auseinandersetzung „sein Anteil" zugute. Bei atypischen Innengesellschaften werden jedenfalls unmittelbare schuldrechtl. Anspr. begründet, die ebenfalls unmittelbar das Vermögen des Innen-G'ters berühren. Der G'ter muss zugunsten der Ges. sein eigenes Vermögen belasten, sei es in Gestalt einer Haftung ggü. den Gesellschaftsgläubigern, sei es durch Erbringung eines sein Vermögen belastenden Gesellschafterbeitrags. Nicht ausreichend ist ein bloßer Verzicht auf eine spätere Gewinnbeteiligung.[1] Ausreichendes MU'er-Risiko in diesem Sinne trägt jedenfalls derjenige G'ter, der am **lfd. Gewinn und Verlust** und auch an den **stillen Reserven** sowie an einem **Geschäftswert**[2] beteiligt ist. Problematisch ist jedoch die Beurteilung, wenn keine in diesem Sinne umfassende vermögensmäßige Teilhabe besteht.

209 Eine MU'schaft kommt grds. nicht in Betracht, wenn es schon an jeglicher **Gewinnbeteiligung** fehlt. Eine solche liegt freilich schon bei einer (ggf. auch festen) Haftungsvergütung vor. Besteht diese zwar formal, ist aber objektiv erkennbar, dass ein Gewinn für den G'ter für die Dauer seiner Beteiligung nicht erzielt werden kann, so ist dieser G'ter nicht MU'er.[3] Soweit die neuere Rspr. zur Bejahung einer MU'er-Stellung des Komplementärs, respektive des G'ters einer oHG und GbR oder des Hauptbeteiligten bei der stillen Ges. schon die unbeschränkte Außenhaftung wegen des damit immer verbundenen Risikos für ausreichend erachtet, falls dem G'ter kompensierende starke Initiativrechte – namentlich Geschäftsführungsbefugnis und/oder Vertretungsbefugnis – zustehen,[4] sollte dem jedenfalls dann nicht gefolgt werden, wenn eine Gewinn- und Verlustbeteiligung vollständig ausgeschlossen ist und der Außenhaftung im konkreten Falle erkennbar keine Bedeutung zukommt (s. Rn. 177).

210 Grds. ist auch eine **Verlustbeteiligung** erforderlich. Von einem Unternehmerrisiko kann nicht gesprochen werden, wenn den Betreffenden keinerlei Vermögensverlust treffen kann. Daher scheidet eine MU'er-Stellung jedenfalls aus, wenn der G'ter im Innenverhältnis an Verlusten nicht beteiligt ist und ihn auch im Außenverhältnis keine persönliche Haftung trifft und er keine oder nur eine wertlose Einlage geleistet hat.[5] Umgekehrt kann genügen, dass der Beteiligte seine Einlage aus Gewinnen zu erbringen hat und diese nicht entnehmen darf.

211 Eine **persönliche Außenhaftung** ist allerdings nicht erforderlich.[6] Dies folgt schon daraus, dass § 15 Abs. 1 S. 1 Nr. 2 erkennbar nicht nur Kdist erfassen will, die ihre Einlage nicht geleistet haben. Umgekehrt soll eine persönliche Außenhaftung allerdings immer ein MU'er-Risiko begründen,[7] selbst wenn im Innenverhältnis ein Freistellungsanspr. besteht (Rn. 177, 209). Zumindest sollte aber eine echte Gewinnbeteiligung verlangt werden und ein lediglich schuldrechtl. Vergütungsanspr. nicht als ausreichend erachtet werden.[8]

212 **MU'er-Initiative** bedeutet Teilhabe an den gemeinsam zu treffenden unternehmerischen Entscheidungen. Anders als beim Einzelunternehmer kann diese bei MU'ern abgestuft sein. Sie reicht v. der (Allein)Geschäftsführungsbefugnis und umfassender Vertretungsbefugnis[9] auf der einen Seite bis zu bloßen Kontroll- und Widerspruchsbefugnissen, wie sie einem K'disten nach dem Regelstatut des HGB (§§ 166, 164 HGB)[10] oder einem stillen G'ter nach § 233 HGB[11] zustehen. Damit hat die Rspr. die Schwelle für die

---

1 BFH v. 13.7.2017 – IV R 41/14, BStBl. II 2017, 1133 mwN.

2 BFH v. 25.4.2006 – VIII R 74/03, BStBl. II 2006, 595; v. 25.6.1984 – GrS 4/82, BStBl. II 1984, 751 und v. 3.5.1993 – GrS 3/92, BStBl. II 1993, 616.

3 Vgl. BFH v. 15.7.1986 – VIII R 154/85, BStBl. II 1986, 896 und v. 30.11.1989 – IV R 97/86, BFH/NV 1991, 432 (befristete Gter-Stellung); v. 21.4.1988 – IV R 47/85, BStBl. II 1989, 722; v. 28.10.1999 – VIII R 66–70/97, BStBl. II 2000, 183 (nur fest verzinste Kommanditeinlage).

4 BFH v. 10.5.2007 – IV R 2/05, BStBl. II 2007, 927; v. 25.4.2006 – VIII R 74/03, BStBl. II 2006, 595; zust. BFH v. 26.6. 2008 – IV R 89/05, BFH/NV 2008, 1894.

5 BFH v. 31.5.2012 – IV R 40/09, BFH/NV 2012, 1440 (Umwandlung wertloser Forderung in Einlage als Stiller); v. 11.12.1986 – IV R 222/84, BStBl. II 1987, 553; v. 9.2.1999 – VIII R 43/98, BFH/NV 1999, 1196; vgl. auch BFH v. 21.10.1992 – X R 99/88, BStBl. II 1993, 289 (geschenkte stille Beteiligung).

6 BFH v. 24.9.1991 – VIII R 349/83, BStBl. II 1992, 330.

7 BFH v. 10.10.2012 – VIII R 42/10, BStBl. II 2013, 79; v. 3.2.2010 – IV R 26/07, BStBl. II 2010, 751; v. 25.4.2006 – VIII R 74/03, BStBl. II 2006, 595 (falls starke Initiativbefugnisse); v. 11.6.1985 – VIII R 252/80, BStBl. II 1987, 33; aber offen gelassen v. IV. Senat, BFH v. 21.4.1988 – IV R 47/85, BStBl. II 1989, 722.

8 So zutr. BFH v. 30.6.2005 – IV R 40/03, BFH/NV 2005, 1994 (zum Treuhand-K'disten) und v. 26.6.2008 – IV R 89/05, BFH/NV 2008, 1894 (zum K'disten), v. 21.4.2009 – II R 26/07, BStBl. II 2009, 602 (ehemaliger K'dist bzgl. weiterbestehender Forderungen des früheren Sonder BV); **aA** für den Komplementär BFH v. 25.4.2006 – VIII R 74/03, BStBl. II 2006, 595.

9 Vgl. BFH v. 21.7.2010 – IV R 63/07, StuB 2010, 953 (zu umfassender Vollmacht für Treugeberkommanditisten aufgrund eines Beratervertrages).

10 BFH v. 25.6.1984 – GrS 4/82, BStBl. II 1984, 751; v. 27.1.1994 – IV R 114/91, BStBl. II 1994, 635.

11 BFH v. 27.1.1994 – IV R 114/91, BStBl. II 1994, 635.

MU'er-Initiative sehr niedrig angesetzt, was zu Recht Kritik hervorgerufen hat. Es mutet (auch sprachlich) merkwürdig an, dass ein „Initiativrecht" aus einem nachlaufenden Kontrollrecht hergeleitet werden soll.[1] Vor allem muss man sich fragen, ob die von der Rspr. insoweit gezogene MU'er-Schwelle zu sachgerechten (typologisch nachvollziehbaren) Ergebnissen führt. Gerade bei den K'disten einer kapitalistisch geprägten Publikums-GmbH & Co. KG passt das „Bild" eines Unternehmers kaum, sondern vielmehr drängt sich die Ähnlichkeit mit einem (vermögensverwaltenden) Kapitalanleger auf.[2]

Die Rspr. geht zutr. davon aus, dass über die Frage der persönlichen Zurechnung eines Anteils an den gewerblichen Einkünften an den MU'er anhand einer **Gesamtwürdigung** zu entscheiden ist. Dabei kann ein schwächer ausgeprägtes MU'er-Risiko durch eine stärker ausgeprägte Teilhabe an der MU'er-Initiative kompensiert werden und umgekehrt.[3] Daher ist bei schwacher MU'er-Initiative – wie sie regelmäßig bei der stillen Ges. und bei Unterbeteiligungen vorliegt (Rn. 184, 196) – eine Beteiligung am Gewinn, Verlust und an den stillen Reserven einschl. Geschäftswert erforderlich, während bei ausgeprägter MU'er-Initiative (Einzelgeschäftsführungsbefugnis) umgekehrt bereits eine Beteiligung am lfd. Gewinn und Verlust oder stattdessen nach Auffassung der Rspr. sogar die bloße Außenhaftung (Rn. 211) genügen kann. Dies wiederum spielt eine Rolle bei verdeckten MU'schaften (Rn. 215, 189). Grundsätzlich kann eine MU'schaft auch bei nur kurzfristigem Erwerb einer Kommanditistenstellung begründet werden.[4] 213

3. (Verdecktes) Gesellschafts-Verhältnis und (faktische) Mitunternehmerschaft. Wenngleich ein Gesellschaftsverhältnis nach zutr. Ansicht der Rspr. (Rn. 206) nicht genügt, um die persönliche Zurechnung zu begründen, soll es doch umgekehrt unabdingbar sein, um eine MU'schaft bejahen zu können.[5] Allerdings wird dieser Grundsatz zunächst einmal dadurch durchbrochen, dass außer dem Gesellschaftsverhältnis auch andere vergleichbare Gemeinschaftsverhältnisse und auch ein konkludent abgeschlossener Gesellschaftsvertrag genügen (Rn. 173). Außerdem ist auch der **Treugeber** als Nicht-G'ter MU'er[6] (Rn. 155), ebenso der Nießbraucher (Rn. 203) und der wirtschaftliche Eigentümer eines Gesellschaftsanteils.[7] Letztlich dient die Betonung der Rspr., es sei ein Gesellschaftsverhältnis erforderlich, nur der (zutr.) Ablehnung einer rein **faktischen MU'schaft** (Rn. 175). Dem ist insoweit zu folgen, als ein Rechtsverhältnis zw. den MU'ern erforderlich ist, aus dem sich ergibt, dass der GewBetr. für gemeinsame Rechnung der MU'er geführt wird. Dafür genügen **weder reine Austauschverträge noch** ein bloß **faktisches Verhalten**, etwa die Mitwirkung des Ehepartners oder Lebensgefährten im Betrieb an strafbaren Handlungen des Geschäftsinhabers.[8] 214

Andererseits sind vertragliche Beziehungen nicht anhand der v. den Parteien gewählten Bezeichnung und/oder der durch sie erfolgten rechtl. Qualifizierung einzuordnen, sondern maßgeblich ist, was die Parteien wirklich vereinbart und durchgeführt haben. Insoweit muss notwendigerweise auch das bisherige faktische Verhalten gewürdigt werden. Ergibt sich dabei, dass tatsächlich der GewBetr. auf gemeinsame Rechnung auch des angeblichen Austauschpartners geführt wurde, so liegt eine **verdeckte MU'schaft** vor. Die Rspr. geht dann v. Vorliegen eines **verdeckten (Innen-)Gesellschaftsverhältnisses** aus. Daran ist jedenfalls zutr., dass das Führen eines GewBetr. auf gemeinsame Rechnung **Gesellschaftszweck iSd. § 705 BGB** sein kann (Rn. 175). Von einem insoweit bestehenden verdeckten (Rechts-)Gesellschaftsverhältnis ist dann auszugehen, wenn sich aus den bestehenden vertraglichen Beziehungen und der tatsächlichen Durchführung ergibt, dass der vermeintliche Nicht-G'ter am Unternehmerrisiko teilhat und MU'er-Initiative entfalten kann. Dazu muss jedenfalls eine Gewinnbeteiligung[9] vorliegen und auch ein Verlustrisiko bestehen. Die normalerweise fehlende (oder jedenfalls nicht offen gelegte) Beteiligung an den stillen Reserven einschl. eines Geschäftswertes kann kompensiert werden durch eine bes. ausgeprägte Beteiligung am lfd. Gewinn und durch eine starke Stellung hinsichtlich der lfd. Verwaltung (Geschäftsführerbefugnisse). Dabei ist gerade nicht darauf abzustellen, ob diese sich nur aus einem Anstellungsvertrag ergeben. Denn dieser kann Teil des verdeckten Rechtsverhältnisses sein. Eine verdeckte MU'schaft kommt namentlich auch dann in 215

1 *Drüen*, FS 100 Jahre Steuerrechtsprechung, 2018, 1317 (1333); *Hennrichs* in Tipke/Lang[23], § 10 Rn. 37.
2 *Drüen*, FS 100 Jahre Steuerrechtsprechung, 2018, 1317 (1336).
3 BFH v. 13.7.2017 – IV R 41/14, BStBl. II 2017, 1133; v. 21.10.2015 – IV R 43/12, BStBl. II 2016, 517; v. 10.5.2007 – IV R 2/05, BFH/NV 2007, 2394; v. 25.4.2006 – VIII R 74/03, BStBl. II 2006, 595; v. 16.12.1997 – VIII R 32/90, BStBl. II 1998, 480; v. 21.9.1995 – IV R 65/94, BStBl. II 1996, 66.
4 BFH v. 22.6.2017 – IV R 42/13, BFH/NV 2018, 265.
5 BFH v. 21.4.2009 – II R 26/07, BStBl. II 2009, 602 mwN (zumindest Innengesellschaft aufgrund konkludenten Verhaltens).
6 BFH v. 25.2.1991 – GrS 7/89, BStBl. II 1991, 691; v. 1.10.1992 – IV R 130/90, BStBl. II 1993, 574.
7 BFH v. 20.9.2018 – IV R 39/11, juris Rn. 22 ff.; v. 1.3.2018 – IV R 15/15, BStBl. II 2018, 539; v. 22.6.2017 – IV R 42/13, BFH/NV 2018, 265 Rn. 34; v. 26.6.1990 – VIII R 81/85, BStBl. II 1994, 645.
8 So zutr. BFH v. 28.10.2008 – VII R 32/07, BFH/NV 2009, 355.
9 BFH v. 21.4.2009 – II R 26/07, BStBl. II 2009, 602.

Betracht, wenn nach außen ein Geschäft durch eine Strohfrau/einen Strohmann für einen Hintermann geführt wird, sofern nicht wegen eines Treuhandverhältnisses allein der Hintermann als Unternehmer anzusehen ist (Rn. 155).[1]

216 **Indizien für eine verdeckte MU'schaft** sind gewinnabhängige hohe Bezüge, unangemessen hohe Vergütungen für angeblich im Austauschverhältnis erbrachte Leistungen oder umgekehrt der Verzicht oder die Nichtgeltendmachung vereinbarter angemessener Entgelte, wenn Verluste drohen, freie Entnahmen und Einlagen wie ein G'ter,[2] auch wenn diese als „unverzinsliche Darlehen gebucht" werden. Auf der anderen S. reicht eine bloße Bündelung des Risikos aus einzelnen Austauschverträgen nicht.[3] Im Einzelnen wurde verdeckte MU'schaft **bejaht** bei hohen gewinnabhängigen Bezügen und tatsächlichem Verhalten wie G'ter (BFH v. 16.12.1997 – VIII R 32/90, BStBl. II 1998, 480; v. 21.9.1995 – IV R 65/94, BStBl. II 1996, 66; v. 2.9.1985 – IV B 51/85, BStBl. II 1986, 10 und v. 5.6.1986 – IV R 272/84, BStBl. II 1986, 802), bei Verpachtung zu unüblichen Konditionen (BFH v. 5.6.1986 – IV R 53/82, BStBl. II 1986, 798), bei nicht durchgeführter Betriebsübertragung (BFH v. 21.5.1987 – IV R 283/84, BStBl. II 1987, 601; v. 28.1.1998 – IV R 198/84, BFH/NV 1988, 734). Bei **Film- und Fernsehfonds** als Produktionsunternehmen (Hersteller) bejaht die FinVerw. zutr. die MU'schaft für an der Fonds-Ges. (in der Rechtsform der GbR, KG, GmbH & Co. KG) nicht beteiligte Dritte, soweit diese an den Einspielergebnissen, an Lizenzerträgen aus v. ihnen auf den Fonds übertragenen Rechten beteiligt sind und Einfluss auf Finanzierung, technische und künstlerische Gestaltung sowie den Vertrieb des Films nehmen können.[4] Die Bejahung der MU'schaft indiziert aber nicht die Herstellereigenschaft.[5] Hingegen wurde MU'schaft **verneint** bei bloßer Bündelung v. Risiken aus Austauschverträgen, soweit die Entgelte, auch wenn sie gewinnabhängig sind, angemessen sind und ein angemessener Gewinn verbleibt oder wenn lediglich umsatzabhängige Vergütungen vereinbart werden, auch wenn sich aus Anstellungsverträgen mit der PersGes. selbst oder mittelbar aus einem Geschäftsführeranstellungsvertrag mit der persönlich haftenden GmbH eine Geschäftsführungsbefugnis ergibt (BFH v. 3.1.2015 – VIII R 63/13, BStBl. II 2016, 383; v. 13.7.1993 – VIII R 50/92, BStBl. II 1994, 282; v. 26.6.1990 – VIII R 81/85, BStBl. II 1994, 645; v. 1.12.1989 – III R 94/87, BStBl. II 1990, 500; v. 8.7.1992 – XI R 61, 62/89, BFH/NV 1993, 14; v. 6.12.1988 – VIII R 362/83, BStBl. II 1989, 705; v. 22.10.1987 – IV R 17/84, BStBl. II 1988, 62; v. 11.9.1986 – IV R 82/85, BStBl. II 1987, 111; v. 9.9.1986 – VIII R 198/84, BStBl. II 1987, 28 und v. 7.4.1987 – VIII R 259/84, BStBl. II 1987, 766; v. 28.1.1986 – VIII R 335/82, BStBl. II 1986, 599; v. 22.1.1985 – VIII R 303/81, BStBl. II 1985, 363). Im Tatsächlichen ist die verdeckte MU'schaft eine Problematik, die sich bei vermeintlichen Austauschverträgen mit **Ehegatten** des oder der G'ter der PersGes. ergibt. Unter Fremden würden derart unübliche Austauschverträge nicht geschlossen, sondern entweder offen ein Gesellschaftsverhältnis vereinbart oder aber Austauschverträge zu üblichen Bedingungen. Daher kann allerdings eine verdeckte MU'schaft auch nicht deshalb abgelehnt werden, weil sie unter Fremden so nicht üblich wäre.[6]

217 **4. Mitunternehmerschaft und Familien-Personengesellschaft.** Während die verdeckte MU'schaft im Tatsächlichen eine Problematik bei Ehegatten darstellt – Vermeidung der MU'schaft ist erwünscht –, liegt die Problematik der Gewinnzurechnung und -verteilung bei sog. Familien-PersGes. im Tatsächlichen in der Beteiligung v. Kindern (Enkelkindern) an PersGes. Hier ist die MU'schaft regelmäßig erwünscht zur faktischen Erreichung eines **„Familiensplittings"**.[7] Die stl. Rechtsfrage besteht in der zutr. Abgrenzung zw. der Einkünfteerzielung durch den StPfl. einerseits gem. § 2 Abs. 1 iVm. §§ 15 Abs. 1 S. 1 Nr. 2, 15 Abs. 2 und der **unbeachtlichen Einkommensverwendung** iRd. Einkünfteermittlung nach § 12 Nr. 1 und 2 andererseits.[8] Danach dürfen insbes. Zuwendungen aufgrund einer freiwillig begründeten Rechtspflicht oder ggü. unterhaltsberechtigten Pers. nicht bei den Einkunftsarten abgezogen werden. Dem ist allerdings bereits durch eine zutr. Interpretation des MU'er-Begriffes in § 15 Abs. 1 S. 1 Nr. 2 als dem Zuordnungssubjekt der gewerblichen Einkünfte Rechnung zu tragen. So wie § 12 Nr. 1 und 2 weitgehend nur klarstellende Funktion dahin gehend haben, dass die dort genannten Aufwendungen mangels betrieblicher Veranlassung schon keine BA sind,[9] verdeutlicht § 12 Nr. 1 und 2 auch, dass eine persönliche Zurechnung v. Einkünften nicht dazu führen darf, dass Zuwendungen aufgrund freiwillig begründeter Rechtspflicht nicht

1 **AA** wohl BFH v. 1.7.2003 – VIII R 61/02, BFH/NV 2004, 27.
2 BFH v. 16.12.1997 – VIII R 32/90, BStBl. II 1998, 480.
3 BFH v. 13.7.1993 – VIII R 50/92, BStBl. II 1994, 282.
4 BMF v. 23.2.2001, BStBl. I 2001, 175 (dann dürfte allerdings auch zivilrechtl. schon eine atypische Innengesellschaft vorliegen).
5 BMF v. 5.8.2003, BStBl. I 2003, 406; **aA** *Zacher*, DStR 2003, 1861; *v. Wallis/Schuhmacher*, DStR 2003, 1857.
6 BFH v. 8.11.1995 – XI R 14/95, BStBl. II 1996, 133.
7 *Hennrichs* in Tipke/Lang[23], § 10 Rn. 79 f.
8 BVerfG v. 23.11.1976 – 1 BvR 150/75, BVerfGE 43, 109; *Wacker* in Schmidt[37], § 15 Rn. 742.
9 Vgl. insoweit BFH v. 14.1.1998 – X R 57/93, BFHE 185, 230 (zu niedrige Pachtentgelte ggü. Familien-GmbH).

mehr demjenigen zugerechnet werden, der sie erzielt hat. Im Zusammenhang mit § 15 Abs. 1 S. 1 Nr. 2 ergibt sich daraus, dass auch bei einer zivilrechtl. bestehenden G'ter-Stellung die Einkünfte G'tern nicht zuzurechnen sind, soweit sie entweder insgesamt nicht MU'er sind, weil der GewBetr. nicht auch auf ihre Rechnung geführt wird, oder soweit die ihnen zivilrechtl. zustehenden Gewinnanteile dem MU'er-Risiko und der v. ihnen oder für sie entfalteten MU'er-Initiative nicht entsprechen.

Eine MU'er-Stellung kann dem Grunde nach nur bejaht werden, wenn (1) ein **zivilrechtl. wirksamer Vertrag** besteht, (2) dieser auch **tatsächlich durchgeführt** wird und (3) dem G'ter diejenigen **vermögensmäßigen Rechte und Mitwirkungsbefugnisse** eingeräumt werden, die nach dem **Regelstatut** einem **K'disten** zustehen.[1] Dabei gilt im Einzelnen Folgendes (Rn. 219–223): 218

Bei der **Aufnahme minderjähriger Kinder** bedarf es gem. §§ 1909, 1629, 1795 BGB eines **Abschlusspflegers** (bei mehreren getrennt für jedes Kind) und einer **vormundschaftlichen Genehmigung** (§ 1822 Nr. 3 BGB).[2] Die Rückwirkung der Genehmigung – allerdings nicht auf einen Zeitpunkt vor Vertragsabschluss[3] – ist auch stl. beachtlich, soweit sie unverzüglich beantragt wurde.[4] Str. ist, ob über § 41 AO wegen tatsächlicher Durchführung dennoch eine MU'er-Stellung zu bejahen ist.[5] Dies kann nicht generell ausgeschlossen werden. Allerdings ist bei minderjährigen Kindern zu beachten, dass bei Unwirksamkeit des Vertrages eine tatsächliche Durchführung sich praktisch bis zum Eintritt der Volljährigkeit nicht feststellen lässt. Ein langjähriger Schwebezustand ist aber stl. nicht hinzunehmen. Daher kann § 41 AO nur dann ausnahmsweise tatbestandlich vorliegen, wenn ein erkannter Formmangel unverzüglich geheilt wird und die tatsächliche Durchführung zweifelsfrei erfolgte.[6] Der Mitwirkung eines **Dauerergänzungspflegers in der Ges.** bedarf es nicht, auch wenn die gesetzlichen Vertreter ihrerseits geschäftsführende G'ter sind. Str. ist allerdings, ob für Vertragsabschlüsse der PersGes. mit den minderjährigen Kindern – etwa Anmietung eines Grundstückes – ein Ergänzungspfleger zu bestellen ist. Ein etwaiger Formfehler ist hier auch rückwirkend heilbar, wenn der Vertrag bis dahin durchgeführt wurde und unverzüglich der Ergänzungspfleger bestellt wird.[7] 219

Für Außengesellschaften bedarf der (Gesellschafts)Vertrag iErg. nicht der notariellen Form, auch wenn es sich um eine Schenkung handelt. Denn mit der Aufnahme in die Ges. tritt gem. § 518 Abs. 2 BGB Heilung ein. Noch nicht abschließend geklärt ist, inwieweit dies auch für stille Ges. gilt. Zumindest für eine atypisch stille Ges. und eine Unterbeteiligung dürfte geklärt sein, dass auch hier der Formfehler durch den Vollzug der Schenkung (Einräumung der mitgliedschaftlichen Rechte an der Geschäftsführung der Innengesellschaft) geheilt wird.[8] Für die schenkweise Zuwendung der Beteiligung an der stillen Ges. hat der BFH die Heilung verneint,[9] aber diese Entsch. dürfte durch die jüngere Rspr. von BFH und BGH zur atypisch stillen Ges. und zur Unterbeteiligung wohl überholt sein.[10] 220

Die **Durchführung** des Vertrags setzt voraus, dass die Eltern als gesetzliche Vertreter für das Kind die Rechte und Pflichten der Vermögenssorge in der Ges. wahrnehmen und nicht die diesem zustehenden Rechte als eigene behandeln. Daher steht der Durchführung entgegen, wenn Gewinnanteile des Kindes v. dem an der Ges. beteiligten Elternteil entnommen und für eigene Zwecke verwendet werden.[11] Eine Verwendung zum Unterhalt des Kindes ist unschädlich, soweit sie sich in den Grenzen des § 1602 BGB hält.[12] 221

Die dem Kind eingeräumte Rechtsstellung als G'ter darf nicht (zugunsten der Eltern/Großeltern als G'ter) so eingeschränkt sein, dass sie praktisch bedeutungslos ist. Als Anhaltspunkt dafür dienen die einem Kdisten nach dem Regelstatut des HGB zustehenden Rechte. Im Einzelnen wurde eine **MU'er-Stellung verneint** bei Nichtbeteiligung an den stillen Reserven einschl. Geschäftswert[13] sowohl bei Ausscheiden als 222

1 BFH v. 25.6.1984 – GrS 4/82, BStBl. II 1984, 751; v. 6.7.1995 – IV R 79/94, BStBl. II 1996, 269.
2 BFH v. 8.11.1972 – I R 227/70, BStBl. II 1973, 287; v. 1.2.1973 – IV R 49/68, BStBl. II 1973, 307; v. 1.2.1973 – IV R 61/72, BStBl. II 1973, 309; vgl. auch BMF v. 9.2.2001, BStBl. I 2001, 171 (zu VuV – Abschlusspfleger auch bei Einräumung eines Nießbrauches erforderlich, anders aber, wenn Vormundschaftsgericht Pfleger nicht für erforderlich hält).
3 BFH v. 6.7.1995 – IV R 79/94, BStBl. II 1996, 269.
4 BFH v. 23.4.1992 – IV R 46/91, BStBl. II 1992, 1024.
5 Bej. *Knobbe-Keuk*[9], § 12 Abs. 1 S. 1; *Schön*, FS F. Klein, 1994, 476; verneinend BFH v. 5.6.1986 – IV R 53/82, BStBl. II 1986, 798; *Bordewin*, DB 1996, 1359; vgl. auch BFH v. 13.7.1999 – VIII R 29/97, BFH/NV 2000, 176.
6 Vgl. BFH v. 7.6.2006 – IX R 4/04, BStBl. II 2007, 294 (Darlehensvertrag mit minderjährigen Enkeln, Zinsen wurden tatsächlich gezahlt), aber Nichtanwendungserlass BMF v. 2.4.2007, BStBl. I 2007, 441.
7 BFH v. 13.7.1999 – VIII R 29/97, BStBl. II 2000, 386.
8 BFH v. 17.7.2014 – IV R 52/11, DB 2014, 2503 und BGH v. 29.11.2011 – II ZR 306/09, BGHZ 191, 354.
9 BFH v. 27.1.1994 – IV R 114/91, BStBl. II 1994, 635.
10 So auch *Wacker* in Schmidt[37], § 15 Rn. 773.
11 BFH v. 5.6.1986 – IV R 272/84, BStBl. II 1986, 802.
12 **AA** möglicherweise BFH v. 27.9.1988 – VIII R 193/83, BStBl. II 1989, 414; wie hier *Seer*, DStR 1988, 600.
13 Ungenügend auch pauschale Abfindung BFH v. 18.2.1993 – IV R 132/91, BFH/NV 1993, 647.

auch bei Auflösung,[1] bei einseitigen **Hinauskündigungsklauseln zum Buchwert**,[2] bei kurzfristig **befristeter Mitgliedschaft**,[3] bei uneingeschränkter **einseitiger Änderungsmöglichkeit des Gesellschaftsvertrages** mit Stimmenmehrheit,[4] nicht aber bei bloßen Mehrheitsbeschlüssen über die lfd. Geschäfte,[5] bei **freier Widerruflichkeit der Schenkung** (nicht bei begrenzten Rückfallklauseln) des Gesellschaftsanteils.[6] Andererseits ist eine MU'schaft trotz langer Kündigungsfrist und Ausschluss des Widerspruchsrechtes mit Buchwertabfindung nur bei eigener Kündigung anerkannt worden.[7] Unschädlich sind auch Beschränkungen des Kündigungs- und Entnahmerechtes, die für alle G'ter gleichermaßen gelten,[8] aber auch bei einseitiger Einschränkung nur für die K'disten.[9] Ist die MU'er-Stellung zu verneinen, kann gleichwohl eine typisch stille Beteiligung mit Einkünften aus § 20 Abs. 1 S. 4 zu bejahen sein.[10]

223 Die Grundsätze zur Anerkennung der MU'er-Stellung in Familien-PersGes. sind auch bei der **Familien-GmbH & Co KG**[11], der **Familien-GmbH & atypisch Still** sowie entspr. Unterbeteiligungen anzuwenden. Dies gilt auch dann, wenn die Eltern/Großeltern zumindest nach außen lediglich an der KapGes. als G'ter und Geschäftsführer beherrschend beteiligt sind.[12] IÜ wird häufig eine verdeckte MU'schaft (Rn. 214 ff.) vorliegen.

224 Auch wenn eine MU'schaft **dem Grunde nach zu bejahen** ist, kann eine im Verhältnis zur vermögensmäßigen Beteiligung und zur Tätigkeit in der Ges. **unangemessene Gewinnverteilung** vorliegen. Der der MU'er-Stellung nicht adäquate Teil der überhöhten Gewinnverteilung stellt sich als unbeachtliche Einkommenszuwendung durch den als G'ter tätigen Elternteil (oder durch die v. diesem beherrschte GmbH) dar, § 12 Nr. 1 oder 2.[13] Daher ist dieser Teil dem zuwendenden Elternteil (bzw. der beherrschten GmbH) zuzurechnen. Im Falle einer GmbH liegt dann zugleich eine vGA vor.[14] Grds ist ein Fremdvergleich durchzuführen. Die Gewinnbeteiligung ist insoweit anzuerkennen, als sie dem entspricht, was auch einem Nichtangehörigen für dessen Leistungsbeiträge als Gewinnbeteiligung zugesagt worden wäre.[15]

225 Für die **schenkweise Begr. oder Übertragung** eines **KG-Anteils**,[16] einer atypisch stillen Beteiligung oder Unterbeteiligung in einer Familien-PersGes. hat die Rspr. **typisierend** zum Zwecke der Gleichbehandlung und im Interesse der Rechtssicherheit eine Gewinnverteilung für angemessen angesehen, die zu nicht mehr als einer **Durchschnittsrendite v. 15 % des tatsächlichen Wertes** des Gesellschaftsanteils führt, sofern das Kind nicht mitarbeitet[17] und eine Beteiligung am Gewinn und Verlust vorliegt. Bei Verlustausschluss soll die Durchschnittsrendite sich auf nicht mehr als 12 % belaufen dürfen.[18] Die Begrenzung soll aber nicht in dieser typisierenden Weise gelten, wenn der **MU'er-Anteil** durch Einlage **entgeltlich** (und sei es auch mit v. dritter Seite geschenkten Mitteln) erworben wurde.[19] Fraglich erscheint, ob insoweit die für typisch stille Beteiligungen aufgestellten Begrenzungen v. 35 % bzw. 25 % (ohne Verlustbeteiligung)

1 BFH v. 24.9.1991 – VIII R 349/83, BStBl. II 1992, 330.
2 BFH v. 6.7.1995 – IV R 79/94, BStBl. II 1996, 269.
3 BFH v. 29.1.1976 – IV R 73/73, BStBl. II 1976, 324.
4 BFH v. 11.10.1988 – VIII R 328/83, BStBl. II 1989, 762; vgl. aber BFH v. 10.11.1987 – VIII R 166/84, BStBl. II 1989, 758.
5 BFH v. 7.11.2000 – VIII R 16/97, BStBl. II 2001, 186.
6 BFH v. 16.1.2008 – II R 10/06, BStBl. II 2008, 768 (zu Unterbeteiligung); v. 18.7.1974 – IV B 34/74, BStBl. II 1974, 740; v. 16.5.1989 – VIII R 196/84, BStBl. II 1989, 877; v. 27.1.1994 – IV R 114/91, BStBl. II 1994, 635.
7 BFH v. 10.11.1987 – VIII R 166/84, BStBl. II 1989, 758.
8 BFH v. 24.7.1986 – IV R 103/83, BStBl. II 1987, 54.
9 BFH v. 7.11.2000 – VIII R 16/97, BStBl. II 2001, 186.
10 BFH v. 6.7.1995 – IV R 79/94, BStBl. II 1996, 269; vgl. aber zur (Nicht)Anerkennung typisch stiller Beteiligungen und Darlehen BFH v. 22.1.2002 – VIII R 46/00, BStBl. II 2002, 685.
11 Vgl. BFH v. 10.12.2008 – II R 34/07, BStBl. II 2009, 312 und v. 10.12.2008 – II R 32/07, BFH/NV 2009, 774 (fehlende Mitunternehmeriniative für beschenkten K'disten bei Nießbrauchsvorbehalt mit unwiderruflicher Stimmrechtsvollmacht).
12 BFH v. 5.7.1979 – IV R 27/76, BStBl. II 1979, 670; v. 5.6.1986 – IV R 53/82, BStBl. II 1986, 798; v. 6.11.1991 – XI R 35/88, BFH/NV 1992, 452.
13 BFH v. 29.5.1972 – GrS 4/71, BStBl. II 1973, 5.
14 Vgl. BFH v. 5.10.1994 – I R 50/94, BStBl. II 1995, 549.
15 BFH v. 13.3.1980 – IV R 59/76, BStBl. II 1980, 437.
16 BFH v. 29.5.1972 – GrS 4/71, BStBl. II 1973, 5; v. 24.7.1986 – IV R 103/83, BStBl. II 1987, 54; v. 13.3.1980 – IV R 59/76, BStBl. II 1980, 437; v. 6.11.1991 – XI R 35/88, BFH/NV 1992, 452 (nicht bei Beteiligung Fremder); v. 27.1.1994 – IV R 114/91, BStBl. II 1994, 635.
17 BFH v. 21.9.2000 – IV R 50/99, BStBl. II 2001, 299 mwN; v. 5.11.1985 – VIII R 275/81, BFH/NV 1986, 327 (ebenso bei unbedeutender Mitarbeit).
18 BFH v. 31.5.1989 – III R 91/87, BStBl. II 1990, 10; v. 29.3.1973 – IV R 56/70, BStBl. II 1973, 650 (zur typisch stillen Beteiligung).
19 BFH v. 13.3.1980 – IV R 59/76, BStBl. II 1980, 437.

oder 15 % (geschenkte Einlage) Einlagenrendite als maßgebend angesehen werden.[1] Eine Korrektur der vereinbarten Gewinnbeteiligung ist auch bei schenkweise eingeräumten Unterbeteiligung oder der Schenkung eines Anteils an einem Gesellschaftsanteil unzulässig, wenn iÜ eine **Fremdgesellschaft** besteht und die Gewinnverteilung quotal zur Anteilsübertragung erfolgt, soweit der Gewinnanteil lediglich die kapitalmäßige Beteiligung abgilt.[2] Der Rspr. ist, soweit sie eine Angemessenheitsprüfung für erforderlich hält, grds. zu folgen. Allerdings sind die Typisierungen nahezu willkürlich, was die Renditesätze betrifft. Sie erweisen sich zudem weitgehend als wirkungslos (Rn. 226). Es würde genügen, unabhängig davon, ob ein geschenkter oder ein gegen Einlage erworbener Anteil vorliegt, eine Angemessenheitsprüfung nach dem Maßstab einer Gleichbehandlung hinsichtlich der erbrachten Tätigkeiten und der erbrachten Kapitaleinlagen vorzunehmen.[3]

Der **tatsächliche Wert** des Anteils ist aus dem Unternehmenswert abzuleiten. Dabei sind alle stillen Reser- 226
ven einschl. eines Geschäftswertes aufzudecken. Die Gewinnerwartungen schlagen sich im Geschäftswert nieder. Der Unternehmenswert ist sodann nach Maßgabe der Kapitalanteile und hinsichtlich der stillen Reserven nach Maßgabe des Gewinnverteilungsschlüssels[4] auf die G'ter zu verteilen. Für die Gewinnverteilung bis zur Höhe einer Durchschnittsrendite v. 15 % ist auf den zu erwartenden (Rest-)Gewinn (nach Vorwegberücksichtigung angemessener Tätigkeitsvorabvergütungen[5]) abzustellen. Erweist sich die Prognose als unzutr., ist dies unschädlich.[6] De facto kann bei diesem Vorgehen wegen der Berücksichtigung zukünftiger Gewinnerwartungen im Geschäftswert und der Verteilung nach dem Gewinnverteilungsschlüssel eine unangemessene Gewinnverteilung praktisch nur dann vorkommen, wenn entweder die Tätigkeitsvorabvergütungen nicht zutr. berücksichtigt werden oder die Gewinnverteilung völlig unproportional zu den buchmäßigen Kapitalanteilen ist.

D. Gewinnermittlung und -verteilung bei Mitunternehmerschaften

I. Grundlagen. 1. Zweistufige Gewinnermittlung – Gesellschaftsgewinn und Sondergewinne. 227
a) Überblick. Nach Abs. 1 S. 1 Nr. 2 bestehen die gewerblichen Einkünfte des MU'ers aus seinem **Gewinnanteil** (am Gewinn der Ges.) **und den** (v. der Ges. bezogenen) **Sondervergütungen**. Dabei handelt es sich um Vergütungen der Ges. für vom MU'er an die Ges. erbrachte Leistungen in Form v. a) **Dienstleistungen**, b) Kapitalüberlassung (**Darlehensgewährung**) und c) **Nutzungsüberlassung** v. WG (Miete, Pacht). Die als MU'er erzielten gewerblichen Einkünfte setzen sich schon nach dem Wortlaut des Abs. 1 S. 1 Nr. 2 insoweit aus **zwei Einzelkomponenten**[7] zusammen, einmal aus seinem Anteil an dem gemeinsam mit den anderen MU'ern erwirtschafteten Gewinn/Verlust und zum anderen aus den allein erwirtschafteten Sondervergütungen.

b) Gewinnanteil. Nach Abs. 1 S. 1 Nr. 2 bestehen die gewerblichen Einkünfte des MU'ers aus seinem **Ge-** 227a
winnanteil (am Gewinn der Ges.) **und den** (v. der Ges. bezogenen) **Sondervergütungen**. Dabei handelt es sich um Vergütungen der Ges. für v. MU'er an die Ges. erbrachte Leistungen in Form v. a) **Dienstleistungen**, b) Kapitalüberlassung (**Darlehensgewährung**) und c) **Nutzungsüberlassung** v. WG (Miete, Pacht). Die als MU'er erzielten gewerblichen Einkünfte setzen sich schon nach dem Wortlaut des Abs. 1 S. 1 Nr. 2 insoweit aus **zwei Einzelkomponenten**[8] zusammen, einmal aus seinem Anteil an dem gemeinsam mit den anderen MU'ern erwirtschafteten Gewinn/Verlust und zum anderen aus den allein erwirtschafteten Sondervergütungen.

Zur Bestimmung des **Gewinnanteils** bedarf es zunächst einer Ermittlung des Gesellschaftsgewinns. Diese 228
Gewinnermittlung erster Stufe erfolgt bei Bestehen einer Buchführungspflicht durch BV-Vergleich gem. §§ 4 Abs. 1, 5 Abs. 1. Soweit nach Handelsrecht die Ges. ein voll-kfm. Gewerbe betreibt (OHG und KG), ist auch die **Maßgeblichkeit** des § 5 Abs. 1 S. 1 zu beachten (§ 5 Rn. 27). Es bleibt allerdings auch für die StB der mitunternehmerischen PersGes. (die gemeinsame StB der Mitunternehmer) beim Vorrang des steuerrechtl. Bewertungsvorbehalts in § 5 Abs. 6 iVm. § 6 EStG, der unabhängigen Ausübung stl. Wahl-

1 Vgl. dazu BFH v. 19.2.2009 – IV R 83/06 BStBl. II 2009, 798 mwN und v. 21.9.2000 – IV R 50/99, BStBl. II 2001, 299 mwN (beachte: Einlagenrenditen als typisierender Fremdvergleich, Prozentzahlen legen keine starre Obergrenze fest, sondern stellen den Ausgangspunkt zur Bestimmung einer angemessenen prozentualen Gewinnbeteiligung dar, die bei Veränderung der tatsächlichen Gewinnverhältnisse durch Vertragsänderung anzupassen ist).
2 BFH v. 9.10.2001 – VIII R 77/98, BStBl. II 2002, 460.
3 Vgl. *Kanzler*, DStZ 1996, 117; *Westerfelhaus*, DB 1997, 2033; FG Düss. v. 14.8.1998 – 3 K 7096/93 F, EFG 1998, 1681.
4 Vgl. BFH v. 9.10.2001 – VIII R 77/98, BStBl. II 2002, 460 (Anteil an stillen Reserven und Geschäftswert); **aA** wohl FinVerw. (OFD Köln v. 27.4.1978, StEK EStG § 15 Nr. 75 – Kapitalanteile ohne stille Reserven).
5 BFH v. 5.11.1985 – VIII R 275/81, BFH/NV 1986, 327.
6 BFH v. 29.3.1973 – IV R 158/68, BStBl. II 1973, 489; v. 9.6.1994 – IV R 47–48/92, BFH/NV 1995, 103; v. 6.11.1991 – XI R 35/88, BFH/NV 1992, 452.
7 *Desens/Blischke* in K/S/M, § 15 Rn. F 1 f.
8 *Desens/Blischke* in K/S/M, § 15 Rn. F 1 f.

rechte gem. § 5 Abs. 1 (§ 5 Rn. 69 ff.) und vor allem der sachlichen Abgrenzung zw. Privat- und Betriebsvermögen (Rn. 274, 276 ff.). In den BV-Vergleich sind ausschließlich die WG **und Schulden des Gesellschaftsbetriebsvermögens** sowie Entnahmen und Einlagen aus dem bzw. in das Gesellschaftsvermögen zu berücksichtigen. Entspr. sind bei einer Gewinnermittlung nach § 4 Abs. 3 nur Zuflüsse (BE) und Abflüsse (BA) zum bzw. v. Gesellschaftsvermögen zu berücksichtigen. Gesellschaftsvermögen ist bei Außengesellschaften das **Gesamthandsvermögen**, bei der stillen Ges. und anderen Innengesellschaften das für gemeinsame Rechnung geführte Vermögen des nach außen hin tätigen Unternehmers, bei der atypischen Unterbeteiligung ist es der v. Hauptbeteiligten gehaltene (Ges.-)Anteil (am Gesellschaftsvermögen). Aus dem so ermittelten **Gesellschaftsgewinn** wird der **Gewinnanteil des MU'ers** anhand der gesellschaftsvertraglich bestimmten Gewinnverteilung bestimmt (oder in Ermangelung einer solchen nach dem gesetzlichen Gewinnverteilungsschlüssel, vgl. §§ 722 BGB, 121, 168, 231 HGB). Für die Zurechnung des originär v. G'ter erzielten Gewinnanteils ist ohne Bedeutung, ob der Gewinnanteil gesellschaftsvertraglich entnahmefähig ist, ob und wann ein Gewinnausschüttungsbeschluss gefasst worden ist und wann der Gewinnanteil dem G'ter (durch Entnahme) tatsächlich zufließt.[1] § 15 Abs. 1 S. 1 Nr. 2 entspricht hinsichtlich der Technik der Gewinnermittlung und Gewinnverteilung insoweit den handelsrechtl. Regelungen (vgl. 120 HGB).[2]

228a Die MU'schaft ist nach hM Gewinnermittlungssubjekt (keine Bilanzbündeltheorie, s. Rn. 164 ff.). Daher ist vor allem einheitlich zu bilanzieren. **Ansatz- und Bewertungswahlrechte** müssen v. den G'tern iRd. stl. Gewinnermittlung einheitlich ausgeübt werden.[3] Für Sonderabschreibungen und erhöhte Absetzungen schreibt dies § 7a Abs. 7 S. 2 ausdrücklich vor. Für sog. **personenbezogene (subventionelle) Gewinnermittlungsvorschriften** ist allerdings davon abzuweichen, wenn nicht alle MU'er die persönlichen Voraussetzungen erfüllen. Dann ist es gleichwohl zulässig, dass für denjenigen MU'er, der die Voraussetzungen erfüllt, die Vorschrift angewandt wird. Technisch erfolgt dies mittels Ergänzungsbilanz (Rn. 260). Im Zusammenhang mit der Besteuerung der MU'er nach § 15 Abs. 1 S. 1 Nr. 2 ist str., wie **nach einem G'ter-Wechsel** zu verfahren ist, wenn der neue G'ter die sachlichen Voraussetzungen, zB bei der Herstellung (zB § 7 Abs. 5, 7h), nicht erfüllt, und/oder bei Verbleibens- und Bindungsvoraussetzungen (zB § 7d Abs. 6), wenn diese v. ausgeschiedenen G'ter nicht mehr erfüllt werden. Soweit das G allerdings ausdrücklich die PersGes. als begünstigt bezeichnet, so § 1 FördG, § 1 InvZulG, stellt sich diese Problematik nicht. Hinsichtlich des ausgeschiedenen G'ters erfolgt bei Bindungs- und Verbleibensvoraussetzungen ein rückwirkender Wegfall der Vergünstigung,[4] der verfahrensrechtl. nach § 175 Abs. 1 S. 2 AO zu berücksichtigen ist. Die Vergünstigung ist dann auch nicht dem Erwerber oder den Alt-G'tern zu gewähren.[5] Soweit ein bestimmtes investives Verhalten gefordert wird, zB Herstellung oder Modernisierung, ist die begünstigende Gewinnermittlungsvorschrift für den Erwerber des Gesellschaftsanteils nicht anwendbar. Für ihn sind nur die normalen Gewinnermittlungsvorschriften anzuwenden.[6]

229 **Sondervergütungen** sind **in der Gesamthandsgewinnermittlung** als **Aufwand** zu behandeln. Je nach Sachverhalt handelt es sich um sofort abzugsfähigen betrieblichen **Aufwand** oder um aktivierungspflichtigen **Herstellungsaufwand.**[7] Soweit die Zahlung noch aussteht, sind **Fremdverbindlichkeiten** auszuweisen. Aus Abs. 1 S. 1 Nr. 2 ergibt sich insoweit aber, dass die Sondervergütungen beim G'ter zu seinen gewerblichen Einkünften gehören. Als solche sind sie in einer **zweiten Gewinnermittlungsstufe für den MU'er** zu erfassen. IErg. vermindern Sondervergütungen daher nicht die gewerblichen Einkünfte aller MU'er, sondern führen lediglich zu einer anderen Verteilung. Sie mindern als BA anteilig die Einkünfte aller MU'er und erhöhen als BE allein die Einkünfte des betr. MU'ers. Da für die **Gewerbeertragsteuer** die gewerblichen Einkünfte aller MU'er der betr. Ges.[8] einschl. der Sondervergütungen maßgebend sind,[9]

---

1 BFH v. 15.11.2011 – VIII R 12/09, BStBl. II 2012, 207.

2 *Desens/Blischke* in K/S/M, § 15 Rn. F 5 f.

3 BFH v. 7.8.1986 – IV R 137/83, BStBl. II 1986, 910; *Gschwendtner*, DStZ 1998, 335 (für Innenges.).

4 BFH v. 5.9.2001 – I R 107/00, BStBl. II 2002, 134; v. 13.7.1993 – VIII R 85/91, BStBl. II 1994, 243 (zu § 7d).

5 BFH v. 17.7.2001 – IX R 50/98, BStBl. II 2001, 760 (zu § 7h); **aA** BFH v. 13.7.1993 – VIII R 85/91, BStBl. II 1994, 243.

6 BFH v. 7.11.2006 – VIII R 13/04, BFHE 215, 260 (zu § 82f EStDV); v. 17.7.2001 – IX R 50/98, BStBl. II 2001, 760; so auch *Desens/Blischke* in K/S/M, § 15 Rn. F 190.

7 BFH v. 8.2.1996 – III R 35/93, BStBl. II 1996, 427; v. 11.12.1986 – IV R 222/84, BStBl. II 1987, 553; v. 23.5.1979 – I R 56/77, BStBl. II 1979, 763.

8 Zur Berücksichtigung v. § 8b Abs. 6 KStG und § 3 Nr. 40 EStG bei Beteiligung v. KapGes. und nat. Pers. als MU'er für die Ermittlung des stpfl. Gewerbeertrags vgl. BFH v. 9.8.2006 – I R 95/05, BStBl. II 2007, 279 und BMF v. 21.3.2007, BStBl. I 2007, 302. Soweit der BFH, aaO, die Kürzung nach § 8b Abs. 5 KStG auch bei Beteiligungen an Drittstaatenkapitalgesellschaften für offenkundig gegen die Kapitalverkehrsfreiheit verstoßend ansieht, steht dies im Widerspruch zur Rspr. des EuGH, EuGH v. 6.11.2007 – C-415/06 (Stahlwerk Ergste Westig), DB 2007, 2747; zur Vereinbarkeit mit Art. 3 GG vgl. BVerfG v. 12.10.2010 – 1 BvL 12/07, DStR 2010, 2393.

9 Ganz zutr. hM vgl. BFH v. 3.5.1993 – GrS 3/92, BStBl. II 1993, 616; R 39 Abs. 2 GewStR 2008; **aA** *Schön*, DStR 1993, 185.

mindern Sondervergütungen nicht den Gewerbeertrag. Darin besteht einer der gravierendsten rechtsformabhängigen Besteuerungsunterschiede zw. der KapGes. und der PersGes.

230 Der **Gewinnanteil des MU'ers** am **Steuerbilanzgewinn** der Ges. ergibt sich aus dem gesellschaftsvertraglich vereinbarten Gewinnverteilungsschlüssel oder aus den gesetzlichen Vorschriften (§§ 722 BGB, 121, 168, 231 HGB). Er ist den MU'ern zum Ende des Wj. zuzurechnen, gleichgültig, ob Entnahmebefugnisse bestehen oder nicht.[1] Bei Familien-PersGes. ist eine unangemessene Verteilung stl. zu korrigieren (Rn. 224f.). Ferner kann bei einer GmbH & Co. KG mit identischen Gesellschafterkreisen in Ansehung von KG und GmbH der fehlende Interessengegensatz eine Prüfung der Angemessenheit erfordern (Rn. 370). Auch **stl. Mehr- oder Mindergewinne** wegen abw. Ansatz- und Bewertungsvorschriften[2] einschl. handelsrechtl. Bilanzierungshilfen[3] sowie wegen handelsrechtl. als Aufwand behandelter **nicht abziehbarer BA**[4] sind nach dem vereinbarten Gewinnverteilungsschlüssel zuzurechnen (s. zu Schuldzinsen nach § 4 Abs. 4a auch § 4 Rn. 194). Dies gilt auch für den nachträglich festgestellten Gesamthands-Mehrgewinn aufgrund einer Bp. (s. aber zu „Veruntreuungen" noch Rn. 293).[5] Bei einer zu Unrecht als BA behandelten (Geld-)Entnahme erfolgt die Zurechnung des um die unzutr. BA korrigierten Steuerbilanzgewinns nach dem allg. vereinbarten Gewinnverteilungsschlüssel.[6] Dies kann lediglich dann anders sein, wenn die Entnahme nur einem G'ter zugutekam, die anderen G'ter von dem wahren Sachverhalt nichts wussten und sie nicht in der Lage sind, einen Ersatzanspruch gegen den (untreuen) G'ter zu verwirklichen (s. auch noch Rn. 294).[7]

231 **Änderungen der Gewinnverteilungsabrede** entfalten **keine Rückwirkung**. Daher können einem neu eintretenden G'ter weder für frühere Wj.[8] noch für das lfd. Wj.[9] Verluste rückwirkend zugewiesen werden. Allerdings kann für den noch nicht abgelaufenen Teil des Wj. vereinbart werden, dass der neue MU'er überproportional am Gewinn/Verlust des Restjahres beteiligt wird.[10] Bei **Sonderabschreibungen** nach dem FördG soll ein Wahlrecht bestehen, neu eintretende G'ter ab Beginn des Wj. rückwirkend und disquotal daran zu beteiligen.[11] Eine echte Rückwirkung liegt nicht vor, soweit ein Streit über die Beteiligung durch einen **Vergleich** beigelegt wird.[12] Eine nach § 175 Abs. 1 Nr. 2 AO zu berücksichtigende Rückwirkung tritt ein, wenn durch ein Zivilgericht eine v. den G'tern zunächst als wirksam behandelte Gewinnverteilung für unwirksam erklärt wird und die Gewinnverteilung entspr. dem Urteil vorgenommen wird.[13]

232 **c) Sonderbetriebseinnahmen, Sonderbetriebsausgaben und Sonderbetriebsvermögen.** Sonderbetriebseinnahmen sind ua. die namentlich im Gesetz genannten **Sondervergütungen**, also die Vergütungen der Ges. für vom MU'er an die Ges. erbrachte Leistungen in Form v. a) **Dienstleistungen**, b) Kapitalüberlassung (**Darlehensgewährung**) und c) **Nutzungsüberlassung** v. WG (Miete, Pacht). Die mit den Sondervergütungen zusammenhängende Aufwendungen, die den MU'er allein treffen, stellen ihrerseits, da betrieblich veranlasst, BA dar. Da sie nicht die Gesamtheit der G'ter betreffen, werden sie als **Sonder-BA** bezeichnet. In die Gewinnermittlung der 2. Stufe sind neben den Sondervergütungen auch die Sonder-BA einzubeziehen. Soweit Sondervergütungen und Sonder-BA aus der Nutzungsüberlassung v. WG oder der Darlehensgewährung resultieren, sind auch die zugrunde liegenden WG bzw. die Darlehensforderung als **(Sonder-)BV** des MU'ers bei der Ges. anzusehen. Dies folgt schlicht daraus, dass das G die Sondervergütungen zu den gewerblichen Einkünften rechnet und daher auch die den Sondervergütungen zugrunde

---

1 BFH v. 24.2.1988 – I R 95/84, BStBl. II 1988, 663.
2 BFH v. 25.2.1991 – GrS 7/89, BStBl. II 1991, 691.
3 So auch *Desens/Blischke* in K/S/M, § 15 Rn. F 206; **aA** insoweit BFH v. 22.5.1990 – VIII R 41/87, BStBl. II 1990, 965.
4 *Desens/Blischke* in K/S/M, § 15 Rn. F 204; **aA** *Knobbe-Keuk*[9], § 10 Abs. 2; vgl. auch *Bolk*, BuW 1995, 227; *Ritzrow*, StBp. 1999, 1.
5 BFH v. 9.6.2004 – IV B 167/03, BFH/NV 2004, 1526; v. 24.10.1996 – IV R 90/94, BStBl. II 1997, 241; FG Düss. v. 26.4.2018 – 11 K 789/14, EFG 2018, 1176 Rn. 56 (Rev. VIII R 21/18); *Desens/Blischke* in K/S/M, § 15 Rn. F 201.
6 BFH v. 16.9.2014 – VIII R 21/11, BFH/NV 2015, 191 (für von einer Sozietät übernommene strafprozessuale Geldauflage eines Sozius nach § 153a StPO).
7 BFH v. 14.12.2000 – IV R 16/00, BStBl. II 2001, 238; FG BaWü. v. 28.4.2015 – 8 K 1961/14, juris Rn. 23.
8 BFH v. 17.3.1987 – VIII R 293/82, BStBl. II 1987, 558.
9 BFH v. 18.5.1995 – IV R 125/92, BStBl. II 1996, 5; v. 14.6.1994 – VIII R 37/93, BStBl. II 1995, 246; v. 10.12.1992 – XI R 45/88, BStBl. II 1993, 538; *Desens/Blischke* in K/S/M, § 15 Rn. F 208f.
10 BFH v. 17.3.1987 – VIII R 293/82, BStBl. II 1987, 558; v. 7.7.1983 – IV R 209/80, BStBl. II 1984, 53.
11 BFH v. 27.7.2004 – IX R 20/03, BStBl. II 2005, 33; BMF v. 23.12.1996, BStBl. I 1996, 1516 Rn. 6 (allerdings zu Gebäuden im PV).
12 BFH v. 4.11.1998 – IV B 136/98, BStBl. II 1999, 291; v. 13.2.1997 – IV R 15/96, BStBl. II 1997, 535; v. 23.4.1975 – I R 234/74, BStBl. II 1975, 603.
13 BFH v. 29.3.2012 – IV R 18/08, BFH/NV 2012, 1095 (nachträglicher Streit über Gewinnverteilung unter Miterben eines Gesellschaftsanteils).

liegenden WG gewerbliches BV sein müssen. Sie dienen der Erzielung gewerblicher Einkünfte.[1] Die Bedeutung dieser Einbeziehung in das BV liegt darin, dass dann auch Veräußerungserfolge aus der Veräußerung der WG des SBV I und SBV II zum Gewinn aus GewBetr. und auch zum **Gewerbeertrag** gehören.[2]

233 Der MU'er kann als G'ter seiner Ges. auch WG zur **Nutzung** überlassen, ihr **Dienste** erbringen oder ihr unverzinsliche **Darlehen** gewähren, **ohne** dafür ein **gesondertes Entgelt** zu verlangen. Gesellschaftsrechtl. liegen dann, falls so im Gesellschaftsvertrag vereinbart, **gesellschaftsrechtl.** Beitragsleistungen vor. Solche **Beiträge** können auch ohne vertragliche Verpflichtung zur Förderung des Gesellschaftszweckes erbracht werden. Handelsbilanziell handelt es sich dabei nicht um das EK erhöhende Einlagen. Vielmehr schlagen sich diese Beiträge bilanziell dadurch im Gewinn der Ges. nieder, dass entspr. Aufwendungen erspart werden. Der handelsbilanzielle **Jahresüberschuss** wird gerade **nicht** um **Einlagen** korrigiert. Auch **steuerbilanziell** liegen **keine Einlagen** vor, sodass auch hier der Steuerbilanzgewinn nicht zu korrigieren ist.[3] Die unentgeltlich erbrachten **Beitragsleistungen** dienen dem G'ter dazu, den Gewinn der Ges. und damit seinen **Gewinnanteil** zu erhöhen. Daraus folgt zunächst einmal, dass dadurch veranlasste Aufwendungen nach § 15 Abs. 1 S. 1 Nr. 2 Alt. 1 (Gewinnanteil) iVm. § 4 Abs. 4 **(Sonder-)BA** des G'ters sind. Sie sind daher in die Gewinnermittlung der 2. Stufe einzubeziehen. Da insoweit auch die zugrunde liegenden WG dem MU'er zur Erzielung seines Gewinnanteiles dienen, stellen auch sie **(Sonder)-BV** dar.[4] Zum **(notwendigen) SBV** gehören daher alle **positiven und negativen WG (Schulden) des G'ters/MU'ers**, die ihm zur Erzielung seines Gewinnanteils oder seiner Sondervergütungen im gemeinsam mit den anderen mitunternehmerischen G'tern betriebenen GewBetr. dienen.[5]

234 **2. Sonderbereichsgewinnermittlung. a) Sonderbilanzen für die Gewinnermittlung, Maßgeblichkeit.** Die Gewinnermittlung auf der 2. Stufe (Sondergewinnermittlung für den jeweiligen MU'er) erfolgt getrennt v. der Gewinnermittlung des Gesellschaftsgewinnes. Weder in der **Handels-** noch in der **Steuerbilanz der Ges.** dürfen die dem G'ter gehörenden Vermögensgegenstände/seine Schulden und die ihm allein zuzurechnenden positiven oder negativen WG (des SBV) ausgewiesen werden. Korrespondierend dürfen in der GuV der Ges. die Sondervergütungen, andere Sonderbetriebserträge und Sonderaufwendungen nicht ausgewiesen werden. Für das SBV und die Sonderbetriebserträge sowie Sonderbetriebsaufwendungen sind für jeden MU'er jeweils **gesonderte Sonderbilanzen** und Sonder-GuV aufzustellen. Die hier aktivierten und passivierten WG gehören zum BV der MU'schaft und sind genauso steuerverstricktes BV, wie auch die WG des Gesamthands-BV – nur das Zurechnungssubjekt ist ein anderes. Die Einbeziehung dieses „Sonderbereichs" in die gewerbliche Gewinnermittlung der MU'schaft führt (weitgehend) zur Gleichbehandlung mit dem Einzelunternehmer (Rn. 163).

235 Die **Gewinnermittlung** für den Gesellschaftsbereich und die Sonderbereiche hat nach **einheitlichen Prinzipien** zu erfolgen. Denn ungeachtet der Trennung v. Gesellschaftsvermögen und SBV wird **nur ein einheitlicher GewBetr.** v. den MU'ern betrieben. Die Sonderbereiche stellen keine eigenen GewBetr. der MU'er dar. Soweit nach §§ 140, 141 AO **Bilanzierungspflicht** besteht, ist der Gewinn daher sowohl im Gesellschaftsbereich als auch in den Sonderbereichen der MU'er einheitlich durch **BV-Vergleich** nach §§ 4 Abs. 1, 5 Abs. 1 zu ermitteln. Eine isolierte Gewinnermittlung nach § 4 Abs. 3 nur für die Sonderbereiche ist unzulässig.[6] Danach besteht **Bilanzierungspflicht** nach §§ 4 Abs. 1, 5 Abs. 1 zwingend bei der **OHG und KG** gem. § 140 AO iVm. § 238 HGB und iÜ nach **§ 141 AO**, soweit die dortigen Gewinn- und Umsatzgrenzen überschritten werden. Dafür ist auf die **Addition des Gesellschaftsgewinnes und der Sondergewinne** der MU'er abzustellen.[7] Soweit danach keine Bilanzierungspflicht besteht und auch nicht freiwillig Bücher geführt werden, ist der Gewinn einheitlich nach § 4 Abs. 3 durch Überschussrechnung zu ermitteln. Aus der einheitlichen Bilanzierungspflicht für den Ges.- und Sonderbereich folgt, dass **Sondervergütungen periodisch** in demselben Wj. zu erfassen sind, in dem sie in der Steuerbilanz der Ges. als sofortiger oder Herstellungsaufwand zu erfassen sind.[8]

---

1 Nahezu allg. Meinung, statt vieler BFH v. 3.5.1993 – GrS 3/92, BStBl. II 1993, 616; *Desens/Blischke* in K/S/M, § 15 Rn. F 13 f. (mit Hinweisen auf inzwischen eine Vielzahl ausdrücklicher Regelungen zum SBV im G (ua. §§ 4h Abs. 2, 6 Abs. 5, 50d Abs. 10, 50i EStG, § 97 Abs. 1a BewG); **aA** *Knobbe-Keuk*, StuW 1974, 32; *Kruse*, DStJG 2 (1979), 37; *Schön*, DStR 1993, 185; *Tiedtke/Hils*, DStZ 2004, 482 (für SBV II).

2 BFH v. 3.4.2008 – IV R 54/04, BStBl. II 2008, 742.

3 BFH v. 26.10.1987 – GrS 2/86, BStBl. II 1988, 348.

4 Vgl. insoweit *Schön*, DStR 1993, 185.

5 *Desens/Blischke* in K/S/M, § 15 Rn. F 17; *Raupach*, DStZ 1992, 692.

6 BFH v. 24.8.2010 – VIII B 28/10, BFH/NV 2010, 2272; v. 14.6.1994 – VIII R 37/93, BStBl. II 1995, 246; v. 11.3.1992 – XI R 38/89, BStBl. II 1992, 797; *Desens/Blischke* in K/S/M, § 15 Rn. F 29 f.; **aA** *Knobbe-Keuk*[9], § 11 Abs. 1.

7 *Desens/Blischke* in K/S/M, § 15 Rn. F 24.

8 BFH v. 25.2.1991 – GrS 7/89, BStBl. II 1991, 691; v. 12.12.1995 – VIII R 59/92, BStBl. II 1996, 219 und v. 8.2.1996 – 427; so auch *Desens/Blischke* in K/S/M, § 15 Rn. F 29 und 30.

Str. ist allerdings, **wer** für den Sonderbereich die **Buchführungspflicht zu erfüllen** hat. Nach Auffassung der Rspr. soll die MU'schaft zumindest formell auch für die Sonderbereiche (und Ergänzungsbereiche) der MU'er zuständig sein.[1] Dies hat Bedeutung vor allem, soweit gewillkürtes SBV nur bei Bilanzierung anzuerkennen ist oder die Ausübung v. Wahlrechten durch Bilanzierung kenntlich wird. Die Rspr. erkennt allerdings auch an, dass über etwaige Wahlrechte einschl. der Bildung gewillkürten SBV materiell die Entsch. nur v. betroffenen G'ter selbst zu treffen ist. Die Sonderbilanz ist also formell v. der MU'schaft (v. der Geschäftsführung?) unter Beachtung der Entsch. des betroffenen MU'ers aufzustellen. Für eine derartige Beachtung soll eine (widerlegbare) Vermutung bei nicht ausgeschiedenen G'tern bestehen.[2] 236

Soweit handelsrechtl. für die **Personenhandelsgesellschaft** nach § 238 HGB Buchführungspflicht[3] besteht, ist im Gesellschaftsbereich die **Maßgeblichkeit** der handelsrechtl. GoB gem. § 5 Abs. 1 S. 1, 1. HS zu beachten (Rn. 228). Für den **Sonderbereich** gilt die **abstrakte Maßgeblichkeit nach § 5 Abs. 1 S. 1** ebenfalls. Allerdings kommt eine Maßgeblichkeit nicht in Betracht, soweit für die im Sonderbereich bilanzierten WG des SBV keine handelsrechtl. Buchführungspflicht besteht. Dies trifft dann zu, wenn diese WG nicht zu einem eigenen Handelsgewerbe des MU'ers gehören. Hier kommt mangels handelsrechtl. Buchführung durch den MU'er eine konkrete Maßgeblichkeit nicht in Betracht. Nach wohl hM soll dies allerdings auch gelten, wenn die Vermögensgegenstände/WG zu einem eigenen Handelsgewerbe des MU'ers gehören,[4] zB bei Beteiligung einer KapGes. als MU'er an einer PersGes. Dies wird daraus abgeleitet, dass auch in diesen Fällen die Zugehörigkeit zum SBV den Vorrang vor der Zugehörigkeit zum eigenen GewBetr. genießt (Rn. 314 f.). Daher sollen die entspr. WG zwar in der eigenen HB, nicht aber in der daraus abgeleiteten Steuerbilanz zu bilanzieren sein, sondern eben nur in der Sonderbilanz.[5] Diese aber sei lediglich eine Steuerbilanz ohne korrespondierende HB. 237

b) Additive Gewinnermittlung. Die gewerblichen Einkünfte eines MU'ers aus seiner Beteiligung ergeben sich aus der Addition seines Gewinnanteils zzgl. des v. ihm erzielten Sondergewinnes. Dies bringt bereits das G in § 15 Abs. 1 S. 1 Nr. 2 deutlich zum Ausdruck, indem es dem MU'er seinen **„Gewinnanteil" und** seine (Sonder-)**Vergütungen** als gewerbliche Einkünfte zurechnet. Einer Zusammenfassung des **Gewinnes der PersGes.** (= Gewinnanteile aller MU'er) und der **Sondergewinne aller MU'er** zu einem **Gesamtgewinn der MU'schaft** bedarf es für die ESt und KSt nicht, da die PersGes. selbst kein Steuersubjekt ist. 238

Eine derartige Addition zu einem Gesamtgewinn der MU'schaft ist allerdings für **Zwecke der GewSt** erforderlich, weil hier **nur ein einheitlicher GewBetr.** für Rechnung aller MU'er (§ 5 Abs. 1 S. 2 GewStG) betrieben wird und weil die **PersGes. insoweit Steuerschuldner** ist (§ 5 Abs. 1 S. 3 GewStG). Der **Gewerbeertrag** nach § 7 umfasst sowohl die Gewinnanteile aller G'ter als auch die Sondergewinne der MU'er. Nur für die GewSt ist es daher sinnvoll, v. einem Gesamtgewinn der MU'schaft zu sprechen, der die Ausgangsgröße für den Gewerbeertrag darstellt. **Lediglich verfahrensrechtl.** wird nach §§ 180 Abs. 1 S. 2 lit. a, 179 AO als Zwischengröße auch der Gesamtgewinn der MU'schaft einheitlich und gesondert festgestellt,[6] aber nur zu dem Ziel, diesen dann auf die MU'er als Steuersubjekt zu verteilen. Sowohl zur Ermittlung des Gesamtgewinnes der MU'schaft (als Zwischengröße und für den Gewerbeertrag) als auch der gewerblichen Einkünfte des einzelnen MU'ers bedarf es lediglich einer **additiven Gewinnermittlung.**[7] 239

---

1 BFH v. 25.1.2006 – IV R 14/04, BStBl. II 2006, 418; v. 25.3.2004 – IV R 49/02, BFH/NV 2004, 1247; v. 23.10.1990 – VIII R 142/85, BStBl. II 1991, 401; v. 11.3.1992 – XI R 38/89, BStBl. II 1992, 797; vgl. aber BFH v. 7.4.1992 – VIII R 86/87, BStBl. II 1993, 21 und v. 7.3.1996 – IV R 34/95, BStBl. II 1996, 568; so auch *Desens/Blischke* in K/S/M, § 15 Rn. F 25 und 26 (weil es um den „einen" Betrieb der Ges. gehe und nur diese (zivilrechtl.) der Unternehmensträger sei).

2 BFH v. 25.1.2006 – IV R 14/04, BStBl. II 2006, 418 (nachträgliche Bildung einer Rücklage nach § 6b in Sonderbilanz für ausgeschiedenen G'ter für veräußertes SBV); so auch *Desens/Blischke* in K/S/M, § 15 Rn. F 27.

3 Zur bejahten Verpflichtung des Insolvenzverwalters zur Erstellung des Jahresabschlusses auch ggü. den Gesellschaftern vgl. BGH v. 16.9.2010 – IX ZR 121/09, DStR 2010, 2364.

4 *Wacker* in Schmidt[37], § 15 Rn. 475; evtl. BFH v. 21.1.1992 – VIII R 72/87, BStBl. II 1992, 958 und v. 21.6.1989 – X R 14/88, BStBl. II 1989, 881 (beide Sachverhalte betreffen allerdings nicht buchführungspflichtige MU'er); *Schön*, FR 1994, 658; *Wassermeyer*, DStJG 14 (1991), 29; vgl. aber BFH v. 18.7.1979 – I R 199/75, BStBl. II 1979, 750.

5 *Wacker* in Schmidt[37], § 15 Rn. 544, 534.

6 Vgl. BFH v. 10.5.2012 – IV R 34/09, DB 2012, 1965 (zu widerstreitender Steuerfestsetzung nach § 174 AO bei Gewinnausschüttungen auf Anteile des SBV einer Besitzgesellschaft); v. 26.4.2012 – IV R 19/09, nv., juris (zur Unzulässigkeit eines Ergänzungsbescheids nach § 179 Abs. 3 AO bei unrichtiger Nichtberücksichtigung von Sonderbetriebsaufwendungen).

7 BFH v. 25.2.1991 – GrS 7/89, BStBl. II 1991, 691; *Desens/Blischke* in K/S/M, § 15 Rn. F 51–59.

240 **c) Korrespondierende Bilanzierung.** Aus der **additiven Gewinnermittlung** folgt nach **zutr. hM**[1] – die nicht unumstritten ist[2] – zugleich ein Gebot der korrespondierenden Bilanzierung. Danach sollen zwar für Ansatz und Bewertung **im Sonderbereich** grds. die materiellen Grundsätze des BV-Vergleichs gelten. Zugleich wird aber auch verlangt, dass **Sondervergütungen zeit- und betragsgleich** in der Gesellschaftsbilanz (als Aufwand/Verbindlichkeit/Rückstellung) und in der Sonderbilanz (als Ertrag, Forderung/Aktivposten) zu erfassen sind.[3] Das bedeutet vor allem, dass insoweit für die Sonderbilanz das **Realisations- und das Imparitätsprinzip außer Kraft gesetzt** werden.[4] Forderungen gegen die PersGes. sind allein deshalb zu aktivieren, weil die PersGes. aus gleichem Rechtsgrund passiviert. Ob die Forderung nach allg. Grundsätzen „realisiert“ ist, ist unerheblich (s. zur Pensionszusage zugunsten eines MU'ters auch noch Rn. 322 f.). Ferner soll eine **Teilwertabschreibung auf Darlehensforderungen** gegen die Ges. wegen des Ausfallrisikos[5] oder wechselkursbedingt[6] vor Vollbeendigung der Ges. nicht möglich sein. Konsequenterweise werden auch **Rückstellungen in der Sonderbilanz** wegen drohender Inanspruchnahme aus **persönlicher Haftung oder Bürgschaft**[7] nicht zugelassen. Dem liegt die Auffassung zugrunde, dass Forderungen des G'ters gegen die Ges. aus Sondervergütungen, Darlehen, **Ausgleichsansprüchen** sowie Aufwendungsersatz wegen Geschäftsführung für die Ges. nach §§ 675, 670 BGB, § 110 HGB (Sozialanspr) sich **in der Gesamtbilanz der MU'schaft in „Eigenkapital“** verwandeln und dieses nicht abgeschrieben werden könne. Ein etwaiger Verlust könne insoweit erst bei Vollbeendigung der Ges. berücksichtigt werden[8] (s. aber Rn. 331). Die „korrespondierende Bilanzierung“ von SBV endet mit der Veräußerung oder Aufgabe des MU' anteils. Sie ist streng personenbezogen. Soweit der Erwerber des MU'anteils auch das bisherige SBV (zB eine Darlehensforderung) erwirbt und wieder/weiterhin seiner Ges. überlässt, führt dies bei ihm zur Neubegründung von SBV.[9]

241–243 Einstweilen frei.

II. Korrekturen zur Gesamthandsgewinnermittlung (Ergänzungsbereich)

Literatur: *Bolk*, Auflösung von Ergänzungsbilanzen, DStZ 2015, 472; *Freikamp*, Bewertung von Anteilen an abnutzbaren WG nach entgeltlichem Erwerb eines MU'anteils, DB 2015, 1063; *Kahle*, Ergänzungsbilanzen bei Personengesellschaften, FR 2013, 873; *Mayer*, Steuerbilanzielle Behandlung v. Mehrwerten bei Erwerb einer Beteiligung an einer doppelstöckigen Personengesellschaften, DB 2003, 2034; *Meier/Geberth*, Behandlung des passiven Ausgleichspostens („negativer Geschäftswert“) in der Steuerbilanz, DStR 2011, 733; *Niehus*, Einbringungen in PersGes.: Systematische Überlegungen zum Anwendungsbereich v. § 24 UmwStG, FR 2010, 1; *Paus*, Abschreibungen nach Erwerb eines MU'anteils, FR 2015, 548; *Prinz*, Negativer Kaufpreis: Ein steuerbilanzielles Sonderphänomen, FR 2011, 373; *Schmitt/Keuthen*, Positive und negative Ergänzungsbilanzen bei Einbringungen iSv. § 24 UmwStG, DStR 2013, 1565; *Schulze zur Wiesche*, Ertragsteuerliche Behandlung von Ergänzungsbilanzen, StBp. 2016, 143.

244 **1. Anwendungsbereich. Ergänzungsbilanzen** (oder Ergänzungsrechnungen bei einer Gewinnermittlung nach § 4 Abs. 3[10]) sind erforderlich, wenn sich v. G'ter getragene Mehr- oder Wenigeraufwendungen in seinem in der Gesellschaftsbilanz ausgewiesenen Kapitalanteil nicht niedergeschlagen haben bzw. in einer Gesamthandsüberschussrechnung nicht berücksichtigt werden können. Die Berücksichtigung dieser Mehr- oder Minderaufwendungen ist spätestens erforderlich, wenn der Gesellschaftsanteil veräußert wird oder der G'ter ausscheidet oder wenn die Ges. aufgelöst und beendet wird (§ 16 Abs. 1 S. 2, Abs. 3). Denn spätestens dann müssen zur Errechnung des Veräußerungsgewinnes bzw. Aufgabegewinnes nach § 16

---

1 BFH v. 21.12.2017 – IV R 44/14, BFH/NV 2018, 407 Rn. 35; v. 2.12.1997 – VIII R 15/96, BStBl. II 2008, 174; v. 12.12.1995 – VIII R 59/92, BStBl. II 1996, 219; v. 16.12.1992 – I R 105/91, BStBl. II 1993, 792; v. 19.5.1993 – I R 60/92, BStBl. II 1993, 714; *Wacker* in Schmidt[37], § 15 Rn. 404.

2 ZB für eine additive Gewinnermittlung ohne korrespondierende Bilanzierung *Knobbe-Keuk*[9], § 11 Abs. 5; *Thiel*, StuW 1984, 104; *Kusterer*, DStR 1993, 1209; für eine Beschränkung der korrespondierenden Bilanzierung auf Sondervergütungen hingegen *Sieker*, EK und Fremdkapital der PersGes., 1991, 81 f.; *Raupach*, DStZ 1992, 692.

3 BFH v. 5.5.2010 – II R 16/08, BStBl. II 2010, 923 (zu Witwenpensionsanprüchen).

4 BFH v. 21.12.2017 – IV R 44/14, BFH/NV 2018, 407 Rn. 35 (dort: Rückstellung in der Gesamthands-StB für Jahresabschlusserstellung und deshalb korrespondierende Aktivierung bei dem hiermit beauftragten MU'ter [= Steuerberater] in seiner Sonderbilanz); v. 10.3.2017 – IV R 1/15, BStBl. II 2017, 943; v. 5.6.2003 – IV R 36/02, BStBl. II 2003, 871 mwN.

5 BFH v. 9.12.2009 – IV B 129/08, BFH/NV 2010, 640; v. 19.1.1993 – VIII R 128/84, BStBl. II 1993, 594.

6 BFH v. 19.5.1993 – I R 60/92, BStBl. II 1993, 714.

7 BFH v. 21.6.1989 – X R 14/88, BStBl. II 1989, 881; v. 13.11.1990 – VIII R 152/86, BStBl. II 1991, 94.

8 BFH v. 28.3.2007 – IV B 137/06, BFH/NV 2007, 1489 (auch bei Bürgschaft des G'ters der Obergesellschaft für Verbindlichkeit der Untergesellschaft); v. 14.12.1995 – IV R 106/94, BStBl. II 1996, 226; v. 1.3.2005 – VIII R 5/03, BFH/NV 2005, 1523; v. 5.6.2003 – IV R 36/02, BFH/NV 2003, 1490 mwN.

9 BFH v. 16.3.2017 – IV R 1/15, BStBl. II 2017, 943 Rn. 38 ff.

10 Zur Notwendigkeit v. „Ergänzungsbilanzen“ für den Erwerber bei Gewinnermittlung nach § 4 Abs. 3 vgl. BFH v. 24.6.2009 – VIII R 13/07, BStBl. II 2009, 993; sa. BFH v. 9.5.2017 – VIII R 1/14, BFH/NV 2017, 1418.

Abs. 2 alle v. G'ter getätigten Aufwendungen im Wert des Anteils am BV berücksichtigt werden. Richtigerweise sind die Mehr- oder Minderaufwendungen aber nicht erst bei Beendigung des mitunternehmerischen Engagements zu berücksichtigen, sondern schon bei der lfd. Gewinnermittlung.[1]

Ergänzungsbilanzen finden Anwendung: a) bei der entgeltlichen Veräußerung eines MU'anteils (§ 16 Abs. 1 S. 1 Nr. 2 und 3) für den Erwerber (Rn. 246 ff.), b) bei der Einbringung eines Betriebes, TB oder MU'anteils in eine PersGes. (§ 24 UmwStG, s. Rn. 254), c) bei der Übertragung v. EinzelWG auf eine MU'schaft (Rn. 381a ff.) und d) bei der Inanspruchnahme persönlicher Steuervergünstigungen durch einzelne G'ter (s. Rn. 260). Gesetzlich erwähnt werden sie ausdrücklich in § 24 UmwStG und § 6 Abs. 5 S. 4. 245

2. Anwendungsfälle. a) Entgeltlicher Erwerb eines Mitunternehmeranteils. Beim **entgeltlichen Erwerb** eines Gesellschaftsanteiles werden in einer Ergänzungsbilanz die Mehr- oder Minderaufwendungen des Erwerbers ggü. dem buchmäßigen Kapitalanteil (Kapitalkonto – gleichgültig, ob Kapitalkonto I oder II) des Veräußerers in einer positiven (Mehraufwand) oder negativen (Minderaufwand) Ergänzungsbilanz erfasst. Bilanziert werden letztlich die in der Gesamthandssteuerbilanz nicht erfassten anteiligen (Mehr- oder Minder-)**AK** des G'ters an den einzelnen **WG des Ges.-BV**, weil der Anteil an einer PersGes. steuerrechtl. kein WG sei.[2] Beim **unentgeltlichen Erwerb** ergibt sich dafür wg. der zwingend angeordneten **Buchwertfortführung** nach § 6 Abs. 3 S. 2 keine Notwendigkeit.[3] Der Erwerber tritt insoweit hinsichtlich der v. ihm zu verrechnenden Aufwendungen voll in die Rechtsstellung des Übertragenden ein. Dessen Aufwendungen drücken sich bereits im in der Gesellschaftsbilanz v. Erwerber fortzuführenden Kapitalanteil aus. 246

Durch den entgeltlichen Erwerb bedingte Mehraufwendungen werden in der Ergänzungsbilanz nach Maßgabe der entspr. dem Gewinnverteilungsschlüssel anteilig auf den Erwerber entfallenden **stillen Reserven auf** die WG **des Gesellschaftsvermögens verteilt**, und zwar einschl. nicht bilanzierter **immaterieller WG und** eines **Firmenwerts** (Aktivseite).[4] Auf der Passivseite wird ein positives Ergänzungskapital ausgewiesen. Nicht restlos geklärt ist, ob zunächst die Mehraufwendungen auf die bilanzierten WG, sodann auf die nicht bilanzierten immateriellen WG und erst zum Schluss auf einen Firmenwert zu verteilen sind (sog. **Stufentheorie**).[5] Richtigerweise hat die Verteilung unabhängig v. einer Bilanzierung gleichmäßig nach dem Verhältnis der TW zu erfolgen.[6] Wegen der Schwierigkeiten der Ermittlung eines Firmenwertes und dessen üblicher Behandlung als Residualgröße erscheint allerdings im Interesse der Objektivierung zulässig, nur einen verbleibenden Restbetrag auf den Firmenwert zu verteilen **(modifizierte Stufentheorie)**.[7] Soweit feststeht, dass der Mehraufwand die anteilig auf den Erwerber entfallenden stillen Reserven übersteigt (für deren Vorhandensein spricht eine Vermutung)[8] – de facto dürfte dies nur beim Erwerb durch einen oder die Mit-G'ter in Betracht kommen, wenn dadurch ein **lästiger G'ter**[9] zum Ausscheiden veranlasst wird –, liegt sofort abzugsfähiger Betriebsaufwand vor. Entgegen der Rspr. handelt es sich aber nicht um Sonderbetriebsaufwand,[10] sondern um Aufwand im Ergänzungsbereich.[11] 247

Bei **Minderaufwendungen** erfolgt (auf der Passivseite der Ergänzungsbilanz) eine Zuordnung zu den WG des Gesellschaftsvermögens durch „Abstockung".[12] Diese hat, sofern nicht im Einzelfall nachweisbar ist, 248

---

1 Nahezu allg. Meinung, vgl. BFH v. 25.4.2006 – VIII R 52/04, BStBl. II 2006, 847; v. 28.9.1995 – IV R 57/94, BStBl. II 1996, 68; *Wacker* in Schmidt[37], § 15 Rn. 462; *Desens/Blischke* in K/S/M, § 15 Rn. F 38 und F 233 f.; **aA** *Marx*, StuW 1994, 191.

2 BFH v. 15.3.2017 – I R 41/16, BFH/NV 2017, 1548 Rn. 23; v. 20.11.2014 – IV R 1/11, BStBl. II 2017, 34; v. 1.7.2010 – IV R 100/06, BFH/NV 2010, 2056; v. 8.9.2005 – IV R 52/03, BStBl. II 2006, 128; v. 12.12.1996 – IV R 77/93, BStBl. II 1998, 180; v. 6.7.1995 – IV R 30/93, BStBl. II 1995, 831 mwN; v. 25.2.1991 – GrS 7/89, BStBl. II 1991, 691; *Tiede* in H/H/R, § 15 Anm. 500; *Wacker* in Schmidt[37], § 15 Rn. 461, 690 f., § 16 Rn. 480 f.; im Ansatz, aber nicht iErg. abw., mit Unterschieden im Detail *Schön*, FR 1994, 658; *Groh*, StuW 1995, 338; *Reiß*, StuW 1986, 342.

3 BFH v. 10.3.1998 – VIII R 76/96, BStBl. II 1999, 269.

4 BFH v. 21.4.1994 – IV R 70/92, BStBl. II 1994, 745.

5 BFH v. 25.1.1979 – IV R 56/75, BStBl. II 1979, 302; v. 24.5.1984 – I R 166/78, BStBl. II 1984, 747.

6 BFH v. 26.1.1994 – III R 39/91, BStBl. II 1994, 458.

7 BFH v. 14.6.1994 – VIII R 37/93, BStBl. II 1995, 246; BMF v. 25.3.1998, BStBl. I 1998, 268 Tz. 22.08, 24.04 (allerdings zu §§ 20, 24 UmwStG); anders aber BMF v. 11.11.2011, BStBl. I 2011, 1314 Tz 3.05, 3.09, 3.25, 20.17, 20.18, 24.03 (einheitlicher Ansatz nach dem Verhältnis der TW auch für Firmenwert).

8 BFH v. 14.6.1994 – VIII R 37/93, BStBl. II 1995, 246; vgl. auch BFH v. 7.6.1984 – IV R 79/82, BStBl. II 1984, 584 (vorzeitiges Ausscheiden bei Übernahmeklausel zum Buchwert).

9 BFH v. 30.3.1993 – VIII R 63/91, BStBl. II 1993, 706; v. 29.10.1991 – VIII R 148/85, BStBl. II 1992, 647; v. 25.1.1979 – IV R 56/75, BStBl. II 1979, 302 (für den Fall des Ausscheidens).

10 BFH v. 30.3.1993 – VIII R 63/91, BStBl. II 1993, 706; v. 18.2.1993 – IV R 40/92, BStBl. II 1994, 224.

11 *Desens/Blischke* in K/S/M, § 15 Rn. F 229.

12 BFH v. 7.2.1995 – VIII R 36/93, BStBl. II 1995, 770 und v. 6.7.1995 – IV R 30/93, BStBl. II 1995, 831.

dass der Minderpreis wegen einer Wertminderung bestimmter WG erfolgte, verteilt auf alle WG des Anlage- und Umlaufvermögens zu erfolgen. Allerdings scheiden Geldbestände für eine Abstockung aus.[1] Ebenfalls kommt keine Verteilung auf Verbindlichkeiten und Rückstellungen durch „Aufstockung" in Betracht.[2] Ungeklärt ist, nach welchem Maßstab die Abstockungen auf die WG zu verteilen sind (Buchwerte oder TW?).[3] Der Ausweis eines **negativen Geschäftswertes** kommt nicht in Betracht.[4] **Ein Erwerbsgewinn** scheidet, da unvereinbar mit dem Realisationsprinzip, immer aus.[5] Bei Zuzahlungen des Veräußerers (negativer Kaufpreis) ist zur notwendigen Neutralisierung des Erwerbsvorganges allerdings dann zwingend in der Ergänzungsbilanz ein passiver Ausgleichsposten anzusetzen. Dieser passive Ausgleichsposten ist gegen künftige Verlustanteile erfolgserhöhend aufzulösen.[6] Im Übrigen ist sein Schicksal umstritten: Sofern keine Verluste erzielt werden: (1) Fortbestehen ohne zeitliche Einschränkung bis zur Veräußerung bzw. Liquidation des Betriebs,[7] (2) ertragswirksame Auflösung linear über vier Jahre analog § 255 Abs. 4 S. 2 HGB aF[8] oder (3) Auflösung entspr. dem Eintritt der negativen Ergebnisse, derenthalben die Zuzahlung erfolgt ist[9] (zum negativen Geschäftswert ferner § 5 Rn. 98). Anders soll es sein, wenn die Minderzahlung dem Erwerber aus „betrieblichen Gründen" zugewendet wurde.[10] Dem ist nicht zu folgen.[11] Praktisch gibt es solche teilentgeltlichen Zuwendungen „aus betrieblichen Gründen" auch nicht. Vielmehr handelt es sich bei diesen Fällen regelmäßig um teilentgeltliche Erwerbe unter Buchwert, für die nach § 6 Abs. 3 der Erwerber in vollem Umfange den Buchwert des Kapitalanteils fortzuführen hat.[12] Sollte es ausnahmsweise anders sein, so ist dem durch Abstockung der Buchwerte im möglichen Umfange Rechnung zu tragen und einem darüber hinaus gehenden Betrag durch Bildung eines passiven Ausgleichpostens. Liegt allerdings eine spezielle Risikoübernahme des Erwerbers für ein v. Veräußerer bisher zu tragendes Risiko vor, zB Übernahme v. dessen Haftungsrisiken, so ist v. einer sofortigen Gewinnrealisierung auszugehen, sofern nicht die Voraussetzungen vorliegen, das übernommene Risiko bereits gewinnmindernd durch eine Rückstellung (in einer Sonderbilanz für den Erwerber) zu berücksichtigen.

249 Die **Übernahme negativer Kapitalanteile in der Gesellschaftsbilanz durch den Erwerber** führt nicht zu AK.[13] Der insoweit vorliegende Aufwand v. Null durch den Erwerber drückt sich in der Ergänzungsbilanz dadurch aus, dass dort in gleicher Höhe ein **positives Ergänzungskapital** ausgewiesen wird. Soweit die Übernahme des negativen Kapitalanteils dadurch begründet ist, dass auf den Erwerber anteilige **stille Reserven** übergehen, sind diese wie bei einem Mehraufwand auf die WG des Gesellschaftsvermögens zu verteilen (Rn. 246f.). Decken die stillen Reserven nicht den Betrag des übernommenen negativen Kapitalanteils, so entsteht **kein Erwerbsverlust**. Vielmehr ist ein **aktiver Ausgleichsposten**[14] zu bilden. Dieser ist in der Folgezeit korrespondierend zu den dem Erwerber in der Gesellschaftsbilanz zugewiesenen Gewinnanteilen gewinnmindernd aufzulösen. Damit wird bilanztechnisch zum Ausdruck gebracht, dass bis zum Ausgleich des negativen Kapitalanteils durch die zugewiesenen Gewinnanteile v. Erwerber kein Gewinn erzielt wird, auf der anderen S. aber die Übernahme des negativen Kapitalanteils nicht zu einem sofortigen Verlust führt.[15] Wird das negative Kapitalkonto in der Gesellschaftsbilanz durch Einlagen ausgeglichen, führt auch dies nicht zu einem sofortigen Verlust. Soweit bei Ausscheiden des Erwerbers der Ausgleichs-

1 BFH v. 12.12.1996 – IV R 77/93, BStBl. II 1998, 180.
2 BFH v. 12.12.1996 – IV R 77/93, BStBl. II 1998, 180; *Tiede* in H/H/R, § 15 Anm. 506.
3 *Desens/Blischke* in K/S/M, § 15 Rn. F 249 (zutr. Buchwerte).
4 BFH v. 21.4.1994 – IV R 70/92, BStBl. II 1994, 745; vgl. aber BFH v. 26.4.2006 – I R 49, 50/04, BStBl. II 2006, 656 (offen gelassen, aber jedenfalls zwingend Ausweis eines passiven Ausgleichspostens).
5 BFH v. 9.5.2017 – VIII R 1/14, BFH/NV 2017, 1418; v. 6.4.2016 – X R 52/13, BStBl. II 2016, 710; v. 26.4.2006 – I R 49, 50/04, BStBl. II 2006, 656; v. 10.3.1998 – VIII R 76/96, BStBl. II 1999, 269; v. 12.12.1996 – IV R 77/93, BStBl. II 1998, 180; BFH v. 21.4.1994 – IV R 70/92, BStBl. II 1994, 745; vgl. aber zutr. anders für den irrealen Fall, dass das Gesellschaftsvermögen nur aus Geld besteht, *Groh*, FS F. Klein, 1994, 815; *Siegel*, StuW 1995, 390.
6 BFH v. 12.12.1996 – IV R 77/93, BStBl. II 1998, 180; v. 21.4.1994 – IV R 70/92, BStBl. II 1994, 745; vgl. auch *Kahle*, FR 2013, 873 (881); FG Düss. v. 15.12.2010 – 15 K 2784/09, EFG 2011, 794 (vorrangige Verrechnung mit stehengelassenen Gewinnen).
7 *Preißer/Preißer*, DStR 2011, 133 (138); *Roser*, DStR 2015, 724 (728f.).
8 *Möhrle*, DStR 1999, 1420.
9 *Reiß* in Voraufl. (17. Aufl.), § 15 Rn. 248.
10 BFH v. 11.7.1973 – I R 126/71, BStBl. II 1974, 50; *Wacker* in Schmidt[37], § 16 Rn. 511.
11 Zu Recht zweifelnd BFH v. 24.10.1996 – IV R 90/94, BStBl. II 1997, 241; v. 7.2.1995 – VIII R 36/93, BStBl. II 1995, 770.
12 BFH v. 7.2.1995 – VIII R 36/93, BStBl. II 1995, 770.
13 BFH v. 28.3.2007 – IX R 53/04, BFH/NV 2007, 1845; v. 19.2.1998 – IV R 59/96, BStBl. II 1999, 266.
14 BFH v. 14.6.1994 – VIII R 37/93, BStBl. II 1995, 246 (VIII. Senat) geht mit demselben Ergebnis v. einem außerbilanziellen „Merkposten" aus; dazu *Desens/Blischke* in K/S/M, § 15 Rn. F 253.
15 BFH v. 19.2.1998 – IV R 59/96, BStBl. II 1999, 266; v. 10.3.1998 – VIII R 76/96, BStBl. II 1999, 269; v. 14.6.1994 – VIII R 37/93, BStBl. II 1995, 246; v. 21.4.1994 – IV R 70/92, BStBl. II 1994, 745.

posten noch nicht wegen zugewiesener Gewinnanteile gewinnmindernd aufgelöst wurde, tritt dann bei Ausscheiden ein Verlust ein.[1]

Der Bildung eines aktiven Ausgleichspostens bei Übernahme eines negativen Kapitalanteils entspricht die Bildung eines **passiven Ausgleichspostens** bei **Minderaufwendungen** und Übernahme eines positiven Kapitalkontos bei Vorhandensein **negativer Kapitalanteile der anderen G'ter**. Der Minderaufwand wird in der Ergänzungsbilanz durch den Ausweis eines negativen Ergänzungskapitals zum Ausdruck gebracht. Soweit eine Abstockung der WG nicht möglich ist (Rn. 248), ist ein passiver Ausgleichsposten in der Ergänzungsbilanz zu bilden.[2] Dieser ist nach Maßgabe der dem MU'er in der Gesellschaftsbilanz zugewiesenen Verlustanteile, spätestens bei seinem Ausscheiden, gewinnerhöhend aufzulösen.[3] Der passive Ausgleichsposten hat mit einem negativen Geschäftswert nichts zu tun,[4] soweit er seine Existenz ausschließlich dem Vorhandensein negativer Kapitalanteile der übrigen G'ter verdankt (vgl. aber Rn. 248 für Zuzahlungen des Veräußerers). Damit erübrigen sich insoweit für die Steuerbilanz jegliche Spekulationen, wie ein imaginärer negativer Geschäftswert[5] aufzulösen sei. 250

Die in den Ergänzungsbilanzen ausgewiesenen **Korrekturpositionen** zum in der Gesellschaftsbilanz ausgewiesenen **Kapitalanteil** des MU'ers und zu **WG des Gesellschaftsvermögens** sind **schon während des Bestehens der MU'schaft** fortzuentwickeln.[6] Dies gilt gleichermaßen für positive wie negative Ergänzungsbilanzen. Bei **Abgang der WG** aus dem Gesellschaftsvermögen sind die Korrekturposten in der Ergänzungsbilanz erfolgswirksam aufzulösen. Dies betrifft vor allem **die Veräußerung** v. **Umlauf- und nicht abnutzbarem AV**. Sie führt zu zusätzlichem Aufwand (positive Ergänzungsbilanz) oder zu einer Verminderung des Aufwands (negative Ergänzungsbilanz).[7] Bei **abnutzbarem AV** ergeben sich **zusätzliche AfA** (so in der Regel bei einer positiven Ergänzungsbilanz) oder eine Verminderung der Abschreibungen (so in der Regel bei einer negativen Ergänzungsbilanz). Im Einzelnen waren und sind Details str.[8] Bei positiven Ergänzungsbilanzen sind die aktivierten Mehraufwendungen auf die voraussichtliche Nutzungsdauer des WG abzuschreiben. Eine automatische Bindung an die Abschreibungsdauer in der Gesellschaftsbilanz hat der IV. Senat zu Recht verneint.[9] Es soll auch keine Bindung an die in der Gesellschaftsbilanz gewählte AfA-Methode bestehen. Der IV. Senat geht zutr. davon aus, dass die in der Ergänzungsbilanz vorzunehmende Abschreibung für die im Gesellschaftsvermögen bei Erwerb vorhandenen WG des abnutzbaren AV – soweit dafür im Erwerbspreis für den Anteil stille Reserven vergütet worden sind – anhand der ab dem Erwerbszeitpunkt neu zu bestimmenden Restnutzungsdauer zu bemessen ist. Das gilt nicht nur dann, wenn das WG in der Gesellschaftsbilanz bereits abgeschrieben war. Soweit für das betr. WG Abschreibungswahlrechte bestehen, können diese vom Erwerber unabhängig davon geltend gemacht werden, ob und wie davon in der Gesellschaftsbilanz Gebrauch gemacht worden war. Im Anschluss an diese Entsch. des IV. Senats wird die Frage diskutiert, ob diese Grundsätze nur für den in der Ergänzungsbilanz ausgewiesenen Mehrwert gelten[10] oder ob sie auf die gesamten AK des neuen G'ters anzuwenden sind. Würde man Ersteres für richtig erachten, stünden Gesamthandsgewinnermittlung und Ergänzungsbereich beziehungslos zueinander. Diese Sichtweise wird allerdings der rechtl. Ausgangslage nicht gerecht. Versteht man mit der hM (zu Recht) den Erwerb eines MU'anteils stl. als Erwerb von Anteilen/Bruchteilen an den WG des Gesellschaftsvermögens und setzt man diesen Erwerb vollständig dem Erwerb der WG von und durch einen Einzelunternehmer bei einer Betriebsveräußerung gleich, so darf sich in Ansehung des Erwerbers nur die AfA auf seinen Gewinnanteil auswirken, die sich bezogen auf seine Gesamt-AK für diese WG ergibt.[11] Daher wird zu Recht angenommen, dass eine zweistufige Berechnung erfolgen muss: Zuerst wird (ohne Bindung an die Vorgehensweise in der Gesamthandsgewinnermittlung, s. oben) die AfA ermittelt, 251

1 BFH v. 19.2.1998 – IV R 59/96, BStBl. II 1999, 266; v. 16.5.2002 – IV R 58/00, BStBl. II 2002, 748 (dort auch zu Sanierungsgewinn).
2 BFH v. 21.4.1994 – IV R 70/92, BStBl. II 1994, 745.
3 BFH v. 12.12.1996 – IV R 77/93, BStBl. II 1998, 180; vgl. aber auch FG Düss. v. 15.12.2010 – 15 K 2784/09, EFG 2011, 794 (keine Auflösung bei zwischenzeitlich erzielten stehengelassenen Gewinnen wg. Fortdauer der wirtschaftlichen Belastung).
4 *Desens/Blischke* in K/S/M, § 15 Rn. F 254, 251 f.; **aA** ua. *Hoffmann*, DStR 1994, 1762.
5 Dazu *Bachem*, BB 1995, 350; *Pickardt*, DStR 1997, 1095; *Siegel*, StuW 1995, 390; *Flies*, DStZ 1997, 660.
6 BFH v. 20.11.2014 – IV R 1/11, BStBl. II 2017, 34; *Reiß*, FS Crezelius, 2018, 371 (381); *Tiede* in H/H/R, § 15 Anm. 503; *Wacker* in Schmidt[37], § 15 Rn. 460.
7 BFH v. 28.9.1995 – IV R 57/94, BStBl. II 1996, 68; v. 19.2.1981 – IV R 41/78, BStBl. II 1981, 730.
8 S. Nachweise bei BFH v. 20.11.2014 – IV R 1/11, BStBl. II 2017, 34; *Desens/Blischke* in K/S/M, § 15 Rn. F 234 f. mwN.
9 BFH v. 20.11.2014 – IV R 1/11, BStBl. II 2017, 34; *Niehus*, StuW 2002, 116; *Reiß*, FS Crezelius, 2018, 371 (383); *Tiede* in H/H/R, § 15 Anm. 505; krit. *Wacker* in Schmidt[37], § 15 Rn. 465.
10 *Desens/Blischke* in K/S/M, § 15 Rn. F 239; *Reiß* in Voraufl. (17. Aufl.), § 15 Rn. 251.
11 *Tiede* in H/H/R, § 15 Anm. 505.

die sich bei individueller Betrachtung für den Erwerber nach seinen AK ergibt. Dieser Betrag muss mit der anteiligen AfA, die nach der Gesamthandsgewinnermittlung auf das WG entfällt, verglichen werden. Ist dieser Betrag niedriger (was typischerweise der Fall sein dürfte), dann ist der Restbetrag als weitere Gewinnminderung im Ergänzungsbereich zu berücksichtigen. Ist der Betrag indes höher, dann muss iHd. Differenzbetrags sogar eine Gewinnerhöhung erfolgen.[1]

251a Die hM will einen sofortigen Abzug nach § 6 Abs. 2 für GWG wg. dafür vergüteter stiller Reserven beim Erwerb eines MU'anteils zulassen.[2] Ferner sind **Teilwertabschreibungen** bei dauernder Wertminderung zulässig, soweit die in der Ergänzungsbilanz aktivierten Mehraufwendungen nicht mehr durch die anteilig auf den G'ter entfallenden stillen Reserven im WG gedeckt werden.[3]

252 Positive wie negative Ergänzungsbilanzen sind iÜ aufzulösen, wenn die **MU'schaft** des G'ters durch entgeltliche Veräußerung, dieser gleichgestelltes Ausscheiden gegen Abfindung oder die Beendigung der Ges. **endet**. Die Auflösung erfolgt grds. **erfolgswirksam** und wird bei der Höhe des Veräußerungsgewinnes nach § 16 Abs. 1 S. 2 berücksichtigt. Das **Ergänzungskapital** stellt zusammen mit dem Kapitalanteil in der Gesellschaftsbilanz den (Buch)**Wert des (Ges.)Anteils am BV** iSd. § 16 Abs. 2 dar.

253 Bei der **unentgeltlichen Übertragung des MU'anteils** ist vom Erwerber auch das Ergänzungskapital zum Buchwert fortzuführen, § 6 Abs. 3. Bei der **Realteilung** durch Zuweisung v. **BV** haben die Realteiler zwingend die Buchwerte fortzuführen, § 16 Abs. 3 S. 2. Dabei ergeben sich die fortzuführenden Buchwerte aus der Gesellschaftsbilanz und allen (positiven wie negativen) Ergänzungsbilanzen. Das Kapital in den EB der Realteiler ist erfolgsneutral den fortgeführten Buchwerten anzupassen[4] (§ 16 Rn. 210 ff.).

254 **b) Einbringung in eine Personengesellschaft (§ 24 UmwStG).** Bei der Einbringung eines **Betriebs, TB oder eines MU'anteils** gegen Gewährung von Gesellschaftsrechten als MU'er gewährt § 24 UmwStG ein Wahlrecht, die eingebrachten WG in der Gesellschaftsbilanz „einschl. ihrer Ergänzungsbilanzen" mit den Buchwerten (anstelle des gemeinen Wertes) fortzuführen. Dadurch wird für den Einbringenden die Entstehung eines Veräußerungsgewinnes vermieden (§ 16 Rn. 23 ff.). Nach herrschender Auffassung soll § 24 UmwStG auch anwendbar sein, wenn a) ein weiterer G'ter in eine bestehende PersGes. gegen Sach- oder Bareinlage eintritt,[5] b) eine atypisch stille Ges. entsteht,[6] c) die Kapitaleinlagen der Alt-G'ter erhöht werden[7] oder d) die Beteiligungsverhältnisse aufgrund v. Einlagen geändert werden.[8]

255 Wird nach vorstehender Maßgabe gem. § 24 UmwStG die **Buchwertfortführung** gewählt, kann dies technisch mithilfe **negativer Ergänzungsbilanzen** (Ansatz in der Gesellschaftsbilanz zum realen, v. den G'tern für angemessen erachteten Wert, normalerweise TW – **sog. Bruttomethode**) oder durch **korrespondierende positive und negative Ergänzungsbilanzen** (Ansatz in der Gesellschaftsbilanz zu Buchwerten und Anpassung der Kapitalanteile der G'ter – sog. **Nettomethode**) geschehen. Von der jeweils gewählten Technik hängt die stl. Behandlung nicht ab. Vielmehr führen beide Methoden stl. zu denselben Ergebnissen. Die in den Ergänzungsbilanzen angesetzten Korrekturposten sind bei Abgang der WG erfolgswirksam aufzulösen. Für das abnutzbare AV sind nach § 24 Abs. 4 iVm. § 23 Abs. 1 iVm. § 12 Abs. 3 UmwStG in vollem Umfange die **bisherigen AfA, erhöhten Absetzungen, Sonderabschreibungen**, Bewertungsfreiheiten fortzuführen.[9] Soweit demgegenüber in der Gesellschaftsbilanz höhere Abschreibungen in Anspr. genommen werden, hat in der negativen Ergänzungsbilanz eine korrespondierende gewinnerhöhende Aufwandsminderung (negative Abschreibung) stattzufinden. Bei der Nettomethode werden bereits in der Gesellschaftsbilanz die stl. zutr. Abschreibungen verrechnet. In den positiven und negativen Ergänzungsbilanzen

---

1 *Bolk*, DStZ 2015, 472; *Freikamp*, DB 2015, 1063; *Tiede* in H/H/R, § 15 Anm. 505; BMF v. 19.12.2016, BStBl. I 2017, 34.

2 *Wacker* in Schmidt[37], § 15 Rn. 468; *Tiede* in H/H/R, § 15 Anm. 505 (§ 6 Abs. 2 anzuwenden, wenn der Aufwand des Erwerbers nicht höher ist als der seiner Beteiligung entspr. Anteil von 800 Euro); **aA** *Desens/Blischke* in K/S/M, § 15 Rn. F 240 mwN.

3 Vgl. *Niehues*, StuW 2002, 116; *Tiede* in H/H/R, § 15 Anm. 505.

4 BFH v. 18.5.1995 – IV R 20/94, BStBl. II 1996, 70 (damals allerdings noch Wahlrecht).

5 BFH v. 20.9.2007 – IV R 70/05, BStBl. II 2008, 265 mwN; v. 25.4.2006 – VIII R 52/04, BStBl. II 2006, 847; v. 18.3.1999 – IV R 26/98, BStBl. II 1999, 604 und v. 8.12.1994 – IV R 82/92, BStBl. II 1995, 599; BMF v. 11.11.2011, BStBl. I 2011, 1314 Tz. 24.01 iVm. Tz. 0.1.47; so auch schon BMF v. 25.3.1998, BStBl. I 1998, 268 Tz. 24.01.

6 BFH v. 1.3.2018 – IV R 38/15, BStBl. II 2018, 587 Rn. 37; v. 8.12.2016 – IV R 8/14, BStBl. II 2017, 538 Rn. 16.

7 BFH v. 25.4.2006 – VIII R 52/04, BStBl. II 2006, 847; offen gelassen in BFH v. 18.3.1999 – IV R 26/98, BStBl. II 1999, 604.

8 BFH v. 20.9.2007 – IV R 70/05, BStBl. II 2008, 265; v. 25.4.2006 – VIII R 52/04, BStBl. II 2006, 847; *Wacker* in Schmidt[37], § 16 Rn. 567; BMF v. 11.11.2011, BStBl. I 2011, 1314 Tz. 0.1.47.

9 Vgl. BFH v. 20.11.2014 – IV R 1/11, BStBl. II 2017, 34; v. 28.9.1996 – IV R 57/94, BStBl. II 1996, 98; v. 6.7.1999 – VIII R 17/95, BFH/NV 2000, 34; v. 25.4.2006 – VIII R 52/04, BStBl. II 2006, 847; v. 7.11.2006 – VIII R 13/04, BFH/NV 2007, 333 (zu § 82f EStDV).

muss dann eine korrespondierende Auflösung erfolgen mit Zusatzaufwand in der positiven Ergänzungsbilanz und negativem Aufwand in der negativen Ergänzungsbilanz.[1]

Einstweilen frei. 256–259

c) Personenbezogene Steuervergünstigungen. Soweit für die Gewinnermittlung personenbezogene Steuerbegünstigungen bestehen, die dafür erforderlichen Voraussetzungen aber nicht v. allen G'tern erfüllt werden, werden diese technisch durch Erstellung **negativer Ergänzungsbilanzen für die begünstigten G'ter** oder auch gleichwertig durch die Erstellung positiver Ergänzungsbilanzen für die nicht begünstigten G'ter berücksichtigt. Problematisch ist nicht die Technik, sondern die Frage, ob es sich um personenbezogene Begünstigungen oder ob es sich um sog. betriebsbezogene (gesellschaftsbezogene) Begünstigungen handelt. Dies ist durch Auslegung der jeweiligen Norm zu bestimmen,[2] sofern nicht bereits im G ausdrücklich die PersGes. selbst als berechtigt bezeichnet wird, so zB § 1 FördGG und § 1 InvZulG. Als in diesem Sinne personenbezogen werden etwa **subventionell erhöhte Abschreibungen** nach §§ 7c bis 7k angesehen, aber auch § 7 Abs. 5 (s. auch Rn. 228a) und **§ 6b** (s. § 6b Rn. 15 f.). 260

3. Korrekturbilanz zur Gesellschaftsbilanz. Die Ergebnisse aus den Ergänzungsrechnungen modifizieren den dem G'ter zuzurechnenden Gewinnanteil nach Abs. 1 S. 1 Nr. 2 Alt. 1. Die Ergänzungsbilanz stellt sich als **Teil der Gewinnermittlung erster Stufe**, nämlich des Anteils am Gesellschaftsgewinn dar.[3] Ebenso stellt das positive oder negative Ergänzungskapital eine Modifikation des in der Gesellschaftsbilanz ausgewiesenen Kapitalanteils(kontos) dar. Da es sich bei Ergänzungsbilanzen um rein stl. Korrekturbilanzen handelt, spielt das Handelsrecht – selbst bei Maßgeblichkeit für die Gesamthandsgewinnermittlung – insoweit keine Rolle.[4] Von der Ergänzungsbilanz ist streng die Sonderbilanz zu unterscheiden. In **Sonderbilanzen** (und Sonder-GuV) werden **WG (Aufwendungen und Erträge) des G'ters** erfasst, die der Gewinnerzielung des G'ters iRd. gemeinsamen GewBetr. der Ges. dienen (Rn. 327 ff.). Hingegen erfasst die **Ergänzungsbilanz keine eigenen WG des G'ters**. In der **Ergänzungs-GuV** werden auch **keine eigenen lfd. Aufwendungen und Erträge des G'ters** erfasst. Vielmehr handelt es sich entweder um die **Verteilung v. Mehr- oder Minderaufwendungen aus der Anschaffung** des MU'anteils, soweit sie sich im dort ausgewiesenen Kapitalanteil nicht widerspiegeln (entgeltlicher Erwerb eines MU'anteils, Einbringung nach § 24, 20 UmwStG und Umwandlung nach §§ 3 ff. UmwStG), um ein technisches Mittel zur Fortführung v. Buchwerten (Einbringung v. Einzel-WG nach § 6 Abs. 5 S. 3) oder um zusätzliche subventionelle personenbezogene Steuervergünstigungen bei der Ermittlung der Bemessungsgrundlage Gewinnanteil. Die Ergänzungsbilanz stellt insoweit eine (ergänzende) stl. **Korrekturbilanz**[5] **zur Steuerbilanz der Ges. dar.** Die Unterscheidung zw. **Ergänzungsbereich** und Sonderbereich gewinnt erhebliche **Bedeutung für § 15a.** Das Ergänzungskapital ist Teil des Kapitalkontos des K'disten nach § 15a Abs. 1 und 3.[6] Hingegen bleibt der Sonderbereich für § 15a Abs. 1 und 2 sowohl bzgl. des Kapitalkontos als auch der verrechenbaren Verluste und Gewinne außer Betracht[7] (§ 15a Rn. 10). 261

Einstweilen frei. 262–271

III. Das Betriebsvermögen der Mitunternehmerschaft. 1. Allgemeines. Das BV des MU'ers umfasst einerseits seinen **Anteil am Gesellschaftsvermögen** – erste Stufe – **und die WG des SBV – zweite Stufe.** Zum BV des gemeinsam betriebenen GewBetr. aller MU'er – der MU'schaft – (Rn. 238 f.) gehören mithin einerseits die **WG des (gemeinsamen) Gesellschaftsvermögens** und andererseits die **WG der einzelnen MU'er.** Gesellschaftsvermögen ist bei Außengesellschaften das Gesamthandsvermögen (§§ 718, 719, 1416, 2033 BGB) und bei der stillen Ges. und anderen Innengesellschaften das für gemeinsame Rechnung (gemeinsamer Zweck) gehaltene Vermögen des tätigen Inhabers des Geschäftes (§ 230 HGB). 272

WG rechnen gem. den **allg. Grundsätzen nach § 4 Abs. 1** nur dann zum BV des StPfl., wenn sie ihm vermögensmäßig persönlich zuzurechnen sind (sog. wirtschaftliches Eigentum). Dies gilt uneingeschränkt auch für die v. MU'ern gemeinsam erzielten gewerblichen Einkünfte nach Abs. 1 S. 1 Nr. 2. Dabei ist aller- 273

---

1 BFH v. 25.4.2006 – VIII R 52/04, BStBl. II 2006, 847; v. 28.9.1995 – IV R 57/94, BStBl. II 1996, 68; BMF v. 11.11.2011, BStBl. I 2011, 1314 Tz. 24.13 f.

2 Vgl. dazu *Desens/Blischke* in K/S/M, § 15 Rn. F 183 f., F 268, 269.

3 BFH v. 25.4.2006 – VIII R 52/04, BStBl. II 2006, 847; v. 28.9.1995 – IV R 57/94, BStBl. II 1996, 68.

4 BFH v. 30.4.2003 – I R 102/01, BStBl. II 2004, 804.

5 Vgl. BFH v. 20.11.2014 – IV R 1/11, BStBl. II 2017, 34; v. 25.4.2006 – VIII R 52/04, BStBl. II 2006, 847; v. 16.5.2002 – IV R 11/01, BStBl. II 2002, 854.

6 BFH v. 18.5.2017 – IV R 36/14, BStBl. II 2017, 905 (kein Verlustausgleich bei negativer Ergänzungsbilanz); v. 18.4.2000 – VIII R 11/98, BStBl. II 2001, 166; v. 30.3.1993 – VIII R 63/91, BStBl. II 1993, 706.

7 StRspr. s. BFH v. 23.1.2001 – VIII R 30/99, BStBl. II 2001, 621 mwN; grundlegend BFH v. 14.5.1991 – VIII R 31/88, BStBl. II 1992, 167; s. auch BFH v. 23.2.1999 – VIII R 29/98, BStBl. II 1999, 592 und v. 28.3.2000 – VIII R 28/98, BStBl. II 2000, 347 (EK ersetzendes Darlehen).

dings für die **persönliche Zurechnung** der WG zu beachten, dass diese dem MU'er über seinen Anteil am Gesellschaftsvermögen auch insoweit iErg. anteilig zugerechnet werden als sie ihm nicht allein, sondern nur zusammen mit den übrigen MU'ern gehören. Das Steuerrecht nimmt insoweit den **zivilrechtl. vorgeprägten wirtschaftlichen Sachverhalt** (**Gesellschaftsvermögen** als gemeinsames Vermögen) uneingeschränkt zur Kenntnis und ordnet lediglich die persönliche Zurechnung des Anteils an der erzielten Vermögensmehrung und damit mittelbar des Anteils am Vermögen als Gewinnanteil zu den eigenen Einkünften des MU'ers an. Diese persönliche Zurechnung steht in **keinerlei Widerspruch zum Zivilrecht**, im Gegenteil. Denn ungeachtet des v. § 719 BGB ausgeschlossenen Verfügungsrechtes über den (isolierten) Anteil am Gesellschaftsvermögen ist dieses auch zivilrechtl. den einzelnen G'ter als integraler Teil des allein ihnen zuzurechnenden Vermögensgegenstandes/WG Gesellschaftsanteil zuzurechnen. Die Regelung des § 15 Abs. 1 S. 1 Nr. 2 über die persönliche Zurechnung des Gewinnanteils findet iÜ ihre vollständige komplementäre zivilrechtl. Entsprechung in § 120 HGB und §§ 721, 722 BGB. Als völlig selbstverständlich spricht § 120 HGB davon, dass dem G'ter „sein Anteil" am Gewinn (als der ihm „zukommende Gewinn") zugeschrieben wird und zwar zu seinem („des G'ters") „Kapitalanteil". Die zivilrechtl. Anerkennung der Rechtsfähigkeit der PersGes. ändert erkennbar nichts daran, dass – wie gerade § 120 HGB belegt – im Innenverhältnis das Vermögen der PersGes. den G'tern – anders als bei KapGes. – als ihr Vermögensanteil zugerechnet wird.

274 Neben der persönlichen Zurechnung ist allerdings erforderlich, dass die WG **sachlich** der Einkünfteerzielung dienen. Die **Eigenschaft BV** kommt nach § 4 Abs. 1 nur solchen **WG** zu, die v. StPfl. dazu eingesetzt werden, dem **Betrieb** zu **dienen**. Im Zusammenhang mit § 15 müssen die WG mithin objektiv dazu eingesetzt werden, der Gewinnerzielung iRd. nachhaltig unternommenen Betätigung GewBetr. zu dienen. Dies gilt gleichermaßen für **WG des Gesellschaftsvermögens und** des **Eigenvermögens des G'ters**. Hinsichtlich der **sachlichen Zurechnung v. WG zum BV** gibt es **keine Maßgeblichkeit der HB**.[1] Es handelt sich um eine originäre steuerrechtl. Zurechnungsfrage, die im Zivil- und Handelsrecht keine Parallele hat. Außerdem kann die für eine dem Gleichheitssatz entspr. Besteuerung nach dem Maße der finanziellen Leistungsfähigkeit bedeutsame Abgrenzung zw. Aufwendungen für die Einkünfteerzielung und **Aufwendungen für die private Lebensführung** nicht davon abhängig gemacht werden, ob ein GewBetr. gemeinsam v. mehreren MU'ern oder allein v. einem gewerblichen Unternehmer betrieben wird.[2] Auch im Bereich der MU'schaft nach § 15 Abs. 1 S. 1 Nr. 2 ist daher nach den allg. estl. Kriterien, wie sie auch für den Einzelunternehmer gelten, zu differenzieren zw. **notwendigem BV, gewillkürtem BV und notwendigem PV der MU'er als der Steuersubjekte**. Dies hat nichts damit zu tun, dass der MU'er dem Einzelunternehmer gleichgestellt werden müsse, sondern folgt daraus, dass alle Steuersubjekte gleichbehandelt werden müssen.

275 Einstweilen frei.

276 **2. Gesamthands(betriebs-)vermögen. a) Betriebs- vs. Privatvermögen.** Positive wie negative WG (Schulden) des Gesellschaftsvermögens sind grds. **notwendiges BV**, sofern sie nicht notwendiges PV sind (Rn. 277 f.). WG des Gesellschaftsvermögens sollen **kein gewillkürtes BV** sein können.[3] Wenn danach eine PersGes. mit gewerblichen Einkünften notwendigerweise immer einen einheitlichen GewBetr. unterhält, dann sollen ihre WG auch immer **notwendiges BV** sein.[4]

277 Auch **WG des Gesellschaftsvermögens** sind jedoch **notwendiges PV**, wenn sie trotz zivilrechtl. Zugehörigkeit zum Gesamthandsvermögen nicht der gemeinsamen Einkünfteerzielung der MU'er dienen, sondern der **privaten Lebensführung eines oder mehrerer MU'er**. Darüber hinausgehend gehören auch solche **WG**, die zwar nicht der persönlichen Lebensführung dienen, aber deren **Erwerb nicht betrieblich veranlasst** ist, weil sie nicht der gemeinsamen Einkünfteerzielung dienen sollen,[5] sondern nur der Verlustverlagerung in den betrieblichen Bereich, nicht zum BV. Ob insoweit handelsrechtl. eine Bilanzierungspflicht nach § 238 HGB besteht (so für die OHG und KG) oder nicht (so für die GbR), muss schon deshalb unerheblich sein,[6] weil steuerrechtl. die MU'er der zivilrechtl. unterschiedlichen Ges. gleichbe-

---

1 So iErg. auch BFH v. 3.12.2015 – IV R 43/13, BFH/NV 2016, 742.

2 So auch die stRspr., vgl. ua. BFH v. 9.5.1996 – IV R 64/93, BStBl. II 1996, 642; v. 30.6.1987 – VIII R 353/82, BStBl. II 1988, 418; v. 29.10.1998 – XI R 80/97, BStBl. II 1999, 448.

3 BFH v. 30.6.1987 – VIII R 353/82, BStBl. II 1988, 418; anders vielleicht BFH v. 8.12.1998 – IX R 49/95, BStBl. II 1999, 468; vgl. auch BFH v. 14.3.1996 – IV R 14/95, BStBl. II 1997, 343 (Lebensversicherung).

4 Zust. *Desens/Blischke* in K/S/M, § 15 Rn. F 85; *Wacker* in Schmidt[37], § 15 Rn. 481, 484.

5 So zutr. BFH v. 16.10.2014 – IV R 15/11, BStBl. II 2015, 267 (BV und betriebliche Veranlassung bejaht für das den G'tern gewährtes verzinsliches Darlehen der Ges. zur Bedienung von Beiträgen für deren Lebensversicherung mit überflüssigem Hinweis darauf, dass auch „gewillkürtes BV" zum BV einer PersGes. gehören würde).

6 **AA** *Woerner*, BB 1976, 1145; *Knobbe-Keuk*[9], § 4 Abs. 3; offengelassen, aber tendenziell wie hier BFH v. 3.12.2015 – IV R 43/13, BFH/NV 2016, 742.

handelt werden, Abs. 1 S. 1 Nr. 2, Abs. 3. Ob für KapGes. etwas anderes zu gelten hat,[1] kann hier dahinstehen.

Die Rspr. hat ua. in folgenden **Einzelfällen BV verneint:** Erwerb wertloser **Darlehensforderung** v. G'ter (BFH v. 22.5.1975 – IV R 193/71, BStBl. II 1975, 804; v. 2.6.1976 – I R 136/74, BStBl. II 1976, 668); (unentgeltliches) **Darlehen** an G'ter (BFH v. 24.3.1983 – IV R 123/80, BStBl. II 1983, 598); unentgeltliche Nutzungsüberlassung **EFH** (BFH v. 3.10.1989 – VIII R 184/85, BStBl. II 1990, 319; v. 21.9.1995 – IV R 50/93, BFH/NV 1996, 460); **Liebhabereivermögen** (Gestüt, Tierzucht, Hubschrauber – BFH v. 13.11.1991 – II R 7/88, BStBl. II 1992, 202); (Devisen-, Gold-, Waren-)**Termingeschäfte** (BFH v. 5.3.1981 – IV R 94/78, BStBl. II 1981, 658; v. 19.2.1997– XI R 1/96, BStBl. II 1997, 399; v. 11.7. 1996 – IV R 67/95, BFH/NV 1997, 114; vgl. aber BFH v. 20.4.1999 – VIII R 63/96, BStBl. II 1999, 466); **Versicherungsverträge** zur **Abdeckung privater Risiken, ua. Lebensversicherung, Krankentagegeldversicherung** (BFH v. 23.4.2013 – VIII R 4/10, BStBl. II 2013, 615 [auch keine Sonder-BA]; v. 6.2.1992 – IV R 30/91, BStBl. II 1992, 653; v. 10.4.1990 – VIII R 63/88, BStBl. II 1990, 1017; v. 8.9.1993 – IV B 11/93, BFH/NV 1994, 539 und v. 26.8.1993 – IV R 35/92, BFH/NV 1994, 306 – anders, wenn auf das Leben v. Dritten, BFH v. 14.3.1996 – IV R 14/95, BStBl. II 1997, 343 oder wenn der Zweck in der Ansparung v. Mitteln für die spätere Tilgung v. betr. Verbindlichkeiten und nicht in der Absicherung des versicherten Risikos besteht (BFH v. 16.10.2014 – IV R 15/11, BStBl. II 2015, 267; v. 3.3.2011 – IV R 45/08, BStBl. II 2011, 552). Anders auch bei **Insassenunfallversicherung für betriebliche Fahrten**, BFH v. 15.12.1977 – IV R 78/74, BStBl. II 1978, 212); **Wertpapiergeschäfte** (BFH v. 29.10.1998 – XI R 80/97, BStBl. II 1999, 448; v. 5.3.1981 – IV R 94/78, BStBl. II 1981, 658). 278

Der Rspr. ist uneingeschränkt zu folgen, soweit sie, ungeachtet der Zugehörigkeit v. Vermögensgegenständen zum Gesellschaftsvermögen, die Abgrenzung zur für die Einkünfteermittlung unbeachtlichen Sphäre der Lebensführung der MU'er nach denselben Kriterien wie für Einzelunternehmer vornimmt. Allerdings ist der zugrunde liegende rechtl. und wirtschaftlich relevante Tatbestand zu berücksichtigen, dass die Ges. – anders als der Einzelunternehmer – auch ggü. dem MU'er entgeltlich Leistungen zur Einkünfteerzielung erbringen kann. Daher sind **entgeltlich zur Nutzung überlassene WG**[2] wie auch **verzinsliche Darlehensforderungen** grds. **notwendiges BV**, ungeachtet der **Verwendung beim MU'er** für dessen **private Zwecke**. 279

Speziell für **Darlehensforderungen an G'ter** ist ggü. **Entnahmen** abzugrenzen. Allein entscheidendes Kriterium ist insoweit, **ob schuldrechtl. eine Rückzahlungsverpflichtung** des G'ters besteht, sodass der Ges. gegen den G'ter eine Forderung zusteht. Eine Entnahme liegt hingegen vor, wenn die Auszahlung ihren Grund im Gesellschaftsverhältnis hat und zu Lasten des Kapitalanteils des G'ters geht.[3] Soweit danach eine Darlehensforderung vorliegt, ist sie **BV**, jedenfalls sofern sie zu **fremdüblichen Konditionen** oder sonst aus betrieblicher Veranlassung dem G'ter eingeräumt wurde.[4] Umgekehrt ist sie **notwendiges PV aller G'ter**, wenn sie **unverzinslich und ungenügend gesichert ist**. Str. ist, ob bei unentgeltlich oder zinsverbilligten Darlehen, soweit die Refinanzierungskosten höher sind[5] und auch kein betrieblicher Anlass zur verbilligten Darlehensgewährung vorliegt,[6] nur eine Nutzungsentnahme oder insgesamt eine Entnahme der Darlehensforderung in das PV auch bei ausreichender Sicherheit vorliegt.[7] Nur sofern BV zu bejahen ist, führt der Ausfall (Teilwertabschreibung) zu BA. 280

Auch Gesellschaftsschulden sind nur Verbindlichkeiten des BV (Betriebsschulden), wenn sie betrieblich veranlasst wurden.[8] Naturgem. kommt der Abgrenzung zur privaten Lebenssphäre gerade auf der Passivseite der Bilanz eine besondere Bedeutung zu. Privat veranlasste Schulden dürfen nicht passiviert werden 281

1 So BFH v. 15.5.2002 – I R 92/00, BFHE 199, 217 (Bootsvercharterung) und v. 11.4.2005 – I B 127/04, BFH/NV 2005, 1816; v. 22.1.1997 – I R 64/96, BStBl. II 1997, 548; v. 4.12.1996 – I R 54/95, BFHE 182, 123; *Wassermeyer*, FS Haas, 1996, 401; **aA** *Schön*, FS Flume, 1998, 265; *Pezzer*, StuW 1998, 76.

2 So zutr. BFH v. 3.12.2015 – IV R 43/13, BFH/NV 2016, 742 (für an MU'er vermietetes EFH); v. 10.4.1990 – VIII R 133/86, BStBl. II 1990, 961; FinVerw. (OFD Düss. v. 17.3.1995 DB 1995, 900 und v. 5.5.1995, DB 1995, 2448); *Desens/Blischke* in K/S/M, § 15 Rn. F 88.

3 So iErg. auch BFH v. 16.10.2014 – IV R 15/11, BStBl. II 2015, 267; v. 16.10.2008 – IV R 98/06, BStBl. II 2009, 272; *Desens/Blischke* in K/S/M, § 15 Rn. F 94.

4 Siehe BFH v. 16.10.2014 – IV R 15/11, BStBl. II 2015, 267; v. 28.10.1999 – VIII R 42/98, BStBl. II 2000, 390; v. 9.5. 1996 – IV R 64/93, BStBl. II 1996, 642; FinVerw. (OFD Münster v. 18.2.1994, DStR 1994, 582).

5 Marktüblichkeit der Zinsen wird nicht verlangt, *Desens/Blischke* in K/S/M, § 15 Rn. F 96; **aA** FinVerw. (OFD Münster v. 18.2.1994, DB 1994, 658).

6 Dazu BFH v. 16.10.2014 – IV R 15/11, BStBl. II 2015, 267; v. 9.5.1996 – IV R 64/93, BStBl. II 1996, 642 und FinVerw. (OFD Münster v. 18.2.1994, DStR 1994, 582 – Finanzierung v. SBV, G'ter als Kunde).

7 Für bloße Nutzungsentnahme *Wacker* in Schmidt[37], § 15 Rn. 630; *Ruban*, FS F. Klein, 1994, 781; für Entnahme der Darlehensforderung in PV FinVerw. (OFD Münster v. 18.2.1994, DStR 1994, 582).

8 BFH v. 5.3.1991 – VIII R 93/84, BStBl. II 1991, 516; v. 19.2.1991 – VIII R 422/83, BStBl. II 1991, 765.

und ihre Tilgung führt zu Entnahmen. Die private Schuldveranlassung kann sich vor allem aus der privaten Veranlassung des hiermit finanzierten Anschaffungsvorgangs ergeben: Finanzierungsschulden in Ansehung von Gesamthands-PV sind keine Betriebsschulden. Die hierfür aufgewendeten **Geldmittel** werden durch alle G'ter entnommen,[1] unabhängig davon, zu wessen Gunsten die Anschaffung oder Entnahme des WG erfolgte. Die Rspr. hat die private Veranlassung ferner in folgenden Fällen angenommen: Darlehenverbindlichkeiten und Verbindlichkeiten aus typisch stiller Ges. zur Finanzierung v. Entnahmen der G'ter, ua. zum Kauf eines Motorbootes, Bau eines Wohnhauses, zur Finanzierung v. Zugewinnausgleich, Pflichtteil (BFH v. 6.3.2003 – XI R 24/02, BStBl. II 2003, 656; v. 5.3.1991 – VIII R 93/84, BStBl. II 1991, 516; v. 3.10.1989 – VIII R 184/85, BStBl. II 1990, 319), zur Begleichung v. Steuerschulden (BFH v. 21.2.1991 – IV R 46/86, BStBl. II 1991, 514), auch im Wege des Einbehalts der KapESt auf Zinserträge (vgl. BGH v. 5.4.2016 – II ZR 62/15, AG 2015, 545), ebenso Bürgschaftsverbindlichkeiten der Ges. zugunsten des G'ters (BFH v. 29.10.1991 – VIII R 148/85, BStBl. II 1992, 647; v. 21.7.1976 – I R 43/74, BStBl. II 1976, 778), Darlehensverbindlichkeiten ggü. Angehörigen (Kindern) der G'ter aus für diese nicht frei verfügbaren geschenkten Mitteln (BFH v. 22.1.2002 – VIII R 46/00, BStBl. II 2002, 685; v. 15.4.1999 – IV R 60/98, BStBl. II 1999, 524; vgl. aber BFH v. 22.10.2013 – X R 26/11, BStBl. II 2014, 374; v. 18.1.2001 – IV R 58/99, BStBl. II 2001, 393); Aufwendungen für die **Jagd** (BFH v. 28.4.1983 – IV R 131/79, BStBl. II 1983, 668), **Karnevalssitzungen** (BFH v. 29.3.1994 – VIII R 7/92, BStBl. II 1994, 843), **Studienreisen** (BFH v. 26.9.1995 – VIII R 35/93, BStBl. II 1996, 273), **Steuererklärungen der G'ter** (BFH v. 24.11.1983 – IV R 22/81, BStBl. II 1984, 301; v. 13.7.1994 – XI R 55/93, BStBl. II 1994, 907; v. 6.4.1995 – VIII R 10/94, BFH/NV 1996, 22), **Tageszeitungen** (BFH v. 30.6.1983 – IV R 2/81, BStBl. II 1983, 715), **Vereinsmitgliedschaft, Freizeitvereine** (BFH v. 2.10.1992 – VI R 11/90, BStBl. II 1993, 53; v. 22.5.1992 – VI R 178/87, BStBl. II 1992, 840), **Spenden**[2] (BFH v. 8.8.1990 – X R 149/88, BStBl. II 1991, 70), **Geldstrafen und strafprozessuale Auflagen nach § 12 Nr. 4** (BFH v. 16.9.2014 – VIII R 21/11, DStR 2015, 1590; v. 31.7.1991 – VIII R 89/86, BStBl. II 1992, 85), **Geburtstagsfeier** (BFH v. 27.2.1997 – IV R 60/96, BFH/NV 1997, 560).

282 § 4 Abs. 4a, der auch bei MU'schaften Anwendung findet, lässt die Abgrenzung zw. **Betriebsschulden und Privatschulden unberührt**. Soweit eine Schuld **des PV** vorliegt (Rn. 281), sind die **Schuldzinsen** schon nach § 4 Abs. 4 mangels betrieblicher Veranlassung nicht als BA abziehbar. § 4 Abs. 4a **begrenzt** erst **den Schuldzinsenabzug für Betriebsschulden** (zu Einzelheiten in Ansehung der Anwendung bei einer MU'schaft s. § 4 Rn. 194).

283–291 Einstweilen frei.

292 **b) Entnahmen aus dem Gesamthandsbetriebsvermögen.** Eine stl. Entnahme liegt gem. § 4 Abs. 1 S. 2 vor, wenn Geld oder WG aus dem Gesellschaftsbereich ohne angemessene Gegenleistung in den Privatbereich des G'ters übertragen oder einem Dritten zulasten des G'ters oder der G'ter zugewendet werden (viele Bsp. auch bereits unter Rn. 281). Aus § 6 Abs. 5 S. 1 und 2 wird man ferner folgern können, dass der Gesetzgeber von einem engen Betriebsbegriff ausgeht, daher die Überführung in einen anderen Betrieb desselben StPfl. als Entnahme versteht und diese Entnahme mit dem Buchwert zu bewerten ist (§ 4 Rn. 91 f.). Dasselbe muss gelten, soweit WG gem. 6 Abs. 5 S. 3 aus dem gemeinsamen GewBetr. der MU'schaft in BV des MU'ers und umgekehrt übertragen werden.[3] Daher sind – auch gerade im Hinblick auf die betriebsbezogene GewSt – Entnahme und Einlage jeweils zum Buchwert zu erfassen.

293 Bei **Veruntreuungen** (insbes. v. Kundengeldern), **Unterschlagungen und Diebstahl** durch einen Mit-G'ter liegt keine Entnahme vor. Im Übrigen ist nach der Gewinnermittlungsart zu unterscheiden. **Bei Betriebsvermögensvergleich:** Werden Kundengelder auf ein eigenes Konto des MU'ers „umgeleitet", nimmt die Rspr. zunächst nur eine Sonder-BE des veruntreuenden G'ters an.[4] Eine Aktivierung des Ersatzanspruches der Ges. komme bis zur Anerkennung durch den veruntreuenden G'ter nicht in Betracht. Korrespondierend kann der veruntreuende G'ter erst mit Anerkennung/Erfüllung des Ersatzanspruches einen den Zufluss der Sonder-BE rückgängig machenden Aufwand geltend machen. Folgt man dem, bedeutet dies bei Auseinanderfallen v. gewinnrealisierender Leistungserbringung und Vereinnahmung in verschiedenen

1 Vgl. BFH v. 28.10.1999 VIII R 42/98, BStBl. II 2000, 390 mwN; v. 28.6.2001 – IV R 41/00, BStBl. II 2002, 724 (Versicherungsanspr. der Ges. für privates Risiko); *Hellwig*, FS Döllerer, 1988, 205.

2 Aber SA nach § 10b; für den Höchstbetrag ist auf den einzelnen MU'er abzustellen (OFD Hann. v. 20.4.1998, BB 1998, 1671).

3 BFH v. 21.6.2012 – IV R 1/08, DStR 2012, 1598 (Übertragung aus SBV des G'ters in betriebliches Gesamthandsvermögen einer anderen MU'schaft [Schwester-PersGes.] in vollem Umfang Entnahme iSd. § 4 Abs. 1 S. 2); v. 16.12.2015 – IV R 18/12, BStBl. II 2016, 346; v. 19.9.2012 – IV R 11/12, DStR 2012, 2051 (nur Übertragung aus SBV des G'ters in Gesamthandsvermögen derselben MU'schaft schon dem Grunde nach [insgesamt] keine Entnahme).

4 BFH v. 22.6.2006 – IV R 56/04, BStBl. II 2006, 838; vgl. auch BFH v. 14.12.2000 – IV R 16/00, BStBl. II 2001, 238; v. 8.6.2000 – IV R 39/99, BStBl. II 2000, 670; zust. *Desens/Blischke* in K/S/M, § 15 Rn. F 153.

Gewinnermittlungszeiträumen, dass zunächst im Gesamthandsbereich gewinnrealisierend eine Forderung aus Leistungen zu bilanzieren ist, die mit der Unterschlagung bei Vereinnahmung aufwandswirksam auszubuchen ist (vorausgesetzt – was wg. der Empfangszuständigkeit des G'ters die Regel sein dürfte – der Kunde hat befreiend geleistet). Zugleich ist dann eine Sonder-BE des veruntreuenden G'ters in dieser Höhe zu berücksichtigen. Mit Anerkennung des (realisierbaren) Ersatzanspruches ist sodann einerseits erfolgswirksam im Gesamthandsbereich der Ersatzanspruch zu erfassen und im Sonderbereich ein entspr. Aufwand (= Rückgängigmachung der Sonder-BE) zu berücksichtigen. **Bei Überschussrechnung:** Bei Gewinnermittlung nach § 4 Abs. 3 will die Rspr. danach unterscheiden, ob die „Veruntreuung am Gesellschaftsvermögen vorbei erfolgt", dh., ob nach stl. Kriterien bereits Zufluss bei der Ges. vorlag oder nicht. Zahlt der Kunde unmittelbar auf ein (privates) Konto des veruntreuenden G'ters (und genehmigen die anderen G'ter dies nicht zumindest stillschweigend, was freilich Kenntnis von dem Vorgang voraussetzt), so komme es erst einmal nur zu einer Sonder-BE des veruntreuenden G'ters. Bei der Ges. findet hingegen kein Zufluss und damit auch keine Gesamthandsgewinnerfassung statt. Gleichen sich die G'ter später aus (Ersatzanspruch), dann ist dies erst für den Zahlungs-VZ relevant.[1] Soweit die Ges. auf die Geltendmachung des Ersatzanspruches „verzichtet", liegt eine Entnahme aller G'ter vor, wenn dieser Verzicht seine Ursache in den privaten Beziehungen der G'ter zum Unterschlagenden hat. Veruntreut ein G'ter indes bereits realisiertes Gesellschaftsvermögen (zB von der Ges. vereinnahmte Bargelder oder Kundenschecks[2]), dann kommt es nicht zu einer Sonder-BE, sondern zu einer Gewinnerfassung nach dem allg. Gewinnverteilungsschlüssel und einer (unberechtigten) Entnahme des veruntreuenden G'ters. Aus Sicht der Ges. kommt es (erst) dann zu einer BA, wenn endgültig feststeht, dass ein Ersatzanspruch gegen den veruntreuenden G'ter nicht realisierbar ist.

Bei der Bezahlung von Gesamthandsprivatverbindlichkeiten (Rn. 281) und der **Gegenstandsentnahme** 294
durch **Übertragung eines WG** auf den G'ter in dessen PV (oder einen v. ihm bestimmten Dritten) ist mangels anderweitiger Abreden ein etwaiger sich nach § 6 Abs. 1 S. 4 ergebender **Entnahmegewinn** (Differenz Buchwert/TW) allen G'tern nach dem vereinbarten **Gewinnverteilungsschlüssel** zuzurechnen.[3] Wird in der HB sowohl der Gewinn als auch die Entnahme allein dem entnehmenden G'ter zugerechnet, kann dies aber (insoweit) eine konkludente Änderung der Gewinnverteilungsabrede darstellen. Vorbehaltlich der Angemessenheit bei Familien-PersGes. (Rn. 224 f.) ist dies zu respektieren.[4] Davon ist auch auszugehen, wenn handelsbilanziell (mit Zustimmung aller G'ter) nur eine Entnahme zum Buchwert erfolgte. Eine Schenkung liegt vor, wenn (jedenfalls) in der HB Entnahme und Entnahmegewinn anteilig allen G'tern zugerechnet werden.[5] Bei unangemessener Gewinnverteilung in Familien-PersGes. ist dementspr. stl. eine Schenkung anzunehmen mit Zurechnung des Gewinnes und der Entnahme beim Schenkenden. Die rein stl. Sachentnahme trotz Verbleibens im zivilrechtl. Gesamthandsvermögen ist allen G'tern zuzurechnen.[6]

Nutzungsentnahmen sind vorbehaltlich der Sonderregelung für die private Pkw-Nutzung in § 6 Abs. 1 295
Nr. 4 S. 2 mit den Selbstkosten zu bewerten (§ 6 Rn. 164). Ein Gewinnzuschlag scheidet aus.[7] Ist allerdings eine **KapGes. MU'er**, so ist anteilig auch bei Bewertung v. Nutzungsentnahmen v. den für die Bewertung v. vGA geltenden Grundsätzen auszugehen, sofern der Nutzende G'ter der KapGes. ist.[8] Sind die Aufwendungen handelsrechtl. (Einheitsbilanz) als Aufwand behandelt worden, ist ein stl. Mehrgewinn und die Entnahme allein dem nutzenden G'ter zuzurechnen, vorbehaltlich der Angemessenheit bei Familien-PersGes.[9]

c) Einlagen in das Gesamthandsbetriebsvermögen. Handelsrechtl. liegt eine **Einlage** vor, soweit der 296
G'ter (oder auf seine Rechnung ein Dritter) **Geld oder WG (nicht aber Nutzungen) ohne** weitere **Gegenleistung** aufgrund einer Beitragsverpflichtung oder auch als freiwilligen Beitrag **auf** die Ges. **(in das Gesellschaftsvermögen)** überträgt. Die handelsrechtl. Einlage **erhöht das Gesellschaftsvermögen**. Von einer

---

1 Siehe vor allem BFH v. 14.12.2000 – IV R 16/00, BStBl. II 2001, 238; FG Düss. v. 26.4.2018 – 11 K 789/14, EFG 2018, 1176 Rn. 56 ff. (Rev. VIII R 21/18).
2 Das ist Tatfrage, vgl. FG Düss. v. 26.4.2018 – 11 K 789/14, EFG 2018, 1176 Rn. 83 f. (Übergabe von Schecks an Mitarbeiter der Ges. und dann eigenmächtige Einlösung durch G'ter. Wenn der G'ter die Schecks allerdings selbst von den Kunden in Empfang nimmt, dürfte es an einem Zufluss bei der Ges. fehlen und es kommt zu Sonder-BE).
3 BFH v. 28.9.1995 – IV R 39/94, BStBl. II 1996, 276; vgl. auch BFH v. 28.10.1999 – VIII R 42/98, BStBl. II 2000, 390.
4 BFH v. 6.8.1985 – VIII R 280/81, BStBl. II 1986, 17; v. 9.6.1994 – IV R 47–48/92, BFH/NV 1995, 103.
5 BFH v. 28.9.1995 – IV R 39/94, BStBl. II 1996, 276; v. 14.9.1994 – II R 95/92, BStBl. II 1995, 81.
6 BFH v. 16.10.2014 – IV R 15/11, BStBl. II 2015, 267; v. 9.5.1996 – IV R 64/93, BStBl. II 1996, 642; *Desens/Blischke* in K/S/M, § 15 Rn. F 111.
7 BFH v. 24.5.1989 – I R 213/85, BStBl. II 1990, 8; vgl. aber BFH v. 23.1.2001 – VIII R 48/98, BStBl. II 2001, 395 (Unfallschaden, Vorlage an GrS).
8 BFH v. 6.8.1985 – VIII R 280/81, BStBl. II 1986, 17.
9 Vgl. auch *Gosch*, StBp. 1996, 79; *Hellwig*, FS Döllerer, 1988, 205; **aA** *Desens/Blischke* in K/S/M, § 15 Rn. F 145.

offenen handelsrechtl. **Einlage** wird gesprochen, wenn die Einlage dem **Kapitalanteil des G'ters** gutgebracht wird und diesen dementsprechen erhöht, vgl. §§ 120–122, 167–169 HGB und 705, 707, 733, 734 BGB. Eine **verdeckte Einlage** liegt vor, wenn entweder das WG in der HB nicht oder nicht zum vollen Wert erfasst wird (und daher auch kein Zugang auf dem Kapitalkonto erfasst wird) oder wenn der Vermögenszugang handelsrechtl. als Ertrag ausgewiesen wird. Ob und inwieweit dies handelsrechtl. zulässig ist, wie die FinVerw. offenbar meint, bleibe dahingestellt.[1]

297 Problematisch ist, ob bei der **offenen gesellschaftsrechtl. Einlage aus dem PV** eine **stl. Einlage** vorliegt. Die Rspr. des IV. VIII. und I. Senat und nunmehr auch die FinVerw. verneinen dies. Sie gehen v. einem **tauschähnlichen Anschaffungsgeschäft**[2] aus, jedenfalls dann, wenn eine gesellschaftsrechtl. vereinbarte Einlageverpflichtung besteht. Folgt man dem, kommen bei PersGes. vornehmlich nur noch **verdeckte Einlagen als stl. Einlagen** in das Gesellschaftsvermögen **nach § 4 Abs. 1 S. 8** in Betracht (Rn. 384). Diese Unterscheidung hat vor allem Bedeutung für die Seite des einbringenden MU'ers, da ein tauschähnlicher Vorgang eine **Veräußerung iSv. §§ 17, 23, 20 Abs. 2** darstellt. Dies nimmt die hM sodann auch an (§ 23 Rn. 16). Daher ist es von entscheidender Bedeutung, wann eine Übertragung gegen Gewährung von Gesellschaftsrechten erfolgt (Rn. 384).

298 **Nutzungseinlagen** sieht weder die Handels- noch die Steuerbilanz[3] vor. Das der Ges. **zur Nutzung überlassene WG** wird **SBV** durch eine **Einlage des WG im Sonderbereich**.[4] Der Gesellschaftsgewinn ist nicht um einen fiktiven Aufwand zu korrigieren. Überlässt der G'ter ein WG nur kurzfristig zur Nutzung – etwa Pkw –, so liegt ebenfalls nur eine **Aufwandseinlage im Sonderbereich**[5] vor. Überlassen Dritte der PersGes. oder dem G'ter WG zur Nutzung, so führt dies weder im Gesellschaftsbereich noch im Sonderbereich zu einer Nutzungseinlage. **Drittaufwand** ist **nicht anzuerkennen**.[6] Bei einer **sog. Einlage eines Nutzungsrechtes gegen Gewährung v. Gesellschaftsrechten** (offene Einlage gegen Gutschrift auf dem Kapitalkonto) soll hingegen ein **tauschähnlicher Vorgang** (s. Rn. 380 ff.) vorliegen.[7] Bei der PersGes. sei ein aktiver RAP oder ein immaterielles WG Nutzungsrecht zu aktivieren. Im **Sonderbereich** sei das **WG und ein passiver RAP** zu erfassen. Dem sollte für die Steuerbilanz nicht gefolgt werden. Vielmehr sollte es wie bei bloßer Nutzungsüberlassung bei der Einlage des WG in das SBV des Gesellschaftermitunternehmers bewenden.[8]

299 **d) Entgeltliche Leistungen an Gesellschafter.** Entgeltliche Leistungen (Dienst- und Werkleistungen, Nutzungsüberlassungen, Darlehensgewährung) der Ges. an ihren G'ter auf **schuldrechtl. Grundlage zu fremdüblichen Bedingungen** werden nach normalen bilanzrechtl. Kriterien für entgeltliche Geschäfte behandelt. Sie stellen **keine** (negativen) **Sondervergütungen nach Abs. 1 S. 1 Nr. 2** dar und sind auch nicht anteilig in teils entgeltliche Geschäfte, teils Nutzungsentnahmen und Geldeinlagen zu splitten.[9] Entspr. gilt für die **Veräußerung v. WG** an den G'ter.[10] Unter Berufung auf § 39 Abs. 2 Nr. 2 AO soll allerdings bei lediglich vermögensverwaltenden PersGes. (und Bruchteilsgemeinschaften) eine Leistung der PersGes. an ihren G'ter im Umfange v. dessen Beteiligung „stl. nicht anzuerkennen sein"[11] (s. auch Rn. 352 f.).

300 Erfolgen die **Leistungen und Veräußerungen** (für den Privatbereich) wegen der G'ter-Stellung verbilligt **(teilentgeltliche Geschäfte)**, so liegen **verdeckte Entnahmen**[12] vor. Diese sind iHd. Differenz des Teilentgelts zum TW des Gegenstands bei Veräußerungen[13] bzw. zu den Selbstkosten bei Leistungen zu bewerten

1 BMF v. 11.7.2011, BStBl. I 2011, 713.
2 BFH v. 24.1.2008 – IV R 37/06, BStBl. II 2011, 617 und v. 24.1.2008 – IV R 66/05, BFH/NV 2008, 1301; v. 19.10.1998 – VIII R 69/95, BStBl. II 2000, 230; BMF v. 11.7.2011, BStBl. I 2011, 713; v. 29.3.2000, BStBl. I 2000, 462 und v. 26.11.2004, BStBl. I 2004, 1190; so auch BFH v. 17.7.2008 – I R 77/06, BStBl. II 2009, 464; v. 5.6.2002 – I R 6/01, GmbHR 2003, 50 im Anschluss an BFH v. 19.10.1998 – VIII R 69/95, BStBl. II 2000, 230; vgl. aber zutr. noch BFH v. 5.6.2002 – I R 81/00, BStBl. II 2004, 344 (Veräußerung nur bei Gutschrift auf Fremdkapitalkonto, nicht bei Gutschrift auf Kapitalkonto).
3 BFH v. 26.10.1987 – GrS 2/86, BStBl. II 1988, 348.
4 Statt vieler BFH v. 26.1.1994 – III R 39/91, BStBl. II 1994, 458.
5 BFH v. 26.10.1987 – GrS 2/86, BStBl. II 1988, 348; v. 9.10.1953 – IV 536/52 U, BStBl. III 1953, 337.
6 BFH v. 23.8.1999 – GrS 1/97, BStBl. II 1999, 778; v. 23.8.1999 – GrS 2/97, BStBl. II 1999, 782; v. 23.8.1999 – GrS 3/97, BStBl. II 1999, 787.
7 *Wacker* in Schmidt[37], § 15 Rn. 515.
8 S. auch BFH v. 26.10.1987 – GrS 2/86, BStBl. II 1988, 348; v. 9.6.1997 – GrS 1/94, BStBl. II 1998, 307.
9 BFH v. 9.5.1996 – IV R 64/93, BStBl. II 1996, 642; v. 24.3.1983 – IV R 123/80, BStBl. II 1983, 598; v. 6.11.1980 – IV R 5/77, BStBl. II 1981, 307.
10 BFH v. 10.11.1980 – GrS 1/79, BStBl. II 1981, 164; v. 24.3.1983 – IV R 123/80, BStBl. II 1983, 598.
11 BFH v. 2.4.2008 – IX R 18/06, BStBl. II 2008, 679 mwN; v. 18.5.2004 – IX R 49/02, BStBl. II 2004, 929 und v. 18.5.2004 – IX R 83/00, BStBl. II 2004, 898.
12 BFH v. 6.8.1985 – VIII R 280/81, BStBl. II 1986, 17.
13 Vgl. BFH v. 21.6.2012 – IV R 1/08, DStR 2012, 1500.

(Rn. 295). Umstritten ist, inwieweit der Buchwert dem unentgeltlichen oder entgeltlichen Teil zuzuschlagen ist (Rn. 376a). Diese Differenzierung gewinnt Bedeutung, wenn sich für Entnahmegewinne und Veräußerungsgewinne unterschiedliche Rechtsfolgen ergeben, etwa bei § 6b. Dies gilt ferner, wenn für den unentgeltlichen Teil nicht § 6 Abs. 1 Nr. 4, sondern § 6 Abs. 5 gilt (Rn. 376a). Umgekehrt liegen **verdeckte Geldeinlagen** vor, wenn mit Rücksicht auf die G'ter-Stellung ein **überhöhter Preis** gezahlt wird. Bei verbilligten oder überteuerten Leistungen und Veräußerungen mit Rücksicht auf die G'ter-Stellung für den betrieblichen Bereich liegen nicht gewinnrealisierende verdeckte „technische Entnahmen" vor.[1]

Einstweilen frei. 301–308

3. Sonderbetriebsgewinnermittlung und Sonderbetriebsvermögen. a) Sondervergütungen. aa) Sachlicher Anwendungsbereich. § 15 Abs. 1 S. 1 Nr. 2 ordnet die **(Sonder)Vergütungen** für **Dienstleistungen, Darlehensgewährungen und Nutzungsüberlassungen** den Einkünften aus GewBetr. zu. Der Vorschrift kommt **konstitutive** Bedeutung zu. Denn ohne diese Vorschrift würden die entspr. Leistungen des G'ters zu anderen Einkunftsarten führen, §§ 18, 19, 20, 21. Erfasst werden **nur Leistungen des MU'ers** an die Ges., nicht umgekehrt Leistungen der Ges. an den G'ter (Rn. 299 f.). 309

Dem Kapitalanteil gutzuschreibende **Gewinnansprüche** gehören **nicht** zu den **Sondervergütungen**. Dies gilt unabhängig davon, ob hinsichtlich des Gewinnanteils Entnahmebefugnisse bestehen oder nicht oder ob die bedungene Einlage überschritten wird. Dies betrifft auch den Gewinnanteil des K'disten. Dieser ist jedoch als Forderung im SBV und als Verbindlichkeit im Gesellschaftsbereich zu behandeln, wenn die gesetzliche Regelung des § 167 Abs. 2 HGB nicht vertraglich abbedungen wurde.[2] Dies alles gilt grds. auch für den Gewinnvorab. Dessen Abgrenzung zu den Sondervergütungen kann indes mitunter problematisch sein. Von Sondervergütungen ist auszugehen, wenn die Leistung a) ausschließlich auf einer eigenständigen **schuldrechtl. causa** (Austauschvertrag) beruht[3] oder b) zwar auch als Beitrag geschuldet wird, aber zugleich eine schuldrechtl. causa besteht. Davon ist auszugehen, wenn für die Leistung ein **gewinnunabhängiges Entgelt** vereinbart wurde, sei es in gesondertem Vertrag oder im Gesellschaftsvertrag. Umgekehrt ist v. einem gesellschaftsrechtl. Beitrag mit Gewinnvorab auszugehen, wenn dem G'ter in einer Verlustsituation kein zu erfüllender Zahlungsanspr. zusteht.[4] Zu den Sondervergütungen sind auch Zahlungsansprüche auf **Aufwendungsersatz für die Geschäftsführung** oder andere Sozialansprüche nach §§ 110 HGB, 713 BGB iVm. § 670 BGB zu zählen.[5] Eine dem phG'ter zugesagte (auch feste, bei Verlust zu gewährende) Haftungsvergütung kann allerdings immer nur ein Gewinnvorab sein und niemals Sondervergütung. Denn die Übernahme der Haftung ist untrennbarer Teil der G'ter-Stellung und kann daher weder zusätzlich versprochen, geschuldet, noch als Leistung gegen Entgelt erbracht werden. 310

Nicht von v. § 15 Abs. 1 S. 1 Nr. 2 erfasst werden **Veräußerungsgeschäfte (Lieferungen) des MU'ers** an seine Ges. (und schon gar nicht umgekehrt Veräußerungen an ihn, s. Rn. 309).[6] Fraglich ist, ob es auch andere Leistungsaustauschbeziehungen zw. MU'er und PersGes. geben kann, die nicht unter Abs. 1 S. 1 Nr. 2 fallen, vor allem solche aus Dienstleistungen und Nutzungsüberlassungen. Die Rspr. scheint dies theoretisch für möglich zu halten. Sie geht davon aus, dass Sondervergütungen nur anzunehmen seien, wenn sie ihre **Veranlassung im Gesellschaftsverhältnis** hätten (positive Formel)[7] oder umgekehrt keine Sondervergütung vorläge, wenn **jeglicher Zusammenhang mit der G'ter-Stellung fehle**[8] (negative Formel). Tatsächlich ist – soweit ersichtlich – bisher in keinem Falle das Vorliegen einer Sondervergütung ausgeschlossen worden. Als denkbare Ausnahmen wurden allerdings erwähnt: Erwerb eines MU'anteils durch bisherigen AN mit anschließender Beendigung des Arbverh., Erwerb eines Sparguthabens durch Erbfall durch G'ter einer Bank, Prozessführung eines an einer Publikums-KG beteiligten RA. 311

bb) Grenzüberschreitende Sachverhalte. Abs. 1 S. 1 Nr. 2 ist grds. auch bei **internationalen MU'schaften** anwendbar (s. Rn. 9), nämlich für den **unbeschränkt StPfl.** bei **Beteiligung an einer ausländ. Pers-** 312

---

1 Vgl. BFH v. 21.9.2000 – IV R 50/99, BStBl. II 2001, 299.
2 Statt vieler BFH v. 16.10.2008 – IV R 98/06, BStBl. II 2009, 272 mwN.
3 BFH v. 25.2.1991 – GrS 7/89, BStBl. II 1991, 691; v. 3.5.1993 – GrS 3/92, BStBl. II 1993, 616.
4 BFH v. 20.5.2005 – VIII B 161/04, BFH/NV 2005, 1785 (zur Bedeutung der Vereinbarungen im Gesellschaftsvertrag); v. 23.1.2001 – VIII R 30/99, BStBl. II 2001, 621 (Tätigkeitsvergütung als Gewinn vorab); v. 13.10.1998 – VIII R 4/98, BStBl. II 1999, 284 (als Sondervergütung).
5 So auch BFH v. 13.10.1998 – VIII R 4/98, BStBl. II 1999, 284; anders noch BFH v. 13.7.1993 – VIII R 50/92, BStBl. II 1994, 282.
6 BFH v. 28.10.1999 – VIII R 41/98, BStBl. II 2000, 339.
7 BFH v. 27.5.1981 – I R 112/79, BStBl. II 1982, 192; v. 8.12.1982 – I R 9/79, BStBl. II 1983, 570; v. 23.5.1979 – I R 163/77, BStBl. II 1979, 757.
8 BFH v. 24.1.1980 – IV R 154–155/77, BStBl. II 1980, 269; v. 24.1.1980 – IV R 156–157/78, BStBl. II 1980, 271; v. 25.1.1980 – IV R 159/78, BStBl. II 1980, 275; v. 13.3.1980 – IV B 58/78, BStBl. II 1980, 499.

Ges. (Betriebsstätte im Ausland)[1] oder umgekehrt für einen **beschränkt StPfl.** bei Beteiligung an einer **deutschen PersGes. (Betriebsstätte im Inland).**[2] Betriebsstätten der PersGes. sind jeweils Betriebsstätten des MU'ers.[3] Dies gilt grds. auch für atypische stille Ges.[4] Regelmäßig sehen die DBA Deutschlands vor, dass für inländ. Betriebsstätten das deutsche Besteuerungsrecht aus § 49 Abs. 1 Nr. 2 lit. a aufrechterhalten bleibt und für Betriebsstätten im Ausland die Freistellungsmethode mit ProgrVorb. für aktive Einkünfte anzuwenden ist.[5] Allerdings sind bei Anwendbarkeit eines DBA die Sondervergütungen regelmäßig nicht dem Unternehmensartikel (**Art. 7 OECD-MA**) zuzuordnen, sondern vorrangig dem Belegenheitsartikel für Grundstücke (Art. 6) oder den Dividenden-, Zins- und Lizenzartikeln (10–12).[6] Für die Veräußerung v. SBV kommt es auf die Zugehörigkeit zu einer inländ. Betriebsstätte der PersGes. entspr. **Art. 13 Abs. 2 OECD-MA** an.[7] Allerdings sieht **§ 50d Abs. 10** (rückwirkend, s. zur verfassungsrechtl. [Un-]Zulässigkeit § 50d Rn. 44b, 48a) vor, dass **Sondervergütungen** nach Abs. 1 S. 1 Nr. 2 S. 1 und 2 und Nr. 3 für Zwecke der Anwendung des Abkommens als Unternehmensgewinne des vergütungsberechtigten G'ters zu behandeln sind, sofern das DBA keine ausdrückliche Regelung für solche Vergütungen enthält. Dasselbe gilt seitdem nach § 50d Abs. 10 S. 2 ausdrücklich auch für weitere durch das SBV veranlasste **Sonderbetriebserträge und Sonderbetriebsaufwendungen.** In Satz 3 wird ausdrücklich angeordnet, dass die Sondervergütung derjenigen Betriebsstätte der Ges. zuzurechnen ist, welcher der Aufwand für die Vergütung zuzurechnen ist. Dieser Betriebsstätte sind auch weitere andere Sonderbetriebserträge und -aufwendungen zuzurechnen. Nach Satz 4 gilt dies auch für Sondervergütungen, die erst als nachträgliche Einkünfte bezogen werden. Zumindest in Bezug auf die gegenwärtige Fassung des § 50d Abs. 10 kann es nicht mehr als fraglich angesehen werden, ob durch diese innerstaatliche gesetzliche Regelung tatsächlich die bisherige Rspr. des I. Senats zur Nichtanwendung von Art. 7 Abs. 2, 13 Abs. 2 OECD-MA entspr. DBA-Regelungen für Sondervergütungen und Sonderbetriebserträge iErg. für die Zukunft konterkariert wird (zu Einzelheiten § 50d Rn. 44ff.). Soweit es aufgrund der Regelung in Abs. 10 in Deutschland zu einer Besteuerung für einen StPfl. kommt, der nach dem einschlägigen DBA im anderen Staat als ansässig gilt, also regelmäßig in Deutschland nur beschränkt stpfl. sein wird – sog. Inbound-Fall –, ordnet § 50d Abs. 10 S. 5 (vergleichbar mit § 34c Abs. 1 bei unbeschränkter StPfl. und ausländ. Einkünften) eine anteilige Anrechnung der auf die Sondervergütungen entfallenden ausländ. Steuer auf die deutsche Steuer an (dazu § 50d Rn. 48f.). Käme es umgekehrt für Sondervergütungen von im Inland ansässigen, unbeschränkt stpfl. G'tern ausländ. MU'schaften – sog. Outbound-Fall – wg. der an sich im DBA vorgesehenen Freistellung in Deutschland aufgrund der abweichenden Beurteilung im anderen Vertragsstaat zu einer Nichtbesteuerung, entfällt die Freistellung nach § 50d Abs. 9 und es kommt zu einem Übergang zum Anrechnungsverfahren (s. dazu § 50d Rn. 40f.).[8]

313 Bei **gewerblich geprägten PersGes.** iSd. § 15 Abs. 3 Nr. 2 sind nach § 50d Abs. 10 S. 7 Nr. 1 Sondervergütungen und andere Sonderbetriebserträge und -aufwendungen nicht als Unternehmensgewinne zu qualifizieren und den Betriebsstätten der Ges. zuzurechnen, denen der zu tragende Aufwand zuzurechnen ist. Hier bleibt es bei der sich nach dem jeweiligen DBA ergebenden Einkünftequalifikation anhand der ab-

1 Grundlegend BFH v. 27.2.1991 – I R 15/89, BStBl. II 1991, 444; vgl. auch BFH v. 10.8.2006 – II R 59/05, BFH/NV 2006, 2326 mwN; v. 16.10.2002 – I R 17/01, BStBl. II 2003, 631 (auch zu doppelstöckiger PersGes.); v. 31.5.1995 – I R 74/93, BStBl. II 1995, 683; sa. BFH v. 21.1.2016 – I R 49/14, BStBl. II 2017, 107 (zu Sonder-BE [Dividendenausschüttungen der Komplementärin] des in Deutschland ansässigen G'ters einer spanischen PersGes.).

2 BFH v. 12.6.2013 – I R 47/12, BStBl. II 2014, 770; v. 17.10.2007 – I R 5/06, BStBl. II 2009, 356 mwN; v. 18.5.1983 – I R 5/82, BStBl. II 1983, 771.

3 BMF v. 26.9.2014, BStBl. I 2014, 1258 Tz. 2.2.3 (zur Anwendung von DBA auf PersGes.); BFH v. 8.9.2010 – I R 74/09, BStBl. II 2014, 788; v. 6.3.2009 – I R 34/08, BStBl. II 2009, 263 (zu einer LLC des Staates Florida); v. 17.10.2007 – I R 5/06, BStBl. II 2009, 356 mwN.

4 BFH v. 21.7.1999 – I R 110/98, BStBl. II 1999, 812 (Schweiz); v. 20.12.2006 – I B 47/05, BFHE 216, 276.

5 Vgl. auch BFH v. 21.1.2016 – I R 49/14, BStBl. II 2017, 107; v. 4.4.2007 – I R 110/05, BStBl. II 2007, 521 zur Anwendung des ProgrVorb. beim Subjektqualifikationskonflikt (Behandlung als KapGes. im Ausland, aber als MU'schaft nach innerstaatlichem Recht); zur europarechtl. Zulässigkeit eines Wechsels zur Anrechnungsmethode nach § 20 Abs. 2 und 3 AStG bei Niedrigbesteuerung EuGH v. 6.12.2007 – C-298/05 – Columbus Container, DB 2008, 31; aber einschr. BFH v. 21.10.2009 – I R 114/08, FR 2010, 393.

6 S. BFH v. 17.10.2007 – I R 5/06, BStBl. II 2009, 356 mwN (Darlehen nach DBA USA); v. 10.8.2006 – II R 59/05; BFHE 214, 518 (Darlehen- und Zinsforderungen nach DBA Frankreich 59/69); anders aber, wenn auch der ausländ. Staat enstpr. dem deutschen Recht SBV kennt, vgl. insoweit zu Österreich BFH v. 24.3.1999 – I R 114/97, BStBl. II 2000, 399.

7 Dazu BFH v. 13.2.2008 – I R 63/06, BStBl. II 2009, 414 (DBA Schweiz – Anteile an KapG) und v. 19.2.2009 – II R 8/06, BFH/NV 2009, 1092 (DBA USA – Darlehensforderungen atypisch stiller G'ter und korrespondierende Verbindlichkeit beim Hauptbeteiligten); vgl. auch allg. BMF v. 25.8.2009, BStBl. I 2009, 888 zur Zuordnung v. WG zu Betriebsstätten und Stammhaus.

8 S. auch BMF v. 26.9.2014, BStBl. I 2014, 1258 Tz. 5.1.3.

kommensautonomen Auslegung, wonach die **gewerblich geprägte PersGes.** im Abkommenssinne regelmäßig gerade **keine Unternehmenseinkünfte iSd. Art. 7, 13 Abs. 2 OECD-MA** erzielt, sondern lediglich vermögensverwaltende Einkünfte,[1] die allerdings innerstaatlich gleichwohl weiter als gewerbliche Einkünfte zu behandeln sind, wenn und soweit Deutschland das Besteuerungsrecht nach dem DBA zukommt.[2] Insoweit kann aber die Regelung des **§ 50i** von Bedeutung sein (s. die Erläuterungen zu § 50i). Dies dürfte wg. § 50i Abs. 1 S. 3 auch etwaige, der „Betriebsstätte" der PersGes. in Deutschland zuzurechnende Sonderbetriebsvergütungen/-erträge des im Ausland ansässigen G'ters betreffen.

cc) Vorrangige Zuordnung – keine Subsidiarität. Die unter Abs. 1 S. 1 Nr. 2 fallenden **Sondervergütungen** sind auch dann als **Teil der gewerblichen Einkünfte des MU'ers beim gemeinsamen GewBetr. der PersGes.** zu erfassen, wenn es sich ansonsten ebenfalls um **Gewinneinkünfte** handeln würde, etwa aus **LuF**[3] **oder aus freiberuflicher Tätigkeit.**[4] Darüber hinausgehend vertritt die Rspr. zutr. die Auffassung, dass Abs. 1 S. 1 Nr. 2 eine **Zuordnung der Sondervergütungen und der WG des SBV zum GewBetr. der MU'schaft** auch dann bewirke, wenn die Vergütungen andernfalls zu einem **eigenen GewBetr. des MU'ers** gehören würden. Insoweit besteht ein **Vorrang der Zuordnung zum GewBetr. der MU'er** vor der Zuordnung zum eigenen GewBetr. und **keine Subsidiarität.**[5] Endet die SBV-Eigenschaft – etwa wegen Veräußerung oder Aufgabe –, so tritt wieder die Zuordnung zum eigenen Betrieb ein.[6] 314

Für die ESt hat diese vorrangige Zuordnung zum GewBetr. der MU'schaft ua. deshalb Bedeutung, weil dann auch die speziellen Einkünfteermittlungsvorschriften für andere Einkunftsarten, etwa die WK-Pauschbeträge nach § 9a, Befreiungen (§ 3 Nr. 30–34, 39, 51, 62) oder Freibeträge (§ 13 Abs. 3) nicht anwendbar sind. Von erheblicher Bedeutung ist allerdings die **Zuordnung** v. SBV **zum MU'anteil** nach § 16 Abs. 1 Nr. 2 bei der Veräußerung eines MU'anteils oder der Einbringung nach §§ 20, 24 UmwStG. Hier versagt die Rspr. die Begünstigung nach §§ 16, 34 bzw. 20, 24 UmwStG, wenn SBV als wesentliche Betriebsgrundlage nicht mit übertragen wird,[7] sondern in ein anderes BV des StPfl. überführt wird (§ 16 Rn. 124). Eine wesentliche Bedeutung liegt ferner bei der **GewSt.** Hier wirkt sich nicht nur die **Umqualifizierung** in gewerbliche Einkünfte naturgem auf den **Gewerbeertrag** aus. Vielmehr bewirkt auch die **Zuordnung** an sich schon gewerblicher Einkünfte **zum GewBetr. der MU'ers** gravierende Unterschiede, etwa wegen bestehender **Hebesatzunterschiede** oder beim **Verlustausgleich nach § 10a GewStG.** Darüber hinausgehend können sich aus der Zuordnung auch erhebliche Folgen dort ergeben, wo Einkunftsermittlungsnormen oder außerstl. Begünstigungsvorschriften an die Zugehörigkeit eines WG zu einem bestimmten Betrieb oder zu einer Betriebsstätte anknüpfen, etwa nach dem **FördG** oder dem **InvZulG.**[8] 315

Verfahrensrechtl. sind die Sondervergütungen in die **einheitliche und gesonderte Gewinnfeststellung** bei der MU'schaft nach §§ 179, 180 Abs. 1 S. 2a AO einzubeziehen. Bei Doppelberücksichtigung liegen widerstreitende Steuerfestsetzungen nach § 174 AO vor.[9] **Bilanziell** sollen Sondervergütungen und zugrunde liegendes SBV (etwa das vermietete Grundstück) aus einer eigenen Steuerbilanz des StPfl. (etwa bei einer KapGes. als MU'er) zu eliminieren sein (oder als Teil der Beteiligung zu behandeln sein), weil sie zwingend (schon) in einer Sonderbilanz zu erfassen sind (Rn. 237). 316

dd) Zeitliche Zurechnung – nachträgliche Einkünfte. Sondervergütungen liegen nur vor, wenn die zugrunde liegenden **Leistungen** in einem **Zeitraum** erbracht werden, in dem die mitunternehmerische **G'ter-Stellung** bestand.[10] Der Zeitpunkt des Zuflusses ist unerheblich. Mithin scheiden sowohl „vorgesellschaftliche" als auch „nachgesellschaftliche" Leistungen aus. 317

---

1 Vgl. BFH v. 24.8.2011 – I R 46/10, BStBl. II 2014, 764 (zu britischer Limited als private equity fonds); v. 28.4.2010 – I R 81/09, BStBl. II 2014, 754 mwN (zur vermögensverwaltenden US-partnership); so jetzt auch BMF v. 26.9.2014, BStBl. I 2014, 1258 Tz. 2.2.1 (zur Anwendung von DBA auf PersGes.).
2 BFH v. 10.12.2014 – I R 3/13, DStR 2015, 629.
3 Vgl. BFH v. 25.3.2004 – IV R 49/02, BFH/NV 2004, 1247 für Verpachtung eines luf. Betriebes an eine OHG – auch ggü. Betriebsverpachtung besteht Vorrang des SBV.
4 BFH v. 23.5.1979 – I R 163/77, BStBl. II 1979, 757.
5 Grundlegend BFH v. 18.7.1979 – I R 199/75, BStBl. II 1979, 750 und seither stRspr., vgl. BFH v. 13.7.1993 – VIII R 50/92, BStBl. II 1994, 282; v. 22.11.1995 – VIII R 63/93, BStBl. II 1996, 93; v. 24.11.1998 – VIII R 61/97, BStBl. II 1999, 483.
6 Vgl. BFH v. 6.3.2002 – XI R 9/01, BStBl. II 2002, 737 (Tilgung auf abgeschriebene Forderung Gewinn im Einzelbetrieb).
7 BFH v. 6.12.2000 – VIII R 21/00, BStBl. II 2003, 194; v. 12.4.2000 – XI R 35/99, BStBl. II 2001, 26; v. 31.8.1995 – VIII B 21/93, BStBl. II 1995, 890; v. 19.3.1991 – VIII R 76/87, BStBl. II 1991, 635.
8 Vgl. BFH v. 26.11.1996 – VIII R 42/94, BStBl. II 1998, 328; s. auch BMF v. 12.2.1996, BStBl. I 1996, 111; BMF v. 24.12.1996, BStBl. I 1996, 1516.
9 BFH v. 13.11.1996 – XI R 61/96, BStBl. II 1997, 170.
10 BFH v. 9.9.1993 – IV R 14/91, BStBl. II 1994, 250; v. 28.1.1976 – I R 103/75, BStBl. II 1976, 746.

318 Daher bleiben **Pensionsrückstellungen** für **ArbN** auch dann bestehen, wenn der ArbN später MU'er wird.[1] Dies gilt auch bei Umwandlung einer KapGes. in eine PersGes.[2] Wird der G'ter nach der Umwandlung abgefunden, liegen keine Sondervergütungen vor, sondern bei der Ges. Tilgung einer Fremdverbindlichkeit und bei dem G'ter Arbeitslohn.[3] Wird die Pensionszusage während der Zugehörigkeit zur Ges. weitergeführt, stellen die Zuführungen dafür dann allerdings Sondervergütungen dar (Rn. 322). Scheidet ein G'ter umgekehrt aus der Ges. aus, bleibt aber ArbN, so stellen weitere Zuführungen zur Pensionsrückstellung keine Sondervergütungen mehr dar, auch wenn der Arbeitsvertrag bereits zur Zeit der Gesellschaftszugehörigkeit geschlossen wurde. Entspr. gilt bei Umwandlung in eine KapGes. Die späteren Pensionszahlungen sind dann aufzuteilen in nachträgliche Einkünfte aus MU'schaft nach § 15 Abs. 1 S. 1 Nr. 2 S. 2, § 24 Nr. 2 EStG und nachträgliche Einkünfte aus nichtselbständiger Arbeit nach §§ 19, 24 EStG.[4]

319 Soweit Sondervergütungen für während der Gesellschaftszugehörigkeit erbrachte Leistungen des G'ters erst nach seinem Ausscheiden oder v. einem Rechtsnachfolger (Witwen/Waisen) bezogen werden, ordnet **Abs. 1 S. 2** an, dass diese **nachträglichen Einkünfte zu den Einkünften aus GewBetr.** gehören. Dies ist an sich eine Selbstverständlichkeit. Die Bedeutung der Vorschrift liegt im Bereich der GewSt. Denn nachträgliche gewerbliche Einkünfte nach § 24 Nr. 2 rechnen normalerweise wegen der Einstellung des GewBetr. nicht mehr zum Gewerbeertrag. Wegen § 15 Abs. 1 S. 2 sind aber auch **Versorgungsbezüge an ausgeschiedene G'ter und an Nicht-G'ter**[5] **(Witwen/Waisen)** in die Einkünfte der MU'er aus lfd. GewBetr. und damit in den Gewerbeertrag einzubeziehen.[6] Auch **verfahrensrechtl.** werden damit Nicht-G'ter in die einheitliche und gesonderte Feststellung einbezogen. Abs. 1 S. 2 ist auch anwendbar nach Ausscheiden des vorletzten G'ters aus einer Ges.[7]

320 **ee) Sondervergütungen für Dienste.** Der Begriff der **Tätigkeiten im Dienste** der Ges. ist **weit zu fassen**. Er umfasst sowohl unselbständig erbrachte Dienstleistungen, insbes. Leistungen aufgrund v. **Arbeitsverträgen** (§§ 611, 622 BGB),[8] als auch selbständig erbrachte Dienstleistungen[9] (§§ 611, 621 BGB), auch an sich **freiberufliche Dienstleistungen**[10] sowie **Werkleistungen** (§ 631 BGB). Unerheblich ist, ob die Leistungen bei der Ges. zu sofort abziehbaren BA oder zu Herstellungsaufwand führen. **Nicht erfasst** werden **Veräußerungsgeschäfte**. Daher kommen Sondervergütungen regelmäßig nicht in Betracht, wenn in der Gesellschaftsbilanz eine Aktivierung v. WG mit AK zu erfolgen hat. Keine Dienstleistungen sind auch **Werklieferungen aufgrund Werklieferungsvertrages** (§ 651 BGB). Maßgebend sollte sein, ob nach zivilrechtl. Kriterien eine Eigentumsverschaffungspflicht (Werklieferungsvertrag) besteht oder nicht. Abw. v. der zivilrechtl. Rechtslage[11] sollen allerdings nach der Rspr. Bauleistungen auf fremden Grundstücken als nicht unter § 15 Abs. 1 S. 1 Nr. 2 fallende Veräußerungsgeschäfte zu behandeln sein, jedenfalls dann, wenn der Umfang des verwendeten Materials (wie Warenlieferung) nicht nur v. untergeordneter Bedeutung ist.[12]

1 BFH v. 8.1.1975 – I R 142/72, BStBl. II 1975, 437; v. 22.6.1977 – I R 8/75, BStBl. II 1977, 798.
2 BFH v. 22.6.1977 – I R 8/75, BStBl. II 1977, 798; BMF v. 11.11.2011, BStBl. I 2011, 1314 Tz. 6.04 bis 6.08; vgl. auch BayLfSt v. 23.10.2009 (koord. Ländererlass), DB 2009, 2404 (Bewertung v. Pensionsrückstellungen bei Umwandlung in PersGes. mit dem TW wegen Fortdauer des Dienstverhältnisses); **aA** FG Münster v. 18.3.2011 – 4 K 343/08 F, BB 2011, 1904 (Neuberwertung mit Anschaffungsbarwert anstelle TW).
3 BFH v. 11.12.1980 – IV R 91/77, BStBl. II 1981, 422.
4 BFH v. 9.4.1997 – I R 124/95, BStBl. II 1997, 799; BMF v. 11.11.2011, BStBl. I 2011, 1314 Tz. 20.32–20.33; BMF v. 29.1.2008, BStBl. I 2008, 317; s. aber FG Münster v. 20.11.2014 – 12 K 3758/11 G, F, EFG 2015, 471 (rkr.) (keine Sonderbetriebseinnahmen aus als nicht betrieblich veranlasste vGA zu wertender Pensionszusage des Gesellschafter-Geschäftsführers einer GmbH nach Formwechsel in eine KG).
5 Vgl. BMF v. 29.1.2008, BStBl. I 2008, 317 (Fortführung der Sonderbilanzen durch die Hinterbliebenen als Rechtsnachfolger mit nachträglichen Einkünften nach 15 Abs. 1 S. 2, Einbeziehung in ges. und einheitliche Feststellung).
6 BFH v. 6.3.2014 – IV R 14/11, BStBl. II 2014, 624; v. 2.12.1997 – VIII R 42/96, BFHE 185, 1; v. 25.1.1994 – VIII B 111/93, BStBl. II 1994, 455; BMF v. 10.3.1992, BStBl. I 1992, 190; **aA** *Flume*, FS Döllerer, 1988, 133.
7 FG Hbg. v. 22.3.1991 – VII 126/89, EFG 1992, 70.
8 BFH v. 19.12.2000 – VII R 69/99, BStBl. II 2001, 353 (auch zur LSt-Anrechnung nach § 36 Abs. 2); v. 23.4.1996 – VIII R 53/94, BStBl. II 1996, 515; v. 8.4.1992 – XI R 37/88, BStBl. II 1992, 812.
9 BFH v. 23.10.1986 – IV R 352/84, BStBl. II 1988, 128 (Vermittlungsleistung Werbung v. K'dist); v. 22.6.1967 – IV 190/63, BStBl. III 1967, 630 (Vermittlungsleistungen Grundstück); v. 11.12.1986 – IV R 222/84, BStBl. II 1987, 553 (Baubetreuung).
10 BFH v. 21.12.2017 – IV R 44/14, BFH/NV 2018, 407 Rn. 24 ff. (Steuerberater); v. 23.5.1979 – I R 163/77, BStBl. II 1979, 757 (763); v. 11.12.1986 – IV R 222/84, BStBl. II 1987, 553 (Architekt); v. 24.1.1980 – IV R 154–155/77, BStBl. II 1980, 269 (Steuerberater).
11 Zur zivilrechtl. Seite BGH v. 12.5.1976 – VIII Z R 26/75, NJW 1976, 1539 (§§ 93, 94, 95, 946 BGB).
12 BFH v. 28.10.1999 – VIII R 41/98, BStBl. II 2000, 339; ebenso schon Vorinstanz FG Berlin v. 17.12.1997 – VI 316/91, EFG 1998, 1003.

Die **Vergütung** kann in Geld oder geldwerten Gütern bestehen, einmalig (etwa Abfindungszahlungen) oder lfd. zu zahlen sein. Auch der Auslagenersatz für Tätigkeiten im Dienste der Ges. stellt eine Vergütung dar,[1] der allerdings zugleich Sonder-BA gegenüberstehen. Abzugrenzen ist allerdings zum Gewinnvorab (Rn. 310). Nicht anwendbar sind die für ArbN geltenden Befreiungsvorschriften in § 3, ua. § 3 Nr. 62 (**ArbG Beiträge zur SozVers., Zuschüsse Lebensversicherung**),[2] § 3 Nr. 9 (**Abfindungen Arbverh.**).[3] Unerheblich ist, ob die Sondervergütung in der Gesellschaftsbilanz zu sofortigem Aufwand führt oder als Herstellungsaufwand zu bilanzieren ist.[4] 321

Pensionsrückstellungen zugunsten v. (als ArbN beschäftigten oder sonst aufgrund schuldrechtl. Dienstvertrag tätigen) G'tern sind (für Zusagen nach dem 31.12.1986, Art. 28 EGHGB) in der HB und **Steuerbilanz zwingend** zu bilden. Die Zuführungen zur Pensionsrückstellung stellen in der Gesellschaftsbilanz Aufwand und zugleich Sondervergütungen des tätigen G'ters dar. **Korrespondierend** zur Rückstellung in der StB der Ges. sind daher in der **Sonderbilanz des begünstigten G'ters** (und nicht anteilig bei allen MU'ern) eine **Forderung** und **Sonderbetriebsvergütungen**[5] zu erfassen (zu Hinterbliebenen[6] Rn. 319). Nach hM ergibt sich dies aus dem Grundsatz der **korrespondierenden Bilanzierung** (Rn. 240).[7] Die Rückstellungsbildung in der Gesamthandsbilanz verringert grds. den Gewinnanteil aller MU'er. Möglich ist allerdings eine – dann aber auch zivilrechtl. maßgebliche – Gewinnverteilungsabrede dahingehend, dass der Aufwand aus der Pensionszusage allein v. begünstigten G'ter selbst zu Lasten seines Gewinnanteils zu tragen ist.[8] **Rückdeckungsversicherungsbeiträge** für Pensionsansprüche der MU'er stellen keine BA dar, sondern Entnahmen.[9] 322

Für **Altzusagen** (Zusage in vor dem 31.12.2007 endenden Wj.) wird v. der FinVerw. auf Antrag in einer Übergangsregelung zugelassen, dass die Pensionszusage weiterhin entspr. einer bisherigen Behandlung als den Gewinn nicht mindernde Gewinnverteilungsabrede behandelt wird, respektive eine Passivierung in der Gesellschaftsbilanz durch anteilige Aktivierung in den Sonderbilanzen aller MU'er neutralisiert wird. Soweit davon nicht Gebrauch gemacht wird, wird aus Billigkeitsgründen zugelassen, dass die durch die Pensionszusage begünstigten G'ter einen sich aus der Umstellung auf eine volle Aktivierung ihrer Anspr. nur in ihren Sonderbilanzen ergebenden Umstellungsgewinn durch die Bildung einer Rücklage zunächst neutralisieren können. Die Rücklage ist sodann gleichmäßig über 15 Jahre einschl. schon des Jahres ihrer Bildung gewinnerhöhend aufzulösen.[10] 323

ff) Nutzungsüberlassungsvergütungen. § 15 Abs. 1 S. 1 Nr. 2 erfasst alle Nutzungsvergütungen für eine zeitlich begrenzte Nutzungsüberlassung aufgrund schuldrechtl. Verträge (**Miete, Pacht**)[11], auch durch Nichteigentümer (Untervermietung)[12], sowie Entgelte für Nutzungsüberlassungen aufgrund dinglicher Rechte (**Nießbrauch, Erbbaurecht**)[13]. Gegenstand der Nutzungsüberlassung können **Grundstücke**,[14] **bewegliche Sachen (zB Maschinen, Inventar)**[15] **oder Rechte (zB Patente, Lizenzen)**[16] sein. Unerheblich ist auch hier, 324

1 BFH v. 13.10.1998 – VIII R 4/98, BStBl. II 1999, 284; bei der Ges. liegt insoweit allerdings Aufwand vor, BFH v. 13.12.1984 – VIII R 296/81, BStBl. II 1985, 325.
2 BFH v. 8.4.1992 – XI R 37/88, BStBl. II 1992, 812 mwN; v. 8.2.1996 – III R 35/93, BStBl. II 1996, 427; vgl. aber BFH v. 6.6.2002 – VI R 178/97, BStBl. II 2003, 34 (ArbG-Anteil kein Lohnbestandteil).
3 BFH v. 23.4.1996 – VIII R 53/94, BStBl. II 1996, 515.
4 BFH v. 8.2.1996 – III R 35/93, BStBl. II 1996, 427; v. 11.12.1986 – IV R 222/84, BStBl. II 1987, 553; v. 23.5.1979 – I R 56/77, BStBl. II 1979, 763; *Kempermann*, FR 1998, 427.
5 BFH v. 6.3.2014 – IV R 14/11, BStBl. II 2014, 624; v. 14.2.2006 – VIII R 40/03, BStBl. II 2008, 182 und v. 30.3.2006 – IV R 25/04, BStBl. II 2008, 171; v. 16.10.2008 – IV R 82/06, BFH/NV 2009, 591; v. 2.12.1997 – VIII R 42/96, BStBl. II 2008, 177; ebenso für Pensionsrückstellungen zugunsten der Gesellschafter nach Umwandlung/Einbringung einer GmbH in eine Mitunternehmerschaft, BayLAmtfSt v. 23.10.2009, DStR 2009, 2318.
6 Vgl. auch BFH v. 5.5.2010 – II R 16/08, BStBl. II 2010, 923 (zur erbschaftsteuerlichen Behandlung).
7 BFH v. 23.3.2011 – X R 42/08, FR 2011, 1002; v. 2.12.1997 – VIII R 42/96, BStBl. II 2008, 177.
8 BFH v. 16.10.2008 – IV R 82/06, BFH/NV 2009, 591.
9 BFH v. 28.6.2001 – IV R 41/00, BStBl. II 2002, 724.
10 BMF v. 29.1.2008, BStBl. I 2008, 317 (beachte Rn. 14, 15: Billigkeitsregelung nicht für Pensionszusage durch Komplementär GmbH und an mittelbar beteiligte G'ter bei doppelstöckiger PersGes.); dazu krit. *Groh*, DB 2008, 801.
11 BFH v. 23.5.1979 – I R 163/77, BStBl. II 1979, 757.
12 BFH v. 31.7.1985 – VIII R 261/81, BStBl. II 1986, 304.
13 BFH v. 6.11.2008 – IV R 79/06, BFH/NV 2009, 730; v. 11.12.2003 – IV R 42/02, BStBl. II 2004, 353 (entschädigungsloser Übergang des Gebäudes bei Ablauf des Erbbaurechts).
14 BFH v. 26.1.1994 – III R 39/91, BStBl. II 1994, 458; v. 13.9.1988 – VIII R 236/81, BStBl. II 1989, 37 und v. 19.7.1994 – VIII R 75/91, BStBl. II 1994, 846 (einschl. Bodenschatz); vgl. auch BMF v. 24.6.1998, DStR 1998, 1679).
15 BFH v. 11.10.1979 – IV R 125/76, BStBl. II 1980, 40; FG Nds. v. 22.5.1995 – VIII 201/90, EFG 1995, 833 (Betriebsinventar); FG Düss. v. 29.9.1998 – 8 K 711/95 F, EFG 1998, 1674 (Gaststätte).
16 BFH v. 23.9.1998 – XI R 72/97, BStBl. II 1999, 281 mwN.

ob ein Einmalentgelt oder lfd. Zahlungen erfolgen. Soweit allerdings das wirtschaftliche Eigentum übertragen wird, scheidet § 15 Abs. 1 S. 1 Nr. 2 aus. Sondervergütungen liegen auch vor, wenn wegen untergeordneter Bedeutung ein Grundstückteil (§ 8 EStDV) ausnahmsweise nicht als SBV bilanziert werden muss.[1]

325 **gg) Darlehensvergütungen.** Der Begriff der Darlehensvergütung ist weit zu fassen. Erfasst wird jede **Hingabe v.** (aus der Sicht der empfangenden PersGes.) **Fremdkapital gegen Entgelt.**[2] Daher fallen unter § 15 Abs. 1 S. 1 Nr. 2 nicht nur das **klassische verzinsliche Darlehen**, sondern auch partiarische Darlehen, die Beteiligung als **typisch stiller G'ter,**[3] **eigenkapitalersetzende Darlehen,**[4] die Übernahme v. Bürgschaften gegen **Avalprovision,**[5] die Zurverfügungstellung v. **Genussrechtskapital**, die Stundung v. Forderungen aus Lieferverbindungen oder anderen Leistungen gegen **Stundungszinsen**[6] auch ohne Novation in ein Darlehen. Erfasst werden auch **Giro-, Festgeld- und Sparguthaben**[7] **sowie verzinsliche Kontokorrentguthaben aus lfd. Geschäftsverkehr** gegen die PersGes., nicht umgekehrt. Auch für die kurzfristige Überlassung v. Geldbeträgen ist keine Ausnahme vorgesehen.[8] **Nicht erfasst** werden hingegen – mangels Leistung – reguläre **Verzugszinsen** aus **Lieferforderungen**, anders aber für zu erfassende Forderungen aus Nutzungsüberlassungen, Dienstleistungen oder Darlehensüberlassungen.

326 Keine Sondervergütung, sondern Gewinnvorab stellt die (Vorab-)Verzinsung des (echten) Kapitalanteils in der Gesellschaftsbilanz (vgl. § 121 Abs. 1 HGB) dar.[9] Problematisch kann dabei die Abgrenzung v. Kapitalanteilen zu Fremdverbindlichkeiten (Darlehensverbindlichkeiten) der Ges. sein (§ 15a Rn. 14f.). Unerheblich ist, wie das Konto in der Bilanz (evtl. fälschlich) bezeichnet wird (Kapitalkonto II, III, Darlehenskonto usw.).[10] Allein maßgebend ist, ob es sich im Verhältnis zu Drittgläubigern und übrigen G'tern zivilrechtl. um „nachrangiges EK" handelt oder um Fremdkapital aus der Sicht der Ges. (Verbindlichkeit). Entscheidend dafür ist, ob eine gesonderte schuldrechtl. causa vorliegt (Fremdkapital). Dabei steht der Fremdkapitalqualität weder eine Rangrücktrittsvereinbarung[11] noch eine (gesellschaftsvertragliche) Kündigungsbeschränkung für den Fall der Überschuldung[12] entgegen. Konten, die Einlagen, Entnahmen, Gewinn- und Verlustanteile aufnehmen und bei Ausscheiden oder Liquidation in die Ermittlung des Abfindungsguthabens eingehen, sind hingegen Eigenkapitalkonten,[13] auch wenn sie negativ sind.[14] Die Verzinsung negativer Eigenkapitalkonten führt nicht zu betrieblichen Erträgen, sondern stellt Gewinnverteilung dar.[15] Werden beim K'disten entspr. §§ 167 Abs. 2, 169 HGB sog. Festkapitalkonten für die bedungene und übereinstimmde Haftungseinlage geführt und daneben ein getrenntes sog. Verlustkonto, so können weitere Konten, die nur Gewinnanteile aufnehmen, Fremdkapitalkonten sein.[16] Denn sie repräsentieren eine echte Verbindlichkeit der Ges. (Forderung des K'dist, § 169 Abs. 1 HBG). Hingegen sind Konten, auf denen Verlustanteile verrechnet werden, immer Eigenkapitalkonten.[17] Dies trifft auch dann zu, wenn eine Verrechnung mit gesondert geführten Verlustkonten erst bei Ausscheiden erfolgen soll.[18]

327 **b) Sonderbetriebsvermögen. aa) Aktives Sonderbetriebsvermögen (I und II).** WG, die dem MU'er zur Erzielung v. **Sondervergütungen oder seines Gewinnanteils dienen** und ihm wirtschaftlich allein zuzurechnen sind,[19] sind BV **iSd. § 4 Abs. 1**, denn sie dienen der Erzielung gewerblicher Einkünfte. Dafür

1 BFH v. 6.7.1978 – IV R 164/74, BStBl. II 1978, 647.
2 BFH v. 8.12.1982 – I R 9/79, BStBl. II 1983, 570.
3 BFH v. 6.9.2000 – IV R 18/99, BStBl. II 2001, 229; v. 10.11.1983 – IV R 62/82, BStBl. II 1984, 605.
4 BFH v. 28.3.2000 – VIII R 28/98, BStBl. II 2000, 347.
5 FG München v. 21.12.1983 – I 424/79 F, EFG 1984, 345.
6 BFH v. 18.7.1979 – I R 38/76, BStBl. II 1979, 673.
7 BFH v. 25.1.1980 – IV R 159/78, BStBl. II 1980, 275.
8 **AA** *Wacker* in Schmidt[37], § 15 Rn. 594; nur scheinbar anders BFH v. 26.3.1987 – IV R 65/85, BStBl. II 1987, 564 (Schwester-PersGes.).
9 BFH v. 3.11.1993 – II R 96/91, BStBl. II 1994, 88.
10 Vgl. dazu BFH v. 16.10.2008 – IV R 98/06, BStBl. II 2009, 272 (zu sog. Zwei-, Drei- und Vierkontenmodellen).
11 BFH v. 30.3.1993 – IV R 57/91, BStBl. II 1993, 502; v. 5.2.1992 – I R 127/90, BStBl. II 1992, 532.
12 FG München v. 25.7.2017 – 2 K 310/16, EFG 2018, 928 Rn. 39 (Rev. IV R 5/18).
13 BGH v. 21.3.1988 – II ZR 238/87, BGHZ 104, 33; BFH v. 4.5.2000 – IV R 16/99, BStBl. II 2001, 171; v. 5.6.2002 – I R 81/00, BStBl. II 2004, 344.
14 Vgl. auch *Ley*, KÖSDI 2002, 13459.
15 BFH v. 4.5.2000 – IV R 16/99, BStBl. II 2001, 171.
16 BFH v. 5.6.2002 – I R 81/00, BStBl. II 2004, 344; vgl. aber zutr. BFH v. 27.6.1996 – IV R 80/95, BStBl. II 1997, 36 (Indiz eher für Kapitalkonto).
17 BFH v. 27.6.1996 – IV R 80/95, BStBl. II 1997, 36; v. 3.11.1993 – II R 96/91, BStBl. II 1994, 88; v. 3.2.1988 – I R 394/83, BStBl. II 1988, 551; BFH v. 28.10.1999 – VIII R 42/98, BStBl. II 2000, 390; v. 23.1.2001 – VIII R 30/99, BStBl. II 2001, 621.
18 Zutr. BFH v. 7.4.2005 – IV R 24/03, BStBl. II 2005, 598 (zu sog. gesplitteten Einlagen, Finanzplandarlehen).
19 Vgl. BFH v. 14.5.2002 – VIII R 30/98, BStBl. II 2002, 741 (SBV bei Bauwerk auf Ehegattengrundstück).

hat sich die Bezeichnung „Sonderbetriebsvermögen" (SBV) eingebürgert. Die Rspr.[1] und die ihr folgende Literatur[2] unterscheiden insoweit zw. **SBV I** und **SBV II**. Daraus ergeben sich aber keinerlei rechtl. relevante Unterschiede.[3] Als **SBV I** werden alle WG betrachtet, die der MU'er der Ges. entgeltlich (Sondervergütungen) oder unentgeltlich (Beitragsleistung) **zur Nutzung** durch unmittelbaren Einsatz im Betrieb der PersGes. überlässt (bereits ab Anschaffung, wenn zur späteren Überlassung bestimmt[4]). **SBV II** sind alle übrigen WG, die dem G'ter **zur Erzielung seines Gewinnanteiles** dienen, ua. (aber nicht nur) der **Stärkung seiner Beteiligung dienen oder sonst für das Unternehmen förderlich sind**.[5] Der **Unterscheidung** kommt **keinerlei rechtl. Relevanz**.[6] zu. Sie hat allein eine praktische Bedeutung. Bei **SBV I** liegt – außer für gemischt genutzte WG mit teilw. privater Nutzung – immer **notwendiges BV** vor, weil unzweifelh. ist, dass das WG dem GewBetr. dient. Hingegen kann für nicht der Ges. zur Nutzung überlassene WG gerade zweifelh. sein, ob sie der Beteiligung dienlich sind oder sonst der Erzielung des Gewinnanteils förderlich. Soweit dies der Fall ist, liegt auch **notwendiges SBV II** vor. **Gewillkürtes SBV** ist nur für **SBV II** und gemischt genutzte WG denkbar. Eine Zuordnung zum SBV I bei der nutzenden Ges. geht einer Zuordnung zum SBV II bei einer weiteren MU'schaft vor.[7] Anteile des Organträgers an der Organgesellschaft können SBV II des Organträgers bei einer MU'schaft sein, an der der Organträger beteiligt ist.[8]

Im selben Umfang, in dem bei entgeltlicher Nutzungsüberlassung Sondervergütungen vorliegen (Rn. 324), 328
sind die zugrunde liegende WG **auch bei unentgeltlicher Überlassung SBV I**, sei es aufgrund **schuldrechtl. Leihvertrages**, aufgrund **dinglichen Nutzungsrechtes oder** aufgrund **gesellschaftsrechtl. Beitrags**. Unerheblich ist, ob die PersGes. das überlassene WG selbst unmittelbar nutzt oder ihrerseits einem Dritten zur Nutzung überlässt (zB **Untervermietung**).[9] Ebenso sind unverzinsliche **Darlehensforderungen** und andere **Fremdkapitalüberlassungsforderungen SBV I** (Rn. 325). **Auszunehmen** sind lediglich Forderungen aus **Lieferverkehr**, soweit sie nicht wegen der G'ter-Stellung gestundet werden und Finanzierungsfunktion bei der PersGes.[10] übernehmen. **SBV I der MU'er bei der Darlehensnehmerin** sind auch **Darlehensforderungen einer gewerblich tätigen Schwester-PerGes.**, die wegen der G'ter-Stellung zu unüblichen Konditionen gewährt werden und deshalb bei der darlehensgewährenden PersGes. nicht zu deren BV gehören.[11]

Einstweilen frei. 329

bb) Forderungsausfall – Verzicht. Speziell für **Darlehens- und andere Forderungen des SBV I** vertritt 330
die Rspr. und hL **die korrespondierende Bilanzierung** (Rn. 240).[12] Infolgedessen werden **Teilwertabschreibungen bei Forderungsausfall**[13] nicht zugelassen. Auch sonst – etwa bei Fremdwährungsforderungen – kommt das Imparitätsprinzip nicht zur Geltung.[14] Dies gilt auch für Forderungen ggü. einer **ausländ. MU'schaft**. Zum SBV I gehören insoweit auch **Rückgriffsforderungen aus Bürgschaftsinanspruchnahme**. Konsequenterweise dürfen auch **Bürgschaftsrückstellungen**[15] in einer Sonderbilanz nicht passiviert werden bzw. Bürgschaftsverbindlichkeiten sind durch einen gleich hohen Ansatz der Rückgriffs-

1 Statt vieler BFH v. 2.10.1997 – IV R 84/96, BStBl. II 1998, 104; v. 10.6.1999 – IV R 21/98, BStBl. II 1999, 715; v. 9.9. 1993 – IV R 14/91, BStBl. II 1994, 250.
2 Statt vieler *Wacker* in Schmidt[37], § 15 Rn. 506 f.; *Lang*, FS L. Schmidt, 1993, 291.
3 Vgl. BFH v. 27.6.2006 – VIII R 31/04, BStBl. II 2006, 874.
4 BFH v. 7.12.2000 – III R 35/98, BStBl. II 2001, 316; vgl. aber BFH v. 17.12.2008 – IV R 65/07, BStBl. II 2009, 371 (nicht bereits Zuordnung zum SBV II bei Besitzgesellschaft, falls zur unmittelbaren Überlassung an BetriebsKap-Ges. bestimmt).
5 BFH v. 27.6.2006 – VIII R 31/04, BStBl. II 2006, 874.
6 S. aber *Wacker* in Schmidt[37], § 15 Rn. 509; BFH v. 11.2.1997 – I R 36/96, BStBl. II 1997, 432 (SBV II keine wesentliche Betriebsgrundlage für § 20 UmwStG), anders hingegen BFH v. 2.10.1997 – IV R 84/96, BStBl. II 1998, 104 (SBV II wie SBV I wesentliche Betriebsgrundlage für § 16).
7 BFH v. 18.8.2005 – IV R 59/04, BStBl. II 2005, 830; v. 6.10.1987 – VIII R 137/84, BStBl. II 1988, 679.
8 BFH v. 24.2.2005 – IV R 12/03, BStBl. II 2006, 361 (Gewinn aus der Veräußerung der Anteile ist dann iRd. MU'schaft zu erfassen und nicht unmittelbar beim veräußernden Organträger).
9 BFH v. 23.5.1991 – IV R 94/90, BStBl. II 1991, 800.
10 BFH v. 18.12.1991 – XI R 42/88, XI R 43/88, BStBl. II 1992, 585 (Stundung, Finanzierung); v. 22.1.1981 – IV R 160/76, BStBl. II 1981, 427 (Forderung gegen Vertriebsgesellschaft).
11 BFH v. 19.7.1984 – IV R 207/83, BStBl. II 1985, 6; *Wacker* in Schmidt[37], § 15 Rn. 551; unklar BFH v. 9.5.1996 – IV R 64/93, BStBl. II 1996, 642 (notwendiges PV?).
12 BFH v. 28.3.2000 – VIII R 28/98, BStBl. II 2000, 347 mwN; v. 26.9.1996 – IV R 105/94, BStBl. II 1997, 277; v. 12.12. 1995 – VIII R 59/92, BStBl. II 1996, 219; v. 14.12.1995 – IV R 106/94, BStBl. II 1996, 226.
13 BFH v. 26.9.1996 – IV R 105/94, BStBl. II 1997, 277; v. 19.5.1993 – I R 60/92, BStBl. II 1993, 714; v. 14.12.1995 – IV R 106/94, BStBl. II 1996, 226.
14 BFH v. 26.9.1996 – IV R 105/94, BStBl. II 1997, 277; v. 19.5.1993 – I R 60/92, BStBl. II 1993, 714.
15 BFH v. 26.9.1996 – IV R 105/94, BStBl. II 1997, 277; v. 12.7.1990 – IV R 37/89, BStBl. II 1991, 64.

forderung schon in der Sonderbilanz auszugleichen. IErg. kann ein **Verlust** erst bei **Vollbeendigung der MU'schaft** geltend gemacht werden.[1]

331 Der **Forderungsverzicht** des G'ters auf eine **werthaltige Forderung** führt in der Gesellschaftsbilanz zu einer Erhöhung des oder der Kapitalanteile. Ob er allein dem verzichtenden G'ter (Normalfall) oder allen G'tern zugute kommt, hängt v. den zugrunde liegenden Vereinbarungen ab. Im letzteren Falle liegt eine (mittelbare) Schenkung vor.[2] In der Sonderbilanz **vermindert** sich das **Sonderkapital**. Es liegt im Sonderbereich eine Entnahme und im Gesamthandsbereich eine Einlage vor.[3] Wird auf eine **wertgeminderte Forderung verzichtet**, ist die Behandlung str.[4] Nach der Rspr. des GrS zum Forderungsverzicht ggü. KapGes.[5] müsste v. einem Ertrag in Höhe des nicht werthaltigen Teiles im Gesellschaftsbereich und einem Aufwand im Sonderbereich ausgegangen werden. Auf der anderen S. steht dem das **Prinzip der korrespondierenden Bilanzierung** entgegen. Danach ist eine **Teilwertabschreibung** gerade **nicht möglich**. Daher ist davon auszugehen, dass bei wertgeminderten Forderungen der Vorgang erfolgsneutral sowohl im Sonderbereich als auch im Gesellschaftsbereich bleibt. IErg. erleidet der verzichtende MU'er dann auch hier erst bei Vollbeendigung einen Verlust. Bei einer **Forderungsveräußerung** an Außenstehende verliert die Forderung den Charakter als SBV.[6] Bei einer entgeltlichen Veräußerung zu Fremdbedingungen tritt iHd. Differenz zum Preis eine Aufwandsrealisierung im SBV ein,[7] ebenso bei einer Entnahme.[8] Das Prinzip der korrespondierenden Bilanzierung würde hier verlangen, dass iHd. Wertminderung in der Gesellschaftsbilanz ein korrespondierender Erfolg ausgewiesen und dem G'ter gutgeschrieben wird. Dafür sieht der BFH zutr. keine Rechtsgrundlage.[9]

332 Liegt umgekehrt ein **Forderungsverzicht der Ges.** gegen den G'ter oder eine ihm nahe stehende Pers. (auch KapGes.) aus außerbetrieblichen Gründen vor, so liegt eine mit dem TW nach **§ 6 Abs. 1 Nr. 4 zu bewertende Entnahme** vor, wenn es sich beim G'ter um eine private Verbindlichkeit handelt.[10] Andernfalls ist **§ 6 Abs. 5 S. 3** anzuwenden. Da nach insoweit zutr. hM nicht das Korrespondenzprinzip gilt, führt dies bei wertgeminderten Forderungen zutr. zu Aufwand im Gesellschaftsbereich und Ertrag im eigenen Betrieb des G'ters. Beim **Verzicht zugunsten einer KapGes.**, an der MU'er beteiligt sind, führt dies bei der KapGes. zu Ertrag[11] iHd. Wertminderung. Sofern die **Anteile an der KapGes.** allerdings im **SBV II** gehalten werden, soll der Verzicht erst im SBV erfolgen, weil vorher die Forderung in das SBV überführt worden sei.[12] Bei Anwendung v. § 6 Abs. 5 S. 3 führt dies dazu, dass der Aufwand bereits im Gesellschaftsvermögen eintritt. Das ist auch iErg. zutr., denn der Verlust wurde v. allen G'tern erlitten. Allerdings bedarf es dazu nicht erst des Umweges über § 6 Abs. 5 S. 3. Vielmehr liegt entgegen der Rspr. v. vornherein beim Verzicht zugunsten eines G'ters auf eine Forderung gegen einen nahestehenden Dritten (hier KapGes.) im Gesellschaftsvermögen eine nach § 6 Abs. 1 Nr. 4 zu bewertende Entnahme vor und im Sonderbereich eine nach § 6 Abs. 1 Nr. 5 zu bewertende Einlage (nachträgliche AK der Beteiligung). Nicht anders könnte entschieden werden, wenn die Anteile an der KapGes. zu einem eigenen BV des MU'ers gehören würden.

333 **cc) Notwendiges Sonderbetriebsvermögen II.** Notwendiges SBV II stellen alle **WG** dar, die dem MU'er entweder zur Erzielung seines **Gewinnanteiles** oder **seiner Sondervergütungen** dienen, es sei denn, sie seien der Ges. unmittelbar zur Nutzung überlassen (dann SBV I). Als klassischer **Anwendungsfall** des SBV II gelten die **Anteile an der Komplementär GmbH**[13] bei der **GmbH & Co. KG**, die v. einem K'disten gehalten werden, weil und soweit sie ihm ermöglichen, über die GmbH Einflussnahme bei der MU'schaft zu nehmen (Rn. 337). Sie stellen aber nicht zwingend immer auch eine wesentliche Betriebsgrundlage dar

1 BFH v. 27.6.2006 – VIII R 31/04, BStBl. II 2006, 874; v. 5.6.2003 – IV R 36/02, BStBl. II 2003, 871 mwN; v. 26.9.1996 – IV R 105/94, BStBl. II 1997, 277; v. 9.2.1993 – VIII R 29/91, BStBl. II 1993, 747.
2 Vgl. auch *Heisenberg*, KÖSDI 2001, 12590.
3 BFH v. 16.5.2002 – IV R 11/01, BStBl. II 2002, 854.
4 S. *Pyszka*, BB 1998, 1557; *Farnschläger/Kahl*, DB 1998, 793; *Paus*, FR 2001, 113.
5 BFH v. 9.6.1997 – GrS 1/94, BStBl. II 1998, 307.
6 Vgl. aber BFH v. 22.1.2002 – VIII R 46/00, BStBl. II 2002, 685 (weiterhin Sonderkapital bei schenkweiser Abtretung an Kind unter Aufl., Forderung weder einzuziehen noch abzutreten = nicht vollzogene Schenkung).
7 BFH v. 1.3.2005 – VIII R 5/03, BFH/NV 2005, 1523.
8 BFH v. 20.9.1990 – IV R 17/89, BStBl. II 1991, 18; v. 22.5.1984 – VIII R 35/84, BStBl. II 1985, 243.
9 BFH v. 1.3.2005 – VIII R 5/03, BFH/NV 2005, 1523.
10 BFH v. 29.7.1997 – VIII R 57/94, BStBl. II 1998, 652.
11 BFH v. 9.6.1997 – GrS 1/94, BStBl. II 1998, 307.
12 BFH v. 29.7.1997 – VIII R 57/94, BStBl. II 1998, 652.
13 BFH v. 28.5.2015 – IV R 26/12, BStBl. II 2015, 797; v. 16.4.2015 – IV R 1/12, BStBl. II 2015, 705; v. 4.12.2014 – IV R 28/11, GmbHR 2015, 274; s. auch BFH v. 21.1.2016 – I R 49/14, DB 2016, 1732 (zu Anteilen an spanischen Ges., die einer deutschen KapGes. und KapGes. & Co. gleichstehen).

(s. § 16 Rn. 125). Die dadurch bewirkte Stärkung seiner Beteiligung als MU'er (K'dist, nicht als G'ter der GmbH) dient der Erzielung seines Gewinnanteils. SBV II ist aber auch ein v. MU'er selbst genutztes WG, zB **Grundstücksteil**[1] oder ein Kfz., das ihm zur Erzielung v. Sondervergütungen für der Ges. geleistete Dienste dient, zB Arbeitsleistungen oder höhere Dienste (Rn. 320).

Anders als für SBV I kommt für das SBV II auch **gewillkürtes SBV** nach denselben Grundsätzen wie bei einem Einzelunternehmer in Betracht,[2] mithin – entgegen einer beiläufigen Äußerung des BFH[3] – nicht isoliert für Schulden. Wie bei einem Einzelunternehmer ist der Widmungsakt bei gewillkürtem SBV zeitnah zu dokumentieren, um nachträgliche Manipulationen zu verhindern.[4] Die normale Interessenlage ist allerdings so, dass auf die Begr. v. gewillkürtem SBV II kein Wert gelegt wird. Gewillkürtes SBV wird erst interessant, wenn durch eine Nutzungsänderung ein WG die Eigenschaft als notwendiges BV verliert. Hier bietet das gewillkürte (Sonder)-BV die Möglichkeit, eine Entnahme und damit die Aufdeckung stiller Reserven zu vermeiden. Gewillkürtes SBV II wurde v. der Rspr. bejaht: für **fremdvermietete Grundstücke** (BFH v. 25.11.1997 – VIII R 4/94, BStBl. II 1998, 461; v. 17.5.1990 – IV R 27/89, BStBl. II 1991, 216); Grundstück als Tauschobjekt (BFH v. 21.10.1976 – IV R 71/73, BStBl. II 1977, 150), als Vorratsgelände (BFH v. 19.3.1981 – IV R 39/78, BStBl. II 1981, 731), als mit Vorbehaltsnießbrauch belastet (BFH v. 18.3.1986 – VIII R 316/84, BStBl. II 1986, 713) oder mit Zuwendungsnießbrauch (BFH v. 1.3.1994 – VIII R 35/92, BStBl. II 1995, 241). 334

Der **Umfang des notwendigen SBV II** richtet sich nach denselben Kriterien wie sie für den Einzelunternehmer nach § 4 Abs. 1 gelten.[5] Es ist lediglich der Besonderheit Rechnung zu tragen, dass es um WG des StPfl. geht, die v. StPfl. entweder zur Erzielung des gemeinsamen Gewinnes (und damit seines Gewinnanteils) oder seiner Sondervergütungen eingesetzt werden. Eine Beschränkung auf einen sog. „unmittelbaren Einsatz"ist ebenso wenig anzuerkennen wie bei einem Einzelunternehmer. Maßgeblich ist vielmehr der Veranlassungszusammenhang.[6] Daher genügt zu Recht eine **mittelbare Grundstücksüberlassung über einen Dritten**[7] ebenso, wie die Überlassung v. Grundstücken[8] und anderen WG an die PersGes. zur Vermarktung durch diese. 335

Besondere Bedeutung hat das SBV II bei der **BetrAufsp**. Auch hier ist im selben Umfange v. notwendigem BV auszugehen wie bei einem Einzelbesitzunternehmer. Zum notwendigen SBV I (Vermietung über die Besitz-PersGes.) oder SBV II (unmittelbare Vermietung an die Betriebsgesellschaft, falls im Interesse der Besitzgesellschaft) gehören daher nicht nur die für das Betriebsunternehmen wesentlichen Betriebsgrundlagen (Rn. 102f.). Problematisch ist hier allerdings die Abgrenzung ggü. einem eigenen GewBetr. oder sonst eigenen Einkünften des G'ters. Zutr. geht die Rspr. insoweit mangels Sondervergütungen nicht v. einem Zuordnungsvorrang des SBV II aus, sondern stellt auf die „Veranlassung" ab[9] (Rn. 103). Dies ist zu verallgemeinern. Bei einer **Konkurrenz zw.** SBV II und **eigenem BV** oder auch nur **privatem Erwerbsvermögen** gibt es **keinen Zuordnungsvorrang des SBV II**. Vielmehr kommt eine Zuordnung zum SBV II nur in Betracht, wenn vorrangig das WG im Interesse (Veranlassung) der Erzielung des Gewinnanteils bei der PersGes. eingesetzt wird. Bei Bilanzierungskonkurrenz zw. SBV II bei mehreren Mitunternehmerschaften entscheidet die zeitliche Reihenfolge der Begründung. Bei einer Bilanzierungskonkurrenz im Rahmen einer BetrAufsp. genießt die Zuordnung zum Besitzunternehmen allerdings den Vorrang.[10] Zum Vorrang v. SBV I s. Rn. 314 f. 336

Neben Grundstücken spielen **Anteile an KapGes.** eine besondere Rolle als **notwendiges SBV II.** Sie gehören zum notwendigen Betriebsvermögen, wenn sie geeignet und bestimmt sind, (a) dem Betrieb der PersGes. zu dienen, indem sie für diese vorteilhaft sind, oder (b) der Beteiligung des Gesellschafters an der PersGes. zu 337

---

1 BFH v. 14.4.1988 – IV R 271/84, BStBl. II 1988, 667; v. 1.10.1996 – VIII R 44/95, BStBl. II 1997, 530.
2 BFH v. 1.3.1994 – VIII R 35/92, BStBl. II 1995, 241.
3 BFH v. 27.6.2006 – VIII R 31/04, BStBl. II 2006, 874.
4 FG Köln v. 24.3.2015 – 1 K 2217/12, DB 2015, 1871 (zu für Gesellschaftsschulden verpfändetem Wertpapierdepot der G'terin; aus verfahrensrechtl. Gründen aufgehoben durch BFH v. 13.4.2017 – IV R 25/15, BFH/NV 2017, 1182).
5 BFH v. 3.3.1998 – VIII R 66/96, BStBl. II 1998, 383; verfehlt *Söffing*, DStR 2003, 1103; *Tiedtke/Hils*, DStZ 2004, 482 (für SBV II gäbe es keine Rechtsgrundlage).
6 BFH v. 27.6.2006 – VIII R 31/04, BStBl. II 2006, 874; **aA** möglicherweise BFH v. 1.10.1996 – VIII R 44/95, BStBl. II 1997, 530 (unmittelbare Stärkung oder Begr. der Beteiligung); ebenso BFH v. 13.10.1998 – VIII R 46/95, BStBl. II 1999, 357.
7 BFH v. 24.2.2005 – IV R 23/03, BStBl. II 2005, 578; v. 9.9.1993 – IV R 14/91, BStBl. II 1994, 250 (Vermietung über Dritten); v. 7.4.1994 – IV R 11/92, BStBl. II 1994, 796 (Erbbaurecht an Dritten zur Vermietung an PersGes.).
8 BFH v. 19.2.1991 – VIII R 65/89, BStBl. II 1991, 789.
9 Vgl. BFH v. 17.12.2008 – IV R 65/07, BStBl. II 2009, 371 mwN; v. 13.10.1998 – VIII R 46/95, BStBl. II 1999, 357; v. 10.6.1999 – IV R 21/98, BStBl. II 1999, 715 mwN.
10 BFH v. 10.5.2012 – IV R 34/09, DB 2012, 1965 (zu verfahrensrechtl. Änderungsmöglichkeiten nach § 174 Abs. 4 AO und zur Berücksichtigung von Steuerabzugsbeträgen).

dienen, indem sie zur deren Begr. oder Stärkung eingesetzt werden.[1] Bei der **GmbH** (KapGes.) & **Co KG**[2] sowie bei der gleichzubehandelnden **GmbH** (KapGes.) & (atypisch) **Still**[3] stellen die v. den K'disten oder atypisch stillen G'tern gehaltenen Anteile an der geschäftsführungsbefugten Komplementär-KapGes. grds. notwendiges SBV II dar, wenn die Rolle der KapGes. sich darin erschöpft, phG'ter zu sein. Soweit sie dies in mehreren Ges. ist, gehören die Anteile zum SBV bei der zuerst gegründeten Ges.[4] Weitere Voraussetzung soll nach der Rspr. des IV. Senats allerdings sein, dass es sich um eine Mehrheitsbeteiligung handelt oder eine Beschlussfassung bei der geschäftsführenden Komplementär-KapGes. nur unter Mitwirkung des Minderheitsgesellschafters möglich ist. Andernfalls seien jedenfalls unter 10 % liegende Beteiligungen nicht dem (notwendigen) SBV II zuzuordnen, weil eine solche geringfügige Beteiligung keinen Einfluss auf die Geschäftsführung ermögliche.[5] Unabhängig davon stellen die Anteile auch bei einer eine Einflussnahme ermöglichenden Beteiligungshöhe dann **kein** (notwendiges) **SBV II** dar, wenn die KapGes. über einen nicht völlig unbedeutenden **eigenen Geschäftsbetrieb** verfügt.[6] In beiden Fällen (zu geringe Beteiligung oder eigener, nicht unbedeutender Geschäftsbetrieb) kann die KapGes.-Beteiligung aber zu gewillkürtem SBV II gemacht werden.[7] Anteile an einer KapGes. sind darüber hinausgehend auch dann SBV, wenn **bes. enge wirtschaftliche Beziehungen zur PersGes.** bestehen, immer bei der **BetrAufsp.** (Rn. 102),[8] der **Organschaft**[9] aber auch etwa im Verhältnis **Herstellungs- und Vertriebsunternehmen**[10], bei **wirtschaftlicher Abhängigkeit** oder sonstiger Erfüllung einer wesentlichen Funktion für die Mitunternehmerschaft[11] und bei Führung nach einheitlicher Gesamtkonzeption[12]. Normale Geschäftsbeziehungen, auch bes. intensive, reichen allerdings nicht aus.[13] Anteile an einer K'disten-GmbH können (nur ausnahmsweise) ebenfalls zum SBV II gehören.[14]

338 Einstweilen frei.

339 **dd) Passives Sonderbetriebsvermögen.** Passives SBV stellen **Verbindlichkeiten des MU'ers** dar, die ihm durch **Erwerb der Beteiligung** an der MU'schaft entstanden sind, ua. Kaufpreis,[15] fremdfinanzierte Einlagen[16] oder durch **Erwerb v. aktiven WG des SBV** (I und II)[17] oder sonst durch die **Bestreitung v. betrieblichem Aufwand.**[18] Die Unterscheidung zw. SBV I und II ist hier vollends sinnlos. Gewillkürtes passives SBV gibt es isoliert nicht. Sofern ein Zusammenhang mit gewillkürtem aktivem SBV besteht, handelt es sich dann als Folge der Willkürung des aktiven SBV um notwendiges passives SBV.[19] Schulden, Bürgschaftsverbindlichkeiten, Garantiezusagen sind dann notwendiges passives SBV, wenn sie in unmittelbarem wirtschaftlichem Zusammenhang mit dem Betrieb der PersGes. oder der Beteiligung daran stehen (Zusammenhang mit aktivem SBV I oder Schulden der Ges. oder mit dem Erwerb der Beteiligung). Darüber hinausgehend aber auch, wenn sie ansonsten wirtschaftlich durch die Beteiligung an der PersGes. – und nicht durch einen eigenen geschäftlichen oder privaten Bereich des Gesellschafters[20] – veranlasst wur-

1 BFH v. 23.2.2012 – IV R 13/08, BFH/NV 2012, 1112 mwN.
2 BFH v. 30.3.1993 – VIII R 63/91, BStBl. II 1993, 706; v. 26.2.1992 – I R 85/91, BStBl. II 1992, 937; v. 11.12.1990 – VIII R 14/87, BStBl. II 1991, 510 (doppelstöckig).
3 BFH v. 15.10.1998 – IV R 18/98, BStBl. II 1999, 286 mwN auch zur Gegenmeinung.
4 FinSen. Berlin v. 7.3.2018 – III B - S 2241 - 3/2003, juris Tz. 5; **aA** *Knobbe-Keuk*[9], § 11 Abs. 2 S. 2.
5 BFH v. 16.4.2015 – IV R 1/12, BStBl. II 2015, 705.
6 BFH v. 15.10.1998 – IV R 18/98, BStBl. II 1999, 286; v. 11.12.1990 – VIII R 14/87, BStBl. II 1991, 510.
7 BFH v. 20.9.2018 – IV R 39/11, juris Rn. 28 ff.
8 FG Nds. v. 19.1.2015 – 5 K 286/12, EFG 2016, 138; BFH v. 10.5.2012 – IV R 34/09, DB 2012, 1965; v. 28.8.2003 – IV R 46/02, BStBl. II 2004, 216; v. 18.12.2001 – VIII R 27/00, BStBl. II 2002, 733; v. 10.6.1999 – IV R 21/98, BStBl. II 1999, 715; v. 30.3.1999 – VIII R 15/97, BFH/NV 1999, 1468.
9 BFH v. 28.8.2003 – IV R 46/02, BStBl. II 2004, 216 (sofern für Eingliederungsvoraussetzung erforderlich); beachte aber BFH v. 24.2.2005 – IV R 12/03, BStBl. II 2006, 361 (Vorrang als SBV II bei Untergesellschaft als MU'schaft, falls Organträger dort beteiligt, jedenfalls bei Veräußerung des MU'anteils).
10 BFH v. 29.7.1997 – VIII R 57/94, BStBl. II 1998, 652.
11 BFH v. 14.1.2010 – IV R 86/06, BFH/NV 2010, 1096 (Vermietung v. Werkswohnungen an ArbN der MU'schaft); v. 3.3.1998 – VIII R 66/96, BStBl. II 1998, 383; s. auch *Schulze zur Wiesche*, DStZ 2007, 602.
12 BFH v. 23.2.2012 – IV R 13/08, BFH/NV 2012, 1112 mwN.
13 BFH v. 28.6.2006 – XI R 31/05, BStBl. II 2007, 378 mwN.
14 BFH v. 23.1.2001 – VIII R 12/99, BStBl. II 2001, 825 (GmbH als wesentlicher Kapitalgeber und ohne sonstige eigene Funktion).
15 BFH v. 4.7.1990 – GrS 2/88, GrS 3/88, BStBl. II 1990, 817.
16 BFH v. 4.7.1990 – GrS 2/88, GrS 3/88, BStBl. II 1990, 817.
17 BFH v. 27.4.2017 – IV B 53/16, BFH/NV 2017, 1032 Rn. 24; v. 28.1.1993 – IV R 131/91, BStBl. II 1993, 509; v. 30.3.1993 – VIII R 63/91, BStBl. II 1993, 706 (Erwerb v. Komplementäranteilen SBV II).
18 BFH v. 11.9.1991 – XI R 15/90, BStBl. II 1992, 404.
19 BFH v. 27.4.2017 – IV B 53/16, BFH/NV 2017, 1032 Rn. 23 f.
20 FG Düss. v. 28.4.2010 – 15 K 3912/07 G, EFG 2010, 1776 (zu durch Ergebnisabführungsverpflichtung des Mitunternehmers als Organtochter veranlasste Darlehensverbindlichkeit).

den, zB Verbürgung für Darlehensschulden eines Dritten, um diesem die Aufnahme oder Fortsetzung der Geschäftsbeziehungen zur PersGes. zu ermöglichen.[1] Schuldzinsen für passives SBV sind Sonder-BA. Soweit nach früherer Rspr. durch geschickte Steuerung (sog. Zweikontenmodell) auch im Sonderbereich **private Verbindlichkeiten** in betriebliche **Sonderbetriebsverbindlichkeiten umgeschuldet** werden konnten,[2] verbleibt es dabei.

c) (Weitere) Sonderbetriebserträge/-einnahmen. Sonderbetriebserträge sind außer den **Sondervergütungen** (Rn. 309 ff.) vor allem **Erträge** aus der **Veräußerung v. WG des SBV**. Es handelt sich bei den Sonderbetriebserträgen wie bei den Sondervergütungen um solche Erträge, die der MU'er allein oder anteilig in einer anderen vermögensverwaltenden Gemeinschaft (Rn. 353, 358) erzielt (im Unterschied zum Gewinnanteil), die er aber nicht v. der MU'schaft bezieht (im Unterschied zu den Sondervergütungen). § 15 Abs. 1 S. 1 Nr. 2 zählt mit dem Gewinnanteil und den Sondervergütungen die Einzelkomponenten der Einkünfte des MU'ers aus GewBetr. nicht vollständig auf. Die Erfassung v. Sonderbetriebserträgen und Sonder-BA folgt aber zwingend aus § 4 Abs. 1 bzw. § 4 Abs. 3 iVm. § 2 Abs. 1 und § 15 Abs. 1 S. 1 Nr. 2. Denn es handelt sich um Erträge und Aufwand, die durch den gemeinsam betriebenen GewBetr. „veranlasst" sind. Fehlt hingegen eine (Veranlassungs-)Beziehung zur Ges. oder zumindest zum Sonderbereich, scheiden Sonder-BE aus. Hinsichtlich der Gewinnermittlung sind diese **sog. Sonder-BE** ebenso wie Sondervergütungen in der zweiten Gewinnermittlungsstufe (Rn. 234) zu erfassen. Verfahrensrechtl. sind sie in die einheitliche und gesonderte Gewinnfeststellung einzubeziehen (Rn. 316).[3] Die Problematik korrespondierender Bilanzierung (Rn. 240) stellt sich nicht. Solche Sonder-BE sind ua. **Mieterträge,**[4] **Erbbauzinsen,**[5] **Zinsen**[6] v. Dritten für WG des SBV II, aber auch Provisionen für die Vermittlung des Beitritts zu einer Publikums-PersGes.,[7] Vergütungen für über eine zwischengeschaltete KapGes. erbrachte Geschäftsführerleistungen[8] oder andere Dienstleistungen[9] oder für Nutzungsüberlassungen durch zwischengeschaltete Dritte[10] und nach Auffassung der Rspr. Schmiergelder und unterschlagene BE (s. auch Rn. 293).[11] Meines Erachtens gehören hierzu auch an die G'ter einer PersGes. gezahlte Existenzgründerzuschüsse. Dies gilt vor allem dann, wenn sie in der Gründungsphase fehlende Gewinnanteile und Tätigkeitsvergütungen substituieren, damit die Gründer (G'ter) ihr Projekt gleichwohl verfolgen können.[12] 340

Neben den Veräußerungserfolgen spielen **Entnahmegewinne im Sonderbereich** eine bedeutende Rolle. Die Entnahme nach § **4 Abs. 1 S. 2 iVm. § 6 Abs. 1 Nr. 4** setzt eine Überführung des WG in den **außerbetrieblichen Bereich des StPfl.** voraus, dh. außerhalb der Gewinneinkunftsarten. Demgemäß sind bei Überführung in einen **eigenen GewBetr., in einen LuF-Betrieb oder freiberuflichen Betrieb** die **Buchwerte** fortzuführen, **§ 6 Abs. 5 S. 1 und 2** (zur Übertragung v. und in Gesamthandsvermögen sowie unentgeltlich zw. MU'ern s. Rn. 375 ff.). Abgesehen v. der isolierten **Entnahme eines WG des SBV** durch Überführung in den außerbetrieblichen Bereich, etwa durch **Nutzungsänderung oder unentgeltliche Übertragung,**[13] kommt es zu **„Zwangsentnahmen"** bei **Beendigung der MU'er-Stellung**, ua. durch **Veräußerung des MU'anteils, Ausscheiden aus der MU'schaft,**[14] **Vollbeendigung der MU'schaft, Umwandlung in eine KapGes.**[15] Soweit die MU'schaft nicht beendet wird, kann durch die Bildung **gewillkürten SBV II** die Entnahme vermieden werden (Rn. 334). Davon ist auszugehen, wenn das WG weiterhin in einer Sonder- 341

1 BFH v. 27.6.2006 – VIII R 31/04, BStBl. II 2006, 874.
2 Vgl. ua. BFH v. 4.3.1998 – XI R 64/95, BStBl. II 1998, 511.
3 BFH v. 26.4.2012 – IV R 19/09, BFH/NV 2012, 1569 (zur [Un]Zulässigkeit eines Ergänzungsbescheids nach § 179 Abs. 3 AO bei Nichtberücksichtigung von Sonderbetriebsaufwand); v. 10.5.2012 – IV R 34/09, DB 2012, 1965 (zur widerstreitenden Erfassung von Gewinnausschüttungen von im SBV gehaltenen Anteilen).
4 BFH v. 15.1.1981 – IV R 76/77, BStBl. II 1981, 314.
5 BFH v. 7.4.1994 – IV R 11/92, BStBl. II 1994, 796.
6 BFH v. 13.10.1998 – VIII R 46/95, BStBl. II 1999, 357; v. 10.11.1994 – IV R 15/93, BStBl. II 1995, 452 (BetrAufsp.).
7 BFH v. 28.6.2001 – IV R 40/97, BStBl. II 2001, 717 und v. 29.4.1999 – IV R 40/97, BStBl. II 1999, 828.
8 BFH v. 10.7.2002 – I R 71/01, BStBl. II 2003, 191 (Managementleistungen v. nat. Pers. und KapGes. als K'disten); v. 6.7.1999 – VIII R 46/94, BStBl. II 1999, 720.
9 BFH v. 7.12.2004 – VIII R 58/02, BStBl. II 2005, 390 (Büroarbeiten durch K'distin für KG über GmbH erbracht).
10 BFH v. 31.3.2008 – IV B 120/07, BFH/NV 2008, 1320 mwN; v. 24.2.2005 – IV R 23/03, BStBl. II 2005, 578; v. 7.4.1994 – IV R 11/92, BStBl. II 1994, 796; v. 9.9.1993 – IV R 14/91, BStBl. II 1994, 250.
11 BFH v. 22.6.2006 – IV R 56/04, BStBl. II 2006, 838; v. 13.12.2000 – X R 93/98, BStBl. II 2001, 237; v. 1.8.1968 – IV R 177/66, BStBl. II 1968, 740; krit. *Hellwig*, FS Döllerer, 1988, 205 (Teil des Gesamtgewinnes).
12 **AA** FG Münster v. 13.4.2018 – 14 K 3906/14, EFG 2018, 1089 (Rev. IV R 12/18) für das EXIST-Programm bezogen auf die dort konkret getroffene Tatsachenfeststellung mit der Begr., dass die StPfl. die Stipendiatsverträge nicht in ihrer Eigenschaft als G'ter, sondern unabhängig von ihrer Gesellschafterstellung abgeschlossen haben.
13 BFH v. 27.8.1992 – IV R 89/90, BStBl. II 1993, 225 (auch bei Nießbrauchsvorbehalt).
14 BFH v. 19.5.1993 – I R 124/91, BStBl. II 1993, 889.
15 BFH v. 28.4.1988 – IV R 52/87, BStBl. II 1988, 829.

bilanz bilanziert wird. Bei Beendigung der MU'schaft kann durch die Bildung v. gewillkürtem BV in einem eigenen Betrieb oder als SBV II bei einer anderen MU'schaft die „Zwangsentnahme" vermieden werden (§ 6 Abs. 5 S. 2).

342 **d) Sonderbetriebsaufwand/-ausgaben. Sonderbetriebsaufwendungen** sind alle Aufwendungen, die dem **MU'er (allein)** entstehen und durch den **Betrieb „veranlasst"** sind (§ 4 Abs. 4). Veranlassung durch den Betrieb liegt vor, wenn ein Zusammenhang zu a) dem **Gewinnanteil** b) zu den **Sondervergütungen** (Rn. 309 ff.) oder c) zu sonstigen **Sonderbetriebserträgen** (Rn. 340) besteht. Hierunter fallen daher typischerweise die AfA (§ 7 Abs. 1 und 4, Rn. 343) und Wertberichtigungen auf den niedrigeren TW (§ 6 Abs. 1 Nr. 1 S. 2, Nr. 2 S. 2) für WG des SBV. Entsprechendes gilt für Zinsen in Ansehung von passivem SBV I und II. Insbesondere der Finanzierungsaufwand anlässlich des Beteiligungserwerbs ist hiervon erfasst.[1] Bei grenzüberschreitenden Sachverhalten ist insoweit allerdings auch § 4i zu beachten (s. Erläuterungen zu § 4i), der gerade im Hinblick auf den uU möglichen Doppelabzug von Finanzierungsaufwendungen geschaffen wurde (Abzug beim ausländ. MU'er im Ausland, zugleich Abzug als Sonderbetriebsaufwand im Inland).[2] Weitere Beispiele für Sonder-BA sind: **Gründungsaufwand für PersGes.**,[3] **Mietaufwand**, **Reparaturaufwand**, **GrSt.**,[4] **Prozesskosten** iZ mit Geschäftsführung, gegen andere G'ter.[5] Keine Sonder-BA stellen hingegen bei einer als **MU'er beteiligten KapGes.** deren eigene **Gründungskosten** und Jahresabschlusskosten dar.[6]

343 Auch für Sonderbetriebsaufwendungen iZ mit SBV I und II sind die allg. Regeln über **nichtabziehbare BA** (§ 4 Abs. 4a [§ 4 Rn. 194], 5 und 7)[7] sowie über die Nichtabziehbarkeit v. **Aufwendungen für die Lebenssphäre nach § 12**[8] uneingeschränkt anwendbar, ebenso bei Körperschaften als MU'er § 10 KStG. Mit § 4i existiert sogar ein speziell auf Sonder-BA zugeschnittenes Abzugsverbot (Rn. 342). Soweit es sich um aktivierungspflichtigen Anschaffungs- oder Herstellungsaufwand handelt, kommt ein Abzug nur über die AfA nach § 7, über die Teilwertabschreibung nach § 6 Abs. 1 oder bei Abgang der WG in Betracht. Mehr- oder Minderanschaffungsaufwand für den MU'anteil ist nicht als Sonderbetriebsaufwand, sondern über **Ergänzungsbilanzen** zu erfassen (Rn. 246 ff.; zum **lästigen G'ter** Rn. 247). Die Sonderregelung des § 5a Abs. 4a S. 3 bzgl. der Hinzurechnung von Sondervergütungen bei **Tonnagebesteuerung** von MU'schaften umfasst auch den Abzug von Sonder-BA, allerdings nur von solchen, die in einem betrieblichen Veranlassungszusammenhang mit Vergütungen iSv. § 15 Abs. 1 S. 1 Nr. 2 und S. 2 stehen (s. § 5a Rn. 16).

IV. Doppelstöckige Mitunternehmerschaften

Literatur: *Baschnagel*, Ertragsteuerliche Aspekte doppelstöckiger PersGes., BB 2015, 349; *Förster*, Anschaffungsdarlehen beim Erwerb eines Anteils an einer doppelstöckigen PersGes., DB 2011, 2570; *Krauß/Meichelbeck*, Unternehmensnachfolge bei minderjährigen Kindern – Schenkung einer atypischen Unterbeteiligung mit Nießbrauchsvorbehalt, DB 2015, 2114; *Kühne/Rehm*, Die Unterbeteiligung als Gestaltungselement der Unternehmensnachfolge, NZG 2013, 561; *Ley*, Ausgewählte Fragen und Probleme der Besteuerung doppelstöckiger PersGes., KÖSDI 2010, 17148; *Ley*, Erwerbs- und Veräußerungsvorgänge bei doppelstöckigen PersGes., KÖSDI 2011, 17277; *Maetz*, Ausgewählte ertragsteuerliche Problemkreise bei atypischen Unterbeteiligungen, DStR 2015, 1844; *Prinz*, Ausgewählte mitunternehmerbezogene Finanzierungsfragen bei mehrstöckigen PersGes., FR 2016, 589; *Schulze zur Wiesche*, Steuerliche Behandlung eines Cash-Pools bei mehrstöckigen PersGes., DStZ 2016, 116; *Schulze zur Wiesche*, Die doppelstöckige PersGes., StBp 2010, 37; *Stegemann*, Bilanzierungskonkurrenzen bei doppelstöckigen PersGes. in Sonderfällen, DB 2012, 372; *Wacker*, Doppelstöckige PersGes.: beschränkte KStPfl. des mittelbaren Mitunternehmers – Zuordnung von Zinsen des SBV II, IStR 2017, 278.

344 **1. Sonderbetriebsvermögen der mittelbaren Mitunternehmer.** Seit dem **StÄndG 1992** bestimmt Abs. 1 S. 1 Nr. 2 S. 2, dass der **mittelbar über eine PersGes. (doppelstöckig)** oder über mehrere PersGes.

1 BFH v. 4.3.1998 – XI R 64/95, BStBl. II 1998, 511; v. 30.3.1993 – VIII R 63/91, BStBl. II 1993, 706; v. 5.11.1973 – GrS 3/72, BStBl. II 1974, 414; v. 10.11.1983 – IV R 62/82, BStBl. II 1984, 605.
2 Statt vieler nur *Käshammer/Gasser/Bellgardt*, ISR 2018, 115; *Rüsch*, FR 2018, 299.
3 BFH v. 21.9.1995 – IV R 117/94, BFH/NV 1996, 461.
4 BFH v. 31.7.1985 – VIII R 261/81, BStBl. II 1986, 304; v. 29.9.1966 – IV 308/64, BStBl. III 1967, 180.
5 BFH v. 31.7.1985 – VIII R 345/82, BStBl. II 1986, 139.
6 BFH v. 18.5.1995 – IV R 46/94, BStBl. II 1996, 295.
7 Vgl. BFH v. 15.10.2014 – VIII R 8/11, HFR 2015, 914; v. 23.9.2009 – IV R 21/08, BStBl. II 2010, 337 (zu Aufwendungen für häusliches Arbeitszimmer gem. § 4 Abs. 5 Nr. 6b als SBV I oder SBV II).
8 BFH v. 16.9.2014 – VIII R 21/11, BFH/NV 2015, 191 (Geldstrafe, strafprozessuale Auflagen nach § 153a StPO); v. 12.12.1991 – IV R 58/88, BStBl. II 1992, 524 (Geburtstagsfeier); v. 29.3.1994 – VIII R 7/92, BStBl. II 1994, 843 (Karnevalssitzung mit Geschäftsfreunden); v. 10.4.1990 – VIII R 63/88, BStBl. II 1990, 1017 (ärztliche Untersuchung, Kranken-Lebensversicherung); v. 31.7.1985 – VIII R 345/82, BStBl. II 1986, 139 (Erbstreit); v. 31.7.1985 – VIII R 345/82, BStBl. II 1986, 139 (Vermächtnisaufwendungen); zu beachten ist aber auch für Mitunternehmerschaften die Änderung der Rspr. durch Aufgabe des Aufteilungsverbotes bei § 12 durch BFH v. 21.9.2009 – GrS 1/06, BStBl. II 2010, 672.

(mehrstöckig) **beteiligte G'ter** dem **unmittelbar beteiligten G'ter gleichsteht**. Die Gesetzesänderung erfolgte in Reaktion auf eine Entsch. des GrS des BFH,[1] wonach bei **Beteiligung einer PersGes. (Obergesellschaft) an einer PersGes. (Untergesellschaft)** nur die Obergesellschaft, nicht aber die G'ter der Obergesellschaft MU'er bei der Untergesellschaft sind. Die dadurch statuierte **Abschirmwirkung der Obergesellschaft** hatte zur Folge, dass die **MU'er der Obergesellschaft** für Leistungen an die Untergesellschaft **keine Sondervergütungen** iSd. Abs. 1 S. 1 Nr. 2 bezogen und die der Untergesellschaft zur Nutzung überlassenen WG **kein SBV** waren. IErg. behandelte die Rspr. die PersGes. als Obergesellschaft wie eine KapGes. Dem ist der Gesetzgeber mit Abs. 1 S. 1 Nr. 2 S. 2 entgegengetreten.

Nunmehr heißt es in Abs. 1 S. 1 Nr. 2 S. 2 ausdrücklich: „Der mittelbar über eine oder mehrere PersGes. beteiligte G'ter **steht dem unmittelbar beteiligten G'ter gleich**." Ausdrücklich bezeichnet ihn das G als MU'er des Betriebes der Untergesellschaft. Daraus folgt unstr., dass der mittelbar über eine PersGes. beteiligte G'ter für v. ihm an die Untergesellschaft erbrachte Leistungen iSd. Abs. 1 S. 1 Nr. 2 (Dienste, Darlehensgewährungen, Nutzungsüberlassungen) **Sondervergütungen** bezieht, also **gewerbliche Einkünfte** hat und die der Untergesellschaft entgeltlich oder unentgeltlich zur Nutzung überlassenen WG **SBV I** sind. Hinsichtlich dieser Sondervergütungen und dieses SBV sind ebenso wie bei einem unmittelbar beteiligten MU'er **Sonderbetriebserträge und Sonderbetriebsaufwand** möglich. Dies betrifft auch **mittelbare Vergütungen** v. der Untergesellschaft, etwa als angestellter Geschäftsführer der Komplementär GmbH bei der Obergesellschaft für bei der Untergesellschaft geleistete Dienste (Geschäftsführung).[2] Auch insoweit sind **Pensionsrückstellungen** (Rn. 322 f.) in einer Sonderbilanz bei der Untergesellschaft zu neutralisieren. **Anteile** an der **Komplementär GmbH** in der **Unter**gesellschaft gehören ebenso wie beim unmittelbar beteiligten MU'er zum **SBV II** des mittelbar beteiligten MU'ers bei der Untergesellschaft.[3] Schulden, die iZ mit dem der Untergesellschaft überlassenen aktiven SBV stehen oder mit denen die Einlage in die UG finanziert wird, gehören zum passiven SBV des mittelbar beteiligten G'ters bei der Untergesellschaft. Ganz allg. gilt, dass die Gleichstellung des mittelbar über eine PersGes. beteiligten G'ters mit dem unmittelbar beteiligten G'ter nicht nur das SBV I und Sondervergütungen betrifft, sondern ebenso das SBV II und dazugehörende Verbindlichkeiten.[4] 345

Tatbestandlich verlangt Abs. 1 S. 1 Nr. 2 S. 2, dass der mittelbar beteiligte G'ter bei der Obergesellschaft MU'er ist und **die vermittelnde Ober**gesellschaft **MU'er** bei der Untergesellschaft ist (**Kette v. MU'schaften**). Erkennbar (und an sich selbstverständlich) will der Gesetzgeber damit erreichen, dass als mittelbarer MU'er wie als unmittelbarer MU'er nur derjenige G'ter in Betracht kommt, der ausreichend MU'er-**Risiko** trägt und MU'er-**Initative** entfalten kann (Rn. 208 ff.). Bei einer mittelbaren Beteiligung setzt dies voraus, dass über die **vermittelnde Beteiligung** der entspr. Einfluss ausgeübt werden kann. Dies, nicht mehr und nicht weniger, besagt Abs. 1 S. 1 Nr. 2 S. 2. Hält die Obergesellschaft eine Beteiligung an einer gewerblichen Untergesellschaft als Komplementär, als K'dist mit Rechten, die dem Regelstatut entsprechen, als atypisch stiller G'ter, so ist Abs. 1 S. 1 Nr. 2 S. 2 immer erfüllt, vorbehaltlich dass der G'ter der Obergesellschaft dort MU'er ist.[5] Die **Obergesellschaft – genauer gesagt, ihre G'ter** – ist (sind) bereits durch das Halten der Beteiligung **gewerblich** tätig (s. Rn. 150a).[6] Eine mehrstöckige PersGes. liegt auch bei einer **atypischen Unterbeteiligung**[7] vor. 346

2. Doppelte Gewinnfeststellung – Obergesellschaft als Mitunternehmer. Die Obergesellschaft ist materiell der MU'er der Untergesellschaft.[8] Als solche erzielt sie aus ihrer Beteiligung an der gewerblich tätigen Untergesellschaft Einkünfte aus GewBetr. Es wird also wie folgt differenziert: Unmittelbare MU'er sind die nat. Pers., KapGes. und PersGes., soweit sie unmittelbare G'ter der Untergesellschaft sind. Nur mittelbare MU'er sind hingegen die MU'er der Obergesellschaft. Diese sind lediglich hinsichtlich ihrer unmittelbar an die Untergesellschaft überlassenen aktiven WG des SBV (I)[9] und der damit bzw. mit eingelegten WG im Zusammenhang stehenden Verbindlichkeiten (passive WG des SBV I bzw. II, 347

---

1 BFH v. 25.2.1991 – GrS 7/89, BStBl. II 1991, 691; zur Kritik *Lang*, StuW 1991, 205.
2 BFH v. 2.12.1997 – VIII R 62/95, BFHE 184, 566 (dort auch zur Zwangsauflösung v. Pensionsrückstellung nach § 52 Abs. 8 EStG 1992).
3 Zutr. *Wacker* in Schmidt[37], § 15 Rn. 617; **aA** *Söffing*, FR 1992, 185.
4 BFH v. 12.10.2016 – I R 92/12, BB 2017, 751; dem folgend FinMin. SchlHol. v. 20.8.2018, ESt-Kurzinformation Nr. 2018/25, juris.
5 Zu mehrstöckigen MU'schaften bei Film- und Fernsehfonds vgl. BMF v. 23.2.2001, BStBl. I 2001, 175.
6 BFH v. 8.12.1994 – IV R 7/92, BStBl. II 1996, 264; überholt BFH v. 6.10.2004 – IX R 53/01, BStBl. II 2005, 383 und v. 6.11.2003 – IV ER - S - 3/03, BStBl. II 2005, 376 durch JStG 2007.
7 BFH v. 2.10.1997 – IV R 75/96, BStBl. II 1998, 137; *Rätke* in H/H/R, § 15 Anm. 617; **aA** *Korn*, § 15 Rn. 272.
8 BFH v. 19.7.2018 – IV R 39/10, BFH/NV 2018, 1344; v. 21.1.2016 – I R 49/14, BStBl. II 2017, 107; v. 6.9.2000 – IV R 69/99, BStBl. II 2001, 731; v. 31.8.1999 – VIII B 74/99, BStBl. II 1999, 794.
9 BFH v. 12.2.2014 – IV R 22/10, BStBl. II 2014, 621 (für Darlehensforderung des mittelbar beteiligten G'ters); zust. *Rätke* in H/H/R, § 15 Anm. 628, 629.

s. Rn. 345)[1] bei der Untergesellschaft Sondermitunternehmer. Dies wirkt sich zwar nicht bzgl. des Umfanges des SBV aus. Auswirkungen ergeben sich aber hinsichtlich des auf die Obergesellschaft entfallenden Gewinnanteils und ihres SBV bei der Untergesellschaft. Weder der Gewinnanteil noch der Sonderbereich der Obergesellschaft sind auf der **Ebene der Untergesellschaft** auch nur anteilig den mittelbar beteiligten MU'ern zuzurechnen. Vielmehr erfolgt diese Zurechnung erst auf der Ebene der Obergesellschaft. Erst dort wird das auf die Obergesellschaft entfallende Ergebnis aus deren Gewinnanteil und deren Sonderbereich Teil des Gewinns der Obergesellschaft, der als solcher dann auf deren MU'er verteilt wird.

348 **Verfahrensrechtl.** hat ein **mehr(zwei)stufiges Feststellungsverfahren** nach § 180 Abs. 1 Nr. 2, Abs. 5 Nr. 1 AO stattzufinden.[2] Es sind **zwei einheitliche und gesonderte Gewinnfeststellungen** durchzuführen.[3] Auf der Ebene der Untergesellschaft – wenn es sich um eine ausländ. PersGes. handelt, nur bei mehreren stpfl. inländ. MU'ern[4] – sind den unmittelbaren MU'ern einschl. der Obergesellschaft deren Gewinnanteile am Gesellschaftsgewinn (einschl. etwaiger Ergänzungsbilanzanteile[5]) sowie deren Sondergewinne[6] und Gewinne aus der Veräußerung des Anteils an der UG[7] zuzurechnen und außerdem den mittelbar beteiligten MU'ern unmittelbar (nur) deren Sondergewinne (zB Sondervergütungen eines MU'ers der Obergesellschaft, die er von der Untergesellschaft unmittelbar erhalten hat).[8] Auf der Ebene der **Obergesellschaft** wird deren **Gewinn** einschl. des **Gewinnanteils und Sondergewinnes aus der Untergesellschaft** und eines etwaigen Veräußerungsgewinnes des Anteils an der OG durch einen OG-MU'er einheitlich und gesondert festgestellt und auf deren MU'er verteilt.[9]

349 Einstweilen frei.

350 **3. Ergänzungsbilanzen.** Soweit beim Erwerb eines Gesellschaftsanteils an der Obergesellschaft Mehr- oder Minderaufwendungen ggü. dem übernommenen Kapitalanteil geleistet werden, die anteilig auf die Beteiligung an der Untergesellschaft (auf deren WGüter) entfallen, ist bei der Untergesellschaft für den Erwerber eine positive oder negative **Ergänzungsbilanz** zu bilden, in der die Mehr- oder Minderaufwendungen als Mehr- oder Minderkapital ausgewiesen und den entspr. WG der Untergesellschaft zugeordnet werden (Rn. 246 ff.).[10] Zugleich muss aber auch für diesen Teil eine Ergänzungsbilanz (also doppelt) bei der Obergesellschaft gebildet werden.[11] Nur auf diese Weise lässt sich für § 15a zutr. das Kapitalkonto bei der OG bilanziell abbilden (vgl. auch § 15a Rn. 19).[12] Die Auflösung hat a) bei Veräußerung der entspr. WG der Untergesellschaft und b) bei Veräußerung des Anteils an der Obergesellschaft zu erfolgen.[13] Die Gewinnauswirkungen für den MU'er ergeben sich richtigerweise allein auf der Ebene der Untergesellschaft.

---

1 BFH v. 12.10.2016 – I R 92/12, BFH/NV 2017, 685.

2 BFH v. 18.9.2007 – I R 79/06, BFH/NV 2008, 729; vgl. auch BFH v. 9.8.2006 – II R 24/05, BStBl. II 2007, 87 mwN (zur Einheitswertfeststellung).

3 Dazu BFH v. 12.10.2016 – I R 92/12, BFH/NV 2017, 685 mwN; v. 11.12.2003 – IV R 42/02, BStBl. II 2004, 353; v. 10.8.1989 – III R 5/87, BStBl. II 1990, 38; *Söhn*, StuW 1999, 328.

4 BFH v. 2.12.2015 – I R 13/14, DB 2016, 867 (zu nach DBA freigestellten, aber für den ProgrVorb. zu beachtenden Einkünften); v. 9.12.2010 – I R 49/09, BStBl. II 2011, 482; v. 4.3.2009 – I R 58/07, BFH/NV 2009, 1953; v. 18.9.2007 – I R 79/06, BFH/NV 2008, 729; v. 26.4.2005 – I B 159/04, BFH/NV 2005, 1560; v. 4.11.2003 – VIII R 38/01, BFH/NV 2004, 1372 (allerdings Voraussetzung, dass nicht nur ein G'ter im Inland stpfl. ist, resp. neben der inländ. Obergesellschaft weitere Inlandsbeteiligte vorhanden sind).

5 S. dazu *Desens/Blischke* in K/S/M, § 15 Rn. C 156 und F 242 f.; *von Beckerath* in K/S/M, § 15a Rn. B 253 ff.

6 Vgl. BFH v. 20.9.2007 – IV R 68/05, BStBl. II 2008, 483 zum Erfordernis der gesonderten und einheitlichen Feststellung bei der Unterges. bzgl. des Sonderbetriebsergebnisses der Oberges. und zur Erfassung v. positivem und negativem SBV I und II der Oberges. bei der Unterges. wg. des Bilanzierungsvorrangs bei der MU'schaft.

7 BFH v. 2.12.2015 – I R 13/14, DB 2016, 867 (zu nach DBA freigestellten, aber für den ProgrVorb. zu beachtenden Währungsverlusten aus der Liquidation einer Beteiligung an der UG).

8 BFH v. 21.12.2017 – IV R 44/14, BFH/NV 2018, 407 Rn. 21 ff.; v. 12.2.2014 – IV R 22/10, BStBl. II 2014, 621.

9 BFH v. 18.9.2007 – I R 79/00, BFH/NV 2008, 729; v. 3.7.1995 – GrS 1/93, BStBl. II 1995, 617; v. 26.1.1995 – IV R 23/93, BStBl. II 1995, 467.

10 Vgl. BFH v. 1.7.2004 – IV R 67/00, BStBl. II 2010, 157 unter Hinweis auf *Groh*, DB 1991, 879.

11 Aber str., vgl. *Baschnagel*, BB 2015, 349 mwN; *Nickel/Bodden*, FR 2003, 391; *Seibold*, DStR 1998, 438; *Wacker* in Schmidt[37], § 15 Rn. 471, 619 (nur bei der Unterges. für den Erwerber); *Ley*, KÖSDI 2010, 17148 (bei der Unterges., aber für den Erwerber nur über die Oberges.); *Mayer*, DB 2003, 2039 (für Oberges. bei der Unterges. und für Erwerber bei der Oberges.); *Desens/Blischke* in K/S/M, § 15 Rn. F 246, 247 (Ergänzungsbilanz nur bei Oberges., aber aufgeteilt nach den stillen Reserven in den WG der Unterges. – sic!); sa. *Rätke* in H/H/R, § 15 Anm. 637 (befürwortet an sich Ergänzungsbilanz für Oberges. bei der Unterges., aber doppelte Ergänzungsbilanz bei Oberges. und Unterges. als gleichwertig bei Anwendung der Spiegelbildmethode).

12 Vgl. BFH v. 18.12.2003 – IV B 201/03, BStBl. II 2004, 231 zur Anwendung des § 15a bei doppelstöckiger PersGes. Wird nur bei der Untergesellschaft eine Ergänzungsbilanz gebildet, müssen die entspr. Veränderungen bei der Obergesellschaft „außerbilanziell" berücksichtigt werden. Dies erschwert die Nachvollziehbarkeit.

13 Vgl. BFH v. 1.7.2004 – IV R 67/00, BStBl. II 2010, 157 für die parallele Problematik bei Verlusten/Gewinnen aus § 15 Abs. 4.

Auf der Ebene der Obergesellschaft ist die Ergänzungsbilanz erfolgsneutral korrespondierend aufzulösen. Davon zu unterscheiden ist, dass auch für die Obergesellschaft nur bei der Untergesellschaft eine Ergänzungsbilanz zu bilden ist, soweit diese Mehr- oder Minderaufwendungen bei Erwerb der Beteiligung an der Untergesellschaft aufwendete. Materiell handelt es sich auch hier dann um Ergänzungsbilanzen der mittelbaren MU'er auf der Ebene der Untergesellschaft. Die Beteiligung an der Untergesellschaft wird als Anteil an den WG der Untergesellschaft in der StB nach der Spiegelbildmethode iHd. auf die Obergesellschaft entfallenden (steuerlichen) Kapitalanteils bei der Untergesellschaft ausgewiesen.[1]

V. Schwesterpersonengesellschaften. 1. Zuordnungsproblematik. Von Schwester-PersGes. wird gesprochen, soweit die G'ter der beiden PersGes. ganz oder teilw. identisch sind. Soweit sog. **Schwester-PersGes. a) entgeltliche Leistungen** der in Abs. 1 S. 1 Nr. 2 genannten Art (Dienstleistungen, Nutzungsüberlassungen, Kapitalüberlassung) oder **b)** die entspr. **Leistungen** mit Rücksicht auf das Gesellschaftsverhältnis **unentgeltlich erbringen**, stellt sich die Frage, ob diese Leistungen den MU'ern der **empfangenden PersGes.** als deren **Sonderleistungen (Sondervergütungen, Sondererträge, Sonderaufwand, SBV)** zuzuordnen sind **oder** ob sie bei (den G'tern) der leistenden **Schwester-PersGes. zu erfassen** sind. In der Sache geht es um ein Zuordnungsproblem zu a) entweder zu verschiedenen GewBetr. (leistende oder empfangende PersGes.) oder b) sogar zu unterschiedlichen Einkunftsarten. Die Rspr. hat hier bzgl. der Zuordnung zu a) geschwankt,[2] hingegen bei der Zuordnung zu b) immer der Zuordnung zu den gewerblichen Einkünften nach Abs. 1 S. 1 Nr. 2 bei der empfangenden PersGes.[3] den Vorrang eingeräumt. Dem ist uneingeschränkt zu folgen. 351

2. Leistungen an einen Gesellschafter als Einzelunternehmer. Ausgangspunkt für die Betrachtung sollten Leistungen einer PersGes. oder Gemeinschaft an ihren G'ter für dessen GewBetr. sein. Hier ist zutr. danach zu differenzieren, ob die leistende PersGes./Gemeinschaft ihrerseits einen GewBetr. unterhält oder keinen GewBetr. betreibt. Unbestritten ist (nach Verabschiedung der Bilanzbündeltheorie) Abs. 1 S. 1 Nr. 2 Alt. 2 nicht auf Leistungen der mitunternehmerischen PersGes. an ihre G'ter anwendbar (Rn. 299). Daraus folgt, dass bei entgeltlichen Leistungen einer gewerblichen MU'schaft an ihren G'ter als Einzelunternehmer auch nicht anteilig bei diesem gewerbliche Einkünfte zu erfassen sind, sondern dass es dabei verbleibt, dass bei der PersGes. die Entgelte in ihren Gewinn und damit in die gewerblichen Einkünfte der MU'er (Gewinnanteil) eingehen.[4] Im GewBetr. des Einzelunternehmers entsteht – wie bei Bezug v. fremden Dritten – betrieblicher Aufwand. Dies ist darin begründet, dass die Zuordnung zu den gewerblichen Einkünften der MU'er der leistenden PersGes. nach Abs. 1 S. 1 Nr. 2 den Vorrang vor der Zuordnung zum eigenen GewBetr. nach Abs. 1 S. 1 Nr. 1 genießt. 352

Handelt es sich hingegen um eine sog. vermögensverwaltende PersGes. oder Gemeinschaft (Erbengemeinschaft, GbR, Gütergemeinschaft, Bruchteilsgemeinschaft), so ist auf diese ohnehin schon § 15 insgesamt nicht anwendbar. Die Frage kann dann nur sein, ob die erbrachten Leistungen und die zugrunde liegenden WG anteilig dem gemeinsam mit den anderen G'tern/Gemeinschaftern Leistenden als seine (mittelbaren) Leistungen an sich selbst für seinen GewBetr. zuzurechnen sind. Dies ist zu bejahen, weil die PersGes. – gleichgültig ob gewerbliche MU'schaft oder nicht – kein Steuersubjekt ist, sondern das Transparenzgebot („Durchgriff", besser Zurechnung an die G'ter) gilt. Daraus folgt dann, dass die Leistungen und WG anteilig dem GewBetr. des empfangenden G'ters zuzurechnen sind.[5] Dies bedeutet etwa für die entgeltliche und unentgeltliche Nutzungsüberlassung (Miete, Pacht, Nießbrauch, Leihe usw.) und die entgeltliche oder unentgeltliche Kapitalüberlassung, dass die WG anteilig BV des GewBetr. des Empfängers (bzw. bei Schulden anteilig keine Verbindlichkeit) sind und dass die Entgelte anteilig keine BA im eigenen GewB sind, aber auch keine Einnahmen bei der vermögensverwaltenden Ges.[6] Umgekehrt sind die iRd. vermögensverwaltenden PersGes./Gemeinschaft anteilig v. Einzelunternehmer getätigten Aufwendungen, Betriebsaufwand in seinem GewBetr. 353

1 OFD Ffm. v. 16.9.2014 – S 2241 A - 99 - St 213, juris.

2 BFH v. 10.11.1997 – VIII R 6/96, BStBl. II 1999, 348 mwN; v. 23.4.1996 – VIII R 13/95, BStBl. II 1998, 325; v. 16.6. 1994 – IV R 48/93, BStBl. II 1996, 82 (Vorrang Zuordnung zur leistenden PersGes.) gegen BFH v. 25.4.1985 – IV R 36/82, BStBl. II 1985, 622 (Vorrang Zurechnung bei leistungsempfangender PersGes. nach § 15 Abs. 1 S. 2).

3 BFH v. 23.4.1996 – VIII R 13/95, BStBl. II 1998, 325 mwN; v. 23.5.1979 – I R 56/77, BStBl. II 1979, 763 (freiberufliche GbR); v. 1.3.1994 – VIII R 35/92, BStBl. II 1995, 241 (Erbengemeinschaft); v. 21.11.1989 – VIII R 145/85, BFH/NV 1990, 428 (Bruchteilsgemeinschaft).

4 So schon BFH v. 25.8.1966 – IV 129/64, BStBl. III 1966, 625; v. 6.11.1980 – IV R 5/77, BStBl. II 1981, 307; s. auch BFH v. 8.8.1995 – III R 41/89, BFH/NV 1996, 360 (für Vermietungen v. Grundstücken); v. 24.3.1983 – IV R 123/80, BStBl. II 1983, 598; v. 6.11.1980 – IV R 5/77, BStBl. II 1981, 307 (für Dienstleistungen – Baubetreuung; Handelsvertreter); v. 9.5.1996 – IV R 64/93, BStBl. II 1996, 642 (für Darlehensgewährung).

5 BFH v. 13.10.1972 – I R 213/69, BStBl. II 1973, 209; v. 26.1.1978 – IV R 160/73, BStBl. II 1978, 299 mwN (Vermietung durch Bruchteilseigentümer); v. 7.4.1976 – I R 75/73, BStBl. II 1976, 557 (für Vermietung durch GbR).

6 Vgl. BFH v. 18.5.2004 – IX R 49/02, BStBl. II 2004, 929 und v. 18.5.2004 – IX R 83/00, BStBl. II 2004, 898.

354 Werden v. einer an sich **gewerblich tätigen MU'schaft unentgeltlich Leistungen** für den (GewBetr. des) G'ter(s) erbracht, sind diese **nicht** durch den (gemeinsamen) GewBetr. der **MU'schaft**, sondern durch den Einzel-GewBetr. des G'ters **„veranlasst" (§ 4 Abs. 4)**. Daher sind die dafür angefallenen Aufwendungen **keine BA im GewBetr. der MU'schaft, wohl aber im (Einzel)GewBetr. des G'ters, denn durch ihn wurden sie veranlasst**. Fraglich ist dann allerdings, ob die **zugrunde liegenden WG** dann auch kein BV bei der **MU'schaft** sind oder insoweit notwendiges PV oder anteiliges BV im GewBetr. des empfangenden G'ters. Hier ist zu differenzieren: Handelt es sich um zur (vorübergehenden) Nutzung überlassene WG (Leihe, unentgeltlicher Nießbrauch), besteht kein Anlass, anzunehmen, dass die WG nicht später wieder der Einkünfteerzielung bei der an sich gewerblich tätigen PersGes. dienen können. Daher **können** sie dort zumindest **BV bleiben**.[1] Lediglich der insoweit anfallende Aufwand ist nicht durch den GewBetr. der PersGes., sondern durch den GewBetr. des Einzelunternehmers veranlasst. Daher ist er auch diesem zuzuordnen. Technisch erfolgt dies durch eine sog. **Aufwandseinlage im Einzelunternehmen** und durch eine **Nutzungsentnahme im gemeinsamen GewBetr. Dadurch** wird vor allem richtigerweise gewährleistet, dass etwaige stille Reserven nicht wegen der vorübergehenden außerbetrieblichen Nutzung aus der Sicht der PersGes. schon aufgedeckt werden müssen, andererseits aber **bleiben die stillen Reserven bei allen MU'ern** zutr. steuerverhaftet. Bei einer dauerhaften Überlassung wird man hingegen von einer Sachentnahme bei der PersGes. ausgehen müssen; das WG ist – betriebliche Veranlassung durch das Einzelunternehmen vorausgesetzt – dem Einzel-GewBetr. zuzurechnen. Dies gilt auch für unentgeltliche Darlehensgewährungen von der PersGes. an den eigenen GewBetr. des MU'ers. Steuerlich ist die unverzinsliche Darlehensforderung, falls für die Unverzinslichkeit keine betrieblichen Gründe bestehen, insgesamt außerbetrieblich begründet worden und es kommt **bei der PersGes. zu einer Entnahme**, sodass später **keine Teilwertabschreibung** möglich ist. Allerdings liegt – bei einzelbetrieblicher Veranlassung – beim Darlehensnehmer eine anteilige Betriebsschuld vor hinsichtlich des auf die übrigen MU'er entfallenden Anteils an der Forderung.

355 **Problematisch** erscheint, ob **entgeltliche Leistungen freiberuflicher mitunternehmerischer PersGes.** (oder mit luf. Einkünften) **für den GewBetr. eines G'ters** ebenfalls (Rn. 353) als anteilig v. G'ter für seinen eigenen GewBetr. erbrachte Leistungen (an sich selbst) anzusehen sind. Die Frage ist hier, ob § 18 Abs. 4 iVm. § 15 Abs. 1 S. 1 Nr. 2 (bzw. § 13 Abs. 7 iVm. § 15 Abs. 1 S. 1 Nr. 2) oder ob § 15 Abs. 1 S. 1 Nr. 1 vorrangig ist. Dafür gibt § 15 Abs. 2 gerade keine Antwort. Denn dort geht es darum, dass die genannten Einkünfte aus dem Bereich des GewBetr. ausgenommen werden. Hier aber steht in Frage, welchem v. zwei Betrieben eine Tätigkeit zuzuordnen ist, wenn sie sich zugleich als (gemeinsam mit anderen ausgeübte) freiberufliche Betätigung (luf. Betätigung) und als eigene gewerbliche Betätigung (Vorleistung für den eigenen GewBetr.) darstellt. Richtigerweise ist hier v. einem Vorrang der gewerblichen Tätigkeit auszugehen.[2]

356, 357 Einstweilen frei.

358 **3. Schwestergesellschaft an gewerbliche Schwestergesellschaft. a) Leistungen nicht gewerblicher Schwestergesellschaft.** Werden **Leistungen** der in Abs. 1 S. 1 Nr. 2 genannten Art v. einer selbst nicht gewerblichen **(vermögensverwaltenden) Schwester-PersGes.** an eine gewerblich tätige PersGes. erbracht, so wendet die Rspr. **Abs. 1 S. 1 Nr. 2 bei der leistungsempfangenden MU'schaft** an. Es erfolgt ein **sog. Durchgriff** bei der leistenden PersGes. Die Leistungen und die zugrunde liegenden WG werden (anteilig[3]) als **Sondervergütungen und SBV der MU'er bei der leistungsempfangenden PersGes.** behandelt.[4] Zugleich sind damit verbundener Aufwand als **Sonderbetriebsaufwand** und etwaige Veräußerungserlöse als **Sonderbetriebserträge** zu erfassen. Nach Ansicht der Rspr. sei dies ein **ausnahmsweise zulässiger Durchgriff** durch die nicht gewerbliche Schwester-PersGes.[5] An sich erfasse Abs. 1 S. 1 Nr. 2 nur **unmittelbare Leistungen der MU'er** an ihre PersGes. Sei aber die leistende PersGes. nicht selbst gewerblich tätig, gebiete der Grundsatz der **Gleichbehandlung zum gewerblichen Einzelunternehmer** den Durchgriff durch „das beschränkt steuerrechtsfähige Steuerrechtssubjekt PersGes.". Daher müsse hier ausnahmsweise die **mittelbar** über die nicht gewerblich tätige PersGes. erbrachte Leistung der MU'er (bei der leistungsempfangenden PersGes.) der **unmittelbar erbrachten Leistung gleichgestellt werden**. Verfahrensrechtl. bedarf es einer doppelten einheitlichen und gesonderten Einkünftefeststellung (sa. Rn. 393 ff.).[6]

---

1 BFH v. 1.3.1994 – VIII R 35/92, BStBl. II 1995, 241.

2 BFH v. 23.4.1996 – VIII R 13/95, BStBl. II 1998, 325; v. 23.5.1979 – I R 56/77, BStBl. II 1979, 763.

3 Vgl. dazu BFH v. 10.7.2008 – IV B 121/07, BFH/NV 2008, 2002 mwN (anteilig nach dem Umfang der Nutzungsüberlassung und der Beteiligungsquote an der überlassenden PersGes., nicht an der nutzenden MU'schaft).

4 BFH v. 18.8.2005 – IV R 59/04, BStBl. II 2005, 830; v. 10.11.1997 – VIII R 6/96, BStBl. II 1999, 348; v. 23.4.1996 – VIII R 13/95, BStBl. II 1998, 325; v. 1.3.1994 – VIII R 35/92, BStBl. II 1995, 241; v. 23.5.1979 – I R 56/77, BStBl. II 1979, 763.

5 BFH v. 23.4.1996 – VIII R 13/95, BStBl. II 1998, 325; v. 10.11.1997 – VIII R 6/96, BStBl. II 1999, 348.

6 BFH v. 9.10.2008 – IX R 72/07, BStBl. II 2009, 231.

b) Leistungen gewerblicher Schwestergesellschaften. aa) Entgeltliche Leistungen. Handelt es sich um **Leistungen gewerblicher Schwestergesellschaften**, wendet die Rspr. hingegen Abs. 1 S. 1 Nr. 2 bei der leistungsempfangenden MU'schaft nicht an. Es verbleibt mithin dabei, dass die WG zum BV der leistenden PersGes. gehören und die Entgelte zu ihren Erträgen. Bei der leistungsempfangenden MU'schaft liegen **kein SBV, keine Sondervergütungen, kein Sonderbetriebsaufwand** vor.[1] Für die Rspr. folgt dies nunmehr aus der beschränkten Steuerrechtsfähigkeit der PersGes. Abs. 1 S. 1 Nr. 2 erfasse daher **nicht** die **lediglich mittelbar über eine PersGes. erbrachten Leistungen** der MU'er. Die Rspr. geht mithin von einem **Vorrang der Zuordnung** zum GewBetr. der leistenden PersGes. (**zum gemeinsamen GewBetr.** der MU'er bei **der leistenden PersGes.**) aus. Dieser Vorrang wird v. der Rspr. zutr. sowohl bei originär gewerblichen PersGes.,[2] bei gewerblich geprägten PersGes.[3] und bei Außen- und InnenGes.[4] angenommen. Dies gilt schließlich auch für die sog. mitunternehmerische BetrAufsp.[5] bis zu deren Beendigung (Rn. 112). Soweit das sog. Besitzunternehmen allerdings keine MU'schaft ist, sondern ein Einzelunternehmen einschl. einer KapGes., verbleibt es bei der Anwendung v. Abs. 1 S. 1 Nr. 2 bei der leistungsempfangenden MU'schaft.[6] 359

Mittlerweile ist str., ob nicht auch für **Leistungen freiberuflicher** (oder luf.) **MU'schaften** entgegen der bisherigen Rspr.[7] ein „Durchgriff" ausgeschlossen sein müsse.[8] Es ist aber an der zutr. bisherigen Rspr. uneingeschränkt festzuhalten. Denn bei Leistungen einer freiberuflichen MU'schaft an ihren **MU'er** für dessen GewBetr. stellt sich exakt dasselbe Zuordnungsproblem. Hier genießt die Zuordnung zum eigenen GewBetr. nach Abs. 1 S. 1 Nr. 1 den Vorrang zur Zuordnung zu den freiberuflichen Einkünften nach § 18 Abs. 4 S. 2.[9] Dann darf bei Leistungen an gewerbliche Schwester-PersGes. nicht anders entschieden werden. 360

bb) Unentgeltliche oder verbilligte Leistungen. Werden die Leistungen wegen der G'ter-Stellung **unentgeltlich** für das Unternehmen einer gewerblichen Schwester-PersGes. (oder auch den EinzelGewBetr. eines MU'ers) erbracht, so **fehlt** es bei der leistenden MU'**schaft** an einer **betrieblichen Veranlassung**. Bei **Nutzungsüberlassungen v. WG** – auch wesentlicher – bleiben diese dennoch **BV der überlassenden MU'schaft** (Rn. 354). Allerdings sind die entstehenden Aufwendungen einschließl AfA **Sonderbetriebsaufwand des/der MU'er bei der empfangenden PersGes.** (technische **Aufwandseinlage**) und daher bei der leistenden PersGes. zu neutralisieren (technische **Nutzungsentnahme**). Werden umgekehrt überhöhte Leistungsentgelte gezahlt, so liegen hinsichtlich des überhöhten Teiles keine BA, sondern verdeckte Entnahmen (bei der zahlenden Ges.) und verdeckte Einlagen (bei der leistenden Ges.) vor (Rn. 292).[10] 361

Demgegenüber ist bei **verbilligten Nutzungsüberlassungen** zu differenzieren. Erreicht das Entgelt die Aufwendungen oder übersteigt es sie, verbleibt es bei der Behandlung als entgeltliche Leistung (Rn. 359). Anders als bei KapGes. gibt es bei Einzelunternehmen und PersGes. keinen Grundsatz, dass Leistungen nur gewinnrealisierend entnommen werden dürfen.[11] Bei Beteiligung einer KapGes. als MU'er ist allerdings v. einer vGA auszugehen.[12] Liegt das Entgelt unter dem Aufwand, ist iHd. Differenz eine Aufwandsentnahme und Aufwandseinlage zu erfassen. 362

Für **unentgeltliche Darlehensgewährungen** ist demgegenüber davon auszugehen, dass nicht nur eine Nutzungsentnahme vorliegt, sondern die Darlehensforderung selbst nicht mehr BV der überlassenden 363

1 BFH v. 18.8.2005 – IV R 59/04, BStBl. II 2005, 830; v. 10.11.1997 – VIII R 6/96, BStBl. II 1999, 348; v. 23.4.1996 – VIII R 13/95, BStBl. II 1998, 325 mwN.
2 FG Berlin-Bdbg. v. 21.5.2008 – 1 K 6039/05 B, EFG 2008, 1373 (auch bei nicht gewstpfl. Betriebsverpachtung).
3 BFH v. 23.4.1996 – VIII R 13/95, BStBl. II 1998, 325; v. 16.6.1994 – IV R 48/93, BStBl. II 1996, 82; v. 22.11.1995 – VIII R 63/93, BStBl. II 1996, 93.
4 BFH v. 26.11.1996 – VIII R 42/94, BStBl. II 1998, 328.
5 BFH v. 22.9.2011 – IV R 33/08, BStBl. II 2012, 10; v. 30.8.2007 – IV R 50/05, BStBl. II 2008, 129; v. 23.4.1996 – VIII R 13/95, BStBl. II 1998, 325; erstmals BFH v. 16.6.1994 – IV R 48/93, BStBl. II 1996, 82; BMF v. 28.4.1998, BStBl. I 1998, 583; **aA** noch BFH v. 25.4.1985 – IV R 36/82, BStBl. II 1985, 622; BMF v. 18.1.1996, BStBl. I 1996, 86; daher auch Übergangsregelung aus Billigkeitsgründen für Wj. vor dem 1.1.1999, BMF v. 28.4.1998, BStBl. I 1998, 583.
6 BFH v. 18.8.2005 – IV R 59/04, BStBl. II 2005, 830.
7 BFH v. 23.5.1979 – I R 56/77, BStBl. II 1979, 763; v. 24.11.1998 – VIII R 61/97, BStBl. II 1999, 483; v. 23.4.1996 – VIII R 13/95, BStBl. II 1998, 325.
8 Vgl. *Wacker* in Schmidt[37], § 15 Rn. 606, 533; *Kempermann*, FS Flick, 1997, 445.
9 FG Münster v. 15.7.2008 – 1 K 2405/04 F, EFG 2009, 106; BFH v. 2.12.1982 – IV R 72/79, BStBl. II 1983, 215; **aA** *Desens/Blischke* in K/S/M, § 15 Rn. F 360.
10 BFH v. 21.9.2000 – IV R 50/99, BStBl. II 2001, 299.
11 BFH v. 24.3.1983 – IV R 123/80, BStBl. II 1983, 598; v. 1.3.1994 – VIII R 35/92, BStBl. II 1995, 241; v. 23.3.1995 – IV R 94/93, BStBl. II 1995, 637.
12 BFH v. 6.8.1985 – VIII R 280/81, BStBl. II 1986, 17.

PersGes. ist, sondern **(anteilig)** in das **SBV** der MU'er bei der darlehensnehmenden MU'schaft gem. § 6 Abs. 5 S. 3 überführt wurde.[1] Soweit davon ausgegangen wird, dass eine **Entnahme in das PV** der an beiden Gesellschaften beteiligten MU'er vorliege,[2] ist dies unzutr. Dasselbe sollte gelten, soweit das Darlehen zu **nicht kostendeckenden Entgelten** (keine fremdüblichen Konditionen) überlassen wird.[3]

364 Bei der sog. mitunternehmerischen **BetrAufsp.** ist zu beachten, dass bei **unentgeltlicher** oder nicht kostendeckender **Überlassung** die vermeintliche **Besitz-PersGes.** mangels Gewinnerzielungsabsicht, Abs. 2, keinen GewBetr. unterhält (Rn. 87). Daher ist hier dann Abs. 1 S. 1 Nr. 2 einschlägig[4] (Zurechnung bei der MU'schaft), weil nur die Leistung einer vermögensverwaltenden PersGes. vorliegt (Rn. 358). Anders als bei der BetrAufsp. zu einer KapGes. kommt nicht in Betracht, die Wertsteigerung der zum BV des Besitzunternehmens gehörenden Anteile an der KapGes. durch Ersparung v. Aufwendungen für die Gewinnerzielungsabsicht zu berücksichtigen.

365, 366 Einstweilen frei.

VI. GmbH & Co. KG, GmbH & atypisch Still

Literatur: *Bolk*, Einkünfte des an einer GmbH still beteiligten Gesellschafters, FS Reiß, 2008, 449; *Brandenberg*, Die atypisch stille Gesellschaft – eine vollwertige Mitunternehmerschaft, in Fischer/Geck/Haarmann (Hrsg.), Zivilrechtliches Ordnungsgefüge und Steuerrecht, Festschrift für Georg Crezelius, 2018, 275; *Breithecker/Radde*, Verdeckte Gewinnausschüttungen bei der GmbH & atypisch Still, DStZ 2018, 371; *Briese*, Verdeckte Gewinnausschüttung, Entnahme und Sondervergütung bei der GmbH & Co. KG, DStR 2015, 1945; *Demuth*, GmbH & Still als Gestaltungsalternative, KÖSDI 2015, 19483; *Schulze zur Wiesche*, Die GmbH & Still, 6. Aufl. 2013; *Suchanek*, Die atypisch stille Ges. im Umwandlungsfall, Ubg 2012, 431; *Wichmann*, Gesellschafts-, handels- und steuerrechtliche Fragen zur GmbH & Still, DStZ 2014, 442.

367 **1. Gewerbliche Einkünfte und Mitunternehmerstellung.** Die GmbH & Co. KG wie auch die (weitgehend) gleich zu behandelnde GmbH & atypisch Still[5] sind ungeachtet der Beteiligung v. KapGes. **MU'schaften** iSd. Abs. 1 S. 1 Nr. 2. Dies gilt selbst dann, wenn alle G'ter KapGes. sind. Soweit sie nicht originär gewerblich tätig sind, einschl. der Abfärberegelung des Abs. 3 Nr. 1 (Rn. 143 ff.), ergibt sich aus Abs. 3 S. 2 die Gewerblichkeit als **gewerblich geprägte PersGes.** für die GmbH & Co KG (Rn. 135 ff.) und nach Ansicht der Rspr. auch für die GmbH & Still, soweit nicht auch Ges. als nat. Pers. haften oder zur Geschäftsführung berufen sind (Rn. 141).[6] Dagegen soll die Gewerblichkeit für nat. Pers. als atypisch stille G'ter bei der GmbH & Still mit an sich vermögensverwaltender Tätigkeit nicht gegeben sein, wenn den atypisch stillen G'tern bei der InnenGes. Geschäftsführungsbefugnis eingeräumt wird (Rn. 190).[7] Das überzeugt nicht (Rn. 191). Ein atypisch still Beteiligter kann die Einkünfte vielmehr nur in der Qualifikation übernehmen, in der sie beim Hauptbeteiligten vorliegen. Atypisch still Beteiligter kann auch eine PersGes. als MU'schaft sein. Es liegt dann eine doppelstöckige MU'schaft vor. Verfahrensrechtl. bedarf es je einer gesonderten (und einheitlichen) Feststellung je für die atypisch stille Ges. und für die daran beteiligte PersGes., resp. deren Mitglieder.[8]

368 Für die **GmbH** als phG'ter bzw. als nach außen allein auftretenden Unternehmer ergibt sich die **MU'er-Stellung** idR bereits aus der **unbeschränkten Außenhaftung.**[9] Sie trägt idR **immer Unternehmerrisiko.** Meines Erachtens darf es aber – entgegen der hM – nicht an jeglicher Erfolgsbeteiligung fehlen (s. aber auch Rn. 177, 208, 211). Allerdings sind hierfür eine Haftungsvergütung oder eine feste Verzinsung der Einlage oder des Stammkapitals ausreichend.[10] Die Gewinnverteilungsabrede ist angemessen, wenn sie aus Sicht der Komplementär-GmbH Arbeitseinsatz, Kapitaleinsatz und Übernahme des Haftungsrisikos

---

1 BFH v. 19.7.1984 – IV R 207/83, BStBl. II 1985, 6; *Wacker* in Schmidt[37], § 15 Rn. 551, 604.

2 So möglicherweise BFH v. 9.5.1996 – IV R 64/93, BStBl. II 1996, 642; *Groh*, DStZ 1996, 673.

3 FinVerw. (OFD Münster v. 18.2.1994, DStR 1994, 582); **aA** (nur Aufwandsentnahme) *Wacker* in Schmidt[37], § 15 Rn. 630; *Ruban*, FS Klein, 1994, 781.

4 Zutr. BMF v. 28.4.1998, BStBl. I 1998, 583; *Brandenberg*, DB 1998, 2488; **aA** *Hoffman*, GmbHR 1998, 824; *Neu*, DStR 1998, 1250.

5 BFH v. 25.6.2014 – I R 24/13, BStBl. II 2015, 141 (zur in Österreich ansässigen GmbH mit in Deutschland ansässigem atypisch still Beteiligten); v. 15.10.1998 – IV R 18/98, BStBl. II 1999, 286; FG Nds. v. 22.3.2017 – 9 K 92/15, EFG 2017, 1170 (Rev. IV R 7/17) (zu SBV und korrespondierender Bilanzierung).

6 BFH v. 26.11.1996 – VIII R 42/94, BStBl. II 1998, 328.

7 BFH v. 14.7.1998 – VIII B 112/97, BFH/NV 1999, 169; v. 26.11.1996 – VIII R 42/94, BStBl. II 1998, 328.

8 BFH v. 21.10.2015 – IV R 43/12, BStBl. II 2016, 517.

9 BFH v. 10.10.2012 – VIII R 42/10, BStBl. II 2013, 79; BFH v. 25.4.2006 – VIII R 74/03, BStBl. II 2006, 595; v. 11.6. 1985 – VIII R 252/80, BStBl. II 1987, 33; v. 24.7.1984 – VIII R 65/84, BStBl. II 1985, 85; v. 11.12.1986 – IV R 222/84, BStBl. II 1987, 553.

10 Bej. BFH v. 3.2.1977 – IV R 122/73, BStBl. II 1977, 346 (richtigerweise dürfte zumindest nicht nur auf das Stammkapital abgestellt werden, sondern auf das vorhandene Kapital, denn auch damit haftet die GmbH schließlich).

fremdvergleichskonform vergütet. Dabei schadet es nicht, wenn sich die Komplementär-GmbH die Geschäftsführungstätigkeit vergüten lässt, ohne selbst ihre Geschäftsführer (die G'ter sowohl der Komplementär-GmbH als auch der KG sind) auf schuldrechtl. Basis zu vergüten.[1] Es ist also nicht bloß eine Haftungsvergütung kombiniert mit Auslagenersatz angemessen.

Für die **K'disten** gelten die allg. Anforderungen (Rn. 208 ff.). Fehlt dem K'disten eine Gewinnbeteiligung, ist er nicht MU'er, selbst wenn er iÜ aufgrund schuldrechtl. Dienstverträge (Arbeitsvertrag), Darlehensverträge, Nutzungsüberlassungsverträge Vergütungen erhält und an der Komplementär-GmbH beteiligt ist.[2] Etwas anderes kann allerdings dann gelten, wenn sich diese vermeintlichen schuldrechtl. Verträge als (verdeckte) Beitragsverpflichtungen aus einem verdeckten Gesellschaftsverhältnis erweisen (Rn. 214 f.). Zur MU'er-Stellung des Stillen bei der GmbH & Still s. Rn. 190 f. 369

Bei einer **Familien-GmbH & Co KG oder Familien-GmbH & atypisch Still** ist die **MU'schaft** v. Angehörigen (insbes. **minderjährigen Kindern**) nach denselben Grundsätzen wie bei anderen Familien-PersGes. zu beurteilen. Ebenso ist es hinsichtlich der (noch) angemessenen Gewinnverteilung (Rn. 217 ff.). Dabei ist gleichgültig, ob die Eltern/Großeltern auch noch an der PersGes. beteiligt sind oder nur an der GmbH.[3] Letzterenfalls ist der unangemessene Gewinnanteil der GmbH als vGA zuzurechnen, falls nicht eine verdeckte MU'schaft auch des vermeintlichen Nicht-G'ters vorliegt (Rn. 214 f.). 370

2. Betriebsvermögen, Sonderbetriebsvermögen und Sondervergütungen. Bei einer GmbH & Co. KG wirft das Gesamthands-BV wenig Fragen auf, da ein Gesamthandsvermögen vorhanden ist, das sich vom Vermögen der G'ter abgrenzen lässt (sei es rechtlich, sei es nach den Kriterien des wirtschaftlichen Eigentums). Bei der atypisch stillen Ges. unter Beteiligung einer KapGes. als Inhaber des Handelsgewerbes ist dies anders. Ihr Unternehmen wird für die Dauer des Bestehens der atypisch stillen Ges. ertragsteuerlich der MU'schaft (atypisch GmbH & Still) zugeordnet. Das BV des Inhabers des Handelsgewerbes kann dadurch mitunternehmerisches Vermögen werden, das von ihm im eigenen Namen, aber für Rechnung der MU'schaft verwaltet wird (zur eigenständigen Gewinnermittlung Rn. 373a). Obwohl es zivilrechtl. nur ein einziges Vermögen des Inhabers des Handelsgewerbes gibt, ist es zudem möglich, dass der Inhaber – selbst wenn er eine KapGes. ist – auch noch eigenes, von dem der atypisch stillen Ges. zu trennendes Vermögen haben kann. Letztlich stellt der IV. Senat den Inhaber des Handelsgewerbes damit dem Komplementär einer „fiktiven KG" (jedenfalls theoretisch) gleich.[4] 371

Im Übrigen gelten die allg. Grundsätze für SBV I und II, ua. die korrespondierende Bilanzierung von Forderungen und Verbindlichkeiten (Rn. 240 f.).[5] Erkennt man mit dem IV. Senat an, dass bei einer atypisch stillen Ges. nicht das gesamte Vermögen des Geschäftsinhabers Gesamthandsbetriebsvermögen sein muss, sondern auch ein „Eigenvermögen" bestehen kann (also bilanzsteuerrechtl. letztlich wohl subjektive Zurechnung nach den Kriterien des wirtschaftlichen Eigentums nicht zur atypisch stillen Ges., s. Rn. 370), dann kann es auch nach allg. Grundsätzen SBV des Geschäftsinhabers geben (vgl. auch Rn. 194).[6] Für den Stillen ist dies hingegen unproblematisch. Die einem K'disten[7] oder atypisch stillen G'ter[8] als **MU'er** gehörenden **Anteile an der (Komplementär)GmbH** gehören (daher) zu dessen **SBV (II)**, sofern die GmbH nicht einen eigenen wesentlichen Geschäftsbetrieb unterhält[9] und sofern die Anteile an ihr dem K'disten oder dem atypisch stillen G'ter eine Einflussnahme auf die Geschäftsführung für die MU'schaft durch die Komplementär-GmbH ermöglichen[10] (Rn. 333, 337). Offene und verdeckte **Gewinnausschüttungen** auf diese Anteile führen beim MU'er zu **Sonderbetriebserträgen,**[11] **ebenso wie Gewinne aus der Veräußerung der Anteile.**[12] Es handelt sich um lfd. Gewinne, außer bei vollständiger Veräußerung des MU'anteils nach § 16 Abs. 1 S. 1 Nr. 2[13] oder Veräußerung einer 100 %igen Beteiligung (§ 16 Rn. 51 ff.). 371a

1 FG Münster v. 23.2.2018 – 1 K 2201/17, EFG 2018, 1099 Rn. 58 ff. (Rev. IV R 11/18).
2 BFH v. 28.10.1999 – VIII R 66–70/97, BStBl. II 2000, 183 mwN.
3 BFH v. 6.11.1991 – XI R 35/88, BFH/NV 1992, 452; v. 5.6.1986 – IV R 53/82, BStBl. II 1986, 798.
4 BFH v. 1.3.2018 – IV R 38/15, BStBl. II 2018, 587 Rn. 37 f.
5 Vgl. FG Nds. v. 22.3.2017 – 9 K 92/15, EFG 2017, 1170 (Rev. IV R 7/17).
6 **AA** wohl (noch) BFH v. 2.5.1984 – VIII R 276/81, BStBl. II 1984, 820.
7 BFH v. 7.3.1996 – IV R 12/95, BFH/NV 1996, 736; v. 16.5.1995 – VIII R 18/93, BStBl. II 1995, 714 mwN.
8 BFH v. 15.10.1998 – IV R 18/98, BStBl. II 1999, 286; **aA** *Steinacker*, Die GmbH & Still im Steuerrecht, Diss. 1993; *Mylich*, FS Blaurock, 2013, 355 (weil stille Beteiligung nur Anhängsel der GmbH-Beteiligung sei, nicht umgekehrt).
9 BFH v. 11.12.1990 – VIII R 14/87, BStBl. II 1991, 510.
10 BFH v. 18.6.2015 – IV R 5/12, BStBl. II 2015, 935; v. 16.4.2015 – IV R 1/12, BStBl. II 2015, 705; s. auch *Demuth*, KÖSDI 2015, 19483 (19489) zur atypischen GmbH & Still.
11 BFH v. 16.5.1995 – VIII R 18/93, BStBl. II 1995, 714; v. 21.9.1995 – IV R 65/94, BStBl. II 1996, 66.
12 BFH v. 15.10.1998 – IV R 18/98, BStBl. II 1999, 286.
13 BFH v. 18.5.1983 – I R 5/82, BStBl. II 1983, 771.

372 Bei doppelstöckigen GmbH & Co KGs gehören GmbH-Komplementär-Anteile an der Obergesellschaft zum SBV der MU'er der Untergesellschaft, falls sie v. diesen gehalten werden.[1] Liegt zugleich eine MU'er-Beteiligung an der Obergesellschaft vor, erscheint eine Zurechnung zum SBV bei der Obergesellschaft vorrangig, es sei denn, diese habe keinen wesentlichen eigenen Geschäftsbetrieb. Dann ist v. SBV II bei der Untergesellschaft auszugehen, unabhängig davon, ob die G'ter der Obergesellschaft nur „mittelbare MU'er" sind oder auch mit eigenem SBV bei der Untergesellschaft „unmittelbare MU'er"[2] (Rn. 344 f., 347).

373 **Tätigkeitsvergütungen** des Kdisten oder atypisch stillen G'ters für die **Geschäftsführung** oder andere Dienstleistungen gehören zu den **Sondervergütungen nach Abs. 1 S. 1 Nr. 2**, wenn die Leistungen aufgrund bestehender schuldrechtl. Vertragsbeziehungen unmittelbar der KG (oder der GmbH bei der GmbH & atypisch Still) geschuldet werden, hingegen zu den gleich zu behandelnden sonstigen **Sonderbetriebserträgen** (Rn. 340), wenn die Leistung über die GmbH erbracht wird, weil sie dieser vertraglich geschuldet wird.[3] Im letzteren Falle liegen bei der GmbH als MU'er zugleich **Sondervergütungen** (für die v. der KG als Aufwendungsersatz geschuldete Vergütung) und **Sonderbetriebsaufwendungen** (für die dem K'disten geschuldete Vergütung) vor. Dies alles gilt auch für Pensionsrückstellungen (Rn. 322 f.).[4] Ist der Begünstigte allerdings nicht MU'er, wird die zu bildende Rückstellung nicht durch eine korrespondierende Forderung im Sonderbereich ausgeglichen.[5] Sonderbetriebserträge liegen auch vor, soweit eine Schwester-KapGes.[6] lediglich zwischengeschaltet wird.

373a Als reine Innenges. ist die **atypische GmbH (KapGes.) & Still** weder Kaufmann noch aus sonstigen Gründen zur Aufstellung einer **HB** verpflichtet oder auch nur buchführungspflichtig. Die in § 232 HGB vorgesehene Gewinnermittlung erfolgt nur auf der Grundlage der **HB** und des **Jahresabschlusses der GmbH** (KapGes.) als des Geschäftsinhabers. Die **Einlage des Stillen** ist darin grds. als **Fremdverbindlichkeit** auszuweisen. Soweit allerdings eine Verlustbeteiligung und der vollständige Rücktritt hinter alle Insolvenzgläubiger vereinbart ist, sollte richtigerweise auch in der HB der GmbH die „Verbindlichkeit" ggü. dem atypisch Stillen bereits als ein besonderer eigenkapitalersetzender „Kapitalposten" ausgewiesen werden, freilich nicht als „Eigenkapital" der GmbH. Nicht restlos geklärt ist es, ob für die GmbH (KapGes.) und atypisch Still formell eine selbstständige **eigene Steuerbilanz** aufzustellen ist. Da die atypisch stille Ges. letztlich eine vollwertige MU'schaft ist, ist sie konsequenterweise aus der Sicht des Ertragsteuerrechts in Ansehung der Einkünfteermittlung auch ein partielles Steuersubjekt (Rn. 164 ff.). Dann bedarf es auch einer eigenen Gewinnermittlung und dies bedeutet bei Gewinnermittlung durch BV-Vergleich, dass eine eigene StB erforderlich ist.[7] Eine andere Frage ist allerdings, wann die atypisch stille Ges. ihren Gewinn zwingend durch BV-Vergleich ermitteln muss und ob ihr losgelöst vom Geschäftsinhaber die Überschussrechnung nach § 4 Abs. 3 zusteht (Rn. 193). Die FinVerw. lässt es jedenfalls iErg. ausreichen, dass sich der **steuerliche Gesamtgewinn der MU'schaft** – u.a. maßgeblich für den Gewerbeertrag des **GewBetr. der KapGes. & Still**, der das **Steuerobjekt für die GewSt** gem. §§ 7, 5 und 2 Abs. 1 und 2 GewStG darstellt – aus einer Addition der Ergebnisse der Steuerbilanz der KapGes. und der Sonderbilanzen der stillen G'ter unter Berücksichtigung der Gewinnanteile des/der atypischen Stillen herleiten lässt.[8] Für die **Steuerbilanz der GmbH & Still** als MU'schaft stellen die Einlage des atypisch Stillen und die Beteiligung der KapGes. als Hauptgesellschafterin steuerlich jedenfalls EK der einzelnen MU'er und damit der MU'schaft insgesamt dar.In der eigenen **Steuerbilanz der GmbH** (KapGes.) wäre richtigerweise nur die Beteiligung an der atypisch stillen Ges. nach Maßgabe der Spiegelbildmethode mit dem sich aus der Steuerbilanz der atypisch GmbH (KapGes.) & Still ergebenden Wert des Kapitalkontos der GmbH (KapGes.) zu erfassen.[9]

374 **3. Verdeckte Gewinnausschüttungen.** Bei einer allerdings schon iRd. Gewinnverteilung auf der Ebene der MU'schaft zu korrigierenden **unangemessenen Gewinnverteilung**[10] zulasten der GmbH läge an sich eine vGA der GmbH zugunsten der als MU'er beteiligten K'disten oder atypisch stillen G'ter vor. Wegen

1 BFH v. 11.12.1990 – VIII R 14/87, BStBl. II 1991, 510.
2 Vgl. zu dieser Differenzierung BFH v. 31.8.1999 – VIII B 74/99, BStBl. II 1999, 794.
3 BFH v. 10.7.2002 – I R 71/01, BStBl. II 2003, 191 mwN.
4 BFH v. 30.3.2006 – IV R 25/04, BFH/NV 2006, 1293 (auch zum Bilanzenzusammenhang in der Sonderbilanz); v. 26.11.1992 – X R 187/87, BStBl. II 1993, 298; v. 2.12.1997 – VIII R 42/96, BStBl. II 2008, 177; v. 2.12.1997 – VIII R 15/96, BStBl. II 2008, 174; vgl. auch BFH v. 7.2.2002 – IV R 62/00, BFH/NV 2002, 976; s. auch *Bolk*, FS Reiß, 2008, 449 (464 f.).
5 BFH v. 7.2.2002 – IV R 62/00, BFH/NV 2002, 976.
6 BFH v. 6.7.1999 – VIII R 46/94, BStBl. II 1999, 720.
7 *Wacker* in Schmidt[37], § 15 Rn. 347; offengelassen zwar von BFH v. 25.6.2014 – I R 24/13, BStBl. II. 2015, 141, aber mit Tendenz zur Bejahung; **aA** *Breithecker/Radde*, DStZ 2018, 371 (376).
8 OFD Erfurt v. 23.10.2003, FR 2003, 1299; dazu auch *Bolk*, FS Reiß, 2008, 449 (467); so iErg. wohl auch BFH v. 25.6.2014 – I R 24/13, BStBl. II 2015, 141; v. 10.12.2014 – I R 3/13, BFH/NV 2015, 667.
9 Siehe dazu nur *Bolk*, FS Reiß, 2008, 449 (467) mwN.
10 Vgl. dazu BFH v. 18.6.2015 – IV R 5/12, BStBl. II 2015, 935; v. 15.11.1967 – IV R 139/67, BStBl. II 1968, 152; v. 15.11.1967 – IV 115/65, BStBl. II 1968, 174; v. 15.11.1967 – IV R 2/67 und IV R 244/66, BStBl. II 1968, 175;

der bereits bei der Gewinnverteilung erfolgenden Korrektur kommt es allerdings erst gar nicht zu der von § 8 Abs. 3 KStG vorausgesetzten Einkommensminderung bei der GmbH. Die ggü. dem atypisch stillen G'ter vorgenommene vGA erhöht als dessen Sonderbetriebseinnahme (Rn. 373) dessen gewerbliche Einkünfte. Eine vGA (einschl. Gewinnaufschlag) ist auch bei unentgeltlicher oder verbilligter Leistungsabgabe oder Güterveräußerung an die G'ter oder denen nahestehende Pers. anzunehmen.[1] Umgekehrt liegt eine verdeckte Einlage mit der Folge nachträglicher AK vor, wenn die Gewinnverteilung zu Lasten der übrigen MU'er und GmbH G'ter die GmbH unangemessen begünstigt.[2] **Verfahrensrechtl.** ist bei der einheitlichen und gesonderten Gewinnfeststellung bereits über das Vorliegen einer vGA zu entscheiden.[3]

VII. Übertragung von Wirtschaftsgütern bei Mitunternehmerschaften

Literatur: *Bareis*, Änderungen der Verfügungsrechte bei Mitunternehmerschaften mit oder ohne Gewinnrealisierung, FR 2011, 153; *Blumers*, Wertungswidersprüche in § 6 Abs. 3 und 5 EStG, DB 2013, 1625; *Dornheim*, Die Aufgabe der „reinen" Trennungstheorie, DStZ 2013, 397; *Hallerbach*, Veräußerungsgewinn bei teilentgeltlicher Veräußerung von Wirtschaftsgütern, WPg 2016, 875; *Heuermann*, Einheit, Trennung oder modifiziertes Trennen?, DB 2013, 1328; *Hüttemann*, Gewinnermittlung bei PersGes., in Dötsch/Herlinghaus ua. (Hrsg.), Die PersGes. im Steuerrecht, Gedächtnissymposion für B. Knobbe-Keuk, Köln 2011, 39; *Kleinmanns*, Abgrenzung von Gesellschafterkonten wirft Fragen auf, BB 2016, 1906; *Levedag*, Gewinnrealisation bei mitunternehmerischen Übertragungsvorgängen, GmbHR 2014, 337; *Lutzenberger*, Transfer von Wirtschaftsgütern nach § 6 Abs. 5 Sätze 1 bis 3 EStG, DStZ 2015, 670; *Meyering/Moese*, Die teilentgeltliche Übertragung von Einzelwirtschaftsgütern, DB 2016, 481; *Mitschke*, Nochmals: Trennung von der Trennungstheorie, FR 2013, 648; *Niehus*, Zur (Nicht)Tauschähnlichkeit von Sacheinbringungen in MU'schaften, StuW 2017, 27; *Niehus*, Einbringungen in PersGes.: Systematische Überlegungen zum Anwendungsbereich v. § 24 UmwStG, FR 2010, 1; *Novosel*, Ertragsteuerliche Folgen der Übertragung von Betriebs- und Sonderbetriebsvermögen bei PersGes. – Vergleich Deutschland und Österreich, StuW 2015, 247; *Scharfenberg*, Überführung und Übertragung einzelner WG nach § 6 Abs. 5 EStG, DB 2012, 193; *Siegel*, Zuordnungsänderungen in Personengesellschaften, FR 2011, 45; *Strahl*, Übertragung von Wirtschaftsgütern bei Mitunternehmerschaften – Reichweite und Aufgabe der Trennungstheorie, FR 2013, 322; *Strahl*, Aufgabe der Trennungstheorie, KÖSDI 2013, 18528; *Vees*, Einheitstheorie oder Trennungstheorie, DStR 2013, 681; *Wendt*, Verbilligte WG-Übertragung im Anwendungsbereich von § 6 Abs. 5 EStG, DB 2013, 834; *Wilke*, Teilentgeltliche Übertragung einzelner WG, FR 2016, 761.

1. Übersicht. Die **Übertragung/Überführung einzelner WG aus BV in BV im Rahmen einer MU'schaft** 375
wurde erstmals durch das StEntlG[4] iRd. Bewertungsvorschrift des § 6 Abs. 5 ausdrücklich gesetzlich geregelt. Allerdings umfasst die Regelung tatbestandlich nur Überführungen/Übertragungen v. Einzel-WG, die zu einem BV oder SBV des MU'ers oder der MU'schaft gehören, in ein BV des MU'ers oder der MU'schaft. Nicht in § 6 Abs. 5 geregelt ist die Übertragung aus PV in BV und umgekehrt (s. Rn. 384, 387). Schließlich umfasst § 6 Abs. 5 nicht normale entgeltliche Veräußerungen. Außerdem ist die Regelung beschränkt auf die **Übertragung/Überführung v. Einzel-WG**. Die Übertragung v. **Betrieben, Teilbetrieben und MU'anteilen** auf eine MU'schaft gegen Gewährung v. Gesellschaftsrechten ist in § 24 UmwStG geregelt (s. § 16 Rn. 23 ff.) und für unentgeltliche Übertragungen auf einen anderen MU'er in § 6 Abs. 3 (§ 6 Rn. 193 ff.), die Übertragung v. Teilbetrieben, MU'anteilen und Einzel-WG v. der MU'schaft auf den MU'er im Rahmen einer Realteilung hingegen in § 16 Abs. 3 (s. § 16 Rn. 198 ff.).

Die Komplexität der stl. Behandlung der Übertragung v. WG im Rahmen einer stl. MU'schaft folgt aus der 375a
transparenten Besteuerung der MU'er bei weitgehender rechtl. Verselbständigung der PersGes. im Zivilrecht. Dies führt einerseits zur Anerkennung, dass zw. MU'ern (G'ter) und der MU'schaft (Ges.) gewinnrealisierende Umsatzakte stattfinden können. Andererseits wird dem MU'er (G'ter) der Gewinn der MU'schaft anteilig als v. ihm erzielter Gewinn zugerechnet. Dies impliziert, dass ihm stl. auch das BV der Ges. anteilig zugerechnet wird, bzw. sein SBV vollständig. Insoweit ist zu beantworten, wie stl. die Übertragung v. WG auf gesellschaftsrechtl. Basis – also nicht wie unter fremden Dritten – v. G'ter auf die Ges. und umgekehrt zu behandeln ist. Dabei sind die stl. Unterschiede zw. BV und Nicht-BV zu beachten, auch wenn diese zivilrechtl. gerade keine Rolle spielen. Aus der rein stl. bedeutsamen Rolle eines dem MU'er/G'ter allein zuzurechnenden SBV – aber iRd. gemeinsamen Betriebs der MU'schaft – folgt die weitere Problematik, wie die Überführung v. und in ein solches SBV stl. zu behandeln ist. Daraus ergeben sich folgende Grundfragen: **(1)** Wie ist die Überführung v. WG des MU'ers in das SBV des MU'ers und umgekehrt aus seinem SBV zu behandeln – Überführung ohne Rechtsträgerwechsel? **(2)** Wie sind Übertragungsvorgänge mit Rechtsträgerwechsel auf und v. der PersGes. im Rahmen einer MU'schaft zu behandeln? Dabei ist mit Rücksicht auf die beteiligten Rechtsträger (zivil- und steuerrechtl.) einerseits und die Zugehörigkeit zum BV oder PV (stl.)

---

v. 4.7.1968 – IV 136/63, BStBl. II 1968, 671; v. 3.2.1977 – IV R 122/73, BStBl. II 1977, 346 (angemessene Verzinsung der Einlage und des Haftungsrisikos).

1 BFH v. 6.8.1985 – VIII R 280/81, BStBl. II 1986, 17; v. 9.6.1994 – IV R 47–48/92, BFH/NV 1995, 103.

2 BFH v. 23.8.1990 – IV R 71/89, BStBl. II 1991, 172.

3 BFH v. 24.3.1998 – I R 79/97, BStBl. II 1998, 578.

4 V. 24.3.1999, BGBl. I 1999, 402; BT-Drucks. 14/23.

zu differenzieren zw. a) vollentgeltlichen Veräußerungen zw. dem einzelnen MU'er und der Ges. (der Gesamtheit der G'ter) sowie zw. den MU'ern zu fremdüblichen Bedingungen (Rn. 376), b) der unentgeltlichen Übertragung v. WG des MU'ers auf andere MU'er oder Dritte (Rn. 377 ff.), c) der offenen gesellschaftsrechtl. Einlage („gegen Gewährung v. Gesellschaftsrechten") in das Gesellschaftsvermögen aus BV (Rn. 380 ff.) oder PV (Rn. 384 f.) v. einzelnen WG oder betrieblichen Einheiten (Rn. 383), d) der verdeckten Einlage („unentgeltlich") in das Gesellschaftsvermögen (Rn. 385 ff.), e) der offenen gesellschaftsrechtl. („gegen Minderung v. Gesellschaftsrechten") und verdeckten Entnahme („unentgeltlich") v. einzelnen WG oder betrieblichen Teileinheiten aus dem Gesellschaftsvermögen in ein anderes BV oder in PV (Rn. 387 f.).

376 **2. (Teil-)Entgeltliche Übertragungen.** Entgeltliche Veräußerungen einzelner WG zu fremdüblichen Bedingungen aus dem **BV der Ges. oder dem SBV** werden auch dann als **normale gewinnrealisierende Geschäftsvorfälle** behandelt, wenn sie zw. der Ges. (den MU'ern gemeinsam) und dem G'ter (dem einzelnen MU'er) stattfinden[1] oder zw. den einzelnen MU'ern. Derartige Veräußerungsvorgänge **fallen nicht unter § 6 Abs. 5 S. 3** (s. § 6 Rn. 219). Dasselbe gilt für Veräußerungen zw. **Schwester-PersGes.**[2] Das Steuerrecht respektiert, dass bereits zivilrechtl. **getrennte Vermögensmassen** vorliegen. Gleichgültig ist, ob die Anschaffung für ein eigenes BV,[3] für SBV[4] oder für PV[5] erfolgt. Hier liegt die eigentliche Bedeutung der Abkehr v. der sog. Bilanzbündeltheorie (Rn. 164). § 6b ist zur Gewinnneutralisierung – auch bei voll entgeltlichen Veräußerungen zw. Schwester-PersGes. – anwendbar.[6] Ebenso werden **Veräußerungen aus dem BV eines Eigenbetriebs** oder **aus dem SBV**[7] **oder dem PV eines MU'ers**[8] an die Ges. oder einen anderen MU'er in dessen SBV, Eigenbetrieb oder PV behandelt. Veräußerungen v. WG des PV sind allerdings nur unter den Voraussetzungen der §§ 17, 20 Abs. 2, 23 steuerbar. **Entgeltlichkeit** liegt auch bei **Einräumung einer** darlehensweise als zivilrechtliches Fremdkapital überlassenen (Kaufpreis-)**Forderung** und/oder **Übernahme v. Schulden**[9] – nach zutr. Auffassung v. Rspr. und FinVerw. auch bei wirtschaftlichem Zusammenhang mit dem übertragenen WG (Bruttobetrachtung)[10] – vor. Der Vorgang kann nicht in eine nach § 6 Abs. 5 S. 3 Nr. 1 erfolgsneutrale Übertragung des aktiven WG auf die Ges. gegen Gewährung v. Gesellschaftsrechten und eine ebenfalls erfolgsneutrale Übertragung der Verbindlichkeit nach § 6 Abs. 5 S. 3 Nr. 1 gegen Minderung der Gesellschaftsrechte aufgespalten werden.[11] Nicht übernommene Schulden, die im wirtschaftlichen Zusammenhang mit einem gegen Gewährung v. Gesellschaftsrechten übertragenen WG stehen, werden allerdings zum Buchwert nach § 6 Abs. 5 S. 2 zwingend in das SBV überführt. Eine anschließende Übernahme in das Gesellschaftsvermögen gegen Belastung des Kapitalkontos fällt nicht unter § 6 Abs. 5 S. 3 Nr. 1. Vielmehr handelt es sich hier um eine rein buchtechnische Verschleierung der in Wahrheit vorliegenden entgeltlichen Veräußerung. Dasselbe gilt, wenn eine vereinbarte Zahlung dadurch verschleiert wird, dass das WG nach § 6 Abs. 5 S. 3 Nr. 1 als zum Buchwert eingebracht behandelt wird und der „Kaufpreis" anschließend entnommen wird. Nicht anders verhält es sich, wenn ein wirtschaftlich beabsichtigter Tausch dadurch verschleiert wird, dass der Vorgang als jeweils nach § 6 Abs. 5 S. 3 Nr. 1 erfolgsneutrale Übertragung gegen Gewährung und Minderung v. Gesellschaftsrechten behandelt wird.

376a Eine **teilentgeltliche Übertragung** liegt vor, wenn das Entgelt hinter dem Verkehrswert/gemeinen Wert des Gegenstands zurückbleibt und dieses Zurückbleiben nicht betrieblich, sondern durch das Gesellschaftsverhältnis veranlasst ist. Insoweit ist die Übertragung unentgeltlich erfolgt.[12] Die Behandlung teil-

---

1 StRspr. vgl. BFH v. 21.6.2012 – IV R 1/08, DStR 2012, 1500; v. 3.5.1993 – GrS 3/92, BStBl. II 1993, 616; erstmals BFH v. 28.1.1976 – I R 84/74, BStBl. II 1976, 744; v. 15.7.1976 – I R 17/74, BStBl. II 1976, 748.

2 Vgl. BFH v. 6.9.2000 – IV R 18/99, BStBl. II 2001, 229 mwN.

3 BFH v. 28.1.1976 – I R 84/74, BStBl. II 1976, 744.

4 BFH v. 21.6.2012 – IV R 1/08, DStR 2012, 1500.

5 BFH v. 10.7.1980 – IV R 136/77, BStBl. II 1981, 84.

6 BFH v. 10.7.1980 – IV R 136/77, BStBl. II 1981, 84; v. 25.4.1985 – IV R 83/83, BStBl. II 1986, 350; FinVerw. gem. OFD Kobl. v. 23.12.2003, DB 2004, 890; s. auch *Strahl*, KÖSDI 2015, 19493; **aA** *Brandenberg*, DStZ 2002, 551.

7 S. BFH v. 19.3.2014 – X R 28/12, BStBl. II 2014, 629 (Veräußerung aus [Besitz-]Einzelunternehmen an MU'er-KG); v. 18.9.2013 – X R 42/10, BStBl. II 2016, 639 (Einbringung des Einzelbetriebs nach § 24 UmwStG gegen Gesellschaftsrechte und Darlehensforderung); v. 21.6.2012 – IV R 1/08, BFHE 237, 503 (Veräußerung aus SBV an Schwester-PersGes.).

8 S. BFH v. 24.1.2008 – IV R 37/06, BStBl. II 2011, 617.

9 BFH v. 19.3.2014 – X R 28/12, BStBl. II 2014, 629; v. 21.6.2012 – IV R 1/08, DStR 2012, 1500; v. 24.1.2008 – IV R 37/06, BStBl. II 2011, 617; v. 11.12.1997 – IV R 28/97, BFH/NV 1998, 836; v. 19.10.1998 – VIII R 69/95, BStBl. II 2000, 230; BMF v. 8.12.2011, BStBl. I 2011, 1279.

10 BFH v. 19.9.2012 – IV R 11/12, DStR 2012, 2051; v. 11.12.2001 – VIII R 58/98, BStBl. II 2002, 420; BMF v. 8.11. 2011, BStBl. I 2011, 1279 (unter II.3.a Rn. 14); v. 28.4.1998, BStBl. I 1998, 583; **aA** *Groh*, DB 2002, 1904; *Böhme/Forster*, BB 2003, 1979; *Schulze zur Wiesche*, DB 2004, 1388.

11 So aber *Groh*, DB 2002, 1904 und DB 2003, 1403; *Böhme/Forster*, BB 2003, 1979; *Ostermayer/Riedel*, BB 2003, 1305.

12 BFH v. 21.6.2012 – IV R 1/08, BFHE 237, 503; v. 25.7.2000 – VIII R 46/99, BFHE 192, 516.

entgeltlicher Übertragungen aus einem BV in BV iRv. unter § 6 Abs. 5 S. 3 fallenden Übertragungsvorgängen bei MU'schaften ist umstritten (§ 6 Rn. 230). Die **FinVerw.** folgt bisher der **strengen Trennungtheorie.** Danach hat eine Aufteilung in eine entgeltliche Übertragung und eine unentgeltliche Übertragung zu erfolgen. Die Aufteilung soll dabei nach dem Verhältnis des Entgelts zum Verkehrswert des übertragenen Gegenstands erfolgen.[1] In diesem Umfang wird von einer entgeltlichen Übertragung ausgegangen. Soweit das Entgelt den nach dem Verhältnis Entgelt zu Verkehrswert bestimmten Anteil am Buchwert übersteigt, kommt es zu einer (quotalen) Gewinnrealisation und Aufdeckung der stillen Reserven. Für den verbleibenden unentgeltlichen Teil hat die gewinnneutrale Fortführung des anteiligen Buchwerts zu erfolgen. Demgegenüber führt nach der vom **IV. Senat** vertretenen Auffassung der **modifizierten Trennungstheorie** eine teilentgeltliche Übertragung erst und nur in dem Umfang zu einem Gewinn, als das Entgelt den (vollen) Buchwert des übertragenen WG überschreitet. Der Buchwert wird voll dem entgeltlichen Teil des Übertragungsgeschäfts als Aufwand zugeordnet.[2] Im übernehmenden BV ist das übertragene WG mit dem Entgelt als AK anzusetzen. Eine (anteilige) Buchwertfortführung für den unentgeltlichen Teil kommt insoweit nicht mehr in Betracht. Insoweit ergeben sich dieselben Folgen wie bei Anwendung der Einheitstheorie bei teilentgeltlicher Betriebsübertragung. Soweit das Entgelt auch unterhalb des (vollen) Buchwerts liegt, muss der das Entgelt übersteigende Teil des Buchwerts allerdings dem unentgeltlichen Teil der Übertragung zugeordnet werden. Im übertragenden Betriebsbereich darf insoweit kein Verlust entstehen und im übernehmenden Bereich muss das WG insoweit mit dem anteiligen Buchwert angesetzt werden. Der X. Senat vertritt demgegenüber nach wie vor die (strenge) Trennungstheorie und hatte die Frage nach der stl. Behandlung der teilentgeltlichen Übertragung dem GrS vorgelegt.[3] Es ist allerdings durch Erledigung des Hauptsacheverfahrens weder zu einer klärenden grundsätzlichen Entsch. des GrS noch zu einer abschließenden Entsch. des X. Senats gekommen.[4] Die Streitfrage bleibt daher vorerst offen. In der Sache selbst sprechen die besseren Argumente für den IV. Senat. Unberührt von dem vorstehend dargestellten Streit um die Anwendung der strengen oder modifizierten Trennungstheorie bedarf es bei der teilentgeltlichen Veräußerung von WG des BV außerhalb des Anwendungsbereichs von § 6 Abs. 3 und 5 und § 16 immer auch der Anwendung der Entnahmevorschriften beim Veräußerer. Insoweit sind vom Teilentgelt nicht abgegoltene stille Reserven immer schon beim teilentgeltlichen Veräußerer aufzudecken, weil der Erwerber insoweit gerade nicht in die Rechtsstellung des „Veräußerers" eintritt und die spätere Erfassung der bereits im Betrieb durch den Veräußerer erwirtschafteten „Gewinne" nicht gesichert ist.

Erreichen Entgeltzahlung (Schuldenübernahme, Gutschrift auf einem Fremdkapitalkonto) und Gutschrift zum Kapitalkonto (Gewährung v. Gesellschaftsrechten) zusammen den Verkehrswert des übertragenen WG, liegt nach Auffassung der Rspr. ein **vollentgeltliches Geschäft** vor. Die Gewährung v. Gesellschaftsrechten wird als Entgelt behandelt. In diesen Fällen hat nach einer Entsch. des VIII. Senats – allerdings zur Rechtslage vor Einführung des § 6 Abs. 5 S. 3 – eine Aufteilung in eine erfolgsneutrale Übertragung gegen Gesellschaftsrechte (insoweit nunmehr Buchwertfortführung nach § 6 Abs. 5 S. 3 Nr. 1 u. 2 nicht nur wahlweise zulässig, sondern jetzt zwingend geboten) und in eine erfolgswirksame Übertragung nach der **strengen Trennungstheorie** zu erfolgen.[5] Die Frage ist, ob auch bei einem teilentgeltlichen Geschäft (Entgelt und Kapitalgutschrift niedriger als Verkehrswert/TW) so zu verfahren ist.[6] Die Entsch. selbst ließ dies freilich ausdrücklich offen. 376b

3. Unentgeltliche Übertragung und Überführung von Wirtschaftsgütern aus und in Sonderbetriebsvermögen. § 6 Abs. 5 S. 2 bestimmt, dass bei der Überführung v. WG aus einem Eigen-BV in SBV des MU'ers oder umgekehrt und zw. verschiedenen SBV **desselben StPfl.** gewinneutral die Buchwerte fortzuführen sind (§ 6 Rn. 214 f.). Werden WG des SBV hingegen in das PV überführt oder **unentgeltlich auf Dritte** ohne betrieblichen Anlass **übertragen**, liegt eine **mit dem TW zu bewertende Entnahme** nach § 4 Abs. 1 S. 2 iVm. § 6 Abs. 1 Nr. 4 vor, weil hier die Erfassung der stillen Reserven nicht mehr gesichert 377

1 BMF v. 8.12.2011, BStBl. I 2011, 1279 Rn. 15; v. 7.6.2001, BStBl. I 2001, 367 (Aufteilung nach Verhältnis Kaufpreis/Verkehrswert); *Heuermann*, DB 2013, 1328; *Wilke*, FR 2016, 761 (765).

2 BFH v. 19.9.2012 – IV R 11/12, DStR 2012, 2051 (für teilentgeltliche Veräußerungen an die Ges. aus dem SBV bei derselben MU'schaft schon mangels Vorliegens einer Entnahme); vgl. auch BFH v. 21.6.2012 – IV R 1/08, DStR 2012, 1500 zur Rechtslage nach dem StEntlG 1999/2000/2002 für die Zeit von 1999 bis 2000. Danach führte die teilentgeltliche Übertragung während dieser Zeit zu einer Gewinnrealisierung durch eine mit dem TW zu bewertende Entnahme. Zur Nichtanwendung der strengen Trennungstheorie und der vollen Zuordnung des Buchwerts zum entgeltlichen Teil des Übertragungsgeschäfts für die Zeit vor 1999/zur alten Rechtslage vor dem StEntlG 1999/2000/2002 s. BFH v. 6.9.2000 – IV R 18/99, BStBl. II 2001, 229.

3 BFH v. 27.10.2015 – X R 28/12, BStBl. II 2016, 81.

4 BFH v. 30.10.2018 – X R 28/12, juris.

5 BFH v. 11.12.2001 – VIII R 58/98, BStBl. II 2002, 420.

6 Dafür BMF v. 8.12.2011, BStBl. I 2011, 1279 Rn. 15; *Brandenberg*, DStZ 2002, 551 (558); dagegen *Wendt*, DB 2013, 834; *Wendt*, FR 2002, 53 (62); *Wit*, DStR 2012, 1503.

ist. Erfolgt die unentgeltliche Übertragung **aus betrieblichem Anlass**, führt dies beim Übertragenden zu Sonderbetriebsaufwand in Höhe des Buchwertes, der vorbehaltlich § 4 Abs. 5 S. 1 gewinnmindernd zu behandeln ist. Beim Erwerber ist hingegen § 6 Abs. 4 anwendbar, falls bei ihm ein betrieblich veranlasster Zufluss vorliegt (s. § 6 Rn. 210). Dies gilt auch, wenn die Übertragung auf einen anderen MU'er bei derselben MU'schaft erfolgt. § 6 Abs. 5 S. 3 ist insoweit nicht anwendbar.[1]

378 Die Rspr. hat bei unentgeltlicher **Übertragung auf einen anderen MU'er aus privater Veranlassung** in dessen SBV eine Buchwertfortführung zugelassen.[2] Weil die Erfassung der stillen Reserven im GewBetr. der MU'schaft gesichert sei und der Funktionszusammenhang zum Betrieb der MU'schaft erhalten bleibt, verneinte sie das Vorliegen einer Entnahme. Diese Rspr. findet sich nunmehr im Gesetz. § 6 Abs. 5 S. 3 Nr. 3 lässt ausdrücklich bei der **unentgeltlichen Übertragung in das SBV eines anderen MU'ers bei derselben MU'schaft** aus privater Veranlassung die Buchwertfortführung und damit die Verlagerung stiller Reserven auf ein anderes Steuersubjekt zu (§ 6 Rn. 217ff.). Zu beachten ist allerdings **die dreijährige Sperrfrist** des § 6 Abs. 5 S. 4. Bei Nichteinhaltung durch den Erwerber, kommt es rückwirkend durch den Teilwertansatz zur Gewinnrealisation (§ 6 Rn. 226).

379 Soweit SBV ausnahmsweise[3] selbst einen **TB** darstellt, führt die Übertragung auf einen anderen MU'er, aber auch auf einen Dritten, nach § 6 Abs. 3 **nicht** zur **Gewinnrealisierung**. Dasselbe gilt, wenn SBV zusammen mit dem MU'anteil oder dem Bruchteil eines MU'anteils unentgeltlich übertragen wird (§ 6 Rn. 203ff.).

380 **4. Offene gesellschaftsrechtliche Einlagen – Übertragung gegen Gesellschaftsrechte.** Eine **gesellschaftsrechtl. Einlage** liegt vor, wenn der G'ter Geld oder andere WG auf die PersGes. aufgrund gesellschaftsvertraglicher Verpflichtung als Beitrag oder auch als zulässigen freiwilligen Beitrag überträgt, ohne dass er dafür v. der Ges. ein gesondertes Entgelt erhält (Rn. 296f., 375). Die gesellschaftsrechtl. Einlage **erhöht das Gesellschaftsvermögen**, weil ihr kein Abfluss aus dem Gesellschaftsvermögen gegenübersteht. Um eine offene Einlage handelt es sich, wenn und soweit die Vermögensmehrung dem Kapitalanteil des einbringenden G'ters gutgebracht wird, vgl. §§ 121, 122, 161 Abs. 2, 167, 168 HGB, §§ 718, 722, 733 BGB. Unerheblich für die gesellschaftsrechtl. Behandlung ist es, ob die Einlage aus BV oder PV des G'ters stammt. Soweit das WG einem Dritten (auch anderen G'ter) gehört, der es für Rechnung des G'ters einbringt, ist im Verhältnis zur Ges. der G'ter der Einbringende, dh. es handelt sich um die Sacheinlage des G'ters. Im Deckungsverhältnis zum G'ter kann dann je nach Sachlage ein entgeltliches Geschäft oder eine Schenkung vorliegen.

381 **Stl.** geht die Rspr. davon aus, dass die **Übertragung eines einzelnen WG in das Gesellschaftsvermögen** (gesellschaftsrechtl. **Sacheinlage**) aus bisherigem Einzel- oder SBV des MU'ers **ein tauschähnliches Veräußerungsgeschäft** darstellt. Als Gegenleistung wird die **„Gewährung v. Gesellschaftsrechten"**[4] angesehen. Allerdings wurde bis zum 1.1.1999 ein Wahlrecht zur Buchwertfortführung oder zum Teilwertansatz zugebilligt.[5] Dieses **Wahlrecht** wurde durch § 6 Abs. 5 S. 3 mit Wirkung ab 1.1.1999 **beseitigt**. Für die Zeit v. 1.1.1999 bis 31.12.2000 wurde zwingend gewinnrealisierend der Teilwertansatz (§ 6 Abs. 5 S. 3 idF StEntlG) vorgeschrieben.[6] Seit dem 1.1.2001 wird umgekehrt zwingend die **erfolgsneutrale Buchwertfortführung** verlangt, nämlich nach **§ 6 Abs. 5 S. 3 Nr. 1** bei Übertragung aus **eigenem BV**, und nach **Nr. 2** bei Übertragung aus **SBV derselben oder einer anderen MU'schaft** in das **„Gesamthandsvermögen einer MU'schaft"**. Die Bezeichnung als „Gesamthandsvermögen" ist ein gesetzgeberischer Missgriff. Gesamthandsvermögen haben nur AußenGes., die Gütergemeinschaft und die Erbengemeinschaft. Der v. Gesetzgeber hergestellte Bezug zur MU'schaft kennzeichnet aber hinreichend deutlich, dass tatsächlich das den MU'ern gemeinsam zuzurechnende vergesellschaftete Vermögen gemeint ist. § 6 Abs. 5 S. 3 ist daher nach zutreffender Auffassung der FinVerw. auch bei **atypisch stillen MU'schaften** anzuwenden.[7]

---

1 *v. Lishaut*, DB 2000, 1784; **aA** *Brandenberg*, FR 2000, 1182; *Wendt*, FR 2002, 53.

2 BFH v. 24.6.2009 – IV R 47/06, HFR 2010, 351 mwN; v. 6.12.2000 – VIII R 21/00, BStBl. II 2003, 194; v. 26.11.1998 – IV R 39/98, BStBl. II 1999, 263; v. 24.3.1992 – VIII R 48/90, BStBl. II 1993, 93; v. 27.8.1992 – IV R 89/90, BStBl. II 1993, 225; v. 18.3.1986 – VIII R 316/84, BStBl. II 1986, 713 (unter Nießbrauchvorbehalt).

3 BFH v. 5.4.1979 – IV R 48/77, BStBl. II 1979, 554.

4 BFH v. 17.7.2008 – I R 77/06, BStBl. II 2009, 464 mwN; grundlegend BFH v. 15.7.1976 – I R 17/74, BStBl. II 1976, 748 (Einbringungsurteil); v. 25.11.1980 – VIII R 32/77, BStBl. II 1981, 419.

5 BFH v. 15.7.1976 – I R 17/74, BStBl. II 1976, 748; v. 29.4.1981 – IV R 128–129/76, BStBl. II 1982, 17; v. 29.10.1987 – IV R 93/85, BStBl. II 1988, 374; v. 19.5.1993 – I R 124/91, BStBl. II 1993, 889.

6 Nach Auffassung der Rspr. verstieß dies nicht gegen den Gleichheitsgrundsatz. Denn es bestehe kein Anspr. auf „Gleichbehandlung in der Zeit", BFH v. 20.5.2010 – IV R 42/08, BStBl. II 2010, 820; sa. BFH v. 16.12.2015 – IV R 18/12, BStBl. II 2016, 346 (danach enthielt die Bewertungsvorschrift des § 6 Abs. 5 S. 3 idF StEntlG außerhalb des Entnahmetatbestands des § 4 Abs. 1 S. 2 einen eigenständigen Besteuerungstatbestand).

7 BMF v. 8.12.2011, BStBl. I 2011, 1279 Rn. 9; so auch *Wendt*, FR 2002, 53; *Reiß*, BB 2000, 1956; **aA** *Brandenberg*, DStZ 2002, 551 (555).

§ 6 Abs. 5 S. 3 Nr. 1 und 2 lassen die **Buchwertfortführung** auch zu, wenn es zu einer **Verlagerung der stillen Reserven auf andere MU'er** kommt. Dies folgt aus der in **§ 6 Abs. 5 S. 4** enthaltenen **Sperrfrist**. Danach wird rückwirkend der Teilwertansatz verlangt, wenn innerhalb v. drei Jahren nach Abgabe der Steuererklärung für den übertragenden MU'er das übertragene WG bei der MU'schaft veräußert oder entnommen wird. Da andererseits diese Rechtsfolge nicht eintreten soll, wenn die bis zur Übertragung entstandenen stillen Reserven durch Erstellung einer **Ergänzungsbilanz** dem übertragenden G'ter zugeordnet worden sind, ergibt sich zwingend, dass der Gesetzgeber nunmehr die Verlagerung stiller Reserven auf einen anderen MU'er toleriert, wenn nur die Sperrfrist eingehalten wird (§ 6 Rn. 226). Im Einzelnen ist bzgl. offener gesellschaftsrechtl. Einlagen aus BV gegen Gewährung v. Gesellschaftsrechten wie folgt zu unterscheiden: 381a

(1) Die **Gesellschaftsrechte werden dem Übertragenden selbst gewährt** (Gutschrift auf seinem Kapitalkonto in der Gesellschaftsbilanz). Nach § 6 Abs. 5 S. 3 Nr. 1 oder 2 sind zwingend die Buchwerte fortzuführen. Erfolgt die Buchwertfortführung bereits in der Gesellschaftsbilanz – sog. Nettomethode –, gehen dadurch stille Reserven unentgeltlich auf andere MU'er über. Dann ist die Sperrfrist des § 6 Abs. 5 S. 4 zu beachten. Das gilt freilich nicht, wenn der Übertragende zu 100 % an der aufnehmenden Ges. vermögensmäßig beteiligt ist (Einmann-GmbH & Co. KG). Erfolgt in der Gesellschaftsbilanz ein Ansatz zum Verkehrswert – sog. Bruttomethode –, so ist zwingend stl. eine negative Ergänzungsbilanz aufzustellen, weil die Buchwerte stl. fortgeführt werden müssen. Bei dieser Konstellation greift die Sperrfrist nicht ein, wenn auf diese Weise dem Übertragenden die stillen Reserven weiterhin zuzurechnen sind. Diese Regelung ist sachgerecht, weil eine Verlagerung stiller Reserven gerade nicht stattfindet. Letztlich gilt: Auf die Technik der vollen Zuordnung der stillen Reserven – Nettomethode ohne Ergänzungsbilanzen mit Buchwertfortführung schon in der Gesellschaftsbilanz oder Bruttomethode mit negativer Ergänzungsbilanz – kommt es nicht an, wenn und weil das Subjektsteuerprinzip gewahrt bleibt.[1] 381b

(2) Die **Gesellschaftsrechte** werden (teilw.) **anderen G'tern gewährt** (Gutschrift auf Kapitalkonto anderer G'ter). Wird der Verkehrswert des WG in der HB der Ges. nicht vollständig dem Kapitalanteil des übertragenden MU'ers, sondern ganz oder teilw. anderen MU'ern gutgebracht, so liegt im abgebenden BV oder SBV des übertragenden MU'ers eine Veräußerung vor, soweit der übertragende MU'er dafür ein **Entgelt** v. den begünstigten MU'ern erhält. Hinsichtlich der Veräußerung kommt es stl. zu einer Gewinnrealisierung. Eine Neutralisierung durch Erstellung einer negativen Ergänzungsbilanz ist nicht zulässig. § 6 Abs. 5 S. 3 Nr. 1 und 2 sind für den übertragenden G'ter nicht anwendbar, weil im Verhältnis zur Ges. nicht er die Einlage erbringt, sondern der oder die G'ter, denen die Gesellschaftsrechte gewährt werden. Die unentgeltliche Behandlung unterfällt hingegen § 6 Abs. 5 S. 3 Nr. 1 oder 2 und es kommt zwingend zu einer Buchwertfortführung durch **Ergänzungsbilanzen für die begünstigten MU'er**. Allerdings ist dann die Sperrfrist des § 6 Abs. 5 S. 4 zu beachten, weil die stillen Reserven nicht allein dem übertragenden MU'er zugeordnet worden sind. Ebenso muss es behandelt werden, wenn neben einer Gutschrift zum Kapitalkonto des einbringenden Gesellschafters ein übersteigender Zeitwert in der HB einer „gesamthänderischen Kapitalrücklage" gutgebracht wird[2] oder auch insgesamt der Zeitwert nur einer gesamthänderischen Kapitalrücklage gutgebracht wird. In beiden Konstellationen muss steuerlich eine Buchwertfortführung erfolgen, was technisch über negative steuerliche Ergänzungsbilanzen für den Einbringenden und die weiteren begünstigten MU'er im Umfang der übertragenen stillen Reserven erfolgen kann. Falls der Einbringende eine KapGes. als MU'er ist und die begünstigten MU'er iÜ G'ter der KapGes., liegt bei der KapGes. eine gewinnrealisierende vGA vor.[3] Zwar müsste nach den normalen Regeln der Gesetzesauslegung § 6 Abs. 5 S. 3 EStG als lex specialis den Vorrang vor § 8 Abs. 3 KStG haben. § 6 Abs. 5 S. 5 und 6 ordnen insoweit auch nichts anderes an. Denn es wird kein Anteil der Körperschaft an dem WG begründet oder erhöht, im Gegenteil vermindert sich der Anteil. In der Sache kann aber nicht angenommen werden, dass § 6 Abs. 5 S. 3 auch noch auf die Gewinnrealisation durch vGA verzichtet, wenn diese nur über eine Übertragung v. WG im Rahmen einer MU'schaft erfolgt (s. Rn. 390). Der Blick auf die KapGes. als MU'er erweist aber nur, wie verfehlt die gesetzgeberische Entsch. auch für nat. Pers. als MU'er ist. 381c

Die v. § 6 Abs. 5 S. 3 Nr. 1 und 2 verlangte „**Gewährung v. Gesellschaftsrechten**" stellt nichts anderes dar, als die offen durch Gutschrift auf den Kapitalanteilen ausgewiesene Vermögensmehrung im Gesellschaftsvermögen. Der Sache nach handelt es sich **handelsrechtl.** um **offene Sacheinlagen**, die dem Kapitalanteil des Einbringenden in der HB der Ges. gutgebracht werden. Werden für den G'ter **mehrere** (echte) **Kapitalkonten** geführt, ist unerheblich, auf welchem Kapitalkonto des G'ters die Gutschrift erfolgt. Die Gewährung 382

1 BFH v. 31.7.2013 – I R 44/12, BStBl. II 2015, 450 und v. 26.6.2014 – IV R 31/12, BStBl. II 2015, 463; ebenso jetzt H 6.15 EStH; anders noch (insoweit überholt) BMF v. 8.12.2011, BStBl. I 2011, 1279 unter III.1. (Rn. 26).
2 So zutr. iErg. auch BMF v. 8.12.2011, BStBl. I 2011, 1279 Rn. 16.
3 Vgl. BFH v. 15.9.2004 – I R 7/02, BStBl. II 2005, 867; *Groh*, DB 2003, 1403 (1408).

v. Gesellschaftsrechten iSd. § 6 Abs. 5 S. 3 Nr. 1 und 2 stellt allein darauf ab, dass dem Kapitalanteil des G'ters der Wert vermögensmäßig gutgebracht wird. Ob dadurch auch die Gewinnverteilung oder etwaige Stimmrechte beeinflusst oder sonstige Mitwirkungsrechte erstmals gewährt oder erweitert werden, ist – entgegen möglichen Zweifeln der Rspr.[1] – völlig unmaßgeblich. Der G'ter einer PersGes. hat zivilrechtl. ohnehin nur ein einheitliches Gesellschaftsrecht. Die verfehlte Rede v. der „Gewährung des Gesellschaftsrechts", die der Gesetzgeber kritiklos übernommen hat, zielt allein auf die vermögensmäßige Beteiligung des G'ters am Gesellschaftsvermögen. Nach zutr. Auffassung des BMF liegt eine „Gewährung v. Gesellschaftsrechten" vor, wenn sich das Kapitalkonto des G'ters erhöht, das für seine Beteiligung am Gesellschaftsvermögen maßgeblich ist.[2] Dies trifft aber für sämtliche echte Kapitalkonten des G'ters zu, im Unterschied zu Verbindlichkeiten, bzw. Forderungen zw. Ges. und G'ter. Die Abgrenzung ist allein danach vorzunehmen, ob zivilrechtl. EK der G'ter vorliegt oder Fremdkapital.[3] Auch wenn sich bei gesvertraglicher Vereinbarung sog. fester Kapitalkonten I die Stimmrechte und die Gewinnverteilung nur nach dem Verhältnis dieser Festkapitalkonten richten, bleiben daneben geführte Kapitalkonten II und weitere Kapitalkonten (etwa sog. Verlustkonten) für die Beteiligung des G'ters am Gesellschaftsvermögen (mit) maßgeblich. Denn zum einheitlichen Kapitalanteil (= Gesellschaftsrechte iSd. § 6 Abs. 5 S. 3) gehört jedes Kapitalkonto, das im Falle der Liquidation oder des Ausscheidens in das Auseinandersetzungsguthaben einzubeziehen ist. Zur Abgrenzung v. (echten) Kapitalkonten und Verbindlichkeits-/Forderungskonten kann daher in vollem Umfange auf die Rspr. zu § 15a zurückgegriffen werden[4] (s. Rn. 326; § 15a Rn. 14). Erfolgt eine Übertragung gegen Gutschrift auf einem Verbindlichkeitskonto (Fremdkapitalkonto) bei der Ges., liegt insoweit eine (teil)entgeltliche Veräußerung vor (Rn. 376).[5] Entgegen einer verbreiteten Auffassung[6] repräsentieren auch sog. **„gesamthänderische Rücklagen"** Gesellschaftsrechte iSd. § 6 Abs. 5. Auch sie verkörpern schlicht Kapital, das spätestens im Falle der Liquidation/des Ausscheidens anteilig für die G'ter zu berücksichtigen ist. Freischwebendes, keinem G'ter zuzuordnendes Kapital gibt es bei der transparent (also nicht) zu besteuernden PersGes. – anders als bei der KapGes. – nicht. Die Gutschrift zu einer gesamthänderischen **(Kapital-) Rücklage** ist daher richtigerweise immer als Gewährung v. Gesellschaftsrechten an den übertragenden G'ter und an die übrigen G'ter entspr. dem Gewinnverteilungsschlüssel/Liquidationsschlüssel zu behandeln und nicht nur dann, wenn sie zusätzlich neben einer (partiellen) Gutschrift auf einem Kapitalkonto des einbringenden Gesellschafters erfolgt, wie die FinVerw. meint.[7] Bei der Übertragung aus eigenem BV oder SBV nach § 6 Abs. 5 ist dies freilich ohne Auswirkung, weil die Buchwertfortführung ohnehin sowohl für „unentgeltliche" Übertragungen wie für solche „gegen Gewährung v. Gesellschaftsrechten" stattzufinden hat. Die erfolgsneutrale Buchwertfortführung – ggf. durch Ergänzungsbilanzen – ist so oder so zwingend.[8]

383 Werden **Betriebe, Teilbetriebe oder MU'anteile** oder Anteile an MU'anteilen gegen Gewährung v. Gesellschaftsrechten eingebracht, verbleibt es bei dem durch **§ 24 UmwStG** gewährten Wahlrecht. Dies gilt auch dann, wenn die **begünstigten Einheiten teilw. auf fremde Rechnung** eingebracht werden für den auf eigene Rechnung eingebrachten Teil (§ 16 Rn. 27). **§ 6 Abs. 3 verlangt** hingegen die Buchwertfortführung, **soweit unentgeltlich** durch Schenkung für fremde Rechnung eingebracht wird (§ 6 Rn. 193 ff.). § 6 Abs. 5 ist insgesamt nicht anwendbar.

384 Für die **offene Sacheinlage aus PV, dh., wenn Gesellschaftsrechte gewährt werden**, gehen Rspr. und FinVerw. ebenfalls v. einem tauschähnlichen **Veräußerungsgeschäft und Anschaffungsgeschäft**[9] aus (Rn. 297).

---

1 BFH v. 24.1.2008 – IV R 37/06, BStBl. II 2011, 617 und v. 24.1.2008 – IV R 66/05, BFH/NV 2008, BFH/NV 2008, 1301.

2 BMF v. 20.5.2009, BStBl. I 2009, 671 iVm. BMF v. 29.11.2000, BStBl. I 2000, 462 und v. 26.11.2004, BStBl. I 2004, 1190; vgl. auch BMF v. 11.7.2011, BStBl. I 2011, 713 und v. 8.12.2011, BStBl. I 2011, 1279.

3 S. auch *Schulze-Osterloh*, BB 2016, 942; *Crezelius*, DB 2004, 397; *Hennrichs* in Tipke/Lang[23], § 10 Rn. 161 iVm. Rn. 73.

4 Dazu ua. BFH v. 16.10.2008 – IV R 98/06, BStBl. II 2009, 272 (zu sog. Kontenmodellen) und zutr. zusammenfassend BFH v. 7.4.2005 – IV R 24/03, BStBl. II 2005, 598 (maßgeblich die „gesamthänderische Bindung", die sich darin äußert, dass bei Ausscheiden eine Verrechnung mit evtl. Verlusten stattzufinden hat); so auch *Hennrichs* in Tipke/Lang[23], § 10 Rn. 161.

5 Vgl. auch BFH v. 5.6.2002 – I R 81/00, BStBl. II 2004, 344 zu § 49 Abs. 1 S. 2 lit. f.

6 *Strahl*, StbJb. 2000/01, 155 (172 f.); *Brandenberg*, DStZ 2002, 551 (558); *Kulosa* in Schmidt[37], § 6 Rn. 553; zu Recht zweifelnd *v. Lishaut*, DB 2000, 1784.

7 Vgl. BMF v. 11.7.2011, BStBl. I 2011, 713; v. 20.5.2009, BStBl. I 2009, 671; wohl auch BFH v. 17.7.2008 – I R 77/06, BStBl. II 2009, 464; v. 24.1.2008 – IV R 37/06, BStBl. II 2011, 617; v. 24.1.2008 – IV R 66/05, BFH/NV 2008, 1301.

8 BFH v. 26.6.2014 – IV R 31/12, BStBl. II 2015, 463 (zu „unentgeltlicher" Übertragung/Einbringung zum Buchwert aus SBV zugunsten einer „gesamthänderisch" gebundenen Rücklage).

9 BFH v. 17.7.2008 – I R 77/06, BStBl. II 2009, 464; v. 24.1.2008 – IV R 37/06, BStBl. II 2011, 617 und v. 24.1.2008 – IV R 66/05, BFH/NV 2008, 1301; v. 19.10.1998 – VIII R 69/95, BStBl. II 2000, 230; BMF v. 8.12.2011, BStBl. I 2011, 1279; v. 11.7.2011, BStBl. I 2011, 713; v. 29.3.2000, BStBl. I 2000, 462; dem folgend auch die weit überwiegende Literatur, s. statt vieler *Hennrichs* in Tipke/Lang[23], § 10 Rn. 164, 161, 151.

Die Gutschrift auf dem Kapitalkonto stellt den Veräußerungspreis und die AK der Ges. dar. Entspricht diese dem TW, liegen demnach auch stl. AK iHd. TW vor. Die Vorschriften über die Einlage gem. § 4 Abs. 1 S. 8 sollen danach gerade keine Anwendung finden, sodass weder die Begrenzungen nach § 6 Abs. 1 Nr. 5 S. 1 lit. a–c noch des S. 2 und des § 7 Abs. 1 S. 5 Anwendung finden können.[1] Eine Einlage liegt nur dann vor, wenn keine Gesellschaftsrechte gewährt werden. Auf diese verdeckte Einlage ist § 4 Abs. 1 S. 8 iVm. § 6 Abs. 1 Nr. 5 anzuwenden, sodass iErg. in der StB der Ges. immer ein Ansatz mit dem TW erfolgt (Rn. 297). Die Unterscheidung zw. einem tauschähnlichen Vorgang und einer (verdeckten) Einlage hat allerdings erhebliche Bedeutung aufseiten des übertragenden G'ters. Denn dort führt die Auffassung v. Rspr. und FinVerw. bei offener Sacheinlage („gegen Gewährung v. Gesellschaftsrechten") v. WG des PV, namentlich v. Grundstücken und Anteilen an KapGes., zu steuerbaren Veräußerungsvorgängen bei § 17, § 20 Abs. 2 und § 23 (§ 23 Rn. 16). Für die PersGes. geht es damit korrespondierend um die Frage, ob ein Anschaffungsvorgang vorliegt oder nicht. Die entscheidende Frage lautet daher, wann die Übertragung gegen die Gewährung von Gesellschaftsrechten erfolgt. Die Rspr. nimmt dies (nur) dann an, wenn ein Kapitalkonto angesprochen wird, nach dem sich die maßgebenden Gesellschaftsrechte, insbes. das Gewinnbezugsrecht, richten. Das ist idR das Kapitalkonto I. Erfolgt eine Gutschrift ausschließlich auf dem Kapitalkonto I, dann werden mithin Gesellschaftsrechte gewährt. Bringt der G'ter das WG ausschließlich gegen eine Gutschrift auf dem sog. Kapitalkonto II in die PersGes. ein, dann soll hingegen ein unentgeltlicher Vorgang, also eine Einlage iSv. § 4 Abs. 1 S. 8, vorliegen.[2]

Die Differenzierung zw. offenen und verdeckten Einlagen von WG des PV wird zT auch bestritten und 384a stattdessen die einheitliche Behandlung als **Einlage** gem. § 4 Abs. 1 S. 8, § 6 Abs. 1 Nr. 5 und 6 eingefordert.[3] Rechtspolitisch ist diese Kritik berechtigt. Der Gesetzgeber hat zudem auch selbst dokumentiert, dass er bei der Einlage aus einem BV/SBV die „unentgeltlich oder gegen Gewährung v. Gesellschaftsrechten" erfolgende Übertragung v. WG auf die MU'schaft gleichbehandelt haben will (§ 6 Abs. 5 S. 3). Warum dies dann bei einer Übertragung v. PV der G'ter anders sein soll, ist wenig einsichtig und führt der Sache nach zudem zu einer unterschiedlichen Behandlung v. MU'ern und Einzelunternehmern. Rechtlich ist gegen die Rspr. aber nichts zu erinnern. Formal liegt in der Tat ein tauschähnlicher Vorgang vor und eine diesen Grundsatz wiederaufhebende Norm existiert nicht. Wenn der Gesetzgeber für PV keine dem § 6 Abs. 5 S. 3 vergleichbare Regelung schafft, dann muss man dies so verstehen, dass es hierbei und bei den damit verbundenen Rechtsfolgen bleiben soll.

Soweit auch **Schulden übernommen** werden, liegt immer zumindest eine teilentgeltliche Anschaffung und 384b Veräußerung[4] vor.

5. Verdeckte gesellschaftsrechtliche Sacheinlagen – „unentgeltliche" Übertragung in das Gesellschaftsvermögen. 385 Werden **WG aus einem BV des MU'ers** (SBV oder eigener Betrieb) in das Gesellschaftsvermögen eingebracht, ist nach **§ 6 Abs. 5 S. 3 Nr. 1 und 2** ebenfalls eine Bewertung zum **Buchwert** zwingend. Das Gesetz bezeichnet die **verdeckte gesellschaftsrechtl. Sacheinlage** (dh. eine Einlage ohne [ausreichende] Gutschrift zum Kapital) als „**unentgeltlich**", während es die offene Sacheinlage gegen Gutschrift zum Kapitalanteil als Übertragung gegen Gewährung v. Gesellschaftsrechten bezeichnet. Zutreffenderweise werden die verdeckten gesellschaftsrechtl. Einlagen als sog. unentgeltliche Übertragungen und die Übertragungen gegen „Gewährung v. Gesellschaftsrechten" nach § 6 Abs. 5 S. 3 Nr. 1 und 2 aber gleichbehandelt, weil – abgesehen v. der Buchung – kein sachlicher Unterschied besteht. Allerdings führt die verdeckte Einlage – unentgeltliche Übertragung iSd. § 6 Abs. 5 S. 3 Nr. 1 und 2 – dazu, dass die Vermögensmehrung allen G'tern nach Maßgabe des Gewinnverteilungsschlüssels zugute kommt. Insoweit ist mit einer verdeckten Einlage immer zugleich eine anteilige Zuwendung an die übrigen MU'er im Umfange v. deren Gewinnbeteiligung verbunden. In diesem Umfange liegt in der verdeckten Einlage auch eine unentgeltliche Zuwendung des Einbringenden an die übrigen MU'er, soweit diese nicht ihrerseits dafür an den Einbringenden ein Entgelt zahlen – dann gewinnrealisierende Veräußerung – oder ihrerseits in eben demselben Umfange verdeckte Einlagen tätigen. Diese unentgeltliche Zuwendung stellt der Sache nach, wenn dafür kein Ausgleich erfolgt, eine Entnahme im Betrieb (SBV) des verdeckt Einbringenden dar. Daher wäre an sich insoweit eine Gewinnrealisation nach § 6 Abs. 1 Nr. 4 geboten gewesen.[5] Der Gesetzgeber ordnet in § 6 Abs. 5 S. 3 Nr. 1 und 2 – in Abweichung vom Subjektsteuerprizip – aber die gewinnneutrale Buchwertfortführung in vollem Umfange an (s. Rn. 381 f.) und toleriert damit die Verlagerung stiller Re-

1 BFH v. 24.1.2008 – IV R 37/06, BStBl. II 2011, 617 und v. 24.1.2008 – IV R 66/05, BFH/NV 2008, 1301.
2 BFH v. 29.7.2015 – IV R 15/14, BStBl. II 2016, 593; v. 4.2.2016 – IV R 46/12, BStBl. II 2016, 607; dem folgend BMF v. 26.7.2016, BStBl. I 2016, 684.
3 So zB *Niehus*, StuW 2017, 27; *Reiß*, FS P. Kirchhof, 1925 (1933 f.).
4 BMF v. 8.12.2011, BStBl. I 2011, 1279 Rn. 15; BFH v. 11.12.1997 – IV R 28/97, BFH/NV 1998, 836; BMF v. 12.10. 1994, BB 1994, 2318.
5 Vgl. BFH v. 25.7.2000 – VIII R 46/99, BFHE 192, 516.

serven auf andere Steuersubjekte. Nach dem Wortlaut gilt dies sogar, wenn die „unentgeltliche Übertragung“ durch eine KapGes. als MU'er zugunsten der übrigen MU'er erfolgt, die ihrerseits G'ter der KapGes. sind. Trotz des Wortlautes und der eigentlich nach dem Spezialitätsgrundsatz vorrangigen Anwendung des § 6 Abs. 5 S. 3 Nr. 1 und 2 ist aber davon auszugehen, dass die Grundsätze der **vGA nach § 8 Abs. 3 KStG** vorrangig zu beachten sind, sodass jedenfalls bei einer KapGes. als Einbringende v. einer (anteiligen) Gewinnrealisation auszugehen ist.[1]

385a Die **Sperrfrist des § 6 Abs. 5 S. 4** gewinnt insbes. für „unentgeltliche Übertragungen“ iSd. § 6 Abs. 5 S. 3 Nr. 1 und 2 durch verdeckte Sacheinlagen Bedeutung. Von derartigen „unentgeltlichen Übertragungen“ ist auszugehen, wenn dem Einbringenden handelsrechtl. in der Gesellschaftsbilanz lediglich der unter dem TW liegende Buchwert gutgebracht wird und er für die übergehenden stillen Reserven v. den begünstigten MU'ern keinen Ausgleich erhält. In Höhe des übersteigenden TW liegt dann eine „unentgeltliche Übertragung“ vor. Wird das WG anschließend innerhalb der dreijährigen Sperrfrist – beginnend ab Abgabe der Steuererklärung für den übertragenden MU'er – v. der Ges. veräußert oder v. einem MU'er – auch ihm selbst – entnommen, so ist rückwirkend für das Jahr der Übertragung auf die MU'schaft im abgebenden BV gewinnrealisierend der TW anzusetzen. Bei der MU'schaft ist ebenfalls der TW rückwirkend anzusetzen, sodass ggf. die Erklärungen und Feststellungen für das Jahr der Übertragung und die Zwischenjahre bis zur Veräußerung nach § 175 Abs. 1 S. 2 AO zu ändern sind. Der TW ist in vollem Umfange rückwirkend anzusetzen, auch soweit der Übertragende nach dem Gewinnverteilungsschlüssel an den bis zur Übertragung entstandenen stillen Reserven partizipiert, es mithin insoweit gar nicht zu einer Verlagerung stiller Reserven kommt.[2] Erkennbar eröffnet § 6 Abs. 5 S. 4 erhebliche Gestaltungsspielräume zur rückwirkenden Gewinnverlagerung in passende Zeiträume, gerade wenn der Übertragende erheblich am Gesellschaftsgewinn beteiligt ist. Hinsichtlich der „unentgeltlichen“ Übertragung kommt die Zuordnung stiller Reserven zum Übertragenden durch Ergänzungsbilanzen nicht in Betracht. Wird dem Kapitalanteil des übertragenden G'ters und/oder den Kapitalanteilen der Mit-G'ter in der Gesellschaftsbilanz bereits der Wert des übertragenen WG gutgebracht, so liegt keine „unentgeltliche“ Übertragung vor, sondern eine Übertragung gegen Gewährung v. Gesellschaftsrechten (Rn. 381a ff.). Dasselbe gilt bei Gutschrift zu sog. gesamthänderischen Rücklagen (Rn. 382). Auch dann hat bei Verletzung der Sperrfrist der rückwirkende Teilwertansatz zu erfolgen. Geht man mit der hM davon aus, dass dann – rückwirkend – eine entgeltliche Veräußerung vorliegt, wäre bei dieser Konstellation auch § 6b anwendbar, sofern dessen übrige Voraussetzungen vorliegen.

386 Bei der verdeckten Sacheinlage aus dem **PV des MU'ers** liegt auch nach Auffassung der FinVerw. und der Rspr.[3] stl. eine **mit dem TW zu bewertende Einlage** vor (§§ 4 Abs. 1 S. 5, 6 Abs. 1 Nr. 5). Soweit in §§ 6 Abs. 6 S. 2, 17 Abs. 1 S. 2 und in § 23 Abs. 1 S. 5 Nr. 2 die verdeckte **Einlage in KapGes.** einer **Veräußerung** gleichgestellt wird, gilt dies erkennbar **nicht** für die **verdeckte Einlage in eine PersGes.** Dies ist eine auch sachlich zutr. Wertung des Gesetzgebers, weil dem StPfl. bei der PersGes. – anders als bei dem selbständigen Steuersubjekt KapGes. – das verdeckt eingelegte WG weiterhin zugerechnet wird. Soweit dies nicht der Fall ist, liegt ebenfalls keine Veräußerung, sondern eine Schenkung an die Mit-G'ter vor.

387 **6. Offene (Minderung der Gesellschaftsrechte) und verdeckte („unentgeltliche“) gesellschaftsrechtliche Entnahmen/Übertragungen. a) Übertragungen in Privat- und Betriebsvermögen des Mitunternehmers.** Werden WG aus dem Gesellschaftsvermögen offen oder verdeckt ohne sonstige schuldrechtl. causa nach dem Gesellschaftsvertrag zulässigerweise oder mit Zustimmung aller G'ter entnommen, so liegt auch stl. eine mit dem **TW zu bewertende Entnahme nach § 4 Abs. 1 S. 2 iVm. § 6 Abs. 1 Nr. 4** vor, wenn die WG **in das PV des MU'ers** übernommen werden.[4] Erfolgt dies gegen die Minderung von Gesellschaftsrechten, soll nach Ansicht der FinVerw.[5] und von Teilen der Literatur[6] hiervon abw. allerdings eine Veräußerung in Gestalt eines tauschähnlichen Vorgangs vorliegen. Folgt man dem, kommt dann auch eine Anwendung v. § 6b in Betracht.

---

1 So zutr. BFH v. 15.9.2004 – I R 7/02, BStBl. II 2005, 867; *Kulosa* in Schmidt[37], § 6 Rn. 700; *Briese*, GmbHR 2005, 207; vgl. auch BMF v. 3.3.2005, BStBl. I 2005, 458 und v. 8.12.2011, BStBl. I 2011, 1279 (Vorrang der Regelungen über die vGA und verdeckte Einlage vor § 6 Abs. 3 bei unentgeltlichen Betriebsübertragungen).

2 BMF v. 8.12.2011, BStBl. I 2011, 1279 Rn. 25; *Kulosa* in Schmidt[37], § 6 Rn. 717; **aA** *Rödder/Schuhmacher*, DStR 2001, 1637.

3 BFH v. 19.10.1998 – VIII R 69/95, BStBl. II 2000, 230; BMF v. 11.7.2011, BStBl. I 2011, 713; v. 29.3.2000, BStBl. I 2000, 462 und v. 26.11.2004, BStBl. I 2004, 1190; vgl. auch BFH v. 24.3.1987 – I R 202/83, BStBl. II 1987, 705 (für KapGes.).

4 Grundlegend BFH v. 31.3.1977 – IV R 58/73, BStBl. II 1977, 823; vgl. auch BFH v. 24.8.1989 – IV R 67/86, BStBl. II 1990, 132; v. 30.6.1987 – VIII R 353/82, BStBl. II 1988, 418.

5 H 4.3 (Abs. 2–4) „Personengesellschaften“ EStH iVm. BMF v. 29.3.2000, BStBl. I 2000, 462 und v. 11.7.2011, BStBl. I 2011, 713.

6 *Kulosa* in Schmidt[37], § 6 Rn. 698 und 692 iVm. Rn. 552.

Hingegen liegt weder eine (gewinnrealisierende) Entnahme noch eine Veräußerung vor, wenn die WG des Gesellschaftsvermögens **in das SBV** (bei derselben oder einer anderen MU'schaft)[1] **oder das BV eines eigenen Betriebs** des MU'ers übernommen werden, soweit die Erfassung der stillen Reserven – bei demselben StPfl. – gesichert bleibt (§ 6 Abs. 5 S. 3 Nr. 1 und 2). Anders als bei der offenen gesellschaftsrechtl. Einlage in eine MU'schaft (Rn. 381 ff.) ist bei der gesellschaftsrechtl. Sachentnahme eine Fortführung der bis zur Übertragung gebildeten stillen Reserven für die übrigen MU'er mittels Ergänzungsbilanz allerdings nicht möglich. Daher ist bei der „unentgeltlichen Übertragung" und der „Übertragung gegen Minderung der Gesellschaftsrechte" immer die Sperrfrist zu beachten. Dies stellt keine sachliche Ungleichbehandlung ggü. der gesellschaftsrechtl. Sacheinlage dar, sondern beruht schlicht auf einem unterschiedlichen Sachverhalt. Nach der Übertragung auf den G'ter kann das WG den übrigen MU'ern weder ganz noch teilw. weiter zugerechnet werden. Ergänzungsbilanzen kommen aber nur für WG in Betracht, die stl. dem MU'er zuzurechnen sind.[2] Wird das in eigenes BV oder SBV übertragene WG innerhalb der Sperrfrist veräußert oder entnommen, ist daher rückwirkend bei der MU'schaft gewinnrealisierend der TW des WG anzusetzen. Dies gilt auch, soweit die stillen Reserven bis zur Übertragung ohnehin auf den erwerbenden MU'er entfielen (§ 6 Abs. 5 S. 4). Zur Übertragung auf eine Körperschaft s. Rn. 390. 387a

b) Übertragungen auf Schwesterpersonengesellschaft. Eine erfolgsneutrale Buchwertfortführung durch unmittelbare oder analoge Anwendung von § 6 Abs. 5 S. 1 u. 2 oder von § 6 Abs. 5 S. 3 soll nach der Rspr. des I. Senats angesichts des eindeutigen Wortlauts und des durch die Entstehungsgeschichte dokumentierten entgegenstehenden Willens des Gesetzgebers bei der Übertragung v. WG zw. **Schwester-PersGes.** nicht erfolgen dürfen. Der I. Senat sieht allerdings nunmehr – insoweit übereinstimmend mit dem IV. Senat – im Ausschluss der erfolgsneutralen Übertragung von WG zw. **beteiligungsidentischen Schwester-PersGes.** einen Verstoß gegen den Gleichheitsgrundsatz. Er hat deshalb vom BVerfG die Entsch. eingeholt, ob § 6 Abs. 5 S. 3 insoweit gegen den allgemeinen Gleichheitssatz verstößt, als danach eine Übertragung zum Buchwert zwischen Schwester-PersGes. nicht möglich ist (s. § 6 Rn. 224). Richtigerweise hätte man – wie es der IV. Senat überzeugend aufgezeigt hat – die Lücke in § 6 Abs. 5 bereits im Wege einer verfassungskonformen Auslegung schließen können.[3] 388

Handelt es sich nicht um einzelne WG, sondern um **Betriebe, Teilbetriebe oder MU'anteile** einschl. SBV bei einer anderen MU'schaft (doppelstöckige PersGes.), so sind nach § 16 Abs. 3 S. 2 bei einer **Realteilung zwingend die Buchwerte** fortzuführen (§ 16 Rn. 198 ff.). § 16 Abs. 3 S. 2 verlangt in Anpassung an § 6 Abs. 5 S. 3 konsequenterweise die Buchwertfortführung bei der Realteilung auch dann, wenn den Realteilern Einzel-WG in ihr BV zugeteilt werden. Für diesen Fall wird – ebenfalls in Übereinstimmung mit § 6 Abs. 5 S. 4 – allerdings in § 16 Abs. 3 S. 3 eine dreijährige Sperrfrist eingeführt (§ 16 Rn. 204 ff.). Werden Teilbetriebe, MU'anteile und Bruchteile davon v. der PersGes. unter Fortbestehen ihres Betriebes iÜ **unentgeltlich auf Dritte** übertragen, ordnet **§ 6 Abs. 3** ebenfalls die **erfolgsneutrale Buchwertfortführung** an. Hier ist auch die Verlagerung stiller Reserven auf ein anderes Steuersubjekt zu rechtfertigen. Zur Übertragung v. Teilbetrieben und MU'anteilen bei Ausscheiden gegen Sachwertabfindung s. § 16 Rn. 195 ff. 389

7. Beteiligung von Kapitalgesellschaften als Mitunternehmer. Die vorstehenden Grundsätze sind im Grundsatz auch anzuwenden, wenn eine KapGes. (oder ein anderes KSt-Subjekt) als MU'er offene und verdeckte Sacheinlagen erbringt oder umgekehrt Sachentnahmen tätigt. Allerdings sind wegen des Trennungsprinzips die Vorschriften über die vGA nach § 8 Abs. 3 KStG und umgekehrt über die verdeckten Einlagen auch in Rahmen v. Übertragungsvorgängen bei einer MU'schaft vorrangig,[4] wenn an dieser eine KapGes. (oder andere Körperschaft) als MU'er beteiligt ist (Rn. 381c, 385). Denn die partielle, bzw. vollständige Befreiung für Gewinnausschüttungen nach § 3 Nr. 40, bzw. § 8b Abs. 1 KStG, setzt zwingend voraus, dass dann auf der Ebene der KapGes. eine Einmalbelastung mit KSt stattgefunden hat. Daher kommt bei Übertragungsvorgängen nach § 6 Abs. 5 S. 3 Nr. 1 und 2 eine Buchwertfortführung nur in Betracht, soweit keine vGA vorliegt (Rn. 385). 390

Nach **§ 6 Abs. 5 S. 5** ist der TW anzusetzen, soweit bei einer Übertragung nach § 6 Abs. 5 S. 3 der Anteil einer KapGes. an dem übertragenen WG mittelbar oder unmittelbar begründet wird[5] oder sich erhöht. Die Vorschrift soll einer unberechtigt erscheinenden Erschleichung des Teil/Halbeinkünfteverfahrens nach § 3 Nr. 40 EStG, bzw. § 8b Abs. 2 KStG durch Verlagerung stiller Reserven auf Anteile an KapGes. vorbeugen. Nach § 6 Abs. 5 S. 6 ist insoweit (rückwirkend) auch dann der TW anzusetzen, wenn sich innerhalb v. sieben Jahren nach der Übertragung zu einem späteren Zeitpunkt der Anteil einer KapGes. 391

---

1 Unklar insoweit BMF v. 7.6.2001, BStBl. I 2001, 367.
2 *Wendt*, FR 2002, 53; zweifelnd *Rödder/Schuhmacher*, DStR 2001, 1634; bej. *Paus*, FR 2003, 53.
3 So auch bereits *Reiß*, FS P. Kirchhof, 1925, 1933.
4 *Groh*, DB 2003, 1403; *Rödder/Schuhmacher*, DStR 2000, 1458.
5 Die Erweiterung „begründet wird" erfolgte erst durch das UntStFG.

(oder eines sonstigen KSt-Subjektes) aus einem anderen Grund unmittelbar oder mittelbar erhöht oder erstmals begründet wird.[1]

392 Im Einzelnen findet § 6 Abs. 5 S. 5 Anwendung: **a)** Bei Übertragung eines WG auf die MU'schaft im Wege der offenen und verdeckten **Sacheinlage durch einen anderen MU'er**, soweit dem Einbringenden nicht der volle Verkehrswert gutgebracht wird; **b)** bei offenen und verdeckten **Sachentnahmen der KapGes.** durch Übertragung eines WG auf sie und **c)** bei der unentgeltlichen Übertragung eines WG des SBV eines anderen MU'ers auf eine als MU'er beteiligte KapGes. Hingegen ist nicht § 6 Abs. 5 S. 5, sondern § 6 Abs. 5 S. 3 (Buchwertfortführung) anzuwenden, wenn trotz eines Übertragungsvorganges keine stillen Reserven auf die KapGes. verlagert werden. Dies betrifft etwa die Einbringung eines WG in eine MU'schaft, an der eine KapGes. zwar als MU'er, nicht aber vermögensmäßig beteiligt ist,[2] sofern ihr auch nach dem Gewinnverteilungsschlüssel kein Anteil an den stillen Reserven zusteht. Weder § 6 Abs. 5 S. 5 noch eine vGA liegt vor, wenn eine KapGes. (oder eine gewerblich geprägte PersGes.) aus ihrem Vermögen ein WG in das Gesellschaftsvermögen der MU'schaft überträgt, an der sie zu 100 % vermögensmäßig beteiligt ist.[3]

392a **Zu a):** Das WG ist dann mit dem Buchwert zzgl. der nach dem Gewinnverteilungsschlüssel anteilig auf die KapGes. übergehenden stillen Reserven (= anteiliger TW) anzusetzen. IHd. zugewendeten stillen Reserven erfolgt eine Zuschreibung zum Kapitalanteil der KapGes. bei der MU'schaft, denn insoweit liegt dort eine verdeckte Einlage der KapGes. vor, § 4 Abs. 1 S. 8 iVm. § 6 Abs. 1 Nr. 5. Hinsichtlich der übergehenden stillen Reserven kommt es beim einbringenden MU'er in dessen Betrieb (SBV) zu einer Gewinnrealisation, § 6 Abs. 5 S. 5 iVm. § 6 Abs. 1 Nr. 4, bzw. § 6 Abs. 6 S. 2. Zugleich erhöhen sich die AK seiner Anteile an der KapGes., § 6 Abs. 6 S. 2. Soweit hingegen bei einer offenen Sacheinlage eines anderen MU'ers durch **Ergänzungsbilanz** diesem die bis zur Übertragung gebildeten stillen Reserven zugeordnet bleiben, ist § 6 Abs. 5 S. 5 nicht anwendbar, weil sich insoweit der Anteil der KapGes. an dem übertragenen WG weder unmittelbar noch mittelbar erhöht noch ein solcher begründet wird. § 6 Abs. 5 S. 5 verlangt den Teilwertansatz nur, „soweit… der Anteil… begründet wird oder sich erhöht". Es greift in diesem Fällen auch die **Sperrfrist des § 6 Abs. 5 S. 4** nicht. Der gegenteiligen Auffassung der FinVerw. ist nicht zu folgen.[4] Sie wird weder v. Wortlaut verlangt, noch ergibt sie einen Sinn. Denn ohne Verlagerung stiller Reserven auf die KapGes. kann es zu der befürchteten Erschleichung des Halbeinkünfteverfahrens nicht kommen. Bei der Übertragung eines WG in Gesamthandsvermögen wird ein Anteil der KapGes. in der Höhe begründet oder erhöht sich in dem Umfang, in dem auf ihren Kapitalkonten buchmäßig eine Gutschrift erfolgt zzgl. ihres Anteils an den stillen Reserven nach dem Gewinnverteilungsschlüssel. Anteil am WG ist mithin nur der Anteil an den ansonsten auf die KapGes. übergehenden stillen Reserven.[5]

392b **Zu b):** Wird umgekehrt ein WG im Wege der offenen oder verdeckten Sachentnahme auf die KapGes. übertragen, ist ebenfalls nur zwingend der TW anzusetzen, soweit der Anteil der KapGes. an dem übertragenen WG begründet wird oder sich erhöht. Dies ist nicht der Fall, soweit die Belastungen der Kapitalkonten zzgl. anteiliger stiller Reserven dem Verkehrswert entsprechen, weil sich insoweit Minderung des Anteils auf Gesellschaftsebene und Erhöhung des Anteils im eigenen BV oder SBV ausgleichen. Soweit durch eine Buchwertfortführung auf andere MU'er entfallende stille Reserven auf die KapGes. verlagert werden, ist § 6 Abs. 5 S. 5 einschlägig. Das WG ist daher mit dem Buchwert zzgl. der nach dem Gewinnverteilungsschlüssel auf die anderen MU'er entfallenden stillen Reserven anzusetzen. Die anderen MU'er realisieren bei der MU'schaft in dieser Höhe Gewinn (§ 6 Abs. 5 S. 5 iVm. Abs. 1 Nr. 4). Bei der KapGes. liegt insoweit eine verdeckte Einlage vor. Außerdem erhöhen sich die AK der anderen MU'er (= G'ter der KapGes.) um die aufgedeckten stillen Reserven im WG.[6] Eine Neutralisierung der auf die anderen MU'er entfallenden stillen Reserven nach § 6 Abs. 5 S. 4 durch Ergänzungsbilanz kommt nicht in Betracht (Rn. 388).

392c **Zu c):** Wegen der in § 6 Abs. 5 S. 3 Nr. 3 eingeräumten Möglichkeit der Verlagerung stiller Reserven durch unentgeltliche Übertragung v. SBV auf einen anderen MU'er ist der TW nach § 6 Abs. 5 S. 5 auch anzusetzen, wenn v. einem andern MU'er ein WG des SBV unentgeltlich auf die KapGes. in deren SBV bei

1 Begr. Vermittlungsauschuss, S. 4 zur Beschlussempfehlung BT-Drucks. 14/3760. Nach der Gesetzesbegründung zu § 6 Abs. 5 S. 5 und 6 idF UntStFG soll generell das Verfügen über WG durch Veräußerung v. Anteilen an KapGes. „ohne vorherige Teilwertrealisation" vermieden werden, BR-Drucks. 638/01.

2 BMF v. 8.12.2011, BStBl. I 2011, 1279 Rn. 29; so auch *Brandenberg*, FR 2000, 1182.

3 BMF v. 8.12.2011, BStBl. I 2011, 1279 Rn. 29; v. 7.2.2002, DStR 2002, 635; s. auch BFH v. 31.7.2013 – I R 44/12, FR 2013, 1132.

4 BMF v. 8.12.2011, BStBl. I 2011, 1279 Rn. 28 (trotz Ergänzungsbilanz zwingender Teilwertansatz); so auch *Kulosa* in Schmidt[37], § 6 Rn. 724; *van Lishaut*, DB 2001, 1519; *Wendt*, FR 2002, 53; wie hier *Düll*, StbJb. 2002/03, 117; *Kloster*, GmbHR 2002, 717.

5 *Groh*, DB 2003, 1403; *Niehus/Wilke* in H/H/R, § 6 Anm. 1474g und h; *Niehus*, FR 2010, 1 (7).

6 Vgl. *Reiß*, BB 2000, 1965.

derselben MU'schaft übertragen wird. Hier wird bes. deutlich, dass über § 6 Abs. 5 S. 5 nur diejenige Rechtslage wieder hergestellt wird, die ohne die verfehlte Sonderregelung des § 6 Abs. 5 S. 3 Nr. 3 ohnehin gelten würde, nämlich, dass auf Seiten des Übertragenden eine an sich gewinnrealisierende Entnahme zu betriebsfremden Zwecken vorliegt. Auch hier müssen dann die weiteren Konsequenzen hinsichtlich der Annahme einer verdeckten Einlage bei der KapGes. und der Erhöhung der AK der Anteile an der KapGes. gezogen werden. Der umgekehrte Fall der „unentgeltlichen" Übertragung eines WG des SBV durch die KapGes. auf einen anderen MU'er bei derselben MU'schaft ist nicht in § 6 Abs. 5 S. 5 geregelt. Denn hier begründet oder erhöht die KapGes. nicht ihren Anteil am WG, sondern verliert ihn im Gegenteil. Allerdings ist hier dann § 8 Abs. 3 KStG (vGA) vorrangig anzuwenden und verdrängt § 6 Abs. 5 S. 3 Nr. 3 (Rn. 381c, 385, 390). Auch dies zeigt nur, wie – auch handwerklich – katastrophal unvollkommen die Regelung des § 6 Abs. 5 ist.

Die Regelung des § 6 Abs. 5 S. 6 zum rückwirkenden Ansatz des Teilwertes soll verhindern, dass erst nach 392d
einer Übertragung zum Buchwert der Anteil einer KapGes. an dem übertragenen WG begründet wird oder sich erhöht. Dies betrifft ua. den **Formwechsel** einer PersGes. in eine KapGes. nach § 25 UmwStG und den **nachträglichen Eintritt** einer KapGes. in eine PersGes. Hier ist der Ansatz des TW auf eine maximal siebenjährige Rückwirkung beschränkt. § 6 Abs. 5 S. 6 ist für den nachträglichen Eintritt einer KapGes. in eine MU'schaft an sich überflüssig. Denn bei angemessener Gewinnverteilung sind keine Verschiebungen stiller Reserven auf die Anteile an der KapGes. zu befürchten. Entspricht die vereinbarte Gewinnverteilung nicht den Beiträgen der G'ter, ist insoweit eine stl. Korrektur über § 8 Abs. 3 KStG, bzw. nach den Regeln über die verdeckte Einlage herbeizuführen. Es bedarf also nicht des § 6 Abs. 5 S. 6. Für den Formwechsel hätte sich eine Sonderregelung bei § 25 UmwStG angeboten.

E. Beteiligung an einer nicht gewerblichen Personengesellschaft (Zebragesellschaft)

Literatur: *Dürrschmidt/Friedrich-Vache*, Materiell- und verfahrensrechtliche Aspekte der Einkünfteermittlung bei der Zebragesellschaft, DStR 2005, 1515; *Kempermann*, Kein Ping-Pong-Verfahren bei Zebragesellschaften, FR 2005, 1026; *Lüdicke*, Mehrstufiges Feststellungsverfahren bei Zebragesellschaften, DB 2005, 1813; *Niehus*, Die steuerrechtliche Ungleichbehandlung v. Zebragesellschaftern und Mitunternehmern, DStZ 2004, 143; *Pyszka*, Ausübung steuerlicher Bilanzierungsrechte bei vermögensverwaltenden Personengesellschaften, DStR 2010, 1372; *Schulze zur Wiesche*, Anteile an vermögensverwaltenden PersGes. im BV einer PersGes., DStZ 2012, 832; *Engel*, Das Zebra im Steuerrecht, in Fischer/Geck/Haarmann (Hrsg.), Zivilrechtliches Ordnungsgefüge und Steuerrecht, Festschrift für Georg Crezelius, 2018, 297.

Von einer sog. **Zebragesellschaft** wird gesprochen, wenn die Ges. an sich eine lediglich **vermögensverwal-** 393
tende Tätigkeit ausübt mit Einkünften aus § 20 (KapVerm.), § 21 (VuV), wenn aber **einzelne G'ter** aus in ihrer Pers. liegenden Gründen **Einkünfte aus GewBetr.** beziehen. Klassischer Anwendungsfall ist die **Beteiligung einer KapGes. als G'ter** an einer vermögensverwaltenden PersGes., soweit nicht Abs. 3 S. 2 (gewerblich geprägt) eingreift. Es kommt aber auch in Betracht, dass eine nat. Pers. die **Beteiligung** an einer vermögensverwaltenden PersGes. **im Interesse eines eigenen GewBetr.** hält.[1] Außerdem kann sich durch Zusammenschau mehrerer Beteiligungen an vermögensverwaltenden PersGes. ergeben, dass für einen oder mehrere der G'ter in ihrer Pers. ein GewBetr. begründet wird. Dies betrifft vornehmlich den **gewerblichen Grundstückhandel** (Rn. 124 ff.). In Ansehung der Zebragesellschaft muss geklärt werden, a) wie die Einkünfte der G'ter zu ermitteln sind und b) wie verfahrensrechtl. hinsichtlich der einheitlichen und gesonderten Gewinnfeststellung vorzugehen ist.

Materiell-rechtlich ist unstr., dass die Zebragesellschaft keine MU'schaft nach Abs. 1 S. 1 Nr. 2 ist.[2] Unstr. 394
ist auch, dass die übrigen G'ter vermögensverwaltende Einkünfte beziehen, während der gewerblich Beteiligte Einkünfte aus GewBetr. nach § 15 Abs. 1 S. 1 Nr. 1, § 15 Abs. 1 S. 1 Nr. 2 oder § 8 Abs. 2 KStG bezieht. Da die vermögensverwaltende Zebragesellschaft nicht unter § 15 Abs. 1 S. 1 Nr. 2 fällt, ist Abs. 1 S. 1 Nr. 2 für an sie erbrachte Leistungen der betrieblich Beteiligten nicht anwendbar. Die Entgelte dafür sind daher nicht als Sondervergütungen, sondern als normale betriebliche Erträge im eigenen GewBetr. des betrieblich beteiligten MU'ers zu erfassen. Die vermögensverwaltende PersGes. kann selbst nicht über BV und erst recht nicht über SBV verfügen. Vielmehr ist dem betrieblich beteiligten G'ter im Rahmen seiner Gewinnermittlung das gesamthänderisch gebundene Vermögen der PersGes. anteilig (Kapitalanteil) als sein eigenes BV zuzurechnen.[3] Veräußert die vermögensverwaltende PersGes., müssen für den betrieblich beteiligten G'ter anteilige Veräußerungsgewinne ermittelt werden; für die übrigen G'ter gelten hingegen allenfalls die §§ 17, 20 Abs. 2, 23 Abs. 1. Bei der Ermittlung des Gewinns und Gewinnanteils für den betrieb-

1 BFH v. 11.7.1996 – IV R 103/94, BStBl. II 1997, 39; vgl. auch BFH v. 26.4.2001 – IV R 14/00, BStBl. II 2001, 798 (Freiberufler).
2 *Wacker* in Schmidt[37], § 15 Rn. 200, 201; s. aber *Niehus*, DStZ 2004, 143.
3 *Wacker* in Schmidt[37], § 15 Rn. 206.

lich Beteiligten sind sämtliche **Einkünfteermittlungsvorschriften für die Gewinnermittlung** anzuwenden, ua. **Sonderabschreibungen, erhöhte Absetzungen, Teilwertabschreibungen**. Die Veräußerung der Beteiligung an der Zebragesellschaft fällt nicht unter § 16 Abs. 1 S. 2.[1] Wegen der Bruchteilsbetrachtung (anteilige Zurechnung, siehe zuvor) sind die Veräußerungserfolge (Veräußerung der anteilig dem betrieblich beteiligten G'ter zuzurechnenden WG) aber iRv. § 15 zu erfassen.

395 Veräußerungen gegen fremdübliches Entgelt an die Zebragesellschaft durch an ihr gewerblich beteiligte G'ter aus deren GewBetr. sollen bei Anwendung der Bruchteilsbetrachtung im Umfang der Beteiligung des G'ters nicht gewinnrealisierend und auch kein Anschaffungsvorgang sein.[2] Konsequenterweise muss dies dann umgekehrt auch für Veräußerungen durch die vermögensverwaltende PersGes. an ihren (betrieblich beteiligten) G'ter gelten. Diese Differenzierung zw. voll anzuerkennenden Veräußerungen und Leistungen gegen fremdübliches Entgelt zw. einerseits MU'er und mitunternehmerischer PersGes. und umgekehrt (Rn. 376, 299) und andererseits betrieblich beteiligtem G'ter und vermögensverwaltender (Zebra-)Gesellschaft und umgekehrt ist bei Anwendung einer nur auf vermögensverwaltende Ges. beschränkten Bruchteilsbetrachtung konsequent (Rn. 353).

396 In die eigene **Steuerbilanz des G'ters** sind die Ergebnisse, wie sie sich auf der Ebene der PersGes. für einen betrieblich beteiligten G'ter ereignen, zu übernehmen. In der Sache bedarf es quasi als Vorrechnung der Aufstellung einer StB für die PersGes., die stl. allerdings nur für und v. betrieblich beteiligten G'ter zu erstellen ist. Der daraus sich sodann für ihn ergebende „Gewinnanteil" ist dann, ebenso wie die anteiligen WG und Schulden, in seine Bilanz – ggf. durch zusammengefassten Ansatz mittels „Bilanzierung" der Beteiligung nach der Spiegelbildmethode – zu übernehmen.[3]

397 **Verfahrensrecht.** Für die nicht gewerblich beteiligten G'ter sind die vermögensverwaltenden Einkünfte einheitlich nach den Grundsätzen der Überschussrechnung § 2 Abs. 2 S. 2 iVm. §§ 8, 9, 11 zu ermitteln. Dabei soll allerdings eine sog. Bruchteilsbetrachtung hinsichtlich der Zurechnung der WG stattfinden.[4] Veräußerungsgewinne der Beteiligten nach §§ 17, 23 sind daher nicht in die einheitliche und gesonderte Feststellung einzubeziehen. Für den betrieblich Beteiligten erfolgt auf der Ebene der PersGes. eine einheitliche und gesonderte Feststellung der Einkünfte als vermögensverwaltend und (erst) das für den GewBetr. des G'ters zuständige FA entscheidet verbindlich sowohl über die Einkunftsart als auch die Höhe der Einkünfte im ESt-/KSt-Bescheid. Dies ist jedenfalls das Konzept des GrS.[5] Dieser geht davon aus, dass Feststellungen iRd. einheitlichen und gesonderten Einkünftefeststellung sich nur auf solche Merkmale erstrecken können, die v. allen Beteiligten gemeinsam auf der Ebene der PersGes. verwirklicht werden, nicht hingegen auf solche Tatbestandsmerkmale, die ein oder einige Beteiligte allein außerhalb der PersGes. verwirklichten. Er geht daher davon aus, dass im Falle der Zebragesellschaft die PersGes. und ihre G'ter gemeinsam zunächst Einkünfte vermögensverwaltender Art erzielen, die sich sodann „außerhalb der Zebragesellschaft" in gewerbliche Einkünfte „umwandeln", die erst außerhalb der PersGes. in gewerbliche Einkünfte „umzuqualifizieren" seien. Soweit im Festellungsbescheid des Ges.-FA dennoch Feststellungen zu Art und Höhe der Einkünfte des betrieblich beteiligten G'ters getroffen worden sind, binden diese das Wohnsitz-FA nicht, da sich die Feststellungswirkung nicht darauf erstreckt. Es bedarf auch keiner Aufhebung dieser „Feststellungen".[6]

398 Erbringt eine **vermögensverwaltende PersGes.** allerdings lediglich **Leistungen** für einen GewBetr. des G'ters oder für eine gewerbliche **Schwester-PersGes.**, ist **nicht** v. einer **Zebragesellschaft** im obigen Sinne auszugehen. Hier erfolgt bei der gewerblichen Schwester-PersGes. oder im eigenen GewBetr. die anteilige Zuordnung der Erträge, Aufwendungen und der WG als BV (Rn. 353, 358). Insoweit kann materiell keine einheitliche Einkünfteermittlung auf der Ebene der überlassenden PersGes. erfolgen.[7] Allerdings soll ein doppeltes Festellungsverfahren erforderlich sein, wenn eine (vermögensverwaltende?) GbR (bestehend aus einem Ehepaar) Räume an eine Anwaltssozietät vermietet, an der ein Ehegatte beteiligt ist.[8] Das überzeugt zumindest für diese Konstellation schon deshalb nicht, weil hinsichtlich des freiberuflich tätigen Ehepartners gerade

1 GlA *Paul* in H/H/R, § 15 Anm. 1474; **aA** *Niehus*, DStZ 2004, 143 (Zebra-G'ter als MU'er zu behandeln).
2 BFH v. 26.4.2012 – IV R 44/09, BStBl. II 2013, 142 (Grundstücksveräußerung durch gewerbliche KG an vermögensverwaltende GbR, an der die KG maßgeblich beteiligt war); ebenso jetzt H 15.7 Abs. 1 EStH 2013.
3 Vgl. BFH v. 25.6.2014 – I R 29/13, BFH/NV 2015, 27.
4 BFH v. 26.4.2012 – IV R 44/09, BStBl. II 2013, 142; v. 1.8.2012 – IX R 6/11, BFH/NV 2013, 91; v. 9.5.2000 – VIII R 41/99, BStBl. II 2000, 686; v. 9.5.2000 – VIII R 40/99, BFH/NV 2001, 17.
5 BFH v. 11.4.2005 – GrS 2/02, BStBl. II 2005, 679; die Rspr.-Entwicklung wird nachgezeichnet bei *Engel*, FS Crezelius, 2018, 297 (300 ff.).
6 Vgl. auch BFH v. 18.4.2012 – X R 34/10, BStBl. II 2012, 647 (zur Umqualifizierung eines „Veräußerungsgewinns" nach § 16 Abs. 1 S. 2 in einen lfd. Gewinn bei gewerblichem Grundstückshandel).
7 Vgl. BFH v. 18.5.2004 – IX R 83/00, BStBl. II 2004, 898 und v. 18.5.2004 – IX R 49/02, BStBl. II 2004, 929.
8 BFH v. 9.10.2008 – IX R 72/07, BStBl. II 2009, 231.

keinerlei bindendende Feststellungen bei der vermietenden GbR getroffen werden können und es daher für den verbleibenden G'ter mit VuV Einkünften an einer „einheitlichen" Feststellung mit einem anderen an den Einkünften aus VuV Beteiligten mangelt. Eine Zebragesellschaft liegt ebenfalls nicht vor bei Beteiligung einer gemeinnützigen Stiftung als „MU'er" an einer gewerblich geprägten PersGes. Die persönliche Befreiung des § 5 Abs. 1 Nr. 9 KStG greift ungeachtet des Vorliegens „gewerblicher Einkünfte" ein. Darüber hat verfahrensrechtlich das Veranlagungsfinanzamt ohne Bindung an den Feststellungsbescheid zu entscheiden.[1]

Einstweilen frei. 399

F. Einkünfte des Komplementärs einer KGaA (Abs. 1 S. 1 Nr. 3)

Literatur: *Bielinis*, Die Besteuerung der KGaA, Diss. Bonn/Berlin, 2013; *Busch/Thieme*, Behandlung v. Pensionszusagen an persönlich haftende G'ter einer KGaA, FR 2008, 1137; *Crezelius*, Steuerrechtliche Probleme des Gewinnanteils des persönlich haftenden Gesellschafters der KGaA, JBFfStR 2010/2011, 484; *Drüen/van Heek*, Die KGaA zwischen Trennungs- und Transparenzprinzip, DStR 2012, 541; *Drüen/van Heek*, Sondervergütungen an den Komplementär einer KGaA, DB 2012, 2184; *Hageböke*, Einheitliche und gesonderte Feststellung bei der KGaA und ihrem persönlich haftenden G'ter, Der Konzern 2017, 28; *Hageböke*, Sondervergütungen des KGaA-Komplementärs und Betriebsausgabenabzug, DB 2012, 2709; *Hagemann*, Zur Anwendung des § 50d Abs. 10 EStG beim persönlich haftenden G'ter der KGaA, IStR 2016, 608; *Hoppe*, Die Besteuerung der KGaA zwischen Trennungs- und Transparenzprinzip; Diss. Kiel/Köln, 2014; *Kempf*, Ergänzungsbilanzen für den persönlich haftenden G'ter einer KGaA, DStR 2015, 1905; *Kollruss*, Warum es keine Ergänzungsbilanz des Komplementärs einer KGaA gibt, FR 2016, 203; *Kollruss*, Mehrstöckige Hybrid-Kapitalgesellschaftsstrukturen und § 50d Abs. 11 EStG, BB 2013, 157; *Kollruss*, Zur Besteuerungsdogmatik der KGaA, DStZ 2012, 649; *Kollruss/Weißer/Dilg*, KGaA-Besteuerung im Lichte des § 50d Abs. 1 EStG, DB 2013, 423; *Kusterer*, Überlegungen zur Besteuerung des persönlich haftenden Gesellschafters einer KGaA, DStR 2008, 484; *Rödder/Hageböke/Stangl*, Die Anwendung der Zinsschranke bei der KGaA und ihrem persönlich haftenden Gesellschafter; DB 2009, 1561; *Wassermeyer*, Die Wurzeltheorie bei der Besteuerung persönlich haftender G'ter einer KGaA unter Beachtung des BFH-Urteils v. 19.5.2010 – I R 62/09, Ubg 2011, 47.

I. Grundlagen. Die KGaA (§§ 278–290 AktG) ist eine Ges. **mit eigener Rechtspersönlichkeit**, bei der mindestens ein G'ter den Gesellschaftsgläubigern unbeschränkt haftet (phG'ter) und die übrigen G'ter an dem in Aktien zerlegten Grundkapital beteiligt sind, ohne persönlich für die Verbindlichkeiten der Ges. zu haften (Kommanditaktionäre). Während für die KGaA die Vorschriften des AktG über die AG anzuwenden sind, § 278 Abs. 3 AktG, bestimmt sich das Rechtsverhältnis der phG'ter untereinander und zu den Kommanditaktionären in ihrer Gesamtheit nach den Vorschriften des HGB über die KG, § 278 Abs. 2 AktG.[2] Als phG'ter kommen dabei neben nat. Pers. auch jur. Pers. (zB GmbH) oder PersGes. (auch GmbH & Co. KG) in Betracht.[3] Die KGaA selbst ist KapGes. 400

Die KGaA ist **eigenständiges KSt-Subjekt** (§ 1 Abs. 1 Nr. 1 KStG). Die **Gewinnanteile der phG'ter** für ihre nicht auf das Grundkapital gemachten **Einlagen** (also nicht für als Kommanditaktionäre geleistete Einlagen) oder/und die für **die Geschäftsführung als Vergütung** erhaltenen Gewinnanteile sind nach **§ 9 Abs. 1 Nr. 1 KStG** v. kstpfl. Einkommen der KGaA abzuziehen.[4] Diese Gewinnanteile des phG'ters mindern das kstpfl. Einkommen, weil dies ausdrücklich nach § 9 Abs. 1 S. 1 KStG zur Vermeidung einer einkommensteuerlichen Doppelbelastung so angeordnet ist.[5] Für die Ermittlung des der KSt zu unterwerfenden Einkommens der KGaA werden sie damit wie gewinnmindernde BA iSd. § 4 Abs. 4 EStG behandelt. Stattdessen unterliegen sie – insoweit entspr. dem Transparenzprinzip bei einer mitunternehmerischen PersGes.[6] – beim ph G'ter unmittelbar der Einkommensbesteuerung nach § 15 Abs. 1 Nr. 3 EStG. 401

Soweit den phG'tern **(Sonder-)Vergütungen** aufgrund gesonderter schuldrechtlicher Vereinbarungen (für Dienste und für die Überlassung v. WG oder Kapital) gewährt werden, unterliegen diese ebenfalls nicht als Einkommen der KGaA der KSt. Denn insoweit handelt es sich bereits handels- und steuerrechtl. um betrieblichen Aufwand, der schon nach § 4 Abs. 4 EStG den Gewinn der KGaA mindert. Korrespondierend 402

---

1 BFH v. 25.5.2011 – I R 60/10, BStBl. II 2011, 858.

2 Die KGaA ist ungeachtet § 278 Abs. 2 AktG zivilrechtl. keine Gesamthand. Der BFH verneint daher auch für die GrESt die Anwendbarkeit der §§ 5 und 6 GrEStG, BFH v. 27.4.2005 – II B 76/04, BFH/NV 2005, 1627.

3 BGH v. 24.2.1997 – II ZB 11/96, BGHZ 134, 392; vgl. nunmehr auch § 279 Abs. 2 AktG (eingefügt durch Handelsrechtreformgesetz v. 22.6.1998).

4 Für Zwecke der Zinsschranke nach § 4h EStG, § 8a KStG soll nach Auffassung des BMF v. 4.7.2008, BStBl. I 2008, 718 (Rn. 8, 44) allerdings der Betrieb der KGaA und deren EBITDA den Gewinnanteil der Komplementärs umfassen. Dagegen *Rödder/Hageböke/Stangl*, DB 2009, 1561.

5 S. dazu *Drüen* in H/H/R, § 9 KStG Anm. 20 mwN.

6 *Reiß*, FS Crezelius, 2018, 371 (376); **aA** *Kollruss*, FR 2016, 203 (kein Transparenzprinzip für Abzug nach § 9 Abs. 1 Nr. 1 KStG bei KGaA und Zurechnung als Gewinn beim Komplementär nach § 15 Abs. 1 Nr. 3 EStG, sondern vollumfänglich nur die KGaA als Einkünfteerzielungssubjekt, hingegen beim Komplementär nur Zurechnung eines von der KGaA erzielten Gewinnanteils).

hierzu unterliegen allerdings nach § 15 Abs. 1 S. 1 Nr. 3 außer den **Gewinnanteilen auch die Sondervergütungen** bei den phG'tern als Einkünfte aus GewBetr. der ESt (falls nat. Pers.) oder der KSt (falls jur. Pers.).[1] Für die Einkommensbesteuerung sowohl der phG als auch der KGaA ist daher regelmäßig ohne Auswirkung, ob es sich um Sondervergütungen des phG'ters oder Gewinnverteilungen/Gewinnvorab handelt. Die Unterscheidung kann aber abkommensrechtlich v. Bedeutung sein.[2] Es gelten insoweit dieselben Grundsätze wie für die Behandlung v. Sondervergütungen bei Mitunternehmerschaften nach § 15 Abs. 1 Nr. 2 EStG (s. Rn. 313 f.).

403 Der Gewinn aus GewBetr. der phG'ter ist nach wohl hM **nicht** im Rahmen einer **einheitlichen und gesonderten Gewinnfeststellung** zu ermitteln, wenn nur ein phG'ter an der KGaA beteiligt ist.[3] Eine einheitliche und gesonderte Gewinnfeststellung für die Komplementäre einerseits und die KGaA soll ausscheiden, weil nach Steuerrecht die Gewinnanteile der Komplementäre bei der KGaA als abziehbare Aufwendungen nach § 9 Abs. 1 Nr. 1 KStG zu behandeln sind und KGaA und phG'ter nicht gemeinsame MU'er des GewBetr. sind. Das überzeugt nicht .[4] Zwar sind die KGaA und ihr Komplementär nicht gleich geordnete MU'er, weil nach der Regelung des § 9 Abs. 1 KStG die Gewinnanteile des Komplementärs stl. als abziehbare Aufwendungen für die KGaA zu behandeln sind. Andererseits bestimmt jedoch § 15 Abs. 1 S. 1 Nr. 3 EStG komplementär dazu, dass eben diese Gewinnanteile beim Komplementär zu Einkünften aus GewBetr. führen. § 181 Abs. 2 Nr. 1 iVm. § 180 Abs. 1 Nr. 2 lit. a AO verlangen jedoch lediglich eine Beteiligung mehrerer Pers. an derselben Einkunftsquelle. Dies liegt im Verhältnis KGaA als KSt-Subjekt und phG'ter als ESt- oder KSt-Subjekt vor. Denn stl. werden die Einkünfte aus dem einen, einheitlich v. der KGaA betriebenen Unternehmen (nur) teilw. der KGaA und teilw. dem phG'ter zugerechnet, mag dies auch technisch dadurch erfolgen, dass der an den phG'ter für dessen Einlage und ggf. auch für dessen Geschäftsführung zu verteilende Teil des (handelsrechtl.) Gewinns bei der KGaA stl. als abziehbarer (Betriebs-)Aufwand behandelt wird. Der Zweck der einheitlichen und gesonderten Feststellung, widersprechende Entscheidungen zu vermeiden, lässt gleichwohl auch eine einheitliche Feststellung durch alleinige Zuständigkeit des betr. FA als geboten erscheinen.[5]

404 **II. Einkünfte der persönlich haftenden Gesellschafter.** Die phG'ter einer KGaA sind – anders als die G'ter einer KG – im G nicht als MU'er bezeichnet, sie sind aber für die Einkommensbesteuerung als solche zu behandeln.[6] Auf das Vorliegen der MU'er-Voraussetzungen soll es dabei nicht ankommen.[7] Bedeutsam ist dies vor allem dann, wenn es bei alleiniger Komplementärstellung an weiteren MU'ern fehlt. Die Kommanditaktionäre sind dies gerade nicht. Im Verhältnis zur KGaA scheidet eine materielle MU'schaft aus.[8]

405 Der **Gewinn(anteil) der phG'ter** ist durch **BV-Vergleich** (§ 5) bei der KGaA in deren Gesellschaftsbilanz zu ermitteln, ungeachtet des Umstandes, dass in deren Steuerbilanz zur Ermittlung des der KSt bei der KGaA unterliegenden Einkommens der Gewinnanteil nach § 9 Abs. 1 Nr. 1 KStG als abziehbare Aufwendung zu behandeln ist. Daher kommt es auch für den unter § 9 Abs. 1 Nr. 1 KStG fallenden Teil des auf den Komplementär entfallenden Gewinnanteils und die darunter fallenden Vergütungen für die Geschäftsführung auf einen Zufluss beim Komplementär und eine vorherige Bilanzfeststellung bei der KGaA oder gar einen vorher gefassten Ausschüttungsbeschluss nicht an.[9]

---

1 BFH v. 4.12.2012 – I R 42/11, BFH/NV 2013, 589; v. 21.6.1989 – X R 14/88, BStBl. II 1989, 881.

2 Vgl. BFH v. 7.12.2011 – I R 5/11, IStR 2012, 222 (danach zutr. Pensionszahlung an geschäftsführenden phG'ter kein originärer Teil des Unternehmensgewinns iSd. Art. 7 DBA USA, aber gleichwohl soll § 50d Abs. 10 EStG nicht anwendbar sein); *Drüen/Heek*, DB 2012, 2184; sa. *Hagemann*, IStR 2016, 608.

3 *Wacker* in Schmidt[37], § 15 Rn. 891; FG SchlHol. v. 12.4.2011 – 5 K 136/07, EFG 2011, 2038; FG Hbg. v. 14.11.2002 – V 231/99, EFG 2003, 711; FG München v. 16.1.2003 – 7 K 5340/01, EFG 2003, 670; so auch BFH v. 21.7.1967, VI 270/65, nv.; RFH RStBl. 1930, 345 verneint die einheitliche und gesonderte Gewinnfeststellung grds., offen gelassen v. BFH v. 21.6.1989 – X R 14/88, BStBl. II 1989, 881; offengelassen von BFH v. 29.6.2016 – I B 32/16, BFH/NV 2016, 1697 (dort allerdings zumindest die Aussage, dass diese Frage im Feststellungsverfahren geklärt werden muss); v. 7.12.2011 – I R 5/11, IStR 2012, 222.

4 So jetzt auch FG Hbg. v. 9.7.2015 – 3 K 308/14, EFG 2015, 1682; ebenso *Intemann ua.* in H/H/R, § 15 Anm. 74; *Drüen/van Heek*, DStR 2012, 541 (547); *Hageböke*, Ubg 2015, 295.

5 FG Hbg. v. 9.7.2015 – 3 K 308/14, EFG 2015, 1682 mwN; *Witt* in H/H/R, § 15 Anm. 115; ebenso bereits *Glanegger*, DStR 2004, 1686.

6 BFH v. 23.10.1985 – I R 235/81, BStBl. II 1986, 72; H 15.8 (4) EStH unter Hinweis auf BFH v. 21.6.1989, BStBl. II 1989, 881.

7 BFH v. 8.2.1984 – I R 11/80, BStBl. II 1984, 381; v. 23.10.1985 – I R 235/81, BStBl. II 1986, 72; v. 21.6.1989 – X R 14/88, BStBl. II 1989, 881; aus bewertungsrechtl. Sicht BFH v. 5.3.1986 – II R 211/84, BFH/NV 1987, 633.

8 BFH v. 28.11.2007 – X R 6/05, BStBl. II 2008, 363; v. 7.12.2011 – I R 5/11, IStR 2012, 222.

9 So zutr. BFH v. 4.12.2012 – I R 42/11, BFH/NV 2013, 348 (aber offenlassend, ob dies auf eine gem. § 15 Abs. 1 Nr. 3 „noch herrschende transparente Betrachtung" oder allgemeine Bilanzierungsprinzipien bei intransparenter Betrachtung zurückzuführen ist).

Die Aufstellung und Fortführung v. Ergänzungsbilanzen kommt unter denselben Voraussetzungen wie bei OHG und KG (Rn. 245) ua. beim Wechsel der phG'ter (Rn. 246 ff.) in Betracht.[1] Der Aufstellung einer Ergänzungsbilanz steht weder entgegen, dass – unbestritten – die KGaA zivilrechtl. keine gesamthänderische PersGes. ist, noch dass demzufolge § 39 Abs. 2 Nr. 2 AO keinesfalls anzuwenden ist.[2] Das trifft richtigerweise ohnehin bereits für die Gewinn- und Einkünftermittlung der MU'er auch bei mitunternehmerischen PersGes. zu, bei der es einer anteiligen Zurechnung der WG der mitunternehmerischen PersGes. weder zur Erfassung des lfd. Gewinn(anteils) gem. § 15 Abs. 1 Nr. 2 noch eines Veräußerungsgewinns gem. § 16 Abs. 1 Nr. 2 bedarf. Wie sich aus § 16 Abs. 1 Nr. 3, Abs. 2 unmissverständlich ergibt, ist auch bei Erwerb und Veräußerung des Anteils des phG'ters einer KGaA der Veräußerungsgewinn des phG'ters durch Abzug des „Anteils am Betriebsvermögen" (des phG'ters am BV des KGaA) vom Veräußerungspreis zu bestimmen. Soweit der erwerbende und später seine Beteiligung veräußernde phG'ter einen über den „Kapitalanteil" des Veräußerers bei der KGaA hinausgehenden Kaufpreis geleistet hat, müssen diese Aufwendungen bei einer späteren Veräußerung unbestritten berücksichtigt werden. Dem wird dadurch Genüge getan, dass auch diese über den erworbenen Kapitalanteil bei der KGaA hinausgehenden Aufwendungen in einer (steuerlichen) Ergänzungsbilanz für den phG'ter erfasst werden. Sie sind dann bei einer Veräußerung des Anteils iRd. vom Veräußerungspreis abzuziehenden „Wertes des Anteils am Betriebsvermögen" (der KGaA) zu berücksichtigen. Diese Behandlung bedingt – nicht anders als bei einer mitunternehmerischen PersGes. –, dass bereits während der Zugehörigkeit des (erwerbenden und ggf. später veräußernden) phG'ter zur KGaA die Mehraufwendungen in der Ergänzungsbilanz den WG der KGaA zugeordnet werden, durch deren stille Reserven sie veranlasst wurden. Die Zahlung eines Aufgeldes beim Eintritt in die KGaA und die nachfolgende Einziehung von Kommanditaktien führen nicht zum Ansatz zusätzlicher AK in einer Ergänzungsbilanz.[3] 406

Sondervergütungen für Dienstleistungen und Nutzungs- und Kapitalüberlassungen sind wie bei einer MU'schaft nach § 15 Abs. 1 S. 1 Nr. 2 zu erfassen. Für phG'ter ist daher ein Sonderbereich zu ermitteln.[4] Entspr. den Grundsätzen zur Gewinnermittlung bei MU'schaften haben die phG'ter daher WG, die dem Betrieb der KGaA (un)mittelbar dienen, in **Sonderbilanzen** zu erfassen. **Pensionszusagen** an die phG'ter sind korrespondierend zur StB der KGaA ebenfalls in Sonderbilanzen zu erfassen (Rn. 322 f.).[5] **Kein SBV** sind die Anteile am Grundkapital **(Kommanditaktien)**, die v. den phG'tern gehalten werden.[6] Sie sind nicht geeignet, die Einflussmöglichkeiten des Komplementärs zu verstärken. Ausschüttungen auf diese Anteile sind Einkünfte aus KapVerm. (§ 20 Abs. 1 Nr. 1) und mit Zufluss (§ 11) zu versteuern. Soweit dem Komplementär unangemessene Gewinnanteile, Geschäftsführervergütungen oder Sondervergütungen zugesagt sind, sollen diese gleichwohl nach § 9 Abs. 1 Nr. 1 KStG oder § 4 Abs. 4 als BA bei der KGaA abziehbar sein.[7] Dem ist allerdings dann nicht zu folgen, wenn der Komplementär zugleich Kommanditaktionär ist. Denn dann handelt es sich um vGA an den Kommanditaktionär. Insoweit liegen dann auch bei ihm Einkünfte aus § 20 Abs. 1 S. 1 und nicht aus § 15 Abs. 1 S. 1 Nr. 3 vor. 407

Bei **mittelbarer Beteiligung** über eine Personenhandelsgesellschaft, zB GmbH & Co. KG, als phG'ter ist § 15 Abs. 1 S. 1 Nr. 2 auf die MU'er der PersGes. anwendbar.[8] 408

Dem Komplementär der KGaA ist die **Tarifermäßigung nach § 35 EStG** zu gewähren, auch wenn er nicht subj. gewstpfl. und nicht Schuldner der GewSt ist, aber begrenzt auf den nach § 9 Abs. 1 Nr. 1 KStG abzuziehenden und nach § 8 Nr. 4 GewStG wieder hinzuzurechnenden Gewinnanteil einschl. der Vergütung für die Geschäftsführung (§ 35 Rn. 8, 25). Auch die Thesaurierungsbegünstigung nach § 34a kann v. phG'ter, falls nat. Pers., in Anspr. genommen werden.[9] 408a

G. Verluste aus gewerblicher Tierzucht, Termingeschäften und stillen Gesellschaften (Abs. 4)

I. Zielsetzung und Verfassungsgemäßheit. Abs. 4 normiert Verlustausgleichsbeschränkungen in unterschiedlichen Kontexten. Ziel des **Ausgleichs- und Abzugsverbotes** in Abs. 4 S. 1–2 ist es, die traditionelle, mit Bodenwirtschaft verbundene luf. Tierzucht und -haltung vor der industriellen Tierveredelungsproduktion zu schützen. Ausgeglichen werden soll der Wettbewerbsnachteil der Landwirte, die regelmäßig nicht 409

1 BFH v. 15.3.2017 – I R 41/16, BFH/NV 2017, 1548 Rn. 25; *Witt* in H/H/R, § 15 Anm. 905; *Kempf*, DStR 2015, 1905; *Bock*, GmbHR 2004, 554; *Kusterer*, DStR 2004, 77; *Glanegger*, DStR 2004, 1687; **aA** *Kohlruss*, FR 2016, 203 (208).
2 Eingehende Begr. bei *Reiß*, FS Crezelius, 2018, 371 (386 ff.), dort auch zu zahlreichen Einzelfragen.
3 BFH v. 7.9.2016 – I R 57/14, DB 2017, 160.
4 BFH v. 4.12.2012 – I R 42/11, BFH/NV 2013, 348; v. 21.6.1989 – X R 14/88, BStBl. II 1989, 881.
5 Vgl. *Patt/Rasche*, DB 1993, 2400; *Witt* in H/H/R, § 15 Anm. 913; **aA** *Gocke*, DB 1994, 2162.
6 BFH v. 21.6.1989 – X R 14/88, BStBl. II 1989, 881.
7 *Wacker* in Schmidt[37], § 15 Rn. 890; *Fischer*, DStR 1997, 1519; *Schaumburg*, DStZ 1998, 525; *Crezelius* ua., JbFfSt. 1998/99.
8 **AA** *Hempel/Siebels*, DB 2001, 2268.
9 BMF v. 11.8.2008, BStBl. I 2008, 838.

über andere zum Verlustausgleich geeignete Einkünfte verfügen.[1] Das durch das StEntlG 1999/2000/2002 eingeführte Ausgleichs- und Abzugsverbot in Abs. 4 S. 3 wiederum soll sicherstellen, dass **Verluste aus betrieblichen Termingeschäften** nur mit Gewinnen aus derartigen Geschäften verrechnet werden können. Der Gesetzgeber will es als Folgeänderung zur Neufassung des § 23 Abs. 1 Nr. 4 aF (jetzt § 20 Abs. 2 S. 1 Nr. 3) verstanden wissen.[2] Durch das StVergAbG wurde für Verluste v. KapGes. aus Beteiligung an InnenGes. mit/an KapGes. zur Flankierung der Abschaffung der kstl. Mehrmütterorganschaft in Abs. 4 S. 6 ein Verlustausgleichs- und -abzugsverbot eingeführt. Nach stRspr. bestehen gegen die Vorschrift, soweit sie Verluste aus gewerblicher Tierzucht betrifft, **keine verfassungsrechtl. Bedenken** iSd. Art. 3 Abs. 1, Art. 12 GG.[3]

410, 411 Einstweilen frei.

412 **II. Gewerbliche Tierzucht oder Tierhaltung (Abs. 4 S. 1–2).** Gewerbliche Tierzucht im Sinne dieser Vorschrift ist jede Tierhaltung, der nach den Vorschriften des § 13 Abs. 1 iVm. § 51 und § 51a BewG keine eigene landwirtschaftliche Nutzfläche als Futtergrundlage zur Vfg. Steht.[4] Die Gewerblichkeit kann von Anfang an vorliegen. Es ist aber auch möglich, dass eine landwirtschaftliche Tierzucht bei nachhaltiger Änderung im Tier- und/oder Flächenbestand in die Gewerblichkeit hineinwächst (Strukturwandel) (§ 13 Rn. 68). **Keine Anwendung findet Abs. 4 S. 1**, soweit die **Gewerblichkeit nur wegen** der **Rechtsform** nach Abs. 3 S. 2 oder der **Abfärbewirkung** nach Abs. 3 S. 1 eintritt.[5]

413 Trotz der nach dem Wortlaut uneingeschränkten Anwendung des Abs. 4 auf alle Verluste aus gewerblicher Tierzucht und Tierhaltung wird v. Rspr. und Lehre eine **teleologische Einengung** vorgenommen, soweit keine Wettbewerbsituation zur traditionellen Landwirtschaft besteht, insbes. die landwirtschaftliche Nutzfläche ohnehin nicht als Futtergrundlage für die Tierhaltung in Betracht kommt (Fleischfresser).[6] Das **Ausgleichs- und Abzugsverbot** greift danach **nicht** ein für: die Zucht und Haltung landwirtschaftsfremder Tierarten im Zoo oder Zirkus,[7] industriell betriebene Fischzucht und -mästerei,[8] eine selbständige Brüterei,[9] die Haltung landwirtschaftlicher Tierarten für andere gewerbliche oder freiberufliche Zwecke[10] als Tierzucht und Tierhaltung.[11]

414 **Rechtsfolge.** Abs. 4 S. 1–2 erfasst alle Verluste aus der gewerblichen Tierzucht oder -haltung[12] einschl. der Verluste aus der **Veräußerung oder der Aufgabe**. Wird die gewerbliche Tierzucht oder -haltung iSd. Abs. 4 mit einer anderen gewerblichen Tätigkeit im Rahmen eines **einheitlichen GewBetr.** ausgeübt, dürfen die Verluste aus der gewerblichen Tierzucht oder -haltung nicht mit einem Gewinn aus der anderen gewerblichen Tätigkeit innerhalb des einheitlichen GewBetr. verrechnet werden. Der auf die gewerbliche Tierzucht oder -haltung entfallende Verlust ist ggf. durch Schätzung zu ermitteln.[13] Auch mit anderen positiven Einkünften ist ein Ausgleich **im selben VZ** des StPfl. oder des mit ihm zusammen veranlagten Ehegatten nach S. 1 ausgeschlossen. Auch ein **Verlustvor- oder -rücktrag** nach § 10d ist insoweit unzulässig. Hingegen wird durch die Norm nicht ausgeschlossen, dass ein StPfl., der in **mehreren** eigenen Betrieben oder MU'schaften **gewerbliche Tierzucht** oder -haltung betreibt, Verluste aus dem einen Betrieb mit entspr. Gewinnen aus dem anderen Betrieb ausgleicht. S. 2 lässt einen **Verlustvor- oder -rücktrag in das vorangegangene und in spätere Wj. nur auf Gewinne aus gewerblicher Tierzucht** oder -haltung des StPfl. oder seines mit ihm zusammen veranlagten **Ehegatten** nach Maßgabe des § 10d zu. Dies gilt auch für Gewinne iSd. § 16 aus der Veräußerung eines Betriebs oder TB der gewerblichen Tierzucht oder -haltung[14] oder eines MU'anteils daran.[15]

1 BFH v. 5.2.1981 – IV R 163/77, BStBl. II 1981, 359; ebenso BFH v. 14.9.1989 – IV R 88/88, BStBl. II 1990, 152.
2 Vgl. BT-Drucks. 14/23 zu § 15 Abs. 4.
3 So zuletzt noch BFH v. 24.4.2012 – IV B 84/11, BFH/NV 2012, 1313 (auch keine europarechtlichen Bedenken aus der Niederlassungsfreiheit); FG Nds. v. 3.5.2011 – 13 K 12366/07, EFG 2011, 1612 mwN (rkr.); vgl. BVerfG v. 8.12.1970 – 1 BvR 104/70, BVerfGE 29, 337; ebenso BFH v. 5.2.1981 – IV R 163/77, BStBl. II 1981, 359; ausf. zur Berufsfreiheit BFH v. 29.10.1987 – VIII R 272/83, BStBl. II 1988, 264.
4 Vgl. BFH v. 12.8.1982 – IV R 69/79, BStBl. II 1983, 36; zum einheitlichen Betrieb der LuF bei mehreren räumlich getrennten Betriebsstätten vgl. FG Nds. v. 20.1.1999 – XI 256/94, EFG 1999, 825.
5 BFH v. 4.10.1984 – IV R 195/83, BStBl. II 1985, 133; v. 1.2.1990 – IV R 45/89, BStBl. II 1991, 625; vgl. aber BFH v. 8.11.2000 – I R 10/98, BStBl. II 2001, 349 zur Geltung auch für KapGes.
6 BFH v. 19.12.2002 – IV R 47/01, BStBl. II 2003, 507 (Nerzzucht – allg. für Fleischfresser).
7 BFH v. 29.10.1987 – VIII R 272/83, BStBl. II 1988, 264.
8 FG Bremen v. 27.6.1986 – I 160/82 K, EFG 1986, 601.
9 BFH v. 14.9.1989 – IV R 88/88, BStBl. II 1990, 152.
10 BFH v. 29.10.1987 – VIII R 272/83, BStBl. II 1988, 264 (Brauereipferde, Reitschule).
11 BFH v. 19.12.2002 – IV R 47/01, BStBl. II 2003, 507.
12 BFH v. 5.2.1981 – IV R 163/77, BStBl. II 1981, 359.
13 BFH v. 30.4.2008 – IV B 64/07, BFH/NV 2008, 1474 (Mastbetrieb und Brüterei); v. 21.9.1995 – IV R 96/94, BStBl. II 1996, 85; H 15.10 „Gemischte Betriebe" EStH.
14 BFH v. 26.1.1995 – IV R 23/93, BStBl. II 1995, 467.
15 BFH v. 1.7.2004 – IV R 67/00, BStBl. II 2010, 157 (auch zu doppelstöckigen PersGes.).

Verfahrensrechtl. ist ein verbleibender Verlustvortrag aus gewerblicher Tierzucht gem. § 179 AO **gesondert festzustellen.** Dies schreibt Abs. 4 S. 2 HS 2 idF des AmtshilfeRLUmsG[1] durch Verweisung auf die entspr. Anwendung des § 10d Abs. 4 jetzt ausdrücklich vor. Nach § 52 Abs. 23[2] ist die gesonderte Feststellung in allen Fällen anzuwenden, in denen am 30.6.2013 die Feststellungsfrist noch nicht abgelaufen war. Bei zutreffender Auslegung war richtigerweise bereits § 15 Abs. 4 S. 2 aF durch die allgemeine Bezugnahme auf § 10d zu entnehmen, dass auch auf das verfahrensrechtliche Erfordernis einer gesonderten Feststellung entspr. § 10d Abs. 4 verwiesen wurde.[3] Bei einer mitunternehmerischen PersGes. ist iRd. einheitlichen und gesonderten Feststellung nach §§ 179, 180 AO auch über Art, Höhe und Verteilung der Verluste aus gewerblicher Tierhaltung zu entscheiden. Die Entsch. über die Versagung des Verlustausgleichs oder -abzugs ist erst bei der Einkommensteuerveranlagung zu treffen. Soweit die festgestellten Tierhaltungsverluste nach § 15 Abs. 4 nicht ausgeglichen werden können, erfolgt eine gesonderte Feststellung des verbleibenden Verlustes aus gewerblicher Tierzucht.[4] 415

III. Termingeschäfte (Abs. 4 S. 3–5)

Literatur: *Ebel*, Gestaltung und Mißbrauch zwischen § 8b Abs. 2 KStG, § 8b Abs. 7 KStG und § 15 Abs. 4 S. 3–5 EStG, FR 2014, 410; *Ebel*, Gestaltungsmißbrauch durch betrieblichen Derivateeinsatz, DB 2013, 2112; *Ebel*, Verluste aus Termingeschäften im Betriebsvermögen, FR 2013, 882; *Haisch*, Steuerliche Behandlung v. Swapgeschäften, DStZ 2004, 511; *Haisch/Danz*, Verluste aus Termingeschäften im BV, DStZ 2005, 850; *Häuselmann/Wagner*, Grenzen der Einbeziehung v. Aktienderivaten in das Halbeinkünfteverfahren, BB 2002, 2170; *Herbst*, Besteuerung v. Swapgeschäften, DStZ 2003, 148; *Intemann*, Verfassungsmäßigkeit und Reichweite der Verlustausgleichs- und Abzugsbeschränkung für betriebliche Termingeschäfte, FR 2017, 34; *Johannemann/Reiter*, Verluste aus Termingeschäften im BV, DStR 2015, 1489; *Moritz/Strohm*, Steuerliche Behandlung des Verfalls von im Privatvermögen gehaltenen Knock-out-Produkten, DB 2016, 1658; *Patzner/Wiese*, Besteuerung des Verfalls von Knock-out-Produkten in der neueren Rechtsprechung, BB 2016, 409; *Wagner*, Das Verlustausgleichsverbot nach § 15 Abs. 4, insbes. bei Termingeschäften, DStZ 2003, 978.

Positiv setzt das **Ausgleichs- und Abzugsverbot** nach § 15 Abs. 4 S. 3 für Verluste aus **Termingeschäften** voraus, dass der Verlust im Bereich der **Einkünfte aus GewBetr.** entstanden ist. Für bis 2008 entstandene und bis dahin nicht ausgeglichene Verluste aus Termingeschäften im Bereich privater Veräußerungsgeschäfte nach § 23 Abs. 1 aF (ab VZ 2009 Einkünfte aus § 20 Abs. 2 Nr. 3) enthielt § 23 Abs. 3 S. 9 und 10 eine Übergangsregelung.[5] Sie minderten bis zum VZ 2013 (§ 52a Abs. 11 S. 11 aF) positive Einkünfte aus KapVerm. nach § 20 Abs. 2. Für Verluste aus privaten Termingeschäften nach § 20 Abs. 2 Nr. 3 gelten die allgemeinen Verlustausgleichs- und -abzugsbeschränkungen nach § 20 Abs. 6 für Einkünfte aus KapVerm. (s. § 20 Rn. 168 f.). Kein entspr. Verbot gilt für Termingeschäfte im Bereich der selbständigen Arbeit und der LuF. Denn sie können dort auch nicht vorkommen. Mit § 15 Abs. 4 S. 3 wird einerseits einer Verlagerung von nicht ausgleichsfähigen Verlusten aus „privaten" Termingeschäften in den gewerblichen Bereich vorgebeugt. Es geht aber andererseits nicht nur um eine vorbeugende typisierende Missbrauchsabwehr.[6] Denn eine Gleichbehandlung für Verlustausgleichsbeschränkungen bei privaten und gewerblichen Termingeschäften ist unabdingbar geboten, nachdem daraus erzielte Gewinne in beiden Konstellationen seit dem VZ 2009 uneingeschränkt als zu besteuernde Einkünfte erfasst werden. 416

Der **Begriff „Termingeschäfte"** ist im EStG nicht näher gesetzlich definiert. Er ist für § 15 Abs. 4 S. 3 und § 20 Abs. 2 Nr. 3 (früher § 23 Abs. 1 Nr. 4 S. 1 aF) übereinstimmend zu verstehen.[7] Nach allg. Verständnis handelt es sich um Geschäfte (Verträge), die v. beiden Seiten erst zu einem späteren Zeitpunkt (Termin) zu erfüllen sind. Sie haben eine Beziehung zu einem Terminmarkt, der es ermöglicht, jederzeit ein Gegengeschäft abzuschließen. Das Termingeschäft ist abzugrenzen vom Kassageschäft, bei dem der Leistungs- 417

1 G v. 26.6.2013, BGBl. I 2013, 1809; begründet wird das Erfordernis für eine ausdrückliche gesetzliche Verweisung unter Hinweis auf das Urt. des FG Düss. v. 20.4.2010 – 6 K 7145/02 K, EFG 2010, 2106, vgl. E-JStG 2013, BR-Drucks. 139/13, 18, 125 f. zu Art. 2 Nr. 11. Dieser Änderungsvorschlag des BR wurde in das AmtshilfeRLUmsG übernommen.

2 EStG idF des Kroatien-AnpG v. 25.7.2014, BGBl. I 2014, 1266.

3 So zutr. FG Nds. v. 5.12.2010 – 9 K 229/08, EFG 2011, 1069 gegen FG Düss. v. 20.4.2010 – 6 K 7145/02 K, F, EFG 2010, 2106 (rkr.).

4 FG Nds. v. 15.12.2010 – 9 K 299/08, EFG 2011, 1060; BFH v. 14.8.1985 – I R 130/82, BStBl. II 1986, 146; vgl. auch FG Hbg. v. 2.4.2014 – 3 K 244/13, juris (nachträgliche Qualifizierung als unter § 15 Abs. 4 fallende gewerbliche Einkünfte aus gewerblicher Tierzucht und Verlustfeststellung nach vorläufiger Feststellung von gewerblichen Einkünften wegen Gewinnerzielungsabsicht).

5 Zum Verlustausgleichsverbot nach § 23 aF für Termingeschäfte vgl. BFH v. 25.5.2010 – IX B 179/09, BFH/NV 2010, 1627, v. 13.2.2008 – IX R 68/07, BStBl. II 2008, 522; v. 17.4.2007 – IX R 40/06, BStBl. II 2007, 608 (kein Verlustausgleich zw. Einkünften nach § 22 Nr. 3 aus Stillhalterprämien mit Verlusten nach § 23 Abs. 1 Nr. 2 und Nr. 4 aus Lieferung des Basiswertes oder Termingeschäft).

6 So *Ebel*, DB 2013, 2112.

7 BFH v. 20.8.2014 – X R 13/12, BStBl. II 2015, 177.

austausch durch Übertragung der Forderung oder des Gesellschaftsrechts Zug um Zug gegen Zahlung des Kaufpreises erfolgt. Die für das EStG maßgebende Einschränkung ergibt sich daraus, dass es sich um solche Termingeschäfte handeln muss, die auf einen **Differenzbetrag oder** einen durch den Wert einer **veränderlichen Bezugsgröße bestimmten Geldbetrag** oder **Vorteil** gerichtet sind (s. dazu § 20 Rn. 129, 130). Darunter fallen grds. **(Finanz-)Termingeschäfte** iSd. **§ 2 WpHG** und Termingeschäfte iSd. **§ 1 Abs. 11 KWG.**[1] Erfasst werden mithin **Derivate** iSd. § 2 Abs. 2 WpHG und des **§ 1 Abs. 11 S. 1 Nr. 8 KWG**. Es handelt sich dabei um **Fest- oder Optionsgeschäfte**, deren Preis unmittelbar oder mittelbar v. Börsen- oder Marktpreis v. **Wertpapieren, Geldmarktinstrumenten, Waren oder Edelmetallen**, dem Kurs v. **Devisen**, v. **Zinssätzen** oder anderen Erträgen abhängt, mithin ua. Waren- und Devisentermingeschäfte mit Differenzausgleich einschl. der Swaps, Index-Optionsgeschäfte oder Futures.[2] Nicht zu von § 15 Abs. 4 S. 3 erfassten (betrieblichen) Termingeschäften gehören aber als Index-Partizipationszertifikate ausgestaltete Schuldverschreibungen, die den Anspruch auf Zahlung eines Geldbetrags verbriefen, dessen Höhe vom Stand des zugrunde gelegten Index am Ende der Laufzeit abhängt.[3] Die unter § 15 Abs. 4 S. 3 EStG fallenden Termingeschäfte sind aber weiter als die v. KWG und WpHG sowie v. § 340b und § 340h HGB erfassten Termingeschäfte. Spezifische aufsichtsrechtl. Gesichtspunkte des KWG und WpHG können für das EStG keine Rolle spielen[4] – etwa der Handel an einem geregelten Markt. § 15 Abs. 4 S. 3 EStG betrifft daher – da über WpHG und das KWG hinausgehend – ganz allg. erst zu einem späteren Zeitpunkt zu erfüllende (Termin-)Geschäfte, die auf einen Differenzausgleich gerichtet sind oder ein Recht auf Zahlung eines Geldbetrages oder auf einen sonstigen Vorteil (zB Lieferung v. Wertpapieren) einräumen, der sich nach anderen Bezugsgrößen (zB Wertentwicklung v. Wertpapieren, Indices, Futures, Zinssätzen, Währungskursen) bestimmt (s. auch § 20 Rn. 130).[5] Nach Auffassung der FinVerw. werden auch Termingeschäfte erfasst, die nur auf die physische Lieferung v. WG gerichtet sind.[6] Dem folgt die Rspr. nicht, sondern verlangt, dass das Geschäft – jedenfalls aus wirtschaftlicher Sicht – auf einen Differenzausgleich gerichtet ist. Geschäfte, die auf die tatsächliche (physische) Lieferung eines Basiswerts am Ende der Laufzeit gerichtet sind, sollen nicht unter § 15 Abs. 4 S. 3 fallen.[7] Typische Termingeschäfte sind damit ua. Futures oder Forwards- und Optionsgeschäfte, auch wenn ausnahmsweise anstelle eines möglichen Differenzausgleichs bzw. Zahlung eines Geldbetrags eine reale Erfüllung erfolgt. Unerheblich ist, dass in den Fällen der „Glattstellung“ durch den Optionserwerber bereits eine „Veräußerung“ erfolgt.[8] Für die Anwendung des § 15 Abs. 4 S. 3 sind Optionsgeschäfte jedenfalls für den Optionsnehmer als „Termingeschäfte“ zu behandeln. Dies sowohl dann, wenn die Option ausgeübt wird, als auch dann, wenn ein negativer Differenzausgleich durch Nichtausüben vermieden wird oder die Option automatisch verfällt.[9] Auch der Verlust der

1 Zur Bezugnahme der Gesetzesbegründung zum StEntlG 1999/2000/2002 auf das WpHG und KWG in BT-Drucks. 14/23 und 14/443 s. auch BFH v. 4.12.2014 – IV R 53/11, BStBl. II 2015, 483; v. 20.8.2014 – X R 13/12, BStBl. II 2015, 177; v. 26.9.2012 – IX R 50/09, BStBl. II 2013, 231; *Johannemann/Reiter*, DStR 2015, 1489.

2 S. BMF v. 9.10.2012, BStBl. I 2012, 953 iVm. BMF v. 22.12.2009 – BStBl. II 2010, 94 (zu § 20 Abs. 2 Nr. 3 und Abs. 1 Nr. 11); aber einschr. für Index-Partizipationszertifikate nunmehr BFH v. 4.12.2014 – IV R 53/11, BStBl. II 2015, 483.

3 BFH v. 4.12.2014 – IV R 53/11, BStBl. II 2015, 483; s. auch BFH v. 12.5.2015 – VIII R 4/15 und VIII R 35/14, DStR 2015, 2007 und 2009 (Inhaberschuldverschreibungen auf Lieferung physischen Goldes keine Termingeschäfte); v. 24.4.2012 – IX B 154/10, BStBl. II 2012, 454 (offen, ob Knock-out-Goldpreis-Index-Zertifikate Termingeschäfte sind).

4 BFH v. 21.2.2018 – I R 60/16, BFH/NV 2018, 852 Rn. 21.

5 So auch amtliche Begr. BT-Drucks. 14/443.

6 Bayrisches Landesamt für Steuern v. 9.3.2007, DStR 2007, 719; BMF v. 23.9.2005, DB 2005, 2269; diff. *Intemann* in H/H/R, § 15 Anm. 1545; **aA** *Ebel*, FR 2014, 410; *Schmittman/Wepler*, DStR 2001, 1783; *Tibo*, DB 2001, 2369; *Haisch/Danz*, DStZ 2005, 850.

7 BFH v. 6.7.2016 – I R 25/14, BStBl. II 2018, 124 (zu [einseitigen] Devisentermingeschäften); FG Nds. v. 22.6.2017 – 2 K 134/14, EFG 2017, 1503 Rn. 44 ff. (Devisen); zust. *Wacker* in Schmidt[37], § 15 Rn. 902; *Intemann*, FR 2017, 34.

8 Vgl. dazu BFH v. 24.6.2003 – IX R 2/02, BStBl. II 2003, 752 (ergangen zu § 23 Abs. 1 Nr. 1 lit. b aF [Veräußerung/Spekulationsgewinne 1994], entspricht später § 23 Abs. 1 Nr. 2 [private Veräußerungsgeschäfte] und jetzt § 20 Abs. 2 Nr. 3 lit. b [Veräußerung eines Finanztermininstruments]); vgl. auch BFH v. 13.2.2008 – IX R 68/07, BStBl. II 2008 – IX R 68/07; vgl. auch BFH v. 13.2.2008 – IX R 68/07, BStBl. II 2008, 522 (Unterschied von Glattstellung ggü. Barausgleich durch Stillhalter); s. auch BFH v. 17.4.2007 – IX R 40/06, IX R 23/06, BStBl. II 2007, 608 und 606.

9 S. BFH v. 12.1.2016 – IX R 48/14, IX R 49/14 und IX R 50/14, BStBl. II 2016, 456, 459 und 462; FG Düss. v. 6.10.2015 – 9 K 4203/13 E, EFG 2015, 2137 (Rev. VIII R 37/15); so auch schon BFH v. 26.9.2012 – IX R 50/09, BStBl. II 2013, 231; s. aber BFH v. 10.11.2015 – IX R 20/14, BStBl. II 2016, 159 (BVerfG 2 BvR 217/16) und v. 24.4.2012 – IX B 154/10, BStBl. II 2012, 454 (zu § 23 Abs. 1 S. 1 Nr. 4 aF, keine Erwerbsaufwendungen für verfallene Optionen aus Termingeschäften als private Veräußerungsgeschäfte; anders aber nach neuer Rechtslage bei Einkünften aus KapVerm. nach § 20 Abs. 2 Nr. 3); vgl. auch BMF v. 9.10.2012, BStBl. I 2012, 953 Rn. 21–24 (zur Kaufoption) und 27–32 (zur Verkaufsoption). Die dortige Annahme, dass bei Verfallenlassen des Optionsrechts unbeachtliche Anschaffungsaufwendungen vorliegen, ist für die neue Rechtslage ab dem UntStRefG 2008 überholt (so jetzt auch BMF v. 16.6.2016, BStBl. I 2016, 527 zur Anwendung dieser Urteile iRd. § 20 EStG). Für Einkünfte aus GewBetr. und damit für § 15 Abs. 4 S. 3 kann und konnte sie ohnehin nicht gelten.

Optionsprämie bei Nichtausübung der Option durch den gewerblich handelnden Optionsnehmer unterliegt daher dem Ausgleichsverbot.

418 Auch die Verluste des **gewerblichen Stillhalters** als Optionsgeber müssen richtigerweise seit dem VZ 2009 in das Verlustausgleichsverbot für Termingeschäfte in § 15 Abs. 4 S. 3 einbezogen werden. Der Einbeziehung steht die Rspr. zur (früheren) Rechtslage für Verluste aus Stillhalter- und Termingeschäften im privaten Bereich vor den mit dem **UntStRefG 2008 ab dem VZ 2009** eingeführten Änderungen durch **Einbeziehung der Gewinne aus privaten Termin- und Stillhaltergeschäften in die Einkünfte aus KapVerm.** nicht entgegen.[1] Die durch das UntStRefG 2008 bewirkten Änderungen in Bezug auf die Behandlung von Gewinnen und Verlusten aus privaten Termin- und Stillhaltergeschäften mit ihren Auswirkungen auf dafür geltende Verlustausgleichsbeschränkungen müssen auch iRd. Verlustausgleichsbeschränkung gem. § 15 Abs. 4 S. 3 für Einkünfte aus GewBetr. berücksichtigt werden. Denn seit dem VZ 2009 ist wegen der **gemeinsamen Zuordnung** von privaten **„Stillhaltergeschäften"** gem. **§ 20 Abs. 1 Nr. 11** und privaten **„Termingeschäften"** gem. **§ 20 Abs. 2 Nr. 3 lit. a zu den Kapitaleinkünften** das bis dahin zwischen beiden bestehende Verlustausgleichsverbot nach § 22 Nr. 3 (Verluste aus Leistungen) und § 22 Nr. 2 iVm. § 23 Abs. 3 (Verluste aus Veräußerungsgeschäften) entfallen. Seit der geänderten **Rechtslage ab 2009** gelten insoweit gerade **keine getrennten Verlustverrechnungskreise** mehr. Gewinne und Verluste aus privaten Stillhaltergeschäften gem. § 20 Abs. 1 Nr. 11 und Gewinne und Verluste aus privaten „Termingeschäften" gem. § 20 Abs. 2 Nr. 3 sind seither untereinander als Kapitaleinkünfte gerade voll ausgleichsfähig und unterliegen lediglich gem. § 20 Abs. 6 S. 2 bis 4 gemeinsam einem Ausgleichsverbot ggü. Gewinnen aus anderen Einkunftsarten (§ 20 Rn. 168 f.). Für **innerhalb gewerblicher Einkünfte erzielte Gewinne und Verluste**, die aus „Stillhaltergeschäften" iSd. § 20 Abs. 1 Nr. 11 einerseits und „Termingeschäften" iSd. § 20 Abs. 2 Nr. 3 andererseits resultieren, muss dies dann **richtigerweise ebenfalls** gelten. Der Begriff des „Verlusts aus Termingeschäften" ist in § 15 Abs. 4 S. 3 daher so zu verstehen, dass er auch Verluste erfasst, die von Stillhaltern als Optionsgebern aus Geschäften erzielt werden, die sich für den Optionsnehmer als Geschäftspartner als „Termingeschäfte" iSd. § 20 Abs. 2 Nr. 3 darstellen. Das trifft isoliert nach dem Wortlaut sachlich ohnehin zu, weil ein Geschäft, das iSd. § 20 Abs. 2 Nr. 3 für den Geschäftspartner des Stillhalters ein – auf einen Differenzausgleich oder einen durch den Wert einer veränderlichen Bezugsgröße bestimmten Vorteil gerichtetes – Termingeschäft ist, korrespondierend auch für den Stillhalter als Geschäftspartner ein Termingeschäft sein muss. Nachdem die unterschiedliche Behandlung sowohl der Gewinne (einmal als nur innerhalb eines Jahres erzielter Veräußerungsgewinne gem. § 22 Abs. 1 Nr. 2 iVm. § 23 Abs. 1 Nr. 2, zum anderen als zeitlich unbegrenzt zu erzielender Einkünfte aus sonstigen Leistungen gem. § 22 Abs. 1 Nr. 3) als auch der damit korrespondierenden Verlustausgleichsverbote untereinander seit dem VZ 2009 bei Einkünften aus KapVerm. entfallen ist, darf insoweit auch für das damit korrespondierende und auch gegen Umgehungen absichernde Verlustausgleichsverbot des § 15 Abs. 4 S. 3 für „Termingeschäfte" im Bereich der gewerblichen Gewinneinkünfte nichts anderes mehr gelten. Dementsprechend ist der Begriff des „Termingeschäfts" in § 15 Abs. 4 S. 3 – allerdings erst mit Wirkung seit dem VZ 2009 – dahingehend zu verstehen, dass er sowohl Verluste des Optionsnehmers eines gewerblichen Termingeschäfts als auch Verluste eines Optionsgebers als Stillhalter in einem solchen Termingeschäft umfasst.[2] Dazu gehören auch – jedenfalls bei gewerblichen Einkünften – Verluste des gewerblichen Stillhalters aus der Zahlung eines Barausgleichs, aus einer Glattstellung oder der Lieferung des Basiswerts.[3]

419 Unerheblich ist, ob die Termingeschäfte zivilrechtl. dem (Differenz-)Einwand nach § 762 BGB ausgesetzt sind oder ob dies wegen § 37e WpHG bei Finanztermingeschäften nicht der Fall ist.[4] Bei – auch lediglich interner – Übernahme des Verlust(anteil)es aus einem Termingeschäft (Zinsswap) durch ein anderes Mit-

1 Vgl. dazu BFH v. 11.2.2014 – IX R 46/12 und IX R 10/12, BFH/NV 2014, 1025 und 1020 (keine Verrechnung von Verlusten aus Stillhaltergeschäften als sonstigen Einkünften gem. § 22 Nr. 3 aF mit Gewinnen aus Veräußerungs[termin]geschäften gem. § 22 Nr. 2 iVm. § 23 Abs. 1 Nr. 4 aF und kein Ausgleich von Gewinnen/Verlusten aus der nach § 22 Nr. 2 iVm. § 23 Abs. 1 steuerbaren Veräußerung von Optionen mit Gewinnen/Verlusten aus Stillhaltergeschäften als sonstigen Einkünften gem. § 22 Nr. 3 aF).

2 So auch *Intemann* in H/H/R, § 15 Anm. 1550; **aA** *Desens/Blischke* in K/S/M, § 15 Rn. I 70; wohl auch BMF v. 9.10. 2012, BStBl. I 2012, 953 Rn. 25 f. und 33 f. (allerdings nicht ausdrücklich zu § 15 Abs. 4 S. 3, sondern zu Termingeschäften gem. § 20 Abs. 2 Nr. 3 und Stillhalterprämien nach § 20 Abs. 1 Nr. 11).

3 Vgl. demgegenüber BMF v. 9.10.2012, BStBl. I 2012, 953 Rn. 25, 34: Barausgleich soll bei Einkünften aus KapVerm. nach § 20 Abs. 1 Nr. 11 unbeachtlichen Vermögensschaden darstellen. Das dürfte schon für Einkünfte aus § 20 nicht zutr. sein, ist aber jedenfalls für § 15 unzutr.

4 Vgl. insoweit BGH v. 5.10.1999 – XI ZR 296/98, NJW 2000, 359 (dort auch zur weiten Auslegung des Börsentermingeschäftes einschl. solcher Geschäfte, bei denen eine Glattstellung nicht möglich ist und die bloße Spiel- und Differenzgeschäfte sind – Bandbreitenoptionsscheine Typ „Hamster" und „Knock-out").

glied einer Firmengruppe findet die Verlustausgleichs- und -abzugsbeschränkung des Abs. 4 S. 3 bei dem übernehmenden Mitglied als dem aus dem Termingeschäft wirtschaftlich Belasteten Anwendung.[1] Das Verlustausgleichsverbot findet selbst dann Anwendung, wenn ein Angestellter weisungswidrig für seinen ArbG wirksame Termingeschäfte abschließt und sich insoweit strafrechtl. der Untreue schuldig macht.[2] Das zu beachtende Verlustausgleichsverbot kann lediglich iRd. Schadenersatzanspruchs gegen den Straftäter (zu dessen Nachteil) berücksichtigt werden.

420 § 15 Abs. 4 S. 4 statuiert **zwei Ausnahmen** v. Verlustausgleichsverbot. **Sektoral-funktional** werden solche Termingeschäfte ausgenommen, die zum **gewöhnlichen Geschäftsbetrieb bei Kreditinstituten** iSv. § 1 Abs. 1 KWG, **Finanzdienstleistungsinstituten** iSv. § 1 Abs. 1a KWG oder **Finanzunternehmen** iSv. § 1 Abs. 3 KWG (die Aufzählung ist abschließend) gehören. Zum **gewöhnlichen Geschäftsbetrieb** gehören die v. Gegenstand der unternehmerischen Tätigkeit umfassten Geschäfte, nämlich solche Geschäfte, bei denen das Unternehmen regelmäßig als Mitbewerber am Markt auftritt einschl. ergänzender Hilfsgeschäfte (vgl. §§ 164, 275 Abs. 2 Nr. 14, 277 Abs. 1 HGB). Nicht verlangt ist, dass diese Geschäfte die Haupttätigkeit der genannten Unternehmen ausmachen. **Rein funktional** werden für alle Gewerbetreibenden Termingeschäfte ausgenommen, die der Absicherung v. Geschäften des gewöhnlichen Geschäftsbetriebs dienen – **sog. Hedging.**[3] Erforderlich ist insoweit ein unmittelbarer objektiver Nutzungs – und Funktionszusammenhang zw. abzusicherndem Grundgeschäft und dem Sicherungsgeschäft und ein subjektiver Sicherungszusammenhang. Dem Sicherungsgeschäft muss objektiv und subjektiv eine gegenläufige Risikorichtung zugrunde liegen. (Optimierungs-)Spekulationsgeschäfte gehören gerade nicht dazu.[4] Bei der Absicherung einer Mehrzahl v. Geschäften muss darauf abgestellt werden, ob eine Bewertungseinheit im Sinne eines Makro-Hedging vorliegt. Bleibt nach Abschluss des Sicherungsgeschäftes das Grundgeschäft unerwartet im Umfange hinter dem Sicherungsgeschäft zurück, unterliegen Verluste aus dem Sicherungsgeschäft nicht dem Ausgleichsverbot. Besteht v. vornherein keine Deckungsgleichheit, ist fraglich, ob zumindest im Umfange der Deckungsgleichheit v. einem Sicherungsgeschäft auszugehen ist.

421 § 15 Abs. 4 S. 5 enthält eine **Sonderregelung** für Verluste aus der **Absicherung (Hedging) v. Aktiengeschäften**. Hier gilt wieder das **Verlustausgleichsverbot**, wenn nach § 3 Nr. 40 S. 1 lit. a und b, § 3c Abs. 2 der Veräußerungsgewinn aus der Aktienveräußerung teilw. stfrei ist – also dem Teileinkünfteverfahren unterliegt – oder nach § 8b Abs. 2 KStG außer Ansatz bleibt. Durch die Verweisung wird bewirkt, dass Verluste aus Geschäften über die Absicherung v. Aktiengeschäften – außer bei Kreditinstituten, Finanzdienstleistungsinstituten und Finanzunternehmen – immer dem Ausgleichs- und Abzugsverbot unterliegen. Bei den genannten Finanzinstituten unterliegen sie dann nicht dem Abzugs- und Ausgleichsverbot, wenn die abgesicherten Aktiengeschäfte ihrerseits in vollem Umfange der Besteuerung unterliegen, weil die partielle Befreiungsvorschrift nach § 3 Nr. 40 S. 1 lit. a und b nach S. 3 und 4 nicht anwendbar ist (s. § 3 Rn. 114) bzw. § 8b Abs. 2 KStG wegen § 8b Abs. 7, Abs. 8 KStG nicht zur Anwendung kommt. Beim nach § 8b Abs. 2 KStG befreiten Veräußerungsgewinn aus Aktiengeschäften sind Verluste aus real durchgeführten kompensatorischen Sicherungsgeschäften bereits als gewinnmindernde – durch die Veräußerung veranlasste – Veräußerungskosten zu berücksichtigen, wenn sie von vornherein zur Gegenfinanzierung der Erzielung der (befreiten) Veräußerungsgewinne eingegangen worden sind. Ein unter das Verlustausgleichsverbot nach § 15 Abs. 4 S. 5 fallender gesonderter Verlust aus Termingeschäften kann dann insoweit nicht mehr entstehen.[5]

422 Insoweit ergibt sich aus § 3 Nr. 40 S. 3 und 4 EStG bzw. § 8b Abs. 7 KStG, dass Gewinne aus der Veräußerung v. Aktien und anderen Anteilen an Kapitalgesellschaften bei **Kreditinstituten** und **Finanzdienstleistungsinstituten** dann der vollen Besteuerung unterliegen, wenn die betr. Aktien dem **Handelsbuch** gem. § 1a (früher 1 Abs. 12 aF) KWG (s. § 3 Rn. 114) iVm. Art. 102 bis 106 der VO (EU) 575/2013[6] zuzurechnen sind. Soweit nach § 2 Abs. 11 KWG wegen Unterschreitens der Größenmerkmale bis 31.12.2013 kein Handelsbuch geführt werden musste,[7] ist für stl. Zwecke darauf abzustellen, ob die betr. Aktien ohne diese

---

1 So zutr. BFH v. 20.8.2014 – X R 13/12, BStBl. II 2015, 177.
2 BFH v. 6.7.2016 – I R 25/14, BStBl. II 2018, 124.
3 Zu Hedging bzw. zu Bewertungseinheiten vgl. *Tönnies/Schiersmann*, DStR 1997, 714 f. und 756 f.
4 BFH v. 20.8.2014 – X R 13/12, DStR 2014, 227.
5 BFH v. 9.4.2014 – I R 52/12, BStBl. II 2014, 861 (Verluste aus Erwerb und Veräußerung von Aktienzertifikaten zur Erfüllung eines Terminkontrakts über die Lieferung von Aktien, die ihrerseits vorher gewinnbringend veräußert wurden); ebenso FG Nds. v. 24.10.2013 – 6 K 404/11, juris (rkr.); abl. aber *Ebel*, FR 2014, 806.
6 VO v. 26.6.2013, ABlEU Nr. L 176, 1; s. dazu auch *Ebel*, FR 2014, 410.
7 § 2 Abs. 11 KWG ist mit Wirkung ab dem 31.12.2013 aufgehoben worden durch CRD IV-Umsetzungsgesetz v. 28.8. 2013 zur Anpassung an die VO (EU) 575/2013, BGBl. I 2013, 3395.

Befreiung dem Handelsbuch zuzurechnen wären.[1] Unmaßgeblich ist eine gegen § 1a KWG verstoßende fehlerhafte konkrete Einordnung durch das Institut. Umwidmungen sind nur bei Änderung der Zweckbestimmung zulässig und müssen dokumentiert werden, § 1a Abs. 4 KWG.[2] Für **Finanzunternehmen** nach § 1 Abs. 3 KWG – diese haben kein Handelsbuch zu führen – betrifft dies Aktien, die mit dem Ziel der **kurzfristigen Erzielung eines Eigenhandelserfolges** erworben wurden. Der BFH und die FinVerw.[3] verstehen dieses Merkmal zutr. dahin, dass es sich um mit dem Zweck kurzfristigen Wiederverkaufs erworbenes UV handeln muss. Finanzunternehmen umfassen Unternehmen, deren Haupttätigkeit darin besteht: 1. Beteiligungen zu erwerben (Holdinggesellschaften, vermögensverwaltende KapGes.)[4]; 2. Geldforderungen zu erwerben (Factoring); 3. Leasinggeschäfte[5]; 4. Handel mit Finanzinstrumenten (Wertpapierhandel); 5. Anlageberatung (Finanzinstrumente); 6. Unternehmensberatung (Finanzierung, Strategie, Unternehmenskauf) sowie 7. Geldmaklergeschäfte zu betreiben.[6] Die Sonderregelung bzgl. der Zulässigkeit eines Verlustausgleichs bei den genannten Finanzinstitutionen wird damit begründet, dass die Aktiengeschäfte einschl. etwaiger Dividendenbezüge voll der Besteuerung unterliegen.[7]

Differenziert wird innerhalb der **Finanzdienstleister** zw. solchen mit **Sitz in Deutschland** (hier Handelsbuch maßgebend), mit **Sitz in der EG/EU** oder einem Vertragsstaat des **EWR** (hier Zweckrichtung bei Erwerb maßgebend, nicht Handelsbuch, auch bei Zweigniederlassung im Inland[8]) und solchen mit **Sitz in Drittstaaten**. Bei letzteren sind § 3 Nr. 40 S. 4 und § 8b Abs. 7 S. 3 nicht anwendbar, sodass bei ihnen entspr. Veräußerungsgeschäfte, falls sie im Inland nach § 49 EStG überhaupt steuerbar sind, dem Teil/Halbeinkünfteverfahren unterliegen bzw. nach § 8b Abs. 2 KStG befreit sind. Für Finanzinstitute mit **Sitz in Drittstaaten** kommt ein Verlustausgleich daher **nur bei Hedging-Geschäften** nach § 15 Abs. 4 S. 4 in Betracht. Die Ausnahme für Finanzdienstunternehmen iSd. KWG kann auf Drittlandsunternehmen nicht angewendet werden. Sie sind keine Kreditinstitute, Finanzdienstinstitute oder Finanzunternehmen iSd. KWG, es sei denn, sie unterhalten im Inland eine Zweigstelle.[9] 423

Unter dem **verfassungsrechtl. Aspekt** des Gleichheitsgrundsatzes sind die Verlustverrechnungsbeschränkungen für Termingeschäfte grds. verfassungsrechtl. unbedenklich, jedenfalls solange keine Definitivbelastung eingetreten ist.[10] Allerdings lassen sie sich – anders als die Verlustausgleichsbeschränkung nach § 23 Abs. 3 für private Veräußerungsgeschäfte – nicht (mehr) darauf stützen, dass die einkommensteuerliche Erfassung von Gewinnen aus privaten Veräußerungsgeschäften nur eingeschränkt erfolgt und diese Besonderheit umgekehrt Beschränkungen des Verlustausgleichs rechtfertigt.[11] Denn diese Unterscheidung zw. der Erfassung betrieblicher Gewinne und von Gewinnen aus privaten Veräußerungsgeschäften besteht für Termingeschäfte nicht mehr, nachdem auch private Termingeschäfte nicht mehr zu privaten Veräußerungsgeschäften führen, sondern zu Einkünften aus KapVerm. gem. § 20 Abs. 2 Nr. 3, die ihrerseits im Grundsatz im selben Umfang wie betriebliche Termingeschäfte der Besteuerung unterliegen. Der Gesetzgeber darf jedoch der Risikobehaftung von Termingeschäften als riskanten und ggf. unerwünschten Anlagegeschäften – sowohl für den Einzelnen als auch für die Staatsfinanzen – auch bei uneingeschränkter Besteuerung der dabei erzielten Gewinne durch die Statuierung von Verlustausgleichsbeschränkungen Rechnung tragen.[12] Dem Gleichheitssatz wird gerade dadurch Rechnung getragen, dass die Verlustausgleichsbeschränkungen sowohl für betriebliche Termingeschäfte nach § 15 Abs. 4 S. 3 als auch für private Termingeschäfte nach § 20 Abs. 6 S. 2 gelten. Auch die Differenzierungen des § 15 Abs. 4 S. 5 sind isoliert gesehen unbedenklich. Die Normadressaten befinden sich insoweit als Folgewirkung der Steuerbefreiung nach § 3 Nr. 40 S. 1 lit. a und b EStG, § 8b Abs. 2 KStG in unterschiedlicher Lage.[13] Verfassungsgemäß ist schließlich auch Abs. 4 S. 3, der für **Verluste aus Termingeschäften**, die **keine Hedging-Geschäfte** sind, ein Ausgleichs- und Ab- 424

1 BMF v. 25.7.2002, BStBl. I 2002, 712.
2 Vgl. auch BMF v. 25.7.2002, BStBl. I 2002, 712.
3 BFH v. 14.1.2009 – I R 36/08, BStBl. II 2009, 671; BMF v. 25.7.2002, BStBl. I 2002, 712.
4 Dazu BFH v. 14.1.2009 – I R 36/08, BStBl. II 2009, 671 (insoweit kreditwesenrechtliche Rechtslage maßgebend).
5 Nach § 1 Abs. 3 idF des JStG 2009 werden allerdings nur noch Leasing-Objektgesellschaften (Finanzierungsleasing für nur ein Objekt) als Finanzunternehmen erfasst.
6 Vgl. BMF v. 25.7.2002, BStBl. I 2002, 712; außerdem *Tibo*, DB 2001, 2369; *Milatz*, DB 2001, 1066.
7 BT-Drucks. 14/4626, 5 (6) sowie S. 14 (15).
8 So auch zutr. BMF v. 25.7.2002, BStBl. I 2002, 712.
9 Diese gilt nach § 53 KWG als Kreditinstitut oder Finanzdienstleistungsinstitut, sodass auch die Regeln über die Führung des Handelsbuches gelten.
10 *Intemann* in H/H/R, § 15 Anm. 1506 (zu rechtfertigender Verstoß gegen das objektive und subjektive Nettoprinzip); sa. BFH v. 28.4.2016 – IV R 20/13, BStBl. II 2016, 739.
11 Vgl. dazu BFH v. 18.10.2006 – IX R 28/05, BStBl. II 2007, 259.
12 BFH v. 28.4.2016 – IV R 20/13, BStBl. II 2016, 739.
13 S. aber (unzutr.) *Desens/Blischke* in K/S/M, § 15 Rn. I 50 f. (danach soll Begrenzung auf Absicherung von Aktiengeschäften und die nicht nur anteilige Beschränkung des Verlustausgleichs verfassungswidrig sein).

zugsverbot statuiert, v. dem dann in Abs. 4 S. 4 lediglich (inländ. und EU-) Kredit- und Finanzdienstleistungsinstitute sowie Finanzunternehmen iSd. KWG ausgenommen werden.[1]

425 **Rechtsfolge.** § 15 Abs. 4 S. 3 statuiert mit seinem Verweis auf die Sätze 1 f. ein Verlustausgleichs- und -abzugsverbot (s. bereits Rn. 409). Diese Rechtsfolge bezieht sich nicht auf ein negatives Ergebnis eines einzelnen Geschäfts, sondern nur auf den Saldo sämtlicher Termingeschäfte im Wj.[2]

425a **Verfahrensrechtl.** gelten für Verluste aus Termingeschäften über die Verweisung in S. 3 auf S. 1 und 2 dieselben Regelungen wie für Verluste aus gewerblicher Tierhaltung (Rn. 415).

IV. Stille Gesellschaften und Unterbeteiligungen (Abs. 4 S. 6–8)

Literatur: *Förster*, Änderungen durch das StVergAbG bei der ESt und KSt, DB 2003, 899; *Götz/Bindl*, Die Verlustabzugsbeschränkung nach § 15 Abs. 4 S. 6–8, GmbHR 2009, 584; *Groh*, Verluste in der stillen Gesellschaft, DB 2004, 668; *Hegemann/Querbach*, Die stille Beteiligung v. Kapitalgesellschaften, GStB 2003, 268; *Kessler/Reitsam*, Die typische stille Beteiligung als Alternative zur Organschaft, DStR 2003, 269 und 315; *Riegler/Riegler*, Die steuerliche Berücksichtigung von Verlusten aus atypisch stillen Beteiligungen zwischen KapGes., DStR 2014, 1031; *Rödder/Schumacher*, Das StVergAbG, DStR 2003, 805; *Wacker*, Stille Beteiligung und Verlustverwertungsbeschränkung gemäß § 15 Abs. 4 S. 6 ff., DB 2012, 1403; *Wagner*, Fragen der Verlustverrechnung bei „exotischen Gesellschaften", StuB 2006, 337.

426 Der mit Wirkung ab VZ 2003 eingeführte § 15 Abs. 4 S. 6 statuiert ein weiteres Verlustausgleichs- und abzugsverbot. Vom allg. Verlustausgleich nach § 2 Abs. 3 und dem Verlustabzug nach § 10d werden **gewerbliche Verluste einer KapGes. aus stillen Ges.**, Unterbeteiligungen und sonstigen InnenGes. **an KapGes.** ausgeschlossen. Die Anwendung des Abzugsverbotes ab 2003 auch auf Verluste aus vor 2003 eingegangenen stillen Gesellschaften führt nicht zu einer verfassungswidrigen unechten Rückwirkung. Allerdings ist die Anwendungsregelung des § 52 Abs. 1 verfassungskonform dahin auszulegen, dass das Ausgleichsverbot für 2003 noch nicht eingreift, sofern der stille Gesellschaftsvertrag vor dem 21.11.2002 (Tag des Kabinettsbeschlusses) erfolgte.[3]

427 **Tatbestandlich** setzt Abs. 4 S. 6 und 8 voraus: a) Eine **mitunternehmerische stille Ges.**, sonstige Innengesellschaft (GbR) oder eine mitunternehmerische Unterbeteiligung (GbR) mit gewerblichen Einkünften (Rn. 428); b) Der Hauptbeteiligte muss eine KapGes. sein. Der im Innenverhältnis unmittelbar oder mittelbar Beteiligte darf keine nat. Pers. sein (Rn. 429). c) einen **Verlust(anteil) des atypisch still (Unter)Beteiligten** aus der Innengesellschaft/Unterbeteiligung (Rn. 430).

428 Abs. 4 S. 6 verlangt, dass der im Innenverhältnis oder qua Unterbeteiligung Beteiligte **MU'er** ist. Daher muss insgesamt eine mitunternehmerische Innengesellschaft vorliegen – KapGes. & Still. Bzgl. der Unterbeteiligung ist eine Untergesellschaft am Ges.-(MU')anteil gemeint, der v. einer KapGes. gehalten wird, nicht die „Unterbeteiligung" an einem KapGes.-Anteil – zB Unterbeteiligung am v. einer KapGes. gehaltenen Gesellschaftsanteil in einer OHG, KG oder GbR.[4] Es müssen mithin gewerbliche Einkünfte für den Hauptbeteiligten und den Innen-G'ter/Unterbeteiligten vorliegen. Bei einer MU'schaft mit einer inländ. KapGes. ist dies wegen § 8 Abs. 2 KStG ohnehin der Fall. Bei Beteiligung an einer ausländ. KapGes. liegen für eine im Innenverhältnis beteiligte KapGes. ebenfalls wegen § 8 Abs. 2 KStG zwingend gewerbliche Einkünfte vor.

428a Soweit keine atypische stille Beteiligung oder atypische Unterbeteiligung vorliegt, greift allerdings für den typisch still Beteiligten § 20 Abs. 1 Nr. 4 S. 2 ein. § 15 Abs. 4 S. 6 bis 8 sind dann sinngemäß anzuwenden. Soweit die typisch stille Beteiligung in einem GewBetr. des typisch still Beteiligten gehalten wird, bzw. dieser nach seiner Rechtsform nur Einkünfte aus GewBetr. hat, etwa eine KapGes. gem. § 8 Abs. 2 KStG, ist dann Abs. 4 S. 6 bis 8 ebenfalls sinngemäß iRd. Ermittlung der Einkünfte aus GewBetr. für den typisch still Beteiligten anzuwenden, §§ 20 Abs. 8, 20 Abs. 1 Nr. 4 S. 2, 15 Abs. 1 bis 3, 15 Abs. 4 S. 6 bis 8. Das Verlustausgleichsverbot greift nicht ein, wenn eine mitunternehmerische Außengesellschaft vorliegt.

---

1 BFH v. 6.7.2016 – I R 25/14, DB 2016, 2455 (2458); v. 28.4.2016 – IV R 20/13, BB 2016, 1828 (typisierend durfte der Gesetzgeber wg. der Branchenkenntnis bei Kredit-/Finanzinstituten von geringerem Verlustrisiko ausgehen, der angestrebte Schutz der Finanzwirtschaft sei nicht unsachlich oder willkürlich); so auch *Desens/Blischke* in K/S/M, § 15 Rn. I 45 f. und *Intemann* in H/H/R, § 15 Anm. 1506 (erforderliche Sonderregelung für Finanzinstitute zwecks Schutzes des Finanzplatzes Deutschland). Die Problematik von „Sonderregelungen" für den Finanzsektor und das Verlustrisiko minimierenden Branchenkenntnissen dürfte freilich inzwischen deutlich geworden sein – dies nicht zuletzt im Hinblick auf erforderliche Stützungen auch und gerade des (finanzinnovativen) Bankensektors durch die öffentliche Hand.

2 BFH v. 21.2.2018 – I R 60/16, BStBl. II 2018, 637 Rn. 20.

3 BFH v. 27.3.2012 – I R 62/08, BStBl. II 2012, 745.

4 Die „atypische" Unterbeteiligung an einem KapGes.-Anteil führt nicht zu einer MU'schaft, sondern ggf. zum partiellen Übergang des wirtschaftlichen Eigentums, vgl. BFH v. 18.5.2005 – VIII R 34/01, BStBl. II 2005, 857, kann bei Abs. 4 S. 6 mithin nicht gemeint sein.

Die mitunternehmerische Innengesellschaft muss **mit einer KapGes.** bestehen. Bei einer Unterbeteiligung muss eine KapGes. den MU'anteil an einer PersGes. halten und in Bezug auf diesen MU'anteil eine Unterbeteiligung bestehen. Der Innen-G'ter, respektive Unterbeteiligte darf keine nat. Pers. sein, Abs. 4 S. 8. Ist ihrerseits eine PersGes. als Innen-G'ter oder als Unterbeteiligter beteiligt, greift das Verlustausgleichverbot insoweit nicht ein, als an der PersGes. nat. Pers. beteiligt sind. Das Verlustausgleichsverbot greift mithin weder bei einer Beteiligung im Innenverhältnis durch nat. Pers. noch bei einer aus nat. Pers. bestehenden PersGes. ein. Hingegen greift es ein, soweit entweder unmittelbar oder mittelbar (über PersGes.) KapGes. (oder andere Körperschaften) beteiligt sind.[1] Für die sinngemäße Anwendung bei einer typisch stillen Beteiligung nach § 20 Abs. 1 Nr. 4 S. 2, ggf. iVm. § 20 Abs. 8 EStG gilt hinsichtlich nur der Beteiligung v. Kapitalgesellschaften dasselbe.[2] Zur abw. Rechtslage 2003 s. 8. Aufl. 429

Das Verlustausgleichsverbot betrifft nur den **Verlust(anteil) der im Innenverhältnis** mitunternehmerisch still (unter) **beteiligten KapGes.** (Körperschaft), nicht den der hauptbeteiligten KapGes.[3], obgleich der Verlust aus einer mitunternehmerischen stillen Ges. oder sonstigen Innengesellschaft auch den Verlustanteil des Hauptbeteiligten umfasst. Diese Interpretation wird bestätigt durch das parallel eingeführte Verlustabzugsverbot in § 20 Abs. 1 Nr. 4 S. 2 mit Verweisung auf § 15 Abs. 4 S. 6. § 20 Abs. 1 Nr. 4 betrifft schon nach seinem eindeutigen Wortlaut nur den still Beteiligten und nicht den Hauptbeteiligten. IÜ entspricht nur diese Auslegung auch dem gesetzgeberischen Ziel, die Abschaffung der kstl. Mehrmütterorganschaft durch das Verlustausgleichsverbot für still Beteiligte zu flankieren und dadurch eine befürchtete Umgehung zu verhindern. Auch soweit eine atypisch stille Ges. als ertragsteuerliche MU'schaft und eine KapGes., an der eine atypisch stille Unterbeteiligung besteht, weder Organgesellschaft noch Organträger sein können,[4] gilt für eine als MU'er still (unter)beteiligte KapGes. das Verlustausgleichsverbot des Abs. 4 S. 6. Für die GewSt kommt dem Verlustausgleichsverbot allerdings keine Bedeutung zu.[5] 430

Der **Verlust aus der Beteiligung** iSd. 15 Abs. 4 S. 6 umfasst jedenfalls den nach den estl. Vorschriften ermittelten **Anteil am lfd. Gesellschaftsverlust**, bzw. am Verlustanteil des Hauptbeteiligten, der auf die im Innenverhältnis mitunternehmerisch unterbeteiligte KapGes. entfällt. Soweit dieser Anteil durch für den still Beteiligten zu führende Ergänzungsbilanzen modifiziert wird, sind auch diese Modifikationen einzubeziehen. Nach Auffassung der FinVerw. fallen hingegen Veräußerungs- und Aufgabeverluste aus § 16 nicht unter das Ausgleichsverbot.[6] Dem dürfte zu folgen sein, weil 15 Abs. 4 S. 6 keinen endg. Ausschluss des Verlustabzugs bewirken soll.[7] Ebenso ist zu verfahren, wenn über § 20 Abs. 1 Nr. 4 S. 2, § 20 Abs. 8 der § 15 Abs. 4 S. 6 bis 8 entspr. für eine **typisch stille Beteiligung** anzuwenden ist, die in einem GewBetr. gehalten wird. Soweit hier eine Beteiligung am lfd. Verlust vorgesehen ist, ist dieser richtigerweise phasengleich für das jeweilige Geschäftsjahr zu erfassen, für das der Gewinnanteil nach § 232 HGB zu berechnen ist. Das gilt gleichermaßen für die atypisch stille Beteiligung wie auch für die forderungsähnliche, wie eine Kapitalforderung zu behandelnde typisch stille Beteiligung. Nicht anders als bei einer atypisch stillen Beteiligung darf der lfd. Verlust auch bei der typisch stillen Beteiligung nach § 20 Abs. 1 Nr. 4 S. 2 iVm. § 15 Abs. 4 S. 6 nicht mit anderen Einkünften als denen aus der stillen Beteiligung ausgeglichen werden.[8] Erst ein bei Veräußerung oder Aufgabe der Beteiligung eintretender Verlust kann mit anderen Einkünften als denen aus der Beteiligung ausgeglichen werden. Bei im BV gehaltenen typischen Beteiligungen unterliegen dort grds. zulässige Teilwertabschreibungen und andere lfd. Verluste aus der Beteiligung der Verlustverrechnungsbeschränkung. Sie sind aber bei Veräußerung oder sonstiger Beendigung der stillen Beteiligung zu berücksichtigen.[9] 431

Für die atypisch stille Beteiligung ist strittig, ob auch **Verluste im Sonderbereich** des Stillen unter das Verlustausgleichverbot fallen. Dafür spricht, dass zum gewerblichen Gewinn des MU'ers, auch des atypisch Stillen, auch sein Sondergewinn und -verlust gehört. Parallelen zu § 15a sind verfehlt, weil § 15 Abs. 4 S. 6 gerade echte Verluste v. Verlustausgleich ausschließt und nicht – wie § 15a – nur solche, für die der MU'er nur mit zukünftigen Gewinnen haftet. Abs. 4 S. 6 verdankt seine Existenz nicht zivilrechtl. 432

1 BMF v. 19.11.2008, BStBl. I 2008, 970 Rn. 1.
2 Vgl. BFH v. 27.3.2012 – I R 62/08, BStBl. II 2012, 745.
3 *Förster*, DB 2003, 899; *Wacker* in Schmidt[37], § 15 Rn. 906 f.; *Intemann* in H/H/R, § 15 Anm. 1592.
4 So BMF v. 20.8.2015, BStBl. I 2015, 649.
5 BMF v. 19.11.2008, BStBl. I 2008, 970 Rn. 10 (besteuert wird der Gewerbeertrag der atypischen Ges. selbst beim Hauptbeteiligten, für den Gewerbeertrag des atypisch Beteiligten erfolgt durch § 8 Nr. 8 GewStG ohnehin eine Neutralisierung.
6 BMF v. 19.11.2008, BStBl. I 2008, 970 Rn. 3.
7 So auch *Desens/Blischke* in K/S/M, § 15 Rn. I 125.
8 BFH v. 27.3.2012 – I R 62/08, BStBl. II 2012, 745.
9 So zutr. *Wacker*, DB 2012, 1403; **aA** *Intemann* in H/H/R, § 16 Anm. 1592.

Haftungsbeschränkungen. Eine Einschränkung nur auf den Verlustanteil am Gesellschaftsgewinn/Verlust unter Ausschluss eines Verlustes im Sonderbereich wird allerdings für teleologisch geboten angesehen, weil die gesetzgeberische Zielsetzung – Flankierung der Abschaffung der Mehrmütterorganschaft – nur verlange, dass bei der hauptbeteiligten KapGes. angefallene Verluste nicht auf den Stillen „verlagert" würden.[1] Eigene Verluste im Sonderbereich fänden bei der Organschaft keine Parallele. Einer derart einschr. teleologischen Einschränkung kann – entgegen der hM[2] – nicht gefolgt werden. Die Motive des Gesetzgebers haben im Gesetzeswortlaut keinen Ausdruck gefunden. IÜ liegt ohnehin eine grds. Fehlvorstellung vor. Bei den v. Abs. 4 S. 6 betroffenen Verlusten des still Beteiligten handelt es sich sowohl bzgl. des Anteils am Gesellschaftsverlust als auch bzgl. des Verlustes im Sonderbereich um echte, eigene Verluste des Stillen. Die angebliche Parallele zur Organschaft, bei der in der Tat Verluste der Organges. dem Organträger zugerechnet (auf ihn transferiert) werden, besteht nicht. Da zw. tatsächlich zu tragenden Verlustanteilen am Gesellschaftsverlust und eigenen Verlusten im Sonderbereich kein qualitativer Unterschied besteht, würde eine teleologische Einschränkung nur zu einer weiteren Ungleichbehandlung wirtschaftlich gleicher Sachverhalte führen. Auch aus § 20 Abs. 1 Nr. 4 S. 2 lässt sich für § 15 Abs. 4 S. 6 kein anderes Ergebnis herleiten. Zum einen kennt § 20 Abs. 1 Nr. 4 gerade keinen Sonderbereich, zum anderen legt der abw. Wortlaut nahe, bei § 20 Abs. 1 Nr. 4 den „Anteil am Verlust des Betriebes" so zu verstehen, dass damit nur der auf den Stillen entfallende Anteil am „Geschäftsverlust" der Innengesellschaft gemeint ist (s. § 20 Rn. 91).

433 Als Rechtsfolge statuiert Abs. 4 S. 6 ein Verlustausgleichs – und Verlustabzugsverbot mit anderen **Gewinnen** als **aus derselben (stillen) Innengesellschaft oder Unterbeteiligung**. Verluste aus der Beteiligung können mithin **nur mit einem Gewinn aus dieser Beteiligung** im vorangegangenen VZ bis zur Höhe v. 1 000 000 Euro (bis VZ 2012 511 500 Euro)[3] gem. § 10d Abs. 1 S. 1 verrechnet werden (Rücktrag) oder mit Gewinnen aus dieser Beteiligung in zukünftigen VZ (Verlustvortrag). Zu den Gewinnen aus der Beteiligung, mit denen Verluste verrechnet werden können, gehört außer dem Anteil am lfd. Gesgewinn und dem **Gewinn im Sonderbereich**[4] auch ein **Veräußerungsgewinn** nach § 16 aus der Veräußerung der Beteiligung.[5] Wird die stille (Innen)Ges. „formwechselnd" in eine Außengesellschaft (KG, GbR) gewandelt, bleibt für die Verlustverrechnung die Identität der Beteiligung gewahrt. Das Antragsrecht nach § 10d Abs. 1 S. 5 sowie die nach § 10d Abs. 1 S. 1 vorrangige Berücksichtigung vor SA, ag. Belastungen und anderen Abzugsbeträgen gilt auch für die nach § 15 Abs. 4 S. 7 zulässige Verlustverrechnung mit Gewinnen aus derselben Beteiligung.

434 Das **Verlustausgleichsverbot nach § 15a** bleibt durch das zusätzliche Verlustausgleichsverbot nach § 15 Abs. 4 S. 6 unberührt. Entgegen der Auffassung der FinVerw.[6] besteht weder materiell noch verfahrensmäßig ein Vorrang der Berücksichtigung v. § 15a. Praktische Bedeutung gewinnt § 15 Abs. 4 S. 6 allerdings primär dann, wenn die Verluste nicht zur Entstehung eines negativen Kapitalkontos führen, weil dann § 15a nicht eingreift. Kommt es zur Entstehung eines negativen Kapitalkontos, sind § 15a und § 15 Abs. 4 S. 6 nebeneinander anzuwenden. Bedeutung gewinnt dies freilich nur, soweit sich die Rechtsfolgen unterscheiden. So kommt etwa bei Entstehung eines neg. Kapitalkontos nach § 15a Abs. 2 nur eine Verrechnung mit künftigen Gewinnen aus der Beteiligung, aber kein Rücktrag nach § 10d in Betracht. Dabei verbleibt es auch dann, wenn zugleich die Voraussetzungen des § 15 Abs. 4 S. 6 vorliegen, der an sich einen Rücktrag zuließe. Abgesehen v. der Unbeachtlichkeit der Entstehung eines negativen Kapitalkontos unterscheidet sich § 15 Abs. 4 S. 6 auch durch die Einbeziehung v. Gewinnen und Verlusten im Sonderbereich (s. Rn. 432). IErg. scheidet mithin ein Verlustausgleich, bzw. – abzug immer schon dann aus, wenn eine der beiden Vorschriften eingreift.

435 **Verfahrensrechtl.** wird die Entsch. über den Ausschluss des Verlustausgleichs und die Versagung eines Verlustabzugs nach § 10d sowie umgekehrt über die Berücksichtigung eines Verlustrücktrags und v.

1 So *Förster*, DB 2003, 899 und *Rödder/Schuhmacher*, DStR 2003, 805.

2 *Desens/Blischke* in K/S/M, § 15 Rn. I 126; *Intemann* in H/H/R, § 15 Anm. 1592; *Wacker* in Schmidt[37], § 15 Rn. 910; *Riegler/Riegler*, DStR 2014, 1031; *Korn/Strahl*, KÖSDI 2003, 13715; *Förster*, DB 2003, 899; *Rödder/Schuhmacher*, DStR 2003, 805; sybillinisch offen BMF v. 19.11.2008, BStBl. I 2008, 970 Rn. 2 und 3 („lfd. Verlust aus der Beteiligung, nicht Verlust der Beteiligung selbst"), vgl. aber *Götz/Bindl*, GmbHR 2009, 584 (auch Verluste im SBV erfasst).

3 Erhöhung durch Änderung des § 10d Abs. 1 S. 1 (mit Wirkung für ab 2013 nicht ausgeglichene Verluste, § 52 Abs. 25) durch das Gesetz zur Änderung und Vereinfachung der Unternehmensbesteuerung und des steuerlichen Reisekostenrechts v. 20.2.2013, BGBl. I 2013, 285.

4 **AA** *Förster*, DB 2003, 899; *Rödder/Schuhmacher*, DStR 2003, 805; *Schulze zur Wiesche*, WPg. 2003, 586; *Wacker* in Schmidt[37], § 15 Rn. 910 iVm. § 15a Rn. 35.

5 **AA** *Förster*, DB 2003, 899 (kein Verlusttransfer).

6 BMF v. 19.11.2008, BStBl. I 2008, 970 Rn. 2, 7, 8.

Verlustvorträgen nach § 15 Abs. 4 S. 7 iVm. § 10d v. Veranlagungsfinanzamt iRd. Steuerfestsetzung für den still beteiligten MU'er getroffen. Für jeden still Beteiligten besteht insoweit ein gesonderter Verlustverrechnungskreis. Das für die Besteuerung der still beteiligten Körperschaft zuständige FA hat auch die gesonderte Feststellung des nach § 15 Abs. 4 S. 7 iVm. § 10d Abs. 4[1] zum Schluss des VZ verbleibenden Verlustvortrags durchzuführen. Es gilt insoweit dies. Regelung wie bei Verlusten aus gewerblicher Tierhaltung und Termingeschäften (Rn. 415). Eine gesonderte Feststellung des verbleibenden Verlustvortrags durch das für die einheitliche und gesonderte Feststellung des Gewinnes/Verlustes der atypischen Innengesellschaft zuständige FA ist, anders als für verrechenbare Verluste nach § 15a Abs. 4, nicht vorgesehen. De facto ist das Besteuerungsfinanzamt für die v. ihm noch zu treffenden Entscheidungen über die (Nicht) Berücksichtigung des Verlustes als auszugleichender oder abziehbarer Verlust iRd. Steuerfestsetzung und der gesonderten Feststellung eines verbleibenden Verlustvortrags für lediglich gem. § 15 Abs. 4 S. 7 zu berücksichtigende Verluste auf insoweit (nicht bindende) Mitteilungen des für die Gewinnfeststellung der atypischen Innengesellschaft zuständigen FA angewiesen.[2] Bindend sind freilich dessen Feststellungen zu Art, Höhe und Zurechnung der Verluste aus der atypischen (stillen) Mitunternehmerschaft.

Das spezielle Verlustausgleichsverbot des Abs. 4 S. 6 für im Innenverhältnis als MU'er an KapGes. beteiligte KapGes. verstößt **gegen Art. 3 GG.**[3] Mit dieser Spezialregelung wird lediglich für im Innenverhältnis mitunternehmerisch beteiligte KapGes. an KapGes. ein benachteiligendes Sonderrecht geschaffen. Eine solche Regelung könnte nur dann vor Art. 3 GG Bestand haben, wenn zw. den v. Abs. 4 S. 6 betroffenen MU'ern als Normadressaten und nicht davon betroffenen MU'ern Unterschiede v. solchem Gewicht bestünden, die eine unterschiedliche Behandlung bzgl. des sofortigen Verlustausgleiches rechtfertigen würden. Dies trifft nicht zu.[4] Der Gesetzgeber verlässt die v. ihm selbst – zutr. – statuierte Sachgesetzlichkeit, wenn er für die Zurechnung v. Gewinnen und Verlusten einerseits nicht zw. Außen- und Innengesellschaft in Abs. 1 S. 1 Nr. 2 differenziert, andererseits aber eine solche Differenzierung nur für den sofortigen Verlustausgleich in Abs. 4 S. 6–8 einführt. Dies wäre nur dann zu rechtfertigen, wenn mitunternehmerische Verluste des atypisch Stillen ein anderes Gewicht als die eines MU'ers an einer Außenges hätten. Dies trifft erkennbar – außerhalb der unechten Verluste iSd. § 15a – nicht zu. Auch die weitere Differenzierung bei mitunternehmerischen Innengesellschaften danach, ob der Beteiligte eine KapGes. ist oder eine nat. Pers. entbehrt – solange die KapGes. wie die nat. Pers. als Steuersubjekt und MU'er iRd. Abs. 1 S. 1 Nr. 2 behandelt wird – jeder inneren Rechtfertigung. IÜ betrifft der Verlust der KapGes. letztlich immer auch nat. Pers. als Anteilseigner. Die v. Gesetzgeber vorgenommenen Differenzierungen lassen sich auch nicht dadurch rechtfertigen, dass Abs. 4 S. 6–8 Umgehungen der zulässigen gesetzlichen Abschaffung der kstl. Mehrmütterorganschaft verhindern soll. Abs. 4 S. 6 geht weit über einen derartigen Anwendungsbereich hinaus, indem er jede mitunternehmerische Innenbeteiligung durch eine KapGes. an einer KapGes. erfasst, auch wenn v. einer Beherrschung der hauptbeteiligten KapGes. keine Rede sein kann. Auf der anderen S. werden Mehrheitsbeteiligungen durch nat. Pers. nicht erfasst, obwohl diese durchaus Organträger sein können. Tatsächlich ist auch weder die Innen- noch die Außengesellschaft dazu geeignet, die Abschaffung der Mehrmütterorganschaft missbräuchlich zu umgehen. Der MU'er des Abs. 1 S. 1 Nr. 2 – KapGes. oder nat. Pers. – als Innen- wie als Außen-G'ter erleidet selbst – vorbehaltlich § 15a – einen Verlust durch eine eigene Vermögenseinbuße. Auf ihn wird weder ein Verlust eines anderen MU'ers transferiert, noch ein Anteil am Verlust der MU'schaft. Das wirtschaftliche Ergebnis des Transfers eines fremden Verlustes – der Organgesellschaft – zur Verrechnung mit eigenen Gewinnen ist über eine MU'schaft gerade nicht herzustellen.[5] Da es sich bei Abs. 4 S. 6 um eigene und nicht um „transferierte" Verluste handelt, kann ein imaginärer angeblicher wirtschaftlicher Verlusttransfer es auch nicht rechtfertigen, dass nur für qua Innengesellschaften als MU'er beteiligte KapGes. der sofortige Verlustausgleich untersagt wird, während er für alle übrigen MU'er erhalten bleibt. 436

1 Im Entwurf des nicht umgesetzten JStG 2013 war vorgesehen, in § 15 Abs. 4 S. 7 ausdrücklich klarstellend eine gesonderte verfahrensrechtliche Feststellung des verbleibenden Verlustvortrags vorzuschreiben. Das gilt auch schon ohne diese „Klarstellung".
2 Kritik insoweit bei *Grützner*, StuB 2009, 132.
3 Vgl. auch BFH v. 20.10.2010 – I R 62/08, BStBl. II 2011, 272 (Beitrittsaufforderung an BMF).
4 So auch *Intemann* in H/H/R, § 15 Anm. 1507 und iErg. *Desens/Blischke* in K/S/M, § 15 Rn. I 114 (zu weitgehender Ausschluss, nicht zielgenau nur zur Verhinderung der Umgehung der Mehrmütterorganschaft); **aA** *Wacker*, DB 2012, 1403 (zulässige typisierende Vereinfachung, wirtschaftliche Vergleichbarkeit von eigenen Verlusten des Stillen und Verlustübernahme des Organträgers).
5 S. auch *Groh*, DB 2004, 668; **aA** *Desens/Blischke* in K/S/M, § 15 Rn. I 114.

§ 15a Verluste bei beschränkter Haftung

(1) [1]Der einem Kommanditisten zuzurechnende Anteil am Verlust der Kommanditgesellschaft darf weder mit anderen Einkünften aus Gewerbebetrieb noch mit Einkünften aus anderen Einkunftsarten ausgeglichen werden, soweit ein negatives Kapitalkonto des Kommanditisten entsteht oder sich erhöht; er darf insoweit auch nicht nach § 10d abgezogen werden. [2]Haftet der Kommanditist am Bilanzstichtag den Gläubigern der Gesellschaft auf Grund des § 171 Absatz 1 des Handelsgesetzbuchs, so können abweichend von Satz 1 Verluste des Kommanditisten bis zur Höhe des Betrags, um den die im Handelsregister eingetragene Einlage des Kommanditisten seine geleistete Einlage übersteigt, auch ausgeglichen oder abgezogen werden, soweit durch den Verlust ein negatives Kapitalkonto entsteht oder sich erhöht. [3]Satz 2 ist nur anzuwenden, wenn derjenige, dem der Anteil zuzurechnen ist, im Handelsregister eingetragen ist, das Bestehen der Haftung nachgewiesen wird und eine Vermögensminderung auf Grund der Haftung nicht durch Vertrag ausgeschlossen oder nach Art und Weise des Geschäftsbetriebs unwahrscheinlich ist.

(1a) [1]Nachträgliche Einlagen führen weder zu einer nachträglichen Ausgleichs- oder Abzugsfähigkeit eines vorhandenen verrechenbaren Verlustes noch zu einer Ausgleichs- oder Abzugsfähigkeit des dem Kommanditisten zuzurechnenden Anteils am Verlust eines zukünftigen Wirtschaftsjahres, soweit durch den Verlust ein negatives Kapitalkonto des Kommanditisten entsteht oder sich erhöht. [2]Nachträgliche Einlagen im Sinne des Satzes 1 sind Einlagen, die nach Ablauf eines Wirtschaftsjahres geleistet werden, in dem ein nicht ausgleichs- oder abzugsfähiger Verlust im Sinne des Absatzes 1 entstanden oder ein Gewinn im Sinne des Absatzes 3 Satz 1 zugerechnet worden ist.

(2) [1]Soweit der Verlust nach den Absätzen 1 und 1a nicht ausgeglichen oder abgezogen werden darf, mindert er die Gewinne, die dem Kommanditisten in späteren Wirtschaftsjahren aus seiner Beteiligung an der Kommanditgesellschaft zuzurechnen sind. [2]Der verrechenbare Verlust, der nach Abzug von einem Veräußerungs- oder Aufgabegewinn verbleibt, ist im Zeitpunkt der Veräußerung oder Aufgabe des gesamten Mitunternehmeranteils oder der Betriebsveräußerung oder -aufgabe bis zur Höhe der nachträglichen Einlagen im Sinne des Absatzes 1a ausgleichs- oder abzugsfähig.

(3) [1]Soweit ein negatives Kapitalkonto des Kommanditisten durch Entnahmen entsteht oder sich erhöht (Einlageminderung) und soweit nicht auf Grund der Entnahmen eine nach Absatz 1 Satz 2 zu berücksichtigende Haftung besteht oder entsteht, ist dem Kommanditisten der Betrag der Einlageminderung als Gewinn zuzurechnen. [2]Der nach Satz 1 zuzurechnende Betrag darf den Betrag der Anteile am Verlust der Kommanditgesellschaft nicht übersteigen, der im Wirtschaftsjahr der Einlageminderung und in den zehn vorangegangenen Wirtschaftsjahren ausgleichs- oder abzugsfähig gewesen ist. [3]Wird der Haftungsbetrag im Sinne des Absatzes 1 Satz 2 gemindert (Haftungsminderung) und sind im Wirtschaftsjahr der Haftungsminderung und den zehn vorangegangenen Wirtschaftsjahren Verluste nach Absatz 1 Satz 2 ausgleichs- oder abzugsfähig gewesen, so ist dem Kommanditisten der Betrag der Haftungsminderung, vermindert um auf Grund der Haftung tatsächlich geleistete Beträge, als Gewinn zuzurechnen; Satz 2 gilt sinngemäß. [4]Die nach den Sätzen 1 bis 3 zuzurechnenden Beträge mindern die Gewinne, die dem Kommanditisten im Wirtschaftsjahr der Zurechnung oder in späteren Wirtschaftsjahren aus seiner Beteiligung an der Kommanditgesellschaft zuzurechnen sind.

(4) [1]Der nach Absatz 1 nicht ausgleichs- oder abzugsfähige Verlust eines Kommanditisten, vermindert um die nach Absatz 2 abzuziehenden und vermehrt um die nach Absatz 3 hinzuzurechnenden Beträge (verrechenbarer Verlust), ist jährlich gesondert festzustellen. [2]Dabei ist von dem verrechenbaren Verlust des vorangegangenen Wirtschaftsjahres auszugehen. [3]Zuständig für den Erlass des Feststellungsbescheids ist das für die gesonderte Feststellung des Gewinns und Verlustes der Gesellschaft zuständige Finanzamt. [4]Der Feststellungsbescheid kann nur insoweit angegriffen werden, als der verrechenbare Verlust gegenüber dem verrechenbaren Verlust des vorangegangenen Wirtschaftsjahres sich verändert hat. [5]Die gesonderten Feststellungen nach Satz 1 können mit der gesonderten und einheitlichen Feststellung der einkommensteuerpflichtigen und körperschaftsteuerpflichtigen Einkünfte verbunden werden. [6]In diesen Fällen sind die gesonderten Feststellungen des verrechenbaren Verlustes einheitlich durchzuführen.

(5) Absatz 1 Satz 1, Absatz 1a, 2 und 3 Satz 1, 2 und 4 sowie Absatz 4 gelten sinngemäß für andere Unternehmer, soweit deren Haftung der eines Kommanditisten vergleichbar ist, insbesondere für

1. stille Gesellschafter einer stillen Gesellschaft im Sinne des § 230 des Handelsgesetzbuchs, bei der der stille Gesellschafter als Unternehmer (Mitunternehmer) anzusehen ist,

2. **Gesellschafter einer Gesellschaft im Sinne des Bürgerlichen Gesetzbuchs, bei der der Gesellschafter als Unternehmer (Mitunternehmer) anzusehen ist, soweit die Inanspruchnahme des Gesellschafters für Schulden in Zusammenhang mit dem Betrieb durch Vertrag ausgeschlossen oder nach Art und Weise des Geschäftsbetriebs unwahrscheinlich ist,**
3. **Gesellschafter einer ausländischen Personengesellschaft, bei der der Gesellschafter als Unternehmer (Mitunternehmer) anzusehen ist, soweit die Haftung des Gesellschafters für Schulden in Zusammenhang mit dem Betrieb der eines Kommanditisten oder eines stillen Gesellschafters entspricht oder soweit die Inanspruchnahme des Gesellschafters für Schulden in Zusammenhang mit dem Betrieb durch Vertrag ausgeschlossen oder nach Art und Weise des Geschäftsbetriebs unwahrscheinlich ist,**
4. **Unternehmer, soweit Verbindlichkeiten nur in Abhängigkeit von Erlösen oder Gewinnen aus der Nutzung, Veräußerung oder sonstigen Verwertung von Wirtschaftsgütern zu tilgen sind,**
5. **Mitreeder einer Reederei im Sinne des § 489 des Handelsgesetzbuchs, bei der der Mitreeder als Unternehmer (Mitunternehmer) anzusehen ist, wenn die persönliche Haftung des Mitreeders für die Verbindlichkeiten der Reederei ganz oder teilweise ausgeschlossen oder soweit die Inanspruchnahme des Mitreeders für Verbindlichkeiten der Reederei nach Art und Weise des Geschäftsbetriebs unwahrscheinlich ist.**

Literatur: *Bolk*, Beschränkung des Verlustausgleichs (§ 15a EStG), FS zum 20jährigen Bestehen der Fachhochschule für Finanzen in NRW in Nordkirchen, 1997, 47 ff.; *Bordewin*, Gewinnabzug nach § 6b EStG und Kapitalkonto im Sinne des § 15a EStG, DStR 1994, 852; *Dörfler/Zerbe*, Lock-in-Effekte durch § 15a EStG bei Veräußerungen von Anteilen an doppelstöckigen Personengesellschaften, DStR 2012, 1212; *Dornheim*, Außerbilanzielle Gewinnkorrekturen und § 15a EStG, DStZ 2015, 174; *Helmreich*, Verluste bei beschränkter Haftung und § 15a EStG, 1998; *Hempe/Huber*, Die Reihenfolge der Verlustverrechnung beim Zusammentreffen von Veräußerungsgewinnen und laufenden und § 15a EStG-Verlusten, DStR 2013, 1217; *Hempe/Siebels/Obermaier*, Präzisierung der § 15a EStG-Abzugsbeschränkung durch den BFH, DB 2004, 1460; *Hüttemann/Meyer*, Verlustausgleich nach § 15a Abs. 1 EStG, negative Tilgungsbestimmung und Disponibilität des § 171 Abs. 1 HS 2 HGB, DB 2009, 1613; *Jacobsen/Hildebrandt*, Wirtschaftliche Beteiligungs- und Beteiligtenidentität im Sinne des § 15a EStG bei Unternehmensumwandlungen, DStR 2013, 433; *Jahndorf/Reis*, § 15a EStG und Verlustübernahmen ohne Bareinzahlung, FR 2007, 424; *Kahle*, Das Kapitalkonto iSd. § 15a EStG, FR 2010, 773; *Kempermann*, Neue Rechtsprechung zu § 15a EStG: Einlagen bei negativem Kapitalkonto und Wechsel der Gesellschafterstellung, DStR 2004, 1515; *Ley*, Die Anwendung von § 15a EStG und doppelstöckige Personengesellschaften, DStR 2004, 1498; *Ley*, Gesellschafterkonten im Lichte der grundlegenden BFH-Entscheidung vom 16.10.2008 – IV R 98/06, DStR 2009, 613; *Ley*, Neuere Entwicklungen und Praxiserkenntnisse zu § 15a EStG, KÖSDI 2004, 14374; *Lüdemann*, Verluste bei beschränkter Haftung, 1998; *Nacke*, Der Gesetzentwurf zum Jahressteuergesetz 2009, DB 2008, 1396; *Nickel/Bodden*, Verlustausgleich und Verlustverrechnung nach § 15a EStG bei doppelstöckigen Kommanditgesellschaften, FR 2003, 391; *Paul*, Die Behandlung negativer Kapitalkonten bei doppelstöckigen Personengesellschaften, Frankfurt 2007; *Niehus/Wilke*, Einlagen des Kommanditisten bei negativem Kapitalkonto sowie Haftungsausweitung auf Grund Wechsels der Rechtsstellung, FR 2004, 677; *Rautenstrauch/Adrian*, § 15a EStG bei Anwachsung auf eine Kapitalgesellschaft, DStR 2006, 359; *Rogall*, Die Funktionsweise des § 15a EStG – zur Notwendigkeit, Anzahl und Fortentwicklung von Korrektur- und Merkposten, BB 2004, 1819; *Ruban*, FS f. Klein, 1994, 781; *Sahrmann*, Das negative Kapitalkonto des Kommanditisten nach § 15a EStG, DStR 2012, 1109; *Steger*, Überhöhte Entnahmen eines Kommanditisten im Anwendungsbereich des § 15a EStG, DB 2006, 2086; *Wacker*, § 15a EStG, Vorgezogene Einlagen und JStG 2009 – Ganzschluss, Halbschluss oder Trugschluss, DStR 2009, 403; *Wacker*, „Vorgezogene Einlagen" und § 15a EStG, DB 2004, 11; *Watrin/Sievert/Nußmann*, Steuerliche Konsequenzen von Beteiligungsumwandlungen im Rahmen von § 15a EStG, BB 2004, 1529; *Wendt*, Gesellschafterkonten bei Personengesellschaften und ihre Bedeutung in der Krise, Stbg. 2010, 145; *Weßling*, Anwendbarkeit des § 15a EStG in den Fällen der Gewinnermittlung nach § 4 Abs. 3 EStG bei ausländischen Personengesellschaften mit inländischen Gesellschaftern, BB 2011, 1823.

A. Grundaussagen der Vorschrift

1 **I. Regelungsgegenstand/Systematik.** § 15a beschränkt den Ausgleich v. Verlusten aus Beteiligungen mit beschränkter Haftung. Diese dürfen nur mit anderen Einkünften ausgeglichen werden, wenn sie zu einem Kapitalverzehr führen oder wegen einer ausnahmsweise bestehenden Haftung eine gegenwärtige Vermögensminderung bedeuten.

2 Abs. 1 S. 1 regelt für K'disten eine Verlustausgleichsbeschränkung, falls Verluste die Entstehung oder Erhöhung eines negativen Kapitalkontos zur Folge haben. Abs. 1 S. 2 normiert eine **Ausnahme** für den Fall, dass der K'dist nach § 171 Abs. 1 HGB haftet. Allerdings darf nach Abs. 1 S. 3 eine Vermögensminderung nicht ausgeschlossen oder unwahrscheinlich sein. § 15a normiert als **Rechtsfolge** in Abs. 1 S. 1 negativ, dass die Verluste nicht mit anderen Einkünften ausgeglichen und nach § 10d abgezogen werden dürfen. Abs. 2 regelt positiv, dass sie die Gewinne aus der Beteiligung in späteren Jahren mindern. Abs. 1a, Abs. 2 S. 2 enthalten eine **ergänzende Regelung** für den Fall nachträglicher Einlagen und Abs. 3 eine ergänzende Regelung für den Fall der Einlage- oder Haftungsminderung. Abs. 4 regelt die **verfahrensmäßige Umsetzung**. Und Abs. 5 ordnet die sinngemäße Anwendung der Abs. 1–4 für andere Unternehmer an. § 52 Abs. 33 S. 1 und 2 schränken die zeitliche Anwendung bei Verlusten aus dem **Betrieb v. Seeschiffen** ein.[1] § 52 Abs. 33 S. 3 und 4 befassen sich mit dem Ausscheiden v. G'tern mit negativem Kapitalkonto. Beruht das negative Kapitalkonto auf ausgleichsfähigen Verlusten, so gilt der Betrag, den der G'ter nicht ausgleichen muss, als Veräußerungsgewinn iSv. § 16, und es sind bei den anderen MU'er entspr. Verlustanteile anzusetzen. Nach § 52 Abs. 33 S. 5 sind bei der Anwendung v. Abs. 3 nur Verluste iSv. § 15a zu berück-

1 BFH v. 18.4.2000 – VIII R 11/98, BStBl. II 2001, 166 = FR 2000, 1338; v. 18.4.2000 – VIII R 14/98, BFH/NV 2001, 10.

sichtigen. Gem. § 52 Abs. 33 S. 6 ist die Neuregelung des Abs. 1a S. 1, Abs. 2 S. 2 erstmals auf Einlagen nach dem 24.12.2008 anzuwenden.

II. Zweck der Regelung. Die Bekämpfung der Verlustzuweisungsgesellschaften war Anlass (vgl. Rn. 4), kann aber nicht sachlich rechtfertigender Grund für § 15a sein. Es wäre nicht plausibel, warum bei K'disten „normaler" KG Verluste stl. unberücksichtigt bleiben, nur weil K'disten anderer KG Steuervorschriften in missbilligter Weise ausnutzen. Sachlicher Grund und Zweck v. § 15a kann nur sein, die stl. Behandlung des negativen Kapitalkontos v. K'disten allg. zu regeln und den Ausgleich v. Verlusten v. einer **gegenwärtigen wirtschaftlichen Belastung** (Vermögensminderung) abhängig zu machen.[1] Bei der Ausgestaltung des § 15a hat der Gesetzgeber diesen Grundgedanken allerdings nicht konsequent umgesetzt. Er hat sich in Einzelfragen v. seinem Anliegen der Bekämpfung v. Verlustzuweisungsgesellschaften leiten lassen. So ist es nach dem Zweck des § 15a zB nicht verständlich, warum Abs. 1 S. 2 einen Verlustausgleich nur bei einer Haftung nach § 171 HGB zulässt. Es ergibt sich so ein Spannungsverhältnis, das die vom historischen Anliegen bestimmte gesetzliche Vorgabe in Zweifel zieht und den Rechtsanwender vor die Wahl zw. der vom Grundgedanken oder der vom historischen Anliegen bestimmten Lösung stellt. 3

III. Entstehungsgeschichte und Entwicklung. Bis zur Einführung des § 15a konnten Verluste beschränkt haftender G'ter auch dann mit positiven Einkünften ausgeglichen werden, wenn dies zu einem negativen Kapitalkonto führte, es sei denn, es konnte mit einem Ausgleich des negativen Kapitalkontos nicht mehr gerechnet werden. Die „Verlusthaftung mit künftigen Gewinnanteilen" wurde als ausreichende Rechtfertigung für eine gegenwärtige Berücksichtigung der Verluste angesehen. Diese Rechtslage wurde v. **Verlustzuweisungsgesellschaften** ausgenutzt, deren Konzept es war, hohe Buchverluste – zB durch Inanspruchnahme v. erhöhten Absetzungen – zu schaffen. Der Gesetzgeber versuchte erfolglos, diesen Ges. mit sog. Verlustklauseln zu begegnen. Dem Vorschlag, dem negativen Kapitalkonto die stl. Anerkennung zu versagen, folgte der BFH nicht. Es wurde deshalb durch G v. 20.8.1980 § 15a eingeführt. Das JStG 2009[2] hat Abs. 1a, Abs. 2 S. 2 als Nichtanwendungsgesetz zur Rspr. des BFH[3] normiert, nach der bei nachträglichen Einlagen Korrekturposten zu bilden waren. Nachträgliche Einlagen führen nicht zur Umqualifizierung verrechenbarer Verluste und auch nicht zu einem Verlustausgleichsvolumen für zukünftige Wje, wenn in diesen die Verluste die Entstehung oder Erhöhung eines negativen Kapitalkontos zur Folge haben. Der BRH hat auf Grund der Kompliziertheit des § 15a erhebliche Vollzugsmängel festgestellt und angeregt, die Vorschrift aufzuheben oder zu vereinfachen, und die Finanzministerkonferenz der Länder hat eine Überarbeitung des § 15a angeregt.[4] In einem Entwurf eines Gesetzes zur weiteren Vereinfachung des Steuerrechts 2013 (StVereinfG 2013) v. 30.4.2014 wurde vorgeschlagen, das SBV in die Ermittlung des Kapitalkontos einzubeziehen und den erweiterten Verlustabzug bei überschießender Außenhaftung abzuschaffen. Die BReg. hat den Vorschlag allerdings abgelehnt, da dieser nicht geeignet sei, § 15a zu vereinfachen.[5] 4

IV. Steuerplanung. Die **Erfüllung des Tatbestandes** des § 15a kann in Ausnahmefällen vorteilhaft sein. Nur mit zukünftigen Gewinnen nach Abs. 2 zu verrechnende Verluste können Vorteile gegenüber mit anderen positiven Einkünften ausgleichsfähigen Verlusten bieten. Es kann allein wegen der unterschiedlichen Progression vorteilhaft sein, einen Ausgleich mit positiven Einkünften gegenwärtig zu vermeiden und die Verluste aus der Beteiligung in späteren Jahren bei einem insgesamt höheren Einkommen mit Gewinnen aus der Beteiligung zu verrechnen. Verrechenbare statt ausgleichsfähige Verluste können auch Vorteile bieten, wenn der ausgleichsfähige Verlust SA, ag. Belastungen, Abzugs- und Freibeträge, Tarifvorteile und GewSt-Anrechnungspotential nach § 35 leerlaufen lässt oder eine Verlustvortragsbeschränkung nach § 10d Abs. 2 besteht. Für den StPfl. kann unter diesem Gesichtspunkt die Einführung einer Haftungsbegrenzung oder die Beschränkung der Eigenkapitalausstattung zugunsten der Aufnahme v. Fremdkapital geboten sein. Ebenso lassen sich durch Einlage- oder Haftungsminderung eine gegenwärtige Gewinnzurechnung und zugleich zukünftig zu verrechnende Verluste erreichen. Dies kann in Ausnahmefällen sinnvoll sein, wenn erhebliche Progressionsunterschiede bestehen. IdR wird Planungsziel aber sein, ein **Ausgleich- und Abzugsverbot nach § 15a zu vermeiden**. Hierzu kommt die Verhinderung eines Verlustanteils iSv. § 15a in Betracht (vgl. hierzu Rn. 10 aE), die Vermeidung eines negativen Kapitalkontos (hierzu Rn. 14 aE), die Erweiterung der Haftung durch Änderung der Rechtsstellung zum Komplementär oder die Erhöhung der Haftsumme (hierzu Rn. 29 ff.).[6] 5

1 BFH v. 1.3.2018 – IV R 16/15, BStBl. II 2018, 527.
2 BGBl. I 2008, 2794.
3 BFH v. 14.10.2003 – VIII R 32/01, BStBl. II 2004, 359 = FR 2004, 150; v. 26.6.2007 – IV R 28/06, FR 2007, 1115 m. Anm. *Kempermann* = BFH/NV 2007, 1982.
4 Hierzu *Brandenberg*, FR 2010, 731 (735).
5 BT-Drucks. 18/1290, 19 (39).
6 Zum Ganzen: *K/S/M*, § 15a Rn. A 420 ff.

B. Grundtatbestand und Rechtsfolgen des Abs. 1 S. 1 und Abs. 2

6 **I. Regelungsinhalt.** Abs. 1 S. 1 trifft eine Regelung für den „Anteil am Verlust der KG" (hierzu unter I), wenn dieser zur Entstehung oder Erhöhung eines „negativen Kapitalkontos" (hierzu unter II) führt und er einem „K'disten" (hierzu unter III) zuzurechnen ist. Es gilt dann ein Ausgleichsverbot nach Abs. 1 S. 1 und ein Verrechnungsgebot nach Abs. 2 (hierzu unter IV).

7 **II. Anteil am Verlust der KG.** § 15a Abs. 1 S. 1 setzt nach § 15 Abs. 1 S. 1 Nr. 2 zuzurechnende negative Einkünfte („der einem K'disten zuzurechnende Anteil am Verlust der KG") voraus. Ansonsten kann § 15a nur nach §§ 13 Abs. 5, 18 Abs. 5, 20 Abs. 1 Nr. 4 oder 21 Abs. 1 S. 2 entspr. anzuwenden sein. Die KG muss eine **MU'schaft** iSv. § 15 Abs. 1 S. 1 Nr. 2 sein. Hierzu muss sie – sofern sie nicht gewerblich geprägt iSv. § 15 Abs. 3 Nr. 2 ist – ein gewerbliches Unternehmen iSv. § 15 Abs. 1 S. 1 Nr. 1 iVm. Abs. 2 betreiben. An der hierfür erforderlichen Gewinnerzielungsabsicht fehlt es, wenn eine KG so konzipiert ist, dass sie allein den G'tern Steuervorteile verschaffen soll.[1] Bei Verlustzuweisungsgesellschaften wird vermutet, dass sie keine Gewinnerzielungsabsicht haben.[2]

8 Der K'dist muss **MU'er** (zu § 15 Rn. 205 ff.) sein. Das hierzu notwendige MU'er-Risiko fehlt bei einem beschränkt haftenden G'ter, der nur mit seiner Einlage am Verlust beteiligt ist und wegen Befristung keine konkrete Aussicht auf einen seine Einlage übersteigenden Gewinnanteil hat[3] MU'er können nat. Pers., jur. Pers. – insbes. KapGes. – und auch PersGes. wie OHG und KG sein. Ist eine PersGes. MU'er, ist für sie – und nicht ihre G'ter – § 15a anzuwenden.

9 Die **Verlustzurechnung** nach § 15 Abs. 1 S. 1 Nr. 2 orientiert sich an der gesellschaftsvertraglichen Regelung der Gewinn- und Verlustverteilung, zu der auch eine Vereinbarung über eine abw. Verlustverteilung zur Vermeidung eines negativen Kapitalkontos gehören kann. Die Zurechnung eines Verlustes scheidet aus, wenn ein Ausgleich mit zukünftigen Gewinnanteilen nicht mehr in Betracht kommt.[4]

10 „Anteil am Verlust der KG" ist der auf den G'ter entfallende Verlustanteil aus der **Steuerbilanz der Ges. einschl. des Ergebnisses aus einer etwaigen Ergänzungsbilanz**, nicht dagegen ein Verlust aus dem Sonder-BV.[5] Es soll nur für die Verluste ein Ausgleich ausgeschlossen sein, die wegen Erschöpfung des Kapitalkontos und Überschreitens der Haftsumme den beschränkt haftenden G'ter wirtschaftlich nicht gegenwärtig belasten. Verluste im Bereich des Sonder-BV hat auch ein beschränkt haftender G'ter uneingeschränkt zu tragen. WG in einer Ergänzungsbilanz gehören zum Gesellschaftsvermögen, und es werden in der Ergänzungsbilanz lediglich für den einzelnen G'ter Werte angesetzt, die v. den Werten in der Steuerbilanz abweichen. Da nur Verlustanteile aus dem Gesamthandsbereich dem Ausgleichsverbot unterliegen, nicht Verluste aus dem Bereich des Sonder-BV, kommt der Unterscheidung der beiden Bereiche besondere Bedeutung zu. Eine Tätigkeitsvergütung und kein Gewinnvorab liegt vor, wenn die Vergütung auf schuldrechtl. Basis gewährt wird oder zwar auf gesellschaftsrechtl. Basis gezahlt wird, aber in Form eines gewinnunabhängigen Sonderentgelts.[6] Darlehenszinsen, welche die Ges. dem G'ter zahlt, sind Sondervergütungen iSv. § 15 Abs. 1 S. 1 Nr. 2. Eigenkapitalersetzende Darlehen und Darlehen mit Rücktrittsvereinbarung sind als Fremdkapital zu qualifizieren (Rn. 14) und die Darlehenszinsen dementspr. nicht in die Ermittlung des Verlustanteils einzubeziehen. Der Verlustanteil iSv. § 15a Abs. 1 S. 1 ist nicht nur v. Sondervergütungen iSv. § 15 Abs. 1 Nr. 2, sondern auch v. Vergütungen für Fremdleistungen des G'ter abzugrenzen, bei denen ein wirtschaftlicher Zusammenhang zw. Leistung und MU'schaft ausgeschlossen erscheint oder bei denen Leistungen und MU'schaft nur zufällig zusammentreffen.[7] Der stl. Berater muss, wenn er ein Ausgleichs- und Abzugsverbot nach § 15a vermeiden will, Strategien zur Verhinderung v. Verlusten im Gesamthandsbereich entwickeln: Vermeidung v. Zinsaufwand im Gesamthandsbereich durch Finanzierung über persönliche Darlehen der K'disten, niedrigerer Ansatz v. Nutzungsentgelten und Tätigkeitsvergütungen, Umwandlung v. Vergütungen auf schuldrechtl. in solche auf gesellschaftsrechtl. Basis, Erwerb v. abnutzbaren WG im Sonder-BV.[8]

1 BFH v. 25.6.1984 – GrS 4/82, BStBl. II 1984, 751 (767) = FR 1984, 619.
2 BFH v. 21.8.1990 – VIII R 25/86, BStBl. II 1991, 564 = FR 1991, 321; v. 21.11.2000 – IX R 2/96, BStBl. II 2001, 789 (793) = FR 2001, 415.
3 BFH v. 28.11.1985 – IV R 13/83, BFH/NV 1986, 332; v. 15.7.1986 – VIII R 154/85, BStBl. II 1986, 896 (899) = FR 1986, 569; v. 25.6.1984 – GrS 4/82, BStBl. II 1984, 751 (769) = FR 1984, 619.
4 BFH v. 10.11.1980 – GrS 1/79, BStBl. II 1981, 164 = FR 1981, 199; *Grantz*, GStb. 2006, 202.
5 FG Münster v. 22.1.2009 – 3 K 3173/05 F, EFG 2009, 1024 mwN.
6 BFH v. 13.10.1998 – VIII R 4/98, BStBl. II 1999, 284 = FR 1999, 135; v. 7.2.2002 – IV R 62/00, BStBl. II 2005, 88; v. 23.1.2001 – VIII R 30/99, BStBl. II 2001, 621 = FR 2001, 580; *Röhrig/Doege*, DStR 2006, 489 (493); *K/S/M*, § 15a Rn. B 381 ff.
7 BFH v. 23.5.1979 – I R 163/77, BStBl. II 1979, 757; v. 13.3.1980 – IV B 58/78, BStBl. II 1980, 499 = FR 1980, 523; v. 27.5.1981 – I R 112/79, FR 1981, 490 = BStBl. II 1982, 192, FG Münster v. 23.11.2010 – 1 K 639/07 F, EFG 2011, 793 (Abgrenzung von Sondervergütungen und Gewinnvorab).
8 *K/S/M*, § 15a Rn. 420 ff.

Bei der Ermittlung des „Anteils am Verlust der KG" sind nach hM außerbilanzielle Korrekturen grds. zu berücksichtigen. Es unterliegt der nach Durchführung der einkommensteuerrechtlichen Zu- und Abrechnungen ermittelte steuerliche Verlust der Verlustausgleichsbeschränkung des § 15a.[1] Soweit in dem Verlustanteil lt. Steuerbilanz nach § 8b KStG oder § 3 Nr. 40 (zu 40 %) stfreie Beträge enthalten sind, sind diese außerhalb der Bilanz verlusterhöhend abzuziehen. Entsprechend sind nach § 3c Abs. 1 oder Abs. 2 nicht abzugsfähige Beträge verlustmindernd hinzuzurechnen. Nach § 8b KStG, § 3 Nr. 40 stfreie Beträge erhöhen aber – wie Einlagen – das Verlustausgleichspotential. 11

III. Negatives Kapitalkonto. 1. Grundsatz. Zentrales Tatbestandsmerkmal des § 15a ist das des „negativen Kapitalkontos". Der einem K'disten zuzurechnende Verlust darf nicht ausgeglichen werden, soweit ein negatives Kapitalkonto entsteht oder sich erhöht. 12

2. Maßgeblichkeit der Steuerbilanz. Die Frage, welcher Bilanz das negative Kapitalkonto iSd. § 15a zu entnehmen ist, war in der Vergangenheit heftig umstritten. In diesem Meinungsstreit hat sich der BFH zu Recht – entgegen der Gesetzesbegründung – für eine Maßgeblichkeit der Steuerbilanz – unter Einbeziehung etwaiger Ergänzungsbilanzen[2] – **ohne Einbeziehung des Sonder-BV** ausgesprochen.[3] Denn wenn das Tatbestandsmerkmal „Anteil am Verlust der KG" den Verlustanteil nach der Steuerbilanz der Ges. meint, gebietet es die Messlogik, auch den Begriff des negativen Kapitalkontos auf die Steuerbilanz zu beziehen. Soll nach dem Zweck des § 15a ein Verlust unberücksichtigt bleiben, der keine gegenwärtige wirtschaftliche Belastung bedeutet, kann positives und negatives Sonder-BV nicht in das Verlustausgleichspotential einbezogen werden. Denn kürzt man ein positives Kapitalkonto in der Gesellschaftsbilanz um negatives Sonder-BV, so bleibt eine tatsächlich v. K'disten getragene wirtschaftliche Belastung, der Verlust der Einlage, unberücksichtigt. Bezieht man positives Sonder-BV ein, so wird ein Verlust ausgeglichen, obwohl dieser den K'disten nur in Form einer „Verlusthaftung mit künftigen Gewinnen" betrifft. 13

Für die Besteuerungspraxis bedeutet dies, dass Verluste bis zur Höhe der geleisteten Einlage auch dann ausgeglichen werden können, wenn der K'dist über negatives Sonder-BV verfügt – weil er zB seine Einlage fremdfinanziert hat. Andererseits erweitert positives Sonder-BV das Verlustausgleichspotential nicht, sodass G'ter-Darlehen das Verlustausgleichsvolumen nicht erhöhen. Eine weitere **Konsequenz** ist, dass Ges.- und Sonder-BV für die Bestimmung des Verlustausgleichsvolumens voneinander abgegrenzt werden müssen. Es ist v. Bedeutung, ob die Konten einer PersGes. **Kapitalkonten oder Forderungs- und Schuldkonten** sind.[4] Beim Zwei-Konten-Modell wird auf einem festen Konto nur die gesellschaftsvertraglich vereinbarte Einlage verbucht und auf einem zweiten variablen Konto Gewinne, Verluste und Entnahmen. Auch das zweite Konto ist in diesem Fall ein Kapitalkonto, da auf diesem Verluste verbucht werden und ein Guthaben damit entziehbar ist.[5] Das Konto II bleibt steuerrechtl. auch dann ein Kapitalkonto, wenn es in Folge v. Entnahmen negativ wird.[6] Das Drei-Konten-Modell zeichnet sich dadurch aus, dass auf dem Konto I (Festkapitalkonto) nur die ursprüngliche Einlage verbucht wird, auf dem Konto II (Rücklagekonto) die nichtentnahmefähigen Gewinne und die Verluste und auf dem Konto III (Darlehenskonto) die entnahmefähigen Gewinne, Entnahmen, sonstigen Einlagen, Darlehen, Zinsen und sonstigen Vergütungen. Die Konten I und II sind Eigenkapitalkonten, dagegen das Konto III ein Forderungskonto. Das Konto III behält diesen Charakter auch bei einem Sollsaldo, wenn der Sollsaldo durch unzulässige Überentnahmen entstanden ist oder aus einer stl. anzuerkennenden Darlehensvereinbarung resultiert.[7] Beim Vier-Konten-Modell wird auf dem Konto I die ursprüngliche Einlage, dem Konto II die nichtentnahmefähigen Gewinne, auf dem Konto III die entnahmefähigen Gewinne, Entnahmen, Einlagen, Darlehen und auf dem Konto IV die Verluste verbucht. Das Konto II wird hier zu einem Forderungskonto. Etwas anderes gilt nur dann, wenn der Ges.-Vertrag die Möglichkeit vorsieht, dass Guthaben auf dem Konto II zur Verrechnung mit den Verlustvortragskonten herangezogen werden können.[8] Das (passivische) Konto III bleibt grds. ein 14

---

1 *Steger*, NWB 2011, 3372 (3373); *Kopplin/Maßbaum/Sureth*, WPg 2010, 1203 (1205); *Wacker* in Schmidt[37], § 15a Rn. 100; **aA** *Dornheim*, DStZ 2015, 174 (177) mwN; FG Münster v. 15.4.2014 – 1 K 3247/11 F, EFG 2015, 899 (Hinzurechnung eines Investitionsabzugsbetrags nach § 7g EStG).

2 BFH v. 18.5.2017 – IV R 36/14, BStBl. II 2017, 905; OFD Ffm. v. 19.10.2017, DB 2017, 2706; zur Verlustverrechnungsbeschränkung nach Buchwerteinbringung eines Einzelunternehmens mit negativem EK unabhängig von der bilanziellen Darstellung FG Berlin-Bdbg. v. 12.11.2014 – 7 K 7294/11, EFG 2015, 291 (292).

3 BFH v. 14.5.1991 – VIII R 31/88, BStBl. II 1992, 167 (172); Übergangsregelung: BMF v. 20.2.1992, BStBl. I 1992, 123; ergänzt durch BMF v. 19.2.1992, DB 1992, 2274; v. 15.12.1993, BStBl. I 1993, 976.

4 *Wendt*, Stbg. 2010, 145 (147 ff.).

5 BFH v. 16.10.2008 – IV R 98/06, FR 2009, 578 m. Anm. *Kempermann* = BFH/NV 2009, 451; *Huber*, JbFfStR 1988/89, 301 (309); *Wüllenkemper*, BB 1991, 1904 (1910).

6 BFH v. 16.10.2008 – IV R 98/06, FR 2009, 578 m. Anm. *Kempermann* = BFH/NV 2009, 451.

7 BFH v. 16.10.2008 – IV R 98/06, FR 2009, 578 m. Anm. *Kempermann* = BFH/NV 2009, 451.

8 BFH v. 15.5.2008 – IV R 46/05, BStBl. II 2008, 812 = FR 2008, 1110 m. Anm. *Kempermann*.

Forderungskonto. Wird ein Darlehenskonto durch Entnahmen aktivisch, so ist zu differenzieren, ob das Konto durch zulässige oder unberechtigte Entnahmen negativ geworden ist. Überzieht der K'dist das Konto, auf dem die auszahlbaren Gewinne gutgeschrieben werden, in zulässiger Weise, so liegt nach hM bei Fehlen besonderer Vereinbarungen (über Zinsen, Tilgung und Sicherheiten) eine Einlagenrückgewähr vor und das Konto wird zu einem Kapitalkonto.[1] Wird das Konto durch gesellschaftsrechtl. nicht vorgesehene Auszahlungen negativ, so handelt es sich nach BFH bei den entnommenen Beträgen um Forderungen der Ges. gegen den G'ter – und zwar unabhängig davon, ob Absprachen über Verzinsung, Sicherheiten und Tilgung getroffen worden sind.[2] Ein Verlustvortragskonto ist auch dann ein Kapitalkonto, wenn die Regelung des § 167 Abs. 3 HGB abbedungen ist, sodass den G'ter im Verlustfall eine Nachschusspflicht trifft. Eine derartige Nachschusspflicht entspricht einer Einlageverpflichtung und wird erst bei tatsächlicher Erbringung berücksichtigt.[3] Indizien für ein Kapitalkonto sind: die Verbuchung v. Verlustanteilen[4], die Verbuchung v. Entnahmen und Einlagen[5], das Fehlen v. Bestimmungen über Höchstbeträge und einen Rückzahlungstermin[6], wenn das Guthaben den Gewinnanteil des G'ters erhöht oder zusätzliche Stimm- und Mitwirkungsrechte gibt.[7] Indizien für ein Forderungskonto sind: eine gewinnabhängige Verzinsung[8], die Abwicklung des lfd. Geschäftsverkehrs nach Art eines Verrechnungskontos.[9]

15 Da das Kapitalkonto der Steuerbilanz der Ges. zu entnehmen ist, kommt auch der Frage Bedeutung zu, ob G'ter-Darlehen nicht nur in der Gesamtbilanz in EK umqualifiziert werden, sondern schon in der Steuerbilanz EK darstellen. Nach BFH kommt den Begriffen **„Finanzplandarlehen"** und **„gesplittete Einlage"** in diesem Zusammenhang allerdings nur die Funktion v. Schlagwörtern zu. Durch die Hingabe eines Darlehens seitens des G'ters werde dessen Kapitalkonto iSv. Abs. 1 S. 1 nicht bereits deswegen erhöht, weil das Darlehen in den Finanzierungsplan der Ges. einbezogen sei und dem Ges.-Vertrag zufolge neben der Bareinlage gewährt werden müsse. Das v. einem K'disten der KG gewährte „Darlehen" erhöhe sein Kapitalkonto iSd. Abs. 1 S. 1 vielmehr nur dann, wenn es den vertraglichen Bestimmungen zufolge während des Bestehens der Ges. vom K'disten nicht gekündigt werden könne und wenn das Guthaben im Falle seines Ausscheidens oder der Liquidation mit einem evtl. bestehenden negativen Kapitalkonto verrechnet werde.[10] **Eigenkapitalersetzende Darlehen** nach § 172a HGB aF iVm. §§ 32a, 32b GmbHG aF[11] sind FK und nicht in das Kapitalkonto iSv. § 15a einzubeziehen. Abs. 1 S. 2 ist zu entnehmen, dass der Gesetzgeber nur im Fall der Außenhaftung nach § 171 Abs. 1 HGB das Risiko einer Inanspruchnahme für einen gegenüber Abs. 1 S. 1 erweiterten Verlustausgleich ausreichen lassen will. Hinzu käme die Schwierigkeit, dass nach Beendigung der den Eigenkapitalcharakter begründenden Krise das Darlehen, da nicht mehr „kapitalersetzend" im Wege der Einlageminderung gem. Abs. 3 als FK behandelt werden müsste.[12] Nach der Abschaffung des Eigenkapitalersatzrechts durch das MoMiG werden entspr. gesetzlich nachrangige G'ter-Darlehen (§ 39 Abs. 1 Nr. 5, Abs. 4, Abs. 5 InsO, § 135 InsO) nicht in das Kapitalkonto iSd. § 15a einbezogen.[13] In Handels- und Steuerbilanz stellen **Darlehen mit einer Rangrücktrittsvereinbarung** – ebenso wie die Darlehen iSd. §§ 172a HGB, 32a GmbHG – Fremdkapital dar.[14] In Bezug auf die Anwendung des § 15a gelten für das Darlehen mit Rangrücktritt dieselben Grundsätze wie für das eigenkapitalersetzende Darlehen nach §§ 172a HGB, 32a GmbHG. Stellt die Ges. einem

1 OFD Münster v. 18.2.1994, DStR 1994, 582; *H/H/R*, § 15a Rn. 90; *Ley*, KÖSDI 1994, 9972 (9979); *Prinz/Thiel*, DStR 1994, 341; **aA** *Bitz*, DStR 1994, 1221 (1222); *Wüllenkemper*, BB 1991, 1904 (1908, 1912); FG Hbg. v. 10.10.2012 – 2 K 171/11, EFG 2013, 197 (Rev. IV R 41/12); unentschieden: BFH v. 16.10.2008 – IV R 98/06, FR 2009, 578 m. Anm. *Kempermann* = BFH/NV 2009, 451.

2 BFH v. 16.10.2008 – IV R 98/06, FR 2009, 578 m. Anm. *Kempermann* = BFH/NV 2009, 451; vgl. auch *Ley*, DStR 2009, 403.

3 BFH v. 14.12.1995 – IV R 106/94, BStBl. II 1996, 226; OFD Ffm. v. 16.6.2016, DB 2016, 1664.

4 BFH v. 15.5.2008 – IV R 46/05, BStBl. II 2008, 812 = FR 2008, 1110 m. Anm. *Kempermann*; v. 3.11.1993 – II R 96/91, BStBl. II 1994, 88; v. 26.6.2007 – IV R 29/06, BStBl. II 2008, 103 (105) = FR 2008, 270.

5 BFH v. 5.6.2002 – I R 81/00, BStBl. II 2004, 344 (346) = FR 2002, 1055 m. Anm. *Kempermann*; v. 26.6.2007 – IV R 29/06, BStBl. II 2008, 103 (105) = FR 2008, 270.

6 BFH v. 27.6.1996 – IV R 80/95, BStBl. II 1997, 36 = FR 1997, 51.

7 OFD Hann. v. 7.2.2008, DB 2008, 1350.

8 BFH v. 15.5.2008 – IV R 46/05, BStBl. II 2008, 812 (815) = FR 2008, 1110 m. Anm. *Kempermann*.

9 *Wüllenkemper*, BB 1991, 1904 (1912); *van Lishaut*, FR 1994, 273 (277).

10 BFH v. 7.4.2005 – IV R 24/03, FR 2005, 983 m. Anm. *Kempermann* = BFH/NV 2005, 1424; vgl. auch OFD Ffm. v. 16.6.2016, DB 2016, 1664.

11 Zur Aufhebung der Regelungen über eigenkapitalersetzende Darlehen im GmbHG durch das MoMiG ab 1.11.2008 und den Konsequenzen für das Steuerrecht: *Schwenker/Fischer*, FR 2010, 643; *Kahle*, FR 2010, 773 (779 f.).

12 BFH v. 28.3.2000 – VIII R 28/98, BStBl. II 2000, 347 = FR 2000, 611 m. Anm. *Kempermann*; v. 1.10.2002 – IV B 91/01, BFH/NV 2003, 304; *Baumhoff*, StbJb. 1993/94, 267 (286).

13 *Kahle*, FR 2010, 773 (780).

14 BFH v. 30.3.1993 – IV R 57/91, BStBl. II 1993, 502 = FR 1993, 471.

K'disten Kapital durch **Überziehung eines Verrechnungskontos** zur Vfg., richtet sich die stl. Behandlung der Kapitalüberlassung als Entnahme oder rückzahlbares Darlehen nach BFH nach der Rechtsnatur des Verrechnungskontos. Unabhängig v. der Bezeichnung des Kontos und der Kapitalüberlassung handele es sich bei einem Kapitalkonto um eine Entnahme und bei einem Darlehenskonto um ein Darlehen.[1] Bei einem **Verzicht des G'ters** auf eine zu einem Sonder-BV (oder sonstigen BV) gehörende Forderung erhöht sich das Gesamthandsvermögen und sein Kapitalkonto und es wird zusätzliches Verlustausgleichsvolumen geschaffen. Bei einem Verzicht aus eigenbetrieblichen Interessen entsteht beim G'ter im Sonder-BV (oder im sonstigen BV) ein sofort abzugsfähiger Aufwand und im Gesamthandsvermögen ein Ertrag, der einen nicht ausgleichsfähigen Verlust vermeiden oder verringern kann oder aber einen Gewinn zur Folge haben kann, der mit verrechenbaren Verlusten früherer VZ verrechenbar ist. Dagegen kann ein gesellschafterbezogener Verzicht (zB um die Liquidation der Ges. zu beenden) nicht zu einem stpfl. Gewinn, sondern nur zu einer erfolgsneutralen Erhöhung des Kapitals der Ges. führen. Im Gegenzug ist das Sonderkapital des G'ters erfolgsneutral zu reduzieren.[2] Ebenso ist erheblich, ob ein **Abzug nach § 6b** in der Gesamtbilanz, der Ergänzungsbilanz oder in der Sonderbilanz vorgenommen wird.[3] Der stl. Berater muss negative Kapitalkonten nach der Gesamthandsbilanz vermeiden, zB durch die **Gestaltung** v. negativen Konten als Schuldkonten und v. positiven Konten als Kapitalkonten, eine fremdfinanzierte Kapitalerhöhung, die Umwandlung v. G'ter-Darlehen, den Verzicht auf Leistungs- und Nutzungsentgelte, die Zurechnung der Verluste auf den Komplementär oder eine Zusammenfassung mit einem Tätigkeitsbereich mit positiven Einkünften.[4]

Das Kapitalkonto in der Gesamthandsbilanz wird durch Einlagen in das Ges.-Vermögen und durch Ent- 15a
nahmen aus dem Ges.-Vermögen bestimmt.[5] Gewährt eine gewerblich tätige PersGes. einem G'ter ein Darlehen ohne betriebliche Veranlassung, so ist dies als **Entnahme** zu behandeln, die allen G'tern anteilig unter Minderung ihrer Kapitalkonten zuzurechnen ist. Das Darlehen gehört zwar privatrechtlich weiter zum Gesamthandsvermögen, es gehört aber steuerlich nicht zum BV, wenn seine Zugehörigkeit zum Ges.-Vermögen nicht betrieblich veranlasst ist.[6] Eine **Einlage** in das Kapitalkonto durch Umbuchung eines Aufwendungsersatzanspr. eines K'disten gegen die Ges. von einem Darlehenskonto auf ein Eigenkapitalkonto führt nicht zu einer Erhöhung des Kapitalkontos, soweit der Anspr. im Zeitpunkt der Umbuchung wegen der Vermögenslage der Ges. nicht vollwertig war.[7]

Das dem K'disten zuzurechnende Kapitalkonto ist maßgebend für die Frage, ob ein dem K'disten zu- 15b
zurechnender Anteil am Verlust der KG ausgleichsfähig ist. Erwirbt der K'dist einen weiteren Kommanditanteil zu seinem bestehenden hinzu, führt dies zu einer **Vereinigung der Anteile mit einem einheitlichen Kapitalkonto**.[8]

3. Bemessung nach der geleisteten Einlage. § 15a will den Verlustausgleich v. einer gegenwärtigen 16
wirtschaftlichen Belastung abhängig machen (Rn. 3). Dem entspräche es, das Kapitalkonto nach der **bedungenen Einlage** zu bemessen. In der Gesetzesbegründung wird jedoch ausdrücklich v. der Begrenzung des Verlustausgleichs auf die „geleistete" Einlage gesprochen.[9] Abs. 1 S. 2 sieht eine Erweiterung des Verlustausgleichsvolumens bei einer die „geleistete" Einlage übersteigenden Haftsumme vor. Und nach Abs. 3 löst bereits eine Entnahme ohne gleichzeitige Herabsetzung der Pflichteinlage eine Gewinnzurechnung aus. Dieser Maßgeblichkeit der geleisteten Einlage entspricht es, dass das Verlustausgleichsvolumen zwar durch Einlagen in Form v. Bareinzahlungen und die Sacheinlage eine Forderung gegen einen Dritten erhöht werden kann, dagegen eine **bloß buchmäßige Verlustübernahme** (indem der K'dist eine Einlagenforderung der Ges. gegen sich selbst begründet – es sei denn, die Ges. tritt die Forderung an einen Dritten ab[10] – oder indem der K'dist durch Belastung seines Darlehenskontos eine Forderung der Ges. gegen sich schafft) nicht ausreicht.[11] Eine Einlage durch Abtretung einer Forderung gegen einen Dritten ist erbracht,

1 BFH v. 27.6.1996 – IV R 80/95, BStBl. II 1997, 36 = FR 1997, 51.
2 FG Münster v. 1.9.2009 – 1 K 3384/06 F, EFG 2010, 52; *Wendt*, Stbg. 2010, 145 (146).
3 *Bordewin*, DStR 1994, 852.
4 Ausf.: *K/S/M*, § 15a Rn. A 434–445.
5 BFH v. 16.10.2014 – IV R 15/11, BStBl. II 2015, 267 (268) = FR 2015, 274 = GmbHR 2015, 271.
6 BFH v. 16.10.2014 – IV R 15/11, BStBl. II 2015, 267 (269) = FR 2015, 274 = GmbHR 2015, 271.
7 FG Nds. v. 3.12.2014 – 4 K 299/13, EFG 2015, 714 (Rev. IV R 7/15).
8 FG Köln v. 14.11.2013 – 6 K 3723/09, EFG 2014, 911 (Rev. IV R 47/13); v. 14.11.2013 – 6 K 2133/10, EFG 2014, 910 (Rev. IV R 48/13).
9 BT-Drucks. 8/3648, 16; BFH v. 19.5.1987 – VIII B 104/85, BStBl. II 1988, 5 (10) = FR 1987, 591; v. 11.12.1990 – VIII R 8/87, BStBl. II 1992, 232 = FR 1991, 635; v. 16.12.1997 – VIII R 76/93, BFH/NV 1998, 576.
10 BFH v. 18.12.2003 – IV B 201/03, BStBl. II 2004, 231 = FR 2004, 401; v. 7.10.2004 – IV R 50/02, BFH/NV 2005, 533.
11 BFH v. 19.10.2007 – IV B 157/06, BFH/NV 2008, 211 (aktivisches G'ter-Darlehenskonto); FG Münster v. 16.1.2003 – 8 K 7131/01 F, EFG 2003, 535; **aA** *Jahndorf/Reis*, FR 2007, 424.

wenn die abgetretene Forderung werthaltig ist.[1] Waren Verluste nach Abs. 1 S. 2, 3 wegen einer überschießenden Außenhaftung ausgleichsfähig, wird nunmehr eine Einlage geleistet und damit die Außenhaftung durch die Einlage beendet, entsteht allerdings **kein erneutes Verlustausgleichspotential**.[2]

17 **4. Maßgebender Kapitalkontenstand.** Ob ein Verlustausgleich oder nur eine -verrechnung zu erfolgen hat, richtet sich nach dem Kapitalkonto zum Bilanzstichtag des Wj., in dem der Verlustanteil zuzurechnen ist.[3] Beim Zusammentreffen v. Einlagen und Verlustanteilen ist das Kapitalkonto am Schluss des Vorjahres mit dem Kapitalkonto zum Ende des Wj. nach dem Verbuchen v. Einlagen und Verlustanteil zu vergleichen, dh.: es kann mit einer Einlage zum Ende des Wj. das Verlustausgleichspotential erhöht werden.[4] Treffen Verlustanteile und Entnahmen zusammen, ist ein Verlustausgleich ausgeschlossen, wenn am Bilanzstichtag das Kapital durch Entnahmen bereits so weit gemindert ist, dass kein ausreichendes Kapital zur Abdeckung des Verlustes mehr vorhanden ist. Das Kapitalkonto zum Bilanzstichtag ist auch dann maßgeblich, wenn bei negativem Kapitalkonto zum Ende des vorangegangenen VZ ein laufender Verlust aus der Beteiligung mit einem Veräußerungsgewinn aus der Beteiligung, der das Kapitalkonto am Ende des VZ wieder auffüllt und positiv werden lässt, in demselben VZ zusammentrifft. In diesem Fall fehlt es an einer Entstehung oder Erhöhung des negativen Kapitalkontos, sodass der laufende Verlust kein nach § 15a nur verrechenbarer Verlust, sondern ein „normaler" Verlust ist. Dieser kann vorrangig mit laufenden anderen Einkünften ausgeglichen werden, und es erfolgt erst dann, wenn keine laufenden Einkünfte mehr zum Verlustausgleich zur Verfügung stehen, ein Ausgleich mit dem Veräußerungsgewinn.[5]

18 **IV. Kommanditistenstellung.** Abs. 1–4 gilt nur für „K'disten". K'dist ist nach § 161 Abs. 1 HGB der G'ter einer PersGes., dessen Haftung ggü. den Ges.-Gläubigern auf den Betrag einer bestimmten Vermögenseinlage beschränkt ist. Abs. 1 S. 1 knüpft an die **handelsrechtl. G'ter-Stellung** am Bilanzstichtag[6] an, ohne nach ihrem materiellen Gehalt im konkreten Fall zu fragen. Der Regelung des Abs. 1 S. 2, 3 bedürfte es nicht, wenn bereits das Tatbestandsmerkmal des K'disten nach dem materiellen Gehalt der G'ter-Stellung fragte.[7]

19 K'dist kann auch eine OHG, KG oder GbR sein, nicht dagegen andere Gesamthandsgemeinschaften oder ein nicht rechtsfähiger Verein.[8] Ist eine PersGes. K'dist und MU'er[9], so unterliegt der auf sie entfallende Anteil auch dann den Beschränkungen des § 15a, wenn ihre G'ter, wie zB bei einer OHG, unbeschränkt haften. Bei einer **doppelstöckigen KG** fließen den G'tern der BeteiligungsGes. die Beteiligungseinkünfte aus der GrundGes. nur über das Ergebnis der BeteiligungsGes. zu. Ein Gewinnanteil mindert den eigenen Verlust der die Beteiligung haltenden Ges. Ein Verlust aus der GrundGes. ist der BeteiligungsGes. zuzurechnen. Es muss jedoch durch gesonderte Zurechnung auf die G'ter der BeteiligungsGes. sichergestellt werden, dass ein nur verrechenbarer Verlust nicht mit eigenen Gewinnen der BeteiligungsGes. ausgeglichen wird.[10] Bei der Anwendung des § 15a auf das eigene Ergebnis der BeteiligungsGes. ist v. dem Kapitalkonto des G'ters unter Außerachtlassung der verrechenbaren Verluste der GrundGes. auszugehen. Ansonsten käme es zu einer Kumulation der Verlustausgleichsbeschränkungen.[11]

20 Bei einer **Treuhand** hinsichtlich eines KG-Anteils ist der Treugeber MU'er und dementspr., obwohl zivilrechtl. nicht K'dist, auch iRd. § 15a als solcher zu behandeln.[12] Dass in § 179 Abs. 2 S. 3 AO ein zweistufiges Feststellungsverfahren (als möglich) vorgesehen ist, kann eine Zurechnung materiell ausgleichsfähiger

1 FG München v. 4.3.2010 – 5 K 3989/07, EFG 2010, 1207 (Rev. Az. BFH IV R 18/10).
2 *Kahle*, FR 2010, 773 (779).
3 BFH v. 3.12.2002 – IX R 24/00, BFH/NV 2003, 894 (Zugang auf Ges.-Konto); zur Erhöhung durch stfreie Einnahmen: *Ley*, KÖSDI 2004, 14374 (14383).
4 BFH v. 14.10.2003 – VIII R 32/01, FR 2004, 150 = DStR 2004, 24, 26 (zeitgruente Einlage); zur Einlage durch Banküberweisung beachte: BFH v. 11.12.1990 – VIII R 8/87, BStBl. II 1992, 232 = FR 1991, 635; zur Maßgeblichkeit des Buchungstags beim Empfängerkonto: OFD Rostock v. 22.10.2001, DStR 2001, 2115; BFH v. 3.12.2002 – IX R 24/00, BFH/NV 2003, 894.
5 FG Münster v. 4.9.2012 – 1 K 998/09 F, EFG 2013, 30 (rkr.); *Hempe/Huber*, DStR 2013, 1217.
6 Zum Wechsel vom K'dist zum Komplementär: BFH v. 12.2.2004 – IV R 70/02, BStBl. II 2004, 423 = FR 2004, 578; *Watrin/Sievert/Nußmann*, BB 2004, 1529; FG Nürnb. v. 28.10.2002 – VI 105/1999, EFG 2003, 299; zum Wechsel vom Komplementär zum K'dist: BFH v. 14.10.2003 – VIII R 81/02, BStBl. II 2004, 118 = FR 2004, 156 m. Anm. *Kempermann*.
7 **AA** *K/S/M*, § 16 Rn. C 84.
8 Zur GbR: BGH v. 16.7.2001 – II ZB 23/00, BB 2001, 1966; *Elsing*, BB 2003, 909 (912).
9 Zur Stellung als MU'er: BFH v. 25.2.1991 – GrS 7/89, BStBl. II 1991, 691 = FR 1991, 270 m. Anm. *Schwichtenberg*.
10 Ausf.: *Zerbe/Hafner*, DStR 2015, 1292; BFH v. 18.12.2003 – IV B 201/03, BStBl. II 2004, 231 = FR 2004, 401; *Ley*, DStR 2004, 1498; *Sundermeier*, DStR 1994, 1477 (1479); **aA** *Seibold*, DStR 1998, 438.
11 *K/S/M*, § 15a Rn. B 255; *Ley*, DStR 2004, 1498 (1500); *Nickel/Bodden*, FR 2003, 391; zu den Fragen bei Veräußerung von Anteilen an doppelstöckigen Personengesellschaften: *Dörfler/Zerbe*, DStR 2012, 1212.
12 BT-Drucks. 8/4157, 2 f.; *Stuhrmann*, DStR 1997, 1716.

Verluste nicht hindern.[1] Für die Unterbeteiligung an einem Kommanditanteil wird zwar vertreten, dass der **Unterbeteiligte** einem Treugeber gleichstehe. Es spricht jedoch mehr dafür, die Unterbeteiligung unter Abs. 5 Nr. 2 zu fassen.[2]

V. Ausgleichsverbot und Verrechnungsgebot. 1. Grundsätzliches. Abs. 1 S. 1 verbietet – negativ –, den Anteil am Verlust der KG mit anderen Einkünften aus GewBetr. oder aus anderen Einkunftsarten auszugleichen, und Abs. 2 gebietet – positiv –, diesen Anteil mit Gewinnen zu verrechnen, die dem K'disten in späteren Wj. aus seiner Beteiligung zuzurechnen sind. 21

2. Ausgleichsverbot (Abs. 1 S. 1). Gegenüber den Verlusten aus dem Gesamthandsbereich sind **Sonderbilanzgewinne** ebenfalls „andere" Einkünfte aus GewBetr. Der K'dist wird auch dann, wenn ein Sonderbilanzgewinn angefallen ist, durch einen Anteil am Verlust der Ges. wirtschaftlich nicht gegenwärtig belastet (vgl. auch Rn. 23).[3] Nicht ausgeschlossen ist nach Abs. 1 S. 1 ein Ausgleich mit einem **Gewinn aus der Veräußerung** des MU'anteils,[4] soweit dieser Gewinn auf der Veräußerung v. Gesellschaftsvermögen beruht (zu dieser Einschränkung: Rn. 23). Das Verlustausgleichsverbot des Abs. 1 S. 1 bezieht sich nicht auf das Gesellschaftsvermögen der PersGes. Gewinn aus dem Gesellschaftsvermögen wird aber auch realisiert, wenn der K'dist seinen Anteil an der PersGes. veräußert. 22

3. Verrechnungsgebot (Abs. 2). Abs. 2 qualifiziert die nicht ausgleichsfähigen Verluste in beschränkt verrechenbare Verluste um. Maßgebend für Abs. 2 ist dementspr. die **Reichweite** des Ausgleichsverbotes nach Abs. 1. Nur der Verlust, der nicht ausgeglichen werden „darf", wird nach Abs. 2 verrechenbar, nicht der Verlust, der wegen fehlender positiver Einkünfte nicht ausgeglichen werden konnte. Die verrechenbaren Verluste mindern die Gewinne, die dem K'disten in späteren Wj. aus seiner Beteiligung an der KG zuzurechnen sind.[5] „Beteiligungsgewinne" in diesem Sinne sind **nur Gesellschaftsgewinne und keine Sonderbilanzgewinne**.[6] Der haftungslose Verlust wird erst dann zu einer gegenwärtigen wirtschaftlichen Belastung, wenn Gewinne im Gesellschaftsbereich anfallen. Gewinne im Sonder-BV muss der K'dist nicht zur Abdeckung des negativen Kapitalkontos in der Gesellschaftsbilanz verwenden. Keine „Gewinne" iSv. Abs. 2 sind **stfreie Gewinne** iSv. § 3 Nr. 40, § 8b Abs. 1, 2 KStG.[7] Ein „Gewinn aus der Beteiligung" ist auch ein **Gewinn aus der Veräußerung des MU'anteils** (vgl. Rn. 22).[8] Da Gewinne aus dem Sonder-BV keine Gewinne „aus der Beteiligung" iSd. Abs. 2 sind, sind Verluste mit einem Gewinn aus der Veräußerung des MU'anteils nicht zu verrechnen, soweit dieser sich aus der Veräußerung des Sonder-BV ergibt.[9] Umstritten ist allerdings, ob bei Übertragung eines negativen Kapitalkontos, das auf nur verrechenbaren Verlusten beruht, überhaupt ein Veräußerungsgewinn anfällt. Dies ist zu verneinen.[10] Denn der BFH hat die Annahme eines stpfl. Veräußerungsgewinns damit begründet, der K'dist, der stl. die Vorteile des Verlustausgleichs habe in Anspr. nehmen können, müsse auch die Nachteile bei der Ermittlung des Veräußerungsgewinns in Kauf nehmen.[11] Diese Begr. trifft nicht für negative Kapitalkonten aus nur verrechenbaren Verlusten zu. 23

Ein nicht ausgleichsfähiger Verlust kann nach Abs. 2 nur mit Gewinnen aus ders. Beteiligung verrechnet werden. Es ist eine **Identität des Anteils** notwendig.[12] Entscheidend ist nicht die zivilrechtl., sondern die estrechtl. Identität des MU'anteils. Nimmt eine KG eine andere gewerbliche Betätigung auf, so ist umstritten, ob eine Identität der Beteiligung iSd. Abs. 2 gegeben ist.[13] Veräußert der K'dist seinen Anteil und er- 24

---

1 Zur Möglichkeit einer einstufigen Feststellung: FG Düss. v. 18.4.2013 – 16 K 3477/10 F, EFG 2013, 1289; zur Maßgeblichkeit der materiell-rechtlichen Rechtslage: *Levedag*, EFG 2013, 1291.

2 *Kempermann*, FR 1998, 248 (249); *K/S/M*, § 15a Rn. 267.

3 BFH v. 13.10.1998 – VIII R 78/97, BStBl. II 1999, 163 = FR 1999, 265 m. Anm. *Paus*; zur Entbehrlichkeit eines organschaftlichen Ausgleichspostens bei nicht ausgleichsfähigen Verlusten iSd. § 15a: FG Hbg. v. 1.9.2011 – 2 K 188/09, DStRE 2012, 925.

4 BFH v. 26.1.1995 – IV R 23/93, BStBl. II 1995, 467 (470) = FR 1995, 585; FG Münster v. 4.9.2012 – 1 K 998/09 F, EFG 2013, 30.

5 Zu der Frage der Anwendung von § 8c Abs. 1 S. 2 KStG auf verrechenbare Verluste: FG Hbg. v. 11.4.2018 – 2 V 20/18, EFG 2018, 1128 (rkr.).

6 BFH v. 13.10.1998 – VIII R 78/97, BStBl. II 1999, 163 = FR 1999, 265 m. Anm. *Paus*.

7 BFH v. 16.5.2002 – IV R 58/00, FR 2002, 1173 (zu Sanierungsgewinn iSv. § 3 Nr. 66 aF).

8 BFH v. 26.1.1995 – IV R 23/93, BStBl. II 1995, 467 (470) = FR 1995, 585.

9 In diesem Sinne BFH v. 26.1.1995 – IV R 23/93, BStBl. II 1995, 467 (470) = FR 1995, 585.

10 *K/S/M*, § 15a Rn. B 332; *K/S/M*, § 16 Rn. C 83; FG RhPf. v. 23.2.2007 – 4 K 2345/02, EFG 2007, 1018; **aA** BFH v. 3.9.2009 – IV R 17/07, BStBl. II 2010, 631 = FR 2010, 524; FG Köln v. 22.8.1995 – 2 K 5441/90, EFG 1995, 1054.

11 BFH v. 13.3.1964 – VI 343/61 S, BStBl. III 1964, 359 (361); v. 10.11.1980 – GrS 1/79, BStBl. II 1981, 164 (170) = FR 1981, 199.

12 *Jacobsen/Hildebrandt*, DStR 2013, 433.

13 Bej.: BFH v. 22.1.1985 – VIII R 43/84, BStBl. II 1986, 136 (138) = FR 1986, 39.

wirbt er den eines Dritten, so greift Abs. 2 nicht ein. Nicht ausgeschlossen ist eine Verrechnung dagegen, wenn der G'ter seine Beteiligung später zurückerwirbt oder sich der Beteiligungsumfang ändert. Die geforderte Anteilsidentität kann eine Fortführung nicht verbrauchter verrechenbarer Verluste bei **Umwandlung v. einer PersGes. in eine andere** hindern. Im Fall der Verschmelzung bleibt für Verluste aus der aufnehmenden Ges. das Recht zur Verlustverrechnung erhalten, nicht dagegen für Verluste aus der untergehenden PersGes.[1] Bei der Aufspaltung endet die aufgespaltene Ges., sodass es an der Anteilsidentität fehlt.[2] Der K'dist kann bei der Abspaltung seine noch nicht verbrauchten Verluste weiterhin mit Gewinnen der verbleibenden, nicht aber mit solchen der abgespaltenen Ges. verrechnen.[3] Die **Realteilung** einer KG führt zu ihrer Beendigung. Nach dem Wortlaut des Abs. 2 können bisher nicht verbrauchte verrechenbare Verluste nach der Realteilung nicht mehr geltend gemacht werden. Es können keine Gewinne mehr anfallen, die dem K'disten aus seiner Beteiligung zuzurechnen sind.[4] Dennoch wird man davon ausgehen müssen, dass das Recht zur Verlustverrechnung erhalten bleibt. Wenn im Fall der Umwandlung einer KG in ein Einzelunternehmen (durch Ausscheiden des persönlich haftenden G'ters) verrechenbare Verluste über den Wortlaut des Abs. 2 hinaus mit späteren Gewinnen aus dem in neuer Rechtsform fortgeführten Unternehmen verrechnet werden können[5], muss dies entspr. auch im Fall der Realteilung gelten. Nach der Rspr. des FG Berlin-Brandenburg kann dann aber auch umgekehrt für die Nachversteuerung nach § 15a Abs. 3 bei Einlage- oder Haftungsminderung nichts anderes gelten. Ebenso wie verrechenbare Verluste müsse auch die potenzielle Nachversteuerung auf die neue MU'schaft übergehen.[6]

25 Nach Abs. 2 sind die Gewinne zu mindern, die „dem K'disten" in späteren Wj. zuzurechnen sind. Abs. 2 fordert die **Identität des Beteiligten**. Bei einer Treuhand kann nicht der Treuhänder nach Auflösung des Treuhandvertrages die dem Treugeber zugerechneten Verlustanteile verrechnen. Der entgeltliche **Erwerber** kann nicht die verrechenbaren Verluste des Veräußerers geltend machen.[7] Bei einer entgeltlichen Übertragung kann der Veräußerer seinen verrechenbaren Verlust mit den Gewinnen aus der Veräußerung der Beteiligung verrechnen.[8] Allerdings ist bei Übertragung eines Kommanditanteils und Übernahme eines negativen Kapitalkontos, wenn keine stillen Reserven vorhanden sind und der Geschäftswert geringer ist als das anteilige negative Kapitalkonto, für den Erwerber in einer Ergänzungsbilanz ein Ausgleichs- oder Merkposten zu bilden, der mit den künftigen, auf den Kommanditanteil entfallenden stpfl. Gewinnanteilen zu verrechnen ist.[9] Geht der Anteil unter Lebenden oder v. Todes wegen unentgeltlich über, ist nach dem Grundgedanken der § 7 Abs. 1 EStDV, § 6 Abs. 3 EStG die Beteiligtenidentität gewahrt.[10] Mit dem unentgeltlich übertragenen MU'anteil geht der verrechenbare Verlust auf den Übernehmer über, der später aus dem Betrieb Gewinne erzielen kann und auf den auch die Verpflichtung übergeht, Gewinnanteile zum Ausgleich des negativen Kapitalkontos zu verwenden.[11] Eine unentgeltliche Übertragung liegt vor, wenn der Übernehmer keine Gegenleistung erbringt und zwischen ihm und dem Übertragenden Einigkeit besteht, dass der Anteil schenkweise iSv. § 516 Abs. 1 BGB übergehen soll.[12] Der **Erbe** kann Verluste des Erblassers abziehen.[13] Der GrS des BFH hat zwar mit Beschluss v. 17.12.2007 entschieden, der Erbe könne einen vom Erblasser nicht ausgenutzten Verlustabzug nach § 10d nicht bei seiner eigenen Veranlagung zur ESt geltend machen.[14] § 15a beruht aber gerade auf dem Gedanken, dass die Verluste, die zur Entstehung oder Erhöhung eines negativen Kapitalkontos führen, deshalb nur mit zukünftigen Gewinnen

1 *Bolk*, Beschränkung, 75; *Helmreich*, Verluste, 277; *K/S/M*, § 15a Rn. B 489; **aA** *Rödder/Schumacher*, DB 1998, 99 (102); *Jacobsen/Hildebrandt*, DStR 2013, 433 (435).
2 *Helmreich*, Verluste, 278; *K/S/M*, § 15a Rn. B 490; BFH v. 16.2.1996 – I R 183/94, BStBl. II 1996, 342 (343) = FR 1996, 500 m. Anm. *Kempermann*; **aA** *Bolk*, Beschränkung, 75 f.
3 *Bolk*, Beschränkung, 75; *Helmreich*, Verluste, 278; *K/S/M*, § 15a Rn. B 491.
4 *Helmreich*, Verluste, 289.
5 BFH v. 18.1.2007 – IV B 133/06, BFH/NV 2007, 888.
6 FG Berlin-Bdbg. v. 23.8.2011 – 6 K 6261/08, EFG 2012, 56 (58).
7 BFH v. 5.5.1999 – XI R 1/97, BStBl. II 1999, 653 (655) = FR 1999, 1066 m. Anm. *Hallerbach*; FG Berlin-Bdbg. v. 23.8.2011 – 6 K 6261/08, EFG 2012, 56 (58) mwN; FG Düss. v. 22.1.2015 – 16 K 3127/12 F, EFG 2015, 813 (Rev. IV R 16/15); *Kröner*, Verrechnungsbeschränkte Verluste, 1986, 308; *Holzschuh*, DB 1983, 629; **aA** *Meilicke*, StbJb. 1983/84, 95 (117); vgl. auch BFH v. 14.6.1994 – VIII R 37/93, BStBl. II 1995, 246 (248) = FR 1995, 234.
8 BFH v. 1.3.2018 – IV R 16/15, BStBl. II 2018, 527.
9 FG Münster v. 15.12.2010 – 10 K 96/07 F, EFG 2011, 960; BFH v. 19.2.1998 – IV R 59/96, BStBl. II 1999, 266, jeweils mwN.
10 *Kreile*, FS Ritter, 1997, 167 (177); BFH v. 11.5.1995 – IV R 44/93, FR 1995, 614 = DB 1995, 1690.
11 BFH v. 1.3.2018 – IV R 16/15, BStBl. II 2018, 527.
12 BFH v. 1.3.2018 – IV R 16/15, BStBl. II 2018, 527.
13 BFH v. 5.5.1999 – XI R 1/97, BStBl. II 1999, 653 (655) = FR 1999, 1066 m. Anm. *Hallerbach*; vgl. auch BFH v. 16.5.2001 – I R 76/99, BStBl. II 2002, 487 = FR 2000, 872 m. Anm. *Kanzler*; *Strnad*, Zur Vererbung des Verlustabzugs, 1998, 190 ff.
14 BFH v. 17.12.2007 – GrS 2/04, FR 2008, 457 m. Anm. *Kanzler* = BFH/NV 2008, 651.

verrechenbar sind, weil sie wirtschaftlich eine Belastung zukünftiger Gewinne darstellen. Die dem Erblasser zugerechneten Verluste belasten den Erben in dem Zeitpunkt, in dem bei ihm ein zu verrechnender Gewinn anfällt.[1] Bei der **Umwandlung einer PersGes. in eine KapGes.** können nicht verbrauchte verrechenbare Verluste nicht auf die KapGes. übertragen werden, da es an der nach Abs. 2 notwendigen Beteiligtenidentität fehlt.[2] Noch vorhandene verrechenbare Verluste können nur zur Minderung eines Einbringungsgewinns bei der übertragenden PersGes. genutzt oder ausnahmsweise als ausgleichsfähig behandelt werden, wenn nachträgliche Einlagen erbracht worden sind, die noch nicht durch Verluste verbraucht wurden.[3] Bei einer **formwechselnden Umwandlung** einer PersGes. in eine Offene HandelsGes., Ges. bürgerlichen Rechts oder ein Einzelunternehmen bleibt sowohl der Beteiligte als auch der „Anteil" identisch. Bei der **Einbringung v. MU'anteilen** in eine KapGes. wechselt der Beteiligte, sodass verrechenbare Verluste nicht fortgeführt werden können.[4] Dagegen ist bei der Einbringung in eine PersGes. sowohl die Beteiligtenidentität als auch die Identität des Anteils gegeben.[5] Entspr. gilt bei der **Ausbringung** aus einer PersGes. auf einen ihrer G'ter.[6] Bei der **Anwachsung** durch Austritt des vorletzten Mit-G'ters ist dem verbleibenden ehemaligen G'ter sein verrechenbarer Verlust weiterhin zuzurechnen und mit künftigen Gewinnen aus dem Einzelunternehmen zu verrechnen.[7] Bei einem **Wechsel der G'ter-Stellung** ist die Beteiligtenidentität grds. gewahrt. Der Wechsel vom K'disten zum Komplementär führt nicht zu einer Umqualifizierung bisher verrechenbarer in ausgleichsfähige Verluste (da auch die nachträgliche Erhöhung der Haftsumme keine Umqualifizierung bewirke).[8] Der G'ter kann jedoch die verrechenbaren Verluste v. Gewinnen, die er als Komplementär erzielt, abziehen.[9] Wechselt der K'dist in die Stellung eines Komplementärs, ist allerdings der Verlust des lfd. Wj. ausgleichsfähig. Maßgebend sind die Verhältnisse zum Bilanzstichtag.[10] Entspr. müssen auch die Verluste des lfd. Wj. ausgleichsfähig sein, wenn ein Komplementär den Gesellschaftsanteil eines K'disten erbt[11], es sei denn, es handelt sich um eine Zwei-Personen-Gesellschaft, die mit dem Tod des K'disten endet und bei der der Gewinn/Verlust auf den Beendigungszeitpunkt festzustellen ist.[12] Wechselt der Komplementär in die Rechtsstellung eines K'disten, gilt die Verlustausgleichsbeschränkung für das gesamte Wj. Maßgebend sind die Verhältnisse zum Bilanzstichtag.[13] Entspr. gilt für die Übernahme des Betriebs der KG durch den K'disten.[14]

C. Erweiterter Verlustausgleich (Abs. 1 S. 2, 3)

I. Inhalt. Abs. 1 S. 2 und 3 normieren gesetzestechnisch eine Ausnahme v. dem Ausgleichsverbot des Abs. 1 S. 1. Inhaltlich ist Abs. 1 S. 2, 3 Teil einer gemeinsamen Grundaussage: Verluste bedeuten eine gegenwärtige Vermögensminderung, wenn sie zum Verlust v. Kapital führen oder der G'ter im Außenverhältnis für Schulden der Ges. einstehen muss. 26

II. Haftung nach § 171 Abs. 1 HGB (Abs. 1 S. 2). 1. Grundlage. Abs. 1 S. 2 knüpft an Tatbestand und Rechtsfolge des § 171 Abs. 1 HGB an und schließt zugleich andere Verpflichtungstatbestände als Grundlage für einen Verlustausgleich aus. 27

2. Gesellschaftsrechtliche Regelung. Der K'dist haftet nach § 171 Abs. 1 HGB bis zur Höhe seiner „Einlage" (richtig: **Haftsumme**). Die Haftung ist ausgeschlossen, soweit die Einlage geleistet ist. Voraussetzung 28

1 *Strnad*, Zur Vererbung des Verlustabzugs, 1998, 190 ff.; *ders.*, FR 1998, 935; vgl. auch FG Münster v. 15.12.2010 – 10 K 96/07 F, BB 2011, 434 (Rev. IV R 8/11).
2 *Helmreich*, Verluste, 269; *K/S/M*, § 15a Rn. B 480.
3 R 15a Abs. 4 EStR; *K/S/M*, § 15a Rn. B 481.
4 *K/S/M*, § 15a Rn. 496.
5 *Jacobsen/Hildebrandt*, DStR 2013, 433 (436 f.); *K/M/S*, § 15a Rn. B 501; **aA** *Bolk*, Beschränkung, 73; *Helmreich*, Verluste, 281.
6 *Jacobsen/Hildebrandt*, DStR 2013, 433 (437).
7 *Rautenstrauch/Adrian*, DStR 2006, 359.
8 BFH v. 14.10.2003 – VIII R 38/02, BStBl. II 2004, 115 (117) = FR 2004, 153; v. 18.1.2007 – IV B 133/06, BFH/NV 2007, 888; v. 14.12.1995 – IV R 106/94, BStBl. II 1996, 226 = FR 1996, 350 m. Anm. *Söffing*; **aA** FG Köln v. 20.3.2002 – 10 K 3545/99, EFG 2002, 1035; FG Nürnb. v. 28.10.2002 – VI 105/1999, EFG 2003, 299; *Watrin/Sievert/Nußmann*, BB 2004, 1529.
9 BFH v. 14.10.2003 – VIII R 38/02, BStBl. II 2004, 115 (118) = FR 2004, 153.
10 BFH v. 12.2.2004 – IV R 26/02, BFH/NV 2004, 1228.
11 *Wacker*, HFR 2004, 114; vgl. auch BFH v. 11.5.1995 – IV R 44/93, BFHE 177, 466 = FR 1995, 614; FG Nürnb. v. 2.12.2010 – 4 K 149/2009, EFG 2011, 1162.
12 FG Nürnb. v. 2.12.2010 – 4 K 149/2009, EFG 2011, 1162.
13 BFH v. 14.10.2003 – VIII R 81/02, BStBl. II 2004, 118 = FR 2004, 156 m. Anm. *Kempermann*; krit.: *Watrin/Sievert/Nußmann*, BB 2004, 1529 (1532).
14 BFH v. 18.1.2007 – IV B 133/06, BFH/NV 2007, 888; *Stegemann*, GStB 2004, 367; *Rautenstrauch/Adrian*, DStR 2006, 359.

ist eine objektive Wertdeckung (Sacheinlage: Verkehrswert; Einlage durch Aufrechnung: tatsächlicher Wert)[1] und eine Leistung „auf die Einlage".[2] Nach § 172 Abs. 4 S. 1 HGB gilt die Einlage als nicht geleistet, soweit sie zurückgezahlt worden ist. Allerdings sind nach dem Zweck des § 172 Abs. 4 HGB angemessen abgewickelte Verkehrsgeschäfte keine Einlagenrückgewähr. Eine haftungsschädliche Anlagenrückgewähr liegt bei Zuwendungen eines K'disten vor, durch die dem Ges.-Vermögen Vermögenswerte ohne angemessene Gegenleistung entzogen werden (zB durch überhöhte Tätigkeitsvergütungen; überhöhten Kaufpreis). Der Rückzahlung steht es nach § 172 Abs. 4 S. 2 HGB gleich, wenn ein K'dist Gewinnanteile entnimmt, während sein Kapitalanteil durch Verluste unter den Betrag der Einlage herabgemindert ist oder durch die Entnahme herabgemindert wird. Die Haftung des K'disten erschöpft sich auch durch Befriedigung v. Gesellschaftsgläubigern iHd. Haftsumme. Das **BilMoG** hat in § 268 Abs. 8 HGB eine Ausschüttungssperre normiert und in § 172 Abs. 4 HGB die Regelung angefügt, dass bei der Berechnung des Kapitalanteils nach § 172 Abs. 4 S. 2 HGB Beträge iSv. § 168 Abs. 8 HGB nicht zu berücksichtigen sind. Werden selbst geschaffene immaterielle Vermögensgegenstände des Anlagevermögens in der Bilanz ausgewiesen, so dürfen nach § 268 Abs. 8 S. 1 HGB Gewinne nur ausgeschüttet werden, wenn die nach der Ausschüttung verbleibenden frei verfügbaren Rücklagen zzgl eines Gewinnvortrags und abzgl. eines Verlustvortrags mindestens den insgesamt angesetzten Beträgen abzgl. der hierfür gebildeten passiven latenten Steuern entspr. Werden aktive latente Steuern in der Bilanz ausgewiesen, ist § 268 Abs. 8 S. 1 HGB auf den Betrag anzuwenden, um den die aktiven latenten Steuern die passiven latenten Steuern übersteigen. Bei Vermögensgegenständen iSd. § 246 Abs. 2 S. 2 HGB ist § 268 Abs. 8 S. 1 HGB auf den Betrag abzgl. der hierfür gebildeten passiven latenten Steuern anzuwenden, der die AK übersteigt. Der Gesetzgeber wollte zwar das bisherige Verbot der Aktivierung selbst geschaffener immaterieller Vermögensgegenstände aufheben, den bisherigen Bedenken, dass den selbst geschaffenen immateriellen Vermögensgegenständen ein objektiver Wert nur schwer zugewiesen werden könne, aber durch eine Ausschüttungssperre Rechnung tragen.[3] Zugleich wollte er mit der Ergänzung v. § 172 Abs. 4 HGB der Tatsache Rechnung tragen, dass künftig auch Erträge im Jahresüberschuss enthalten sein können, die nach § 268 Abs. 8 HGB ausschüttungsgesperrt sind. Bei der Frage nach dem Wiederaufleben der Haftung des K'disten müssten derartige ausschüttungs- und abführungsgesperrte Beträge iSd. § 268 Abs. 8 HGB außer Acht bleiben.[4]

29 **3. Die steuerrechtliche Anknüpfung.** Abs. 1 S. 2 verweist mit der Anknüpfung an „die Haftung aufgrund des § 171 Abs. 1 HGB" auch auf die Regelungen v. §§ 172 Abs. 1 und Abs. 3 und 174 HGB (Maßgeblichkeit der handelsrechtl. Eintragung), § 172 Abs. 4 HGB (Wiederaufleben der Haftung bei Rückgewähr der Einlage bzw. Gewinnentnahmen), § 172 Abs. 6 HGB (keine Einlage in Form v. Anteilen an einem phG'ter) und § 173 HGB (Haftung bei Eintritt als K'dist). Er verweist dagegen nicht auf die unbeschränkte Haftung nach § 176 HGB, nach § 172 Abs. 2 HGB[5] und nach § 172a HGB iVm. § 32b GmbHG (Rn. 30). Ob der K'dist nach § 171 Abs. 1 HGB haftet, ist **nach handelsrechtl. Regeln** zu beurteilen. So liegt eine Einlage iSv. § 171 Abs. 1 HGB auch dann vor, wenn ein ausschließlich privat genutzter Vermögensgegenstand (stl. notwendiges PV) ohne Änderung der Nutzungsart in das Gesellschaftsvermögen eingebracht wird. Andererseits fehlt es an einer haftungsbefreienden Einlage, wenn eine Einlage nicht auf die Einlageschuld geleistet wird. Der G'ter kann eine „negative Tilgungsbestimmung" treffen.[6] Das Verlustausgleichsvolumen nach Abs. 1 S. 2 lässt sich deshalb nicht ohne weiteres als Differenz zur eingetragenen Haftsumme aus dem Kapitalkonto der Steuerbilanz ableiten. Es kommt handelsrechtlich und auch steuerrechtlich auf die Eintragung im Handelsregister an; dies gilt auch für den Fall einer **fehlerhaften Eintragung**, sei es, dass die Anmeldung fehlerhaft erfolgt ist, sei es, dass die Anmeldung zwar zutreffend war, das Registergericht aber einen Fehler bei der Eintragung gemacht hat. Eine Berichtigung einer fehlerhaft zu niedrig eingetragenen Haftsumme im Handelsregister hat steuerlich keine Rückwirkung und führt nicht zur rückwirkenden Ausgleichsfähigkeit der Verluste.[7] Die Haftung nach § 171 Abs. 1 HGB muss **„am Bilanzstichtag"** bestehen. An diesem ist über die Zurechnung des entstandenen Verlustes zu entscheiden. Dabei ist auch die steuerrechtliche Rückwirkung einer Umwandlung zu beachten. Wird zB

1 BGH v. 8.7.1985 – II ZR 269/84, BGHZ 95, 188; BFH v. 16.12.1997 – VIII R 76/93, BFH/NV 1998, 576 (577).
2 BFH v. 11.10.2007 – IV R 38/05, FR 2008, 366 m. Anm. *Kempermann* = BFH/NV 2008, 274; *Kempermann*, DStR 2008, 1917 (1918); FG Hbg. v. 20.5.2005 – VI 30/03, EFG 2005, 1431 (zum Verkauf unter Wert und zur Sacheinlage); v. 20.10.2006 – 7 K 151/04, EFG 2007, 405 (zur Behandlung einer nicht auf die Einlageverpflichtung geleisteten Kapitaleinzahlung).
3 BT-Drucks. 16/10067, 63 f.
4 BT-Drucks. 16/10067, 46.
5 BFH v. 28.5.1993 – VIII B 11/92, BStBl. II 1993, 665.
6 BFH v. 11.10.2007 – IV R 38/05, FR 2008, 366 m. Anm. *Kempermann* = BFH/NV 2008, 274; *Kempermann*, DStR 2008, 1917 (1918); krit.: *Hüttermann/Meyer*, DB 2009, 1613.
7 FG Berlin-Bdbg. v. 3.4.2012 – 6 K 6036/08, EFG 2012, 1453.

eine GmbH rückwirkend umgewandelt, so ist für die Anwendung des § 15a auch die Haftungsverfassung des entstandenen Rechtsträgers auf den steuerlichen Übertragungsstichtag zurückzubeziehen.[1]

4. Nichtberücksichtigung anderer Verpflichtungstatbestände. Eine Haftung im Außenverhältnis kann sich auch aus § 172 Abs. 2 HGB (Haftung aufgrund handelsüblicher Bekanntmachung), aus § 172a HGB iVm. § 32a GmbHG (eigenkapitalersetzende Darlehen), aus § 176 Abs. 1 HGB (Haftung vor Eintragung der Ges.), aus § 176 Abs. 2 HGB (Haftung bei Eintritt vor Eintragung), einer Bürgschaft oder einem Schuldbeitritt ergeben. Mit dem Zweck des § 15a (Rn. 3) ist die **Außerachtlassung dieser Haftungsgrundlagen** nicht vereinbar. Verluste sind in den genannten Fällen wirtschaftlich ebenso belastend wie im Fall des § 171 Abs. 1 HGB. Dennoch ist eine analoge Anwendung v. Abs. 1 S. 2 nicht möglich. Der Gesetzgeber hat bewusst den erweiterten Verlustausgleich auf den Fall der Haftung nach § 171 Abs. 1 HGB beschränkt.[2] Der BFH hat es auch abgelehnt, über den Ansatz eines Aufwendungsersatzanspruchs bzw. einer Rückstellung in der Sonderbilanz einen Verlustausgleich zuzulassen: Der G'ter könne nicht anders behandelt werden als ein G'ter, der unmittelbar an die Ges. eine Einlage leiste, damit diese ihre Gläubiger befriedige. Für Einlageverpflichtungen könne auch keine gewinnmindernde Rückstellung in der Sonderbilanz gebildet werden.[3] Nach einer Entsch. des FG Münster ist § 15a auf Verluste eines K'disten auch dann uneingeschränkt anzuwenden, wenn die Verluste der KG aus der Beteiligung an einer GbR herrühren, der StPfl. zusätzlich unmittelbar an der GbR beteiligt ist und für die Verluste der GbR als G'ter der GbR haftet.[4] Abs. 1 S. 2 lässt auch eine **Verpflichtung zur Erbringung einer ausstehenden Einlage** unberücksichtigt. Nach dem Zweck des § 15a ist dies nicht plausibel, zumal die Einlageforderung v. den Gläubigern gepfändet werden kann. Es ist deshalb vorgeschlagen worden, das Kapitalkonto iSv. Abs. 1 S. 1 nicht nach der geleisteten, sondern der vereinbarten Einlage zu bemessen (hierzu Rn. 17), Abs. 3 im Fall der Einlageerhöhung mit umgekehrter Rechtsfolge entspr. anzuwenden und verrechenbare Verluste in ausgleichsfähige Verluste umzuwandeln (hierzu: Rn. 48 ff.) oder zumindest bei einer **v. § 167 Abs. 3 HGB abw. Vereinbarung**, nach welcher der K'dist im Innenverhältnis voll an Verlusten teilnimmt, § 15a nicht anzuwenden (hierzu Rn. 18).[5] Abs. 1 S. 2 lässt einen Verlustausgleich auch nur bei **im deutschen Handelsregister eingetragenen Haftungstatbeständen** zu. Das FG Düss. hat unentschieden gelassen, ob diese Beschränkung gegen die durch EU-Recht garantierte Niederlassungsfreiheit verstößt.[6] 30

III. Eintragung im Handelsregister. Nach Abs. 1 S. 3 muss derjenige, dem der Anteil zuzurechnen ist, im Handelsregister eingetragen sein. Mit dieser Voraussetzung sollte die Tätigkeit v. Verlustzuweisungsgesellschaften eingeschränkt werden, die bei sog. Massen-KG mit Treuhand-K'disten arbeiteten. Die Forderung gilt allerdings allg. für alle KG. Ihre Funktion kann deshalb nur sein, **die Arbeit der FinVerw. zu vereinfachen.** Es reicht nicht aus, wenn die Eintragung am Bilanzstichtag angemeldet und bis zur Bilanzaufstellung vollzogen ist. Die hM fordert zu Recht die **Eintragung am Bilanzstichtag.**[7] Abs. 1 S. 2 verlangt eine Haftung „am Bilanzstichtag" und Abs. 1 S. 3 enthält lediglich eine nähere Inhaltsbestimmung dieser Forderung. **Treuhand und atypische Unterbeteiligung** sind Anwendungsfälle, allerdings scheitert hier ein erweiterter Verlustausgleich schon daran, dass Treugeber und Unterbeteiligter nicht nach § 171 Abs. 1 HGB haften, sondern nur nach § 670 BGB zur Freistellung verpflichtet sind. Bei der **Gesamtrechtsnachfolge** – und auch der Sonderrechtsnachfolge – wird der Kommanditanteil auch ohne Eintragung im Handelsregister den Nachfolgern zugerechnet, und diese haften nach § 171 Abs. 1 HGB. Es wird deshalb vertreten, in Fällen der Gesamtrechtsnachfolge reiche die Eintragung des Rechtsvorgängers.[8] Dies widerspricht jedoch dem Gesetzeszweck, die Arbeit der FinVerw. zu vereinfachen. Außerdem verbliebe kein Anwendungsbereich mehr für die Forderung nach einer Eintragung im Handelsregister. 31

IV. Nachweis der Haftung. Nach Abs. 1 S. 3 trifft den StPfl. die objektive Feststellungslast, ob am Bilanzstichtag eine Haftung nach § 171 Abs. 1 HGB bestand. Zugleich wird dem StPfl. – unter Einschränkung des Untersuchungsgrundsatzes – die subj. Feststellungslast, die entspr. Behauptungs- und Beweisführungs- 32

1 BFH v. 3.2.2010 – IV R 61/07, FR 2010, 886 m. Anm. *Kempermann* = DStR 2010, 1379.
2 BFH v. 28.5.1993 – VIII B 11/92, BStBl. II 1993, 665 (666); v. 13.11.1997 – IV B 119/96, BStBl. II 1998, 109 (110) = FR 1998, 737; v. 14.12.1999 – IX R 7/95, BStBl. II 2000, 265 = FR 2000, 321 m. Anm. *Kempermann*; R 15a Abs. 3 S. 5 EStR.
3 BFH v. 12.7.1990 – IV R 37/89, BStBl. II 1991, 64 (66) = FR 1991, 51; v. 16.12.1997 – VIII R 76/93, BFH/NV 1998, 576 (577).
4 FG Münster v. 12.4.2016 – 5 K 3838/13 F, EFG 2016, 1253 (Rev. IV R 32/16).
5 *K/S/M*, § 16 Rn. C 84.
6 FG Düss. v. 22.7.2011 – 1 K 4383/09 F, EFG 2011, 1969.
7 R 15a Abs. 3 S. 2, 3 EStR; OFD Rostock v. 22.10.2001, DStR 2001, 2115; FG München v. 13.12.1995 – 1 K 4155/91, EFG 1996, 434; FG MV v. 3.12.1997 – 1 K 54/97, EFG 1998, 550 (551); vgl. auch BFH v. 28.5.1993 – VIII B 11/92, BStBl. II 1993, 665.
8 *Ehmcke*, § 15a EStG, 1985, 90.

last, auferlegt. Es soll so die Tätigkeit der FinVerw. erleichtert werden. Verlangt wird die Darlegung und ggf. Beweisführung bzgl. der Voraussetzungen des § 171 Abs. 1 HGB: Eintragung einer bestimmten Haftsumme, kein Haftungsausschluss durch Leistung der Einlage oder haftungsschädliche Einlagenrückgewähr (vgl. Rn. 28). Dagegen ist nicht der Nachweis notwendig, dass die KG am Bilanzstichtag Schulden hatte. Abs. 1 S. 2 lässt das abstrakte Risiko einer Inanspruchnahme ausreichen. Erbracht werden kann der Nachweis zB durch Vorlage eines Handelsregisterauszugs und eine Entwicklung des (handelsrechtl.) Kapitalkontos.

33 **V. Vertraglicher Ausschluss einer Vermögensminderung.** Für einen erweiterten Verlustausgleich darf eine Vermögensminderung aufgrund der Haftung nicht durch Vertrag ausgeschlossen sein. Dies entspricht dem Gesetzeszweck, den Ausgleich v. Verlusten v. dem Vorliegen einer gegenwärtigen wirtschaftlichen Belastung (Vermögensminderung) abhängig zu machen. Das Verlustausgleichsvolumen soll nur erweitert werden, wenn das **Risiko der Inanspruchnahme** aufgrund der Haftung nach § 171 Abs. 1 HGB konkret besteht. Eine Vermögensminderung aufgrund der Haftung kann durch einen Vertrag mit einem **Dritten** ausgeschlossen sein, zB durch einen Versicherungsvertrag, einen Garantievertrag, einen Vertrag auf Haftungsfreistellung oder die Vereinbarung einer Bankbürgschaft für den gesetzlichen Regressanspruch des K'disten.[1] Eine Vermögensminderung aufgrund der Haftung wird nicht durch den **Gesellschaftsvertrag** ausgeschlossen, wenn die Haftsumme höher als die Pflichteinlage ist. Die Vermögensminderung entfällt dann nicht aufgrund des Vertrages, sondern des gesetzlichen Rückgriffsanspr. Nichts anderes gilt, wenn der gesetzliche Rückgriffsanspr im Vertrag wiederholt wird. Durch Verträge mit den **Gläubigern** der Ges. ist eine Vermögensminderung aufgrund der Haftung im Regelfall nicht auszuschließen. Ein Haftungsausschluss lässt sich nicht gegenüber Delikts- und Bereicherungsgläubigern sowie Gläubigern aus gesetzlichen Schuldverhältnissen (zB USt, SozVers.beiträge) erreichen.

34 **VI. Unwahrscheinlichkeit einer Vermögensminderung (Abs. 1 S. 3). 1. Inhalt.** Nach Abs. 1 S. 3 darf eine Vermögensminderung aufgrund der Haftung nicht nach Art und Weise des Geschäftsbetriebs „unwahrscheinlich" sein.

35 **2. Unwahrscheinlichkeit.** Mit der Eintragung der Haftsumme ist idR ein echtes wirtschaftliches und nicht nur formaljuristisches Risiko verbunden und ein solches nur zu verneinen, wenn die finanzielle Ausstattung der Ges. und deren Liquidität (nicht nur stichtagsbezogen) im Verhältnis zum Gesellschaftszweck so außergewöhnlich günstig sind, dass die Inanspruchnahme des K'disten nicht zu erwarten ist.[2] Abs. 1 S. 3 verlangt für den Verlustausgleich nicht die positive Feststellung, dass eine Vermögensminderung wahrscheinlich ist, sondern lässt es ausreichen, dass kein Fall der Unwahrscheinlichkeit vorliegt.

36 **3. Art und Weise des Geschäftsbetriebs.** Neben der 1. Alt. v. Abs. 1 S. 3, dem vertraglichen Ausschluss einer Vermögensminderung, ist die 2. Alt. als **Auffangtatbestand** zu verstehen.[3] Es sollen die Fälle erfasst werden, in denen zwar kein rechtl. Haftungsausschluss besteht, aber aus tatsächlichen Gründen eine Inanspruchnahme unwahrscheinlich ist. Allein die Tatsache, dass die KG nur einen **beschränkten Geschäftszweck** verfolgt, zB einen Anlagegegenstand (ein Schiff oder ein bebautes Grundstück) erwerben und vermieten soll, reicht allerdings nicht aus (Solvenz des Vertragspartners, Erhalt des Vertragsgegenstandes, Verwertbarkeit im Fall vorzeitiger Vertragsauflösung). Der BFH ist v. einer widerlegbaren Vermutung für die Unwahrscheinlichkeit einer Vermögensminderung bei sog. **Modernisierungsfonds** ausgegangen.[4] Das FG Düss. hat die Unwahrscheinlichkeit einer Vermögensminderung bei einer Ges. angenommen, deren Geschäftsbetrieb sich (nach Art einer BetrAufsp.) auf die langfristige Vermietung beweglichen Anlagevermögens an nur zwei Geschäftspartner beschränkte.[5] Dagegen hat der BFH keine Unwahrscheinlichkeit der Vermögensminderung bei einer KG angenommen, die ein Hotelgrundstück zum Betrieb eines Hotelrestaurants erworben hatte,[6] und auch nicht bei einer KG, die eine Bauunternehmung mit Hoch- und Stahlbetonbau betrieb, bei der Gewährleistungs- und Garantieverpflichtungen entstehen konnten.[7]

37 **4. Vermögensminderung aufgrund der Haftung.** Bei einer Außenhaftung bedeutet ein Verlust auch dann eine gegenwärtige wirtschaftliche Belastung, wenn der K'dist außerdem noch zur Erbringung seiner Einlage verpflichtet ist. Das FG RhPf. hat allerdings eine Vermögensminderung „aufgrund der Haftung

1 Zum fehlenden Haftungsausschluss bei einem Unterbeteiligungsvertrag: FG Hbg. v. 12.5.2004 – VII 335/01, EFG 2004, 1514.
2 BFH v. 14.5.1991 – VIII R 111/86, BStBl. II 1992, 164 = FR 1991, 633.
3 BFH v. 14.5.1991 – VIII R 111/86, BStBl. II 1992, 164 (166) = FR 1991, 633.
4 BFH v. 17.12.1992 – IX R 7/91, BStBl. II 1994, 492 (495) = FR 1993, 609.
5 FG Düss. v. 15.3.1994 – 16 K 184/89 F, nv.
6 BFH v. 14.5.1991 – VIII R 111/86, BStBl. II 1992, 164 = FR 1991, 633.
7 BFH v. 26.8.1993 – IV R 112/91, BStBl. II 1994, 627 (628) = FR 1994, 120.

nach § 171 Abs. 1 HGB“ als unwahrscheinlich angesehen, wenn dem K'disten nur eine Inanspruchnahme droht, die nicht über seine Verpflichtung zur Leistung der Pflichteinlage hinausgeht.[1]

VII. Rechtsfolge. Abs. 1 S. 2 erweitert das Verlustausgleichsvolumen nach S. 1: Verlustanteile dürfen, auch soweit ein negatives Kapitalkonto entsteht oder sich erhöht, in Höhe des Betrages ausgeglichen werden, um den die Haftsumme die geleistete Einlage übersteigt. Die Verlustausgleichsmaßstäbe, das Kapitalkonto iSd. Abs. 1 S. 1 und die Haftsumme iSd. Abs. 1 S. 2, stehen im Zusammenhang. Einlagen erhöhen das Kapitalkonto und das Verlustausgleichsvolumen nach Abs. 1 S. 1. Sie wirken gleichzeitig haftungsbefreiend und mindern das Verlustausgleichsvolumen nach Abs. 1 S. 2. Entnahmen reduzieren das Kapitalkonto, können aber haftungsschädlich sein. Zahlenmäßig bemisst sich der Ausgleichsmaßstab v. Abs. 1 S. 1 allerdings nach Steuer- und der v. S. 2 nach Handelsrecht. Besteht an dem Kommanditanteil eine **atypische Unterbeteiligung**, mindert sich der erweiterte Verlustausgleich des K'disten nach BFH entspr. der Höhe der Unterbeteiligung.[2] 38

Die Rechtsfolgenanordnung des Abs. 1 S. 2 berücksichtigt keine **haftungsbegrenzenden Ausnahmetatbestände** – zB wenn die Haftung über einen bestimmten Betrag hinaus durch Vertrag ausgeschlossen ist. Auch derartigen Tatbeständen muss aber – und zwar im Rahmen v. Abs. 1 S. 3 – Rechnung getragen werden. Denn es wäre nicht plausibel, dass bei einem vollständigen Ausschluss einer Vermögensminderung ein Verlustausgleich ausgeschlossen, bei einem betragsmäßig sehr weitgehenden vertraglichen Ausschluss jedoch ein uneingeschränkter Verlustausgleich möglich sein soll. Abs. 1 S. 3 ist im Wege der Auslegung folgender Inhalt zu geben: „wenn und **soweit** eine Vermögensminderung … nicht … ausgeschlossen oder … unwahrscheinlich ist“. 39

Aus dem Gesetzeswortlaut **„können** … ausgeglichen werden“ in Abs. 1 S. 2 und der in Abs. 1 S. 3 normierten **Nachweispflicht** folgt kein **Wahlrecht** des StPfl., ob und in welchem Umfang er v. dem erweiterten Verlustausgleich Gebrauch machen will.[3] Der Wortlaut „können“ ist nicht eindeutig. Nach Abs. 2 erfolgt eine Verrechnung mit zukünftigen Gewinnen nur, soweit der Verlust nach Abs. 1 nicht ausgeglichen werden „darf“. Verzichtete der StPfl. im Rahmen eines Wahlrechts nach Abs. 1 S. 2 auf einen Verlustausgleich, so wäre eine spätere Verrechnung nach Abs. 2 ausgeschlossen, da der Verlust nach Abs. 1 ausgeglichen werden durfte. Auch nach dem Zweck des § 15a ist ein Wahlrecht nicht plausibel. Ein Ausgleich ist geboten, und es kann keine spätere Verrechnung erfolgen, da die Verlustanteile keine Belastung zukünftiger Gewinne beinhalten.[4] 40

D. Einlageerhöhung und Haftungserweiterung (Abs. 1a, 2 S. 2)

I. Entwicklung. Während § 15a Abs. 3 eine Regelung für den Fall der Einlageminderung und Haftungsminderung trifft, fehlte in der Vergangenheit eine ausdrückliche gesetzliche Regelung für den Fall der Einlageerhöhung und der Haftungserweiterung. Erst das JStG 2009 hat in Abs. 1a und 2 S. 2 eine Regelung für den Fall sog. nachträglicher Einlagen getroffen. Abs. 1a, 2 S. 2 ist eine Folge aus der Entscheidung, Abs. 3, die Regelung für den Fall der Einlageminderung, auf den Fall der Einlageerhöhung nicht entspr. anzuwenden und Nichtanwendungsregelung zu der Rspr. des BFH zur Bildung v. Korrekturposten bei sog. „nachträglichen“ bzw. „vorgezogenen“ Einlagen. 41

II. Entscheidung gegen eine Umqualifizierung analog Abs. 3. Nach Abs. 3 S. 1 und 2 führt eine Einlage- oder Haftungsminderung dazu, dass ausgleichsfähige Verluste in verrechenbare Verluste umqualifiziert werden. Der Gesetzgeber hat bei der Einführung v. § 15a aber bewusst keine entspr. Regelung für den (umgekehrten) Fall getroffen, nach der eine spätere Erhöhung der (geleisteten) Einlagen oder eine Haftungserweiterung aus bis dahin nur verrechenbaren nunmehr ausgleichsfähige Verluste werden lässt.[5] Dies war sachlich nicht gerechtfertigt. Nach der Grundwertung des § 15a soll der stl. Ausgleich v. Verlusten v. einer wirtschaftlichen Belastung abhängig sein. Verluste sollen berücksichtigt werden, wenn sie zu einem Verlust des eingesetzten Kapitals führen oder im Hinblick auf eine überschießende Außenhaftung v. Bedeutung sind. IÜ werden Verluste zunächst nicht berücksichtigt, werden jedoch mit späteren Gewinnen verrechnet. Wenn aber spätere Gewinne dazu führen, dass bis dahin nicht ausgleichsfähige Verluste sich nunmehr stl. auswirken dürfen, so muss dies ebenso bei einer späteren Einlageerhöhung gelten. Bei einer späteren Einlage wird diese **durch die Verluste sofort verbraucht**. Der K'dist hat mit der Einlage das durch Verluste negativ gewordene Kapitalkonto zumindest teilw. ausgeglichen und den Betrag, der nach 42

1 FG RhPf. v. 10.6.1986 – 2 K 63/83, EFG 1986, 560 (561).
2 BFH v. 19.4.2007 – IV R 70/04, FR 2008, 25 = DStR 2007, 1520.
3 **AA** *Wacker* in *Schmidt*[37], § 15a Rn. 123.
4 So auch: *Lüdemann*, Verluste, 177 ff.; *Helmreich*, Verluste, 86.
5 Vgl. den Bericht des FinA, BT-Drucks. 8/4157, 3.

§ 169 Abs. 1 S. 2 HGB mit zukünftigen Gewinnen ausgeglichen werden muss, verringert. Er hat Vermögen in die Ges. eingebracht, das nach der in Abs. 1 S. 1 getroffenen Grundentscheidung als Ausgleichsvolumen zur Vfg. stehen müsste.

43 In der Literatur wurde die Auffassung vertreten, Abs. 3 sei auf den Fall der Einlageerhöhung entspr. anzuwenden.[1] Eine derartige Auslegung stand jedoch (auch schon vor der Neuregelung des Abs. 1a, 2 S. 2 durch das JStG 2009) im Widerspruch zu dem klar erkennbaren Willen des Gesetzgebers, der im Fall der Einlageerhöhung keine Umwandlung v. verrechenbaren in ausgleichsfähige Verluste zulassen wollte.[2] Eine Einlageerhöhung führte danach lediglich dazu, dass das Kapitalkonto iSd. Abs. 1 S. 1 erhöht wurde und damit für Verluste, die zu dem der Einlageerhöhung folgenden Stichtag zugerechnet wurden, ein höheres Verlustausgleichsvolumen zur Vfg. stand. Ansonsten wurde der Verlust der nachträglichen Einlage erst bei Betriebsveräußerung oder -aufgabe oder Veräußerung oder Aufgabe des MU'anteils berücksichtigt und iHd. Einlage verrechenbarer, aber noch nicht verrechneter Verluste in ausgleichsfähige Verluste umqualifiziert.[3]

44 Ebenso wie die Einlageerhöhung führte auch die Haftungserweiterung oder die Umwandlung der Rechtsstellung eines K'disten in die eines persönlich haftenden G'ters, nicht zu einer Umwandlung v. verrechenbaren in ausgleichsfähige Verluste. Wenn schon die Einlageerhöhung nicht zu einer Umwandlung v. verrechenbaren in ausgleichsfähige Verluste führte, war es nur konsequent, eine derartige Umwandlung auch nicht für den Fall der Haftungserweiterung zuzulassen.

45 **III. Die BFH-Rechtsprechung zu nachträglichen Einlagen und außerbilanziellen Korrekturposten.** Der BFH hat eine analoge Anwendung v. Abs. 3 bei einer Einlageerhöhung oder einer Haftungserweiterung abgelehnt, hat aber entschieden, dass – über den gesetzlichen Wortlaut hinaus – Einlagen eine Ausgleichsfähigkeit v. Verlusten nachfolgender Wje zur Folge haben, auch wenn die Verluste zur Entstehung oder Erhöhung eines negativen Kapitalkontos führen. Es würde dem Gesetzesplan erkennbar widerstreiten, würde man dem K'disten zwar dann einen ausgleichsfähigen Verlust zurechnen, wenn er erst im Wj. der Verlustentstehung (Wj. 03) eine Einlage leistet (Fall 1: zeitkongruente Einlage), ihm dies aber allein auf Grund des Umstandes verwehren, dass er den nämlichen Betrag am Ende des vorangegangenen Wj. (Wj. 02) eingelegt und damit sein Kapitalkonto mit der weiteren Folge (ganz oder teilw.) ausgeglichen hat, dass auf Grund des Verlustes im Wj. 03 iSv. Abs. 1 S. 1 ein negatives Kapitalkonto entsteht oder sich erhöht (Fall 2: vorgezogene Einlage). Für eine Regelungslücke spreche in systematischer Hinsicht auch die Bestimmung des Abs. 1 S. 2 zum erweiterten Verlustausgleich auf Grund der Eintragung einer erhöhten Haftsumme ins Handelsregister. Würde der K'dist keine Einlage leisten, sondern im Umfang des Verlustes des Wj. 03 seine Haftsumme aufstocken (Fall 3), so wäre dieser Verlust, obgleich er mit dem Entstehen oder der Erhöhung eines negativen Kapitalkontos verbunden sei, unabhängig davon ausgleichsfähig, ob die Handelsregistereintragung bereits im Wj. 02 (Fall 3a) oder erst zum 31.12. des Wj. 03 (Fall 3b) vorgenommen würde. Einlagen, die zum Ausgleich eines negativen Kapitalkontos geleistet und im Wj. der Einlage nicht durch ausgleichsfähige Verluste verbraucht würden, müssten deshalb zum **Ansatz eines Korrekturpostens** mit der weiteren Folge führen, dass – abw. vom Wortlaut des Abs. 1 S. 1 – Verluste späterer Wje bis zum Verbrauch dieses Postens auch dann als ausgleichsfähig zu qualifizieren seien, wenn hierdurch (erneut) ein negatives Kapitalkonto entstehe oder sich erhöhe.[4] Die FinVerw. hat auf diese Rspr. des BFH zunächst mit einem Nichtanwendungserlass reagiert.[5] Der BFH hat in der Folge an seiner Rspr. festgehalten und diese mit Urteil v. 26.6.2007 bestätigt.[6] Die FinVerw. hat hierauf mit BMF, Schr. v. 9.11.2007 die Anwendung der Rspr. des BFH angewiesen.[7]

46 Der BFH hat trotz der v. der FinVerw. und der Literatur aufgezeigten praktischen **Schwierigkeiten und Folgeprobleme** an seiner Rspr. festgehalten. Die FinVerw. hat im Hinblick auf diese Probleme jedoch in der Folge die Änderung v. § 15a im JStG 2009 veranlasst, die zur Unanwendbarkeit der Rspr. des BFH führt. Allerdings ist die Neuregelung des Abs. 1a, 2 S. 2 erstmals auf Einlagen anzuwenden, die nach dem

1 *Eggesieker/Eisenach/Schürner*, FR 1981, 13 (14); *Lempenau*, StuW 1981, 235 (244), *Groh*, DB 1990, 13 (18), *Knobbe-Keuk*, Bilanz- und Unternehmensteuerrecht[9], § 11a Abs. 3 S. 5; offen gelassen v.: BFH v. 28.3.1994 – IX B 81/93, BStBl. II 1994, 793 (794) = FR 1994, 472.

2 So auch BFH v. 14.12.1995 – IV R 106/94, BStBl. II 1996, 226 (231) = FR 1996, 350 m. Anm. *Söffing*; v. 11.11.1997 – VIII R 39/94, BFH/NV 1998, 1078; v. 14.12.1999 – IX R 7/95, FR 2000, 321 m. Anm. *Kempermann* = DStR 2000, 323; BT-Drucks. 8/4157, 3; *Kreile*, FS *Ritter*, 1997, 167 (173 ff.).

3 BFH v. 14.12.1995 – IV R 106/94, BStBl. II 1996, 226 (231) = FR 1996, 350 m. Anm. *Söffing*.

4 BFH v. 14.10.2003 – VIII R 32/01, BStBl. II 2004, 359 = FR 2004, 150; *Wacker*, DStR 2009, 403.

5 BMF v. 14.4.2004, DB 2004, 1070.

6 BFH v. 26.6.2007 – IV R 28/06, BStBl. II 2007, 934 = FR 2007, 1115 m. Anm. *Kempermann*; vgl. auch BFH v. 20.9.2007 – IV R 10/07, FR 2008, 273 = BB 2008, 370.

7 BMF v. 9.11.2007, DB 2007, 2620.

24.12.2008 getätigt wurden, sodass für Fälle, in denen Einlagen vor diesem Zeitpunkt erbracht wurden, die Rspr. des BFH anwendbar bleibt und die Zweifelsfragen weiterhin v. Bedeutung sind. Fraglich erschien zunächst, ob ein Korrekturposten auch dann anzusetzen ist, wenn die Wiederauffüllung des negativen Kapitalkontos nicht im Wege einer zusätzlichen Einlage, sondern durch die **Nichtentnahme v. Gewinnen** erfolgte. Es ist aber zu beachten, dass bis dahin nur verrechenbare Verluste, die sich in dem negativen Kapitalkonto niederschlagen, durch die Erzielung eines entspr. Gewinnanteils in mit dem jeweiligen Gewinnanteil ausgleichsfähige Verluste „umgepolt" werden. Ein Korrekturposten wurde deshalb als nicht erforderlich angesehen.[1] Unterschiedlich wurde die Frage beantwortet, ob spätere **Gewinne zu einem Verbrauch des Korrekturpostens** führen. Nach Wacker ist dies der Fall. Es werde der frühere verrechenbare Verlust durch die Saldierung mit dem Gewinn iErg. in einen ausgleichsfähigen Verlust „überführt" und hierdurch zugleich das durch die Einlage geschaffene Verlustausgleichspotential aufgezehrt.[2] Nach Brandenberg dagegen ist nicht einsehbar, warum das durch die Einlage geschaffene Ausgleichspotential durch einen nachfolgenden Verlust deshalb aufgezehrt werden soll, weil dieser Gewinn einen zuvor entstandenen verrechenbaren Verlust in einen ausgleichsfähigen Verlust umqualifiziert.[3]*Ley* meint, ein Verbrauch trete nicht ein, denn die Einlagen stünden ebenso wie die der Verlustentstehung nachgelagerten Gewinne grds. als Verrechnungspotential zur Vfg. Gewinne führten allerdings in Höhe eines durch sie begründeten positiven Kapitalkontos zu einer Auflösung des Korrekturpostens.[4] Hinsichtlich des Charakters des Korrekturpostens wurde die Frage diskutiert, ob dieser bei der **Ermittlung des Kapitalkontos iSd. § 15a zu berücksichtigen sei.**[5] Es wurde eingewandt, begreife man den Korrekturposten als eine Korrekturgröße zum Kapitalkonto iSd. § 15a, so würde dies bedeuten, dass die Voraussetzungen der Verlustausgleichsbeschränkung des § 15a gar nicht erfüllt seien. Der Korrekturposten könne nur das Vorliegen eines zusätzlichen Verlustausgleichspotentials, nicht aber ein höheres Kapitalkonto iSd. § 15a bewirken.[6] Als klärungsbedürftig angesehen wurde auch die Frage des **Ineinandergreifens v. Einlage und überschießender Außenhaftung**, also die Frage nach dem Zusammenhang zw. dem Korrekturposten iSd. Rspr. des BFH und dem wegen überschießender Außenhaftung gebildeten „Korrekturposten".[7] *Kempermann* hat hierzu darauf hingewiesen, dass der erweiterte Verlustausgleich iSd. Abs. 1 S. 2 – etwa auf Grund einer noch nicht geleisteten Pflichteinlage – den Verlustausgleich auf Grund der späteren Einlage vorwegnehme. Dies bedeute, dass in einem solchen Fall die Einlage nicht ein zweites Mal zum Verlustausgleich herangezogen werden könne.[8] Folge die Erweiterung der Außenhaftung der Einlage nach, bestünden Korrekturposten und das nach Abs. 1 S. 2 erweiterte Verlustausgleichspotential nebeneinander. In diesem Fall würden spätere Verluste auf Grund der Einlage, dh. unter Minderung des Korrekturpostens, ausgleichsfähig. Dies beruhe darauf, dass der Korrekturposten dem Regelungsbereich des Abs. 1 S. 1 zuzurechnen sei, also der Grundregel, die der Ausnahmeregel des Abs. 1 S. 2 vorgehe.[9] Beim **Zusammentreffen eines Korrekturpostens mit einer Entnahme** (Abs. 3) ist nach der Entscheidung des BFH v. 14.10.2003 der Korrekturposten aufzulösen, wenn die in Abs. 3 vorgesehene Zurechnung eines fiktiven Gewinns daran scheitert, dass dem G'ter während des elfjährigen Korrekturzeitraums keine ausgleichsfähigen Verluste zugewiesen worden sind. In einem solchen Fall wird die Einlage, die zur Bildung des Korrekturpostens geführt hat, ergebnisneutral wieder entnommen.[10] In den Fällen, in denen die Entnahme nach Abs. 3 zur Entstehung eines negativen Kapitalkontos und zu einer Gewinnzurechnung nach Abs. 3 führt, ist eine Gewinnzurechnung nur vorzunehmen, soweit die Entnahme den Betrag eines durch die vorherige Einlage erzeugten positiven Kapitalkontos zzgl. des Korrekturpostens übersteigt. Nach dem Zweck des Abs. 3 ist eine Gewinnzurechnung nicht geboten, soweit Kapital in Höhe des Korrekturpostens entnommen wird, da das durch die Einlage geschaffene und in dem Korrekturposten ausgedrückte Verlustausgleichspotential bisher nicht genutzt wurde.[11] *Steger* hat die Frage aufgeworfen, ob bei Zugrundelegung der Rspr. des BFH nicht auch Entnahmen, die zur Entstehung oder Erhöhung eines negativen Kapitalkontos führen, den Ansatz eines – negativen – Korrekturpostens erfordern. Entnahmen könnten zwar zur Entstehung bzw. Erhöhung eines negati-

1 *Niehus/Wilke*, FR 2004, 677 (679); *Wacker*, DB 2004, 11 (13); *Kempermann*, DStR 2004, 1515.
2 *Wacker*, DB 2004, 11 (15).
3 *Brandenberg*, DB 2004, 1632 (1636).
4 *Ley*, KÖSDI 2004, 14374 (14379).
5 HG DStR 2004, 28.
6 *Niehus/Wilke*, FR 2004, 677 (680); *Kempermann*, DStR 2004, 1515.
7 *Niehus/Wilke*, FR 2004, 677 (680); *Kempermann*, DStR 2004, 1515.
8 *Kempermann*, DStR 2004, 1515; *Wacker*, DB 2004, 11 (13); *Niehus/Wilke*, FR 2004, 677 (680).
9 *Kempermann*, DStR 2004, 1515; *Niehus/Wilke*, FR 2004, 677 (680).
10 BFH v. 14.10.2003 – VIII R 32/01, BStBl. II 2004, 359 = FR 2004, 150; vgl. auch *Kempermann*, DStR 2004, 1515 (1516).
11 *Niehus/Wilke*, FR 2004, 677 (682); *Rogall*, BB 2004, 1819 (1822f.); iErg. ebenso *Kempermann*, DStR 2004, 1515 (1516); **aA** *Wacker*, DB 2004, 11 (13).

von Kapitalkontos führen, könnten aber v. einer Versteuerung nach Abs. 3 ausgenommen sein, weil das negative Kapitalkonto auf Verlusten außerhalb des Elfjahreszeitraums beruht oder weil die Verluste auf Grund einer Außenhaftung nach Abs. 1 S. 2 ausgleichsfähig waren. Führe der K'dist derartige **„Mehrentnahmen"** in nachfolgenden Wjen zurück, könnten diese Einlagen nach Auffassung der FinVerw. insoweit nicht zum Verlustausgleich nach Abs. 1 verwendet werden. Wenn eine Entnahme nicht zu einer Besteuerung nach Abs. 3 führe, könne die Rückführung einer derartigen Entnahme nicht ein Ausgleichsvolumen begründen. Es sei dann folgerichtig, in derartigen Fällen einen negativen Korrekturposten zu bilden.[1] IErg. waren die Bedenken des BFH zutr. Die Lösung, die der BFH gefunden hat, war jedoch nicht nur wegen der Folgeprobleme und Zweifelsfragen bei der Umsetzung dieser Rspr. unbefriedigend.[2] Sie war auch systematisch nicht überzeugend, weil die geleisteten Einlagen nur zu einem Verlustausgleichsvolumen für zukünftige Verluste führten, nicht entspr. der Regelung des Abs. 3 und entspr. dem Grundgedanken des § 15a zur Umqualifizierung bisher nur verrechenbarer in ausgleichsfähige Verluste.[3]

47 **IV. Neuregelung des Abs. 1a, 2 S. 2. 1. Grundsätzliches.** Durch das JStG 2009 wurde Abs. 1a eingeführt, Abs. 2 S. 1 erweitert, Abs. 2 S. 2 neu geregelt und Abs. 5 um die Verweisung auf Abs. 1a ergänzt. Abs. 1a und Abs. 2 S. 2 treffen eine Regelung für die – so bezeichneten – „nachträglichen" Einlagen. Diese sollen weder in die Vergangenheit zurückwirken und zur Umwandlung bisher nur verrechenbarer in ausgleichsfähige Verluste führen noch sollen sie in der Weise in die Zukunft wirken, dass ein zukünftiger Verlust, der zur Entstehung oder Erhöhung eines negativen Kapitalkontos führt, iHd. Einlage ausgleichsfähig wird. Die Einlagen sollen nur dazu führen, dass erst bei Veräußerung oder Aufgabe des MU'anteils oder Betriebsveräußerung oder -aufgabe iHd. Einlage ein nach Verrechnung mit einem Veräußerungs- oder Aufgabegewinn verbleibender verrechenbarer Verlust iHd. Einlage in einen ausgleichsfähigen Verlust umqualifiziert wird. Es wird sowohl die Versagung der vergangenheitsbezogenen Wirkung („nachträgliche" Einlage) bestätigt als auch die **zukunftsgerichtete Wirkung** („vorgezogene" Einlage) **hinausgeschoben**.

48 **2. Ausschluss einer nachträglichen Umqualifizierung, Abs. 1a S. 1, Alt. 1.** Nach Abs. 1a S. 1, Alt. 1 führen nachträgliche Einlagen nicht zu einer nachträglichen Ausgleichs- oder Abzugsfähigkeit eines vorhandenen verrechenbaren Verlustes. Der Gesetzgeber bestätigt den bisherigen systemwidrigen **Ausschluss einer nachträglichen Umqualifizierung verrechenbarer in ausgleichsfähige Verluste**. Nach Abs. 3 führt eine Einlageminderung zu einer Umqualifizierung ausgleichsfähiger Verluste in nur verrechenbare Verluste. Entspr. müsste auch die nachträgliche Einlageerhöhung zu einer Umqualifizierung in ausgleichsfähige Verluste führen, da der K'dist die vorherigen Verluste mit der späteren Einlage trägt. Es entsprach jedoch bisher schon dem klar erkennbaren Willen des Gesetzgebers, im Fall der Einlageerhöhung keine Umwandlung v. verrechenbaren in ausgleichsfähige Verluste zuzulassen. Der Gesetzgeber hat in Abs. 1a diese Entscheidung nochmals klargestellt.

49 **3. Nichtanwendungsregelung des Abs. 1a S. 1 Alt. 2.** Die zentrale Neuregelung, die durch das JStG 2009 eingeführt wurde, ist die zweite Aussage des Abs. 1a, dass nachträgliche Einlagen auch nicht zu einer Ausgleichs- oder Abzugsfähigkeit des dem K'disten zuzurechnenden Anteils am **Verlust eines zukünftigen Wj.**, soweit durch den Verlust ein negatives Kapitalkonto des K'disten entsteht oder sich erhöht, führen. Nach der vorstehend dargestellten Rspr. des BFH führten Einlagen, die zum Ausgleich eines negativen Kapitalkontos geleistet wurden und im Wj. der Einlage nicht durch ausgleichsfähige Verluste verbraucht wurden, zum **Ansatz eines Korrekturpostens** mit der weiteren Folge, dass Verluste späterer Wje bis zum Verbrauch dieses Postens auch dann als ausgleichsfähig zu qualifizieren sind, wenn hierdurch (erneut) ein negatives Kapitalkonto entsteht oder sich erhöht. Abs. 1a S. 1 Alt. 2 ist eine Nichtanwendungsregelung zu dieser Rspr. und stellt den Rechtszustand wieder her, der bestand, bevor der BFH seine Rspr. entwickelte.

50 **4. Definition der nachträglichen Einlage, Abs. 1a S. 2.** Abs. 1a S. 2 definiert nachträgliche Einlagen iSv. Abs. 1a S. 1 als Einlagen, die nach Ablauf eines Wj. geleistet werden, in dem ein nicht ausgleichs- oder abzugsfähiger Verlust iSd. Abs. 1 entstanden oder ein Gewinn iSd. Abs. 3 S. 1 zugerechnet worden ist. Der Begriff der Einlage lässt sich **§ 4 Abs. 1 S. 7** entnehmen. Einlagen sind danach alle WG (Bareinzahlungen oder sonstige WG), die der StPfl. dem Betrieb im Laufe des Wj. zugeführt hat. Gemeint sind allerdings nur Einlagen, die zur Erhöhung des Kapitalkontos iSd. Abs. 1 führen.[4] Der Begriff der Einlage muss insoweit dem Begriff der Entnahme iSd. Abs. 3 entspr., der nur Vorgänge meint, die das Kapitalkonto iSd. Abs. 3 S. 1 als Verlustausgleichsmaßstab reduzieren. Die Umwandlung von Darlehenskonten in Kapitalkonten führt grds. zu einer entspr. Erhöhung der Kapitalkonten iSd. § 15a Abs. 1. Es handelt sich aber um eine

1 *Steger*, DB 2006, 2086.
2 HG DStR 2004, 28; *Weber/Grellet*, DStR 2004, 28; *Brandenberg*, DB 2004, 1632 (1636); *Claudy/Steger*, DStR 2004, 1504 (1507); vgl. allerdings auch *Hempe/Siebels/Obermaier*, DB 2004, 1460.
3 *Niehus/Wilke*, FR 2004, 677 (684).
4 FG Düss. v. 5.6.2013 – 15 K 1333/11 F, juris (rkr.).

nachträgliche Einlage iSd. § 15a Abs. 1a S. 1.[1] Der Begriff **„nachträgliche" Einlage** richtet den **Blick v. der Einlage in die Vergangenheit**. Entspr. charakterisiert Abs. 1a S. 2 die Einlage auch durch den nicht ausgleichs- oder abzugsfähigen Verlust bzw. den auf Grund einer Entnahme zugerechneten Gewinn in der Vergangenheit. Begriff und Definition der nachträglichen Einlage passen insoweit zu der Aussage des Abs. 1a, Alt. 1, dass nachträgliche Einlagen nicht zu einer nachträglichen Ausgleichs- oder Abzugsfähigkeit eines vorhandenen verrechenbaren Verlustes führen. Zu der in die Zukunft gerichteten Aussage der Alt. 2 des Abs. 1a S. 1, dass die Einlage kein Ausgleichsvolumen für zukünftige Verluste begründet, hätte der in die Zukunft gerichtete Begriff der „vorgezogenen" **Einlage** gepasst.[2] Abs. 1 S. 2 definiert die Einlagen iSd. Abs. 1a S. 1 als Einlagen, die nach Ablauf eines Wj. geleistet werden, in dem **„ein nicht ausgleichsfähiger Verlust iSd. Abs. 1 entstanden"** oder ein Gewinn iSd. Abs. 3 S. 1 zugerechnet worden ist. Diese Definition passt inhaltlich nicht zu der Aussage des Abs. 1a S. 1, Alt. 2, dass die „nachträgliche" Einlage nicht zu einer Ausgleichsfähigkeit eines dem K'disten zuzurechnenden Anteils am Verlust eines zukünftigen Wj. führt. Es kommt insoweit nicht darauf an, dass die Einlage nach Ablauf eines Wj. geleistet worden ist, in dem ein nur verrechenbarer Verlust zugerechnet wurde, sondern darauf, dass die Einlage in der Vergangenheit kein Verlustausgleichsvolumen begründet hat, weil sie nur zum Ausgleich eines negativen Kapitalkontos gedient hat. Einlagen iSd. Abs. 1a S. 1 sind nach Abs. 1a S. 2 Einlagen, die nach Ablauf eines Wj. geleistet werden, in dem … **„ein Gewinn iSd. Abs. 3 S. 1 zugerechnet worden ist"**. Hat der K'dist eine Entnahme getätigt und wurde ihm deshalb nach Abs. 3 ein Gewinn und in gleicher Höhe ein verrechenbarer Verlust zugerechnet, so soll die in einem nachfolgenden Wj. geleistete Einlage nicht dazu führen, dass der zugerechnete verrechenbare Verlust in einen ausgleichsfähigen Verlust umqualifiziert wird. Insoweit ist der Verweis v. Abs. 1a S. 2 auf den zugerechneten „Gewinn iSd. Abs. 3 S. 1" nachvollziehbar. Inhaltlich geht es allerdings nicht um den nach Abs. 3 zugerechneten Gewinn, sondern um den nach Abs. 3 zusammen mit dem Gewinn zugerechneten nur verrechenbaren Verlust.

5. Positive Regelung in Abs. 2 S. 2. Abs. 2 S. 1 regelt, dass ein Verlust, soweit er **nach Abs. 1 und 1a nicht ausgeglichen werden darf**, die Gewinne mindert, die dem K'disten in späteren Wjen zuzurechnen sind. Das JStG 2009 hat neben dem Verweis auf Abs. 1 auch den Verweis auf Abs. 1a in Abs. 2 S. 1 aufgenommen, ohne dass dem allerdings materielle Bedeutung zukäme. Wenn ein Verlust nach Abs. 1 nicht ausgleichsfähig ist, kann sich hieran durch Abs. 1a nichts ändern, da Abs. 1a gerade regelt, dass eine nachträgliche Einlage zu keiner Umqualifizierung führen kann. Nach **Abs. 1 S. 2** ist der verrechenbare Verlust, der nach Abzug v. einem Veräußerungs- oder Aufgabegewinn verbleibt, im Zeitpunkt der Veräußerung oder Aufgabe des gesamten MU'anteils oder der Betriebsveräußerung oder -aufgabe bis zur Höhe der nachträglichen Einlagen iSd. Abs. 1a ausgleichs- oder abzugsfähig. 51

Abs. 1a S. 1, Alt. 1 bestätigt, dass Abs. 3 auf nachträgliche Einlagen nicht entspr. anzuwenden ist. Abs. 1a S. 1, Alt. 2 normiert eine Nichtanwendungsregelung zu der Rspr. des BFH zur sog. „vorgezogenen" Einlage, und Abs. 2 S. 2 **führt zu der Rechtslage vor der Rspr. des BFH zur vorgezogenen Einlage zurück**. Er bestätigt die Rspr., nach der zum Ausgleich eines durch verrechenbare Verluste entstandenen negativen Kapitalkontos geleistete Einlagen dazu führen, dass ein verbleibender verrechenbarer Verlust im Zeitpunkt der Unternehmensaufgabe oder Veräußerung des MU'anteils als ausgleichs- und abzugsfähiger Verlust zu berücksichtigen ist.[3] Der BFH hat mit Urteil v. 14.12.1995 entschieden, Einlagen des beschränkt haftenden G'ters führten zwar nicht dazu, dass ein für einen früheren VZ festgestellter verrechenbarer Verlust dieses G'ters ausgleichsfähig werde. Tatsächlich und rechtl. v. beschränkt haftenden G'tern getragene Verluste seien jedoch nicht endg. v. ihrer stl. Berücksichtigung ausgeschlossen. Ein als verrechenbar festgestellter Verlust, den ein K'dist nach der Liquidation der Ges. endg. trage, sei als ausgleichs- und abzugsfähiger Verlust anzusetzen.[4] Der verbleibende verrechenbare Verlust ist nicht dem Komplementär und den K'disten mit positivem Kapitalkonto zuzurechnen, sondern bei dem K'disten, bei dem er angefallen ist, als ausgleichsfähig zu behandeln, weil dieser ihn wirtschaftlich mit seiner Einlage getragen hat. 52

Nach Abs. 2 S. 2 ist der verrechenbare Verlust, der **„nach Abzug v. einem Veräußerungs- oder Aufgabegewinn verbleibt"**, bis zur Höhe der nachträglichen Einlage ausgleichsfähig. Der Gesetzgeber bestätigt damit, dass auch der Veräußerungs- und Aufgabegewinn ein Gewinn iSd. Abs. 2 ist, der durch verrechenbare Verluste gemindert wird. Er regelt zugleich die Verrechnungsreihenfolge. Verrechenbare Verluste sind zu- 53

1 FG Nds. v. 3.12.2014 – 4 K 299/13, EFG 2015, 714.

2 Zu dieser begrifflichen Unterscheidung bereits sehr deutlich: HG DStR 2004, 28; vgl. auch *Wacker*, DStR 2009, 403 (405).

3 BFH v. 14.10.2003 – VIII R 32/01, BStBl. II 2004, 359 = FR 2004, 150.

4 BFH v. 14.12.1995 – IV R 106/94, BStBl. II 1996, 226 = FR 1996, 350 m. Anm. *Söffing*; v. 28.3.2000 – VIII R 28/98, BStBl. II 2000, 347 (350 mwN) = FR 2000, 611 m. Anm. *Kempermann*; vgl. auch OFD Ffm. v. 19.10.2017, DB 2017, 2706.

nächst mit dem (uU begünstigten) Veräußerungs- und Aufgabegewinn zu verrechnen, und es wird nur der verbleibende Betrag in einen ausgleichsfähigen Verlust umqualifiziert. Diese Verrechnungsreihenfolge entspricht dem Grundgedanken eines Binnensystems, in dem vorrangig Gewinne und Verluste aus der Beteiligung auszugleichen und zu verrechnen sind.

54 Werden nachträgliche bzw. vorgezogene Einlagen geleistet, kann der verrechenbare Verlust größer sein als das negative Kapitalkonto, sodass nach Verrechnung mit dem negativen Kapitalkonto ein Überhang verbleibt, für den Abs. 2 S. 2 eine Umqualifizierung in einen ausgleichsfähigen Verlust vorsieht. Auch **in anderen Fällen** kann es zu einem derartigen Überhang kommen. So hat der BFH in seinem Urteil v. 16.5. 2002 entschieden, dass bei Zurechnung eines nach § 3 Nr. 66 aF stfreien Sanierungsgewinns der verrechenbare Verlust in der bisherigen Höhe bestehen bleibt und dieser – sofern er nicht durch spätere Gewinne aufgezehrt wird – beim Ausscheiden des K'disten in einen ausgleichsfähigen Verlust umzuqualifizieren ist. § 15a wolle – so der BFH – den Verlustausgleich lediglich aufschieben, im Ganzen aber nicht verändern. Daraus folge, dass durch einen stfreien Sanierungsgewinn das durch verrechenbare Verluste entstandene negative Kapitalkonto stfrei aufgefüllt werde. Eine Verrechnung des stfreien Gewinns mit den bisher entstandenen verrechenbaren Verlusten komme nicht in Betracht. Wollte man diese verrechenbaren Verluste aber nicht beim Ausscheiden des G'ters in ausgleichsfähige Verlust umqualifizieren, wäre die Steuerfreiheit des Sanierungsgewinns nur vorübergehend.[1] Entspr. gilt bei aus anderen Gründen – zB nach DBA – stfreien Gewinnen, wenn sich der K'dist im Innenverhältnis zu Nachschüssen verpflichtet hat oder eine v. Abs. 1 S. 2 nicht erfasste Außenhaftung bestand und der G'ter hieraus in Anspr. genommen wird.[2] Nach dem Gesetzeswortlaut v. Abs. 2 S. 2 ist fraglich, ob die Umqualifizierung v. verrechenbaren in ausgleichsfähige Verluste auch in diesen Fällen nach der Neuregelung durch das JStG 2009 noch möglich ist. Nach Abs. 2 S. 2 ist der verrechenbare Verlust, der nach Abzug v. einem Veräußerungs- oder Aufgabegewinn verbleibt, im Zeitpunkt der Veräußerung oder Aufgabe bis zur Höhe der nachträglichen Einlagen ausgleichsfähig. Bei diesem Wortlaut liegt die Annahme nahe, dass der verbleibende verrechenbare Verlust nur bis zur Höhe der nachträglichen Einlagen – und nicht bis zur Höhe der in das Kapitalkonto eingegangenen stfreien Gewinne – ausgleichsfähig wird. Nach der Entstehungsgeschichte v. Abs. 2 S. 2 wollte der Gesetzgeber allerdings lediglich die Wirkungen einer nachträglichen bzw. vorgezogenen Einlage regeln. Auch systematischer Zusammenhang und Zweck des § 15a sprechen – wie vor der Neuregelung des Abs. 2 S. 2 – dafür, dass diese Regelung nicht abschließend ist.

E. Minderung von Einlage und Haftung (Abs. 3)

55 **I. Grundsätzliches.** Abs. 3 ergänzt Abs. 1 S. 1, Abs. 2 und Abs. 1 S. 2, 3 in den Fällen der Einlage- und der Haftungsminderung. **Zweck des Abs. 3** ist es, den Verlustausgleich nach Abs. 1 S. 1 oder 2 rückgängig zu machen, wenn die wirtschaftliche Belastung, die diesen zunächst gerechtfertigt hat, nachträglich entfällt. Abs. 3 hat zum Ziel, das gleiche Ergebnis herbeizuführen, als wenn von vornherein eine geringere Einlage geleistet worden wäre und der Verlustanteil bereits im Entstehungsjahr nicht ausgleichsfähig, sondern lediglich verrechenbar gewesen wäre.[3] **Gesetzestechnisch** wird der Verlustausgleich nicht durch eine Änderung der Gewinnfeststellung für das Jahr der Verlustentstehung rückgängig gemacht, sondern in der Weise, dass die Minderungsbeträge als fiktiver lfd. Gewinn des Jahres der Einlage- oder Haftungsminderung zugerechnet werden. Zugleich mindern nach Abs. 3 S. 4 die zugerechneten Beträge die Gewinne des K'disten in dem Wj. der Einlage- oder Haftungsminderung oder in späteren Wj. aus seiner Beteiligung. Die frühere Saldierung wird wieder fiktiv zerlegt: in einen (verrechenbaren) Beteiligungs-Verlustanteil des K'disten und einen ebenso hohen „Gewinn", beide nach Abs. 3 so zu behandeln, als wäre die Saldierung durch Abs. 1 verhindert worden.[4] Aus dem Gedanken der Rückgängigmachung eines nach Abs. 1 vorgenommenen Verlustausgleichs folgt, dass in Abs. 3 nur eine Verringerung der exakt **gleich definierten Ausgleichsmaßstäbe**, wie sie in Abs. 1 zur Bestimmung des Verlustausgleichsvolumens verwandt werden, gemeint sein kann. Außerdem ist der K'dist möglichst so zu stellen, als ob v. vornherein nur die verringerten Verlustausgleichsmaßstäbe gegolten hätten. Der fiktive Gewinn, der dem K'disten nach Abs. 3 zuzurechnen ist, ist der gedachte Betrag, mit dem der nach Abs. 1 ausgleichsfähige Verlust im Verlustentstehungsjahr saldiert worden ist (Rn. 62).

56 **II. Einlageminderung nach Abs. 3 S. 1–2, 4. 1. Tatbestand.** Voraussetzungen v. Abs. 3 S. 1–2 sind, dass ein negatives Kapitalkonto durch Entnahmen entsteht oder sich erhöht und dass nicht aufgrund der Entnahmen eine nach Abs. 1 S. 2 zu berücksichtigende Haftung be- oder entsteht.

1 BFH v. 16.5.2002 – IV R 58/00, BStBl. II 2002, 748 (750) = FR 2002, 1173.
2 Vgl. *Wacker* in *Schmidt*[37], § 15a Rn. 243.
3 BFH v. 20.11.2014 – IV R 47/11, BStBl. II 2015, 532 (535) = GmbHR 2015, 604.
4 FG Köln v. 18.5.2000 – 2 K 491/94, EFG 2000, 934 (zur Minderung um Gewinnanteile).

2. Kapitalkonto. Der Begriff des Kapitalkontos in Abs. 3 S. 1 ist ders. wie in Abs. 1 S. 1. Gemeint ist das Kapitalkonto, das sich aus der Steuerbilanz der Ges. ergibt (Rn. 13). 57

3. Entnahme. Der **Begriff der Entnahme** in Abs. 3 S. 1 lässt sich an dem Begriff der Entnahme iSd. § 4 Abs. 1 S. 2 orientieren.[1] Allerdings liegt Abs. 3 ein besonderer Betriebsbegriff zugrunde. „Entnahme" kann nur einen Vorgang meinen, der das Kapitalkonto iSd. Abs. 3 S. 1 als Verlustausgleichsmaßstab reduziert. Keine Entnahme ist die unentgeltliche Übertragung nicht aktivierbarer WG oder die Veräußerung v. WG zum Buchwert. Andererseits muss jeder Vorgang erfasst werden, mit dem der G'ter der Gesamthand Kapital entzieht, das den Verlustausgleich ermöglicht hat. Da Abs. 3 S. 1 das Kapitalkonto der Steuerbilanz meint, kann eine Entnahme iSv. Abs. 3 S. 1 liegen in der Überführung v. WG aus dem BV der KG ins PV, das Sonder-BV oder ein anderes BV, nicht dagegen aus dem Sonder-BV ins PV. Da sich der Entnahmebegriff auf das Gesamthandsvermögen bezieht, sind Rechtsbeziehungen iSd. Abs. 1 S. 2 zw. Ges. und G'ter zu beachten.[2] 58

4. Kausalität der Entnahme. Beim Zusammentreffen v. Entnahmen mit einem Beteiligungsgewinn ist das Kapitalkonto lt. Schlussbilanz nach Verbuchung v. Entnahmen und Gewinnanteilen mit dem Kapitalkonto lt. Schlussbilanz des Vorjahres zu vergleichen, es werden also **Entnahmen und Gewinnanteile** saldiert. Die sich ergebende Differenz zw. den Kapitalkonten wird bei einem Überhang der Entnahmen über die Gewinnanteile wertend der causa „Entnahme" zugeordnet (vgl. Rn. 17). Beim Zusammentreffen v. **Entnahmen mit Verlustanteilen** ist das negative Kapitalkonto primär als durch den Verlustanteil und nur hinsichtlich des verbleibenden Differenzbetrags als durch die Entnahme verursacht zu werten. Nach Abs. 1 S. 1 soll ein Verlustausgleich nur zugelassen werden, wenn ausreichendes Kapital zur Abdeckung des Verlustes vorhanden ist. 59

5. Haftung iSv. Abs. 1 S. 2. Nach Abs. 3 S. 1, HS 2 erfolgt keine Gewinnzurechnung, soweit aufgrund der Entnahme eine nach Abs. 1 S. 2 zu berücksichtigende Haftung be- oder entsteht. Dem K'disten ist der Verlustausgleich zu belassen, wenn zwar die Voraussetzungen für einen Verlustausgleich nach Abs. 1 S. 1 nicht mehr gegeben sind, (nunmehr) aber die Voraussetzungen für einen Verlustausgleich nach Abs. 1 S. 2. Die **Einlagenrückgewähr** iSd. § 172 Abs. 4 S. 1 und die Gewinnentnahme iSd. § 172 Abs. 4 S. 2 HGB lassen eine eingetretene Haftungsbegrenzung entfallen und können eine alternative Verlustausgleichsberechtigung nach Abs. 1 S. 2 begründen.[3] § 15a Abs. 3 S. 2 iVm. § 15a Abs. 1 S. 2 berücksichtigt allerdings nur das Risiko einer Inanspruchnahme aufgrund einer Haftung nach § 171 Abs. 1 HGB, nicht dagegen eine ggü. Altgläubigern fortbestehende Haftung nach § 174 HGB.[4] Entnahmen lösen allerdings keine Haftung aus, wenn der K'dist Beträge entnimmt, ohne die Haftsumme zu unterschreiten, oder wenn zuvor getätigte Entnahmen schon eine Haftung iHd. Haftsumme ausgelöst haben. Abs. 3 S. 1 nennt zwar nur Abs. 1 S. 2, verweist jedoch auch auf **die Voraussetzungen des S. 3**. Es entspricht dem Zweck des Abs. 3 S. 1 HS 2, auf eine Gewinnzurechnung zu verzichten, wenn alternativ die Voraussetzungen für einen Verlustausgleich nach Abs. 1 S. 2 und 3 erfüllt sind. 60

6. Rechtsfolgen. Abs. 3 macht den Verlustausgleich rückgängig, indem er den als ausgleichsfähig qualifizierten Verlust als fiktiven Gewinn zurechnet.[5] Gleichzeitig begründet er einen verrechenbaren Verlust, der zur Minderung v. Gewinnen aus der Beteiligung zur Vfg. steht. Es werden die ausgleichsfähigen Verluste in verrechenbare Verluste umgepolt. 61

Der nach Abs. 3 zuzurechnende Gewinn ist der gedachte Betrag, mit dem der nach Abs. 1 ausgleichsfähige Verlust im Verlustentstehungsjahr saldiert worden ist. Er hat den Charakter v. „anderen Einkünften aus GewBetr." oder „Einkünften aus anderen Einkunftsarten" iSd. Abs. 1 S. 1, nicht den Charakter eines Gewinns aus der Kommanditbeteiligung.[6] Der nach Abs. 3 S. 1 zuzurechnende **fiktive Gewinn** fällt dementspr. nicht unter die nach Abs. 3 S. 4 oder nach Abs. 2 zu mindernden „Gewinne aus seiner Beteiligung". 62

Nach **Abs. 3 S. 2** darf der zuzurechnende Betrag den Betrag der Verlustanteile nicht übersteigen, die im Wj. der Einlageminderung und den zehn vorangegangenen Wj. ausgleichs- und abzugsfähig gewesen sind. Die ausgleichsfähigen Verluste der Vorjahre sind allerdings nicht nur Höchstgrenze des Zurechnungsbetrages, sondern Grundvoraussetzung für die Gewinnzurechnung. Ohne ausgleichsfähige Verluste in den 63

---

1 FG Köln v. 5.4.2001 – 15 K 4884/93, EFG 2001, 1142 (keine Entnahme durch Teilanteilsverkauf).
2 *Ruban*, FS F. Klein, 1994, 781 (797).
3 Zum Wiederaufleben der Außenhaftung durch eine Einlageminderung bei zweckgebundenem Agio: FG Hbg. v. 25.5.2007 – 6 K 426/03, EFG 2007, 1760.
4 FG Münster v. 10.10.2011 – 11 K 490/07 F, EFG 2012, 512.
5 Zur Begrenzung der Zurechnung auf den Entnahmebetrag auch in den Fällen des § 52 Abs. 19, § 82f EStDV: BFH v. 13.7.2006 – IV R 67/04, FR 2007, 138 m. Anm. *Kempermann* = DB 2006, 2437.
6 BFH v. 30.8.2001 – IV R 4/00, BStBl. II 2002, 458 = FR 2001, 1284.

Vorjahren ist kein Verlustausgleich rückgängig zu machen (vgl. Abs. 3 S. 3). Entspr. dem Gesetzeszweck können Entnahmen nicht zu einer Gewinnzurechnung führen, soweit hierzu auf Verluste zurückgegriffen werden müsste, die aufgrund der Außenhaftung nach Abs. 1 S. 2 ausgleichsfähig waren.[1] In diesem Fall wird nicht nachträglich durch die Entnahme die Grundlage für einen erfolgten Verlustausgleich entzogen.

64 Nach dem Wortlaut des Abs. 3 S. 2 wird der als Gewinn zuzurechnende Betrag durch die Summe der im Elf-Jahres-Zeitraum ausgleichsfähigen Verluste begrenzt. Der Zweck des Abs. 3 fordert darüber hinaus jedoch die Saldierung mit Gewinnen innerhalb des Elf-Jahres-Zeitraums. Der K'dist soll so gestellt werden, als habe der durch Einlageminderung verringerte Verlustausgleichsmaßstab bereits zu Beginn des Elf-Jahres-Zeitraums bestanden. Es ist eine **Nebenrechnung** vorzunehmen, die nur solche Verluste erfasst, die im Elf-Jahres-Zeitraum ausgleichsfähig waren, obwohl sie bei einer Reduzierung des Verlustausgleichsmaßstabes nur verrechenbar gewesen wären, ohne jedoch tatsächlich verrechnet werden zu können. Nur diese Verluste sollen in nur verrechenbare Verluste umgewandelt werden. Hierfür genügt es nicht, die Summe der Verlustanteile um die Summe der Gewinnanteile zu kürzen, sondern es muss schrittweise für die einzelnen Perioden untersucht werden, inwieweit eine Verrechnung nach Abs. 2 hätte erfolgen können, wenn v. vornherein der Verlustausgleichsmaßstab reduziert gewesen wäre.[2]

65 Abs. 3 S. 4 gewährt dem G'ter, nachdem der frühere Verlustausgleich durch die Zurechnung eines fiktiven Gewinns rückgängig gemacht wurde, ein **Verrechnungsvolumen**, wie es ihm zugestanden hätte, wenn der Verlustausgleich v. vornherein versagt worden wäre. Abs. 3 S. 4 enthält gegenüber Abs. 2 allerdings die Besonderheit, dass die verrechenbaren Verluste bereits mit Gewinnen desselben Wj. (Gesellschaftsgewinne, keine Sonderbilanzgewinne – vgl. Rn. 23) verrechnet werden dürfen.

66 **III. Haftungsminderung nach Abs. 3 S. 3–4. 1. Inhalt.** Nach Abs. 1 bemisst sich das Verlustausgleichsvolumen nach dem Kapitalkonto und der Haftsumme iSd. § 171 Abs. 1 HGB. Dementspr. führt auch die Verminderung der Außenhaftung nach Abs. 3 S. 2–3 zu einer Rückgängigmachung des Verlustausgleichs.

67 **2. Minderung des Haftungsbetrags.** Eine „Minderung" des Haftungsbetrages kann vorliegen, wenn die in das Handelsregister eingetragene Haftsumme herabgesetzt wird. Eine **Herabsetzung der Haftsumme** bedeutet allerdings keine Minderung des Haftungsbetrages, wenn die Haftsumme der geleisteten Einlage entspricht, da dann eine überschießende Außenhaftung nicht besteht. Durch **Leistung der Einlage** kann keine „Minderung des Haftungsbetrages" eintreten, da ansonsten eine tatsächliche Vermögenseinbuße des K'disten unberücksichtigt bliebe.[3] Erst recht ist eine auf die Haftung erbrachte Leistung an die Gesellschaftsgläubiger keine Haftungsminderung. Es entfällt nicht das Risiko der Inanspruchnahme, sondern realisiert sich. „Haftungsbetrag iSd. Abs. 1 S. 2" ist nur der Haftungsbetrag, für den zugleich auch die **Voraussetzungen des Abs. 1 S. 3** erfüllt sind. Dementspr. liegt eine Haftungsminderung auch dann vor, wenn die Voraussetzungen des Abs. 1 S. 3 entfallen, zB eine Vermögensminderung durch Vertrag ausgeschlossen wird. § 15a Abs. 3 S. 3 ist **nicht analog anwendbar**, wenn eine GbR in eine GmbH & Co. KG umgewandelt wird und der GbR-G'ter in die Stellung eines K'disten wechselt. Es fehlt an einer eine Analogie rechtfertigenden planwidrigen Unvollständigkeit des Gesetzes.[4]

68 **3. Ausgleichsfähige Verluste im Elf-Jahres-Zeitraum.** Neben der Haftungsminderung ist weitere Voraussetzung, dass im Wj. der Haftungsminderung und den zehn vorangegangenen Wj. Verluste nach Abs. 1 S. 2 ausgleichs- oder abzugsfähig waren. Es muss dem K'disten ein Verlust zugerechnet worden sein, der zu einem negativen Kapitalkonto führte, aber dennoch nach Abs. 1 S. 2 ausgleichsfähig war. Da Abs. 3 S. 3 ausgleichsfähige in nur verrechenbare Verluste umwandeln soll, darf die Ausgleichsfähigkeit nicht durch Abs. 1 S. 3 ausgeschlossen gewesen sein.

69 **4. Rechtsfolgen.** Dem K'disten wird nach Abs. 3 S. 3 der Betrag der Haftungsminderung als **Gewinn** zugerechnet. Dieser Gewinn ist ebenso wie der Gewinn nach Abs. 3 S. 1 kein „Gewinn aus der Beteiligung", dh. dieser wird weder durch verrechenbare Verluste aus Vorjahren noch durch die Verrechnungsbeträge nach Abs. 3 S. 4 gemindert. Nach Abs. 3 S. 3 ist der Betrag der Haftungsminderung **„vermindert um aufgrund der Haftung tatsächlich geleistete Beträge"** zuzurechnen. Denn die Herabsetzung der Haftsumme ist eine „Haftungsminderung" nur, soweit der G'ter nicht bereits der Haftung entsprochen hat. Abs. 3 S. 3 HS 2 ordnet die **sinngemäße Geltung v. S. 2** an, dh. der zuzurechnende Betrag darf den Betrag der Verlustanteile nicht übersteigen, der im Elf-Jahres-Zeitraum aufgrund der überschießenden Außenhaftung nach Abs. 1 S. 2–3 ausgleichsfähig war. Dabei sind – wie im Fall der Einlageminderung (Rn. 64) – zwi-

1 *Steger*, DB 2006, 2086 (2087).
2 BFH v. 20.3.2003 – IV R 42/00, BStBl. II 2003, 798 = FR 2003, 1169 m. Anm. *Kempermann*.
3 BFH v. 1.6.1989 – IV R 19/88, BStBl. II 1989, 1018 (1020) = FR 1989, 633; vgl. allerdings *K/S/M*, § 15a Rn. D 129 zur Eingrenzung entspr. dem Substitutionsgedanken.
4 FG Düss. v. 8.10.2012 – 11 K 1315/10 F, EFG 2013, 201.

schenzeitlich angefallene Gewinnanteile mindernd zu berücksichtigen. Der K'dist erhält zugleich ein **Verrechnungsvolumen**, wie es ihm zugestanden hätte, wenn der Verlustausgleich v. vornherein versagt worden wäre, wobei Abs. 3 S. 4 eine Verrechnung bereits mit Gewinnen desselben Wj. zulässt (vgl. Rn. 65).

F. Gesonderte Feststellung (Abs. 4)

I. Inhalt. Abs. 4 ordnet die gesonderte Feststellung des verrechenbaren Verlustes an und regelt zugleich die Berechnung des festzustellenden Betrages, die Zuständigkeit für den Erlass des Feststellungsbescheides, den Umfang seiner Anfechtbarkeit und die Verbindung mit der gesonderten und einheitlichen Feststellung der Einkünfte. 70

II. Gegenstand der Feststellung (Abs. 4 S. 1). Nach Abs. 4 S. 1 soll der „nach Abs. 1 nicht ausgleichs- oder abzugsfähige Verlust eines K'disten" – vermindert nach Abs. 2 und vermehrt nach Abs. 3 – festgestellt werden. Gemeint ist: es soll das zum Ende des Wj. vorhandene **Verrechnungsvolumen** (der für eine Minderung zukünftiger Gewinne noch vorhandene Betrag an verrechenbaren Verlusten), aber auch dessen Berechnungsgrößen festgeschrieben werden. Feststellungsgegenstand ist nicht allein das Verrechnungsvolumen, sondern auch dessen **Berechnungsgrößen**. Der Bescheid nach Abs. 4 enthält – wie der Bescheid nach § 180 Abs. 1 Nr. 2 lit. a AO[1] – mehrere rechtl. selbständige Feststellungen. Es wird in ihm umfassend über die Ausgleichsfähigkeit eines Verlustes des jeweiligen Wj., eine Verrechnung nach Abs. 2 und die Höhe des Verrechnungsvolumens entschieden.[2] Entspr. diesem Regelungsgehalt sind die Feststellungsbescheide nach **§ 180 Abs. 1 Nr. 2 lit. a AO und § 15a Abs. 4** gegeneinander abzugrenzen und wechselseitig voneinander abhängig. Der Bescheid über die gesonderte und einheitliche Feststellung der Einkünfte nach §§ 179, 180 Abs. 1 Nr. 2 lit. a AO ist Grundlagenbescheid für den Bescheid nach § 15a Abs. 4. In ihm wird bindend über die Höhe des Gewinn- bzw. Verlustanteils vor Anwendung des § 15a[3] und auch über die Frage, ob Tätigkeitsvergütungen und Zinsen als Sonder-BE oder Gewinnvorab zu erfassen sind[4], entschieden.[5] Der Bescheid nach § 15a Abs. 4 ist seinerseits wiederum Grundlagenbescheid für den Bescheid nach § 180 Abs. 1 Nr. 2 lit. a AO. In ihm wird bindend festgestellt, ob ein Verlust ausgleichsfähig oder nur verrechenbar ist, ob eine Gewinnminderung nach Abs. 2, Abs. 3 S. 4 vorzunehmen ist und wie hoch das Verrechnungsvolumen ist.[6] Lediglich dann, wenn das FA v. der durch Abs. 4 S. 5 eingeräumten Möglichkeit, die Bescheide nach Abs. 4 und § 180 Abs. 1 Nr. 2 lit. a AO miteinander zu verbinden, keinen Gebrauch macht, wird in dem Bescheid nach § 180 Abs. 1 Nr. 2 lit. a AO nicht der sich nach Anwendung v. § 15a ergebende und bei der Veranlagung anzusetzende Gewinn bzw. Verlust ausgewiesen. Die Formulierung **„vermindert um die nach Abs. 2 abzuziehenden ... Beträge"** weist ausschließlich auf Abs. 2 hin. Der nach Abs. 4 festzustellende Betrag muss jedoch auch um die bereits nach Abs. 3 S. 4 verbrauchten Abzugsbeträge gekürzt werden. Gem. Abs. 4 S. 1 sind die nach Abs. 3 hinzuzurechnenden Beträge in den festzustellenden Betrag einzubeziehen. Dann müssen sie, soweit sie verbraucht worden sind, auch herausgerechnet werden. Inhaltsadressat eines Bescheids über die Feststellung des verrechenbaren Verlustes nach § 15a Abs. 4 kann nur der G'ter sein, dem die verrechenbaren Verluste zuzurechnen sind, nicht dagegen die Ges. als solche.[7] 71

Der BFH hat mit Urt. v. 20.11.2014 entschieden, dass die **Gewinnhinzurechnung nach § 15a Abs. 3** Bestandteil der gesonderten und einheitlichen Feststellung der Besteuerungsgrundlagen nach § 180 Abs. 1 Nr. 2 Buchst. a und nicht Bestandteil der gesonderten Feststellung des verrechenbaren Verlustes nach § 15a Abs. 4 ist. Nach § 15a Abs. 4 S. 1 sei der verrechenbare Verlust gesondert festzustellen. Dies sei der nach § 15a Abs. 1 nicht ausgleichs- oder abzugsfähige Verlust eines K'disten, vermindert um die nach Abs. 2 abzuziehenden und vermehrt um die nach Abs. 3 hinzuzurechnenden Beträge. Die Einbeziehung der Hinzurechnungsbeträge nach Abs. 3 sei eine notwendige Folge des § 15a Abs. 3 S. 4, wonach die zuzurechnenden Beträge Gewinne mindern, die dem K'disten im Wj. der Zurechnung oder in späteren Wj. zuzurechnen sind. Die Hinzurechnungsbeträge nach § 15a Abs. 3 stellten demnach eine Berechnungsgrundlage für den verrechenbaren Verlust dar. Gleichwohl seien sie gem. § 179 Abs. 2 S. 2, § 180 Abs. 1 Nr. 2 Buchst. a AO gesondert und einheitlich festzustellen. Die Gewinnhinzurechnung nach § 15a Abs. 3 72

1 BFH v. 10.2.1988 – VIII R 352/82, BStBl. II 1988, 544 (545).
2 BFH v. 24.8.1989 – IV R 124/88, BFH/NV 1990, 638; v. 14.12.1995 – IV R 106/94, BStBl. II 1996, 226 (227) = FR 1996, 350 m. Anm. *Söffing*.
3 BFH v. 22.6.2006 – IV R 31/05 IV R 32/05, BStBl. II 2007, 687 (689); v. 8.5.1995 – III B 113/94, BFH/NV 1995, 971 (972); v. 23.1.2001 – VIII R 30/99, BStBl. II 2001, 621 = FR 2001, 580.
4 BFH v. 23.1.2001 – VIII R 30/99, BStBl. II 2001, 621 = FR 2001, 580.
5 Vgl. auch BFH v. 31.5.2012 – IV R 14/09, BFH/NV 2012, 1533 (zur Entscheidung über die Reihenfolge der Verrechnung verrechenbarer Verluste im Zeitraum der Tonnagebesteuerung mit fiktiven Steuerbilanzgewinnen bzw. mit nach § 5a Abs. 4 S. 3 hinzuzurechnenden Unterschiedsbeträgen iRd. Feststellungsverfahrens nach § 15a Abs. 4).
6 BFH v. 8.5.1995 – III B 113/94, BFH/NV 1995, 971 (792); v. 22.6.2006 – IV R 31/05, IV R 32/05, BStBl. II 2007, 687.
7 BFH v. 3.8.2017 – IV R 7/14, IStR 2018, 35.

S. 1 gehöre zwar nicht zu den Einkünften aus der MU'schaft. Es handele sich hierbei jedoch um eine mit diesen Einkünften iZ stehende Besteuerungsgrundlage. Als solche sei sie im Bescheid über die gesonderte und einheitliche Feststellung der Besteuerungsgrundlagen und nicht im Bescheid über die Feststellung des verrechenbaren Verlustes gesondert festzustellen. Insoweit sei der Bescheid über die gesonderte und einheitliche Feststellung der Besteuerungsgrundlagen Grundlagenbescheid iSd. § 171 Abs. 10 S. 1 AO für die Feststellung des verrechenbaren Verlustes gem. § 15a Abs. 4 S. 1.[1]

73 **III. Berechnung (Abs. 4 S. 2).** Abs. 4 S. 2 ergänzt die Aussagen des Abs. 4 S. 1, indem er anordnet, dass für die Berechnung des vorhandenen Verrechnungsvolumens v. dem verrechenbaren Verlust des vorangegangenen Wj. (genauer: dem **festgestellten Verrechnungsvolumen** aE des vorangegangenen Wj.) auszugehen sei. Abs. 4 S. 2 und Abs. 4 S. 1 lässt sich insoweit folgendes Berechnungsschema entnehmen:

	festgestelltes Verrechnungsvolumen aE des Vorjahres
+	nach Abs. 1 nicht ausgleichsfähiger Verlust des lfd. Wj.
./.	zur Verrechnung mit Gewinnanteilen des lfd. Wj. nach Abs. 2 und Abs. 3 S. 4 genutzte verrechenbare Verluste
+	Beträge aus Einlage- und Haftungsminderung gem. Abs. 3
=	Betrag der noch vorhandenen verrechenbaren Verluste

74 **IV. Zuständigkeit für den Erlass des Bescheides (Abs. 4 S. 3).** Nach Abs. 4 S. 3 ist das für die gesonderte Feststellung des Gewinnes zuständige FA auch für den Erlass des Feststellungsbescheides iSd. Abs. 4 zuständig. Abs. 4 S. 3 verweist damit auf § 18 Abs. 1 S. 2 AO und die Zuständigkeit des sog. **Betriebs-FA**.

75 **V. Anfechtung des Feststellungsbescheides (Abs. 4 S. 4).** Nach Abs. 4 S. 4 kann der Feststellungsbescheid nur angegriffen werden, soweit der verrechenbare Verlust sich ggü. dem verrechenbaren Verlust des vorangegangenen Wj. verändert hat. Abs. 4 S. 4 bestätigt damit die v. § 182 Abs. 1 AO angeordnete **Bindungswirkung** des für das Vorjahr erlassenen Feststellungsbescheides. Der K'dist kann rügen, der verrechenbare Verlust sei ggü. dem Vorjahr zu Unrecht niedriger festgesetzt worden, da das FA fälschlich v. einem Verbrauch ausgegangen sei. Er kann – über den Wortlaut hinaus – auch geltend machen, das FA habe zu Unrecht das Verrechnungsvolumen nicht oder nicht ausreichend erhöht. Ausgeschlossen ist aber eine Anfechtung mit Gründen, welche den verrechenbaren Verlust aus Vorjahren betreffen.

76 In dem Bescheid nach Abs. 4 S. wird nicht nur das Verrechnungsvolumen bindend festgestellt, sondern auch über die Ausgleichsfähigkeit eines in dem betr. Wj. angefallenen Verlustes, die Minderung eines Gewinns nach Abs. 2 und Abs. 3 S. 4 oder eine Hinzurechnung nach Abs. 3 entschieden. Der StPfl. muss dementspr. Einwendungen zur Anwendung des § 15a durch Anfechtung des Bescheides nach Abs. 4 erheben. Abs. 4 S. 4 schränkt die Anfechtung des Bescheides nach Abs. 4 insoweit nicht ein.

77 Für die **Klagebefugnis** ist v. Bedeutung, ob der einzelne K'dist alleiniger Adressat des Bescheides über die gesonderte Feststellung des verrechenbaren Verlustes ist oder diese mit der gesonderten und einheitlichen Feststellung der Einkünfte verbunden und gem. Abs. 4 S. 6 einheitlich durchgeführt wird. Im ersten Fall ist ausschließlich der K'dist als persönlich Betroffener klagebefugt. Erfolgt dagegen die gesonderte Feststellung des verrechenbaren Verlustes iVm. der Feststellung der Einkünfte, greift § 48 FGO ein. Zwar ist auch dann der Bescheid ein selbständiger VA.[2] Er ist jedoch ein einheitlicher Feststellungsbescheid „über" Einkünfte aus GewBetr. bzw. ein „Bescheid über die einheitliche oder gesonderte Feststellung v. Besteuerungsgrundlagen".[3] Der einzelne K'dist ist nach § 48 Abs. 1 Nr. 5 FGO klagebefugt, weil ihn die Höhe seines verrechenbaren Verlustes persönlich angeht.[4] Daneben ist nach der Rspr. des BFH auch die KG selbst nach § 48 Abs. 1 Nr. 1 FGO klagebefugt.[5] Diese Rspr. des BFH ist allerdings abzulehnen. Bei Fragen, bei denen der Beteiligte, den diese Fragen angehen, selbst klagen kann, bedarf es keines Handelns v. Prozessstandschaftern.[6] Außerdem erscheint es nicht plausibel, dass die Klagebefugnis der Ges. davon abhängen soll, ob das FA v. der Möglichkeit Gebrauch macht, die Feststellung nach Abs. 4 S. 5 mit der gesonderten und einheitlichen Feststellung der Einkünfte zu verbinden.[7] In Verfahren gegen Feststellungsbescheide

1 BFH v. 20.11.2014 – IV R 47/11, BStBl. II 2015, 532 (534) = GmbHR 2015, 604.
2 BFH v. 19.5.1987 – VIII B 104/85, BStBl. II 1988, 5 (7) = FR 1987, 591.
3 BFH v. 2.3.1988 – IV B 95/87, BStBl. II 1988, 617 (618) = FR 1988, 394; FG Münster v. 12.9.1989 – XII 8678/88 F, EFG 1990, 112.
4 BFH v. 19.5.1987 – VIII B 104/85, BStBl. II 1988, 5 (7) = FR 1987, 591; v. 3.3.1998 – VIII R 43/95, BFH/NV 1998, 1358 (1359).
5 BFH v. 19.5.1987 – VIII B 104/85, BStBl. II 1988, 5 (7) = FR 1987, 591; v. 30.3.1993 – VIII R 63/91, BStBl. II 1993, 706 (707) = FR 1993, 631 m. Anm. *Stobbe*; v. 3.3.1998 – VIII R 43/95, BFH/NV 1998, 1358 (Beiladung des K'disten).
6 *Gosch*, § 48 FGO Rn. 231, 212ff.
7 So aber ausdrücklich diff. BFH v. 30.3.1993 – VIII R 63/91, BStBl. II 1993, 706 (707) = FR 1993, 631 m. Anm. *Stobbe*.

nach Abs. 4 ist **vorl. Rechtsschutz** ebenso zu gewähren wie in anderen Fällen der Anfechtung eines Feststellungsbescheides.[1]

VI. Verbindung mit der Feststellung der Einkünfte (Abs. 4 S. 5, 6). Der Bescheid über die gesonderte Feststellung des verrechenbaren Verlustes und der Bescheid über die gesonderte Feststellung der Einkünfte sind selbständige und **selbständig anfechtbare VA**, auch wenn sie nach Abs. 4 S. 5 miteinander verbunden werden.[2] Unzutr. erscheint deshalb die Ansicht des FG München, das FA erlasse einen negativen VA über das Nichtvorliegen verrechenbarer Verluste, wenn es für einen Gewinnfeststellungsbescheid einen Vordruck verwende, der Eintragungen nach § 15a vorsehe, aber nicht enthalte.[3] Nach Abs. 4 S. 6 sind die gesonderten Feststellungen des verrechenbaren Verlustes, wenn sie mit der gesonderten und einheitlichen Feststellung der Einkünfte verbunden werden, **„einheitlich"** durchzuführen. Damit lässt sich erreichen, dass die Fragen, die sich für mehrere oder alle K'disten stellen, in derselben Weise beurteilt werden. 78

G. Ausdehnung auf andere Unternehmer (Abs. 5)

I. Grundsätzliches. Abs. 5 erstreckt den mit dem Tatbestandsmerkmal des K'disten vorgegebenen Geltungsbereich des § 15a auf andere beschränkt haftende Unternehmer. Der Gesetzgeber berücksichtigt, dass auch andere Unternehmensformen zur Verlustzuweisung eingesetzt wurden. Wie bei Abs. 1–4 reicht jedoch der allg. Gesetzeszweck des Abs. 5 über das Regelungsanliegen, Verlustzuweisungsmodellen zu begegnen, hinaus. So stellt gerade Abs. 5 den Rechtsanwender wiederholt vor die Entscheidung zw. der am Grundgedanken des § 15a orientierten systemgerechten Lösung und der Fortschreibung v. in den Abs. 1–4 getroffenen systemwidrigen Einzelentscheidungen. 79

II. Sinngemäße Geltung bei vergleichbarer Haftung. Abs. 5 erstreckt die Geltung auf „andere **Unternehmer**, soweit deren Haftung der eines K'disten vergleichbar ist". Der Begriff des Unternehmers ist dabei in Anlehnung an die Definition des MU'ers iSv. § 15 Abs. 1 S. 2 zu bestimmen. 80

Beim K'disten sind für die Frage der **„Vergleichbarkeit der Haftung"** seine Haftung im Außenverhältnis und seine Verlustteilnahme im Innenverhältnis zu unterscheiden. Nach der iErg. zutr. hM ist allein auf die Außenhaftung abzustellen.[4] Beim K'disten wird eine Haftung aus anderen Gründen als dem des § 171 Abs. 1 HGB, eine ausstehende Pflichteinlage und eine interne Verlustausgleichspflicht nicht berücksichtigt, und es sprechen Wortlaut und Entstehungsgeschichte des Abs. 5 dafür, dass diese in Abs. 1 getroffene (dem Grundgedanken des § 15a widersprechende) Regelung in Abs. 5 fortgeschrieben werden soll. 81

Außer für die in Abs. 5 Nr. 1–5 ausdrücklich genannten Unternehmer kommt eine Anwendung v. Abs. 5 für den **OHG-G'ter**, den **Komplementär**, den verdeckten **MU'er**, den Partner einer **Partnerschaft** und auch den **Einzelkaufmann** in Betracht. Auf die Einbeziehung auch des Einzelunternehmers weist der einleitende Satzteil v. Abs. 5 hin, in dem v. Unternehmern die Rede ist. Dass OHG-G'ter, Komplementäre und Einzelkaufleute in den Nr. 1–5 nicht erwähnt werden, dagegen so spezielle Gesellschaftsformen wie die der Reederei, ist damit zu erklären, dass der Gesetzgeber offenbar auf Beispiele aus der Praxis zurückgegriffen hat. 82

Abs. 1–4 sollen sinngemäß für andere Unternehmer gelten, **„soweit"** deren Haftung vergleichbar ist. In der Literatur wird unter Hinweis auf Abs. 1 S. 3 dieses „soweit" iSv. „wenn" interpretiert.[5] Dem ist nicht zuzustimmen.[6] Es ist vielmehr umgekehrt das „wenn" in Abs. 1 S. 3 iSv. „soweit" zu verstehen (Rn. 39). Verluste, die den Haftungshöchstbetrag übersteigen, bedeuten keine gegenwärtige wirtschaftliche Belastung. 83

Abs. 5 ordnet die sinngemäße **Geltung v. Abs. 1 S. 1** an. Während bei einem K'disten eine Einlage typisch ist, müssen Unternehmer iSv. Abs. 5 zT keine Einlage leisten (zB ArbN als verdeckte MU'er) oder es kommt der Einlage keine vergleichbare Bedeutung zu (Partenreeder, BGB-G'ter). Sie können damit Verluste nur ausgleichen, soweit sie im Außenverhältnis haften. 84

---

1 BFH v. 2.3.1988 – IV B 95/87, BStBl. II 1988, 617 (618) = FR 1988, 394.

2 BFH v. 30.3.1993 – VIII R 63/91, BStBl. II 1993, 706 (707) = FR 1993, 631 m. Anm. *Stobbe*; v. 23.2.1999 – VIII R 29/98, BStBl. II 1999, 592 = FR 1999, 701 m. Anm. *Kempermann*; FG BaWü. v. 18.12.2003 – 2 K 368/99, EFG 2004, 575 (Einwendungen gegen Gewinnfeststellungsbescheid im Verfahren gegen § 15a Abs. 4-Bescheid).

3 FG München v. 21.10.2003 – 6 K 1333/03, EFG 2004, 261 (aufgehoben durch BFH v. 11.7.2006 – VIII R 10/05, BStBl. II 2007, 96 = FR 2006, 1126).

4 BFH v. 10.7.2001 – VIII R 45/98, BStBl. II 2002, 339 (342) = FR 2001, 1103 m. Anm. *Kempermann*; v. 14.12.1995 – IV R 106/94, BStBl. II 1996, 226 (228) = FR 1996, 350 m. Anm. *Söffing*; v. 26.5.1994 – IV B 4/93, BFH/NV 1994, 784; vgl. allerdings auch BFH v. 25.7.1995 – IX R 61/93, BStBl. II 1996, 128 = FR 1996, 102 zur Bedeutung einer Freistellungserklärung gegenüber bürgenden Mitgesellschaftern.

5 *Jakob*, FS Felix, 1989, 145 Fn. 112.

6 BFH v. 17.12.1992 – IX R 150/89, BStBl. II 1994, 490 (492) = FR 1993, 612; v. 30.11.1993 – IX R 60/91, BStBl. II 1994, 496 (498) = FR 1994, 261; v. 25.7.1995 – IX R 61/93, BStBl. II 1996, 128 (130) = FR 1996, 102.

85 Abs. 5 verweist nicht auf die Vorschriften, die einen Verlustausgleich bei einer überschießenden Haftung nach § 171 Abs. 1 HGB zulassen bzw. an diese anknüpfen. Der Grund für diese **eingeschränkte Verweisung** ist, dass bei den Unternehmern iSd. Abs. 5 eine Anwendung v. Abs. 1–4 ohnehin nur in Betracht kommt, „soweit" ihre Haftung im Außenverhältnis ausgeschlossen ist (Rn. 83).

86 Das **JStG 2009** hat nicht nur Abs. 1a neu eingeführt und Abs. 2 S. 2 angefügt, sondern auch Abs. 5 um die Verweisung auf Abs. 1a erweitert. Dies bedeutet, dass auch in den Fällen des Abs. 5 eine nachträgliche Einlage nicht zur Umqualifizierung bis dahin nur verrechenbarer in ausgleichsfähige Verluste führt und diese Einlage auch kein Verlustausgleichsvolumen für Verluste folgender Wj. schafft, die zur Entstehung oder Erhöhung eines negativen Kapitalkontos führen. IHd. erbrachten Einlagen sollen lediglich bei Veräußerung oder Aufgabe des Unternehmens oder der Beteiligung nach Verrechnung mit dem Veräußerungs- oder Aufgabegewinn verbleibende verrechenbare Verluste zum Ausgleich zugelassen werden.[1]

87 **III. Stille Gesellschafter (Abs. 5 Nr. 1).** Eine **stille Ges.** iSv. § 230 HGB liegt vor, wenn zw. einem Unternehmensträger und einem stillen G'ter zur Erreichung eines gemeinsamen Zwecks ein Gesellschaftsvertrag geschlossen wird, kraft dessen der stille G'ter ohne Bildung eines Gesellschaftsvermögens mit einer Einlage am Unternehmen beteiligt ist und eine Gewinnbeteiligung erhält.[2] Abs. 5 Nr. 1 fordert eine stille Ges., „bei der der stille G'ter als Unternehmer **(MU'er)** anzusehen ist" (sog. atypische stille Ges.). Ist der G'ter kein MU'er, so kann § 15a über § 20 Abs. 1 S. 4 anzuwenden sein.

88 Abs. 5 Nr. 1 setzt keine Haftungsbeschränkung voraus. Auch für den stillen G'ter gilt jedoch die allg. Klausel des Abs. 5, nach der Abs. 1–4 nur sinngemäß anzuwenden ist, „soweit seine **Haftung der eines K'disten vergleichbar** ist". Dies ist der Fall, denn im Außenverhältnis haftet ausschließlich der Inhaber des GewBetr. Die „Haftung" des Stillen für die eigene Einlageverpflichtung oder eine Verlustteilnahme im Innenverhältnis kann nicht zum Verlustausgleich führen (Rn. 81),[3] auch nicht die Übernahme schuldrechtl. Außenverpflichtungen.[4] Für den atypischen stillen G'ter, dessen Haftung dem gesetzlichen Regelstatut entspricht, findet **Abs. 1 S. 1, Abs. 1a, 2, 3 S.1, 2, 4 und Abs. 4** Anwendung (Rn. 84 f.).

89 **IV. BGB-Gesellschafter (Abs. 5 Nr. 2).** Nach **§ 705 BGB** verpflichten sich mehrere G'ter durch einen Gesellschaftsvertrag gegenseitig, die Erreichung eines gemeinsamen Zwecks in der durch den Vertrag bestimmten Weise zu fördern. Die GbR besitzt zivilrechtl. Rechtsfähigkeit,[5] es haften die G'ter aber für Schulden der Ges. prinzipiell auch mit ihrem PV.[6] Abs. 5 S. 2 verlangt eine **MU'er-Stellung** des BGB-G'ter und eine MU'schaft, die ein gewerbliches Unternehmen iSd. § 15 betreibt. Ansonsten kommt eine Anwendung v. § 15a über § 18 Abs. 4 oder § 21 Abs. 1 S. 2 in Betracht.

90 § 15a gilt für BGB-G'ter, „soweit die Inanspruchnahme für Schulden im Zusammenhang mit dem Betrieb durch Vertrag ausgeschlossen oder nach Art und Weise des Geschäftsbetriebs unwahrscheinlich ist". Diese Tatbestandsvoraussetzung erinnert an Abs. 1 S. 3, enthält jedoch eine andere inhaltliche Aussage. Abs. 1 S. 3 normiert eine Ausnahme v. dem Verlustausgleichsverbot für K'disten bei einer überschießenden Außenhaftung. Abs. 5 Nr. 2 bezieht dagegen ausnahmsweise BGB-G'ter, die grds. keine Regelungsadressaten v. § 15a sind, in die Regelungen des § 15a ein.[7]

91 Nach Abs. 5 S. 2 muss „die **Inanspruchnahme des G'ters für Schulden**" ausgeschlossen sein. Aufgrund dieser Maßgeblichkeit der Inanspruchnahme – und nicht der Vermögensminderung aufgrund der Haftung (wie nach Abs. 1 S. 3) – stehen Ausgleichs- oder Rückversicherungsansprüche gegen Dritte einer Anwendung v. § 15a nicht entgegen.[8] Zugleich wird verhindert, dass für BGB-G'ter eine Verlustausgleichbeschränkung allein schon aufgrund eines gesellschaftsvertraglichen Rückgriffsanspruch eintritt. Ausgeschlossen sein muss eine Inanspruchnahme des G'ters, welche über den Zugriff auf die geleistete Einlage hinausgeht („Einlage + 1"). Die Inanspruchnahme muss Schulden **„im Zusammenhang mit dem Betrieb"** betreffen.[9]

---

1 Zur Bildung v. Korrekturposten vor Einführung v. § 15a Abs. 1a bei atypischen stillen Ges.: BFH v. 20.9.2007 – IV R 10/07, BStBl. II 2008, 118 = FR 2008, 273; FG Hbg. v. 22.1.2007 – 7 K 84/06, EFG 2007, 1236.

2 *Groh*, FS L. Schmidt, 1993, 439 (449); BFH v. 10.7.2001 – VIII R 45/98, BStBl. II 2002, 339 (340) = FR 2001, 1103 m. Anm. *Kempermann*.

3 BFH v. 11.3.2003 – VIII R 33/01, BStBl. II 2003, 705 = FR 2003, 911 m. Anm. *Kempermann*; v. 16.12.1997 – VIII R 76/93, BFH/NV 1998, 576 (577); 98, 823; *Hitzemann*, DStR 1998, 1708.

4 BFH v. 11.3.2003 – VIII R 33/01, BStBl. II 2003, 705 = FR 2003, 911 m. Anm. *Kempermann*.

5 BGH v. 29.1.2001 – II ZR 331/00, NJW 2001, 1056.

6 BGH v. 27.9.1999 – II ZR 371/98, DStR 1999, 1704.

7 BFH v. 17.12.1992 – IX R 150/89, BStBl. II 1994, 490 (491) = FR 1993, 612.

8 *Jakob*, FS Felix, 1989, 111 (142, Fn. 108); FG München v. 25.5.2007 – 8 K 3962/03, EFG 2007, 1597.

9 BFH v. 25.7.1995 – IX R 61/93, BStBl. II 1996, 128 (130) = FR 1996, 102.

Die Inanspruchnahme muss – so die 1. Alt. – **„durch Vertrag ausgeschlossen"** sein. Nach der Rspr. des BGH ist hierzu eine individuelle Abrede mit dem Geschäftsgegner erforderlich, dass dieser sich allein an das GesVermögen halten will.[1] Eine Inanspruchnahme ist nicht „durch Vertrag ausgeschlossen", wenn zwar im Gesellschaftsvertrag eine Haftungsbeschränkung vorgesehen ist, der G'ter sich aber ggü. den Gläubigern verpflichtet hat, für Schulden der Ges. persönlich einzustehen,[2] wenn der G'ter lediglich eine quotale Haftungsbeschränkung entspr. seinem Gesellschaftsanteil vereinbart[3] oder er sich durch eine (interne) Freistellungserklärung verpflichtet hat, bürgende MitGes. anteilig v. der Inanspruchnahme freizustellen.[4] Nach der Rspr. des BFH wird die Vergleichbarkeit der Haftung mit der eines K'disten nicht dadurch ausgeschlossen, dass BGB-G'ter – anders als K'disten – für **deliktische oder öffentl.-rechtl. Anspr.** haften. Es handele sich – so der BFH – um Ausnahmefälle, die die grds. Übereinstimmung der Haftungslagen nicht berührten.[5] Diese Rspr. wird zu Recht kritisiert.[6] Der BFH prüft nicht die tatbestandlichen Voraussetzungen des Abs. 5 Nr. 2 und vermeidet die klare Aussage, eine Inanspruchnahme sei – obwohl gesetzliche Anspr. nicht durch Vertrag auszuschließen sind – durch Vertrag ausgeschlossen. Außerdem negiert er die Haftungsrisiken nach der zivilrechtl. Rechtslage.[7] Ein Ausschluss der Inanspruchnahme durch Vertrag ist deshalb nur in Ausnahmefällen – zB bei Innengesellschaften mit verdeckten Treuhändern – anzunehmen.[8] Ansonsten kommt eine Anwendung der 2. Alt. v. Abs. 5 Nr. 2 in Betracht. Nach der Rspr. des BFH ist eine Inanspruchnahme bei einem nicht nach außen auftretenden G'ter einer **BGB-InnenGes.** stets „durch Vertrag ausgeschlossen" (Rn. 88). Die in Abs. 5 Nr. 2 vorausgesetzte „Inanspruchnahme des G'ters für Schulden im Zusammenhang mit dem Betrieb" meine die Haftung ggü. den Ges.-Gläubigern, nicht die interne Ausgleichspflicht (Rn. 88).[9] An dieser Anwendung v. § 15a auf BGB-InnenGes. ändert sich auch dann nichts, wenn der Innen-G'ter Mitschuldner v. Verbindlichkeiten wird.[10] 92

§ 15a ist auf BGB-G'ter auch anzuwenden, wenn eine Inanspruchnahme „nach Art und Weise des Geschäftsbetriebs unwahrscheinlich" ist. Abs. 5 Nr. 2 konkretisiert damit die Grundaussage des § 15a, einen Ausgleich bei Verlusten zu versagen, die keine gegenwärtige wirtschaftliche Belastung bedeuten, und zugleich die Forderung des Abs. 5 nach der Vergleichbarkeit der Haftung mit der eines K'disten. Das Tatbestandsmerkmal der **Unwahrscheinlichkeit** muss dementspr. eng ausgelegt werden. Während der K'dist den Verlustausgleichsbeschränkungen unterworfen wird, weil er über seine Einlage hinaus nicht haftet, gilt dies für den BGB-G'ter bereits, wenn seine Inanspruchnahme „unwahrscheinlich" ist. Der BFH hat zwar entschieden, dass bei Modernisierungsfonds und anderen Bauherrengemeinschaften das Fehlen eines Inanspruchnahmerisikos indiziert sei.[11] In der Literatur ist diese Rspr. des 9. Senats – vor allem wegen ihrer Abweichung v. der des 8. Senats – zu Recht auf Kritik gestoßen.[12] Die FinVerw. hat hierauf in einem Erlass v. 30.6.1994 die Entscheidung des 9. Senats dahin interpretiert, dass die v. 9. Senat getroffenen Aussagen nur bei besonderen risikobegrenzenden Vereinbarungen zugrunde zu legen seien.[13] Abs. 5 S. 2 verlangt eine Unwahrscheinlichkeit **„nach Art und Weise des Geschäftsbetriebs"**. Während die 1. Alt. („durch Vertrag ausgeschlossen") die rechtl. Gestaltung meint, hebt die 2. Alt. auf die tatsächlichen Verhältnisse ab, ist aber zugleich Auffangtatbestand zur Alt. 1 93

Da der BGB-G'ter den Verlustausgleichsbeschränkungen nur unterworfen wird, „soweit" eine Inanspruchnahme über die geleistete Einlage hinaus ausgeschlossen oder unwahrscheinlich ist, steht ihm neben dem Verlustausgleichsvolumen aufgrund seines Kapitalkontos ein **Verlustausgleichspotential** nach Maßgabe seiner verbleibenden Haftung zur Vfg. Allerdings hat der BFH zw. den beiden Alt. des Abs. 5 Nr. 2 differenziert. In den Fällen des Abs. 5 Nr. 2, 1. Alt. seien Verluste ausgleichsfähig, soweit die Haftung betragsmäßig reiche. In den Fällen des Abs. 5 Nr. 2, 2. Alt. sei dagegen eine Beschränkung auf den Betrag, in des- 94

1 BGH v. 27.9.1999 – II ZR 371/98, DStR 1999, 1704.
2 BFH v. 17.12.1992 – IX R 150/89, BStBl. II 1994, 490 (491) = FR 1993, 612; v. 25.7.1995 – IX R 61/93, BStBl. II 1996, 128 (129) = FR 1996, 102.
3 BFH v. 17.12.1992 – IX R 7/91, BStBl. II 1994, 492 (495) = FR 1993, 609.
4 BFH v. 25.7.1995 – IX R 61/93, BStBl. II 1996, 128 = FR 1996, 102.
5 BFH v. 17.12.1992 – IX R 7/91, BStBl. II 1994, 492 (495) = FR 1993, 609.
6 *Jakob*, FS Felix, 1989, 111 (148); *K/S/M*, § 15a Rn. F 101 ff.
7 *K. Schmidt*, JbFfStR 1986/87, 187 mwN.
8 *Jakob*, FS Felix, 1989, 111 (148).
9 BFH v. 10.7.2001 – VIII R 45/98, BStBl. II 2002, 339 (342) = FR 2001, 1103 m. Anm. *Kempermann*.
10 BFH v. 5.2.2002 – VIII R 31/01, BStBl. II 2002, 464 = FR 2002, 770 m. Anm. *Kempermann*; v. 11.3.2003 – VIII R 33/01, BStBl. II 2003, 705 = FR 2003, 911 m. Anm. *Kempermann*.
11 BFH v. 17.12.1992 – IX R 150/89, BStBl. II 1994, 490 = FR 1993, 612; v. 17.12.1992 – IX R 7/91, BStBl. II 1994, 492 (495 f.) = FR 1993, 609.
12 *Kaligin*, DStZ 1984, 521 (523).
13 BMF v. 30.6.1994, BStBl. I 1994, 355.

sen Höhe der Haftende aller Wahrscheinlichkeit nach tatsächlich in Anspr. genommen werde, nicht gerechtfertigt. Es genüge, dass das Risiko einer persönlichen Inanspruchnahme erheblich sei.[1]

95 **V. Gesellschafter ausländischer Personengesellschaften (Abs. 5 Nr. 3).** Abs. 5 Nr. 3 erfasst **Personenvereinigungen**, bei denen der G'ter nach § 15 Abs. 1 S. 1 Nr. 2 als MU'er besteuert wird. Ob die Ges. nach ausländ. Zivilrecht KapGes. ist oder ob sie im Ausland als Steuersubjekt besteuert wird, ist nicht maßgebend. **„Ausländisch"** iSv. Abs. 5 Nr. 3 sind Ges. mit einer Rechtsform nach ausländ. Gesellschaftsrecht. In seiner **1. Alt.** fragt Abs. 5 Nr. 3 danach, ob die Haftung des G'ters nach dem gesetzlichen Haftungsstatut dieser Ges. der K'disten-Haftung gleicht. So hat die deutsche KG in Frankreich eine Parallele in der société en commandite simple, in Großbritannien und USA in der ltd. partnership, in Dänemark in der Kommanditselskab und in den Niederlanden in der commanditaire vennootschap. In seiner **2. Alt.** fragt Abs. 5 Nr. 3 nach einer Parallele zu dem gesetzlichen Haftungsstatut der stillen Ges. (zu diesem: Rn. 87). Das Institut der stillen Ges. findet sich in Europa zB in Belgien, Griechenland, Italien, Österreich, Liechtenstein, Luxemburg und der Tschechischen und Slowakischen Republik. Die **3. Alt.** des Abs. 5 S. 3 soll die Fälle erfassen, in denen nach der gesetzlichen Regelung keine Haftungsbeschränkung besteht, in denen aber die Inanspruchnahme des G'ters durch Vertrag ausgeschlossen oder nach Art und Weise des Geschäftsbetriebs unwahrscheinlich ist (vgl. Rn. 92 ff.).[2]

96 **VI. Haftungslose Verbindlichkeiten (Abs. 5 Nr. 4).** Abs. 5 Nr. 4 verwendet denselben **Unternehmerbegriff** wie Abs. 5 in seinem Einleitungssatz. **„Verbindlichkeiten"** sind alle „haftungslosen" betrieblichen Schulden ohne Rücksicht auf ihre schuldrechtl. Qualifikation oder betriebswirtschaftliche Funktion. Mit der Abhängigkeit v. **„Erlösen"** sind sowohl Brutto- als auch Nettoerlöse gemeint.

97 Abs. 5 Nr. 4 hatte schon in der Vergangenheit einen eingeschränkten Anwendungsbereich. Nach der Rspr. des BFH waren Verbindlichkeiten, die nur **aus den Reingewinnen** der folgenden Jahre zu tilgen sind, grds. mangels gegenwärtiger wirtschaftlicher Belastung nicht passivierungsfähig.[3] Bei einer bloßen wirtschaftlich-faktischen Abhängigkeit war Abs. 5 Nr. 4 nicht anzuwenden („zu tilgen sind").[4] Der BFH hat allerdings eine Passivierung v. Krediten für möglich erachtet, die **aus künftigen Erlösen** zu tilgen sind.[5] Für diese Rspr. bestanden allerdings (zunächst) Nichtanwendungserlasse.

98 Der Gesetzgeber hat mit dem StBereinG 1999 die Frage der Passivierung „haftungsloser" Verbindlichkeiten (an der systematisch richtigen Stelle) geregelt.[6] Nach **§ 5 Abs. 2a** sind für Verpflichtungen, die nur zu erfüllen sind, soweit künftig Einnahmen oder Gewinne anfallen, Verbindlichkeiten oder Rückstellungen erst anzusetzen, wenn die Einnahmen oder Gewinne angefallen sind. Damit hat Abs. 5 S. 4 nur noch für vor dem 1.1.1999 beginnende Wj. Bedeutung.[7]

99 **VII. Partenreeder mit beschränkter Haftung (Abs. 5 Nr. 5).** Die Reederei ist eine eigene gesellschaftsrechtl. Rechtsform mit der Besonderheit, dass sie an das Eigentum an einem Schiff gebunden ist. Sie kann Trägerin v. Rechten und Pflichten sein. Die **Mitreeder** haften nach § 507 HGB für die Verbindlichkeiten der Reederei unmittelbar und primär, allerdings nur anteilig. Sie trifft nach § 500 Abs. 1 HGB eine Nachschusspflicht. Allerdings können sie sich nach § 501 Abs. 2 HGB v. Nachschüssen für künftige Ausgaben dadurch befreien, dass sie ihre Schiffspart ohne Anspr. auf Entschädigung aufgeben. Außerdem kann der Reeder nach § 486 Abs. 1 HGB seine Haftung für Seeforderungen und nach § 486 Abs. 2 HGB für Ölverschmutzungsschäden beschränken.

100 Die Reederei muss eine **MU'schaft** iSd. § 15 Abs. 1 S. 1 Nr. 2 sein, und es muss der Mitreeder die Stellung eines MU'ers haben. Abs. 1–4 ist anzuwenden, wenn seine „persönliche **Haftung**" **ausgeschlossen** ist. Der Ausschluss der Haftung muss sich auf rechtsgeschäftliche und gesetzliche Anspr. erstrecken. Es wird deshalb idR eine Vereinbarung mit einer finanzierenden Bank, nach welcher der Mitreeder aus der Schiffshypothek nicht in Anspr. genommen wird, nicht ausreichen. Hinzu kommen müssten Versicherungsverträge zur Abdeckung gesetzlicher Risiken oder Haftungsbeschränkungen nach den in § 486 HGB genann-

---

1 BFH v. 17.12.1992 – IX R 150/89, BStBl. II 1994, 490 (492) = FR 1993, 612; v. 30.11.1993 – IX R 60/91, BStBl. II 1994, 496 (498) = FR 1994, 261.

2 Zur Anwendung v. § 15a bei ausländ. PersGes. auf inländ. und ausländ. G'ter mit und ohne DBA: *K/S/M*, § 15a Rn. G 188 ff.

3 BFH v. 10.11.1980 – GrS 1/79, BStBl. II 1981, 164 (169) = FR 1981, 199; v. 14.6.1994 – VIII R 37/93, BStBl. II 1995, 246 (248) = FR 1995, 234.

4 FG RhPf. v. 16.6.1981 – 1 V 6/81, DB 1981, 1909; BT-Drucks. 8/3648, 18.

5 BFH v. 20.9.1995 – X R 225/93, BStBl. II 1997, 320 = FR 1996, 20; v. 3.7.1997 – IV R 49/96, BStBl. II 1998, 244 = FR 1997, 851; v. 17.12.1998 – IV R 21/97, BStBl. II 2000, 116 = FR 1999, 453 m. Anm. *Groh*; v. 4.2.1999 – IV R 54/97, BStBl. II 2000, 139 = FR 1999, 525 m. Anm. *Weber-Grellet*.

6 BT-Drucks. 14/2070, 40.

7 Ausf. *K/S/M*, § 15a Rn. G 221.

ten internationalen Übereinkommen. Abs. 5 Nr. 5 spricht v. **„Verbindlichkeiten der Reederei"**. Er berücksichtigt damit, dass die Reederei selbst Trägerin v. Rechten und Pflichten ist. Bei der Frage der **„Unwahrscheinlichkeit der Inanspruchnahme"** ist den Besonderheiten der Reederei (Schwankungen bei den Frachtraten sowie den Schiffs- und Schiffsverwertungspreisen; Bonität des Charterers; Vollstreckung im Ausland) Rechnung zu tragen.

§ 15b Verluste im Zusammenhang mit Steuerstundungsmodellen

(1) [1]Verluste im Zusammenhang mit einem Steuerstundungsmodell dürfen weder mit Einkünften aus Gewerbebetrieb noch mit Einkünften aus anderen Einkunftsarten ausgeglichen werden; sie dürfen auch nicht nach § 10d abgezogen werden. [2]Die Verluste mindern jedoch die Einkünfte, die der Steuerpflichtige in den folgenden Wirtschaftsjahren aus derselben Einkunftsquelle erzielt. [3]§ 15a ist insoweit nicht anzuwenden.

(2) [1]Ein Steuerstundungsmodell im Sinne des Absatzes 1 liegt vor, wenn auf Grund einer modellhaften Gestaltung steuerliche Vorteile in Form negativer Einkünfte erzielt werden sollen. [2]Dies ist der Fall, wenn dem Steuerpflichtigen auf Grund eines vorgefertigten Konzepts die Möglichkeit geboten werden soll, zumindest in der Anfangsphase der Investition Verluste mit übrigen Einkünften zu verrechnen. [3]Dabei ist es ohne Belang, auf welchen Vorschriften die negativen Einkünfte beruhen.

(3) Absatz 1 ist nur anzuwenden, wenn innerhalb der Anfangsphase das Verhältnis der Summe der prognostizierten Verluste zur Höhe des gezeichneten und nach dem Konzept auch aufzubringenden Kapitals oder bei Einzelinvestoren des eingesetzten Eigenkapitals 10 Prozent übersteigt.

(3a) Unabhängig von den Voraussetzungen nach den Absätzen 2 und 3 liegt ein Steuerstundungsmodell im Sinne des Absatzes 1 insbesondere vor, wenn ein Verlust aus Gewerbebetrieb entsteht oder sich erhöht, indem ein Steuerpflichtiger, der nicht auf Grund gesetzlicher Vorschriften verpflichtet ist, Bücher zu führen und regelmäßig Abschlüsse zu machen, auf Grund des Erwerbs von Wirtschaftsgütern des Umlaufvermögens sofort abziehbare Betriebsausgaben tätigt, wenn deren Übereignung ohne körperliche Übergabe durch Besitzkonstitut nach § 930 des Bürgerlichen Gesetzbuchs oder durch Abtretung des Herausgabeanspruchs nach § 931 des Bürgerlichen Gesetzbuchs erfolgt.

(4) [1]Der nach Absatz 1 nicht ausgleichsfähige Verlust ist jährlich gesondert festzustellen. [2]Dabei ist von dem verrechenbaren Verlust des Vorjahres auszugehen. [3]Der Feststellungsbescheid kann nur insoweit angegriffen werden, als der verrechenbare Verlust gegenüber dem verrechenbaren Verlust des Vorjahres sich verändert hat. [4]Handelt es sich bei dem Steuerstundungsmodell um eine Gesellschaft oder Gemeinschaft im Sinne des § 180 Absatz 1 Satz 1 Nummer 2 Buchstabe a der Abgabenordnung, ist das für die gesonderte und einheitliche Feststellung der einkommensteuerpflichtigen und körperschaftsteuerpflichtigen Einkünfte aus dem Steuerstundungsmodell zuständige Finanzamt für den Erlass des Feststellungsbescheids nach Satz 1 zuständig; anderenfalls ist das Betriebsfinanzamt (§ 18 Absatz 1 Nummer 2 der Abgabenordnung) zuständig. [5]Handelt es sich bei dem Steuerstundungsmodell um eine Gesellschaft oder Gemeinschaft im Sinne des § 180 Absatz 1 Satz 1 Nummer 2 Buchstabe a der Abgabenordnung, können die gesonderten Feststellungen nach Satz 1 mit der gesonderten und einheitlichen Feststellung der einkommensteuerpflichtigen und körperschaftsteuerpflichtigen Einkünfte aus dem Steuerstundungsmodell verbunden werden; in diesen Fällen sind die gesonderten Feststellungen nach Satz 1 einheitlich durchzuführen.

Verwaltung: BMF v. 17.7.2007, BStBl. I 2007, 542; OFD Ffm. v. 20.4.2010 – S 2241b A - 1 - St 213 (Disagio-Anlagen in Form v. Private Placements; Anwendung des § 15b EStG); OFD Münster v. 13.7.2010 – S 2210 - 45 - St 22 - 31 (Verlustverrechnungsbeschränkung für Steuerstundungsmodelle; Anwendung bei Einkünften aus Kapitalvermögen); OFD Münster v. 28.11.2011 – S 2214 - 40 - St 22 - 31 (Rentenversicherungen und Lebensversicherungen gegen finanzierten Einmalbetrag).

Literatur: *Anzinger*, Zur Zuordnung von Goldbarren zum Anlage- oder Umlaufvermögen (Anm. zu BFH v. 19.1. 2017 – IV R 50/14), NZG 2017, 599; *Aweh*, Feststellungsbescheid bei Steuerstundungsmodellen, EStB 2016, 168; *Birker*, Investmentvermögen als Steuerstundungsmodell (§ 8 Abs. 7 InvStG, § 15b EStG), BB 2011, 1495; *Bolik/Hartmann*, Goldfinger als Steuerstundungsmodell nach § 15b Abs. 3a EStG, StuB 2014, 179; *Dornheim*, Die steuerliche Berücksichtigung v. Verlusten aus Beteiligungen an ausländischen PersGes. über den negativen Progressionsvorbehalt, DStR 2012, 1581; *Dornheim*, Steuerstundungsmodelle im Lichte der aktuellen Rechtsprechung, Ubg 2013, 453; *Grabbe*, Investmentsteuerrecht, Jahressteuergesetz 2010, BB 2011, 87; *Gragert*, Abgeltungssteuer und die Verlustverrechnung nach § 15b, NWB 2010, 2450; *Haarmann*, Zur Auslegung des § 15b und zum Verhältnis zu § 42 AO, NZG 2017, 752; *Haarmann*, Die Missbrauchsverwirrung, IStR 2018, 561; *Hartrott/Raster*, Zur Modellhaftigkeit im Sinne des § 15b EStG, BB 2011, 343; *Heinmüller*, Einkommensteuerliche Behandlung von vergeblichen Investitionen in betrügerische Modelle über den Erwerb von nicht existierenden Blockheizkraftwerken, BB 2018, 1576; *Hermenns/Modrzejewski/Münch/Rüsch*, Überlegungen für eine nationale Anzeigepflicht für Steuergestaltungsmodelle (BEPS-Maßnahme), IStR 2016, 803; *Heuermann*, Goldfinger und der dritte Abwehrversuch – Das Steuerstundungsmodell des § 15b Abs. 3a EStG, DStR 2014, 169; *Jansen/Lübbehüsen*, Investmentsteuerrecht: Der (sehr begrenzte) Anwendungsbereich der neuen Verweisung auf Modelle iSd. § 15b EStG in § 8 Abs. 7 InvStG, FR 2011, 512; *Jennemann*, Anwendbarkeit des § 4 Abs. 3 Satz 4 EStG beim Handel mit Gold, FR 2013, 253; *Kohlhaas*, Aberkennung steuerlicher Verluste bei Filmfonds, FR 2010, 693; *Kretzschmann*, JStG 2010 – Änderungen des Investmentsteuergesetzes, FR 2011, 62; *Lüdicke*, Modellhafter Charakter eines Steuerstundungsmodells, DStR 2014, 692; *Lüdicke/Fischer*, Steuerstundungsmodelle bei Fonds und insbesondere bei Einzelinvestitionen, Ubg 2013, 694; *Mann/Stahl*, Hat das Goldfinger-Modell seinen Glanz verloren?, DStR 2015, 1425; *Mitschke*, Zu den Voraussetzungen für Steuerstundungsmodelle, FR 2014, 526; *Oertel/Haberstock/Guth*, Das Leistungsfähigkeitsprinzip beim Progressionsvorbehalt nach § 32b EStG – das Ende einer Lücke im EStG oder nur eine längst notwendige Ergänzung?, DStR 2013, 785; *Podewils*, Der „Goldfinger" in der Finanzgerichtsbarkeit, StBW 2014, 594; *Preißer*, Der Goldhandel im Steuerrecht, DB 2015, 1558; *Rieger*, Anwendbarkeit der Verlustverrechnungsbeschränkung des § 15b auf Investmentvermögen, StB 2011, 280; *Ronig*, Neues zu Steuerstundungsmodellen nach § 15b EStG, NWB 2014, 1490; *Salzmann*, Auswirkungen der bisherigen BFH-Urteile zu den sog. Goldfingerfällen, DStR 2015, 1725; *Schmidt/Renger*, Zur steuerlichen Behandlung sog. „Goldfälle", DStR 2012, 2042; *Schulte-Frohlinde*, Gesetzgeberische Aktivitäten zur Verhinderung der „Goldfinger"-Gestaltungen, BB 2013, 1623; *Schulte-Frohlinde*, Übersicht zur bisherigen Rechtsprechung zum Edelmetallhandel, BB 2015, 287; *Schulze-Trieglaff*, „Goldfinger"-Gestaltungen, die Auslegung von Doppelbesteuerungsabkommen und die Reaktion der Verwaltung, IStR 2013, 519; *Schuska*, Verfassungsrechtliche Probleme bei der Anwendung des § 15b EStG, DStR 2014, 825; *Stahl/Mann*, Verfahrensrechtliche Fallstricke beim „Goldfinger-Modell", DStR 2013, 1822; *Theisen/Lins*, Defeasance-Strukturen bei Filmfonds – Modell, Funktion und steuerliche Konsequenzen, DStR 2010, 1649; zur früheren Literatur s. 14. Aufl.

A. Grundaussagen der Vorschrift

1 **I. Regelungsgegenstand.** Abs. 1 S. 1 begründet ein **Verlustausgleichs- und -abzugsverbot** für Verluste aus gewerblichen Einkünften. Die gewerblichen Verluste müssen **im Zusammenhang mit einem Steuerstundungsmodell** stehen, dh., der Verlust muss durch das Steuerstundungsmodell „veranlasst" sein.

Der Begriff des Steuerstundungsmodells wird in Abs. 2 gesetzlich näher erläutert. Das Verlustausgleichsverbot betrifft sowohl den horizontalen Verlustausgleich mit anderen, nicht im Zusammenhang mit einem Steuerstundungsmodell stehenden positiven, gewerblichen Einkünften als auch den vertikalen Verlustausgleich mit positiven Einkünften aus anderen Einkunftsarten gem. § 2 Abs. 3.

2 § 15b Abs. 1 S. 1 HS 2 erstreckt dieses Verbot auch auf den **Verlustabzug nach § 10d**, so dass gewerbliche Verluste aus Steuerstundungsmodellen auch nicht zurückgetragen werden dürfen, respektive ein Verlustvortrag nach § 10d nicht in Betracht kommt. Auch insoweit wird mithin ein Verlustrücktrag und ein Verlustvortrag zum Ausgleich mit den übrigen gewerblichen und anderen Einkünften ausgeschlossen.

Stattdessen lässt Abs. 1 S. 2 lediglich einen auf positive Einkünfte aus derselben Einkunftsquelle beschränkten Verlustvortrag für künftige Jahre zu.

Nach § 15b Abs. 1 S. 3 ist § 15a insoweit nicht anzuwenden. Die Regelung des § 15b Abs. 1 geht insoweit vor (s. Rn. 29 f.).

Abs. 2 erläutert den in Abs. 1 verwendeten Begriff des Steuerstundungsmodells. Danach liegt ein **Steuerstundungsmodell** vor, wenn stl. Vorteile durch negative Einkünfte erzielt werden sollen und dies auf einer „modellhaften Gestaltung“ beruht. Nach Abs. 2 S. 2 ist dies der Fall, wenn dem StPfl. aufgrund eines vorgefertigten Konzeptes die Möglichkeit geboten werden soll, Verluste mit seinen übrigen (positiven) Einkünften zu verrechnen. Ausreichend dafür ist es, dass diese Verrechnungsmöglichkeit zumindest in der Anfangsphase der Investition des StPfl. geboten werden soll. Abs. 2 S. 3 regelt, dass es unerheblich ist, auf welchen Vorschriften die negativen Einkünfte (im Zusammenhang mit dem Steuerstundungsmodell) beruhen. 3

§ 15b Abs. 3 schränkt den Anwendungsbereich des § 15 Abs. 1 iVm. § 15b Abs. 2 ein. Das Verlustausgleichs- und -abzugsverbot greift danach nicht ein, wenn in der Anfangsphase das Verhältnis der prognostizierten Verluste zur Höhe des gezeichneten und nach dem Konzept auch aufzubringenden Kapitals 10 % nicht übersteigt. Bei Einzelinvestoren wird auf das Verhältnis der prognostizierten Verluste zum eingesetzten EK abgestellt. Abs. 3 enthält insoweit eine **Nichtaufgriffsgrenze** (safe haven) zur Vermeidung der Anwendbarkeit des Abs. 1, unabhängig davon, ob iSd. Abs. 2 ein Steuerstundungsmodell vorliegt oder nicht. 4

Der durch das AIFM-StAnpG[1] eingefügte Abs. 3a ergänzt und erweitert den Anwendungsbereich für Steuerstundungsmodelle. Danach ist „unabhängig von den Voraussetzungen nach Abs. 2 … insbesondere“ von einem Steuerstundungsmodell auszugehen, wenn durch den sofortigen Abzug von BA beim Erwerb von WG des UV durch einen nicht buchführungspflichtigen StPfl. ein Verlust entsteht oder sich erhöht, wenn die Übereignung ohne körperliche Besitzübergabe nach §§ 930, 931 BGB erfolgte. Zugleich mit dieser Erweiterung wurde in § 32b Abs. 1 S. 3 ausdrücklich angeordnet, dass für den ProgrVorb. auch „§ 15b sinngemäß anzuwenden“ ist. 4a

§ 15b Abs. 4 enthält **verfahrensrechtl. Vorschriften**. Nach § 15b Abs. 4 S. 1 ist der nicht ausgleichsfähige Verlust jährlich gesondert iSd. § 179 Abs. 1 AO festzustellen. 15b Abs. 4 S. 2 und 3 bestimmen, dass für die Feststellung v. dem verrechenbaren Verlust des Vorjahres auszugehen ist und die Feststellung nur insoweit angegriffen werden kann als ggü. dem Vorjahr eine Veränderung festgestellt wird. Abs. 4 S. 4 und 5 treffen weitere verfahrensrechtl. Bestimmungen für den (Regel)Fall, dass es sich bei dem Steuerstundungsmodell um „eine Gesellschaft oder Gemeinschaft handelt“. Dann ist für die gesonderte Feststellung des nicht ausgleichfähigen, lediglich verrechenbaren Verlustes nach § 15b Abs. 4 S. 1 das für die einheitliche und gesonderte Feststellung der Einkünfte nach § 180 Abs. 1 Nr. 2 lit. a AO zuständige FA zuständig. Die gesonderte Feststellung des nach § 15b lediglich verrechenbaren Verlustes kann mit der gesonderte und einheitlichen Feststellung der Einkünfte verbunden werden. Dann ist auch die gesonderte Feststellung nach § 15b einheitlich (für alle Beteiligten) durchzuführen. 5

II. Systematische Einordnung. § 15b statuiert für gewerbliche Einkünfte aus einer Einkunftsquelle, die im Zusammenhang mit einem Steuerstundungsmodell steht, ein **horizontales und vertikales Verlustausgleichsverbot**. Er schränkt insoweit § 2 Abs. 2 Nr. 2 iVm. § 2 Abs. 1 Nr. 2 und § 15 ein als ein horizontaler Verlustausgleich innerhalb derselben Einkunftsart, nämlich Einkünfte aus GewBetr., ausgeschlossen wird. Eingeschränkt wird auch der vertikale Verlustausgleich nach § 2 Abs. 3 mit den Ergebnissen der anderen Einkunftsarten.[2] 6

Im selben Umfang wie für den sofortigen Verlustausgleich nach § 2 Abs. 3 wird auch ein Verlustabzug nach § 10d ausgeschlossen, so dass insoweit auch kein Verlustrücktrag auf das Vorjahr und Verlustvortrag auf die übrigen gewerblichen Einkünfte und auch andere Einkünfte zugelassen wird. Die allg. Regelung des § 10d, namentlich die Mindestbesteuerung nach 10d Abs. 2, findet iRd. § 15b keine Anwendung.

Die nicht ausgleichfähigen Verluste aus einem Steuerstundungsmodell bleiben jedoch mit zukünftigen Gewinnen aus derselben Einkunftsquelle verrechenbar. Insoweit handelt es sich nicht um einen endg. Ausschluss jeglicher Verlustverrechnungsmöglichkeit. Das gilt auch im Erbfall. Wegen der Quellenbezogen- 7

---

1 G v. 18.12.2013, BGBl. I 2013, 4318 = BStBl. I 2014, 2; Materialien: BR-Drucks. 740/13 v. 24.10.2013 (Gesetzesantrag BR zur Anpassung des InvStG und anderer Gesetze an das AIFM-Umsetzungsgesetz (AIFM-StAnpG); BT-Drucks. 18/68 (neu) v. 20.11.2013: Das G nimmt Anregungen aus den Empfehlungen des BR zum durch Diskontinuität erledigten Regierungs-E eines AIFM-StAnpG v. 4.3.2013, BT-Drucks. 17/12603, auf. Vgl. dazu BR-Drucks. 95/1/13, Stellungnahme BR und Gegenäußerung der BReg. v. 10.4.2013, BT-Drucks. 17/13036, 5 f.

2 Sa. FG Bremen v. 11.11.2015 – 1 K 91/13 (5), EFG 2016, 182 (Rev. als unbegründet zurückgewiesen, BHF v. 18.4.2018 – I R 2/16, BStBl. II 2018, 567); danach nur Einschränkung des horizontalen und vertikalen Verlustausgleichs bei der Ermittlung der Einkünfte, nicht bei der Zurechnung von (negativem) Einkommen (einer ausländ. Familienstiftung nach § 15 Abs. 1 S. 1 AStG aF), aber wohl überholt für § 15 Abs. 1 S. 1 AStG nF (danach Zurechnung von Vermögen und „Einkünften“); allerdings offengelassen von BFH v. 22.12.2010 – I R 84/09, BStBl. II 2014, 361 = FR 2011, 623.

heit der Verlustverrechnungsmöglichkeit geht diese bei § 15b – anders als der Verlustabzug nach § 10d – auf den Erben der Einkunftsquelle über.[1]

Sofern sich eine spätere Verrechnungsmöglichkeit mit positiven Einkünften aus derselben Einkunftsquelle ergibt, wird das objektive Nettoprinzip des § 2 Abs. 3 nicht endg. verletzt. Allerdings kommt es nur zu einer zeitlich verschobenen Berücksichtigung. Insoweit besteht eine Parallele zur Beschränkung des Verlustabzugs nach § 10d durch die sog. Mindestbesteuerung. Hier wie dort wird ein zeitnaher übergreifender Verlustausgleich beschränkt.

Auch eine lediglich **zeitliche Streckung v. Verlustausgleichsmöglichkeiten** begegnet allerdings angesichts der zeitnahen Besteuerung v. Gewinnen grds. auch verfassungsrechtl. Bedenken (**aA** § 10d Rn. 3) unter dem Gesichtspunkt einer Besteuerung nach der gegenwärtigen Leistungsfähigkeit. Eine Verfassungswidrigkeit wird insoweit freilich verneint.[2]

Freilich stellt Abs. 2 auf Verluste aus Steuerstundungsmodellen ab, durch die **stl. Vorteile** erzielt werden sollen. Dies deutet auf eine jedenfalls objektiv missbräuchliche Ausnutzung v. Möglichkeiten hin, künstliche Verluste zu generieren, die nicht wirklich zu einer Verminderung der gegenwärtigen Leistungsfähigkeit führen. Dafür scheint auch die Begr. zum G[3] zu sprechen, wenn dort ausgeführt wird, durch § 15b solle zu **mehr Steuergerechtigkeit** beigetragen werden, indem **fragwürdige Steuersparmodelle** eingeschränkt würden, die zur **Senkung der Steuerbelastung** genutzt würden.

Allerdings geht Abs. 2 S. 3 davon aus, dass ein Steuerstundungsmodell zur Generierung zunächst negativer Einkünfte unter Ausnutzung jeglicher Einkünfteermittlungsnorm geschaffen werden kann, nicht nur sog. Lenkungsnormen. Auch insoweit ist es jedenfalls ein Armutszeugnis, dass der Gesetzgeber des EStG sich offenbar nicht in der Lage sieht, die Einkünfteermittlungsnormen so auszugestalten, dass sie den StPfl. nicht zunächst zur Verursachung v. dann durch Verlustausgleichsbeschränkungen zu bekämpfenden Verlusten einladen, weil dies nach Steuern einen ökonomischen Gewinn verspricht. Not täte stattdessen eine Überprüfung der Einkünfteermittlungsnormen, soweit diese solche modellhaften Gestaltungen erst ermöglichen. Bei Lenkungsnormen besteht ein evidenter Konsequenzmangel, wenn einerseits gerade an den Steuersparanreiz zur Erreichung des Förderzieles unter Hintanstellung einer Besteuerung nach der Leistungsfähigkeit angeknüpft wird, dann aber Verlustausgleichsverbote eben diesen Effekt konterkarieren.

7a Entgegen der Rspr. lässt sich für § 15b gerade nicht konstatieren, dass es sich bei § 15b EStG lediglich um eine spezialgesetzliche Einzelregelung iSd. § 42 Abs. 1 S. 2 AO handelt, die allein der Verhinderung von Steuerumgehungen dient.[4] Daher sollte richtigerweise die Anwendung des **§ 42 AO bei einem Missbrauch von Gestaltungsmöglichkeiten auch dann nicht ausgeschlossen** werden, wenn (auch) der Tatbestand des § 15b erfüllt ist. Dies gilt erst recht, wenn im konkreten Einzelfall der Tatbestand des § 15b gerade nicht erfüllt sein sollte.

8 Ein v. der Wirkungsweise dem § 15b **vergleichbares Verlustausgleichsverbot** findet sich auch in **§ 2a für Auslandsverluste** bei sog. passiven Einkünften aus Drittstaaten. Auch hier wird sowohl der sofortige horizontale und vertikale Verlustausgleich sowie der Verlustabzug nach § 10d ausgeschlossen und lediglich eine Verlustverrechnung mit zukünftigen positiven Einkünften derselben Art und aus demselben Staat zugelassen. Keine Übereinstimmung besteht allerdings zw. dem Begriff derselben Einkunftsquelle und Einkünften derselben Art.

9 Weitere Verlustausgleichsverbote finden sich in § 15 Abs. 4 S. 1 und 2 für Verluste aus gewerblicher Tierzucht und -haltung, in § 15 Abs. 4 S. 3 bis 5 für Verluste aus Termingeschäften, in § 15 Abs. 4 S. 6–8 für Verluste aus der Beteiligung als stiller G'ter/Innen-G'ter an KapGes. und in § 23 Abs. 3 S. 7 für Verluste aus privaten Veräußerungsgeschäften. Gemeinsam ist diesen Verlustausgleichsverboten, dass anders als nach § 15b und § 2a auch ein Rücktrag entspr. § 10d auf entspr. Gewinne im Vorjahr zugelassen wird. Wie bei § 15b liegt diesen Verlustausgleichsverboten im Wesentlichen die Erwägung zugrunde, dass die zugrunde liegenden, die Verluste generierenden, Tätigkeiten v. Gesetzgeber jedenfalls dann als der deut-

---

1 FinMin SchlHol. v. 23.3.2011 – VI 303 - S 2225 - 033, DStR 2011, 1427; *Hallerbach* in H/H/R, § 15b Anm. 24; *K/S/M*, § 15b Rn. C 23; zur Nichtvererblichkeit v. Verlusten bei § 10d s. BFH v. 17.12.2007 – GrS 2/04, BStBl. II 2008, 608 = FR 2008, 457 m. Anm. *Kanzler*.

2 FG Münster v. 18.6.2015 – 12 K 689/12 F, EFG 2015, 1696 mwN (Rev. VIII R 29/15).

3 Gesetzentwurf CDU/CSU und SPD v. 25.11.2005, BT-Drucks. 16/107.

4 Dies aber bej. BFH v. 26.4.2018 – IV R 33/15, DStR 2018, 2089 (zu [Schiffs]Fondsetablierungsaufwendungen als sofortiger Betriebsaufwand und nicht als lediglich abschreibungsfähige Anschaffungsaufwendungen), mit zust. Anm. *Steinhauff*, jurisPR-SteuerR 35/2018 Anm. 3 und *Wendt*, BFH/PR 2018, 236; sa. FG Nds. v. 1.11.2012 – 6 K 382/10, EFG 2013, 328 (aus verfahrensrechtl. Gründen aufgehoben durch BFH v. 22.12.2015 – I R 43/13, BFH/NV 2016, 1034). Siehe auch BFH v. 17.1.2017 – VIII R 7/13, BStBl. II 2017, 700 (Rn. 45 zu nicht von 15b EStG und § 42 AO erfassten individuellen Gestaltungen).

schen Volkswirtschaft nicht nützlich beurteilt werden, wenn durch Verluste das übrige deutsche Steueraufkommen nachteilig tangiert wird. Unverkennbar sollen die Verlustausgleichsverbote ihrerseits lenkend in dem Sinne wirken, dass bereits ein Engagement zu solchen Tätigkeiten behindert werden soll. Zur Anwendbarkeit neben § 15b s. Rn. 35.

Eine völlig andere Qualität kommt dem **Verlustausgleichsverbot nach § 15a für den K'disten** zu. Hier 10 dient das Verlustausgleichsverbot dazu, zu verhindern, dass lediglich zukünftig zu erwartende Gewinnschmälerungen bereits als gegenwärtige Verluste behandelt werden können. Dies ist – ungeachtet möglicher Detailkritik an der Ausgestaltung des § 15a – prinzipiell berechtigt, weil die Zulassung eines sofortigen Verlustausgleichs für erst zukünftig zu erwartende Gewinnschmälerungen in der Tat mangels gegenwärtig bestehender Minderung der Leistungsfähigkeit einen ungerechtfertigten Steuervorteil bewirken würde. Für Verluste aus Kapitalvermögen besteht in § 20 Abs. 6 S. 2 bis 6 ein weiteres vertikales Verlustausgleichs(abzugs)verbot, mit dem der Schedulenbesteuerung dieser Einkunftsart Rechnung getragen werden soll.

Insgesamt zeigt die Vielzahl v. mittlerweile das deutsche ESt-Recht durchziehenden Verlustausgleichsver- 11 boten, unabhängig v. verfassungsrechtl. und bzgl. des § 2a aF auch europarechtl. Bedenken[1], dass der Gesetzgeber seiner Aufgabe nicht nachkommt, die Einkünfteermittlungsvorschriften einschl. Lenkungsvorschriften in sich konsistent zu gestalten, so dass sie wirklich die Leistungsfähigkeit messen oder bewusst für Lenkungszwecke durchbrechen, was dann gleichermaßen sowohl für positive als auch negative Einkünfte gelten muss.

III. Anwendungsbereich. Nach seinem **sachlichen Anwendungsbereich** gilt § 15b unmittelbar nur für 12 **gewerbliche Verluste** aus Steuerstundungsmodellen. Allerdings wird nach dem Vorbild des § 15a das Verlustausgleichsverbot durch **entspr. Anwendung** auch auf **Verluste aus Landwirtschaft**, § 13 Abs. 7, **aus selbständiger Arbeit**, § 18 Abs. 4, **auf Einkünfte aus KapVerm.**, § 20 Abs. 7,[2] **aus VuV**, § 21 Abs. 1 S. 2, und **aus wiederkehrenden Bezügen**, § 22 Nr. 1 S. 1 HS 2, erstreckt.

§ 8 Abs. 7 InvStG idF des JStG 2010 ordnet durch eine Rechtsgrundverweisung die „sinngemäße" Anwendung auf Verluste aus der Rückgabe, Veräußerung oder Entnahme v. Investmentanteilen oder durch Ansatz des niedrigeren TW an.[3] Da das InvStG keine weiteren Einkunftsarten außerhalb des EStG kreiert, ist die Verweisung auf eine „sinngemäße" Anwendung neben den bereits im EStG enthaltenen Verweisungen, namentlich in § 20 Abs. 7, verfehlt. „Klargestellt" werden soll aber, dass auch die Beteiligung an einem Investmentvermögen auf einem „Steuerstundungsmodell" beruhen kann. Diese „Klarstellung" gehört dann freilich systematisch zu § 15b Abs. 2. Sie erlaubt nicht den Umkehrschluss, dass die unmittelbare Anwendung des § 15b EStG bei im BV gehaltenen Beteiligungen an offenen Investmentfonds iSd. § 1 InvStG nicht in Betracht komme (s. auch Rn. 43, 51).

In allen Konstellationen ist allerdings Voraussetzung, dass es sich überhaupt um stl. relevante Verluste bei den Gewinneinkunftsarten, respektive Überschüsse der WK über die Einnahmen bei den Überschusseinkunftsarten handelt. Sofern bereits die **Einkünfteerzielungsabsicht** zu verneinen ist, liegen schon keine Verluste/negative Einkünfte im Zusammenhang mit einem Steuerstundungsmodell vor.[4] Hier scheidet eine Verlustverrechnung mit positiven Einkünften ohnehin definitiv aus (vgl. § 15 Rn. 42 zu **Verlustzuweisungsgesellschaften**).

Der **persönliche Anwendungsbereich** erstreckt sich auf **unbeschränkt und beschränkt** stpfl. nat. Pers. 13 (zum Erbfall s. Rn. 7). Über § 7 Abs. 1 iVm. § 8 Abs. 1, 2 KStG iVm. §§ 1–3 KStG gilt § 15b auch für unbeschränkt und beschränkt stpfl. **Körperschaften**, soweit diese danach Einkünfte aus GewBetr. beziehen. Soweit dies nicht der Fall ist, sind die Vorschriften über die entspr. Anwendung (Rn. 12) bei den anderen Einkunftsarten ebenfalls zu beachten.

---

1 EuGH v. 29.3.2007 – C-347/04 (Rewe), BStBl. II 2007, 492; durch das JStG 2009 ist das Verlustausgleichs- und -abzugsverbot nur noch auf negative Drittstaateneinkünfte begrenzt worden.

2 Durch JStG 2007 (BGBl. I 2006, 2878) wurde mit § 20 Abs. 2b aF angeordnet, § 15b sinngemäß allg. auf Einkünfte aus KapVerm. anzuwenden. Mit Wirkung ab 1.1.2009 durch das UntStRefG 2008 wird § 20 Abs. 2b aF als § 20 Abs. 7 fortgeführt. Zur Anwendung bei einem kreditfinanzierten Erwerb festverzinslicher Wertpapiere und v. Investmentanteilen vgl. koord. Ländererlass (OFD Münster) v. 13.7.2010, DStR 2010, 1625; zur Anwendung auf „Versicherungsmodelle" s. OFD Rhld. v. 25.8.2009 – S 2212 - 1002 - St 225, juris; zur Anwendung bei negativen Einnahmen aus „Zwischengewinnen" bei Erwerb von Investmentanteilen an offenen (Renten-)Fonds s. FG Münster v. 18.6.2015 – 12 K 689/12 F, EFG 2015, 1696 (Rev. VIII R 29/15).

3 Aufgenommen aufgrund Beschlussempfehlung des FinA v. 27.10.2010, BT-Drucks. 17/3449, Art. 6 Nr. 5c in Umsetzung einer Anregung des Bundesrates, vgl. Bericht FinA v. 28.10.2010, BT-Drucks. 17/3549, 37; vgl. auch *Rieger*, StB 2011, 280; *Birker*, BB 2011, 1495; *Kretschmann*, FR 2011, 62; *Jansen/Lübbehüsen*, FR 2011, 512.

4 BMF v. 17.7.2007, BStBl. I 2007, 542.

14 Der **zeitliche Anwendungsbereich** ergibt sich aus § 52 Abs. 25.[1] Nach Satz 1 des Abs. 25 ist § 15b erstmals für den VZ 2005 anzuwenden und nur auf solche Verluste aus Steuerstundungsmodellen, denen der StPfl. erst **nach dem 10.11.2005 beigetreten** ist **oder** für die erst **nach dem 10.11.2005** mit dem **Außenvertrieb begonnen** wurde. Nach Satz 2 beginnt der Außenvertrieb in dem Zeitpunkt, in dem die Voraussetzungen für die Veräußerung von bereits konkret bestimmbaren Fondsanteilen erfüllt sind **und** die Ges. sich selbst oder über ein Vertriebsunternehmen mit Außenwirkung an den Markt wendet. Dem Beginn des Außenvertriebs werden nach Satz 3 gleichgestellt der Beschl. über eine Kapitalerhöhung und die Reinvestition v. Erlösen in neue Projekte. Erfasst werden mithin alle Steuerstundungsmodelle in Gestalt v. **geschlossenen (Publikums-)Fonds**, bei denen der Beitritt aller G'ter erst nach dem 10.11.2005 erfolgte, aber auch der nach dem 10.11.2005 erfolgende erstmalige Beitritt zu einem bereits bestehenden Fonds durch einen bisher nicht beteiligten StPfl. sowie die nach dem 10.11.2005 erfolgende Übernahme weiterer Fondsanteile eines bereits bestehenden Fonds durch die bisherigen G'ter wie auch die Reinvestition v. Erlösen nach dem 10.11.2005 durch einen schon vor dem 11.10.2005 bestehenden (geschlossenen) Fonds in neue Projekte. Bei Anteilsübertragungen an Altfonds ist der Zeitpunkt des Abschlusses des Übertragungsvertrags maßgeblich. Bei unentgeltlicher Rechtsnachfolge in einen Gesellschafts/Gemeinschaftsanteil tritt der Erwerber an die Stelle des Rechtsvorgängers. Maßgeblich ist insoweit, ob bereits beim Rechtsvorgänger eine Beteiligung an einem Steuerstundungsmodell vorlag.[2] Bei Steuerstundungsmodellen in Form geschlossener Fonds ohne Außenvertrieb kommt es nach zutr. Auffassung des BFH allein auf den Zeitpunkt des Beitritts an, dh. den rechtsverbindlichen vertraglichen Abschluss der Aufnahme der G'ter in der Gesellschaftskonstruktion des geschlossenen Fonds als des Steuerstundungsmodells.[3] Als kennzeichnend für einen „geschlossenen Fonds" wird angesehen, dass nach einer Zeichnungsphase keine neuen Anleger mehr aufgenommen werden und der Fonds „geschlossen" wird, sobald das für das vorgesehene Investitionsvolumen als erforderlich betrachtete EK platziert ist. Geschlossene Fonds ohne einen Außenvertrieb in Form eines von vornherein begrenzten Teilnehmerkreises sind daher möglich und auch relativ häufig. Für den Sonderfall, dass das Steuerstundungsmodell nicht auf einem geschlossenen Fonds in Form einer Ges./Gemeinschaft mit abgeschlossenem Anlegerkreis beruht, namentlich auch bei einer Einzelinvestition, ist § 15b nach § 52 Abs. 25 S. 4 anwendbar, falls die jeweilige Investition nach dem 10.11.2005 rechtsverbindlich getätigt wurde. Unter rechtsverbindlicher Investition ist zu verstehen, dass für den StPfl. bereits eine unbedingte Zahlungsverpflichtung besteht.[4] § 52 Abs. 25 S. 4 ist für geschlossene Fonds nicht anzuwenden. Für diese bestimmt sich die erstmalige Anwendbarkeit ausschließlich nach § 52 Abs. 5 S. 1 bis 3.

15 Der zeitliche Anwendungsbereich des § 15b wurde durch § 52 Abs. 33a aF[5] (und die entspr. Verweisungen in § 52 Abs. 30b, 34b, 36a, 37d, 38 S. 2 aF) auf einen Zeitpunkt vor Inkrafttreten des G am Tag nach der Verkündigung vorverlegt. Diese (unechte) **Rückwirkung** wurde v. der Mehrheit des Gesetzgebers unter Hinweis auf die Vermeidung eines negativen Ankündigungseffektes für gerechtfertigt und verfassungsrechtl. zulässig gehalten.[6] Auch bei Berücksichtigung des negativen Ankündigungseffektes bestehen **gravierende verfassungsrechtl. Bedenken** unter dem Aspekt des rechtsstaatlich gebotenen Vertrauensschutzes gegenüber einer Stichtagsregelung, die auf Absichtserklärungen einer aus dem Amt scheidenden BReg. und darüber erfolgte Presseberichterstattung abstellt.[7] Richtigerweise ist grds. auf die Verkündung im BGBl. abzustellen. Das BVerfG lässt unter dem Gesichtspunkt des Vertrauensschutzes für eine unechte Rückwirkung allerdings genügen, dass auf die Einbringung des Gesetzesentwurfs in den Bundestag durch ein initiativberechtigtes Organ abgestellt wird.[8] Aus diesem Grunde bestehen auch verfassungsrechtl. Be-

1 Eingefügt durch G zur Beschränkung der Verlustverrechnung iZ mit Steuerstundungsmodellen v. 22.12.2005, BGBl. I 2005, 3683.

2 BMF v. 17.7.2007, BStBl. I 2007, 542 Rn. 25 und 27 f.; aus BFH v. 17.12.2007 – GrS 2/04, BStBl. II 2008, 608 = FR 2008, 457 m. Anm. *Kanzler* (zur Unvererblichkeit des Verlustabzugs) folgt nichts Gegenteiliges. Vielmehr liegt § 15b eine dem § 6 Abs. 3 vergleichbare einkunftsquellenbezogene Konzeption zugrunde, die auch hier verlangt, dass der unentgeltliche Rechtsnachfolger insoweit komplett in die Rechtstellung des Rechtsvorgängers einrückt.

3 BFH v. 1.9.2016 – IV R 17/13, BB 2015, 2645.

4 Begr. Gesetzentwurf v. 29.11.2005, BT-Drucks. 16/107 unter Hinweis auf BVerfG v. 3.12.1997 – 2 BvR 882/97, BVerfGE 97, 67 (82) = FR 1998, 377 m. Anm. *Stapperfend*.

5 Jetzt § 52 Abs. 25 idF des Kroatien-AnpG v. 25.7.2014, BGBl. I 2014, 1266.

6 Begr. Gesetzentwurf v. 29.11.2005, BT-Drucks. 16/107 unter Hinweis auf BVerfG v. 3.12.1997 – 2 BvR 882/97, BVerfGE 97, 67 (82) = FR 1998, 377 m. Anm. *Stapperfend*; FinA v. 14.12.2005, BT-Drucks. 16/254; vgl. auch BT-Protokolle 16. Wahlperiode 8. Sitzung v. 15.12.2005, 434 ff.; so auch FG BaWü. v. 7.7.2011 – 3 K 4368/09, EFG 2011, 1897 (rkr.). S. auch BT-Protokoll zur 16. Wahlperiode, 8. Sitzung v. 15.12.2005, 452, zu den Hintergründen des Abstellens auf den 10.11.2005 wegen Presseveröffentlichungen über die beabsichtigte Einführung des § 15b.

7 Vgl. auch *Patt/Patt*, DB 2006, 1865; Verfassungsgemäßheit der unechten Rückwirkung hingegen bejaht v. FG BaWü. v. 7.7.2011 – 3 K 4368/09, EFG 2011, 1897 (rkr.).

8 Vgl. BVerfG v. 7.7.2010 – 2 BvL 1/03 ua., DStR 2010, 1736 (zu § 34 und § 24 EStG).

denken[1] gegen die Anordnung in § 52 Abs. 37d, 37e aF, dass die durch § 20 Abs. 2b idF des JStG 2007 (jetzt § 20 Abs. 7) allg. für Kapitaleinkünfte erfolgte Erstreckung der entspr. Anwendung des § 15b uneingeschränkt bereits rückwirkend für den gesamten VZ 2006 gelten soll.

Nach § 52 Abs. 25 Satz 5 ist der durch das AIFM-StAnpG[2] eingefügte § 15b Abs. 3a erstmals auf Verluste anzuwenden, bei denen WG des UV nach dem 28.11.2013 erworben wurden. Die sinngemäße Anwendung des § 15b für den ProgrVorb. in § 32b Abs. 1 S. 3 ist nach § 52 Abs. 33 für alle noch offenen Fälle vorgeschrieben worden. 15a

Mit dem Inkrafttreten des § 15b wurde der bisherige **§ 2b (Verlustzuweisungsgesellschaften)** aufgehoben. An seine Stelle tritt § 15b einschl. der seine entspr. Anwendung für andere als gewerbliche Einkünfte vorschreibenden Regelungen (Rn. 14). 16

Der wesentliche Unterschied besteht einerseits darin, dass in § 15b nicht nur auf Beteiligungen an Ges., Gemeinschaften und ähnlichen Modellen abgestellt wird. Außerdem wird das Steuerstundungsmodell breiter als in § 2b definiert, namentlich nicht unter Bezug auf einen Renditevergleich vor und nach Steuern.

Die Anordnung der Weitergeltung des § 2b für nach dem 4.3.1999 und vor dem 11.11.2005 erworbene Beteiligungen an Verlustzuweisungsmodellen iSd. § 2b in § 52 Abs. 3 ist mit der Stichtagsregelung für § 15b abgestimmt.[3]

IV. Verfassungsmäßigkeit. Gegenüber der **Vorgängernorm des § 2b** ist vielfach geltend gemacht worden, dass sie mangels **rechtsstaatlicher Bestimmtheit** und damit **Vorhersehbarkeit** ihrer Anwendung **für den StPfl.** verfassungswidrig sei. Dies beruhte namentlich auf den Unklarheiten zur Bestimmung der VorSt.- und Nachsteuerrendite nach § 2b S. 3 zwecks Feststellung, ob die Erzielung eines stl. Vorteils im Vordergrund stand, aber auch auf der Unschärfe des Tatbestandsmerkmals des „ähnlichen Modells" in S. 1.[4] 17

Diese Bedenken fehlender Bestimmtheit bestehen gegenüber § 15b nicht mehr.[5] Der BFH hat sie ohnehin nicht geteilt.[6] Auf die Bestimmung eines „stl. Vorteils" anhand v. nicht durch den Gesetzgeber festgelegten Parametern zur Bestimmung v. VorSt.- und Nachsteuerrenditen stellt § 15b ohnehin nicht ab. Auch dem in **Abs. 1** verwendeten Tatbestandsmerkmal des **„Steuerstundungsmodells"** fehlt es angesichts der näheren gesetzlichen Bestimmung in Abs. 2 nicht an **ausreichender Bestimmtheit**. Diese erfolgte nunmehr auch durch den Gesetzgeber. Unschädlich ist dabei, dass der Gesetzgeber dabei weitgehend auf erst v. der FinVerw. entwickelte Begriffsmerkmale[7] zur Auslegung des in § 2b noch ohne weitere Präzisierung verwendeten Modellbegriffes zurückgegriffen hat, namentlich hinsichtlich des Einsatzes eines vorgefertigten Konzeptes. Es bestehen – anders als zu § 2b aF – weder unter dem Aspekt der mangelnden Folgerichtigkeit bzgl. der Einkünfteerzielungsabsicht für Steuerstundungsmodelle noch der Unbestimmtheit noch wegen eines Verstoßes gegen den Gleichheitsgrundsatz und das objektive Nettoprinzip (s. auch Rn. 19) verfassungsrechtl. Bedenken.[8]

---

1 Insoweit wäre jedenfalls für Verluste aus entsprechenden Streuerstundungsmodellen im Jahre 2006 danach zu differenzieren, ob sie bereits vor Gesetzesverkündung (13.12.2006) des JStG 2007 entstanden waren. In Parallele zur Übergangsregelung des § 52 Abs. 33a aF wäre allerdings darauf abzustellen gewesen, ob der Beitritt zu einem entspr. Steuerstundungsmodell in diesem Bereich vor oder nach Einbringung des Gesetzesentwurfs am 25.9.2006 erfolgte; so auch FG Münster v. 10.1.2013 – 5 K 4513/09 E, EFG 2013, 1014 (aus verfahrensrechtl. Gründen aufgehoben durch BFH v. 11.11.2015 – VIII R 74/13, BStBl. II 2016, 388); **aA** FG BaWü. v. 16.4.2018 – 10 K 201/17, juris (Rev. VIII R 16/18) – danach unechte Rückwirkung der Verlustverrechnungsbeschränkung auf sämtliche Kapitaleinkünfte verfassungsrechtl. zulässig und wegen Missbrauchsbekämpfung gerechtfertigt.

2 G v. 18.12.2013, BGBl. I 2013, 4318.

3 Zu Rückabwicklungsklauseln und § 2b vgl. OFD Münster/OFD Rhld. v. 13.3.2006, DStR 2006, 643.

4 Vgl. insoweit zu § 2b BFH v. 2.8.2007 – IX B 92/07, BFH/NV 2007, 2270; *Birk/Kulosa*, FR 1999, 433; *Raupach/Böckstiegel*, FR 1999, 617; *Söffing*, DB 2000, 2340; *Elicker*, FR 2002, 1041; *Marx/Löffler*, DStR 2000, 1665; *Kaminski*, BB 2000, 1605; zur Auslegung durch die Verwaltung vgl. BMF v. 5.7.2000, BStBl. I 2000, 1148.

5 **AA** allerdings weitgehend die frühere Literatur (vor BFH v. 6.2.2014 – IV R 59/10, BStBl. II 2014, 465 = FR 2014, 522); vgl. ua. *Seeger* in Schmidt[37], § 15b Rn. 3; *Bock/Raatz*, DStR 2008, 1407; *Kohlhaas*, DStR 2008, 480; *Kaligin*, WPg. 2006, 375; *Söffing*, DB 2006, 1585; *Naujok*, BB 2007, 1365; *Brandtner/Lechner/Schmidt*, BB 2007, 1922; wie hier BFH v. 6.2.2014 – IV R 59/10, BStBl. II 2014, 465 = FR 2014, 522 m. Anm. *Mitschke*; FG Münster v. 18.6.2015 – 12 K 689/12 F, EFG 2015, 1696 (Rev. VIII R 29/15); FG BaWü. v. 7.7.2011 – 3 K 4368/09, EFG 2011, 1897 (rkr.); *Hallerbach* in H/H/R, § 15b Anm. 7; *Kaeser* in K/S/M, § 15b Rn. A 58ff.; einschr. jetzt *Seeger* in Schmidt[37], § 15b Rn. 3.

6 BFH v. 22.9.2016 – IV R 2/13, BStBl. II 2017, 165 = FR 2017, 681 m. Anm. *Wendt*.

7 Vgl. BMF v. 15.6.1999, BStBl. I 1999, 543; v. 5.7.2000, BStBl. I 2000, 1148 und v. 20.12.2000, BStBl. I 2000, 1563; v. 22.8.2001, BStBl. I 2001, 588.

8 BFH v. 17.1.2017 – VIII R 7/13, BStBl. II 2017, 700, mit Anm. *Brandt*, jurisPR-SteuerR 15/2018 Anm. 3; v. 28.7.2017 – VIII R 57/14, BStBl. II 2017, 1144 (zu § 20 iVm. §15b); v. 2.2.2014 – IV R 59/10, BStBl. II 2014, 465 = FR 2014, 522; vgl. auch BVerfG v. 12.10.2010 – 2 BvL 59/06, DStR 2010, 2290 zur Notwendigkeit und Zulässigkeit der Berücksichtigung v. Auslegungsmöglichkeiten des Gesetzes (zur Unzulässigkeit der Vorlage BFH v. 6.9.2006 – XI R 26/04,

Verfassungsrechtl. problematisch ist – abgesehen v. der Rückwirkungsproblematik (Rn. 15) – aber die nicht folgerichtige Ausgestaltung (Rn. 7) der Einkünfteermittlungsnormen. Soweit es sich um Lenkungsnormen handelt, wird der Lenkungszweck geradezu konterkariert. Soweit es sich um einfache Fiskalnormen handelt, ist nicht zu sehen, weshalb das bewusste Gebrauchmachen v. ihnen unter dem Aspekt einer angestrebten Besteuerung nach der Leistungsfähigkeit gerade erst dann zu bekämpfen ist, wenn dadurch Verluste generiert werden. Sofern die jeweilige Ermittlungsnorm nicht zu einer nach Einschätzung des Gesetzgebers zutr. Abbildung der Leistungsfähigkeit führt, ist diese selbst zu ändern.

Selbst wenn man aber annehmen wollte, dass gerade erst die bewusste Planung v. Verlusten zur Erlangung eines Steuervorteils unter Ausnutzung v. durch die Ermittlungsnormen sich ergebenden Spielräumen unter Gesichtspunkten einer Besteuerung nach der tatsächlich vorhandenen Leistungsfähigkeit einzuschränken ist, so ist nicht ersichtlich, weshalb dies nur dann geboten sein sollte, wenn das zugrunde liegende Konzept v. anderen (Initiatoren) vorgefertigt wird. Es müsste dies dann gleichermaßen gelten, wenn der StPfl. selbst seine stl. Verhältnisse unter Ausnutzung der v. EStG angebotenen Einkünfteermittlungsnormen entspr. günstig gestaltet. Freilich zeigt dieses unmögliche Verlangen nur, dass es im Grds. verfehlt ist, eine Besteuerung nach der Leistungsfähigkeit erst über Verlustausgleichsbeschränkungen herstellen zu wollen.

B. Verlustausgleichsbeschränkung (Abs. 1)

18 **I. Ausschluss der Anwendung von §§ 2 Abs. 3 und 10d (Abs. 1 S. 1).** Abs. 1 S. 1 schließt sowohl den innerperiodischen horizontalen Verlustausgleich mit den übrigen Einkünften aus GewBetr. aus als auch den vertikalen Verlustausgleich mit anderen Einkunftsarten. Ebenso wird ein überperiodischer Verlustabzug nach § 10d ausgeschlossen. Zugelassen wird nach Abs. 1 S. 2 lediglich eine Verlustverrechnung (Gewinnminderung) mit Gewinnen aus derselben Einkunftsquelle in folgenden Wj. Dies setzt freilich voraus, dass es in Zukunft noch zu solchen Gewinnen kommt, andernfalls wirkt sich das Verlustabzugsverbot endg. aus und bewirkt nicht lediglich eine gewollte liquiditätsverschlechternde zeitlich Verschiebung in die Zukunft.

19 Ein Verlustvortrag nach § 10d und ggf. bereits ein Verlustausgleich nach § 2 Abs. 3 mit Verlusten aus einem Steuerstundungsmodell ist allerdings entgegen dem vermeintlichen Wortlaut des Abs. 1 S. 1 zuzulassen, wenn wegen feststehender **Aufgabe der Einkunftsquelle** zukünftige Gewinne aus dieser nicht mehr anfallen können.[1] Das trifft insbes. zu für (endgültige) Verluste aus der Veräußerung/Aufgabe der Beteiligung an der jeweiligen Gesellschaftskonstruktion als Steuerstundungsmodell (des MU'anteils iSd. § 16).[2] Der Wortlaut des Abs. 1 steht dem nicht entgegen. Denn es ist der Zusammenhang mit Abs. 1 S. 2 zu beachten. An die Stelle des Verlustausgleichs- und -abzugsverbotes nach §§ 2 Abs. 3 und 10d soll danach die Verrechnung mit künftigen Gewinnen aus derselben Einkunftsquelle treten. Es soll mithin gerade nicht zu einer definitiven Nichtberücksichtigung v. Verlusten kommen. Als zu verhindernder stl. Vorteil wird auch ausdrücklich nur die temporäre Hinausschiebung der Steuerzahlung durch Verrechnung der Verluste mit den übrigen Einkünften angesehen, Abs. 2 S. 1 und 2. IÜ spricht dafür auch die Bezeichnung als Steuerstundungsmodell im Gesetzestext. § 15b Abs. 1 S. 1 ist daher jedenfalls teleologisch einschr. so auszulegen, dass ein Verlustausgleich nach § 2 Abs. 3 und ein Verlustvortrag nach § 10d nur so lange ausgeschlossen sind, wie eine Verrechnung der Verluste aus dem Steuerstundungsmodell mit zukünftig zu erwartenden Gewinnen aus derselben Einkunftsquelle nach Abs. 1 S. 2 überhaupt noch möglich erscheint. Dies ist ausgeschlossen, wenn die dem Steuerstundungsmodell zugrunde liegende Einkunftsquelle nicht mehr besteht. Soweit dann unter Berücksichtigung eines nach § 15b Abs. 1 S. 2 zu mindernden evtl. Gewinnes aus der Aufgabe/Veräußerung der Einkunftsquelle noch ein an sich lediglich verrechenbarer Verlust bestehen bleibt, würde die endg. Versagung zu einem definitiven Verstoß gegen das objektive Nettoprinzip führen. Diese Auslegung entspricht auch den Gesetzesmaterialien, wonach die Verluste nicht endg. „verloren" gehen, sondern nur zeitlich „gestreckt" werden sollen.[3] Davon kann aber keine Rede mehr sein, wenn die Einkunftsquelle aufgegeben wird. § 15b Abs. 1 S. 1 ist daher verfassungskonform dahingehend auszulegen,

---

FR 2007, 188 zur „Mindestbesteuerung" nach § 2 Abs. 3 EStG aF wegen mangelnder Bestimmtheit); zur (problematischen) Umsetzung der Vorgaben des BVerfG s. BFH v. 9.3.2011 – IX R 56/05, BStBl. II 2011, 649 und IX R 72/04, BStBl. II 2011, 751 = FR 2011, 677 mit Anm. *Bode*.

1 **AA** *Hallerbach* in H/H/R, § 15b Anm. 24; *Kaminski* in Korn, § 15b Rn. 65; offen in FG Berlin-Bdbg. v. 8.12.2015 – 6 K 6215/12, EFG 2016, 975 (Rev. IV R 2/16).

2 FG Berlin-Bdbg. v. 8.12.2015 – 6 K 6215/12, EFG 2016, 975 (Rev. IV R 2/16).

3 Gesetzentwurf CDU/CSU und SPD v. 25.11.2005, BT-Drucks. 16/107; unklar hingegen Beschlussempfehlung des FinA v. 14.12.2005, BT-Drucks. 16/554 mit dem Hinweis auf endg. Verluste wegen zu optimistischer Modellannahmen, was aber wohl dahingehend zu verstehen ist, dass die Einf. des § 15b bereits verhindern werde, dass solche Modelle in Zukunft überhaupt noch praktiziert werden.

dass das Verlustausgleichs- und -abzugsverbot nicht mehr eingreift, nachdem die Einkunftsquelle des Steuerstundungsmodells beim StPfl. nicht mehr besteht.[1]

II. Verlustverrechnung mit Einkünften aus derselben Einkunftsquelle (Abs. 1 S. 2). 1. Eingeschränkte Verlustverrechnung. An die Stelle eines sofortigen Verlustausgleichs innerhalb der Einkünfte aus GewBetr. oder nach § 2 Abs. 3 tritt nach § 15b Abs. 1 S. 2 eine Verlustverrechnung mit **zukünftigen Gewinnen aus derselben Einkunftsquelle**. Die erlittenen Verluste „mindern die Einkünfte, die der StPfl. in den folgenden Wj. aus derselben Einkunftsquelle bezieht". 20

Seinem Wortlaut nach lässt Abs. 1 lediglich eine Verlustverrechnung mit zukünftigen Gewinnen aus derselben Einkunftsquelle zu. Ein **Verlustrücktrag** auf Gewinne aus derselben Einkunftsquelle in der Vergangenheit ist danach **ausgeschlossen**. Diese Konstellation dürfte freilich ohnehin nur ausnahmsweise in Betracht kommen, da die Steuerstundungsmodelle typischerweise darauf gerichtet sind, schon in der Anfangsphase stl. Verluste zu generieren. Immerhin lässt sich nicht ausschließen, dass auch nach einer Gewinnphase aus derselben Einkunftsquelle Verluste generiert werden und das Modell darauf gerichtet war. Der Ausschluss eines auf Gewinne aus derselben Einkunftsquelle beschränkten Rücktrages ist jedoch unbedenklich, soweit jedenfalls die Möglichkeit einer Verrechnung mit zukünftigen Gewinnen besteht. 21

2. Dieselbe Einkunftsquelle. Die nach Abs. 1 S. 2 zulässige Verlustverrechnung ist nur mit positiven Einkünften aus **derselben Einkunftsquelle** zulässig. Die jeweilige Einkunftsquelle ergibt sich aus dem Investitionsgegenstand, in den gem. dem Konzept des jeweiligen Steuerstundungsmodells die v. StPfl. getätigte Investition durch Aufbringung v. finanziellen Mitteln erfolgt. 22

Sofern es sich um eine Steuerstundungsmodell handelt, dem die Beteiligung mehrerer StPfl. in Form einer Ges. oder Gemeinschaft (Rn. 36 f.) zugrunde liegt, ergibt sich die Einkunftsquelle aus dem Geschäftsgegenstand, der nach dem zugrunde liegenden Vertrag v. den Gemeinschaftern/der Ges. verfolgt werden soll und verfolgt wird, etwa die Herstellung eines oder mehrerer Filme (Medienfonds), einer oder mehrerer Windkraftanlagen usw. Für den StPfl. ist Einkunftsquelle dann seine Beteiligung an dieser Gemeinschaft (sein MU'anteil) einschl. eines etwaigen Sonderbereiches. Insoweit findet eine Saldierung v. Überschüssen und Verlusten bei den einzelnen Investitionsobjekten statt, die v. Geschäftsgegenstand des Fonds umfasst werden.[2]

Bei **doppel- und mehrstöckigen Konstruktionen (zB Dachfonds)** stellt allerdings für den gesellschaftsrechtl. nur an der Obergesellschaft beteiligten StPfl. auch die mittelbare Beteiligung an der jeweiligen Untergesellschaft seine Einkunftsquelle dar. Ist die Obergesellschaft daher an mehreren Untergesellschaften beteiligt, handelt sich für den Obergesellschafter als StPfl. um mehrere Einkunftsquellen iSd. Abs. 1 S. 2. Ein Ausgleich der Verluste aus einer Beteiligung an einer als Steuerstundungsmodell zu qualifizierenden Untergesellschaft mit anderen positiven Einkünften ist daher auch auf der Ebene der Obergesellschaft weder mit deren eigenen Einkünften, noch mit zuzurechnenden positiven Einkünften aus anderen Untergesellschaften für den G'ter der Obergesellschaft möglich. Der Verlustanteil an der Untergesellschaft wird an den G'ter der Obergesellschaft „weitergegeben" und unterliegt bei ihm den Beschränkungen des § 15b. Dies folgt gerade daraus, dass die Obergesellschaft kein StPfl. ist und ihr deshalb auch keine Vorteile iSd. § 15b geboten werden können. ISd § 15b ist daher bei mehrstöckigen Konstruktionen auf die jeweils an der Obergesellschaft beteiligten StPfl. abzustellen. Diese entfaltet gerade keine „Abschirmwirkung". Ist die Obergesellschaft selbst ebenfalls als Steuerstundungsmodell zu qualifizieren, so sind auf ihrer Ebene die eigenen Einkünfte und die Einkünfte aus den nicht als Steuerstundungsmodellen zu qualifizierenden Untergesellschaften zu saldieren. Der daraus sich ergebende Verlustanteil des G'ters der Obergesellschaft unterliegt dann ebenfalls (ggfls zusätzlich) den Ausgleichsbeschränkungen des § 15b.[3]

Sofern es sich um ein Steuerstundungsmodell handelt, an dem allein der StPfl. beteiligt ist (Rn. 41), ergibt sich hier die Einkunftsquelle aus der konkreten Investition, die der StPfl. gem. dem Konzept des Modells tätigt, etwa die alleinige Finanzierung der Herstellung eines Filmes aufgrund eines vorgefertigten Konzeptes, dem die Generierung v. vorübergehenden Verlusten zugrunde liegt.

Einkunftsquelle ist verkürzt mithin die jeweilige **Beteiligung** des betr. StPfl. **am jeweiligen Steuerstundungsmodell**,[4] wobei die Beteiligung auch eine 100 %ige (Allein-)Beteiligung sein kann (Rn. 41).

1 Vgl. auch *Brandtner/Raffel*, BB 2006, 639; *K/S/M*, § 15b C 8; zur verfassungsrechtlichen Problematik eines endgültigen Ausschlusses der Verlustverrechnung bei der Mindestbesteuerung nach § 10d s. BFH v. 26.8.2010 – I B 49/10, FR 2011, 75 mit Anm. *Buciek/Dorenkamp* unter Hinweis auf BVerfG v. 12.5.2009 – 2 BvL 1/00, BVerfGE 123, 111 (Jubiläumsrückstellung); s. auch *Dorenkamp*, FR 2011, 733; *Desens*, FR 2011, 745.

2 BMF v. 17.7.2007, BStBl. I 2007, 542 Rn. 13.

3 So auch Begr. zum Gesetzentwurf, BT-Drucks. 16/107, 7; BMF v. 17.7.2007, BStBl. I 2007, 542 Rn. 21; *Pohl*, DStR 2006, 382; *Hallerbach* in H/H/R, § 15b Anm. 26; **aA** *Lechner/Lemaitre*, DB 2006, 689 und *Lechner/Lemaitre*, DStR 2007, 935; *Lüdicke/Naujok*, DB 2006, 747; *Naujok*, DStR 2007, 1601.

4 So ausdrücklich Begr. zum Gesetzentwurf, BT-Drucks. 16/107.

23 Die im **Zusammenhang mit einem Steuerstundungsmodell stehenden** lediglich verrechenbaren **Verluste** und die mit ihnen **verrechenbaren positiven Einkünfte** weisen **dieselbe Einkunftsquelle** auf. Das verbindende Element ist die jeweils zugrunde liegende Einkunftsquelle. Der Umfang der Einkunftsquelle wird durch die dem Stundungsmodell zugrunde liegende Konzeption bestimmt, soweit dieses durch Investitionen des StPfl. tatsächlich umgesetzt wird. Die Einkunftsquelle kann nicht unabhängig v. zugrunde liegenden Konzept des Steuerstundungsmodells bestimmt werden. Das gilt auch für § 8 Abs. 7 InvStG, § 15b EStG. Einkunftsquelle ist nicht der einzelne zurückgegebene oder veräußerte Investmentanteil, sondern die jeweilige modellhafte Kombination v. Geschäften unter Einschluss der Rückgabe/Veräußerung, die die vorgezogene Verlustberücksichtigung ermöglicht.[1]

24 Zw. Einkunftsart iSd. **sieben Einkunftsarten** und **Einkunftsquelle** iSd. § 15b besteht **keine** Identität oder sonstige **Deckungsgleichheit**. Regelmäßig werden aus der Einkunftsquelle nur Teile der Einkünfte einer bestimmten Einkunftsart des StPfl. generiert. Im Falle des § 15b werden Verluste in der Einkunftsart Einkünfte aus GewBetr. erzielt. Soweit in anderen Einkunftsarten Verluste oder negative Einkünfte aus Steuerstundungsmodellen generiert werden, ist ggf. § 15b entspr. anzuwenden (Rn. 12).

Zu welcher Einkunftsart die aus der Einkunftsquelle erzielten (positiven oder negativen) Einkünfte gehören, bestimmt sich nach den allg. Kriterien der §§ 13 f. Maßgeblich ist auf die v. jeweiligen StPfl. entfaltete Betätigung abzustellen.

25 Soweit dem Steuerstundungsmodell eine **Beteiligung mehrerer StPfl.** in Form einer **Ges.** oder Gemeinschaft zugrunde liegt – typischerweise sog. **geschlossene Fonds** –, bestimmt sich die **Einkunftsart** zunächst nach den gemeinsam verwirklichten Tatbestandsmerkmalen auf der Ebene der Ges./Gemeinschaft. Bei einer gewerblichen **MU'schaft** nach § 15 Abs. 1 Nr. 2 werden mithin gewerbliche Einkünfte v. allen Beteiligten erzielt. § 15 Abs. 1 Nr. 2 ist dann in vollem Umfange anwendbar. Zu den aus derselben Einkunftsquelle iSd. § 15b Abs. 1 S. 2 zu berücksichtigenden erzielten gewerblichen Einkünften positiver (Gewinne) wie negativer (Verluste) Art gehören dann – abw. v. § 15a – auch **Verluste** und **Gewinne aus dem SBV**.[2]

Zu beachten ist aber, dass bei einer lediglich **vermögensverwaltenden Tätigkeit** auf der Ebene der Ges. v. einzelnen beteiligten StPfl. dennoch gewerbliche Einkünfte aus der Einkunftsquelle erzielt werden, falls der StPfl. die Beteiligung in einem gewerblichen BV hält, sei es, weil kraft Rechtsform ohnehin nur gewerbliche Einkünfte erzielt werden können, § 8 Abs. 2 KStG, § 15 Abs. 3 Nr. 2 EStG, sei es, weil aus anderen Gründen die Beteiligung an der **gemeinsamen Einkunftsquelle** zu einem eigenen GewBetr. des StPfl. gehört. Trotz Beteiligung an einer gemeinsamen Einkunftsquelle im Zusammenhang mit einem Steuerstundungsmodell kann es bei den Beteiligten mithin zu unterschiedlich zu qualifizierenden Einkunftsarten kommen – sog. **Zebragesellschaften**. § 15b ist dann nur für denjenigen StPfl. einschlägig, der gewerbliche Einkünfte erzielt (s. auch Rn. 48). Für die anderen Beteiligten kann sich aber in den anderen Einkunftsarten eine entspr. Anwendung ergeben (Rn. 12). Auch insoweit sind dann für den an einer lediglich vermögensverwaltenden PersGes. beteiligten StPfl. durch die Beteiligung veranlasste Sonderwerbungskosten und Sondereinnahmen bei der entspr. Anwendung des § 15b iRd. jeweiligen Einkunftsart einzubeziehen und gehören zur selben Einkunftsquelle.

26 Die **Identität der Einkunftsquelle** wird durch einen **Wechsel der Einkunftsart** nicht berührt. Auch nach einem solchen Wechsel bleibt die **Verrechnungsmöglichkeit** gem. Abs. 1 S. 2 erhalten. Das gilt gleichermaßen für den Fall eines Wechsels v. gewerblichen Einkünften zu anderen Einkünften, wie auch umgekehrt oder bei einem Wechsel innerhalb anderer Einkunftsarten.

Beispiel:[3] a) Ein Gewerbetreibender erwirbt einen Immobilienfondsanteil und ordnet ihn seinem BV zu. Nach Ablauf v. fünf Jahren veräußert er seinen GewBetr. unter Zurückbehaltung des Immobilienfondsanteils. Bisher noch nicht verrechnete gewerbliche Verluste im Zusammenhang mit dem Immobilienfondsanteil nach Abs. 1 S. 1 bleiben weiterhin verrechenbar mit den zukünftig aus dem Immobilienanteil zu erzielenden Einkünften aus VuV gem. Abs. 1 S. 2.

b) Aus dem Erwerb eines Immobilienanteils werden zunächst negative Einkünfte aus VuV erzielt. Der Anteil wird nach drei Jahren v. StPfl. in ein eigenes BV eingelegt. Die noch nicht verrechneten negativen Einkünfte aus VuV nach § 21 Abs. 1 S. 2 iVm. § 15b bleiben weiterhin verrechenbar mit den aus dem Fondsanteil erzielten gewerblichen Einkünften.

27 **3. Vorrangiger Verrechnungskreis.** Die Verlustverrechnung nach § 15b Abs. 1 S. 2 mit Gewinnen aus derselben Einkunftsquelle genießt den Vorrang vor einem Verlustausgleich nach § 2 Abs. 3 oder Verlustabzug nach § 10d. Verrechenbare Verluste aus Abs. 1 S. 1 mindern daher vorrangig zunächst gewerbliche

1 Daher unzutr. *Kretzschmann*, FR 2011, 62 und *Jansen/Lübbehüsen*, FR 2011, 512, wonach § 8 Abs. 7 InvStG wegen fehlender Anfangsverluste und prinzipiell fehlender Verlustverrechnungsmöglichkeit de facto keinen Anwendungsbereich haben könne; vgl. auch *Birker*, BB 2011, 1495.
2 So zutr. BMF v. 17.7.2007, BStBl. I 2007, 542 Rn. 13, 18, 19; vgl. auch Begr. zum Gesetzentwurf, BT-Drucks. 16/107.
3 Nach Begr. Gesetzesvorlage BT-Drucks. 16/107.

Gewinne – oder bei Wechsel der Einkunftsart positive Einkünfte der anderen Einkunftsart – aus derselben Einkunftsquelle. Die Verrechnung mit Gewinnen in den Folgejahren aus Abs. 1 S. 2 genießt insoweit auch Vorrang vor einem horizontalen Verlustausgleich.[1] Erst ein nach der Verlustverrechnung noch verbleibender Gewinn/Überschuss nimmt am horizontalen, vertikalen Verlustausgleich sowie am Verlustabzug nach § 10d teil.

Beispiel: Nicht verrechenbare gewerbliche Verluste v. –100 000 aus Immobilienfonds in den Jahren 01–04. In 05 nunmehr positive Einkünfte v. +20 000 aus dem Immobilienfonds bei VuV. Außerdem gewerbliche Einkünfte v. +50 000 lfd. Gewinn und +100 000 Veräußerungsgewinn nach § 16 sowie –50 000 übrige Einkünfte bei VuV.

Die verrechenbaren Verluste mindern die Einkünfte aus VuV iHv. +20 000 aus dem Immobilienfonds, so dass noch verrechenbare Verluste v. –80 000 verbleiben. Die Verrechnung genießt den Vorrang vor einem horizontalen Ausgleich bei VuV. Im Rahmen v. § 2 Abs. 3 sind vorrangig der lfd. Gewinn aus § 15 iHv. +50 000 und die negativen verbleibenden Einkünfte v. –50 000 aus VuV auszugleichen. Es verbleibt ein begünstigter Veräußerungsgewinn nach § 16 v. +100 000.

Soweit lediglich verrechenbare Verluste nicht (mehr) vorhanden sind, nehmen Gewinne/Überschüsse aus der Einkunftsquelle ganz normal am horizontalen und vertikalen Verlustausgleich und Verlustabzug teil.

Die Verlustverrechnung nach § 15b Abs. 1 S. 2 mit positiven Einkünften aus derselben Einkunftsquelle ist 28
– anders als nach § 2b aF, § 15 Abs. 4 S. 2 und 7 (§ 15 Rn. 425, 429) – nicht entspr. § 10d der Höhe nach begrenzt (s. Rn. 6). Eine rückwirkende Verrechnung mit Gewinnen aus dem Vorjahr kommt ohnehin nicht in Betracht (Rn. 21).

III. Vorrang vor § 15a, Konkurrenz zu anderen Verlustausgleichsbeschränkungen. Nach § 15b Abs. 1 29
S. 3 ist § 15a „insoweit nicht anzuwenden". Das „insoweit" bezieht sich auf die Anwendbarkeit des § 15b Abs. 1 S. 1 und 2. Dadurch soll nach der Begr. zum Gesetzentwurf zum Ausdruck gebracht werden, dass § 15b Vorrang vor der Anwendung des § 15a hat.[2] Das Verlustausgleichs- und -abzugsverbot des Abs. 1 S. 1 soll jedenfalls ebenso vorrangig zu beachten sein wie die Verlustverrechnungsmöglichkeit mit positiven Einkünften aus derselben Einkunftsquelle.

Die Frage einer Konkurrenz zw. § 15a und § 15b kann sich freilich nur stellen, soweit für beide Vorschriften der Tatbestand erfüllt ist. Soweit lediglich der Tatbestand einer der Vorschriften erfüllt ist, versteht es sich v. selbst, dass dann die jeweilige Vorschrift in vollem Umfange anzuwenden ist.

Daher lässt § 15b Abs. 1 S. 1 einen horizontalen wie vertikalen Verlustausgleich bei einem an einem Stundungsmodell beteiligten K'disten auch dann nicht zu, wenn bei ihm kein negatives Kapitalkonto entsteht oder sich erhöht oder er dennoch wegen übersteigender Hafteinlage haftet, so dass § 15a Abs. 1 nicht eingreift. Der insoweit nicht ausgleichsfähige Verlust bleibt iRd. § 15b Abs. 1 S. 2 nur mit zukünftigen positiven Einkünften aus dieser Einkunftsquelle unabhängig v. § 15a Abs. 2 verrechenbar. Liegen umgekehrt nur die Voraussetzungen des § 15a vor, nicht aber die des § 15b, versteht es sich v. selbst, dass § 15a in vollem Umfange anwendbar bleibt.

§ 15b Abs. 1 S. 3 kann daher nur Bedeutung gewinnen, wenn sowohl § 15b als auch § 15a tatbestandsmäßig 30
erfüllt sind. Es muss mithin jedenfalls eine mitunternehmerische Beteiligung eines beschränkt haftenden K'disten ein einem Steuerstundungsmodell vorliegen. Dann ist, ausweislich des Wortlautes, § 15a nicht anzuwenden, selbst wenn er tatbestandlich vorliegt, soweit auch § 15b Abs. 1 eingreift. Bedeutung kommt dieser Regelung namentlich dann zu, wenn zwar nach § 15a Abs. 2 eine Verlustverrechnung möglich wäre, aber nach § 15b Abs. 1 S. 2 nicht. Dann ist die Verrechnung nach § 15a Abs. 2 nicht anzuwenden.

Beispiel: K erzielt in 01 einen Verlustanteil v. 500 000, der sowohl nach § 15a wegen der Entstehung eines negativen Kapitalkontos als auch nach § 15b Abs. 1 S. 1 nicht ausgleichsfähig, sondern nur verrechenbar ist. In 02 wird dem K ein Gewinnanteil v. 500 000 aus dem Gesamthandsbereich zugewiesen und außerdem erzielt er im Sonderbereich einen Verlust v. 400 000.

Nach § 15a Abs. 2 würde sich der Gewinnanteil des K v. 500 000 in 02 um den verrechenbaren Verlust aus 01 iHv. 500 000 mindern. Ein lediglich verrechenbarer Verlust bliebe nicht. Es verbliebe bei einem sofort ausgleichsfähigen Verlust v. 400 000 im Sonderbereich.

Nach § 15b Abs. 1 S. 2 entsteht in 02 lediglich ein Gewinn v. 500 000 – 400 000 = + 100 000. Dieser mindert sich nach § 15b Abs. 1 S. 2 um 100 000 verrechenbarer Verlust aus 01. Es verbleibt ein lediglich verrechenbarer Verlust v. 400 000 für die Jahre ab 03. Eine Verlustverrechnung nach § 15a Abs. 1 ist ausgeschlossen.

Unterschiede im Umfange eines lediglich verrechenbaren Verlustes nach § 15a und § 15b können sich na- 31
mentlich dadurch ergeben, dass bei § 15a Verluste im Sonderbereich immer sofort ausgleichsfähig sind und gerade keine Saldierung v. **Verlusten oder Gewinnen im Sonderbereich** mit Verlust- oder Gewinn-

1 Vgl. auch BMF v. 29.11.2004, BStBl. I 2004, 1097 allerdings zu §§ 2b und 10d.
2 Gesetzentwurf CDU/CSU und SPD v. 29.11.2005, BT-Drucks. 16/107.

anteilen im Gesamthandsbereich stattfindet. Hingegen umfasst § 15b Abs. 1 auch Gewinne und Verluste des MU'ers im Sonderbereich, falls es sich bei der Beteiligung an der MU'schaft insgesamt um eine Einkunftsquelle im Zusammenhang mit einem Steuerstundungsmodell handelt.[1]

32 Nicht anwendbar ist auch die **Gewinnzurechnung wegen Einlagenminderung** nach § 15a Abs. 3, soweit ein Verlustausgleich oder -abzug wegen § 15b Abs. 1 S. 1 in der Vergangenheit nicht vorgenommen werden konnte, obwohl er nach § 15a Abs. 1 nicht ausgeschlossen war, weil damals kein negatives Kapitalkonto bestand oder sich erhöhte.

33 Im Verhältnis zu § 15a ist mithin zu beachten: Liegen im Jahr der erstmaligen Entstehung des Verlustes sowohl die Voraussetzungen des § 15a und des § 15b vor, so genießt die Anwendung des § 15b Vorrang. Bei der Anwendung nur des § 15b verbleibt es dann in vollem Umfange auch in den Folgejahren. § 15a ist daneben nicht, auch nicht teilw., anzuwenden. Soweit im Verlustentstehungsjahr entweder nur die Voraussetzungen des § 15a oder des § 15b vorliegen, verbleibt es bzgl. dieses Verlustes auch in den Folgejahren nur bei der Anwendung der jeweiligen Vorschrift. Die Frage einer Nichtanwendung v. § 15a stellt sich dann nicht.

34 Dasselbe Verhältnis wie zw. § 15b und § 15a gilt auch dann, wenn im Rahmen anderer Einkunftsarten § 15b und/oder § 15a entspr. anwendbar sind (Rn. 12).

35 Die übrigen speziellen Verlustverrechnungsbeschränkungen nach §§ 2a, § 15 Abs. 4, § 20 Abs. 6, § 22 Nr. 3, § 23 Abs. 3 S. 8 sind bei Vorliegen ihrer Tatbestandsvoraussetzungen ggf. neben § 15b anwendbar. IErg. kommen die jeweils strengere Verlustausgleichsbeschränkung und die eingeschränktere Verlustverrechnung zum Zuge.[2] Zur (Nicht)Anwendbarkeit der allg. Regelung des § 10d iRd. Anwendung des § 15b s. Rn. 6, 28.

1. Beispiel: Ein Verlust erfüllt zugleich die Voraussetzungen des § 15b Abs. 1 und des § 2a Abs. 1. Im Folgejahr erzielt der StPfl. positive Einkünfte derselben Art und aus demselben Staat, aber nicht aus derselben Einkunftsquelle. Eine Verlustverrechnung mit den positiven Einkünften derselben Art nach § 2a Abs. 1 S. 3 kommt nicht zum Zuge, da § 15b Abs. 1 S. 1 eine Verrechnung ausschließt.

2. Beispiel: Ein Verlust erfüllt zugleich die Voraussetzungen des § 15 Abs. 4 S. 1 und des § 15b. Im Vorjahr war ein Gewinn aus gewerblicher Tierzucht erzielt worden. Im Folgejahr wird aus derselben Einkunftsquelle ein Gewinn aus gewerblicher Tierzucht erzielt.

Ein Rücktrag auf den Verlust aus gewerblicher Tierzucht für das Vorjahr im Umfang des § 10d scheidet schon deshalb aus, weil § 15b einen solchen Rücktrag nicht kennt, selbst wenn es sich um dieselbe Einkunftsquelle handeln sollte. Eine Verlustverrechnung mit dem Gewinn des Folgejahres ist sowohl nach § 15b Abs. 1 S. 2 als auch nach § 15 Abs. 4 S. 2 zulässig. Aber die Verrechnung ist nach § 15 Abs. 4 S. 2 nur iRd. Begrenzungen des § 10d zulässig. Soweit mithin der Gewinn aus gewerblicher Tierzucht und zugleich aus dem Stundungsmodell 1 Mio. übersteigt, ist die Verlustverrechnung für das Folgejahr darüber hinaus nur zu 60 % möglich, obwohl § 15b Abs. 1 S. 2 isoliert gesehen eine betragsmäßig unbegrenzte Verrechnung im Folgejahr zugelassen hätte.

35a Im Anwendungsbereich des § 15b, dh., wenn aufgrund modellhafter Gestaltungen stl. Vorteile infolge negativer Einkünfte erzielt werden sollen, soll die **Anwendung des § 42 AO** grds. nicht in Betracht kommen, selbst wenn im Einzelfall die Voraussetzungen des § 15b nicht erfüllt werden (Rn. 7a).

C. Steuerstundungsmodell (Abs. 2)

36 **I. Modellhafte Gestaltung aufgrund vorgefertigten Konzepts. 1. (Fonds-)Gesellschaften und Gemeinschaften.** Wie die Vorgängerregelung des § 2b zielt § 15b primär auf (geschlossene) Fonds in Form v. Ges. oder Gemeinschaften, durch die den an der Ges. als MU'er iSd. § 15 Beteiligten jedenfalls in der Anfangsphase Verlustanteile zugewiesen werden, respektive bei der sie Verlustanteile erzielen. Soweit die Ges./Gemeinschaft ihrerseits nicht gewerblich tätig wird, sondern entweder in einer anderen Gewinneinkunftsart oder in einer Überschusseinkunftsart, ordnen § 13 Abs. 7, § 18 Abs. 4 S. 2, bzw. § 20 Abs. 7, § 21 Abs. 1 S. 2, § 22 Nr. 1 S. 1 HS 2 die entspr. Anwendung an. Die Begr. zum Gesetzentwurf und das Anwendungsschreiben des BMF[3] nennen denn auch als beispielhaft für Steuerstundungsmodelle ua. Medienfonds[4], Gamefonds, New Energy Fonds, Lebensversicherungszweitmarktfonds, Wertpapierhandelsfonds und Immobilienfonds.

1 BMF v. 17.7.2007, BStBl. I 2007, 542; Begr. zum Gesetzentwurf CDU/CSU und SPD v. 29.11.2005, BT-Drucks. 16/107.

2 **AA** BMF v. 17.7.2007, BStBl. I 2007, 542 Rn. 22–24. Danach soll ein Vorrang des § 15 Abs. 1b bestehen. Die Begr., dass § 15b jeweils die speziellere Vorschrift sei, ist aber unzutr.; s. auch *Naujok*, DStR 2007, 1601 (1606); vgl. auch *H/H/R*, § 15b Anm. 17 (Vorrang v. § 15 Abs. 4 S. 6–8, weil spezieller); wie hier *Korn*, § 15b Rn. 15, 20.2.

3 Gesetzentwurf BT-Drucks. 16/107; BMF v. 17.7.2007, BStBl. I 2007, 542 Rn. 7.

4 Vgl. dazu auch *Theisen/Lins*, DStR 2010, 1649; *Kohlhaas*, FR 2010, 693.

Derartige Fonds, dh. die Ges./Gemeinschaft selbst, an denen mehrere StPfl. beteiligt sind, sind dann die Steuerstundungsmodelle iSd. Abs. 1 und 2, sofern aufgrund modellhafter Gestaltung von ihren G'tern/ Mitgliedern stl. Vorteile in Form negativer Einkünfte erzielt werden sollen.[1] Zur Beteiligung an (offenen) Investmentfonds als Steuerstundungsmodelle s. Rn. 23, 43, 51.

Auf die **Rechtsform** der Ges. oder Gemeinschaft kommt es nicht an. Es kommen daher neben der BGB-Ges., der OHG, der KG oder auch nur einer Bruchteilsgemeinschaft auch entspr. **ausländ. Rechtsformen** in Betracht. Voraussetzung ist allerdings, dass nach deutschem Steuerrecht eine **transparente Besteuerung** bei den G'tern, Gemeinschaftern erfolgt, denn nur dann erzielen die an der Ges. beteiligten StPfl. negative Einkünfte, die ihnen unmittelbar zuzurechnen sind. 37

Zu einem Steuerstundungsmodell werden derartige Ges. oder Gemeinschaften jedoch nur dann, wenn aufgrund eines **vorgefertigten Konzeptes** dem an der Ges. beteiligten StPfl. die Möglichkeit zur Verlustverrechnung geboten werden soll. Die v. Abs. 2 verlangte **modellhafte Gestaltung** ergibt sich gerade aus dem vorgefertigten Konzept. Auch bei Fondskonstruktionen kann sich die Modellhaftigkeit aus **gleichgerichteten Leistungsbeziehungen** ergeben (s. Rn. 44) 38

Dem Begriff des vorgefertigten Konzeptes ist zu entnehmen, dass sowohl der **Geschäftsgegenstand der Ges.**, namentlich die **Art der** zu tätigenden **Investition**, wie auch die **Konstruktion der Ges.**/Gemeinschaft selbst, nicht durch die an ihr Beteiligten im Einzelnen ausgehandelt werden, sondern bereits vorher oder auch erst nach dem Beitritt (sog. Blindpools) durch den oder die Initiatoren festgelegt worden sind.[2] Die **Initiatoren/Anbieter** dieses vorgefertigten Konzeptes sind häufig insgesamt Außenstehende; sie können sich aber auch selbst beteiligen, häufig dann allerdings nur geringfügig.

Typischerweise sieht bereits das Konzept vor, dass der Ges. nach ihrer Gründung weitere noch zu werbende **„Anleger"** als G'ter beitreten können. Oftmals werden **Treuhandkonstruktionen** gewählt, wobei die Treuhänder schon v. den Initiatoren ausgewählt werden. Kennzeichnend ist weiter, dass der gem. dem vorgefertigten Konzept abgeschlossene Gesellschaftsvertrag auch nach Beitritt weiterer Anleger als G'ter diesen jedenfalls nicht die Möglichkeit zu einer Änderung des Gesellschaftsvertrages einräumt, die dem Konzept zuwiderlaufen würde. Die G'ter/Anleger werden auch nicht selbst iRd. Ges. für diese tätig. Ihre Rolle beschränkt sich für den Regelfall darauf, haftendes (Eigen-)Kapital zur Vfg. zu stellen, sich ohne Einfluss auf die Geschäftsführung kapitalmäßig zu beteiligen.[3]

Dem Tatbestandsmerkmal der modellhaften Gestaltung aufgrund eines vorgefertigten Konzeptes ist jedenfalls zu entnehmen, dass dieses Konzept dem StPfl., für den die Beteiligung an der Ges. sodann die Einkunftsquelle aus dem Steuerstundungsmodell ist, **v. außen angeboten** wird. Es ist gerade nicht v. ihm entwickelt worden. Soweit es sich um eine Gesellschafts- oder Gemeinschaftskonstruktion handelt, ist diese bereits vor der Gründung der Ges. konzeptionell entwickelt. Dem StPfl. wird lediglich die Möglichkeit geboten, **zu den festgelegten Konditionen** der Gemeinschaftskonstruktion **beizutreten**.

Häufig wird es so sein, dass zunächst die Ges. v. den Initiatoren bereits selbst als G'ter oder durch v. diesen eingeschalteten Pers., ggf. KapGes., gegründet wird. Die eigentliche Kapitalaufbringung erfolgt sodann aber erst durch den v. vornherein im Konzept und im demgemäß ausgestalteten Gesellschaftsvertrag vorgesehenen Beitritt der „Anleger" als weitere G'ter/Gemeinschafter. Denkbar ist allerdings auch, dass bereits der Abschluss des Gesellschaftsvertrages davon abhängig gemacht wird, dass bereits einige nicht an der Konzeptionsentwicklung beteiligte Anleger als Gründungs-G'ter gewonnen wurden.

Soweit auch die Initiatoren oder v. diesen eingeschaltete Pers., namentlich in der Gründungsphase, sich an der Ges./Gemeinschaft beteiligen, könnte fraglich sein, ob diese Beteiligung auch für sie eine Beteiligung an einem Steuerstundungsmodell darstellt. 39

Dies dürfte grds. zu bejahen sein. Zwar könnten hier deshalb Zweifel bestehen, weil es sich für diese nicht um v. anderen entwickeltes „vorgefertigtes Konzept" zur Verlustverrechnung zu handeln scheint, da das Konzept gerade v. ihnen entwickelt wurde.

Es ist jedoch zu differenzieren zw. der Rolle als Initiator und Entwickler des Konzeptes und der Rolle des zu den Bedingungen des entwickelten Konzeptes beitretendem G'ter/Gemeinschafter. Treten die Initiato-

1 FG Berlin-Bdbg. v. 8.12.2015 – 6 K 6215/12, EFG 2016, 975 (Rev. IV R 2/16); sa. FG Münster v. 24.11.2015 – 12 K 3933/12 F, EFG 2016, 362 (Rev. IV R 7/16).

2 Vgl. FG Münster v. 18.6.2015 – 12 K 689/12 F, EFG 2015, 1696 (Rev. VIII R 29/15); BFH v. 6.2.2014 – IV R 59/10, BStBl. II 2014, 465 m. Anm. *Mitschke*, FR 2014, 526 und *Lüdicke*, DStR 2014, 692; so auch *Hallerbach* in H/H/R, § 15b Anm. 33; *Lüdicke*, DStR 2014, 688.

3 BMF v. 17.7.2007, BStBl. I 2007, 542 Rn. 7 sieht daher in einer dementspr. bloßen kapitalmäßigen Beteiligung ein Indiz für das Vorliegen eines Steuerstundungsmodells, falls in der Anfangsphase Verlustzuweisungen erfolgen; krit. insoweit *Naujok*, DStR 2007, 1601.

ren zu denselben Bedingungen wie die übrigen Anleger der modellhaft vorgefertigten Gemeinschaftskonstruktion bei, so sind sie insoweit ebenfalls wie diese zu behandeln. Ausschlaggebend ist dann nicht, dass das Konzept v. ihnen entwickelt wurde, sondern dass sie sich wie die übrigen Anleger zu den Bedingungen des vorgefertigten Konzeptes beteiligen. Diese Unterscheidung ist freilich nur möglich und dann allerdings auch geboten, wenn es neben den Initiatoren überhaupt übrige G'ter gibt und nach dem Konzept auch gerade geben soll. Auf deren Beitritt muss das Konzept auch in erster Linie zielen, während der gleichzeitigen Beteiligung v. Initiatoren nur eine Hilfsfunktion, namentlich bei der Gründung und zur Vertrauensbildung, zukommen darf.

40 An einer modellhaften Gestaltung aufgrund eines vorgefertigten Konzeptes fehlt es daher, wenn an der inhaltlichen Ausgestaltung des Gesellschaftsvertrages einschl. der Festlegung des Geschäftsgegenstandes oder der sonstigen Gemeinschaftskonstruktion sämtliche Beteiligten inhaltlich mitwirken, respektive mitwirken können. Ebenso fehlt es daran, wenn eine derartige Gemeinschaft kraft G eintritt, etwa bei der Erbengemeinschaft.[1] Dies gilt auch dann, wenn für sämtliche Beteiligten erkennbar ist, dass zunächst die gemeinsame Betätigung zu Verlusten führen wird, namentlich in der Anfangsphase. Dies betrifft gleichermaßen die Gründung v. Einzelunternehmen wie auch MU'schaften bei den Gewinneinkünften, aber auch die Begr. einer gemeinsamen Überschusseinkünfteerzielungsquelle, etwa bei VuV. § 15b findet daher auf (auch vorhersehbare) Anlaufverluste bei **Existenz- und Firmengründern** keine Anwendung. Die Abgrenzung ist freilich problematisch. Entscheidend ist hier gerade, dass es bei Existenz – und Unternehmensgründungen an einem vorgefertigten, fremdbestimmten Konzept fehlt, das auf stl. Vorteile durch Verlustverrechnung abzielt. Ebenfalls scheiden als Steuerstundungsmodelle aber auch Konstruktionen aufgrund vorgefertigter, fremdbestimmter Konzepte aus, wenn diese nicht auf einen Vorteil durch Verlustverrechnung abzielen, sondern auf stl. Vorteile wegen Steuerbefreiungen oder Nichtsteuerbarkeit wirtschaftlicher Erfolge (s. Rn. 50). Dies kann für **Venture Capital und Private Equity Fonds** zutreffen.[2] Freilich kann es nicht auf die selbst gewählte Bezeichnung ankommen, sondern es ist anhand der Ges./Fondskonstruktion und des Geschäftsgegenstandes zu prüfen, ob objektiv Vorteile durch Verlustverrechnung mit negativen Einkünften erzielt werden sollen oder ob es um andere Vorteile geht, selbst wenn Anlaufverluste absehbar sind.

40a Handelt es sich um eine modellhafte Gestaltung, die ebenso von Alleinanlegern durch ihre Anlage- und Investitionstätigkeit oder sonstige Geschäftstätigkeit verwirklicht werden kann, indem sie entsprechend einem auf die Erzielung von (vorläufigen) Verlusten gerichteten vorgefertigten Konzept tätig werden, kann weder eine Einflussnahme auf die Ausgestaltung des Gesellschaftsvertrags noch eine von der Ges. selbst oder von den G'tern innerhalb der Ges. entfaltete aktive Tätigkeit das Vorliegen eines Steuerstundungsmodells schon a limine ausschließen. Es ist daher verfehlt, bei Ges. schon wegen der von einem der G'ter oder der Ges. insgesamt entfalteten aktiven Tätigkeiten eine Beteiligung an einem Steuerstundungsmodell prinzipiell auszuschließen. Ein Steuerstundungsmodell liegt namentlich auch dann vor, wenn einer der G'ter selbst als Initiator ein „vorgefertigtes Konzept" entwickelt oder entwickeln lässt, das primär auf die Verrechnung von negativen Einkünften mit positiven Einkünften zur Erlangung steuerlicher Vorteile gerichtet ist.[3] Eine Beteiligung an einem Steuerstundungsmodell liegt allerdings dann nicht vor, wenn Ges. und G'ter die (zunächst) verlustbringende (aktive oder passive) Tätigkeit aufgrund eines individuellen Konzepts entfalten, das sie selbst gemeinsam entwickelten oder das von vornherein individuell für sie gemeinsam von professionellen Beratern aufgrund Auftragserteilung durch die Ges. entwickelt wurde. Erfolgt die (verlustbringende) Tätigkeit hingegen gerade in Umsetzung und unter Nutzung eines Konzepts, das allgemein schon für eine Vielzahl von Fällen zur Anwendung durch eine Mehrzahl noch unbestimmter StPfl. entwickelt worden ist und das den (ggf. erst zukünftigen) G'tern oder der Ges. von außen angetragen wird, insbesondere durch gegen Vergütung tätig werdende professionell handelnde Geschäftspartner und Berater als Initiatoren (s. auch Rn. 43), liegt für die G'ter insoweit eine Beteiligung an einem Stundungsmodell vor. Diese Beteiligung kann die gesamte Tätigkeit der Ges. betreffen, aber auch nur einzelne Betätigungen.

1 Davon zu unterscheiden ist freilich, dass eine Erbengemeinschaft Rechtsnachfolger in eine Beteiligung an einem Steuerstundungsmodell sein kann. Zum dann erfolgenden Eintritt in die Rechtsstellung auch bzgl. der Verlustübernahme s. Rn. 14.

2 BMF v. 17.7.2007, BStBl. I 2007, 542 Rn. 1, 7; vgl. auch Begr. zum Gesetzentwurf, BT-Drucks. 16/107 mit dem Hinweis auf „Existenzgründer" und „typische Verlustsituationen bei VuV außerhalb modellhafter Gestaltungen" sowie Empfehlung des FinA, BT-Drucks. 16/254, mit dem Hinweis auf Existenzgründungen in Form einer PersGes. oder zum Zwecke gemeinsamer Forschung und Entwicklung.

3 Insoweit zu eng FG RhPf. v. 30.1.2013 – 3 K 1185/12, EFG 2013, 849 (rkr.) m. Anm. *Stahl/Mann*, DStR 2013, 1823, und FG Hess. v. 15.11.2012 – 11 K 3175/09, EFG 2013, 503 (aufgehoben durch BFH v. 10.12.2014, I R 3/13, DStR 2015, 629 = GmbHR 2015, 437) mit Anm. *Trossen* und *Stahl/Mann*, FR 2013, 292 und *Schulze-Trieglaff*, IStR 2013, 519.

Ob im Einzelfall ein Steuerstundungsmodell gegeben ist, ist anhand einer wertenden Gesamtbetrachtung zu ermitteln. § 15b Abs. 2 S. 1 und 2 EStG setzen nicht zwingend voraus, dass der vom Steuersparmodell Gebrauch machende StPfl. das vorgefertigte Konzept selbst kennt oder dieses überhaupt Auslöser seiner Investitionsentscheidung gewesen ist. Maßgeblich ist die Perspektive des Anbieters, wonach es darauf ankommt, ob dem StPfl. die Möglichkeit der Verlustverrechnung „geboten" werden soll.[1] Nicht erforderlich ist aber, dass die Möglichkeit der Verlustverrechnung die alleinige Zielrichtung ist und dass sie allein im Vordergrund steht. Es muss auch nicht ausdrücklich mit entspr. Steuervorteilen geworben werden. Dass nach dem Konzept allein von gesetzlich vorgesehenen „Steuerstundungsmöglichkeiten" Gebrauch gemacht wird, schließt das Vorliegen eines Steuerstundungsmodells nicht aus; dies ist vielmehr der Regelung des § 15b EStG geradezu immanent.[2] Ebenso kann die Anwendung des § 15b nicht dadurch ausgeschlossen werden, dass sich im „Verkaufsprospekt" nur wenige Seiten auf die stl. Rechtslage inklusive des § 15b beziehen und iÜ umfangreich bei „Kleinanlegern" für (jedenfalls nach Ansicht des Gerichts) sinnvolle Investitionen in ökologische Projekte geworben wird. Auch Biogas-, Windkraft- und andere Öko-Fonds, bei denen in der Anfangsphase erhebliche Verluste durch die Inanspruchnahme von degressiver AfA und Sonderabschreibungen anfallen, die auch einer Vielzahl von (Klein-)Anlegern in Aussicht gestellt werden, werden nicht „als betriebswirtschaftlich sinnvolle Investitionen" von der Anwendung des § 15b ausgenommen.[3] § 15b unterscheidet nicht zw. negativen Einkünften aus ökologisch mehr oder weniger wertvollen Investitionen, auch nicht bei Einzelinvestoren, wenn diese aufgrund eines durch außenstehende Initiatoren entwickelten vorgefertigten Konzepts tätig werden (Rn. 40a, 43). Selbstredend kann die Anwendung des § 15b auch nicht dadurch ausgeschlossen werden, dass auf das Verlustausgleichsverbot des § 15b schon im Werbeprospekt hingewiesen wird.[4] 40b

2. (Einzel-)Anleger in und außerhalb von Gemeinschafts-/Gesellschaftsverhältnissen. Eine für den StPfl. als Steuerstundungsmodell zu qualifizierende Einkunftsquelle setzt nicht notwendigerweise voraus, dass im Rahmen eines Gesellschafts- oder Gemeinschaftsverhältnisses mehrere StPfl. an derselben Quelle beteiligt sind. Die Regelung erfasst auch die Anlage- und Investitionstätigkeit einzelner StPfl. außerhalb einer Ges. oder Gemeinschaft.[5] Anders als die Vorgängervorschrift des § 2b setzt § 15b Abs. 2 lediglich eine modellhafte Gestaltung aufgrund eines vorgefertigten Konzeptes voraus. § 15b Abs. 2 verweist für „ähnliche Modelle" nicht wie § 2b auf Ges. und Gemeinschaften als Referenzmodell. Die für § 2b bestehende Streitfrage, ob ein Verlustzuweisungsmodell auch vorliegen könne, wenn nicht mehrere StPfl. sich in einer einer Ges. oder Gemeinschaft vergleichbaren Weise zu gemeinsamer Einkünfteerzielung verbinden, ist für § 15b insoweit dahingehend beantwortet, dass ein Steuerstundungsmodell auch vorliegen kann, wenn nur ein einzelner StPfl. daran beteiligt ist oder mehrere, aber nicht als Gemeinschaft/Gesellschaft verbunden (s. Rn. 43). 41

Unproblematisch für die Annahme einer modellhaften Gestaltung ist es zunächst einmal, wenn sogar eine **gesellschaftsrechtl. Konstruktion (für einen geschlossenen Fonds)** besteht, etwa in der Form einer GmbH & Co. ohne Vermögensbeteiligung und Ergebnisbeteiligung der GmbH an der Ges., aber lediglich ein Anteilseigner sämtliche nach dem Konzept vorgesehenen Gesellschaftsanteile erwirbt. Unerheblich ist insoweit, ob sich dies mehr oder wenig zufälligerweise ergibt oder v. den Initiatoren so geplant ist. Der alleinige Anleger darf nur nicht derjenige sein, der das Konzept selbst entwickelt hat. Eine modellhafte Gestaltung liegt insbesondere auch vor, wenn bestimmte v. „Beratungsunternehmen" (selbstredend auch Rechtsanwälte und Steuerberater) als Initiatoren vorab entwickelte „Einmann–Gesellschaftskonstruktionen" als Rechtsträger für „steuerstundende" Kapitalanlagen v. den „Beratern" vermarktet und den „Einmann-Gesellschaftern" entsprechend genutzt werden.[6] 42

Erst recht unproblematisch ist es, wenn zwar gesellschaftsrechtl. nur ein G'ter mit **Beteiligung am Gesellschaftsvermögen** vorhanden ist, aber dieser fremdnützig treuhänderisch den Anteil für mehrere Anteilsinhaber hält. Soweit der gesellschaftsrechtl. Anteil stl. aufgeteilt den mehreren Treugebern zuzurechnen sind, handelt es sich schon gar nicht um eine Alleinbeteiligung.

---

1 BFH v. 6.2.2014 – IV R 59/10, BStBl. II 2014, 465 (Rn. 15, 25) = FR 2014, 522; zust. *Lüdicke*, DStR 2014, 692.
2 So zutr. FG Münster v. 18.6.2015 – 12 K 689/12 F, EFG 2015, 1696 (Rev. VIII R 29/15).
3 **AA** unzutr. FG Münster v. 24.11.2015 – 12 K 3933/12 F, EFG 2016, 362 (Rev. IV R 7/16).
4 So zutr. FG Berlin-Bdbg. v. 8.12.2015 – 6 K 6215/12, EFG 2016, 385 (Rev. IV R 2/16) und FG Münster v. 24.11.2015 – 12 K 3933/12 F, EFG 2016, 362 (Rev. IV R 7/16).
5 So ausdrücklich auch die Begr. zum Gesetzentwurf, BT-Drucks. 16/107.
6 Vgl. BFH v. 7.1.2017 – VIII R 7/13, BStBl. II 2017, 700, und *Brandt*, jurisPR-SteuerR 15/2018 Anm. 3; v. 13.5.2013 – I R 39/11, FR 2013, 1102 = BFH/NV 2013, 1284; s. aber (verfehlt) FG Münster v. 8.11.2010 – 5 K 4566/08 F, EFG 2011, 438 (nachfolgend BFH v. 6.2.2014 – IV R 59/10, FR 2014, 522 m. Anm. *Mitschke* = BStBl. II 2014, 465) und v. 5.8.2010 – 5 V 1142/10 F, EFG 2010, 1878 (Vielzahl v. Einmann GmbH & Co KG Leasinggesellschaften, § 15b verneint, da kein Nachweis, dass mit Steuerstundungseffekt geworben wurde); vgl. auch OFD Frankfurt v. 20.4.2010 – S 2241b A 1 - St 213, juris (zu fremdfinanzierte Disagio Anleihen durch „private placement" mittels Anlage KG).

42a Unabhängig v. dem Bestehen gesellschaftsrechtl. oder sonstiger auf eine Mehrzahl v. Beteiligten angelegter Konstruktionen kommt ein Steuerstundungsmodell aber auch in Betracht, wenn die modellhafte Gestaltung **v. vornherein darauf abzielt**, dass davon jeweils mehrere einzelne StPfl. getrennt v. anderen Gebrauch machen können. Von daher kann prinzipiell auch der Erwerb v. Anteilen an einem (offenen) Investmentfonds in Form eines von einer Kapital(verwaltungs)gesellschaft verwalteten Sondervermögens durch mehrere (oder einen) Anteilseigner auf einem Steuerstundungsmodell beruhen. Dies wird jedenfalls nicht durch die Rechtsform des Beteiligungsverhältnisses der Anteilseigner an einem Investment(sonder)vermögen ausgeschlossen. Insoweit ist die in § 8 Abs. 7 InvStG durch das JStG 2010 aufgenommene Verweisung auf eine sinngemäße Anwendung § 15b überflüssig und allenfalls „klarstellend".[1] Soweit die Investmentanteile im Betriebsvermögen gehalten werden, ist § 15b unmittelbar anzuwenden. Soweit Einkünfte aus Kapitalvermögen erzielt werden, ist § 20 Abs. 7 iVm. § 15b anzuwenden. Voraussetzung ist freilich, dass überhaupt ein Steuerstundungsmodell im Sinne des § 15b Abs. 2 vorliegt (dazu Rn. 51). Dass auch Verluste aus Erwerb, Halten und Veräußern v. Investmentanteilen[2], falls auf modellhafter Gestaltung beruhend, unter § 15b fallende Verluste sein können, bedurfte keiner eher verwirrenden gesetzlichen Klarstellung (s. auch Rn. 23).

43 Von einer modellhaften Gestaltung iSd. Abs. 2 aufgrund eines vorgefertigten Konzepts kann freilich nur ausgegangen werden, wenn das Konzept auf der Erstellung einer umfassenden und regelmäßig an mehrere Interessenten gerichteten Konzeption beruht. Es darf nicht nur im Einzelfall v. StPfl. selbst oder – ausgehend v. dessen Initiative – erst in seinem Auftrag für die Besteuerung von dessen eigenen Einkünften entwickelt worden sein. Das bloße Aufgreifen einer in Fachkreisen bekannten Idee zur Erreichung einer sofortigen Verlustverrechnung begründet allein noch kein Steuerstundungsmodell. Dem in § 15b angesprochenen Steuerstundungsmodell liegt zugrunde, dass außenstehende Initiatoren ein Konzept entwickeln, um es danach erst noch zu findenden Anlegern anbieten zu können.[3] Als solche Initiatoren modellhafter Gestaltung kommen selbstverständlich bei einem (Außen-)Vertrieb von Aktien, anderen Gesellschaftsanteilen, Schuldverschreibungen und Investmentanteilen an Stpfl. unter Inanspruchnahme von (zunächst) Verluste generierenden Schuldzinsen etwa die Kapitalanlagegesellschaft, Banken und andere Vertreiber der Anteile in Betracht, auch wenn Einzelheiten der Anlage noch individuell mit dem Anleger festgelegt werden müssen.[4] Als „außenstehende Initiatoren" kommen aber auch Rechtsanwalts-, Steuerberatungs- und andere beratend tätige Kanzleien in Betracht, die von ihnen bereits selbst entwickelte oder von anderen, ggf. auch aus der (Fach- oder Allgemein-)Literatur übernommene vorbereitete Konzepte als „maßgeschneiderte" Modelle „am Markt" zwecks Generierung v. Verlusten entsprechend vermögenden, erhebliche Einkünfte erzielenden Auftraggebern anbieten.[5] Ein derartiges Angebot kann auch ggü. Auftraggebern erfolgen, zu denen bereits vorher geschäftliche Verbindungen bestanden. Vor allem liegt es aber auch dann vor, wenn der Auftraggeber gerade wegen des Angebots eines „maßgeschneiderten Modells" zur Steuerersparnis gewonnen wurde. Es ist nicht erforderlich, dass sich diese Initiatoren selbst an dem „Modell" beteiligen oder – abgesehen v. der „honorierten" Vermarktung des „vorgefertigten Modells" – als Leistungserbringer auftreten.[6] Umgekehrt wird das Vorliegen eines Steuerstundungsmodells – auch bei einer (geschlossenen) Fonds(gesellschafts)konstruktion – nicht dadurch ausgeschlossen, dass der Ini-

1 So zutr. FG Münster v. 18.6.2015 – 12 K 689/12 F, EFG 2015, 1696 (Rev. VIII R 29/15).

2 Solche Verluste können insbes. bei fremdfinanziertem Erwerb durch die Zinsaufwendungen einschl. negativer Einnahmen aus Zwischengewinnen bei einem durchgeführten Ertragsausgleich entstehen. Dazu BMF v. 18.8.2009, BStBl. I 2009, 931 Rn. 21a, 196a; v. 9.3.2010, DStR 2010, 553; koord. Ländererlass (OFD Münster) v. 13.7.2010, DStR 2010, 1625.

3 BFH v. 20.6.2017 – VIII R 57/14, BStBl. II 2017, 1144; v. 17.1.2017 – VIII R 7/13, BStBl. II 2017, 700, mit Anm. *Brandt*, jurisPR-SteuerR 15/2018 Anm. 3; vgl. auch BFH v. 6.2.2014 – IV R 59/10, BStBl. II 2014, 465, m. Anm. *Lüdicke*, DStR 2014, 692; *Mitschke*, FR 2014, 526; *Rogge*, BB 2014, 1317; sa. *Haarmann*, NZG 2017, 752; *Schuhmann*, StuB 2017, 536; *Lüdicke/Fischer*, Ubg 2013, 694; *Hallerbach* in H/H/R, § 15b Anm. 33.

4 So zutr. FG Münster v. 18.6.2015 – 12 K 689/12 F, EFG 2015, 1696 (Rev. VIII R 29/15).

5 Siehe BFH v. 17.1.2017 – VIII R 7/13, BStBl. II 2017, 700 (Beratung/Strukturerstellung zum Erwerb von Schuldverschreibungen [asset linked notes] unter Inanspruchnahme einer Finanzierung durch disagiobelastete Darlehen – problematisch); *Hallerbach* in H/H/R, § 15b Anm. 33; vgl. aber **aA** FG Nürnb. v. 28.2.2013 – 6 K 875/11, EFG 2013, 1018 (aufgehoben durch BFH v. 25.6.2014 – I R 24/13, BStBl. II 2015, 141 = FR 2015, 330 = GmbHR 2014, 1328) und FG RhPf. v. 30.1.2013 – 3 K 1185/12, EFG 2013, 849 (Goldhandel in London vermittels engl. partnership mit deutschen G'tern – individuelle Umsetzung eines von den „steuerlichen Beratern zwecks Steuereinsparung herangetragenen Grundkonzepts" soll nicht genügen); s. auch FG Sachs. v. 5.5.2010 – 8 K 1853/09, DStR 2012, 2053 (Fiskus nachweispflichtig für vom Berater vorgefertigtes Konzept).

6 Vgl. zutr. OFD-Ffm. v. 20.4.2010 – S 2241b A - 1 - 213 (zu Disagio-Anleihen bei Private-Placement); FG Münster v. 5.8.2010 – 5 V 1142/10 F, DStZ 2010, 744 (rkr. zu Leasingfonds); vgl. aber offen (und zu eng) BFH v. 8.4.2009 – I B 223/08, IStR 2009, 504 (Familienstiftung & Co. KG) und FG Münster v. 8.11.2010 – 5 K 4566/08 F, EFG 2011, 438 (Rev. durch BFH zurückgewiesen aufgrund bindender Tatsachenfeststellung [BFH v. 6.2.2014 – IV R 59/10, BStBl. II 2014, 465]).

tiator als Entwickler oder Auftraggeber für das „vorgefertigte Konzept" sich selbst an der Ges. (dem Fonds) beteiligt. Das gilt auch dann, wenn die Entwicklung des vorgefertigten Konzepts einer steuerliche Vorteile durch Erzielung negativer Einkünfte generierenden Beteiligung an der Ges. primär zu dem Zweck erfolgte, um selbst in den Genuss der steuerlichen Vorteile iRd. Beteiligung an der Ges./dem Fonds zu gelangen. Völlig unerheblich ist, ob die Ges. selbst die negativen Einkünfte für die G'ter durch aktive Teilnahme am Handel auf einem Welthandelsplatz erzielt oder ob sie sich lediglich „passiv" verhält.[1]

Aus der Sicht der Initiatoren zielt die modellhafte Gestaltung darauf ab, dass v. dem Modell durch mehrere StPfl., wenn auch nicht notwendigerweise in Gemeinschaft, Gebrauch gemacht werden kann. Kennzeichnend für die modellhafte Gestaltung aufgrund vorgefertigten Konzeptes ist daher die auf ein **mehrfaches Gebrauchmachen** durch mehrere StPfl. **angelegte Grundkonzeption**. Dies kann in der Weise geschehen, dass sich nach dem Konzept v. vornherein mehrere StPfl. in Gemeinschaft an dem Investitionsprojekt beteiligen – so grds. die (geschlossenen) Fondsmodelle. Es genügt aber auch, dass ein Konzept vorgefertigt wurde, wonach mehreren StPfl. einzeln **gleichartige Investitionsmöglichkeiten** ermöglicht werden, die auf demselben Konzept beruhen. Dies kann beispielsweise für im Ausland getätigte Gold-Edelmetall- und andere Rohstoffgeschäfte zwecks Erlangung des negativen ProgrVorb. und **für Renten- und Lebensversicherungsmodelle** gegen fremdfinanzierte Einmalbeträge oder den Erwerb v. Eigentumswohnungen oder Teileigentum zutreffen.[2] Ein Steuerstundungsmodell liegt dann allerdings nur für diejenigen StPfl. vor, die die das Steuerstundungsmodell begründenden aufwands- und verlustgenerierenden Leistungen (Rn. 44) tatsächlich in Anspr. nehmen – **sog. anlegerbezogene Betrachtungsweise.**[3]

Für die Modellhaftigkeit im Rahmen eines vorgefertigten Konzepts spricht namentlich bei Steuerstundungsmodellen außerhalb v. gemeinsamen Fondskonstruktionen, dass den Einzelanlegern jeweils ein Bündel v. Verträgen über **gleichgerichtete Leistungsbeziehungen** mit identischen Vertragspartnern angedient wird.[4] Das ist aber keine notwendige Voraussetzung für die Annahme eines Steuerstundungsmodells.[5] 44

Davon ist auszugehen, wenn v. außenstehenden Initiatoren ein Konzept entwickelt wird, wonach einzelnen (aber auch in Fonds zusammengeschlossenen) Anlegern angeboten wird, diesen zur Durchführung einer Investition ein ganzes **Bündel v. Verträgen** über Haupt-Zusatz und Nebenleistungen mit v. den Initiatoren bereits ausgesuchten Leistungsträgern anzudienen, wobei die Aufspaltung in verschiedene Leistungen durch die Generierung sofort abziehbaren Aufwandes zu Verlusten führen soll. Die Bündelung der Leistungsträger zur Durchführung der vorgesehenen Gesamtmaßnahme erfolgt bereits im Vorhinein durch die Initiatoren. Dem eigentlichen Investor kommt insoweit kein maßgeblicher Einfluss zu, auch wenn er ggf. zw. verschiedenen, aber bereits v. Initiator ausgesuchten Leistungsträgern noch auswählen darf. Die Modellhaftigkeit gleichgerichteter Leistungsbeziehungen wird nicht dadurch ausgeschlossen, dass auf die Generierung sofort abziehbaren verlustbegründenden Aufwandes gerichtete Zusatz- und Nebenleistungen nicht zwingend in Anspr. genommen werden müssen und sie v. einzelnen Anlegern auch tatsächlich nicht in Anspr. genommen werden.[6] Ob die Leistungsträger rechtl. und/oder finanziell mit dem Initiator verbunden sind oder sonst in seinem Lager stehen, ist unerheblich. Entscheidend ist allein, dass sie nicht v. dem Anleger/Investor ausgesucht werden, sondern die Leistung des Initiators bereits darin besteht, dem Investor die Leistungsträger gebündelt präsentieren zu können.

Ein Steuerstundungsmodell scheidet freilich aus, wenn es an einer vorgefertigten Konzeption für eine dem StPfl. anzubietende modellhafte Gestaltung fehlt. Handelt es sich nicht darum, dass dem StPfl. eine Gestaltung angeboten wird, sondern liegt in Wahrheit nur das Angebot zum Erwerb eines bereits fertigen oder eines noch durch den Leistenden herzustellenden Leistungsgegenstandes vor, so fehlt es an einer modellhaften Gestaltung, so etwa beim bloßen Erwerb v. Bauträger, sofern nicht weitere Zusatz- und Nebenleistungen v. diesem, diesem nahe stehenden Pers. oder v. ihm vermittelten Leistungsträgern in Anspr. genommen werden.[7] Das bloße Angebot zum Erwerb eines modernisierungsbedürftigen Objektes, selbst

1 Unzutr. insoweit FG RhPf. v. 30.1.2013 – 3 K 1185/12, EFG 2013, 849 (rkr.); offen FG Hess. v. 12.2.2013 – 10 K 2171/07, EFG 2013, 1213 (bestätigt durch BFH v. 1.9.2016 – IV R 17/13, BB 2016, 2645) (geschlossener [Wertpapierhandels-]Fonds in Gestalt einer GbR unter Teilnahme des „Initiators" als G'ter).

2 Vgl. zur Konstruktion BFH v. 15.12.1999 – X R 23/95, BStBl. II 2000, 267 = FR 2000, 462 und v. 16.9.2004 – X R 29/02, BFH/NV 2005, 559 = BFHE 208, 129; zur Anwendung des § 15b insoweit vgl. *Söffing*, DStR 2006, 1585.

3 So BMF v. 17.7.2007, BStBl. I 2007, 542 Rn. 8.

4 BMF v. 17.7.2007, BStBl. I 2007, 542 Rn. 8 und 11. Die dort erwähnten „gleichgerichteten Leistungsbeziehungen" stehen weder alternativ noch kumulativ neben dem „vorgefertigten Konzept", sondern sind gleichfalls Teil dieses vorgefertigten Konzepts; **aA** *Naujoks*, DStR 2007, 1601 (1604); s. auch *Brandtner/Lechner/Schmidt*, BB 2007, 1922.

5 So zutr. FG Münster v. 18.6.2015 – 12 K 689/12 F, EFG 2015, 1696 (Rev. VIII R 29/15).

6 Abl. *Herbst*, FR 2008, 1003 unter Hinweis auf die zu § 2b aF ergangene Entsch. des FG Sachs. v. 19.12.2007 – 2 K 954/07, DStRE 2008, 795 (zur Inanspruchnahme v. Fremdfinanzierungen).

7 BMF v. 17.7.2007, BStBl. I 2007, 542, Rn. 9; vgl. auch FinA, BT-Drucks. 16/254.

wenn es den Erwerbern durch in Aussichtstellen stl. Vorteile schmackhaft gemacht wird, etwa durch Hinweis auf erhöhte Absetzungen nach § 7h und 7i EStG für Objekte in Sanierungsgebieten und für Baudenkmäler, lässt sich nicht als vorgefertigtes Konzept zur Möglichkeit einer Verlustverrechnung für den StPfl. kennzeichnen, sondern es dient allein dem Absatz des Leistungsgegenstandes. Dies muss auch dann gelten, wenn der Veräußerer, zB ein Bauträger, zugleich die Durchführung der Modernisierungsmaßnahmen übernimmt. Dies muss allerdings – entgegen der Auffassung der FinVerw. – auch dann gelten, wenn es sich um eine Fondskonstruktion handelt[1], die sich auf Erwerb und Modernisierung derartiger Objekte beschränkt. Zutr. ist allerdings, dass bei Immobilienfonds die modellhafte Gestaltung auf der Ebene Initiatoren und Anleger zu prüfen ist und nicht durch die Zwischenschaltung eines Bauträgers umgangen werden kann.[2]

45 Das Vorliegen eines Modells wird freilich nicht ausgeschlossen, wenn das vorgefertigte Konzept durch einen der späteren Leistungsträger selbst entwickelt wird und er damit zugleich die Rolle eines Initiators übernimmt. Dies kann sowohl dadurch geschehen, dass er bereits die Auswahl weiterer zur Durchführung des Projektes erforderlicher Leistungsträger besorgt als auch dadurch, dass er selbst als Leistungsträger für weitere Leistungen auftritt und diese selbst anbietet.[3] Man wird dann freilich verlangen müssen, dass gerade diese Bündelung v. verschiedenen Leistungen zur Generierung v. bereits im Modell dem Anleger in Aussicht gestellten Verlusten wegen sofort abziehbaren Aufwandes aufgrund der Aufspaltung der Leistungen beiträgt und die Attraktivität des Angebotes darauf beruht.

46 Klassisches Beispiel für solche auf Vertragsbündelung beruhende **Vertragsmodelle** waren die sog. **Bauherrenmodelle** mit der Bündelung v. Bauhandwerkerverträgen, Finanzierungs- und Finanzierungsvermittlungsverträgen, Verwaltungsverträgen und Mietgarantieverträgen. Bei einer derartigen konzeptionell bereits vorgesehenen Bündelung v. Verträgen kommt eine Anwendung des § 15b allerdings auch dann in Betracht, wenn kein Herstellungs-, sondern ein Anschaffungsvorgang gegeben ist, sofern diese Qualifikation nicht bereits dazu führt, dass mangels sofort abziehbarer Aufwendungen schon gar keine prognostizierten Verluste entstehen. Wenngleich den Bauherrenmodellen häufig bereits eine auf eine Mehrzahl v. Beteiligten zielende Konstruktion in Form einer Eigentümergemeinschaft zugrunde lag, kommt es darauf nicht an. Für den Erwerb v. einzelnen Eigentümerwohnungen v. Bauträger sieht die FinVerw. allerdings Vereinbarungen über die Inanspruchnahme v. Leistungen zur Bewirtschaftung und Verwaltung als nicht schädlich an.[4] Dieser teleologischen Einschränkung dürfte letztlich zugrunde liegen, dass derartige Leistungen immer zu sofort abziehbarem Aufwand führen. Will man § 15b derart teleologisch einschränken, lässt sich dies freilich nicht nur auf den Erwerb v. Eigentümerwohnungen durch einzelne StPfl. beschränken.

47 **II. Möglichkeit zur Erzielung steuerlicher Vorteile durch Verlustverrechnung.** Das dem Modell zugrunde liegende Konzept muss gerade darauf abzielen, dass durch **Verlustverrechnung mit positiven übrigen Einkünften** des StPfl. ein „**stl. Vorteil** erzielt werden soll", Abs. 2 S. 1 und 2.

Voraussetzung ist daher zunächst einmal, dass v. dem Initiator ein Konzept für eine Investition durch noch zu findende Anleger entwickelt wird, nach dem diesen die Entstehung stl. Verluste versprochen wird. Entscheidend für die Anwendbarkeit des § 15b ist insoweit zunächst die **Prognose eines stl. Verlustes**, verbunden mit der in Inaussichtstellung eines Vermögenszuwachses nach Steuern durch eine temporäre Steuerersparnis vermittels einer Verlustverrechnung beim Anleger mit dessen übrigen positiven Einkünften.

48 Bei Beteiligung mehrerer an einer Ges. oder Gemeinschaft (**Fondskonstruktionen**) können die in Aussicht gestellten modellhaft prognostizierten Verluste sich nur auf den Anteil an den gemeinsam erzielten Einkünften (bei gewerblichen Mitunternehmereinkünften den Gewinn/Verlustanteil iSd. § 15 Abs. 1 Nr. 2 S. 1 Alt. 1) beziehen. Einzubeziehen sind aber auch der Sonderbetriebsvermögensbereich, respektive bei lediglich vermögensverwaltenden Ges. auch die durch die Beteiligung veranlassten Sonderwerbungskosten und – Sondereinnahmen. Ein Steuerstundungsmodell liegt daher auch dann vor, wenn sich erst durch Einbeziehung v. modellhaft vorgesehenen Sonderbetriebsausgaben/Sonderaufwendungen prognostizierte Verluste/negative Einkünfte ergeben. Umfasst die modellhafte Konzeption nicht etwaige Sonderaufwendungen, namentlich etwaige Finanzierungsaufwendungen für die aufzubringende Einlage, sind diese Aufwendungen für die Beurteilung der Frage, ob ein Steuerstundungsmodell vorliegt, außer Betracht zu lassen. Ergeben sich erst durch die Einbeziehung v. modellhaft konzipierten Sonderbetriebsausgaben/Sonderaufwendungen prognostizierte Verluste/negative Einkünfte für den StPfl., so liegt nur für denjenigen Ges./Beteiligten eine Teilnahme an einem Steuerstundungsmodell vor, der das Modell entspr. umsetzt, nicht für

1 Insoweit **aA** BMF v. 17.7.2007, BStBl. I 2007, 542 Rn. 9; vgl. dazu auch *Kaligin*, DStR 2008, 1763 und *Fleischmann/Gragert*, NWB 2008, 2821.
2 So BMF v. 29.1.2008, DStR 2008, 561.
3 So ausdrücklich FinA BT-Drucks. 16/254 für Erwerb v. Bauträger bei Erbringung v. weiteren Leistungen wie Mietgarantien, Finanzierungsvermittlung usw.
4 BMF v. 17.7.2007, BStBl. I 2007, 542 Rn. 9.

Beteiligte, die davon gerade nicht Gebrauch machen. Es ist mithin gesondert für jeden Beteiligten zu entscheiden, ob für ihn ein Steuerstundungsmodell vorliegt.

Bei **vermögensverwaltenden PersGes.** soll freilich nach Auffassung der FinVerw. bereits auf der Ebene der PersGes. zu entscheiden sein, ob ein Steuerstundungsmodell vorliegt oder nicht.[1] Diese Aussage bezieht sich allerdings primär darauf, dass nach hM auf der Ebene der vermögensverwaltenden PersGes. lediglich Überschusseinkünfte festzustellen sind, die erst auf der Ebene des betrieblich beteiligten G'ters in gewerbliche Einkünfte umqualifiziert werden. Diese Umqualifizierung auf der Ebene des G'ters soll für die Frage nach dem Vorliegen eines Steuerstundungsmodells für diesen G'ter auch dann unerheblich sein, wenn sich durch die Umqualifizierung die Höhe der Einkünfte ändert. Dem ist nicht zu folgen. § 15b statuiert eine Verlustverrechnungsbeschränkung für StPfl., dh. für der Einkommen – oder KSt unterliegende Steuersubjekte. Ob sich für diese ein zu erwartender Verlust/zu erwartende negative Einkünfte ergeben, kann nur unter Berücksichtigung der Höhe der in der jeweiligen Einkunftsart zu erzielenden Einkünfte bestimmt werden. Auch bei einer Beteiligung an einer vermögensverwaltenden PersGes. ist mithin jeweils für jeden G'ter anhand der bei ihm vorliegenden Verhältnisse zu bestimmen, ob ihm anhand eines vorgefertigten Modells negative Einkünfte bei einer Beteiligung in Aussicht gestellt wurden.

Eine Beteiligung an einem Steuerstundungsmodell setzt voraus, dass aufgrund des **vorgefertigten Konzeptes** eine Anwerbung v. StPfl. gerade mit dem Versprechen der Erlangung stl. Vorteile durch Verlustverrechnungsmöglichkeit stattfindet. Es muss gerade insoweit eine **Vermarktung** aufgrund dieses Konzeptes **gegenüber anderen Pers.** als den Entwicklern des Konzeptes stattfinden. Unschädlich ist allerdings, wenn sich die Initiatoren auch selbst beteiligen, falls die Konzeption gerade eine gemeinsame Beteiligung mit mehreren noch anzuwerbenden StPfl. vorsieht (Rn. 39). 49

Die Vermarktung erfolgt typischerweise vermittels schriftlicher **Anlegerprospekte** und/oder anderer dem potentiellen Anlegerkreis zugänglich gemachter Werbeunterlagen. Erforderlich ist dies aber nicht.[2] Es kommt auch eine gezielte mündliche **Ansprache potentieller Anleger** in Betracht, selbst wenn deren Kreis v. vornherein eng begrenzt gehalten wird. Die Darlegungs- und Feststellungslast für das Vorliegen der Voraussetzungen eines vorgefertigten Konzeptes trägt das Finanzamt.[3] Die Tatsachenfeststellung und Beweiswürdigung obliegt dem FG. An dessen Beweiswürdigung und Tatsachenfeststellung ist das Revisionsgericht gebunden.[4]

Der versprochene Steuervorteil muss gerade in der Verrechnung positiver Einkünfte des StPfl. mit den prognostizierten Verlusten bestehen. Soweit die Konzeption **andere Steuervorteile** verspricht, etwa die Erzielung steuerbefreiter nach **DBA befreiter positiver Auslandseinkünfte**,[5] oder ermäßigt zu besteuernde Einkünfte oder Vermögensmehrungen außerhalb der Einkunftsarten, liegt kein Steuerstundungsmodell vor. Beispielhaft werden insoweit Fondskonstruktionen zum Erwerb, Halten und Veräußern v. Anteilen an KapGes. genannt (**Private Equity und Capital Venture Fonds**, dazu § 15 Rn. 132).[6] Beruht der versprochene Vorteil allerdings auf einer Kombination v. einer zunächst angestrebten Verlustverrechnung mit anschließender begünstigter Besteuerung v. Überschüssen, ist § 15b anwendbar, wie beispielsweise bei **Renten- und Lebensversicherungsmodellen** gegen eine fremdfinanzierte Einmalzahlung, wobei der Vorteil auf der Kombination eines am Anfang verrechenbaren Überschusses v. WK mit positiven Einkünften und späterer begünstigter Besteuerung der Renten lediglich mit dem Ertragsanteil beruhen kann.[7] Für den Sonderfall eines Steuerstundungsmodells im Zusammenhang mit Kapitaleinkünften bestimmt § 20 Abs. 7 ausdrücklich, dass ein Steuerstundungsmodell auch vorliegen könne, wenn die positiven Einkünfte nicht der tariflichen ESt unterliegen. Der Sinn dieser speziellen Regelung nur für Kapitaleinkünfte erschließt sich nicht ohne Weiteres.[8] Erfasst werden sollen Modelle, die das Steuersatzgefälle zw. tariflicher Steuer gem. § 32a und der Sondertarifierung nach § 32d dadurch ausnutzen, dass die negativen Einkünfte der tariflichen und die positiven der Abgeltungssteuer unterliegen. Erforderlich ist eine modellhafte Gestaltung, die darauf 50

1 BMF v. 17.7.2007, BStBl. I 2007, 542 Rn. 20.
2 So zutr. die Begr. zum Gesetzentwurf, BT-Drucks. 16/107; vgl. auch FG Hess. v. 7.5.2008 – 10 V 2167/07, juris (geschlossener Fonds bei private placement).
3 FG Münster v. 8.11.2010 – 5 K 4566/08 F, EFG 2011, 438 (nachfolgend BFH v. 6.2.2014 – IV R 59/10, FR 2014, 522 m. Anm. *Mitschke* = BStBl. II 2014, 465) und FG Münster v. 22.1.2013 – 5 K 3828/10 F, EFG 2014, 262.
4 S. dazu iZm. § 15b BFH v. 6.2.2014 – IV R 59/10, FR 2014, 522 m. Anm. *Mitschke* = BStBl. II 2014, 465.
5 Dazu *Fleischmann*, DSWR 2006, 115; *Speidel*, Stbg. 2006, 418.
6 Begr. in der Empfehlung FinA, BT-Drucks. 16/254.
7 Allerdings muss insgesamt eine Überschusserzielung zu prognostizieren sein, vgl. dazu BFH v. 15.12.1999 – X R 23/95, BStBl. II 2000, 267 = FR 2000, 462 und v. 16.9.2004 – X R 29/02, BFH/NV 2005, 559 = BFHE 208, 129; OFD Karls. v. 26.2.2007, EStK § 22 EStG Nr. 13.
8 Eine Begr. für diese vermeintliche Erweiterung findet sich – außer dem lapidaren Hinweis auf Umgehungen – in der Begr. nicht, vgl. BT-Drucks. 16/2712, 50.

gerichtet ist, stl. Vorteile in Form negativer Einkünfte zu erzielen. Das (vorgefertigte) Modell muss gezielt zur Erzielung eines Steuerspareffekts entwickelt worden sein. Das verlangt nach § 20 Abs. 7 S. 2, dass die positiven Einkünfte nicht der tariflichen Steuer unterliegen. Die Anwendung scheidet daher immer schon dann aus, wenn die im jeweiligen VZ erzielten positiven Einkünfte aus KapVerm. der tariflichen Steuer unterliegen.[1] Abgesehen von der modellhaften Ausnutzung des Tarifgefälles hat Abs. 7 wg. der Einführung gesonderter Verrechnungskreise für Einkünfte und der Begrenzung des Werbungskostenabzugs in § 20 Abs. 6 und 9 an praktischer Bedeutung eher verloren (s. § 20 Rn. 179). Abgesehen v. der Nichtanwendbarkeit dieser Bestimmungen in den unter § 32d Abs. 2 fallenden Konstellationen konnten unter §§ 15b, 20 Abs. 7 fallende Verluste noch vor dem Wechsel zur Sondertarifierung bis 2008 generiert werden.[2]

51 **III. Verlust/negative Einkünfte im Zusammenhang mit Steuerstundungsmodell (Abs. 1 S. 1 iVm. Abs. 2 S. 3).** Der nach Abs. 1 S. 1 nicht mit positiven Einkünften aus anderen Einkunftsquellen auszugleichende **Verlust im Zusammenhang mit einem Steuerstundungsmodell** muss aufgrund der Anwendung v. Gewinn- respektive Einkünfteermittlungsvorschriften entstanden sein.

Zwar spricht Abs. 2 S. 3 davon, dass es ohne Belang sei, auf welchen Vorschriften die negativen Einkünfte beruhen. Es müssen aber gerade **negative Einkünfte** entstanden sein, die vorbehaltlich Abs. 1 entweder schon innerhalb einer Einkunftsart durch horizontalen Verlustausgleich oder nach § 2 Abs. 3 durch vertikalen Verlustausgleich ausgleichbar wären, respektive nach § 10d im Wege des Verlustabzugs berücksichtigt werden könnten. Ausreichend ist auch, dass die negativen Einkünfte sich mindernd auf den Steuersatz auswirken würden – negativer ProgrVorb. bei § 32b (Rn. 53af.). Ob negative Einkünfte entstanden sind, ergibt sich nur durch die Anwendung der Einkunftsermittlungsvorschriften des EStG und ggf. ergänzender Vorschriften für Körperschaften des KStG. Insoweit kommen als negative Einkünfte auch solche in Betracht, die sich aus negativen Einnahmen bei Durchführung eines Ertragsausgleiches aufgrund v. **Zwischengewinnen nach dem InvStG** bei Erwerb v. Investmentanteilen ergeben können.[3] Dabei kann insbesondere – aber nicht nur – bei Kombination mit einem fremdfinanzierten Erwerb auch ein Stundungsmodell vorliegen (s. auch Rn. 12, 23, 42a, 43). Soweit das EStG seinerseits für die Einkünfteermittlung auf außerhalb des EStG bestehende Vorschriften verweist – namentlich für die Gewinnermittlung bei Gewerbetreibenden auf die handelsrechtl. Grundsätze ordnungsgemäßer Buchführung – sind auch diese Vorschriften mit einbezogen. Andere Vorschriften des EStG, die nicht mehr die Einkünfteermittlung, sondern erst das Einkommen, § 2 Abs. 4 oder das zu versteuernde Einkommen, § 2 Abs. 5, betreffen, wie etwa Vorschriften zu SA und ag. Belastungen, kommen als Grundlage eines Steuerstundungsmodells nach Abs. 1 und 2 nicht in Betracht.[4] Dasselbe gilt grds. auch für Tarifvorschriften. Soweit allerdings erst durch Steuerbefreiungen – etwa nach § 3 Nr. 40 – oder Außeransatzlassen bestimmter (positiver) Erträge – etwa nach § 8b Abs. 1 und 2 KStG – negative Einkünfte innerhalb derselben Einkunftsquelle entstehen bzw. wegen der Befreiung der positiven Erträge negative Einkünfte innerhalb derselben Einkunftsquelle bestehen bleiben und dies in das modellhafte Konzept einbezogen wird, liegt ein Stundungsmodell bei Erfüllung der übrigen Voraussetzungen vor.

Auch für Beteiligungen an offenen Investmentfonds ergibt sich aus der von § 8 Abs. 7 InvStG insoweit überflüssigerweise angeordneten „sinngemäßen" Anwendung nichts – etwa im Umkehrschluss – anderes. Wenn die Investmentanteile zum BV gehören und die Beteiligung am Investmentfonds wegen der Befreiung positiver Aktiengewinne nach § 8 Abs. 1 InvStG nach dem vorgefertigten Konzept zu steuerlich nur verbleibenden negativen Einkünften führt, die ihrerseits mit den positiven übrigen gewerblichen Einkünften außerhalb der Beteiligung am Investmentfonds ausgeglichen werden sollen, ist § 15b tatbestandsmäßig schon unmittelbar erfüllt.[5] Bei Einkünften aus KapVerm. ist § 15b gem. § 20 Abs. 7 sinngemäß anzuwenden. Das gilt auch dann, wenn Verluste in der Anfangsphase (noch) mit den übrigen Einkünften zu verrechnen sind, spätere Gewinne aber dem besonderen Steuersatz der Abgeltungsteuer unterliegen, voraus-

---

1 BFH v. 28.6.2017 – VIII R 57/14, BStBl. II 2017, 1144.

2 Vgl. insoweit FG Münster v. 18.6.2015 – 12 K 689/12 F, EFG 2015, 1696 (Rev. VIII R 29/15); koord. Ländererlass (OFD Münster) v. 13.7.2010, DStR 2010, 1625 zu kreditfinanziertem Wertpapiererwerb bei Stückzinsen und Ertragsausgleich bei Erwerb v. Investmentanteilen; abl. *Brandtner/Geisert*, DStR 2009, 1732; vgl. auch *Gragert*, NWB 2010, 2450 allg. zum Verhältnis v. § 15b und Sondertarifierung für Kapitaleinkünfte.

3 S. FG Münster v. 18.6.2015 – 12 K 689/12 F, EFG 2015, 1696 (Rev. VIII R 29/15).

4 S. FG Bremen v. 11.11.2015 – 1 K 91/13 (5), EFG 2016, 182 (Rev. unbegründet, BFH v. 18.4.2018 – I R 2/16, BStBl. II 2018, 567).

5 S. auch FG Münster v. 18.6.2015 – 12 K 689/12 F, EFG 2015, 1696 (Rev. VIII R 29/15) (zur Anwendbarkeit iRd. § 20 Abs. 2b aF (jetzt 20 Abs. 7); **aA** allerdings FG Nds. v. 1.11.2012 – 6 K 382/10, EFG 2013, 328 (aus verfahrensrechtl. Gründen aufgehoben durch BFH v. 22.12.2015 – I R 43/13, BFH/NV 2016, 1043) (zutr. allerdings in concreto die Anwendung von § 42 AO; bei Anwendbarkeit von § 42 AO verbleibt für die Anwendung von § 15b EStG allerdings kein Raum mehr).

gesetzt, es liegt ein vorgefertigtes Steuerstundungsmodell vor und nicht lediglich die individuelle Ausnutzung der gesetzlichen Regelung.[1]

Innerhalb der Einkünfteermittlungsvorschriften, deren Anwendung zur Entstehung negativer Einkünfte führt, unterscheidet das G nicht danach, welcher Zweck mit der jeweiligen Ermittlungsvorschrift verfolgt wird. Es spielt weder eine Rolle, ob eine **steuersubventionelle Lenkungsvorschrift**, etwa für Investitionsabzüge nach § 7g[2] oder erhöhte Absetzungen nach §§ 7h bis 7k,[3] oder eine **Vereinfachungsvorschrift**, wie etwa § 6 Abs. 2, oder aus Gründen der Vorsicht bestehende **Bilanzierungsverbote**, wie etwa für selbst hergestellte immaterielle WG des Anlagevermögens[4] gem. § 5 Abs. 2 oder **Vorschriften zur Einkunftsermittlungsart**, etwa die Einnahme/Überschussermittlung nach § 4 Abs. 3[5], zur modellhaften Erzielung negativer Einkünfte eingesetzt werden. Dies bringt Abs. 2 S. 3 unmissverständlich zum Ausdruck, wenn es danach ohne Belang ist, auf welchen Vorschriften die negativen Einkünfte beruhen. 52

Vom sofortigen Verlustausgleichs- und Verlustabzugsverbot nach Abs. 1 sind nur solche Verluste betroffen, die im **Zusammenhang** mit einem Steuerstundungsmodell stehen. Das sind diejenigen **tatsächlich eingetretenen Verluste**, die der StPfl. aufgrund seiner Beteiligung/Teilnahme an der durch das Steuerstundungsmodell geschaffenen und in ihrem Umfange bestimmten Einkunftsquelle „erlitten" hat. 53

Ein Zusammenhang mit dem Steuerstundungsmodell besteht allerdings auch bzgl. dieser Einkunftsquelle nur, soweit die tatsächlichen Verluste gerade auf der vorgefertigten Konzeption beruhen und insoweit jedenfalls dem Grunde nach den versprochenen, prognostizierten Verlusten entsprechen.[6]

Die in Abs. 2 S. 1–3 angesprochenen negativen Einkünfte sind dem Grunde nach identisch mit den Verlusten des Abs. 1 S. 1, für die ein Zusammenhang mit dem Steuerstundungsmodell verlangt wird. Abs. 1 handelt v. solchen tatsächlichen Verlusten, die nach dem vorgefertigten Konzept iSd. Abs. 2 S. 2 gerade planmäßig angestrebt werden, um sie zur Verrechnung einsetzen zu können und die dann auch tatsächlich wunschgemäß eintreten.

Eine Verlustausgleichsbeschränkung nach Abs. 1 tritt daher für nach dem Konzept **nicht vorgesehene, ungeplante Verluste** nicht ein. Dies betrifft nicht nur solche ungeplanten und ggf. nicht vorhergesehenen Verluste, denen schon gar keine auf einem Steuerstundungsmodell basierende Einkunftsquelle zugrunde liegt.[7] Vielmehr trifft Abs. 1 auch solche Verluste mangels Zusammenhangs mit dem Steuerstundungsmodell nicht, deren Eintreten gerade nicht nach dem vorgefertigten Konzept prognostiziert wurde. Dies betrifft namentlich auch solche zusätzlichen Verluste, die auf betrügerischen Vorspiegelungen der Initiatoren beruhen. Dazu gehört freilich nicht das Ausbleiben versprochener späterer Erträge. S. aber Rn. 19 zu Verlusten bei endg. Aufgabe der Einkunftsquelle.

Die FinVerw. vertritt allerdings eine weitergehende Auffassung. Danach sollen, falls dem Grunde nach ein Steuerstundungsmodell vorliegt, alle zu tatsächlich eintretenden Verlusten führenden Aufwendungen zu berücksichtigen sein, zB unerwartet eintretende Erhaltungsaufwendungen oder im Sonderbereich anfallende Sonderverluste, selbst wenn hinsichtlich des Sonderbereiches gerade keine modellhafte Einbeziehung in das konzeptionierte Steuerstundungsmodell vorlag.[8] Dem ist hinsichtlich völlig unerwarteter Aufwendungen nicht zu folgen. Es fehlt insoweit an einem Zusammenhang mit dem Steuerstundungsmodell.

1 BFH v. 28.6.2017 – VIII R 57/14, BStBl. II 2017, 1144 und FG Nds. v. 26.9.2013 – 3 K 1234/11, EFG 2014, 131 (aus verfahrensrechtl. Gründen aufgehoben durch BFH v. 28.6.2017 – VIII R 46/14, BFH/NV 2018, 188); Vorliegen eines Steuerstundungsmodells jeweils verneint zu negativen Zwischengewinnen bei luxemburgischen Investmentfonds bei Ausnutzen des Steuersatzgefälles zur Abgeltungsteuer; Ablehnung eines Modells allerdings fragwürdig, soweit darauf gestützt, dass der Vorteil nur von deutschen Anlegern „erzielt" werden konnte und lediglich ein einmaliger Effekt – Überhang zur Abgeltungsteuer – genutzt wurde.

2 Vgl. FG Münster v. 5.8.2010 – 5 V 1142/10 F, EFG 2010, 1878 und v. 8.11.2010 – 5 K 4566/08 F, EFG 2011, 438 (nachfolgend BFH v. 6.2.2014 – IV R 59/10, FR 2014, 522 m. Anm. *Mitschke* = BStBl. II 2014, 465) (zu Ansparrücklage und § 15b).

3 Vgl. dazu FinA, BT-Drucks. 16/254 und Beitrag des Abgeordneten *Schäfer*, Plenarprotokoll 16/8 der 8. Sitzung Deutscher Bundestag, 446; krit. insoweit *Fleischmann/Meyer-Scharenberg*, DB 2006, 353.

4 Darauf beruhen weitgehend die Medienfonds, die geradezu beispielgebend als durch § 15b zu bekämpfen genannt werden.

5 Vgl. die (dreiste) Konstellation in BFH v. 8.4.2009 – I B 223/08, IStR 2009, 504 mit Anm. *Wassermeyer*; vgl auch FG Hess. v. 29.10.2010 – 11 V 252/10, IStR 2011, 116 und FG München v. 5.5.2009 – 7 V 355/09, juris zu § 4 Abs. 3 und ProgrVorb.; *Dornheim*, DStR 2012, 1581; *Schmidt/Renger*, DStR 2012, 2042; s. auch Prüfbitte des Bundesrats zum Entw. JStG 2013 in BR-Drucks. 302/12 v. 6.7.2012 Nr. 15 (zu § 15b EStG).

6 BFH v. 6.2.2014 – IV R 59/10, FR 2014, 522 m. Anm. *Mitschke* = BStBl. II 2014, 465.

7 Dazu ausdrücklich FinA, BT-Drucks. 16/254 mit dem Hinweis auf normale Anlaufverluste bei „normaler" unternehmerischer Tätigkeit und Entwurfsbegründung, BT-Drucks. 16/107 mit dem Hinweis auf „typische Verlustsituationen" bei VuV „außerhalb modellhafter Gestaltungen".

8 BMF v. 17.7.2007, BStBl. I 2007, 542 Rn. 19; so auch *Hallerbach* in H/H/R, § 15b Anm. 22.

Bzgl. der Einbeziehung des nicht v. der modellhaften Konzeption umfassten Sonderbereiches ist zu differenzieren. Zutr. ist, dass, falls eine Beteiligung an einem Steuerstundungsmodell vorliegt (dazu Rn. 48), die durch das Steuerstundungsmodell gebildete Einkunftsquelle den Sonder(betriebs)bereich umfasst (Rn. 22, 25), auch wenn dieser nicht in die vorgefertigte modellhafte Konzeption einbezogen worden ist. Dort anfallende Gewinne oder Verluste mindern oder erhöhen daher grds. den der Verrechnungsbeschränkung des Abs. 1 S. 1 unterliegenden tatsächlichen Verlust des an der Ges. beteiligten StPfl. Sie gehören umgekehrt zu den nach Abs. 1 S. 2 zu berücksichtigenden Einkünften aus derselben Einkunftsquelle. Soweit allerdings im Sonderbereich völlig unerwartete Aufwendungen eintreten, sind auch diese mangels Zusammenhanges mit dem Steuerstundungsmodell nicht in das Verrechnungsverbot einzubeziehen.

D. Verluste aus Überschussrechnung als Steuerstundungsmodell (Abs. 3a)

53a Die durch das **AIFM-StAnpG 2013**[1] eingefügte Sonderregelung des **Abs. 3a** erklärt, dass (immer) ein **Steuerstundungsmodell** vorliegt, wenn aufgrund des Erwerbs von **WG des UV** bei einem Gewerbetreibenden, der seinen **Gewinn nach § 4 Abs. 3 EStG** aufgrund einer EÜR ermittelt, durch **sofort abziehbare BA** ein **Verlust** entsteht oder sich erhöht. Der Erwerb der WG muss allerdings ohne körperliche Übergabe durch Abtretung des Herausgabeanspruchs oder durch Einräumung eines Besitzmittlungskonstituts nach §§ 931, 930 BGB erfolgen. Die Regelung ergänzt und erweitert § 15b Abs. 2 EStG. Sie soll eine dort vermeintlich oder auch tatsächlich bestehende Lücke schließen, soweit – letztlich rein technische und vorübergehende – Verluste aus der Nichtaktivierung von WG des UV bei Anwendung der Regeln der Gewinnermittlung durch EÜR nach § 4 Abs. 3 EStG entstehen. Hintergrund der Regelung waren insbesondere sog. „**Goldfinger**"**-Gestaltungen**, namentlich durch Erwerb und Veräußerung von Gold und anderen Edelmetallen im Ausland, besonders häufig am Handelsplatz London, durch in Deutschland ansässige, einkommensstarke unbeschränkt StPfl. Die entspr. Transaktionen des Erwerbs von WG des UV führen, soweit nicht § 4 Abs. 3 S. 4 EStG greift – so ua. für den Erwerb von Wertpapieren und vergleichbaren, nicht verbrieften Forderungen –, bei Zahlung der Anschaffungsaufwendungen wegen der Nichtaktivierung der erworbenen Gegenstände zu sofort abziehbaren BA. Die Funktion der Erweiterung des § 15b in Abs. 3a besteht darin, auch für die deshalb entstehenden (temporären) Verluste ein **Verlustausgleichs- und -abzugsverbot nach § 15b** zu statuieren. Die Besonderheit besteht dabei darin, dass für die auf der Anwendbarkeit des § 4 Abs. 3 EStG beruhenden Verluste aus dem Erwerb von WG des UV immer von einem **Steuerstundungsmodell** auszugehen ist. Es kommt mithin nicht darauf an, dass von außenstehenden Initiatoren ein „vorgefertigtes" Modell entwickelt worden ist, das dann bei Anlegern „beworben" worden ist. Vielmehr ist nach Abs. 3a „**unabhängig von den Voraussetzungen nach Abs. 2**" bei dessen Vorliegen immer von einem Stundungsmodell auszugehen.[2] Damit erledigt sich für aus der Anwendung von § 4 Abs. 3 entstehende Verluste aus dem Erwerb von WG des UV die Frage, ob die Anwendung des § 4 Abs. 3 auf eine „modellhafte Gestaltung" aufgrund eines „vorgefertigten Konzepts" zurückzuführen ist oder nicht.[3] Das gilt freilich nur insoweit, als der Erwerb der WG für den Betrieb erst nach dem 28.11.2013 erfolgte, weil Abs. 3a erst ab diesem Zeitpunkt anwendbar ist, § 52 Abs. 25 S. 5.

53b Der – absonderlichen und wegen der Bezugnahme auf §§ 930, 931 BGB zunächst geradezu zu Umgehungen einladenden – Regelung kommt eine **konstitutive Bedeutung** nur insoweit zu, als in Abs. 3a keine „modellhafte Gestaltung" aufgrund eines „vorgefertigten Konzepts" verlangt wird. Auch auf § 4 Abs. 3 basierende, von außenstehenden Dritten entwickelte vorgefertigte Konzepte können allerdings schon unabhängig von Abs. 3a bereits nach § 15b Abs. 2 als Steuerstundungsmodelle zu qualifizieren sein (s. Rn. 40a, 43). Darauf kommt es aber für die Anwendung des Abs. 3a gerade nicht (mehr) an.

53c Die auf den ersten Blick verblüffende Einschränkung der Anwendbarkeit des Abs. 3a auf WG des UV, die nicht durch unmittelbare körperliche Besitzübergabe erworben wurden, sondern durch **Abtretung des Herausgabeanspruchs** oder **Einräumung eines Besitzmittlungsverhältnisses**, erklärt sich aus dem Anwendungsbereich des Sofortabzugs nach § 4 Abs. 3. Soweit Wertpiere und nicht verbriefte Forderungen und Rechte auf den Bezug von WG – ua. Zertifikate auf den Bezug von Edelmetallen – gehandelt werden, greift ohnehin schon die Einschränkung des § 4 Abs. 3 S. 4[4] (s. dazu § 4 Rn. 146), sodass insoweit keine temporären Verluste aus dem Erwerb entstehen. Für den „normalen" Erwerb von körperlichen WG durch tatsächliche Übergabe sollte nicht schon ohne jede „modellhafte Gestaltung" bei einer EÜR gelten, dass

1 G v. 18.12.2013, BGBl. I 2013, 4318; so auch *Hallerbach* in H/H/R, § 15b Anm. 48.
2 Vgl. insoweit die Kritik von *Bolik/Hartmann*, StuB 2014, 179.
3 S. BFH v. 19.1.2017 – IV R 50/14, BStBl. II 2017, 456, m. Anm. *Anzinger*, NZG 2017, 599; v. 19.1.2017 – IV R 5/16, BFH/NV 2017, 755.
4 S. dazu FG Hess. v. 15.1.2012 – 11 K 3175/09, IStR 2013, 157 (aufgehoben durch BFH v. 10.12.2014 – I R 3/13, DStR 2015, 629 = GmbHR 2015, 437), mit Anm. *Rode*, IStR 2013, 164; s. auch *Stahl/Mann*, FR 2013, 292 sowie *Dornheim*, DStR 2012, 1581 und *Stahl/Mann*, FR 2011, 1139.

durch den sofortigen Betriebsausgabenabzug entstehende „Verluste" als Verluste aus Steuerstundungsmodellen zu behandeln sind. Für den gravierenden Sonderfall der Bestimmung des anzuwendenden Steuersatzes beim negativen ProgrVorb. sieht bereits § 32b Abs. 2 Nr. 2c insoweit auch eine Sonderregelung vor, sodass hier kein weiterer Regelungsbedarf bestand. Das lässt sich alles zwar nachvollziehen. Gleichwohl handelt es sich um eine armselige Gesetzgebung. Abgesehen davon, dass die Verweisung auf Rechtsvorschriften des deutschen BGB gerade in diesem Kontext, der gerade auch nach ausländ. Recht bestehende Vertragsbeziehungen beim Erwerb umfasst, verfehlt ist, erscheint auch problematisch, dass der Erwerb kurzerhand nach § 929 S. 2 BGB explizit nicht erfasst ist,[1] wie überhaupt eine explizite Regelung zum Erwerb ohne Besitzeinräumung nach ausländ. Recht fehlt. Insgesamt wird mit einer Regelung für nach § 4 Abs. 3 entstehende Verluste iRd. § 15b Abs. 3a an der falschen Stelle kuriert. Richtigerweise bedarf es einer umfassenden Neuregelung in § 4 Abs. 3, §§ 140, 141 AO. Solange dies freilich nicht erfolgt ist, muss man mit den Unvollkommenheiten des § 15b Abs. 3a leben und hat ihm eine dem Gesetzeszweck entsprechende Auslegung zugrunde zu legen.

Der sofortige Abzug der Anschaffungsaufwendungen beim Erwerb von Gegenständen des UV bei einer Gewinnermittlung nach § 4 Abs. 3 EStG ist insbes. auch von unbeschränkt StPfl. zur Erlangung des negativen ProgrVorb. nach § 32b durch Unterhalten einer Betriebsstätte im Ausland genutzt worden. Allerdings setzt dies voraus, dass der Gewinn dann tatsächlich nur nach deutschem Recht durch EÜR zulässigerweise ermittelt worden ist.[2] Die Inanspruchnahme des **negativen ProgrVorb.** wirkt sich insbes. dann vorteilhaft aus, wenn durch zu berücksichtigende Verluste im Ausland der Steuersatz erheblich gesenkt wird, ggf. sogar auf 0, während es durch die in nachfolgenden Jahren zu berücksichtigenden Gewinne zu keiner weiteren Erhöhung des Steuersatzes kommt, weil ohnehin schon der Höchststeuersatz aufgrund der Höhe der zu besteuernden (Inlands-)Einkünfte anzuwenden ist. Insoweit ist in § 32b Abs. 2 Nr. 2c Satz 1 EStG ohnehin schon bestimmt worden, dass für WG des UV die AK erst im Zeitpunkt des Zuflusses des Veräußerungserlöses als BA zu berücksichtigen sind. Diese Regelung wurde erst durch das AmtshilfeRLUmsG[3] eingefügt (Rn. 6, § 32b Rn. 22). Sie ist nach § 52 Abs. 33 S. 1 auf WG anzuwenden, die nach dem 28.2.2013 angeschafft wurden. 53d

Durch das AIFM-StAnpG wurde in § 32b Abs. 1 S. 3 ausdrücklich angeordnet, dass § 15b zur **Bestimmung des besonderen Steuersatzes** des (positiven und negativen) ProgrVorb. „sinngemäß" anzuwenden ist. Diese Regelung ist nach § 52 Abs. 33 S. 2 in allen „offenen Fällen" anzuwenden. 53e

Danach ergibt sich für den **zeitlichen Anwendungsbereich von § 15b** auf Verluste, die auf der Anwendung des § 4 Abs. 3 beruhen, folgende Regelung: § 15b ist uneingeschränkt anwendbar, soweit solche Verluste auf einem nach dem 28.11.2013 erfolgten Erwerb von WG des UV beruhen, sofern der Erwerb nicht durch körperliche Besitzübergabe erfolgte. Richtigerweise muss dies auch dann gelten, wenn der Erwerb nicht aufgrund der Anwendung deutschen Rechts erfolgt. Maßgebend sollte insoweit schlicht sein, ob der Erwerb erfolgt, ohne dass dem Erwerber der unmittelbare Besitz eingeräumt wird, dieser vielmehr weiterhin bei einem Dritten liegt. Für die Anwendung des § 15b kommt es dann nicht darauf an, ob der Erwerb aufgrund einer „modellhaften Gestaltung" aufgrund eines „vorgefertigten Konzepts" erfolgte oder nicht. Soweit für Verluste, die auf früher erfolgten Erwerben beruhen, die Anwendung des § 15b mangels Vorliegens eines Steuerstundungsmodells verneint wurde,[4] sind diese Entscheidungen für Verluste aufgrund von nach dem 28.11.2013 erfolgenden Erwerben nicht mehr einschlägig. Der Gesetzgeber macht die Anwendung des Verlustausgleichs- und Verlustabzugsverbots des § 15b aufgrund des Abs. 3a insoweit nicht mehr davon abhängig, dass ein „vorgefertigtes Konzept" vorliegt. Dasselbe gilt auch hinsichtlich der Anwendung des § 15b Abs. 3a iRd. (negativen) ProgrVorb. gem. § 32b Abs. 1 S. 3. 53f

---

1 Insoweit krit. *Heuermann*, DStR 2014, 169.

2 Siehe BFH v. 19.1.2017 – IV R 50/14, BStBl. II 2017, 456; v. 19.1.2017 – IV R 50/13, BFH/NV 2017, 751; v. 27.9.2017 – I R 62/15, BFH/NV 2018, 620; sa. BFH v. 10.12.2014 – I R 3/13, DStR 2015, 629 = GmbHR 2015, 437 und v. 25.6. 2014 – I R 24/13, BStBl. II 2015, 141, mit Anm. *Gosch*, BFH-PR 2015, 1; *Kanzler*, FR 2015, 330 und *Abele*, BB 2014, 2998: Nichtanwendbarkeit von § 4 Abs. 3 für den im Inland ansässigen G'ter einer englischen partnership und den atypisch still Beteiligten an einer im Ausland ansässigen KapGes., falls die Ges. – freiwillig oder wg. gesetzlicher Verpflichtung im Ausland – tatsächlich Bücher führt und bilanzielle Abschlüsse macht. Der Gewinn-/Verlustanteil des Inländers ist dann freilich unter Anwendung des für den Inländer maßgeblichen deutschen Rechts zu ermitteln. Zu den Auswirkungen auf die (Nicht-)Anwendbarkeit des § 15b s. auch *Salzmann*, DStR 2015, 1725 und *Mann/Stahl*, DStR 2015, 1425 sowie *Preißer*, DB 2015, 1558; sa. FG Berlin-Bdbg. v. 13.9.2017 – 7 K 7270/14, EFG 2017, 197 (Rev. IV R 20/17) zum Ausschluss der Gewinnermittlung nach § 4 Abs. 3 bei Gewinnermittlung durch Bestandsvergleich nach ausländ. Recht; FG Münster v. 24.1.2018 – 7 K 2399/15 E, DStRK 2018, 181 (NZB I B 15/18).

3 G v. 26.6.2013, BGBl. I 2013, 1809.

4 Vgl. dazu BFH v. 19.1.2017 – IV R 5/16, BFH/NV 2017, 755 und die Vorinstanz FG Nds. v. 2.12.2015 – 3 K 304/14, EFG 2016, 916.

53g Darüber hinausgehend bestimmt § 32b Abs. 1 S. 3 allerdings, dass § 15b insgesamt – also auch bezüglich § 15b Abs. 1 bis 3 – sinngemäß zur Bestimmung des Steuersatzes aufgrund des **(positiven oder negativen) ProgrVorb.** „in allen offenen Fällen" anzuwenden ist. Damit wird angeordnet, dass auch für VZ vor 2013 § 15b iZm. der Bestimmung des besonderen Steuersatzes durch dem (negativen) ProgrVorb. unterliegende Einkünfte anzuwenden ist, soweit nicht bereits bestandskräftige Veranlagungen erfolgt sind. Durch diese Anwendungsregelung würde eine verfassungsrechtl. problematische echte Rückwirkung des Verlustausgleichs- und -abzugsverbots iRd. ProgrVorb. für nicht der deutschen Besteuerung unterliegende ausländ. Einkünfte angeordnet, wenn die (sinngemäße) Anwendung des § 15b bei Vorliegen einer „modellhaften Gestaltung" aufgrund „eines vorgefertigten Konzepts" durch negative Einkünfte zur Erlangung eines günstigen Steuersatzes aufgrund des ProgrVorb. vor der Einfügung des § 32b Abs. 1 S. 3 nicht bereits vom Gesetzgeber angeordnet gewesen wäre. Dies trifft freilich zu. Die Regelung des § 32b Abs. 1 S. 3 ist bzgl. der angeordneten sinngemäßen Anwendung des § 15b lediglich deklaratorisch (s. Rn. 53h).

53h Sind ausländ. Verluste nach einem DBA zwar freigestellt, aber iRd. **(negativen) ProgrVorb.** gem. § 32b Abs. 1 Nr. 3 und Abs. 2 Nr. 2 für die Bestimmung des besonderen Steuersatzes mindernd zu berücksichtigen, steht schon § 15b Abs. 1 und 2 auch dieser „Verlustverrechnung" entgegen. Für einen (positiven wie negativen) ProgrVorb. nach § 32b Abs. 1 S. 3 sind nicht ausgleichbare Verluste gem. § **15b aus modellhaften Gestaltungen** – etwa durch Anwendung der EÜR für nach einem DBA freigestellte gewerbliche Einkünfte bei Beteiligung an ausländ. MU'schaften als Steuerstundungsmodell – nicht zu berücksichtigen. Bei der Ermittlung der für den anzuwendenden (Progressions-)Steuersatz zu berücksichtigenden (freigestellten) ausländ. Einkünfte sind die Regelungen des deutschen EStG einschließlich § 15b zugrunde zu legen. § 15b schließt es dabei gerade aus, dass Verluste aus einem Steuerstundungsmodell mit positiven Einkünften ausgeglichen werden. Denn auch die Anwendung des besonderen (niedrigeren Progressions-)Steuersatzes stellt einen „steuerlichen Vorteil" dar, der durch „negative (freizustellende ausländ.) Einkünfte" erzielt werden soll. Das gilt auch dann, wenn der Ausgleich/Abzug negativer Einkünfte gem. §§ 2 Abs. 3, 10d durch Verminderung der Summe der Einkünfte bzw. des Gesamtbetrags der Einkünfte „nur" zur Bestimmung der Steuersatzbemessungsgrundlage für den besonderen Steuersatz nach § 32b, ggf. bis auf 0, zu erfolgen hätte (Rn. 51).[1] Die Verluste mindern jedoch spätere, bei der Steuersatzbemessungsgrundlage für den besonderen Steuersatz des § 32b Abs. 1 zu berücksichtigende positive ausländ. Einkünfte aus derselben Einkunftsquelle.

Die gegenteilige Auffassung,[2] die sich allein darauf beruft, dass es beim (negativen) ProgrVorb. um die **Berechnung des anzuwendenden Steuersatzes** (Tarifvorschrift) gehe und nicht um einen Verlustausgleich oder -abzug, blendet geflissentlich aus, dass sich der besondere Steuersatz nach dem zu versteuernden Einkommen zzgl. oder abzgl. der nach einem DBA freizustellenden „Einkünfte" bemisst. Diese gehen daher auch in die „Verluste" ein, die aber nach § 15b bei Vorliegen eines Steuerstundungsmodells weder mit anderen Einkünften ausgeglichen werden dürfen, noch nach § 10d abgezogen werden dürfen. Warum dies nicht gelten soll, wenn ausländ. Einkünfte lediglich zur Bestimmung des besonderen Steuersatzes zu berücksichtigen sind, bleibt das Geheimnis der zweifelnden Stimmen. Zu wegen § 15b nicht beim negativen ProgrVorb. zu berücksichtigenden freigestellten DBA-Einkünften kommt es allerdings erst gar nicht, falls schon keine in Deutschland freizustellenden Einkünfte aus GewBetr. im Ausland erzielt werden, sondern lediglich der deutschen Besteuerung unterliegende private Veräußerungsgeschäfte nach § 22 Abs. 1 Nr. 2 iVm. § 23 im Ausland getätigt werden.[3] Insoweit entstünden von vornherein schon keine nur beim negativen ProgrVorb. zu berücksichtigenden vorgezogenen negativen Einkünfte aus dem Erwerb der WG.

---

1 So zutr. BMF v. 17.7.2007, BStBl. I 2007, 542 Rn. 24; *Dornheim*, DStR 2012, 1581; *Korn*, § 15b Rn. 26; *Heuermann* in Blümich, § 15b Rn. 5; vgl. auch BFH v. 12.1.2011 – I R 35/10, BStBl. II 2011, 494 = FR 2011, 682 (zur Nichtberücksichtigung v. § 2a-Verlusten für den [negativen] ProgrVorb.); offengelassen v. FG Münster v. 11.12.2013 – 6 K 3045/11 F, EFG 2014, 753 (Rev. unbegründet, BFH v. 19.1.2017 – IV R 50/14, BStBl. II 2017, 456); FG RhPf. v. 30.1.2013 – 3 K 1185/12, EFG 2013, 849; FG München v. 5.5.2009 – 7 V 355/09, juris; FG Sachs. v. 5.5.2010 – 8 K 1853/09, DStR 2012, 2053; FG RhPf. v. 30.1.2013 – 3 K 1185/12, EFG 2013, 849.

2 *Schulte-Frohlinde*, BB 2013, 1623; FG Nürnb. v. 28.2.2013 – 6 K 875/11, EFG 2013, 1018 (aufgehoben durch BFH v. 25.6.2014, I R 24/13, BStBl. II 2015, 141 = FR 2015, 330 = GmbHR 2014, 1328, mit Anm. *Hahn*, jurisPR-SteuerR 26/2013 Anm. 4; *Naujok*, DStR 2007, 1601; *Seeger* in Schmidt[37], § 15b Rn. 6; *Kaeser* in K/S/M, § 15b Rn. B 42; *Schmidt/Renger*, DStR 2012, 2042; *Podewils*, StBW 2014, 594; zweifelh. nach FG Hess. v. 29.10.2009 – 11 V 252/10, IStR 2011, 116 und FG BaWü. v. 18.11.2012 – 5 V 3277/12, EFG 2013, 448.

3 S. dazu FG München v. 29.6.2015 – 7 K 928/13, juris (aus verfahrensrechtl. Gründen aufgehoben durch BFH v. 27.9.2017 – I R 62/15, BFH/NV 2018, 620); BFH v. 19.1.2017 – IV R 50/14, BStBl. II 2017, 456; FG München v. 17.3.2014 – 7 K 1792/12, juris (aus verfahrensrechtl. Gründen aufgehoben durch BFH v. 11.7.2017– I R 34/14, juris) für in Deutschland ansässige G'ter einer englischen partnership bei „Goldhandel" ohne unmittelbare Marktteilnahme; s. aber FG Hess. v. 15.1.2012 – 11 K 3175/09, FR 2013, 286 zur anschließenden Qualifizierung als gewerbliche Einkünfte wg. § 15 Abs. 3 Nr. 2 (aufgehoben durch BFH v. 10.12.2014 – I R 3/13, DStR 2015, 629 = GmbHR 2015, 437).

Nach der durch das AmtshilfeRLUmsG[1] erfolgten Einfügung des § 32b Abs. 2 Nr. 2 S. 2 lit. c scheidet allerdings die EÜR des § 4 Abs. 3 für die **Generierung vorläufiger ausländ. Verluste zur Erlangung des negativen ProgrVorb.** auch ohne Vorliegen einer modellhaften Gestaltung ohnehin generell aus, weil die AK/HK auch für nach dem 28.2.2013 angeschaffte WG des UV für die Anwendung des ProgrVorb. erst bei Zufluss des Veräußerungserlöses bzw. erst im Zeitpunkt der Entnahme als BA zu berücksichtigen sind. Soweit aber für die vorhergehende Zeit durch eine modellhafte Gestaltung unter Ausnutzung der Regelung des § 4 Abs. 3 die Generierung ausländ. Verluste zur Erlangung des besonderen Steuersatzes aufgrund des negativen ProgrVorb., ggf. eines 0-Steuersatzes, genutzt wurde, bleibt § 15b richtigerweise weiterhin auch für die Zeit vor dem 28.2.2013 anwendbar. Aus der Neuregelung in § 32b Abs. 2 Nr. 2 S. 2 lit. c kann und darf nicht geschlossen werden, dass auf § 4 Abs. 3 basierende modellhafte Gestaltungen zur Erlangung des negativen ProgrVorb. vor Geltung des § 32b Abs. 2 Nr. 2 S. 2 lit. c nicht unter § 15b fallen konnten.[2] Die Neuregelung verhält sich zu dieser Frage überhaupt nicht. 53i

Die **„sinngemäße" Anwendung des § 15b** iRd. (negativen) ProgrVorb. wird nunmehr in der durch das AIFM-StAnpG[3] erfolgten Änderung des § 32b Abs. 1 S. 3 ausdrücklich und explizit angeordnet. Damit soll Zweifeln entgegengetreten werden, ob sich das in § 15b angeordnete Verlustausgleichs- und -abzugsverbot überhaupt auf den ProgrVorb. auswirken konnte, wenn die Verluste erst bei nicht der deutschen Besteuerung unterliegenden, respektive von dieser freigestellten Einkünften eingetreten sind, sondern sich „nur" und erst beim ProgrVorb. auswirken.[4] Die Zweifel sind freilich unbegründet gewesen (Rn. 53h). Als nach zutr. Auffassung des Gesetzgebers des AIFM-StAnpG lediglich „klarstellende" Regelung gilt dies nach § 52 Abs. 33 S. 2 in allen noch offenen Fällen. Dem ist zuzustimmen. Allerdings gilt dies nur, soweit tatsächlich bereits ein Steuerstundungsmodell iSd. § 15b Abs. 2 aufgrund eines vorgefertigten Konzepts zur Erlangung steuerlicher Vorteile vorlag. Soweit sich dies erst aus § 15b Abs. 3a idF des AIFM-StAnpG ergibt, kann auch die Regelung des § 32b Abs. 1 S. 3 frühestens auf solche Verluste angewendet werden, auf die § 15b Abs. 3a nach § 52 Abs. 25 Satz 5 anzuwenden ist.[5] 53j

Nach problematischer Auffassung des BVerfG[6] soll freilich eine **rückwirkende Klarstellung durch den Gesetzgeber** immer schon dann vollkommen ausscheiden, wenn dadurch eine in der Fachgerichtsbarkeit offene, strittige Auslegungsfrage entschieden wird. Das erscheint denn doch fragwürdig. Vielmehr ist es bei einem Streit zwischen Gesetzgeber und Fachgerichtsbarkeit über die zutr. Auslegung des Gesetzes die Aufgabe des BVerfG, unter Beachtung der Auslegung durch die Fachgerichte und des Verständnisses des Gesetzgebers den „Streit" zu entscheiden. Zur „Gesetzesauslegung" ist selbstredend auch der Gesetzgeber „berufen" und nicht nur die „Fachgerichtsbarkeit". Folgt man dem BVerfG, dürfte es sich um eine echte Rückwirkung handeln, soweit VZ vor 2013 betroffen sind. Auch dann stellt sich freilich die Frage, ob den „Goldfingern" Vertrauensschutz zu gewähren ist.

E. Nichtaufgriffsgrenze (Abs. 3)

§ 15b Abs. 3 übernimmt eine zu § 2b lediglich in einer Verwaltungsanweisung[7] festgelegte Nichtaufgriffsgrenze in das G. Danach ist die Verlustverrechnungsbeschränkung des Abs. 1 nicht anzuwenden, wenn das **Verhältnis** der kumulierten **prognostizierten Verluste** zum **aufzubringenden (Eigen)Kapital** 10 %[8] nicht übersteigt. Die Nichtaufgriffsgrenze gewinnt Bedeutung nur dann, wenn an sich die Voraussetzungen eines Steuerstundungsmodells nach Abs. 2 zu bejahen sind. Steht freilich fest, dass das Verhältnis nicht überschritten wird, bedarf es insoweit keiner Prüfung mehr. Der Sache nach handelt es um eine Bagatellregelung. 54

---

1 G v. 26.6.2013, BGBl. I 2013, 1809. Mit § 32b Abs. 2 S. 1 Nr. 2 lit. c idF des AmtshilfeRLUmsG ist einer Anregung des BR genügt worden, vgl. BT-Drucks. 17/11190 u. 17/11220 v. 24. und 25.10.2012 (FinA zum JStG 2013) sowie BR-Drucks. 302/12 v. 6.7.2012 Nr. 15.

2 So aber FG RhPf. v. 30.1.2013 – 3 K 1185/12, DStR 2013, 1834 (rkr.); dagegen zutr. *Stahl/Mann*, DStR 2013, 1822 und FG Nds. v. 2.12.2015 – 3 K 304/14, EFG 2016, 916 (bestätigt durch BFH v. 19.1.2017 – IV R 5/16, BFH/NV 2017, 755); sa. BFH v. 19.1.2017 – IV R 50/14, BStBl. II 2017, 456; v. 19.1.2017 – IV R 50/13, BFH/NV 2017, 751.

3 G v. 18.12.2013, BGBl. I 2013, 4318.

4 So ua. *Hallerbach* in H/H/R, § 15b Anm. 17; *Seeger* in Schmidt[37], § 15b Rn. 6; FG Hess. v. 29.10.2010 – 11 V 252/10, IStR 2011, 116; FG Sachs. v. 5.5.2010 – 8 K 1853/09, DStR 2012, 2053; FG Nürnb. v. 28.2.2013 – 6 K 875/11, EFG 2013, 1018 (aufgehoben durch BFH v. 25.6.2014 – I R 24/13, BStBl. II 2015, 141 = FR 2015, 330 = GmbHR 2014, 1328).

5 So zutr. FG Münster v. 11.12.2013 – 6 K 3045/11 F, EFG 2014, 753 (bestätigt durch BFH v. 19.1.2017 – IV R 50/14, BStBl. II 2017, 456), m. Anm. *Podewils*, StBW 2014, 594; sa. BFH v. 19.1.2017 – IV R 50/13, BFH/NV 2017, 751.

6 BVerfG v. 17.12.2013 – 1 BvL 5/08, FR 2014, 326, mit zutr. abl. Sondervotum des Richters *Masing*, aaO Rn. 85 f. und mit zust. Anm. *Birk*; zweifelnd *Steinhauff*, jurisPR-SteuerR 17/2014 Anm. 5 und *Kirchhof* in H/H/R, Einführung EStG Anm. 333.

7 Vgl. BMF v. 22.8.2001, BStBl. I 2001, 588.

8 Die Nichtaufgriffsgrenze wurde allerdings deutlich v. 50 % auf 10 % herabgesetzt.

55 Abzustellen ist einerseits auf die Summe der **prognostizierten Verluste** in der **Anfangsphase** und andererseits auf das **einzusetzende Kapital** des StPfl. Die Summe der prognostizierten Verluste ergibt sich aus dem dem Steuerstundungsmodell zugrunde liegenden vorgefertigten Konzept. Nicht die tatsächlich eintretenden Verluste, sondern die **konzeptionell versprochenen Verluste** sind insoweit maßgeblich.[1] Dies ist schon deshalb erforderlich, weil es ohnehin einer Beurteilung ex ante bedarf, da bereits bei der ersten Veranlagung nach Erwerb der Einkunftsquelle eines Steuerstundungsmodells beurteilt werden muss, ob Abs. 3 eingreift oder nicht. Eine unrichtige Prognoserechnung ist nicht zugrunde zu legen. Wird eine (berichtigte) Prognoserechnung nicht vorgelegt, bedarf es hinsichtlich der prognostizierten Verluste im Hinblick auf die Einhaltung der 10 %-Grenze einer Schätzung.[2]

Der **zeitliche Umfang der Anfangsphase** ergibt sich ebenfalls aus dem zugrunde liegenden Konzept. Es ist derjenige Zeitraum, in dem konzeptionell aus der Einkunftsquelle zunächst Verluste/negative Einkünfte erzielt werden sollen.[3] Der Begriff der Anfangsphase ist in **Abs. 2 und 3** übereinstimmend zu verstehen. Auf den geplanten Verlusten „zumindest in der Anfangsphase" beruht der erstrebte stl. Vorteil durch Verlustverrechnung. Modelle zur Steuerersparnis, bei denen zunächst Überschüsse erzielt werden sollen, denen erst in späteren Perioden unterhalb der Überschüsse liegende Verluste folgen, etwa weil dann erst mit hohen übrigen Einkünften zu rechnen ist, sind v. § 15b nicht betroffen. Die Anfangsphase kann also je nach Konzept einen oder mehrere VZ umfassen. Wird eine mit der Investition in ein Steuerstundungsmodell beginnende geplante Verlustphase ausnahmsweise schon konzeptionell vorgesehen durch einen VZ mit positivem Ergebnis unterbrochen oder liegt ein solcher VZ schon zu Beginn vor, so vermindert dieses positive Ergebnis die Summe der prognostizierten Verluste aus der Anfangsphase.

56 Bzgl. der **Vergleichsgröße aufzubringendes (Eigen-)Kapital** differenziert das G danach, ob dem Steuerstundungsmodell eine gemeinsame Beteiligung mehrerer an derselben Investition in Form einer Gesellschafts-/Gemeinschaftskonstruktion (Rn. 36f.) oder eine Einzelinvestition durch einen Alleinanleger (Rn. 41) zugrunde liegt.

Bei den **Gesellschafts-/Fondskonstruktionen** kommt es auf das **„gezeichnete und nach der Konzeption auch aufzubringende Kapital"** an. Unter gezeichnetem Kapital ist derjenige Betrag zu verstehen, zu dessen Einzahlung sich der Anleger (G'ter/Gemeinschafter) ggü. der Gemeinschaft rechtsverbindlich verpflichtet hat. Bei einer PersGes. ist es der Betrag der nach dem Gesellschaftsvertrag **geschuldeten Einlage**. Dies dürfte im Regelfall auch der Betrag sein, der nach dem zugrunde liegenden Konzept auch tatsächlich aufzubringen ist.

Vornehmlich der Vermeidung v. Umgehungen dient es, wenn nicht lediglich auf den Betrag der gezeichneten Einlage abgestellt wird. Vermieden werden soll, dass durch „Zeichnung" nicht erforderlicher Beiträge, die dann letztlich nicht eingefordert werden, die Nichtaufgriffsgrenze des Abs. 3 manipuliert werden kann. Soweit die gezeichnete Einlage nicht bereits eingefordert ist, sondern darüber erst noch eine Entscheidung getroffen werden muss, ist der nicht eingeforderten Teil der Einlage abzuziehen, wenn mit einer Einforderung nach dem Konzept des Steuerstundungsmodells während der Anfangsphase nicht zu rechnen ist. Maßgebend ist mithin die Summe der innerhalb der Anfangsphase, für die die Verluste prognostiziert sind, tatsächlich zu leistenden und geleisteten Zahlungen, gleichgültig, ob es sich um Einmalzahlungen, Teilzahlungen oder Nachschüsse handelt.

Wird die gesellschaftsrechtl. geschuldete Einlage v. G'ter selbst fremdfinanziert, ist dies grds. unerheblich. Anders ist es freilich zu beurteilen, wenn eine Fremdfinanzierung auf Gesellschafterebene bereits konzeptionell vorgesehen ist. Dann ist das (negative) Sonder(betriebs)vermögen Teil des Steuerstundungsmodelles (Rn. 47). Das gezeichnete Kapital ist insoweit um den fremdfinanzierten Teil zu mindern.[4] Korrespondierend dazu gehören dann die v. G'ter/Gemeinschafter aufzubringenden Fremdfinanzierungsaufwendungen zu den prognostizierten (Sonder-)Verlusten aus dem Steuerstundungsmodell, andernfalls nicht.

Bei **Einzelinvestoren** stellt das G auf das **eingesetzte EK** ab. Es muss sich freilich um iRd. Stundungsmodells eingesetztes EK handeln. Da dessen Umfang sich nach dem vorgefertigten Konzept bestimmt, ist auch hier die freilich im G nicht ausdrücklich ausgesprochene Voraussetzung zu erfüllen, dass der Einsatz dieses EK dem zugrunde liegenden Konzept entsprechen muss. Problematisch könnte für die ex ante erforderliche Beurteilung sein, dass das G auf das eingesetzte EK abstellt. Für die ex ante erforderliche Beurteilung wird man insoweit zunächst einmal auf das nach der Konzeption einzusetzende EK abzustellen ha-

1 So zutr. BMF v. 17.7.2007, BStBl. I 2007, 542 Rn. 16; sa. FG Berlin-Bdbg. v. 8.12.2015 – 6 K 6215/12, EFG 2016, 975 (Rev. IV R 2/16).
2 BMF v. 17.7.2007, BStBl. I 2007, 542 Rn. 16.
3 BFH v. 6.2.2014 – IV R 59/10, BStBl. II 2014, 465 = FR 2014, 522 m. Anm. *Mitschke*, unter Berufung auf die Entwurfsbegründung, BT-Drucks. 16/107; so auch *Hallerbach* in H/H/R, § 15b Anm. 32 (planmäßige Verlustphase).
4 BMF v. 17.7.2007, BStBl. I 2007, 542 Rn. 17, 18; vgl. auch BMF v. 22.8.2001, BStBl. I 2001, 588 (allerdings zu § 2b).

ben. Bleibt sodann allerdings das tatsächlich eingesetzte EK hinter dem konzeptionell einzusetzenden EK zurück, bedarf es ggf. einer rückwirkenden Korrektur im Hinblick auf die Anwendbarkeit des Abs. 3.

F. Gesonderte Verlustfeststellung (Abs. 4)

57 Verfahrensrechtl. sieht § 15b Abs. 4 S. 1 für den nach § 15b Abs. 1 nicht ausgleichsfähigen Verlust zwingend und ausnahmslos eine **gesonderte Feststellung iSd. § 179 AO** vor. Sie ist auch bei Steuerstundungsmodellen in Gestalt von Einzelinvestitionen durchzuführen.[1] Gesondert festzustellen ist der für diesen VZ sich ergebende lediglich verrechenbare Verlust nach Abs. 1 S. 2. Abs. 4 S. 2 ergänzt dies allerdings dahingehend, dass für die gesonderte Feststellung v. dem (festgestellten) iSd. Abs. 1 S. 2 verrechenbaren Verlust des Vorjahres auszugehen ist. IErg. wird dadurch nicht lediglich der verrechenbare Verlust des betr. VZ gesondert festgestellt, sondern auch das für die Zukunft insgesamt nach Abs. 1 S. 2 verbleibende Verrechnungsvolumen. Abs. 1 S. 3 stellt insoweit allerdings klar, dass der Feststellungsbescheid nur in dem Umfange angegriffen werden kann, als sich eine Änderung ggü. dem (bereits festgestellten) verrechenbaren Verlust des Vorjahres ergeben hat. Anfechtbar ist die gesonderte Feststellung demnach nur im Umfang der durch den verrechenbaren Verlust des lfd. Jahres bewirkten Änderung, respektive einer Änderung durch eine Verlustverrechnung mit einem in diesem Jahr erzielten verrechenbaren Gewinn aus derselben Einkunftsquelle. Es handelt sich bei § 15b Abs. 1 S. 3 um eine dem § 351 Abs. 2 AO vergleichbare Regelung. Hier wie dort soll die Bestandskraft des **Grundlagenbescheid**es respektiert werden. Im Verhältnis zum nachfolgenden Feststellungsbescheid nach § 15b Abs. 4 S. 1 und 2 ist der Feststellungsbescheid für das Vorjahr insoweit ein Grundlagenbescheid iSd. § 182 AO. Die gesonderten Feststellungen sind ihrerseits jeweils Grundlagenbescheide ggü. den ESt- oder KSt-Bescheiden desselben Kalenderjahres als **Folgebescheide**.[2] Die Bindungswirkung umfasst: **(1)** die Feststellung des nicht ausgleichsfähigen Verlustes für das Verlustentstehungsjahr dem Grunde und der Höhe nach, **(2)** die die Feststellung, dass es sich um ein „Steuerstundungsmodell" handelt, das hinreichend genau bezeichnet werden muss, und **(3)** den zum Ende des VZ ermittelten „verrechenbaren Verlust".

58 Für die gesonderte Feststellung ist nach § 15b Abs. 4 S. 4 HS 2 iVm. § 18 Abs. 1 Nr. 2 AO das **Betriebsstätten-FA zuständig**, falls aufgrund des Steuerstundungsmodells **gewerbliche Einkünfte** durch einen **Alleinanleger** (Rn. 41) erzielt werden. Ist § 15b im Rahmen v. **Einkünften anderer Art** nur entspr. anwendbar (Rn. 12), so dürfte für die Gewinneinkünfte § 18 Abs. 1 Nr. 1 oder Nr. 3 AO entspr. anzuwenden sein.[3] Für die entspr. Anwendung des § 15b iRd. Überschusseinkünfte muss wohl auf § 24 AO (Ersatzzuständigkeit) zurückgegriffen werden. Regelmäßig wird dann das Wohnsitz-FA zuständig sein.

Handelt es sich bei dem Steuerstundungsmodell um eine **Fondskonstruktion** (Rn. 36f.) mit mehreren an den Einkünften iSd. § 180 Abs. 1 S. 1 Nr. 2a AO gemeinsam Beteiligten, so ist für die **gesonderte Feststellung** der verrechenbaren Verluste das **FA örtlich zuständig**, das auch für die **einheitliche und gesonderte Feststellung der Einkünfte** zuständig ist, § 15b Abs. 4 S. 4 HS 1. Bei Gewinneinkünften folgt die Zuständigkeit dann aus § 18 Abs. 1 Nr. 1–3, bei anderen Einkünften aus § 18 Abs. 1 Nr. 4 AO.

59 Gesonderte Feststellungen nach § 15b Abs. 4 und die gesonderte (und einheitliche) Feststellung der Einkünfte nach § 180 Abs. 1 S. 1 Nr. 2a AO können miteinander verbunden werden, § 15b Abs. 4 HS 1. Dann sind auch die **verrechenbaren Einkünfte** nach § 15b Abs. 1 S. 2 für die Beteiligten nicht nur nach § 15b Abs. 4 S. 1 jeweils gesondert festzustellen, sondern sie sind ihnen gegenüber auch **einheitlich** festzustellen, § 15b Abs. 4 S. 5 HS 2.[4] Die Verbindung der einheitlichen und gesonderten Feststellung der Einkünfte nach § 180 Abs. 1 S. 1 Nr. 2 lit. a AO und der gesonderten und einheitlichen Feststellung der lediglich verrechenbaren Verluste nach §§ 15b Abs. 1 S. 2 ändert nichts daran, dass es sich dabei um zwei verschiedene, selbständig anfechtbare Feststellungen und Verwaltungsakte handelt, wobei der Bescheid über die Feststellung der Einkünfte Grundlagenbescheid für den Bescheid nach § 15b Abs. 4 ist.[5]

---

1 BFH v. 7.2.2018 – X R 10/16, BStBl. II 2018, 630, mit Anm. *Fischer*, jurisPR-SteuerR 27/2018 Anm. 2 (zu vergeblichen Investitionen in betrügerische Modelle von Blockheizkraftwerken); v. 28.6.2017 – VIII R 46/14, BFH/NV 2018, 199, mit Anm. *Jachmann-Michel*, jurisPR-SteuerR 16/2018 Anm. 3; v. 11.11.2015 – VIII R 74/13, BStBl. II 2016, 388.

2 BFH v. 28.6.2017 – VIII R 46/14, BFH/NV 2018, 199; FG Düss. v. 17.8.2017 – 14 K 3722/13 E, juris (Rev. VIII R 13/17); BFH v. 11.11.2015 – VIII R 74/13, BStBl. II 2016, 388; FG Münster v. 18.6.2015 – 12 K 689/12 F, EFG 2015, 1696 (Rev. VIII R 29/15).

3 So auch *Hallerbach* in H/H/R, § 15b Anm. 57.

4 BFH v. 6.2.2014 – IV R 59/10, BStBl. II 2014, 465 = FR 2014, 522 m. Anm. *Mitschke*.

5 BFH v. 19.1.2017 – IV R 50/14, BStBl. II 2017, 456; v. 19.1.2017 – IV R 5/16, BFH/NV 2017, 755; sa. FG RhPf. v. 30.1.2013 – 3 K 1185/12, DStR 2013, 1834 (rkr.), m. Anm. *Stahl/Mann*, DStR 2013, 1834; zur entspr. Problematik bei § 15a Abs. 4 BFH v. 30.3.1993 – VIII R 63/91, BStBl. II 1993, 706 = FR 1993, 631 m. Anm. *Stobbe* und v. 23.2.1999 – VIII R 29/98, BStBl. II 1999, 592 = FR 1999, 701 m. Anm. *Kempermann*.

60 § 15b Abs. 4 entspricht mit seinen verfahrensrechtl. Regelungen den in § 15a Abs. 4 getroffenen Regelungen weitgehend (dazu § 15a Rn. 70f.). Auch bei Verbindung mit der gesonderten und einheitlichen Feststellung der Einkünfte nach § 15b Abs. 4 S. 5 ist die (Fonds)Gesellschaft ebenfalls klagebefugt und notwendig beizuladen.[1]

§ 16 Veräußerung des Betriebs[2]

(1) [1]Zu den Einkünften aus Gewerbebetrieb gehören auch Gewinne, die erzielt werden bei der Veräußerung

1. **des ganzen Gewerbebetriebs oder eines Teilbetriebs. [2]Als Teilbetrieb gilt auch die das gesamte Nennkapital umfassende Beteiligung an einer Kapitalgesellschaft; im Fall der Auflösung der Kapitalgesellschaft ist § 17 Absatz 4 Satz 3 sinngemäß anzuwenden;**
2. **des gesamten Anteils eines Gesellschafters, der als Unternehmer (Mitunternehmer) des Betriebs anzusehen ist (§ 15 Absatz 1 Satz 1 Nummer 2);**
3. **des gesamten Anteils eines persönlich haftenden Gesellschafters einer Kommanditgesellschaft auf Aktien (§ 15 Absatz 1 Satz 1 Nummer 3).**

[2]Gewinne, die bei der Veräußerung eines Teils eines Anteils im Sinne von Satz 1 Nummer 2 oder 3 erzielt werden, sind laufende Gewinne.

(2) [1]Veräußerungsgewinn im Sinne des Absatzes 1 ist der Betrag, um den der Veräußerungspreis nach Abzug der Veräußerungskosten den Wert des Betriebsvermögens (Absatz 1 Satz 1 Nummer 1) oder den Wert des Anteils am Betriebsvermögen (Absatz 1 Satz 1 Nummer 2 und 3) übersteigt. [2]Der Wert des Betriebsvermögens oder des Anteils ist für den Zeitpunkt der Veräußerung nach § 4 Absatz 1 oder nach § 5 zu ermitteln. [3]Soweit auf der Seite des Veräußerers und auf der Seite des Erwerbers dieselben Personen Unternehmer oder Mitunternehmer sind, gilt der Gewinn insoweit jedoch als laufender Gewinn.

(3) [1]Als Veräußerung gilt auch die Aufgabe des Gewerbebetriebs sowie eines Anteils im Sinne des Absatzes 1 Satz 1 Nummer 2 oder Nummer 3. [2]Werden im Zuge der Realteilung einer Mitunternehmerschaft Teilbetriebe, Mitunternehmeranteile oder einzelne Wirtschaftsgüter in das jeweilige Betriebsvermögen der einzelnen Mitunternehmer übertragen, so sind bei der Ermittlung des Gewinns der Mitunternehmerschaft die Wirtschaftsgüter mit den Werten anzusetzen, die sich nach den Vorschriften über die Gewinnermittlung ergeben, sofern die Besteuerung der stillen Reserven sichergestellt ist; der übernehmende Mitunternehmer ist an diese Werte gebunden; § 4 Absatz 1 Satz 4 ist entsprechend anzuwenden. [3]Dagegen ist für den jeweiligen Übertragungsvorgang rückwirkend der gemeine Wert anzusetzen, soweit bei einer Realteilung, bei der einzelne Wirtschaftsgüter übertragen worden sind, zum Buchwert übertragener Grund und Boden, übertragene Gebäude oder andere übertragene wesentliche Betriebsgrundlagen innerhalb einer Sperrfrist nach der Übertragung veräußert oder entnommen werden; diese Sperrfrist endet drei Jahre nach Abgabe der Steuererklärung der Mitunternehmerschaft für den Veranlagungszeitraum der Realteilung. [4]Satz 2 ist bei einer Realteilung, bei der einzelne Wirtschaftsgüter übertragen werden, nicht anzuwenden, soweit die Wirtschaftsgüter unmittelbar oder mittelbar auf eine Körperschaft, Personenvereinigung oder Vermögensmasse übertragen werden; in diesem Fall ist bei der Übertragung der gemeine Wert anzusetzen. [5]Soweit einzelne dem Betrieb gewidmete Wirtschaftsgüter im Rahmen der Aufgabe des Betriebs veräußert werden und soweit auf der Seite des Veräußerers und auf der Seite des Erwerbers dieselben Personen Unternehmer oder Mitunternehmer sind, gilt der Gewinn aus der Aufgabe des Gewerbebetriebs als laufender Gewinn. [6]Werden die einzelnen dem Betrieb gewidmeten Wirtschaftsgüter im Rahmen der Aufgabe des Betriebs veräußert, so sind die Veräußerungspreise anzusetzen. [7]Werden die Wirtschaftsgüter nicht veräußert, so ist der gemeine Wert im Zeitpunkt der Aufgabe anzusetzen. [8]Bei Aufgabe eines Gewerbebetriebs, an dem mehrere Personen beteiligt waren, ist für jeden einzelnen Beteiligten der gemeine Wert der Wirtschaftsgüter anzusetzen, die er bei der Auseinandersetzung erhalten hat.

---

1 BFH v. 19.1.2017 – IV R 50/14, BStBl. II 2017, 456; v. 19.1.2017 – IV R 5/16, BFH/NV 2017, 755; FG BaWü. v. 20.5. 2011 – 3 K 4368/09, EFG 2011, 1922.

2 Der Verfasser dankt *Wolfram Reiß* für die Überlassung einer qualitativ hochwertigen Kommentierung mit dem Stand der 17. Auflage als Grundlage für die vorgelegte Neubearbeitung.

(3a) Einer Aufgabe des Gewerbebetriebs steht der Ausschluss oder die Beschränkung des Besteuerungsrechts der Bundesrepublik Deutschland hinsichtlich des Gewinns aus der Veräußerung sämtlicher Wirtschaftsgüter des Betriebs oder eines Teilbetriebs gleich; § 4 Absatz 1 Satz 4 gilt entsprechend.

(3b) [1]In den Fällen der Betriebsunterbrechung und der Betriebsverpachtung im Ganzen gilt ein Gewerbebetrieb sowie ein Anteil im Sinne des Absatzes 1 Satz 1 Nummer 2 oder Nummer 3 nicht als aufgegeben, bis

1. **der Steuerpflichtige die Aufgabe im Sinne des Absatzes 3 Satz 1 ausdrücklich gegenüber dem Finanzamt erklärt oder**
2. **dem Finanzamt Tatsachen bekannt werden, aus denen sich ergibt, dass die Voraussetzungen für eine Aufgabe im Sinne des Absatzes 3 Satz 1 erfüllt sind.**

[2]Die Aufgabe des Gewerbebetriebs oder Anteils im Sinne des Absatzes 1 Satz 1 Nummer 2 oder Nummer 3 ist in den Fällen des Satzes 1 Nummer 1 rückwirkend für den vom Steuerpflichtigen gewählten Zeitpunkt anzuerkennen, wenn die Aufgabeerklärung spätestens drei Monate nach diesem Zeitpunkt abgegeben wird. [3]Wird die Aufgabeerklärung nicht spätestens drei Monate nach dem vom Steuerpflichtigen gewählten Zeitpunkt abgegeben, gilt der Gewerbebetrieb oder Anteil im Sinne des Absatzes 1 Satz 1 Nummer 2 oder Nummer 3 erst in dem Zeitpunkt als aufgegeben, in dem die Aufgabeerklärung beim Finanzamt eingeht.

(4) [1]Hat der Steuerpflichtige das 55. Lebensjahr vollendet oder ist er im sozialversicherungsrechtlichen Sinne dauernd berufsunfähig, so wird der Veräußerungsgewinn auf Antrag zur Einkommensteuer nur herangezogen, soweit er 45 000 Euro übersteigt. [2]Der Freibetrag ist dem Steuerpflichtigen nur einmal zu gewähren. [3]Er ermäßigt sich um den Betrag, um den der Veräußerungsgewinn 136 000 Euro übersteigt.

(5) Werden bei einer Realteilung, bei der Teilbetriebe auf einzelne Mitunternehmer übertragen werden, Anteile an einer Körperschaft, Personenvereinigung oder Vermögensmasse unmittelbar oder mittelbar von einem nicht von § 8b Absatz 2 des Körperschaftsteuergesetzes begünstigten Steuerpflichtigen auf einen von § 8b Absatz 2 des Körperschaftsteuergesetzes begünstigten Mitunternehmer übertragen, ist abweichend von Absatz 3 Satz 2 rückwirkend auf den Zeitpunkt der Realteilung der gemeine Wert anzusetzen, wenn der übernehmende Mitunternehmer die Anteile innerhalb eines Zeitraums von sieben Jahren nach der Realteilung unmittelbar oder mittelbar veräußert oder durch einen Vorgang nach § 22 Absatz 1 Satz 6 Nummer 1 bis 5 des Umwandlungssteuergesetzes weiter überträgt; § 22 Absatz 2 Satz 3 des Umwandlungssteuergesetzes gilt entsprechend.

Verwaltung: R 16 (1) bis R 16 (14) EStR idF EStÄR 2012, BStBl. I 2013, 276; R 7.1 GewStR 2009, BStBl. I 2010, SonderNr. 1/2010; BMF v. 13.1.1993 und v. 26.2.2007, BStBl. I 1993, 80 und BStBl. I 2007, 269 – vorweggenommene Erbfolge; v. 20.12.2005, BStBl. I 2006, 7 – Freibetrag nach § 16 Abs. 4 und Tarifermäßigung nach § 34 Abs. 3 EStG; v. 14.3.2006, BStBl. I 2006, 253 – Erbengemeinschaft und Erbauseinandersetzung (geändert durch BMF v. 27.12.2018, BStBl. I 2019, 11); v. 11.3.2010, BStBl. I 2010, 227 – Einkommensteuerliche Behandlung v. wiederkehrenden Leistungen iZ mit einer Vermögensübertragung; v. 22.11. 2016, BStBl. I 2016, 1326 – Anwendungsschreiben zu § 16 Abs. 3b EStG; v. 19.12.2018, BStBl. I 2019, 6 – Realteilung; Anwendung von § 16 Abs. 3 Satz 2 bis 4 und Abs. 5 EStG.

Literatur: *Levedag*, Eintritt in und Austritt aus Freiberuflerpraxen, DStR 2017, 1233; *Ley*, Die Anwachsung: eine unterschätzte Umwandlungsvariante, KÖSDI 2018, 20750; *Neu/Hamacher*, Ausscheiden von Mitunternehmern gegen Übertragung von Sachgesamtheiten und Einzelwirtschaftsgütern – Rechtslage und Beratungskonsequenzen, FR 2017, 605; *Patt*, Teilentgeltliche Betriebsveräußerung – (K)Ein Anwendungsfall für einen tarifvergünstigten Veräußerungsgewinn?, EStB 2018, 330; *Schmitt/Schafitzl*, Neuere Entwicklungen bei der Besteuerung von Personenunternehmen, Ubg 2017, 353; *Weiss*, Veräußerungsgewinne im Gewerbesteuerrecht, EStB 2018, 213; sa. vor Rn. 42, 129, 192, 265; frühere Literatur s. 17. Aufl.

A. Grundaussagen der Vorschrift

I. Regelungsgegenstand im Überblick. Abs. 1 bestimmt, dass auch **Veräußerungsgewinne** aus der Veräußerung v. (Abs. 1 S. 1 Nr. 1) **a) ganzen GewBetr. und b) TB** sowie (Abs. 1 S. 1 Nr. 2) **c) MU'anteilen** und (Abs. 1 S. 1 Nr. 3) **Komplementäranteilen an einer KGaA** zu den **gewerblichen Einkünften** gehören. Als TB iSd. § 16 wird dabei auch die 100-prozentige **Beteiligung an einer KapGes.** angesehen, Abs. 1 S. 1 Nr. 1 S. 2. 1

Abs. 3 S. 1 ergänzt Abs. 1, indem die **Aufgabe des GewBetr.** oder eines **MU'anteils** oder des **Komplementäranteils** der **Veräußerung gleichgestellt** werden. Auch der insoweit entstehende **Aufgabegewinn** führt zu gewerblichen Einkünften (s. Rn. 175). Die **Realteilung einer MU'schaft** ist ebenfalls mit einer BetrAufg. verbunden. Sie wird in **Abs. 3 S. 2–4** gesondert geregelt und dort grds. im Wege einer Buchwertfortführung erfolgsneutral behandelt, sofern die Erfassung der stillen Reserven sichergestellt ist (s. Rn. 198 ff.). Der durch das **SEStEG**[1] **eingefügte § 16 Abs. 5** ergänzt und modifiziert die Regelung des § 16 Abs. 3 S. 2–4 über die Realteilung für den Sonderfall, dass iRd. Realteilung mit TB-Übertragung Anteile an einer Körperschaft v. einem nicht nach § 8b Abs. 2 KStG (nat. Pers.) begünstigten MU'er auf einen nach § 8b Abs. 2 KStG begünstigten MU'er (Körperschaft) übertragen werden. Er ordnet – abw. v. der Grundregelung der Buchwertfortführung in § 16 Abs. 3 – an, dass rückwirkend auf den Zeitpunkt der Realteilung der gemeine Wert anzusetzen ist, wenn die im Zuge der Realteilung erworbenen Anteile innerhalb v. sieben Jahren nach der Realteilung v. der empfangenden Körperschaft veräußert werden (s. Rn. 221 f.). Der Veräußerung werden Übertragungen nach § 22 Abs. 1 S. 6 Nr. 1–5 UmwStG gleichgestellt. 2

Abs. 2 und 3 S. 5–8 enthalten Einzelheiten zur Ermittlung des Veräußerungs- oder Aufgabegewinnes. Veräußerungsgewinn ist die Differenz zw. (gemeinem) Wert des Veräußerungspreises abzgl. Veräußerungskosten und (Buch-)Wert des veräußerten BV. Für die Aufgabe wird insoweit bestimmt, dass an die Stelle des einheitlichen Veräußerungspreises für den GewBetr. die Veräußerungspreise für die einzelnen WG oder deren gemeine Werte treten (s. Rn. 251). Für den Sonderfall der Liquidation einer KapGes., die der Veräußerung der 100-prozentigen Beteiligung gleichgestellt ist, bestimmt **Abs. 1 S. 1 Nr. 1 S. 2** durch Verweisung auf § 17 Abs. 4 S. 3, dass derjenige Teil der Liquidationsauskehrung, der nach § 20 Abs. 1 Nr. 1 oder 2 zu Einnahmen aus KapVerm. führt, nicht zum Veräußerungspreis gehört. Um diesen Betrag fällt mithin der Veräußerungsgewinn niedriger aus. 3

Der durch das JStG 2010 eingefügte **Abs. 3a** (s. Rn. 224 ff.) stellt den **Ausschluss** oder die **Beschränkung des Besteuerungsrechts** Deutschlands hinsichtlich des Gewinns aus der Veräußerung der WG des Betriebs oder TB der gewinnrealisierenden Aufgabe des GewBetr. gleich (s. Rn. 226 ff.). Durch Verweis auf § 4 Abs. 1 S. 4 (dazu § 4 Rn. 105 f.) wird ausdrücklich in Reaktion auf die Aufgabe der Rspr. des BFH zur Theorie der finalen (Entnahme und) BetrAufg. v. Gesetzgeber angeordnet, dass die **Verlegung des Betriebs** oder eines TB **in das Ausland** immer als gewinnrealisierende BetrAufg. zu behandeln ist.[2] 4

Der durch das StVereinfG 2011[3] eingefügte **Abs. 3b** (s. Rn. 232 ff.) bestimmt, dass bei der Betriebsunterbrechung und Betriebsverpachtung eine (gewinnrealisierende) BetrAufg. nicht vorliegt bis zu einer ausdrücklichen Erklärung der Aufgabe ggü. dem FA (Nr. 1) oder bis dem FA Tatsachen bekannt werden, aus denen sich ergibt, dass der Betrieb aufgegeben wurde (Nr. 2). Die Aufgabe ist bei einer ausdrücklichen Aufgabeerklärung gem. Abs. 3b Nr. 1 rückwirkend auf einen v. StPfl. gewählten Zeitpunkt anzuerkennen, wenn die Aufgabeerklärung spätestens drei Monate nach diesem Zeitpunkt abgegeben wird, ansonsten erst mit Eingang der Aufgabeerklärung. 5

Abs. 4 enthält eine **sachliche Steuerbefreiung** für Veräußerungs- und Aufgabegewinne bis zu einem **Freibetrag v. 45 000 Euro** (s. Rn. 273 ff.). Diese sachliche Steuerbefreiung wird allerdings nur StPfl. gewährt, die das **55. Lebensjahr** vollendet haben oder **dauernd berufsunfähig** sind. Der antragsgebundene Freibetrag ist während der Lebensdauer **nur einmal** zu gewähren. Übersteigt der Veräußerungs-/Aufgabegewinn den Betrag v. 136 000 Euro, so vermindert sich der Freibetrag um den übersteigenden Betrag. Im Ergebnis reduziert sich der Freibetrag bei Gewinnen ab 181 000 Euro auf null (s. Rn. 277). 6

II. Systematische Einordnung. 1. Veräußerungs- und Aufgabegewinne im dualistischen Einkünftekonzept. Mit der Einbeziehung v. Veräußerungs- und Aufgabegewinnen in die gewerblichen Einkünfte konkretisiert § 16 die Grundsatznorm des § 2 Abs. 1 S. 2 iVm. § 15 hinsichtlich der sachlichen StPflicht der Einkünfte aus GewBetr. Die **korrespondierenden Vorschriften** der **§§ 14, 14a** sowie **18 Abs. 3** erfas- 7

---

1 SEStEG v. 12.12.2006, BGBl. I 2006, 2782.
2 Vgl. Bericht des FinA v. 28.10.2010, BT-Drucks. 17/3549, 21.
3 G v. 1.11.2011, BGBl. I 2011, 2131; Gesetzentwurf BReg. v. 21.3. und 23.3.2011, BT-Drucks. 17/5125 und 17/5196; Beschlussempfehlung FinA. v. 8.6.2011, BT-Drucks. 17/6105.

sen **Veräußerungsgewinne** unter Verweis auf § 16 **nur** bei den übrigen **Gewinneinkunftsarten**. Diese auf die Gewinneinkünfte des § 2 Abs. 2 Nr. 1 beschränkte Anwendung des § 16 EStG entspricht der **dualistischen Einkünftekonzeption**, die dem EStG mit einigen Durchbrechungen und Einschränkungen (s. §§ 17, 20 Abs. 2, 23) seit dem preußischen EStG – mit der kurzen Unterbrechung des REStG 1920 – zugrunde liegt (zur Kritik am Einkünftedualismus s. § 2 Rn. 91).[1]

8 § 16 stellt klar, dass auch die bisher nicht realisierten stillen Reserven zum letztmöglichen Zeitpunkt zu erfassen sind. Zwar kann dies bei systematisch-teleologischer Auslegung bereits dem Tatbestand des § 15 iVm. §§ 4, 5 entnommen werden[2]. Im Hinblick auf die Steuerbefreiung des § 16 Abs. 4 (s. Rn. 273 ff.) und die Tarifermäßigung des § 34 bedarf es aber der Abgrenzung zum „laufenden Gewinn“, um die tarifbegünstigten „außerordentlichen Einkünfte“ (§ 34 Abs. 2 Nr. 1) zu bestimmen. Die Erfassung des Veräußerungsgewinns entspricht dem allg. **Realisationsprinzip** (§ 5 Rn. 49). Hingegen ergibt sich die Notwendigkeit der Erfassung auch eines **Aufgabegewinns** bei bloßer Überführung der WG in den außerbetrieblichen Bereich aus der **dualistischen Einkünftekonzeption**. Ebenso wie durch die **Entnahme einzelner WG** nach § 4 Abs. 1 S. 2 stille Reserven wegen der Bewertung mit dem TW nach § 6 Abs. 1 Nr. 4 stl. aufgedeckt werden, ist dies bei der **BetrAufg.** durch die Bewertung mit dem **gemeinen Wert** der Fall. § 16 Abs. 3 S. 1 enthält insoweit einen v. allg. Realisationsprinzip abw. **speziellen stl. Realisationstatbestand** als ultima ratio[3]. Die Vorschrift ist aber zumindest insoweit konstitutiv, als sie nicht den TW, sondern in § 16 Abs. 3 S. 7 den gemeinen Wert zum Bewertungsmaßstab erhebt (s. Rn. 178, 251).

9 Entsprechend dem **Subjektsteuerprinzip** soll der Veräußerungs- oder Aufgabegewinn als Teil des Einkommens noch v. demjenigen versteuert werden, der ihn erwirtschaftet hat. Soweit es um die Erfassung des **Veräußerungsgewinns** geht, stimmen **Subjektsteuerprinzip und Realisationsprinzip** überein. Der Gewinn ist noch v. demjenigen StPfl. zu versteuern, der ihn durch Veräußerung des GewBetr., TB oder MU'anteils tatsächlich realisiert hat. Beim **Aufgabegewinn** trifft dies nur insoweit zu, als tatsächlich einzelne WG des Betriebs veräußert wurden. Soweit jedoch stl. eine Gewinnrealisation auch für nicht veräußerte (zB in das PV überführte) WG des Betriebs verlangt wird, räumt **Abs. 3 S. 1** dem **Subjektsteuerprinzip Vorrang vor dem Realisationsprinzip** ein.

10 **2. Begünstigte außerordentliche Einkünfte.** Vor dem Hintergrund der quellentheoretischen Begrenzung der Einkünfte ist die Einbeziehung der Veräußerungs- und Aufgabegewinne stets als **außerordentlich** empfunden worden.[4] Veräußerungs- und Aufgabegewinne verkörpern danach jedenfalls keinen dauerhaften Zuwachs an Leistungsfähigkeit. Daher hat der Gesetzgeber seit jeher Veräußerungs- und Aufgabegewinne als **außerordentliche Einkünfte** – allerdings in st. wechselndem Umfange[5] – begünstigt. Die Begünstigungen bestanden in **Freibeträgen** (jetzt § 16 Abs. 4) und jeweils **ermäßigten Tarifen** (jetzt § 34). Seit dem **VZ 1996**[6] wird der **Freibetrag** nur noch **wegen Alters** (Vollendung des 55. Lebensjahres) **und/oder Berufsunfähigkeit** und auch nur **einmal (subjektbezogen)** während der Lebensdauer gewährt. Die **Tarifermäßigung mit dem halben Steuersatz** wurde grds. durch die **Fünftelregelung des § 34 Abs. 1** (s. § 34 Rn. 39 ff.) ersetzt.[7] Als Ausnahmetatbestand führte das Steuersenkungsergänzungsgesetz (StSenkErgG) die Tarifermäßigung ab dem 1.1.2001 in § 34 Abs. 3 wieder ein. Das Haushaltsbegleitgesetz (HBeglG) 2004 hob jedoch mit Wirkung ab dem VZ 2004 den ermäßigten Steuersatz des § 34 Abs. 3 auf **56 % des durchschnittlichen Steuersatzes** an. Anders als die Fünftelregelung (§ 34 Abs. 1) kann diese Steuerermäßigung ebenso wie der Freibetrag nach § 16 Abs. 4 (s. Rn. 278 ff.) nur unter bestimmten Voraussetzungen (55. Lebensjahr vollendet und/oder dauernd berufsunfähig) und **nur einmal im Leben**[8] in Anspr. genommen werden. Der StPfl. hat die Wahl zw. der antragsgebundenen Anwendung des § 34 Abs. 3 oder des von Amts wegen anzuwendenden § 34 Abs. 1 (zum Wahlrecht u. zur Steuerplanung s. näher § 34 Rn. 50, 57 ff.). Soweit die Voraussetzungen des § 34 Abs. 3 nicht vorliegen, kommt jedoch nur die Anwendung nach § 34 Abs. 1 in Betracht.

11 Obgleich der Sache nach ein Teil des Veräußerungsgewinns vorliegt, wird durch **Abs. 2 S. 3** ein **Veräußerungsgewinn fiktiv** als **lfd. Gewinn** behandelt, **soweit Veräußerer und Erwerber dieselben Pers. sind** (s. Rn. 41). Dies betrifft die Veräußerung v. und an **PersGes.**, an denen der Veräußerer oder Erwerber jeweils

1 Vgl. *Trossen* in K/S/M, § 16 Rn. A 60 f. zur geschichtlichen Entwicklung.
2 *Wacker* in Schmidt[37], § 16 Rn. 5; **aA** *Reiß* in Voraufl. (17. Aufl.), Rn. 8, mit dem Hinweis auf die Tatbestandsmäßigkeit der Besteuerung.
3 Zum Gedanken der BetrAufg. als Akt der **Totalentnahme** s. BFH v. 7.10.1974 – GrS 1/73, BStBl. II 1975, 168 (171).
4 Vgl. *Strutz*, REStG 1925, § 30 Anm. 2.
5 Vgl. dazu *Geissler* in H/H/R, § 16 Anm. 2.
6 § 52 Abs. 19 idF des JStG 1996.
7 § 52 Abs. 47 idF des StBereinG 1999.
8 Unschädlich sind allerdings begünstigte Veräußerungen vor dem 1.1.2001 nach alten Fassungen des § 34.

als **MU'er**[1] **beteiligt** ist. Dafür genügt auch eine **mittelbare Beteiligung** über eine andere PersGes. als MU'er[2] (§ 15 Rn. 344 ff.), nicht aber eine Beteiligung an einer KapGes oder aber an einer PersGes. mittelbar über eine KapGes. Diese Grundsätze gelten nach **Abs. 3 S. 5 für den Aufgabegewinn** allerdings **nur, soweit** er aus der **Veräußerung einzelner WG** resultiert, **nicht bei Überführung in das PV**. Eine entspr. Anwendung ist in **§ 24 Abs. 3 S. 3 UmwStG** unter Verweis auf § 16 Abs. 2 S. 3 enthalten für die Einbringung v. Betrieben, TB und MU'anteilen in eine PersGes. gegen Gewährung v. Gesellschaftsrechten (Rn. 26). Durch die Regelung soll vermieden werden, dass der Veräußerungsgewinn begünstigt besteuert wird, während der zugleich als partieller Erwerber auftretende Veräußerer den auf ihn entfallenden Kaufpreisanteil über die AK der WG durch AfA oder bei Abgang der WG als den normal tarifl. besteuerten lfd. Gewinn mindernden Aufwand geltend machen kann.[3] Nach Maßgabe des bei der Erwerberin für ihn geltenden Gewinnverteilungsschlüssels liegt für den Veräußerer lediglich ein als lfd. Gewinn zu besteuernder Gewinn vor.[4]

3. Veräußerungsgewinne und Gewerbesteuer. Der Abgrenzung zw. lfd. Einkünften und außerordentlichen Veräußerungs- und Aufgabegewinnen nach § 16 kommt auch für die GewSt erhebliche Bedeutung zu. Das **GewStG 1935** nahm **Gewinne nach § 16 EStG ausdrücklich v. Gewerbeertrag** aus. Seit dem Reichsgewerbesteuergesetz 1936 ist eine solche explizite Einschränkung nicht mehr im GewStG enthalten. Ungeachtet der uneingeschränkten Verweisung des § 7 S. 1 GewStG für den Gewerbeertrag auf den **Gewinn aus GewBetr.** nach den **Vorschriften des EStG**, gehen **Rspr.**[5] **und FinVerw.**[6] weiter davon aus, dass **Veräußerungs- und Aufgabegewinne grds. nicht** der **GewSt** unterliegen. Begründet wird dies mit dem angeblichen, aus § 2 Abs. 1 S. 1 GewStG folgenden Objektcharakter der GewSt[7], wonach die GewSt nur Gewinne und Verluste des stehenden, dh. **werbenden Betriebs** erfasse, also – anders als die ESt – noch nicht Verluste aus Vorbereitungshandlungen zur Errichtung des Betriebs und auch nicht mehr Gewinne nach Einstellung der werbenden Tätigkeit aus der Beendigung des Betriebs (sa. § 15 Rn. 12). Danach unterliegen weder Veräußerung noch Aufgabe eines ganzen GewBetr., TB[8] oder eines MU'anteils[9] durch nat. Pers.[10] der GewSt. Etwas anderes gilt aber, soweit in Fällen der Aufgabe aus der im Wesentlichen unveränderten Fortführung der bisherigen unternehmerischen Tätigkeit **lfd. Gewinne** resultieren (zB Räumungsverkauf, sa. Rn. 257).[11] Dies gilt auch bei dem Verkauf von zum BV gehörenden Grundstücken oder Ein-Objekt Ges.[12] Der Gesetzgeber hat dieses Verständnis dadurch bestätigt, dass er mit Wirkung ab 12

1 Hierzu ist ausreichend, wenn der Erwerber bzw. die erwerbende PersGes. (erst) ab dem Zeitpunkt des Erwerbs (Mit)Unternehmer ist, FG Hbg. v. 19.11.2008 – 6 K 174/05, EFG 2009, 573.

2 *Schiffers*, BB 1994, 1469.

3 BT-Drucks. 12/5630 und 12/7945.

4 BFH v. 15.6.2004 – VIII R 7/01, BStBl. II 2004, 754: der lfd. Gewinn unterliegt auch der GewSt; FG Köln v. 25.6.2013 – 12 K 2008/11, EFG 2015, 1603 (Rev. VIII R 24/15); FG MV v. 28.4.2010 – 3 K 299/09, DStRE 2010, 1439 (Rev. durch Beschl. als unbegründet zurückgewiesen, BFH v. 17.10.2013 – IV R 25/10, BFH/NV 2014, 170).

5 Zur Begrenzung der sachlichen GewStPfl. auf den durch den lfd. Betrieb entfallenden Gewinn s. BFH v. 13.10.2016 – IV R 21/13, BStBl. II 2017, 476 Rn. 38 = FR 2017, 925 m. Anm. *Wendt*; v. 3.4.2014 – IV R 12/10, BStBl. II 2014, 1000 Rn. 68; v. 30.8.2012 – IV R 54/10, BStBl. II 2012, 927 Rn. 20 = FR 2013, 294 m. Anm. *Wendt*; v. 12.6.1996 – XI R 56/95, XI R 57/95, BStBl. II 1996, 527 = FR 1996, 676 m. Anm. *Kanzler*; v. 7.2.1995 – VIII R 36/93, BStBl. II 1995, 770.

6 R 7.1 Abs. 3 und 4 GewStR.

7 Siehe dazu auch *Selder*, FR 2014, 174 mwN.

8 An einer Aufgabe fehlt es bei einer gewerblich geprägten MU'schaft iSd. § 15 Abs. 3 Nr. 2, wenn diese zwar ihre originäre gewerbliche Tätigkeit aufgibt, aber mit einer dafür bisher wesentlichen Betriebsgrundlage – Grundstück – weiterhin durch Vermietung/Vermögensverwaltung gewerbliche Einkünfte erzielt, vgl. BFH v. 17.3.2010 – IV R 41/07, BStBl. II 2010, 977 Rn. 18 = FR 2010, 667 m. Anm. *Wendt*; zu den Voraussetzungen einer Teilbetriebsveräußerung und -aufgabe vgl. BFH v. 22.10.2015 – IV R 17/12, GmbHR 2016, 81 (verneint für „Geschäftsbereich Gastronomie" eines Getränkegroßhändlers); v. 25.11.2009 – X R 23/09, BFH/NV 2010, 633 (nicht für benachbarte Windkraftanlagen); zu Teilbetriebsveräußerung und Wegfall der Kürzung des Gewerbeertrags nach Veräußerung um auf diesen entfallenden früheren Fehlbetrag vgl. BFH v. 7.8.2008 – IV R 86/05, BStBl. II 2012, 145 = FR 2009, 243 m. Anm. *Wendt*.

9 BFH v. 3.12.2015 – IV R 4/13, BStBl. II 2016, 544 Rn. 14 ff. = FR 2016, 478 m. Anm. *Nöcker*; v. 11.3.1982 – IV R 25/79, BStBl. II 1982, 707; s. auch *Behrendt/Gaffron/Krohn*, DB 2011, 1072 (zu Einbringungen v. MU'anteilen nach § 20 UmwStG).

10 BFH v. 25.5.1962 – I 78/61 S, BStBl. III 1962, 438; v. 15.3.2000 – VIII R 51/98, BStBl. II 2000, 316 = FR 2000, 728 m. Anm. *Wendt*.

11 Vgl. BFH v. 9.9.1993 – IV R 30/92, BStBl. II 1994, 105 mwN.

12 Vgl. BFH v. 28.10.2015 – X R 22/13, BStBl. II 2016, 95 Rn. 43 = FR 2016, 469 m. Anm. *Kanzler*. (Grundstücksveräußerungen durch gewerblichen Grundstückshändler anlässlich BetrAufg.); v. 1.8.2013 – IV R 18/11, BStBl. II 2013, 910 Rn. 16 = FR 2013, 1140 m. Anm. *Wendt*; v. 20.9.2012 – IV R 36/10, BStBl. II 2013, 498 Rn. 18 (zu Flugzeug-Leasing-Gesellschaft); v. 24.6.2009 – X R 36/06, BStBl. II 2010, 171 = FR 2009, 1144 m. Anm. *Kanzler* (zur Einbringung nach § 20 UmwStG); v. 10.5.2007 – IV R 69/04, BStBl. II 2010, 973 = FR 2008, 97 m. Anm. *Wendt*; v. 5.6.2008 – IV R 81/06, BStBl. II 2010, 974 = FR 2009, 128 m. Anm. *Kanzler*; v. 26.6.2007 – IV R 49/04, BStBl. II 2009, 289.

dem 1.1.2002 in § 7 S. 2 GewStG bei MU'schaften ausdrücklich nur Veräußerungsgewinne, die auf nicht **nat. Pers.** als **unmittelbar** beteiligte MU'er entfallen, in den Gewerbeertrag mit einbezieht. § 7 S. 2 GewStG bestimmt, dass der Gewinn aus der Veräußerung oder Aufgabe eines Betriebes oder TB einer MU'schaft, eines MU'anteils und des Anteils des phG'ters einer KGaA, **soweit** er nicht auf unmittelbar beteiligte nat. Pers. entfällt, also insbes. bei KapGes. als MU'er, zum Gewerbeertrag gehört.[1] Ebenfalls gehört auch der Gewinn aus der Veräußerung eines Betriebs, TB oder MU'anteils zum Gewerbeertrag, wenn die G'ter – selbst wenn es sich nur um nat. Pers. handelt – nicht unmittelbar, sondern nur mittelbar über andere PersGes. an der veräußernden MU'schaft beteiligt sind (doppelstöckige PersGes.).[2] Insoweit schließen § 9 Nr. 1 iVm. § 7 Satz 2 GewStG auch bei grundstücksverwaltenden (gewstpfl.) PersGes. die Kürzung des Gewerbeertrags um einen Gewinn aus der Veräußerung eines MU'anteils ausdrücklich aus.[3] Zur Anrechnung bzw. Nichtanrechnung v. Veräußerungsgewinnen nach § 35 s. § 35 Rn. 9 ff., 15 ff.

13 Die Nichterfassung als Gewerbeertrag bei **nat. Pers.** gilt selbst dann, wenn im Einzelfall die Tarifermäßigung nach § 34 nicht zu gewähren ist, etwa weil BV iRd. §§ 20, 24 UmwStG unterhalb des gem. Wertes eingebracht wurde oder weil nur einzelne WG entnommen und iÜ die Buchwerte fortgeführt werden.[4] Ein nach § 24 Abs. 3 S. 3 UmwStG, § 16 Abs. 2 S. 3, § 16 Abs. 3 S. 5 als lfd. Gewinn zu behandelnder Veräußerungsgewinn unterliegt hingegen der GewSt.[5] Konsequenterweise muss dies auch für die Veräußerung des Bruchteils eines MU'anteils nach § 16 Abs. 1 S. 2 idF des UntStFG gelten.[6] Auch wenn der originär gewerbliche Geschäftsbereich veräußert, der verbliebene (funktional/quantitativ wesentliche) Grundbesitz aber bei einer gewerblichen Prägung (§ 15 Abs. 3 Nr. 2) vermietet wird, liegt **keine Aufgabe** des GewBetr. vor und der **insgesamt nicht** nach §§ 16, 34 **begünstigte** „Veräußerungsgewinn" unterfällt der GewSt.[7] Auch die isolierte **Veräußerung einer 100-prozentigen Beteiligung an** einer **KapGes.** unterliegt der **GewSt**, weil es sich nur um einen fiktiven TB für § 16 Abs. 1 S. 1 handelt[8], anders aber, wenn sie iZ mit einer Betriebs- oder Teilbetriebsveräußerung/aufgabe erfolgt.[9]

14 Bei **KapGes.** sowie anderen Körperschaften nach § 1 KStG unterliegen **Veräußerungs- und Liquidationsgewinne** per se uneingeschränkt der **GewSt.**[10] Dies wird aus der Fiktion des § 2 Abs. 2 S. 1 GewStG gefolgert. Das Anknüpfen an die Rechtsform begründe keine verfassungswidrige Ungleichbehandlung, weil sich nat. Pers. und PersGes. einerseits und KapGes./jur. Pers. andererseits grds. unterscheiden sollen.[11]

---

1 BVerfG v. 10.4.2018 – 1 BvR 1236/11, BStBl. II 2018, 303 Rn. 108 ff. = FR 2018, 427 (dazu Entscheidungsbesprechung v. *Roser*, FR 2018, 421), hat die unterschiedliche Behandlung von PersGes., je nachdem, ob an ihnen nat. Pers. oder KapGes. unmittelbar beteiligt sind, für mit Art. 3 Abs. 1 GG vereinbar gehalten.

2 BFH v. 19.7.2018 – IV R 39/10, BFHE 262, 149 Rn. 23 = FR 2018, 1055 m. Anm. *Wendt*; umgekehrt stellt sich die Veräußerung des MU'anteils an der Oberges. bei einer doppelstöckigen MU'schaft als einheitlicher Veräußerungsvorgang dar (s. Rn. 286), sodass sie bei einer nat. Per. als Veräußerer nicht der GewSt unterliegt, vgl. R 7.1 Abs. 3 GewStR; *Schmidt/Hageböke*, DB 2003, 790.

3 BFH v. 18.12.2014 – IV R 22/12, BStBl. II 2015, 606 Rn. 23 ff. = FR 2015, 660 m. Anm. *Nöcker* (danach kommt dem erst ab 2004 geltenden § 9 Nr. 1 S. 6 lediglich eine klarstellende Wirkung zu).

4 BFH v. 27.10.2004 – XI B 216/02, BFH/NV 2005, 353 (Einbringung und Teilveräußerung); v. 17.2.1994 – VIII R 13/94, BStBl. II 1994, 809 (Spitzenausgleich Realteilung); v. 29.10.1987 – IV R 93/85, BStBl. II 1988, 374 (Einbringung zu Buchwerten mit Entnahme einzelner WG); v. 15.3.2000 – VIII R 51/98, BStBl. II 2000, 316 = FR 2000, 728 m. Anm. *Wendt* (wesentliches SBV bei qualifizierter Nachfolgeklausel); vgl. aber BFH v. 24.8.2000 – IV R 51/98, BFHE 192, 534 = FR 2000, 1210 m. Anm. *Kempermann* (GewSt bei Veräußerung des Anteils an einem MU'anteil ohne anteiliges SBV).

5 BFH v. 3.12.2015 – IV R 4/13, BStBl. II 2016, 544 Rn. 19 ff. = FR 2016, 478 m. Anm. *Nöcker*; v. 18.12.2014 – IV R 59/11, BFH/NV 2015, 520; v. 15.6.2004 – VIII R 7/01, BStBl. II 2004, 754 mwN auch zur Gegenauffassung; R 7.1 Abs. 3 und H 7.1 Abs. 3 GewStR (Veräußerungs- und Aufgabegewinne); BMF v. 11.11.2011, BStBl. I 2011, 1314 Rn. 24.17; so auch bereits BMF v. 25.3.1998, BStBl. I 1998, 268 Rn. 24.06.

6 BFH v. 14.12.2006 – IV R 3/05, BStBl. II 2007, 777 = FR 2007, 550 m. Anm. *Wendt*; vgl. bereits BFH v. 24.8.2000 – IV R 51/98, BStBl. II 2005, 173 = FR 2000, 1210 m. Anm. *Kempermann* (GewStPfl. bei nicht begünstigter Bruchteilsveräußerung wegen Zurückbehaltung v. SBV).

7 BFH v. 17.3.2010 – IV R 41/07, BStBl. II 2010, 977 = FR 2010, 667 m. Anm. *Wendt*.

8 BFH v. 3.4.2008 – IV R 54/04, BStBl. II 2008, 742 = FR 2008, 1011 m. Anm. *Wendt*; v. 1.7.1992 – I R 5/92, BStBl. II 1993, 131 mwN; vgl. auch v. 17.7.2008 – I R 77/06, BStBl. II 2009, 464.

9 BFH v. 21.6.2001 – III R 27/98, BStBl. II 2002, 537 (538).

10 BFH v. 30.8.2012 – IV R 54/10, BStBl. II 2012, 927 = FR 2013, 294 m. Anm. *Wendt*; v. 22.1.2004 – III R 19/02, BStBl. II 2004, 515: zur Veräußerung der inländ. Betriebsstätte einer ausländ. KapGes.; v. 5.9.2001 – I R 27/01, BStBl. II 2002, 155 = FR 2002, 39 m. Anm. *Wendt*: auch im Falle einer Organschaft zu einer nat. Pers.; s. bereits RFH v. 5.3.1940 – I 40/40, RStBl. 1940, 476; v. 13.1.1942 – I 261/41, RStBl. 1942, 274; R 7.1 Abs. 4 und H 7.1 Abs. 4 GewStR (Veräußerung eines Betriebs ...).

11 BFH v. 30.8.2012 – IV R 54/10, BStBl. II 2012, 927 Rn. 41 = FR 2013, 294 m. Anm. *Wendt*, unter Hinweis auf BVerfG v. 24.3.2010 – 1 BvR 2130/09, FR 2010, 670 m. Anm. *Keß*; BFH v. 5.9.2001 – I R 27/01, BStBl. II 2002, 155 = FR 2002, 39 m. Anm. *Wendt*.

Nach **Umwandlung einer KapGes. in eine PersGes.** ist § 18 Abs. 3 UmwStG zu beachten,[1] wonach bei Veräußerung oder Aufgabe des Betriebs, TB oder MU'anteils innerhalb v. fünf Jahren seit der Umwandlung ein sich ergebender Veräußerungs- oder Aufgabegewinn in vollem Umfang der GewSt unterliegt,[2] aber weder zu einer Ermäßigung nach § 35 EStG noch zu einer Kürzung um einen Freibetrag nach § 16 Abs. 4 EStG führt.[3] 15

Weder dem EStG noch dem GewStG waren bis zur Änderung des § 7 GewStG die diffizilen **Unterscheidungen in der gewerbesteuerlichen Behandlung von Veräußerungsgewinnen** zu entnehmen. Sie wurden durch Anknüpfung an die Tradition des preußischen OVG entwickelt, ohne die erheblichen Strukturveränderungen der GewSt[4] zu berücksichtigen. In der Sache sind sie wohl kaum durch den allg. bemühten sog. Objektsteuercharakter der GewSt zu rechtfertigen.[5] Daran ändert auch die partielle, bruchstückhafte Sonderregelung in § 7 S. 2 GewStG nichts. Allerdings lässt das BVerfG bisher keinen Willen erkennen, die gewerbesteuerrechtl. Regelungen verfassungsrechtl. infrage zu stellen.[6] Zu weiteren Einzelheiten wird auf die einschlägige Kommentarliteratur[7] verwiesen. 16

4. Unentgeltliche Übertragung und interpersonelle Verlagerung stiller Reserven. Nicht erfasst v. **§ 16 Abs. 1 oder 3** wird die **unentgeltliche Übertragung v. Betrieben**, TB und MU'anteilen **auf** ein **anderes Steuersubjekt**. Hier schließt **§ 6 Abs. 3** eine früher bestehende gesetzliche Lücke (eingehend § 6 Rn. 193 ff.). Er bestätigt die Auslegung des § 16, wonach der unentgeltliche Übergang der v. § 16 erfassten wirtschaftlichen Einheiten nicht als stl. gewinnrealisierende BetrAufg. anzusehen ist und auch nicht dem Entnahmetatbestand des § 4 Abs. 1 S. 2 unterfällt.[8] In Konsequenz dessen wird bei der unentgeltlichen Betriebsübertragung eine **interpersonelle Übertragung stiller Reserven auf den Rechtsnachfolger** angeordnet (s. § 6 Rn. 193). § 6 Abs. 3 schafft dafür eine ausreichende gesetzliche Grundlage, indem er für den Rechtsnachfolger die **zwingende Fortführung der Buchwerte** vorschreibt. Für den Fall der unentgeltlichen Übertragung der in § 16 Abs. 1 genannten wirtschaftlichen Einheiten räumt der Gesetzgeber dem Realisationsprinzip den Vorrang vor dem Subjektsteuerprinzip ein. 17

5. Unternehmensumstrukturierungen nach dem UmwStG. a) Einbringung in eine Kapitalgesellschaft nach § 20 UmwStG. Unternehmensumstrukturierungen können grds. den Veräußerungstatbestand des § 16 erfüllen. Denn wenn der Betrieb, TB oder MU'anteil in das Eigentum der übernehmenden KapGes. (§ 20 UmwStG) oder PersGes. (§ 24 UmwStG) übertragen wird, erhält der Einbringende (Veräußerer) hierfür im Gegenzug (als Veräußerungsentgelt iSd. § 16 Abs. 2 S. 1) eine Beteiligung an der übernehmenden Ges. Es handelt sich insoweit regelmäßig um ein **tauschähnliches Veräußerungsgeschäft**, bei dem nach § 16 Abs. 2 ein Veräußerungsgewinn iHd. Differenz zw. dem (gemeinen) Wert der gewährten neuen Anteile als Veräußerungspreis und dem Buchwert des eingebrachten BV abzgl. Veräußerungskosten beim Einbringenden anfallen würde.[9] § 20 UmwStG qualifiziert die Einbringung von Betrieben, TB oder MU'Anteilen daher als entgeltlichen Vorgang, der grds. durch Ansatz des **gemeinen Werts** auch in vollem Umfang zur Gewinnrealisierung führt (s. § 20 Abs. 2, 3 UmwStG). Wenn durch den Umwandlungsvorgang sämtliche stillen Reserven aufgedeckt werden (Einbringung des BV zum gemeinen Wert), erklärt § 20 Abs. 4 die Vorschriften des § 16 Abs. 4 und des § 34 beim Einbringenden für anwendbar.[10] Entsprechend der Regelung des § 16 Abs. 1 S. 2 (s. Rn. 116, 130) sind § 16 Abs. 4 und § 34 bei der Einbringung v. Teilen v. MU'anteilen hingegen nicht anwendbar. 18

---

1 Zur Anwendung des § 18 Abs. 3 UmwStG bei Veräußerung von MU'anteilen, die aus einer Buchwerteinbringung gem. § 24 UmwStG von durch Formwechsel aus KapGes. entstandenen PersGes. resultieren, vgl. BFH v. 28.4.2016 – IV R 6/13, BStBl. II 2016, 725 = FR 2016, 1004 m. Anm. *Nöcker* (Veräußerungen mit stillen Reserven innerhalb der Fünf-Jahresfrist unterliegen der GewSt); sa. FG Münster v. 9.6.2016 – 6 K 1314/15, G, F, EFG 2017, 42 (Rev. IV R 46/16) zum Teilanteilsverkauf bei negativer Ergänzungsbilanz.

2 Vgl. auch BFH v. 17.7.2013 – X R 40/10, BStBl. II 2013, 883 = FR 2013, 1001 m. Anm. *Nöcker* (zur GewStPfl. des Gewinns aus der Veräußerung eines umgewandelten Personenunternehmens gegen Leibrente bei Wahl der Zuflussbesteuerung); v. 28.2.2013 – IV R 33/09, GmbHR 2013, 774 (zur Steuerschuldnerschaft der PersGes. für den Gewinn aus der Veräußerung des MU'anteils durch den G'ter).

3 § 18 Abs. 3 S. 3 UmwStG; sa. BFH v. 26.3.2015 – IV R 3/12, BStBl. II 2016, 553.

4 Siehe nur *Montag* in Tipke/Lang[23], § 12 Rn. 1.

5 Insoweit zutr. die Bedenken in BFH v. 25.9.2001 – I R 27/01, BStBl. II 2002, 155 = FR 2002, 39 m. Anm. *Wendt*.

6 Siehe nur BVerfG v. 10.4.2018 – 1 BvR 1236/11, BStBl. II 2018, 303 = FR 2018, 427 (zur Regelung des § 7 S. 2 GewStG); dazu krit. *Roser*, FR 2018, 421;v. 15.2.2016 – 1 BvL 8/12, BStBl. II 2016, 557 (zur Hinzurechnung von Schuld- u. Pachtzinsen nach § 8 Nr. 1 GewStG); v. 15.1.2008 – 1 BvL 2/04, BVerfGE 120, 1 (GewStPfl. wegen Abfärberegelung des § 15 Abs. 3 Nr. 1 verfassungsgemäß); v. 21.6.2006 – 2 BvL 2/99, BVerfGE 116, 164 (zur Ermäßigung nach § 32c aF).

7 *Franke* in *W/S/M/H*, § 7 GewStG Rn. 89.

8 So auch *Geissler*, FR 2014, 152.

9 Siehe *Trossen* in K/S/M, § 16 Rn. A 152, A 159.

10 Zu Vorteilhaftigkeitserwägungen durch Ansatz der gemeinen Werte vgl. *Scheffler/Christ/Mayer*, DStR 2014, 1406.

19 Für die **offene Sacheinlage** v. Betrieben, TB und MU'anteilen gegen **Gewährung v. neuen Gesellschaftsrechten** an der aufnehmenden Ges. enthalten §§ 20, 24 UmwStG allerdings dem § 16 vorgehende **Sonderregelungen**, durch die unter bestimmten Voraussetzungen das Entstehen eines Veräußerungsgewinns für den Einbringenden vermieden wird. Ist mit Blick auf die im eingebrachten BV ruhenden stillen Reserven die Besteuerung durch die Bundesrepublik Deutschland sichergestellt, besitzt die übernehmende **KapGes.** grds. das **Wahlrecht**, das eingebrachte BV statt mit gemeinen Werten mit den Buchwerten oder mit Zwischenwerten anzusetzen (s. § 20 Abs. 2 UmwStG).[1] Dazu muss die KapGes. aber gem. § 20 Abs. 2 S. 3 UmwStG einen entsprechenden **Antrag** spätestens bis zur erstmaligen Abgabe der steuerlichen Schlussbilanz der übernehmenden KapGes. bei dem für diese zuständigen FA stellen. Dies gilt auch im Falle der Einbringung eines MU'Anteils.[2] Nach § 20 Abs. 3 UmwStG gilt der v. der KapGes. gewählte Ansatz für den **Einbringenden** zugleich als Veräußerungspreis (§ 16 Abs. 2) für die übertragene Wirtschaftseinheit und als AK für die erworbenen neuen Anteile.[3] Der Einbringende wird damit durch eine zulässige Wertansatzwahl der KapGes. steuerlich gebunden. Um durch die **Sonderregelung des § 20 UmwStG** das **Entstehen eines Veräußerungsgewinnes** für den Einbringenden durch Wahl der Buchwertfortführung **vermeiden** zu können, müssen die stillen Reserven in den übernommenen WG bei der KapGes. und zugleich in den gewährten neuen Anteilen fortgeführt werden. Durch diese **Verdoppelung der stillen Reserven** wird zugleich gesichert, dass diese weiterhin steuerverhaftet bleiben und auch **keine interpersonelle Verlagerung** stattfindet.

20 Allerdings kommt es bei einer Buchwertfortführung oder bei einem ZW-Ansatz zur **rückwirkenden Besteuerung des Einbringungsgewinns**, wenn der Einbringende **innerhalb v. sieben Jahren** nach dem Einbringungszeitpunkt die für die Einbringung erhaltenen Anteile veräußert (§ 22 UmwStG). Bei Veräußerung innerhalb der Sperrfrist ist als Einbringungsgewinn (I) dann rückwirkend der Betrag anzusetzen, um den der gemeine Wert des eingebrachten BV abzgl. der Kosten für den Vermögensübergang den v. der übernehmenden KapGes. angesetzten (Buch- oder Zw.-)Wert übersteigt, allerdings nur, soweit (quotal) die iRd. Einbringung erhaltenen Anteile veräußert werden[4]. Dieser Einbringungsgewinn gilt als Veräußerungsgewinn iSd. § 16, ist aber nicht nach § 16 Abs. 4 und § 34 begünstigt (§ 22 Abs. 1 S. 1, HS. 2 UmwStG). Stattdessen wird er für jedes seit dem Einbringungszeitpunkt abgelaufene Zeitjahr um je 1/7 vermindert. Der Einbringungsgewinn erhöht zugleich die AK für die gewährten und veräußerten Anteile (§ 22 Abs. 1 UmwStG). Hinsichtlich des (iErg. um den Einbringungsgewinn verminderten) Gewinns aus der Veräußerung der Anteile greift dann grds. das Teileinkünfteverfahren nach § 3 Nr. 40 EStG oder die Befreiung nach § 8b Abs. 2 KStG ein. Die übernehmende KapGes. kann auf Antrag den versteuerten Einbringungsgewinn, soweit die Steuer entrichtet wurde (!), im Wj. der (steuerschädlichen) Veräußerung der gewährten Anteile durch den Einbringenden gewinnneutral als Erhöhungsbetrag ansetzen.

21 § 20 UmwStG ist nur anwendbar, wenn das **gesamte, funktional wesentliche BV** (bei MU'anteilen auch des SBV I und II[5]) eingebracht wird.[6] Die bloße Nutzungsüberlassung (entgeltlich oder unentgeltlich) genügt – anders als iRd. § 24 UmwStG – nicht.[7] Wenn funkt. wesentl. SBV nicht mitübertragen, sondern lediglich an die KapGes. vermietet oder gar in ein anderes BV des MU'ers zum **Buchwert** überführt wird,

---

1 Dazu ausf. *Herlinghaus* in R/H/vL[3], § 20 UmwStG Rn. 236 ff.

2 *Herlinghaus* in R/H/vL[3], § 20 UmwStG Rn. 268; anders noch BFH v. 30.4.2003 – I R 102/01, BStBl. II 2004, 804 zum UmwStG 1995.

3 Nach der Rspr. des I. Senats kann nur der Einbringende im Wege der Drittanfechtung – nicht im Wege der Anfechtung des eigenen ESt-/KSt-Bescheids – geltend machen, dass die in der StB der aufnehmenden Körperschaft angesetzten Werte zu hoch seien. Eine Klagebefugnis der aufnehmenden Körperschaft besteht auch für eine Feststellungsklage mangels Rechtsschutzbedürfnisses nicht; BFH v. 8.6.2011 – I R 79/10, BStBl. II 2012, 421; v. 25.4.2012 – I R 2/11, BFH/NV 2012, 1649; dazu Besprechungsaufsätze v. *Heidrich*, DStR 2013, 2670; *Hageböke/Hendricks*, Der Konzern 2013, 106; *Pohl/Raupach* in FS Frotscher, 2013, 495; vgl. auch BFH v. 6.6.2013 – I R 36/12, BFH/NV 2014, 74 (fehlende Beschwer für übertragende Ges. bei formwechselnder Umwandlung nach § 9 iVm. §§ 3 und 4 UmwStG); v. 19.12.2012 – I R 5/12, BFH/NV 2013, 743 (fehlende Beschwer bei Nullfestsetzung).

4 BT-Drucks. 16/2710, 47; s. BMF v. 11.11.2011, BStBl. I 2011, 1314 Rn. 22.04 und das dort gebildete Bsp.; zum Ganzen s. näher *Stangl* in R/H/vL[3], § 22 UmwStG Rn. 43 ff.

5 BFH v. 16.12.2009 – I R 97/08, BStBl. II 2010, 808 Rn. 14 = FR 2010, 611 m. Anm. *Schell* (zu nicht bilanziertem Namens-/Zeichenrecht und Beteiligung an Komplementär-GmbH); v. 25.11. 2009 – I R 72/08, BStBl. II 2010, 471 Rn. 18 ff. = FR 2010 m. Anm. *Wendt* (Wesentlichkeit für nicht entscheidenden Einfluss auf die Geschäftsführung vermittelnde Anteile des K'disten an der Komplementär-GmbH verneint – aber zu Recht sehr umstr.).

6 BFH v. 29.11.2017 – I R 7/16, BFHE 260, 334 Rn. 14 = FR 2018, 508 m. Anm. *Wendt* (sa. *Micker*, Ubg 2018, 354; *Trossen*, Ubg 2018, 358; *Bergmann*, Ubg 2018, 359); v. 29.9.2016 – III R 42/13, BStBl. II 2017, 339 Rn. 33; v. 25.11. 2009 – I R 72/08, BStBl. II 2010, 471 Rn. 15 = FR 2010, 381 m. Anm. *Wendt*; v. 16.12.2009 – I R 97/08, BStBl. II 2010, 808 Rn. 12; BMF v. 11.11.2011, BStBl. I 2011, 1314 Rn. 20.06.

7 BFH v. 16.12.2009 – I R 97/08, BStBl. II 2010, 808 Rn. 13 f. = FR 2010, 611 m. Anm. *Schell* (nicht bilanziertes Namensrecht); v. 16.2.1996 – I R 183/94, BStBl. II 1996, 342 = FR 1996, 500 m. Anm. *Kempermann*.

geht die Rspr. mangels Anwendbarkeit des § 20 v. einem **Zwang zur Gewinnrealisierung wegen** eines **tauschähnlichen Veräußerungsgeschäfts** hinsichtlich des gesamten eingebrachten Gesellschaftsanteils aus.[1] Dabei soll es sich um einen **lfd. Gewinn** iSv. § 15 Abs. 1 S. 1 handeln. Eine wahlweise Aufdeckung der stillen Reserven des in ein anderes BV überführten SBV ist gem. § 6 Abs. 5 unzulässig. Wird allerdings das wesentliche SBV in PV überführt, so ist insgesamt § 16 Abs. 3 S. 1 anwendbar. Wird nur der **Bruchteil eines Gesellschaftsanteils** eingebracht, ist die Buchwertfortführung (nur dann) möglich, wenn auch das funktional wesentliche SBV quotal mit eingebracht wird (s. auch Rn. 130).

Die **verdeckte Sacheinlage v. Betrieben**, TB und MU'anteilen in KapGes. fällt nicht unter § 20 UmwStG, weil dafür gerade keine neuen Anteile an der KapGes. gewährt werden.[2] Dasselbe gilt bei einer verschleierten Sachgründung.[3] Nach Auffassung der Rspr. soll bei einer **verdeckten Einlage keine Veräußerung** iSd. § 16 Abs. 1 vorliegen.[4] Vielmehr handele es sich um eine **unentgeltliche Betriebsübertragung auf die KapGes.** Diese ist dann allerdings (vorrangig vor § 6 Abs. 3) nach **§ 16 Abs. 3 als BetrAufg.** zu behandeln, **wenn die Anteile** an der KapGes. **im PV** gehalten werden.[5] 22

b) Einbringung in eine Personengesellschaft nach § 24 UmwStG. Die **offene Einbringung** v. **Betrieben TB und MU'anteilen** in eine PersGes. **gegen Gewährung v. Gesellschaftsrechten** (dh. gegen offene Gutschrift auf einem echten Kapitalkonto zum handelsrechtl. Kapitalanteil, § 15 Rn. 384) wird v. Rspr.[6] und hL[7] im Einklang mit der Behandlung der offenen Einlage in eine KapGes. (s. Rn. 17 ff.) als **tauschähnliche Veräußerung iSd. § 16 Abs. 1** angesehen. Auch hier greift vorrangig die **Spezialregelung des § 24 UmwStG** ein.[8] Danach gewährt § 24 UmwStG unter bestimmten Voraussetzungen das **Wahlrecht zur Buchwertfortführung** (oder zum Ansatz eines Zwischenwerts) und somit die Möglichkeit zur (ganz oder teilweisen) Vermeidung einer ansonsten gewinnrealisierenden Veräußerung nach § 16 Abs. 1.[9] 23

Auch § 24 UmwStG ist nur anwendbar, wenn alle (funktional) wesentlichen Betriebsgrundlagen des Betriebs, TB oder MU'anteils (auch des SBV) eingebracht werden.[10] Str. ist, ob als TB auch die zu einem BV gehörende **100-prozentige Beteiligung an einer KapGes.** anzusehen ist. Dies sollte jedenfalls für die Rechtslage nach Änderung des UmwStG durch das SEStEG[11] (wie auch iRd. § 20 UmwStG[12]) bejaht werden. Entscheidend für § 24 UmwStG ist, dass die betr. WG **in das Vermögen der PersGes. übertragen** werden.[13] Dabei reicht es aus, wenn das eingebrachte BV teilw. SBV, dh. an die übernehmende PersGes. vom Einbringenden nur überlassen wird.[14] Bei einer atypisch stillen Ges. genügt die Übertragung der funkt. wesentlichen Betriebsgrundlagen in das zivilrechtliche Vermögen des Hauptbeteiligten, steuerlich mithin in das BV der MU'schaft.[15] 24

---

1 BFH v. 13.4.2007 – IV B 81/06, BFH/NV 2007, 1939.
2 BFH v. 20.7.2005 – X R 22/02, BStBl. II 2006, 457 = GmbHR 2005, 1436 m. Anm. *Hoffmann*; v. 11.2.2009 – X R 56/06, BFH/NV 2009, 1411; v. 1.12.2011 – I B 127/11, BFH/NV 2012, 1015 (m. Anm. *Trossen*, GmbH-StB 2012, 170).
3 BFH v. 24.3.1987 – I R 202/83, BStBl. II 1987, 705; v. 18.12.1990 – VIII R 17/85, BStBl. II 1991, 512; dazu ausf. *Herlinghaus* in R/H/vL[3], § 20 UmwStG Rn. 226.
4 BFH v. 20.7.2005 – X R 22/02, BStBl. II 2006, 457 = GmbHR 2005, 1436 m. Anm. *Hoffmann*; v. 11.2.2009 – X R 56/06, BFH/NV 2009, 1411; v. 18.12.2001 – VIII R 10/01, BStBl. II 2002, 463 = FR 2002, 585 m. Anm. *Weber-Grellet* (zu wesentlicher Beteiligung); v. 18.12.1990 – VIII R 17/85, BStBl. II 1991, 512; vgl. auch v. 17.7.2008 – I R 77/06, BStBl. II 2009, 464; v. 24.4.2007 – I R 35/05, BStBl. II 2008, 253 (jeweils zu verdeckten Sacheinlagen nur einzelner WG); v. 2.9.2008 – X R 32/05, BStBl. II 2009, 634 = FR 2009, 954 m. Anm. *Wendt*.
5 BFH v. 1.12.2011 – I B 127/11, BFH/NV 2012, 1015 (m. Anm. *Trossen*, GmbH-StB 2012, 170); v. 18.12.1990 – VIII R 17/85, BStBl. II 1991, 512.
6 BFH v. 18.9.2013 – X R 42/10, BStBl. II 2016, 639 Rn. 43; v. 17.7.2008 – I R 77/06, BStBl. II 2009, 464; v. 25.4.2006 – VIII R 52/04, BStBl. II 2006, 847; v. 18.10.1999 – GrS 2/98, BStBl. II 2000, 123 mwN = FR 2000, 143 m. Anm. *Kempermann*; v. 21.6.1994 – VIII R 5/92, BStBl. II 1994, 856; v. 29.10.1987 – IV R 93/85, BStBl. II 1988, 374.
7 Siehe nur *Wacker* in Schmidt[37], § 16 Rn. 22, 413.
8 BFH v. 30.3.2017 – IV R 11/15, BStBl. II 2019, 29 Rn. 32; v. 18.9.2013 – X R 42/10, BStBl. II 2016, 639 Rn. 33; v. 18.10.1999 – GrS 2/98, BStBl. II 2000, 123, 64 mwN = FR 2000, 143 m. Anm. *Kempermann*.
9 Vgl. BFH v. 9.11.2011 – X R 60/09, BStBl. II 2012, 638 Rn. 27.
10 Vgl. dazu BFH v. 9.11.2011 – X R 60/09, BStBl. II 2012, 638 Rn. 29 (vorherige Veräußerung einzelner wesentlicher WG ist aber unschädlich).
11 S. auch Begr. Entw. SEStEG zu § 24 UmwStG, BT-Drucks. 16/2710, 50; BMF v. 11.11.2011, BStBl. I 2011, 1314 Rn. 24.02 iVm. Rn. 15.02.
12 BMF v. 11.11.2011, BStBl. I 2011, 1314 Rn. 20.06. iVm. Rn. 15.02.
13 Ausreichend ist die Übertragung des „wirtschaftlichen Eigentums", vgl. BFH v. 22.4.2015 – X R 8/13, BFH/NV 2015, 1409.
14 BMF v. 11.11.2011, BStBl. I 2011, 1314 Rn. 24.06.
15 Vgl. BFH v. 18.6.2015 – IV R 5/12, BStBl. II 2015, 935 (zur Geschäftswertüberlassung zur Nutzung an atypisch stille Ges.); s. auch *Demuth*, KÖSDI 2015, 19483 (19487); *Schulze zur Wiesche*, StBp. 2015, 221.

25 Nach Rspr. und hM soll § 24 UmwStG auch bei **bloßem Eintritt eines weiteren G'ters** und bei **Änderung der Beteiligungsverhältnisse** durch Leistung weiterer Einlagen (sog. **Kapitalerhöhung)** für die Alt-G'ter anwendbar sein, obgleich die PersGes. unverändert als solche bestehen bleibt (§ 15 Rn. 254).[1] Verlangt wird allerdings, dass der Beitretende zumindest eine Einlage (Geld, WG oder Einzelunt.) in das Gesellschaftsvermögen zu leisten hat.[2] Zu unterscheiden ist insoweit allerdings eine **Geldeinlage des neuen G'ters** in die PersGes. (Einbringung § 24 UwmStG) gegenüber einer **Geldzahlung an die Alt-G'ter** (Veräußerung iSd. § 16 Abs. 1 S. 2). Wird den Alt-G'tern eine Änderung des Umfangs der Beteiligung durch Kaufpreiszahlung oder andere Gegenleistung in ihr PV vergütet, liegt noch für den bisherigen Betriebsinhaber insoweit eine nicht unter § 16 Abs. 1 S. 1 Nr. 2 (sondern unter § 16 Abs. 1 S. 2 = lfd. Gewinn) fallende **Teilanteilsveräußerung der Alt-G'ter an die Neu-G'ter** vor, die mangels Einbringung gerade nicht von § 24 UmwStG erfasst wird. Das muss auch dann gelten, wenn die Gegenleistung (Kaufpreis oder die Einräumung einer Beteiligung an einer anderen Gesellschaft) in das BV des/der Alt-G'ter geleistet wird.[3] Kommt es darüber hinaus auch hinsichtlich des für eigene Rechnung eingebrachten Teils durch Ansatz des **gemeinen Werts** nach § 24 Abs. 2 S. 1 UmwStG zur Aufdeckung stiller Reserven (sog. Einbringung zu gemeinen Werten mit Zuzahlung), liegt insgesamt ein nach § 16 Abs. 4, § 34 begünstigter Gewinn vor.[4] Dem folgt zutr. auch die FinVerw.[5]

26 Werden **Betriebe, TB und MU'anteile** nach § 24 UmwStG offen eingebracht, so setzt die Anwendung der § 16 Abs. 4, § 34 Abs. 1 und Abs. 3 nach § 24 Abs. 3 S. 2 UmwStG voraus, dass das eingebrachte **BV bei** der **PersGes. mit den gemeinen Werten** angesetzt wird. Nicht (mehr) begünstigt ist die Einbringung v. Teilen eines MU'anteils, § 24 Abs. 3 S. 2 UmwStG. Da die Rspr. **auch WG des SBV** als Teil des MU'anteils betrachtet, wird verlangt, dass auch bisher funktional und quantitativ wesentliches SBV mit den **gemeinen Werten** angesetzt wird. Dies ist unproblematisch möglich, wenn das SBV zusammen mit dem Gesellschaftsanteil in die aufnehmende Ges. gegen Gewährung v. Gesellschaftsrechten tatsächlich eingebracht wird. Das Wahlrecht nach § 24 UmwStG geht insoweit dem § 6 Abs. 5 S. 3 vor. Sofern aber die bisherigen WG des SBV oder eines Einzelbetriebs weiterhin im Eigentum des Einbringenden verbleiben und **lediglich als SBV an die aufnehmende PersGes. vermietet** werden, stellt sich die Frage, ob ein Ansatz mit dem **gemeinen Wert** überhaupt möglich ist. Die Rspr. hat dies bejaht (sa. Rn. 24).[6] Hält man § 24 UmwStG für anwendbar, so geht er den § 6 Abs. 5 S. 1 und S. 2, die eine Buchwertfortführung verlangen, vor.[7] Bei Ansatz des gemeinen Wertes sind die aufgedeckten stillen Reserven im SBV allerdings nach § 24 Abs. 3 S. 3 UmwStG voll als lfd. Gewinn zu versteuern,[8] während iÜ § 16 Abs. 4, § 34 anwendbar sind.

27 Wird ein Betrieb (1) teils für eigene Rechnung gegen Gewährung von Gesellschaftsrechten, (2) teils unentgeltlich/schenkweise für Angehörige gegen Gewährung von Gesellschaftsrechten an diese und (3) teils gegen Entgelt (echte Verbindlichkeit, Darlehensgewährung, Tausch gegen andere Sachgüter, Anteile und Beteiligungen) in die MU'schaft eingebracht, sind § 24 UmwStG (Wahlrecht zur Buchwertfortführung), § 6 Abs. 3 (zwingende Buchwertfortführung) und § 16 EStG (Veräußerung) **nebeneinander anwendbar**.[9] Die Anwendung von § 16 Abs. 4 und § 34 kommt dafür kaum in Betracht, weil in einem solchen Vorgang idR nicht sämtliche stille Reserven aufgedeckt werden.

28 § 6 Abs. 3 S. 1 HS 2 erfasst ausdrücklich die **unentgeltliche Aufnahme** einer nat. Pers. **in ein Einzelunternehmen**. Dadurch wurde klarstellend (s. § 6 Rn. 193 ff.) die bisherige Besteuerungspraxis abgesichert.[10] § 6 Abs. 3 S. 2 trifft eine Sonderregelung für den Fall, dass bei der unentgeltlichen Aufnahme einer nat. Pers. in ein bestehendes Einzelunternehmen oder bei der unentgeltlichen Übertragung eines Teils eines MU'an-

1 BMF v. 11.11.2011, BStBl. I 2011, 1314 Rn. 24.01 iVm. Rn. 01.47; BFH v. 25.4.2006 – VIII R 52/04, BStBl. II 2006, 847 mwN = FR 2006, 874 m. Anm. *Kempermann*.
2 BMF v. 11.11.2011, BStBl. I 2011, 1314 Rn. 24.01 iVm. Rn. 01.47; BFH v. 20.9.2007 – IV R 70/05, BStBl. II 2008, 265 (Aufnahme einer GmbH ohne Einlage als phG in KG). Nicht genügt die Erhöhung der Beteiligungsquote wegen erhöhtem Arbeitseinsatz mangels Einlagefähigkeit der Arbeitsleistung, vgl. dazu auch BFH v. 18.3.1999 – IV R 26/98, BStBl. II 1999, 604 = FR 1999, 703 m. Anm. *Kempermann*.
3 BFH v. 17.9.2014 – IV R 33/11, BStBl. II 2015, 717 Rn. 20 f.(dazu Anm. *Schimmele, EStB 2015, 117)*.
4 BFH v. 21.9.2000 – IV R 54/99, BStBl. II 2001, 178; v. 18.10.1999 – GrS 2/98, BStBl. II 2000, 123 = FR 2000, 143 m. Anm. *Kempermann*.
5 So BMF v. 11.11.2011, BStBl. I 2011, 1314 Rn. 24.12.
6 BFH v. 18.9.2007 – IV B 87/06, BFH/NV 2008, 105 mwN; v. 4.5.2004 – XI R 7/03, BStBl. II 2004, 893 = FR 2004, 1159 m. Anm. *Wendt*; v. 26.1.1994 – III R 39/91, BStBl. II 1994, 458.
7 *Wacker* in Schmidt[37], § 16 Rn. 413.
8 BFH v. 29.11.2007 – VIII B 213/06, BFH/NV 2008, 373; v. 15.6.2004 – VIII R 7/01, BStBl. II 2004, 754; v. 21.9.2000 – IV R 54/99, BStBl. II 2001, 178.
9 BFH v. 18.9.2013 – X R 42/10, BStBl. II 2016, 639 Rn. 29 ff. (dazu *Krüger*, FR 2015, 18 ff., 1108 ff.); v. 12.10.2005 – X R 35/04, BFH/NV 2006, 521.
10 Begr. Entw. UntStFG, BR-Drucks. 638/01 zu § 6 Abs. 3.

teils WG des bisherigen BV oder SBV nicht mit übertragen werden. Hier bleibt die Buchwertfortführung für die eingebrachten WG dennoch zwingend, wenn die zurückbehaltenen WG „weiterhin zum (Sonder-) BV (des Einbringenden bei) ders. (neu gegründeten) MU'schaft gehören" (Rn. 167 ff.). Zu weiteren Einzelheiten s. § 6 Rn. 193 ff., 197 f.

29 Die **verdeckte Einlage** in eine PersGes. führt nach Ansicht der Rspr. ebenso wie die verdeckte Einlage in eine KapGes (Rn. 22) nicht zu einem tauschähnlichen Veräußerungsgeschäft für den Übertragenden.[1] Konsequenterweise ist für die verdeckte Einlage **in eine PersGes.** § 24 UmwStG grds. nicht anwendbar, weil die tatsächlich eintretende Werterhöhung der Anteile lediglich einen Reflex auf die verdeckte Einlage und demgemäß gerade keine Gewährung (neuer) Gesellschaftsrechte darstellt. Jedoch kommt die Annahme einer vorherigen gewinnrealisierenden BetrAufg. (§ 16 Abs. 3 S. 1) anders als bei der verdeckten Einlage in eine KapGes. gerade nicht in Betracht.[2] Vielmehr ist gem. § 6 Abs. 3 bzw. nach Auffassung der FinVerw.[3] auch nach § 6 Abs. 5 die Buchwertfortführung geboten.

Aus Platzgründen muss hinsichtlich weiterer umwandlungssteuerrechtlicher Einzelheiten auf die einschlägigen **Kommentierungen der §§ 20, 24 UmwStG** verwiesen werden.[4]

30 **III. Anwendungsbereich.** Für **unbeschränkt StPfl.** ist § 16 uneingeschränkt auch hinsichtlich im Ausland belegener Betriebe, TB oder MU'anteile an inländ. PersGes. mit ausländ. Betriebsstätten oder an ausländ. MU'schaften mit in- und ausländ. Betriebsstätten anwendbar. Ob eine MU'schaft vorliegt, entscheidet sich anhand eines Typenvergleichs mit deutschen MU'schaften, etwa den PersGes.,[5] aber auch der Gütergemeinschaft[6] oder Erbengemeinschaft. Hinsichtlich ausländ. Betriebsstätten ist allerdings häufig das Besteuerungsrecht entspr. Art. 7 iVm. Art. 23 OECD-MA durch Freistellung unter ProgrVorb. ausgeschlossen. Soweit die Anrechnungsmethode oder § 34c eingreift, sind für nat. Pers. § 16 Abs. 4, § 34 vorrangig anzuwenden.[7] Mit Ausnahme v. Abs. 4[8] ist § 16 auch **für beschränkt StPfl.** anzuwenden, soweit inländ. Betriebsstätten unterhalten werden oder die Veräußerung im Inland belegenes unbewegliches Vermögen oder Sachinbegriffe oder in inländ. Register eingetragene Rechte umfasst (§ 49 Abs. 1 Nr. 2 lit. a und f). Hinsichtlich des inländ. Betriebsstättenvermögens sowie des im Inland belegenen unbeweglichen Vermögens bleibt das Besteuerungsrecht idR. auch nach den DBA aufrechterhalten. § 16 gilt auch für **Körperschaften** aufgrund der **Verweisung in § 8 Abs. 1 KStG**. Allerdings ist v. Tatbestand her **§ 16 Abs. 4 nicht** anwendbar und **§ 34** gilt als Tarifnorm **nicht** für Körperschaften. Hält man daher § 16 lediglich für deklaratorisch, hat er für Körperschaften keine Bedeutung. Im Falle einer **Organschaft** zu einer nat. Pers. ist trotz Zurechnung des Einkommens **§ 34 nicht** anwendbar für den v. der Körperschaft erzielten Veräußerungsgewinn.[9]

B. Veräußerung des Gewerbebetriebs oder eines Teilbetriebs (Abs. 1 S. 1 Nr. 1)

Literatur: *Blumers*, Teilbetrieb und wesentliche Betriebsgrundlage, DB 2010, 1670; *Feldgen*, Der Teilbetrieb im Steuerrecht, Ubg 2012, 459; *Graw*, Der Teilbetriebsbegriff im UmwSt-Recht nach dem UmwStErl. 2011, ifst-Schrift Nr. 488, 2013; *Herlinghaus*, Betriebsbegriff und „Gesamtplan" bei Unternehmensveräußerungen und -umstrukturierungen, FR 2014, 441; *Maetz*, Der Teilbetrieb des UmwStG im Spannungsfeld zwischen Realisations-, Subjektsteuer- und Kontinuitätsprinzip, Diss., 2017; *Rödel*, Der Teilbetriebsbegriff in den Einbringungstatbeständen des UmwStG, Diss., 2016; *Wälzholz*, Der Teilbetriebsbegriff im Steuerrecht, Diss., 1999; frühere Literatur s. 14. Aufl.

31 **I. Ganzer Gewerbebetrieb als Objekt der Veräußerung. 1. Gewerbebetrieb als Tätigkeit und Vermögensmasse. Abs. 1 S. 1 Nr. 1 S. 1** bezeichnet als Objekt der Veräußerung den „ganzen Gewerbebetrieb" und knüpft damit an den Begriff des GewBetr. in § 15 Abs. 2 (dazu ausf. § 15 Rn. 11 ff.) an. Dort allerdings ist der GewBetr. als eine v. StPfl. „unternommene Betätigung" gekennzeichnet. Eine Tätigkeit als solche ist zwar nicht übertragbar. Die Tätigkeit GewBetr. wird jedoch regelmäßig unter Einsatz v. **WG** unternommen, die dann ihrerseits zum **BV des GewBetr.** des StPfl. nach § 4 Abs. 1 gehören. Die Veräußerung nach Abs. 1 S. 1 Nr. 1 S. 1 setzt danach jedenfalls voraus, dass die dem GewBetr. dienenden WG auf

1 BFH v. 17.7.2008 – I R 77/06, BStBl. II 2009, 464; v. 24.4.2007 – I R 35/05, BStBl. II 2008, 253.
2 So lediglich für die verdeckte Einlage in eine KapGes. wegen der Übertragung auf die KapGes. als ein anderes Steuersubjekt BFH v. 20.7.2005 – X R 22/02, BStBl. II 2006, 457.
3 BMF v. 8.12.2011, BStBl. I 2011, 1279 Rn. 6.
4 Siehe ausf. Kommentierungen v. *Herlinghaus* in R/H/vL[3], § 20 UmwStG, und v. *Rasche* in R/H/vL[3], § 24 UmwStG.
5 Vgl. BFH v. 17.11.1999 – I R 7/99, BStBl. II 2000, 605; v. 21.7.1999 – I R 71/98, BStBl. II 2000, 336 zur US limited partnership.
6 BFH v. 4.11.1997 – VIII R 18/95, BStBl. II 1999, 384.
7 BFH v. 21.2.1991 – IV R 93/89, BStBl. II 1991, 455.
8 § 50 Abs. 1; vgl. zur europa- und verfassungsrechtl. Unbedenklichkeit FG Düss. v. 1.7.2009 – 7 K 4348/08 E, EFG 2009, 2024.
9 BFH v. 22.1.2004 – III R 19/02, BStBl. II 2004, 515.

einen Erwerber übertragen werden. Allerdings bewirkt die Übertragung sämtlicher WG des bisherigen GewBetr. des StPfl. nicht, dass dieser als solcher übertragen wird. Entscheidend ist vielmehr, dass der GewBetr. als sog. **„lebender Organismus des Wirtschaftslebens" auf einen Erwerber** übertragen wird.[1] Gemeint ist damit, dass der Erwerber in den Stand versetzt wird, die bisher v. Veräußerer ausgeübte gewerbliche Betätigung in gleicher Weise wie bisher der Veräußerer fortzuführen, unabhängig davon, ob der Erwerber dies auch tatsächlich tut.[2] Die Möglichkeit zur Fortsetzung setzt grds. voraus, dass **a)** auf den Erwerber alle bisher bilanzierten und nicht bilanzierten WG des **BV rechtl. übertragen** werden, **b)** dem Erwerber der **Eintritt in rechtl. nicht übertragbare Beziehungen** ermöglicht wird, soweit es in der Macht des Veräußerers steht (ua. Kundenbeziehungen, Lieferantenbeziehungen) und **c)** der **Veräußerer seine** bisherige **Tätigkeit** GewBetr. **nicht** neben dem Erwerber **fortsetzt**. Kurz gesagt ist die Veräußerung des ganzen GewBetr. der **Vollzug des zivilrechtl. Unternehmenskaufs**. Auch dort ist Gegenstand des schuldrechtl. Vertrages das Unternehmen als solches und nicht nur die einzelnen zu ihm gehörenden Vermögensgegenstände. Dem steht nicht entgegen, dass nach dem sachenrechtl. Spezialitätsgrundsatz das Unternehmen als solches nicht Gegenstand einer dinglichen Übereignung sein kann.

32 Eine Veräußerung liegt nur vor, wenn und soweit der GewBetr. auf **einen Erwerber**[3] übertragen wird. Ein Erwerber ist insoweit auch eine mitunternehmerische PersGes., auch soweit der Veräußerer an ihr als MU beteiligt ist (Rn. 59).[4] Werden die WG des bisherigen BV hingegen einzeln an **verschiedene Erwerber** unter Zerschlagung des bisherigen betrieblichen Organismus veräußert, liegt eine iErg. gleichzubehandelnde **BetrAufg.** iSd. Abs. 3 S. 1 vor. Dasselbe gilt, wenn die bisherigen WG des BV in das PV übernommen werden (s. Rn. 175, 178).[5] Dagegen ist von einer insgesamt zu lfd. Gewinn führenden Einzelveräußerung v. WG auszugehen, wenn WG des wesentlichen BV (s. Rn. 38 ff.) teilw. zurückbehalten und unter zwingender Buchwertfortführung nach § 6 Abs. 5 S. 1 oder S. 2 in ein anderes BV oder SBV (auch einer anderen Gewinneinkunftsart!, s. § 6 Rn. 214) des StPfl. überführt werden.[6]

33 Eine (tarifbegünstigte) Veräußerung des GewBetr. ist auch bei einem erst im **Aufbau begriffenen GewBetr.** vor Aufnahme der werbenden Tätigkeit möglich, sofern bereits funktional **wesentliche Betriebsgrundlagen** vorhanden sind und der Betrieb damit hätte aufgenommen werden können („in der Gründungsphase steckengebliebener GewBetr.").[7] Die Aufnahme einer werbenden Tätigkeit kann nicht verlangt werden und es ist unerheblich, ob sich bereits stille Reserven gebildet haben. Im Ergebnis können daher vorweggenommene Betriebsausgaben den lfd. Gewinn mindern; die spätere Veräußerung der wesentlichen Betriebsgrundlagen kann zu einem tarifbegünstigten Veräußerungsgewinn führen. Dazu muss aber ein Betrieb/TB entstanden sein. Wird die auf die Einrichtung eines GewBetr. gerichtete Vorbereitungstätigkeit bereits in einem früheren Stadium aufgegeben, veräußert der StPfl. keinen GewBetr., sondern nur **einzelne**, möglicherweise besondere wesentliche **WG**. Die daraus gerierten BE gehören zum lfd. Gewinn. Auf der anderen Seite kann ein bereits (bspw. durch Brand) **zerstörter Betrieb** zwar nicht mehr veräußert,[8] aber **aufgegeben** werden.[9]

34 **2. Einstellung der bisherigen Tätigkeit.** Die Veräußerung des GewBetr. setzt voraus, dass der Veräußerer seine **bisherige gewerbliche Tätigkeit vollständig aufgibt**.[10] Daran fehlt es insbes., wenn der angebliche Veräußerer mit neuen Betriebsmitteln oder v. einem anderen Ort aus seine Tätigkeit ggü. dem bisherigen **aktuellen oder auch potentiellen Kundenkreis** unverändert fortsetzt. Unerheblich ist, ob dies mit Zustimmung des Erwerbers oder gar vertragswidrig geschieht. Schädlich ist in dem Zusammenhang ebenfalls, wenn die bisherige Tätigkeit ggü. demselben Kundenkreis – wenn auch erst nach einer vorheri-

---

1 Statt vieler BFH v. 7.11.1991 – IV R 50/90, BStBl. II 1992, 380.
2 R 16 Abs. 1 S. 2 EStR.
3 BFH v. 12.12.2000 – VIII R 10/99, BStBl. II 2001, 282 mwN = FR 2001, 343 m. Anm. *Kanzler*.
4 Dabei ist aber § 16 Abs. 2 Satz 3 (s. Rn. 11) zu beachten, zum umgekehrten Fall der Übertragung eines GewBetr. einer PersGes. auf einen Gesellschafter s. BFH v. 20.2.2003 – III R 34/01, BStBl. II 2003, 700 = FR 2003, 658 m. Anm. *Wendt*.
5 BFH v. 31.8.1995 – VIII B 21/93, BStBl. II 1995, 890; v. 22.11.1988 – VIII R 323/84, BStBl. II 1989, 357.
6 BFH v. 16.2.1996 – I R 183/94, BStBl. II 1996, 342 = FR 1996, 500 m. Anm. *Kempermann*; v. 3.2.1994 – III R 23/89, BStBl. II 1994, 709; v. 9.12.1986 – VIII R 26/80, BStBl. II 1987, 342.
7 BFH v. 3.4.2014 – IV R 12/10, BStBl. II 2014, 1000 Rn. 52 = FR 2014, 1023 m. Anm. *Wendt*; davon abgrenzend v. 13.10.2016 – IV R 21/13, BStBl. II 2017, 475 = FR 2017, 925 m. Anm. *Wendt* (beide Entscheidungen zur Veräußerung eines Schiffes durch Einschiffsgesellschaft vor der Indienststellung); sa. v. 22.1.2015 – IV R 10/12, BFH/NV 2015, 678 Rz. 42 ff.; v. 7.11.1991 – IV R 50/90, BStBl. II 1992, 380 (Veräußerung eines einzelnen Schiffes einer Partenreederei); v. 1.2.1989 – VIII R 33/85, BStBl. II 1989, 458.
8 BFH v. 16.7.1970 – IV R 227/68, BStBl. II 1970, 738.
9 BFH v. 11.3.1982 – IV R 25/79, BStBl. II 1982, 707.
10 BFH v. 12.12.2000 – VIII R 10/99, BStBl. II 2001, 282 = FR 2001, 343 m. Anm. *Kanzler*; v. 12.6.1996 – XI R 56/95, XI R 57/95, BStBl. II 1996, 527 = FR 1996, 676 m. Anm. *Kanzler*; v. 9.8.1989 – X R 62/87, BStBl. II 1989, 973.

gen längeren Unterbrechung – wieder aufgenommen wird, auch wenn dies nicht so geplant war.[1] **Nicht** verlangt ist hingegen, dass der Veräußerer sich hinfort **jeglicher gewerblicher Betätigung enthält.**[2] Diese darf nur nicht der bisher ausgeübten gleichartig und ggü. demselben Abnehmerkreis ausgeübt werden. Aufgegeben werden muss **diejenige Tätigkeit, die mit dem veräußerten BV bisher verbunden war.**[3] Schädlich ist es, wenn nach dem **Austausch v. Betriebsmitteln** mit verbesserter Technik gleichartige Leistungen erbracht[4] oder bisher selbst erbrachte Leistungen nunmehr lediglich besorgt werden[5] oder unterschiedliche Genehmigungsvoraussetzungen für der Sache nach gleichartige Leistungen[6] erforderlich sind. Handelt es sich hingegen um **völlig andersartige Leistungen**, ist unerheblich, dass kein Ortswechsel stattgefunden hat und die andersartigen Leistungen an denselben Kundenkreis erbracht werden. Werden **gleichartige Leistungen** (etwa nach einem Ortswechsel) **an einen völlig neuen Kundenkreis** erbracht, ist dies ebenfalls unschädlich.[7] Abzustellen ist darauf, ob es sich nach den Verhältnissen des übertragenen Betriebes um einen auch potentiell neuen Kundenkreis handelt oder nicht.[8]

Eine Einstellung der bisherigen Tätigkeit liegt auch vor, wenn der Veräußerer beim Erwerber in unselbständiger Tätigkeit oder als dessen Subunternehmer oder Berater[9] ggü. dem nunmehrigen Kundenkreis des Erwerbers tätig wird oder bei Veräußerung an eine KapGes.[10] deren G'ter wird. Bei Veräußerung an eine MU'schaft[11] ist für die grds. Anwendung des § 16 Abs. 1 S. 1 Nr. 1 unschädlich, dass der Veräußerer bei dieser MU'er ist oder wird. Dies ergibt sich nunmehr zwingend aus § 16 Abs. 2 S. 3, Abs. 3 S. 5 EStG und § 24 Abs. 3 S. 3 UmwStG (s. Rn. 11, 26). Mit der partiellen Steuerrechtssubjektivität der MU'schaft hat dies nichts zu tun. Allerdings wird insoweit wegen der teilw. Identität des Steuersubjekts zutr. die teilw. Behandlung als lfd. Gewinn vorgeschrieben (Rn. 11). Zur Unschädlichkeit einer fortgeführten geringfügigen freiberuflichen Tätigkeit für § 18 Abs. 3 S. 2 s. § 18 Rn. 106. Eine Beendigung der bisherigen Tätigkeit liegt aber nicht vor, wenn lediglich das BV veräußert und zurückgepachtet[12] oder das BV unter Nießbrauchsvorbehalt veräußert, iÜ aber die Tätigkeit gerade fortgesetzt wird.[13] 35

3. Übertragung der wesentlichen Betriebsgrundlagen. Die Veräußerung des ganzen GewBetr. setzt neben der Übertragung/Einstellung des bisherigen Tätigkeitsbereiches als weiteres Tatbestandsmerkmal auch die Übertragung der WG des BV auf den Erwerber voraus. Allerdings genügt nach zutr. Auffassung v. Rspr.[14] und Lehre die Übertragung der **wesentlichen Betriebsgrundlagen**. Diese teleologische Einschränkung des Wortlautes ist notwendig, um den Tatbestand des Abs. 1 nicht aller praktischen Relevanz zu entkleiden. 36

Problematisch ist bei diesem Ausgangspunkt, wonach sich die Wesentlichkeit bestimmt. Für die Betriebsveräußerung und -aufgabe nach § 16 ist dabei der **additiv funktional-quantitativen Betrachtungsweise** zu folgen.[15] Der GewBetr. wird als übertragungsfähiger Organismus durch diejenigen WG gekennzeichnet, die funktional der v. StPfl. ausgeübten Tätigkeit dienen. Zum anderen geht es um die Ermittlung eines 37

1 Vgl. BFH v. 21.8.2018 – VIII R 2/15, DB 2018, 2968 Rn. 16ff.
2 BFH v. 12.6.1996 – XI R 56/95, XI R 57/95, BStBl. II 1996, 527 = FR 1996, 676 m. Anm. *Kanzler*.
3 BFH v. 12.6.1996 – XI R 56/95, XI R 57/95, BStBl. II 1996, 527 = FR 1996, 676 m. Anm. *Kanzler*; v. 16.12.1992 – X R 52/90, BStBl. II 1994, 838.
4 BFH v. 3.10.1984 – I R 119/81, BStBl. II 1985, 245 (Druckerei – anderes Verfahren).
5 BFH v. 22.11.1988 – VIII R 323/84, BStBl. II 1989, 357 (Spediteur/Frachtführer).
6 BFH v. 20.2.1974 – I R 127/71, BStBl. II 1974, 357 (Güterfern- und -nahverkehr).
7 Anders allerdings, wenn bisheriges BV nicht übertragen wird und/oder wesentliche Geschäftsbeziehungen aufrechterhalten werden, BFH v. 9.10.1996 – XI R 71/95, BStBl. II 1997, 236 = FR 1997, 225 m. Anm. *Wendt* (Bezirkshändler – Wechsel des Bezirks).
8 Vgl. insoweit BFH v. 9.8.1989 – X R 62/87, BStBl. II 1989, 973; v. 3.10.1984 – I R 116/81, BStBl. II 1985, 131(Tankstelle, Bäckerei); v. 24.8.1989 – IV R 120/88, BStBl. II 1990, 55 (Fahrschule); v. 27.4.1978 – IV R 102/74, BStBl. II 1978, 562 (Steuerberater); v. 5.2.1987 – IV R 121/83, BFH/NV 1987, 571 (Statiker).
9 BFH v. 17.7.2008 – X R 40/07, BStBl. II 2009, 43 = FR 2009, 427 mit zust. Anm. *Wendt*; v. 29.6.1994 – I R 105/93, BFH/NV 1995, 109.
10 BFH v. 18.5.1994 – I R 109/93, BStBl. II 1994, 925.
11 BFH v. 22.10.2014 – X R 28/11, BFH/NV 2015, 479; v. 16.12.1992 – X R 52/90, BStBl. II 1994, 838; v. 21.6.1994 – VIII R 5/92, BStBl. II 1994, 856.
12 BFH v. 2.9.1992 – XI R 26/91, BFH/NV 1993, 161; **aA** v. 28.3.1985 – IV R 88/81, BStBl. II 1985, 508 bei einem LuF-Betrieb.
13 Vgl. BFH v. 25.1.2017 – X R 59/14, BFHE 257, 227 = FR 2017, 1055 m. (abl.) Anm. *Wendt*. Umstr. ist, ob bei einer unentgeltlichen Veräußerung des GewBetr. unter Nießbrauchsvorbehalt § 6 Abs. 3 anzuwenden ist (s. § 6 Rn. 195 mwN).
14 So bereits RFH StuW 1935 Nr. 217 und seither stRspr., vgl. BFH v. 12.6.1996 – XI R 56/95, XI R 57/95, BStBl. II 1996, 527 = FR 1996, 676 m. Anm. *Kanzler*.
15 BFH v. 20.3.2017 – X R 11/16, BStBl. II 2017, 992 Rn. 24; v. 28.5.2015 – IV R 26/12, BStBl. II 2015, 797 Rn. 23 = FR 2015, 892 m. Anm. *Wendt;* abl. *Dötsch*, GS Knobbe-Keuk, 1997, 411 (rein funktional).

letztlich nach § 16 Abs. 4 und § 34 zu begünstigenden Gewinns. Insoweit sind daher auch quantitative Umstände zu berücksichtigen. Die insbes. in § 34 berücksichtigte Milderung der Besteuerung wegen der zusammengeballten Auflösung stiller Reserven verlangt aufgrund ihrer tatbestandlichen Anknüpfung in § 34 Abs. 2 Nr. 1 zudem, dass bereits im Tatbestand des § 16 solche Übertragungen ausgenommen werden, bei denen erhebliche stille Reserven nicht aufgedeckt werden. Daher scheidet eine nach §§ 16, 34 begünstigte Veräußerung immer aus, wenn eine steuerneutrale Ausgliederung einzelner WG mit erheblichen stillen Reserven (aufgrund eines Gesamtplans) in engem zeitlichen und sachlichen Zusammenhang vor der Veräußerung[1] oder bei der Veräußerung[2] erfolgt, indem diese zum Buchwert (nach § 6 Abs. 5) in ein anderes BV des StPfl. überführt werden. Der Tarifbegünstigung nach §§ 16, 34 steht jedoch nicht entgegen, wenn unter § 16 fallende Einheiten (TB, MU'anteile inklusive des dazu gehörenden SBV, 100-prozentige Beteiligung an KapGes.) zu Buchwerten (etwa nach §§ 20, 24 UmwStG, § 6 Abs. 3 EStG) auf eine andere PersGes. ausgegliedert werden und iZ damit der verbleibende (Teil-)Betrieb veräußert wird.[3]

38 **Wesentliches BV iSd. § 16** sind alle WG, die **funktional** unmittelbar der betrieblichen Leistungserstellung dienen (Rn. 39), und darüberhinausgehend auch solche WG, die **quantitativ erhebliche stille Reserven** enthalten, auch wenn sie funktional nicht wesentlich sind (Rn. 40). Die Abgrenzung ist auch für andere Normen (zB § 6 Abs. 3) und Rechtsinstitute (BetrAufsp., Betriebsverpachtung, s. § 15 Rn. 74ff.; unten Rn. 233) relevant, aber normspezifisch unterschiedlich entspr. ihrem (Gesetzes-)Zweck auszulegen[4]. So **genügt** für die **unentgeltliche Übertragung nach § 6 Abs. 3** (Rn. 82) schon **die funktionale Wesentlichkeit** (s. § 6 Rn. 193), weil § 34 ohnehin nicht anwendbar ist. Bei **Einbringungen nach § 20, 24 UmwStG** ist der Zurückbehalt v. (lediglich) quantitativ wesentlichem BV für die Anwendung des UmwStG ebenfalls unschädlich,[5] während § 34, § 16 Abs. 4 dann mangels Aufdeckung aller stiller Reserven nicht zur Anwendung kommen. Die Buchwertfortführung ist bei Übertragung/Einbringung funktionstüchtiger Einheiten, die dem/den Rechtsnachfolger(n) in den Betrieb/TB/MU'Anteil die Fortsetzung der bisherigen betrieblichen Tätigkeit mit den übertragenen/eingebrachten, funktional wesentlichen WG ermöglichen, auch dann nach §§ 20, 24 UmwStG zulässig bzw. nach § 6 Abs. 3 zwingend (s. Rn. 75), wenn einzelne (quantitativ oder funktional) wesentliche WG gem. § 6 Abs. 5 zeitgleich oder zeitnah ebenfalls zum Buchwert in andere BV übertragen werden. Die sog. „Gesamtplanrechtsprechung" ist nur insoweit anzuwenden, als danach zwar eine nach § 16 Abs. 4, § 34 begünstigte Veräußerung zu verneinen ist,[6] nicht aber dadurch eine Buchwertfortführung nach §§ 20, 24 UmwStG, § 6 Abs. 3 EStG ausgeschlossen wird.[7] Voraussetzung ist insoweit allerdings, dass die übertragenen WG insgesamt noch eine funktionstüchtige Einheit darstellen, die dem/den Rechtsnachfolger(n) die Fortsetzung der bisherigen betrieblichen Tätigkeit erlaubt (s. Rn. 169).

39 **Funktional wesentlich** sind alle WG, die für den Betriebsablauf ein erhebliches Gewicht haben, für die Fortführung notwendig sind und/oder dem Betrieb das Gepräge geben,[8] insbes. alle WG, die unmittelbar der betrieblichen Leistungserstellung dienen. Dazu gehört das zur Leistungserstellung verwendete **AV** im Unterschied zu lediglich der innerbetrieblichen Verwaltung dienendem AV. Daher ist nach der **Art der erbrachten Leistungen an den Abnehmerkreis** zu differenzieren. Für Fabrikationsbetriebe sind die Fabrikgrundstücke, Fabrikgebäude, Maschinen funktional wesentlich,[9] nicht aber Bürogrundstücke,[10] für Lager-

1 BFH v. 6.9.2000 – IV R 18/99, BStBl. II 2001, 229.

2 BFH v. 6.9.2000 – IV R 18/99, BStBl. II 2001, 229; v. 9.10.1996 – XI R 71/95, BStBl. II 1997, 236 = FR 1997, 225 m. Anm. *Wendt*; v. 12.6.1996 – XI R 56/95, XI R 57/95, BStBl. II 1996, 527 = FR 1996, 676 m. Anm. *Kanzler*; v. 13.2. 1996 – VIII R 39/92, BStBl. II 1996, 409.

3 BFH v. 28.5.2015 – IV R 26/12, BStBl. II 2015, 797 Rn. 26 = FR 2015, 892 m. Anm. *Wendt*; v. 25.2.2010 – IV R 49/08, BStBl. II 2010, 726 Rn. 16ff. = FR 2010, 701 m. Anm. *Wendt*; vgl. auch *Strahl*, FR 2010, 756.

4 BFH v. 4.7.2007 – X R 49/06, BStBl. II 2007, 772; *Wacker* in Schmidt[37], § 16 Rn. 100.

5 Vgl. zu § 24 UmwStG aF BFH v. 9.11.2011 – X R 60/09, BStBl. II 2012, 638: erforderlich und ausreichend ist die Einbringung aller im Zeitpunkt der Einbringung vorhandenen funktional wesentlichen Betriebsgrundlagen, kurzzeitige vorherige Veräußerung gegen angemessenes Entgelt ist unschädlich.

6 BFH v. 17.12.2014 – IV R 57/11, BStBl. II 2015, 536 Rn. 19 = FR 2015, 522 m. Anm. *Wendt* (die sog. „Gesamtplanrechtsprechung" wird zutr. nicht auf § 42 AO gestützt, sondern allein auf die teleologische Auslegung von §§ 34, 16 EStG).

7 Vgl. BFH v. 2.8.2012 – IV R 41/11, BFHE 238, 135 = FR 2012, 1113 m. Anm. *Kanzler* (zu zeitgleicher Übertragung von MU'anteil nach § 6 Abs. 3 und SBV nach § 6 Abs. 5); dagegen BMF v. 12.9.2013, BStBl. I 2013, 1164 (Nichtanwendungserl.) iVm. BMF v. 3.3.2005, BStBl. I 2005, 458; vgl. auch BFH v. 18.9.2013 – X R 42/10, BStBl. II 2016, 639 (Wahlrecht zur Buchwertfortführung nach § 24 UmwStG neben Buchwertfortführung nach § 6 Abs. 3).

8 So BFH v. 7.4.2010 – I R 96/08, BStBl. II 2011, 467 Rn. 23 = FR 2010, 890 m. Anm. *Benecke/Staats* (zu §§ 15, 20, 24 UmwStG).

9 BFH v. 17.4.1997 – VIII R 2/95, BStBl. II 1998, 388 mwN; v. 16.12.1992 – X R 52/90, BStBl. II 1994, 838; v. 1.2.1989 – VIII R 33/85, BStBl. II 1989, 458.

10 BFH v. 23.1.2001 – VIII R 71/98, BFH/NV 2001, 894; s. aber BFH v. 23.5.2000 – VIII R 11/99, BStBl. II 2000, 621 = FR 2001, 33 m. Anm. *Fischer*; v. 2.2.2000 – XI R 8/99, BFH/NV 2000, 1135.

betriebe die Lagergrundstücke, für Transportunternehmer die Transportmittel, für Handels- und Dienstleistungsbetriebe die für den Publikumsverkehr genutzten Grundstücke und Gebäude, für weite Teile des Dienstleistungsgewerbes auch Büro- und Verwaltungsräume,[1] in denen die Dienstleistung erstellt wird, für gewerbliche vermögensverwaltende PersGes. die zur Einkünfteerzielung eingesetzten WG.[2] Für **immaterielle WG** des AV[3] ist entspr. zu entscheiden. Bei der BetrAufsp. sind alle WG wesentlich, die die personelle (Anteile an der Betriebsgesellschaft)[4] oder sachliche Verflechtung (überlassene WG) begründen (§ 15 Rn. 90 ff., 97 ff.). Unerheblich ist, ob diese WG bilanziert bzw. bilanzierungsfähig sind oder nicht.[5] Ohne Belang ist auch, ob die zur Leistungserstellung genutzten WG am Markt jederzeit leicht beschaffbar sind[6] oder für die speziellen Bedürfnisse des Betriebs hergerichtet waren. Ausnahmen sollen allerdings für WG v. untergeordneter Bedeutung gelten, die jederzeit wiederbeschaffbar seien.[7] Demgemäß gehört ein kurzfristig leicht wiederbeschaffbarer Warenbestand (**UV**) nicht zu den wesentlichen Betriebsgrundlagen.[8] Je nach Einzelfall kann dies aber anders zu beurteilen sein.[9] Jedenfalls sind Forderungen aus Lieferungen und Leistungen, aktive RAP, Anzahlungen, Verbindlichkeiten und Rückstellungen für die Leistungserstellung nicht funktional wesentlich. Wird (wesentliches) UV unter gleichzeitiger Überführung in das PV zurückbehalten, ist der Vorgang insgesamt unter dem Gesichtspunkt der BetrAufg. nach § 16 Abs. 3 zu erfassen (s. Rn. 175).

WG des **gewillkürten BV** sind per definitionem nicht funktional wesentlich. Sie sind allerdings **quantitativ wesentlich**, wenn sie erhebliche **stille Reserven enthalten.** Auch **stfreie Rücklagen** (zB **6b-Rücklagen)** können nur quantitativ wesentlich sein. Werden solche Rücklagen bei der Betriebsveräußerung aufgelöst, so erhöht dies den Veräußerungsgewinn. Werden sie fortgeführt (sog. **Alt-Rücklage**), scheidet wegen der quantitativen Betrachtungsweise eine begünstigte Betriebsveräußerung aus, gleichgültig, ob die Rücklage aus der Veräußerung einer wesentlichen oder unwesentlichen Betriebsgrundlage herrührte, sofern die Rücklage erhebliche stille Reserven enthält.[10] Wird eine 6b-Rücklage allerdings erst für den Veräußerungsgewinn gebildet (sog. **Neu-Rücklage**), soweit er auf begünstigte WG entfällt, ist die Anwendung der Begünstigung des § 34 ausgeschlossen, § 34 Abs. 1 S. 4, Abs. 3 S. 6 (s. auch § 34 Rn. 20 mwN). 40

4. Veräußerung durch eine Personengesellschaft. Die Vorschrift des § 16 Abs. 1 Satz 1 Nr. 1 ist dem Grunde nach auch anwendbar, wenn eine PersGes. ihren Betrieb veräußert.[11] Bei Veräußerung an einen fremden Erwerber steht der Anwendung des Abs. 1 Satz 1 Nr. 1 nicht entgegen, dass die MU'er eigene GewBetr. unterhalten oder an anderen MU'schaften beteiligt bleiben, selbst in identischer Zusammensetzung. Bei Veräußerung an ganz oder teilw. beteiligungsidentische PersGes. oder an einzelne G'ter (s. Rn. 59) ist Abs. 2 S. 3 zu beachten (Rn. 11). Es besteht ein Sachverhaltsgestaltungswahlrecht, ob der MU'er v. der PersGes. den ganzen Betrieb oder v. den anderen MU'ern deren MU'anteile erwirbt.[12] Nach Auffassung der Rspr. kann **SBV** (I und II) auch zu den wesentlichen Betriebsgrundlagen gehören.[13] Sofern dieses für die betriebliche Leistungserstellung funktional nicht wesentlich sein sollte, kann sich die Wesentlich- 41

---

1 BFH v. 24.10.2002 – X R 118/98, BFH/NV 2002, 1130; v. 23.5.2000 – VIII R 11/99, BStBl. II 2000, 621 = FR 2001, 33 m. Anm. *Fischer*; v. 2.2.2000 – XI R 8/99, BFH/NV 2000, 1135; v. 23.1.2001 – VIII R 71/98, BFH/NV 2001, 894.

2 BFH v. 12.12.2000 – VIII R 10/99, BStBl. II 2001, 282 = FR 2001, 343 m. Anm. *Kanzler* (Grundstücke und Wertpapiere).

3 BFH v. 20.3.2017 – X R 11/16, BStBl. II 2017, 992 mwN (zu eingeführter Geschäftsbezeichnung, die lediglich aufgrund Franchising zur Nutzung überlassen wurde); v. 3.10.1989 – VIII R 142/84, BStBl. II 1990, 420 (Fernverkehrsgenehmigung); v. 16.12.1992 – X R 52/90, BFHE 170, 363 (Geschäftswert); v. 18.12.1996 – XI R 63/96, BStBl. II 1997, 573 (Kundenstamm); v. 9.10.1996 – XI R 71/95, BStBl. II 1997, 236 = FR 1997, 225 m. Anm. *Wendt* (Vertretervertrag); v. 17.2.2003 – XI B 193/02, BFH/NV 2003, 773 (Mandantenstamm).

4 BFH v. 29.11.2012 – IV R 37/10, BFH/NV 2013, 910; v. 4.7.2007 – X R 49/06, BStBl. II 2007, 772.

5 Vgl. BFH v. 16.12.2009 – I R 97/08, BStBl. II 2010, 808 Rn. 14 = FR 2010, 611 m. Anm. *Schell* (Namens/Zeichenrechte); v. 16.12.2004 – IV R 3/03, BFH/NV 2005, 879 (Praxiswertbestandteil).

6 BFH v. 14.7.1993 – X R 74/90, X R 75/90, BStBl. II 1994, 15.

7 BFH v. 5.6.2003 – IV R 18/02, BStBl. II 2003, 838 = FR 2003, 1181 m. Anm. *Wendt* (Fahrschule für Schulungswagen); v. 26.5.1993 – X R 101/90, BStBl. II 1993, 710; vgl. auch BFH v. 17.4.1997 – VIII R 2/95, BStBl. II 1998, 388 mwN (offen lassend zur Betriebsverpachtung).

8 BFH v. 6.11.2008 – IV R 51/07, BStBl. II 2009, 303 für Warenbestand eines Einzelhändlers; **aA** noch *Reiß* in Voraufl. (17. Aufl.), Rn. 50.

9 Vgl. BFH v. 5.7.2005 – VIII R 65/02, BStBl. II 2006, 160 = FR 2006, 287 m. Anm. *Kempermann* (Grundstücke im UV eines Grundstückshändlers); v. 29.11.1988 – VIII R 316/82, BStBl. II 1989, 602 (Warenlager eines Teppichhändlers).

10 **AA** R 6b.2 Abs. 10 S. 3 EStR; wie hier *Wacker* in Schmidt[37], § 16 Rn. 108.

11 Vgl. BFH v. 21.6.1994 – VIII R 5/92, BStBl. II 1994, 856.

12 BFH v. 20.2.2003 – III R 34/01, BStBl. II 2003, 700 = FR 2003, 658 m. Anm. *Wendt*.

13 BFH v. 28.5.2015 – IV R 26/12, BStBl. II 2015, 797 Rn. 23 = FR 2015, 892 m. Anm. *Wendt*; v. 2.10.1997 – IV R 84/96, BStBl. II 1998, 104; v. 31.8.1995 – VIII B 21/93, BStBl. II 1995, 890.

keit aus quantitativen Gründen wegen erheblicher stiller Reserven ergeben.[1] Jedoch ist die Begünstigung der § 16 Abs. 4, § 34 demjenigen MU'er zu versagen, der WG seines wesentlichen SBV nach § 6 Abs. 5 S. 1 und S. 2 zu Buchwerten in ein anderes eigenes BV oder SBV bei einer anderen MU'schaft überführt. Wird hingegen lediglich unwesentliches SBV nach § 6 Abs. 5 S. 1 und S. 2 zu Buchwerten fortgeführt, steht dies der Anwendung des § 16 Abs. 1 nicht entgegen. Wird wesentliches SBV anlässlich der Veräußerung in das PV überführt, liegt für diesen MU'er insgesamt eine Aufgabe. seines MU'anteils nach § 16 Abs. 3 vor.

42 **II. Teilbetrieb als Objekt der Veräußerung.** Bereits seit dem REStG 1925 wird die Veräußerung eines TB (nach dem Wortlaut des § 30 „eines Teiles des GewBetr.") prinzipiell mit der Veräußerung des „GewBetr. als Ganzem" gleichbehandelt. Allerdings wurde der Freibetrag nach § 16 Abs. 4 früher nur anteilig gewährt.[2] Diese Unterscheidung ist seit dem VZ 1996 hinfällig.[3] Seither ist auch für die Anwendung des § 16 Abs. 4 wie schon immer des § 34 unerheblich, ob der ganze GewBetr. oder ein TB veräußert wird. Vor dem Hintergrund der früher wichtigen Unterscheidung zw. ganzem GewBetr. und lediglich TB wurde und wird vertreten, dass ein StPfl. als **nat. Pers. mehrere selbständige GewBetr.**[4] unterhalten kann. Demgegenüber sollen eine **KapGes.** und auch eine **MU'schaft nur einen einheitlichen GewBetr.** unterhalten können.[5]

43 Der TB-Begriff besitzt in Abgrenzung zur Übertragung von Einzel-WG angesichts der damit verbundenen unterschiedlichen Rechtsfolgen eine beachtliche praktische Relevanz (s. § 6 Abs. 3, § 10 Abs. 1a S. 1 Nr. 2 Satz 2 lit. b), § 14, § 16 Abs. 1 Satz 1 Nr. 1; im UmwStG: § 15 Abs. 1, § 20 Abs. 1, § 24 Abs. 1 UmwStG). Der TB wird von der Rspr. definiert als **„ein mit einer gewissen Selbständigkeit ausgestatteter organisatorisch geschlossener Teil des Gesamtbetriebs, der für sich allein lebensfähig ist"**.[6] Dies ist grds. aus der Perspektive des Veräußernden im Zeitpunkt der Veräußerung zu beurteilen (s. Rn. 48).[7] Das Problem des TB-Begriffs ist seine Unbestimmtheit (s. nur das Sammelsurium der von der Rspr. in entschiedenen Einzelfällen angewendeten Abgrenzungsindizien in Rn. 46f.). Es handelt sich um tautologische Bezeichnungen für das Ergebnis der Wertung TB, ohne dass die Kriterien ersichtlich werden, auf denen diese Wertung beruht. Dabei verliert der Rechtsanwender leicht den jeweiligen gesetzlichen Ausgangspunkt aus den Augen. Der bei der Veräußerung eines TB erzielte Gewinn soll mit Blick auf § 16 Abs. 4 und § 34 vom lfd. Gewinn abgegrenzt werden, weil bei der Veräußerung eines ganzen Betrieb bzw. eines TB gesetzlich vermutet wird, dass in einem Zuge zusammengeballte stille Reserven zu versteuern sind, die sich über mehrere Veranlagungszeiträume angesammelt haben (s. Rn. 273). Dieser Sinn und Zweck der Regelung ist bei der typologischen Abgrenzung zu beachten.

44 GewBetr. als ganze sowie TB werden gekennzeichnet durch die **gewerbliche Tätigkeit** und das dieser dienende **wesentliche BV**. Von einem **TB** kann daher nur dann die Rede sein, wenn **unterscheidbare, voneinander abgrenzbare Leistungen am Markt angeboten** und diese mit **voneinander getrennten, für die Tätigkeit wesentlichen Betriebsmitteln** erstellt werden. Wird (nur) ein TB veräußert, so setzt dies einen verbleibenden Hauptbetrieb (Rest-Gesamtbetrieb) voraus, der ohne den TB als Betrieb weiterexistiert (s. Rn. 48).[8] Der TB verlangt insoweit, dass für die Leistungserstellung jeweils andere **WG des AV und verschiedenes Personal** eingesetzt werden.[9] Er verlangt auch einen jeweils **eigenständigen Kundenstamm** für die voneinander abgrenzbaren Leistungen, wobei allerdings dieselbe Pers. Abnehmer sowohl der einen wie der anderen **Leistungen** sein kann, falls diese **der Art nach unterschiedlich** sind. Werden der Art nach **gleichartige Leistungen** einem klar getrennten aktuellen und potentiellen Kundenstamm angeboten

1 BFH v. 28.5.2015 – IV R 26/12, BStBl. II 2015, 797 Rn. 23 = FR 2015, 892 m. Anm. *Wendt*; v. 2.10.1997 – IV R 84/96, BStBl. II 1998, 104.

2 Vgl. BFH v. 9.11.2000 – IV R 60/99, BStBl. II 2001, 101 = FR 2001, 161 m. Anm. *Wendt* (voller Freibetrag, falls zunächst einer v. zwei TB unentgeltlich übertragen wird und anschließend der „Restbetrieb" veräußert wird).

3 Geändert durch JStG 1996 v. 11.10.1995, BGBl. I 1995, 1250.

4 BFH v. 23.11.1988 – X R 1/86, BStBl. II 1989, 376; v. 15.3.1984 – IV R 189/81, BStBl. II 1984, 486; *Wacker* in Schmidt[37], § 16 Rn. 140, 146.

5 BFH v. 10.2.1989 – III R 78/86, BStBl. II 1989, 467.

6 So st. Rspr., vgl. BFH v. 17.5.2018 – VI R 66/15, BFHE 262, 33 Rn. 28 (zu § 6 Abs. 3, § 14 Satz 2); v. 29.11.2017 – I R 7/16, BFHE 260, 334 Rn. 37 = FR 2018, 508 m. Anm. *Wendt* (zu § 20 Abs. 2 UmwStG); v. 16.11.2017 – VI R 63/15, BFHE 260, 138 Rn. 17 = FR 2018, 568 m. Anm. *Kanzler* (zu § 16 Abs. 3); v. 7.8.2008 – IV R 86/05, BStBl. II 2012, 145 mwN = FR 2009, 243 m. Anm. *Wendt* (für TB bei der GewSt); v. 18.10.1999 – GrS 2/98, BStBl. II 2000, 123 = FR 2000, 143 m. Anm. *Kempermann* (zu § 16).

7 BFH v. 29.11.2017 – I R 7/16, BFHE 260, 334 Rn. 37 = FR 2018, 508 m. Anm. *Wendt*; v. 7.4.2010 – I R 96/08, BStBl. II 2011, 467 Rn. 22 = FR 2010, 890 m. Anm. *Benecke/Staats*; v. 18.10.1999 – GrS 2/98, BStBl. II 2000, 123 = FR 2000, 143 m. Anm. *Kempermann*.

8 BFH v. 29.11.2017 – I R 7/16, BFHE 260, 334 Rn. 37 = FR 2018, 508 m. Anm. *Wendt*; v. 12.4.1989 – I R 105/85, BStBl. II 1989, 653.

9 BFH v. 10.3.1998 – VIII R 31/95, BFH/NV 1998, 1209 mwN; anders aber soll es bei Freiberuflern sein: BFH v. 5.6.2003 – IV R 18/02, BStBl. II 2003, 838 = FR 2003, 1181 m. Anm. *Wendt* (Fahrschule).

– etwa wegen **räumlicher Trennung** – liegen ebenfalls TB vor, sofern getrenntes Personal und unterschiedliche WG des BV verwendet werden.[1] Kennzeichnend für einen TB ist insoweit auch das **Vorhandensein eigenständiger Geschäftswerte** für den jeweiligen Bereich.[2]

Im Hinblick auf die **selbständige Lebensfähigkeit**[3] des TB und/oder die **gewisse organisatorische Selbständigkeit** sollen nach der Rspr. idR,[4] aber nicht immer,[5] ein eigener Kundenkreis und eigene Einkaufsbeziehungen notwendig sein. **Abgrenzungsmerkmale** seien ua. **räumliche Trennung** v. Hauptbetrieb,[6] **gesonderte Buchführung** (aber nicht unbedingt und nicht ausreichend[7]), **eigenes Personal**,[8] **eigenes AV**,[9] **eigener Kundenstamm**,[10] eigene Verwaltung, selbständige Organisation, **ungleichartige Tätigkeiten**.[11] Allerdings bräuchten diese nicht alle erfüllt zu sein, sondern aus diesem Sammelsurium ist dann nach dem Gesamtbild der Verhältnisse[12] mit unterschiedlichem Gewicht für Fertigungs-, Handels- und Dienstleistungsbetriebe zu entscheiden, ob ein TB vorliegt oder nicht.[13] Speziell für **Einzelhandelsfilialen** soll gelten, dass das leitende Personal auch bei der Preisgestaltung mitwirkt und auch beim Wareneinkauf.[14] Dies soll aber auch allg. für Handelsbetriebe und Großhandelsbetriebe gelten.[15] Andererseits soll unschädlich sein, dass ein TB sich einer zentralen Einkaufsorganisation bedient.[16] Dies müsse dann auch für einen Filialbetrieb gelten, sofern die Filiale die Ware beim Hauptbetrieb „wie bei einem selbständigen Lieferanten" (sic!) ordert.[17] Die Mitgestaltung bei den Warenverkaufspreisen sei zwar regelmäßig zu fordern,[18] aber letztlich hänge dies v. der Art des Vertriebs- oder den Branchenverhältnissen ab.[19] Über eine mehr oder weniger einleuchtende Kasuistik gelangt man auf diese Weise allerdings nicht hinaus. 45

Aus der Kasuistik: **TB bejaht:** im **Aufbau** befindlicher **TB** (BFH v. 1.2.1989 – VIII R 33/85, BStBl. II 1989, 458; v. 7.11.1991 – IV R 50/90, BStBl. II 1992, 380); **Automatenvertrieb** (BFH v. 10.3.1998 – VIII R 31/95, BFH/NV 1998, 1209); **Barbetrieb** (BFH v. 5.10.1976 – VIII R 62/72, BStBl. II 1977, 42 – neben Hotel); **Besitzunternehmen, Grundstücksgruppen** als selbständige Verwaltungskomplexe (BFH v. 12.11.1997 – XI R 24/97, BFH/NV 1998, 690) oder neben originärer gewerblicher Tätigkeit (BFH v. 20.1.2005 – IV R 14/03, BStBl. II 2005, 395) oder an verschiedene TB (FG Münster v. 27.6.1997 – 4 K 5476/95 E, EFG 1998, 737); **Blumenladen** (BFH v. 26.4.1979 – IV R 108/75, BStBl. II 1979, 732 – neben Gärtnerei); **Brauereigaststätte** (BFH v. 3.8.1966 – IV 380/62, BStBl. III 1967, 47; v. 20.6.1989 – VIII R 100/86, BFH/NV 1990, 102); **Druckereien** (und Zeitungsverlag BFH v. 5.10.1976 – VIII R 87/72, BStBl. II 1977, 45); **Einzelhandelsfiliale** (BFH v. 10.3.1998 – VIII R 31/95, BFH/NV 1998, 1209 – Tabakhandel); **Eisdiele/Gaststätte** (BFH v. 15.3.2007 – III R 53/06, BFH/NV 2007, 1661); **Fahrschulfiliale** (BFH v. 5.6.2003 – IV R 18/02, BStBl. II 2003, 838 = FR 2003, 1181 m. Anm. *Wendt*; v. 24.8.1989 – IV R 120/88, BStBl. II 1990, 55); **Fertigungsbetriebe** (BFH v. 26.4.1979 – IV R 119/76, BStBl. II 1979, 557 – bei eigenem Programm); **Friseurläden** (BFH v. 17.4.1980 – IV R 99/78, BStBl. II 1980, 642 – auch am selben Ort); **Gastwirtschaften** (BFH v. 18.6.1998 – IV R 56/97, BStBl. II 1998, 735 – räumlich getrennt, auch verpachtete); **Grundstücksverpachtung** (BFH v. 18.6.1998 – IV R 56/97, BStBl. II 1998, 735; v. 6.8.1998 – IV R 6/98, BFH/NV 1999, 175 – neben eigenem originären GewBetr.); **Han-** 46

1 BFH v. 25.11.2009 – X R 23/09, BFH/NV 2010, 633; v. 10.3.1998 – VIII R 31/95, BFH/NV 1998, 1209; v. 21.3.1997 – IV B 36/96, BFH/NV 1997, 761.
2 BFH v. 27.3.1996 – I R 60/95, BStBl. II 1996, 576.
3 Nach BFH v. 19.2.1976 – IV R 179/72, BStBl. II 1976, 415; v. 13.2.1996 – VIII R 39/92, BStBl. II 1996, 409 besagt dies, dass v. dem Unternehmensteil/TB seiner Struktur nach eine betriebliche Tätigkeit ausgeübt werden kann (sic! – richtigerweise stellt hingegen der TB eine Tätigkeit dar!).
4 BFH v. 12.2.1992 – XI R 21/90, BFH/NV 1992, 516.
5 BFH v. 10.3.1998 – VIII R 31/95, BFH/NV 1998, 1209.
6 BFH v. 23.11.1988 – X R 1/86, BStBl. II 1989, 376; v. 13.2.1996 – VIII R 39/92, BStBl. II 1996, 409.
7 Dazu BFH v. 15.3.1984 – IV R 189/81, BStBl. II 1984, 486; v. 24.8.1989 – IV R 120/88, BStBl. II 1990, 55.
8 BFH v. 12.4.1989 – I R 105/85, BStBl. II 1989, 653; v. 24.11.1982 – I R 123/78, BStBl. II 1983, 113.
9 BFH v. 13.2.1996 – VIII R 39/92, BStBl. II 1996, 409.
10 BFH v. 4.11.2004 – IV R 17/03, BStBl. II 2005, 208; v. 21.3.1997 – IV B 36/96, BFH/NV 1997, 761; v. 29.4.1993 – IV R 88/92, BFH/NV 1994, 694.
11 BFH v. 10.3.1998 – VIII R 31/95, BFH/NV 1998, 1209; v. 29.10.1992 – IV R 16/91, BStBl. II 1993, 182 (bei Handelsbetrieben v. untergeordneter Bedeutung); v. 6.3.1997 – IV R 28/96, BFH/NV 1997, 746 (bei Freiberuflern v. großer Bedeutung).
12 So auch BFH v. 13.7.1998 – VIII B 82/97, BFH/NV 1999, 38.
13 BFH v. 5.3.1998 – IV R 8/95, BFH/NV 1998, 1208.
14 BFH v. 24.4.1980 – IV R 61/77, BStBl. II 1980, 690; v. 2.8.1978 – I R 78/76, BStBl. II 1979, 15; v. 2.4.1997 – X B 269/96, BFH/NV 1997, 481; v. 29.4.1993 – IV R 88/92, BFH/NV 1994, 694; v. 12.2.1992 – XI R 21/90, BFH/NV 1992, 516.
15 BFH v. 29.4.1993 – IV R 88/92, BFH/NV 1994, 694.
16 BFH v. 12.9.1979 – I R 146/76, BStBl. II 1980, 51.
17 BFH v. 10.3.1998 – VIII R 31/95, BFH/NV 1998, 1208.
18 BFH v. 2.4.1997 – X B 269/96, BFH/NV 1997, 481.
19 BFH v. 10.3.1998 – VIII R 31/95, BFH/NV 1998, 1208.

dels- und Reparaturbetrieb (BFH v. 2.8.1978 – I R 78/76, BStBl. II 1979, 15 – Kfz., in anderem Ort); **Herstellungsbetrieb** (BFH v. 4.7.1973 – I R 154/71, BStBl. II 1973, 838 – neben Zweigstelle für Vertrieb und Reparatur); **Hotel** (BFH v. 20.8.1964 – IV 40/62 U, BStBl. III 1964, 504 – eines v. mehreren; v. 6.5.1982 – IV R 56/79, BStBl. II 1982, 691 – v. Brauerei verpachtet; v. 23.11.1988 – X R 1/86, BStBl. II 1989, 376 – neben Appartementhaus; v. 5.10.1976 – VIII R 62/72, BStBl. II 1977, 42; s. aber BFH v. 12.12.2013 – X R 33/11, BFH/NV 2014, 693 – neben Barbetrieb); **Kinderverkehrspark bei Schausteller** (BFH v. 14.3.1990 – X R 63/88, BFH/NV 1990, 699); **Kinotheater** (FG Saarl. v. 9.3.1973 – 198/70, EFG 1973, 378 – räumlich getrennte); **Malergeschäft** (BFH v. 12.4.1989 – I R 105/85, BStBl. II 1989, 653 – Mastenanstrich neben Gipser- und Malergeschäft); **Schiff** (BFH v. 13.1.1966 – IV 76/63, BStBl. III 1966, 168 – falls Zweigunternehmen; v. 7.11.1991 – IV R 50/90, BStBl. II 1992, 380 – Partenreederei, betriebsbereites Schiff als vollständiger GewBetr.); **Spielautomaten** (FG Köln v. 27.11.1998 – 2 K 2847/94, EFG 1999, 470); **Tankstellen** (BFH v. 9.8.1989 – X R 62/87, BStBl. II 1989, 973); **Taxi** (FG Nürnb. v. 26.3.1992 – VI 236/85, EFG 1992, 600); **Transportunternehmen** (BFH v. 29.4.1993 – IV R 88/92, BFH/NV 1994, 694 – Güterfern- und Nahverkehr bei räumlicher Trennung und verschiedenem Kundenkreis); **Verlag** (BFH v. 24.11.1982 – I R 123/78, BStBl. II 1983, 113 – mehrere Fachgebiete); **Weinbau und Weinhandel** (BFH v. 14.4.1967 – VI 9/65, BStBl. III 1967, 391).

47 **TB verneint: Besitzunternehmen, einzelne Grundstücke** (BFH v. 29.11.2017 – I R 7/16, BFHE 260, 334 Rz. 38 = FR 2018, 508 m. Anm. *Wendt*; v. 15.11.2002 – VIII B 45/02, BFH/NV 2003, 317); **Betonpumpenbetrieb**, neben Betonherstellung (FG Münster v. 18.6.1998 – 8 K 1483/94 G, EFG 1998, 1465); **Dentallabor** (BFH v. 22.12.1993 – I R 62/93, BStBl. II 1994, 352; v. 25.7.1994 – I B 2/94, BFH/NV 1995, 497); **Einzelhandelsfiliale** (BFH v. 8.9.1976 – I R 99/75, BStBl. II 1977, 66; v. 12.9.1979 – I R 146/76, BStBl. II 1980, 51; v. 24.4.1980 – IV R 61/77, BStBl. II 1980, 690; v. 12.2.1992 – XI R 21/90, BFH/NV 1992, 516); **Getränkegroß- und -einzelhandel** (BFH v. 22.10.2015 – IV R 17/12, GmbHR 2016, 81); **Handelsvertretung** (BFH v. 23.11.1967 – IV 83/63, BStBl. II 1968, 123; v. 31.5.1972 – IV R 44/69, BStBl. II 1972, 899 – Aufgabe, Verkleinerung einzelner Bezirke); nach Flurstücken abgegrenzte **landwirtschaftliche Nutzflächen** (BFH v. 17.5.2018 – VI R 66/15, BFHE 262, 33 Rz. 28 f.; v. 16.11.2017 – VI R 63/15, BFHE 260, 138 Rz. 20 = FR 2018, 568 m. Anm. *Kanzler*); **Milchlieferungsrecht** (BFH v. 17.4.2007 – IV B 91/06, BFH/NV 2007, 1853); **Omnibuslinie mit Omnibus** (BFH v. 16.5.1963 – IV 439/61, DB 1963, 1106); **Reisebüro** (BFH v. 27.6. 1978 – VIII R 26/76, BStBl. II 1978, 672 – Veräußerung eigener Omnibusse); **Schaustellerfahrgeschäft, einzelnes** (FG Köln v. 23.7.1997 – 12 K 4807/90, EFG 1998, 296); **Schiff** (BFH v. 26.9.2013 – IV R 46/10, BStBl. II 2014, 253 – einziges; v. 21.2.1973 – IV R 168/69, BStBl. II 1973, 361 – eines v. mehreren; v. 27.1. 1966 – IV 31/63, BStBl. III 1966, 271 – im Bau befindlich); **Spediteur** (BFH v. 22.11.1988 – VIII R 323/84, BStBl. II 1989, 357 – neben Frachtführer bei Beibehaltung Kundenstamm); **Stromversorgungsnetz** (FG BaWü. v. 4.11.1998 – 2 K 94/96, EFG 1999, 605); **Tankstelle** (BFH v. 13.2.1980 – I R 14/77, BStBl. II 1980, 498); **Taxi** (BFH v. 21.2.1973 – IV R 168/69, BStBl. II 1973, 361); **Transportunternehmen** (BFH v. 21.3. 1997 – IV B 36/96, BFH/NV 1997, 761 – Güterfern- und -nahverkehr, kein getrennter Kundenstamm, gemeinsames AV); **Windkraftanlage** (BFH v. 25.11.2009 – X R 23/09, BFH/NV 2010, 633 – benachbarte).

48 Der **TB** muss vor Veräußerung **bereits beim Veräußerer** vorhanden sein. Das Gesamtunternehmen des Veräußerers muss mithin bereits im Zeitpunkt der Veräußerung mindestens zwei Teilbetriebe umfassen.[1] Es genügt nicht, dass mehrere zusammen veräußerte WG erst beim Erwerber einer betrieblichen Tätigkeit gewidmet werden und dafür eine ausreichende Betriebsgrundlage bieten.[2] § 16 handelt v. der Besteuerung des Veräußerers und nicht v. der des Erwerbers. Daher kann es nur auf die bei ihm – spätestens zum Zeitpunkt der Veräußerung – vorliegenden Verhältnisse ankommen. Weder die Globalisierung noch eine angeblich abw. Rspr. des EuGH rechtfertigen, den Teilbetriebsbegriff des § 16 aus der Sicht des Erwerbers oder europäischer Rechtsetzung zu bestimmen.[3] § 16 ist schlichtes nationales begünstigendes Recht, für dessen Auslegung dem EuGH keine Kompetenz zukommt. Gestaltungen zur Schaffung v. TB können nur dann erfolgreich sein, wenn tatsächlich noch vor der Veräußerung getrennte Tätigkeitsbereiche mit getrenntem Personal und getrennt genutzten WG geschaffen werden. Dies kann nicht erst in der logischen Sekunde vor der Veräußerung geschehen. Für die **BetrAufsp., Betriebsverpachtung** oder sonst **gewerblich geprägte Vermögensverwaltung** gelten keine anderen Grundsätze.[4] Es kann nicht in Betracht kom-

1 BFH v. 26.9.2013 – IV R 46/10, BStBl. II 2014, 253 Rn. 37; v. 12.12.2013 – X R 33/11, BFH/NV 2014, 693; v. 7.4.2010 – I R 96/08, BStBl. II 2011, 467 Rn. 22 = FR 2010, 890 m. Anm. *Benecke/Staats*, *Blumers*, DB 2010, 1670 (abl.); v. 13.2.1996 – VIII R 39/92, BStBl. II 1996, 409.

2 BFH v. 27.6.1978 – VIII R 26/76, BStBl. II 1978, 672; v. 19.2.1976 – IV R 179/72, BStBl. II 1976, 415.

3 So auch *Wacker*, in Schmidt[37], § 16 Rn. 149; **aA** aber *Weier*, DStR 2008, 1002; *Blumers*, BB 2008, 2041; *Schulze zur Wiesche*, DStR 2000, 305.

4 Zu TB bei BetrAufsp. s. BFH v. 29.11.2017 – I R 7/16, BFHE 260, 334 Rn. 37 f. = FR 2018, 508 m. Anm. *Wendt*; zw. einem Besitzunternehmen und mehreren Betriebsges.: BFH v. 4.7.2007 – X R 49/06, BStBl. II 2007, 772; v. 12.11. 1997 – XI R 24/97, BFH/NV 1998, 690.

men, dem Besitz- oder Verpachtungsunternehmen Verhältnisse des Betriebsunternehmens in Bezug auf dort vorhandene TB zuzurechnen oder fiktiv getrennte gewerbliche Betätigungen zu unterstellen.[1]

Die Veräußerung eines TB setzt voraus, dass der **gesonderte Tätigkeitsbereich „übertragen"** wird, dh. dass diese Tätigkeit v. Übertragenden vollständig einzustellen ist (Rn. 34f.), und alle dieser Tätigkeit dienenden (funktional-quantitativ) **wesentlichen Betriebsgrundlagen** (Rn. 36ff.) auf einen Erwerber übertragen werden.[2] Eine begünstigte TB-Veräußerung scheidet bei einer BetrAufsp. daher aus, wenn nicht auch die Anteile an der Betriebsgesellschaft mit veräußert werden.[3] Unerheblich ist, ob der Erwerber den (Teil) Betrieb fortführt oder nicht.[4] 49

Die **Zurückbehaltung wesentlicher Betriebsgrundlagen** unter Buchwertfortführung im übrigen BV schließt die Annahme einer Teilbetriebsveräußerung aus. Dies kann insbes. bei **Grundstücken**, die **räumlich getrennt für mehrere TB** genutzt werden, zu Schwierigkeiten bei der Übertragung führen. Gleichwohl hat die Rspr. zutr. die Veräußerung eines TB verneint, wenn der betr. Grundstücksteil nicht mit veräußert wurde.[5] Ausreichend ist allerdings die Übertragung wirtschaftlichen Eigentums am entspr. Grundstücksteil.[6] 50

III. 100-prozentige Kapitalgesellschaftsbeteiligung als Objekt der Veräußerung (Abs. 1 S. 1 Nr. 1 S. 2). Als **TB** gilt nach **Abs. 1 S. 1 Nr. 1 S. 2** auch die im BV gehaltene **100-prozentige Beteiligung an einer KapGes.** Diese Fiktion wurde durch das StÄndG 1965 in § 16 aufgenommen.[7] Ihre wirtschaftl. Bedeutung hat mit Einf. des Teileinkünfteverfahrens seit dem VZ 2002 abgenommen, weil seitdem § 34 Abs. 2 Nr. 1 iVm § 3 Nr. 40 lit. b) die Tarifbegünstigung wegen der Teilfreistellung des Gewinns aus einer im BV gehaltenen 100-prozentigen Beteiligung an einer KapGes. versagt (s. § 34 Rn. 21). Innerhalb des § 16 besitzt die TB-Fiktion allerdings für die Anwendung des § 16 Abs. 4 (s. Rn. 273ff.) noch eine gewisse Relevanz. Bei Erfüllung der Voraussetzungen des § 16 Abs. 4 ist der Freibetrag von dem auf die Anteile entfallenden Gewinn nach Anwendung des § 3 Nr. 40 lit. b) abzuziehen (s. Rn. 288). Die hM rechnet den Gewinn aus der Veräußerung einer 100-prozentigen KapGes.-Beteiligung – anders als bei der Veräußerung von anderen TB – zum gewstpfl. Gewerbeertrag iSd. § 7 GewStG, weil es sich insoweit um einen lfd. Gewinn handele, der in einem bestehenden Betrieb angefallen sei.[8] Da § 6 Abs. 3 im Unterschied zu § 16 Abs. 1 S. 1 Nr. 1 die TB-Fiktion nicht enthält, wertet die Rspr. die unentgeltliche Übertragung einer im BV befindlichen 100-prozentigen KapGes.-Beteiligung auch nicht als einen TB-Fall iSd. § 6 Abs. 3 (sa. § 6 Rn. 197), sodass eine Buchwertverknüpfung und damit interpersonelle Übertragung stiller Reserven jedenfalls auf diesem Weg ausgeschlossen ist.[9] Schließlich wendet der BFH die TB-Fiktion auch nicht im Bereich des § 24 UmwStG an.[10] Er verweist darauf, dass der Gesetzgeber für die Auf-/Abspaltungs- sowie Teilübertragungsfälle bei Körperschaften in § 15 Abs. 1 S. 3 UmwStG die TB-Fiktion bewusst übernommen, dies in § 24 UmwStG jedoch (bewusst) unterlassen habe. Folgt man dem, findet die TB-Fiktion konsequenterweise auch nicht im Bereich des § 20 UmwStG Anwendung.[11] Man mag der unterschiedlichen 51

1 BFH v. 15.11.2002 – VIII B 45/02, BFH/NV 2003, 317 mwN; offen gelassen v. BFH v. 4.7.2007 – X R 49/06, BStBl. II 2007, 772 unter Hinweis auf BFH v. 29.3.2006 – X R 59/00, BStBl. II 2006, 661; **aA** *Wälzholz*, Teilbetriebsbegriff, Diss. 1999, 192f.; *Tiedke/Wälzholz*, FR 1999, 117.

2 Vgl. BFH v. 7.4.2010 – I R 96/08, BStBl. II 2011, 467 Rn. 27 = FR 2010, 890 m. Anm. *Benecke/Staats* (zur Buchwertfortführung bei Umstrukturierungen nach §§ 15, 20, 24 UmwStG muss nur das funktional wesentliche BV übertragen werden).

3 BFH v. 4.7.2007 – X R 49/06, BStBl. II 2007, 772; s. aber BFH v. 25.11.2009 – I R 72/08, BStBl. II 2010, 471 Rn. 18ff. = FR 2010, 381 m. Anm. *Wendt* (Anteile an Kompl.-GmbH bei fehlender Mehrheit nicht funktional wesentlich).

4 BFH v. 12.9.1979 – I R 146/76, BStBl. II 1980, 51.

5 BFH v. 6.5.1999 – VIII B 78/98, BFH/NV 1999, 1329; v. 13.2.1996 – VIII R 39/92, BStBl. II 1996, 409; abl. *Gosch*, StBp. 1996, 247; vgl. auch *Rogall*, DB 2005, 410; auch für die Spaltung unter Buchwertfortführung nach § 15 iVm. § 11 Abs. 2 UmwStG genügt die bloße Vermietung nicht, BFH v. 7.4.2010 – I R 96/08, BStBl. II 2011, 467 Rn. 27 = FR 2010, 890 m. Anm. *Benecke/Staats*.

6 So Bayerisches LfSt v. 6.3.2006, DB 2006, 644; dazu auch *Kutt*, DB 2006, 1132.

7 StÄndG 1965 v. 14.5.1965, BGBl. I 1965, 377; der Gesetzgeber ging davon aus, dass eine 100-prozentige Beteiligung an einer KapGes. bei wirtschaftlicher Betrachtung einem Teilbetrieb entspricht, s. BT-Drucks. 4/3189, 6.

8 BFH v. 1.7.1992 – I R 5/92, BStBl. II 1993, 131; *Roser* in Lenski/Steinberg, § 7 GewStG Rn. 330 mwN.

9 BFH v. 20.7.2005 – X R 22/02, BStBl. II 2006, 457 (allerdings nur für den Fall einer verdeckten Einlage entschieden; der BFH sieht aber in der engeren Fassung des § 6 Abs. 3 eine bewusste Entscheidung des Gesetzgebers gegen TB-Fiktion); *Wacker* in Schmidt[37], § 16 Rn. 161.

10 BFH v. 17.7.2008 – I R 77/06, BStBl. II 2009, 464; ausf. *Rasche* in R/H/vL[3], § 24 UmwStG Rn. 63; **aA** BMF v. 11.11.2011, BStBl. I 2011, 1314, Rn. 24.02 (unter Bezugnahme auf 15.05).

11 Die Einbringung einer 100-prozentigen KapGes-Beteiligung in eine KapGes. fällt dann unter § 21 Abs. 1 UmwStG, sodass ggf. auf Antrag die Buchwertfortführung aufgrund eines qualifizierten Anteilstausches zulässig bleibt, s. BMF v. 11.11.2011, BStBl. I 2011, 1314, Rn. 21.01f.; *Herlinghaus* in R/H/vL[3], § 20 UmwStG Rn. 131, 148.

Behandlung bei Zugrundelegung der unterschiedlichen Konzeption des GewStG ggü. dem EStG noch folgen. Des Weiteren lässt sich die § 6 Abs. 3 eng auslegende Interpretation bei Anwendung eines (strengen) Subjektsteuerprinzips nachvollziehen. Nicht überzeugend erscheint es aber jedenfalls, vergleichbare Sachverhalte innerhalb des UmwStG unterschiedlich zu behandeln.

52 Soweit eine das gesamte Nennkapital umfassende Beteiligung iSd. Abs. 1 S. 1 Nr. 1 S. 2 zum Buchwert gem. § 6 Abs. 5 S. 1 bis 3 in ein anderes (auch) dem StPfl. zuzurechnendes BV (eigener anderer Betrieb oder MU'schaft) überführt oder übertragen wird, ist der Gewinn aus der Veräußerung oder Aufgabe (Entnahme) des (verbliebenen) „Restbetriebs" dennoch nach § 34 Abs. 2 iVm. § 16 Abs. 1 S. 1 Nr. 1 tarifbegünstigt. Hinsichtlich der nach § 6 Abs. 5 zum Buchwert überführten/übertragenen Beteiligung liegt zwar weder eine unter § 6 Abs. 3 fallende unentgeltliche Übertragung noch eine unter § 16 Abs. 1 S. 1 Nr. 1 fallende entgeltliche Veräußerung vor. Gleichwohl ist aus der in § 16 Abs. 1 S. 1 Nr. 1 S. 2 angeordneten Behandlung der Veräußerung einer das gesamte Nennkapital umfassenden Beteiligung als Veräußerung eines Teilbetriebs zu folgern, dass der Gewinn aus der Aufgabe eines Betriebs (Teilbetriebs) auch dann als nach § 34 tarifbegünstigt zu behandeln ist, wenn die zu diesem Betrieb/Teilbetrieb gehörende Beteiligung ohne Aufdeckung der stillen Reserven zum Buchwert überführt oder übertragen wurde, auch wenn dies in engem zeitlichem Zusammenhang mit der (Rest-/Teil-)Betriebsaufgabe erfolgte.[1] Der Tausch gegen eine **wert-, art- und funktionsgleiche Beteiligung** fällt unter § 16 Abs. 1 S. 1. Vorbehaltlich § 21 UmwStG kommt eine Buchwertfortführung nicht (mehr) in Betracht. Dem sog. **Tauschgutachten**[2] ist spätestens durch § 6 Abs. 6 die Grundlage entzogen worden (§ 6 Rn. 232). Dem eindeutigen gesetzgeberischen Willen ist auch iRd. Auslegung des § 16 Rechnung zu tragen.

53 Die Beteiligung muss das **gesamte Nennkapital** umfassen und im **BV** gehalten werden. Bei **PersGes.** ist dies der Fall, wenn die Beteiligung im Gesellschaftsvermögen gehalten wird oder zu 100 % im SBV eines MU'ers. Nach hM genügt es, dass die Beteiligung teils im GesBereich, teils im SBV der MU'er gehalten wird, weil die MU'schaft einen einheitlichen GewBetr. darstelle und das SBV zum MU'anteil gehöre.[3]

54 Als Veräußerung bzw. Aufgabe eines TB wird auch die **Auflösung und Liquidation der KapGes.** behandelt,[4] nicht aber die **bloße Kapitalherabsetzung**. An die Stelle des Veräußerungspreises tritt dabei der Liquidationserlös. In Reaktion auf die (verfehlte) Rspr. des BFH[5] bestimmt § 16 Abs. 1 S. 1 Nr. 1 S. 2 HS 2 iVm. § 17 Abs. 4 S. 3, dass der Liquidationserlös insoweit nicht zum Veräußerungspreis gehört, als er Einnahmen aus KapVerm. nach § 20 Abs. 1 S. 1 und 2 darstellt. Als Veräußerungserlös wird mithin nur der Betrag erfasst, für den das stl. Einlagenkonto iSd. § 27 KStG verwendet wird. Der darüber hinausgehende Liquidationserlös führt zu nicht begünstigtem lfd. Gewinn. Das gilt auch dann, wenn der Liquidationserlös aus der Aufgabe der 100-prozentigen Beteiligung im Rahmen einer Aufgabe des Gesamtbetriebes anfällt.[6] Soweit die KapGes. nach dem UmwG ohne Liquidation umgewandelt wird (Verschmelzung, Formwechsel), sind die Vorschriften der §§ 3 f., 11 f. UmwStG vorrangig anwendbar.[7] Bei KapGes. als MU'ern tritt bereits nach § 8b Abs. 2 KStG eine Befreiung ein. Dies gilt auch iRd. UmwStG (§ 20 Abs. 4, § 24 Abs. 3 UmwStG). Zur GewSt s. Rn. 12 ff.

55 **IV. Die (entgeltliche) Veräußerung. 1. Übertragung auf einen anderen Rechtsträger.** Veräußerung iSd. Abs. 1 ist die (entgeltliche) Übertragung der dort genannten wirtschaftlichen Einheiten auf einen anderen Rechtsträger. Hinsichtlich der Betriebe und TB muss einerseits der **Tätigkeitsbereich** und andererseits das (funktional und quantitativ) **wesentliche BV** übertragen werden (s. Rn. 34 ff.). Wie sich die Übertragung im Einzelnen vollzieht, hängt v. dem zu übertragenden Objekt ab. Hinsichtlich des Tätigkeitsbereichs einschl. des Kundenstamms und des Geschäftswerts kommt eine rechtsgeschäftliche Übertragung nicht in Betracht. Hier ist ein **faktisches Verhalten** erforderlich, das dem Erwerber den faktischen Erwerb ermöglicht, also etwa die Einweisung in den Tätigkeitsbereich, die Nennung der Kunden, der Lieferanten, die Mitwirkung bei der Überleitung v. Verträgen usw. Letztlich entscheidend ist insoweit, dass der Veräußernde jedenfalls **faktisch** durch **Beendigung** seiner **bisherigen Tätigkeit** dem Erwerber ermöglicht, diese Tätigkeit einschl. der Aufnahme v. Beziehungen zu Kunden und Lieferanten fortzusetzen. Für die

1 BFH v. 28.5.2015 – IV R 26/12, BStBl. II 2015, 797 Rn. 25 f. = FR 2015, 892 mit Anm. *Wendt*, unter Aufgabe von BFH v. 2.10.1997 – IV R 84/96, BStBl. II 1998, 104.
2 Zur früheren Rechtslage BFH v. 16.12.1958 – I D 1/57 S, BStBl. III 1959, 30 (sog. Tauschgutachten).
3 BFH v. 19.4.1994 – VIII R 2/93, BStBl. II 1995, 705; so auch *Wacker* in Schmidt[37], § 16 Rn. 162; R 16 Abs. 3 S. 7 EStR.
4 BFH v. 15.9.1988 – IV R 75/87, BStBl. II 1991, 624, der den Vorgang als einen Fall der BetrAufg. wertet.
5 BFH v. 19.4.1994 – VIII R 2/93, BStBl. II 1995, 705.
6 BFH v. 16.10.2008 – IV R 74/06, BFH/NV 2009, 725.
7 Dazu BMF v. 11.11.2011, BStBl. I 2011, 1314 Rn. 1.03 ff. und 13.01 f.; zur Rechtslage nach dem UmwStG 1995 vgl. BMF v. 25.3.1998, BStBl. I 1998, 268 Rn. 5.09 und 13.05.

100-prozentige Beteiligung an einer KapGes. spielt dies naturgemäß keine Rolle. Hier genügt schlicht die Übertragung durch Abtretung, vorausgesetzt, dass damit auch das „wirtschaftliche Eigentum" übertragen wird.

Hinsichtlich der **WG des wesentlichen BV** kommt es auf die Art des zivilrechtl. Vermögensgegenstandes an, wie die Übertragung vollzogen wird. An **Sachen** ist **Eigentum** zu **verschaffen**, **Rechte** und Forderungen sind **abzutreten** usw. Entscheidend ist, dass dem Erwerber die WG bzw. Vermögensgegenstände des wesentlichen BV so übertragen werden, dass sie aus stl. Sicht in das **wirtschaftliche Eigentum des Erwerbers** übergehen bzw. handelsbilanziell zum Vermögen des Erwerbers gehören. Soweit keine einzelnen rechtsgeschäftlichen Vfg. erforderlich sind, sondern sich der Übergang gesetzlich vollzieht, etwa im Erbgang (aber unentgeltlich) oder nach dem UmwG (volle oder partielle Gesamtrechtsnachfolge), genügt auch dies. 56

Die Übertragung auf **einen** anderen **Rechtsträger** muss auf einem **einheitlichen Vorgang** beruhen, um eine Betriebsveräußerung iSd. § 16 Abs. 1 S. 1 Nr. 1 zu sein. Andernfalls liegt entweder eine begünstigte BetrAufg. (Rn. 175 ff.) oder lediglich eine **nicht begünstigte sukzessive Veräußerung v. Einzel-WG** vor, die zu lfd. betrieblichen Ertrag führt. Dem steht nicht entgegen, dass sich die Veräußerung jedenfalls bei rechtsgeschäftlicher Übertragung notwendigerweise in Form v. **Einzelakten rechtsgeschäftlicher Erfüllungshandlungen** (Vfg.) vollzieht. Daher kann eine Veräußerung iSd. Abs. 1 auch **zeitlich gestreckt** erfolgen, indem die notwendigen Erfüllungshandlungen sukzessive erfolgen. Die einzelnen Veräußerungsakte müssen aber in einem gewissen zeitlichen Zusammenhang getätigt werden[1]. Die Veräußerung ist dann erst mit der **letzten der Erfüllungshandlungen beendet** (zum Zeitpunkt der Gewinnrealisation s. Rn. 245). Abs. 1 knüpft zeitlich an die Realisation durch Übertragungsakte (Übergang des wirtschaftlichen Eigentums, Erlangung der Inhaberschaft), nicht an einen etwaigen zugrunde liegenden Verpflichtungsvertrag an.[2] Allerdings ist dem Verpflichtungsvertrag häufig zu entnehmen, dass es sich um einen einheitlichen Vorgang im Sinne einer Veräußerung nach Abs. 1 handelt, weil dort der Betrieb (TB) als Veräußerungsgegenstand (**Unternehmenskauf**) bezeichnet ist. Das Vorliegen **mehrerer Kausalgeschäfte** soll der Annahme einer Veräußerung nicht entgegenstehen, wenn sie auf **einem einheitlichen Entschluss** beruhen.[3] Häufig wird in diesen Fällen allerdings eher eine zeitlich gestreckte BetrAufg. vorliegen (Rn. 175 f.). 57

Soweit die **Einzelübertragungsakte** in verschiedene VZ[4] fallen, tritt auch erst mit der jeweiligen Übertragung **Gewinnrealisation** ein. Eine Rückbeziehung auf den Zeitpunkt des ersten Übertragungsaktes erfolgt ebenso wenig wie umgekehrt eine Erfassung erst im VZ des letzten Übertragungsaktes.[5] Zwar sind die Teil-Übertragungsakte in den jeweiligen VZ ihrer Realisierung zu erfassen, wobei die Buchwerte der veräußerten WG dem jeweiligen Veräußerungserlös gegenüberzustellen sind[6] Allerdings ist – ungeachtet der Zuordnung zu verschiedenen VZ – der Gewinn einheitlich als Veräußerungsgewinn zu qualifizieren.[7] Der Freibetrag nach Abs. 4 ist – nur einmal – bis zur Höchstgrenze zu gewähren, falls nicht die – ebenfalls einheitlich zu bestimmende – Grenze v. 136 000 Euro überschritten wird (s. Rn. 277, 288). Sollte sich erst nach dem letzten Veräußerungsakt herausstellen, dass diese Grenze überschritten ist, ist der ggf. bereits berücksichtigte Freibetrag rückwirkend zu kürzen. Ein bereits bestandskräftiger Steuerbescheid ist gem. § 175 Abs. 1 S. 1 Nr. 2 AO zu korrigieren. Ebenso ist die Tarifermäßigung des § 34 für den im jeweiligen VZ realisierten Gewinn anzuwenden. Die Anwendung des § 34 Abs. 3 ist auf einen Betrag v. fünf Mio. Euro begrenzt. Fällt der Veräußerungsgewinn für einen Veräußerungsvorgang in mehreren VZ an und übersteigt der gesamte Veräußerungsgewinn diesen Betrag, sind die fünf Mio. Euro den verschiedenen VZ nach dem Verhältnis der realisierten Teile des Veräußerungsgewinns zuzuordnen. 58

Die Übertragung muss auf **einen anderen Rechtsträger**, dh. **auf ein anderes Steuersubjekt** erfolgen. Dies sind zunächst nur **nat. Pers. und Körperschaften**. Nach Abkehr v. der Bilanzbündeltheorie ist wegen der getrennten Vermögensmassen § 16 Abs. 1 zutr. auch auf Veräußerungen zw. **mitunternehmerischen** 59

---

1 So im Zusammenhang mit einer BetrAufg. für einen Zeitraum von max. 18 Monaten zwischen erster und letzter Handlung angenommen v. BFH v. 30.8.2012 – IV R 44/10, BFH/NV 2013, 376.

2 Vgl. BFH v. 25.6.2009 – IV R 3/07, BStBl. II 2010, 182 = FR 2010, 329 mit Anm. *Kanzler* (bei Übertragung unter aufschiebender Bedingung erst mit deren Eintritt); v. 24.8.2000 – IV R 42/99, BStBl. II 2003, 67 (zu LuF); so auch für die Haftung des Betriebsübernehmers nach § 75 AO, vgl. v. 7.11.2002 – VII R 11/01, BStBl. II 2003, 226.

3 BFH v. 12.4.1989 – I R 105/85, BStBl. II 1989, 653; v. 14.7.1993 – X R 74/90, X R 75/90, BStBl. II 1994, 15 zu § 7 Abs. 1 EStDV (jetzt § 6 Abs. 3 EStG).

4 Zur Erfassung im VZ der Veräußerung auch bei abweichendem Wj. der MU'schaft vgl. BFH v. 18.8.2010 – X R 8/07, BStBl. II 2010, 1043 Rn. 31 f. = FR 2011, 28 m. Anm. *Kanzler*.

5 BFH v. 17.10.1991 – IV R 97/89, BStBl. II 1992, 392; zu Veräußerungen im Schnittpunkt zweier Kj. vgl. BFH v. 10.3.1998 – VIII R 76/96, BStBl. II 1999, 269.

6 So auch *Kobor*, in Herrmann/Heuer/Raupach, EStG, § 16 Rn. 436.

7 Vgl. BFH v. 19.5.2005 – IV R 17/02, BStBl. II 2005, 637 = FR 2005, 938 m. Anm. *Kanzler*; v. 20.1.2005 – IV R 14/03, BStBl. II 2005, 395.

PersGes. (und MU'ern) und umgekehrt anwendbar (Rn. 32).[1] Insoweit ist die **mitunternehmerische PersGes.** zwar **anderer Rechtsträger, aber nicht Steuersubjekt**. Die durch § 16 Abs. 1 ermöglichten stl. Begünstigungen (§ 16 Abs. 4, § 34) werden allerdings nach § 16 Abs. 2 S. 3, Abs. 3 S. 5 EStG und § 24 Abs. 3 S. 3 UmwStG zutr. versagt, **soweit** auf Veräußerer- und Erwerberseite dasselbe Steuersubjekt steht und bei derselben Person begünstigte Gewinne korrespondierend den lfd. Gewinn minderndes Abschreibungsvolumen generiert würde (s. Rn. 275).

60 **2. Veräußerungspreis/Entgelt.** Abs. 1 erfasst, wie sich zweifelsfrei aus Abs. 2 und 3 ergibt, nur Übertragungen gegen **Entgelt (Veräußerungspreis)**. Entgelt ist dabei jede geldwerte Zuwendung, die der Erwerber oder für ihn ein Dritter dem Veräußerer oder für ihn einem Dritten zuwendet. Maßgebend ist, dass zw. der **Übertragung** der wirtschaftlichen Einheit und einer dafür **aufzuwendenden Gegenleistung** ein **kausaler Zusammenhang** besteht. Die Gegenleistung muss wegen der Übertragung der wirtschaftlichen Einheit aufgewendet werden und sie muss dem Übertragenden oder mit seinem Willen einem Dritten zugute kommen. Die Art der Gegenleistung spielt keine Rolle, es kann sich um Geld (Kaufvertrag), andere WG oder Leistungen (Tausch, tauschähnlich) oder um einmalige oder wiederkehrende Leistungen handeln.

61 Der Betriebsveräußerung liegt normalerweise ein gegenseitiger schuldrechtl. Vertrag zugrunde (Kaufvertrag, Tauschvertrag). Dann gehört die **Gegenleistung** für den Veräußerer zu seinem **Veräußerungspreis** und führt beim Erwerber zu **AK**. Auf eine derartige **Korrespondenz kommt es** aber letztlich **nicht an**. Einerseits können die AK auch weitere Aufwendungen umfassen, die nicht dem Veräußerer zugute kommen (zB GrESt, Notarkosten). Andererseits kann wegen der Übertragung beim Veräußerer eine Vermögensmehrung eintreten, ohne dass der Erwerber eigene Aufwendungen hat (zB bei einem Zuschuss von dritter Seite). Für Abs. 1 ist allein darauf abzustellen, dass wegen der Übertragung **beim Veräußerer** (oder einem v. ihm begünstigten Dritten) ein **geldwerter Vermögenszugang** eintritt, gleichgültig, ob dem auf Seiten des Erwerbers Aufwendungen entsprechen oder nicht. Der Vermögenszugang muss allerdings **kausal** auf die **Übertragung** zurückzuführen sein.

62 Die entgeltliche Veräußerung unterscheidet sich v. der unentgeltlichen Übertragung dadurch, dass bei der **Veräußerung** dem **Vermögensabgang** durch die Übertragung ein **Vermögenszugang entspricht**, während genau dies bei der unentgeltlichen Übertragung nicht der Fall ist. Die **unentgeltliche Übertragung** ist durch eine einseitige **Entreicherung um den Übertragungsgegenstand** gekennzeichnet.

63 Daher stellt die **gesellschaftsrechtl. Einbringung v. Betrieben** usw. in eine KapGes. und in eine PersGes. **keine unentgeltliche Übertragung** dar, weil sie zu keiner Entreicherung führt. Als leges speciales greifen dabei aber §§ 20, 24 UmwStG ein, die dem StPfl. hinsichtlich der Versteuerung eines Veräußerungsgewinns iSd. § 16 Wahlrechte geben (s. Rn. 19, 23 ff.). Den umgekehrten Fall, die **Realteilung einer PersGes.**, wertet § 16 Abs. 3 S. 2 weder als Veräußerung noch als unentgeltliche Übertragung, sondern als Fall der BetrAufg. (Rn. 179).

64 Die **Übernahme v. Schulden** kann ebenfalls Entgelt darstellen (s. Rn. 248). Allerdings ist hierbei zu differenzieren. Denn der Betrieb oder TB iSd. Abs. 1 umfasst vermögensmäßig sowohl die **aktiven WG des BV** als auch die **Betriebsschulden als passive WG des BV**. Soweit daher der Betrieb (TB) mit Aktiva und Passiva veräußert wird, stellen die v. Erwerber übernommenen (Teil)**Betriebsschulden kein Entgelt** dar.[2] Sie **mindern** vielmehr v. vornherein den **Wert des BV** als Saldo aus Aktiva und Passiva. Dies wird auch v. Abs. 2 bestätigt, der als Veräußerungsgewinn gerade den Unterschiedsbetrag zw. Veräußerungspreis und Wert des BV (= Kapital) abzgl. Veräußerungskosten bezeichnet. Daher stellt sich die Übertragung eines Betriebes (TB) mit allen Aktiva und Passiva ohne Zahlung eines Kaufpreises oder Gewährung sonstiger Vorteile und ohne Übernahme anderer Verbindlichkeiten grds. als eine einheitliche unentgeltliche Übertragung dar, sodass nach § 6 Abs. 3 für die Aktiva und Passiva die bisherigen Buchwerte fortzuführen sind.

65 Dies gilt auch, wenn der buchmäßige Wert des BV negativ ist (**negatives Kapitalkonto**), sofern erhebliche stille Reserven vorhanden sind.[3] Anders kann es allerdings sein, wenn der tatsächliche Wert des BV negativ ist, dh. die Verbindlichkeiten die Aktiva – auch unter Berücksichtigung stiller Reserven – übersteigen. Hier geht die Rspr. zutr. davon aus, dass dann auch bei bloßer Übernahme v. Aktiva und Passiva ein entgeltlicher Erwerb vorliegen kann. In diesem Falle kann die **Übernahme** (zumindest) der (überschießenden) **Passiva** für den Veräußerer **Entgelt** darstellen und für den Erwerber liegt dann ein entgeltlicher Er-

---

1 BFH v. 20.2.2003 – III R 34/01, BStBl. II 2003, 700 = FR 2003, 658 m. Anm. *Wendt*.

2 BFH v. 10.3.1998 – VIII R 76/96, BStBl. II 1999, 269; v. 5.7.1990 – GrS 4–6/89, BStBl. II 1990, 847; BMF v. 13.1.1993, BStBl. I 1993, 80 Rn. 29.

3 BFH v. 10.3.1998 – VIII R 76/96, BStBl. II 1999, 269 mwN.

werb mit AK vor.[1] Nach der Rspr. soll insoweit entscheidendes Kriterium sein, ob seitens der Beteiligten subj. eine Schenkung beabsichtigt ist. Eine Schenkung kommt neben engen Familienangehörigen auch ggü. ArbN in Betracht.[2] Die unentgeltliche Übertragung bei negativem tatsächlichen Wert des BV wäre dann ihrerseits eine außerbetrieblich veranlasste Zuwendung des Erwerbers an den Übertragenden, sodass ersterer dann gerade keinen Gewinn aus § 16 erzielt.

Die **Übernahme v. Schulden** (etwa in Anrechnung auf den Kaufpreis), **die nicht zum BV** des übertragenen Betriebs (TB) gehören, stellt dagegen grds. **Entgelt** dar.[3] Dasselbe gilt, soweit der (Teil)Betrieb zur **Tilgung v. privaten Verbindlichkeiten des Veräußerers erfüllungshalber oder an Erfüllungs statt** übertragen wird, zB zur Abgeltung v. Unterhaltsansprüchen oder eines Zugewinnausgleichs nach Scheidung,[4] es sei denn, die Verbindlichkeit ist ihrerseits durch Schenkung oder Erbfall begründet (Rn. 81). Ob die Gegenleistung BV wird oder nicht, ist für den Begriff der entgeltlichen Veräußerung unerheblich. Dies muss jedenfalls für § 16 gelten, der gerade v. der Beendigung der betrieblichen Tätigkeit ausgeht. Eine nicht betrieblich veranlasste Veräußerung kann es hier nicht geben. 66

3. Veräußerung gegen wiederkehrende Bezüge. Die Betriebsveräußerung gegen Raten, Renten oder andere wiederkehrende Bezüge – sog. **Gegenleistungsrente** – ist abzugrenzen v. der **Vermögensübertragung gegen private Versorgungsleistungen** (Rn. 113; § 10 Rn. 12; § 22 Rn. 11 f.). Unter Fremden besteht eine Vermutung für eine (entgeltliche) Veräußerung, während unter Familienangehörigen (insbes. Eltern/Kinder) hingegen eine nur schwer widerlegbare Vermutung[5] für eine unentgeltliche Übertragung gegen sog. Versorgungsleistungen besteht.[6] Zur Widerlegung resp. zur Annahme einer (entgeltlichen) Veräußerung unter Familienangehörigen müssen die Beteiligten Leistung und Gegenleistung gegeneinander abgewogen haben und subj. v. der Gleichwertigkeit ausgegangen sein.[7] 67

Soweit danach eine Veräußerung vorliegt, ist der Veräußerungsgewinn grds. im VZ der Gewinnverwirklichung durch Übertragung des Betriebs zu besteuern. Der Ermittlung des Veräußerungsgewinnes ist der Kapitalwert der wiederkehrenden Bezüge zugrunde zu legen.[8] Der Gewinn ist auch hier nach § 16 Abs. 4, § 34 begünstigt. § 34 findet allerdings keine Anwendung, soweit für Anteile an KapGes. nach § 3 Nr. 40 S. 1 lit. b) das Teileinkünfteverfahren Anwendung findet (s. § 34 Rn. 21). Die in den wiederkehrenden Bezügen enthaltenen Zinsanteile sind nach § 20 Abs. 1 Nr. 7[9] oder nach § 22 Nr. 1 bei Leibrenten[10] im Zeitpunkt des jeweiligen Zuflusses (§ 11) zu besteuern, wenn die Forderung notwendiges PV sein sollte.[11] Für Betriebsveräußerungen sollte allerdings richtigerweise davon ausgegangen werden, dass die Kaufpreisforderung/die Gegenleistungsrente BV bleibt (Rn. 270) sodass auch die Zinsanteile zu nachträglichen BE (§ 24 Nr. 2) führen. Dann käme die Gewährung des Sparerpauschbetrags (§ 20 Abs. 9) sowie die Anwendung des § 32d wegen § 20 Abs. 8 aber nicht in Betracht. 68

Für **Leibrenten, Kaufpreisraten mit Laufzeit v. mindestens zehn Jahren** und **langlaufende Zeitrenten**, sofern auch der Versorgung dienend, gewährt die FinVerw.[12] im Anschluss an die Rspr. zu wagnisbehafteten Bezügen[13] ein **Wahlrecht**, auch bei Teilbetriebsveräußerung.[14] Die Rspr. versteht die Sofortbesteue- 69

---

1 BFH v. 10.3.1998 – VIII R 76/96, BStBl. II 1999, 269; v. 7.2.1995 – VIII R 36/93, BStBl. II 1995, 770; v. 21.4.1994 – IV R 70/92, BStBl. II 1994, 745.
2 BFH v. 10.3.1998 – VIII R 76/96, BStBl. II 1999, 269 mwN; FG Düss. v. 19.1.2010 – 13 K 4281/07 F, EFG 2010, 803 (Rev. IV R 9/10 als unzulässig verworfen).
3 BFH v. 5.7.1990 – GrS 4–6/89, BStBl. II 1990, 847; v. 22.9.1994 – IV R 61/93, BStBl. II 1995, 367.
4 BFH v. 31.7.2002 – X R 48/99, BStBl. II 2003, 282 = FR 2003, 354 m. Anm. *Kanzler*.
5 Vgl. aber BFH v. 30.7.2003 – X R 12/01, BStBl. II 2004, 211.
6 BFH v. 10.3.1998 – VIII R 76/96, BStBl. II 1999, 269 mwN.
7 So BMF v. 16.9.2004, BStBl. I 2004, 922 Rn. 4 im Anschluss an BFH v. 16.12.1993 – X R 67/92, BStBl. II 1996, 669 = FR 1994, 257 m. Anm. *Weber-Grellet*; v. 30.7.2003 – X R 12/01, BStBl. II 2004, 211.
8 Nach Ansicht der FinVerw. (R 16 Abs. 11 EStR) ist das BewG und ein Zinssatz v. 5,5 % anzuwenden, falls nichts anderes vereinbart worden ist.
9 BFH v. 19.5.1992 – VIII R 37/90, BFH/NV 1993, 87 (für Zeitrenten).
10 BFH v. 17.12.1991 – VIII R 80/87, BStBl. II 1993, 15 = FR 1992, 622 m. Anm. *Fischer* (für Leibrenten, allerdings zu § 17).
11 So BFH v. 16.12.1997 – VIII R 11/95, BStBl. II 1998, 379; offen nach BFH v. 19.8.1999 – IV R 67/98, BStBl. II 2000, 179 = FR 2000, 97 m. Anm. *Kanzler*.
12 R 16 Abs. 11 EStR zu Leibrente und H 16 Abs. 11 EStH zu länger dauernden Bezügen.
13 Die Rechtsentwicklung schildert instruktiv BFH v. 17.7.2013 – X R 40/10, BStBl. II 2013, 883: 1. Phase des RFH: Zwang zur Zuflussbesteuerung (Rn. 16–23); 2. Phase des BFH: Wahlrecht zwischen Sofort- u. Zuflussbesteuerung (Rn. 24–29) = FR 2013, 1001 m. Anm. *Nöcker* (inzident zur GewStPfl. nach Umwandlung einer KapGes. gem. § 18 Abs. 4 UmwStG); v. 18.11.2014 – IX R 4/14, BStBl. II 2015, 526 Rn. 12 = FR 2015, 807 mit Anm. *Weber-Grellet* (zu § 17); v. 20.7.2010 – IX R 45/09, BStBl. II 2010, 969 Rn. 16 = FR 2010, 1092 m. Anm. *Bode*.
14 BFH v. 26.7.1984 – IV R 137/82, BStBl. II 1984, 829.

rung zutr. als den gesetzlichen Normalfall und das Wahlrecht als eine teleologische Ausnahmeregelung, die von den Grundsätzen der Verhältnismäßigkeit und Billigkeit geleitet ist.[1] Danach kann statt einer Sofortversteuerung nach §§ 16, 34 auch eine **nachgelagerte** (Zufluss-)**Besteuerung nach § 15 iVm. § 24 Nr. 2** gewählt werden.[2] Es entfällt dann allerdings die Begünstigung nach § 16 Abs. 4 und § 34. Das Wahlrecht kann unter Beachtung v. § 351 AO grds. auch noch im Einspruchsverfahren gegen einen geänderten Steuerbescheid ausgeübt werden.[3] Bereits bei Zufluss sind die Raten in einen Zins- und Tilgungsanteil aufzuteilen.[4] Der Zinsanteil unterliegt sofort der Besteuerung, der Tilgungsanteil führt erst nach Verrechnung mit dem Buchwert zu nachträglichen Einkünften aus GewBetr. Soweit er auf Anteile an KapGes. entfällt, ist allerdings die Befreiung nach § 3 Nr. 40 S. 1 lit. b zu beachten.[5] Für einen neben den lfd. Bezügen gewährten **Einmalbetrag** besteht das Wahlrecht nicht. Übersteigt er den Buchwert, ist er insoweit nach § 16 Abs. 4, § 34 begünstigt.[6] Ebenso ist die nachträgliche Ablösung wiederkehrender Bezüge durch eine Einmalzahlung nach §§ 16, 34 begünstigt.[7] Zwingend (dh. ohne Wahlrecht) ist bei fortdauernder Beteiligung an den Betriebsergebnissen eine Zuflussbesteuerung als laufender Gewinn bei **umsatz- oder gewinnabhängigen Bezügen**. Denn bei gewinnabhängigen Kaufpreisentgelten – sog. Gewinnvorabmodelle – erfolgt auch die Gewinnrealisation erst mit dem Zufluss.[8]

70 Der **Erwerber** hat die Verbindlichkeit mit ihrem **versicherungsmathematischen Barwert** zu passivieren und als AK den Barwert auf die materiellen und immateriellen WG einschl. Geschäftswert zu verteilen.[9] Fällt die Verbindlichkeit durch Tod des Berechtigten weg, ist sie gewinnerhöhend (also ohne Auswirkung auf die AK) aufzulösen.[10] Eine Erhöhung wegen einer **Wertsicherungsklausel** beeinflusst die AK ebenfalls nicht. Sie ist erfolgswirksam ab Eintritt zu passivieren.[11] Bei Erwerb gegen umsatz- und gewinnabhängige Bezüge entstehen AK erst mit jeweiliger Entstehung der Umsatz- oder Gewinnansprüche. Bis dahin sind die Buchwerte zunächst erfolgsneutral fortzuführen.[12] Dies gilt gleichermaßen für materielle wie immaterielle WG.

C. Unentgeltliche und teilentgeltliche Übertragungen nach § 6 Abs. 3 und § 16 Abs. 1

71 **I. Allgemeine Abgrenzung zur Veräußerung. § 6 Abs. 3** enthält für die unentgeltliche Übertragung eines Betriebes, TB und MU'anteils lediglich eine **Bewertungsvorschrift**. Danach sind für den **Übertragenden** die sich nach den Vorschriften über die Gewinnermittlung ergebenden **(Buch-)Werte** anzusetzen und der **Übernehmende** hat diese **(Buch-)Werte fortzuführen**. Dadurch wird die unentgeltliche Übertragung für den Übertragenden zu einem **gewinnneutralen Vorgang**. Die Buchwertfortführung durch den Erwerber führt allerdings zu einer **interpersonellen Verlagerung stiller Reserven** v. Übertragenden auf den Erwerber. **Nicht in § 6 Abs. 3** ist geregelt, wann **tatbestandsmäßig** eine unentgeltliche Übertragung vorliegt

1 BFH v. 26.4.2018 – III R 12/17, BFH/NV 2018, 948 Rn. 21 mwN; v. 17.7.2013 – X R 40/10, BStBl. II 2013, 883 Rn. 29 = FR 2013, 1001, m. Anm. *Nöcker*; v. 14.5.2002 – VIII R 8/01, BStBl. II 2002, 532 = FR 2002, 877 m. Anm. *Loose* u. *Seeger*.

2 Zu Vorteilhaftigkeitsüberlegungen vgl. *Kiesewetter/Schipke*, DB 2004, 1677.

3 BFH v. 26.4.2018 – III R 12/17, BFH/NV 2018, 948 Rn. 27; v. 8.3.2005 – IV B 73/03, BFH/NV 2005, 1531. Wird die Wahl nicht (ordnungsgemäß) ausgeübt, ist die Sofortversteuerung der Normalfall, s. v. 12.5.1999 – IV B 52/98, BFH/NV 1999, 1330.

4 Siehe auch § 17 Rn. 77 mwN; zur Veräußerung von (anderem) Privatvermögen gegen wiederkehrende Leistungen BFH v. 25.11.1992 – X R 91/89, BStBl. II 1996, 666; v. 26.11.1992 – X R 187/87, BStBl. II 1993, 298 = FR 1993, 198 m. Anm. *Schmidt* = FR 1993, 334 m. Anm. *Fischer*; für § 16 EStG wohl auch *Wacker* in Schmidt[37], § 16 Rn. 245; **aA** aber FG Hess. v. 14.7.2016 – 12 K 1197/15, DStRE 2018, 462 Rn. 20 (Rev. X R 12/17).

5 So H 16 Abs. 11 EStH und BMF v. 3.8.2004, BStBl. I 2004, 1187; BFH v. 18.11.2014 – IX R 4/14, BStBl. II 2015, 526 Rn. 21 ff. = FR 2015, 807 (m. Anm. *Weber-Grellet)* hat offengelassen, ob eine Aufteilung in Zins- und Tilgungsanteil zu erfolgen hat. Dort auch zur Frage der Anwendbarkeit der Befreiung nach § 3 Nr. 40 lit. c) bei Veräußerung von wesentlichen Beteiligungen nach § 17 und Wahl der Zuflussbesteuerung.

6 BFH v. 10.7.1991 – X R 79/90, BFHE 165, 75.

7 BFH v. 14.1.2004 – X R 37/02, BStBl. II 2004, 493 = FR 2004, 582 m. Anm. *Weber-Grellet*.

8 BFH v. 27.10.2015 – VIII R 47/12, BStBl. II 2016, 600 Rn. 38, 46 f. = GmbHR 2016, 317 m. Anm. *Fuhrmann*, und Anm. *Levedag*, HFR 2016, 309; v. 6.5.2010 – IV R 52/08, BStBl. II 2011, 261 Rn. 29; v. 14.5.2002 – VIII R 8/01, BStBl. II 2002, 532 = FR 2002, 877 m. Anm. *Seeger*.

9 BFH v. 31.8.1994 – X R 58/92, BStBl. II 1996, 672; v. 29.1.1992 – X R 193/87, BStBl. II 1992, 465; sa. BFH v. 27.10. 2015 – VIII R 47/12, BStBl. II 2016, 600 Rn. 37, 47 (zur Veräußerung von MU'anteilen gegen bestimmbare Kaufpreise, die aus zukünftigen Gewinnanteilen der Erwerber zu erbringen waren).

10 BFH v. 23.5.1991 – IV R 48/90, BStBl. II 1991, 796.

11 BFH v. 9.2.1994 – IX R 110/90, BStBl. II 1995, 47 = FR 1994, 782 m. Anm. *Drenseck*.

12 S. *Wacker* in Schmidt[37], § 16 Rn. 235; BFH v. 6.5.2010 – IV R 52/08, BStBl. II 2011, 261 Rn. 29 = FR 2010, 941 m. Anm. *Kempermann* (für Nießbrauch an Gewinnbeteiligung als „Veräußerungsentgelt") unter Berufung auf BFH v. 14.5.2002 – VIII R 8/01, BStBl. II 2002, 532 = FR 2002, 877 m. Anm. *Loose*.

(s. § 6 Rn. 195). Dies ergibt sich lediglich **negativ aus § 16** und ergänzend aus §§ 20, 24 UmwStG. Zur Übernahme v. Schulden als Entgelt s. Rn. 64 ff.

Die **unentgeltliche Übertragung v. Betrieben, TB und MU'anteilen** ist negativ dadurch gekennzeichnet, dass sie **nicht gegen Entgelt (Veräußerungspreis)** erfolgt. Dadurch unterscheidet sie sich v. der **Veräußerung nach § 16 Abs. 1**. Sie führt dazu, dass der Betrieb, TB oder MU'anteil als **Organisationseinheit zur Erzielung gewerblicher Einkünfte** nach § 15 für den Erwerber erhalten bleibt. Die wirtschaftliche Einheit wird gerade **nicht zerschlagen**. Dadurch unterscheidet sie sich v. der **BetrAufg. nach § 16 Abs. 3**. Die unentgeltliche Übertragung führt unter Durchbrechung des Grundsatzes der subjektbezogenen Einkünfteermittlung und der Individualbesteuerung zu einer interpersonellen Verlagerung stiller Reserven v. Übertragendem auf den unentgeltlichen Rechtsnachfolger als Erwerber.[1] Dadurch unterscheidet sie sich v. den **Einbringungen nach §§ 20, 24 UmwStG**. Bei diesen wird entweder noch v. Einbringenden Gewinn realisiert oder die stillen Reserven verbleiben bei (bei § 20 UmwStG auch, bei § 24 UmwStG allein) dem Übertragenden. Unter § 4 Abs. 1 als **Entnahme** für den Übertragenden und als **Einlage** für den Übernehmenden fällt sie deshalb nicht, weil dort ein bestehender Betrieb vorausgesetzt wird, dem Einzel-WG entnommen oder zugeführt werden. 72

Schon der systematische Zusammenhang zw. § 6 Abs. 3 und § 16 (sowie §§ 20, 24 UmwStG) wie auch die insoweit weitgehend übereinstimmende Terminologie in der gesetzlichen Bezeichnung der betroffenen wirtschaftlichen Einheiten erfordern jedenfalls im Grundsätzlichen eine **übereinstimmende Auslegung hinsichtlich der Begriffe Betrieb, TB und MU'anteil**.[2] Für § 6 Abs. 3 ergeben sich insoweit allerdings **zwei str. Problemkreise**. Einmal geht es darum, ob wie bei § 16 Abs. 1 S. 1 die **100-prozentige Beteiligung an einer KapGes.** dem TB gleichzustellen ist. Die uneinheitliche, umstrittene Rechtsanwendung des TB ist in Rn. 51 dargestellt, wohin an dieser Stelle verwiesen wird. Zum anderen ist str., wie die **wesentlichen Betriebsgrundlagen** zu bestimmen sind. Dabei ist im Ausgangspunkt übereinstimmend festzustellen, dass auch die unentgeltliche Übertragung einerseits die Übertragung der für die Fortführung des Betriebs durch den/die unentgeltlichen Rechtsnachfolger wesentlichen Betriebsgrundlagen verlangt, aber andererseits auch genügen lässt. **Abweichend v. Übertragungen iSd. § 16** ist die **Wesentlichkeit ausschließlich funktional** zu bestimmen.[3] Quantitative Gesichtspunkte des Vorhandenseins stiller Reserven spielen keine Rolle, weil dem Telos des § 6 Abs. 3 – die Fortführung des Betriebs/Teilbetriebs durch den unentgeltlichen Erwerber zu begünstigen – auch dann entsprochen wird, wenn lediglich funktional bedeutsames BV übertragen wird, da quantitativ wesentliches BV für den Betrieb (und dessen Fortführung) gerade nicht erforderlich ist. Die Begünstigung des § 34 und § 16 Abs. 4, die bei § 16 Abs. 1 die Einbeziehung quantitativ bedeutsamen BV verlangt (Rn. 37 f.), spielt hier gerade keine Rolle. Soweit nur **quantitativ bedeutsames BV in das PV** überführt wird, ist ein **lfd. Entnahmegewinn** und kein nach § 16 Abs. 4, § 34 begünstigter Betriebsaufgabegewinn zu besteuern.[4] 73

Unerlässlich auch für die unentgeltliche Übertragung des ganzen Betriebes oder TB ist grds. die **Beendigung** der bisherigen **gewerblichen Tätigkeit** durch den Übertragenden (sa. Rn. 34 ff.). Anderes gilt allerdings für die nunmehr in § 6 Abs. 3 S. 1 HS 2 ausdrücklich gesetzlich geregelte unentgeltliche **Übertragung eines Teilanteils an einem MU'anteil** und die **Einbringung eines Einzelunternehmens** in eine MU'schaft zugunsten der **unentgeltlichen Aufnahme einer nat. Pers. als MU'er**. Wird eine nat. Pers. unentgeltlich in eine bestehende PersGes. aufgenommen, liegt insoweit für die übrigen MU'er die Übertragung v. Teilanteilen ihrer MU'anteile vor. Jedenfalls für diese Konstellation der Fortsetzung der bisherigen gewerblichen Tätigkeit im Rahmen einer gemeinsamen MU'schaft ist die Beendigung der bisherigen gewerblichen Tätigkeit nicht erforderlich. Eine unentgeltliche Übertragung eines ganzen Betriebs, TB oder MU'anteils liegt auch dann vor, wenn sich der Übertragende ein **Nießbrauchsrecht** vorbehält (s. § 6 Rn. 195). Allerdings will der BFH bei GewBetr. darauf § 6 Abs. 3 nicht anwenden, weil der Übertragende in diesem Falle seinen GewBetr. gerade nicht eingestellt habe.[5] Anders judiziert der BFH (IV. Senat) aber für Betriebe der LuF.[6] Die unterschiedliche Behandlung vermag nicht zu überzeugen. 74

---

1 Siehe dazu auch BFH v. 2.8.2012 – IV R 41/11, BFHE 238, 135 = FR 2012, 1113 m. Anm. *Kanzler*; v. 6.5.2010 – IV R 52/08, BStBl. II 2011, 261 Rn. 13.

2 Es ist allerdings eine beklagenswerte Gesetzgebungstechnik, wenn in § 6 Abs. 3, in § 16 Abs. 1 S. 2 und in § 16 Abs. 3 S. 2 jeweils unterschiedliche Begriffe für den Anteil eines MU'ers verwendet werden; ebenso in § 6 Abs. 5, § 6b Abs. 10 und § 15 Abs. 1 S. 2 zur sog. MU'schaft.

3 BFH v. 7.4.2010 – I R 96/08, BStBl. II 2011, 467 Rn. 24 = FR 2010, 890 m. Anm. *Benecke/Staats*; v. 6.5.2010 – IV R 52/08, BStBl. II 2011, 261 Rn. 18 = FR 2010, 941 mit Anm. *Kempermann*; v. 2.10.1997 – IV R 84/96, BStBl. II 1998, 104.

4 BFH v. 19.2.1981 – IV R 116/77, BStBl. II 1981, 566.

5 BFH v. 25.1.2017 – X R 59/14, BFHE 257, 227 Rn. 41 ff. = FR 2017, 1055 m. krit. Anm. *Wendt*; v. 12.6.1996 – XI R 56/95, XI R 57/95, BStBl. II 1996, 527; **aA** aber *Dräger*, DB 2017, 2768; *Hübner/Friz*, DStR 2017, 2353.

6 BFH v. 7.4.2016 – IV R 38/13, BStBl. II 2016, 765 Rn. 24 ff.; zur Betriebsverpachtung s. v. 12.12.2013 – IV R 38/13, BStBl. II 2014, 316 Rn. 20 ff.

75 Um zur Anwendung des § 6 Abs. 3 zu gelangen, muss das **funktional wesentliche BV** (bei Übertragung eines MU'anteils auch das funktional wesentliche SBV) mitübertragen werden. Ansonsten ist eine BetrAufg. iSd Abs. 3 (s. Rn. 175 ff.) anzunehmen (§ 6 Rn. 203). Davon macht die neuere BFH-Rspr. aber eine Ausnahme, wenn das zurückbehaltene wesentliche BV zeitgleich oder zumindest in einem engen zeitlichen Zusammenhang einem anderen BV nach § 6 Abs. 5 zum Buchwert zugeführt wird.[1] Der IV. Senat geht – entgegen der Auffassung der FinVerw. – zutr. davon aus, dass die Buchwertfortführung zeitlich nebeneinander sowohl nach § 6 Abs. 5 als auch nach § 6 Abs. 3 zur Anwendung kommen kann. Wird die betriebliche Einheit, trotz Überführung/Übertragung einzelner, wenn auch funktional wesentlicher Betriebsgrundlagen zum Buchwert gem. § 6 Abs. 5 EStG, nicht zerschlagen, sondern geht sie als weiterhin funktionsfähige Einheit auf den unentgeltlichen Rechtsnachfolger über, so bleibt es bei der Anwendung der Buchwertfortführung auch iRd. § 6 Abs. 3.[2] Das muss auch dann gelten, wenn ein Betrieb in funktionsfähige Teilbetriebe gegliedert wird und die Teilbetriebe unentgeltlich an verschiedene Erwerber im Wege der vorweggenommenen Erbfolge übertragen werden.

76 Werden bei unentgeltlicher Rechtsnachfolge in eine der in § 6 Abs. 3 genannten Einheiten in einem engen zeitlichen Zusammenhang zuvor einzelne WG des **funktional wesentlichen BV** dieser Gesamtheit zurückbehalten und durch Entnahme in **PV überführt oder an Dritte gegen Entgelt veräußert**, ist auf das verbliebene, unentgeltlich übertragene BV § 6 Abs. 3 gleichwohl ebenfalls anzuwenden.[3] Die vom IV. Senat vorgenommene Auslegung des § 6 Abs. 3 ist zumindest gut vertretbar, weil es bei § 6 Abs. 3 S. 1 – anders als bei § 16 – nicht darum geht, eine begünstigende Besteuerung eines Veräußerungsgewinns nur bei einheitlicher Aufdeckung aller stillen Reserven zu gewähren. Daher ist § 6 Abs. 3 S. 1 auch dann anwendbar, wenn auf den Nachfolger einzelne bisher funktional wesentliche WG nicht übertragen werden, sofern dem Nachfolger die Fortsetzung des übertragenen Betriebs oder TB als **weiterhin funktionsfähige Einheit** mit den unentgeltlich übertragenen WG gleichwohl ermöglicht wird. Die im Zuge einer unentgeltlichen Betriebsübertragung iSd § 6 Abs. 3 **in das PV überführten/entnommenen oder an Dritte veräußerten WG** lösen einen lfd. (Entnahme-/Veräußerungs-)Gewinn aus, der nicht nach §§ 16, 34 begünstigt ist.

77 **II. Erbfall. 1. Alleinerbe.** Der Erbfall ist – neben der Schenkung unter Lebenden – der klassische Fall der unentgeltlichen Übertragung eines Betriebes iSd. § 6 Abs. 3. Beim Erblasser liegt weder eine gewinnrealisierende Veräußerung noch eine BetrAufg. vor. Der Erbe übernimmt den Betrieb mit den Buchwerten. Ein Wahlrecht zur Aufstockung auf die gemeinen Werte oder TW besteht nicht.[4] Der Erbe tritt auch **stl. in die Rechtstellung des Erblassers** ein, sodass er zwingend ab dem Erbfall gewerbliche Einkünfte (zu luf. Einkünften s. § 14 Rn. 9; zu freiberuflichen Einkünften s. § 18 Rn. 34) erzielt.[5] Dies gilt selbst dann, wenn er unmittelbar nach dem Erbfall den Betrieb veräußert oder aufgibt. Der **Veräußerungs**- oder Aufgabegewinn nach § 16 ist dann dem **Erben zuzurechnen**.[6] Daran ändert sich auch nichts, wenn die Veräußerung noch auf ein Verhalten des Erblassers zurückzuführen ist, aber erst v. Erben vollzogen wird, zB zur Erfüllung eines noch v. Erblasser abgeschlossenen Kaufvertrages oder zur Erfüllung einer v. ihm angeordneten Aufl.[7] Ein bis zum Erbfall angefallener Gewinn ist noch dem Erblasser zuzurechnen, sodass im Todesjahr regelmäßig eine zeitanteilige Aufteilung des lfd. Gewinns vorzunehmen ist. Eine BetrAufg. noch durch den Erblasser liegt allerdings vor, wenn in der Hand des Erben wegen dessen Rechtsform ein GewBetr. nicht mehr vorliegen kann, wenn zB mit dem Tode des Erblassers eine BetrAufsp. endet, weil die personelle Verflechtung zwischen Besitz- u. Betriebsunternehmen (s. § 15 Rn. 90 ff., 110 f.) nicht mehr besteht.

78 Auf den Erben geht ein **Verlustvortrag nach § 10a GewStG** nicht über.[8] Hinsichtlich eines Verlustabzugs nach § 10d war dies str. Der Große Senat hat mit Beschl. v. 7.12.2007[9] entschieden, dass der Erbe einen v.

---

1 BFH v. 2.8.2012 – IV R 41/11, BFHE 238, 135 = FR 2012, 1113 m. Anm. *Kanzler*; sa. Anm. *Blumers*, DB 2013, 1625; sa. BFH v. 12.5.2016 – IV R 12/15, BFHE 253, 556 = FR 2016, 952 m. Anm. *Wendt*; nach wie vor aber (vorläufiger) Nichtanwendungserl. in BMF v. 12.9.2013, BStBl. I 2013, 1164 iVm. BMF v. 3.3.2005, BStBl. I 2005, 458 Rn. 7.

2 **AA** unverändert *Wacker* in Schmidt[37], § 16 Rn. 15 (danach verlange § 6 Abs. 3 – wie früher § 7 Abs. 1 EStDV und entgegen der Rspr. des IV. Senats – die Übertragung aller funktional wesentlichen Betriebsgrundlagen).

3 BFH v. 9.12.2014 – IV R 29/14, BFHE 247, 449 = FR 2015, 457 mit Anm. *Wendt*; s. aber krit. Anm. v. *Kulosa* in Schmidt[37], § 6 Rn. 650.

4 Das gilt spätestens seit dem VZ 1999 mit der gesetzlichen Regelung in § 6 Abs. 3. Für die Zeit davor entsprach es ebenfalls der hM (BFH v. 9.5.1996 – IV R 77/95, BStBl. II 1996, 476; v. 22.9.1994 – IV R 61/93, BStBl. II 1995, 367), war aber str.

5 BFH v. 5.7.1990 – GrS 2/89, BStBl. II 1990, 837; v. 24.1.1996 – X R 14/94, BStBl. II 1996, 287.

6 BFH v. 17.10.1991 – IV R 97/89, BStBl. II 1992, 392.

7 BFH v. 11.8.1998 – VII R 118/95, BStBl. II 1998, 705.

8 BFH v. 7.12.1993 – VIII R 160/86, BStBl. II 1994, 331.

9 BFH v. 17.12.2007 – GrS 2/04, BStBl. II 2008, 608 = FR 2008, 457 m. Anm. *Kanzler* (sa. *Paus*, FR 2008, 452; *Crezelius*, FR 2009, 881).

Erblasser nicht ausgenutzten Verlustabzug nicht bei seiner Veranlagung geltend machen kann (s. § 10d Rn. 6).

Bei **Ausschlagung** der Erbschaft gilt zivilrechtl. der Anfall an den Ausschlagenden nicht als erfolgt, § 1953 BGB. Der Nachlass gilt insoweit bereits mit dem Todesfall auf den endg. (nicht ausschlagenden) Erben als übergegangen. Stl. ist dem jedenfalls dann nicht zu folgen, wenn die Ausschlagung zugunsten des endg. Erben **entgeltlich** erfolgt. Dann ist v. einem unentgeltlichen Übergang auf den Ausschlagenden auszugehen und v. einer Betriebsveräußerung an den endg. Erben.[1] Der Ausschlagende verwirklicht den Veräußerungstatbestand nach § 16 Abs. 1 S. 1 und dem endg. Erben entstehen AK. Anders ist zu entscheiden, wenn die Ausschlagung **unentgeltlich** zugunsten des endg. Erben erfolgt. Dann liegt ein **zweifacher unentgeltlicher Erwerb** nach § 6 Abs. 3 vor, nämlich v. Erblasser an den Ausschlagenden und v. diesem an den endg. begünstigten Erben. Auch bei der **Vor- und Nacherbschaft** ist ertragstl. v. einer zweifachen unentgeltlichen Übertragung auszugehen. Dagegen liegt ein entgeltlicher Erwerb insoweit vor, als dem Ausschlagenden für die Ausschlagung ein Nießbrauch am Betrieb eingeräumt wird.[2] Besteht der Nachlass aus einem Betrieb, TB, MU'anteil oder eines mind. 50-prozentigen KapGes.-Anteils iSd. § 10 Abs. 1a Nr. 2 (s. § 10 Rn. 12f.), ist die **Ausschlagung gegen Zusage v. Versorgungsbezügen** jedoch als unentgeltliche Übertragung zu qualifizieren.[3] 79

Vom Erben zu erfüllende **Erbfallschulden** (Vermächtnisse, Pflichtteilsanspr., Abfindungsschulden nach der HöfeO)[4] stellen kein Entgelt für den Erwerb dar. Es liegt daher **keine Betriebsveräußerung durch den Erblasser** oder durch die Begünstigten vor. Entsprechend entstehen beim **Erben** mangels entgeltlichen Erwerbs **keine AK**. Die entspr. Schulden sind **keine Betriebsschulden**, sodass **Zinsen nicht** als **BA** abzugsfähig sind.[5] Dies gilt auch nach einer Ablösung durch ein Darlehen oder einer Novation.[6] Muss ein Vermächtnisnehmer hingegen für den Erwerb des vermachten WG eine Gegenleistung aufbringen (sog. **Kaufvermächtnis**), liegt insoweit eine entgeltliche Veräußerung und ein entsprechender Erwerb vor.[7] 80

Sachvermächtnisse hinsichtlich einzelner WG führen zu einem Entnahmegewinn (erst) beim Erben,[8] gleichgültig, ob das WG beim Vermächtnisnehmer in ein BV oder PV überführt wird. Bei einem **Vorausvermächtnis** zugunsten eines (Mit) Erben ist bei Überführung in dessen BV nach § 6 Abs. 5 S. 3 zwingend der Buchwert fortzuführen, weil er zumindest für eine jur. Sekunde MU'er wird (Rn. 84f.). Werden **Geldvermächtnisse** oder sonstige Erbfallschulden (zB **Pflichtteilsanspruch**) durch **Hingabe v. WG des BV aus dem Nachlass an Erfüllungs statt** getilgt, liegt – entgegen der Rspr. des III. Senats – eine Entnahme aufseiten des Erben und ein **unentgeltlicher Erwerb** des Vermächtnisnehmers vor.[9] Ist Gegenstand des Vermächtnisses ein **ganzer Betrieb, TB oder MU'anteil**, liegt eine **zweifache unentgeltliche Übertragung** iSd. § 6 Abs. 3 vor,[10] v. Erblasser auf den Erben und v. diesem auf den Vermächtnisnehmer. Laufende Einkünfte bis zur Erfüllung dieses Vermächtnisses sind grds. dem Erben zuzurechnen. Anders kann es nur dann sein, wenn der Vermächtnisnehmer bereits ab dem Erbfall de facto die Sachherrschaft über den Betrieb ausübte.[11] 81

Vermächtnisse von **wiederkehrenden Leistungen** begründen, wie andere Geldvermächtnisse auch, lediglich private Schulden des Erben. Ihre Erfüllung auch mit Mitteln des Betriebes stellt Einkommensverwendung dar, die beim Erben nicht zu BA führt und beim Vermächtnisnehmer nicht zu Einkünften.[12] Anders 82

---

1 BMF v. 14.3.2006, BStBl. I 2006, 253 Rn. 37; *Groh*, DB 1992, 1312.
2 Vgl. BFH v. 4.6.1996 – IX R 59/94, BStBl. II 1998, 431.
3 Vgl. zum früheren Recht: BFH v. 17.4.1996 – X R 160/94, BStBl. II 1997, 32 = FR 1996, 675 m. Anm. *Weber-Grellet*.
4 Zu Vermächtnissen BFH v. 14.4.1992 – VIII R 6/87, BStBl. II 1993, 275; v. 27.11.1996 – X R 85/94, BStBl. II 1997, 284; zu Pflichtteilsschulden: v. 2.3.1993 – VIII R 47/90, BStBl. II 1994, 619; v. 25.11.1993 – IV R 66/93, BStBl. II 1994, 623 = FR 1994, 289 m. Anm. *Söffing*; v. 27.11.1996 – X R 85/94, BStBl. II 1997, 284; sa. BFH v. 17.10.1991 – IV R 97/89, BStBl. II 1992, 392 (zum früheren Erbersatzanspruch); zu höferechtl. Abfindungen: v. 25.11.1993 – IV R 66/93, BStBl. II 1994, 623; v. 26.3.1987 – IV R 20/84, BStBl. II 1987, 561.
5 BFH v. 16.5.1995 – VIII R 18/93, BStBl. II 1995, 714 = FR 1995, 703 m. Anm. *Schmidt*; v. 2.3.1995 – IV R 62/93, BStBl. II 1995, 413 = FR 1995, 500 m. Anm. *Söffing*; v. 2.3.1993 – VIII R 47/90, BStBl. II 1994, 619; v. 25.11.1993 – IV R 66/93, BStBl. II 1994, 623 = FR 1994, 289 m. Anm. *Söffing* unter Aufgabe der früheren entgegengesetzten Rspr.
6 BFH v. 27.11.1996 – X R 85/94, BStBl. II 1997, 284; v. 25.11.1993 – IV R 66/93, BStBl. II 1994, 623 = FR 1994, 289 m. Anm. *Söffing*.
7 Vgl. BFH v. 29.6.2011 – IX R 63/10, BStBl. II 2011, 873 Rn. 16; sa. Anm. *Heuermann*, HFR 2011, 1120.
8 BFH v. 5.7.1990 – GrS 2/89, BStBl. II 1990, 837; BMF v. 14.3.2006, BStBl. I 2006, 253 Rn. 60.
9 So BFH v. 23.7.1980 – I R 43/77, BStBl. II 1981, 19; **aA** v. 16.12.2004 – III R 38/00, BStBl. II 2005, 554 (entgeltliche Veräußerung und Anschaffung), dagegen zutr. *Tiedke/Langheim*, FR 2007, 368.
10 BFH v. 12.3.1992 – IV R 29/91, BStBl. II 1993, 36 = FR 1992, 720 m. Anm. *Söffing*; v. 16.5.1995 – VIII R 18/93, BStBl. II 1995, 714 = FR 1995, 703 m. Anm. *Schmidt*; BMF v. 14.3.2006, BStBl. I 2006, 253 Rn. 61.
11 BFH v. 24.9.1991 – VIII R 349/83, BStBl. II 1992, 330.
12 BFH v. 20.7.2010 – IX R 30/09, BFH/NV 2010, 2259; v. 27.2.1992 – X R 139/88, BStBl. II 1992, 612 = FR 1992, 545 m. Anm. *Schmidt*; v. 26.1.1994 – X R 54/92, BStBl. II 1994, 633 = FR 1994, 327 m. Anm. *Schmidt*.

soll es sein, wenn es sich um **vermächtnisweise zugewendete Versorgungsleistungen** an Pers. innerhalb des Generationennachfolgeverbundes iSd. § 10 Abs. 1a Nr. 2 handelt. Hier wird in Parallele zur Betriebsübertragung in vorweggenommener Erbfolge (Rn. 113) beim **Erben** ein **Abzug als SA** zugelassen und beim **Vermächtnisnehmer** eine **Besteuerung als wiederkehrende Bezüge** verlangt.[1]

83 Die Erfüllung eines **Nießbrauchvermächtnisses am GewBetr.** führt beim Erben ebenso zu einem ruhenden Betrieb wie bei einem Nießbrauchvermächtnis an einem LuF-Betrieb.[2] Die Einräumung des Nießbrauchs stellt auch hier kein Entgelt des Erben dar, sodass auf Seiten des Erblassers auch keine Veräußerung vorliegt. Es handelt sich vielmehr um eine unentgeltliche Übertragung iSd. § 6 Abs. 3, die allerdings zunächst beim Erben zu einem ruhenden Betrieb führt. Eine unterschiedliche Behandlung der Erfüllung eines Nießbrauchvermächtnisses an einem GewBetr. und einem LuF-Betrieb ist nicht gerechtfertigt (sa. Rn. 74).[3] Die AfA steht beim Vermächtnisnießbrauch – anders als beim Vorbehaltsnießbrauch – dem Erben und nicht dem Nießbraucher zu.[4] Neben dem ruhenden Betrieb des Erben unterhält der Nießbraucher einen eigenen „wirtschaftenden Betrieb".

84 **2. Erbengemeinschaft und Erbauseinandersetzung. a) Erbanfall.** Wird der Erblasser durch mehrere Erben (**Erbengemeinschaft**) beerbt, ist zu differenzieren zw. dem **Erbanfall und der Erbauseinandersetzung.**[5] Wie beim Alleinerben führt der Erbanfall dazu, dass der Nachlass (insgesamt und ungeteilt) auf die Erbengemeinschaft übergeht. Gehört zum Nachlass ein GewBetr., so liegt eine **unentgeltliche Übertragung nach § 6 Abs. 3** auf die Erbengemeinschaft vor. Die Erbengemeinschaft (alle Miterben in ihrer Verbundenheit) wird Inhaber des Unternehmens und alle Miterben werden **geborene MU'er** iSd. § 15 Abs. 1 S. 1 Nr. 2. Die Erbengemeinschaft kann zivilrechtl. Unternehmensträgerin[6] und stl. eine **MU'schaft** iSd. § 15 Abs. 1 S. 1 Nr. 2 sein (s. dazu § 15 Rn. 162 ff.).[7] Alle Miterben werden auch dann MU'er, wenn die Erbengemeinschaft insgesamt nicht beabsichtigt, den GewBetr. fortzuführen oder wenn einzelne Miterben v. vornherein beabsichtigen, ihren Anteil zu veräußern oder aus der Erbengemeinschaft auszuscheiden. Als MU'er können auch potenzielle Erben (Erbprätendenten) zu behandeln sein, die im Rahmen eines Vergleichs für den Verzicht auf die Geltendmachung der Erbenstellung abgefunden werden. Die Abfindungszahlung ist dann konsequenterweise beim „weichenden" Erbprätendenten als Veräußerungserlös iSd. § 16 Abs. 1 S. 1 Nr. 2 (s. Rn. 102 f.) zu behandeln.[8] Die Erben tätigen dann umgekehrt mit der Abfindungsleistung AK.

85 Str. ist allerdings, ob auch dann alle Erben MU'er werden, wenn aufgrund einer v. Erblasser verfügten **Teilungsanordnung** der GewBetr. nur einem der Miterben zuzuweisen ist. Hier wird teilw. vertreten, dass dann der begünstigte Erbe bereits ab Erbfall als der wirtschaftliche Unternehmer anzusehen sei.[9] Die Rspr. folgt dem jedoch im Grundsatz nicht.[10] Allerdings soll die Teilungsanordnung insoweit zu berücksichtigen sein, als dem begünstigten Erben der **lfd.** Gewinn bereits ab dem Todesfall zugewiesen wird, wenn die Teilungsanordnung auch so vollzogen wird. Im Anschluss an den BFH[11] soll nach Auffassung der FinVerw.[12] insoweit eine **Ausnahme v. Rückwirkungsverbot** anzuerkennen sein, wenn sich die Miterben der Teilungsanordnung entspr. bereits vor der Auseinandersetzung verhalten und diese innerhalb einer an den Umständen des Einzelfalls orientierten Frist erfolgt. Ohne Vorliegen einer Teilungsanordnung wird eine rückwirkende Auseinandersetzungsvereinbarung regelmäßig aber nur innerhalb v. **sechs Monaten**[13] anerkannt. Die weichenden Miterben – einschl. vergleichsweise abgefundener potenzieller Erben – bleiben dann gleichwohl jeden-

---

1 Vgl. BFH v. 17.4.1996 – X R 160/94, BStBl. II 1997, 32 = FR 1996, 675 m. Anm. *Weber-Grellet* (zum früheren Recht).
2 Zu LuF-Betrieben: BFH v. 18.3.1999 IV R 65/98, BStBl. II 1999, 398 = FR 1999, 814 m. Anm. *Kanzler*; v. 26.2.1987 – IV R 325/84, BStBl. II 1987, 772.
3 Auch BFH v. 25.1.2017 – X R 59/14, BFHE 257, 227 = FR 2017, 1055 m. Anm. *Wendt*, steht der Anwendung des § 6 Abs. 3 für diesen Fall nicht entgegen, weil der bisherige Eigentümer (Erblasser) seine Tätigkeit eingestellt hat (kein Vorbehaltsnießbrauch, vielmehr ist der nießbrauchsberechtigte Vermächtnisnehmer ein Dritter).
4 BFH v. 28.9.1995 – IV R 7/94, BStBl. II 1996, 440 = FR 1996, 557 m. Anm. *Söffing*; v. 18.3.1999 – IV R 65/98, BStBl. II 1999, 398 = FR 1999, 814 m. Anm. *Kanzler* (zu LuF).
5 Grundlegend BFH v. 5.7.1990 – GrS 2/89, BStBl. II 1990, 837.
6 BGH v. 8.10.1984 – II ZR 223/83, BGHZ 92, 259; BFH v. 9.7.1987 – IV R 95/85, BStBl. II 1988, 245.
7 BFH v. 5.7.1990 – GrS 2/89, BStBl. II 1990, 837.
8 BFH v. 16.5.2013 – IV R 15/10, BStBl. II 2013, 858 Rn. 30.
9 *Flume*, DB 1990, 2390; vgl. auch *Groh*, DB 1991, 724.
10 BFH v. 4.11.1998 – IV B 136/98, BStBl. II 1999, 291; v. 13.12.1990 – IV R 107/89, BStBl. II 1992, 510 = FR 1991, 241 m. Anm. *Söffing*.
11 BFH v. 4.11.1998 – IV B 136/98, BStBl. II 1999, 291.
12 BMF v. 14.3.2006, BStBl. I 2006, 253 Rn. 8, 9 u. 67.
13 BFH v. 4.5.2000 – IV R 10/99, BStBl. II 2002, 850; v. 21.4.2005 – III R 7/03, BFH/NV 2005, 1974; BMF v. 14.3.2006, BStBl. I 2006, 253 Rn. 8.

falls für eine „logische Sekunde" MU'er.[1] Dies lässt sich damit begründen, dass der lfd. Gewinn zw. MU'ern – bei nachvollziehbaren Gründen – abw. von der kapitalmäßigen Beteiligung an der MU'schaft verteilt werden kann. Bleibt ein in Vollzug der Teilungsanordnung später „weichender" Erbe an den stillen Reserven des GewBetr. beteiligt und erhält er im Zuge der Erbauseinandersetzung später einen entspr. Wertausgleich, ist er als MU'er zu behandeln und realisiert ggf. einen Veräußerungsgewinn iSd. § 16 Abs. 1 S. 1 Nr. 2. Anders kann dies aber dann sein, wenn der GewBetr. bis zur Auseinandersetzung nur auf Rechnung des Begünstigten geführt und später an die anderen Miterben kein Wertausgleich für die stillen Reserven gezahlt wird. Dann muss davon ausgegangen werden, dass der Begünstigte auch der alleinige Unternehmer ist und die übrigen Mitererben mangels Beteiligung am Gewinn gerade keine MU'er geworden sind.

Führt die Erbengemeinschaft den Betrieb zunächst oder auf Dauer fort (**fortgesetzte Erbengemeinschaft**), ist der lfd. Gewinn den Miterben im Rahmen v. § 15 Abs. 1 S. 1 Nr. 2 nach dem Verhältnis der Erbanteile zuzurechnen.[2] Alle Regeln des § 15 Abs. 1 S. 1 Nr. 2 auch bzgl. SBV gelten uneingeschränkt für die Miterben als MU'er. Allerdings ist § 15 Abs. 3 Nr. 1 (Abfärbung) nicht auf die Erbengemeinschaft anwendbar (sa. Rn. 96; § 15 Rn. 149).[3] 86

b) Erbauseinandersetzung. aa) Betriebsveräußerung. Veräußert die **Erbengemeinschaft** (im Zuge oder im Vorfeld der Auseinandersetzung) den Betrieb, so liegt eine **Betriebsveräußerung nach Abs. 1 S. 1** oder (bei Zerschlagung des Betriebs und Veräußerung der einzelnen WG) eine BetrAufg. nach Abs. 3 S. 1 vor. Der nach § 16 Abs. 4, § 34 begünstigte Gewinn ist auf die Miterben nach ihren Erbteilen aufzuteilen. Davon ist auch auszugehen, wenn der **Betrieb v. einem der Miterben käuflich** erworben wird. Allerdings ist dann Abs. 2 S. 3 zu beachten. 87

Die Rspr. hat für den **Erwerb v. einzelnen Nachlassgegenständen des PV** von der Erbengemeinschaft durch einen Miterben entschieden, dass ein entgeltlicher Erwerb (und somit eine Veräußerung der übrigen Erben) nur vorliege, soweit der Miterbe insgesamt mehr aufwende, als ihm an der Erbmasse nach seinem Erbanteil zustehe.[4] Diese Grundsätze schließen eine Betriebsveräußerung durch Verkauf des Betriebs seitens der Miterbengemeinschaft als Veräußerer an einen Miterben als Erwerber nicht aus, zumal sie ansonsten der v. GrS[5] zutr. betonten Behandlung der Erbengemeinschaft als normaler MU'schaft widersprechen würden. Auch § 16 Abs. 2 S. 3 bestätigt gerade, dass im Einklang mit der Veräußerung v. Einzel-WG zw. der MU'schaft und den MU'ern auch normale gewinnrealisierende Betriebsveräußerungen (Rn. 35, 41) stattfinden können. Veräußert einer der Miterben seinen Erbteil, so liegt, soweit dieser einen Anteil am GewBetr. umfasst, die **Veräußerung eines MU'anteils** (Rn. 102) vor.[6] 88

bb) Reale Nachlassteilung. Soweit den Erben **in der Erbauseinandersetzung** entspr. ihrem Erbteil durch reale Teilung Nachlassgegenstände, ggf. auch ein ganzer Betrieb, zugewendet werden, handelt es sich um einen **unentgeltlichen Erwerb**. Es liegt kein Tausch v. Nachlassgegenständen gegen Aufgabe der Beteiligung an der Erbengemeinschaft vor. Ungeachtet der Trennung v. Erbfall und Erbauseinandersetzung verbleibt es dabei, dass der Miterbe die ihm durch die Erbauseinandersetzung zugeteilten Nachlassgegenstände **unentgeltlich erwirbt**. Insoweit ist zu berücksichtigen, dass der Erbfall zu einem unentgeltlichen, unter § 6 Abs. 3 fallenden Betriebsübergang auf die Erbengemeinschaft führt und die Erbauseinandersetzung den unentgeltlichen Vermögensübergang auf die einzelnen Miterben nur vollendet, soweit sie nur entspr. ihrer Erbbeteiligung Nachlassgegenstände erhalten. Zutr. geht daher die Rspr. auch stl. davon aus, dass für den erwerbenden Miterben insoweit **weder AK** entstehen, noch bei der Erbengemeinschaft oder den anderen Miterben **eine entgeltliche Veräußerung** vorliegt.[7] Vielmehr liegt eine **unentgeltliche Übertragung v. der Erbengemeinschaft** auf den Erben vor. Nur bei Zahlung eines Wert-/Spitzenausgleichs wg. eines den Erbanteil übersteigenden Werts des Betriebs liegen für den Erwerber des Betriebs Anschaffungsaufwendungen vor. 89

Hingegen liegen für den erwerbenden Miterben AK und für den oder die übrigen Miterben Veräußerungsvorgänge vor, soweit dem erwerbenden Miterben aus dem Nachlass wertmäßig mehr zugeteilt wird als seinem Erbteil entspricht und er dafür einen (Spitzen-)Ausgleich (s. Rn. 97) zu leisten hat.[8] Problematisch ist 90

1 BFH v. 16.5.2013 – IV R 15/10, BStBl. II 2013, 858 Rn. 30; v. 21.4.2005 – III R 7/03, BFH/NV 2005, 1974 (daher auch einheitliche und gesonderte Feststellung selbst bei Rückbeziehung erforderlich); BMF v. 14.3.2006, BStBl. I 2006, 253 Rn. 8 (Durchgangserwerb der Erbengemeinschaft).
2 BFH v. 17.10.1991 – IV R 97/89, BStBl. II 1992, 392.
3 BFH v. 5.7.1990 – GrS 2/89, BStBl. II 1990, 837; BMF v. 14.3.2006, BStBl. I 2006, 253 Rn. 4 und 47.
4 BFH v. 29.4.1992 – XI R 3/85, BStBl. II 1992, 727; v. 26.6.1991 – XI R 5/85, BFH/NV 1992, 24; BMF v. 14.3.2006, BStBl. I 2006, 253 Rn. 14 und 15 ist auch auf die Anschaffung und Veräußerung von einzelnen WG des BV gegen Spitzenausgleich übertragbar.
5 BFH v. 5.7.1990 – GrS 2/89, BStBl. II 1990, 837.
6 BFH v. 5.7.1990 – GrS 2/89, BStBl. II 1990, 837; v. 26.3.1991 – VIII R 172/85, FR 1989, 370 = BFH/NV 1991, 738.
7 BFH v. 5.7.1990 – GrS 2/89, BStBl. II 1990, 837; BMF v. 14.3.2006, BStBl. I 2006, 253 Rn. 10.
8 BFH v. 6.11.2008 – IV R 51/07, BStBl. II 2009, 303.

insoweit, wie eine gemessen am Erbteil **überproportionale Übernahme v. Nachlassverbindlichkeiten** zu behandeln ist. Die FinVerw. geht zutr. unter Berufung auf die Entsch. des GrS[1] davon aus, dass Nachlassverbindlichkeiten bei der Erbauseinandersetzung frei zugeteilt werden können und dies nicht zu AK, respektive Veräußerungsentgelten führt, solange iErg. jeder Miterbe saldiert lediglich einen seiner Erbquote entspr. Anteil am Nachlass erhält und nicht aus eigenem Vermögen einen Ausgleich für einen Mehrempfang zu leisten hat.[2] Demgegenüber hat der IX. Senat bzgl. einer Erbauseinandersetzung über PV entschieden, dass eine überquotale Übernahme v. Verbindlichkeiten einer Erbengemeinschaft – trotz Herstellung des bloßen wertmäßigen Ausgleichs – zu AK führe.[3] Die FinVerw. hat mit einem Nichtanwendungserlass reagiert.[4] Das Urteil ist in der Tat nicht mit der Entsch. des GrS vereinbar.[5] Zutr. wäre es freilich, zw. Erblasserschulden (frei zuteilbar) und erst bei der Erbengemeinschaft entstandenen Verbindlichkeiten zu differenzieren (insoweit AK und Entgelt, soweit überproportionaler Anteil übernommen wird).

91 Besteht der Nachlass sowohl **aus einem GewBetr. und übrigem PV**, ist daher unmittelbar **§ 6 Abs. 3** mit **zwingender Buchwertfortführung** anzuwenden, wenn der **GewBetr.** im Ganzen **einem** (oder mehreren) **der Miterben** in der Auseinandersetzung zugeteilt wird, während der (oder die) andere(n) das PV erhalten. Ein Wahlrecht zur gewinnrealisierenden BetrAufg. existiert nicht. Ein Anwendungsfall des § 16 Abs. 3 S. 1 und 2 liegt nicht vor, weil weder der GewBetr. aufgegeben wurde noch eine Aufteilung der WG des GewBetr. auf die MU'er erfolgte. Vielmehr ist der GewBetr. auf einen v. ihnen unentgeltlich übertragen worden. Eine in diesem Sinne erfolgsneutrale Übertragung kann auch dadurch erreicht werden, dass Schulden des Erblassers im Innenverhältnis der Miterben frei zugeordnet werden.[6] Dies gilt auch für Betriebsschulden, da diese kein wesentliches BV darstellen.

92 Wird hingegen das BV eines **GewBetr. unter den Miterben aufgeteilt**, ist zu differenzieren. Wenn sämtliche wesentliche WG v. den Miterben in ihr **PV überführt** werden, liegt insgesamt eine **BetrAufg.** iSd. § 16 Abs. 3 S. 1 vor. Diese führt für die **Miterben** als MU'er zu einem begünstigten **BetrAufg.-Gewinn**. Erfolgt hingegen eine **Übernahme in eigenes BV der Miterben (Realteilung)**, so sind nach Abs. 3 S. 2 zwingend die Buchwerte fortzuführen (s. Rn. 199).[7] Allerdings ist nach Abs. 3 S. 3 bei einer **Realteilung** durch **Übertragung v. Einzel-WG** zwingend rückwirkend der gemeine Wert anzusetzen, wenn innerhalb einer **Sperrfrist** übertragener **Grund und Boden**, übertragene **Gebäude** oder **andere wesentliche Betriebsgrundlagen** veräußert oder entnommen werden (s. Rn. 206). Die Sperrfrist endet drei Jahre nach Abgabe der Steuererklärung der MU'schaft für den VZ der Realteilung. Die angeordnete Rückwirkung führt dazu, dass der durch Ansatz des gemeinen Werts realisierte Gewinn allen Miterben nach dem Verhältnis ihrer Erbanteile zuzurechnen wäre. Weshalb dies erforderlich ist, wenn im Zuge einer Realteilung übertragene **wesentliche Einzel-WG** eines Betriebs innerhalb der Sperrfrist v. Miterben veräußert oder entnommen werden, nicht aber, wenn ganze Betriebe, TB oder MU'anteile einem Miterben zugeteilt wurden und sodann v. diesem veräußert oder aufgegeben werden, wird das Geheimnis der Gesetzesverfasser bleiben (krit. Rn. 207, 209 zum Missbrauchsabwehrzweck).

93 Soweit den Miterben und MU'ern **TB oder MU'anteile** zugeteilt werden, besteht **kein Wahlrecht zur Realisierung eines Betriebsaufgabegewinns**. Aus der zwingenden Buchwertfortführung ist zu folgern, dass die **Kapitalkonten** der Miterben zunächst **erfolgsneutral den Buchwerten** der übernommenen TB **anzupassen** sind. Es könnte zwar zweifelh. sein, ob die Buchwerte auch dann durch Kapitalkontenanpassung fortzuführen sind, wenn es dadurch zu einer interpersonellen Verlagerung stiller Reserven kommt (Rn. 212ff.). Dies ist iRd. Erbauseinandersetzung – anders als bei der normalen Realteilung – grds. unproblematisch, weil ohnehin die stillen Reserven nicht v. den Erben erwirtschaftet wurden.

94 Soweit ein GewBetr. so aufgeteilt wird, dass **nur v. einem Teil der Miterben TB oder MU'anteile übernommen** werden, v. anderen aber Einzel-WG in ein BV, ist der Vorgang insgesamt als Realteilung (§ 16 Abs. 3 S. 2) erfolgsneutral. Soweit allerdings Einzel-WG veräußert oder in das PV übernommen werden, entsteht aufseiten der MU'schaft ein lfd. Gewinn. Eine nach §§ 16, 34 begünstigte BetrAufg. liegt hingegen vor, soweit ein oder mehrere Betriebe (resp. die jeweils wesentlichen WG) des Nachlasses zerschlagen werden. Fraglich kann insoweit sein, wer den entstehenden Aufgabegewinn zu versteuern hat. Der gesetzlichen Regelung aus § 16 Abs. 3 S. 2 und § 6 Abs. 3 sollte hier folgende Wertung entnommen werden: Der Gesetzgeber nimmt den Erbfall nicht zum Anlass, eine sofortige Gewinnrealisation zu verlangen, soweit

1 BFH v. 5.7.1990 – GrS 2/89, BStBl. II 1990, 837 unter C. II. 2. a.
2 BMF v. 14.3.2006, BStBl. I 2006, 253 Rn. 18, 23.
3 BFH v. 14.12.2004 – IX R 23/02, BStBl. II 2006, 296, m. abl. Anm. *Wacker*, DStR 2005, 2014.
4 BMF v. 30.3.2006, BStBl. I 2006, 306.
5 Vgl. auch *Zimmermann*, DB 2006, 1392.
6 BFH v. 5.7.1990 – GrS 2/89, BStBl. II 1990, 837; BMF v. 14.3.2006, BStBl. I 2006, 253 Rn. 18.
7 BMF v. 14.3.2006, BStBl. I 2006, 253 Rn. 10–12.

Betriebseinheiten übertragen werden. Der Preis dafür besteht darin, dass (nur) der Übernehmende die stillen Reserven später zu versteuern hat. Der Aufgabegewinn ist daher nur v. den übrigen Miterben zu versteuern, soweit der den Betrieb oder TB übernehmende Miterbe durch die erforderliche Buchwertanpassung mindestens so viel oder mehr an stillen Reserven übernimmt, wie seinem Anteil daran nach der Erbquote entspricht. Hingegen hat auch der übernehmende Miterbe einen Anteil am Aufgabegewinn zu versteuern, soweit die v. ihm fortzuführenden stillen Reserven geringer sind als sein Anteil an den gesamten stillen Reserven. PV braucht insoweit nicht berücksichtigt zu werden. Für Erbauseinandersetzungen sind bei Übertragung v. Einzel-WG zum Buchwert in eigene Betriebe auch die dort zwangsweise fortgeführten stillen Reserven zu berücksichtigen.

Beispiel: Der Nachlass besteht aus Betrieb 1 (B1) mit Buchwert 100 (TW 900) und Betrieb 2 (B2) mit Buchwert 200 (TW 500) sowie PV mit Wert 600. Erbe 1 (E1) und Erbe 2 (E2) sind zu ½ Miterben.

A) Werden die Betriebe zerschlagen (oder alternativ veräußert zu 900 und 500), so entsteht ein nach § 16 Abs. 4, § 34 begünstigter Aufgabe-/Veräußerungsgewinn v. 1.400 – 300 = 1.100. Dieser entfällt zu je 550 auf E1 und E2. **B)** Übernimmt E1 B1 (tatsächlicher Wert 900) zzgl. Einzel-WG (tatsächlicher Wert 100) des B2 (Zerschlagung v. B2 unter Übernahme in PV) und E2 den Rest v. B2 (400) und das PV (600), so entsteht ein begünstigter Aufgabegewinn v. 500 – 200 = 300 hinsichtlich des B2, während für B1 nach § 16 Abs. 3 S. 2 (bzw. § 6 Abs. 3, falls TB) die Buchwerte fortzuführen sind. Der Aufgabegewinn ist ausschließlich v. E2 zu versteuern, weil E1 mit 800 stillen Reserven in B1 mehr als seinen Anteil v. an sich nur 550 fortzuführen hat. **C)** Wird hingegen B2 v. E1 übernommen zzgl. Einzel-WG aus B1 (zerschlagen und in PV übernommen), so entsteht ein Aufgabegewinn v. 800. Dieser ist zu 550 v. E2 und zu 250 v. E1 zu versteuern, weil E1 lediglich 300 stille Reserven in dem v. ihm übernommenen Betrieb fortführt ggü. einem Anteil v. 550 an den gesamten stillen Reserven.

Werden bei einem sog. **Mischnachlass** (BV und PV) einem Teil der Erben ausschließlich WG des PV und einem anderen Teil der oder die Betriebe zugewiesen, so führt dies nicht – auch nicht anteilig – zu einer Gewinnrealisierung. Vielmehr sind iErg. die nicht mit BV abgefundenen Erben so zu behandeln, als ob sie v. Anbeginn nicht am Betrieb beteiligt waren. Die mit Betrieben abgefundenen Erben führen nach § 6 Abs. 3 die Buchwerte fort. Entspr. gilt nach § 16 Abs. 3 S. 2, soweit v. einem Teil der Miterben TB, MU'anteile oder Einzel-WG in ein eigenes BV übernommen werden. Die Grundsätze der erfolgsneutralen Erbauseinandersetzung über Mischvermögen können nicht auf die Auseinandersetzung bei Beendigung einer **Zugewinngemeinschaft** oder **Gütergemeinschaft** über gemeinsames BV und PV angewandt werden. Denn in beiden Fällen erwerben die Beteiligten – anders als bei der Erbauseinandersetzung – die ihnen zugewiesenen Güter – einerseits den Betrieb und andererseits das PV – nicht unentgeltlich. Vielmehr liegen gewinnrealisierende Veräußerungen durch Tauschvorgänge vor (s. Rn. 201). 95

Nach hM sollen die Grundsätze der erfolgsneutralen Erbauseinandersetzung auch anwendbar sein, wenn die **Erbengemeinschaft** zunächst den **GewBetr. für längere Zeit fortführt** und die **Auseinandersetzung durch reale Teilung erst Jahre später erfolgt**. Dies ist nicht unproblematisch. Zum einen wird nicht unterschieden zw. bereits beim Erblasser gebildeten stillen und erst v. der Erbengemeinschaft erwirtschafteten Reserven.[1] Zum anderen wird in einer sich über mehrere Jahre erstreckenden Fortführung eines vom Erblasser betriebenen Gewerbes durch die ungeteilte Erbengemeinschaft regelmäßig die Fortführung des Gewerbes durch eine von den Miterben konkludent gebildete Ges. (OHG, GbR) liegen. Ab diesem Zeitpunkt sind die allg. Regeln über das Ausscheiden bzw. die Veräußerung von MU'anteilen (einschl. der Realteilung iSd. § 16 Abs. 3 S. 2) anwendbar. 96

Keine rein unentgeltliche Übertragung, sondern eine **teilentgeltliche Veräußerung** liegt hingegen vor, wenn ein Miterbe für die Übertragung des GewBetr. oder eines TB **einen Ausgleich** zahlen muss (**Spitzenausgleich**), weil der Wert des übernommenen Betriebes den Wert seines Erbanteils übersteigt. Veräußerer sind insoweit der oder die übrigen Miterben als MU'er. Diese erzielen einen gem. § 7 S. 2 GewStG nicht der GewSt unterliegenden[2] **Veräußerungserlös** und dem übernehmenden Erben entstehen **AK**.[3] Der Vorgang ist **aufzuteilen** in eine **unentgeltliche Übertragung und** eine **entgeltliche Veräußerung** (s. Rn. 98). Dies gilt gleichermaßen für den Fall, dass vom Miterben ein ganzer GewBetr. übernommen wird, wie auch für den Fall, dass lediglich ein TB übernommen wird. Hinsichtlich der Rechtsgrundlagen ist zu differenzieren. Von Abs. 3 S. 2 wird an sich nur die Konstellation erfasst, dass **ein GewBetr. unter den Miterben aufgeteilt** (Realteilung), nicht hingegen, dass ein ganzer GewBetr. einem der Miterben zugeteilt wird, und ebenso nicht die Konstellation, dass **zwei selbständige GewBetr.** bei der Erbengemeinschaft bestehen (s. aber Rn. 201), die verschiedenen Miterben zugewiesen werden. Nachdem aber das früher bestehende Wahlrecht, die Realteilung als BetrAufg. erfolgswirksam zu behandeln, durch Abs. 3 S. 2 auch bei Zuweisung v. TB ausdrücklich beseitigt wurde, ist die Erbauseinandersetzung sowohl bei Zuweisung v. TB durch 97

---

1 BFH v. 5.7.1990 – GrS 2/89, BStBl. II 1990, 837; *Wacker* in Schmidt[37], § 16 Rn. 639.
2 BMF v. 14.3.2006, BStBl. I 2006, 253 Rn. 14.
3 BFH v. 5.7.1990 – GrS 2/89, BStBl. II 1990, 837; BMF v. 14.3.2006, BStBl. I 2006, 253 Rn. 14.

Realteilung (s. Rn. 208 f.) als auch der Zuweisung ganzer GewBetr. gegen Ausgleichszahlung einheitlich zu behandeln. Daher ist (wie bisher) davon auszugehen, dass sowohl die Vorschriften über die Behandlung einer unentgeltlichen Übertragung als auch über die entgeltliche Veräußerung anzuwenden sind.

98 Fraglich ist dann, wie der unentgeltliche Teil mit Anwendung des § 6 Abs. 3 bzw. § 16 Abs. 3 S. 2 und der entgeltliche Teil der Höhe nach zu bestimmen sind. Für die Erbauseinandersetzung mit Zahlung eines Spitzenausgleichs ist nach **Ansicht der FinVerw. und hM**[1] davon auszugehen, dass im **Verhältnis** des gezahlten Ausgleichs zum Verkehrswert des übernommenen Betriebs ein entgeltlicher und iÜ ein unentgeltlicher Vorgang anzunehmen ist. Diese Lösung ist mit der zur Realteilung von PersGes. nach § 16 Abs. 3 S. 2 zu entwickelnden Lösung abzustimmen. Über die Fallgruppe der Erbauseinandersetzung hinaus wird auch dort mittlerweile unter Anwendung der sog. **Trennungstheorie** eine Verhältnisrechnung durchgeführt (s. Rn. 218 ff.).[2] Hingegen ist der Spitzenausgleich neutral zu behandeln, soweit lediglich Buchwertdifferenzen ausgeglichen werden (bloße **Anpassung der Kapitalkonten**).

99 Nicht anders ist bei einem **Mischnachlass** zu entscheiden. Werden hier allerdings einem Teil der Erben der oder die Betrieb(e) zugeteilt, während der oder die anderen PV erhalten, so ist bei Ausgleichszahlung durch die Übernehmer des Betriebs schon davon auszugehen, dass die **mit PV abgefundenen Erben** am **Buchwert und an den stillen Reserven des BV** nur noch iHd. Anteils beteiligt sind, zu dem die **Abfindung** mit dem PV den **Wert ihres Erbanteils nicht deckte**.

100 Die Erbauseinandersetzung kann sich auch **sukzessive** vollziehen. Eine sog. **gegenständliche Teilauseinandersetzung liegt vor**, wenn einem Miterben in **Anrechnung auf seinen Erbteil** bereits Nachlassgegenstände zugewiesen werden, er aber noch an der Erbengemeinschaft personell beteiligt ist. Erfolgt die Zuweisung der übernommenen WG in voller Anrechnung auf den Erbteil, liegt ein unentgeltlicher Erwerb vor. Daher ist § 6 Abs. 3 bzw. § 16 Abs. 3 S. 2 mit **Buchwertfortführung ohne Gewinnrealisierung** anzuwenden, wenn **GewBetr., TB oder MU'anteile** zugewiesen werden. Wird dem Miterben nur eine **anteilige Anrechnung in Höhe seiner Erbquote** gewährt, während er iÜ zahlt, liegt ein **teilentgeltliches Geschäft** vor. Die übrigen Miterben erzielen einen Veräußerungsgewinn nach Abs. 1 S. 1 und dem Ausscheidenden entstehen insoweit entspr. AK. Hinsichtlich seiner Erbquote sind die Buchwerte fortzuführen.[3] Nach Auffassung der FinVerw. sollen allerdings bei weiteren Teilauseinandersetzungen innerhalb v. fünf Jahren unter dem Gesichtspunkt umgekehrter Ausgleichzahlungen rückwirkende Korrekturen erforderlich sein.[4] Dies gilt der Rspr. zufolge jedenfalls dann, wenn die Miterben bei der ersten Auseinandersetzung schon eine weitere mit umgekehrter Abfindung „im Auge hatten".[5]

101 Dieselben Grundsätze gelten auch bei gegenständlicher Teilauseinandersetzung mit Zuweisung v. Einzel-WG in ein eigenes BV des Miterben. Hingegen ist bei der **Zuweisung v. Einzel-WG des BV** eine Gewinnrealisation anzunehmen, soweit diese in PV übernommen werden. Da der Miterbe allerdings weiterhin MU'er bleibt und auch der Betrieb bestehen bleibt, liegt **keine Realteilung** vor, sodass sich die Gewinnrealisation aus § 4 Abs. 1 S. 2 iVm. § 6 Abs. 1 Nr. 4 (Entnahme) ergibt. Der Gewinn ist allen MU'ern anteilig nach dem Verhältnis ihrer Erbteile zuzurechnen.[6] Bei nur anteiliger Anrechnung entspr. seiner Erbquote entsteht gleichwohl in voller Höhe (Differenz TW – Buchwert) Gewinn, weil bei Überführung in **PV** zusätzlich hinsichtlich des Eigenanteils (und somit iErg. insgesamt) eine Entnahme vorliegt. Bei Übernahme eines WG des BV in ein **BV** unter Anrechnung entspr. der Erbquote ist hingegen der der Erbquote entspr. Teil des Buchwertes nach § 6 Abs. 5 fortzuführen. Ein voll entgeltliches Geschäft und keine Teilauseinandersetzung liegt demgegenüber vor, wenn der Miterbe Gegenstände des BV käuflich zum normalen Preis erwirbt.

102 **cc) Andere Arten der Auseinandersetzung.** Nach § 2033 BGB kann der Miterbe auch seinen **Erbteil veräußern**. Soweit zum Nachlass auch ein GewBetr. gehört, führt dies zugleich zur **Veräußerung des MU'anteils nach Abs. 1 S. 1 Nr. 2**. Es entsteht ein **begünstigter Veräußerungsgewinn** iHd. Differenz zw. dem Veräußerungspreis und dem sich aus der Erbquote ergebenden Anteil am Buchwert des Nachlassbetriebes.[7] Bei einem **Mischnachlass** ist der **Erwerbspreis** nach dem Verhältnis der Verkehrswerte der verschiedenen Nachlassbestandteile **aufzuteilen**.[8] Für den Erwerber entstehen entspr. AK. **Erwerber kann**

---

1 BMF v. 14.3.2006, BStBl. I 2006, 253 Rn. 14–17; *Wacker* in Schmidt[37], § 16 Rn. 619, 548 mwN.
2 BMF v. 20.12.2016, BStBl. I 2016, 37 unter VI.; dagegen zur Realteilung v. PersGes. vor Einführung des § 16 Abs. 3 S. 2–4: BFH v. 1.12.1992 – VIII R 57/90, BStBl. II 1994, 607 = FR 1993, 463 m. Anm. *Schmidt*.
3 BMF v. 14.3.2006, BStBl. I 2006, 253 Rn. 56.
4 BMF v. 14.3.2006, BStBl. I 2006, 253 Rn. 58, 59.
5 BFH v. 6.2.1987 – III R 203/83, BStBl. II 1987, 423.
6 BMF v. 14.3.2006, BStBl. I 2006, 253 Rn. 57 (eine abw. schriftliche Vereinbarung mit Zurechnung nur zum entnehmenden Erben soll aber zulässig sein!).
7 BMF v. 14.3.2006, BStBl. I 2006, 253 Rn. 39.
8 BFH v. 14.3.1996 – IV R 9/95, BStBl. II 1996, 310.

auch ein Miterbe sein. Erwirbt **ein Miterbe sämtliche Erbteile** der übrigen Miterben, so ist damit zugleich die **Erbengemeinschaft und die MU'schaft beendet.**

Die vorgenannten Grundsätze (Rn. 84 ff.) gelten gleichermaßen für das **Ausscheiden eines Miterben aus** 103
der Erbengemeinschaft gegen **Barabfindung.** Das gilt auch dann, wenn nur ein Miterbe übrig bleibt.[1] Die Abfindung ist auch dann im Verhältnis der Verkehrswerte aufzuteilen, wenn die Erbengemeinschaft den Betrieb oder den gesamten Nachlass auf einen Miterben gegen Abfindung der übrigen überträgt.[2] Davon zu unterscheiden ist, dass die Erbengemeinschaft den Betrieb auch insgesamt an einen der Miterben und MU'er veräußern kann (Rn. 87). Dadurch würden dann auch die auf den Erwerbenden entfallenden stillen Reserven aufgedeckt.

Problematisch erscheint die Abgrenzung zw. Veräußerung des MU'anteils und gleichgestelltem Ausschei- 104
den einerseits und der erfolgsneutralen Realteilung nach § 16 Abs. 3 S. 2 bzw. nach § 6 Abs. 3 andererseits, wenn dem weichenden Erben **liquide Mittel** des GewBetr. zugeteilt werden. Geht man hier v. einer Veräußerung des MU'anteils aus, so ergibt sich ein Veräußerungsgewinn für den weichenden Erben, geht man v. einer realen Teilung aus, so könnte der Vorgang erfolgsneutral sein.

Beispiel: Der Nachlass besteht aus einem GewBetr. mit liquiden Mitteln v. 500 (insoweit keine stillen Reserven) sowie zwei (Teil-)Betrieben mit Werten v. je 500, aber Buchwerten v. 100 (TB1) und 300 (TB2). Erben sind E1, E2 und E3 zu je ⅓ (v. insgesamt 1.500 gem. Wert und 900 Buchwert). E3 scheidet aus und erhält die liquiden Mittel als Abfindung. E1 übernimmt TB1, E2 übernimmt TB 2. Hier erzielt E3 einen Veräußerungs-/Aufgabegewinn v. 500 – 300 (⅓ v. ges. BW) = 200. Dementspr. sind 200 stille Reserven aufzudecken, die zu ⅔ auf TB1 und zu ⅓ auf TB2 entfallen. Dementspr. führt E1 TB1 mit Buchwert v. 100 + 133⅓ = 233⅓ und E2 TB2 mit Buchwert v. 300 + 66⅔ = 366⅔ fort.

Richtigerweise kommt bei bloßer Zuteilung liquider Mittel für den Ausscheidenden nur eine Gewinnrealisation in Betracht. Denn aufseiten des E3 liegt die Aufgabe seines MU'anteils vor. Die Buchwertfortführung hinsichtlich liquider Mittel ist nur für diejenigen Miterben möglich, die TB oder Sachgüter in eigenes BV übernehmen. Soweit ein Mischnachlass besteht, ist vorab der Anteil des Ausscheidenden am GewBetr. um den Betrag zu mindern, der ihm aus dem übrigen Vermögen zugeteilt wird (sa. Rn. 99). Soweit den Ausscheidenden allerdings TB zugewiesen werden, können (vorhandene, nicht erst durch Kreditaufnahme geschaffene!) liquide Mittel und entspr. Verbindlichkeiten frei verteilt werden, ohne dass es zu Gewinnrealisierungen kommt.[3] Richtigerweise ist ebenso zu entscheiden, wenn es sich nicht um TB handelt, sondern um mehrere GewBetr.

Vollzieht sich das **Ausscheiden gegen** eine **Sachabfindung in das PV** (Rn. 193), so entsteht für den **Aus-** 105
scheidenden iHd. Differenz zw. dem gemeinen Wert des zugeteilten WG bzw. der Höhe seines Abfindungsanspr. und dem Buchwert seines MU'anteils ein **nach § 16 Abs. 4, § 34 begünstigter Gewinn.** Die insoweit aufgedeckten stillen Reserven sind anteilig den WG des GewBetr. einschl. des zur Sachabfindung verwendeten WG zuzuordnen. IHd. Differenz zw. dem insoweit aufgestockten Buchwert des zur Abfindung verwendeten WG und dessen TW entsteht für die **verbliebenen Miterben** als MU'er ein **lfd. Gewinn.**[4] Wird hingegen ein **TB oder MU'anteil zugewiesen oder** werden **Einzel-WG in ein BV übernommen,** so sind nach § 16 Abs. 3 S. 2 zwingend die Buchwerte fortzuführen (Rn. 195). Insoweit entsteht weder ein Veräußerungsgewinn für den Ausscheidenden noch ein lfd. Gewinn für die Verbleibenden. Allerdings sieht § 16 Abs. 3 S. 3 eine Sperrfrist v. drei Jahren seit Abgabe der Erklärung für den VZ der Übertragung vor, innerhalb derer das zum Buchwert übertragene WG nicht veräußert oder entnommen werden darf, weil ansonsten rückwirkend der TW anzusetzen ist.

Str. ist, ob bei dem Ausscheiden mit Sachwertabfindung aus einem GewBetr. der Sache nach eine unter 106
Abs. 3 fallende **Realteilung**[5] bzw. die Aufgabe eines MU'anteils vorliegt oder **die Veräußerung** eines MU'anteils nach Abs. 1 S. 1 Nr. 2. Die Rspr. ging bisher v. einem Vorrang des Abs. 1 S. 1 Nr. 2 aus.[6] Angesichts der übereinstimmenden Rechtsfolgen kann dies für die Zeit ab 1.1.2001 an sich dahinstehen (s. aber Rn. 190). Denn bei Übernahme in ein PV entsteht zwingend ein Aufgabe- bzw. Veräußerungsgewinn nach § 16 Abs. 1 S. 1 Nr. 2 oder § 16 Abs. 3 S. 1, und für die Übernahme in ein BV sind nach § 16 Abs. 3 S. 2 zwingend erfolgsneutral die Buchwerte fortzuführen (Rn. 195).

III. Schenkung unter Lebenden – vorweggenommene Erbfolge. 1. Unentgeltliche und teilentgelt- 107
liche Betriebsübertragungen. Die Schenkung ist neben dem Erbfall der Hauptanwendungsbereich der

1 BFH v. 10.3.1998 – VIII R 76/96, BStBl. II 1999, 269 mwN.
2 BFH v. 5.7.1990 – GrS 2/89, BStBl. II 1990, 837.
3 BMF v. 14.3.2006, BStBl. I 2006, 253 Rn. 30 iVm. Rn. 24 f.; vgl. auch *Söffing*, DB 1991, 828; *Seeger*, DB 1992, 1010.
4 Vgl. BFH v. 24.5.1973 – IV R 64/70, BStBl. II 1973, 655; v. 23.11.1995 – IV R 75/94, BStBl. II 1996, 194; BMF v. 14.3.2006, BStBl. I 2006, 253 Rn. 51 f.
5 So Gesetzesbegründung BT-Drucks. 14/23.
6 BFH v. 10.3.1998 – VIII R 76/96, BStBl. II 1999, 269 mwN.

unentgeltlichen Übertragung nach § 6 Abs. 3. Allerdings ist letztlich nur entscheidend, dass der Übertragende keine vermögenswerte Leistung erhält, sondern einseitig entreichert wird. Daher ist auch die Übertragung etwa gegen **Erb- oder Pflichtteilsverzicht** eine unentgeltliche Übertragung, unabhängig davon, dass es sich zivilrechtl. nicht um eine Schenkung handelt.[1] Ebenso verhält es sich mit der **unbenannten Zuwendung unter Ehegatten**.[2] Entscheidend ist, dass insoweit keine vermögensmäßigen gegenwärtigen Verbindlichkeiten bestehen. Konsequenterweise entstehen für den Erwerber auch keine AK, denn er wendet keinen gegenwärtigen Bestandteil seines Vermögens auf.

108 Die in § 6 Abs. 3 genannten wirtschaftlichen Einheiten müssen aufgrund eines **einheitlichen Vorgangs** auf den Erwerber übertragen werden (Rn. 57).[3] Dabei stellen übernommene **Passiva des Betriebes** kein Entgelt dar, weil die Einheit selbst einschl. der zugehörigen Verbindlichkeiten der stl. Übertragungsgegenstand ist (s. Rn. 64).[4] Wenn wegen Zurückbehaltung wesentlicher Betriebsgrundlagen § 6 Abs. 3 und § 16 nicht anwendbar sind, stellt die Übernahme betr. Passiva hingegen Entgelt dar.[5] Eine einseitige Entreicherung und damit keine Veräußerung liegt auch vor, soweit **Nutzungsrechte vorbehalten werden**[6] oder Dritten **Nutzungsrechte zugewendet werden**.[7] Dabei ist gleichgültig, ob es sich um schuldrechtl.[8] oder dingliche Nutzungsrechte (**Nießbrauch**) handelt und wie zivilrechtl. die Einräumung erfolgt. Ebenso sind an Dritte zu erbringende **Sachleistungen aus dem Betrieb**,[9] aus den Erträgen an sie zu leistende Zahlungen, ihnen am Betrieb einzuräumende Gewinnbeteiligungen usw. kein Entgelt. Maßgebend ist insoweit, dass es bei der einseitigen Entreicherung um die wirtschaftliche Einheit verbleibt.

109 **2. Teilentgeltliche Betriebsübertragung – Einheitstheorie.** Hingegen liegt ein Entgelt und damit eine Veräußerung auch dann vor, wenn das Entgelt den tatsächlichen Wert des Betriebes unterschreitet und dies bewusst in Bereicherungsabsicht erfolgt, wie etwa bei der **gemischten Schenkung**. Str. ist hier, wie einerseits § 6 Abs. 3 und andererseits § 16 Abs. 1 anzuwenden sind. Die Rspr.[10] folgt hier bei der **teilentgeltlichen Veräußerung** der in § 16 Abs. 1 S. 1 und § 6 Abs. 3 genannten wirtschaftlichen Einheiten der **sog. Einheitstheorie.**[11] Danach ist die Übertragung iErg. als **voll unentgeltliche Übertragung nach § 6 Abs. 3 mit der Folge der Buchwertfortführung** zu behandeln, wenn das Entgelt nicht höher oder sogar geringer ist als der Buchwert der übertragenen wirtschaftlichen Einheit. Es entsteht kein Verlust. Hingegen entsteht ein **begünstigter Veräußerungsgewinn**, wenn das Entgelt den Buchwert übersteigt. Eine (der Trennungstheorie entspr.) Aufteilung in einen unentgeltlichen Teil und eine entgeltliche Veräußerung findet nicht statt. Dies muss auch umgekehrt für den Erwerber gelten.[12] Bei ihm sind daher einheitlich AfA auf seine AK insgesamt vorzunehmen. Umgekehrt setzt er die AfA des Übertragenden fort und tritt auch sonst in seine Rechtstellung ein (zB Vorbesitzzeit nach § 6b, Übergang stiller Reserven), wenn seine Aufwendungen geringer als der Buchwert sind.[13] Ungeachtet dessen bleiben **Zinsen für die Finanzierung des Teilentgeltes** betrieblich veranlasste BA, auch wenn das Entgelt unterhalb des Buchwertes liegt[14] und die Schuld nicht passiviert werden kann.[15]

---

1 Vgl. BFH v. 20.10.1999 – X R 132/95, FR 2000, 209; v. 7.4.1992 – VIII R 59/89, BStBl. II 1992, 809 = FR 1992, 624 m. Anm. *Fischer*.
2 Zur ErbSt vgl. BFH v. 2.3.1994 – II R 59/92, BStBl. II 1994, 366; R 15 ErbStR.
3 BFH v. 14.7.1993 – X R 74/90, X R 75/90, BStBl. II 1994, 15.
4 BFH v. 5.7.1990 – GrS 4–6/89, BStBl. II 1990, 847.
5 Vgl. BFH v. 6.5.2010 – IV R 52/08, BStBl. II 2011, 261 Rn. 29 = FR 2010, 941 mit Anm. *Kempermann* (anteilige betriebliche Passiva Entgelt bei nicht unter § 6 Abs. 3 fallender Übertragung des Ges.anteils).
6 BFH v. 14.6.2005 – VIII R 14/04, BStBl. II 2006, 15; v. 10.4.1991 – XI R 7–8/84, BStBl. II 1991, 791 mwN; v. 17.11.2004 – I R 96/02, BStBl. II 2008, 296 = FR 2005, 320 m. Anm. *Weber-Grellet*; vgl. auch BMF v. 30.9.2013, BStBl. I 2013, 1184 Rn. 39f.
7 BFH v. 24.4.1990 – IX R 9/86, BStBl. II 1990, 888 (keine AfA für Nießbraucher); vgl. auch BMF v. 30.9.2013, BStBl. I 2013, 1184 Rn. 19f. u. 32 (zum Vermächtnisnießbrauch).
8 BFH v. 7.3.1989 – IX R 300/87, BStBl. II 1989, 768.
9 BFH v. 5.7.1990 – GrS 4–6/89, BStBl. II 1990, 847 (Erfüllung führt zu Entnahme beim Erwerber).
10 BFH v. 22.10.2013 – X R 14/11, BStBl. II 2014, 158 Rn. 45; v. 16.12.1992 – XI R 34/92, BStBl. II 1993, 436; grundlegend v. 10.7.1986 – IV R 12/81, BStBl. II 1986, 811; BMF v. 13.1.1993, BStBl. I 1993, 80 Rn. 35.
11 Zur Entwicklung der Einheitstheorie s. *Geissler*, FR 2014, 152.
12 BFH v. 9.5.2017 – VIII R 1/14, BFH/NV 2017, 1418 Rn. 58 (zur teilentgeltlichen Veräußerung eines MU'anteils an freiberuflicher Sozietät); v. 7.11.2000 – VIII R 27/98, BFHE 193, 549.
13 BFH v. 22.9.1994 – IV R 61/93, BStBl. II 1995, 367.
14 BFH v. 8.11.1990 – IV R 73/87, BStBl. II 1991, 450 = FR 1991, 355 m. Anm. *Kanzler*; BMF v. 13.1.1993, BStBl. I 1993, 80 Rn. 38.
15 Allerdings str. nach Aufgabe der Sekundärfolgenrechtsprechung durch BFH v. 2.3.1993 – VIII R 47/90, BStBl. II 1994, 619; v. 25.11.1993 – IV R 66/93, BStBl. II 1994, 623 = FR 1994, 289 m. Anm. *Söffing*; v. 27.7.1993 – VIII R 72/90, BStBl. II 1994, 625. Anders als für die dort entschiedenen Fallgestaltungen liegen hier aber betrieblich veranlasste Verbindlichkeiten vor.

Die Einheitstheorie ist nur bei teilentgeltlicher Veräußerung der in § 16 Abs. 1 genannten (betrieblichen) Einheiten anzuwenden, nicht für die „teilentgeltliche Betriebsaufgabe" bei Veräußerung einzelner WG unter Zerschlagung des Betriebes,[1] weil insoweit eine lückenlose Fortführung der stillen Reserven bei den Erwerbern nicht zu gewährleisten ist. Eine durch bewusste und gewollte Veräußerung wesentlicher Betriebsgrundlagen in Einzelakten herbeigeführte Betriebsaufgabe kann nicht unter Berufung auf einen Gesamtplan in eine unentgeltliche Betriebsübertragung gem. § 6 Abs. 3 EStG umgedeutet werden. 110

3. Vorweggenommene Erbfolge. a) Gleichstellungsgelder, Abstandszahlungen. Die vorweggenommene Erbfolge stellt einen **Sonderfall der Schenkung** unter Lebenden dar, der durch die Motivationslage des Schenkers gekennzeichnet ist, sein Vermögen oder Teile seines Vermögens bereits zu Lebzeiten auf die prospektiven Erben zu übertragen. Sie ist häufig damit verbunden, dass der Übernehmer seinerseits gewisse Pflichten zu erfüllen hat und kann auch mit Erb- und Pflichtteilsverzichten verbunden werden. Je nach Ausgestaltung kann es sich dann zivilrechtl. um **reine Schenkungen, gemischte Schenkungen, Schenkungen unter Aufl.** oder Verträge besonderer Art handeln. Für die stl. Behandlung ist die zivilrechtl. Einordnung letztlich belanglos.[2] Die Gleichbehandlung mit den stl. Folgen eines Erbfalls ist nur insoweit gerechtfertigt, als der gleiche wirtschaftliche Sachverhalt zugrunde liegt, nämlich eine unentgeltliche Übertragung der in § 16 Abs. 1 S. 1 und § 6 Abs. 3 genannten Einheiten. 111

Zutr. wird angenommen, dass v. Übernehmer zu erbringende Gegenleistungen wie **Abstandszahlungen an den Übergeber, Gleichstellungsgelder an Geschwister** (oder andere Dritte) sowie die **Übernahme v. Verbindlichkeiten** (anderer als der des übernommenen Betriebes) **des Übertragenden** Entgelt darstellen.[3] In diesen Fällen liegt kein unentgeltlicher Betriebsübergang, sondern eine **teilentgeltliche Betriebsveräußerung nach § 16 Abs. 1 S. 1 Nr. 1** (bzw. § 16 Abs. 1 S. 1 Nr. 2 oder Nr. 3, falls es sich um einen MU'anteil handelt) vor. Unbeachtlich ist, dass im Erbfall weder der Schuldenübergang auf die Erben, noch ggü. Dritten zu erfüllende Erbfallschulden (Vermächtnisse, Pflichtteilsanspr.) zu einem entgeltlichen Betriebsübergang führen würden (Rn. 80). Die iRd. vorweggenommenen Erbfolge durchgeführte Betriebsübertragung löst nach Maßgabe der **Einheitstheorie** (Rn. 109) nur dann einen **Veräußerungsgewinn nach § 16 Abs. 2** und AK des Erwerbers aus, wenn das Entgelt den Buchwert übersteigt. Sind die Entgelte erst später zu erbringen oder in wiederkehrender Form (s. aber Rn. 67f.), ist der Barwert der maßgebliche Veräußerungspreis (s. Rn. 248).[4] Werden zusammen mit unter § 16 Abs. 1 fallende Einheiten noch weitere WG (zB Grundstücke) teilentgeltlich übertragen, ist die v. den Parteien vorgenommene Aufteilung des (Teil-)Entgelts der Besteuerung zugrunde zu legen, solange keine Anhaltspunkte für eine Scheinvereinbarung vorliegen.[5] In Ermangelung einer solchen Aufteilung ist das Entgelt nach dem Verhältnis der Verkehrswerte aufzuteilen.[6] 112

b) Sonderinstitut der Versorgungsleistungen. Werden Betriebe, TB oder MU'anteile[7] gegen **wiederkehrende Versorgungsleistungen** v. bisherigen Inhaber (Eigentümer) übertragen, läge nach allg. Kriterien beurteilt eine (teil-)entgeltliche Veräußerung vor. Denn der Entreicherung um den Betrieb steht ein Vermögenszugang in Gestalt des Anspr. auf die wiederkehrenden Versorgungsbezüge ggü. In Anlehnung an die besondere zivilrechtl. Natur des sog. „Leibgedingevertrages" insbes. bei der Übergabe landwirtschaftlicher Höfe hat die Rspr.[8] allerdings das **Sonderinstitut der unentgeltlichen Übergabe v. Betrieben etc. gegen Versorgungsbezüge** entwickelt.[9] Danach handelt es sich trotz der übernommenen Versorgungsbezüge einerseits um eine **unentgeltliche Übertragung des Betriebs nach § 6 Abs. 3 S. 1** mit der Folge der Buchwertfortführung, und andererseits sind die Versorgungsbezüge weder BA noch unter § 12 Nr. 2 fallende nicht abziehbare Unterhaltsrenten.[10] Stattdessen liegen beim **Übernehmenden SA nach § 10 Abs. 1a** 113

1 Siehe BFH v. 19.3.2014 und v. 27.10.2015 (Vorlage an GrS 1/16: Einheits- oder Trennungstheorie? – Verfahren eingestellt lt. BFH v. 30.10.2018, juris) – X R 28/12, BStBl. II 2014, 629 Rn. 72 und BStBl. II 2016, 81 Rn. 43 (dazu Aufsatz *Wilke*, FR 2016, 761); v. 22.10.2014 – X R 14/11, BStBl. II 2014, 158 Rn. 44ff., mit Anm. *Kanzler*, NWB 2014, 902; *Prinz*, FR 2014, 228; s. auch *Wiese/Berner*, DStR 2014, 1148.
2 BFH v. 5.7.1990 – GrS 4–6/89, BStBl. II 1990, 847 (unter Aufgabe der früheren entgegengesetzten Rspr.); vgl. auch BFH v. 20.10.1999 – X R 132/95, FR 2000, 209.
3 BFH v. 5.7.1990 – GrS 4–6/89, BStBl. II 1990, 847; BMF v. 13.1.1993, BStBl. I 1993, 80.
4 BFH v. 31.8.1994 – X R 44/93, BStBl. II 1996, 676 = FR 1995, 231 m. Anm. *Weber-Grellet*; v. 24.4.1991 – XI R 9/84, BStBl. II 1991, 794; vgl. auch BFH v. 10.4.1991 – XI R 7/84, XI R 8/84, BStBl. II 1991, 791 (ungewisses Ereignis, nachträgliche AK und nachträgliche Einkünfte, richtiger wohl Änderung des Veräußerungsgewinnes, BFH v. 19.7.1993 – GrS 2/92, BStBl. II 1993, 897).
5 Vgl. BFH v. 21.8.2014 – X B 159/13, BFH/NV 2014, 1743 Rn. 5ff. m.w.N.
6 BMF v. 26.2.2007, BStBl. I 2007, 269 und BFH v. 27.7.2004 – IX R 54/02, BStBl. II 2006, 9.
7 Typische existenzsichernde Einheiten, vgl. BMF v. 26.8.2002, BStBl. I 2002, 893.
8 Vgl. zur Entwicklung der Rspr. BFH v. 5.7.1990 – GrS 4–6/89, BStBl. II 1990, 847; v. 10.11.1999 – X R 46/97, BStBl. II 2000, 188 = FR 2000, 270 m. Anm. *Weber-Grellet* (Vorlagebeschluss).
9 In dieser Form erstmals BFH v. 16.9.1965 – IV 67/61 S, BStBl. III 1965, 706.
10 BFH v. 12.5.2003 – GrS 1/00, BStBl. II 2004, 95.

Nr. 2[1] (ab 1.1.2015, bis zum 31.12.2014 nach § 10 Abs. 1 **Nr. 1a**) und beim **Übertragenden sonstige Einkünfte aus Versorgungsleistungen nach § 22 Nr. 1a** (ab 1.1.2015, bis zum 31.12.2014 nach § 22 Nr. 1b) vor. Dies gilt allerdings nur für die Übertragung der in § 10 Abs. 1a Nr. 2 S. 2 lit. a–c (bis 31.12.2014 § 10 Abs. 1 Nr. 1a S. 2 lit. a–c) genannten existenzsichernden Wirtschaftseinheiten des BV (s. § 22 Rn. 11 ff.).[2]

Zum Inhalt und zur Rechtfertigung des Sonderinstituts der Vermögensübergabe gegen Versorgungsleistungen ausf. § 22 Rn. 17 bis 34 mwN.

114 Wird der gegen Versorgungsbezüge übernommene **Betrieb/TB/MU'anteil weiterveräußert**, endet grds. die Sonderregelung, wenn nicht mit dem Erlös zeitnah eine Umschichtung[3] in eine andere existenzsichernde und ausreichend ertragbringende, unter § 10 Abs. 1a Nr. 2 S. 2 fallende Wirtschaftseinheit erfolgt. Ist dies nicht der Fall, so sind die nach der Veräußerung erfolgenden wiederkehrenden Leistungen beim Empfänger nicht mehr nach § 22 Nr. 1b steuerbar und beim Leistenden als (nicht abziehbare) Unterhaltsleistungen iSd. § 12 Nr. 2 nicht mehr als SA nach § 10 Abs. 1a Nr. 2 abziehbar.[4]

D. Veräußerung und unentgeltliche Übertragung eines Mitunternehmeranteils (Abs. 1 S. 1 Nr. 2)

Literatur: *Dräger*, Übertragung von Mitunternehmeranteilen unter Vorbehaltsnießbrauch, DB 2017, 2768; *Förster/Förster*, Zurückbehaltung und Ausgliederung von wesentlichen Betriebsgrundlagen bei der Übertragung von Mitunternehmeranteilen, FR 2016, 596; *Rapp*, Behandlung negativer Kaufpreise beim Erwerb von Mitunternehmeranteilen, FR 2018, 170; *Rogge*, Tarifbegünstigung nur bei zusammengeballter Aufdeckung sämtlicher stiller Reserven, BB 2015, 998; *Wendt*, Keine tarifbegünstigte Anteilsveräußerung bei nur teilweiser Aufdeckung der in der Person des Veräußerers vorhandenen stillen Reserven, FR 2015, 525; frühere Literatur s. 14. Aufl.

115 **I. Veräußerung eines Mitunternehmeranteils. 1. Gegenstand der Veräußerung.** Nach **§ 16 Abs. 1 S. 1 Nr. 2** gehört zu den Einkünften aus GewBetr. auch der Gewinn aus der Veräußerung (Rn. 7 ff.) **des gesamten Anteils eines G'ters**, der MU'er iSd. § 15 Abs. 1 S. 1 Nr. 2 ist. Durch die Veräußerung geht die bisherige Mitunternehmerstellung des Veräußerers auf den Erwerber über. Zeitlich ist die Veräußerung in dem Zeitpunkt zu erfassen, in dem durch Übergang der Gesellschafterstellung auf den Erwerber dieser das Mitunternehmerrisiko trägt und Mitunternehmerinitiative entfalten kann, mithin „wirtschaftliches Eigentum" (iSd. § 39 Abs. 2 Nr. 1 AO) am Gesellschaftsanteil erlangt.[5] Nach § 16 Abs. 2 ist Veräußerungsgewinn der Betrag, um den der Veräußerungspreis den Wert des **Anteils am BV** übersteigt. Ein **MU'anteil** kann sowohl Gegenstand einer unentgeltlichen Übertragung iSd. § 6 Abs. 3 (s. § 6 Rn. 203 ff.) als auch einer Sacheinbringung[6] iSv. §§ 20, 24 UmwStG sein.

116 In der Sache wird trotz unterschiedlicher gesetzlicher Formulierung in § 16 Abs. 1 S. 1 Nr. 1 und Nr. 2 ders. Übertragungsgegenstand bezeichnet. Die Veräußerung als entgeltliche Übertragung des MU'anteils umfasst danach in Parallele zur Veräußerung des ganzen GewBetr. zwei Seiten, nämlich die Übertragung des Tätigkeitsbereiches und des Vermögens. Bei § 16 Abs. 1 S. 1 Nr. 2 geht es darum, dass dem Erwerber durch die Veräußerung eine Position verschafft wird, die ihn iSd. § 15 Abs. 1 S. 1 Nr. 2 zu einem MU'er macht. Das **GesVerhältnis** oder andere Rechtsverhältnis (§ 15 Rn. 173 ff.), das die Stellung eines MU'ers vermittelt, muss auf den Erwerber ebenso wie der **bisherige Anteil am BV** übertragen werden. Werden allerdings in engem zeitlichem Zusammenhang mit einer (anschließenden) Veräußerung des Gesellschaftsanteils wesentliche Betriebsgrundlagen des Gesellschaftsvermögens zum Buchwert ohne Aufdeckung der stillen Reserven in ein anders BV des oder der MU'er übertragen, versagt die Rspr. teleologisch zutr. die Tarifbegünstigung nach § 16 Abs. 4, § 34 (s. Rn. 37).[7] Durch § 16 Abs. 1 S. 2 wird ausdrücklich geregelt,

---

1 Die Regelung über den Sonderausgabenabzug von Versorgungsbezügen und deren Besteuerung als sonstige Einkünfte wurde durch das Zollkodex-AnpG v. 22.12.2014 (BGBl. I 2014, 2417) von § 10 Abs. 1 Nr. 1a, § 22 Nr. 1b EStG aF ohne inhaltliche Änderung in § 10 Abs. 1a Nr. 2, § 22 Nr. 1a EStG idF des Zollkodex-AnpG übernommen.

2 Vgl. dazu BMF v. 11.3.2010, BStBl. I 2010, 227 u. BMF v. 6.5.2016, BStBl. I 2016, 476.

3 Vgl. zur Umschichtung nach früherem Recht: BFH v. 17.3.2010 – X R 38/06, BStBl. II 2011, 622 Rn. 42 (Umschichtung ausreichend ertragbringender Wirtschaftseinheit in andere ausreichend ertragbringende Wirtschaftseinheit grds. zulässig auch ohne Zustimmung des Übergebers); v. 18.8.2010 – X R 55/09, BStBl. II 2011, 633 Rn. 22 f. (kein Sonderausgabenanzug bei Umschichtung in nicht ausreichend ertragbringende Einheit).

4 BMF v. 11.3.2010, BStBl. I 2010, 227 Rn. 37 f.

5 Der wirtschaftliche Übergang kann im Einzelfall bereits vor Erlangung der zivilrechtlichen Gesellschafterposition liegen, s. BFH v. 1.3.2018 – IV R 15/15, BStBl. II 2018, 539 Rn. 31 ff. = FR 2018, 951 m. Anm. *Wendt*; v. 22.6.2017 – IV R 42/13, BFHE 259, 258 = FR 2018, 312 m. Anm. *Wendt*.

6 Vgl. dazu *Behrendt/Gaffron/Krohn*, DB 2011, 1072 (auch zur GewSt); *Herlinghaus* in R/H/vL[3], § 20 UmwStG Rn. 159 ff.; *Rasche* in R/H/vL[3], § 24 UmwStG Rn. 65 ff.

7 BFH v. 6.9.2000 – IV R 18/99, BStBl. II 2001, 229; sa. BFH v. 9.12.2014 – IV R 36/13, BStBl. II 2015, 529 Rn. 19 ff. = FR 2015, 710 m. Anm. *Wendt* (bei einer zeitnah zuvor erfolgten unentgeltlichen anteiligen Übertragung des MU'Anteils an die Ehefrau des G'ters = Buchwertfortführung n. § 6 Abs. 3 EStG): zeitraumbezogene Betrachtungsweise.

dass die **Veräußerung eines Anteils (Bruchteil) am MU'anteil** nur als lfd. Gewinn besteuert wird (Rn. 130).

Zivilrechtl. kann der G'ter einer **Gesamthandsgemeinschaft** nicht isoliert über seinen Anteil am Gesellschaftsvermögen resp. über einzelne Vermögensgegenstände verfügen, § 719 BGB. Unbeschadet dessen kann er jedoch mit Zustimmung der übrigen G'ter, die ggf. bereits im Gesellschaftsvertrag vorgesehen sein kann, über seine **Gesellschafterstellung** einschl. aller damit verbundenen Mitgliedschaftsrechte (Mitwirkungsrechte, Beteiligung am Gewinn, Entnahmebefugnisse usw.) verfügen. Die notwendige Folge ist dann, dass im Veräußerungsfalle insoweit auch der **vermögensmäßige (ideelle) Anteil am Gesellschaftsvermögen** auf den Erwerber übergeht. Für die **Erbengemeinschaft** besteht die Besonderheit, dass der Miterbe nach § 2033 BGB über seinen Anteil am Nachlass verfügen kann. Der Erwerber wird dann zwar nicht Miterbe, aber auf ihn gehen notwendigerweise sämtliche Verwaltungs- und Verfügungsbefugnisse des veräußernden Miterben über. Bei der **stillen Ges.** und anderen **Innen-Ges.** besteht zwar zivilrechtl. gerade keine dingliche Mitberechtigung am Gesellschaftsvermögen. Auch hier ist aber die **Gesellschafterstellung** als solche mit Zustimmung der übrigen G'ter **übertragbar**. Damit gehen notwendigerweise auch die **schuldrechtl. Beziehungen** über, die bei einer atypischen Innen-Ges. **die vermögensmäßige Beteiligung** des Stillen am Gesellschaftsvermögen begründen (§ 15 Rn. 184 f.). Für die Gütergemeinschaft scheidet eine Übertragung der Gemeinschafterstellung auf einen Dritten notwendigerweise aus. **Stl.** folgt aus diesen zivilrechtl. Vorgaben, dass eine Veräußerung des MU'anteils bei Außen- wie Innengesellschaften die **Übertragung des Gesellschaftsanteils** als solchen erfordert. Eine **isolierte Vermögensübertragung** fällt **nicht unter Abs. 1 S. 1 Nr. 2**. Letztere kann nur **WG des SBV** betreffen (Rn. 129). 117

Der Gesellschaftsanteil einschl. seiner vermögensmäßigen Bezüge ist zivilrechtl. und handelsbilanziell unstr. ein **Vermögensgegenstand**. Stl. soll er allerdings kein WG sein. Stattdessen wird angenommen, dass die zivilrechtl. nicht existierenden **ideellen Anteile an den WG der Ges. (§ 39 Abs. 2 Nr. 2 AO)** Gegenstand der Veräußerung und des Erwerbs sind.[1] Letztlich ist dies die vermögensrechtl. Konsequenz eines transparenten Mitunternehmerkonzepts, das den G'tern auf der Gesellschaftsebene entstandene Gewinne unabhängig davon anteilig zurechnet, ob diese entnommen werden oder nicht. Dies gilt auch für die Veräußerung einzelner WG der MU'schaft, sodass den G'tern auch die stillen Reserven der einzelnen WG zugerechnet werden müssen. Daher sind die Anschaffungsaufwendungen für den Erwerb eines Gesellschaftsanteils (in der Gesellschafts- und Ergänzungsbilanz) anteilig den WG des Gesellschaftsvermögens zuzuordnen. Wird die Beteiligung an einer PersGes. in einem BV des G'ters gehalten, hat die **Bilanzierung** nach der sog. **Spiegelbildmethode** zu erfolgen (zur korrespondierenden Bilanzierung s. § 15 Rn. 240). 118

§ 16 Abs. 1 S. 1 Nr. 2 erfasst nur **Anteile an gewerblichen Ges./Gemeinschaften** (§ 15 Rn. 170 f.) einschl. gewerblich geprägter nach § 15 Abs. 3 Nr. 2 (§ 15 Rn. 135) und einheitlich als gewerblich zu beurteilender nach § 15 Abs. 3 Nr. 1 (§ 15 Rn. 143) sowie der qua BetrAufsp. gewerblich tätiger Besitz-Ges. (§ 15 Rn. 76). Nicht unter § 16 Abs. 1 S. 1 Nr. 2 fällt die Beteiligung an einer lediglich vermögensverwaltend tätigen Ges., auch wenn die Beteiligung für den G'ter zu seinem GewBetr. gehört (sog. **Zebra-Ges.**, § 15 Rn. 393 ff.).[2] 119

Bei einer **doppelstöckigen PersGes.** (§ 15 Rn. 344 ff.) gehört auch der Anteil der Oberges. an der Unterges. zu den v. § 16 Abs. 1 S. 1 Nr. 2 erfassten MU'anteilen. Der Gewinn aus seiner Veräußerung ist bei den G'tern der Oberges. nach § 34 begünstigt.[3] Ebenso verhält es sich bei Veräußerung des Betriebs durch die Untergesellschaft. § 16 Abs. 4 ist ebenfalls für die G'ter der Oberges. anzuwenden, unabhängig davon, dass die Oberges. kein Lebensalter hat (s. Rn. 282). Es kommt auf das Alter v. deren G'tern an,[4] denn diese sind die eigentlichen MU'er (§ 15 Rn. 347). Verfahrensrechtlich bedarf es eines zweistufigen [doppelstöckigen] Feststellungsverfahrens, nämlich bei der Unterges. und der Oberges.[5] Die isolierte Veräußerung v. WG des SBV der Obergesellschafter bei der Unterges. fällt hier so wenig wie sonst unter § 16 Abs. 1 S. 1 Nr. 2 (Rn. 117). 120

2. Sonderbetriebsvermögen und Anteilsübertragung. Die WG des **SBV dienen dem MU'er** zur Erzielung gewerblicher Erträge im Rahmen seiner mitunternehmerischen Beteiligung an der PersGes (§ 15 Rn. 327). Soweit es sich um sog. SBV II handelt, ergibt sich die SBV-Eigenschaft sogar nur deshalb, weil die WG der Erzielung des Anteils am Gewinn der Ges. dienen. Soweit es sich um SBV I handelt, gilt dies gleicher- 121

1 Statt vieler BFH v. 6.5.2010 – IV R 52/08, BStBl. II 2011, 261 mwN = FR 2010, 941 m. Anm. *Kempermann*; v. 12.12. 1996 – IV R 77/93, BStBl. II 1998, 180 = FR 1998, 155 m. Anm. *Thiele*; v. 6.11.1985 – I R 242/81, BStBl. II 1986, 333; *Wacker* in Schmidt[37], § 16 Rn. 452, 480; **aA** etwa *Reiß*, StuW 1986, 342; *Schön*, FR 1994, 658; *Groh*, StuW 1995, 338.
2 BFH v. 26.4.2001 – IV R 75/99, BFHE 194, 421; v. 11.7.1996 – IV R 103/94, BStBl. II 1997, 39; *Trossen* in K/S/M, § 16 Rn. C 14.
3 Vgl. BFH v. 26.1.1995 – IV R 23/93, BStBl. II 1995, 467; *Ley*, KÖSDI 2011, 17277.
4 Vgl. *Wacker* in Schmidt[37], § 16 Rn. 401; *Ley*, KÖSDI 2011, 17277.
5 BFH v. 12.10.2016 – I R 92/12, BFHE 256, 32 Rn. 29 ff.; v. 18.9.2007 – I R 79/06, FR 2008, 960 m. Anm. *Suchanek*.

maßen für die der Ges. unentgeltlich zur Nutzung überlassenen WG. Die WG und die damit zusammenhängenden Erträge und Aufwendungen sind **allein diesem MU'er** zuzurechnen. Es handelt sich allein um **seine WG** und nicht um die der übrigen MU'er, auch nicht um die der MU'schaft/Ges. insgesamt. Treuhänderisch gehaltene WG können nur dem Treugeber, nicht dem Treuhänder als „sein" SBV zugerechnet werden[1].

122 Daraus ist zunächst einmal zu folgern, dass **SBV** allein **für den betr. MU'er** eine **wesentliche Betriebsgrundlage** seiner MU'schaft sein kann, aber keinen Einfluss auf die Behandlung der übrigen MU'er hat. Soweit die **PersGes.** selbst als **Gewinnermittlungssubjekt** angesehen wird (§ 15 Rn. 164), ist SBV, da ihr erst gar nicht zurechenbar, auch nicht als deren wesentliche Betriebsgrundlage anzusehen. Richtigerweise kann es aber auch gar nicht um die PersGes. selbst gehen, da sie kein Steuersubjekt ist. Die Differenzierung ist wichtig, falls eine **Veräußerung des Betriebes**, TB oder MU'anteils (bei doppelstöckiger PersGes.) **durch die PersGes.** (die Gesamtheit der G'ter) erfolgt. Wird dabei SBV eines G'ters nicht mitveräußert, kann dies die Anwendung des **§ 16 Abs. 1 S. 1 Nr. 1** bzw. Abs. 1 S. 1 Nr. 2 (bei Veräußerung eines MU'anteils) und damit der **§ 16 Abs. 4, § 34** für die übrigen MU'er nicht hindern. Nicht anders darf entschieden werden, wenn bei einer doppelstöckigen PersGes. die Oberges. ihren MU'anteil aufgibt, denn dies ist nichts anderes als die Aufgabe der MU'anteile der G'ter der Oberges. an der Unterges.

123 Fraglich kann insoweit allein sein, ob auch für denjenigen MU'er, der bei Veräußerung seines Gesellschaftsanteils für ihn **wesentliche WG des SBV nicht mit veräußert**, sondern zum Buchwert nach § 6 Abs. 5 in ein eigenes BV oder anderes SBV übernimmt, für die **isolierte Veräußerung seines Gesellschaftsanteils § 16 Abs. 4 und § 34 ausgeschlossen** sind. Die Rspr. und die ihr folgende hM[2] bejahen dies zutr. uneingeschränkt.

Denn bei Übernahme v. funktional und/oder quantitativ wesentlichem SBV in ein eigenes BV zum Buchwert kann nicht davon ausgegangen werden, dass der MU'er seinen MU'anteil insgesamt veräußert oder aufgegeben hat und dadurch sämtliche stillen Reserven aufgedeckt worden sind. Daher wird aus der Veräußerung/Aufgabe kein nach § 16 Abs. 1 iVm. mit § 34 tarifbegünstigter Gewinn realisiert. Das gilt nach der sogenannten Gesamtplanrechtsprechung auch dann, wenn die Überführung zum Buchwert aufgrund einheitlicher Planung in engem zeitlichem Zusammenhang mit der Anteilsübertragung erfolgte.[3]

Dem ist der Ratio nach für § 16 Abs. 4 und § 34 zu folgen. Denn Steuersubjekt ist der jeweilige MU'er. Soweit daher das SBV für ihn eine wesentliche Betriebsgrundlage darstellt, ist – aus denselben Gründen wie bei einem Einzelunternehmer – bei Zurückbehaltung von wesentlichem SBV unter Überführung zum Buchwert in einen anderen Betrieb eine nach §§ 16, 34 begünstigte Veräußerung hinsichtlich des MU'anteils nicht anzunehmen (s. Rn. 37). Für die Erfassung eines **lfd. Gewinns** aus der isolierten Veräußerung des Ges.-anteils kommt als Rechtsgrundlage § 15 Abs. 1 S. 1 Nr. 2 in Betracht. Der MU'er veräußert die in seinem Gesellschaftsanteil (anteilig) verkörperten Einzel-WG des BV und erzielt daraus (letztmalig) einen mitunternehmerischen Gewinn. Die Nichtanwendung des § 34 – nicht aber des § 16 Abs. 4 – ließe sich allerdings auch schon isoliert damit rechtfertigen, dass es an der Außerordentlichkeit mangelt, wenn nicht alle stillen Reserven aufgedeckt werden (s. § 34 Rn. 6, 9). Sollte das zurückbehaltene SBV aber unter Aufdeckung der stillen Reserven in das PV des MU'ers in engem zeitlichem Zusammenhang mit der Veräußerung des Ges.-anteils entnommen worden sein, liegt insgesamt eine nach § 16 Abs. 4, § 34 steuerbegünstigte Betriebsaufgabe vor (s. Rn. 178 ff.).

124 Für § 16 Abs. 1 S. 1 Nr. 2, § 34 sind **additiv funktionale und quantitative Kriterien** zur Bestimmung der wesentlichen Betriebsgrundlagen (Rn. 37) anzuwenden,[4] währendfür die **unentgeltliche Übertragung** nach § 6 Abs. 3 EStG (Rn. 71 f.) und für die Einbringung nach § 20 UmwStG nur die **funktionale Betrachtungsweise** (Rn. 73) maßgebend ist.[5] Sieht man in § 24 UmwStG einen Veräußerungsfall, so ist bei Einbringung eines Gesellschafts-/MU'anteils in eine PersGes. **zur Gewährung der Buchwertfortführung** grds. ebenfalls nur auf die funktionale Wesentlichkeit abzustellen (s. Rn. 23 f.). Zur Gewährung der Buchwertfortführung bei Einbringung eines MU'anteils genügt es daher bereits, dass etwaiges funktional we-

1 BFH v. 24.4.2014 – IV R 20/11, BFH/NV 2014, 1519.

2 BFH v. 10.11.2005 – IV R 7/05, BStBl. II 2006, 176; sa. BFH v. 10.2.2016 – VIII R 38/12, GmbHR 2016, 1058, Rn. 60 mwN; *Wacker* in Schmidt[37], § 16 Rn. 407, 414; *Trossen* in K/S/M, § 16 Rn. C 32; **aA** *Schallmoser* in Blümich, § 16 Rn. 373.

3 Aus der Rspr.: BFH v. 17.12.2014 – IV R 57/11, BStBl. II 2015, 536 Rn. 20 = FR 2015, 522 m. Anm. *Wendt*; v. 9.12. 2014 – IV R 36/13, BStBl. II 2015, 529 Rn. 16 = FR 2015, 710 m. Anm. *Wendt*; v. 30.8.2012 – IV R 44/10,GmbHR 2013, 220.

4 BFH v. 25.2.2010 – IV R 49/08, BStBl. II 2010, 726 Rn. 20 = FR 2010, 701 m. Anm. *Wendt*; v. 10.3.2016 – IV R 22/13, GmbHR 2016, 1108 Rn. 19.

5 BFH v. 6.5.2010 – IV R 52/08, BStBl. II 2011, 261 Rn. 22 = FR 2010, 941 m. Anm. *Kempermann*; v. 25.11.2009 – I R 72/08, BStBl. II 2010, 471 Rn. 17 = FR 2010, 381 m. Anm. *Wendt*; v. 2.10.1997 – IV R 84/96, BStBl. II 1998, 104; BMF v. 11.11.2011, BStBl. I 2011, 1314 Rn. 20.06 und 20.10.

sentliches SBV mit „eingebracht" wird. Die Zurückbehaltung lediglich quantitativ wesentlichen SBV ermöglicht allein eine Buchwertfortführung hingegen nicht.[1] Eine **begünstigte Besteuerung als Veräußerungsgewinn** nach § 16 Abs. 4, § 34 lassen § 20 Abs. 4 und § 24 Abs. 3 S. 2 UmwStG allerdings nur zu, wenn das eingebrachte BV insgesamt mit dem gemeinen Wert angesetzt wird. Bei Einbringung eines MU'anteils gilt dies hinsichtlich des eingebrachten bisherigen wesentlichen SBV des Einbringenden. Für eine begünstigte Besteuerung als Veräußerungsgewinn nach §§ 20 Abs. 4, 24 Abs. 3 S. 2 UmwStG iVm. § 16 Abs. 4 und § 34 EStG muss dann **auch** das gesamte im Zeitpunkt der Einbringung vorhandene lediglich **quantitativ wesentliche SBV** mit eingebracht und mit dem gemeinen Wert angesetzt oder jedenfalls zeitgleich gewinnrealisierend veräußert oder entnommen werden. Wird die Einbringung als begünstigte entgeltliche Veräußerung des gesamten MU'anteils iSd. § 16 Abs. 1, Abs. 4, § 34 EStG behandelt, müssen – wie bei einer Veräußerung aufgrund eines Kaufes oder Tausches – auch alle stillen Reserven in lediglich quantitativ wesentlichen Betriebsgrundlagen aufgedeckt werden, um in den Anwendungsbereich v. §§ 16, 34 zu gelangen.[2] Entgegen der früheren Rspr.[3] ist der Anwendungsbereich des § 6 Abs. 3 und des § 6 Abs. 5 (ab VZ 2001) für die unentgeltliche Übertragung eines (Teils eines) Gesellschafts/MU'anteils unter Lebenden zum Buchwert auch dann eröffnet, wenn **funktional wesentliches SBV gar nicht oder nicht entsprechend quotal mitübertragen** wird (s. auch Rn. 164, 167 ff.).[4]

Ob ein WG des SBV für den MU'er eine wesentliche Betriebsgrundlage darstellt, bestimmt sich grds. nach denselben funktionalen oder funktional/quantitativen Kriterien wie für die zum Gesellschaftsvermögen gehörenden WG (§ 15 Rn. 337). Zum notwendigen SBV (II) gehörende Anteile des MU'erkommanditisten an der geschäftsführenden Komplementär-Kapitalgesellschaft (§ 15 Rn. 333, 337) sind für diesen nicht schon wegen der bloßen Eigenschaft als SBV eine wesentliche Betriebsgrundlage. Nur dann, wenn sich durch die **Beteiligung an der Komplementär-Kapitalgesellschaft** die Stellung und der Einfluss des MU'ers in der MU'schaft nicht unerheblich erweitert, handelt es sich auch um **wesentliches (Sonder)BV**. Das ist jedenfalls dann zu bejahen, wenn dem MU'er in der Komplementär-Kapitalgesellschaft die Mehrheit der Stimmrechte zusteht, sodass er seinen geschäftlichen Betätigungswillen iRd. Geschäftsführung durch die Komplementärin auch gegen den Willen der anderen MU'er durchsetzen kann.[5] Umgekehrt ist eine Beteiligung, die keinen Einfluss auf die Geschäftsführung ermöglicht, nicht schon deshalb funktional wesentlich, weil die Komplementär-KapGes. ebenfalls in erheblichem Umfang am Gewinn beteiligt ist.[6] 125

Danach ist insgesamt wie folgt hinsichtlich des SBV zu differenzieren: Wird der **Gesellschaftsanteil einschl. des** (funktional und quantitativ) **wesentlichen SBV entgeltlich veräußert**, liegt eine **begünstigte Veräußerung** nach § 16 Abs. 1 S. 1 Nr. 2, § 34 vor. Diese umfasst dann auch die evtl. Mitveräußerung v. nicht wesentlichem SBV I und II. Für den veräußernden MU'er entfällt die Weiterführung in einer Sonderbilanz. Der Erwerber begründet seinerseits erst wieder SBV (I), wenn er das erworbene WG seinerseits der MU'schaft überlässt. Eine korrespondierend in der Gesellschaftsbilanz bisher ausgewiesene (Darlehens-)Verbindlichkeit ggü. dem veräußernden MU'er wird auch stl. mit dem Ausscheiden unter Wegfall des Korrespondenzprinzips zu Fremdkapital. Wird die G'ter-Forderung vom Erwerber übernommen, wird (erst) dadurch bei ihm erneut SBV begründet.[7] Bei einer **unentgeltlichen Übertragung des MU'anteils** einschl. des **funktional wesentlichen SBV** ist insgesamt (auch für die Übertragung des SBV) nur § 6 Abs. 3 – und nicht daneben noch § 6 Abs. 5 – anwendbar mit der Folge der Buchwertfortführung.[8] Bei ei- 126

1 So stellt etwa BFH v. 25.11.2009 – I R 72/08, BStBl. II 2010, 471 Rn. 17 ff. = FR 2010, 381 m. Anm. *Wendt*, zu § 20 UmwStG ausschließlich auf die funktionale Wesentlichkeit des WG ab; sa. BFH v. 29.11.2017 – I R 7/16, BFHE 260, 334 Rn. 14 = FR 2018, 508 m. Anm. *Wendt*.

2 Vgl. insoweit auch BFH v. 26.1.1994 – III R 39/91, BStBl. II 1994, 458 (Einbringung eines Einzelunternehmens mit Fortführung bisher wesentlicher Betriebsgrundlage als SBV); v. 16.12.2004 – IV R 3/03, BFH/NV 2005, 879 (zu § 24 UmwStG und Nichtanwendung v. §§ 16, 34 wegen Nichteinbringung eines Geschäftswerts).

3 BFH v. 6.5.2010 – IV R 52/08, BStBl. II 2011, 261 Rn. 23 = FR 2010, 941 m. Anm. *Kempermann*; v. 24.8.2000 – IV R 51/98, BStBl. II 2005, 173 = FR 2000, 1210 m. Anm. *Kempermann*; v. 31.8.1995 – VIII B 21/93, BStBl. II 1995, 890; v. 10.3.1998 – VIII R 76/96, BStBl. II 1999, 269.

4 BFH v. 2.8.2012 – IV R 41/11, BFHE 238, 135 Rn. 18 ff. = FR 2012, 1113 mit Anm. *Wendt*; v. 12.5.2016 – IV R 12/15, BFHE 253, 556 Rn. 25 ff. = FR 2016, 952 m. Anm. *Wendt*; v. 30.6.2016 – IV B 2/16, BFH/NV 2016, 1452 Rn. 3.

5 Vgl. BFH v. 25.11.2009 – I R 72/08, BStBl. II 2010, 471 Rn. 21 = FR 2010, 381 m. Anm. *Wendt*; zur Verwaltungspraxis: FinSen. Berlin v. 7.3.2018 – III B - S 2241-3/2003; OFD Ffm. v. 3.12.2015 – S 2134 A-14 - St 213; OFD NRW v. 17.6.2014, S 2242-2014/0003 - St 114; alle juris.

6 BFH v. 16.4.2015 – IV R 1/12, BStBl. II 2015, 705 Rn. 20 = FR 2015, 846 m. Anm. *Wendt*: zu einer Minderheitsbeteiligung von weniger als 10 % des Kommanditisten an der geschäftsführenden Komplementär-GmbH.

7 BFH v. 16.3.2017 – IV R 1/15, BStBl. II 2017, 943 Rn. 42 = FR 1917, 957 m. Anm. *Wendt*; v. 3.3.1998 – VIII R 66/96, BStBl. II 1998, 383; *Wacker* in Schmidt[37], § 16 Rn. 414.

8 BFH v. 2.8.2012 – IV R 41/11, BFHE 238, 135 = FR 2012, 1113 m. Anm. *Wendt*; v. 6.5.2010 – IV R 52/08, BStBl. II 2011, 261 Rn. 17 = FR 2010, 941 m. Anm. *Kempermann*; v. 7.2.1995 – VIII R 36/93, BStBl. II 1995, 770.

ner **Einbringung** mit Übertragung des funktional wesentlichen SBV sind §§ 20, 24 UmwStG mit Wahlrecht zum Buch- oder Zwischenwert anwendbar. Soweit **unwesentliches SBV** ebenfalls in das BV des Rechtsnachfolgers übertragen wird, sind auch insoweit nach § 6 Abs. 3 die Buchwerte fortzuführen bzw. sie können bei Einbringung nach §§ 20, 24 UmwStG fortgeführt werden. Wird es **in das PV** des Übertragenden überführt, ist dies bei Veräußerung des Gesellschaftsanteils gegen Entgelt unter dem ergänzenden Gesichtspunkt der **BetrAufg.** begünstigt zu erfassen,[1] hingegen bei unentgeltlicher Übertragung zu Buchwerten nach § 6 Abs. 3 als **lfd. Entnahmegewinn**[2] nach § 4 Abs. 1 S. 2 iVm. § 6 Abs. 1 Nr. 4 noch beim Übertragenden.

127 Wird hingegen **nur der Gesellschaftsanteil veräußert** und funktional oder quantitativ **wesentliches SBV in anderes BV** des StPfl. im engen sachlichen und zeitlichen Zusammenhang aufgrund eines einheitlichen Gesamtplanes zum Buchwert gem. § 6 Abs. 5 überführt oder übertragen, liegt hinsichtlich der isolierten Veräußerung des Gesellschaftsanteils **keine nach § 16 Abs. 1 S. 1 Nr. 2**, Abs. 4, § 34 **begünstigte Veräußerung** eines MU'anteils vor.[3] Vielmehr ergibt sich für den veräußernden G'ter dann nur ein lfd. Gewinn aus § 15 Abs. 1 S. 1 Nr. 2. Eine begünstigte Veräußerung v. MU'anteilen liegt ebenfalls nicht vor, wenn Anteile einer neu gegründeten, aus einer SchwesterPersGes. ausgegliederten MU'schaft veräußert werden, sofern bei der Ausgliederung wesentliche Betriebsgrundlagen mit erheblichen stillen Reserven nicht auf die neu gegründete SchwesterPersGes. übertragen wurden, sondern weiterhin bei der SchwesterPersGes. verblieben, deren MU'anteile nicht veräußert wurden. Denn es fehlt dann daran, dass der G'ter und MU'er als das Steuersubjekt der ESt „außerordentliche" Einkünfte bezieht, weil es für ihn gerade nicht zu einer vollständigen Auflösung der stillen Reserven kommt.[4]

128 Der **unentgeltlichen Übertragung des Gesellschaftsanteils/MU'anteils** zum Buchwert auf einen Rechtsnachfolger **gem. § 6 Abs. 3** steht entspr. der Auffassung des IV. Senats die Buchwertfortführung nach § 6 Abs. 5 für eine gleichzeitige oder vorherige **Überführung/Übertragung** v. einzelnen WG des SBV in ein anderes BV **zum Buchwert gem. § 6 Abs. 5** – abw. von der bisher vertretenen Verwaltungsauffassung – nicht entgegen.[5] Das gilt uneingeschränkt für lediglich quantitativ wesentliches SBV (s. Rn. 37). Es gilt aber auch für **funktional wesentliches SBV**, es sei denn, schon durch die Überführung/Übertragung des funktional wesentlichen SBV komme es zu einer Zerschlagung des v. der MU'schaft unterhaltenen Betriebs oder der anderweitigen Beendigung der MU'schaft, sodass auf den unentgeltlichen Rechtsnachfolger kein MU'anteil an einem Betrieb mehr übertragen werden kann.[6] Das dürfte jedoch allenfalls ausnahmsweise in Betracht kommen. Denn die Überführung/Übertragung eines funktional wesentlichen WG des SBV in ein anderes BV führt als solche regelmäßig weder insgesamt zur BetrAufg. bei der MU'schaft noch zu einer Beendigung der Mitunternehmerstellung des übertragenden G'ters. Richtigerweise wird die Anwendung der Buchwertfortführung nach § 6 Abs. 3 bei unentgeltlicher Rechtsnachfolge in den Gesellschafts-/MU'anteil auch dann nicht ausgeschlossen, wenn zeitgleich oder in engem zeitlichen Zusammenhang mit der Anteilsübertragung quantitativ oder **funktional wesentliches SBV** zum TW aus dem BV **entnommen oder an Dritte gegen fremdübliches Entgelt** veräußert wird. Entscheidend darf auch hier nur sein, dass trotz Entnahme/Veräußerung einer wesentlichen Betriebsgrundlage der Betrieb der MU'schaft nicht zerschlagen worden ist, sondern gleichwohl noch der funktionsfähige MU'anteil unentgeltlich auf den Rechtsnachfolger übertragen wurde (s. Rn. 76). Der sich ergebende Gewinn aus der Veräußerung oder Entnahme des wesentlichen SBV ist dann allerdings gerade **kein nach §§ 16, 34 begünstigter „Veräußerungsgewinn"**, sondern ein lfd. Gewinn aus § 15 Abs. 1 S. 1 Nr. 2 aus der Veräußerung oder Entnahme v. WG des SBV. **§ 6 Abs. 3** privilegiert die unentgeltliche Übertragung funktionsfähiger betrieblicher Einheiten auf einen Rechtsnachfolger, um dadurch insbes. auch die rechtzeitige Generationennachfolge zu fördern und zu erleichtern. Deshalb muss hier für die Buchwertfortführung und den Verzicht auf die Aufdeckung der stillen Reserven beim Übertragenden genügen, dass dem Rechtsnachfolger eine in seiner Hand **weiterhin funktionsfähige betriebliche Einheit übertragen** wird. Die (spätere) Versteuerung der

1 BFH v. 31.8.1995 – VIII B 21/93, BStBl. II 1995, 890; v. 31.1.1992 – VIII B 33/90, BStBl. II 1992, 559.

2 BFH v. 29.10.1987 – IV R 93/85, BStBl. II 1988, 374.

3 BFH v. 10.3.2016 – IV R 22/13, GmbHR 2016, 1108; v. 17.12.2014 – IV R 57/11, BStBl. II 2015, 536 = FR 2015, 522 mit Anm. *Wendt*; v. 30.8.2012 – IV R 44/10, BFH/NV 2013, 376; v. 2.8.2012 – IV R 41/11, BFHE 238, 135 = FR 2012, 1113 m. Anm. *Wendt*; v. 25.2.2010 – IV R 49/08, BStBl. II 2010, 726 Rn. 20 = FR 2010, 701 m. Anm. *Wendt*; v. 6.9. 2000 – IV R 18/99, BStBl. II 2001, 229.

4 BFH v. 17.12.2014 – IV R 57/11, BStBl. II 2015, 536 Rn. 18 ff. = FR 2015, 522 m. Anm. *Wendt*.

5 BFH v. 9.12.2014 – IV R 29/14, BFHE 247, 449 = FR 2015, 457 mit Anm. *Wendt*; v. 2.8.2012 – IV R 41/11, BFHE 238, 135 = FR 2012, 1113 m. Anm. *Wendt;* dagegen BMF v. 12.9.2013, BStBl. I 2013, 1164 iVm. BMF v. 3.3.2005, BStBl. I 2005, 458 Rn. 7 f.

6 BFH v. 2.8.2012 – IV R 41/11, BFHE 238, 135 = FR 2012, 1113 m. Anm. *Wendt*; s. außerdem Anm. v. *Bode*, DB 2012, 2375 und *Brandenberg*, DB 2013, 17.

stillen Reserven wird auf den oder die Rechtsnachfolger übertragen. Es genügt, dass die Übertragung nur sukzessive geschieht, etwa durch Aufnahme als MU'er in den bisherigen Einzelbetrieb oder durch unentgeltliche Übertragung eines Bruchteils eines MU'anteils gem. § 6 Abs. 3. Insoweit kann es nebeneinander zur Anwendung von § 6 Abs. 3 mit Buchwertforführung und § 24 UmwStG mit Wahlrecht zur Buchwertfortführung oder zum Ansatz des gemeinen Werts für denselben Betrieb/MU'anteil kommen.[1]

Wird **wesentliches SBV isoliert** veräußert oder unentgeltlich übertragen, sind weder § 16 Abs. 1 S. 1 Nr. 2 noch § 6 Abs. 3 oder §§ 20, 24 UmwStG anwendbar. Es liegt auch weder eine Teilveräußerung noch Teilaufgabe des MU'anteils vor.[2] Unabhängig davon, ob man SBV als wesentliche Betriebsgrundlage für einen MU'anteil ansieht oder nicht, wird mit der Übertragung isolierten SBV niemals auch nur teilw. ein MU'anteil übertragen.[3] Denn nur der Gesellschaftsanteil, nicht aber das SBV, vermittelt die MU'er-Stellung. SBV kann daher wesentliche Betriebsgrundlage für einen MU'anteil, nicht aber Teil des MU'anteils sein. Allerdings könnte ausnahmsweise SBV selbst die Voraussetzungen eines TB erfüllen, etwa die 100-prozentige Beteiligung an einer KapGes. Die Veräußerung (oder Überführung in PV) soll als nach §§ 34, 16 begünstigter (Aufgabe-)Gewinn zu besteuern sein, wenn der MU'anteil unentgeltlich unter Buchwertfortführung nach § 6 Abs. 3 auf eine gemeinnützige Stiftung übertragen wird, da ansonsten der Zweck des Buchwertprivilegs iSd. § 6 Abs. 1 Nr. 4 S. 4 (s. § 6 Rn. 175) unterlaufen würde.[4] 129

Für die **Veräußerung eines Bruchteils am MU'anteil** schließt § 16 Abs. 1 S. 2 die Anwendung der §§ 16 Abs. 4, 34 aus. Dies gilt auch dann, wenn wesentliches SBV zusammen mit dem Bruchteil veräußert wird. Die Veräußerung eines Bruchteils und nicht des gesamten MU'anteils liegt auch dann vor, wenn von einem Gesellschafter-MU'er zunächst weitere Gesellschaftsanteile hinzuerworben wurden und dann später die hinzuerworbenen Anteile wieder veräußert werden (s. Rn. 254).[5] Eine begünstigte Veräußerung des ganzen MU'anteils kann aber auch dann angenommen werden, wenn die Veräußerung mehraktig basierend auf einem Gesamtplan in einem engen zeitlichen Zusammenhang erfolgt.[6] 130

3. Die Veräußerungsfälle. Veräußerung iSd. § 16 Abs. 1 S. 1 Nr. 2 ist die entgeltliche **Übertragung des Gesellschaftsanteils** (oder Gemeinschaftsanteils) **auf einen anderen Erwerber**. Dabei ist gleichgültig, ob sich der Übergang rechtstechnisch durch **echte unmittelbare Übertragung** gem. § 413 iVm. § 398 BGB mit Zustimmung der übrigen G'ter oder bei vorheriger Zulassung der Abtretung bereits im Gesellschaftsvertrag vollzieht oder durch Ausscheiden des Alt-G'ters und Eintritt des Neu-G'ters.[7] Als entgeltliche Veräußerung sieht die hM auch die Einbringung nach §§ 20, 24 UmwStG an.[8] Die **formwechselnde Umwandlung einer PersGes. in eine KapGes.** nach § 25, 20 UmwStG führt zur Aufgabe der MU'anteile. Es ist aber § 20 UmwStG vorrangig anzuwenden.[9] 131

Erwerber können auch ein oder alle **Mitgesellschafter** sein. Auch hier ist gleichgültig, wie sich der Übergang rechtstechnisch vollzieht. Dies kann durch **unmittelbare Übertragung** des Gesellschaftsanteils geschehen, wobei sich die Anteile dann in der Hand des Erwerbers vereinen, da bei der PersGes. der G'ter nur einen Gesellschaftsanteil hält (evtl. anders, falls Testamentsvollstreckung), oder auch durch **Ausscheiden des Alt-G'ters** und **Anwachsung bei dem oder den Alt-G'tern** nach §§ 736, 738 BGB. Dies gilt auch bei **Ausscheiden** des vorletzten G'ters **aus einer zweigliedrigen Ges.** mit Fortführung des Betriebes als **Einzelunternehmen** (vgl. § 738 BGB, §§ 131 Abs. 2 iVm. 140 Abs. 1 S. 2 HGB). 132

Die Rspr. geht daher zutr. davon aus, dass auch das **Ausscheiden des G'ters eine Veräußerung iSd. Abs. 1 S. 1 Nr. 2** sein kann und nicht eine Aufgabe des MU'anteils darstellen muss.[10] Allerdings ist zu differenzie- 133

1 BFH v. 18.9.2013 – X R 42/10, BStBl. II 2016, 639 Rn. 28 ff., dazu Anm. *Dornheim*, FR 2013, 1022; **aA** noch BMF v. 11.11.2011, BStBl. I 2011, 1314, Rn. 01.47 letzter Satz.

2 Vgl. BFH v. 11.12.1990 – VIII R 14/87, BStBl. II 1991, 510; *Düll/Fuhrmann/Eberhard*, DStR 2001, 1773.

3 BFH v. 11.12.1990 – VIII R 14/87, BStBl. II 1991, 510.

4 FG Köln v. 24.3.2011 – 10 K 473/08, EFG 2011, 1520 (rkr.) mit Anm. *Zimmermann*; sa. *Kulosa* in H/H/R, § 16 Anm. 507. Der Sache nach liegt insgesamt eine nach §§ 34, 16 Abs. 3 begünstigte Aufgabe des MU'anteils vor, bei der aber abw. v. § 16 Abs. 3 der übertragene Gesellschaftsanteil (nach hM die anteiligen WG) nicht mit dem gemeinen Wert, sondern in Anwendung v. § 6 Abs 1 Nr. 4 S. 4 mit dem Buchwert bewertet wird.

5 Vgl. FG Düss. v. 22.10.2013 – 13 K 2696/11 F, EFG 2014, 132, rkr.

6 BFH v. 22.11.2013 – III B 35/12, BFH/NV 2014, 531; sa. v. 10.2.2016 – VIII R 38/12, BFH/NV 2016, 1256 Rn. 40 f.

7 S. dazu BFH v. 1.3.2018 – IV R 15/15, BStBl. II 2018, 539 Rn. 32 ff. = FR 2018, 951 m. Anm. *Wendt*; v. 22.9.1992 – VIII R 7/90, BStBl. II 1993, 228.

8 BFH v. 30.3.2017 – IV R 11/15, BStBl. II 2019, 29 Rn. 31 = GmbHR 2017, 938 m. Anm. *Neu/Hamacher*; v. 18.9.2013 – X R 42/10, BStBl. II 2016, 639 Rn. 33, dazu Anm. *Dornheim*, FR 2013, 1022: Einbringung eines MU'Anteils gegen Gewährung v. Gesellschaftsrechten als „tauschähnlicher Vorgang" (s. Rn. 18 ff.).

9 Vgl. *Benecke/Schnittker*, FR 2010, 555.

10 BFH v. 10.3.1998 – VIII R 76/96, BStBl. II 1999, 269 mwN; v. 24.10.1996 – IV R 90/94, BStBl. II 1997, 241; v. 14.9.1994 – I R 12/94, BStBl. II 1995, 407 = FR 1995, 382 m. Anm. *Kempermann*.

ren. Das Ausscheiden des G'ters stellt eine entgeltliche Veräußerung an die verbleibenden G'ter dar, wenn diese das **Entgelt aus eigenem gesellschaftsfremden Vermögen** entrichten. Hingegen ist v. der **Aufgabe des MU'anteils iSd. § 16 Abs. 3 S. 1** auszugehen, wenn der ausscheidende G'ter entspr. § 738 BGB die **Abfindung aus dem Gesellschaftsvermögen erhält**[1] oder keine Abfindung zu beanspruchen hat. Die Rspr. hat die Ausscheidensfälle aber bisher auch als Veräußerung gewertet, ohne die Abgrenzung zur Aufgabe eines MU'anteils deutlich werden zu lassen.[2] Dies ist zwar regelmäßig wegen der Gleichbehandlung v. Veräußerung und Aufgabe des MU'anteils unschädlich. Die Unterscheidung bewährt sich aber etwa bei § 15a, bei der Sachwertabfindung (s. Rn. 189 ff.) und der Realteilung (Rn. 198 ff.). Bei § 15a wird v. der Rspr. in der Sache zutr. zw. der Aufgabe des MU'anteils und Veräußerung und Erwerb unterschieden. Nur bei der bloßen Aufgabe ist den verbleibenden G'tern der dem Ausscheidenden zuzurechnende Gewinn als Verlust sofort zuzurechnen.[3] Weil kein Erwerb und keine Veräußerung vorliegt, erleiden die verbleibenden G'ter in den Fällen des bloßen Ausscheidens selbst einen Verlust und treten gerade nicht lediglich in die Position des Ausscheidenden ein, wie dies bei Veräußerung und Erwerb der Fall ist (Rn. 143). Auch iÜ können der oder die verbleibenden MU'er nicht als Rechtsnachfolger des Ausscheidenden behandelt werden, wenn dieser nur erhält, was ihm aus dem Gesellschaftsvermögen zusteht.

134 Verzichtet der G'ter zugunsten der verbleibenden G'ter auf eine ihm an sich zustehende Abfindung, liegt im Ausscheiden eine **unentgeltliche Übertragung nach § 6 Abs. 3**.[4] Keine unentgeltliche Übertragung, sondern eine verdeckte Einlage und somit Veräußerung nach § 16 Abs. 1 S. 1 Nr. 2 liegt jedoch vor, wenn aus einer KapGes. & Co. KG die zugleich an der KapGes. beteiligten K'disten ausscheiden und ihre MU'-anteile „entschädigungslos" der KapGes. anwachsen (vorsichtiger: § 6 Rn. 202). Der **Eintritt** eines neuen G'ters gegen Erbringung der Einlage in das Gesellschaftsvermögen – im Unterschied zu Ausgleichszahlungen an die G'ter – stellt weder für die Alt-G'ter eine (anteilige) Veräußerung ihres MU'anteils oder ihrer angeblichen Anteile an den WG der Ges. dar, noch ist die Einlage dafür ein Entgelt.

135 Bei **atypischen Innen-Ges. einschl. atypischer Unterbeteiligungen** gelten dies. Grundsätze. Danach liegt eine Veräußerung vor bei entgeltlicher Übertragung der Beteiligung auf einen Dritten (nur mit Zustimmung des Haupt-G'ters zulässig), bei Beendigung der stillen Ges. und Abfindung des stillen G'ters aus übrigem Vermögen des Hauptbeteiligten,[5] ansonsten Aufgabe des MU'anteils (Rn. 133). Veräußert der Hauptbeteiligte das Unternehmen an einen Dritten, mit dem die atypisch stille Ges. fortgesetzt wird, so liegt für den Hauptbeteiligten eine Veräußerung nach Abs. 1 S. 1 Nr. 2 vor, ebenso bei Veräußerung an den stillen G'ter, wobei dessen Anteil untergeht, aber keine Aufgabe seiner MU'er-Stellung vorliegt, sondern diese in der nunmehrigen Alleinunternehmerstellung aufgeht. Wird das Unternehmen unter Beendigung der stillen Ges. an einen Dritten veräußert, so liegt ein Fall des Abs. 1 S. 1 Nr. 1 vor. Für wesentliches SBV des stillen G'ters gelten die allg. Grundsätze (Rn. 126 f.).

136 **4. Besteuerung des Veräußerers.** Hinsichtlich des Zeitpunkts der Gewinnrealisierung gelten die allg. Grundsätze (s. näher Rn. 245). Maßgeblicher Zeitpunkt der Veräußerung ist somit der Zeitpunkt, zu dem der MU'anteil (Gesellschaftsanteil und wesentliches SBV) auf den Erwerber übergeht. Das ist bei der Übertragung eines Gesellschaftsanteiles der Augenblick, in dem die **Abtretung des Gesellschaftsanteils** wirksam wird, ggf. erst mit Eintritt einer Bedingung.[6] Auch bei abweichendem Wj. ist der Veräußerungsgewinn dann im VZ/Kj. der Übertragung/Abtretung des Gesellschaftsanteils zu erfassen.[7] Ebenso ist für die Übertragung der WG des SBV maßgebend, wann diese dem Erwerber in sein Vermögen (wirtschaftliches Eigentum) übertragen worden sind. Fallen die Zeitpunkte auseinander, auch in verschiedene VZ, tritt auch die Gewinnrealisation gestreckt ein. Auch dann verbleibt es aber bei einem einheitlichen Veräußerungsgewinn, sofern v. einem einheitlichen Vorgang auszugehen ist (Rn. 57), sodass dann auch die Prüfung und Anwendung des § 16 Abs. 4 einheitlich erfolgt.

---

1 BFH v. 30.3.2017 – IV R 11/15, BStBl. II 2019, 29 Rn. 35, dazu Anm. *Neu/Hamacher*, GmbHR 2017, 897 (auch Abfindung mit Einzel-WG als Realteilung); v. 17.9.2015 – III R 49/13, BStBl. II 2017, 37 Rn. 28 ff. = FR 2016, 567 m. Anm. *Kanzler* (Abfindung mit einem TB als Realteilung durch Aufgabe des MU'anteils).

2 BFH v. 12.4.2016 – VIII R 39/13, BFH/NV 2016, 1430; v. 9.7.2015 – IV R 19/12, BStBl. II 2015, 954 Rn. 16 = FR 2015, 992 m. Anm. *Wendt*; v. 10.3.1998 – VIII R 76/96, BStBl. II 1999, 269.

3 So die Anwendungsvorschrift zu § 15a: § 52 Abs. 24 S. 3 und 4 idF G v. 25.7.2014 (= Abs. 33 S. 3 und 4 EStG aF); vgl. statt vieler *Wacker* in Schmidt[37], § 15a Rn. 222; anders bei in die Ges. eintretenden Neu-G'tern, die das negative Kapitalkonto übernehmen: BFH v. 14.6.1994 – VIII R 37/93, BStBl. II 1995, 246.

4 Vgl. BFH v. 10.3.1998 – VIII R 76/96, BStBl. II 1999, 269.

5 BFH v. 13.7.1993 – VIII R 85/91, BStBl. II 1994, 243; v. 3.6.1997 – VIII B 73/96, BFH/NV 1997, 838 (aber ohne Unterscheidung, woher Abfindung stammt).

6 BFH v. 25.6.2009 – IV R 3/07, BStBl. II 2010, 182 = FR 2010, 329 m. Anm. *Kanzler*; sa. BFH v. 9.5.2017 – VIII R 1/14, BFH/NV 2017, 1418 (zur vorzeitigen Zahlung für das spätere Ausscheiden aus einer Sozietät = Veräußerung des MU'anteils an verbleibende MU'er).

7 BFH v. 18.8.2010 – X R 8/07, BStBl. II 2010, 1043 = FR 2011, 30 m. Anm. *Kanzler*.

Bei der **Veräußerung** gegen **wiederkehrende Bezüge** hat der Veräußernde nach denselben Grundsätzen wie bei der Veräußerung eines Betriebs ein Wahlrecht zw. sofortiger, nach § 16 Abs. 4, § 34 begünstigter Besteuerung und einer Besteuerung als nachträgliche gewerbliche Einkünfte nach § 15 Abs. 1 S. 2 iVm. § 24 Nr. 2 (Rn. 67).[1] 137

Für den Veräußerer ergibt sich ein **Gewinn**, wenn der Veräußerungspreis abzgl. Veräußerungskosten **über dem Buchwert seines stl. Kapitalanteils** liegt (s. Rn. 265 ff.). Hinsichtlich des Gesellschaftsanteils ist der Buchwert des Kapitalanteils (Kontos) aus der **Steuerbilanz der Ges. zzgl. einer evtl. Ergänzungsbilanz für den Veräußernden** im Zeitpunkt des Überganges maßgebend.[2] Bei einem – egal ob wegen Verlusten oder Entnahmen – **negativen Kapitalanteil** ist dieser – falls nicht eine unentgeltliche Übertragung vorliegt – iErg. dem übrigen Veräußerungspreis hinzuzurechnen.[3] Der Sache nach stellen die überschießenden Schulden, die der Erwerber mit übernimmt, Entgelt dar (Rn. 66). Das gilt auch dann, wenn der negative Kapitalanteil auf gesellschaftsvertraglich zulässige (sog. Liquiditäts-)Entnahmen oder nicht abziehbare BA zurückzuführen ist und insoweit keine Rückzahlungspflicht besteht.[4] Korrespondierend dazu trifft die Erwerber/Altgesellschafter insoweit ein Verlust (s. Rn. 143). Lediglich soweit hinsichtlich des negativen Kapitalkontos eine **Ausgleichspflicht** für den Veräußerer bestehen bleibt, tritt keine Erfolgswirksamkeit ein.[5] Bilanziell hat der Veräußerer iHd. Ausgleichspflicht eine Verbindlichkeit zu passivieren.[6] Darauf entfallende Schuldzinsen sind nachträgliche BA. Auch wenn das negative Kapitalkonto aus **lediglich verrechenbaren Verlusten nach § 15a** entstanden ist, soll sein Wegfall iErg. „gewinnerhöhend" zu berücksichtigen sein (s. aber § 15a Rn. 23).[7] 138

Wird **SBV** ebenfalls an den Erwerber veräußert, gehört der Kaufpreis dafür zum Veräußerungsentgelt.[8] Dann gehört auch der **Buchwert des Sonderkapitals** zum Buchwert des MU'anteils. Wird das SBV an andere Erwerber veräußert, Abs. 3 S. 6, oder ins PV überführt, ist ebenso zu verfahren. Für in das PV überführte SBV ist nach Abs. 3 S. 7 der gemeine Wert anzusetzen. Der Sache nach liegt eine Kombination aus Veräußerung nach Abs. 1 S. 1 Nr. 2 und Aufgabe des MU'anteils vor.[9] Wird unwesentliches SBV nach § 6 Abs. 5 zum Buchwert in ein anderes BV überführt, ist insoweit der Buchwert dieses WG v. Buchwert des Sonderkapitals abzusetzen, sodass kein Erlös und kein Aufwand berücksichtigt wird. 139

Bei einer fortbestehenden **Außenhaftung** des Veräußerers mindert eine wahrscheinliche Inanspruchnahme durch die Gesellschaftsgläubiger den Veräußerungsgewinn, sofern davon auszugehen ist, dass sich ein Freistellungsanspr. nicht realisieren lässt. Bilanziell ist insoweit eine den Veräußerungsgewinn mindernde Rückstellung zu bilden (s. Rn. 261). Kommt es nicht zu einer Inanspruchnahme, ist der Veräußerungsgewinn rückwirkend zu erhöhen. Umgekehrt mindert eine spätere unerwartete Inanspruchnahme rückwirkend den Veräußerungsgewinn.[10] 140

Der Buchwert des Kapitalanteils ist auf den Zeitpunkt der Übertragung(sakte) zu ermitteln, ggf. durch Schätzung (Rn. 253 f.). Ein bis dahin entstandener Gewinnanteil ist als lfd. Gewinn noch dem Veräußerer zuzurechnen. Er erhöht den Kapitalanteil und mindert folglich den Veräußerungsgewinn.[11] Bei einer Gewinnermittlung nach § 4 Abs. 3 ist zur Ermittlung des Veräußerungsgewinnes ein Übergang zur Bilanzierung erforderlich. Ein hierdurch entstehender Übergangsgewinn gehört zum lfd. Gewinn.[12] Weder eine echte Veräußerung noch das Ausscheiden eines G'ters führen allerdings zu einem bilanziellen Rumpf-Wj. 141

1 BFH v. 19.8.1999 – IV R 67/98, BStBl. II 2000, 179 = FR 2000, 97 m. Anm. *Kanzler*.
2 Siehe auch FG Münster v. 9.6.2016 – 6 K 1314/15,G,F, EFG 2017, 46 (Rev. IV R 46/16 – zur Berücksichtigung einer negativen Ergänzungsbilanz bei Teilanteilsveräußerung), m. Anm. *Weiss*, BB 2017, 302.
3 BFH v. 16.12.1992 – XI R 34/92, BStBl. II 1993, 436; vgl. auch v. 19.2.1998 – IV R 59/96, BStBl. II 1999, 266; v. 10.3. 1998 – VIII R 76/96, BStBl. II 1999, 269 (für Erwerberseite); sa. FG München v. 14.3.2017 – 6 K 1185/14, EFG 2017, 1340 mwN: es kommt nicht darauf an, aus welchen Gründen das Kapitalkonto negativ geworden ist.
4 BFH v. 9.7.2015 – IV R 19/12, BStBl. II 2015, 954 Rn. 21; sa. bereits zutr. v. 3.9.2009 – IV R 17/07, BStBl. II 2010, 631 Rn. 32 ff.; *Demuth*, KÖSDI 2013, 18381 (18388 f.).
5 BFH v. 16.4.2010 – IV B 94/09, BFH/NV 2010, 1272; v. 3.9.2009 – IV R 17/07, BStBl. II 2010, 631 Rn. 32 ff.
6 BFH v. 30.11.1977 – I R 27/75, BStBl. II 1978, 149.
7 BFH v. 3.9.2009 – IV R 17/07, BStBl. II 2010, 631 Rn. 32 ff.; v. 9.5.1996 – IV R 75/93, BStBl. II 1996, 474: Der bilanzielle „Wegfallgewinn" ist dann aber um die noch nicht verbrauchten verrechenbaren Verluste (auf Null) zu mindern; sa. BFH v. 30.3.2017 – IV R 9/15, BStBl. II 2017, 896 Rn. 26; v. 30.3.2017 – IV R 3/15, BFH/NV 2017, 1019; v. 30.3.2017 – IV R 4/15, BFH/NV 2017, 1023 (Gewinn aus Wegfall des negativen Kapitalkontos erst realisiert, wenn feststeht, dass keine Auffüllung [durch Gewinne oder Einlagen] mehr erfolgen wird).
8 BFH v. 31.8.1995 – VIII B 21/93, BStBl. II 1995, 890; v. 19.3.1991 – VIII R 76/87, BStBl. II 1991, 635; v. 28.4.1988 – IV R 52/87, BStBl. II 1988, 829.
9 BFH v. 28.7.1994 – IV R 53/91, BStBl. II 1995, 112; v. 14.12.1994 – X R 128/92, BStBl. II 1995, 465.
10 BFH v. 3.9.2009 – IV R 17/07, BStBl. II 2010, 631 Rn. 49; v. 19.7.1993 – GrS 2/92, BStBl. II 1993, 897; v. 19.7.1993 – GrS 1/92, BStBl. II 1993, 894; v. 9.2.1993 – VIII R 29/91, BStBl. II 1993, 747.
11 BFH v. 19.8.1999 – IV R 67/98, BStBl. II 2000, 179 = FR 2000, 97 m. Anm. *Kanzler*.
12 BFH v. 19.8.1999 – IV R 67/98, BStBl. II 2000, 179 = FR 2000, 97 m. Anm. *Kanzler*.

Es besteht keine Verpflichtung zur Aufstellung einer Zwischenbilanz.[1] Anders ist es, wenn durch Ausscheiden des vorletzten G'ters eine Vollbeendigung der PersGes. eintritt.[2]

142 Auch bei einer **teilentgeltlichen Veräußerung** eines MU'anteils ergibt sich nur dann ein Gewinn entspr. Abs. 2, wenn der Veräußerungspreis den Buchwert übersteigt. Eine Aufteilung in einen unentgeltlichen und entgeltlichen Teil findet nach der Einheitstheorie (Rn. 109) nicht statt. Soweit der Veräußerungspreis unterhalb des gemeinen Werts liegt, gehen stille Reserven auf den Erwerber über. Es entsteht für den Erwerber kein „Erwerbsgewinn".[3]

143 Der **Erwerber** tritt hinsichtlich des Anteils am Gesellschaftsvermögen in die Rechtstellung des Veräußerers ein. Er führt insoweit das **Kapitalkonto in der stl. Gesellschaftsbilanz fort**. Darüber hinausgehende **Mehraufwendungen** sind in einer **Ergänzungsbilanz** zu aktivieren und fortzuführen (§ 15 Rn. 244 ff.). Auch bei Übernahme eines negativen Kapitalanteils entsteht **kein Erwerbsverlust**, selbst wenn keine stillen Reserven vorhanden sind (§ 15 Rn. 249).[4] Soweit allerdings ein K'dist mit negativem Kapitalkonto ausscheidet und dieses nicht ausgleichen muss, ist den Alt-G'tern jetzt der v. ihnen zu tragende Verlust zuzurechnen.[5] Es handelt sich aber nicht um einen „Erwerbsverlust",[6] sondern um die nunmehrige Zurechnung der früher bereits eingetretenen Verluste. Die Alt-G'ter sind auch nicht Erwerber (Rn. 133). Beruht das negative Kapitalkonto nicht auf Verlustanteilen, sondern auf (berechtigten oder unberechtigten) Entnahmen, besteht aber gleichwohl keine Ausgleichspflicht, korrespondiert mit dem beim ausscheidenden/veräußernden G'ter eintretenden „Wegfallgewinn" ein entsprechender Verlust für die verbleibenden/erwerbenden G'ter (s. Rn. 138),[7] es sei denn, der Verzicht auf einen Ausgleich des negativen Kapitalkontos beruht auf einer außerbetrieblichen (privaten) Veranlassung.

144 Mehraufwendungen zur Abfindung eines **lästigen G'ters** sind sofort abziehbarer **Aufwand im Sonderbereich**, wenn weder in den materiellen oder immateriellen WG der Ges. noch in einem Geschäftswert[8] stille Reserven vorhanden sind.[9] Auch wenn der ausscheidende G'ter nach dem Vertrag bei eigener Kündigung nur den Buchwert zu beanspruchen hätte, kann nicht ausgeschlossen werden, dass bei einem „einvernehmlichen" vorzeitigen Ausscheiden eine Mehrzahlung auf stille Reserven entfällt.[10]

145 Liegt der Veräußerungspreis abzgl. Veräußerungskosten **unterhalb des stl. Buchwerts des Kapitalanteils** des Veräußerers, entsteht ein **Verlust**. Hinsichtlich der Berücksichtigung des **Ergänzungskapitals und des SBV sowie Sonderkapitals** gelten die Grundsätze wie bei einem Gewinn (Rn. 138 f.).[11] Handelt es sich um eine **teilentgeltliche Veräußerung**, entsteht kein Verlust oder anteiliger Gewinn – Einheitstheorie (Rn. 109).

Der **Erwerber** hat in einem solchen Fall niedrigere AK für den Gesellschaftsanteil, als in der StB der Ges. im übernommenen Kapitalanteil für ihn auszuweisen ist. Der **Minderbetrag** ist in einer negativen **Ergänzungsbilanz** unter Abstockung der WG einzustellen (§ 15 Rn. 248).[12] Der Ausweis eines negativen Geschäftswerts kommt nicht in Betracht (§ 15 Rn. 248, 250). Auch soweit eine Abstockung nicht möglich ist (weil zB keine hinreichenden Buchwert vorhanden sind), entsteht **kein Erwerbsgewinn** (§ 15 Rn. 248).[13] Liegen betriebliche Gründe vor, erleidet der Veräußerer einen Verlust und der Erwerber hat geringere AK. § 6 Abs. 3 ist bei einer Übertragung aus betrieblichen Gründen nicht anwendbar.

1 BFH v. 9.5.2012 – X R 38/10, BStBl. II 2012, 725 = FR 2012, 1121 m. Anm. *Prinz*; v. 24.11.1988 – IV R 252/84, BStBl. II 1989, 312; v. 14.9.1978 – IV R 49/74, BStBl. II 1979, 159.

2 BFH v. 10.3.1998 – VIII R 76/96, BStBl. II 1999, 269.

3 BFH v. 9.5.2017 – VIII R 1/14, BFH/NV 2017, 1418 Rn. 57 f.; sa. BFH v. 6.4.2016 – X R 52/13, BStBl. II 2016, 710 Rn. 30 = FR 2016, 992 m. Anm. *Wendt*.

4 BFH v. 19.2.1998 – IV R 59/96, BStBl. II 1999, 266; v. 10.3.1998 – VIII R 76/96, BStBl. II 1999, 269.

5 BFH v. 14.6.1994 – VIII R 37/93, BStBl. II 1995, 246.

6 So aber *Wacker* in Schmidt[37], § 16 Rn. 501.

7 So zutr. BFH v. 3.9.2009 – IV R 17/07, BStBl. II 2010, 631.

8 Auch im Falle einer anschließenden Umwandlung ist nur der Abfindungsbetrag als AK/TW zu aktivieren, BFH v. 16.5.2002 – III R 45/98, BStBl. II 2003, 10 = FR 2002, 1356 m. Anm. *Kempermann*.

9 BFH v. 30.3.1993 – VIII R 63/91, BStBl. II 1993, 706 = FR 1993, 631 m. Anm. *Stobbe*; v. 29.10.1991 – VIII R 148/85, BStBl. II 1992, 647; v. 14.6.1994 – VIII R 37/93, BStBl. II 1995, 246.

10 BFH v. 12.6.1975 – IV R 129/71, BStBl. II 1975, 807; v. 31.7.1974 – I R 226/70, BStBl. II 1975, 236; v. 12.11.1985 – VIII R 364/83, BStBl. II 1986, 311; **aA** BFH v. 7.6.1984 – IV R 79/82, BStBl. II 1984, 584 (für vorzeitiges Ausscheiden bei Übernahmerecht zum Buchwert).

11 Vgl. auch BFH v. 12.12.1996 – IV R 77/93, BStBl. II 1998, 180 = FR 1998, 155 m. Anm. *Thiele* (zur Veräußerung bei negativem Kapitalkonto unter Verzicht auf Forderungen des SBV).

12 BFH v. 12.7.2007 – IV B 80/06, BFH/NV 2007, 2262 (dort auch zur GewSt – Auflösung Ergänzungsbilanz als gewstpfl. lfd. Gewinn – nicht „Erwerbsgewinn").

13 BFH v. 26.4.2006 – I R 49, 50/04, BStBl. II 2006, 656; v. 10.3.1998 – VIII R 76/96, BStBl. II 1999, 269; v. 19.2.1998 – IV R 59/96, BStBl. II 1999, 266 mwN; *Wacker* in Schmidt[37], § 16 Rn. 511: stattdessen ist in der Ergänzungsbilanz ein passiver Ausgleichsposten zu bilden.

II. Unentgeltliche Übertragung. 1. Erbfall – Tod eines Mitunternehmers. a) Zivilrechtliche Ausgangslage. Beim Tod eines MU'ers ergeben sich besondere Probleme hinsichtlich der stl. Würdigung daraus, dass zusätzlich zu den normalen Folgen eines **Erbfalls** die **gesellschaftsrechtl. Besonderheiten** hinsichtlich der Übertragbarkeit und Vererbbarkeit v. Gesellschaftsanteilen beachtet werden müssen. Anders als GmbH-Anteile oder Aktien sind Gesellschaftsanteile an PersGes. nicht ohne weiteres vererbbar. Außerdem kommt bei einer Mehrheit v. Erben hinzu, dass die **Erbengemeinschaft** als solche **nicht G'ter einer werbenden PersGes.** sein kann. Auf der anderen S. gelten für die WG des stl. **SBV** die **normalen Regeln über den Erbfall.** Danach fallen die WG des SBV in den allg. Nachlass. Besteht eine Mehrheit v. Erben, gehen diese WG mit dem Tode des G'ters auf die Erbengemeinschaft über. Es bedarf dann noch der normalen Erbauseinandersetzung, um die WG auf einen der Erben zu übertragen, falls sie nicht versilbert werden. 146

Hinsichtlich der **Folgen des Todes** eines G'ters differenziert das Gesellschaftsrecht zw. den **verschiedenen Gesellschaftsformen.** Bei der **GbR** führt der Tod eines G'ters zur **Auflösung** der Ges., § 727 BGB, ebenso bei der **atypisch stillen Ges.** Die Ges. wird liquidiert. Der oder die Erben nehmen in dem Umfange am Liquidationserlös teil, wie ansonsten der Erblasser als G'ter daran teilgenommen hätte. Bei der **OHG** (ebenso bei der Partnerschaft, § 9 PartGG) führt der Tod zum **Ausscheiden des G'ters** unter **Fortbestehen der Ges. ohne** den oder **die Erben,** § 131 Abs. 2 HGB. Diese erben aber den **Abfindungsanspr.** des G'ters. Bei der **KG** bleibt der Gesellschaftsanteil **bestehen** und geht auf den oder die Erben über, § 177 HGB. Die Ges. wird mit den Erben fortgesetzt. Allerdings wird bei einer **Mehrheit v. Erben nicht** die **Erbengemeinschaft G'ter,** sondern die **einzelnen Miterben.** Der bisherige Gesellschaftsanteil des K'disten wird aufgespalten. 147

Für alle Gesellschaftsformen gilt aber, dass im **Gesellschaftsvertrag abw. Bestimmungen** hinsichtlich der Auflösung oder des Fortbestehens getroffen werden können, die dann **Vorrang vor der gesetzlichen Regelung** haben. Soweit nach dem Gesellschaftsvertrag oder aufgrund der gesetzlichen Regelung die Ges. nicht durch den Tod aufgelöst wird und der Tod auch nicht das Ausscheiden zur Folge hat, bleibt der Gesellschaftsanteil bestehen. Der Gesellschaftsanteil ist (nur) dann **vererbbar.** Allerdings fällt er nicht in den allg. Nachlass, sondern nur an den oder die Erben, die im Gesellschaftsvertrag bestimmt sind – **sog. Sondererbfolge in den Gesellschaftsanteil.** Es können **nur Erben** (testamentarische oder gesetzliche) als **Sondererbfolger** im Gesellschaftsvertrag bestimmt werden. Soll der Gesellschaftsanteil auf **Dritte** übertragen werden, ist dies nur im Wege des **Durchgangserwerbs** möglich, entweder durch einen **Vermächtnisanspruch mit Durchgangserwerb der Erben oder durch eine Eintrittsklausel** mit treuhänderischem Durchgangserwerb der Alt-G'ter. 148

Je **nach gesellschaftsvertraglicher Regelung und** ergänzender gesetzlicher Regelung lassen sich daher **bei PersGes.** die folgenden Konstellationen unterscheiden: (1) **Auflösung der Ges.** – Der Erbe oder die Erbengemeinschaft tritt an die Stelle des G'ters in die Abwicklungsgesellschaft ein. Insoweit kann auch die Erbengemeinschaft für den Zeitraum bis zur Vollbeendigung G'ter sein; (2) **Fortsetzung der Ges.** nur unter den **Alt-G'tern** – Auf den oder die **Erben** geht durch den Erbfall lediglich ein auf Geld gerichteter **Abfindungsanspr.** nach §§ 736, 738, 740 BGB über; (3) **Nachfolge** der Erben in den Gesellschaftsanteil anstelle des Erblassers – dabei lassen sich zwei Gestaltungen unterscheiden. Es können alle Erben zu Nachfolgern in den Gesellschaftsanteil berufen sein – sog. **einfache Nachfolgeklausel** – oder nur ein Erbe bzw. nur ein Teil der Erben – **sog. qualifizierte Nachfolgeklausel.** In beiden Fällen werden die Erben als solche und nicht die Erbengemeinschaft G'ter. Bei der einfachen Nachfolgeklausel teilt sich der Gesellschaftsanteil. Bei der qualifizierten Nachfolgeklausel werden die nicht berufenen Erben auch nicht durchgangsweise G'ter. Der Gesellschaftsanteil fällt nicht in den gemeinsamen Nachlass – sog. **Sondererbfolge.** Soweit der qualifizierte Erbe mehr erhält als ihm wertmäßig gem. seinem Erbanteil zustehen würde, entsteht – mangels abw. erbrechtl. Vfg. – ein **Wertausgleichanspr.** der übrigen Miterben gegen den qualifizierten Erben. Auch bei der qualifizierten Nachfolge fallen die **WG des SBV** wie alle anderen Vermögensgegenstände in den gemeinsamen Nachlass. 149

b) Steuerliche Behandlung. aa) Auflösung der Gesellschaft. Bei **Auflösung der Ges.** entsteht durch **Veräußerung des Betriebs** auf der Ebene der Ges. ein **Veräußerungsgewinn nach § 16 Abs. 1 S. 1 Nr. 1.** An diesem nehmen der Erbe oder die Erben und vergleichsweise abgefundene potenzielle Erben als MU'er teil.[1] Der Gesellschaftsanteil ist für Zwecke der Abwicklung v. Erblasser auf die **Erbengemeinschaft** unentgeltlich nach **§ 6 Abs. 3** einschl. des SBV übergegangen. Soweit bis zur Vollbeendigung noch lfd. Gewinne erzielt werden, nehmen die Erben daran nach Maßgabe des § 15 Abs. 1 S. 1 Nr. 2 teil. Bei Bestehen einer Erbengemeinschaft liegt eine doppelstöckige PersGes. iSd. § 15 Abs. 1 S. 1 Nr. 2 S. 2 zwar nicht vor, aber letztlich ergeben sich keine unterschiedlichen Folgen. Die **Miterben sind MU'er der Abwicklungsgesellschaft.** 150

Wird der **Betrieb** nicht veräußert, sondern durch Veräußerung an Dritte und Entnahmen ins PV **zerschlagen,** so liegt nach **Abs. 3 S. 1 eine Aufgabe des GewBetr.** vor. Es ergeben sich dies. Folgen wie bei 151

1 BFH v. 16.5.2013 – IV R 15/10, BStBl. II 2013, 858; v. 1.3.1994 – VIII R 35/92, BStBl. II 1995, 241.

§ 16 Abs. 1 S. 1 Nr. 1. Wird allerdings das BV unter die Alt-G'ter und die Erben verteilt und hierbei nicht ausschließlich ins PV übernommen, kann für diese auch eine Realteilung nach § 16 Abs. 3 S. 2 vorliegen (dazu Rn. 199 f.).

152 Einigen sich der oder die Erben mit den Alt-G'tern auf eine **Fortsetzung der Ges.**, so wird aus der Abwicklungsgesellschaft wieder eine werbende Ges. Die **Erben bleiben stl. MU'er**. Zivilrechtl. teilt sich dann allerdings der Gesellschaftsanteil wie bei der einfachen Nachfolgeklausel.[1] Insoweit liegt zugleich eine Teilerbauseinandersetzung vor. Auch stl. ist der Kapitalanteil auf die Miterben nach ihrer Erbquote aufzuteilen. SBV ist unverändert fortzuführen, da alle Miterben MU'er bleiben. Sieht man in der Teilung des Gesellschaftsanteils eine Übertragung v. der Erbengemeinschaft auf die einzelnen Miterben, so handelt es sich jedenfalls um eine unter § 6 Abs. 3 S. 1 HS 2 fallende unentgeltliche Übertragung v. Teilen des MU'anteils. Richtigerweise ist aber davon auszugehen, dass schon mit dem Erbfall jeder Miterbe entspr. seinem Erbteil MU'er wird, sodass schon zu diesem Zeitpunkt der Anteil am MU'anteil des Erblassers unentgeltlich nach § 6 Abs. 3 S. 1 HS 2 auf jeden Miterben übertragen wird.

153 Einigen sich die Erben und die Alt-G'ter auf ein **Ausscheiden der Erben unter Abfindung**, liegt eine **Aufgabe des MU'anteils** nach Abs. 3 S. 1 vor, wenn die Abfindung aus dem Gesellschaftsvermögen entrichtet wird, ansonsten die Veräußerung des MU'anteils nach Abs. 1 S. 1 Nr. 2 an die Alt-G'ter (Rn. 189 f.).

154 Übernimmt **einer** v. mehreren **Miterben** den Gesellschaftsanteil **allein gegen Abfindung** der übrigen Miterben, so veräußern diese ihren jeweiligen gesamten MU'anteil nach **Abs. 1 S. 1 Nr. 2** an den übernehmenden. Es liegt nicht die Veräußerung eines Bruchteils am Anteil durch die Erbengemeinschaft nach Abs. 1 S. 2 vor. Wird das (anteilig den weichenden Miterben gehörende) SBV mit übertragen, gehört der entstehende Gewinn ebenfalls zu deren begünstigtem Veräußerungsgewinn. Handelt es sich für diese um **wesentliches SBV**, muss nach der Rspr.[2] davon ausgegangen werden, dass die weichenden Erben hinsichtlich der Veräußerung des Gesellschaftsanteils lediglich einen lfd. Gewinn nach § 15 Abs. 1 S. 1 erzielt haben, wenn sie das übernommene SBV zwingend zum Buchwert (hinsichtlich ihres Anteils) nach § 6 Abs. 5 S. 3 in ein eigenes BV übernehmen (Rn. 123 f.). Bei Überführung in das PV ist insgesamt v. einer Aufgabe des MU'anteils nach Abs. 3 S. 1 auszugehen (Rn. 126). Wird SBV umgekehrt auf die weichenden Miterben übertragen, realisiert der verbleibende Miterbe einen lfd. Gewinn aus der Veräußerung seines Anteils am SBV.

155 Werden die **weichenden Miterben** mit anderen Nachlassgegenständen abgefunden und erfolgt dies **noch iRd. Erbauseinandersetzung**, so ist v. einer **unentgeltlichen Übertragung des MU'anteils** nach § 6 Abs. 3 v. der Erbengemeinschaft/den Miterben an den fortführenden Erben auszugehen (Rn. 95). Problematisch ist allerdings die **Behandlung des SBV**. § 16 Abs. 3 S. 2 ist nicht anwendbar. Denn es geht nicht um die Realteilung des Gesellschaftsvermögens, sondern um die Zuweisung eines MU'anteils einschl. SBV iRd. Erbauseinandersetzung. Daher ist insgesamt v. einer unentgeltlichen Übertragung nach § 6 Abs. 3 auszugehen, wenn dem fortführenden Miterben auch das SBV zugewiesen wird. Wird es hingegen den übrigen (weichenden) Miterben zugewiesen, entsteht bei (un)wesentlichem SBV ein Entnahmegewinn für die Erbengemeinschaft (fortführende und weichende Erben), wenn das WG ins PV überführt wird (s. Rn. 164).

156 Bei **Überführung von SBV in ein eigenes BV eines weichenden Miterben** ist hinsichtlich seines Anteils am SBV nach § 6 Abs. 5 S. 2 der Buchwert fortzuführen. Handelt es sich **um wesentliches SBV**, kommt im Hinblick auf das andere BV bei der Auflösung weder eine unentgeltliche Übertragung nach § 6 Abs. 3 S. 1 noch mangels Aufdeckung aller stiller Reserven eine Aufgabe des MU'anteils nach § 16 Abs. 3 S. 1 in Betracht (s. Rn. 127, 182). Denkbar ist aber eine zur Buchwertverknüpfung führende Realteilung iSd. § 16 Abs. 3, wenn das Gesellschaftsvermögen unter den G'tern aufgeteilt und in BV der G'ter überführt wird.[3] Dabei können § 6 Abs. 5 (im Hinblick auf das SBV) und § 16 Abs. 3 S. 2 (im Hinblick auf das Gesamthandsvermögen) nebeneinander Anwendung finden. Wird das wesentliche SBV beim weichenden Miterben ins PV übernommen, so ist der Gewinn nicht nach §§ 16, 34 begünstigt.

157 **bb) Fortsetzung nur unter Altgesellschaftern.** Bei **Fortsetzung der Ges.** nur unter den Alt-G'tern – bei einer zweigliedrigen Ges. Fortsetzung als Einzelunternehmen – erwerben die Erben lediglich einen **Abfindungsanspr.** Dessen Höhe richtet sich nach den Vereinbarungen im Gesellschaftsvertrag. Mangels solcher ist der Verkehrswert des Gesellschaftsanteiles maßgebend. Da die Erben zu keinem Zeitpunkt G'ter wer-

---

1 BFH v. 1.3.1994 – VIII R 35/92, BStBl. II 1995, 241.
2 BFH v. 6.12.2000 – VIII R 21/00, BStBl. II 2003, 194; v. 24.8.2000 – IV R 51/98, BStBl. II 2005, 173 = FR 2000, 1210 m. Anm. *Kempermann* (allerdings lag nach dem Sachverhalt keine unentgeltliche Übertragung vor).
3 Zur Sachwertabfindung eines ausscheidenden Miterben in ein BV s. BMF v. 27.12.2018, BStBl. I 2019, 11, mit einem ergänzenden Bsp. (21a) zu BMF v. 14.3.2006, BStBl. I 2006, 253.

den, geht die Rspr. davon aus, dass noch durch den **Erblasser eine Veräußerung nach Abs. 1 S. 1 Nr. 2** an die Alt-G'ter erfolgt sei.[1] Auch, wenn man dem folgen will, ist aber v. einer **Aufgabe des MU'anteils iSd. Abs. 3 S. 1** durch den Erblasser auszugehen, wenn die Erben aus dem Gesellschaftsvermögen – und nicht aus dem Eigenvermögen der Alt-G'ter (Rn. 133) – abgefunden werden. Um die aufgedeckten stillen Reserven sind die bisherigen Buchwerte bei der Ges. aufzustocken. Soweit **SBV des Erblassers** vorhanden ist, ist es nach dieser Auffassung zwingend mit dem Tode durch den Erblasser zum gemeinen Wert in dessen PV überführt,[2] auch wenn es anschließend v. einem oder allen Erben in ein eigenes BV eingelegt wird. Noch beim Erblasser entsteht ein nach § 16 Abs. 4, § 34 **begünstigter Veräußerungsgewinn.**[3] Dieser umfasst neben dem Saldo aus Abfindungsanspr. abzgl. Buchwert des Gesellschaftsanteils auch den Unterschiedsbetrag zw. gemeinem Wert und Buchwert des SBV. Dass der Veräußerungsgewinn noch dem Erblasser und nicht dem/den Erben zugerechnet wird, erklärt sich daraus, dass der Erbe/die Erben nie G'ter werden und für sie auch nicht aus anderen Erwägungen überzeugend eine MU'stellung begründet werden kann. So bleibt letztlich nur der Erblasser, der immerhin als bisheriger G'ter die mit der Fortsetzungsklausel verbundenen Rechtsfolgen (mit-)bewirkt hat.

Ist vertraglich ein **Abfindungsanspr. ausgeschlossen**, liegt eine **unentgeltliche Übertragung des MU'anteils** nach **§ 6 Abs. 3** vom Erblasser auf den oder die **Alt-G'ter** vor. Nicht zu folgen ist der Auffassung, dass dies nur gelte, wenn zu den Alt-G'tern familiäre Beziehungen bestehen und andernfalls v. einer betrieblichen Veräußerung auszugehen sei, die zu einem Veräußerungsverlust beim Erblasser und einem Erwerbsgewinn bei den Alt-G'tern führe[4] (Rn. 145). Besteht für die Alt-G'ter lediglich ein Recht, die Übernahme zu erklären (**Übernahmeklausel zugunsten der Alt-G'ter**), während bei Nichtausübung die Ges. mit den Erben fortgesetzt wird, führt erst die Ausübung des Übernahmerechts zu einer **Veräußerung** nach Abs. 1 S. 1 Nr. 2 **durch die Erben**, denen dann auch der Veräußerungsgewinn zuzurechnen ist. Besteht **zugunsten Dritter** oder eines oder mehrerer Erben eine **Eintrittsklausel** mit der Maßgabe, dass diese bei Eintritt den Gesellschaftsanteil des Erblassers ohne Leistung einer Einlage erwerben, andernfalls aber v. den Alt-G'tern eine Abfindung zu leisten ist, so liegt im Falle der Ausübung der Eintrittsklausel ein **unentgeltlicher Erwerb nach § 6 Abs. 3 mit Buchwertfortführung** vor,[5] andernfalls eine Veräußerung noch durch den Erblasser (wie Rn. 156). 158

cc) Nachfolge der Erben in den Gesellschaftsanteil. Sind sämtliche Erben zur Nachfolge in den Gesellschaftsanteil berufen – **sog. einfache Nachfolgeklausel** – so werden sie **mit dem Tode des Erblassers MU'er.**[6] Der Gesellschaftsanteil geht – allerdings schon **geteilt** – gem. § 6 Abs. 3 S. 1 HS 2 auf die Miterben über. Einer weiteren Erbauseinandersetzung bedarf es nicht mehr. Zivilrechtl. **ungeteilt** geht allerdings das **bisherige SBV** auf die Miterbengemeinschaft über. Stl. ist gleichwohl für jeden Miterben sein Anteil am SBV entspr. seiner Erbquote als sein SBV zu erfassen.[7] 159

Dies gilt nach der Rspr. auch dann, wenn eine **Teilungsanordnung** des Erblassers besteht, wonach nur einer der Erben den Gesellschaftsanteil in der Auseinandersetzung erhalten soll.[8] Bis zum Vollzug der Teilungsanordnung bleiben die anderen Miterben MU'er. Allerdings soll bei vollzogener Teilungsanordnung für den lfd. Gewinn eine rückwirkende Gewinnzuweisung ab dem Todeszeitpunkt zulässig sein (Rn. 97).[9] Werden in Vollzug der Teilungsanordnung oder auch aufgrund freier Vereinbarung die Gesellschaftsanteile der übrigen Miterben auf einen übertragen, verwirklichen die Übertragenden **Veräußerungen nach § 16 Abs. 1 S. 1 Nr. 2**, falls der begünstigte Miterbe **dafür aus eigenem Vermögen eine Zahlung** zu leisten hat. Handelt es sich hingegen um eine Übertragung des MU'anteils im Rahmen **der Erbauseinan-** 160

1 BFH v. 4.7.2012 – II R 56/11, BFH/NV 2012, 1792 mwN (die noch v. Erblasser herrührende ESt aus der Veräußerung ist als Nachlassverbindlichkeit nach § 10 Abs. 5 Nr. 1 ErbStG abzugsfähig); v. 5.2.2002 – VIII R 53/99, BStBl. II 2003, 237; sa. FG Nürnb. v. 26.1.2016 – 1 K 773/14, EFG 2016, 812 m. Anm. *Durand* (Rev. VIII R 12/16 – danach Erwerb des MU'anteils des durch Tod ausgeschiedenen G'ters qua „Anwachsung" durch die Altgesellschafter trotz Abfindung der Erben aus dem Gesellschaftsvermögen).

2 Nach BFH v. 5.2.2002 – VIII R 53/99, BStBl. II 2003, 237, ist allerdings die Entnahme mit dem Buchwert nach § 6 Abs. 1 S. 4 zu bewerten, wenn der Erbe zu den begünstigten Körperschaften gehört.

3 BFH v. 13.11.1997 – IV R 18/97, BStBl. II 1998, 290; v. 15.4.1993 – IV R 66/92, BStBl. II 1994, 227; BMF v. 14.3.2006, BStBl. I 2006, 253 Rn. 73 f.

4 So aber *Bolk*, DStZ 1986, 547.

5 Vgl. BFH v. 27.7.1993 – VIII R 72/90, BStBl. II 1994, 625; BMF v. 14.3.2006, BStBl. I 2006, 253 Rn. 70 (Eintritt allerdings nur innerhalb v. sechs Monaten).

6 BFH v. 16.5.1995 – VIII R 18/93, BStBl. II 1995, 714 = FR 1995, 703 m. Anm. *Schmidt*.

7 BFH v. 13.2.1997 – IV R 15/96, BStBl. II 1997, 535.

8 BFH v. 4.11.1998 – IV B 136/98, BStBl. II 1999, 291; v. 13.12.1990 – IV R 107/89, BStBl. II 1992, 510 = FR 1991, 241 m. Anm. *Söffing*; BMF v. 14.3.2006, BStBl. I 2006, 253 Rn. 7 f. iVm. Rn. 67 f.

9 BFH v. 4.11.1998 – IV B 136/98, BStBl. II 1999, 291; BMF v. 14.3.2006, BStBl. I 2006, 253 Rn. 7, 8 und 67.

dersetzung unter Berücksichtigung der Verteilung des übrigen Nachlasses unter die Miterben, liegt eine **unentgeltliche Übertragung nach § 6 Abs. 3** vor. Diese umfasst auch die Übertragung des anteiligen SBV. § 6 Abs. 3 geht insoweit § 6 Abs. 5 S. 3 vor.

161 Zweifelh. ist, wie die **vollständige Übertragung** v. **WG des SBV** iRd. **Erbauseinandersetzung auf einen der Miterben und MU'er** zu behandeln ist, etwa, weil dieses nach einer Teilungsanordnung nur ein Miterbe erhalten soll. Nach § 6 Abs. 5 S. 3 kann SBV ohnehin zum Buchwert auf einen anderen MU'er übertragen werden. Für die Erbauseinandersetzung ist allerdings vorrangig § 6 Abs. 3 anzuwenden. Da beide Vorschriften nebeneinander (kumulativ) anwendbar sind,[1] sind insgesamt die Buchwerte sowohl der MU'schaft als auch des SBV (insoweit durch den in der Teilungsanordnung bestimmten Miterben) fortzuführen.

162 Bei der **sog. qualifizierten Nachfolge** wird nur **ein** (oder nur einige) **Miterbe G'ter**. Er tritt in vollem Umfange in die Gesellschafterstellung des Erblassers ein. Die übrigen Miterben erlangen demgemäß auch keinen Abfindungsanspr. gegen die G'ter, sondern allenfalls einen **Wertausgleichsanspr.** gegen den qualifizierten Nachfolger, falls der Gesellschaftsanteil mehr wert ist als dessen rechnerischer Anteil am Nachlass. Rspr. und FinVerw.[2] gehen davon aus, dass **allein der qualifizierte Nachfolger MU'er** wird, weil nur er G'ter wird. Auch soweit der qualifizierte Nachfolger einen Wertausgleich zu leisten hat, wird **nicht** v. einer **Veräußerung** durch den Erblasser oder die übrigen Miterben ausgegangen. Konsequenterweise werden bei qualifizierten Nachfolgern AK verneint und die **Wertausgleichschuld** als **private Verbindlichkeit** behandelt.[3]

163 Da die WG des **SBV auf die Erbengemeinschaft** übergehen und damit anteilig auf die nicht qualifizierten Miterben, liegt hinsichtlich deren Anteile am SBV nach Auffassung der Rspr. noch eine **Entnahme des Erblassers** vor, die bei diesem zu lfd. **nicht nach § 16 Abs. 4, § 34 begünstigtem Gewinn** führt.[4] Gleichwohl unterliegt dieser Gewinn nicht der GewSt.[5] Um die Aufdeckung stiller Reserven zu verhindern, sollte das SBV daher noch zu Lebzeiten vom Erblasser in eine gewerblich geprägte Einheit nach § 6 Abs. 5 überführt werden. Denkbar ist es auch, den qualifizierten Nachfolger testamentarisch zum Alleinerben zu bestimmen und die anderen Angehörigen durch Vermächtnisse zu bedenken. Ferner könnte schon zu Lebzeiten des Erblassers im Wege der vorweggenommenen Erbfolge sowohl der MU'anteil als auch das SBV auf den qualifizierten Nachfolger übertragen werden.[6]

164 Fallen SBV und MU'anteil auseinander, besteht die Gefahr der **Aufgabe des MU'anteils**, wenn es sich um **funktional wesentliches SBV** handelt.[7] Diese Frage ist stillschweigend in den Erbfällen zwar immer verneint worden.[8] Der VIII. Senat hat dies für die **qualifizierte Nachfolge** ausdrücklich bestätigt unter Hinweis auf die „gravierenden steuerrechtl. Folgen", die eine Gewinnaufdeckung der stillen Reserven im Erbfall haben würde.[9] Auf der anderen S. hat die Rspr. aber für die Übertragung eines MU'anteils unter Lebenden vertreten, dass die **Zurückbehaltung wesentlichen SBV** bei **Überführung in das PV** insgesamt zu einer Aufgabe des MU'anteils nach § 16 Abs. 3 führe und eine gewinnneutrale Buchwertfortführung aufgrund unentgeltlicher Übertragung gerade ausschließe.[10] Unter der Geltung v. § 6 Abs. 3 vertritt der IV. Senat mittlerweile die Auffassung, dass die Überführung oder Übertragung v. (funktional und/oder quantitativ) wesentlichem SBV in ein anderes BV zum Buchwert nach § 6 Abs. 5 der Anwendung des § 6 Abs. 3

1 BFH v. 2.8.2012 – IV R 41/11, BFHE 238, 135 = FR 2012, 1113 m. Anm. *Kanzler*.
2 BFH v. 27.7.1993 – VIII R 72/90, BStBl. II 1994, 625; v. 26.11.1992 – X R 187/87, BStBl. II 1993, 298 = FR 1993, 198 m. Anm. *Schmidt* = FR 1993, 334 m. Anm. *Fischer*; v. 29.10.1991 – VIII R 51/84, BStBl. II 1992, 512 = FR 1992, 297 m. Anm. *Schmidt*; BMF v. 14.3.2006, BStBl. I 2006, 253 Rn. 72 f.; mittlerweile wohl auch hL, vgl. *Wacker* in Schmidt[37], § 16 Rn. 672 mwN; *Trossen* in K/S/M, § 16 Rn. C 261; **aA** *Groh*, DStR 1994, 413; *Gebel*, BB 1995, 173; *Siegmann*, NJW 1995, 481.
3 BFH v. 27.7.1993 – VIII R 72/90, BStBl. II 1994, 625.
4 BFH v. 29.10.1991 – VIII R 51/84, BStBl. II 1992, 512 = FR 1992, 297 m. Anm. *Schmidt*; v. 9.3.1998 – VIII B 13/97, BFH/NV 1998, 1127 mwN.
5 BFH v. 15.3.2000 – VIII R 51/98, BStBl. II 2000, 316 = FR 2000, 728 m. Anm. *Wendt*; v. 9.3.1998 – VIII B 13/97, BFH/NV 1998, 1127.
6 *Carlé*, ErbStB 2009, 287 (290) empfiehlt eine Verbindung von Teilungsanordnung und Vorausvermächtnis, um zu vermeiden, dass die Sondererbfolge in den Ges'Anteil und das Eigentum am SBV auseinanderfallen; dagegen skeptisch *Wacker*, in Schmidt[37], § 16 Rn. 675.
7 So nach wie vor *Trossen* in K/S/M, § 16 Rn. C 263; sa. *Geck*, DStR 2000, 2031.
8 Vgl. Nachweise bei BFH v. 15.3.2000 – VIII R 51/98, BStBl. II 2000, 316 = FR 2000, 728 m. Anm. *Wendt*; v. 27.7.1993 – VIII R 72/90, BStBl. II 1994, 625; v. 29.10.1991 – VIII R 51/84, BStBl. II 1992, 512 = FR 1992, 297 m. Anm. Schmidt; v. 28.1.1998 – VIII B 9/97, FR 1998, 791 m. Anm. *Pohl*; v. 9.3.1998 – VIII B 13/97, FR 1998, 791 m. Anm. *Pohl*.
9 BFH v. 15.3.2000 – VIII R 51/98, BStBl. II 2000, 316 = FR 2000, 728 m. Anm. *Wendt*.
10 BFH v. 31.8.1995 – VIII B 21/93, BStBl. II 1995, 890; v. 10.3.1998 – VIII R 76/96, BStBl. II 1999, 269; sa. BFH v. 9.12.2014 – IV R 29/14, BFHE 247, 449 Rn. 16 = FR 2015, 457 m. Anm. *Wendt*; *Wacker* in Schmidt[37], § 16 Rn. 435.

auf die unentgeltliche Übertragung des MU'anteils nicht entgegensteht (s. Rn. 127 f.).[1] Folgt man dem richtigerweise, ist bei **Überführung und Entnahme v. funktional wesentlichem SBV** des Erblassers in das PV nunmehr also v. einer unentgeltlichen Übertragung des MU'anteils nach § 6 Abs. 3 S. 1, verbunden mit einem nicht nach §§ 16, 34 begünstigten **lfd. Entnahmegewinn** bzgl. des entnommenen SBV, auszugehen. Auch die unentgeltliche Übertragung des Gesellschaftsanteils unter Lebenden durch Schenkung unter Zurückbehaltung und Entnahme v. funktional wesentlichem SBV ist – jedenfalls für VZ ab 2001 mit Kodifizierung und Geltung v. § 6 Abs. 3 und § 6 Abs. 5 – ebenso zu behandeln (s. Rn. 76, 128). Eine widersprüchliche Behandlung besteht insoweit nicht (mehr). Maßgeblich ist in beiden Konstellationen, dass dem qualifizierten Erben bzw. Beschenkten als unentgeltlichem Rechtsnachfolger in den Gesellschaftsanteil ungeachtet des nicht vollständigen Übergangs v. funktional wesentlichem (Sonder-)BV gleichwohl eine **funktionsfähige Einheit übertragen** wird, die ihm die Fortsetzung der betrieblichen Betätigung des Rechtsvorgängers erlaubt. Dem Gesichtspunkt der fehlenden geballten Aufdeckung stiller Reserven wird dadurch Rechnung getragen, dass ein lfd. Entnahmegewinn und nicht ein begünstigter Veräußerungsgewinn besteuert wird.

Bei der sog. **Teilnachfolgeklausel** wird ebenfalls nur einer der Miterben G'ter, aber nur zu einem seiner Erbquote entspr. Bruchteil des bisherigen Anteils. Die übrigen Miterben sind v. den Alt-G'tern für den Rest abzufinden. Insoweit verwirklicht dann noch der Erblasser wegen § 16 Abs. 1 S. 2 einen lfd. Gewinn (s. Rn. 157),[2] während hinsichtlich des fortführenden Miterben eine unentgeltliche Übertragung nach § 6 Abs. 3 vorliegt (s. Rn. 159). Hinsichtlich des SBV ergeben sich dies. Rechtsfolgen wie bei der qualifizierten Nachfolge. 165

dd) Erbfallschulden. Sind der oder die Erben eines Gesellschaftsanteils mit Erbfallschulden belastet (Vermächtnisse, Pflichtteilsanspr.), so führt dies nicht zu AK für den Erwerb des MU'anteils. Die Schulden stellen auch kein negatives SBV dar (Rn. 80). Soweit Sachvermächtnisse aus dem SBV zu erfüllen sind, tätigen die jeweiligen Erben Entnahmen im Sonderbereich (Rn. 81). Ist der Gesellschaftsanteil selbst Gegenstand eines Vermächtnisses oder sind die Erben verpflichtet, dem Vermächtnisnehmer eine atypische Unterbeteiligung einzuräumen, erwirbt der Vermächtnisnehmer seinerseits unentgeltlich nach § 6 Abs. 3 v. Erben.[3] 166

2. Übertragung unter Lebenden – Vorweggenommene Erbfolge. Wird ein MU'anteil im Wege der vorweggenommenen Erbfolge unter Lebenden übertragen, gelten dies. Grundsätze wie bei der Übertragung v. Betrieben und TB, etwa hinsichtlich der Behandlung v. **Gleichstellungsgeldern** und Abfindungszahlungen (Rn. 111) oder der **Übertragung gegen Versorgungsbezüge** (Rn. 113) und der Anwendung der **Einheitstheorie** bei teilentgeltlicher Veräußerung (Rn. 109). Schon die Parallele zum Erbfall bei einfacher Nachfolgeklausel (Rn. 159) gebietet allerdings, dass auch die **Übertragung eines „Bruchteils" des Gesellschaftsanteils** – zur entgeltlichen Veräußerung s. Rn. 130 – als **unentgeltliche Übertragung nach § 6 Abs. 3** anerkannt wird, wenn der Gesellschaftsanteil auf mehrere „vorweggenommene Erben" übertragen wird.[4] Dies bestätigt § 6 Abs. 3 S. 1 HS 2 ausdrücklich. Dabei kann das SBV auch nur einem der „vorweggenommen Erben" zugewiesen werden. Eine quotale Aufteilung kann für § 6 Abs. 3 S. 1 HS 2 jedenfalls dann nicht verlangt werden, wenn der Übertragende den gesamten Gesellschaftsanteil und das SBV, wenn auch aufgeteilt, unentgeltlich überträgt. Die fünfjährige Behaltensfrist des § 6 Abs. 3 S. 2 greift in diesen Fällen nicht ein. Denn § 6 Abs. 3 S. 2 gelangt nur zur Anwendung, wenn vom Übertragenden WG zurückbehalten werden. Dies trifft nicht zu, wenn der gesamte MU'anteil einschl. des SBV übertragen wird, wenn auch aufgeteilt auf mehrere Rechtsnachfolger. Die Buchwerte sind auch dann fortzuführen, wenn bei der unentgeltlichen Aufnahme einer nat. Pers. in ein Einzelunternehmen (dazu Rn. 28) oder bei der **Teilübertragung eines MU'anteils** WG des bisherigen BV oder des **SBV** nicht mit übertragen, sondern **zurückbehalten** werden. Allerdings müssen sie dann weiterhin zum (Sonder-)BV derselben MU'schaft gehören (s. § 6 Abs. 3 S. 2) oder in ein anderes (Sonder-)BV des Übertragenden überführt werden (s. § 6 Abs. 5). Die in § 6 Abs. 3 S. 2 normierte fünfjährige Sperrfrist gilt nur bei einer sog. **unterquotalen** Übertragung v. SBV, nämlich, soweit die Quote des übernommenen Teil-MU'anteils die Quote des übertragenen wesentlichen SBV übersteigt (s. § 6 Rn. 205 f.). Während dieser Sperrfrist darf der unentgeltlich erworbene MU'anteil nicht – auch nicht teilw. – veräußert oder aufgegeben werden. Wird die Sperrfrist nicht eingehalten, ist rückwirkend v. einer Aufgabe des übertragenen MU'anteils auszugehen. § 16 Abs. 4 und § 34 sind dann nicht anzuwenden, § 16 Abs. 3 S. 1 iVm. § 16 Abs. 1 S. 2. Die Sperrfrist betrifft die (vollständige oder 167

1 BFH v. 9.12.2014 – IV R 29/14, BFHE 247, 449 = FR 2015, 457 mit Anm. *Wendt*; v. 2.8.2012 – IV R 41/11, BFHE 238, 135 = FR 2012, 1113 m. Anm. *Kanzler*.
2 *Tiedke/Hils*, ZEV 2004, 441 (447).
3 BFH v. 16.5.1995 – VIII R 18/93, BStBl. II 1995, 714 = FR 1995, 703 m. Anm. *Schmidt*.
4 So zu § 7 Abs. 1 EStDV als Vorgängervorschrift BFH v. 6.5.2010 – IV R 52/08, BStBl. II 2011, 261 Rn. 17 ff. = FR 2010, 941 m. Anm. *Kempermann* unter Hinweis auf BFH v. 28.8.2001 – VIII B 54/01, BFH/NV 2002, 24.

teilw.) Veräußerung oder Aufgabe des übertragenen MU'anteils. Dieser umfasst allerdings auch übertragenes funktional wesentliches SBV (zu weiteren Einzelheiten s. § 6 Rn. 205 ff.).

168 Wird **SBV**, auch funktional[1] **wesentliches**, zurückbehalten und unter Aufdeckung der stillen Reserven **ins PV überführt** oder **an Dritte veräußert**, ist dies entgegen der (allerdings nur zu VZ vor 2001 ergangenen) bisherigen Rspr. und Auffassung der FinVerw.[2] auch bei einer unentgeltlichen Übertragung des gesamten Gesellschaftsanteils unter Lebenden nicht als Aufgabe des MU'anteils, sondern als unentgeltliche Übertragung des MU'anteils nach § 6 Abs. 3 S. 1, verbunden mit lfd., nicht nach §§ 16, 34 begünstigtem (Entnahme-/Veräußerungs-)Gewinn bzgl. der veräußerten/zurückbehaltenen WG, zu werten (s. Rn. 76, 128).[3] Das muss auch dann gelten, wenn die Veräußerung/Entnahme erst taggleich zusammen mit der unentgeltlichen Übertragung des Gesellschaftsanteils erfolgt.[4]

169 Wurde funktional **wesentliches SBV zum Buchwert** gewinnneutral **in BV eines anderen eigenen Betriebs oder einer anderen MU'schaft** überführt oder übertragen und sodann der Gesellschaftsanteil ohne das SBV „unentgeltlich" auf einen Rechtsnachfolger übertragen, kam nach der Rspr. früher keine Buchwertfortführung nach § 7 Abs. 1 EStDV aF als der Vorgängervorschrift des § 6 Abs. 3 in Betracht.[5] Aus der kombinierten Anwendung v. § 6 Abs. 3 S. 1 (für den Gesellschaftsanteil) und § 6 Abs. 5 (für das einzelne WG) ergibt sich aber, dass auch bei zeitgleicher oder zeitnaher gewinnneutraler Übertragung v. funktional wesentlichem SBV zum Buchwert gem. § 6 Abs. 5 in das BV einer anderen MU'schaft die Buchwertfortführung nach § 6 Abs. 3 S. 1 für den unentgeltlich übertragenen MU'anteil zu erfolgen hat. Die Versagung der Buchwertfortführung aufgrund der Gesamtplanrechtsprechung (s. Rn. 123) kommt entgegen der Auffassung der FinVerw. nicht in Betracht.[6] Das überzeugt iErg., weil durch § 6 Abs. 3 S. 1 die unentgeltliche Rechtsnachfolge in die dort genannten betrieblichen Einheiten erleichtert werden soll. Dem Telos des § 6 Abs. 3 wird bereits genügt, wenn auf den Rechtsnachfolger eine auch in seiner Hand noch funktionstüchtige Einheit übergeht. Solange die übertragene Einheit trotz Zurückbehaltung funktional wesentlichen (Sonder-)BV in ein anderes BV des Übertragenden für den Rechtsnachfolger dennoch funktionstüchtig bleibt, besteht kein Anlass, die Privilegierung nach § 6 Abs. 3 zu versagen. Aus der Sonderregelung in § 6 Abs. 3 S. 2 für Konstellationen, in denen der Übertragende seinerseits MU'er des Betriebs wird oder bleibt, ergibt sich auch hier kein Umkehrschluss dahingehend, dass die Überführung/Übertragung funktional wesentlicher Einzel-WG des SBV in ein anderes BV des StPfl. oder in eine andere MU'schaft die Anwendung des § 6 Abs. 3 ausschließt. Der Gesetzgeber trat insoweit lediglich einer zu restriktiven Auslegung durch die Rspr. für die dort genannten Konstellationen[7] entgegen (s. § 6 Rn. 205).

170 Die **unentgeltliche Übertragung des (Bruch-)Teils eines MU'anteils** hat auch dann **zu Buchwerten** zu erfolgen, wenn zeitgleich oder aufgrund einheitlicher Planung in engem zeitlichem Zusammenhang damit der dem Schenkenden verbleibende (Bruch-)Teil entgeltlich an einen Dritten veräußert wird.[8] Das ergibt sich schon aus dem Wortlaut des § 6 Abs. 3 S. 1 HS 2 und entspricht dessen Telos. Denn es soll auch die partielle unentgeltliche Nachfolge in die (Mit-)Unternehmerstellung erleichtert werden. Problematisch erscheint demgegenüber, ob die Veräußerung des verbleibenden restlichen MU'anteils als unter § 16 Abs. 1 S. 1 Nr. 2 fallende begünstigte Veräußerung des gesamten Anteils des G'ters oder als unter § 16 Abs. 1 S. 2

1 Für § 6 Abs. 3 kommt es – im Unterschied zu §§ 16, 34 – schon grds. nur auf die Funktionalität an, BFH v. 6.5.2010 – IV R 52/08, BStBl. II 2011, 261 = FR 2010, 941 m. Anm. *Kempermann*; BMF v. 3.3.2005, BStBl. I 2005, 458 Rn. 3.

2 Vgl. BFH v. 6.5.2010 – IV R 52/08, BStBl. II 2011, 261 = FR 2010, 941 m. Anm. *Kempermann*; v. 31.8.1995 – VIII B 21/93, BStBl. II 1995, 890; BMF v. 3.3.2005, BStBl. I 2005, 458 Rn. 5.

3 BFH v. 9.12.2014 – IV R 29/14, BFHE 247, 449 (zur Entnahme/Veräußerung wesentlicher Betriebsgrundlagen vor der unentgeltlichen Übertragung). Nach früherer Rspr. (für VZ vor 2001) und FinVerw. soll(te) diese Behandlung nur bei Zurückbehaltung/Veräußerung funktional nicht wesentlichen SBV in Frage kommen, BMF v. 3.3.2005, BStBl. I 2005, 458 Rn. 8; BFH v. 29.10.1987 – IV R 93/85, BStBl. II 1988, 374; vgl. auch BFH v. 6.5.2010 – IV R 52/08, BStBl. II 2011, 261 = FR 2010, 941 m. Anm. *Kempermann*.

4 FG Düss. v. 19.4.2018 – 15 K 1187/17 F, EFG 2018, 1092 m. Anm. *Dörnhaus* = FR 2018, 703 m. Anm. *Danz* (Rev. IV R 14/18); BFH v. 2.8.2012 – IV R 41/11, BFHE 238, 135 Rn. 19 = FR 2012, 1113 m. Anm. *Kanzler*, hat dies nur für Übertragungen iSd § 6 Abs. 5 bejaht.

5 BFH v. 6.5.2010 – IV R 52/08, BStBl. II 2011, 261 = FR 2010 m. Anm. *Kempermann*.

6 BFH v. 2.8.2012 – IV R 41/11, BFHE 238, 135 = FR 2012, 1113 mit Anm. *Kanzler*; so bereits *Wendt*, FR 2005, 468 f.; **aA** noch BMF v. 12.9.2013, BStBl. I 2013, 1164 (Nichtanwendungserl., Ruhenlassen des Einspruchsverfahrens nach § 363 Abs. 2 S. 2 AO) iVm. BMF v. 3.3.2005, BStBl. I 2005, 458 Rn. 7; s. auch *Mitschke*, FR 2013, 314.

7 BFH v. 12.5.2016 – IV R 12/15, BFHE 253, 556 Rn. 25 ff., 28 ff. = FR 2016, 952 m. Anm. *Wendt* (zur nachträglichen Ausgliederung zurückbehaltenen SBV zum Buchwert nach unentgeltlicher Teilanteilsübertragung; dort auch zur Entstehungsgeschichte des § 6 Abs. 3); vgl. auch BFH v. 18.9.2013 – X R 42/10, BStBl. II 2016, 639 Rn. 27 ff., 32 ff. (zur Buchwertfortführung nach § 6 Abs. 3 neben Buchwertfortführung nach § 24 UmwStG).

8 BFH v. 9.12.2014 – IV R 36/13, BStBl. II 2015, 529 Rn. 16 ff. = FR 2015, 710 mit Anm. *Wendt*; v. 2.8.2012 – IV R 41/11, BFHE 138, 135 = FR 2012, 1113.

fallende nicht begünstigte **Veräußerung eines (Bruch-)Teils des MU'anteils** anzusehen ist. Richtigerweise ist hier die begünstigte Besteuerung als Veräußerungsgewinn zu versagen,[1] obwohl in dieser Konstellation die Mitunternehmerstellung des Übertragenden vollständig beendet wird und ihm insoweit keine – erst in der Zukunft aufzudeckenden – stillen Reserven mehr verbleiben. Gleichwohl hat der Gesetzgeber in § 16 Abs. 1 S. 1 Nr. 2 und § 16 Abs. 1 S. 2 deutlich zu erkennen gegeben, dass nur bei geballter Aufdeckung aller stillen Reserven im gesamten MU'anteil die Begünstigung nach § 16 Abs. 4, § 34 zu gewähren ist. Die Begünstigung ist daher nicht für solche Veräußerungen zu gewähren, die im Zeitpunkt der unentgeltlichen Übertragung der Bruchteile zusammen mit dieser erfolgten oder zu diesem Zeitpunkt bereits geplant und eingeleitet waren. Es liegt in einem solchen Fall zwar ein „Veräußerungsgewinn" (§ 16 Abs. 2) vor, aber dieser ist mangels Aufdeckung zusammengeballter stiller Reserven nicht „außerordentlich" iSd. § 34 EStG.[2]

E. Veräußerung des Anteils des persönlich haftenden Gesellschafters einer KGaA (Abs. 1 S. 1 Nr. 3)

Korrespondierend zu § 15 Abs. 1 S. 1 Nr. 3 (s. dazu § 15 Rn. 400 ff.) zählen nach § 16 Abs. 1 S. 1 Nr. 3 auch die Gewinne aus der Veräußerung des Anteils eines phG'ters (Kpl.) einer KGaA zu den Einkünften aus GewBetr. Die Gleichstellung des phG'ters mit einem MU'er – unabhängig davon, ob die Voraussetzungen für eine MU'schaft tatsächlich vorliegen (§ 15 Rn. 404) – wird konsequent weitergeführt.[3] Die geltenden Grundsätze für § 16 Abs. 1 S. 1 Nr. 2 sind sinngemäß anzuwenden. 171

Der zu veräußernde Anteil des phG'ters (Mitgliedschaft) besteht in seinem schuldrechtl. Anspr. ggü. der Ges., insbes. dem Gewinnanspr. und der Beteiligung am Liquidationserlös bzw. dem Abfindungsguthaben bei Ausscheiden. Insoweit ist die Stellung des phG'ters der eines **atypisch stillen G'ters** vergleichbar, da dinglich anders als bei den Außen-Ges. keine anteilige gesamthänderische Zurechnung des Vermögens der KGaA zum phG'ter und den Kommanditaktionären in Betracht kommt. Auf der anderen S. ist er aber aufgrund der persönlichen Haftung und der zwingenden Vertretungsbefugnis voll dem Komplementär einer KG vergleichbar. Es kommt hinzu, dass trotz der fehlenden dinglichen Zurechnung im Verhältnis zu den Kommanditaktionären das Kapital (BV iSd. § 4 Abs. 1) wie bei einer KG in einen dem phG'ter zuzurechnenden Kapitalanteil und das übrige Kapital aufzuteilen ist. Der phG'ter ist zwar kein Gesamthandseigentümer, er wird aber im Innenverhältnis vollständig so behandelt. Die in § 15 Abs. 1 S. 1 Nr. 3 iVm. § 16 Abs. 1 S. 1 Nr. 3 vorgenommene Gleichstellung mit einem MU'er bedeutet, dass der vom phG'ter gehaltene Anteil an der KGaA gerade kein selbständiges WG ist, sondern stl. einen **Anteil am BV der KGaA** (und deren WG) verkörpert.[4] Zivilrechtl. kann der phG'ter, falls dies in der Satzung vorgesehen ist, über seinen Gesellschaftsanteil verfügen. Allerdings bedarf es dann eines weiteren phG'ters, da die KGaA nicht ohne phG'ter sein kann. Die Vfg. über den Gesellschaftsanteil bewirkt, wie bei einer PersGes., dass zwingend auch die vermögensrechtl. Bezüge (Gewinnanteil, Anteil am Liquidationserlös) übertragen werden. 172

Der phG'ter einer KGaA kann ebenso wie ein MU'er **SBV** unterhalten (§ 15 Rn. 407). Dazu gehören allerdings vom phG'ter ggf. gehaltene Kommanditaktien nicht.[5] Das SBV stellt keinen Bruchteil des Anteils iSv. Abs. 1 S. 2 iVm. Abs. 1 S. 1 Nr. 3 dar. Unter denselben Voraussetzungen wie bei einem MU'er nach Abs. 1 S. 1 Nr. 2 kann es aber als wesentliche Betriebsgrundlage angesehen werden (s. dazu Rn. 121 f.). Seine Veräußerung führt daher nur zu tarifbegünstigten Veräußerungsgewinnen, wenn sie iZ mit der Veräußerung eines Anteils iSv. Abs. 1 S. 1 Nr. 3 erfolgt. 173

Die Veräußerungsfälle sind übereinstimmend mit Abs. 1 S. 1 Nr. 2 zu beurteilen.[6] Ebenso wie der entgeltliche Gesellschafterwechsel eine Veräußerung nach Abs. 1 S. 1 Nr. 3 darstellt, kann das Ausscheiden eines phG'ters zu einem Aufgabegewinn nach Abs. 3 führen (Rn. 133). Für die Teilveräußerung eines Anteils und unentgeltliche Übertragung gelten die normalen Regeln (Rn. 130, 167) entspr. Der Eintritt eines weiteren phG'ters gegen Einlage in das Gesellschaftsvermögen (ohne Ausgleichszahlungen an den bereits vorhandenen phG'ter) ist nicht als Veräußerung v. Bruchteilen der Anteile des bisherigen phG'ter zu sehen (Rn. 134).[7] Ebenso wird der unentgeltliche Gesellschafterwechsel nicht v. § 16 Abs. 1 S. 1 Nr. 3, sondern v. § 6 Abs. 3 erfasst. Bei der Ermittlung des Veräußerungs- bzw. Aufgabegewinns ist dem Veräußerungspreis abzgl. 174

1 BFH v. 9.12.2014 – IV R 36/13, BStBl. II 2015, 529 = FR 2015, 710 mit Anm. *Wendt*.
2 BFH v. 9.12.2014 – IV R 36/13, BStBl. II 2015, 529 Rn. 24 = FR 2015, 710 mit Anm. *Wendt*; v. 17.12.2014 – IV R 57/11, BStBl. II 2015, 536 = FR 2015, 522 m. Anm. *Wendt*; sa. BFH v. 28.5.2015 – IV R 26/12, BStBl. II 2015, 797 Rn. 22 ff. = FR 2015, 892 mit Anm. *Wendt*.
3 Zur Gleichstellungsdoktrin s. BFH v. 15.3.2017 – I R 41/16, BFHE 258, 246 Rn. 26 ff.; v. 7.9.2016 – I R 57/14, BFHE 255, 427 Rn. 14.
4 *Witt* in H/H/R, § 15 Anm. 905; *Rapp* in L/B/P, § 16 Rn. 62h; str.
5 BFH v. 21.6.1989 – X R 14/88, BStBl. II 1989, 881.
6 BFH v. 16.4.2010 – IV B 94/09, BFH/NV 2010, 1272.
7 BFH v. 7.9.2016 – I R 57/14, BFHE 255, 427 Rn. 16 f., verneint zudem die Anwendung des § 24 UmwStG bei Eintritt des phG'ters in eine KGaA; dazu Anm. v. *Wacker*, DStR 2017, 197; *Hageböke*, Der Konzern 2017, 126.

Veräußerungskosten der stl. Buchwert des Kapitalanteils aus der Gesellschaftsbilanz einschl. einer evtl. Ergänzungsbilanz gegenüberzustellen (Rn. 138). Es war allerdings (zu Unrecht) umstritten, ob überhaupt eine (fortzuentwickelnde) Ergänzungsbilanz für den Komplementär zu erstellen ist.[1] Dies hat der BFH jetzt zutr. bejaht. Die Ergänzungsbilanz für den Komplementär der KGaA ist wie beim MU'er einer PersGes. während der Zugehörigkeit fortzuentwickeln, ua. durch vorzunehmende AfA auf bilanzierte Mehraufwendungen für abnutzbares AV. Die in der Ergänzungsbilanz festzuhaltenden Mehr- oder Minderaufwendungen beim Erwerb der Beteiligung sind nicht erst bei Veräußerung/Aufgabe der Beteiligung durch den Komplementär zur Bestimmung von dessen Veräußerungsgewinn nach § 16 Abs. 1 Nr. 3, Abs. 2 S. 1 zu berücksichtigen (s. § 15 Rn. 406).[2] Sie wirken sich aber auch nicht auf den Gewinn(anteil) der KGaA iSd. § 9 Abs. 1 Nr. 1 KStG und § 8 Nr. 4 GewStG aus.

F. Aufgabe des Gewerbebetriebs und eines Mitunternehmeranteils (Abs. 3, 3a, 3b und 5)

Literatur: *Bareis*, Realteilung, Gesellschaftsvetrag und Besteuerung, DStZ 2017, 642; *Bareis*, Das neue BMF-Schreiben zur Realteilung, FR 2017, 261; *Bareis*, Zur systemgerechten Behandlung von Realteilungen, DB 2016, 2973; *Förster*, Eine Neuordnung der Entstrickungsbesteuerung ist notwendig, FS Dietmar Gosch, München 2016, 83; *Kanzler*, Zur Anfechtung bzw. zum Widerruf einer Betriebsaufgabeerklärung, FR 2017, 573; *Kuhr*, Nichtverhältniswahrende Teilung von Personengesellschaften, Ubg 2016, 193; *Levedag*, Der Realteilungserlass v. 20.1.2016, GmbHR 2017, 13; *Müller*, Verstoß gegen Unionsrecht bei unterschiedlicher Behandlung der Übertragung eines Betriebs auf eine inländische und eine ausländische Gesellschaft, DB 2017, 96; *Pupeter*, Sachwertabfindung mit Einzelwirtschaftsgütern ist eine (partielle) Realteilung, DB 2017, 2122; *Pupeter*, Der neue Realteilungserlass, DB 2017, 684; *Reiß*, Die Realteilung – Anwendungsbereich und systemgerechte Behandlung, FR 2017, 458 (Teil I), 554 (Teil II) – dazu *Bareis*, Ein kurzes Zwischenfazit zur aktuellen Diskussion um die Realteilung, FR 2017, 561; *Riedel*, Zur (fehlenden) Systematik bei der Umwandlungsbesteuerung von Mitunternehmerschaften – Unterschiede zwischen § 6 Abs. 5 EStG, § 24 UmwStG und der Realteilung, Ubg 2018, 148; *Siegel*, Anschaffungskosten bei der Realteilung, DStZ 2017, 650; *Siegel*, Spitzenausgleich bei der Realteilung, Manipulierbarkeit der BMF-Lösung und systemgerechte Alternativen, DStZ 2017, 414 – dazu *Bareis*, Realteilung, Gesellschaftsvertrag und Besteuerung, DStZ 2017, 642 (mit Replik *Siegel*, Anschaffungskosten bei der Realteilung, DStZ 2017, 650); *Siegel*, Respekt vor dem Subjektsteuerprinzip als Antwort auf die offenen Fragen der Realteilung, DB 2016, 2245; *Steiner/Ullmann*, Neudefinition des Anwendungsbereichs der Realteilung – Steuerneutrale Realteilung auch bei Sachwertabfindung mit Einzelwirtschaftsgütern, Ubg 2017, 448; *Steiner/Ullmann*, Steuerneutrale Realteilung bei Übertragung von Einzelwirtschaftsgütern in das Gesamthandsvermögen einer Schwesterpersonengesellschaft, StuW 2017, 320; *Stenert*, Der Realteilungserlass ist überholt, DStR 2017, 1785; *Wacker/Heinemann/Prinz*, Neue Abgrenzungsfragen bei Realteilung und Betriebsaufgabe/-veräußerung, JbFfSt. 2017/18, 546; *Wendt*, Ausscheiden gegen Sachwertabfindung – die „unechte" Realteilung der Personengesellschaft, FR 2016, 536; frühere Literatur s. 17. Aufl.

175 **I. Tatbestand der Betriebsaufgabe. 1. Abgrenzung zu Veräußerung, unentgeltlicher Übertragung und sukzessiver Abwicklung. § 16 Abs. 3 S. 1** ordnet hinsichtlich der Rechtsfolgen an, dass die **Aufgabe des GewBetr.** sowie eines MU'anteils **als Veräußerung** zu behandeln ist. Begrifflich unterscheidet sich die BetrAufg. v. der Betriebsveräußerung und unentgeltlichen Betriebsübertragung dadurch, dass bei Letzteren der **Betrieb** als organisatorische Einheit v. Betriebsmitteln erhalten bleibt und zusammen mit dem Tätigkeitsbereich auf **einen Erwerber entgeltlich oder unentgeltlich übertragen** wird, während der **Betrieb** bei der **BetrAufg. zerschlagen** wird.[3] Eine BetrAufg. liegt demgemäß vor, wenn der StPfl. in Ausführung seines Aufgabeentschlusses seine betriebliche Tätigkeit einstellt und in einem einheitlichen Vorgang innerhalb eines kurzen Zeitraums alle wesentlichen Grundlagen seines Betriebs an verschiedene Erwerber veräußert und/oder in sein PV überführt, seinen Betrieb als selbständigen Organismus des Wirtschaftslebens damit auflöst.[4] Bei der Aufgabe eines MU'anteils geht dieser unter, während er bei der Veräußerung oder unentgeltlichen Übertragung als solcher auf einen Rechtsnachfolger übertragen wird.[5]

176 Der Tod des StPfl. führt nicht automatisch zur BetrAufg. (Rn. 72, 77). Vielmehr kommt es zur BetrAufg. nur dann, wenn der/oder die Erben durch Veräußerung/Entnahme aller wesentlichen Betriebsgrundlagen in einem einheitlichen Vorgang den Betrieb aufgeben oder der Betrieb dadurch zerschlagen wird, dass nach dem Tod des Erblassers der Betrieb durch Verteilung von dessen WG auf die Erben aufgeteilt wird.[6] Die **privilegierte Behandlung des Betriebsaufgabegewinnes** als Veräußerungsgewinn mit Anwendung der **§ 16 Abs. 4 und § 34** verlangt gleichermaßen wie die Veräußerung eine klare **Abgrenzung zum lfd.**

1 Verneinend etwa *Kollruss*, FR 2016, 203.
2 BFH v. 15.3.2017 – I R 41/16, BFHE 258, 246 Rn. 28 ff.
3 BFH v. 19.5.2005 – IV R 17/02, BStBl. II 2005, 637 = FR 2005, 938 m. Anm. *Kanzler*.
4 Vgl. BFH v. 16.12.2009 – IV R 7/07, BStBl. II 2010, 431 Rn. 18 mwN = FR 2010, 428 m. Anm. *Kanzler*; sa. BFH v. 16.11.2017 – VI R 63/15, BFHE 260, 138 Rn. 12 f. = FR 2018, 568 m. Anm. *Kanzler* (zur BetrAufg. eines landwirtschaftlichen Betriebs durch Aufteilung der landwirtschaftlichen Flächen auf die Erben); v. 17.5.2018 – VI R 66/15, BFHE 262, 33 Rn. 21 ff. (Auseinandersetzung des Grundbesitzes eines verpachteten luf. Betriebs unter die MU'er-G'ter).
5 BFH v. 16.3.2017 – IV R 31/14, BStBl. II 2019, 24; dazu Anm. *Neu/Hamacher*, GmbHR 2017, 897.
6 BFH v. 2.3.2011 – II R 5/09, BFH/NV 2011, 1147 mwN (auch zu freiberuflichem Betrieb und zur ErbSt); v. 12.3.1992 – IV R 29/91, BStBl. II 1993, 36 = FR 1992, 720 m. Anm. *Söffing*; v. 15.11.2006 – XI R 6/06, BFH/NV 2007, 436.

Gewinn. Ebenso wie die Veräußerung muss sich daher die BetrAufg. in **einem einheitlichen Vorgang** vollziehen. Die BetrAufg. muss daher schon tatbestandlich v. der **sukzessiven Abwicklung eines Betriebs** unterschieden werden. Hier ergeben sich größere Abgrenzungsschwierigkeiten als bei der Veräußerung, weil sich die Veräußerung an einen Erwerber klar v. einer sukzessiven Abwicklung unterscheidet. Eine BetrAufg. liegt daher nur vor, wenn sich die Abwicklung innerhalb eines kurzen Zeitraums (Aufgabezeitraum) zw. der ersten v. Aufgabeentschluss getragenen objektiven Aufgabehandlung (= Beginn der BetrAufg.) und der Veräußerung/Entnahme der letzten wesentlichen Betriebsgrundlage (= Ende der BetrAufg.) vollzieht.[1] Die BetrAufg. beginnt nicht bereits mit dem inneren Entschluss und dessen Bekanntgabe nach außen, sondern erst mit davon getragenen Handlungen, die objektiv auf die Auflösung des Betriebs als selbständigen Organismus des Wirtschaftslebens gerichtet sind.[2] Die Dauer des noch anzuerkennenden Zeitraums hängt v. den Verwertungsmöglichkeiten ab und kann sich über mehrere VZ erstrecken.[3] Zur Veräußerung bestimmte wesentliche Betriebsgrundlagen können nicht zur Abkürzung des Aufgabezeitraumes durch bloße Aufgabeerklärung entnommen werden.[4]

Schließlich ist denkbar, dass sich der Gegenstand der gewerblichen Tätigkeit in sachlicher (**Strukturwandel**) oder räumlicher Hinsicht (**Betriebsverlegung**) verändert oder die Tätigkeit nur zeitlich unterbrochen wird (**Betriebsunterbrechung**). Hier kann im Einzelnen zweifelh. sein, ob v. einer **BetrAufg.** mit privilegiertem Aufgabegewinn oder einem **Fortbestehen des Betriebs ohne Gewinnverwirklichung** auszugehen ist. Keine BetrAufg. stellt bei Körperschaften der Eintritt einer Befreiung nach § 5 KStG dar. Insoweit gilt die Sonderregelung des § 13 Abs. 1, Abs. 3 KStG (lfd. Gewinn durch Teilwertansatz). Die Aufgabe eines wirtschaftlichen Geschäftsbetriebes durch Überführung in den gemeinnützigen Bereich nach § 5 Abs. 1 S. 9 KStG wird insoweit begünstigt, als sie gewinnneutral zum Buchwert nach § 13 Abs. 4 KStG erfolgt.[5] 177

2. Formen der Betriebsaufgabe. Die BetrAufg. als Zerschlagung des Betriebs kann sich **dem Grunde** nach in **drei Formen** hinsichtlich der Behandlung der **WG des bisherigen BV** vollziehen. **Erstens** können die **WG des BV** einzeln an **verschiedene Erwerber veräußert** werden (oder zwar an einen Erwerber, aber nicht als fortzuführende organisatorische Einheit mit bisherigem Tätigkeitsbereich). Insoweit ordnet **Abs. 3 S. 6** an, dass die **Einzelveräußerungspreise** als **Aufgabepreis** anzusehen sind. Nach Abs. 3 S. 5 ist bei einer Veräußerung an einen bisherigen MU'er durch die MU'schaft dann allerdings zu beachten, dass der dabei entstehende Gewinn – anders als bei Überführung in PV – nicht begünstigt ist. **Zweitens** können die **WG des BV in das PV** des StPfl. überführt werden. Insoweit ordnet **Abs. 3 S. 7** an, dass die **gemeinen Werte** als **Aufgabepreis** anzusetzen sind. 178

Drittens können die **WG des gemeinsamen BV bei einer MU'schaft** real unter die MU'er verteilt werden (**Realteilung**, s. Rn. 199 f.). Insoweit ordnet **Abs. 3 S. 2** an, dass sowohl bei der Zuteilung v. **TB** und **MU'anteilen** als auch bei der Zuteilung v. **Einzel-WG** die Realteilung **nicht** als gewinnrealisierende BetrAufg. zu behandeln ist, sondern v. den Realteilern die Buchwerte fortzuführen sind, sofern die WG in ein BV der Realteiler übernommen werden. Eine **BetrAufg.** nach Abs. 3 S. 1 liegt dann vor, wenn die WG v. den Realteilern **ins PV** übernommen werden.[6] 179

Denkbar ist auch eine **Kombination der verschiedenen Formen**. So kann etwa die Zerschlagung des Betriebs teilw. durch Einzelveräußerung und teilw. durch Überführung in PV erfolgen. Wegen der gleichen 180

1 Zum Beginn vgl. BFH v. 5.5.2015 – X R 48/13, BFH/NV 2015, 1358 (Einstellung der produktiven Tätigkeit); v. 9.12.2014 – X R 12/12, BStBl. II 2016, 852 Rn. 36 (Verkauf des AV durch Treuhänder/[vorläufigen] Insolvenzverwalter); v. 3.4.2014 – IV R 12/10, BStBl. II 2014, 1000 Rn. 50 ff. (Veräußerung des einzigen Schiffs als für die Fortführung des Betriebs unerlässlichen WG); zum Zeitpunkt des Abschlusses vgl. v. 3.9.2009 – IV R 17/07, BStBl. II 2010, 631 Rn. 36 (unschädlich sind Rückbehalt nicht wesentlicher Betriebsgrundlagen, ua. Außenstände, Ausgleichsansprüche gegen G'ter aus neg. Kapitalkonten, nicht erst mit Abschluss des Insolvenzverfahrens); vgl. auch v. 5.6.2003 – IV R 36/02, BStBl. II 2003, 871 (Insolvenzeröffnung führt noch nicht zur Betriebsaufgabe).

2 BFH v. 5.7.1984 – IV R 36/81, BStBl. II 1984, 711.

3 BFH v. 22.10.2014 – X R 28/11, BFH/NV 2015, 479 (Zeitraum v. 20 Monaten kann noch angemessen sein); v. 20.1.2005 – IV R 14/03, BStBl. II 2005, 395; v. 24.8.2000 – IV R 42/99, BStBl. II 2003, 67 = FR 2001, 94 m. Anm. *Kanzler (zwei Kalenderjahre)*; vgl. auch v. 12.12.2000 – VIII R 10/99, BStBl. II 2001, 282 = FR 2001, 343 m. Anm. *Kanzler* (weniger als drei VZ); v. 26.4.2001 – IV R 14/00, BStBl. II 2001, 798 (weniger als drei Jahre); v. 14.7.1993 – X R 74/90, X R 75/90, BStBl. II 1994, 15 (ausnahmsweise auch länger als drei VZ).

4 BFH v. 12.12.2000 – VIII R 10/99, BStBl. II 2001, 282 mwN = FR 2001, 343 m. Anm. *Kanzler*; v. 30.8.2007 – IV R 5/06, BStBl. II 2008, 113 = FR 2008, 181 m. Anm. *Kanzler* (Flucht eines Landwirtes – BetrAufg. eines aktiv bewirtschafteten Betriebes erst beendet mit Veräußerung der Ländereien, keine vorherige Entnahme).

5 BMF v. 1.2.2002, BStBl. I 2002, 221.

6 BFH v. 17.5.2018 – VI R 66/15, BFHE 262, 33 Rn. 21 ff. (zur Zerschlagung eines luf. Betriebs durch Grundstücksverteilung im Rahmen einer Erbauseinandersetzung); v. 16.11.2017 – VI R 63/15, BFHE 260, 138 Rn. 12 f. = FR 2018, 568 m. Anm. *Kanzler* (Übertragung eines ruhenden verpachteten luf. Betriebs im Wege der vorweggenommenen Erbfolge auf mehrere Abkömmlinge).

Rechtsfolgen ist auch eine **Kombination aus Betriebsveräußerung und BetrAufg.** möglich. Dies betrifft die Veräußerung oder Überführung in PV v. nicht wesentlichen Betriebsgrundlagen im engen Zusammenhang mit einer Betriebsveräußerung. Dann ist einheitlich v. einem **begünstigten Veräußerungsgewinn** auszugehen, in den auch die Erfolge aus der Veräußerung der Einzel-WG (oder ihrer Überführung in PV) einzubeziehen sind.

181 **3. Aufgabe der Tätigkeit und Übertragung der wesentlichen Betriebsgrundlagen.** Allen drei Formen ist **gemeinsam**, dass die bisherige gewerbliche Tätigkeit des oder der StPfl. aufgegeben wird und die WG des BV dieser Tätigkeit nicht mehr dienen. Dies ist die grds. Gemeinsamkeit zur Betriebsveräußerung, die es auch rechtfertigt, BetrAufg. und Betriebsveräußerung gleich zu behandeln. Wird die bisherige gewerbliche Tätigkeit – und sei es auch mit neuem BV – fortgesetzt, so fehlt es an einer BetrAufg. Die isolierte Veräußerung der WG – und sei es auch an nur einen Erwerber – führt zu lfd. Gewinn. Ob die bisherige Tätigkeit eingestellt wurde oder nicht, bestimmt sich nach denselben Kriterien wie bei der Betriebsveräußerung (Rn. 34 f.).

182 Wie bei der Betriebsveräußerung setzt die BetrAufg. voraus, dass **alle (funktional und quantitativ) wesentlichen Betriebsgrundlagen veräußert/übertragen** werden. Der Veräußerung gleichgestellt wird die **Überführung** aller wesentlichen Betriebsgrundlagen **in das PV**. Auch dabei werden durch Ansatz des gemeinen Wertes **alle stillen Reserven** aufgedeckt.[1] Werden in einem engen zeitlichen Zusammenhang mit der Aufgabe/Veräußerung funktional und/oder quantitativ **wesentliche Betriebsgrundlagen in ein anderes BV** desselben StPfl. oder in ein SBV des StPfl. bei einer anderen MU'schaft überführt – nach § 6 Abs. 5 zwingend zum Buchwert –, so liegt ungeachtet der Einstellung der werbenden Tätigkeit mangels geballter Aufdeckung aller stillen Reserven **keine BetrAufg.** vor, die zu einer **Begünstigung nach § 34** führt.[2] Die Veräußerung der übrigen – ggf. auch zu den wesentlichen Betriebsgrundlagen gehörenden – WG führt dann mangels Außerordentlichkeit nicht zu einem nach § 34 begünstigten, sondern zu einem lfd. Gewinn, ebenso die Überführung in das PV (**lfd. Entnahmegewinn**). Der Tarifbegünstigung des Aufgabegewinns/Veräußerungsgewinns als außerordentliche Einkünfte nach § 34 EStG steht allerdings nicht entgegen, wenn zuvor eine unter § 16 Abs. 1 S. 1 Nr. 1 bis 3 fallende Sachgesamtheit (TB, gleichgestellte, das gesamte Nennkapital umfassende Beteiligung an einer KapGes., ein MU'anteil) ohne Aufdeckung der stillen Reserven zu Buchwerten in ein anderes BV übertragen worden ist (sa. Rn. 52, 188).[3]

183 Die **wesentlichen Betriebsgrundlagen** sind sowohl nach der **Funktionalität** (Rn. 39 f.) als auch **quantitativ zu bestimmen**. Soweit allerdings bei einer unentgeltlichen Betriebsübertragung lediglich quantitativ, nicht aber funktional bedeutsames BV zurückbehalten wird, liegt keine BetrAufg., sondern eine Übertragung nach § 6 Abs. 3 vor (Rn. 124). Wird dieses BV in PV überführt, entsteht unter dem Gesichtspunkt der Entnahme ein lfd., nicht nach §§ 16 Abs. 4, 34 begünstigter Gewinn (Rn. 73).

184 **Keine BetrAufg.** liegt danach insbes. bei der **bloßen Betriebsverlegung** vor.[4] Dies gilt auch dann, wenn sie mit einem **Strukturwandel** verbunden ist, etwa v. Handels- zum Produktionsbetrieb[5] oder v. Groß- zum Einzelhandel. Eine **BetrAufg. verbunden mit der Neueröffnung** eines Betriebs liegt hingegen vor, wenn der StPfl. mit **neuem BV** ggü. einem **anderen Abnehmerkreis** oder völlig andersartigem Tätigkeitsbereich tätig wird.[6]

185 Die Rspr. **verneint** auch bei einem mit einem **Wechsel der Einkunftsart** verbundenen **Strukturwechsel** eine **BetrAufg.**,[7] solange die Erfassung der stillen Reserven gesichert ist, etwa beim Wechsel v. GewBetr. zu LuF und umgekehrt oder allg. innerhalb der Gewinneinkunftsarten. Auf die GewSt kommt es dabei nicht an.[8] In der Sache handelt es sich dabei um eine zutr. teleologische Einschränkung des Betriebsaufgabetatbestandes hinsichtlich der Rechtsfolgen. Weil keine Gewinnrealisierung durch Veräußerungsakte stattgefunden hat und die Erfassung der stillen Reserven gesichert bleibt, erscheint die Annahme einer

1 S. auch BFH v. 25.1.2017 – X R 59/14, BFHE 257, 227 = FR 2017, 1055 mit (krit.) Anm. *Wendt* (zur unentgeltlichen [Weiter-]Übertragung der einzigen wesentlichen Betriebsgrundlage eines verpachteten ruhenden GewBetr. unter Fortsetzung der Verpachtung aufgrund vorbehaltenen Nießbrauchs).

2 BFH v. 28.5.2015 – IV R 26/12, BStBl. II 2015, 797 = FR 2015, 892 Rn. 22 m. Anm. *Wendt*; v. 9.12.2014 – IV R 36/13, BStBl. II 2015, 529 Rn. 21; v. 5.2.2014 – X R 22/12, BStBl. II 2014, 388 Rn. 22.

3 BFH v. 28.5.2014 – IV R 26/12, BStBl. II 2015, 797 Rn. 25 = FR 2015, 892 m. Anm. *Wendt*.

4 BFH v. 11.10.1984 – VI R 69/83, BStBl. II 1985, 91; vgl. auch BFH v. 28.6.2001 – IV R 23/00, BStBl. II 2003, 124 = FR 2001, 1115 m. Anm. *Kanzler* (zu LuF Betriebsverlegung auch bei größerer Entfernung, falls Stammkundschaft erhalten bleibt).

5 BFH v. 21.8.1996 – X R 78/93, BFH/NV 1997, 226.

6 BFH v. 24.6.1976 – IV R 199/72, BStBl. II 1976, 670; v. 24.6.1976 – IV R 200/72, BStBl. II 1976, 672.

7 BFH v. 7.10.1974 – GrS 1/73, BStBl. II 1975, 168; v. 9.12.1986 – VIII R 26/80, BStBl. II 1987, 342; v. 12.3.1992 – IV R 29/91, BStBl. II 1993, 36 = FR 1992, 720 m. Anm. *Söffing*.

8 BFH v. 14.6.1988 – VIII R 387/83, BStBl. II 1989, 187.

Zwangsrealisation der stillen Reserven verfehlt. Unter diesem Aspekt einer teleologischen Einschränkung des Betriebsaufgabetatbestandes zugunsten des StPfl. erscheint es gut vertretbar, mit dem IV. Senat[1] anzunehmen, dass jedenfalls bei Einstellung einer luf Tätigkeit eine BetrAufg. auch dann angenommen werden kann, wenn ein Teil der wesentlichen Betriebsgrundlagen unmittelbar anschließend in einem GewBetr. verwendet wird und der Rest veräußert wird. Freilich räumt man dann in der Sache dem StPfl. ein Wahlrecht ein, entweder v. der Buchwertfortführung des § 6 Abs. 5 Gebrauch zu machen oder eine Überführung in das PV vorzunehmen mit anschließender Einlage. Richtiger erscheint es demgegenüber anzunehmen, dass für Zwecke der GewSt v. der Neugründung eines GewBetr. auszugehen und insoweit die übernommenen WG in teleologischer Einschränkung des § 7 S. 1 GewStG nur für Zwecke der Ermittlung des Gewerbeertrages mit dem TW zu berücksichtigen.

An einer BetrAufg. soll es nach der Rspr. auch fehlen beim Strukturwechsel[2] zu einem **Liebhabereibetrieb** durch Entfallen der Gewinnerzielungsabsicht und/oder der Beteiligung am wirtschaftlichen Verkehr. Diese Rspr. besitzt **Billigkeitscharakter**. Sie geht davon aus, dass es im Zeitpunkt des Strukturwechsels noch nicht zur BetrAufg. kommt, sondern dass der GewBetr. in diesem Zeitpunkt nur „eingefroren" ist. Die vorhandenen stillen Reserven sind nach § 180 Abs. 2 AO iVm. § 8 VO dann gesondert festzustellen. Sie kommen erst zur Versteuerung, wenn das BV veräußert oder in das PV überführt wird. Der Gewinn ist nur insoweit stpfl., als er auf diese gesondert festgestellten stillen Reserven entfällt; später während der „Liebhabereiphase" entstandene Veräußerungsgewinne/-verluste werden nicht berücksichtigt.[3] Dem StPfl. bleibt es unbenommen, eine begünstigte BetrAufg. iSd. § 16 Abs. 3 S. 1 zu erklären. Veräußert er den Betrieb im Ganzen, ist stattdessen ein begünstigter Veräußerungsgewinn iSd. § 16 Abs. 1 S. 1 Nr. 1 anzusetzen. Veräußert oder entnimmt er die einzelnen WG dagegen sukzessive (bzw. überführt er sie sukzessive in das PV), realisiert er einen nachträglichen lfd. Gewinn nach § 24 Nr. 2 iVm. § 15 Abs. 1 S. 1 Nr. 1 bzw. einen lfd. Entnahmegewinn. Ermittelt der StPfl. bis zum Strukturwechsel zum Liebhabereibetrieb seinen Gewinn durch **EÜR** nach § 4 Abs. 3, ist er dieser Rspr. zufolge auch nicht verpflichtet (wohl aber berechtigt), aufgrund des Strukturwechsels zum BV-Vergleich überzugehen und einen sich daraus ergebenden Übergangsgewinn zu versteuern.[4] Auch sind noch angefallene Schuldzinsen als nachträgliche BA abziehbar, soweit die entspr. Verbindlichkeiten nicht aus dem in dem Zeitpunkt des Strukturwechsels vorhandenen aktiven BV getilgt werden konnten.[5] Dogmatisch fällt es schwer, dieser Rspr. zu folgen und nicht bereits im Strukturwechsel eine BetrAufg. zu sehen. Ihr ist aber rechtsfolgenorientiert zugute zu halten, dass die Abgrenzung zur Liebhaberei nicht selten unsicher und dem StPfl. eine BetrAufg. in diesen Fällen kaum bewusst sein wird. Außerdem stellen sich praktische Folgefragen, wenn sich der Liebhabereibetrieb später wieder zu einem GewBetr. „aufschwingen" sollte. In diesem Fall wäre die zunächst vorgenommene Versteuerung stiller Reserven bei späterer Wiedereinlage zum TW aus Sicht des StPfl. kaum befriedigend. 186

Umgekehrt wird eine **BetrAufg. bejaht** beim **Wegfall** der personellen oder sachlichen Verflechtung bei der **BetrAufsp.**[6] (§ 15 Rn. 112) oder der Tatbestandsvoraussetzungen für eine **lediglich gewerblich geprägte PersGes.**[7] (§ 15 Rn. 142). 187

1 BFH v. 30.3.2006 – IV R 31/03, BStBl. II 2006, 652 (das Urteil ist erkennbar dadurch beeinflusst, dass auch eine Verstrickung mit GewSt vermieden werden sollte. IÜ legte der Sachverhalt eher nahe, dass das angebliche luf BV schon vorher gewerbliches BV war); vgl. auch v. 30.8.2007 – IV B 40/07, BFH/NV 2008, 35 (Überführung v. luf. Vermögen in gewerbliches BV schließt BetrAufg. grds. nicht aus); zur Aufgabe eines verpachteten LuF-Betrieb s. BFH v. 16.11.2017 – VI R 63/15, BFHE 260, 138 = FR 2018, 568 m. Anm. *Kanzler*.

2 BFH v. 11.5.2016 – X R 61/14, BStBl. II 2016, 939 Rn. 34 f. = FR 2016, 1043 mit Anm. *Kanzler*; v. 11.5.2016 – X R 15/15, BStBl. II 2017, 112 Rn. 17 = FR 2017, 490 m. Anm. *Kanzler* (sa. *Paus*, DStZ 2017, 377); v. 5.5.2011 – IV R 48/08, BStBl. II 2011, 792 Rn. 31 ff. = FR 2011, 907 m. Anm. *Kanzler*; v. 15.5.2002 – X R 3/99, BStBl. II 2002, 809 = FR 2002, 1227 m. Anm. *Weber-Grellet*; v. 18.5.2000 – IV R 27/98, BStBl. II 2000, 524; v. 12.11.1992 – IV R 41/91, BStBl. II 1993, 430; grundlegend v. 29.10.1981 – IV R 138/78, BStBl. II 1982, 381 = FR 1982, 176 m. Anm. *Söffing*.

3 BFH v. 11.5.2016 – X R 15/15, BStBl. II 2017, 112 Rz. 32 = FR 2017, 490 m. Anm. *Kanzler*; v. 11.5.2016 – X R 61/14, BStBl. II 2016, 939 Rn. 26 = FR 2016, 1043 mit Anm. *Kanzler*.

4 BFH v. 11.5.2016 – X R 61/14, BStBl. II 2016, 939 Rn. 29 ff. = FR 2016, 1043 mit Anm. *Kanzler*.

5 BFH v. 11.5.2016 – X R 61/14, BStBl. II 2016, 939 Rn. 53 = FR 2016, 1043 mit Anm. *Kanzler*; v. 17.11.2004 – X R 62/01, BStBl. II 2005, 336; v. 21.7.2004 – X R 33/03, BStBl. II 2004, 1063; v. 15.5.2002 – X R 3/99, BStBl. II 2002, 809.

6 BFH v. 21.11.2017 – VIII R 17/15, BFH/NV 2018, 522 Rn. 41 f. (Veräußerung eines an die Betriebs-GmbH verpachteten Mandantenstamms durch den Allein-G'ter); v. 5.2.2014 – X R 22/12, BStBl. II 2014, 388 Rn. 15 mwN; v. 23.4.1996 – VIII R 13/95, BStBl. II 1998, 325 (Insolvenz); v. 6.3.1997 – XI R 2/96, BStBl. II 1997, 460 = FR 1997, 484 m. Anm. *Wendt* (Wegfall der personellen Verflechtung) mwN; FG BaWü. v. 10.2.2016 – 12 K 2840/13, EFG 2016, 1167 (Rev. IV R 12/16: Führt Wegfall der personellen Verpflechtung zur BetrAufg. des grundstücksverpachtenden Besitzunternehmens oder besteht der Betrieb als Betriebsverpachtung fort?).

7 BFH v. 13.7.2017 – IV R 42/14, BStBl. II 2017, 1126 Rn. 16 = FR 2018, 87 m. Anm. *Wendt* (zur gewerblich geprägten sog. Einheits-GmbH & Co. KG); v. 14.3.2007 – XI R 15/05, BStBl. II 2007, 924 = FR 2007, 885 m. Anm. *Wachter*; R 16 Abs. 2 EStR.

188 **4. Aufgabe eines Teilbetriebs.** Auch wenn in § 16 Abs. 3 S. 1 nicht ausdrücklich erwähnt, wird auch die **Aufgabe eines TB** der **begünstigten Teilbetriebsveräußerung gleichgestellt**. Wie bei der Teilbetriebsveräußerung muss bereits **vor der Aufgabe ein TB** (Rn. 42) bestanden haben. Die den TB konstituierende gesonderte **Tätigkeit** muss **eingestellt** werden und sämtliche **wesentlichen Betriebsgrundlagen des TB** müssen innerhalb eines kurzen Aufgabezeitraums (Rn. 176, 182) **veräußert oder in das PV** überführt werden (Rn. 49).[1] Der Annahme einer Teilbetriebsaufgabe steht insbes. entgegen, dass Personal, wesentliche materielle oder immaterielle WG einschl. des Kundenstammes in den fortgeführten (Teil-)Betrieb übernommen werden. Dies gilt auch dann, wenn es sich um zivilrechtl. einheitliche Sachen handelt (etwa Grundstücke), die vor Aufgabe teilw. dem einen, teilw. dem anderen TB dienten (Rn. 50). Die Teilbetriebsaufgabe/Veräußerung ist allerdings auch dann nach § 34 tarifbegünstigt, wenn in engem zeitlichem Zusammenhang damit andere TB desselben Betriebs – einschließlich der als (fiktive) TB zu behandelnden, das volle Nennkapital umfassenden Beteiligungen – zu Buchwerten in anderes BV überführt werden (Rn. 182).[2]

189 **II. Ausscheiden unter Sachwertabfindung – Aufgabe des Mitunternehmeranteils. Scheidet ein G'ter aus einer Ges. aus** (auch aus einer zweigliedrigen) und besteht die Ges. iÜ fort (bzw. geht das bisherige Gesellschaftsvermögen auf den verbliebenen G'ter durch Anwachsung über, § 738 BGB iVm. § 140 Abs. 1 HGB), so steht dem Ausgeschiedenen ein Abfindungsanspr. für den auf die oder den verbliebenen G'ter übergegangenen Anteil des Ausscheidenden am Gesellschaftsvermögen zu. Dieser Anspr. ist an sich auf Geld gerichtet. Er kann mit Mitteln des Gesellschaftsvermögens erfüllt werden oder durch Eigenmittel der verbleibenden G'ter. Wird er mit Mitteln des Gesellschaftsvermögens erfüllt, verändert sich wertmäßig der Anteil der verbliebenen G'ter nicht. Das Gesellschaftsvermögen nimmt schlicht um den dem Ausgeschiedenen zugeteilten Betrag ab. Wird er hingegen aus Eigenmitteln erfüllt, so erhöht sich der Anteil der verbliebenen G'ter um den bisher dem Ausgeschiedenen zukommenden Anteil.

190 Die Rspr. behandelte früher beide Konstellationen übereinstimmend als **Anteilsveräußerung nach § 16 Abs. 1 S. 1 Nr. 2** (s. Rn. 115 ff.).[3] Dies ist insofern unproblematisch, als Veräußerung und Aufgabe nach § 16 Abs. 3 ohnehin gleich zu behandeln sind. Richtigerweise ist aber dennoch zu differenzieren. Das (vollständige) **Ausscheiden** unter **Abfindung aus dem Gesellschaftsvermögen** stellt sich als bloße **Aufgabe des MU'anteils** dar, weil die Verbliebenen dadurch keinen größeren Anteil am Gesellschaftsvermögen erlangen, als sie schon vorher besaßen. Umgekehrt erhält der Ausscheidende nur seinen vermögensmäßigen Anteil aus dem Gesellschaftsvermögen. Für beide Seiten handelt es sich sachlich weder um eine entgeltliche oder unentgeltliche Übertragung auf ein anderes Steuerrechtssubjekt noch um eine Gesamtrechtsnachfolge (s. Rn. 77 ff.), sondern schlicht um die Verteilung des bis dato gemeinsamen Vermögens, mithin für den Ausscheidenden um die Aufgabe seines MU'anteils.[4]

191 Die **Sachwertabfindung** eines ausscheidenden G'ters und die Abfindung in Geld aus Mitteln des Gesellschaftsvermögens stellt daher entgegen der früheren Auffassung der Rspr. den **Hauptanwendungsfall** der **Aufgabe eines MU'anteils** dar. Daneben sind schon bisher als Aufgabe eines MU'anteils angesehen worden: (1) die **Veräußerung oder Überführung** in PV v. **SBV** anlässlich der isolierten Veräußerung des Gesellschaftsanteils[5] und (2) die Veräußerung des **Gesellschaftsanteils ohne** Übertragung der **MU'stellung**.[6]

192 Erfolgt die **Abfindung aus dem Gesellschaftsvermögen in das PV des ausscheidenden G'ters** (oder seiner Erben, falls beim Tod oder Ausscheiden ein Übergang der Gesellschafterstellung ausgeschlossen ist), realisiert der ausscheidende G'ter ggf. einen Aufgabegewinn nach Abs. 3 S. 1, Abs. 2, wenn und soweit die Abfindung den (Buch-)Wert seines (Kapital-)Anteils übersteigt. Tritt iZ damit ein **neuer G'ter gegen Leistung einer Einlage** in die Ges. ein, führt dies nicht zu einer Veräußerung von Bruchteilen der MU'anteile der Altgesellschafter, denen das Gesellschaftsvermögen mit dem Ausscheiden „angewachsen" ist, an den

1 BFH v. 20.1.2005 – IV R 14/03, BStBl. II 2005, 395.

2 BFH v. 28.5.2015 – IV R 26/12, BStBl. II 2015, 797 Rn. 23 f. = FR 2015, 892 mit Anm. *Wendt*, unter Aufgabe von v. 2.10.1997 – IV R 84/96, BStBl. II 1998, 104.

3 BFH v. 9.7.2015 – IV R 19/12, BStBl. II 2015, 954 Rn. 16: „Scheidet ein Kommanditist aus einer KG aus, so wächst sein Anteil am Ges'vermögen kraft Gesetzes den verbleibenden G'ftern zu. Steuerlich ist hierin grds. eine Veräußerung des Ges'Anteils zu sehen, sofern dieser Vorgang entgeltlich erfolgt"; sa. BFH v. 10.3.1998 – VIII R 76/96, BStBl. II 1999, 269 mwN.

4 So jetzt auch BFH v. 30.3.2017 – IV R 11/15, BStBl. II 2019, 29 Rn. 35 ff., dazu Anm. *Neu/Hamacher*, GmbHR 2017, 897; v. 17.9.2015 – III R 49/13, BStBl. II 2017, 37 Rn. 34 ff. = FR 2016, 567 m. Anm. *Kanzler*; vgl. auch v. 10.12.1991 – VIII R 69/86, BStBl. II 1992, 385; v. 23.3.1995 – IV R 93/93, BStBl. II 1995, 700 (Realteilung als Erfüllung v. Auseinandersetzungsanspruch); sa. *Reiß*, FR 2017, 458, zur Abgrenzung von Veräußerung und Aufgabe des MU'anteils.

5 BFH v. 24.8.2000 – IV R 51/98, BStBl. II 2005, 173 = FR 2000, 1210 m. Anm. *Kempermann*; v. 31.8.1995 – VIII B 21/93, BStBl. II 1995, 890.

6 BFH v. 15.7.1986 – VIII R 154/85, BStBl. II 1986, 896 (wegen Kurzfristigkeit trotz Übertragung des Gesellschaftsanteils Erwerber kein MU'er).

Neugesellschafter. Es erfolgt schlicht eine Einlage des neuen MU'ers in das BV der MU'schaft nach § 4 Abs. 1 S. 8, die nach § 6 Abs. 1 Nr. 5 oder Abs. 5 S. 3 Nr. 1 oder 2 zu bewerten ist. Eine Veräußerung von Bruchteilen ihres MU'anteils durch die Altgesellschafter liegt hingegen dann vor, wenn der nach dem Ausscheiden eines Altgesellschafters neu eintretende G'ter nicht eine das Gesellschaftsvermögen erhöhende Einlage in das Gesellschaftsvermögen zu erbringen hat, sondern an den (oder die) Altgesellschafter einen Kaufpreis für den Erwerb eines Bruchteils von deren Anteil zu leisten hat.[1]

Die Sachwertabfindung besteht darin, dass der **Abfindungsanspr.** des ausscheidenden G'ters nach § 738 BGB abw. v. Regelfall aufgrund Vereinbarung der G'ter **durch Übertragung v. Sachgütern** (WG) **aus dem Gesellschaftsvermögen** auf den Ausscheidenden **erfüllt** wird. Im Unterschied zur echten Realteilung durch Beendigung der gesamten MU'schaft bleibt deren Betrieb erhalten und wird v. den oder dem verbleibenden G'ter fortgeführt. Eine **(unechte, partielle) Realteilung** liegt freilich auch vor, wenn ein G'ter gegen Sachwertabfindung in sein eigenes BV (vollständig) ausscheidet und die (verkleinerte) MU'schaft bestehen bleibt und weiter einen GewBetr. unterhält (Rn. 195).[2] 193

Bei **Übernahme** der **WG in das PV** erzielt der Ausscheidende einen **Aufgabegewinn nach Abs. 3 S. 1 iVm. Abs. 2** iHd. Differenz zw. dem **Buchwert seines Anteils am BV** (Kapitalanteil in Gesellschaftsbilanz und Ergänzungsbilanz) und dem **gemeinen Wert** der übertragenen WG.[3] Der Ansatz des gemeinen Werts – anstatt des TW (s. § 15 Rn. 387 zur Sachentnahme) – ergibt sich aus **Abs. 3 S. 7 und 8**. Auf der Ebene der MU'schaft entsteht für die verbleibenden MU'er nach der Rspr.[4] iHd. Differenz zw. dem gemeinen Wert und den um die Anteile des Ausscheidenden an den stillen Reserven aufgestockten Buchwerten der zugeteilten WG ein lfd. Gewinn. 194

Bei der **Übernahme in BV** schreibt § 6 Abs. 5 S. 3 zwingend die Fortführung der Buchwerte vor, soweit **einzelne WG aus dem Gesamthandsvermögen einer MU'schaft in eigenes BV eines MU'ers** übertragen werden. Dies betrifft – wg. des Vorrangs der Anwendung der Realteilungsregelung – aber nur noch Konstellationen, in denen der StPfl. G'ter und MU'er bleibt, auf ihn aber aus dem Gesellschaftsvermögen unentgeltlich oder gegen Minderung seiner Gesellschaftsrechte WG übertragen werden. Eine Realteilung (dazu näher Rn. 198 ff.) sollte nach früherer Auffassung bei Sachwertabfindung vollständig ausscheidender MU'er nicht vorliegen (Rn. 106).[5] Der BFH und ihm folgend das BMF gehen mittlerweile aber zutr. davon aus, dass die Vorschrift über die Realteilung – dh. Buchwertfortführung nach § 16 Abs. 3 S. 2 – auch anzuwenden ist, wenn der **ausscheidende MU'er mit einem „Teilbetrieb" von der Ges./MU'schaft abgefunden** wird und seinerseits mit diesem TB gewerblich tätig wird. Offengeblieben war zunächst, ob auch dann von einer „Realteilung" iSd. § 16 Abs. 3 S. 2 auszugehen ist, wenn der ausscheidende MU'er lediglich mit Einzel-WG (und Schulden) des BV der Ges./MU'schaft in ein eigenes BV abgefunden wird.[6] Zutreffend wird auch dies inzwischen vom BFH bejaht.[7] Denn wenn es für die Anwendung des § 16 Abs. 3 S. 2 genügt, dass eine Aufgabe der bisherigen Mitunternehmerstellung durch Ausscheiden auch nur eines G'ters vorliegt und nicht die vollständige Beendigung der MU'schaft erforderlich ist, kann es keine Rolle spielen, ob der ausscheidende MU'er mit einem TB oder Einzel-WG abgefunden wird. § 16 Abs. 3 S. 2 macht die Buchwertfortführung ausdrücklich auch nicht davon abhängig, dass „TB" oder „MU'anteile" zugeteilt werden, sondern lässt auch **Einzel-WG** genügen. Die Anwendung des § 6 Abs. 5 S. 3 wird daher richtigerweise durch die Anwendung der Vorschrift über die Realteilung verdrängt, wenn ein G'ter/MU'er seine G'ter-/MU'stellung vollständig (durch Ausscheiden aus der Ges./MU'schaft) aufgibt und für seinen Anteil am Gesellschaftsvermögen in natura mit WG des (betrieblichen) Gesellschaftsvermögens abgefunden wird, 195

---

1 So zutr. FG Nürnb. v. 26.1.2016 – 1 K 773/14, EFG 2016, 812 m. Anm. *Durand* (Rev. VIII R 12/16), falls tatsächlich an die verbleibenden Altgesellschafter für den Erwerb eines „Bruchteils" von deren MU'anteil zu zahlen und nicht etwa eine Einlage in das Gesellschaftsvermögen zu erbringen war.

2 Zur Unterscheidung zw. „echter" und „unechter" Realteilung s. BFH v. 16.3.2017 – IV R 31/14, BStBl. II 2019, 24 Rn. 30; BMF v. 19.12.2018, BStBl. I 2019, 6 unter I.; s. außerdem Rn. 199.

3 Ist eine Abfindung in Sachgütern vereinbart, entsteht erst gar kein auf Geld gerichteter Abfindungsanspruch. Daher liegt auch keine Leistung an Erfüllungs statt vor. IÜ ergibt sich auch dann keine andere Lösung, solange Abfindungsansprüche in Geld und gemeiner Wert des Gegenstandes einander entsprechen. Ansonsten wäre v. teilentgeltlichen Vorgängen auszugehen.

4 BFH v. 23.11.1995 – IV R 75/94, BStBl. II 1996, 194; v. 24.5.1973 – IV R 64/70, BStBl. II 1973, 655.

5 Siehe Nachweise bei BFH v. 30.3.2017 – IV R 11/15, BStBl. II 2019, 29, m. Anm. *Neu/Hamacher*, GmbHR 2017, 897; v. 17.9.2015 – III R 49/13, BStBl. II 2017, 37 Rn. 31 = FR 2016, 567 m. Anm. *Kanzler*; ua. grundlegend v. 19.1.1982 – VIII R 21/77, BStBl. II 1982, 456 (Realteilung nur bei vollständig aufgelöster MU'schaft).

6 BFH v. 17.9.2015 – III R 49/13, BStBl. II 2017, 37 Rn. 31 = FR 2016, 567 m. Anm. *Kanzler*; so nun auch BMF v. 19.12.2018, BStBl. I 2019, 6 Rn. 2 – „unechte" Realteilung (BMF v. 20.12.2016, BStBl. I 2017, 36 unter II. ist überholt).

7 BFH v. 30.3.2017 – IV R 11/15, BStBl. II 2019, 29; ebenso *Wendt*, FR 2016, 536; *Reiß*, FR 2017, 458; so nun auch BMF v. 19.12.2018, BStBl. I 2019, 6 Rn. 2 (BMF v. 20.12.2016, BStBl. I 2017, 36 unter II. ist überholt).

die in sein eigenes (Betriebs-)Vermögen übertragen werden. § 6 Abs. 5 S. 3 ist daher nur dann anzuwenden, wenn der G'ter-MU'er nicht vollständig aus der MU'schaft gegen Sachwertabfindung ausscheidet.

196 Aus der Anwendung der Rechtsgrundsätze über die Realteilung gem. der gesetzlichen Regelung in § 16 Abs. 3 S. 2 ergibt sich auch beim Ausscheiden nur eines MU'ers zwingend der Ansatz eines Buchwerts, wenn der **TB**, **MU'Anteil** oder auch das **Einzel-WG** in ein BV des MU'ers überführt wird. Die Buchwertfortführung entspricht einschl. der Sperrfrist nach § 16 Abs. 3 S. 3 der Regelung des § 6 Abs. 5. Allerdings greift die Sperrfrist von drei Jahren bei der Realteilung nur ein, soweit lediglich einzelne WG übertragen werden, nicht hingegen bei der Übertragung v. TB oder MU'anteilen (s. Rn. 92).

197 Für **den ausscheidenden** und die **verbliebenen G'ter** ergibt sich **keine Gewinnrealisation**, sofern die stillen Reserven im aufgegebenen MU'anteil und den übertragenen WG deckungsgleich sind. Ist dies nicht der Fall, müssen die buchmäßigen **Kapitalanteile** sowohl des Ausscheidenden als auch der verbleibenden G'ter **erfolgsneutral** den jeweils fortgeführten **Buchwerten** der verbliebenen bzw. übernommenen WG **angepasst** werden (sog. Kapitalkontenanpassung).[1] Die dadurch zwingend erfolgende Verlagerung stiller Reserven wird im Anschluss an die bisherige Rspr.[2] zur Realteilung von der hM hingenommen (dazu Rn. 212 ff.).

198 **III. Realteilung einer Mitunternehmerschaft (Abs. 3 S. 2 bis 4). 1. Entwicklung, Gesetzeszweck und Begriff.** Die Realteilung ist erst mit dem StEntlG 1999/2000/2002 v. 24.3.1999 im Gesetz verankert worden und hat seine heutige Gestalt durch das UntStFG v. 20.12.2001[3] erhalten. Zuvor war die Realteilung lediglich Gegenstand des Richterrechts, das die Realteilung als umgekehrten Fall des § 24 UmwStG („Ausbringung") in einer „sinngemäß reziproken" Anwendung des dort zum Ausdruck gelangenden Rechtsgedankens behandelte.[4] Mit der ausdrücklichen gesetzlichen Regelung der Realteilung in Abs. 3 S. 2 hat der Gesetzgeber an das frühere Verständnis der Rspr. angeschlossen, die die Realteilung schon vor der ausdrücklichen gesetzlichen Regelung als **Auflösung und Beendigung der MU'schaft** verstand, wobei abw. v. Normalfall der Liquidation das Gesellschaftsvermögen[5] nicht versilbert, sondern in natura **(Naturalteilung)** unter die MU'er verteilt wird.[6] Die heutige gesetzliche Regelung erweitert aber diesen Anwendungsbereich. Sie will die **steuerneutrale Realteilung als Umstrukturierungsmaßnahme** bei Zuteilung **auch von einzelnen WG** ermöglichen, sofern das unternehmerische Engagement in anderer Form fortgesetzt und nicht nur eine nachfolgende Veräußerung oder Entnahme vorbereitet wird.[7] Um letzteres auszuschließen, enthalten Abs. 3 S. 3, 4 eine Behaltensfrist und eine KapGes.-Schädlichkeitsklausel (s. Rn. 204), die zusammen der Regelung des § 6 Abs. 5 S. 4, 5 entsprechen.

199 Der gesetzlich in Abs. 3 S. 2 verwendete **Begriff der Realteilung** wird v. Gesetzgeber nicht definiert. Es lassen sich unterscheiden: Im Fall der **echten Realteilung** kommt es zur Auflösung der MU'schaft und damit auch der Aufgabe deren GewBetr. Vor dem Hintergrund dieses Ausgangsfalls passt die gesetzliche Verortung der Realteilung im Bereich der **BetrAufg.** des Abs. 3. Allerdings ist der Wortlaut des Abs. 3 S. 2 weiter und erfasst auch Fälle sog. **unechter Realteilungen**. Diese werden dadurch gekennzeichnet, dass mind. ein MU'er unter Mitnahme von BV (nicht unbedingt TB, sondern auch Einzel-WG, s. Rn. 195) aus der fortbestehenden MU'schaft ausscheidet (zum Ausscheiden eines MU'ers gegen Sachabfindung s. bereits Rn. 105 f. mwN). In diesem Fall wird aber nicht der GewBetr. der MU'schaft, sondern der MU'anteil des Ausscheidenden aufgegeben. Bei dem in Abs. 3 S. 2 verwendeten Begriff der Realteilung handelt es sich damit um einen **rein stl. Begriff**. Er knüpfe nicht (zwingend) an den zivilrechtlichen Begriff der Naturalteilung als vollständiger Auflösung und Abwicklung der Ges. durch Verteilung des gesamten Gesellschaftsvermögens auf die G'ter an, sondern stellt einen Sonderfall der BetrAufg. iSd. Abs. 3 S. 1 dar. Wenn bei einer derartigen Realteilung das Gesellschaftsvermögen in ein BV der MU'er (Realteiler) übernommen wird, ordnet Abs. 3 S. 2 sowohl für die Übertragung v. TB und MU'anteilen als auch v. einzelnen WG für die „Ermittlung des Gewinns der MU'schaft" die **Buchwertfortführung** an.[8] Das Gesetz räumt hier dem **Kontinuitätsprinzip** den Vorrang vor dem Subjektsteuerprinzip ein, weil der StPfl. ein WG ungeachtet

1 *Wacker* in Schmidt[37], § 16 Rn. 522, 524; *Wendt*, FS Lang, 2010, 699 (715).
2 BFH v. 10.12.1991 – VIII R 69/86, BStBl. II 1992, 385.
3 BGBl. I 2001, 3858.
4 Die Buchwertverknüpfung (s. Rn. 199, 202) wurde für die Realteilung erstmals begründet in BFH v. 10.2.1972 – IV 317/65, BStBl. II 1972, 419; später dann mit wechselnden Begr. stRspr. des BFH, vgl. v. 10.12.1991 – VIII R 69/86, BStBl. II 1992, 385; v. 1.12.1992 – VIII R 57/90, BStBl. II 1994, 607 = FR 1993, 463 m. Anm. *Schmidt*.
5 Bei atypischen Innengesellschaften/stillen Ges. das stl. den MU'ern zugerechnete Vermögen des Hauptbeteiligten; zu Innengesellschaften vgl. *Stahl*, DStZ 2006, 548.
6 BFH v. 10.12.1991 – VIII R 69/86, BStBl. II 1992, 385.
7 Siehe BT-Drucks. 15/6882, 34.
8 Es bleiben auch die Grundsätze des formellen Bilanzenzusammenhangs für die Berichtigung fehlerhafter Bilanzansätze nach der Realteilung bei den Realteilern anwendbar, BFH v. 20.10.2015 – VIII R 33/13, BStBl. II 2016, 596 = FR 2016, 773 m. Anm. *Wendt*.

des jeweiligen betrieblichen Rahmens weiterhin zur Erzielung betrieblicher Einkünfte einsetzt.[1] Vor diesem teleologischen Hintergrund umfasst eine Übernahme in das „jeweilige BV der einzelnen MU'er" die Übertragung in einen eigenen (auch erst neu gegründeten) Betrieb ebenso wie in SBV bei einer anderen MU'schaft. Sie liegt entgegen der Auffassung der FinVerw.[2] auch bei unmittelbarer Übertragung in das Gesellschafts-/Gesamthandsvermögen einer anderen MU'schaft (**Schwestergesellschaft**) vor, soweit an dieser die bisherigen MU'er der realgeteilten PersGes. beteiligt sind (s. auch § 15 Rn. 388).[3]

Auch die **Auflösung einer zweigliedrigen Ges.** unter Verteilung des Gesellschaftsvermögens auf die G'ter stellt eine (echte, vollständige) Realteilung dar. Denn die Ges. wird insgesamt aufgelöst und dies führt zur Beendigung der MU'schaft und zur Aufgabe des von ihr unterhaltenen GewBetr.[4] Als (echte, vollständige) Realteilung muss richtigerweise auch das **Ausscheiden des vorletzten G'ters bei Sachwertabfindung aus dem Gesellschaftsvermögen** behandelt werden. Denn auch hier endet die MU'schaft und das Gesellschaftsvermögen wird auf die beiden bisher am Gesellschaftsvermögen beteiligten G'ter verteilt. Allein darauf kann und darf es für die stl. Beurteilung ankommen. Dass es zivilrechtl. zu einem Anwachsen des (verbleibenden) Gesellschaftsvermögens bei dem letzten G'ter kommt und dieser ggf. die bisherige gewerbliche Tätigkeit (Betrieb) der MU'schaft fortsetzt, rechtfertigt keine unterschiedliche Behandlung. Steht dem Ausscheidenden schon **kein Auseinandersetzungsanspruch** zu, so setzt der verbleibende Allein-G'ter seine bisher als MU'er ausgeübte gewerbliche Tätigkeit als Alleinunternehmer fort. Wird die Abfindung aus dem Gesellschaftsvermögen gezahlt, liegt keine Veräußerung des MU'Anteils vor (s. Rn. 133). Anders ist dies zu beurteilen, wenn der ausscheidende G'ter mit Geld oder WG des übernehmenden G'ters abgefunden wird oder der den Betrieb erwerbende G'ter noch an die PersGes. zu zahlen hat.[5] 200

Auf die Beendigung einer ehelichen **„Zugewinngemeinschaft"**[6] sind weder Abs. 3 S. 2 noch die Grundsätze über die Erbauseinandersetzung (s. Rn. 87 ff.) anzuwenden. Dagegen lassen sich die Grundsätze der Erbauseinandersetzung vor dem Hintergrund der zivilrechtl. Vergleichbarkeit auf die Realteilung eines Gesamtguts einer **Gütergemeinschaft** mit Mischnachlass durchaus übertragen, wenn ein Gemeinschafter das BV und der andere das PV übernimmt.[7] Keine Realteilung, sondern eine Veräußerung durch Tausch der MU'anteile oder zwei gegenseitige Betriebsveräußerungen sind anzunehmen, wenn zwei MU'schaften mit denselben MU'ern in der Weise „auseinandergesetzt" werden, dass die Betriebe jeweils v. einem der MU'er „übernommen" werden.[8] 201

2. Steuerverhaftung der stillen Reserven. Die Buchwertverknüpfung setzt im Falle der Realteilung nach **Abs. 3 S. 2** außerdem voraus, dass die Besteuerung der stillen Reserven sichergestellt ist. Die Steuerverhaftung ist gewährleistet, wenn im Zuge der Realteilung der TB, MU'Anteil oder die einzelnen WG **in ein inländ. BV** überführt werden. Eine gewinnneutrale Realteilung scheidet dagegen aus, soweit Einzel-WG in das PV eines MU'ers entnommen werden. Dies gilt auch, wenn diese Einzel-WG sodann der Erwirtschaftung von Überschusseinkünften (der §§ 20, 21 EStG) dienen. Es ist möglich, dass im Wege der Realteilung WG teilweise in das BV, teilweise in das PV von MU'ern überführt wird. Wird daraus PV, ist nach Abs. 3 S. 7 der **gemeine Wert** des jeweiligen WG anzusetzen. Werden damit zugleich die gesamten stillen Reserven des MU'anteils wertmäßig aufgedeckt (Abs. 3 S. 8), ist der Aufgabegewinn iHd. Differenz zw. den **gemeinen Werten** der ihnen zugeteilten Einzel-WG und dem Buchwert ihres Kapitalanteils (Gesellschaftsbilanz und Ergänzungsbilanz) als Aufgabegewinn begünstigt. Dessen ungeachtet wird das BV bei anderen MU'ern grds. mit den Buchwerten fortgeführt. 202

Der mit dem JStG 2010 v. 8.12.2010[9] eingefügte **§ 16 Abs. 3 S. 2 HS 3** verweist auf **§ 4 Abs. 1 S. 4**, wonach ein Ausschluss oder eine Beschränkung des deutschen Besteuerungsrechts insbes. vorliegt, wenn ein bisher einer inländ. Betriebsstätte des StPfl. zuzuordnendes WG einer ausländ. Betriebsstätte zugeordnet wird (s. 203

1 Eingehend *Wendt* in FS J.Lang, 2010, 699 (703 f.).
2 So weiterhin BMF v. 19.12.2018, BStBl. I 2019, 6 unter IV. (Rn. 12); ebenso bereits zuvor BMF v. 20.12.2016, BStBl. I 2017, 36 unter IV.; v. 28.2.2006, BStBl. I 2006, 228 unter IV.
3 Innerhalb des BFH umstritten: wie hier BFH v. 15.4.2010 – IV B 105/09, BStBl. II 2010, 971 = FR 2010, 760 m. Anm. *Kanzler* (aber Nichtanwendungserlass BMF v. 29.10.2010, BStBl. I 2010, 1206; BMF v. 8.11.2011, BStBl. I 2011, 1279 Rn. 18); *Wendt*, FR 2016, 512 (Anm. zu BFH v. 16.12.2015 – IV R 8/12, BStBl. II 2017, 766); *Wacker* in Schmidt[37], § 16 Rn. 546; **aA** BFH v. 25.11.2009 – I R 72/08, BStBl. II 2010, 471 = FR 2010, 381 m. Anm. *Wendt*; s. aber auch **Vorlage an das BVerfG** durch BFH v. 10.4.2013 – I R 80/12, BStBl. II 2013, 1004 (Az. 2 BvL 8/13).
4 Siehe BFH v. 16.3.2017 – IV R 31/14, BStBl. II 2019, 24, dazu Anm. *Neu/Hamacher*, GmbHR 2017, 897.
5 BFH v. 20.2.2003 – III R 34/01, BStBl. II 2003, 700 = FR 2003, 658 m. Anm. *Wendt*.
6 BFH v. 21.3.2002 – IV R 1/01, BStBl. II 2002, 519 = FR 2002, 999 m. Anm. *Seeger*.
7 Offengelassen v. BFH v. 21.3.2002 – IV R 1/01, BStBl. II 2002, 519 = FR 2002, 999 m. Anm. *Seeger*; bejaht v. FG München v. 28.6.1993 – 15 K 462/93, FR 1993, 812.
8 BFH v. 20.2.2003 – III R 34/01, BStBl. II 2003, 700 = FR 2003, 659 m. Anm. *Wendt*.
9 BGBl. I 2010, 1768.

§ 4 Rn. 107).[1] Diese als Element eines **Entstrickungskonzepts** zu verstehende Einschränkung führt zur Aufdeckung der stillen Reserven, wenn und soweit im Wege einer Realteilung TB, MU'anteile oder einzelne WG einer ausländ. Betriebsstätte zugeführt werden. Dabei ist es unerheblich, ob die ausländ. Betriebsstätte bereits zuvor bestand oder neu begründet wird. Den sich aufgrund der stl. Schlechterstellung einer Verlagung von WG des BV in das Ausland ergebenden **europarechtl. Bedenken** (s. Rn. 231) versucht für Einzel-WG die Vorschrift des § 4g durch die Bildung eines Ausgleichspostens zu begegnen (s. § 4g Rn. 9). Bei einer grenzüberschreitenden Realteilung ist die Anwendung des § 4g jedoch zumindest dann ausgeschlossen, wenn der StPfl. nach der Realteilung keine inländ. Betriebsstätte mehr unterhält. Die von § 16 Abs. 3 S. 2 iVm. § 4 Abs. 1 S. 3 und S. 4 mangels Anwendbarkeit des § 4g verlangte sofortige Besteuerung nicht realisierter Wertzuwächse bei Wegfall der Zuordnung einzelner WG zu einer inländ. Betriebsstätte verletzt die Grundfreiheiten,[2] sofern nicht anderweitig dem StPfl. ein Rechtsanspruch eingeräumt wird, die sofortige Besteuerung zu vermeiden. Dafür genügen nicht die nach allg. Recht bestehenden Stundungsmöglichkeiten im Einzelfall wegen persönlicher und sachlicher Unbilligkeit nach § 222 AO. Prinzipiell ausreichend ist es hingegen, wenn – wie durch den mit dem JStG 2010 eingeführten **§ 36 Abs. 5 EStG** – ein Rechtsanspruch auf Gewährung einer Stundung eingeräumt wird. § 36 Abs. 5 gilt allerdings nur bei einer **BetrAufg./TB-Aufg. nach § 16 Abs. 3a**, mithin nur dann, wenn es zu einem Ausschluss/einer Beschränkung des inländ. Besteuerungsrechts sämtlicher WG eines Betriebs oder TB, namentlich durch Betriebs-/Teilbetriebsverlegung in einen anderen Mitgliedstaat der EU, kommt (s. Rn. 226 ff.), nicht aber für eine mit einer BetrAufg. verbundene Veränderung der Zuordnung bloß einzelner WG von einer inländ. zu einer Betriebsstätte in einem anderen EU-Staat.

204 **3. Zuweisung von Einzelwirtschaftsgütern, Sperrfrist und Körperschaftsklausel I (Abs. 3 S. 3, 4).** Bei **Übernahme v. Einzel-WG in BV** der Realteiler bestimmt Abs. 3 S. 2, dass die **Buchwerte** anzusetzen sind, sofern die Besteuerung der stillen Reserven sichergestellt ist (zur Entstrickung Rn. 8, 202). Auch Verbindlichkeiten sind als übertragbare Einzel-WG zu behandeln und mit dem Buchwert fortzuführen. Erfolgt die Zuteilung im Rahmen einer Realteilung, liegt – anders als bei Übertragungen iRd. § 6 Abs. 5 – keine (teilentgeltliche) Veräußerung vor, solange der Realteiler insgesamt saldiert lediglich Aktiva und Verbindlichkeiten in Höhe seines Auseinandersetzungsanspruchs erhält. Aus der Regelung des § 16 Abs. 3 S. 3 wie des § 6 Abs. 5 S. 4 muss zwingend entnommen werden, dass der Gesetzgeber, vorbehaltlich der Einhaltung der Sperrfrist, die Verlagerung stiller Reserven zw. den MU'ern (§ 15 Rn. 381a) im Zuge einer Realteilung toleriert, jedenfalls, soweit keine KapGes. als MU'er beteiligt sind (s. Rn. 207). Technisch erfolgt dies durch **(erfolgsneutrale) Kapitalkontenanpassung** an die Buchwerte der v. den Realteilern übernommenen WG des BV (s. Rn. 197, 212).

205 **SBV** wird v. der Realteilung des Gesellschaftsvermögens grds. nicht erfasst.[3] Seine Überführung in ein eigenes BV oder ein SBV bei einer anderen MU'schaft löst keine Sperrfrist aus,[4] weil diese für die Überführung nach § 6 Abs. 5 S. 2 – also zwingend zum Buchwert – gerade nicht greift. Auch auf der Ebene der MU'schaft entsteht nach § 16 Abs. 3 S. 2 insoweit kein Aufgabegewinn. Aus der darin zum Ausdruck kommenden Wertung (Fortsetzung des unternehmerischen Engagements) wird gefolgert, dass betriebsbezogene Sondervergünstigungen für die (geplante) Anschaffung v. WG des SBV auch dann noch in Anspr. genommen werden können, wenn eine Aufgabe der MU'schaft (und ihres Betriebs) durch Realteilung erfolgt, sofern das SBV sodann in einem eigenen Betrieb des Realteilers Verwendung findet.[5] Soweit SBV wegen der Aufgabe des MU'anteils **zwingend PV** wird, erhöht sich hingegen der **Aufgabegewinn** um die Differenz v. Buchwert und gemeinem Wert. Der Aufgabegewinn ist nach § 16 Abs. 4, § 34 insgesamt begünstigt. § 16 Abs. 3 S. 5 iVm. § 16 Abs. 2 S. 3 ist nicht anwendbar.[6]

206 **Abs. 3 S. 3** sieht in Parallele zu § 6 Abs. 5 S. 4 eine **dreijährige Sperrfrist** vor (sa. § 6 Rn. 226). Diese beginnt mit der Realteilung und endet drei Jahre nach Abgabe der Steuererklärung der MU'schaft (Erklärung

1 Zum Zweck der Regelung s. FinA v. 28.10.2010, BT-Drucks. 17/3549, 15 (zu § 4 Abs. 1 S. 4) und 17 (zu § 16 Abs. 3 S. 2).

2 Sa. *Kahle/Eichholz*, FR 2015, 7 (17) und *Kahle/Beinert*, FR 2015, 585.

3 So nun auch BMF v. 19.12.2018, BStBl. I 2019, 6 unter II. (Rn. 5); anders noch BMF v. 20.12.2016, BStBl. I 2017, 36 unter III. (nunmehr überholt).

4 BFH v. 16.3.2017 – IV R 31/14, BStBl. II 2019, 24 Rn. 46, dazu Anm. *Neu/Hamacher*, GmbHR 2017, 897; *Pupeter*, DB 2017, 2122.

5 BFH v. 29.3.2011 – VIII R 28/08, BStBl. II 2014, 299 = FR 2011, 933 (zu § 7g EStG) mit krit. Anm. *Wendt*. In der Sache ist jedenfalls für die transparent besteuerte PersGes. dem VIII. Senat zu folgen, anders freilich für Einbringungen nach § 20 UmwStG in eine KapGes., ungeachtet einer möglichen Buchwertfortführung: BFH v. 14.4.2015 – GrS 2/12, BStBl. II 2015, 1007 (zur Ansparabschreibung nach § 7g bei Einbringung in eine KapGes. nach § 20 UmwStG, wohl aber nicht bei Einbringung in eine PersGes. nach § 24 UmwStG).

6 *Reiß*, StuW 1995, 199; aber str., vgl. *Groh*, DB 1996, 2356.

zur einheitlichen und gesonderten Feststellung) für den VZ der Realteilung. Werden v. den Realteilern die zum Buchwert in das eigene BV übernommenen Einzel-WG innerhalb dieser Sperrfrist **veräußert oder entnommen**, sind rückwirkend für den VZ der Realteilung statt der Buchwerte gewinnrealisierend die **gemeinen Werte** anzusetzen. Bereits bestandskräftige Veranlagungen für die MU'schaft und für den Realteiler sind nach § 175 Abs. 1 S. 1 Nr. 2 AO zu ändern.[1] Abw. v. § 6 Abs. 5 S. 4 greift die Sperrfrist allerdings nicht bei Übertragung jedweden Einzel-WG, sondern nur bei der Übertragung v. **Grund und Boden, Gebäuden** und anderen **„wesentlichen Betriebsgrundlagen"**. Dies dürfte – entgegen der Auffassung der FinVerw.[2] – dahin zu verstehen sein, dass auch für Grund, Boden und Gebäude die Sperrfrist nur greift, wenn sie – wie allerdings regelmäßig – wesentliche Betriebsgrundlagen bilden. Dafür sollte auch hier ausschließlich die **funktionale Betrachtungsweise** maßgeblich sein. Es muss iÜ davon ausgegangen werden, dass im Zuge der Realteilung zugewiesenes, zur Veräußerung bestimmtes **UV** iSd. Abs. 3 S. 3 niemals eine wesentliche Betriebsgrundlage darstellt.[3] Die Sperrfrist des § 16 Abs. 3 S. 3 greift ausdrücklich nur ein, „soweit bei einer Realteilung (…) einzelne WG übertragen worden sind", mithin nicht, soweit TB oder MU'anteile zugewiesen werden. Der durch den rückwirkenden Ansatz der gemeinen Werte entstehende unter § 7 S. 2 GewStG fallende Gewinn ist allen MU'ern nach dem Gewinnverteilungsschlüssel zuzuweisen.[4]

Bei **Beteiligung v. KapGes.** (und andere KStPfl.) trifft **Abs. 3 S. 4** eine **Sonderregelung (Körperschaftsklausel I)**. Hier ist immer zwingend **gewinnrealisierend** der **gemeine Wert** anzusetzen, soweit **einzelne WG** im Zuge der Realteilung auf diese unmittelbar oder mittelbar (bei Beteiligung über eine PersGes.) übertragen werden.[5] Dadurch soll „generell" vermieden werden, dass die Vorteile des Teileinkünfteverfahrens durch Anteilsveräußerung nach einer gewinnneutralen Übertragung der WG auf die KapGes. genutzt werden können.[6] Abs. 3 S. 4 verlangt ausnahmslos die Gewinnrealisation, auch wenn es nicht zu einer Verlagerung stiller Reserven auf die Anteile an KapGes. kommt.[7] Er unterscheidet sich dadurch jedenfalls im Wortlaut v. der Parallelregelung bei § 6 Abs. 5 S. 5, bei der der Teilwertansatz nur verlangt wird, „soweit sich der Anteil der KapGes. an dem übertragenen WG erhöht oder erst begründet wird" (s. § 6 Rn. 227), während bei § 16 Abs. 3 S. 4 schlicht darauf abgestellt wird, dass „einzelne WG" auf die KapGes. (oder andere Körperschaft) „unmittelbar oder mittelbar übertragen werden". Allerdings will die FinVerw. – anscheinend in Anlehnung an die Regelung in § 6 Abs. 5 S. 5 – eine teleologische Einschränkung vornehmen, da sie eine Buchwertfortführung nur insoweit nicht zulassen will, als die Körperschaft „nicht schon bisher mittelbar oder unmittelbar an dem übertragenen WG beteiligt war".[8] Der durch den Ansatz des gemeinen Werts entstehende Gewinn ist den MU'ern nach dem Gewinnverteilungsschlüssel zuzuweisen. Er ist als lfd. Gewinn zu behandeln, soweit nicht für einen der MU'er insgesamt wegen ausschließlicher Übernahme v. WG in PV ein Aufgabegewinn nach Abs. 3 S. 1 iVm. Abs. 3 S. 8 entsteht. Die in Abs. 3 Satz 4 betriebene Missbrauchsabwehr schießt über ihr Ziel hinaus, da ohne sachlichen Grund KapGes. (und ihre Anteilseigner) als MU'er benachteiligt werden. Soweit bei einer Realteilung eine Verlagerung stiller Reserven zw. den MU'er nicht erfolgt, kann es zu einer missbräuchlichen Ausnutzung des Teileinkünfteverfahrens nicht kommen. 207

4. Zuweisung von Teilbetrieben und Mitunternehmeranteilen. Werden den Realteilern TB oder MU'anteile[9] zugeteilt, so sind ebenfalls nach Abs. 3 S. 2 die **Buchwerte** fortzuführen. Die Übertragung eines TB liegt nur vor, wenn alle für diesen TB **funktional wesentlichen WG** auf den Realteiler übertragen werden.[10] Als TB ist auch die 100-prozentige Beteiligung an einer KapGes. anzusehen.[11] Die erfolgsneu- 208

1 BMF v. 19.12.2018, BStBl. I 2019, 6 unter IX. (Rn. 28); zuvor BMF v. 20.12.2016, BStBl. I 2017, 36 unter IX.
2 BMF v. 19.12.2018, BStBl. I 2019, 6 unter VIII.1. (Rn. 24); zuvor BMF v. 20.12.2016, BStBl. I 2017, 36 unter VIII.1.
3 So auch BMF v. 19.12.2018, BStBl. I 2019, 6 unter VIII.1. (Rn. 24); zuvor BMF v. 20.12.2016, BStBl. I 2017, 36 unter VIII.1.; Die als Vorbild für die Sperrfrist des Abs. 3 S. 4 dienende siebenjährige Behaltungsfrist in Abs. 3 S. 4 RegEntw., BR-Drucks. 638/01, bezog sich auch ausdrücklich nur auf AV.
4 BMF v. 19.12.2018, BStBl. I 2019, 6 unter IX. (Rn. 29); zuvor BMF v. 20.12.2016, BStBl. I 2017, 36 unter IX. lassen bei entspr. Vereinbarung im Gesellschaftsvertrag oder „schriftlicher Vereinbarung" auch eine alleinige Zurechnung beim entnehmenden oder veräußernden Realteiler zu.
5 Die Begr. der BReg. verweist lediglich darauf, dass die in § 6 Abs. 5 enthaltene Einschränkung der Steuerneutralität für Übertragungen auf KapGes. auch bei der Realteilung zu beachten sei, BT-Drucks. 14/6882, 34.
6 So die Gesetzesbegründung BT-Drucks. 14/6882, 33 zu § 6 Abs. 5 EStG.
7 *Wacker* in Schmidt[37], § 16 Rn. 555.
8 BMF v. 19.12.2018, BStBl. I 2019, 6 unter III. (Rn. 11); zuvor BMF v. 20.12.2016, BStBl. I 2017, 36 unter I. Abs. 2.
9 Nach zutr. Auffassung der FinVerw. auch Teile v. MU'anteilen, BMF v. 19.12.2018, BStBl. I 2019, 6 unter II. (Rn. 5); zuvor BMF v. 20.12.2016, BStBl. I 2017, 36 unter III.
10 Erfolgt im Anschluss an die Realteilung eine (für Abs. 3 S. 2 unschädliche) Einbringung nach § 24 UmwStG, so bleibt das Wahlrecht nach § 24 UmwStG für die aufnehmende PersGes. unberührt (ggf. aber mit der Folge eines Einbringungsgewinns nach § 24 Abs. 3 UmwStG), s. BFH v. 4.5.2004 – XI R 7/03, BStBl. II 2004, 893 = FR 2004, 1159 m. Anm. *Wendt*.
11 So auch BMF v. 19.12.2018, BStBl. I 2019, 6 unter II. (Rn. 6); zuvor BMF v. 20.12.2016, BStBl. I 2017, 36 unter III.

trale Buchwertfortführung setzt hier aber voraus, dass die Beteiligung ihrerseits TB bleibt. Dies ist nur möglich, wenn sie in ein BV übernommen wird. Die Unterscheidung, ob TB oder MU'anteile oder ob lediglich Einzel-WG zugeteilt werden, ist mit Rücksicht auf die Sperrfrist des Abs. 3 S. 3 (s. Rn. 206) v. Bedeutung. Denn diese greift **nicht** ein, wenn im Zuge der Realteilung TB oder MU'anteile zugeteilt werden. Außerdem gewinnt sie bei einer Beteiligung v. KapGes. nach Abs. 3 S. 4 an Bedeutung (s. Rn. 207). Soweit SBV wesentliches BV eines TB war und dieser einem anderen MU'er zugeteilt wird, muss für die erfolgsneutrale Zuweisung des TB genügen, dass dem Übernehmer die Fortsetzung des Nutzungsverhältnisses ermöglicht wird. Letztlich ist es aber nach Abs. 3 S. 2 bedeutungslos, ob bei Nichtzuweisung des SBV ein TB übernommen wurde, weil auch bei Zuteilung v. einzelnen WG keine Gewinnrealisation eintritt, soweit nicht eine Zuweisung an eine KapGes. erfolgt.

209 Das Gesetz geht zutr. davon aus, dass für die MU'er keine gewinnrealisierende Aufgabe vorliegt, sondern die bisherige gewerbliche Tätigkeit als MU'er in Alleinunternehmerschaft oder als MU'er einer anderen MU'schaft fortgesetzt wird. Richtigerweise gilt dies auch wieder bei Überführung v. einzelnen WG. Die für die Übertragung einzelner WG auf KapGes. nach Abs. 3 S. 4 angeordnete Gewinnrealisierung durch Ansatz des gemeinen Werts (Rn. 207) gilt nicht für die Zuweisung v. TB und MU'anteilen an KapGes. im Zuge der Realteilung. Diese Differenzierung ist nicht plausibel. Unter dem Gesichtspunkt einer Verhinderung der missbräuchlichen Inanspruchnahme des Teil-/Halbeinkünfteverfahrens (Rn. 207) bzw. der Umgehung v. stpfl. Veräußerungen kann allenfalls angenommen werden, dass diese im Faktischen für die Übertragung eines TB schwieriger sind, aber wohl kaum für die Übertragung eines MU'anteils oder einer 100-prozentigen Beteiligung an einer KapGes.

210 **5. Buchwertfortführung, Subjektsteuerprinzip, Spitzenausgleich. Verbindlichkeiten, Forderungen**[1] und **nur quantitativ wesentliche Betriebsgrundlagen** können hingegen **frei zugeordnet** werden, um eine Realteilung ohne Spitzenausgleich möglichst weitgehend zu ermöglichen (vgl. Rn. 204). **SBV eines G'ters** ist nicht in die Realteilung nach Abs. 3 S. 2 einzubeziehen, weil es kein gemeinsames Vermögen der MU'schaft ist (Rn. 205). Eine erfolgsneutrale Zuteilung des SBV kann daher nur iRv. § 6 Abs. 5 S. 2 erfolgen. Wird im Zuge einer Realteilung (wesentliches oder unwesentliches) SBV auf einen anderen MU'er zum Ausgleich v. Wertunterschieden übertragen, liegt ein **entgeltlicher Spitzenausgleich** vor. § 6 Abs. 5 S. 3 Nr. 3 ist auf diesen Fall nicht anzuwenden, da die Übertragung nicht unentgeltlich erfolgt und das WG auch nicht SBV bei ders. MU'schaft bleibt. Verbleibt das SBV beim Eigentümer, so hat dieser nach § 6 Abs. 5 S. 2 bei Fortführung als BV zwingend den Buchwert fortzuführen.

211 Wird ein **MU'anteil** ungeteilt einem der Realteiler zugewiesen (Realteilung bei der Oberges. einer doppelstöckigen PersGes.), bedarf es für die Buchwertfortführung keiner Zuteilung des wesentlichen SBV an diesen Realteiler. Zwar liegt dann nur die Zuweisung v. Einzel-WG vor, aber nach § 16 Abs. 3 S. 2 führt auch die Zuweisung v. Einzel-WG nicht zu einer gewinnrealisierenden BetrAufg. Dann greift allerdings die Sperrfrist des § 16 Abs. 3 S. 3 (s. Rn. 206). Bei der Realteilung können auch Bruchteile v. MU'anteilen zugeteilt werden. § 16 Abs. 1 S. 2 steht dem nicht entgegen, da es nicht um die Frage einer Begünstigung des Veräußerungsgewinns geht. Eine (proportionale) Zuweisung v. SBV ist nicht erforderlich. Werden zugleich im Zuge der Realteilung andere WG der Oberges. in das PV der Realteiler übernommen, ist der dabei entstehende Gewinn als lfd. Gewinn nicht nach §§ 16, 34 begünstigt.[2]

212 Im Anschluss an die frühere Rspr. des BFH (s. Rn. 197) führt die v. § 16 Abs. 3 S. 2 zwingend angeordnete Buchwertfortführung mittels **Kapitalkontenanpassung** dazu, dass es zu einer **Verlagerung der stillen Reserven** zw. den MU'ern kommen kann. Voraussetzung für die (zwingende) Buchwertfortführung **ist allein die Personen-, nicht aber die Beteiligungsidentität der Realteiler** an den stillen Reserven vor und nach der Realteilung.[3] Buchungstechnisch müssen danach die Kapitalkonten der Realteiler erfolgsneutral den Buchwerten der jeweils übernommenen TB und Einzel-WG angepasst werden. Etwaige Bilanzierungsfehler bei der MU'schaft sind unter Wahrung des formellen Bilanzenzusammenhangs rechtsträgerübergreifend anzuwenden und aufseiten der Realteiler zu berichtigen.[4] Werden nur einem Teil der Realteiler TB und Einzel-WG in das BV zugewiesen, während die anderen Einzel-WG in das PV erhalten, so müssen auch hier die Kapitalkonten der Übernehmer der TB und Einzel-WG in das BV und korrespondierend die Kapitalkonten der übrigen Realteiler mit Übernahme in das PV den Buchwerten der übernommenen Einzel-WG vorab angepasst werden.

---

1 Vgl. BFH v. 17.9.2015 – III R 49/13, BStBl. II 2017, 37 Rn. 44 = FR 2016, 567 m. Anm. *Kanzler*; v. 1.12.1992 – VIII R 57/90, BStBl. II 1994, 607 = FR 1993, 463 m. Anm. *Schmidt*; BMF v. 14.3.2006, BStBl. I 2006, 253 Rz. 18 (zur Erbengemeinschaft); v. 11.11.2011, BStBl. I 2011, 1314 Rn. 15.02 f., 15.09 (zur Spaltung v. KapGes.).
2 BFH v. 7.2.2007 – IV B 102/05, BFH/NV 2007, 902.
3 BFH v. 16.12.2015 – IV R 8/12, BStBl. II 2017, 766 Rn. 19 = FR 2016, 510 m. Anm. *Wendt*.
4 BFH v. 20.10.2015 – VIII R 33/13, BStBl. II 2016, 596 Rn. 25 = FR 2016, 769 m. Anm. *Wendt*.

Beispiel: Die PersGes. besteht aus TB 1 mit Buchwert 100 (+ stille Reserven 200) und TB 2 mit Buchwert 500 (+ stille Reserven 100). Beteiligt sind G1, G2 und G3 zu je ⅓ und Kapitalanteilen v. je 200. G1 erhält TB 1 und G2 und G3 Einzel-WG des zerschlagenden TB 2 im Wert v. je 300. Dann muss der Kapitalanteil v. G1 v. 200 auf 100 angepasst werden, während die Kapitalanteile v. G2 und G3 je v. 200 auf 250 zu erhöhen sind. IErg. wird G1 in Zukunft 100 mehr zu versteuern haben, während G2 und G3 statt zutr. je 100, nur je 50 zu versteuern haben. Bei Überführung in PV haben G2 und G3 diese 50 sofort zu versteuern, bei Überführung in BV wegen der Buchwertfortführung ebenfalls erst in Zukunft.

Mit der Fortführung der Buchwerte unter Kapitalkontenanpassung wird das **Subjektsteuerprinzip** durchbrochen.[1] Dem kann nach Abs. 3 S. 2 (im Unterschied zur früheren Rspr.) auch nicht mehr durch Ausübung der Wahl zur Gewinnrealisierung entgangen werden. Der MU'er, dem im Wege der Realteilung von anderen MU'ern erwirtschaftete stille Reserven zugewiesen werden, könnte dieser Folge nur dadurch ausweichen, dass er der Realteilung nicht zustimmt, sondern die Liquidation durch Veräußerung verlangt, oder aufgrund der Verschiebung der Steuerbelastung etwaige Ausgleichsvereinbarungen mit den übrigen G'tern trifft.[2] Gleichwohl greifen die dagegen erhobenen verfassungsrechtl. Bedenken[3] iErg. wohl nicht durch. Es bleibt letztlich eine Entsch. des parlamentarischen Gesetzgebers, das in § 2 Abs. 1 S. 1 niedergelegte, systemtragende (s. § 2 Rn. 1, 21, 24, 81 f.) Subjektsteuerprinzip aus sachlichen Gründen durch ein Gegenprinzip, hier das **Kontinuitätsprinzip**, zu durchbrechen. Abs. 3 S. 2 gibt diesem den Vorrang vor dem Subjektsteuerprinzip, weil der StPfl. ein WG ungeachtet des jeweiligen betrieblichen Rahmens weiterhin zur Erzielung betrieblicher Einkünfte einsetzt (s. Rn. 199). Der Ausschluss eines Wahlrechts, das zur weiteren Komplizierung beitragen kann, ist jedenfalls nicht willkürlich. 213

Ein Verstoß gegen das Subjektsteuerprinzip durch die Verlagerung der Versteuerung stiller Reserven auf StPfl. (Realteiler), die sie nicht erwirtschaftet haben, würde vermieden, wenn – entgegen der Behandlung durch die Rspr., FinVerw. und ganz hM – bei der Realteilung nicht die Kapitalkonten der Realteiler an die in den Realteilungsbetrieben fortzuführenden Buchwerte der übernommenen TB oder WG (Kapitalkontenanpassung), sondern umgekehrt die Buchwerte der übernommenen WG den Kapitalkonten der Realteiler (**Buchwertanpassung)** angepasst würden. Diese Behandlung wäre richtigerweise schon dadurch gedeckt, dass sie dem Anschaffungskostenprinzip entsprechen würde. Der aus der MU'schaft ausscheidende MU'er wendet seinen MU'anteil zur Erlangung der ihm in der Realteilung zugeteilten WG auf. Abs. 3 S. 2 ist dann zu entnehmen, dass die übernommenen WG mit dem (Buch-)Wert des aufgewendeten (untergehenden) MU'anteils (und nicht – wie bei einem Tausch – mit dem gemeinen Wert) in den Realteilerbetrieben anzusetzen sind. Insgesamt kommt es dann auch zu der von Abs. 2 S. 3 zwecks Sicherung der (späteren) Besteuerung stiller Reserven beim Realteiler verlangten Bindung an die bei der MU'schaft angesetzten (Buch-) Werte. In der Literatur[4] wird daher – mE zutr. – vertreten, dass schon de lege lata bei der Realteilung die von Abs. 3 S. 2 angeordnete Erfolgsneutralität nicht mittels Buchwertfortführung durch Kapital(konten) anpassung an die übernommenen Buchwerte, sondern durch **Anpassung der Buchwerte der übernommenen WG an die Kapitalkonten oder durch Kapitalausgleichsposten**[5] herzustellen ist. Nachfolgend wird allerdings weiter davon ausgegangen, dass eine solche Auslegung (noch) nicht dem geltenden Recht entspricht. Dann sollte der Gesetzgeber jedenfalls de lege ferenda die Realteilung in diesem Sinne regeln. 214

Abs. 3 S. 2 erlaubt und verlangt die Buchwertfortführung sogar, wenn einzelne WG, TB und MU'anteile auf nat. Pers. als MU'er übertragen werden, obwohl dabei stille Reserven aus dem MU'anteil einer KapGes. auf eine nat. Pers. übergehen können. Jedenfalls Abs. 3 S. 4 steht dem nicht entgegen (s. Rn. 207), denn dieser verlangt den Ansatz des gemeinen Werts nur bei Übertragung eines Einzel-WG auf die KapGes. Das ist dann der Weg, um die Definitivbesteuerung auf der Ebene der KapGes. zu vermeiden. Eine **vGA** liegt trotz Verlagerung stiller Reserven nach bisherigem Verständnis nicht vor, wenn den Realteilern nicht mehr zugewendet wird, als ihnen wertmäßig zusteht. 215

Beispiel: In der MU'schaft sind beteiligt KapGes. K mit Buchwert 100 (Wert 1000) und N mit Buchwert 900 (Wert 1000). Das BV umfasst WG I (Buchwert 100/TW 1000) und MU'anteil II (Buchwert 900/TW 1000). N erhält WG I und die KapGes. MU'anteil II. Nach Abs. 3 S. 4 ist nicht zu beanstanden, dass v. der KapGes. durch Kapitalkontenanpassung an die fortzuführenden Buchwerte der übernommenen WG stille Reserven iHv. 800 auf den N übergehen.

Abs. 3 S. 2 erlaubt umgekehrt ohne Eingreifen einer Sperrfrist auch die Verlagerung stiller Reserven aus dem MU'anteil einer nat. Pers. auf den MU'anteil einer KapGes., sofern der KapGes. nur TB oder MU'an- 216

1 Bereits deutlich erkannt v. BFH v. 10.2.1972 – IV 317/65, BStBl. II 1972, 419; zum Subjektsteuerprinzip s. *Danz*, Das Subjeksteuerprinzip in der Einkommensteuer, 2017 (171 f. zur Realteilung); sa. *Siegel*, DB 2016, 2245 (2247); *Reiß*, FR 2017, 458 f., 554 f.

2 So auch *Kulosa* in H/H/R, § 16 Anm. 553.

3 *Danz*, Das Subjektsteuerprinzip in der Einkommensteuer, 2017, 21 f., 125 f., 147.

4 *Siegel*, DB 2016, 1645; *Siegel*, DStZ 2017, 650; *Bareis*, DB 2016, 2973; *Bareis*, FR 2017, 261; *Bareis*, FR 2017, 561; *Bareis*, DStZ 2017, 642; *Reiß*, FR 2017, 458 f., 554 f.

5 *Siegel*, StuB 2017, 529.

teile zugeteilt werden. Lediglich einzelne WG sind ausgenommen (Rn. 207). Über die Zuweisung v. TB oder MU'anteilen kann daher sogar ohne Einhaltung einer Sperrfrist entgegen der Zielsetzung in § 6 Abs. 5 S. 4–6 (s. § 15 Rn. 390 ff.) und Abs. 3 S. 4 sogar mittelbar die Verlagerung stiller Reserven auf Anteile an KapGes. erreicht werden, um dadurch v. den Vergünstigungen des Teileinkünfteverfahrens statt normaler Veräußerung Gebrauch zu machen. Allerdings ist insoweit dann zu berücksichtigen, dass die KapGes. in Zukunft noch die übergegangenen stillen Reserven zu versteuern haben wird. Aber dies hätte auch bei Zulassung der Buchwertfortführung in den Fällen des § 6 Abs. 5 S. 4–6 gegolten, bzw. bei § 16 Abs. 3 S. 3, wird dort aber zutr. v. Gesetzgeber gerade nicht für ausreichend angesehen, um eine Verlagerung stiller Reserven auf KapGes. zuzulassen.

Beispiel: (wie oben), aber WG I Buchwert 900/TW 1 000 und MU'anteil II Buchwert 100/TW 1 000 und Kapitalanteil KapGes. 900 Buchwert/TW 1 000 sowie N Buchwert 100/TW 1 000. Die Übernahme des MU'anteils durch die KapGes. erfolgt zum Buchwert v. 100 ohne Sperrfrist. Durch Kapitalkontenanpassung gehen 800 stille Reserven aus dem MU'anteil des N auf den MU'anteil der KapGes. über. Es greift weder die Sperrfrist des Abs. 3 S. 3 ein, noch wird nach Abs. 3 S. 4 der Ansatz des gemeinen Werts verlangt, denn die KapGes. erhält bei der Realteilung kein Einzel-WG. Bei einer Veräußerung der Anteile an der KapGes. (durch eine nat. Pers.) wäre die teilweise Befreiung nach § 3 Nr. 40, bzw. (durch eine KapGes.) die vollständige Befreiung nach § 8b Abs. 2 KStG zu gewähren, denn die Anteile an der KapGes. sind nicht einbringungsgeboren nach § 21 UmwStG, § 3 Nr. 40 S. 3 EStG bzw. § 8b Abs. 6 KStG.

217 Ließe man bei nat. Pers. sogar zu, dass die Buchwerte selbst dann fortgeführt werden können, wenn die stillen Reserven ohne Gegenwert unentgeltlich zugewendet werden, weil dies angeblich aus § 16 Abs. 3 S. 2 folge, stellt sich die Frage nach dem **Verhältnis v. § 16 Abs. 3 S. 2 und der vGA nach § 8 Abs. 3 KStG**, bzw. bei umgekehrter Konstellation einer verdeckten Einlage, wenn es sich um KapGes. als MU'er handelt. Richtigerweise deckt allerdings der Begriff der Realteilung in Abs. 3 S. 2 nur die Zuteilung v. WG, TB und MU'anteilen, die in Erfüllung des Auseinandersetzungsanspruchs erfolgen und nicht unentgeltliche Zuwendungen. Für Letztere kann allenfalls die Anwendung des § 6 Abs. 3 in Betracht kommen. Dieser ist aber nicht auf die Übertragung v. Einzel-WG und auf gesellschaftlicher Basis erfolgende vGAs bzw. verdeckte Einlagen anzuwenden. Dies gilt jedenfalls, sofern den Realteilern wertmäßig nicht mehr zugewendet wird, als ihnen zusteht.

218 Wird ein **Spitzenausgleich** geleistet, weil die jeweils übernommenen TB/WG mehr wert sind, als dem Realteiler gebührt, so liegt insoweit ein zum Erwerb iRd. (weiterhin iÜ steuerneutralen) Realteilung hinzutretender entgeltlicher Erwerb für den Leistenden und eine Veräußerung für den/die Empfänger des Spitzenausgleichs vor. Die Notwendigkeit zur Zahlung eines Spitzenausgleichs lässt sich ggfs. durch die Zuweisung liquider Mittel oder Verbindlichkeiten vermeiden,[1] nicht jedoch durch (steuerneutrale), die Wertdifferenzen ausgleichende Einlagen vor der Realteilung (sog. Einlagelösung).[2] Es ist unstrittig, dass dies zu AK beim den Spitzenausgleich leistenden Realteiler und zu einer **Gewinnrealisierung** bei dem (den) Empfänger(n) des Spitzenausgleichs führt. Bereits nach früherer, allerdings str. Rspr. sollte der Spitzenausgleich zu einem lfd. Gewinn beim Empfänger führen.[3] Unter dem seit 2001 geltenden Abs. 3 S. 2 führt ein Spitzenausgleich beim Empfänger immer **nur zu lfd.** (nicht unter § 7 S. 1, wohl aber unter § 7 S. 2 GewStG fallenden) und nicht nach §§ 16, 34 EStG begünstigten (Veräußerungs-)**Gewinn**.[4] Umgekehrt tätigt der Leistende iHd. Spitzenausgleichs **AK**.

219 **Str.** ist, **in welcher Höhe** im Falle des **Spitzenausgleichs beim Empfänger ein Gewinn** entsteht. Während die Rspr. des VIII. Senats vor Kodifizierung der Realteilung annahm, dass in voller Höhe des Spitzenausgleichs ein Gewinn entstehe,[5] gehen die FinVerw. und hM[6] davon aus, dass nur im Verhältnis des Spitzenausgleichs zum tatsächlichen (gemeinen) Wert der übernommenen WG eine Veräußerung vorliegt. Der bei einem Spitzenausgleich entstehende Gewinn ergibt sich demnach – entspr. der strengen **Trennungstheorie** bei teilentgeltlichem Erwerb[7] – erst nach Abzug eines auf den Spitzenausgleich entfallenden anteiligen Buchwerts der übernommenen WG.

1 Vgl. *Kulosa* in H/H/R, § 16 Anm. 556, mit Hinweisen zu weiteren Gestaltungsmöglichkeiten.
2 *Kulosa* in H/H/R, § 16 Anm. 420 mwN; *Wacker* in Schmidt[37], § 16 Rn. 550; *Wendt*, FR 2016, 536 (541).
3 BFH v. 1.12.1992 – VIII R 57/90, BStBl. II 1994, 607 = FR 1993, 463 m. Anm. *Schmidt; für Tarifbegünstigung dagegen* BMF v. 11.8.1994, BStBl. I 1994, 601.
4 BMF v. 19.12.2018, BStBl. I 2019, 6 unter VI. (Rn. 17 f.); zuvor BMF v. 20.12.2016, BStBl. I 2017, 36 unter VI.; *Wacker* in Schmidt[37], § 16 Rn. 548; *Kulosa* in H/H/R, § 16 Anm. 555; *Graw* in K/S/M, § 16 F 84.
5 BFH v. 1.12.1992 – VIII R 57/90, BStBl. II 1994, 607 = FR 1993, 463 m. Anm. *Schmidt*; so auch *Reiß*, DStR 1995, 1129.
6 BMF v. 19.12.2018, BStBl. I 2019, 6 unter VI. (Rn. 20); zuvor BMF v. 20.12.2016, BStBl. I 2017, 36 unter VI.; *Wacker* in Schmidt[37], § 16 Rn. 548 mwN; *Kulosa* in H/H/R, § 16 Anm. 555; *Graw* in K/S/M, § 16 F 84 f.
7 Siehe dazu Vorlagebeschl. des BFH v. 27.10.2015 – X R 28/12, BStBl. II 2016, 81 Rn. 32, m. Anm. *Levedag*, GmbHR 2016, 65 und *Wilke*, FR 2016, 761.

Beispiel: Die PersGes. besteht aus 2 TB: TB 1 mit Buchwert v. 100 (+ stille Reserven 300) und TB 2 mit Buchwert v. 100 (+ stille Reserven 100). G1 und G2 sind je zu ½ beteiligt und weisen ein Kapitalkonto von je 100 (+ 200 stille Reserven) aus. G1 übernimmt TB 1 (Wert 400) und zahlt an G2 einen Spitzenausgleich v. 100. G 2 übernimmt TB 2. Dann hat nach der Rspr. des VIII. Senats zur Realteilung nach früherer Rechtslage vor der Neufassung des Abs. 3 S. 2 G2 einen lfd. Gewinn v. 100 zu versteuern, während er nach der aktuell hM lediglich 100 Spitzenausgleich ./. (¼ [100/400] v. 100 =) 25 Buchwert = 75 zu versteuern hat (Trennungstheorie). G1 hatte den übernommenen TB 1 nach der Rspr. (VIII. Senat) mit 200 (= Buchwert von 100 + AK von 100 für die vergüteten stillen Reserven) anzusetzen. Folgt man der hM, hat hingegen ein Ansatz von (100 ./. 25 =) 75 fortgeführter Buchwertansatz + 100 AK = 175 zu erfolgen.

Diese **Streitfrage ist durch Abs. 3 S. 2 nicht erledigt**. Abs. 3 S. 2 betrifft nur die (zwingende) Buchwertfortführung für den Teil des TB oder der WG, der dem Realteiler in Vollzug seines Abfindungsanspruchs zugewiesen wird. Nach wie vor wird in der Literatur vertreten, dass der Spitzenausgleich beim empfangenden Realteiler in voller Höhe als lfd. Gewinn zu behandeln ist.[1] Dies allerdings nur dann und nur insoweit, als ihm lediglich ein Mehranteil an stillen Reserven in den vom leistenden Realteiler übernommenen WG vergütet wird, die bis zur Realteilung noch auf den den Spitzenausgleich empfangenden Realteiler entfielen. Dagegen soll der Spitzenausgleich neutral bleiben, soweit lediglich Buchwertdifferenzen ausgeglichen werden (s. Rn. 98), respektive er den (anteiligen) Buchwert nicht übersteigt, der bei einer Realteilung ohne Wertausgleich dem den Spitzenausgleich empfangenden Realteiler gebühren würde. Die von der h.M. vertretene Auffassung entspricht jedoch der von der Rspr. zur Erbauseinandersetzung entwickelten Lösung (s. Rn. 97 f.) und erscheint insgesamt vorzugswürdig. 220

6. Übertragung von Anteilen an einer Körperschaft im Rahmen einer Realteilung mit Teilbetriebsübertragung (Körperschaftsklausel II – Abs. 5). Abs. 5 ergänzt Abs. 3 S. 4 (sog. Körperschaftsklausel I, s. Rn. 207), der sich auf den im Zuge einer Realteilung erfolgenden Übergang von Einzel-WG auf Körperschaften beschränkt, durch eine Sonderregelung für die Zuweisung von **TB auf Körperschaften** (sog. Körperschaftsklausel II). Abs. 5 soll verhindern, dass stille Reserven, die in Anteilen an Körperschaften etc. (insbes. in Anteilen an KapGes.) stecken, von nat. Pers. als oder innerhalb eines TB auf Körperschaften etc. verlagert und anschließend durch die Körperschaft etc. nach § 8b Abs. 2 KStG im Wesentlichen stfrei realisiert werden.[2] Die Vorschrift gehört also systematisch zum Regelungsregime des § 16 Abs. 3 S. 2–4 (der Realteilung). Sie flankiert damit zugleich die Regelung des § 24 Abs. 5 UmwStG.[3] Voraussetzung ist, dass an der realgeteilten PersGes. auch nicht v. § 8b Abs. 2 KStG begünstigte MU'er beteiligt waren. Sind an der Realteilung nur Körperschaften beteiligt, ist § 16 Abs. 5 nicht anwendbar. Der Grundfall ist die Realteilung einer MU'schaft, an der nat. Pers. und KapGes. beteiligt waren und die dahingehend real geteilt wird, dass der (v. § 8b Abs. 2 KStG begünstigten) KapGes. ein TB einschl. dazugehöriger Anteile an einer (anderen) KapGes. zugewiesen wird. Ebenfalls anwendbar ist Abs. 5 bei im Rahmen einer Realteilung erfolgenden Zuweisung einer einem TB gleichstehenden 100-prozentigen Beteiligung an einer KapGes. (Rn. 208) und – über den Wortlaut hinausgehend, aber korrespondierend zur Gleichbehandlung v. MU'anteilen mit TB in Abs. 3 S. 2–4 – der Zuweisung eines MU'anteils[4] iVm. dazugehörenden Anteilen an einer Körperschaft. 221

Für diese Konstellation(en) bestimmt Abs. 5 in Abweichung v. Abs. 3 S. 2, dass **rückwirkend** auf den Zeitpunkt der Realteilung der Buchwertansatz durch den **Ansatz des gemeinen Wertes** ersetzt wird, wenn die KapGes. als Realteilerin die ihr im Zuge der Realteilung zugewiesenen Anteile **innerhalb v. sieben Jahren** nach der Realteilung veräußert. Dies führt dann (rückwirkend) noch auf der Ebene der realgeteilten PersGes. zu einem nicht nach § 34 begünstigten (Aufgabe-)Gewinn, der seinerseits je nach Wesen des MU'ers entweder nach § 8b Abs. 2 KStG begünstigt ist[5] oder dem Teil-/Halbeinkünfteverfahren nach § 3 Nr. 40 lit. b EStG unterfällt. Der Veräußerung innerhalb v. sieben Jahren steht es gleich, wenn die Anteile innerhalb dieser Frist durch einen unter **§ 22 Abs. 1 S. 6 Nr. 1–6 UmwStG** fallenden Vorgang weiter übertra- 222

1 Der Rspr. des VIII. Senats hinsichtlich der Behandlung des Spitzenausgleichs als lfd. Gewinn stimmen zu: *Siegel*, DB 2016, 2245 (2250 f.); *Siegel*, DStZ 2017, 414; *Reiß*, FR 2017, 554; diff. *Bareis*, FR 2017, 561.
2 *Kulosa* in H/H/R, § 16 Anm. 750.
3 Siehe *Wacker* in Schmidt[37], § 16 Rn. 556; dazu näher *Rasche* in R/H/vL[3], § 24 UmwStG Rn. 167 ff.
4 Ebenso *Wacker* in Schmidt[37], § 16 Rn. 555, 557; *Kulosa* in H/H/R, § 16 Anm. 566, 751.
5 Vgl. auch BMF v. 11.11.2011, BStBl. I 2011, 1314 (1402 f.) Rn. 24.21 und 24.28 zu § 24 Abs. 5 UmwStG. Danach ist ein Einbringungsgewinn nur zu ermitteln, soweit beim Einbringenden der Gewinn aus der Veräußerung der sperrfristbehafteten Anteile nicht nach § 8b Abs. 2 KStG steuerfrei gewesen wäre. So kann auch für § 16 Abs. 5 verfahren werden, s. *Wacker* in Schmidt[37], § 16 Rn. 558. Zu demselben zutr. Ergebnis führt es, wenn für die sich realteilende MU'schaft systemgerecht zunächst insgesamt ein Aufgabegewinn ermittelt wird. Dieser ist dann allerdings nur anteilig – gem. dem Gewinnverteilungsschlüssel – bei dem nicht nach § 8b Abs. 2 KStG begünstigten MU'er gem. § 16 Abs. 5 EStG iVm. § 22 Abs. 2 S. 3 UmwStG als „Einbringungsgewinn II" nach dem Teileinkünfteverfahren des § 3 Nr. 40 zu besteuern.

gen werden (ua. unentgeltliche Übertragung, Ketteneinbringung).[1] **Abs. 5 HS 2** erklärt **§ 22 Abs. 2 S. 3 UmwStG** für entsprechend anwendbar, sodass der zu versteuernde (Aufgabe-)Gewinn wie ein Einbringungsgewinn II für jedes seit dem Zeitpunkt der Realteilung abgelaufene Zeitjahr um ein Siebtel zu kürzen ist. Die Veräußerung der zugeteilten Anteile durch die erwerbende Körperschaft bleibt nach § 8b Abs. 2 KStG befreit. Auf den Veräußerungsgewinn ist allerdings § 8b Abs. 3 KStG (5 % als nicht abziehbare BA) anwendbar. Der Veräußerungsgewinn ergibt sich iHd. erzielten Preises abzgl. des rückwirkend angesetzten gemeinen Wertes.

Beispiel:[2] An der X-OHG sind die X-GmbH und die nat. Pers. N zu je 50 % beteiligt. Bei der Realteilung in 16 (1.7.16) erhält die X-GmbH die 100-prozentige Beteiligung an der Y-GmbH (Buchwert 100; gemeiner Wert 200) und X den TB T (Buchwert 50; gemeiner Wert 200). Die Kapitalanteile der X-GmbH und des N betrugen je 75 (Wert je 200). Die X-GmbH veräußerte die Anteile an der Y-GmbH am 2.7.18 für 250.

In 16 werden v. den Realteilern die Buchwerte übernommen und unter Anpassung der Kapitalkonten (X-GmbH 75 + 25) und N (75 ./. 25) fortgeführt.

Rückwirkend für 16 ist wegen der Veräußerung in 18 für die Beteiligung an der Y-GmbH bei der PersGes. insgesamt der gemeine Wert v. 200 anzusetzen. Es ergibt sich ein Aufgabegewinn v. 200 ./. 100 = 100, der zu 50 auf die X-GmbH und zu 50 auf den N entfällt. Der auf die X-GmbH entfallende Teil v. 50 ist nach § 8b Abs. 2 KStG befreit. Der auf den N entfallende Teil ist nach § 3 Nr. 40 b) zu 40 % befreit und aufgrund des Zeitablaufs rückwirkend in 2018 mit (nur noch) 5/7 des stpfl. Anteils v. 30 als nicht nach § 34 begünstigter Gewinn zu besteuern.

Die Veräußerung der Anteile an der Y-GmbH in 18 durch die X-GmbH führt für diese zu einem nach § 8b Abs. 2 befreiten Veräußerungsgewinn. Nach § 8b Abs. 3 KStG gelten 5 % des Veräußerungsgewinns als nicht abziehbare BA. Problematisch könnte die Höhe des Veräußerungsgewinns sein. Richtigerweise wird man annehmen müssen, dass sich der Veräußerungsgewinn durch rückwirkenden Ansatz des gemeinen Werts v. (250 ./. 100 =) 150 auf (250 ./. 200 =) 50 vermindert.

223 Abs. 5 ist auch bei lediglich **mittelbarer Übertragung** der Anteile auf eine KapGes. im Zuge der Realteilung anwendbar und auch bei lediglich **mittelbarer Veräußerung** der erhaltenen Anteile. Dies trifft bspw. bei einer doppelstöckigen PersGes. zu, wenn an der Oberges. eine KapGes. beteiligt ist und bei der Realteilung der Unterges. der Oberges. die Anteile an der KapGes. zugewiesen und v. ihr innerhalb des Siebenjahreszeitraums veräußert werden.

224 **IV. Virtuelle Betriebsaufgabe durch Steuerentstrickung (Abs. 3a). 1. Sinn und Zweck, systematischer Zusammenhang.** Der BFH nahm früher eine BetrAufg. an, wenn der Betrieb vom Inland in das Ausland verlegt wurde und aufgrund eines DBA nicht mehr im Inland der Besteuerung unterlag (sog **Theorie der finalen Betriebsaufgabe**).[3] Diese Theorie hat der BFH indessen mittlerweile aufgegeben.[4] Der BFH vermisste insbes. eine gesetzliche Grundlage für die Entstrickungsbesteuerung. Um den sich daraus ergebenden fiskalischen Folgen zu begegnen, hat der Gesetzgeber mit dem JStG 2010 in **Abs. 3a**[5] einen fiktiven Betriebsaufgabetatbestand eingeführt. Die Vorschrift soll die Grundsätze der finalen Betriebsaufgabe gesetzlich verankern und im Fall der Betriebsverlegung im Ganzen ins Ausland eine **Entstrickungsbesteuerung** herbeiführen.[6] Die Regelung will dem Umstand Rechnung tragen, dass es für die deutschen FinBeh. oftmals schwierig bis unmöglich ist, das weitere Schicksal des in das Ausland verlegten BV zu überwachen und den von der neueren Rspr. zum Anknüpfungspunkt gemachten tatsächlichen Realisationsakt im Ausland zu erkennen und zu erfassen, um die zurzeit der inländ. Steuerverstrickung entstandenen stillen Reserven nachträglich zu besteuern. Speziell diese praktischen **Schwierigkeiten in der Durchsetzung des Besteuerungsanspruchs** bei nachlaufender inländ. Einkünften hat der Gesetzgeber erkennbar zum Anlass genommen, weiterhin – wie schon nach der v. BFH inzwischen für die Rechtslage vor 2006 aufgegebenen Theorie der finalen Entnahme/Betriebsaufgabe – iErg. v. einer BetrAufg. nach § 16 Abs. 3a iVm. § 4 Abs. 1 S. 3, 4 durch „Totalentnahme" auszugehen, auch wenn das Besteuerungsrecht Deutschlands – folgt man dem I. Senat des BFH – hinsichtlich bereits erwirtschafteter stiller Reserven bei späterer Realisierung rechtl. weder ausgeschlossen noch beschränkt wird. Damit werden jedenfalls etwaige

1 Dazu näher *Stangl* in R/H/vL³, § 22 UmwStG Rn. 336 ff.

2 Siehe Fall in der Begr. zum SESTEG, FinA BT-Drucks. 16/3369, 6.

3 BFH v. 28.4.1971 – I R 55/66, BStBl. II 1971, 630; v. 13.10.1976 – I R 261/70, BStBl. II 1977, 76; v. 28.3.1984 – I R 191/79, BStBl. II 1984, 664; ebenso die für die Überführung eines WG aus einer inländ. In eine ausländ. Betriebsstätte gebildete Theorie der finalen Entnahme: v. 16.7.1969 – I 266/65, BStBl. II 1970, 175; v. 24.11.1982 – I R 123/78, BStBl. II 1983, 113.

4 BFH v. 28.10.2009 – I R 99/08, BStBl. II 2011, 1019 Rn. 17 = FR 2010, 187 m. Anm. *Mitschke*; ebenso zuvor für die grenzüberschreitende Überführung von Einzel-WG in eine ausländ. Betriebsstätte v. 17.7.2008 – I R 77/06, BStBl. II 2009, 464 = FR 2008, 1149 m. Anm. *Mitschke*; dazu BMF v. 18.11.2011, BStBl. I 2011, 1278.

5 Vom FinA aufgrund einer Anregung des BR in die Beschlussempfehlung aufgenommen, vgl. BT-Drucks. 17/3449, 16 und 17/3549, 21 (27. u. 28.10.2010).

6 Bericht des FinA, BT-Drucks. 17/3549, 17.

zu befürchtende faktische Schwierigkeiten in der Durchsetzung, insbes. Vollzugshindernisse wegen fehlender Ansässigkeit und Betriebstätte im Inland, unwiderleglich als Ausschluss oder Beschränkung des deutschen Besteuerungsrechts behandelt. Mit Abs. 3a wurde insoweit auch für beschränkt StPfl. eine explizite gesetzliche Neueregelung geschaffen, bereits die Verlegung der (WG der) inländ. Betriebsstätte in das Ausland als gewinnrealisierende BetrAufg. zu behandeln (s. Rn. 226).

Abs. 3a steht im systematischen Zusammenhang mit den auf **Einzel-WG** bezogenen Vorschriften des **§ 4 Abs. 1 S. 3, 4** (s. § 4 Rn. 105ff.), **§ 6 Abs. 5 S. 1** (s. § 6 Rn. 212) sowie des **§ 12 Abs. 1 KStG**. Im Unterschied dazu bezieht sich **Abs. 3a** auf **ganze Betriebe** u. **TB**. Bei der Realteilung enthält **Abs. 3 S. 2 HS 2** – ebenso wie Abs. 3a HS 2 – einen Verweis auf § 4 Abs. 1 S. 4 (s. Rn. 226). Entstrickungsregelungen finden sich schließlich auch in den umwandlungssteuerechtl. Tatbeständen der § 3 Abs. 2 S. 1 Nr. 2, § 11 Abs. 2 S. 1 Nr. 2, § 15 S. 1, § 20 Abs. 2 S. 1 Nr. 3, § 21 Abs. 2 S. 3 Nr. 1, § 24 Abs. 2 S. 2 UmwStG. 225

2. Entstrickungstatbestände. **Abs. 3a HS 1 fingiert** eine BetrAufg., wenn das **Besteuerungsrecht der Bundesrepublik Deutschland** hinsichtlich des Gewinns aus der Veräußerung sämtlicher WG des Betriebs oder TB **ausgeschlossen** oder **beschränkt** wird. Nach der von der früheren Rspr. vertretenen Theorie der finalen Betriebsaufgabe trat ein Ausschluss der Besteuerung dann ein, wenn ein Betrieb in einen DBA-Staat unter Geltung der Freistellungsmethode verlagert wurde. Dagegen ging sie von einer lediglichen Beschränkung des deutschen Besteuerungsrechts aus, wenn es sich um einen DBA-Staat unter Geltung der Anrechnungsmethode oder einen Nicht-DBA-Staat, dessen Steuer nach § 34c anzurechnen ist, handelte. Beide Fallgruppen wollte der Gesetzgeber damit offenbar erfassen, wie der Verweis in **Abs. 3a HS 2** auf § 4 Abs. 1 S. 4 zeigt.[1] Danach wird das Besteuerungsrecht der Bundesrepublik Deutschland bereits dadurch ausgeschlossen oder beschränkt, dass ein bisher einer inländ. Betriebsstätte des StPfl. zuzuordnendes WG nunmehr einer ausländ. Betriebsstätte zuzuordnen ist (s. § 4 Rn. 108). Mit dem Verweis macht der Gesetzgeber deutlich, dass dies nicht nur bei der Überführung von Einzel-WG, sondern auch von ganzen Betrieben/TB gilt. Auf die Eigenschaft des Empfängerstaats als DBA-Staat mit oder ohne Freistellungsmethode oder eines Nicht-DBA-Staats kommt es damit ebenso wenig an, wie auf den Umstand, dass die Rspr. die finale Betriebsaufgabelehre aufgegeben hat. Weder die Entstehungsgeschichte noch der Wortlaut gestatten es der Rspr., § 4 Abs. 1 S. 4 und § 16 Abs. 3a EStG schlicht „leerlaufen" zu lassen (s. aber § 36 Rn. 26). Der Entstrickungstatbestand des Abs. 3a greift sowohl in den Fällen der unbeschränkten als auch der beschränkten StPfl. iSd § 49 Abs. 1 Nr. 2, wenn ein Betrieb/TB vom Inland ins Ausland verlagert wird und die bisher einer inländischen Betriebsstätte zugeordneten WG nicht mehr dieser, sondern einer ausländ. Betriebsstätte zuzuordnen sind. Das gilt sowohl dann, wenn damit zugleich die beschränkte StPfl. endet, als auch dann, wenn sie wegen Vorhandenseins eines anderen Betriebs/TB insoweit noch weiter besteht. Korrespondierend dazu ordnet Abs. 3 S. 2 (ebenfalls) durch Verweisung auf § 4 Abs. 1 S. 4 an, dass auch bei einer Realteilung v. einer gewinnrealisierenden Entnahme zum gemeinen Wert gem. § 6 Abs. 1 Nr. 4 S. 1 HS 2 auszugehen ist, soweit (einzelne) WG infolge der Realteilung nunmehr einer ausländ. Betriebsstätte zuzuordnen sind (s. Rn. 203). Die Buchwertfortführung ist dann aber (nur) für diese WG ausgeschlossen, bleibt iÜ für die Realteilung zwingend.[2] 226

Die bloße Verlagerung des Wohnsitzes/gewöhnlichen Aufenthaltes in das Ausland allein führt noch nicht nach Abs. 3a zur fiktiven BetrAufg. (**keine generelle subjektive Steuerentstrickung**). Bleibt das inländ. BV bestehen, tritt an die Stelle der unbeschränkten StPfl. lediglich die beschr. StPfl. iSd § 49 Abs. 1 Nr. 2. Handelt es sich um ein ausländ. BV, so löst sich zwar die Steuerverstrickung mangels Anwendung des Welteinkommensprinzips. Mangels Betriebsverlagerung sind aber § 16 Abs. 3a HS 2 iVm. § 4 Abs. 1 S. 4 EStG auch nicht sinngemäß anwendbar, sodass nur **§ 16 Abs. 3a HS 1** verbleibt. Ungeachtet des Progressionsvorbehalts kann ggü. einem DBA-Staat mit Freistellungsmethode wohl kaum von einer substanziellen Beschränkung des Besteuerungsrechts der Bundesrepublik Deutschland gesprochen werden; anders wird man dies aber für einen Nicht-DBA-Staat oder einem Staat, bei dem die Bundesrepublik Deutschland bisher die Anrechnungsmethode angewandt hat, zu beurteilen haben.[3] 227

Von einem Anwendungsfall des **Abs. 3a HS 1** wird man außerdem ausgehen müssen, wenn sich an der unbeschränkten StPfl. überhaupt nichts ändert, ein im Ausland gelegener Betrieb/TB daher an sich steuerverstrickt ist, die Bundesrepublik Deutschland aber zB mit einem bisherigen Nicht-DBA-Staat ein DBA schließt, das die Freistellungsmethode zur Anwendung bringt.[4] Mit diesem Besteuerungsregime-Wechsel wird das deutsche Besteuerungsrecht zumindest beeinträchtigt (sog. **passive Entstrickung**).[5] 228

1 *Kulosa* in H/H/R, § 16 Anm. 625f.; *Graw* in K/S/M, § 16 Rn. G 3; *Wacker* in Schmidt[37], § 16 Rn. 175; einschränkend *Schallmoser* in Blümich, § 16 Rn. 494: nur bei Überführung in einen DBA-Staat mit Freistellungsmethode.
2 *Kulosa* in H/H/R, § 16 Anm. 551.
3 **AA** *Rapp* in L/B/P, § 16 Rn. 70a.
4 *Graw*, in K/S/M, § 16 Rn. G 3.
5 BMF v. 26.10.2018, BStBl. I 2018, 1104; dazu *Weiss*, GmbH-StB 2018, 392; **aA** *Gosch* in § 36 Rn. 26.

229 Abkommensrechtl. wird dem bisherigen Betriebstättenstaat zugestanden, die Besteuerung zeitlich bereits zum Überführungszeitpunkt vorzunehmen (Entstrickung) oder auch erst bei späterer tatsächlicher Realisierung.[1] Vorbehaltlich europarechtl. Restriktionen (dazu Rn. 231) hängt es daher allein v. innerstaatlichen Recht ab, ob und wann die Überführung v. WG aus einer im Inland unterhaltenen Betriebsstätte in eine ausländ. Betriebsstätte eine Gewinnrealisation auslöst. § 4 Abs. 1 S. 3, 4 stellen eine solche innerstaatliche Norm dar, die auch für beschränkt StPfl. eine Behandlung als Entnahme verlangt, wenn ein bisher einer inländ. Betriebsstätte zugeordnetes WG nunmehr einer ausländ. Betriebsstätte zuzuordnen ist. Steht diese Zuordnung mit der Auflösung der inländischen Betriebsstätte iZ, so steht dies nach Abs. 3a einer BetrAufg. gleich. Das gilt unabhängig davon, ob mit dem BFH[2] davon auszugehen ist, dass zu den der inländ. Besteuerung unterliegenden inländ. Einkünften eines beschränkt StPfl. iSd. § 49 Abs. 1 Nr. 2 lit. a), Nr. 3 auch solche erst nach Aufgabe der inländ. Betriebsstätte realisierten Veräußerungsgewinne gehören, die auf noch zur Zeit der Zugehörigkeit des WG zur inländ. Betriebsstätte erwirtschaftete stille Reserven entfallen, oder ob dies nicht der Fall ist.[3] **Unabhängig davon, ob** abkommensrechtlich und/oder innerstaatlich das **deutsche Besteuerungsrecht rechtl. tatsächlich** mit der Aufgabe der inländischen Betriebstätte **ausgeschlossen oder beschränkt** wird oder nicht, hat der Gesetzgeber des JStG 2010 angeordnet, dass davon auszugehen ist, wenn die bisher einer inländischen Betriebsstätte zugeordneten WG einer ausländ. Betriebsstätte zuzuordnen sind.

230 **3. Rechtsfolgen.** Mit der fiktiven Aufgabe des Betriebs/TB kommt es zur Aufdeckung sämtlicher stiller Reserven des Betriebs/TB. **Abs. 4** (s. Rn. 273 ff.) ist ebenso anwendbar wie **§ 34**. Werden die WG in ein BV in der EU oder in einem EWR-Staat (Island, Liechtenstein, Norwegen) verlagert, hat der StPfl. gem. **§ 36 Abs. 5** ein Wahlrecht, die auf den Aufgabegewinn entfallende inländ. Steuer in fünf gleichen Jahresraten zu entrichten, sofern der Aufnahmestaat Amtshilfe bei der Beitreibung dieser Steuer leistet (s. näher § 36 Rn. 25 ff.).

231 **4. Europarechtliche Bedenken.** Die Entstrickungsbesteuerung führt zu einer Schlechterstellung der grenzüberschreitenden Verlagerung von Betrieben, TB und betr. Einzel-WG im Vergleich zu entsprechenden innerstaatlichen Handlungen. Dabei beschränkt die Regelung des Abs. 3a die **Niederlassungsfreiheit (Art. 49 AEUV)**. Allerdings hat der EuGH anerkannt, dass Art. 49 AEUV von dem Mitgliedstaat nicht verlangt, dass eine Betriebsverlegung steuerneutral auszugestalten ist.[4] Vielmehr erkennt er das aus dem Territorialitätsprinzip (in Abgrenzung der nationalen Steuerhoheiten) folgende Recht des Mitgliedstaats zur Besteuerung von Wertzuwächsen an, die in der Zeit der inländ. Steuerverstrickung entstanden sind. Für **unverhältnismäßig** hält er es allerdings, wenn der Mitgliedstaat die auf die Steuerentstrickung entfallende Steuer nicht nur sofort festsetzt, sondern auch sofort (mit Zwangsmitteln) erhebt.[5] Daher bedarf es einer gesetzlichen Regelung, die dem StPfl. dann die Wahl einräumt, anstelle einer sofortigen Entrichtung der bereits festgesetzten Steuer grundsätzlich den **Aufschub der Entrichtung der Steuer** bis zur tatsächlichen Realisierung der stillen Reserven in den WG des verlagerten Betriebs im anderen EU-Mitgliedstaat zu verlangen oder jedenfalls einer generalisierenden Aufschubregelung für die Steuerentrichtung. Diesen unionsrechtlichen Vorgaben versucht § 36 Abs. 5 Rechnung zu tragen (s. § 36 Rn. 27). Zwar sind durchaus Zweifel angebracht, ob die dort getroffene Regelung ausreicht, um die Steuerfolgen angemessen abzumildern. Vor allem stellt sich die Frage, warum im Anwendungsbereich des vergleichbaren § 6 Abs. 5 AStG eine unbegrenzte zinslose Stundung der Steuer ermöglicht wird, in § 36 Abs. 5 dagegen nur eine auf fünf Jahre gestreckte Ratenzahlung (zur Kritik s. § 36 Rn. 30). Jedoch hat der EuGH in seiner jüngeren Rspr. den Spielraum der Mitgliedstaaten bei der noch angemessenen und unionsrechtlich verhältnismäßigen Ausgestaltung von Wegzugs- und Steuerentstrickungsregelungen weit gezogen und eine vergleichbare ratierliche Stundungsregelung gebilligt.[6] Auf dieser Basis ist die Regelung unionsrechtskonform.

1 Vgl. auch die (klarstellenden) Nr. 5 und 6 Prot. DBA USA zu Art. 7 und 13 DBA USA 2007/2008 zu Veräußerungsgewinnen (Besteuerung nur bis zur Höhe des auf die Betriebsstättenzugehörigkeit entfallenden Teils auch bei Realisation erst nach Beendigung der Zugehörigkeit zur Betriebsstätte). Dazu auch *Vogel/Lehner*[6], Art. 13 Rn. 96 und Art. 7 Rn. 143.

2 Vgl. BFH v. 28.10.2009 – I R 99/08, BStBl. II 2011, 1019 Rn. 20 = FR 2010, 183 m. Anm. *Mitschke*; v. 28.10.2009 – I R 28/08, BFH/NV 2010, 432.

3 So *Wassermeyer*, IStR 2011, 361 (danach soll national und DBA-rechtlich eine Zurechnung v. Einkünften nur zu im Zeitpunkt der Realisierung vorhandenen Betriebsstätten möglich sein).

4 EuGH (Große Kammer) v. 29.11.2011 – C-371/10 – National Grid Indus, ECLI:EU:C:2011:785, Rn. 46, 52, 62 = FR 2012, 25 m. Anm. *Musil* (sa. *Sieker*, FR 2012, 352).

5 EuGH (Große Kammer) v. 29.11.2011 – C-371/10 – National Grid Indus, ECLI:EU:C:2011:785, Rn. 73 = FR 2012, 25 m. Anm. *Musil* (sa. *Sieker*, FR 2012, 352).

6 EuGH v. 23.1.2014 – C-164/12 – DMC Beteiligungsgesellschaft mbH, ECLI:EU:C:2014:20, Rn. 64 = FR 2014, 466 m. Anm. *Musil*; v. 21.5.2015 – C 657/13 – VerderLabTec, ECLI:EU:C:2015:331, Rn. 52 (dazu Besprechungsaufsatz v. *Kahle/Beinert*, FR 2015, 585); zur Unverhältnismäßigkeit bei fehlendem Stundungswahlrecht s. EUGH v. 23.11.2017 – C-292/16 – A, ECLI:EU:C:2017:888, Rn. 35 ff., m. Anm. *Müller*, ISR 2018, 58.

V. Betriebsunterbrechung und Betriebsverpachtung (Abs. 3b). 1. Oberbegriff der Betriebsunterbrechung. Die BetrAufg. verlangt die Beendigung der bisher ausgeübten gewerblichen Betätigung. Wird die **werbende Tätigkeit lediglich vorübergehend** eingestellt, so liegt **keine BetrAufg.** vor. Dies ist selbstverständlich etwa für eine Unterbrechung der Tätigkeit wegen Urlaub, Krankheit usw. und gilt natürlich auch für **Saisonbetriebe**. Hier ist ohne jede Erklärung des StPfl. klar, dass objektiv lediglich eine Unterbrechung vorlag. Es besteht auch kein Wahlrecht, etwa die erkennbar nur vorübergehende saisonale Betriebsunterbrechung als BetrAufg. zu behandeln.[1] Die Rspr. ist darüber aber deutlich hinausgegangen. Stellt ein Unternehmen seine werbende gewerbliche Tätigkeit nicht nur vorübergehend, sondern auf unbestimmte Zeit ein, so liegt darin noch nicht notwendigerweise eine BetrAufg. Vielmehr erkennt die Rspr. eine Betriebsunterbrechung auch darin, dass der Betriebsinhaber die wesentlichen Geschäftsgrundlagen zurückbehält und die gewerbliche Tätigkeit ruhen lässt (sog. **ruhender Gewerbebetrieb = Betriebsunterbrechung ieS**) oder diese – idR einheitlich an einen anderen Unternehmer[2] – verpachtet (sog. **Betriebsverpachtung = Betriebsunterbrechung iwS**, s. Rn. 233).[3] Der besondere Charakter der Betriebsverpachtung liegt in der einheitlichen Verpachtung der wesentlichen Geschäftsgrundlagen an einen Dritten, der mit diesen WG einen eigenen Gewerbebetrieb führt. Allerdings kann es bei einer Teilverpachtung (s. Rn. 233) auch zu einer Überschneidung beider Fälle von Betriebsunterbrechungen kommen, ohne dass damit bereits eine BetrAufg. verbunden wäre.[4] Voraussetzung für die Annahme einer nicht zur BetrAufg. führenden Betriebsunterbrechung ist, dass die zurückbehaltenen WG es erlauben, den Betrieb in gleichartiger oä. Weise wieder aufzunehmen. Keine bloße Betriebsunterbrechung liegt daher bei Veräußerung sämtlicher wesentlichen Betriebsgrundlagen vor, auch wenn insoweit § 6b-Rücklagen gebildet wurden.[5] Hier kommt es – ebenso wie bei der unentgeltlichen Übertragung aller wesentlichen Betriebsgrundlagen (Grundstücke) auf verschiedene Erwerber und Einstellung der betrieblichen Tätigkeit – auch ohne ausdrückliche Aufgabeerklärung zur BetrAufg.[6] 232

Sachliche Voraussetzung für die Annahme einer **Betriebsverpachtung** ist, dass **der** GewBetr. **als solcher** (als geschlossener lebensfähiger Organismus)[7] verpachtet wird und nicht lediglich einzelne WG. Daher verlangt die Betriebsverpachtung die **Verpachtung aller wesentlichen Betriebsgrundlagen**. Maßgeblich ist insoweit die **Funktionalität**.[8] Gegenstand der Verpachtung kann auch ein **TB** sein.[9] Außerdem soll eine Betriebsverpachtung – je nach Art des Betriebs – auch vorliegen können, wenn das bewegliche AV und UV (insbes. Waren)[10] an den Pächter veräußert wird und jederzeit leicht wiederbeschafft werden kann.[11] Ohne dass unbedingt ein geschlossener lebensfähiger betrieblicher Organismus vorliegen müsste, bildet die Verpachtung von WG einen GewBetr., wenn (1) der Verpächter eine gewerblich geprägte PersGes. iSd. § 15 Abs. 3 Nr. 2 ist,[12] (2) § 15 Abs. 3 Nr. 1 eingreift (Abfärbung)[13] oder (3) die Voraussetzungen der personellen und sachlichen Verflechtung für eine BetrAufsp. vorliegen (s. § 15 Rn. 75 ff., 90 ff., 97 ff.). Auch Grundstücke als ehemaliges SBV, das nach einer Realteilung oder dem Ausscheiden aus der PersGes. dem Eigentümer zurückgegeben wird, sollen – jedenfalls bei Einkünften aus LuF – Gegenstand eines Ver- 233

---

1 Vgl. ua. BFH v. 19.4.1966 – I 221/63, BStBl. III 1966, 459 (Handelsvertreter mit neuer Vertretung); v. 19.1.1990 – III R 31/87, BStBl. II 1990, 383 (Ferienwohnungen werden zwischenzeitlich nicht über Organisation vermietet); v. 17.10.1991 – IV R 97/89, BStBl. II 1992, 392 (Bildung RfE nach Zerstörung wesentlicher Betriebsgrundlagen durch Brand).

2 Es ist aber auch denkbar, dass die wesentlichen Geschäftsgrundlagen an unterschiedliche Personen verpachtet werden, s. BFH v. 14.3.2006 – VIII R 80/03, BStBl. II 2006, 591 = FR 2006, 826 m. Anm. *Wendt*.

3 BFH v. 9.11.2017 – IV R 37/14, BStBl. II 2018, 227 Rn. 25.

4 BFH v. 11.5.1999 – VIII R 72/96, BStBl. II 2002, 722 = FR 1999, 903 m. Anm. *Weber-Grellet*; *Kulosa* in H/H/R, § 16 Anm. 653.

5 BFH v. 7.4.2009 – III B 54/07, BFH/NV 2009, 1620; sa. BFH v. 9.11.2017 – IV R 37/14, BStBl. II 2018, 227 Rn. 26.

6 BFH v. 16.12.2009 – IV R 7/07, BStBl. II 2010, 431 Rn. 19 = FR 2010, 431 mit Anm. *Kanzler* (zu LuF und Übertragung aller Stückländereien auf die Kinder unter Zurückbehaltung des Hofgrundstückes für Wohnzwecke); vgl. auch FG Münster v. 8.4.2011 – 12 K 4487/07 F, EFG 2011, 1519 (rkr.) zur BetrAufg. durch Umstrukturierung eines insolventen Unternehmens.

7 BFH v. 13.11.1963 – GrS 1/63 S, BStBl. III 1964, 124; v. 17.4.1997 – VIII R 2/95, BStBl. II 1998, 388.

8 BFH v. 11.10.2007 – X R 39/04, BStBl. II 2008, 220 = FR 2008, 424 m. Anm. *Kanzler*; v. 17.4.1997 – VIII R 2/95, BStBl. II 1998, 388.

9 R 16 Abs. 5 EStR; s. zur Teilbetriebsverpachtung und GewSt auch BFH v. 18.8.2015 – I R 24/14, GmbHR 2016, 323 (Hinzurechnung nach § 8 Nr. 7 S. 2 GewStG 2002) und v. 18.6.1998 – IV R 56/97, BStBl. II 1998, 735 (zur Betriebsunterbrechung nach § 2 Abs. 4 GewStG).

10 BFH v. 7.8.1979 – VIII R 153/77, BStBl. II 1980, 181.

11 BFH v. 11.5.1999 – VIII R 72/96, BStBl. II 2002, 722 mwN = FR 1999, 903 m. Anm. *Weber-Grellet*; v. 26.5.1993 – X R 101/90, BStBl. II 1993, 710.

12 BFH v. 17.3.2010 – IV R 41/07, FR 2010, 667 m. Anm. *Wendt*.

13 BFH v. 13.10.1977 – IV R 174/74, BStBl. II 1978, 73.

pachtungsbetriebs sein können.[1] Die ausschließliche Verpachtung eines Grundstücks – auch an branchenfremden Pächter und unter Verlust des goodwill sowie v. Konzessionsrechten[2] – soll dann eine gewerbl. Betriebsverpachtung sein, wenn das Grundstück die alleinige wesentliche Betriebsgrundlage darstellt.[3] Jedenfalls bei Groß- und Einzelhandels sowie Hotel- und Gaststättenbetrieben geht die Rspr. regelmäßig davon aus, dass nur die gewerblich genutzten Betriebsgrundstücke die wesentliche Betriebsgrundlage darstellen.[4]

234 Die **Nutzungsüberlassung** muss nicht auf einem Pachtvertrag beruhen. Es genügt jede entgeltliche (**Miete, Pacht, Nießbrauch**) oder **unentgeltliche Nutzungsüberlassung**[5] (Wirtschaftsüberlassungsverträge, Nießbrauch) auf schuldrechtl. oder dinglicher Basis.[6]

235 Dem **Verpächter** oder einem unentgeltlichen Rechtsnachfolger (s. Rn. 109f. zu teilentgeltlichen Veräußerungen) muss **objektiv** die Möglichkeit verbleiben, den **GewBetr. nach Beendigung des Pachtverhältnisses wieder aufzunehmen**. Nach der Rspr. genügt, dass dem Verpächter (oder seinem Rechtsnachfolger) die Möglichkeit verbleibt, nach Beendigung des Pachtverhältnisses einen „ähnlichen" Gewerbebetrieb zu eröffnen.[7] Daher führen grundlegende Umgestaltungen – nicht aber bloße Umstrukturierungen wie Verkleinerungen oder ein Pächterwechsel nach vorübergehender Betriebsunterbrechung[8] – durch Pächter oder Verpächter, die diese Möglichkeit vollständig beseitigen, zur BetrAufg., etwa die nachträgliche[9] **Veräußerung oder Entnahme aller wesentlichen Betriebsgrundlagen**[10] oder die Umgestaltung des Pachtbetriebes durch Aufnahme einer vollständig andersartigen Tätigkeit.[11] Die BetrAufg. tritt allerdings n. Abs. 3b S. 1 Nr. 2 nicht vor Bekanntwerden der Tatsachen ein, aus denen sich ergibt, dass objektiv keine Möglichkeit zur Wiederaufnahme des Betriebs besteht (Rn. 243).

236 Bei **unentgeltlichem Erwerb** eines bereits verpachteten Betriebs tritt der Erwerber in die Rechtstellung des Verpächters ein.[12] Hatte dieser bereits die Aufgabe erklärt, verbleibt es auch für den Rechtsnachfolger bei Einkünften aus VuV. Andernfalls erzielt der Erwerber grds. gewerbliche Einkünfte und kann jederzeit die Aufgabe erklären. Handelt es sich bei dem unentgeltlichen Erwerber um den bisherigen Pächter, der seinerseits weiterhin seine bisherige aktive gewerbliche Tätigkeit mit dem ihm bei Beendigung des Pachtverhältnisses unentgeltlich übertragenen Betrieb(svermögen) ausübt, tritt auch dieser in die Rechtsstellung des Verpächters ein. **§ 6 Abs. 3** ist anzuwenden. Es liegt keine (gewinnrealisierende) BetrAufg. iSd. § 16 Abs. 3 vor.[13] Die Buchwerte des unentgeltlich übertragenen Betriebs des Verpächters sind vom bisherigen Pächter als Rechtsnachfolger für die Gewinnermittlung seines aktiven GewBetr. zu übernehmen. Der bis-

1 BFH v. 27.6.2007 – IV B 113/06, BFH/NV 2007, 2257; v. 20.5.2014 – IV B 81/13, BFH/NV 2014, 1366.
2 BFH v. 28.8.2003 – IV R 20/02, BStBl. II 2004, 10 (Großhandel).
3 Dies wurde bejaht v.: BFH v. 18.8.2010 – X R 20/06, BStBl. II 2010, 222 (Werkstattinventar bei Handwerksbetrieb); v. 11.10.2007 – X R 39/04, BStBl. II 2008, 220 = FR 2008, 427 m. Anm. *Kanzler* (Autohandel mit Werkstatt); v. 6.11. 2008 – IV R 51/07, BStBl. II 2009, 303 (für ein im SBV gehaltenes Grundstück); v. 29.10.1992 – III R 5/92, BFH/NV 1993, 233; v. 11.2.1999 – III R 112/96, BFH/NV 1999, 1198 (Großhandelsbetrieb, Grundstück an Einzelhändler vermietet!); v. 15.11.1984 – IV R 139/81, BStBl. II 1985, 205 (Reitanlage); verneint aber in: BFH v. 17.4.1997 – VIII R 2/95, BStBl. II 1998, 388 (Holzverarbeitung); v. 25.8.1993 – XI R 6/93, BStBl. II 1994, 23 = FR 1994, 18 m. Anm. *Kanzler* (Autohandel).
4 BFH v. 7.11.2013 – X R 21/11, GmbHR 2014, 437 (Verkaufs- und Lagergrundstück bei Getränkegroßhandel); v. 18.8.2009 – X R 20/06, BStBl. II 2010, 222 mwN = FR 2010, 131 m. Anm. *Kanzler* (nur Betriebsgrundstück und Gebäude bei Kfz.-Werkstatt).
5 BFH v. 19.8.1998 – X R 176/96, BFH/NV 1999, 454; v. 23.1.1992 – IV R 104/90, BStBl. II 1993, 327 = FR 1992, 406 m. Anm. *Söffing*; v. 26.11.1992 – IV R 53/92, BStBl. II 1993, 395.
6 BFH v. 28.9.1995 – IV R 7/94, BStBl. II 1996, 440 = FR 1996, 557 m. Anm. *Söffing*.
7 BFH v. 15.3.2005 – X R 2/02, GmbHR 2005, 947.
8 Dazu BFH v. 26.6.2003 – IV R 61/01, BStBl. II 2003, 755 (zu LuF).
9 Vgl. aber BFH v. 8.2.2007 – IV R 65/01, BSTBl. II 2009, 699 = FR 2007, 796 m. Anm. *Kanzler* (Einschränkung des Tätigkeitsbereiches schon mit oder vor Beginn der Verpachtung, dann spätere Umgestaltung unschädlich, soweit Wiederaufnahme des eingeschränkten Umfangs möglich und beabsichtigt).
10 So gewertet v. BFH v. 25.1.2017 – X R 59/14, BFHE 257, 227 = FR 2017, 1055 m. krit. Anm. *Wendt* (Vorbehaltsnießbrauch an der einzigen wesentlichen [gewerblich genutzten] Geschäftsgrundlage führt für den Veräußerer zur Entnahme; keine Anwendung des § 6 Abs. 3); v. 14.12.1993 – VIII R 13/93, BStBl. II 1994, 922; v. 2.5.2000 – IX R 99/97, BFH/NV 2001, 16 (aber nur, wenn danach Betr auch verkleinert nicht mehr fortführbar); zeitlich endet Betriebsverpachtung erst mit der Übertragung, v. 21.12.2000 – X B 93/00, BFH/NV 2001, 773.
11 Vgl. BFH v. 11.10.2007 – X R 39/04, BStBl. II 2008, 220 = FR 2008, 424 m. Anm. *Kanzler*; v. 28.8.2003 – IV R 20/02, BStBl. II 2004, 10 (Verpachtung auch an branchenfremdes Unternehmen!); v. 19.3.2009 – IV R 45/06, FR 2010, 35 m. Anm. *Kanzler* (bloße Weitervermietung eines Grundstückes nach Umbau an branchenfremden Mieter führt nicht zur Beendigung der Betriebsverpachtung!); v. 20.12.2000 – XI R 26/00, BFH/NV 2001, 1106 (von gutbürgerlichem Gasthaus zu bordellartiger Nachtbar).
12 BFH v. 6.4.2016 – X R 52/13, BStBl. II 2016, 710 Rn. 27 = FR 2016, 992 m. Anm. *Wendt*.
13 So zutr. BFH v. 12.12.2013 – IV R 17/10, BStBl. II 2014, 316 Rn. 22 (allerdings zu luf. Betrieb).

herige Verpachtungsbetrieb in der Hand des Verpächters endet. Das gesamte für ihn wesentliche BV geht aber nunmehr in das BV des vom Pächter bereits unterhaltenen aktiven GewBetr. ein. Dort erfolgt in veränderter Form die Fortführung des bisherigen Verpachtungsbetriebs nach Vereinigung mit dem vom Pächter bereits vorher unterhaltenen eigenen GewBetr.

Hingegen ist die **vollentgeltliche Veräußerung** eines verpachteten, nicht bereits aufgegebenen Betriebs beim Veräußerer von Abs. 1 Nr. 1 zu erfassen. Damit werden beim Veräußerer sämtliche stille Reserven aufgedeckt, sodass es keine Rechtfertigung mehr gibt, auf Seiten des Erwerbers weiterhin von einer „Betriebsunterbrechung" durch Verpachtung auszugehen. Vielmehr erwirbt der Erwerber von Beginn an PV und erzielt Vermietungseinkünfte iSd. § 21.[1] 237

Anders judiziert der BFH aber im Falle einer **teilentgeltlichen Veräußerung**.[2] Erreicht das Entgelt höchstens den Buchwert des Betriebs, werden nach der sog. **Einheitstheorie** (dazu Rn. 109 f.) keinerlei stille Reserven aufgedeckt. Die Übertragung wird steuerlich als unentgeltliche Übertragung (s. Rn. 146 ff.) behandelt, sodass das Verpächterwahlrecht auf den Erwerber übergeht. Liegt das Entgelt über dem Buchwert, aber unterhalb des gemeinen Werts des Betriebs, sind in der Differenz die stillen Reserven nach Abs. 1 Nr. 1 aufzudecken (mangels voller Aufdeckung der stillen Reserven ist dieser Veräußerungsgewinn aber nicht begünstigt). Gleichzeitig wendet der BFH § 6 Abs. 3 „in Ansehung des Verpächterwahlrechts" und damit der vom Erwerber fortzuführenden stillen Reserven im Verpächterbetrieb an. Danach erwirbt der Erwerber zwingend den Betrieb als einen (verpachteten) GewBetr. und das **Verpächterwahlrecht geht auf ihn über**, wenn nicht schon vor/mit der Veräußerung vom Veräußerer die BetrAufg. gem. Abs. 3b S. 1 Nr. 1 erklärt worden ist. Die Rspr. geht zwar auch davon aus, dass der teilentgeltliche Erwerb, wenn das Entgelt oberhalb des Buchwerts, aber unterhalb des Teilwerts/gemeinen Werts liegt, für den Veräußerer zu einer (teil)gewinnrealisierenden (Betriebs-)Veräußerung führt und für den Erwerber eine Anschaffung mit AK darstellt. Für den Erwerber soll aber – anders als beim vollentgeltlichen Erwerb eines verpachteten Betriebs – keine Anschaffung von Privat-/Vermietungsvermögen vorliegen. Vielmehr soll – wie bei voll unentgeltlichem Erwerb – vom Erwerber ein (verpachteter) GewBetr. erworben werden. Der Erwerber hat damit die (teilentgeltlich) erworbenen WG des BV im Umfang der diesen zuzuordnenden stillen Reserven aufzustocken. Im Übrigen hat er die Wahl, den verpachteten Betrieb fortzuführen oder unter voller Aufdeckung der noch nicht realisierten stillen Reserven aufzugeben. Auf diese Weise vermeidet der BFH, dass die teilentgeltliche Veräußerung entweder zu einer vollständigen Realisierung der stillen Reserven schon beim Veräußerer durch eine Kombination von Betriebsveräußerung gegen Teilentgelt und BetrAufg. hinsichtlich der übersteigenden stillen Reserven führt oder aber bereits beim Veräußerer in dessen BV gebildete stille Reserven vollständig der Besteuerung entgehen. Wie bei der voll unentgeltlichen Übertragung bleiben nach dieser Rspr. die bereits beim Veräußerer entstandenen, aber durch lediglich teilentgeltliche Übertragung nicht (vollständig) aufgedeckten stillen Reserven beim Erwerber steuerverhaftet. 238

Die **unentgeltliche** (Eigentums-)**Übertragung** des (wesentlichen) **BV eines verpachteten, nicht aufgegebenen GewBetr.** unter Fortführung der Verpachtung durch den bisherigen Eigentümer und Betriebsinhaber aufgrund **vorbehaltenen Nutzungsrechts/Vorbehaltsnießbrauchs** soll demgegenüber nach Auffassung des X. Senats beim bisherigen Eigentümer (= Vorbehaltsnießbraucher) zur Entnahme/BetrAufg. nach § 16 Abs. 3 führen; § 6 Abs. 3 sei insoweit nicht anzuwenden. Es fehle an der Einstellung der gewerblichen Tätigkeit des das BV Übertragenden.[3] Etwas anderes gilt dagegen nach der Judikatur des IV. Senats für LuF-Einkünfte.[4] Diese einkunftsartenbezogene Unterscheidung leuchtet nicht ein. 239

Soweit subventionelle Gewinnermittlungsvorschriften eine aktive gewerbliche Tätigkeit voraussetzen, sind sie nicht auf die gewerbliche Betriebsverpachtung anzuwenden.[5] Soweit andere Subventionen, wie etwa Zulagen nach dem Investitionszulagengesetz, an die Ausübung einer eigenen gewerblichen Tätigkeit in einer in einem bestimmten Gebiet belegenen eigenen Betriebsstätte anknüpfen, wird eine solche nicht für den Verpächter begründet, sondern nur für den selbst einen GewBetr. betreibenden Pächter.[6] 240

2. Gebot ausdrücklicher Erklärung einer Betriebsaufgabe (Abs. 3a S. 1 Nr. 1). Die Rspr. ging bisher davon aus, dass die Möglichkeit der Fortführung auch von einer entsprechenden Absicht getragen werden 241

1 BFH v. 6.4.2016 – X R 52/13, BStBl. II 2016, 710 Rn. 28 = FR 2016, 992 m. Anm. *Wendt*; v. 29.3.2001 – IV R 88/99, BStBl. II 2002, 791; v. 18.6.1998 – IV R 56/97, BStBl. II 1998, 735.
2 BFH v. 6.4.2016 – X R 52/13, BStBl. II 2016, 710 Rn. 30 ff. = FR 2016, 992 m. Anm. *Wendt*.
3 BFH v. 25.1.2017 – X R 59/14, BFHE 257, 227 Rn. 40 ff. = FR 2017, 1055 m. (abl.) Anm. *Wendt*; s. dazu auch *Dräger*, DB 2017, 2768.
4 BFH v. 26.2.1987 – IV R 325/84, BStBl. II 1987, 772; vgl. auch für die Berechnung der Totalgewinnprognose bei der Abgrenzung zur Liebhaberei: v. 7.4.2016 – IV R 38/13, BStBl. II 2016, 765 Rn. 19.
5 BFH v. 27.9.2001 – X R 4/99, BStBl. II 2002, 136 (zu § 7g EStG).
6 BFH v. 26.7.2017 – III R 4/16, BFH/NV 2018, 233.

muss, um zu einer Betriebsunterbrechung zu gelangen.[1] Wird in den Fällen der Betriebsunterbrechung die BetrAufg. nicht eindeutig ggü. dem FA erklärt, unterstellt die Rspr. jedoch die Absicht, den unterbrochenen Betrieb künftig wieder aufzunehmen, sofern die Fortsetzung des Betriebs mit den zurückbehaltenen WG objektiv möglich ist.[2] Demzufolge liegt eine BetrAufg. nur vor, wenn die werbende Tätigkeit eingestellt und eine Aufgabeerklärung abgegeben worden ist. Im Ergebnis verzichtet die Rspr. damit auf das subj. Fortführungsmerkmal[3] und hat **de facto** in solchen Fällen, in denen der StPfl. seine werbende Tätigkeit zwar einstellt, aber noch über die wesentlichen Geschäftsgrundlagen verfügt, ein **Wahlrecht** der BetrAufg. kreiert.[4] Diese Rspr. wird vom Gedanken getragen, dass eine mit einer BetrAufg. verbundene Besteuerung der in wesentlichen Geschäftsgrundlagen (insbes. in Grundstücken) enthaltenen stillen Reserven erst dann eintreten sollte, wenn auch eine entsprechende Liquidität vorhanden ist, die es dem StPfl. ermöglicht, die anfallende Steuerlast zu tragen. Solange eine funktionsfähige gewerbliche Einheit noch vorhanden ist, weil die wesentlichen Geschäftsgrundlagen vom StPfl. zurückbehalten worden sind (ruhender Gewerbebetrieb) oder sie an einen Dritten verpachtet werden (Betriebsverpachtung), besteht noch keine Notwendigkeit zum staatlichen Zugriff auf die stillen Reserven. Allerdings verbleiben gewisse Rechtsunsicherheiten darüber, ob und wann der StPfl. „eindeutig" eine BetrAufg. erklärt hat. Im Jahr der Einstellung der werbenden Tätigkeit wird der StPfl. bei Vorhandensein erheblicher stiller Reserven regelmäßig vortragen, er beabsichtige, die gewerbliche Tätigkeit später wieder aufzunehmen. Werden Jahre später die angeblich weiterhin BV eines ruhenden Betriebs darstellenden WG gewinnrealisierend veräußert – möglicherweise erst durch die Erben – wird häufig aber vorgetragen, dass die werbende Tätigkeit doch schon vor Jahren durch eine auch nach außen hin erkennbare Handlung aufgegeben worden sei. Daher sei v. einer BetrAufg. in der – ggf. verjährten – Vergangenheit auszugehen, die nunmehr nicht mehr besteuert werden dürfe.[5]

242 Vor diesem Hintergrund hat das StVereinfG 2011 v. 1.11.2011[6] in **Abs. 3b** für BetrAufg. **ab dem 5.11. 2011** eine Regelung aufgenommen, welche die **Rechtssicherheit** erhöhen soll. Nach **Abs. 3b S. 1 Nr. 1** ist nunmehr eine **ausdrückliche Erklärung** der BetrAufg. durch den StPfl. erforderlich. Erst mit dem Zugang der Erklärung beim FA ist der Betrieb aufgegeben. Die früher zugelassenen konkludenten BetrAufg.-Erklärungen sind nicht mehr wirksam. Adressat der Aufgabeerklärung ist das für die Festsetzung der ESt auf den Aufgabegewinn oder für die Feststellung des Aufgabegewinns **zuständige FA** (nicht: irgendein FA). Für die ggü. dem zuständigen FA zu erklärende Aufgabeerklärung besteht **kein Formzwang**; sie könnte daher sogar mündlich erfolgen, was aber aus Beweisgründen nicht zu empfehlen ist.[7] Die Aufgabeerklärung muss ausdrücklich und eindeutig sein.[8] Die bloße Erklärung v. Einkünften aus VuV genügt nicht.[9] Bei einer MU'schaft muss die Aufgabeerklärung einvernehmlich **von allen MU'ern** abgegeben werden.[10] Die Aufgabeerklärung wird in dem Zeitpunkt wirksam, in dem sie dem FA zugeht. Der StPfl. kann auch den Zeitpunkt in begrenztem Umfang selbst bestimmen. Er kann die BetrAufg, zu einem **in der Zukunft liegenden**, er kann sie aber auch **für einen bis zu drei Monaten zurückliegenden Zeitpunkt** erklären (**Abs. 3b S. 2**). Eine bereits abgegebene Erklärung ist nicht wegen Irrtums anfechtbar[11]. Wirkt sie in die Zukunft, kann sie in der Zwischenzeit bis zu dem zunächst genannten Zeitpunkt aber noch widerrufen

---

1 Siehe nur *Kulosa* in H/H/R, § 16 Anm. 667 mwN.

2 BFH v. 9.11.2017 – IV R 37/14, BStBl. II 2018, 227 Rn. 25; v. 7.11.2013 – X R 21/11, BFH/NV 2014, 676, Rn. 13; v. 14.3.2006 – VIII R 80/03, BStBl. II 2006, 591 = FR 2006, 826 m. Anm. *Wendt*; v. 28.8.2003 – IV R 20/02, BStBl. II 2004, 10 (mit Besprechungsaufsatz *Paus*, FR 2004, 198).

3 Siehe bereits BFH v. 19.3.2009 – IV R 45/06, BStBl. II 2009, 902; *Kulosa* in H/H/R, § 16 Anm. 667; *Graw* in K/S/M, § 16 Rn. H 15.

4 *Kulosa* in H/H/R, § 16 Anm. 650, hält die Wahlrechte in den Fällen der Betriebsunterbrechung für sogar mittlerweile gewohnheitsrechtl. verfestigt (grundlegend bereits BFH v. 13.11.1963 – GrS 1/63 S, BStBl. III 1964, 124, mwN zur Betriebsverpachtung).

5 Vgl. die Sachverhalte in BFH v. 3.4.2014 – X R 16/10, BFH/NV 2014, 1038; v. 6.11.2008 – IV R 51/07, BStBl. II 2009, 303; v. 28.8.2003 – IV R 20/02, BStBl. II 2004, 10; v. 3.6.1997 – IX R 2/95, BStBl. II 1998, 373; v. 16.12.1997 – VIII R 11/95, BStBl. II 1998, 379.

6 BGBl. I 2011, 2131; dazu das Anwendungsschr. des BMF v. 22.11.2016, BStBl. I 2016, 1326.

7 BMF v. 22.11.2016, BStBl. I 2016, 1326 unter III.

8 So bereits früher BFH v. 22.9.2004 – III R 9/03, BStBl. II 2005, 160 (liegt diese vor, kommt es auf Unkenntnis der stl. Folgen nicht an).

9 FG Münster v. 26.4.2018 – 6 K 4135/14 F, EFG 2018, 1362 Rn. 79 m. Anm. *Teutenberg* (Rev. VI R 30/18); aus der früheren Rspr. s. BFH v. 12.3.1992 – IV R 29/91, BStBl. II 1993, 36; v. 23.11.1995 – IV R 36/94, BFH/NV 1996, 398; v. 7.5.1998 – IV B 31/97, BFH/NV 1998, 1345.

10 BFH v. 14.12.1993 – VIII R 13/93, BStBl. II 1994, 922; BMF v. 22.11.2016, BStBl. I 2016, 1326 unter III u. IV.2.a), dort auch zur Erbengemeinschaft durch einvernehmliche Erklärung aller Miterben; *Graw* in K/S/M, § 16 Rn. H 17; **aA** *Kulosa* in H/H/R, § 16 Anm. 673, wonach der einzelne MU'er das Wahlrecht ausüben kann, wenn keiner der übrigen MU'er ausdrücklich widerspricht.

11 *Kulosa* in H/H/R, § 16 Anm. 673; *Wacker* in Schmidt[37], § 16 Rn. 711; **aA** *Kanzler*, FR 2017, 573.

werden. Wird die Aufgabeerklärung weiter als drei Monate zurückbezogen, gilt der Betrieb gem. **Abs. 3b S. 3** erst mit dem Eingang der Aufgabeerklärung beim FA als aufgegeben (sie wird also nicht etwa drei Monate vor Eingang der Aufgabeerklärung rückwirkend wirksam). Daran ändert auch die Äußerung der Rechtsansicht (außerhalb zulässigen dreimonatigen Rückbeziehungsfrist des Abs. 3b S. 2) nichts, dass eine BetrAufg. bereits erfolgt sei.[1]

3. Fortführungsfiktion (Abs. 3b S. 1 Nr. 2). Der Kern der Regelung des Abs. 3b besteht in der Fortführungsfiktion des S. 1 Nr. 2. Liegen die Voraussetzungen einer Betriebsunterbrechung (ruhender GewBetr. oder Betriebsverpachtung im Ganzen) vor, gilt danach der Betrieb unwiderruflich so lange als nicht aufgegeben, bis der StPfl. die BetrAufg. erklärt hat (S. 1 Nr. 1, s. Rn. 241) oder dem FA Tatsachen bekannt werden, dass zwischenzeitlich eine BetrAufg. stattgefunden hat (S. 1 Nr. 2). Von einer BetrAufg. durch bloße Einstellung der weiteren werbenden Tätigkeit bei Zurückbehaltung aller dafür wesentlichen WG des BV kann mithin nur bei einer unmissverständlichen Aufgabeerklärung (s. Rn. 242) ausgegangen werden.[2] Soweit bei oder nach der Betriebsunterbrechung wesentliche Betriebsgrundlagen endg. veräußert werden oder sonst eine so erhebliche Umgestaltung erfolgt, dass der Betrieb nicht mehr in gleichartiger Weise wieder aktiv aufgenommen werden kann oder sich aus anderen Umständen **objektiv** ergibt, dass der Betrieb endg. aufgegeben wurde, ist aber weiterhin eine (schleichende) BetrAufg. auch ohne ausdrückliche Aufgabeerklärung des StPfl. möglich. Der häufigste Fall einer derartigen **tatsächlichen BetrAufg.** ist die Veräußerung oder die Umgestaltung wesentlicher Geschäftsgrundlagen, sodass der Betrieb als fortführungsfähige Einheit nicht mehr besteht. Der StPfl. hat dann – wie schon nach bisheriger Auffassung v. Rspr. und hL – nicht die Wahl, eine Gewinnrealisierung durch Fortführung eines ruhenden Betriebs(vermögens) zu vermeiden. Allerdings fingiert nunmehr **Abs. 3b S. 1 Nr. 2**, dass der Betrieb (noch) nicht als aufgegeben gilt „bis dem FA die Tatsachen bekannt werden, aus denen sich ergibt, dass die Voraussetzungen für eine Aufgabe im Sinne des Abs. 3 S. 1 erfüllt sind". Die eine tatsächliche BetrAufg. ausmachenden **objektiven Tatsachen** müssen dem FA positiv bekannt werden (**positive Kenntnis**). Das erkennbare Ziel der Regelung besteht darin zu verhindern, dass wegen Eintrittes der Festsetzungsverjährung eine Steuerfestsetzung hinsichtlich des Aufgabegewinns nicht mehr erfolgen kann.[3] Für das materielle Recht wird der Zeitpunkt der BetrAufg. auf den Zeitpunkt verschoben, zu dem der Sachverhalt der (an sich bereits früher erfolgten) BetrAufg. dem FA bekannt geworden ist. Zur Bestimmung des Zeitpunkts kann auf die zu § 173 Abs. 1 AO entwickelten Grundsätze zurückgegriffen werden.[4] Man wird Abs. 3b S. 1 Nr. 2 dabei dahingehend auszulegen haben, dass sich das FA die Kenntnis solcher Tatsachen zurechnen lassen muss, die sich bereits aus den Akten ergeben.[5] 243

Wird die **Aufgabe nicht erklärt**, so erzielt der Verpächter aus dem Verpachtungsbetrieb weiterhin **Einkünfte aus GewBetr.**, die aber grds. **nicht** der **GewSt** unterliegen, da es sich insoweit regelmäßig nicht (mehr) um einen stehenden Gewerbebetrieb iSd. § 2 Abs. 1 S. 1 GewStG handelt.[6] Alle **bis zum Bekanntwerden der Aufgabetatsachen verwirklichten Geschäftsvorfälle** sind in Bezug auf das bisherige BV als Geschäftsvorfälle zu behandeln, die sich zeitlich noch vor der BetrAufg. ereigneten und damit ggf. zu lfd. (Entnahme und Veräußerungs) Gewinnen führen. Der Aufgabegewinn ist (erst) in dem VZ zu erfassen, in dem das FA Kenntnis von der BetrAufg. erlangt. Im Zeitpunkt der Kenntniserlangung noch vorhandene WG sind mit ihrem gemeinen Wert zu diesem Zeitpunkt zu erfassen.[7] Dazu gehört aber nicht der **Firmen-/Geschäftswert** (s. Rn. 251).[8] Gleichwohl ist der verbleibende Aufgabegewinn begünstigt nach §§ 16 Abs. 4, 34 zu besteuern. Während der Betriebsunterbrechung geht er nicht unter, sondern bleibt notwendiges BV. Wird er nach der BetrAufg. an den Pächter mitverpachtet, erzielt der Verpächter BE nach § 24 Nr. 2, ebenso bei nachträglicher Veräußerung des Geschäftswerts. Die nachträglichen BE sind nicht nach § 16 Abs. 4, § 34 begünstigt.[9] Bei einer Veräußerung der wesentlichen Betriebsgrundlagen kann der Geschäftswert nicht isoliert zurückbehalten und an den Erwerber verpachtet werden. Beim Veräußerer 244

1 BFH v. 3.4.2014 – X R 16/10, BFH/NV 2014, 1038 Rn. 42.
2 So BFH v. 11.5.2017 – VI B 105/16, BFH/NV 2017, 1172 mwN (zu LuF bei Einstellung der „Eigenbewirtschaftung").
3 RegEntw. v. 21.3.2011, BT-Drucks. 17/5125 zu Art. 1 Nr. 11 (§ 16 Abs. 3b EStG) und Art. 1 Nr. 34g (§ 52 Abs. 34 S. 9 EStG); *Wendt*, FR 2011, 1023.
4 *Kulosa* in H/H/R, § 16 Anm. 674, mit Hinweis auf *Loose* in T/K, § 173 AO Rn. 2 ff.
5 *Schallmoser* in Blümich, § 16 Rn. 471; *Wendt*, FR 2011, 1023.
6 BFH v. 18.6.1998 – IV R 56/97, BStBl. II 1998, 735; grundlegend v. 13.11.1963 – GrS 1/63 S, BStBl. III 1964, 124; anders aber, wenn gewerblich geprägte PersGes. oder Abfärbung nach § 15 III Nr. 1, vgl. BFH v. 14.6.2005 – VIII R 3/03, BStBl. II 2005, 778 = FR 2005, 1169 m. Anm. *Wendt*.
7 Vgl. BMF v. 22.11.2016, BStBl. I 2016, 1326 unter IV.3.
8 Vgl. BFH v. 2.9.2008 – X R 32/05, BStBl. II 2009, 634 mwN = FR 2009, 954 m. Anm. *Wendt*.
9 BFH v. 30.1.2002 – X R 56/99, BStBl. II 2002, 387 = FR 2002, 719 m. Anm. *Weber-Grellet*; v. 14.12.1993 – VIII R 13/93, BStBl. II 1994, 922; v. 4.4.1989 – X R 49/87, BStBl. II 1989, 606; v. 19.1.1982 – VIII R 21/77, BStBl. II 1982, 456.

kommt es insoweit zu einer Gewinnrealisation nach Abs. 1 S. 1 Nr. 1 iVm. Abs. 3. Anders verhält es sich, wenn an sich geschäftswertbildende Faktoren wie der Kundenstamm und Lieferantenbeziehungen als eigenständige, veräußerbare immaterielle WG existieren. Deren Verpachtung (Nutzungsüberlassung) soll, falls sie die alleinige wesentliche Betriebsgrundlage darstellen, auch bei Veräußerung des (leicht wiederbeschaffbaren) AV und UV Grundlage einer Betriebsverpachtung oder eines Besitzunternehmens (s. § 15 Rn. 75ff.) im Rahmen einer BetrAufsp. sein können.[1]

G. Veräußerungs- und Aufgabegewinn (Abs. 2 und 3)

Literatur: *Demuth*, Negatives Kapitalkonto bei Aufgabe und Veräußerung im EStG, KÖSDI 2013, 18381; *Haase*, Abgrenzungsfragen bei der Zuordnung von Aufwendungen zu laufenden Einnahmen und Werbungskosten, FR 2016, 159; *Mathäus*, Beurteilung nachträglicher Vorgänge im Restbetriebsvermögen, Ubg 2015, 340.

245 **I. Gewinnermittlung. 1. Gewinnermittlung durch Betriebsvermögensvergleich (Abs. 2 S. 1, 2).** Nach **Abs. 2 S. 1, 2** ist der **Veräußerungsgewinn** zwingend durch einen Vergleich des Veräußerungspreises mit dem nach **§ 4 Abs. 1 oder § 5 ermittelten BV** abzgl. der Veräußerungskosten zu berechnen. Entspr. gilt für die Veräußerung eines MU'anteils. Dabei tritt an die Stelle des BV der Anteil am BV. Für die Ermittlung des **Aufgabegewinns** verweist Abs. 3 auf Abs. 2, sodass auch hier dies. Grundsätze gelten (s. Rn. 3). Der Zeitpunkt der Gewinnverwirklichung bestimmt sich nach den allg. Gewinnrealisierungsgrundsätzen, nicht nach dem Zuflussprinzip.[2] Maßgeblich ist insoweit nicht der Abschlusszeitpunkt des schuldrechtlichen Vertrags,[3] sondern vielmehr der Zeitpunkt, ab dem der Erwerber nach dem Willen der Vertragspartner über die übertragene betriebliche Einheit **wirtschaftlich verfügen** kann.[4] Wann der Erwerber seine Betätigung tatsächlich aufnimmt bzw. aufnehmen kann, hat keinen Einfluss auf den Zeitpunkt der Realisierung des Veräußerungsgewinns.[5] Wird im Veräußerungsvertrag der Vermögensübergang „mit Wirkung zum Ablauf des 31.12." eines Jahres bestimmt, ist der Veräußerungsgewinn grundsätzlich – sofern der Übergang nicht tatsächlich erst später erfolgt – auch am 31. Dezember (des Vorjahres) zu erfassen.[6] Eine Verlagerung des Veräußerungsgewinns ist dann – auch mit einer nachträglich geschlossenen (klarstellenden) Vereinbarung – nicht mehr möglich.[7] Der Gewinn wird jedoch erst im Folgejahr realisiert, wenn die Übertragungsvereinbarung „mit Wirkung zum 1.1." geschlossen und die Übertragung nicht tatsächlich früher vollzogen wurde.[8] Die Gewinnrealisierung kann insbes. bei der **BetrAufg.** in verschiedene VZ fallen (s. Rn. 176).[9] In Ermangelung einer klaren (vertraglichen) Vereinbarung hinsichtlich des Übertragungszeitpunkts hat die zeitliche Zuordnung des Veräußerungsvorgangs unter Würdigung aller Umstände des Einzelfalls zu erfolgen.[10] Bei der **Anteilsveräußerung** wird der Gewinn im Zeitpunkt des Ausscheidens/Gesellschafterwechsels realisiert.[11] **Vormundschaftsgerichtliche Genehmigungen** wirken zurück, wenn sie unverzüglich beantragt wurden.[12]

---

1 BFH v. 8.4.2011 – VIII B 116/10, BFH/NV 2011, 1135; v. 26.11.2009 – III R 40/07, BStBl. II 2010, 609 Rn. 21, 23 = FR 2010, 481 mit Anm. *Kanzler*.

2 BFH v. 9.12.2014 – X R 12/12, BStBl. II 2016, 852 Rn. 34 (zur BetrAufg. während des Insolvenzeröffnungsverfahrens und zur Qualifizierung der dadurch entstehenden ESt als Masseverbindlichkeit nach § 55 InsO).

3 BFH v. 22.9.1992 – VIII R 7/90, BStBl. II 1993, 228; v. 29.4.1993 – IV R 107/92, BStBl. II 1993, 666; v. 7.2.1995 – VIII R 36/93, BStBl. II 1995, 770.

4 BFH v. 13.10.1972 – I R 213/69, BStBl. II 1973, 209; v. 23.1.1992 – IV R 88/90, BStBl. II 1992, 525; v. 19.7.1993 – GrS 2/92, BStBl. II 1993, 897 (Zeitpunkt der Übergabe des Betriebs).

5 Vgl. FG Nürnb. v. 4.4.2018 – 4 K 1453/16, EFG 2018, 1035 m. Anm. *Hüttner* (zur Realisierung des Veräußerungsgewinns für einen Praxisanteil, wenn der Erwerber die zur Berufsausübung erforderliche Zulassung erst im späteren VZ erhält).

6 Vgl. BFH v. 11.10.2012 – IV R 3/09, BStBl. II 2013, 176 Rn. 16f. (zur Auslegung der Formulierung „mit Wirkung zum Ablauf des 31.12.").

7 Vgl. FG Nürnb. v. 4.4.2018 – 4 K 1453/16, EFG 2018, 1035 Rn. 45 m. Anm. *Hüttner* (zur versuchten Verlagerung eines Veräußerungsgewinns in das Folgejahr mittels nachträglicher Vereinbarung); iErg. auch BFH v. 16.11.2017 – VI R 63/15, BFHE 260, 138 Rn. 24 = FR 2018, 568 m. Anm. *Kanzler*; v. 4.11.1998 – IV B 136/98, BStBl. II 1999, 291 mwN; zu Ausnahmen wegen Vergleich s. v. 5.7.1990 – GrS 2/89, BStBl. II 1990, 837 = FR 1990, 635.

8 BFH v. 22.9.1992 – VIII R 7/90, BStBl. 1993, 228; vgl. auch *Schlutz*, DStZ 1990, 562 (zur Unschädlichkeit von Vorbereitungen für die Betriebsübergabe vor dem 1.1.).

9 Vgl. BFH v. 9.12.2014 – X R 12/12, BStBl. II 2016, 852 Rn. 37; v. 2.9.2008 – X R 32/05, BStBl. II 2009, 634 = FR 2009, 954 m. Anm. *Wendt*; v. 19.5.2005 – IV R 17/02, BStBl. II 2005, 637 = FR 2005, 938 m. Anm. *Kanzler*; v. 20.1. 2005 – IV R 14/03, BStBl. II 2005, 395.

10 BFH v. 2.5.1974 – IV R 47/73, BStBl. II 1974, 707.

11 BFH v. 12.4.2016 – VIII R 39/13, BFH/NV 2016, 1430 (zu [Zins-]Zahlungen aufgrund eines nach Ausscheiden erfolgenden Vergleichs).

12 BFH v. 23.4.1992 – IV R 46/91, BStBl. II 1992, 1024 = FR 1992, 679 m. Anm. *Söffing* = FR 1992, 805 m. Anm. *Tiedtke*; v. 13.5.1980 – VIII R 75/79, BStBl. II 1981, 297.

Da § 16 Abs. 2 einen Vergleich zum Buchwert des BV verlangt, muss bei einer **Gewinnermittlung nach § 4 Abs. 3** zwingend zunächst zur Gewinnermittlung durch BV-Vergleich übergegangen werden. Der Übergang ist zur zutreffenden Erfassung des Veräußerungsgewinns wie auch zur Abgrenzung ggü. dem lfd. Gewinn erforderlich. Ein sich dabei ergebender **Übergangsgewinn oder -verlust ist Teil des lfd. Gewinns** des letzten Wj.[1] Der lfd. Gewinn des letzten Jahres ist daher zwingend aufgrund einer auf den Zeitpunkt der Veräußerung respektive des Beginns der BetrAufg. (= Beendigung der werbenden Tätigkeit) aufzustellenden „Schlussbilanz“ zu ermitteln.[2] Eine Verteilung des Übergangsgewinns auf der Veräußerung folgende Jahre kommt nicht in Betracht. Die Entstehung eines Übergangsgewinns lässt sich insoweit vermeiden, als Forderungen als nicht zu den wesentlichen Betriebsgrundlagen gehörendes Restbetriebsvermögen zurückbehalten werden.[3] Der Wechsel zur Gewinnermittlung nach § 4 Abs. 1 ist auch dann erforderlich, wenn anschließend der Übernehmer den Gewinn wieder nach § 4 Abs. 3 ermittelt. Das sollte nach früherer Auffassung der FinVerw. auch bei Einbringung in eine PersGes. nach § 24 UmwStG zu Buchwerten gelten.[4] Diese Auffassung hat die FinVerw. inzwischen zutr. aufgegeben und folgt nunmehr der Rspr. des BFH. Soweit es wegen zulässiger, etwa nach § 24 UmwStG, oder zwingender Buchwertfortführung, etwa bei der Realteilung nach Abs. 3 S. 2, schon nicht zu einem Veräußerungs-/Aufgabegewinn kommen kann, ist kein Übergang zum Bestandsvergleich notwendig, wenn die Gewinnermittlung nach § 4 Abs. 3 beibehalten wird.[5] 246

Bestimmungsgrößen für den Veräußerungsgewinn (im Folgenden immer zugleich auch als Aufgabegewinn verstanden) sind ausschließlich **drei Faktoren**, nämlich der **Veräußerungspreis, die Veräußerungskosten und der (Buch)wert des BV**. Die wegen der Privilegierung des Veräußerungsgewinns nach § 16 Abs. 4, § 34 wichtige **Abgrenzung zum lfd. Gewinn** (s. Rn. 257) ergibt sich quantitativ dadurch, dass Geschäftsvorfälle, die nicht den Veräußerungsvorgang betreffen, einerseits nicht als Veräußerungspreis oder Veräußerungskosten berücksichtigt werden dürfen und andererseits in ihren Auswirkungen bereits im Buchwert des BV erfasst sein müssen. 247

2. Veräußerungspreis (Abs. 2 S. 1). Veräußerungspreis ieS ist die **Gegenleistung**, die der Veräußerer **v. Erwerber** für die Übertragung tatsächlich erhält. Die Gegenleistung kann in Geld, in der Übernahme v. Verbindlichkeiten des Veräußerers (außer den übertragenen Betriebsschulden und Rückstellungen, s. Rn. 64, 261)[6] oder in jeder anderen Gegenleistung bestehen. Im letzteren Falle (Tausch, Hingabe an Zahlungs statt) ist die Gegenleistung mit ihrem gemeinen Wert im Zeitpunkt der Veräußerung (Rn. 57) zu bewerten.[7] Fallen der Zeitpunkt der Veräußerung und der Zeitpunkt des tatsächlichen Erhalts der Gegenleistung auseinander, so kommt es bei Tauschvorgängen auf den gemeinen Wert/Börsenkurs bei tatsächlichem Erhalt der Gegenleistung an.[8] Längerfristig gestundete **unverzinsliche oder niedrig verzinsliche Forderungen** sind mit ihrem Barwert zum Veräußerungszeitpunkt anzusetzen.[9] Der später gezahlte Betrag enthält einen zu Einkünften aus Kapitalvermögen führenden Zinsanteil, es sei denn, es ist ausdrücklich ein Zinsverzicht erklärt worden.[10] Fremdvalutaforderungen sind mit dem Wechselkurs im Zeitpunkt der Veräußerung zu berücksichtigen.[11] Bei wiederkehrenden Bezügen soll v. einem Zinssatz v. 5,5 % auszugehen 248

---

1 BFH v. 14.11.2007 – XI R 32/06, BFH/NV 2008, 385 mwN; v. 29.4.2011 – VIII B 42/10, BFH/NV 2011, 1345 (zu Mitunternehmeranteilsveräußerung nach § 18 Abs. 3 EStG); vgl. auch BFH v. 13.9.2001 – IV R 13/01, BStBl. II 2002, 287 = FR 2002, 212 m. Anm. *Kanzler* (zu § 24 UmwStG); R 4.6 Abs. 1 S. 2, 3 EStR.

2 BFH v. 5.5.2015 – X R 48/13, BFH/NV 2015, 1358, Rn. 35 ff. unter Hinweis auf v. 3.7.1991 – X R 163–164/87, BStBl. II 1991, 802.

3 Vgl. BFH v. 4.12.2012 – VIII R 41/09, BStBl. II 2014, 288 Rn. 16 (zur Einbringung einer freiberuflichen Praxis nach § 24 UmwStG) mit Anm. *Fuhrmann/Müller*, DStR 2013, 848.

4 OFD Hann. v. 25.1.2007 – S 1978d - AO - StO 243, DStR 2007, 772 (abgestimmt Bund/Länderebene); BMF v. 11.11.2011, BStBl. I 2011, 1314 Rn. 24.03; vgl. auch OFD Karls. v. 8.10.2007 – S 1978/20 - St 11, DStR 2007, 2326 unmittelbare Rückkehr zur § 4 Abs. 3-Ermittlung zulässig; für Buchwertfortführung zu Recht **aA** *Strahl*, KÖSDI 2011, 17506 (17523) und nunmehr auch die FinVerw., OFD Nds. v. 30.6.2015 – S 1978d-10-St 243, DB 2015, 1756 (Ergebnis der Erörterungen auf Bund-Länder-Ebene).

5 BFH v. 11.4.2013 – III R 32/12, BStBl. II 2014, 242 Rn. 31 f. = FR 2013, 1080 m. Anm. *Kanzler* (zur Realteilung und § 24 UmwStG); v. 14.11.2007 – XI R 32/06, BFH/NV 2008, 385.

6 Vgl. BFH v. 17.10.2007 – I R 61/06, BStBl. II 2008, 555 = FR 2008, 1158 m. Anm. *Prinz* (auch soweit ein stl. Rückstellungsverbot besteht).

7 BFH v. 25.6.2009 – IV R 3/07, BStBl. II 2010, 182 = FR 2010, 329 m. Anm. *Kanzler*; v. 19.1.1978 – IV R 61/73, BStBl. II 1978, 295.

8 BFH v. 19.9.2012 – VIII B 90/12, BFH/NV 2012, 1962.

9 BFH v. 19.1.1978 – IV R 61/73, BStBl. II 1978, 295; v. 14.2.1984 – VIII R 41/82, BStBl. II 1984, 550 (aber anders, wenn unbestimmte Fälligkeit).

10 BFH v. 12.4.2016 – VIII R 39/13, BFH/NV 2016, 1430.

11 BFH v. 19.1.1978 – IV R 61/73, BStBl. II 1978, 295.

sein, wenn nichts anderes vereinbart ist.[1] Bei einer Wertsicherungsklausel soll eine spätere Erhöhung den Veräußerungspreis nicht rückwirkend beeinflussen, sondern bei Zufluss als Einkünfte aus KapVerm. nach § 20 Abs. 1 Nr. 7 zu erfassen sein.[2] Übernimmt der Veräußerer ggü. dem Erwerber eine durch die Veräußerung gem. § 7 Abs. 1 S. 2 GewStG anfallende GewSt, führt dies zu einer Minderung des Veräußerungspreises.[3]

249 Zum Veräußerungspreis ieS gehören auch Leistungen, die ein Dritter auf Anweisung des Erwerbers an den Veräußerer wegen der Veräußerung zahlt. Umgekehrt gehören auch Leistungen des Erwerbers an Dritte auf Anweisung des Veräußerers zum Veräußerungspreis, ebenso wie die Übernahme von Verbindlichkeiten oder die Übernahme der dinglichen Haftung des übertragenen Grundbesitzes.[4] Zu dem beim Ausscheiden eines G'ters zu erfassenden Veräußerungspreis gehören auch Zahlungen zur **Abfindung eines lästigen G'ters**; bei den verbleibenden G'tern entspricht diesen ein Firmen-/Geschäftswert oder sie sind (falls ein immaterieller Wert nicht besteht) als BA sofort abzugsfähig (sa. Rn. 144).

250 Soweit die Veräußerung des Betriebes unmittelbar **Leistungen Dritter** auslöst, gehören diese auch dann zum Veräußerungspreis, wenn sie nicht auf Veranlassung des Erwerbers gezahlt werden, zB Zahlungen v. Versicherungen[5] oder bei der Aufgabe Stilllegungsgelder,[6] Prämien,[7] Entgelte für Wettbewerbsverbote.[8]

251 **3. Aufgabewert (Abs. 3 S. 6 bis 8).** Bei der **Aufgabe fehlt** mangels Erwerbers ein **einheitlicher Veräußerungspreis**. An die Stelle dessen treten die **Veräußerungspreise** für die iRd. Aufgabe veräußerten Einzel-WG (**Abs. 3 S. 6**). Soweit die WG in das PV übernommen werden, ist nach **Abs. 3 S. 7** und für die Realteilung nach **Abs. 3 S. 8** der **gemeine Wert** iSd. § 9 Abs. 2 BewG[9] anzusetzen. Bei Grundstücken[10] ist dies der je nach Sachlage aus Verkäufen abzuleitende oder der nach Ertrags- oder Sachwertmethode gem. der ImmoWertV[11] zu schätzende Verkehrswert, bei UV der ebenfalls den Verkehrswert abbildende Einzelveräußerungspreis,[12] bei Wertpapieren und Anteilen an KapGes. der Wert nach § 11 BewG.[13] Werden die WG nach § 6 Abs. 5 S. 2 in ein anderes BV zum Buchwert überführt, ist der Buchwert v. Kapital zur Errechnung des Veräußerungs-/Aufgabegewinns abzusetzen. Ein **Geschäftswert** wird bei der BetrAufg. mangels Fortführung nicht aufgedeckt (s. Rn. 244).

252 Werden **unwesentliche Betriebsgrundlagen** bei der Betriebsveräußerung an andere Erwerber veräußert oder in das PV übernommen, so sind die Veräußerungserlöse bzw. die gemeinen Werte als Teil des Veräußerungspreises zu behandeln.

253 **4. Buchwert des Betriebsvermögens.** Der (Buch-)Wert des BV ergibt sich bei der **Veräußerung eines Betriebs** aus der auf den Veräußerungszeitpunkt unter Beachtung von § 4 Abs. 1 und § 5 Abs. 1 aufzustellenden **Schlussbilanz**.[14] Zwar begründet **Abs. 2** keine selbständige Bilanzierungspflicht formeller Art für eine Veräußerungs/Aufgabebilanz auf den Veräußerungszeitpunkt.[15] Um den Veräußerungsgewinn zutr. berechnen zu können, besteht aber auch bei der Veräußerung eine Art **„formeller Bilanzenzusammenhang"**.[16] Das Schlusskapital der regulären Jahresbilanz, ggf. für ein Rumpf-Wj., bildet zugleich das „Anfangskapital" zur Errechnung des Veräußerungsgewinnes. Sämtliche Ansatz- und Bewertungsvorschriften

1 R 16 Abs. 11 EStR.
2 BFH v. 19.5.1992 – VIII R 37/90, BFH/NV 1993, 87.
3 BFH v. 14.1.2016 – IV R 5/14, BStBl. II 2016, 875 Rn. 47.
4 Vgl. BFH v. 5.5.2015 – X R 48/13, BFH/NV 2015, 1358.
5 BFH v. 11.3.1982 – IV R 25/79, BStBl. II 1982, 707.
6 BFH v. 4.11.1980 – VIII R 55/77, BStBl. II 1981, 396; v. 4.3.1998 – X R 56/95, BFH/NV 1998, 1354.
7 BFH v. 7.11.1991 – IV R 14/90, BStBl. II 1992, 457.
8 BFH v. 13.2.1996 – VIII R 39/92, BStBl. II 1996, 409.
9 BFH v. 27.2.1985 – I R 235/80, BStBl. II 1985, 456.
10 BFH v. 15.2.2001 – III R 20/99, BStBl. II 2003, 635 = FR 2001, 595 m. Anm. *Wendt* (ggf. Aufteilung nach Nutzflächenanteilen, nicht nach Ertragswertanteilen); v. 17.8.1999 – IV B 116/98, BFH/NV 2000, 184 (Sachwert); v. 2.2.1990 – III R 173/86, BStBl. II 1990, 497 = FR 1990, 337 (Ertragswert).
11 ImmobilienwertermittlungsVO v. 19.5.2010, BGBl. I 2010, 639.
12 BFH v. 23.5.1989 – X R 17/85, BStBl. II 1989, 879 (Marktpreis).
13 BFH v. 15.10.1998 – IV R 18/98, BStBl. II 1999, 286; vgl. auch v. 23.6.1999 – X B 103/98, BFH/NV 2000, 30 (ausnahmsweise auch aus nachfolgenden Verkäufen).
14 Nach BFH v. 5.5.2015 – X R 48/13, BFH/NV 2015, 1358; v. 19.5.2005 – IV R 17/02, BStBl. II 2005, 637 = FR 2005, 938 m. Anm. *Kanzler* ist auch bei einer gestreckten BetrAufg. immer eine Schlussbilanz auf einen bestimmten Zeitpunkt (Beginn der BetrAufg. = Beendigung der betrieblichen Tätigkeit) aufzustellen.
15 BFH v. 11.12.1980 – I R 119/78, BStBl. II 1981, 460; zur (Nicht)Berücksichtigung der Nachholung unterlassener Abschreibungen (auch) bei Gewinnermittlung nach § 4 Abs. 3 iRd. Ermittlung des Veräußerungsgewinnes v. 22.6.2010 – VIII R 3/08, BStBl. II 2010, 1035 = FR 2011, 81 mit Anm. *Kanzler.*
16 Vgl. BFH v. 9.5.2012 – X R 38/10, BStBl. II 2012, 725 Rn. 16, 18; v. 19.1.1993 – VIII R 128/84, BStBl. II 1993, 594.

des EStG und über § 5 des HGB sind zur Errechnung/Bestimmung des Wertes des BV zu beachten.[1] Die Rspr. will auch vollumfänglich den Veräußerungsgewinn ansetzen, der auf solche WG entfällt, deren Buchwert durch den bilanziellen Abzug nicht abziehbarer BA (insbes. nach § 4 Abs. 5) gemindert worden ist.[2] Dies überzeugt allerdings nicht, weil aufgrund des gesetzgeberischen Ausschlusses von BA (insbes. AfA) wirtschaftlich eine stl. Korrektur des HB-Ansatzes vorgenommen worden ist. Daher ist der Buchwert um stl. nicht berücksichtigte Abschreibungen für die Berechnung des Veräußerungsgewinns zu erhöhen. Vor der Veräußerung vorzunehmende TW-Aufholungen nach § 6 Abs. 1 Nr. 1 S. 4 und Nr. 2 S. 3 führen zum lfd. Gewinn und damit ebenfalls zur Erhöhung des Buchwerts.[3]

Anders als für die Veräußerung/Aufgabe eines ganzen Betriebs hinsichtlich der Aufstellung einer Schlussbilanz zur Ermittlung des BV für den Schluss des (Rumpf-)Wj. besteht bei der **Veräußerung/Aufgabe eines MU'anteils** (Rn. 115 ff.) oder **eines TB** weder die Verpflichtung noch die Berechtigung zur Bildung eines Rumpf-Wj. Gleichwohl ist der Wert des Anteils am BV für stl. Zwecke aufgrund einer „informellen Zwischenbilanz" auf den Veräußerungs/Aufgabezeitpunkt (Rn. 136, 176) zu ermitteln und notfalls zu schätzen.[4] Der (Buch-)**Anteilswert eines MU'ers** umfasst seinen Kapitalanteil in der Gesellschaftsbilanz, sein etwaiges Ergänzungskapital und sein Sonderkapital. Die nachträgliche Abwicklung von im Zeitpunkt der Veräußerung nicht bilanzierungsfähigen schwebenden Geschäften berührt den Wert des BV des ausscheidenden G'ters nicht, sondern führt zu nachträglichen Einnahmen aus der früheren Tätigkeit (§ 24 Nr. 2).[5] Wird ein Regressanspruch aus der Begleichung v. Betriebsschulden der PersGes. gegen die anderen MU'er wertlos, vermindert dies als Sonderbetriebsaufwand den Veräußerungs-/Aufgabegewinn.[6] Zu Mehrgewinnen durch Bp. für ausgeschiedene MU'er s. § 15 Rn. 230. Auch bei der nach Abs. 1 S. 2 zu lfd. Gewinn führenden **Veräußerung eines Anteils/Bruchteils des MU'anteils** ergibt sich der lfd. Gewinn aus der Differenz zw. Veräußerungspreis nach Abzug der Veräußerungskosten und dem (Buch-)Wert des veräußerten Bruchteils des Anteils am BV iSd. Abs. 2, dh. des entspr. Bruchteils des Kapitalanteils in der Gesellschaftsbilanz und in der Ergänzungsbilanz zzgl. des Sonderkapitals für übertragenes SBV. Hat vor der Veräußerung des Bruchteils ein Hinzuerwerb zu einem bereits vorhandenen Gesellschaftsanteil in gleichem Umfang wie für den später veräußerten Bruchteil stattgefunden, soll eine getrennte Zuordnung der vollen, für den Hinzuerwerb aufgewandten Anschaffungsaufwendungen zu der Veräußerung des Bruchteils nicht möglich sein.[7] Dem Veräußerungspreis für den Bruchteil sind die auf einen entsprechenden Teil entfallenden (durchschnittlichen) AK gegenüberzustellen. Dem Veräußerungspreis kann nur ein entsprechender (Bruch-)Teil des BV (Kapitals), wie er sich aus der Gesellschafts- und der Ergänzungsbilanz ergibt, als Aufwand gegenübergestellt werden. 254

Zur Ermittlung des begünstigten **Aufgabegewinns iSd. Abs. 3** ist von dem aus einer „Aufgabebilanz" resultierenden „Wert des Betriebsvermögens" der in der Schlussbilanz ermittelte „Wert des Betriebsvermögens" (Buchwert) abzuziehen. Ein negativer Buchwert („negatives Eigenkapital") erhöht den Aufgabegewinn bzw. mindert einen Aufgabeverlust.[8] Soweit allerdings eine Ausgleichspflicht besteht oder dennoch die Inanspruchnahme des Veräußerers droht und der Freistellungsanspr. gegen den Erwerber wertlos ist, ist das (negative) Kapital entspr. zu vermindern (zu erhöhen), indem eine Rückstellung als fortgeführte Verbindlichkeit behandelt wird.[9] In der „Aufgabebilanz" sind die veräußerten respektive in das PV übernommenen WG mit den sich aus **Abs. 3 S. 6 bis 8** (s. Rn. 251) ergebenden Werten (Veräußerungspreis oder gemeiner Wert) anzusetzen.[10] Eine Verpflichtung zur formellen Aufstellung einer „Aufgabebilanz" besteht freilich nicht. 255

---

1 BFH v. 3.7.1991 – X R 163/87, X R 164/87, BStBl. II 1991, 802.
2 BFH v. 3.9.2009 – IV R 17/07, BStBl. II 2010, 631 Rn. 48 (für negatives Kapitalkonto iSd § 15a); FG Hess. v. 1.2.2017 – 12 K 1282/15, juris (zum Gewinn aus der Entnahme eines Arbeitszimmers, dessen Buchwertabschreibungen teilw. der Abzugsbeschränkung des § 4 Abs. 5 S. 1 Nr. 6b unterlagen; Rev. VIII R 15/17).
3 BFH v. 9.11.2017 – IV R 19/14, BStBl. II 2018, 575 Rn. 29 = FR 2018, 366 m. Anm. *Kanzler*.
4 BFH v. 9.5.2012 – X R 38/10, BStBl. II 2012, 725 Rn. 16, 18; v. 18.8.2010 – X R 8/07, BStBl. II 2010, 1043 = FR 2011, 28 m. Anm. *Kanzler*; v. 3.7.1991 – X R 163/87, X R 164/87, BStBl. II 1991, 802 = FR 1991, 598.
5 FG Berlin-Bdbg. v. 1.3.2018 – 12 K 15284/15, EFG 2018, 1544 m. Anm. *Neu* (Rev. VIII R 12/18).
6 BFH v. 25.5.1999 – VIII R 54/98, BFH/NV 1999, 1593.
7 Vgl. FG Düss. v. 22.10.2013 – 13 K 2696/11 F, EFG 2014, 132 (rkr.).
8 Vgl. BFH v. 9.7.2015 – IV R 19/12, BStBl. II 2015, 954 Rn. 19; v. 3.9.2009 – IV R 17/07, BStBl. II 2010, 631 = FR 2010, 524 m. Anm. *Wacker* (das soll auch gelten, soweit das negative Kapitalkonto zu lediglich verrechenbaren Verlusten nach § 15a geführt hat und soweit es auf Entnahmen [gleichgültig, ob handelsrechtl. zulässig oder nicht] oder nicht abziehbaren BA beruht; krit. dazu Rn. 253).
9 Vgl. BFH v. 3.9.2009 – IV R 17/07, BStBl. II 2010, 631; v. 12.7.1990 – IV R 37/89, BStBl. II 1991, 64 zum ggf. erforderlichen Ansatz v. Rückstellungen in Sonderbilanzen eines K'disten; vgl. auch *Demuth*, KÖSDI 2013, 18381 (18386).
10 BFH v. 5.5.2015 – X R 48/13, BFH/NV 2015, 1358, unter Hinweis auf v. 3.7.1991 – X R 163–164/87, BStBl. II 1991, 802.

256 Auch bei einer **Gewinnermittlung nach § 4 Abs. 3** ist auf den Veräußerungs- bzw. Aufgabezeitpunkt eine entspr. „Schlussbilanz" für die Ermittlung des lfd. Gewinns zu erstellen, die zugleich quasi die „Anfangsbilanz" für die Ermittlung des „Veräußerungsgewinns/Aufgabegewinns" darstellt. Ein sich durch den Wechsel der Gewinnermittlungsart ergebender **Übergangsgewinn oder -verlust** berührt nur den lfd. Gewinn,[1] wobei eine Verteilung dieses Betrags im Veräußerungsfalle auf mehrere Jahre nicht möglich ist[2].

257 **5. Abgrenzung zum laufenden Gewinn.** Für die **Abgrenzung** des **begünstigten Veräußerungsgewinns** vom **lfd. Gewinn** kommt dem **zutr. Ansatz des Werts des BV** als Schlusskapital für die lfd. Gewinnermittlung und quasi als Anfangskapital für die Ermittlung des Veräußerungsgewinns die maßgebliche Bedeutung zu. Ob Geschäftsvorfälle noch beim Schlusskapital in der Schlussbilanz und damit den lfd. Gewinn berührend zu berücksichtigen sind oder erst für den Veräußerungsgewinn als Veräußerungspreis/kosten, ergibt sich **nicht** aus einem zeitlichen Aspekt, sondern danach, ob die Erträge und Aufwendungen in einem **Veranlassungszusammenhang** zur Veräußerung als dem auslösenden Moment stehen.[3] Dementsprechend fallen Gewinne, die wirtschaftlich durch Vorgänge vor der Betriebsveräußerung veranlasst sind, nicht in den Veräußerungsgewinn.[4] AfA,[5] Sonderabschreibungen, erhöhte Absetzungen sind noch zulasten des lfd. Gewinns gewinnmindernd vorzunehmen, ebenso die Auflösung von RAP,[6] die Bildung v. Rückstellungen[7] und stfreien Rücklagen,[8] soweit dafür die Voraussetzungen vorliegen. Umgekehrt sind stfreie (Anspar-)Rücklagen erst zugunsten des Veräußerungsgewinns aufzulösen, soweit die Auflösung erst durch die Veräußerung/BetrAufg. veranlasst wurde.[9] Der Ausgleichsanspruch des Handelsvertreters[10] ist noch zugunsten des lfd. Gewinnes zu aktivieren. Dasselbe gilt für (nachgeholte) Berichtigungen fehlerhafter Bilanzansätze aufgrund des formellen Bilanzenzusammenhangs im Jahr der Betriebs-/Anteilsveräußerung.[11] Die Veräußerung v. **UV** an den bisherigen Kundenkreis[12] gehört immer zum lfd. Gewinn, auch wenn sie während eines **Räumungsverkaufs**[13] erfolgt oder ein **gewerblicher Grundstückshändler**[14] zeitgleich mit der Veräußerung der Grundstücke seinen Betrieb aufgibt oder zu seinem GewBetr. gehörende Gesellschaftsanteile an vermögensverwaltenden grundbesitzenden PersGes. veräußert (s. § 15 Rn. 126)[15] oder zum UV gehörende, zur Veräußerung bestimmte Kapitalgesellschaftsanteile als letzte WG des BV erst zeitgleich mit Beendigung einer BetrAufg. veräußert werden.[16]

258 Dasselbe gilt auch für die v. vornherein in ein einheitliches Geschäftskonzept eingeplante **Veräußerung v. AV durch gewerbliche Vermietungs-/Leasingunternehmen** im rein zeitlichen Zusammenhang mit einer

1 BFH v. 19.8.1999 – IV R 67/98, BStBl. II 2000, 179.
2 BFH v. 3.8.1967 – IV 30/65, BStBl. III 1967, 755.
3 BFH v. 15.6.2016 – I R 64/14, BStBl. II 2017, 182 Rn. 15 mwN; v. 16.12.2009 – IV R 22/08, BStBl. II 2010, 736 Rn. 17 = FR 2010, 482 m. Anm. *Wendt*; v. 20.1.2005 – IV R 22/03, BStBl. II 2005, 559.
4 FG Berlin-Bdbg. v. 1.3.2018 – 12 K 15284/15, EFG 2018, 1544 Rn. 36 m. Anm. *Neu* (Rev. VIII R 12/18).
5 Vgl. BFH v. 10.8.2005 – VIII R 78/02, BStBl. II 2006, 58 = FR 2006, 131 m. Anm. *Kanzler* (zur Abgrenzung v. AV und UV bei Erwerb kurze Zeit vor Betriebsveräußerung/-aufgabe).
6 BFH v. 12.7.1984 – IV R 76/82, BStBl. II 1984, 713; **aA** aber BFH v. 25.4.2018 – VI R 51/16, BStBl. II 2018, 778 Rn. 25 ff., wenn eine durch den passiven RAP abgebildete zukünftige betriebliche Verpflichtung infolge der BetrAufg. wegfällt.
7 BFH v. 5.5.2015 – X R 48/13, BFH/NV 2015, 1358 Rn. 45 (zu Rückstellungen wegen drohender Inanspruchnahme aus betrieblich veranlassten Bürgschaften und für durch Grundschulden gesicherte Verbindlichkeiten).
8 Vgl. BMF v. 25.2.2004, BStBl. I 2004, 337 (zu § 7g); BFH v. 17.10.1991 – IV R 97/89, BStBl. II 1992, 392 (zu RfE); v. 26.6.1990 – VIII R 221/85, BStBl. II 1990, 978.
9 Vgl. BFH v. 14.4.2015 – GrS 2/12, BStBl. II 2015, 1007 Rn. 55 ff. (zur Unzulässigkeit der Bildung von Rücklagen für die Ansparabschreibung nach § 7g aF bei bereits feststehender Buchwerteinbringung in KapGes.); v. 28.11.2007 – X R 43/06, BFH/NV 2008, 554; v. 10.11.2004 – XI R 69/03, BStBl. II 2005, 596 = FR 2005, 488 m. Anm. *Fischer* zur Ansparrücklage nach § 7g; zur Bildung und Fortführung trotz unentgeltlicher Betriebsübertragung s. v. 10.3.2016 – IV R 14/12, BStBl. II 2016, 763 = FR 2016, 893 m. Anm. *Weber-Grellet*; ebenso für passive RAP: BFH v. 25.4.2018 – VI R 51/16, BStBl. II 2018, 778 Rn. 25 ff.
10 BFH v. 9.2.2011 – IV R 37/08, BFH/NV 2011, 1120; v. 25.7.1990 – X R 111/88, BStBl. II 1991, 218; v. 4.3.1998 – X R 56/95, BFH/NV 1998, 1354.
11 So zutr. BFH v. 20.10.2015 – VIII R 33/13, BStBl. II 2016, 596 Rn. 35.
12 Anders wenn an den Erwerber oder Rücklieferung an den Lieferanten, BFH v. 2.7.1981 – IV R 136/79, BStBl. II 1981, 798; v. 1.12.1988 – IV R 140/86, BStBl. II 1989, 368.
13 BFH v. 29.11.1988 – VIII R 316/82, BStBl. II 1989, 602.
14 BFH v. 1.7.2010 – IV R 34/07, BFH/NV 2010, 2246; v. 5.7.2005 – VIII R 65/02, BStBl. II 2006, 160 = FR 2006, 287 m. Anm. *Kempermann*; v. 23.1.2003 – IV R 75/00, BStBl. II 2003, 467 mwN; vgl. aber BFH v. 30.11.2004 – VIII R 15/00, BFH/NV 2005, 1033 (bzgl. zurückbehaltener und vermieteter Grundstücke, insoweit begünstigter Aufgabegewinn).
15 Vgl. BFH v. 18.4.2012 – X R 34/10, BStBl. II 2012, 647 Rn. 32 f. = FR 2012, 925 m. Anm. *Wendt*; v. 10.5.2007 – IV R 69/04, BStBl. II 2010, 973 = FR 2008, 97 m. Anm. *Wendt*.
16 BFH v. 24.9.2015 – IV R 30/13, BFHE 251, 238 = FR 2016, 169 m. Anm. *Wendt*.

BetrAufg. oder Betriebsveräußerung.[1] Veräußerungsgeschäfte erfolgen ungeachtet eines zeitlichen Zusammenfallens nicht im Rahmen einer BetrAufg. oder Betriebsveräußerung, wenn sie sich als Fortführung/Teil der lfd. unternehmerischen Tätigkeit darstellen. Das ist (nur) dann der Fall, wenn nach dem Geschäftskonzept nur unter Einbeziehung (Verklammerung) der von vornherein geplanten Veräußerungen ein positives Gesamtergebnis in Aussicht steht. Diese Grundsätze zur Abgrenzung v. Veräußerungsgewinn und lfd. Gewinn gelten auch dann, wenn lediglich ein MU'anteil veräußert oder aufgegeben wird. Daher sind bei originär gewerblich tätigen MU'schaften Gewinne, die zwar anlässlich der Veräußerung/Aufgabe eines MU'anteils realisiert werden, aber auf stille Reserven in Grundstücken des UV oder von vornherein in ein einheitliches Geschäftskonzept eingeplante Veräußerungen von AV entfallen, nicht zum nach §§ 16, 34 begünstigten Veräußerungsgewinn zu rechnen, sondern zum lfd. Gewinn, und unterliegen auch der GewSt.[2]

Auch bei **unterjähriger Veräußerung des MU'anteils** an einer als **Organträgerin** fungierenden MU'schaft ist das Einkommen des Organs erst am Ende des Wj. dem Organträger und damit den MU'ern zuzurechnen. Dem vorher seinen Anteil veräußernden MU'er soll deshalb auch für die Zeit bis zu seinem Ausscheiden kein Anteil am Einkommen des Organs mehr zuzurechnen sein. Sein Anteilswert erhöht/vermindert sich insoweit nicht. Dies führt dann auch hinsichtlich des Teils des Veräußerungspreises, der mit Rücksicht auf eine zu erwartende Gewinnabführung des Organs für den Erwerb des MU'anteils gezahlt wurde, zu nach §§ 16, 34 begünstigtem Veräußerungsgewinn. Der Erwerber erzielt hingegen insoweit in vollem Umfang einen lfd. Gewinn.[3] 259

Zurückbehaltene WG des BV sind, soweit sie nicht in das PV überführt wurden, aus dem zur Errechnung des Veräußerungsgewinns zu berücksichtigenden Wert des BV (Kapital) auszuklammern. Für aktive WG bedeutet dies, dass das Kapital um die Buchwerte dieser WG zu mindern ist. Dies betrifft ua. nicht auf den Erwerber übertragene Forderungen, die trotz Betriebsveräußerung notwendigerweise Rest-BV bleiben. Umgekehrt ist für nicht v. Erwerber übernommene Verbindlichkeiten das Kapital entspr. zu erhöhen. 260

Vom Erwerber **übernommene Verbindlichkeiten** einschl. Rückstellungen des Betriebs gehören – auch soweit stl. ein Passivierungverbot besteht – nicht zum Veräußerungspreis (Rn. 64, 248). Sie wirken sich über den Ansatz des stl. Wertes des BV (Kapital) als Saldo v. in der StB zu bilanzierenden Aktiva und Passiva aus.[4] Entspr. ist es auch bei der Übertragung eines MU'anteils einschl. übernommener Schulden aus dem SBV.[5] Bei einem **negativen (Buch-)Wert des BV (oder Anteils)** erhöht das buchmäßig negative Kapital (negatives Kapitalkonto) den Veräußerungsgewinn bzw. mindert einen Veräußerungsverlust (s. Rn. 255). 261

Erfolgt iZ mit einem Gesellschafterwechsel ein **Schuldenerlass durch die (Alt-)Gläubiger**, betrifft dies den lfd. Gewinn. Die Zurechnung des daraus resultierenden lfd. Gewinns noch zum veräußernden Altgesellschafter oder schon zum erwerbenden Neugesellschafter soll davon abhängen, wer nach den getroffenen Vereinbarungen zw. diesen die betr. (erlassenen) Verbindlichkeiten wirtschaftlich zu tragen hat.[6] 262

Bilanzsteuerrechtliche **Ansatzverbote, -beschränkungen oder Bewertungsvorbehalte** nach §§ 5 und 6 für **Verbindlichkeiten/Rückstellungen** wirken sich grds. auch im Rahmen einer Betriebsveräußerung aus, weil sie die Höhe des effektiv zu entrichtenden Veräußerungspreises mindern („**Hebung stiller Lasten**"). Während der Veräußerungspreis tatsächlich geringer ausfällt, ist der **beim Veräußerer** in der StB nicht (oder unter dem tatsächlichen Wert) bilanzierte Passivposten beim Wert des nach Abs. 2 zur Ermittlung des Veräußerungsgewinns abzuziehenden stl. Kapitals nicht mindernd zu berücksichtigen. Im Ergebnis fällt der stl. Veräußerungsgewinn um die stl. nicht (oder nicht mit ihrem vollen Wert) bilanzierten Verbindlichkeiten daher **niedriger als der handelsrechtliche Veräußerungsgewinn** aus.[7] Ein etwaiger stl. Veräußerungsverlust ist dementsprechend höher als der handelsrechtl. Trotz handelsrechtl. Gewinnausweises kann sich somit ein stl. Veräußerungsverlust ergeben. 263

---

1 BFH v. 8.6.2017 – IV R 6/14, BStBl. II 2017, 1053 Rn. 51 = FR 2018, 263 m. Anm. *Wendt*; v. 1.8.2013 – IV R 18/11, BStBl. II 2013, 910 Rn. 17 ff. = FR 2013, 1140 m. Anm. *Wendt*; v. 20.9.2012 – IV R 36/10, BStBl. II 2013, 498; v. 11.8.2010 – IV B 17/10, BFH/NV 2010, 2268 (Leasingfonds – Flugzeug); v. 26.6.2007 – IV R 49/04, BStBl. II 2009, 289.

2 BFH v. 14.12.2006 – IV R 3/05, BStBl. II 2007, 777; v. 5.7.2005 – VIII R 65/02, BStBl. II 2006, 160 = FR 2007, 550 m. Anm. *Wendt*; **aA** *Fratz/Löhr*, DStR 2005, 1044; *Küspert*, DStR 2007, 746; vgl. auch BFH v. 25.8.2010 – I R 21/10, BFH/NV 2011, 258; v. 24.6.2009 – X R 36/06, BStBl. II 2010, 171 zu Einbringungen nach § 20 UmwStG.

3 So BFH v. 28.2.2013 – IV R 50/09, BStBl. II 2013, 494 Rn. 18 f. = FR 2013, 1137 m. Anm. *Wendt*.

4 BFH v. 17.10.2007 – I R 61/06, BStBl. II 2008, 555 = FR 2008, 1158 m. Anm. *Prinz*.

5 BFH v. 21.3.2002 – IV R 1/01, BStBl. II 2002, 519 = FR 2002, 999 m. Anm. *Seeger*.

6 BFH v. 22.1.2015 – IV R 38/10, BStBl. II 2015, 389 = FR 2015, 650 m. Anm. *Wendt*.

7 Vgl. BFH v. 17.10.2007 – I R 61/06, BStBl. II 2008, 555 = FR 2008, 1158 m. Anm. *Prinz* (zu Drohverlust und Jubiläumsrückstellung); ebenso BMF v. 24.6.2011, BStBl. I 2011, 627; siehe auch *Dannecker/Rudolf*, BB 2014, 2539.

264 Die durch das sog. AIFM-StAnpG[1] mit **§ 4f** eingeführte Beschränkung der steuerwirksamen Hebung von stillen Lasten (s. dazu die Kommentierung zu § 4f) ist bei Schuldübernahmen iZ mit der **Veräußerung/ Aufgabe eines ganzen Betriebs oder MU'Anteils** gem. **§ 4f Abs. 1 S. 3** nicht anwendbar (s. § 4f Rn. 16 mwN). Diese Rückausnahme erklärt sich dadurch, dass bei einer Veräußerung im Ganzen kein GewBetr. mehr vorhanden ist, bei dessen Gewinnermittlung ein Aufwand zeitlich gestreckt erfasst werden könnte. Etwas anderes gilt aber für **TB-Veräußerungen/Aufgaben**. In diesen Fällen kommt es zu einer Verteilung des Aufwands, wenn und soweit die durch die TB-Veräußerung/Aufgabe realisierten stillen Lasten die aufgedeckten stillen Reserven übersteigen (s. **§ 4f Abs. 1 S. 4–6**). Zur außerbilanziellen Bildung eines Korrekturpostens, durch den der Aufwand auf 15 Jahre verteilt wird, s. ausf. § 4f Rn. 19 mwN. Zur Behandlung der Passivierungsbeschränkungen aufseiten des Erwerbers s. **§ 5 Abs. 7** (dazu § 5 Rn. 221 ff.). § 5 Abs. 7 ist beim Erwerber auch in den Fällen der Betriebsveräußerung und der Veräußerung des gesamten MU'anteils[2] anzuwenden (s. § 5 Rn. 234), obwohl und gerade weil beim Veräußerer § 4f hier nicht zur Anwendung kommt. Im Ergebnis wird damit gesichert, dass auch in diesen Konstellationen – entspr. dem bisherigen Verständnis der FinVerw. und entgegen der Rspr. zur alten Rechtslage – die Übertragung/Schuldübernahme von stl. Ansatz- und Bewertungsvorbehalten unterliegenden Verbindlichkeiten nicht dazu führt, dass diese nunmehr irrelevant werden. Sie sind nach dem Schuldübergang allerdings vom Erwerber statt wie bisher vom Veräußerer zu beachten.

265 **6. Veräußerungs-/Aufgabekosten (Abs. 2 S. 1).** Veräußerungs- und Aufgabekosten haben keine Auswirkungen auf den lfd. Gewinn, sondern mindern den Veräußerungs-/Aufgabegewinn nach Abs. 2 S. 1. Hierzu zählen nur solche Aufwendungen, die in einem **Veranlassungszusammenhang** mit der Veräußerung stehen[3] und vom Veräußerer auch tatsächlich getragen werden. Ein Zuordnungswahlrecht zu lfd. oder Veräußerungskosten besteht nicht.[4] Da es nicht auf eine zeitliche Komponente ankommt, mindern die Kosten den Veräußerungsgewinn auch dann, wenn sie zeitlich bereits vor der Veräußerung oder aber erst in späteren VZ anfallen. Zu den Veräußerungskosten gehören ua. Notar-, Inserat-, Reise-, Beratungs-, Gutachterkosten, Vermittlungsprovisionen,[5] Prozesskosten wegen Veräußerungsvorgangs,[6] Vorfälligkeitskosten einer Kreditablösung und spätere Aufgabekosten aus Bürgschaft,[7] Abfindungen für Pensionsansprüche,[8] Verkehrsteuern, soweit sie an den Veräußerungsakt anknüpfen,[9] nicht aber die GewSt, es sei denn, sie wird ausnahmsweise durch einen unter § 16 fallenden Veräußerungsakt ausgelöst,[10] nicht die Ablösung erbrechtl. Verpflichtungen und freiwillig begründeter Rentenverpflichtungen[11] oder Tantiemezahlungen an die bisherige Geschäftsführung[12]. Kommt es wider Erwarten nicht zu einer Veräußerung, so mindern die eigentlichen Veräußerungskosten ausnahmsweise den lfd. Gewinn.[13] – Entsprechend der vorgenannten Grundsätze liegen **Aufgabekosten** dann und soweit vor, als sie durch die BetrAufg. veranlasst sind.

266 **II. Rückwirkende Ereignisse.** Da es bei der Erfassung des Veräußerungsgewinns gerade nicht auf den tatsächlichen Zufluss ankommt (Rn. 245), kann es durch den Eintritt späterer Ereignisse noch zu einer (betragsmäßigen) Änderung kommen. Wegen der privilegierten Besteuerung des Veräußerungs-/Aufgabe-

---

1 G v. 18.12.2013, BGBl. I 2013, 4318; §§ 4 f. und 5 Abs. 7 sind erstmals anzuwenden für Wij., die nach dem 28.11. 2013 enden, § 52 Abs. 8 und 9 EStG idF G v. 25.7.2014 (= § 52 Abs. 12c und Abs. 14a idF G v. 18.12.2013 AIFM-StAnpG).

2 Siehe dazu *Dannecker/Rudolf*, BB 2014, 2539; *Schindler*, GmbHR 2014, 786.

3 BFH v. 15.6.2016 – I R 64/14, BStBl. II 2017, 182 Rn. 15 ff. mwN; dazu Besprechungsaufsatz v. *Scholz/Riedel*, FR 2016, 1040 (auch Gemeinkosten, soweit primärer Veranlassungszusammenhang mit Veräußerungsvorgängen besteht); v. 12.3.2014 – I R 45/13, BStBl. II 2014, 719 Rn. 12 mwN = FR 2014, 808 m. Anm. *Riedel*; v. 16.12.2009 – IV R 22/08, BStBl. II 2010, 736 Rn. 11 = FR 2010, 482 m. Anm. *Wendt*; v. 20.1.2005 – IV R 22/03, BStBl. II 2005, 559; v. 25.1.2000 – VIII R 55/97, BStBl. II 2000, 458 = FR 2000, 711 m. Anm. *Kempermann*.

4 *Haase*, FR 2016, 159.

5 BFH v. 27.2.1991 – XI R 14/87, BStBl. II 1991, 628.

6 BFH v. 18.6.1998 – IV R 61/97, BStBl. II 1998, 621.

7 BFH v. 6.3.2008 – IV R 72/05, BFH/NV 2008, 1311; v. 25.1.2000 – VIII R 55/97, BStBl. II 2000, 458 = FR 2000, 711 m. Anm. *Kempermann* gegen BFH v. 6.5.1982 – IV R 56/79, BStBl. II 1982, 691.

8 BFH v. 20.1.2005 – IV R 22/03, BStBl. II 2005, 559.

9 BFH v. 17.1.1989 – VIII R 370/83, BStBl. II 1989, 563 (USt).

10 Vgl. FG Saarl. v. 16.11.2017 – 1 K 1441/15, EFG 2018, 201 m. Anm. *Hardenbicker* (Rev. IV R 18/17: zu nach § 18 Abs. 3 UmwStG anfallender GewSt trotz Nichtabziehbarkeit der GewSt nach **§ 4 Abs. 5b**; zum Streitstand s. FG Saarl., aaO, Rn. 27 ff.); zum früheren Recht: BFH v. 16.12.2009 – IV R 22/08, BStBl. II 2010, 736 Rn. 17 = FR 2010, 482 m. Anm *Wendt*, unter Aufgabe v. BFH v. 27.10.1977 – IV R 60/74, BStBl. II 1978, 100.

11 BFH v. 20.6.2007 – X R 2/06, BStBl. II 2008, 99.

12 BFH v. 13.3.2014 – I R 45/13, BStBl. II 2014, 719 Rn. 14 = FR 2014, 808 m. Anm. *Riedel*.

13 *Kobor* in H/H/R, § 16 Anm. 420.

gewinns kommt der Abgrenzung zum lfd. Gewinn eine erhebliche Bedeutung zu (s. Rn. 176).[1] Daher müssen zeitlich später eintretende Ereignisse, die auf Veräußerungspreis, Buchwert und/oder Veräußerungskosten Einfluss nehmen, auch noch für die Besteuerung des Veräußerungsgewinnes berücksichtigt werden.[2] Soweit diese Ereignisse nachträglich eintreten, wirken sie materiell auf den Veräußerungszeitpunkt zurück. Verfahrensrechtl. ist dem durch Änderung der Veranlagung nach **§ 175 Abs. 1 S. 1 Nr. 2 AO** Rechnung zu tragen.[3] Zw. dem später eintretenden Ereignis und dem Veräußerungsgeschäft muss ein sachlicher Zusammenhang bestehen, etwa indem durch Urteil oder einen Vergleich ein Streit über Inhalt und Wirksamkeit des Vertrages durch Kaufpreisanpassung beigelegt wird[4] oder der ein Streit über den Zeitpunkt des Ausscheidens des Gesellschafters beendet wird[5]. Daran fehlt es, wenn sich das spätere Ereignis als ein neues selbständiges Rechtsgeschäft darstellt, das nicht bereits im ursprünglichen Veräußerungsgeschäft angelegt war,[6] aber auch, wenn Ereignisse, die zwar von einer Betriebsaufgabe oder -veräußerung ausgehen, aber stl. auf davor liegende Ereignisse zurückwirken.[7]

Der Veräußerungsgewinn ist daher nachträglich zu vermindern bei nachträglichem vollständigen oder teilw. **Ausfall des Veräußerungskaufpreises**,[8] auch bei Rentenforderungen,[9] soweit Sofortversteuerung gewählt wurde und bei Minderungen des Kaufpreises. Allerdings soll der vorzeitige Tod des Rentenberechtigten kein solches Ereignis darstellen.[10] Das erscheint fraglich. Die Wahl zur Sofortversteuerung ändert nichts daran, dass der Veräußerer über seine Leistungsfähigkeit hinaus besteuert wird, wenn ihm ein Veräußerungserlös zugerechnet wird, den er nicht erhält. Dagegen wirken nachträgliche Kursänderungen nicht zurück. Für den Veräußerer soll ein rückwirkendes Ereignis auch vorliegen, wenn ein Kauf wegen Eintritts einer auflösenden Bedingung oder eines Vergleiches darüber rückabgewickelt oder aufgehoben wird.[11] Entspr. gilt auch für einen Aufgabegewinn,[12] selbst wenn die Änderung bzgl. der Veräußerungspreise (einvernehmliche Aufhebung und Veräußerung an einen anderen Erwerber!) einzelner WG erst mehr als zehn Jahre nach der BetrAufg. eintritt. Umgekehrt erhöht sich bei einer nachträglichen Erhöhung des Veräußerungspreises der Veräußerungs-/Aufgabegewinn,[13] ebenso der Aufgabegewinn bei erteilter Restschuldbefreiung für einen bereits vor Insolvenzeröffnung aufgegebenen Betrieb.[14] 267

Ändern sich **Veräußerungskosten** nachträglich, ist der Veräußerungsgewinn ebenfalls rückwirkend zu ändern.[15] Zur nachträglichen Verminderung des Veräußerungsgewinns führt eine bei der Veräußerung nicht bereits berücksichtigte Inanspruchnahme wegen v. Erwerber übernommener Verbindlichkeiten oder aus Bürgschaften für den Erwerber.[16] Umgekehrt erhöht sich der Veräußerungsgewinn nachträglich, wenn eine 268

1 Vgl. BFH v. 24.9.2015 – IV R 30/13, BFHE 251, 238 Rz, 33 ff. = FR 2016, 169 m. Anm. *Wendt* (zu Geschäftsvorfällen, die auf der im Wesentlichen unveränderten Fortführung der bisherigen unternehmerischen Tätigkeit in einer anderen Rechtsform beruhen).

2 Vgl. dazu FG Düss. v. 21.6.2017 – 2 K 4074/15 F, EFG 2017, 1326 m. Anm. *Ludes* (zur Veräußerung von gegen Sacheinlage erhaltenen Anteilen innerhalb der Sperrfrist des § 22 UmwStG – sie bewirkt keine rückwirkende Änderung des gemeinen Werts des BV im Zeitpunkt der Einbringung).

3 BFH v. 19.7.1993 – GrS 2/92, BStBl. II 1993, 897; v. 19.3.2009 – IV R 20/08, BStBl. II 2010, 528 m. Anm. *Schlüßel*, AO-StB 2009, 260 (bei Änderung eines Gewinnfeststellungsbescheides soll auch eine bindende Feststellung hinsichtlich des Vorliegens eines rückwirkenden Ereignisses iSd. 175 Abs. 1 S. 2 AO erforderlich sein).

4 BFH v. 12.4.2016 – VIII R 39/13, BFH/NV 2016, 1430 Rn. 22; v. 19.8.2009 – I R 3/09, BStBl. II 2010, 249 = FR 2010, 275 m. Anm. *Buciek*.

5 BFH v. 16.5.2013 – IV R 6/10, BFH/NV 2013, 1584 Rn. 24; FG Münster v. 12.6.2014 – 13 K 3330/11 F, EFG 2014, 1574 Rn. 26.

6 BFH v. 14.6.2005 – VIII R 14/04, BStBl. II 2006, 15 (unentgeltliche Übertragung unter Nießbrauchsvorbehalt und spätere entgeltliche Ablösung des Nießbrauches – zu § 17).

7 BFH v. 27.4.2016 – X R 16/15, BFH/NV 2016, 1444 = HFR 2016, 885 (zur Rückgängigmachung eines Investitionsabzugsbetrags nach § 7g wg. [späterer] BetrAufg.).

8 BFH v. 19.7.1993 – GrS 2/92, BStBl. II 1993, 897.

9 BFH v. 19.8.1999 – IV R 67/98, BStBl. II 2000, 179 = FR 2000, 97 m. Anm. *Kanzler*.

10 BFH v. 14.5.2002 – VIII R 8/01, BStBl. II 2002, 532 = FR 2002, 877 m. Anm. *Loose*; v. 19.8.1999 – IV R 67/98, BStBl. II 2000, 179 = FR 2000, 97 m. Anm. *Kanzler* mwN.

11 So BFH v. 19.8.2003 – VIII R 67/02, BStBl. II 2004, 107 = FR 2004, 105 m. Anm. *Weber-Grellet*, allerdings zu § 17; vgl. aber BFH v. 21.10.1999 – I R 43, 44/98, BStBl. II 2000, 424 (Rückveräußerung des getäuschten Erwerbers an den Veräußerer!).

12 Vgl. BFH v. 19.3.2009 – IV R 20/08, BStBl. II 2010, 528 = AO-StB 2009, 260 m. Anm. *Schlüßel*; v. 12.10.2005 – VIII R 66/03, BStBl. II 2006, 307.

13 Vgl. BFH v. 31.8.2006 – IV R 53/04, BStBl. II 2006, 906 (Erhöhung nach Betriebsaufgabezeitpunkt aufgrund vereinbarter Nachforderungsklausel bei Umwidmung zu Bauland).

14 BFH v. 13.12.2016 – X R 4/15, BStBl. II 2017, 786 Rn. 45 ff., m. Anm. *Uhländer*, AO-StB 2017, 195.

15 BFH v. 18.11.1997 – VIII R 65/95, BFH/NV 1998, 573; v. 8.10.1997 – XI R 20/97, BFH/NV 1998, 701.

16 BFH v. 6.3.2008 – IV R 72/05, BFH/NV 2008, 1311.

zu hoch berücksichtigte drohende Inanspruchnahme tatsächlich geringer ausfällt. Werden ungewisse Forderungen oder Verbindlichkeiten als Rest-BV fortgeführt (zwingend) und demzufolge beim Anfangskapital nach Abs. 2 nicht berücksichtigt, ist nach Maßgabe der tatsächlichen Inanspruchnahme der Veräußerungs-/Aufgabegewinn zu korrigieren.[1] Soweit eine als Rest-BV fortgeführte gewisse Verbindlichkeit später v. Gläubiger erlassen wird, soll es sich auch dabei um ein den Aufgabegewinn beeinflussendes rückwirkendes Ereignis handeln.[2] Die Tilgung einer abgeschriebenen, in ein anderes BV überführten Forderung führt im neuen Betrieb zu lfd. Gewinn, nicht zur rückwirkenden Korrektur des Veräußerungsgewinns.[3]

269 **III. Nachträgliche Einkünfte aus Gewerbebetrieb.** Die Veräußerung oder Aufgabe des GewBetr. führt zwar notwendigerweise zur Beendigung der bisherigen gewerblichen Betätigung. Sie hat aber nicht zur Folge, dass danach nicht noch nachträgliche gewerbliche Einkünfte anfallen können. Von der Existenz derartiger **nachträglicher Einkünfte** geht § 24 Nr. 2 erkennbar aus. Dazu gehören ua. Veräußerungsrenten bei Wahl zur späteren Versteuerung (Rn. 67 f.), umsatz- und gewinnabhängige Kaufpreisbezüge (s. Rn. 69 f.) sowie die Veräußerung eines Geschäftswerts nach erklärter BetrAufg. (s. Rn. 244).

270 Insoweit kann auch noch trotz Einstellung der werbenden Tätigkeit **gewerbliches BV** vorhanden sein.[4] Str. ist allerdings im Einzelnen, in welchem Umfange derartiges BV nach Betriebsveräußerung weiterbesteht oder in das PV überführt wurde. Dabei kann es sich grds. **nur** um **unwesentliche Betriebsgrundlagen** handeln, weil bei Zurückbehaltung wesentlicher Betriebsgrundlagen keine Betriebsveräußerung oder BetrAufg. vorgelegen haben kann – allerdings mit einer von der Rspr. zutr. anerkannten Ausnahme. Denn bei der **Betriebsverpachtung** bleibt ein **Geschäftswert** auch dann Rest-BV,[5] wenn eine BetrAufg. erklärt wurde (Rn. 244). Zutr. wird iÜ angenommen, dass jedenfalls **ungewisse Verbindlichkeiten und Forderungen**[6] BV bleiben. Insoweit ist allerdings auch der Ansatz zur Ermittlung des Veräußerungsgewinns ungewiss, sodass bei späterer Gewissheit der Veräußerungsgewinn rückwirkend zu berichtigen ist (Rn. 266 f.). IÜ sollte ohnehin anerkannt werden, dass betrieblich veranlasste Forderungen und Verbindlichkeiten nicht willkürlich entnommen werden können. Sie bleiben bis zu ihrem Erlöschen BV.[7] Bei einer Gewinnermittlung nach § 4 Abs. 3 führt ihre Vereinnahmung/Begleichung zu nachträglichen BE/BA.[8]

271 Daher führen auch nach Betriebsveräußerung oder -aufgabe anfallende **Zinsen** für die betrieblich veranlassten Forderungen und Verbindlichkeiten grds. noch zu **nachträglichen BE oder BA**.[9] Zutr. versagt die Rspr. allerdings den **BA-Charakter** für Schuldzinsen, soweit die Schuld aus dem Veräußerungserlös hätte gedeckt werden können, falls der Ablösung keine bereits im betrieblichen Bereich begründeten Hindernisse entgegenstanden (**Vorrang der Schuldendeckung**).[10] Können betriebliche Verbindlichkeiten nicht getilgt werden, weil kreditfinanzierte WG des früheren BV (zB Grundstücke) nunmehr zur Erzielung v. Überschusseinkünften eingesetzt werden, so sind Zinsen für ein umschuldendes neues Darlehen nunmehr als WK iRd. entspr. Einkunftsart abziehbar (sog. **Surrogationsbetrachtung**).[11] Ebenso muss hin-

1 BFH v. 10.2.1994 – IV R 37/92, BStBl. II 1994, 564 = FR 1994, 500 m. Anm. *Söffing*; v. 23.2.1995 – III B 134/94, BFH/NV 1995, 1060; FG Münster v. 4.10.1994 – 1 K 5596/92 E, EFG 1995, 439; **aA** *Dötsch*, FS Beisse, 1997, 139.

2 BFH v. 6.3.1997 – IV R 47/95, BStBl. II 1997, 509; **aA** *Dötsch*, FS Beisse, 1997, 139.

3 BFH v. 6.3.2002 – XI R 9/01, BStBl. II 2002, 737 = FR 2002, 1185 m. Anm. *Wendt*.

4 *Trossen* in K/S/M, § 16 Rn. E 801; *Wacker* in Schmidt[37], § 16 Rn. 360 f. mwN; *Mathäus*, Ubg. 2015, 340.

5 BFH v. 30.1.2002 – X R 56/99, BStBl. II 2002, 387 = FR 2002, 719 m. Anm. *Weber-Grellet*; v. 14.12.1993 – VIII R 13/93, BStBl. II 1994, 922.

6 BFH v. 10.2.1994 – IV R 37/92, BStBl. II 1994, 564 = FR 1994, 500 m. Anm. *Söffing*.

7 **Anders allerdings** die Rspr., BFH v. 12.11.1997 – XI R 98/96, BStBl. II 1998, 144 = FR 1998, 193 m. Anm. *Wendt* = FR 1998, 520 m. Anm. *Paus*.

8 BFH v. 4.12.2012 – VIII R 41/09, BStBl. II 2014, 288 Rn. 19 ff. (dazu Besprechungsaufsätze v. *Paus*, EstB 2013, 394; *Fuhrmann/Müller*, DStR 2013, 848); OFD Nds. v. 30.6.2015 – S 1978d-10 St 243, DB 2015, 1756.

9 Vgl. zum nachträglichen Werbungskostenabzug bei den Einkünften aus VuV: BFH v. 6.12.2017 – IX R 4/17, BStBl. II 2018, 268 Rn. 22 = FR 2018, 531 m. Anm. *Broemel*; v. 20.6.2012 – IX R 67/10, BStBl. II 2013, 275 Rn. 22 ff. = FR 2013, 39 m. Anm. *Schmitz-Herscheidt* (Änderung der Rspr. Schuldzinsen auf nach Veräußerung verbleibende Finanzierungsverbindlichkeiten auch bei Einkünften aus VuV nach § 21 nachträgliche WK); v. 16.3.2010 – VIII R 20/08, BStBl. II 2010, 787 Rn. 14 = FR 2010, 1038 (zu Schuldzinsen als nachträgliche WK bei Einkünften aus KapVerm. nach Veräußerung einer unter § 17 fallenden Beteiligung); v. 28.3.2007 – X R 15/04, BStBl. II 2007, 642; v. 6.3.2002 – XI R 9/01, BStBl. II 2002, 737 = FR 2002, 1185 m. Anm. *Wendt* (nachträgliche Schuldzinsen nach Übergang zu Liebhabereibetrieb).

10 BFH v. 6.12.2017 – IX R 4/17, BStBl. II 2018, 268 Rn. 24 = FR 2018, 531 m. Anm. *Broemel;* v. 8.4.2014 – IX R 45/13, BStBl. II 2015, 635 Rn. 17 ff. = FR 2014, 650 mwN; v. 20.6.2012 – IX R 67/10, BStBl. II 2013, 275 Rn. 24 = FR 2013, 39 m. Anm. *Schmitz-Herscheidt*; v. 28.3.2007 – X R 15/04, BStBl. II 2007, 642; v. 25.1.2001 – IX R 27/97, BStBl. II 2001, 573; v. 12.11.1997 – XI R 98/96, BStBl. II 1998, 144 = FR 1998, 193 m. Anm. *Wendt* u. *Paus*, FR 1998, 520; v. 27.11.1984 – VIII R 2/81, BStBl. II 1985, 323.

11 BFH v. 8.4.2014 – IX R 45/13, BStBl. II 2015, 635 Rn. 25 (dazu Besprechungsaufsatz *Schmitz-Herscheidt*, FR 2014, 625); v. 25.1.2001 – IX R 27/97, BStBl. II 2001, 573.

sichtlich der Zinsen für die bisherigen betrieblichen Verbindlichkeiten entschieden werden, wenn keine Umschuldung erfolgt. Betrieblich begründete Schulden und dafür anfallende Zinsen sind generell bis zur Höhe des Wertes der in das PV übernommenen WG nunmehr diesen (anteilig) zuzuordnen. Werden die WG dann im Rahmen einer anderen Einkunftsart genutzt, stehen die Schuldzinsen nunmehr in einem wirtschaftlichen Zusammenhang mit dieser Einkunftsart.[1] Die Einschränkung des BA-Abzugs nach **§ 4 Abs. 4a** wegen Überentnahmen ist auch bei Veräußerung/Aufgabe des Betriebs zu beachten, soweit wegen verbleibender Restbetriebsschulden noch Zinsen anfallen. Ein Veräußerungs-/Aufgabegewinn vermindert die bisherigen Überentnahmen.[2] Soweit der Veräußerungserlös zur Tilung v. Betriebsschulden verwendet wird, liegen keine Entnahmen vor, wohl aber, soweit er in das PV überführt wird. Werden Restbetriebsschulden mit privaten Mitteln getilgt, liegen zu Unterentnahmen führende Einlagen vor. Ein Veräußerungsverlust erhöht nicht die Überentnahmen des Verlustjahres. Er ist allerdings mit Unterentnahmen der Vorjahre sowie ggf. mit Unterentnahmen der Folgejahre zu verrechnen. Die **Kaufpreisforderung aus der Betriebsveräußerung** soll notwendigerweise PV werden.[3] Insoweit wäre dann auch für § 4 Abs. 4a v. einer Entnahme auszugehen. Richtigerweise bleibt die Forderung bis zu ihrer Tilgung notwendiges BV und darauf anfallende Zinsen führen zu nachträglichen BE. Das gilt jedenfalls, solange noch Restbetriebsschulden bestehen.[4]

Nach Auffassung des IV. Senats sind nachträgliche Einkünfte **entspr. § 4 Abs. 3 zu ermitteln.**[5] Anders soll 272
dies aber für Pensionsansprüche eines ausgeschiedenen G'ters einer PersGes. zu beurteilen sein.[6] Verfahrensrechtl. sind nachträgliche Einkünfte für den ausgeschiedenen MU'er bei MU'schaften aber nicht in die einheitliche und gesonderte Feststellung einzubeziehen.[7]

H. Freibetrag für Veräußerungs- und Aufgabegewinne (Abs. 4)

I. Zweck. Der Zweck der Vorschrift besteht darin, bei geringen Veräußerungsgewinnen auftretende Här- 273
ten durch die Gewährung völliger Steuerbefreiungen zu beseitigen.[8] Schließlich ist zu beachten, dass § 16 Abs. 1, 2 in einem unlösbaren Zusammenhang mit den Regelungen des § 16 Abs. 4 und des § 34 stehen. Mit ihnen soll ein Härteausgleich für die zusammengeballte Besteuerung der – teilw. über einen längeren Zeitraum entstandenen – stillen Reserven geschaffen werden.[9]

II. Sachliche Steuerbefreiung. Der Freibetrag nach Abs. 4 ist als sachliche Steuerbefreiung und nicht als 274
bloße Tarifvorschrift bereits bei der Ermittlung der Einkünfte aus GewBetr. abzuziehen. Somit werden Verluste aus anderen Einkunftsarten nicht durch den nach Abs. 4 stfreien Teil eines Veräußerungs-/Aufgabegewinns aufgezehrt. Ebenfalls werden iRd. nach § 2 Abs. 3 unbeschränkt zulässigen horizontalen Verlustausgleichs Verluste aus GewBetr. nicht durch den nach § 16 Abs. 4 stfreien Veräußerungsgewinn ausgeglichen. Allerdings kommt der Freibetrag nach § 16 Abs. 4 nur für der ESt unterliegende nat. Pers. in Betracht und nicht für Körperschaften. Er mindert ebenfalls nicht bei einer unter § 18 Abs. 3 UmwStG fallenden Veräußerung des Betriebs von PersGes. respektive von MU'anteilen innerhalb von fünf Jahren nach einer Umwandlung den der GewSt unterliegenden (Veräußerungs-)Gewinn/Gewerbeertrag.[10] Erzielt der StPfl. zB neben einem Veräußerungs-/Aufgabegewinn noch einen Verlust aus der Veräußerung/Aufgabe eines MU'anteils, bleibt dieser Verlust **voll ausgleichs- und abzugsfähig**; er kann mit anderen positiven Einkünften ausgeglichen werden.[11] Dem könnten nur Sondernormen wie §§ 15a, 15 Abs. 4 oder 15b entgegenstehen. Unterliegen lfd. Verluste einer Ausgleichsbeschränkung, so hat diese Vorrang. Trifft dann ein nicht ausgleichsfähiger Anteil am lfd. Verlust mit einem an sich nach den §§ 16, 34 begünstigten Veräußerungsgewinn aus ders. Quelle zusammen, so hat diese rechtl. Beurteilung zur Folge, dass lfd. Verlust

1 BFH v. 28.3.2007 – X R 15/04, BStBl. II 2007, 642.
2 BMF v. 2.11.2018, BStBl. I 2018, 1207 Rn. 9.
3 BFH v. 16.12.1997 – VIII R 11/95, BStBl. II 1998, 379; offen in BFH v. 19.8.1999 – IV R 67/98, BStBl. II 2000, 179 = FR 2000, 97 m. Anm. *Kanzler*; **aA** zutr. *Dötsch*, FS Beisse, 1997, 139 mwN.
4 BFH v. 9.11.1999 – II R 45/97, BFN/NV 2000, 686.
5 BFH v. 23.2.2012 – IV R 31/09, BFH/NV 2012, 1448 Rn. 31 ff.
6 BFH v. 6.3.2014 – IV R 14/11, BStBl. II 2014, 624 Rn. 28 ff. = FR 2014, 933 m. Anm. *Kanzler* (unter Anwendung des Grundsatzes der korrespondierenden Bilanzierung soll der Pensionsanspruch in der Sonderbilanz des ausgeschiedenen G'fters fortgeschrieben werden).
7 BFH v. 14.5.2002 – VIII R 8/01, BStBl. II 2002, 532 = FR 2002, 877 m. Anm. *Loose*.
8 BFH v. 16.12.1975 – VIII R 147/71, BStBl. II 1976, 360; v. 8.5.1991 – I R 33/90, BStBl. II 1992, 437; v. 18.6.1998 – IV R 9/98, BStBl. II 1998, 623.
9 BFH v. 19.7.1993 – GrS 2/92, BStBl. II 1993, 897.
10 Insoweit zutr. für die Rechtslage ab dem JStG 1996 BFH v. 26.3.2015 – IV R 3/12, BStBl. II 2016, 553 Rn. 16 ff. (m. Anm. *Brill*, EStB 2015, 266); zur früheren Rechtslage s. BFH v. 8.5.1991 – I R 33/90, BStBl. II 1992, 437.
11 BFH v. 26.1.1995 – IV R 23/93, BStBl. II 1995, 467.

und Veräußerungsgewinn miteinander verrechnet werden.[1] Trotz Steuerfreiheit des Aufgabegewinns bestimmt sich die Bemessungsgrundlage für ein ehemaliges Betriebsgebäude nach dem gemeinen Wert,[2] ebenso die AK/HK eines Grundstücks bei Veräußerung nach § 23 nach einer BetrAufg.[3]

275 In den Fällen des **Abs. 1 S. 2, Abs. 2 S. 3 und Abs. 3 S. 5** definiert der Gesetzgeber den aufgedeckten Gewinn insoweit als lfd. Gewinn. Daraus folgt, dass diese Gewinnanteile nicht zum Veräußerungsgewinn nach Abs. 4 S. 1 und 3 gehören.[4] Sie werden damit auch nicht in die Ermittlung der Freibetragsgrenze einbezogen und können folglich nicht zur Abschmelzung des Freibetrags führen.[5]

276 Bzgl. des rückwirkend zu erfassenden Gewinns nach **Abs. 5** (Rn. 221 ff.) ist zu differenzieren. Er ist Teil des nach Abs. 4 begünstigten Aufgabegewinns aus der Aufgabe eines TB, soweit es sich um die Zuteilung einer 100-prozentigen Beteiligung handelt. Er ist hingegen nicht Teil des Veräußerungsgewinns nach Abs. 4, soweit eine nicht 100-prozentige Beteiligung lediglich als WG des zugewiesenen TB zunächst zum Buchwert zugeteilt wurde. Zwar schließt § 22 Abs. 2 S. 1 HS 2 UmwStG die Anwendung des § 16 Abs. 4 für den Fall der Einbringung einer (auch 100-prozentigen) Beteiligung zum Buchwert und nachträglicher Veräußerung innerhalb der Siebenjahresfrist gerade aus, aber Abs. 5 verweist darauf nicht. Es verbleibt mithin bei der Grundregel, dass der Aufgabegewinn auch bei einem TB unter Abs. 4 fällt, ebenso wie bei der Veräußerung eines TB. Anders ist es freilich, wenn die (nicht 100-prozentige) Beteiligung nur ein zum TB gehörendes WG war, weil dann angesichts der Buchwertfortführung iÜ keine Aufgabe eines TB vorliegt.

277 Der Freibetrag v. 45 000 Euro **ermäßigt** sich nach Abs. 4 S. 3 um den Betrag, um den der Veräußerungsgewinn 136 000 Euro übersteigt. Dies entspricht dem Grundgedanken des Abs. 4, die partielle Steuerbefreiung zur Schonung des StPfl. nur bei kleineren Veräußerungsgewinnen zu gewähren. Der Freibetrag entfällt mithin vollständig, wenn der Veräußerungsgewinn die **Freibetragsgrenze v. 136 000 Euro + 45 000 Euro (= 181 000 Euro)** erreicht.

278 **III. Tatbestandsvoraussetzungen.** Tatbestandliche Voraussetzung für die Gewährung des Freibetrages ist, dass der StPfl. im Zeitpunkt der Veräußerung/Aufgabe entweder das 55. Lebensjahr vollendet hat oder im sozialversicherungsrechtl. Sinne dauernd berufsunfähig ist. Für die Frage, ob eine Veräußerung iSd. Abs. 4 aF „wegen" dauernder Berufsunfähigkeit erfolgt ist, sollte nach der Rspr. auf das Kausalgeschäft abzustellen sein, das seinerseits den Rechtsgrund für das nachfolgende Veräußerungsgeschäft bildete.[6] Es reicht nach der jetzigen Fassung des Abs. 4 aber jedenfalls aus, wenn im Zeitpunkt des Erfüllungsgeschäfts Berufsunfähigkeit gegeben ist oder der StPfl. im Zeitpunkt des Erfüllungsgeschäfts bzw. des Endes der BetrAufg. das 55. Lebensjahr vollendet hat.[7] Die Vollendung tritt mit Ablauf des Tages ein, der dem 55. Geburtstag vorangeht, § 108 AO iVm. §§ 187 Abs. 2 S. 2, 188 Abs. 2 BGB. Die Veräußerung oder Aufgabe muss zeitlich nach diesem Zeitpunkt erfolgen. Erfolgt die Veräußerung und insbes. die Aufgabe zeitlich gestreckt in mehreren Akten, kommt es nicht auf den Beginn, sondern auf die materielle Vollendung des Vorganges an. Maßgebend dafür sind der Übergang des wirtschaftlichen Eigentums[8] und die Einstellung der bisherigen werbenden Tätigkeit.

279 Erfolgt im **Erbfall** die Veräußerung (durch das dingliche Erfüllungsgeschäft) noch durch den Erblasser, sind für den diesem noch zuzurechnenden Veräußerungsgewinn der Freibetrag und der ermäßigte Steuersatz zu gewähren, wenn der Erblasser in seiner Person die persönlichen Voraussetzungen des § 16 Abs. 4, § 34 Abs. 3 (Alter, Berufsunfähigkeit) erfüllte. Veräußert hingegen erst nach dem Erbfall der Erbe den GewBetr., ist erst diesem der Veräußerungsgewinn zuzurechnen. In seiner Person müssen dann auch die persönlichen Voraussetzungen (Alter, Berufsunfähigkeit) des Abs. 4 erfüllt sein. Soweit dem Erben danach der Freibetrag zu gewähren ist, ist ihm nicht noch zusätzlich ein Freibetrag des Erblassers zu gewähren, auch wenn bereits der Erblasser die Veräußerung bindend eingeleitet hatte und in der Person des Erblassers die Tatbestandsvoraussetzungen des Alters oder der Berufsunfähigkeit zu diesem Zeitpunkt oder jedenfalls vor seinem Tode bereits erfüllt waren.[9] Erfolgt die Betriebsveräußerung erst nach dem Tode, wird

1 BFH v. 26.1.1995 – IV R 23/93, BStBl. II 1995, 467 (zu § 15a); vgl. aber BFH v. 23.2.2000 – VIII R 66/98, BFH/NV 2000, 977 (keine Verrechnung v. Veräußerungsgewinn im SBV und lediglich verrechenbarem Verlust im Gesamthandsbereich).
2 BFH v. 14.12.1999 – IX R 62/96, BStBl. II 2000, 656.
3 BMF v. 5.10.2000, BStBl. I 2000, 1383 Rn. 33.
4 **AA** *Wacker* in Schmidt[37], § 16 Rn. 578.
5 R 16 Abs. 13 S. 8 EStR.
6 So BFH v. 21.9.1995 – IV R 1/95, BStBl. II 1995, 893; **aA** *Schoor*, DStZ 2004, 627.
7 BFH v. 28.11.2007 – X R 12/07, BStBl. II 2008, 193 = FR 2008, 371 m. Anm. *Wendt*; *Wacker* in Schmidt[37], § 16 Rn. 579; BMF v. 20.12.2005, BStBl. I 2006, 7.
8 BFH v. 19.1.2010 – VIII R 49/07, BFH/NV 2010, 870.
9 BFH v. 9.6.2015 – X R 6/13, BStBl. II 2016, 216 Rn. 20 ff., m. Anm. *Rothenberger*, EStB 2016, 86; *Hübner*, HFR 2016, 131.

der Veräußerungsgewinn nur und erst vom Erben erzielt. Ungeachtet dessen, dass der Erbe als Rechtsnachfolger auch in die stl. Rechtsstellung des Erblassers eintritt, realisiert erst dieser und nicht schon der Erblasser den Veräußerungsgewinn. Es entspricht sowohl dem Wortlaut als auch dem Telos von § 16 Abs. 4 und § 34 Abs. 3, dass es auf das Alter und die Berufsunfähigkeit dessen ankommt, der als StPfl. den seine Leistungsfähigkeit erhöhenden Veräußerungsgewinn erzielt.

Welche Kriterien für eine **dauernde Berufsunfähigkeit** gegeben sein müssen, bestimmt sich allein nach dem SozVers.recht in § 240 Abs. 2 SGB VI.[1] Verweisungsberufe in § 240 Abs. 2 S. 2 SGB VI sind nur dann zu berücksichtigen, wenn sie im aufgegebenen/veräußerten Betrieb ausgeübt werden können. Die sozialversicherungsrechtl. Beurteilung kann insoweit v. der steuerrechtl. abweichen. Feststellungen des SozVers.trägers sind für stl. Zwecke nicht über § 171 Abs. 10 AO bindend.[2] 280

Eine Betriebsveräußerung wegen dauernder Berufsunfähigkeit iSd. Abs. 4 S. 1 liegt auch vor, wenn ein StPfl. zunächst seinen **Betrieb verpachtet** und anschließend nach Erlangung der Gewissheit, dauernd berufsunfähig zu bleiben, veräußert.[3] Bei Veräußerung des Betriebs nach dem Tod des Inhabers liegt keine Veräußerung wegen Berufsunfähigkeit iSd. Abs. 4 S. 1 vor.[4] Vielmehr müssen die Voraussetzungen des Abs. 4 S. 1 in der Pers. des Erben erfüllt sein.[5] Dies gilt allerdings nicht, wenn der Betrieb zwar erst nach dem **Tod des Erblassers** übertragen wurde, der Verkauf jedoch zeitlich noch vor dessen Tod erfolgte.[6] 281

Aus den Tatbestandsvoraussetzungen des Abs. 4 S. 1 ergibt sich zwingend, dass die Norm **nur für nat. Pers.** zur Anwendung kommt. Die Voraussetzungen des Abs. 4 S. 1 müssen in der Pers. des Veräußerers gegeben sein, auf den Ehegatten kommt es auch bei Zusammenveranlagung nicht an.[7] Wird der ganze GewBetr. einer MU'schaft veräußert, steht jedem einzelnen MU'er, der als nat. Pers. die Kriterien des Abs. 4 S. 1 erfüllt, der Freibetrag in voller Höhe zu.[8] 282

IV. Antragserfordernis und Einmalgewährung. Der Freibetrag wird gem. **Abs. 4 S. 1 nur auf Antrag** des StPfl. gewährt und ist beim FA zu stellen. Dem Gesetz sind hierfür weder Form- noch Fristvorschriften zu entnehmen, sodass der Antrag nicht schon in der ESt-Erklärung des StPfl. enthalten sein muss, in der er einen Veräußerungs-/Aufgabegewinn ausweist. Es genügt, ist aber auch erforderlich, den Antrag bis zum Eintritt der formellen Bestandskraft des betr. Steuerbescheides zu stellen.[9] 283

Nach Maßgabe des **Abs. 4 S. 2** steht jedem StPfl. als **nat. Pers.** der Freibetrag **nur einmal im Leben** zu. Der Freibetrag ist **stets in voller Höhe** zu gewähren. Er ist seit seiner Umgestaltung durch das JStG 1996 v. 11.10. 1995[10] **personenbezogen**. Damit spielt es keine Rolle, ob der StPfl. mehrere Betriebe unterhält oder seine gewerblichen Aktivitäten in einem Betrieb bündelt.[11] Unterhält er mehrere Betriebe, TB oder MU'anteile, ist es letztlich seine Entsch., für welchen Veräußerungsfall er den Freibetrag („einmal im Leben") in Anspr. nimmt. Es kommt nicht darauf an, ob der StPfl. einen ganzen GewBetr., einen TB oder einen MU'anteil veräußert/aufgibt; es ist der volle Freibetrag zu gewähren. Unerheblich ist auch, ob der StPfl. voll- oder teilentgeltlich veräußert hat.[12] Das Entgelt für die Veräußerung muss lediglich höher sein als die Buchwerte. Hat der StPfl. bereits vor dem 1.1.1996 Veräußerungsfreibeträge in Anspr. genommen, blieb dies nach § 52 Abs. 34 S. 6 idF des EStG idF der Bekanntmachung v. 8.10.2009, geändert durch G v. 18.7.2014, unberücksichtigt.[13] 284

---

1 Nach § 240 Abs. 2 SBG VI liegt Berufsunfähigkeit vor, wenn die Erwerbsfähigkeit auf weniger als sechs Stunden gesunken ist, vgl. auch H 16 Abs. 14 EStH.

2 *Wacker* in Schmidt[37], § 16 Rn. 579; *Graw* in K/S/M, § 16 Rn. I 12; **aA** *Kanzler*, FR 1995, 851; *Wendt*, FR 2000, 1199; *Kobor* in H/H/R, § 16 Anm. 709; zum Nachweis durch Bescheid des Rentenversicherungsträgers oder amtsärztliches Zeugnis vgl. R 16 Abs. 14 EStR und FG SachsAnh. v. 10.7.2014 – 1 K 536/08, EFG 2015, 45 m. Anm. *Kühnen*; FG RhPf. v. 16.9.2008 – 2 K 2140/07, EFG 2008, 1954.

3 BFH v. 13.3.1986 – IV R 176/84, BStBl. II 1986, 601.

4 Vgl. BFH v. 29.4.1982 – IV R 116/79, BStBl. II 1985, 204.

5 Vgl. BFH v. 3.7.1991 – X R 26/90, BFH/NV 1991, 813.

6 Vgl. BFH v. 21.9.1995 – IV R 1/95, BStBl. II 1995, 893.

7 Vgl. BFH v. 12.6.1980 – IV R 124/77, BStBl. II 1980, 645 (zu § 34 Abs. 4).

8 R 16 Abs. 13 S. 3 EStR.

9 Vgl. FG BaWü. v. 22.2.2012 – 2 K 677/11, rkr. (zu § 34 Abs. 3).

10 BGBl. I 1995, 1250.

11 Zu den Motiven s. BFH v. 3.5.2017 – X R 12/14, BFHE 258, 317 Rn. 72 f. (m. Anm. *Brill*, EStB 2017, 428); v. 21.7. 2009 – X R 2/09, BStBl. II 2009, 963 = FR 2010, 29 m. Anm. *Wendt*.

12 So auch *Geissler*, FR 2014, 152.

13 Die Bestimmung ist im durch das Kroatien-AnpG v. 25.7.2014 (BGBl. I 2014, 1266) geänderten § 52 EStG nicht mehr enthalten. Dabei dürfte es sich um eine technische Fehlleistung bei der Gesetzgebung handeln. Es muss weiterhin gelten, dass eine vor 1996 erfolgte Inanspruchnahme eines Freibetrags nach damaligem Recht unschädlich bleibt. Maßgebend ist, ob das Erfüllungsgeschäft noch vor dem 1.1.1996 vollzogen wurde, BFH v. 19.1.2010 – VIII R 49/07, BFH/NV 2010, 870.

Die Gewährung des Freibetrages ist hingegen ausgeschlossen, wenn dem StPfl. für eine Veräußerung oder Aufgabe, die nach dem 31.12.1995 erfolgt ist, ein Freibetrag nach § 14 S. 2, § 16 Abs. 4 oder § 18 Abs. 3 S. 2 bereits gewährt worden ist.[1] Die **Einmalgewährung** des Freibetrages für jede Gewinneinkunftsart gesondert ist abzulehnen.[2] Entscheidend ist, ob dem StPfl. in seiner Pers. bisher schon einmal ein Freibetrag gewährt wurde oder nicht, selbst wenn die Gewährung (rechtswidrig) ohne Antrag erfolgte.[3] **Nicht verbrauchte Teile** des Freibetrags können nicht bei anderen Veräußerungen/Aufgaben nachgeholt werden.[4] Auch wenn mehrere MU'anteile, TB oder Betriebe zusammen zum selben Zeitpunkt veräußert werden, kann der Freibetrag nur für eine dieser Veräußerungen in Anspruch genommen werden.[5] Nach eingetretener Bestandskraft kommt eine Änderung der ausgeübten Wahl zugunsten der Berücksichtigung des Freibetrags aus einer anderen Betriebsveräußerung nur noch im Rahmen eines Einspruchs gegen einen erhöhenden Änderungsbescheid unter Begrenzung durch die formelle Bestandskraft des Änderungsbescheids in Betracht.[6]

285 **V. Besonderheiten bei Personengesellschaften.** Veräußert eine PersGes. ihren Betrieb oder TB oder gibt sie ihn auf, steht der **volle Freibetrag** jedem natürlichen MU'er zu, der die persönlichen Voraussetzungen erfüllt. Der Freibetrag wird dem StPfl. (nat. Pers.) auf Antrag stets in voller Höhe unter Berücksichtigung der Freibetragsgrenze v. 136 000 Euro gewährt, wenn die persönlichen Voraussetzungen dafür erfüllt sind.

286 Gehörte zum veräußerten oder aufgegebenen (Einzel-)Betrieb (oder zu einem MU'anteil) eine (weitere) **mitunternehmerische Beteiligung** (auch im SBV) und wird diese ebenfalls veräußert oder aufgegeben, so steht dem StPfl. der volle Freibetrag für den veräußerten bzw. aufgegebenen Betrieb oder für den veräußerten bzw. aufgegebenen MU'anteil zu. Der StPfl. hat insofern ein **Wahlrecht**, für welchen aufgedeckten Veräußerungs-/Aufgabegewinn er den Freibetrag beantragen möchte.[7] Bei Beteiligung einer PersGes. als MU'er **(doppelstöckige PersGes.)** ist nach § 15 Abs. 1 S. 1 Nr. 2 S. 2 der Durchgriff auf die an der Oberges. beteiligten nat. Pers. notwendig, auch wenn der BFH in der Oberges. den MU'er an der Unterges. sieht.[8] Veräußert ein natürlicher MU'er einer sog. doppelstöckigen PersGes. seinen Anteil an der Oberges., zu deren BV der Anteil an einer anderen MU'schaft (Unterges.) gehört, so liegen darin nach vorzugswürdiger Ansicht nicht zwei Veräußerungsvorgänge, sondern es liegt nur ein (einheitlich zu beurteilender) Veräußerungsvorgang vor.[9] Voraussetzung hierfür ist insbes., dass die im SBV (wesentliche Betriebsgrundlage) des G'ters an der Ober- und/oder Unterges. steckenden stillen Reserven mit realisiert werden.[10] Entsteht durch Aufgabe oder Veräußerung des Betriebes oder TB der **UnterGes.** ein Gewinn, so ist dieser im **Durchgriff** auch für den natürlichen MU'er der Oberges. nach Abs. 4 begünstigt. Ebenso begünstigt ist für den G'ter (nat. Pers.) der Oberges. der Verkauf bzw. die Aufgabe der Beteiligung an der Unterges. durch die Oberges.[11]

287 Bei mitunternehmerischen **PersGes.** ist im **einheitlichen und gesonderten Gewinnfeststellungsverfahren** nach **§§ 180 Abs. 1 Nr. 2a, 179 AO** über das Vorliegen oder Nichtvorliegen, die Zurechnung, die Höhe und die Verteilung eines Veräußerungsgewinns nach Abs. 1 S. 1 Nr. 1 oder Nr. 2 sowie eine Tarifbegünstigung nach § 34 zu entscheiden. Die Feststellungen dazu erwachsen eigenständig – neben den Feststellungen zum lfd. Gewinn – in Bestandskraft und entfalten – auch in negativer Hinsicht, dass kein entspr. Gewinn/Verlust entstanden ist – Bindungswirkung, ggf. auch für bereits im nämlichen Bescheid getroffene nachgelagerte Feststellungen.[12] Über die Gewährung wegen Berufsunfähigkeit oder Vollendung des 55. Le-

1 Vgl. R 16 Abs. 13 S. 5 EStR.
2 So auch BFH v. 21.7.2009 – X R 2/09, BStBl. II 2009, 963 = FR 2010, 29 mit Anm. *Wendt*; *Graw* in K/S/M, § 16 Rn. I 27: Restriktion der Einmalgewährung gilt einkunftsartenübergreifend (Zusammenschau mit § 14 S. 2 u. § 18 Abs. 3 S. 2).
3 BFH v. 1.12.2015 – X B 111/15, BFH/NV 2016, 199; v. 21.7.2009 – X R 2/09, BStBl. II 2009, 263 = FR 2010, 29 m. Anm. *Wendt*.
4 Vgl. R 16 Abs. 13 S. 4 EStR.
5 BFH v. 3.5.2017 – X R 12/14, BFHE 258, 317 Rn. 70 ff. (m. Anm. *Brill*, EStB 2017, 428).
6 BFH v. 27.10.2015 – X R 44/13, BStBl. II 2016, 278 Rn. 14, 25.
7 Ebenso FinVerw. in R 16 Abs. 13 S. 6 und 7 EStR und H 16 Abs. 13 EStH; *Kobor* in H/H/R, § 16 Anm. 725.
8 Vgl. BFH v. 25.2.1991 – GrS 7/89, BStBl. II 1991, 691 = FR 1991, 270 m. Anm. *Schwichtenberg*.
9 So R 16 Abs. 13 S. 8 EStR; *Ley*, KÖSDI 2011, 17278 (nur eine Veräußerung des Anteils an der Oberges.); *Kobor* in H/H/R, § 16 Anm. 730; *Graw* in K/S/M, § 16 Rn. I 29; offen in BFH v. 1.7.2004 – IV R 67/00, BStBl. II 2010, 157 = FR 2004, 1327 m. Anm. *Kanzler*; v. 18.9.2007 – I R 79/06, FR 2008, 960 m. Anm. *Suchanek* (verfahrensrechtl. hat die Gewinnfeststellung einheitlich nur im Feststellungsbescheid für die Oberges. zu erfolgen); **aA** *Wacker* in Schmidt[37], § 16 Rn. 407, 582; *Reiß* in Voraufl. (17. Aufl.).
10 Vgl. *Ley*, KÖSDI 2011, 17277.
11 Vgl. *Ley*, KÖSDI 2011, 17277; so auch *Wacker* in Schmidt[37], § 16 Rn. 401.
12 BFH v. 10.2.2016 – VIII R 38/12, GmbHR 2016, 1058 (Steuerbegünstigung bei Veräußerung eines MU'anteils bei überquotaler Mitveräußerung von SBV); v. 9.6.2015 – X R 6/13, BStBl. II 2016, 216 Rn. 16 (Zurechnung des Veräußerungsgewinns an MU'er); v. 10.4.2014 – III R 20/13, BStBl. II 2016, 583 Rn. 19 (Nichtfeststellung von Verlusten); v. 23.2.2012 – IV R 31/09, BFH/NV 2012, 1448; v. 23.2.2012 – IV R 32/09, BFH/NV 2012, 1479 (zur iso-

bensjahres und die **Höhe** des dem einzelnen MU'er zustehenden Freibetrags wird hingegen erst im Veranlagungsverfahren durch das **Wohnsitz-FA** entschieden.[1]

VI. Weitere Einzelfragen. Vollzieht sich die Veräußerung oder Aufgabe in **mehreren VZ** (**„gestreckte" Veräußerung**), ist der Freibetrag nur einmal zu gewähren. Er ist dann aber auf die jeweiligen VZ aufzuteilen. Dem StPfl. wird durch das Antragsrecht in Abs. 4 nicht eingeräumt, v. einer Aufteilung des Freibetrages auf mehrere VZ abzusehen.[2] Vielmehr ist nach zutr. Auffassung der FinVerw. der dem jeweiligen VZ zuzuordnende Veräußerungserlös den Buchwerten der im jeweiligen VZ veräußerten WG gegenüberzustellen und damit nach dem sich daraus ergebenden **Verhältnis der Gewinnanteile** aufzuteilen.[3] Enthält der Veräußerungsgewinn auch einen Gewinn aus der Veräußerung von im BV gehaltenen KapGes.-Anteilen, auf den das Teileinkünfteverfahren gem. § 3 Nr. 40 lit. b, § 3c Abs. 2 Anwendung findet, ist der Freibetrag vorrangig von diesem Gewinn abzuziehen, weil insoweit eine Tarifermäßigung iSd. § 34 Abs. 2 Nr. 1 ausscheidet (Meistbegünstigungsprinzip).[4] Entsteht insgesamt ein **Veräußerungsverlust**, so ist kein Freibetrag zu gewähren. Die auf den Grundsatz der Abschnittsbesteuerung gestützte Gegenauffassung[5] verkennt, dass die periodengerechte Gewinnermittlung für den Veräußerungsgewinn gerade keine uneingeschränkte Geltung beanspruchen kann.[6] Verfahrensrechtl. kann die Veranlagung für den ersten VZ vorl. erfolgen, solange nicht feststeht, ob insgesamt überhaupt ein Veräußerungsgewinn entsteht oder die Freibetragsgrenze v. 136 000 Euro noch überschritten wird. IÜ bietet § 175 Abs. 1 S. 1 Nr. 2 AO und § 174 AO[7] eine verfahrensrechtl. Korrekturmöglichkeit. 288

Soweit eine Besteuerung als nachträgliche Einkünfte (**Zuflussversteuerung**) gewählt wurde (s. Rn. 69), kann kein Freibetrag abgezogen werden. Wird zusätzlich ein **Einmalbetrag** geleistet, ist der Freibetrag für den Gewinn aus der Differenz v. Einmalbetrag und Buchwert zu gewähren. Zur Berechnung der Höhe des Freibetrags respektive dessen Ermäßigung (Abs. 4 S. 3) berücksichtigt die Rspr. den Barwert der **wiederkehrenden Bezüge** als Teil des Veräußerungspreises.[8] Ein dabei nicht verbrauchter Freibetrag kann nicht v. den bei Zufluss zu versteuernden Bezügen abgezogen werden.[9] 289

Werden früher **gebildete Rücklagen** iZ mit der Veräußerung/Aufgabe des Betriebs aufgelöst, ist der daraus resultierende Gewinn auch dann Teil des nach Abs. 4 begünstigten Veräußerungsgewinns, wenn die Auflösung bereits in einem VZ vor der Übertragung des übrigen BV erfolgen muss,[10] etwa bei einer Rücklage für Ersatzbeschaffung (R 6.6 EStR). Nach hM soll die Fortführung einer früher nach § 6b gebildeten Rücklage[11] der Anwendung des § 16 Abs. 4 nicht entgegenstehen, wenn die Rücklage bei der Veräußerung eines nicht zu den wesentlichen Betriebsgrundlagen gehörenden WG gebildet wurde.[12] 290

---

lierten Teilanfechtung eines Gewinnfeststellungsbescheides nur bzgl. des Veräußerungsgewinns); v. 3.3.2011 – IV R 8/08, BFH/NV 2011, 1649 (zur Unzulässigkeit eines Ergänzungsbescheids nach § 179 Abs. 3 AO und einer Berichtigung nach § 129 AO); v. 15.4.2010 – IV R 9/08, BStBl. II 2010, 929 Rn. 23; v. 14.1.2003 – VIII B 108/01, BStBl. II 2003, 335 (dort auch zur notwendigen Beiladung der PersGes. sowie ausgeschiedener G'ter, falls Vorliegen einer MU'schaft str.); s. auch BFH v. 6.12.2000 – VIII R 21/00, BStBl. II 2003, 194 (zur nicht notwendigen Beiladung des Erwerbers des MU'anteils, falls nur Streit über Qualifikation als Veräußerungsgewinn, nicht aber über Höhe); vgl. aber BFH v. 29.11.2006 – I R 78/05, BFH/NV 2007, 1091 mit Anm. *Hoffmann*, GmbHR 2007, 611 (über das Vorliegen einer vGA bei verbilligter Veräußerung eines MU'anteils durch eine KapG als MU'er ist im KSt-Verfahren der KapG zu entscheiden!).

1 BFH v. 9.6.2015 – X R 6/13, BStBl. II 2016, 216 = FR 2016, 273 Rn. 16; v. 21.9.1995 – IV R 1/95, BStBl. II 1995, 893; v. 1.12.1992 – VIII R 57/90, BStBl. II 1994, 607 (614) = FR 1993, 463 m. Anm. *Schmidt*; v. 29.10.1997 – I R 24/97, BStBl. II 1998, 573.

2 **AA** *Kanzler*, FR 1995, 851.

3 BMF v. 20.12.2005 – IV B 2 - S 2242-18/05, BStBl. I 2006, 7; *Hörger/Rapp* in L/B/P, § 16 Rn. 244; *Schoor*, StBp. 2012, 50 (54); **aA** *Wacker*, in Schmidt[37], § 16 Rn. 584; *Kobor* in H/H/R, § 16 Anm. 725; *Graw* in K/S/M, § 16 Rn. I 25; *Schallmoser* in Blümich, § 16 Rn. 673: Abzug des Freibetrages in voller Höhe bereits im Erst-VZ; falls nicht ausgeschöpft: Rest-FB im folgenden VZ; ggf. Korrektur des ESt-Bescheides für das Erst-VZ n. § 175 Abs. 1 S. 1 Nr. 2 AO.

4 BFH v. 14.7.2010 – X R 61/08, BStBl. II 2010, 1011 Rn. 18 ff. = FR 2010, 1139 m. Anm. *Kanzler*; so jetzt auch FinVerw. H 16 Abs. 13 „Teileinkünfteverfahren" EStH.

5 Vgl. *Kobor* in H/H/R, § 16 Anm. 725.

6 Vgl. BFH v. 3.7.1991 – X R 163–164/87, BStBl. II 1991, 802.

7 Vgl. dazu BFH v. 19.5.2005 – IV R 17/02, BStBl. II 2005, 637 = FR 2005, 938 m. Anm. *Kanzler*.

8 Vgl. BFH v. 17.8.1967 – IV R 81/67, BStBl. II 1968, 75.

9 Vgl. BFH v. 21.12.1988 – III B 15/88, BStBl. II 1989, 409; *Graw* in K/S/M, § 16 Rn. I 25; *Schallmoser* in Blümich, § 16 Rn. 682.

10 Vgl. BFH v. 17.10.1991 – IV R 97/89, BStBl. II 1992, 392.

11 Zur (zulässigen und dann auch erforderlichen) Bildung/Fortführung einer § 6b-Rücklage bei Veräußerung des MU'anteils/Ausscheiden des MU'ers in der (Sonder-)Bilanz bei der Ges. s. *Bolk*, DStR 2015, 1355 gegen FinMin. SchlHol. v. 2.9.2014 – VI 306 - S 2139-134, DStR 2014, 2180 (danach in Bilanzen des MU'ers bei seiner ESt-Erklärung).

12 R 6b.2 Abs. 10 EStR; **aA** *Wacker in Schmidt*[37], § 16 Rn. 108; *Geissler* in H/H/R, § 16 Anm. 122.

291 **Hinzurechnungen der Unterschiedsbeträge** nach § 5a Abs. 4 Satz 3 EStG zum Gewinn **nach Beendigung der Tonnagebesteuerung** sind nicht als nach §§ 16, 34 EStG begünstigte Veräußerungsgewinne zu behandeln (§ 5a Rn. 21).[1] Das Besteuerungsrecht für einen sich bei Veräußerung/Aufgabe des MU'anteils hinzuzurechnenden Unterschiedsbetrag steht auch bei beschränkt stpfl. G'tern nach Art. 13 Abs. 2 OECD MA Deutschland zu,[2] soweit die Gesellschaft ihren Sitz in Deutschland hat.

§ 17 Veräußerung von Anteilen an Kapitalgesellschaften

(1) [1]Zu den Einkünften aus Gewerbebetrieb gehört auch der Gewinn aus der Veräußerung von Anteilen an einer Kapitalgesellschaft, wenn der Veräußerer innerhalb der letzten fünf Jahre am Kapital der Gesellschaft unmittelbar oder mittelbar zu mindestens 1 Prozent beteiligt war. [2]Die verdeckte Einlage von Anteilen an einer Kapitalgesellschaft in eine Kapitalgesellschaft steht der Veräußerung der Anteile gleich. [3]Anteile an einer Kapitalgesellschaft sind Aktien, Anteile an einer Gesellschaft mit beschränkter Haftung, Genussscheine oder ähnliche Beteiligungen und Anwartschaften auf solche Beteiligungen. [4]Hat der Veräußerer den veräußerten Anteil innerhalb der letzten fünf Jahre vor der Veräußerung unentgeltlich erworben, so gilt Satz 1 entsprechend, wenn der Veräußerer zwar nicht selbst, aber der Rechtsvorgänger oder, sofern der Anteil nacheinander unentgeltlich übertragen worden ist, einer der Rechtsvorgänger innerhalb der letzten fünf Jahre im Sinne von Satz 1 beteiligt war.

(2) [1]Veräußerungsgewinn im Sinne des Absatzes 1 ist der Betrag, um den der Veräußerungspreis nach Abzug der Veräußerungskosten die Anschaffungskosten übersteigt. [2]In den Fällen des Absatzes 1 Satz 2 tritt an die Stelle des Veräußerungspreises der Anteile ihr gemeiner Wert. [3]Weist der Veräußerer nach, dass ihm die Anteile bereits im Zeitpunkt der Begründung der unbeschränkten Steuerpflicht nach § 1 Absatz 1 zuzurechnen waren und dass der bis zu diesem Zeitpunkt entstandene Vermögenszuwachs auf Grund gesetzlicher Bestimmungen des Wegzugsstaats im Wegzugsstaat einer der Steuer nach § 6 des Außensteuergesetzes vergleichbaren Steuer unterlegen hat, tritt an die Stelle der Anschaffungskosten der Wert, den der Wegzugsstaat bei der Berechnung der der Steuer nach § 6 des Außensteuergesetzes vergleichbaren Steuer angesetzt hat, höchstens jedoch der gemeine Wert. [4]Satz 3 ist in den Fällen des § 6 Absatz 3 des Außensteuergesetzes nicht anzuwenden. [5]Hat der Veräußerer den veräußerten Anteil unentgeltlich erworben, so sind als Anschaffungskosten des Anteils die Anschaffungskosten des Rechtsvorgängers maßgebend, der den Anteil zuletzt entgeltlich erworben hat. [6]Ein Veräußerungsverlust ist nicht zu berücksichtigen, soweit er auf Anteile entfällt,

a) die der Steuerpflichtige innerhalb der letzten fünf Jahre unentgeltlich erworben hatte. [2]Dies gilt nicht, soweit der Rechtsvorgänger anstelle des Steuerpflichtigen den Veräußerungsverlust hätte geltend machen können;

b) die entgeltlich erworben worden sind und nicht innerhalb der gesamten letzten fünf Jahre zu einer Beteiligung des Steuerpflichtigen im Sinne von Absatz 1 Satz 1 gehört haben. [2]Dies gilt nicht für innerhalb der letzten fünf Jahre erworbene Anteile, deren Erwerb zur Begründung einer Beteiligung des Steuerpflichtigen im Sinne von Absatz 1 Satz 1 geführt hat oder die nach Begründung der Beteiligung im Sinne von Absatz 1 Satz 1 erworben worden sind.

(3) [1]Der Veräußerungsgewinn wird zur Einkommensteuer nur herangezogen, soweit er den Teil von 9 060 Euro übersteigt, der dem veräußerten Anteil an der Kapitalgesellschaft entspricht. [2]Der Freibetrag ermäßigt sich um den Betrag, um den der Veräußerungsgewinn den Teil von 36 100 Euro übersteigt, der dem veräußerten Anteil an der Kapitalgesellschaft entspricht.

(4) [1]Als Veräußerung im Sinne des Absatzes 1 gilt auch die Auflösung einer Kapitalgesellschaft, die Kapitalherabsetzung, wenn das Kapital zurückgezahlt wird, und die Ausschüttung oder Zurückzahlung von Beträgen aus dem steuerlichen Einlagenkonto im Sinne des § 27 des Körperschaftsteuergesetzes. [2]In diesen Fällen ist als Veräußerungspreis der gemeine Wert des dem Steuerpflichtigen zugeteilten oder zurückgezahlten Vermögens der Kapitalgesellschaft anzusehen. [3]Satz 1 gilt nicht,

---

1 BFH v. 19.7.2011 – IV R 42/10, BStBl. II 2011, 878 Rn. 29, 31; v. 19.7.2011 – IV R 40/08, BFH/NV 2012, 393; s. auch v. 26.9.2013 – IV R 46/10, BStBl. II 2014, 253 Rn. 28, 31 (Veräußerung eines Schiffes vor Einsatz im internationalen Verkehr fällt nicht unter die Tonnagebesteuerung nach § 5a, auch nicht als Hilfsgeschäft).

2 BFH v. 13.11.2013 – I R 67/12, BStBl. II 2014, 172 Rn. 17 (zu DBA Belgien für G'ter mit Wohnsitz dort).

soweit die Bezüge nach § 20 Absatz 1 Nummer 1 oder 2 zu den Einnahmen aus Kapitalvermögen gehören.

(5) [1]Die Beschränkung oder der Ausschluss des Besteuerungsrechts der Bundesrepublik Deutschland hinsichtlich des Gewinns aus der Veräußerung der Anteile an einer Kapitalgesellschaft im Fall der Verlegung des Sitzes oder des Orts der Geschäftsleitung der Kapitalgesellschaft in einen anderen Staat stehen der Veräußerung der Anteile zum gemeinen Wert gleich. [2]Dies gilt nicht in den Fällen der Sitzverlegung einer Europäischen Gesellschaft nach Artikel 8 der Verordnung (EG) Nr. 2157/2001 und der Sitzverlegung einer anderen Kapitalgesellschaft in einen anderen Mitgliedstaat der Europäischen Union. [3]In diesen Fällen ist der Gewinn aus einer späteren Veräußerung der Anteile ungeachtet der Bestimmungen eines Abkommens zur Vermeidung der Doppelbesteuerung in der gleichen Art und Weise zu besteuern, wie die Veräußerung dieser Anteile zu besteuern gewesen wäre, wenn keine Sitzverlegung stattgefunden hätte. [4]§ 15 Absatz 1a Satz 2 ist entsprechend anzuwenden.

(6) Als Anteile im Sinne des Absatzes 1 Satz 1 gelten auch Anteile an Kapitalgesellschaften, an denen der Veräußerer innerhalb der letzten fünf Jahre am Kapital der Gesellschaft nicht unmittelbar oder mittelbar zu mindestens 1 Prozent beteiligt war, wenn

1. **die Anteile auf Grund eines Einbringungsvorgangs im Sinne des Umwandlungssteuergesetzes, bei dem nicht der gemeine Wert zum Ansatz kam, erworben wurden und**
2. **zum Einbringungszeitpunkt für die eingebrachten Anteile die Voraussetzungen von Absatz 1 Satz 1 erfüllt waren oder die Anteile auf einer Sacheinlage im Sinne von § 20 Absatz 1 des Umwandlungssteuergesetzes vom 7. Dezember 2006 (BGBl. I S 2782, 2791) in der jeweils geltenden Fassung beruhen.**

(7) Als Anteile im Sinne des Absatzes 1 Satz 1 gelten auch Anteile an einer Genossenschaft einschließlich der Europäischen Genossenschaft.

§§ 53, 54 EStDV

§ 53 Anschaffungskosten bestimmter Anteile an Kapitalgesellschaften

[1]Bei Anteilen an einer Kapitalgesellschaft, die vor dem 21. Juni 1948 erworben worden sind, sind als Anschaffungskosten im Sinne des § 17 Abs. 2 des Gesetzes die endgültigen Höchstwerte zugrunde zu legen, mit denen die Anteile in eine steuerliche Eröffnungsbilanz in Deutscher Mark auf den 21. Juni 1948 hätten eingestellt werden können; bei Anteilen, die am 21. Juni 1948 als Auslandsvermögen beschlagnahmt waren, ist bei Veräußerung vor der Rückgabe der Veräußerungserlös und bei Veräußerung nach der Rückgabe der Wert im Zeitpunkt der Rückgabe als Anschaffungskosten maßgebend. [2]Im Land Berlin tritt an die Stelle des 21. Juni 1948 jeweils der 1. April 1949; im Saarland tritt an die Stelle des 21. Juni 1948 für die in § 43 Abs. 1 Ziff. 1 des Gesetzes über die Einführung des deutschen Rechts auf dem Gebiete der Steuern, Zölle und Finanzmonopole im Saarland vom 30. Juni 1959 (BGBl. I S. 339) bezeichneten Personen jeweils der 6. Juli 1959.

§ 54 Übersendung von Urkunden durch die Notare

(1) [1]Die Notare übersenden dem in § 20 der Abgabenordnung bezeichneten Finanzamt eine beglaubigte Abschrift aller auf Grund gesetzlicher Vorschrift aufgenommenen oder beglaubigten Urkunden, die die Gründung, Kapitalerhöhung oder -herabsetzung, Umwandlung oder Auflösung von Kapitalgesellschaften oder die Verfügung über Anteile an Kapitalgesellschaften zum Gegenstand haben. [2]Gleiches gilt für Dokumente, die im Rahmen einer Anmeldung einer inländischen Zweigniederlassung einer Kapitalgesellschaft mit Sitz im Ausland zur Eintragung in das Handelsregister diesem zu übersenden sind.

(2) [1]Die Abschrift ist binnen zwei Wochen, von der Aufnahme oder Beglaubigung der Urkunde ab gerechnet, einzureichen. [2]Sie soll mit der Steuernummer gekennzeichnet sein, mit der die Kapitalgesellschaft bei dem Finanzamt geführt wird. [3]Die Absendung der Urkunde ist auf der zurückbehaltenen Urschrift der Urkunde beziehungsweise auf einer zurückbehaltenen Abschrift zu vermerken.

(3) Den Beteiligten dürfen die Urschrift, eine Ausfertigung oder beglaubigte Abschrift der Urkunde erst ausgehändigt werden, wenn die Abschrift der Urkunde an das Finanzamt abgesandt ist.

(4) Im Fall der Verfügung über Anteile an Kapitalgesellschaften durch einen Anteilseigner, der nicht nach § 1 Abs. 1 des Gesetzes unbeschränkt steuerpflichtig ist, ist zusätzlich bei dem Finanzamt Anzeige zu erstatten, das bei Beendigung einer zuvor bestehenden unbeschränkten Steuerpflicht des Anteilseigners oder bei unentgeltlichem Erwerb dessen Rechtsvorgängers nach § 19 der Abgabenordnung für die Besteuerung des Anteilseigners zuständig war.

Verwaltung: BMF v. 12.10.1998, DStR 1998, 1574; v. 21.10.2010, BStBl. I 2010, 832 (zu den Auswirkungen des MoMiG v. 23.10.2008 auf nachträgliche AK iSv. § 17 Abs. 2); v. 20.12.2010, BStBl. I 2011, 16, ergänzt durch BMF v. 16.12.2015, BStBl. I 2016, 10; v. 11.11.2011, BStBl. I 2011, 1314 (AEUmwStG 2006); v. 21.12.2011, BStBl. I 2012, 42 (beide zum Vertrauensschutz bei rückwirkender Absenkung der Beteiligungsgrenze).

Literatur: *Benecke/Schnitger*, Die steuerliche Behandlung nicht wesentlich beteiligter Anteilseigner bei Umwandlungen, Ubg 2011, 1; *Binnewies*, Neues zum Ausfall v. G'ter-Darlehen, AG 2018, 151; *Birk*, Der Schutz vermögenswerter Positionen bei der Änderung v. Steuergesetzen, FR 2011, 1; *Blumers/Elicker*, Realisierungszeitpunkt und Bewertung beim Anteilstausch im Rahmen der Einkünfte aus § 17, BB 2009, 1156; *Buciek*, Das kapitalersetzende Darlehen im Steuerrecht, Stbg. 2000, 109; *Crezelius*, Die Rückbeziehung in § 17 Abs. 1 S. 1, DB 2003, 230; *Deutschländer*, Realisierung eines insolvenzbedingten Auflösungsverlusts nach § 17 Abs. 4, NWB 2016, 1747, 1829, 1917; *Deutschländer*, Realisierung eines Auflösungsverlusts nach § 17 Abs. 4, NWB 2018, 634; *Deutschländer*, Ausfall privater (Gesellschafter-)Finanzierungshilfen – Quo vadit?, NWB 2018, 3531; *Dörfler/Fleischmann*, Aufwendungen iZ mit eigenkapitalersetzenden Finanzierungshilfen (§ 17), WPg 2018, 596; *Dötsch/Pung*, Zur Reichweite des Teilabzugsverbots nach § 3c Abs. 2, DB 2010, 977; *Dornheim*, Nachträglicher Schuldzinsenabzug bei wesentlichen Beteiligungen iSv. § 17, DStZ 2011, 763; *Dornheim*, Einlage einer wesentlichen Kapitalbeteiligung in ein BV – Entsprechende Anwendung der BVerfG-Rspr. zur rückwirkenden Absenkung der Beteiligungsgrenze, DStR 2012, 60; *Dornheim*, Nachträglicher Schuldzinsenabzug bei privaten Veräußerungsgeschäften, DStZ 2012, 553; *G. Förster*, Vertrauensschutz bei der Veräußerung v. Anteilen iSd. § 17, DB 2011, 259; *G. Förster*, Ausfall von G'ter-Darlehen und Regressforderungen aus Bürgschaften, DB 2018, 336; *G. Förster/von Cölln*, Ausfall v. G'ter-Darlehen und Inanspruchnahme aus G'ter-Bürgschaften bei Beteiligungen nach § 17, DB 2017, 2886; *C. Fuhrmann*, Gesellschafter-Fremdfinanzierung und § 17 EStG, NWB 2017, 4003; *C. Fuhrmann*, Nachträgliche AK bei GmbH-Beteiligungen, KÖSDI 2018, 20797; *Gosch*, Zur Veräußerung wesentlicher Anteile an KapGes. im Gesamthandseigentum, StBp., 2000, 28; *Gosch*, Zur Rückübertragung einer wesentlichen Beteiligung bei Leistungsstörung, StBp. 2000, 219; *Gosch*, Zum Abzug v. Drittaufwand als nachträgliche AK iSv. § 17, StBp. 2001, 148; *Gosch*, Über Entstrickungen – Stand des unnötig komplexen „Entstrickungssteuerrechts“ und absehbare Entwicklungen, IWB 2012, 779; *Gragert*, Rückwirkende Absenkung der Beteiligungsgrenze in § 17, NWB 2012, 474; *Heuermann*, Anteilsveräußerungen (§ 17) und G'ter-Finanzierung – Insolvenzrechtl. vs. gesellschaftsrechtl. Bindung?, NZG 2009, 841; *Heuermann*, Finanzierungshilfen eines nach § 17 qualifiziert beteiligten G'ters nach Abgeltungsteuer und MoMiG, DB 2009, 2173; *Heuermann*, Veräußerungsgewinne nach § 17, DB 2011, 551; *Heuermann*, Entwicklungslinien steuerbarer Veräußerungen von PV, DB 2013, 718; *Hils*, Nachträgliche Veränderungen des Veräußerungsgewinns nach § 17, DStR 2016, 1345; *Hils*, Ausweitung rückwirkender Ereignisse – Zugleich Anm. zum BFH-Urt. v. 6.12.2016 – IX R 49/15, DStR 2017, 2157; *Hoffmann*, Übergang des wirtschaftlichen Eigentums nach § 17, GmbH-StB 2011, 224; *Hüttemann*, Erwerb eigener Anteile im Bilanz- und Steuerrecht nach BilMoG, FS Herzig, 2010, 595; *Intemann*, Absenkung der Beteiligungsgrenze des § 17 auf 1 % verfassungsgemäß, NWB 2013, 828; *Kahlert*, Neuausrichtung nachträglicher Anschaffungskosten nach § 17 EStG durch den BFH, DStR 2017, 2305; *Kölbl/Neumann*, Gewinne und Verluste bei der Sanierung von Unternehmen, Ubg 2018, 273; *Körner*, Europarechtl. Verbot der Sofortbesteuerung stiller Reserven beim Transfer ins EU-Ausland, IStR 2012, 1; *Lechner/Haisch*, Was nun? Erwerb eigener Anteile nach dem BMF-Schreiben v. 10.8.2010, Ubg 2010, 691; *Milatz/Herbst*, Rückwirkende Absenkung der Beteiligungsgrenze des § 17, GmbHR 2011, 574; *Moritz/Strohm*, Änderung der BFH-Rspr. zum Ausfall v. Gesellschafterdarlehen und sonstiger Finanzierungshilfen, DB 2018, 86; *Musil/Lammers*, Die verfassungsrechtl. Grenzen der Rückwirkung v. Steuergesetzen am Bsp. der §§ 17, 23, BB 2011, 155; *Nacke/Intemann*, Verlustausgleichsbeschränkung nach § 17 Abs. 2 S. 4, NWB F 3, 12303; *Peetz*, Entstehung des Auflösungsverlusts gem. § 17, GmbHR 2007, 1022; *Ott*, Gestaltungsmöglichkeiten nach der Änderung der Rspr. zu eigenkapitalersetzenden Finanzierungshilfen, StuB 2018, 18; *Ott*, G'ter-Femdfinanzierung bei der GmbH – Rangrücktritt, Forderungsverzicht und Ausfall von G'ter-Darlehen, DStZ 2018, 179; *Prinz*, Steuerliches Entstrickungskonzept – gelungen oder reparaturbedürftig?, GmbHR 2012, 195; *Ratschow*, Nachträgliche Anschaffungskosten bei § 17 – Reset der Rspr. nach Aufhebung des Eigenkapitalersatzrechts, GmbHR 2017, 1204; *Rogall/Luckhaupt*, Zuordnung v. AK bei der Veräußerung v. Anteilen an KapGes., DB 2011, 1362; *Schall/Barth*, Stirbt Daily Mail langsam? – Zu den Folgen von EuGH C-371/10 (National Grid Indus) für Kollisionsrecht und Wegzugsbesteuerung, NZG 2012, 414; *L. Schmidt/Renger*, Die Folgewirkungen der BVerfG-Beschl. v. 7.7.2010 für die Besteuerung v. Wertzuwächsen, DStR 2011, 693; *Schöneborn*, Einzelfragen zu § 17, StBp. 2012, 133; *Schulze-Osterloh*, Disquotale Zuordnung der G'ter in das Eigenkapital einer KapGes. und ihre Folgen für die Ermittlung des Veräußerungsgewinns nach § 17 Abs. 2 und 4, BB 2018, 427; *Schwenker/Fischer*, G'ter-Darlehen, FR 2010, 643; *A. Söffing/Bron*, Zweifelsfragen im Zusammenhang mit dem BVerfG-Beschl. v. 7.7.2010 zu § 17, DB 2012, 1585; *Stimpel*, Umwandlung von Kapital- in Personengesellschaften nach dem UmwSt-Erlass 2011, GmbHR 2012, 123; *Strüber*, Ist die Einführung der Beteiligungsgrenze von 1 % in § 17 Abs. 1 S. 1 durch das StSenkG wirklich uneingeschränkt verfassungsgemäß?, DStR 2013, 656; *Trossen*, Neue Grundsätze zur Behandlung von Gesellschafterdarlehen, NWB 2017, 3040; *Waclawik*, Fernwirkungen des MoMiG auf den Umfang nachträglicher AK, ZIP 2007, 1838; *Wagner*, Bestimmung nicht steuerbarer Wertsteigerungen in der Praxis – Verfassungswidrige Rückwirkungen bei § 17 und § 23, NWB 2011, 881; *Weber-Grellet*, § 17 bei Einbringung, Umwandlung, Wegzug und Zuzug, DB 2009, 304; *Wiese/Göttel*, Verluste aus G'ter-Darlehen und -Bürgschaften: Die Auswirkungen des MoMiG auf das Steuerrecht, GmbHR 2018, 1169; frühere Literatur s. 16. und 10. Aufl.

A. Grundaussagen der Vorschrift

I. Regelungsgegenstand. Anders als realisierte Gewinne aus der Veräußerung v. WG im BV unterliegen entspr. Veräußerungsgewinne aus PV grds. nicht der ESt. Eine Ausnahme hiervon macht § 17 (neben § 23 bei privaten Veräußerungsgeschäften) sowie – insoweit gem. § 27 Abs. 3 UmwStG fortgeltend – § 21 UmwStG aF (sog. einbringungsgeborene Anteile) bzw. – für Umwandlungsvorgänge, deren Eintragung in das Handelsregister nach dem 12.12.2006 angemeldet wurden (§ 27 Abs. 1 UmwStG) – § 22 Abs. 2 UmwStG (sperrfristverhaftete Anteile) und § 13 Abs. 2 S. 2 und 3 UmwStG, § 13 Abs. 2 UmwStG aF (verschmelzungsgeborene Anteile). Veräußerungen bestimmter, im PV gehaltener Beteiligungen an KapGes. 1

stellen hiernach einen stpfl. Tatbestand dar, indem entspr. Veräußerungsgewinne und -verluste in gewerbliche Einkünfte umqualifiziert werden. Der Regelung liegen **mehrfache Zwecke** zugrunde: **(1)** Sicherstellung der stillen Reserven, die in derartigen Beteiligungen ruhen, und damit des Zuwachses an persönlicher Leistungsfähigkeit, **(2)** stl. Gleichbehandlung v. Beteiligungen an KapGes. mit MU'anteilen (§§ 15, 16), **(3)** früher (bis zum VZ 2002) – unter dem System der KSt-Vollanrechnung – überdies die **Verhinderung v. Anteilsrotationen**, mittels derer versucht wurde, bei Beteiligungen oberhalb der (zuvorigen, s. Rn. 18) Wesentlichkeitsgrenze v. mindestens 10 % (bis zum VZ 1998: mehr als 25 %) stpfl. Gewinnausschüttungen in stfreie oder gem. § 34 steuerbegünstigte Gewinne (vgl. § 34 Abs. 2 Nr. 1 aF) umzufunktionieren; § 17 sollte hier wenigstens eine Einmalbesteuerung sicherstellen.[1] Der BFH hält solche Gestaltungsmodelle allenfalls in Ausnahmefällen für missbräuchlich (§ 42 AO), in denen die Veräußerung der Anteile an eine eigens errichtete GmbH erfolgt, die kurzfristig später liquidiert wird, ansonsten jedoch nicht[2] (s. im Einzelnen 2. Aufl. Rn. 312 f.).[3] Allerdings hatte der Gesetzgeber dem – erstmals für Anteilserwerbe im VZ 1997[4] – ursprünglich durch § 50c Abs. 11 aF und – v. VZ 1999 an – sodann durch die Absenkung der Besteuerungsgrenze auf 10 % vorgebeugt. **(4)** Nach dem Systemwechsel v. kstl. Anrechnungs- auf das (frühere) Halbeinkünfte- und (jetzige) Teileinkünfte-Verfahren (s. § 3 Rn. 95 ff.; § 20 Rn. 20 ff.) und der Absenkung der Besteuerungsgrenze auf nunmehr 1 % haben sich entspr. Gestaltungen letztlich erledigt. Seitdem werden Dividenden und Veräußerungsgewinne im Grundsatz gleich behandelt (vgl. § 3 Nr. 40; § 8b KStG); Veräußerungsgewinne aus Anteilen an KapGes. unterliegen unabhängig davon dem Halb- bzw. Teileinkünfteverfahren, ob es sich um solche im BV (§ 3 Nr. 40 S. 1 lit. a, b) oder aus PV (§ 3 Nr. 40 S. 1 lit. c) handelt. Zu Ungleichbehandlungen kommt es nur noch für nicht iSv. § 17 Beteiligte, im Wesentlichen also nur noch für (private) **Streubesitzaktionäre** börsennotierter AG. Die Konsequenz, auch deren private Veräußerungsgewinne (über § 23 hinaus) stl. zu erfassen, ist zunächst nicht gezogen und erst (vom VZ 2009 an) iRd. Schaffung des schedulierten Abgeltungssteuersatzes für Kapitaleinkünfte (§ 32d, vgl. § 52a Abs. 15) verwirklicht worden. Zuvor wurde eine solche Besteuerung als praktisch kaum kontrollierbar angesehen,[5] sie war wohl auch nicht erwünscht, um den Aktienmarkt nicht zu behindern. Andererseits wurde die Herabschleusung der Beteiligungsgrenze auf 1 % für unumgänglich gehalten, offiziell, um der Gefahr zu begegnen, dass durch rechtzeitige Anteilsverkäufe vor Gewinnausschüttung die Besteuerung nach dem (bis zum VZ 2008:) Halb- bzw. (vom VZ 2009 an:) Teileinkünfteverfahren umgangen werden könnte.[6]

2 **II. Verfassungsmäßigkeit.** § 17 ist im Grundsatz **verfassungsgemäß.**[7] Dies betrifft sowohl den Umstand, dass nach Maßgabe der Vorschrift auch private Veräußerungsgewinne besteuert werden, als auch die Höhe der für die Besteuerung gem. § 17 früher beachtliche Wesentlichkeitsgrenze v. 10 % (bis zum VZ 1998: 25 %). Das BVerfG weist zu Recht auf die Freiheit des Gesetzgebers hin, Steuerquellen zu erschließen. Auch die Reduzierung der Besteuerungsgrenze auf lediglich 1 % wirft keine grds. verfassungsrechtl. Bedenken auf.[8] Als problematisch und **gleichheitsrechtl. nicht zweifelsfrei** wird angesichts der deutlich geminderten Beteiligungsvoraussetzungen, des dadurch erleichterten Besteuerungszugriffs und der Entwicklung des § 17 zum „Massentatbestand" das Fehlen einer absoluten Beteiligungsgrenze und die dadurch bedingte unterschiedslose Besteuerung 1-prozentiger Beteiligungen an Groß- wie Kleinst-KapGes. eingestuft. Systematisch unzutr. ist die stl. Erfassung jeglicher Streubesitzveräußerungsvorgänge als solche aus GewBetr.; richtigerweise sollte es sich hierbei grds. um private Veräußerungsgeschäfte iSv. § 22 Nr. 2 iVm. § 23 (s. dazu auch Rn. 8) handeln. Die v. VZ 2009 an geltende schedulierte Abgeltungssteuer, die sich flächendeckend als „capital gain tax" auf Veräußerungsgewinne erstreckt, mildert zumindest die tarifliche Belastung ab. Es ist zu erwarten (und zu hoffen), dass der Gesetzgeber über kurz oder lang dieser sys-

1 BT-Drucks. 7/1470, 263.

2 BFH (I. Senat und aus Sicht des Veräußerers): v. 23.10.1996 – I R 55/95, BStBl. II 1998, 90; v. 23.8.2000 – I R 4/97, BStBl. II 2001, 260; v. 18.7.2001 – I R 48/97, DStR 2001, 1883; v. 28.6.2006 – I R 97/05, DStR 2006, 1938; demgegenüber abgrenzend (IV. Senat) BFH v. 8.5.2003 – IV R 54/01, BStBl. II 2003, 854; s. auch (VIII. Senat und aus Sicht des Erwerbers) BFH v. 7.7.1998 – VIII R 10/96, BStBl. II 1999, 729; v. 19.8.2003 – VIII R 44/01, BFH/NV 2004, 925.

3 Einen umfassenden Überblick gibt *D/P/M*, § 17 EStG Rn. 241 ff.

4 Vgl. aber BMF v. 13.7.1998, BStBl. I 1998, 912 (914): rückwirkende Anwendung.

5 Vgl. auch FG Düss. v. 16.5.2006 – 17 K 6514/04 AO, EFG 2007, 1573, als Vorinstanz zu BFH v. 19.2.2009 – II R 61/07 (BFH/NV 2009, 1586): trotz drohenden Vollzugsdefizits bei § 17 keine automatische Auskunftspflicht gem. § 218 Abs. 1 S. 1 Nr. 3 AO ohne hinreichenden konkreten Anlass.

6 Vgl. BT-Drucks. 14/2683, 113 f.

7 BVerfG v. 7.10.1969 – 2 BvL 3/66, 2 BvR 701/64, BStBl. II 1970, 160; v. 15.5.1985 – 1 BvR 274/85, HFR 1986, 424; BFH v. 21.7.1960 – IV 330/57 U, BStBl. III 1960, 409; v. 27.8.1964 – IV 204/62 U, BStBl. III 1964, 624; v. 25.9.1968 – I 110/64, BStBl. II 1969, 67; v. 24.2.1995 – VIII B 56/94, BFH/NV 1995, 973.

8 BFH v. 24.10.2012 – IX R 36/11, BStBl. II 2013, 164, m. Anm. *Bode*, FR 2013, 424; *Intemann*, NWB 2013, 828 (die dagegen eingelegte Verfassungsbeschwerde ist beim BVerfG unter 2 BvR 364/13 anhängig); sa. die im Hinblick auf die Verfassungsbeschwerde ausgesetzte Rev. IX R 37/15 (gg. FG Nds. v. 14.4.2015 – 13 K 254/12, nv.).

tematischen Veränderung Rechnung tragen wird. Als ein erstes Anzeichen in diese Richtung ließ sich die Streichung des Begriffs der „wesentlichen Beteiligung" ansehen. – Zur verfassungsrechtl. Beurteilung der inhaltlich rückwirkenden Absenkung der Besteuerungsgrenze auf 1 % (und bereits zuvor auf 10 %) s. Rn. 34 sowie der Beschränkungen des Abzugs v. Veräußerungsverlusten gem. § 17 Abs. 2 S. 6 (§ 17 Abs. 2 S. 4 aF idF des StEntlG 1999/2000/2002) Rn. 113.

III. Anwendungsbereich. 1. Persönlicher Anwendungsbereich. a) Grundsatz. Seinem persönlichen Anwendungsbereich nach ist § 17 unbeschränkt. Erfasst werden im Grundsatz als Veräußerer sowohl nat. als auch jur. Pers., unbeschränkt als auch beschränkt StPfl. Im Einzelnen gilt es allerdings wie folgt zu unterscheiden: 3

b) Natürliche Personen. **(1)** Ein unbeschränkt StPfl. veräußert Anteile an einer KapGes. mit Sitz und Geschäftsleitung, nach der „Überseering"-Entscheidung des EuGH[1] in Zuzugsfällen (s. dazu Abs. 2 S. 3, Rn. 81) auch nur mit Geschäftsleitung (s. im Einzelnen Rn. 124) im Inland: Es handelt sich um den Grundtatbestand des § 17. **(2)** Ein unbeschränkt StPfl. veräußert Anteile an einer KapGes. mit Sitz und Geschäftsleitung im Ausland: Der StPfl. erzielt ausländ. Einkünfte iSv. § 34d Nr. 4 lit. b, die im Inland besteuert werden,[2] ggf. unter Anrechnung ausländ. Steuer, § 34c Abs. 1. Besteht ein DBA, gilt grds. nichts anderes (vgl. Art. 13 Abs. 5 OECD-MA). **(3)** Ein beschränkt StPfl. veräußert Anteile an einer KapGes. mit Sitz oder Geschäftsleitung im Inland: Ein Veräußerungsgewinn ist gem. § 49 Abs. 1 Nr. 2 lit. e beschränkt stpfl. Dabei sind die Anteile PV oder BV einer ausländ. Betriebsstätte,[3] wenn sie nicht zum BV einer inländ. Betriebsstätte gehören (§ 49 Abs. 1 Nr. 2 lit. a). S. im Einzelnen § 49 Rn. 34 ff.[4] Abweichungen können sich bei Vorliegen eines DBA ergeben, das regelmäßig das Besteuerungsrecht des Wohnsitzstaates des Veräußerers vorsieht (Art. 13 Abs. 5 OECD-MA).[5] **(4)** Ein beschränkt StPfl. veräußert Anteile an einer KapGes. mit Sitz und Geschäftsleitung im Ausland: In diesem Fall fehlt es mangels inländ. Anknüpfung an beschränkt stpfl. Einkünften.[6] 4

c) Personengesellschaften. Werden die Anteile an der KapGes. im Gesamthandsvermögen einer PersGes. gehalten, ist § 17 nur anwendbar, wenn die Anteile nicht im BV der PersGes. stehen, weil diese nicht betrieblich (freiberuflich, luf) tätig ist. In diesem Fall werden die Anteile und Vermögenszuwächse gem. § 39 Abs. 2 Nr. 2 AO anteilig bei den G'tern erfasst (**Bruchteilsbetrachtung**, Rn. 25). Das gilt auch im Falle der (atypisch stillen, nicht aber nur stillen[7]) **Unterbeteiligung** an dem Ges.-Anteil (Rn. 24)[8] und grds. ebenso, wenn die Beteiligung iSv. § 17 im Gesamthandsvermögen einer **ausländ. PersGes.** steht (§ 17 iVm. § 49 Abs. 1 Nr. 2 lit. e), vorausgesetzt allerdings, das Besteuerungsrecht (der PersGes. oder auch deren G'ter) wird nicht durch ein DBA dem anderen Vertragsstaat zugewiesen und die PersGes. ist nicht als solche abkommensberechtigt (vgl. Art. 13 Abs. 5 OECD-MA).[9] Ansonsten erfolgt auch hier eine anteilige Zurechnung und Erfassung des Veräußerungsgewinns bei jedem einzelnen G'ter[10] und – wegen der isolierenden Betrachtungsweise (§ 49 Abs. 2) – unabhängig davon, ob die Anteile zum BV oder PV der PersGes. gehören.[11] Die Bruchteilsbetrachtung kommt auch im Hinblick auf Beteiligungen an sog. Venture Capital und Private Equity Fonds zum Zuge; die Beteiligungen des Fonds an Beteiligungsunternehmen (sog. Portfolio-Ges.) sind anteilig den Kapitalanlegern, nicht aber dem Fonds zuzurechnen.[12] Das gilt allerdings nicht für den erhöhten Gewinnanteil („carried interest") der an der Fonds-Ges. (unmittelbar oder mittelbar) beteiligten Initiatoren; dieser Gewinnanteil stellt verdecktes Entgelt dar.[13] 5

---

1 EuGH v. 5.11.2002 – Rs. C-208/00 – Überseering, GmbHR 2002, 1137, wonach die Sitztheorie in Zuzugsfällen gegen gemeinschaftsrechtl. Freiheiten gem. Art. 49 und Art. 56 AEUV verstößt, was zur Folge hat, dass die KapGes. innerhalb des EU/EWR-Raumes in Folge des Zuzugs durch Verlegung ihres tatsächlichen Sitzes in das Inland ihr Rechtskleid nicht verliert; s. auch BGH v. 29.1.2003 – VIII ZR 155/02, DB 2003, 818; ferner BFH v. 8.9.2010 – I R 6/09, DB 2010, 2703; anders verhält es sich derzeitiger Rechtslage nach wohl noch in Wegzugsfällen; s. Rn. 124, aber einschr. zB *Thömmes*, IWB F 11a, 623; *Birk*, IStR 2003, 469 (472 f.).
2 BFH v. 22.2.1989 – I R 11/85, BStBl. II 1989, 794.
3 BFH v. 6.10.1966 – I 35/64, BStBl. III 1967, 45; v. 27.7.1988 – I R 147/83, BStBl. II 1989, 271.
4 BFH v. 6.10.1966 – I 35/64, BStBl. III 1967, 45.
5 BFH v. 13.12.1989 – I R 39/87, BStBl. II 1990, 379; v. 13.12.1989 – I R 40/87, BStBl. II 1990, 381.
6 *Crezelius*, DStR 1997, 1712.
7 Vgl. BFH v. 27.3.2001 – I R 66/00, BStBl. II 2003, 638 zu § 36a Abs. 2 S. 2.
8 BFH v. 9.5.2000 – VIII R 41/99, BStBl. II 2000, 686 (688); v. 8.11.2005 – VIII R 21/01, BFH/NV 2006, 491; v. 9.5.2000 – VIII R 40/99, BFH/NV 2001, 17; abgrenzend BFH v. 1.8.2012 – IX R 6/11, BFH/NV 2013, 9, für den Fall der Ausübungsbeschränkung.
9 Dazu *Schaumburg*³, Rn. 19.177 ff.
10 Ausf. *Ernst & Young*, § 17 EStG Rn. 52.
11 *Ernst & Young*, § 17 EStG Rn. 52.
12 BMF v. 16.12.2003, BStBl. I 2004, 40 Tz. 21.
13 BMF v. 16.12.2003, BStBl. I 2004, 40 Tz. 23.

6 **d) Kapitalgesellschaften.** Auf KapGes. ist § 17 (über § 8 Abs. 1 KStG) grds. nicht anwendbar. Da (inländ.) KapGes. stets (nur) BV haben (§ 8 Abs. 2 KStG),[1] sind „private" Veräußerungsgewinne nicht denkbar. § 17 kann aber bei steuerbefreiten Körperschaften[2] oder beschränkt kstpfl. KapGes.[3] bedeutsam sein.

7 **2. Sachlicher Anwendungsbereich; Verhältnis zu anderen Vorschriften. a) §§ 4, 5, § 6 Abs. 1 Nr. 5 S. 1, §§ 16, 20, 32d, 34, 35.** Einkünfte aus der Veräußerung v. Anteilen an KapGes. sind zwar kraft besonderer Regelung in § 17 Abs. 1 S. 1 solche aus **GewBetr. (§ 2 Abs. 1 S. 1 Nr. 2).**[4] Dementspr. bezieht sich die Ermittlung des Veräußerungsgewinns oder -verlusts zuflussunabhängig auf den Zeitpunkt der Gewinn- oder Verlustentstehung (Rn. 62); beim Erwerb, Halten und Veräußern der Anteile muss **Gewinnerzielungsabsicht** bestehen (Rn. 40). Ungeachtet dessen werden v. § 17 allein solche Gewinne erfasst, die bei der Veräußerung v. Anteilen an KapGes. anfallen, die im **PV** gehalten werden. Gewinne aus der Veräußerung im BV (oder im SBV) gehaltener Anteile unterfallen bereits den allg. Gewinnermittlungsvorschriften der §§ 4 und 5, so dass es der Regelung in § 17 nicht mehr bedarf.[5] Anteile im (Sonder-)BV sind allerdings für die Prüfung der Frage heranzuziehen, ob der StPfl. die Beteiligungsgrenze in § 17 Abs. 1 erreicht (Rn. 26). IÜ obliegt es seinem freien Wahlrecht, ob er zunächst im BV oder im PV gehaltene Anteile veräußert (Anteilsbezogenheit des § 17, Rn. 36). Steht die **Alleinbeteiligung** an einer KapGes. im **BV**, wird der Gewinn aus der Anteilsveräußerung nicht als lfd. Gewinn erfasst, sondern als Veräußerungsgewinn (TB) iSd. § 16 Abs. 1 S. 1 Nr. 1 S. 2. Das ermöglicht ggf. die volle Verlustberücksichtigung, wohingegen die private Alleinbeteiligung den Restriktionen des § 17 Abs. 2 S. 6 (§ 17 Abs. 2 S. 4 aF) (Rn. 113 ff.) unterworfen ist. Dem betrieblich allein Beteiligten stehen auch die im Vergleich zu § 17 Abs. 3 (Rn. 109) günstigeren Freibeträge gem. § 16 Abs. 4 zur Vfg. Soweit Veräußerungsgewinne dem Halb- bzw. – v. VZ 2009 an – dem Teileinkünfteverfahren unterliegen, ist die Anwendung des § 34 Abs. 1 und 3 ausgeschlossen: § 17 ist seitdem nicht mehr in § 34 Abs. 2 Nr. 1 als Quelle außerordentlicher Einkünfte aufgeführt; für Anteile im BV folgt dies explizit aus § 3 Nr. 40.[6] Zur Bewertung v. Anteilen iSv. § 17 Abs. 1 und 6, die in ein BV eingelegt werden, mit den historischen AK statt mit dem TW s. **§ 6 Abs. 1 Nr. 5 S. 1 HS 2 lit. b** und dazu Rn. 50, 146. – Abw. v. Anteilen, die im BV gehalten werden (vgl. § 20 Abs. 8, § 20 Abs. 3 aF), gehören Erträge aus Beteiligungen iSd. § 17 zu den Einkünften aus KapVerm. iSv. **§ 20 Abs. 1 S. 1.** Die Veräußerungsgewinne selbst betrifft das aber unbeschadet der (ab 1.1.2009 geltenden, vgl. § 52a Abs. 15 und 17 aF) Systemumstellung auf die schedulierte Abgeltungssteuer (**§ 32d**) und der danach grds. angeordneten Einbeziehung solcher Gewinne zu den Kapitaleinkünften (vgl. § 20 Abs. 2 S. 1 Nr. 1) nach wie vor nicht; diese Gewinne bleiben solche aus GewBetr. und unterfallen deswegen nicht der Abgeltungssteuer, allerdings wohl im Grds gem. § 43 Abs. 4 der KapESt – Zu den Einkünften aus KapVerm. gehört gem. **§ 7 UmwStG** (zur erstmaligen Anwendung s. Rn. 1, 9) auch bei einem iSv. § 17 Abs. 1 Beteiligten das anteilige stl. EK abzgl. Einlagen; zuvor bezog sich dies nur auf *nicht* iSv. § 17 Beteiligte (§ 7 UmwStG aF), und zwar auch dann, wenn er im Ausland ansässig war.[7] Konsequenz des Konzeptionswechsels im UmwStG ist die Aufteilung des Übernahmeergebnisses in einen Dividendenteil (vgl. § 7 UmwStG) und in einen Restteil (vgl. § 4 Abs. 6, 7 UmwStG) und damit in abkommensrechtl. Hinsicht (vgl. Art. 10 Abs. 2 OECD-MA) das Recht Deutschlands zum entspr. (anteiligen) KapESt-Abzug (und zwar unbeschadet des § 5 Abs. 2 UmwStG unmittelbar beim Anteilseigner und nicht – iRd. Übernahmeergebnisses – bei der übernehmenden PersGes., was die KapESt bei beschränkt StPfl. definitiv werden lässt, vgl. § 50 Abs. 2, s. auch § 36 Rn. 9).[8] **Teilwertabschreibungen** (§ 6 Abs. 1 Nr. 2 S. 2) sind nicht zulässig. Auch unterliegen Veräußerungsgewinne iSd. § 17 (bislang) nicht der **GewSt**,[9] weswegen auch keine GewSt-Anrechnung gem. § 35 in Betracht kommen kann (§ 35 Rn. 11).

8 **b) § 22 Nr. 3, § 23 Abs. 1 S. 1 Nr. 2. § 23 Abs. 2 S. 2** bestimmte bis zum VZ 2008 ausdrücklich, dass § 17 auf private Veräußerungsgewinne gem. § 23 Abs. 1 S. 1 Nr. 2 **keine Anwendung** findet (s. aber auch Rn. 2 zu den systematischen Bedenken infolge der Absenkung der Beteiligungsgrenze auf 1 %; ferner Rn. 40). Gleiches gilt bei beschränkt StPfl. (§ 49 Abs. 1 Nr. 8), nicht aber bei sog. Durchgangserwerben iSv. § 23

1 BFH v. 4.12.1996 – I R 54/95, DStR 1997, 492; bestätigt durch BFH v. 22.8.2007 – I R 32/06, BStBl. II 2007, 961.
2 S. aber OFD Münster v. 29.9.1982, DStR 1982, 685 f.: wesentliche Beteiligung ist kein wirtschaftlicher Geschäftsbetrieb einer gemeinnützigen Körperschaft.
3 Hierzu instruktiv: BFH v. 31.5.2017 – I R 37/15, DStR 2017, 2374, dort bezogen auf die Fiktion nicht abziehbarer BA nach § 8b Abs. 3 S. 1 KStG, sa. § 49 Rn. 35b.
4 BFH v. 8.10.1985 – VIII R 234/84, BStBl. II 1986, 596; v. 29.6.1995 – VIII R 68/93, BStBl. II 1995, 722.
5 BFH v. 18.12.2001 – VIII R 27/00, BStBl. II 2002, 733; v. 20.4.2005 – X R 2/03, BStBl. II 2005, 694; v. 31.5.2005 – X R 36/02, BStBl. II 2005, 707 (unter II.3.); R 17 Abs. 1 EStR.
6 S. BFH v. 20.10.2010 – IX R 56/09, BStBl. II 2011, 409, dort zur Besteuerung im VZ 2001; v. 1.9.2004 – VIII B 64/04, BFH/NV 2004, 1650.
7 Str., s. *Wassermeyer*, Art. 13 MA Rn. 136.
8 Str., vgl. zB *Förster/Felchner*, DB 2008, 2445; **aA** *R/H/vL*², § 7 Rn. 20.
9 Vgl. R 7.1 Abs. 3 S. 1 Nr. 2 GewStR.

Abs. 1 S. 1 Nr. 2. Der – für den StPfl. ungünstigeren – Spekulationsbesteuerung kommt hiernach also Vorrang vor der Regelung des § 17 zu; innerhalb der Spekulationsfrist richtet sich die Besteuerung der Veräußerung wesentlicher/qualifizierter Kapitalbeteiligungen nach § 23, nicht nach § 17. Der Vorrang v. § 23 gilt nur zulasten v. § 17, nicht aber § 16. In der Gleichbehandlung mit § 16 liegt jedoch die Legitimation für § 17 (Rn. 1). – Für Wertpapiere, die **nach dem 31.12.2008 erworben** werden, ist das alles nicht mehr v. Bedeutung, weil in § 23 Abs. 2 S. 2 die uneingeschränkte Subsidiarität der Norm festgeschrieben wird; der Vorbehalt zulasten des § 17 wurde mit der Einf. der **Abgeltungssteuer** ersatzlos aufgehoben.[1]

c) §§ 13, 22 UmwStG, § 21 UmwStG aF. § 20 Abs. 2 S. 1 UmwStG (für die Sacheinlage) und § 21 Abs. 1 9
S. 1 UmwStG (für den Anteilstausch) schreiben den prinzipiellen Ansatz des eingebrachten Vermögens mit dem gemeinen Wert vor, gem. § 20 Abs. 3 S. 2 und § 21 Abs. 2 S. 2 UmwStG gilt das auch aus G'ter-Ebene zwingend, soweit hinsichtlich des Gewinns aus der Veräußerung des eingebrachten BV das deutsche Besteuerungsrecht im Zeitpunkt der Einbringung ausgeschlossen ist und auch nicht durch die Einbringung begründet wird. Abgesehen v. der letzteren Konstellation kann unter den Voraussetzungen des § 20 Abs. 2 S. 2 UmwStG stattdessen auf Antrag (und mit prinzipiell bindender Wirkung für den Anteilseigner und dessen AK, § 21 Abs. 2 S. 1 UmwStG)[2] der Buch- oder ein Zwischenwert angesetzt werden, sofern (1) sichergestellt ist, dass das eingebrachte BV später bei der übernehmenden Körperschaft der KSt unterfällt (§ 20 Abs. 2 S. Nr. 1 UmwStG), (2) die Passivposten das eingebrachte BV nicht übersteigen (§ 20 Abs. 2 Nr. 2 UmwStG) und (3) das Recht Deutschlands hinsichtlich der Besteuerung des Gewinns aus der Veräußerung des eingebrachten BV bei der übernehmenden Ges. nicht ausgeschlossen oder beschränkt ist (§ 20 Abs. 2 Nr. 3 UmwStG). Gem. § 21 Abs. 1 S. 2 gilt das auch für den qualifizierten Anteilstausch bei Erlangung der Mehrheit der Stimmrechte an der erworbenen Ges.; auf den Erhalt des deutschen Besteuerungsrechts kommt es hierbei nicht an (s. auch § 23 Abs. 4 UmwStG aF). Für den Fall des Wertansatzes unterhalb des gemeinen Werts bestimmt § 22 Abs. 1 S. 1 und Abs. 2 S. 1 UmwStG (anstelle der früheren einbringungsgeborenen Anteile) den Grundsatz der nachträglichen Besteuerung der im Zeitpunkt der Einbringung vorhandenen stillen Reserven rückwirkend (= mit rückwirkender Wertermittlung!) beim Einbringenden, und zwar immer dann, wenn eine Veräußerung der erhaltenen Anteile durch den Einbringenden innerhalb einer Sperrfrist v. sieben Jahren erfolgt (= sperrfristverhaftete Anteile). Zu den diversen Veräußerungs*ersatz*tatbeständen[3] s. § 22 Abs. 1 S. 6 UmwStG, zur verfahrensrechtl. Umsetzung s. § 22 Abs. 1 S. 2 und Abs. 2 S. 2 UmwStG iVm. § 175 Abs. 1 S. 1 Nr. 2 AO. Die nachträglich und rückwirkend zu versteuernden stillen Reserven werden jährlich linear um ein Siebtel abgebaut, weil gesetzlich (und in Einklang mit Art. 11 Abs. 1 Fusionsrichtlinie, uU jedoch nicht mit vorrangigem EU-Primärrecht) typisierend unterstellt und vermutet wird, dass die Wahrscheinlichkeit dafür, die Einbringung habe nur veräußerungsvorbereitenden Zwecken dienen sollen, kontinuierlich abnimmt. Zur Ermittlung des Veräußerungsgewinns (als sog. Einbringungsgewinn I in den Fällen der Anteilseinbringung im Rahmen einer Sacheinbringung) s. § 20 Abs. 1 iVm. § 22 Abs. 1 UmwStG bzw. (als sog. Einbringungsgewinn II in den Fällen eines eigenständigen Anteilstauschs) s. § 21 Abs. 1 iVm. § 22 Abs. 2 UmwStG; Wertveränderungen innerhalb der Sperrfrist bleiben grds. unbeachtlich (was im Einzelfall vorteilhaft, aber ebenso nachteilig sein kann). IÜ gelten die allg. Regeln, also auch § 17. Abw. v. der Sacheinbringung soll der Anteilstausch keine rückbeziehende Einbringung ermöglichen, was aber – wegen der subsidiären Anwendung v. § 2 UmwStG anstelle der Spezialregelung des § 20 Abs. 6 UmwStG – in der gesetzgeberischen Umsetzung misslungen sein dürfte.[4] Zu beachten ist die Ausnahme, dass es nach wie vor kraft Infektion zur Neuschaffung (alt-)einbringungsgeborener Anteile (mit den zuvorigen Rechtsfolgen) kommen kann, nämlich bei Einbringung (auch) solcher einbringungsgeborener Anteile, vgl. § 20 Abs. 3 S. 4 iVm. § 21 Abs. 2 S. 6 UmwStG – Wird eine im PV gehaltene wesentliche/qualifizierte Beteiligung an der übertragenden Ges. im Zuge einer Verschmelzung zu einer Beteiligung an der übernehmenden Ges., gelten die verschmelzungsgeborenen Anteile gem. § 13 Abs. 2 S. 2 UmwStG aF als solche iSv. § 17. Daran hat sich im Prinzip infolge der grds. Systemumstellung des UmwStG durch das SEStEG und nach Maßgabe gem. § 13 Abs. 2 S. 2 und 3 UmwStG nichts geändert. Abw. zur früheren Rechtslage gem. § 13 Abs. 1 iVm. Abs. 2 S. 2 UmwStG aF entfällt bei einer (antragsabhängigen) Buchwertfortführung nach Maßgabe v. § 13 Abs. 2 S. 1 UmwStG allerdings die andernfalls nach wie vor (§ 13 Abs. 1 UmwStG) bestimmte Anschaffungsfiktion; stattdessen treten die verschmelzungsbedingt erhaltenen neuen Anteile in die stl. Position der untergehenden Anteile

---

1 Sa. BFH v. 13.1.2015 – IX R 16/14, BFH/NV 2015, 670.

2 Vgl. BFH v. 19.12.2007 – I R 111/05, BStBl. II 2008, 536; v. 20.4.2011 – I R 97/10, BStBl. II 2011, 815 (dagegen Verfassungsbeschwerde, 2 BvR 2690/11, die durch Beschl. v. 20.8.2013 nicht zur Entsch. angenommen wurde).

3 Die v. BFH allerdings nicht als im Wortsinn „ersetzend", sondern als Ausnahmen zu dem „überwölbenden" Begriff der Veräußerung verstanden werden, s. BFH v. 24.1.2018 – I R 48/15, BStBl. II 2019, 45; insofern zu Recht krit. *Stangl/Binder*, DStR 2018, 1793; *Weiss/Brühl*, GmbHR 2018, 951; sa. Rn. 40.

4 Vgl. *Dötsch/Pung*, DB 2006, 2763 (2769).

ein (§ 13 Abs. 2 S. 3 UmwStG). Zu den Einzelheiten s. Rn. 102 und iZ mit der Gesellschaftsauflösung Rn. 123f., und iÜ den AEUmwStG in BMF v. 11.11.2011, BStBl. I 2011, 1314 Rn. E 20.03ff., Rn. 20.38ff., Rn. 21.01ff., Rn. 22.01ff.

10 **d) § 13 Abs. 6 KStG, § 6 AStG, § 2 Abs. 1 AStG, § 50i.** Durch **§ 13 Abs. 6 KStG, § 6 AStG** wird der Anwendungsbereich v. § 17 **erweitert**. Dessen Besteuerungsfolgen treten hiernach nicht nur bei Anteilsveräußerungen ein, sondern auch bei surrogierenden **Entstrickungssachverhalten**, nämlich **(1)** Beendigung der StBefreiung und Beginn der persönlichen StPfl. (§ 13 Abs. 6 KStG), **(2)** Beendigung der unbeschränkten StPfl. (§ 6 Abs. 1 S. 1 AStG), **(3)** unentgeltliche Anteilsübertragung auf einen nicht unbeschränkt StPfl. (§ 6 Abs. 1 S. 2 Nr. 1 AStG), auch v. Todes wegen, **(4)** Begr. der vorrangigen Ansässigkeit (abkommensrechtl., vgl. Art. 4 Abs. 3 OECD-MA) in einem ausländ. Staat (§ 6 Abs. 1 S. 2 Nr. 2 AStG), **(5)** Einlage der Anteile in einen ausländ. Betrieb oder eine ausländ. Betriebsstätte (§ 6 Abs. 1 S. 2 Nr. 3 AStG), **(6)** nach der Auffangvorschrift des § 6 Abs. 1 S. 2 Nr. 4 AStG auch der Ausschluss oder die Beschränkung des deutschen Besteuerungsrechts hinsichtlich des Gewinns aus der Anteilsveräußerung aufgrund anderer Ereignisse, bspw. infolge der Neuverhandlung von DBA mit Umverteilung des Besteuerungszugriffs (aber str.).[1] Nach § 6 Abs. 1 S. 1 AStG bezieht sich der Besteuerungszugriff gleichermaßen auf Beteiligungen an inländ. und ausländ. KapGes., was letztlich gerechtfertigt ist, weil auch Art. 13 Abs. 5 OECD-MA Deutschland das entspr. Besteuerungsrecht zuweist;[2] und **(7)** Tausch der Anteile gegen Anteile an einer ausländ. KapGes. (§ 6 Abs. 1 S. 3 AStG iVm. § 21 Abs. 2 S. 2 UmwStG, § 6 Abs. 3 Nr. 4 AStG aF). Sämtliche Tatbestände des § 6 Abs. 1 AStG – sowohl der Grundtatbestand des S. 1 als auch die Ersatztatbestände des S. 2 Nr. 1 bis 4 – erfordern nach S. 1 1. Satzteil die mind. zehnjährige unbeschränkte StPfl. einer nat. Pers. (iSv. § 1 Abs. 1 AStG); für nur beschränkt StPfl. ist § 6 AStG von vornherein nicht einschlägig.[3] Im Rahmen des § 6 AStG werden nur Veräußerungsgewinne erfasst; (fiktive) Veräußerungsverluste bleiben (nach wie vor)[4] unbeachtlich.[5] Die Steuer wird auf Antrag in regelmäßigen Teilbeträgen für einen Zeitraum v. höchstens fünf Jahren seit Eintritt der ersten Fälligkeit gegen Sicherheitsleistung gestundet, wenn die alsbaldige Einziehung für den StPfl. mit erheblichen Härten verbunden wäre (**§ 6 Abs. 4 S. 1 AStG**). Für EU-/EWR-Staatsangehörige erfolgt die Stundung bei Begr. der unbeschränkten StPfl. in einem EU-/EWR-Staat[6] als Zuzugsstaat bis zur Realisierung eines Veräußerungsgewinns oder eines gleichgestellten Sachverhalts zinslos[7] und unbesichert (**§ 6 Abs. 5 AStG**). Die Stundungen sind allerdings in den Fällen der Veräußerung der Anteile, der verdeckten Einlage gem. § 17 Abs. 1 S. 2 sowie der Tatbestandsverwirklichung des § 17 Abs. 4 zu widerrufen (§ 6 Abs. 4 S. 2, Abs. 5 S. 4 Nr. 1 AStG). Zu den Besonderheiten des § 6 Abs. 3 AStG s. § 17 Abs. 2 S. 4 Rn. 81. Ob die Regelungen unionsrechtl. Anforderungen in allen Einzelheiten (insbes. bezogen auf die sog. Ersatztatbestände des § 6 Abs. 1 S. 2 Nr. 2 bis 4 AStG)[8] entsprechen, ist derzeit noch ungeklärt und wird zT nach wie vor in Frage gestellt,[9] im Hinblick jedenfalls auf den sog. Grundtatbestand des § 6 Abs. 1 AStG ganz überwiegend – und vor allem auch seitens des BFH[10] – indessen angenommen. Der BFH erkennt in dem Besteuerungszugriff auf die anteilsimmanenten stillen Reserven in der „letzten jur Sekunde" vor dem Wegzug (und damit dem Ende der unbeschränkten StPfl. des Wegziehenden[11]) **trotz Art. 13 Abs. 5 OECD-MA** auch keinen Abkommensverstoß. Da der abkommensrechtl. ermöglichte Steuerzugriff des Wegzugsstaates aber nicht ohne weiteres mit einem reduzierten Zugriff des Zuzugsstaates korrespondiert, kann das zu Doppelbesteuerungen führen, denen (nur) im Wege einer Verständigungsvereinbarung (Art. 25 Abs. 2 OECD-MA) zu begegnen ist.[12] Gleichwohl scheidet auch in diesem Punkt ein Unionsrechtsverstoß aus; die Vermeidung v. Doppelbesteuerungen ist per se nicht Gegenstand des Unions-

---

1 BMF v. 26.10.2018, BStBl. I 2018, 1104.

2 Krit. hinsichtlich etwaiger Unabgestimmtheiten zw. § 6 Abs. 1 AStG und § 49 Abs. 1 Nr. 2 lit. e (aber wohl nur in Grenzfällen) *Wassermeyer*, DB 2006, 1390.

3 *Schönfeld/Häck*, IStR 2012, 582.

4 S. bereits BFH v. 28.2.1990 – I R 43/86, BStBl. II 1990, 615 (für die Zeit vor den Modifikationen durch das SEStEG, s. dazu Rn. 94).

5 BFH v. 26.4.2017 – I R 27/15, DStR 2017, 2077 (Anschluss an Senatsurt. v. 28.2.1990 – I R 43/86, BStBl. II 1990. 615).

6 Fraglich ist, ob das aufgrund des Freizügigkeitsabkommens zw. der EU und der Schweiz v. 21.6.1999, in Kraft getreten am 1.6.2002, auch ggü. der Schweiz gilt; s. FG BaWü. v. 14.6.2017 – 2 K 2413/15, DStRE 2018, 1349 (Vorabentscheidungsersuchen an den EuGH, C-581/17 – Wächtler); s. dazu *Bartsch/Nürnberg*, Ubg 2018, 645.

7 Nach Auffassung des FG Düss. v. 27.9.2013 – 1 K 3233/11 AO, EFG 2014, 108 (Rev. zugelassen, v. FA aber nicht eingelegt) wirkt die Zinslosigkeit dabei umfassend, auch bezogen auf die Verzinsung gem. § 233a AO.

8 S. insoweit aber auch die gesetzliche „Nachbesserung" durch das Zollkodex-AnpG v. 22.12.2014 (BGBl. I 2014, 2417) in § 6 Abs. 5 S. 3 iVm. Abs. 1 S. 2 Nr. 4 AStG.

9 *Wassermeyer*, NJW 2009, 112; *Intemann*, NWB F 2 Wegzugsbesteuerung, 10101; *Beiser*, IStR 2009, 236; *Haase*, AStG/DBA, 2. Aufl. 2012, § 6 AStG Rn. 17ff.

10 BFH v. 23.9.2008 – I B 92/08, BStBl. II 2009, 524; v. 25.8.2009 – I R 88, 89/07, DStR 2009, 2295, mwN.

11 BFH v. 23.9.2008 – I B 92/08, BStBl. II 2009, 524.

12 S. auch *G/K/G/K*, Art. 13 Rn. 161; *Gosch*, IWB 2012, 779 mwN (auch zur Gegenmeinung).

rechtsschutzes.[1] Es ließe sich allenfalls darüber nachdenken, ob nicht der Zuzugs-Mitgliedstaat v. dem ihm zugewiesenen Recht angesichts dieses Abkommensverständnisses nur Zugriff auf „seine" stillen Reserven nehmen darf und dass nur so unionsrechtl. Anforderungen genügt wird. – Schließlich sieht es der BFH ebenso als verfassungsrechtl. unbedenklich an, dass die Regelung rückwirkend gilt (vgl. § 21 Abs. 13 S. 2 AStG); das Vertrauen in einen unionsrechtswidrigen Rechtszustand bleibt ungeschützt. – Zu der (in ihren Wirkungen weit überschießenden) Reaktion des Gesetzgebers, um den inländ. Besteuerungszugriff auf stille Reserven in qualifizierten Kapitalbeteiligungen auch dann sicherzustellen, wenn diese vor dem Wegzug des G'ters in eine gewerblich geprägte Holding-KG eingebracht wurden, s. **§ 50i**. – Zum Verhältnis zw. **§ 6 AStG** und § 17 Abs. 5 EStG s. Rn. 143a. Im Übrigen ist der nach § 17 anzusetzende Gewinn aus der Veräußerung von KapGes.-Anteilen um den nach § 6 AStG besteuerten Vermögenszuwachs zu kürzen (**§ 6 Abs. 1 S. 5 AStG**). Die Kürzung wirkt einer doppelten Besteuerung einerseits der fiktiven Veräußerung nach § 6 AStG und andererseits der tatsächlichen Veräußerung entgegen.

§ 17 ist überdies auch für StPfl. bedeutsam, die gem. (dem unionsrechtl. uU ebenfalls nicht länger haltbaren,[2] bislang aber v. Gesetzgeber „standhaft" beibehaltenen) § 2 Abs. 1 AStG der hiernach bestimmten **erweiterten beschränkten StPfl.** unterfallen, weil sie infolge der Beteiligung an einer KapGes. iSv. § 17 Abs. 1 wesentliche wirtschaftliche Interessen im Inland haben (**§ 2 Abs. 3 Nr. 1 AStG**). Ohnehin ist die Einbeziehung der inländ. Beteiligung als wesentlich nach der Absenkung der stl. relevanten Beteiligungsquote auf 1 % fragwürdig geworden; sie benachteiligt den G'ter einer KapGes. in ungerechtfertigter Weise ggü. dem K'disten einer MU'schaft (§ 15 Abs. 1 Nr. 2), für den § 2 Abs. 3 Nr. 1 AStG nach wie vor an einem Grenzwert v. 25 % festhält. 10a

e) § 8 Abs. 5 InvStG idF bis 31.12.2017. § 8 Abs. 5 S. 1 letzter HS InvStG aF schließt die Anwendung v. § 17 für den Fall aus, dass Gewinne aus der Rückgabe oder Veräußerung v. Investmentanteilen, die weder zu einem BV gehören noch zu den Einkünften nach § 22 Nr. 1 oder 5 zählen. Derartige Einkünfte unterwirft § 8 Abs. 5 S. 1 HS 1 InvStG aF den **Einkünften aus KapVerm.** iSd. § 20 Abs. 2 S. 1 Nr. 1. 10b

3. Zeitlicher Anwendungsbereich, Rechtsentwicklung. § 17 idF des StSenkG war grds. erstmals ab dem VZ 2002 anwendbar. Zu weiteren Einzelheiten vgl. 16. Aufl. Rn. 11. 11

Einstweilen frei. 12–13

B. Beteiligungsvoraussetzungen (Abs. 1)

I. Anteile an einer Kapitalgesellschaft (Abs. 1 S. 1, 3 und 4, Abs. 7). Von § 17 wird der Gewinn aus der Veräußerung v. Anteilen an einer KapGes. erfasst. Was unter **KapGes.** zu verstehen ist, ergibt sich aus **§ 1 Abs. 1 Nr. 1 KStG**. Es sind dies vor allem AG, KGaA, GmbH, nach Maßgabe v. **§ 17 Abs. 7** auch Anteile an einer Genossenschaft einschl. der Europäischen Genossenschaft (SCE).[3] Zu der gesetzlichen Ergänzung in § 17 Abs. 7 sah sich der Gesetzgeber veranlasst, weil Anteile an nicht nach deutschem Recht gegründeten Genossenschaften und der Europäischen Genossenschaft ebenfalls veräußerbar sind. **Nicht** unter § 17 fallen hiernach Erwerbs- und Wirtschaftsgenossenschaften (§ 1 GenG), VVaG (§§ 15–53 VAG), wirtschaftliche Vereine. Um Anteile iSv. § 17 handelt es sich ausweislich der Legaldefinition in § 17 Abs. 1 S. 3 bei Aktien, GmbH-Anteilen, Genussscheinen oä. Beteiligungen und Anwartschaften auf solche Beteiligungen. Maßgeblich ist nur die Kapitalbeteiligung; auf die **Stimmrechte** kommt es nicht an,[4] so dass auch Anteile mit mehrfachen oder ohne Stimmrechte(n) erfasst werden. 14

Aktien sind Anteile am Grundkapital einer AG (§ 1 Abs. 2, 6, 8 AktG, unter Einbeziehung v. Vorzugs- und Mehrstimmrechtsaktien gem. §§ 11, 12 AktG, Zwischenscheinen, §§ 10 Abs. 3, 8 Abs. 4 AktG), auch einer KGaA (§ 278 Abs. 1 AktG). Unterhält der persönlich haftende Kommanditaktionär allerdings nach § 15 Abs. 1 Nr. 3 einen GewBetr., bedarf es des § 17 nicht mehr, da die Veräußerungsgewinne bereits diesem GewBetr. unterfallen. Dass die entspr. Mitgliedschaftsrechte an der AG durch Aktienurkunden (deklaratorisch) verkörpert sind, ist prinzipiell unbeachtlich; ausschlaggebend ist das Innehaben des dinglichen Mitgliedschaftsrechts.[5] **GmbH-Anteile** sind Geschäftsanteile an einer GmbH. **Genussscheine** iSv. § 17 (vgl. auch § 20 Abs. 2 S. 1 Nr. 1) stellen (verbriefte oder nicht verbriefte[6]) Forderungsrechte gegen 15

1 S. zB EuGH v. 16.7.2009 – C-128/08, BFH/NV 2009, 1757 – Jacques Damseaux gegen Belgischer Staat, mwN.
2 **AA** (unter Berufung auf EuGH v. 23.2.2006 – C-513/03 „van Hilten-van der Heijden", Slg. 2006, I-1957 Rn. 46) FG München v. 21.11.2011 – 8 K 628/08, EFG 2012, 587 (durch BFH v. 26.6.2013 – I R 4/12, BFH/NV 2013, 1925, aus anderen Gründen aufgehoben).
3 Dazu *Mahi*, DB 2004, 967; *Mock*, GPR 2004, 213; *Schulze/Wiese*, ZfgG 56, 108.
4 S. auch BFH v. 10.12.1969 – I R 43/67, BStBl. II 1970, 310; § 36a I 2 aF.
5 BFH v. 7.7.2011 – IX R 2/10, BStBl. II 2012, 20.
6 *L/B/P*, § 17 Rn. 72 f.; **aA** *Haarmann*, JbFStR 1985/86, 407 (413).

eine KapGes. dar, die zu einer Beteiligung am Gewinn und am Liquidationserlös berechtigen (vgl. § 8 Abs. 3 S. 2 KStG, § 20 Abs. 1 Nr. 1).[1] Wird lediglich eine Gewinnbeteiligung gewährt, handelt es sich hingegen um bloße Gläubigerrechte, nicht um eine Kapitalbeteiligung, da § 17 die Wertsteigerung bei Veräußerungen erfassen will.[2] Dementspr. fallen Einkünfte aus derartigen Genussrechten nicht unter § 20 Abs. 1 Nr. 1, sondern unter § 20 Abs. 1 Nr. 7. – Ob der Inhaber des Genussscheins an den Liquidationserlösen partizipiert, erweist sich immer nur am Einzelfall. Der FinVerw. genügt es, wenn die Kapitalrückzahlung nicht vor der Liquidation verlangt werden kann.[3] Dem ist nicht zu folgen; eine Rückzahlungsverpflichtung lässt sich angesichts des klaren Regelungswortlauts (s. auch § 20 Abs. 1 Nr. 1; § 8b Abs. 2 S. 3 KStG) nicht mit einer Beteiligung am Liquidationserlös gleichsetzen.[4] Eine sog. Nachrangvereinbarung, wonach das Genussrechtskapital erst nach Befriedigung der übrigen Gesellschaftsgläubiger zurückzuzahlen ist, verleiht dem Genussrecht jedenfalls noch keinen Beteiligungscharakter.[5]

16 Um **ähnliche Beteiligungen** iSv. § 17 handelt es sich (nicht anders als bei § 20 Abs. 2 S. 1 Nr. 1) bei Beteiligungen an **Gründergesellschaften (Vorgesellschaften)**,[6] soweit diese (abw. v. „Vorgründungsgesellschaften“[7]) bereits vor Eintragung in das Handelsregister als KapGes. behandelt werden,[8] sowie an **ausländ. KapGes.**, soweit diese ihrem Typus nach inländ. KapGes. entsprechen[9] (Rn. 14); zur Meldepflicht des StPfl. beim Erwerb v. Anteilen an einer beschränkt stpfl. KapGes. v. 10 % bei unmittelbarer und mittelbarer Beteiligung oder bei AK v. mehr als 150 000 Euro s. § 138 Abs. 2 Nr. 3 AO.[10] **Nicht** um ähnliche Beteiligungen handelt es sich bei **EK ersetzenden Darlehen** („verdecktes EK“). Solche stellen auf der Ebene der KapGes. Fremdkapital dar; sie ermöglichen keine Beteiligung an Gewinnen oder Liquidationserlösen.[11] **Nicht** zu den ähnlichen Beteiligungen gehören auch **stille Beteiligungen**. Typische stille Beteiligungen gewähren lediglich Gläubigerrechte,[12] bei atypisch stillen Beteiligungen sind MU'schaften iSv. § 15 gegeben. Keine ähnlichen Beteiligungen sind auch Anteile des phG'ters an der KGaA, die außerhalb des Grundkapitals stehen.

17 **„Anwartschaften auf solche Beteiligungen“** sind (Schuld-)Rechtspositionen, die die begründete Aussicht auf den Erwerb der (einzelnen) Anteile sicherstellen, ohne dass bereits rechtl. oder wirtschaftliches Eigentum besteht. **(1)** Betroffen sind in erster Linie konkrete **Bezugsrechte** (§ 186 AktG). Solche begründen das Recht des Aktionärs, bei einer Kapitalerhöhung junge Aktien in einem in den Bezugsbedingungen festgesetzten Verhältnis zu seinen alten Aktien und zu einem ebenfalls festgesetzten Preis zu erwerben.[13] Eine Anwartschaft idS kann (nach entspr. Beschlussfassung) auch übertragen werden, wenn sich die (Alt-)G'ter nicht an einer Kapitalerhöhung beteiligen oder wenn sie bei der Kapitalerhöhung auf ihr Recht auf Bezug junger Aktien verzichten.[14] – Für GmbH-Anteile lässt sich durch Satzung oder Kapitalerhöhungsbeschluss ein entspr. Recht schaffen. **(2)** Dem gleich stehen rechtl. und tatsächliche Möglichkeiten, sich ein solches Recht zu verschaffen. **(3)** Zu den Anwartschaften gehören auch (handelbare ebenso wie nicht handelbare) **Wandelschuldverschreibungen** (§ 221 Abs. 1 S. 1 AktG)[15] und **Optionsanleihen**. Solche gewähren dem Gläubiger das Recht auf Umtausch gegen Aktien oder Aktienbezug, Forderungen oder stille Beteiligun-

---

1 BFH v. 14.6.2005 – VIII R 73/03, BStBl. II 2005, 861; s. auch BFH v. 19.1.1994 – I R 67/92, BStBl. II 1996, 77; zweifelnd BMF v. 27.12.1995, BStBl. I 1996, 49.
2 *L/B/P*, § 17 Rn. 73; *Schmidt*[37], § 17 Rn. 22; *Wüllenkemper*, FR 1991, 473 (478).
3 BMF v. 8.12.1986, BB 1987, 667.
4 *Gosch*[3], § 8 Rn. 151; *Angerer*, DStR 1994, 651.
5 BFH v. 14.6.2005 – VIII R 73/03, BStBl. II 2005, 861.
6 Vgl. zur Abgrenzung BFH v. 8.11.1989 – I R 174/86, BStBl. II 1990, 91.
7 BFH v. 21.1.2004 – VIII R 2/02, BStBl. II 2004, 551; allg. BFH v. 8.11.1989 – I R 174/86, BStBl. II 1990, 91.
8 Was der Fall ist, wenn sie eine nach außen tretende Tätigkeit aufgenommen haben, BFH v. 11.4.1973 – I R 172/72, BStBl. II 1973, 568.
9 BFH v. 22.2.1989 – I R 11/85, BStBl. II 1989, 794; v. 23.6.1992 – IX R 182/87, BStBl. II 1992, 972; v. 21.10.1999 – I R 43, 44/98, BStBl. II 2000, 424.
10 Im Einzelnen BMF v. 15.4.2010, BStBl. I 2010, 346.
11 BFH v. 19.5.1992 – VIII R 16/88, BStBl. II 1992, 902; v. 28.5.1997 – VIII R 25/96, BStBl. II 1997, 724; 727; v. 24.4.1997 – VIII R 23/93, BStBl. II 1999, 342.
12 BFH v. 28.5.1997 – VIII R 25/96, BStBl. II 1997, 724.
13 BFH v. 19.4.2005 – VIII R 68/04, BStBl. II 2005, 762; v. 8.4.1992 – I R 128/88, BStBl. II 1992, 761, v. 13.10.1992 – VIII R 3/89, BStBl. II 1993, 477; v. 20.2.1975 – IV R 15/71, BStBl. II 1975, 505 (grundlegend); zum Streit über die Abgrenzung solcher Anwartschaften zu Bezugsrechten s. BFH v. 16.4.1991 – VIII R 63/87, BStBl. II 1991, 832 (833).
14 BFH v. 4.7.2007 – VIII R 68/05, BStBl. II 2007, 937; v. 19.4.2005 – VIII R 68/04, BStBl. II 2005, 762; v. 13.10.1992 – VIII R 3/89, BStBl. II 1994, 477; FG Münster v. 3.6.2014 – 9 K 5/08 K, EFG 2014, 2076 (aufgehoben und zur erneuten Entsch. zurückgewiesen mit BFH v. 8.2.2017 – I R 55/14, BFH/NV 2017, 1588).
15 Vgl. umfassend und krit. *Altenburg*, Die Besteuerung v. Wandelschuldverschreibungen im deutschen und niederländischen Steuerrecht, 2017, passim, bes. 149 ff.

gen.[1] **(4) Nicht** um Anwartschaften im vorgenannten Sinne handelt es sich demgegenüber bei bloßen (Schuld-)Rechten aus (Kauf- oder Verkaufs-)**Optionsrechten**, **Vorkaufsrechten**, Call-Options, Stimmrechtsvollmachten, Verfügungsbeschränkungen, durch die der Berechtigte idR keine Möglichkeit zur wirtschaftlichen Verwertung der Vermögenssubstanz erhält. Bei derartigen Rechten ist die Position des Berechtigten gewöhnlich noch zu schwach ausgeprägt, um ihn als Besteuerungstatbestand des § 17 zu unterwerfen.[2] Anders als Anwartschaften richten sich derartige Rechte außerdem regelmäßig nicht gegen die Ges. selbst;[3] schuldrechtl. Anspr. gegen einen G'ter auf Anteilsübertragung genügen im Allg. nicht, um den Tatbestand v. § 17 zu erfüllen.[4] Anderes kann gelten, wenn infolge der Einräumung der Option (Call-Option) quasi die Stellung eines wirtschaftlichen Eigentümers erlangt wird.[5] **(5)** Abzugrenzen sind schließlich Bezugsrechte (Bezugsanteile) anlässlich der Ausgabe v. Anteilen an KapGes. sowie **Wandlungs- und Optionsrechte** zum Erwerb v. Anteilen bei der Begebung v. Schuldverschreibungen und Optionsanleihen. Dafür v. Erwerber geleistete und v. Emittenten vereinnahmte Aufgelder (Agien) sind wegen ihres Charakters als mitgliedschaftliche Vermögensmehrung handelsrechtl. gem. § 272 Abs. 2 Nr. 2 HGB in die Kapitalrücklage einzustellen. Sie sind daher nach zutr. Ansicht des BFH auch stl. unbeschadet der hier fehlenden Maßgeblichkeit (vgl. § 5 Abs. 6) als Einlage und nicht als Veräußerung/BE zu behandeln.[6] Der BFH hat dies zwar (nur) aus Sicht der emittierenden Ges. entschieden, er spricht sich aber zu Recht für eine prinzipielle Gleichbehandlung v. Anwartschaften auf Anteile aus der Sicht der Anteilseigner als auch der Emittenten aus[7] und befürwortet unabhängig v. der Qualifizierung des Aufgelds als Gegenstand einer Einlage durch den jeweiligen Erwerber der Option zugleich eine (zumindest mittelbare) Einlage der „Alt-" G'ter.[8] Der (IX. Senat des) BFH hat Bezugsrechte iSv. § 17 Abs. 1 S. 3 überdies – ersichtlich contra legem – als Anteile iSv. § 3 Nr. 40 S. 1 lit. j aF[9] und damit (wohl, indes nicht zwingend) gleichzeitig auch gem. § 8b Abs. 2 KStG angesehen und sie dem (seinerzeitigen) **Halbeinkünfteverfahren** unterworfen; zumindest für § 8b Abs. 2 KStG ist der I. Senat des BFH denn auch (zu Recht) **aA**.[10]

II. Nominelle Beteiligung am Nennkapital (Abs. 1 S. 1 und 3). Eine besteuerungsrelevante Beteiligung gem. § 17 liegt v. VZ 2001 an (bereits dann) vor, wenn der Veräußerer innerhalb der letzten fünf Jahre am Kapital der Ges. zu **1 %** unmittelbar oder mittelbar beteiligt war **(Abs. 1 S. 1)**. Mit der Herabsenkung der Beteiligungsgrenze auf lediglich 1 % ist der Begriff der „wesentlichen Beteiligung" in Abs. 1 S. 1 und der dadurch bedingten Ausweitung des Besteuerungszugriffs aufgegeben worden, obwohl sich der Terminus immer noch gut als sinnvolle Abbreviatur für die besteuerungsrelevante Beteiligung ggü. der nicht besteuerungsrelevanten Beteiligung unter 1 % verwenden lässt; es handelt sich jedenfalls nach wie vor um eine entspr. qualifizierte Beteiligung. Zur Auswirkung auf die Fünf-Jahres-Frist gem. Abs. 1 S. 1 s. Rn. 30ff.; zum Fehlen einer Übergangsregelung und der dadurch bedingten verfassungsrechtl. Problematik s. Rn. 34f. 18

Die **Höhe der Beteiligung** orientiert sich grds. am **Nennkapital** (Grundkapital einer AG, §§ 6, 7 AktG, Stammkapital einer GmbH, §§ 5, 14 GmbHG), ggf. abzgl. eigener Anteile der KapGes.[11] oder eingezogener Geschäftsanteile.[12] Ob die Einlagen tatsächlich erbracht worden sind, ist unbeachtlich, grds. auch dann, 19

---

1 S. auch BFH v. 28.1.1976 – IV R 209/74, BStBl. II 1976, 288; abgrenzend zum Realisationszeitpunkt des Umtauschrechts und zur stl. Erfassung als Arbeitslohn s. auch BFH v. 23.6.2005 – VI R 124/99, BStBl. II 2005, 766 = DB 2005, 1718 mit Anm. *Lochmann*.

2 Vgl. *Frotscher/Geurts*, § 17 Rn. 46, 51f. (maßgebend ist, ob der Berechtigte sich letztlich den Vermögenszuwachs der Anteile verschaffen kann und ob er bereits – wie ein wirtschaftlicher Eigentümer – auf sie einwirken kann); sa. (allerdings bezogen auf § 8b Abs. 2 KStG) BFH v. 6.3.2013 – I R 18/12, BStBl. II 2013, 588.

3 S. *Bogenschütz*, FS Schaumburg, 2009, 222 (232); s. auch *Dinkelbach*, RdF 2012, 270 (274f.).

4 *D/P/M*, § 17 Rn. 171; *Schweyer/Dannecker*, BB 1999, 1732; **aA** *Frotscher/Geurts*, § 17 Rn. 52; *L/B/P*, § 17 Rn. 82.

5 BFH v. 19.12.2007 – VIII R 14/06, BStBl. II 2008, 475; v. 31.1.2017 – IX R 40/15, BFH/NV 2017, 572.

6 BFH v. 30.11.2005 – I R 3/04, BStBl. II 2008, 809; v. 30.11.2005 – I R 26/04, BFH/NV 2006, 616, mwN auch zur Gegenmeinung; abw. (bezogen auf Optionspläne als Mitarbeitervergütung) auch BFH v. 25.8.2010 – I R 103/09, BStBl. II 2011, 215.

7 S. aber *Häuselmann*, BB 2000, 139.

8 **AA** *Wassermeyer*, DStJG 30 (2007), 262ff. unter II.5.

9 BFH v. 27.10.2005 – IX R 15/05, BStBl. II 2006, 171.

10 BFH v. 23.1.2008 – I R 101/06, BStBl. II 2008, 719; *Rödder/Schumacher*, DStR 2003, 909; *H/H/R*, § 8b KStG Anm. 64; *D/P/M*, § 8b KStG Rn. 121; *Gosch*[3], § 8b Rn. 162; *Häuselmann/Wagner*, BB 2002, 2431 (2433); *Ernst & Young*, § 8b Rn. 84, 86; *Herlinghaus*, EFG 2005, 1754; *Intemann*, DStR 2006, 1447; *Wagner*, Der Konzern 2006, 668; s. auch BFH v. 6.3.2013 – I R 18/12, BStBl. II 2013, 588; **aA** *Dinkelbach*, Besteuerung des Anteilsbesitzes an KapGes. im Halbeinkünfteverfahren, 2006, 204ff.; *Dinkelbach*, RdF 2012, 270 (274); *Frotscher*, INF 2003, 457; *Mihm*, BB 2005, 2790; *Heuermann*, DB 2005, 2708.

11 BFH v. 24.9.1970 – IV R 138/69, BStBl. II 1971, 89; v. 28.6.1978 – I R 90/76, BStBl. II 1978, 590; v. 12.6.1980 – IV R 128/77, BStBl. II 1980, 646; v. 19.5.1992 – VIII R 16/88, BStBl. II 1992, 902; v. 18.4.1989 – VIII R 329/84, BFH/NV 1990, 27; v. 25.11.1997 – VIII R 29/94, BStBl. II 1998, 257; v. 16.5.1995 – VIII R 33/94, BStBl. II 1995, 870.

12 BFH v. 18.4.1989 – VIII R 329/84, BFH/NV 1990, 27.

wenn die Satzung die G'ter-Rechte nach dem Verhältnis der eingezahlten Beträge bestimmt.[1] S. auch Rn. 87 zur Höhe der AK. Eine **Ausnahme** ist nur für den Fall zu machen, dass denjenigen G'tern, die ihre Einlage noch nicht erbracht haben, auch kein Recht zusteht, am Gewinn oder Liquidationserlös zu partizipieren.[2] Da es für § 17 allein auf die Vermögensbeteiligung und nicht auf das Maß der Einflussnahme ankommt, ist gleichermaßen der Umfang der **Stimmrechtsbeteiligung** unbeachtlich;[3] stimmrechtslose Anteile sind einzubeziehen (Rn. 14),[4] **allein** Stimmrechte gewährende Vorzugsaktien hingegen nicht. Auch bei einer **AG** muss es nicht zwingend auf das Erreichen einer **Sperrminorität** ankommen; vonnöten ist allerdings eine unternehmerische Beteiligung in Gestalt einer „Finanzierungsfolgenverantwortung" des betr. Aktionärs infolge gesicherten Einflusses auf die Unternehmensleitung (wofür die Mitgliedschaft im Aufsichtsrat oder eine Vorstandsfunktion ebensowenig genügen[5] wie die Einräumung einer Rückkaufsoption nach Veräußerung der die Sperrminorität sichernden Anteile).[6] Unbeachtlich ist es ferner, wenn die unterhalb der Wesentlichkeitsgrenze liegende Beteiligung aufgrund gesellschaftsvertraglicher Abmachungen einen überquotalen Anspr. auf Gewinn (sog. **inkongruente oder disproportionale Gewinnausschüttung**) und Liquidationserlös ermöglicht.[7] Allein die nominellen Beteiligungsverhältnisse sind selbst dann ausschlaggebend, wenn dem Anteilseigner zusätzliche Stimmrechte zustehen.[8] – Bei Beteiligung an einer **Auslands-KapGes.** (s. Rn. 16), die über kein Grund- oder Stammkapital iSd. deutschen Aktien- oder GmbH-Rechts verfügt, ist auf eine entspr. Bezugsgröße abzustellen.[9]

20 **Nicht** in die Ermittlung der Beteiligungsquote einzubeziehen sind (und zwar sowohl nach früherem Recht wie nach Maßgabe des MoMiG v. 23.10.2008[10]) **Kapital ersetzende Maßnahmen** (Rn. 94a ff.). Solche begründen keine zusätzlichen G'ter-Rechte.[11]

21 Bei **eigenen** (§ 71 AktG, § 33 GmbHG) **Anteilen** der KapGes. ruhen die damit verbundenen G'ter-Rechte, die wirtschaftliche Beteiligung entfällt nur auf die übrigen Anteile. Folglich ist v. einem entspr. geminderten Grund- oder Stammkapital auszugehen. In ähnlicher Weise verhält es sich, wenn die KapGes. Geschäftsanteile **einzieht** (§ 34 GmbHG). Zwar bleibt das Stammkapital dann unverändert, allerdings stimmt die Summe der Anteile nicht mehr mit diesem überein. Der Nennbetrag der vinkulierten Anteile ist deshalb v. Stammkapital abzuziehen.[12] Bei Aktien wirkt sich die Einziehung hingegen nicht aus, weil eine solche nur gegen Herabsetzung des Grundkapitals zulässig ist (§ 237 AktG). Die Minderung des Nennkapitals zieht schließlich der **Ausschluss oder Austritt eines G'ters** nach sich.

22 Höchstrichterlich geklärt, aber gleichwohl problematisch ist, wie sich die Wesentlichkeit der Beteiligung bei Genussscheinen, ähnlichen Beteiligungen und Anwartschaften bestimmt. Teilw. wird angenommen, Bezugsrechte,[13] Wandlungs- und Optionsrechte seien nicht zu berücksichtigen. Ihre Veräußerung sei lediglich dann stpfl., wenn der Rechtsinhaber zuvor wesentlich/qualifiziert am Grund- oder Stammkapital beteiligt war. Bei Genussscheinen soll es auf das Verhältnis ankommen, in dem G'ter und Genussscheininhaber am Gewinn und Liquidationserlös teilhaben. Dieser Rechtsmeinung hat sich in nunmehr ständiger Spruchpraxis der BFH[14] (und haben sich in der Folge auch die FG)[15] angeschlossen. Anderer und zutr. Ansicht[16] nach sind solche Rechte indes bei der Berechnung der Beteiligungsquote stets mit einzubeziehen. Geht man nämlich davon aus, dass sie lediglich eine Erscheinungsform der Anteile iSv. § 17 darstellen

1 FG SchlHol. v. 4.12.1986 – II 231/84, EFG 1987, 178; **aA** *Schmidt*[37], § 17 Rn. 38.
2 BFH v. 25.11.1997 – VIII R 36/96, BFH/NV 1998, 691; *Ernst & Young*, § 17 Rn. 37.
3 BFH v. 25.11.1997 – VIII R 29/94, BStBl. II 1998, 257; v. 25.11.1997 – VIII R 36/96, BFH/NV 1998, 691; v. 25.11. 1997 – VIII R 49/96, BFH/NV 1998, 694.
4 BFH v. 10.12.1969 – I R 43/67, BStBl. II 1970, 310.
5 BFH v. 2.4.2008 – IX R 76/06, BStBl. II 2008, 706; s. auch BFH v. 25.6.2009 – IX R 42/08, BStBl. II 2010, 220.
6 BFH v. 8.2.2011 – IX R 53/10, GmbHR 2011, 721.
7 *Lang*, StKonRep 1988, 49 (63).
8 BFH v. 25.11.1997 – VIII R 36/96, BFH/NV 1998, 691; **aA** *L/B/P*, § 17 Rn. 105.
9 ZB FG Münster v. 6.12.2016 – 7 K 3225/13 E, EFG 2017, 129: für die Berechnung der prozentualen Beteiligung auf das im Unternehmensregister des US-Bundesstaats Nevada eingetragene „authorized capital" abgestellt.
10 BGBl. I 2008, 2026.
11 BFH v. 19.5.1992 – VIII R 16/88, BStBl. II 1992, 902; v. 28.5.1997 – VIII R 25/96, BStBl. II 1997, 724.
12 BFH v. 18.4.1989 – VIII R 329/84, BFH/NV 1990, 27.
13 ZB *H/H/R*, § 17 Anm. 111, 114; *Schweyer/Dannecker*, BB 1999, 1732; s. BFH v. 22.7.2008 – IX R 74/06, BStBl. II 2009, 124.
14 BFH v. 14.6.2005 – VIII R 73/03, BStBl. II 2005, 861; v. 14.3.2006 – VIII R 49/04, BStBl. II 2006, 746; v. 19.12.2007 – VIII R 14/06, BStBl. II 2008, 475; v. 19.2.2013 – IX R 35/12, FR 2013, 952 (dort bezogen auch auf den aufschiebend befristeten schuldrechtl. Anspr. auf Erfüllung eines Aktienkaufvertrags).
15 ZB FG Nds. v. 28.2.2012 – 12 K 10250/09, EFG 2012, 1337 (Rev. IX R 19/12; das Revisionsverfahren ist im Hinblick auf die beim BVerfG anhängige Verfassungsbeschwerde 2 BvR 364/13 ausgesetzt).
16 *L/B/P*, § 17 Rn. 106; *Ernst & Young*, § 17 Rn. 42; *Blümich*, § 17 Rn. 250 f.

(Abs. 1 S. 3, Rn. 15), besteht kein Grund zu einer differenzierten Behandlung bei der Bestimmung der Beteiligungsquote. Ausschlaggebend ist die Gesamtheit der Beteiligungen an der Substanz der KapGes. Der praktische Vorteil dieser Sichtweise liegt zudem darin, dass die Steuerbarkeit entspr. Veräußerungsvorgänge nach § 17 einerseits und die Bestimmung der Wesentlichkeit bzw. der qualifizierten Beteiligung andererseits einheitlich zu bestimmen sind. Der insbes. v. BFH ins Feld geführte Einwand, dem Bezugsrecht komme erst mit Eintragung in das Handelsregister (s. Rn. 35) eine einem Geschäftsanteil vergleichbare Beteiligung zu, verfängt demgegenüber nicht; Abs. 1 S. 3 zeigt auf, dass das G eine Beteiligungsanwartschaft unabhängig davon als ausreichend ansieht, ob die (formalen) Erfordernisse des Abs. 1 S. 1 iRd. dort bestimmten Fünf-Jahres-Frist erfüllt sind oder nicht.[1]

Folge dieser Betrachtungsweise ist, dass sich das Nennkapital um die entspr. Kapitalien erhöht. Eine 23
Nennbeteiligung v. mehr als 1 % kann sich dadurch als eine nicht iSd. Abs. 1 S. 1 qualifizierte darstellen, weil diese Beteiligung durch die sonstigen Beteiligungen begrenzt wird. Voraussetzung ist allerdings, dass die sonstigen Rechte eine Beteiligung am Gewinn und am Liquidationserlös vermitteln. Vor allem bei Genussscheinen sind deshalb im Falle lediglich quotaler Beteiligung des Scheininhabers am Liquidationserlös entspr. Verhältnisberechnungen durchzuführen.[2] Bestehen Bezugsrechte, so bleibt zu berücksichtigen, dass diese einen abgespaltenen Teil der Altaktien vor Durchführung der Kapitalerhöhung repräsentieren. Zu den neu emittierten Aktien fehlt ein Zusammenhang. Für die Berechnung der Wesentlichkeitsgrenze ist infolgedessen auf den Nennwert der alten Aktien zzgl. der Bezugsrechte abzustellen. In ähnlicher Weise ist bei Wandelschuldverschreibungen vorzugehen.

III. Zurechnung der Beteiligung. Beteiligt iSv. § 17 ist derjenige, dem die betr. Beteiligungen zuzurech- 24
nen sind. Dies ist grds. der **zivilrechtl. Eigentümer** der Anteile, vorausgesetzt dieser hat zugleich das wirtschaftliche Eigentum inne.[3] Nach **§ 39 Abs. 2 AO** reicht jedoch Letzteres auch allein aus.[4] **Wirtschaftliches Eigentum** iSv. § 39 Abs. 2 Nr. 1 AO besteht, solange der rechtl. Eigentümer v. dem wirtschaftlichen Eigentümer für die gewöhnliche Nutzungsdauer der Anteile v. der Einwirkung auf diese wirtschaftlich ausgeschlossen werden kann. Es gelten insoweit die allg. abgabenrechtl. Grundsätze. Das wirtschaftliche Eigentum geht danach („jedenfalls") dann über, wenn der Erwerber **(1)** aufgrund zivilrechtl. (ggf. auch formunwirksamen)[5] Geschäfts eine rechtl. geschützte, auf den Erwerb gerichtete Position erworben hat, die ihm gegen seinen Willen nicht mehr entzogen werden kann, **und (2)** die mit dem Anteil verbundenen wesentlichen Rechte sowie **(3)** das Risiko der Wertminderung und die Chance der Wertsteigerung auf ihn übergegangen sind; maßgebend ist stets das (tatsächliche) Gesamtbild, nicht die Verwirklichung aller dieser (Einzel-)Merkmale.[6] Bei formunwirksamem (nichtigem) Kaufvertrag über die Geschäftsanteile zw. einander nicht nahe stehenden Pers. geht das wirtschaftliche Eigentum – bei tatsächlichem Vollzug der getroffenen Vereinbarungen – über, sobald dem Erwerber **(1)** das Gewinnbezugs- und **(2)** das Stimmrecht zustehen oder der Verkäufer das Letztere iSd. Erwerbers auszuüben verpflichtet ist.[7] Wird der Vertrag nachträglich unwirksam, gilt Gleiches, sofern die Beteiligten die wirtschaftlichen Folgen der Vereinbarungen bestehen lassen.[8] Die (auch nur kurzfristige) Dauer der Inhaberschaft ist unbeachtlich.[9] Eine vertraglich eingegangene Verpflichtung, die Beteiligung nach Ablauf eines bestimmten Zeitraumes (ggf. alsbald) weiter-[10] oder zurückzuveräußern,[11] hindert das Entstehen rechtl. und wirtschaftlichen Eigentums nicht. **Kein** wirtschaftliches Eigentum wird begründet, wenn die Position eines G'ters allein in der gebundenen Mitwirkung an einer inkongruenten Kapitalerhöhung besteht,[12] oder wenn durch eine kombinierte Kapitalerhöhung und zeitlich abgeschlossene korrespondierende Verträge GmbH-Anteile genauso so aufeinan-

1 S. auch BFH v. 27.10.2005 – IX R 15/05, BStBl. II 2006, 171: Anteil iSv. § 3 Nr. 40 S. 1 lit. a und j. S. dazu abgrenzend aber auch Rn. 17 aE.
2 *L/B/P*, § 17 Rn. 106.
3 ZB BFH v. 7.7.1992 – VIII R 54/88, BStBl. II 1993, 331; v. 16.5.1995 – VIII R 33/94, BStBl. II 1995, 870; v. 9.10.2008 – IX R 73/06, BStBl. II 2009, 140 (die dagegen erhobene Verfassungsbeschwerde wurde eingestellt, BVerfG v. 22.4. 2011 – 2 BvR 68/09); v. 22.7.2008 – IX R 61/05, BFH/NV 2008, 2004.
4 ZB BFH v. 10.3.1988 – IV R 226/85, BStBl. II 1988, 832; v. 18.5.2005 – VIII R 34/01, BStBl. II 2005, 857; v. 11.7. 2006 – VIII R 32/04, BStBl. II 2007, 296.
5 Vgl. BFH v. 24.1.2012 – IX R 69/10, BFH/NV 2012, 1099; noch offen BFH v. 11.5.2010 – IX R 19/09, BStBl. II 2010, 823.
6 BFH v. 11.7.2006 – VIII R 32/04, BStBl. II 2007, 296; sa. BFH v. 7.5.2014 – IX B 146/13, BFH/NV 2014, 1204; FG München v. 18.6.2015 – 13 K 1276/13, EFG 2015, 1891 (aus anderen Gründen aufgehoben durch BFH v. 8.11.2017 – IX R 35/15, BFH/NV 2018, 347), dort bezogen auf ein „Gesamtvertragskonzept".
7 BFH v. 17.2.2004 – VIII R 26/01, BStBl. II 2004, 651.
8 BFH v. 17.2.2004 – VIII R 28/02, BFH/NV 2004, 1130.
9 BFH v. 16.5.1995 – VIII R 33/94, BStBl. II 1995, 870; v. 18.5.2005 – VIII R 34/01, BStBl. II 2005, 857.
10 BFH v. 7.7.1992 – VIII R 54/88, BStBl. II 1993, 331.
11 BFH v. 21.10.1999 – I R 43, 44/98, BStBl. II 2000, 424.
12 BFH v. 25.5.2011 – IX R 23/10, BStBl. II 2012, 3.

der abgestimmt werden, dass die Wesentlichkeitsgrenze des § 17 nicht überschritten wird.[1] – **Treuhänderisch** gehaltene Anteile sind dem **Treugeber**, Sicherungseigentum dem **Sicherungsgeber** zuzurechnen (§ 39 Abs. 2 Nr. 1 S. 2 AO),[2] im Falle einer Vereinbarungstreuhand[3] aber nur bei fremdnützigem Halten der Beteiligung und bei strengem Nachweis (§ 159 AO)[4] der tatsächlichen Durchführung; dabei kann der bilanziellen Behandlung des Treuguts erhebliche indizielle Bedeutung beizumessen sein.[5] Ein Unterbeteiligter, der am Gewinn und Liquidationserlös beteiligt ist, kann wirtschaftlicher Anteilsinhaber sein,[6] ggf. auch der Nießbraucher, nicht aber der Pfandrechtsgläubiger,[7] vorausgesetzt, der Berechtigte kann nach dem Inhalt der getroffenen Abreden alle mit der Beteiligung verbundenen wesentlichen (Vermögens- und Verwaltungs-)Rechte ausüben und im Konfliktfall effektiv durchsetzen. Solange kein (vorrangiges) wirtschaftliches Eigentum besteht, ändert sich an den vorstehenden Zuordnungsgrundsätzen nichts dadurch, dass mehrere untereinander **nahe stehende Pers**(insbes. – auch minderjährige – Familienangehörige) Anteile v. jeweils weniger als einem Prozent halten. Auch dann kommt es nur auf den einzelnen StPfl. an.[8] Ein Rechtsmissbrauch gem. § 42 AO ist grds. nicht gegeben.[9] Sind die Anteile zivilrechtl. wirksam und außerhalb des Fünf-Jahres-Zeitraums des Abs. 1 S. 1 schenkweise auf Familienangehörige übertragen worden, können sich deshalb gewisse **Gestaltungsmöglichkeiten** ergeben, durch die es gelingt, Beteiligungen unterhalb der Beteiligungsgrenze v. § 17 zu halten und deshalb stfrei zu veräußern.[10] Die Übertragung des wirtschaftlichen Eigentums wird allerdings scheitern, wenn der **Schenker** sich den jederzeitigen und freien Widerruf der Schenkung vorbehält[11] oder wenn diese befristet ist. Ähnlich soll es sich verhalten, wenn die Beteiligten eine Scheidungsklausel zugunsten eines der Eheleute vereinbaren.[12] Die Zurechnung zum Schenker rechtfertigt sich jedoch nicht, wenn dieser den Beschenkten gesetzlich vertritt, auch nicht durch den auf die Fälle des § 530 BGB beschränkten Widerrufsvorbehalt, nach BFH selbst dann nicht, wenn der Beschenkte auf Lebenszeit v. jeglicher Sachherrschaft an den Anteilen ausgeschlossen ist.[13] Die Schenkung wird dem Missbrauchsvorwurf (**§ 42 AO**) ausgesetzt sein, wenn sie mit der Aufl. einer Veräußerungspflicht nach Ablauf v. fünf Jahren (vgl. § 17 Abs. 1 S. 1, Rn. 30) verbunden wird, ansonsten jedoch nicht; die Übertragung v. Anteilen, um die Besteuerungsgrenze des § 17 zu umgehen, stellt keinen Missbrauch dar.[14] Vom Vorliegen wirtschaftlichen Eigentums kann auch nicht ausgegangen werden, wenn lediglich ein (durchaus bindendes) Verkaufsangebot unterbreitet wurde, auch nicht gegen Leistung einer Voraus- oder Abschlagzahlung,[15] hingegen doch, wenn für eine solche Zahlung v. Anbietenden dem potentiellen Käufer zuvor ein Darlehen gewährt wird.[16]

25 Anteile an einer KapGes., die zu einem **Gesamthandsvermögen** einer Gesamthandsgemeinschaft gehören, die keinen GewBetr. unterhält (Erbengemeinschaften, vermögensverwaltende BGB-Ges.), werden jedem einzelnen Beteiligten nach Maßgabe seiner Beteiligungsquote gem. § 39 Abs. 2 Nr. 2 AO zugerechnet (sog. **Bruchteilsbetrachtung**, s. Rn. 5).[17] Dementspr. ist im Falle der Anteilsveräußerung zu verfahren: Es liegen

1 BFH v. 5.10.2011 – IX R 57/10, BStBl. II 2012, 318.
2 BFH v. 16.5.1995 – VIII R 33/94, BStBl. II 1995, 870.
3 BFH v. 15.7.1997 – VIII R 56/93, BStBl. II 1998, 152; s. auch BFH v. 14.10.2003 – VIII R 22/02, BFH/NV 2004, 620.
4 S. BFH v. 6.10.2009 – IX R 14/08, BStBl. II 2010, 460.
5 BFH v. 10.5.2016 – IX R 13/15, BFH/NV 2016, 1556.
6 BFH v. 9.5.2000 – VIII R 41/99, BStBl. II 2000, 686 (688); v. 18.5.2005 – VIII R 34/01, BStBl. II 2005, 857; v. 8.11.2005 – VIII R 21/01, BFH/NV 2006, 491; v. 9.5.2000 – VIII R 40/99, BFH/NV 2001, 17; v. 26.1.2011 – IX R 7/09, BStBl. II 2011, 540 (zu einem zivilrechtl. Durchgangserwerb [in Gestalt einer logischen Sekunde] und einem davon abzugrenzenden steuerrechtl. Durchgangserwerb iSd. Innehabens wirtschaftlichen Eigentums in der Pers. des zivilrechtl. Durchgangserwerbers); s. auch BFH v. 5.10.2011 – IX R 57/10, BStBl. II 2012, 318 (dort zum sog. Quartettgeschäft); anders demgegenüber die nur typisch stille Beteiligung, vgl. BFH v. 27.3.2001 – I R 66/00, BStBl. II 2003, 638 zu § 36a Abs. 2 S. 2.
7 BMF v. 23.11.1983, BStBl. I 1983, 508.
8 ZB BFH v. 10.11.1998 – VIII R 28/97, BFH/NV 1999, 616; v. 25.6.1998 – VIII B 45/97, BFH/NV 1999, 33 für den Fall einer im Veräußerungszeitpunkt vormundschaftlich noch nicht genehmigten GbR zw. Vater und minderjährigen Söhnen.
9 Vgl. zB BFH v. 10.11.1998 – VIII R 28/97, BFH/NV 1999, 616.
10 Vgl. *Vogt*, DStR 1999, 1596 (1600), mit Gestaltungshinweis auf Besteuerungsvorteile ggü. § 23; s. dazu auch BFH v. 10.11.1998 – VIII R 28/97, BFH/NV 1999, 616.
11 BFH v. 16.5.1989 – VIII R 196/84, BStBl. II 1989, 877.
12 BFH v. 26.6.1990 – VIII R 81/85, BStBl. II 1994, 645, aber zweifelh.
13 BFH v. 27.9.1988 – VIII R 193/83, BStBl. II 1989, 414.
14 Vgl. auch FG Köln v. 9.6.1999 – 15 K 440/95, EFG 1999, 1288.
15 Vgl. BFH v. 7.8.1970 – VI R 166/67, BStBl. II 1970, 806.
16 BFH v. 15.1.1974 – VIII R 63/68, BStBl. II 1974, 606.
17 BFH v. 9.5.2000 – VIII R 41/99, BStBl. II 2000, 686; v. 9.5.2000 – VIII R 40/99, BFH/NV 2001, 17, unter ausdrücklicher Aufgabe seiner insoweit im Hinblick auf die sog. Einheitsbetrachtung aufgeworfenen Zweifel in BFH v. 13.7.1999 – VIII R 72/98, BStBl. II 1999, 820, vgl. dazu *Gosch*, StBp. 2000, 28; *Strahl*, KÖSDI 2000, 12260 (12265); BFH

gleichzeitige, aber getrennte Veräußerungen vor, die die getrennte Ermittlung der Veräußerungsgewinne nach § 17 nach sich ziehen[1] (zum Verfahren s. Rn. 107). Für die Ermittlung der anteiligen Beteiligungsquote kommt es allein auf den Gewinnverteilungsschlüssel an. Abw. Regelungen im Ges.-Vertrag (disproportionale Verteilung v. Gewinn, Liquidationserlösen usw.) bleiben (auch hier, s. Rn. 19) unbeachtlich.[2] Allerdings sind sämtliche unmittelbare und mittelbare Beteiligungen zusammenzurechnen.[3] Die Ermittlung eines Veräußerungsgewinns setzt voraus, dass der Rechtsträger gewechselt hat, woran es im Falle der unentgeltlichen Übertragung v. Anteilen auf eine PersGes. fehlen kann, an welcher der Übertragende bereits beteiligt ist, oder auch der Übertragung auf das Mitglied einer Gesamthandsgemeinschaft (§ 39 Abs. 2 Nr. 2 AO).[4]

Befindet sich die Beteiligung an der KapGes. im **BV** einer Pers-handels-)Ges. oder eines Beteiligten, bleibt § 17 v. vornherein unanwendbar. Für die Frage, ob eine Beteiligung iSv. § 17 vorliegt, sind Anteile, die der StPfl. im BV hält, allerdings mit solchen Anteilen, die er (unmittelbar, mittelbar oder über § 39 Abs. 2 Nr. 2 AO) im PV hält, zusammenzurechnen.[5] Dass § 17 lediglich Veräußerungsvorgänge im PV besteuert, steht dem nicht entgegen. Andernfalls ließe sich die Grenze zur Wesentlichkeit leicht umgehen, indem die Anteile in PV und in gewillkürtes BV aufgeteilt werden. Gleichermaßen sind in die Ermittlung der besteuerungsrelevanten Beteiligung **einbringungsgeborene Anteile** (§ 21 UmwStG aF), **sperrfristverhaftete Anteile** (§ 22 Abs. 2 UmwStG) (Rn. 7)[6] sowie verschmelzungsgeborene Anteile (§ 13 Abs. 2 UmwStG, Rn. 7, 123)[7] einzubeziehen; eine lediglich anteilsbezogene Betrachtungsweise (Rn. 36) gilt hier nicht. 26

Die vorstehenden Grundsätze gelten idR auch dann, wenn die Beteiligung iSv. § 17 im Gesamthandsvermögen einer **ausländ. PersGes.** gehalten wird (§ 17 iVm. § 49 Abs. 1 Nr. 2 lit. e; Rn. 5). 27

IV. Unmittelbare und mittelbare Beteiligung (Abs. 1 S. 1). Abs. 1 S. 1 lässt sowohl die unmittelbare wie die mittelbare Beteiligung genügen. **Unmittelbar** ist der Anteilseigner an der KapGes. beteiligt, wenn er 1 % der Anteile hält. Eine **mittelbare** Beteiligung liegt vor, wenn die Beteiligung nicht direkt, sondern unter Zwischenschaltung einer anderen KapGes. oder gewerblich tätigen PersGes.[8] gehalten wird. Die Beteiligungskette kann ein- oder **mehrstufig** ausgestaltet sein. Bedeutsam wird sie lediglich für die Ermittlung der wesentlichen/qualifizierten Beteiligungsquote, wenn der StPfl. zugleich unmittelbar an der Ges. beteiligt ist und diese Beteiligung veräußert. Unmittelbare und mittelbare Beteiligungen sind dann zusammenzurechnen. Die Höhe der mittelbaren Beteiligung richtet sich dann nach dem rechnerischen Anteil, der dem StPfl. über die zwischengeschaltete Beteiligung vermittelt wird. 28

Erfolgt die mittelbare Beteiligung über eine oder mehrere KapGes., ergeben sich keine Besonderheiten. **Jede** Beteiligung ist einzubeziehen, unabhängig davon, ob sie beherrschend,[9] wesentlich[10] oder ihrerseits nur sehr gering (Zwerganteil)[11] ist, ob dem StPfl. die Beteiligung bekannt war oder sein konnte.[12] Gleiches gilt, wenn eine oder mehrere gewerbliche PersGes. zwischengeschaltet ist (sind). Dagegen handelt es sich um eine unmittelbare Beteiligung, wenn die Beteiligung über eine Gesamthandsgemeinschaft gehalten wird; die Anteile sind dann gem. § 39 Abs. 2 Nr. 2 AO anteilig zuzurechnen (Rn. 24). Bloße Innengesellschaften können keine Beteiligung vermitteln; sie sind folglich iRd. Ermittlung der Beteiligungsquote nicht zu berücksichtigen.[13] 29

V. Fünf-Jahres-Zeitraum (Abs. 1 S. 1). Die Veräußerung ist gem. § 17 nur steuerbar, wenn der Veräußerer am Kapital der Ges. innerhalb der letzten fünf Jahre (unmittelbar oder mittelbar zu mindestens 1 %, s. Rn. 18) vor der Veräußerung beteiligt war (Abs. 1 S. 1). Durch diese „intra legem angelegte Rückbezüglichkeit/Rückanknüpfung"[14] soll Gestaltungen entgegengewirkt werden, den Rechtsfolgen des § 17 mittels Teilveräußerungen auszuweichen. Um diesem Zweck umfassend Rechnung zu tragen, wäre an sich zu ver- 30

---

v. 19.3.1996 – VIII R 15/94, BStBl. II 1996, 312; FG Köln v. 13.9.2017 – 2 K 2933/15, EFG 2018, 383 (Rev. I R 77/17); BMF v. 11.1.1993, BStBl. I 1993, 62 Tz. 46, 28.
1 BFH v. 7.4.1976 – I R 75/73, BStBl. II 1976, 557; v. 13.7.1999 – VIII R 72/98, BStBl. II 1999, 820.
2 **AA** *Blümich*, § 17 Rn. 278.
3 BFH v. 19.3.1996 – VIII R 15/94, BStBl. II 1996, 312; v. 13.7.1999 – VIII R 72/98, BStBl. II 1999, 820.
4 *Blümich*, § 17 Rn. 281.
5 BFH v. 10.11.1992 – VIII R 40/89, BStBl. II 1994, 222; R 17 Abs. 2 S. 2 EStR.
6 BFH v. 10.11.1992 – VIII R 40/89, BStBl. II 1994, 222.
7 *Korn*, § 17 Rn. 51, 68.
8 BFH v. 10.2.1982 – I B 39/81, BStBl. II 1982, 392; **aA** *Schmidt*[37], § 17 Rn. 69: anteilige Direktbeteiligung.
9 BFH v. 12.6.1980 – IV R 128/77, BStBl. II 1980, 646; v. 28.6.1978 – I R 90/76, BStBl. II 1978, 590; **aA** *Döllerer*, StbJb. 1981/82, 195; *H/H/R*, § 17 Anm. 145.
10 **AA** *Niemann*, DStZ 1992, 679.
11 *Ernst & Young*, § 17 Rn. 56.
12 *Ernst & Young*, § 17 Rn. 56.
13 **AA** *Schmidt*[37], § 17 Rn. 69; diff. *Ernst & Young*, § 17 Rn. 57.
14 Zutr. *Crezelius*, DB 2003, 230.

langen, dass das betr. Steuersubjekt innerhalb der fünf Jahre eine Position innehat, die der einer (gesellschaftsrechtl.) MU'er-Position vergleichbar ist.[1] Ob sich ein derartig eingeschränktes Verständnis der Regelung ungeachtet ihres weitgefassten Wortlauts mittels teleologisch reduzierter Auslegung erreichen lässt,[2] erscheint allerdings fraglich und wird v. der Rspr. verneint. Danach genügt es, wenn der StPfl. zu irgendeinem Zeitpunkt innerhalb der fünf Jahre wesentlich/qualifiziert beteiligt war, auf **Dauer und Gründe** der Beteiligung kommt es **nicht** an.[3] Auch ein nur kurzer (oder kürzester: „juristische Sekunde") (Durchgangs-)Erwerb zu Beginn des Fünf-Jahres-Zeitraums ist ausreichend, zB dadurch, dass die Beteiligung bereits vor dem eigenen Erwerb abgetreten worden war,[4] nicht aber, wenn statt des Anteils lediglich der Anspr. aus dem zugrunde liegenden schuldrechtl. Vertrag vorab abgetreten wird. Ob es sich um einen einmaligen Erwerbsvorgang oder um mehrfache Hinzuerwerbe handelt, ist unbeachtlich.[5] Eine zuvor nicht wesentliche/qualifizierte Beteiligung wird durch unentgeltlichen Hinzuerwerb allerdings nicht zu einer wesentlichen/qualifizierten, wenn die hinzuerworbenen Anteile ihrerseits Bestandteil einer wesentlichen/qualifizierten Beteiligung waren und als solche steuerverhaftet geblieben sind (Abs. 1 S. 4; Rn. 36).[6] Zu den verfassungsrechtl. Problemen in Anbetracht der abgesenkten gesetzlichen Beteiligungsquoten v. 25 auf zunächst 10 und nunmehr 1 % s. Rn. 34.

31 Der Zeitraum v. fünf Jahren **bemisst** sich nach § 108 AO iVm. §§ 187–193 BGB. Der Fristbeginn wird durch den (erstmaligen) Erwerb v. Anteilen oberhalb der Beteiligungsgrenze iSv. § 17 ausgelöst. Da dieses ein Ereignis ist, wird der erste Tag nicht mitgerechnet (§ 187 Abs. 1 BGB). Das Fristende richtet sich nach dem letzten Tag, an dem der StPfl. nicht mehr iSd. § 17 Abs. 1 S. 1 beteiligt war.

32 Weicht der Zeitpunkt des schuldrechtl. Übergangs v. jenem Zeitpunkt ab, in dem der StPfl. **wirtschaftliches Eigentum** über die Anteile an der KapGes. erlangt hat (s. dazu Rn. 24), so ist (abw. v. § 23[7]) Letzterer ausschlaggebend.[8] Zwar mag der Zweck der Fünf-Jahres-Frist, der Versteuerung nach § 17 durch Teilveräußerungen zu entgehen, dafür sprechen, auf den Zeitpunkt des zivilrechtl. Übergangs abzustellen. Solange der wirtschaftliche Eigentümer den schuldrechtl. Eigentümer hindern kann, seiner Stellung gerecht zu werden, besteht gleichwohl keine Veranlassung, auf das zivilrechtl. Kausalgeschäft zurückzugreifen. Dieses muss wirtschaftlich auch **vollzogen** werden. Das wirtschaftliche Eigentum ist deshalb hier ebenso maßgeblich wie bei der Frage, ob überhaupt eine Veräußerung iSv. § 17 gegeben ist[9] (Rn. 40). Rückwirkende Vereinbarungen sind im Allg. unbeachtlich.

33 Die innerhalb des Fünf-Jahres-Zeitraums veräußerten Anteile müssen **nicht** mit jenen Anteilen, an denen der StPfl. innerhalb dieses Zeitraumes beteiligt war, **identisch** sein (**beteiligungsbezogene Sichtweise**; abw. v. Abs. 1 S. 4, s. Rn. 36).[10] Das gilt selbst dann, wenn die seinerzeit wesentliche/qualifizierte Beteiligung innerhalb der Fünf-Jahres-Frist veräußert worden ist und sodann in späteren Jahren – nach vorübergehender Nichtbeteiligung an der KapGes. – ein Neuerwerb v. Anteilen erfolgt, die ihrerseits veräußert werden. § 17 greift auch bei zwischenzeitlichem Fehlen einer wesentlichen/qualifizierten Beteiligung oder bei Fehlen einer solchen im Veräußerungszeitpunkt. Für eine teleologische Reduktion bei solchen beteiligungslosen Zeiten besteht angesichts des klaren Gesetzeswortlauts keine Veranlassung, auch wenn einzuräumen ist, dass eine Umgehung der Anteilsbesteuerung hier nicht zu befürchten ist.[11]

34 Zur **umstrittenen** Frage, ob die **Absenkung der Beteiligungsquote** v. 10 % auf nunmehr 1 % und bereits zuvor v. ehedem 25 % auf dann 10 % v. VZ 1999 an insoweit auf VZ vor 2001 (bzw. 1999) **zurückwirkt**, als sie auch Wertzuwächse besteuert, die vor diesen Zeitpunkten nicht stl. verstrickt waren, vgl. 16. Aufl. Rn. 34. Das **BVerfG** hat dazu iErg. völlig zu Recht den einschlägigen Verfassungsbeschwerden entsprochen und darauf erkannt, die – verfassungsrechtl. an sich unproblematische – Absenkung der Beteiligungsgrenze verstoße gegen die Grundsätze des Vertrauensschutzes und sei nichtig, soweit in einem Ver-

1 Umfassend *Crezelius*, DB 2003, 230.
2 Bej. *Crezelius*, DB 2003, 230.
3 BFH v. 10.12.1969 – I R 43/67, BStBl. II 1970, 310; v. 5.10.1976 – VIII R 38/72, BStBl. II 1977, 198; v. 7.7.1992 – VIII R 54/88, BStBl. II 1993, 331; v. 18.1.1999 – VIII B 80/98, BStBl. II 1999, 486, nochmals bestätigt durch BFH v. 2.6.2016 – IX B 10/16, BFH/NV 2016, 1448.
4 BFH v. 16.5.1995 – VIII R 33/94, BStBl. II 1995, 870.
5 BFH v. 18.9.1984 – VIII R 119/81, BStBl. II 1985, 55; v. 7.7.1992 – VIII R 56/88, BFH/NV 1993, 25.
6 BFH v. 29.7.1997 – VIII R 80/94, BStBl. II 1997, 727.
7 Vgl. R 23 Abs. 1 EStR.
8 BFH v. 10.3.1988 – IV R 226/85, BStBl. II 1988, 832.
9 HM; vgl. *L/B/P*, § 17 Rn. 89; *Blümich*, § 17 Rn. 261 ff.; *H/H/R*, § 17 Anm. 110; *Ernst & Young*, § 17 Rn. 60; **aA** *Lademann*, § 17 Rn. 28; offengelassen in BFH v. 30.6.1983 – IV R 113/81, BStBl. II 1983, 640.
10 HM; BFH v. 10.11.1992 – VIII R 40/89, BStBl. II 1994, 222; v. 20.4.1999 – VIII R 58/97, BStBl. II 1999, 650; *Blümich*, § 17 Rn. 301; *Lademann*, § 17 Rn. 30; *Ernst & Young*, § 17 Rn. 61.
11 BFH v. 20.4.1999 – VIII R 58/97, BStBl. II 1999, 650; **aA** zB *Schmidt*[37], § 17 Rn. 77; *Paus*, DStZ 1999, 752.

äußerungsgewinn Wertsteigerungen steuerlich erfasst werden, die bis zur Verkündung des StEntlG 1999/2000/2002 am 31.3.1999 entstanden sind und die entweder – bei einer Veräußerung *bis* zu diesem Zeitpunkt[1] – nach der zuvor geltenden Rechtslage steuerfrei realisiert worden sind oder – bei einer Veräußerung *nach* Verkündung des G – sowohl zum Zeitpunkt der Verkündung als auch zum Zeitpunkt der Veräußerung nach der zuvor geltenden Rechtslage steuerfrei hätten realisiert werden können.[2] Es sind daher nur solche Wertsteigerungen steuerbar, die nach dem 31.3.1999 entstanden sind.[3] Dazu gehören auch nach dem 31.3.1999 im Zeitpunkt der späteren Veräußerung entstandene Währungskursveränderungen.[4]

Die **FinVerw.** hat darauf mit Anwendungs- und Übergangsregelungen reagiert, um den (nach § 31 Abs. 2 BVerfGG gesetzeskräftigen) Beschl. des BVerfG praktisch umzusetzen und den gebotenen Vertrauensschutz zu gewähren.[5] Dazu und zu den Zweifelsfragen vgl. 17. Aufl. Rn. 34a. 34a

Wird das **Kapital** der Beteiligungs-Ges. **erhöht**, so kann die steuerrelevante Beteiligung des StPfl. zu einer nicht relevanten werden, wenn er sich an der Erhöhung nicht beteiligt und keine neuen Anteile zeichnet. Da die neuen Anteile erst mit der Eintragung in das Handelsregister (und nicht bereits mit dem Kapitalerhöhungsbeschluss oder mit der notariellen Beurkundung)[6] entstehen, beginnt die maßgebliche Frist regelmäßig auch (erst) mit der Eintragung[7] zu laufen. Im Zweifel ausschlaggebend ist aber nicht der formale Vorgang der Handelsregistereintragung, sondern der zugrunde liegende wirtschaftlich-verwirklichte Vorgang, zB für den Fall der vorzeitigen Erbringung der Stammeinlagen[8] oder der vorzeitigen Übertragung des Gewinnbezugsrechts.[9] Wird dem Alt-G'ter indes bereits im Zeitpunkt der Kapitalerhöhung verbindlich das (Options-)Recht eingeräumt und die (Erwerbs-)Pflicht abverlangt, nach Ablauf der fünf Jahre (wieder) in die Position eines relevant beteiligten G'ters einzurücken, besteht die Gefahr eines Steuermissbrauchs (§ 42 AO).[10] Von derartigen krassen Fällen abgesehen, ist es dem StPfl. aber nicht zu verwehren, wenn er den zeitlichen Ablauf geplanter Veräußerungsgeschäfte so **gestaltet**, dass diese Geschäfte auch unter Beachtung v. § 17 stfrei bleiben. Es stellt keinen Missbrauch dar, wenn versucht wird, den Steuerfolgen der Fünf-Jahres-Frist zu entgehen. – Zur Einbeziehung verschmelzungsbedingter neuer Anteile vgl. §§ 2–78 UmwG. 35

VI. Erweiterte Steuerpflicht infolge unentgeltlich erworbener Anteile (Abs. 1 S. 4). Abs. 1 S. 4 **erweitert** die StPfl. des Grundtatbestandes in Abs. 1 S. 1 und stellt die Steuerverhaftung wesentlicher/qualifizierter Anteile für den Fall sicher, dass **diese** Anteile innerhalb des Fünf-Jahres-Zeitraumes **unentgeltlich** erworben worden sind (**anteilsbezogene Betrachtung**, abw. v. Abs. 1 S. 1, s. Rn. 33).[11] Der Veräußerer muss sich dann (als **Gesamt- oder Einzelrechtsnachfolger**) die Besitzzeit des (der) wesentlich/qualifiziert beteiligten Rechtsvorgänger(s) anrechnen lassen.[12] Gleiches gilt im Hinblick auf die **verschmelzungsgeborenen Anteile**, die nach einer Umwandlung weiterveräußert worden sind (§ 15 Abs. 1 S. 1 iVm. § 13 Abs. 2 S. 2 UmwStG). Der Sache nach stellt sich § 17 Abs. 1 S. 4 damit als eine sondergesetzliche Konkretisierung des allg. Steuerumgehungstatbestandes (§ 42 AO) dar. 36

Abs. 1 S. 4 bestimmt die nicht iSd. Abs. 1 S. 1 qualifizierte Beteiligung aufgrund des unentgeltlichen Erwerbs als qualifizierte und enthält insoweit **eine Rechtsfolge-, keine Rechtsgrundverweisung:**[13] Steuerverhaftet werden durch Abs. 1 S. 4 folglich **ausschließlich** die unentgeltlich übertragenen Anteile (bei denen es sich auch um neue Anteile handeln kann, welche dem unentgeltlichen Erwerber der Altaktien nach ei- 37

---

1 Wobei der Abschlusszeitpunkt des Kaufvertrags, nicht der nachfolgende Übertragungszeitpunkt maßgebend ist, vgl. BFH v. 18.11.2014 – IX R 30/13, BStBl. II 2015, 526.
2 BVerfG v. 7.7.2010 – 2 BvR 748/05, 2 BvR 753/05, 2 BvR 1738/05, BStBl. II 2011, 86, dazu *Söffing/Bron*, DB 2012, 1585; *G. Förster*, DB 2011, 259; *Heuermann*, DB 2011, 551; *Schmidt/Renger*, DStR 2011, 693; *Dornheim*, DStR 2012, 60; *Wagner*, NWB 2011, 881; *Milatz/Herbst*, GmbHR 2010, 1018, die zutr. auf die praktischen Probleme hinweisen, die mit jenem v. BVerfG gesetzten Stichtag für die Anteilsbewertung verbunden sein dürften.
3 BFH v. 25.11.2010 – IX R 47/10, DStR 2011, 744.
4 BFH v. 18.11.2014 – IX R 30/13, BStBl. II 2015, 526.
5 BMF v. 20.12.2010, BStBl. I 2011, 16 (s. dazu *Birk*, FR 2011, 1; *G. Förster*, DB 2011, 259; *Musil/Lammers*, BB 2011, 155); v. 21.12.2012, BStBl. I 2012, 42 (speziell zu Auswirkungen auf Einlagen nach § 6 Abs. 1 Nr. 5 S. 1 lit. b sowie Einbringungen nach § 22 Abs. 1 S. 5 iVm. Abs. 2 UmwStG); v. 16.12.2015, BStBl. I 2016, 10 (zur Zuordnung von Veräußerungskosten).
6 BFH v. 14.3.2006 – VIII R 49/04, BStBl. II 2006, 746.
7 **AA** *Milatz/Kuhlemann*, GmbHR 2001, 966: Zeitpunkt des Kapitalerhöhungsbeschlusses.
8 S. BFH v. 14.3.2006 – VIII R 49/04, BStBl. II 2006, 746 unter II.4. (diese Frage aber offenlassend).
9 BFH v. 5.10.2011 – IX R 57/10, BStBl. II 2012, 318.
10 BFH v. 27.1.1977 – IV R 46/76, BStBl. II 1977, 754.
11 Vgl. BFH v. 29.7.1997 – VIII R 80/94, BStBl. II 1997, 727.
12 BFH v. 24.1.2012 – IX R 8/10, BStBl. II 2013, 363; s. auch FG Münster v. 11.3.2011 – 15 K 4663/06, EFG 2011, 1764 (NZB zurückgewiesen, s. BFH v. 27.9.2011 – IX B 83/11, nv.).
13 BFH v. 29.7.1997 – VIII R 80/94, BStBl. II 1997, 727.

ner Kapitalerhöhung aus Gesellschaftsmitteln zugeteilt werden).[1] Verfügte der StPfl. darüber hinaus bereits zuvor über nicht entspr. qualifizierte Anteile an der fraglichen KapGes. oder erwirbt er zu einem späteren Zeitpunkt – nach der unentgeltlichen Zuwendung – solche (unentgeltlich oder entgeltlich) hinzu, so bleiben diese Anteile v. der erweiterten Steuerverhaftung unberührt (keine „Infizierung"); **nacheinander erworbene Anteile** bleiben jeweils selbständig.[2] Solche Anteile sind auch nicht geeignet, eine qualifizierte Beteiligung zu begründen, falls es daran bei dem Rechtsvorgänger (noch) fehlte.[3] Entscheidend für die Fiktion des Abs. 1 S. 4 ist allein, dass die Beteiligung des StPfl. infolge des unentgeltlichen Hinzuerwerbs nicht in eine qualifizierte erstarkt; andernfalls greift bereits der Grundtatbestand des Abs. 1 S. 1. So oder so muss die Tatbestandserfüllung des § 17 Abs. 1 S. 4 feststehen und darf nicht bloß geschätzt werden.[4]

38 Die Fünf-Jahres-Frist ist v. Veräußerungszeitpunkt, nicht v. Zeitpunkt des unentgeltlichen Erwerbs an zurückzurechnen (s. dazu Rn. 31). Es genügt, wenn der Rechtsvorgänger innerhalb dieses Zeitraums zu irgendeinem Zeitpunkt, nicht unbedingt jener der unentgeltlichen Übertragung, wesentlich/qualifiziert iSv. § 17 (also PV, nicht BV[5]) beteiligt war. Eine zwischenzeitliche Nichtbeteiligung ist unbeachtlich (Rn. 33).

39 Um einen unentgeltlichen Erwerb (s. auch Rn. 59, 104) handelt es sich bei **Schenkungen** (§§ 516 ff. BGB), Erwerben v. Todes wegen durch **Erbfall** (§§ 1922, 1942 BGB)[6] oder **Vermächtnis** (§§ 1939, 2147 ff. BGB), Beteiligungserwerb unter Nießbrauchsvorbehalt, ua. im Wege der **vorweggenommenen Erbfolge**,[7] **vGA**[8] (§ 8 Abs. 3 S. 2 KStG), **Kapitalherabsetzungen** oder **Liquidationen**[9] **nicht** hingegen bei **verdeckten Einlagen** (§ 17 Abs. 1 S. 2),[10] auch nicht bei Sacheinlagen (= tauschähnlicher Vorgang, s. auch Rn. 48).[11] Bei **teilentgeltlichen Erwerben** (gemischter Schenkung,[12] Zahlung v. Abfindungen, Abstands- oder Gleichstellungsgeldern;[13] nicht aber mit Vermächtnis, Pflichtteil, Erbersatz-Anspr. belastete Erbfälle) gilt die **Trennungstheorie**; § 17 Abs. 1 S. 4 erfasst lediglich den voll unentgeltlich übertragenen Anteil.[14] Dh., es bedarf einer **Anteilsaufteilung**,[15] und zwar im Verhältnis des Verkehrswerts der Anteile zur Gegenleistung (Rn. 59). Zur Aufteilung bei gemischten Schenkungen s. § 6 Rn. 45 f. Im Falle der Weiterveräußerung ist umstritten, ob dem StPfl. ein Wahlrecht zusteht, ob er die entgeltlich oder die unentgeltlich erworbenen Anteile veräußern will. Teilw wird ein solches Recht und damit eine gegenständliche Zuordnung befürwortet.[16] Richtigerweise wird wertmäßig aufzuteilen sein,[17] solange sich eine gegenständliche Zuordnung nicht nachvollziehbar vornehmen lässt.[18] S. auch Rn. 48.

C. Veräußerung (Abs. 1 S. 1 und 2)

40 **I. Grundgedanke, Begriff der Veräußerung.** Zum Haupttatbestand des § 17 gehört (zu den Ersatztatbeständen s. Abs. 4, Rn. 120 ff.), dass die iSd. Abs. 1 S. 1 qualifizierte Beteiligung an einer KapGes. veräußert wird. § 17 bestimmt den Begriff der „**Veräußerung**" nicht. Er ist normübergreifend aufzufassen, s. zB § 8b Abs. 2 KStG (Rn. 82), § 22 Abs. 2 UmwStG[19] (Rn. 9). Dementsprechend legt ihn die Rspr. weit aus und versteht darunter ein (mit entspr. Gewinnerzielungsabsicht durchgeführtes,[20] Rn. 7) Rechtsgeschäft, das auf die Übertragung des rechtl. oder wirtschaftlichen Eigentums an Anteilen gerichtet ist. Die Rückabwicklung eines noch nicht beiderseits vollständig erfüllten Kaufvertrags ist nach geänderter Auffassung

1 BFH v. 25.2.2009 – IX R 26/08, BStBl. II 2009, 658.
2 BFH v. 25.2.2009 – IX R 26/08, BStBl. II 2009, 658; v. 13.12.1989 – I R 39/87, BStBl. II 1990, 379; v. 13.12.1989 – I R 40/87, BStBl. II 1990, 381; v. 29.7.1997 – VIII R 80/94, BStBl. II 1997, 727; *Förster/Herzig*, DB 1997, 594.
3 BFH v. 24.1.2012 – IX R 8/10, BStBl. II 2013, 363.
4 FG Köln v. 24.4.2015 – 7 K 1279/07, EFG 2015, 1604 m. Anm. *Wüllenkemper* (Rev. IX R 32/15 zurückgenommen).
5 Str.; **aA** *Schmidt*[37], § 17 Rn. 80; *Ernst & Young*, § 17 Rn. 67.
6 BFH v. 18.1.1999 – VIII B 80/98, BStBl. II 1999, 486.
7 BFH v. 14.6.2005 – VIII R 14/04, BStBl. II 2006, 15; v. 18.11.2014 – IX R 49/13, BStBl. II 2015, 224.
8 BFH v. 20.8.1986 – I R 150/82, BStBl. II 1987, 455.
9 BFH v. 19.4.1977 – VIII R 23/75, BStBl. II 1977, 712; v. 19.1.1982 – VIII R 21/77, BStBl. II 1982, 456.
10 BFH v. 28.2.1990 – I R 43/86, BStBl. II 1990, 615.
11 BFH v. 24.3.1987 – I R 202/83, BStBl. II 1987, 705; v. 24.3.1983 – IV R 138/80, BStBl. II 1984, 233.
12 Dazu BGH v. 6.3.1996 – IV ZR 374/94, NJW-RR 1996, 754.
13 S. zur vorweggenommenen Erbfolge BFH v. 5.7.1990 – GrS 4–6/89, BStBl. II 1990, 847.
14 BFH v. 17.7.1980 – IV R 15/76, BStBl. II 1981, 11; v. 10.11.1998 – VIII R 28/97, BFH/NV 1999, 616; BMF v. 13.1.1993, BStBl. I 1993, 80; H 17 (4) EStH; *L/B/P*, § 17 Rn. 136, 161.
15 R 17 (3) EStR.
16 *H/H/R*, § 17 Anm. 156; *L/B/P*, § 17 Rn. 117.
17 *Groh*, StuW 1984, 217 (221, 226); *Widmann*, StKonRep. 1994, 83 (92).
18 *Ernst & Young*, § 17 Rn. 72.
19 BFH v. 24.1.2018 – I R 48/15, BStBl. II 2019, 45.
20 BFH v. 29.6.1995 – VIII R 68/93, BStBl. II 1995, 722; FG Düss. v. 7.7.2015 – 10 K 546/12 E, EFG 2015, 1608 m. Anm. *Pfützenreuter*.

des BFH[1] aus Sicht des früheren Veräußerers keine Anschaffung der zurückübertragenen Anteile und keine Veräußerung durch den früheren Erwerber. Sie ist vielmehr ein rückwirkendes Ereignis und lässt den Tatbestand der Veräußerung entfallen.[2] Etwas anderes gilt nur, wenn die Gegenleistung vollständig erfüllt war. Abw. v. zivilrechtl. Verständnis erfasst der Begriff in § 17 zudem nur Veräußerungen gegen **Entgelt** (vgl. Abs. 1 S. 4, Abs. 2 S. 5), wobei ein Entgelt immer nur anzunehmen ist, wenn eine gleichwertige Gegenleistung erbracht wird. Die Rspr. geht in diesem Zusammenhang – nicht ganz unproblematisch – davon aus, unter fremden Dritten könne (widerlegbar) vermutet werden, es läge ein entgeltliches Geschäft vor,[3] dies soll sogar dann gelten, wenn ein Freundschaftsverhältnis und damit ein Näheverhältnis zw. den Parteien besteht.[4] Die rechtl. Qualifizierung (zB als Schadensersatz,[5] Arbeitslohn[6]) ist grds. unbeachtlich.[7] Das Entgelt kann im Einzelfall auch in einem Verzicht liegen; Voraussetzung ist allerdings ein (unmittelbarer, über eine aufschiebende Bedingung oder anderweitig) kausal begründeter sachlicher Zusammenhang zw. Verzicht und Leistung.[8] Die **Abgrenzung** zw. entgeltlichen und unentgeltlichen Kausalgeschäften bemisst sich danach, dass **(1)** keine Gegenleistung vereinbart wird und **(2)** die Anteile nicht wertlos sind; nur dann, wenn überhaupt ein positiver Verkehrswert vorhanden ist, lässt sich bei fehlender Gegenleistung ein unentgeltlicher Vorgang annehmen. Andernfalls ist der Tatbestand der Veräußerung erfüllt. Dass keine (oder nur eine ganz geringe, „symbolische") Gegenleistung festgesetzt worden ist, trägt (idR und vorbehaltlich anderer Umstände) lediglich dem Umstand Rechnung, dass die Anteile wertlos sind.[9] **Folge:** Der Veräußerer hat einen Verlust realisiert, der grds. nach § 17 geltend gemacht werden kann[10] (**Vorbehalt:** fehlende Gewinnerzielungsabsicht; Ehegatten- oder Angehörigenverträge;[11] Scheingeschäfte, Gestaltungsmissbrauch gem. § 42 AO, der richtiger Ansicht nach allerdings nicht in dem Verkauf zur Verlustrealisierung als solchen liegen kann,[12] selbst dann nicht, wenn dieser Verkauf an eine beteiligungsidentische KapGes. erfolgt[13]). **Vollendet** ist die Veräußerung iSd. § 17 erst **(1)** mit zivilrechtl. Wirksamkeit (ggf. nach Genehmigung der KapGes.[14]) und **(2)** mit Übertragung des wirtschaftlichen Eigentums (Rn. 24).[15] Die Vereinbarung eines Rückkaufsrechts ist stl. unbeachtlich.[16]

Veräußerungsvorgänge sind gem. **§ 54 EStDV** binnen zwei Wochen durch den beurkundenden Notar dem gem. § 20 AO zuständigen FA unter Beifügung einer beglaubigten Urkundsabschrift zu übersenden.[17] Diese Mitteilungspflicht trifft allerdings nur den inländ. Notar, nicht den ausländ.; die Auslandsbeurkundung v. Anteilsübertragungen ist zulässig.[18] 41

II. Kauf und Tausch. Eine entgeltliche Anteilsveräußerung ist regelmäßig gegeben, wenn der Übertragung ein schuldrechtl. **Kaufvertrag** (§ 433 BGB) oder **Tauschvertrag** (§ 480 BGB, § 515 BGB aF) zugrunde liegt. 42

---

1 BFH v. 6.12.2016 – IX R 49/15, BStBl. II 2017, 673, mit Zustimmung des I. Senats des BFH, der an seiner entgegengesetzten Auffassung (BFH v. 21.10.1999 – I R 43/98, I R 44/98, BStBl. II 2000, 424) nicht festhält.
2 Ausf. hierzu *Hils*, DStR 2017, 2157.
3 BFH v. 9.5.2017 – IX R 1/16, BStBl. II 2018, 94 mwN.
4 Insoweit überschießende Anwendung eines allg. Grundsatzes in BFH v. 9.5.2017 – IX R 1/16, BStBl. II 2018, 94 (nachfolgend im 2. Rechtsgang FG Hbg. v. 14.11.2017 – 2 K 184/17, DStRE 2019, 1).
5 BFH v. 21.10.1999 – I R 43, 44/98, BStBl. II 2000, 424 (428).
6 Vgl. BFH v. 30.6.2011 – VI R 80/10, BStBl. II 2011, 948; v. 26.6.2014 – VI R 94/13, DStR 2014, 1713; sa. BFH v. 21.5.2014 – I R 42/12, BStBl. II 2015, 4; v. 12.10.2011 – I R 33/10, BStBl. II 2012, 445; s. aber abgrenzend auch BFH v. 4.10.2016 – IX R 43/15, BStBl. II 2017, 790 (zur Managementbeteiligung); FG Münster v. 12.12.2014 – 4 K 1918/13 E, EFG 2015, 385, m. Anm. *Hentschel*, BB 2015, 807 (dort zu „Exit-Bonus" des mitveräußernden G'ters im Rahmen eines Management-buy-out); FG BaWü. v. 26.6.2017 – 8 K 4018/14, DStRE 2019, 5 (Rev. VIII R 21/17).
7 Vgl. allg. zur Abgrenzung BFH v. 21.10.1999 – I R 43, 44/98, BStBl. II 2000, 424 (428).
8 BFH v. 19.4.2005 – VIII R 68/04, BStBl. II 2005, 762.
9 BFH v. 6.4.2011 – IX R 61/10, DB 2011, 1667; v. 18.8.1992 – VIII R 13/90, BStBl. II 1993, 34, sowie v. 1.8.1996 – VIII R 4/92, BFH/NV 1997, 215; FG BaWü. v. 29.9.2004 – 12 K 72/02, EFG 2005, 712.
10 BFH v. 5.3.1991 – VIII R 163/86, BStBl. II 1991, 630; v. 18.8.1992 – VIII R 13/90, BStBl. II 1993, 34; v. 18.8.1992 – VIII R 90/89, BFH/NV 1993, 158; v. 4.11.1997 – VIII R 18/94, BStBl. II 1999, 344; v. 4.8.1999 – VIII B 68/99, GmbHR 1999, 1211 m. Anm. *Roser*.
11 BFH v. 8.4.2014 – IX R 4/13, BFH/NV 2014, 1201 (Verfassungsbeschwerde 2 BvR 1653/14 nicht angenommen, vgl. BVerfG v. 21.4.2016, juris); FG Münster v. 7.8.1996 – 1 K 1577/96 F, EFG 1997, 406; sa. FG Düss. v. 19.3.2015 – 8 K 1885/13 E,F, EFG 2015, 1364, durch BFH v. 3.8.2016 – IX R 23/15, BFH/NV 2017, 289, aus anderen Gründen aufgehoben; *Grootens*, ErbStB 2015, 248.
12 FG BaWü. v. 29.9.2004 – 12 K 72/02, EFG 2005, 712.
13 BFH v. 29.5.2008 – IX R 77/06, BStBl. II 2008, 789.
14 BFH v. 16.5.1995 – VIII R 33/94, BStBl. II 1995, 870.
15 BFH v. 10.3.1988 – IV R 226/85, BStBl. II 1988, 832; v. 25.1.1996 – IV R 114/94, BStBl. II 1997, 382. S. auch FG Berlin-Bdbg. v. 27.5.2009 – 7 K 1233/05 B, EFG 2009, 1695 zu einem fehlgeschlagenen Aktienverkauf.
16 BFH v. 7.3.1995 – VIII R 29/93, BStBl. II 1995, 693; v. 25.8.2009 – I R 88, 89/07, DStR 2009, 2295; H 17 (7) EStH.
17 Im Einzelnen BMF v. 14.3.1997, DStR 1997, 822.
18 BGH v. 22.5.1989 – II ZR 211/88, BB 1989, 1361; *Loritz*, DNotZ 2000, 105; *Kröll*, ZGR 2000, 111 (151).

Umstritten war früher, wie es sich verhält, wenn es um den Tausch wirtschaftlich identischer („nämlicher") Anteile an einer KapGes. geht, insbes., ob hierbei das sog. **Tauschgutachten** des BFH[1] anzuwenden war.[2] Vom VZ 1999 an hat sich die Streitfrage erledigt:[3] Seitdem bemessen sich – mit der Folge der Gewinnrealisierung – die AK eines im Wege des Tauschs übergegangenen WG nach dem gemeinen Wert des hingegebenen WG (§ 6 Abs. 6 S. 1). Zweifelhaft ist allein, ob dies auch für § 17, also für im PV gehaltene Anteile gilt.[4] Letzteres ist schon deswegen zu bejahen, weil dem sog. Tauschgutachten[5] ohnehin die Rechtsgrundlage fehlte.

43 Zur (gegenständlichen und wertmäßigen) Identität der veräußerten Anteile bei mehreren selbständigen Anteilen s. Rn. 116. Zu den (nach wie vor vorrangigen) Regelungen nach dem Konzeptionswechsel des UmwStG (Rn. 9, 46) s. dort § 21.

44 **III. Zwangsweise Übertragungen.** § 17 erfordert keine freiwillige (gewollte) Anteilsveräußerung. Dieser gleich behandelt sind deshalb auch **Zwangsversteigerungen**[6] und Enteignungen, auch Verpfändungen oder Sicherungsübereignung, denen eine Verwertung der gepfändeten oder sichergestellten Anteile als Übertragungshandlung[7] nachfolgt. Die Gegenleistung besteht in solchen Fällen darin, dass die Verbindlichkeiten des StPfl. gemindert und dadurch sein Vermögen vermehrt wird. Der Zwangsversteigerung entspricht der freihändige Verkauf der Anteile durch den Gerichtsvollzieher oder Vollziehungsbeamten (§ 821 ZPO, § 302 AO) sowie durch den Insolvenzverwalter.

45 **IV. Einlage von Anteilen in eine Kapitalgesellschaft.** Auch die Einlage der qualifizierten Beteiligung in eine KapGes. gegen Gewährung v. Gesellschaftsrechten stellt eine Veräußerung iSv. § 17 dar,[8] desgleichen die Übertragung auf eine KapGes., an der der Übertragende beteiligt ist, vorausgesetzt, die Übertragung erfolgt zu fremdüblichen Bedingungen.

46 **Nicht** um eine Veräußerung iSv. § 17 handelt es sich iRd. (vorrangig anzuwendenden) **§ 21 UmwStG, § 20 UmwStG aF**, also bei Einbringung v. Anteilen an einer KapGes. in eine andere KapGes., wenn die übernehmende Ges. aufgrund ihrer Beteiligung einschl. der übernommenen Anteile nachweisbar unmittelbar die Mehrheit der Stimmrechte an der KapGes. hat, deren Anteile eingebracht werden (§ 21 Abs. 1 S. 2 UmwStG, § 20 Abs. 1 S. 2 UmwStG aF). Eine derartige Einbringung ist (ganz oder zT) unter Aufdeckung der stillen Reserven möglich, ebenso aber auch steuerneutral. Bleiben stille Reserven unaufgedeckt, richten sich die Steuerfolgen nach § 22 UmwStG, § 21 UmwStG aF.

47 **V. Verdeckte Einlage von Anteilen in eine Kapitalgesellschaft (Abs. 1 S. 2).** Wird die iSd. Abs. 1 S. 1 qualifizierte Beteiligung an der KapGes. verdeckt in eine andere KapGes. (§ 1 Abs. 1 Nr. 1 KStG, also nicht zB eine sonstige Körperschaft, zB eine Stiftung) eingelegt, handelte es sich nach Auffassung des BFH[9] an sich um einen unentgeltlichen Vorgang. Eine verdeckte Einlage ist gegeben, wenn der G'ter oder eine ihm nahe stehende Pers aus Gründen, die im Ges.-Verhältnis wurzeln, (ggf. auch nur mittelbar,[10] s. auch Rn. 101) eine Einlage (§ 4 Abs. 1 S. 5)[11] erbringt, ohne eine wertadäquate[12] Gegenleistung zu erhalten. Der BFH erkennt in der Wertsteigerung der Anteile keine Gegenleistung, vielmehr lediglich einen Wertreflex.[13]

1 BFH v. 16.12.1958 – I D 1/57 S, BStBl. III 1959, 30; BMF v. 9.2.1998, BStBl. I 1998, 163.
2 *Knobbe-Keuk*[9], § 24 III 1; *Thiel*, StbJb. 1994/95, 185 (195); zu Recht **aA** *Blümich*, § 17 Rn. 137; an der wirtschaftlichen Identität fehlt es ohnehin, wenn eine wesentliche Beteiligung gegen eine unwesentliche ausgetauscht wird, vgl. BFH v. 7.7.1992 – VIII R 54/88, BStBl. II 1993, 331; R 17 (3) 2 EStR.
3 *Dötsch/Pung*, DB 1999, 932; *Hörger/Mentel/Schulz*, DStR 1999, 565 (574); **aA** *Thömmes/Scheipers*, DStR 1999, 609 (614).
4 Bej. OFD Düss. v. 11.5.2004, DStR 2004, 1042; verneinend zB *Dautel*, BB 2002, 1844.
5 Umstritten war früher, wie es sich verhält, wenn es um den Tausch wirtschaftlich identischer („nämlicher") Anteile an einer KapGes. geht, insbes., ob hierbei das sog. Tauschgutachten des BFH anzuwenden war. Vom VZ 1999 an hat sich die Streitfrage erledigt; vgl. zum Ganzen BFH v. 16.12.1958 – I D 1/57 S, BStBl. III 1959, 30; BMF v. 9.2. 1998, BStBl. I 1998, 163.
6 BFH v. 10.12.1969 – I R 43/67, BStBl. II 1970, 310.
7 BFH v. 1.6.1967 – V 208/64, BStBl. II 1968, 68.
8 BFH v. 7.7.1992 – VIII R 54/88, BStBl. II 1993, 331.
9 BFH v. 27.7.1988 – I R 147/83, BStBl. II 1989, 271; v. 28.2.1990 – I R 43/86, BStBl. II 1990, 615, gegen die frühere Rspr., vgl. BFH v. 12.2.1980 – VIII R 114/77, BStBl. II 1980, 494.
10 BFH v. 9.9.1986 – VIII R 159/85, BStBl. II 1987, 257.
11 ZB BFH v. 30.5.1990 – I R 97/88, BStBl. II 1990, 875.
12 S. BFH v. 9.11.2010 – IX R 24/09, BStBl. II 2011, 799, zur disquotalen Substanzabspaltung im Zuge einer nicht verhältniswahrenden Verschmelzung. S. aber auch zur Abgrenzung bei neuwertübersteigendem Aufgeld (Agio) BFH v. 24.4.2007 – I R 35/05, BStBl. II 2008, 253; v. 27.5.2009 – I R 53/08, DStR 2009, 2661.
13 S. auch BFH v. 4.6.1991 – X R 136/87, BStBl. II 1992, 70. S. aber auch die jüngere Rspr. zur Entgeltlichkeit bei der Übertragung v. WG auf eine PersGes. im Wege der Einlage: BFH v. 17.7.2008 – I R 77/06, BStBl. II 2009, 464 (mit verschonender Übergangsregelung in BMF v. 20.5.2009, BStBl. I 2009, 671); BFH v. 24.1.2008 – IV R 37/06, DStR 2008, 764; v. 24.4.2007 – I R 35/05, BStBl. II 2008, 253, und dazu mwN *Mutscher*, DStR 2009, 1625.

Um hier eine Regelungslücke zu schließen, hat der Gesetzgeber v. VZ 1992 an durch Einfügung des Abs. 1 S. 2 bestimmt, dass auch die verdeckte Einlage v. Anteilen einer Veräußerung gleichsteht. Eine damit korrespondierende Regelung enthalten § 23 Abs. 1 S. 5 Nr. 2 für private Veräußerungsgeschäfte sowie § 20 Abs. 2 S. 2 für Einkünfte aus KapVerm. Der Veräußerungspreis ist mit dem **gemeinen Wert** anzusetzen (**§ 17 Abs. 2 S. 2**), der nach den ertragsteuerrechtl. üblichen Bewertungsverfahren zu ermitteln ist; idR wird dabei aus Gründen der Praktikabilität auf den gemeinen Wert nach Maßgabe v. § 11 Abs. 2 BewG zurückgegriffen werden können, der Mindestsubstanzwert nach § 11 Abs. 2 S. 3 BewG ist allerdings unbeachtlich[1]. Der gemeine Wert der Anteile ist – entgegen dem BFH[2] – auch dann maßgebend, wenn dieser Wert das Einlageentgelt nicht erreicht. Korrespondierend damit sind die verdeckt eingelegten Anteile entgegen § 6 Abs. 1 Nr. 5 S. 1b auch bei der aufnehmenden KapGes. mit ihrem TW (und nicht mit den ursprünglichen AK) anzusetzen, um Überbesteuerungen zu vermeiden. § 6 Abs. 1 Nr. 5 S. 1b ist entspr. teleologisch reduziert zu verstehen (§ 6 Rn. 174).[3] Zur Bewertung des eingelegten WG s. auch Rn. 50, zum Ansatz fiktiver AK Rn. 103. Zu nachträglichen AK s. Rn. 91. Zur Anwendung auch auf beschränkt StPfl. s. § 49 Abs. 1 Nr. 2 lit. e Rn. 34 ff.

VI. Übertragung auf eine Personengesellschaft. Überträgt der StPfl. eine qualifizierte Beteiligung auf eine PersGes. mit BV (PersHandels-Ges.), so kann sich dieser Vorgang als (gesellschaftsrechtl.) **Einlage oder** als (schuldrechtl.) **Veräußerung** darstellen. Um eine Veräußerung iSv. § 17 handelt es sich, wenn der StPfl. für die Übertragung eine marktübliche Gegenleistung erlangt (zB durch Gutschrift des Kaufpreises auf einem Privatkonto, auch wenn dieses estrechtl. als Eigenkapitalkonto anzusehen ist).[4] Um eine Einlage handelt es sich nach neuerer Rspr., wenn die Übertragung auf gesellschaftsrechtl. Basis erfolgt und dem StPfl. für die Hingabe der Anteile G'ter-Rechte an der übernehmenden PersGes. eingeräumt werden.[5] Nach Auffassung des BFH – der sich die FinVerw.[6] mittlerweile angeschlossen hat – sind Einbringungen in PersGes. gegen Buchung auf einem G'ter-Konto nur dann entgeltliche Vorgänge, wenn ein Kapitalkonto angesprochen wird, auf dem nach den vertraglichen Vereinbarungen die maßgeblichen Gewinne und Verluste verbucht werden (idR Kapitalkonto I). Die ausschließliche Buchung auf dem Kapitalkonto II ist damit als Einlage zu behandeln. 48

Bei Umwandlung einer Körperschaft auf eine PersGes. gilt die **Rückwirkungsfiktion des § 2 Abs. 1 UmwStG** grds. auch für den Anteilseigner (vgl. § 2 Abs. 2 UmwStG), es sei denn, dieser scheidet im Rückwirkungszeitraum aus der übertragenden Körperschaft aus.[7] Veräußert ein solcher Anteilseigner (einen Teil) seine(r) Beteiligung an der übertragenden Körperschaft, überträgt er Anteile an einer Körperschaft und keinen MU'anteil. Der Veräußerungsgewinn ist beim Anteilseigner nach den für die Veräußerung von Anteilen an Körperschaften geltenden stl. Vorschriften (zB § 17 Abs. 1 oder § 20 Abs. 2 S. 1 Nr. 1) zu beurteilen. Für die persönliche Zurechnung der Bezüge iSd. § 7 UmwStG kommt es auf die Verhältnisse im Zeitpunkt der Wirksamkeit der Umwandlung an, sodass – bezogen auf diese Anteile – dem Veräußerer keine Bezüge iSd. § 7 UmwStG zuzurechnen sind.[8] Für einen neu eintretenden MU'er gilt das alles nicht.[9] – Bei Umwandlung der Körperschaft auf eine andere Körperschaft gilt die Rückwirkungsfiktion nicht, es sei denn, er ist der übernehmende Rechtsträger.[10] 48a

Um **keine** Veräußerung handelt es sich auch, wenn die qualifizierte Beteiligung iSd. § 17 aus dem PV in das Sonder-BV eines MU'ers eingelegt wird,[11] oder wenn die aufnehmende PersGes. über kein BV verfügt.[12] In 49

1 S. aber zur früheren Regelungslage nach § 11 Abs. 2 BewG (Wertermittlung gem. § 11 BewG iVm. A 4–16 VStR) BFH v. 21.1.1993 – XI R 33/92, BFH/NV 1994, 12.
2 BFH v. 6.12.2016 – IX R 7/16, BFH/NV 2017, 724.
3 BFH v. 4.3.2009 – I R 32/08, DStR 2009, 1195; v. 14.3.2011 – I R 40/10, FR 2011, 902 (dort für den Fall einer erstmaligen Steuerverstrickung); BMF v. 2.11.1998, BStBl. I 1998, 1227; *Thiel*, DStR 1992, 1 (6); s. demgegenüber auch zur Rechtslage vor Schaffung v. § 17 I 2: BFH v. 11.2.1998 – I R 89/97, BStBl. II 1998, 691 (Bewertung mit den AK bei der KapGes.); v. 18.12.2001 – VIII R 10/01, BStBl. II 2002, 463 (mit krit. Anm. *Weber-Grellet*, FR 2002, 587); v. 18.12.2001 – VIII R 5/00, BFH/NV 2002, 640 (jeweils zur Bewertung beim Einlegenden mit dem gemeinen Wert).
4 BFH v. 21.10.1976 – IV R 210/72, BStBl. II 1977, 145; BMF v. 6.2.1981, BStBl. I 1981, 76; s. zur Abgrenzung zw. Privat- und Kapitalkonto II: BFH v. 5.6.2002 – I R 81/00, BStBl. II 2004, 344; krit. *Kempermann*, FR 2002, 1058.
5 BFH v. 29.7.2015 – IV R 15/14, BStBl. II 2016, 593; v. 4.2.2016 – IV R 46/12, BStBl. II 2016, 607.
6 BMF v. 26.7.2016, BStBl. I 2016, 684.
7 Vgl. BMF v. 11.11.2011, BStBl. I 2011, 1314 Rn. 02.17 ff.; s. dazu *Rödder/Rogall/Stangl*, Der neue UmwSt-Erl., Rn. UmwStE 02.17 ff.
8 BMF v. 11.11.2011, BStBl. I 2011, 1314 Rn. 02.20.
9 BMF v. 11.11.2011, BStBl. I 2011, 1314 Rn. 02.21.
10 BMF v. 11.11.2011, BStBl. I 2011, 1314 Rn. 02.23.
11 BFH v. 21.10.1976 – IV R 210/72, BStBl. II 1977, 145; *Söffing*, DStZ 1995, 37; zuletzt BFH v. 4.2.2016 – IV R 46/12, BStBl. II 2016, 607.
12 Allerdings offen gelassen v. BFH v. 13.7.1999 – VIII R 72/98, BStBl. II 1999, 820; zur Brisanz dieser Frage im Hinblick auf § 23 s. *kk*, KÖSDI 1999, 12222; *Strahl*, KÖSDI 2000, 12260 (12264 ff.); *Gosch*, StBp. 2000, 28; *Wacker*, BB 2000, 1979 (1980).

beiden Fällen fehlt es im Allg. an einem Rechtsträgerwechsel; § 17 ist unanwendbar. Beim Wechsel v. PV in das (Sonder-)BV liegt dies auf der Hand. Bei der PersGes. ohne BV greifen die Regeln über die wirtschaftliche Zuordnung nach § 39 Abs. 2 Nr. 2 AO; die Anteile werden dem Übertragenden idR vor wie nach der Übertragung stl. (anteilig) zugerechnet.

50 Als problematisch kann es sich allerdings erweisen, wie die Einlage in das (Sonder-)BV zu **bewerten** ist. Grds. ist § 6 Abs. 1 Nr. 5 S. 1 HS 1 anzuwenden, wonach der TW angesetzt werden muss, gem. § 6 Abs. 1 Nr. 5 S. 1 HS 2 lit. b jedoch höchstens mit den (ursprünglichen) AK oder HK.[1] Ist der TW im Zeitpunkt der Einlage niedriger als die AK, so sollen nach Ansicht des BFH[2] gleichwohl letztere angesetzt werden. § 6 Abs. 1 Nr. 5 S. 1 HS 2 lit. b enthalte insofern eine planwidrige Gesetzeslücke. Zu einer Realisierung der stillen Reserven oder der aufgelaufenen Verluste (auch soweit diese im PV entstanden sind) kommt es sonach erst dann, wenn die nunmehr im BV gehaltenen Anteile später veräußert werden, zuvor jedoch nicht, da die Einlage keine Veräußerung darstellt. § 17 wird folglich durch die Regelungen einerseits in §§ 4 und 5, andererseits in § 15 Abs. 1 S. 1 Nr. 2 verdrängt. Neuerlich wird das vom BFH für die Bewertung der Einlage wertgeminderter (eigenkapitalersetzender) G'ter-Darlehen ausgedehnt, wenn sich bei weiterer Zugehörigkeit der Forderung und der damit zusammenhängenden Beteiligung zum PV die Forderung nach § 17 ausgewirkt hätte.[3] – Die **FinVerw.**[4] folgt dem für die Einbringung einer wertgeminderten Beteiligung iSd. § 17 aus dem PV in das betriebliche Gesamthandsvermögen einer PersGes. gegen Gewährung v. Ges.-Rechten (Rn. 48). Im Zeitpunkt der Einbringung entsteht ein Veräußerungsverlust, der nach Abs. 2 S. 6 zu berücksichtigen ist.

51 **VII. Übertragung in das Betriebsvermögen eines Einzelbetriebs.** Legt der StPfl. die Beteiligung (ganz oder teilw.) in das BV seines Einzel-GewBetr. ein, entsprechen Sachverhalt und Rechtsfolgen dem Verhältnis des MU'ers zur PersGes. bei der Einbringung in das Sonder-BV (Rn. 49). Ein Veräußerungsvorgang ist nicht gegeben. Die Einlage ist auch hier mit dem TW zu bewerten (§ 6 Abs. 1 Nr. 5 S. 1), es sei denn, die AK sind höher (**str.**; s. Rn. 50).[5]

52 **VIII. Veräußerung von Bezugsrechten.** Veräußert der StPfl. ein infolge Kapitalerhöhung entstandenes Bezugsrecht, veräußert er ein Anwartschaftsrecht iSv. Abs. 1 S. 3 (Rn. 17). Die Veräußerung kann entweder in dem entgeltlichen Verzicht auf das Recht oder in dessen entgeltlicher Einräumung liegen. Entgelt in diesem Sinne ist nicht nur die unmittelbare Zahlung an den Neu-G'ter an den Alt-G'ter, sondern auch die Zahlung eines Aufgeldes (Agio) zur Übernahme der neuen Anteile an die Ges., vorausgesetzt allerdings, diese Zahlung erfolgt in unmittelbarem zeitlichen Zusammenhang mit der Auszahlung des Aufgeldes an den Alt-G'ter.[6] Nimmt eine GmbH, die neben ihren G'tern an einer anderen KapGes. beteiligt ist, nicht an der Kapitalerhöhung teil, kann daraus eine vGA folgen, dies aber nur dann, wenn das Bezugsrecht infolge der Kapitalerhöhung entgeltlich verwertbar gewesen wäre.[7]

53 **IX. Kapitalherabsetzung und Liquidation.** Wird eine KapGes. aufgelöst oder setzt sie ihr Kapital herab und zahlt es zurück, finden die Regelungen über die Veräußerung v. Anteilen entspr. Anwendung, Abs. 4 (s. Rn. 120 ff.).

54 **X. Einziehung von Anteilen.** Die **Einziehung v. Aktien** (§ 237 Abs. 2, § 222 AktG) oder GmbH-Anteilen (§ 34 GmbHG)[8] ist einer **Kapitalherabsetzung** vergleichbar und unterfällt deshalb **§ 17 Abs. 4** (Rn. 131 ff.). Die **vereinfachte Kapitalherabsetzung** durch Einziehung v. Aktien gem. § 237 Abs. 3 Nr. 2 (iVm. § 71 Abs. 1 Nr. 6) AktG ebenso wie die Einziehung v. GmbH-Anteilen erfolgt demgegenüber gegen eine Ausgleichszahlung zu Lasten des Bilanzgewinns oder aus freien Rücklagen (§ 272 Abs. 2 und 3 HGB). Es handelt sich deshalb um entgeltliche Veräußerungen iSv. § 17 Abs. 1,[9] welche auch einen Einziehungs-

---

1 Und zwar auch dann, wenn die Beteiligungsgrenze iSd. § 17 Abs. 1 erst infolge eines Erbanfalls überschritten und erst dadurch zu SBV II wird, vgl. FG München v. 10.3.2005 – 15 K 4392/03, EFG 2005, 1342 (als Vorinstanz zu BFH v. 2.4.2008 – IX R 73/04, BFH/NV 2008, 1658).

2 BFH v. 25.7.1995 – VIII R 25/94, BStBl. II 1996, 684 (VIII. Senat); s. aber auch BFH v. 19.10.1998 – VIII R 69/95, BStBl. II 2000, 230; offenlassend BFH v. 14.6.2000 – XI R 39/99, BFH/NV 2001, 302 (XI. Senat); sodann BFH v. 2.9. 2008 – X R 48/02, BStBl. II 2010, 162 und zuletzt BFH v. 29.11.2017 – X R 8/16, BStBl. II 2018, 426.

3 BFH v. 29.11.2017 – X R 8/16, BStBl. II 2018, 426.

4 BMF v. 29.3.2000, BStBl. I 2000, 462 und H 17 Abs. 8 EStH ab 2012.

5 Dazu auch BFH v. 29.11.2017 – X R 8/16, BStBl. II 2018, 426.

6 BFH v. 30.11.2005 – I R 3/04, BStBl. II 2008, 809; v. 13.10.1992 – VIII R 3/89, BStBl. II 1993, 477.

7 BFH v. 15.12.2004 – I R 6/04, BStBl. II 2009, 197. Zur umgekehrten Situation einer verdeckten Einlage durch wertinkongruente Hingabe eines Bezugsrechts s. BFH v. 9.11.2010 – IX R 24/09, BStBl. II 2011, 799.

8 Vgl. BFH v. 30.12.1899 – IX R 15/08, BStBl. II 2008, 927.

9 FG RhPf. v. 4.11.2015 – 1 K 1214/13, EFG 2016, 288 m. Anm. *Nitzsche*; offen BFH v. 22.7.2008 – IX R 15/08, BStBl. II 2008, 927; *Blümich*, § 17 Rn. 400; *Lechner/Haisch*, Ubg 2010, 691 (696 f.); **aA** *Wassermeyer*, FS L. Schmidt, 1993, 621.

verlust iSv. § 17 Abs. 2 nach sich ziehen können.[1] Für die abw. Auffassung,[2] wonach die entgeltliche Einziehung v. Anteilen als eine Teilliquidation in analoger Anwendung v. § 17 Abs. 4 (iVm. § 20 Abs. 1 Nr. 2) anzusehen sei, spricht zwar die gesellschaftsrechtl. Lage. Denn das Einziehungsentgelt zieht eine Minderung des EK nach sich; die KapGes. wird insoweit nicht „bereichert“.[3] Es handelt sich bei eingezogenen Anteilen aber dennoch um Vermögensgegenstände.[4] Als solche sind sie deshalb auch stl. zu behandeln. Abzugrenzen ist allerdings v. der Kapitalherabsetzung durch unentgeltlich zur Vfg. gestellte Aktien (§ 237 Abs. 1, 3 Nr. 1, 4 und 5 iVm. § 71 Abs. 1 Nr. 4 AktG). Hier wird keine Kapitalrückzahlung geleistet.[5]

XI. Erwerb eigener Anteile. Auch der Erwerb eigener Anteile (§ 33 Abs. 2 GmbHG, § 71 AktG) stellte nach zutr. hM,[6] der die **FinVerw.** gefolgt ist,[7] eine Veräußerung[8] (Anschaffung) und keine Einlagenrückgewähr dar. Nicht anders als bei eingezogenen Anteilen (Rn. 54) entschied auch hier, dass es sich bei eigenen Anteilen handelsbilanziell (und bzw. aber unabhängig v. ihrer handelsbilanziellen Behandlung)[9] um Vermögensgegenstände (vgl. § 272 Abs. 1 S. 4–6 HGB aF)[10] und steuerbilanziell um (zu aktivierende und abschreibungsfähige) WG handelt.[11] Nach der HGB-Novellierung (durch das **BilMoG v. 25.5.2009**) und der Einfügung v. **§ 272 Abs. 1a und 1b HGB** soll das nach Auffassung der FinVerw.[12] jedoch anders sein und wird der Erwerb eigener Anteile fortan – nach seinem wirtschaftlichen ‚Kern‘ – auch steuerrechtl. nicht mehr als Erwerbsvorgang angesehen, sondern als „Teilliquidation“, und deswegen in Anlehnung an den Handelsbilanzausweis „wie“ eine Kapitalherabsetzung bzw. – die Anteilsveräußerung – „wie“ eine Kapitalerhöhung behandelt.[13] Zwingend erscheint das nicht und wird deshalb **krit.** gesehen:[14] Zum einen berührt der Handelsbilanzausweis immer nur die anteilserwerbende Ges., nicht aber – wie im Steuerrecht – auch den oder die G’ter. Zum anderen fehlt dem Steuerrecht eine Regelung, die entspr. dem Handelsrecht eine Behandlung des Eigenanteilserwerbs als Kapitalherabsetzung (oder als eine Teilliquidation) einfordern würde. Die FinVerw. zieht daraus für den Anteilseigner die richtigen Konsequenzen und behandelt den Erwerb eigener Anteile bei diesem weiterhin als Veräußerungsgeschäft (sa. § 8b Abs. 3 S. 3 KStG).[15] – Wird v. der KapGes. ein überhöhter Preis entrichtet, so liegt im entspr. Umfang jedenfalls eine vGA vor.[16] Leistungen, die der neu eintretende G’ter im zeitlichen Zusammenhang mit dem Erwerb der Ges.-Anteile in die Kapitalrücklage erbringt, können als (disquotale) Einlage oder als zusätzliches Veräußerungsentgelt zu beurteilen sein.[17] 55

XII. Austritt und Ausschluss eines Gesellschafters. Mit der Einziehung v. Anteilen und dem Erwerb eigener Anteile (Rn. 55) vergleichbar ist die Rechtslage beim Austritt oder Ausschluss eines G’ters aus der KapGes. In beiden Fällen kommt es entweder zur Einziehung der betr. Anteile[18] (§ 17 Abs. 4, Rn. 21, 54) 56

---

1 FG München v. 24.9.2015 – 13 K 554/13, EFG 2016, 715 m. Anm. *Obermeir.*
2 *Schmidt*[37], § 17 Rn. 101 ff.; *Lademann*, § 17 Rn. 140.
3 Vgl. BFH v. 1.7.1992 – II R 20/90, BStBl. II 1992, 912 (ErbSt).
4 BFH v. 29.7.1992 – I R 31/91, BStBl. II 1993, 369.
5 BFH v. 10.8.2005 – VIII R 26/03, BStBl. II 2006, 22.
6 ZB *Wassermeyer*, FS L. Schmidt, 1993, 621; *Breuninger*, DStZ 1991, 420; *L/B/P*, § 17 Rn. 146 f.; *Frotscher/Geurts*, § 17 Rn. 142; *Thiel*, FS L. Schmidt, 1993, 569 (579).
7 BMF v. 2.12.1998, BStBl. I 1998, 1509 Tz. 19, 24, aufgehoben durch BMF v. 10.8.2010, BStBl. I 2010, 659 (s. dazu *Lechner/Haisch*, Ubg. 2010, 691), zT (für Altfälle) wieder in Kraft gesetzt durch BMF v. 27.11.2013, BStBl. I 2013, 1615 Tz. 26 ff.; s. auch *Schmid/Wiese*, DStR 1999, 993.
8 Im Grundsatz bestätigt durch BFH v. 6.12.2017 – IX R 7/17, DStR 2018, 676.
9 S. dazu *Lechner/Haisch*, Ubg 2010, 691; s. auch *Blumenberg/Roßner*, GmbHR 2008, 1079 (1083).
10 Nicht aber zur Einziehung bestimmter eigener Aktien vor deren Entwertung, vgl. BFH v. 10.8.2005 – VIII R 26/03, BStBl. II 2006, 22.
11 BFH v. 6.12.1995 – I R 51/95, BStBl. II 1998, 781; v. 13.11.2002 – I R 110/00, BFH/NV 2003, 820; v. 23.2.2005 – I R 44/04, BStBl. II 2005, 522; s. auch abgrenzend für unentgeltlich zur Einziehung überlassene eigene Aktien BFH v. 10.8.2005 – VIII R 26/03, BStBl. II 2006, 22 (unter II.3.).
12 BMF v. 27.11.2013, BStBl. I 2013, 1615; zust. *Blumenberg/Lechner*, DB 2014, 141; krit. begleitend *Schiffers*, GmbHR 2014, 79.
13 Offengelassen in BFH v. 6.12.2017 – IX R 7/17, DStR 2018, 676.
14 Zutr. *Hüttemann*, FS Herzig, 2010, 595 (602 ff.); *Blumenberg/Roßner*, GmbHR 2008, 1079; *Mayer*, Ubg 2008, 779; *Schmidtmann*, StuW 2010, 286 (289 ff.); *Schnitger/Fehrenbacher*, § 8b Rn. 274, jeweils mwN.
15 So bereits schon zuvor *Förster/Schmidtmann*, BB 2009, 1342 (1344); sa. *Blumenberg/Roßner*, GmbHR 2008, 1079 (1082).
16 BFH v. 6.12.1995 – I R 51/95, BStBl. II 1998, 781; v. 13.11.2002 – I R 110/00, BFH/NV 2003, 820; v. 23.2.2005 – I R 44/04, BStBl. II 2005, 522; BMF v. 27.11.2013, BStBl. I 2013, 1615 Tz. 12, 15, 22 (sa. BMF v. 2.12.1998, BStBl. I 1998, 1509 Tz. 26, aufgehoben durch BMF v. 10.8.2010, BStBl. I 2010, 659, zT [für Altfälle] wieder in Kraft gesetzt durch BMF v. 27.11.2013, BStBl. I 2013, 1615 Tz. 26 ff.).
17 BFH v. 23.2.2005 – I R 44/04, BStBl. II 2005, 522.
18 Zur Unterscheidung v. Ausschluss und Einziehung s. BGH v. 20.9.1999 – II ZR 345/97, DB 1999, 2253 mit Anm. *Gehrlein.*

oder diese werden gegen finanzielle Ersatzleistung übertragen. In beiden Fällen werden folglich Besteuerungstatbestände iSv. § 17 erfüllt.[1]

57 **XIII. Umwandlungen.** Umwandlungsvorgänge (Verschmelzungen, §§ 2ff. UmwG, Spaltungen, §§ 123ff. UmwG) unterfallen nicht § 17, sondern **§§ 3ff. UmwStG**. Im PV gehaltene, untergehende Anteile gelten danach mit den AK als veräußert; an ihre Stelle treten die neuen Anteile (§ 13 Abs. 1 iVm. Abs. 2 S. 3 UmwStG): Gewinne werden **idR erst bei späterer Veräußerung** verwirklicht. Zur Übertragung auf einen Rechtsträger ohne BV s. § 8 Abs. 2 UmwStG. Wird eine KapGes. in eine PersGes. umgewandelt, gelten die Anteile an der KapGes. iSv. § 17 zum Zeitpunkt des stl. Übertragungsstichtags mit den AK in das BV der PersGes. als eingelegt (§ 5 Abs. 2 UmwStG). Nach **§ 5 Abs. 2 UmwStG** löst eine Beteiligung iSv. § 17 unabhängig davon, zu welchem Zeitpunkt sie erworben wurde, die Einlagefiktion des § 5 Abs. 1 UmwStG aus. Allerdings stellt **§ 4 Abs. 6 S. 5 UmwStG** sicher, dass solche Anteile gleichwohl keinen **Übernahmeverlust** nach sich ziehen können. Es kann so (aus Gründen der Missbrauchsvermeidung) zu einem vollständigen stl. Ausschluss v. Übernahmeverlusten kommen.[2] – Im Falle einer vorangegangenen Umwandlung auf die übertragende Körperschaft (§§ 11 bis 13, 15 UmwStG) ist für die Anteile an der übertragenden Körperschaft § 13 Abs. 2 S. 2 UmwStG zu beachten. § 5 Abs. 2 UmwStG erfasst auch solche Anteile iSd. § 17, welche erst nach dem stl. Übertragungsstichtag entgeltlich oder unentgeltlich erworben werden.[3] – Als nachteilig erweist sich die Regelung insofern, als ihr Anwendungsbereich auf beschränkt StPfl. erweitert wird.[4] S. iÜ § 49 Rn. 35.

58 **Ausnahmsweise** kommen die Grundsätze des § 17 auch bei Umwandlungsvorgängen zur Anwendung, soweit der Inhaber der (bis zum VZ 2006: nicht einbringungsgeborenen, s. Rn. 26) Anteile eine Barabfindung oder Barzuzahlung erhält.

59 **XIV. Schenkungen.** Schenkungen sind unentgeltlich und deshalb **keine Veräußerungen** iSv. § 17. Handelt es sich um eine **gemischte Schenkung**, ist allerdings zw. dem unentgeltlichen und dem entgeltlichen Teil im Verhältnis der Verkehrswerte, in dem beide zueinander stehen, aufzuteilen (Rn. 39). **Gegenleistung** kann dabei – neben Barzuzahlungen – auch die Übernahme (eigen- oder fremdfinanzierter) Verbindlichkeiten sein, in Betracht kommen ferner Gleichstellungsgelder im Rahmen vorweggenommener Erbfolge[5] und Abstandszahlungen, nicht jedoch die Zusage v. Versorgungsleistungen[6] sowie die Belastung mit dinglichen oder obligatorischen Nutzungsrechten.[7] Darauf, ob zivilrechtl. eine gemischte Schenkung, eine Schenkung unter Aufl. oder Bedingung vorliegt, kommt es nicht an.[8]

60 **XV. Erwerbe von Todes wegen.** Durch Erbfall erworbene Anteile sind voll **unentgeltlich** und deshalb nicht durch Veräußerung erworben, auch soweit das Erbe mit Vermächtnissen, Pflichtteils- oder Erbersatz-Anspr. oder Auflagen belastet ist. Gleiches gilt für die Erbauseinandersetzung durch Realteilung (§ 11d EStDV), es sei denn, die Erben vereinbaren eine **Abfindungszahlung**, weil der Wert des v. einem der Erben übernommenen Erbes höher ist als der Wert der verbleibenden Vermögenswerte.[9] Dann liegt eine teilw. Veräußerung vor, so dass eine Aufteilung vorzunehmen ist. Zu beachten bleibt, dass die Beteiligung an der KapGes. iSd. § 17 in derartigen Fällen oftmals schon vor der Erbauseinandersetzung den Miterben anteilig zuzurechnen ist (Rn. 25). Um eine unentgeltliche Vermögensübertragung und nicht um eine Anteilsveräußerung handelt es sich schließlich, wenn eine Beteiligung iSv. § 17 unter **Vorbehalt eines Nießbrauchsrechts** im Wege der **vorweggenommenen Erbfolge** übertragen wird, und zwar auch dann, wenn das Nießbrauchsrecht später gegen eine Abstandszahlung abgelöst wird, der Nießbrauchsverzicht aber auf einer neuen Entwicklung der Verhältnisse beruht (Ablehnung des sog. Surrogationsprinzips).[10] Davon abgrenzend kann die Abstandszahlung für den eingeräumten Nießbrauch beim Leistenden nachträgliche AK auslösen, vorausgesetzt, der Erwerber und nicht der Nießbraucher ist wirtschaftlicher Eigentümer.[11]

---

1 HM, vgl. *Blümich*, § 17 Rn. 406; *Ernst & Young*, § 17 Rn. 86; *L/B/P*, § 17 Rn. 148; **aA** *Schmidt*[37], § 17 Rn. 103.
2 BMF v. 11.11.2011, BStBl. I 2011, 1314 Rn. 04.43; s. auch *R/H/vL*[2], § 4 Rn. 119.
3 BMF v. 11.11.2011, BStBl. I 2011, 1314 Rn. 05.05.
4 S. dazu *Prinz zu Hohenlohe/Rautenstrauch/Adrian*, GmbHR 2006, 623 (627).
5 *L/B/P*, § 17 Rn. 154; BMF v. 13.1.1993, BStBl. I 1993, 80 Tz. 7.
6 BFH v. 5.7.1990 – GrS 4–6/89, BStBl. II 1990, 847; BMF v. 13.1.1993, BStBl. I 1993, 80 Tz. 6.
7 BFH v. 24.4.1991 – XI R 5/83, BStBl. II 1991, 793; vgl. auch BMF v. 2.12.1998, BStBl. I 1998, 1509 Tz. 10 (aufgehoben durch BMF v. 10.8.2010, BStBl. I 2010, 659, zT – für Altfälle – wieder in Kraft gesetzt durch BMF v. 27.11.2013, BStBl. I 2013, 1615 Tz. 26ff.).
8 BFH v. 5.7.1990 – GrS 4–6/89, BStBl. II 1990, 847.
9 BFH v. 5.7.1990 – GrS 4–6/89, BStBl. II 1990, 847; BMF v. 13.1.1993, BStBl. I 1993, 80 Tz. 28.
10 BFH v. 14.6.2005 – VIII R 14/04, BStBl. II 2006, 15.
11 BFH v. 24.1.2012 – IX R 51/10, DB 2012, 776.

Zur Frage nach den AK für den Fall, dass die Beteiligung iSd. § 17 erst durch den Erbfall, die Erbauseinandersetzung oder im Zuge der vorweggenommenen Erbfolge entsteht, s. Rn. 104. 61

XVI. Zeitpunkt der Veräußerung. Was den Zeitpunkt der Veräußerung anbelangt, gilt im Grundsatz nichts anderes als beim Fünf-Jahres-Zeitraum zur Bestimmung der Wesentlichkeitsgrenze (Rn. 30): Ausschlaggebend ist der Zeitpunkt der (rechtsverbindlichen) Übertragung des wirtschaftlichen Eigentums (§ 39 Abs. 2 Nr. 1 AO, s. dazu Rn. 24) der veräußerten Anteile auf den Erwerber.[1] Fallen rechtl. und wirtschaftliches Eigentum auseinander, ist Letzteres maßgeblich. Auf den Zeitpunkt, in dem der zugrunde liegende Kausalvertrag geschlossen worden ist, kommt es hingegen nicht an. Gleichermaßen ist es unbeachtl., ob der Kaufpreis gestundet wird.[2] 62

Werden die Anteilscheine (Wertpapiere) in einem **Girosammeldepot** verwahrt und wird lediglich ein Teil der Papiere veräußert, findet – entgegen der spezialgesetzlichen Anordnung in § 23 Abs. 1 S. 1 Nr. 2 S. 2 und 3 für private Veräußerungsgeschäfte (s. dazu § 23 Rn. 7) – weder das FiFo- noch das LiFo-Verfahren Anwendung; die Bewertung erfolgt vielmehr grds. mit den durchschnittlichen AK sämtlicher Wertpapiere und der Veräußerungsgewinn ist hiernach nach Durchschnittswerten zu ermitteln.[3] 63

XVII. Keine Bagatellgrenze. Eine Bagatellgrenze für Anteilsveräußerungen gibt es nicht (mehr). Die bis 1996 in § 17 Abs. 1 S. 1 aF enthaltene Regelung wurde aufgehoben.[4] 64

D. Veräußerungsgewinn, Veräußerungsverlust (Abs. 2)

I. Gewinnermittlung eigener Art. Die **Rechtsfolge** des Abs. 1 liegt darin, dass der Gewinn aus der Veräußerung v. Anteilen an KapGes. als Veräußerungsgewinn den Einkünften aus GewBetr. zugeordnet wird. Es erfolgt sonach eine Umqualifizierung an sich nicht steuerbarer Gewinne aus der privaten Vermögenssphäre in steuerbare gewerbliche Gewinne. Veräußerungsgewinn ist dabei der **Unterschiedsbetrag** zw. dem Veräußerungspreis abzgl. der Veräußerungskosten einerseits und den AK andererseits. 65

In welcher Weise der hiernach steuerbare Gewinn zu ermitteln ist, richtet sich nach Abs. 2. Dieser enthält eine **Gewinnermittlungsvorschrift eigener Art:**[5] Einerseits finden die allg. Gewinnermittlungsvorschriften der §§ 4, 5 für den BV-Vergleich Anwendung, nicht aber die Vorschriften der §§ 8, 9, 11[6] für die Ermittlung v. Überschüssen.[7] Das ergibt sich daraus, dass es sich bei den v. § 17 erfassten Veräußerungsgewinnen um fiktive gewerbliche Einkünfte handelt. Andererseits ist der Veräußerungsgewinn oder -verlust **stichtagsbezogen** auf den Zeitpunkt der Veräußerung als dem Ende der Besitzzeit an den Anteilen zu erfassen. Abw. v. der allg. Gewinnermittlung nach § 4 Abs. 1 findet also keine zeitraumbezogene Ermittlung v. Vermögensmehrungen und Vermögensminderungen für einzelne Wj. statt. 66

Der **Zeitpunkt der Veräußerung** (Rn. 62) ist identisch mit dem Zeitpunkt der Realisation durch Übergang des (rechtl. oder wirtschaftlichen) Eigentums der veräußerten Anteile auf den Erwerber (Rn. 24). Auf ihn allein kommt es an.[8] Weder vorhergehende Umstände (zB der obligatorische Kaufvertrag),[9] noch nachfolgende Umstände (zB Zufluss des Kaufpreises)[10] vermögen daran etwas zu ändern. Alle besteuerungsrelevanten Merkmale (Veräußerungspreis, Veräußerungskosten, AK) fokussieren sich in diesem Zeitpunkt. Nachträgliche Änderungen sind nur zu berücksichtigen, wenn und soweit sie sich auf den für die Besteuerung maßgebenden Sachverhalt im Zeitpunkt der Veräußerung beziehen, vor allem also spätere Veränderungen des Veräußerungspreises. Der Besteuerung soll nur der tatsächlich erzielte Veräußerungsgewinn unterliegen (im Einzelnen zT str.; s. Rn. 82). 67

Das alles gilt auch, wenn die **Gegenleistung** in (börsennotierten) **Aktien** besteht, an denen das **wirtschaftliche Eigentum** seinerseits erst **später übertragen** wird. Auch dann kommt es nach Erkenntnis des (früher für § 17 zuständigen VIII. Senats des) BFH auf den vertragsfixierten Kurswert an, trotz zwischenzeitlichen 67a

---

1 BFH v. 10.3.1988 – IV R 226/85, BStBl. II 1988, 832; v. 21.10.1999 – I R 43, 44/98, BStBl. II 2000, 424 (429). S. auch BFH v. 22.7.2008 – IX R 15/08, BStBl. II 2008, 927 für den Fall der Einziehung v. GmbH-Anteilen.
2 BFH v. 20.7.2010 – IX R 45/09, DStR 2010, 1980.
3 R 17 Abs. 5 S. 3 EStR; OFD Ffm. v. 6.6.2006, FR 2006, 703, unter Hinweis auf BFH v. 24.11.1993 – X R 49/90, BStBl. II 1994, 591.
4 Dazu noch: BFH v. 6.7.1999 – VIII R 11/97, BStBl. II 1999, 722; *Ernst & Young*, § 17 Rn. 99 ff.
5 BFH v. 17.10.1957 – IV 64/57 U, BStBl. III 1957, 443; v. 7.3.1974 – VIII R 118/73, BStBl. II 1974, 567; v. 12.2.1980 – VIII R 114/77, BStBl. II 1980, 494.
6 BFH v. 21.9.1982 – VIII R 140/79, BStBl. II 1983, 289; v. 21.12.1993 – VIII R 69/88, BStBl. II 1994, 648.
7 BFH v. 29.6.1995 – VIII R 69/93, BStBl. II 1995, 725; v. 14.6.2005 – VIII R 14/04, BStBl. II 2006, 15.
8 BFH v. 10.3.1988 – IV R 226/85, BStBl. II 1988, 832.
9 BFH v. 27.9.1994 – VIII B 21/94, BFHE 175, 516.
10 BFH v. 3.6.1993 – VIII R 81/91, BStBl. II 1994, 162.

Kursverfalls jedoch nicht auf den aktuellen Kurswert im Übergangszeitpunkt.[1] Allerdings hat der (IX. Senat des) BFH diese „Mechanik" nunmehr (zu Unrecht[2] und ohne „Rückkoppelung" bezogen auf die im Kern divergierende Rspr. des I. Senats des BFH zum insoweit vergleichbaren Kontext des § 8b Abs. 2 KStG[3]) aufgegeben: Er stellt jetzt stets auf die Wertverhältnisse im Veräußerungs- als Erfüllungszeitpunkt ab, wenn diese v. den Verhältnissen im Zeitpunkt der Entstehung des Veräußerungsgewinns abweichen; eine Veränderung der wertbestimmenden Umstände soll dann materiell-rechtl. auf den Stichtag zurückwirken. Spätere Wertveränderungen sind erst nach Erfüllung unbeachtlich.[4]

68 Maßgeblich ist sonach im Regelfall der Zeitpunkt, in dem das wirtschaftliche Eigentum an den Anteilen übergeht (Rn. 62).[5] Liegt der Veräußerungsvorgang darin, dass die KapGes. gegen Leistung einer Barabfindung umgewandelt wird, ist der Veräußerungsgewinn auf den Tag zu ermitteln, in dem die Umwandlung ins Handelsregister eingetragen wird. Beim Austritt oder Ausschluss eines G'ters (Rn. 56) ist der Zeitpunkt ausschlaggebend, in dem der betr. G'ter verbindlich ausgeschlossen wird[6] bzw. in dem er seinen Austritt erklärt.[7]

69 Zur Stichtagsbezogenheit auch der Bewertung v. Veräußerungspreis und -kosten sowie der AK s. Rn. 66.

70 Die spezifische Gewinnermittlung gem. § 17 ermöglicht keinen Abzug v. BA oder WK[8] (§ 4 Abs. 4), auch nicht als Teilwertabschreibung (s. Rn. 7). Betriebliche Aufwendungen oder Verluste, die sich weder den AK noch dem Veräußerungskosten zuordnen lassen, sind ggf. aber als (auch nachträgliche, s. aber Rn. 84) **WK** bei den Einkünften gem. § 20[9] (oder auch gem. § 19 beim Geschäftsführer)[10] anzusetzen. Diese Frage nach dem Vorliegen v. WK ist jener nach dem Vorliegen v. AK vorrangig.[11] Voraussetzung ist allerdings, dass die WK getätigt werden, um den Erwerb und die Aufrechterhaltung der Beteiligung iSd. § 17 als Einkunftsquelle zu sichern. Liegen mehrere Veranlassungszusammenhänge vor, so müssen die unterschiedlichen Ursachen ggf. anteilig zugeordnet werden (vgl. hierzu auch § 9 Rn. 28). Eine Zuordnung zu § 17 scheitert stets (aber auch erst) nach Auflösung der Ges.,[12] nicht aber v. vornherein im Falle des Verzichts auf einen etwaigen Aufwendungsersatzanspruch.[13] IÜ sind AK und BA/WK in systematischer Hinsicht unbeschadet ihrer beiderseits betrieblichen Veranlassung strikt auseinander zu halten. Insbes. Schuldzinsen, die zum Beteiligungserwerb aufgewendet werden, sind stets WK; darauf, dass aus der Beteiligung tatsächlich Einkünfte erzielt werden, kommt es nicht an.[14] Aus diesen systematischen Gründen sind WK, die infolge Beendigung des Engagements (zB wegen Veräußerung, Vermögenslosigkeit, Löschung) nicht mehr abgezogen werden können, prinzipiell nicht in stl. relevante AK „umzuqualifizieren".[15] Der BFH hat seine ständige Spruchpraxis allerdings (mit gewisser Berechtigung) aufgegeben, weil v. VZ 1998 an die Wesentlichkeitsgrenze in § 17 auf 1 % abgesenkt worden ist und dadurch Veräußerungen und Gewinnausschüttungen konzeptionell gleichbehandelt werden.[16]

---

1 BFH v. 25.8.2009 – IX R 41/08, BFH/NV 2010, 1271; FG Hbg. v. 2.10.2014 – 1 K 172/11, juris (durch BFH v. 10.5.2016 – IX R 13/15, BFH/NV 2016, 1556 aus anderen Gründen aufgehoben); FG Münster v. 15.4.2015 – 13 K 2939/12 E, EFG 2015, 1242 m. Anm. *Kühnen*, für den Fall zurückgegebener, nachfolgend wertlos gewordener Aktien; sa., aber abgrenzend zu im Veräußerungsgeschäft bereits angelegten späteren Währungs-, Zins- und Abzinsungsverlusten, FG SchlHol. v. 25.5.2016 – 1 K 20/13, EFG 2016, 1290 m. Anm. *Engellandt* (Rev. I R 43/16).

2 **AA** *Hils*, DStR 2016, 1345.

3 BFH v. 22.12.2010 – I R 58/10, BStBl. II 2015, 668; s. dazu *Gosch*, BFH-PR 2011, 181.

4 BFH v. 13.10.2015 – IX R 43/14, BStBl. II 2016, 212; s. dazu *Bös/Schwarz*, KSI 2016, 131.

5 BFH v. 10.3.1988 – IV R 226/85, BStBl. II 1988, 832.

6 *Esch*, GmbHR 1981, 25 (29): Rechtskraft des Ausschließungsurteils.

7 *Blümich*, § 17 Rn. 406.

8 BFH v. 16.4.1991 – VIII R 100/87, BStBl. II 1992, 234; v. 3.6.1993 – VIII R 81/91, BStBl. II 1994, 162 (164); *Siewert*, DB 1999, 2231; *Dornheim*, DStZ 2011, 763 und DStZ 2012, 553.

9 BFH v. 8.10.1985 – VIII R 234/84, BStBl. II 1986, 596; v. 2.5.2001 – VIII R 32/00, BStBl. II 2001, 668; v. 21.1.2004 – VIII R 2/02, BStBl. II 2004, 551; v. 12.5.1995 – VI R 64/94, BStBl. II 1995, 644; s. auch BFH v. 17.4.1997 – VIII R 47/95, BStBl. II 1998, 102.

10 BFH v. 17.7.1992 – VI R 125/88, BStBl. II 1993, 111; v. 5.10.2004 – VIII R 64/02, BFH/NV 2005, 54; v. 16.11.2011 – VI R 97/10, BStBl. II 2012, 343; v. 3.9.2015 – VI R 58/13, BStBl. II 2016, 305; v. 8.7.2015 – VI R 77/14, BStBl. II 2016, 60; FG Münster v. 15.10.2015 – 3 K 472/14 E, EFG 2016, 282 m. Anm. *Beidenhauser*, dort zur Bürgschaftsinanspruchnahme eines Steuerberaters; FG Düss. v. 19.2.2015 – 16 K 198/13 F, juris.

11 BFH v. 2.5.2001 – VIII R 32/00, BStBl. II 2001, 668.

12 BFH v. 21.1.2004 – VIII R 2/02, BStBl. II 2004, 551.

13 BFH v. 2.5.2001 – VIII R 32/00, BStBl. II 2001, 668.

14 BFH v. 8.10.1985 – VIII R 234/84, BStBl. II 1986, 596; v. 11.4.1986 – III R 128/80, BStBl. II 1986, 551; s. auch BFH v. 25.5.1999 – VIII R 59/97, BStBl. II 2001, 226.

15 BFH v. 27.3.2007 – VIII R 28/04, BStBl. II 2007, 699; v. 21.1.2004 – VIII R 2/02, BStBl. II 2004, 551; v. 20.4.2004 – VIII R 52/02, BStBl. II 2004, 556.

16 BFH v. 16.3.2010 – VIII R 20/08, BStBl. II 2010, 787; s. auch bereits BFH v. 27.3.2007 – VIII R 28/04, BStBl. II 2007, 699; v. 16.3.2010 – VIII R 36/07, BFH/NV 2010, 1795. Sa. FG BaWü. v. 24.1.2011 – 10 K 3934/10, EFG 2011, 786; ähnlich BFH v. 20.6.2012 – IX R 67/10, DStR 2012, 1801 zu § 23 (s. dazu *Jochum*, DStZ 2012, 728).

Entspr. (nachträgliche) Aufwendungen (Schuldzinsen) sollen – seit dem, nach auch insoweit „modifizierter Rspr." aber auch für VZ vor 1999[1] – als WK bei den Kapitaleinkünften gem. § 20 abziehbar sein (s. auch Rn. 84). IErg. bietet diese neuerliche Spruchpraxis wegen des mittlerweile angeordneten umfassenden Abzugsausschlusses gem. § 20 Abs. 9 allerdings keinen StVorteil.[2] So gesehen wäre deshalb der konstruktive Weg, den Aufwand normspezifisch als veräußerungsgewinnmindernde Beteiligungskosten bei § 17 zu berücksichtigen,[3] vorzugswürdig (gewesen).

Handelt es sich um eine ausländ. Kapitalbeteiligung, die in **Fremdwährung** angeschafft und veräußert wurde, sind die für die Ermittlung des Veräußerungsgewinns maßgebenden Bemessungsgrundlagen (AK, Veräußerungspreis, Veräußerungskosten) im Zeitpunkt ihrer jeweiligen Entstehung in Euro umzurechnen.[4] Dass die Fremdwährungsgewinne nur auf der Ebene des Anteilsinhabers und nicht derjenigen der KapGes. erzielt wurden, ändert daran nichts. Diesbezüglichen Einwänden[5] ist zwar darin beizupflichten, dass die Gewinnermittlung gem. § 17 einer im Grundsatz eigenen Gesetzmäßigkeit unterfällt und dass so gesehen Fremdwährungsgewinne unabhängig v. dem eigentlichen Unternehmenswert am Stichtag entstehen. Dennoch führt die stichtagsbezogene Gewinnermittlung gem. § 17 dazu, dass sich die während der Besitzzeit aufgelaufenen Wertfaktoren am maßgeblichen Stichtag insoweit unterschiedslos auswirken, nicht anders als bei einem betrieblich Beteiligten. IÜ werden mit der Entgegennahme eines Fremdwährungsguthabens als Gegenleistung für die Veräußerung von Wertpapieren beide WG getauscht, also die Wertpapiere veräußert und das Fremdwährungsguthaben angeschafft.[6] Allerdings ist diese Sichtweise infolge einer veränderten Spruchpraxis des BFH zwischenzeitlich uU ins Wanken geraten, s. Rn. 67a. 71

II. Veräußerungspreis. 1. Begriff. Veräußerungspreis iSv. § 17 ist das **Entgelt**, also alles, was der Veräußerer (oder statt seiner vereinbarungsgemäß ein Dritter) als Gegenleistung aus dem Veräußerungsgeschäft (zum Zwecke der Erfüllung [§ 362 Abs. 2 BGB], also nicht aus einem anderen Rechtsgrund, zB Schadensersatz)[7] erhält, sei es v. Erwerber selbst, sei es auf dessen Veranlassung v. einem Dritten (§ 328 BGB).[8] Dritter kann jedermann sein (§§ 267, 268, 278 BGB),[9] auch die KapGes. selbst.[10] Einbezogen ist der Veräußerer (oder der von ihm bestimmte Dritte) als Zahlungsempfänger, nicht als „Nutzungsberechtigter" für den Fall, dass er seinen Gewinn ganz oder teilweise an eine weitere Person vereinbarungsgemäß abgeben muss[11] (uU kann es sich bei der Erlösweiterreichung allerdings um Anschaffungsaufwand handeln, sa. Rn. 84). Worin die Gegenleistung besteht, ist ebenso ohne Bedeutung (Geld- und Sachleistungen;[12] ggf. auch die Freistellung v. einer Verpflichtung)[13] wie die Zahlungsmodalitäten (zB Versteigerungserlös[14]), Bedingungen oder Befristungen; erforderlich ist lediglich ein kausal begründeter sachlicher Zusammenhang zw. Leistung und Gegenleistung (s. auch Rn. 40 zum Verzicht als Entgelt).[15] Ggf. wirken sich derartige Umstände allerdings auf den Wert der Gegenleistung aus (Stichtagsbewertung, s. Rn. 66). (Unselbständiger) Bestandteil des Veräußerungspreises kann auch die Ablösezahlung für Besserungsscheine sein, wenn bei der KapGes. bis zum Zeitpunkt der Veräußerung ihrer Geschäftsanteile kein Besserungsfall gem. Besserungsabrede eingetreten ist und die Ablösung nur dazu diente, dem Erwerber die Gewinnmöglichkeiten aus den Geschäftsanteilen an der KapGes. auf Dauer lastenfrei zu übertragen.[16] 72

---

1 BFH v. 29.10.2013 – VIII R 13/11, BStBl. II 2014, 251; v. 5.2.2014 – X R 5/11, BFH/NV 2014, 1018.
2 BFH v. 1.7.2014 – VIII R 53/12, BStBl. II 2014, 975; v. 21.10.2014 – VIII R 48/12, BStBl. II 2015, 270; *Dornheim*, DStZ 2011, 763 (766) und DStZ 2012, 553.
3 *Dornheim*, DStZ 2011, 763 (766 f.) und DStZ 2012, 553; *Schmidt*[37], § 17 Rn. 132 mwN.
4 BFH v. 2.4.2008 – IX R 73/04, BFH/NV 2008, 1658; v. 24.1.2012 – IX R 62/10, BStBl. II 2012, 362; R 17 Abs. 7 S. 1 EStR.
5 **AA** *Crezelius*, DB 2005, 1924.
6 BFH v. 21.1.2014 – IX R 11/13, BStBl. II 2014, 385.
7 S. BFH v. 4.10.2017 – IX R 8/15, BStBl. II 2017, 316.
8 BFH v. 29.5.2008 – IX R 97/07, BFH/NV 2009, 9 (zu Provisionszahlungen eines Mit-G'ters „anlässlich" des Anteilsverkaufs); v. 4.10.2017 – IX R 8/15, BStBl. II 2017, 316.
9 *L/B/P*, § 17 Rn. 240.
10 BFH v. 12.10.1982 – VIII R 72/79, BStBl. II 1983, 128.
11 BFH v. 10.3.2015 – IX R 40/15, BFH/NV 2017, 572, für den Fall der vor dem Anteilsverkauf vereinbarten Erlösweitergabe an den Ehegatten.
12 BFH v. 7.3.1995 – VIII R 29/93, BStBl. II 1995, 693, dort zur Einbeziehung auch des wirtschaftlichen Vorteils in Gestalt eines bedingten Rückkaufsrechts iVm. einem wertmäßig beschränkten Abfindungsanspruch; v. 2.4.2008 – IX R 73/04, BFH/NV 2008, 1658.
13 S. zB BFH v. 29.5.2008 – IX R 97/07, BFH/NV 2009, 9 (Einlageverpflichtung), v. 16.12.2008 – I R 102/08, DStR 2010, 265 (Freistellungsverpflichtung).
14 S. BFH v. 10.12.1969 – I R 43/67, BStBl. II 1970, 310.
15 BFH v. 19.4.2005 – VIII R 68/04, BStBl. II 2005, 762.
16 BFH v. 20.7.2018 – IX R 31/17, BFH/NV 2019, 13.

73 Im Hinblick auf **Gewinn-Anspr.** aus den veräußerten Anteilen gilt Folgendes: Gem. § 20 Abs. 5 (Abs. 2a aF) (explizit v. VZ 1994 an, richtiger Auffassung nach[1] aber auch schon davor) erzielt derjenige Einkünfte aus KapVerm., dem im Zeitpunkt des Gewinnverteilungsbeschlusses die Anteile nach § 39 AO zuzurechnen sind.[2] Gewinnausschüttungen, die **nach** dem Zeitpunkt der Veräußerung entstehen, gebühren sonach dem Erwerber. Sie gehören nicht zum Veräußerungspreis, es sei denn, die Gewinnausschüttung wird in Anrechnung auf den Kaufpreis entrichtet.[3] Beansprucht der Veräußerer hingegen – dem zuwiderlaufend – die nachfolgende Gewinnausschüttung, so gehört diese deshalb zum Veräußerungspreis,[4] auch dann, wenn der Anspr. in das Gewand eines auf den Gewinnausschüttungsbeschluss befristeten und dadurch bedingten „Darlehens" gekleidet wird.[5] Gleiches gilt für das Entgelt, das der Erwerber entrichtet, um (abw. v. § 101 Nr. 2 BGB) schon während des lfd. Geschäftsjahres am Gewinn zu partizipieren.[6] Dadurch ausgelöste stl. Doppelbelastungen – einerseits beim Erwerber (Kapitaleinkünfte, § 20 Abs. 5, Abs. 2a aF; nachträgliche AK), andererseits beim Veräußerer (definitive Erhöhung des Veräußerungserlöses)[7] – lassen sich ggf. durch Vorabausschüttungen oder inkongruente Gewinnausschüttungen[8] unter Beibehaltung eines geringen Kapitalanteils vermeiden.[9]

74 Nicht zum Veräußerungspreis gehören Gegenleistungen für eigenständige Vermögenswerte und Rechte. Dies betrifft vor allem Fälle, in denen sich der Veräußerer zu einem **Wettbewerbsverbot** verpflichtet, für das er entschädigt wird.[10] Mit der Entschädigung wird eine sonstige Leistung iSv. § 22 Nr. 3 abgegolten.

75 **2. Höhe und Umfang des Veräußerungspreises. a) Kauf.** Der Veräußerungspreis bestimmt sich seiner Höhe nach regelmäßig bereits durch den vereinbarten **Veräußerungsbetrag**. Ist dieser in einer Fremdwährung ausgewiesen, ist er auf den Zeitpunkt seiner Entstehung umzurechnen (Rn. 71).[11] Bei Zwangsversteigerungen und Verwertungen durch den Sicherungsnehmer tritt der jeweils erzielte Erlös an die Stelle des Preises. Wird die Geldforderung erst nach dem Veräußerungszeitpunkt fällig, ist gleichwohl auf den Veräußerungszeitpunkt als Stichtag abzustellen (Rn. 66). **IdR** bleibt es beim Ansatz des **Nennwertes** (§ 12 BewG),[12] es sei denn, besondere Umstände, namentlich eine ungewöhnlich hohe oder niedrige Verzinsung, ein voraussichtlicher Kaufpreisausfall,[13] Wechselkursrisiken[14] oÄ begründen Zu- oder Abschläge. **Zinslose Stundungen** v. Kaufpreisforderungen führen zur Abzinsung (vgl. § 12 Abs. 3 BewG),[15] wobei grds. und vorbehaltlich abw. Vereinbarungen[16] v. einem Zinsfuß v. 5,5 % auszugehen ist. Wird später der Nennwert gezahlt, ist die Differenz zum abgezinsten Betrag herauszurechnen; bei dieser Differenz handelt es sich (wie bei den Zinsen iÜ auch) um Einkünfte aus KapVerm. (§ 20) und nicht um Bestandteile des Veräußerungspreises. Das gilt auch für den Fall **ratenweiser Kaufpreistilgung** (oder – bezogen auf nachträgliche AK – der ratenweisen Streckung einer Bürgschaftsinanspruchnahme, s. Rn. 130),[17] nicht aber bei

1 Vgl. BFH (I. Senat) v. 21.5.1986 – I R 199/84, BStBl. II 1986, 794; v. 21.5.1986 – I R 190/81, BStBl. II 1986, 815; BFH (III. Senat) v. 14.9.1999 – III R 47/98, BStBl. II 2000, 255; **aA** BFH (VIII. Senat): v. 14.12.1999 – VIII R 49/98, BStBl. II 2000, 341.

2 S. BFH v. 13.3.2018 – IX R 35/16, DStR 2018, 987.

3 BFH v. 12.10.1982 – VIII R 72/79, BStBl. II 1983, 128; v. 8.2.2011 – IX R 15/10, BStBl. II 2011, 684; v. 13.3.2018 – IX R 35/16, DStR 2018, 1756.

4 FG BaWü. v. 15.9.1993 – 2 K 99/89, EFG 1994, 353; *Pyszka*, DStR 1996, 170; *Dötsch*, DB 1993, 1842.

5 FG München v. 5.2.2015 – 15 K 582/12, juris (Rev. IV R 24/15).

6 BFH v. 22.5.1984 – VIII R 316/83, BStBl. II 1984, 746; v. 21.5.1986 – I R 190/81, BStBl. II 1986, 815; BMF v. 18.3.1980, BStBl. I 1980, 146.

7 Vgl. BFH v. 14.12.1999 – VIII R 49/98, BStBl. II 2000, 341, m. Anm. *Gschwendtner*, HFR 2000, 425.

8 Zur Zulässigkeit s. BFH v. 19.8.1999 – I R 77/96, BStBl. II 2001, 43 (dagegen Nichtanwendungserlass BMF v. 7.12.2000, BStBl. I 2001, 47: stl. Akzeptanz der inkongruenten Beteiligung nur bei Sonderleistungen des begünstigten G'ters, zB bei unentgeltlicher Übernahme der Geschäftsführung oder Überlassung v. Grundstücken); BFH v. 28.6.2006 – XI R 31/05, DStR 2006, 1938.

9 Im Einzelnen *Lenz*, GmbHR 1999, 701; *Gollers/Tomik*, DStR 1999, 1169; *Herrmann*, BB 1999, 2054 (2059).

10 BFH v. 21.9.1982 – VIII R 140/79, BStBl. II 1983, 289; v. 23.2.1999 – IX R 86/95, BStBl. II 1999, 590; zweifelnd H 17 (7) EStH.

11 R 17 (7) 1 EStR. – Zur Entgegennahme eines Fremdwährungsguthabens als Gegenleistung für die Veräußerung von Wertpapieren s. BFH v. 21.1.2014 – IX R 11/13, BStBl. II 2014, 385.

12 R 17 (6) 5 EStR.

13 Vgl. BFH v. 19.1.1978 – IV R 61/73, BStBl. II 1978, 295.

14 S. aber auch FG Düss. v. 7.7.2010 – 7 K 3879/08 E, EFG 2010, 1603: Keine Berücksichtigung v. Wechselkursänderungen bei Veräußerung einer wesentlichen Beteiligung gegen Ratenzahlung in Fremdwährung.

15 Vgl. BFH v. 21.10.1980 – VIII R 190/78, BStBl. II 1981, 160; v. 24.4.1991 – XI R 5/83, BStBl. II 1991, 793; v. 26.11.1992 – X R 187/87, BStBl. II 1993, 298.

16 BFH v. 21.10.1980 – VIII R 190/78, BStBl. II 1981, 160.

17 BFH v. 20.11.2012 – IX R 34/12, BStBl. II 2013, 378, mit Anm. *Bode*, FR 2013, 712, und *Hoffmann*, GmbHR 2013, 486.

Stundung auf unbestimmte Zeit.[1] Fällt der Veräußerer mit seiner Kaufpreisforderung ganz oder teilw. aus, mindert dies den für die Besteuerung maßgeblichen Veräußerungspreis. Die Minderung führt zur (rückwirkenden) Änderung des Steuerbescheides (§ 175 Abs. 1 S. 1 Nr. 2 AO; Rn. 82).[2]

b) Tausch. Erhält der Veräußerer im Gegenzug für die Hingabe der Anteile Sachen oder Rechte, liegt ein Tausch vor. Der Veräußerungspreis bemisst sich grds. nach dem **gemeinen Wert** (§ 9 BewG) der empfangenen WG, und zwar nach §§ 1 ff. BewG; für eine entspr. Anwendung v. § 8 Abs. 2 ist kein Raum.[3] Bei Wertpapieren ist der Börsenkurs anzusetzen. Nicht notierte Anteile an KapGes. sind nach § 11 Abs. 2 BewG zu bewerten. Besteht die Gegenleistung in neuen Gesellschaftsanteilen an einer anderen KapGes., entscheidet der Wert dieser Anteile über die Höhe des Veräußerungspreises.[4] Besteht die Verpflichtung, die erlangten Wertpapiere eine gewisse Zeit nicht zu veräußern, rechtfertigt sich daraus kein Bewertungsabschlag.[5] 76

c) Wiederkehrende Bezüge. Werden als Gegenleistung (kfm. ausgewogene und damit entgeltliche) wiederkehrende Bezüge (**Leibrenten**, dauernde Lasten, auch Zeitrenten mit überschaubarer Laufzeit; Raten mit Versorgungscharakter über einen mehr als zehn Jahre dauernden Zeitraum)[6] vereinbart, so gibt die FinVerw.[7] dem Veräußerer in R 17 Abs. 7 iVm. R 16 Abs. 11 EStR das **Wahlrecht**, den Veräußerungsgewinn **(1)** sofort **oder** aber **(2)** die ihm tatsächlich zufließenden Erträge als nachträgliche Einkünfte iSv. § 24 Nr. 2 erst in den Folgejahren zu versteuern. Bei unmittelbarer Versteuerung (**Sofortbesteuerung**) setzt sich der Veräußerungspreis aus dem Unterschiedsbetrag zw. dem gemeinen Wert (Barwert) der Rente (§§ 13 ff. BewG), vermindert um die Veräußerungskosten und die AK der Anteile zusammen.[8] Der Freibetrag des § 17 Abs. 3 ist zu gewähren. Die lfd. Bezüge sind mit dem Ertragsanteil der Rente nach § 22 Abs. 1 Nr. 1 S. 3 lit. a bb),[9] bei Zahlung einer Kaufpreisrate mit dem darin enthaltene Zinsanteil nach § 20 Abs. 1 Nr. 7 (und nach Abzug des Sparer-PB gem. § 20 Abs. 9 bzw. des Sparer-Freibetrages gem. § 20 Abs. 4 aF) sofort stpfl.[10] Die Aufteilung der Leistung in einen Zins- und in einen Tilgungsanteil richtet sich entweder nach §§ 12, 13 BewG oder – im Falle einer Rente – nach versicherungsmathematischen Grundsätzen, im Falle einer Kaufpreisrate auch in Anlehnung an die Ertragswerttabelle des § 55 Abs. 2 EStDV. Bei Wahl der alternativen, aus Billigkeitsgründen[11] ermöglichten gestreckten Versteuerung (**Zuflussbesteuerung**) entsteht ein Gewinn erst in jenem Jahr, in dem die Summe der zugeflossenen Tilgungsanteile die AK zzgl. Veräußerungskosten übersteigen.[12] Lediglich der Zinsanteil unterfällt auch hier der sofortigen StPfl. bei Zufluss. Der Freibetrag gem. § 17 Abs. 3 ist nicht zu gewähren.[13] Die frühere Tarifvergünstigung des § 34 (vgl. § 34 Abs. 2 Nr. 1 aF; s. § 34 Rn. 21) ging in jedem Fall verloren. Andererseits ist auf die nachträglich zu versteuernden Tilgungsleistungen, wenn sie ab 2002 zufließen, das (zuvorige) kstl. **Halb- und** (vom VZ 2009 an) **Teileinkünfteverfahren** anzuwenden und sind die Leistungen deswegen gem. § 3 Nr. 40 S. 1 lit. c nur hälftig bzw. v. VZ 2009 an zu 40 % zu erfassen. Dass die Veräußerung die Tatbestandsvoraussetzungen des § 17 noch nach Maßgabe des früheren Rechts erfüllt und deren Rechtsfolge ausgelöst hat, widerspricht dem nicht; im Veräußerungszeitpunkt ist insoweit noch kein Gewinn realisiert worden.[14] Die **FinVerw.**[15] ist in diesem Punkt allerdings **aA**. Sie stellt auf den Zeitpunkt der Veräußerung ab und besteuert die dadurch ausgelösten Leibrenten noch nach dem früheren Recht: Der Ertrag aus der Veräußerung sei nach jenem Recht realisiert worden, nur deren Versteuerung werde durch R 17 Abs. 7 S. 2 iVm. R 16 Abs. 11 EStR (= R 140 Abs. 7 S. 2 iVm. 139 Abs. 11 EStR aF) aus Gründen der Billig- 77

1 BFH v. 14.2.1984 – VIII R 41/82, BStBl. II 1984, 550.
2 BFH v. 19.7.1993 – GrS 2/92, BStBl. II 1993, 897; FinMin. NRW v. 1.3.1994, DB 1994, 960.
3 BFH v. 28.10.2008 – IX R 96/07, BStBl. II 2009, 45; demgegenüber noch unentschieden BFH v. 1.12.1992 – VIII R 43/90, BFH/NV 1993, 520.
4 BFH v. 7.7.1992 – VIII R 54/88, BStBl. II 1993, 331.
5 BFH v. 17.10.1974 – IV R 223/72, BStBl. II 1975, 58.
6 Vgl. BFH v. 20.7.2010 – IX R 45/09, BStBl. II 2010, 969.
7 S. auch BMF v. 3.8.2004, FR 2004, 1026.
8 R 16 Abs. 11 S. 4 EStR.
9 BFH v. 17.12.1991 – VIII R 80/87, BStBl. II 1993, 15.
10 R 17 Abs. 7 S. 2 EStR.
11 Zum Rechtsgrund s. BFH v. 26.7.1984 – IV R 137/82, BStBl. II 1984, 829; v. 20.12.1988 – VIII R 110/82, BFH/NV 1989, 630: nämlich in der teleologischen Reduktion des (zwingenden) Anwendungsbereichs der §§ 16, 34 im Verhältnis zu § 24 Nr. 2 sowie im Grundsatz der Verhältnismäßigkeit der Besteuerung. Vgl. zu § 17: BFH v. 20.7.2010 – IX R 45/09, DStR 2010, 1980.
12 BFH v. 25.11.1992 – X R 91/89, BStBl. II 1996, 666; v. 26.11.1992 – X R 187/87, BStBl. II 1993, 298; *Ernst & Young*, § 17 Rn. 118; **aA** *Schmidt*[37], § 17 Rn. 206: Verrechnung mit der Summe der insgesamt zugeflossenen Beträge.
13 Vgl. BFH v. 21.12.1988 – III B 15/88, BStBl. II 1989, 409; **aA** *K/S/M*, § 17 Rn. D 55.
14 **AA** OFD Ffm. v. 28.5.2003, DStR 2003, 1396.
15 BMF v. 3.8.2004, BStBl. I 2004, 1187; BMF v. 16.9.2004, BStBl. I 2004, 922 Tz. 56; OFD Mgdb. v. 23.6.2004, FR 2004, 1081.

keit zeitlich gestreckt. Letzteres trifft zu, ändert jedoch nichts daran, dass die Leibrenten mangels anderweitiger gesetzlicher Rechtsgrundlage nur nach Maßgabe des im Zuflusszeitpunkt geltenden Rechts (Bemessungsgrundlage, Steuersatz) besteuert werden können. – Die AK des Erwerbers werden durch den Barwert der wiederkehrenden Bezüge bestimmt.

78 Bei wiederkehrenden Bezügen, deren Höhe nicht nach kfm. Maßstäben berechnet wird, ist die Veräußerung voll- oder teilentgeltlich (zur Aufteilung s. Rn. 39, 59). Soweit der Barwert der Bezüge den Anteilswert übersteigt, ist er nicht abzugsfähig (vorweggenommene Erbfolge gegen Versorgung, § 12 Nr. 2), bei doppelt überhöhtem Wert nach (unzutr.) Ansicht der FinVerw.[1] insgesamt nicht.

79 **3. Unangemessene Gegenleistung, verdeckte Einlage (Abs. 2 S. 2).** Die Beteiligten des Veräußerungsgeschäfts können die Höhe des Veräußerungspreises frei bestimmen. Steuerrechtl. ist dem Vereinbarten auch dann zu folgen, wenn der Marktpreis überschritten wird (Erwerb v. Anteilen eines lästigen G'ters, Rn. 56, 105). Ggf. handelt es sich bei Überpreisen allerdings um **vGA**, sofern der Zahlung gesellschaftliche Interessen zugrunde liegen. Das kann der Fall sein, wenn die Anteile zu überhöhtem Preis an nahe stehende Pers. des StPfl.[2] veräußert werden, oder wenn die KapGes. eigene Anteile erwirbt.[3]

80 Wird ein Unterpreis geleistet, kommt eine **verdeckte Einlage** (Rn. 47) oder eine teilentgeltliche Leistung (Rn. 39) in Betracht. Bei der verdeckten Einlage, die als fiktive Veräußerung angesehen wird (§ 17 Abs. 1 S. 2), tritt an die Stelle des Veräußerungspreises der gemeine Wert (§ 11 BewG) der Anteile (§ 17 Abs. 2 S. 2). Schenkungsteuerrechtl. Folgen iSv. § 7 Abs. 1 Nr. 1, Abs. 7 S. 1 ErbStG ergeben sich aus dem Unterpreisvorteil indessen keine;[4] offen bleibt, ob das auch für § 7 Abs. 8 S. 1 ErbStG nF gilt.[5]

81 **4. Wertbestimmung in Zuzugsfällen (Abs. 2 S. 3 und 4).** Abs. 2 S. 3 stellt sicher, dass (und zwar nur, s. Rn. 81a) im Falle des **Zuzugs** des iSv. Abs. 1 S. 1 an einer in- oder ausländ. KapGes. beteiligten StPfl. und damit bei dessen Eintritt in die unbeschränkte StPfl. (§ 1 Abs. 1) keine Überbesteuerung eintritt, falls und sofern im Wegzugsstaat eine (End-)Besteuerung des bis zum Wegzugszeitpunkt entstandenen Vermögenszuwachses stattgefunden hat. Dabei orientiert sich jene Besteuerung im Wegzugsstaat an einer „der Steuer nach § 6 AStG vergleichbaren Steuer". Es ist also ausländ. Steuerrecht zugrunde zu legen und dieses an § 6 AStG (s. dazu Rn. 10, dort auch zur Rechtfertigung des Steuerzugriffs im Wegzugsstaat) zu messen, dies allerdings nur dem Grund, nicht jedoch der Höhe nach. Darüber, ob diese Orientierung an § 6 AStG gerechtfertigt ist, lässt sich zweifeln; letztlich geht es um die Besteuerung der betr. stillen Reserven als solche, gleichviel, ob der Besteuerungsvorgang im Ausland ein „regulärer" oder aber ein zu § 6 AStG vergleichbarer ist. Die mit der Vergleichbarkeitsanforderung ausgelöste „Zuzugssperre" könnte auch iSd. unionsrechtl. Grundfreiheiten beschränkender Art sein. **Besteuerungsgegenstand** der ausländ. Steuer müssen **(1)** die Anteile an der betr. KapGes. sein, die **(2)** im Zeitpunkt der Begr. der unbeschränkten StPfl. **(3)** dem zuziehenden StPfl. zuzurechnen waren, Letzteres wohl nach Maßgabe v. § 39 Abs. 1, § 42 Abs. 1 AO. Außerdem **(4)** darf sich die ausländ. Steuer nur auf den (realen) Vermögenszuwachs im Wegzugsstaat beziehen; (frühere) Vermögenszuwächse der Anteile in Drittstaaten bleiben ebenso ausgespart wie (frühere, ggf. auch spätere) Vermögenszuwächse in Deutschland. **Rechtsfolge** einer derartigen Auslandssteuer ist deren wertmäßige Berücksichtigung bei der Errechnung des Veräußerungsgewinns: An die Stelle der AK (§ 17 Abs. 2 S. 1) tritt derjenige Wert, den der Wegzugsstaat bei der Berechnung der Steuer, die § 6 AStG vergleichbar ist, angesetzt hat, höchstens jedoch **als Obergrenze der gemeine Wert** der Anteile. Die historischen AK werden also durch fiktive AK ersetzt, wobei die besagte Höchstbegrenzung auf den gemeinen Wert keine absolute ist, sondern immer nur eine solche, die den Fiktivwert begrenzt; letzteres bedingt, dass die Obergrenze nicht greift, wenn die AK den gemeinen Wert überschreiten.[6] Unerlässliche Voraussetzung der Wertberechnung ist die entspr. **Nachweiserbringung** durch den Veräußerer, die sich sowohl auf die Zurechnung der Anteile wie auf die ausländ. Wegzugsbesteuerung erstrecken muss. Gemeinhin wird hierfür die Vorlage des ausländ. Steuerbescheides genügen;[7] in Zweifelsfällen sind insbes. bezogen auf die stl. Zurechnung der Anteile jedoch auch weitere Nachweise zu erbringen. Eine Bindung an die Steuerfestsetzung im Ausland besteht nicht; das FA ist zur eigenständigen Prüfung berechtigt. – Ausdrücklich nicht anwendbar ist gem. **§ 17 Abs. 2 S. 4** allerdings **§ 6 Abs. 3 AStG**, wonach der Steueranspruch

1 BMF v. 23.12.1996, BStBl. I 1996, 1508 Tz. 42, 55.
2 ZB BFH v. 6.12.1995 – I R 51/95, BStBl. II 1998, 781.
3 BFH v. 6.12.1995 – I R 51/95, BStBl. II 1998, 781; BMF v. 27.11.2013, BStBl. I 2013, 1615 Tz. 12, 15, 22.
4 Vgl. BFH v. 27.8.2014 – II R 44/13, BStBl. II 2015, 249; v. 20.1.2016 – II R 40/14, GmbHR 2016, 501 m. Anm. *Rodewald/Mentzel*; *Dräger/Dorn*, DStR 2016, 1852; sa. (im Verhältnis zu KapGes.) BFH v. 7.11.2007 – II R 28/06, BStBl. II 2008, 258; v. 30.1.2013 – II R 6/12, BStBl. II 2013, 930; FG Hess. v. 19.9.2013 – 1 K 952/10, ZEV 2014, 628.
5 *Rodewald/Mentzel*, GmbHR 2016, 501; *Geck*, NZG 2016, 560; *Crezelius*, DStZ 2015, 399.
6 *R/H/vL*[2], Anh. 7 Rn. 221; **aA** *Schmidt*[37], § 17 Rn. 181.
7 Vgl. auch (zu § 8 Abs. 3 AStG) BFH v. 9.7.2003 – I R 82/01, BStBl. II 2004, 4.

gem. § 6 Abs. 1 AStG im Falle des Wiedereintritts in die unbeschränkte StPfl. entfällt, wenn die vorangegangene Beendigung der unbeschränkten StPfl. auf vorübergehender Abwesenheit beruhte und der Wiedereintritt in die unbeschränkte StPfl. binnen fünf Jahren seit ihrer Beendigung erfolgt. Wurde die Steuer beim Wegzug des StPfl. innerhalb der EU bzw. des EWR-Raums gem. § 6 Abs. 5 AStG gestundet, entfällt gem. § 6 Abs. 3 S. 4 AStG der Steueranspruch nach § 6 Abs. 1 AStG ohne die Limitierung durch die Fünf-Jahres-Frist des § 6 Abs. 3 S. 1 AStG, vorausgesetzt, der Steuerzugriff auf etwaige Veräußerungsgewinne ist beim wieder zuziehenden StPfl. gem. § 17 oder nach DBA gesichert. Diese Stundungsmöglichkeit ist für die v. Vermögenszuwachs abw. Berechnung des Änderungsbetrags gem. § 17 Abs. 3 S. 3 indes unanwendbar.

Tatbestandliche Unzulänglichkeiten. § 17 Abs. 2 S. 3 erfasst nur die zuzugsbedingte Steuerverstrickung. Anderweitige Verstrickungssituationen bleiben ausgespart, zB der (spätere) Anteilserwerb durch einen seit jeher Doppelansässigen (vgl. Art. 4 OECD-MA), der Wegzug des im Ausland ansässigen Anteilseigners an einer inl. KapGes. aus einem DBA-Staat in einen Nicht-DBA-Staat (mit der Folge der inl. StPfl., vgl. Art. 13 Abs. 5 OECD-MA); der Zuzug der ausl. KapGes. bei einem Anteilseigner, der in einem Nicht-DBA-Staat ansässig ist (mit der Folge der inl. beschränkten StPfl. gem. § 49 Abs. 1 Nr. 2 lit. e. In diesem „Aussparen" einschlägiger Vergleichssachverhalt mag ebenso ein gleichheitsrechtl. Problem liegen, wie dies darin gesehen werden kann, dass für Anteile im BV keine vergleichbare Wertverschonung vorgesehen ist, vgl. § 4 Abs. 1 S. 3.[1] 81a

5. Nachträgliche Änderung des Veräußerungspreises. Ungeachtet der Stichtagsbezogenheit der Kaufpreisermittlung (Rn. 66) sind (tatsächliche) – bezogen auf den zuvor bereits geschlossenen Kaufvertrag[2] – **nachträgliche Preisveränderungen** zu berücksichtigen und wirken sich auf die Höhe des Veräußerungsgewinns aus (s. Rn. 76). Denn unter Veräußerungspreis iSd. § 17 (und wohl ebenso des insoweit gleichgelagerten § 8b Abs. 2 KStG)[3] ist (nur) der (insgesamt) tatsächlich erzielte Erlös zu verstehen. Dies betrifft Erhöhungen[4] des Kaufpreises ebenso wie Reduzierungen (zB wegen Mängelhaftung, Anfechtung), den Ausfall der gesamten Kaufpreisforderung, wenn der Erwerber v. einem vertraglich ausbedungenen Rücktrittsrecht Gebrauch macht,[5] oder wenn die Beteiligten außergerichtlich, ggf. aber auch infolge eines gerichtlichen Vergleichs,[6] sich verlustmindernd auf einen Schadensersatz verständigen[7] (s. aber auch Rn. 72) oder den Streit über den Eintritt einer vereinbarten auflösenden Bedingung beilegen und das Geschäft rückgängig machen,[8] desgleichen betrifft das andere Fälle des Bedingungseintritts für die Zahlung des vereinbarten Entgelts in einem Folgejahr.[9] Einzubeziehen ist „nach dem Zweck des § 17 (...), nur den tatsächlich erzielten Veräußerungsgewinn zu erfassen", in Einzelfällen nicht nur der Kaufpreis als solcher, sondern der gesamte Veräußerungsvorgang, solange der Kaufvertrag beiderseits noch nicht erfüllt ist (Rn. 40).[10] Auf den Grund der nachträglichen Änderung kommt es nicht an. Unerheblich ist daher, ob der Vertrag wg. einer Leistungsstörung rückabgewickelt worden ist und ob eine solche überhaupt vorlag. Ist der Veräußerungsvertrag wirtschaftlich vollständig vollzogen, wirkt eine Rückabwicklung nur dann materiell-rechtlich zurück, wenn der gezahlte Kaufpreis nicht aus eigenem und erst später verwirklichtem Rechtsgrund, sondern aus Gründen zurückgewährt wird, welche im Kaufvertrag „selbst angelegt" sind (zB in Gestalt einer Rücktrittsklausel, einer auflösenden Bedingung).[11] Letzteres kann auch bei einem krisen- 82

---

1 Zutr. *Schaumburg*[3], Rn. 5.355.
2 BFH v. 14.6.2005 – VIII R 14/04, BStBl. II 2006, 15; v. 6.12.2016 – IX R 49/15, BStBl. II 2017, 673.
3 S. BFH v. 22.12.2010 – I R 58/10, BStBl. II 2015, 668; v. 12.3.2014 – I R 55/13, BStBl. II 2015, 658; *Gosch*[3], § 8b Rn. 195a; *Bahns*, Ubg 2008, 762 (766 f.); *D/P/M*, § 8b Rn. 109; BMF v. 24.7.2015, BStBl. I 2015, 612; **aA** *Düll/Knödler*, DStR 2008, 1665, weil es dort nicht um eine (stichtagsbezogene End-)Besteuerung wie bei § 17, sondern um eine lfd. Besteuerung des Veräußernden gehe.
4 *Ernst & Young*, § 17 Rn. 124; möglicherweise nur einschr.: BFH v. 27.9.1994 – VIII B 21/94, DB 1995, 79; v. 24.4.1997 – VIII R 16/94, BStBl. II 1999, 339: Rückwirkung jedenfalls, wenn die endg. Höhe des Entgelts v. der künftigen Gewinnentwicklung abhängen soll.
5 BFH v. 21.12.1993 – VIII R 69/88, BStBl. II 1994, 648.
6 FG Münster v. 15.4.2015 – 13 K 2939/12 E, EFG 2015, 1242 m. Anm. *Kühnen*.
7 Insoweit abgrenzend zu Drittleistungen mit eigenem Rechtsgrund: BFH v. 4.10.2016 – IX R 8/15, BStBl. II 2017, 316.
8 BFH v. 19.8.2003 – VIII R 67/02, BStBl. II 2004, 107 (insoweit abgrenzend zu BFH v. 21.10.1999 – I R 43, 44/98, BStBl. II 2000, 424); v. 19.8.2009 – I R 3/09, DStR 2009, 2662; FG Münster v. 15.4.2015 – 13 K 2939/12 E, EFG 2015, 1242 m. Anm. *Kühnen*.
9 BFH v. 19.4.2005 – VIII R 68/04, BStBl. II 2005, 762.
10 BFH v. 6.12.2016 – IX R 49/15, BStBl. II 2017, 673; *Hils*, DStR 2017, 2157.
11 BFH v. 19.8.2003 – VIII R 67/02, BStBl. II 2004, 107; v. 17.2.2004 – VIII R 28/02, BStBl. II 2005, 46; v. 14.6.2005 – VIII R 14/04, BStBl. II 2006, 15; v. 19.4.2005 – VIII R 68/04, BStBl. II 2005, 762; v. 6.12.2016 – IX R 49/15, BStBl. II 2017, 673; FG Münster v. 15.4.2015 – 13 K 2939/12 E, EFG 2015, 1242 m. Anm. *Kühnen*; krit. hinsichtlich des Vorbehaltserfordernisses *Bahns*, FR 2004, 317; FG Münster v. 15.4.2015 – 13 K 2939/12 E, EFG 2015, 1242 m. Anm. *Kühnen*.

bedingten sog. Debt-Equity-Swap (= Schuld-Anteils-Tausch) der Fall sein, wenn sich der „entschuldende", qualifiziert beteiligte Alt-G'er ggü. dem Darlehensgläubiger und Neu-G'ter bei Eintritt der wirtschaftlichen Besserung ein (nachträgliches) Gewinnbeteiligungsrecht einräumen lässt.[1] Daran fehlt es indessen regelmäßig bei nachträglichen Kurs- und Währungsverlusten „am" Kaufpreis (allerdings str., s. dazu Rn. 67a). Bei den hiernach relevanten Änderungen handelt es sich um **rückwirkende Ereignisse** iSv. **§ 175 Abs. 1 S. 1 Nr. 2 AO**. Diese Vorschrift gibt die Handhabe, auch schon bestandskräftige Steuerbescheide nachträglich zu ändern.[2] Ohne entspr. Auswirkung bleiben allerdings Kosten, die im Wj. *vor* der Veräußerung entstehen und sich in diesem Jahr als solche stl. nicht ausgewirkt haben.[3]

83 **III. Veräußerungskosten.** Veräußerungskosten (bei § 17 Abs. 4 Auflösungs- und Kapitalherabsetzungsaufwand) mindern den Veräußerungspreis und sind für die Ermittlung des Veräußerungsgewinns vorab in Abzug zu bringen. Erfasst werden jedenfalls alle Aufwendungen des Veräußerers, die **in unmittelbarem (nicht nur zeitlichem) sachlichem Zusammenhang** mit der Veräußerung stehen,[4] darüber hinausgehend aber beträchtlich weiter gehend (und angelehnt an § 4 Abs. 4) jegliche „Aufwendungen, die nach ihrem auslösenden Moment und damit nach dem Veranlassungsprinzip dem Veräußerungsvorgang zuzuordnen sind".[5] Gleichgültig ist, zu welchem Zeitpunkt die Kosten angefallen sind. Infolge der Stichtagsbezogenheit der Ermittlung des Veräußerungsgewinns ist es deshalb unbeachtlich, wenn die Aufwendungen bereits in einem früheren Wj. angefallen sind, vorausgesetzt, der erforderliche sachliche Zusammenhang zw. den Kosten und der Veräußerung bleibt gewahrt.[6] – IErg. deckt sich der Begriff der Veräußerungskosten mit dem entspr. Begriff in § 16 Abs. 2 und § 6b Abs. 2 sowie auch in § 8b Abs. 2 KStG.[7] Unterschiede in den Rechtsfolgen ändern daran nichts und sind hinzunehmen: Während nicht zu berücksichtigende Aufwendungen im Falle v. § 16 nach wie vor als BA den lfd. Gewinn mindern, gehen sie im Falle v. § 17 stl. jedenfalls dann verloren, wenn sie keine WK bei einer anderen Einkunftsart darstellen (Rn. 70).

84 Zu den **Veräußerungskosten** gehören in Einklang mit den vorstehend erläuterten Wertungen in erster Linie die Übertragungskosten (Notar-, Anwalts-, Steuerberatungskosten, Courtagen, Provisionen[8]), ferner Abfindungen und Ausgleichszahlungen an Dritte, wenn sie erforderlich sind, um den Verkauf zu ermöglichen;[9] Zuzahlungen zum Verlustausgleich,[10] aber auch die veräußerungsveranlasst fällige GewSt,[11] Vorfälligkeitsentschädigungen,[12] Kosten aus einer Bürgschaftsinanspruchnahme,[13] wohl auch aus der Ausübung einer Verkaufsoption (sog. Prospektive-Put),[14] ggf. sogar (aber zweifelh.) Tantiemen, die aus Anlass der Veräußerung geleistet werden,[15] uU auch der Teil des Veräußerungsgewinns, der abredegemäß an einen Dritten weiterzuleiten ist (sa. Rn. 72). Soweit ein solcher Zusammenhang in der älteren Rspr. für Aufwendungen, die einen bloß mittelbaren Bezug zu den verkauften Anteilen haben, verneint worden ist (zB Kosten für die Weiterveräußerung v. Sachgegenleistungen,[16] für Darlehens- und Bürgschaftsfreistellungen,[17] für den Verzicht auf Versorgungszusagen,[18] aus dem Verlust v. G'ter-Darlehen),[19] sind diese Ergebnisse zumindest zu überdenken. – **Nicht** um Veräußerungskosten soll es sich allerdings auch nach neuerer Beurteilung bei dem Aufwand für die nicht anteilsveräußerungsbezogene Rechtsverfolgung handeln, auch solchem aus Anlass der Veräußerung, wie zB Aufwendungen für ein Verständigungsverfahren gem.

1 S. *Töben/Lohbeck/Specker*, NWB 2009, 1484 (1494).
2 BFH v. 19.7.1993 – GrS 1/92, BStBl. II 1993, 894.
3 S. demggü. aber bezogen auf § 8b Abs. 2 S. 1 und 2 KStG BMF v. 24.7.2015, BStBl. I 2015, 612.
4 BFH v. 27.10.1977 – IV R 60/74, BStBl. II 1978, 100; v. 16.4.1991 – VIII R 100/87, BStBl. II 1992, 234; v. 18.8.1992 – VIII R 13/90, BStBl. II 1993, 34; v. 1.12.1992 – VIII R 43/90, BFH/NV 1993, 520; R 17 Abs. 6 EStR.
5 BFH v. 16.12.2009 – IV R 22/08, BStBl. II 2010, 736; v. 25.1.2000 – VIII R 55/97, BStBl. II 2000, 458; v. 20.1.2005 – IV R 22/03, BStBl. II 2005, 559; v. 6.3.2008 – IV R 72/05, BFH/NV 2008, 1311.
6 Vgl. zB BFH v. 1.12.1992 – VIII R 43/90, BFH/NV 1993, 520.
7 BFH v. 27.10.1977 – IV R 60/74, BStBl. II 1978, 100; *Ernst & Young*, § 17 Rn. 126.
8 BFH v. 18.8.1992 – VIII R 13/90, BStBl. II 1993, 34.
9 ZB BFH v. 5.10.1976 – VIII R 38/72, BStBl. II 1977, 198.
10 FG Münster v. 18.4.1997 – 11 K 4448/96 E, EFG 1997, 1181.
11 BFH v. 16.12.2009 – IV R 22/08, BStBl. II 2010, 736.
12 BFH v. 25.1.2000 – VIII R 55/97, BStBl. II 2000, 458.
13 BFH v. 6.3.2008 – IV R 72/05, BFH/NV 2008, 1311.
14 *Häuselmann/Wagner*, BB 2002, 2170 (2171).
15 Vgl. BFH v. 12.3.2014 – I R 45/13, BStBl. II 2014, 719 (zu § 8b Abs. 2 S. 2 KStG): nur dann, wenn die Veräußerung den Rechtsgrund für die Tantieme darstellt und hierdurch nichts Vergangenes abgegolten wird (insoweit ggf. die tatrichterliche Würdigung durch das FG Hbg. v. 16.5.2013 – 3 K 162/12, EFG 2013, 1605).
16 BFH v. 1.12.1992 – VIII R 43/90, BFH/NV 1993, 520.
17 BFH v. 2.10.1984 – VIII R 36/83, BStBl. II 1985, 320; v. 17.4.1997 – VIII R 47/95, BStBl. II 1998, 102.
18 FG Saarl. v. 1.10.1991 – 1 K 149/91, EFG 1992, 330.
19 BFH v. 16.4.1991 – VIII R 100/87, BStBl. II 1992, 234.

Art. 25 OECD-MA zur vertragsstaatl. Zuordnung des Veräußerungsgewinns,[1] mangels einer tatsächlichen Veräußerung und damit eines Realisationstatbestands auch solche für frühere, fehlgeschlagene Versuche, die Anteile zu verkaufen (s. aber Rn. 105 zur evtl. Aktivierung solchen Aufwands als Anschaffungsnebenkosten).[2] – **Umstr.** ist dies für Verluste aus korrespondierenden (Kurs-)Sicherungsgeschäften („Kurswette" mit optionaler Leistung in Gestalt wertgleicher Aktienzertifikate);[3] sa. § 2a Rn. 18a: wohl unionsrechtswidrig. In jedem Fall **nicht** um Veräußerungskosten handelt es sich aber bei **Finanzierungskosten** (Schuldzinsen).[4] Allerdings werden sich diese Kosten regelmäßig iRd. Einkünfte aus KapVerm., ggf. auch bei Einkünften gem. § 19,[5] als WK geltend machen lassen.[6] Dies gilt selbst dann, wenn der StPfl. über keine entspr. Kapitaleinkünfte verfügt und er lediglich einen Veräußerungsgewinn gem. § 17 erzielt.[7]

IV. Anschaffungskosten. 1. Begriff. Von dem Veräußerungspreis sind die WK, vor allem aber die AK 85
abzuziehen (Abs. 2 S. 1).

Der **Begriff** der AK ist – mit der neuen Rspr.[8] – in der üblichen Bedeutung zu verwenden und stimmt mit 86
jenem in § 6 überein.[9] AK umfassen sonach **alles**, was der Erwerber tatsächlich[10] aufwenden muss, um die Beteiligung zu erwerben („historische" AK = Anschaffungspreis und Nebenkosten, Einzahlungen auf das Nennkapital, Agio, nachträgliche Aufwendungen, sofern sie gesellschaftlich verursacht und weder WK noch Veräußerungskosten sind, vgl. auch § 255 Abs. 1 HGB).[11] Im Zusammenhang des § 17 ist der Begriff allerdings noch weiter auszulegen und erfasst auch jene Aufwendungen, die auch bei MU'ern zu berücksichtigen wären (sog. **normspezifisches Nettoprinzip**).[12] Es kommen sonach nicht nur Aufwendungen in Betracht, die auf der Ebene der Ges. als Nachschüsse (§ 26 GmbHG) oder als (verdeckte) Einlagen zu werten sind, vielmehr auch sonstige, durch das Ges.-Verhältnis veranlasste Aufwendungen des G'ters.

2. Ursprüngliche Anschaffungskosten. Resultieren die AK aus der **Gründung** der KapGes., bemessen 87
die AK sich nach dem Bar- oder Sachwert der Einlageverpflichtung, und zwar richtigerweise (s. auch § 46 Abs. 1 S. 3 AktG, § 19 Abs. 2 S. 1 GmbHG) gleichviel, ob diese tatsächlich erfüllt ist oder nicht.[13] Sa. Rn. 19. Gleiches gilt für Kapitalerhöhungen.[14] **Verschleierte Sachgründungen**[15] sind als Bargründungen zu behandeln;[16] sie bewirkt zwar eine Gewinn realisierende BetrAufg. (§ 16);[17] die den Kaufpreis übersteigenden stillen Reserven stellen gleichwohl keine nachträglichen AK dar. Liegt dem Erwerb der Beteiligung iSd. Abs. 1 S. 1 die **Ausübung eines Bezugsrechts** zugrunde, setzen sich die AK der jungen Aktien aus

1 BFH v. 9.10.2013 – IX R 25/12, BStBl. II 2014, 102 (mit zust. Anm. *Jachmann*, jurisPR-SteuerR 7/2014 Anm. 3; *Bode*, FR 2014, 191). Das Urt. ist aber nicht in irgendeiner erkennbaren Auseinandersetzung mit der Entwicklung der Rspr. ergangen und spiegelt wohl bloß eine Einzelfallwürdigung wider; vgl. denn auch abgrenzend BFH v. 9.4. 2014 – I R 52/12, BStBl. II 2014, 861; v. 12.3.2014 – I R 45/13, BStBl. II 2014, 719.

2 *Blümich*, § 17 Rn. 527; offengelassen v. BFH v. 17.4.1997 – VIII R 47/95, BStBl. II 1998, 102; sa. H 17 (6) EStR.

3 Bejahend – allerdings zu § 8b Abs. 2 KStG – BFH v. 9.4.2014 – I R 52/12, BStBl. II 2014, 861; v. 12.3.2014 – I R 45/ 13, BStBl. II 2014, 719; FG Nürnb. v. 1.3.2011 – 1 K 69/2009, EFG 2013, 966 (rkr.); FG Nds. v. 24.10.2013 – 6 K 404/ 11, DStRE 2015, 979 (Rev. I R 80/13 wurde zurückgenommen); sa. FG Nds. v. 1.11.2012 – 6 K 382/10, EFG 2013, 328 (Rev. I R 43/13 nach Zulassung durch den BFH v. 25.6.2013 [I B 187/12] ebenfalls zurückgenommen), dort bezogen auf § 8b Abs. 2 KStG iVm. § 8 InvStG: Annahme eines Gestaltungsmissbrauchs; uU verneinend demgegenüber aber BFH v. 2.4.2008 – IX R 73/04, BFH/NV 2008, 1658 für Kurssicherungsgeschäfte, dort allerdings nicht bezogen auf die Frage der Veräußerungskosten, sondern allein auf die Frage der Kaufpreisbestimmung („Gegenleistung") der an den Käufer „weitergereichten" Verluste aus den Kurssicherungsgeschäften.

4 BFH v. 8.12.1992 – VIII R 99/90, BFH/NV 1993, 654; v. 23.9.1998 – VIII B 115/97, BFH/NV 1999, 310.

5 Vgl. BFH v. 12.5.1995 – VI R 64/94, BStBl. II 1995, 644 (für einen G'ter-Geschäftsführer).

6 FG Münster v. 25.9.1998 – 4 K 8318/97 E, EFG 1999, 946 zu vorweggenommenen WK.

7 BFH v. 8.10.1985 – VIII R 284/83, BStBl. II 1986, 481 (zu Schuldzinsen); v. 2.5.2001 – VIII R 32/00, BStBl. II 2001, 668 (zu Reisekosten).

8 BFH v. 11.7.2017 – IX R 36/15, DStR 2017, 2098.

9 *Blümich*, § 17 Rn. 555.

10 BFH v. 10.12.1969 – I R 43/67, BStBl. II 1970, 310.

11 BFH v. 9.10.1979 – VIII R 67/77, BStBl. II 1980, 116; v. 24.2.1987 – IX R 114/82, BStBl. II 1987, 810.

12 Zuletzt zB BFH v. 18.12.2001 – VIII R 27/00, BStBl. II 2002, 733; v. 27.10.1992 – VIII R 87/89, BStBl. II 1993, 340; v. 10.11.1997 – VIII R 6/96, BStBl. II 1999, 348; s. auch BFH v. 10.11.1998 – VIII R 6/96, BStBl. II 1999, 348; v. 23.5. 2000 – VIII R 3/99, BFH/NV 2001, 23; *Wolff-Diepenbrock*, DStZ 1995, 652; *Wolff-Diepenbrock*, DB 1994, 1539; s. aber auch BFH v. 29.6.1995 – VIII R 69/93, BStBl. II 1995, 725; **aA** *Wassermeyer*, StbJb. 1991/92, 345 (351): Abzugsfähigkeit als BA.

13 *Schmidt*[37], § 17 Rn. 157; **aA** BFH v. 8.2.2011 – IX R 44/10, DB 2011, 1368 (wobei alle zur Vfg. stehenden Indizien im Rahmen einer Gesamtwürdigung ausreichen sollen und nicht nur auf die Vorlage eines Zahlungsbelegs abzustellen ist).

14 BFH v. 2.10.1984 – VIII R 36/83, BStBl. II 1985, 320.

15 Zum Begriff s. auch BFH v. 2.2.1972 – II R 10/67, BStBl. II 1972, 578.

16 FG Münster v. 14.6.1994 – 16 K 5112/93 E, EFG 1994, 968.

17 BFH v. 18.12.1990 – VIII R 17/85, BStBl. II 1991, 512.

dem Anschaffungspreis zzgl. der nach der Gesamtwertmethode ermittelten AK des Bezugsrechts zusammen; die AK der Altaktien sind entspr. zu mindern.[1] **Barkapitalerhöhungen** führen iHd. übernommenen Stammeinlagen (uU zzgl. Aufgeld) zu AK. Bei **Kapitalerhöhungen aus Ges.-Mitteln** (Freianteile) sind die AK für die Altaktien auf diese und die neuen Anteile aufzuteilen (§ 220 AktG, § 57o GmbHG, § 3 KapErhStG). Eine danach erfolgte Kapitalherabsetzung führt, wenn sie innerhalb v. fünf Jahren erfolgt, nicht zu einer Minderung der AK. Vielmehr sind diese den verbleibenden Anteilen im Verhältnis der Nennwerte zuzuordnen (§ 6 KapErhStG). Infolge der Selbständigkeit der jeweiligen Anteile (Rn. 36)[2] sind bei Teilveräußerungen auch die jeweiligen anteilsbezogenen AK zu ermitteln (ggf. im Wege der Durchschnittsberechnung). Dem StPfl. bleiben dadurch gewisse Spielräume, die Höhe des Veräußerungsgewinns zu beeinflussen (**Beispiel:** Kapitalerhöhung als „Vorbereitungshandlung" mit anschließender vorrangiger Veräußerung der jungen Aktien im Gewinn bzw. der alten Aktien im Verlustfall zur stl. Maximierung). Im Falle der **Kapitalherabsetzung** durch Einziehung unentgeltlich zur Vfg. gestellter Aktien (§ 237 Abs. 1, 3 Nr. 1, Abs. 4, 5 iVm. § 71 Abs. 1 Nr. 4 AktG) fehlen gesetzliche Regelungen. Es ist aber spiegelbildlich zu verfahren und es sind die anteiligen Buchwerte der einzuziehenden Aktien analog § 220 AktG, § 57o GmbHG den verbleibenden Aktien (nach dem Maßstab der Beteiligungsquote) AK-erhöhend zuzuschlagen.[3]

88 Beim Erwerb der Anteile durch **Kauf oder Tausch** ist Anschaffungspreis der Kaufpreis (Rn. 75) oder der gemeine Wert der hingegebenen WG, bei wiederkehrenden Bezügen deren Barwert (Rn. 78).[4] **Fremdwährungsbeträge** sind in Euro umzurechnen (Rn. 71). Zum Preis und damit zu den AK gehören auch (Zusatz-)Entgelte dafür, dass der Erwerber bereits im lfd. Wj. v. dessen Beginn an am Gewinn der Ges. beteiligt wird.[5] Gleichermaßen sind jene Fälle zu behandeln, in denen sich der Veräußerer die noch nicht beschlossene und deshalb noch nicht entstandene Gewinnausschüttung der Ges. für zurückliegende Wj. vorbehält. Der Erwerber hat den Gewinn dann zwar zu versteuern (§ 20 Abs. 5, Abs. 2a aF), muss ihn jedoch an den Veräußerer abführen (Rn. 73). Nicht zu den AK gehören thesaurierte Gewinne der Ges. Keine AK sind auch Entgelte für gesonderte Leistungen wie Wettbewerbsverbote (s. Rn. 74) und bereits entstandene Gewinnbezugsrechte. Aufwendungen der KapGes. für **eigene Anteile** berühren die AK der G'ter auch dann nicht, wenn hierdurch eine qualifizierte Beteiligung iSd. Abs. 1 S. 1 entsteht.[6]

89 **Wertmehrungen**, die dadurch entstehen, dass eine zuvor nicht steuerbare Beteiligung (durch **Zukauf oder Erbfall**) in die Steuerbarkeit **hineinwächst**, nehmen nach der Ansicht des BFH[7] und der FinVerw.[8] auf die AK keinen Einfluss. Wird eine nicht wesentliche/qualifizierte Beteiligung also durch Hinzuerwerbe zu einer wesentlichen/qualifizierten oder wechselt ein StPfl. v. der beschränkten in die unbeschränkte StPfl., erhöhen danach die angesammelten stillen Reserven einen etwaigen Veräußerungsgewinn auch dann, wenn sie auf die nicht steuerrelevanten Zeiträume entfallen (sog. rückwirkende Wertzuwachsbesteuerung[9]). Entspr. gilt für den Fall, dass die Anteile zuvor aus einem BV **entnommen** worden sind.[10] Die Gegenansicht[11] legt den gemeinen Wert der Anteile im Zeitpunkt des Entstehens der Beteiligung iSd. § 17 zugrunde. Dem ist nicht zu folgen. Weder Regelungswortlaut noch -zweck des § 17 geben für eine stichtagsbezogene Wertbestimmung bei Eintritt in die „Wesentlichkeit" Anlass. Grds ist deshalb v. den historischen AK auszugehen. Eine (gesetzliche) **Ausnahme** hiervon machte § 13 Abs. 2 S. 3 UmwStG aF für den Fall, dass die Wesentlichkeitsgrenze infolge Verschmelzung, Vermögensübertragung oder Spaltung überschritten wurde. Eine weitere Ausnahme könnte sich aus verfassungskonformem Verständnis überdies dann ergeben, wenn das Hineinwachsen in den steuerverstrickten Bereich auf gesetzgeberische, v. StPfl. nicht beeinflussbare Maßnahmen, insbes. einer Absenkung der Wesentlichkeitsgrenze, zurückzuführen ist (**„unechter Wertzuwachs"**, s. Rn. 34).

90 **3. Nachträgliche Anschaffungskosten.** Tätigt der Anteilseigner iZ mit der Kapitalbeteiligung **nachträgliche Aufwendungen** und handelt es sich hierbei weder um WK aus Kapitaleinkünften noch um Veräuße-

1 Vgl. BFH v. 13.10.1992 – VIII R 3/89, BStBl. II 1993, 477.
2 BFH v. 7.3.1995 – VIII R 29/93, BStBl. II 1995, 693; v. 20.12.1995 – VIII B 83/95, BFH/NV 1996, 468.
3 BFH v. 10.8.2005 – VIII R 26/03, BStBl. II 2006, 22.
4 BFH v. 21.5.1986 – I R 199/84, BStBl. II 1986, 794; v. 21.5.1986 – I R 190/81, BStBl. II 1986, 815.
5 BFH v. 9.2.1994 – IX R 110/90, BStBl. II 1995, 47; v. 18.10.1994 – IX R 46/88, BStBl. II 1995, 169; BMF v. 23.12.1996, BStBl. I 1996, 1508 Tz. 43, 53.
6 FG Münster v. 22.12.1983 – VII 6300/81 E, EFG 1984, 346; BFH v. 18.4.1989 – VIII R 329/84, BFH/NV 1990, 27.
7 BFH v. 10.12.1969 – I R 43/67, BStBl. II 1970, 310; v. 30.3.1993 – VIII R 44/90, BFH/NV 1993, 597; v. 10.11.1992 – VIII R 40/89, BStBl. II 1994, 222; v. 19.3.1996 – VIII R 15/94, BStBl. II 1996, 312; v. 20.4.1999 – VIII R 58/97, BStBl. II 1999, 650; v. 23.1.2003 – VIII B 121/01, BFH/NV 2003, 767; ebenso *Ernst & Young*, § 17 Rn. 136.
8 H 140 Abs. 5 EStR 2003.
9 *Ott*, GmbHR 1994, 524.
10 **AA** *Pyszka*, GmbHR 1998, 1173.
11 *Ott*, GmbHR 1993, 471 (476); *Ott*, GmbHR 1994, 524; *Crezelius*, DB 1997, 195; *Niehus/Wilke*, StuW 1997, 35 (39).

rungskosten (§ 17 Abs. 2), so gehören die Aufwendungen zu den nachträglichen AK (vgl. § 255 Abs. 1 S. 2 HGB) als Folgekosten des Erwerbsvorgangs[1], sofern sie gesellschaftlich veranlasst und bei der KapGes. als Einlagen iSv. § 4 Abs. 1 S. 8 zu beurteilen sind.

a) Einlagen. Gegenstand (offener und verdeckter) Einlagen (und damit auch nachträglicher AK) können alle materiellen und immateriellen WG sein.[2] Einlagefähig sind hiernach zB Nachschüsse (§§ 26–28 GmbHG, § 6 Abs. 3 GenG), Verlustübernahmen, verlorene Zuschüsse, die nicht auf das Nennkapital geleistet werden (zur Abdeckung v. Bilanzverlusten, die Rückzahlung v. offenen (überhöhten Vorab-[3])Ausschüttungen,[4] aber auch v. vGA (gem. §§ 30, 31 GmbHG, aufgrund Satzungsklausel)[5] und dadurch bedingt die Übernahme v. Steuerschulden der KapGes. durch den G'ter;[6] ferner der Verzicht (nicht der Verlust)[7] des G'ters auf Forderungen (zB Pensionsanspruch),[8] auch die Einzahlung in die Kapitalrücklage der Ges. (handelsrechtl. als Zuzahlung iSd. § 272 Abs. 3 Nr. 4 HGB).[9] Handelt es sich bei der Ges. um eine ausländ., richtet sich allerdings nach dem maßgeblichen ausländ. Handelsrecht, ob stattdessen ein selbständiges WG angeschafft wird.[10] Sa. Rn. 99a. 91

Nicht Gegenstand einer (verdeckten) Einlage sind **lfd. Nutzungen** (zB unverzinsliches Darlehen, unentgeltliche Nutzungsgewährung) und die damit einhergehenden Aufwendungen.[11] **Anders** verhält es sich demgegenüber bei **entgeltlichen** (**nicht:** unentgeltlichen) **Nutzungsüberlassungen** aufgrund eines (schuldrechtl. oder dinglich gesicherten) Nutzungsrechts,[12] auch bei Verzicht auf ein bereits entstandenes und dem G'ter zugeflossenes Nutzungsentgelt. **Nicht** einlagefähig sind auch unentgeltliche Dienstleistungen. **Keine** (verdeckte) Einlage ist ferner gegeben, wenn der Anteilseigner seine Einlageverpflichtung entgegen den Vereinbarungen nicht mittels Bar-, sondern mittels Sacheinlagen erfüllt (**verschleierte Sachgründung**[13]). Da diese den G'ter nicht v. seiner Leistungspflicht befreit, steht ihm ein gleichzeitig entstehender bereicherungsrechtl. Rückforderungs-Anspr. zu (s. auch Rn. 87).[14] 92

Die Einlage führt zu nachträglichen AK des G'ters in Höhe des (ggf. nach den Wiederbeschaffungskosten zu ermittelnden) **gemeinen Werts** des eingelegten WG; auf den bei der Ges. ermittelten TW kommt es nicht an.[15] Wird die Einlage inkongruent oder disquotal zugunsten einer nahe stehenden Pers. vorgenommen, sind die anfallenden BA oder WK allerdings anteilig zu kürzen und als mittelbare Zuwendungen zu behandeln, so dass auch der begünstigte Mit-G'ter in entspr. Umfang nachträgliche AK hat;[16] stehen die Mit-G'ter einander aber nicht nahe, so gilt dies nicht.[17] 93

b) Darlehen. aa) Rechtslage vor Schaffung des MoMiG v. 23.10.2008.[18] Gibt der (idR unmittelbar, nicht jedoch nur mittelbar über eine weitere KapGes.)[19] iSd. Abs. 1 beteiligte G'ter (oder ausnahmsweise eine diesem nahe stehende Pers., s. Rn. 101, niemals aber ein „absolut" Fremder[20]) einer KapGes. (und damit auch einer AG,[21] ggf. und ausnahmsweise auch einer KG, an welcher die KapGes. als phG'ter beteiligt 94

1 S. BFH v. 26.4.2006 – I R 49, 50/04, BStBl. II 2006, 656 (für Zuzahlungen durch den Veräußerer).
2 ZB BFH v. 24.3.1987 – I R 202/83, BStBl. II 1987, 705; v. 26.10.1987 – GrS 2/86, BStBl. II 1988, 348.
3 BFH v. 21.7.1999 – I R 57/98, BStBl. II 2001, 127.
4 BFH v. 29.5.1996 – I R 118/93, BStBl. II 1997, 92; OFD Berlin v. 23.1.1996, DStR 1996, 585.
5 BFH v. 13.9.1989 – I R 41/86, BStBl. II 1989, 1029; v. 13.9.1989 – I R 110/88, BStBl. II 1990, 24; v. 29.5.1996 – I R 118/93, BStBl. II 1997, 92 (betr. die Ges.); v. 25.5.1999 – VIII R 59/97, BStBl. II 2001, 226; v. 8.5.2000 – VIII B 78/99, BFH/NV 2000, 1201 (betr. den G'ter).
6 BFH v. 8.5.2000 – VIII B 78/99, BFH/NV 2000, 1201.
7 S. FG Köln v. 25.6.2009 – 10 K 456/06, EFG 2009, 1744 zum Verlust v. Ansprüchen aus einer DirektVers.
8 Vgl. BFH v. 9.6.1997 – GrS 1/94, BStBl. II 1998, 307.
9 BFH v. 27.4.2000 – I R 58/99, BStBl. II 2001, 168; v. 20.7.2018 – IX R 6/15, BFH/NV 2019, 19; v. 20.7.2018 – I R 7/15, BFH/NV 2019, 22, dort jeweils für den Fall der „wirtschaftlichen" Ablösung v. Gesellschaftersicherheiten.
10 BFH v. 27.4.2000 – I R 58/99, BStBl. II 2001, 168.
11 ZB BFH v. 26.10.1987 – GrS 2/86, BStBl. II 1988, 348.
12 BFH v. 26.10.1987 – GrS 2/86, BStBl. II 1988, 348 (353).
13 Vgl. dazu *Kulemann/Harle*, StBp. 1999, 270.
14 FG Münster v. 14.6.1994 – 16 K 5112/93 E, EFG 1994, 968; *L/B/P*, § 17 Rn. 222.
15 ZB BFH v. 15.10.1997 – I R 58/93, BStBl. II 1998, 305 zur Pensionszusage und in Abgrenzung zum TW gem. § 6a.
16 Nds. FG v. 12.7.2012 – 5 K 200/10, EFG 2012, 1927. – Zu weitgehend allerdings *HG*, DStR 2000, 1430 im Anschluss an BFH v. 28.3.2000 – VIII R 68/96, DStR 2000, 1426; *Gosch*, StBp. 2000, 339.
17 Zutr. FG Köln v. 10.2.1999 – 10 K 862/95, EFG 1999, 547.
18 BGBl. I 2008, 2026.
19 BFH v. 4.3.2008 – IX R 78/06, BStBl. II 2008, 575 (allerdings abgrenzend zu mittelbaren verdeckten Einlagen bei entspr. gesellschaftlicher Veranlassung); v. 25.2.2009 – IX R 28/08, BFH/NV 2009, 1416 (bestätigt insoweit Vorinstanz FG SchlHol v. 15.4.2008 – 3 K 253/05, EFG 2008, 1295).
20 Vgl. dazu BFH v. 29.5.2001 – VIII R 10/00, BStBl. II 2001, 747, m. Anm. *Gosch*, StBp. 2001, 938 bezogen auf einen typisch still Beteiligten.
21 S. aber BFH v. 2.4.2008 – IX R 76/06, BStBl. II 2008, 706; v. 25.6.2009 – IX R 42/08, BStBl. II 2010, 220.

ist, als Dritt-Ges.[1], nach Auffassung des BFH selbst einem beliebigen Dritten, sofern die Ges. daran ein Interesse hat[2]) ein Darlehen und verzichtet er später auf dessen Rückzahlung, so kommt es für die Frage, ob in diesem **Verzicht** (§ 397 BGB) nachträgliche AK zu sehen sind, darauf an, ob das Darlehen seine Ursache im Ges.-Verhältnis oder in einer schuldrechtl. Beziehung hat. Ein Darlehen ist (ganz oder ggf. auch nur teilw.) durch das Ges.-Verhältnis veranlasst (und ist damit **EK ersetzend** iSd. **§ 32a Abs. 1, 2 GmbHG aF)**, wenn ein Nicht-G'ter es der Ges. bei Anwendung der Grundsätze eines ordentlichen Kfm. in der gegebenen Situation der KapGes. – der sog. Krise – nicht gewährt hätte. „**Krise**" idS ist also die finanzielle Gefährdungssituation der Ges. hinsichtl. der Darlehensrückzahlung im Zeitpunkt der Darlehensgewährung oder Weitergewährung anhand der Einschätzung eines Fremdvergleichs. Allein der Umstand, dass die gewährte Finanzierungsmaßnahme einem Fremdvergleich nicht ohne weiteres standhält, reicht dafür allerdings (noch) nicht aus.[3] Gleichermaßen wie die Darlehenshingabe ist es zu beurteilen, wenn der G'ter ein Darlehen in der (finanziellen, nicht bloß organisatorischen)[4] **Krise** der Ges. stehen lässt und das Darlehen sodann **wertlos wird** oder auch einem Erstattungsanspruch gem. § 32b GmbH aF ausgesetzt ist[5]; eines ausdrücklichen Verzichts bedarf es bei einem derartigen **Ausfall** nicht mehr.[6] Durch einen Verzicht auf ordentliche und außerordentliche Kündigungsmöglichkeiten übernimmt das Darlehen idR die Funktion von EK. Diese Grundsätze gelten vor MoMiG auch für „unternehmerisch beteiligte"[7] Aktionäre, die mehr als 25 % der Aktien halten oder bei geringerer Beteiligung aus anderen Gründen Einfluss auf innergesellschaftliche Finanzierungsvorgänge haben.[8] Diesen Grundsätzen unterfallen **auch andere geldwerte Anspr.** des G'ters, wenn sie gegen die Ges. nach Eintritt der Krise nicht durchgesetzt werden und deswegen ein den „Todeskampf" der KapGes. „verlängerndes Verhalten" des G'ters gegeben ist (so zB bei Nichtgeltendmachen eines Nutzungsentschädigungsanspruchs, der durch den in der Krise der Ges. erklärten Rücktritt v. Kaufvertrag entsteht[9]). **Nicht** um Eigenkapitalersatz handelt es sich infolge der v. BFH vorgenommenen strikten Anknüpfung an das Zivilrecht (s. Rn. 97) bei Beteiligung des geschäftsführenden (Minderheits-) G'ters an der GmbH v. 10 % oder weniger **(§ 32a Abs. 3 S. 2 GmbHG aF)**[10] und für alte und neue Darlehen schon zuvoriger Darlehensgeber, die Anteile in der Krise zum Zwecke der Sanierung erwerben **(§ 32a Abs. 3 S. 3 GmbHG aF)**, ebenso bei Beteiligung an einer AG unterhalb einer Sperrminorität v. 25 %.[11] Zu den dazu bestehenden Besonderheiten bei sog. Finanzplankrediten s. Rn. 98. Die besagte strikte Anknüpfung an das Gesellschaftsrecht **ist** (nach wie vor, auch nach der nunmehrigen Rspr.-Änderung durch den BFH, s. Rn. 95) **zu kritisieren.**[12] Das gesellschaftsrechtl. Eigenkapitalersatzrecht indiziert zwar die gesellschaftliche Veranlassung, sie darf gleichwohl nicht auf den Sachverhalt der „Krise" verengt und muss stl. eigenständig nachgewiesen werden; die (stl.) Veranlassungsfrage ist v. den zivilrechtl. Privilegierungen unabhängig. Sie orientiert sich zuvörderst am obj Nettoprinzip. Wie sich an der Rspr. des BFH zB zu § 1 Abs. 1 AStG zeigt,[13] können auch andere Fälle im Fremdvergleich als gesellschaftlich veranlasst einzuschätzen sein, so zB die Hingabe eines zinslosen Darlehens oder einer (unentgeltlichen) Patronats- oder Garantieerklärung, wenn die begünstigte Ges. mangels Eigenkapitalausstattung ihrer Funktion andernfalls

---

1 Vgl. FG München v. 21.4.2006 – 8 K 1923/04, EFG 2006, 1244 mit Anm. *Müller*.

2 BFH v. 4.3.2008 – IX R 80/06, BStBl. II 2008, 577; zu Recht krit. *Lemaire* (EFG 2007, 679).

3 S. aber BFH v. 22.4.2008 – IX R 75/06, BFH/NV 2008, 1994; s. auch FG Düss. v. 23.7.2009 – 16 K 3510/08 E, EFG 2009, 1830 (für eine ao Kündigungsmöglichkeit betr. das hingegebene Darlehen).

4 FG München v. 27.6.2007 – 9 K 961/04, EFG 2007, 1600.

5 Vgl. BFH v. 10.6.2008 – VIII R 79/05, BStBl. II 2008, 863 (dort aus Sicht der KapGes.).

6 ZB BFH v. 27.10.1992 – VIII R 87/89, BStBl. II 1993, 340; v. 10.11.1997 – VIII R 6/96, BStBl. II 1999, 348; v. 6.7.1999 – VIII R 9/98, BStBl. II 1999, 817; v. 4.8.1999 – VIII B 68/99, BFH/NV 2000, 42, m. Anm. *Roser*, GmbHR 1999, 1212.

7 BFH v. 8.2.2011 – IX R 53/10, GmbHR 2011, 721.

8 BFH v. 6.12.2016 – IX R 12/15, BStBl. II 2017, 388.

9 BGH v. 2.7.2001 – II ZR 264/99, DStR 2001, 1577 mit Anm. *Goette*.

10 FG Köln v. 25.6.2009 – 10 K 266/06, EFG 2009, 1740 (mit zust. Anm. *Zimmermann*; zust., aber zweifelnd *Bruschke*, DStZ 2010, 535 (538)). – Zur erstmaligen Anwendung v. § 32a Abs. 3 S. 2 GmbHG aF auf nach dem 24.4.1998 verwirklichte Tatbestände s. BGH v. 27.11.2000 – II ZR 179/99, DStR 2001, 225; v. 11.7.2005 – II ZR 285/03, DStR 2005, 1705.

11 OFD Kiel v. 14.12.1999, FR 2000, 161 (168); OFD Düss. v. 5.11.2002, DB 2002, 2409; OFD Bremen v. 8.11.2002, DStZ 2003, 89.

12 ZB *K/S/M*, § 17 Rn. C 305; *Wolff-Diepenbrock*, DStZ 1995, 652; BFH v. 23.7.1999 – VI B 116/99, FR 1999, 1125; *Waclawik*, ZIP 2007, 1838 (1841 ff.); *Hoffmann*, GmbH-StB 2007, 258; *F/M*, § 17 Rn. 103; *Wachter*, GmbHR 2004, 1412 (1413); s. auch FG Köln v. 24.8.2006 – 10 K 4703/02, EFG 2006, 1837 mit Anm. *Zimmermann* (aus anderen Gründen durch BFH v. 4.3.2008 – IX R 78/06, BStBl. II 2008, 575 aufgehoben); FG Köln v. 15.8.2007 – 4 K 1873/04, EFG 2007, 1765 mit Anm. *Wilk*; s. auch *Strahl*, KÖSDI 2007, 15657 (15669); ferner *Weber-Grellet*, DStR 1998, 1617.

13 BFH v. 29.11.2000 – I R 85/99, BStBl. II 2002, 720 (das für den Bereich des § 1 Abs. 1 AStG allerdings v. der FinVerw. nicht angewandt wurde, s. BMF v. 17.10.2002, BStBl. I 2002, 1025).

nicht gerecht werden kann. Ein weiteres Bsp. bietet der Ausfall des Darlehens ggü. einer KapGes. aus einem anderen EU-Mitgliedstaat, die gerade nicht deutschem Eigenkapitalersatzrecht unterfällt und bei der die erforderliche gesellschaftliche Veranlassung deswegen (unbeschadet der prinzipiellen, unionsrechtl. gebotenen Gleichbehandlung)[1] auf andere Weise (zB durch vertragliche Vereinbarungen) darzutun ist.[2] Dem entspr. hat der BFH denn auch unbeschadet der Mindestbeteiligungsgrenze von 10 % in § 32a GmbHG aF funktionales EK und in der Konsequenz nachträgliche AK infolge des endgültigen Ausfalls des Darlehensrückforderungsanspr. angenommen, wenn der darlehensgebende G'ter mit der Ges. unter Verzicht auf das Kleinanlegerprivileg vereinbart, das Darlehen solle „wie EK" behandelt werden, und wenn sich die Beteiligten in der Insolvenz der Ges. an diese Abrede halten.[3] IÜ ist zu berücksichtigen, dass die Rspr.-Grundsätze des BGH[4] zum analogen Eingreifen der §§ 30, 31 GmbHG aF neben §§ 32a, 32b GmbHG aF anzuwenden sind und v. diesen auch nicht verdrängt wurden.[5] So gesehen ist es zu begrüßen, dass sich der BFH in seinem Urt v. 19.8.2008[6] zum EK-Ersatz in einem Sanierungsfall gem. § 32a Abs. 3 S. 3 GmbHG aF v. Gesellschaftsrecht (erstmals, jedoch nur partiell) gelöst, stattdessen (insoweit) auf die Eigenständigkeit der steuerrechtl. Beurteilung abgehoben hat und dementspr. nachträgliche AK angenommen hat; der Zweck des Sanierungsprivilegs, dem G'ter Anreize dafür zu bieten, der Ges. Risikokapital zur Vfg. zu stellen, würde andernfalls unterlaufen.[7] In der Sache ist das allerdings schwerlich begründet, weil es sich in den Privilegierungsfällen eben nicht um funktionales EK handelt. – Die **FinVerw.** ist dem BFH (auch, s. Rn. 98) in diesem Punkt gefolgt; sie erkennt – und zwar jew. auch nach Maßgabe der Neuregelungen durch das MoMiG (s. Rn. 95) – nachträgliche AK in den Fällen des Sanierungsprivilegs an[8], bei Minderheits-Ges. jedoch nicht (mehr).[9]

bb) Rechtslage nach Schaffung des MoMiG v. 23.10.2008.[10] Mit dem UntStRefG 2008 v. 14.8.2007[11] 94a
unterwarf der Gesetzgeber Wertveränderungen von Anteilen an KapGes. (§ 20 Abs. 2 S. 1 Nr. 1) und von sonstigen Kapitalforderungen jeder Art (§ 20 Abs. 2 S. 1 Nr. 7), die im PV gehalten werden, den Einkünften aus KapVerm. gem. § 20 und führte für diese die Abgeltungssteuer (§ 32d) ein. Mit dem MoMiG v. 23.10.2008[12] schaffte er das EK-Ersatzrecht ab. Damit war fraglich und hoch umstritten,[13] wie nachträgliche AK nunmehr einzuordnen sind. Der BFH hat diesen Streit in seiner „Meilenstein"[14]-Entsch. v. 11.7. 2017[15] **unter Aufgabe der bisherigen Grundsätze** geklärt. Der Ausfall v. Finanzierungshilfen führt danach grds. nicht mehr zu nachträglichen AK iRd. § 17 (Rn. 100 ff.); es fehlt fortan an der aus Sicht des BFH unerlässlichen Rechtsfundierung im Zivilrecht (krit. dazu Rn. 94). – Wegen der erheblichen Auswirkungen auf die in der Praxis typischerweise vorzufindenden Finanzierungsmaßnahmen bei KapGes. hat der BFH[16] für die Vergangenheit eine (mit dem Rechtsprechungsauftrag aber nur schwer zu vereinbarende[17] und deshalb krit. zu sehende, s. § 2a Rn. 42) **Vertrauensschutzregelung** geschaffen. Die bisherigen Grundsätze zur Berücksichtigung von nachträglichen AK aus eigenkapitalersetzenden Finanzierungshilfen sind weiter anzuwenden, wenn der G'ter eine eigenkapitalersetzende Finanzierungshilfe bis zum **Tag der Veröffentlichung des Urt.** – dem **27.9.2017** – geleistet hat oder wenn eine Finanzierungshilfe des G'ters bis zu diesem Tag eigenkapitalersetzend geworden ist (Rn. 95 ff.).[18] Erst für danach vereinbarte Finanzierungsmaßnahmen sollen die neuen Grundsätze gelten (Rn. 99 ff.).

---

1 S. dazu EuGH v. 30.9.2003 – Rs. C-167/01– Inspire Art Ltd., BB 2003, 2195.
2 FG RhPf. v. 22.6.2004 – 2 K 2455/02, GmbHR 2004, 1409 mit Anm. *Wachter.*
3 BFH v. 6.5.2014 – IX R 44/13, BStBl. II 2014, 781.
4 Grundlegend BGH v. 26.3.1984 – II ZR 14/84, NJW 1984, 1891 „Nutzfahrzeug-Urteil".
5 S. dazu zB *Seibert*, ZIP 2006, 1157; *Bayer/Graff*, DStR 2006, 1654.
6 BFH v. 19.8.2008 – IX R 63/05, BStBl. II 2009, 5; s. auch *Geeb*, DStR 2009, 25; *Hoffmann*, GmbH-StB 2009, 54.
7 BFH v. 19.8.2008 – IX R 63/05, BStBl. II 2009, 5; *Pohl/Raupach*, FS Reiß, 2008, 431 f.; *K/S/M*, § 17 Rn. C 305; **aA** *Bode*, DStR 2009, 1781 (1784 f.); *Hoffmann*, GmbH-StB 2009, 54: nur in den Fällen des erklärten Rangrücktritts.
8 BMF v. 21.10.2010, BStBl. I 2010, 832 (unter 4.); OFD Ffm. v. 24.8.2010, DStR 2010, 2306 (unter II.).
9 BMF v. 21.10.2010, BStBl. I 2010, 832 (unter 5.). Vgl. auch OFD Düss. v. 7.11.2002, StEK EStG § 17 Nr. 59; OFD Mgdb. v. 6.4.2006, StEK EStG § 17 Nr. 77; OFD Ffm. v. 21.8.2006, DStR 2006, 2215; OFD Ffm. v. 24.8.2010, DStR 2010, 2306 (unter I.).
10 BGBl. I 2008, 2026.
11 BGBl. I 2007, 1912.
12 BGBl. I 2008, 2026.
13 *Heuermann*, DB 2009, 2173 (2177): „In der Spielecke des § 17 EStG sind – ebenso wie in der von § 20 EStG – alle Klötze umgefallen und wir müssen sie wieder aufbauen, möglicherweise woanders."
14 *Trossen*, NWB 2017, 3040 (3041); *Ratschow*, GmbHR 2017, 1204.
15 BFH v. 11.7.2017 – IX R 36/15, DStR 2017, 2098.
16 BFH v. 27.3.2018 – VIII R 1/15, DStR 2018, 1431; v. 11.10.2017 – IX R 29/16, BFH/NV 2018, 451.
17 S. auch (insoweit gegen BFH) FG Berlin-Bdbg. v. 18.4.2018 – 3 K 3138/15, EFG 2018, 1366 (Rev. IX R 13/18); **aA** *H/H/R*, § 17 Anm. 201a.
18 Beispielhaft: BFH v. 11.10.2017 – IX R 51/15, BFH/NV 2018, 329.

95 **(1) Bis zum 27.9.2017** (s. Rn. 94) **galt danach Folgendes.** Man ging – trotz der kritisierten, jedoch (weitestgehend) einmütigen Fixierung auf das Zivilrecht durch die Rspr. und die FinVerw. – davon aus, dass sich der Sache nach durch die Änderungen des GmbHG infolge des **MoMiG** (mWv. 1.1.2008 an)[1] – insbes. des dadurch veranlassten Wegfalls der §§ 32a und 32b GmbHG aF und des Begriffs des EK-Ersatzes – im Grundsatz **nichts geändert**[2] hatte. Diesen Standpunkt vertrat auch die FinVerw.[3] Denn diese Vorschriften wurden (wenn auch modifiziert) in den neuen § 44a (iVm. § 39 Abs. 1 Nr. 5) InsO übernommen. **Im Ergebnis** führte der Ausfall des G'ter-Darlehens also nach wie vor zu nachträglichen AK. Gleiches sollte gelten, wenn – außerhalb eines Insolvenzverfahrens – ein Gläubiger nach § 6 AnfG oder – innerhalb eines Insolvenzverfahrens – der Insolvenzverwalter die Rückzahlung eines G'ter-Darlehens gem. § 135 Abs. 1 Nr. 2 InsO oder die Zahlung auf eine G'ter-besicherte Verbindlichkeit gem. § 135 Abs. 2 InsO anficht und er dadurch die Rückgewähr oder Erstattung des Erlangten an die Insolvenzmasse durch den bereicherten G'ter auslöst, § 143 Abs. 3 InsO. Bleibt die Insolvenzeröffnung mangels Masse aus, ändert sich prinzipiell nichts, jedenfalls so lange nicht, wie die Anfechtungsfristen der § 135 Abs. 1 Nr. 2 InsO (idR ein Jahr ab Insolvenzeröffnung), § 6 Abs. 2 AnfG (idR drei Jahre nach Erlangung des Schuldtitels) laufen.[4] Der G'ter-Nachrang galt indessen nicht in den sog. Privilegierungsfällen des § 39 Abs. 1 Nr. 5, Abs. 4 S. 2 InsO (Anteilserwerb v. Darlehen zum Zwecke der Sanierung nach drohender oder eingetretener Zahlungsunfähigkeit oder Überschuldung) und des § 39 Abs. 5 InsO (Beteiligung des nichtgeschäftsführenden G'ters v. nur 10 % oder weniger am Haftkapital des Ges.). **Nicht** um nachträgliche AK handelte es sich auch in jenen Fällen, in denen der G'ter seine Anteile an der KapGes. „rechtzeitig" vor Insolvenzeröffnung unter gleichzeitiger Zession der Darlehensforderung veräußert; der Wertverlust realisiert sich dann beim Erwerber als einem „normalen" Darlehensgeber; dass der Kaufpreis geringer dimensioniert sein wird, sind nur mittelbare Folgen, die sich für § 17 nicht niederschlagen.[5] – Verluste aus Finanzierungsmaßnahmen bei **Beteiligungen an ausländ. KapGes.** wurden entspr. behandelt. Eine Ausnahme war für krisenbestimmte Darlehen zu machen, welche, um nachträgliche AK annehmen zu können, regelmäßig eine den §§ 39, 135 InsO sowie § 6 AnfG vergleichbare ausländ. Regelung verlangen. Im Einzelfall wäre dies v. StPfl. darzutun und nachzuweisen (§ 90 Abs. 2 AO).[6]

96 **Bewertungsfragen.** Das Problem lag vor diesem Hintergrund (nach wie vor) darin, wie das Darlehen zum einen aufseiten der Ges., zum anderen aufseiten des G'ters zu bewerten ist. Durch Beschl. v. 9.6.1997 hatte der GrS des BFH[7] entschieden, dass auf der Ebene der Ges. der TW des Darlehens (§ 6 Abs. 1 Nr. 5) im Zeitpunkt des Verzichts anzusetzen ist. Er geht davon aus, dass die Einlage das Vorhandensein eines einlagefähigen WG voraussetzt, beim Darlehensverzicht also die Darlehensforderung. War diese bereits wertgemindert, so entsteht folglich bei der Ges. ein außerordentlicher Ertrag (BE), andernfalls entspr. Aufwand. Auf der anderen Seite führt der Verzicht auf die Forderung beim G'ter zum Zufluss (§ 11) des noch werthaltigen Teils der Forderung. Im Idealfall gleichen sich Einlagen und Einnahmen im wirtschaftlichen Ergebnis sonach aus.

Dieser Idealfall ist indes keineswegs sichergestellt. Er hängt davon ab, mit welchem Wert die Darlehensforderung beim G'ter zu erfassen ist: mit dem Nennwert oder aber mit dem gemeinen Wert. Hält der G'ter die Beteiligung in seinem BV, wird sich diese Wertdifferenz gemeinhin (wenn auch zeitversetzt) dadurch ausgleichen, dass auf die Forderung eine TW-Abschreibung vorzunehmen ist. Hält er sie im PV, droht hingegen die Gefahr, dass etwaige Verluste in der privaten Vermögenssphäre verschwinden. Diese Gefahr ist im Einzelfall begründet.

---

1 BGBl. I 2008, 2026.

2 S. in diesem Sinne zB FG Münster v. 20.7.2011 – 7 K 3666/08, EFG 2011, 1864 m. Anm. *Graw*; FG Köln v. 20.3. 2014 – 3 K 2518/11, EFG 2014, 2136; v. 30.9.2015 – 3 K 706/12, EFG 2016, 193; FG Berlin-Bdbg. v. 28.5.2015 – 4 K 7114/12, EFG 2015, 1934 (rkr.); FG Düss. v. 10.3.2015 – 9 K 962/14 E, EFG 2015, 1271 (aus anderen Gründen aufgehoben durch BFH v. 21.7.2017 – IX R 36/15, DStR 2017, 2098, s. Rn. 99); v. 18.9.2015 – 11 K 3614/13 E, EFG 2015, 480 m. Anm. *Hoffmann* (ebenfalls durch BFH v. 20.7.2018 – IX R 6/15, BFH/NV 2019, 19, aus anderen Gründen aufgehoben); v. 18.9.2015 – 11 K 3615/13 E, juris (durch BFH v. 20.7.2018 – I R 7/15, BFH/NV 2019, 22, aufgehoben), dazu Rn. 91; sa. FG Köln v. 26.4.2016 – 8 K 2944/12, EFG 2016, 1343 m. Anm. *Kühnen* (rkr.), für die Zeit des Übergangs v. vormaligen EK-Ersatzrecht. – Noch offen in BFH v. 20.8.2013 – IX R 43/12, BFH/NV 2013, 2217.

3 BMF v. 21.10.2010, BStBl. I 2010, 832.

4 *Heuermann*, DStR 2008, 2089 (2094); *Heuermann*, NZG 2009, 841 (844 f.); *Bode*, DStR 2009, 1781 (1785 f.).

5 **AA** *Bode*, DStR 2009, 1781 (1786).

6 S. LfSt Nds. v. 13.3.2018, DStR 2018, 920.

7 Vgl. BFH v. 9.6.1997 – GrS 1/94, BStBl. II 1998, 307; dazu BMF v. 12.10.1998, DStR 1998, 1754; *Strahl*, KÖSDI 1999, 11862 (11870).

Nach der Rspr. des **BFH,**[1] die sich (angesichts der stl. Eigenständigkeit v. § 17 und der hier anders gelagerten Gläubigerschutzzwecke eigentlich allerdings ohne Not allzu,[2] s. Rn. 95 aE) eng an das Ges.-Recht anlehnte und weitgehend im Einklang mit der Literatur[3] stand, war insoweit – bezogen auf **Forderungsausfälle** ebenso wie auf **Forderungsverzichte** – zunächst zu unterscheiden zw. Krisenfinanzierungsdarlehen sowie Finanzplandarlehen. **Krisenfinanzierungsdarlehen** sind solche Darlehen, die auf eine konkrete Krisenfinanzierung[4] der KapGes. angelegt sind. Dies sind **(1)** einerseits eigentliche sog. **Krisendarlehen** ieS, die **in** oder **nach** Eintritt der Krise (als sog. **Insolvenzdarlehen** oder auch noch im Vorfeld der Insolvenz) gewährt werden, wenn ihre Rückzahlung bereits so gefährdet ist,[5] dass ein ordentlicher Kfm. das Risiko nicht mehr eingegangen wäre, sei es der Höhe nach, sei es nach den vereinbarten Konditionen,[6] ohne dass das Darlehen marktüblichen Bedingungen (Verzinsung, Sicherheiten) entsprechen müsste.[7] Dies sind andererseits aber auch Darlehen, die der Gläubiger **(2) vor** Eintritt[8] der Krise (**nicht** nur für den Fall der Insolvenzreife) gewährt, bei denen er aber frühzeitig mit bindender Wirkung,[9] die nicht widerrufen worden sein darf, zu erkennen gegeben hat (zB durch „qualifizierten", ggf. auch durch „einfachen"[10] Rangrücktritt, Garantieversprechen, Bürgschaft, Kündigungsverzicht, ausdrücklich oder auch nur konkludent), dass er das Darlehen auch im Falle einer künftigen Krise stehen lassen werde (sog. **krisenbestimmtes Darlehen**), sowie solche Darlehen **(3)**, die – ohne zuvorige Krisenbestimmung – später **in** der Krise stehen gelassen werden (sog. **stehen gelassenes Darlehen**).[11] Die **FinVerw.** modifizierte diese Grundsätze allerdings aufgrund der gesetzl. Neuregelungen in der InsO und dem AnfG durch das **MoMiG** (Rn. 94a ff.) und nahm hiernach eine entspr. Krisenbestimmung abw. v. irgendwelchen Vereinbarungen bereits mit Beginn des jew. Anfechtungszeitraums an; bereits v. diesem Zeitpunkt an ist der darlehensgebende G'ter wirtschaftlich so gestellt, als habe er die Krisenbindung vereinbart, weshalb die Wertmaßstäbe zu diesem Zeitpunkt ausschlaggebend sein sollten.[12] Gleichermaßen sollte es bei ‚schlichten', jedoch stehen gelassenen Darlehen fortan darauf ankommen, dass die Krise der Ges. zeitlich vor Beginn des Anfechtungszeitraums nach § 6 AnfG eingetreten ist;[13] andernfalls sollte es sich wiederum um ein krisenbestimmtes Darlehen handeln.[14] – Die so bestimmten Rechtsfolgen des Eigenkapitalersatzrechts griffen auch dann, wenn nicht der G'ter, sondern ein v. ihm beherrschtes Unternehmen das Darlehen gewährt.[15] – **Finanzplankredite**[16] sind hingegen (für die als solche nicht kreditwürdige Ges. im Zeitpunkt ihrer Gründung oder Betriebserweiterung unentbehrliche, langfristige und idR nicht marktüblich konditionierte[17]) Kredite (als Fremdmittel, ggf. auch in Gestalt einer sog. Finanzplannutzung an WG)[18], die 97

1 BFH v. 24.4.1997 – VIII R 16/94, BStBl. II 1999, 339; v. 4.11.1997 – VIII R 18/94, BStBl. II 1999, 344; v. 10.11.1998 – VIII R 6/96, BStBl. II 1999, 348; v. 13.7.1999 – VIII R 31/98, BStBl. II 1999, 724; v. 27.3.2007 – VIII R 60/05, BStBl. II 2008, 303.

2 ZB *Wolff-Diepenbrock*, DStZ 1995, 652; *Weber-Grellet*, DStR 1998, 1617; BFH v. 23.7.1999 – VI B 116/99, BStBl. II 1999, 684; *F/M*, § 17 Rn. 103.

3 ZB *Ernst & Young*, § 17 Rn. 148 ff. mwN.

4 Ob eine GmbH in eine Krise geraten ist, hat das FG hierbei aufgrund einer Gesamtwürdigung der Umstände des Einzelfalls als Tatfrage zu entscheiden; s. BFH v. 9.10.2008 – IX R 60/05, BFH/NV 2009, 896; v. 20.8.2013 – IX R 1/13, BFH/NV 2014, 310.

5 Zur Überschuldung und Kreditunwürdigkeit als krisenauslösende Tatbestände s. zB BGH v. 12.7.1999 – II ZR 87/98, GmbHR 1999, 973 m. Anm. *Brauer*; BFH v. 24.1.2012 – IX R 34/10, DStR 2012, 854, s. dazu *Fuhrmann/Potsch*, DStR 2012, 835.

6 *Ernst & Young*, § 17 Rn. 148.

7 Vgl. zu Insolvenzdarlehen: BFH v. 18.8.1992 – VIII R 13/90, BStBl. II 1993, 34; v. 13.7.1999 – VIII R 31/98, BStBl. II 1999, 724; zu Krisenfinanzierungsdarlehen iwS: BFH v. 16.4.1991 – VIII R 100/87, BStBl. II 1992, 234; v. 3.6.1993 – VIII R 81/91, BStBl. II 1994, 162; v. 24.4.1997 – VIII R 16/94, BStBl. II 1999, 339; v. 13.7.1999 – VIII R 31/98, BStBl. II 1999, 724.

8 Ggf. auch bereits kurz nach Gründung der Ges., vgl. BGH v. 16.6.1997 – II ZR 154/96, DStR 1997, 1298.

9 ZB durch Unkündbarkeit, s. BFH v. 25.5.2011 – IX R 54/10, BFH/NV 2011, 2029; v. 11.10.2017 – IX R 51/15, BFH/NV 2018, 329 (Weiteranwendung der bisherigen Grundsätze aus Vertrauensschutzgründen).

10 FG Köln v. 18.3.2014 – 1 K 3127/11, EFG 2014, 1093 mit Anm. *Graw*, sowie *Harlacher*, BB 2014, 1138.

11 BFH v. 10.11.1997 – VIII R 6/96, BStBl. II 1999, 348; s. aber auch abgrenzend FG München v. 4.10.2006 – 1 K 893/06, EFG 2007, 352 (als Vorinstanz zu BFH v. 22.7.2008 – IX R 79/06, BStBl. II 2009, 227): keine nachträglichen AK, falls der G'ter die Anteile an der KapGes. zwischenzeitlich bereits verkauft hat und fortan nur noch Darlehensgeber ist.

12 BMF v. 21.10.2010, BStBl. I 2010, 832 (unter 3. d bb).

13 BMF v. 21.10.2010, BStBl. I 2010, 832 (unter 3. b).

14 Vgl. dazu *Levedag*, GmbHR 2010, 1230.

15 BGH v. 27.11.2000 – II ZR 179/99, DStR 2001, 225; v. 28.2.2005 – II ZR 103/02, DStR 2005, 705.

16 Allg. *Buciek*, Stbg. 2000, 109 (111); *Wacker*, BB 1999, 33 (34).

17 BFH v. 4.11.1997 – VIII R 18/94, BStBl. II 1999, 344; *Dörner*, INF 98, 496.

18 OLG Karls. v. 29.3.1996 – 15 U 39/95, GmbHR 1996, 524 (mit Anm. *Kallmeyer*); *Sieger/Aleth*, GmbHR 2000, 462 (463).

idR neben den gesellschaftsvertraglichen Stammeinlagen zugesagt werden und die nach den vertraglichen Abreden und subj. Vorstellungen (eindeutig)[1] v. vornherein in die Finanzplanung der Ges. einbezogen, also krisenunabhängig, versprochen worden sind[2] und deshalb nach Eintritt der Krise[3] nicht widerrufen oder gekündigt werden können[4] (mit den Folgen eines grds. Rückforderungsausschlusses, keiner Privilegierung des Minderheits-G'ters iSv. § 32a Abs. 3 S. 2 GmbHG aF,[5] keines Sanierungsprivilegs gem. § 32a Abs. 3 S. 3 GmbHG aF; der Erfüllungspflicht auch in der Krise). Solche Darlehen wären zwar ieS nicht EK ersetzend iSv. §§ 30, 31, §§ 32a, 32b GmbHG aF, §§ 129a, 172a HGB, aber „einlageähnlich"[6] oder „materiell" EK[7] und deshalb (auch) stl. gleich zu behandeln.[8] **Bewertung:** Sowohl Krisenfinanzierungs- als auch Finanzplankredite sind nach alter Rechtslage stets mit ihren vollen **Nennwerten** anzusetzen.[9] Dass der G'ter den Kredit refinanziert und später womöglich in der Lage ist, das Refinanzierungsdarlehen zu tilgen, ändert daran nichts.[10] Ebenso ist es unbeachtlich, wenn das bei Kriseneintritt gewährte Darlehen vor Erwerb der iSv. § 17 qualifizierten Beteiligung gegeben worden ist; maßgeblich ist allein der Veranlassungszusammenhang, nicht der Erwerbszeitpunkt („vorweggenommene AK").[11] – Davon **abzugrenzen** sind „normale" G'ter-Darlehen, die **vor** der Krise gewährt und sodann **in** der Krise stehen gelassen werden. Solche Kredite sind nur mit ihren **tatsächlichen (gemeinen) Werten** im Zeitpunkt des **Kriseneintritts** anzusetzen.[12] Diese Werte sind im Einzelfall „nach dem Grad der Wahrscheinlichkeit ihrer Werthaltigkeit" zu schätzen, ggf. betragen sie 0 Euro.[13] Die Feststellungslast für die tatsächlichen Werte trägt der StPfl. Gleichermaßen sollte es sich verhalten, wenn das Darlehen ursprünglich zwar auf Krisenfinanzierung hin angelegt war, dann jedoch nach Eintritt aus anderen Gründen stehen gelassen wurde, zB wegen ohnehin drohender Uneinbringlichkeit oder wegen unverhältnismäßiger Kosten der Einziehung.[14] **Nicht** um nachträgliche AK handelt es sich bei Zinsansprüchen, mit denen der G'ter ausgefallen ist.[15] Demgegenüber kann es im Falle der Einbringung einer PersGes. in eine nunmehrige KapGes. gem. § 20 Abs. 1 UmwStG keinen Unterschied machen, ob das krisenbestimmte Darlehen bereits der PersGes. und damit vor Gründung der KapGes. hingegeben wurde.[16] Spätere Änderungen, zB bei später endgültigem Ausfall eines trotz Anteilsveräußerung stehen gelassenen EK ersetzenden Darlehens, sind zu berücksichtigen, wg. der prinzipiellen Stichtagsbezogenheit der Ermittlung v. Veräußerungsgewinn bzw. -verlust (§ 17 Abs. 2) ggf. über § 175 Abs. 1 S. 1 Nr. 2 AO.[17]

1 FG Düss. v. 17.1.2007 – 7 K 1982/05 E, EFG 2007, 586; sa. FG München v. 27.6.2007 – 9 K 961/04, EFG 2007, 1600 zum Verzicht auf das außerordentliche Kündigungsrecht aus wichtigem Grund.
2 BFH v. 4.11.1997 – VIII R 18/94, BStBl. II 1999, 344; v. 13.7.1999 – VIII R 31/98, BStBl. II 1999, 724; v. 27.3.2007 – VIII R 60/05, BStBl. II 2008, 303.
3 S. weitergehend BFH v. 7.4.2005 – IV R 24/03, BStBl. II 2005, 598 (zu § 15a Abs. 1 S. 1): während des Bestehens der Ges. insgesamt.
4 Für die Abgrenzung zu einem „normalen" Darlehen instruktiv: FG Köln v. 19.12.2013 – 10 K 2113/10, EFG 2014, 633.
5 FG Köln v. 15.8.2007 – 4 K 1873/04, EFG 2007, 1765.
6 BFH v. 19.8.2008 – IX R 63/05, BStBl. II 2009, 5. S. (auch im Einzelnen zur Auslegung entspr. Kreditzusagen und zur Abgrenzung v. Eigenkapitalersatz) BGH v. 28.6.1999 – II ZR 272/98, DStR 1999, 1198; eingehend *Fleischer*, DStR 1999, 1774; *Hoffmann*, GmbHR 1999, 1046; *Sieger/Aleth*, GmbHR 2000, 462; insoweit allerdings möglicherweise **aA** BFH v. 13.7.1999 – VIII R 31/98, BStBl. II 1999, 724, unter Berufung auf die ältere BGH-Rspr.; s. auch FG Düss. v. 23.7.2009 – 16 K 3510/08 E, EFG 2009, 1830.
7 *Bitz*, GmbHR 2005, 1064.
8 Insoweit aus „rechtssystematischen" Gründen **aA** FG Düss. v. 23.7.2009 – 16 K 3510/08 E, EFG 2009, 1830; s. abgrenzend auch BFH v. 23.6.2010 – I R 37/09, BStBl. II 2010, 895 (zu § 1 Abs. 4 AStG aF).
9 BFH v. 16.4.1991 – VIII R 100/87, BStBl. II 1992, 234; v. 7.7.1992 – VIII R 24/90, BStBl. II 1993, 333; v. 24.4.1997 – VIII R 16/94, BStBl. II 1999, 339; v. 10.11.1997 – VIII R 6/96, BStBl. II 1999, 348 (Krisenfinanzierungsdarlehen); v. 4.11.1997 – VIII R 18/94, BStBl. II 1999, 344 (Finanzplandarlehen).
10 FG Hbg. v. 3.8.2001 – II 447/00, EFG 2001, 1548.
11 FG Münster v. 20.1.2010 – 7 K 5023/07 E, EFG 2010, 957; FG Düss. v. 5.7.2012 – 11 K 4602/10 F, EFG 2012, 1839 (mit abl. Anm. *Zimmermann*). S. auch zur gesellschaftl. Veranlassung bei „Noch-Nicht-G'tern": BFH v. 30.11.2005 – I R 3/04, BStBl. II 2008, 809 (dort bezogen auf die stl. Behandlung von Agien auf Schuldverschreibungen, welche die ausgebende KapGes. in die Kapitalrücklage einstellte, als stpfl. Vermögensmehrung oder – so der BFH – als Einlagen).
12 BFH v. 24.4.1997 – VIII R 16/94, BStBl. II 1999, 339.
13 BFH v. 24.4.1997 – VIII R 16/94, BStBl. II 1999, 339; v. 31.10.2000 – VIII R 47/98, BFH/NV 2001, 589; ausf. zu den Wertmaßstäben und die Wertermittlung *Gschwendtner*, DStR 1999, Beil. 32, 17 ff.
14 Vgl. BFH v. 4.8.1999 – VIII B 68/99, GmbHR 1999, 1211; *Gschwendtner*, DStR 1999, Beil. Nr. 32, 11 (zweifelh.).
15 *Buciek*, Stbg. 2000, 109 (117).
16 So aber FG Münster v. 17.12.1998 – 12 K 1135/97 F, EFG 2000, 881; v. BFH nur aus formellen Gründen bestätigt (BFH v. 3.8.2001 – VIII R 9/00, BFH/NV 2002, 43).
17 BFH v. 1.7.2003 – VIII R 71/02, BFH/NV 2003, 1398; v. 22.7.2008 – IX R 79/06, BStBl. II 2009, 227.

Die **FinVerw.**[1] hatte sich diesen Positionen der Rspr. iErg. angeschlossen und ihre frühere Sichtweise aufgegeben. Sie hielt bislang an der Verwaltungsübung fest und wendete die vorherigen Grundsätze an. Das galt uneingeschränkt für jene Darlehen, für die noch das alte EK-Ersatzrecht anzuwenden ist. „Stichtag" war insofern Art. 103d EGInsO: Ein Darlehen war nach Maßgabe des MoMiG zu behandeln, wenn das Insolvenzverfahren **nach dem 31.10.2008** eröffnet wurde oder wenn Rechtshandlungen, die nach § 6 AnfG der Anfechtung unterworfen sind, nach dem 31.10.2008 vorgenommen wurden.[2] Andernfalls verblieb es bei Anwendung der Grundsätze im BMF-Schr. v. 8.6.1999[3]. Im Einzelnen ist dazu auf die 16. Aufl. Rn. 97 ff. zu verweisen. 98

(2) Vom 27.9.2017 an gelten folgende Grundsätze. Mit seinem Urt. v. 11.7.2017[4] hat der BFH die vorbeschriebene Betrachtungsweise und Verwaltungspraxis aufgegeben, aufgrund der selbst geschaffenen Vertrauensschutzregelung mWv. 27.9.2017 an (Rn. 94a). Der Ausfall von Darlehen, die ein G'ter an eine Ges. gegeben hat, sowie die Aufwendungen aus der Bürgschaft für Verbindlichkeiten der Ges. wirken sich fortan nach dem „Postulat eines vollständigen Gleichklangs der Behandlung v. G'ter-Darlehen in Handels- und Gesellschaftsrecht (…) und im Steuerrecht (…)"[5] nicht mehr aus. Sie sind **nicht als nachträgliche AK** anzusehen. Wegen der Aufhebung des EK-Ersatzrechts und der neuen Bestimmungen in der InsO und dem AnfG sind Forderungen der G'ter aus G'ter-Darlehen und vergleichbaren Finanzierungshilfen **nicht mehr gesellschaftsrechtl. verstrickt**. Der Begriff „EK-Ersatz" wird durch andere Formulierungen, wie „funktionales Eigenkapital" oder „Kapital, das unter denselben Voraussetzungen wie Eigenkapital zurückgezahlt werden kann", ersetzt. Außerhalb des Insolvenzverfahrens können die Forderungen folglich nicht mehr wie haftendes EK behandelt werden. Basierte die bisherige Rspr. auf einer Ausnahme von dem Grundsatz, dass im PV gehaltene Kapitalforderungen oder dem PV zugeordnete Bürgschaften des GmbH-G'ters § 20 unterfallen und nicht § 17, so fehlt es – pflichtet man dem BFH bei – für eine Durchbrechung der Trennung der stl. unbeachtlichen Vermögens- und der steuerbaren Erwerbssphäre nunmehr an einer rechtl. Grundlage. Die bisherige Auffassung sei, so der BFH, weder mit dem Wortlaut des § 17 Abs. 2 und 4 zu vereinbaren, noch sei eine normspezifisch steuerrechtl. Auslegung des Begriffs der AK länger zu rechtfertigen. Stattdessen sei eine normübergreifende einheitliche Auslegung vorzunehmen und müsse der AK-Begriff handelsrechtl. nach § 255 Abs. 1 S. 1 HGB interpretiert werden. AK der Beteiligung sind folglich nur noch solche Aufwendungen, die (zusätzlichem) **Eigenkapital** entsprechen, was wiederum der Fall ist, wenn die Aufwendungen handels- und bilanzsteuerrechtl. zu einer **offenen oder verdeckten Einlage** in das Kapital der Ges. führen. Dies können Nachschüsse (§§ 26 ff. GmbHG), sonstige Zuzahlungen, wie (freiwillige und ohne eine Vorzugsgewährung durch die KapGes. getätigte) Einzahlungen in die Kapitalrücklage (§ 272 Abs. 2 Nr. 4 HGB), Barzuschüsse oder der Verzicht auf eine noch werthaltige Forderung sein.[6] Ebenso sollen, so der BFH, Finanzierungshilfen darunter fallen, wenn diese aufgrund der vertraglichen Abreden mit der Zuführung einer Einlage in das Gesellschaftsvermögen wirtschaftl. vergleichbar sind, wie etwa der Rangrücktritt (§ 5 Abs. 2a).[7] Darüber ließe sich trefflich streiten, weil die Gleichsetzung der durch den Rangrücktritt bewirkten verdeckten Einlage wg. des Trennungsprinzips nicht zwangsläufig zu nachträglichen AK beim G'ter führen muss.[8] Auch Zahlungen in die Kapitalrücklage sind weiterhin nachträgliche AK des G'ters auf die Beteiligung (s. Rn. 98).[9] Zweifel können insoweit nur entstehen, als die Einzahlungen in die Rücklage unmittelbar der Ablösung eigenkapitalersetzender G'ter-Finanzierungshilfen dienen.[10] Zweifel bestehen zudem, wenn Finanzierungshilfen (primär) der Erhaltung und Förderung der iSd. § 17 qualifizierten Beteiligung dienen (s. Rn. 70). – Die **FinVerw.** hat sich zu der neuerlichen Spruchpraxis des BFH noch nicht eindeutig positioniert.[11] Einschlägige Verlautbarungen betreffen allein den v. BFH justierten Vertrauensschutz (s. Rn. 94a) und bestätigen diesen.[12] 99

1 BMF v. 8.6.1999, BStBl. I 1999, 545; für die Rechtslage nach den Neuregelungen durch das MoMiG (Rn. 94a) zunächst bekräftigt durch BMF v. 21.10.2010, BStBl. I 2010, 832.

2 BMF v. 21.10.2010, BStBl. I 2010, 832 (unter 6.).

3 BStBl. I 1999, 545.

4 BFH v. 11.7.2017 – IX R 36/15, DStR 2017, 2098.

5 *Wiese/Göttel*, GmbHR 2018, 1169 (1173), die sich nach wie vor für eine normspezifisch weite Auslegung des AK-Begriffs in § 17 Abs. 2 aussprechen.

6 BFH v. 11.7.2017 – IX R 36/15, DStR 2017, 2098 Rn. 37.

7 *Förster/v. Cölln*, DB 2017, 2886 (2887).

8 Zutr. *Kölbl/Neumann*, Ubg 2018, 273 (279); *Fuhrmann*, NWB 2017, 4003 (4006); *Ott*, StuB 2018, 18.

9 BFH v. 20.7.2018 – IX R 5/15, DStR 2018, 2470; v.20.7.2018 – I R 7/15, BFH/NV 2019, 22.

10 BFH v. 20.7.2018 – IX R 5/15, DB 2018, 2911, dortzu den Aufwendungen aus der Einzahlung in die Kapitalrücklage zur Vermeidung einer Bürgschaftsinanspruchnahme; s. dazu bereits die Aufforderung des BFH v. 11.10.2017 – I R 5/15, BStBl. II 2018, 18, an das BMF zum Verfahrensbeitritt.

11 OFD NRW v. 20.3.2018, DB 2018, 801; sa. LfSt Nds. v. 13.3.2018, DStR 2018, 920.

12 ZB OFD NRW v. 20.3.2018, DB 2018, 801; OFD NRW v. 21.11.2017, DStR 2017, 2734 sowie LfSt Nds. v. 9.10.2017, DStR 2017, 2390.

99a Die neue Regelungslage zieht Anschlussfragen nach sich, vor allem jene danach, ob nunmehr ein Abzug der nachträglichen Aufwendungen bei den (privaten) Einkünften aus KapVerm. (iSv. **§ 20 Abs. 2 S. 1 Nr. 7**), ggf. auch bei den Einkünften aus nicht selbständiger Arbeit iSd. § 19 Abs. 1 S. 1 Nr. 1, möglich ist. Das ist umstr., richtigerweise jedoch zu bejahen.[1] Denn Finanzierungshilfen wie Darlehen und Bürgschaften erfüllen als Geldforderungen seit Einf. der Abgeltungssteuer den Tatbestand der sonstigen Kapitalforderungen jeder Art iSv. § 20 Abs. 1 Nr. 7. Der Verlust solcher Hilfen ist deshalb als veräußerungsgleicher Vorgang entspr. steuermindernd anzusetzen. Die abw. Auffassung im BMF-Schr. v. 18.1.2016[2] ist überholt und lässt sich nicht aufrechterhalten. Das deckt sich und geht Hand in Hand mit der ebenfalls geänderten Rspr. des (VIII. Senats des) BFH v. 24.10.2017 – VIII R 13/15[3] zum Ausfall privater Darlehensforderungen.

99b **Gestaltungsüberlegungen.**[4] Aus Sicht des § 17 sind G'ter-Darlehen und G'ter-Bürgschaften künftig kaum mehr ratsam, sofern ein Ausfallrisiko besteht. Vielmehr kommt es darauf an, dass die „Fremdkapitalhilfe aufgrund der vertraglichen Abreden mit der Zuführung einer Einlage in das Gesellschaftsvermögen wirtschaftl. vergleichbar ist" (Rn. 99). Nur dann käme der Maßnahme auch bilanzstl. die Funktion v. zusätzlichem EK zu. So gesehen sind künftig Maßnahmen zur Stärkung der Kapitalbasis der Ges., etwa durch Kapitalerhöhung oder eine Zahlung in die Kapitalrücklage, vorzugswürdig. Ist der G'ter mit mindestens 10 % an der Ges. beteiligt, kommt allerdings der Abzug der Verluste aus Finanzierungshilfen iRd. § 20 Abs. 1 Nr. 7 in Betracht. Das wäre vorzugswürdig, weil der Verlust sich dann vollen Umfangs stl. effektuieren lässt, bei Inanspruchnahme der Vertrauensschutzregelung zu § 17 (Rn. 34a sowie 17. Aufl. Rn. 34a) hingegen nur zu 60 %. Es sollte aus gleichem Grunde vermieden werden, die G'ter-Forderung wirtschaftl. einer Einlage vergleichbar auszugestalten. – Bei einer Beteiligung unter 10 % sind – bei Greifen der Vertrauensschutzregelung – demggü. die „alten" Regeln zu § 17 günstiger, gleichermaßen die Ausgestaltung der Forderung als Einlage. Jenseits der Abgeltungssteuer und des Vertrauensschutzes droht jedenfalls der vollständige „Ausfall des Darlehens". Zu beachten ist, dass die Frage des Abzugs gem. § 20 v. BFH noch nicht erkannt ist.

100 **c) Bürgschaften, Sicherheitsleistungen.** Parallel zu der Rechtslage für Darlehen ist auch für Bürgschaften und Sicherheitsleistungen zw. der Regelungslage vor Schaffung des MoMiG und für die Zeit bis zum 27.9.2017 einerseits und für die Zeit danach andererseits zu unterscheiden.

100a **Für die Vergangenheit bis zum 27.9.2017 gilt:** Hatte sich der G'ter in der Krise der KapGes. oder v. vornherein für den Fall der Krise („krisenbestimmt") oder im Rahmen eines Finanzplans[5] zugunsten der KapGes. verbürgt (bei Bürgschaftsverlängerungen ggf. ausnahmsweise auch noch **nach** seinem Ausscheiden[6]) oder hat er auf andere Weise für die Ges. Sicherheit geleistet (Verpfändung, Bestellung v. Grundpfandrechten,[7] abstraktes Schuldversprechen[8], ggf. auch durch Ermöglichen eines Drittdarlehens mittels einer entspr. Bürgschaft im Interesse der KapGes., also durch Back-to-Back-Finanzierungen des G'ters[9]) **und** wurde er infolgedessen aus der Bürgschaft oder Sicherheitsleistung (tatsächlich und nicht nur in Gestalt potentieller Verkehrswerte)[10] in Anspr. genommen, so ergaben sich daraus nach alter Rechtslage – nicht anders als beim Darlehen (Rn. 94 ff.)[11] – nachträgliche AK.[12] Schon immer abgelehnt wurde die Berücksichtigung bei nachweislicher **Zahlungsunfähigkeit** des G'ters im Zeitpunkt der Veranlagung (und vorbehaltlich einer späteren Änderung der Verhältnisse, vgl. § 175 Abs. 1 S. 1 Nr. 1 AO).[13] Gleiches gilt bei bloßer Durchleitung von Darlehensgeldern, wenn der G'ter nur als Auszahlungsstelle agiert und iErg. kein wirtschaftliches Ausfallrisiko trägt.[14]

1 Ebenso zB *Moritz/Strohm*, DB 2018, 86; *Moritz/Strohm* in Frotscher/Geurts, § 20 Rn. 267 f.; *Ott*, DStZ 2018, 179 (188 ff.); *G. Förster/v. Cölln*, DB 2017, 2886; *G. Förster*, DB 2018, 336 (dort 338 ff. mit Bsp. und Fallunterscheidungen „in der Zeit" zw. Abgeltungssteuer und Vertrauensschutz ggü. der geänderten BFH-Rspr.); **aA** zB *Trossen*, NWB 2017, 3040; *Seppelt*, BB 2017, 2478; sa. *Wiese/Göttel*, GmbHR 2018, 1169 (1173), Letztere vor allem wg. der Subsidiarität des § 20 (Abs. 8) ggü. § 17; *Deutschländer*, NWB 2018, 3531.
2 BStBl. I 2016, 85; *H/H/R*, § 52 Anm. 512; *Frotscher/Geurts*, § 20 Rn. 257.
3 DStR 2017, 2801.
4 *Trossen*, NWB 2017, 3040 (3041); *Korn/Strahl*, KÖSDI 2018, 20985 (20990); *G. Förster*, DB 2018, 336 (342 f.).
5 BFH v. 26.1.1999 – VIII R 50/98, BStBl. II 1999, 559 – Finanzplan-Bürgschaft.
6 BFH v. 6.7.1999 – VIII R 9/98, BStBl. II 1999, 817, m. Anm. *HG*, DStR 1999, 1897: Zahlung zur Erhaltung seines „guten Rufs".
7 BFH v. 12.12.2000 – VIII R 36/97, BFH/NV 2001, 761 (765); v. 15.5.2006 – VIII B 186/04, BFH/NV 2006, 1472.
8 BFH v. 18.8.1992 – VIII R 13/90, BStBl. II 1993, 34 (36).
9 BFH v. 4.3.2008 – IX R 80/06, BStBl. II 2008, 577.
10 FG Münster v. 21.5.2007 – 1 K 215/03 E, F, EFG 2008, 39
11 BFH v. 19.2.1999 – VIII B 77/98, BFH/NV 1999, 929.
12 BFH v. 11.7.2017 – IX R 36/15, BFH/NV 2017, 1501 = DStR 2017, 2098.
13 BFH v. 8.4.1998 – VIII R 21/94, BStBl. II 1998, 660.
14 BFH v. 11.4.2017 – IX R 4/16, BFH/NV 2017, 1309, wobei zu beachten ist, dass das Urt. zeitlich vor dem Grundsatzurt. v. 11.7.2017 (IX R 36/15, BFH/NV 2017, 1501) ergangen ist, durch welches das Ergebnis aus viel allgemeineren Erwägungen heraus bestätigt wird.

Problematisch war bis dato vor allem auch die Frage, wie Bürgschaften oder Sicherheitsleistungen, die nicht v. dem G'ter, sondern v. einer dritten, ihm **nahestehenden Pers.** gegeben worden sind, zu behandeln sind, wenn diese Pers. in Anspr. genommen wird. Es handelt sich um einen Anwendungsfall des sog. **Drittaufwands**, den der BFH[1] wg. des Grundsatzes der Individualbesteuerung stl. nicht anerkennt. Hinzu kommt, dass Drittleistungen nur in zwei Ausnahmefällen den gesellschaftsrechtl. Bindungen des EK-Ersatzrechts unterliegen, nämlich **(1)** bei Finanzierungshilfen eines der Ges. verbundenen Unternehmens und **(2)** wenn sie wirtschaftlich aus dem Vermögen des G'ters selbst aufgebracht werden (vgl. § 32a Abs. 3 S. 1 GmbHG aF),[2] regelmäßig also dann, wenn v. Dritten gewährte Finanzierungshilfen im Innenverhältnis eine Ausgleichspflicht (§ 426 BGB) auslösen.[3] **Nachträgliche AK** ließen sich deswegen nach der – an das (frühere) EK-Ersatzrecht anknüpfenden (Rn. 97) – Rspr. des BFH, der die FinVerw. offenbar folgt,[4] **nur bejahen, (1)** wenn die Zahlung lediglich den Zahlungsweg abkürzt (ggf. auch mittels gesamtschuldnerischer Übernahme des Darlehens oder einer Bürgschaft durch den Dritten)[5] und sich „an sich" als Leistung des G'ters beurteilen lässt,[6] **(2)** bei mittelbaren verdeckten Einlagen (Rn. 47), die anzunehmen sind, wenn die Aufwendungen des Dritten in nicht eigenwirtschaftlichem Interesse[7] als (entgeltliche oder unentgeltliche) Zuwendung an den (nahestehenden) G'ter erfolgen und bei diesem zu einem einlagefähigen WG (**nicht:** Nutzungen)[8] geführt hätten,[9] zB durch Tilgung einer Verbindlichkeit unter sofortigem Verzicht auf späteren Aufwendungsersatz gegen den G'ter, durch die Gewährung eines Darlehens aus Gründen verwandtschaftlicher Nähe, das deswegen beim nahestehenden Dritten als vGA behandelt worden ist.[10] Zur Begr. des Nahestehens reicht jede (familien-, gesellschafts-, schuldrechtl.[11] oder auch tatsächliche) Beziehung des Dritten zum G'ter aus,[12] nicht aber ein bloßer Interessengleichklang oder die Wertsteigerung der eigenen Anteile (nur Vorteilsreflex).[13] Handelt der Dritte indes in eigenem Interesse und kommt eine Zuwendung und damit eine verdeckte Einlage nicht in Betracht, empfiehlt es sich, das Darlehen oder die Bürgschaft unmittelbar dem G'ter zu geben, damit dieser das Gewährte an die notleidende Ges. weiterreichen kann, zumindest aber für einen internen (vorherigen) Ausgleich zw. dem Dritten und dem G'ter zulasten des Letzteren Sorge zu tragen.

Für die Zeit ab 27.9.2017 gilt das Urt. des BFH v. 11.7.2017[14] gleichermaßen für Darlehen und Bürgschaften. S. iErg. Rn. 94a, 99 ff. 101

4. Sonstige Erwerbsfälle. Geht die wesentliche/qualifizierte Beteiligung aus der **Verschmelzung** v. zwei KapGes. oder aus der **Spaltung** v. KapGes. hervor (§ 15 Abs. 1 UmwStG), entsprechen die AK der Anteile denjenigen der jeweils untergehenden Anteile. Bei erstmaligem Überschreiten der Wesentlichkeitsgrenze infolge Umwandlung war gem. § 15 Abs. 1 iVm. § 13 Abs. 2 S. 3 UmwStG aF der gemeine Wert der Beteiligung im Umwandlungszeitpunkt anzusetzen (s. auch Rn. 123). 102

Werden Anteile an einer KapGes. aus dem BV in das PV übernommen, stellt die **Entnahme** die Anschaffung dar.[15] Die Anteile sind mit ihrem TW im Entnahmezeitpunkt zu bewerten (§ 6 Abs. 1 Nr. 4). Dies gilt aber nur dann, wenn durch die Entnahme die stillen Reserven tatsächlich aufgedeckt und bis zur Höhe 103

---

1 BFH v. 23.8.1999 – GrS 2/97, BStBl. II 1999, 782; vgl. auch OFD Düss. v. 1.2.1989, DStR 1989, 291 (zu § 17); BFH v. 12.12.2000 – VIII R 52/93, BStBl. II 2001, 286; v. 12.12.2000 – VIII R 22/92, BStBl. II 2001, 385; v. 12.12.2000 – VIII R 34/94, BFH/NV 2001, 757; v. 12.12.2000 – VIII R 36/97, BFH/NV 2001, 761; v. 31.5.2005 – X R 36/02, BStBl. II 2005, 707 (unter II.4. c); *Gosch*, StBp. 2001, 148; **aA** *Reis*, DStR 1997, 1021.

2 BGH v. 21.9.1981 – II ZR 104/80, BGHZ 81, 311 (315); v. 21.6.1999 – II ZR 70/98, DStR 1999, 1497; v. 27.11.2000 – II ZR 179/99, DStR 2001, 225.

3 BFH v. 12.12.2000 – VIII R 22/92, BStBl. II 2001, 385; v. 12.12.2000 – VIII R 34/94, BFH/NV 2001, 757; v. 12.12.2000 – VIII R 36/97, BFH/NV 2001, 761.

4 Vgl. OFD Kiel v. 28.8.2001, FR 2001, 1125.

5 BFH v. 12.12.2000 – VIII R 22/92, BStBl. II 2001, 385; v. 12.12.2000 – VIII R 34/94, BFH/NV 2001, 757; v. 12.12.2000 – VIII R 36/97, BFH/NV 2001, 761.

6 ZB BFH v. 20.9.1990 – IV R 300/84, BStBl. II 1991, 82; v. 23.11.1995 – IV R 50/94, BStBl. II 1996, 193; v. 23.8.1999 – GrS 2/97, BStBl. II 1999, 782; *Kempermann*, DStR 1996, 131.

7 Zur Abgrenzung s. BFH v. 19.8.1999 – I R 77/96, BStBl. II 2001, 43 (dagegen aber BMF v. 7.12.2000, BStBl. I 2001, 47).

8 BFH v. 20.9.1990 – IV R 300/84, BStBl. II 1991, 82, mwN.

9 BFH v. 9.6.1997 – GrS 1/94, BStBl. II 1998, 307; v. 17.12.1996 – VIII B 71/96, BStBl. II 1997, 290; *Ernst & Young*, § 17 Rn. 157 mwN.

10 BFH v. 12.12.2000 – VIII R 62/93, BStBl. II 2001, 234.

11 ZB aufgrund v. Ausgleichsansprüchen gem. §§ 426 Abs. 2, 765 BGB, vgl. *Ernst & Young*, § 17 Rn. 157.

12 BFH v. 18.12.1996 – I R 139/94, BStBl. II 1997, 301.

13 Vgl. BFH v. 19.8.1999 – I R 77/96, BStBl. II 2001, 43, dagegen aber BMF v. 7.12.2000, BStBl. I 2001, 47.

14 BFH v. 11.7.2017 – IX R 36/15, DStR 2017, 2098.

15 BFH v. 29.4.1992 – XI R 5/90, BStBl. II 1992, 969; v. 24.6.2008 – IX R 58/05, BStBl. II 2008, 872.

des TW oder gemeinen Werts steuerrechtl. erfasst sind oder noch erfasst werden können (s. dazu bezogen auf § 21 Abs. 1 S. 1 iVm. § 20 Abs. 2 S. 1, Abs. 3 UmwStG aF für einbringungsgeborene Anteile Rn. 9); nur für diesen Fall erkennt der BFH (zutreff.) einen Grund, die Geltungsanordnung des Gesetzes über dessen Wortlaut hinaus teleologisch zu reduzieren und Wertansätze unter den Begriff der AK zu subsumieren, die an sich nicht mit einem Erwerb der Anteile zusammenhängen.[1] Stammen die Anteile aus der **Liquidationsmasse** einer anderen aufgelösten KapGes., fehlt es zwar an einem Anschaffungsvorgang; die Anteile werden kraft G erworben (§ 271 AktG, § 72 GmbHG).[2] Dennoch sind auch hier die (Teil-)Werte anzusetzen, mit denen die Anteile bei der untergehenden Ges. erfasst worden waren. Gleichermaßen ist iErg. zu verfahren, wenn die Anteile im Rahmen einer **vGA** erworben worden sind.

104 **5. Unentgeltlicher Erwerb (Abs. 2 S. 5, Abs. 2 S. 3 aF).** Im Falle des („echten", nicht nur scheinbaren)[3] unentgeltlichen Erwerbs[4] sind die (historischen) AK desjenigen Rechtsvorgängers maßgeblich, der die Anteile zuletzt gegen Entgelt erworben hat (Abs. 2 S. 5, Abs. 2 S. 3 aF),[5] es sei denn, der Rechtsnachfolger war vor dem unentgeltlichen Erwerb nicht iSv. Abs. 1 S. 1 beteiligt.[6] Die dem Rechtsnachfolger auferlegte Schenkungsteuer gehört dazu nicht.[7] Zum teilentgeltlichen Erwerb s. Rn. 39. Wird ein zunächst unentgeltlich eingeräumtes Nießbrauchsrecht an den Anteilen (s. Rn. 39, 60) abgelöst, handelt es sich um nachträgliche AK.[8]

105 **6. Anschaffungsnebenkosten.** Nebenkosten zur Anschaffung sind zB Beurkundungs- und Notarkosten, Provisionen,[9] Insertionsaufwendungen, Maklercourtagen, Anwaltsgebühren usw., auch Beratungskosten für die fehlgeschlagene Gründung einer KapGes.,[10] das ggf. auch in Gestalt des sog. Due-diligence-Aufwands,[11] nicht jedoch ErbSt[12] und solche Aufwendungen, die zu den WK aus Kapitaleinkünften gehören (Rn. 70), nach (zutreff.) diff. Betrachtungsweise des BFH auch nicht – bei Anteilsvereinigungen sowie beim Anteilstausch (s. § 23 UmwStG) – GrESt gem. § 1 Abs. 3 und 2a GrEStG, die zwar anlässlich der Anteilsübertragung ausgelöst wird, der jedoch keine „eigentliche", sondern nur eine fiktive Grundstücksübertragung zugrunde liegt; es handelt sich hierbei deswegen um sofort abziehbaren Aufwand,[13] gleichermaßen verhält es sich bei GrESt, die gem. § 1 Abs. 2a GrEStG durch einen G'ter-Wechsel ausgelöst wird.[14] Anschaffungsnebenkosten können indes auch Kosten eines Prozesses wegen der Anschaffung sein, ferner Abfindungen, zB für ein Vorkaufsrecht oder zur Ausschaltung eines lästigen G'ters.

E. Rechtsfolgen der Anteilsveräußerung (Abs. 2, 3)

106 **I. Grundsätzliches.** Die Rechtsfolgen der Veräußerung einer Kapitalbeteiligung iSv. § 17 unterscheiden sich zunächst danach, ob ein Gewinn oder ein Verlust entsteht: Entsteht ein **Veräußerungsgewinn**, so gehört dieser zu den Einkünften aus GewBetr. und erhöht als solcher den Gesamtbetrag der Einkünfte, allerdings begünstigt durch den Freibetrag (**§ 17 Abs. 3**). Entsteht ein **Veräußerungsverlust**, so ist dieser unter den eingeschränkten Maßgaben v. § 17 Abs. 2 S. 6 ausgleichs- und abzugsfähig (Rn. 113 ff.). Zur Berechnung des Veräußerungsverlusts unter Beachtung der verfassungsrechtl. gebotenen Aufteilung des Veräußerungserlöses infolge der Absenkung der Wesentlichkeitsgrenze s. 17. Aufl. Rn. 34a.

106a **1. Abzugsverbot (§ 3c Abs. 2).** Von diesen Unterscheidungen abgesehen, werden sowohl der Veräußerungsgewinn als auch der Veräußerungsverlust nur anteilig zu 60 % (bis zum VZ 2009: zur Hälfte) stl. er-

---

1 BFH v. 13.4.2010 – IX R 22/09, BStBl. II 2010, 790; sa. BFH v. 8.2.2017 – I R 55/14, BFH/NV 2017, 1588.
2 BFH v. 21.9.1965 – I 331/62 U, BStBl. III 1965, 665.
3 Vgl. FG München v. 11.4.2016 – 7 K 2432/14, juris (die hiergegen eingelegte NZB IX B 58/16 wurde v. BFH mit Beschl. v. 1.2.2017 als unbegründet zurückgewiesen): Bei AK des „Schenkers" „in Millionenhöhe".
4 Zur Abgrenzung zw. (abgeleitetem) Erwerb und Gründung einer (Neu-)Ges. vgl. auch BFH v. 3.5.2006 – I R 100/05, BStBl. II 2007, 60 (zu § 8b Abs. 7 S. 2 KStG 2002).
5 Vgl. zum Erbfall BFH v. 18.1.1999 – VIII B 80/98, BStBl. II 1999, 486.
6 BFH v. 29.7.1997 – VIII R 80/94, BStBl. II 1997, 727.
7 FG Nürnb. v. 12.1.2016 – 1 K 1589/15, ZEV 2016, 229, m. Anm. *Grootens*, ErbStB 2016, 141.
8 BFH v. 18.11.2014 – IX R 49/13, BStBl. II 2015, 224.
9 BFH v. 9.10.1979 – VIII R 67/77, BStBl. II 1980, 116.
10 BFH v. 21.1.2004 – VIII R 2/02, BStBl. II 2004, 551; FG Hbg. v. 23.4.2014 – 6 K 248/13, EFG 2014, 1782.
11 Aber str.: FG Köln v. 6.10.2010 – 13 K 4188/07, EFG 2011, 264 mit Anm. *Trossen*; *Kaminski/Strunk*, Stbg. 2011, 63; *Hoffmann*, StuB 2011, 81; offen BFH v. 9.1.2013 – I R 72/11, BStBl. II 2013, 343 (dort zu § 8b Abs. 3 KStG).
12 FG Hess. v. 18.2.1982 – X 184/78, EFG 1982, 566.
13 BFH v. 20.4.2011 – I R 2/10, BStBl. II 2011, 761 (m. Anm. *Adolf*, GmbHR 2011, 832); *Lohmann/von Goldacker/Zeitz*, BB 2009, 477 (480); *Behrens*, DStR 2008, 338 (341); **aA** *Haritz/Menner*, UmwStG, 4. Aufl. 2015, § 20 Rn. 433, § 23 Rn. 76; *D/P/M* § 20 UmwStG (SEStEG) Rn. 236.
14 FG Münster v. 14.2.2013 – 2 K 2838/10 G, F, EFG 2013, 806 (Rev. IV R 10/13 wurde durch übereinstimmende Erklärung in der Hauptsache erledigt, BFH v. 22.4.2015, nv.) mit Anm. *Greassner*, NWB 2013, 2993; *Behrens*, DStR 2008, 338; *Lohmann/von Goldacker/Zeitz*, BB 2009, 477; *Henerichs/Stadje*, FR 2011, 890; *Gadek/Mörwald*, DB 2012, 2010; **aA** OFD Rhld. v. 23.1.2012, DB 2012, 486.

fasst (vgl. § 3c Abs. 2 S. 1); die verbleibenden 40 % (bzw. die andere Hälfte) ist gem. § 3 Nr. 40 S. 1 lit. c S. 1[1] stfrei. Diese Rechtsfolge verstößt insoweit gegen das objektive Nettoprinzip, als sie zugleich den nur teilweisen Abzug v. Veräußerungskosten und AK (= Erwerbsaufwand) nach sich zieht; dies schießt vor allem beim Veräußerungsverlust und hierbei namentlich dann, wenn der Veräußerungspreis 0 (anders aber, wenn er sich auf einen positiven Betrag beläuft, auch eines solchen v. bloß 1 Euro,[2] anders aber nach [allerdings unzutreff.] Ansicht des BFH, wenn dieser „Preis" bei Wertlosigkeit der Anteile nur aus buchungstechnischen Gründen rein „symbolisch" angesetzt wird[3]; s. auch Rn. 40) beträgt und sich der Verlust bei der KapGes. nicht iS einer „Vorentlastung" ausgewirkt hat,[4] über die Zielsetzung des (früheren) Halbeinkünfteverfahrens hinaus und ist systematisch ungerechtfertigt.[5] Zumindest in letzterem Fall[6] soll dann der für § 3 Nr. 40 S. 1 lit. c (aF) erforderliche wirtschaftliche Zusammenhang mit lediglich zu 60 % bzw. (seinerzeit) zur Hälfte anzusetzenden Einnahmen fehlen. So gerechtfertigt das in der Sache sein mag, so zweifelh. ist doch, ob mit einem solchen Rechtsverständnis dem G nicht doch iErg. ‚Gewalt' angetan wird. Letztlich geht es darum, das Halb-/Teilabzugsverbot „systemübergreifend"[7] anzuwenden. Dafür genügt die entspr. Einnahmeerzielungsabsicht; seine ‚Deckelung' auf positiv zufließende Einnahmen lässt sich dem G nicht zwingend entnehmen (insoweit übrigens nicht anders als auch für § 3c Abs. 1, obschon dort – abw. v. § 3c Abs. 2 S. 1 – sogar ein „unmittelbarer" wirtschaftlicher Zusammenhang verlangt wird[8]).[9] Durch das JStG 2010 wurde in Gestalt v. § 3c Abs. 2 S. 2 idF des JStG 2010 (§ 3c Abs. 2 S. 7 nF) (s. § 3c Rn. 30i f.) ‚reparierende' Abhilfe geschaffen,[10] das aber nur für die Zukunft[11] (§ 52 Abs. 8a S. 3 idF des JStG 2010). Für die **VZ bis 2010** bleibt es bei dem (tatsächlichen) Einnahmeerfordernis, wobei richtigerweise dann einschr. (und jeweils anteilsbezogen)[12] nur das Fehlen (**1**) v. Einnahmen, die (bereits) ihrerseits unter das Halb-/Teileinkünfteverfahren (und nicht noch unter das frühere Anrechnungsverfahren) fielen,[13] und (**2**) v. lfd. Einnahmen (auf der Ertragsebene), nicht aber auch v. (positiven oder negativen) Veräußerungserträgen (auf der Vermögensebene) als „schädlich" anzusehen ist; Letzteres würde deutlich über das Regelungsziel und hier auch den Regelungswortlaut hinausgehen.[14] **Nicht** um eine Einnahme idS handelt es sich bei der Vergütung für eine anlässlich der Veräußerung einer Beteiligung abgetretene Forderung aus einem (eigenkapitalersetzenden) G'ter-Darlehen.[15] – Fallen Einnahmen an, ist es unbeachtlich, dass der Aufwand diese

---

1 Zur Anwendung v. § 3 Nr. 40 lit. c auf Veräußerungen in den Jahren 1999 und 2000 s. BFH v. 18.11.2014 – IX R 4/14, BStBl. II 2015, 526.

2 FG Hbg. v. 10.10.2012 – 2 K 158/11, EFG 2013, 206 (NZB IX B 182/12 war unbegründet), sowie v. 14.3.2018 – 3 K 30/16, DStRK 2018, 208 (zu einem spezifischen Einzelfall eines sog. Bad Leavers).

3 *Förster*, GmbHR 2010, 1009; *Bron/Seidel*, DStZ 2009, 859; *Loose/Michel*, NWB 2010, 1736; OFD Rhld. v. 6.7.2010, DB 2010, 1560; **aA** BFH v. 6.4.2011 – IX R 61/10, BStBl. II 2012, 8; v. 6.4.2011 – IX R 49/10, BFH/NV 2012, 13; v. 6.4.2011 – IX R 31/10, BFH/NV 2011, 2028; *Hoffmann*, GmbHR 2010, 544.

4 BFH v. 25.6.2009 – IX R 42/08, BStBl. II 2010, 220, m. Anm. *Schallmoser*, DB 2009, 1965; v. 14.7.2009 – IX R 8/09, BFH/NV 2010, 399; v. 18.3.2010 – IX B 227/09, BStBl. II 2010, 627; FG Köln v. 25.2.2010 – 6 K 4092/05, EFG 2010, 939; *Jehke/Pitzal*, DStR 2010, 1163; *Loose/Michel*, NWB 2010, 1736; *Kaufmann/Stolte*, FR 2009, 1121 (mit Gestaltungsüberlegungen zur Verlustnutzung); *Heuermann*, BFH/PR 2009, 402; FG Düss. v. 10.5.2007 – 11 K 2363/05 E, EFG 2007, 1239 (mit zust. Anm. *Herlinghaus*; aus anderen Gründen aufgehoben und deswegen offen geblieben in BFH v. 20.1.2009 – IX R 98/07, BFH/NV 2009, 1248): verfassungskonforme Reduktion des § 3c Abs. 2 S. 1 aF. S. demgegenüber aber auch BFH v. 19.6.2007 – VIII R 69/05, BStBl. II 2008, 551; **aA** FG Köln v. 25.6.2009 – 10 K 456/06, EFG 2009, 1744.

5 Zutr. zB *Schön*, StuW 2000, 151 (154); *Pezzer*, StuW 2000, 144 (150).

6 S. *Siegers*, EFG 2010, 940.

7 *Dötsch/Pung*, DB 2010, 977 (979).

8 S. BFH v. 20.9.2006 – I R 59/05, BStBl. II 2007, 756.

9 Das Ausgangsproblem könnte sich uU gleichermaßen bei § 8b Abs. 3 iVm. Abs. 2 KStG stellen. Allerdings verknüpft § 8b Abs. 3 S. 3 KStG das Abzugsverbot mit „Anteilen iSv. § 8b Abs. 2" und nicht mit Einnahmen; s. dazu BFH v. 13.10.2010 – I R 79/09, BStBl. II 2014, 943.

10 Die FinVerw. hatte die Rspr. des BFH zunächst nicht angewandt (BMF v. 15.2.2010, BStBl. I 2010, 181), was den BFH allerdings nicht ‚störte' (BFH v. 18.3.2010 – IX B 227/09, BStBl. II 2010, 627), woraufhin die FinVerw. für die Vergangenheit bei Fehlen jeglicher (!) Einnahmen endg. „nachgab", BMF v. 28.6.2010, BStBl. I 2010, 599; OFD Nds. v. 11.5.2012, DB 2012, 1897 (dort auch zu Einzelheiten der Rspr.-Umsetzung).

11 S. auch BFH v. 29.5.2018 – IX R 40/17, GmbHR 2018, 989.

12 *Jehke/Pitzal*, DStR 2010, 256.

13 BFH v. 6.4.2011 – IX R 28/10, BStBl. II 2011, 814; v. 24.1.2012 – IX R 34/10, DStR 2012, 854 (s. dazu *Fuhrmann/Potsch*, DStR 2012, 835); v. 29.10.2013 – VIII R 13/11, BStBl. II 2014, 251; *Jehlke/Pitzal*, DStR 2010, 1163; **aA** FG RhPf. v. 12.11.2009 – 6 K 2084/07, EFG 2010, 318; OFD Rhld. v. 6.7.2010, DB 2010, 1560, jedoch überholt durch OFD Nds. v. 11.5.2012, DB 2012, 1897.

14 Vgl. dazu *Jehlke/Pitzal*, DStR 2010, 1163 (1164 f.), die aber zutr. darauf hinweisen, dass sich BFH v. 18.3.2010 – IX B 227/09, BStBl. II 2010, 627, uU anders verstehen lässt; so denn auch FG Düss. v. 20.1.2010 – 2 K 4581/07 F, EFG 2010, 1775 (rkr.).

15 FG Hbg. v. 12.12.2013 – 3 K 28/13, juris.

übersteigt; eine betragsmäßige Begrenzung auf null ist dem G nicht zu entnehmen.[1] Anders verhält es sich bei Auskehrungen aus dem Einlagekonto (iSv. § 27 KStG), die nur dann schädlich sind, wenn sie die AK tatsächlich übersteigen; das ergibt sich aus § 17 Abs. 4.[2] Unschädlich sind auch Dividenden, die der Abgeltungssteuer unterfallen (§ 32d).[3]

107 **2. Verfahrensrecht.** Der Veräußerungsgewinn und -verlust wird v. dem einzelnen StPfl. erzielt, auch dann, wenn sich die veräußerten Anteile an der KapGes. im Gesamthandsvermögen befanden (§ 39 Abs. 2 Nr. 2 AO, **Bruchteilsbetrachtung**, vgl. Rn. 24).[4] Veräußerungsgewinne und -verluste sind weder Gegenstand einer einheitlichen und gesonderten Feststellung v. Gewinn oder Verlust (§ 180 Abs. 1 Nr. 2a AO) noch – im Falle einer Unterbeteiligung – Gegenstand des besonderen Feststellungsverfahrens gem. § 179 Abs. 2 S. 3 AO, selbst dann nicht, wenn ein G'ter als solcher gem. § 17 an der KapGes. beteiligt ist.[5] Einwendungen sind deshalb iRd. Einspruchs gegen den ESt-Bescheid geltend zu machen.[6]

108 **II. Veräußerungsgewinn (Abs. 2 S. 1).** Der Veräußerungsgewinn ist stpfl., aber durch den Freibetrag des § 17 Abs. 3 (Rn. 109 ff.) begünstigt. Die bis zur Umstellung des kstl. Vollanrechnungs- auf das Halbeinkünfteverfahren (§ 3 Rn. 95 ff.; 8. Aufl., § 20 Rn. 41 ff.) gewährte Tarifermäßigung nach **§ 34** ist entfallen;[7] Gewinne, die bereits durch das Halb- bzw. (ab VZ 2009) das Teileinkünfteverfahren begünstigt werden, werden seitdem, um eine Doppelbegünstigung zu vermeiden, voll besteuert (s. § 34 Rn. 21). Besteht die Gegenleistung für die Veräußerung jedoch in wiederkehrenden Bezügen und entscheidet der StPfl. sich für die Besteuerung nach dem Zufluss anstelle einer Einmalbesteuerung (Rn. 77), kommt ihm der Freibetrag nicht zugute (sa. § 16).

109 **III. Freibetrag (Abs. 3).** Der Freibetrag des § 17 Abs. 3 steht **allen StPfl.** (nat. Pers., Körperschaften) zu, die unter den Anwendungsbereich des § 17 fallen (Rn. 3). Personenbezogene Einschränkungen, wie sie in der Freibetragsregelung des § 16 Abs. 4 enthalten sind (Lebensalter, Berufsunfähigkeit), bestehen keine. Als **sachliche Steuerbefreiung**[8] gehört der Betrag nicht zu den Einkünften iSv. § 2 Abs. 1 und ist deshalb bereits bei der Ermittlung der Summe der Einkünfte anzusetzen, so dass ein anderweitiger Verlust nicht ausgeglichen oder gemindert wird.

110 Der Freibetrag beläuft sich auf 9 060[9] (bis zum VZ 2003: 10 300) Euro bei Veräußerung v. 100 % der Anteile an einer KapGes. **(Abs. 3 S. 1)**. Er verringert sich entspr., wenn ein geringerer Prozentsatz veräußert wird. Ausschlaggebend ist allein das Verhältnis zu 100 % der Anteile, nicht der individuellen Beteiligungsquote des einzelnen StPfl.

Beispiel: Beteiligung v. 40 % wird zur Hälfte veräußert = Freibetrag 4 530 Euro. Ggf. ist das Nennkapital der Ges. bei der Verhältnisrechnung anteilig zu reduzieren, wenn diese über eigene Anteile verfügt.

111 Mehrere Veräußerungsvorgänge v. Anteilen an derselben (nicht: verschiedener) KapGes. in einem und demselben VZ sind rechnerisch zusammenzufassen.[10] Bei Veräußerungen an unterschiedliche Erwerber ist jedoch die Höhe des jeweiligen Freibetrages nach Maßgabe der jeweils anzustellenden Verhältnisrechnung zu ermitteln. In jedem Fall ist der nach § 3 Nr. 40 S. 1 lit. c iVm. § 3c Abs. 2 stfrei bleibende Teil des Veräußerungsgewinns (s. auch Rn. 77) **nicht** zu berücksichtigen.

112 Gem. Abs. 3 S. 2 verringert sich der maximale Freibetrag v. 9 060 (bis zum VZ 2003: 10 300) Euro um jenen Betrag, um den der Veräußerungsgewinn den Teil v. 36 100 (bis zum VZ 2003: 41 000) Euro übersteigt, der dem veräußerten Anteil an der KapGes. entspricht. Werden 100 % der Anteile veräußert, beläuft sich der Freibetrag also bei einem Veräußerungsgewinn v. 45 160 (bis zum VZ 2003: 51 300) Euro auf 0 Euro.

---

1 BFH v. 6.4.2011 – IX R 40/10, BStBl. II 2011, 785; v. 6.4.2011 – IX R 29/10, BFH/NV 2011, 2025; v. 7.2.2012 – IX R 1/11, BFH/NV 2012, 937; v. 20.4.2011 – I R 97/10, BStBl. II 2011, 815 (dagegen Verfassungsbeschwerde, 2 BvR 2690/11, die aber nicht zur Entsch. angenommen wurde); v. 6.10.2011 – I S 22/11, BFH/NV 2012, 207; v. 6.5. 2014 – IX R 19/13, BStBl. II 2014, 682; FG Münster v. 20.7.2011 – 7 K 3666/08 E, EFG 2011, 1864; **aA** *Hoffmann*, GmbHR 2010, 543.

2 *Schwedhelm/Olbing/Binnewies*, GmbHR 2010, 1233 (1246).

3 *Loose/Michel*, NWB 2010, 1736; *Bron/Seidel*, DStZ 2009, 859; **aA** *Gragert/Wißborn*, NWB 2010, 1328.

4 BFH v. 7.4.1976 – I R 75/73, BStBl. II 1976, 557; v. 9.5.2000 – VIII R 41/99, BStBl. II 2000, 686; v. 9.5.2000 – VIII R 40/99, BFH/NV 2001, 17.

5 BFH v. 9.5.2000 – VIII R 41/99, BStBl. II 2000, 686; v. 9.5.2000 – VIII R 40/99, BFH/NV 2001, 17; v. 25.1.2001 – VIII B 46/00, BFH/NV 2001, 779.

6 *Blümich*, § 17 Rn. 279, 932.

7 S. auch BFH v. 20.10.2010 – IX R 56/09, BStBl. II 2011, 409 (zur verfassungs- und unionsrechtl. Einschätzung).

8 Vgl. BFH v. 16.12.1975 – VIII R 147/71, BStBl. II 1976, 360.

9 Insoweit ist wegen ursprünglicher Verletzung des formellen Parlamentsprinzips durch BestätigungsG HBeglG 2004 v. 5.4.2011 (BGBl. I 2011, 554) eine inhaltsgleiche Neufassung erfolgt.

10 *Blümich*, § 17 Rn. 764; **aA** *Frotscher/Geurts*, § 17 Rn. 316b; offen BFH v. 13.7.1999 – VIII R 72/98, BStBl. II 1999, 820.

Beispiel: Nennkapital = 100 000 Euro, AK der veräußerten Anteile = 15 000 Euro (15 %), Veräußerungspreis = 25 000 Euro, Veräußerungsgewinn = 10 000 Euro, maximaler Freibetrag (15 % v. 10 000 Euro) = 1 500 Euro, Minderung des Freibetrages = 4 585 Euro, nämlich: 15 % v. 36 100 Euro = 5 415 Euro abzgl. Veräußerungsgewinn v. 10 000 Euro; Freibetrag sonach 0.

IV. Veräußerungsverlust. Übersteigen die AK (Rn. 85 ff.) den um die Veräußerungskosten (Rn. 83) reduzierten Veräußerungspreis (Rn. 72), erzielt der StPfl. einen Veräußerungsverlust. Dieser ist als Verlust aus GewBetr. (und mit systematisch nicht gerechtfertigten Unterschieden zu dem beschränkten Verlustabzug bei privaten Veräußerungsgeschäften gem. § 23 Abs. 4 S. 8, s. auch Rn. 2) nach allg. Grundsätzen (§ 10d, § 23 Abs. 3 S. 4) zu ermitteln und im Rahmen v. Verlustausgleich und -abzug zu berücksichtigen.[1] Verluste aus Veräußerungen iSv. § 17 können allerdings nur geltend gemacht werden, **soweit** (= also strikt **anteilsbezogen**[2]) **sie** – *alternativ* – auf Anteile entfallen, die **(1)** der StPfl. vor mehr als fünf Jahre vor der Veräußerung **unentgeltlich** (= ohne Gegenleistung, s. Abs. 1 S. 4 und Abs. 2 S. 5) erworben hat **(Abs. 2 S. 6 lit. a S. 1)**, die **(2)** zwar innerhalb der letzten fünf Jahre vor der Veräußerung unentgeltlich erworben wurden, bei denen aber der (unmittelbare, arg e contr Abs. 1 S. 4) **Rechtsvorgänger** anstelle des StPfl. den Veräußerungsverlust (im Zeitpunkt der Veräußerung) hätte geltend machen können **(Abs. 2 S. 6 lit. a S. 2)**, die **(3)** v. StPfl. **entgeltlich** erworben worden sind und (wenigstens) innerhalb der gesamten letzten fünf Jahre zu einer Beteiligung des StPfl. iSd. Abs. 1 S. 1 gehört haben **(Abs. 2 S. 6 lit. b S. 1)**,[3] die **(4)** v. StPfl. innerhalb der letzten fünf Jahre entgeltlich erworben worden sind und deren Erwerb **zur Begr.** einer entspr. qualifizierten Beteiligung des StPfl. geführt haben **(Abs. 2 S. 6 lit. b S. 2 Alt. 1)** *oder* **(5) die nach Begr.** der qualifizierten Beteiligung erworben worden sind **(Abs. 2 S. 6 lit. b S. 2 Alt. 2)**. Wertminderungen, welche *vor* Begr. der Beteiligung iSd. § 17 eingetreten sind, können nicht angesetzt werden.[4] Grund für diese Einschränkungen waren Praxisgestaltungen, mittels derer zuvor nicht qualifiziert beteiligte Anteilseigner kurzfristig Anteilszukäufe tätigten, um Verluste in den steuerrelevanten Bereich einzubeziehen[5] (s. auch Rn. 2). Der Sache nach handelt es sich hierbei also um **spezielle Missbrauchsvermeidungsregeln**, welche die Gestaltungsabwehr abschließend konkretisieren und für § 42 AO keinen Raum mehr belassen.[6] – **Im Einzelnen:** 113

1. Bei unentgeltlichem Anteilserwerb (Abs. 2 S. 6 lit. a). Der **unentgeltliche Erwerb** der betr. Anteile an der KapGes. ist grds. unschädlich (vgl. Abs. 1 S. 4, Rn. 36), vorausgesetzt, er ist außerhalb der Fünf-Jahres-Sperrfrist vor dem Veräußerungszeitpunkt erfolgt. Andernfalls – bei Erwerb innerhalb der Sperrfrist – ist der Verlust nicht abziehbar. Der Verlustabzug soll also nicht infolge kurzfristiger Schenkungen ermöglicht werden (Missbrauchsgefahr). Könnte der **Rechtsvorgänger** (= der unentgeltlich Übertragende) den Verlust jedoch – vorausgesetzt, er wäre noch Anteilseigner – seinerseits **anstelle** des StPfl. abziehen, schadet auch dies nichts. Abzustellen ist hierbei – fiktiv – allein auf den **Zeitpunkt der Veräußerung** durch den Rechtsnachfolger. Der Gesetzeswortlaut belässt insoweit keinen Zweifel daran, dass der Zeitpunkt der unentgeltlichen Übertragung unbeachtlich ist.[7] Bei vorangegangenem entgeltlichem Anteilserwerb durch den Rechtsvorgänger sind überdies wegen der Anteilsbezogenheit des Abs. 2 S. 6 (Rn. 113) einerseits und der fiktiven Projektion auf den Rechtsvorgänger andererseits die unentgeltlich erworbenen Anteile zu isolieren und ist sonach hinsichtlich der Besitzzeiten ausschließlich auf die tatsächliche und die fiktive Besitzzeit beim Rechtsvorgänger abzustellen. Es genügt nicht, (nur) die jeweiligen tatsächlichen Besitzzeiten beim Rechtsvorgänger und beim StPfl. mit dem Ergebnis zusammenzurechnen, dass beide gemeinsam die Zeitvoraussetzungen erfüllen; § 17 Abs. 2 S. 6 lit. b (§ 17 Abs. 2 S. 4 lit. b aF) ist insoweit nicht anzuwenden.[8] 114

Beispiel: A erwirbt in 01 15 % der Anteile an der KapGes. 10 % veräußert er in 03 an C, 5 % schenkt er in 04 an B, der bereits 10 % innehat und sämtliche 15 % in 08 unter Verlust verkauft. Nur der auf 10 % bezogene Verlust ist abziehbar, der auf 5 % bezogene nicht, weil A innerhalb der letzten fünf Jahre nicht wesentlich/qualifiziert beteiligt war. Anders verhält es sich, wenn B die 15 % in 06 veräußert. Dann ist der auf die 5 % entfallende Verlust abziehbar.

2. Bei entgeltlichem Anteilserwerb (Abs. 2 S. 6 lit. b, Abs. 2 S. 4 lit. b aF). Alternativ („oder") wird der Verlustabzug nach Abs. 2 S. 6 lit. b (Abs. 2 S. 4 lit. b aF) ermöglicht, wenn der StPfl. die Anteile entgeltlich 115

1 BFH v. 29.6.1995 – VIII R 68/93, BStBl. II 1995, 722.
2 *Dötsch/Pung*, BB 1999, 1352 (1357); vgl. auch BFH v. 29.7.1997 – VIII R 80/94, BStBl. II 1997, 727; v. 20.4.2004 – VIII R 52/02, BStBl. II 2004, 556; FG Sachs. v. 15.7.2009 – 5 K 432/05, juris.
3 BFH v. 22.2.2005 – VIII R 41/03, BFH/NV 2005, 1518.
4 BFH v. 20.4.2004 – VIII R 52/02, BStBl. II 2004, 556.
5 BR-Drucks. 171/95, 133; BT-Drucks. 14/23, 179.
6 Zutr. FG Hbg. v. 25.11.2015 – 2 K 258/14, EFG 2016, 483 m. Anm. *Schindler*; aber aufgehoben (und uU anders) durch BFH v. 9.5.2017 – IX R 1/16, BStBl. II 2018, 94.
7 Str.; wie hier zB *Wendt*, FR 1999, 343 (347); *Dötsch/Pung*, DB 1999, 1352; **aA** *Herzig/Förster*, DB 1999, 711 (718); *Strahl*, KÖSDI 2000, 12260 (12268).
8 *Dötsch/Pung*, DB 1999, 1352; **aA** *Wendt*, FR 1999, 343 (347); *Ernst & Young*, § 17 Rn. 170.

erworben und sie innerhalb der gesamten letzten fünf Jahre (unmittelbar oder mittelbar) als eine Beteiligung iSd. Abs. 1 S. 1 gehalten hat.[1]

116 Die wesentliche/qualifizierte Beteiligung muss **ununterbrochen** bestanden haben. Nur kurzfristige und vorübergehende Beteiligungen genügen weder dem Wortlaut noch dem Gesetzeszweck. Es genügt auch nicht, dass die Beteiligung über die gesamten fünf Jahre hinweg eine wesentliche/qualifizierte gewesen ist, unabhängig davon, dass einzelne Anteile veräußert, andere ggf. hinzuerworben (s. dazu Rn. 89) worden sind. Indem das G ausdrücklich auf die „Anteile" abstellt, verdeutlicht es das Erfordernis einer Identität der gehaltenen und der später veräußerten Anteile. Insoweit erweist sich die Sperrzeit auch hier als konkret anteils-, nicht aber als beteiligungsbezogen.[2] Die hinzuerworbenen Anteile werden v. den Altanteilen nicht „infiziert". Unschädlich ist es jedoch, wenn die Wesentlichkeit der Beteiligung durch andere (wechselnde) Anteile erreicht wird, auch wenn mit solchen Anteilen verbundene Verluste ihrerseits nicht abzugsfähig sind.

117 Die Sperrzeit und damit die iSd. Abs. 1 S. 1 qualifizierte Beteiligung muss vor der Veräußerung nicht nur durchgängig bestanden haben, sondern der Veräußerung **überdies unmittelbar vorangehen**. Es reicht nicht aus, wenn die Beteiligung bereits vor der Veräußerung auf eine nicht qualifizierte abgesenkt worden ist. Insofern unterscheidet sich der Fünf-Jahres-Zeitraum nach Abs. 2 S. 6 lit. b v. jenem Fünf-Jahres-Zeitraum in Abs. 1 S. 1 („innerhalb", vgl. Rn. 30).

Beispiel: Die Beteiligung iHv. 40 % besteht seit 01. In 08 werden davon 20 %, in 09 weitere 10 % veräußert. Die Veräußerung unterfällt zwar § 17, weil die Beteiligung innerhalb des Fünf-Jahres-Zeitraums nach Abs. 1 S. 1 eine qualifizierte war, sie erfüllt aber nicht die Voraussetzungen für den Verlustabzug nach Abs. 2 S. 6 lit. b (Abs. 2 S. 4 lit. b aF).

118 **Entgeltlich** wurde die Beteiligung erworben, wenn die erbrachte Sach- oder Bareinlage (mindestens) dem Wert der gezeichneten Anspr. entspricht. Um einen entgeltlichen Erwerb in diesem Sinne handelt es sich auch, wenn die KapGes. aus einer Verschmelzung oder Spaltung hervorgeht, vorausgesetzt, es handelt sich um eine Neugründung und nicht lediglich um eine Aufnahme; das Entgelt besteht dann in den hingegebenen Anteilen an der untergehenden Ges.

119 **Ausnahmen** v. den Erwerbs- und Beteiligungserfordernissen gem. Abs. 2 S. 6 lit. b S. 1 belässt **Abs. 2 S. 6 lit. b S. 2**, wenn die Anteile innerhalb der letzten fünf Jahre **zur Begr.** einer qualifizierten Beteiligung **oder** – nach bereits erfolgter Begr. einer qualifizierten Beteiligung – **zur Aufstockung** der qualifizierten Beteiligung (nach Maßgabe v. Abs. 1 S. 1 iHv. 1 % der Anteile, auch bei Anteilserwerb vor 2001 und 1999,[3] s. Rn. 18) erworben worden sind. Maßgeblich sind die Verhältnisse beim StPfl.; die Verhältnisse beim Rechtsvorgänger sind unbeachtlich. Eine qualifizierte Beteiligung wird durch entspr. entgeltlichen (nicht aber unentgeltlichen) Anteilserwerb v. einem oder v. mehreren[4] Veräußerern begründet oder aufgestockt. Nur auf solche Anteile entfallende Verluste (zB infolge zwischenzeitlicher Insolvenz der KapGes. im 2. oder 3. Jahr nach dem Anteilserwerb) sind (anteilig) abziehbar, **nicht** aber Verluste, die auf eine im Erwerbszeitpunkt bereits bestehende, aber nicht qualifizierte Beteiligung entfallen, nach vorzugswürdiger Lesart des G auch nicht Verluste auf hinzuerworbene Anteile nach zwischenzeitlicher Aufgabe der qualifizierten Beteiligung. Dass die qualifizierte Beteiligung zuvor irgendwann innerhalb der Sperrfrist bestanden hat, genügt nicht. Das mag zwar ungereimt erscheinen, weil bei späterer Veräußerung der nunmehrigen nicht qualifizierten Beteiligung auch der daraus erzielte Gewinn stpfl. ist. Dem Gesetzeswortlaut in Abs. 2 S. 6 lit. b S. 2 lässt sich jedoch trotz der Bezugnahme auf Abs. 1 S. 1 letztlich zweifelsfrei entnehmen, dass die qualifizierte Beteiligung im Zeitpunkt des Anteilshinzuerwerbs noch bestanden haben muss („nach Begr.").[5] Allerdings vertritt der BFH – weil „der so erreichte Gleichklang der Besteuerung v. Auflösungsgewinn und -verlust (…) dem objektiven Nettoprinzip als systemtragendes Grundprinzip des ESt-Rechts" entspreche – zu diesem letzteren Punkt eine abw. Auffassung und lässt auch hier den vollen Verlustabzug zu.[6] – Zur Anteilsbezogenheit auch der hinzuerworbenen Anteile s. Rn. 116. Unschädlich ist es, wenn der unentgeltliche Erwerb der Beteiligung mit der Gründung der Ges. oder einer Kapitalerhöhung zusammenfällt. Im Falle der entgeltlichen Aufstockung sind Verluste umfassend zu berücksichtigen, wenn die Antei-

1 Zur verfassungsrechtl. Beurteilung dieser Einschränkung s. BFH v. 14.6.2005 – VIII R 20/04, BFH/NV 2005, 2202; v. 29.5.2008 – IX R 62/05, BStBl. II 2008, 856 und Rn. 113.
2 BFH v. 29.7.1997 – VIII R 80/94, BStBl. II 1997, 727; *Frotscher/Geurts*, § 17 Rn. 298; *Felix/Strahl*, BB 1996, 1582; *Gerl/Sturm*, DB 1996, 1102; *Herzig/Förster*, DB 1997, 594; *Gosch*, StBp. 1998, 26; zweifelnd *Pyszka*, DStR 1997, 309; **aA** *Ernst & Young*, § 17 Rn. 169; *L/B/P*, § 17 Rn. 274, 281, jeweils unter Hinweis auf das – hier abgelehnte (Rn. 114) – Verständnis der Rechtslage nach § 17 Abs. 2 S. 4 lit. a und ein daraus erwachsendes Gleichbehandlungsgebot.
3 Zutr. *Herzig/Förster*, DB 1999, 711 (716).
4 *Herzig/Förster*, DB 1999, 711 (716).
5 *Wendt*, FR 1999, 333 (347); *Blümich*, § 17 Rn. 776 f.
6 BFH v. 1.4.2009 – IX R 31/08, BStBl. II 2009, 810; iErg. ebenso *Herzig/Förster*, DB 1999, 711 (716); *L/B/P*, § 17 Rn. 281; *K/S/M*, § 17 Rn. C 428.

le, welche innerhalb der letzten fünf Jahre erworben wurden, eine schon vorhandene qualifizierte Beteiligung erhöhen.

F. Auflösung der Kapitalgesellschaft, Kapitalherabsetzung, Ausschüttung oder Rückzahlung von Einlagen (Abs. 4)

I. Überblick. Durch Abs. 4 wird der Tatbestand des Abs. 1–3 erweitert und auf die Fälle **(1)** der **Auflösung** der KapGes. (Liquidation), **(2)** der **Herabsetzung und Rückzahlung des Nennkapitals** und **(3)** der **Rückzahlung v.** (verdeckten) **Einlagen iSv. § 27 KStG** (bis zur Umstellung v. Vollanrechnungs- auf das Halbeinkünfteverfahren, s. § 3 Rn. 95 ff.; 8. Aufl., § 20 Rn. 41 ff.: Ausschüttung v. EK 04 gem. § 30 Abs. 2 Nr. 4 KStG aF) erstreckt. Der Gesetzgeber wollte die Aufdeckung stiller Reserven auch in diesen Fällen als veräußerungsähnlich unter den Voraussetzungen des § 17 stl. einbeziehen. Er hat die Vorschrift durch das SEStEG v. VZ 2007 an – jedoch ohne inhaltliche Änderungen[1] – neu gefasst. 120

Allerdings bedarf es der **Abgrenzung** zu solchen Gewinnausschüttungen, die bereits als Kapitaleinkünfte (§ 20 Abs. 1 Nr. 1, 2) zu versteuern sind; für solche Bezüge gilt Abs. 4 S. 1 nicht, **Abs. 4 S. 3**. Nur die eigentliche Kapitalrückzahlung wird Anteilsveräußerungen gleichgestellt. Grund für diese Differenzierung war das kstl. Anrechnungsverfahren. Da der Anteilseigner bei Auskehrung thesaurierter Gewinne den Vorteil der Anrechnung des KSt-Guthabens erlangte, sollte er nicht zugleich in den Genuss der tariflichen Steuervergünstigung nach § 34 aF kommen. Kehrseite der Differenzierung war eine (partielle) Ungleichbehandlung v. Anteilsveräußerungen einerseits und den diesen in Abs. 4 S. 1 an sich gleichgestellten Vorgängen andererseits.[2] Das wiederum verlockte zu Steuergestaltungen, indem zunächst die (günstigere) Veräußerung und anschließend die (ungünstigere) Liquidation der KapGes. durchgeführt wurde (dazu und zur Problematik des § 42 Abs. 1 S. 1 AO s. Vorauflage Rn. 315). Nach Abschaffung des KSt-Anrechnungsverfahrens kommt der Unterscheidung vornehmlich nur noch systematische Bedeutung im Verhältnis v. § 17 zu § 20 und der dabei bestehenden Besteuerungsunterschiede (1 %-Grenze bei § 17, Freibeträge) zu. Eine parallele Problematik besteht bei **§ 8b KStG**, wobei dort die hM[3] die Bezüge aus der Einlagenrückgewähr den (lfd.) Einkünften iSv. § 8b Abs. 1 KStG zuordnen will, während die FinVerw.[4] sie (im Grundsatz richtigerweise und wie gem. § 17 Abs. 4 [und mit dem Vorteil, dass eine Hinzurechnung gem. § 8 Nr. 5 GewStG unterbleibt]) als Veräußerungsgewinne iSv. § 8b Abs. 2 KStG erfasst; dies aber (wohl zu Unrecht) bereits in jenem Moment und Umfang, in dem sie den Buchwert überschreiten; letzteres ist unrichtig, weil § 8b Abs. 2 KStG abw. v. § 17 Abs. 4 die Einlagenrückgewähr nicht erwähnt, weswegen entspr. Bezüge hiernach zwar bereits im Zuwendungszeitpunkt besteuert und erst im (nachfolgenden) Veräußerungsfall als steuerfrei realisiert werden.[5] – So oder so unterfallen Ausschüttungen aus dem stl. Einlagekonto nicht dem KapESt-Abzug gem. **§ 43 Abs. 1 Nr. 1 S. 3 oder Nr. 9**, da die Veräußerungsfiktion des § 17 Abs. 4 nur für den Anwendungsbereich des § 17 gilt, nicht für den Steuerabzug.[6] 121

Von § 17 Abs. 4 S. 1 erfasst werden sonach **nur Kapitalrückzahlungen ieS**, also Nennkapitalrückzahlungen, unter Einschluss des Nennkapitals und der Beträge des Einlagekontos (§ 27 KStG, § 30 Abs. 2 Nr. 4 KStG aF). **Nicht** v. § 17 Abs. 4 S. 1, sondern v. § 20 Abs. 1 Nr. 1 und 2 erfasst werden hingegen Auskehrungen thesaurierter Gewinne. Nach früherer Rechtslage sind dies Auskehrungen aus dem vEK ohne EK 04 sowie Nennkapital, das aus den in § 29 Abs. 3 KStG aF bezeichneten Beträgen stammte; s. im Einzelnen Rn. 138. 122

II. Auflösung der Kapitalgesellschaft (Abs. 4 S. 1). 1. Begriff, Tatbestand. § 17 Abs. 4 S. 1 erfordert die **formale Auflösung** der KapGes. (nicht deren Beendigung)[7] durch Beschl. und (deklaratorische) Eintragung in das Handelsregister (§ 263 AktG, § 65 GmbHG, § 31 HGB), regelmäßig mit anschließender Abwicklung (Liquidation, § 264 AktG, §§ 60, 70 GmbHG) und Verteilung des Ges.-Vermögens an die G'ter (§ 271 AktG, § 72 GmbHG). Zum maßgeblichen Zeitpunkt s. Rn. 127. Zu den **Auflösungsgründen** s. §§ 60 ff. GmbHG, § 262 AktG, §§ 1 f. LöschG aF, § 141a FGG. Auflösungstatbestände ergeben sich auch aus der Verschmelzung der KapGes. (§ 13 Abs. 2 S. 2, 3 UmwStG, § 13 Abs. 2 S. 1, 2 UmwStG aF), Auf- und Abspaltungen (§ 15 Abs. 1 iVm. §§ 11 ff. UmwStG). Die Anteile an der untergehenden KapGes. gelten 123

1 Zweifelnd insoweit *Peetz*, GmbHR 2007, 1022 (1026).
2 Krit. *H/H/R*, § 17 Anm. 260.
3 ZB *Dötsch/Pung*, DB 2003, 1016; *Eilers/Schmidt*, GmbHR 2003, 613; *Füger/Rieger*, FR 2003, 543; *Herzig*, DB 2003, 1459; *Rödder/Schumacher*, DStR 2003, 909; *Frotscher/Drüen*, § 8b KStG Rn. 63a.
4 BMF v. 28.4.2003, BStBl. I 2003, 292.
5 *Gosch*[3], § 8b Rn. 106; s. auch BFH v. 28.10.2009 – I R 116/08, BStBl. II 2011, 898.
6 Zutreff. *Lechner/Haisch/Bindl*, Ubg 2010, 339 (343).
7 BFH v. 3.6.1993 – VIII R 81/91, BStBl. II 1994, 162; v. 3.6.1993 – VIII R 46/91, BFH/NV 1994, 364; v. 4.11.1997 – VIII R 18/94, BStBl. II 1999, 344; v. 14.6.2000 – XI R 39/99, BFH/NV 2001, 302; v. 1.8.2017 – IX B 26/17, BFH/NV 2017, 1313; v. 13.3.2018 – IX R 38/16, BFH/NV 2018, 721.

hiernach als veräußert, die neuen (verschmelzungs- oder abspaltungsbedingten) Anteile an der übernehmenden KapGes. treten mit den bei dieser angesetzten Werten als AK an ihre Stelle (s. Rn. 102). Diese sind unabhängig davon Anteile iSv. § 17, ob der G'ter auch an der aufnehmenden KapGes. iSd. § 17 Abs. 1 S. 1 (nach Maßgabe der jeweiligen Regelungsfassung)[1] beteiligt ist (§ 13 Abs. 2 S. 2 UmwStG, § 13 Abs. 2 S. 2 UmwStG aF). Sie bleiben dies richtiger,[2] aber umstrittener[3] Ansicht nach ad infinitum, also nicht nur binnen der Fünf-Jahres-Frist in § 17 Abs. 1 S. 1. Nach § 13 Abs. 2 S. 2 UmwStG aF ergab sich das daraus, dass die Vorschrift nur die in § 17 Abs. 1 S. 1 angelegte Beteiligungshöhe bezogen auf die verschmelzungsgeborenen Anteile fiktiv erweitert, diese erweiterte Beteiligung sodann aber vollen Umfangs den Regeln des § 17 unterwirft. Nach § 13 Abs. 2 S. 2 UmwStG folgt dies aus dem Umstand, dass die neuen Anteile vollen Umfangs an die Stelle der alten Anteile treten. Die (fiktive bzw. rechtsnachfolgende) Wesentlichkeit endet allerdings, wenn infolge v. Teilanteilsveräußerungen die Wesentlichkeitsgrenze auch bezogen auf die untergegangene Ges. unterschritten wird.[4] Bei einem nicht wesentlich/qualifizierten Beteiligten wurden gem. § 13 Abs. 2 S. 3 UmwStG aF die gemeinen Werte angesetzt, um zu verhindern, dass stille Reserven vor dem stl. Übertragungsstichtag nachzuversteuern sind. Seit der Neukonzeption des UmwStG durch das SEStEG (Rn. 9) ist der Ansatz des gemeinen Anteilswerts der gesetzliche Regelfall (§ 13 Abs. 1 UmwStG). Bei Eintritt in die Rechtsstellung der untergehenden Anteile infolge Buchwertansatzes bei fehlendem Ausschluss bzw. fehlender Beschränkung der deutschen Besteuerung gem. § 13 Abs. 2 S. 1 Nr. 1 UmwStG oder in den Fällen v. Art. 8 Fusionsrichtlinie gem. § 13 Abs. 1 S. 1 Nr. 2 UmwStG bedarf es keiner besonderen Wertbestimmung; an die Stelle des Buchwerts treten bei Anteilen iSv. § 17 allerdings (erneut) die AK (§ 13 Abs. 2 S. 3 UmwStG). – Einbringungsgeborene Anteile gem. § 21 UmwStG aF bzw. sperrfristverhaftete Anteile gem. § 22 Abs. 2 UmwStG an der Alt-KapGes. bleiben auch weiterhin steuerverstrickt (§ 13 Abs. 2 S. 2 UmwStG, § 13 Abs. 3 UmwStG aF). S. auch zu „neuen" einbringungsgeborenen Anteilen gem. § 20 Abs. 3 S. 4 iVm. § 21 Abs. 2 S. 6 UmwStG Rn. 9.

124 Auflösungsgründe ergeben sich schließlich nach zuvor hM bei (tatsächlicher) **Verlegung** des Verwaltungssitzes (der Geschäftsleitung) einer inländ. KapGes. in das Ausland[5] oder umgekehrt bei Sitzverlegung einer ausländ. KapGes. in das Inland.[6] Konsequenz der Sitzverlegung ist nach Maßgabe der sog. **Sitztheorie** der Verlust der Rechtsfähigkeit der KapGes. und damit deren „Auflösung" iSd. § 17 Abs. 4; es muss ein fiktiver Veräußerungsgewinn versteuert werden. Dabei bleibt es nach gegenwärtiger Rechtslage prinzipiell für den Fall der **wegziehenden KapGes.**, also der Ges., die ihre Geschäftsleitung (§ 10 AO) oder ihren Sitz (§ 11 AO) in das Ausland verlegt, die deswegen aus der unbeschränkten StPfl. ausscheidet und die in Deutschland aufgrund der hierzulande vertretenen Sitztheorie uneingeschränkt der Schlussbesteuerung des § 12 iVm. § 11 KStG aF unterfiel. Infolge der Regelungsänderungen durch das SEStEG (Rn. 9) gilt dies aber nicht mehr (wie früher, vgl. § 12 Abs. 1 KStG aF) generell, sondern betrifft gem. **§ 12 Abs. 3 KStG** nur noch den Wegzug in (Dritt-)Staaten außerhalb der EG und des EWR-Raums; ansonsten greift der **allg. Entstrickungstatbestand des § 12 Abs. 1, 2 KStG**, wonach die Beschränkung oder der Ausschluss des deutschen Besteuerungszugriffs im Grundsatz die fiktive Veräußerung oder Überlassung des betr. WG zum gemeinen Wert auslöst. Ausgenommen sind die Fälle des Wegzugs in den EU- oder EWR-Mitgliedstaaten, für die (lediglich, jedoch unbeschadet entgegenstehender DBA) ein späterer tatsächlicher Veräußerungsgewinn besteuert und diese Besteuerung zudem iRd. § 4g[7] vorübergehend und pro rata temporis gestundet wird (§ 12 Abs. 1 letzter HS KStG iVm. § 4 Abs. 1 S. 5, § 4g und § 15 Abs. 1a). S. auch zu (möglichen) tatbestandlichen Unzulänglichkeiten jener Vorschriften § 4 Rn. 109, § 15 Rn. 159 ff., § 36 Rn. 25 ff., § 49 Rn. 16[8] – Für die **zuziehende ausländ. KapGes.** wird sich die Konsequenz einer „Zwangsauflösung" kaum halten lassen, nachdem der EuGH[9] insoweit einen Verstoß gegen die Niederlassungsfreiheit rekla-

1 FG Köln v. 14.4.2015 – 12 K 329/13, EFG 2015, 1362.
2 *Thiel*, DStR 1995, 279 Fn. 38; *Lademann*, § 13 UmwStG Rn. 25.
3 **AA** *D/P/M*, § 13 UmwStG nF Rn. 56 f.
4 ZB *F/M*, § 13 UmwStG Rn. 35 f.
5 BayObLG v. 7.5.1992, DB 1992, 1400; umfassend *Ernst & Young*, § 1 Rn. 32 ff., 51 ff.; *H/H/R*, § 17 Anm. 288; *Eickmann/Mörwald*, DStZ 2009, 422; **aA** *Staringer*, Besteuerung doppelt ansässiger KapGes., 1999, 200 f.
6 Umfassend *H/H/R*, § 17 Anm. 288 f.; **aA** *Staringer*, Besteuerung doppelt ansässiger KapGes., 1999, 167 f.
7 Was aus Sicht des Unionsrechts unbedenklich sein soll, s. EuGH v. 23.1.2014 – C-164/12, DMC Beteiligungsges. mbH; **aA** FG Düss. v. 5.12.2013 – 8 K 3664/11 F, BB 2014, 21 (Vorabentscheidungsersuchen an den EuGH – C-657/13, Verder LabTec); s. auch § 49 Rn. 16, § 36 Rn. 30.
8 Beachtenswert ist die (geheime) administrative „Argumentationshilfe bei behauptetem Verstoß des § 12 Abs. 1 KStG gegen EU-Grundfreiheiten", s. OFD Mgdb. v. 16.9.2010 – S 2761-1-St 215.
9 EuGH v. 5.11.2002 – Rs. C-208/00– Überseering, GmbHR 2002, 1137; v. 12.7.2012 – Rs. C-378/10 – VALE Építési kft., DB 2012, 1614. – Hinsichtlich der Wegzugsfälle gilt EuGH v. 27.9.1988 – 81/87 – Daily Mail and General Trust, Slg. 1988, 5483, fort, wonach kein EU-Diskriminierungsverbot verletzt ist; s. auch v. 16.12.2008 – Rs. C-210/06 – Cartesio, IStR 2009, 59; *Gosch*, BFH/PR 2009, 119; krit. *Schall/Barth*, NZG 2012, 414.

miert hat (s. bereits Rn. 4).[1] Das gilt jedenfalls innerhalb der EU und des EWR-Raums, ggf. (über das abkommensrechtl. Diskriminierungsverbot, vgl. Art. 24 OECD-MA) auch bezogen auf Drittstaaten,[2] vorausgesetzt, der Wegzugsstaat folgt der Gründungs- und nicht seinerseits der Sitztheorie.[3] Auch im letzteren Fall[4] müsste die zuziehende Ges. **stl.** – und abweichend v. Zivilrecht[5] – aber wohl als KapGes. anerkannt werden, wenn sie im Typenvergleich einer solchen entspricht. Insoweit entscheidet allein die (abstrakte) Struktur (der „Strukturtypus") des ausländ. Rechtsgebildes über dessen „Qualität" als KapGes., letztlich gleichviel, ob dieses nach seinem Zuzug im Ausland als jur. Pers. oder als MU'schaft anerkannt und besteuert wird und/oder, ob es als rechtsfähig angesehen wird oder nicht. Bei dieser Rechtsfolge bleibt es auch für die Beteiligung eines beschränkt StPfl. an einer ausländ. KapGes. mit Sitz oder Geschäftsleitung im Inland, die ihren Sitz ins Ausland zurückverlegt (s. § 49 Abs. 1 Nr. 2 lit. e, dort Rn. 34).[6]

Die **Umwandlung** einer KapGes. in eine KapGes. anderer Rechtsform (§§ 190ff., 226ff. UmwG) wirkt sich für den G'ter nicht aus. Gleiches gilt für (formwechselnde) Umwandlungen in eine PersGes. (§§ 190ff., 226ff. UmwG; § 5 Abs. 2 UmwStG); die Anteile gehen zum stl. Übernahmestichtag mit den historischen AK in das BV der PersGes. als Einlage über. Anders verhält es sich, wenn ein BV fehlt (§ 8 Abs. 1 UmwStG); § 17 findet dann Anwendung, gem. § 8 Abs. 2 UmwStG allerdings ohne Freibetrag (§ 17 Abs. 3) sowie unter Erhöhung der anzurechnenden KSt (§ 10 iVm. § 8 Abs. 2 S. 2 UmwStG aF idF vor Abschaffung des KSt-Anrechnungsverfahrens). S. auch § 49 Abs. 1 Nr. 2 lit. e, dort Rn. 35f. 125

§ 17 Abs. 4 erfasst auch die Auflösung **ausländ. KapGes.**,[7] ggf. auch deren Umwandlung, soweit das maßgebliche ausländ. (Zivil-)Recht die Umwandlung als Auflösung wertet.[8] 126

2. Zeitpunkt. Ebenso wie bei der Ermittlung des Veräußerungsgewinns (Rn. 67) wird der Auflösungsgewinn oder -verlust auf den (Stich-)**Tag der Gewinn- oder Verlustrealisierung** nach GoB[9] ermittelt (**§ 17 Abs. 4 S. 1 iVm. § 17 Abs. 2**). Das ist seitens der Rspr. vielfach und abschließend geklärt.[10] Maßgebend ist hiernach idR der Zeitpunkt (VZ), in dem das Ges.-Vermögen auszukehren ist (= tatsächliche Rückzahlung, vgl. zur Vermögensverteilung bei der GmbH § 72 GmbHG),[11] nicht bereits der Zeitpunkt der Auflösung der Ges. (vgl. für GmbH § 60 Abs. 1 Nr. 4 GmbHG)[12] oder des Entstehens des Abwicklungsguthabens,[13] auch nicht der Löschung der Ges. im Handelsregister (§ 141a FGG).[14] Der vorherige (bei Abschlagszahlungen) oder nachfolgende (bei Nachzahlungen) **Zuflusszeitpunkt** (§ 11) ist stets **unbeachtlich.**[15] Auflösungsverluste sind jedoch (zwingend, ohne Wahlrecht des StPfl.[16]) **entstanden**, sobald mit einer wesentlichen Änderung nicht mehr zu rechnen ist,[17] jedenfalls bei (rkr.) Ablehnung der Insolvenz-(Konkurs-)eröffnung mangels Masse (§ 26 Abs. 1 InsO, § 107 Abs. 1 KO),[18] trotz eröffneten Insolvenzverfahrens bei Fehlen jeglicher Zuteilungs- und Rückzahlungsaussichten,[19] spätestens mit Löschung 127

1 Zutr. *Birk*, IStR 2003, 469 (473); *Dautzenberg*, StuB 2003, 407.
2 BFH v. 29.1.2003 – I R 6/99, BStBl. II 2004, 1043.
3 *Birk*, IStR 2003, 469 (473); s. auch *Leible/Hoffmann*, RIW 2002, 930.
4 *Haase*, StStud 2003, 198; insoweit **aA** *Birk*, IStR 2003, 469 (473).
5 Vgl. BGH v. 1.7.2002 – II ZR 380/00, NJW 2002, 3539 (sog. Jersey-Urt.); v. 27.10.2008 – II ZR 158/06, DStR 2009, 59 (sog. Trabrennbahn-Urt.).
6 *Birk*, IStR 2003, 469 (473); **aA** *Dautzenberg*, StuB 2003, 405 (407).
7 BFH v. 30.3.1993 – VIII R 44/90, BFH/NV 1993, 597; v. 22.2.1989 – I R 11/85, BStBl. II 1989, 794.
8 Zur Ungewissheit bei einer formwechselnden (identitätswahrenden) Umwandlung s. *S/K/K*, § 8 AStG Rn. 23; *Schönfeld*, FR 2007, 436.
9 BFH v. 2.10.1984 – VIII R 20/84, BStBl. II 1985, 428; v. 3.6.1993 – VIII R 23/92, BFH/NV 1994, 459; v. 1.7.2014 – IX R 47/13, BStBl. II 2014, 786; s. auch FG Münster v. 22.4.1999 – 8 K 859/96 E, EFG 1999, 1073 zur Rückstellungsbildung wegen drohender Bürgschaftsinanspruchnahme; OFD Ffm. v. 19.7.2005, DB 2005, 2048 mwN; OFD Mgdb. v. 22.9.2006 ESt-Kartei ST § 17 Karte 11.
10 S. BFH v. 23.11.2018 – IX B 87/18, juris, mwN.
11 BFH v. 27.11.2001 – VIII R 36/00, BStBl. II 2002, 731; v. 4.10.2006 – VIII R 7/03, BStBl. II 2009, 772.
12 **AA** *Paus*, FR 1995, 49; *Lademann*, § 17 Rn. 299; wohl auch BFH v. 27.10.1992 – VIII R 87/89, BStBl. II 1993, 340.
13 **AA** *Schmidt*[37], § 17 Rn. 223.
14 BFH v. 3.6.1993 – VIII R 81/91, BStBl. II 1994, 162.
15 RFH RStBl. 1937, 963.
16 Vgl. BFH v. 3.6.1993 – VIII R 81/91, BStBl. II 1994, 162; v. 14.6.2000 – XI R 39/99, BFH/NV 2001, 302.
17 BFH v. 2.10.1984 – VIII R 20/84, BStBl. II 1985, 428; v. 7.7.1992 – VIII R 56/88, BFH/NV 1993, 25; v. 3.6.1993 – VIII R 23/92, BFH/NV 1994, 459; v. 12.10.1999 – VIII R 46/98, BFH/NV 2000, 561; v. 25.1.2000 – VIII R 63/98, BStBl. II 2000, 343; v. 28.10.2008 – IX R 100/07, BFH/NV 2009, 561; v. 1.7.2014 – IX R 47/13, BStBl. II 2014, 786.
18 BFH v. 3.6.1993 – VIII R 81/91, BStBl. II 1994, 162; v. 27.11.1995 – VIII B 16/95, BFH/NV 1996, 406; FG Köln v. 21.3.2013 – 7 K 1238/10, EFG 2013, 1323; OFD Ffm. v. 19.7.2005, DB 2005, 2048; umfassend und aktuell zu insolvenzbedingten Auflösungsverlusten *Deutschländer*, NWB 2016, 1747, 1829, 1917.
19 BFH v. 25.1.2000 – VIII R 63/98, BStBl. II 2000, 343; FG Köln v. 26.11.2014 – 7 K 1444/13, EFG 2015, 638 m. Anm. *Neu*; s. dazu *auch Bös/Schwarz*, KSI 2015, 180.

im Handelsregister,[1] bei insolvenzfreier Liquidation ausnahmsweise bereits in dem Zeitpunkt, in dem der G'ter erklärt, mit seiner Forderung ggü. allen gegenwärtigen und künftigen Verbindlichkeiten der vermögenslosen und überschuldeten GmbH aus einer bankmäßigen Geschäftsverbindung im Rang zurückzutreten,[2] auch im Falle einer Nachtragsliquidation,[3] **niemals jedoch** bei noch vorhandenem Vermögen im Falle (bloßer) Überschuldung,[4] ungeachtet abgelehnter Insolvenzeröffnung bei noch andauernden, tragfähigen Vergleichsverhandlungen,[5] auch nicht bereits bei Betriebseinstellung vor Auflösung,[6] und solange ein Zwangsvergleich möglich erscheint,[7] auch nicht, wenn der vorläufige Insolvenzverwalter die Eröffnung des Insolvenzverfahrens für geboten hält, um den Umfang des Schuldnervermögens gründlich ermitteln zu können,[8] und regelmäßig gleichfalls nicht bei noch nicht beendetem Gesamtvollstreckungsverfahren (nach Maßgabe der GesO)[9]. Die Entstehung des Auflösungsverlustes der Ges. muss auch ihrer Höhe nach hinreichend abschätzbar sein, woran es fehlt, wenn – auf der Ebene des G'ters[10] – noch mit erheblichen Aufwendungen (nachträgliche AK oder sonstige iRd. § 17 Abs. 2 zu berücksichtigende Veräußerungs- und Aufgabekosten) zu rechnen ist,[11] zB infolge noch lfd. Vergleichsverhandlungen wegen einer Bürgschaftsinanspruchnahme.[12] Letztlich orientiert sich die Rspr. hierzu am Maßstab des Realisationsprinzips und berücksichtigt die am jeweiligen Bilanzstichtag vorhersehbaren Risiken und Verluste, die bis zum Abschluss der Liquidation (oder des an seine Stelle tretenden Zeitpunkts) noch entstehen werden (§ 4 Abs. 1, § 5; § 252 Abs. 1 Nr. 4 HGB).[13] Es sind sonach auch jene Sachverhalte zu berücksichtigen, welche den vorsichtigen Kfm. zur Bildung einer Rückstellung veranlassen würden.[14] Die Entstehung des Verlustes wird indes nicht dadurch verzögert, dass ggf. noch Aufwendungen in unwesentlicher Höhe nachfolgen können.[15] Verluste iZ mit der fehlgeschlagenen Gründung einer KapGes. sind nicht einzubeziehen, weil die Vorgründungsgesellschaft nicht v. Anwendungsbereich des § 17 erfasst wird (Rn. 16).[16] – In jedem Fall entscheidet der Zeitpunkt, in dem der Auflösungsverlust im vorgenannten Sinne entsteht, darüber, welche Regelungsfassung des § 17 und damit welcher Schwellenwert für die steuerrelevante Beteiligung maßgeblich ist.[17] Das kstl. Halb- bzw. Teileinkünfteverfahren (§ 3 Nr. 40 S. 1 lit. c, § 3c Abs. 2) findet auf den Verlust uneingeschränkt Anwendung, auch dann, wenn bei der Liquidation der KapGes. ein Teil des Stammkapitals (nicht aber des stl. Einlagekontos gem. § 27 KStG) in Form von Liquidationsraten an den Anteilseigner zurückgezahlt wird.[18] Sa. Rn. 106a. Zur erstmaligen Anwendung des kstl. Halb- bzw. Teileinkünfteverfahrens s. Rn. 11.

128 **3. Ermittlung des Liquidationsgewinns (Abs. 4 S. 2).** Der Methode nach nicht anders als der Veräußerungsgewinn (s. Rn. 65 ff.) wird auch der Liquidationsgewinn und -verlust durch Abzug der Anschaffungs-

---

1 BFH v. 2.10.1984 – VIII R 20/84, BStBl. II 1985, 428.
2 BFH v. 22.7.2008 – IX R 79/06, BStBl. II 2009, 227 (zu § 17 Abs. 1).
3 BFH v. 1.7.2014 – IX R 47/13, BStBl. II 2014, 786.
4 BFH v. 24.6.1996 – VIII B 127/95, BFH/NV 1996, 842; v. 4.11.1997 – VIII R 18/94, BStBl. II 1999, 344; v. 25.1.2000 – VIII R 63/98, BStBl. II 2000, 343; v. 27.11.2001 – VIII R 36/00, BStBl. II 2002, 731; v. 25.3.2003 – VIII R 24/02, BFH/NV 2003, 1305; v. 21.1.2004 – VIII R 2/02, BStBl. II 2004, 551; v. 11.2.2005 – VIII B 207/03, BFH/NV 2005, 1307; v. 2.12.2014 – IX R 9/14, BFH/NV 2015, 666; v. 28.10.2008 – IX R 100/07, BFH/NV 2009, 561; v. 13.3.2018 – IX R 38/16, BFH/NV 2018, 721; OFD Berlin v. 16.12.1996, DB 1997, 955; *Peetz*, GmbHR 2007, 1022; krit. *Paus*, FR 2007, 23 (im Hinblick auf das Leistungsfähigkeitsprinzip sowie Zins- und Liquiditätsverluste des G'ters); *Deutschländer*, NWB 2018, 634 (insbes. für die Zeit nach Inkrafttreten des sog. MoMiG, s. Rn. 94a ff.).
5 BFH v. 3.12.2014 – IX B 90/14, BFH/NV 2015, 493.
6 BFH v. 3.10.1989 – VIII R 328/84, BFH/NV 1990, 361; v. 3.6.1993 – VIII R 46/91, BFH/NV 1994, 364; s. aber auch FG Münster v. 22.4.1999 – 8 K 859/96 E, EFG 1999, 1073 für Sonderfall der Konkursreife.
7 BFH v. 25.1.2000 – VIII R 63/98, BStBl. II 2000, 343; v. 12.12.2000 – VIII R 36/97, BFH/NV 2001, 761; FG Düss. v. 14.8.2002 – 13 K 5911/99 E, EFG 2003, 40 mit Anm. *Hoffmann*: Ausdehnung auch auf Fälle des Unternehmenserhalts infolge eines Sanierungsplans (§§ 217 ff. InsO).
8 BFH v. 13.10.2015 – IX R 41/14, BFH/NV 2016, 385; s. dazu *Bös/Schwarz*, KSI 2016, 131.
9 BFH v. 10.5.2016 – IX R 16/15, BFH/NV 2016, 1681.
10 S. ausdrücklich dazu BFH v. 21.1.2004 – VIII R 2/02, BStBl. II 2004, 551.
11 StRspr., vgl. BFH v. 27.11.2001 – VIII R 36/00, BStBl. II 2002, 731; v. 24.3.2016 – IX B 6/15, BFH/NV 2016, 1014.
12 BFH v. 2.12.2014 – IX R 9/14, BFH/NV 2015, 666.
13 BFH v. 4.11.1997 – VIII R 18/94, BStBl. II 1999, 344; v. 25.1.2000 – VIII R 63/98, BStBl. II 2000, 343; v. 14.6.2000 – XI R 39/99, BFH/NV 2001, 302; dem prinzipiell folgend OFD Ffm. v. 19.7.2005, DB 2005, 2048.
14 BFH v. 27.11.2001 – VIII R 36/00, BStBl. II 2002, 731 für den Fall einer lfd. Außen- und Steufa.-Prüfung mit drohenden beträchtlichen Steuernachzahlungen; dazu *Hoffmann*, GmbHR 2002, 441; *Gosch*, StBp. 2002, 214; s. auch BFH v. 6.3.2003 – XI R 52/01, BStBl. II 2003, 658, m. Anm. *Gosch*, StBp. 2003, 251; *Hoffmann*, GmbHR 2003, 962.
15 BFH v. 14.6.2000 – XI R 39/99, BFH/NV 2001, 302.
16 BFH v. 20.4.2004 – VIII R 4/02, BStBl. II 2004, 597; v. 17.5.2017 – VI R 1/16, BStBl. II 2017, 1073.
17 BFH v. 17.11.2004 – VIII B 129/04, BFH/NV 2005, 540; OFD Ffm. v. 19.7.2005, DB 2005, 2048 (2050).
18 BFH v. 6.5.2014 – IX R 19/13, BStBl. II 2014, 682; FG Nds. v. 19.5.2011 – 11 K 496/10, EFG 2012, 1326; *Bron/Seidel*, DStZ 2009, 859; *D/P/M*, § 3c EStG Rn. 49a; *Förster*, GmbHR 2010, 1009 (1010, 1012); *Nacke*, FR 2011, 699 (702); *K/S/M*, § 17 Rn. E 70; **aA** *Naujoks*, BB 2009, 2128 (2129).

und Auflösungskosten bestimmt. Als weiterer Abzugsposten kommt allerdings derjenige Teil der ausgekehrten Beträge in Betracht, der zu den Einkünften aus KapVerm. gehört (§ 17 Abs. 4 S. 3, Rn. 137). Das Ergebnis ist nur anteilig zu 60 % (früher hälftig) zu besteuern, vgl. § 3 Nr. 40 S. 1 lit. c S. 2, § 3c Abs. 2.

(Fiktiver) **Veräußerungspreis** ist bei Auflösung der KapGes. der **gemeine Wert** (vgl. § 9 BewG) des dem StPfl. zugeteilten Vermögens (**§ 17 Abs. 4 S. 2**; § 3 Nr. 40 S. 1 lit. c S. 2). Dieses kann aus Bar- oder (materiellen oder immateriellen[1]) Sachzuwendungen bestehen. Einzubeziehen sind auch Bilanzgewinne, die während des Liquidationszeitraumes entstehen,[2] nicht hingegen Gewinne, die nach der Liquidation, aber für vorhergehende, abgelaufene Geschäftsjahre gezahlt werden. Bei diesen handelt es sich um Einnahmen iSv. § 20.[3] Auch die bloße Nichteinziehung der Forderung ggü. dem G'ter im Zuge der Auflösung führt nicht zur Zuteilung oder Rückzahlung von Vermögen der Ges. iSv. § 17 Abs. 4 S. 2. Denn die Auflösung einer GmbH hat zivilrechtl. nicht die Befreiung des G'ters v. einer ggü. der GmbH bestehenden Verbindlichkeit zur Folge.[4] – Zum Bewertungszeitpunkt s. Rn. 132. 129

4. Nachträgliche Anschaffungskosten. Fallen nachträglich AK (Rn. 85) an (zB Inanspruchnahmen aus vor[5] der Auflösung gegebenen EK ersetzenden Bürgschaften oder Darlehen, Rn. 94, 100), sind bereits bestandskräftige Bescheide für das Jahr der Liquidation gem. § 175 Abs. 1 S. 1 Nr. 1 AO zu ändern.[6] Eine derartige Änderung erfolgt auch, wenn eine Bürgschaftsverpflichtung infolge ratenweiser Streckung höher abzuzinsen ist (s. Rn. 75).[7] Darauf, ob die Veräußerung einer qualifizierten Beteiligung oder die Entstehung nachträglicher AK als rückwirkungsrelevante Sachverhalte im Ausgangsbescheid bereits berücksichtigt worden sind, kommt es nicht an.[8] 130

III. Herabsetzung und Rückzahlung von Nennkapital (Abs. 4 S. 1). 1. Begriff, Tatbestand. § 17 Abs. 4 S. 1 erfasst die **Herabsetzung** (§§ 222 ff. AktG, § 58 GmbHG) und die daraufhin erfolgende (anteilige) Rückzahlung (Auskehrung) v. Nennkapital einer KapGes., sofern diese auf entspr. Beschluss[9] und nicht lediglich zum Ausgleich v. Verlusten erfolgt. Um eine Kapitalherabsetzung handelt es sich auch bei (Teil-)Umwandlung v. Aktien in Tracking Stock-Anteile (Herabsetzung durch Einziehung mit anschließender Kapitalerhöhung durch Neuemission),[10] nicht jedoch die Ausschüttung v. **Sachdividenden** (vgl. § 58 Abs. 5 AktG idF des TransPuG), dies jedenfalls nicht bei ausreichendem Jahresüberschuss und Gewinnrücklagen.[11] 131

2. Zeitpunkt. Der Veräußerungsgewinn entsteht nicht mit Zahlung,[12] sondern mit **Wirksamwerden** dieses Beschlusses durch Eintragung in das Handelsregister, ggf. auch bereits zuvor, wenn die Beteiligten alles zur Wirksamkeit Erforderliche unternommen haben, die Eintragung in das Handelsregister alsbald nachgeholt wird und Gläubigerinteressen nicht berührt sind; andernfalls ist eine vGA gegeben.[13] 132

3. Ermittlung des Herabsetzungsgewinns (Abs. 4 S. 2). Herabsetzungsgewinn ist der Betrag, um den der gemeine Wert (§ 17 Abs. 4 S. 2, s. auch § 3 Nr. 40 lit. c S. 2) des dem StPfl. zugeteilten und zurückgezahlten Vermögens die anteiligen AK oder Herabsetzungskosten übersteigt. Dazu gehören auch Liquidationserlöse, die aus dem Einlagenkonto gem. § 27 Abs. 1 KStG resultieren (§ 20 Abs. 1 Nr. 2 iVm. Nr. 1 S. 3). **Nicht** zum Herabsetzungsgewinn gehören jedoch Rückzahlungen, die als Gewinnanteil (Dividenden) gem. § 20 Abs. 1 Nr. 1 und 2 erfasst werden, § 17 Abs. 4 S. 3. Das sind Ausschüttungen aus den sonstigen Rücklagen, auch Auszahlungen auf eigene Anteile (Rn. 55)[14] sowie in Nennkapital umgewandelte Beträge, die aus der Gewinnrücklage stammen (§ 28 KStG iVm. 20 Abs. 1 Nr. 2). Zur Rechtslage nach Maßgabe des (früheren) KSt-Anrechnungsverfahrens s. 1. Aufl., § 17 Rn. 297. 133

---

1 ZB selbst geschaffene Firmenwerte: *Widmann*, JbFfSt. 1990/91, 387 (414); BFH v. 22.2.1989 – I R 11/85, BStBl. II 1989, 794.
2 BFH v. 27.10.1992 – VIII R 87/89, BStBl. II 1993, 340.
3 BFH v. 12.9.1973 – I R 9/72, BStBl. II 1974, 14.
4 BFH v. 16.6.2015 – IX R 28/14, DStR 2015, 2489.
5 FG Düss. v. 9.5.1989 – 8 K 141/85 E, EFG 1989, 459.
6 BFH v. 2.10.1984 – VIII R 20/84, BStBl. II 1985, 428; v. 8.12.1992 – VIII R 99/90, BFH/NV 1993, 654; v. 1.7.2014 – IX R 47/13, BStBl. II 2014, 786.
7 BFH v. 20.11.2012 – IX R 34/12, BStBl. II 2013, 378, mit Anm. *Bode*, FR 2013, 712, und *Hoffmann*, GmbHR 2013, 486.
8 BFH v. 16.6.2015 – I R 30/14, DStR 2015, 2384.
9 BFH v. 29.7.1992 – I R 31/91, BStBl. II 1993, 369.
10 S. auch *Sieger/Hasselbach*, BB 1999, 1277.
11 Vgl. *Lutter/Leinekugel/Rödder*, ZGR 2002, 232 f.; *Häger/Forst*, EStB 2002, 336; s. iErg. auch BFH v. 16.12.1992 – I R 32/92, BStBl. II 1993, 399 zu Sachvorteilsgewährungen (sog. HAPIMAG-Anteilen).
12 BFH v. 7.3.1995 – VIII R 29/93, BStBl. II 1995, 693; v. 10.12.1993 – VIII B 135/91, BFH/NV 1994, 707; v. 3.6.1993 – VIII R 23/92, BFH/NV 1994, 459; v. 26.6.1996 – VIII B 121/95, BFH/NV 1996, 898.
13 BFH v. 29.6.1995 – VIII R 69/93, BStBl. II 1995, 725; v. 10.8.2005 – VIII R 26/03, BStBl. II 2006, 22; **aA** *K/S/M*, § 20 Rn. D 7, 9, mwN.
14 BFH v. 29.7.1992 – I R 31/91, BStBl. II 1993, 369.

134 **IV. Rückzahlung von Einlagen (Abs. 4 S. 1).** Vom VZ 1997 an sind gem. § 17 Abs. 4 S. 1 Alt. 3 auch Ausschüttungen und Rückzahlungen v. Beträgen aus dem stl. Einlagekonto (**§ 27 KStG**), bis zur Umstellung des Vollanrechnungs- auf das Halbeinkünfteverfahren v. VZ 2001/02 an (s. im Einzelnen § 3 Rn. 95 ff.; 8. Aufl., § 20 Rn. 41 ff.; § 36 Rn. 2; zum Zeitpunkt der erstmaligen Anwendung s. auch Rn. 11): aus dem vEK gem. **§ 30 Abs. 2 Nr. 4 KStG** aF (EK 04), einer Veräußerung v. Anteilen iSv. § 17 Abs. 1 gleichgestellt. Die Regelung hat zur Folge, dass § 17 Abs. 1–3 einheitlich auf Liquidation, Kapitalherabsetzung und sonstige Fälle der Einlagerückgewähr anzuwenden ist (insofern abw. demgegenüber § 8b Abs. 2 S. 3 KStG).[1]

135 Darin liegt eine bloße Klarstellung, soweit die (sonstige) Einlagenrückgewähr iZ **mit** einer Liquidation oder Kapitalherabsetzung zurückgewährt wird. Denn die Einlagenrückgewähr gem. § 27 KStG (zuvor: aus dem EK 04) zieht gem. § 20 Abs. 1 Nr. 1 S. 3 keine Einkünfte aus KapVerm. nach sich. Folglich unterfiel sie auch schon zuvor dem Besteuerungstatbestand nach § 17 Abs. 4; die Ausnahmeregelung in § 17 Abs. 4 S. 3 griff nicht. Zwar kam dies im G nicht explizit zum Ausdruck, ergab sich aber aus der Natur der Sache.[2]

136 Die Regelung in Abs. 4 S. 1 geht aber darüber hinaus und **verschärft die frühere Rechtslage**. Auch die (isolierte) Ausschüttung v. EK **außerhalb** einer Liquidation oder Kapitalherabsetzung aus Anteilen, die im PV gehalten werden, stellt einen eigenständigen Veräußerungsvorgang iSd. § 17 dar. Die Einlagenrückgewähr führt unmittelbar zu prinzipiell stpfl. (aber dem Teileinkünfteverfahren unterfallenden, vgl. § 3 Nr. 40 lit. c) Veräußerungsgewinn, unabhängig davon, ob die Beteiligung als solche veräußert wird. Erfasst wird allerdings nur der die AK übersteigende Betrag,[3] wobei vor dem VZ 1997 entstandene AK-Erhöhungen und -Minderungen einzubeziehen sind, ohne dass darin eine verfassungswidrige Rückwirkung zu sehen wäre.[4] IÜ bewirkt die Rückausschüttung v. EK (nach Maßgabe des früheren kstl. Anrechnungsverfahrens: aus dem EK 04) eine erfolgsneutrale Minderung der AK. Zu **negativen AK** führt die Rückgewähr – im Gegensatz zur Rechtslage vor dem VZ 1997[5] – nicht. – Sieht man v. dem früher (Rn. 106) gewährten ermäßigten Steuersatz (§ 34 aF, s. Rn. 108) und dem Freibetrag (§ 17 Abs. 3) ab, werden sonach iErg. Anteile, die im PV gehalten werden, jenen Anteilen gleich behandelt, die sich im BV befinden und die bereits v. § 20 erfasst werden.[6] Zum Zeitpunkt der Besteuerung s. Rn. 132. S. aber auch zur (ggf.) abw. Regelungslage im Hinblick auf § 8b Abs. 2 KStG Rn. 121.

137 **V. Spaltung des ausgekehrten Vermögens in Veräußerungspreis und Einnahmen aus Kapitalvermögen (Abs. 4 S. 3).** Auskehrungen, die beim Anteilseigner zu Einnahmen aus KapVerm. iSv. § 20 Abs. 1 Nr. 1, 2 führen, gehören nicht zum rückgezahlten Vermögen iSv. § 17 Abs. 4 S. 1. Es bedarf deshalb der Spaltung des ausgekehrten Vermögens in den Veräußerungspreis und in Einnahmen aus KapVerm.

138 **Einnahmen** aus KapVerm. iSv. **§ 20 Abs. 1 Nr. 1 und 2** sind Ausschüttungen aus KapGes., ausgenommen v. zurückgewährten Einlagen gem. § 27 KStG (**§ 20 Abs. 1 Nr. 1 S. 3**). Zur Rechtslage bis zum VZ 2001/02 s. § 36 Rn. 2 sowie 9. Aufl. Rn. 138.

139 **Kapitalrückzahlungen** iSv. **§ 17 Abs. 4 S. 1** sind demgegenüber Auskehrungen v. nicht in das Nennkapital geleisteten (verdeckten) Einlagen. Zur Rechtslage bis zum VZ 2001/02 s. Rn. 134 und 9. Aufl. Rn. 139.

140 **Nicht in das Nennkapital geleistete Einlagen** werden gem. § 27 KStG auf einem besonderen stl. Einlagenkonto festgestellt. Davon abgesehen, hat sich durch die Umstellung des kstl. Vollanrechnungs- auf das Halb- bzw. (vom VZ 2009 an) Teileinkünfteverfahren insoweit nichts geändert. Es bleibt dabei, dass nicht in das Nennkapital geleistete Einlagen eines G'ters nicht zu den stpfl. Dividendeneinnahmen gehören, wenn sie an den G'ter zurückgezahlt werden und bei diesem entweder als BE oder gem. § 17 stpfl. sind.[7]

141 **VI. Wirkungen des Abs. 4 S. 3 und Gestaltungen.** Infolge des Freibetrages gem. § 17 Abs. 3 sowie – bis zur Umstellung auf das Halbeinkünfteverfahren (s. Rn. 108) – der Tarifvergünstigung durch Gewährung des ermäßigten Steuersatzes gem. § 34 erweist sich die Besteuerung nach § 17 Abs. 4 ggü. der Besteuerung

---

1 S. BFH v. 28.10.2009 – I R 116/08, DStR 2010, 215; *Gosch*³, § 8b Rn. 106; **aA** BMF v. 28.4.2003, BStBl. I 2003, 292.
2 BMF v. 9.1.1987, BStBl. I 1987, 171; BFH v. 19.7.1994 – VIII R 58/92, BStBl. II 1995, 362.
3 BFH v. 19.2.2013 – IX R 24/12, BStBl. II 2013, 484; OFD Ffm. v. 17.4.2000, DStR 2000, 1093; sa. abgrenzend zur Rückzahlung v. Stammkapital BFH v. 6.5.2014 – IX R 19/13, BStBl. II 2014, 682.
4 Zutr. FG Sachs. v. 11.7.2001 – 6 V 202/00, EFG 2001, 1199.
5 Vgl. BFH v. 20.4.1999 – VIII R 44/96, BStBl. II 1999, 698 (mit Anm. *HG*, DStR 1999, 1022) entgegen der zuvor hM, s. dazu zB *Schmidt*³⁵, § 17 Rn. 168; zur Übergangsproblematik s. *Paus*, FR 1999, 1048; *Strahl*, KÖSDI 2000, 12260 (12266). – Um die Besteuerung im Zeitpunkt der Anteilsveräußerung sicherzustellen, sind Kontrollmitteilungen für die Wohnsitz-FÄ zu fertigen, s. OFD Erf. v. 26.7.1999, DStR 1999, 1615.
6 BFH v. 19.7.1994 – VIII R 58/92, BStBl. II 1995, 362.
7 S. auch BFH v. 28.10.2009 – I R 116/08, BStBl. II 2011, 898, sowie v. 20.10.2010 – I R 117/08, BFH/NV 2011, 669 (zur Kapitalrückzahlung bei ausländ. KapGes.).

nach § 20 durchweg als vorteilhafter. Dies betraf bei der früheren kstl. Vollanrechnung namentlich jene Fälle, in denen bei Liquidation vEK (ausgenommen EK 04) verwendet wurde. Auch für nicht iSv. § 17 Beteiligte können sich Nachteile ergeben, falls die Rückzahlung des Nennkapitals geringer als die AK sind; der dann entstehende Vermögensverlust kann nicht geltend gemacht werden.

Zu den früheren probaten **Gestaltungsmöglichkeiten** und ihrer Einschätzung, insbes. vor dem Hintergrund des § 42 AO s. 1. Aufl. Rn. 312.[1] Solche Gestaltungen haben sich mit Wegfall des kstl. Anrechnungsverfahrens letztlich erledigt, da Dividenden und Veräußerungsgewinne künftig weitgehend gleich besteuert werden (s. Rn. 1). Die Absenkung der steuerrelevanten Beteiligungsquote hat zur Folge, dass auch Aufteilungen im Familienverbund im Wege der vorweggenommenen Erbfolge mit dem Ziel einer stfreien Veräußerung der Anteile nach Ablauf der Fünf-Jahres-Frist gem. Abs. 2 S. 6 lit. a (Abs. 2 S. 4 lit. a aF) uninteressant werden. Gestaltungsspielräume bleiben insoweit allenfalls noch für gering beteiligte StPfl. durch Anteilsübertragung auf Familienangehörige auf jeweils unter 1 %. 142

G. Ausdehnung des Besteuerungsrechts bei Sitzverlegungen (Abs. 5)

§ 17 Abs. 5 wurde (ebenso wie die Parallelvorschrift des § 15 Abs. 1a, s. dazu § 15 Rn. 159 f.) durch das SEStEG mit erstmaliger Wirkung v. VZ 2007 an in das G eingefügt. Grund hierfür ist, auf der Ebene des Anteilseigners die Konsequenzen aus der „Europäisierung" des KStG **in Wegzugsfällen** zu ziehen: Es soll durch **§ 17 Abs. 5 S. 1** sichergestellt werden, dass das Besteuerungsrecht Deutschlands an dem Gewinn aus der Veräußerung der Anteile der KapGes. immer dann erhalten bleibt, wenn dieses Besteuerungsrecht in den Fällen der **identitätswahrenden Verlegung** des Sitzes (vgl. § 11 AO) oder des Orts der Geschäftsleitung (vgl. § 10 AO) der betr. KapGes. in einen anderen Staat **beschränkt oder ausgeschlossen**, das Besteuerungssubstrat mithin „**entstrickt**" wird.[2] Hinsichtlich der Beschränkung und des Ausschlusses des Besteuerungsrechts gilt im Grunde Gleiches wie bei **§ 4 Abs. 1 S. 3** sowie bei **§ 12 Abs. 1 KStG**. Allerdings sind (abkommensrechtl.) Beschränkungen des deutschen Besteuerungsrechts hinsichtlich des Gewinns aus der Veräußerung v. Anteilen an KapGes. derzeit nur vereinzelt;[3] im Regelfall hat Deutschland das Besteuerungsrecht, Art. 13 Abs. 5 OECD-MA. Zur Geltung und abkommensrechtl. Vereinbarung des Belegenheitsprinzips für Immobilien-Ges. s. Art. 13 Abs. 4 OECD-MA.[4] **§ 17 Abs. 5 S. 1** ordnet jedenfalls mittels einer Fiktion den Ersatztatbestand an, dass in derartigen Fällen die Beschränkung oder der Ausschluss des (deutschen) Besteuerungsrechts einer Anteilsveräußerung zum gemeinen Wert gleichsteht. Auf den fiktiven Veräußerungsgewinn findet das Teileinkünfteverfahren uneingeschränkt Anwendung (§ 3 Nr. 40; § 8b Abs. 2, 3 KStG). **Ausgenommen** v. der Fiktion sind nach **§ 17 Abs. 5 S. 2** (und damit parallel zu § 4 Abs. 1 S. 4 sowie § 12 Abs. 1 S. 1 letzter HS KStG) **Sitzverlegungen einer SE** sowie Sitzverlegungen **anderer KapGes.** und – gem. § 17 Abs. 7 – **Genossenschaften** (einschl. der SEC) in einen anderen EG-Mitgliedstaat. § 17 Abs. 5 S. 2 trägt damit bezogen auf die SE **Art. 10d Abs. 1 Fusionsrichtlinie** Rechnung, die eine Besteuerung der G'ter in jenem Fall untersagt. Bei späterer Veräußerung der Anteile erfolgt gem. **§ 17 Abs. 5 S. 3** jedoch eine Besteuerung nach allg. Maßstäben des § 17, also bezogen auf den tatsächlichen Veräußerungsgewinn, nicht aber auf den gemeinen Wert im Zeitpunkt der Sitzverlegung. Dies gilt auch dann, wenn das Besteuerungsrecht gem. **Art. 13 Abs. 5 OECD-MA** dem Sitzstaat zusteht; § 17 Abs. 5 S. 3 setzt sich darüber im Wege eines treaty override und in Einklang mit **Art. 10d Abs. 2 Fusionsrichtlinie** (aber möglicherweise nicht mit dem EU-Primärrecht) hinweg. Bezogen auf die v. § 17 Abs. 5 S. 2 ebenfalls erfasste Sitzverlegung anderer KapGes. und Genossenschaften als der SE oder SCE schießt die Regelung über das EG- sowie DBA-rechtl. Gebotene hinaus; richtig wäre es hiernach gewesen, die Schlussbesteuerung auf die Erfassung der stillen Reserven im Zeitpunkt der Sitzverlegung zu beschränken. Zweifelh. ist zudem, dass die (deutsche) Schlussbesteuerung sich auch auf etwaige Wertzuwächse in dem anderen Staat erstreckt, und überdies, dass ggf. Doppelbesteuerungen in Kauf genommen werden. Die Regelung ist unverhältnismäßig, was es rechtfertigt, die Frage nach einem Verstoß gegen die (erga omnes wirkende und in casu nicht v. der Niederlassungsfreiheit gem. Art. 49 AEUV verdrängte[5]) Kapitalverkehrsfreiheit des 143

1 S. *Schmidt*[35], § 17 Rn. 235 f. mwN.

2 S. zu den unionsrechtl. Anforderungen an eine solche Entstrickung von KapGes. EuGH v. 29.11.2011 – C-371/10, DStR 2011, 2334 – National Grid Indus; und nachfolgend v. 6.9.2012 – C-38/10, IStR 2012, 763 – Kommission ./. Portugal; s. dazu zB *Thömmes*, IWB 2011, 896; *Prinz*, GmbHR 2012, 195; *Körner*, IStR 2012, 1; *Gosch*, IWB 2012, 779, sowie (in gewohnt fiskalisch-reservierter Façon) *Mitschke*, DStR 2012, 629 und IStR 2012, 6.

3 S. zu einer solchen Ausnahme zB Art. 13 Abs. 3 DBA-Tschechoslowakei; zu weiteren Ausnahmen s. *Vogel/Lehner*[6], Art. 13 Rn. 74.

4 Zur Abkommensübersicht aus deutscher Sicht s. *Vogel/Lehner*[6], Art. 13 Rn. 149; sa. *Lindauer/Kutschka*, BB 2016, 669, zur Frage der Entstrickung infolge eines entspr. neu abgeschlossenen DBA.

5 S. dazu allg. jeweils mwN *Gosch/Schönfeld*, IStR 2015, 755; BFH v. 26.11.2008 – I R 7/08, DStR 2009, 632. S. dazu *Dörfler/Ribbrock*, BB 2009, 1515; *Gosch*, BFH/PR 2009, 225; *Rehm/Nagler*, IStR 2009, 247.

Art. 63 AEUV[1] (s. dazu iErg. mwN § 50d Rn. 27 aE) zu stellen; die gleichermaßen beachtliche Frage nach der Zulässigkeit des Verstoßes gegen das Völkervertragsrecht im Wege des unilateralen treaty overriding (s. auch § 15 Rn. 160) dürfte sich zwischenzeitlich infolge des Verdikts durch das BVerfG erledigt haben, s. iErg. § 50d Rn. 25 aE.[2] – **§ 17 Abs. 5 S. 4** bestimmt die entspr. Anwendung v. **§ 15 Abs. 1a S. 2** und stellt damit sicher, dass die dort aufgelisteten Ersatzrealisationstatbestände (verdeckte Einlage, Gesellschaftsauflösung, Kapitalherabsetzung und -rückzahlung oder Ausschüttung und Rückzahlung v. Beträgen aus dem Einlagekonto iSd. § 27 KStG, s. § 15 Rn. 160) auch im Rahmen v. § 17 greifen. Um den Steuerzugriff in solchen Fällen auch beim Wegzug des Anteilseigners zu sichern, greift **§ 49 Abs. 1 Nr. 2 lit. e bb** sowie **§ 49 Abs. 1 Nr. 8 lit. c bb**, dazu § 49 Rn. 36, 91.

143a Ansonsten bleibt die Ebene des Anteilseigners v. § 17 Abs. 5 unberührt. Das betrifft vor allem auch **§ 6 AStG** (s. dazu Rn. 10): Im Gegensatz zu § 6 AStG stellt § 17 Abs. 5 auf die Ansässigkeitsverlegung der KapGes. ab, nicht auf die Wohnsitzverlegung des Anteilseigners. Eine Ausnahme davon macht nur der Auffangtatbestand des § 6 Abs. 1 S. 2 Nr. 4 AStG. § 6 Abs. 1 S. 3 AStG stellt für diesen Fall den Anwendungsvorrang des § 17 Abs. 5 fest („… bleiben unberührt …“).[3]

144 Ist der (in- oder ausländ.) G'ter, dessen Anteile im PV gehalten werden, **nicht iSv. § 17 Abs. 1** an der wegziehenden KapGes. beteiligt, scheidet eine Besteuerung mangels Sonderregelung endg. aus. Auch eine Besteuerung über § 23 entfällt; die identitätswahrende Sitzverlegung führt nicht zum (erneuten) Anlauf der Spekulationsfrist.

145 Zieht die Sitzverlegung gem. **§ 12 Abs. 3 KStG** (§ 12 Abs. 1 KStG aF) die **Liquidation** der wegziehenden KapGes. nach sich, bleibt es (wie zuvor) bei den Besteuerungsfolgen des **§ 17 Abs. 4 S. 1** (s. Rn. 123 ff.); der Fall sein wird dies in erster Linie (dann aber auch so gut wie uneingeschränkt) bei der Sitzverlegung in einen **Nicht-EG-** (= Dritt-) **Staat**.

H. Ausdehnung des Besteuerungsrechts bei Einbringungen (Abs. 6)

146 Auch (Rn. 9) § 17 Abs. 6 wurde durch das SEStEG neu geschaffen. Die Regelung bestimmt die **entspr. Anwendung v. § 17 Abs. 1–5** für jene **Einbringungsfälle iSv. § 20 Abs. 1 und § 21 Abs. 1 UmwStG**, in denen **(1)** der veräußernde StPfl. innerhalb der letzten fünf Jahre nicht (unmittelbar oder mittelbar, Rn. 18) iSv. § 17 Abs. 1 an der KapGes. beteiligt war (**§ 17 Abs. 6 HS 1**), **(2)** die Anteile nach Maßgabe des UmwStG (nF) ohne Ansatz ihres gemeinen Werts erworben wurden (**§ 17 Abs. 6 HS 2 Nr. 1**) *und* **(3)** zum Einbringungszeitpunkt für die eingebrachten Anteile **(3a)** die Voraussetzungen des § 17 Abs. 1 S. 1 erfüllt waren oder **(3b)** die Anteile auf einer Sacheinlage iSv. § 20 Abs. 1 UmwStG beruhen (**§ 17 Abs. 6 HS 2 Nr. 2**). Die Regelung bezweckt zu verhindern, dass die StPfl. nach § 17 durch Einbringungsvorgänge umgangen wird; sie substituiert[4] damit das zuvorige (für Alt-Einbringungen jedoch fortgeltende, s. § 27 Abs. 3 Nr. 3 S. 1 UmwStG, Rn. 1, 9) Institut der sog. einbringungsgeborenen Anteile gem. § 21 UmwStG aF (dazu Rn. 9), indem die Steuerverstrickung, wie sie vor der Umwandlung (nach § 17 oder als BV iSv. § 20 Abs. 1 UmwStG) bestand, erhalten bleibt. Die betr. Anteile gelten – ohne zeitliche Begrenzung – als solche iSd. § 17, und zwar unabhängig v. der Beteiligungsquote, also auch im Falle einer infolge Teilveräußerungen **auf unter 1 % abgesunkenen Beteiligung**, und auch unabhängig davon, ob die Fünf-Jahres-Frist des § 17 Abs. 1 zwischenzeitlich abgelaufen ist. Entspr. **Einbringungsvorgänge**, die ein v. den gemeinen Anteilswerten abw. Bewertungswahlrecht ermöglichen, sind – neben der Sacheinlage gem. § 20 Abs. 1 UmwStG – die Fälle der Verschmelzung auf eine PersGes. oder nat. Pers. gem. § 3 Abs. 2 UmwStG, auf eine andere Körperschaft gem. § 11 Abs. 2 UmwStG, der Aufspaltung, der Abspaltung und der Teilübertragung gem. §§ 15, 16 UmwStG sowie des Anteilstauschs gem. § 21 UmwStG. Ob die hiernach einbezogene Sacheinlage gem. § 20 UmwStG bereits länger als sieben Jahre zurückliegt, ist unbeachtlich. Werden Anteile iSd. § 17 Abs. 6 in ein BV eingelegt, sind diese – ebenso wie solche nach § 17 Abs. 1 (s. Rn. 50) – mit ihren historischen AK, nicht mit den TW anzusetzen, § 6 Abs. 1 Nr. 5 S. 1b.

I. Anteile an Genossenschaften (Abs. 7)

147 S. Rn. 14.

---

1 Zutr. *Eickmann/Mörwald*, DStZ 2009, 422 (430 ff.).
2 S. auch *Benecke/Schnitger*, IStR 2006, 765 (768) zu dadurch uU ausgelöster Gemeinschaftsrechtsunverträglichkeit.
3 *Heckerodt/Schulz*, ISR 2018, 229 (235).
4 *Haritz*, GmbHR 2007, 169 (170 f.) – Allerdings ist die Abgrenzung zw. altem und neuem Recht nicht über jeglichen Zweifel erhaben: Der Ansatz des gemeinen Werts (§ 17 Abs. 6 S. 1 Nr. 1) ist erst seit dem UmwStG nF denkbar.

c) Selbständige Arbeit (§ 2 Absatz 1 Satz 1 Nummer 3)

§ 18 [Einkünfte aus selbständiger Arbeit]

(1) Einkünfte aus selbständiger Arbeit sind

1. Einkünfte aus freiberuflicher Tätigkeit. [2]Zu der freiberuflichen Tätigkeit gehören die selbständig ausgeübte wissenschaftliche, künstlerische, schriftstellerische, unterrichtende oder erzieherische Tätigkeit, die selbständige Berufstätigkeit der Ärzte, Zahnärzte, Tierärzte, Rechtsanwälte, Notare, Patentanwälte, Vermessungsingenieure, Ingenieure, Architekten, Handelschemiker, Wirtschaftsprüfer, Steuerberater, beratenden Volks- und Betriebswirte, vereidigten Buchprüfer, Steuerbevollmächtigten, Heilpraktiker, Dentisten, Krankengymnasten, Journalisten, Bildberichterstatter, Dolmetscher, Übersetzer, Lotsen und ähnlicher Berufe. [3]Ein Angehöriger eines freien Berufs im Sinne der Sätze 1 und 2 ist auch dann freiberuflich tätig, wenn er sich der Mithilfe fachlich vorgebildeter Arbeitskräfte bedient; Voraussetzung ist, dass er auf Grund eigener Fachkenntnisse leitend und eigenverantwortlich tätig wird. [4]Eine Vertretung im Fall vorübergehender Verhinderung steht der Annahme einer leitenden und eigenverantwortlichen Tätigkeit nicht entgegen;

2. Einkünfte der Einnehmer einer staatlichen Lotterie, wenn sie nicht Einkünfte aus Gewerbebetrieb sind;

3. Einkünfte aus sonstiger selbständiger Arbeit, z.B. Vergütungen für die Vollstreckung von Testamenten, für Vermögensverwaltung und für die Tätigkeit als Aufsichtsratsmitglied;

4. Einkünfte, die ein Beteiligter an einer vermögensverwaltenden Gesellschaft oder Gemeinschaft, deren Zweck im Erwerb, Halten und in der Veräußerung von Anteilen an Kapitalgesellschaften besteht, als Vergütung für Leistungen zur Förderung des Gesellschafts- oder Gemeinschaftszwecks erzielt, wenn der Anspruch auf die Vergütung unter der Voraussetzung eingeräumt worden ist, dass die Gesellschafter oder Gemeinschafter ihr eingezahltes Kapital vollständig zurückerhalten haben; § 15 Absatz 3 ist nicht anzuwenden.

(2) Einkünfte nach Absatz 1 sind auch dann steuerpflichtig, wenn es sich nur um eine vorübergehende Tätigkeit handelt.

(3) [1]Zu den Einkünften aus selbständiger Arbeit gehört auch der Gewinn, der bei der Veräußerung des Vermögens oder eines selbständigen Teils des Vermögens oder eines Anteils am Vermögen erzielt wird, das der selbständigen Arbeit dient. [2]§ 16 Absatz 1 Satz 1 Nummer 1 und 2 und Absatz 1 Satz 2 sowie Absatz 2 bis 4 gilt entsprechend.

(4) [1]§ 13 Absatz 5 gilt entsprechend, sofern das Grundstück im Veranlagungszeitraum 1986 zu einem der selbständigen Arbeit dienenden Betriebsvermögen gehört hat. [2]§ 15 Absatz 1 Satz 1 Nummer 2, Absatz 1a, Absatz 2 Satz 2 und 3, §§ 15a und 15b sind entsprechend anzuwenden.

Literatur: *Brandt*, Ähnliche Berufe nach § 18 Abs. 1 EStG, DStZ 2002, 867; *Heuer*, Die Besteuerung der Kunst², 1984; *IdW*, Steuerliche Probleme bei Praxisübertragungen von Angehörigen der wirtschaftsprüfenden und steuerberatenden Berufe³, 1995; *Kempermann*, Katalogberufler als Gewerbetreibende, FR 1996, 514; *List*, Neue Berufe aus steuerrechtlicher Sicht, BB 1993, 1488; *Maaßen*, Kunst oder Gewerbe?², 1996; *Schick*, Die freien Berufe im Steuerrecht; *Seer/Drüen*, Ausgliederung gewerblicher Tätigkeiten zur Vermeidung der Gewerbesteuerpflicht freiberuflicher Sozietäten, BB 2000, 2176.

A. Grundaussagen der Vorschrift

1 **I. Regelungsgegenstand.** § 18 erfasst Tätigkeiten, bei denen idR nach wissenschaftlicher oder **hochschulmäßiger Ausbildung** die **eigene Verantwortung** sowie der wirtschaftliche **Erfolg auf eigene Rechnung** im Vordergrund stehen. Freiberufliche Tätigkeit setzt hiernach voraus, dass der StPfl. auf Grund eigener Fachkenntnisse leitend und eigenverantwortlich wirkt. Idealtypisch überwiegt bei einem Selbständigen der Einsatz der persönlichen Arbeitskraft im Verhältnis zu den sachlichen Hilfsmitteln.[1] Im Vordergrund steht die unmittelbare, persönliche und individuelle Arbeitsleistung, die regelmäßig eine anspruchsvolle, häufig akademische Ausbildung voraussetzt. Indem das G in Abs. 1 Nr. 1 S. 4 auf eine leitende und eigenverantwortliche Tätigkeit abhebt, wird der auf die Pers. des Freiberuflers zugeschnittene Anspr. an dessen **persönliche Qualifikation** betont. Die weiteren Formen selbständiger Arbeit betreffen die in Abs. 1 Nr. 2 und 3 genannten Tätigkeiten, denen im Vergleich zu den freien Berufen eine ungleich geringere praktische Bedeutung zukommt.

2 Der historische Gesetzgeber[2] ging davon aus, dass bei der selbständigen Tätigkeit (fast) ausschließlich die eigene Arbeitskraft des StPfl. und nicht der Einsatz des gewerblichen Vermögens im Vordergrund stehe. Diese Vorstellung, die auch eine Differenzierung hinsichtlich der GewStPfl. rechtfertigen mochte, wird zwischenzeitlich vielfach widerlegt. Zwar ging das BVerfG noch im Jahre 1969[3] davon aus, dass eine wirtschaftliche Betätigung iSv. § 15, bei der der **Produktionsfaktor Kapital** eindeutig im Vordergrund stehe, mit der GewSt belegt werden könne. Bereits im Jahre 1977 relativierte das Gericht den Gesichtspunkt des zu vernachlässigenden Kapitaleinsatzes.[4] Infolgedessen sei eine freiberufliche Tätigkeit maßgeblich geprägt vom **persönlichen Einsatz** bei der Berufsausübung, dem Charakter des jeweiligen Berufs nach der berufsrechtl. Ausgestaltung und der Verkehrsanschauung, der Stellung sowie Bedeutung des Berufs im Sozialgefüge und der Qualität sowie Länge der erforderlichen Berufsausbildung.[5] Inzwischen haben die Abgrenzungsmerkmale persönliche Arbeitsleistung und Kapitaleinsatz weiter an Bedeutung eingebüßt.[6] Das Auf-

1 BVerfG v. 24.3.2010 – 1 BvR 2130/09, FR 2010, 670; BFH v. 20.12.2000 – XI R 8/00, BStBl. II 2002, 478 (479) = FR 2001, 537; *K/S/M*, § 18 Rn. B 14 ff. unter Hinweis auf die mittelalterlichen artes liberales.
2 Begr. zum EStG 1934, RStBl. 1935, 33 (42).
3 BVerfG v. 13.5.1969 – 1 BvR 25/65, BVerfGE 26, 1 (8 f.).
4 BVerfG v. 25.10.1977 – 1 BvR 15/75, BVerfGE 46, 224 (241).
5 BVerfG v. 25.10.1977 – 1 BvR 15/75, BVerfGE 46, 224 (242).
6 BFH v. 15.5.1997 – IV R 33/95, BFH/NV 1997, 751 (753); BVerfG v. 15.1.2008 – 1 BvL 2/04, BVerfGE 120, 1 (39 ff.) = FR 2008, 818 m. Anm. *Keß*.

treten am Markt (Gewinnstreben, unternehmerische Gestaltung, Werbung) lässt zahlreiche Freiberufler wie mittelständische Dienstleistungsunternehmer erscheinen und auf diese Weise die Unterschiede zw. Freiberuflern und Gewerbetreibenden zunehmend vielfach in den Hintergrund treten. Weiterhin ermöglichen die einschlägigen Berufsordnungen inzwischen als Rechtsform für den Zusammenschluss von Freiberuflern KapGes., die wegen ihrer Rechtsform ausschließlich gewerbliche Einkünfte erzielen. Gleichwohl hält das BVerfG bislang an der Verfassungsmäßigkeit der GewSt und der GewStPfl. bei Einkünften aus § 15 (nicht aber aus § 18) fest.[1] Immerhin hatte der Gesetzgeber[2] in der Begr. zum GewStG im Jahre 1936 noch ausgeführt, die Grundsätze des Nationalsozialismus erforderten eine Herausnahme der Freiberufler aus der GewSt. Allerdings zeichnet sich nunmehr im Hinblick auf die Diskussion um die Reform der Gewerbesteuer, etwa in Gestalt einer sog. Gemeindewirtschaftssteuer, ein **politischer Wandel** dahingehend ab, zur Verbesserung der Gemeindefinanzierung die Freiberufler den Gewerbetreibenden anzugleichen. Immerhin würden die leidigen Abgrenzungsfragen zu §§ 15 und 18 entfallen. Gleichwohl erscheint eine Gleichsetzung der selbständigen mit den gewerblichen Einkünften nicht zuletzt deshalb bedenklich, weil die geltenden Honorar- und Gebührenordnungen etwa der RÄ, Steuerberater, Ärzte, Architekten und Ingenieure einem am Preis orientierten Wettbewerb entgegenstehen. Gleiches gilt im Hinblick auf die berufs- und standesrechtl. (noch) geltenden Wettbewerbsbeschränkungen, denen Freiberufler unterliegen. Zudem trägt das Privilegieren der in Abs. 1 Nr. 1 genannten (ähnlichen) Berufe dem Umstand Rechnung, dass die betr. Berufsträger zumeist während der erforderlichen längeren Ausbildungszeit keine Einkünfte erzielen. An dieser Einschätzung änderte auch das weitere Anpassen und Erhöhen des Ermäßigungsbetrages gem. § 35 (§ 35 Rn. 1) nichts. Denn dieser Ausgleich versagt, sofern – wie zB häufig in Großstädten – der durchschnittliche Hebesatz überschritten wird. Zudem kann das erstmalige (überraschende) Bejahen v. gewerblichen Einkünften und das damit einhergehende „Infizieren" der an sich die Voraussetzungen des § 18 erfüllenden Einkünfte – insbes. innerhalb einer Freiberufler-PersGes. – zu ungeliebten Mehrbelastungen und etwa zur Buchführungspflicht nach § 141 AO führen. Schließlich kennzeichnet die freien Berufe – strukturell wie auch in der täglichen Praxis – ihr besonderer Beitrag für das Gemeinwohl. Denn tendenziell wirken die Berufsträger auf Gebieten, die für die Allgemeinheit herausragende Bedeutung gewinnen (Gesundheit, Bildung, Kultur). In einzigartiger Weise erbringen die meisten Berufsträger nach wie vor ihre Arbeit durchweg persönlich, eigenverantwortlich und fachlich unabhängig, verbunden mit einem häufig höchstpersönlichen Vertrauensverhältnis zu den Auftraggebern.[3] Folglich erweist sich bislang die Vorstellung als realistisch, dass für die freien Berufe zumeist die eigene Arbeitskraft des StPfl. sowie der Einsatz seines geistigen Vermögens und der durch eine qualifizierte Ausbildung erworbenen Kenntnisse im Vordergrund stehen.[4] Mithin betreffen die Freien Berufe spezifische Expertensysteme, in denen die Berufsträger mit großem Wissens- und Verantwortungsvorsprung gegenüber ihren Auftraggebern persönlich agieren.

Nach allg. Grundsätzen umfasst der Begriff der selbständigen Arbeit die **vier positiven Merkmale iSd. § 15 Abs. 2** (§ 15 Rn. 61). Hinzutreten müssen jedoch die besonderen Merkmale der selbständigen Tätigkeit. Dies betrifft entweder die ausdrücklich bezeichneten Tätigkeiten oder die im Einzelnen umschriebenen ähnlichen Tätigkeiten (Rn. 1). 3

II. Systematische Einordnung. Abs. 1 umschreibt vorrangig die Tätigkeiten, die zu den Einkünften aus selbständiger Arbeit zählen. Im Vordergrund (Abs. 1 Nr. 1) stehen die freiberuflichen Tätigkeiten, die einerseits nach tätigkeitsbezogenen Merkmalen bestimmt werden und die andererseits die Aufzählung einzelner Berufsgruppen (sog. Katalogberufe) betreffen. Das G definiert nicht die freiberufliche Tätigkeit, vielmehr beschränkt es sich auf eine Aufzählung der freien Berufe (Rn. 1). Nachdem ein einheitlicher Oberbegriff der freien Berufe fehlt, gewinnen Typisierungen besondere Bedeutung. Der fehlenden Eindeutigkeit, wo im Einzelfall die Grenze freiberuflicher Tätigkeit verläuft, steht der Vorteil gegenüber, dass Abs. 1 den gesellschaftlichen Entwicklungen offen gegenübersteht. Als Auffangtatbestand wird die Bestimmung ergänzt um die sog. ähnlichen Berufe. Diese Ähnlichkeit bestimmt sich nach den Merkmalen der Katalogberufe; es handelt sich um eine Tatbestandsbestimmung im Wege der Analogie. Weiterhin ordnen Abs. 1 Nr. 2 und 3 einzelne Tätigkeiten den Einkünften aus selbständiger Arbeit zu. IÜ enthalten die S. 3 und 4 im Hinblick auf die Mithilfe bestimmter Arbeitskräfte und Vertretungssituationen **gemeinsame Merkmale** für freiberufliche Tätigkeiten. 4

Abs. 2 stellt klar, dass auch eine nur vorübergehende Tätigkeit die Voraussetzungen des Abs. 1 zu erfüllen vermag. Demgegenüber bestimmt Abs. **3**, dass in Anlehnung an § 16 im Einzelnen bezeichnete Veräuße- 5

1 BVerfG v. 15.1.2008 – 1 BvL 2/04, BVerfGE 120, 1 (24 ff.); v. 24.3.2010 – 1 BvR 2130/09, FR 2010, 670 (zur Gewerbesteuerpflicht einer Freiberufler-GmbH).
2 RStBl. 1937, 693 (694).
3 BVerfG v. 15.1.2008 – 1 BvL 2/04, BVerfGE 120, 1 (35) = FR 2008, 818 m. Anm. *Keß*.
4 BFH v. 12.1.2010 – VIII R 34/07, BStBl. II 2010, 612 (613) = FR 2010, 662 m. Anm. *Kempermann*.

rungsvorgänge zu den stpfl. Einkünften zählen. § 18 Abs. 3 S. 2 verweist auf den Freibetrag iSv. § 16 Abs. 4, weiterhin gilt die Tarifvergünstigung gem. § 34 Abs. 2 Nr. 1. Die in Abs. **4** enthaltenen Bezugnahmen führen zur Übernahme der in § 13 Abs. 5 sowie §§ 15, 15a und 15b festgelegten Regelungsinhalte.

6 Die keinesfalls trennscharfe **Abgrenzung zu den anderen Einkunftsarten** erfordert idR eine umfassende Sachverhaltswürdigung. Die Unterscheidung v. den Einkünften gem. **§ 15** (Rn. 39) kann häufig nur durch den Vergleich mit den für selbständige sowie gewerbliche Einkünfte jeweils typischen Erscheinungsformen getroffen werden. Die Abgrenzung gegenüber den Einkünften gem. **§ 19** (Rn. 36) richtet sich nach den Bestimmungen des Lohnsteuerrechts, insbes. § 1 Abs. 2 LStDV. **§ 21 Abs. 3** stellt ausdrücklich klar, dass Miet- und Pachteinnahmen ggf. iRd. § 18 zu besteuern sind; folglich sind etwa Einnahmen aus der Vermietung v. WG im Zusammenhang mit einer selbständigen Tätigkeit diesen Einkünften zuzurechnen. Sonstige Einkünfte iSv. **§ 22 Nr. 3** können auch Tätigkeitsvergütungen enthalten, wie sie § 18 typischerweise erfasst. Allerdings setzt der vorrangig anwendbare § 18 ausweislich Abs. 2 zumindest eine vorübergehende Tätigkeit (Rn. 103) voraus, so dass zwar nicht deren tatsächliche Dauerhaftigkeit, wohl aber die Absicht der Wiederholung feststellbar sein muss; demgegenüber betrifft § 22 Nr. 3 die nur gelegentlich ausgeübte Tätigkeit.

7 StPfl. mit Einkünften nach § 18 ermitteln den Gewinn gem. **§ 4 Abs. 1** oder **3**. Soweit StPfl. ihre selbständige Arbeit (lediglich) nebenberuflich ausüben, kommen stfreie Aufwandsentschädigungen iSd. § 3 Nr. 26 in Betracht (§ 3 Rn. 49 ff.). Die in § 141 AO geregelte Buchführungspflicht gilt nicht für StPfl. mit Einkünften aus selbständiger Arbeit. Im Einzelfall können auch Freiberufler außerordentliche Einkünfte iSd. § 34 Abs. 2 Nr. 4 bei Vergütungen für mehrjährige Tätigkeiten erzielen.[1] Im Bereich der USt können Freiberufler – abgesehen v. der Befreiung gem. § 4 Nr. 14 sowie dem ermäßigten Steuersatz gem. § 12 Abs. 2 Nr. 6 und 7 UStG – die Steuer nach vereinnahmten Entgelten berechnen, § 20 Abs. 1 UStG. Vor allem aber das Entfallen der GewStPfl. führt bislang (Rn. 2 aE) zu einer **Privilegierung** gegenüber den gewerblichen Einkünften.

8 **III. Anwendungsbereich.** § 18 erfasst Einkünfte, die ein StPfl. **eigenverantwortlich** im Hinblick auf die **persönliche Arbeitsleistung erzielt.**[2] Kulturgeschichtlich geht der Begriff der freien Berufe auf die mittelalterlichen artes liberales zurück. Durch Verzicht auf eine gesetzliche Definition der freiberuflichen Tätigkeit, Abs. 1 Nr. 1, sowie der sonstigen selbständigen Arbeit, Abs. 1 Nr. 3, gewinnt die **Verkehrsanschauung** maßgebliche Bedeutung bei der Bestimmung der freien Berufe. Auf diese Weise ist das G für Fortentwicklungen herkömmlicher Berufsinhalte sowie für neue Berufe offen. Im Vordergrund steht die eigenverantwortliche, auf hoher persönlicher Qualifikation beruhende Tätigkeit. Kennzeichnend sind – zumindest bislang – berufs- und standesrechtl. Regelwerke, die jedenfalls im Grundsatz das Gewinnstreben nicht uneingeschränkt zulassen (Rn. 2 aE). Gleichwohl zeigt die soziale Wirklichkeit, dass der Gewinnaspekt zunehmend Bedeutung gewonnen hat. Im Wege der **Typisierung** (Rn. 4) fällt danach eine Tätigkeit in den Anwendungsbereich des § 18, sofern der persönliche – zumeist auf qualifizierter Ausbildung beruhende – Arbeitseinsatz in einer Weise im Vordergrund steht, wie er für das herkömmliche Bild der Selbständigen bestimmend ist. Hiernach gibt der unmittelbare, persönliche und deshalb individuelle Einsatz sowie der direkte Kontakt mit dem Klienten dem Begriff des Freiberuflers sein Gepräge.[3] Nach diesem Verständnis bilden typisierend das durch entspr. Ausbildung geschulte geistige Vermögen und die persönliche Arbeitskraft die Grundlagen freiberuflicher Tätigkeit.[4]

9 **IV. Entwicklung der Vorschrift.** Bereits in den Preußischen Gesetzen zur Einkommen- und GewSt v. 24.6.1891[5] wurden bestimmte v. der GewSt befreite selbständig ausgeübte Tätigkeiten der Einkommensbesteuerung unterworfen. Der Wortlaut der heutigen Vorschrift geht im Wesentlichen auf § 18 des EStG 1934 zurück. Hervorzuheben ist die Ergänzung des § 18 durch Abs. 1 Nr. 1 S. 3, wonach in begrenztem Umfang (nur) bei freiberuflicher Tätigkeit der Einsatz qualifizierter Hilfskräfte mit der Tätigkeit eines Freiberuflers vereinbar ist.[6]

B. Einkünfte aus selbständiger Arbeit (Abs. 1)

10 **I. Grundsätze. 1. Erzielung von Einkünften.** Stpfl Einkünfte gem. § 18 setzen voraus, dass die **allg. Tatbestandsmerkmale iSd. § 2 Abs. 1** zu bejahen sind. Bei nat. Pers.,[7] die gem. § 1 Abs. 1 unbeschränkt estpfl.

1 BFH v. 14.12.2006 – IV R 57/05, BStBl. II 2007, 180 = FR 2007, 502 m. Anm. *Kanzler*; vgl. aber auch BFH v. 30.1.2013 – III R 84/11, BFH/NV 2013, 829.
2 Begr. zum EStG 1934, RStBl. 1935, 33 (42).
3 BFH v. 29.7.1965 – IV 61/65 U, BStBl. III 65, 557 (558).
4 BFH v. 10.4.1953 – IV 429/52 U, BStBl. III 53, 142 (143).
5 *K/S/M*, § 18 Rn. A 44 ff. und 49.
6 *K/S/M*, § 18 Rn. A 52.
7 BFH v. 7.7.1971 – I R 41/70, BStBl. II 71, 771: keine KapGes., vgl. § 8 II KStG.

sind, müssen daher – in Abgrenzung v. der privaten Vermögenssphäre – alle objektiven (insbes. Teilnahme am Marktgeschehen[1]) und subj. (insbes. Einkünfteerzielungsabsicht, vgl. § 2 Rn. 17) Merkmale erfüllt sein.

Die **Einkünfteerzielungsabsicht** (§ 2 Rn. 57 ff.) richtet sich iRd. § 18 im Grundsatz nach den allg. Regeln. 11
Dabei sind aber, um die innere Tatsache anhand äußerer Umstände festzustellen, die besonderen Umstände etwa künstlerischer oder schriftstellerischer Tätigkeit (zB längere Verlustphasen) angemessen zu berücksichtigen. Dies gilt auch bei nebenberuflich ausgeübter freiberuflicher Tätigkeit (§ 2 Rn. 72). Hiernach können die freiberuflichen Besonderheiten rein betriebswirtschaftliche Gesichtspunkte im Einzelfall überlagern. Beschränkt StPfl., § 1 Abs. 4, erzielen gem. § 49 Abs. 1 Nr. 3 Einkünfte aus selbständiger Arbeit, soweit die Tätigkeit im Inland ausgeübt oder verwertet wird. Die Absicht, nachhaltig auf Dauer Überschüsse zu erzielen, kann nur an Hand äußerer Umstände im Wege der Einzelabwägung ermittelt werden. Für die Gewinnprognose ist vorrangig auf die folgenden (künftigen) Jahre abzustellen, erforderlich ist also eine zukunftsorientierte und langfristige Betrachtung. Dabei indiziert eine objektiv negative Totalgewinnprognose lediglich ausnahmsweise das Fehlen einer Gewinnerzielungsabsicht. Diese fehlt im Regelfall nur, wenn StPfl. den Verlust aus persönlichen Gründen hinnehmen; hierfür sprechen auch fehlende Reaktionen auf verlustbringende Geschäftskonzepte.[2] Die Prognose der Gewinnerwirtschaftung darf nicht allein auf längere Verlustphasen abstellen, muss typischerweise im Wege des Anscheinsbeweises mit Gewinnabsicht betriebene Tätigkeiten besonders werten und hat persönliche Gründe oder Neigungen des StPfl. zu beachten. Ein für die Gewinnerzielungsabsicht sprechender Anscheinsbeweis fehlt bereits, wenn der StPfl. ein verlustbringendes Unternehmen aus persönlichen Gründen fortführt. Dies gilt auch für sog. Brotberufe, bei denen aber allein (langjährige) Verluste nicht zur Liebhaberei führen. Aus der Fülle der hierzu ergangenen Rspr. seien folgende Beispiele genannt: keine Liebhaberei bei Reisejournalistin trotz mehrjähriger Verluste;[3] keine Liebhaberei bei Erfinder allein wegen Verlusten über einen längeren Zeitraum;[4] keine Gewinnerzielungsabsicht bei Schriftsteller, der auch nach Anlaufzeit nur Verluste erzielt;[5] Gewinnerzielungsabsicht bei (ehrenamtlichen) Gemeinderatsmitgliedern;[6] (im Einzelfall keine) Gewinnerzielungsabsicht bei langjährigen Verlusten eines RA;[7] idR keine Liebhaberei bei hauptberuflich ausgeübter Tätigkeit als Steuerberater;[8] Liebhaberei bei langjähriger Erfindertätigkeit ohne nennenswerte Einnahmen;[9] Verluste in der Auslaufphase einer Arztpraxis;[10] Architekt ohne Gewinnerzielungsabsicht;[11] (fehlende) Gewinnerzielungsabsicht trotz langjähriger Verluste bei Künstlern;[12] Gewinnerzielungsabsicht trotz fehlgeschlagener Vermarktung eines Manuskripts;[13] Liebhaberei bei aufgrund persönlicher Neigung betriebenem Tonstudio und Musikverlag;[14] neue Anlaufphase nach längerer Verlustperiode bei Künstler;[15] fehlende Gewinnerzielungsabsicht bei freiberuflichem Arzt;[16] Gewinnerzielungsabsicht eines Erfinders;[17] Liebhaberei bei RA[18] oder Steuerberater[19] wegen anhaltender Verluste; Umstrukturierungsmaßnahmen indizieren Gewinnerzielungsabsicht (subj. Liebhabereibegriff).[20]

2. Ermittlung des laufenden Gewinns. Die Besteuerung des lfd. Gewinns richtet sich nach allg. Grundsätzen.[21] Hiernach ermittelt ein Selbständiger seinen Gewinn zumeist nach **§ 4 Abs. 3**. Allerdings kann sich 12

1 BFH v. 28.6.2001 – IV R 10/00, BStBl. II 2002, 338 = FR 2001, 1111: bejaht, auch wenn Leistung nur an Angehörige erbracht wird; v. 16.5.2002 – IV R 94/99, BStBl. II 2002, 565 (566) = FR 2002, 1004: bejaht bei Angebot an nur einen Marktteilnehmer.
2 BFH v. 6.3.2003 – XI R 46/01, BStBl. II 2003, 602 = FR 2003, 727; v. 26.2.2004 – IV R 43/02, BStBl. II 2004, 455 (456) = FR 2004, 648; v. 17.11.2004 – X R 62/01, BStBl. II 2005, 336 (339) = FR 2005, 590.
3 BFH v. 22.11.1979 – IV R 88/76, BStBl. II 1980, 152 = FR 1980, 175.
4 BFH v. 14.3.1985 – IV R 8/84, BStBl. II 1985, 424 (425 f.) = FR 1985, 505.
5 BFH v. 23.5.1985 – IV R 84/82, BStBl. II 1985, 515 (516) = FR 1985, 588.
6 BFH v. 3.12.1987 – IV R 41/85, BStBl. II 1988, 266 (268) = FR 1988, 133.
7 BFH v. 22.4.1998 – XI R 10/97, BStBl. II 1998, 663 (664) = FR 1998, 841; abgrenzend dazu BFH v. 14.12.2004 – XI R 6/02, BStBl. II 2005, 392 = FR 2005, 744; FG Münster v. 14.12.2011 – 7 K 3913/09 E (rkr.), EFG 2012, 919 (921).
8 BFH v. 31.5.2001 – IV R 81/99, BStBl. II 2002, 276 = FR 2001, 1008.
9 BFH v. 20.4.2000 – XI S 7/99, BFH/NV 2001, 13.
10 BFH v. 26.2.2004 – IV R 43/02, BStBl. II 2004, 455 = FR 2004, 648.
11 BFH v. 12.9.2002 – IV R 60/01, BStBl. II 2003, 85 = FR 2003, 135.
12 BFH v. 6.3.2003 – XI R 46/01, BStBl. II 2003, 602 = FR 2003, 727; FG München v. 9.10.2009 – 7 K 1731/07, juris.
13 BFH v. 28.2.2003 – IV B 200/02, BFH/NV 2003, 625.
14 BFH v. 30.4.2004 – IV B 93/02, BFH/NV 2004, 1396.
15 FG Nds. v. 27.8.2003 – 2 K 707/99, EFG 2004, 111.
16 FG Düss. v. 13.11.2003 – 14 K 7839/00 E, EFG 2004, 259.
17 BFH v. 3.6.2005 – XI S 7/04, BFH/NV 2005, 1556.
18 BFH v. 14.12.2004 – XI R 6/02, BStBl. II 2005, 392 = FR 2005, 744; v. 18.4.2013 – VIII B 135/12, BFH/NV 2013, 1556 (1557) bei RA mit Angestellten.
19 FG Köln v. 19.5.2010 – 10 K 3679/08, EFG 2010, 1411.
20 BFH v. 21.7.2004 – X R 33/03, BStBl. II 2004, 1063 = FR 2005, 314 m. Anm. Freiherr *v. Proff zu Irnich.*
21 Zu den einzelnen Aufzeichnungspflichten eines Freiberuflers, vgl. H 18.2 EStH.

der fakultative BV-Vergleich gem. § 4 Abs. 1 anbieten, sofern die Ausübung dieses Wahlrechts vorteilhaft erscheint. Das Wahlrecht, den Gewinn durch EÜR zu ermitteln, kann bis zum Schluss der mündlichen Verhandlung vor dem FG ausgeübt werden.[1] Nachdem die Überschussrechnung gem. § 4 Abs. 3 für Freiberufler den Regelfall darstellt, ist v. einer Wahl der Gewinnermittlung nach § 4 Abs. 1 nur auszugehen, wenn der StPfl. nach den Gesamtumständen vor allem durch die tatsächliche Handhabung der Gewinnermittlung – insbes. das Einreichen einer EB – sein diesbezügliches Wahlrecht eindeutig ausgeübt hat.[2] Ermittelt der StPfl. seinen Gewinn nach § 4 Abs. 1, kommt ein abw. Wj. iSd. § 4a gleichwohl nicht in Betracht (§ 4a Rn. 1).

13 **a) Umfang des Betriebsvermögens.** Nach allg. Grundsätzen (§ 4 Rn. 34f.) zählen zu dem BV eines Selbständigen alle WG, die in einem funktionalen Sachzusammenhang mit dem Betrieb stehen. Das bei der Gewinnermittlung stets zu berücksichtigende **notwendige BV** liegt vor, wenn ein (un)bewegliches WG dem Betrieb in der Weise unmittelbar (§ 4 Rn. 36) dient, dass es objektiv erkennbar zum unmittelbaren Einsatz im Betrieb selbst bestimmt ist;[3] bzgl. der nicht abnutzbaren WG ist § 4 Abs. 3 S. 3 und 4 zu beachten. Bei PersGes., die Einkünfte gem. § 18 erzielen, gehören zum BV das Gesamthandsvermögen sowie die im Eigentum eines G'ters stehenden betrieblich genutzten WG (Sonder-BV). Zur Rechtsprechungsänderung bzgl. des gewillkürten BV auch bei der Einnahme-Überschuss-Rechnung vgl. Rn. 16.

14 Die Zuordnung zum BV sowie die Einordnung zum Anlage- oder Umlaufvermögen hängt vom **konkreten Einsatz** (Funktion) **des WG** im Hinblick auf die betrieblichen Abläufe ab (Gesamtwürdigung, vgl. § 4 Rn. 35); dies ist etwa zu bejahen für das Dentalgold eines Zahnarztes.[4] Nach den Umständen des Einzelfalles kann die – eine Einordnung als notwendiges BV rechtfertigende – Annahme etwa einer sog. Hilfstätigkeit für an sich berufsfremde WG angenommen werden, sofern diese für die Berufstätigkeit erforderlich[5] und der betr. konkreten freiberuflichen Tätigkeit nicht wesensfremd sind.[6] Für notwendiges BV spricht demnach etwa der Umstand, dass eine GmbH-Beteiligung ohne eigenes wirtschaftliches Gewicht die freiberufliche Tätigkeit erst ermöglicht. Weitere Beispiele: Darlehensforderung eines Steuerberaters zur Rettung einer Honorarforderung[7]; Beteiligung eines beratenden Ingenieurs für Baustatik an einer Planungs- und Bau-GmbH[8] oder an einer Wohnungsbau-AG[9]; Beteiligung v. Wirtschaftsprüfern an einer Treuhand-GmbH;[10] Einräumung v. Gesellschaftsrechten als Honorar eines Steuerberaters;[11] Beteiligung eines Mediziners an einschlägiger KapGes. zur Produktverwertung;[12] GmbH-Beteiligung eines Freiberuflers an einer Vermarktungs- oder VerwertungsGes.;[13] Beteiligung eines RA an einer KapGes., wenn der Anwalt auf diese Weise Mandate behalten will.[14] Dagegen entfällt BV bei auf das Leben eines Sozius abgeschlossener Lebensversicherung[15] oder bei der Praxisausfallversicherung einer Ärztin.[16]

Nach allg. Grundsätzen beurteilt sich iRd. § 18 auch die Zuordnung zum **Anlage- und Umlaufvermögen.** So zählen die selbstgeschaffenen und zum Verkauf bestimmten Bilder eines Künstlers zu dessen Umlaufvermögen.[17] Dies gilt gleichermaßen für eigene Bilder, die ein Kunstmaler zurückkauft, um sie später erneut zu veräußern.[18]

15 Um **notwendiges** PV (§ 4 Rn. 52) handelt es sich bei den WG, die in keinem betrieblichen Zusammenhang stehen. Dies trifft nach allg. Grundsätzen zu, wenn bei gemischter Nutzung die freiberufliche Nut-

1 BFH v. 19.3.2009 – IV R 57/07, BStBl. II 2009, 659 = FR 2009, 1052; v. 20.3.2013 – X R 15/11, BFH/NV 2013, 1548.
2 BFH v. 9.11.2000 – IV R 18/00, BStBl. II 2001, 102 = FR 2001, 202 m. Anm. *Kanzler*: Grenzen eines (mehrfachen) Wechsels; v. 19.3.2009 – IV R 57/07, BStBl. II 2009, 659 = FR 2009, 1052; vgl. auch H 18.2 EStH.
3 BFH v. 27.11.1992 – IV B 129/91, BFH/NV 1993, 471: Urheberrechte eines Freiberuflers; v. 12.1.2010 – VIII R 34/07, BStBl. II 2010, 612 = FR 2010, 662 m. Anm. *Kempermann*.
4 BFH v. 12.3.1992 – IV R 29/91, BStBl. II 1993, 36 (38) = FR 1992, 720 m. Anm. *Söffing*.
5 BFH v. 15.10.1981 – IV R 77/76, BStBl. II 1982, 340 (341) = FR 1982, 254; einschr.: BFH v. 26.4.2001 – IV R 14/00, FR 2001, 893 = BFH/NV 2001, 1186 (1188).
6 BFH v. 22.1.1981 – IV R 107/77, BStBl. II 1981, 564 (566); v. 12.1.2010 – VIII R 34/07, BStBl. II 2010, 612 = FR 2010, 662 m. Anm. *Kempermann*.
7 BFH v. 22.4.1980 – VIII R 236/77, BStBl. II 1980, 571 (572f.) = FR 1980, 466.
8 BFH v. 11.3.1976 – IV R 185/71, BStBl. II 1976, 380 (381).
9 BFH v. 23.11.1978 – IV R 146/75, BStBl. II 1979, 109 (110).
10 BFH v. 11.3.1976 – IV R 185/71, BStBl. II 1976, 380 (381).
11 BFH v. 1.2.2001 – IV R 57/99, BStBl. II 2001, 546 (547) = FR 2001, 795.
12 BFH v. 26.4.2001 – IV R 14/00, BStBl. II 2001, 798 = FR 2001, 893.
13 BFH v. 25.3.2008 – VIII B 122/07, BFH/NV 2008, 1317; v. 12.1.2010 – VIII R 34/07, BStBl. II 2010, 612 (613) = FR 2010, 662 m. Anm. *Kempermann*.
14 BFH v. 26.1.2011 – VIII R 19/08, BFH/NV 2011, 1311 (1312).
15 BFH v. 6.2.1992 – IV R 30/91, BStBl. II 1992, 653 = FR 1992, 575.
16 BFH v. 19.5.2009 – VIII R 6/07, BStBl. II 2010, 168 = FR 2009, 1141.
17 BFH v. 25.10.2007 – II R 53/07, BStBl. II 2009, 852 (853).
18 FG München v. 20.4.2010 – 13 K 4288/07, EFG 2010, 2087 (2088).

zung nicht zumindest 50 % ausmacht. WG wie Feingold, das ein Zahnarzt zur spekulativen Vermögensanlage erwirbt, gehören zum PV, da das durch das freiberufliche Berufsbild geprägte BV nicht berührt wird.[1] Gleiches gilt regelmäßig für Kapitalbeteiligungen, -anlagen und -ansammlungsverträge (sog. Geldgeschäfte, vgl. auch Rn. 16) eines Freiberuflers jedenfalls in den Fällen, in denen es sich um Geldgeschäfte mit „eigenem wirtschaftlichen Gewicht" handelt.[2]

Nach allg. Grundsätzen ist **gewillkürtes BV** zu bejahen, wenn ein WG objektiv geeignet und zusätzlich eindeutig dazu bestimmt ist, die Tätigkeit des Freiberuflers zu fördern (§ 4 Rn. 45). In der Vergangenheit hatte insbes. der BFH[3] die Möglichkeit gewillkürten BV iRd. § 4 Abs. 3 regelmäßig verneint. Allerdings erwiesen sich die v. der hM ins Feld geführten Praktikabilitäts- oder Nachweisprobleme nicht als durchschlagend. In diesem Zusammenhang ist unabhängig von der inzwischen vollzogenen Änderung in der Rechtsprechung folgendes zu beachten: Gewillkürtes BV entfällt schon nach allg. Grundsätzen für WG, die mit standeswidrigen Geschäften in Verbindung stehen oder die für die freiberufliche Tätigkeit wesensfremd sind. IdR sind Geldgeschäfte (Darlehen, Bürgschaft, Beteiligung), die ihrer Art nach zu Einkünften iSd. § 20 führen, v. der eigentlichen freiberuflichen Tätigkeit zu trennen (Rn. 36 und 63), sofern es sich nicht um ein sog. Hilfsgeschäft handelt, das ohne eigenes wirtschaftliches Gewicht zur unmittelbaren Förderung der freiberuflichen Tätigkeit etwa im Rahmen konkret zu erwartender Investitionen dient.[4] Den generellen Ausschluss gewillkürten BV iRd. § 4 Abs. 3 hat der BFH jedenfalls im Jahre 2003[5] aufgegeben und unter im Einzelnen dargelegten Voraussetzungen gewillkürtes BV auch bei der Einnahme-Überschuss-Rechnung als zulässig erachtet. Allerdings ist nach allg. Grundsätzen (§ 4 Rn. 45) bei Freiberuflern das jeweilige Berufsbild maßgeblich, um etwa „wesensfremde" WG aus dem Bereich des (gewillkürten) BV auszuscheiden. Im Übrigen müssen natürlich iRd. § 18 die allg. Voraussetzungen erfüllt sein: Hierzu zählen insbes. eine mindestens 10 % umfassende betriebliche Mindestnutzung und hinreichende zeitnahe Aufzeichnungen; die erstmalige Zuordnung eines WG zum gewillkürten BV muss unmissverständlich dokumentiert sein. In diesem Zusammenhang tragen die StPfl. die Feststellungslast. Dabei findet durch Nutzungsänderung regelmäßig keine Entnahme ins PV statt, diese setzt vielmehr eine eindeutige Entnahmehandlung voraus.[6] Der Ausweis als gewillkürtes BV kann vor allem bei Pkw mit geringem betrieblichen Nutzungsanteil im Hinblick auf § 6 Abs. 1 Nr. 4 S. 2 interessant sein. Allerdings ist in diesen Fällen die spätere StPfl. eines Veräußerungs- oder Entnahmegewinns zu beachten. 16

b) Betriebseinnahmen. Die Qualifikation als BE – in Abgrenzung zum stl. irrelevanten privaten Vermögenszufluss – richtet sich nach der **betrieblichen Veranlassung.**[7] Hiernach muss die Einnahme – sei es auch im Rahmen v. Tauschvorgängen,[8] Hilfs- oder Nebengeschäften – mit der freiberuflichen Tätigkeit in sachlichem Zusammenhang stehen (§ 4 Rn. 138 ff.). Dagegen entfallen Einkünfte aus freiberuflicher Tätigkeit, soweit es sich um berufsfremde Aktivitäten handelt; Beispiele: Ein RA tätigt Geldgeschäfte, die in keinem engen Zusammenhang mit der Besorgung fremder Rechtsangelegenheiten stehen, oder er veruntreut Fremdgelder.[9] Demgegenüber besteht ein Zusammenhang mit der freiberuflichen Tätigkeit bei einem Steuerberater, der ein Darlehen gewährt hatte, um eine Honorarforderung zu retten.[10] 17

c) Betriebsausgaben. Bei den Einkünften gem. § 18 betreffen nach allg. Grundsätzen die BA iSv. **§ 4 Abs. 4** alle Aufwendungen, die dem StPfl. im Zusammenhang mit seiner beruflichen Tätigkeit entstanden sind (§ 4 Rn. 141). Nur als SA, § 10, sind etwa Ausgaben für die eigenen Versorgungsansprüche abziehbar.[11] Bei (teilw.) privat veranlassten Aufwendungen ist § 12 zu beachten (§ 4 Rn. 164). So stellen Aufwen- 18

1 BFH v. 17.4.1986 – IV R 115/84, BStBl. II 1986, 607 (609) = FR 1986, 414.
2 BFH v. 12.1.2010 – VIII R 34/07, BStBl. II 2010, 612 (613) = FR 2010, 662 m. Anm. *Kempermann*.
3 StRspr., vgl. BFH v. 31.5.2001 – IV R 49/00, BStBl. II 2001, 828 = FR 2001, 956 m. Anm. *Kempermann* mwN.
4 BFH v. 1.2.2001 – IV R 57/99, BStBl. II 2001, 546 (547) = FR 2001, 795; v. 31.5.2001 – IV R 49/00, BStBl. II 2001, 828 (829) = FR 2001, 956; FG Hbg. v. 25.4.2007 – 2 K 239/05, EFG 2007, 1414; FG Köln v. 25.9.2008 – 13 K 1915/08, EFG 2009, 94 (Aktien als Liquiditätsreserve); FG BaWü. v. 29.1.2008 – 4 K 281/04, EFG 2008, 1103 (Bürgschaft eines StB zugunsten seines Mandanten); zur Annahme gewillkürten BV bei „Geldgeschäften", vgl. aber: *Kempermann*, FR 2010, 664.
5 BFH v. 2.10.2003 – IV R 13/03, BStBl. II 2004, 985 = FR 2004, 90; vgl. hierzu: BMF v. 17.11.2004, BStBl. I 2004, 1064.
6 BFH v. 10.11.2004 – XI R 31/03, BStBl. II 2005, 334 (335) = FR 2005, 684 m. Anm. *Wendt*.
7 BFH v. 3.12.1987 – IV R 41/85, BStBl. II 1988, 266 (268) = FR 1988, 133.
8 BFH v. 17.4.1986 – IV R 115/84, BStBl. II 1986, 607 (608) = FR 1986, 414.
9 BFH v. 15.10.1981 – IV R 77/76, BStBl. II 1982, 340 (341) = FR 1982, 254; v. 31.5.2001 – IV R 49/00, BStBl. II 2001, 828 (829 f.) = FR 2001, 956 m. Anm. *Kempermann*; weitere Beispiele H 18.2 „Geldgeschäfte" EStH; v. 16.12.2014 – VIII R 19/12, BStBl. II 2015, 643 = FR 2015, 799 zur Veruntreuung.
10 BFH v. 22.4.1980 – VIII R 236/77, BStBl. II 1980, 571 (572 f.) = FR 1980, 466; weitere Beispiele H 18.2 „Geldgeschäfte" EStH.
11 BFH v. 13.4.1972 – IV R 88–89/69, BStBl. II 1972, 730 (731 f.).

dungen eines Facharztes für die Facharztausbildung seines – als Nachfolger vorgesehenen – Sohnes keine BA dar.[1] Die FinVerw. akzeptiert für verschiedene freiberufliche Tätigkeiten BA-Pauschalen.[2]

19 **d) Praxiswert.** Während der nicht selbständig veräußerbare Geschäftswert[3] eines GewBetr. die über den Substanzwert hinausgehende Gewinnaussicht enthält, betrifft der Praxiswert als **abnutzbares immaterielles WG** die über den Substanzwert einer freiberuflichen Praxis hinausgehende Gewinnaussicht (§ 6 Rn. 118). Der häufig die wesentliche Betriebsgrundlage bildende Praxiswert beruht vor allem auf dem Vertrauen der Mandanten oder Patienten in die Tüchtigkeit und Leistungsfähigkeit des Praxisinhabers. Von dem Praxiswert, der nur zusammen mit der Praxis übertragen werden kann, ist der sog. **Mandantenstamm** als weiteres abnutzbares immaterielles WG zu unterscheiden, das Gegenstand eines selbständigen Pachtvertrages sein kann.[4] Im Hinblick auf das ihren Organen entgegengebrachte Vertrauen kann auch eine KapGes. Inhaberin eines Praxiswerts oder eines Mandantenstammes sein.[5]

20 Der gem. § 5 Abs. 2 derivativ erworbene Praxiswert stellt ein abnutzbares immaterielles WG dar; Gleiches gilt für den anlässlich einer Sozietätsgründung oder -erweiterung aufgedeckten Praxiswert. Hinsichtlich der **betriebsgewöhnlichen Nutzungsdauer** des Praxiswerts geht der BFH bei Einzelpraxen v. drei bis fünf und bei Sozietäten v. sechs bis zehn Jahren aus.[6] Ein Zeitraum v. 15 Jahren gem. § 7 Abs. 1 S. 3 entfällt, da dieser ausweislich des Gesetzeswortlauts nur iRd. §§ 15 und 13 gilt (§ 7 Rn. 56). Der Ansatz eines niedrigeren TW kommt in Betracht (§ 6 Rn. 120 f.). Von der gleichen Nutzungsdauer ist nach Auffassung des BFH auszugehen, wenn anlässlich der Gründung einer Sozietät, die gewerbliche Einkünfte erzielt (Rn. 24), ein Praxiswert aufgedeckt wird und dieser sich in einen Geschäftswert umwandelt.[7]

21 **3. Gemischte Tätigkeit.** Sofern ein StPfl. in einer **Einzelpraxis** (zur Praxissozietät Rn. 25) sowohl aus selbständiger als auch aus gewerblicher (Rn. 39) Tätigkeit Einkünfte erzielt, können **nebeneinander** Einkünfte gem. §§ 15 und 18 vorliegen. Dies kommt etwa in Betracht, wenn ein RA neben seinen Einkünften gem. § 18 für seine Tätigkeit als (berufsmäßiger) Vermögensverwalter Einkünfte iSv. § 15 erzielt. Eine Umqualifizierung der Einkünfte aus selbständiger Tätigkeit entfällt, wenn die beiden Bereiche sich nicht gegenseitig bedingen und nach der Verkehrsanschauung nicht als einheitliche Tätigkeit (Betrieb) erscheinen.[8] Ist auf Grund der (wesensmäßigen) Verschiedenheit eine Trennung der – durchaus im Einzelfall auch gleichartigen, innerhalb eines einzigen Betriebes ausgeübten – Tätigkeiten geboten, kann dies im Wege der Schätzung erfolgen.[9] Wird zB ein Steuerberater für eine Bauherrengemeinschaft als Treuhänder tätig, kommt dies in Betracht, wenn einzelne für Steuerberater typische Tätigkeiten v. den gewerblichen Treuhänderleistungen abgrenzbar sind.[10]

22 Die Tätigkeitsmerkmale einer „gemischten" Tätigkeit können allerdings im Einzelfall derart miteinander verbunden sein und sich gegenseitig unauflösbar bedingen, dass eine Trennung der Bereiche willkürlich erscheint. Für diese Tatfrage sind verschiedene Aufträge oder Projekte nicht einheitlich, sondern getrennt zu betrachten.[11] Schuldet der StPfl. eine einheitliche Leistung, kann allerdings auch dann eine untrennbare gemischte Tätigkeit vorliegen, wenn er die Entgelte in den Rechnungen und in der Buchführung getrennt ausweist.[12] Bei einer **einheitlich zu beurteilenden Gesamtbetätigung** richtet sich die Frage, ob es sich insgesamt um gewerbliche oder freiberufliche Einkünfte handelt, danach, welcher Teilbereich der Gesamttätigkeit das Gepräge gibt.[13] Die einheitliche Qualifizierung v. nicht trennbaren Einkünften verschiedener

1 BFH v. 6.11.2012 – VIII R 49/10, BStBl. II 2013, 309 (311) = FR 2013, 617.
2 H 18.2 „Betriebsausgabenpauschale" EStH; BMF v. 27.12.1989 – BStBl. I 1990, 14 (Parlamentsjournalist); v. 1.8. 1988, BStBl. I 1988, 329 (Pflegegeld); v. 16.11.1982, BStBl. I 1984, 133 (Erziehungsgeld).
3 BFH v. 27.3.2001 – I R 42/00, BStBl. II 2001, 771 (772) = FR 2001, 1108.
4 BFH v. 18.12.1996 – I R 128–129/95, BStBl. II 1997, 546 (547); zu Gestaltungen bei Verpachtung des Mandantenstammes an Steuerberatungs-GmbH *v. Rechenberg*, INF 97, 717 (718 ff.).
5 BFH v. 30.3.1994 – I R 52/93, BStBl. II 1994, 903 (905) = FR 1994, 684 m. Anm. *Kempermann*.
6 BFH v. 24.2.1994 – IV R 33/93, BStBl. II 1994, 590 (591) = FR 1994, 566; ebenso BMF v. 15.1.1995, BStBl. I 1995, 14.
7 BFH v. 15.5.1997 – IV R 33/95, BFH/NV 1997, 751 (753).
8 BFH v. 11.7.1991 – IV R 102/90, BStBl. II 1992, 413 (415) = FR 1992, 202; v. 19.9.2002 – IV R 70/00, BStBl. II 2003, 25 (27) = FR 2003, 77; Rechtsprechungsnachweis in H 15.6 „Gemischte Tätigkeit" EStH.
9 BFH v. 16.2.1961 – IV 235/60 U, BStBl. III 1961, 210; v. 8.10.2008 – VIII R 53/07, BStBl. II 2009, 143 (147) = FR 2009, 429.
10 BFH v. 18.1.1962 – IV 270/60 U, BStBl. III 1962, 131 (132 f.): Trennung der schriftstellerischen v. der verlegerischen Tätigkeit bei Eigenprodukten im Selbstverlag; BFH v. 8.10.2008 – VIII R 53/07, BStBl. II 2009, 143 = FR 2009, 429: Trennung einzelner Aufträge oder Projekte eines selbständigen Ingenieurs v. denen seines angestellten Ingenieurs.
11 BFH v. 7.11.1991 – IV R 17/90, BStBl. II 1993, 324 (326) = FR 1992, 340.
12 BFH v. 15.12.1971 – I R 49/70, BStBl. II 1972, 291 (292).
13 BFH v. 30.3.1994 – I R 54/93, BStBl. II 1994, 864 (865) = FR 1994, 720 m. Anm. *Kempermann*; v. 2.10.2003 – IV R 48/01, BStBl. II 2004, 363 (365) = FR 2004, 348.

Einkunftsarten hat nach den Gesamtumständen des Einzelfalls zu erfolgen; nur wenn sich in dem jeweiligen Umsatzanteil der Umfang der einzelnen Tätigkeitsarten angemessen widerspiegelt, erscheint es vertretbar, allein auf die Höhe der Umsätze abzustellen.[1]

4. Personenzusammenschlüsse. a) Sozietät, Partnerschaft. § 18 ist tätigkeitsbezogen ohne Begrenzung auf eine bestimmte Rechtsform. Selbständige, die sich, auch wenn es sich – selbst bei standeswidrigem Vorgehen – um Angehörige unterschiedlicher freier Berufe (sog. interprofessionelle Partnerschaft) handelt,[2] zu **gemeinschaftlicher Berufsausübung** (zB GbR, Partnerschaft-Ges.) zusammenschließen, erzielen Einkünfte iSv. § 18;[3] gem. § 18 Abs. 4 S. 2 iVm. § 15 Abs. 1 Nr. 2 werden die Beteiligten in diesen Fällen als MU'er besteuert. Allerdings ist bei derartigen Zusammenschlüssen erforderlich, dass sämtliche Beteiligte (ggf. in unterschiedlichem Umfang) zur freiberuflichen Tätigkeit leitend und eigenverantwortlich beitragen und die Gewinnbeteiligung in einem angemessenen Verhältnis zum Arbeitseinsatz steht. So sind die Einkünfte insgesamt gewerblich, wenn etwa eine GbR Vergütungen für Leistungen erzielt, die in nicht unerheblichem Umfang ohne leitende und eigenverantwortliche Beteiligung der an sich freiberuflich qualifizierten Mitunternehmer erbracht werden.[4] Auch ist Teamarbeit in einer Freiberufler-GbR nicht per se schädlich; jedoch muss – auch im Rahmen v. doppelstöckigen Konstruktionen (Stichwort: mehrstöckige interprofessionelle Freiberufler-PersGes.) – jeder einzelne G'ter in eigener Pers. die Hauptmerkmale der freiberuflichen Tätigkeit tatsächlich erfüllen.[5] Hält eine Ges. die Beteiligung an einer freiberuflichen PersGes., handelt es sich insoweit ebenso wenig um eine freiberufliche Tätigkeit wie bei Dienstleistungen an Tochter-Ges. Das Wahrnehmen allein einer kfm. Leitungs- oder sonstiger Managementaufgaben erweist sich hierbei als schädlich. Die mitunternehmerische Beteiligung einer KapGes. (auch einer Freiberufler-KapGes.) an der PersGes. oder eine sonstige lediglich kapitalmäßige Beteiligung wäre als berufsfremde Tätigkeit (Rn. 24) schädlich und hätte die Einordnung der Einkünfte gem. § 15 zur Folge.[6] Dabei sollten die jeweiligen Leistungen der Berufsträger und die entspr. Ergebnisanteile in keinem krassen Missverhältnis stehen. Bei bloßen Büro-, Labor- oder Apparategemeinschaften liegt als sog. Hilfsgesellschaften regelmäßig keine gemeinschaftliche Berufsausübung, mithin auch keine gemeinschaftliche Gewinnerzielungsabsicht auf der Ebene der Ges. vor, dabei ändert das gemeinsame Nutzen personeller oder sachlicher Hilfsmittel idR nichts an der Qualifikation der selbständigen Einkünfte des einzelnen Freiberuflers (Rn. 94 aE). 23

Erfüllt einer der beteiligten G'ter als sog. **Berufsfremder** nicht die Voraussetzungen des Freiberuflers, erzielt dieser gewerbliche Einkünfte; darüber hinaus werden im Hinblick auf § 15 Abs. 3 Nr. 1 die gesamten Einkünfte der Ges. § 15 zugeordnet (§ 15 Rn. 69). Wegen der besonderen persönlichen Eigenschaften, die den Freiberufler kennzeichnen, kann auch eine PersGes. nur dann als freiberuflich anerkannt werden, wenn **sämtliche G'ter** die Voraussetzungen einer sei es auch unterschiedlichen freiberuflichen Tätigkeit erfüllen.[7] Auch wenn das Ergebnis rechtspolitisch nicht wünschenswert erscheint, führt nach der gesetzlichen Systematik das mitunternehmerische Beteiligen einer KapGes. an einer Berufsgesellschaft, etwa einer Freiberufler-PersGes., sei es in Gestalt einer Freiberufler-GbR oder auch in Form einer GmbH & Co KG, insgesamt zu gewerblichen Einkünften. Die Abfärbewirkung folgt allein bereits aus der mitunternehmerischen Beteiligung der KapGes., die stets als „berufsfremde" Pers. zu werten ist. Insoweit gewinnt auch der Umstand keine Bedeutung, dass sämtliche Anteilseigner einer derartigen KapGes. selbst Berufsträger sind oder die Ges. außerhalb der genannten Beteiligung Leistungen erbringt, die als freiberuflich anzusehen sind (Rn. 26). Daher entfällt in diesen Fällen auch das Aufteilen der Einkünfte in solche des Freiberuflers nach § 18 und solche des Berufsfremden nach § 15. Bilden der Freiberufler und der Berufsfremde eine Innen-Ges., ändert dies nichts an dem genannten Ergebnis; lediglich wird nicht die Ges., sondern der Inhaber des GewBetr. subj. gewstpfl.[8] 24

---

1 BFH v. 16.11.1978 – IV R 191/74, BStBl. II 1979, 246 (248).

2 Ausf.: *Schulze zur Wiesche*, DStR 01, 1589.

3 BFH v. 13.5.1966 – VI 63/64, BStBl. III 1966, 489; v. 14.4.2005 – XI R 82/03, BStBl. II 2005, 752 (753) = FR 2005, 1147 m. Anm. *Kempermann*; FG Düss. v. 13.1.2005 – 16 K 4282/02 F, EFG 2005, 1350 (1351), auch zur angemessenen Gewinnverteilung; BFH v. 16.4.2009 – VIII B 216/08, BFH/NV 2009, 1264 (1265): künstlerische Tätigkeit einer PersGes.

4 BFH v. 3.11.2015 – VIII R 62/13, BStBl. II 2016, 381 = FR 2016, 729.

5 BFH v. 28.10.2008 – VIII R 73/06, BStBl. II 2009, 647 (649) = FR 2009, 663 m. Anm. *Kanzler*; v. 28.10.2008 – VIII R 69/06, BStBl. II 2009, 642 (644) = FR 2009, 667 m. Anm. *Kanzler*.

6 BFH v. 26.11.1970 – IV 60/65, BStBl. II 1971, 249; v. 8.4.2008 – VIII R 73/05, BStBl. II 2008, 681 (682) = FR 2008, 1017 m. Anm. *Keß*; v. 10.10.2012 – VIII R 42/10, BStBl. II 2013, 79 (80) = FR 2013, 281 m. Anm. *Kempermann*.

7 BFH v. 9.10.1986 – IV R 235/84, BStBl. II 1987, 124 (125) = FR 1987, 16; v. 8.4.2008 – VIII R 73/05, BStBl. II 2008, 681 (682) = FR 2008, 1017 m. Anm. *Keß*; v. 10.10.2012 – VIII R 42/10, BStBl. II 2013, 79 (80) = FR 2013, 281 m. Anm. *Kempermann*.

8 BFH v. 9.10.1986 – IV R 235/84, BStBl. II 1987, 124 (125) = FR 1987, 16; v. 8.4.2008 – VIII R 73/05, BStBl. II 2008, 681 (683) = FR 2008, 1017 m. Anm. *Keß*.

25 In sachlicher Hinsicht erzielt eine PersGes. nur dann Einkünfte aus selbständiger Arbeit, wenn sie ausschließlich (also auch im Hinblick auf Beteiligungen etwa an einer anderen PersGes.) iSd. § 18 tätig wird. Da eine Sozietät aus sog. **gemischter Tätigkeit** gewerbliche Einkünfte erzielt, sind die Einkünfte der Ges. gem. § 15 Abs. 3 Nr. 1 insgesamt – allerdings erst ab Aufnahme der gewerblichen Tätigkeit – als gewerblich zu behandeln, sog. Abfärbetheorie.[1] Allerdings bleiben in diesem Zusammenhang die gewerblichen Einkünfte im Sonderbereich des G'ters zB einer freiberuflich tätigen PersGes. im Gesamthandsbereich unberücksichtigt.[2] Nach der Rspr. des BVerfG[3] gilt die in § 15 Abs. 3 Nr. 1 geregelte Abfärbewirkung dagegen nicht bei einem Einzelunternehmer, bei dem trennbare unterschiedliche Einkunftsarten auch grds. getrennt zu ermitteln sind (Rn. 21); die unterschiedliche Behandlung ist hiernach verfassungskonform. Zur Wahrung des Verhältnismäßigkeitsgrundsatzes greift die Abfärbetheorie nicht in Bagatellfällen.[4] Der BFH hat nunmehr auch geklärt, wo die Geringfügigkeitsgrenze verläuft. Danach kommt es nicht zur Umqualifizierung, wenn die originär gewerblichen Nettoumsatzerlöse 3 % der Gesamtnettoumsatzerlöse der Ges. und den Betrag von 24 500 € im VZ als Obergrenze nicht übersteigen.[5] IÜ kann die PersGes. die negativen Folgen der Abfärbung dadurch zu vermeiden suchen, indem sie etwa im Wege des sog. Ausgliederungsmodells die gewerbliche Betätigung in eine Schwester-Ges. auslagert.[6] Dabei sollte eine sorgsame Gestaltung des Gesellschaftsvertrags wie auch der Geschäftsabwicklung auf eine strikte Trennung der beiden Gesellschaften achten (Rechtsfolgewille zum Begründen zweier Ges., Bilden unterschiedlicher Gesellschaftsvermögen, voneinander abgrenzbare Tätigkeiten, getrennte Konten, Buchführung, Rechnungsformulare).

26 Gründen Freiberufler eine **KapGes.**, erzielt die Ges. gem. § 8 Abs. 2 KStG insgesamt gewerbliche Einkünfte; dasselbe gilt im Hinblick auf die Abfärbetheorie (Rn. 25), wenn sich eine KapGes. im Rahmen einer BetrAufsp. (Rn. 33) an einer PersGes. beteiligt, die allein freiberufliche Einkünfte xxx erzielt. Beteiligt sich eine GmbH als MU'er an einer PersGes., zu der sich iÜ ausschließlich Berufsangehörige zusammengeschlossen haben, handelt es sich mangels persönlicher Qualifikation der KapGes. um eine Beteiligung Berufsfremder (Rn. 24), so dass die PersGes. insgesamt gewerbliche Einkünfte erzielt. Dies gilt selbst dann, wenn sämtliche G'fter und der Geschäftsführer Angehörige eines freien Berufes sind.[7]

27 Erbringt der an einer gewerblichen MU'schaft beteiligte Selbständige freiberufliche Leistungen an diese Ges., sind die Leistungsentgelte unabhängig v. der Rechtsgrundlage den gewerblichen Einkünften zuzurechnen.[8] Nach hM gehören derartige Vergütungen im Hinblick auf den weiten Anwendungsbereich des **§ 15 Abs. 1 Nr. 2** zu dem G'ter-Anteil am Gesamtgewinn der MU'schaft.

28 **b) Erbengemeinschaft.** Erbengemeinschaften erzielen bis zu ihrer Beendigung grds. eigene Einkünfte. Im Rahmen einer zeitlich begrenzten Abwicklung können Erben Einkünfte nach § 18 erzielen.[9] Führt die Erbengemeinschaft die selbständige Tätigkeit fort, erzielt sie, falls **Berufsfremde** beteiligt sind und diese auch tatsächlich sich aktiv mitbetätigen[10] (Rn. 24), gewerbliche Einkünfte.[11] Ertragstl. richtet sich die Auseinandersetzung einer Erbengemeinschaft nach allg. Grundsätzen (§ 16 Rn. 98 f.).[12]

---

1 BFH v. 28.10.2008 – VIII R 73/06, BStBl. II 2009, 647 (651) = FR 2009, 663 m. Anm. *Kanzler.*

2 BFH v. 20.12.2000 – XI R 8/00, BStBl. II 2002, 478 (479) = FR 2001, 537; v. 30.8.2001 – IV R 43/00, BStBl. II 2002, 152 (153) = FR 2002, 282: auch soweit die gewerbliche Tätigkeit v. der GewSt befreit ist; v. 18.10.2006 – XI R 9/06, BStBl. II 2007, 266 (269) = FR 2007, 493; v. 28.6.2006 – XI R 31/05, BStBl. II 2007, 378 (383) = FR 2007, 79 m. Anm. *Wendt.*

3 BVerfG v. 26.10.2004 – 2 BvR 246/98, FR 2005, 139; v. 15.1.2008 – 1 BvL 2/04, BVerfGE 120, 1 (43 ff.).

4 BFH v. 11.8.1999 – XI R 12/98, BStBl. II 2000, 229 = FR 1999, 1182 m. Anm. *Wendt*; v. 6.10.2004 – IX R 53/01, BStBl. II 2005, 383 = FR 2005, 383.

5 BFH v. 27.8.2014 – VIII R 41/11, BFH/NV 2015, 595 = FR 2015, 512 m. Anm. *Kanzler.*

6 BVerfG v. 15.1.2008 – 1 BvL 2/04, BVerfGE 120, 1 (52 ff.) = FR 2008, 818 m. Anm. *Keß*; BFH v. 8.12.1994 – IV R 7/92, BStBl. II 1996, 264 (266) = FR 1995, 380 m. Anm. *Söffing*; zust. BMF v. 13.5.1996, BStBl. I 1996, 621; BFH v. 24.4.1997 – IV R 60/95, BStBl. II 1997, 567 (569) = FR 1997, 644; BMF v. 14.5.1997, BStBl. I 1997, 566: Verkauf v. Hilfsmitteln durch ärztliche Gemeinschaftspraxen; BFH v. 19.2.1998 – IV R 11/97, BStBl. II 1998, 603 (604) = FR 1998, 890: Trennung zw. Augenarzt-GbR und Kontaktlinsenverkauf; v. 12.6.2002 – XI R 21/99, BFH/NV 2002, 1554; v. 17.1.2007 – XI R 19/05, BFH/NV 2007, 1315 (1318); gegen die Notwendigkeit, die gewerbliche Tätigkeit in eine Schwestergesellschaft auszulagern: *Korn*, DStR 1995, 1249 (1254); zur Abfärbung bei BetrAufsp. zw. Ärzte-GbR und Labor-GmbH: BFH v. 13.11.1997 – IV R 67/96, BStBl. II 1998, 254 = FR 1998, 316; ausf. *Seer/Drüen*, BB 2000, 2176 (2180 ff.).

7 BFH v. 17.1.1980 – IV R 115/76, BStBl. II 1980, 336 (337) = FR 1980, 339; v. 3.12.2003 – IV B 192/03, BStBl. II 2004, 303 (304) = FR 2004, 466; v. 8.4.2008 – VIII R 73/05, BStBl. II 2008, 681 (683) = FR 2008, 1017 m. Anm. *Keß.*

8 BFH v. 24.1.1980 – IV R 154–155/77, BStBl. II 1980, 269 (270) = FR 1980, 271.

9 BFH v. 22.1.1963 – I 242/62 U, BStBl. III 1963, 189.

10 BFH v. 8.2.1966 – VI 204/64, BStBl. III 1966, 246 (247).

11 BFH v. 14.12.1993 – VIII R 13/93, BStBl. II 1994, 922 (923) = FR 1994, 674.

12 Zur Verwaltungsauffassung BMF v. 11.1.1993, BStBl. I 1993, 62; v. 11.8.1994, BStBl. I 1994, 601 (Realteilung); *Schulze zur Wiesche*, BB 95, 593 (603 ff.).

c) Gesonderte Feststellung. Erzielen Angehörige der freien Berufe im Rahmen einer Sozietät gemeinschaftlich Einkünfte, sind diese festzustellen, **§ 180 Abs. 1 Nr. 2 lit. a AO**. Hiervon ausgenommen sind die Einkünfte, die ein Beteiligter außerhalb der Sozietät in der v. ihm betriebenen Praxis erzielt; die Abgrenzung der „gemeinschaftlichen" v. den „eigenen" Einkünften richtet sich nach den vertraglichen Vereinbarungen.[1] Weiterhin kommt eine gesonderte Feststellung gem. **§ 180 Abs. 1 Nr. 2 lit. b AO** in Betracht.[2] Soweit eine Ges. im Verfahren der einheitlichen und gesonderten Feststellung ihrer Einkünfte auftritt, ist die Ges. selbst grds. beteiligtenfähig und klagebefugt. 29

5. Vermietung und Verpachtung. Gem. § 21 Abs. 3 sind Einkünfte aus VuV gegenüber § 18 subsidiär. Vermietet ein Freiberufler **einzelne Gegenstände** seiner Praxis, erzielt er insoweit Einkünfte aus selbständiger Arbeit. Verpachtet ein Freiberufler die seiner selbständigen Tätigkeit dienenden **wesentlichen Betriebsgrundlagen**, entfällt eine BetrAufg. (Rn. 113), wenn der StPfl. nicht ausdrücklich die Aufgabe erklärt.[3] 30

Die **Verpachtung freiberuflicher Praxen** kommt allerdings nur in Betracht, wenn eine verpachtbare Praxis gegeben ist. Dies entfällt etwa bei Künstlern oder Schriftstellern wegen des höchstpersönlichen Charakters der Tätigkeit. Die kurzfristige Verpachtung durch den Erben oder Vermächtnisnehmer, der keine BetrAufg. erklärt und die für die Praxisfortführung erforderliche freiberufliche Qualifikation anstrebt, beinhaltet keine BetrAufg.[4] 31

6. Betriebsaufspaltung. Im Rahmen des § 18 sind die Grundsätze zur BetrAufsp. zu beachten.[5] Ggf. führt die Verpachtung v. WG (zB Bürogebäude oder Mandantenstamm) zu **Einkünften aus GewBetr.**, selbst wenn die StPfl. vor der BetrAufsp. Einkünfte aus selbständiger Arbeit erzielt haben.[6] Allerdings akzeptiert die FinVerw. etwa im ärztlichen Bereich bei personengleichen Ges. trotz Überlassung v. Personal, Räumen oder Einrichtungen die Praxistätigkeit als freiberuflich.[7] 32

7. Betriebsveräußerung. § 18 enthält in Abs. 3 (Rn. 104) eine Regelung für bestimmte Veräußerungsvorgänge. IÜ gelten die allg. Regeln. Folglich kann ein Freiberufler für Veräußerungsgewinne die Tarifermäßigung gem. § 34 in Anspr. nehmen, § 34 Abs. 2 Nr. 1. 33

8. Erbfall. Mit dem Tod eines Selbständigen geht dessen Betrieb (zunächst) ohne BetrAufg. auf seine(n) Erben über (§ 16 Rn. 96 ff.). Führt der Erbe die Praxis selbst fort, erzielt dieser, sofern er die berufsrechtl. Voraussetzungen erfüllt, Einkünfte gem. § 18. Auch die Einstellung oder Beendigung der bisherigen Tätigkeit führt nicht unmittelbar zur Aufgabe des Betriebes. Dies gilt trotz der höchstpersönlichen Natur einer künstlerischen Tätigkeit selbst bei dem Tod eines selbständig tätigen Künstlers. Folglich erzielt die Erbin eines verstorbenen Kunstmalers, wenn sie Bilder aus dem Nachlass veräußert, im Hinblick auf die Verwertung der freiberuflichen Tätigkeit nachträgliche Einkünfte aus künstlerischer Arbeit iVm. § 24 Nr. 2.[8] Gleichermaßen stellen Rentenzahlungen nachträgliche BE dar, wenn ein Erbe die vom Erblasser als freiberuflichem Erfinder entwickelten Patente gegen Leibrente veräußert und er nicht zuvor die Patente durch eindeutige Entnahme in sein PV überführt hat.[9] Dementspr. können iRd. Abwicklung BA entstehen.[10] Erwirbt bei einer Erbauseinandersetzung ein Miterbe das wesentliche BV ohne Leistung einer Ausgleichszahlung in Erfüllung seines Auseinandersetzungsanspruchs, haben die Erbengemeinschaft und der betr. Erbe den Betrieb jeweils unentgeltlich erworben, § 6 Abs. 3 (= § 7 EStDV aF).[11] Veräußert ein Erbe alsbald nach dem Tod des Praxisinhabers die freiberufliche Praxis, ist der Veräußerungsgewinn nach § 18 Abs. 3 S. 3 (Rn. 114) zu ermitteln;[12] hat dagegen der Erbe (sei es auch nur während einer Übergangszeit) die Praxis selbst oder durch einen Vertreter fortgeführt, ohne selbst die berufsrechtl. Voraussetzungen zu erfüllen, 34

1 BFH v. 11.7.1985 – IV R 61/83, BStBl. II 1985, 577 (578) = FR 1985, 667.
2 BFH v. 10.6.1999 – IV R 69/98, BStBl. II 1999, 691 = FR 1999, 1012; v. 17.12.2003 – XI R 13/01, BFH/NV 2004, 909 (910).
3 BFH v. 14.12.1993 – VIII R 13/93, BStBl. II 1994, 922 (924) = FR 1994, 674 mwN; ebenso *H/H/R*, § 18 Rn. 22; **aA** *K/S/M*, § 18 Rn. A 35; *Lademann*, § 18 Rn. 20u 205.
4 BFH v. 12.3.1992 – IV R 29/91, BStBl. II 1993, 36 (39) = FR 1992, 720 m. Anm. *Söffing*.
5 BFH v. 13.11.1997 – IV R 67/96, BStBl. II 1998, 254 (255 f.) = FR 1998, 316: BetrAufsp. zw. Praxis-GbR und Labor-GmbH; krit. demgegenüber *Lademann*, § 18 Rn. 20a.
6 BFH v. 18.6.1980 – I R 77/77, BStBl. II 1981, 39 (40) = FR 1980, 570; v. 21.11.2017 – VIII R 17/15, juris, Rz. 36.
7 BMF v. 14.5.1997, BStBl. I 1997, 566.
8 BFH v. 26.5.1993 – X R 78/91, BStBl. II 1993, 718 (719) = FR 1993, 607; v. 15.11.2006 – XI R 6/06, BFH/NV 2007, 436 (437).
9 BFH v. 7.10.1965 – IV 346/61 U, BStBl. III 1965, 666 (667).
10 BFH v. 30.3.1989 – IV R 45/87, BStBl. II 1989, 509 (510) = FR 1989, 429.
11 BFH v. 12.3.1992 – IV R 29/91, BStBl. II 1993, 36 (39) = FR 1992, 720 m. Anm. *Söffing*.
12 BFH v. 29.4.1982 – IV R 116/79, BStBl. II 1985, 204 = FR 1985, 159.

erzielt er gewerbliche Einkünfte.[1] Die vorübergehende Verpachtung einer freiberuflichen Praxis durch den Erben führt im Einzelfall nicht zu einer BetrAufg. (Rn. 31).

35 **9. Verfahrensrecht.** Die gesonderte Feststellung v. Besteuerungsgrundlagen gem. § 180 Abs. 1 AO kann für § 18 Bedeutung gewinnen (Rn. 29); ggf. sind Veräußerungsgewinne (Rn. 114) einzubeziehen, § 180 Abs. 1 Nr. 2 lit. a AO.[2] Die Feststellungslast für das Vorliegen einer freiberuflichen Tätigkeit iSd. § 18 Abs. 1 trägt idR der StPfl.[3] Dagegen trifft das FA die **Feststellungslast**, wenn etwa die Gewinnerzielungsabsicht (Rn. 10) oder die Wiederholungsabsicht (Rn. 103) umstritten sind. Die Gerichte müssen die Entscheidung, ob der StPfl. einen Beruf iSd. § 18 ausübt, selbst treffen. Die Beurteilung dieser Rechtsfrage darf nicht einem Sachverständigen überlassen werden.[4]

36 **II. Begriff der selbständigen Arbeit. 1. Freiberufliche Tätigkeit (Abs. 1 Nr. 1). a) Einkünfte aus freiberuflicher Tätigkeit (Abs. 1 Nr. 1 S. 2). aa) Keine nichtselbständige Tätigkeit.** In Abgrenzung zu § 19 setzt eine freiberufliche Tätigkeit voraus, dass der StPfl. seine Leistung **selbständig** (ausf.: § 19 Rn. 3, 25 ff.) erbringt. Eine derartige Selbständigkeit kommt nur in Betracht, wenn der StPfl. nicht den Weisungen Dritter zu folgen hat und er auf eigene Rechnung und Gefahr arbeitet. Ob die Arbeitsleistung iSd. § 1 Abs. 2 S. 1 LStDV der Leitung und Weisungsbefugnis eines ArbG unterliegt, verlangt nach dem Gesamtbild der Verhältnisse die Würdigung aller konkreten Umstände des Einzelfalls.[5] IdR entscheidet (unabhängig v. der arbeitsrechtl. Sicht) das Maß der persönlichen Freiheit, ob der StPfl. die Arbeitsleistung überwiegend in eigener oder fremder Verantwortung erbringt. Besonderes Gewicht gewinnen auch das Vorliegen oder Fehlen v. Unternehmerrisiko und -initiative.[6] Im Falle einer **Nebenbeschäftigung** ist für jede Tätigkeit getrennt zu prüfen, ob die Voraussetzungen einer selbstständigen Nebentätigkeit iSd. Abs. 1 erfüllt sind. Besteht zw. der nicht selbstständigen Haupttätigkeit und der Nebentätigkeit ein so enger Zusammenhang, dass die zuletzt genannte Leistung iErg. auf der weisungsgebundenen Haupttätigkeit beruht, ist insgesamt v. Einkünften nach § 19 auszugehen. Liegt dagegen die Nebentätigkeit – wie zumeist bei nebenamtlichen Lehr- und Prüfertätigkeiten – außerhalb der die Nichtselbstständigkeit kennzeichnenden Weisungsabhängigkeit, ist die Nebenbeschäftigung den selbstständigen Einkünften zuzuordnen.[7]

37, 38 Einstweilen frei.

39 **bb) Keine gewerbliche Tätigkeit.** Die freien Berufe erfüllen grds. auch die positiven Merkmale eines **GewBetr.** iSv. § 15 Abs. 2 (Nachhaltigkeit, Gewinnerzielungsabsicht, Beteiligung am allg. wirtschaftlichen Verkehr, Rn. 3). Um die Qualifikation als selbständige Einkünfte zu erreichen, muss eine Tätigkeit gem. § 15 Abs. 2 S. 1 zusätzlich die Voraussetzungen des § 18 Abs. 1 erfüllen (§ 15 Rn. 61). Nach der Verkehrsauffassung ist zu prüfen, ob die für selbständige Berufe kennzeichnende persönliche Qualifikation und die typischen Berufsinhalte (Rn. 8) vorliegen. Die konkrete Berufsausübung eines Freiberuflers muss iÜ dem **Leitbild der freiberuflichen Tätigkeit** entsprechen. Es genügt also nicht, dass ein StPfl. einer Berufsgruppe iSd. Abs. 1 Nr. 1 angehört, die Tätigkeit mit dem Berufsbild eines Katalogberufs nach den berufsrechtl. Vorschriften vereinbar ist oder Berufsbezeichnungen eine freiberufliche Tätigkeit nahe legen. Vielmehr muss die tatsächlich ausgeübte Tätigkeit (Kern- oder Vorbehaltstätigkeit) dem Bild eines einzelnen Katalogberufs entsprechen. Liegen einzelne Leistungen außerhalb der nach der Verkehrsanschauung zu bestimmenden für den Freiberufler typischen Berufsinhalte, kommen insoweit oder auch insgesamt Einkünfte aus GewBetr. in Betracht (Rn. 21); dies gilt insbes. für die verschiedenen Formen der sog. Geldgeschäfte oder Vermögensverwaltung (Rn. 17).[8] Die dann eintretende „Infektion" der an sich freiberufli-

1 BFH v. 19.5.1981 – VIII R 143/78, FR 1981, 516 = BStBl. II 1981, 665 (667).

2 BFH v. 29.4.1993 – IV R 107/92, BStBl. II 1993, 666 (668) = FR 1993, 636; v. 26.4.2001 – IV R 14/00, FR 2001, 893 = BFH/NV 2001, 1186 (zu § 180 Abs. 3 S. 1 Nr. 2 AO).

3 BFH v. 30.3.1994 – I R 54/93, BStBl. II 1994, 864 (865) = FR 1994, 720 m. Anm. *Kempermann*; v. 8.10.2008 – VIII R 74/05, BStBl. II 2009, 238 (241) = FR 2009, 671.

4 BFH v. 12.4.2002 – XI B 88/01, BFH/NV 2002, 1026.

5 BFH v. 24.8.1995 – IV R 60–61/94, BStBl. II 1995, 888 (889); v. 2.12.1998 – X R 83/96, BStBl. II 1999, 534 (536) = FR 1999, 521; v. 16.5.2002 – IV R 94/99, BStBl. II 2002, 565 (566) = FR 2002, 1004.

6 BFH v. 5.10.2005 – VI R 152/01, BStBl. II 2006, 94 (95) = FR 2006, 142 m. Anm. *Bergkemper*: angestellter Chefarzt bei wahlärztlichen Leistungen; v. 11.8.2009 – VI B 46/08, BFH/NV 2009, 1814 (1815); v. 18.6.2015 – VI R 77/12, BStBl. II 2015, 903 = FR 2015, 1086: Telefoninterviewer; ausf. zur Einordnung der Gutachtertägigkeit von Klinikärzten: *Nebe*, Stbg. 2013, 400.

7 BFH v. 25.11.1971 – IV R 126/70, BStBl. II 1972, 212 f.; v. 7.2.1980 – IV R 37/76, BStBl. II 1980, 321 (322) = FR 1980, 333; vgl. Aufzählung in H 18.1 EStH, auch zur Lehr- und Prüfungstätigkeit.

8 BFH v. 27.6.1996 – IV B 101/95, BFH/NV 1997, 99 mwN; v. 21.4.1999 – I B 99/98, BStBl. II 2000, 254 (255) = FR 1999, 857 m. Anm. *Kempermann*: verneint bei Künstlern und Schriftstellern, die an einer Talkshow teilnehmen; BFH v. 18.10.2006 – XI R 9/06, BStBl. II 2007, 266 (268) = FR 2007, 493.

chen Tätigkeit führt im Einzelfall insgesamt zu gewerblichen Einkünften, die etwa auch gem. § 141 AO die Buchführungspflicht zur Folge haben kann (Rn. 2). Hiernach erzielt ein Angehöriger der sog. Katalogberufe nur dann Einkünfte iSd. Abs. 1 Nr. 1, wenn es sich um eine berufstypische Tätigkeit handelt.[1] Selbst wenn etwa bestimmte Treuhändertätigkeiten eines Steuerberaters für eine Bauherrengemeinschaft mit dem Beruf eines Steuerberaters nach § 57 Abs. 3 Nr. 3 StBerG vereinbar sind, gehören sie nicht zur freiberuflichen Aktivität.[2] Gleichermaßen steht eine ausgeprägte Vermittlungs-, Makler- oder Handelstätigkeit der Zuordnung als freiberufliche Tätigkeit entgegen.[3] Dagegen ist Eintragung im Handelsregister nur Beweisanzeichen für GewBetr.[4]

cc) Keine sonstigen Einkünfte. Sonstige Einkünfte aus wiederkehrenden Bezügen, § 22 Nr. 1, betreffen Einkünfte, die nicht vorrangig § 18 zuzuordnen sind. So sind Bezüge eines Kassenarztes aus der sog. erweiterten Honorarvergütung der selbständigen Arbeit zuzurechnen.[5] 40

b) Wissenschaftliche Tätigkeit. Nach hM setzt eine wissenschaftliche Tätigkeit voraus, dass Fragen oder konkrete Vorgänge **methodisch nach streng objektiven und sachlichen Gesichtspunkten** in ihren Ursachen erforscht, begründet und in einen Verständniszusammenhang gebracht werden.[6] Dabei verbindet der BFH den Begriff der Wissenschaftlichkeit aber vorrangig mit den an Hochschulen gelehrten Disziplinen. Die bloße Anwendung wissenschaftlicher Grundsätze und Methoden auf konkrete Verhältnisse reicht nicht.[7] Der strechtl. Wissenschaftsbegriff verlangt für wissenschaftliche Tätigkeit iSd. Abs. 1 Nr. 1 S. 2 nicht zwingend den Abschluss eines Hochschulstudiums,[8] vielmehr methodische Ansätze, deren Ergebnisse nachprüfbar und nachvollziehbar sind.[9] Insofern ist im Einzelfall auch die Beratungstätigkeit als wissenschaftlich iSd. § 18 anzusehen. Allerdings sind die Voraussetzungen der Wissenschaftlichkeit in diesem streng stl. Sinne zu verneinen, wenn die im Einzelfall hochqualifizierte Tätigkeit sich vorrangig als praxisorientierte Beratung darstellt. 41

Der BFH hat für einen Restaurationsbetrieb eine wissenschaftliche Tätigkeit iSd. Abs. 1 verneint.[10] Die Einordnung eines Dokumentars hängt vom Einzelfall ab.[11] Bei **gutachterlicher Tätigkeit** liegt nur dann wissenschaftliche Tätigkeit vor, wenn es sich um eine objektiv qualifizierte Tätigkeit handelt, die ihre Grundlage in akademischen Disziplinen hat;[12] dies gilt zB auch für das Erstellen pharmakologischer Testgutachten.[13] Das begrenzte Heranziehen handwerklicher Erfahrungen lässt die Wissenschaftlichkeit nicht entfallen.[14] Stehen dagegen trotz wissenschaftlich oder künstlerisch vertiefter Sachkenntnisse bei einem Gutachter die eigenen Marktkenntnisse, gewerbliche oder handwerkliche Erfahrungen oder insgesamt kommerzielle Gesichtspunkte im Vordergrund, ist eine Sachverständigentätigkeit als gewerblich anzusehen.[15] Ebenso: vereidigter 42

---

1 BVerfG v. 25.10.1977 - 1 BvR 15/75, BVerfGE 46, 224 = BStBl. II 1978, 125 (130); BFH v. 12.12.2001 - XI R 56/00, BStBl. II 2002, 202 (204) = FR 2002, 389 m. Anm. *Kempermann* und v. 3.7.1997 - IV R 2/97, BFH/NV 1998, 132 (133): verneint für Konkurs- und Vergleichsverwaltung (Rn. 100) bei RA, Wirtschaftsprüfer, Steuerberater oder beratendem Betriebswirt; BFH v. 18.10.2006 - XI R 10/06, FR 2007, 1176 = BFH/NV 2007, 601: verneint für Herstellen v. schlüsselfertigen Gebäuden durch Ingenieur; BFH v. 18.10.2006 - XI R 9/06, BStBl. II 2007, 266 = FR 2007, 493: verneint für Treuhandtätigkeit eines WP im Rahmen v. Immobilienfonds.

2 BFH v. 21.4.1994 - IV R 99/93, BStBl. II 1994, 650 (651) = FR 1994, 607; ähnlich: BFH v. 12.12.2001 - XI R 56/00, BStBl. II 2002, 202 (204) = FR 2002, 389 m. Anm. *Kempermann.*

3 BFH v. 24.4.1997 - IV R 60/95, BStBl. II 1997, 567 (568) = FR 1997, 644 mwN; v. 22.9.1997 - IV B 152/96, BFH/NV 1998, 312 (313); v. 28.6.2001 - IV B 20/01, BFH/NV 2001, 1400 zur Absatzförderung; BFH v. 19.9.2002 - IV R 70/00, BStBl. II 2003, 25 (26) = FR 2003, 77.

4 BFH v. 18.5.2000 - IV R 26/99, BStBl. II 2000, 498 (499) = FR 2000, 990 m. Anm. Kanzler; vgl. Rechtsprechungsübersicht in H 15.6 „Abgrenzung" EStH.

5 BFH v. 22.9.1976 - IV R 112/71, BStBl. II 1977, 29 (30).

6 BFH v. 30.3.1976 - VIII R 137/75, BStBl. II 1976, 464 (465); v. 8.10.2008 - VIII R 74/05, BStBl. II 2009, 238 (240) = FR 2009, 671.

7 BFH v. 22.9.1976 - IV R 20/76, BStBl. II 1977, 31 (32).

8 BFH v. 24.2.1965 - I 349/61 U, BStBl. III 1965, 263 (264); v. 8.10.2008 - VIII R 74/05, BStBl. II 2009, 238 (241) = FR 2009, 671.

9 BFH v. 30.3.1976 - VIII R 137/75, BStBl. II 1976, 464 (465); v. 7.12.1989 - IV R 115/87, BStBl. II 1990, 337 (338) = FR 1990, 249: Entwicklung v. EDV-Programm für die Forschung; BFH v. 8.10.2008 - VIII R 74/05, BStBl. II 2009, 238 (241) = FR 2009, 671.

10 BFH v. 30.3.1994 - I R 54/93, BStBl. II 1994, 864 (866) = FR 1994, 720 m. Anm. *Kempermann.*

11 BFH v. 23.11.2000 - IV R 48/99, BStBl. II 2001, 241 (243); zur Abgrenzung: *Kempermann*, FR 2001, 305.

12 BFH v. 4.2.1954 - IV 6/53 U, BStBl. III 1954, 147 (148); v. 23.11.2000 - IV R 48/99, BStBl. II 2001, 241 (243) = FR 2001, 303 m. Anm. *Kempermann.*

13 FG RhPf. v. 24.4.1974 - I 109/72, EFG 1975, 69 (70); FG Saarl. v. 23.3.1999 - 1 K 50/99, EFG 1999, 646.

14 *K/S/M*, § 18 Rn. B 55.

15 BFH v. 18.6.1980 - I R 109/77, BStBl. II 1981, 118 (120) = FR 1981, 73.

Probenehmer für Erze, Metalle und Hüttenerzeugnisse;[1] Havariesachverständiger;[2] Dispacheur;[3] Promotionsvermittler.[4]

43 Sind die Anforderungen an die für die Wissenschaftlichkeit kennzeichnende Methodik erfüllt, wird ein freier **Erfinder** (im Regelfall) wissenschaftlich tätig.[5] Die konkreten Umstände entscheiden, ob die Erfindertätigkeit im Einzelfall dem Ingenieurbereich (Rn. 73), (bei Zufallserfindungen vor allem bei „branchenfremden" Erfindern) den sonstigen Einkünften oder (etwa die Auswertung einer Erfindung) dem gewerblichen Bereich zuzuordnen ist.[6] Nach dieser Rspr. ist zu unterscheiden, ob die einmalige Erfindertätigkeit sich auf die ‚Blitzidee' beschränkt, so dass nur eine gelegentliche Leistung iSd. § 22 Nr. 3 (Rn. 6) vorliegt. Anders als eine derartige sog. Zufallserfindung setzen §§ 15 und 18 im Sinne einer planmäßigen Erfindertätigkeit (Rn. 103) ein nachhaltiges Tätig werden (Rn. 39) voraus. Dies ist im Einzelfall auch bei ‚Blitzideen' denkbar, wenn weitere Tätigkeiten des Erfinders oder etwa eines v. ihm beauftragten Dritten erforderlich sind, um die Erfindung bis zur Verwertungsreife zu fördern. Liegt tatsächlich nur eine Zufallserfindung ohne weitere Erfindertätigkeit vor, wäre bei dem Verkauf der diesbezüglichen Rechte der Veräußerungserlös weder nach § 23 Nr. 2 noch nach § 22 Nr. 3 steuerbar.

44 **c) Künstlerische Tätigkeit.** Eine künstlerische Tätigkeit setzt nach hM voraus, dass der StPfl. eine eigenschöpferische Leistung vollbringt, in der seine individuelle Anschauungsweise und Gestaltungskraft zum Ausdruck kommt und die über eine hinreichende Beherrschung der Technik hinaus eine gewisse Gestaltungshöhe erreicht.[7] Indem künstlerisches Schaffen einen unmittelbaren Ausdruck der individuellen Persönlichkeit des Künstlers darstellt, kommt der **schöpferischen Gestaltungskraft** entscheidende Bedeutung zu.[8] Kennzeichnend für eine künstlerische Aussage ist hiernach die Mannigfaltigkeit ihres Aussagegehalts und damit die Möglichkeit fortgesetzter Interpretation mit der Folge nahezu unbegrenzter Informationsvermittlung. Sofern die – im Einzelfall durch Sachverständigengutachten, falls das Gericht nicht selbst über besondere Sachkunde[9] verfügt, – zu ermittelnde künstlerische Gestaltungshöhe in hinreichendem Umfang festgestellt werden kann, entfällt eine handwerkliche Tätigkeit, bei der die Anwendung v. Erlerntem im Vordergrund steht. Nicht erforderlich ist ein höheres Niveau der künstlerischen Tätigkeit, wie es für die „ähnlichen Berufe" iSd. Abs. 1 Nr. 1 S. 2 (Rn. 85) häufig gefordert wird.[10] Die keineswegs eindeutige Abgrenzung zum Kunsthandwerk, das nicht dem Abs. 1 Nr. 1 S. 2 zuzuordnen ist, hat nach **objektiven Kriterien** des Kunstmarktes zu erfolgen; der Selbsteinschätzung des StPfl. kommt keine ausschlaggebende Bedeutung zu.[11] Die Anerkennung als künstlerische Tätigkeit entfällt aber nicht allein deswegen, weil das Geschaffene zu gewerblichen Zwecken verwendet wird.[12] Maßgeblich sind unter besonderer Berücksichtigung der allg. Verkehrsauffassung die tatsächlichen Verhältnisse des Einzelfalles;[13] dabei können zB neben zeichnerischen Entwürfen auch die danach gefertigten Produkte berücksichtigt werden.[14] Als eher unproblematisch erweisen sich in der Praxis dabei zu Recht die Fälle, in denen der StPfl. eine Ausbildung an einer Schauspielschule, Kunsthochschule, Akademie für bildende Künste oder eine Werk(-kunst) schule absolviert hat.

1 BFH v. 14.11.1972 – VIII R 18/67, BStBl. II 1973, 183 (184).
2 BFH v. 22.6.1965 – I 347/60 U, BStBl. III 1965, 593 (594).
3 BFH v. 26.11.1992 – IV R 109/90, BStBl. II 1993, 235 (236) = FR 1993, 270; BVerfG v. 14.2.2001 – 2 BvR 460/93, FR 2001, 367 (Verfassungsbeschwerde nicht zur Entscheidung angenommen).
4 BFH v. 8.10.2008 – VIII R 74/05, BStBl. II 2009, 238 = FR 2009, 671.
5 BFH v. 14.3.1985 – IV R 8/84, BStBl. II 1985, 424 (425) = FR 1985, 505; R 18.1 Abs. 2 EStR; krit. zur herkömmlichen Einordnung: *List*, DB 2002, 65.
6 BFH v. 10.9.2003 – XI R 26/02, BStBl. II 2004, 218 (219 f.) = FR 2004, 342; FG Hbg. v. 12.12.2005 – VI 18/04, EFG 2006, 661 (662); *List*, DB 2006, 1291.
7 BFH v. 19.8.1982 – IV R 64/79, BStBl. II 1983, 7 (8 f.) = FR 1983, 19: Unterhaltungsmusiker; v. 1.6.2006 – IV B 200/04, BStBl. II 2006, 709 (711) = FR 2006, 927 m. Anm. *Kempermann*; v. 18.4.2007 – XI R 21/06, BStBl. II 2007, 702 (703) = FR 2007, 1118.
8 BVerfG v. 17.7.1984 – 1 BvR 816/82, BVerfGE 67, 213 (226); ausf.: BFH v. 23.9.1998 – XI R 71/97, BFH/NV 1999, 460 f.; zur Verwaltungsauffassung: H 136 „Künstlerische Tätigkeit" EStH; SenVerw Bremen v. 10.1.2002, DStR 2002, 544.
9 BFH v. 1.6.2006 – IV B 200/04, BStBl. II 2006, 709 (711) = FR 2006, 927 m. Anm. *Kempermann*; v. 18.4.2007 – XI R 21/06, BStBl. II 2007, 702 (704) = FR 2007, 1118.
10 BFH v. 27.9.1956 – IV 601/55 U, BStBl. III 1956, 334 (335); v. 23.8.1990 – IV R 61/89, BStBl. II 1991, 20 (23); FG Bremen v. 25.11.1993 – 1 91 175 K 1, EFG 1994, 928 (929).
11 BFH v. 15.10.1998 – IV R 1/97, BFH/NV 1999, 465 (466).
12 BFH v. 7.11.1963 – IV 352/60 U, BStBl. III 1964, 45 (46).
13 BFH v. 11.7.1991 – IV R 102/90, BStBl. II 1992, 413 (414) = FR 1992, 202; v. 23.9.1998 – XI R 71/97, BFH/NV 1999, 460 (461); FG Düss. v. 5.11.2004 – 1 K 3118/02 G, EFG 2007, 197 (198).
14 BFH v. 23.8.1990 – IV R 61/89, BStBl. II 1991, 20; FG Hbg. v. 8.6.1995 – VII 72/92, EFG 1995, 1020: Bekleben v. Kfz. mit Farbfolien.

Die Kritik an dem vorstehend skizzierten Kunstbegriff zielt zum einen auf die Unbestimmtheit der Abgrenzung, zum anderen auf die relative Enge des traditionellen Kunstbegriffs.[1] Diese Unklarheiten dürften vorrangig mit der Problemstellung selbst sowie der unterschiedlichen Zielsetzung der einschlägigen Normen zu tun haben. Art. 5 Abs. 3 GG geht – im Hinblick auf den Schutz der Kunstfreiheit – v. einem eher offenen Kunstbegriff aus; dagegen verlangt § 18 im Hinblick auf die Gleichmäßigkeit der Besteuerung ein eher geschlossenes Tatbestandsmerkmal.[2] Allerdings erscheint es im Hinblick auf Art. 5 Abs. 3 S. 1 GG sachgerecht, auch bei der strechtl. Beurteilung **neuen Kunstformen und Entwicklungen** (iSd. formellen Kunstbegriffs) aufgeschlossen zu begegnen. 45

Steht weniger die eigenschöpferische Gestaltung als der sachliche Inhalt oder Aussagewert im Vordergrund, sind häufig freiberufliche Einkünfte zu verneinen. Im Bereich der **Werbung** ist zu unterscheiden: künstlerische Leistungen entfallen nicht schon deshalb, weil sie einem gewerblichen Zweck dienen.[3] Lassen dagegen die Anweisungen und ins Einzelne gehende Angaben des Auftragsgebers keinen nennenswerten Spielraum für eigenschöpferische Leistungen[4] oder überwiegen die **handwerklichen Elemente**,[5] handelt es sich idR um gewerbliche Einkünfte. Bei einem Restaurator hat der BFH eine derart enge Verknüpfung künstlerischer und handwerklicher Merkmale mit der Folge für möglich gehalten, dass weder der künstlerische Anteil eindeutig überwiege noch eine Trennung (Rn. 22) möglich sei.[6] In jedem Fall – so der BFH – setzt eine künstlerische Tätigkeit voraus, dass der Restaurator zur Wiederherstellung des Kunstwerks eine eigenschöpferische Leistung erbringt. Dies erfordert im weitesten Sinne zunächst eine „Lücke" und sodann eine „Lückenfüllung" durch den StPfl. Diesem individuellen Gestalten steht auch nicht das Bestreben entgegen, dem ursprünglichen Kunstwerk möglichst nahe zu kommen. Allerdings erbringt auch ein Kunsthandwerker bei entspr. eigenschöpferischer Leistung freiberufliche Leistungen.[7] Hiernach soll das Herstellen samt Vertrieb v. Schiffsminiaturen aus Zierzinn eine künstlerische Tätigkeit auch dann darstellen, wenn der StPfl. die Modelle den Originalen möglichst detailgenau nachbildet.[8] Gleiches kann für die Beratungstätigkeit eines Modeschöpfers gelten.[9] Die Tätigkeit eines Portrait-, Mode- oder Werbe-**Fotografen** (vgl. auch Rn. 80) ist ebenfalls nur dann als künstlerisch anzusehen, wenn die Bilder nicht allein technische Fertigkeiten voraussetzen, sondern eigenschöpferische Leistungen darstellen.[10] Die Einstufung v. Grafik-[11] und Industrie-**Designern**[12] hängt vom Einzelfall ab. Zutr. hat der BFH eine künstlerische Tätigkeit verneint für die als Künstler oder Schriftsteller bekannten Teilnehmer an einer Talkshow.[13] Eingehender Überprüfung bedarf es auch bei Musikern, deren Tätigkeit (nicht-)selbständig oder gewerblich sein kann.[14] Im Einzelfall kommt die künstlerische Tätigkeit in Betracht bei: Trauerredner;[15] Karnevalsdarbietung;[16] ausländ. Fotomodelle bei kurzfristigem Einsatz in Werbefilmen;[17] ausländ. Regisseure und Kameraleute;[18] Casting- 46

1 *Maaßen*, Kunst oder Gewerbe?, 3. Aufl. 2001, 39 und 114ff.
2 *Kirchhof*, NJW 1985, 225 (227).
3 BFH v. 11.7.1960 – V 96/59 S, BStBl. III 1960, 453: Grafiker; v. 14.12.1976 – VIII R 76/75, BStBl. II 1977, 474 (476): Werbefotograf; v. 14.8.1980 – IV R 9/77, BStBl. II 1981, 21 (22) = FR 1981, 20: Kunstmaler; FG Köln v. 15.2.2006 – 14 K 7867/98, DStRE 2007, 1312: Werbegrafiker.
4 BFH v. 11.7.1991 – IV R 102/90, BStBl. II 1992, 413 (414) = FR 1992, 202 und v. 15.10.1998 – IV R 1/97, BFH/NV 1999, 465 (466) zur Beteiligung eines (populären) Schauspielers an Werbespots.
5 BFH v. 7.11.1963 – IV 352/60 U, BStBl. III 1964, 45 (46): Entwerfen v. Stickmustern; v. 25.7.1968 – IV R 251/66, BStBl. II 1968, 662 (663): Hersteller künstlicher Menschenaugen; v. 22.3.1990 – IV R 145/88, BStBl. II 1990, 643 (644) = FR 1990, 489: Klavierstimmer; FG Hbg. v. 16.12.2004 – VI 263/02, EFG 2005, 697: Cutter und Video-Editor; FG BaWü. v. 23.11.2004 – 11 K 208/04, EFG 2005, 870: Instrumentenbauer; ausf.: *Heuer*, Besteuerung der Kunst[2], 30.
6 BFH v. 30.3.1994 – I R 54/93, BStBl. II 1994, 864 (865) = FR 1994, 720 m. Anm. *Kempermann*; v. 4.11.2004 – IV R 63/02, BStBl. II 2005, 362 (364) = FR 2005, 494 m. Anm. *Kempermann*.
7 BFH v. 26.9.1968 – IV 43/64, BStBl. II 1969, 70f.; ausf. zum Form- und Produktgestalter *Maaßen*, Kunst oder Gewerbe?[2], 43f.
8 FG Hbg. v. 29.6.2001 – II 369/00, EFG 2001, 1452 (wohl Grenzfall).
9 BFH v. 2.10.1968 – I R 1/66, BStBl. II 1969, 138 (140).
10 BFH v. 14.12.1976 – VIII R 76/75, BStBl. II 1977, 474 (476) mwN; v. 7.3.1974 – IV R 196/72, BStBl. II 1974, 383 (385): Kameramann; v. 23.9.1998 – XI R 71/97, BFH/NV 1999, 460 (461): Mitwirkung eines Friseurs bei Werbeaufnahmen; krit. demgegenüber *Maaßen*, Kunst oder Gewerbe?[2], 40f., insbes. zum Foto-Designer.
11 BFH v. 19.6.1968 – I R 25/67, BStBl. II 1968, 543 (544); FG Bremen v. 25.11.1993 – 1 91 175 K 1, EFG 1994, 928 (929); FG Münster v. 19.6.2008 – 8 K 4272/06 G, EFG 2008, 1975; ähnlich *Maaßen*, Kunst oder Gewerbe?[2], 42f.
12 BFH v. 23.8.1990 – IV R 61/89, BStBl. II 1991, 20 (21f.); FG Nürnb. v. 8.7.1977 – V 7/76, EFG 1978, 33 (34): verneint für Perspektiv-Graphiker.
13 BFH v. 21.4.1999 – I B 99/98, BStBl. II 2000, 254 (255) = FR 1999, 857 m. Anm. *Kempermann*.
14 *Wolf*, FR 2002, 202 mit Einzelheiten.
15 FG Nds. v. 24.3.2004 – 2 K 2/03, EFG 2004, 1314.
16 FG Düss. v. 25.2.2004 – 7 K 7162/01 G, DStRE 2004, 638.
17 BFH v. 14.6.2007 – VI R 5/06, FR 2008, 43 = BFH/NV 2007, 1977.
18 BFH v. 2.7.2008 – VI R 19/07, BFH/NV 2008, 1485.

Direktoren;[1] Wiederholungshonorare und Erlösbeteiligungen im Hinblick auf originäre urheberrechtl. Schutzrechte.[2] Dagegen ist Gewerblichkeit zu bejahen bei: Stuntcoordinator.[3] Die FinVerw. geht nach wie vor bei der Einordnung v. Künstlern und verwandten Berufen zumeist v. den im sog. Künstlererlass niedergelegten Grundsätzen aus.[4]

47 **d) Schriftstellerische Tätigkeit.** Die Rspr. verlangt entspr. dem Gesetzeswortlaut das Herstellen eigener Schriften, indem eigene Gedanken mit den Mitteln der Sprache schriftlich (also nicht mündlich etwa in Vortragsform) ausgedrückt und an die Öffentlichkeit (im Sinne eines aus Sicht des Autors zahlenmäßig nicht bestimmbaren Personenkreises) gebracht werden.[5] Die Schriftform umfasst das Niederlegen der Gedanken (nicht ausreichend: Grafik, Ablaufdiagramm oder Formeln) wie auch die Zugriffsmöglichkeit seitens der Öffentlichkeit.[6] Entscheidend ist hiernach die **für die Öffentlichkeit bestimmte schriftliche Fixierung eigener Gedanken** unabhängig v. Umfang, Kontext und inhaltlichem Anspr.[7] und zwar ohne (ästhetische) Beurteilung der Qualität des Textes.[8] In der Literatur wird vereinzelt der Verzicht auf inhaltliche Anforderungen bei der schriftstellerischen Tätigkeit im Unterschied zu den künstlerischen oder wissenschaftlichen Tätigkeiten iSd. Abs. 1 Nr. 1 S. 2 kritisiert;[9] allerdings überzeugt diese Auffassung im Hinblick auf den Wortlaut und die Entwicklungsgeschichte der Norm nicht.[10]

48 Eine schriftstellerische Tätigkeit wird zutr. in folgenden Fällen **verneint:** mündlicher Vortrag;[11] Veräußerung einer Handschrift oder eines Musikwerkes durch den Verfasser ohne gleichzeitige Übertragung des Urheberrechts;[12] praktische Berufsarbeit eines Journalisten (Rn. 79), dessen Beruf selbst im Katalog des Abs. 1 Nr. 1 aufgeführt ist;[13] Herausgabe eines juristischen Informationsdienstes.[14] Dagegen ist – abhängig v. den tatsächlichen Einzelumständen – v. **Einkünften aus schriftstellerischer Tätigkeit auszugehen**, wenn das Urheberrecht an einem Schriftwerk mit den daraus fließenden Erträgen übertragen wird;[15] bei dem Übersetzen wichtiger Werke der Weltliteratur;[16] bei dem Erstellen eines Softwarelernprogramms für PC;[17] zum EDV-Berater vgl. Rn. 69; bei dem Verfasser redaktioneller Beiträge im Firmenauftrag (Werbetexter bei origineller Gedankenarbeit)[18]; bei dem Verfasser technischer Anleitungen;[19] bei dem Bearbeiten fremder Drehbuchvorschläge;[20] Erstellen eines Bedienungshandbuchs;[21] bei dem Erstellen analytischer Protokolle durch Parlamentsstenographen;[22] bei dem Erstellen eines Börsenbriefs.[23]

49 **e) Unterrichtende Tätigkeit.** Selbständige Arbeit in Form unterrichtender Tätigkeit setzt voraus, dass der StPfl. im Wege einer **persönlichen und eigenverantwortlichen Lehrtätigkeit** Fähigkeiten und Kenntnisse – ggü. Menschen –[24] zu vermitteln sucht. Hiernach ist erforderlich, dass ein für einen institutionalisierten Unterricht typisches Lehrprogramm vorliegt und die für eine Schulorganisation charakteristische persönliche Beziehung des Unterrichtenden zum Schüler besteht.[25] Ohne Bedeutung für die Frage der un-

---

1 FG München v. 23.9.2011 – 1 K 3200/09 (rkr.), EFG 2012, 159 (160).
2 BFH v. 26.7.2006 – VI R 49/02, BStBl. II 2006, 917 (918).
3 BFH v. 28.6.2006 – XI R 78/03, BFH/NV 2006, 2062.
4 BMF v. 5.10.1990, BStBl. I 1990, 638.
5 BFH v. 14.5.1958 – IV 278/56 U, BStBl. III 1958, 316 (317); v. 10.9.1998 – IV R 16/97, BStBl. II 1999, 215 (216) = FR 1999, 136.
6 *Wendt*, FR 1999, 128 (130).
7 RFH RStBl. 1940, 415; BFH v. 25.4.2002 – IV R 4/01, BStBl. II 2002, 475 (477) = FR 2002, 887 m. Anm. *Seeger*.
8 RFH RStBl. 1940, 415.
9 *K/S/M*, § 18 Rn. B 68.
10 BFH v. 27.9.1956 – IV 601/55 U, BStBl. III 1956, 334 (335).
11 RFH, RStBl. 1943, 421 (422); FG BaWü. v. 22.1.2003 – 13 K 140/01, EFG 2003, 770.
12 RFH, RStBl. 1942, 1073; *K/S/M*, § 18 Rn. B 71; **aA** *H/H/R*, § 18 Rn. 118.
13 BFH v. 4.2.1971 – IV 330/65, BStBl. II 1971, 483 (484).
14 BFH v. 11.5.1976 – VIII R 111/71, BStBl. II 1976, 641 (642 f.).
15 BFH v. 9.1.1964 – IV 93/62 U, BStBl. III 1964, 206.
16 BFH v. 30.10.1975 – IV R 142/72, BStBl. II 1976, 192 (193).
17 BFH v. 10.9.1998 – IV R 16/97, BStBl. II 1999, 215 = FR 1999, 136.
18 Vgl. FG RhPf. v. 25.11.1997 – 1 K 1305/96, EFG 1998, 1584.
19 BFH v. 25.4.2002 – IV R 4/01, BStBl. II 2002, 475 = FR 2002, 887 m. Anm. *Seeger*; FG Bremen v. 11.6.2003 – 2 K 324/02, EFG 2003, 1384.
20 FG Hbg. v. 26.2.2001 – II 198/00, EFG 2001, 907.
21 *Trachte/Helios*, BB 2001, 909 (911 f.).
22 So iErg. FG Nds. v. 12.3.2003 – 4 K 601/95, EFG 2004, 567.
23 FG SchlHol. v. 2.11.2006 – 5 K 32/06, EFG 2007, 524.
24 BFH v. 9.5.2017 – VIII R 11/15, BStBl. II. 2017, 911 Rz. 12: Ausbildung von Blindenführhunden ist gewerbliche Tätigkeit.
25 BFH v. 16.11.1978 – IV R 191/74, BStBl. II 1979, 246 (248); v. 11.6.1997 – XI R 2/95, BStBl. II 1997, 687 (689); mit gutem Grund zweifelnd an der Notwendigkeit persönlicher Beziehung im Rahmen multimedialer Wissensvermittlung: *Wendt*, FR 1999, 128 (130).

terrichtenden Tätigkeit ist der Inhalt der Lehrveranstaltung; eine wissenschaftlich ausgerichtete, qualifizierte oder gehobene Tätigkeit ist nicht erforderlich.[1] Arbeitet ein weiterer Lehrer mit, genügt es, wenn der StPfl. regelmäßig in den Unterricht eingreift oder einen Teil des Unterrichts selbst gestaltet.[2] Eine bestimmte qualifizierte Ausbildung ist nicht erforderlich, auch muss der StPfl. über keine diesbezügliche Erlaubnis oder Zulassung verfügen.[3]

Eine **unterrichtende Tätigkeit** iSd. Abs. 1 Nr. 1 S. 2 **entfällt**, wenn der unterrichtsorganisatorische und verwaltende Anteil einer gewerblichen Betätigung vergleichbar die Gesamttätigkeit prägt. Beschränkt sich die Tätigkeit nicht auf das Vermitteln v. Fertigkeiten, sondern erbringt der StPfl. daneben noch andere Leistungen[4] oder ist eine nebenberuflich ausgeübte Lehrtätigkeit eng (Rn. 22) mit dem Hauptberuf verknüpft,[5] kann insgesamt eine gewerbliche Betätigung vorliegen. Hiernach entfällt ungeachtet des Abs. 1 Nr. 1 S. 3 (Rn. 90) eine selbständige Berufsausübung, wenn der Berufsträger wegen fehlender eigener Fachkenntnisse oder aufgrund der Organisationsstruktur nicht mehr in nennenswertem Umfang leitend und eigenverantwortlich selbst an der Lehrtätigkeit beteiligt ist;[6] entscheidend sind die Umstände des Einzelfalls.[7] 50

Die **unterrichtende Tätigkeit wird** nur dann selbständig gem. Abs. 1 Nr. 1 S. 2 **ausgeübt**, wenn die Eingliederung in die betr. (Schul-)Organisation begrenzt ist. Einzelne organisatorische Vorgaben für die Lehrtätigkeit wegen eines Studienplanes oder einer Schulordnung sind mit der Selbständigkeit vereinbar, sofern die Weisungsgebundenheit nicht mit derjenigen v. festangestellten Lehrkräften vergleichbar ist.[8] Nach hM ist bei nebenberuflicher Unterrichtstätigkeit idR v. Einkünften aus selbständiger Arbeit auszugehen,[9] insbes. wenn die Lehrtätigkeit nur wenige Wochenstunden umfasst.[10] 51

Von einer **selbständigen unterrichtenden Tätigkeit** ist auszugehen bei: selbständig arbeitenden Fahrlehrern;[11] nebenberuflichen Vorträgen eines Ingenieurs an einer Technischen Abendschule;[12] juristischer Lehrtätigkeit eines Richters;[13] Tätigkeit eines Psychotherapeuten als Lehranalytiker;[14] ausschließlich im Schulungsbereich tätigem EDV-Berater (Rn. 69, vgl. auch *Förster*, DStR 1998, 635); Moderator bei Fortbildungsveranstaltung.[15] Als selbständige Lehrtätigkeit kommt der Unterricht als Bergführer (Rn. 89), als Reiseleiter[16] oder als Fremdenführer[17] sowie im Tanzen, Schwimmen, Reiten oä.[18] in Betracht. Keine unterrichtende Tätigkeit: Betrieb eines Fitness-[19] oder Bodybuilding-Studios[20], wenn sich die Kundenbetreuung auf die Geräteeinweisung und vereinzelte Trainingsüberwachung insbes. in der Anfangsphase beschränkt; Betrieb einer „Hundeschule";[21] Training v. Führungskräften.[22] 52

f) Erzieherische Tätigkeit. Erzieherische Tätigkeit verlangt, junge Menschen in körperlicher, geistiger und charakterlicher Hinsicht zu prägen, um eine eigenverantwortliche Lebensführung,[23] also neben der 53

1 BFH v. 27.9.1956 – IV 601/55 U, BStBl. III 1956, 334 (335).
2 BFH v. 16.11.1978 – IV R 191/74, BStBl. II 1979, 246 (248).
3 BFH v. 4.10.1966 – I 249/63, BStBl. III 1966, 685.
4 BFH v. 16.11.1978 – IV R 191/74, BStBl. II 1979, 246 (248).
5 BFH v. 27.1.1955 – IV 504/54 U, BStBl. III 1955, 229 (230).
6 BFH v. 5.12.1968 – IV R 125/66, BStBl. II 1969, 165 (166); v. 6.11.1969 – IV R 127/68, BStBl. II 1970, 214 (216); FG BaWü. v. 10.10.1996 – 3 K 193/92, EFG 1997, 228: eigene Unterrichtsleistung der Institutsleiter umfasst 20 % des Lehrstoffs.
7 BFH v. 13.12.1973 – I R 138/71, BStBl. II 1974, 213 (214).
8 BFH v. 27.1.1955 – IV 504/54 U, BStBl. III 1955, 229 (230).
9 BFH v. 17.7.1958 – IV 101/56 U, BStBl. III 1958, 360 (361).
10 BFH v. 17.7.1958 – IV 101/56 U, BStBl. III 1958, 360 (361); v. 24.4.1959 – VI 29/59 S, BStBl. III 1959, 193 (194).
11 BFH v. 27.9.1956 – IV 601/55 U, BStBl. III 1956, 334 (335).
12 BFH v. 24.4.1959 – VI 29/59 S, BStBl. III 1959, 193 (194).
13 BFH v. 7.2.1980 – IV R 37/76, BStBl. II 1980, 321 (322) = FR 1980, 333.
14 BFH v. 17.12.1981 – IV R 19/81, BStBl. II 1982, 254 (255 f.) = FR 1982, 226.
15 FG München v. 21.9.1999 – 13 K 1283/95, EFG 2000, 130.
16 FG Hbg. v. 29.6.2005 – II 402/03, DStRE 2005, 1442; Einzelumstände entscheidend: *Blümich*, § 18 Rn. 104; *L/B/P*, § 18 Rn. 117.
17 BFH v. 9.7.1986 – I R 85/83, BStBl. II 1986, 851 = FR 1986, 603.
18 BFH v. 16.11.1978 – IV R 191/74, BStBl. II 1979, 246 (248).
19 BFH v. 13.1.1994 – IV R 79/92, BStBl. II 1994, 362 (363) = FR 1994, 401; Einzelumstände maßgeblich: FG Düss. v. 8.11.2006 – 7 K 6425/04 G, EFG 2007, 689.
20 BFH v. 18.4.1996 – IV R 35/95, BStBl. II 1996, 573 (574) = FR 1996, 791.
21 BFH v. 9.5.2017 – VIII R 11/15, BStBl. II 2017, 911 Rz. 16.
22 Einzelumstände entscheidend: BFH v. 11.6.1997 – XI R 2/95, BStBl. II 1997, 687 (689) = FR 1997, 767 einerseits, FG Nürnb. v. 15.1.2003 – V 147/2000, DStRE 2003, 586 andererseits.
23 BFH v. 21.12.1965 – V 24/62 U, BStBl. III 1966, 182 (183); v. 21.11.1974 – II R 107/68, BStBl. II 1975, 389 f.

Wissensvermittlung die **Willens- und Charakterbildung der ganzen Persönlichkeit** zu fördern; verlangt wird damit stets ein Tätigwerden ggü. Menschen.[1] Eigene Fachkenntnisse als Grundlage für die erzieherische Tätigkeit müssen weder in bestimmter Weise erlangt noch durch Ablegen v. Fachprüfungen nachgewiesen werden,[2] ein höheres Niveau ist bei der erzieherischen Tätigkeit ebenfalls nicht erforderlich.[3]

54 Der Betrieb eines **Internats** ist als GewBetr. anzusehen. Bilden Schule und Internat eine untrennbare Einheit, steht zumeist die auf Gewinnstreben ausgerichtete Gesamtorganisation im Vordergrund; daher liegen idR insgesamt gewerbliche Einkünfte vor.[4] Nur wenn das Internat ein Hilfsmittel gerade für die Erziehung ist und aus dem Internatsbetrieb kein besonderer Gewinn erstrebt wird, kann es sich insgesamt um eine erzieherische Tätigkeit gem. Abs. 1 Nr. 1 S. 2 handeln,[5] Gleiches gilt für den Betrieb eines **Kindererholungsheims.**[6] Dagegen führt der Betrieb v. Erziehungseinrichtungen zu Einkünften aus selbständiger Arbeit.[7] Nicht jede Form der Kinderbetreuung betrifft aber eine erzieherische Tätigkeit gem. Abs. 1 Nr. 1 S. 2.[8] Nachdem bei Säuglingen das körperliche Wohl im Vordergrund steht, handelt es sich bei **Säuglingsheimen** um GewBetr.[9]

55 **g) Heilberufe.** Das Ausüben der Heilkunde umfasst jede berufs- oder erwerbsmäßige Tätigkeit zur Feststellung, Heilung oder Linderung v. Krankheiten, Leiden oder Körperschäden am Menschen; erforderlich sind ärztliche Kenntnisse im Hinblick auf das Ziel, die Art oder die Methode der Tätigkeit oder auch für die Feststellung, ob im Einzelfall eine Behandlung begonnen werden darf.[10] Regelmäßig ist die **Zulassung** als Berufsangehöriger erforderlich.[11]

56 Die persönliche Ausübung bestimmter Heilberufe unterliegt § 18, sofern es sich um eine **berufstypische Tätigkeit** (Rn. 39) handelt. Zur Abgrenzung kann etwa auf Prüfungs- und Berufsordnungen zurückgegriffen werden. Kennzeichnend für den Heilberuf ist hiernach das (vorbeugende) Feststellen, Heilen oder Lindern (Rn. 55). Demgegenüber ist v. gewerblichen Einkünften auszugehen, soweit berufsuntypische Aktivitäten entfaltet werden, die über die dem eigentlichen Heilbereich dienenden Hilfsgeschäfte[12] hinausgehen, oder Betriebsmittel eingesetzt werden, die nicht als notwendige Hilfsmittel für die eigene ärztliche Berufstätigkeit[13] anzusehen sind. Hiernach ist idR als gewerbliche Tätigkeit anzusehen: der Betrieb einer ärztlichen Abgabestelle für Arzneien durch einen niedergelassenen Arzt (BFH v. 26.5.1977 - V R 95/76, BStBl. II 1977, 879 [880]); der Betrieb einer Krankenanstalt mit Gewinnerzielungsabsicht (§ 2 Rn. 57; BFH v. 30.6.1964 - VI 301/62 U, BStBl. III 1964, 630 [631]; BFH v. 2.10.2003 - IV R 48/01, BStBl. II 2004, 363 = FR 2004, 348: Privatklinik); die ärztliche Leistung, falls diese als einheitliches Heilverfahren untrennbar (Rn. 22) verbunden ist mit dem gewerblichen Betrieb einer eigenen Klinik, eines Kurheims oder Kneipp-Sanatoriums (BFH v. 12.11.1964 - IV 153/64 U, BStBl. III 1965, 90; BFH v. 2.10.2003 - IV R 48/01, BStBl. II 2004, 363 = FR 2004, 348; krit. *K/S/M*, § 18 Rn. B 100); die Tätigkeit als selbständiger Krankenhausberater (BFH v. 16.9.1999 - XI B 63/98, BFH/NV 2000, 424); der Einsatz eines Arbeitsmediziners als Sicherheitsbeauftragter (BFH v. 11.4.2005 - IV B 106/03, BFH/NV 2005, 1544). Der heilkundlichen Tätigkeit ist dagegen zuzurechnen: das Erstellen medizinischer (nicht pharmakologischer, vgl. Rn. 42) Gutachten (BFH v. 16.1.1958 - IV 104/57 U, BStBl. III 1958, 205 [206]); das Verabreichen v. Arzneimitteln im Rahmen eigener diagnostischer und therapeutischer Tätigkeit (BFH v. 26.5.1977 - V R 95/76, BStBl. II 1977, 879 [880]); das Anfertigen v. Prothesen durch einen Zahnarzt oder Dentisten für die v. ihm zu behandelnden Zahnkranken im eigenen Laboratorium (BFH v. 13.8.1953 - IV 50/53 U, BStBl. III 1953, 292); das Verabreichen v. Diätkost bei stationärer Behandlung iRd. Ganzheitsmethode (BFH v. 15.6.1965 - I 170/64 U, BStBl. III 1965, 505 [507]). Zu Laborärzten vgl. Rn. 94.

1 BFH v. 11.6.1997 - XI R 2/95, BStBl. II 1997, 687 (688 f.) = FR 1997, 767: verneint für Management-Trainer; v. 9.5. 2017 - VIII R 11/15, BStBl. II 2017, 911 Rz. 14: Ausbildung und Verkauf von Blindenführhunden führt zu Einkünften aus GewBetr.
2 BFH v. 19.6.1997 - IV R 26/96, BStBl. II 1997, 652 (653).
3 BFH v. 27.9.1956 - IV 601/55 U, BStBl. III 1956, 334 (335).
4 BFH v. 23.7.1957 - I 98/54 U, BStBl. III 1957, 323 (324).
5 BFH v. 30.6.1964 - VI 301/62 U, BStBl. III 1964, 630 (631).
6 BFH v. 25.4.1974 - VIII R 229/71, BStBl. II 1974, 553 (554); v. 27.6.1974 - IV R 204/70, BStBl. II 1975, 147 (148).
7 BFH v. 9.4.1975 - I R 107/73, BStBl. II 1975, 610 (611): Kindererziehungsheim; v. 19.6.1997 - IV R 26/96, BStBl. II 1997, 652 (653): Kinderspielgruppe.
8 BFH v. 27.6.1974 - IV R 204/70, BStBl. II 1975, 147 (148); v. 2.10.2003 - IV R 4/02, BStBl. II 2004, 129 = FR 2004, 286: Einzelfallentscheidung.
9 BFH v. 21.12.1965 - V 24/62 U, BStBl. III 1966, 182 (183).
10 BFH v. 26.5.1977 - V R 95/76, BStBl. II 1977, 879 (880); v. 28.8.2003 - IV R 69/00, BStBl. II 2004, 954 (957).
11 BFH v. 19.5.1981 - VIII R 143/78, FR 1981, 516 = BStBl. II 1981, 665 (666); v. 28.8.2003 - IV R 69/00, BStBl. II 2004, 954 (956).
12 RFH RStBl. 1931, 611 (612).
13 BFH v. 10.4.1953 - IV 429/52 U, BStBl. III 1953, 142 (143).

Sofern kein Berufsfremder beteiligt ist (Rn. 24), erzielen Ärzte in **Gemeinschaftspraxen** ebenso wie in Labor-, Apparate- oder Praxisgemeinschaften (Rn. 23) Einkünfte aus selbständiger Arbeit. Erforderlich ist allerdings ihr persönlicher Einsatz im arzttypischen Heilbereich.[1] Bei (fest angestellten) Krankenhausärzten hängt es – insbes. bei leitenden Positionen – v. den Umständen des Einzelfalls nach dem Gesamtbild der konkreten Verhältnisse (eigene Liquidationsbefugnis, eigenständige Nutzung der Krankenhauseinrichtungen, wahlärztliche Leistungen) ab, ob die Tätigkeit **unselbständig** iSv. § 19 Abs. 1 (Rn. 36) ausgeübt wird.[2] Ebenso ist eine Gesamtwürdigung erforderlich bei Knappschaftsärzten, deren Tätigkeit allerdings idR als selbständig anzusehen ist.[3] 57

Der **Arztvertreter** erzielt idR keine Einkünfte gem. § 19 (Rn. 36), wenn er nur vorübergehend (auch gegen eine feste Vergütung) den Praxisinhaber vertritt,[4] selbst wenn der Vertreter iÜ keine eigene Praxis betreibt.[5] Eine gewisse organisatorische Eingliederung in die Praxis des Vertretenen ändert nichts an der Selbständigkeit des Vertreters. Nur Ärzte, die auch auf dem eigentlichen ärztlichen Gebiet (zB Behandlungsmethode) Weisungen unterliegen (angestellte Assistenzärzte;[6] Oberarzt, der bei der Behandlung der Privatpatienten des Klinikdirektors mitwirkt[7]), erzielen Einkünfte gem. § 19. Gleichermaßen wird ein fest angestellter Berufsangehöriger (sog. Vertragsärzte:[8] Betriebs-, Knappschafts-, Vertrauensärzte auch ohne eigene Praxis), der noch eine **Nebentätigkeit** im ärztlichen Bereich ausübt, idR Einkünfte gem. § 18 erzielen. 58

Zu der Berufsgruppe der **Ärzte, Zahnärzte und Tierärzte** iSd. Abs. 1 Nr. 1 S. 2 gehören nicht nur die im Bereich der Heilbehandlung (Rn. 55) praktizierenden Ärzte, sondern auch die Berufsangehörigen, die ausschließlich Gutachten (einschl. sog. Zusammenhangsgutachten) und Atteste für Gerichte, Behörden oder sonstige Einrichtungen erstellen.[9] Mit umfasst sind medizinische Forschungsarbeiten, selbst wenn diese sich etwa wegen der diagnostischen Funktion auf Labortätigkeit beschränken; zu Laborärzten vgl. Rn. 94. Dagegen wurde der Heilberuf verneint etwa für Apotheker.[10] 59

Heilpraktiker, Dentisten und Krankengymnasten erzielen nach entspr. Prüfung und Zulassung hinsichtlich der arztähnlichen Berufsausübung Einkünfte gem. Abs. 1. Anderweitige Aktivitäten (zB entgeltliche Abgabe v. Massageölen oder Pflegemitteln; Anbieten medizinischen Gerätetrainings im Rahmen v. Präventivmaßnahmen) führen zu gewerblichen Einkünften, die bei fehlender Trennbarkeit (Rn. 22) auch für die heilberufliche Tätigkeit anzunehmen sind. 60

h) Rechts- und wirtschaftsberatende Berufe. aa) Rechtsanwälte, Notare, Patentanwälte. Diese in § 18 Abs. 1 S. 2 genannten Berufsgruppen wirken nach im Einzelnen geregelter Prüfung und Zulassung in einem traditionellen Kernbereich freiberuflicher Tätigkeit. Zur selbständigen Arbeit gehören gleichwohl nur die Aktivitäten, die nach der Verkehrsanschauung dem jeweiligen Leitbild (Rn. 39 und 63) entsprechen. Übt ein RA zugleich freiberufliche und gewerbliche Tätigkeiten aus, sind die Einkünfte zu trennen oder, wenn eine Trennung nicht möglich ist (Rn. 22), einheitlich zu beurteilen; diese Beurteilung richtet sich danach, ob die Rechtsbesorgung oder das geldgeschäftliche Element überwiegt.[11] 61

Als Organ der Rechtspflege wird der **RA**, der gem. § 1 RBerG als unabhängige Berater und Vertreter – sei es auch in Form einer Gemeinschaft (Rn. 23) – in allen Rechtsangelegenheiten auftritt, im Regelfall (Rn. 39) freiberuflich tätig. Anwaltliche Eigenverantwortlichkeit, die regelmäßig die persönliche Beziehung zw. dem Raterteilenden und dem Ratsuchenden prägt, gehört grundlegend zum überlieferten Berufsbild des RA.[12] Soweit ein RA dagegen in einem Anstellungsverhältnis für einen den anwaltlichen Standespflichten nicht unterworfenen Geschäftsherrn tätig wird, erzielt er Einkünfte gem. § 19.[13] Sollte sein ArbG ihn jedoch im Einzelfall mit der Wahrnehmung seiner Interessen durch gesonderten Vertrag beauftragen[14] oder bei nebenberuflichen Mandaten, liegt eine Tätigkeit gem. § 18 Abs. 1 vor. 62

---

1 RFH RStBl. 1931, 611 (612).
2 BFH v. 5.10.2005 – VI R 152/01, BStBl. II 2006, 94 (95 f.) = FR 2006, 142 m. Anm. *Bergkemper*; v. 11.8.2009 – VI B 46/08, BFH/NV 2009, 1814 (1815).
3 BFH v. 3.7.1959 – VI 320/57 U, BStBl. III 1959, 344 (345).
4 RFH RStBl. 1931, 668 (669).
5 BFH v. 10.4.1953 – IV 429/52 U, BStBl. III 1953, 142 (143).
6 BFH v. 10.4.1953 – IV 429/52 U, BStBl. III 1953, 142 (144).
7 BFH v. 11.11.1971 – IV R 241/70, BStBl. II 1972, 213 (214).
8 Ausf. R 18.1 Abs. 1 EStR mit Einzelbeispielen.
9 BFH v. 24.5.1962 – IV 74/61 U, BStBl. III 1962, 414 (415 f.); v. 12.11.1981 – IV R 187/79, BStBl. II 1982, 253 (254) = FR 1982, 202.
10 BFH v. 1.2.1979 – IV R 113/76, BStBl. II 1979, 574 (575); v. 14.1.1998 – IV B 48/97, BFH/NV 1998, 706.
11 BFH v. 15.10.1981 – IV R 77/76, BStBl. II 1982, 340 (342) = FR 1982, 254.
12 BGH v. 3.11.1975 – II ZR 67/73, BGHZ 65, 238 (239); BGH v. 17.1.1977 – AnwZ (B) 23/76, BGHZ 68, 62 (63).
13 BGH v. 17.1.1977 – AnwZ (B) 23/76, BGHZ 68, 62 (64).
14 BFH v. 9.4.1981 – V R 104/79, BStBl. II 1981, 545 (547).

63 **Zur freiberuflichen Tätigkeit** (Rn. 39) **eines RA zählen folgende Aktivitäten:** Mitgliedschaft in einem Aufsichtsrat als juristischer und wirtschaftlicher Berater, ungeachtet des § 18 Abs. 1 Nr. 3[1] (Rn. 100); die Vollstreckung v. Testamenten oder Tätigkeit als Schiedsrichter und zwar ungeachtet des § 18 Abs. 1 Nr. 3[2] (Rn. 99); nebenamtliche Tätigkeit als Prüfer eines juristischen Prüfungsamtes;[3] Betreuung v. Mündeln und Pfleglingen.[4] Dagegen handelt es sich **nicht um selbständige anwaltliche Arbeit:** Hingabe v. Darlehen, Übernahme v. Bürgschaften und ähnliche Geldgeschäfte, soweit sie nicht unmittelbar mit der Durchführung eines erteilten Auftrages zusammenhängen (Rn. 16);[5] Geschäftsführung eines Unternehmensverbandes;[6] Treuhändertätigkeit für Bauherrengemeinschaft;[7] als Prokurist bei einer Steuerberatungs-Ges. angestellter Steuerberater.[8] Ebenfalls ist bei Insolvenzverwaltung (Rn. 100)[9] durch einen RA vorrangig § 18 Abs. 1 Nr. 3 zu beachten.

64 Gem. § 1 BNotO erfüllen **Notare** als unabhängige Träger eines öffentl. Amtes Aufträge zur Beurkundung v. Rechtsvorgängen und andere Aufgaben der vorsorgenden Rechtspflege. Hierzu zählt etwa auch die Tätigkeit als Mittelverwender im Rahmen eines Beteiligungsmodells.[10] § 3 PatentAO regelt im Einzelnen, in welchem Umfang ein **Patentanwalt** berät und vertritt.

65 **bb) Wirtschaftsprüfer, Steuerberater, vereidigte Buchprüfer, Steuerbevollmächtigte.** Die einschlägigen Normen enthalten Berufszugangs- und Ausübungsbestimmungen für diese Berufsgruppen.[11] Mangels Bestallung kann ein Berufsfremder dementspr. keine Einkünfte gem. § 18 Abs. 1 erzielen.[12] Im Jahre 2004 hat der Gesetzgeber die bis dahin ausdrücklich auch genannten vereidigten Bücherrevisoren gestrichen. Diese (redaktionelle) Änderung war erforderlich geworden, nachdem gem. § 132 WPO die Bezeichnung Bücherrevisor nicht mehr geführt werden darf.

66 **Wirtschaftsprüfer** werden nach öffentl. Bestellung iRd. §§ 1 und 2 WPO tätig. §§ 128 und 129 WPO betreffen die den **vereidigten Buchprüfern** vorbehaltenen Aufgaben. Zur freiberuflichen Tätigkeit eines Wirtschaftsprüfers iSd. § 18 Abs. 1 gehören die verschiedenen Aktivitäten als Treuhänder: Konkurs- und Vergleichsverwalter (Rn. 100) sowie Testamentvollstrecker und Nachlassverwalter.[13]

67 Den **Steuerberatern** und **Steuerbevollmächtigten** obliegt gem. § 3 StBerG die geschäftsmäßige Hilfeleistung in Steuersachen. Zum freiberuflichen Tätigkeitsbereich eines Steuerberaters zählen im Hinblick auf § 57 Abs. 3 StBerG auch: Übernahme der Buchführung für Dritte; Tätigkeit in Schiedsgerichtsverfahren im Bereich des § 33 StBerG.[14] Dagegen ist ein Steuerberater, der im Rahmen eines Bauherrenmodells Treuhandaufgaben wahrnimmt, gewerblich tätig.[15] Dies gilt gleichermaßen für folgende Tätigkeiten: Steuerberatung, soweit sie mit umfangreicher gewerblicher Tätigkeit untrennbar (Rn. 22) verknüpft ist;[16] umfangreiche Tätigkeit als Insolvenzverwalter, sofern die Steuerberater die Grenzen der Vermögensverwaltung iSd. § 18 Abs. 1 Nr. 3 überschreiten, (vgl. auch Rn. 99, 100).[17]

68 **cc) Beratende Volks- und Betriebswirte.** Zu den wirtschaftsberatenden Berufen iSv. § 18 Abs. 1 Nr. 1 S. 2, für die es kein einheitliches Berufsbild gibt, zählen die Volks- und Betriebswirte, soweit sich ihre Tätigkeit als freiberuflich darstellt. Hierbei steht die **Unternehmensberatung** im Vordergrund, die alle Fragen betrifft, die üblicherweise Gegenstand eines betriebswirtschaftlichen Studiums sind.[18] Betriebswirtschaftliche Beratung setzt breite Kenntnisse der Betriebswirtschaft – und zwar in allen ihren hauptsächli-

---

1 RFH RStBl. 1932, 730 (731); RFH RStBl. 1935, 870 (871).
2 RFH RStBl. 1936, 651 (652); BFH v. 6.9.1990 – IV R 125/89, BStBl. II 1990, 1028 (1029) = FR 1991, 13 m. Anm. *Söffing*; diff. BFH v. 9.8.1990 – V R 30/86, BFH/NV 1991, 126.
3 RFH RStBl. 1938, 1010 (1011).
4 BVerfG v. 1.7.1980 – 1 BvR 349/75, 1 BvR 378/76, BVerfGE 54, 251 = NJW 1980, 2179 (2180); BFH v. 4.12.1980 – V R 27/76, BStBl. II 1981, 193 (194).
5 RFH RStBl. 1931, 104; RStBl 35, 870; BFH v. 15.10.1981 – IV R 77/76, BStBl. II 1982, 340 (341) = FR 1982, 254.
6 BFH v. 9.4.1981 – V R 104/79, BStBl. II 1981, 545 (546).
7 BFH v. 1.2.1990 – IV R 42/89, BStBl. II 1990, 534 (535) = FR 1990, 394.
8 BGH v. 3.11.1975 – II ZR 67/73, BGHZ 65, 238 (240).
9 BFH v. 15.12.2010 – VIII R 50/09, BStBl. II 2011, 506 (507) = FR 2011, 524.
10 FG Düss. v. 6.4.2006 – 15 K 5145/04 G, EFG 2006, 963 (964).
11 §§ 8, 134 WPO; §§ 40, 42 StBerG.
12 BFH v. 9.10.1986 – IV R 235/84, BStBl. II 1987, 124 (126) = FR 1987, 16.
13 BFH v. 28.6.1973 – IV R 77/70, BStBl. II 1973, 729 (730); diff. *Kanzler*, FR 1994, 114 (115).
14 BFH v. 11.7.1985 – IV R 61/83, BStBl. II 1985, 577 (578 f.) = FR 1985, 667.
15 BFH v. 10.8.1994 – I R 133/93, BStBl. II 1995, 171 = FR 1995, 20 m. Anm. *Kempermann* mwN.
16 BFH v. 29.7.1965 – IV 61/65 U, BStBl. III 1965, 557 (558).
17 BFH v. 11.8.1994 – IV R 126/91, BStBl. II 1994, 936 (938) = FR 1995, 22.
18 BFH v. 4.5.2000 – IV R 51/99, BStBl. II 2000, 616 (617) = FR 2000, 1225 m. Anm. *Kempermann*; v. 26.6.2002 – IV R 56/00, BStBl. II 2002, 768 = FR 2002, 1229; v. 19.9.2002 – IV R 74/00, BStBl. II 2003, 27 = FR 2003, 79.

chen Bereichen – voraus, die auch im Selbststudium erworben sein können; Ausbildung an einer Fachschule kann ausreichen, Zulassung zum Dipl. reicht aber nicht.[1] Weiterhin muss der StPfl. diese fachliche Breite nutzen können und tatsächlich v. ihr Gebrauch machen. Daher muss sich die Beratung auf eines oder mehrere Hauptgebiete der Betriebswirtschaft erstrecken.[2] Allein die Beratung v. Wirtschaftsunternehmen in einzelnen speziellen Bereichen (zB Personalberatung,[3] Verkaufsförderung oder -training) mit Hilfe wissenschaftlicher Methoden entspricht nicht dem Anforderungsprofil eines Freiberuflers. Zugleich muss sich die Berufstätigkeit auf die beratende Funktion beschränken.[4]

Einzelfälle: EDV-Berater (Rn. 48, 52, 87) können im Einzelfall als beratender Betriebswirt tätig sein (BFH v. 24.4.1986 – V R 6/79, BFH/NV 1986, 610; v. 28.4.2006 – IV B 181/04, BFH/NV 2006, 1647; *List*, BB 1993, 1488 [1491]), sofern der StPfl. über entspr. theoretische Kenntnisse verfügt und sich nicht nur auf die typischen Arbeiten eines EDV-Beraters (Analyse des Istzustands, Erarbeiten eines Systementwurfs, Schulen des Personals) oder auf die Entwicklung v. Trivialsoftware beschränkt (BFH v. 7.11.1991 – IV R 17/90, BStBl. II 1993, 324 [326] = FR 1992, 340; v. 24.8.1995 – IV R 60/94, IV R 61/94, BStBl. II 1995, 888 [889 f.]). Der BFH (v. 4.5.2004 – XI R 9/03, BStBl. II 2004, 989 = FR 2004, 1289 m. Anm. *Kempermann*) bejaht nunmehr im Regelfall mit guten Gründen auch für die Entwicklung v. Anwendersoftware eine ingenieurähnliche Tätigkeit bzw. unmittelbar die Tätigkeit eines Ingenieurs (BFH v. 22.9.2009 – VIII R 31/07, BStBl. II 2010, 467 (468), vgl. Rn. 71 und 88). Diese Einschätzung erweist sich angesichts der technischen Entwicklung als zutr.[5] Freiberufliche Beratungstätigkeit wurde iÜ verneint für: Werbeberater (BFH v. 16.1. 1974 – I R 106/72, BStBl. II 1974, 293 [294]), Organisationsberater für Datenverarbeitung (BFH v. 28.7. 1976 – I R 63/75, BStBl. II 1977, 34), PR-Berater (BFH v. 25.4.1978 – VIII R 149/74, BStBl. II 1978, 565 (567)); Spielerberater (FG Köln v. 18.6.1997 – 12 K 2228/97, EFG 1998, 322); extern bestellter Datenschutzbeauftragter (BFH v. 5.6.2003 – IV R 34/01, BStBl. II 2003, 761). 69

i) Technische Berufe. aa) Ingenieure und Vermessungsingenieure. § 18 Abs. 1 betrifft neben den Vermessungsingenieuren (Rn. 72) alle Arten freier Ingenieurtätigkeit. Selbständig als Ingenieur kann grds. nur derjenige tätig sein, der nach den **berufsrechtl. Bestimmungen berechtigt** ist, die Berufsbezeichnung Ingenieur zu führen.[6] Es genügt nicht, wenn ein StPfl. ohne entspr. Ausbildungsqualifikation lediglich aufgrund einer Übergangslösung zur Besitzstandswahrung berechtigt ist, die Berufsbezeichnung Ingenieur weiterzuführen.[7] Landesrechtl. Berufsregelungen bieten iÜ Anhaltspunkte für die Beurteilung, ob eine freiberufliche Tätigkeit gem. § 18 Abs. 1 vorliegt. 70

Ein **Ingenieur** erzielt Einkünfte gem. § 18, wenn er auf der Grundlage natur- und technikwissenschaftlicher Erkenntnisse und unter Berücksichtigung wirtschaftlicher Belange technische Werke plant, konstruiert und ihre Fertigung überwacht. Im Wege der Spezialisierung ist es etwa unproblematisch, wenn ein Ingenieur auf dem Gebiet der EDV Hard- oder Software entwickelt und konstruiert, Betriebssysteme gestaltet oder im Bereich von Firmennetzwerken oder -servern bis hin zur Schulung wirkt.[8] Dabei kann der Ingenieur sich im Wesentlichen selbst auf eine in erster Linie unterstützende, beratende und begutachtende Tätigkeit beschränken.[9] Dies gilt auch für einen Ingenieur, der schwerpunktmäßig auf betriebswirtschaftlicher Grundlage beratend wirkt oder nur ein einzelnes Industrieunternehmen berät, selbst wenn sich das Entgelt nach dem Umsatz bemisst.[10] Dagegen erzielt ein Ingenieur Einkünfte gem. § 15, der Warengeschäfte anbahnt und den Warenabsatz durch Kundenwerbung zu fördern sucht,[11] der 71

---

1 BFH v. 4.5.2000 – IV R 51/99, BStBl. II 2000, 616 (617 f.) = FR 2000, 1225 m. Anm. *Kempermann*; v. 28.8.2003 – IV R 21/02, BStBl. II 2003, 919 (920) = FR 2004, 45.
2 BFH v. 17.1.1980 – IV R 115/76, BStBl. II 1980, 336 (337) = FR 1980, 339; v. 4.5.2000 – IV R 51/99, BStBl. II 2000, 616 (617) = FR 2000, 1225 m. Anm. *Kempermann*.
3 BFH v. 14.3.1991 – IV R 135/90, BStBl. II 1991, 769 (770) = FR 1991, 636; v. 31.5.2000 – IV B 133/99, BFH/NV 2000, 1460 (Dipl.-Psychologe); v. 19.9.2002 – IV R 70/00, BStBl. II 2003, 25 (26) = FR 2003, 77: Personalberatung mit Erfolgshonorar; v. 20.6.2006 – XI B 2/06, BFH/NV 2006, 1831: Dipl.-Psychologe als Unternehmensberater.
4 BVerfG v. 25.10.1977 – 1 BvR 15/75, BVerfGE 46, 224 (244) = BStBl. II 1978, 125 (130); FG Nds. v. 18.4.2001 – 13 K 15/96, EFG 2001, 1146: verneint für Projektmanager; BFH v. 19.9.2002 – IV R 70/00, BStBl. II 2003, 25 = FR 2003, 77: verneint für Personalvermittler.
5 Ausf. zur Einkünftequalifikation bei den einzelnen IT-Berufen: *Pfirrmann*, FR 2014, 162.
6 BFH v. 6.9.2006 – XI R 3/06, BStBl. II 2007, 118 (120) = FR 2007, 182 m. Anm. *Kempermann*: Wirtschaftsingenieur; v. 18.4.2007 – XI R 29/06, BStBl. II 2007, 781 (782); v. 22.9.2009 – VIII R 31/07, BStBl. II 2010, 467 (468): Berufsakademie.
7 BFH v. 1.10.1986 – I R 121/83, BStBl. II 1987, 116 (117) = FR 1987, 42.
8 BFH v. 22.9.2009 – VIII R 31/07, BStBl. II 2010, 467 (468 f.).
9 BFH v. 22.9.2009 – VIII R 63/06, BStBl. II 2010, 466 (467).
10 FG Düss. v. 10.10.1975 – VIII (VII) 132/69 G, EFG 1976, 197; FG RhPf. v. 11.6.2001 – 5 K 1008/98, DStRE 2001, 1339.
11 RFH RStBl. 1940, 14.

in sonstiger Weise mittelbar an der Vermittlung v. Geschäftsabschlüssen beteiligt ist,[1] der als beratender Ingenieur zugleich in erheblichem Umfang mit Computerkomponenten handelt[2] oder als Personalvermittler wirkt.[3] Ebenfallls Einkünfte nach § 15 erzielt eine PersGes., die als Holdinggesellschaft geschäftsleitende Funktionen innerhalb einer Gruppe v. Unternehmen wahrnimmt, die Ingenieurbüros unterhalten.[4]

72 Die Gruppe der **Vermessungsingenieure** umfasst die Landmesser sowie die Markscheider, die besondere Vermessungen im Bergbau vornehmen. Erstellt ein Markscheider Gutachten für Bergschäden und markscheiderische Erfassung v. Lagerstätten nutzbarer Mineralien, ist er auch insoweit freiberuflich tätig.[5]

73 Übt ein Erfinder den Ingenieurberuf aus, ist seine selbständige **Erfindertätigkeit** – vorbehaltlich wissenschaftliche Tätigkeit (Rn. 43) – dem Katalogberuf zuzuordnen.[6] In diesem Zusammenhang gewinnt ggf. unter dem Gesichtspunkt der Nachhaltigkeit bei sog. Blitzideen und Zufallserfindungen die Abgrenzung zu § 22 Nr. 3 Bedeutung (Rn. 6). Im Einzelfall kann bei nachhaltiger Tätigkeit, um die sog. Blitzidee bis zur Verwertungsreife zu führen, auch die sonstige selbständige Tätigkeit iSd. § 18 Abs. 1 Nr. 3 (Rn. 97) vorliegen. Dabei erfasst § 18 nicht nur die Übertragung v. Patenten, sondern auch sonstiger Erfinderrechte in ihren verschiedenen Entwicklungsstufen.[7]

74 **bb) Architekten.** Als Architekt kann nur derjenige Einkünfte aus freiberuflicher Tätigkeit erzielen, der rechtmäßig diese Berufsbezeichnung führt[8] und im Kernbereich des Architektenberufs tätig ist (Rn. 39). Hierzu gehören insbes. Bauplanung, -leitung und -überwachung.[9]

75 Während die Teilnahme an einem Ideenwettbewerb zum Städtebau freiberuflich erfolgt,[10] handelt ein Architekt gewerbsmäßig, wenn er **planmäßig Grundstücke** verwertet, indem er etwa fertige Gebäude gegen Entgelt für einen Auftraggeber herstellt;[11] dies gilt auch, wenn er über die Architektenbindung der Grundstücke zusätzliche Aufträge gewinnen will.[12] Die Trennung der freiberuflichen und gewerblichen Anteile bei gemischter Architektentätigkeit hängt v. den Einzelumständen (Rn. 22) ab: Untrennbarkeit, wenn ein Architekt Grundstücke mit schlüsselfertig erstellten Häusern veräußert;[13] Trennbarkeit, wenn Grundstücks- und Architektenvertrag zivilrechtl. getrennt sind.[14] Ein beratender Architekt wird gewerblich tätig, wenn er wie ein Handelsvertreter zugunsten seines Auftraggebers Kunden zu Geschäftsabschlüssen bestimmen will.[15]

76 Beschränkt sich ein **Gartenarchitekt** auf die Beratung bei der Gartengestaltung, das diesbezügliche Fertigen v. Plänen und Entwürfen sowie das Überwachen der Ausführungsarbeiten, ist er freiberuflich tätig. Dagegen handelt der Gartenarchitekt gewerblich, wenn er diese Ausführung auf eigene Rechnung mit eigenen Arbeitskräften vornimmt.[16] Bei einheitlichen Aufträgen entfällt die grds. zulässige Trennung (Rn. 21) in einen freiberuflichen und einen gewerblichen Bereich.

77 **cc) Handelschemiker.** Handelschemiker, die Stoffe aller Art quantitativ und qualitativ erforschen sowie ihre Zusammensetzung und ihr Verhalten **analysieren**, üben einen freien Beruf auf wissenschaftlicher Grundlage und mit entspr. Vorbildung aus.[17]

---

1 BFH v. 28.6.2001 – IV B 20/01, BFH/NV 2001, 1400.
2 BFH v. 24.4.1997 – IV R 60/95, BStBl. II 1997, 567 (568) = FR 1997, 644.
3 FG SchlHol. v. 13.12.2001 – II 553/98 (V), EFG 2002, 325 (best durch BFH v. 26.6.2003 – IV R 12/02, BFH/NV 2004, 168).
4 BFH v. 28.10.2008 – VIII R 73/06, BStBl. II 2009, 647 (649) = FR 2009, 663 m. Anm. *Kanzler*.
5 BFH v. 24.10.1974 – IV R 155/71, BStBl. II 1975, 290 (291 f.).
6 BFH v. 14.3.1985 – IV R 8/84, BStBl. II 1985, 424 (425) = FR 1985, 505; v. 18.6.1998 – IV R 29/97, BStBl. II 1998, 567 (568) = FR 1998, 946 m. Anm. *Zugmaier*; v. 11.4.2003 – IV B 170/01, BFH/NV 2003, 1406; ausf. auch bei Erfindertätigkeit eines ArbN: R 18.1 Abs. 2 EStR.
7 BFH v. 18.10.1989 – I R 126/88, BStBl. II 1990, 377 (378) = FR 1990, 283.
8 BFH v. 17.11.1981 – VIII R 121/80, BStBl. II 1982, 492 (493) = FR 1982, 358.
9 BFH v. 12.8.1965 – IV 61/61, 100/61, 336/64 U, BStBl. III 1965, 586 (587); v. 18.10.2006 – XI R 10/06, BStBl. II 2008, 54 (55) = FR 2007, 1176.
10 BFH v. 16.1.1975 – IV R 75/74, BStBl. II 1975, 558 (560).
11 RFH RStBl. 1939, 158; BFH v. 18.10.2006 – XI R 10/06, BStBl. II 2008, 54 (55) = FR 2007, 1176.
12 BFH v. 23.10.1975 – VIII R 60/70, BStBl. II 1976, 152 (154).
13 BFH v. 15.12.1971 – I R 49/70, BStBl. II 72, 291 (292); ähnlich: BFH v. 18.10.2006 – XI R 10/06, BStBl. II 2008, 54 (55) = FR 2007, 1176.
14 BFH v. 23.10.1975 – VIII R 60/70, BStBl. II 1976, 152 (154).
15 BFH v. 14.6.1984 – I R 204/81, BStBl. II 1985, 15 (16 f.) = FR 1984, 654.
16 BFH v. 16.3.1962 – IV 318/59 U, BStBl. III 1962, 302 (303).
17 BFH v. 14.11.1972 – VIII R 18/67, BStBl. II 1973, 183 (184); v. 17.1.2007 – XI R 5/06, BStBl. II 2007, 519 (520) = FR 2007, 843; v. 22.4.2008 – VIII B 96/07, BFH/NV 2008, 1472.

dd) Lotsen. Nachdem die Lotsentätigkeit seit 1960 zu den freien Berufen zählt, erzielen **See-** und **Revierlotsen** Einkünfte aus selbständiger Tätigkeit.[1] 78

j) Medienberufe. Neben der Lieferung v. Ereignisberichten werden **Journalisten** iSv. Abs. 1 Nr. 1 tätig, die den geistigen Inhalt v. publizistischen Medien mitgestalten, indem sie insbes. zu gegenwartsbezogenen Geschehnissen Zusammenhänge politischer, gesellschaftlicher, wirtschaftlicher und kultureller Natur aufzeigen.[2] Dies betrifft zB Kommentatoren politischer Themen in den Medien sowie die Teilnehmer an Diskussionen, sofern ein enger Bezug zum Tagesgeschehen besteht.[3] Anders dagegen zB Werbeberater[4], die Betreiber allg. PR-Arbeit[5], Moderatoren von Verkaufssendungen[6] oder Politikberater[7]. 79

Bildberichterstatter iSd. Abs. 1 beschränken sich nicht auf die manuelle/handwerkliche Herstellung v. Photos; vergleichbar der journalistischen Arbeit steht die Idee des Dargestellten im Mittelpunkt, die maßgeblich ist für das auf individueller Beobachtung beruhende Erfassen des Bildmotivs und seines Nachrichtenwerts. Die Bilder müssen die Allgemeinheit oder weite Kreise, nicht hingegen individuelle Abnehmer, über aktuelle Zustände oder Ereignisse politischer, wirtschaftlicher, gesellschaftlicher oder kultureller Art unterrichten.[8] Dies umfasst (auch ohne eigene Textgestaltung) den in der aktuellen Berichterstattung für das Fernsehen tätigen Kameramann oder Tontechniker.[9] Dagegen erzielt Einkünfte gem. § 15: ein Bildjournalist, der für die Pressestelle eines gewerblichen Unternehmens tätig wird;[10] Fotograf, der wirklichkeitsgetreue Luftbildaufnahmen herstellt, die seine Abnehmer in vielfältiger Weise nutzen oder auswerten;[11] StPfl., der Werbefotos für Fachzeitschriften herstellt;[12] Friseur, der bei Gestaltung v. Werbefotos mitwirkt;[13] Ersteller v. Bildern, der Objekte für Zeitschriften auswählt und arrangiert, um die sodann v. einem Fotografen hergestellten Aufnahmen zu veröffentl.[14] 80

Ein **Dolmetscher** übermittelt das Gespräch zw. Beteiligten, die nicht dieselbe Sprache sprechen. Dagegen überträgt ein **Übersetzer** (beruflich) einen Text in eine andere Sprache, wobei der technische Aspekt der Textwiedergabe sowie die Textbindung im Vordergrund stehen.[15] Im Übrigen wird vorausgesetzt, dass der Übersetzer die Sprache, auf die sich die Übersetzungstätigkeit erstreckt, selbst beherrscht. Der Zukauf von Fremdübersetzungen für Texte in nicht beherrschten Sprachen führt damit zur Gewerblichkeit.[16] 81

k) Ähnliche Berufe. aa) Funktion des Merkmals. Der Begriff der ähnlichen Berufe verweist auf die ausdrücklich benannten **Katalogberufe**; die Bestimmung dieses Tatbestandsmerkmals erfordert eine prinzipielle Übereinstimmung (Analogie) mit einem v. den im Einzelnen genannten Berufen.[17] Parallelen allein zu den übrigen genannten Tätigkeiten (wissenschaftlich etc.) genügen nicht. Erforderlich ist also mangels Gruppenähnlichkeit die Ähnlichkeit mit einem bestimmten freien Beruf iSd. Abs. 1 Nr. 1 S. 2, nicht zu den freien Berufen insgesamt. Denn es fehlt ein Leitbild, das den freien Berufen insgesamt zugrunde läge. Daher muss ein ähnlicher Beruf mit dem typischen Berufsbild eines der in Abs. 1 aufgeführten freien Berufe im Wesentlichen vergleichbar sein. Die Annahme eines „ähnlichen Berufs“ erfordert demnach, zunächst ausgehend von der Verkehrsanschauung die Wesensmerkmale und typischen Aufgaben des jeweiligen Katalogberufes zu bestimmen[18] und dann im Rahmen eines wertenden Aktes die Vergleichbarkeit zu 82

---

1 BFH v. 17.3.1960 – IV 178/58 U, BStBl. III 1960, 209.

2 BFH v. 27.3.1952 – IV 131/51 U, BStBl. III 1952, 170 (172); v. 25.11.1970 – I R 78/69, BStBl. II 1971, 267 (268); v. 25.4.1978 – VIII R 149/74, BStBl. II 1978, 565 (567); v. 14.5.2014 – VIII R 18/11, BStBl. II 2015, 128 = FR 2015, 374 m. Anm. *Kanzler*.

3 BFH v. 2.12.1971 – IV R 145/68, BStBl. II 1972, 315 (316); zu ersten Zweifeln an der Beschränkung auf zeitbezogene Themen vgl. BFH v. 24.9.1998 – IV R 16/98, BFH/NV 1999, 602 (603).

4 BFH v. 25.4.1978 – VIII R 149/74, BStBl. II 1978, 565 (567).

5 BFH v. 24.9.1998 – IV R 16/98, BFH/NV 1999, 602 (603).

6 BFH v. 16.9.2014 – VIII R 5/12, BStBl. II 2015, 217 = FR 2015, 288 m. Anm. *Kanzler*.

7 BFH v. 14.5.2014 – VIII R 18/11, BStBl. II 2015, 128 = FR 2015, 374 m. Anm. *Kanzler*.

8 BFH v. 27.3.1952 – IV 131/51 U, BStBl. III 1952, 170 (172); v. 19.2.1998 – IV R 50/96, BStBl. II 1998, 441 (442) = FR 1998, 695.

9 BFH v. 17.12.1964 – IV 223/63 U, BStBl. III 1965, 143 f.; v. 20.12.2000 – XI R 8/00, BStBl. II 2002, 478 = FR 2001, 537 (Grenzfall).

10 BFH v. 10.12.1964 – IV 238/61 U, BStBl. III 1965, 114 (115).

11 BFH v. 25.11.1970 – I R 78/69, BStBl. II 1971, 267 (268 f.).

12 BFH v. 10.9.1998 – IV R 70/97, BFH/NV 1999, 456 (457); ähnlich FG Berlin v. 28.4.1999 – 6 K 6324/96, EFG 1999, 1082 (Überlassen v. Bildmaterial zum Illustrieren v. Fernsehprogrammankündigungen).

13 BFH v. 23.9.1998 – XI R 71/97, BFH/NV 1999, 460.

14 BFH v. 19.2.1998 – IV R 50/96, BStBl. II 1998, 441 (442) = FR 1998, 695.

15 BFH v. 30.10.1975 – IV R 142/72, BStBl. II 1976, 192 (193).

16 BFH v. 21.2.2017 – VIII R 45/13, FR 2017, 777 m. Anm. *Kanzler*.

17 BFH v. 29.3.1961 – IV 404/60 U, BStBl. III 1961, 306; v. 19.9.2002 – IV R 74/00, BStBl. II 2003, 27 (30) = FR 2003, 79; v. 14.2.2013 – III B 67/12, BFH/NV 2013, 920; ausf.: *Pfirrmann*, FR 2014, 162 (162 f.).

18 BFH v. 22.9.2009 – VIII R 31/07, BStBl. II 2010, 467 (468).

prüfen. Keine entscheidende (allenfalls eine indizielle) Bedeutung gewinnen bei der erforderlichen Abgrenzung vergleichbare Zuordnungen nach den einschlägigen Bestimmungen des UStG. Insbes. USt-Befreiungen dienen nämlich vielfach lediglich der Entlastung der SozVers.träger. Auch iÜ können wegen des unterschiedlichen Regelungszusammenhangs umsatzstl. Erwägungen iRd. § 18 keine ausschlaggebende Bedeutung gewinnen.[1] Ähnlichkeit betrifft insbes. Vergleichbarkeit der breiten fachlichen Ausbildung und der Tätigkeit, die sich auf einen breiten betrieblichen Bereich erstrecken muss (Rn. 83, 85). Bei der Ähnlichkeitsprüfung müssen somit beide Merkmale – die Ähnlichkeit in der Aus- oder Vorbildung und die Ähnlichkeit der Tätigkeit – kumulativ vorliegen.[2] Nach wie vor bilden die Berufsausbildung, im Einzelfall eine staatliche Erlaubnis und die Ausübung jeweils ein zulässiges Abgrenzungsmerkmal zw. § 15 und § 18.[3] Allerdings erweist sich die Abgrenzung im Einzelfall nicht als statisch. Vielmehr fordern Änderungen der gesetzlichen Rahmenbedingungen (Zulassung, Berufsbezeichnung, Regelungen der Berufsausübung) oder der Wandel des Berufsbildes insbes. auf Grund geänderter oder gar vollständig neuer technischer Entwicklungen eine regelmäßige Überprüfung. Dies gilt insbes. für den EDV-Bereich, in dem etwa die Unterscheidung System- oder Anwendersoftwareentwicklung (Rn. 71 und 87 f.) zunehmend an Bedeutung verloren hat. Hiernach erscheint es zB nunmehr sachgerecht, jede aufwendigere Entwicklung v. nicht trivialer Software dem ingenieurähnlichen Bereich zuzuordnen.[4]

83 **bb) Vergleichbarkeit der Ausbildung.** Wenn auch vielfach Freiberufler ihre Tätigkeit vor dem Hintergrund eines abgeschlossenen Hochschulstudiums ausüben, gilt dies jedoch nicht für sämtliche Katalogberufe. Hinter dem Gesichtspunkt vergleichbarer Ausbildung verbirgt sich demnach zumeist die Forderung nach besonderem (theoretisch fundierten) Fachwissen. Die diesbezügliche Vergleichbarkeit setzt insbes. bei technischen Berufen voraus, dass der StPfl. über eine vergleichbare naturwissenschaftliche (wissenschaftliche) Ausbildung verfügt.[5] Bei einem akademischen Beruf muss der andere Beruf auch auf **wissenschaftlicher Grundlage** beruhen, ohne dass eine akademische Ausbildung unverzichtbar wäre. Mangels theoretischer Basis reicht dagegen eine vorwiegend praktische Ausbildung in diesem Zusammenhang aber nicht. Die Vergleichbarkeit setzt insbes. eine dem ähnlichen Beruf entspr. breite fachliche Vorbildung voraus. Kenntnisse lediglich in Teilbereichen genügen nicht.[6] Insoweit sind Erfahrungen und Kenntnisse in allen Kernbereichen des betr. Katalogberufs erforderlich. Hiernach muss zB ein beratender Betriebswirt über hinreichende Kenntnisse in allen klassischen Hauptbereichen der Betriebswirtschaftslehre verfügen, die Unternehmensführung, Leistungserstellung, Materialwirtschaft, Finanzierung, Vertrieb, Verwaltungs- und Rechnungswesen sowie Personalwesen umfassen. Die theoretischen Kenntnisse können durch Fernkurse oder Selbststudium erworben sein.[7] **Autodidakten** können den Nachweis der erforderlichen breiten theoretischen Kenntnisse anhand eigener praktischer Arbeiten durch qualifizierten Sachvortrag erbringen; dies gilt vor allem in den Fällen, in denen die konkrete berufliche Tätigkeit ohne theoretische Grundlagen gar nicht ausgeübt werden kann.[8] Neben der erfolgreichen Teilnahme an Fortbildungsveranstaltungen können also geeignete praktische Arbeiten im Einzelfall genügen. Dabei ist der Nachweis der erforderlichen theoretischen Kenntnisse mit Hilfe eigener praktischer Arbeiten nur erbracht, wenn diese Arbeiten den Schluss rechtfertigen, dass die Kenntnisse in Breite und Tiefe denjenigen eines Fachhochschulabsolventen entsprechen.[9] Ein derartiger Nachweis an Hand praktischer Arbeiten erweist sich idR zwar als schwierig. Allerdings ist es möglich, den Nachweis durch eine **Wissensprüfung** (ggf. im Wege eines Sachverständigengutachtens) zu führen.[10] Kenntnisse mit Fachschulniveau genügen, fehlende

1 BFH v. 19.9.2002 – IV R 45/00, BStBl. II 2003, 21 (23) = FR 2003, 74; v. 3.12.2003 – IV B 192/03, BStBl. II 2004, 303 (305) = FR 2004, 466; v. 25.4.2017 – VIII R 24/14, BStBl. II 2017, 908 Rz. 20.

2 BFH v. 3.5.2016 – VIII R 4/13, BFH/NV 2016, 1275: Autodidakt im EDV-Bereich; v. 3.5.2016 – VIII R 4/13, BFH/NV 2016, 1275.

3 BFH v. 29.11.2001 – IV R 65/00, BStBl. II 2002, 149 (150 f.) = FR 2002, 583; v. 19.9.2002 – IV R 74/00, BStBl. II 2003, 27 (28 f.) = FR 2003, 79; v. 28.8.2003 – IV R 69/00, BFH/NV 2004, 282 (283); *Brandt*, DStZ 2002, 867 (869).

4 BFH v. 4.5.2004 – X R 9/03, BStBl. II 2004, 989 = FR 2004, 1289 m. Anm. *Kempermann*.

5 BFH v. 7.12.1989 – IV R 115/87, BStBl. II 1990, 337 (339) = FR 1990, 249; v. 16.10.1997 – IV R 19/97, BStBl. II 1998, 139 (140) = FR 1998, 365; v. 14.2.2013 – III B 67/12, BFH/NV 2013, 920.

6 BFH v. 18.4.2007 – XI R 29/06, BStBl. II 2007, 781 (782); v. 22.9.2009 – VIII R 63/06, BStBl. II 2010, 466 (467).

7 BFH v. 18.6.1980 – I R 109/77, BStBl. II 1981, 118 (120) = FR 1981, 73.

8 BFH v. 25.4.2002 – IV R 4/01, BStBl. II 2002, 475 = FR 2002, 887 m. Anm. *Seeger*; v. 26.6.2002 – IV R 56/00, BStBl. II 2002, 768 = FR 2002, 1229; v. 19.9.2002 – IV R 74/00, BStBl. II 2003, 27 = FR 2003, 79; v. 22.9.2009 – VIII R 79/06, BStBl. II 2010, 404 (406).

9 BFH v. 22.4.2010 – VIII B 264/09, BFH/NV 2010, 1300 (1301); ausführlich: v. 9.3.2012 – III B 244/11, BFH/NV 2012, 1119 (1120).

10 BFH v. 16.12.2008 – VIII R 27/07, juris, Rz. 26; v. 7.3.2013 – III B 134/12, BFH/NV 2013, 930 (931); v. 16.9.2014 – VIII R 8/12, juris; v. 20.10.2016 – VIII R 2/14, BStBl. II 2017, 882 Rz. 16: Maßgeblichkeit des früheren und nicht des aktuell durch die Wissensprüfung festgestellten Kenntnisstands.

Kenntnisse in einem (Haupt-)Teilgebiet schaden nicht.[1] Für den Vorbildungsnachweis reichen aber die Kenntnisse des StPfl. in einem Hauptbereich der Betriebswirtschaftslehre, in dem er praktisch tätig ist, nicht aus.[2] Gleiches gilt, wenn die praktische Tätigkeit nur gelegentlich qualifizierte (ingenieurmäßige) Kenntnisse erfordert.[3] Kann der betr. Katalogberuf ohne vorgeschriebene Berufsausbildung ausgeübt werden, dürfen an die Vorbildung des ähnlichen Berufs keine höheren Anforderungen gestellt werden.[4] Dieselben Grundsätze gelten bei wissenschaftlichen oder künstlerischen[5] sowie bei dem einer Architektentätigkeit ähnlichen Berufen.[6] Dabei obliegt es dem StPfl. konkret vorzutragen, dass und auf welche Weise er sich die erforderlichen Kenntnisse angeeignet hat.[7]

cc) Fehlende Zulassung. Die Ähnlichkeit mit einem erlaubnispflichtigen Katalogberuf soll nach bisheriger BFH-Ansicht entfallen, wenn die zu beurteilende Tätigkeit ohne die betr. Zulassung oder Erlaubnis ausgeübt wird; dies gilt auch für den Fall, dass der ausgeübte Beruf – im Unterschied zu dem betr. Katalogberuf – keiner Erlaubnis bedarf.[8] Mit einer zwingend vorgeschriebenen Zulassung oder Erlaubnis sind nämlich regelmäßig **staatliche Kontrollen** zur Sicherung fachgerechter Berufsausübung verbunden.[9] Akzeptierte man einen ähnlichen Beruf iSd. Abs. 1 Nr. 1 S. 2 ohne diese Beschränkung, fehlte die Vergleichbarkeit mit dem Katalogberuf in einem entscheidenden Punkt.[10] Als problematisch erweisen sich aber die Fälle, in denen regional unterschiedliche Zulassungsanforderungen bestehen. Unterschiedliche landesrechtl. Bestimmungen besagen nicht entscheidend etwas zu der erforderlichen Vergleichbarkeit.[11] Es bleibt abzuwarten, ob diese Rspr. ohne Einschränkung fortgesetzt wird; denn das BVerfG[12] sieht vor allem in dem Fehlen einer berufsrechtl. Regelung – jedenfalls im UStRecht – keinen eigenständigen Differenzierungsgrund für eine unterschiedliche Behandlung. Allerdings erscheint das Übertragen ustl. Grundsätze vor allem bei Lenkungsnormen auf § 18 nicht ohne weiteres sachgerecht. Zumindest zeichnete sich für zulassungsfreie Heilhilfsberufe, die einem Krankengymnasten (Physiotherapeuten) ähnlich sind, ab, dass der BFH auf eine staatliche Erlaubnis verzichtet.[13] Tatsächlich hat der BFH[14] nunmehr für Heilhilfsberufe, die ohne staatliche Erlaubnis ausgeübt werden dürfen, enschieden, dass im Unterschied zur Ähnlichkeit mit dem erlaubnispflichtigen Beruf des Heilpraktikers die Ähnlichkeit mit dem Katalogberuf Physiotherapeut nicht an der fehlenden staatlichen Erlaubnis zum Führen der Berufsbezeichnung scheitert. Insoweit lässt der BFH die Erlaubnis der betr. Berufsorganisation oder die regelmäßige Zulassung einer Berufsgruppe durch die zuständigen Stellen der gesetzlichen Krankenkasse ausreichen. 84

dd) Vergleichbarkeit der Berufsausübung. Unabhängig v. der (selbstgewählten) Berufsbezeichnung ist die praktische Berufsausübung für die Einordnung als freier Beruf entscheidend. Hiernach muss das Gesamtbild der Tätigkeit dem nach der Verkehrsauffassung zu bestimmenden typischen Erscheinungsbild und den prägenden Berufsmerkmalen eines bestimmten freien (Katalog-)Berufes entsprechen.[15] Häufig kann diese Feststellung nur mit Hilfe eines Sachverständigengutachtens geschehen. Für die erforderliche **Einzelähnlichkeit** spricht die enumerative Aufzählung des Katalogs, nur ganz bestimmte Berufe dem Abs. 1 Nr. 1 zuzuordnen; zudem erweisen sich die dort genannten Berufe als so unterschiedlich, dass eine Gruppenähnlichkeit nur ein eher konturenloses Merkmal beträfe. Wird etwa der StPfl. auf dem Kerngebiet eines Katalogberufs als Gutachter oder Sachverständiger tätig, spricht vieles für die Annahme eines ähn- 85

---

1 BFH v. 4.5.2000 – IV R 51/99, BStBl. II 2000, 616 = FR 2000, 1225 m. Anm. *Kempermann*; v. 19.9.2002 – IV R 74/00, BStBl. II 2003, 27 (30) = FR 2003, 79; v. 22.4.2010 – VIII B 264/09, BFH/NV 2010, 1300 (1301).
2 BFH v. 14.3.1991 – IV R 135/90, BStBl. II 1991, 769 (770) = FR 1991, 636; v. 13.12.1999 – IV B 68/99, BFH/NV 2000, 705 (706).
3 BFH v. 9.7.1992 – IV R 116/90, BStBl. II 1993, 100 (101 f.) = FR 1993, 162.
4 BFH v. 12.12.1963 – IV 54/61 U, BStBl. III 1964, 136.
5 BFH v. 16.1.1975 – IV R 75/74, BStBl. II 1975, 558 (559).
6 BFH v. 17.11.1981 – VIII R 121/80, BStBl. II 1982, 492 (494 f.) = FR 1982, 358.
7 BFH v. 28.7.2003 – IV B 214/01, BFH/NV 2004, 56.
8 BFH v. 15.5.1997 – IV R 33/95, BFH/NV 1997, 751 (752); v. 29.11.2001 – IV R 65/00, BStBl. II 2002, 149 (150) = FR 2002, 583; v. 19.9.2002 – IV R 45/00, BStBl. II 2003, 21 (23) = FR 2003, 74.
9 BFH v. 10.12.1987 – IV R 176/85, BStBl. II 1988, 273 (275) = FR 1988, 228; v. 20.3.2003 – IV R 69/00, BStBl. II 2003, 480 (481).
10 BFH v. 7.7.1976 – I R 218/74, BStBl. II 1976, 621 (622); v. 9.10.1986 – IV R 235/84, BStBl. II 1987, 124 (126) = FR 1987, 16; v. 23.1.2008 – VIII B 46/07, BFH/NV 2008, 785 (786).
11 *Brandt*, DStZ 2002, 867 (869); **aA** BFH v. 29.11.2001 – IV R 65/00, BStBl. II 2002, 149 = FR 2002, 583.
12 BVerfG v. 29.10.1999 – 2 BvR 1264/90, BStBl. II 2000, 155 (157 f.); für Fortgeltung der bisherigen Rspr. zu § 18 wohl: BFH v. 13.12.1999 – IV B 68/99, BFH/NV 2000, 705 (706); v. 2.2.2000 – XI R 38/98, BFH/NV 2000, 839 (840).
13 BFH v. 20.3.2003 – IV R 69/00, BStBl. II 2003, 480 (482).
14 BFH v. 28.8.2003 – IV R 69/00, BStBl. II 2004, 954; BMF v. 22.10.2004, BStBl. I 2004, 1030.
15 BFH v. 16.10.1997 – IV R 19/97, BStBl. II 1998, 139 (140 f.) = FR 1998, 365; v. 22.1.2004 – IV R 51/01, BStBl. II 2004, 509 (510) = FR 2004, 766; v. 22.9.2009 – VIII R 63/06, BStBl. II 2010, 466 (467).

lichen Berufs.[1] Anders aber, wenn ein StPfl. umfängliche Aufgaben übernimmt, die dem Angehörigen des Katalogberufs verboten sind oder die nicht zu dem **typischen Berufsbild** (Rn. 39) gehören.[2] Die Annahme einer ähnlichen Tätigkeit kommt nur in Betracht, wenn die die Ähnlichkeit begründenden Tätigkeiten iS eines Schwerpunktes andere entgegenstehende Tätigkeiten überwiegen. In ständiger Rspr. zieht der BFH zur Bestimmung des jeweiligen Leistungsbildes in diesem Zusammenhang Honorarordnungen nur ergänzend heran.[3]

86 **ee) Ähnlichkeit mit Katalogberuf.** Die **Ähnlichkeit mit einem Heilberuf** (Rn. 55) bestimmt sich idR nach dem Berufsbild des Heilpraktikers oder Krankengymnasten (BFH v. 28.8.2003 – IV R 69/00, BStBl. II 2004, 954 [957]; zu den diesbezüglichen Verwaltungsgrundsätzen mit zahlreichen Einzelbeispielen vgl. BMF v. 22.10.2004, BStBl. I 2004, 1030). § 18 Abs. 1 wurde **bejaht für** Krankenschwestern und -pfleger, Hebammen, Masseure sowie Magnetiseure; Betreiber eines häuslichen Krankenpflegedienstes (BFH v. 30.7.1953 – IV 459/52 U, BStBl. III 1953, 269 [270]; v. 30.9.1999 – V R 56/97, BFH/NV 2000, 284 [285]); soweit Krankenpfleger Leistungen der häuslichen Krankenpflege, nicht aber der häuslichen Pflegehilfe erbringt (BFH v. 22.1.2004 – IV R 51/01, BStBl. II 2004, 509 = FR 2004, 766); Fachkrankenpfleger für Krankenhaushygiene (BFH v. 6.9.2006 – XI R 64/05, BStBl. II 2007, 177 = FR 2007, 390); Psychotherapeuten (BFH v. 17.12.1981 – IV R 19/81, BStBl. II 1982, 254 [255] = FR 1982, 226); Sachverständiger für Blutgruppengutachten zur Vaterschaftsfeststellung (BFH v. 7.2.1985 – IV R 231/82, BFH/NV 1987, 367 [369]); Logopäden (in diesem Sinne wohl: BVerfG v. 26.3.1998 – 1 BvR 2341/95, DStZ 1998, 478 [479] mwN); medizinisch-technische Assistentin für Funktionsdiagnostik (BFH v. 29.1.1998 – V R 3/96, BStBl. II 1998, 453 [454]); Diätassistenten (OFD Hann. v. 19.1.2000, DB 2000, 354); Audio-Psycho-Phonologen (FG Hbg. v. 14.9.2000 – I 497/99, EFG 2001, 221); Clinical Research Associate (FG Münster v. 29.4.2014 – 2 K 3993/12 G, EFG 2014, 1389). Ähnlichkeit mit Heilberuf **verneint für** Ärztepropagandisten (BFH v. 27.4.1961 – 329/58 U, BStBl. III 1961, 315 [316]); kosmetischen und medizinischen Fußpfleger (seit 1.1.2002/2003 neue Rechtslage bei Podologen/medizinischen Fußpflegern: BMF v. 1.10.2002, DB 2002, 2190; BFH v. 7.7. 1976 – I R 218/74, BStBl. II 1976, 621; v. 3.6.1992 – V B 240/91, BFH/NV 1993, 283; v. 29.11.2001 – IV R 65/00, BStBl. II 2002, 149 = FR 2002, 583); Viehklauenpfleger (BFH v. 26.10.1967 – IV 246/63, BStBl. II 1968, 77 [78]); Besamungstechniker (BFH v. 23.8.1966 – I R 96/66, BStBl. III 1966, 677 [678]); Altenpfleger (BFH v. 17.10.1996 – XI B 214/95, BFH/NV 1997, 293; **aA** FG Nds. v. 10.10.2000 – 7 K 99/99, DStRE 2001, 190); Hellseherin (BFH v. 30.3.1976 – VIII R 137/75, BStBl. II 1976, 464 [465]); Apotheker (BFH v. 14.1. 1998 – IV B 48/97, BFH/NV 1998, 706 mwN); Sprachheilpädagogen (in diesem Sinne wohl: BVerfG v. 26.3.1998 – 1 BvR 2341/95, DStZ 1998, 478 [479] mwN; vgl. aber auch im Einzelfall: BFH v. 13.2.2003 – IV R 49/01, FR 2003, 920 m. Anm. *Kempermann* = DStRE 2003, 970, wonach auch unterrichtende Tätigkeit in Betracht kommt); Hypnosetherapeuten (BFH v. 2.2.2000 – XI R 38/98, BFH/NV 2000, 839 [840]; BVerfG v. 15.3.2001 – 1 BvR 742/00: Verfassungsbeschwerde abgelehnt); Krankenhausberater (BFH v. 16.9.1999 – XI B 63/98, BFH/NV 2000, 424); Krankenpflegedienst mit hauswirtschaftlicher Betreuung (BFH v. 18.5.2000 – IV R 89/99, BStBl. II 2000, 625 = FR 2000, 1045); medizinisches Gerätetraining in Krankengymnastikpraxis (OFD München v. 11.7.2003, DB 2003, 1823); Fußreflexzonenmasseur (BFH v. 19.9.2002 – IV R 45/00, BStBl. II 2003, 21 = FR 2003, 74); Durchführung klinischer Studien durch Fachkrankenschwester (BFH v. 25.4.2017 – VIII R 24/14, BStBl. II 2017, 908 Rz. 22).

87 Die **Ähnlichkeit mit einem beratenden Beruf** (Rn. 61) wurde teilw. wegen fehlender vergleichbarer Kenntnisse (Rn. 83) **verneint für:** berufsmäßige Konkurs- und Vergleichsverwalter (BFH v. 29.3.1961 – IV 404/60 U, BStBl. III 61, 306 [306 f.]); Erbensucher (BFH v. 24.2.1965 – I 349/61 U, BStBl. III 1965, 263); Zollberater ohne Zulassung (BFH v. 15.5.1997 – IV R 33/95, BFH/NV 1997, 751 [752]); Organisationsberater für Datenverarbeitung (BFH v. 28.7.1976 – I R 63/75, BStBl. II 1977, 34); PR-Berater (BFH v. 25.4. 1978 – VIII R 149/74, BStBl. II 1978, 565 [567]); einen für einen Lohnsteuerhilfeverein im freien Mitarbeiterverhältnis tätigen Beratungsstellenleiter (BFH v. 10.12.1987 – IV R 176/85, BStBl. II 1988, 273 [275] = FR 1988, 228); Zolldeklaranten (BFH v. 21.9.1989 – IV R 117/87, BStBl. II 1990, 153 [154] = FR 1990, 251); Rechtsbeistand, der lediglich für Versicherungsgesellschaften Auszüge aus Gerichtsakten fertigt (BFH v. 18.3.1970 – I R 147/67, BStBl. II 1970, 455 [457]); Makler (RFH RStBl. 1938, 842); Detektiv (RFH RStBl. 1942, 989 [990]); Marktforscher (BFH v. 27.2.1992 – IV R 27/90, BStBl. II 1992, 826 [827]; **aA** *List*, BB 1993, 1488 [1490]); Anlageberater (BFH v. 2.9.1988 – III R 58/85, BStBl. II 1989, 24 [26]; v. 8.2.2013 – VIII B 54/12, BFH/NV 2013, 1098; **aA** *List*, BB 1993, 1488 [1490]); EDV-Berater (Rn. 69) im Einzelfall trotz betriebswirtschaftlicher Analysen (BFH v. 18.10.1990 – IV R 90/89, BFH/NV 1991, 515; v. 26.9.1996 – XI B 177/94, BFH/NV 1997, 192; v. 24.8.1995 – IV R 60/94, IV R 61/94, BStBl. II 1995, 888 [889 f.]; **aA** *Grunewald*, StB 1998, 221); Bilanzbuchhalter (BFH v. 23.1.2008 – VIII B 46/07, BFH/NV 2008, 785; Fin-

1 BFH v. 4.2.1954 – IV 6/53 U, BStBl. III 1954, 147 (148); v. 19.9.2002 – IV R 74/00, BStBl. II 2003, 27 (29) = FR 2003, 79.
2 BFH v. 19.9.2002 – IV R 74/00, BStBl. II 2003, 27 (29) = FR 2003, 79.
3 BFH v. 12.4.2002 – XI B 88/01, BFH/NV 2002, 1026 (1027).

Min. BaWü. v. 1.7.1982, BStBl. I 1982, 586, vgl. Rn. 98); Organisationsberater (FG Hbg. v. 9.10.1997 – V 159/94, EFG 1998, 118); musikwissenschaftlicher Berater (FG Köln v. 11.9.1997 – 2 K 3531/95, EFG 1998, 51); Versicherungsberater (BFH v. 16.10.1997 – IV R 19/97, BStBl. II 1998, 139 [140 f.] = FR 1998, 365); international tätiger Spielerberater (BFH v. 26.11.1998 – IV R 59/97, BStBl. II 1999, 167 [168] = FR 1999, 210); Betreiber eines Inkassobüros (FG Köln v. 8.10.1998 – 15 K 3707/98, EFG 1999, 487); Projektmanager (FG Nds. v. 18.4.2001 – 13 K 15/96, EFG 2001, 1146); Werbeberater (FG BaWü. v. 22.1.2003 – 13 K 140/01, EFG 2003, 770 [772]); Personalvermittler (BFH v. 26.6.2003 – IV R 12/02, BFH/NV 2004, 168); Rentenberater (FG Berlin-Bdbg. v. 26.11.2015 – 15 K 1183/13, EFG 2016, 1622 [Rev. VIII R 2/16]); Übernahme v. Managementaufgaben durch Berater (FG Berlin v. 12.11.2003 – 6 K 6044/02, EFG 2004, 896). Dagegen wurde Ähnlichkeit **bejaht bei** Rechtsbeistand, der umfassend beratend tätig wird (BFH v. 12.10. 1978 – I R 69/75, BStBl. II 1979, 64 [65]); Hochschullehrer, der einmalig vor Gericht als Prozessbevollmächtigter auftritt (BFH v. 28.1.1971 – IV R 194/70, BStBl. II 1971, 684 [685]); als Gutachter für Versicherungen tätigem Betriebswirt (BFH v. 21.9.1997 – IV B 95/96, BFH/NV 1998, 456 [457]); Marketingberater (ggf. auch Umweltberater) (BFH v. 19.9.2002 – IV R 74/00, BStBl. II 2003, 27 = FR 2003, 79); selbständige Beratungstätigkeit eines Dipl.-Wirtschaftsingenieurs (BFH v. 28.8.2003 – IV R 21/02, BStBl. II 2003, 919 = FR 2004, 45); Umweltberater (FG RhPf. v. 28.8.2004 – 6 K 2667/02, EFG 2004, 1835). Gleichermaßen dürfte bei öffentl.-rechtl. Umweltgutachtern die Ähnlichkeit mit einem beratenden Betriebswirt vorliegen (in diese Richtung: BFH v. 17.1.2007 – XI R 5/06, BStBl. II 2007, 519 = FR 2007, 843).

Die **Ähnlichkeit mit technischen Berufen** (Rn. 70) setzt voraus, dass der betreffende ähnliche Beruf dem Beruf des Ingenieurs hinsichtlich der erforderlichen Berufsausbildung und der tatsächlich entfalteten Tätigkeit im Wesentlichen gleicht.[1] Angesichts der zunehmenden Technisierung gewinnt die (denkbare) Ähnlichkeit mit dem Ingenieurberuf zunehmende Bedeutung. Dies gilt in besonderer Weise für Selbstständige, die qualifizierte Dienstleistungen auf dem Gebiet der IT erbringen.[2] Abhängig von den konkreten Umständen des Einzelfalls ist dies bei einer ingenieurähnlichen Tätigkeit bejaht worden für Kompasskompensierer auf Seeschiffen (BFH v. 14.11.1957 – IV 84/57 U, BStBl. III 1958, 3); Entwickler v. Systemsoftware (BFH v. 7.11.1991 – IV R 17/90, BStBl. II 1993, 324 [325] = FR 1992, 340); Dipl.-Informatiker im Bereich der Anwendungssoftwareentwicklung (BFH v. 4.5.2004 – XI R 9/03, BStBl. II 2004, 989 = FR 2004, 1289 m. Anm. *Kempermann*, vgl. auch Rn. 69); Autodidakt als Berater im Logistikbereich (BFH v. 7.3. 2013 – III B 134/12, BFH/NV 2013, 930); Autodidakt in IT-Branche (BFH v. 9.3.2012 – III B 244/11, BFH/NV 2012, 1119 [1120]) oder im Bereich des EDV-Consulting/Software Engineering (BFH v. 22.9.2009 – VIII R 63/06, BStBl. II 2010, 466 [467]); Autodidakt als IT-Projektleiter (BFH v. 22.9.2009 – VIII R 79/06, BStBl. II 2010, 404 [406]); als Kfz.-Sachverständiger tätiger Ingenieur (BFH v. 18.7.1963 – IV 120/62 U, BStBl. III 1963, 557 [558]); uU auch der Projektor v. Förderanlagen oder Elektro- und Blitzschutzanlagen (BFH v. 31.7.1980 – I R 66/78, FR 1981, 72 = BStBl. II 1981, 121 [122 f.]) oder bei einem technischen Redakteur (BFH v. 25.4.2002 – IV R 4/01, BStBl. II 2002, 475 [477] = FR 2002, 887 m. Anm. *Seeger*); selbständiger Einsatz als Fachbauleiter im Auftrag freiberuflich tätiger Ingenieurbüros (BFH v. 22.4.2010 – VIII B 264/09, BFH/NV 2010, 1300. **Keine ingenieurähnliche Tätigkeit:** Entwicklung v. Trivalsoftware (BFH v. 4.5.2004 – XI R 9/03, BStBl. II 2004, 989 = FR 2004, 1289 m. Anm. *Kempermann*); Kfz.-Sachverständiger ohne Ingenieurausbildung (BFH v. 18.6.1980 – I R 109/77, BStBl. II 1981, 118 [120] = FR 1981, 73); Konstrukteur, der überwiegend Bewehrungspläne fertigt (BFH v. 5.10.1989 – IV R 154/86, BStBl. II 1990, 73 [75] = FR 1990, 251); Schiffssachverständiger, der schwerpunktmäßig reine Schadensgutachten erstellt (BFH v. 21.3.1996 – XI R 82/94, BStBl. II 1996, 518 [521]); Telekommunikationsberater (BFH v. 9.6.1993 – I R 89/92, BFH/NV 1994, 460); technischer Redakteur (FG Bremen v. 10.4.2000 – 2 00004 K 5, EFG 2000, 743); Flugingenieur (Copilot) (FG Berlin v. 28.10.1998 – 6 K 6067/96, EFG 1999, 238); selbständiger Pilot (BFH v. 16.5.2002 – IV R 94/99, BStBl. II 2002, 565 [567] = FR 2002, 1004); externer Datenschutzbeauftragter (BFH v. 5.6.2003 – IV R 34/01, BStBl. II 2003, 761); Retuscheur/Grafiker (BFH v. 20.4.1989 – V R 130/84, BFH/NV 1990, 232). 88

Folgende Tätigkeit kommen als ähnlicher Beruf in Betracht: Bauplanung durch Hochbautechniker als **architektenähnlich** (Rn. 74) (BFH v. 12.10.1989 – IV R 118/87, IV R 119/87, BStBl. II 1990, 64 [66 f.]); Tätigkeit als vereidigter Bauschätzer einer Brandversicherungskammer (BFH v. 30.4.1959 – IV 45/58 U, BStBl. III 1959, 267). Dagegen genügt nicht: Führen eines Planungs- und Bauleitungsbüros; (BFH v. 11.8.1999 – XI R 47/98, BStBl. II 2000, 31 [32] = FR 1999, 1322); Bauplanungsarbeit (FG Saarl. v. 5.4.2001 – 1 K 356/98, EFG 2001, 746). Tätigkeit einer medizinisch-diagnostischen Assistentin ist ähnlich dem Beruf des **Handelschemikers** (BFH v. 30.7.1953 – IV 459/52 U, BStBl. III 1953, 269 [270]) (Rn. 77); ebenso: als Umweltgutachte- 89

1 BFH v. 22.9.2009 – VIII R 63/06, BStBl. II 2010, 466 (467).
2 Ausf. zur Einkünftequalifikation bei den einzelnen IT-Berufen: *Pfirrmann*, FR 2014, 162 unter Hinweis insbes. auf die einschlägigen BFH-Urt. v. 22.9.2009 – VIII R 63/06, BStBl. II 2010, 466 (467).

rin tätige Dipl.-Chemikerin (BFH v. 17.1.2007 – XI R 5/06, BStBl. II 2007, 519 = FR 2007, 843). Diesbezügliche Ähnlichkeit verneint für: Havariesachverständige (BFH v. 22.6.1965 – I 347/60 U, BStBl. III 1965, 593 [594]); vereidigte Probenehmer für Erze, Metalle und Hüttenerzeugnisse (BFH v. 14.11.1972 – VIII R 18/67, BStBl. II 1973, 183 [184]). Die Ähnlichkeit mit den **Medienberufen** (Rn. 79) wurde verneint für PR-Berater (BFH v. 25.4.1978 – VIII R 149/74, BStBl. II 1978, 565 [567]), Politikberater (BFH v. 14.5.2014 – VIII R 18/11, BStBl. II 2015, 128 = FR 2015, 374) sowie als Schwarzhörer-Fahnder eingesetzte Rundfunkbeauftragte (BFH v. 27.6.1978 – VIII R 184/75, BStBl. II 1979, 53; vgl. auch BVerfG v. 14.2.2001 – 2 BvR 1488/93, FR 2001, 367). Keine Ähnlichkeit mit **Lotsenberuf** (Rn. 78) nach der allg. Verkehrsauffassung bei Autolotsen in Großstädten, Bergführern (*L/B/P*, § 18 Rn. 117; **aA** *März*, DStR 1994, 1177 [1178], vgl. auch Rn. 52), selbständigen Piloten (BFH v. 16.5.2002 – IV R 94/99, BStBl. II 2002, 565 [567] = FR 2002, 1004) oder selbständigen Reiseleitern im Ausland (FG Nürnb. v. 24.5.1962 – V 35/62, EFG 1963, 63; Rn. 84).

90 **2. Mithilfe anderer Arbeitskräfte (Abs. 1 Nr. 1 S. 3). a) Mithilfe fachlich vorgebildeter Kräfte.** Selbständige Arbeit iSd. § 18 stellt maßgeblich auf die persönliche Qualifikation und den persönlichen Einsatz des StPfl. ab (Rn. 1 f.). Dem steht zwar grds. der Einsatz qualifizierter Mitarbeiter entgegen (sog. Vervielfältigungstheorie[1]). Diese Einschränkung gilt aber nicht bei Hilfstätigkeiten, die sich auf ein eher mechanisches oder verwaltungsmäßiges Unterstützen der Haupttätigkeit beschränken. StPfl. können ihre freiberufliche Tätigkeit zudem durchaus im Wege der Teamarbeit erbringen, sofern sie leitend und eigenverantwortlich tätig sind.[2] Gem. Abs. 1 Nr. 1 S. 3 ist nämlich iRd. Abs. 1 Nr. 1 die Mitarbeit v. qualifizierten Hilfspersonen, die nicht nur weitgehend mechanische Arbeiten erledigen, mit der **Einordnung als freiberufliche Arbeit** vereinbar (zur Anwendbarkeit der Regelung bei Einkünften gem. Abs. 1 Nr. 2 und 3 s. Rn. 97).[3] Durch Abs. 1 Nr. 1 S. 3 versuchte der Gesetzgeber, gegenüber der v. der Rspr. bis 1960 angewendeten Vervielfältigungstheorie ein Verfahren einzuführen, um den Bedürfnissen der Angehörigen der freien Berufe zur Abgrenzung v. einer gewerblichen Tätigkeit besser zu entsprechen. Hierbei besagt qualifizierte Mithilfe, dass Arbeitskräfte, sowohl Angestellte als auch Subunternehmer und freie Mitarbeiter, zwar über eine gegenüber dem Berufsträger geringere Ausbildung verfügen, ihn jedoch in Teilbereichen und nicht nur mit untergeordneter Bedeutung ersetzen.[4] Freie Mitarbeiter oder sonstige eingeschaltete Unternehmen können insoweit zumindest entspr. Abs. 1 Nr. 1 S. 3 an die Stelle der ArbN des Berufsträgers treten. Es kommt aber darauf an, dass der StPfl. nach den Umständen des Einzelfalls noch eigenverantwortlich iSd. Abs. 1 Nr. 1 tätig ist. Dies kann sich gerade bei dem Einschalten v. Subunternehmen (Direktionsrecht, Gewährleistung, Auftreten nach außen) als problematisch erweisen. Grds. droht aber nicht schon deshalb die Gewerblichkeit, wenn der Mitarbeiter über eine vergleichbare Qualifikation wie der Praxisinhaber verfügt.[5] Nach Aufgabe der sog. Vervielfältigungstheorie kommt § 18 in all den Fällen in Betracht, in denen ein StPfl. trotz qualifizierter Mitarbeiter leitend (Rn. 92) und eigenverantwortlich (Rn. 93) tätig wird und so die Leistung den „Stempel der Persönlichkeit" des StPfl. trägt.[6]

91 **b) Qualifizierte Leitung.** Der Selbständige muss über **eigene Fachkenntnisse** verfügen, die zudem die gesamte berufliche Tätigkeit abdecken; im Einzelfall können ausreichende Fachkenntnisse auch ohne Prüfung aufgrund praktischer Erfahrungen gewonnen sein.[7] Ist allerdings für eine unterrichtende Tätigkeit eine staatliche Zulassung erforderlich, muss der StPfl. selbst über sie verfügen; ohne derartige eigene Zulassung genügt der Einsatz qualifizierter Hilfskräfte nicht.[8]

92 Der StPfl. muss zunächst **leitend tätig** werden. Hiernach hat er in Form v. Anweisungen und Kontrollen die Grundzüge des Organisationsablaufs festzulegen, grds. Fragen zu entscheiden und die Arbeitsabläufe zu überwachen. Werden von dem Leiter noch weitere Fähigkeiten etwa im Bereich zusätzlicher Managementleistungen oder kommunikativer Kompetenz verlangt, steht dies der Annahme freiberuflicher Tätigkeit nicht entgegen.[9]

1 BFH v. 7.11.1957 – IV 668/55 U, BStBl. III 1958, 34 (37 f.); v. 20.12.2000 – XI R 8/00, BStBl. II 2002, 478 (479) = FR 2001, 537.
2 BFH v. 28.10.2008 – VIII R 69/06, BStBl. II 2009, 642 (644) = FR 2009, 667 m. Anm. *Kanzler*; v. 22.9.2009 – VIII R 79/06, BStBl. II 2010, 404 (406).
3 BFH v. 16.7.2014 – VIII R 41/12, BStBl. II 2015, 216 Rz. 17: Erbringung ärztlicher Leistungen durch angestellte Ärzte.
4 BFH v. 20.12.2000 – XI R 8/00, BStBl. II 2002, 478 (479) = FR 2001, 537; v. 14.3.2007 – XI R 59/05, BFH/NV 2007, 1319 (1321); ausf. Rspr.-Nachweis in: H 15.6 „Mithilfe" EStH.
5 BFH v. 16.7.2014 – VIII R 41/12, BStBl. II 2015, 216 = FR 2015, 618: Beschäftigung angestellter Ärzte.
6 BFH v. 16.7.2014 – VIII R 41/12, BStBl. II 2015, 216 = FR 2015, 618: Beschäftigung angestellter Ärzte.
7 BFH v. 25.4.1974 – VIII R 166/73, BStBl. II 1974, 642 (643).
8 BFH v. 4.101966 – I 249/63, BStBl. III 1966, 685.
9 BFH v. 7.10.1987 – X B 54/87, BStBl. II 1988, 17 (18 f.); v. 22.9.2009 – VIII R 79/06, BStBl. II 2010, 404 (406); v. 15.12.2010 – VIII R 50/09, BStBl. II 2011, 506 (509) = FR 2011, 524.

Die zusätzlich erforderliche als eigenständiges Gesetzesmerkmal zu verstehende **eigenverantwortliche** Tätigkeit setzt voraus, dass der Berufsträger an der praktischen Arbeit insgesamt (idR in jedem Einzelfall) in einer Weise teilnimmt, dass er auch die v. Hilfskräften erbrachten Leistungen tatsächlich mitgestaltet.[1] Allerdings darf bei zunehmender Bedeutung der qualifizierten Hilfskräfte nicht die Leistungserbringung durch das Unternehmen im Vordergrund stehen.[2] Allein stichprobenartige Überprüfungen genügen zB nicht. Für die Frage, was bei den einzelnen Berufsgruppen noch als eigenverantwortlich anzusehen ist, gewinnen die Umstände des Einzelfalls entscheidende Bedeutung, insbes. die gesamte Entwicklung der zu beurteilenden Tätigkeit.[3] In keinem Falle genügt allein der Umstand, dass der StPfl. gegenüber seinen Auftraggebern die schuldrechtl. Verantwortung übernimmt. Beispiele aus der umfangreichen Rspr.: beratender Bauingenieur und Prüfingenieur;[4] Leiter einer privaten Handelsschule;[5] Leiter eines Instituts für medizinische Mikrobiologie und klinische Chemie;[6] Herausgeber eines juristischen Informationsdienstes;[7] Reitstallbesitzer und Reitlehrer;[8] Krankenpfleger, der häusliche ambulante Pflegedienste erbringt;[9] ambulanter Pflegedienst;[10] Steuerbevollmächtigter, der mit Angestellten ca. 13 000 Anträge bearbeitet;[11] Seminarleiter mit ca. 130 Mitarbeitern;[12] ausf. unter Hinweis auf Hilfskräfte und Computer *Kempermann*, FR 1996, 514 (515). 93

Bei **Laborärzten** stellt die Rspr. zunehmend auf die Zeit ab, die der Arzt noch für die einzelne Analyse iSd. sog. Stempeltheorie durchschnittlich verwendet. Dementspr. hat der BFH[13] die Erzielung v. selbständigen Einkünften verneint, wenn dem Laborarzt durchschnittlich pro Untersuchung nur 48–60 oder 36,5 Sekunden verbleiben. Zwischenzeitlich hat der BFH allerdings entschieden, dass es keine feste Grenze gibt, welche Anzahl v. Aufträgen noch mit der Eigenverantwortlichkeit vereinbar ist.[14] Demgegenüber hat das FG Bremen[15] eine durchschnittliche Bearbeitungsdauer v. drei Minuten und 16 Sekunden im Hinblick auf § 18 Abs. 1 als ausreichend angesehen. Eine vollständige Delegation bestimmter Routineuntersuchungen an fachlich vorgebildete Mitarbeiter ist schädlich, dh., eine Konzentration des Praxisinhabers allein auf die schwierigen, ungewöhnlichen oder pathologischen Fälle kommt nicht in Betracht. Stets muss eine patientenbezogene Mitarbeit bei allen Patienten stattfinden, sei es durch eigene Behandlung oder in „Routinefällen" durch die Durchführung von Voruntersuchungen uÄ.[16] Eine gewisse Vermutung für das Vorliegen gewerblicher Einkünfte besteht, wenn der Arzt für Laboratoriumsmedizin nach den Verhältnissen des Einzelfalls mit zahlreichen fachlich vorgebildeten Angestellten eine Vielzahl v. Aufträgen/Untersuchungen durchführt oder nicht nur vertretungsweise einen zeichnungsberechtigten Facharzt in nennenswertem Umfang tätig werden lässt.[17] Schließen sich Laborärzte zu Laborgemeinschaften zusammen, die Leistungen an (Nicht-)Mitglieder erbringen, kann es sich um Hilfstätigkeiten zu den eigentlichen ärztlichen Leistungen handeln. Ob die Ärzte aus eigenverantwortlicher Tätigkeit (Rn. 93) Einkünfte iSd. § 18 Abs. 1 erzielen, hängt v. den Einzelumständen ab.[18] 94

3. Vertretung (Abs. 1 Nr. 1 S. 4). Dauernde Vertretung führt zu Einkünften gem. § 15.[19] Bei **vorübergehender Verhinderung** kann freiberufliche Tätigkeit erhalten bleiben. Als vorübergehend iSd. § 18 Abs. 1 Nr. 1 ist eine Verhinderung anzusehen, wenn die persönliche Prägung seitens des Berufsangehöri- 95

1 BFH v. 20.12.2000 – XI R 8/00, BStBl. II 2002, 478 (479 f.); v. 15.12.2010 – VIII R 50/09, BStBl. II 2011, 506 (509); ausf. zur Eigenverantwortlichkeit: *Krüger*, FR 1996, 613 (615 ff.).
2 BFH v. 21.3.1995 – XI R 85/93, BStBl. II 1995, 732 (735) = FR 1995, 658; v. 20.12.2000 – XI R 8/00, BStBl. II 2002, 478 (479) = FR 2001, 537.
3 BFH v. 24.7.1969 – IV R 92/67, BStBl. II 1970, 86 (87).
4 BFH v. 11.9.1968 – I R 173/66, BStBl. II 1968, 820 (822 f.).
5 BFH v. 13.12.1973 – I R 138771, BStBl. II 1974, 213 (214).
6 BFH v. 25.11.1975 – VIII R 116/74, BStBl. II 1976, 155 (156 ff.).
7 BFH v. 11.5.1976 – VIII R 111/71, BStBl. II 1976, 641 (642).
8 BFH v. 16.11.1978 – IV R 191/74, BStBl. II 1979, 246 (248).
9 BFH v. 5.6.1997 – IV R 43/96, BStBl. II 1997, 681 (682) und v. 30.9.1999 – V R 56/97, BFH/NV 2000, 284.
10 FG Berlin v. 20.3.2002 – 6 K 6003/99, EFG 2002, 1233.
11 FG Düss. v. 17.3.1993 – 14 K 112/88 G, EFG 1993, 512.
12 FG BaWü. v. 12.12.2007 – 7 K 283/04, EFG 2008, 795.
13 BFH v. 1.2.1990 – IV R 140/88, BStBl. II 1990, 507 (509) = FR 1990, 369; v. 21.3.1995 – XI R 85/93, BStBl. II 1995, 732 (735) = FR 1995, 658; v. 26.1.2000 – IV B 12/99, BFH/NV 2000, 837 (838), auch zur Widerlegung eigenverantwortlicher Tätigkeit durch Sachverständigengutachten.
14 BFH v. 29.4.2002 – IV B 29/01, BStBl. II 2002, 581 = FR 2002, 1125 m. Anm. *Seeger*; v. 15.9.2004 – XI B 26/04, BFH/NV 2005, 200.
15 FG Bremen v. 11.6.1996 – 2 95 167 K 4, DStRE 1997, 325 (327 f.); **aA** FG Bremen v. 26.8.1999 – 3 97 115 K 1, EFG 2000, 263 (265).
16 BFH v. 16.7.2014 – VIII R 41/12, BStBl. II 2015, 216 Rz. 17; v. 12.6.2018 – VIII B 154/17, juris, Rz. 10 f.
17 BFH v. 29.4.2002 – IV B 29/01, BStBl. II 2002, 581 = FR 2002, 1125 m. Anm. *Seeger*.
18 Ausf. aus Sicht der FinVerw.: BMF v. 12.2.2009, BStBl. I 2009, 398.
19 BFH v. 19.10.1995 – IV R 11/95, BFH/NV 1996, 464 (465): Einsatz eines Leiters in einer Betriebsstätte.

gen weitgehend erhalten bleibt. Eine nur vorübergehende Vertretung entfällt zB, wenn nach einem Erbfall sich das Fehlen eines Berufsangehörigen nicht auf eine kurze Übergangszeit beschränkt[1] oder der Erbe einen Berufsangehörigen für eine Übergangszeit v. drei Jahren treuhänderisch einsetzt.[2]

96 **4. Staatliche Lotterieeinnehmer (Abs. 1 Nr. 2).** Der **Begriff des** selbständigen **Lotterieeinnehmers** ist gesetzlich nicht definiert. Nach hM können als staatliche Lotterie nur solche Unternehmen angesehen werden, die der Staat unmittelbar als Regiebetrieb gem. § 1 Abs. 1 Nr. 6 KStG[3] oder als rechtsfähige Anstalt des öffentl. Rechts[4] selbst betreibt. Es genügt nicht, dass sich alle Anteile einer die Lotterie unterhaltenden KapGes. in der Hand des Staates befinden.[5] Dementspr. übt auch der Bezirksstellenleiter einer staatlichen Lotterie keine selbständige Arbeit aus. Ob im Rahmen des Abs. 1 Nr. 2 die sog. Vervielfältigungstheorie (Rn. 90) nach der Änderung der Rspr. (Rn. 97) noch gilt, ist fraglich. Jedenfalls der Einsatz nicht fachlich vorgebildeter Hilfskräfte ist zweifelsfrei unschädlich.

97 **5. Sonstige selbständige Tätigkeit (Abs. 1 Nr. 3). a) Eingrenzung der sonstigen selbständigen Tätigkeit.** Abs. 1 Nr. 3 benennt für den Begriff der sonstigen selbständigen Arbeit lediglich einige Beispiele, bei denen die persönliche Tätigkeit im Vordergrund steht. Wenngleich die Norm in erster Linie auf mehr gelegentliche Tätigkeiten abzielt,[6] werden auch Dauertätigkeiten dann erfasst, wenn sie den ausdrücklich genannten Beispielen weitgehend (im Sinne einer Gruppenähnlichkeit) ähnlich sind.[7] Jedenfalls müssen die typischen Merkmale der ausdrücklich genannten Tätigkeitsbeispiele, die den Begriff der sonstigen selbständigen Tätigkeit charakterisieren, vorliegen, um die Voraussetzungen des Abs. 1 Nr. 3 zu erfüllen. Abs. 1 Nr. 3 betrifft vor allem die Verwaltung fremden Vermögens. Die vorrangig (vermögens-)verwaltende Betätigung umfasst neben erhaltender auch verteilende und somit substanzauflösende Tätigkeiten,[8] ohne dass Nr. 3 einen Auffangtatbestand zu Abs. 1 Nr. 1 bildet.[9] Unter Aufgabe seiner bisherigen Rspr.[10] geht der BFH nunmehr davon aus, dass die Mithilfe fachlich vorgebildeter Arbeitskräfte iRd. in Abs. 1 Nr. 3 genannten Tätigkeiten unter dem Gesichtspunkt der sog. Vervielfältigungstheorie nicht zu gewerblichen Einkünften führt und Abs. 1 Nr. 1 S. 3 (Rn. 90) folglich nicht auf Einkünfte aus freiberuflicher Tätigkeit beschränkt ist.[11] Die Anwendung dieser großzügigeren Mitarbeiterkriterien führt nunmehr dazu, dass der StPfl. auch dann Einkünfte aus sonstiger selbstständiger Arbeit iSv. Abs. 1 Nr. 3 erzielt, wenn er fachlich vorgebildete Mitarbeiter einsetzt, sofern er selbst leitend und eigenverantwortlich tätig bleibt.

98 Einkünfte aus sonstiger selbständiger Tätigkeit sind – abhängig v. den jeweiligen Umständen – in folgenden **Einzelfällen** zu **bejahen:** (ehrenamtliche) Mitglieder v. Wahlorganen, nicht aber die v. einer Gemeinde als Hilfskräfte bestellten Wahlhelfer; (ehrenamtliche) Tätigkeit als Stadtrat (BFH v. 25.1.1996 – IV R 15/95, BStBl. II 1996, 431 = FR 1996, 560) oder als Oberbürgermeister in NRW (BFH v. 3.12.1987 – IV R 41/85, BStBl. II 1988, 266 [267] = FR 1988, 133); Hausverwalter mit wenigen Häusern (RFH RStBl. 1938, 842); berufsmäßiger Konkurs- und Vergleichsverwalter (BFH v. 29.3.1961 – IV 404/60 U, BStBl. III 1961, 306 [307]); Insolvenzverwalter (BFH v. 15.12.2010 – VIII R 50/09, BStBl. II 2011, 506 = FR 2011, 524, vgl. auch Rn. 100); Erfindertätigkeit (Rn. 73); Pflegeeltern bei privaten (BMF v. 20.1.1984, BStBl. I 1984, 134; dies gilt auch für Tagesmütter, vgl. Rn. 18) und öffentl. (BMF v. 7.2.1990, BStBl. I 1990, 109; zur StFreiheit der Erziehungsgelder gem. § 3 Nr. 11 vgl. BFH v. 28.6.1984 – IV R 49/83, BStBl. II 1984, 571 = FR 1984, 594) Leistungen; je nach den Einzelumständen der selbständige Bilanzbuchhalter (Rn. 87; **aA** *Blümich*, § 18 Rn. 131); Berufsbetreuer iSd. §§ 1896 ff. BGB (Rechtsprechungsänderung durch BFH v. 15.6.2010 – VIII R 10/09, BStBl. II 2010, 906 = FR 2010, 1046 m. Anm. *Kempermann*), auch wenn insoweit ein RA tätig wird; Verfahrenspfleger (BFH v. 15.6.2010 VIII R 14/09, BStBl. II 2010, 909 [912] = FR 2010, 1049). Dagegen **entfällt § 18 Abs. 1 Nr. 3** bei Maklern (RFH RStBl. 1938, 842); Buchmachern (RFH RStBl. 1939, 576 [577]); Berufsartisten, -sportlern und Trainern (BFH v. 16.3.1951 – IV 197/50 U, BStBl. III 1951, 97 [98]); vereidigten Kursmaklern (BFH v. 13.9.1955 – I 250/54 U, BStBl. III 1955, 325 [326]); Hausverwaltern mit umfangrei-

1 BFH v. 22.1.1963 – I 242/62 U, BStBl. III 1963, 189.
2 BFH v. 15.4.1975 – VIII R 43/70, BStBl. II 1977, 539 (540).
3 BFH v. 14.3.1961 – I 240/60 S, BStBl. III 1961, 212 (213).
4 BFH v. 24.10.1984 – I R 158/81, BStBl. II 1985, 223 (224) = FR 1985, 166.
5 BFH v. 13.11.1963 – GrS 1/62 S, BStBl. III 1964, 190 (191).
6 BFH v. 16.3.1951 – IV 197/50 U, BStBl. III 1951, 97 (98); v. 28.8.2003 – IV R 1/03, BStBl. II 2004, 112 (113) = FR 2004, 283.
7 BFH v. 13.9.1955 – I 250/54 U, BStBl. III 1955, 325 (326); v. 28.6.2001 – IV R 10/00, FR 2001, 1111 = BFH/NV 2001, 1489 (1490); v. 4.11.2004 – IV R 26/03, BStBl. II 2005, 288 = FR 2005, 491.
8 BFH v. 5.7.1973 – IV R 127/69, BStBl. II 1973, 730 (732); v. 3.12.1987 – IV R 41/85, BStBl. II 1988, 266 (267) = FR 1988, 133.
9 BFH v. 15.5.1997 – IV R 33/95, BFH/NV 1997, 751 (753).
10 RFH RStBl. 1938, 842 (843); BFH v. 28.4.2005 – IV R 41/03, BStBl. II 2005, 611 = FR 2005, 997.
11 BFH v. 15.12.2010 – VIII R 50/09, BStBl. II 2011, 506 = FR 2011, 524: Insolvenzverwalter-GbR mit mehreren qualifizierten Angestellten; v. 26.1.2011 – VIII R 3/10, BStBl. II 2011, 498.

chem Bestand (BFH v. 1.12.1955 – IV 395/54 U, BStBl. III 1956, 45 [46]; v. 18.3.1999 – IV R 5/98, BFH/NV 1999, 1456 [1457]); selbständigen Versicherungsvertretern (BFH v. 26.10.1977 – I R 110/76, BStBl. II 1978, 137 [139]); Stundenbuchhaltern (BFH v. 28.6.2001 – IV R 10/00, BStBl. II 2002, 338 = FR 2001, 1111); ehrenamtlichem Präsidenten einer Handwerkskammer (BFH v. 15.6.2004 – VIII R 72/03, BFH/NV 2005, 29).

b) Testamentvollstrecker. Testamentvollstreckung iSd. Abs. 1 Nr. 3 betrifft vor allem die gelegentliche Tätigkeit bei letztwilligen Vfg. Dabei spricht auch bei überhöhtem Honorar eine Vermutung für eine einheitliche Tätigkeitsvergütung und nicht für eine (teilw.) freigebige Zuwendung des Erblassers.[1] Ähnlich wie die Vermögensverwaltung (Rn. 100) fällt die Testamentvollstreckung wohl nicht in den Kernbereich anwaltlicher Tätigkeit mit der Folge, dass RA insoweit Einkünfte aus freiberuflicher Tätigkeit gem. Abs. 1 Nr. 3 erzielen;[2] in gleicher Weise gehört die Übernahme einer Testamentvollstreckung zur freiberuflichen Tätigkeit (Rn. 66) eines Wirtschaftsprüfers.[3] 99

c) Vermögensverwalter. Vermögensverwaltung betrifft vorrangig das verzinsliche Anlegen v. KapVerm. sowie die VuV unbeweglichen Vermögens. Hierzu zählt aber auch die Tätigkeit als Zwangs-, Insolvenz-, Konkurs- und Vergleichsverwalter sowie als Verwalter im Gesamtvollstreckungsverfahren. Insoweit handelt es sich um Einkünfte aus sonstiger selbständiger Arbeit.[4] Abs. 1 Nr. 3 gilt auch – da nach ständiger Rspr. Insolvenzverwaltung nicht etwa zur rechtsanwaltstypischen beratenden Tätigkeit gem. Nr. 1 gehört. – für den RA als Verwalter im Gesamtvollstreckungsverfahren.[5] Hiernach droht allerdings bei RA oder Steuerberatern im Einzelfall eine gewerbliche Qualifizierung der Einkünfte, wenn sie sich bei der verwaltenden Tätigkeit qualifizierter Mitarbeiter bedienen und der Rahmen der gem. Abs. 1 Nr. 1 S. 3 (s. Rn. 97 zur Unanwendbarkeit der Vervielfältigungstheorie) zulässigen Mitarbeit überschritten wird.[6] Diese im Einzelfall nach wie vor drohende „Abfärbewirkung“ (Rn. 25) hat gravierende Folgen, kann aber im Einzelfall durch Ausgliederung vermieden werden. Dies kann etwa durch das Ausgliedern der Verwaltertätigkeit auf eine (personenidentische) Ges. geschehen. 100

d) Aufsichtsratsmitglied. Die Tätigkeit iSd. Abs. 1 Nr. 3 betrifft die typischen Überwachungsaufgaben eines Aufsichtsrats. Unabhängig v. der Bezeichnung des betr. Organs (zB Beirat, Verwaltungsrat oder Grubenvorstand) ist allein entscheidend, ob es selbst die Geschäfte führt oder vorrangig die Geschäftsführung überwacht.[7] Dabei steht der **Überwachungs- und Aufsichtsfunktion** des Aufsichtsrats die Durchführung einzelner Maßnahmen der Geschäftsführung nicht entgegen.[8] Der Begriff der Überwachung wird in Anlehnung an § 10 Nr. 4 KStG sehr weit gefasst;[9] lediglich Leistungen, die ein Aufsichtsratsmitglied aufgrund eines besonderen Vertrages erbringt, führen nicht zu den privilegierten Einkünften gem. Abs. 1 Nr. 3.[10] Die selbständige Arbeit als Aufsichtsratsmitglied wurde in folgenden **Einzelfällen** bejaht für: ArbNVertreter,[11] der folglich bestimmte Zuwendungen als BA abziehen kann, die er vor seiner Wahl zugesagt hat;[12] gesellschaftsrechtl. beteiligtes Mitglied eines GmbH-Beirats.[13] Dagegen entfällt Abs. 1 Nr. 3 bei: Beamten, die kraft ihres Hauptamts als Vertreter ihres Dienstherrn tätig werden;[14] Übernahme v. Repräsentationsaufgaben ohne Überwachungsfunktion.[15] Zu den Einkünften iSd. Abs. 1 Nr. 3 zählen ungeachtet der für die beaufsichtigte Körperschaft geltenden Abzugsbeschränkung gem. § 10 Nr. 4 KStG in vollem Umfang: einmalige oder lfd. Vergütungen, Reisegelder, Aufwandsentschädigungen, unentgeltliche Pkw-Überlassung, im Einzelfall auch das Überlassen v. Räumen oder Personal, Beitragszahlungen zur Altersversorgung oder geldwerte Vorteile in Form von Sachzuwendungen[16]. 101

1 BFH v. 6.9.1990 – IV R 125/89, BStBl. II 1990, 1028 (1029) = FR 1991, 13 m. Anm. *Söffing*; v. 2.2.2005 – II R 18/03, BStBl. II 2005, 489 (490) = FR 2005, 764 m. Anm. *Viskorf*.
2 Hinweis auf BFH v. 12.12.2001 – XI R 56/00, BStBl. II 2002, 202 = FR 2002, 389 m. Anm. *Kempermann*.
3 BFH v. 28.6.1973 – IV R 77/70, BStBl. II 1973, 729 (730).
4 BFH v. 26.1.2011 – VIII R 3/10, BStBl. II 2011, 498 (499) = FR 2011, 772.
5 BFH v. 12.12.2001 – XI R 56/00, BStBl. II 2002, 202 (203 ff.) = FR 2002, 389 m. Anm. *Kempermann*; v. 15.12.2010 – VIII R 50/09, BStBl. II 2011, 506 (507) = FR 2011, 524.
6 FG Düss. v. 18.11.2009, EFG 2010 – 7 K 3041/07 G, F, 495 (496); BFH v. 15.12.2010 – VIII R 50/09, BStBl. II 2011, 506 (509) = FR 2011, 524.
7 RFH RStBl. 1934, 138; BFH v. 28.8.2003 – IV R 1/03, BStBl. II 2004, 112 (113) = FR 2004, 283.
8 RFH RStBl. 1937, 978; RFH RStBl. 1938, 110 (111).
9 BFH v. 20.9.1966 – I 265/62, BStBl. III 1966, 688 (689); v. 28.8.2003 – IV R 1/03, BStBl. II 2004, 112 (114) = FR 2004, 283.
10 RFH RFHE 24, 11 (16) = RStBl. 1928, 305 (nur Tenor).
11 BFH v. 27.7.1972 – V R 136/71, BStBl. II 1972, 810 (811).
12 BFH v. 9.10.1980 – IV R 81/76, BStBl. II 1981, 29 (30) = FR 1981, 99.
13 FG Münster v. 18.10.1973 – VI 773/70 F, EFG 1974, 108.
14 BFH v. 15.3.1957 – VI 84/55 U, BStBl. III 1957, 226.
15 BFH v. 31.1.1978 – VIII R 159/73, BStBl. II 1978, 352 (353).
16 BFH v. 9.4.2013 – VIII R 19/11, FR 2014, 29 = BFH/NV 2013, 1473 (Aktienoption).

102 **6. Leistungsvergütungen bei Wagniskapitalgesellschaften (Abs. 1 Nr. 4).** Durch das G zur Förderung v. Wagniskapital[1] hat der Gesetzgeber im Jahre 2004 in Abs. 1 die Nr. 4 eingefügt, um Beteiligungsfonds (Venture Capital und Private Equity Fonds) und deren „Initiatoren" stl. zu fördern. Auf diese Weise will der Gesetzgeber die stl. Rahmenbedingungen für WagnisKapGes. verbessern. Für die im Einzelnen bezeichneten erhöhten Gewinnanteile in Form v. erfolgsabhängigen Tätigkeitsvergütungen („Carried Interest") ist nunmehr sichergestellt, dass die (Fonds-)Initiatoren als Empfänger der Carried Interest – als Ausgleich für ihre immateriellen Leistungen – stets Einkünfte iSd. § 18 erzielen, die im Grundsatz in vollem Umfang stpfl. sind. Zugleich aber kommt durch den neu eingefügten § 3 Nr. 40a insoweit das Halbeinkünfteverfahren zum Tragen (§ 3 Rn. 115 ff.). Abs. 1 Nr. 4 gilt ausweislich des Wortlauts („Erwerb, Halten oder Veräußern v. Anteilen") nur für Beteiligte an einer WagnisKapGes. Soweit der (Haupt-)Zweck der betr. Ges. oder Gemeinschaft sich auf diese Form der Vermögensverwaltung beschränkt, dürften weitere nicht gewerbliche Tätigkeiten – jedenfalls v. untergeordneter Bedeutung – nicht schädlich sein. Denn der Gesetzgeber wollte mit den vorgenannten Beschränkungen lediglich sicherstellen, dass nur WagnisKapGes. gefördert, hingegen Mitnahmeeffekte vermieden werden.[2] Weiterhin betrifft Abs. 1 Nr. 4 lediglich den **disproportionalen Gewinnanteil** (§ 3 Rn. 116). Im Unterschied zu den anderen Tätigkeits- oder Geschäftsführervergütungen erfasst die hälftige StBefreiung also nur Zahlungen („Carried Interest"), die geleistet werden, nachdem alle Anleger ihr eingezahltes Kapital ggf. einschl. einer gewissen Mindestverzinsung zurückerhalten haben.[3] Abs. 1 Nr. 4 beschränkt sich demnach auf den Gewinnanteil (Anteile an Veräußerungsgewinnen, Dividenden, Zinsen) als zusätzliche Leistungsvergütung, der über das Entgelt für den Kapitaleinsatz hinausgeht. Dabei bleibt unberücksichtigt, ob der Carried Interest aus Veräußerungsgewinnen oder (sonstigen) lfd. Zahlungen geleistet wird. Einkünfte aus selbständiger Arbeit liegen auch dann vor, wenn der sog. Carry-Holder als gewerblich geprägte PersGes. die Voraussetzungen des § 15 Abs. 3 Nr. 2 erfüllt; § 18 Abs. 1 Nr. 4 aE schließt ausdrücklich die **Anwendung des § 15 Abs. 3** aus. Diese ausdrückliche Beschränkung auf § 15 Abs. 3 besagt zugleich, dass etwa gem. § 15 Abs. 1 gewerblich tätige PersGes. keine Einkünfte iSd. § 18 Abs. 1 Nr. 4 erzielen. Der Gesetzgeber hat den zeitlichen Anwendungsbereich der §§ 3 Nr. 40a und 18 Abs. 1 Nr. 4 in § 52 Abs. 4e geregelt (§ 3 Rn. 117). Die FinVerw.[4] hat in diesem Zusammenhang Übergangsregelungen für Altfälle (Vertrauensschutz) geschaffen.

C. Vorübergehende Tätigkeit (Abs. 2)

103 Während § 22 Nr. 3 Einkünfte aus gelegentlicher Tätigkeit erfasst (Rn. 6), verlangt der vorrangige § 18 Abs. 2 eine zumindest vorübergehende Tätigkeit. Der StPfl. muss die Tätigkeit planmäßig nur einmalig oder wenige Male, jedoch mit der **Absicht** ausüben, sie bei sich bietender Gelegenheit zu **wiederholen**.[5]

D. Veräußerungsgewinne (Abs. 3)

104 § 18 Abs. 3 erfasst (vorrangig klarstellend und) in enger Anlehnung an § 16 neben der Aufgabe der Tätigkeit iSd. § 16 Abs. 3 S. 1 (Rn. 113) im Einzelnen bezeichnete Veräußerungsvorgänge, die sich auf das Vermögen beziehen, das der selbständigen Arbeit dient.[6] Dabei betrifft § 18 Abs. 3 S. 1 nur die entgeltlichen Vorgänge, nicht jedoch die unentgeltlichen Übertragungen iSd. § 6 Abs. 3 (= § 7 Abs. 1 EStDV aF). Dementspr. entsteht ein nicht begünstigter lfd. Gewinn, wenn im Rahmen einer unentgeltlichen Betriebsübertragung einzelne WG v. der Übertragung ausgeschlossen werden.[7] Veräußerungen iSd. § 18 Abs. 3 unterfallen nicht der Besteuerung des lfd. Gewinns, vgl. § 34 Abs. 2 Nr. 1, und eröffnen den Freibetrag gem. § 16 Abs. 4 (Rn. 114). Im Einzelfall können §§ 20–24 UmwStG Bedeutung gewinnen (Rn. 107). Indem § 18 Abs. 3 S. 2 in weitem Umfang auf die objektbezogenen Veräußerungstatbestände des § 16 verweist, gelten die allg. Grundsätze lediglich mit der Besonderheit, dass im Unterschied zu Gewerbetreibenden die **Personenbezogenheit** (persönlicher Einsatz des Selbständigen) auch bei der Gewinnabgrenzung gem. § 18 Abs. 3 iVm. § 16 im Vordergrund steht.[8] Dementspr. bilden häufig immaterielle WG (insbes. Kunden-, Patienten- und Mandantenstamm) und nicht materielle WG den maßgeblichen Teil des Ver-

---

1 BGBl. I 2004, 2013.
2 BT-Drucks. 15/3336, 6.
3 BT-Drucks. 15/3336, 6.
4 FinMin. Bay. v. 21.6.2004, DB 2004, 1642 unter Hinweis auf BMF v. 16.12.2003, BStBl. I 2004, 40; krit.: *Geerling/Ismer*, DStR 2005, 1596.
5 BFH v. 28.1.1971 – IV R 194/70, BStBl. II 1971, 684 (685); v. 10.9.2003 – XI R 26/02, BStBl. II 2004, 218 (219) = FR 2004, 342.
6 BFH v. 28.10.2009 – I R 99/08, FR 2010, 183 m. Anm. *Mitschke* = BFH/NV 2010, 346 (347).
7 BFH v. 19.2.1981 – IV R 116/77, BStBl. II 1981, 566 (567) = FR 1981, 412; R 18.3 EStR.
8 Ausf. *IdW*, Praxisübertragungen, 1995; *Schulze zur Wiesche*, BB 1995, 593; *Korn*, DStR 1995, 961; Abs. 3 S. 2 neu gefasst durch das G v. 23.7.2002, BGBl. I 2002, 2715 (2716).

mögens iSd. Abs. 3. Insoweit setzt ein Veräußerungsvorgang idR voraus, dass anstelle des veräußernden Selbständigen vorrangig der Erwerber die dem Mandantenstamm innewohnenden Chancen nutzen kann.[1]

Die **Gestaltungsmöglichkeiten** zur Aufnahme eines G'ters in ein Einzelunternehmen oder in eine (Freiberufler-)Sozietät bedürfen nach den Neufassungen der §§ 16 Abs. 1 Nr. 2 und 18 Abs. 3 S. 2 durch das Steuerbeamtenausbildungsgesetz im Jahre 2002 sorgsamer Prüfung. Das Fortführen der Buchwerte und das Nichtaufdecken stiller Reserven sind vielfach erschwert. Im Einzelfall kann aber auch das (freiwillige) Aufdecken sämtlicher stiller Reserven sich wegen des gewonnenen Abschreibungspotentials als vorteilhaft erweisen. Stets ist die Gefahr des möglichen Gestaltungsmissbrauchs gem. § 42 AO zu beachten. 105

I. Veräußerungstatbestände (Abs. 3 S. 1). 1. Veräußerung des Vermögens. Die in § 18 Abs. 3 S. 1 angesprochene Veräußerung betrifft nur Vermögenswerte, die der selbständigen Arbeit dienen. In Abgrenzung von dem privaten Bereich bestimmt sich dieses Dienen nach der betrieblichen Veranlassung iSd. § 4 Abs. 4.[2] Die entgeltliche Veräußerung einer freiberuflichen **Einzelpraxis** als Vermögen iSd. **§ 18 Abs. 3 S. 1, 1. Alt.** setzt in Anlehnung an § 16 Abs. 1 Nr. 1, 1. Alt. voraus, dass der StPfl. (oder seine Erben [Rn. 34][3]) die wesentlichen Grundlagen einschl. der bei Selbständigen zumeist bedeutsamen immateriellen WG (insbes. Mandanten-, Klienten- und Patientenstamm[4]) auf einen Erwerber überträgt oder in das PV überführt und zumindest (häufig im Wege einer Wettbewerbsklausel) für gewisse Zeit seine selbständige Tätigkeit in dem örtlich begrenzten Wirkungsfeld einstellt (Rn. 104 und 107); anderenfalls ist nicht sichergestellt, dass der Mandanten- oder Patientenstamm tatsächlich auf den Erwerber übergeleitet wird.[5] Besondere Bedeutung als wesentliche Praxisgrundlage gewinnen neben den immateriellen WG die Büro- und Verwaltungsgebäude, die ebenfalls übertragen werden müssen. Dabei soll die Fortführung einer freiberuflichen Nebentätigkeit der tarifbegünstigten Praxisveräußerung dann nicht entgegenstehen, wenn der Selbständige diese Nebentätigkeit nur in geringem Umfang ausgeübt hat.[6] Die FinVerw. teilt diese Einschätzung, wenn die auf die fortgeführte freiberufliche Tätigkeit entfallenden Umsätze in den letzten drei Jahren weniger als 10 % der gesamten Einnahmen ausmachen.[7] Eine freiberufliche Praxis verfügt im Regelfall nur über einen örtlich begrenzten Wirkungsbereich. Daher kommt eine Praxisveräußerung iSd. Abs. 3 in Betracht, wenn der StPfl. im Zuge der Veräußerung den bisherigen Wirkungskreis aufgibt und nicht nur den Standort geringfügig wechselt (bloße Betriebsverlegung), sondern außerhalb der sog. Ausstrahlungskraft der alten Praxis einen neuen örtlichen Wirkungsbereich erschließt.[8] Gleichermaßen überträgt der Selbständige im Falle seiner Weiterbeschäftigung bei dem Erwerber die wesentlichen wirtschaftlichen Grundlagen seiner Praxis, wenn der Erwerber diese Grundlagen jedenfalls wirtschaftlich selbst nutzt. Dies ist anzunehmen, wenn der Erwerber den bisherigen Praxisinhaber in nichtselbständiger Stellung (mit wirksam vereinbarter und tatsächlich praktizierter Weisungsgebundenheit) beschäftigt oder ihm für beratende selbständige Tätigkeit ein Honorar zahlt.[9] Dagegen entfällt eine derartige Veräußerung, wenn ein selbständig tätiger Ingenieur sein technisches Spezialwissen auf seinen einzigen Kunden überträgt.[10] Hat der Erbe eines Freiberuflers mangels persönlicher Qualifikation gewerbliche Einkünfte erzielt, nachdem er die Praxis zunächst durch einen Vertreter hat fortführen lassen (Rn. 34), erfüllt die anschließende Veräußerung nicht die Voraussetzungen des Abs. 3 S. 1.[11] 106

Eine entgeltliche Veräußerung liegt gleichermaßen vor bei Einbringung des der selbständigen Arbeit dienenden Vermögens in eine bestehende Pers.- oder KapGes. (**Sozietätserweiterung**) gegen Gewährung v. 107

1 *Pickert*, DB 1995, 2390 (2394).
2 BFH v. 12.1.2010 – VIII R 34/07, BStBl. II 2010, 612 = FR 2010, 662 m. Anm. *Kempermann*.
3 BFH v. 29.4.1982 – IV R 116/79, BStBl. II 1985, 204 = FR 1985, 159.
4 BFH v. 7.11.1985 – IV R 44/83, BStBl. II 1986, 335 (336) = FR 1986, 238; v. 18.12.1996 – I R 128–129/95, BStBl. II 1997, 546 (547).
5 BFH v. 14.3.1975 – IV R 78/71, BStBl. II 1975, 661 (662); v. 23.1.1997 – IV R 36/95, BStBl. II 1997, 498 f. = FR 1997, 380; FG Nds. v. 8.10.1997 – IX 738/91, EFG 1998, 299: Erwerb einer Arztpraxis sechs Monate nach Praxisveräußerung (schädlich); BFH v. 10.6.1999 – IV R 11/99, FR 1999, 1119 m. Anm. *Wendt* = BFH/NV 1999, 1594 (1595): erneute freiberufliche Tätigkeit eines RA fünf Monate nach Praxisveräußerung (BVerfG v. 31.7.2001 – 2 BvR 1877/99: Verfassungsbeschwerde abgelehnt); FG BaWü. v. 29.3.2000 – 2 K 236/98, EFG 2000, 685: Eröffnung einer Steuerberaterpraxis im bisherigen örtlichen Wirkungskreis (Einzelfall).
6 BFH v. 7.11.1991 – IV R 14/90, BStBl. II 1992, 457 (458) = FR 1992, 446; v. 29.10.1992 – IV R 16/91, BStBl. II 1993, 182 (184) = FR 1993, 234; v. 6.8.2001 – XI B 5/00, BFH/NV 2001, 1561.
7 H 18.3 „Veräußerung Einzelunternehmen" EStH; krit. hierzu *Korn*, DStR 95, 961.
8 BFH v. 30.6.1961 – IV 278/60, HFR 1961, 222; in diesem Sinne auch: BFH v. 3.10.1984 – I R 116/81, BStBl. II 1985, 131 = FR 1985, 160.
9 BFH v. 18.5.1994 – I R 109/93, BStBl. II 1994, 925 (926 f.); ggf. schädlich aber Tätigkeit eines Steuerberaters nach Praxisveräußerung als angestellter Steuerreferent, FG Nds. v. 2.7.1999 – IX 84/96, EFG 1999, 1122.
10 BFH v. 26.4.1995 – XI R 86/94, BStBl. II 1996, 4 (5) = FR 1996, 34 m. Anm. *Kanzler*.
11 BFH v. 19.5.1981 – VIII R 143/78, FR 1981, 516 = BStBl. II 1981, 665 (667).

Ges.-Anteilen;[1] für die Möglichkeit eines begünstigten Aufgabegewinns ist in diesem Zusammenhang § 24 UmwStG 1995 als gegenüber § 18 Abs. 3 spezielle Regelungen zu beachten.[2] Dabei umfasst § 24 UmwStG neben dem Verschmelzen v. zwei Einzelpraxen auch die Aufnahme eines weiteren G'ters gegen Einlage.[3] In diesen Fällen ist die Einstellung der beruflichen Tätigkeit im Unterschied zu der Veräußerung einer Einzelpraxis (Rn. 106) nicht erforderlich.[4]

108 Im Falle einer **Sozietätsgründung** durch Aufnahme eines Partners in eine Einzelpraxis ist zu differenzieren: Erhält ein Freiberufler für die Einbringung seiner Praxis neben der Ges.-Beteiligung eine Ausgleichszahlung, liegt ein tauschähnlicher Vorgang vor; werden sämtliche stillen Reserven aufgedeckt, kommt eine steuerbegünstigte Veräußerung des Vermögens in Betracht.[5] Anderenfalls soll die begünstigte Übertragung einer MU'erPosition entfallen. Trotz vielfältiger Kritik verneint der BFH eine steuerbegünstigte Veräußerung mit der Begr., der bisherige (Praxis-)Inhaber habe keine Rechtsposition MU'anteile übertragen können, nachdem die MU'schaft erst durch den Sozietätsvertrag begründet worden sei.[6]

109 Die ab 1.1.2002 geltende Änderung des § 16 Abs. 1 S. 1 Nr. 2 und Abs. 1 S. 2 stellt sicher, dass nur noch die entgeltliche Übertragung ganzer MU'anteile gem. §§ 16, 35 begünstigt ist (§ 16 Rn. 151). Seitdem können **Teil-MU'anteile** nicht mehr gem. § 16 Abs. 1 Nr. 2 aF iSd. § 34 Abs. 2 Nr. 1 privilegiert veräußert werden.[7]

110 **2. Veräußerung eines selbständigen Vermögensteils.** Eine Teilpraxis- oder Teilbetriebsveräußerung betrifft einen selbständigen Teil des Vermögens gem. **§ 18 Abs. 3 S. 1, 2. Alt.** Ein TB ist ein organisch geschlossener, mit einer gewissen Selbständigkeit ausgestatteter Teil eines Gesamtbetriebs, der bereits alle Merkmale eines Betriebes aufweist und für sich lebensfähig ist. Eine derartige Teilbetriebsveräußerung setzt in Anlehnung an § 16 Abs. 1 S. 1 Nr. 1 voraus, dass der Selbständige bei wesensmäßig verschiedenen Betätigungen mit unterschiedlichen Kunden einen Tätigkeitsbereich oder dass er bei **sachlich einheitlicher Tätigkeit** einen örtlich abgegrenzten Wirkungsbereich vollständig aufgibt, der zuvor bereits organisatorisch und räumlich getrennt war. Bei einer einheitlichen freiberuflichen Tätigkeit kommt regelmäßig – mangels weitgehender organisatorischer Selbstständigkeit – eine Teilbetriebsveräußerung nicht in Betracht. Dabei indiziert allein das Ausüben wesensmäßig unterschiedlicher Tätigkeiten nicht das Vorliegen organisatorisch selbständiger Teilpraxen.[8] Maßgebliche Bedeutung gewinnen in diesen Fällen die Umstände des Einzelfalls, nach denen zu entscheiden ist, ob nach dem Gesamtbild der Verhältnisse im Zeitpunkt der Veräußerung beim Veräußerer der mit einer gewissen Selbständigkeit ausgestattete Teil eines Gesamtbetriebs vorliegt.[9] Beispiele: Filialpraxis eines Zahnarztes;[10] Teilpraxis eines Steuerberaters;[11] Niederlassung einer Fahrschule;[12] Anwaltspraxisanteil eines Anwaltnotars;[13] Allgemeinmediziner mit arbeitsmedizinischen Teilpraxen.[14] Diese Voraussetzungen sind nur im Ausnahmefall gegeben; die bloße örtliche Einschränkung der Betätigung genügt jedenfalls im Regelfall nicht.[15] Vielmehr muss die gewisse organisatorische Selbständigkeit ursprünglich einem TB im gewerblichen Bereich entsprochen haben, dem dann die Aufgabe eines derartigen selbständigen Praxisteils folgt. Nach dem Gesamtbild der Verhältnisse des Veräußerers ist den Abgren-

1 BFH v. 15.7.1976 – I R 17/74, BStBl. II 1976, 748 (749).
2 BFH v. 13.12.1979 – IV R 69/74, BStBl. II 1980, 239 = FR 1980, 249; R 18.3 Abs. 2 EStR; FG Köln v. 11.10.2002 – 11 K 1111/96, EFG 2003, 473 (474) unter Hinweis auf BFH v. 29.10.1987 – IV R 93/85, BStBl. II 1988, 374 (376) = FR 1988, 79.
3 BFH v. 8.12.1994 – IV R 82/92, BStBl. II 1995, 599 = FR 1995, 385 auch zu weiteren Einbringungsgestaltungen.
4 BFH v. 14.9.1994 – I R 12/94, BStBl. II 1995, 407 (408) = FR 1995, 382 m. Anm. *Kempermann.*
5 BFH v. 5.4.1984 – IV R 88/80, BStBl. II 1984, 518 (520) = FR 1984, 451; v. 21.9.2000 – IV R 54/99, BStBl. II 2001, 178 (180) = FR 2001, 198; H 18.3 „Einbringungsgewinn" EStH.
6 BFH v. 18.10.1999 – GrS 2/98, BStBl. II 2000, 123 (126) = FR 2000, 143 m. Anm. *Kempermann*; v. 12.4.2000 – XI R 96/96, BFH/NV 2001, 151; v. 18.12.2002, XI B 131/00, BFH/NV 2003, 479.
7 Zur vorherigen Rechtslage vgl. BFH v. 10.2.2016 – VIII R 38/12, BFH/NV 2016, 1256.
8 BFH v. 4.11.2004 – IV R 17/03, BStBl. II 2005, 208 (209) = FR 2005, 442; v. 26.6.2012 – VIII R 22/09, BStBl. II 2012, 777 (779) = FR 2013, 76 m. Anm. *Kempermann.*
9 BFH v. 26.6.2012 – VIII R 22/09, BStBl. II 2012, 777 (779) = FR 2013, 76 m. Anm. *Kempermann*: Teilpraxisveräußerung eines Steuerberaters.
10 BFH v. 24.5.1956 – IV 24/55 U, BStBl. III 1956, 205 (206).
11 BFH v. 6.12.1963 – IV 268/63 U, BStBl. III 1964, 135; v. 8.6.2000 – IV R 63/99, FR 2000, 1137 = BFH/NV 2000, 1341 (zur Bagatellgrenze); v. 26.6.2012 – VIII R 22/09, BStBl. II 2012, 777 (779) = FR 2013, 76 m. Anm. *Kempermann*: Teilpraxisveräußerung bejaht.
12 BFH v. 24.8.1989 – IV R 120/88, BStBl. II 1990, 55 (56) = FR 1990, 86.
13 FG Düss. v. 17.4.2002 – 16 K 5662/99 F, EFG 2002, 1174.
14 BFH v. 4.11.2004 – IV R 17/03, BStBl. II 2005, 208 (210) = FR 2005, 442.
15 BFH v. 5.6.2003 – IV R 18/02, BStBl. II 2003, 838 (839) = FR 2003, 1181 m. Anm. *Wendt*; v. 1.7.2004 – IV R 32/02, BFH/NV 2005, 31 (32).

zungsmerkmalen unterschiedliches Gewicht zu geben, je nachdem ob es sich um einen Fertigungs-, Handels- oder Dienstleistungsbetrieb handelt. Beispiele: keine Teilpraxis eines Steuerberaters bzgl. Geschäftszweig Buchführung[1] und landwirtschaftliche Buchstelle;[2] keine Trennung Groß- v. Kleintierpraxis eines Tierarztes;[3] Dentallabor als lediglich innerbetriebliche Organisationseinheit eines Zahnarztes;[4] keine Teilbetriebsveräußerung bei Verkauf einer Kassenarztpraxis und Fortführung einer Naturheilpraxis[5] oder Fortführung lediglich des Privatpatientenbereichs;[6] keine Teilpraxisveräußerung bei Verkauf des allgemeinmedizinischen Bereichs und Fortführung der Psychotherapie sowie chinesischer Behandlung;[7] im Einzelfall Teilbetriebsveräußerung bei Fahrschule ohne Veräußerung eines Schulungsfahrzeugs.[8]

3. Veräußerung der Beteiligung an Kapitalgesellschaft (Abs. 3 S. 2). Bei diesem Unterfall der Teil- 111
betriebsveräußerung muss der StPfl. seine das **gesamte Nennkapital** umfassende Beteiligung veräußern.

4. Veräußerung eines Anteils am Vermögen. Um einen Anteil am Vermögen (Praxisanteil) iSd. **§ 18 112
Abs. 3 S. 1, 3. Alt.** handelt es sich in Anlehnung an § 16 Abs. 1 S. 1 Nr. 2 bei der Beteiligung an einer v. Selbständigen gebildeten PersGes. Dieser Praxisanteil wird steuerbegünstigt veräußert, wenn der StPfl. gem. Abs. 3 nicht nur einen Teil, sondern alle wesentlichen vermögensmäßigen Grundlagen der freiberuflichen Tätigkeit überträgt einschl. evtl. vorhandenen Sonder-BV (zB Praxisgrundstück) und seine freiberufliche Tätigkeit in dem örtlich begrenzten Wirkungskreis wenigstens für eine gewisse Zeit einstellt.[9] Dies betrifft insbes. den Fall, dass der StPfl. seinen gesamten Anteil auf einen neuen Sozius/Mit-G'ter überträgt. Erbauseinandersetzungen richten sich nach den allg. Grundsätzen (Rn. 34). Der Tod eines Mit-G'ters führt bei Fortsetzung der PersGes. zur Veräußerung eines Anteils iSd. § 16 Abs. 1 S. 1 Nr. 2.[10] Stirbt ein G'ter, dem bei seinem Ausscheiden ein **Abfindungsanspruch** zusteht, so ist ein durch den Tod begründeter Veräußerungsgewinn dem Erblasser und nicht den Erben zuzurechnen.[11]

II. Aufgabe der selbständigen Arbeit (Abs. 3 S. 2 iVm. § 16 Abs. 3). Nach allg. Grundsätzen verlangt 113
der Begriff der Betriebsaufgabe den Entschluss des StPfl., den Betrieb aufzugeben, die bisher entfaltete Tätigkeit endgültig einzustellen und durch Veräußerung oder Übernahme ins PV der betrieblichen Grundlagen die betreffende wirtschaftliche Einheit zu beenden.[12] Stellt der Selbständige seine Tätigkeit in dem bisherigen örtlichen Bereich zumindest für eine gewisse Zeit ein, handelt es sich um eine begünstigte Aufgabe gem. § 16 Abs. 3 S. 1, wenn er die wesentlichen Betriebsgrundlagen in einem einheitlichen Vorgang innerhalb kurzer Zeit veräußert oder ganz bzw. teilw. in sein PV übernimmt (§ 16 Rn. 196 ff.).[13] IdS führen auch Betriebs-[14] sowie Wohnsitzverlegung[15] ins Ausland, sofern die inländ. Besteuerung entfällt, zu einer BetrAufg. Hierzu zählt auch die **Teilpraxisaufgabe**. Allein die Einstellung oder Beendigung der bisherigen Tätigkeit sowie der unentgeltliche Betriebsübergang ohne Aufgabeerklärung beinhalten dagegen keine BetrAufg.[16] Gleiches gilt, wenn der Freiberufler die Praxis längerfristig an eine auch v. Berufsfremden geführte Ges. verpachtet[17] oder bei nur vorübergehender Verpachtung einer freiberuflichen Praxis durch den Erben eines verstorbenen Praxisinhabers.[18] Durch den Verweis auf § 16 Abs. 3 S. 2–4 kommen bei Freiberufler-PersGes. auch die Regeln der **Realteilung** zur Anwendung. Sie ermöglichen grds. die gewinnneutrale Beendigung des gemeinschaftlichen Engagements.[19] Wegen Einzelheiten s. § 16 Rn. 235 ff.

---

1 BFH v. 14.5.1970 – IV 136/65, BStBl. II 1970, 566 (567).
2 BFH v. 27.4.1978 – IV R 102/74, BStBl. II 1978, 562 (563); **aA** *Blümich*, § 18 Rn. 265.
3 BFH v. 29.10.1992 – IV R 16/91, BStBl. II 1993, 182 (183 f.) = FR 1993, 234.
4 BFH v. 22.12.1993 – I R 62/93, BStBl. II 1994, 352 (353) = FR 1994, 296.
5 FG RhPf. v. 17.10.1995 – 2 K 1840/94, EFG 1996, 753.
6 BFH v. 6.3.1997 – IV R 28/96, BFH/NV 1997, 746 (747); v. 28.6.2000 – IV B 35/00, BFH/NV 2001, 33; FG München v. 19.2.2003 – 9 K 1015/01, EFG 2003, 1012.
7 FG Münster v. 29.8.2001 – 8 K 6534/98 E, EFG 2002, 327.
8 BFH v. 5.6.2003 – IV R 18/02, BStBl. II 2003, 838 (840) = FR 2003, 1181 m. Anm. *Wendt*.
9 BFH v. 7.11.1985 – IV R 44/83, BStBl. II 1986, 335 (336) = FR 1986, 238; v. 23.1.1997 – IV R 36/95, BStBl. II 1997, 498 = FR 1997, 380; zur stl. Behandlung v. Versorgungsleistungen *Schulze zur Wiesche*, BB 1995, 593 (596 f.).
10 BFH v. 13.11.1997 – IV R 18/97, BStBl. II 1998, 290 (291) = FR 1998, 318.
11 BFH v. 15.4.1993 – IV R 66/92, BStBl. II 1994, 227 = FR 1993, 717.
12 BFH v. 28.10.2009 – I R 99/08, FR 2010, 183 m. Anm. *Mitschke* = BFH/NV 2010, 346 (347).
13 BFH v. 19.2.1981 – IV R 116/77, BStBl. II 1981, 566 (567) = FR 1981, 412; R 18.3 Abs. 3 EStR.
14 BFH v. 24.11.1982 – I R 123/78, BStBl. II 1983, 113 = FR 1983, 198.
15 BFH v. 13.10.1976 – I R 261/70, BStBl. II 1977, 76 (77); zum Wahlrecht des Veräußerers BFH v. 28.3.1984 – I R 191/79, BStBl. II 1984, 664 (665) = FR 1984, 448.
16 BFH v. 30.3.1989 – IV R 45/87, BStBl. II 1989, 509 (510) = FR 1989, 429.
17 BFH v. 14.12.1993 – VIII R 13/93, BStBl. II 1994, 922 (924) = FR 1994, 674.
18 BFH v. 12.3.1992 – IV R 29/91, BStBl. II 1993, 36 (39) = FR 1992, 720 m. Anm. *Söffing*.
19 BFH v. 17.9.2015 – III R 49/13, BFH/NV 2016, 624 = FR 2016, 567: Realteilung auch bei Ausscheiden eines Sozius ohne Vollbeendigung der PersGes.

114 **III. Ermittlung des Veräußerungsgewinns (Abs. 3 S. 2).** Die Höhe des Veräußerungsgewinns ist durch **Bestandsvergleich** zu ermitteln, auch wenn iÜ § 4 Abs. 3 zur Anwendung gelangt. Ermittelt demnach ein StPfl. seinen Gewinn durch Einnahme-Überschussrechnung, ist er iRd. § 18 Abs. 3 so zu behandeln, als sei er zunächst zur Gewinnermittlung nach § 4 Abs. 1 übergegangen.[1] Nach allg. Grundsätzen ist der Gewinn in der Weise zu ermitteln, dass der Veräußerungserlös nach Abzug der Veräußerungskosten um den Wert des (veräußerten) Anteils am BV zu mindern ist.[2] Der Gewinn entsteht, wenn der Veräußerer den Vertrag in der Weise erfüllt hat, dass der Erwerber wirtschaftlich über das BV verfügen kann.[3] Der **Freibetrag** g § 16 Abs. 4 (§ 16 Rn. 271 ff.) ist ebenso zu berücksichtigen wie die Tarifvergünstigung iSd. § 34 Abs. 2 Nr. 1 (§ 34 Rn. 15). Die StBefreiung nach § 16 Abs. 4 S. 1 wegen dauernder Berufsunfähigkeit kommt für einen Erben, der nach dem Tod des Praxisinhabers die freiberufliche Praxis veräußert, nicht in Betracht;[4] anders, wenn der Freiberufler seine Praxis wegen dauernder Berufsunfähigkeit verkauft hat, die Praxis aber erst nach seinem Tod übertragen wird.[5]

E. Bezugnahme auf anderweitige Vorschriften (Abs. 4)

115 Seit Einführung durch das StEntlG 1999/2000/2002[6] regelt **§ 18 Abs 4 S. 1** – anstelle des § 52 Abs. 15 S. 11 aF – unter Verweis auf § 13 Abs. 5 das Recht des StPfl. mit Einkünften iSv. § 18, ein Grundstück zur eigenen Wohnnutzung stfrei zu entnehmen. Erforderlich ist allerdings, dass das betr. Grundstück im VZ 1986 zum BV des StPfl. gehört hat.

116 Die in **§ 18 Abs. 4 S. 2** (Hinweis auf § 52 Abs. 34b) angesprochene Anwendung v. § 15 Abs. 1 S. 1 Nr. 2 hat lediglich klarstellenden Charakter. Der BFH[7] hatte bereits frühzeitig ua. entschieden, dass bei einer v. Freiberuflern gebildeten Ges. die Mit-G'ter über notwendiges Sonder-BV verfügen, sofern sie der Ges. WG zur Nutzung überlassen und Sondervergütungen erzielen. Die Bezugnahme auf die in § 15 Abs. 2 S. 2 und 3 zum Ausdruck gebrachten allg. Voraussetzungen der Gewinnerzielungsabsicht (Rn. 10) hat ebenfalls nur deklaratorische Bedeutung. Der Verweis auf § 15a beschränkt für selbständig Tätige die Möglichkeit des Verlustausgleichs in der Weise, dass sie Verluste in bestimmtem Umfang nur mit späteren Gewinnen aus derselben Tätigkeit verrechnen können. Der Ende 2005[8] aufgenommene Verweis auf § 15b erstreckt, um Umgehungsgestaltungen zu vermeiden, die Verlustverrechnungsbeschränkung v. gewerblichen Steuerstundungsmodellen auch auf Verluste iRd. § 18.[9]

d) Nichtselbständige Arbeit (§ 2 Absatz 1 Satz 1 Nummer 4)

§ 19 [Einkünfte aus nichtselbständiger Arbeit]

(1) [1]Zu den Einkünften aus nichtselbständiger Arbeit gehören

1. Gehälter, Löhne, Gratifikationen, Tantiemen und andere Bezüge und Vorteile für eine Beschäftigung im öffentlichen oder privaten Dienst;

1a. Zuwendungen des Arbeitgebers an seinen Arbeitnehmer und dessen Begleitpersonen anlässlich von Veranstaltungen auf betrieblicher Ebene mit gesellschaftlichem Charakter (Betriebsveranstaltung). [2]Zuwendungen im Sinne des Satzes 1 sind alle Aufwendungen des Arbeitgebers einschließlich Umsatzsteuer unabhängig davon, ob sie einzelnen Arbeitnehmern individuell zurechenbar sind oder ob es sich um einen rechnerischen Anteil an den Kosten der Betriebsveranstaltung handelt, die der Arbeitgeber gegenüber Dritten für den äußeren Rahmen der Betriebsveranstaltung aufwendet. [3]Soweit solche Zuwendungen den Betrag von 110 Euro je Betriebsveranstaltung und teilnehmenden Arbeitnehmer nicht übersteigen, gehören sie nicht zu den Einkünften aus nichtselbständiger Arbeit, wenn die Teilnahme an der Betriebsveranstal-

1 BFH v. 28.10.2009 – I R 99/08, FR 2010, 183 m. Anm. *Mitschke* = BFH/NV 2010, 346 (347).
2 BFH v. 12.4.2000 – XI R 96/96, BFH/NV 2001, 151; zur Ermittlung des Einbringungsgewinns nach § 24 UmwStG vgl. H 18.3 „Einbringungsgewinn" EStH.
3 BFH v. 23.1.1992 – IV R 88/90, BStBl. II 1992, 525 = FR 1992, 520.
4 BFH v. 29.4.1982 – IV R 116/79, BStBl. II 1985, 204 = FR 1985, 159.
5 BFH v. 21.9.1995 – IV R 1/95, BStBl. II 1995, 893 (894) = FR 1995, 867.
6 G v. 24.3.1999, BGBl. I 1999, 402 (410).
7 BFH v. 2.12.1982 – IV R 72/79, BStBl. II 1983, 215 (217) = FR 1983, 230.
8 BGBl. I 2005, 3683.
9 BT-Drucks. 16/107, 11.

tung allen Angehörigen des Betriebs oder eines Betriebsteils offensteht. [4]Satz 3 gilt für bis zu zwei Betriebsveranstaltungen jährlich. [5]Die Zuwendungen im Sinne des Satzes 1 sind abweichend von § 8 Absatz 2 mit den anteilig auf den Arbeitnehmer und dessen Begleitpersonen entfallenden Aufwendungen des Arbeitgebers im Sinne des Satzes 2 anzusetzen;

2. Wartegelder, Ruhegelder, Witwen- und Waisengelder und andere Bezüge und Vorteile aus früheren Dienstleistungen, auch soweit sie von Arbeitgebern ausgleichspflichtiger Personen an ausgleichsberechtigte Personen infolge einer nach § 10 oder § 14 des Versorgungsausgleichsgesetzes durchgeführten Teilung geleistet werden;
3. laufende Beiträge und laufende Zuwendungen des Arbeitgebers aus einem bestehenden Dienstverhältnis an einen Pensionsfonds, eine Pensionskasse oder für eine Direktversicherung für eine betriebliche Altersversorgung. [2]Zu den Einkünften aus nichtselbständiger Arbeit gehören auch Sonderzahlungen, die der Arbeitgeber neben den laufenden Beiträgen und Zuwendungen an eine solche Versorgungseinrichtung leistet, mit Ausnahme der Zahlungen des Arbeitgebers
   a)[1] zur erstmaligen Bereitstellung der Kapitalausstattung zur Erfüllung der Solvabilitätskapitalanforderung nach den §§ 89, 213, 234g oder 238 des Versicherungsaufsichtsgesetzes,
   b) zur Wiederherstellung einer angemessenen Kapitalausstattung nach unvorhersehbaren Verlusten oder zur Finanzierung der Verstärkung der Rechnungsgrundlagen auf Grund einer unvorhersehbaren und nicht nur vorübergehenden Änderung der Verhältnisse, wobei die Sonderzahlungen nicht zu einer Absenkung des laufenden Beitrags führen oder durch die Absenkung des laufenden Beitrags Sonderzahlungen ausgelöst werden dürfen,
   c) in der Rentenbezugszeit nach § 236 Absatz 2 des Versicherungsaufsichtsgesetzes oder
   d) in Form von Sanierungsgeldern;

   Sonderzahlungen des Arbeitgebers sind insbesondere Zahlungen an eine Pensionskasse anlässlich
   a) seines Ausscheidens aus einer nicht im Wege der Kapitaldeckung finanzierten betrieblichen Altersversorgung oder
   b) des Wechsels von einer nicht im Wege der Kapitaldeckung zu einer anderen nicht im Wege der Kapitaldeckung finanzierten betrieblichen Altersversorgung.

   [3]Von Sonderzahlungen im Sinne des Satzes 2 zweiter Halbsatz Buchstabe b ist bei laufenden und wiederkehrenden Zahlungen entsprechend dem periodischen Bedarf nur auszugehen, soweit die Bemessung der Zahlungsverpflichtungen des Arbeitgebers in das Versorgungssystem nach dem Wechsel die Bemessung der Zahlungsverpflichtung zum Zeitpunkt des Wechsels übersteigt. [4]Sanierungsgelder sind Sonderzahlungen des Arbeitgebers an eine Pensionskasse anlässlich der Systemumstellung einer nicht im Wege der Kapitaldeckung finanzierten betrieblichen Altersversorgung auf der Finanzierungs- oder Leistungsseite, die der Finanzierung der zum Zeitpunkt der Umstellung bestehenden Versorgungsverpflichtungen oder Versorgungsanwartschaften dienen; bei laufenden und wiederkehrenden Zahlungen entsprechend dem periodischen Bedarf ist nur von Sanierungsgeldern auszugehen, soweit die Bemessung der Zahlungsverpflichtungen des Arbeitgebers in das Versorgungssystem nach der Systemumstellung die Bemessung der Zahlungsverpflichtung zum Zeitpunkt der Systemumstellung übersteigt.

[2]Es ist gleichgültig, ob es sich um laufende oder um einmalige Bezüge handelt und ob ein Rechtsanspruch auf sie besteht.

(2) [1]Von Versorgungsbezügen bleiben ein nach einem Prozentsatz ermittelter, auf einen Höchstbetrag begrenzter Betrag (Versorgungsfreibetrag) und ein Zuschlag zum Versorgungsfreibetrag steuerfrei. [2]Versorgungsbezüge sind

1. das Ruhegehalt, Witwen- oder Waisengeld, der Unterhaltsbeitrag oder ein gleichartiger Bezug
   a) auf Grund beamtenrechtlicher oder entsprechender gesetzlicher Vorschriften,
   b) nach beamtenrechtlichen Grundsätzen von Körperschaften, Anstalten oder Stiftungen des öffentlichen Rechts oder öffentlich-rechtlichen Verbänden von Körperschaften

   oder

---

1 In § 19 Abs. 1 Satz 1 Nr. 3 Satz 2 Buchst. a wurden mWv. 13.1.2019 die Wörter „89, 213, auch in Verbindung mit den §§ 234 und 238" durch die Wörter „89, 213, 234g oder 238" ersetzt (G zur Umsetzung der RL [EU] 2016/2341 des Europäischen Parlaments und des Rates vom 14. Dezember 2016 über die Tätigkeiten und die Beaufsichtigung von Einrichtungen der betrieblichen Altersversorgung v. 19.12.2018, BGBl. I 2018, 2672).

2. in anderen Fällen Bezüge und Vorteile aus früheren Dienstleistungen wegen Erreichens einer Altersgrenze, verminderter Erwerbsfähigkeit oder Hinterbliebenenbezüge; Bezüge wegen Erreichens einer Altersgrenze gelten erst dann als Versorgungsbezüge, wenn der Steuerpflichtige das 63. Lebensjahr oder, wenn er schwerbehindert ist, das 60. Lebensjahr vollendet hat.

[3]Der maßgebende Prozentsatz, der Höchstbetrag des Versorgungsfreibetrags und der Zuschlag zum Versorgungsfreibetrag sind der nachstehenden Tabelle zu entnehmen:

Jahr des Versorgungsbeginns	Versorgungsfreibetrag		Zuschlag zum Versorgungsfreibetrag in Euro
	in % der Versorgungsbezüge	Höchstbetrag in Euro	
bis 2005	40,0	3 000	900
ab 2006	38,4	2 880	864
2007	36,8	2 760	828
2008	35,2	2 640	792
2009	33,6	2 520	756
2010	32,0	2 400	720
2011	30,4	2 280	684
2012	28,8	2 160	648
2013	27,2	2 040	612
2014	25,6	1 920	576
2015	24,0	1 800	540
2016	22,4	1 680	504
2017	20,8	1 560	468
2018	19,2	1 440	432
2019	17,6	1 320	396
2020	16,0	1 200	360
2021	15,2	1 140	342
2022	14,4	1 080	324
2023	13,6	1 020	306
2024	12,8	960	288
2025	12,0	900	270
2026	11,2	840	252
2027	10,4	780	234
2028	9,6	720	216
2029	8,8	660	198
2030	8,0	600	180
2031	7,2	540	162
2032	6,4	480	144
2033	5,6	420	126
2034	4,8	360	108
2035	4,0	300	90

Jahr des Versorgungsbeginns	Versorgungsfreibetrag		Zuschlag zum Versorgungsfreibetrag in Euro
	in % der Versorgungsbezüge	Höchstbetrag in Euro	
2036	3,2	240	72
2037	2,4	180	54
2038	1,6	120	36
2039	0,8	60	18
2040	0,0	0	0

[4]Bemessungsgrundlage für den Versorgungsfreibetrag ist

a) bei Versorgungsbeginn vor 2005
das Zwölffache des Versorgungsbezugs für Januar 2005,

b) bei Versorgungsbeginn ab 2005
das Zwölffache des Versorgungsbezugs für den ersten vollen Monat,

jeweils zuzüglich voraussichtlicher Sonderzahlungen im Kalenderjahr, auf die zu diesem Zeitpunkt ein Rechtsanspruch besteht. [5]Der Zuschlag zum Versorgungsfreibetrag darf nur bis zur Höhe der um den Versorgungsfreibetrag geminderten Bemessungsgrundlage berücksichtigt werden. [6]Bei mehreren Versorgungsbezügen mit unterschiedlichem Bezugsbeginn bestimmen sich der insgesamt berücksichtigungsfähige Höchstbetrag des Versorgungsfreibetrags und der Zuschlag zum Versorgungsfreibetrag nach dem Jahr des Beginns des ersten Versorgungsbezugs. [7]Folgt ein Hinterbliebenenbezug einem Versorgungsbezug, bestimmen sich der Prozentsatz, der Höchstbetrag des Versorgungsfreibetrags und der Zuschlag zum Versorgungsfreibetrag für den Hinterbliebenenbezug nach dem Jahr des Beginns des Versorgungsbezugs. [8]Der nach den Sätzen 3 bis 7 berechnete Versorgungsfreibetrag und Zuschlag zum Versorgungsfreibetrag gelten für die gesamte Laufzeit des Versorgungsbezugs. [9]Regelmäßige Anpassungen des Versorgungsbezugs führen nicht zu einer Neuberechnung. [10]Abweichend hiervon sind der Versorgungsfreibetrag und der Zuschlag zum Versorgungsfreibetrag neu zu berechnen, wenn sich der Versorgungsbezug wegen Anwendung von Anrechnungs-, Ruhens-, Erhöhungs- oder Kürzungsregelungen erhöht oder vermindert. [11]In diesen Fällen sind die Sätze 3 bis 7 mit dem geänderten Versorgungsbezug als Bemessungsgrundlage im Sinne des Satzes 4 anzuwenden; im Kalenderjahr der Änderung sind der höchste Versorgungsfreibetrag und Zuschlag zum Versorgungsfreibetrag maßgebend. [12]Für jeden vollen Kalendermonat, für den keine Versorgungsbezüge gezahlt werden, ermäßigen sich der Versorgungsfreibetrag und der Zuschlag zum Versorgungsfreibetrag in diesem Kalenderjahr um je ein Zwölftel.

§§ 1, 2 LStDV

§ 1 Arbeitnehmer, Arbeitgeber

(1) [1]Arbeitnehmer sind Personen, die in öffentlichem oder privatem Dienst angestellt oder beschäftigt sind oder waren und die aus diesem Dienstverhältnis oder einem früheren Dienstverhältnis Arbeitslohn beziehen. [2]Arbeitnehmer sind auch die Rechtsnachfolger dieser Personen, soweit sie Arbeitslohn aus dem früheren Dienstverhältnis ihres Rechtsvorgängers beziehen.

(2) [1]Ein Dienstverhältnis (Absatz 1) liegt vor, wenn der Angestellte (Beschäftigte) dem Arbeitgeber (öffentliche Körperschaft, Unternehmer, Haushaltsvorstand) seine Arbeitskraft schuldet. [2]Dies ist der Fall, wenn die tätige Person in der Betätigung ihres geschäftlichen Willens unter der Leitung des Arbeitgebers steht oder im geschäftlichen Organismus des Arbeitgebers dessen Weisungen zu folgen verpflichtet ist.

(3) Arbeitnehmer ist nicht, wer Lieferungen und sonstige Leistungen innerhalb der von ihm selbständig ausgeübten gewerblichen oder beruflichen Tätigkeit im Inland gegen Entgelt ausführt, soweit es sich um die Entgelte für diese Lieferungen und sonstigen Leistungen handelt.

§ 2 Arbeitslohn

(1) [1]Arbeitslohn sind alle Einnahmen, die dem Arbeitnehmer aus dem Dienstverhältnis zufließen. [2]Es ist unerheblich, unter welcher Bezeichnung oder in welcher Form die Einnahmen gewährt werden.

(2) Zum Arbeitslohn gehören auch

1. *Einnahmen im Hinblick auf ein künftiges Dienstverhältnis;*
2. *Einnahmen aus einem früheren Dienstverhältnis, unabhängig davon, ob sie dem zunächst Bezugsberechtigten oder seinem Rechtsnachfolger zufließen. [2]Bezüge, die ganz oder teilweise auf früheren Beitragsleistungen des Bezugs-*

berechtigten oder seines Rechtsvorgängers beruhen, gehören nicht zum Arbeitslohn, es sei denn, daß die Beitragsleistungen Werbungskosten gewesen sind;

3. *Ausgaben, die ein Arbeitgeber leistet, um einen Arbeitnehmer oder diesem nahestehende Personen für den Fall der Krankheit, des Unfalls, der Invalidität, des Alters oder des Todes abzusichern (Zukunftssicherung). [2]Voraussetzung ist, daß der Arbeitnehmer der Zukunftssicherung ausdrücklich oder stillschweigend zustimmt. [3]Ist bei einer Zukunftssicherung für mehrere Arbeitnehmer oder diesen nahestehende Personen in Form einer Gruppenversicherung oder Pauschalversicherung der für den einzelnen Arbeitnehmer geleistete Teil der Ausgaben nicht in anderer Weise zu ermitteln, so sind die Ausgaben nach der Zahl der gesicherten Arbeitnehmer auf diese aufzuteilen. [4]Nicht zum Arbeitslohn gehören Ausgaben, die nur dazu dienen, dem Arbeitgeber die Mittel zur Leistung einer dem Arbeitnehmer zugesagten Versorgung zu verschaffen;*
4. *Entschädigungen, die dem Arbeitnehmer oder seinem Rechtsnachfolger als Ersatz für entgangenen oder entgehenden Arbeitslohn oder für die Aufgabe oder Nichtausübung einer Tätigkeit gewährt werden;*
5. *besondere Zuwendungen, die auf Grund des Dienstverhältnisses oder eines früheren Dienstverhältnisses gewährt werden, zum Beispiel Zuschüsse im Krankheitsfall;*
6. *besondere Entlohnungen für Dienste, die über die regelmäßige Arbeitszeit hinaus geleistet werden, wie Entlohnung für Überstunden, Überschichten, Sonntagsarbeit;*
7. *Lohnzuschläge, die wegen der Besonderheit der Arbeit gewährt werden;*
8. *Entschädigungen für Nebenämter und Nebenbeschäftigungen im Rahmen eines Dienstverhältnisses.*

Literatur: *Albert*, Wann ist die Teilnahme an Tagungen und Fortbildungsveranstaltungen steuerpflichtiger Arbeitslohn?, FR 2001, 516; *Albert*, Teilnahme an Teambildungsmaßnahmen als steuerpflichtiger Arbeitslohn, FR 2003, 1153; *Albert*, Lohnzahlung durch Dritte, FR 2009, 857; *Bergkemper*, Durch Dienstverhältnis veranlasstes Aktienankaufsrecht als lohnsteuerlicher Vorteil, FR 2009, 133; *Bergkemper*, Das BMF-Schreiben zur Reform des steuerlichen Reisekostenrechts ab 1.1.2014, FR 2013, 1017; *v. Bornhaupt*, Abgrenzung Werbungskostenersatz zu Auslagenersatz und durchlaufenden Geldern im Lohnsteuerrecht, StuW 1990, 46; *Drüen*, Die Indienstnahme Privater für den Vollzug von Steuergesetzen, Tübingen 2012; *Forchhammer*, Lohnsteuerliche und umsatzsteuerliche Behandlung von Mehrfacharbeitsverträgen im Konzern, DStZ 1999, 153; *Geserich*, Kosten einer Betriebsveranstaltung als Arbeitslohn, NWB 2013, 1477; *Geserich*, Neues zur Lohnbesteuerung von Betriebsveranstaltungen, NWB 2013, 3298; *Giloy*, Zum Begriff des Arbeitnehmers im steuerrechtlichen Sinne, DB 1986, 822; *Heger*, Die steuerliche Behandlung von Sonderzahlungen des Arbeitgebers an Zusatzversorgunskassen, BB 2006, 1598; *Kettler*, Firmenparkplätze aus steuerrechtlicher Sicht, DStZ 2001, 667; *Lang*, Die Einkünfte des Arbeitnehmers – Steuerrechtssystematische Grundlegung, DStJG 9 (1986), 15; *Offerhaus*, Auslagenersatz – Werbungskostenersatz unter besonderer Berücksichtigung der Entwicklung des Arbeitslohnbegriffs, BB 1990, 2017; *Paus*, Zufluss des vereinbarten, nicht gezahlten Gehalts des GGF je nach Buchung bei der GmbH?, DStZ 2011, 458; *Petereit/Neumann*, Leasingfahrzeug-Finanzierung aus Zeitwertkonten, BB 2004, 301; *Pump*, Abgrenzung Unternehmer gem. § 2 UStG und Arbeitnehmer, StBp. 2000, 205; *Risthaus*, Die Änderungen in der privaten Altersversorgung durch das Alterseinkünftegesetz, DB 2004, 1329; *Roscher/v. Bornhaupt*, Die lohnsteuerliche Behandlung beruflicher Fort- und Weiterbildungsmaßnahmen, DStR 2003, 964; *Schiemzik*, Virtual Stock Options, NWB 2011, 798; *Schothöfer*, Die GmbH als notwendiges Betriebsvermögen ihres (Mehrheits-)Gesellschafters?, GmbHR 2012, 559; *Seer*, Ertragsteuerliche Qualifizierung des beherrschenden Gesellschafter-Geschäftsführers einer GmbH, GmbHR 2011, 313 und GmbHR 2012, 563; *Thomas*, Das Zusätzlichkeitserfordernis – Steuervergünstigung nur gegen mehr Lohn?, DStR 2011, 789; *Titgemeyer*, Zur steuerlichen Behandlung von Bewirtungsaufwendungen leitender Angestellter, BB 2009, 1898; *Weber*, Die steuerliche Behandlung von Betriebsveranstaltungen ab dem 1.1.2015, NWB 2015, 3532; *Weidemann/Söffing*, Steuerliche Behandlung von Erträgen und Prämien privater Berufs- und Erwerbsunfähigkeitsversicherungen, DB 1999, 2133; *Wolf*, Einkünftequalifikation der Tätigkeit von Musikern: Selbständiges, nichtselbständiges oder gewerbliches Musizieren, FR 2002, 202; *Wunderlich*, Steuerliche Behandlung von Lösegeldzahlungen und Prämien zu einer Entführungsrisikoversicherung, DStR 1996, 2003.

A. Grundaussagen der Vorschrift

§ 19 regelt die Einkünfte aus nichtselbständiger Arbeit iSv. § 2 Abs. 1 S. 1 Nr. 4. Diese Einkünfte beruhen 1
ebenso wie die Einkünfte aus KapVerm. (§ 20) und aus VuV (§ 21) idR auf wiederkehrenden Zahlungen und können deshalb vereinfacht als Überschuss (§ 2 Abs. 2 S. 1 Nr. 2) ermittelt und – im LSt-Verfahren (§§ 38 ff.) – erhoben werden. Die Vorschrift enthält keine Legaldefinition der Einkunftsart, sondern beschränkt sich in Abs. 1 S. 1 lediglich auf eine beispielhafte Aufzählung v. Einkünften. Abs. 1 S. 2 enthält dazu klarstellende Ergänzungen.[1] Abs. 2 gewährt für bestimmte Einnahmen aus nichtselbständiger Arbeit einen besonderen Freibetrag (Versorgungs-Freibetrag) mit Zuschlag.

I. Regelungsgegenstand. Ergänzt[2] wird die Norm durch die §§ 1 und 2 LStDV, die Legaldefinitionen 1a
der Begriffe ArbN (§ 1 Abs. 1 LStDV), Dienstverhältnis (§ 1 Abs. 2 LStDV) und Arbeitslohn (§ 2 Abs. 1 LStDV) enthalten. Ob die Ermächtigungsnorm in § 51 Abs. 1 Nr. 1 diese Begriffsbestimmungen deckt, ist umstritten (dazu § 51 Rn. 93, 94). Nach herrschender Auffassung[3] handelt es sich aber bei den §§ 1 und 2 LStDV um eine zutr. Auslegung des G.

Die Einkünfte aus nichtselbständiger Arbeit erbringen unter den sieben Einkunftsarten das höchste Aufkommen. Sie bieten den meisten StPfl. die wesentliche ökonomische Grundlage ihrer Lebensführung.

II. Verhältnis zu anderen Vorschriften. 1. Verhältnis zu §§ 38 ff. Die §§ 38 ff. regeln die Erhebung der 2
auf die Einkünfte nach § 19 entfallenden ESt durch Quellenabzug vom Arbeitslohn. Sie legen nur fest, wie die ESt erhoben wird. Ob überhaupt Einkünfte vorliegen, bestimmt § 19.

2. Verhältnis zu §§ 13, 15 und 18. Einkünfte aus nichtselbständiger Arbeit und Gewinneinkünfte schlie- 3
ßen sich gegenseitig aus, da Gewinneinkünfte voraussetzen, dass sie selbständig ausgeübt werden (§ 15 Rn. 18). § 15 Abs. 1 S. 1 Nr. 2 verdrängt § 19, soweit ein nichtselbständig Tätiger unmittelbar oder mittelbar[4] mitunternehmerisch am arbeitgebenden Betrieb beteiligt ist.[5] Dies gilt nach dem Wortlaut des § 15 Abs. 1 S. 1 Nr. 2 unabhängig v. der Höhe der Beteiligung oder sonstigen Umständen. ZT werden gewerbliche Einkünfte verneint,[6] wenn weder rechtl. noch wirtschaftlich eine Verbindung zw. Arbeitsleistung und Gesellschaftsverhältnis besteht;[7] die Einfügung v. § 15 Abs. 1 S. 1 Nr. 2 S. 2 hat diesem gedanklichen Ansatz jedoch die Grundlage entzogen, da bei bloß mittelbarer Beteiligung regelmäßig eine rechtl. und wirtschaftliche Verbindung zw. Tätigkeit und Beteiligung fehlt.

1 *H/H/R*, § 19 Anm. 340.
2 Zu EU-Recht s. Rn. 6.
3 BFH v. 23.10.1992 – VI R 59/91, BStBl. II 1993, 303 = FR 1993, 401; *K/S/M*, § 19 Rn. 3.
4 § 15 Abs. 1 Nr. 2 S. 2.
5 BFH v. 15.4.1992 – III R 96/88, BStBl. II 1992, 819 = FR 1992, 649; zuletzt BFH v. 30.8.2007 – IV R 14/06, BStBl. II 2007, 942 = FR 2008, 226.
6 *Blümich*, § 19 Rn. 18.
7 Unter Berufung auf ein obiter dictum in BFH v. 24.1.1980 – IV R 156–157/78, BStBl. II 1980, 271 = FR 1980, 272.

4 **3. Verhältnis zu §§ 20, 21, 22 Nr. 1 und 22 Nr. 3.** Eine Abgrenzung der Arbeitseinkünfte des § 19 zu den Kapital- und Vermietungseinkünften der §§ 20 und 21 erübrigt sich idR wegen des unterschiedlichen Veranlassungszusammenhangs.[1] Wer entgeltlich Kapital oder Grundvermögen überlässt, erhält keine Gegenleistung für das Zur-Vfg.-Stellen v. Arbeitskraft (Rn. 62). Gelegentlich ergeben sich aber Veranlassungsüberlagerungen (Rn. 63), etwa wenn der ArbG einem ArbN zusätzlich zum sonstigen Arbeitslohn ein Entgelt für die Benutzung eigener Werkzeuge zahlt. In diesen Fällen bestimmen die Konkurrenzvorschriften der §§ 20 Abs. 3 und 21 Abs. 3, dass solche Einnahmen den Einkünften aus nichtselbständiger Arbeit zuzuordnen sind.

5 § 22 Nr. 1 und Nr. 3 sind gegenüber anderen Einkunftsarten nur subsidiär. § 22 Nr. 3 kommt dann zum Tragen, wenn einem ArbN Erträge aus vertrags- und treuwidrigem Verhalten zufließen (zB Bestechungsgelder, Rn. 70). Zur Abgrenzung v. Leibrenten iSv. § 22 Nr. 1 zu Versorgungsbezügen iSv. § 19 Abs. 2 s. Rn. 81 f.

6 **4. Verhältnis zum UStG und GewStG.** Eine Einnahme aus nichtselbständiger Arbeit ist nie gewerbesteuer- oder ustpfl. Das GewStG knüpft für die Frage, ob gewerbliche Einkünfte vorliegen, gem. § 2 Abs. 1 S. 2 GewStG an die estl. Wertung an (§ 15 Rn. 11). Umsatzstl. Unternehmer kann gem. § 2 Abs. 1 S. 1 UStG nur sein, wer die Tätigkeit selbständig ausübt. § 2 Abs. 2 Nr. 1 UStG definiert zT abw. v. § 1 Abs. 1 LStDV, unter welchen Voraussetzungen nat. Pers. nicht selbständig tätig sind. Art. 4 Abs. 4 S. 6 EWG-RL bestimmt aber ausdrücklich, dass der Begriff „selbständig" Lohn- und Gehaltsempfänger als umsatzstl. Unternehmer ausschließt.[2] Die Selbständigkeit sollte trotz der unterschiedlichen Wortwahl für alle St-Arten einheitlich zu beurteilen sein.[3] Indes sollen die ertragsteuerrechtl. Grundsätze zur Qualifikation der Einkünfte (VuV oder nichtselbständige Arbeit) für die Frage der Selbständigkeit keine Rolle spielen.[4] Eine verfahrensrechtl. Bindung an USt- oder GewSt-Bescheide besteht in jedem Fall nicht.[5]

7 **5. Verhältnis zu arbeits- und sozialrechtlichen Vorschriften.** Der stl. Begriff des Dienstverhältnisses ist nicht notwendigerweise mit dem identisch, was als Dienst- oder Arbverh. iSd. Zivil- oder Sozialrechts gilt.[6] Trotz häufiger Überschneidung der Begriffe weichen gerade in den schwierigen Grenzfällen die zivil- und sozialrechtl. Ergebnisse vom Steuerrecht ab. So sind die sozialversicherungsrechtl. Regelungen zur „Scheinselbständigkeit" (§ 7 Abs. 4 SGB IV) steuerrechtl. ohne Bedeutung.[7] Die dort getroffenen Vermutungen sind auch nicht hilfsweise im Steuerrecht heranzuziehen.[8] ArbN-ähnliche Selbständige (§ 2 Nr. 9 SGB VI) sind idR selbständig.[9] SozVers.rechtl. ArbN, die stl. als MU'er behandelt werden, sind keine ArbN iSd. § 19.[10] Die arbeitsrechtl. Einordnung v. „ersatzweise" zugesprochenen Vergütungsanspruch gem. § 612 Abs. 2 BGB begründet kein Dienstverhältnis iSd. § 19.[11]

8 **III. Ermittlung der Einkünfte aus nichtselbständiger Arbeit.** Die Einkünfte aus nichtselbständiger Arbeit gehören zu den Überschusseinkünften gem. § 2 Abs. 2 S. 1 Nr. 2 und ermitteln sich daher als Überschuss der Einnahmen über die WK. Viele Einnahmen sind gem. §§ 3 und 3c stfrei. Im Rahmen der Veranlagung (§ 25 Rn. 1, § 46 Rn. 5) bleiben nach §§ 40–40c pauschal versteuerte Einnahmen außer Betracht. Für bestimmte geldwerte Vorteile (§ 8 Rn. 18) gelten zT besondere Bewertungsbestimmung, insbes. §§ 8 Abs. 2, Abs. 3, 19a Abs. 2 EStG, 1 ff. SvEV.

9 Bei Versorgungsbezügen ist vor den WK gem. § 19 Abs. 2 ein Versorgungs-Freibetrag und ein Zuschlag zu diesem Freibetrag abzuziehen. Für die WK bestimmt § 9a Nr. 1 lit. a einen PB v. 1 000 Euro, für Versorgungsbezüge gem. § 9a Nr. 1 lit. b allerdings nur 102 Euro.

10 Für die zeitliche Zurechnung der Einnahmen gelten gem. § 11 Abs. 1 S. 4 auch bei der Veranlagung abw. v. § 11 Abs. 1 S. 1 die LSt-Sonderregeln der § 38a Abs. 1 S. 2, 3 und § 40 Abs. 3 S. 2. Für den Zuflusszeitpunkt (§ 11 Rn. 2) kommt es demnach darauf an, ob es sich um lfd. Arbeitslohn (§ 38a Rn. 4), sonstige Be-

---

1 HM, BFH v. 31.10.1989 – VIII R 210/83, BStBl. II 1990, 532 = FR 1990, 372; *K/S/M*, § 19 Rn. B 60; *Blümich*, § 19 Rn. 21.

2 BFH v. 2.12.1998 – X R 83/96, BStBl. II 1999, 534 = FR 1999, 521 entnimmt dieser Norm auch Wirkung für die Frage der ertragstl. Behandlung; s. auch § 15 Rn. 18 ff.

3 BFH v. 2.12.1998 – X R 83/96, BStBl. II 1999, 534 = FR 1999, 521.

4 BFH v. 11.10.2007 – V R 77/05, BStBl. II 2008, 443.

5 BFH v. 10.3.2005 – V R 29/03, BStBl. II 2005, 730; *H/H/R*, § 19 Anm. 28.

6 BFH v. 9.1.2004 – V B 140/03, BFH/NV 2004, 543: nur indizielle Bedeutung.

7 BFH v. 2.12.1998 – X R 83/96, BStBl. II 1999, 534 = FR 1999, 521; H 19.0 „Allgemeines" LStR.

8 Die sozial- und arbeitsrechtl. Einordnung kann iRd. stl. Beurteilung nur als Indiz gewertet werden, BFH v. 2.12.1998 – X R 83/96, BStBl. II 1999, 534 = FR 1999, 521.

9 R 15.1 Abs. 3 EStR.

10 BFH v. 30.8.2007 – IV R 14/06, BStBl. II 2007, 942 = FR 2008, 226.

11 BFH v. 8.5.2008 – VI R 50/05, BStBl. II 2008, 868 = FR 2009, 41 m. Anm. *Bergkemper*.

züge (§ 38a Rn. 5) oder auf den ArbN überwälzte pauschale LSt (§ 40 Rn. 30) handelt. Für die WK gilt das Abflussprinzip des § 11 Abs. 2, soweit die Regelung nicht gem. § 9 Abs. 1 S. 3 Nr. 7 durch die Vorschriften über die AfA verdrängt wird.

B. Einkünfte aus nichtselbständiger Arbeit (Abs. 1)

I. Grundsätzliches. Abs. 1 S. 1 enthält in Nr. 1 eine beispielhafte Aufzählung typischer Einnahmen aus 11
nichtselbständiger Arbeit („Gehälter, Löhne, Gratifikationen, Tantiemen"), die nicht abschließend ist („und andere Bezüge und Vorteile"). Den Grundtatbestand dieser Einkunftsart benennt die 2. Alt. der Nr. 1: „Bezüge und Vorteile, die für eine Beschäftigung im öffentl. oder privaten Dienst gewährt werden". Die Nr. 2 bestimmt rechtsbegründend,[1] dass der Veranlassungsgrund für die Zuordnung zur Einkunftsart auch für die Rechtsnachfolger fortwirkt.

Eine in Einzeltatbestandsmerkmale auflösbare Definition der Einkunftsart fehlt dem G (vgl. Einl. Rn. 38). 12
Dennoch kommt der gesetzliche Belastungsgrund in Abs. 1 S. 1 Nr. 1 hinreichend zum Ausdruck: Der Erwerbserfolg durch Nutzung der eigenen Arbeitskraft an einem v. einem ArbG bereitgestellten Arbeitsplatz. Die anhaltende Kritik an der Gesetzesformulierung[2] ist daher nicht berechtigt. Die Vielfältigkeit und fortschreitende Wandlung des Arbeitslebens ist letztlich nur mit einem leitbildartigen Typus zu fassen, einer generalisierenden Regelung, die den stl. Belastungsgrund für die Vielfalt der Massenfälle hinreichend benennt und um der Gleichheit willen möglichst unausweichlich gestaltet (Einl. Rn. 33).

Die Pers., die Einkünfte aus nichtselbständiger Arbeit erzielt, ist der ArbN.[3] Er steht in einem Dienstver- 13
hältnis iSd. § 1 Abs. 2 LStDV zu einem ArbG. Seine Einnahmen „aus dem Dienstverhältnis" (§ 2 Abs. 1 LStDV) sind der Arbeitslohn.

Durch den Begriff „Dienstverhältnis" konkretisiert sich technisch die Erwerbsgrundlage (s. § 2 Rn. 7, 51) 14
des ArbN, der „Arbeitsplatz". Durch das Zur-Vfg.-Stellen seiner Arbeitskraft in einem Dienstverhältnis erfüllt der ArbN den Handlungstatbestand (s. § 2 Rn. 8, 58 f.). Erzielt er aus diesem Dienstverhältnis Arbeitslohn, verwirklicht sich schließlich der Erfolgstatbestand (s. § 2 Rn. 9, 85 f.). Die Erfüllung dieser Tatbestandsvoraussetzungen begründet abschließend die Steuerbarkeit der Erträge aus Einkünften aus nichtselbständiger Arbeit.

Bei den Einkünften aus nichtselbständiger Arbeit wird regelmäßig eine Überschusserzielungsabsicht vorliegen, auch wenn eine estrechtl. unbeachtliche Liebhaberei vorliegen kann.[4] Dabei ist aber sowohl ein etwaiges Ruhegehalt als auch ein Anspr. auf Hinterbliebenenversorgung zu berücksichtigen. Die Überschussprognose ist nicht nur personenbezogen durchzuführen.[5]

II. Dienstverhältnis. 1. Allgemeine Begriffsbestimmung. a) Abgrenzung zur Selbständigkeit. (S. 15
dazu auch § 15 Rn. 18 ff.) Der Begriff „Dienstverhältnis" ist stl. mit dem Begriff „Arbeitsverhältnis" identisch.[6] Ein Dienstverhältnis liegt nach § 1 Abs. 2 S. 1 LStDV vor, wenn der ArbN dem ArbG seine Arbeitskraft schuldet, dh., wenn er in der Betätigung seines geschäftlichen Willens unter der Leitung des ArbG steht oder im geschäftlichen Organismus des ArbG dessen Weisungen zu folgen verpflichtet ist, § 1 Abs. 2 S. 2 LStDV. Nichtselbständig ist, wer in Hinblick auf Beginn, Ende und Dauer der Arbeitszeit, sowie die Art und den Ort der Tätigkeit im Wesentlichen fremdbestimmt ist, also Teil einer Organisation, eingebunden in Berichts-, Kontroll- und Hierarchieebenen.[7]

Nach Auffassung der Rspr.[8] legt § 1 LStDV, der als maßgebliche Kriterien das Schulden der Arbeitskraft 16
(Rn. 23 f.), die Weisungsgebundenheit (Rn. 25 f.) und die organisatorische Eingliederung (Rn. 28 f.) nennt, das G zutr. aus, ist aber dadurch zu ergänzen, dass ein ArbN kein Unternehmerrisiko tragen darf (Rn. 31 f.).[9] Ausschlaggebend ist das Gesamtbild der Tätigkeit (Rn. 33 f.),[10] nicht ob alle Merkmale vorliegen oder einzelne Kriterien hervortreten.

1 *H/H/R*, § 19 Anm. 303.
2 *Blümich*, § 19 Rn. 45; *K/S/M*, § 19 Rn. B 3 und 6; *H/H/R*, § 19 Anm. 51.
3 Dies gilt auch dann, wenn die Einnahmen v. den Rechtsnachfolgern bezogen werden; § 1 Abs. 1 S. 2 LStDV.
4 *H/H/R*, § 2 EStG Anm. 462, mwN.
5 BFH v. 28.8.2008 – VI R 50/06, BStBl. II 2009, 243 (Teil der Beurteilungseinheit „Arbeitsverhältnis").
6 BFH v. 7.4.1972 – VI R 58/69, BStBl. II 1972, 643; *Schmidt*[37], § 19 Rn. 11.
7 *Pump*, StBp. 2000, 205 ff.
8 BFH v. 18.1.1991 – VI R 122/87, BStBl. II 1991, 409 = FR 1991, 425.
9 HM, BFH v. 16.5.2002 – IV R 94/99, BStBl. II 2002, 565 = FR 2002, 1004; *Schmidt*[37], § 19 Rn. 24; *H/H/R*, § 19 Anm. 74; *Blümich*, § 19 Rn. 69.
10 StRspr.; BFH v. 23.10.1992 – VI R 59/91, BStBl. II 1993, 303 = FR 1993, 401 mwN; und hL, *K/S/M*, § 19 Rn. B 17; *Schmid*[37], § 19 Rn. 21.

17 **b) Abgrenzung gegenüber nichtsteuerbarer Tätigkeit.** Unmaßgeblich für das Vorliegen eines Dienstverhältnisses ist grds. die zivilrechtl. Wirksamkeit der ihm zugrunde liegenden Vereinbarung. Ausreichend ist ein faktisches Dienstverhältnis.[1] Auch sittenwidrige Tätigkeiten können Inhalt eines steuerrechtl. Dienstverhältnisses sein.[2]

18 Nicht Voraussetzung für ein Dienstverhältnis ist die Freiwilligkeit der Tätigkeit.[3] Davon geht auch § 3 Nr. 5 aus, der bislang den Sold für Wehr- und Zivildienstleistende stfrei gestellt hat. Die Notwendigkeit einer Steuerbefreiung ergibt sich nur bei steuerbaren Einnahmen. Nach Aussetzung der Wehrpflicht zum 1.7.2011[4] ist dies nur noch ein theoret. Problem. Die Steuerbefreiung bleibt aber über den 1.7.2011 hinaus für Teile des Solds erhalten, s. im Einzelnen Rn. 54 „Bundeswehr/Bundesfreiwilligendienst" und Rn. 78 „Bundeswehr/Bundesfreiwilligendienst". Die Zahlungen an ehemalige Zwangsarbeiter sind keine Gegenleistung für die geleistete Arbeit und daher nicht steuerbar.[5]

19 Bloße Gefälligkeiten sind nicht Inhalt eines Dienstverhältnisses. Hierbei handelt es sich um Tätigkeiten, bei denen eine rechtsgeschäftliche Grundlage fehlt und die auf persönlicher Verbundenheit beruhende freiwillige Dienstleistung im Vordergrund steht. Typische Fälle finden sich im Bereich der Nachbarschafts- und Familienhilfe.[6] Eine Zuwendung vom Hilfeempfänger (Belohnung, Aufmerksamkeit) ist estl. dann kein Entgelt. Maßgeblich ist, ob es sich bei der Tätigkeit um eine Teilnahme am Marktgeschehen handelt.[7] Die Höhe oder Art des Entgelts ist dabei nicht entscheidend, kann aber Indiz sein.[8] Bei Au-pair-Mädchen wurde angenommen, dass das gegenseitige Kennen- und Verstehenlernen im Vordergrund stehe.[9] Die heutige Wirklichkeit v. Au-pair-Verträgen bestätigt diese Auffassung nicht.

20 **c) Besonderheiten bei Ehrenämtern.** Im Allgemeinen wird ein Ehrenamt selbständig ausgeübt (s. aber Rn. 54 „Bürgermeister"). Insbes. sprechen die Geringfügigkeit der Entschädigung und der Tätigkeit für Gefälligkeit (Liebhaberei) gegen ein Dienstverhältnis. Gleiches gilt, wenn die Ausübung des Ehrenamts eine Hilfstätigkeit einer selbständigen Tätigkeit bildet, zB bei Ehrenämtern selbständig Tätiger in ihren Berufs- oder Standesorganisationen. Entschädigungen für den Verdienstausfall, den ein ArbN durch sein selbständig ausgeübtes Ehrenamt erleidet, gehören zu seinen Einkünften aus nichtselbständiger Arbeit gem. § 24 Nr. 1a. Der Ersatz der notwendigen Aufwendungen eines Ehrenamtlichen begründet kein eigenes Dienstverhältnis. Es ist unschädlich, wenn die Erstattungsbeträge die tatsächlichen Aufwendungen nur unwesentlich übersteigen. Bei Erstattungsleistungen bis zu 256 Euro je VZ könnte v. der Steuerfreiheit des Aufwendungsersatzes ausgegangen werden.[10]

21 Der Inhaber eines Ehrenamts ist aber ArbN bei Eingliederung in das beschäftigende Unternehmen,[11] sofern die gezahlte Entschädigung im Regelfall die durch das Ehrenamt veranlassten Aufwendungen erheblich übersteigt.[12] Gleiches gilt, wenn die ehrenamtliche Tätigkeit in so enger Verbindung mit einem ohnehin vorhandenen Dienstverhältnis steht, dass sie als Teil jener Tätigkeit anzusehen ist (städtischer Beamter als Geschäftsführer eines gemeindlichen Schwimmbades).

22 In diesen Fällen ist das gezahlte Entgelt unabhängig v. der Bezeichnung (Kostenersatz, Aufwandsentschädigung, Entschädigung zur Abgeltung des Haftungsrisikos) stpfl. Arbeitslohn, soweit er nicht als Aufwandsentschädigung aus einer öffentl. Kasse stfrei ist (s. § 3 Nr. 12). Da das Entgelt nicht vom ArbG gezahlt wird, unterliegt es nicht dem Steuerabzug vom Arbeitslohn (§ 38 Rn. 5, 17), sondern ist im Rahmen einer Veranlagung zu erfassen.

23 **2. Einzelkriterien. a) Schulden der Arbeitskraft.** Das Schulden der Arbeitskraft nennt § 1 Abs. 2 S. 1 LStDV als erstes Merkmal eines Dienstverhältnisses. Nicht geschuldet wird der Arbeitserfolg.[13] Dabei kommt es nicht auf ein zivilrechtl. Schuldverhältnis an, sondern darauf, dass tatsächlich eine Tätigkeit er-

---

1 BFH v. 23.10.1992 – VI R 59/91, BStBl. II 1993, 303 = FR 1993, 401; *K/S/M*, § 19 Rn. B 127.
2 *Blümich*, § 19 Rn. 57 mwN.
3 HM, *K/S/M*, § 19 Rn. B 50; *Schmidt*[37], § 19 Rn. 13; *Blümich*, § 19 Rn. 59; **aA** *H/H/R*, § 19 Anm. 72; OFD Erf. v. 15.3.1999, DStR 1999, 852 für Asylbewerber; FinMin. Bay. v. 31.7.1979, StEK EStG § 19 Nr. 79 für Strafgefangene.
4 WehrRÄndG 2011, BGBl. I 2011, 678.
5 OFD München v. 4.2.2000, DB 2000, 398; zust. *Schmidt*[37], § 19 Rn. 13.
6 *K/S/M*, § 19 Rn. B 70 ff.
7 BFH v. 14.9.1999 – IX R 88/95, BStBl. II 1999, 776 mit Anm. *Fischer*, FR 1999, 1381.
8 BFH v. 4.8.1994 – VI R 94/93, BStBl. II 1994, 944 = FR 1995, 105: Sanitätshelfer als ArbN; *Schmidt*[37], § 19 Rn. 23.
9 FG Hbg. v. 17.5.1982 – VI 198/79, EFG 1983, 21; zust. *K/S/M*, § 19 Rn. B 72; abl. *Risse*, BB 1983, 680.
10 Entspr. § 22 Nr. 3 S. 2.
11 BFH v. 3.12.1965 – VI 167/63 U, BStBl. III 1966, 153 betr. Vorstandsvorsitzenden einer Berufsgenossenschaft.
12 BFH v. 4.8.1994 – VI R 94/93, BStBl. II 1994, 944 = FR 1995, 105 betr. Sanitätshelfer des Roten Kreuzes.
13 BFH v. 14.6.1985 – VI R 150–152/82, BStBl. II 1985, 661 = FR 1985, 624; Schulden eines Arbeitserfolges spricht gegen Dienstverhältnis.

bracht werden soll. Ob es zu einem Einsatz der Arbeitskraft tatsächlich kommt, ist nicht entscheidend.[1] Das Merkmal „Schulden der Arbeitskraft“ ist auch dann erfüllt, wenn der ArbG auf die Arbeit verzichtet,[2] oder der ArbN die Arbeit aufgrund anderer Umstände nicht erbringt (zB wegen Krankheit).

Ein bloßes Unterlassen begründet nicht Einkünfte aus nichtselbständiger Arbeit, sondern ist allenfalls als Einkunft aus sonstigen Leistungen nach § 22 Nr. 3 steuerbar. Auch eine Karenzentschädigung für ein Wettbewerbsverbot ist nur dann als Ausfluss der bisherigen Tätigkeit dem Veranlassungszusammenhang mit dem Dienstverhältnis zuzurechnen, wenn das Wettbewerbsverbot v. vornherein vereinbart wurde oder der Verzicht sich eindeutig auf die Ausübung einer Tätigkeit aus nichtselbständiger Arbeit bezieht.[3] 24

b) Weisungsgebundenheit. Die Weisungsgebundenheit ist Ausdruck der für das Dienstverhältnis charakteristischen beruflichen Abhängigkeit. Der nichtselbständig Tätige steht „unter der Leitung des ArbG“.[4] Der ArbG hat ggü. dem ArbN ein Direktionsrecht, das im Regelfall die Art und Weise, den Ort, die Zeit und den Umfang der Tätigkeit des ArbN bestimmt. Bei im öffentl. Dienst Beschäftigten ergibt sich die Weisungsgebundenheit aus dem für sie bestehenden Sonderrechtsverhältnis.[5] 25

Das Weisungsrecht wird vielfach nicht v. der Eingliederung unterschieden. Gerade die neuere Entwicklung der Arbeitswelt, insbes. der Telearbeit, zeigt jedoch, dass eine nachvollziehbare Einordnung der neuen Arbeitsplätze ohne dieses Merkmal nicht möglich sein wird. 26

Dieses Weisungsrecht kann je nach Art der Tätigkeit umfassend die Einzelheiten des Arbeitsablaufs betreffen oder sich auf einen allg. äußeren Rahmen beschränken. Bei Organpersonen (Geschäftsführer einer GmbH,[6] Vorstand einer AG[7]) fehlt es ganz.[8] Da deren Entscheidungsfreiheit aber Ausfluss des Willens des Geschäftsherrn ist und nicht auf eigener Machtvollkommenheit beruht,[9] sind auch diese ArbN weisungsgebunden iSd. § 1 Abs. 2 LStDV. Das trifft auch für Richter zu. Die zur USt ergangene Rspr., dass die Organstellung der Beurteilung der Tätigkeit des Geschäftsführers für die GmbH als selbständige Leistung nicht mehr zwingend entgegenstehe,[10] ist abzulehnen. Die Aufgabe der generellen Klassifizierung des GmbH-Geschäftsführers als ArbN[11] widerspricht dem geltenden Typus. Die europarechtl. Herleitung überzeugt für die Anwendung auf nat. Pers. nicht. Die Verwaltung hat einen „faktischen“ Nichtanwendungserlass veröffentlicht.[12] In jedem Fall abzulehnen ist eine entsprechende Übertragung auf die Ertragsteuern.[13] Der BFH folgt zwar insoweit der bisherigen Rspr. und hM, als für die Einordnung der Nichtselbständigkeit auf eine Vielzahl von Merkmalen abzustellen ist, die gegeneinander abzuwägen sind. Mit der der Rspr. des BSG[14] folgenden Ansicht, die Beteiligungsquote wäre als wesentliches Indiz für die Einordnung maßgeblich, widerspricht der VIII. Senat aber nicht nur der Rspr. des VI. Senats[15] sondern führt mit einem faktisch nicht widerlegbaren Indiz der Beteiligungsquote ein Alleinentscheidungsmerkmal ein. Ohne eine ausdrückliche gesetzliche Einordnung der Einkünfte eines G'ter-Geschäftsführers aus einem Anstellungsvertrag mit „seiner“ GmbH als Einkünfte aus GewBetr., wie dies vergleichbar bei G'tern von PersGes. in § 15 Abs. 1 S. 1 Nr. 2 der Fall ist, sind keine zwingenden Gründe erkennbar, ein vertraglich vereinbartes Arbeitsverhältnis zwischen einem G'ter-Geschäftsführer und seiner GmbH generell zu einer gewerblichen Tätigkeit umzuqualifizieren.[16] 27

1 *Giloy*, DB 1986, 824.
2 *H/M/W*, „Arbeitnehmer“ A II.
3 BFH v. 12.6.1996 – XI R 43/94, BStBl. II 1996, 516 = FR 1996, 634 unter Aufgabe der bisherigen Rspr. (BFH v. 9.11.1977 – I R 254/75, BStBl. II 1978, 195); die Ausnahmen wurden mit Verweis auf BFH v. 13.2.1987 – VI R 230/83, BStBl. II 1987, 386 = FR 1987, 262 und v. 16.3.1993 – XI R 10/92, BStBl. II 1993, 497 = FR 1993, 439 m. Anm. *Söffing* begründet.
4 § 1 Abs. 2 S. 2 LStDV.
5 *Blümich*, § 19 Rn. 67.
6 BFH v. 19.5.1993 – I R 34/92, BStBl. II 1993, 804 = FR 1993, 647 mwN.
7 BFH v. 19.4.1999 – I B 141/98, BFH/NV 1999, 1317.
8 *Lang*, DStJG 9 (1986), 25 f.
9 *Blümich*, § 19 Rn. 67.
10 BFH v. 10.3.2005 – V R 29/03, BStBl. II 2005, 730.
11 HM, *H/H/R*, § 19 Anm. 60 u. 600 „G'ter einer KapGes.“.
12 BMF v. 31.5.2007, BStBl. I 2007, 503.
13 So aber BFH v. 20.10.2010 – VIII R 34/08, BFH/NV 2011, 585.
14 BSG v. 24.11.2005 – B 12 RA 1/04 R, BSGE 95, 275.
15 BFH v. 23.4.2009 – VI R 81/06, FR 2009, 1069 m. Anm. *Bergkemper* = BFH/NV 2009, 1311.
16 GlA *Schothöfer*, GmbHR 2012, 559, der insbes. auch auf die Rechtsunsicherheit hinweist, die sich aus der Beurteilung der GmbH-Beteiligung als notw. BV des Einzelunternehmers ergeben würde; **aA** *Seer*, GmbHR 2011, 313 u. GmbHR 2012, 563.

28 **c) Eingliederung.** Die Eingliederung in den „geschäftlichen Organismus des ArbG" sieht § 1 Abs. 2 S. 2 LStDV als alternative Voraussetzung („oder") zur Weisungsgebundenheit. Entscheidende Kriterien der Eingliederung sind die Dauer der Beschäftigung und die Art der Tätigkeit.

29 Bei dauerhaften Arbeitsverhältnissen liegt regelmäßig eine Eingliederung vor. Dabei ist unerheblich, ob das Dienstverhältnis kurzfristig kündbar ist oder die Tätigkeit nur wenige Stunden wöchentlich in Anspr. nimmt. Bei kurzfristigen oder nur vorübergehenden Tätigkeiten fehlt es idR an einer Eingliederung,[1] es sei denn die Tätigkeit muss wegen ihrer Eigenart im Betrieb vollzogen werden. Bei einfachen Arbeiten ist eher eine Eingliederung anzunehmen als bei gehobeneren Tätigkeiten.[2] Die Rspr.[3] hat die Eingliederung einer Opernsängerin in den Bühnenbetrieb im Rahmen eines Gastspielauftritts abgelehnt, da die Proben[4] nur der Einbindung in das Ensemble und in die künstlerische Konzeption der Aufführung dienten und genügend Zeit zur eigenen Disposition verblieb.

30 Die Eingliederung des Beauftragten ist besonders sorgfältig zu prüfen, wenn er jeweils zeitlich nur kurz mit dem Betrieb des Auftraggebers in Berührung kommt. Gelegentliche Tätigkeiten begründen mangels Eingliederung regelmäßig kein Dienstverhältnis.[5]

31 **d) Fehlen eines Unternehmerrisikos.** Das Fehlen eines Unternehmerrisikos prägt die Tätigkeit des ArbN. Er arbeitet auf Rechnung und Gefahr einer anderen Pers. und trägt nicht selbst das Vermögensrisiko der Erwerbstätigkeit.[6] Das Merkmal des Unternehmerrisikos wird teils mit Hinweis auf die zunehmend erfolgsorientierte Bezahlung bei ArbN als ungeeignet abgelehnt.[7] Das unternehmerische Erfolgsrisiko geht aber über den Erfolgsanreiz v. Prämien und Tantiemen hinaus. Auf eigene Rechnung und Gefahr handelt, wer ein Vergütungsrisiko[8] trägt, also nur im Erfolgsfall ein Entgelt erhält und bei persönlicher Verhinderung keinen Mindestverdienst erzielt. Ein Unternehmerrisiko kann auch dann vorliegen, wenn der StPfl. nur der Höhe nach feste Stundenhonorare erzielt oder nur in geringem zeitlichem Umfang tätig wird.[9] Kein Vergütungsrisiko liegt vor, wenn sich eine erfolgsorientierte Bezahlung als ArbN-Risiko besonderer Art darstellt.[10] Wird die vereinbarte Vergütung nur für die Haupttätigkeit selbst, nicht aber für damit zusammenhängenden sonstigen Zeitaufwand gewährt, ist dies ein Indiz für Selbständigkeit.[11] Kommt dem Fehlen v. Festbezügen in der Praxis nur eine geringe Bedeutung zu, weil auch während des Urlaubs oder im Krankheitsfall eine Vertretungsregelung für die Vergütung bei Abwesenheit sorgt, fehlt es an einem hinreichenden Unternehmensrisiko. Ein Nutzungsentgelt für die Inanspruchnahme v. Räumen und Geräten kann nicht mit dem Kapitaleinsatz und der eigenverantwortlichen Beschaffung v. Arbeitsmitteln gleichgesetzt werden.[12]

32 Entscheidend ist, ob neben einer – ausnahmsweise auch ausschließlich[13] – erfolgsbezogenen Bezahlung, entweder die tätige Pers. in der Lage ist, **die Höhe der Einnahmen** durch eine Steigerung ihrer Arbeitsleistung oder durch das Herbeiführen eines besonderen Erfolgs **zu beeinflussen**,[14] oder ob ein nicht unerhebliches Kostenrisiko hinzukommt, das v. dem StPfl. wesentlich mitbestimmt wird.[15] Letzteres ist jedenfalls dann gegeben, wenn der StPfl. betrieblich am Unternehmenskapital beteiligt ist (dazu § 15 Rn. 208).

33 **e) Gesamtbild. aa) Maßgeblichkeit der Gesamtumstände.** Der ArbN-Begriff ist ein **offener Typus**, der nur durch eine größere und unbestimmte Anzahl v. Kriterien beschrieben werden kann.[16] Maßgeblich

1 *Wolf*, FR 2002, 202.
2 BFH v. 24.7.1992 – VI R 126/88, BStBl. II 1993, 155 = FR 1993, 93.
3 BFH v. 30.5.1996 – V R 2/95, BStBl. II 1996, 493.
4 Nach Auffassung der Verwaltung EStK BY, § 19 K 2.3 kommt entgegen der Auffassung des BFH (BFH v. 30.5.1996 – V R 2/95, BStBl. II 1996, 493) der Probenverpflichtung und ihrer Erfüllung bei der Abwägung der Merkmale besondere Bedeutung zu.
5 FG Saarl. v. 8.11.1995 – 2 K 43/94, EFG 1996, 98.
6 BFH v. 18.1.1991 – VI R 122/87, BStBl. II 1991, 409 = FR 1991, 425.
7 *K/S/M*, § 19 Rn. B 147f.
8 BFH v. 2.12.1998 – X R 83/96, BStBl. II 1999, 534 = FR 1999, 521; v. 12.10.1989 – IV R 118–119/87, BStBl. II 1990, 64; v. 17.10.1996 – V R 63/94, BStBl. II 1997, 188.
9 BFH v. 18.6.2015 – VI R 77/12, BStBl. II 2015, 903 (Telefoninterviewer).
10 BFH v. 24.7.1992 – VI R 126/88, BStBl. II 1993, 155 = FR 1993, 93 (Stromableser).
11 BFH v. 16.5.2002 – IV R 94/99, BStBl. II 2002, 565 = FR 2002, 1004 (zu Flugstunden und sonstigen Flugdienstzeiten).
12 BFH v. 5.10.2005 – VI R 152/01, BStBl. II 2006, 94 = FR 2006, 142 m. Anm. *Bergkemper*.
13 BFH v. 13.2.1980 – I R 17/78, FR 1980, 298 = BStBl. II 1980, 303 (Heimarbeiter mit vom ArbG vorgegebenem Stückentgelt).
14 BFH v. 10.12.1987 – IV R 176/85, BStBl. II 1988, 273 = FR 1988, 228; abgelehnt für wahlärztliche Tätigkeiten eines angestellten Chefarztes BFH v. 5.10.2005 – VI R 152/01, BStBl. II 2006, 94 = FR 2006, 142 m. Anm. *Bergkemper*.
15 BFH v. 2.12.1998 – X R 83/96, BStBl. II 1999, 534 = FR 1999, 521.
16 StRspr.; zuletzt BFH v. 14.6.2007 – VI R 5/06, FR 2008, 43 = BFH/NV 2007, 1977.

ist das Gesamtbild der Tätigkeit. Die Merkmale, die für und gegen das Vorliegen eines Dienstverhältnisses sprechen, sind gegeneinander abzuwägen.[1] Die gewichtigeren Umstände geben dann den Ausschlag.[2]

Dabei kommt es nicht so sehr auf den Inhalt der getroffenen Vereinbarungen (Rn. 39) als auf die Durchführung, insbes. die Art der geleisteten Arbeit, an.[3] Unmaßgeblich ist, wie die Tätigkeit oder die tätige Pers. bezeichnet worden ist. So können etwa Mannequins, nebenberuflich tätige Musiker, Reisevertreter, Versicherungsvertreter oder Zeitungsausträger sowohl ArbN als auch selbständig Tätige sein (dazu Rn. 54). 34

Als wesentliche Gesichtspunkte **für das Vorliegen eines Dienstverhältnisses** werden dabei gewertet:[4] 35

- die Arbeit ist zu einer **festgelegten Zeit**[5] und an einem bestimmten **Ort**[6] zu erbringen und unterliegt der Kontrolle des Vertragspartners; die Fristgebundenheit des Arbeitserfolges ist aber nicht gleichbedeutend mit der Bindung an eine Arbeitszeit;
- **feste**, lfd. gleichmäßige **Bezüge** und Gewährung v. **Sozialleistungen** und **Urlaub;**
- das Zugrundelegen eines **Tarifvertrages** oder v. Regelungen, die für einen Dienstvertrag typisch sind, wie Abgeltung v. Feiertagen, Überstundenvergütungen, Urlaub, Urlaubsvergütung, Versorgungsansprüche.

IÜ sind **ebenfalls zu berücksichtigen:**[7] persönliche Abhängigkeit; Fortzahlung der Bezüge im Krankheitsfall; Überstundenvergütung; zeitlicher Umfang der Dienstleistungen; Unselbständigkeit in Organisation und Durchführung der Tätigkeit; kein Unternehmerrisiko;[8] keine Unternehmerinitiative; kein Kapitaleinsatz; keine Pflicht zur Beschaffung v. Arbeitsmitteln; Notwendigkeit einer engen ständigen Zusammenarbeit mit anderen Mitarbeitern; Eingliederung in den Betrieb; Schulden der Arbeitskraft und nicht eines Arbeitserfolgs; Ausführung v. einfachen Tätigkeiten, bei denen eine Weisungsabhängigkeit die Regel ist; keine eigenen Mitarbeiter; Urlaub muss beantragt werden; Pflicht zur Übernahme v. Vertretungen. **Zusätzlich** wurden **als positive Merkmale** berücksichtigt: höchstpersönliche Arbeitsleistung; Anspr./Anwartschaft auf Alters-/Hinterbliebenenversorgung; regelmäßige Berichterstattung; Festlegung v. Leistungen unter Zugrundelegen v. Tarifverträgen; Einbehaltung v. LSt und SozVers.beiträgen; Tätigwerden für nur einen ArbG; keine weitgehende Abhängigkeit der Einnahmenhöhe v. Eigeninitiative; Nebentätigkeit für den ArbG der Haupttätigkeit bei engem Zusammenhang mit dem hauptberuflichen Dienstverhältnis. 36

Gegen ein Dienstverhältnis und für Selbständigkeit sprechen eigene Arbeits- und Zeiteinteilung; Beschäftigung eigener Hilfskräfte;[9] Unterhaltung eines eigenen Büros; Bindung nur für bestimmte Tage an den (Bühnen-)Betrieb;[10] Tätigkeit für mehrere Auftraggeber; Gestellung eigener Arbeitsgeräte; vereinbarte Vergütung nur für Leistungszeit, nicht für Zeiten der Leistungsvorbereitung.[11] 37

Die Abgrenzung richtet sich grds. nach dem **Innenverhältnis.**[12] Nur wenn sich die maßgeblichen Umstände nicht ermitteln lassen, ist ausnahmsweise auch das Auftreten nach außen heranzuziehen. Die **Ausübung hoheitlicher Funktionen**, insbes. die Wahrnehmung öffentl. Aufgaben als **beliehener Unternehmer** schließt die Annahme einer selbständigen Tätigkeit aus.[13] 38

bb) Parteiwille. Der Wille der Vertragsparteien wird regelmäßig als „letztes" Indiz betrachtet, das in Grenzfällen bei tatsächlicher Durchführung herangezogen werden kann, aber als „gegenteiliger Wille"[14] unmaßgeblich ist, wenn sich das Verhältnis nach der tatsächlichen Durchführung anders darstellt. Auf die v. den Beteiligten gewählte Bezeichnung oder Vertragsform kommt es nicht an.[15] Die vertragliche Bindung 39

1 *Lademann*, § 19 Rn. 26.
2 BFH v. 23.10.1992 – VI R 59/91, BStBl. II 1993, 303 = FR 1993, 401 mwN.
3 *K/S/M*, § 19 Rn. B 121.
4 *Lademann*, § 19 Rn. 28.
5 Aber BFH v. 16.5.2002 – IV R 94/99, BStBl. II 2002, 565 = FR 2002, 1004: bei selbständigen Flugzeugführern ist vorbestimmte Zeit der Leistungserbringung unschädlich.
6 *Giloy*, StVj. 1991, 44; **aA** *H/H/R*, § 19 Anm. 77 mit Hinweis auf zunehmende Heimarbeitsmöglichkeiten.
7 Aufzählung nach BFH v. 14.6.1985 – VI R 150–152/82, BStBl. II 1985, 661 = FR 1985, 624; s. auch ausf. *Pump*, StBp. 2000, 205 (243).
8 Insbes. bei einer Verlustbeteiligung fehlt es an einer Unselbständigkeit.
9 Aber BFH v. 24.7.1992 – VI R 126/88, BStBl. II 1993, 155 = FR 1993, 93: Stromableser trotz Hilfskräften als ArbN gewertet.
10 BFH v. 30.5.1996 – V R 2/95, BStBl. II 1996, 493.
11 BFH v. 16.5.2002 – IV R 94/99, BStBl. II 2002, 565 = FR 2002, 1004.
12 A 2.2 UStAE v. 1.10.2010, BStBl. I 2010, 846.
13 BFH v. 2.12.1998 – X R 83/96, BStBl. II 1999, 534 = FR 1999, 521; v. 13.11.1996 – XI R 53/95, BStBl. II 1997, 295; v. 18.1.1995 – XI R 71/93, BStBl. II 1995, 559 – zur USt vgl. EuGH v. 25.7.1991 – Rs. C-202/90, EuGHE I 1991, 4247; ausf. zu Einzelkriterien s. *Pump*, StBp. 2000, 205 (243).
14 *Schmidt*[37], § 19 Rn. 23.
15 BFH v. 20.4.1988 – X R 40/81, BStBl. II 1988, 804.

ist aber ein durchaus **gleichwertiges Merkmal des Gesamtbildes**, soweit sich darin widerspiegelt, ob der innere Wille auf eine Eingliederung oder Weisungsgebundenheit gerichtet ist. Eine Verpflichtung, nicht oder nur nach Genehmigung des Auftraggebers für andere Abnehmer tätig werden zu dürfen, ist auch dann bei der Gesamtabwägung zu beachten, wenn der ArbN ohne Wissen des ArbG für andere tätig wird. Ebenso ist die Abführung v. LSt nicht unbeachtlich. Nur bei **nahen Angehörigen** oder Vertragsverhältnissen mit sonstigen nahe stehenden Pers. (zB gegenüber einer Körperschaft, an der eine Beteiligung besteht), wird der Vertragswille regelmäßig v. anderweitigen Motiven so überlagert, dass er nur geringe Indizwirkung erzielt.

40 **cc) Typus.** Das G bedient sich für die Bestimmung der nichtselbständigen Arbeit nicht eines tatbestandlich scharf kontrollierten Begriffs, der auf eine einfache Subsumtion hoffen ließe, sondern der Rechtsfigur des Typus; ArbN werden in der Form des Regelfalles beschrieben, dessen Kenntnis das G voraussetzt. Es ist nicht erforderlich, dass stets sämtliche als idealtypisch erkannten, dh. den Typus kennzeichnenden Merkmale (Indizien) vorliegen. Entscheidend ist jeweils ihre Verbindung, die Intensität und die Häufigkeit ihres Auftretens im konkreten Einzelfall. Maßgeblich ist das Gesamtbild. In der Praxis steht der allseits beklagten[1] ausufernden Kasuistik (Rn. 54) oft eine spontan leicht durchführbare Zuordnung gegenüber. Der Typus „ArbN" ist ein anhand v. Beispielen beschriebener, sich in einer modernen Arbeitswelt stetig fortentwickelnder[2] Tatbestand. **Maßgeblich** für die Einordnung ist letztlich die **Verkehrsauffassung.** In Grenzfällen bleibt der Typus ein verlässlicheres Merkmal als eine detaillierte, die Wirklichkeit in ihrer Entwicklung verfehlende Tatbestandlichkeit.

41 **3. Arbeitnehmer. a) Begriff.** Der Begriff „Arbeitnehmer" ist in § 19 angelegt, in § 1 Abs. 1 LStDV definiert. Dem ArbN ordnet das G besondere stl. Pflichten zu; insbes. ist er Schuldner der LSt gem. § 38 Abs. 2.

42 ArbN ist, wer aus einem gegenwärtigen (§ 3 Rn. 73 ff.), früheren[3] oder künftigen[4] Dienstverhältnis Arbeitslohn bezieht. Er ist vor allem auch diejenige Pers., die ihre **Arbeitsleistung in das Dienstverhältnis** einbringt. Auch wenn nach § 19 Abs. 1 S. 1 Nr. 2 und § 1 Abs. 1 S. 2 LStDV **Rechtsnachfolger des ArbN** ebenfalls selbst ArbN sind (Rn. 45 f.), kann das Dienstverhältnis nur **höchstpersönlich** vom ArbN begründet und erfüllt werden. Er schuldet höchstpersönlich die Leistung der Arbeitskraft gem. § 1 Abs. 2 LStDV. Auch beim **Jobsharing**[5] bleibt jeweils die einzelne Pers. ArbN; es entstehen zwei Dienstverhältnisse.

43 Die Frage, ob es sich bei einer Einnahme um eine Gegenleistung für das Zurverfügungstellen der Arbeitskraft handelt, beantwortet sich ausschließlich in der Pers. des ArbN. Die Einkunftsquelle der Arbeitskraft und damit die Einkünfte können **nicht auf eine andere Pers. übertragen** werden.[6] Eine Vereinbarung, dass die Arbeitsleistung als für einen Dritten erbracht gelten soll, hat stl. keine Wirkung. Neben dem ArbN kann bei einem gegenwärtigen Dienstverhältnis keine zweite Pers. gleichzeitig Einkünfte aus demselben Dienstverhältnis beziehen. Die durch das VAStrRefG[7] eingefügte Erweiterung des Abs. 1 S. 1 Nr. 2 spaltet einen Versorgungsbezug, der durch einen Versorgungsausgleich nach den §§ 10 oder 14 VersAusglG geteilt wurde, auch steuerrechtl. in zwei Einkünfte. Nach der Begründung des Gesetzes[8] soll dies lediglich klarstellend sein. Bei einer systematischen Zurechnung müssten die aufgrund einer Abtretung iRd. Versorgungsausgleichs dem **geschiedenen Ehegatten** unmittelbar überwiesenen Betriebsrenten weiterhin dem Ehegatten als Arbeitslohn zuzurechnen sein, der die Arbeitsleistung erbracht hat,[9] der empfangende Ehegatte würde dagegen Einkünfte aus wiederkehrenden Bezügen iSd. § 22 Nr. 1 erzielen, die beim Ausgleichsverpflichteten zu SA[10] gem. § 10 Abs. 1 Nr. 1a führten. Die gesetzliche Änderung ist daher konstitutiv. Sie gilt nur für nach dem VersAusglG geteilte Versorgungsansprüche. Erstattet bei **öffentl.-rechtl. Versorgungsausgleich**[11] im Pensionsfall der Dienstherr der gesetzlichen Rentenversicherung die Aufwendungen, wird der Pensionsanspruch des Beamten entspr. gekürzt.[12] Die Zahlungen aus der Rentenkasse sind schon dem Grunde nach kein Arbeitslohn (Rn. 82), sondern unmittelbar dem Stammrechtsinhaber zuzurechnen.

---

1 *Blümich*, § 19 Rn. 45; *K/S/M*, § 19 Rn. B 3 und 6; *H/H/R*, § 19 Anm. 51.
2 So auch BVerfG v. 20.5.1996 – 1 BvR 21/96, NJW 1996, 2644.
3 *K/S/M*, § 19 Rn. B 156.
4 *K/S/M*, § 19 Rn. B 160.
5 Darunter versteht man, dass sich mehrere Pers. einen Arbeitsplatz teilen.
6 *Blümich*, § 19 Rn. 14.
7 BGBl. I 2009, 700.
8 BT-Drucks. 16/10144, 109; dieser Auffassung folgend *H/H/R*, § 19 Anm. 322.
9 So wohl bisher hM, BMF v. 20.7.1981, BStBl. I 1981, 568; s. auch *H/H/R*, § 19 Anm. 324, 325.
10 Aufgrund der gleich bleibenden Höhe handelt es sich meines Erachtens dabei um eine Leibrente; **aA** hM, BMF v. 20.7.1981, BStBl. I 1981, 568; **glA** *Stuhrmann*, DStR 1983, 258.
11 Ausf. dazu *H/H/R*, § 19 Anm. 324 mwN.
12 Zahlungen zur Abwendung der Kürzung sind WK; s. *H/H/R*, § 19 Anm. 324 mwN.

ArbN ist nur, wessen Tätigkeit darauf angelegt ist, einen Überschuss zu erzielen. Das ist nur in Ausnahmefällen[1] problematisch, etwa wenn die Einnahmen lediglich dazu dienen, in pauschalierender Weise die tatsächlichen Selbstkosten zu decken.[2] 44

b) Rechtsnachfolger des Arbeitnehmers. Gem. § 19 Abs. 1 S. 1 Nr. 2 und insbes. nach § 1 Abs. 1 S. 2 LStDV sind ArbN auch der oder die Rechtsnachfolger des ArbN. Da der Rechtsnachfolger selbst keine eigene Arbeitsleistung erbracht hat, dient die Vorschrift **nur der personenbezogenen Zurechnung** der vom originären ArbN verursachten Einnahmen.[3] Rechtsnachfolger können nur der oder die Erben als **Gesamtrechtsnachfolger** sein,[4] denn Einkünfte aus nichtselbständiger Arbeit können nicht übertragen werden.[5] 45

Die Einkunftsart des Erblassers überträgt sich damit auf die Erben. Ob eine Einnahme dem originären ArbN oder dessen Rechtsnachfolger zuzurechnen ist, bestimmt sich nach dem Zuflusszeitpunkt. Die Einkünfte beschränken sich daher nicht ausschließlich auf Versorgungsbezüge iSd. Abs. 2. Auch eine Tantieme, die den Erben nach dem Tod des ArbN zufließt, ist bereits eigener Arbeitslohn der Erben.[6] In diesem Fall erzielen sie Einkünfte aus einem gegenwärtigen Dienstverhältnis (s. § 3 Rn. 73 ff.). Diese sind bei den Erben nach deren Besteuerungsmerkmalen zu versteuern. Auch **Rechtsnachfolger v. Erben** werden ArbN. Fließt diesen Pers. rückständiges Witwen- oder Waisengeld zu, handelt es sich um Arbeitslohn. 46

4. Arbeitgeber. a) Begriff und Bedeutung. Der Begriff des ArbG wird im G nicht definiert. § 1 Abs. 2 LStDV enthält nur eine Aufzählung möglicher ArbG-Arten,[7] die aber nicht abschließend ist.[8] Aus § 19 Abs. 1 S. 1 Nr. 1 iVm. § 1 Abs. 2 LStDV lässt sich ableiten, dass der **ArbG** diejenige Pers. ist, **der ein ArbN seine Arbeitskraft schuldet**, unter deren Leitung er tätig wird oder deren Weisungen er zu folgen hat.[9] Es handelt sich um einen – im Schwerpunkt[10] – steuerverfahrensrechtl. zu definierenden Begriff.[11] Die wesentliche Bedeutung des Begriffs ergibt sich für die Frage, **wer die LSt für den ArbN einzubehalten hat**. Dies ist zwar meist, aber nicht notwendigerweise der arbeitsrechtl. Vertragspartner des ArbN. Ob der steuerverfahrensrechtl. Verpflichtete auch zivilrechtl. Abnehmer der Arbeitsleistung sein kann, ist unerheblich.[12] 47

Der ArbG ist nicht das Spiegelbild des ArbN.[13] Während dem ArbN sämtlicher Arbeitslohn des Dienstverhältnisses zufließt, muss der Arbeitslohn nicht notwendig vom ArbG gezahlt werden. Er kann teilw. (zB Rabattgewährung v. Drittunternehmen) oder auch ganz (zB Lohnauszahlung durch Entleiher) v. Dritten geleistet werden. Der ArbG muss auch nicht Nutznießer der Arbeitsleistung sein; dies kann ein Dritter (zB Rn. 54 „Leiharbeitsverhältnisse") oder auch der ArbN selbst (zB Rn. 54 „Ausbildung") sein. Die für das Entgelt erbrachte Leistung muss aber im Interesse des ArbG liegen. Kein Arbeitslohn sind daher Streikgelder (Rn. 78 „Streikgelder"). 48

b) Funktionsbezogene Arbeitgeber-Begriffe. Der ArbG ist **Beteiligter des Dienstverhältnisses.**[14] Er ist derjenige, der die Arbeitskraft verlangen kann. In dem Komplex „ArbN – ArbG – Dienstverhältnis – Arbeitslohn" existiert immer nur ein ArbG.[15] Der BFH hat die Rechtsfigur des „partiellen Dienstverhältnisses" aufgegeben. Auch in einem Organkreis ist für Beschäftigte der Organgesellschaft nur diese ArbG.[16] Der Organträger ist weder mittelbarer ArbG,[17] noch lässt sich aus der Einflussnahme auf die Geschäftsführung der Organgesellschaft[18] oder der Lohnzahlung durch den Organträger auf eine Stellung als unmittel- 49

1 Etwa bei Amateursportlern oder Sanitätshelfern.
2 *Lademann*, § 19 Rn. 36.
3 *Blümich*, § 19 Rn. 110 qualifiziert den Rechtsnachfolger als bloß fiktiven ArbN („gilt"); **aA** *K/S/M*, § 19 Rn. B 180, der darauf abstellt, dass dem Rechtsnachfolger selbst der Arbeitslohn zufließt.
4 HM; *Giloy*, BB 1986, 568; *K/S/M*, § 19 Rn. B 181; *Blümich*, § 19 Rn. 111; *L/S*, § 19 Rn. 37; **aA** *H/H/R*, § 19 Anm. 312.
5 *K/S/M*, § 19 Rn. B 3 und 6.
6 RFH RStBl. 1934, 15.
7 Öffentliche Körperschaft, Unternehmer, Haushaltsvorstand.
8 R 19.1 S. 1 LStR.
9 BFH v. 21.2.1986 – VI R 9/80, BStBl. II 1986, 768.
10 Weil auch v. materiell-rechtl. Bedeutung.
11 *K/S/M*, § 38 Rn. B 6.
12 BFH v. 17.2.1995 – VI R 41/92, BStBl. II 1995, 390 = FR 1995, 414; betr. GbR als lohnsteuerrechtl. ArbG **aA** *Blümich*, § 38 Rn. 65; *Schmidt*[37], § 38 Rn. 2 (zivilrechtl. ArbG-Begriff).
13 *K/S/M*, § 19 Rn. B 201.
14 Gliederung nach *K/S/M*, § 19 Rn. B 207.
15 *K/S/M*, § 19 Rn. B 211.
16 BFH v. 17.2.1995 – VI R 41/92, BStBl. II 1995, 390 = FR 1995, 414.
17 *K/S/M*, § 19 Rn. B 211; *H/H/R*, § 19 Anm. 63.
18 *K/S/M*, § 19 Rn. B 212.

barer ArbG schließen. Zu prüfen ist aber, ob aus anderen Umständen die Arbeitskraft ausnahmsweise direkt dem Organträger geschuldet wird.[1]

50 Im Regelfall zahlt der ArbG den Arbeitslohn selbst. Neben diesem Zusammenfallen v. Lohnzahlungspflicht und Dienstleistungsberechtigung entsteht aber ein **ArbG kraft Lohnzahlung** in folgenden Fällen: Rechtsnachfolger des ArbG entrichten Arbeitslohn an Rechtsnachfolger des ArbN,[2] Parteien kraft Amtes (Insolvenzverwalter, Testamentsvollstrecker),[3] Pensionskassen und Lebensversicherungsunternehmen in den Fällen des § 3 Nr. 65 (Insolvenzsicherung),[4] Öffentliche Kassen gem. § 38 Abs. 3 S. 2, Bundesanstalt für Arbeit oder eine gemeinsame Ausgleichskasse der ArbG bzgl. Vorruhestandsleistungen; **nicht aber** bei gesetzlichen Vertretern natürlicher (Eltern; Vormund) oder jur. Pers. (Vorstand einer AG; Geschäftsführer einer GmbH), Treuhändern[5] und gewillkürten Vertretern,[6] da sie nur Schulden des Vertretenen erfüllen.

51 Im **Rahmen des Lohnsteuerabzugs** ist der ArbG Beteiligter im Steuerabzugsverfahren (inklusive LSt-Außenprüfung) gem. §§ 38 Abs. 3, 42f., Haftender für die abzuführende LSt nach § 42d und Schuldner der pauschalen LSt gem. § 40 Abs. 3 S. 2. Da dies die bedeutendste Folge der ArbG-Eigenschaft ist, neigt die FinVerw. dazu, jeweils das Subjekt als ArbG zu behandeln, das für den LSt-Abzug am besten geeignet ist. So wird der Entleiher bei einer unerlaubten Arbeitsüberlassung dann selbst ArbG, wenn er den Lohn zahlt.[7] Der für den LSt-Abzug maßgebliche ArbG kann sich in Sonderfällen vom Beteiligten des Dienstverhältnisses unterscheiden (s. § 38 Rn. 6).

52 **5. Haupt- und Nebentätigkeiten.** Übt ein ArbN nebeneinander mehrere Tätigkeiten aus, so ist grds. jede einzelne Tätigkeit für sich zu prüfen.[8] Für die Einordnung ist dabei nicht entscheidend, ob Kenntnisse der (dem Gesamtbild nach überwiegenden) Haupttätigkeit bei der Ausübung der Nebentätigkeit verwendet werden. Leistet der ArbN **an eine andere Pers. als den ArbG** der Haupttätigkeit, beurteilt sich die stl. Einordnung dieses Rechtsverhältnisses nach den allg. Kriterien. Ein ArbN kann nebenher auch selbständige Einkünfte erzielen. Bei Mehrfacharbeitsverträgen innerhalb eines Konzerns ist aber zu prüfen, ob nicht nur ein Dienstverhältnis vorliegt.[9]

53 Erbringt der ArbN **weitere Leistungen gegen Entgelt für seinen ArbG**, ist zu unterscheiden: Handelt es sich bei der Tätigkeit um eine **gleichartige**, eng mit der Haupttätigkeit verbundene Leistung (zB zusätzliche Unterrichtsstunden einer Lehrkraft oder wahlärztliche Tätigkeit eines Chefarztes[10]) oder um faktisch (zB Beratung bei Verhandlungen über den Verkauf des Betriebs[11]) oder rechtl. obliegende Nebenpflichten (zB Prüfungstätigkeit eines Universitätsprofessors an der Hochschule, nicht aber für Staatsprüfungen, Rn. 54 „Prüfungstätigkeit") oder wird die Tätigkeit unter ähnlichen organisatorischen Umständen im Interesse des ArbG ausgeübt (zB Reisebüroangestellte vermittelt Reiseversicherungen, Rn. 54 „Vermittlungstätigkeit"), gehört das Entgelt zum Arbeitslohn des bestehenden Dienstverhältnisses. Unterscheidet sich die Leistung v. denen der Haupttätigkeit (zB Fernsehmitarbeiter schreibt Drehbuch, Rn. 54 „Künstler"; Orchestermitglied tritt als Solist oder Aushilfe auf, Rn. 54 „Musiker"; urheberrechtl. Verwertung, Rn. 78 „Urheberrechtl. Vergütungen"; ArbN-Vertreter im Aufsichtsrat, Rn. 54 „Aufsichtsrat"; Verwaltungsbeamter unterrichtet nebenberuflich Referendare, Rn. 54 „Lehrtätigkeit"), handelt der ArbN insoweit selbständig.

54 **6. Einzelnachweise (ABC der Dienstverhältnisse)**

Abgeordnete des Bundestags oder der Landtage stehen insoweit nicht in einem Dienstverhältnis (vgl. § 22 Rn. 75). Als Vorstandsmitglieder, Parlamentarische Geschäftsführer oder Vorsitzende v. Arbeitskreisen im Einzelfall Einnahmen aus nichtselbständiger Arbeit (OFD Hann. v. 24.2.1994, FR 1994, 376). Assistenten v. Abgeordneten sind deren ArbN (FR 1984, 364).

Amateursportler kann ArbN sein; s. auch „Sportler".

1 *K/S/M*, § 19 Rn. B 212.
2 *K/S/M*, § 19 Rn. B 217. Beide Rechtsnachfolger werden selbst unmittelbar ArbG bzw. ArbN.
3 *K/S/M*, § 19 Rn. B 216, 218; nicht aber für die Beschäftigung des Gemeinschuldners selbst, weil hier kein Dienstverhältnis entsteht, *K/S/M*, § 19 Rn. B 191.
4 H 19.1 LStH „Arbeitgeber".
5 BFH v. 6.4.1977 – I R 252/74. BStBl. II 1977, 575 (nur treuhänderisch veräußernder Schiffseigner bleibt ArbG des Schiffspersonals).
6 *K/S/M*, § 19 Rn. B 219.
7 R 19.1 S. 6 LStR. Das diese Auffassung stützende Urteil BFH v. 2.4.1982 – VI R 34/79, BStBl. II 1982, 502 hat nur entschieden, dass der Verleiher ArbG ist, wenn er auch den Lohn zahlt.
8 Anders früher die sog. „Abfärbetheorie", aufgegeben seit BFH v. 22.3.1968 – VI R 228/67, BStBl. II 1968, 455.
9 *Forchhammer*, DStZ 1999, 153.
10 BFH v. 5.10.2005 – VI R 152/01, BStBl. II 2006, 94 = FR 2006, 142 m. Anm. *Bergkemper*; *Bechtel/Schade*, DB 2006, 358.
11 BFH v. 1.2.2001 – IV R 57/99, BStBl. II 2001, 546 = FR 2001, 795.

Angehörige s. § 4 Rn. 257 „Angehörige".

Anlageberater selbständig (BFH v. 8.2.2013 – VIII B 54/12, BFH/NV 2013, 1098).

Annahmestelle eines Reinigungs- oder Wäschereibetriebs idR selbständig, außer: Auftraggeber trägt sämtliche Ausgaben.

Anwaltsvertreter s. „Assessoren".

Anzeigenwerber: Selbständig, wenn er auf Provisionsbasis tätig wird und für seine Kosten selbst aufkommt; ArbN, wenn der Verlag den Arbeitsplatz stellt, Telefon- und Materialkosten übernimmt (BFH v. 28.7.1977 – V R 98/76, DB 1977, 2170).

Apothekervertreter: Auch selbständiger Apotheker als Urlaubsvertreter eines Apothekers ist ArbN (BFH v. 20.2.1979 – VIII R 52/77, BStBl. II 1979, 414), s. auch „Urlaubsvertreter".

Artist s. „Künstler".

Arzt: Der niedergelassene Arzt ist idR selbständig tätig, ein angestellter Arzt (Krankenhaus/Behörde/Amtsarzt/Universitätsdozent) nichtselbständig. Bei Nebentätigkeit auch bei nichtselbständigen Ärzten keine Vermutung für die Nichtselbständigkeit (*H/H/R*, § 19 Anm. 600 „Arzt"; Aufgabe der sog. „Abfärbetheorie" s. Rn. 52).

Bei Gutachten eines angestellten Arztes ist entscheidend, ob für den ArbG (dann nichtselbständig) oder in eigener Verantwortung unter eigenem Namen erstellt (dann selbständig) (BFH v. 19.4.1956 – IV 88/56 U, BStBl. III 1956, 187). Nicht entscheidend ist, ob er sie unter seinem Titel (Institutsdirektor, Chefarzt) fertigt. Ist der Krankenhausarzt berechtigt, Privatpatienten mit eigenem Liquidationsrecht zu behandeln, ist er insoweit selbständig tätig (BFH v. 27.2.1964 – V 300/61, HFR 1965, 45). Bei einem nichtselbständigen Oberarzt, der Privatpatienten des Klinikdirektors in dessen Vertretung behandelt, ist ein Dienstverhältnis zw. ihm und dem Chefarzt anzunehmen (BFH v. 11.11.1971 – IV R 241/70, BStBl. II 1972, 213). Ob ein Chefarzt eines Krankenhauses wahlärztliche Leistungen selbständig oder unselbständig erbringt, beurteilt sich insbes. danach, ob die Leistungen innerhalb oder außerhalb des Dienstverhältnisses erbracht werden (BFH v. 11.8.2009 – VI B 46/08, BFH/NV 2009, 1814; für nichtselbständige Tätigkeit: BFH v. 5.10.2005 – VI R 152/01, BStBl. II 2006, 94 = FR 2006, 142 m. Anm. *Bergkemper*; FG Münster v. 7.6.2011 – 1 K 3800/09 L, EFG 2012, 319 [rkr.]); s. „Arztvertreter", „Musterungsvertragsarzt" u. „Wahlärztliche Leistungen".

Arztvertreter idR ArbN; s. „Urlaubsvertreter".

Assessor als Vertreter eines RA idR selbständig (*H/H/R*, § 19 Anm. 600 „Anwaltsvertreter"). Ansonsten s. „Referendar".

AStA (Allgemeiner Studentenausschuss): Der Vorsitzende und die Referenten des AStA sind ArbN. Die an sie gezahlten Aufwandsentschädigungen sind Arbeitslohn (BFH v. 22.7.2008 – VI R 51/05, BStBl. II 2008, 981 = FR 2009, 238; *H/H/R*, § 19 Anm. 600 „AStA"; **aA** FG Münster v. 14.3.1997 – 11 K 2374/95 L, EFG 1997, 746).

Aufsichtsratsmitglieder selbständig (§ 18 Abs. 1 Nr. 3; § 18 Rn. 101); auch die Arbeitnehmervertreter (BFH v. 9.10.1980 – IV R 81/76, BStBl. II 1981, 29 = FR 1981, 99). Dies gilt auch für (im Auftrag eines ArbG) in den Aufsichtsrat einer anderen Ges. eingetretene ArbN sowie für Beamte, die im Auftrag ihrer Körperschaft Aufsichtsratsmitglieder sind (§ 18 Abs. 1 Nr. 3 K 1.1 EStK). Entspr. sind Aufsichtsratsvergütungen kein Arbeitslohn, sondern Einkünfte aus selbständiger Arbeit. Die dazu ergangene abw. Rspr. (BFH v. 15.3.1957 – VI 84/55 U, BStBl. III 1957, 226) ist nach einhelliger Auffassung der Literatur (*Blümich*, § 19 Rn. 120 mwN) nach Aufgabe der Abfärbetheorie nicht mehr einschlägig (**aA** aber FinMin. Bdbg. v. 24.3.1994, FR 1994, 305).

Au-pair-Mädchen soll kein ArbN sein, weil sie in die Familie integriert wird und nicht in einen geschäftlichen Organismus oder Haushalt (FG Hbg. v. 17.5.1982 – VI 198/79, EFG 1983, 21; s. dazu Rn. 19); zweifelh.

Ausbildung: Die Tatsache, dass ein Arbverh. ausschließlich mit der Verpflichtung abgeschlossen wird, sich ausbilden zu lassen (Ausbildungsarbeitsverhältnis), ändert nichts an seiner Zuordnung zu den Einkünften aus nichtselbständiger Arbeit (zB Beamtenanwärter; Referendare, BFH v. 7.4.1972 – VI R 58/69, BStBl. II 1972, 643; Hochschulstudium eines Offiziers bei der Bundeswehr, BFH v. 28.9.1984 – VI R 127/80, BStBl. II 1985, 87 = FR 1985, 133). Entspr. ist der durch ein Ausbildungsarbeitsverhältnis verursachte Aufwand Teil der WK, auch wenn die Kosten losgelöst vom Dienstverhältnis als Ausbildungskosten nach § 10 Abs. 1 Nr. 7 zu qualifizieren wären. Dies gilt auch, wenn Gegenstand des Arbverh. die Erstellung einer Promotion ist (Promotionsarbeitsverhältnis, BFH v. 18.4.1996 – VI R 54/95, BFH/NV 1996, 740). S. auch „Auszubildende".

Aushilfskräfte: Die Tätigkeit der Aushilfskräfte ist grds. ohne Rücksicht auf den Hauptberuf zu beurteilen (H 19.2 „Allgemeines" LStH). Eingliederung in den Betrieb des Auftraggebers wird angenommen, wenn die Beschäftigten nur einfache Arbeiten leisten und im Betrieb des Auftraggebers nach dessen Weisungen tätig sind, für eine individuelle Gestaltung ihrer Arbeit nach Inhalt, Zeit und Ort kein Raum bleibt; die Kürze der Beschäftigung, die geringe Höhe der Bezüge und die SozVers.freiheit wurden als unerheblich betrachtet. **Dienstverhältnis bejaht** bei Gelegenheitsarbeitern in Markthalle (BFH v. 18.1.1974 - VI R 221/69, BStBl. II 1974, 301), Bewachung eines Lagers und Abladen v. Ware (BFH v. 24.11.1961 - VI 43/61, StRK EStG § 38 R 37); Aushilfstätigkeit in einer Gastwirtschaft (BFH v. 1.12.1961 - VI 34/60, StRK EStG § 19 Abs. 1 Ziff. 1 R 225); Schulkindern bei Erntearbeiten, Verladearbeiten (BFH v. 18.1.1974 - VI R 221/69, BStBl. II 1974, 301). Dienstverhältnis **verneint** für nach dem Arbeitserfolg entlohntes Ausheben v. Gräben, Fensterputzer (BFH v. 19.1.1979 - VI R 28/77, BStBl. II 1979, 326), Hopfentreter (BFH v. 24.11.1961 - VI 87/60 U, BStBl. III 1962, 69) (mit der Besonderheit, dass die Beschäftigten gleichzeitig für mehrere Auftraggeber tätig waren, ihren Arbeitsplan selbst aufstellten, die Arbeitsmittel und eine Hilfskraft stellten und bezahlten und nicht nach Zeit, sondern nach Leistung bezahlt wurden), Sargträger (FG Saarl. v. 8.11.1995 - 2 K 43/94, EFG 1996, 98); s. auch „Heimarbeiter", „Kassierer", „Musiker", „Verein", „Zeitungsausträger".

Auslieferungsfahrer: Selbständigkeit beurteilt sich nicht nach Berufsgruppen, sondern nach dem Gesamtbild der Verhältnisse (BFH v. 30.6.2000 - V B 20, 21/00, BFH/NV 2001, 71).

Auszubildende sind ArbN des Ausbildenden (BFH v. 18.7.1985 - VI R 93/80, BStBl. II 1985, 644 = FR 1985, 671). Dies gilt auch, wenn sie für die Ausbildung öffentl. Mittel erhalten. **AA** allerdings die arbeitsgerichtliche Rspr. (BAG v. 12.6.1986 - 6 ABR 8/83, BB 1986, 2061).

Automatenbetreuer ArbN (FG Nürnb. v. 17.5.1977 - V 75/76, EFG 1977, 555).

Bardamen (Animierdamen) sind idR ArbN, auch wenn sie nur nach dem v. ihnen veranlassten Umsatz der Gäste bezahlt werden; ohne Weisungsgebundenheit und mit eigenem Unternehmerrisiko aber selbständig (FG RhPf. v. 13.12.1982 - 5 K 335/81, EFG 1983, 505 und v. 27.1.1986 - 5 K 67/85, EFG 1986, 299); vgl. ferner „Prostituierte".

Bauleiter können je nach Eingliederung in den Betrieb selbständig (BFH v. 22.1.1988 - III R 43, 44/85, BStBl. II 1988, 497) oder ArbN sein (BFH v. 18.4.1996 - VI R 75/95, BStBl. II 1996, 529 = FR 1996, 673).

Beamte sind ArbN; sie können daneben selbständig sein, zB als Schriftsteller, Ausbilder und Fachvortragender. **Beamtenanwärter** sind ArbN (BFH v. 21.1.1972 - VI R 337/70, BStBl. II 1972, 261 betr. Finanzanwärter; FG Düss. v. 5.6.1973 - I 99/72 L, EFG 1973, 594, betr. Verwaltungspraktikant; OFD Münster v. 24.9.1975, StEK EStG § 3 Nr. 137 betr. Absolventen v. Höheren Fachschulen während der Ausbildung für das Lehramt); s. auch „Referendar" und Rn. 78 „Unterhaltszuschüsse".

Betrüger: Ein ArbN handelt insofern selbständig, als er den ArbG fortgesetzt betrügt und auf eigene Rechnung Geschäfte im Namen des ArbG abschließt (BFH v. 3.7.1991 - X R 163, 164/87, BStBl. II 1991, 802 = FR 1991, 598).

Bezirksschornsteinfeger sind selbständig (BFH v. 13.11.1996 - XI R 53/95, BStBl. II 1997, 295).

Bezirksstellenleiter der Lotto- und Totounternehmen sind selbständig (BFH v. 14.9.1967 - V 108/63, BStBl. II 1968, 193).

Bodenprüfer (Entnehmer v. Bodenproben) im Auftrag einer Behörde: ArbN (FG Nürnb. v. 15.3.1983 - II 34/80, EFG 1984, 48).

Buchgemeinschaft: Vertrauensleute sind nicht ArbN (BFH v. 11.3.1960 - VI 186/58 U, BStBl. III 1960, 215).

Büfettier ArbN (BFH v. 31.1.1963 - V 80/60 U, BStBl. III 1963, 230).

Bühnenkünstler s. „Künstler".

Bundeswehr/Bundesfreiwilligendienst: Auch Wehrpflichtige sind ArbN, weil es auf die Freiwilligkeit nicht ankommt (s. Rn. 18). Freiwillig Wehrdienst- oder Bundesfreiwilligendienstleistende sind ebenfalls ArbN. Zur Behandlung der Bezüge aus diesen Arbeitsverhältnissen s. Rn. 78 „Bundeswehr/Bundesfreiwilligendienst".

Bürgermeister: Stellung der Bürgermeister hängt v. landesrechtl. Bestimmungen ab. Bloße Repräsentanten des Rates einer Gemeinde (zB in NRW) sind nicht ArbN, mit Exekutivaufgaben (zB in Bay.) sind sie ArbN der Gemeinde.

Conférencier: Gemischte Tätigkeit als Schriftsteller, Journalist und Conférencier wurde als selbständig behandelt. Entscheidend ist aber nicht die Art der Tätigkeit, sondern die Art der Verpflichtung; s. dazu „Künstler".

Deutsches Rotes Kreuz: Ein Dienstverhältnis zu seinen Schwestern, Sanitätshelfern kann auch dann vorliegen, wenn dieses Rechtsverhältnis nicht den arbeitsrechtl. Bestimmungen unterliegt (BFH v. 25.11.1993 - VI R 115/92, BStBl. II 1994, 424 = FR 1994, 363 und v. 4.8.1994 - VI R 94/93, BStBl. II 1994, 944 = FR

1995, 105). Das Arbverh. besteht idR nicht zur Außenstelle, auf der die Schwester eingesetzt ist, sondern zur Schwesternschaft des Roten Kreuzes.

Diakonieschwester s. „Deutsches Rotes Kreuz".

EDV-Berater können sowohl selbständig als auch nichtselbständig tätig sein. (Zu den Abgrenzungsmerkmalen vgl. BFH v. 12.10.1988 – X R 18/87, BFH/NV 1989, 366).

Ehegatten s. § 4 Rn. 257 „Angehörige".

Ehrenamt s. Rn. 20 sowie „Buchgemeinschaft", „Bürgermeister", „Helfer v. Wohlfahrtsverbänden", „Kassierer", „Lehrtätigkeit", „Verein".

Eilbotendienst s. „Auslieferungsfahrer".

Erbe s. Rn. 45.

Ersatzdienstleistende s. „Bundeswehr/Bundesfreiwilligendienst".

Expatriates sind im Konzernverbund an ausländ. Tochtergesellschaften entsandte ArbN, die für die ausländ. Tochtergesellschaft arbeiten, ihr Gehalt aber vom Mutterhaus bekommen. Dazu BMF v. 9.11.2001, BStBl. I 2001, 796 und *Görl* DStR 2002, 443. Besonderheiten ergeben sich beim LSt-Abzug (ausf. *H/H/R*, § 19 Anm. 600 „Expatriates"). Vgl. hierzu auch Rn. 78 „Hypotax".

Fahrschullehrer ohne Fahrschulerlaubnis sind ArbN der Fahrschule, als Subunternehmer selbständig (BFH v. 17.10.1996 – V R 63/94, BStBl. II 1997, 188).

Fernsehen: Freie Mitarbeiter sind regelmäßig ArbN, auch wenn nach jeder Folge abgerechnet wird. Mitarbeiter für nur eine Sendung (einen Fernsehfilm etc.) sind idR selbständig tätig. Stellt ein Filmschauspieler seine Dienste einer Ges. ohne eigenes Unternehmerrisiko mit der Befugnis zur Vfg., das Recht auf die Dienstleistung anderen Filmherstellern zu überlassen (Ausschließlichkeitsvertrag), ist er ArbN der einzelnen Filmhersteller. Muss die Ges. an den Filmschauspieler uU höhere Vergütungen zahlen, als sie selbst für dessen Tätigkeit einnimmt (= eigenes unternehmerisches Risiko), so ist der Filmschauspieler ArbN der Ges.; anders zT bei Fernsehsprechern (vgl. *H/H/R*, § 19 Anm. 600 „Fernsehen" und „Filmschauspieler" mwN).

Filmschauspieler, die an Spielfilmen, Fernsehproduktionen etc. mitwirken, sind idR ArbN (BMF v. 5.10.1990, BStBl. I 1990, 638); s. aber Rn. 78 „Urheberrechtl. Vergütungen"; s. auch „Künstler".

Finanzanwärter ArbN.

Flugzeugführer: Ein Pilot ist nicht ArbN einer Fluggesellschaft, wenn er weder Anspr. auf bezahlten Urlaub noch auf Lohnfortzahlung hat (BFH v. 16.5.2002 – IV R 94/99, BStBl. II 2002, 565 = FR 2002, 1004). Ein Indiz für die Selbständigkeit ist zudem, wenn die vereinbarte Vergütung nur für Flugstunden gewährt wird, nicht aber für damit anfallende sonstige Flugdienstzeiten. Dass er die Zeit der Leistungserbringung nicht frei selbst bestimmen kann, steht der Selbständigkeit nicht entgegen.

Fotomodell keine ArbN, wenn nur v. Fall zu Fall und vorübergehend zu Werbeaufnahmen herangezogen (FG Nürnb. 19.1.1977 – V 152/76, EFG 1977, 213); zu ausländ. Fotomodellen, die zur Produktion v. Werbefilmen kurzfristig im Inland tätig werden s. BFH v. 14.6.2007 – VI R 5/06, BStBl. II 2009, 931; s. auch „Mannequin".

Freie Mitarbeiter s. „Fernsehen", „Juristische Mitarbeiter".

Garderobenfrau in Gaststätte: ArbN, auch wenn sie Teil des Trinkgelds als sog. Pacht abführt (*H/H/R*, § 19 Anm. 600 „Garderobenfrau").

Gastschauspieler, Gastsänger (s. auch „Künstler", „Regisseur"): Gastspiel eines Opernsängers selbständig, auch bei mehr als sieben Tagen, falls er sich nur für die Übernahme einer einzigen Rolle während der Spielzeit verpflichtet; keine Eingliederung. Auf die Dauer des Gastspiels kommt es nicht an (vgl. BMF v. 5.10.1990, BStBl. I 1990, 638).

Gastvorlesungen können zu einem Dienstverhältnis führen, nicht aber einzelne Gastvorträge; s. „Lehrtätigkeit".

Gebäudereinigung für kleine Objekte der Deutschen Bundespost in ländlichen Gebieten: ArbN (BFH v. 20.10.1993 – VI R 119 92, juris).

Gefangene s. „Strafgefangene".

Gefängnisarzt: Nebeneinkünfte, die ein freiberuflich tätiger Facharzt als Gefängnisarzt hat, sind idR Einkünfte aus selbständiger Arbeit (OFD Münster v. 17.4.1979, StEK EStG § 18 Nr. 92).

Gelegenheitsarbeiter s. „Aushilfskräfte".

GEMA-Außendienstmitarbeiter idR ArbN (OFD Ffm. v. 26.1.2000, nv.).

Gemeinderatsmitglied ist als solches selbständig (§ 18 Abs. 1 Nr. 3).

Genossenschaftsberater: Pers., die zu Genossenschaftsberatern in Entwicklungsländern ausgebildet werden, stehen in einem Dienstverhältnis.

Gepäckträger in Bahnhöfen bei Tätigkeit auf eigene Rechnung (Unternehmerrisiko) idR keine ArbN (*Lademann*, § 19 Rn. 45 „Gepäckträger"; **aA** FG Münster v. 28.5.1971 – I 158/71 G, EFG 1971, 596).

Geschäftsführer einer GmbH ist ArbN (Rn. 27); s. „Aufsichtsrat".

Gesellschafter einer KapGes.: Tätigkeit für die Ges. muss nicht notwendig Dienstverhältnis sein; es besteht Vertragsfreiheit. Die Tätigkeit kann zB gewerblicher oder freiberuflicher Art sein. Der G'ter kann auch gleichzeitig in mehreren Rechtsbeziehungen zur Ges. stehen, zB als ArbN und als Vermieter eines Gebäudes. Er kann die Tätigkeit auch unentgeltlich ausüben. S. auch Rn. 78 „G'ter-Geschäftsführer-Gehalt".

Gesellschafter einer PersGes.: Ein Dienstverhältnis wird stl. nicht anerkannt; Tätigkeitsvergütungen sind gem. § 15 Abs. 1 S. 1 Nr. 2 Einnahmen aus GewBetr. Dazu zählen auch Tätigkeitsvergütungen, die der G'ter als Geschäftsführer einer Komplementär-GmbH erhält (BFH v. 6.7.1999 – VIII R 46/94, BStBl. II 1999, 720 = FR 1999, 1052 m. Anm. *Kempermann*; *Schmidt*[37], § 15 Rn. 717).

Gesetzlicher Vertreter einer KapGes. (s. auch „Vorstandsmitglieder"): Auch der gesetzliche Vertreter ist grds. ArbN. Er unterliegt zwar nicht den Weisungen eines Dritten, wohl aber den Weisungen der Anteilseigner oder des diese vertretenden Organs (Aufsichtsrat, Beirat) und ist in den wirtschaftlichen Organismus der Ges. eingegliedert. Nach neuerer Rspr. (zur USt BFH v. 10.3.2005 – V R 29/03, BStBl. II 2005, 730; zur Ertragsteuer BFH v. 20.10.2010 – VIII R 34/08, BFH/NV 2011, 585) soll aber die Eigenschaft als Organ nicht zwingend zur Nichtselbständigkeit führen (s. Rn. 27). Ertragstl. wurde die Eigenschaft als ArbN bisher bejaht für den Vorstandsvorsitzenden einer Landesversicherungsanstalt (BFH v. 11.3.1960 – VI 172/58 U, BStBl. III 1960, 214), Vorstand einer Genossenschaft (BFH v. 31.1.1975 – VI R 230/71, BStBl. II 1975, 358), Vorstand einer Familienstiftung (BFH v. 2.10.1968 – VI R 25/68, BStBl. II 1969, 185), Gesellschafter-Geschäftsführer (BFH v. 23.4.2009 – VI R 81/06, FR 2009, 1069 m. Anm. *Bergkemper* = BFH/NV 2009, 1311). Anders die zivilrechtl. Lage (BAG v. 26.5.1999 – 5 AZR 664/98, DB 1999, 1906; Anm. *Reiserer*, BB 1999, 2026). Ein Unternehmensberater soll trotz handelsregisterlicher Eintragung als Geschäftsführer freiberuflich tätig sein (vgl. FG Hbg. v. 14.12.1981 – II 17/79, EFG 1982, 374; zust. *H/H/R*, § 19 Anm. 600 „Gesetzliche Vertreter einer KapGes.", **aA** *Blümich*, § 19 Rn. 120); meines Erachtens ist das zweifelh.

Gutachten: Gutachtertätigkeit v. angestellten Krankenhausärzten s. „Arzt"; bei Verwaltungsbeamten und Hochschullehrern idR selbständige Tätigkeit (BFH v. 26.6.1991 – II R 117/87, BStBl. II 1991, 749).

Gutachterausschuss: Mitglieder sind idR keine ArbN; anders aber für entsandte Beamte (FinMin. NRW v. 5.8.1987, DB 1987, 2285).

Handelsvertreter idR selbständig (s. § 84 Abs. 1 HGB). Anders (s. § 84 Abs. 2 HGB) wenn der Handelsvertreter so in das Unternehmen des Auftraggebers eingegliedert ist, dass er dessen Weisungen zu folgen verpflichtet ist. Die Eingliederung kann nicht wegen der für Handelsvertreter üblichen freien Zeiteinteilung v. vornherein verneint werden. Maßgebliche Merkmale für ArbN sind: nur ein ArbG, kein eigenes Büro, Auftragsbestätigungen/Rechnungen unmittelbar zw. Auftraggeber und Kunde, keine Inkassovollmacht, betriebliche Altersversorgung wie ArbN, Lohnfortzahlung bei Krankheit, kein Ausgleichsanspruch nach § 89b HGB. Von geringerer Bedeutung sind die Bezeichnung des Vertragsverhältnisses als Vertretervertrag oder Dienstvertrag und das Entgelt (nur Provision oder hohes Fixum und geringe Provision); auch die freie Gestaltung und Durchführung v. Kundenbesuchen schließt Unselbständigkeit nicht aus. Bei mehreren Auftraggebern kann der Handelsvertreter ggü. dem einen selbständig, ggü. dem anderen nichtselbständig sein. Wechselseitige „Arbeitsverträge" zw. zwei Handelsvertretern begründen kein Dienstverhältnis (FG München v. 12.3.1980 – IX 264/79 E, G, DStR 1981, 116).

Hausgewerbetreibende s. „Heimarbeiter".

Haushaltshilfe (s. auch „Au-pair-Mädchen"). ArbN, wenn sie zu festen Zeiten nach Weisungen arbeitet; auch wenn für mehrere Haushalte tätig. Sie ist aber dann selbständig, wenn sie ihr übertragene Arbeiten aufgrund ihrer Haushaltserfahrung fachlich unabhängig erledigt, sie nur nach den tatsächlich geleisteten Arbeitsstunden entlohnt wird und keine Sozialleistungen vereinbart sind (FG Thür. v. 27.8.1998 – II 227/97, EFG 1999, 235). Die Vereinbarung einer wöchentlichen Höchststundenzahl stellt keine zeitliche Eingliederung in den Haushalt dar.

Hausmeister idR ArbN (BFH v. 19.10.2001 – VI R 36/96, BFH/NV 2002, 340).

Hausverwalter für Wohnungseigentümergemeinschaft selbständig (BFH v. 18.3.1999 – IV R 5/98, BFH/NV 1999, 1456).

Heimarbeiter: Unter Heimarbeit versteht man die Ausführung v. Arbeiten in der eigenen Wohnung. Sie kann selbständig oder nichtselbständig ausgeübt werden. Zu den Unterscheidungen zw. Heimarbeiter (grds. ArbN, OFD Düss. v. 30.9.1983, StEK EStG § 4 BetrAusg Nr. 266) und Hausgewerbetreibendem (grds. selbständig R 15.1 Abs. 2 EStR und H 15.1 EStH): **Für Selbständigkeit:** freie Zeiteinteilung, Tragung der Kosten besonders bei wertvollen Betriebsmitteln, Beschäftigung v. Hilfskräften, Tätigkeit für mehrere Auftraggeber (zumindest die Befugnis dazu), Vergütung nach dem Arbeitserfolg. **Gegen Selbständigkeit:** vorgeschriebene Arbeitszeit, Verpflichtung zur persönlichen Arbeitsleistung, Tragung der Kosten durch den Auftraggeber, nur ein Auftraggeber, Stundenlohn nach Tarif.

Helfer v. Wohlfahrtsverbänden: Ehrenamtliche Helfer, die Kinder und Jugendliche auf Ferienreisen betreuen, sind ArbN, wenn Vergütung erheblich über den eigenen Aufwendungen liegt (keine Liebhaberei, BFH v. 28.2.1975 - VI R 28/73, BStBl. II 1976, 134).

Herbergsvater: ArbN des Trägers der Herberge (Herbergsverband usw.), soweit er die Herberge zu verwalten hat; dagegen selbständig, soweit er in der Herberge Gastwirtschaft betreibt (BFH v. 6.12.1956 - V 137/55 U, BStBl. III 1957, 42).

Hochschullehrer s. „Lehrtätigkeit".

Ingenieur: Ein hochqualifizierter Ingenieur kann selbständiger Erfüllungsgehilfe (Subunternehmer) oder nichtselbständiger Erfüllungsgehilfe (ArbN) sein (BFH v. 18.1.1991 - VI R 122/87, BStBl. II 1991, 409 = FR 1991, 425). Umstände des Einzelfalles maßgeblich, Wortlaut der abgeschlossenen Vereinbarung (FG RhPf. v. 7.3.1996 - 4 K 1744/93, EFG 1997, 15, rkr.).

Interviewer: Telefoninterviewer sind zumindest dann ArbN, wenn die Einzelheiten der Tätigkeit (nebst Status der Interviewer) vom ArbG vorgegeben und die Arbeitsräume vom ArbG gestellt werden (BFH v. 29.5.2008 - VI R 11/07, BStBl. II 2008, 933). Maßgeblich für die stl. Einordnung einer Tätigkeit sind aber alle Merkmale sowie der Wille der Vertragspartner (BFH v. 18.6.2015 - VI R 77/12, BStBl. II 2015, 903). Sog. **Face-to-Face-Interviewer** und **Codierer** können ihre Arbeit jedoch in der Regel frei gestalten und sind deshalb keine Arbeitnehmer (FG Köln v. 14.3.2012 - 2 K 476/06, EFG 2012, 1650, rkr.).

Job-sharing: ArbN wird idR nur die einzelne nat. Pers. sein (*Bischoff*, Inf. 1982, 713).

Journalist: Für Dienstverhältnis: Anstellung bei einem einzigen Verlag und (zumindest teilw.) feste Vergütung. Für Selbständigkeit: mehrere Verlage Abnehmer, Freiheit bzgl. Ort, Zeit und Gegenstand der Arbeit, Vergütung nach Beiträgen. Auch neben seiner Tätigkeit als ArbN kann ein Journalist bei dem gleichen ArbG selbständig tätig sein. Bei Tätigkeit für Rundfunkanstalten (BMF v. 5.10.1990, BStBl. I 1990, 638) idR selbständig bei Auftrag für nur eine Sendung, bei Auftrag für mehrere Sendungen ArbN.

Juristische Mitarbeiter (s. auch „Anwaltsvertreter", „Rechtspraktikanten", „Referendar"): Assessoren und Referendare sind bei Eingliederung in Kanzlei ArbN; idR dann Arbeit in der Kanzlei in festgelegter Zeit nach den Weisungen des RA gegen festes Honorar; anders, wenn nur Bearbeitung einzelner Fälle außerhalb der Kanzlei in freier Zeiteinteilung gegen Honorar für den einzelnen Fall; Erledigung anspruchsvoller geistiger und persönlicher Arbeit.

Kassierer: Beitragskassierer die nebenberuflich für eine Gewerkschaft tätig sind, sind nicht ArbN der Gewerkschaft (geringfügiges Entgelt, Tätigkeit vorwiegend aus ideellen Gründen; BFH v. 7.10.1954 - IV 127/53 U, BStBl. III 1954, 374); ebenso für Ersatzkassen (BFH v. 24.11.1961 - VI 208/61 U, BStBl. III 1962, 125); anders aber bei Haus- und Platzkassierern eines Sportvereins (BFH v. 25.10.1957 - VI 143/56 U, BStBl. III 1958, 15); s. auch „Stromableser".

Kirche: Pfarrer sind ArbN (Tätigkeit für eine Religionsgemeinschaft kann in abhängiger Stellung erfolgen); Hilfsküster und Hilfsmessner sind ArbN (FinSen. Bremen v. 8.8.1982, DStR 1982, 656); Kirchenmusiker, Organisten und Chorleiter v. Kirchenchören sind bei nebenberuflicher Ausübung dieser Tätigkeit idR selbständig (*H/H/R*, § 19 Anm. 600 „Kirchenbedienstete"; aber FG Hess. v. 15.11.1979 - IX 173/77, EFG 1980, 241); Ordensangehörige sind bei unmittelbarer Erfüllung kirchlicher Aufgaben als Mitglied der Gemeinschaft keine ArbN des Ordens (Verlagshonorare an Orden für v. Ordensangehörigen gefertigtes Werk); schließt der Ordensangehörige selbst einen Dienstvertrag mit einem Dritten (zB Krankenhaus), ist er ArbN des Dritten (Voraussetzung dafür ist, dass tatsächlich unmittelbare Rechte und Pflichten begründet und gewollt werden; die Weiterleitung des Lohns an den Orden (zB wegen Armutsgelübde) ist dann Lohnverwendung (s. dazu Rn. 78 „Verzicht").

Korrekturassistenten an Universitäten können je nach Gestaltung des Vertragsverhältnisses selbständig oder nichtselbständig sein.

Kraftfahrer: Selbständigkeit anhand einer Vielzahl v. in Betracht kommenden Kriterien nach dem Gesamtbild der Verhältnisse zu beantworten (BFH v. 30.3.2004 - V B 62/03, juris).

Krankenschwester (s. auch „Deutsches Rotes Kreuz", „Ordensangehörige", „Pflegekräfte"): ArbN, wenn bei Arzt oder Krankenhaus angestellt oder als Aushilfe tätig (s. „Aushilfskräfte"); Dienstverhältnis zu einzelnen pflegebedürftigen Patienten denkbar. Sonst selbständig, zB als Hauspflegerin für mehrere Patienten.

Künstler: Maßgeblich ist grds. die Eingliederung in den jeweiligen Kulturbetrieb; im Einzelnen dazu ausf. BMF v. 5.10.1990 (BStBl. I 1990, 638). Am **Theater** sind spielzeitverpflichtete Künstler idR ArbN, bei gastspielverpflichteten Künstlern liegt idR Selbständigkeit vor. Im Ensemble tätige Künstler gelten als ArbN; nicht aber herausgehobene Gastspielkünstler (BFH v. 26.6.1996 – II R 68/93, BStBl. II 1996, 495 gegen BMF v. 5.10.1990, BStBl. I 1990, 638 Tz. 1.1.2). Zur dauerhaften Eingliederung vgl. Rn. 29. Bei **Kulturorchestern** sind sämtliche gastspielverpflichteten Künstler selbständig; bei **Hörfunk und Fernsehen** sind auch sog. freie Mitarbeiter grds. ArbN, es sei denn, sie sind nur für einzelne Produktionen tätig und zählen zum „Negativkatalog" (BMF v. 5.10.1990, BStBl. I 1990, 638 Tz. 1.3.2); s. aber Rn. 78 „Urheberrechtl. Vergütungen". Bei **Filmproduktionen** sind nur Filmautoren, -komponisten und Fachberater nicht in den Organismus des Unternehmens eingegliedert. Zu Besonderheiten und Vereinfachungsregelungen beim LSt-Abzug für **beschränkt stpfl. Künstler** s. BMF vom 31.7.2002, BStBl. I 2002, 707, u. v. 28.3.2013, BStBl. I 2013, 443. S. auch „Musiker".

Landwirt, der mit seinem Fahrzeug für eine Molkerei Milch fährt, ist nicht ArbN der Molkerei (FG BaWü. v. 14.5.1970 – III 135/69, EFG 1970, 606). Gilt auch für Lohnarbeiten mit eigenen Maschinen. Gefälligkeitsfahrten begründen kein Dienstverhältnis (BFH v. 24.11.1961 – VI 183/59 S, BStBl. III 1962, 37).

Lehrling s. „Auszubildender".

Lehrtätigkeit: Hauptamtliche Lehrtätigkeit ist wegen Eingliederung in den Lehrbetrieb nichtselbständig; das gilt auch für zusätzliche Lehrtätigkeit über die Pflichtstunden des ArbN im Hauptberuf hinaus (Fin-Min. BaWü. v. 7.9.1981, StEK EStG § 19 Nr. 95). Bei Nebentätigkeit gilt: Üben Lehrer und Hochschullehrer die Nebentätigkeit an ders. (Hoch-)Schule oder einer anderen Schule gleicher Art aus, so sind sie ArbN (BFH v. 4.12.1975 – IV R 162/72, BStBl. II 1976, 291; krit. *Blümich*, § 19 Rn. 82); bei Tätigkeit im Rahmen einer anderen Schulart (zB Lehrer an Fortbildungsschule, BFH v. 13.8.1975 – VI R 90/73, BStBl. II 1976, 3 oder Lehrauftrag an der FH, BFH v. 4.10.1984 – IV R 131/82, BStBl. II 1985, 51 = FR 1985, 162) dagegen idR selbständig, es sei denn, besondere Merkmale sprechen für Eingliederung (zB Entgelt nach Tarifvertrag, Urlaubsanspruch, Lohnfortzahlung bei Krankheit, Feiertagsvergütung (BFH v. 4.10.1984 – IV R 131/82, BStBl. II 1985, 51 = FR 1985, 162); bei fester Integration in Lehrbetrieb, ab sechs Unterrichtsstunden pro Woche indiziert (R 19.2 S. 3 LStR); Lehrtätigkeit v. Angehörigen anderer Berufe ist idR selbständig (H 19.2 LStH „Nebenberufliche Tätigkeit"), zB Handwerksmeister als Dozent in Meisterschule (BFH v. 17.7.1958 – IV 101/56 U, BStBl. III 1958, 360), RA als Lehrbeauftragter an Hochschule (BFH v. 17.7.1958 – IV 101/56 U, BStBl. III 1958, 360), Richter als Referendararbeitsgemeinschaftsleiter (BFH v. 7.2.1980 – IV R 37/76, BStBl. II 1980, 321 = FR 1980, 333); anders, wenn besondere Indizien für ein Dienstverhältnis sprechen (BFH v. 28.4.1972 – VI R 71/69, BStBl. II 1972, 617 und v. 4.5.1972 – IV R 35/69, BStBl. II 1972, 618 v. 4.12.1975 – IV R 180/72, BStBl. II 1976, 292 zu Ingenieuren an Ingenieur-/Abendschulen); s. auch „Prüfungstätigkeit".

Leichenträger s. „Aushilfskräfte".

Leiharbeitsverhältnisse: Bei einem Leiharbeitsverhältnis überlässt ein ArbG (Verleiher) einem Dritten (Entleiher) ArbN (Leiharbeitnehmer) zur Arbeitsleistung (R 19.1 S. 5 LStR). ArbG ist grds. der Verleiher, der Entleiher haftet aber wie ein ArbG (R 42d. 2 Abs. 2 S. 1 LStR; s. dazu § 38 Rn. 5 und § 42d Rn. 58 f.). Bei grenzüberschreitenden Leiharbeitsverhältnissen ist das Besteuerungsrecht nach dem jeweils einschlägigen DBA zu prüfen. Einige DBA (zB DBA Frankreich, Italien und Schweden) enthalten zur Vermeidung von Missbrauch vorrangig anzuwendende Spezialregelungen (BMF v. 3.5.2018, BStBl. I 2018, 643 Tz. 4.3.4.2). Lohnsteuerliche Besonderheiten ergeben sich bei Sachbezügen, die zwar der Entleiher leistet, eine evtl. steuerliche Begünstigung nach dem Gesetzes- bzw. Richtlinienwortlaut aber eine Leistung des ArbG voraussetzt. Jedenfalls soweit § 13b Arbeitnehmerüberlassungsgesetz eine Gleichstellung der Leiharbeitnehmer mit der regulären Belegschaft fordert (insbes. bei Sammelbeförderung § 3 Nr. 32, Kinderbetreuungseinrichtungen § 3 Nr. 33, Gemeinschaftsverpflegung R 8.1 Abs. 7, 8 LStR), sollten diese Arbeitslohnbestandteile aber begünstigt besteuert bzw. steuerfrei gestellt werden.

Liquidator ArbN (hM *Blümich*, § 19 Rn. 120 „Liquidator"); auch wenn Dritte (zB RA und Wirtschaftsprüfer) als Liquidatoren tätig sind (*Blümich*, § 19 Rn. 120 „Liquidator").

Lotsen selbständig (BFH v. 21.5.1987 – IV R 339/84, BStBl. II 1987, 625 = FR 1987, 480).

Mannequin (s. auch „Fotomodell"): Bei einzelnen Modeschauen Mitwirkende sind keine ArbN. Vorführdamen, die sich in regelmäßigen Zeitabständen über längere Zeiträume in Betriebsräumen des Unternehmens aufhalten oder auf verschiedenen Messen zur Vfg. eines einzelnen Unternehmens stehen, sind ArbN (BFH v. 14.6.1985 – VI R 150–152/82, BStBl. II 1985, 661, = FR 1985, 624 zu Werbedamen).

Maskenbildner für eine Filmfirma ist ArbN, ansonsten s. „Künstler".

Masseur: Bei eigener Praxis selbständig, bei Anstellung in einem Krankenhaus, Kurhaus und dergleichen im Allg. ArbN.

Mitarbeiterentsendung s. „Expatriates".

Musiker können ArbN oder selbständig sein (ausf. dazu *Wolf*, FR 2002, 202; BFH v. 10.9.1976 – VI R 80/74, BStBl. II 1977, 178). **Hauptberufliche** Mitglieder eines Ensembles (Orchester, Kapelle, Chor) sind idR ArbN des Leiters oder des Trägers (Land, Rundfunkanstalt), s. BMF v. 5.10.1990, BStBl. I 1990, 638; **bei nebenberuflicher Tätigkeit** für einen Veranstalter (Gastwirt, Theater, Konzertveranstalter) ist der Musiker grds. ArbN des Veranstalters; Ausnahmen bei Auftritten für Privatpersonen oder Idealverein. Selbständig sind gelegentliche Auftritte (ein Abend/Wochenende) auch bei Wiederkehr nach einigen Wochen (BFH v. 28.7.1994 – IV S 2/93, BFH/NV 1995, 118); das gilt auch, wenn Musiker neben Tätigkeit als ArbN im Orchester gelegentlich für seinen ArbG Sonderaufgaben als Solist übernimmt (BMF v. 5.10.1990, BStBl. I 1990, 638) oder als Aushilfe tätig wird, ohne zur Stammbesetzung zu gehören (BMF v. 5.10.1990, BStBl. I 1990, 638); Musikgruppen sind gegenüber einem Veranstalter selbständig, wenn sich dessen Weisungen auf organisatorische Maßnahmen beschränken und der Musiker in seiner Gestaltung freie Hand hat (BFH v. 10.9.1976 – VI R 80/74, BStBl. II 1977, 178); als ArbN des Leiters oder Trägers des Ensembles wirken die Musiker, wenn der Leiter oder Träger bei fester Integration der Musiker als Unternehmer mit der Gruppe auftritt und das Unternehmerrisiko trägt (OFD Kobl. v. 9.10.1985, UR 1986, 16); weitergehend s. *H/H/R*, § 19 Anm. 600 „Musiker"; s. auch „Künstler".

Musterungsvertragsarzt mit eigener Praxis ist iRd. Musterungskommission selbständig (BFH v. 30.11.1966 – VI 164/65, BStBl. III 1967, 331).

Nebentätigkeit s. Rn. 52 f.

Notar grds. selbständig, auch als Notarverweser (BFH v. 12.9.1968 – V 174/65, BStBl. II 1968, 811). Ausnahme bei den württembergischen Bezirksnotaren (BFH v. 20.2.1953 – V 57/51 U, BStBl. III 1953, 123). Als festbesoldeter Beamter nach Landesrecht grds. ArbN. **Notarassessoren** sind bei Notarkammern angestellt und deren ArbN. Erhalten Notarassessoren von anderen Notaren freiwillige Zahlungen für eine Vertretungstätigkeit, liegt Arbeitslohn von dritter Seite vor, der nicht nach § 3 Nr. 51 stfrei ist (BFH v. 10.3.2015 – VI R 6/14, BStBl. II 2015, 767).

Opernsänger können selbständig oder nichtselbständig tätig sein. Bei gastspielverpflichteter Opernsängerin kann nicht einseitig auf die Verpflichtung zur Teilnahme an den Proben abgestellt werden (BFH v. 30.5.1996 – V R 2/95, BStBl. II 1996, 493); s. „Künstler".

Ordensangehörige s. „Kirche".

Organschaft: Zur Arbeitnehmereigenschaft in einer Organschaft s. Rn. 49.

Pflegekräfte (s. auch „Krankenschwester", „Deutsches Rotes Kreuz"): keine ArbN, wenn sie v. einer Gemeinde v. Fall zu Fall mit der Pflege einzelner Pers. beauftragt werden. Weisungsgebundene Kindertagespflege in der Familie des Kindes führt zu nichtselbständigen Einkünften (BMF v. 11.11.2016, BStBl. I 2016, 1236).

Pflegetätigkeit v. Verwandten/Nachbarn idR nicht steuerbar (BFH v. 14.9.1999 – IX R 88/95, BStBl. II 1999, 776 = FR 1999, 1379 m. Anm. *Fischer*), sondern allenfalls nach § 22 Nr. 3 zu erfassen (glA *Schmidt*[37], § 19 Rn. 35 „Pflegeversicherung"); Einnahmen sind jedenfalls nach § 3 Nr. 36 bis zur Höhe des Pflegegeldes stfrei.

Plakatkleber: Selbständig, wenn er seine Arbeitszeit bestimmen, die Arbeit durch Dritte ausführen lassen kann und nach Anzahl und Größe der Plakate bezahlt wird.

Poolung v. Einnahmen: Beteiligen Chefärzte, die zu einer selbständigen ärztlichen Nebentätigkeit mit privater Liquidation berechtigt sind, die dabei herangezogenen Pers. an den Einnahmen, entsteht ein Dienstverhältnis unmittelbar zw. den Beteiligten (BFH v. 11.11.1971 – IV R 241/70, BStBl. II 1972, 213); uU kommt eine Pauschalierung nach § 40a in Betracht.

Privatdozent an Hochschulen: ArbN (s. „Lehrtätigkeit").

Privatunterricht durch Schullehrer oder Schüler (Nachhilfestunden) ist selbständige Tätigkeit, Privatlehrer sind dagegen ArbN des Haushaltsvorstands.

Prostituierte in Bar und Bordell sind idR ArbN des Inhabers (BGH v. 2.11.1995 – 5 StR 414/95, HFR 1996, 363; *Kemper*, DStR 2005, 543; ausf. FG München v. 19.3.2010 – 8 K 1157/06, EFG 2011, 56). Gleiches gilt für Darsteller in Peep-Show (FG BaWü. v. 15.1.1998 – 10 K 55/94, EFG 1998, 821, rkr.); s. auch „Bardamen".

Prüfungstätigkeit: Maßgeblich für die Einordnung ist, ob das Prüfen zur **Dienstobliegenheit** des ArbN aus seinem Arbverh. gehört; ist das der Fall (zB akademische Prüfungen der Hochschule) gehört die Tätigkeit zur nichtselbständigen Arbeit; sonst (zB Mitwirkung v. Hochschullehrern an Staatsprüfungen) liegen Einkünfte aus selbständiger Arbeit vor; ebenso wenn Prüfungstätigkeit außerhalb der eigentlichen Dienstobliegenheiten liegt (OFD München v. 23.12.1991, StEK EStG § 19 Nr. 237). Die Aufsicht bei schriftlichen

Prüfungen ist idR Ausfluss der Haupttätigkeit und daher nichtselbständige Arbeit (FinMin. Brandenb v. 9.2.1993, FR 1993, 247).

Putzfrau s. „Haushaltshilfe“.

Rechtsanwalt (s. auch „Anwaltsvertreter“): Kann als Syndikusanwalt ArbN sein oder zu anderem RA in einem Dienstverhältnis stehen, Indiz dafür ist, ob er gegen eine feste Vergütung tätig wird (*Schmidt*[37], § 19 Rn. 35 „Rechtsanwalt“; **aA** *H/H/R*, § 19 Anm. 600 „Rechtsanwalt“).

Rechtspraktikanten der einphasigen Juristenausbildung sind ArbN (BFH v. 19.4.1985 – VI R 131/81, BStBl. II 1985, 465 = FR 1985, 541).

Redakteur grds. ArbN, weil er in den Betrieb eingegliedert ist; daneben kann er aber mit eigenschriftstellerischen Leistungen beim gleichen ArbG selbständig sein.

Referendar: Im juristischen Vorbereitungsdienst ArbN; Unterhaltszuschuss ist Arbeitslohn (nicht stfreie Ausbildungsbeihilfe iSd. § 3 Nr. 11), da der Referendar Dienstleistungen schuldet (stRspr. BFH v. 12.8. 1983 – VI R 155/80, BStBl. II 1983, 718 = FR 1984, 101). Zur Nebentätigkeit s. „Juristische Mitarbeiter“.

Regisseur v. Fernsehfilmen, der über längeren Zeitraum Fernsehfilme bei ders. Rundfunkanstalt bearbeitet, ist ArbN, auch wenn er nach jedem einzelnen Film entlohnt wird. Ein Gastregisseur ist idR selbständig; s. auch „Künstler“ und „Fernsehen“.

Reinigungsarbeiten s. „Haushaltshilfe“, „Gebäudereinigung“.

Reiseleiter idR ArbN (FG Hbg. v. 24.9.1987 – II 39/85, EFG 1988, 120).

Reporter s. „Journalist“.

Rote-Kreuz-Schwester s. „Deutsches Rotes Kreuz“.

Rundfunk (s. auch „Fernsehen“, „Musiker“): Freie Mitarbeiter sind idR ArbN, s. „Künstler“.

Rundfunkermittler, der im Auftrag einer Rundfunkanstalt Schwarzhörer ermittelt, ist Gewerbetreibender (BFH v. 2.12.1998 – X R 83/96, BStBl. II 1999, 534 = FR 1999, 521).

Schauspieler s. „Künstler“, „Fernsehen“, „Gastschauspieler“, „Opernsänger“.

Scheinselbständigkeit s. Rn. 7.

Schiedsrichter: Die nebenberufliche Tätigkeit eines Richters bei einem öffentl.-rechtl. Schiedsgericht (zB für landesweite Marktregelung) ist selbständig. Fußballschiedsrichter stehen nach neuer Rspr. nicht in einem Dienstverhältnis zu dem Verband, für den sie Spiele leiten. Hierfür ist entscheidend, dass die Schiedsrichter Unternehmerrisiko tragen und während des Spiels keiner Weisungsbefugnis unterliegen (BFH v. 20.12.2017 – I R 98/15, DStR 2018, 449; s. § 15 Rn. 31 und § 22 Rn. 69.

Schöffen stehen nicht in einem Dienstverhältnis zu dem Gericht, für das sie tätig werden. Entschädigungen für den Verdienstausfall aus einer anderen nichtselbständigen Tätigkeit gem. § 18 JVEG führen nach § 24 Nr. 1a zu Einkünften aus der anderen nichtselbständigen Tätigkeit. Entschädigungen für Zeitversäumnis sollen nicht steuerbar sein (BFH v. 31.1.2017 – IX R 10/16, BStBl. II 2018, 571).

Schüler s. „Aushilfskräfte“.

Schwarzarbeiter sind idR nicht ArbN des Auftraggebers; anders aber, wenn die ArbN eines Baubetriebs „schwarze Lohnzahlungen“ erhalten; dann bleiben sie im Betrieb des ArbG integriert.

Servicekräfte, die v. einem Warenproduzenten iRd. Vertriebs in Warenhäusern beschäftigt sind, sind nach den Umständen des Einzelfalls ArbN (BFH v. 20.11.2008 – VI R 4/06, BStBl. II 2009, 374 = FR 2009, 623 m. Anm. *Bergkemper*).

Software-Berater selbständig (BFH v. 24.8.1995 – IV R 60, 61/94, BStBl. II 1995, 888).

Sportler: ArbN, wenn er bei einem Verein verpflichtet ist. Auch **Amateursportler**, wenn deren Aufwandsentschädigung die eigenen Aufwendungen regelmäßig übersteigt (BFH v. 23.10.1992 – VI R 59/91, BStBl. II 1993, 303 = FR 1993, 401; FG Düss. v. 4.5.2000 – 8 K 9058/98 E, EFG 2001, 136). Anders, soweit nur zum Auftreten bei **einzelnen Veranstaltungen** (zB Tenniscup) verpflichtet (BFH v. 29.11.1978 – I R 159/76, BStBl. II 1979, 182, betr. Berufsringer, Ringrichter und Turnierleiter eines Catch-Turniers). **Mannschaftssportler** dürften regelmäßig in den Trainings- und Spielbetrieb des Vereins eingegliedert sein. **Werbetätigkeit** (Autogrammstunden, Werbefilme, Fotoreklame, Pressekonferenzen) ist dagegen gewerbliche Tätigkeit, wenn nicht iRd. Dienstverhältnisses zum Verein ausgeübt (BFH v. 11.10.2000 – I R 44–51/99, BFH/NV 2001, 512; v. 22.2.2012 – X R 14/10, BStBl. II 2012, 511, betr. Werbeeinnahmen eines Fußballnationalspielers aus der Vermarktung durch den DFB). Gilt auch für ehemalige Berufssportler (BFH v. 3.11.1982 – I R 39/80, BStBl. II 1983, 182 = FR 1983, 121). Sportler im öffentl. Dienst (etwa Zollbeamte, Bundeswehrsoldaten) sind ArbN (s. dazu *Prinz*, FR 1987, 330).

Strafgefangene sind ArbN, da es auf die Freiwilligkeit der Leistung nicht ankommt; s. Rn. 18.

Stromableser und Gelderheber eines Elektrizitätswerks sind grds. ArbN (BFH v. 24.7.1992 – VI R 126/88, BStBl. II 1993, 155 = FR 1993, 93), selbst wenn „freie Mitarbeit" vereinbart wurde und in Ausnahmefällen Vertreter beauftragt werden dürfen (FG München v. 18.2.2004 – 10 K 4566/02, EFG 2004, 1050). Bei besonderer Ausgestaltung des Vertragsverhältnisses können sie auch selbständig sein.

Synchronsprecher: Anders als Schauspieler selbständig, wenn für die Synchronisation eines Films engagiert (BMF v. 5.10.1990, BStBl. I 1990, 638 Tz. 1.4).

Tankstellenverwalter ist nicht ArbN der betr. Mineralölgesellschaft.

Telearbeit: Bei Telearbeitsplätzen ergibt sich eine der Heimarbeit (s. „Heimarbeiter") ähnliche Konstellation. Das Gesamtbild des ArbN wird aber insbes. dann erfüllt sein, wenn im Betrieb eine Anzahl gleicher Arbeitsplätze vorhanden ist und bisher bereits als ArbN Tätige auf einen solchen Arbeitsplatz wechseln oder wechseln können. Ein Unternehmerrisiko wird idR dann fehlen, wenn die Ausstattung – ganz oder in Teilen – vom ArbG bezahlt wird. Neben der Teleheimarbeit wird in Hinblick auf die räumliche Situation noch die Tätigkeit in Telearbeitszentren und die mobile Telearbeit unterschieden (*Utescher*, Internet und Steuern).

Telefonverkäufer: Selbständig, wenn Vergütung für Ausfallzeiten nicht gezahlt wird und ein gesetzlicher Urlaubsanspruch nicht besteht (BFH v. 14.12.1988 – X R 34/82, BFH/NV 1989, 541).

Treuhandverhältnis zw. ArbG und ArbN: Da für die Abgrenzung der Tätigkeit zw. ArbG und ArbN das Innenverhältnis entscheidend ist, bleibt ein ArbN, der nach außen ein Unternehmen vertritt, im Innenverhältnis ArbN; Gewinne und Verluste aus dem Unternehmen sind dem Treugeber (ArbG) zuzurechnen.

Tutor eines Studentenwohnheims einer Universität ist selbständig (BFH v. 21.7.1972 – VI R 188/69, BStBl. II 1972, 738); Tutoren für Unterrichtsveranstaltungen an der Universität sind ArbN der Universität.

Übungsleiter: Es gelten die Regeln für nebenberufliche Lehrtätigkeiten entspr. (R 19.2 S. 4 LStR). S. auch „Lehrtätigkeit".

Untreue des ArbN: Untreuehandlungen des ArbN zu Lasten des ArbG können als eigenwirtschaftliches Tun zu gewerblichen Einkünften führen (BFH v. 3.7.1991 – X R 163/87, X R 164/87, BStBl. II 1991, 802 = FR 1991, 598).

Urlaubsvertreter: Urlaubsvertreter sind nichtselbständig. Dem steht auch nicht eine weitgehende Entscheidungsbefugnis im fachlichen Bereich entgegen (BFH v. 11.11.1971 – IV R 241/70, BStBl. II 1972, 213). Dies ist kein tragendes Entscheidungsmerkmal für die Abgrenzung. Der Vertreter ist für die wirtschaftlichen Belange des Vertretenen nicht verantwortlich und trägt daher kein Unternehmerrisiko. Meist ist er an feste Arbeitszeiten gebunden. Er ist in den geschäftlichen Organismus des Vertretenen eingegliedert. Auch ein sonst selbständig Tätiger ist daher insoweit ArbN (s. insoweit Aufgabe der Abfärbetheorie Rn. 52). Was die Rspr. für einen Apothekervertreter entschieden hat (BFH v. 20.2.1979 – VIII R 52/77, BStBl. II 1979, 414), muss auch für Urlaubsvertreter anderer Berufe (RA/Arzt) gelten (*Schmidt*[37], § 19 Rn. 35 „Urlaubsvertreter"; **aA** *H/H/R*, § 19 Anm. 600 „Arztvertreter" mwN auf die zT schwankende Rspr.).

Verein (s. auch „Ehrenamt", „Kassierer", „Vorstandsmitglieder"): Pers., die für ihre Tätigkeit bei Sportvereinen (zB als Kassierer, Platzwart, Hallenwart) Entgelte erhalten, sind idR ArbN, wenn die Entschädigung über den eigenen Aufwendungen liegt.

Verkaufsstellenleiter s. „Zweigstellenleiter".

Vermittlungstätigkeit (s. auch Rn. 78 „Provision"): ArbN, wenn Ausfluss einer Nebenpflicht aus einem steuerrechtl. Dienstverhältnis; Indizien sind: Tätigkeit während der Arbeitszeit und unter Nutzung der Kontakte der Haupttätigkeit mit Billigung des ArbG, auch bei Provisionszahlung durch Dritte (R 19.4 Abs. 1 u. 2 LStR); **bejaht** wurde dies bei: Vermittlung v. Wertpapiergeschäften eines Bankangestellten (RFH RStBl. 1931, 953; zust. *Blümich*, § 19 Rn. 120 „Vermittlungstätigkeit"; **aA** *Lademann*, § 19 Rn. 105); Bausparverträge und Lebensversicherung durch Versicherungsangestellte (BFH v. 7.10.1954 – IV 405/53 U, BStBl. III 1955, 17); Reisegepäck-, Schlechtwetter- und Unfallversicherung durch Reisebüroangestellte (BFH v. 31.8.1962 – VI 120/61 U, BStBl. III 1962, 490); etwas anderes gilt idR, wenn die Tätigkeit außerhalb der Arbeitszeit erfolgt und der ArbG nicht in die Rechtsbeziehung des ArbN zur vermittelten Ges. eingeschaltet ist; **abgelehnt** wurden Vermittlung v. Pfandbriefen durch Bankangestellte außerhalb der Arbeitszeit (FG München v. 25.6.1958 – I 311/57, EFG 1959, 141); v. Spareinlagen v. Sparkassenangestellten außerhalb der Dienstzeit (FG Nürnb. v. 6.6.1978 – II 28/75, EFG 1978, 591); zu außervertraglichen Mitarbeiterprovisionen im Kfz.-Handel; *Traxel*, DStZ 1989, 553.

Versicherungsvertreter sind idR selbständig tätig (FG Nds. v. 28.5.1998 – XV 478/96, DStRE 1999, 219, rkr.; s. auch R 15.1 Abs. 1 EStR, H 15.1 EStH „Versicherungsvertreter").

Vertreter s. „Apothekenvertreter", „Handelsvertreter", „Urlaubsvertreter", „Vermittlungstätigkeit", „Versicherungsvertreter".

Volkshochschule s. „Lehrtätigkeit"; s. auch ausf. *Horlemann*, DStZ 1991, 395.

Vorstandsmitglieder s. „Gesetzlicher Vertreter einer KapGes.".

Wahlärztliche Leistungen sind idR Arbeitslohn, wenn die Leistung innerhalb des Dienstverhältnisses erbracht wurde (BFH v. 5.10.2005 – VI R 152/01, BStBl. II 2006, 94 = FR 2006, 142 m. Anm. *Bergkemper*; FG Münster v. 7.6.2011 – 1 K 3800/09 L, EFG 2012, 319 [rkr.]); s. Rn. 53.

Wehrdienst s. „Bundeswehr/Bundesfreiwilligendienst".

Wehrersatzdienst s. „Bundeswehr/Bundesfreiwilligendienst".

Werbeprospektverteiler: Je nach Art und Umfang der übernommenen Tätigkeit ArbN oder selbständig (BFH v. 9.9.2003 – VI B 53/03, BFH/NV 2004, 42).

Werber (Propagandisten, Werbedamen): Selbständig, wenn er v. Fall zu Fall für kurzfristige Werbeaktionen v. verschiedenen Auftraggeber beschäftigt wird, ein gewisses Unternehmerrisiko trägt, die Aufträge persönlich erfüllen muss und bei Verhinderung kein Entgelt erhält (BFH v. 14.6.1985 – VI R 150–152/82, BStBl. II 1985, 661 = FR 1985, 624; vgl. auch FG BaWü. v. 28.11.1984 – II [III] K 179/82, EFG 1985, 261).

Wettbewerbsverbot: Die Vereinbarung spricht für eine ArbN-Stellung (*Pump*, StBp. 2000, 205), Leistungen sind aber idR keine Einkünfte aus nichtselbständiger Arbeit, weil bloßes Unterlassen kein Zur-Vfg.-Stellen v. Arbeitskraft ist (Rn. 24).

Zeitungsausträger ist idR ArbN; entspr. gilt für Zusteller v. Anzeigenblättern (FG Nds. v. 6.5.1999 – XI 679/97, EFG 1999, 1015). Auch ein Inkassorisiko, die Möglichkeit sich vertreten zu lassen und ein fehlendes Wettbewerbsverbot, führen zu keiner Selbständigkeit (s. auch „Stromableser"). Hinsichtlich der Werbung v. neuen Abonnenten kann er selbständig sein, insbes., wenn keine Pflicht zur Werbung besteht (BFH v. 22.11.1996 – VI R 59/96, BStBl. II 1997, 254 = FR 1997, 269).

Zeitungsverkäufer, die auf der Straße oder in Gaststätten Zeitungen verkaufen, sind ArbN, wenn sie in die Organisation des Zeitungsvertriebs fest integriert sind. Die Art der Entlohnung (Fixgehalt, Stückentgelt) ändert daran nichts.

Zweigstellenleiter sind ArbN, wenn der Inhaber des Unternehmens die sonstigen Kosten trägt und die Bestimmungen über Preis und Abs. der Waren trifft.

Zwischenmeister s. „Heimarbeiter".

55 **III. Arbeitslohn. 1. Begriff und Rechtsentwicklung.** Der Begriff „Arbeitslohn" wird in § 19 nicht erwähnt,[1] jedoch im G geregelt, wenn es v. Bezügen und Vorteilen für eine Beschäftigung spricht. Die Verfahrensvorschriften des Lohnsteuerrechts, §§ 38 ff., verwenden den Begriff als lohnsteuerauslösendes Tatbestandsmerkmal. Bestätigt[2] wird der Begriff in § 2 Abs. 1 S. 1 LStDV als „Einnahmen, die dem ArbN aus dem Dienstverhältnis zufließen." Aus § 19 Abs. 1 S. 1 Nr. 1 iVm. § 2 Abs. 1 S. 1 LStDV ergibt sich, dass der Arbeitslohn aus (nur) zwei Komponenten besteht, einer objektiven Bereicherung des ArbN und dem Veranlassungszusammenhang dieser Bereicherung mit dem Dienstverhältnis. Im SozVers.recht ist das Arbeitsentgelt in § 14 SGB IV geregelt.

56 Beide Komponenten begründen die Steuerbarkeit des Arbeitslohns, nichtsteuerbare Einnahmen sind im Arbeitslohn also nicht enthalten und folglich auch nicht mehr auszuscheiden.[3]

Die ältere Rspr.[4] kannte einen weiten und umfassenden Arbeitslohnbegriff, der durch die Rechtsinstitute der „Annehmlichkeiten" und „Gelegenheitsgeschenke" eingeschränkt wurde. Diesen Rechtsinstituten fehlte die gesetzliche Grundlage.[5]

57 **2. Objektive Bereicherung als Einnahme. a) Objektiver Vorteil.** Der ArbN ist bereichert, wenn sich – wirtschaftlich betrachtet – sein Vermögen vermehrt hat.[6] Ob eine Bereicherung vorliegt, beurteilt sich al-

1 Anders noch in den bis VZ 1989 geltenden Abs. 3–5.

2 Ob die Ermächtigung in § 51 Abs. 1 Nr. 1 für eine solche Definition ausreicht, ist str. (*H/H/R*, § 19 Anm. 100); da es sich aber nach hM (BFH v. 23.10.1992 – VI R 59/91, BStBl. II 1993, 303 = FR 1993, 401) um eine zutr. Auslegung des G handelt, ist der Streit ohne praktische Auswirkung; krit. *Drüen*, Die Indienstnahme Privater für den Vollzug von Steuergesetzen, 2012, der § 2 LStDV für eine sichere Anwendung des Arbeitslohnbegriffs nicht als ausreichend erachtet.

3 *Blümich*, § 19 Rn. 154; *K/S/M*, § 8B 33; *Schmidt*[37], § 19 Rn. 10, 40; *H/H/R*, § 19 Anm. 105.

4 Die grundlegende Änderung der Rspr. begann mit BFH v. 17.9.1982 – VI R 75/79, BStBl. II 1983, 39 = FR 1983, 99.

5 *Offerhaus*, DStJG 9 (1986), 117.

6 BFH v. 9.3.1990 – VI R 48/87, BStBl. II 1990, 711 = FR 1990, 618; *Drüen*, Die Indienstnahme Privater für den Vollzug von Steuergesetzen, 2012, sieht in dieser Weite des materiellen Arbeitslohnbegriffs die eigentlichen Schwierigkeiten des Lohnsteuerrechts.

lein nach objektiven Kriterien. Maßgeblich ist, ob sich der erhaltene **konkrete Vorteil in Geld bewerten** lässt.[1] Daran fehlt es bei bloß ideellen Vorteilen, zB bei der Ausgestaltung des Arbeitsplatzes (Gestellung moderner Maschinen, angenehmer Büroeinrichtung, Wasch- und Duschgelegenheiten, Kantinen- und Pausenräumen ua.; s. dazu Rn. 64), nicht aber bei Vorteilen, die nicht marktgängig sind, weil der ArbN nicht über sie verfügen kann (zB Luxusanteile v. Sachzuwendungen).[2] **Kein bloß ideeller Vorteil** ist auch die Einräumung einer (zumindest verbilligten) Nutzungsmöglichkeit, für die am Markt ein Entgelt gezahlt wird (zB firmeneigene Schwimmbäder, Sportanlagen,[3] Kindergärten[4] usw.; zur Parkplatzgestellung s. Rn. 78 „Parkplatz"). Ob der ArbN den erhaltenen Vorteil auch in Anspr. genommen hätte, wenn er ihm nicht aus dem Dienstverhältnis heraus gewährt worden wäre, ist unbeachtlich.[5] Entscheidend ist nur, dass der ArbN den **Vorteil in Anspr. genommen** hat. Der Vorteil einer Incentive-Reise (Rn. 78 „Prämien") besteht darin, dass sich der ArbN die entspr. Aufwendungen erspart hat.[6] Darin liegt auch insoweit eine Steigerung seiner Leistungsfähigkeit, als die ersparten Aufwendungen nicht notwendig waren.[7] Für eine objektive Bereicherung kommt es auch nicht darauf an, ob der ArbG oder Dritte (Rn. 68) eine Bereicherungsabsicht ggü. dem ArbN hatten.[8]

Ein objektiver Vorteil in diesem Sinne liegt auch vor, wenn der ArbG Arbeitslosengeld des ArbN auf einen gesetzlichen Forderungsübergang nach § 115 Abs. 1 SGB X zurückzahlt, auch wenn insoweit der ArbN keinen wirtschaftlichen Vorteil durch die Schuldbefreiung erlangt.[9] Sinn und Zweck des § 115 Abs. 1 SGB X ist nur die Verkürzung und Sicherung der Zahlungswege, der Zusammenhang mit dem Arbverh. bleibt bestehen. Der abgekürzte Zahlungsweg führt wirtschaftlich sowohl zu einem Zufluss v. Arbeitslohn als auch zu einer Rückzahlung des Arbeitslosengeldes.[10] Letzteres ist dann über einen negativen ProgrVorb. nach § 32b zu berücksichtigen.

b) Werbungskostenersatz – Auslagenersatz – durchlaufende Gelder. Erhält der ArbN vom ArbG 58
Geldbeträge, damit er sie für diesen ausgibt **(durchlaufende Gelder)**, oder ersetzt der ArbG Aufwendungen, die der ArbN im Namen und für Rechnung des ArbG[11] oder zwar im eigenen Namen, aber auf Rechnung des ArbG[12] getragen hat **(Auslagenersatz)**, kommt es zu keiner Bereicherung, weil nur ein bereits durch die Ausgabe entstandener Erstattungsanspruch befriedigt wird. Der Vorgang ist deshalb nicht steuerbar. Die Steuerbefreiung nach § 3 Nr. 50 (§ 3 Rn. 131) hat daher nur klarstellende Bedeutung.[13]

Im Gegensatz dazu ist aber der Ersatz v. erwerbssichernden Aufwendungen des ArbN, die dieser auf ei- 59
gene Rechnung getragen hat **(WK-Ersatz)**, steuerbarer und grds. stpfl. Arbeitslohn, der nur in den in § 3 Nr. 13, 16, 30 und 32 abschließend aufgezählten Fällen stfrei bleibt.

Die **Abgrenzung zw. Auslagenersatz und WK-Ersatz** (§ 3 Rn. 131) richtet sich danach, ob der Aufwand 60
nach allg. geltenden[14] arbeits- oder auftragsrechtl. Regeln (§ 670 BGB) vom ArbG zu tragen ist (dann Auslagenersatz). Die zT vertretene einschr. Auffassung,[15] dass Auslagenersatz dann nicht in Betracht komme, wenn die Aufwendungen beim ArbN WK seien, missachtet, dass auch Aufwand, den der ArbN auf Rechnung des ArbG trägt, zu WK führt, wenn ihn der ArbG (zB wegen Insolvenz) nicht ersetzt. **Auslagenersatz** ist deshalb dann anzunehmen, wenn der ArbN im ganz überwiegenden Interesse des ArbG Aufwendungen tätigt, die der Arbeitsausführung dienen und die nicht zu einer Bereicherung des ArbN führen.[16] Das trifft insbes. auf den Ersatz v. Hilfs- und Betriebsstoffen zu (zB Bedarf v. Musikern an Saiten, Rohren und Blättern[17]). Ersatzleistungen, die sich auf Gegenstände beziehen, die im Eigentum des ArbN stehen, führen da-

---

1 *Blümich*, § 19 Rn. 163.
2 HM, BFH v. 9.3.1990 – VI R 48/87, BStBl. II 1990, 711 = FR 1990, 618.
3 FG Münster v. 21.9.1989 – VI 5297/88 L, EFG 1990, 178 betr. Tennisplatz.
4 Aber Steuerbefreiung in § 3 Nr. 33.
5 BFH v. 2.2.1990 – VI R 15/86, BStBl. II 1990, 472 = FR 1990, 371.
6 BFH v. 9.3.1990 – VI R 48/87, BStBl. II 1990, 711 = FR 1990, 618.
7 *Giloy*, BB 1986, 39.
8 BFH v. 18.10.1974 – VI R 249/71, BStBl. II 1975, 182.
9 BFH v. 15.11.2007 – VI R 66/03, BStBl. II 2008, 375 = FR 2008, 427 m. Anm. *Bergkemper*.
10 FG Bdbg. v. 23.2.2005 – 4 K 401/02, EFG 2005, 1056.
11 Auch als Geschäft für den, den es angeht.
12 R 3.50 Abs. 1 Nr. 1 LStR.
13 HM, *K/S/M*, § 19 Rn. B 357.
14 Auf den Tarifvertrag kommt es dabei nicht an.
15 *v. Bornhaupt*, StuW 1990, 54 mwN.
16 BFH v. 21.9.1995 – VI R 30/95, FR 1996, 136 m. Anm. *Bergkemper* = BStBl. II 1995, 906; s. auch BFH v. 26.7.2001 – VI R 122/99, BStBl. II 2001, 844 = FR 2001, 1233 zur Wagenpflegepauschale für beamteneigene Kfz.
17 BFH v. 21.9.1995 – VI R 30/95, FR 1996, 136 m. Anm. *Bergkemper* = BStBl. II 1995, 906; s. auch BFH v. 26.7.2001 – VI R 122/99, BStBl. II 2001, 844 = FR 2001, 1233.

gegen zu einer Bereicherung (zB Werkzeuggeld,[1] Instrumentengeld[2]). Entspr. ist auch der Vorteil aus zinsverbilligten oder zinslosen Darlehen, die für die Anschaffung gewährt werden, steuerbarer Arbeitslohn.

61 Die Verwaltung verlangt für die Anerkennung, dass über die Ausgaben einzeln abgerechnet wird.[3] **Pauschaler Auslagenersatz** wird nur anerkannt, wenn der ArbN die entstandenen Aufwendung über einen Zeitraum v. drei Monaten nachgewiesen hat[4] und sich die Verhältnisse nicht wesentlich ändern.[5] Es reicht aber aus, wenn regelmäßig wiederkehrende Pauschalen zivilrechtl. nicht zum Arbeitsentgelt gehören[6] und anhand der vorgelegten oder angebotenen Beweismittel aufklärbar ist, dass sie im Großen und Ganzen den tatsächlichen Aufwendungen entsprechen.[7] Sind die Pauschalen überhöht, sind sie auch nicht teilw. Auslagenersatz.[8]

62 **3. Veranlassungszusammenhang. a) „Aus dem Dienstverhältnis".** Arbeitslohn setzt voraus, dass der erhaltene Vorteil „aus dem Dienstverhältnis" fließt. Der Veranlassungszusammenhang zw. Dienstverhältnis und Vorteil besteht dann, wenn der Bezug sich **im weitesten Sinne als Gegenleistung für die Zur-Vfg.-Stellung der individuellen Arbeitskraft**[9] darstellt.[10] Die Rspr. fordert dabei nicht nur einen ursächlichen, sondern einen finalen Zusammenhang zw. Vorteilszuwendung und Arbeitsverhältnis. Der Vorteil muss also gewährt werden, um den ArbN zu entlohnen.[11] Daran fehlt es, wenn nachträglich für geleistete Dienste wegen fehlgeschlagener Vergütungserwartung (Hofübergabe) vor dem Arbeitsgericht mit Erfolg eine Vergütung geltend gemacht wird.[12] Ob die Arbeitsleistung gegen Entgelt erbracht wird, ist ein tatsächlicher Zustand, der nicht rückwirkend hergestellt werden kann.[13] Es ist unerheblich, ob es sich um lfd. oder einmalige Bezüge handelt, ein Rechtsanspruch besteht (oder der ArbG aufgrund der irrigen Annahme eines Rechtsanspruchs leistete[14]), die Zahlung für die Arbeitsleistung des Rechtsvorgängers gewährt wird, die Zahlung als Arbeitslohn bezeichnet wird, ein Dritter die Zahlung leistet (Rn. 68), überhaupt eine Arbeitsleistung erbracht wurde[15] oder eine bestimmte Form der Lohnzahlung eingehalten wird. Wird der **Vorteil vom ArbG** gewährt,[16] kommt es nicht darauf an, ob die Einnahme einer konkreten Arbeitsleistung zugeordnet werden kann,[17] für die Zahlung der Rechtsgrund fehlt[18] oder ob der ArbG einen Anspr. auf die Leistung aufgrund des Dienstverhältnisses hatte.[19] Vielmehr ist dann grds. ein Veranlassungszusammenhang mit der Zur-Vfg.-Stellung der Arbeitskraft zu vermuten.[20] Diese Vermutung wird aber widerlegt, wenn sich für den Zufluss eine **andere Ursächlichkeit** nachweisen lässt.[21] Dies ist etwa dann der Fall, wenn der ArbG eine Immobilie vom ArbN anmietet, dem ArbG ein Darlehen überlässt oder Zinsen aus stehengelassenem, in ein Darlehen umgewandelten Lohn erhält;[22] zu Mieten für das häusliche Arbeitszimmer s. Rn. 78 „Mietzahlungen für Arbeitszimmer". Denn der ArbG hat als „Mieter" kein Interesse an einer eigenen Nutzung, sondern allein daran, dass der ArbN die mit dem Dienstverhältnis verbundenen Tätigkeiten dort ausübt. **Keine „Gewährung" für das Dienstverhältnis** liegt bei **veruntreuten Beträgen** vor (§ 2 Abs. 1 S. 2 LStDV [„gewährt"]).[23] Der Veranlassungszusammenhang wird in der Diskussion um Optionsrechte (Rn. 78 „Ankaufsrecht") durch die Frage des Zuflusszeitpunktes außer Acht gelassen. Ursächlich kann die Arbeitsleistung nur für den Wert sein, den ArbG und ArbN im Zeitpunkt der Einräumung unter-

1 Insoweit aber Steuerbefreiung nach § 3 Nr. 30.
2 BFH v. 21.9.1995 – VI R 30/95, FR 1996, 136 m. Anm. *Bergkemper* = BStBl. II 1995, 906; s. auch BFH v. 26.7.2001 – VI R 122/99, BStBl. II 2001, 844 = FR 2001, 1233.
3 R 3.50 Abs. 1 Nr. 2 LStR.
4 R 3.50 Abs. 2 S. 2 LStR.
5 R 3.50 Abs. 2 S. 6 LStR.
6 Es darf darin keine versteckte Lohnerhöhung enthalten sein (BAG v. 9.11.1955 – 1 AZR 329/54, BAGE 2, 187, 192).
7 H 3.50 „Pauschaler Auslagenersatz" LStH.
8 BFH v. 21.9.1995 – VI R 30/95, FR 1996, 136 m. Anm. *Bergkemper* = BStBl. II 1995, 906.
9 Des originären ArbN.
10 BFH v. 7.6.2002 – VI R 145/99, FR 2002, 1126 m. Anm. *Kanzler* = BFH/NV 2002, 1386.
11 BFH v. 17.7.2014 – VI R 69/13, BStBl. II 2015, 41 = FR 2015, 293.
12 BFH v. 8.5.2008 – VI R 50/05, BStBl. II 2008, 868.
13 *H/H/R*, § 19 Anm. 53.
14 BFH v. 6.4.1993 – VIII R 68/90, BStBl. II 1993, 825 = FR 1993, 782.
15 Auch der Ersatz für entgangene oder entgehende Einnahmen ist Arbeitslohn.
16 Zu Lohnzahlung v. Dritten s. Rn. 68.
17 BFH v. 29.6.1973 – VI R 267/69, BStBl. II 1973, 736.
18 BFH v. 4.5.2006 – VI R 19/03, BStBl. II 2006, 832 (Rückzahlung erst im Abflusszeitpunkt steuermindernd).
19 BFH v. 20.12.2000 – XI R 32/00, BStBl. II 2001, 496 = FR 2001, 539 (Honorar für Verhandlungen über den Verkauf des Betriebs).
20 So ist bei Personalrabatten das Verhandlungsgeschick des ArbN regelmäßig unbeachtlich.
21 ZB Leistung aufgrund besonderer gesetzlicher Verpflichtung; s. Rn. 78 „Bundeszuschuss".
22 BFH v. 31.10.1989 – VIII R 210/83, BStBl. II 1990, 532 = FR 1990, 372 auch für den Zins einer später fällig werdenden verzinslichen Gratifikation.
23 BFH v. 13.11.2012 – VI R 38/11, BStBl. II 2013, 929 = FR 2013, 386.

stellt haben.[1] Dieser Betrag wird idR höher sein als der Optionswert im Zeitpunkt der Zusage. Eine darüber hinaus gehende Wertentwicklung ist nicht mehr Gegenleistung für die Zur-Vfg.-Stellung der Arbeitskraft. Sinkt der Wert, fließt in jedem Fall nur der niedrigere Betrag zu. Eine berufliche Veranlassung kann bei einer Zuwendung anlässlich eines privaten Ereignisses (**Geburtstag, Hochzeit**, usw.) dann fehlen, wenn der ArbN zum privaten Bekanntenkreis des ArbG zählt. Ein Indiz dafür ist, dass andere ArbN keine vergleichbaren Zuwendungen erhalten.

Überlagern sich Veranlassungszusammenhänge, so ist zunächst zu prüfen, ob die unterschiedlichen Ur- 63
sachen einzelnen Vorteilen zugeordnet werden können (zB Lohn, der verzinst wurde,[2] oder Abgrenzung rein betriebsfunktionaler Elemente bei Incentive-Reisen, Honorare für Fachvorträge). Einheitliche Leistungen des ArbG (zB Kosten einer Reise) sollen nach neuerer Rspr.[3] auch schätzweise (idR nach Zeitanteilen) aufteilbar sein. Bei **Leistungen**, die der ArbN **direkt vom ArbG** erhält, verdrängt der Kausalzusammenhang mit dem Dienstverhältnis regelmäßig andere Motive,[4] da die Veranlassung durch die Zur-Vfg.-Stellung der Arbeitskraft bis auf Ausnahmefälle[5] im Vordergrund stehen wird. Besteht keine gesetzliche Subsidiaritätsnorm, ist nach den Umständen des jeweiligen Einzelfalls festzulegen, welche Einkunftsart bei einer Vorteilszuwendung im Vordergrund steht.[6] Deshalb ist eine Zuwendung des ArbG auch dann als Arbeitslohn zu qualifizieren, wenn diese zwar auf einem Sonderrechtsverhältnis beruht, dessen Bedingungen aber eng an das Arbeitsverhältnis geknüpft sind.[7] Arbeitslohn liegt auch dann vor, wenn gleichzeitig die Absicht besteht, den ArbN dadurch zu ehren,[8] oder mit dem gewährten Vorteil ein soziales Ziel verfolgt wird. Die neuere Rspr. entscheidet uneinheitlich. So wird die Übernahme sämtlicher Kfz.-Kosten als Barlohn qualifiziert,[9] der Ersatz v. Leasingkosten für ein Kfz. als Kfz.-Gestellung.[10] Bei der an das Bestehen eines Dienstverhältnis gekoppelten, v. der Größe des Raums unabhängigen Geldzahlung für die Anmietung v. Räumen der ArbN unterbleibt eine Wertung als Arbeitslohn (s. Rn. 78 „Mietzahlungen"[11]) ebenso, wie bei Zahlungen für die Unterbringung des dem ArbN auch für private Zwecke überlassenen firmeneigenen Kfz. (s. Rn. 78 „Garagengeld").[12] Diese Rspr. ist bereits deshalb abzulehnen, weil allen Gestaltungen die Ernsthaftigkeit einer vom Dienstverhältnis abw. Ursache fehlt. Auf die Frage, ob die Voraussetzungen des § 42 AO vorliegen, kann es dabei nicht ankommen.[13] Eine Miete vom ArbG für das eigene Arbeitszimmer ist nur in Ausnahmefällen (zB Raumbedarf nach Auflösung der Revierförsterei) kein Arbeitslohn. Die neue relativierende Tendenz der Rspr.,[14] entscheidend sei, in wessen vorrangigem Interesse das Büro genutzt werde, geht in die richtige Richtung.

Ein Sonderfall der Abgrenzung zw. verschiedenen Veranlassungszusammenhängen ist die **Nutzung eines Firmen-Pkw durch den G'ter-Geschäftsführer**. Dabei ist grds. v. einer gesellschaftsrechtl. Veranlassung auszugehen und eine vGA anzunehmen, sofern die Nutzung nicht auf einer anderen – steuerrechtl. anerkannten – vertraglichen Basis beruht. Das ist dann der Fall, wenn eine Nutzung im Anstellungsvertrag ausdrücklich erlaubt ist.[15] Nutzt der G'ter-Geschäftsführer den Firmen-Pkw vertragswidrig privat, fehlt der Nutzung eine v. der gesellschaftsrechtl. Ausgangslage abw. Rechtfertigung.[16] Daran ändert sich auch nichts dadurch, dass das Verbot „nur auf dem Papier steht".[17] Denn die mangelnde Ernsthaftigkeit des

1 *Eisgruber*, Die Zahlungsmittelrechnung des § 4 Abs. 3 EStG, 2005, 161.
2 Der Zinsanteil ist dann den Einkünften aus KapVerm. zuzurechnen; s. Rn. 78 „Zinsen".
3 BFH v. 18.8.2005 – VI R 32/03, BStBl. II 2006, 30 = FR 2006, 33; anders noch BFH v. 9.8.1996 – VI R 88/93, BStBl. II 1997, 97 = FR 1996, 830.
4 So auch die Regelung der Gesetzeskonkurrenzen in den §§ 20 Abs. 3, 21 Abs. 3, 22 Nr. 1 S. 1, 22 Nr. 3 S. 1; s. Rn. 4.
5 BFH v. 15.5.1986 – IV R 119/84, BStBl. II 1986, 609 = FR 1986, 515: Vermächtnis v. ArbG-Ehegatten an ArbN-Ehegatten kein Arbeitslohn.
6 BFH v. 5.11.2013 – VIII R 20/11, BStBl. II 2014, 275 = FR 2014, 426.
7 BFH v. 5.11.2013 – VIII R 20/11, BStBl. II 2014, 275 = FR 2014, 426: Veräußerung eines Genussrechts des ArbG.
8 BFH v. 22.3.1985 – VI R 26/82, BStBl. II 1985, 641 = FR 1985, 480.
9 BFH v. 6.11.2001 – VI R 54/00, BStBl. II 2002, 164; Anm. *Kanzler*, FR 2002, 342.
10 BFH v. 6.11.2001 – VI R 62/96, FR 2002, 587 m. Anm. *Kanzler* = BFH/NV 2002, 701.
11 BFH v. 19.10.2001 – VI R 131/00, BStBl. II 2002, 300 = FR 2002, 85 m. Anm. *Kanzler*.
12 BFH v. 7.6.2002 – VI R 145/99, FR 2002, 1126 m. Anm. *Kanzler* = DStR 2002, 1567.
13 **AA** *Bergkemper*, KFR F 6 EStG § 19, 1/02, 125.
14 BFH v. 16.9.2004 – VI R 25/02, BStBl. II 2006, 10 = FR 2005, 262; BMF v. 13.12.2005, BStBl. I 2006, 4.
15 Vgl. BFH v. 5.6.2014 – XI R 2/12, BStBl. II 2015, 785: Bei der Abgrenzung kann es auch darauf ankommen, welche Art von Pkw vertraglich gestellt werden soll und welcher Pkw tatsächlich genutzt wird.
16 BMF v. 3.4.2012, BStBl. I 2012, 478 Tz. I.1.
17 BFH v. 23.2.2005 – I R 70/04, BStBl. II 2005, 882 = FR 2005, 890 m. Anm. *Pezzer*; *Blümich*, § 8 KStG Rn. 900 „Kraftfahrzeugkosten"; *Schmitz-Herscheidt*, NWB 2016, 1429; **aA** BFH v. 23.4.2009 – VI R 81/06, FR 2009, 1069 m. Anm. *Bergkemper* = BFH/NV 2009, 1311 und v. 23.4.2009 – VI B 118/08, FR 2009, 1009 m. Anm. *Bergkemper* = BFH/NV 2009, 1188 „wertende Betrachtung im Einzelfall"; BFH v. 11.2.2010 – VI R 43/09, FR 2010, 624 m. Anm. *Bergkemper* = BFH/NV 2010, 1016.

Verbots betont erst recht, dass die Nutzung ihre Ursache in der Gesellschafterstellung hat. Die Bewertung der Nutzung kann aber nicht davon abhängen, ob der Vorteil als ArbN oder als G'ter vereinnahmt wird. Für den Ansatz der tatsächlichen Kosten zzgl eines Gewinnaufschlags ergibt sich in Anbetracht des Regelungssystems der §§ 6 Abs. 1 Nr. 4 S. 2, 8 Abs. 2 S. 2 keine Rechtfertigung. § 8 Abs. 2 S. 2 enthält für alle Überschusseinkünfte eine gesetzlich normierte Schätzungsmethode des gemeinen Werts für den Empfänger der Nutzung. Für einen abw. Ansatz für vGA[1] bleibt daher kein Raum.[2]

64 **b) Eigenbetriebliches Interesse.** Ein Veranlassungszusammenhang fehlt, wenn die Leistungen aus einem ganz überwiegend eigenbetrieblichen Interesse des ArbG gewährt werden. Diese Vorteile sind dann keine Gegenleistung für die Dienste des ArbN.[3] Die Rechtsfigur des überwiegenden eigenbetrieblichen Interesses wurde von der Rspr. geschaffen.[4] Sie gliedert sich in drei Fallgruppen:

65 – Vorteile, die **der Belegschaft als Gesamtheit** zugewendet werden (zB Ausgestaltung des Arbeitsplatzes oder v. gemeinsam zu nutzenden Räumlichkeiten, etwa der Kantine).
– Vorteile, die **dem ArbN aufgedrängt** werden (zB Vorsorgeuntersuchungen[5]); der gewährte Vorteil darf aber keine Marktgängigkeit besitzen; dies sah die Rspr.[6] als erfüllt an bei einer Mitgliedschaft eines ArbN in einem Industrieklub, wenn der ArbG durch die Mitgliedschaft für betriebliche Belange Zugang zu den Räumlichkeiten erhielt, nicht hingegen bei der Mitgliedschaft eines ArbN in einem Golfclub[7], da neben der betrieblichen Veranlassung (Möglichkeiten zur Kundengewinnung) immer auch eine private Mitveranlassung vorliegt.
– Vorteile, die sich als **notwendige Begleiterscheinung betriebsfunktionaler Zielsetzung**[8] erweisen (zB Fortbildung der Mitarbeiter, s. Rn. 78 „Fortbildung“; Kosten eines Führerscheins für betrieblich notwendige Fahrzeuge, s. Rn. 78 „Führerschein“).

66 Ganz überwiegend ist ein betriebliches Eigeninteresse aber nur, wenn das damit einhergehende Interesse des ArbN an diesem Vorteil in den Hintergrund tritt.[9] Insoweit besteht eine **Wechselwirkung zw.** der Intensität des **eigenbetrieblichen Interesses** des ArbG und **dem Ausmaß der Bereicherung** des ArbN. Je höher aus Sicht des ArbN die Bereicherung anzusetzen ist, desto geringer wiegt das eigenbetriebliche Interesse des ArbG.[10] Die Motivlage des ArbG ist dann nicht entscheidend.[11] Personalrabatte werden deshalb auch dann nicht im eigenbetrieblichen Interesse geleistet, wenn sie als Instrument zur Vermeidung v. Personaldiebstählen dienen sollen oder der ArbG Interesse daran hat, dass der ArbN bei ihm und nicht bei der Konkurrenz einkauft.[12] Personalrabatte sind daher idR Arbeitslohn (Rn. 78 „Personalrabatte“). Nach neuer Rspr.[13] soll bei Bußgeldern, die gegen ArbN aus Anlass ihrer Arbeitstätigkeit verhängt und vom ArbG übernommen werden, immer Arbeitslohn vorliegen, da ein rechtswidriges Tun keine Grundlage betrieblicher Ziele sein und somit kein überwiegendes betriebliches Interesse vorliegen könne. Der BFH kommt zwar in diesem Fall zum richtigen Ergebnis, ohne dass er jedoch die eigentlich notwendige Abwägung zw. eigenbetrieblichem Interesse und dem Interesse des ArbN an der Übernahme der Bußgelder vornimmt.[14] An seiner bisherigen Rspr.[15] hält der BFH zutreffend nicht mehr fest. Die bisherige Auffassung übersah, dass die Übernahme v. Verwarnungsgeldern auch dann Aufwendungen des ArbN ersetzt, wenn dieser im Einverständnis des ArbG gehandelt hat, da dieses Einverständnis nicht die Rechtswidrigkeit des

---

1 **AA** BFH v. 23.1.2008 – I R 8/06, FR 2008, 963 m. Anm. *Pezzer* = BFH/NV 2008, 1057: Kosten plus angemessener Gewinnzuschlag; BMF v. 3.4.2012, BStBl. I 2012, 478 Tz. II., grds. wie BFH v. 23.1.2008 – I R 8/06, FR 2008, 963 m. Anm. *Pezzer*, nur aus Vereinfachung Ansatz nach § 6 Abs. 1 Nr. 4 S. 2 u. § 8 Abs. 2 S. 3.
2 *Schmidt*[37], § 19 Rn. 100 „Kraftfahrzeuggestellung“; *Pezzer*, FR 2008, 964.
3 HM, BFH v. 9.8.1996 – VI R 88/93, BStBl. II 1997, 97 = FR 1996, 830.
4 *Schneider*, FR 2015, 791.
5 S. Rn. 78 „Massagen“.
6 BFH v. 20.9.1985 – VI R 120/82, BStBl. II 1985, 718 = FR 1986, 102.
7 BFH v. 21.3.2013 – VI R 31/10, BStBl. II 2013, 700 = FR 2013, 1039 m. Anm. *Kanzler*.
8 ZB BFH v. 27.9.1996 – VI R 44/96, BStBl. II 1997, 146 = FR 1997, 98.
9 BFH v. 2.2.1990 – VI R 15/86, BStBl. II 1990, 472 = FR 1990, 371.
10 BFH v. 27.9.1996 – VI R 84/95, BStBl. II 1997, 147 = FR 1997, 97 (Gestellung eines büromäßig eingerichteten Dienstwagens mit Fahrer); FG München v. 3.5.2013 – 8 K 4017/09, EFG 2013, 1407 (rkr.) (verpflichtend einzunehmende Verpflegung von Profisportlern).
11 FG Düss. v. 24.11.1999 – 9 K 2985/97 H (L), DStRE 2000, 575 (Übernahme v. Verwarnungsgeld durch ArbG bei Paketzustelldienst ist Arbeitslohn).
12 BFH v. 22.5.1992 – VI R 178/87, BStBl. II 1992, 840 = FR 1992, 631.
13 BFH v. 14.11.2013 – VI R 36/12, BStBl. II 2014, 278 = FR 2014, 281 m. Anm. *Bergkemper*.
14 Ebenso krit. *Bergkemper*, jurisPR-SteuerR 10/2014.
15 BFH v. 7.7.2004 – VI R 29/00, BStBl. II 2005, 367 = FR 2005, 687; noch mit ausdrücklicher Ablehnung der hL (zB *Blümich*, § 19 Rn. 280 „Verwarnungsgelder“; *H/M/W*, „Geldstrafen“ Tz. 11; *H/H/R*, § 19 Anm. 600 „Geldbußen und Geldstrafen“).

eigenen Handelns beseitigt. Kein überwiegendes eigenbetriebliches Interesse sieht der BFH[1] zu Recht bei der Übernahme einer Geldbuße, wenn dem G'ter-Geschäftsführer vorgeworfen wird, als Verantwortlicher der GmbH unter Verstoß gegen lebensmittelrechtl. Bestimmungen Produkte in Verkehr gebracht zu haben. Die Begr., dass sich aus dem Verhältnis der Höhe der Geldstrafe zum Verdienst ein erhebliches Interesse des ArbN begründe,[2] ist aus Gleichheitsgründen („umso eher Arbeitslohn, je geringer der Verdienst") abzulehnen. Die Frage, ob ein ganz überwiegend eigenbetriebliches Interesse besteht, ist aus dem **Gesamtzusammenhang einer Leistung** zu beurteilen. Ist die Übernahme der Steuerberatungskosten durch eine Nettolohnvereinbarung mit den Arbeitnehmern veranlasst, begründet auch eine Vereinbarung, dass die Steuererstattungen an den Arbeitgeber abzutreten sind, kein überwiegendes eigenbetriebliches Interesse.[3] Die **Aufteilung einer einheitlich zu beurteilenden Sachzuwendung** in Arbeitslohn und eine Zuwendung im betrieblichen Interesse ist nach der Rspr. nicht möglich.[4]

Die Würdigung, ob bei einem dem ArbN zugewandten Vorteil tatsächlich stpfl. Arbeitslohn vorliegt, kann anhand des Merkmals des „ganz überwiegenden eigenbetrieblichen Interesses" sachgerecht erfolgen.[5] In der Literatur wird jedoch zu Recht darauf hingewiesen, dass der Begriff im Ausgangspunkt irreführend ist.[6] Denn letztlich erfolgt jede reguläre Lohnzahlung an den ArbN aus wichtigen eigenbetrieblichen Interessen. Ohne Lohnzahlung würde der ArbN keine Arbeitsleistung erbringen.

c) Nichtsteuerbare Einnahmen. Auch nach Aufgabe der Rspr. zu „Annehmlichkeiten" und „Gelegen- 67
heitsgeschenken" (Rn. 56) wird ein steuerbarer Arbeitslohn dann verneint, wenn es sich um eine sog. **„Aufmerksamkeit"** handelt.[7] Darunter versteht man Sachleistungen[8] des ArbG, die auch im gesellschaftlichen Verkehr üblicherweise ausgetauscht werden und zu keiner ins Gewicht fallenden Bereicherung des ArbN führen. Bei solchen Zuwendungen fehlt es am geldwerten Vorteil und somit am Leistungsentgelt.[9] Zu den Aufmerksamkeiten zählen Blumen, Genussmittel, Bücher und Tonträger **bis zu einem Wert v. 60 Euro,**[10] die dem ArbN oder seinem Angehörigen aus Anlass eines besonderen persönlichen Ereignisses zugewendet werden.[11] Dem ArbN unentgeltlich oder verbilligt überlassene Getränke und Genussmittel werden ebenso wie Speisen bis zu einem Wert von 60 Euro angesichts eines außergewöhnlichen Arbeitseinsatzes als Aufmerksamkeiten behandelt.[12] Da das Anbieten v. Getränken und Genussmitteln durchaus gesellschaftlichen Gepflogenheiten entspricht, ist dies eine zulässige und richtige Auslegung des Vorteilsbegriffs. Die Kritik der Literatur,[13] diese Anweisung entbehre einer gesetzlichen Grundlage, geht daher fehl.

4. Sonderfälle. a) Lohnzahlung durch Dritte. Arbeitslohn setzt nicht voraus, dass der Vorteil vom 68
ArbG zugewandt wird. Auch Zahlungen durch oder geldwerte Vorteile v. Dritten können Arbeitslohn sein. Dabei ist der Veranlassungszusammenhang mit der nichtselbständigen Tätigkeit besonders zu prüfen, sofern der Dritte nicht bloß anstelle des ArbG zahlt (zB Organträger für arbeitgebende Organgesellschaft; s. Rn. 49) oder sich die Leistung als mittelbare Zuwendung durch den ArbG darstellt (zB Sachprämien aus Kundenbindungsprogrammen[14]). Die Zahlung muss sich dann objektiv[15] als **Gegenleistung für die Arbeitsleistung** des Dienstverhältnisses darstellen.[16] Es kommt aber nicht darauf an, dass der ArbG aktiv in die Vorteilsgewährung mit eingeschaltet ist und iErg. über Art, Höhe und Zuflusszeitpunkt des Vorteils entscheiden kann.[17] Daran fehlt es bei Streikgeldern (Streikunterstützungen), die dem ArbN v.

1 BFH v. 22.7.2008 – VI R 47/06, BStBl. II 2009, 151 = FR 2009, 342 m. Anm. *Bergkemper*.
2 Dem Merkmal zust. *Geuenich*, BB 2009, 204.
3 BFH v. 21.1.2010 – VI R 2/08, BStBl. II 2010, 639; **aA** FG RhPf. v. 21.12.2016 – 1 K 1605/14, EFG 2017, 1205 (Rev. VI R 28/17): Das FG betrachtet die Übernahme der Steuerberatungskosten unabhängig von der Nettolohnvereinbarung und übersieht, dass das Eigeninteresse der ArbN an der Erfüllung ihrer persönlichen Steuererklärungs- und Entrichtungspflichten immer von großer Bedeutung ist.
4 BFH v. 11.3.2010 – VI R 7/08, BStBl. II 2010, 763 = FR 2010, 1052 (Übernahme von Kurkosten durch ArbG).
5 *G. Kirchhof*, FR 2015, 773.
6 *G. Kirchhof*, FR 2015, 773; stattdessen soll geprüft werden, ob es zu einem Zufluss von Vorteilen aus der Erwerbssphäre in die Privatsphäre des ArbN kommt.
7 R 19.6 LStR.
8 Geldzuwendungen sind immer Arbeitslohn, R 19.6 Abs. 1 S. 3 LStR.
9 BFH v. 22.3.1985 – VI R 26/82, BStBl. II 1985, 641 = FR 1985, 480.
10 Nichtbeanstandungsgrenze R 19.6 LStR; **aA** *v. Bornhaupt*, DStZ 1990, 498.
11 R 19.6 Abs. 1 S. 2 LStR; FG Hess. v. 14.6.1995 – 6 K 2762/94, EFG 1996, 373, rkr.; s. auch *Reuter*, FR 1990, 140 zu betriebsbezogenen FS, Ehrennadeln und -urkunden.
12 R 19.6 Abs. 2 LStR; *H/H/R*, § 19 Anm. 600 „Genussmittel".
13 *Blümich*, § 19, Rn. 280 „Genussmittel".
14 S. dazu unten und Ausführungen zu § 3 Nr. 38 und § 37a.
15 BFH v. 28.2.2013 – VI R 58/11, BStBl. II 2013, 642 = FR 2013, 914.
16 BFH v. 10.4.2014 – VI R 62/11, BStBl. II 2015, 191; BMF v. 20.1.2015, BStBl. I 2015, 143.
17 So aber *Albert*, FR 2009, 857.

der Gewerkschaft für die Teilnahme an einem Streik gezahlt werden.[1] Diese sind auch keine Entschädigung für entgehende Einnahmen iSd. § 24 Nr. 1a.[2] Entspr. muss auch für Aussperrungsunterstützungen gelten.[3] Auch Lohnersatzleistungen sind Arbeitslohn, sie sind aber weitgehend steuerbefreit (§ 3 Rn. 5 ff.).

69 Aus Sicht des ArbN muss der erhaltene Vorteil wirtschaftlich die **Frucht seiner Arbeitsleistung** sein.[4] **Trinkgelder** sind steuerbarer Arbeitslohn (aber stfrei; zur Abgrenzung zu stpfl. Zahlungen v. Dritten s. § 3 Rn. 133; Sonderzahlungen im Konzernverbund sind keine Trinkgelder[5]), da sie unmittelbare Entlohnung für die erbrachte Dienstleistung sind,[6] auch Zuwendungen eines Mehrheitsaktionärs an ein Vorstandsmitglied für eine erfolgreiche Sanierung,[7] oder Belohnungen, die ein Dachverband des Kreditgewerbes an Schalterbeamte v. Kreditinstituten für die Verhinderung v. Scheckbetrügereien[8] zahlt. Andererseits wurde eine Belohnung einer Berufsgenossenschaft für Mitglieder, die sich bei der Verhütung v. Unfällen verdient gemacht haben, mangels einer insoweit ggü. dem ArbG bestehenden Verpflichtung nicht als Arbeitslohn behandelt.[9]

70 Der ArbG braucht v. der Vorteilsgewährung durch den Dritten keine Kenntnis zu haben,[10] sie kann **auch gegen den Willen des ArbG** erfolgen[11] (zB ArbG verbietet die Annahme v. Trinkgeld). Die Zahlung des Dritten darf aber **nicht** eine **gegen das Dienstverhältnis** gerichtete Leistung des ArbN belohnen. Schmier- oder Bestechungsgelder sind daher kein Arbeitslohn.[12] Entspr. sind auch vom ArbN selbst durch Untreuehandlungen oder Unterschlagungen herbeigeführte Vermögensmehrungen keine Gegenleistungen des ArbG für die Zur-Vfg.-Stellung der Arbeitskraft.[13]

71 **Nicht zum Arbeitslohn** gehören ferner Zuwendungen Dritter, die auf eigenen unmittelbaren rechtl. oder wirtschaftlichen Beziehungen zum ArbN beruhen.[14] Dazu gehören **Rabatte v. Fremdfirmen**, zB die Einräumung v. Beitragsermäßigungen durch ein anderes Konzernunternehmen,[15] die auch Angehörigen des öffentl. Dienstes gewährt werden,[16] Tarifvorteile in der Versicherungsbranche, die nicht nur den ArbN eines Geschäftspartners, sondern einem weiteren Personenkreis gewährt werden,[17] oder Reiserabatte eines Veranstalters an ArbN eines Reisebüros.[18] Nach neuerer Rspr.[19] und Verwaltungsauffassung[20] soll dabei die Mitwirkung des ArbG an der Verschaffung solcher Vorteile nur ein Indiz für die Annahme von Arbeitslohn von dritter Seite sein. Ein überwiegendes eigenwirtschaftliches Interesse des Dritten soll die Annahme von Arbeitslohn idR ausschließen.[21] Liegt ein solches eigenwirtschaftliches Interesse des Dritten vor, schließt dies die Annahme von Arbeitslohn nicht zwingend aus.[22] In diesen Fällen muss vielmehr abgewogen werden, ob durch das eigenwirtschaftliche Interesse des Dritten die Absicht des ArbG, seine ArbN zu entlohnen, eindeutig in den Hintergrund gedrängt wird. Zieht der ArbN Vorteile aus einer solchen Beziehung, die ihm mittelbar durch Leistungen des ArbG gewährt werden, ist der Vorteil dem Dienstverhältnis zuzurechnen. Verwendet ein ArbN daher Bonuspunkte aus einem Kundenbindungsprogramm (zB **miles & more**), die er durch Dienstreisen(-flüge) erhalten hat, zu privaten Zwecken (Privatflüge), handelt es sich um Arbeitslohn. Dafür gewährt § 3 Nr. 38 (§ 3 Rn. 72) einen Freibetrag v. 1 080 Euro. Zudem erlaubt § 37a eine pauschale Versteuerung durch den leistenden Dritten.

---

1 BFH v. 24.10.1990 – X R 161/88, BStBl. II 1991, 337 = FR 1991, 52.
2 BFH v. 24.10.1990 – X R 161/88, BStBl. II 1991, 337 = FR 1991, 52.
3 *Blümich*, § 19 Rn. 280 „Streikunterstützungen"; **aA** noch BFH v. 30.3.1982 – III R 151/80, BStBl. II 1982, 556.
4 BFH v. 23.4.2009 – VI R 39/08, BStBl. II 2009, 668 = FR 2009, 963; v. 20.5.2010 – VI R 41/09, BFHE 229, 346 = FR 2010, 995 m. Anm. *Bergkemper*.
5 BFH v. 3.5.2007 – VI R 37/05, BStBl. II 2007, 712 = FR 2007, 976 m. Anm. *Bergkemper*.
6 BFH v. 24.10.1997 – VI R 23/94, BStBl. II 1999, 323 = FR 1998, 107 mwN.
7 BFH v. 24.2.1981 – VIII R 109/76, BStBl. II 1981, 707 = FR 1981, 441.
8 *K/S/M*, § 19 Rn. B 746.
9 BFH v. 22.2.1963 – VI 165/61 U, BStBl. III 1963, 306; zweifelh.
10 HM für die Frage, ob Arbeitslohn vorliegt (*Schmidt*[37], § 19 Rn. 70; **aA** *Albert/Hahn*, FR 1995, 336); anders für die Frage, ob LSt einbehalten werden muss, dazu § 38 Rn. 17.
11 RFH RStBl 1944, 731.
12 HM, *Blümich*, § 19 Rn. 232.
13 BFH v. 13.11.2012 – VI R 38/11, BStBl. II 2013, 929 = FR 2013, 386.
14 BFH v. 7.8.1987 – VI R 53/84, BStBl. II 1987, 822 = FR 1987, 595.
15 Ausf. *Kuhsel*, BB 2002, Heft 19 I.
16 BFH v. 28.6.2007 – VI R 45/02, BFH/NV 2007, 1871.
17 BFH v. 10.4.2014 – VI R 62/11, BStBl. II 2015, 191.
18 FG Düss. v. 21.12.2016 – 5 K 2504/14 E, juris, rkr.
19 BMF v. 20.1.2015, BStBl. I 2015, 143.
20 BFH v. 7.8.1987 – VI R 53/84, BStBl. II 1987, 822 = FR 1987, 595.
21 BFH v. 7.8.1987 – VI R 53/84, BStBl. II 1987, 822 = FR 1987, 595.
22 *Breinersdorfer*, FR 2015, 779.

b) Abgrenzung Bar- und Sachlohn; Gehaltsumwandlung. Zur **Abgrenzung von Bar- und Sachlohn** s. § 8 Rn. 15 ff. (BFH v. 11.11.2010 – VI R 21/09, BStBl. II 2011, 383 = FR 2011, 380, VI R 27/09, BStBl. II 2011, 386 = FR 2011, 383 und VI R 41/10, BStBl. II 2011, 389 = FR 2011, 385 m. Anm. *Albert*). 71a

Eine steuerlich anzuerkennende **„echte" Gehaltsumwandlung** von Barlohn in durch eine Steuerbefreiungs-, Pauschalierungs- oder besondere Bewertungsvorschrift begünstigte Ersatzvergütung setzt voraus, dass auf den Barlohn arbeitsrechtlich verbindlich, bedingungslos und im Voraus verzichtet wird. Darüber hinaus ist die Einhaltung eines evtl. gesetzlich normierten Zusätzlichkeitserfordernisses zu beachten. Die Umwandlung von Barlohn in **Ersatzvergütungen ohne Zusätzlichkeitserfordernis** (zB Verpflegungsmehraufwendungen § 3 Nr. 16, Werkzeuggeld § 3 Nr. 30, Barablösung Arbeitskleidung § 3 Nr. 31, Überlassung betr. Datenverarbeitungs- u. Telekommunikationsgeräte § 3 Nr. 45, Auslagenersatz § 3 Nr. 50, Zuschläge nach § 3b, Firmenwagengestellung § 8 Abs. 2 S. 2–5, Warengutscheine § 8 Abs. 2 S. 11, Arbeitnehmerrabatte § 8 Abs. 3, Erholungsbeihilfen § 40 Abs. 2 Nr. 3, Zukunftssicherungsleistungen § 40b, Essensmarken R 8.1 Abs. 7) ist unter den oben genannten Voraussetzungen anzuerkennen. Bei **Ersatzvergütungen mit Zusätzlichkeitserfordernis** (zB Kindergartenzuschüsse § 3 Nr. 33, Gesundheitsförderung § 3 Nr. 34, Beratungs- und Betreuungsleistungen nach § 3 Nr. 34a und 34b, Fahrtkostenzuschüsse § 40 Abs. 2 S. 2, Zuschüsse Internetnutzung § 40 Abs. 2 Nr. 5 S. 2, unentgeltliche oder verbilligte Mahlzeiten § 40 Abs. 2 Nr. 1) ist die vertragliche Ausgestaltung näher zu betrachten. Arbeitslohn wird nur dann zusätzlich gezahlt, wenn er zum arbeitsrechtlich geschuldeten Lohn hinzukommt.[1] Der arbeitsrechtliche Anspruch kann sich aus dem Arbeitsvertrag, einer (Zusatz-)Vereinbarung oder auch aus einer dauernden betrieblichen Übung ergeben.[2] Das letztgenannte Kriterium wird jedoch für die FinVerw. nur schwer greifbar sein. Nur bei Abschluss eines neuen Arbeitsvertrags (ggf. auch nach Auslauf eines befristeten Vetrags) kann – sofern keine „Rückfallklausel" vereinbart ist – eine anzuerkennende echte Gehaltsumwandlung vorliegen. Bei Änderungsverträgen oder Änderungskündigungen wird jedoch Lohn nicht zusätzlich, sondern nur in anderer, begünstigter Form gezahlt. Diese Fälle sind aus wirtschaftlicher Sicht einheitlich zu betrachten.[3] Deshalb liegen **„unechte", nicht anzuerkennende Gehaltsumwandlungen** vor.[4] Selbst wenn in Ausnahmefällen besondere betriebliche Gründe für die Änderung der Lohnstruktur gegeben sind, fehlt es an der gesetzlich geforderten Zusätzlichkeit. Nach neuer Rspr. des BFH[5] sollen nur noch freiwillige Zahlungen zusätzlich zum ohnehin geschuldeten Arbeitslohn erbracht werden können. Diese Auffassung widerspricht jedoch dem Willen des Gesetzgebers, der bestimmte stl. Vergünstigungen nur in Fällen der Gehaltsumwandlung einschränken wollte.[6] Die Verwaltung[7] folgt dem BFH nicht. 71b

Nicht zulässig ist es, eine Gehaltsumwandlung **zugunsten von Leistungen im überwiegenden eigenbetrieblichen Interesse** durchzuführen.[8] Vielmehr liegen in solchen Fällen Lohnverwendungsabreden vor. 71c

c) Besonderheiten beim Zufluss. Für Einkünfte aus nichtselbständiger Arbeit gilt grds. das Zuflussprinzip nach § 11 Abs. 1. Eine Besteuerung tritt danach nur ein, wenn der Arbeitslohn dem ArbN zufließt,[9] er darüber also wirtschaftlich verfügen kann (§ 11 Rn. 9). Die Rückzahlung v. Arbeitslohn ist bei Abfluss steuermindernd und beseitigt nicht rückwirkend den Zufluss des Arbeitslohns.[10] Für den Zeitpunkt der Einnahmen wird dies aber durch den Verweis in § 11 Abs. 1 S. 4 auf § 38a Abs. 1 S. 2 und 3 dahingehend modifiziert, dass die für das Lohnsteuerverfahren maßgeblichen Zeitpunkte des § 38a auch im Veranlagungsverfahren gelten.[11] **Laufender Arbeitslohn** (§ 38a Rn. 4) fließt danach grds. im Lohnzahlungszeitraum zu[12] (§ 38a Abs. 1 S. 2), für **sonstige Bezüge** (§ 38a Rn. 5) gilt der Zuflusszeitpunkt (§ 38a Abs. 1 S. 3). Für Nach- und Vorauszahlungen kommt es auf den Zahlungszeitpunkt und die Art des bezahlten Lohns an (§ 38a Rn. 4). § 38a Abs. 1 regelt in S. 3 zwar inhaltsgleich zu § 11 Abs. 1 S. 1, aber als eigenstän- 72

1 BFH v. 1.10.2009 – VI R 41/07, BStBl. II 2010, 487 = FR 2010, 438.
2 BFH v. 19.9.2012 – VI R 54/11, BStBl. II 2013, 395 = FR 2013, 674.
3 FG RhPf. v. 23.11.2016 – 2 K 1180/16, EFG 2017, 1102 (Rev. VI R 21/17).
4 **AA** *Thomas*, DStR 2011, 789, der das Zusätzlichkeitserfordernis dadurch ins Leere laufen lässt, indem er als Maßstab für die Zusätzlichkeit vom arbeitsrechtlich geschuldeten Lohn nach der Umwandlung ausgeht; FG Münster v. 28.6.2017 – 6 K 2446/15 L, EFG 2017, 1598 (Rev. VI R 40/17), das Gehaltsumwandlungen nur dann als schädlich erachtet, wenn nach der Umwandlung ein verbindlicher Rechtsanspruch auf die Ersatzvergütung besteht.
5 BFH v. 19.9.2012 – VI R 54/11, BStBl. II 2013, 395 = FR 2013, 674.
6 Zu § 3 Nr. 33 s. BT-Drucks. 12/5016; zu § 3 Nr. 34 s. BT-Drucks. 16/10189; zu § 40 Abs. 2 S. 2 s. BT-Drucks. 12/5764; zu § 40 Abs. 2 S. 1 Nr. 5 S. 2 s. BT-Drucks. 14/4921; zu § 37b Abs. 2 s. BR-Drucks. 622/06.
7 BMF v. 22.5.2013, BStBl. I 2013, 728.
8 *Merx* in K/K/B, § 19 Rn. 281 ff.
9 HM BFH v. 20.8.1997 – VI B 83/97, BStBl. II 1997, 667 = FR 1998, 14.
10 BFH v. 4.5.2006 – VI R 19/03, BStBl. II 2006, 832.
11 BFH v. 22.7.1993 – VI R 104/92, BStBl. II 1993, 795 = FR 1993, 813.
12 Ausnahmsweise auch der Lohnabrechnungszeitraum, § 38a Abs. 1 S. 2 iVm. § 39b Abs. 5 S. 1.

dige Norm den Besteuerungszeitpunkt. Insoweit wird § 11 Abs. 1 S. 1 auch bei sonstigen Bezügen v. § 38a Abs. 1 verdrängt.[1] § 11 Abs. 1 S. 2 gilt daher auch für wiederkehrende sonstige Bezüge nicht. Beide Regeln gelten nur für Einnahmen, für WK bleibt es bei der Regelung des § 11 Abs. 2.

73 **Zugeflossen** ist der Arbeitslohn, wenn der ArbN über ihn **wirtschaftlich verfügen** kann.[2] Mit dem Zufluss des Auszahlungsbetrages fließt dem ArbN auch die einbehaltene LSt zu.[3] Sachbezüge in Form v. WG fließen nach hM[4] mit Erlangung wirtschaftlichen Eigentums zu, Sachbezüge als Leistung (zB Incentive-Reisen; s. Rn. 78 „Prämien") dann, wenn der ArbN sie in Anspr. nimmt.[5] Mit der **bloßen Einräumung eines Anspr.** gegen den ArbG oder gegenüber einem Dritten fließt dem ArbN **kein Arbeitslohn** zu. ZB erlangt der ArbN erst durch die Ausübung des Rechts auf den Erwerb eines verbilligten Job-Tickets[6], durch Einbuchung von Aktien in das Depot des ArbN[7] oder durch die Ausübung eines Optionsrechts auf den Erwerb verbilligter Aktien[8] die wirtschaftliche Verfügungsmacht. Der Vorteil fließt auch zu, wenn die Verwendung des Erlöses aus dem Weiterverkauf der erworbenen Aktien beschränkt ist.[9] Entspr. gilt für die Einräumung einer Gewinnchance.[10] Gewährt ein ArbG seinem ArbN eine stille Beteiligung, liegt bereits im Zeitpunkt der Gutschrift auf den Beteiligungskonten Zufluss vor.[11] Bei einer wirtschaftlichen Verwertung v. Zeitwertkonten[12] (zB Finanzierung v. Leasingfahrzeugen) fließt der Arbeitslohn erst bei Verwendung des Wertguthabens zu.[13] Dies gilt auch, wenn das Zeitwertkonto nach § 7f Abs. 1 S. 1 Nr. 2 SGB IV auf den neuen ArbG oder auf die Deutsche Rentenversicherung Bund (§ 38 Rn. 9) stfrei (s. § 3 Nr. 53 Rn. 134ff.) übertragen wurde. Die Vereinbarung bzw. die Zuführung von Guthaben auf Zeitwertkonten von Organpersonen führt nach zutr. Auffassung sofort zum Lohnzufluss.[14] Verzichtet der ArbN zugunsten Dritter,[15] ereignet sich der Zufluss in dem Zeitpunkt, in dem der Dritte über den Vorteil verfügen kann. Verzichtet der ArbN auf sein Gehalt ggü. dem ArbG, liegt darin kein Zufluss.[16] Nach neuerer Rspr. kann eine Abfindung entgegen einer Betriebsvereinbarung nicht dem Monat des Ausscheidens, sondern erst dem darauffolgenden Januar zugeordnet werden, wenn ArbG und ArbN vor Eintritt der ursprünglichen Fälligkeit eine entsprechend spätere Auszahlung vereinbaren.[17] Zahlt ein ArbN Arbeitslohn zurück, der dem LSt-Abzug unterlegen hat, so bleibt der früher gezahlte Arbeitslohn zugeflossen.[18] Die zurückgezahlten Beträge sind im Zeitpunkt der Rückzahlung als negative Einnahmen oder WK zu berücksichtigen.[19] Der Verlust des Bezugsrechts aus einer DirektVers. ist zumindest bei Insolvenz des ArbG keine Rückzahlung v. Arbeitslohn, weil dieser Verlust durch den gem. § 7 Abs. 2 BetrAVG gewährleisteten gesetzlichen Insolvenzschutz kompensiert wird[20] (s. auch Rn. 78 „Versorgungsanstalt der Bund und Länder (VBL)"). Nach ständiger Rspr. liegt bei **beherrschenden G'ter-Geschäftsführern** ein Zufluss bereits vor, sobald eine eindeutige und unbestrittene Forderung ggü. der Gesellschaft fällig ist und diese sich bei der Ermittlung des Einkommens der Gesellschaft ausgewirkt hat.[21] Diese Besonderheit gilt im umgekehrten Fall der

---

1 **AA** *H/H/R*, § 11 Anm. 88.
2 StRspr., BFH v. 9.5.1984 – VI R 63/80, BStBl. II 1984, 560 = FR 1984, 486.
3 Dazu § 42d und Rn. 78 „Nettolohnvereinbarung".
4 BFH v. 17.4.1986 – IV R 115/84, BStBl. II 1986, 607 = FR 1986, 414.
5 BFH v. 9.3.1990 – VI R 48/87, BStBl. II 1990, 711 = FR 1990, 618.
6 BFH v. 14.11.2012 – VI R 56/11, BStBl. II 2013, 382 = FR 2013, 472 m. Anm. *Bergkemper*; BayLfSt v. 12.8.2015, juris.
7 BFH v. 1.2.2007 – VI R 73/04, BFH/NV 2007, 896; teilweise **aA** BFH v. 7.5.2014 – VI R 73/12, BStBl. II 2014, 904: Die Höhe des geldwerten Vorteils soll nach den Wertverhältnissen im Zeitpunkt des Abschlusses des Vertrags und nicht zum Zeitpunkt des Zuflusses bestimmt werden. Die neue Auffassung ist wenig praktikabel und übersieht zudem, dass ArbG und ArbN im Regelfall einen Vorteil vereinbaren werden, der sich auf den Zeitpunkt der tatsächlichen Einräumung bezieht; s. auch Rn. 62.
8 BFH v. 23.7.1999 – VI B 116/99, BStBl. II 1999, 684 = FR 1999, 1125 und v. 20.6.2001 – VI R 105/99, BStBl. II 2001, 689 = FR 2001, 901 m. Anm. *Kessler/Strnad*, s. dazu (insbes. zu „Stock Options") Rn. 78 „Ankaufsrecht".
9 BFH v. 1.2.2007 – VI R 73/04, BFH/NV 2007, 896; zust. *Wüllenkemper*, EFG 2005, 40.
10 S. dazu Rn. 78 „Losgewinne".
11 BFH v. 11.2.2010 – VI R 47/08, BFH/NV 2010, 1094.
12 Zur Definition des Begriffs sowie begünstigten Modellen vgl. BMF v. 17.6.2009, BStBl. I 2009, 1286.
13 *Petereit/Neumann*, BB 2004, 301.
14 BFH v. 11.11.2015 – I R 26/15, BStBl. II 2016, 489 = FR 2016, 574; BMF v. 17.6.2009, BStBl. I 2009, 1286; **aA** BFH v. 22.2.2018 – VI R 17/16, BFH/NV 2018, 1570; FG BaWü. v. 22.6.2017 – 12 K 1044/15, EFG 2017, 1585 (Rev. VI R 39/17).
15 Zur Abgrenzung Rn. 78 „Verzicht"; s. auch Rn. 54 „Kirche".
16 BFH v. 30.7.1993 – VI R 87/92, BStBl. II 1993, 884; s. dazu Rn. 78 „Verzicht".
17 BFH v. 11.11.2009 – IX R 1/09, BStBl. II 2010, 746.
18 BFH v. 7.11.2006 – VI R 2/05, BStBl. II 2007, 315 = FR 2007, 439 m. Anm. *Bergkemper*.
19 BFH v. 4.5.2006 – VI R 33/03, BStBl. II 2006, 911 = FR 2006, 1135.
20 BFH v. 5.7.2007 – VI R 58/05, BStBl. II 2007, 774 = FR 2008, 143; H/H/R, § 19 Anm. 431 („Insolvenz des Arbeitgebers").
21 BFH v. 11.2.1965 – IV 213/64 U, BStBl. III 1965, 407; v. 8.5.2007 – VIII R 13/06, BFH/NV 2007, 2249.

Rückzahlung von versehentlich ausgezahlten Löhnen durch den beherrschenden G'ter-Geschäftsführer nicht für den Abflusszeitpunkt, da es die beherrschte Ges. nicht in der Hand hat, sich die Beträge auszahlen zu lassen.[1] Die Tantieme eines G'ter-Geschäftsführers fließt zum Zeitpunkt der Feststellung des Jahresabschlusses oder zu einem anderen zivilrechtlich wirksam vereinbarten Zeitpunkt zu.[2] Verzichtet ein G'ter-Geschäftsführer ohne Ausgleich auf Ansprüche gegen seine Gesellschaft und erleidet dadurch eine tatsächliche Vermögenseinbuße, liegt kein Zufluss vor.[3] Eine tatsächliche Vermögenseinbuße entsteht aber nicht deshalb, weil die Buchung des durch den Tantiemeanspruch entstandenen Lohnaufwands unterlassen wurde. Dies wird zT in der neueren Rspr.[4] übersehen. Die FinVerw. hat zutr. klargestellt, dass es darauf ankommt, welche bilanzielle Behandlung im Zeitpunkt des Verzichts richtig gewesen wäre.[5] Auch der Verzicht eines G'ter-Geschäftsführers auf ihm bereits zustehende Pensionsanwartschaften führt unter den oben genannten Voraussetzungen zum Zufluss von Arbeitslohn iHd. TW der aufgegebenen Anwartschaft.[6]

5. Zuwendungen im Rahmen von Betriebsveranstaltungen. Die steuerliche Behandlung von Zuwendungen iRv. Betriebsveranstaltungen ist seit der Einfügung des Abs. 1 Nr. 1a durch das Zollkodex-AnpG[7] mit Wirkung ab dem 1.1.2015 gesetzlich geregelt. In S. 1 werden die Betriebsveranstaltungen definiert, S. 2 beschreibt die als Zuwendungen zu erfassenden Aufwendungen. Nach S. 3 wird ein Freibetrag iHv. 110 Euro gewährt, der nach S. 4 zweimal pro Jahr genutzt werden kann. S. 5 regelt für die Betriebsveranstaltungen, wie die Zuwendungen zu bewerten sind. 73a

Im Vergleich zu den bis einschl. VZ 2014 maßgeblichen Grundsätzen (vgl. hierzu die Ausführungen unter Rn. 78 „Betriebsveranstaltungen") ergeben sich insbes. folgende Änderungen:[8] Die bisherige Freigrenze iHv. 110 Euro wurde nun in einen **Freibetrag** umgewandelt („soweit"). Entgegen der bisherigen Rspr. des BFH[9] sind grds. auch **Zuwendungen an Begleitpersonen** zu erfassen. Ebenfalls abweichend von der bisherigen Rspr.[10] gehören neben den individuell zurechenbaren Aufwendungen auch die **Aufwendungen für den äußeren Rahmen** zu den Zuwendungen.

Soweit nach Abzug des Freibetrags ein zu versteuernder Arbeitslohn verbleibt, kann dieser nach § 40 Abs. 2 S. 1 Nr. 2 mit 25 % pauschal versteuert werden.

a) Definition der Betriebsveranstaltungen. Nach Abs. 1 S. 1 Nr. 1a S. 1 gelten Veranstaltungen auf betrieblicher Ebene mit gesellschaftlichem Charakter als Betriebsveranstaltungen. Als weitere Voraussetzung fordert Abs. 1 S. 1 Nr. 1a S. 3, dass eine Betriebsveranstaltung allen Angehörigen des Betriebs oder eines Betriebsteils[11] offenstehen muss. Typische Beispiele für Betriebsveranstaltungen sind Betriebsausflüge, Weihnachtsfeiern, Jubiläumsfeiern, Pensionärstreffen oder Jubilarfeiern.[12] Veranstalter der Betriebsveranstaltung kann neben dem ArbG auch der Betriebs- oder Personalrat sein.[13] Die Regelung gilt insbes. für aktive und ehemalige ArbN, Leiharbeitnehmer und ArbN konzernzugehöriger Unternehmen.[14] 73b

b) Einzubeziehende Zuwendungen. Nach Abs. 1 S. 1 Nr. 1a S. 2 gehören alle Aufwendungen[15] des ArbG einschl. USt zum Arbeitslohn nach Abs. 1 S. 1 Nr. 1a S. 1, unabhängig davon, ob sie dem ArbN individuell zurechenbar sind oder ob es sich um einen rechnerischen Anteil der ggü. Dritten aufgebrachten Aufwendungen für den äußeren Rahmen handelt (zB Raumkosten sowie Kosten für einen Veranstalter). Nach Auffassung der FinVerw. soll dies auch für Kosten gelten, die nur zu einer abstrakten Bereicherung des ArbN führen (zB Kosten für behördliche Auflagen oder Stornokosten).[16] Reine „Leerkosten" oder „No-show-Kosten" bereichern den teilnehmenden ArbN aber nicht und sollten deshalb nicht zu den Zu- 73c

1 BFH v. 14.4.2016 – VI R 13/14, BStBl. II 2016, 778 = FR 2016, 965.
2 BFH v. 3.2.2011 – VI R 66/09, BStBl. II 2014, 491 = FR 2011, 820.
3 BFH v. 9.6.1997 – GrS 1/94, BStBl. II 1998, 307 = FR 1997, 723.
4 BFH v. 3.2.2011 – VI R 4/10, BStBl. II 2014, 493 = FR 2011, 576 m. Anm. *Bergkemper* (tatsächliche bilanzielle Behandlung maßgeblich; Aussage relativiert in BFH v. 15.5.2013 – VI R 24/12, BStBl. II 2014, 495 = FR 2013, 1092 m. Anm. *Siebert/Ivzhenko-Siebert*: steuerrechtl. zutr. Bilanzierung maßgeblich); mit weiteren krit. Anm., *Paus*, DStZ 2011, 458.
5 BMF v. 12.5.2014, BStBl. I 2014, 860.
6 BFH v. 23.8.2017 – VI R 4/16, BStBl. II 2018, 208.
7 G v. 22.12.2014, BGBl. I 2014, 2417.
8 Nach *Prinz*, FR 2015, 785, handelt es sich um eine besondere Form der rechtsprechungsbrechenden Gesetzgebung.
9 BFH v. 16.5.2013 – VI R 7/11, FR 2013, 1097 m. Anm. *Bergkemper* = BFH/NV 2013, 1848.
10 BFH v. 16.5.2013 – VI R 94/10, FR 2013, 1094 m. Anm. *Bergkemper* = BFH/NV 2013, 1846.
11 Dies ist zB eine betriebliche Organisationseinheit von einiger Bedeutung und Größe, vgl. BT-Drucks. 18/3441, 60.
12 BMF v. 14.10.2015, BStBl. I 2015, 832 Tz. 1 und 4b.
13 BMF v. 14.10.2015, BStBl. I 2015, 832 Tz. 1.
14 BMF v. 14.10.2015, BStBl. I 2015, 832 Tz. 3.
15 Vgl. die nicht abschließende Aufzählung in BMF v. 14.10.2015, BStBl. I 2015, 832 Tz. 2.
16 BMF v. 14.10.2015, BStBl. I 2015, 832 Tz. 2.

wendungen gehören.[1] Auch aus Verwaltungssicht nicht einzubeziehen sind die rechnerischen Selbstkosten für den äußeren Rahmen (zB anteilige Gehaltsaufwendungen der Bürokraft, die die Veranstaltung organisiert).[2] Dies ist für die praktische Arbeit zu begrüßen. Die jüngst hierzu ergangene Rspr. ist durch die gesetzliche Neuregelung überholt.[3]

Seit der gesetzlichen Neuregelung sind auch Geschenke mit einem Wert über 60 Euro in die Gesamtkosten einzubeziehen, sofern sie anlässlich der Betriebsveranstaltung übergeben werden.[4] Geschenke, die keinen konkreten Zusammenhang mit der Betriebsveranstaltung haben und auch bei anderer Gelegenheit übergeben werden könnten, sind hingegen nicht einzubeziehen.

Die insgesamt einzubeziehenden Aufwendungen sind nach Abs. 1 S. 1 Nr. 1a S. 3 auf die tatsächlich teilnehmenden Personen aufzuteilen. Die neue Regelung führt in den Fällen zu Verzerrungen, in denen Betriebsveranstaltungen für mehr Personen geplant wurden, als letztendlich daran teilgenommen haben. Dies kann dazu führen, dass den verbleibenden tatsächlichen Teilnehmern Aufwendungen als Arbeitslohn zugerechnet werden, von denen sie in keiner Weise profitieren konnten. Auch die FinVerw. bietet im aktuellen Anwendungsschreiben[5] keine praxisgerechte Lösung an.

Als weitere Reaktion des Gesetzgebers auf die jüngste Rspr. des BFH[6] sind dem ArbN nach Abs. 1 S. 1 Nr. 1a S. 1 Zuwendungen an seine Begleitpersonen zuzurechnen. Diese gesetzliche Regelung steht im Einklang mit dem Arbeitslohnbegriff. Denn erst das Dienstverhältnis des ArbN ermöglicht eine Teilnahme und die Entgegennahme von Vorteilen durch Begleitpersonen.

Reisekosten gehören insoweit zu den Aufwendungen einer Betriebsveranstaltung, als die Reise selbst Teil der Betriebsveranstaltung ist (zB gemeinsame Anreise vom Ort der ersten Tätigkeitsstätte zum Veranstaltungsort). Individuelle Anreisen der ArbN sind unabhängig von Abs. 1 S. 1 Nr. 1a nach Reisekostengrundsätzen zu behandeln. Eine individuelle Anreise soll aber nur dann vorliegen, wenn der ArbN die Reise selbst organisiert hat.[7]

73d **c) Freibetrag.** Nach Abs. 1 S. 1 Nr. 1a S. 3 gilt ab dem 1.1.2015 ein Freibetrag iHv. 110 Euro. Im Gesetzgebungsverfahren wurde zu Recht kritisiert, dass auch kostspielige Veranstaltungen durch den Freibetrag begünstigt würden.[8] Andererseits führt aber gerade die Umstellung von der Freigrenze auf den Freibetrag dazu, dass der Regelungskomplex insgesamt weniger streitanfällig sein wird.

73e **d) Anzahl der Betriebsveranstaltungen.** Abs. 1 S. 1 Nr. 1a S. 4 lässt bis zu zwei Betriebsveranstaltungen pro Jahr zu. Es ist eine mitarbeiterbezogene Prüfung vorzunehmen. Auf die Dauer einer Betriebsveranstaltung kommt es offensichtlich wie bisher nicht an. Bei einem ArbG-Wechsel während des Jahres kann ein ArbN bei beiden ArbG die max. zulässige Zahl an Veranstaltungen ausnutzen.[9] Jubilarfeiern sind nach dem Gesetzeswortlaut und abw. von der früheren Regelung in R 19.5 Abs. 3 S. 3 LStR 2015 nicht mehr zusätzlich begünstigt.

73f **e) Bewertung.** Mit Abs. 1 S. 1 Nr. 1a S. 5 wurde für Betriebsveranstaltungen eine spezielle Bewertungsnorm eingeführt. Demnach sind Betriebsveranstaltungen mit den anteilig auf den ArbN und dessen Begleitpersonen entfallenden Aufwendungen des ArbG anzusetzen. Die allgemeine Bewertungsregel des § 8 Abs. 2 S. 1 (Bewertung des Vorteils mit dem üblichen Endpreis am Abgabeort) sowie die 44-Euro-Grenze des § 8 Abs. 2 S. 11 können nicht alternativ angewandt werden; sie gelten auch nicht für die den 110-Euro-Freibetrag übersteigenden Aufwendungen und nicht, wenn mehr als zwei Betriebsveranstaltungen durchgeführt werden.

74 **6. Bezüge und Vorteile aus früheren Dienstleistungen (Abs. 1 S. 1 Nr. 2).** Abs. 1 S. 1 Nr. 2 regelt Bezüge und Vorteile (auch Sachbezüge)[10] aus früheren Dienstleistungen und nennt beispielhaft Wartegelder, Ruhegelder, Witwen- und Waisengelder (s. Rn. 78 „früheres Dienstverhältnis", „Waisengelder"). Diese Bezüge stellen eine Gegenleistung für die frühere Arbeitsleistung dar und sind Ausfluss des Dienstverhältnisses. Sie beruhen auf keiner anderen Anspruchsgrundlage. Dadurch unterscheiden sich diese Bezüge von

---

1 *Warnke*, EStB 2015, 215; FG Köln v. 27.6.2018 – 3 K 870/17, juris (Rev. VI R 31/18).
2 BT-Drucks. 18/3441, 60.
3 BFH v. 16.5.2013 – VI R 94/10, BStBl. II 2015, 186: Kosten für Miete und Eventveranstalter sind nicht zu berücksichtigen.
4 BMF v. 14.10.2015, BStBl. I 2015, 832 Tz. 2; anders noch R 19.5 Abs. 6 S. 3 LStR 2015.
5 BMF v. 14.10.2015, BStBl. I 2015, 832.
6 BFH v. 16.5.2013 – VI R 7/11, BStBl. II 2015, 189: Der auf Begleitpersonen entfallende Aufwand ist dem ArbN grds. nicht zuzurechnen.
7 BMF v. 14.10.2015, BStBl. I 2015, 832 Tz. 6.
8 BT-Drucks. 18/3441, 60.
9 *Weber*, NWB 2015, 3532.
10 BFH v. 26.6.2014 – VI R 41/13, BFH/NV 2014, 1935.

Leibrenten, die nach § 22 Nr. 1 S. 3 lit. a nur mit dem Ertragsanteil zu versteuern sind. Der Rentenempfänger erhält die Zahlungen nicht für seine frühere Arbeitsleistung, sondern weil er während der Zeit seines aktiven Dienstverhältnisses durch die Zahlung von Rentenbeiträgen eigene unmittelbare und unentziehbare Anwartschaften auf diese Rentenzahlungen erworben hat.[1] Typisches Beispiel und häufiger Anwendungsfall in der Praxis für Bezüge nach Abs. 1 S. 1 Nr. 2 sind die **Pensionen von Beamten**. Auch soweit Beamtenpensionen auf von dem Beamten selbst gezahlten Versorgungszuschlägen beruhen, liegen Bezüge nach Abs. 1 S. 1 Nr. 2 vor.[2] Ruhestandsleistungen intern. Organisationen sind nach deutschem Recht als Einkünfte nach Abs. 1 S. 1 Nr. 2 oder als Renten nach § 22 Nr. 1 zu qualifizieren.[3] Versorgungsbezüge nach Abs. 1 S. 1 Nr. 2 sind demnach die von intern. Organisationen, wie zB EUROCONTROL, OECD, ESA, EPO, EPA,[4] EHI oder EUMETSAT, gezahlten Pensionen.[5] Auch **NATO-Pensionen** stellen Bezüge aus früheren Dienstleistungen nach Abs. 1 S. 1 Nr. 2 dar, da der ArbN während seiner aktiven Dienstzeit keine eigenen unmittelbaren und unentziehbaren Rechtsansprüche gegen einen Dritten (zB Pensionskasse, Fonds) erworben hat.[6] Zu Bezügen ehemaliger Bediensteter weiterer sog. koordinierter Organisationen vgl. ausf. § 22 Rn. 3.

7. Lohnzahlung an Dritte (Abs. 1 S. 1 Nr. 3). a) Eigeninteresse und vorgelagerte Besteuerung. Arbeitslohn setzt grds. voraus, dass der ArbN einen materiellen Vorteil erhält. Eine Zahlung an eine andere Pers. ist daher nur dann Arbeitslohn, wenn die **Zahlung im Interesse des ArbN** geschieht (Verzicht des ArbN auf Zufluss zugunsten eines Dritten) oder bereits die **Zahlung an den Dritten den ArbN selbst bereichert**. Dazu zählen insbes. auch Ausgaben, die ein ArbG leistet, um einen ArbN gegen Krankheit, Unfall, Invalidität, Alter oder Tod abzusichern (**Zukunftssicherungsleistungen**), wenn der ArbN einen **unmittelbaren**, auch ohne Mitwirkung des ArbG durchsetzbaren **Anspr. gegen den Versicherer** erwirbt,[7] nicht aber wenn der ArbG seine künftigen Betriebsrentenleistungen absichert (zB Zahlung an Unterstützungskasse[8]). Auch wenn statt eines lfd. Gehalts ausschließlich eine Versorgungszusage vereinbart wird, beurteilt sich der Zufluss nach diesen Kriterien; so etwa bei **Gehaltsverzicht zugunsten einer betrieblichen Altersversorgung** iSd. BetrAVG.[9] Erst die späteren Zahlungen aus der Zusage sind dann in voller Höhe Lohn.[10] Erwirbt der ArbN aber einen eigenen Anspr., ist vorgelagert zu besteuern, weil die Auszahlung nur mit dem Ertragsanteil nach § 22 Nr. 1 S. 3 lit. a bb) erfasst wird. Zu einem Zufluss führt auch die Ablösung der Pensionszusage, selbst dann, wenn der Ablösungsbetrag – auf Verlangen des ArbN zur Übernahme der Pensionsverpflichtung – an einen Dritten gezahlt wird.[11] Dies gilt jedoch nur, wenn der ArbN ein Wahlrecht hat, sich den Ablösungsbetrag alternativ selbst auszahlen zu lassen.[12] 75

b) Neuer Ansatz. Bisher wurde die Frage der Steuerbarkeit daran gemessen, ob die konkrete Zahlung des ArbG einen entspr. Vorteil des ArbN enthält.[13] Der **neue Ansatz des Abs. 1 Nr. 3** löst sich v. dieser konkret-individuellen Betrachtungsweise, knüpft rein technisch an die Zahlung des ArbG an, nicht an den Vermögenszuwachs beim ArbN, und **erweitert** damit die **Steuerbarkeit**.[14] Muss der ArbG eine versicherungs-mathematische Unterdeckung bei dem Ausscheiden aus einer umlagefinanzierten Altersversorgung, der Umstellung aus einem Umlagesystem in eine kapitalgedeckte Altersversorgung oder dem Wechsel zu einer anderen umlagefinanzierten Versorgungskasse ausgleichen (sog. Gegenwertzahlungen)[15], sieht das G darin nun die **Nachholung bisher nicht gezahlter lfd. Beiträge**, während die Rspr.[16] Arbeitslohn ablehnte, weil die Zahlungen nicht zu einem geldwerten Vorteil der ArbN führen. Der BFH hält die Versteuerung 76

---

1 § 2 Abs. 2 Nr. 2 S. 2 LStDV.
2 BFH v. 23.11.2016 – X R 39/14, BFH/NV 2017, 888.
3 BFH v. 5.4.2017 – X R 50/14, BStBl. II 2017, 1187: Altersrente der Vereinten Nationen ist eine Leibrente nach § 22 Nr. 1 S. 3 lit. a aa.
4 BFH v. 23.2.2017 – X R 24/15, BStBl. II 2017, 636; anders jedoch die sog. Invaliditätszulage, die nicht als Ruhegehalt eingestuft wird, BFH v. 11.11.2015 – I R 28/14, BFH/NV 2016, 919.
5 BMF v. 1.6.2015, BStBl. I 2015, 475.
6 BFH v. 27.11.2013 – X B 192/12, BFH/NV 2014, 337; BMF v. 3.8.1998, BStBl. I 1998, 1042 Tz. 5.
7 BFH v. 16.4.1999 – VI R 66/97, BStBl. II 2000, 408 = FR 1999, 911; v. 5.7.2007 – VI R 47/02, BFH/NV 2007, 1876; v. 5.7.2012 – VI R 11/11, BStBl. II 2013, 190 = FR 2013, 383 m. Anm. *Bergkemper*; unschärfer § 2 Abs. 2 Nr. 3 LStDV.
8 BFH v. 16.9.1998 – VI B 155/98, BFH/NV 1999, 457.
9 Kein Zufluss, FG Hamb. v. 27.2.2003 – V 272/98, EFG 2003, 1000; BMF v. 6.12.2017, BStBl. I 2018, 147 Rn. 8.
10 Auch sofort beginnende Rentenzahlungen an noch aktive ArbN über Leistungen an Unterstützungskassen; FinVerw. v. 16.2.1994, FR 1994, 373.
11 BFH v. 12.4.2007 – VI R 6/02, BStBl. II 2007, 581 = FR 2007, 931.
12 BFH v. 18.8.2016 – VI R 18/13, BStBl. II 2017, 730 = FR 2017, 291; BMF v. 4.7.2017, BStBl. I 2017, 883.
13 BFH v. 13.6.2013 – VI R 1/11, BFH/NV 2013, 1564 (Streitjahr 1998).
14 *Schmidt*[37], § 19 Rn. 92, spricht v. einer „gesetzl. Arbeitslohnfiktion".
15 Dienen dem Ausgleich der durch das Ausscheiden des ArbG verursachten Finanzierungslücke; *Birk*, DStZ 2004, 777.
16 BFH v. 15.2.2006 – VI R 92/04, BStBl. II 2006, 528 = FR 2006, 509 m. Anm. *Bergkemper* (Gegenwertzahlungen); v. 15.2.2006 – VI R 64/05, BFH/NV 2006, 1272 (Wechsel zu anderer umlagefinanzierter Versorgungskasse).

dieser Sonderzahlungen für verfassungsrechtl. hinnehmbar, da dadurch bereits erworbene Anspr. des ArbN auf Versorgungsleistungen abgesichert werden.[1] Die Erweiterung wird mit einer **Zwangspauschalierung** der LSt in § 40b Abs. 4 gekoppelt.[2] Die Regierungsbegründung begründet die Erweiterung der Steuerbarkeit mit dem Willkürverbot (Art. 3 Abs. 1 GG). Zumindest gesetzessystematisch bedenklich[3] ist allerdings, dass die konkrete Besteuerung unabhängig v. der Erhöhung der Leistungsfähigkeit des ArbN einsetzt, auch wenn dies bei hinreichend distanzierter Betrachtung als bloße Nachholung bisher noch nicht erfasster Zuflüsse betrachtet werden könnte.

77 **c) Technische Umsetzung. S. 1** rechnet – insoweit **nur klarstellend** – lfd.[4] Beiträge und Zuwendungen zum Arbeitslohn, wenn sie vom ArbG aus einem bestehenden Dienstverhältnis an einen qualifizierten Empfänger (Pensionsfonds, Pensionskasse, DirektVers.) geleistet werden. Nach **S. 2** gehören dazu nun auch **Sonderzahlungen**[5] **des ArbG**, mit Ausnahme von Zahlungen zur erstmaligen Bereitstellung der Kapitalausstattung zur Erfüllung der Solvabilitätskapitalanforderung, Zahlungen zur Wiederherstellung einer angemessenen Kapitalausstattung nach unvorhersehbaren Verlusten (zB durch die gestiegene Lebenserwartung oder das Niedrigzinsumfeld veranlasst),[6] lfd. Zahlungen an Pensionsfonds, wenn die Altersversorgungsleistung v. lfd. Beitragszahlungen abhängt (§ 236 Abs. 2 VAG), und Sanierungsgeldern.[7] Der letzte HS beschreibt die **Gegenwertzahlungen** durch das Ausscheiden aus oder dem Wechsel zw. nicht kapitalgedeckter Altersversorgungen. Für nicht einmalige Zahlungen im Fall des S. 2 lit. b gilt gem. S. 3 nur der Erhöhungsanteil als Sonderzahlung. S. 4 definiert die Sanierungsgelder und zählt ebenso sich **wiederholende Zahlungen nur dann** zu den zwangspauschalierten **Sonderzahlungen, soweit sich die Beitragsbemessung erhöht**. Dies soll der Vereinfachung dienen.

78 **8. Einzelnachweise (ABC Arbeitslohn)**

Abfindungen aus Anlass der Beendigung eines Arbeitsverhältnisses sind Arbeitslohn, die ggf. nach § 34 ermäßigt besteuert werden (§ 34 Rn. 22); bis VZ 2005 ggf. stfrei nach § 3 Nr. 9.

Abschlussgebühr bei Bausparverträgen (Verzicht): Verzichtet ein Kreditinstitut gegenüber seinem ArbN auf die übliche Abschlussgebühr bei Bausparverträgen liegt darin ein geldwerter Vorteil. Ist das Kreditinstitut selbst provisionsberechtigt, setzt sich der Vorteil aus einem Preisnachlass der Bausparkasse und einer unentgeltlichen Vermittlungsleistung des Kreditinstituts zusammen. Nur für Letzteren gilt § 8 Abs. 3. Steht der Provisionsanspruch dem ArbN selbst zu, ist der Vorteil insgesamt nach § 8 Abs. 2 S. 1 zu bewerten (OFD Hann. v. 19.2.2001 – S 2334 - 331 - StH 212, nv.). Verzichtet eine Bausparkasse nicht nur bei ArbN von Partnerbanken, sondern auch bei ArbN anderer Kooperationspartner auf Abschlussgebühren, liegt kein ausreichender Zusammenhang mit dem Arbeitsverhältnis und kein Arbeitslohn vor (BFH v. 20.5.2010 – VI R 41/09, BStBl. II 2010, 1022 = FR 2010, 995 m. Anm. *Bergkemper*).

Abtretung einer Gehaltsforderung des ArbN an einen Dritten (zB Ehegatten) bewirkt nicht, dass der Empfänger den Tatbestand der Einkünfteerzielung erfüllt (BFH v. 23.1.1985 – I R 64/81, BStBl. II 1985, 330 = FR 1985, 415).

Aktien: Unentgeltliche oder verbilligte Überlassung v. Aktien (auch GmbH-Anteile FG Berlin v. 25.2.1994 – III 152/91, EFG 1994, 929, rkr.) sind Arbeitslohn, zT nach § 3 Nr. 39 stfrei und nach dem 5. VermBG begünstigt. Der geldwerte Vorteil aus der Überlassung verbilligter Aktien im Rahmen einer Kapitalerhöhung fließt mit der Eintragung der Durchführung der Erhöhung des Grundkapitals zu (BFH v. 29.7.2010 – VI R 30/07, BStBl. II 2011, 68 = FR 2011, 238).

Aktienoptionen (Stock Options): Überlassung v. Aktienoptionen als Arbeitslohn s. „Ankaufsrecht".

Altersteilzeit: Bestimmte Leistungen sind stfrei gem. § 3 Nr. 28; s. dort.

Altersversorgung: Auch Bezüge aus einem früheren Dienstverhältnis sind Arbeitslohn (s. Rn. 42); Bezüge, die ganz oder teilw. auf früheren Beitragsleistungen beruhen, sind kein Arbeitslohn, § 2 Abs. 2 Nr. 2 S. 2 LStDV, wenn die Beitragsleistungen keine WK waren.

Ankaufsrecht (Optionsrecht): Räumt ein ArbG dem ArbN iRd. Dienstverhältnisses ein Recht ein, den Abschluss eines Kaufvertrags und die Eigentumsübertragung in Bezug auf bestimmte WG zu verlangen

1 BFH v. 14.11.2013 – VI R 49/12, FR 2014, 472: Einschränkung des Anwendungsbereichs durch teleologische Reduktion nicht möglich.
2 Zur Kritik an dieser Zwangspauschalierung vgl. § 40b Rn. 13.
3 *Schmidt*[37], § 19 Rn. 94, hält die Regelung unter Berufung auf *Glaser* (BB 2006, 2217) für verfassungswidrig.
4 BMF v. 6.12.2017, BStBl. I 2018, 147 Tz. 14.
5 BMF v. 6.12.2017, BStBl. I 2018, 147 Tz. 15 f.
6 BR-Drucks. 432/14, 42.
7 Die im Vergleich zu Gegenwertzahlungen unterschiedliche Behandlung ist aus Sicht des BFH nicht zu beanstanden, BFH v. 14.11.2013 – VI R 49/12, FR 2014, 472.

(zB Wertpapiere, Grundstücke), so liegt darin noch kein Zufluss v. Arbeitslohn. Denn ein Zufluss entsteht nicht durch die Einräumung einer Forderung, sondern durch deren Erfüllung (*Thomas*, DStZ 1999, 710; *Bergkemper*, FR 2009, 133). Dies gilt auch für die Einräumung v. sog. **„Stock Options"** (stRspr. des BFH, zB v. 24.1.2001 – I R 119/98, BStBl. II 2001, 512 = FR 2001, 743 m. Anm. *Kanzler*; v. 23.7.1999 – VI B 116/99, BStBl. II 1999, 684 = FR 1999, 1125). Der geldwerte Vorteil fließt bei Ausübung der Option mit Einbuchung der Aktien in das Depot des ArbN (BFH v. 20.11.2008 – VI R 25/05, BStBl. II 2009, 382 = FR 2009, 625 m. Anm. *Bergkemper*), im Zeitpunkt einer anderweitigen Verwertung des Optionsrechts (zB durch Übertragung auf einen Dritten, BFH v. 18.9.2012 – VI R 90/10, BStBl. II 2013, 289 = FR 2013, 917) oder wenn auf eine im Hinblick auf das Dienstverhältnis eingeräumte Option gegen Entgelt verzichtet wird (BFH v. 19.6.2008 – VI R 4/05, BStBl. II 2008, 826 = FR 2009, 133), zu. Der Ausübung der Option steht eine „Glattstellung" gleich (*Lampe/Strnad*, DStR 2000, 1117), weil die Glattstellung einer Veräußerung der Option gleichkommt. Eine Sperr- oder Haltefrist für die Veräußerung der Aktien steht dem Zufluss nicht entgegen (BFH v. 30.9.2008 – VI R 67/05, BStBl. II 2009, 282 = FR 2009, 485 m. Anm. *Bergkemper*). Der Eintritt einer auflösenden Bedingung einer Rückzahlungsverpflichtung (zB bei Auflösung des Dienstverhältnisses) wirkt nicht zurück (Ist-Prinzip). Zum Zufluss soll es aber solange nicht kommen, wie dem ArbN eine Verfügung über die Aktien (über eine schuldrechtliche Beschränkung hinaus) rechtlich unmöglich ist (sog. **„Restricted Shares"**, BFH v. 30.6.2011 – VI R 37/09, BStBl. II 2011, 923 = FR 2011, 1173 m. Anm. *Bergkemper*). Der geldwerte Vorteil errechnet sich nach hM aus der Differenz des Werts der erworbenen Aktien im Zeitpunkt des Zuflusses und den Erwerbsaufwendungen (BFH v. 20.11.2008 – VI R 25/05, BStBl. II 2009, 382 = FR 2009, 625 m. Anm. *Bergkemper*; s. aber Rn. 62; kein Teileinkünfteverfahren, BFH v. 20.12.2006 – VI B 21/06, BFH/NV 2007, 698). Lagen im Zeitpunkt der Ausgabe zwei unterschiedliche Marktsegmente vor (Privatanleger und institutionelle Anleger), so ist für die Bemessung der Sachbezüge nur der für Privatanleger bedeutsame Preis maßgebend (FG Köln v. 29.4.2004 – 2 K 1354/01, EFG 2004, 1368). Kursveränderungen wirken sich nach dem Zufluss auch als Verlust nur iRd. § 20 Abs. 2 aus. Der BFH differenziert hinsichtlich des Zuflusses nach der neuen Rechtsprechung (BFH v. 20.11.2008 – VI R 25/05, BStBl. II 2009, 382 = FR 2009, 625 m. Anm. *Bergkemper*) nicht mehr nach der **Marktgängigkeit** der Stock Options (so bereits *Hoffmann*, DStR 2001, 1789; **aA** Zufluss von handelbaren Stock Options bereits bei Einräumung *Haas/Pötschan*, DB 1998, 2139). Bereits nach der bisherigen Rspr. war bei nicht handelbaren Optionen erst bei Ausübung der Option von einem Zufluss auszugehen (BFH v. 20.6.2001 – VI R 105/99, BStBl. II 2001, 689; für den Fall einer vereinbarten Sperrfrist und Vererblichkeit der Optionen vgl. BFH v. 24.1.2001 – I R 119/98, BStBl. II 2001, 512 = FR 2001, 743 m. Anm. *Kanzler*). Nichts anderes gilt für den Fall, dass der ArbG (oder für ihn ein Dritter) Stillhalter der Option ist oder ein Vorkaufsrecht für sich (oder den Dritten) vereinbart ist (sog. „Münchner Modell"). In diesem Fall wird dem ArbN mit der Option nur eine nicht zum Zufluss führende Gewinnchance eingeräumt. Verfällt eine handelbare Option, ist dies allenfalls iRd. § 23 beachtlich (**aA** *Bauer/Gemmeke*, DStR 2003, 1818, deren aufgeführte Beispiele aber sämtlich nicht handelbare Optionsrechte betreffen). Zur Frage, ob eine Vergütung für mehrjährige Tätigkeit vorliegt, s. § 34 Rn. 33. S. auch „Wandeldarlehensverträge und Wandelschuldverschreibungen". Bei sog. **„Virtual Stock Options"** wird der ArbN schuldrechtlich an der Entwicklung des Unternehmenswertes des ArbG beteiligt; Arbeitslohn fließt erst bei Realisierung des „Exits" zu (*Schiemzik*, NWB 2011, 798 ff.).

Das Optionsrecht wird regelmäßig nicht für die in der Vergangenheit erbrachten Leistungen gewährt, sondern als zusätzliche besondere Erfolgsmotivation für die Zukunft. Soweit die vom ArbN zw. Gewährung und Ausübung des Optionsrechts bezogenen Einkünfte wegen Auslandstätigkeit stfrei sind, ist auch der bei Ausübung des Optionsrechts zugeflossene geldwerte Vorteil anteilig stfrei (BFH v. 24.1.2001 – I R 100/98, BStBl. II 2001, 509 = FR 2001, 738 m. Anm. *Kanzler*). Das anteilige deutsche Besteuerungsrecht wird nicht dadurch ausgeschlossen, dass der ArbN nach Gewährung, aber vor Ausübung des Optionsrechts v. der unbeschränkten in die beschränkte StPflicht gewechselt ist (BFH v. 24.1.2001 – I R 119/98, BStBl. II 2001, 512 = FR 2001, 743 m. Anm. *Kanzler*). Zu Problemen der Doppelbesteuerung s. *Prätzler*, IStR 2002, 555 und OECD-Diskussionspapier v. 11.3.2002.

Annehmlichkeiten s. Rn. 67 und 73a „Betriebsveranstaltungen".

Antrittsbonus („signing bonus"), der für den Abschluss eines Arbeitsvertrags gezahlt wird, ist Arbeitslohn im Hinblick auf das angestrebte künftige Dienstverhältnis (§ 2 Abs. 2 Nr. 1 LStDV; BFH v. 11.4.2018 – I R 5/16, DStR 2018, 2193).

Arbeitgeberbeiträge zur SozVers. sind stfrei s. § 3 Nr. 62. Vom ArbG geleistete Beiträge sind jedoch stpfl. Arbeitslohn, falls der SozVers.träger keine sozialversicherungspfl. Tätigkeit festgestellt hat (BFH v. 21.1.2010 – VI R 52/08, BStBl. II 2010, 703 = FR 2010, 763 m. Anm. *Bergkemper*).

Arbeitnehmerbeiträge zur gesetzlichen SozVers. gehören zum Arbeitslohn (BFH v. 19.5.2004 – VI B 120/03, BFH/NV 2004, 1263, sind aber beim ArbN als SA berücksichtigungsfähig. Kein Arbeitslohn, wenn der ArbG wegen zunächst fehlerhafter Berechnung zur Nachentrichtung herangezogen wird (BFH v. 29.10.1993 – VI R 4/87, BStBl. II 1994, 194 = FR 1994, 123). Wird der ArbG wegen einvernehmlichen Zusammenwirkens mit dem ArbN hinsichtlich der Gesamtbeträge in Anspr. genommen, liegt auch insoweit Arbeitslohn vor, als er wegen § 28g SGB IV keinen Rückgriff auf den ArbN mehr nehmen kann (BFH v. 13.9.2007 – VI R 54/03, BStBl. II 2008, 58 = FR 2008, 140 m. Anm. *Bergkemper*). Der Lohn fließt beim ArbN erst mit der Entrichtung der Beträge durch den ArbG zu. Arbeitslohn liegt auch bei der Übernahme v. Beitragsleistungen zur freiwilligen Versicherung in der gesetzlichen Rentenversicherung durch den ArbG vor (s. „SozVers.").

Arbeitnehmersparzulage nach dem 5. VermBG gehört nicht zu den stpfl. Einnahmen (§ 13 Abs. 3 des 5. VermBG).

Arbeitnehmerüberlassung s. „Leiharbeitsverhältnisse".

Arbeitsessen, das ein ArbG anlässlich und während eines außergewöhnlichen Arbeitseinsatzes seinen ArbN gewährt (ab 2015 Wertbegrenzung auf 60 Euro; R 19.6 Abs. 2 S. 2 LStR), kann im eigenbetrieblichen Interesse des ArbG liegen und ist dann kein Arbeitslohn (BFH v. 5.5.1994 – VI R 55, 56/92, BStBl. II 1994, 771 = FR 1994, 678); anders bei mit gewisser Regelmäßigkeit stattfindenden Arbeitsessen (BFH v. 4.8.1994 – VI R 61/92, BStBl. II 1995, 59 = FR 1994, 827). Bewertung dann idR mit tatsächlichem Preis (R 8.1 Abs. 8 Nr. 2 LStR), im Falle einer Auswärtstätigkeit und eines Werts der Mahlzeit bis zu 60 Euro mit dem Sachbezugswert (§ 8 Abs. 2 S. 8); s. auch „Bewirtung", „Gemeinschaftsverpflegung".

Arbeitskleidung (Berufskleidung): Die Überlassung typischer Berufskleidung (s. § 9 Rn. 99) ist stfrei, § 3 Nr. 31. Die Überlassung v. einheitlicher bürgerlicher Kleidung ist kein Arbeitslohn (BFH v. 22.6.2006 – VI R 21/05, BStBl. II 2006, 915 = FR 2007, 54); anders bei hochwertiger Kleidung zu Repräsentationszwecken (BFH v. 11.4.2006 – VI R 60/02, BStBl. II 2006, 691 = FR 2006, 839 m. Anm. *Bergkemper*).

Arbeitslohnspenden: Diese führen als Lohnverwendung grds. zum Zufluss von Arbeitslohn, werden aber von der FinVerw. in besonderen Fällen aus Billigkeitsgründen nicht besteuert (zB Arbeitslohnspenden zur Förderung der Hilfe für Flüchtlinge, BMF v. 22.9.2015, BStBl. I 2015, 745).

Arbeitslosengeld und Arbeitslosenhilfe sind stfrei, § 3 Nr. 2, unterliegen aber dem ProgrVorb. § 32b Nr. 1a.

Arbeitsmittel: Die Bereitstellung v. Arbeitsmitteln (zB v. Werkzeugen, Arbeitsmaschinen) durch den ArbG ist kein Arbeitslohn; s. § 9 Rn. 95 ff.

Arbeitszeitkonten: Die Gutschrift der Mehrarbeit als Zeitguthaben (zB bei im Block vorweg erbrachter Altersteilzeit) führt noch nicht zu Arbeitslohn (ausf. *Wellisch/Näth*, DStR 2003, 309), sondern erst die Auszahlung des Lohns in späteren Zeiträumen. Es dürfen durch die Gutschrift aber keine Anspr. gegen Dritte erwachsen. Die Mitnahme des Zeitguthabens zu einem neuen ArbG führt zu keinem Zufluss (OFD Kobl. v. 14.2.2002, DStR 2002, 1047).

Arzneimittel s. „Medikamente".

Ärztliche Betreuung der Belegschaft liegt im ganz überwiegenden eigenbetrieblichen Interesse (s. Rn. 64) des ArbG; kein Arbeitslohn.

Aufdrängen eines Vorteils s. Rn. 65.

Aufenthaltsräume: Ihre Bereitstellung bildet auch bei besonderer Ausstattung nur eine bloße Aufmerksamkeit, keinen Arbeitslohn.

Aufgabe der Arbeit gegen Entgelt s. „Abfindung".

Aufmerksamkeiten (geringer oder fehlender geldwerter Vorteil, fehlende Marktgängigkeit, kein Belohnungscharakter) sind grds. nicht steuerbar (s. Rn. 67); s. auch Rn. 73a „Betriebsveranstaltungen".

Aufstockungsbeträge s. § 3 Rn. 57.

Aufwandsentschädigungen sind gem. § 3 Nr. 12 (§ 3 Rn. 30 f.), 13 (§ 3 Rn. 33) und 16 (§ 3 Rn. 36 f.) **stfrei**, sofern Aufwand abgegolten wird, der als WK abziehbar wäre (BVerfG v. 11.11.1998 – 2 BvL 10/95, BStBl. II 1999, 502 = FR 1999, 254 zur Steuerfreiheit v. Trennungsgeldern für das Beitrittsgebiet: verfassungswidrig; anzuwenden ab 31.3.1999, FinMin. Sachs. Anhalt v. 15.7.1999, DB 1999, 1878). Daneben zusätzlicher Abzug von WK nach Maßgabe des § 3c im Verhältnis der steuerpflichtigen zu den gesamten Einnahmen (BFH v. 26.3.2002 – VI R 26/00, BStBl. II 2002, 823 = FR 2002, 1306). Entscheidend ist, wofür Aufwandsentschädigung gezahlt wurde (FG Nds. v. 10.6.1999 – V 503/06, EFG 1999, 1216). Trennungsgeld, das die eigenen Aufwendungen übersteigt, ist insoweit stpfl. (FG Berlin v. 26.5.1998 – 8 K 8591/97, EFG 1998, 1594).

Ausbildungszuschüsse können – auch in Hinblick auf ein künftiges Dienstverhältnis – gem. § 3 Nr. 11 oder Nr. 44 stfrei sein; s. aber „Unterhaltszuschüsse"; vgl. auch „Berufsbegleitendes Studium" u. „Darlehen".

Ausgleichszahlungen zum Ausgleich erhöhter Lebenshaltungskosten im Ausland (Kaufkraftausgleich) sind stfrei, § 3 Nr. 64, s. auch R 3.64 LStR und BMF v. 27.12.2017, BStBl. I 2018, 64.

Auslagenersatz s. Rn. 60.

Ausländische Währung: Arbeitslohn in einer konvertiblen ausländischen Währung ist im Zeitpunkt des Zuflusses – soweit vorhanden – nach dem monatl. Durchschnittsreferenzkurs der EZB umzurechnen (BFH v. 3.12.2009 – VI R 4/08, BStBl. II 2010, 698). Der Nachweis eines taggenauen Umrechnungskurses durch den StPfl. sollte aber zulässig sein.

Auslandsreise: Die Kostenübernahme für privat (mit-)veranlasste Reisen eines ArbN durch den ArbG führt (ggf. anteilig) zu Arbeitslohn; s. „Prämien und Icentives". Bei einem G'ter-Geschäftsführer ist zu prüfen, ob eine vGA vorliegt (Teilnahme an Wirtschaftsdelegationsreisen, s. BFH v. 9.3.2010 – VIII R 32/07, FR 2010, 1052 = BFH/NV 2010, 1330). Bei dienstlicher Tätigkeit im Ausland können länderspezifische Pauschbeträge für Verpflegungsmehraufwendungen und Übernachtungskosten (§ 9 Abs. 4a S. 5; BMF v. 28.11.2018, BStBl. I 2018, 1354) stfrei ersetzt werden; zu den stl. Folgen einer Personalentsendung ins Ausland s. *Ludewig*, Inf. 1997, 616; zu sonstigen Auslandsreisen s. „Prämien".

Auslösungen s. § 3 Nr. 16.

Aussperrungsunterstützungen, die ein ArbN v. seiner Gewerkschaft erhält, sind wie Streikunterstützungen kein Arbeitslohn (So auch *H/H/R*, § 19 Anm. 600 „Aussperrungsunterstützungen").

BahnCard: Die Gewährung durch den ArbG ausschließlich für dienstliche Fahrten ist nicht steuerbar. Kann die Bahncard auch für private Fahrten genutzt werden, ist im Zeitpunkt der Hingabe eine Prognose aufzustellen, ob durch die Bahncard Reisekosten gespart werden können. Bei einer Vollamortisation liegt die Hingabe der Bahncard im überwiegenden eigenbetrieblichen Interesse; im Falle einer Teilamortisation stellt der Wert der Bahncard einen geldwerten Vorteil dar. Ersparte Reisekosten können aber gegengerechnet werden (*Stier*, NWB 51/2017, Beil. 4, 20, mit Verweis auf eine Vfg. der OFD Ffm. v. 31.7.2017 – S 2334 A - 80 - St 222). Zur arbeitnehmereigenen Bahncard 100 vgl. FinMin Saarl. v. 13.10.2004, DStR 2005, 156.

Bahnversicherungsanstalt: Gezahlte Zusatzrenten sind Leibrenten (BFH v. 9.5.1995 – IX R 69/92, BStBl. II 1996, 630 = FR 1995, 859).

Beerdigung: Die Kosten der Beerdigung eines ArbN sind grds. v. seinen Erben zu tragen. Aufwendungen des ArbG für die Beerdigung eines ArbN sind Arbeitslohn der Erben (Einnahmen aus einem früheren Dienstverhältnis, § 19 Abs. 1 S. 1 Nr. 2 EStG, § 2 Abs. 2 Nr. 2 LStDV) (*H/H/R*, § 19 Anm. 600 „Beerdigung").

Belegschaftsrabatte s. § 8 Rn. 47.

Belohnungen s. „Prämien", „Incentives" und „Trinkgelder".

Bergmannsprämien wurden bis 2007 gewährt und nach § 3 Nr. 46 stfrei gestellt (s. § 3 Rn. 127).

Berufsbegleitendes Studium: Übernimmt der ArbG die Gebühren für ein berufsbegleitendes Studium, das im Rahmen eines Ausbildungsdienstverhältnisses absolviert wird, erfolgt die Kostenübernahme im Regelfall im überwiegenden eigenbetrieblichen Interesse des ArbG (BMF v. 13.4.2012, BStBl. I 2012, 531). Zur Kostenübernahme bei beruflichen Fort- u. Weiterbildungsleistungen s. „Fortbildung"; vgl. auch „Ausbildungszuschüsse" u. „Darlehen".

Berufshaftpflichtversicherung: Übernahme der Beiträge einer Rechtsanwältin durch den ArbG ist Arbeitslohn, selbst bei einer Versicherung über die gesetzl. Mindestdeckung hinaus (BFH v. 26.7.2007 – VI R 64/06, BStBl. II 2007, 892 = FR 2008, 143). Bei einer vom ArbG abgeschlossenen Gruppenversicherung erfolgt Aufteilung des Versicherungsbeitrags nach Köpfen (FinSen. Berlin v. 22.7.2010, DB 2010, 1615). Kein Arbeitslohn liegt hingegen beim Abschluss einer eigenen Berufshaftpflichtversicherung einer Rechtsanwalts-GmbH (BFH v. 19.11.2015 – VI R 74/14, BStBl. II 2016, 303), einer Rechtsanwalts-GbR (BFH v. 10.3.2016 – VI R 58/14, BStBl. II 2016, 621) oder bei einer Mitversicherung angestellter Krankenhausärzte iRd. allg. Betriebshaftpflichtversicherung eines Krankenhauses (BFH v. 19.11.2015 – VI R 47/14, BStBl. II 2016, 301) vor. Denn der Abschluss dieser Versicherungen erfolgt regelmäßig aus originär eigenbetrieblichen Gründen.

Berufskleidung s. „Arbeitskleidung".

Bestechungsgeld s. „Schmiergeld".

Betriebsärztliche Betreuung liegt idR im eigenbetrieblichen Interesse (s. Rn. 64) des ArbG.

Betriebsausflug s. „Betriebsveranstaltung".

Betriebsrat: Ersatz der Aufwendungen v. Betriebsratsmitgliedern durch den ArbG gehört zum Arbeitslohn, soweit es sich nicht um Auslagenersatz (Rn. 58) handelt.

Betriebssport: Die Überlassung v. Tennisplätzen (Einzelsportart) durch den ArbG führt zu Arbeitslohn (BFH v. 27.9.1996 – VI R 44/96, BStBl. II 1997, 146 = FR 1997, 98); für Mannschaftssportarten wird dagegen eine entspr. Handhabung verneint (OFD Ffm. v. 8.7.1996, FR 1996, 649).

Betriebsveranstaltungen:

Zur Rechtslage **ab dem 1.1.2015** s. Rn. 73a.

Bis einschl. VZ 2014 war die steuerliche Behandlung von Zuwendungen im Rahmen sog. Betriebsveranstaltungen nicht gesetzlich geregelt. Die Grundsätze hierzu wurden weitgehend von der Rspr. geprägt. Demnach können Betriebsveranstaltungen im ganz überwiegenden eigenbetrieblichen Interesse des ArbG liegen, die der Förderung des Betriebsklimas dienen (BFH v. 25.5.1992 – VI R 85/90, BStBl. II 1992, 655 = FR 1992, 550), wenn es sich um herkömmliche (übliche) Betriebsveranstaltungen handelt, die dabei erbrachten Zuwendungen üblich sind (*Giloy*, NWB Fach 6, 4315) und die Aufwendungen eine typisierende Grenze (von zuletzt 110 Euro je Teilnehmer, BFH v. 12.12.2012 – VI R 79/10, FR 2013, 520 m. Anm. *Bergkemper* = BFH/NV 2013, 637) nicht übersteigen. Eine Betriebsveranstaltung setzt voraus, dass die Teilnahme **allen Betriebsangehörigen offen steht** oder sich eine Begrenzung nicht als Privilegierung einer bestimmten Arbeitnehmergruppe darstellt, zB abteilungsweise durchgeführte Veranstaltung (BFH v. 21.2. 1986 – VI R 21/84, BStBl. II 1986, 406 = FR 1986, 417), Pensionärstreffen (R 19.5 Abs. 2 S. 4 Nr. 2 LStR) oder Jubilarfeiern (R 19.5 Abs. 2 S. 4 Nr. 3 LStR); anders aber, wenn nur für bestimmte Gehaltsgruppen (zB nur Führungskräfte, BFH v. 15.1.2009 – VI R 22/06, BStBl. II 2009, 476 = FR 2009, 722 m. Anm. *Bergkemper*) oder für bestimmte Leistungen (BFH v. 9.3.1990 – VI R 48/87, BStBl. II 1990, 711 = FR 1990, 618, dann Incentive-Reise s. „Prämien"; s. auch „Teambildungsmaßnahmen"). Unschädlich ist die Teilnahme v. Angehörigen, Lebensgefährten oder sonstigen Gästen (BFH v. 25.5.1992 – VI R 85/90, BStBl. II 1992, 655 = FR 1992, 550). Wer die Betriebsveranstaltung durchführt, ist unerheblich (R 19.5 Abs. 2 S. 2 LStR). Die Herkömmlichkeit bestimmt sich nach **Häufigkeit und Ausgestaltung** (R 19.5 Abs. 3 S. 2 LStR). Pro Jahr sind nur zwei Betriebsveranstaltungen für denselben Personenkreis üblich (BFH v. 16.11.2005 – VI R 68/00, BStBl. II 2006, 440 = FR 2006, 511). Diese können auch mehrtägig sein (BFH v. 16.11.2005 – VI R 118/01, BStBl. II 2006, 444; *Bergkemper*, FR 2006, 335). Nicht schädlich ist, wenn ein ArbN aufgrund eines funktionalen Wechsels (zB Eintritt in den Ruhestand, R 19.5 Abs. 3 S. 5 LStR; Versetzung in andere Abteilung) oder in Erfüllung beruflicher Aufgaben (R 19.5 Abs. 3 S. 6 LStR, zB als Personalchef) an mehreren Veranstaltungen teilnimmt (BFH v. 16.11.2005 – VI R 68/00, BStBl. II 2006, 440 = FR 2006, 511). Finden mehr als zwei gleichartige Betriebsveranstaltungen statt, kann der ArbG auswählen, welche Veranstaltungen als Lohnzuwendung ausscheiden sollen (R 19.5 Abs. 3 S. 4 LStR). Auf die Dauer der Betriebsveranstaltung kommt es nicht mehr an (R 19.5 Abs. 3 S. 2 LStR; BFH v. 16.11.2005 – VI R 151/99, BStBl. II 2006, 439 = FR 2006, 334 m. Anm. *Bergkemper*). Bei der **Ausgestaltung** dürfen die Zuwendungen v. der Art und vom Umfang her nicht unüblich sein. Zugewendet und vom ArbG übernommen werden dürfen Speisen und Getränke, Tabakwaren, Übernachtungs- und Fahrtkosten, Eintrittskarten für kulturelle und sportliche Veranstaltungen (die Betriebsveranstaltung darf aber nicht nur ein Besuch einer solchen Veranstaltung sein, BFH v. 21.2.1986 – VI R 21/84, BStBl. II 1986, 406 = FR 1986, 417), Geschenke im Wert v. bis zu 40 Euro (R 19.5 Abs. 6 LStR 2013; Veranstaltung nur zur Übergabe v. Geschenken ist aber schädlich, BFH v. 9.6.1978 – VI R 197/75, BStBl. II 1978, 532), Aufwendungen für den äußeren Rahmen (zB Räume, Musik, Kegelbahnen, Tombolas – „Losgewinne", Fahrt mit Tanzschiff oder Tanzzug (BFH v. 21.2.1986 – VI R 21/84, BStBl. II 1986, 406 = FR 1986, 417). Wird die zweckentsprechende Verwendung sichergestellt, kann dem ArbN auch Bargeld für den Erwerb der üblicherweise zuwendbaren Leistungen (außer für Geschenke und den äußeren Rahmen) ausgehändigt werden (R 19.5 Abs. 5 Nr. 2 LStR). Die ersatzweise Ausgabe von Wertgutscheinen führt rglm. zu Arbeitslohn (FG München v. 24.9.2010 – 8 K 2633/08, EFG 2011, 138, rkr.). Eine Reise, die sowohl eine Betriebsbesichtigung als auch eine Betriebsveranstaltung umfasst, ist aufzuteilen (BFH v. 16.11.2005 – VI R 118/01, BStBl. II 2006, 444 = FR 2006, 480). Abzugrenzen sind Betriebsveranstaltungen von Repräsentations- oder Werbeveranstaltungen des ArbG, die nicht zu Arbeitslohn führen (FG BaWü. v. 5.5.2015 – 6 K 115/13, EFG 2015, 2167 [rkr.]).

Der **Wert einer Betriebsveranstaltung** ist grds. nach § 8 Abs. 2 S. 1 mit dem um übliche Preisnachlässe geminderten üblichen Endpreis anzusetzen. Aus Vereinfachungsgründen kann jedoch auch auf die Aufwendungen des ArbG abgestellt werden (R 19.5 Abs. 4 S. 2 LStR). Diese Aufwendungen dürfen je Teilnehmer insgesamt nicht mehr als **110 Euro** pro Veranstaltung betragen. Diese Grenze wurde von der Rspr. zur einheitlichen Rechtsanwendung typisierend eingeführt. Die FinVerw. geht seit dem VZ 2002 von 110 Euro aus (R 19.5 Abs. 4 S. 2 LStR). Die Grenze wurde in dieser Höhe zuletzt für den VZ 2007 bestätigt (keine richterliche Fortschreibung dieser Grenze, BFH v. 12.12.2012 – VI R 79/10, FR 2013, 520 m. Anm. *Bergkemper* = BFH/NV 2013, 637). Übersteigen die Aufwendungen je Teilnehmer diesen Betrag, erlangen die Kosten ein solches Eigengewicht, dass die gesamten Kosten der Betriebsveranstaltung, nicht nur der diesen Betrag übersteigende Teil, stpfl. Arbeitslohn werden (BFH v. 25.5.1992 – VI R 85/90, BStBl. II 1992, 655 = FR 1992, 550). Dies gilt auch bei nur geringfügiger Überschreitung dieser Grenze. Steuertechnisch handelt es sich deshalb um eine **Freigrenze**. Die Gesamtkosten einer Betriebsveranstaltung sind **gleichmäßig auf alle Teilnehmer**, also ArbN, Angehörige und sonstige Gäste zu verteilen (BFH v. 12.12.2012 – VI R 79/10, FR 2013, 520 m. Anm. *Bergkemper* = BFH/NV 2013, 637). Die auf **teilnehmende Angehörige** entfallenden Kosten sollen dem ArbN nach neuer Rspr. aber nicht mehr zuzurechnen sein (BFH v. 16.5. 2013 – VI R 7/11, FR 2013, 1097 m. Anm. *Bergkemper* = BFH/NV 2013, 1848; **aA** *Geserich*, NWB 2013, 1477; R 19.5 Abs. 5 Nr. 1 LStR). Trotz der vom BFH angenommenen „Üblichkeit" der Teilnahme von Angehörigen wird ein geldwerter Vorteil zugewandt, der im Vergleich zum betrieblichen Interesse des ArbG auch nicht völlig untergeordnet ist. Nach geänderter Rspr. sollen zudem die Kosten für die Organisation und den **äußeren Rahmen** einer Veranstaltung (zB Kosten für Buchhaltung, Eventmanager, Miete, Musikkapelle) nicht in die maßgeblichen Gesamtkosten einzurechnen sein (BFH v. 16.5.2013 – VI R 94/10, FR 2013, 1094 m. Anm. *Bergkemper* = BFH/NV 2013, 1846; **glA** *Geserich*, NWB 2013, 3298: tatsächliche Bereicherung nur durch „Gaumen-, Augen- und Ohrenschmaus"). Diese Rspr. übersieht, dass diese Kosten bei einer Leistung an fremde Dritte in den zu zahlenden Preis einkalkuliert würden, vom Dritten bezahlt und somit im Wert nach § 8 Abs. 2 S. 1 enthalten sein müssten (iErg. **glA** FG Köln v. 22.2.2018 – 1 K 3154/15, EFG 2018, 1133 [Rev. VI R 13/18]). Das von der Rspr. nun geforderte Abgrenzen zw. unmittelbaren und von vornherein nicht stpfl. mittelbaren Zuwendungen wird den Regelungsbereich der Betriebsveranstaltungen noch streitanfälliger machen. Kosten für einen **Bustransfer** ohne besonderen Erlebniswert zum Ort der Betriebsveranstaltung gehören nicht zu den Gesamtkosten der Betriebsveranstaltung und stellen auch bei zentraler Organisation durch den ArbG stfreien Reisekostenersatz dar (FG Düss. v. 22.2.2018 – 9 K 580/17 L, EFG 2018, 966 [rkr.]). Sind einzelne Aufwendungen nicht zulässig (zB Geschenk v. bleibendem Wert über 40 Euro), sind die einzelnen Aufwendungen selbständig zu wertender Arbeitslohn und dann auch nicht Teil der Berechnung des anteiligen Gesamtaufwands (*Hartmann*, Inf. 1992, 545). Offen ist, ob kostenmindernde **Zuzahlungen der ArbN** für diese Berechnung zu berücksichtigen sind. Nachdem aber der ArbG nicht verpflichtet ist, alle Aufwendungen zu tragen, kann es für die Frage, ob die Veranstaltung ein schädliches kostenmäßiges Eigengewicht erlangt, nicht erheblich sein, ob der Vorteil für den ArbN durch die Nichtgewährung einzelner Zuwendungen oder durch einen entspr. Eigenanteil unter 110 Euro bleibt (so auch iErg. *v. Bornhaupt*, BB 1992, 2407). Ein die Freigrenze beachtender **Zuschuss des ArbG** in die Gemeinschaftskasse zu einer Betriebsveranstaltung ist kein Arbeitslohn (BFH v. 16.11.2005 – VI R 157/98, BStBl. II 2006, 437 = FR 2006, 480). Wird die 110-Euro-Grenze überschritten, kann der stpfl. Arbeitslohn nach § 40 Abs. 2 S. 1 Nr. 2 mit 25 % **pauschal versteuert** werden (vgl. § 40 Rn. 21). S. „Losgewinne".

Betriebsversammlungen: Ersatzleistungen des ArbG nach § 44 BetrVG gehören zum stpfl. Arbeitslohn (*Schmidt*[37], § 19 Rn. 100 „Betriebsversammlungen"). Aufwendungen für die Benutzung des eigenen Kfz. können bis zu den für Dienstreisen maßgebenden km-PB stfrei ersetzt werden, wenn die Betriebsversammlung oder -veranstaltung außerhalb des Betriebs stattfindet (BFH v. 20.3.1992 – VI R 10/91, BStBl. II 1992, 835 = FR 1992, 719).

Bewirtung: Sofern eine Bewirtung aus überwiegendem eigenbetrieblichen Interesse erfolgt, liegt kein Arbeitslohn vor. Dies ist ua. gegeben bei der Teilnahme des ArbN an einer betrieblich veranlassten Bewirtung v. Geschäftsfreunden des ArbG iSd. § 4 Abs. 5 S. 1 Nr. 2 (R 8.1 Abs. 8 Nr. 1 LStR) oder bei einem Arbeitsessen, das anlässlich und während eines außergewöhnlichen Arbeitseinsatzes gewährt wird (R 19.6 Abs. 2 LStR). Dem ArbN ggf. zustehende Verpflegungspauschalen sind aber zu kürzen. Erhält der ArbN darüber hinaus während einer beruflich veranlassten **Auswärtstätigkeit** oder im Rahmen einer doppelten Haushaltsführung Mahlzeiten, so ist dies Arbeitslohn. **Bis einschl. VZ 2013** erfolgte die Bewertung nach § 8 Abs. 2 S. 1 mit dem Endpreis am Abgabeort (BFH v. 19.11.2008 – VI R 80/06, BStBl. II 2009, 547 = FR 2009, 541), wobei die Verwaltung bei üblicher Beköstigung (Wert der Mahlzeit bis zu 40 Euro) die Bewertung nach der SvEV (R 8.1 Abs. 8 Nr. 2 S. 3 LStR 2013) akzeptierte; zur Anrechnung eines Entgelts des ArbN s. R 8.1 Abs. 8 Nr. 4 LStR 2013 und BMF v. 27.9.2011, BStBl. II 2011, 829. Mit Wirkung **ab 2014** (Einfügung von § 8 Abs. 2 S. 8 und 9 durch das G zur Änderung und Vereinfachung der Unternehmensbesteuerung und des steuerlichen Reisekostenrechts v. 20.2.2013, BGBl. I 2013, 285) ist eine auf einer Auswärtstätigkeit gestellte übliche Mahlzeit zwingend nach der SvEV (die FinVerw. gibt die anzusetzenden Werte jährlich bekannt) zu bewerten. Eine „übliche Beköstigung" liegt bis zur Höhe von 60 Euro vor. Hat der ArbN dem Grunde nach Anspr. auf Verpflegungspauschalen, sind diese vorrangig zu kürzen, da der ArbN insoweit keinen Aufwand hat (§ 9 Abs. 4a S. 8); der geldwerte Vorteil aus der Mahlzeit muss dann nicht versteuert werden (§ 8 Abs. 2 S. 9). Eine Kürzung des Kürzungsbetrags ist nur dann möglich, wenn der ArbN die gestellte Mahlzeit tatsächlich selbst bezahlt, nicht hingegen bereits dann, wenn der ArbG die dem ArbN zustehende Reisekostenvergütung kürzt (BMF v. 24.10.2014, BStBl. I 2014, 1412). Werden mehrere gleichartige Mahlzeiten gestellt, sind diese für die Prüfung der 60-Euro-Grenze zusammenzurechnen (vgl. BT-Drucks. 18/6997, 48). Sog. Belohnungsessen mit einem Wert über 60 Euro sind mit dem tatsächlichen Preis nach § 8 Abs. 2 S. 1 anzusetzen. Dies kann auch nicht durch Kürzen der ggf. zustehenden Verpflegungspauschalen vermieden werden. Zur Anrechnung eines Entgelts des ArbN, weiteren Einzelheiten und zahlreichen Bsp. s. BMF v. 24.10.2014, BStBl. I 2014, 1412. S. auch „Arbeitsessen", „Gemeinschaftsverpflegung" und „Mahlzeit".

Bundeswehr/Bundesfreiwilligendienst: Die Geld- und Sachbezüge von Wehrpflichtigen, freiwillig Wehrdienst- und Zivildienstleistenden waren bis einschl. VZ 2012 nach § 3 Nr. 5 (s. § 3 Rn. 16) vollumfänglich steuerfrei. Für Bundesfreiwilligendienstleistende galt dies nur aus Billigkeitsgründen (BayLfSt v. 24.10. 2011, DStR 2011, 2098). Nach der Änderung des § 3 Nr. 5 durch das AmtshilfeRLUmsG v. 26.6.2013 (BGBl. I 2013, 1809) ist bei freiwillig Wehrdienstleistenden nur noch ein Teil der Bezüge (Wehrsold nach § 2 Abs. 1 WSG, Heilfürsorge nach § 6 WSG u. § 35 ZDG) stfrei (gilt erst für Dienstverhältnisse, die ab dem 1.1.2014 beginnen, § 52 Abs. 4g S. 2). Das Taschengeld der Bundesfreiwilligendienstleistenden bzw. der sonstige Freiwilligendienste Leistenden iSd. § 32 Abs. 4 S. 1 Nr. 2d ist ab 1.1.2013 stfrei. Alle anderen Bezüge, wie zB der Wehrdienstzuschlag, Gefahren- und Belastungszulagen (vgl. § 2 Abs. 2 Nr. 7 LStDV), Gemeinschaftsunterkunft (Sachbezug, s. „Gemeinschaftsunterkunft" u. § 8 Rn. 43), Verpflegung, Verpflichtungsprämien an länger dienende Angehörige der Bundeswehr (sonstiger Bezug, keine Verteilung auf mehrere Jahre), sind stpfl. Arbeitslohn. Die Bezüge der Wehrpflichtigen iSd. § 4 WehrpflichtG und der Zivildienstleistenden iSd. § 35 ZDG bleiben stfrei (wegen Aussetzung der Wehrpflicht derzeit nicht relevant). Weitere Steuerbefreiungen gewähren § 3 Nr. 4 (s. § 3 Rn. 15, zB Dienstkleidung und Einsatzverpflegung) sowie § 3 Nr. 64 (s. § 3 Rn. 170) bei Auslandseinsätzen.

Bundeszuschuss an die Bahnversicherungsanstalt ist nicht bei den dort zusatzversicherten ArbN anteilig als Arbeitslohn zu erfassen (BFH v. 30.5.2001 - VI R 159/99, BStBl. II 2001, 815 = FR 2001, 844). S. „Zukunftssicherungsleistungen".

Computer s. „Personalcomputer".

Darlehen: Die Gewährung des Darlehens des **ArbG an den ArbN** führt grds. nicht zu Arbeitslohn, es sei denn, es wird v. vornherein an eine Rückforderung nicht ernsthaft gedacht (*K/S/M*, § 19 Rn. B 1000 „Darlehen"). Der Verzicht auf die Rückzahlung ist auch dann Arbeitslohn, wenn das Darlehen zur Finanzierung v. Ausbildungskosten diente (BFH v. 19.2.2004 - VI B 146/02, DStRE 2004, 560). Die Gewährung eines Darlehens, das der ArbN nur unter bestimmten Bedingungen zurückzuzahlen braucht (zB bei Ausscheiden vor Ablauf einer bestimmten Frist), ist auflösend bedingter Arbeitslohn; die Rückzahlung führt zu negativen Einnahmen. Die FinVerw. geht erst im Zeitpunkt des tatsächlichen Verzichts von einem Zufluss und unter den Voraussetzungen der R 19.7 LStR von überwiegendem eigenbetrieblichem Interesse aus (BMF v. 13.4.2012, BStBl. I 2012, 531). **Vorschuss- oder Abschlagszahlungen** sind Arbeitslohn, auch wenn die Lohnvorschüsse später mit fällig werdenden Lohnforderungen verrechnet werden. Die Annahme eines Darlehens setzt idR eindeutige Vereinbarungen über Laufzeit, Höhe und Fälligkeit v. Tilgungsraten sowie über die Verzinsung voraus. Ohne solche Vereinbarungen liegen im Zweifel Vorschuss- oder Abschlagszahlungen vor. Das gilt auch für während der Tarifverhandlungen unter Vorbehalt gezahltes Weihnachtsgeld (FG Saarl. v. 15.5.2004 - 1 V 56/04, EFG 2004, 1222). **Darlehen, die der ArbN dem ArbG hingibt** - auch zur Erhaltung des Arbeitsplatzes -, sind keine WK, die Zinsen daraus kein Arbeitslohn, sondern Einnahmen aus KapVerm. Der Verlust eines Darlehens (auch wenn es normalverzinslich vereinbart wurde), das zur Arbeitsplatzsicherung hingegeben wurde, ist in dem Jahr, in dem die Wertlosigkeit des Darlehens erkennbar wird (BFH v. 13.1.1989 - VI R 51/85, BStBl. II 1989, 382 = FR 1989, 276), Teil der WK aus nichtselbständiger Arbeit (BFH v. 7.5.1993 - VI R 38/91, BStBl. II 1993, 663). Geht auf ein solches abgeschriebenes Darlehen ein Tilgungsbetrag ein, handelt es sich um Einnahmen aus nichtselbständiger Arbeit (*Degen*, DStR 1996, 1754 Fn. 71); s. auch „Zinsersparnis" und Rn. 79 „Darlehen".

Deputate s. „Sachbezüge".

Deutsches Rotes Kreuz: Vorabzug vom Gehalt einer Rot-Kreuz-Schwester an die Schwesternschaft ist nicht Arbeitslohn (BFH v. 25.11.1993 - VI R 115/92, BStBl. II 1994, 424 = FR 1994, 363).

Aufwandsentschädigungen ehrenamtlicher Mitarbeiter sind nicht gem. § 3 Nr. 12 stfrei, da nicht aus öffentl. Kassen (BFH v. 4.8.1994 - VI R 94/93, BStBl. II 1994, 944 = FR 1995, 105); in Betracht kann aber eine Steuerfreiheit nach § 3 Nr. 26a kommen.

Diäten (s. auch Rn. 54 „Abgeordnete") v. Volksvertretern (Abgeordneten, Stadtverordneten, Bürgerschaftsmitgliedern, Gemeindevertretern) sind kein Arbeitslohn sondern Einnahmen iSd. § 22 Nr. 4. Mandatsträger in Stadt- und Gemeinderäten sind selbständig iSd. § 18 Abs. 1 Nr. 3 (BFH v. 3.12.1965 - VI 27/64 U, BStBl. III 1966, 130).

Diebstahl oder Unterschlagung des ArbN zu Lasten des ArbG führt nicht zu Arbeitslohn (BFH v. 13.11.12 - VI R 38/11, BStBl. II 2013, 929 = FR 2013, 386). Werden aber dadurch entstandene Forderungen des ArbG ggü. dem ArbN erlassen, kann Arbeitslohn vorliegen. **Ersetzt der ArbG dem ArbN den Schaden**, der ihm durch Diebstahl während einer Dienstreise entstanden ist, liegt steuerbefreiter Reisekostenersatz (§ 3 Nr. 16) vor, wenn der Schaden sich als Konkretisierung einer reisespezifischen Gefährdung erweist (BFH v. 30.11.1993 - VI R 21/92, BStBl. II 1994, 256), allerdings nur bis zu einem fiktiven Buchwert des entwendeten Gegenstandes.

Dienst(elektro-)fahrrad: Unentgeltliche bzw. verbilligte Gestellung oder Übereignung führt grds. zu Arbeitslohn. Zur Bewertung der Gestellung s. gleichlautende Erlasse der Länder v. 23.11.2012, BStBl. I 2012, 1224, zur Bewertung der Übereignung s. BMF v. 17.11.2017, BStBl. I 2017, 1546. Ab 1.1.2019 und befristet bis zum 31.12.2021 sind vom ArbG zusätzlich zum ohnehin geschuldeten Arbeitslohn gewährte Vorteile für die Überlassung eines betrieblichen Fahrrads nach dem neuen § 3 Nr. 37 stfrei (G v. 11.12.2018, BGBl. I 2018, 2338; § 52 Abs. 4 S. 7). Die geldwerten Vorteile werden gem. § 9 Abs. 1 S. 3 Nr. 4 S. 7 nicht auf die Entfernungspauschale angerechnet.

Dienstkleidung s. „Arbeitskleidung".

Dienstreisen: Zum Begriff s. Rn. 79 „beruflich veranlasste Auswärtstätigkeit" und § 9 Rn. 44; Kostenersatz grds. stfrei gem. § 3 Nr. 16; s. auch „Auslandsreise", „Prämien" und „Teambildungmaßnahmen".

Dienstwagen s. „Kraftfahrzeug".

(Dienst-)Wohnung: Unentgeltliche oder verbilligte Überlassung ist Arbeitslohn (auch Werksdienstwohnung FG RhPf. v. 21.7.1987 – 2 K 29/87, EFG 1988, 123); dazu gehören auch jene Räume, die als Arbeitszimmer genutzt werden (insoweit steuerbarer WK-Ersatz); entspr. ist eine Zuzahlung des ArbG für die Nutzung eines häuslichen Arbeitszimmers Arbeitslohn (BFH v. 8.3.2006 – IX R 76/01, BFH/NV 2006, 1810). Die Wohnung ist grds. (Ausnahmen s. R 8.1 Abs. 5 LStR und § 2 Abs. 4 SvEV) mit dem ortsüblichen Mietpreis (Kaltmiete zzgl. umlagefähige Nebenkosten innerhalb einer Spanne zwischen mehreren Mietwerten) zu bewerten. Eine evtl. Zuzahlung des ArbN ist in tats. Höhe (Miete und abgerechnete Nebenkosten) gegenzurechnen (BFH v. 11.5.2011 – VI R 65/09, BStBl. II 2011, 946 = FR 2012, 85 m. Anm. *Bergkemper*). Der Wert fließt mit jedem Monat der Nutzung zu (auch bei Nießbrauch, BFH v. 26.5.1993 – VI R 118/92, BStBl. II 1993, 686 = FR 1993, 631); anders bei Übereignung (BFH v. 2.10.1987 – VI R 65/84, BFH/NV 1988, 86) und Erbbaurechtsbestellung (BFH v. 10.6.1983 – VI R 15/80, BStBl. II 1983, 642 = FR 1983, 593, Zufluss mit Erlangung wirtschaftlichen Eigentums). Eine verbilligte Wohnungsüberlassung stellt Sachlohn dar, ggf. ist also die 44 €-Grenze des § 8 Abs. 2 S. 11 oder § 8 Abs. 3 zu beachten.

Diplomatische Vertreter: Gehälter und Bezüge der diplomatischen Vertreter, der ihnen zugewiesenen Beamten und der in ihren Diensten stehenden Pers. ohne deutsche Staatsangehörigkeit, sowie Gehälter und Bezüge der Berufskonsuln, der Konsulatsangehörigen und deren Personal (soweit Angehörige des Entsendestaates) sind gem. § 3 Nr. 29 stfrei.

Direktversicherung: Zahlungen des ArbG – auch für Aushilfskräfte (FG Nürnb. v. 12.12.2001 – III 41/2001, EFG 2002, 824 mit Anm. *Hoffmann*, EFG 2002, 825) sind Arbeitslohn, s. § 4b Rn. 3 und § 40b Rn. 5 ff. Zuflusszeitpunkt ist der Abfluss beim ArbG, wenn dessen Konto gedeckt ist (BFH v. 7.7.2005 – IX R 7/05, BStBl. II 2005, 726 = FR 2005, 1212).

Durchlaufende Gelder s. Rn. 58.

Einbehaltene Lohnteile sind Arbeitslohn, wenn sie für den ArbN abgeführt werden (LSt, ArbN-Anteile zur SozVers.) oder dem Einbehalt eine Aufrechnung mit anderen, außerhalb des Dienstverhältnisses begründeten Verbindlichkeiten (zB Ersatzansprüche des ArbG wegen einer Unterschlagung des ArbN) des ArbN zugrunde liegt. Kein Arbeitslohn sind Einbehalte wegen Vertragsstrafen aus Tarifverträgen, Betriebsordnungen und Einzelarbeitsverträgen, sowie Gehaltskürzung als Disziplinarstrafe. Eine Kürzung wegen einer im Rahmen eines Dienststrafverfahrens verhängten Geldbuße mindert den Arbeitslohn nicht.

Einmalzahlungen eines ArbN, die dieser aus seinem eigenen Vermögen in die Pensionsregelung des ArbG abführt, um das Ruhegeld des ArbG in ungekürzter Höhe in Anspr. nehmen zu können, führen dazu, dass die späteren Zahlungen Leibrenten iSd. § 22 Nr. 1 S. 3a sind und keine Einnahmen aus nichtselbständiger Arbeit. Ggf. ist das Ruhegeld aufzuteilen (BFH v. 21.10.1996 – VI R 46/96, BStBl. II 1997, 127 = FR 1997, 155). Zur Pensionszusage allg. s. „Zukunftssicherungsleistungen".

Eintrittskarten zu Sportveranstaltungen usw. sind grds. Arbeitslohn, wenn der ArbN die Veranstaltungen nicht aus dienstlichen Gründen besuchen muss (zB Polizist in Fußballstadion).

Entführung s. „Lösegeld".

Entschädigung s. „Abfindung", „Aufwandsentschädigungen" und „Streikgelder".

Erbbaurecht: Überlässt der ArbG dem ArbN ein Erbbaurecht unentgeltlich oder zu einem unangemessen niedrigen Erbbauzins, führt dies grds. (Ausnahme: Preisermäßigung nicht durch Dienstverhältnis verursacht) zu Arbeitslohn. Dieser fließt dem ArbN im Jahr der Bestellung des Erbbaurechts zu (BFH v. 10.6.1983 – VI R 15/80, BStBl. II 1983, 642 = FR 1983, 593; *H/H/R*, § 19 Anm. 600 „Erbbaurecht"). Der geldwerte Vorteil besteht im kapitalisierten Wert des Erbbaurechts oder im Barwert der ersparten Erbbauzinsen (FG RhPf. v. 26.5.1981 – 6 K 53/80, EFG 1982, 131; FG BaWü. v. 5.11.1981 – VI 64/78, EFG 1982, 299).

Erfindervergütungen des ArbN sind regelmäßig Arbeitslohn, ggf. aus einem früheren Dienstverhältnis nach Abs. 1 S. 1 Nr. 2; unerheblich ist, ob das ArbnErfG angewandt wurde und ob es sich um eine Zufallserfindung handelte (FG München v. 21.5.2015 – 10 K 2195/12, EFG 2015, 1527 [rkr.]).

Erholungsbeihilfen sind grds. Arbeitslohn und nur unter den Voraussetzungen des § 3 Nr. 11 stfrei.

Erlass s. „Verzicht".

Erschwerniszuschläge (zB Hitzezuschläge, Wasserzuschläge, Gefahrenzuschläge, Schmutzzulagen, R 19.3 Abs. 1 Nr. 1 LStR) wegen der Besonderheit der (schwierigen, gefährlichen, unangenehmen usw.) Arbeit sind Arbeitslohn, § 2 Abs. 2 Nr. 7 LStDV.

Essensmarken: Die Überlassung führt zu Arbeitslohn. Die Bewertung wird dabei nicht nach dem ausgewiesenen Betrag, sondern höchstens (R 8.1 Abs. 7 Nr. 4a) nach dem maßgebenden Sachbezugswert (SvEV) vorgenommen, wenn tatsächlich Mahlzeiten abgegeben werden, nur eine Essensmarke pro Mahlzeit in Zahlung genommen wird, der Verrechnungswert der Essensmarke den amtlichen Sachbezugswert um nicht mehr als 3,10 Euro übersteigt und die Essensmarke nicht an ArbN ausgegeben wird, die sich auf einer beruflich veranlassten Auswärtstätigkeit befinden. Auch bei längerfristigen Auswärtstätigkeiten an derselben Tätigkeitsstätte können Essensmarken nach Ablauf von drei Monaten mit dem Sachbezugswert bewertet werden (BMF v. 5.1.2015, BStBl. I 2015, 119). Die Feststellung der Abwesenheiten kann für einzelne ArbN entfallen, wenn diese durchschnittlich nicht mehr als drei Tage pro Monat auf Dienstreise sind und nicht mehr als 15 Essensmarken pro Monat erhalten. Sind die Voraussetzungen der R 8.1 Abs. 7 Nr. 4 LStR erfüllt, kann die Bewertung von Mahlzeiten auch dann mit dem Sachbezugswert erfolgen, wenn der ArbG anstelle von Essensmarken ein **digitalisiertes Verfahren** verwendet (zu den Einzelheiten und weiteren Voraussetzungen s. BMF v. 24.2.2016, BStBl. I 2016, 238).

Fahrergestellung s. „Kraftfahrzeug".

Fahrtkostenersatz: Ersatz v. Aufwendungen des ArbN für Fahrten zw. Wohnung und Arbeitsstätte/erster Tätigkeitsstätte ist Arbeitslohn, allerdings steuerbefreit bei Sammelbeförderung (§ 3 Nr. 32); für Fahrten mit dem eigenen Pkw besteht gem. § 40 Abs. 2 S. 2 die Möglichkeit, bis zur Höhe der nach § 9 Abs. 1 S. 3 Nr. 4 und Abs. 2 als WK abzugsfähigen Beträge (§ 9 Rn. 55 f.) den Fahrtkostenersatz pauschal zu versteuern. Aufwendungen für dienstliche Fahrten (Rn. 79 „beruflich veranlasste Auswärtstätigkeit") mit dem Pkw können mit pauschalen Beträgen v. idR 30 Cent/km (BMF v. 24.10.2014, BStBl. I 2014, 1412 Rn. 36) iRd. § 3 Nr. 13 u. § 3 Nr. 16 stfrei ersetzt werden. Daneben darf die **Kaskoprämie** nicht (BFH v. 21.6.1991 – VI R 178/88, BStBl. II 1991, 814 = FR 1991, 723), bei Abrechnung per Einzelnachweis (H 9.5 LStR „Einzelnachweis") nur für dienstliche Fahrten stfrei erstattet werden (BFH v. 8.11.1991 – VI R 191/87, BStBl. II 1992, 204 = FR 1992, 170). Hat der ArbG eine Dienstreisekaskoversicherung abgeschlossen, führt dies nicht zu Lohn (*Wohlgemuth*, DB 1991, 910), die pauschalen Kosten sind auch nicht entspr. zu kürzen (**aA** BFH v. 27.6.1991 – VI R 3/87, BStBl. II 1992, 365 = FR 1991, 722; Nichtanwendungserlass BMF v. 9.9.2015, BStBl. I 2015, 734; s. auch H 9.5 LStR „Pauschale Kilometersätze"), da sonst der Vereinfachungszweck der Pauschalierung verloren ginge. Erstattet der ArbG seinen ArbN für deren Privatfahrzeuge Aufwendungen für Fahrzeugzubehör (Winterreifen, Feuerlöscher etc.), ist dies ein geldwerter Vorteil aus dem Arbverh. (FG Hbg. v. 13.3.1997 – II 164/95, EFG 1997, 856, rkr.); s. auch „Unfallversicherung".

Familienpflegezeit: Während der Familienpflegezeit (G v. 6.12.2011, BGBl. I 2011, 2564) liegt Arbeitslohn in Höhe des reduzierten, regulären Lohns zzgl. der Entgeltaufstockungsbeträge des ArbG vor; in der Nachpflegephase ist auch bei voller Arbeitszeit nur der reduzierte Lohn zu versteuern (BMF v. 23.5.2012, BStBl. I 2012, 617 mit weiteren Einzelheiten). Von den Regelungen des Familienpflegezeitgesetzes abweichende betriebliche Modelle (zB längere Dauer als zwei Jahre) sind nach den gleichen Grundsätzen zu behandeln, dh., es sind die in der Pflege- bzw. Nachpflegephase jeweils tatsächlich ausgezahlten Löhne zu versteuern.

Fangprämien s. „Prämien".

Fehlgeldentschädigung nicht steuerbar (Auslagenersatz s. Rn. 60) bei Einzelabrechnung (BFH v. 11.7. 1969 – VI 68/65, BStBl. II 1970, 69); pauschale Entschädigungen sind Arbeitslohn, bis 16 Euro im Monat werden sie aber v. der Verwaltung als nicht steuerbar behandelt (R 19.3 Abs. 1 Nr. 4 LStR).

Ferienhelfer, die Jugendliche auf Ferienreisen betreuen: Die Gewährung freier Kost und Logis stellt keinen geldwerten Vorteil aus dem Arbverh. dar, da die Reise für die Helfer eine beruflich veranlasste Auswärtstätigkeit darstellt (**aA** *H/H/R*, § 19 Anm. 600 „Ferienhelfer").

Ferienreise s. „Auslandsreise" und Rn. 73a „Betriebsveranstaltungen".

Fernsehgerät: Unentgeltliche Überlassung zu Eigentum oder Nutzung ist Sachbezug; Bewertung mit den üblichen Endpreisen des Abgabeorts.

Fernsprechanlagen: § 3 Nr. 45 (§ 3 Rn. 126) stellt Vorteile aus der privaten Nutzung v. betrieblichen Datenverarbeitungsgeräten und Telekommunikationsgeräten sowie deren Zubehör steuerfrei. Zur Übereignung s. § 40 Rn. 24. Der Wortlaut beschränkt sich nicht auf die Internet-Nutzung, sondern befreit auch die Nutzung v. Festnetz-Telefonen, Handys oder Faxgeräten. Der Wortlaut ist nicht zu Lasten der ArbN einschr. auf die bloße Internet-Nutzung auszulegen (R 3.45 LStR u. H 3.45 LStH „Beispiele"; s. § 3 Rn. 126;

zust. *Welling*, DStR 2001, 650; *Harder-Buschner*, NWB F 6, 4207; *Niermann*, DB 2001, 170, **aA** *Hans-Jörg Fischer*, DStR 2001, 201; *Seifert*, StuB 2001, 24).

Forderungsübergang kraft G auf den Sozialleistungsträger führt bei Zahlung durch den ArbG beim ArbN zu Arbeitslohn (BFH v. 16.3.1993 - XI R 52/88, BStBl. II 1993, 507 = FR 1993, 519; s. dazu auch *Urban*, DB 1996, 1893).

Forderungsverzicht durch den ArbG, zB auf eine Schadenersatzforderung, ist grds. Arbeitslohn (*H/H/R*, § 19 Anm. 600 „Erlass"). Zufluss idR, wenn erkennbar, dass ArbG keinen Rückgriff nehmen will (BFH v. 27.3.1992 - VI R 145/89, BStBl. II 1992, 837 = FR 1992, 617 m. Anm. *Söffing*), nicht aber schon, wenn der ArbG nicht mit Gegenforderungen aufrechnet (BFH v. 25.1.1985 - VI R 173/80, BStBl. II 1985, 437 = FR 1985, 448).

Fortbildung: Aufwendungen des ArbG zur Fortbildung seiner ArbN (eigene Fortbildungsveranstaltungen, Entsendung zu fremden Veranstaltungen auf Kosten des ArbG, Zuschüsse zur Fortbildung) dienen überwiegend dem eigenen betrieblichen Interesse des ArbG, wenn durch die Lehrgänge oder Kurse die konkrete Einsatzfähigkeit des ArbN erhöht wird; der dem ArbN dadurch erwachsende Vorteil ist kein Arbeitslohn, auch dann nicht, wenn er selbst ein Interesse an der Weiterbildungsmaßnahme hat. Davon ist immer bei Maßnahmen nach SGB III auszugehen (R 19.7 Abs. 2 S. 5 LStR). Gegen ein überwiegendes Interesse des ArbG spricht nach Auffassung der Verwaltung (R 19.7 Abs. 2 S. 2 LStR) nicht, dass die Fortbildung in der Freizeit stattfindet. Bei zumindest teilw. Anrechnung auf die Arbeitszeit wird ein eigenbetriebliches Interesse unterstellt, sofern nicht konkrete Anhaltspunkte für einen Belohnungscharakter vorliegen (R 19.7 Abs. 2 S. 3 LStR). Bei Sprachkursen müssen die Kenntnisse für das vorgesehene Aufgabengebiet vom ArbG verlangt werden (R 19.7 Abs. 2 S. 4 LStR). Vom ArbG finanzierte Deutschkurse für Flüchtlinge sowie andere ArbN, deren Muttersprache nicht Deutsch ist, führen folglich nicht zu Arbeitslohn (BMF v. 4.7.2017, BStBl. I 2017, 882; zu Deutschkursen für ausländ. ArbN vgl. auch FG München v. 17.1.2002 - 7 K 1790/00, DStRE 2002, 997). Wenn die erlernte Fähigkeit nicht direkt außerhalb der beruflichen Sphäre einsetzbar ist (zB Lkw-Führerschein s. „Führerschein"), liegt die Fortbildung im überwiegend betrieblichen Interesse des ArbG. Fortbildungsmaßnahmen sind jedenfalls dann kein Arbeitslohn, wenn ein entspr. Eigenaufwand als WK anzuerkennen wäre. Die erweiterte Anerkennung v. Ausbildungskosten als WK (§ 10 Rn. 40) führt auch für die Zuordnung v. Arbeitslohn zu einer weitergehenden Bejahung eines Eigeninteresses des ArbG (*Roscher/v. Bornhaupt*, DStR 2003, 964; FG München v. 17.1.2002 - 7 K 1790/00, DStRE 2002, 997). Zu Besonderheiten bei der Übernahme von Studiengebühren durch den ArbG s. BMF v. 13.4.2012, BStBl. I 2012, 531. S. „Ausbildungszuschüsse", „Berufsbegleitendes Studium", „Darlehen", „Prämien und Incentives" und § 10 Rn. 40.

Freifahrten und Freiflüge: Freifahrtberechtigungen bei der Deutschen Bahn AG oder Nahverkehrsbetrieben sind stpfl. Arbeitslohn, der für die eigenen ArbN iRd § 8 Abs. 3 stfrei ist. Voraussetzung für die Anwendung des § 8 Abs. 3 ist insbes., dass es sich bei den verbilligten Fahrkarten grds. um marktübliche Produkte handelt; andernfalls sind die Vorteile nach § 8 Abs. 2 zu bewerten. Zur Konsequenz bei Nutzung für Fahrten Wohnung-Arbeitsstätte/erster Tätigkeitsstätte vgl. § 9 Rn. 63. Fahrpreisermäßigungen, Freifahrtscheine der Deutschen Bahn AG oder Flugpreisvergünstigungen durch Fluggesellschaften an Angestellte v. Reisebüros und Reiseveranstaltern sind ebenso Arbeitslohn (zu Besonderheiten bei der Bewertung vgl. H 8.2 Berechnung des Rabattfreibetrags, Beispiel 2 LStR) wie Freiflüge, die Luftverkehrsgesellschaften ihren ArbN gewähren (zur Bewertung vgl. gleichlautende Ländererlasse v. 16.10.2018, BStBl. I 2018, 1088). Zu Vergünstigungen nach den Vielfliegerprogrammen der Fluggesellschaften (miles and more) s. § 37a Rn. 1.

Freikarten s. „Eintrittskarten", Rn. 73a „Betriebsveranstaltungen" und „Freifahrten und Freiflüge".

Freitabakwaren: Grds stpfl. Arbeitslohn, außer bei der Teilnahme des ArbN an der Bewirtung v. Geschäftsfreunden des ArbG (s. „Bewirtung") oder Betriebsveranstaltungen (s. Rn. 73a „Betriebsveranstaltungen") oder bei der unentgeltlichen oder verbilligten Gewährung v. Tabakwaren zum Verbrauch im Betrieb (BFH v. 27.3.1991 - VI R 126/87, BStBl. II 1991, 720 = FR 1991, 626).

Freitrunk: Die unentgeltliche oder verbilligte Überlassung v. Getränken zum eigenen Verbrauch im Betrieb ist idR Aufmerksamkeit; bei Überlassung zum häuslichen Verbrauch (Haustrunk) handelt es sich um Arbeitslohn (BFH v. 27.3.1991 - VI R 126/87, BStBl. II 1991, 720 = FR 1991, 626).

Früheres Dienstverhältnis: Einnahmen, die durch eine früheres Dienstverhältnis (zur Abgrenzung zu gegenwärtigen Dienstverhältnissen s. § 3 Rn. 73ff.) veranlasst sind, sind auch dann Arbeitslohn, wenn sie für die Zeit nach Beendigung des Dienstverhältnisses zufließen (Warte- und Ruhegelder). Dazu gehören auch solche Ruhegelder, die erst im Zeitpunkt der vertraglich vorgesehenen Beendigung des Arbverh. vereinbart oder ggf. erhöht werden (BFH v. 6.3.2002 - XI R 51/00, BStBl. II 2002, 516 = FR 2002, 1006). Solche nachträglich vereinbarten Ruhegelder sind nicht Entschädigung iSd. § 24 Nr. 1 lit. a. Zu Zahlungen an Rechtsnachfolger s. Rn. 45. Einnahmen aus einem früheren Dienstverhältnis sind idR Versorgungsbezüge (Rn. 81 f.). S. auch „Entlassungsentschädigungen".

Führerschein: Aufwendungen des ArbG dafür, dass der bei ihm beschäftigte ArbN den Führerschein erwirbt, um ein Betriebsfahrzeug (zB Werkstattwagen) führen zu können, werden im überwiegenden Interesse des ArbG erbracht (s. Rn. 64); dagegen Arbeitslohn, wenn der ArbN aus dem erworbenen Führerschein privaten Nutzen hat (*Buciek*, DStZ 2003, 816). Wird ein Führerschein nur „miterworben" (zB Führerschein Klasse 3 iRd. Erwerbs einer Berechtigung B für das Führen v. Dienstfahrzeugen bei Polizeibeamten, steht das eigenbetriebliche Interesse aber im Vordergrund (BFH v. 26.6.2003 - VI R 112/98, FR 2003, 1285 = DStRE 2003, 1263). S. auch „Fortbildung".

Garagengeld: Überlässt der ArbN dem ArbG seine eigene Garage, in der ein Dienstwagen untergestellt wird, soll das dafür gezahlte Entgelt kein Lohn sein, sondern Miete (BFH v. 19.10.2001 - VI R 131/00, BStBl. II 2002, 300 = FR 2002, 85 m. Anm. *Kanzler*). Entspr. sind in diesen Fällen Erstattungen v. Garagenmieten Auslagenersatz (zu den Problemen dieser Rechtsfolge *MIT*, DStR 2002, 1569). Diese Auffassung lässt außer Acht, dass die Zahlungen unmittelbar mit dem Beschäftigungsverhältnis und der Möglichkeit zusammenhängen, den v. seinem ArbG zur Vfg. gestellten Pkw auch privat nutzen zu können. Die Erstattung der Mietkosten oder des anteiligen Nutzungsaufwands ist auch nicht durch die 1 %-Regelung abgegolten. Durch das Geld erhält der ArbN mehr an Leistung, als durch die 1 %-Regelung erfasst ist.

Geburtstag: Ob die Ausrichtung eines Geburtstages eines ArbN durch den ArbG zu Arbeitslohn führt, soll nach der Rspr. des VI. Senats (BFH v. 28.1.2003 - VI R 48/99, BStBl. II 2003, 724 = FR 2003, 516 m. Anm. *Bergkemper*; zust. *Ehehalt*, KFR F 3 EStG § 19 1/03; *Seifert*, DStZ 2000, 87 zur Vorentscheidung des FG Nds. v. 28.1.1999 - XI 264/95, EFG 1999, 552; nun auch R 19.3 Abs. 2 Nr. 4 LStR) davon abhängen, ob es sich um eine betriebliche Veranstaltung des ArbG handelt oder um ein Fest des ArbN. Das sei davon abhängig, ob der ArbG die Gästeliste bestimme und ob es sich um Geschäftspartner des ArbG oder Angehörige des öffentl. Lebens handele oder um private Freunde und Bekannte des ArbN. Auch der Ort (zB in den Arbeitsräumen des ArbG) und der Charakter des Festes (zB private Feier) müsse bei einer notwendigen Gesamtbetrachtung Berücksichtigung finden. Die private Mitveranlassung des Festes sei deshalb nicht schädlich, da § 12 Nr. 1 S. 2 nicht auf Einnahmen anzuwenden sei (**aA** noch BFH v. 9.8.1996 - VI R 88/93, BStBl. II 1997, 97 = FR 1996, 830; *Strahl*, BeSt 2003, 26). Nach richtiger Auffassung des I. Senats (BFH v. 28.11.1991 - I R 13/90, BStBl. II 1992, 359) ist aber der Geburtstag eines G'ter-Geschäftsführers unabhängig v. den weiteren konkreten Umständen kein betrieblicher Anlass. Der IV. Senat hat diese anlassbezogene Betrachtung auch für den Fall als maßgeblich beachtet, wenn nicht der Jubilar, sondern die Ges. zur Feier einlud. Der I. Senat verneinte eine betriebliche Veranlassung einer Geburtstagsfeier mit 2 560 überwiegende betriebsangehörigen Pers. mit persönlicher Einladung durch den Jubilar (BFH v. 14.7.2004 - I R 57/03, FR 2004, 1277 m. Anm. *Pezzer* = DStR 2004, 1691; **aA** FG BaWü. v. 11.7.2002 - 3 K 119/99, EFG 2003, 50; krit. *Neu*, EFG 2003, 51). Ist die Ursache der Feier dienstlich (Amtseinführung, Verabschiedung), ist die Feier bei Kosten bis zu 110 Euro je teilnehmender Person kein geldwerter Vorteil (R 19.3 Abs. 2 Nr. 3 S. 1 LStR), vgl. Rn. 79 „Feier" u. § 12 Rn. 8.

Gefahrenzulagen: Arbeitslohn (2 Abs. 2 Nr. 7 LStDV; R 19.3 Abs. 1 Nr. 1 LStR).

Gehaltskürzung s. „Einbehaltene Lohnteile".

Gehaltsverzicht s. „Verzicht".

Geistliche: Gehaltsverzicht v. Geistlichen zur Schaffung neuer Pfarrerstellen mindert den Arbeitslohn (BFH v. 30.7.1993 - VI R 87/92, BStBl. II 1993, 884). Pflichtbeiträge v. katholischen Geistlichen, die aus einer Bistumskasse besoldet werden, an die bischöfliche Ruhegehaltskasse, die Haushälterinnen-Zusatzversorgung und das Diaspora-Priesterhilfswerk sind keine eigenen Beiträge der Geistlichen und unterliegen nicht dem LSt-Abzug; anders, wenn Geistliche (zB im Schul-, Universitäts- oder Krankenhausdienst) aus einer anderen Kasse besoldet werden; s. auch „Pfarrhaushälterinnen".

Geldstrafen und -bußen: Die Bezahlung einer gegen den ArbN verhängten Geldstrafe oder Geldbuße durch den ArbG soll nach neuer Rspr. immer Arbeitslohn sein, da ein rechtswidriges Tun keine Grundlage betrieblicher Ziele sein und somit kein überwiegendes betriebliches Interesse vorliegen könne (BFH v. 14.11.2013 - VI R 36/12, BStBl. II 2014, 278 = FR 2014, 281 m. Anm. *Bergkemper*; entgegen bisheriger Rspr. [BFH v. 7.7.2004 - VI R 29/00, BStBl. II 2005, 367 = FR 2005, 687]). Vgl. aber Rn. 66; s. auch „Einbehaltene Lohnteile".

Gemeinschaftsunterkunft v. Angehörigen der Bundeswehr, des Bundesgrenzschutzes und der Polizei ist Arbeitslohn, der mit dem Sachbezugswert nach der SvEV zu bewerten ist. Ggf. kommt in Höhe der versteuerten Sachbezüge der WK-Abzug in Betracht (R 9.1 Abs. 4 S. 2 LStR).

Gemeinschaftsverpflegung: Bei verbilligter Gewährung v. Gemeinschaftsverpflegung ist auch dann ein geldwerter Vorteil erzielt, wenn der ArbN verpflichtet ist, daran teilzunehmen (Verpflegung von Polizeianwärtern, BFH v. 11.3.2004 - VI B 26/03, BFH/NV 2004, 957; selbst bei Verpflegung von Profisportlern nach sportmedizinischen Gesichtspunkten, FG München v. 3.5.2013 - 8 K 4017/09, EFG 2013, 1407 [rkr.]). In Ausnahmefällen liegt kein Arbeitslohn vor, falls die Verpflegung überwiegend betriebsfunktionalen Zielsetzungen dient (bei unentgeltlicher Verpflegung an Bord eines Kreuzfahrtschiffes, BFH v. 21.1. 2010 – VI R 51/08, BStBl. II 2010, 700; bei Mahlzeitengestellung an Kindergärtnerinnen, Nds. FG v. 19.2. 2009 – 11 K 384/07, DStRE 2010, 1162, rkr.).

Geschenke s. „Betriebsveranstaltung".

Gesellschafter-Geschäftsführer-Gehalt: Arbeitslohn ist das Gehalt nur, soweit es angemessen ist. Zur Abgrenzung ausf. § 20 Rn. 52. Unangemessene Gehaltsteile sind vGA und rechnen zu den Einnahmen nach § 20 Abs. 1 Nr. 1 S. 2. Für sie gilt das Halbeinkünfteverfahren gem. § 3 Nr. 40 S. 1 lit. d (s. § 3 Rn. 108). Eine Umqualifizierung führt daher idR zu einer Minderung des Einkommens. Zu den verfahrensrechtl. Problemen bei der Anpassung der Steuerbescheide, wenn das FA bei der Körperschaft die Unangemessenheit feststellt, s. *Bippus*, GmbHR 2002, 951. Zur KapESt in diesen Fällen s. § 43 Rn. 7. Zu Fragen des Zuflusses vgl. Rn. 73. Eine vGA ist zB anzunehmen, wenn der Gesellschafter-Geschäftsführer nach Eintritt des Versorgungsfalles sein Dienstverhältnis fortsetzt und sein Gehalt nicht auf die Pension angerechnet wird (BFH v. 23.10.2013 – I R 60/12, BStBl. II 2015, 413; BMF v. 18.9.2017, BStBl. I 2017, 1293).

Gesundheitsförderung: Zuwendungen zur Förderung der Gesundheit der ArbN können im überwiegenden Eigeninteresse des ArbG geleistet werden. Die Übernahme von Kurkosten ist aber grds. als Arbeitslohn zu werten (BFH v. 11.3.2010 – VI R 7/08, BStBl. II 2010, 73 = FR 2010, 1052; ggf. stfrei nach § 3 Nr. 34, s. § 3 Rn. 63).

Getränke s. „Freitrunk".

Gewinnbeteiligung: Zufluss nur bei gutgeschriebenen Beträgen (BFH v. 14.5.1982 – VI R 124/77, BStBl. II 1982, 469 = FR 1982, 515).

Grundstück: Die unentgeltliche oder verbilligte Übereignung eines Grundstücks ist Arbeitslohn, auch wenn ArbG und ArbN den vereinbarten Preis für angemessen hielten. Verbilligte Übereignung an die Ehefrau des ArbN aufgrund des Dienstverhältnisses ist dem ArbN als Arbeitslohn zuzurechnen (FG Düss. v. 1.7.1977 – V 9/73 E, EFG 1978, 23); ein Erbbaurecht, mit dem das veräußerte Grundstück belastet ist, mindert dessen Wert, auch wenn das Erbbaurecht zugunsten des ArbN bestand. Kein Arbeitslohn, wenn der ArbG unter den gleichen Voraussetzungen auch anderen Käufern entspr. Preisnachlässe gewährt hat (BFH v. 19.4.1974 – VI R 107/70, BStBl. II 1975, 383 betr. Wohnungsbaugesellschaft).

Haustrunk s. „Freitrunk".

Hochwasser: Verzichten ArbN auf Lohn zugunsten einer Beihilfe an vom Hochwasser betroffene Kollegen oder zugunsten einer Zahlung des ArbG auf ein Spendenkonto, liegt kein steuerrelevanter Zufluss v. Arbeitslohn vor. Unterstützungen, die an vom Hochwasser betroffene ArbN bezahlt werden, sind nach § 3 Nr. 11 stfrei (zum Hochwasser 2013 s. BMF v. 21.6.2013, BStBl. I 2013, 769; zur Unwetterlage von Ende Mai/Anfang Juni 2016 in Deutschland s. BMF v. 28.6.2016, BStBl. I 2016, 641).

Hypotax ist eine fiktive Steuer, die vom Arbeitslohn eines ins In- oder Ausland entsandten ArbN (vgl. Rn. 54 „Expatriates") einbehalten und deren Höhe nach den steuerlichen Verhältnissen seines Heimatlandes berechnet wird. Damit sollen aus Sicht des ArbG die entsandten ArbN im Vergleich zu den ArbN im Heimatland sowie ggf. zu in andere Länder entsandten ArbN steuerlich gleichgestellt werden. Der ArbG bezahlt die im Einsatzland anfallenden tatsächlichen Steuern. Für die Höhe des Arbeitslohns ist sowohl bei Entsendung ins Ausland (Berücksichtigung Progressionsvorbehalt nach § 32b) als auch ins Inland (beschr. oder unbeschr. StPfl.) vom ausgezahlten Lohn zzgl. der tatsächlich anfallenden Steuern auszugehen, die Hypotax ist unbeachtlich (*Schönfeld/Plenker*, Lexikon Lohnbüro „Hypotax-Zahlungen"). Bei einer Entsendung ins Inland liegt letztlich eine Nettolohnvereinbarung vor, es ist auf den stpfl. Bruttobetrag hochzurechnen.

Incentives s. „Prämien und Incentives". **Internetnutzung am Arbeitsplatz** stfrei nach § 3 Nr. 45, s. „Fernsprechanlagen" und § 3 Rn. 126.

Jagd: Überlässt der ArbG dem ArbN die private Ausübung der Jagd, ist das ein geldwerter Vorteil, soweit der ArbN v. der Befugnis tatsächlich Gebrauch macht; anders bei dienstlicher Verpflichtung zur Jagdausübung (FG München v. 14.12.1971 – II 143/70, EFG 1972, 228).

Jahresnetzkarte: Bereits die Überlassung, nicht erst die Nutzung einer Jahresnetzkarte führt zum Zufluss v. Arbeitslohn, wenn dem ArbN ein uneingeschränktes Nutzungsrecht eingeräumt wurde (BFH v. 12.4. 2007 – VI R 89/04, BStBl. II 2007, 719 = FR 2007, 1031 m. Anm. *Bergkemper*).

Jobticket: Vom ArbG zusätzlich zum ohnehin geschuldeten Arbeitslohn gezahlte Zuschüsse zur Nutzung des ÖPNV und unentgeltlich oder verbilligt gewährte Fahrberechtigungen im ÖPNV sind ab 1.1.2019 nach § 3 Nr. 15 stfrei (G v. 11.12.2018, BGBl. I 2018, 2338). Die Steuerfreiheit gilt sowohl für Fahrten zw. Wohnungen und erster Tätigkeitsstätte als auch für private Fahrten. Die stfreien Leistungen mindern aber den ggf. als Entfernungspauschale abziehbaren Betrag.

Kammerbeiträge s. „Mitgliedsbeiträge“.

Kinderbeihilfen, Kinderzuschläge des ArbG sind Arbeitslohn, auch solche aufgrund der Besoldungsgesetze, besonderer Tarife usw., § 3 Nr. 11 S. 2.

Kindergarten: Zuwendungen zur Unterbringung sind steuerbefreit, § 3 Nr. 33.

Kleidung, Kleidergeld s. „Arbeitskleidung“.

Kontoführungs- und -eröffnungsgebühr: Ersatz durch den ArbG ist stpfl. Arbeitslohn (R 19.3 Abs. 3 Nr. 1 LStR; *Offerhaus*, BB 1990, 2022; **aA** *E. Schmidt*, FR 1989, 681). Auch die gebührenfreie Kontenführung für die ArbN einer Bank durch ihren ArbG führt zu Einnahmen aus dem Dienstverhältnis (FG Münster v. 11.12.1996 - 8 K 6360/93 L, EFG 1997, 608, rkr.).

Kraftfahrzeuggestellung: Die unentgeltliche Überlassung eines Kfz. an den ArbN (zur Abgrenzung zur vGA bei G'ter-Geschäftsführern s. Rn. 63) führt zu einer Bereicherung des ArbN und ist daher Arbeitslohn, wenn das Kfz. nicht aufgrund seiner objektiven Beschaffenheit und Einrichtung typischerweise so gut wie ausschließlich nur zur Beförderung v. Gütern bestimmt ist (BFH v. 18.12.2008 - VI R 34/07, BStBl. II 2009, 381 = FR 2009, 677). Die Berechnung folgt § 8 Abs. 2 (s. § 8 Rn. 38 ff. und R 8.1 Abs. 9 LStR), also der **1 %-Regelung** (verfassungsrechtl. unbedenklich, stRspr. des BFH, zuletzt v. 13.12.2012 - VI R 51/11, BStBl. II 2013, 385 = FR 2013, 670) zzgl. der entspr. Zuschläge für Fahrten zw. Wohnung und Arbeitsstätte/erster Tätigkeitsstätte oder über **Einzelnachweis mit Fahrtenbuch**. Dies gilt auch, wenn der ArbN das Kfz. auf Veranlassung des ArbG least, dieser sämtliche Kosten des Kfz. trägt und im Innenverhältnis zum ArbN allein über die Nutzung des Kfz. bestimmt (BFH v. 6.11.2001 - VI R 62/96, BStBl. II 2002, 370 = FR 2002, 587 m. Anm. *Kanzler*). Wird einem ArbN für die Dauer der Rufbereitschaft ein Kfz. überlassen, stellt dieser Vorteil keinen Arbeitslohn dar, weil die Überlassung im eigenbetrieblichen Interesse des ArbG liegt (BFH v. 25.5.2000 - VI R 195/98, BStBl. II 2000, 690 = FR 2000, 1138). Dies gilt auch dann, wenn der ArbN in dieser Zeit das Fahrzeug für die Fahrten zw. Wohnung und Arbeitsstätte/erster Tätigkeitsstätte nutzen kann. Ein geldwerter Vorteil für **Familienheimfahrten** mit einem Kfz. des ArbG ist erst ab der zweiten wöchentlichen Fahrt anzusetzen (vgl. § 8 Abs. 2 S. 5 HS 2 und BFH v. 28.2.2013 - VI R 33/11, BStBl. II 2013, 629). Soweit der **ArbN Zuzahlungen zu den AK** leistet, ist der Tatbestand des Arbeitslohns nicht erfüllt, weil die Überlassung dann insoweit nicht „aus dem Dienstverhältnis“ folgt. Es ist deshalb unmaßgeblich, wann der ArbN die Zahlung erbracht hat (R 8.1 Abs. 9 Nr. 4 S. 2 und 3 LStR; BMF v. 4.4.2018, BStBl. I 2018, 592 Tz. 9; *Bergkemper*, jurisPR-SteuerR 7/2008 Anm. 2 **aA** BFH v. 18.10. 2007 - VI R 59/06, BStBl. II 2009, 200 = FR 2008, 285 m. Anm. *Bergkemper*, WK über AfA auf ein Nutzungsrecht), weshalb die Zuzahlung geleistet wird (zB für Sonderausstattung - iErg. **aA** FG SchlHol. v. 1.9. 1999 - I 331/95, EFG 2000, 115, bestätigt durch BFH-Beschluss v. 7.2.2002 - VI R 155/99, juris: Zuzahlung keine WK wegen § 12) und ob er monatliche Zuzahlungen leistet oder einen einzigen Betrag iRd. Anschaffung entrichtet hat. Nach neuer Rspr. führt sowohl die Zahlung eines **pauschalen Nutzungsentgelts** als auch die **Übernahme individueller Fahrzeugkosten** durch den ArbN auf der Einnahmenseite zu einer Minderung des geldwerten Vorteils. Übersteigt das Nutzungsentgelt oder die selbst getragenen Aufwendungen den geldwerten Vorteil, führt das aber nicht zu einem „negativen geldwerten Vorteil“ oder zu WK, da solche übersteigenden Zahlungen ausschließlich durch die private Nutzung des Pkw veranlasst sind (BFH v. 30.11.2016 - VI R 2/15, BStBl. II 2017, 1014 = FR 2017, 786; v. 30.11.2016 - VI R 49/14, BStBl. II 2017, 1011 = FR 2017, 783). Die FinVerw. folgt der neuen Rspr. (BMF v. 4.4.2018, BStBl. I 2018, 592 Tz. 8, mit Nichtbeanstandungsregelung bei selbst getragenen individuellen Kosten und Anwendung der Fahrtenbuchmethode). Nach neuer Rspr. (BFH v. 21.3.2013 - VI R 31/10, BStBl. II 2013, 700 = FR 2013, 1039 m. Anm. *Kanzler*; v. 6.2.2014 - VI R 39/13, BStBl. II 2014, 641 = FR 2014, 771) ist ein geldwerter Vorteil nach der 1 %-Regel **nutzungsunabhängig** anzusetzen, wenn ein Kfz. arbeitsvertraglich oder zumindest konkludent dem ArbN zur privaten Nutzung überlassen wurde. Umgekehrt schließt ein vertragliches Privatnutzungsverbot den Ansatz eines geldwerten Vorteils aus (BFH v. 21.3.2013 - VI R 42/12, BStBl. II 2013, 918; gilt auch bei nur zeitweise fehlender Befugnis, zB bei Fahruntüchtigkeit infolge einer Krankheit, FG Düss. v. 24.1.2017 - 10 K 1932/16 E, EFG 2017, 458, rkr.). Auf den **Anscheinsbeweis** kommt es demnach nicht mehr an (vgl. hierzu ausf. § 8 Rn. 38a). Dies gilt auch beim G'ter-Geschäftsführer (BFH v. 21.3.2013 - VI R 46/11, BStBl. II 2013, 1044 = FR 2014, 77). Stehen dem ArbN **mehrere Fahrzeuge** zur Vfg., erhöht sich nach der Verwaltungsauffassung der Nutzungswert dadurch nur, wenn auch andere nahestehende Pers. das Fahrzeug nutzen können. Ist dies ausgeschlossen, wird nur der Wert aus dem überwiegend genutzten Fahrzeug ermittelt (BMF v. 4.4.2018, BStBl. I 2018, 592 Tz. 2.11); zweifelhaft: Nach neuer Rspr. geht der BFH unabhängig davon, ob ein (oder mehrere) Kfz. tatsächlich vom ArbN oder diesem nahestehenden Pers. genutzt werden, je Kfz. von einem geldwerten Vorteil aus, wenn es arbeitsvertraglich genutzt werden darf (BFH v. 13.6.2013 - VI R 17/12, BStBl. II 2014, 340 = FR 2014, 30 m. Anm. *Bergkemper*). Sollte die FinVerw. die bisherige, für den ArbN günstigere Regelung aufgeben, kann der mehrfache Ansatz eines geldwerten Vorteils durch das Führen von Fahrtenbüchern oder eine entsprechende arbeitsvertragliche Regelung verhindert werden. Im betrieblichen Bereich geht der BFH ebenso von einem fahrzeugbezogenen, also mehrfachen Ansatz der privaten Pkw-Nutzung aus (BFH v. 9.3.2010 – VIII R 24/08, BStBl. II 2010, 903 = FR 2010, 583 m. Anm. *Urban*). **Unfallkosten** gehören nicht zu den Gesamtkosten des Fahrzeugs und sind nur bei Einzelnachweis zu beachten. Sie sind der Nutzung im Unfallzeitpunkt zuzuordnen (R 8.1 Abs. 9 Nr. 2 S. 8 ff. LStR, mit Vereinfachungsregelung bei Bagatellschäden bis 1 000 Euro netto). Bei **Fahrergestellung** auch für Fahrten zw. Wohnung und Arbeitsstätte/erster Tätigkeitsstätte erhöht sich der nach § 8 Abs. 2 S. 3 berechnete oder durch Einzelnachweis ermittelte Wert für diese Fahrten um 50 % (BFH v. 27.9. 1996 – VI R 84/95, BStBl. II 1997, 147 = FR 1997, 97). Der BFH hat seine zwischenzeitlich geäußerten Zweifel, ob eine Fahrergestellung für Fahrten zw. Wohnung und Arbeitsstätte/erster Tätigkeitsstätte überhaupt einen geldwerten Vorteil darstellt (vgl. BFH v. 22.9.2010 – VI R 54/09, BStBl. II 2011, 354 = FR 2011, 285 m. Anm. *Bergkemper*: Fahrergestellung sei Arbeitsbedingung), mit Urt. v. 15.5.2013 (VI R 44/11, BStBl. II 2014, 589) zutr. wieder aufgegeben, da die Fahrten zw. Wohnung und Arbeitsstätte/erster Tätigkeitsstätte Angelegenheit des ArbN sind und die Fahrergestellung für den ArbN einen Wert hat (**aA** *Schmidt*[37], § 19 Rn. 100 „Kraftfahrzeuggestellung", Fahrergestellung ist Arbeitsbedingung). Die Fahrergestellung soll nach der neuen Rspr. (BFH v. 15.5.2013 – VI R 44/11, BStBl. II 2014, 589 = FR 2014, 283) gem. § 8 Abs. 2 S. 1 mit dem Wert einer von einem fremden Dritten bezogenen vergleichbaren Leistung angesetzt werden. Dies erfordert sowohl bei der 1 %-Regelung als auch bei der Fahrtenbuchmethode neben dem Nachweis eines Vergleichspreises insbes. auch Aufzeichnungen, wie oft der Fahrer in Anspr. genommen wurde. Die FinVerw. wendet die neue Rspr. an, lässt aber auch einheitlich für Privatfahrten, Fahrten Wohnung – erste Tätigkeitsstätte, Fahrten zu Sammelpunkten sowie Familienheimfahrten praktikablere pauschale Ansätze zu (R 8.1 Abs. 10 LStR; BMF v. 4.4.2018, BStBl. I 2018, 592 Tz. 5). **Alleinfahrten des Chauffeurs** mit dem Dienstwagen führen bei ihm nicht zu Lohn, soweit er damit seine beruflichen Pflichten erfüllt. Dies gilt auch dann, wenn die Fahrt an seinem Wohnsitz beginnt oder endet (vgl. BMF v. 4.4.2018, BStBl. I 2018, 592 Tz. 2.2). Die Erstattung sämtlicher Kosten eines Kfz. des ArbN durch den ArbG ist keine wirtschaftliche Kfz.-Gestellung, sondern Barlohn (BFH v. 6.11.2001 – VI R 54/00, BStBl. II 2002, 164 = FR 2002, 340 m. Anm. *Kanzler*). In den Fällen des sog. **Behördenleasings** liegt regelmäßig Arbeitslohn vor, der nach § 8 Abs. 2 S. 2 bis 5 iVm. § 6 Abs. 1 Nr. 4 S. 2 zu bewerten ist, wenn das Kfz. wirtschaftlich dem ArbG zuzurechnen ist; andernfalls ist der Vorteil nach § 8 Abs. 2 S. 1 zu bewerten (BFH v. 18.12.2014 – VI R 75/13, BStBl. II 2015, 670). Die FinVerw. geht davon aus, dass in Fällen der Gehaltsumwandlung stets ein ArbG-Fahrzeug vorliegt und die Bewertung nach § 8 Abs. 2 S. 2 bis 5 zu erfolgen hat (BMF v. 4.4.2018, BStBl. I 2018, 592 Tz. 7). Zur stl. Förderung der **Elektromobilität** vgl. im Einzelnen BMF v. 14.12.2016, BStBl. I 2016, 1446 sowie v. 26.10.2017, BStBl. I 2017, 1439. S. auch „Garagengeld"; vgl. auch § 8 Rn. 38 ff.

Krankengeldzuschüsse sind stpfl. Arbeitslohn.

Kreditkarte: Die Übernahme der Kreditkartengebühr durch den ArbG ist in voller Höhe nach § 3 Nr. 16 stfrei, wenn der ArbN die Kreditkarte ausschließlich zur Abrechnung v. Reisekosten und Auslagenersatz einsetzt. Werden mit der Kreditkarte auch private Umsätze getätigt, so ist die Gebühr in einen stfrei und einen stpfl. Anteil aufzuteilen (FinMin. Brandenb v. 19.12.1996, StEK EStG § 3 Nr. 661).

Kundenbindungsprogramme: Prämien aus Kundenbindungsprogrammen (zB: **miles and more** Programm der Lufthansa) sind geldwerter Vorteil aus dem Arbverh., wenn sie einem ArbN für solche Dienstleistungen gewährt werden, die er in seiner Eigenschaft als ArbN in Anspr. genommen hat (zB: Dienstreise mit Flugzeug; **aA** *Thomas*, DStR 1997, 303: nicht steuerbare Zuwendung, da die Prämie v. dem Dritten nicht als Entlohnung für erbrachte Dienste gewährt werde, sondern als Anreiz dazu diene, weiterhin Produkte des Anbieters und nicht solche der Konkurrenz zu verwenden) und wenn er die Kosten vom ArbG erstattet bekommen hat (*H/H/R*, § 37a Anm. 7), da die Prämie wirtschaftlich dem die Leistung zahlenden ArbG zusteht und er sie dem ArbN überlässt. Für die Prämien aus einem Kundenbindungsprogramm gewährt § 3 Nr. 38 einen Freibetrag v. 1 080 Euro. Sie können vom Auslober des Programms nach § 37a pauschal versteuert werden.

Lösegeld, das der ArbG für einen entführten ArbN zahlt, führt zu keinem steuerbaren Geldvorteil, da der Betrag den ArbN nicht objektiv bereichert, auch wenn die damit verschaffte persönliche Freiheit einen (allerdings nur immateriellen, weil nicht in Geld bewertbaren) Vorteil für den ArbN darstellt (iErg. glA *Schmidt*[37], § 19 Rn. 100 „Lösegeld", danach Aufwendungen zur Ausgestaltung des Arbeitsplatzes; **aA** *K/S/M*, § 19 Rn. B 1000 „Belohnung"). Der ArbG leistet auch nicht für den ArbN, da dieser nicht als Subjekt, sondern nur als Objekt an der Tauschhandlung „Geld gegen Freiheit des ArbN" teilnimmt. Deshalb kommt es auch nicht darauf an, ob sich der ArbN auf einer beruflich veranlassten Auswärtstätigkeit befunden hat, als er entführt wurde. Bei Prämien für eine Entführungsrisikoversicherung liegt allerdings nur dann kein Arbeitslohn vor, wenn lediglich das Risiko der Entführung anlässlich v. beruflich veranlassten Auswärtstätigkeiten in Länder mit erheblicher Gefährdung für die persönliche Sicherheit des ArbN abgedeckt wird (*Wunderlich*, DStR 1996, 2003).

Lohnsteuer: Bei Nettolohnvereinbarungen (s. § 39b Rn. 16f.) bildet die Übernahme der LSt durch den ArbG zusätzlichen Arbeitslohn (BFH v. 26.2.1982 - VI R 123/78, BStBl. II 1982, 403 = FR 1982, 228). Zu Unrecht angemeldete und abgeführte LSt-Beträge sind Arbeitslohn, wenn der LSt-Abzug nach § 41c Abs. 3 nicht mehr geändert werden kann (BFH v. 17.6.2009 - VI R 46/07, BStBl. II 2010, 72 = FR 2010, 139).

Losgewinne: Losgewinne sind dann kein Arbeitslohn, wenn sich die Teilnahme an der Verlosung nicht als Gegenleistung für die Zur-Vfg.-Stellung der Arbeitskraft darstellt, sondern als Aufmerksamkeit (zB im Rahmen einer Betriebsveranstaltung, Sachpreis des einzelnen Gewinns inkl USt unter 40 Euro). Arbeitslohn liegt aber vor, wenn die Teilnahme an der Verlosung Teil einer Belohnung besonderer Leistungen ist (idR indiziert, wenn nicht alle Mitarbeiter an der Verlosung teilnehmen dürfen), zB für Verbesserungsvorschläge (BFH v. 25.11.1993 - VI R 45/93, BStBl. II 1994, 254 = FR 1994, 224), für Verkaufserfolge (BFH v. 19.7.1974 - VI R 114/71, BStBl. II 1975, 181) oder dafür, in bestimmten Zeiträumen nicht wegen Krankheit gefehlt zu haben (BFH v. 15.12.1977 - VI R 150/75, BStBl. II 1978, 239). Dies gilt auch für v. Dritten veranstaltete Gewinnspiele, wenn zw. der Teilnahme und der Tätigkeit eine innere Verknüpfung besteht (zB Goldbarrengewinn eines Reifeneinkäufers aus Verlosung des Reifenherstellers; FG Münster v. 26.3. 2002 - 15 K 3309/99 E, EFG 2005, 688). Der geldwerte Vorteil ist der Verlosungsgewinn (BFH v. 25.11. 1993 - VI R 45/93, BStBl. II 1994, 254 = FR 1994, 224). Besteht der Gewinn in einer Teilnahmeberechtigung an einem weiteren Gewinnspiel (zB ARD-Fernsehlotterie), ist (nur) der Wert des Loses, nicht ein Folgegewinn anzusetzen. Der Gewinn einer Teilnahme an einer Fernsehquizsendung (zB „Wer wird Millionär?") ist stfrei (*Voßkuhl/Thulfaut*, NWB F 6, 4379).

Mahlzeiten im Betrieb sind grds. Arbeitslohn. Arbeitstäglich abgegebene Mahlzeiten sind gem. § 8 Abs. 2 S. 6 idR mit dem Sachbezugswert nach der SvEV zu bewerten (R 8.1 Abs. 7 LStR). Die FinVerw. gibt die anzusetzenden Sachbezugswerte jährlich bekannt (ab 2019 s. BMF v. 16.11.2018, BStBl. I 2018, 1231). Die Gestellung unbelegter Brötchen mit Heißgetränken ist kein Frühstück iSd. SvEV und damit nach § 8 Abs. 2 S. 1 mit dem üblichen Endpreis zu bewerten; mE liegen nicht steuerbare Aufmerksamkeiten iSd. R 19.6 Abs. 2 S. 1 LStR vor (FG Münster v. 31.5.2017 - 11 K 4108/14, EFG 2017, 1673 [Rev. VI R 36/17]). S. auch „Arbeitsessen", „Bewirtung", „Betriebsveranstaltung", „Essensmarken" und „Reisekosten".

Massagen: Kostenlose Massagen für ganztätig an Bildschirmarbeitsplätzen beschäftigten ArbN sind dann kein Arbeitslohn, wenn sie nachweislich besonders geeignet sind, einer spezifisch berufsbedingten Beeinträchtigung der Gesundheit vorzubeugen oder entgegenzuwirken (BFH v. 30.5.2001 - VI R 177/99, BStBl. II 2001, 671 = FR 2001, 1064). Ggf. stfrei n. § 3 Nr. 34 (s. § 3 Rn. 63)

Medikamente: Unentgeltliche Verabreichung durch den ArbG im betrieblichen Bereich, um die Belegschaft gesund zu erhalten, liegt im eigenbetrieblichen Interesse des ArbG (BFH v. 24.1.1975 - VI R 242/71, BStBl. II 1975, 340). Zur verbilligten Abgabe durch eine Krankenhausapotheke s. BFH v. 27.8.2002 - VI R 63/97, DStRE 2002, 1419.

Metergelder der Möbeltransportarbeiter sind Arbeitslohn (BFH v. 9.3.1965 - VI 109/62 U, BStBl. III 1965, 426), unabhängig davon, ob ein Rechtsanspruch des ArbN besteht, oder ob es sich um eine freiwillige Zahlung des Kunden (Trinkgeld) handelt, s. „Trinkgelder" und § 3 Rn. 133.

Mietkostenzuschuss, der dem ArbN direkt gewährt wird, ist Arbeitslohn; wird er vom ArbG einem Dritten gewährt, um dem ArbN eine Wohnung zu beschaffen, ist dies insoweit Arbeitslohn, als die Miete dadurch unter der ortsüblichen Miete liegt (zur Höhe des geldwerten Vorteils s. „Dienstwohnung").

Mietzahlungen für Arbeitszimmer: Ob Mietzahlungen des ArbG für ein häusliches Arbeitszimmer des ArbN Arbeitslohn oder Mieteinnahme ist, ist danach zu unterscheiden, in wessen vorrangigem Interesse das Büro genutzt wird (BFH v. 16.9.2004 - VI R 25/02, BStBl. II 2006, 10 = FR 2005, 262). Die Ausgestaltung der Vereinbarung als auch die tatsächliche Nutzung müssen maßgeblich und objektiv nachvollziehbar v. den Bedürfnissen des ArbG geprägt sein. Für das Vorliegen eines betrieblichen Interesses spricht nach Auffassung der Verwaltung (BMF v. 13.12.2005, BStBl. I 2006, 4), dass für den ArbN im Unternehmen keine geeigneten Arbeitszimmer vorhanden sind und Versuche des ArbG, entspr. Räume v. fremden Dritten anzumieten, erfolglos blieben oder der ArbG für andere ArbN Mietverträge mit fremden Dritten geschlossen hat oder eine ausdrückliche, schriftliche Vereinbarung über die Bedingungen der Nutzung des überlassenen Raumes abgeschlossen wurde. Zudem soll auch in diesen Fällen das vorrangige betriebliche Interesse seines ArbG nachzuweisen sein. Ein zu niedriger Mietzins schadet dann der Anerkennung als Miete nicht (**aA** *Pust* HFR 2002, 114). Ein bloß pauschales Aufwandsentgelt wird nicht anerkannt. In Hinblick auf § 4 Abs. 5 S. 1 Nr. 6b ist zudem § 42 AO zu beachten (s. dazu aber Rn. 63). Gegen das betriebliche Interesse spricht, wenn der ArbN im Betrieb über einen Arbeitsplatz verfügt und die Nutzung des häuslichen Arbeitszimmers vom ArbG lediglich gestattet oder geduldet wird. Wird eine zu hohe Miete vereinbart, kann die Mietzahlung als Lohn umqualifizierbar sein (*Pust*, HFR 2002, 114). Die Anmietung vom ArbN-Ehegatten ist rechtsmissbräuchlich (FG Münster v. 5.6.2003 - 8 K 5960/01 E, 8 K 5961/01 E, EFG

2003, 1374). Ein bloßer Zuschuss zu den Aufwendungen ohne Mietvertrag und Verfügungsrecht des ArbG ist stets Arbeitslohn (BFH v. 8.3.2006 – IX R 76/01, BFH/NV 2006, 1810).

Miles and more s. „Kundenbindungsprogramm".

Mitgliedsbeiträge, die der ArbG zugunsten des ArbN zahlt, sind auch dann Arbeitslohn, wenn der ArbN aus beruflichen Gründen Mitglied ist (BFH v. 12.2.2009 – VI R 32/08, BStBl. II 2009, 462 = FR 2009, 822 – Beiträge zum Deutschen Anwaltsverein). Etwas anderes kann ausnahmsweise dann gelten, wenn der ArbG die Mitgliedschaft nicht selbst erreichen kann, sich davon aber Vorteile für den Geschäftsbetrieb verspricht (BFH v. 20.9.1985 – VI R 120/82, BStBl. II 1985, 718 = FR 1986, 102). Die Übernahme v. Beiträgen zu den Berufskammern sind auch dann Arbeitslohn, wenn die Anerkennung einer Wirtschaftsprüfungs- und Steuerberatungsgesellschaft voraussetzt, dass die Geschäftsführer Wirtschaftsprüfer bzw. Steuerberater sind (BFH v. 17.1.2008 – VI R 26/06, BStBl. II 2008, 378 = FR 2008, 677 m. Anm. *Bergkemper*). Der Beitrag kann nur unter den Voraussetzungen des § 9 Abs. 1 S. 3 Nr. 3 (§ 9 Rn. 40) als WK angesetzt werden (**aA** *Lück*, DStZ 1993, 81).

Mutterschaftsgeld gem. § 3 Nr. 1 lit. d stfrei.

Nettolohnvereinbarung setzt eine Vereinbarung zw. ArbN und ArbG voraus, dass die LSt sich aus dem ausgezahlten Betrag errechnet und die aus diesem Betrag hochgerechnete LSt auch an das FA abgeführt wird. S. dazu § 39b Rn. 16 f. Im Verzicht auf den Rückgriff auf nachgezahlte LSt liegt dann aber Arbeitslohn. Ebenso führt die Übernahme einer ESt-Nachzahlung des ArbN durch den ArbG zu Arbeitslohn, der auf einen Bruttobetrag hochzurechnen ist (BFH v. 3.9.2015 – VI R 1/14, BStBl. II 2016, 31). Zu Besonderheiten bei Nettolohnvereinbarungen s. ausf. OFD Düss. v. 29.11.2005, juris.

Outplacement ist eine vom ArbG finanzierte Dienstleistung für ausscheidende Mitarbeiter, die eine berufliche Neuorientierung ermöglichen soll, zB die Erstellung eines Qualifikationsprofils, die Ermittlung des Weiterbildungsbedarfs bis hin zu einer individuellen Bewerbungsstrategie. Die Aufwendungen des ArbG sind als geldwerter Vorteil Arbeitslohn, da sie nicht in ganz überwiegendem Eigeninteresse geleistet werden, sondern die Outplacementberatung auch dem weichenden ArbN dient, um eine neue Tätigkeit und somit eine Einnahmequelle zu finden (FG BaWü. v. 6.3.2007 – 4 K 280/06, EFG 2007, 832; aA *Abeln*, BB 1999, 721). Dem ArbN entstehen aber in gleicher Höhe durch Einkünfte veranlasste Aufwendungen, entweder als WK für zukünftige Lohneinkünfte oder vorweggenommene Betriebsausgaben für eine selbständige Tätigkeit.

Parkplatz: Unentgeltliche Gestellung durch den ArbG an der Arbeitsstätte liegt nach Auffassung der FinVerw. im eigenbetrieblichen Interesse (FinMin. NRW v. 28.9.2006 – S 2334 - 61 - VB 3). Für Arbeitslohn dagegen *Kettler*, DStZ 2001, 667. Arbeitslohn könnte dann anzunehmen sein, wenn nicht ausreichend Parkplätze für alle ArbN, die mit dem Pkw zur Arbeitsstätte kommen, zur Vfg. stehen oder Parkplätze einzelnen ArbN fest zugewiesen werden (*Starke*, FR 2001, 185).

Personalcomputer: Die unentgeltliche oder verbilligte Nutzungsüberlassung ist Arbeitslohn, der ggf. nach § 3 Nr. 45 stfrei ist (§ 3 Rn. 126). Die Übereignung sowie Zuschüsse zum Erwerb sind Arbeitslohn, der aber nach § 40 Abs. 2 S. 1 Nr. 5 pauschal versteuert werden kann. S. § 40 Rn. 24 und § 9 Rn. 97.

Personalrabatte: Die unentgeltliche oder verbilligte Überlassung v. WG (oder Leistungen) vom ArbG an den ArbN zu Eigentum oder zur Nutzung ist als geldwerter Vorteil regelmäßig stpfl. Arbeitslohn (Gegenleistung für die Arbeit und insofern nicht unentgeltlich). Ein Rabatt ist nur dann nicht anzunehmen, wenn der Nachlass im normalen Geschäftsverkehr auch jedem anderen Kunden eingeräumt wird (BFH v. 4.6. 1993 – VI R 95/92, BStBl. II 1993, 687 = FR 1993, 604) oder wenn der ArbN auch an anderer Stelle keinen höheren Preis für die Waren zahlen müsste. Kein Arbeitslohn, wenn Waren zu Testzwecken verbilligt oder kostenlos abgegeben werden (FG Saarl. v. 22.6.1994 – 1 K 76/93, EFG 1994, 962). Die Bewertung erfolgt grds. mit dem üblichen Endpreis am Abgabeort (§ 8 Abs. 2 S. 1 s. § 8 Rn. 31); Ausnahmen: Leistungen, die nach der SvEV bewertet werden, und vom ArbG hergestellte, vertriebene oder erbrachte Leistungen (§ 8 Abs. 3 s. § 8 Rn. 47). Zur Rabattgewährung durch Dritte s. BMF v. 20.1.2015, BStBl. I 2015, 143.

Pfarrhaushälterinnen: Zuschüsse der Diözesen zur Entlohnung der Haushälterinnen sind Teil der Dienstbezüge des Geistlichen (FinMin. NRW v. 16.9.1997 – S 2332 - 72 - V B 3, juris). S. Rn. 79 „Pfarrer".

Poolung v. Einnahmen: Sammeln mehrere ArbN ihre Einnahmen (zB Richtfestgelder) in einem Pool und verteilen diese dann untereinander nach einem bestimmten Schlüssel, so ändert dies nichts an der Natur der Einnahmen als Arbeitslohn. Solche Gelder sind aber unter den Voraussetzungen des § 3 Nr. 51 stfrei. Dies gilt auch dann, wenn der ArbG selbst die Gelder auf die einzelnen ArbN verteilt (BFH v. 18.6.2015 – VI R 37/14, DB 2015, 2244). Anteile des technischen Personals der Spielbanken am sog. **Tronc** sind hingegen keine Trinkgelder iSd. § 3 Nr. 51 (BFH v. 18.12.2008 – VI R 8/06, BStBl. II 2009, 820; eine hiergegen eingelegte Verfassungsbeschwerde wurde nicht zur Entscheidung angenommen, BVerfG v. 13.10.2010, 2 BvR 1493/09; **aA** noch FG Bdbg. v. 15.12.2005 – 5 K 1742/04, EFG 2006, 630).

Postbedienstete (ehemalige): Die iRd. Umwandlung der Bundespost v. der neuen AG an ihre Mitarbeiter gezahlten – früher stfreien – Einnahmen (Reisekosten etc.) bleiben stfrei gem. § 3 Nr. 35.

Praktikanten: Die Bezüge v. Verwaltungspraktikanten sind Arbeitslohn, nicht stfreie Unterhaltsbeihilfen iSd. § 3 Nr. 11.

Prämien und Incentives: Prämien des ArbG sind Arbeitslohn, unabhängig davon für welche Leistung der ArbN ausgezeichnet wird (zB gute Leistungen, Verhinderung v. Betrügereien – FinVerw. v. 23.4.1985, DStR 1985, 477 –, unfallfreies Fahren – *Offerhaus*, BB 1964, 673; zust. *H/H/R*, § 19 Anm. 600 „Belohnungen"; auch Fangprämien für Diebe). Ausnahmen bilden Belohnungen, die der ArbG zB für die Ergreifung eines Täters einer bestimmten Straftat ausgelobt hat (insoweit nicht aus Dienstverhältnis, sondern eigenes Rechtsverhältnis, § 637 BGB). Arbeitslohn sind auch kostenlose (idR Auslands-) Reisen (sog. **Incentive-Reisen**), wenn sie nicht nur untergeordnete touristische Aspekte aufweisen (BFH v. 16.4.1993 – VI R 6/89, BStBl. II 1993, 640; zur Abgrenzung gegenüber Fortbildungsveranstaltungen *Albert*, FR 2001, 516), auch dann, wenn sie v. einem Geschäftspartner des ArbG gewährt werden (BFH v. 5.7.1996 – VI R 10/96, BStBl. II 1996, 545 = FR 1996, 713). Bei gemischter Veranlassung ist eine schätzweise Aufteilung (idR nach Zeitanteilen) möglich (BFH v. 18.8.2005 – VI R 32/03, BStBl. II 2006, 30 = FR 2006, 33). Bei im Inland abgehaltener Mitarbeiterkonferenz wird idR keine Incentive-Reise unterstellt (*MIT*, DStR 1996, 1769 – Ausnahme eindeutiger Incentive-Charakter). Der Wert des geldwerten Vorteils entspricht idR dem Preis einer v. Reiseveranstaltern am Markt angebotenen Gruppenreise mit vergleichbaren Leistungsmerkmalen (BMF v. 14.10.1996, BStBl. I 1996, 1192; eigene Aufwendungen, zB Rabatte, nicht maßgeblich). Eine Wertminderung wegen des vom zuwendenden Unternehmen festgelegten Reiseziels wird nicht anerkannt. Kein Arbeitslohn ist eine solche Reise für den zur Betreuung der Kunden abgestellten ArbN, wenn die Betreuungsaufgaben das Eigeninteresse der ArbN an der Teilnahme des touristischen Programms in den Hintergrund treten lassen (BFH v. 5.9.2006 – VI R 65/03, BStBl. II 2007, 312 = FR 2007, 705, weitergehend noch FG Düss. v. 5.5.1999 – 9 K 3412/97 H [L], EFG 2003, 312; FG München v. 12.3.1991 – 7 K 2561/89, EFG 1991, 731; *Valentin*, EFG 2003, 313); die Mitnahme seines Ehegatten spricht aber auch dann für einen belohnenden Charakter der Reise (BFH v. 18.2.1994 – VI R 53/93, BFH/NV 1994, 708 und v. 1.7.1994 – VI R 3/93, BFH/NV 1995, 22). Zum Vortrag, im Fall der Nichtteilnahme drohten Sanktionen, s. FG Köln v. 3.12.1996 – 7 K 2800/93, EFG 1997, 859.

Preise: Preisgelder (BMF v. 5.9.1996, BStBl. I 1996, 1150), die im Zusammenhang mit der nichtselbständigen Tätigkeit stehen, sind Arbeitslohn (zB Preis für das Forschungsergebnis eines Universitätsprofessors; Nachwuchsförderpreis, BFH v. 23.4.2009 – VI R 39/08, BStBl. II 2009, 668 = FR 2009, 963). Daran fehlt es bei Preisgeldern für das Lebenswerk, die Persönlichkeit, die Grundhaltung oder ein vorbildliches Verhalten (zB Lebensrettung durch einen Kraftfahrer während Dienstreise); s. auch „Losgewinn".

Private Nutzung eines Fernsprechanschlusses des ArbG ist stfrei, s. „Fernsprechanlagen".

Provisionen sind grds. Arbeitslohn, wenn die Zahlung der Provision durch das Dienstverhältnis veranlasst ist. Durch das Dienstverhältnis veranlasst ist eine Provision idR, wenn der Vertrag während der Arbeitszeit vermittelt wurde oder bei ArbN mit ständigem Kundenkontakt. Provisionen für **Eigenverträge** sind bei sonst auch an Fremde vermittelnde ArbN durch das Dienstverhältnis veranlasst (BFH v. 27.5.1998 – X R 17/95, BStBl. II 1998, 618 = FR 1998, 944 betr. selbständigen Versicherungsvertreter; **aA** *H/H/R*, § 19 Anm. 600 „Provision"). Dass der Zahlungsempfänger zugleich auch Versicherungsnehmer und insofern außerdem („privater") Nutznießer des „vermittelten" Vertrages ist, bleibt unbeachtlich. Für die sonstigen ArbN enthält eine solche Vermittlungsprovision einen **Preisnachlass**, der gewöhnlichen Kunden nicht eingeräumt wird; sie ist daher stpfl. – nach § 8 Abs. 3 zu bewertender – Arbeitslohn (BFH v. 22.5.1992 – VI R 178/87, BStBl. II 1992, 840 = FR 1992, 631). Provisionszahlungen, die Bausparkassen und Versicherungsunternehmen an ArbN v. Kreditinstituten für Vertragsabschlüsse zahlen, sind Arbeitslohn (BMF v. 20.1.2015, BStBl. I 2015, 143; v. 28.3.1994, BStBl. I 1994, 233); es handelt sich um eine Rabattgewährung v. Dritten.

Reisegepäckversicherung: Schließt der ArbG für seine ArbN eine Reisegepäckversicherung ab, aus der den ArbN ein eigener Anspr. ggü. dem Versicherer zusteht, sind Prämien Arbeitslohn, der gem. § 3 Nr. 16 steuerbefreit ist, wenn sich der Versicherungsschutz auf Dienstreisen beschränkt. Sonst ist eine Aufteilung nur zulässig, wenn der Versicherer eine Auskunft über die Kalkulation des Preises erteilt (BFH v. 19.2.1993 – VI R 42/92, BStBl. II 1993, 519 = FR 1993, 544).

Reisekosten: Reisekostenersatz (neben Geldleistungen auch Sachbezüge, R 3.13 Abs. 1 S. 1 und R 3.16 Abs. 1 S. 1 LStR) für Dienstreisen (zur Abgrenzung s. „Prämien und Incentives" und § 12 Rn. 8 ff.) ist stfrei gem. § 3 Nr. 13 und 16. Hat die Reise auch einen touristischen Aspekt und sind die Kosten nicht in einen betriebl. bzw. privaten Anteil aufteilbar, macht dies den Ersatz insgesamt zu Arbeitslohn; s. auch „Betriebsveranstaltung", „Diebstahl", „Prämien", „Incentives", Rn. 79 „Reisekosten" und § 12 Rn. 8 ff.

Renten können Einkünfte aus nichtselbständiger Arbeit iSd. § 19 oder sonstige Einkünfte iSd. § 22 Nr. 1 sein, s. dazu Rn. 81.

Repräsentationskosten (zB gesellschaftliche Verpflichtungen, Spenden für Geschenke an Mitarbeiter, Bewirtung v. Geschäftsfreunden des ArbG im Privathaushalt, dem Ansehen des arbeitgebenden Unternehmens angemessene Wohnung) unterliegen grds. dem Aufteilungs- und Abzugsverbot des § 12 Nr. 1 S. 2; ihr Ersatz durch den ArbG ist daher idR Arbeitslohn. Bei ArbN im öffentl. Dienst ist der Ersatz v. Repräsentationskosten insoweit stfrei, als Aufwandsentschädigungen iSd. § 3 Nr. 12 gezahlt werden; s. auch „Mitgliedsbeiträge", „Bewirtung".

Restaurantscheck s. „Essenmarken".

Rückzahlungsbetrag an die Arbeitsverwaltung: Muss der ArbG wg § 115 SGB X das an den bisherigen ArbN geleistete Arbeitslosengeld unmittelbar an die Arbeitsverwaltung zurückzahlen (sog. Rückzahlungsbetrag), führt dies beim ArbN zum Zufluss v. Arbeitslohn (BFH v. 15.11.2007 - VI R 66/03, BStBl. II 2008, 375 = FR 2008, 427 m. Anm. *Bergkemper*). Da dieser dadurch sein bisher stfreies, aber unter ProgrVorb. stehendes Arbeitslosengeld zurückzahlt, ist für den Rückzahlungsbetrag ein negativer ProgrVorb. zu gewähren.

Sachbezüge: Zum Begriff s. § 8 Rn. 18; zur Bewertung s. § 8 Rn. 31.

Schadenersatz: Leistet der ArbG an den ArbN aufgrund eines tatsächlichen und nachweisbaren Schadenersatzanspruchs (vgl. hierzu BFH v. 25.4.2018 - VI R 34/16, BStBl. II 2018, 600), fehlt es an einem Zufluss „aus dem Dienstverhältnis". Es liegt auch dann kein Arbeitslohn vor, wenn der Anspr. ohne das Arbverh. nicht entstanden wäre (BFH v. 20.9.1996 - VI R 57/95, BStBl. II 1997, 144, Schadenersatz wegen fehlerhafter Lohnsteuerbescheinigung). Unabhängig vom Rechtsgrund gehört aber zum Arbeitslohn auch der Ersatz v. entgehendem und entgangenem Arbeitslohn (auch v. Dritten, zB nach Verkehrsunfall). Sonderfälle: Zahlungen einer Behörde aus Amtshaftung nach einer rechtswidrigen Abberufung eines ArbN von seinem bisherigen Vorstandsposten für entgangene Gehalts- oder Rentenansprüche sind Arbeitslohn (BFH v. 12.7.2016 - IX R 33/15, BStBl. II 2017I, 158). Ausgleichszahlung für rechtswidrig erbrachte Mehrarbeit ist kein Schadenersatz, sondern Arbeitslohn (BFH v. 14.6.2016 - IX R 2/16, BStBl. II 2016, 901); Ersatz v. Vermögensschäden im Zusammenhang mit einer Versetzung ist Arbeitslohn (FG Hess. v. 19.2.1981 - I 108/79, EFG 1981, 629), ebenso Ersatz eines am Arbeitsplatz gestohlenen Kleidungsstücks (FG Köln v. 8.6.1990 - 4 K 23/85, EFG 1991, 193; **aA** *Schmidt*[37], § 19 Rn. 100 „Schadenersatz", meines Erachtens zu Unrecht, weil WK-Ersatz). S. „Verzicht".

Schätzung v. Arbeitslohn ist insbes. bei Schwarzarbeit üblich. Das Vorliegen der Lohneinkünfte selbst (hM, *T/K* AO § 162 Tz. 2) darf als steuerbegründendes Tatbestandsmerkmal ebenso wenig geschätzt werden wie die anrechenbare LSt (**aA** BFH v. 29.2.1996 - X B 303/95, BFH/NV 1996, 606; OFD Hann. v. 20.9.1999, StEK AO 1977 § 162 Nr. 36 Tz. 3.1; *Schmidt*[37], § 19 Rn. 100 „Schätzung v. Arbeitslohn"). Bei Verletzung der Mitwirkungspflicht durch die StPfl. (ArbG oder ArbN) sind an die Nachweispflicht des FA allerdings nur geringe Anforderungen zu stellen.

Schmiergeld: Zahlungen ohne Wissen und Wollen des ArbG, um den ArbN zu einer Verletzung seiner Dienstpflichten zu veranlassen, sind nicht durch das Dienstverhältnis veranlasst und daher nicht Arbeitslohn. IdR liegen Einkünfte aus sonstigen Leistungen iSd. § 22 Nr. 3 vor (BFH v. 16.6.2015 - IX R 26/14, BFH/NV 2015, 1718).

Schrott: Erlös aus dem Verkauf v. Schrott, den der ArbN im Betrieb des ArbG sammeln und an Dritte verkaufen kann, ist Arbeitslohn (FG Münster v. 26.6.1969 - V 338/67 L, EFG 1969, 600). Anders beim Sammeln ohne Wissen des ArbG oder außerhalb der Dienstzeit (BFH v. 6.6.1973 - I R 203/71, BStBl. II 1973, 727, betr. Pfandflaschen).

Sicherheitsaufwendungen: Aufwendungen des ArbG für mit dem Personenschutz befasstes Personal liegen im eigenbetrieblichen Interesse des ArbG, Sicherungsmaßnahmen am Wohnhaus eines Vorstandsmitglieds sind bei allenfalls abstrakter berufsbedingter Gefährdung Arbeitslohn (BFH v. 5.4.2006 - IX R 109/00, BStBl. II 2006, 541 = FR 2006, 736 m. Anm. *Bergkemper*). S. auch BMF v. 30.6.1997, BStBl. I 1997, 696, mit Billigkeitsregelungen und zum WK-Abzug Rn. 79 „Sicherungsmaßnahmen der eigenen Wohnung".

Solvabilitätsspanne s. „Zukunftssicherungsleistungen" und § 4c Rn. 1.

SozVers.: Die ArbG-Anteile der Beiträge zur **gesetzlichen SozVers.** sind kein Arbeitslohn, jedoch deklaratorisch steuerbefreit (§ 3 Nr. 62 S. 1; § 3 Rn. 162), die gesetzlichen ArbN-Anteile sind Arbeitslohn (BFH v. 16.1.2007 - IX R 69/04, BStBl. II 2007, 579 = FR 2007, 927). Für Aushilfen pauschal entrichtete SozVers.beiträge sind Arbeitslohn (FG München v. 18.5.1990 - 8 K 4922/88, EFG 1990, 621, rkr.; FG Hess. v. 20.7.1993 - 4 K 1921/92, EFG 1994, 394, rkr.); s. § 40a Rn. 3; **aA** *Schmidt*[37], § 19 Rn. 100 „Sozialversicherungsbeiträge". Werden die Beiträge vom ArbG nachgefordert und kann dieser wegen § 28g SGB IV den ArbN-Anteil nicht zurückfordern, liegt Arbeitslohn nur vor, wenn einvernehmliches Zusammenwirken v. ArbG und ArbN für die Nachforderung ursächlich war (zB bei Schwarzarbeit oder Scheinselbstständigkeit), nicht aber bei einem Irrtum des ArbG über eine Lohnzuwendung (BFH v. 29.10.1993 - VI R 4/87, BStBl. II

1994, 194 = FR 1994, 123). Im ersten Fall fließt der Betrag dem ArbN bei Zahlung der Beiträge durch den ArbG zu (BFH v. 21.2.1992 – VI R 41/88, BStBl. II 1992, 443 = FR 1992, 448). Scheidet ein Beamter aus dem öffentl.-rechtl. Dienstverhältnis aus und ist der Dienstherr nach §§ 8, 181 ff. SGB VI verpflichtet, ihn bei der gesetzlichen Rentenversicherung nachzuversichern, so rechnet der Nachversicherungsbetrag nicht zum Arbeitslohn. Eine Aufteilung in einen ArbN-Anteil und ArbG-Anteil wird nicht vorgenommen. Nach neuerer Rspr. werden Beiträge des ArbG zur **freiwilligen Rentenversicherung** selbst dann nicht im überwiegenden betrieblichen Interesse erbracht, wenn die späteren Rentenzahlungen auf anderweitige Versorgungsleistungen des ArbG angerechnet werden, und sind damit Arbeitslohn (Vorstandsmitglieder einer AG: BFH v. 24.9.2013 – VI R 8/11, FR 2014, 75 m. Anm. *Bergkemper* = BStBl. II 2014, 124).

Sterbegeld: Das nach § 122 Abs. 1 oder Abs. 2 Nr. 1 BundesbeamtenG gezahlte Sterbegeld ist Arbeitslohn; Besteuerung als sonstiger Bezug iSd. § 39b Abs. 3 (FinMin. NRW, StEK EStG § 3 Nr. 2).

Steuerberatungskosten: Die Übernahme von Steuerberatungskosten der ArbN durch den ArbG ist selbst dann Arbeitslohn, wenn die Steuererstattung in Zusammenhang mit einer Nettolohnvereinbarung dem Arbeitgeber zustehen (BFH v. 21.1.2010 – VI R 2/08, BStBl. II 2010, 639). Denn ob ein ganz überwiegend eigenbetriebliches Interesse an der Kostenübernahme vorliegt, bestimmt sich nach den Motiven für den Abschluss der Nettolohnvereinbarung insgesamt und nicht nach dem wirtschaftlichen Verbleib der Steuererstattungen im Einzelnen (FG Düss. v. 5.12.2007 – 7 K 1743/07 H [L], EFG 2008, 545; **aA** FG RhPf. v. 21.12.2016 – 1 K 1605/14, EFG 2017, 1205 [Rev. 1 K 1605/14]).

Stock Options (Anteilsoptionen) s. „Ankaufsrechte".

Streikgelder sind kein Arbeitslohn und auch kein Ersatz für entgangene oder entgehende Einnahmen (§ 24 Nr. 1 lit. a; s. Rn. 68).

Tageszeitungen: Die kostenlose Überlassung zur Lektüre im Betrieb ist bloße Aufmerksamkeit, anders die „freie" Lieferung nach Hause (Arbeitslohn BFH v. 3.3.1983 – IV R 2/81, BStBl. II 1983, 715).

Teambildungsmaßnahmen: Verpflichtet der ArbG Mitarbeiter zur Verbesserung der betriebsinternen Kommunikation, Zusammenarbeit oder des gegenseitigen Vertrauens zueinander oder zur Lösung bestehender Konflikte, an einer Teambildungsmaßnahme teilzunehmen, führt die Teilnahme des ArbN aufgrund des eigenbetrieblichen Interesses nicht zu Arbeitslohn (*Albert*, FR 2003, 1153). Die dabei durchgeführten Freizeitaktivitäten berühren den betrieblichen Charakter nicht, wenn sie notwendige Begleiterscheinungen zur Erreichung des betrieblichen Zwecks sind. Entscheidend ist, dass ausschließlich der ArbG entscheidet, ob, wo und wie die Maßnahme durchgeführt wird und wer daran teilzunehmen hat. Wesentliches Indiz solcher Veranstaltungen ist, dass sie meist vor- und nachzubereiten sind. Eine bloße Stärkung des sozialen Zusammengehörigkeitsgefühls durch eine gemeinsame Wahrnehmung einer Freizeitaktivität ist eine Betriebsveranstaltung (s. „Betriebsveranstaltung").

Telefon s. „Fernsprechanschluss".

Trennungsgeld s. „Aufwandsentschädigung".

Trinkgelder s. § 3 Rn. 132 f.

Tronc s. „Poolung v. Einnahmen".

Überstunden: Entgelt ist Arbeitslohn (§ 2 Abs. 2 Nr. 6 LStDV), aber zT stfreie Anteile nach § 3b.

Übungsleiterfreibetrag stfrei bis 2 100 Euro je VZ, § 3 Nr. 26 (s. § 3 Rn. 49 ff.).

Umzugskostenvergütung stfrei bei Beschäftigung im öffentl. Dienst, § 3 Nr. 13; sonst s. § 3 Nr. 16; Voraussetzung ist, dass es sich um Werbungskostenersatz handelt (BFH v. 12.4.2007 – VI R 53/04, BStBl. II 2007, 536 = FR 2007, 928 m. Anm. *Bergkemper*).

Unfallschäden: Erhält ein ArbN vom Schädiger den **Verdienstausfall** ersetzt, sind die Entschädigungen als Ersatz für entgangene oder entgehende Einnahmen zu behandeln. Entschädigungen, die für die Kosten der Heilung, der Beerdigung und als Schmerzensgeld gezahlt werden, sind nicht steuerbar (ausf. zu einzelnen Fallvarianten *H/H/R*, § 19 Anm. 275). Ersatzleistungen des ArbG zu ihrer Beseitigung, zu denen der **ArbG kraft G verpflichtet ist**, sind nicht steuerbar (H 19.3 LStH). Ersetzt der ArbG den Unfallschaden freiwillig, liegt stpfl. Arbeitslohn vor, der aber stfreier Reisekostenersatz ist, wenn sich der Schaden auf einer Dienstreise als Konkretisierung einer reisespezifischen Gefährdung erweist (BFH v. 30.11.1993 – VI R 21/92, BStBl. II 1994, 256).

Unfallversicherung: Übernimmt der ArbG die Beiträge für eine berufliche Unfallversicherung, liegt darin Arbeitslohn, der aber, soweit das Unfallrisiko auf Dienstreisen abgesichert wird, nach § 3 Nr. 13 und 16 stfrei ist. Soweit kein anderer Aufteilungsmaßstab substantiiert vorgetragen und nachgewiesen werden kann, ist eine hälftige Aufteilung sachgemäß (BFH v. 11.12.2008 – VI R 9/05, BStBl. II 2009, 385 = FR 2009, 674 m. Anm. *Bergkemper* = FR 2009, 770 m. Anm. *Bode*; anders aber BMF v. 28.10.2009, BStBl. I 2009, 1275, Tz. 1.4: 40 %). Schließt der ArbG für seine ArbN eine solche Unfallversicherung ab (zB für

Kfz.-Unfälle auf betriebsbedingten Fahrten oder bzgl. Produktionsgefahren), sind die Versicherungsbeiträge nur dann Arbeitslohn der ArbN, wenn diese selbst unmittelbar ein Recht aus dieser Versicherung geltend machen können unabhängig davon, ob es sich um Einzel- oder Gruppenversicherungen handelt; an einem Zufluss fehlt es im Zeitpunkt der Beitragszahlung auch, wenn die ArbN zwar Anspruchsinhaber sind, der Anspr. aber nur über den ArbG geltend gemacht werden kann. Leistungen aus Unfallversicherung sind im Kj. der Auszahlung Arbeitslohn in Höhe der bis zum Leistungszeitpunkt entrichteten Beiträge und begrenzt auf die Höhe d. Versicherungsleistung (BFH v. 11.12.2008 – VI R 9/05, BStBl. II 2009, 385 = FR 2009, 674 m. Anm. *Bergkemper* = FR 2009, 770 m. Anm. *Bode*; BMF v. 28.10.2009, BStBl. I 2009, 1275, Tz. 2.1.2), wenn die Beiträge keinen Arbeitslohn darstellten. Dabei wird regelmäßig eine mehrjährige Vergütung iSd. § 34 Abs. 1 vorliegen. Die Rspr. geht dabei offensichtlich v. spät zugeflossenem Barlohn aus (*Bergkemper*, FR 2009, 676; für die Annahme v. Sachlohn mit beachtlichen Arg. – Begrenzung auf die noch nicht in früheren Jahren zugeflossenen Beiträge und die tatsächlich ausgereichte Versicherungssumme – *Bode*, FR 2009, 770). Dies gilt nicht, soweit bei einem im beruflichen Bereich eingetretenen Unfall der ArbG gesetzlich zur Schadenersatzleistung verpflichtet ist oder der ArbG einen Schadenersatzanspruch des ArbN wegen schuldhafter Verletzung arbeitsvertraglicher Fürsorgepflichten erfüllt. Handelt es sich um Leistungen aus einer Unfallversicherung, die der ArbN ggü. dem Versicherungsunternehmen geltend machen kann, liegt Arbeitslohn nur dann vor, wenn die Leistungen Einnahmeausfälle ausgleichen sollen, der Unfall im beruflichen Bereich eingetreten ist und die Beiträge zumindest teilw. WK waren (BMF v. 28.10.2009, BStBl. I 2009, 1275, Tz. 2.2.2). Zu Versicherungsleistungen als Einkünfte nach § 22 Nr. 1 s. § 22 Rn. 4 f. Die Versicherungsbeiträge des ArbN sind WK, soweit ausschließlich berufliche Unfälle abgedeckt werden (§ 12 Rn. 8 „Versicherungsbeiträge"). Ausf. zu den einzelnen Versicherungstypen s. *H/H/R*, § 19 Anm. 440–450.

Unterhaltszuschüsse an Beamtenanwärter im Vorbereitungsdienst sind Arbeitslohn (BFH v. 17.12.1971 – VI R 301/68, BStBl. II 1972, 259: Lehramtsanwärter; v. 21.1.1972 – VI R 337/70, BStBl. II 1972, 261: Finanzanwärter; v. 7.4.1972 – VI R 58/69, BStBl. II 1972, 643: Referendare; v. 24.9.1985 – IX R 96/82, BStBl. II 1986, 184 = FR 1986, 103: Rechtspraktikanten in der einstufigen Juristenausbildung); ebenso bei privatrechtl. Ausbildungsverhältnissen (BFH v. 18.7.1985 – VI R 93/80, BStBl. II 1985, 644 = FR 1985, 671; **aA** *Klatt*, DStZ 1986, 348).

Unterschlagung s. „Diebstahl".

Urheberrechtl. Vergütungen sind grds. Einnahmen aus selbständiger Tätigkeit, kein Arbeitslohn (BFH v. 6.3.1995 – VI R 63/94, BStBl. II 1995, 471 = FR 1995, 588). Dies gilt, selbst wenn die ursprüngliche Tätigkeit zu Arbeitslohn geführt hat, auch für Wiederholungshonorare, sofern die Leistungsschutzrechte nicht bereits aufgrund des Arbeitsvertrags auf den ArbG übergegangen sind und die Höhe der jeweiligen Vergütungen in gesonderten Vereinbarungen festgelegt worden ist (BFH v. 26.7.2006 – VI R 49/02, BStBl. II 2006, 917; OFD München v. 23.6.1997, DB 1997, 1492; anders noch Tz. 1.5 des BMF v. 5.10.1990, BStBl. I 1990, 638).

Urlaubsgelder für nicht genommenen Urlaub sind stpfl. Arbeitslohn (R 19.3 Abs. 1 Nr. 2 LStR). Dies gilt auch, wenn statt des Urlaubsgelds Entschädigungszahlungen der Urlaubs- und Lohnausgleichskasse der Bauwirtschaft gezahlt werden (BFH v. 21.2.2003 – VI R 74/00, BStBl. II 2003, 496 = FR 2003, 854); s. auch § 38 Rn. 10.

Veräußerungsgewinn, den ein ArbN durch den Verkauf eines für dienstliche Zwecke genutzten WG (Arbeitsmittel) erzielt, ist allenfalls als privates Veräußerungsgeschäft nach § 23 steuerbar. Er mindert auch nicht rückwirkend die AfA des verkauften WG.

Verbesserungsvorschläge: Arbeitslohn.

Verschmelzung: Die Entschädigung für eine Verschlechterung der betrieblichen Stellung infolge der Verschmelzung ist Arbeitslohn.

Versicherungsleistungen s. „Unfallversicherung".

Versicherungsvermittlung s. „Provision".

Versorgungsanstalt des Bundes und der Länder (VBL): Umlagezahlungen des ArbG an die VBL sind Arbeitslohn im Zeitpunkt der Zahlung (zur früheren Rechtslage vgl. BFH v. 7.5.2009 – VI R 8/07, BStBl. II 2010, 194 = FR 2009, 958 m. Anm. *Bergkemper*; eine Verfassungsbeschwerde hierzu wurde nicht angenommen, vgl. 2 BvR 568/12 zum BFH-Urteil v. 15.9.2011 – VI R 36/09, BFH/NV 2012, 201; zu dem durch das JStG 2007 mWv. 19.12.2006 eingefügten Abs. 1 S. 1 Nr. 3 S. 1 vgl. FG Nds. v. 21.2.2017 – 14 K 155/15, EFG 2017, 866; sa. Allgemeinverfügung der obersten Finanzbehörden der Länder v. 16.11.2017, BStBl. I 2017, 1446). Auch das beim Ausscheiden des ArbG aus der VBL auf Grundlage einer Direktzusage ausgezahlte Versorgungsguthaben ist Arbeitslohn (BFH v. 7.5.2009 – VI R 16/07, BStBl. II 2010, 130 = FR 2009, 1158 m. Anm. *Bergkemper*). Bei der Beendigung der Beteiligung des ArbG an der VBL liegt auch dann weder die

Rückzahlung v. Arbeitslohn, noch WK des ArbN vor, wenn er noch keinen Anspr. auf Versorgungsrente hatte und deshalb nur noch ein Anspr. auf eine niedrigere Versicherungsrente verbleibt (BFH v. 7.5.2009 – VI R 5/08, BStBl. II 2010, 133 = FR 2009, 1153 und v. 7.5.2009 – VI R 37/08, BStBl. II 2010, 135 = FR 2009, 1156; *Bergkemper*, DB 2009, 1797). Zur Behandlung von Gegenwertzahlungen s. Rn. 76 u. 77.

Versorgungszusage s. „Zukunftssicherungsleistungen".

Verwarnungsgelder s. „Geldstrafen und -bußen".

Verzicht: Verzichtet der ArbG auf die Geltendmachung v. Geldansprüchen (insbes. Schadenersatz zB wegen Beschädigung eines Dienstfahrzeugs oder Rückzahlung v. unterschlagenen Geldern) gegen den ArbN, liegt darin Arbeitslohn (BFH v. 27.3.1992 – VI R 145/89, BStBl. II 1992, 837 = FR 1992, 617 m. Anm. *Söffing*), soweit die Forderung gegen den ArbN nicht wertlos ist. Der Verzicht auf Schadensersatz nach einem während einer beruflichen Fahrt alkoholbedingt entstandenen Schaden am auch zur privaten Nutzung überlassenen Firmen-Pkw ist nicht durch die 1 %-Regelung abgegolten (BFH v. 24.5.2007 – VI R 73/05, BStBl. II 2007, 766 = FR 2007, 891 m. Anm. *Bergkemper*). **Verzichtet der ArbN** ggü. dem ArbG auf Gehaltsansprüche, mindert sich entspr. der Arbeitslohn (zu Verzicht eines G'ter-Geschäftsführers vgl. Rn. 73 und FG Berlin v. 29.4.2002 – 9 K 8168/01, DStRE 2002, 1004). Verzichtet der ArbN zugunsten Dritter (Anweisung an den ArbG zur Zahlung an Dritte), beeinträchtigt das nicht die Höhe des Arbeitslohns und seine Zurechnung beim ArbN. Verpflichtet sich der ArbG im Rahmen eines arbeitsgerichtlichen Vergleichs zu einer Spendenzahlung, ohne dass der ArbN auf die Pers. des Spendenempfängers Einfluss nehmen kann, so liegt darin keine zu Arbeitslohn führende Lohnverwendungsabrede (BFH v. 23.9.1998 – XI R 18/98, BStBl. II 1999, 98 = FR 1999, 212). S. auch „Hochwasser".

VIP-Logen: (Ausf. dazu BMF v. 22.8.2005, BStBl. I 2005, 845.) Die Zuwendungen (Eintrittskarten, Bewirtung, Geschenke) sind stpfl. Arbeitslohn, wenn die Einladung nicht im ganz überwiegenden betrieblichen Interesse des ArbG liegt, etwa im Rahmen einer üblichen Betriebsveranstaltung oder Zuwendungen aus geschäftlichem Anlass (Einladung anlässlich eines Geschäftsabschlusses). Ab 2007 Pauschalierung nach § 37b (§ 37b Rn. 13)

Vorruhestandsleistungen sind zT steuerbefreit, s. § 3 Nr. 28 (§ 3 Rn. 57).

Vorsorgeuntersuchungen s. Rn. 65.

Wachhund: Beträge für Pflege und Futter eines Wachhundes des ArbN sind Arbeitslohn, die Aufwendungen des ArbN sind aber bei ausschließlich beruflicher Nutzung des Hundes als WK abziehbar (FG Hbg. v. 22.1.1988, EFG 1989, 228 [rkr.]). Gehört der Wachhund dem ArbG, kann der tatsächliche Aufwand des ArbN als stfreier Auslagenersatz nach § 3 Nr. 50 gezahlt werden.

Waisengelder führen gem. Abs. 2 S. 1 Nr. 2 zu Arbeitslohn des Kindes aufgrund einer dem verstorbenen ArbN gewährten Versorgungszusage.

Wandeldarlehensverträge und Wandelschuldverschreibungen: Gewährt ein ArbN dem ArbG ein Darlehen, das mit einem Wandlungsrecht zum Bezug v. Aktien ausgestattet ist, fließt ein geldwerter Vorteil nicht bei Hingabe des Darlehens, sondern erst bei Ausübung des Wandlungsrechts oder bei entgeltlicher Übertragung auf einen Dritten zu (BFH v. 23.6.2005 – VI R 10/03, BStBl. II 2005, 770 = FR 2005, 1165). Bei einer nicht handelbaren Wandelschuldverschreibung fließt dem ArbN ein geldwerter Vorteil nicht bei Übertragung zu, sondern erst, wenn ihm nach Ausübung des Wandlungsrechts das wirtschaftliche Eigentum an den Aktien verschafft wird (BFH v. 23.6.2005 – VI R 124/99, BStBl. II 2005, 766 = FR 2005, 1045 m. Anm. *Bergkemper*). Ein geldwerter Vorteil aus der Veräußerung eines Wandeldarlehens, das bereits vor Begründung des Arbeitsverhältnisses gewährt wurde, führt nur bei eindeutigem Zusammenhang mit dem Arbeitsverhältnis zu Arbeitslohn (BFH v. 20.5.2010 – VI R 12/08, BStBl. II 2010, 1069 = FR 2011, 192).

Warte- und Ruhegelder sind Einnahmen für eine nicht gegenwärtige Tätigkeit.

Werkzeuggeld ist stfrei gem. § 3 Nr. 30.

Wohnung s. „Dienstwohnung".

Zeitverlust: Entschädigung hierfür ist grds. Arbeitslohn, der auch nicht nach § 3 Nr. 12 stfrei ist (R 3.12 Abs. 2 S. 2 LStR).

Zeugengebühr ist Entschädigung des ArbN für Verdienstausfall und daher Arbeitslohn (§ 24 Nr. 1a).

Zinsen für stehengelassenen Arbeitslohn (zB nicht ausgezahlte Tantiemen) sind Einnahmen aus KapVerm. (BFH v. 31.10.1989 – VIII R 210/83, BStBl. II 1990, 532 = FR 1990, 372). Ist die Zinshöhe oder das zugrunde liegende Darlehensverhältnis nicht angemessen, liegt verdeckter Arbeitslohn vor (glA *H/H/R*, § 19 Anm. 600 „Zinsen"). Zinsen für nachgezahlte Zuschläge bei Altersteilzeit gehören zum Arbeitslohn.

Zinsersparnis: Gewährt der ArbG dem ArbN ein zinsloses oder zinsverbilligtes Darlehen, liegt in der Zinsersparnis ein durch das Dienstverhältnis veranlasster geldwerter Vorteil. Der Wert dieses stpfl. Arbeitslohns errechnet sich nach § 8 Abs. 3 für ArbN v. Banken, Versicherungen und Bausparkassen, für

ArbN anderer ArbG nach § 8 Abs. 2 S. 1. § 8 Abs. 3 ist jedoch nicht zwingend anzuwenden. Auch wenn dessen Voraussetzungen erfüllt sind, ist eine Bewertung nach § 8 Abs. 2 S. 1 möglich (BMF v. 19.5.2015, BStBl. I 2015, 484). Zinsvorteile bleiben unbeachtlich, wenn die Summe der dem ArbN gewährten und noch nicht getilgten Darlehen am Ende des Lohnzahlungszeitraums höchstens 2600 Euro beträgt (BMF v. 19.5.2015, BStBl. I 2015, 484). Der Vorteil fließt in dem Zeitpunkt zu, in dem der angemessene Zinsbetrag zu zahlen gewesen wäre. S. auch „Darlehen".

Zinszuschüsse des ArbG an den ArbN und Zinsausgleichszahlungen, die der ArbG an einen Darlehensgeber zahlt, sind Arbeitslohn iHd. Zahlungen (BFH v. 4.5.2006 – VI R 67/03, BStBl. II 2006, 914 = FR 2006, 1133 m. Anm. *Bergkemper*: gesamter gezahlter Betrag Arbeitslohn).

Zukunftssicherungsleistungen: Zukunftssicherungsleistungen (dazu §§ 4b ff.) des ArbG können als innerbetriebliche Maßnahmen erbracht werden **(Pensionszusagen)**, unter Einschaltung eines Versicherungsunternehmens **(Rückdeckungs-, Direkt- und Unfallversicherung)** und als betriebliche Versorgungseinrichtung **(Pensions- und Unterstützungskassen**, umfassend dazu *H/H/R*, § 19 Anm. 385 ff.). Zur Steuerbarkeit s. Rn. 75. Anders als früher praktiziert (vgl. H 8.1 [1–4] LStH 2013 „Versicherungsschutz") geht die FinVerw. ab 2014 bei der Gewährung von Versicherungsschutz von **Barlohn** aus (BMF v. 10.10.2013, BStBl. I 2013, 1301). Dies dient offensichtlich vorrangig dazu, die Anwendung der Freigrenze des § 8 Abs. 2 S. 11 sowie des § 37b zu verhindern, ist jedoch unbegründet und widerspricht der Rspr. des BFH (BFH v. 7.6.2018 – VI R 13/16, juris; vgl. Rn. 71a u. § 8 Rn. 15 ff.). Barlohn liegt aber zutr. vor bei einem arbeitsvertraglichen Anspr. auf einen verwendungsbezogenen Barzuschuss (BFH v. 4.7.2018 – VI R 16/17, juris). Zur lst-freien Übertragung der Geschäftsführerversorgung einer GmbH *Höfer*, DB 2003, 413. Zu DirektVers. mit gespaltenem Bezugsrecht s. § 40b Rn. 6. **Einzelfälle:** Einkauf des ArbN mit Pensionsanspruch in Rentenversicherung (FG Münster v. 7.11.1991 – 3 K 2977/88 L, EFG 1992, 461); Verwendung freigewordener Mittel aus Gruppenlebensversicherung zugunsten der verbliebenen ArbN (BFH v. 30.7.1993 – VI R 26/91, BFH/NV 1994, 166); Zahlung eines Sanierungsgeldes wegen Umstellung auf kapitalgedeckte Beitragsfinanzierung (bis 2006: BFH v. 14.9.2005 – VI R 32/04, BStBl. II 2006, 500; ab 19.12.2007 nun Abs. 1 Nr. 3; s. Rn. 76); vom Bund nach § 15 FELEG getragene Beiträge zur SozVers. (BFH v. 14.4.2005 – VI R 134/01, BStBl. II 2005, 569 = FR 2005, 898 m. Anm. *Bergkemper*); Zuführung einer Versorgungsrückstellung (BFH v. 20.7.2005 – VI R 165/01, BStBl. II 2005, 890 = FR 2005, 1210 m. Anm. *Bergkemper*); **aA** FinSen. Hbg. v. 4.4.2003, nv.: nach § 40b pauschal besteuerbarer Arbeitslohn; dazu weitergehend *Birk/Hohaus*, DB 2003, 430; Zuschüsse des ArbG an Betriebskrankenkasse (*E. Schmidt*, BB 1996, 1100); Beiträge des ArbG zu Gruppenkrankenversicherungen (BFH v. 14.4.2011 – VI R 24/10, BStBl. II 2011, 767 = FR 2011, 774 m. Anm. *Bergkemper*); Arbeitgeberleistungen nach Abtretung der Ansprüche aus einer Rückdeckungsversicherung an den Arbeitnehmer (BFH v. 5.7.2012 – VI R 11/11, BStBl. II 2013, 190 = FR 2013, 383 m. Anm. *Bergkemper*); Zuführung an Pensionskassen (BMF v. 6.2.1996, FR 1996, 258); Zuführung aus Solvabilitätsgründen (BFH v. 12.9.2001 – VI R 154/99, BStBl. II 2002, 22 = FR 2002, 88); Zuschuss des Bundes bei Umstellung des Bahnversorgungswerks (BFH v. 30.5.2001 – VI R 159/99, BStBl. II 2001, 815 = FR 2001, 844; *Birk*, DStZ 1998, 78; s. „Bundeszuschuss"). Zu Erträgen und Prämien aus privater Berufs- und Erwerbsunfähigkeitsversicherung (*Weidemann/Söffing*, DB 1999, 2133). S. § 3 Rn. 162 ff.

Zusatzversorgung: Zur stl. Einordnung v. Umlagen und Sonderzahlungen im Bereich der Zusatzversorgung s. *Birk/Hohaus*, FR 2003, 441.

Zuschläge sind grds. stpfl. Arbeitslohn; s. auch „Erschwerniszuschläge".

Zuschüsse s. „Ausbildungszuschüsse", „Baukostenzuschuss", „Mietkostenzuschuss", „Zinszuschüsse".

9. Einzelnachweise (ABC der Werbungskosten) 79

Angehörige s. „Unterarbeitsverhältnisse" und § 4 Rn. 257 „Angehörige".

Anzeigen zur Stellensuche sind WK, auch wenn die Annonce nicht zum Abschluss eines Arbeitsvertrages führt (s. § 9 Rn. 25: vergebliche WK; § 4 Rn. 257 „Fehlgeschlagene Aufwendungen").

ArbN-Vertreter: Aufwendungen in Zusammenhang mit ehrenamtlicher Tätigkeit für die für ihn zuständige Gewerkschaft sind WK (BFH v. 2.10.1992 – VI R 11/90, BStBl. II 1993, 53 = FR 1993, 88), außer es besteht keinerlei Bezug zur eigentlichen beruflichen Tätigkeit (FG Nürnb. v. 15.3.1989 – V 137/88, EFG 1989, 565) oder es handelt sich um streikbedingte Aufwendungen (BFH v. 24.10.1990 – X R 161/88, BStBl. II 1991, 337 = FR 1991, 52). S. auch „Ehrenamt" und § 9 Rn. 40 f.

Arbeitsgerichtliche Streitigkeiten: Führen diese zu Aufwendungen des ArbN (auch für Vergleichszahlungen), geht die Rspr. zugunsten des ArbN im Grundsatz von WK aus (BFH v. 9.2.2012 – VI R 23/10, BStBl. II 2012, 829 = FR 2012, 1160 m. Anm. *Kanzler*). S. auch „Prozesskosten" und „Schadensersatz".

Arbeitskleidung s. § 9 Rn. 99.

Arbeitsmittel s. § 9 Rn. 95 ff., 101.

Arbeitszimmer s. § 4 Rn. 215 ff. und § 9 Rn. 101 „Arbeitszimmerausstattung".

Ausbildungskosten s. § 9 Rn. 147 ff., § 10 Rn. 40 ff. und § 4 Rn. 257 „Ausbildungskosten".

Ausgleichszahlungen an Ehegatten durch Beamten, um Kürzung der Versorgungsbezüge zu vermeiden, sind WK (BFH v. 8.3.2006 – IX R 107/00, BStBl. II 2006, 446 = FR 2006, 545; v. 23.11.2016 – X R 48/14, BStBl. II 2017, 383), ebenso wie Schuldzinsen, die bei Fremdfinanzierung der Zahlungen entstehen (BFH v. 8.3.2006 – IX R 78/01, BStBl. II 2006, 448 = FR 2006, 546). Gleiches gilt für Zahlungen zum Erhalt von Leistungen aus einer betrieblichen Altersversorgung (FG Münster v. 11.11.2015 – 7 K 453/15 E, EFG 2016, 114), nicht hingegen, wenn die Versorgungsansprüche nicht real geteilt werden können (BFH v. 15.6.2010 – X R 23/08, BFH/NV 2010, 1807).

Auslandsstation eines Rechtsreferendars: Aufwendungen sind nur im Hinblick auf den Anteil, der auf den hierfür bezogenen inländ. Arbeitslohn entfällt, WK, wenn von der Ausbildungsstation eine stfreie Tätigkeitsvergütung gezahlt wird (BFH v. 11.2.2009 – I R 25/08, FR 2009, 1018 = BFH/NV 2009, 1318).

(Beruflich veranlasste) Auswärtstätigkeiten sind Tätigkeiten des ArbN, die er vorübergehend außerhalb seiner Wohnung und der nach § 9 Abs. 4 festzulegenden ersten Tätigkeitsstätte (bzw. bis einschl. VZ 2013: regelmäßigen Arbeitsstätte) vornimmt. Dazu zählen auch Ortswechsel, die so gut wie ausschließlich durch die berufliche Tätigkeit des ArbN außerhalb seiner Wohnung und seiner ersten Tätigkeitsstätte bzw. regelmäßigen Arbeitsstätte veranlasst sind. Die Unterscheidung zw. Dienstreisen und Fahrtätigkeit ist weggefallen (*Paus*, EStB 2008, 139). Im Rahmen einer Auswärtstätigkeit sind die tatsächlichen Fahrtkosten sowie ggf. Verpflegungsmehraufwendungen, Übernachtungs- u. Reisenebenkosten als WK abziehbar (s. „Reisekosten"). Übt der ArbN eine Tätigkeit in einer ersten Tätigkeitsstätte bzw. regelmäßigen Arbeitsstätte aus, sind nur die Fahrtkosten zu dieser Tätigkeitsstätte iHd. Entfernungspauschale als WK zu berücksichtigen (verfassungsgemäß, BFH v. 15.11.2016 – VI R 4/15, BStBl. II 2017, 228; eine hiergegen eingelegte Verfassungsbeschwerde wurde nicht zur Entsch. angenommen, BVerfG v. 7.7.2017 – 2 BvR 308/17). Ein beruflicher Anlass setzt voraus, dass der ArbN bei seiner Auswärtstätigkeit beruflich tätig ist (zB Lehrer auf Klassenfahrt, BFH v. 6.12.1991 – VI R 28/91, BFH/NV 1992, 585; vgl. hierzu ausf. § 12 Rn. 8 „Reisen"). Wurde vom ArbG weder die Reise angeordnet oder nachträglich gebilligt, noch die Reisekosten ersetzt, handelt es sich nur um ein – wenn auch schwergewichtiges – Indiz für einen nicht untergeordneten privaten Anlass (*K/S/M*, § 9 Rn. 520a). Bei **gemischt veranlassten Reisen** können die Aufwendungen für die Hin- und Rückreise grds. nach Maßgabe der beruflich und privat veranlassten Zeitanteile der Reise aufgeteilt werden, wenn die beruflich veranlassten Zeitanteile feststehen und nicht von untergeordneter Bedeutung sind (BFH v. 21.9.2009 – GrS 1/06, BStBl. II 2010, 672 = FR 2010, 225 m. Anm. *Kempermann*; nicht bei Ferienreise einer Einzelbetreuerin mit betreutem Kind, BFH v. 21.11.1997 – VI R 24/97, BFH/NV 1998, 449; s. § 12 Rn. 8 „Reisen"). Wird eine Dienstreise aus privaten Gründen fortgesetzt, so sind die Kosten der Rückreise keine WK (*K/S/M*, § 9 Rn. B 514). Bei einer dienstlich begründeten Urlaubsunterbrechung ist aber auch die Rückkehr zum Urlaubsort dienstlich veranlasst (*H/M/W*, „Reisekosten" Rn. 33). Die Mitnahme v. Angehörigen ist privat veranlasst (BFH v. 30.6.1995 – VI R 26/95, BStBl. II 1995, 744 = FR 1995, 823), es sei denn, der ArbN benötigt deren Hilfe (zB wegen Körperbehinderung, FG BaWü. v. 27.11.1964 – I 340/63, EFG 1965, 116, oder wegen kürzlich erlittenen Herzinfarkts, FG Hess. v. 28.7.1976 – I 225/73, EFG 1977, 10). Der **bis einschl. VZ 2013** maßgebliche Begriff **„regelmäßige Arbeitsstätte"** ist gesetzlich nicht definiert. Er wird vor allem von der Rspr. geprägt. Eine regelmäßige Arbeitsstätte ist der ortsgebundene Mittelpunkt der dauerhaft angelegten beruflichen Tätigkeit des ArbN, idR die ortsfeste dauerhafte betriebliche Einrichtung des ArbG, der der ArbN zugeordnet ist und die er nachhaltig, fortdauernd und immer wieder aufsucht (BFH v. 11.5.2005 – VI R 25/04, BStBl. II 2005, 791 = FR 2005, 1104). Die Pauschalierung des WK-Abzugs für Fahrtkosten iHd. Entfernungspauschale rechtfertigt sich nach Auffassung der Rspr. aus der Möglichkeit des ArbN, sich in unterschiedlicher Weise auf die immer gleichen Wege einzustellen und so auf eine Minderung der Wegekosten hinzuwirken (BFH v. 9.2.2012 – VI R 42/11, BStBl. II 2013, 236 = FR 2012, 414), entweder durch Wahl geeigneter Verkehrsmittel oder Verlagerung des Wohnsitzes. Die Rspr. wendet dabei eine strikte „ex ante"-Betrachtung an (BFH v. 15.5.2013 – VI R 18/12, BStBl. II 2013, 838 = FR 2014, 283). **Betriebliche Einrichtung:** Die betriebliche Einrichtung eines Kunden des ArbG ist selbst dann keine regelmäßige Arbeitsstätte, wenn der ArbN dort längerfristig eingesetzt ist (BFH v. 9.7.2009 – VI R 21/08, BStBl. II 2010, 822 = FR 2010, 139), es sei denn, der ArbG verfügt beim Kunden über eine Betriebsstätte (BFH v. 13.6.2012 – VI R 47/11, BStBl. II 2013, 169 = FR 2013, 285). Eine außerhalb gelegene Fortbildungsstätte (R 9.2 Abs. 2 LStR 2013) ist ebenfalls keine regelmäßige Arbeitsstätte. Ein Leiharbeitnehmer hat in der betrieblichen Einrichtung des Entleihers nur dann eine regelmäßige Arbeitsstätte, wenn er für die gesamte Dauer seines Arbeitsverhältnisses zum Verleiher dem Entleiher überlassen wird (BFH v. 17.6.2010 – VI R 35/08, BStBl. II 2010, 852; BMF v. 21.12.2009, BStBl. I 2010, 21, Bsp. 3, für die bis 2013 geltende Rechtslage; **aA** FG Münster v. 11.10.2011 – 13 K 456/10, EFG 2012, 228, rkr.). Keine regelmäßige Arbeitsstätte liegt nach neuer Rspr. im Fall des sog. „Outsourcings" vor (BFH v. 9.2.2012 – VI

R 22/10, BStBl. II 2012, 827 = FR 2012, 783 m. Anm. *Geserich*; jedoch nur unter der Voraussetzung, dass die arbeits- und dienstrechtlichen Beziehungen zum ursprünglichen Dienstherrn beendet werden; **aA** BMF v. 21.12.2009, BStBl. I 2010, 21, Bsp. 5: bei Outsourcing-Fällen liegt grds. eine regelmäßige Arbeitsstätte vor). **Dauerhafte Tätigkeit:** Keine regelmäßige Arbeitsstätte soll nach neuer Rspr. bei einer auf drei Jahre befristeten Versetzung (BFH v. 8.8.2013 – VI R 72/12, BStBl. II 2014, 68 = FR 2014, 534), bei einem wiederholt auf ein Jahr befristeten Einsatz in einer anderen Tätigkeitsstätte (BFH v. 24.9.2013 – VI R 51/12, BStBl. II 2014, 342 = FR 2014, 428) oder bei einer befristeten Entsendung an eine Tochterges. des ArbG im Ausland (BFH v. 10.4.2014 – VI R 11/13, BStBl. II 2014, 804) vorliegen. Auch eine auswärtige, längerfristige und vollzeitige Bildungsmaßnahme soll nur vorübergehend angelegt sein und nicht zu einer regelmäßigen Arbeitsstätte führen (BFH v. 9.2.2012 – VI R 44/10, FR 2012, 416 m. Anm. *Bergkemper* = BFH/NV 2012, 854 für den Fall eines vierjährigen Vollzeitstudiums). Bauausführungen und Montagen iSd. § 12 S. 2 AO sollen selbst dann keine regelmäßige Arbeitsstätte sein, wenn der ArbN die Baustelle über einen längeren Zeitraum oder gar für die gesamte Dauer seines Arbeitsverhältnisses aufsucht (BFH v. 20.3.2014 – VI R 74/13, BStBl. II 2014, 854). Selbst bei einer 19 Jahre dauernden Tätigkeit bei einem Kunden seines ArbG soll sich der ArbN auf Auswärtstätigkeit befinden (BFH v. 13.6.2012 – VI R 47/11, BStBl. II 2013, 169 = FR 2013, 285). Bei so langer Dauer kann sich der ArbN aber auf den Tätigkeitsort einstellen u. seine Fahrtkosten, zB durch Nutzung öffentl. Verkehrsmittel, minimieren (insoweit glA FG BaWü. v. 24.5.2012 – 3 K 1226/11, EFG 2012, 1826). Eine unbefristete Versetzung führt aber auch bei einer absehbaren Verweildauer von (nur) vier Jahren zutr. zu einer regelmäßigen Arbeitsstätte (BFH v. 8.8.2013 – VI R 59/12, FR 2014, 534 = BStBl. II 2014, 66). Der Rspr. ist auch insoweit zuzustimmen, als trotz der Vereinbarung eines kurzen, befristeten Arbeitsverhältnisses, einer Probezeit oder unbedingter Versetzungsbereitschaft der ArbN an einer regelmäßigen Arbeitsstätte tätig wird (BFH v. 6.11.2014 – VI R 21/14, BStBl. II 2014, 338 = FR 2015, 560). **Ortsgebundener Mittelpunkt:** IdR der Betrieb oder die Betriebsstätte des ArbG, an der der ArbN tätig wird. In Zweifelsfällen soll es darauf ankommen, ob der ArbN an diesem Ort auch einen qualitativ wesentlichen Teil seiner Arbeitsleistung erbringt. Piloten (BFH v. 26.2.2014 – VI R 68/12, BFH/NV 2014, 1029) oder Flugbegleiter (BFH v. 26.2.2014 – VI R 54/13, BFH/NV 2014, 1199) erbringen ihre wesentliche Arbeitsleistung im Flugzeug und sollen deshalb an ihren Heimatflughäfen keine regelmäßige Arbeitsstätte haben; das Flugzeug selbst ist zudem nicht ortsgebunden. Die einzelne Arbeitsstätte ist auf ein zusammenhängendes Gelände des ArbG beschränkt (FG Bdbg. v. 22.8.2000 – 6 K 394/00, EFG 2000, 1378), zB großes Werksgelände, Bergwerk (BFH v. 18.6.2009 – VI R 61/06, BStBl. II 2010, 564 = FR 2010, 139) oder Waldgebiet, in dem sich eine ortsfeste, dauerhafte betriebliche Einrichtung des ArbG befindet (BFH v. 17.6.2010 – VI R 20/09, BStBl. II 2012, 32 = FR 2011, 389). Weder ein Hafengelände (BFH v. 7.2.1997 – VI R 61/96, BStBl. II 1997, 333 = FR 1997, 412, betr. einen im Hamburger Hafen tätigen Stauer; v. 29.11.2016 – VI R 39/15, BFH/NV 2017, 722, betr. einen in einem Hafengebiet tätigen Wasserschutzpolizisten) noch ein Autobahnabschnitt (BFH v. 19.10.2016 – VI R 32/15, BFH/NV 2017, 281, betr. einen Autobahnpolizisten) sind einheitliche großräumige Arbeitsstätten. Ein Lkw-Wechselplatz ist ebenfalls keine betriebliche Einrichtung, der Lkw selbst ist nicht ortsfest (BFH v. 28.3.2012 – VI R 48/11, BStBl. II 2012, 926 = FR 2012, 1124 m. Anm. *Bergkemper*). Nach neuer Rspr. (ua. BFH v. 9.6.2011 – VI R 55/10, BStBl. II 2012, 38, VI R 36/10, BStBl. II 2012, 36 = FR 2011, 1010 m. Anm. *Bergkemper*) soll ein ArbN **höchstens eine regelmäßige Arbeitsstätte** haben können. Bei mehreren in Betracht kommenden Tätigkeitsorten soll neben der Zuordnung durch den ArbG insbes. der **qualitative Schwerpunkt** ausschlaggebendes Kriterium sein. Die zugrunde liegende Annahme dieser neuen Rspr., dass ein ArbN die Aufwendungen für seine Fahrten höchstens hinsichtlich eines einzigen Arbeitsorts minimieren kann, ist unrichtig. Die Rspr. übersieht zudem, dass die Berücksichtigung von Fahrtkosten iRd Entfernungspauschale für den ArbN günstiger sein kann als der Abzug der tatsächlichen Kosten. Die Rspr. (BFH v. 31.8.2016 – VI R 14/16, BFH/NV 2017, 273) ist auch insoweit abzulehnen, als ArbN, die täglich zunächst den Betriebssitz des ArbG aufsuchen, um von dort zu den jeweiligen Einsatzorten zu fahren, am Betriebssitz keine regelmäßige Arbeitsstätte haben sollen. Denn die an den auswärtigen Einsatzorten tätigen ArbN können sich genauso wie die am Betriebssitz tätigen ArbN auf die Fahrten von der Wohnung zum Betriebssitz einstellen. Die FinVerw. folgt der neuen Rspr., geht aber zunächst von der vertraglichen bzw. dienstrechtlichen Zuordnung des ArbN oder von quantitativen Merkmalen aus. Die ArbN sollen sich aber auf die neue Rspr. berufen und ggf. einen abweichenden Ort des qualitativen Schwerpunkts der Arbeit nachweisen können (BMF v. 15.12.2011, BStBl. I 2012, 57, für die bis 2013 geltende Rechtslage; OFD Rheinland v. 30.3.2012, FR 2012, 425 mit zahlreichen Beispielen). An einer regelmäßigen Arbeitsstätte soll es fehlen, wenn der ArbN dort keine Arbeitsleistung erbringt, sondern diese nur zu Kontrollzwecken aufsucht (BFH v. 9.6.2011 – VI R 58/09, BStBl. II 2012, 34 = FR 2011, 1008 m. Anm. *Bergkemper*). Die Rspr. zur Frage, wo der qualitative Schwerpunkt einer Arbeit liegt, ist bislang noch uneinheitlich (regelmäßige Arbeitsstätte verneint: Betriebsprüfer, der sich ca. zu je einem Drittel im Unternehmen, im FA und am Heimarbeitsplatz aufhält, hat im FA keine regelmäßige Arbeitsstätte, BFH v. 16.9.2015 – IX R 19/14, BFH/

NV 2016, 380; Postzusteller, FG München v. 19.1.2015 – 6 K 806/14, EFG 2015, 903 [rkr.]; Polizist mit überwiegender Außendiensttätigkeit, BFH v. 9.11.2015 – VI R 8/15, BFH/NV 2016, 196; regelmäßige Arbeitsstätte bejaht: Streifenpolizist trotz 70 % Außendienstanteil in der Polizeiinspektion, FG Berlin-Bdbg. v. 19.11.2014 – 3 K 3087/14, EFG 2015, 285 [rkr.]; als Diensthundeführer tätiger Polizist, FG Nds. v. 22.5. 2014 – 10 K 109/13, EFG 2015, 1474 [rkr.], mit berechtigter Kritik an der aktuellen Rspr. des BFH zum qualitativen Schwerpunkt einer Tätigkeit als entscheidendes Auslegungskriterium für das Vorliegen einer regelmäßigen Arbeitsstätte; Lkw-Fahrer, der mehr als die Hälfte seiner Arbeitszeit mit einem Lkw unterwegs war, am Firmensitz des ArbG, FG Berlin-Bdbg. v. 9.10.2015 – 9 K 9101/12, juris [Rev. VI R 10/16]).

Durch die Einfügung von **§ 9 Abs. 4** durch das Gesetz zur Änderung und Vereinfachung der Unternehmensbesteuerung und des steuerlichen Reisekostenrechts mit Wirkung **ab 2014** (BGBl. I 2013, 285) wird der bislang unbestimmte Rechtsbegriff „regelmäßige Arbeitsstätte" durch „erste Tätigkeitsstätte" ersetzt und erstmals gesetzlich definiert. **Maßgebliches Kriterium ist die Zuordnung** durch den ArbG. Es kommt darauf an, welcher Tätigkeitsstätte (ortsfeste Einrichtung des ArbG, eines verbundenen Unternehmens oder eines Dritten, vgl. § 9 Abs. 4 S. 1, liegt zB bei einem Flughafen, FG München v. 9.2.2017 – 11 K 2508/16, EFG 2017, 1427 [Rev. VI R 12/17], oder bei fest mit dem Erdreich verbundenen Baucontainern vor, nicht hingegen bei Fahr- und Flugzeugen, Schiffen oder einem häuslichen Arbeitszimmer des ArbN, BMF v. 24.10.2014, BStBl. I 2014, 1412) der ArbN arbeits- bzw. dienstrechtlich (vgl. § 9 Abs. 4 S. 2) dauerhaft (unbefristet, für die Dauer eines Dienstverhältnisses oder länger als 48 Monate; Prognose notwendig) mit konkretem Bezug zu seiner Tätigkeit (vgl. § 9 Abs. 4 S. 3; an diesem Ort muss der ArbN persönlich erscheinen und zumindest Hilfs- oder Nebentätigkeiten ausführen, BMF v. 24.10.2014, BStBl. I 2014, 1412; eine lediglich gedankliche Zuordnung ist hingegen nicht ausreichend, FG Hbg. v. 13.10.2016 – 6 K 20/16, EFG 2017, 27 [Rev. VI R 40/16]) zugeordnet wird (kann schriftlich oder mündlich erfolgen, BMF v. 24.10. 2014, BStBl. I 2014, 1412).

Eine **Zuordnungsentsch.** des ArbG ist auch dann maßgeblich, wenn sie aus außersteuerlichen Gründen, unbewusst oder bereits vor dem Inkrafttreten des neuen Reisekostenrechts zum 1.1.2014 getroffen wurde (FG Hbg. v. 13.10.2016 – 6 K 20/16, EFG 2017, 27 [Rev. VI R 40/16]). Ist in einem Arbeitsvertrag ein Arbeitsort bestimmt, kann der ArbG trotzdem erklären, dass dies keine Zuordnungsentsch. iSd. § 9 Abs. 4 S. 2 darstellt (*Hermes*, NWB 2017, 1278). Die Zuordnung wirkt auch dann dauerhaft, wenn sich der ArbG die Möglichkeit vorbehält, den ArbN jederzeit an einen anderen Ort versetzen zu können (BayLfSt v. 15.2. 2016, DStR 2016, 964). Ob eine Zuordnung „bis auf Weiteres" tatsächlich mit einer unbefristeten Zuordnung gleichzusetzen ist (BMF v. 24.10.2014, BStBl. I 2014, 1412), ist zweifelh. (FG Nds. v. 30.11.2016 – 9 K 130/16, EFG 2017, 202 [Rev. VI R 6/17]).

Liegt keine entspr. Zuordnung vor, sind **quantitative Kriterien** maßgeblich (arbeitstägliches Aufsuchen, zwei Tage pro Woche oder mindestens 1/3 der vereinbarten Arbeitszeit, vgl. § 9 Abs. 4 S. 4; der ArbN muss dort aber seine eigentliche berufliche Tätigkeit ausüben, nicht nur Nebentätigkeiten; Prognose notwendig, BMF v. 24.10.2014, BStBl. I 2014, 1412).

Ein ArbN kann pro Dienstverhältnis **höchstens eine erste Tätigkeitsstätte** haben (§ 9 Abs. 4 S. 5). Bei mehreren in Betracht kommenden Tätigkeitsstätten kann der ArbG die erste Tätigkeitsstätte bestimmen (§ 9 Abs. 4 S. 6). Als Auffangtatbestand gilt die nächstliegende Tätigkeitsstätte als erste Tätigkeitsstätte (§ 9 Abs. 4 S. 7). Eine Bildungseinrichtung, die außerhalb eines Dienstverhältnisses zum Zwecke einer vollzeitigen Bildungsmaßnahme aufgesucht wird, wird durch § 9 Abs. 4 S. 8 als erste Tätigkeitsstätte fingiert. Strittig ist derzeit, ob in solchen Fällen die für ArbN geltenden Regelungen des § 9 Abs. 4 S. 1 bis 7 zu beachten sind (FG Münster v. 24.1.2018 – 7 K 1007/17 E,F, EFG 2018, 549 [Rev. VI R 3/18]).

Sammelpunkte und weiträumige Arbeitsgebiete sind nach der ab 2014 geltenden Rechtslage keine ersten Tätigkeitsstätten. Dorthin anfallende Fahrten werden mit der Entfernungspauschale abgegolten (§ 9 Abs. 1 S. 3 Nr. 4a S. 3). Dies gilt zB für Zusteller, Forstarbeiter und – anders als nach der bis 2013 geltenden Rechtslage (BFH v. 7.2.1997 – VI R 61/96, BStBl. II 1997, 333 = FR 1997, 412) – auch für Hafenarbeiter (BMF v. 24.10.2014, BStBl. I 2014, 1412; FG Hbg. v. 30.8.2016 – 2 K 218/15, juris [Rev. VI R 36/16]). Verpflegungsmehraufwendungen können nach § 9 Abs. 4a S. 2 gewährt werden, da sich der ArbN außerhalb seiner Wohnung und der ersten Tätigkeitsstätte aufhält (BMF v. 24.10.2014, BStBl. I 2014, 1412).

Die gesetzliche Neuregelung soll die Anwendung und Nachweisführung für die ArbG deutlich erleichtern und die Rspr. des BFH praxistauglich weiterentwickeln (vgl. Begründung Gesetzentwurf, BT-Drucks. 17/ 10774). Die genaue gesetzliche Definition des bislang streitanfälligen Begriffs „regelmäßige Arbeitsstätte" ist in der Tat zu begrüßen. Gerade im Massenverfahren der LSt ist diese gesetzliche Regelungstiefe sinnvoll, um das stl. Reisekostenrecht sowohl für ArbG und FinVerw. administrierbar als auch für die ArbN kalkulierbar zu gestalten (**aA** *Bergkemper*, FR 2013, 1017, der insbes. die Kleinteiligkeit des neuen Rechts kritisiert und es in einzelnen Bereichen für systemfremd hält). Auf die Rspr. zur Auslegung des bis 2013 maßgeblichen Begriffs der regelmäßigen Arbeitsstätte kommt es nicht mehr an (FG Hbg. v. 13.10.2016 – 6

K 20/16, EFG 2017, 27 [Rev. VI R 40/16]). Der zur „regelmäßigen Arbeitsstätte" ergangenen Rspr. des BFH wird allerdings insoweit gefolgt, als ein ArbN höchstens eine erste Tätigkeitsstätte haben kann. Abweichend von der bisherigen Rspr. kann bzw. muss auf den in der Praxis schwer zu belegenden Ort des qualitativen Schwerpunkts der Arbeit nicht mehr abgestellt werden. Fälle des Outsourcings und der Arbeitnehmerleihe sowie Tätigkeiten bei Kunden des ArbG und an Bildungseinrichtungen werden abw. von der bisherigen Rspr. geregelt; an den jeweiligen Einsatzorten liegen bei Zuordnung durch den ArbG oder ausreichend langer Einsatzdauer nun zutr. erste Tätigkeitsstätten vor. Durch die Maßgeblichkeit der arbeits- bzw. dienstrechtlichen Zuordnung und der Möglichkeit, bei mehreren in Betracht kommenden Tätigkeitsstätten die erste Tätigkeitsstätte bestimmen zu können, wird sich für ArbG mit mehreren Betriebsstätten, Filialen etc. ein Gestaltungsspielraum ergeben (zu den arbeitsrechtl. Gestaltungsmöglichkeiten s. *Freckmann/Wörz*, NWB 2014, 2949 ff.). S. „Reisekosten", Rn. 78 „Fahrtkostenersatz", § 9 Rn. 44 und § 3 Rn. 37.

BahnCard: Der Aufwand für eine Bahncard für Fahrten Wohnung–Arbeitsstätte/erste Tätigkeitsstätte ist mit der Entfernungspauschale abgegolten. Wurde die BahnCard in Zusammenhang mit einer dienstlichen Fahrt erworben, vom ArbG aber nicht oder nur teilw. ersetzt (s. Rn. 78 „BahnCard"), kann der Aufwand nur soweit als WK angesetzt werden, als der nicht ersetzte Kostenanteil auch ohne BahnCard entstanden wäre (FinVerw., OFD Hann. v. 16.11.1992, DStR 1993, 19).

Berufskrankheit: Krankheitskosten sind als WK abziehbar, wenn sie zur Heilung einer typischen Berufskrankheit (nicht anerkannt: Gelenkarthrose eines Sportlehrers, FG Berlin v. 10.6.1991 – VIII 506/88, EFG 1992, 322; psychotherapeuthische Behandlung bei lediglich diffusem Bild körperlicher und psychischer Beschwerden ohne konkreten Bezug zum Beruf, BFH v. 9.11.2015 – VI R 36/13, BFH/NV 2016, 194) oder Vorbeugung gegen eine solche (anerkannt: stimmtherapeutischen Übungen nach Stimmbandoperation bei Lehrerin, FG München v. 19.10.1993 – 12 K 3114/91, juris; nicht anerkannt: Kneipp-Kur für Bundeswehrpiloten, BFH v. 17.7.1992 – VI R 96/88, BFH/NV 1993, 19; offengelassen: Schulung zur Verbesserung der Haltung einer Berufsgeigerin, BFH v. 11.7.2013 – VI R 37/12, BStBl. II 2013, 815 = FR 2014, 428) aufgewandt werden. Entspr. gilt für Kurkosten. S. auch § 4 Rn. 257 „Krankheitskosten".

Berufsverband s. § 9 Rn. 40 und § 4 Rn. 257 „Beiträge für Berufsverbände,...".

Betriebsausflug: Eigene Kosten des ArbN sind keine WK (einschr. *Schmidt*[37], § 19 Rn. 110 „Betriebsausflug": Anders für organisierenden ArbN).

Betriebssport: Aufwendungen des ArbN keine WK (FG Münster v. 5.10.1993 – 11 K 2242/91 E, EFG 1994, 238; **aA** FG Saarl. v. 19.3.1991 – 1 K 55/91, EFG 1991, 377 betr. Tennissport für Polizeibeamten; FG RhPf. v. 24.10.1989 – 2 K 98/87, EFG 1990, 226 betr. Sportunfall bei Fußballspiel).

Bewirtung: § 4 Abs. 5 S. 1 Nr. 2 gilt nur entspr. gem. § 9 Abs. 5, wenn der ArbN selbst als bewirtende Pers. anzusehen ist, nicht aber bei einer nur „mittelbaren" Bewirtung (BFH v. 19.6.2008 – VI R 48/07, BStBl. II 2008, 870 = FR 2009, 131 m. Anm. *Bergkemper*; *Blümich*, § 4 Rn. 718); Bewirtet ein leitender ArbN mit variablen Bezügen seine Arbeitskollegen, insbes. ihm unterstellte Mitarbeiter, so unterliegen die Bewirtungsaufwendungen nicht der Abzugsbeschränkung gem. § 4 Abs. 5 S. 1 Nr. 2 iVm. § 9 Abs. 5 (BFH v. 19.6.2008 – VI R 33/07, BStBl. II 2009, 11 = FR 2009, 236 m. Anm. *Bergkemper*; *Titgemeyer*, BB 2009, 1898); s. § 12 Rn. 8.

Bürgschaft: Die Inanspruchnahme aus einer Bürgschaft führt nur dann zu WK, wenn der ArbN die Bürgschaft ausschließlich zur Erhaltung des Dienstverhältnisses übernommen hat (BFH v. 26.11.1993 – VI R 3/92, BStBl. II 1994, 242 = FR 1994, 257). Nicht schädlich ist, wenn Bürgschaftsprovisionen vereinbart waren. Ist der ArbN am ihn beschäftigenden Unternehmen beteiligt, handelt es sich um AK (s. § 17 Rn. 100), da arbeitserhaltende Bürgschaften immer krisenbestimmt sind. Die Rspr. (BFH v. 26.11.1993 – VI R 3/92, BStBl. II 1994, 242 = FR 1994, 257) geht davon aus, dass bei unbedeutenden Beteiligungen (FG Münster v. 19.10.1999 – 2 K 6754/97 E, EFG 2000, 554: unter 10 %; zust. *K/S/M*, § 9 Rn. B 406 mit Hinweis auf die gesunkene Beteiligungsgrenze durch das StEntlG 1999/2000/2002) eine engere wirtschaftliche Bindung zur nichtselbständigen Tätigkeit als zur Gesellschafterstellung besteht, und die Aufwendungen als WK abziehbar sind. Diese Auffassung lässt außer Acht, dass auch bei der beruflich veranlassten Anschaffung nicht abnutzbarer WG ein Abzug iRd. Überschusseinkünfte nicht – auch nicht anteilig – möglich ist. Nur iRd. insoweit spezialgesetzlichen § 17 kann der Aufwand steuerwirksam werden. Seit 2001 (weitere Absenkung des Beteiligungssatzes durch das StSenkG auf 1 %) ist diese Abgrenzungsfrage weniger praxisrelevant geworden. Durch den nur eingeschränkten Abzug der AK nach § 3c Abs. 2 würde eine Fortführung dieser Rspr. aber zur Folge haben, dass ein mit weniger als 1 % Beteiligter 40 % des Veräußerungspreises der Beteiligung unbesteuert erhielte und gleichzeitig die Bürgschaftsaufwendung in vollem Umfang geltend machen könnte. Nach neuerer Rspr. des BFH sind Aufwendungen für eine Bürgschaft jedenfalls dann als WK abziehbar, wenn eine Berücksichtigung iRd. § 17 EStG nicht möglich ist (BFH v. 16.11.2011 – VI R 97/10, BStBl. II 2012, 343 = FR 2012, 277 m. Anm. *Bergkemper* für den Fall einer geplanten, aber durch Insolvenz des ArbG verhinderten Gesellschafterstellung).

Computer s. § 9 Rn. 97, 101 „Technische Geräte".

Darlehen: Der Verlust eines normalverzinslichen Darlehens, das zur Sicherung des Arbeitsplatzes dem ArbG hingegeben wurde, gehört zu den WK, wenn der ArbN das Verlustrisiko aus beruflichen Gründen bewusst auf sich genommen hat (BFH v. 7.5.1993 – VI R 38/91, BStBl. II 1993, 663). Dass ein Dritter (Bank) kein solches Darlehen mehr gewährt hätte, kann als Indiz für die berufliche Veranlassung herangezogen werden. Der WK-Abzug ist jedenfalls dann gerechtfertigt, wenn der ArbN durch die Darlehensgewährung seinen Arbeitsplatz gesichert hat (BFH v. 10.4.2014 – VI R 57/13, BStBl. II 2014, 850 = FR 2014, 905). Zum Nachweis der beruflichen Veranlassung ist in diesen Fällen bereits im Zeitpunkt des Vertragsabschlusses Beweisvorsorge zu treffen. Das Risiko muss zu den künftigen Verdienstmöglichkeiten in einem angemessenen Verhältnis stehen (BFH v. 7.2.1997 – VI R 33/96, BFH/NV 1997, 400). Die berufliche Veranlassung wird nicht dadurch ausgeschlossen, dass der Darlehensvertrag mit dem alleinigen G'ter-Geschäftsführer des ArbG statt mit dem insolvenzbedrohten ArbG geschlossen wurde (BFH v. 7.2.2008 – VI R 75/06, FR 2008, 774 m. Anm. *Bode* = BFH/NV 2008, 863). Gewährte der G'ter-Geschäftsführer dem ArbG ein Darlehen aus gesellschaftsrechtlichen Gründen, kann der spätere Verzicht auf die Darlehensforderung durch das Arbeitsverhältnis veranlasst und der WK-Abzug möglich sein (BFH v. 25.11.2010 – VI R 34/08, BFH/NV 2011, 680). Das Darlehen darf aber nicht als nachträgliche AK zu werten sein. S. dazu § 17 Rn. 94 und „Bürgschaften".

Diebstahl s. „Vermögensverluste".

Diensteinführung s. „Feier".

Dienstjubiläum: Dienstjubiläen sollen nach neuer Rspr. berufsbezogene Ereignisse sein. Die Aufwendungen für Feiern anlässlich eines Dienstjubiläums können deshalb grds. als WK einzuordnen sein (BFH v. 20.1.2016 – VI R 24/15, BStBl. II 2016, 744, betr. 40-jähriges Dienstjubiläum eines Beamten; **aA** noch BFH v. 24.9.2013 – VI R 35/11, BFH/NV 2014, 500, 25-jähriges Jubiläum der Priesterweihe ist persönliches Ereignis). S. auch „Feier" und Rn. 78 „Geburtstag".

Dienstkleidung s. § 9 Rn. 99.

Dienstreisen s. „(Beruflich veranlasste) Auswärtstätigkeiten".

Dienstzimmer: Die Kosten für die Ausschmückung mit Bildern und Kunstgegenständen sind keine WK (BFH v. 12.3.1993 – VI R 92/92, BStBl. II 1993, 506). S. § 9 Rn. 101 „Arbeitszimmerausstattung".

Doppelte Haushaltsführung s. § 9 Rn. 69 ff.

Drittaufwand s. § 4 Rn. 171 ff.

Ehrenamt: Aufwendungen dafür sind WK, wenn die Tätigkeit in enger Beziehung zum Beruf steht und für das Fortkommen förderlich ist (Einzelfälle s. *K/S/M*, § 9 Rn. B 700 „Ehrenamtliche Nebentätigkeit"); s. § 3 Rn. 30 f., § 3 Rn. 52 ff. und § 4 Rn. 256 „Ehrenamt".

Einbürgerungskosten s. § 12 Rn. 8.

Einsatzwechseltätigkeiten nahm die Verwaltung an, wenn der ArbN typischerweise nur an ständig wechselnden Tätigkeitsstätten eingesetzt wurde (R 37 Abs. 5 S. 1 LStR 2006), etwa bei Baumontagearbeitern, Leih-ArbN (R 37 Abs. 5 S. 1, 2. HS LStR 2006), sog. Springkräften (Lehrer ohne Planstelle oder Mitarbeiter einer Betriebsreserve, BFH v. 20.11.1987 – VI R 6/86, BStBl. II 1988, 443 = FR 1988, 256) oder bei bestimmten Ausbildungsverhältnissen (BFH v. 4.5.1990 – VI R 144/85, BStBl. II 1990, 856 = FR 1990, 613, zB Rechtsreferendare, nicht aber Finanzanwärter, BFH v. 4.5.1990 – VI R 156/86, BStBl. II 1990, 861 = FR 1990, 615 oder Berufsfeuerwehrmann, BFH v. 7.7.2004 – VI R 11/04, BStBl. II 2004, 1004 = FR 2004, 1291; auch verschiedene Busdepots konnten regelmäßige Arbeitsstätten eines Linienbusfahrers sein, BFH v. 11.5.2005 – VI R 15/04, BStBl. II 2005, 788 = FR 2005, 1110; ausf. BMF v. 26.10.2005, BStBl. I 2005, 960). Rechtsfolge war, dass die tatsächlichen Fahrtkosten nur angesetzt werden konnten, wenn die Entfernung zw. Wohnung und Einsatzstelle mehr als 30 km betrug (R 38 Abs. 3 S. 1 LStR 2006). Mit den LStR 2008 wurde diese Einschränkung aufgegeben.

Emeritierter Hochschulprofessor: Aufwendungen für gegenwärtige Forschungstätigkeit sind keine WK, soweit aber Kosten durch unentgeltliche Lehrtätigkeit auf Ersuchen der Hochschule entstehen, kommt ein Abzug im Billigkeitswege nach § 163 AO in Frage (BFH v. 5.11.1993 – VI R 24/93, BStBl. II 1994, 238 = FR 1994, 124).

Erwerb v. Gesellschaftsanteilen: Schuldzinsen für Darlehen zum Erwerb v. Anteilen an der ArbG-Ges. auch dann WK bei Einkünften aus KapVerm., wenn arbeitsvertragliche Voraussetzung für die Erlangung höher dotierter Positionen (BFH v. 5.4.2006 – IX R 111/00, BStBl. II 2006, 654 = FR 2006, 838).

Fachliteratur s. § 9 Rn. 101 „Bücher".

Fahrgemeinschaft s. § 9 Rn. 58.

Fahrten Wohnung – erste Tätigkeitsstätte (bis 2013: regelmäßige Arbeitsstätte) s. § 9 Rn. 41 ff.

Fehlgelder: Soweit der ArbN die Fehlgelder selbst trägt, entstehen WK. S. auch Rn. 78 „Fehlgeldentschädigung".

Feier: Aufwendungen eines ArbN für eine Feier können als WK abziehbar sein, wenn die Feier beruflich veranlasst ist (zB durch Diensteinführung, Dienstjubiläum oder ArbG-Wechsel, FG Münster v. 29.5.2015 – 4 K 3236/12 E, EFG 2015, 1520 [rkr.]). Weitere Indizien für den WK-Abzug sind: Teilnahme von Arbeitskollegen, Geschäftsfreunden, Angehörigen des öffentlichen Lebens, Presse- oder Verbandsvertretern etc., eine Örtlichkeit mit beruflichem Bezug (zB Feier in der Arbeitsstätte), Organisation der Feier und Bestimmung der Gästeliste durch den ArbG, der finanzielle und zeitliche Rahmen (zB während der üblichen Dienstzeiten) und der Charakter der Feier. Aufwendungen eines ArbN für eine Feier mit Arbeitskollegen anlässlich seiner Bestellung zum Steuerberater sollen insbes. dann als WK abziehbar sein, wenn die teilnehmenden Kollegen nicht aus persönlichen Gründen, sondern nach abstrakten, berufsbezogenen Kriterien eingeladen wurden. Die anteilig auf teilnehmende private Gäste entfallenden Aufwendungen sind hingegen nicht abziehbar (BFH v. 8.7.2015 – VI R 46/14, BStBl. II 2015, 1013). Nach neuer Rspr. sollen Aufwendungen eines ArbN für seine Geburtstagsfeier, die im betrieblichen Umfeld und ausschließlich mit Arbeitskollegen stattfindet, trotz des privaten Anlasses als WK abziehbar sein (BFH v. 10.11.2016 – VI R 7/16, BStBl. II 2017, 409). Diese Rspr. steht im Widerspruch zu § 12 Nr. 1 S. 2, wonach Aufwendungen für die Lebensführung, die die wirtschaftliche oder gesellschaftliche Stellung des StPfl. mit sich bringt, auch dann nicht abziehbar sind, wenn sie zur Förderung des Berufs erfolgen (vgl. auch BMF v. 6.7.2010, BStBl. I 2010, 614 Tz. 2). Die Entsch. wird in der Praxis zu Schwierigkeiten führen, unterschiedlich ausgestaltete Feierlichkeiten zutr. einzuordnen.

Finanzierungskosten: Finanzierungskosten, die ein ArbN aufwendet, um Genussrechte an einem mit dem ArbG verbundenen Unternehmen zu erwerben, führen zu WK bei den Einkünften aus KapVerm. und nicht aus nichtselbständiger Tätigkeit, auch wenn der ArbN damit seine Karriere fördern will. Dies gilt auch dann, wenn die Kosten aus einem Darlehen des ArbG resultieren (FG Hbg. v. 8.3.2002 – II 424/00, DStRE 2002, 861; FG RhPf. v. 26.9.2001 – 1 K 1197/01, DStRE 2002, 603).

Flugzeugführerschein: Aufwendungen für den Erwerb der Erlaubnis für Verkehrsflugzeuge (ATPL) sind idR beruflich veranlasst (BFH v. 28.7.2011 – VI R 5/10, BStBl. II 2012, 553 = FR 2011, 1169), nicht jedoch die Aufwendungen für die Erlaubnis für Privatflugzeugführer (PPL) (BFH v. 27.5.2003 – VI R 85/02, BStBl. II 2005, 202 = FR 2005, 438); Ausnahme, wenn Ausbildung zum Privatpiloten Teil der durchgehenden Schulung zum Erwerb der ATPL ist (BFH v. 30.9.2008 – VI R 4/07, BStBl. II 2009, 111 = FR 2009, 289). Durch die Einfügung von § 9 Abs. 6 durch das BeitrRLUmsG v. 7.12.2011, BGBl. I 2011, 2592 (mit Wirkung ab dem VZ 2004) stellt der Gesetzgeber klar, dass entsprechende Aufwendungen für eine erstmalige Ausbildung nur im Rahmen eines Ausbildungsdienstverhältnisses als WK, ansonsten als SA nach § 10 Abs. 1 Nr. 7 abziehbar sind. Nach aktueller Rspr. soll der gesetzliche Ausschluss des WK-Abzugs gegen Art. 3 Abs. 1 GG verstoßen; vgl. hierzu Vorlagebeschl. des BFH v. 17.7.2014 – VI R 2/12, BFH/NV 2014, 1954. Nach BFH v. 13.1.2015 – IX R 22/14, BStBl. II 2015, 829, können Ausbildungskosten für VZ, die bereits festsetzungsverjährt sind und für die bislang keine ESt-Erklärungen abgegeben wurden, über Verlustfeststellungen berücksichtigt werden (die Verlustfeststellungsverjährung tritt erst nach sieben Jahren ein). Ausf. Erläuterung hierzu s. § 9 Rn. 147 ff., § 10 Rn. 40 ff. u. § 4 Rn. 257 „Ausbildungsdienstverhältnis".

Fortbildungskosten s. Rn. 78 „Fortbildung" und § 10 Rn. 44.

Führerschein s. § 12 Rn. 8.

Geburtstag s. Rn. 78 „Geburtstag" u. § 12 Rn. 8.

Gelegenheitsgeschenke s. § 12 Rn. 8.

Gewerkschaft s. „ArbN-Vertreter", „Ehrenamt" und § 9 Rn. 40.

Habilitationskosten s. § 10 Rn. 45.

Haftung v. Geschäftsführern: Aufwendungen wegen der Inanspruchnahme durch den ArbG oder durch das FA nach § 69 AO sind WK, auch wenn schuldhaftes Handeln vorliegt (*K/S/M*, § 9 Rn. 700 „Haftung v....“; **aA** *H/M/W*, „Haftung für LSt" Rn. 174: nicht bei deliktischer Pflichtverletzung). Keine WK, wenn Schädigung des ArbG bezweckt oder billigend in Kauf genommen wurde (BFH v. 6.2.1981 – VI R 30/77, BStBl. II 1981, 362 = FR 1981, 311). WK entstehen auch, soweit der Geschäftsführer für die ihn betr. LSt in Anspr. genommen wird (FG Nds. v. 18.3.1993 – XI 264/88, EFG 1993, 713; *H/M/W*, „Haftung für LSt" Rn. 174. Durch die Einführung des Halbeinkünfteverfahrens ist die Auffassung des FG Münster (FG Münster v. 21.1.1999 – 4 K 6282/98 E, EFG 2000, 481), dass bei einem G'ter-Geschäftsführer nachgeforderte KSt keine WK seien und nur iRd. § 36 Abs. 2 Nr. 3 geltend gemacht werden könnten, überholt.

Haushälterin s. § 12 Rn. 8.

Heimarbeiter: Aufwendungen für Arbeitsräume und für den Materialtransport sind WK. Nach R 9.13 Abs. 2 LStR können diese Aufwendungen durch einen Lohnzuschlag v. 10 % vom ArbG stfrei ersetzt werden.

Hörgerät s. § 12 Rn. 8 und § 9 Rn. 101 „Hörgerät".

Hotelkosten: Kosten für gelegentliche Hotelübernachtungen am Ort der regelmäßigen Arbeitsstätte/ersten Tätigkeitsstätte sind WK, wenn sie beruflich veranlasst sind, der ArbN etwa nicht am Ort der regelmäßigen Arbeitsstätte/ersten Tätigkeitsstätte wohnt, die Übernachtung aber wegen der Dienstzeiten erforderlich ist (BFH v. 5.8.2004 – VI R 40/03, BStBl. II 2004, 1074 = FR 2005, 101 m. Anm. *Bergkemper*).

Irrtümliche Annahme einer selbständigen Arbeit: Auch Aufwendungen eines ArbN, die durch seine irrtümliche Annahme einer Selbständigkeit entstanden sind (Abschluss-, Buchführungs- und Beratungskosten, IHK-Beiträge, USt, GewSt) sind WK (FG Düss. v. 26.11.2001 – 16 K 1370/98 E, 16 K 1371/98 E, EFG 2002, 187).

Kinderbetreuungskosten sind, auch sofern berufsbedingt, keine WK (BFH v. 17.7.2000 – XI B 127/99, BFH/NV 2000, 1471 mwN; hieran hat sich auch durch die Entscheidung des BVerfG v. 10.11.1998 – 2 BvR 1057/91, 2 BvR 1226/91, 2 BvR 980/91, BStBl. II 1999, 182 nichts geändert). Ab 2012 ggf. Abzug als SA nach § 10 Abs. 1 Nr. 5.

Klassenfahrt s. § 12 Rn. 8.

Kleidung s. § 9 Rn. 99.

Kontogebühren sind WK, soweit durch beruflich veranlasste Überweisungen erwachsen. Auch pauschal erhobene Gebühren sind aufteilbar (BFH v. 9.5.1984 – VI R 63/80, BStBl. II 1984, 560 = FR 1984, 486). Ohne Nachweis werden 16 Euro/Jahr anerkannt (OFD Hann. v. 30.4.2002, nv.). S. Rn. 78 „Kontoführung- und -eröffnungsgebühr".

Kraftfahrzeugkosten s. § 9 Rn. 55 ff.

Krankheitskosten s. „Berufskrankheit".

Kreditkarte: WK, soweit für berufliche Zwecke eingesetzt; s. Rn. 78 „Kreditkarte".

Künstler s. „Liebhaberei"; hinsichtlich Reisekosten s. § 12 Rn. 8.

Kurkosten s. „Berufskrankheit".

Lehrer s. „Klassenfahrt" und § 12 Rn. 8.

Liebhaberei: Der Verlust aus einer ohne Gewinnerzielungsabsicht nebenberuflich ausgeübten Tätigkeit kann als WK abgezogen werden, wenn sie für den Hauptberuf Vorteile v. solchem Gewicht mit sich bringen kann, dass private Gründe auszuschließen sind (BFH v. 22.7.1993 – VI R 122/92, BStBl. II 1994, 510 = FR 1993, 844 betr. Konzerttätigkeit eines Musikpädagogen; FG Hbg. v. 22.9.1989 – I 89/86, EFG 1990, 628 betr. künstlerische Tätigkeit eines Professors für künstlerische Gestaltung).

Lösegeld keine WK s. § 33 Rn. 51 „Entführung"; bei Zahlung durch ArbG s. Rn. 78 „Lösegeld".

Musikinstrumente s. § 9 Rn. 101 „Musikinstrumente".

NLP-Kurse (Kurse zum Neuro-Linguistischen Programmieren) s. „Persönlichkeitsentfaltung".

Optionskosten: Aufwendungen in Zusammenhang mit einem vom ArbG eingeräumten Optionsrecht sind WK. Sie sind im Jahr der Verschaffung der verbilligten Aktien zu berücksichtigen (BFH v. 20.6.2001 – VI R 105/99, BStBl. II 2001, 689 = FR 2001, 901 m. Anm. *Kessler/Strnad*). Verfällt das Optionsrecht, sind die Optionskosten im Jahr des Verfalls als vergebliche WK abziehbar (BFH v. 3.5.2007 – VI R 36/05, BStBl. II 2007, 647 = FR 2007, 978 m. Anm. *Bergkemper*).

Personalrabatt s. § 8 Rn. 47 ff.

Persönlichkeitsentfaltung: Aufwendungen für Seminare zur Persönlichkeitsentfaltung (BFH v. 28.8.2008 – VI R 35/05, BStBl. II 2009, 108 = FR 2009, 288) oder zur Verbesserung der Kommunikationsfähigkeit (zB NLP-Kurse, BFH v. 28.8.2008 – VI R 44/04, BStBl. II 2009, 106 = FR 2009, 288) sind WK, wenn die Veranstaltungen primär auf die spezifischen Bedürfnisse des ausgeübten Berufs ausgerichtet sind. Indizien für die berufliche Veranlassung sind insbes. die Lehrinhalte und ihre konkrete Anwendung in der beruflichen Tätigkeit, der Ablauf des Lehrgangs sowie die teilnehmenden Pers. (**homogener Teilnehmerkreis**, bei Teilnehmern in verschiedenen Berufsgruppen gewahrt auch bei Führungspositionen oder gleichgerichteten fachlichen Interessen; BFH v. 28.8.2008 – VI R 44/04, BStBl. II 2009, 106 = FR 2009, 288). Kurse über Grundlagenwissen sind WK, wenn sie die Vorstufe zum Erwerb des berufsbezogenen Spezialwissens bilden.

Pfarrer: Lohnaufwendungen für die Pfarrhaushälterin sind WK (FG München v. 19.2.1998 – 10 K 156/93, EFG 1998, 937), soweit sie für ihn beruflich tätig ist und die Tätigkeiten durch stundenweise Aufzeichnungen belegt sind. Gemischt veranlasste, sowie üblicherweise ehrenamtliche erbrachte Tätigkeiten bleiben dabei unberücksichtigt. Eine repräsentative Aufzeichnung über drei Monate mit hohem, mittlerem und niedrigem kirchlichen Arbeitsanteil ist für drei Kj. ausreichend (OFD Kobl. v. 4.8.2003, juris). Ist eine Pilger- oder Tertiatsfahrt eines Pfarrers beruflich (mit-)veranlasst, da er einer Dienstpflicht nachkommt oder die

Reise gezielt der beruflichen Weiterentwicklung dient, sind die (ggf. anteiligen) Aufwendungen als Werbungskosten abziehbar (BFH v. 9.12.2010 – VI R 42/09, BStBl. II 2011, 522 = FR 2011, 619). Aufwendungen eines Pastors in Ruhestand sind grds. keine WK (FG Nds. v. 8.6.1993 – III 211/91, EFG 1994, 141) und allenfalls im Billigkeitswege nach § 163 AO wie WK zu behandeln (Sächs. FG v. 25.7.2012 – 8 K 2495/07, juris). Zum Ehegatten-Unterarbeitsverhältnis über sonst ehrenamtliche Tätigkeiten s. BFH v. 22.11. 1996 – VI R 20/94, BStBl. II 1997, 187.

Promotionskosten s. § 10 Rn. 45.

Prozesskosten: WK, wenn Prozess durch die Arbeitstätigkeit veranlasst worden ist (zB bei Kündigung oder beruflich veranlasstem Kfz.-Unfall; Disziplinarstrafverfahren) und Kosten nicht v. Rechtsschutzversicherung getragen werden (BFH v. 4.9.1990 – IX B 10/90, BFH/NV 1991, 164); bei Strafverfahren, wenn die Tat in Ausübung der beruflichen Tätigkeit begangen und nicht durch private Gründe überlagert wurde (ständige Rspr. des BFH, zuletzt v. 17.8.2011 – VI R 75/10, BFH/NV 2011, 2040); allein die enge Verbindung zw. Straf- und Disziplinarverfahren bei Beamten genügt nicht (BFH v. 13.12.1994 – VIII R 34/93, BStBl. II 1995, 457). S. auch § 4 Rn. 257 „Rechtsverfolgungskosten“.

Reinigungskosten s. § 9 Rn. 95.

Reisekosten s. insbes. § 12 Rn. 8 ff., § 9 Rn. 44 und § 3 Rn. 37. Reisekosten eines ArbN sind Aufwendungen wegen einer beruflich veranlassten Auswärtstätigkeit. Sie umfassen Fahrtkosten (s. § 4 Rn. 212 ff.), Verpflegungsmehraufwendungen (s. § 9 Rn. 87 ff., § 4 Rn. 211 und § 12 Rn. 8), Übernachtungskosten und Reisenebenkosten. Sie sind stets nachzuweisen oder glaubhaft zu machen, insb. sind Anlass und Art der beruflichen Tätigkeit, Reisedauer, Reiseweg und die geltend gemachten Ausgaben zu belegen. **Fahrtkosten** können in tatsächlicher Höhe oder pauschal geltend gemacht werden (§ 9 Abs. 1 S. 3 Nr. 4a S. 1, 2); bei dienstlichen Fahrten mit einem Firmenwagen und Kostenbeteiligung des ArbN (zB Übernahme einer Tankrechnung durch den ArbN) können nicht die Pauschalen, sondern nur die tatsächlichen Kosten stfrei erstattet werden. Vgl. hierzu ausf. „(Beruflich veranlasste) Auswärtstätigkeiten“. **Übernachtungskosten** sind die tatsächlich vom ArbN getragenen und nicht nach § 3 Nr. 13, 16 stfrei ersetzten Aufwendungen (vgl. BFH v. 8.7.2010 – VI R 24/09, BStBl. II 2011, 288 = FR 2010, 1153), die dem ArbN für die persönliche Inanspruchnahme (ohne Kostenanteile, die auf mitgenommene Familienangehörige entfallen, BFH v. 3.7. 2018 – VI R 55/16, BFH/NV 2018, 1145) einer Unterkunft zur Übernachtung (ohne Verpflegung) entstehen (R 9.7 Abs. 1 S. 1 LStR). Ist der Preis für die Verpflegung aus einem Gesamtpreis nicht ermittelbar, sind die Kosten für Frühstück um 20 %, für Mittag- und Abendessen um jeweils 40 % der maßgebenden Verpflegungsmehraufwandspauschale zu kürzen (BMF v. 24.10.2014, BStBl. I 2014, 1412). Die bis 2007 bestehende Möglichkeit des WK-Abzugs v. Übernachtungspauschalen (im Inland 20 Euro, s. R 9.7 Abs. 3 S. 1 LStR; für das Ausland s. BMF v. 28.11.2017, BStBl. I 2018, 1354), wenn dies nicht zu einer offensichtlich unzutr. Besteuerung führt (BFH v. 22.4.2004 – VI B 13/04, DStRE 2004, 932), etwa bei Fernfahrern (zuletzt BFH v. 28.3.2012 – VI R 48/11, FR 2012, 1124 m. Anm. *Bergkemper* = BStBl. I 2012, 926), wurde mit den LStR 2008 beendet (Anwendung der Pauschalen nur noch für die nach § 3 Nr. 13, 16 stfreie ArbG-Erstattung). Die **Abziehbarkeit von Übernachtungskosten ist mit Wirkung ab 2014** in § 9 Abs. 1 S. 3 Nr. 5a gesetzlich geregelt (Gesetz zur Änderung und Vereinfachung der Unternehmensbesteuerung und des steuerlichen Reisekostenrechts v. 20.2.2013, BGBl. I 2013, 285). Änderungen zur bisherigen Verwaltungspraxis ergeben sich dabei erst bei einer längerfristigen Auswärtstätigkeit, da nach Ablauf von 48 Monaten der Abzug der Höhe nach auf die vergleichbaren Aufwendungen einer doppelten Haushaltsführung gedeckelt wird. **Reisenebenkosten** sind sonstige unmittelbar durch die Reise verursachte Kosten. Sie können grds. in tatsächlicher Höhe geltend gemacht werden, regelmäßig wiederkehrende Kosten können mit Erfahrungswerten angesetzt werden, die über einen Zeitraum von drei Monaten nachzuweisen sind (BMF v. 24.10.2014, BStBl. I 2014, 1412). In Betracht kommen zB Kosten für die Beförderung und Aufbewahrung v. Gepäck, für Ferngespräche und Schriftverkehr mit dem ArbG oder dessen Geschäftspartnern, Gebühren für Straßenbenutzung oder Parkplätze, typische Aufwendungen von Kraftfahrern (Nachweis der Aufwendungen für einen repräsentativen Zeitraum von drei Monaten notwendig, BMF v. 4.12.2012, BStBl. I 2012, 1249; Schätzung der Nebenkosten mit fünf Euro pro Tag zulässig, FG München v. 2.9.2015 – 7 K 2393/13, juris [rkr.]) und Schadenersatzleistungen wegen Verkehrsunfällen auf Dienstreisen (BMF v. 24.10.2014, BStBl. I 2014, 1412). Entspr. gilt für durch die Dienstreise verursachte Trinkgelder (soweit diese für eigene Mahlzeiten entstehen, sind sie durch die Verpflegungsmehraufwendungspauschalen abgegolten). Nicht als Reisenebenkosten können zB Kosten für Bekleidung, Reiseausrüstung (Koffer) oder nicht beruflich veranlasste Krankheiten abgezogen werden.

Repräsentationsaufwendungen s. § 12 Rn. 8.

Schadensersatz: WK, wenn so gut wie ausschließlich durch das Dienstverhältnis veranlasst (BFH v. 3.5. 1985 – VI R 103/82, BFH/NV 1986, 392). Daran fehlt es, wenn der ArbN sich oder ihm nahestehende Pers. auf Kosten des ArbG bereichern (BFH v. 20.10.2016 – VI R 27/15, BStBl. II 2018, 441) oder diesen bewusst schädigen wollte (BFH v. 18.9.1987 – VI R 121/84, BFH/NV 1988, 353). Auf das Verschulden des ArbN kommt es nicht an. S. auch § 4 Rn. 257 „Schadenersatzleistungen".

Schmiergelder: WK, wenn durch das Dienstverhältnis veranlasst (BFH v. 18.5.1990 – VI R 67/86, BFH/NV 1991, 151), aber Abzugsverbot nach § 9 Abs. 5 iVm. § 4 Abs. 5 S. 1 Nr. 10; s. § 4 Rn. 228.

Sicherungsmaßnahmen der eigenen Wohnung: Keine WK wg Aufteilungs- und Abzugsverbot des § 12 Nr. 1 S. 2, auch dann nicht, wenn ArbG dies verlangt und einen Kostenanteil übernimmt (FG BaWü. v. 19.8.1992 – 2 K 319/88, EFG 1993, 72; BMF v. 6.7.2010, BStBl. I 2010, 614, Rz. 19). Zum Arbeitslohn s. Rn. 78 „Sicherheitsaufwendungen" u. § 12 Rn. 8.

Sprachkurs s. § 12 Rn. 8 und Rn. 78 „Fortbildung".

Stammkapital: Der Verlust einer GmbH-Beteiligung gehört selbst dann nicht zu den WK des ArbN, wenn seine Beteiligung am Stammkapital Voraussetzung für die Beschäftigung als ArbN war (BFH v. 12.5.1995 – VI R 64/94, BStBl. II 1995, 644). Vergebliche Aufwendungen zum Erwerb einer Beteiligung am künftigen ArbG sind auch dann keine WK, wenn die Zahlung Voraussetzung für den Abschluss des Anstellungsvertrags war (BFH v. 17.5.2017 – VI R 1/16, BStBl. II 2017, 1073). Der Verkauf einer Kapitalbeteiligung am ArbG führt auch anlässlich der Beendigung des Arbeitsverhältnisses nur zu WK, wenn ein erheblicher Veranlassungszusammenhang mit den Einkünften aus nichtselbständiger Arbeit besteht (BFH v. 17.9.2009 – VI R 24/08, BStBl. II 2010, 198 = FR 2010, 239 m. Anm. *Bergkemper*).

Steuerberatungskosten s. § 10 Rn. 39.

Stille Beteiligung: Der Verlust einer stillen Beteiligung am ArbG-Unternehmen kann bei Veranlassungszusammenhang mit dem Arbeitsverhältnis als WK abziehbar sein. Anders als bei einer GmbH-Beteiligung soll bei einer stillen Beteiligung keine gesellschaftsrechtliche Veranlassung zu vermuten sein (FG Nds. v. 23.2.2011 – 9 K 45/08, EFG 2011, 1148, rkr.).

Strafen s. § 12 Rn. 11.

Strafverteidiger s. § 12 Rn. 11 und § 10 Rn. 39.

Studienkosten s. § 10 Rn. 40 ff.

Studienreisen s. § 12 Rn. 8.

Telefonkosten s. § 9 Rn. 94 „Telefonkosten", § 4 Rn. 257 „Telefonkosten" und § 12 Rn. 8 „Telefon".

Teleskop: WK für Lehrer, die das Fach Astronomie unterrichten, wenn damit Unterrichtsmaterialien zur Veranschaulichung der theoretischen Ausführungen gefertigt werden (FG Berlin v. 22.3.2004 – 8 K 8079/03, EFG 2004, 1362).

Übernachtungskosten s. „Reisekosten".

Umzugskosten s. § 12 Rn. 8 und § 3 Rn. 37.

Unfallkosten s. „Vermögensverluste", § 4 Rn. 257 „Kraftfahrzeuge" und § 9 Rn. 66 f.

Unterarbeitsverhältnisse sind nur in Ausnahmefällen anzuerkennen, da ein ArbN für Aufgaben, zu deren Erledigung er angesichts anderer beruflicher Verpflichtungen nicht in der Lage ist und deren Bewältigung in erster Linie Sache seines ArbG ist, fremde Arbeitskräfte nicht einzustellen und v. seinem Gehalt zu entlohnen hat (BFH v. 22.11.1996 – VI R 20/94, BStBl. II 1997, 187 = FR 1997, 260). Insbes. Arbverh. mit nahen Angehörigen (s. § 4 Rn. 257 „Angehörige") wurden v. der Rspr. meist abgelehnt (BFH v. 6.3.1995 – VI R 86/94, BStBl. II 1995, 394 = FR 1995, 411 betr. unterrichtsvorbereitende Tätigkeit durch studierende Tochter einer Lehrerin; v. 22.11.1996 – VI R 20/94, BStBl. II 1997, 187 = FR 1997, 260 betr. ansonsten durch Ehrenamtliche erbrachte Arbeitsleistungen; FG Münster v. 7.8.1990 – VI 7384/88 E, EFG 1991, 246 betr. Übertragung der Hauptpflicht des Arbeitsvertrages auf Ehegatten; FG Köln v. 28.6.2000 – 15 K 4044/94, EFG 2000, 994 betr. Arbeitsvertrag mit Ehegatten, der zur Verletzung beruflicher Geheimhaltungspflichten führen würde). Die für die Anerkennung von Arbeitsverträgen zw. Angehörigen geltenden strengeren Maßstäbe gelten bei Verträgen zw. nicht ehelichen Lebenspartnern oder zw. befreundeten fremden Dritten nur bei Anhaltspunkten für einen Gestaltungsmissbrauch oder ein Scheinvertragsverhältnis (FG Nds. v. 16.11.2016 – 9 K 316/15, EFG 2017, 482 [rkr.]). S. aber „Pfarrer".

Vermögensverluste v. privaten Gegenständen führen zu WK in Höhe des fiktiven Restbuchwerts (Diebstahl eines Mantels, BFH v. 30.6.1995 – VI R 26/95, BStBl. II 1995, 744 = FR 1995, 823; keine AfaA für ein bereits abgeschriebenes Kfz., BFH v. 21.8.2012 – VIII R 33/09, BStBl. II 2013, 171 = FR 2013, 330) oder des Reparaturaufwands, wenn die Zerstörung oder Beschädigung bei der beruflichen Verwendung geschieht oder der Schaden in einem ausreichend engen Zusammenhang mit der beruflichen Sphäre steht (BFH v. 30.11.1993 – VI R 21/92, BStBl. II 1994, 256). Bei Verlusten auf einer Dienstreise ist dies dann anzunehmen, wenn die Mitnahme des Gegenstands für die Reise notwendig war (nicht bei Diebstahl v. Schmuck, FG München v. 7.7.1999 – 1 K 3088/98, EFG 1999, 1216) und es sich um die Konkretisierung einer typischen Reisegefahr handelt (BFH v. 30.6.1995 – VI R 26/95, BStBl. II 1995, 744 = FR 1995, 823).

Der Diebstahl v. Geld ist zumindest dann einkünftemindernd, wenn es sich im Reisegepäck oder im Hotelzimmer befand (*K/S/M*, § 9 Rn. B 700 „Diebstahl v. Geld"). Wird Geld gestohlen, das der ArbN bei sich führte, entsteht der Vermögensverlust nur gelegentlich des Arbeitsverhältnisses und bleibt unbeachtlich (*K/S/M*, § 9 Rn. B 700 „Diebstahl v. Geld"; **aA** *Schmidt*[37], § 9 Rn. 81). S. § 4 Rn. 257 „Bargelddiebstahl" und „Verlust (Zerstörung, Diebstahl und Unterschlagung)".

Verpflegungsmehraufwendungen s. § 9 Rn. 85, § 4 Rn. 186f. und § 12 Rn. 8.

Versicherungsbeiträge s. § 12 Rn. 8 und § 4 Rn. 257 „Versicherungen".

Versorgungsausgleich s. § 22 Rn. 35.

Vertragsstrafen wegen Nichtantritts einer Tätigkeit oder wegen Verletzung eines Konkurrenzverbots sind nicht als nachträgliche WK abziehbar, sondern nur im Hinblick auf die verursachende Tätigkeit (anderer oder neuer Arbeitsplatz; BFH v. 7.12.2005 – I R 34/05, BFH/NV 2006, 1068; **aA** BFH v. 22.6.2006 – VI R 5/03, BStBl. II 2007, 4 = FR 2006, 1126 – im Ausbildungsverhältnis begründete Vertragsstrafe) WK des gegenwärtigen oder früheren Dienstverhältnisses.

Wahlkampfkosten s. § 4 Rn. 257 „Wahlkampfkosten". Für Landtags-, Bundestags- und Europaparlamentsabgeordnete s. § 22 Rn. 75; für Stadt- und Gemeinderäte s. Rn. 54 „Bürgermeister".

Wehrdienst: Keine WK sind Aufwendungen zur Freistellung vom Wehrdienst (BFH v. 20.12.1985 – VI R 45/84, BStBl. II 1986, 459 = FR 1986, 362), auch nicht Fahrtkosten für Einsätze beim Technischen Hilfswerk (FG BaWü. v. 9.3.1994 – 14 K 269/91, EFG 1994, 699); s. § 3 Rn. 16.

Wohnungskosten s. § 12 Rn. 8 und § 9 Rn. 69ff.

10. Laufende oder einmalige Bezüge mit oder ohne Rechtsanspruch (Abs. 1 S. 2). Nach Abs. 1 S. 2 ist es gleichgültig, ob es sich bei den Einnahmen iSd. Abs. 1 S. 1 um lfd. oder um einmalige Bezüge handelt und ob auf sie ein Rechtsanspruch besteht oder nicht. 80

C. Versorgungsbezüge – Bezüge als Rechtsnachfolger (Abs. 2)

I. Begriff der Versorgungsbezüge. Versorgungsbezüge sind Bezüge und sonstige Vorteile (auch Sachbezüge), die auf einem früheren[1] Dienstverhältnis beruhen. Dazu gehören neben den Beamtenpensionen und sonstigen Versorgungsbezügen nach Abs. 2 S. 2 Nr. 1 gem. Abs. 2 S. 2 Nr. 2 auch die Versorgungsbezüge im privaten Dienst. Im Unterschied zu Versorgungsbezügen im öffentl. Dienst setzen Letztere voraus, dass die Bezüge wegen Erreichens der Altersgrenze, verminderter Erwerbsunfähigkeit[2] oder als Hinterbliebenenbezüge gewährt werden. Erhält der ArbN den Bezug wegen Erreichens der Altersgrenze, muss er das 63. Lebensjahr[3] vollendet haben. Dass ein ArbN bestimmte Bezüge auch bereits vor Erreichen der Altersgrenze erhalten hat, ist für die Annahme von Versorgungsbezügen nicht schädlich.[4] Im Vergleich zu den Beamtenpensionen nach Abs. 2 S. 2 Nr. 1, die altersunabhängig als Versorgungsbezüge eingestuft werden, ist dies sachlich gerechtfertigt.[5] 81

Nur Arbeitslöhne können Versorgungsbezüge sein. Daran fehlt es bei Renten aus der gesetzlichen Rentenversicherung, weil diese nicht Gegenleistung für die Zur-Vfg.-Stellung v. Arbeitskraft sind, sondern Erträge aus dem Versicherungsverhältnis, ua. auch aus dem durch Einzahlung[6] erworbenen Rentenanspruch. Dass Versorgungsbezüge nicht – wie derzeit die Sozialversicherungsrenten – nur mit dem Ertragsanteil zu versteuern sind, verletzt insbes. wegen der durch das AltEinkG[7] eingeleiteten Neuordnung der Besteuerung aller Alterseinkünfte den allgemeinen Gleichheitssatz nicht.[8] 82

Nachzahlungen v. Arbeitslohn für die aktive Tätigkeit[9] sowie Vorruhestandsbezüge, wie zB die während der Freistellungsphase eines Altersteilzeitmodells gezahlten Bezüge,[10] sind Erträge aus einem gegenwärtigen Dienstverhältnis (s. § 3 Rn. 76ff.) und daher keine Versorgungsbezüge. Ein „gleichartiger Bezug" iSd. 83

---

1 Dh., der ArbN muss von der Verpflichtung zu Dienstleistungen entbunden sein; BFH v. 12.2.2009 – VI R 50/07, BStBl. II 2009, 460 = FR 2009, 820 m. Anm. *Bergkemper*. Zum Begriff eines „gegenwärtigen Dienstverhältnisses" s. § 3 Rn. 76.
2 Dazu gehört auch die Berufsunfähigkeit. Deren ausdrückliche Erwähnung konnte deshalb entfallen (BR-Drucks. 2/04, 63).
3 Bei Schwerbehinderung (= Behinderungsgrad mindestens 50 %) das 60. Lebensjahr.
4 FG München v. 8.5.2018 – 6 K 2979/17, juris (Rev. VI R 26/18).
5 BFH v. 7.2.2013 – VI R 12/11, BStBl. II 2013, 576 = FR 2013, 911 m. Anm. *Bergkemper*.
6 Oder aus anderen Gründen (zB Anrechnungszeiten).
7 G v. 5.7.2004, BGBl. I 2004, 1427.
8 BFH v. 7.2.2013 – VI R 83/10, BStBl. II 2013, 573 = FR 2013, 1100.
9 FG Nürnb. v. 6.3.1985 – V 206/84, EFG 1985, 607.
10 BFH v. 21.3.2013 – VI R 5/12, BStBl. II 2013, 611.

Abs. 2 S. 2 Nr. 1 lit. a liegt aber bei der sog. 58er-Regelung vor.[1] Wird der Versorgungsbezug wegen Arbeitslohn aus einem gegenwärtigen Dienstverhältnis (zB nach § 53 BeamtVG) gekürzt, ist nur der gekürzte Teil Versorgungsbezug.[2] Auch Beihilfeleistungen für Krankheitskosten können Versorgungsbezüge sein.[3] Zur letztwillig verfügten Entlohnung s. § 22.[4] Zu weiteren Arten und Beispielen für Versorgungsbezüge s. R 19.8 Abs. 1 LStR.

84 **II. Versorgungsfreibetrag.** Gem. Abs. 2 S. 1 wird für Versorgungsbezüge ein Versorgungsfreibetrag[5] gewährt. Bis zum VZ 2004 betrug er 40 % der Versorgungsbezüge, höchstens 3 072 Euro. Er sollte die Ungleichbehandlung zw. Renten und Pensionen ausgleichen. Der Freibetrag wird pro Jahr einmal gewährt, auch wenn Versorgungsbezüge für mehrere Jahre nachbezahlt wurden.[6] Er darf nicht auf pauschalierten Arbeitslohn angewandt werden.[7]

85 Durch das AltEinkG[8] wird der Versorgungsfreibetrag parallel zum Hineinwachsen der Renten in die Besteuerung (§ 22 Rn. 36) über 35 Jahre auf 0 Euro abgeschmolzen. Dabei gilt das „Kohortenprinzip" (§ 22 Rn. 36). Maßgeblich ist das Kj. des Versorgungsbeginns. Damit ist der Zeitpunkt gemeint, für den die ersten Versorgungsbezüge geleistet werden, nicht das Kj. des ersten Zuflusses der Versorgungsbezüge. Der nach den Verhältnissen des Erstjahrs errechnete Versorgungsfreibetrag wird zeitlebens berücksichtigt. Er gilt gem. Abs. 2 S. 7 für Hinterbliebenenbezüge weiter, die Versorgungsbezüge fortführen. Bei mehreren Versorgungsbezügen ist ein einheitlicher Versorgungsfreibetrag zu errechnen. Die maßgebliche Kohorte bestimmt sich dabei gem. Abs. 2 S. 6 nach dem Beginn des ersten Versorgungsbezugs. Bis 2020 wird der Höchstbetrag um jährlich 120 Euro, der prozentuale Anteil um jährlich 1,6 % abgeschmolzen, ab 2021 sinkt die Abschmelzung auf jährlich 60 Euro und 0,8 %.

86 Der Versorgungsfreibetrag ermittelt sich gem. Abs. 2 S. 4 lit. b aus dem Zwölffachen des ersten monatlichen Versorgungsbezugs, zu dem die voraussichtlichen Sonderzahlungen des Kj. hinzugerechnet werden, wenn auf sie ein Rechtsanspruch besteht. Für vor 2005 schon begonnene Versorgungsbezüge ist gem. Abs. 2 S. 4 lit. a der Januar 2005 entscheidend. Der so ermittelte Betrag gilt gem. Abs. 2 S. 8 grds. für die gesamte Dauer der Versorgungsbezüge.[9] Insbes. regelmäßige Anpassungen verändern nach Abs. 2 S. 9 die Höhe des errechneten Betrags nicht. Nach Abs. 2 S. 10 ist der Versorgungsfreibetrag aber neu zu berechnen, wenn sich der Versorgungsbezug durch Anrechnungs- Ruhens-, Erhöhungs- oder Kürzungsregeln verändert. Für diese Neuberechnung verändert sich aber nur die Bemessungsgrundlage nach Abs. 2 S. 4, nicht aber die Zuordnung zur Kohorte. Im Kj. der Änderung selbst gilt der neue Versorgungsfreibetrag nur, wenn er höher ist als der bisherige (Abs. 2 S. 11). Nach Abs. 2 S. 12 wird der Versorgungsfreibetrag zeitanteilig für Monate gekürzt, für die keine Versorgungsbezüge gezahlt werden. Der Zuflusszeitpunkt ist dabei unerheblich. Fließen die Dezemberbezüge erst im Folgejahr zu, ist in beiden Jahren der gleiche Versorgungsfreibetrag zu gewähren.

87 **III. Zuschlag zum Versorgungsfreibetrag.** Für Versorgungsbezüge gilt ab 2005 nur noch ein WK-PB v. 102 Euro. Um diese Absenkung in der Übergangsphase auszugleichen, werden über diesen Zuschlag die Versorgungsbezüge steuerbefreit. Der Zuschlag beträgt bei Versorgungsbeginn in 2005 noch 900 Euro.[10] Er wird bis 2020 jährlich um 36 Euro, dann jährlich um 18 Euro abgeschmolzen. Auch für den Zuschlag gilt das Kohortenprinzip. Der Zuschlag verändert sich entgegen des anderslautenden Wortlauts des Abs. 2 S. 10 bei einer Neuberechnung des Versorgungsfreibetrags nicht.[11] Die für die Höhe des Zuschlags ausschließlich maßgebliche Zuordnung zu einer Kohorte bestimmt sich allein nach dem Versorgungsbeginn. Dieser wird v. Anrechnungs- Ruhens-, Erhöhungs- oder Kürzungsregeln nicht berührt. Die Regelung unterstellt dabei für die nächsten 35 Jahre eine dauerhafte gleich bleibende Betragsdistanz zw. ArbN-PB und WK-Pauschale für Versorgungsbezüge. Durch den Zuschlag dürfen gem. Abs. 2 S. 5 keine negativen Einkünfte aus den Versorgungsbezügen entstehen. Anders als der ArbN-PB wird der Zuschlag aber nach Abs. 2 S. 12 anteilig für die Monate gekürzt, für die keine Versorgungsbezüge gezahlt wurden.

1 BFH v. 12.2.2009 – VI R 50/07, BStBl. II 2009, 460 = FR 2009, 820 m. Anm. *Bergkemper.*
2 R 19.8 Abs. 3 LStR.
3 BFH v. 6.2.2013 – VI R 28/11, BStBl. II 2013, 572; ggf. nach § 3 Nr. 11 stfrei (s. § 3 Rn. 29).
4 Dort Rn. 1 unter Bezugnahme auf BFH v. 16.12.1998 – II R 38/97, FR 1999, 540 = BFH/NV 1999, 931.
5 Zu Sonderfällen der Berechnung s. BMF v. 19.8.2013, BStBl. I 2013, 1087.
6 BFH v. 23.7.1974 – VI R 116/72, BStBl. II 1974, 680.
7 R 39b.3 Abs. 1 S. 4 LStR.
8 BGBl. I 2004, 1427.
9 Zur Berechnung bei mehreren Versorgungsbezügen mit unterschiedlichem Bezugsbeginn s. *Risthaus,* DB 2004, 1329 (1338).
10 Der Betrag rechtfertigt sich aus der Differenz des ArbN-PB zum neuen WK-PB. Er wurde auf 900 Euro aufgerundet, weil der Versorgungsfreibetrag abgerundet wurde. Insgesamt ist die Regelung in 2005 um 10 Euro günstiger.
11 IErg. glA *Risthaus,* DB 2004, 1329 (1338): Einbeziehung bei Neuberechnung nicht erforderlich.

§ 19a

(weggefallen)

Benutzerhinweis: § 19a wurde durch G v. 7.3.2009 (BGBl. I 2009, 451) mit Wirkung ab 1.4.2009 aufgehoben; s. auch die erweiterte Nachfolgeregelung in § 3 Nr. 39. Zur zeitlichen Anwendung des § 19a s. § 52 Abs. 27.[1] *Die Norm ist letztmalig in der 10. Auflage kommentiert.* 1

e) Kapitalvermögen (§ 2 Absatz 1 Satz 1 Nummer 5)

§ 20 [Einkünfte aus Kapitalvermögen]

(1) Zu den Einkünften aus Kapitalvermögen gehören

1. Gewinnanteile (Dividenden), Ausbeuten und sonstige Bezüge aus Aktien, Genussrechten, mit denen das Recht am Gewinn und Liquidationserlös einer Kapitalgesellschaft verbunden ist, aus Anteilen an Gesellschaften mit beschränkter Haftung, an Erwerbs- und Wirtschaftsgenossenschaften sowie an bergbautreibenden Vereinigungen, die die Rechte einer juristischen Person haben. ²Zu den sonstigen Bezügen gehören auch verdeckte Gewinnausschüttungen. ³Die Bezüge gehören nicht zu den Einnahmen, soweit sie aus Ausschüttungen einer Körperschaft stammen, für die Beträge aus dem steuerlichen Einlagekonto im Sinne des § 27 des Körperschaftsteuergesetzes als verwendet gelten. ⁴Als sonstige Bezüge gelten auch Einnahmen, die anstelle der Bezüge im Sinne des Satzes 1 von einem anderen als dem Anteilseigner nach Absatz 5 bezogen werden, wenn die Aktien mit Dividendenberechtigung erworben, aber ohne Dividendenanspruch geliefert werden;

2. Bezüge, die nach der Auflösung einer Körperschaft oder Personenvereinigung im Sinne der Nummer 1 anfallen und die nicht in der Rückzahlung von Nennkapital bestehen; Nummer 1 Satz 3 gilt entsprechend. ²Gleiches gilt für Bezüge, die auf Grund einer Kapitalherabsetzung oder nach der Auflösung einer unbeschränkt steuerpflichtigen Körperschaft oder Personenvereinigung im Sinne der Nummer 1 anfallen und die als Gewinnausschüttung im Sinne des § 28 Absatz 2 Satz 2 und 4 des Körperschaftsteuergesetzes gelten;

3. Investmenterträge nach § 16 des Investmentsteuergesetzes;

3a. Spezial-Investmenterträge nach § 34 des Investmentsteuergesetzes;

4. Einnahmen aus der Beteiligung an einem Handelsgewerbe als stiller Gesellschafter und aus partiarischen Darlehen, es sei denn, dass der Gesellschafter oder Darlehensgeber als Mitunternehmer anzusehen ist. ²Auf Anteile des stillen Gesellschafters am Verlust des Betriebes sind § 15 Absatz 4 Satz 6 bis 8 und § 15a sinngemäß anzuwenden;

5. Zinsen aus Hypotheken und Grundschulden und Renten aus Rentenschulden. ²Bei Tilgungshypotheken und Tilgungsgrundschulden ist nur der Teil der Zahlungen anzusetzen, der als Zins auf den jeweiligen Kapitalrest entfällt;

6. der Unterschiedsbetrag zwischen der Versicherungsleistung und der Summe der auf sie entrichteten Beiträge (Erträge) im Erlebensfall oder bei Rückkauf des Vertrags bei Rentenversicherungen mit Kapitalwahlrecht, soweit nicht die lebenslange Rentenzahlung gewählt und erbracht wird, und bei Kapitalversicherungen mit Sparanteil, wenn der Vertrag nach dem 31. Dezember 2004 abgeschlossen worden ist. ²Wird die Versicherungsleistung nach Vollendung des 60. Lebensjahres des Steuerpflichtigen und nach Ablauf von zwölf Jahren seit dem Vertragsabschluss ausgezahlt, ist die Hälfte des Unterschiedsbetrags anzusetzen. ³Bei entgeltlichem Erwerb des Anspruchs auf die Versicherungsleistung treten die Anschaffungskosten an die Stelle der vor dem Erwerb entrichteten Beiträge. ⁴Die Sätze 1 bis 3 sind auf Erträge aus fondsgebundenen Lebensversicherungen, auf Erträge im Erlebensfall bei Rentenversicherungen ohne Kapitalwahlrecht, soweit keine lebenslange Rentenzahlung vereinbart und erbracht wird, und auf Erträge bei Rückkauf des Vertrages bei Rentenversicherungen ohne Kapitalwahlrecht entsprechend anzuwenden. ⁵Ist in einem Versicherungsvertrag eine gesonderte Verwaltung von spe-

1 BMF v. 8.12.2009, BStBl. I 2009, 1513 Tz. 3.

ziell für diesen Vertrag zusammengestellten Kapitalanlagen vereinbart, die nicht auf öffentlich vertriebene Investmentfondsanteile oder Anlagen, die die Entwicklung eines veröffentlichten Indexes abbilden, beschränkt ist, und kann der wirtschaftlich Berechtigte unmittelbar oder mittelbar über die Veräußerung der Vermögensgegenstände und die Wiederanlage der Erlöse bestimmen (vermögensverwaltender Versicherungsvertrag), sind die dem Versicherungsunternehmen zufließenden Erträge dem wirtschaftlich Berechtigten aus dem Versicherungsvertrag zuzurechnen; Sätze 1 bis 4 sind nicht anzuwenden. [6]Satz 2 ist nicht anzuwenden, wenn

a) in einem Kapitallebensversicherungsvertrag mit vereinbarter laufender Beitragszahlung in mindestens gleichbleibender Höhe bis zum Zeitpunkt des Erlebensfalls die vereinbarte Leistung bei Eintritt des versicherten Risikos weniger als 50 Prozent der Summe der für die gesamte Vertragsdauer zu zahlenden Beiträge beträgt und

b) bei einem Kapitallebensversicherungsvertrag die vereinbarte Leistung bei Eintritt des versicherten Risikos das Deckungskapital oder den Zeitwert der Versicherung spätestens fünf Jahre nach Vertragsabschluss nicht um mindestens 10 Prozent des Deckungskapitals, des Zeitwerts oder der Summe der gezahlten Beiträge übersteigt. [2]Dieser Prozentsatz darf bis zum Ende der Vertragslaufzeit in jährlich gleichen Schritten auf Null sinken.

[7]Hat der Steuerpflichtige Ansprüche aus einem von einer anderen Person abgeschlossenen Vertrag entgeltlich erworben, gehört zu den Einkünften aus Kapitalvermögen auch der Unterschiedsbetrag zwischen der Versicherungsleistung bei Eintritt eines versicherten Risikos und den Aufwendungen für den Erwerb und Erhalt des Versicherungsanspruches; insoweit findet Satz 2 keine Anwendung. [8]Satz 7 gilt nicht, wenn die versicherte Person den Versicherungsanspruch von einem Dritten erwirbt oder aus anderen Rechtsverhältnissen entstandene Abfindungs- und Ausgleichsansprüche arbeitsrechtlicher, erbrechtlicher oder familienrechtlicher Art durch Übertragung von Ansprüchen aus Versicherungsverträgen erfüllt werden. [9]Bei fondsgebundenen Lebensversicherungen sind 15 Prozent des Unterschiedsbetrages steuerfrei oder dürfen nicht bei der Ermittlung der Einkünfte abgezogen werden, soweit der Unterschiedsbetrag aus Investmenterträgen stammt;

7. **Erträge aus sonstigen Kapitalforderungen jeder Art, wenn die Rückzahlung des Kapitalvermögens oder ein Entgelt für die Überlassung des Kapitalvermögens zur Nutzung zugesagt oder geleistet worden ist, auch wenn die Höhe der Rückzahlung oder des Entgelts von einem ungewissen Ereignis abhängt. [2]Dies gilt unabhängig von der Bezeichnung und der zivilrechtlichen Ausgestaltung der Kapitalanlage. [3]Erstattungszinsen des § 233a der Abgabenordnung sind Erträge im Sinne des Satzes 1;**
8. **Diskontbeträge von Wechseln und Anweisungen einschließlich der Schatzwechsel;**
9. **[1]Einnahmen aus Leistungen einer nicht von der Körperschaftsteuer befreiten Körperschaft, Personenvereinigung oder Vermögensmasse im Sinne des § 1 Absatz 1 Nummer 3 bis 5 des Körperschaftsteuergesetzes, die Gewinnausschüttungen im Sinne der Nummer 1 wirtschaftlich vergleichbar sind, soweit sie nicht bereits zu den Einnahmen im Sinne der Nummer 1 gehören; Nummer 1 Satz 2, 3 und Nummer 2 gelten entsprechend. [2]Satz 1 ist auf Leistungen von vergleichbaren Körperschaften, Personenvereinigungen oder Vermögensmassen, die weder Sitz noch Geschäftsleitung im Inland haben, entsprechend anzuwenden;**
10. **a) Leistungen eines nicht von der Körperschaftsteuer befreiten Betriebs gewerblicher Art im Sinne des § 4 des Körperschaftsteuergesetzes mit eigener Rechtspersönlichkeit, die zu mit Gewinnausschüttungen im Sinne der Nummer 1 Satz 1 wirtschaftlich vergleichbaren Einnahmen führen; Nummer 1 Satz 2, 3 und Nummer 2 gelten entsprechend;**

    b) der nicht den Rücklagen zugeführte Gewinn und verdeckte Gewinnausschüttungen eines nicht von der Körperschaftsteuer befreiten Betriebs gewerblicher Art im Sinne des § 4 des Körperschaftsteuergesetzes ohne eigene Rechtspersönlichkeit, der den Gewinn durch Betriebsvermögensvergleich ermittelt oder Umsätze einschließlich der steuerfreien Umsätze, ausgenommen die Umsätze nach § 4 Nummer 8 bis 10 des Umsatzsteuergesetzes, von mehr als 350 000 Euro im Kalenderjahr oder einen Gewinn von mehr als 30 000 Euro im Wirtschaftsjahr hat, sowie der Gewinn im Sinne des § 22 Absatz 4 des Umwandlungssteuergesetzes. [2]Die Auflösung der Rücklagen zu Zwecken außerhalb des Betriebs gewerblicher Art führt zu einem Gewinn im Sinne des Satzes 1; in Fällen der Einbringung nach dem Sechsten und des Formwechsels nach dem Achten Teil des Umwandlungssteuergesetzes gelten die Rücklagen als aufgelöst. [3]Bei dem Geschäft der Veranstaltung von Werbesen-

dungen der inländischen öffentlich-rechtlichen Rundfunkanstalten gelten drei Viertel des Einkommens im Sinne des § 8 Absatz 1 Satz 3 des Körperschaftsteuergesetzes als Gewinn im Sinne des Satzes 1. [4]Die Sätze 1 und 2 sind bei wirtschaftlichen Geschäftsbetrieben der von der Körperschaftsteuer befreiten Körperschaften, Personenvereinigungen oder Vermögensmassen entsprechend anzuwenden. [5]Nummer 1 Satz 3 gilt entsprechend. [6]Satz 1 in der am 12. Dezember 2006 geltenden Fassung ist für Anteile, die einbringungsgeboren im Sinne des § 21 des Umwandlungssteuergesetzes in der am 12. Dezember 2006 geltenden Fassung sind, weiter anzuwenden;

11. Stillhalterprämien, die für die Einräumung von Optionen vereinnahmt werden; schließt der Stillhalter ein Glattstellungsgeschäft ab, mindern sich die Einnahmen aus den Stillhalterprämien um die im Glattstellungsgeschäft gezahlten Prämien.

(2) [1]Zu den Einkünften aus Kapitalvermögen gehören auch

1. der Gewinn aus der Veräußerung von Anteilen an einer Körperschaft im Sinne des Absatzes 1 Nummer 1. [2]Anteile an einer Körperschaft sind auch Genussrechte im Sinne des Absatzes 1 Nummer 1, den Anteilen im Sinne des Absatzes 1 Nummer 1 ähnliche Beteiligungen und Anwartschaften auf Anteile im Sinne des Absatzes 1 Nummer 1;
2. der Gewinn aus der Veräußerung
   a) von Dividendenscheinen und sonstigen Ansprüchen durch den Inhaber des Stammrechts, wenn die dazugehörigen Aktien oder sonstigen Anteile nicht mitveräußert werden. [2]Soweit eine Besteuerung nach Satz 1 erfolgt ist, tritt diese insoweit an die Stelle der Besteuerung nach Absatz 1;
   b) von Zinsscheinen und Zinsforderungen durch den Inhaber oder ehemaligen Inhaber der Schuldverschreibung, wenn die dazugehörigen Schuldverschreibungen nicht mitveräußert werden. [2]Entsprechendes gilt für die Einlösung von Zinsscheinen und Zinsforderungen durch den ehemaligen Inhaber der Schuldverschreibung.

   [2]Satz 1 gilt sinngemäß für die Einnahmen aus der Abtretung von Dividenden- oder Zinsansprüchen oder sonstigen Ansprüchen im Sinne des Satzes 1, wenn die dazugehörigen Anteilsrechte oder Schuldverschreibungen nicht in einzelnen Wertpapieren verbrieft sind. [3]Satz 2 gilt auch bei der Abtretung von Zinsansprüchen aus Schuldbuchforderungen, die in ein öffentliches Schuldbuch eingetragen sind;
3. der Gewinn
   a) bei Termingeschäften, durch die der Steuerpflichtige einen Differenzausgleich oder einen durch den Wert einer veränderlichen Bezugsgröße bestimmten Geldbetrag oder Vorteil erlangt;
   b) aus der Veräußerung eines als Termingeschäft ausgestalteten Finanzinstruments;
4. der Gewinn aus der Veräußerung von Wirtschaftsgütern, die Erträge im Sinne des Absatzes 1 Nummer 4 erzielen;
5. der Gewinn aus der Übertragung von Rechten im Sinne des Absatzes 1 Nummer 5;
6. der Gewinn aus der Veräußerung von Ansprüchen auf eine Versicherungsleistung im Sinne des Absatzes 1 Nummer 6. [2]Das Versicherungsunternehmen hat nach Kenntniserlangung von einer Veräußerung unverzüglich Mitteilung an das für den Steuerpflichtigen zuständige Finanzamt zu machen und auf Verlangen des Steuerpflichtigen eine Bescheinigung über die Höhe der entrichteten Beiträge im Zeitpunkt der Veräußerung zu erteilen;
7. der Gewinn aus der Veräußerung von sonstigen Kapitalforderungen jeder Art im Sinne des Absatzes 1 Nummer 7;
8. der Gewinn aus der Übertragung oder Aufgabe einer die Einnahmen im Sinne des Absatzes 1 Nummer 9 vermittelnden Rechtsposition.

[2]Als Veräußerung im Sinne des Satzes 1 gilt auch die Einlösung, Rückzahlung, Abtretung oder verdeckte Einlage in eine Kapitalgesellschaft; in den Fällen von Satz 1 Nummer 4 gilt auch die Vereinnahmung eines Auseinandersetzungsguthabens als Veräußerung. [3]Die Anschaffung oder Veräußerung einer unmittelbaren oder mittelbaren Beteiligung an einer Personengesellschaft gilt als Anschaffung oder Veräußerung der anteiligen Wirtschaftsgüter. [4]Wird ein Zinsschein oder eine Zinsforderung vom Stammrecht abgetrennt, gilt dies als Veräußerung der Schuldverschreibung und als Anschaffung der durch die Trennung entstandenen Wirtschaftsgüter. [5]Eine Trennung gilt

als vollzogen, wenn dem Inhaber der Schuldverschreibung die Wertpapierkennnummern für die durch die Trennung entstandenen Wirtschaftsgüter zugehen.

(3) Zu den Einkünften aus Kapitalvermögen gehören auch besondere Entgelte oder Vorteile, die neben den in den Absätzen 1 und 2 bezeichneten Einnahmen oder an deren Stelle gewährt werden.

(3a) Korrekturen im Sinne des § 43a Absatz 3 Satz 7 sind erst zu dem dort genannten Zeitpunkt zu berücksichtigen. Weist der Steuerpflichtige durch eine Bescheinigung der auszahlenden Stelle nach, dass sie die Korrektur nicht vorgenommen hat und auch nicht vornehmen wird, kann der Steuerpflichtige die Korrektur nach § 32d Absatz 4 und 6 geltend machen.

(4) [1]Gewinn im Sinne des Absatzes 2 ist der Unterschied zwischen den Einnahmen aus der Veräußerung nach Abzug der Aufwendungen, die im unmittelbaren sachlichen Zusammenhang mit dem Veräußerungsgeschäft stehen, und den Anschaffungskosten; bei nicht in Euro getätigten Geschäften sind die Einnahmen im Zeitpunkt der Veräußerung und die Anschaffungskosten im Zeitpunkt der Anschaffung in Euro umzurechnen. [2]In den Fällen der verdeckten Einlage tritt an die Stelle der Einnahmen aus der Veräußerung der Wirtschaftsgüter ihr gemeiner Wert; der Gewinn ist für das Kalenderjahr der verdeckten Einlage anzusetzen. [3]Ist ein Wirtschaftsgut im Sinne des Absatzes 2 in das Privatvermögen durch Entnahme oder Betriebsaufgabe überführt worden, tritt an die Stelle der Anschaffungskosten der nach § 6 Absatz 1 Nummer 4 oder § 16 Absatz 3 angesetzte Wert. [4]In den Fällen des Absatzes 2 Satz 1 Nummer 6 gelten die entrichteten Beiträge im Sinne des Absatzes 1 Nummer 6 Satz 1 als Anschaffungskosten; ist ein entgeltlicher Erwerb vorausgegangen, gelten auch die nach dem Erwerb entrichteten Beiträge als Anschaffungskosten. [5]Gewinn bei einem Termingeschäft ist der Differenzausgleich oder der durch den Wert einer veränderlichen Bezugsgröße bestimmte Geldbetrag oder Vorteil abzüglich der Aufwendungen, die im unmittelbaren sachlichen Zusammenhang mit dem Termingeschäft stehen. [6]Bei unentgeltlichem Erwerb sind dem Einzelrechtsnachfolger für Zwecke dieser Vorschrift die Anschaffung, die Überführung des Wirtschaftsguts in das Privatvermögen, der Erwerb eines Rechts aus Termingeschäften oder die Beiträge im Sinne des Absatzes 1 Nummer 6 Satz 1 durch den Rechtsvorgänger zuzurechnen. [7]Bei vertretbaren Wertpapieren, die einem Verwahrer zur Sammelverwahrung im Sinne des § 5 des Depotgesetzes in der Fassung der Bekanntmachung vom 11. Januar 1995 (BGBl. I S. 34), das zuletzt durch Artikel 4 des Gesetzes vom 5. April 2004 (BGBl. I S. 502) geändert worden ist, in der jeweils geltenden Fassung anvertraut worden sind, ist zu unterstellen, dass die zuerst angeschafften Wertpapiere zuerst veräußert wurden. [8]Ist ein Zinsschein oder eine Zinsforderung vom Stammrecht abgetrennt worden, gilt als Veräußerungserlös der Schuldverschreibung deren gemeiner Wert zum Zeitpunkt der Trennung. [9]Für die Ermittlung der Anschaffungskosten ist der Wert nach Satz 8 entsprechend dem gemeinen Wert der neuen Wirtschaftsgüter aufzuteilen.

(4a) [1]Werden Anteile an einer Körperschaft, Vermögensmasse oder Personenvereinigung gegen Anteile an einer anderen Körperschaft, Vermögensmasse oder Personenvereinigung getauscht und wird der Tausch auf Grund gesellschaftsrechtlicher Maßnahmen vollzogen, die von den beteiligten Unternehmen ausgehen, treten abweichend von Absatz 2 Satz 1 und den §§ 13 und 21 des Umwandlungssteuergesetzes die übernommenen Anteile steuerlich an die Stelle der bisherigen Anteile, wenn das Recht der Bundesrepublik Deutschland hinsichtlich der Besteuerung des Gewinns aus der Veräußerung der erhaltenen Anteile nicht ausgeschlossen oder beschränkt ist oder die Mitgliedstaaten der Europäischen Union bei einer Verschmelzung Artikel 8 der Richtlinie 90/434/EWG anzuwenden haben; in diesem Fall ist der Gewinn aus einer späteren Veräußerung der erworbenen Anteile ungeachtet der Bestimmungen eines Abkommens zur Vermeidung der Doppelbesteuerung in der gleichen Art und Weise zu besteuern, wie die Veräußerung der Anteile an der übertragenden Körperschaft zu besteuern wäre, und § 15 Absatz 1a Satz 2 entsprechend anzuwenden. [2]Erhält der Steuerpflichtige in den Fällen des Satzes 1 zusätzlich zu den Anteilen eine Gegenleistung, gilt diese als Ertrag im Sinne des Absatzes 1 Nummer 1. [3]Besitzt bei sonstigen Kapitalforderungen im Sinne des Absatzes 1 Nummer 7 der Inhaber das Recht, bei Fälligkeit anstelle der Zahlung eines Geldbetrags vom Emittenten die Lieferung von Wertpapieren zu verlangen oder besitzt der Emittent das Recht, bei Fälligkeit dem Inhaber anstelle der Zahlung eines Geldbetrags Wertpapiere anzudienen und machen der Inhaber der Forderung oder der Emittent von diesem Recht Gebrauch, ist abweichend von Absatz 4 Satz 1 das Entgelt für den Erwerb der Forderung als Veräußerungspreis der Forderung und als Anschaffungskosten der erhaltenen Wertpapiere anzusetzen; Satz 2 gilt entsprechend. [4]Werden Bezugsrechte veräußert oder ausgeübt, die nach § 186 des Aktiengesetzes, § 55 des Gesetzes betreffend die Gesellschaften mit beschränkter Haftung oder eines vergleichbaren ausländischen Rechts einen Anspruch auf Abschluss eines Zeichnungsvertrags

begründen, wird der Teil der Anschaffungskosten der Altanteile, der auf das Bezugsrecht entfällt, bei der Ermittlung des Gewinns nach Absatz 4 Satz 1 mit 0 Euro angesetzt. [5]Werden einem Steuerpflichtigen Anteile im Sinne des Absatzes 2 Satz 1 Nummer 1 zugeteilt, ohne dass dieser eine gesonderte Gegenleistung zu entrichten hat, werden der Ertrag und die Anschaffungskosten dieser Anteile mit 0 Euro angesetzt, wenn die Voraussetzungen der Sätze 3 und 4 nicht vorliegen und die Ermittlung der Höhe des Kapitalertrags nicht möglich ist. [6]Soweit es auf die steuerliche Wirksamkeit einer Kapitalmaßnahme im Sinne der vorstehenden Sätze 1 bis 5 ankommt, ist auf den Zeitpunkt der Einbuchung in das Depot des Steuerpflichtigen abzustellen. [7]Geht Vermögen einer Körperschaft durch Abspaltung auf andere Körperschaften über, gelten abweichend von Satz 5 und § 15 des Umwandlungssteuergesetzes die Sätze 1 und 2 entsprechend.

(5) [1]Einkünfte aus Kapitalvermögen im Sinne des Absatzes 1 Nummer 1 und 2 erzielt der Anteilseigner. [2]Anteilseigner ist derjenige, dem nach § 39 der Abgabenordnung die Anteile an dem Kapitalvermögen im Sinne des Absatzes 1 Nummer 1 im Zeitpunkt des Gewinnverteilungsbeschlusses zuzurechnen sind. [3]Sind einem Nießbraucher oder Pfandgläubiger die Einnahmen im Sinne des Absatzes 1 Nummer 1 oder 2 zuzurechnen, gilt er als Anteilseigner.

(6) [1]Verluste aus Kapitalvermögen dürfen nicht mit Einkünften aus anderen Einkunftsarten ausgeglichen werden; sie dürfen auch nicht nach § 10d abgezogen werden. [2]Die Verluste mindern jedoch die Einkünfte, die der Steuerpflichtige in den folgenden Veranlagungszeiträumen aus Kapitalvermögen erzielt. [3]§ 10d Absatz 4 ist sinngemäß anzuwenden. [4]Verluste aus Kapitalvermögen im Sinne des Absatzes 2 Satz 1 Nummer 1 Satz 1, die aus der Veräußerung von Aktien entstehen, dürfen nur mit Gewinnen aus Kapitalvermögen im Sinne des Absatzes 2 Satz 1 Nummer 1 Satz 1, die aus der Veräußerung von Aktien entstehen, ausgeglichen werden; die Sätze 2 und 3 gelten sinngemäß. [5]Verluste aus Kapitalvermögen, die der Kapitalertragsteuer unterliegen, dürfen nur verrechnet werden oder mindern die Einkünfte, die der Steuerpflichtige in den folgenden Veranlagungszeiträumen aus Kapitalvermögen erzielt, wenn eine Bescheinigung im Sinne des § 43a Absatz 3 Satz 4 vorliegt.

(7) [1]§ 15b ist sinngemäß anzuwenden. [2]Ein vorgefertigtes Konzept im Sinne des § 15b Absatz 2 Satz 2 liegt auch vor, wenn die positiven Einkünfte nicht der tariflichen Einkommensteuer unterliegen.

(8) [1]Soweit Einkünfte der in den Absätzen 1, 2 und 3 bezeichneten Art zu den Einkünften aus Land- und Forstwirtschaft, aus Gewerbebetrieb, aus selbständiger Arbeit oder aus Vermietung und Verpachtung gehören, sind sie diesen Einkünften zuzurechnen. [2]Absatz 4a findet insoweit keine Anwendung.

(9) [1]Bei der Ermittlung der Einkünfte aus Kapitalvermögen ist als Werbungskosten ein Betrag von 801 Euro abzuziehen (Sparer-Pauschbetrag); der Abzug der tatsächlichen Werbungskosten ist ausgeschlossen. [2]Ehegatten, die zusammen veranlagt werden, wird ein gemeinsamer Sparer-Pauschbetrag von 1602 Euro gewährt. [3]Der gemeinsame Sparer-Pauschbetrag ist bei der Einkunftsermittlung bei jedem Ehegatten je zur Hälfte abzuziehen; sind die Kapitalerträge eines Ehegatten niedriger als 801 Euro, so ist der anteilige Sparer-Pauschbetrag insoweit, als er die Kapitalerträge dieses Ehegatten übersteigt, bei dem anderen Ehegatten abzuziehen. [4]Der Sparer-Pauschbetrag und der gemeinsame Sparer-Pauschbetrag dürfen nicht höher sein als die nach Maßgabe des Absatzes 6 verrechneten Kapitalerträge.

Verwaltung: BMF v. 9.1.2015, BStBl. I 2015, 111 (BgA als Schuldner der Kapitalerträge); v. 18.1.2016, BStBl. I 2016, 85, zuletzt ergänzt durch BMF v. 12.4.2018, BStBl. I 2018, 624 (Einzelfragen zur Abgeltungssteuer).

Literatur: *Aigner/Balbinot*, Die Besteuerung des Stillhalters von Optionsgeschäften nach § 20 EStG, DStR 2015, 198; *Bayer*, Verlorene Gesellschafterdarlehen im steuerlichen Privatvermögen, DStR 2009, 2397; *Bron*, Aktuelle Entwicklung im Rahmen von Kapitalmaßnahmen (§ 20 Abs. 4a EStG), DStR 2014, 353; *Bron/Seidel*, Die Besteuerung von Kapitalmaßnahmen (§ 20 Abs. 4a EStG) nach dem JStG 2010, BB 2010, 2599; *Czisz/Krane*, Die Besteuerung von Einkünften aus typisch stillen Gesellschaften unter der Abgeltungsteuer, DStR 2010, 2226; *Delp*, Investmentsteuerreform aus privater Anlegersicht, DB 2017, 447; *Delp*, Aktuelle Gestaltungs- und Problemzonen der Abgeltungsteuer, DB 2011, 196; *Dyckmans*, Die Novellierung des Investmentsteuergesetzes durch das AIFM-Steuer-Anpassungsgesetz, Ubg 2014, 217; *Elser/Stadler*, Einschneidende Änderungen der Investmentbesteuerung nach dem nunmehr in Kraft getretenen AIFM-Steuer-Anpassungsgesetz, DStR 2014, 233; *Englisch*, Verfassungsrechtliche und steuersystematische Kritik der Abgeltungssteuer, StuW 2007, 221; *Haas*, Substanzbesteuerung des Kapitalvermögens, DStR 2014, 567; *Haisch/Helios*, Steuerliche Produktregulierung durch das AIFM-StAnpG – Antworten auf Zweifelsfragen, FR 2014, 313; *Häuselmann*, Die kapitalertragsteuerliche Erfassung von Wertpapierleih- und Wertpapierpensionsgeschäften, FR 2010, 200; *Helios/Link*, Zweifelsfragen der Abgeltungssteuer auf Kapitalerträge aus Finanzinnovationen und offenen Fonds, DStR 2008, 386; *Helios/Philipp*, Besteuerung von Optionsgeschäften im Abgeltungsteuersystem – Gestaltungsmissbrauch bei der Veräußerung von faktisch wertlosen Optionsscheinen?, BB 2010, 95; *Heuermann*, Entwicklungslinien steuerbarer Veräußerung von Privatvermögen, DB 2013, 718; *Hey*, Verletzung fundamentaler Besteuerungsprinzipien durch die Gegenfinanzierungsmaßnahmen des Unternehmensteuerreformgesetzes, BB 2007, 1303; *Hirte/Mertz*, Eine Abgeltungsteuer, die ihren Namen verdient, DStR 2013, 331; *Jachmann-Michel*, Zur Einkünfteerzielungsabsicht bei Einkünften aus Kapitalvermögen, DStR 2017, 1849; *Jochum*, Verfassungsrechtliche Grenzen der Pauschalierung und Typisierung am Beispiel der Besteuerung privater Aktiengeschäfte, DStZ 2010, 309; *Kämmerer*, Abgeltungsteuer und das Verbot des Werbungskostenabzugs, DStR 2010, 27; *Kellersmann*, Behandlung „unrealisierter" Kapitalvermögenseinbußen im Rahmen der Abgeltungsteuer, FR 2012, 57; *Kirchhof*, Einkommen aus Kapital, DStJG 30 (2007), 1; *Knoblauch*, Verlustberücksichtigung bei Veräußerung „beinahe" wertloser Wertpapiere, DStR 2013, 798; *Lechner/Haisch/Bindel*, Einlagenrückgewähr durch Kapitalgesellschaften, Ubg 2010, 339; *Loos*, Ist die Einschränkung der Verrechnungsfähigkeit von Verlusten aus der Veräußerung von Aktien im Privatvermögen (§ 20 Abs. 6 Satz 5 EStG) verfassungskonform?, DStZ 2010, 78; *Mathäus*, Ertragsteuerliche Berücksichtigung von Forderungsverlusten im Privatvermögen, FR 2016, 888; *Matthiesen*, Anwendungsprobleme einer Abgeltungsteuer auf Zinserträge – Bedenken und Lösungsalternativen, FR 1999, 248; *Meilicke*, Nochmals: Abgeltungsteuer auf Bezugsrechte, DB 2010, 753; *Meinert/Helios*, Die Abzugsfähigkeit vergeblicher Aufwendungen bei Termingeschäften im Privatvermögen, DStR 2013, 508; *Melchior*, Unternehmensteuerreform 2008 und Abgeltungsteuer, DStR 2007, 1229; *Mertens/Karrenbrock*, Die Abgeltungsteuer im Kontext des objektiven und subjektiven Nettoprinzips, DStR 2013, 950; *Moritz/Strohm*, Stille Revolution bei der Besteuerung privater Optionsgeschäfte im Sinne des § 23 Abs. 1 Satz 1 Nr. 4 EStG aF, DB 2013, 603; *Obermann/Brill/Füllbier*, Die Neuregelung der ertragsteuerlichen Behandlung von Wertpapierleihgeschäften durch das UntStRefG 2008, BB 2007, 1647; *Philipowski*, Stillhalterprämie-Barausgleich-Besteuerung nach Leistungsfähigkeit, DStR 2017, 1362; *Philipowski*, Vereinnahmte Stillhalterprämien: Gezahlter Barausgleich nicht abziehbar?, DStR 2010, 2283; *Rockoff/Weber*, Verluste aus typischer Gesellschaft unter der Abgeltungsteuer, DStR 2010, 363; *Schmitt-Homann*, Abgeltungsteuer: Verlustanteil, Forderungsausfall, Bezugsrecht und Wertpapierleihe, BB 2010, 351; *Simonis/Grabbe/Faller*, Neuregelung der Fondsbesteuerung durch das AIFM-StAnpG, DB 2014, 16; *Stadler/Bindl*, Die Übergangsvorschriften zum neuen InvStG – Überblick und Handlungsempfehlungen, DStR 2017, 1409; *Steinlein*, Abgeltungsteuer und Kapitalmaßnahmen: Änderungen durch das Jahressteuergesetz 2009, DStR 2009, 509; *Strahl*, Hinweise zum Anwendungsschreiben zur Abgeltungsteuer und zu Kapitalerträgen in der Steuererklärung 2009, KÖSDI 2010, 16853; *Watrin/Benhof*, Besteuerung langfristiger privater Veräußerungsgewinne: Rechtliche Bedenken und Folgen für den Kapitalmarkt, DB 2007, 233; *Weißbrodt/Michalke*, Die sonstige Kapitalforderung iSv. § 20 Abs. 1 Nr. 7 EStG, DStR 2012, 1533; *Werth*, Erste BFH-Rechtsprechung zur Abgeltungsteuer, DStR 2015, 1343; *Zanzinger*, Besteuerung des nicht gewerblichen Stillhalters bei Optionsgeschäften, DStR 2010, 149.

A. Grundaussagen der Vorschrift

1 **I. Regelungsgegenstand. 1. Inhalt.** § 20 konkretisiert § 2 Abs. 1 S. 1 Nr. 5, der Einkünfte aus KapVerm. zu den der ESt unterliegenden Einkunftsarten rechnet. Er gibt allerdings keine allg. Definition der Einkünfte aus KapVerm., sondern zählt die Einnahmen auf, die zu diesen Einkünften gehören.

2 **2. Sachlicher Besteuerungstatbestand. a) Zustands-, Handlungs- und Erfolgstatbestand.** Rechtfertigender Grund der ESt ist, dass der Erwerbende durch die in den sieben Einkünftetatbeständen beschriebenen marktbezogenen Erwerbsgrundlagen den allg. Markt und die durch die Rechtsgemeinschaft bereitgestellten Erwerbsmöglichkeiten nutzen konnte. Hieran anknüpfend regelt § 2 Abs. 1 den Grundtatbestand des steuerbaren Einkommens mit den Merkmalen eines Zustands-, Handlungs- und Erfolgstatbestands (zu § 2 Rn. 7 ff.). § 20 erfasst in einem stark ausgeprägten Zustandstatbestand die Erwerbsgrundlage KapVerm. Demgegenüber ist der Handlungstatbestand im Fall des § 20 schwächer als bei den tätigkeitsbezogenen Einkünften aus LuF, GewBetr., selbständiger oder nichtselbständiger Arbeit. Das die Marktteilnahme gesondert kennzeichnende Tätigkeitsmerkmal muss aus der gesetzlich benannten Erwerbsgrundlage und dem aus deren Nutzen erzielten Erfolg abgeleitet werden. Einkünfte aus KapVerm. erzielt, wer durch Nutzung seines KapVerm. am Kapitalmarkt Erträge oder Wertzuwächse erwirtschaftet.[1] Die Steuer bemisst sich nach dem Erfolg, der mit der Nutzung der Erwerbsgrundlage KapVerm. erzielt wurde.

3 **b) Ausrichtung an der Quellentheorie und § 20 Abs. 2, 4.** Während die Gewinneinkünfte (LuF, GewBetr., selbständige Arbeit) an der Reinvermögenszugangstheorie orientiert sind, sind die Überschusseinkünfte (nichtselbständige Arbeit, KapVerm., VuV, sonstige Einkünfte) **an der Quellentheorie ausgerichtet**. Das EStG erfasst iRd. Überschusseinkünfte Einkünfte aus nichtselbständiger Arbeit und Quelleneinkünfte aus PV (KapVerm. und VuV). Hierbei entspr. es dem quellentheoretischen Konzept, dass Veräußerungseinkünfte und Wertveränderungen des Stammvermögens unberücksichtigt bleiben und es keine Einlagen, Entnahmen und Teilwertabschreibungen gibt.[2] Die Einkünfte aus KapVerm. iSd. § 20 sind Überschusseinkünfte, die an der Quellentheorie ausgerichtet sind und bei denen kein Vermögensvergleich stattfindet. Es werden nach dem theoretischen Ansatz keine Vermögensveränderungen in der Form des Vermögenszugangs, des Vermögensabgangs und der Wertveränderungen erfasst. Dieser Dualismus der Einkunftsarten mit der Ausrichtung der Gewinneinkünfte an der Reinvermögenszugangstheorie und der Ausrichtung der Überschusseinkünfte an der Quellentheorie wurde vor allem im Hinblick auf die Nichterfassung v. Gewinnen aus der Veräußerung der Vermögensgegenstände, die zur Erzielung v. Einkünften eingesetzt werden (sog. Erwerbsvermögen), kritisiert.[3] Das den Einkünften aus KapVerm. zugrunde liegende Konzept galt allerdings auch schon vor Einführung der Abgeltungsteuer zum 1.1.2009 nicht uneingeschränkt. Es wurden nach § 17 Gewinne aus der Veräußerung einer besteuerungsrelevanten Beteiligung an KapGes. besteuert, nach §§ 22, 23 Gewinne aus der Veräußerung v. Wertpapieren bei einer Haltedauer v. nicht mehr als einem Jahr und nach § 20 Abs. 2 S. 1 Nr. 4 aF iRd. Besteuerung der Marktrendite Wertänderungen der Kapitalanlage. Mit der zum 1.1.2009 eingeführten Abgeltungsteuer wurde das quellentheoretische Konzept noch stärker eingeschränkt. Die Neuregelung folgt weiterhin der Trennung v. Gewinneinkünften (LuF, GewBetr., selbständige Arbeit), die sich an der Reinvermögenszugangstheorie orientieren, und v. Überschusseinkünften (nichtselbständige Arbeit, KapVerm., VuV, sonstige Einkünfte), die an der Quellentheorie ausgerichtet sind. § 2 Abs. 2 ordnet die Einkünfte aus KapVerm. weiterhin den Überschusseinkünften zu. Das quellentheoretische Konzept wird allerdings eingeschränkt und der Dualismus der Einkunftsarten gemildert, indem nunmehr bei der Einkunftsart „Einkünfte aus KapVerm." **Gewinne (und Verluste) aus der Veräußerung des Erwerbsvermögens** erfasst werden. § 20 Abs. 2, 4 bezieht die Veräußerungserlöse ein, die zuvor (zT) v. § 23 erfasst wurden, und spricht iRd. Überschusseinkünfte v. einer Erfassung v. „Gewinnen". Die Überschusseinkunftsart des § 20 ist den Gewinneinkünften angenähert.[4]

4 Der Gesetzgeber hat **zum 1.1.2009 die „Abgeltungsteuer"** eingeführt. Es wurde für die v. § 20 definierten Einkünfte eine proportionale Steuer v. 25 % normiert, die nach § 43 Abs. 5 mit Abgeltungswirkung erhoben wird. Zugleich wurde der Katalog des § 20 Abs. 1 erweitert und wurden v. § 20 Abs. 2 **Gewinne aus**

---

1 *K/S/M*, § 2 Rn. B 160 mwN; vgl. allerdings noch Rn. 4; zur ök. Rechtfertigung: *Schneider*, StuW 2000, 421.
2 *Tipke*, Steuerrechtsordnung Bd. II, 2003, 643 f.; zu dem Dualismus BVerfG v. 9.7.1969 – 2 BvL 20/65, BVerfGE 26, 302 (310); zur Korrektur des Einkünftedualismus durch Tarifdualismus: *Wagner*, StuW 2000, 431.
3 Ausf. *Söhn*, DStJG 30 (2007), 12 (21 ff. mwN).
4 *Eckhoff*, FR 2007, 989 (990).

der Veräußerung v. KapVerm. unabhängig v. der Haltedauer in die Besteuerung einbezogen. Der Gesetzgeber begegnet damit der Kritik an dem Dualismus der Einkunftsarten. Er bezieht bei der Einkunftsart KapVerm. das zur Erzielung der Einkünfte eingesetzte Erwerbsvermögen in die Besteuerung ein. Er erübrigt zugleich die – allerdings vom Gesetzgeber noch nicht aufgehobene – Regelung des § 17, die nach der Absenkung der Mindestbeteiligung auf 1 % nicht mehr zu überzeugen vermochte (zumal die Differenzierung, ob die Beteiligung 1 % oder weniger beträgt, unabhängig v. der Größe der KapGes. gilt). Die Neuregelung führt zu einer erheblichen Vereinfachung, da sie die schwierige Abgrenzung v. lfd. Kapitalerträgen und Veräußerungsgewinnen bei Finanzinnovationen entbehrlich macht. Außerdem besteuert § 20 Abs. 2 nunmehr Gewinne aus der Veräußerung v. KapVerm. unabhängig v. der Haltedauer, während in der Vergangenheit die Veräußerung v. KapVerm. bei einer Haltedauer v. nicht mehr als einem Jahr im Rahmen v. § 23 erfasst wurde. Auch insoweit ist die Neuregelung als positiv zu bewerten, da § 23 systematisch und auch in der praktischen Handhabung unbefriedigend geworden war. Veräußerungsgewinne sollten nach § 23 nur ausnahmsweise bei atypisch kurzfristiger Umschichtung erfasst werden. Diese Differenzierung war bei Einkünften aus KapVerm. nicht mehr realitätsgerecht und tragfähig, da KapVerm. schneller als früher umgeschichtet wird. § 23 bot außerdem die Möglichkeit, Kursverluste innerhalb der Haltefrist zu realisieren, dieselben oder vergleichbare Aktien im Anschluss zu erwerben und nach Überschreiten der Haltedauer nicht steuerbare Veräußerungsgewinne zu realisieren.

Der Gesetzgeber hat es für das **Erwerbsvermögen iRd. Einkunftsart VuV** allerdings dabei belassen, dass Veräußerungsgewinne nur bei einer Haltedauer v. nicht mehr als zehn Jahren v. § 23 erfasst werden. Dies ist systematisch unbefriedigend. Der Dualismus der Einkunftsarten bleibt ungemildert, und es ist die Differenzierung zw. der Veräußerung v. KapVerm. und der Veräußerung v. Erwerbsvermögen iRd. Einkunftsart VuV nicht überzeugend. Allerdings kann der Gesetzgeber darauf verweisen, dass der Umschichtung des Erwerbsvermögens ggü. der bloßen Fruchtziehung bei Vermietungsvermögen weniger Bedeutung zukommt als bei KapVerm. Es wurde bisher bei Einkünften aus KapVerm. und Einkünften aus VuV nur die Fruchtziehung erfasst, die Gewinne aus der Veräußerung nur ausnahmsweise bei atypisch kurzfristiger (ein Jahr/zehn Jahre) Umschichtung. Diese Differenzierung war bei Einkünften aus KapVerm. nicht mehr realitätsgerecht und tragfähig (Rn. 4). Bei VuV dagegen ist die Umschichtung ggü. der bloßen Fruchtziehung nicht – vergleichbar der Situation bei KapVerm. – in den Vordergrund getreten.[1] Hinzu kommt, dass bei der Besteuerung v. Erlösen aus der Veräußerung v. Grundbesitz kein Vollzugsdefizit besteht. 5

Veräußerungsgewinne werden – ebenso wie lfd. Erträge aus KapVerm. – nach § 32d mit dem Steuersatz v. 25 % besteuert. Bei einem Wertpapiervermögen, das über Jahrzehnte gehalten wurde, trägt dieser relativ niedrige proportionale Sondertarif dem Problem des **Progressionseffektes** Rechnung, das sich durch die zusammengeballte Realisierung langjähriger Wertsteigerungen ergibt. Eine **Inflationsbereinigung** erfolgt allerdings – entspr. der Besteuerung v. Zinserträgen nach dem Nominalwertprinzip – nicht.[2] 6

Auch wenn Gewinne aus der Veräußerung v. KapVerm. im PV erfasst werden, besteht eine unterschiedliche Behandlung v. **KapVerm. im PV und im BV** fort. Laufende Erträge unterliegen im BV eines Personenunternehmens einem progressiven ESt-Satz oder dem Thesaurierungssatz und Nachversteuerungssatz des § 34a, im PV der Abgeltungsteuer. Bei KapVerm. im BV sind BA, zB in Form v. Finanzierungszinsen, abzugsfähig, bei KapVerm. im PV nur in Höhe des Sparer-PB. Kapitalanlagen können im BV steuerneutral (§§ 6 Abs. 5, 6b) umgeschichtet werden. Nur bei Kapitalanlagen im BV können Entnahmen zu einer Gewinnerhöhung führen und kann ein Wertverlust mit einer Teilwertabschreibung berücksichtigt werden. Veräußerungsgewinne unterliegen im BV der progressiven ESt bzw. dem Steuersatz nach § 34a und können nach § 16 (mit-)begünstigt sein. Im PV gilt § 32d. Veräußerungsverluste können im BV horizontal und vertikal mit positiven Einkünften verrechnet werden, im PV nur mit positiven Einkünften aus KapVerm. 7

Dem eingeschränkten quellentheoretischen Konzept des § 20 ist zu entspr. bei der Forderung des § 2 nach einer **Überschusserzielungsabsicht**.[3] Es ist für jede Kapitalanlage getrennt danach zu fragen, ob mit der Kapitalanlage über die gesamte Haltedauer nach den iRd. Einkunftsart maßgeblichen Regelungen zu ermittelnder Überschuss zu erwarten ist.[4] Dabei ist – wie im Bereich der gewerblichen Einkünfte – ein voraussichtlicher Veräußerungsgewinn iSv. § 20 Abs. 2, 4 einzubeziehen. Andererseits ist dem WK-Abzugs- 8

1 Vgl. auch Gutachten der Steuerreformkommission 1971, Schriftenreihe des BMF, Heft 17, 84f.
2 *Englisch*, StuW 2007, 221 (233f.); *Jachmann-Michel*, DStR 2017, 1849; BFH v. 14.3.2017 – VIII R 38/15, DStR 2017, 1867 (Verkauf einer Lebensversicherung).
3 BFH v. 30.3.1999 – VIII R 70/96, FR 1999, 1008 = BFH/NV 1999, 1323; v. 8.7.2003 – VIII R 43/01, BStBl. II 2003, 937 = FR 2003, 1287; v. 2.5.2001 – VIII R 32/00, BStBl. II 2001, 668 = FR 2001, 888.
4 BFH v. 25.6.1984 – GrS 4/82, BStBl. II 1984, 751 = FR 1984, 619; *Jachmann-Michel*, DStR 2017, 1849; BFH v. 14.3. 2017 – VIII R 38/15, DStR 2017, 1867 (Verkauf einer Lebensversicherung).

verbot des § 20 Abs. 9 Rechnung zu tragen und sind stl. nicht zu berücksichtigende WK außer Ansatz zu lassen.[1] Außerdem ist die Grenzlinie zw. steuerbarer und nicht steuerbarer Sphäre in ihrem exakten Verlauf jeweils gesondert für die einzelnen Kapitalanlage- und Ertragsformen des § 20 zu ermitteln. Die Ausgestaltung des einzelnen Steuertatbestandes ist maßgebend für die Frage, wie weit die stl. relevante Sphäre reicht. Die normativen Vorgaben für eine Beurteilung der Einkünfteerzielungsabsicht iRv. § 20 (Erfassung der realisierten Wertsteigerung des Kapitalstamms, WK-Abzugsverbot, Verlustverrechnungsbeschränkungen) sprechen für eine Vermutung der Einkünfteerzielungsabsicht. Diese Vermutung ist widerlegt, wenn ein positives Ergebnis einer Kapitalanlage auf Dauer von vornherein ausgeschlossen erscheint (zB bei einem fest vereinbarten Negativzins).[2] Die Vermutung der Einkünfteerzielungsabsicht wird allerdings nicht dadurch widerlegt, dass sich der StPfl. zu einer Veräußerung entschließt, um eine sich negativ entwickelnde Anlage zu beenden und einen noch höheren Verlust zu vermeiden.[3] Nach der Entsch. des BFH v. 14.3.2017 gilt so auch bei dem Rückkauf einer Sterbegeldversicherung die tatsächliche Vermutung der Einkünfteerzielungsabsicht. Zu deren Widerlegung – so der BFH – genüge weder das Vorliegen eines negativen Unterschiedsbetrags noch könne auf eine Einkünfteerzielungsabsicht beim Abschluss der Sterbegeldversicherung abgestellt werden.[4] Entspr. hat der BFH für den Verkauf einer Lebensversicherung angenommen, dass relevante Anhaltspunkte für eine Widerlegung der Vermutung der Einkünfteerzielungsabsicht fehlten.[5] Bei der **Rückzahlung v. Kapitaleinnahmen** bleibt es bei der stl. Erfassung der Einnahmen und zwar auch dann, wenn bereits bei Zufluss eine Verpflichtung zur Rückzahlung besteht. Die Rückzahlung führt zu negativen Einnahmen im Rückzahlungsjahr.[6] Die Rückzahlung v. Gewinnausschüttungen ist dagegen – auch wenn eine rechtl. oder tatsächliche Verpflichtung bestand – als Einlage zu behandeln, die nachträgliche AK begründet.[7]

9 **c) Kapitalertragsformen.** Bei einigen Kapitalanlageformen werden Einkünfte dadurch erzielt, dass zeitlich begrenzt **Kapital gegen Entgelt zur Nutzung überlassen** wird. Bei den Anlageformen des § 20 Abs. 1 Nr. 1 dagegen wird das Kapital dauerhaft und endg. auf die KapGes. übertragen und die Dividende ist der **Ertrag aus der vermögensmäßigen Beteiligung an der KapGes**. Gemeinsames Merkmal der Einkünfte aus KapVerm. ist insoweit, dass die zu versteuernden Erträge auf einem Rechtsverhältnis (iSd. § 24 Nr. 2)[8] beruhen, das dem die Einkünfte Erzielenden ein Vermögensrecht vermittelt. Dieses Vermögensrecht kann in einem Anspr. auf Rückgewähr des Kapitals und Zahlung eines nach der Höhe des überlassenen Kapitals und der Dauer der Kapitalnutzung bemessenen Entgelts oder aber in einer Beteiligung am Gewinn und am Liquidationsvermögen bestehen. Es geht auf eine Kapitalüberlassung zur Nutzung auf Zeit oder auf die Begr. der gesellschaftsrechtl. Beteiligung an einer Körperschaft bzw. an einem Unternehmensvermögen (stille Ges.) zurück.[9] Mit der Erweiterung des § 20 auf die Erfassung v. Stillhalterprämien in Abs. 1 Nr. 11 im Zuge der Einführung der Abgeltungsteuer wird eine dritte Form v. Einkünften v. § 20 geregelt. Die Stillhalterprämie ist kein Entgelt für die Überlassung v. Kapital zur Nutzung auf Zeit iSd. Abs. 1 Nr. 4–8 und auch kein Ausfluss eines Mitgliedschaftsrechts aus der Beteiligung an einer KapGes. iSd. Abs. 1 S. 1 Nr. 1, 2, 9 und 10. Die Prämie ist **Entgelt für die besonderen Verpflichtungen und Leistungen des Stillhalters** (Zinsverzicht, Eingehen eines Risikos, Bindung an das Optionsversprechen). Das die Marktteilnahme kennzeichnende Tätigkeitsmerkmal der Erzielung v. Erträgen durch Nutzung v. KapVerm. (vgl. Rn. 2) ist insoweit in dreifacher Hinsicht zu konkretisieren.

10 **d) Ausgleichsverbot (Abs. 6).** Mit der Einführung der Abgeltungsteuer wurde in Abs. 6 eine Begrenzung der Verlustverrechnung auf einen horizontalen Verlustvortrag geregelt. Abs. 6 S. 2 normiert ein Verbot des Ausgleichs v. Verlusten aus KapVerm. mit Einkünften aus anderen Einkunftsarten sowie ein Verbot des Abzugs nach § 10d. § 20 Abs. 6 S. 3 ordnet die Minderung der Einkünfte an, die der StPfl. in den folgenden VZ aus KapVerm. erzielt. Es können zwar nunmehr Verluste aus der Veräußerung v. KapVerm. mit positiven lfd. Kapitalerträgen ausgeglichen werden. Es ist aber kein die Einkunftsart übergreifender Ausgleich und auch kein Verlustrücktrag möglich. Der Gesetzgeber verweist zur Begr. auf den Sondertarif v. 25 % für Einkünfte aus KapVerm. und beruft sich damit auf eine Art v. **Symmetrieprinzip**. Da die Ein-

1 *Jachmann-Michel*, DStR 2017, 1849.
2 *Jachmann-Michel*, DStR 2017, 1849 (1850).
3 *Jachmann-Michel*, DStR 2017, 1849 (1851).
4 BFH v. 14.3.2017 – VIII R 25/14, DStR 2017, 1870.
5 BFH v. 14.3.2017 – VIII R 38/15, DStR 2017, 1867.
6 BFH v. 22.7.1997 – VIII R 13/96, BStBl. II 1997, 767 (772) = FR 1997, 949.
7 BFH v. 25.5.1999 – VIII R 59/97, BStBl. II 2001, 226 = FR 1999, 947 m. Anm. *Kempermann*.
8 BFH v. 29.3.2001 – IV R 71/99, BFH/NV 2001, 1251 (1252).
9 BFH v. 16.12.1992 – I R 32/92, BStBl. II 1993, 399 (400) = FR 1993, 403; *K/S/M*, § 20 Rn. B 29; vgl. auch BFH v. 26.11.1997 – X R 114/94, BStBl. II 1998, 190 (191) = FR 1998, 472; v. 14.12.1999 – VIII R 49/98, BStBl. II 2000, 341 (342) = FR 2000, 515.

künfte nur proportional niedrig besteuert werden, soll ihnen auch nur ein damit korrespondierendes Steuerminderungspotential zukommen.[1] Hierzu reichte es allerdings aus, wenn man die negativen Einkünfte aus KapVerm. mit dem Steuersatz des § 32d multiplizierte und den sich ergebenden Betrag v. der ESt-Schuld abzöge. Auch für den StPfl. mit niedrigerem Grenzsteuersatz ist die Argumentation nicht stichhaltig.[2] Sachlich rechtfertigen lässt sich das Ausgleichsverbot des Abs. 6 S. 2 allerdings mit dem Charakter der Abgeltungsteuer und dem ansonsten anfallenden erhöhten **Veranlagungsaufwand** und damit dem Gesichtspunkt der Vereinfachung. Zu berücksichtigen ist auch, dass es infolge des WK-Abzugsverbots des Abs. 9 bei lfd. Einnahmen aus KapVerm. idR (Ausnahme zB: Abs. 1 Nr. 11 HS 1; negative Einnahmen etwa in Form v. gezahlten Stückzinsen) nicht zu einem Verlust kommen wird, sondern ein Verlust aus der Veräußerung v. KapVerm. resultieren wird. Verluste aus der Veräußerung v. KapVerm. waren aber auch bisher nach § 23 nur eingeschränkt ausgleichs- und vortragsfähig. Es ist insoweit für den Verlustfall keine Verschlechterung eingetreten. Verluste sind auch bei Veräußerung innerhalb eines Jahres berücksichtigungsfähig und außerdem mit lfd. Einnahmen aus KapVerm. ausgleichsfähig.

Abs. 6 S. 5 enthält zusätzlich eine **spezielle Verlustausgleichsbeschränkung für Verluste aus der Veräußerung v. Aktien**. Zur Begr. wird auf den Einbruch der Aktienkurse in den Jahren 2000 bis 2002 und die Auswirkungen auf das Steueraufkommen bei einer vergleichbaren Entwicklung verwiesen, wenn die Möglichkeit der Verrechnung mit anderen Einkünften aus KapVerm. bestünde: Würde man zukünftig eine Verrechnung v. Veräußerungsverlusten aus Aktien mit anderen Erträgen aus Kapitaleinkünften, insbes. Zinsen und Dividenden, zulassen, bestünde die Gefahr, dass bei vergleichbaren Kursstürzen wie in den Jahren 2000 bis 2002 innerhalb kürzester Zeit Steuermindereinnahmen in Milliardenhöhe drohten.[3] Diese Verlustausgleichsbeschränkung stößt mit Verweis auf das Prinzip einer Besteuerung nach der wirtschaftlichen Leistungsfähigkeit auf Bedenken. Sie führt zu einer Besteuerung der Gewinne in Zeiten des Kursanstiegs und zu einer endg. Nichtberücksichtigung der erlittenen Verluste, wenn der StPfl. aufgrund der erlittenen Verluste nicht mehr neu in Aktien investieren kann oder will. Auch die Ungleichbehandlung v. Aktien einerseits und Aktienzertifikaten, Aktienfonds-Anteilen und Bezugsrechten auf Aktien andererseits wird kritisiert.[4] Dabei wird auch angeführt, dass der Gesetzgeber nur den Aktionären mit Streubesitzanteilen im Privatbesitz die Veräußerungsverlustverrechnung versagt. Besitzern von Aktien im BV oder Aktien, die mind. 1 % des Nennkapitals umfassen (§ 17 EStG), ist die Verlustverrechnung mit Einkünften anderer Einkunftsarten gestattet.[5] 11

e) Versagung des Werbungskosten-Abzugs (Abs. 9). Abs. 9 reduziert den WK-Abzug auf einen Sparer-PB v. 801 Euro bzw. 1602 Euro. Er nimmt die tatsächlichen WK vom Abzug aus. Das Abzugsverbot betrifft nicht nur zB **Vermögensverwaltungsgebühren**, sondern vor allem die bei einer **Fremdfinanzierung** des Erwerbs anfallenden Schuldzinsen.[6] Allgemeine Depot- oder Verwaltungsgebühren sind nicht abzugsfähig, steuerwirksam bleiben aber Anschaffungs- und Veräußerungs(neben)kosten. Dementspr. ist auch der **Transaktionskostenanteil** einer all-in-fee (also eines pauschalen Entgelts an das Kreditinstitut), welche auch Transaktionskosten abdeckt, abzugsfähig. Voraussetzung für den Abzug ist allerdings, dass sich der Transaktionskostenanteil aus dem Vermögensverwaltungsvertrag ergibt oder dieser gesondert abgerechnet wird.[7] Das Abzugsverbot des § 20 Abs. 9 gilt iRd. Abgeltungsteuer des § 32d. Es findet Anwendung, ohne dass die Möglichkeit besteht, zu einer Veranlagung zu optieren, um den WK-Abzug zu erreichen. Und es gilt auch im Fall der Option iSv. § 32d Abs. 6, wenn ohnehin eine Veranlagung durchzuführen ist. 12

Das Verbot des Abzugs der tatsächlichen WK missachtet das **Nettoprinzip**. Das EStRecht besteuert nach Maßgabe der wirtschaftlichen Leistungsfähigkeit. Ausdruck wirtschaftlicher Leistungsfähigkeit können aber nicht die erwirtschafteten Einnahmen sein, sondern nur der Nettobetrag, der Saldo der Einnahmen und der Aufwendungen zur Erzielung der Einnahmen. Das **BVerfG** hat es in seiner Entscheidung v. 27.6.1991 allerdings als zulässig angesehen, die Kapitaleinkünfte mit einer definitiven Abgeltungsteuer zu belasten, die in einem linearen Satz den absetzbaren Aufwand und den Progressionssatz in Durchschnittswerten typisiert.[8] Nach der Rspr. des BVerfG darf der Gesetzgeber zum Zweck der Vereinfachung generalisierende, typisierende und pauschalierende Regelungen treffen, ohne wegen der damit unvermeidlich ver- 13

1 *Englisch*, StuW 2007, 221 (237).
2 *Loos*, DB 2007, 704 (705); vgl. auch *Oho/Hagen/Lenz*, DB 2007, 1322 (1324).
3 BT-Drucks. 16/5491, 19.
4 *Jochum*, DStZ 2010, 309 (313); *Dinkelbach*, DB 2009, 870 (873); vgl. allerdings: BT-Drucks. 16/5491, 19.
5 *Loos*, DStZ 2010, 78.
6 *Fischer*, DStR 2007, 1898.
7 BMF v. 22.12.2009, BStBl. I 2010, 94 Rn. 93; *Graf/Paukstadt*, FR 2011, 249 (252).
8 BVerfG v. 27.6.1991 – 2 BvR 1493/89, BVerfGE 84, 239 (282) = FR 1991, 375 m. Anm. *Felix*; **aA** *Hey*, BB 2007, 1303 (1308) (Gleichbehandlung v. StPfl. unterschiedlicher Leistungsfähigkeit nur durch Berücksichtigung der tatsächlichen WK).

bundenen Härten gegen den allg. Gleichheitssatz zu verstoßen.[1] Auch der BFH hat keine Bedenken gegen die Verfassungsmäßigkeit des WK-Abzugsverbots.[2]

14 Der Gesetzgeber verweist darauf, dass der Sparer-PB bei typisierender Betrachtung eine hinreichende Berücksichtigung der WK in den unteren Einkommensgruppen gewährleiste, wohingegen die WK der oberen Einkommensgruppen durch den relativ niedrigen Proportionalsteuersatz v. 25 % **mit abgegolten** seien.[3] Der Gesetzgeber will eine Vereinfachung erreichen und eine Berücksichtigung der tatsächlichen WK im Rahmen einer Antragsveranlagung erübrigen. Es wäre möglich gewesen, den **tatsächlichen Aufwand auch im Rahmen einer Abgeltungsteuer** zu berücksichtigen, da der Bank, welche die Abgeltungsteuer einbehält, die Depot-, Konto- und Vermögensverwaltungsgebühren bekannt sind und eine Fremdfinanzierung der Kapitalanlage regelmäßig auch über diese erfolgen wird. Es stellt jedoch keinen Verfassungsverstoß dar, wenn der Gesetzgeber eine derartige Sachverhaltsermittlung und -würdigung den Banken nicht zumutet.[4] Bleiben die tatsächlichen WK aber iRd. KapESt-Abzugs unberücksichtigt, können sie nicht im Rahmen einer – aus anderen Gründen zugelassenen – Veranlagung berücksichtigt werden.[5]

15 Der Gesetzgeber versagt in Abs. 9 den über den Sparer-PB hinausgehenden WK-Abzug. Er **durchbricht dieses Prinzip** allerdings in Abs. 1 Nr. 11, wenn er Glattstellungsprämien zum Abzug v. Stillhalterprämien zulässt. Dieser Abzug entspr. zwar dem Prinzip der Besteuerung nach der wirtschaftlichen Leistungsfähigkeit, zumal den Glattstellungsprämien ein erhebliches Gewicht zukommen kann. Dies gilt allerdings auch für Fremdfinanzierungszinsen. Außerdem werden WK bei Veräußerungsvorgängen berücksichtigt, denn vom Veräußerungserlös sind nicht nur die AK (incl Anschaffungsnebenkosten), sondern auch die im unmittelbaren sachlichen Zusammenhang mit dem Veräußerungsgeschäft stehenden Aufwendungen abzuziehen. Ebenso sind nach wie vor Aufwendungen auf das KapVerm. abziehbar, wenn dieses zum BV gehört. Abziehbar sind auch Verlustanteile eines stillen G'ters nach Abs. 1 Nr. 4 S. 2 (Rn. 84).

16 **f) Binnensystem des § 20.** Abs. 1 nennt bestimmte **Kapitalanlageformen** und bestimmt die aus diesen Anlageformen stpfl. Erträge. Die Kapitalanlageformen lassen sich in Gruppen ordnen: In Abs. 1 Nr. 1, 2, 9 und 10 werden Erträge aus der Beteiligung an Körperschaften („Beteiligungserträge") erfasst. Abs. 1 Nr. 4 regelt die Beteiligung als stiller G'ter oder durch ein partiarisches Darlehen. Und Abs. 1 Nr. 5–8 erfassen Erträge aus Grundpfandrechten, Lebensversicherungen, Wechseln und sonstigen Kapitalforderungen. Abs. 1 Nr. 11 erfasst Stillhalterprämien. Abs. 2 bezieht Veräußerungsgewinne und Abs. 3 besondere Entgelte und Vorteile in die stpfl. Einkünfte aus KapVerm. ein. Abs. 3a trägt den Problemen Rechnung, die bei der Aufdeckung von Fehlern beim KapESt-Abzug nach Ablauf des Kj. auftreten. Abs. 4 ergänzt Abs. 2 und definiert den Gewinn iSv. Abs. 2. Abs. 4a trifft eine Regelung für „Kapitalmaßnahmen ohne Geldzahlungen". Abs. 5 regelt die persönliche Zurechnung der Beteiligungserträge iSv. Abs. 1 Nr. 1 und 2. Abs. 6 begrenzt die Verlustverrechnung auf einen horizontalen Verlustvortrag. Abs. 7 ordnet die sinngemäße Anwendung v. § 15b an, Abs. 8 das Zurücktreten v. Einkünften aus KapVerm. hinter die anderen Einkunftsarten, und Abs. 9 begrenzt den WK-Abzug auf einen WK-PB.

17 **3. Persönliche Zurechnung.** § 20 stützt sich auf einen starken Zustandstatbestand, KapVerm. als Erwerbsgrundlage, jedoch mit der Anknüpfung an die Nutzung dieses KapVerm. auf einen schwachen Handlungstatbestand (Rn. 2, § 2 Rn. 7 ff.). Das die Marktteilnahme kennzeichnende Tätigkeitsmerkmal wird aus der gesetzlich benannten Erwerbsgrundlage und dem aus deren Nutzung erzielten Erfolg abgeleitet. Dementspr. ist die personelle Zuordnung lockerer und die persönliche Zurechnung schwieriger als bei anderen Einkunftsarten.[6] Einkünfte aus KapVerm. sind dem Gläubiger des den Besteuerungstatbestand ausfüllenden Rechtsverhältnisses (Rn. 9) zuzurechnen.[7] Dies ist regelmäßig derjenige, der im Entstehungszeitpunkt der Erträge Anteilseigner, Inhaber des Wertpapiers oder Gläubiger der Forderung auf Kapitalrückzahlung ist. Bei einer **Übertragung des KapVerm.** richtet sich die persönliche Zurechnung der Ein-

---

1 BVerfG v. 21.6.2006 – 2 BvL 2/99, FR 2006, 766 (768).

2 BFH v. 1.7.2014 – VIII R 53/12, BStBl. II 2014, 975 Rn. 11; zuletzt BFH v. 28.2.2018 – VIII R 41/15, BStBl. II 2018, 487 Rn. 24 ff.

3 BT-Drucks. 220/07, 92.

4 BFH v. 1.7.2014 – VIII R 53/12, BStBl. II 2014, 975; *Musil*, FR 2010, 149 (154); **aA** *Jochum*, DStZ 2010, 309 (314); *Kämmerer*, DStR 2010, 27 (Problembeispiel: fremdfinanzierte Kapitallebensversicherung); *Wenzel*, DStR 2009, 1182 (verfassungswidrig); BFH v. 28.1.2015 – VIII R 13/13, BStBl. II 2015, 393 (verfassungskonforme Auslegung von § 32d Abs. 6 S. 1 dahin, dass die tatsächlichen WK jedenfalls dann abzugsfähig sind, wenn der individuelle Steuersatz bereits unter Berücksichtigung des Sparerpauschbetrags unter 25 % liegt); *Mertens/Karrenbrock*, DStR 2013, 950.

5 BFH v. 28.1.2015 – VIII R 13/13, BStBl. II 2015, 393 (Günstigerprüfung); FG RhPf. v. 11.4.2013 – 6 K 1295/11, EFG 2013, 932 (rkr.); **aA** *Behrens*, BB 2007, 1025 (1028); *Mertens/Karrenbrock*, DStR 2013, 950.

6 *K/S/M*, § 2 Rn. B 160 f.

7 BFH v. 26.1.2011 – VIII R 14/10, BFH/NV 2011, 1512.

künfte danach, welches Vermögensrecht den Einnahmen aus KapVerm. zugrunde liegt (Rn. 9). In den Fällen der Kapitalüberlassung entstehen bei einer Einzelrechtsnachfolge die Erträge in der Pers. des Rechtsvorgängers, soweit sie auf die Zeit vor Eintritt der Einzelrechtsnachfolge entfallen. Es muss eine Aufteilung pro rata temporis erfolgen, wobei der BFH dieses Aufteilungserfordernis aus § 101 BGB herleitet,[1] die Literatur aus dem Einkünfteerzielungstatbestand des § 20.[2] Bei einer unentgeltlichen Übertragung v. Kapitalerträgen sind dem zivilrechtl. Gläubiger die Erträge nur dann estrechtl. zuzurechnen, wenn ihm eine Dispositionsbefugnis über die Einkunftsquelle eingeräumt ist. Nur wer in die Lage versetzt ist, Marktchancen zu nutzen, das Vermögen zu verwalten, die Modalitäten einer Kapitalanlage zu verändern oder die Leistungen durch Zurückziehen des KapVerm. zu verweigern, erzielt selbst Einkünfte aus KapVerm.[3] In Fällen der Gesamtrechtsnachfolge muss sich der Gesamtrechtsnachfolger entspr. § 24 Nr. 2 und § 45 AO die Verwirklichung des Einkünfteerzielungstatbestandes durch den Rechtsvorgänger zurechnen lassen. In den Fällen, in denen der StPfl. Einkünfte aufgrund eines Mitgliedschaftsrechts an einer Körperschaft iSd. Abs. 1 Nr. 1 bezieht, müssen die Beteiligungserträge demjenigen zugerechnet werden, der im Zeitpunkt ihrer Entstehung Anteilseigner ist. Die Beteiligungserträge entstehen nicht als Forderung pro rata temporis, sondern fließen aus der Mitgliedschaft im Zeitpunkt des Gewinnverteilungsbeschlusses. Nach Abs. 5 S. 3 gilt ein **Nießbraucher** als Anteilseigner, wenn ihm „die Einnahmen iSd. Abs. 1 Nr. 2 zuzurechnen" sind. Allerdings hat der BFH angenommen, dass die Nießbrauchsbestellung an der Zurechnung der Wertpapiererträge nichts ändere. Estrechtl. sei die Einräumung der Nießbrauchsrechte als Vorausabtretung der künftigen Erträgnisanspr zu werten (Rn. 167). Ein **Treugeber** kann als wirtschaftlicher Inhaber einer Kapitalforderung Einkünfte aus KapVerm. erzielen. Allerdings führt nicht jede als „Treuhandvertrag" bezeichnete Vereinbarung zur Anerkennung eines Treuhandverhältnisses. Aus der schuldrechtl. Vereinbarung muss sich ergeben, dass die mit der rechtl. Eigentümer- bzw. Inhaberstellung verbundene Verfügungsmacht im Innenverhältnis zugunsten des Treugebers derart eingeschränkt ist, dass das rechtl. Eigentum bzw. die Inhaberschaft als „leere Hülle" erscheint.[4] Maßgeblich ist die Dispositionsbefugnis. Für die Zurechnung der lfd. Erträge einer Kapitalanlage kommt es auf die Innehabung des wirtschaftlichen Eigentums an.[5] Sind Aktien Gegenstand eines „Treunhandvertrages", so sind auf sie entfallende Dividenden nur dann steuerlich dem „Treugeber" zuzurechnen, wenn dieser sowohl nach den mit dem „Treuhänder" getroffenen Absprachen als auch bei deren tatsächlichem Vollzug das Treuhandverhältnis in vollem Umfang beherrscht. Unverzichtbares Merkmal einer solchen Beherrschung ist eine Weisungsbefugnis des Treugebers in Bezug auf die Behandlung des Treuguts, und es muss der Treugeber berechtigt sein, jederzeit die Rückgabe des Treuguts zu verlangen.[6] Bei **Wertpapierdarlehen und Wertpapierpensionsgeschäften** werden dem Darlehens- und dem Pensionsnehmer die Wertpapiererträge zugerechnet (Rn. 166). **Wirtschaftliches Eigentum** an GmbH-Anteilen ist übergegangen, wenn auf Grund eines bürgerlich-rechtl. Rechtsgeschäfts der Käufer eines Anteils eine rechtl. geschützte, auf den Erwerb des Rechts gerichtete Position erworben hat, die ihm gegen seinen Willen nicht mehr entzogen werden kann und auch die mit den Anteilen verbundenen wesentlichen Rechte sowie das Risiko einer Wertminderung und die Chancen einer Wertsteigerung auf ihn übergegangen sind.[7] Sparerfreibetrag und Grundfreibetrag bieten einen besonderen Anreiz für die **Verlagerung v. KapVerm. auf Familienangehörige**, insbes. auf minderjährige Kinder. Eltern können mit stl. Wirkung ein Sparkonto zugunsten ihrer Kinder einrichten, wenn sie den für die Bank erkennbaren Willen haben, das KapVerm. schon mit Einrichtung des Kontos endg. und unwiderruflich zu übertragen (Indizien: Bezeichnung der Kinder als Gläubiger, Einrichtung auf ihren Namen, Vfg.-Berechtigung der Kinder). Dass die Eltern als Vertreter der Kinder das Vermögen verwalten, ist unschädlich.[8] Entspr. gilt für die Einrichtung eines Wertpapierdepots. Eine Zurechnung auf die Kinder erreichen die Eltern nur, wenn sie das KapVerm. als fremdes verwalten.[9] Die Gewährung eines G'ter-Darlehens und dessen anschließende zinsbringende Verwendung durch die Ges. sind nicht allein deswegen als Gestal-

1 BFH v. 30.4.1991 – VIII R 38/87, BStBl. II 1991, 574 = FR 1991, 458; v. 14.12.1999 – VIII R 49/98, BStBl. II 2000, 341 (342) = FR 2000, 515.
2 *K/S/M*, § 20 Rn. B 26 mwN.
3 BFH v. 29.3.2001 – IV R 71/99, BFH/NV 2001, 1251 (1252).
4 BFH v. 20.1.1999 – I R 69/97, BStBl. II 1999, 514 (516) = FR 1999, 806 m. Anm. *Fischer*; v. 26.1.2011 – VIII R 14/10, BFH/NV 2011, 1512.
5 BFH v. 26.1.2011 – VIII R 14/10, BFH/NV 2011, 1512.
6 BFH v. 24.11.2009 – I R 12/09, BStBl. II 2010, 590.
7 BFH v. 10.3.1988 – IV R 226/85, BStBl. II 1988, 832 = FR 1988, 533; v. 15.12.1999 – I R 29/97, BStBl. II 2000, 527 (529) = FR 2000, 446 m. Anm. *Fischer* – Aktien.
8 BFH v. 3.11.1976 – VIII R 137/74, BStBl. II 1977, 205; v. 24.4.1990 – VIII R 170/83, BStBl. II 1990, 539 = FR 1990, 374; v. 1.7.1987 – I R 284–286/83, BFH/NV 1988, 12.
9 BFH v. 3.11.1976 – VIII R 137/74, BStBl. II 1977, 205 (206); v. 30.3.1999 – VIII R 19/98, FR 1999, 1072 = BFH/NV 1999, 1325; vgl. allerdings zur Adressierung der Depotauszüge an die Eltern: FG Düss. v. 30.9.1997 – 17 K 6394/93 E, juris.

tungsmissbrauch anzusehen, weil die **Verlagerung v. Erträgen auf die Ges.** dem Verbrauch eines vom Verfall bedrohten Verlustabzugs dient.[1] Auch eine **disquotale Ausschüttung** ist regelmäßig als Beteiligungsertrag des G'ters zu behandeln, für den die Ausschüttung bestimmt ist, und nicht als Ertrag des lediglich zust. G'ters (Rn. 49).

18 **4. Besteuerungszeitpunkt.** Einnahmen aus KapVerm. sind nach § 11 Abs. 1 grds. mit ihrem Zufluss, dh. mit Erlangung der wirtschaftlichen Verfügungsmacht, zu besteuern. Ein **Zufluss** einer in Geld bestehenden Einnahme ist gegeben, wenn diese dem Empfänger bar ausgehändigt, ihm auf seinem Konto gutgeschrieben oder seine Forderung durch Aufrechnung oder Schuldumwandlung erfüllt wird. Ein Zufluss setzt kein Behaltendürfen voraus.[2] Auch bei Hinterlegung auf einem Sperrkonto fließen dem StPfl. die Zinsen im Zeitpunkt der Gutschrift auf dem Sperrkonto zu.[3] Eine Gutschrift in den Büchern des Verpflichteten bewirkt einen Zufluss, wenn in der Gutschrift nicht nur das buchmäßige Festhalten einer Verpflichtung zu sehen ist, sondern der Betrag dem Berechtigten nunmehr zur VfG stehen soll.[4] Gutschriften aus **Schneeballsystemen** führen zu Einnahmen aus KapVerm., wenn der Betreiber bei entspr. Verlangen des Anlegers zur Auszahlung der gutgeschriebenen Beträge leistungsbereit und -fähig gewesen wäre. An dieser Leistungsbereitschaft kann es fehlen, wenn er eine sofortige Auszahlung ablehnt und stattdessen über anderweitige Zahlungsmodalitäten verhandelt.[5] Führt eine Ges. für ihren G'ter ein **Verrechnungskonto**, können Einnahmen dem G'ter durch Gutschrift auf diesem Konto zufließen. Dies ist anzunehmen, wenn das Konto nicht nur zum Ausweis v. Verbindlichkeiten ggü. dem G'ter verwendet wird, sondern die Forderung auf den Kapitalertrag in eine Darlehensforderung umgewandelt wird.[6] Nach der Rspr. des BFH sind Gewinnanteile einem **beherrschenden G'ter** bereits mit dem Gewinnverwendungsbeschluss zugeflossen, da er auf die Beträge Zugriff nehmen kann.[7] Voraussetzung ist jedoch, dass die Ges. nicht illiquide ist[8] oder ihr ein Leistungsverweigerungsrecht zusteht.[9]

19 **II. Systematischer Zusammenhang. 1. Durchbrechung des Prinzips der Einheitssteuer (§ 2 Abs. 5b).** § 2 Abs. 3 enthält eine Entscheidung für das Prinzip der Einheitssteuer und gegen ein Schedulensystem. § 2 Abs. 1 unterscheidet zwar verschiedene Einkunftsarten, § 2 Abs. 3 fasst diese jedoch zu einer „Summe der Einkünfte" zusammen und geht damit v. einer prinzipiellen Gleichwertigkeit der Einkünfte der verschiedenen Einkunftsarten aus. Das EStG folgt trotz des Dualismus der Einkünfteermittlung und einkunftsartspezifischer Sondertatbestände dem **Prinzip der Einheitssteuer**. Das BVerfG hat wiederholt ausgeführt, das EStG belaste die in § 2, §§ 13 ff. näher bestimmten Einkunftsarten grds. gleich. Soweit das EStRecht mehrere Einkunftsarten unterscheide und daran auch unterschiedliche Rechtsfolgen knüpfe, müssten diese ihre Rechtfertigung in besonderen sachlichen Gründen finden. Allein die systematische Unterscheidung durch den Gesetzgeber könne die Ungleichbehandlung in der Rechtsfolge nicht rechtfertigen.[10] § 2 Abs. 5b bricht mit dem System der Einheitssteuer. Nach § 2 Abs. 5b S. 1 sind, soweit Rechtsnormen des EStG an die in den Abs. 1–4 definierten Begriffe (Einkünfte, Summe der Einkünfte, Gesamtbetrag der Einkünfte, Einkommen, zu versteuerndes Einkommen) anknüpfen, Kapitalerträge nach § 32d Abs. 1 und § 43 Abs. 5 nicht einzubeziehen. Es bleiben die Kapitalerträge, die nach § 32d Abs. 1 mit einem besonderen Steuersatz besteuert werden und der KapESt mit abgeltender Wirkung unterliegen, bei der Ermittlung der Einkünfte, der Summe der Einkünfte, des Einkommens und des zu versteuernden Einkommens unberücksichtigt. § 2 Abs. 5b S. 1 verdeutlicht, dass die Besteuerung v. Einkünften aus KapVerm. ein **Sondersystem (Schedule)** bildet. § 2 Abs. 5a rechnet die Kapitaleinkünfte lediglich für außerstl. Zwecke wieder hinzu. Nach der Rspr. des BVerfG ist eine Abgeltungsteuer als Besteuerungsform bei Einkünften aus KapVerm. grds. verfassungsrechtl. zulässig.[11] Es sind die einzelnen Elemente, welche die Abgeltungsteuer

1 BFH v. 17.10.2001 – I R 97/00, FR 2002, 277 m. Anm. *Pezzer* = BFH/NV 2002, 240.
2 BFH v. 1.3.1977 – VIII R 106/74, BStBl. II 1977, 545; v. 30.10.2001 – VIII R 15/01, BStBl. II 2002, 138 (141) = FR 2002, 288 m. Anm. *Kempermann.*
3 BFH v. 28.9.2011 – VIII R 10/08, BStBl. II 2012, 315 = FR 2012, 489.
4 BFH v. 30.10.2001 – VIII R 15/01, BStBl. II 2002, 138 (141) = FR 2002, 288 m. Anm. *Kempermann.*
5 BFH v. 11.2.2014 – VIII R 25/12, BStBl. II 2014, 461 = FR 2014, 702 m. Anm. *Marx*; v. 16.3.2010 – VIII R 4/07, BStBl. II 2014, 147 = FR 2010, 1095 m. Anm. *Harenberg.*
6 *K/S/M*, § 20 Rn. B 58.
7 BFH v. 19.7.1994 – VIII R 58/92, BStBl. II 1995, 362 = FR 1995, 343; v. 17.11.1998 – VIII R 24/98, BStBl. II 1999, 223 = FR 1999, 302.
8 BFH v. 10.5.1989 – I R 159/85, BFH/NV 1990, 635.
9 BFH v. 16.11.1993 – VIII R 33/92, BStBl. II 1994, 632 = FR 1994, 543.
10 BVerfG v. 8.10.1991 – 1 BvL 50/86, BVerfGE 84, 348 = FR 1992, 70 (Freibetrag LSt-Karte); v. 10.4.1997 – 2 BvL 77/92, BVerfGE 96, 1 = FR 1997, 571 (Weihnachts-, ArbN-Freibetrag); v. 30.9.1998 – 2 BvR 1818/91, BVerfGE 99, 88 = FR 1998, 1028 m. Anm. *Luttermann* (Verlustverrechnung, § 22 Nr. 3 S. 3); v. 6.3.2002 – 2 BvL 17/99, BVerfGE 105, 73 = FR 2002, 391 m. Anm. *Fischer* (Rente; Pension); v. 21.6.2006 – 2 BvL 2/99, BVerfGE 116, 164 (§ 32c).
11 BVerfG v. 27.6.1991 – 2 BvR 1493/89, BVerfGE 84, 239 = FR 1991, 375 m. Anm. *Felix.*

konkret ausmachen, aber gesondert zu hinterfragen.[1] Dabei muss sich das Gebot zur folgerichtigen Umsetzung einer einmal getroffenen Belastungsentscheidung allerdings mit dem Hinweis auf das geschaffene Sondersystem auseinandersetzen.

2. Teileinkünfteverfahren bei Beteiligungen im Betriebsvermögen (§§ 3 Nr. 40, 3c Abs. 2). Durch das UntStRG 2008 ist der KSt-Satz v. 25 % auf 15 % gesenkt worden. Der Gesetzgeber hat dieser Senkung des KSt-Satzes in den §§ 3 Nr. 40, 3c Abs. 2 Rechnung getragen. Er hat es bei der prinzipiellen Berücksichtigung der Vorbelastung durch KSt und GewSt (v. ca. 29,83 %) bei der Besteuerung des Anteilseigners belassen, aber das Halbeinkünfteverfahren zu einem **Teileinkünfteverfahren** mit einer nur noch 40 %-Freistellung nach § 3 Nr. 40 und einem korrespondierenden Abzugsverbot nach § 3c Abs. 2 modifiziert. Zugleich hat er die Befreiung auf Einkünfte aus Beteiligungen im BV und auf Gewinne aus der Veräußerung v. Beteiligungen iSv. § 17 eingeschränkt. Während Erträge aus Beteiligungen im BV und Veräußerungsgewinne iSv. § 17 nach §§ 3 Nr. 40, 3c Abs. 2 nach den Regeln des Teileinkünfteverfahrens behandelt werden, unterliegen Erträge aus Beteiligungen im PV mit Ausnahme v. Veräußerungsgewinnen iSv. § 17 der Abgeltungsteuer. Sie werden wie Zinsen besteuert, ohne dass der Vorbelastung auf Körperschaftsebene Rechnung getragen wird (hierzu Rn. 26). Für lfd. Erträge aus Beteiligungen v. mindestens 25 % oder mindestens 1 % und beruflicher Tätigkeit für die KapGes. normiert § 32d Abs. 2 Nr. 3 eine Option zum Teileinkünfteverfahren (hierzu Rn. 27). 20

3. Fortgeltung von § 17. Das UntStRG 2008 hat trotz der Ausdehnung des § 20 auf Gewinne aus der Veräußerung v. Beteiligungen § 17 nicht aufgehoben, so dass Gewinne aus der Veräußerung v. Beteiligungen im BV nach §§ 3 Nr. 40, 3c Abs. 2 behandelt werden, Gewinne aus der Veräußerung v. Beteiligungen im PV iHv. mindestens 1 % nach § 17 iVm. § 3 Nr. 40, 3c Abs. 2 erfasst werden (mit Freibetrag nach § 17 Abs. 3; Verlustausgleich) und Gewinne aus der Veräußerung v. Beteiligungen v. weniger als 1 % der Abgeltungsteuer unterliegen (Sondertarif; Verlustausgleichsbeschränkung). Diese **Ungleichbehandlung v. Beteiligungen** v. 1 % und mehr einerseits und Beteiligungen v. weniger als 1 % ist sachlich nicht begründet.[2] Es ist eine rein politische Entsch., warum bei einem Anteil v. 1 % oder mehr für Veräußerungsgewinne (und -verluste) das Teileinkünfteverfahren gelten soll und bei einem Anteil v. weniger als 1 % Abgeltungsteuer erhoben wird. In der Vergangenheit konnte als Begr. dafür, dass § 17 eine Mindestbeteiligung voraussetzte, noch auf die Schwierigkeiten verwiesen werden, Veräußerungsgewinne bei Streubesitz zu besteuern. Dieses Arg. ist aber mit Einführung der Abgeltungsteuer hinfällig geworden. Das JStG 2008 hat in **§ 32d Abs. 2 Nr. 3** nachträglich eine Veranlagungsoption eingeführt. Danach kann für die Besteuerung v. lfd. Erträgen aus der Beteiligung an einer KapGes. zum Teileinkünfteverfahren optiert werden, wenn die Beteiligung mindestens 25 % beträgt oder mindestens 1 % und der Beteiligte für die KapGes. beruflich tätig ist (vgl. iE Rn. 27). 21

Durch die Fortgeltung von § 17, das Nebeneinander von Abgeltungsteuer und Teileinkünfteverfahren und durch die Option nach § 32d Abs. 2 Nr. 3 ist die Besteuerung von Beteiligungserträgen (laufende Erträge und Veräußerungsgewinne) außerordentlich kompliziert. Bei der Besteuerung des Anteilseigners einer KapGes. ist zu unterscheiden, ob es sich um eine **nat. Pers.** oder eine Körperschaft handelt. Handelt es sich um eine nat. Pers., ist danach zu differenzieren, ob die Anteile im PV oder im BV gehalten werden. Werden die Anteile im **PV** gehalten, ist zw. der Besteuerung der laufenden Erträge und der Veräußerungsgewinne zu unterscheiden. Die **laufenden Erträge** unterliegen der Abgeltungsteuer. Allerdings kann nach § 32d Abs. 2 Nr. 3 zur Besteuerung nach dem Teileinkünfteverfahren optiert werden. Dies soll bei einer 25 %-Beteiligung oder einer Beteiligung von mindestens 1 % und beruflicher Tätigkeit für die KapGes. möglich sein. Bei den **Veräußerungsgewinnen** kommt es darauf an, wann die Beteiligung erworben wurde. Wurde die Beteiligung vor dem 1.1.2009 erworben, kann der Veräußerungsgewinn nicht steuerbar, nach § 23 oder nach § 17 zu versteuern sein. Wurde die Beteiligung nach dem 31.12.2008 erworben, gilt § 20 Abs. 2. Diese Veräußerungsgewinnbesteuerung nach § 20 Abs. 2 gilt allerdings dann nicht, wenn eine qualifizierte Beteiligung von mindestens 1 % iSd. § 17 vorliegt. Dann gilt das Teileinkünfteverfahren. Der Gesetzgeber hat die Regelung des § 17 fortgeführt, weil er nicht in der Lage war, für die Altfälle des § 17 eine Übergangsregelung zu schaffen. § 17 gilt aber auch für Neufälle, obwohl diese ohne die Regelung des § 17 unter § 20 Abs. 2 fielen. Werden die Anteile nicht im PV, sondern im **BV** gehalten, gilt das Teileinkünfteverfahren. Ist Anteilseigner nicht eine nat. Pers., sondern eine **Körperschaft**, so war es in der Vergangenheit einfach. Nach § 8b Abs. 1 und 2 KStG blieben laufende Erträge und Veräußerungsgewinne außer Ansatz. Es galten nach § 8b Abs. 5 KStG lediglich 5 % der Einnahmen als Ausgaben, die nicht abgezogen werden dürfen. Nunmehr werden nach § 8b Abs. 4 KStG Dividenden im Streubesitz besteuert. Streubesitz soll bei einer Beteiligung unter 10 % vorliegen. Es werden jetzt damit ausländische und inländische Körperschaften gleichbehandelt, dafür aber jetzt ungleich Körperschaften mit einem Anteil von 10 % 21a

---

1 *Eckhoff*, FR 2007, 989 (990).
2 *Watrin/Benhof*, DB 2007, 234.

und mehr und solche mit einer Beteiligung von weniger als 10 %. Dass in § 17 eine Beteiligung von mindestens 1 %, in § 32d Abs. 2 Nr. 3 eine Beteiligung von 25 % und in § 8b Abs. 4 KStG eine Beteiligung von weniger als 10 % maßgebend ist, ist sicherlich wohl durchdacht und begründet, aber verwirrend. Veräußerungsgewinne werden von § 8b Abs. 4 KStG nicht erfasst und somit nicht besteuert. Dies soll aber nur vorübergehend gelten.[1]

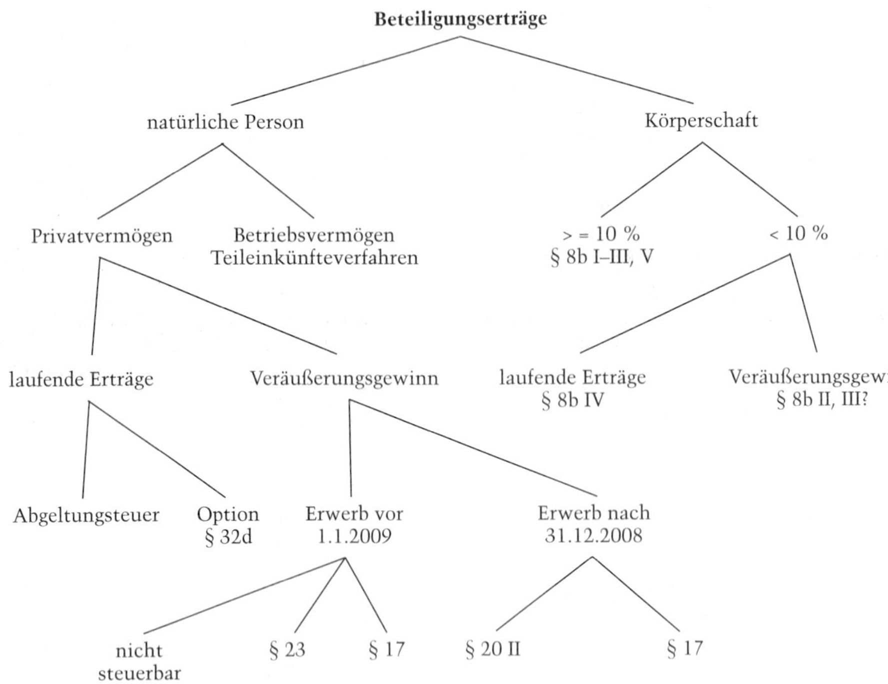

22 **4. Anwendungsfälle von § 23 Abs. 1 S. 1 Nr. 2 S. 2.** § 23 wurde durch das UntStRG 2008 neu gefasst. Es wurde in § 23 Abs. 1 S. 1 Nr. 1 die Besteuerung v. Veräußerungsgeschäften bei Grundstücken bei einer Haltedauer v. nicht mehr als zehn Jahren beibehalten (hierzu Rn. 5). Ebenso werden Veräußerungsgeschäfte bei anderen WG weiterhin v. § 23 Abs. 1 S. 1 Nr. 2 erfasst; es geht aber die Erfassung v. Gewinnen aus der Veräußerung v. KapVerm. durch § 20 Abs. 2, 4 gem. § 22 Abs. 2 nF der Besteuerung nach § 23 Abs. 1 S. 1 Nr. 2 vor. § 23 Abs. 1 S. 1 Nr. 1 ist damit auf Gewinne aus der Veräußerung v. KapVerm. weiter anwendbar, wenn § 20 Abs. 2, 4 nicht greift, weil das KapVerm. vor dem 31.12.2008 erworben wurde, die Veräußerung aber innerhalb eines Jahres erfolgt.

23 **5. Sondertarif nach § 32d.** In § 32d Abs. 1 ist ein gesonderter Steuertarif v. 25 % für Einkünfte aus KapVerm. normiert. Es wird nach § 43 Abs. 5 eine KapESt v. 25 % mit Abgeltungswirkung erhoben, aber auch in Fällen, in denen stpfl. Kapitalerträge nicht der KapESt unterlegen haben, iRd. Veranlagung der Steuersatz v. 25 % angewandt (§ 32d Abs. 3). Der gesonderte Steuertarif gilt nicht in den v. § 32d Abs. 2 geregelten Ausnahmefällen (bei Einkünften iSv. Abs. 1 Nr. 4 und 7; bei nahestehenden Pers.; Beteiligungen v. mindestens 10 %; Back-to-back-Finanzierungen; bei typischerweise unternehmerischen Beteiligungen; Kapitalerträgen iSv. Abs. 1 Nr. 6 S. 2, die zur Hälfte befreit sind) und findet nach § 32d Abs. 6 keine Anwendung, wenn die tarifliche ESt günstiger ist.

24 Der proportionale Steuersatz v. 25 % wird **als zu hoch kritisiert**, weil nicht berücksichtigt werde, dass ein Teil der Erträge nur Scheinerträge seien. Außerdem sei eine Steuer v. 25 % kein Anreiz für eine Rückführung v. Kapital aus dem Ausland. Dem lässt sich entgegenhalten, dass ein niedrigerer Steuersatz zu einer noch größeren Spreizung zu den Steuersätzen anderer Einkunftsarten geführt hätte.

25 Bedenken gegen den Sondertarif bestehen nicht, weil er zu hoch ist, sondern weil sich durch den Sondertarif ein **Abstand v. 20 Prozentpunkten zw. dem Sondertarif und dem progressiven Höchstsatz** ergibt.

1 *Benz/Jetter*, DStR 2013, 489 (492) mwN.

Die Besteuerung v. Einkünften aus KapVerm. mit einem Proportionalsteuersatz v. 25 % einerseits und die Besteuerung v. Einkünften anderer Einkunftsarten, insbes. v. Einkünften aus nichtselbständiger Arbeit, mit einem Höchstsatz v. 45 % bedeutet eine sachlich nicht gerechtfertigte Ungleichbehandlung. Wer als ArbN ein Unternehmen erfolgreich leitet und entspr. hohe Einkünfte aus nichtselbständiger Arbeit erzielt, zahlt 45 % Steuern, wer dem Unternehmen das Kapital zur Vfg. stellt, zahlt 25 % Steuern.[1] Von dem niedrigen Steuertarif soll eine **Anreizwirkung** zur Versteuerung v. privaten Kapitaleinkünften in Deutschland ausgehen: Es soll der Kapitalabfluss ins Ausland gebremst und ins Ausland verlagertes Kapital nach Deutschland zurückverlagert werden. Dieser Gesichtspunkt erscheint als sachlicher Grund allerdings nicht ausreichend, einen Steuersatzunterschied v. 20 Prozentpunkten zu rechtfertigen. Denn auch mit 25 % liegt die Steuerbelastung über der Quellensteuerbelastung in anderen Staaten. Außerdem fehlt es an einer Steueramnestieregelung, die den Anstoß zur Rückverlagerung geben könnte.[2] Die Abgeltungsteuer ist auf das Lenkungsziel, Kapital im Inland zu halten, nicht ausgerichtet.[3] Hinzu kommt, dass mit der Zinsrichtlinie auf europäischer Ebene gerade Maßnahmen eingeleitet waren, um der Verlagerung v. Kapital ins Ausland zu begegnen. Immerhin war der BFH der Auffassung, dass kein strukturelles Erhebungsdefizit mehr bestehe.[4] Das BVerfG hat in seiner Entscheidung v. 27.6.1991 dem Gesetzgeber das Recht zugebilligt, Erträge aus Finanzkapital abgeltend an der Quelle zu besteuern und dabei in einem linearen Satz den **absetzbaren Aufwand und den Progressionssatz in Durchschnittswerten zu typisieren**.[5] Diesen Anforderungen genügt § 32d allerdings nicht. Der Sondersteuersatz kann nicht als Typisierung des durchschnittlichen Progressionssatzes sämtlicher privater Kapitalanlagen verstanden werden. Denn diejenigen, bei denen die Durchschnittsbelastung nach dem regulären Tarif unter dem Sondersteuersatz liegt, werden nach § 32d Abs. 6 zur Veranlagung optieren.[6]

26 Der Sondertarif des § 32d Abs. 1 v. 25 % gilt für Beteiligungserträge und Zinsen. Während der Gesetzgeber der **Vorbelastung v. Beteiligungserträgen durch KSt und GewSt** bei Erträgen aus Beteiligungen im BV mit §§ 3 Nr. 40, 3c Abs. 2 Rechnung trägt, unterwirft er private Beteiligungserträge in gleicher Weise der Abgeltungsteuer wie Zinsen. Der Gesetzgeber folgt einmal dem Einheits- und einmal dem Trennungsprinzip. Es liegt eine sachlich nicht gerechtfertigte Ungleichbehandlung v. Erträgen aus einer Beteiligung im BV und Erträgen aus einer Beteiligung im PV vor.[7] Es lässt sich nicht darauf verweisen, dass bei privaten Beteiligungserträgen der Sondertarif des § 32d nach Art eines **pauschalen Teilsatzverfahrens** der Vorbelastung durch KSt und GewSt Rechnung trage.[8] Zwar entspricht der Steuersatz des § 32d v. 25 % ungefähr der Belastung v. betrieblichen Erträgen iRd. Teileinkünfteverfahrens, wenn man – wie im Halbeinkünfteverfahren – einen Steuersatz v. 40 % oder 42 % unterstellt (100 – 40 = 60 × 40 % = 24 oder 60 × 42 % = 25,2). Eine derartige Berücksichtigung der Vorbelastung war jedoch vom Gesetzgeber nicht gewollt, es fehlte dann jegliche Rechtfertigung für die Gleichbehandlung v. Beteiligungserträgen und Zinsen und die Begr. für das WK-Abzugsverbot des § 20 Abs. 9 (Berücksichtigung der Aufwendungen durch den niedrigen Sondertarif) wäre nicht mehr tragfähig. Es erfolgt bei Beteiligungserträgen eine Belastung durch KSt, GewSt und Abgeltungsteuer v. rund 48,74 % ohne WK-Abzug oder pauschale Berücksichtigung der WK. Es wäre sachgerecht, die Abgeltungsteuer bei Dividenden auf 15 % zu senken und so zugleich inländ. und ausländ. (DBA-berechtigte) nat. Pers. als Aktionäre gleichzustellen.[9]

27 Das JStG 2008 hat nachträglich in **§ 32d Abs. 2 Nr. 3 eine Veranlagungsoption** zum Teileinkünfteverfahren eingeführt. StPfl., die zumindest zu 25 % an einer KapGes. beteiligt sind oder zumindest zu 1 % beteiligt und für diese beruflich tätig sind, können ihre lfd. Beteiligungserträge dem progressiven Steuersatz unter Anwendung des Teileinkünfteverfahrens unterwerfen. Gleichzeitig finden § 20 Abs. 6 und 9 keine Anwendung. Es soll berücksichtigt werden, dass bei bestimmten Sachverhaltsgestaltungen der Anteilserwerb nicht als bloße Kapitalanlage, sondern aus einem unternehmerischen Interesse erfolge.[10] Der Gesetzgeber lässt die prinzipielle Ungleichbehandlung v. Beteiligungserträgen einmal nach den Regeln des Teileinkünfteverfahrens und zum anderen nach den Regeln der Abgeltungsteuer fortbestehen, vermeidet aber eine Benachteiligung in den in § 32d Abs. 2 Nr. 3 geregelten Fällen. Es ergibt sich damit ein äußerst kompliziertes

1 *Kirchhof*, DStJG 30 (2006), 1 (10); vgl. auch BT-Drucks. 18/2014; BT-Prot. v. 9.10.2014, 5291 ff.
2 *Englisch*, StuW 2007, 221 (225 f.); *Lang*, BB 2006, 1769 (1773), **aA**, ohne allerdings zwischen den verschiedenen Elementen der Abgeltungsteuer zu differenzieren: FG Nürnb. v. 7.3.2012 – 3 K 1045/11, EFG 2012, 1054.
3 *Kirchhof*, DStJG 30 (2006), 1 (10).
4 BFH v. 7.9.2005 – VIII R 90/04, FR 2006, 230 = BFH/NV 2006, 173.
5 BVerfG v. 27.6.1991 – 2 BvR 1493/89, BVerfGE 84, 239 = FR 1991, 375 m. Anm. *Felix*.
6 *Englisch*, StuW 2007, 221 (227).
7 *Intemann*, DB 2007, 1658; *Loos*, DB 2007, 704; vgl. auch *Rädler*, DB 2007, 968; *Englisch*, StuW 2007, 221 (230 f.).
8 In diesem Sinne: *Eckhoff*, FR 2007, 989 (990, 996).
9 *Rädler*, DB 2007, 968 (990).
10 BT-Drucks. 16/7036, 20.

System für die Behandlung v. Beteiligungserträgen. Bei Beteiligungen im BV gilt das Teileinkünfteverfahren. Bei Beteiligungen im PV ist zw. lfd. Beteiligungserträgen und Veräußerungsgewinnen zu unterscheiden. Veräußerungsgewinne unterliegen nach § 17 iVm. §§ 3 Nr. 40, 3c Abs. 2 dem Teileinkünfteverfahren, wenn der Anteil mindestens 1 % beträgt, sonst der Abgeltungsteuer (§ 3 Nr. 40 S. 2). Laufende Erträge unterliegen der Abgeltungsteuer. Der Anteilseigner kann aber nach § 32d Abs. 2 Nr. 3 zum Teileinkünfteverfahren optieren, wenn die Beteiligung mindestens 25 % beträgt oder mindestens 1 % und der StPfl. für die KapGes. beruflich tätig ist. Das Wahlrecht des § 32d Abs. 2 Nr. 3 steht auch im Widerspruch zum Grundsatz der Tatbestandsmäßigkeit der Besteuerung (§ 3 Abs. 1 AO). Außerdem sind § 17 und § 32d Abs. 2 Nr. 3 in ihren Voraussetzungen und in ihrer Rechtsfolge nicht aufeinander abgestimmt. Während § 17 eine Beteiligung v. 1 % ausreichen lässt, um einen Veräußerungsgewinn als gewerblich zu qualifizieren, nimmt § 32d Abs. 2 Nr. 3 nur bei einer Beteiligung v. 25 % oder zumindest 1 %, aber zusätzlicher Tätigkeit für die KapGes. eine Beteiligung „aus einem unternehmerischen Interesse" an. Hinzu kommt, dass das Arg. der mit der Abgeltungsteuer zu erreichenden Vereinfachung durch Vermeidung v. Veranlagungsfällen um so mehr an Gewicht verliert, je mehr Ausnahmen in Richtung auf eine Veranlagung zugelassen werden.[1]

28 Der proportionale Steuersatz v. 25 % auf Darlehenszinsen ggü. dem progressiven ESt-Satz auf Unternehmensgewinne begünstigt die Fremdfinanzierung v. Unternehmen ggü. der Finanzierung mit EK sowie die Entnahme v. Gewinnen. Er widerspricht dem **Grundsatz der Finanzierungsneutralität**.[2] Wer ein Einzelunternehmen oder einen MU'anteil erwerben will, wird hierzu Fremd- und nicht EK einsetzen. Bei einem Grenzsteuersatz v. 45 % zzgl. SolZ senken die Finanzierungszinsen die Belastung iHv. 47,5 %. Demgegenüber unterliegen die Zinsen aus den nicht eingesetzten Eigenmitteln der Abgeltungsteuer und dem SolZ iHv. 26,4 % (außerdem werden die Schuldzinsen zu einem Viertel dem Gewerbeertrag hinzugerechnet, wenn der Freibetrag v. 100 000 Euro überschritten wird).[3] Ebenso ist es idR günstiger, bei Personenunternehmen den Gewinn zu entnehmen und nicht im Unternehmen zu belassen. § 34a führt zwar mit dem Thesaurierungssatz v. 28,25 % und einer effektiven Belastung v. 36,16 %, (wenn der Unternehmer kein privates Geld zuschießt) zunächst dazu, dass bei einer Thesaurierung der Nettowert der Rücklage 63,84 beträgt, während bei einer Entnahme beim progressiven Höchststeuersatz nur 52,56 zur Vfg. stehen.[4] Es erfolgt jedoch nicht nur bei späterer Entnahme eine Nachversteuerung. Es werden die Erträge aus den entnommenen Gewinnen im PV mit der Abgeltungsteuer auch geringer besteuert als die Erträge aus den einbehaltenen Gewinnen im BV.[5] Im Unternehmen eingesetztes Risikokapital wird stl. schlechter behandelt als abgeltungsteuerprivilegiertes Fremdkapital.[6]

29 **6. Abgeltung (§ 43 Abs. 5).** Nach § 43 Abs. 5 ist für Kapitalerträge iSd. § 20, die der KapESt unterlegen haben, die ESt **mit dem Steuerabzug abgegolten** (soweit nicht der Gläubiger nach § 44 Abs. 1 S. 7–9 und Abs. 5 in Anspr. genommen werden kann). Dies gilt nicht in den Fällen des § 32d Abs. 2 und für Kapitalerträge im Rahmen anderer Einkunftsarten. Nach § 32d Abs. 3 S. 1 ist eine Veranlagung zum pauschalen Steuersatz für Kapitalerträge durchzuführen, die nicht der KapESt unterlegen haben. § 32d Abs. 4 sieht eine Veranlagungsoption zum pauschalen Steuersatz vor, wenn bestimmte für den StPfl. günstige Umstände nicht oder nicht ausreichend berücksichtigt wurden. § 32d Abs. 6 regelt eine Veranlagungsoption zum individuellen Steuersatz, wenn der persönliche Grenzsteuersatz günstiger ist.[7]

30 Das **BVerfG** hat in seinem Urteil zur Zinsbesteuerung v. 27.6.1991 für den Fall, dass die Festsetzung einer Steuer v. der Erklärung des Steuerschuldners abhängt, eine Ergänzung des im Veranlagungsverfahren geltenden Deklarationsprinzips durch das Verifikationsprinzip verlangt. Alternativ hat das BVerfG zugelassen, dass der Gesetzgeber im Rahmen seines Einschätzungsspielraums alle Kapitaleinkünfte – unabhängig v. ihrer Anlageform und buchungstechnischen Erfassung – an der Quelle besteuert und mit einer – definitiven – Abgeltungsteuer belastet, die in einem linearen Satz den absetzbaren Aufwand und den Progressionssatz in Durchschnittswerten typisiert.[8] Entspr. hat das BVerfG in seiner Entscheidung zur Besteuerung v. privaten Spekulationsgeschäften ausgeführt, für den Fall, dass ein gleichheitsgerechter Vollzug einer materiellen Steuernorm nicht ohne übermäßige, insbes. unzumutbare Mitwirkungsbeiträge der StPfl. zur Sachverhaltsaufklärung möglich sei, müsse der Gesetzgeber zur Vermeidung einer durch entspr. Ermittlungsbeschränkungen bedingten prinzipiellen Belastungsungleichheit auf die Erhebungsart der Quellen-

1 *Lang*, BB 2006, 1769 (1773).
2 *Kiesewetter* ua., DB 2008, 957; *Homburg*, DStR 2007, 686.
3 *Homburg*, DStR 2007, 686 (687).
4 *Rödder*, DStR 2007, Beihefter zu Heft 40, 4.
5 *Homburg*, DStR 2007, 686 (688).
6 *Kiesewetter* ua., DB 2008, 957.
7 *Paukstadt/Luckner*, DStR 2007, 653 (656).
8 BVerfG v. 27.6.1991 – 2 BvR 1493/89, BVerfGE 84, 239 (282) = FR 1991, 375 m. Anm. *Felix*.

steuer ausweichen.[1] Selbst wenn zwischenzeitlich kein strukturelles Erhebungsdefizit mehr bestehen sollte[2], ist der Gesetzgeber nicht gehindert, die Alt. „Abgeltungsteuer“ für Einkünfte aus KapVerm. zu wählen, um in pauschalierter Form die Besteuerung zu vereinfachen, mehr stl. Gleichbehandlung zu verwirklichen, ein strukturelles Erhebungsdefizit auszuschließen und den Abruf v. Konteninformationen entbehrlich zu machen. Die Abgeltungsteuer ist eine vom BVerfG ausdrücklich zugelassene Besteuerungsform. Das BVerfG sieht den Verstoß gegen eine einheitliche Besteuerung des Gesamteinkommens nach der finanziellen Leistungsfähigkeit als sachlich gerechtfertigt an.[3]

Es wurden bisher schon bei Einkünften aus KapVerm. und Einkünften aus nichtselbständiger Arbeit Vorauszahlungen auf die ESt an der Quelle, dh. bei der Auszahlung des Arbeitslohns und v. Kapitalerträgen, erhoben und hierzu Private herangezogen. Mit der **Abgeltungsteuer** verändert dieser Steuereinbehalt seine Rechtsqualität. Während der Einbehalt bisher nur als Vorauszahlung auf die vom FA festzusetzende ESt erfolgte, setzt nunmehr der Private die ESt endg. fest. Der Bezieher v. Einkünften v. KapVerm. wird sich mit Einwendungen gegen die Steuererhebung nicht mehr an das FA, sondern seine Bank wenden (vgl. allerdings die Möglichkeit eines Antrags auf Veranlagung zur Überprüfung des Steuereinbehalts nach § 32d Abs. 4 und das Prüfungsrecht nach § 50b). 31

Die Abgeltungsteuer führt zu einer **Vereinfachung**. Allerdings wird die Arbeit zT nur auf die zur Erhebung der Abgeltungsteuer Verpflichteten verlagert. Es wird in einer Reihe v. Fällen weiterhin eine Veranlagung erfolgen müssen (§ 32d Abs. 2–6). Es gilt im Hinblick auf den Sparerpauschbetrag das Verfahren des Freistellungsauftrags nach § 44a Abs. 1 Nr. 11, Abs. 2 Nr. 1 fort. Außerdem werden beschränkt StPfl. weiterhin nach § 50d Abs. 1 eine Erstattung beantragen. Hinzu kommt, dass die Abgeltungsteuer zu einer Verkomplizierung des Steuerrechts führt, da der Sondertarif v. 25 % einen Anreiz bietet, Fremdkapital aufzunehmen, die Fremdkapitalzinsen mit einer Auswirkung v. 45 % abzusetzen und die Zinsen auf die Eigenmittel mit nur 25 % zu versteuern (vgl. bereits die Regelung in § 32d Abs. 2). 32

7. Steuerbescheinigung nach § 45a. Die Regelung über die Ausstellung einer Jahressteuerbescheinigung in § 24c wurde aufgehoben. § 45a Abs. 2 und Abs. 3 sehen eine Steuerbescheinigung nach amtlich vorgeschriebenem Muster vor, welche die für eine Veranlagung bzw. für eine Korrektur der Abgeltungsteuer erforderlichen Daten enthält. 33

8. Abzug der KiSt (§ 51a Abs. 2c). Der zur Vornahme des Steuerabzugs vom Kapitalertrag Verpflichtete hat auch die KiSt einzubehalten (§ 51a Abs. 2c). In diesem Fall scheidet nach § 10 Abs. 1 Nr. 4 ein Abzug als SA aus. Es wird die Abziehbarkeit nach § 32d Abs. 1 S. 3–5 pauschal berücksichtigt. Der Schuldner der KapESt kann nach § 51a Abs. 2e allerdings beim BZSt. beantragen, dass der Datenabruf seiner Zugehörigkeit zu einer steuererhebenden Religionsgemeinschaft unterbleibt. Der KiStPfl. wird in diesem Fall zur Abgabe einer Steuererklärung aufgefordert. 34

9. Anwendungsregelung (§ 52a aF). Nach § 52a Abs. 8 aF ist **§ 20 Abs. 1 Nr. 7** in der Neufassung erstmals auf Kapitalerträge anzuwenden, die nach dem 31.12.2008 zufließen. Es kommt insoweit nur auf den Zeitpunkt des Zuflusses an, nicht darauf, ob die Kapitalanlage vor oder nach dem Jahreswechsel 2008/09 angeschafft wurde. Kapitalerträge aus Zerobonds, Bundesschatzbriefen Typ B oder Finanzierungsschätzen des Bundes, die erst 2009 zufließen, unterliegen der Abgeltungsteuer. Allerdings gelten besondere Regelungen nach § 52a Abs. 10 S. 6–8 aF für die zeitliche Anwendung der korrespondierenden Regelung über die Veräußerungsgewinnbesteuerung in § 20 Abs. 2 S. 1 Nr. 7. **§ 20 Abs. 1 Nr. 11** ist nach § 52a Abs. 9 aF erstmals auf nach dem 31.12.2008 zufließende Stillhalterprämien anzuwenden. Die Regelung über die Besteuerung v. Gewinnen aus der Veräußerung v. Beteiligungen in **§ 20 Abs. 2 S. 1 Nr. 1** ist nach § 52a Abs. 10 S. 1 aF erstmals auf Gewinne aus der Veräußerung v. Anteilen anzuwenden, die nach dem 31.12.2008 erworben werden. Da bei unentgeltlicher Übertragung nach § 23 Abs. 1 S. 3, § 20 Abs. 4 S. 6 der Rechtsnachfolger AK und Anschaffungszeitpunkt des Rechtsvorgängers übernimmt, kann der steuerliche „Alt“-Status vor 2009 erworbener Beteiligungen insoweit unbegrenzt konserviert werden.[4] Bei Wertpapieren in Sammelverwahrung stellt § 20 Abs. 4 S. 7 mit der Anordnung der Fifo-Methode sicher, dass vor dem 1.1.2009 erworbene Anteile bei Veräußerung nach einjähriger Haltedauer nicht der Besteuerung unterliegen. Nach § 52a Abs. 10 S. 2 aF ist **§ 20 Abs. 2 S. 1 Nr. 2** für die Fälle der Veräußerung v. Dividenden- und Zinsscheinen erstmals auf Veräußerungen nach dem 31.12.2008 anzuwenden. Die Regelung über die Besteuerung des Gewinns bei Termingeschäften in **§ 20 Abs. 2 S. 1 Nr. 3** ist erstmals anzuwenden, wenn der Rechtserwerb nach dem 31.12.2008 erfolgt. Entspr. ist nach § 52a Abs. 10 S. 4 aF die Regelung des **§ 20 Abs. 2 S. 1 Nr. 4, 5 und 8** nF anzuwenden bei Erwerb der zugrunde liegenden WG, Rechte 35

1 BVerfG v. 9.3.2004 – 2 BvL 17/02, BVerfGE 110, 94 (113 f.) = FR 2004, 470 m. Anm. *Jacob/Vieten.*
2 So BFH v. 7.9.2005 – VIII R 90/04, FR 2006, 230 = BFH/NV 2006, 173.
3 *Söhn,* DStJG 30 (2007), 13 (33).
4 *Dinkelbach,* DStR 2011, 941.

und Rechtspositionen nach dem 31.12.2008. § 52a Abs. 10 S. 5 aF regelt, dass **§ 20 Abs. 2 S. 1 Nr. 6** grds. (vgl. § 52a Abs. 10 S. 5 HS 2 aF) erstmals auf die Veräußerung v. Anspr. nach dem 31.12.2008 anzuwenden ist, bei denen der Veräußerungsvertrag nach dem 31.12.2004 abgeschlossen wurde.

36 **§ 20 Abs. 2 S. 1 Nr. 7** ist nach § 52a Abs. 10 S. 6 aF – korrespondierend zu der Regelung des § 52a Abs. 8 aF für § 20 Abs. 1 Nr. 7 – erstmals auf nach dem 31.12.2008 zufließende Veräußerungserträge anzuwenden. Allerdings wird diese Regelung durch § 52a Abs. 10 S. 7–8 aF modifiziert. Nach § 52a Abs. 10 S. 7 aF ist § 20 Abs. 2 S. 1 Nr. 7 nicht anzuwenden, wenn die **Forderung vor dem 1.1.2009 erworben** wurde und es sich bei dieser zwar um eine Forderung iSv. § 20 Abs. 1 Nr. 7 aF handelt, aber nicht um eine Finanzinnovation iSv. § 20 Abs. 2 S. 1 Nr. 4 aF. Nach der Gesetzesbegründung soll damit die Veräußerung oder Einlösung v. festverzinslichen Wertpapieren, die unter dem Nennwert erworben wurden, begünstigt werden. Es bestand damit die Möglichkeit, in 2008 noch festverzinsliche Wertpapiere mit einem Disagio zu erwerben und den Disagiobetrag nach Maßgabe des sog. Disagioerlasses stfrei zu vereinnahmen. Für **Finanzinnovationen** dagegen bleibt es beim Grundsatz des § 52a Abs. 10 S. 6 aF, dh. sie fallen unter § 20 Abs. 2 S. 1 Nr. 7, wenn sie nach 2008 veräußert oder eingelöst werden, auch wenn der Privatanleger sie vor 2009 erworben hat. Durch das JStG 2009 ist in § 52a Abs. 10 S. 7 aF zudem geregelt worden, dass Kapitalforderungen iSd. § 20 Abs. 2 S. 1 Nr. 4 in der ab 31.12.2008 anzuwendenden Fassung auch vorliegen, wenn die Rückzahlung nur teilw. garantiert ist oder wenn eine Trennung zw. Ertrags- und Vermögensebene möglich erscheint. Der Gesetzgeber hat damit auf die entspr. diff. Rspr. des BFH zu Finanzinnovationen[1] reagiert. Er wollte die nach der Rspr. des BFH vorzunehmende Unterscheidung, die eine intensive Überprüfung des Finanzprodukts erfordert hätte, erübrigen.[2] Das JStG 2010 hat Abs. 10 S. 7 um die Regelung ergänzt, dass für die bei der Veräußerung in Rechnung gestellten Stückzinsen Abs. 10 S. 6 anzuwenden ist. Der Veräußerer soll besonders in Rechnung gestellte Stückzinsen als Einnahmen aus KapV versteuern, auch wenn der Veräußerungserlös für die vor dem 1.1.2009 erworbenen festverzinslichen Wertpapiere nach § 52 Abs. 10 S. 7 nicht steuerbar ist.[3] Der Gesetzgeber hat damit – verfassungsrechtlich nicht unbedenklich – eine offensichtlich nicht gewollte Besteuerungslücke rückwirkend ab 31.12.2008 geschlossen. Nach § 52a Abs. 10 S. 8 aF ist bei Kapitalforderungen, die **zwar nicht die Voraussetzungen v. § 20 Abs. 1 Nr. 7 aF, aber die Voraussetzungen v. § 20 Abs. 1 Nr. 7 nF** erfüllen (Indexzertifikate ohne Kapitalgarantie), § 20 Abs. 2 S. 1 Nr. 7 iVm. § 20 Abs. 1 Nr. 7 – vorbehaltlich § 52a Abs. 11 S. 4, 6 aF – auf alle nach dem 30.6.2009 zufließenden Kapitalerträge anzuwenden, es sei denn, die Kapitalforderung wurde vor dem 15.3.2007 angeschafft. Produkte, die bis zum 14.3.2006 v. Privatanlegern angeschafft wurden, werden nicht der Abgeltungsteuer unterworfen. Produkte, die nach dem 14.3.2006 und bis zum 31.12.2008 erworben wurden, sind bis zum 30.6.2009 nicht abgeltungsteuerbar. Produkte, die nach dem 31.12.2008 erworben wurden, unterliegen der Abgeltungsteuer. Der Gesetzgeber wollte mit dieser Regelung verhindern, dass in Reaktion auf die Gesetzgebungspläne aufgelegte, vor dem 31.12.2008 zu erwerbende Zertifikate ohne Kapital- und Entgeltgarantie in den Genuss einer zeitlich unbegrenzten StFreiheit kommen. Es werden insoweit die Forderungen, die nicht unter § 20 Abs. 1 Nr. 7 aF fallen, schlechter behandelt als die Forderungen, die unter § 20 Abs. 1 Nr. 7 aF, aber nicht unter § 20 Abs. 2 S. 1 Nr. 4 aF fallen (vgl. § 52a Abs. 10 S. 7 aF).

37 **§ 20 Abs. 2 S. 2 und 3**, wonach auch die Einlösung, Rückzahlung, Abtretung oder verdeckte Einlage in eine KapGes. als Veräußerung und die Anschaffung und Veräußerung einer Beteiligung an einer PersGes. als Anschaffung oder Veräußerung der anteiligen WG gilt, sind nach § 52a Abs. 10 S. 9 aF erstmals auf Veräußerungen etc. nach dem 31.12.2008 anzuwenden. **§ 20 Abs. 3–9 nF** ist nach § 52a Abs. 10 S. 10 aF „erstmals auf nach dem 31.12.2008 zufließende Kapitalerträge anzuwenden". Aus diesem Gesetzeswortlaut kann allerdings nach der Rspr. des BFH nicht geschlossen werden, dass Ausgaben, die nach dem 31.12. 2008 getätigt wurden, aber mit Kapitalerträgen zusammenhängen, die bereits vor dem 1.1.2009 zugeflossen sind, nicht dem Abzugsverbot des § 20 Abs. 9 unterliegen. Zu Fallkonstellationen, in denen nach dem 31.12.2008 keine Kapitalerträge zufließen, treffe – so der BFH – § 52a Abs. 10 S. 10 aF keine Aussage. Für diese Konstellationen gelte die Grundregelung des § 2 Abs. 2 S. 1 Nr. 2 und des § 2 Abs. 2 S. 2, nach der § 20 Abs. 9 an die Stelle der §§ 9, 9a trete. Diese Regelung sei nach § 52a Abs. 2 aF ab dem VZ 2009 anzuwenden.[4] Entspr. können nach der Rspr. des BFH Aufwendungen, die vor dem 1.1.2009 abgeflossen sind und die mit Kapitalerträgen iZ stehen, die nach dem 31.12.2008 zugeflossen sind, ohne die Beschränkung des § 20 Abs. 9 abgezogen werden. Nach § 52a Abs. 2 aF sei § 2 Abs. 2, welcher für die Einkünfte aus KapVerm. anordne, dass § 20 Abs. 9 an die Stelle von §§ 9, 9a trete, erstmals ab dem VZ 2009 anwendbar.[5]

---

1 Vgl. zB BFH v. 20.11.2006 – VIII R 97/02, BStBl. II 2007, 555 = FR 2007, 701.
2 BT-Drucks. 16/10189, 66; vgl. auch *Behrens*, DStR 2007, 1998 (2000); *Haisch*, DStZ 2007, 762 (769); *Scharl*, DB 2009, 532.
3 BR-Drucks. 318/10, 99.
4 BFH v. 2.12.2014 – VIII R 34/13, BStBl. II 2015, 387; v. 9.6.2015 – VIII R 12/14, DB 2016, 1047 = FR 2016, 517.
5 BFH v. 27.8.2014 – VIII R 60/13, BStBl. II 2015, 255 = FR 2015, 620.

Die durch das UntStRG 2008 geschaffenen Neuregelungen sind nach den Vorschriften der §§ 52, 52a und des § 34 Abs. 11a KStG ab unterschiedlichen Zeitpunkten anzuwenden. Dies hat folgende Konsequenzen für Beteiligungserträge: 38

Im Jahr **2008** galt nach § 34 Abs. 11a KStG bereits der niedrigere KSt-Satz v. 15 %, auf Gesellschafterebene weiterhin das Halbeinkünfteverfahren. Die Neuregelung des § 20 (Veräußerungsgewinnbesteuerung) und des § 32d (Abgeltungsteuer) fanden noch keine Anwendung. Dies bedeutet:

Gesellschaftsebene		**Gesellschafterebene**	
Gewinn vor Steuern	100	Zufluss	70,17
GewSt (100 × 3,5 % × 400 %)	./. 14	ESt (70,17 : 2 × 45 %)	15,79
KSt	./. 15	SolZ	0,87
SolZ	./. 0,83	verbleiben	53,51
verbleiben	70,17	Gesamtbelastung	46,49

In den Jahren **2009 ff.** gilt bei Beteiligungen im BV das Teileinkünfteverfahren der §§ 3 Nr. 40, 3c Abs. 2, bei Beteiligungen im PV gilt für Veräußerungsgewinne § 20 Abs. 2 (Veräußerungsgewinnbesteuerung) nur, wenn die Beteiligung nach dem 31.12.2008 erworben wurde (iÜ: § 17 oder § 23). Für lfd. Beteiligungserträge im PV gilt grds. (Ausnahme: § 32d Abs. 2 Nr. 3) § 32d (Abgeltungsteuer). Dies wirkt sich bei lfd. Erträgen wie folgt aus:

	Beteiligung im PV	**Beteiligung im BV**
Gesellschaftsebene (so.)		
Belastung	29,83	29,83
verbleiben	70,17	70,17
Gesellschafterebene		
Zufluss	70,17	70,17
Abgeltungsteuer/Teileinkünfteverfahren	17,54	18,95
SolZ	0,96	1,04
verbleiben	51,67	50,18
Gesamtbelastung	48,33	49,82

10. Ermittlung des Einkommens nach § 8 KStG. Körperschaften iSv. § 1 Abs. 1 KStG können nach § 8 Abs. 1 KStG ebenfalls Einkünfte iSd. § 20 beziehen, soweit diese nicht nach § 8 Abs. 2 KStG als Einkünfte aus GewBetr. zu qualifizieren sind. Außerdem können bei beschränkt stpfl. Körperschaften, Personenvereinigungen und Vermögensmassen nach §§ 2, 8 KStG und bei befreiten Körperschaften nach § 5 Abs. 2 Nr. 1 KStG Einkünfte aus KapVerm. anfallen. Eine Verbindung zur **KSt** besteht vor allem durch das Teileinkünfteverfahren). 39

11. Schutz von Bankkunden nach § 30a AO. Nach § 30a AO haben die Finanzbehörden auf das Vertrauensverhältnis zw. den Kreditinstituten und den Kunden Rücksicht zu nehmen. Sie dürfen nicht zum Zweck der allg. Überwachung die Mitteilung v. Konten verlangen. Es sollen Kontrollmitteilungen unterbleiben.[1] § 30a AO fördert damit das Verschweigen v. Einkünften aus KapVerm. Das BVerfG hat zu Recht diese gesetzlich angeordnete Zurückhaltung bei der verwaltungsmäßigen Umsetzung der in § 20 normierten StPflicht beanstandet und einen Quellenabzug oder Kontrollmitteilungen vorgeschlagen.[2] 40

III. Rechtsentwicklung. Bereits im **PreußEStG** v. 1891 wurden die Jahreseinkünfte aus KapVerm. erfasst. Allerdings bestand in der Vergangenheit ein erhebliches Erhebungsdefizit. Das BVerfG hat dies beanstandet (Rn. 40). Der Gesetzgeber hat hierauf mit dem **Zinsabschlaggesetz** v. 9.11.1992[3], der Einführung eines KapESt-Abzugs bei Zinserträgen und der Erhöhung der Freibeträge v. 600 und 1 200 DM auf 6 000 und 12 000 DM, reagiert. Das Zinsabschlaggesetz führte allerdings zu einer erheblichen Verlagerung v. KapVerm. ins Ausland und diese zu umfangreichen Steufa.-Maßnahmen bei Banken.[4] Gefördert durch die Einfüh- 41

1 Zur Rasterfahndung: BFH v. 25.7.2000 – VII B 28/99, BStBl. II 2000, 643 = FR 2000, 1098; BMF v. 12.12.2000, DB 2001, 120.

2 BVerfG v. 27.6.1991 – 2 BvL 3/89, BStBl. II 1991, 652 = FR 1991, 391; v. 9.3.2004 – 2 BvL 17/02, FR 2004, 470 m. Anm. *Jacob/Vieten* = DB 2004, 628 (Spekulationseinkünfte); zur Systemwidrigkeit v. § 30 AO: *Niehus*, DStZ 2000, 697 (701); *Bernhard*, DB 2001, 664; zum Rechtsschutz gegen Vorlageverlangen von Bankunterlagen: FG Berlin-Bdbg. v. 14.1.2013 – 7 V 7076/11, EFG 2013, 536.

3 BGBl. I 1992, 1853.

4 Zur Verfassungsmäßigkeit der Besteuerung nach dem Zinsabschlaggesetz: BFH v. 18.2.1997 – VIII R 33/95, BStBl. II 1997, 499 (502) = FR 1997, 487 m. Anm. *Harenberg*.

rung des Zinsabschlags waren v. den Kreditinstituten sog. Finanzinnovationen entwickelt worden, mit denen durch eine Verlagerung des wirtschaftlichen Vorteils v. der Ertrags- auf die Vermögensebene der Zinsabschlag und die Besteuerung umgangen werden sollten. Um diesen Anlageformen zu begegnen, wurde durch das **StMBG**[1] § 20 Abs. 1 Nr. 7 geändert, § 20 Abs. 2 Nr. 2b und § 20 Abs. 2 Nr. 3 erweitert und die Regelungen des § 20 Abs. 2 Nr. 4 verschärft. Durch das **StEntlG 1999/2000/2002** v. 24.3.1999[2] wurden die Sparerfreibeträge halbiert.[3] Dass mit den hohen Freibeträgen den Forderungen des BVerfG entspr. werden sollte, wurde ignoriert. Das **StSenkG** hat das sog. Halbeinkünfteverfahren eingeführt, § 20 Abs. 1 Nr. 1 und 2 geändert, Nr. 3 aufgehoben und Nr. 9 und 10 neu geschaffen.[4] Das StÄndG 2001 hat § 20 Abs. 2 S. 1 Nr. 4 neu gefasst und das UntStFG § 20 Abs. 1 Nr. 1, 2, 9 und 10 geändert. Im Jahr 2003 wurden durch das **StVergAbG** die Verweisung in § 20 Abs. 1 Nr. 4 S. 2 erweitert, durch das **KleinunternehmerförderungsG** die Betragsgrenzen des § 20 Abs. 1 Nr. 10 lit. a erhöht, durch das **ProtErklG** § 20 Abs. 1 Nr. 4 S. 2, durch das **HBeglG 2004** die Sparerfreibeträge herabgesetzt und durch das StrafbefreiungserklärungsG die Abgabe steuerbefreiender Erklärungen gefördert. Im Jahr 2004 hat das **AltEinkG** die Besteuerung v. Erträgen aus Lebensversicherungen ausgeweitet. Das **G zur Beschränkung der Verlustverrechnung im Zusammenhang mit Steuerstundungsmodellen** hat im Jahr 2005 die sinngemäße Anwendung des neuen § 15b angeordnet. Das **StÄndG 2007** hat zum 1.1.2007 die Sparerfreibeträge v. 1 370 Euro auf 750 Euro und v. 2 740 Euro auf 1 500 Euro herabgesetzt.[5] Das **JStG 2007** hat § 20 Abs. 1 Nr. 1 S. 3, 2. HS eingefügt, die Verweisung auf § 15b v. § 20 Abs. 1 Nr. 4 nach § 20 Abs. 2b übernommen und erweitert sowie § 20 Abs. 1 Nr. 9, 10 lit. a und b geändert. Das **SEStEG** hat § 20 Abs. 1 Nr. 2 und § 20 Abs. 1 Nr. 10 lit. b geändert.

42 Durch das **UntStRefG 2008** wurde zum 1.1.2009 „die Abgeltungsteuer" eingeführt. Der Gesetzentwurf für das UntStRefG 2008 wurde v. den Fraktionen der CDU/CSU und der SPD mit Datum v. 27.3.2007 vorgelegt.[6] Er enthielt bereits die wesentlichen Neuregelungen des § 20 sowie der Abgeltungsteuer insgesamt, also der §§ 3 Nr. 40, 3c Abs. 2, 32d, 43 ff. Auf Vorschlag des Finanzausschusses (23.5.2007) wurde die Bescheinigungspflicht in § 20 Abs. 1 Nr. 6 aufgenommen, das Verlustausgleichsverbot für Verluste aus Aktiengeschäften in § 20 Abs. 6 S. 5 geregelt und § 20 Abs. 9 S. 3 präzisiert.[7] Das **JStG 2008** hat § 32d Abs. 2 Nr. 1 lit. c geändert und § 32d Abs. 2 Nr. 3 angefügt.[8] Durch das **JStG 2009** wurde § 20 Abs. 4a neu eingeführt, der Sonderregeln für Anteilstausch, Aktien- und Umtauschanleihen und Bezugsrechte enthält. Es wurde § 20 Abs. 1 Nr. 6 erweitert, § 20 Abs. 1 Nr. 10 geändert, § 20 Abs. 8 ergänzt und § 20 Abs. 9 S. geändert. Außerdem wurde durch das JStG 2009 § 52a Abs. 10 S. 7 aF geändert und geregelt, welche Finanzinnovationen iE unter die Neuregelung der Abgeltungsteuer fallen. Das **JStG 2010** hat § 20 Abs. 1 Nr. 7 S. 2 ergänzt, § 20 Abs. 1 Nr. 9 erweitert, § 20 Abs. 3a neu eingeführt und § 20 Abs. 4a geändert. Mit dem **Amtshilferichtlinie-Umsetzungsgesetz** v. 26.6.2013[9] wurde § 20 Abs. 4a S. 7 angefügt. Durch das **InvStRefG** v. 26.7.2016[10] wurden § 20 Abs. 1 Nr. 3 und Nr. 3a sowie Nr. 6 S. 9 eingefügt, nach denen zu den Einkünften aus KapVerm. auch die Investmenterträge nach § 16 InvStG und die Spezial-Investmenterträge nach § 34 InvStG gehören und bei fondsgebundenen Versicherungsverträgen als Ausgleich für die stl. Vorbelastung von Investmenterträgen eine 15-prozentige Steuerbefreiung gewährt wird – diese Regelungen sind nach § 52 Abs. 28 allerdings erst ab dem 1.1.2018 anzuwenden. Eingefügt wurden außerdem in § 20 Abs. 2 die Sätze 4 und 5 sowie in § 20 Abs. 4 die Sätze 8 und 9, mit denen Gestaltungen entgegengetreten werden soll, mit denen versucht wird, durch Bond-Stripping die Steuerbelastung tariflich zu versteuernder Einkünfte zu vermindern.

B. Kapitalerträge (Abs. 1)

43 Abs. 1 zählt die Kapitalerträge auf, die als Einkünfte aus KapVerm. erfasst werden sollen. Dabei lassen sich die in den elf Einzeltatbeständen getroffenen Regelungen zu Gruppen zusammenfassen. Die Nr. 1, 2, 9 und 10 können als „Entgelt für eine Kapitalüberlassung auf Dauer" kategorisiert werden, während die Nr. 4 bis 8 „Entgelt für eine Kapitalüberlassung auf Zeit" darstellen.[11]

1 BGBl. I 1993, 2310.
2 BGBl. I 1999, 402 (410).
3 BT-Drucks. 14/23, 253.
4 BT-Drucks. 14/2683, 114; BT-Drucks. 14/3366, 17.
5 BGBl. I 2006, 1652.
6 BT-Drucks. 16/4841.
7 BT-Drucks. 16/5452, 17 ff.
8 BR-Drucks. 747/07, 6.
9 BGBl. I 2013, 1809.
10 BGBl. I 2016, 1730.
11 Vgl. *K/S/M*, § 20 Rn. A 4.

I. Beteiligungserträge iSv. Abs. 1 Nr. 1, 2, 9, 10. Abs. 1 Nr. 1, 2, 9 und 10 regeln die StPflicht v. Kapitalerträgen, die auf der Beteiligung an einer Körperschaft beruhen. Hierbei enthält Abs. 1 Nr. 1 S. 1 die Grundnorm, die durch Abs. 1 Nr. 1 S. 2 und 3, Nr. 2, 9 und 10 ergänzt wird. Eine weitere Ausdehnung der StPflicht erfolgt durch Abs. 2 S. 1 Nr. 1 und Nr. 2 1 lit. a und eine Konkretisierung der persönlichen StPflicht in Abs. 5. 44

1. Vorbelastung durch Körperschaftsteuer. Die Beteiligungserträge iSv. Abs. 1 Nr. 1, 2, 9, 10 zeichnen sich dadurch aus, dass sie einer Vorbelastung durch KSt unterliegen. Auf den Gewinn v. Körperschaften wird bei der Körperschaft KSt erhoben und auf die Beteiligungserträge (ausgeschüttete Gewinne) beim Anteilseigner ESt. Dabei wurde in der Vergangenheit eine Doppelbelastung durch eine (Voll-)**Anrechnung der gezahlten KSt** bei der Besteuerung des Anteilseigners vermieden. Die KSt hatte materiell-rechtl. den Charakter einer Quellensteuer auf die Kapitaleinkünfte des Anteilseigners.[1] Ab 2001 wurde eine Doppelbelastung durch das sog. **Halbeinkünfteverfahren** vermieden, eine ermäßigte Besteuerung auf Ebene der Körperschaft und des Anteilseigners. Es wurde auf der Ebene der Körperschaft eine KSt mit einem Satz v. (nur) 25 % erhoben. Auf der Ebene des Anteilseigners wurden bei Körperschaften als Anteilseignern die Bezüge aus der Beteiligung steuerbefreit (da es ansonsten zu einer Potenzierung der definitiven KSt-Belastung gekommen wäre). Bei nat. Pers. als Anteilseignern wurden die Einkünfte aus der Ausschüttung nur zur Hälfte angesetzt. Bei ihnen erfolgte in pauschaler Form eine KSt-Anrechnung mit dem Ziel, körperschaftliche Gewinne wirtschaftlich nur einmal zu belasten. Für den Anteilseigner wurde eine Doppelbelastung der ausgeschütteten Gewinne bei einem ESt-Satz v. 40 % exakt vermieden. 45

Das **UntStRefG** 2008 hat das Halbeinkünfteverfahren durch das **Teileinkünfteverfahren** und die **Abgeltungsteuer** ersetzt. Bei betrieblichen Erträgen wurde der Absenkung der KSt v. 25 % auf 15 % (ab 1.1.2008) Rechnung getragen und das Halbeinkünfteverfahren mit einer Freistellung der Ausschüttung beim Anteilseigner zu 50 % durch das Teileinkünfteverfahren mit einer Freistellung der Ausschüttungen v. nur noch zu 40 % ersetzt. Für private Erträge iRd. Einkünfte aus KapVerm. ist an die Stelle des Halbeinkünfteverfahrens die für Beteiligungserträge und sonstige Kapitalerträge gleichermaßen geltende Abgeltungsteuer mit einem Steuersatz v. 25 % getreten. Ab 1.1.2009 unterliegen lfd. Erträge aus Beteiligungen im BV dem Teileinkünfteverfahren nach §§ 3 Nr. 40, 3c Abs. 2. Laufende Erträge aus Beteiligungen im PV unterliegen der Abgeltungsteuer. Der Anteilseigner kann aber nach § 32d Abs. 2 Nr. 3 zum Teileinkünfteverfahren optieren, wenn die Beteiligung mindestens 25 % beträgt oder mindestens 1 % beträgt und der StPfl. für die KapGes. beruflich tätig ist. 46

Auf den Gewinn v. Körperschaften wird bei der Körperschaft KSt und GewSt erhoben. Die KSt ist ab 1.1.2008 v. 25 % auf 15 % gesunken. Bei der GewSt ist die Steuermesszahl v. 5 % auf 3,5 % herabgesetzt worden. Die Beteiligungserträge unterliegen beim Anteilseigner, sofern es sich nicht um eine Körperschaft handelt, der ESt. Dabei ist die estl. Behandlung davon abhängig, ob die Beteiligung im PV oder im BV gehalten wird. Wird die Beteiligung im PV gehalten, unterliegen die Beteiligungserträge der Abgeltungsteuer nach § 32d, und es sind WK über den Sparer-PB hinaus nach Abs. 9 vom Abzug ausgenommen. Wird die Beteiligung im BV gehalten – oder wurde nach § 32d Abs. 2 Nr. 3 optiert –, gilt das Teileinkünfteverfahren nach § 3 Nr. 40 mit einer Freistellung v. 40 % und nach § 3c Abs. 2 mit einem Abzugsverbot v. 40 %. Es ergeben sich (bei Vollausschüttung) ggü. dem früheren Recht folgende Unterschiede je nach dem, ob die Beteiligung im PV oder BV gehalten wird: 47

Gesellschaftsebene	**bis 2008**	**ab 2009 PV**	**ab 2009 BV**
Gewinn vor Steuern	100	100	100
GewSt	16,67	14[2]	14
KSt	20,83	15	15
SolZ	1,15	0,83	0,83
verbleiben	61,35	70,17	70,17
Gesellschafterebene			
Zufluss	61,35	70,17	70,17
ESt	12,88[3]	17,54[4]	18,95[5]
SolZ	0,71	0,96	1,04
verbleiben	47,76	51,67	50,18
Belastung	52,24 %	48,33 %	49,82 %

1 *Pezzer*, DStJG 20 (1997), 5 (15 f.); *Raupach*, DStJG 20 (1997), 21.
2 100 × 3,5 % × 400 %.
3 Steuersatz 42 %.
4 70,17 × 25 %.
5 Stpfl. 42,10 × 45 %.

Während auf der Gesellschaftsebene eine Entlastung eingetreten ist, ist auf der Gesellschafterebene eine Mehrbelastung erfolgt.

48 Das Halten v. Beteiligungen im PV bietet Vorteile, wenn der Steuersatz bei 45 % liegt. Ansonsten ist die Belastung bei einem Halten der Beteiligung im BV günstiger. Dieser Vorteil erhöht sich bei Beteiligungsaufwand, der bei einer Beteiligung im PV nur in Höhe des Sparer-PB und im BV zu 60 % abzugsfähig ist:

	Anteile PV			Anteile BV		
Gesellschaftsebene		45 %	40 %	35 %	30 %	25 %
Gewinn vor Steuern	100	100	100	100	100	100
KSt/SolZ/GewSt (400 %)	– 29,83	– 29,83	– 29,83	– 29,83	– 29,83	– 29,83
Ausschüttungsvolumen	70,17	70,17	70,17	70,17	70,17	70,17
Gesellschafterebene						
– Abgeltungsteuer	– 17,54					
– Teileinkünfteverfahren (stpfl. 42,10)		– 18,95	– 16,84	– 14,74	– 12,63	– 10,53
SolZ	– 0,96	– 1,04	– 0,93	– 0,81	– 0,69	– 0,58
Nettozufluss	51,67	50,18	52,40	54,62	56,85	59,06
Gesamtsteuerbelastung	48,33	49,82	47,60	45,38	43,15	40,96
Vorteil (+)/Nachteil (–) Teileinkünfteverfahren	–	– 1,49	+ 0,73	+ 2,95	+ 5,18	+ 7,37

48a **2. Bezüge aus Beteiligungen (Abs. 1 Nr. 1 S. 1).** Abs. 1 Nr. 1 S. 1 erfasst die Bezüge aus **Aktien**. Diese kann ein an einer AG beteiligter Aktionär oder ein an einer KGaA beteiligter Kommanditaktionär erzielen. Der phG'ter einer KGaA wird dagegen nach § 15 Abs. 1 Nr. 3 besteuert. Abs. 1 Nr. 1 S. 1 nennt mit den **Genussrechten** neben gesellschaftsrechtl. auch eine schuldrechtl. Beteiligung als Grundlage für den Bezug v. Beteiligungserträgen. Genussrechte können nicht nur v. KapGes., sondern auch v. anderen Handelsgesellschaften sowie v. Anstalten des öffentl. Rechts ausgegeben werden. Beteiligungserträge iSv. Abs. 1 Nr. 1 S. 1 fallen jedoch nur an, wenn der aus dem Genussrecht verpflichtete Schuldner eine KapGes. ist und mit dem Genussrecht das Recht am Gewinn und Liquidationserlös der KapGes. verbunden ist. Ansonsten kommt eine Besteuerung nach Abs. 1 Nr. 7 in Betracht.[1] Neben den Bezügen aus dem Geschäftsanteil an einer **GmbH** gehören auch die Bezüge aus einer sog. **Gründungsgesellschaft (oder: Vorgesellschaft)** zu den Kapitalerträgen iSv. Abs. 1 Nr. 1 S. 1. Die sog. Vorgründungsgesellschaft vor Beurkundung des Ges.-Vertrages ist eine PersGes. und wird auch stl. als solche behandelt. Dagegen wird die sog. Vorgesellschaft nach Beurkundung des Ges.-Vertrages, aber vor dessen Eintragung im Handelsregister aufgrund ihrer körperschaftlichen Struktur mit der KapGes. gleichbehandelt.[2] Erfasst werden die Bezüge eines Genossen aus Anteilen an einer **Erwerbs- oder Wirtschaftsgenossenschaft** iSd. §§ 1 ff. GenG und Bezüge aus Anteilen an bergbautreibenden Vereinigungen, die die Rechte einer jur. Pers. haben, dh. keine MU'schaften sind. Bergbautreibende Vereinigungen sind (besser: waren) vor allem die bergrechtl. Gewerkschaften. Die Begriffe Aktien, Genussrechte, GmbH-Anteile sind steuerrechtl. zu verstehen und es sind unter sie auch Beteiligungen an **ausländ. Rechtsgebilden** zu subsumieren, die ihrer Struktur nach den v. Abs. 1 Nr. 1 S. 1 bezeichneten Rechtsgebilden deutschen Rechts vergleichbar sind.[3] In der Vergangenheit war umstritten, ob Abs. 1 Nr. 1 nicht nur eine **beispielhafte Aufzählung** enthält und auch auf andere Bezüge anzuwenden ist, die sich als Ausfluss einer kapitalmäßigen Beteiligung an einer Körperschaft darstellen, zB auf Ausschüttungen einer Forstgenossenschaft.[4] Dieser Meinungsstreit dürfte seine Bedeutung durch die Neuregelung des Abs. 1 Nr. 9 verloren haben.

49 Den in Abs. 1 Nr. 1 S. 1 genannten Beteiligungserträgen ist gemeinsam, dass sie auf der Zuwendung einer Körperschaft beruhen, die ihrerseits selbständiges Zurechnungssubjekt für die v. ihr erwirtschafteten Erträge ist. Voraussetzung für die Zurechnung ist, dass der Vermögensvorteil durch das Beteiligungsverhältnis, nicht durch eine andere Rechtsbeziehung – „veranlasst" ist. Nach der Rspr. des BFH hängt die Veranlassung v. der wertenden Beurteilung des die Ausschüttung auslösenden Momentes und v. der Zuordnung des maßgeblichen Bestimmungsgrundes zum Beteiligungsverhältnis ab.[5] **Gewinnanteil (Dividende)**

1 FG BaWü. v. 22.5.2017 – 10 K 1859/15, EFG 2017, 1433 (Rev. I R 44/17).
2 BFH v. 14.10.1992 – I R 17/92, BStBl. II 1993, 352.
3 FG Köln v. 28.9.2011 – 5 K 4480/07, EFG 2012, 911 (sog. S-Corporations); BFH v. 16.12.1992 – I R 32/92, BStBl. II 1993, 399 = FR 1993, 403; BFH v. 16.12.1998 – I R 138/97, BStBl. II 1999, 437 = FR 1999, 756 m. Anm. *Kempermann* – Anrechnungsverfahren bei ausländ. KapGes.
4 BFH v. 8.2.1995 – I R 73/94, BStBl. II 1995, 552 = FR 1995, 445; v. 3.11.1961 – VI 42/60 U, BStBl. III 1962, 7; v. 24.6.1966 – VI 171/65, BStBl. III 1966, 579; **aA** *K/S/M*, § 20 Rn. C 9.
5 BFH v. 4.7.1990 – GrS 2-3/88, BStBl. II 1990, 817 (823) = FR 1990, 708.

iSv. Abs. 1 Nr. 1 S. 1 ist der Anteil an dem ausgeschütteten Gewinn der Ges., der dem G'ter bzw. Genussrechtsinhaber aufgrund seines Gewinnbezugsrechts zugewendet wird. Auch bei einer rechtswidrigen Ausschüttung sind die zugewendeten Beträge als Gewinnanteile zu behandeln, falls ein Gewinnverteilungsbeschluss existiert und dieser lediglich Mängel aufweist, die erst noch in einem förmlichen Verfahren festzustellen sind.[1] Gewinnanteile iSv. Abs. 1 Nr. 1 S. 1 sind abzugrenzen v. den sonstigen Bezügen iSv. Abs. 1 Nr. 1 S. 1 (vGA, Zahlung aufgrund einer Dividendengarantie), v. Einnahmen aufgrund anderer Rechtsbeziehungen (als Dividenden bezeichneten Beitragsrückzahlungen v. Versicherungen) und Kapitalrückzahlungen. Auch eine disquotale Ausschüttung ist regelmäßig als Beteiligungsertrag des G'ters zu behandeln, für den die Ausschüttung bestimmt ist, und nicht als Ertrag des lediglich zust. G'ters. Ein Zufluss bei dem lediglich zust. G'ter lässt sich allenfalls bei einander nahe stehenden Pers. oder unter den Voraussetzungen des § 42 AO annehmen.[2] **Ausbeuten** iSv. Abs. 1 Nr. 1 S. 1 sind Gewinnanteile, die aus den in Abs. 1 Nr. 1 S. 1 bis zum StSenkG genannten Kuxen erzielt werden. Unter **„sonstige Bezüge"** fällt, was der G'ter aufgrund seiner Beteiligung v. der Ges. erhält und nicht als Gewinnanteil oder Ausbeute zu qualifizieren ist. Sonstige Bezüge sind die in Abs. 1 Nr. 1 S. 2 nochmals ausdrücklich erfassten vGA und auch die „besonderen Entgelte oder Vorteile", deren Einbeziehung Abs. 2 S. 1 Nr. 1 anordnet.

3. Verdeckte Gewinnausschüttungen (Abs. 1 Nr. 1 S. 2). VGA sind als sonstige Bezüge nach Abs. 1 Nr. 1 S. 1, als besondere Vorteile iSv. Abs. 2 S. 1 Nr. 1 und als iRd. § 20 zufließende Einnahmen nach § 8 Abs. 1 steuerbar.[3] Zusätzlich wird ihre Steuerbarkeit nochmals in Abs. 1 Nr. 1 S. 2 klargestellt. Eine **vGA** ist ein Vermögensvorteil, den eine Körperschaft ihrem G'ter zuwendet, wenn die Zuwendung durch das Ges.-Verhältnis veranlasst ist, aber nicht auf einem den gesellschaftsrechtl. Vorschriften entspr. Gewinnverteilungsbeschluss beruht.[4] Ob die Zuwendung durch das Ges.-Verhältnis veranlasst ist, ist danach zu beurteilen, ob ein ordentlicher und gewissenhafter Geschäftsleiter den Vermögensvorteil auch einem Nicht-G'ter unter sonst gleichen Bedingungen zugewendet hätte.[5] Von einer „verdeckten" Gewinnausschüttung wird deshalb gesprochen, weil die Zuwendung des Vermögensvorteils idR **durch ein anderes Rechtsgeschäft verdeckt** wird. Die Körperschaft erwirbt v. ihrem G'ter WG zu einem überhöhten Preis. Sie nutzt Dienste, Kapital oder WG zu einem unangemessen hohen Entgelt.[6] Sie veräußert WG an den G'ter gegen ein unangemessen niedriges Entgelt. Sie überlässt dem G'ter Dienste, Kapital oder WG zur Nutzung unentgeltlich oder gegen ein unangemessen niedriges Entgelt.[7] Oder die Körperschaft überlässt den Abschluss eines für sie günstigen Geschäftes dem G'ter.[8] Abs. 1 Nr. 1 S. 2 fragt in diesen Fällen nach der wirtschaftlichen Veranlassung der einzelnen Leistungen. Er setzt nicht voraus, dass die Körperschaft die Absicht verfolgt hat, dem G'ter einen Vermögensvorteil zuzuwenden.[9] Beherrscht der begünstigte G'ter die Ges., so kann eine vGA schon dann anzunehmen sein, wenn es an einer klaren, im Voraus getroffenen, zivilrechtl. wirksamen und tatsächlich durchgeführten Vereinbarung fehlt.[10] Die objektive Feststellungslast für die Voraussetzungen einer vGA obliegt dem FA.[11] Ist eine vGA dem Grunde nach anzunehmen, so sind die Einkünfte um die Differenz zw. dem tatsächlich vereinbarten und dem Preis zu erhöhen, den voneinander unabhängige Vertragspartner unter vergleichbaren Umständen vereinbart hätten.[12] Eine vGA kann auch in der Weise vorgenommen werden, dass die Körperschaft einen Vermögensvorteil einer dem G'ter **nahe stehenden Pers.** zuwendet. Für diesen Fall hat die Rspr. in der Vergangenheit gefordert, dass die Leistung an den Dritten zugleich ein Vermögensvorteil für den G'ter sein müsse;[13] in der Praxis wurde allerdings nahezu jede Leistung an einen Dritten, wenn sie durch das Ges.-Verhältnis veranlasst war, als Vermögensvorteil des G'ters erfasst. Mit Urteil v. 18.12.1996 hat der BFH – zumindest für die vGA iSd. 50

1 Vgl. im Einzelnen *K/S/M*, § 20 Rn. C/1 20.
2 BFH v. 19.8.1999 – I R 77/96, BStBl. II 2001, 42 = FR 1999, 1366; *K/S/M*, § 20 Rn. B 60a mwN.
3 Zu den fortbestehenden Vorteilen v. „Vertragsausschüttungen" im Halbeinkünfteverfahren: *Sigloch*, StuW 2000, 160 (173); *van Lishaut*, StuW 2000, 182 (184); *Rödder/Schumacher*, DStR 2000, 353 (361); *Dötsch/Pung*, DB 2000, Beil. Nr. 4, 4.
4 *K/S/M*, § 20 Rn. C/1 55; zur vGA iSv. § 8 Abs. 3 S. 2 KStG: BFH v. 7.8.2002 – I R 2/02, FR 2003, 132 = BFH/NV 2003, 124.
5 BFH v. 18.7.1985 – IV R 135/82, BStBl. II 1985, 635 = FR 1986, 22.
6 Zu angemessenen Geschäftsführervergütungen: *Korn*, KÖSDI 2001, 12811 (12822 mwN).
7 Zu angemessenen Zinssätzen: *Korn*, KÖSDI 2001, 12811 (12822).
8 Zu diesen Fällen und ihrer Bewertung: *K/S/M*, § 20 Rn. C 60, C 62 ff.; zu den im Einzelnen vorzunehmenden Korrekturen: BMF v. 28.5.2002, BStBl. I 2002, 603; *Reiß*, StuW 2003, 121; vgl. auch BFH v. 7.8.2002 – I R 64/01, BFH/NV 2003, 205.
9 BFH v. 11.10.1977 – VIII R 191/74, BStBl. II 1978, 109; v. 10.1.1973 – I R 119/70, BStBl. II 1973, 322.
10 BFH v. 17.12.1997 – I R 70/97, BStBl. II 1998, 545 = FR 1998, 625.
11 BFH v. 4.4.2002 – I B 140/01, BFH/NV 2002, 1179.
12 BFH v. 17.10.2001 – I R 103/00, FR 2002, 154 = BFH/NV 2002, 134.
13 BFH v. 4.7.1984 – I R 195/81, BStBl. II 1984, 842 = FR 1984, 597; v. 1.12.1982 – I R 69/80, I R 70/80, BStBl. II 1983, 152.

§ 8 Abs. 2 KStG – einen Vorteil für den G'ter nicht mehr als notwendige Voraussetzung erachtet, hat aber die Frage, ob eine vGA dem G'ter nur dann zugerechnet werden darf, wenn er selbst durch sie einen Vermögensvorteil erlangt, ausdrücklich offen gelassen.[1] Die vGA iSv. Abs. 1 Nr. 1 S. 2 und die **vGA iSv. § 8 Abs. 3 S. 2 KStG** meinen unterschiedliche Lebensvorgänge und werden begrifflich unterschieden.[2] Die vGA iSv. § 8 Abs. 3 S. 2 KStG meint eine bei der Körperschaft eintretende Gewinnminderung, die vGA nach Abs. 1 Nr. 1 S. 2 dagegen eine Vermögensmehrung des G'ters aufgrund eines v. der Körperschaft zugewendeten Vorteils. Der Unterschied zw. beiden Tatbeständen zeigt sich zB bei einer unangemessen hohen Pensionszusage. Über Grund und Höhe einer vGA ist bei der Körperschaft und beim Anteilseigner selbständig zu entscheiden.[3] Die **Rückgewähr** einer vGA auf Grund einer Satzungsklausel ist beim G'ter als Einlage zu qualifizieren und führt zu nachträglichen AK seiner Beteiligung.[4]

51 Auch **nach Einführung der Abgeltungsteuer** besteht bei der Beteiligung v. nat. Pers. an KapGes.[5] ein Anreiz, Einkünfte nicht auf der Ges.-, sondern auf der G'ter-Ebene anfallen zu lassen. Dies gilt in all den Fällen, in denen der zugewendete Vorteil die Einkünfte der Ges. mindert, aber beim G'ter nicht steuerbar ist (zB verbilligte Überlassung eines Grundstücks). Dies gilt aber auch bei Vorteilen, die beim G'ter erfasst werden, zB Leistungsvergütungen. Auf der Ebene des G'ters unterliegen zwar Gewinnausschüttungen gegenüber Leistungsvergütungen nur der Besteuerung mit 25 %, auf Ges.-Ebene aber sind Leistungsvergütungen als BA abzugsfähig, während auszuschüttende Gewinne der KSt und GewSt unterliegen. Es ergibt sich ein Vorteil in der Gesamtsteuerbelastung, der mit der Absenkung des ESt-Spitzensatzes zunimmt. Wird die vGA aufgedeckt, entfällt dieser Umqualifizierungsvorteil. Es ergibt sich jedoch – anders als beim Anrechnungsverfahren – keine Mehrbelastung im Vergleich zur offenen Gewinnausschüttung, da offene und vGA – außerhalb der Übergangsregelung in § 37 KStG[6] – generell gleich behandelt werden.[7] Erspart der Anteilseigner in Folge der vGA eigene Aufwendungen, so kann er diese wie BA oder WK abziehen; sie sind keine Ausgaben iSv. § 3c, soweit sich ein Abzugsverbot nicht ergeben hätte, wenn der Leistungsaustausch fremdüblich gestaltet worden wäre.[8] In der Vergangenheit konnten sich für den G'ter erhebliche Probleme ergeben, nach Änderung der Steuerbescheide zu Lasten der Ges. eine Änderung seiner Steuerbescheide zu seinen Gunsten zu erreichen, wenn diese nicht unter dem Vorbehalt der Nachprüfung oder vorl.[9] ergangen waren (nicht nach § 175 AO, da KSt-Bescheid kein Grundlagenbescheid; nicht nach § 174 AO, da keine mehrfache Berücksichtigung; allenfalls nach § 173 Abs. 1 Nr. 2 AO, uU unter erweiternder Auslegung v. § 173 Abs. 1 Nr. 2 S. 2 AO).[10] Der Gesetzgeber hat hierauf mit dem JStG 2007 reagiert und Regelungen zur Sicherstellung einer korrespondierenden Besteuerung bei Körperschaft und Anteilseigner eingeführt. Er hat in **§ 32a Abs. 1 KStG** geregelt, dass dann, wenn ggü. der Körperschaft ein Bescheid zur Berücksichtigung einer vGA ergeht, korrespondierend auch ein Bescheid ggü. dem Anteilseigner ergehen kann. Außerdem wurde in **§ 3 Nr. 40 S. 1 Buchst. d** geregelt, dass die Grundsätze des Halb(Teil-)einkünfteverfahrens keine Anwendung finden, wenn der ausgeschüttete Gewinn auf der Ebene der Körperschaft die stl. Bemessungsgrundlage gemindert hat und daher nicht besteuert worden ist.[11]

52 Bei einem **Ges.-Geschäftsführer** kann eine vGA vorliegen, wenn die KapGes. diesem ein unangemessenes Teil- oder Gesamtentgelt zahlt. Es sind zuerst die einzelnen Vergütungsbestandteile (Festgehalt, jährliche Einmalzahlung, Tantieme, Gratifikation, Nebenleistungen, Sachbezüge, Pensionszusage) dem Grunde und der Höhe nach auf ihre Angemessenheit zu prüfen.[12] Es kann sich eine vGA schon aus der Unangemessenheit eines Teilentgelts ergeben. So werden Überstundenvergütungen als mit dem Aufgabenbild eines Geschäftsführers nicht vereinbar angesehen.[13] Pensionszusagen müssen ernsthaft und grds. erst nach einer Probezeit vereinbart, erdienbar und finanzierbar sein.[14] Tantiemen müssen in einem hinreichenden Ver-

---

1 BFH v. 18.12.1996 – I R 139/94, BStBl. II 1997, 301 (302) = FR 1997, 350.
2 BFH v. 1.2.1989 – I R 73/85, BStBl. II 1989, 522 = FR 1989, 340; v. 31.7.1990 – I R 62/88, BStBl. II 1991, 28.
3 BFH v. 27.10.1992 – VIII R 41/89, BStBl. II 1993, 569.
4 BFH v. 25.5.1999 – VIII R 59/97, BStBl. II 2001, 226 = FR 1999, 947 m. Anm. *Kempermann*.
5 Zu vGA zw. Mutter- und Tochter-KapGes. unter Berücksichtigung v. § 8b KStG: *Korn*, KÖSDI 2001, 12811 (12814).
6 *Korn*, KÖSDI 2001, 12811 (12818).
7 *Binz/Sorg*, DStR 2001, 1457 (1459).
8 *Schulte/Behmes*, DB 2004, 1525.
9 Zum Rechtsanspruch auf vorl. Veranlagung: FG BaWü. v. 9.12.2004 – 3 K 61/03, EFG 2005, 497.
10 Wissenschaftlicher Arbeitskreis des DWS-Instituts, DStR 2005, 989; *Janssen*, GStB 2005, 268; *Herff*, KÖSDI 2003, 13733; OFD Mgdb. v. 10.9.2004, DB 2004, 2292.
11 BR-Drucks. 622/06, 65, 121; *Briese*, BB 2006, 2110.
12 BMF v. 14.10.2002, BStBl. I 2002, 972 Rn. 4.
13 BFH v. 27.3.2001 – I R 40/00, BStBl. II 2001, 655 = FR 2001, 952.
14 BMF v. 14.5.1999, BStBl. I 1999, 512; BFH v. 24.4.2002 – I R 18/01, BStBl. II 2002, 670 = FR 2002, 1178 (Probezeit, Absehbarkeit der wirtschaftlichen Entwicklung); zur Finanzierbarkeit: BFH v. 8.11.2000 – I R 70/99, BStBl. II 2005,

hältnis zur Gesamtausstattung stehen. Nur-Tantiemen sollen nur in Ausnahmesituationen und zeitlich befristet zulässig sein.[1] Umsatztantiemen müssen durch besondere Umstände gerechtfertigt sein, da ein fremder ArbG seine ArbN regelmäßig allenfalls am Erfolg beteiligt.[2] Gewinntantiemen über mehr als 50 % des Jahresgewinns sind idR vGA.[3] Es muss eine vGA allerdings nicht schon deshalb vorliegen, weil die Vergütung zu mehr als 25 % aus variablen Anteilen besteht.[4] Trägt eine KapGes. Reiseaufwendungen ihres G'ter-Geschäftsführers, so liegt darin eine vGA, wenn die Reise durch private Interessen veranlasst oder in nicht nur untergeordnetem Maße mitveranlasst ist.[5] Im Anschluss an die Prüfung der Angemessenheit der Teilentgelte ist zu prüfen, ob der verbliebene Teil der Gesamtvergütung die Angemessenheitsgrenze überschreitet.[6] Für die Angemessenheit der Gesamtbezüge können sich Anhaltspunkte aus Art und Umfang der Tätigkeit, der Größe des Unternehmens (Umsatz und Beschäftigtenanzahl), den Ertragsaussichten des Unternehmens, dem Verhältnis des Geschäftsführergehalts zum Gesamtgewinn und zur verbleibenden Kapitalverzinsung (10–15 %) und der Art und Höhe der Vergütungen ergeben, die gleichartige Betriebe ihrem Geschäftsführer für entspr. Leistungen gewähren.[7] Die Bezüge eines fremden Geschäftsführers im Betrieb stellen ein wichtiges Indiz dar.[8] Gegen die Heranziehung v. Gehaltsstrukturuntersuchungen bestehen keine Bedenken.[9] Die angemessene Höhe mindert sich, wenn der Geschäftsführer noch anderweitig tätig ist (zB als Einzelunternehmer oder als Geschäftsführer für andere KapGes.) oder andere Geschäftsführer vorhanden sind.[10] Der Bereich des Angemessenen kann sich auf eine Bandbreite v. Beträgen erstrecken. Unangemessen sind nur die Beträge, die den oberen Rand dieser Bandbreite übersteigen.[11] Bei einer nur geringfügigen Überschreitung der Angemessenheitsgrenze (nicht mehr als 20 %) soll keine vGA anzunehmen sein.[12] Übersteigt die Gesamtvergütung die Angemessenheitsgrenze, ist der unangemessene Betrag idR dem bzw. den zuletzt vereinbarten Bestandteilen zuzuordnen. Sind die einzelnen Vergütungsbestandteile zeitgleich vereinbart worden, ist der die Angemessenheitsgrenze übersteigende Betrag nach sachgerechten Kriterien (zB quotal) auf die einzelnen Vergütungsbestandteile zu verteilen[13] (zur Zuordnung der WK bei einer vGA: § 3c Rn. 45 „vGA").

4. Zurückgewährte Einlagen (Abs. 1 Nr. 1 S. 3). Abs. 1 Nr. 1 S. 3 ist Teil einer Gesamtregelung, die G'ter-Einlagen sowohl auf der Ebene der Ges. als auch auf der Ebene der G'ter **steuerneutral** behandeln will.[14] Nach Abs. 1 Nr. 1 S. 3 werden deshalb Bezüge nicht zu den Einnahmen gerechnet, soweit sie aus Ausschüttungen stammen, für die Beträge aus dem stl. Einlagekonto iSv. § 27 KStG als verwendet gelten. Gem. § 27 Abs. 1 KStG sind die nicht in das Nennkapital geleisteten Einlagen auf einem besonderen stl. Einlagekonto auszuweisen, dessen Bestand jeweils gesondert festzustellen ist.[15] Die Rückgewähr v. Einlagen führt nach Abs. 1 Nr. 1 S. 3 zu einer nichtsteuerbaren Vermögensmehrung, nicht zu stfreien Einnahmen.[16] AK des G'ters für seine Beteiligung – zB für die Ermittlung eines Veräußerungsgewinns gem. § 17 – sind um die Ausschüttung zu mindern.[17] Die zurückgewährten Einlagen wirken sich damit bei einer spä- 53

---

653 = FR 2001, 631; v. 20.12.2000 - I R 15/00, BStBl. II 2005, 657 = FR 2001, 633; v. 7.11.2001 - I R 79/00, BStBl. II 2005, 659 = FR 2002, 207; v. 4.9.2002 - I R 7/01, BStBl. II 2005, 662 = FR 2003, 349; v. 31.3.2004 - I R 65/03, BStBl. II 2005, 664 = FR 2004, 1009.

1 BMF v. 1.2.2002, BStBl. I 2002, 219.

2 BFH v. 28.6.1989 - I R 89/85, BStBl. II 1989, 854 = FR 1989, 598; *K/S/M*, § 20 Rn. C 63 f.

3 BFH v. 4.6.2003 - I R 24/02, BStBl. II 2004, 136 = FR 2003, 1233; v. 27.2.2003 - I R 46/01, BStBl. II 2004, 132 = FR 2003, 1020 m. Anm. *Pezzer*.

4 BFH v. 4.6.2003 - I R 24/02, BStBl. II 2004, 136 = FR 2003, 1233.

5 BFH v. 6.4.2005 - I R 86/04, BStBl. II 2005, 666 = FR 2005, 987.

6 BMF v. 14.10.2002, BStBl. I 2002, 972 Rn. 7; BFH v. 11.9.1968 - I 89/63, BStBl. II 1968, 809.

7 BMF v. 14.10.2002, BStBl. I 2002, 972 Rn. 10; BFH v. 5.10.1994 - I R 50/94, BStBl. II 1995, 549 = FR 1995, 383.

8 BFH v. 11.12.1991 - I R 152/90, BStBl. II 1992, 690 (691) = FR 1992, 486.

9 BFH v. 14.7.1999 - I B 91/98, BFH/NV 1999, 1645.

10 BFH v. 11.12.1991 - I R 152/90, BStBl. II 1992, 690 = FR 1992, 486.

11 BFH v. 4.6.2003 - I R 24/02, BStBl. II 2004, 136 = FR 2003, 1233.

12 BMF v. 14.10.2002, BStBl. I 2002, 972 Rn. 23; BFH v. 28.6.1989 - I R 89/85, BStBl. II 1989, 854 = FR 1989, 598.

13 BMF v. 14.10.2002, BStBl. I 2002, 972 Rn. 8.

14 BFH v. 19.7.1994 - VIII R 58/92, BStBl. II 1995, 362 (365) = FR 1995, 343.

15 Zu diesem Feststellungsverfahren und seiner Bedeutung iRd. § 20 Abs. 1 Nr. 1 S. 3: FG BaWü. v. 18.11.2011 - 11 K 1481/09, EFG 2012, 949.

16 BFH v. 7.11.1990 - I R 68/88, BStBl. II 1991, 177; v. 20.4.1999 - VIII R 38/96, BStBl. II 1999, 647 (648); *Förster/van Lishaut*, FR 2002, 1205.

17 BFH v. 7.11.1990 - I R 68/88, BStBl. II 1991, 177 = FR 1991, 149; zu den Buchwert der Beteiligung übersteigenden Ausschüttungen: BFH v. 20.4.1999 - VIII R 38/96, FR 1999, 794 = BStBl. II 1999, 647; v. 20.4.1999 - VIII R 44/96, BStBl. II 1999, 698 = FR 1999, 796 m. Anm. *Weber-Grellet*.

teren Veräußerung gem. Abs. 2 S. 1 Nr. 1 aus. Übersteigen die Ausschüttungen aus dem steuerlichen Einlagekonto die AK der Anteile, kommt es zu neg. AK, die bei einer späteren Veräußerung zu einem höheren Veräußerungsgewinn bzw. einem niedrigerem Veräußerungsverlust führen.[1]

54 **5. Dividendenkompensationszahlungen (Abs. 1 Nr. 1 S. 4).** Werden Aktien **bis zum Tag des Gewinnverteilungsbeschlusses** (einschl.) erworben, aber nach den Börsenusancen erst nach diesem Termin geliefert, sehen die Börsenbedingungen vor, dass die Aktien dem Erwerber mit allen zum Zeitpunkt des schuldrechtl. Geschäftsabschlusses bestehenden Rechten und Pflichten zustehen. Die Banken sind dem Kunden gegenüber verpflichtet, den Käufer so zu stellen, als habe er das Eigentum zum Zeitpunkt des Verpflichtungsgeschäftes erworben. Der Erwerber der Aktien ist als **wirtschaftlicher Eigentümer iSv. § 39 AO** zu behandeln mit der Folge, dass ihm die Wertpapiere zuzuordnen sind. Er erhält auf den erworbenen Aktienbestand eine Gutschrift iHd. Netto-Dividende (Brutto-Dividende nach Abzug der KapESt).

55 Steuerrechtl. unproblematisch sind derartige Aktiengeschäfte in zeitlicher Nähe zum Gewinnverteilungsbeschluss, wenn ein Inhaberverkauf vorliegt oder wenn bei einem Leerverkauf Kauf- und Verkaufsorder vor dem Gewinnverteilungsbeschluss erfolgen. Die Zurechnung erfolgt zum Abschluss des schuldrechtl. Geschäfts auf den Erwerber. Der Inhaber gibt die dem Erwerber als wirtschaftlichem Eigentümer zugerechnete Dividende an diesen weiter und dieser erzielt Einkünfte iSd. § 20 Abs. 1 Nr. 1, 1. Alt.[2] Anders dagegen bei **Leerverkäufen**, bei denen der Verkäufer die Aktien selbst erst beschaffen muss und der Erwerb erst möglich ist, nachdem bereits der Dividendenabschlag vorgenommen wurde. In diesen Fällen ist der Aktienbestand bei Dividendenzahlung **noch im rechtl. und wirtschaftlichen Eigentum eines Dritten**, dem Dividende und KapESt-Anspr. zustehen. Der Erwerber kann keine Dividende erhalten. Der Erwerber als wirtschaftlicher Eigentümer der Aktien zum Dividendenstichtag erhält eine Dividendenkompensationszahlung. Hier bewirkte die Börsenpraxis, dass bei der Summe der Aktionäre ein höheres Dividendenvolumen bescheinigt und stl. berücksichtigt wurde, als v. der AG tatsächlich ausgeschüttet wurde. Zusätzlich wurde der Einbehalt v. KapESt in einem Umfang bescheinigt, der über die abgeführte Summe hinausging. Die Neuregelung des Abs. 1 Nr. 1 S. 4 iVm. mit den Neuregelungen in den §§ 43 ff. soll bewirken, dass der Leerverkäufer KapESt abführt und damit soviel **Quellensteuer erhoben** wird, wie bei den Anteilseignern später stl. bescheinigt wird.

56 Abs. 1 Nr. 1 S. 4 soll die Zahlungen des Verkäufers erfassen, die dieser zum Ausgleich dafür erbringt, dass er dem Erwerber der Aktien neben den Aktien nicht auch den Anspr. auf Auszahlung der Dividende vermittelt **(Dividendenkompensation)**. Es soll eine eigenständige Einnahme **anstelle der Dividende** erfasst werden und zwar nach den gleichen Regeln wie für originäre Dividenden, dh. unter Anwendung des Halbeinkünfteverfahrens und der Erhebung der KapESt nach §§ 43 ff. Hierbei handelt es sich idR um sog. Leerverkäufe. In Betracht kommt aber auch die Belieferung bei Aktienverkäufen „cum dividende" mit über Wertpapierdarlehen erworbenen Papieren „ex dividende".[3]

57 **6. Bezüge nach Auflösung oder aus Kapitalherabsetzung (Abs. 1 Nr. 2).** Handels- und steuerrechtl. sind Zahlungen aufgrund einer Herabsetzung des Grund- oder Stammkapitals oder einer Liquidation dem Grundsatz nach als Kapitalrückgewähr und nicht als Kapitalertrag zu qualifizieren.[4] Eine StPflicht besteht regelmäßig nur unter den Voraussetzungen der §§ 17, § 20 Abs. 2 S. 1 Nr. 1 iVm. S. 2. § 20 Abs. 1 Nr. 2 präzisiert diesen Grundsatz mit zwei Ausnahmeregelungen.

58 Abs. 1 Nr. 2 erfasst Bezüge (Liquidationsraten und Abschlusszahlungen[5]), die nach der Auflösung einer Körperschaft iSv. Abs. 1 Nr. 1 anfallen und die **nicht in der Rückzahlung v. Nennkapital** bestehen und für die auch **nicht Beträge aus dem stl. Einlagekonto** iSv. § 27 KStG als verwendet gelten (Abs. 1 Nr. 2, S. 1, 2. HS iVm. Abs. 1 Nr. 1 S. 3). Er stellt klar, dass die Liquidation nicht als veräußerungsgleicher Vorgang zu behandeln ist.[6] Es sollen Gewinnanteile im Fall der Abwicklung zu Einkünften aus KapVerm. führen, die in Rücklagen ausgewiesen waren, und vor allem auch ein etwaiger Abwicklungsgewinn selbst.[7] Abs. 1 Nr. 2 S. 1 meint eine **Auflösung** im handelsrechtl. Sinne kraft G oder kraft G'ter-Beschlusses. Die Bezüge müssen zivilrechtl. einen Anspr. des G'ters erfüllen, der auf Grund der Auflösung der Körperschaft

1 BMF v. 22.12.2009, BStBl. I 2010, 94 Rn. 92; *Lechner/Haisch/Bindl*, Ubg 2010, 339 (343).
2 *Rau*, DStZ 2012, 241 (242).
3 Zum Ganzen: BR-Drucks. 622/06, 77 ff.; *Seip/Füllbier*, BB 2007, 477; *Desens*, DStZ 2012, 142 und 246; *Rau*, DStZ 2012, 241.
4 BFH v. 6.4.1976 – VIII R 72/70, BStBl. II 1976, 341 (342); v. 29.6.1995 – VIII R 69/93, BStBl. II 1995, 725 (726) = FR 1995, 749.
5 Zur Einbeziehung der Abschlusszahlungen: BT-Drucks. 14/7344, 17.
6 BR-Drucks. 638/01, 54.
7 *Jünger*, BB 2001, 69 (73).

entstanden ist.[1] **„Körperschaft oder Personenvereinigung iSd. Nr. 1"** sind: AG, KGaA, GmbH, Erwerbs- und Wirtschaftsgenossenschaften sowie bergbaurechtl. Vereinigungen, welche die Rechte einer jur. Pers. haben. Die zusätzliche Erwähnung v. Personenvereinigungen ist überflüssig. Abs. 1 Nr. 2 zielt nach der Erweiterung des Anwendungsbereichs des § 27 KStG nicht nur auf in Deutschland unbeschränkt stpfl. Körperschaften, sondern auch auf Körperschaften, die in einem anderen Mitgliedstaat der EU der unbeschränkten StPfl. unterliegen.

Neben der StPfl. für Liquidationszahlungen, die nicht in der Rückzahlung v. Nennkapital bestehen, normiert Abs. 1 Nr. 2 S. 2 eine StPfl., soweit Nennkapital zurückgezahlt wird, das auf der Umwandlung v. Rücklagen beruht, die aus dem Gewinn gebildet worden waren. Abs. 1 Nr. 2 S. 2 erfasst Bezüge **„aufgrund einer Kapitalherabsetzung"**. Diese muss handelsrechtl. zulässig und wirksam sein. Ansonsten wird sie als vGA iSd. Abs. 1 Nr. 1 beurteilt.[2] Zivilrechtl. wird die Kapitalherabsetzung zwar erst mit ihrer Eintragung im Handelsregister wirksam, steuerrechtl. genügt es jedoch, dass die Zahlung den Anspr. des G'ters zivilrechtl. wirksam erfüllt[3] bzw. die Beteiligten im Zeitpunkt der Zahlung alles unternommen haben, was zur Herbeiführung der handelsrechtl. Wirksamkeit erforderlich ist, die Eintragung alsbald nachgeholt wird und eine missbräuchliche Steuerumgehung iSv. § 42 AO ausgeschlossen werden kann.[4] Abs. 1 Nr. 2 nennt außerdem Bezüge **„nach der Auflösung"** v. unbeschränkt stpfl. Körperschaften oder Personenvereinigungen (Rn. 58). Steuerbar sind nur die Bezüge, die als **Gewinnausschüttung iSd. § 28 Abs. 2 S. 2 und 4 KStG** gelten. Nach § 28 Abs. 1 KStG sind die Teile des Nennkapitals getrennt auszuweisen und gesondert festzustellen, die nicht durch Umwandlung v. Einlagen, sondern v. sonstigen Rücklagen zugeführt worden sind (Sonderausweis). § 28 Abs. 2 S. 2 KStG bestimmt, dass die Rückzahlung des Nennkapitals, soweit der Sonderausweis zu mindern ist, als Gewinnausschüttung gilt, die beim Anteilseigner zu Bezügen iSd. Abs. 1 Nr. 2 führt. Gem. § 28 Abs. 2 S. 3 KStG ist ein den Sonderausweis übersteigender Betrag vom positiven Bestand des stl. Einlagekontos abzuziehen. Soweit der positive Bestand des stl. Einlagekontos für diesen Abzug nach § 28 Abs. 2 S. 3 KStG nicht ausreicht, gilt die Rückzahlung des Nennkapitals nach § 28 Abs. 2 S. 4 KStG ebenfalls als Gewinnausschüttung, die beim Anteilseigner zu Bezügen iSd. Abs. 1 Nr. 2 führt. 59

7. Einnahmen von Körperschaften iSv. § 1 Abs. 1 Nr. 3–5 KStG (Abs. 1 Nr. 9). Nach dem Teileinkünfteverfahren sollen Gewinne einer Körperschaft durch eine 15 %ige KSt und die Erfassung v. 60 % der Beteiligungserträge beim Anteilseigner einer Besteuerung etwa in Höhe des ESt-Satzes des Beteiligten unterworfen werden (vgl. Rn. 45 f.). Dies wird bei KapGes. iSv. § 1 Abs. 1 Nr. 1 KStG und den Erwerbs- und Wirtschaftsgenossenschaften iSv. § 1 Abs. 1 Nr. 2 durch die Regelungen des KStG, des Abs. 1 Nr. 1 und des § 3 Nr. 40 erreicht. Bei den VVaG iSv. § 1 Abs. 1 Nr. 3 KStG, sonstigen jur. Pers. des privaten Rechts iSv. § 1 Abs. 1 Nr. 4 KStG, nichtrechtsfähigen Vereinen iSv. § 1 Abs. 1 Nr. 5 KStG und den Betrieben gewerblicher Art iSv. § 1 Abs. 1 Nr. 6 KStG erfolgen aber keine Ausschüttungen an Anteilseigner oder Mitglieder wie bei den Körperschaften iSv. § 1 Abs. 1 Nr. 1 und 2 KStG. Dennoch kann es auch bei diesen zu Vermögensübertragungen an die „hinter diesen stehenden" Pers. kommen, die mit Gewinnausschüttungen vergleichbar sind (zB: Auskehrung v. Überschüssen durch VVaG an Mitglieder; Leistungen eines Vereins an seine Mitglieder, die auf der Mitgliedschaft beruhen). Aus Gründen der stl. Gleichbehandlung und um die im Halbeinkünfteverfahren angestrebte Ertragsteuerbelastung durch KSt und ESt sicherzustellen, sollen diese Vermögensübertragungen auf der Ebene des Empfängers durch Abs. 1 Nr. 9 – sowie Abs. 1 Nr. 10 lit. a und b – stl. erfasst werden.[5] 60

Abs. 1 Nr. 9 S. 1 gilt für **Leistungen v. unbeschränkt stpfl. Körperschaften, Personenvereinigungen oder Vermögensmassen iSv. § 1 Abs. 1 Nr. 3–5 KStG**, also VVaG (Nr. 3), sonstigen jur. Pers. des privaten Rechts (Nr. 4) und nichtrechtsfähigen Vereine, Anstalten, Stiftungen und anderen Zweckvermögen privaten Rechts (Nr. 5). Es muss sich allerdings um eine **nicht v. der KSt befreite** Körperschaft handeln.[6] Bei befreiten Körperschaften fordert der Gedanke der Gleichbehandlung (vgl. Rn. 60) keine „Nachbelastung" auf der Empfängerebene. Erfasst werden **Einnahmen aus Leistungen** v. Körperschaften iSv. § 1 Abs. 1 Nr. 3–5 KStG, **die Gewinnausschüttungen iSd. Nr. 1 wirtschaftlich vergleichbar sind**.[7] Damit sind nunmehr auch ausländ. sonstige Vermögensmassen und Ges. erfasst.[8] Bei einer Gewinnausschüttung handelt es sich um eine gesellschaftsrechtl. veranlasste offene oder verdeckte Verteilung des Gewinns der KapGes. 61

1 Zur Umgehung v. § 20 Abs. 1 Nr. 2 durch Verkauf aller Anteile: BFH v. 6.7.1999 – VIII R 46/94, BStBl. II 1999, 720 = FR 1999, 1052 m. Anm. *Kempermann*.
2 BFH v. 17.10.1984 – I R 22/79, BStBl. II 1985, 69 = FR 1985, 189.
3 *K/S/M*, § 20 Rn. C/2 6.
4 BFH v. 29.6.1995 – VIII R 69/93, BStBl. II 1995, 725 (726) = FR 1995, 749.
5 BT-Drucks. 14/2683, 114; *Dötsch/Pung*, DB 2000, Beil. Nr. 4, 14; zu Auskehrungen v. Stiftungen: BMF v. 27.6.2006, DStR 2006, 1227; *Wassermeyer*, DStR 2006, 1733.
6 Ergänzung durch Finanzausschuss, BT-Drucks. 14/3366, 18.
7 Zur Einfügung dieser Voraussetzung durch das UntStFG: BR-Drucks. 638/01, 54.
8 *K/S/M*, § 20 Rn. C/9 5.

an ihre G'ter, der iRd. Geschäftszwecks der Ges. erwirtschaftet worden ist.[1] Dementspr. meint auch Abs. 1 Nr. 9 S. 1 die Verteilung eines erwirtschafteten Überschusses, keine „Leistungen" aufgrund allg. schuldrechtl. Beziehungen. Es sind keine Vergütungen der Körperschaft für die Überlassung v. Kapital gemeint,[2] sondern Bezüge aus Beteiligungen iwS. Eine Leistung iSv. Abs. 1 Nr. 9 S. 1 liegt auch nicht vor, wenn ein nicht v. der KSt befreiter Verein in Erfüllung seiner allg. satzungsmäßigen Aufgaben Leistungen an Mitglieder auf Grund v. Beiträgen iSv. § 8 Abs. 5 KStG erbringt, die v. den Mitgliedern lediglich in ihrer Eigenschaft als Mitglieder nach der Satzung zu entrichten sind. Diese Leistungen sind nicht mit einer Gewinnausschüttung vergleichbar, da sie allg. mit den Mitgliedsbeiträgen abgegolten sind.[3] Zahlungen an die Destinatäre einer Stiftung stellen Leistungen dar, die Gewinnausschüttungen iSd. § 20 Abs. 1 Nr. 1 wirtschaftlich vergleichbar sind, wenn die Destinatäre unmittelbar oder mittelbar Einfluss auf das Ausschüttungsverhalten der Stiftung nehmen können. Es ist unbeachtlich, ob die Destinatäre rechtlich die Stellung eines Anteilseigners innehaben. Ausschlaggebend ist, ob ihre Stellung wirtschaftlich derjenigen eines Anteilseigners entspr.[4] Abs. 1 Nr. 9 S. 1 ist als **Ergänzungstatbestand** nur anzuwenden, soweit nicht schon Abs. 1 Nr. 1 erfüllt ist. Die Regelungen des Abs. 1 Nr. 1 S. 2 über vGA, des S. 3 über zurückgewährte Einlagen und des Abs. 1 Nr. 2 über die Qualifizierung v. Zahlungen bei Auflösung der Körperschaft als Kapitalerträge[5] gelten entspr. Abs. 1 Nr. 9 S. 2, der durch das JStG 2010 eingeführt wurde, dehnt die Regelung des Abs. 1 Nr. 9 S. 1, die nur Leistungen inländischer sonstiger Körperschaften erfasst, auf Leistungen aus, die von vergleichbaren ausländischen Körperschaften stammen.[6]

62 **8. Leistungen von Betrieben gewerblicher Art und wirtschaftlichen Geschäftsbetrieben (Abs. 1 Nr. 10). a) Grundsätzliches.** Abs. 1 Nr. 10 soll – ebenso wie Abs. 1 Nr. 9 – aus Gründen der stl. Gleichbehandlung auch bei Betrieben gewerblicher Art v. jur. Pers. des öffentl. Rechts und wirtschaftlichen Geschäftsbetrieben v. befreiten Körperschaften eine Nachbelastung begründen (Rn. 60). Abs. 1 Nr. 10 führt für die Trägerkörperschaft nach § 2 Nr. 2 KStG zu einer beschränkten StPfl. mit einer KapESt-Belastung v. 15 % (§ 43 Abs. 1 S. 1 Nr. 7b, c; § 43a Abs. 1 Nr. 2). Das BMF hat mit einem Schreiben v. 9.1.2015 ausf. zu den Auslegungsfragen zu Abs. 1 Nr. 10 Stellung genommen.[7]

63 **b) Betriebe gewerblicher Art mit Rechtspersönlichkeit (Abs. 1 Nr. 10 lit. a).** Nach Abs. 1 Nr. 10 lit. a sind Einnahmen aufgrund v. Leistungen v. Betrieben gewerblicher Art iSv. §§ 1 Abs. 1 Nr. 6, 4 KStG[8] mit eigener Rechtspersönlichkeit (zB: Versorgungsbetrieb als Anstalt des öffentl. Rechts; Sparkasse) stpfl., allerdings – ebenso wie nach Abs. 1 Nr. 9 (Rn. 61) – nur, falls diese nicht v. der KSt befreit sind.[9] Wie in den Fällen des Abs. 1 Nr. 9 führen auch bei Betrieben gewerblicher Art mit eigener Rechtspersönlichkeit nur **ausschüttungsgleiche Leistungen**, nicht zB entgeltliche Leistungen, zu Einkünften aus KapVerm. Unter Abs. 1 Nr. 10 lit. a fallen zB Ausschüttungen an Gewährträger (Gemeinden, Gemeindeverbände). Die entspr. Geltung v. **Abs. 1 Nr. 1 S. 2, 3** soll auch vGA, nicht aber Leistungen aus dem Einlagekonto iSv. § 27 KStG einbeziehen. Der Verweis auf **Abs. 1 Nr. 2** soll klarstellen, dass auch Bezüge bei Auflösung der Körperschaft zu erfassen sind.[10]

64 **c) Betriebe gewerblicher Art ohne Rechtspersönlichkeit (Abs. 1 Nr. 10 lit. b S. 1–3, 5).** Bei Betrieben gewerblicher Art ohne eigene Rechtspersönlichkeit erfasst Abs. 1 Nr. 10 lit. b S. 1 als Einnahmen der Trägerkörperschaft den nicht den Rücklagen zugeführten Gewinn. Voraussetzung ist allerdings, dass der Betrieb gewerblicher Art den Gewinn durch BV-Vergleich ermittelt (§ 5 Abs. 1 iVm. §§ 140, 141 AO; § 238 HGB; EigenbetriebsVO[11]) oder aber Umsätze v. mehr als 350 000 Euro (vgl. § 141 Abs. 1 Nr. 1 AO aF) oder einen Gewinn v. mehr als 30 000 Euro (vgl. § 141 Abs. 1 Nr. 4 AO aF) hat.[12] Anscheinend hat der Gesetzgeber nur bei Gewinnermittlung durch Bestandsvergleich oder einer grds. Verpflichtung zur Buchführung die Möglichkeit zur Anknüpfung an einen Rücklagenausweis gesehen.[13] Der Gesetzgeber hat an die

1 BR-Drucks. 638/01, 54.
2 *Orth*, DStR 2001, 325 (331 f.); *Kirchhain*, ZSt. 2004, 22.
3 BR-Drucks. 638/01, 54; *K/S/M*, § 20 Rn. C/9 4.
4 BFH v. 3.11.2010 – I R 98/09, BStBl. II 2011, 417 = FR 2011, 484.
5 Verweis auf Nr. 2 eingefügt durch JStG 2007: BR-Drucks. 622/06, 81.
6 BT-Drucks. 17/2239, 81.
7 BMF v. 9.1.2015, BStBl. I 2015, 111.
8 Zur Definition und Teilverselbständigung des BgA grundlegend: *Seer/Wendt*, DStR 2001, 825; BFH v. 24.4.2002 – I R 20/01, FR 2002, 1222 = BFH/NV 2002, 1260.
9 BMF v. 9.1.2015, BStBl. I 2015, 111 Rn. 5.
10 Ausf. BMF v. 9.1.2015, BStBl. I 2015, 111 Rn. 8 ff.
11 *Schiffers*, BB 2003, 398 (400).
12 Ausf. BMF v. 9.1.2015, BStBl. I 2015, 111 Rn. 16 ff.; Neuregelung der Beitragsgrenzen durch KleinunternehmerförderungsG v. 8.3.2003, BGBl. I 2003, 1550.
13 *Orth*, DStR 2001, 325 (334).

Umsatz- und Gewinngrenzen des § 141 Abs. 1 Nr. 1 und 4 AO angeknüpft und damit sichergestellt, dass auch bei Betrieben gewerblicher Art, die nach § 141 Abs. 1 Nr. 1 oder 4 AO zur Führung v. Büchern verpflichtet sind, die aber zB auf Grund landesrechtl. Sondervorschriften (zB Eigenbetriebsverordnung) v. der Buchführungspflicht befreit sind, der nicht den Rücklagen zugeführte Gewinn zu den Einkünften aus KapVerm. gehört.[1] Der Gesetzgeber hat bei der Einführung v. Abs. 1 Nr. 10 an die Umsatz- und Gewinngrenzen des § 141 Abs. 1 Nr. 1 und 4 AO angeknüpft, hat aber versäumt, die zwischenzeitliche Erhöhung der Grenzen in § 141 AO auf 500 000 Euro und 50 000 Euro bei Abs. 1 Nr. 10 lit. b nachzuvollziehen. Für eine Nachbelastung der Gewinne sieht der Gesetzgeber keine Veranlassung, solange diese im wirtschaftlichen Geschäftsbetrieb einbehalten und den (Ergebnis-)**Rücklagen zugeführt** werden.[2] In den Fällen des Abs. 1 Nr. 10 lit. b kommt es nicht auf den tatsächlichen Zufluss oder die Verwendung des Gewinns an. Vielmehr führt der Gewinn des Wj., sofern er nicht den Rücklagen zugeführt wird, zu Einkünften aus KapVerm. Die Vorschrift enthält eine **Ausschüttungsfiktion**, da auf Grund der fehlenden rechtl. Selbständigkeit des BgA eine tatsächliche Ausschüttung an die Trägerkörperschaft nicht erfolgen kann.[3] Nach Sinn und Zweck des Abs. 1 Nr. 10 lit. b darf allerdings der Nachbelastung nur der um die 15 %ige KSt der Trägerkörperschaft geminderte Gewinn unterworfen werden. Die v. der Trägerkörperschaft als KSt-Subjekt geschuldete KSt kann nicht aus dem Betrieb gewerblicher Art in den übrigen Bereich übertragen werden[4] (vgl. allerdings noch Rn. 48a). Der Gewinn ist um die Beträge für den Ausgleich v. Fehlbeträgen aus früheren Wj. zu kürzen. Nach Abs. 1 Nr. 10 lit. b S. 1 führen auch bei Betrieben gewerblicher Art ohne eigene Rechtspersönlichkeit **vGA** zu Einkünften aus KapVerm.

Abs. 1 Nr. 10 lit. b S. 2, 1. HS rechnet dem Gewinn das Ergebnis aus der Auflösung v. Rücklagen zu Zwecken außerhalb des Betriebes hinzu. Es soll eine Nachbelastung erfolgen, wenn der Gewinn für Zwecke des ideellen Bereichs, des Bereichs v. Zweckbetrieben oder des Bereichs der Vermögensverwaltung verwendet wird. Es soll sowohl nach Abs. 1 Nr. 10 lit. b S. 1 der Fall erfasst werden, dass der Gewinn bereits anfänglich für diese Zwecke verwendet (und nicht einer Rücklage zugeführt) wird, als auch nach Abs. 1 Nr. 10 lit. b S. 2 der Fall, dass er zunächst einer Rücklage zugeführt, diese aber später aufgelöst und er dann für diese Zwecke verwendet wird. **Abs. 1 Nr. 10 lit. b S. 2, 2. HS** ordnet an, dass in Fällen der Einbringung und des Formwechsels nach dem 6. und 8. Teil des UmwStG die Rücklagen als aufgelöst gelten. Es wird damit klargestellt, dass die Einbringung eines Betriebs gewerblicher Art in eine KapGes. und ein Formwechsel eine Verwendung der Rücklagen für Zwecke außerhalb des Betriebs gewerblicher Art darstellen. Die Rücklagen stehen nun der KapGes. – bzw. dem neuen Rechtsträger – und nicht mehr dem Betrieb gewerblicher Art zu. Die KapESt entsteht entspr. den Vorgaben des § 44 Abs. 6 2. HS. Nach **Abs. 1 Nr. 10 lit. b S. 5** gilt die Regelung des Abs. 1 Nr. 1 S. 3 über zurückgewährte Einlagen entspr. 65

Abs. 1 Nr. 10 lit. b erfasst außerdem den **Gewinn iSv. § 22 Abs. 4 UmwStG**. Nach § 22 Abs. 1 UmwStG ist, soweit in den Fällen einer Sacheinlage unter dem gemeinen Wert der Einbringende die erhaltenen Anteile an der übernehmenden KapGes. oder Genossenschaft innerhalb eines Zeitraums v. sieben Jahren nach dem Einbringungszeitpunkt veräußert, der Gewinn aus der Einbringung rückwirkend als Gewinn iSv. § 16 zu versteuern. Ist der Veräußerer v. Anteilen nach § 22 Abs. 1 UmwStG eine jur. Pers. des öffentl. Rechts, gilt in den Fällen des § 22 Abs. 1 UmwStG der Gewinn aus der Veräußerung der erhaltenen Anteile als in einem Betrieb gewerblicher Art dieser Körperschaft entstanden. 66

Abs. 1 Nr. 10 lit. b S. 3 trifft eine Regelung für **öffentl.-rechtl. Rundfunkanstalten**. Diese sollen iRd. v. ihren Betrieben gewerblicher Art erzielten Werbeeinnahmen dem KapESt-Abzug unterworfen werden.[5] Als Gewinn iSv. Abs. 1 Nr. 10 lit. b S. 1 sollen 3/4 des Einkommens iSv. § 8 Abs. 1 S. 3 KStG gelten. Der Gesetzgeber unterwirft der Nachbelastung nur das um die 15 %ige KSt der Trägerkörperschaft geminderte Einkommen. Diese ausdrücklich angeordnete Kürzung im Rahmen v. Abs. 1 Nr. 10 lit. b S. 3 drängt zunächst den Schluss auf, dass in den Fällen des Abs. 1 Nr. 10 lit. b S. 1 eine derartige Kürzung nicht vorzunehmen ist (vgl. Rn. 64). Gegen diesen Schluss spricht jedoch die Ungleichbehandlung, die sich dann ergäbe. Nicht berücksichtigt sind allerdings auch im Rahmen v. Abs. 1 Nr. 10 lit. b S. 3 die nicht abzugsfähigen BA (Rn. 64). 67

d) Wirtschaftliche Geschäftsbetriebe (Abs. 1 Nr. 10 lit. b S. 4). Einnahmen aus Leistungen v. befreiten Körperschaften nehmen Abs. 1 Nr. 9 und 10 grds. v. der Besteuerung aus. Abs. 1 Nr. 10 lit. b S. 4 ordnet jedoch für **wirtschaftliche Geschäftsbetriebe v. befreiten Körperschaften** die entspr. Anwendung der Re- 68

---

1 BT-Drucks. 14/7344, 17; *Schiffers*, BB 2003, 398 (400).
2 *Orth*, DStR 2001, 325 (334); zu den Möglichkeiten der Rücklagenzuführung: *Schiffers*, BB 2003, 398 (401 ff.).
3 BFH v. 23.1.2008 – I R 18/07, BStBl. II 2008, 573 (574) = FR 2008, 875 m. Anm. *Pezzer* = FR 2008, 1114 m. Anm. *Pezzer*.
4 *Steffen*, DStR 2000, 2025 (2026 f.); *Orth*, DStR 2001, 325 (335).
5 BT-Drucks. 14/7780, 4.

gelungen für Betriebe gewerblicher Art an. Erfasst werden mit der Verweisung auch die Fälle des Verkaufs einbringungsgeborener Anteile im Rahmen eines wirtschaftlichen Geschäftsbetriebs, zB durch einen Berufsverband (Rn. 65).[1]

69 **9. Investmenterträge (Abs. 1 Nr. 3, 3a).** Das **InvStG aF** folgte bisher dem Transparenzprinzip. Es ging technisch vom Trennungsprinzip aus (behandelte den Fonds als Körperschaftsteuersubjekt), durchbrach dieses Prinzip aber hin zu einem (eingeschränkten) **Transparenzprinzip** (Befreiung des Fonds und Identifizierung der Erträge des Fonds beim Inhaber). Es sollte der Inhaber des Fonds die Erträge aus der Investmentanlage so versteuern, als ob sie ihm unmittelbar zugeflossen wären. Der Investmentfonds wurde von der KSt und GewSt befreit und es erfolgte die Besteuerung erst auf der Ebene des Anlegers. Dieser hatte die ausgeschütteten Erträge, die ausschüttungsgleichen Erträge und den sog. Zwischengewinn sowie die Gewinne aus der Rückgabe oder Veräußerung der Investmentanteile zu versteuern.

70 Das **Investmentsteuerreformgesetz** (InvStRefG) v. 26.7.2016[2] hat die Investmentbesteuerung grundlegend reformiert. Das neue InvStG trat am 1.1.2018 in Kraft.[3] Ziel der Reform war es, die Besteuerung zu vereinfachen, EU-rechtlichen Bedenken Rechnung zu tragen und die Gestaltungsanfälligkeit des bisherigen Rechts zu beseitigen. Das InvStRefG vollzieht einen radikalen Systemwechsel vom Transparenzprinzip zum Trennungsprinzip. Dabei wird nur noch zw. Publikums-Investmentfonds und Spezial-Investmentfonds unterschieden.

71 **a) Investmenterträge nach § 16 InvStG (Abs. 1 Nr. 3). Publikums-Investmentfonds** unterliegen zukünftig mit ihren Einkünften der KSt. Zu den stpfl. Einkünften gehören nach § 6 Abs. 2 InvStG inländ. Beteiligungseinnahmen (insbes. Dividenden, nicht dagegen Veräußerungsgewinne), inländ. Immobilienerträge und sonstige inländ. Einkünfte iSd. § 49 Abs. 1. Gem. § 7 InvStG wird eine KapESt iHv. 15 % inkl. SolZ auf Einkünfte erhoben, die einem KapESt-Abzug unterliegen. Bei den übrigen Einkünften beträgt der Steuersatz 15 % zzgl. 5,5 % SolZ. Ein Publikums-Investmentfonds ist nach § 15 Abs. 1 InvStG nicht gewstpfl.

72 Der **Anleger** hat Investmenterträge iSv. § 16 Abs. 1 InvStG zukünftig der Abgeltungsteuer zu unterwerfen. Der Gesetzgeber hat in § 20 Abs. 1 Nr. 3 geregelt, dass diese **Investmenterträge nach § 16 InvStG** zu den Kapitalerträgen zählen. Zu den Investmenterträgen iSv. § 16 zählen die Ausschüttungen des Fonds nach § 2 Abs. 11 InvStG, Gewinne und Verluste aus der Veräußerung von Investmentanteilen nach § 19 InvStG sowie die neu eingeführte Vorabpauschale nach § 18 InvStG. Die Vorabpauschale soll der Verstetigung des Steueraufkommens dienen. Sie errechnet sich nach 70 % des Durchschnittszinses öffentl. Anleihen, multipliziert mit dem Wert des Investmentanteils zu Beginn des Jahres.

73 Das Teileinkünfteverfahren nach § 3 Nr. 40 sowie die Steuerfreistellung nach § 8b KStG findet grds. keine Anwendung mehr. Der Anleger erfährt aber eine Entlastung über eine Teilfreistellung gem. § 20 InvStG, um die Vorbelastung mit KSt sowie die fehlende Anrechenbarkeit ausländ. Quellensteuer pauschal auszugleichen. Die Teilfreistellung beträgt zB bei Aktienfonds für Privatanleger 30 %.

74 **b) Spezial-Investmenterträge nach § 34 InvStG (Abs. 1 Nr. 3a). Spezial-Investmentfonds** sind nach § 26 InvStG Investmentfonds, welche die Voraussetzungen für eine Gewerbesteuerbefreiung nach § 15 Abs. 2 und 3 InvStG erfüllen und die nicht gegen die Anlagebestimmungen des § 26 InvStG verstoßen. Es können sich grds. nur institutionelle Anleger, dh. nicht nat. Pers., an einem Spezial-Investmentfonds beteiligen. Eine Beteiligung nat. Pers. ist nur ausnahmsweise dann möglich, wenn die Anteile im BV gehalten werden, die Beteiligung aufsichtsrechtlich erforderlich ist oder eine mittelbare, in der Regel über PersGes. vermittelte Beteiligung bereits bestand. Auch bei Spezial-Investmentfonds unterliegen inländ. Beteiligungseinnahmen, inländ. Immobilienerträge und sonstige inländ. Einkünfte auf Fondsebene der KSt. Spezial-Investmentfonds können aber zu einer transparenten Besteuerung nach § 30 Abs. 1 InvStG optieren (sog. Transparenzoption). Inländ. Beteiligungseinnahmen werden dann dem Anleger und nicht dem Fonds zugerechnet.[4]

74a Durch das InvStRefG wurde in § 20 Abs. 1 Nr. 3a geregelt, dass **Spezial-Investmenterträge nach § 34 InvStG** zu den Kapitalerträgen gehören. Spezial-Investmenterträge nach § 34 InvStG sind ausgeschüttete Erträge nach § 35 InvStG, ausschüttungsgleiche Erträge nach § 36 Abs. 1 InvStG und Gewinne aus der Veräußerung von Spezial-Investmentanteilen nach § 49 InvStG. Die Besteuerung folgt insoweit der aus dem bis zum 31.12.2017 geltenden InvStG bekannten Systematik.

1 BR-Drucks. 638/01, 55.
2 BGBl. I 2016, 1730.
3 Zu den Übergangsvorschriften *Stadler/Bindl*, DStR 2017, 1409.
4 Vgl. iErg. *Haug*, Ubg 2017, 303.

II. Erträge aus stiller Gesellschaft oder partiarischem Darlehen (Abs. 1 Nr. 4). 1. Voraussetzungen der stillen Gesellschaft. Eine stille Ges. ist anzunehmen, wenn zw. einem Unternehmensträger und einem stillen G'ter zur Erreichung eines gemeinsamen Zwecks ein Ges.-Vertrag geschlossen wird, kraft dessen der stille G'ter ohne Bildung eines Ges.-Vermögens mit einer Einlage am Unternehmen („Handelsgewerbe") beteiligt ist und eine Gewinnbeteiligung erhält.[1] Die stille Ges. unterscheidet sich durch die **gemeinsame Zweckverfolgung** v. Austauschverhältnissen und damit auch dem partiarischen Darlehen. Stellt ein Kapitalanleger einem Unternehmer unter Gewährung einer Erfolgsbeteiligung Geldbeträge zur Weiterleitung für Börsentermingeschäfte zur Vfg., so kann eine solche Vereinbarung eine stille Ges. begründen.[2] Der Unternehmensträger betreibt ein **Handelsgewerbe**. Der stille G'ter leistet eine **Vermögenseinlage**. Dies kann jede in Geld bewertbare und übertragbare vermögenswerte Leistung sein. Der stille G'ter erhält eine **Beteiligung am Gewinn**. Bei Vereinbarung eines festen Zinses oder einer Umsatzbeteiligung liegt keine stille Ges., sondern ein Darlehen vor. Erstreckt sich die Gewinnbeteiligung lediglich auf einzelne Geschäfte, liegt keine stille Ges., sondern eine Gelegenheits-Ges. vor. Die Beteiligung am Verlust kann ausgeschlossen sein. 75

2. Abgrenzung der stillen Gesellschaft. Ist der G'ter **MU'er**, erzielt er nach § 15 Abs. 1 S. 1 Nr. 2 Einkünfte aus GewBetr. Ein stiller G'ter ist MU'er, wenn er – wie ein K'dist – über § 233 HGB hinaus Mitwirkungs- und Kontrollrechte hat und nicht nur am lfd. Gewinn und Verlust, sondern auch an den stillen Reserven und am Geschäftswert beteiligt ist. Eine fehlende Beteiligung am Verlust oder am Geschäftswert und den stillen Reserven ist allerdings kompensierbar.[3] 76

Bei den **partiarischen Rechtsverhältnissen** – wie dem ebenfalls in Abs. 1 Nr. 4 geregelten partiarischen Darlehen – wird zwar eine Gewinnbeteiligung gewährt, es wird jedoch nicht die Verfolgung eines gemeinsamen Zwecks, sondern ein Austauschverhältnis vereinbart. Besteht eine Beteiligung am Verlust, kommt nur eine stille Ges., kein partiarisches Rechtsverhältnis in Betracht, da die Verlustbeteiligung eine Teilnahme am unternehmerischen Risiko anzeigt.[4] Andererseits scheidet eine stille Ges. aus, wenn keine Vermögenseinlage gehalten wird.[5] Da die Vermögenseinlage durch Arbeitsleistung erbracht werden kann, muss die stille Ges. auch vom partiarischen Arbverh. abgegrenzt werden. Für die stille Ges. ist ein partnerschaftliches, gleichberechtigtes Zusammenwirken der Vertragspartner charakteristisch, bei einem partiarischen Arbverh. dagegen steht der ArbN in einem Unterordnungsverhältnis zum ArbG und ist dessen Weisungen unterworfen.[6] 77

Bei einer **Unterbeteiligung** räumt ein G'ter einer Pers.- oder KapGes. (der sog. Hauptbeteiligte) einem Dritten (dem sog. Unterbeteiligten) eine Beteiligung an seinem Ges.-Anteil ein. Während der stille G'ter an einem Unternehmen beteiligt ist, ist der Unterbeteiligte an einem Ges.-Anteil beteiligt. Der BFH hat Abs. 1 Nr. 4 auch auf die Einkünfte aus einer Unterbeteiligung angewandt – mit der Konsequenz des KapESt-Abzugs nach § 43 Abs. 1 S. 1 Nr. 3.[7] Hierfür lässt sich anführen, dass der Unterbeteiligte – falls der Hauptbeteiligte an einem Handelsgewerbe beteiligt ist – zumindest eine mittelbare Beteiligung an einem Handelsgewerbe unterhält. Im Hinblick auf den Wortlaut des Abs. 1 Nr. 4 ist es jedoch überzeugender, Einnahmen aus einer typischen Unterbeteiligung nach Abs. 1 Nr. 7 zu erfassen.[8] 78

3. Besondere Erscheinungsformen der stillen Gesellschaft. Werden v. einem Geschäftsinhaber Zahlungen an einen stillen G'ter als BA geltend gemacht und ist der Empfänger ein **Familienangehöriger**, so ist zu prüfen, ob es sich nicht um privat veranlasste Zuwendungen handelt. Die Vereinbarung der stillen Ges. muss **im Voraus** getroffen sein und der Ges.-Vertrag muss **klare und ernsthaft gewollte Vereinbarungen** über die essentiellen Inhalte einer stillen Beteiligung enthalten. Der Ges.-Vertrag muss **zivilrechtl. wirksam** sein.[9] Die Schenkung einer stillen Beteiligung bedarf der notariellen Beurkundung nach § 518 Abs. 1 BGB.[10] Zur Begr. einer stillen Ges. zw. einem Elternteil und einem minderjährigen Kind ist ein Ergänzungspfleger nach § 1909 Abs. 1 BGB hinzuzuziehen.[11] Nimmt das minderjährige Kind am Ver- 79

---

1 BFH v. 22.7.1997 – VIII R 12/96, BStBl. II 1997, 761 (763); v. 30.10.2001 – VIII R 15/01, BStBl. II 2002, 138 (140) = FR 2002, 288 m. Anm. *Kempermann*.
2 BFH v. 28.10.2008 – VIII R 36/04, BStBl. II 2009, 190 = FR 2009, 487 (Schneeballsysteme).
3 BFH v. 16.12.1997 – VIII R 32/90, BStBl. II 1998, 480 (484) = FR 1998, 659; v. 15.10.1998 – IV R 18/98, BStBl. II 1999, 286 (288) = FR 1999, 262.
4 BFH v. 22.7.1997 – VIII R 12/96, BStBl. II 1997, 761 (764); v. 30.10.2001 – VIII R 15/01, BStBl. II 2002, 138 (140) = FR 2002, 288 m. Anm. *Kempermann*.
5 Vgl. auch BFH v. 22.7.1997 – VIII R 12/96, BStBl. II 1997, 761 (763).
6 BFH v. 7.12.1983 – I R 144/79, BStBl. II 1984, 373; v. 6.10.1971 – I R 215/69, BStBl. II 1972, 187.
7 BFH v. 28.11.1990 – I R 111/88, BStBl. II 1991, 313.
8 Ausf. zur Unterbeteiligung an KapGes.: *Worgulla* DB 2009, 1146.
9 BFH v. 29.1.1976 – IV R 102/73, BStBl. II 1976, 328; v. 23.6.1976 – I R 178/74, BStBl. II 1976, 678.
10 BFH v. 8.8.1979 – I R 82/76, BStBl. II 1979, 768 (770).
11 BFH v. 28.11.1973 – I R 101/72, BStBl. II 1974, 289; beachte aber: BFH v. 13.7.1999 – VIII R 29/97, BStBl. II 2000, 386 (388) = FR 2000, 810 m. Anm. *Kanzler*.

lust teil, ist eine vormundschaftliche Genehmigung nach § 1822 BGB einzuholen.[1] Die vertraglichen Vereinbarungen müssen einem **Drittvergleich** standhalten.[2] Die Höhe des Gewinnanteils muss unter Berücksichtigung des Kapitaleinsatzes, des übernommenen Risikos sowie des Arbeitseinsatzes des Stillen und des Geschäftsinhabers angemessen sein. Ansonsten ist die Gewinnbeteiligung nur in der angemessenen Höhe der Besteuerung zugrunde zu legen.[3] Der BFH hat bei Schenkung der Einlage und Beteiligung am Verlust 15,5 % des Nominalwerts der Einlage,[4] bei Schenkung der Einlage ohne Verlustbeteiligung bis zu 12 %,[5] bei selbsterbrachter Einlage ohne Verlustbeteiligung bis zu 25 %[6] und bei selbsterbrachter Einlage und Verlustbeteiligung bis zu 35 %[7] als angemessen angesehen. Die Vereinbarungen müssen **tatsächlich durchgeführt** werden.[8] Von dieser Rspr. ist der VIII. Senat des BFH mit einer Entscheidung v. 9.10.2001 abgewichen: Durch die Anwendung der sog. 15 %-Grenze auf die Gewinnverteilungsabreden zw. Angehörigen bei schenkweise erworbenen Beteiligungen würden unterschiedliche Maßstäbe an Abreden zw. Angehörigen einerseits und Fremden andererseits angelegt. Bestehe der jeweilige G'ter-Beitrag in der Überlassung des Haftkapitals zu den gleichen Bedingungen und mit dem gleichen Risiko, dann sei offensichtlich, dass eine quotale Gewinnverteilung auf der G'ter-Stellung beruhe.[9]

80 Der **G'ter einer KapGes.** kann sich an dem Unternehmen der KapGes. zusätzlich als stiller G'ter beteiligen. Dies kann Vorteile bei der GewSt und für beschränkt stpfl. Anteilseigner bieten. Diese Beteiligung muss allerdings im voraus klar und eindeutig vereinbart, zivilrechtl. wirksam sein und tatsächlich durchgeführt werden.[10] Außerdem ist im Hinblick auf den fehlenden Interessengegensatz der für die stille Beteiligung vereinbarte Gewinnanteil – unter Berücksichtigung der Höhe der Kapitalerträge, des Unternehmenswertes, des Kapitalverlust- und Ertragsausfallrisikos, des Arbeitseinsatzes der G'ter und der Ertragsaussichten des Unternehmens[11] – auf seine Angemessenheit zu prüfen.

81 **4. Einkünfte des stillen Gesellschafters.** Zu den „Einnahmen aus der Beteiligung" zählen alle Bezüge, die sich als Entgelt für die Vermögenseinlage des stillen G'ters darstellen, zB die vereinbarten Gewinnanteile, eine daneben gewährte Festverzinsung, eine Mindestverzinsung und auch besondere Entgelte oder Vorteile, die neben den in Abs. 1 Nr. 4 bezeichneten Einnahmen oder an deren Stelle gewährt werden, nicht dagegen die Rückzahlung der geleisteten Vermögenseinlage.[12] Ob es sich bei einer Leistung um eine Kapitalrückzahlung oder ein Entgelt für die Kapitalüberlassung handelt, hängt davon ab, bei welcher Verpflichtung der Leistungserfolg eintritt. Ob der Schuldner die ausgezahlten Renditen tatsächlich erwirtschaftet hat, ist unerheblich.[13] Lediglich gutgeschriebene, aber nicht tatsächlich ausgezahlte Renditen fließen dem stillen G'ter nicht zu, wenn die Gutschrift lediglich zum Schein erfolgt ist.[14]

82 Bei der **Veräußerung der stillen Beteiligung an Dritte** war vor Einführung der Veräußerungsgewinnbesteuerung in Abs. 2 S. 1 Nr. 4 ein Veräußerungsentgelt in Höhe des Nominalwerts der Einlage nicht steuerbar. Lag das Entgelt über dem Nominalwert, war ein nichtsteuerbarer Veräußerungsgewinn gegeben, sofern die stille Beteiligung nicht in einem BV gehalten wurde oder die Voraussetzungen des § 23 erfüllt waren.[15] Ebenso war ein vom Erwerber gezahltes Entgelt für den Verzicht auf künftige Beteiligungsgewinne – anders als eine entspr. Abfindungszahlung durch den Geschäftsinhaber bei der Auflösung der stillen Ges. – grds. nicht steuerbar.[16] Nach Abs. 2 S. 1 Nr. 4, Abs. 4 S. 1 ist nunmehr ein stpfl. Veräußerungsgewinn iHd. Differenz zw. dem Veräußerungsentgelt und der geleisteten Einlage gegeben.

---

1 BFH v. 28.11.1973 – I R 101/72, BStBl. II 1974, 289.
2 BFH v. 25.6.1981 – IV R 135/78, BStBl. II 1981, 779; v. 18.7.1974 – IV B 34/74, BStBl. II 1974, 740; v. 16.5.1989 – VIII R 196/84, BStBl. II 1989, 877 = FR 1989, 653; v. 3.5.1979 – IV R 153/78, BStBl. II 1979, 515; v. 20.2.1975 – IV R 62/74, BStBl. II 1975, 569.
3 BFH v. 29.5.1972 – GrS 4/71, BStBl. II 1973, 5 (7).
4 BFH v. 29.5.1972 – GrS 4/71, BStBl. II 1973, 5; v. 29.3.1973 – IV R 56/70, BStBl. II 1973, 650; v. 21.9.2000 – IV R 50/99, BStBl. II 2001, 299 (302) = FR 2001, 186 m. Anm. *Wendt*.
5 BFH v. 29.3.1973 – IV R 56/70, BStBl. II 1973, 650.
6 BFH v. 14.2.1973 – I R 131/70, BStBl. II 1973, 395; v. 9.6.1994 – IV R 47–48/92, BFH/NV 1995, 103.
7 BFH v. 16.12.1981 – I R 167/78, BStBl. II 1982, 387 = FR 1982, 331; v. 21.9.2000 – IV R 50/99, BStBl. II 2001, 299 (302) = FR 2001, 186 m. Anm. *Wendt*; vgl. auch FG Köln v. 14.1.1981 – X (XIV) 533/77 F, EFG 1981, 278.
8 BFH v. 13.6.1989 – VIII R 47/85, BStBl. II 1989, 720 = FR 1989, 499; v. 18.10.1989 – I R 203/84, BStBl. II 1990, 68.
9 BFH v. 9.10.2001 – VIII R 77/98, BStBl. II 2002, 460 = FR 2002, 151 m. Anm. *Kempermann*.
10 BFH v. 9.12.1976 – IV R 47/72, BStBl. II 1977, 155 (157); v. 26.4.1989 – I R 96/85, BFH/NV 1990, 63 (64).
11 BFH v. 6.2.1980 – I R 50/76, BStBl. II 1980, 477 (480) = FR 1980, 358; v. 12.12.1990 – I R 85/88, BFH/NV 1992, 59 (60); v. 16.7.1986 – I R 78/79, BFH/NV 1987, 326 (329).
12 BFH v. 11.2.1981 – I R 98/76, BStBl. II 1981, 465 = FR 1981, 338.
13 BFH v. 10.7.2001 – VIII R 35/00, BStBl. II 2001, 646 = FR 2001, 958; v. 22.7.1997 – VIII R 13/96, BStBl. II 1997, 767 = FR 1997, 949 (Gewinnanteile beim Schneeballsystem).
14 FG RhPf. v. 10.2.2004 – 2 K 1550/03, EFG 2004, 1211 (Schneeballsystem).
15 BFH v. 11.2.1981 – I R 98/76, BStBl. II 1981, 465 = FR 1981, 338.
16 BFH v. 11.2.1981 – I R 98/76, BStBl. II 1981, 465 = FR 1981, 338; *K/S/M*, § 20 Rn. F 135f.

Eine Zahlung iRd. **Auseinandersetzung der stillen Ges.** kann aus unterschiedlichen Teilbeträgen bestehen. In ihr kann ein Gewinn- oder Verlustanteil des letzten Wj. vor Auflösung der stillen Ges. enthalten sein, der zu den lfd. Einkünften iSv. Abs. 1 Nr. 4 zählt. Es kann in Höhe des Nominalwerts der Einlage eine Rückzahlung der Einlage vorliegen, die vor Einführung der Gewinnbesteuerung nach Abs. 2 S. 1 Nr. 4, S. 2 nicht steuerbar war. Dagegen war ein über den Nominalwert hinausgehender Betrag, der aufgrund einer Wertsicherungsklausel gezahlt wurde, den Einkünften iSv. Abs. 1 Nr. 4 iVm. Abs. 2 Nr. 1 zuzuordnen.[1] Eine Abfindung für entgehende künftige Gewinnanteile führte zu Einkünften iSv. Abs. 1 Nr. 4 iVm. Abs. 2 Nr. 1.[2] Nach Abs. 2 S. 1 Nr. 4 iVm. S. 2 ist nunmehr ein stpfl. Auseinandersetzungsgewinn anzunehmen. Abs. 2 S. 2 stellt ausdrücklich klar, dass in den Fällen v. Abs. 2 S. 1 Nr. 4 auch die Vereinnahmung eines Auseinandersetzungsguthabens als Veräußerung gilt. 83

Soweit der stille G'ter gesellschaftsvertraglich zur **Teilnahme an Verlusten** verpflichtet ist, waren diese bis zur Einführung der Abgeltungsteuer (und des Abs. 9) als WK[3] zu berücksichtigen. Nach BFH waren entgegen dem bei den Überschusseinkünften geltenden Abflussprinzip – wie Abs. 1 Nr. 4 S. 2 bestätige – Verlustanteile auch dann dem stillen G'ter zuzurechnen, wenn seine Vermögenseinlage aufgebraucht war.[4] Der Gesetzgeber hat nunmehr mit Einführung der Abgeltungsteuer in Abs. 9 den WK-Abzug auf den Abzug des Sparer-PB beschränkt. Dennoch ist davon auszugehen, dass Verlustanteile des Stillen bis zur Höhe seiner Einlage weiterhin abzugsfähig sind. Ansonsten wäre die Regelung des Abs. 1 Nr. 4 S. 2, die den Verlustabzug begrenzt, nicht verständlich. Ebenso wie Abs. 1 Nr. 11 bei der Erfassung v. Stillhalterprämien den Abzug der Prämien für Glattstellungsgeschäfte zulässt, können nach Abs. 1 Nr. 4 nicht einseitig nur Gewinnanteile besteuert werden, sondern müssen auch Verlustanteile zum Abzug zugelassen werden – zumal Abs. 1 Nr. 4 auch keine Regelung enthält, nach der Einnahmen zur Wiederauffüllung des Einlagekontos v. der Besteuerung freigestellt werden.[5] Dementsprechend lässt das BMF-Schr. zur Abgeltungsteuer den Ansatz des Verlustes nach Abs. 1 Nr. 4 zu, sieht aber eine Hinzurechnung bei der Ermittlung des Gewinns iSd. Abs. 4 vor, um eine doppelte Berücksichtigung zu vermeiden.[6] Bei dem stillen G'ter können auch v. ihm **persönlich getätigte** und durch die Beteiligung veranlasste **Aufwendungen** anfallen, wie zB Zinsen zur Finanzierung der Vermögenseinlage, Beratungskosten oder Kosten zur Wahrnehmung der Kontrollrechte. Nach Abs. 9 sind diese – wie bei anderen Kapitalanlagen auch – vom Abzug ausgenommen. 84

5. Anwendung von § 15 Abs. 4 S. 6–8, § 15a (Abs. 1 Nr. 4 S. 2). a) Sinngemäße Anwendung von § 15 Abs. 4 S. 6–8. § 15 Abs. 4 S. 6–8 nimmt – zur Absicherung der Abschaffung der Mehrmütterorganschaft – gewerbliche Verluste einer KapGes. aus stillen Ges., Unterbeteiligungen und sonstigen Innengesellschaften an KapGes. vom allg. Verlustausgleich nach § 2 Abs. 3 und Verlustabzug nach § 10d aus (§ 15 Rn. 426 ff.). Abs. 1 Nr. 4 S. 2 dehnt dieses Verlustausgleichs- und -abzugsverbot auf Verluste aus typischen stillen Beteiligungen an KapGes. aus. 85

Abs. 1 Nr. 4 S. 2 ordnet die sinngemäße Anwendung v. § 15 Abs. 4 S. 6–8 auf Anteile des (typischen) **„stillen G'ters"** am Verlust des Betriebs an. Während § 15 Abs. 4 S. 6–8 für Verluste aus stillen Ges., Unterbeteiligungen oder sonstigen InnenGes. an KapGes. gelten, findet das Verlustausgleichsverbot nach Abs. 1 Nr. 4 S. 2 damit – dem eingeschränkten Geltungsbereich v. Abs. 1 Nr. 4 S. 1 entspr. – nur auf Verluste aus stillen Ges. Anwendung. Allerdings ist zu beachten, dass der BFH Abs. 1 Nr. 4 auch auf die Einkünfte aus einer Unterbeteiligung angewandt hat (Rn. 78 mwN; zur fehlenden Verweisung auf § 15a und § 15 Abs. 4 S. 6 bei partiarischen Darlehen: Rn. 95). Beruht die Beteiligung nicht auf einer Innen-, sondern einer AußenGes., kommt eine Anwendung des Verlustausgleichsverbots nicht in Betracht (vgl. zu dieser Differenzierung noch Rn. 87 aE). Außerdem ist das Verlustausgleichsverbot des Abs. 1 Nr. 4 – ebenfalls der Regelung des Abs. 1 Nr. 4 S. 1 entspr. – v. vornherein nur auf Verluste des stillen G'ters und nicht auf Verluste des Inhabers des Handelsgeschäfts anzuwenden, während § 15 Abs. 4 S. 6 allg. v. „Verlusten aus stillen Ges." spricht und nur nach seinem Sinn und Zweck (den Transfer v. Verlusten einzuschränken) auf den stillen G'ter zu begrenzen ist (§ 15 Rn. 428).[7] 86

§ 15 Abs. 4 S. 6–8 gilt nur für Verluste aus stillen Ges. **„an KapGes."**. Diese Einschränkung auf KapGes. als Geschäftsinhaber entspr. der Zielsetzung der Neuregelung, die Abschaffung der Mehrmütterorgan- 87

1 BFH v. 1.6.1978 – IV R 139/73, BStBl. II 1978, 570.
2 BFH v. 14.2.1984 – VIII R 126/82, BStBl. II 1984, 580 (583) = FR 1984, 397.
3 BFH v. 10.11.1987 – VIII R 53/84, BStBl. II 1988, 186 = FR 1988, 81; *K/S/M*, § 20 Rn. F 148f; zur Qualifizierung als WK auch nach Einführung der Abgeltungsteuer: *Rockoff/Weber*, DStR 2010, 363 (365).
4 BFH v. 23.7.2002 – VIII R 36/01, BStBl. II 2002, 858 = FR 2002, 1363; **aA** *Groh*, DB 2004, 668.
5 *Dinkelbach*, DB 2009, 870 (872); *Rockoff/Weber*, DStR 2010, 363; *Czisz/Krone*, DStR 2010, 2226.
6 BMF v. 18.1.2016, BStBl. I 2016, 85 Rn. 4; zur entspr. Behandlung von Fremdkapital-Genussrechten mit Verlustbeteiligung: *Schmitt-Homann*, BB 2010, 351 (352).
7 *Förster*, DB 2003, 899 (900).

schaft abzusichern, und der Tatsache, dass Mehrmütterorganschaften nur in Konstellationen beobachtet worden waren, in denen die Organträger KapGes. waren. Die Ausnahme des § 15 Abs. 4 S. 8 für **Verluste v. nat. Pers.** entspr. der Absicht, keine Änderung im Bereich der ESt für nat. Pers. vorzunehmen. Sie stellt sicher, dass die Verlustausgleichsbeschränkung für die normale mittelständische GmbH und Still nicht gilt, bei der der stille G'ter eine nat. Pers. ist. Dementspr. muss die Ausnahme für nat. Pers. auch iRd. sinngemäßen Geltung v. § 15 Abs. 4 S. 8 nach Abs. 1 Nr. 4 S. 2 gelten.

88 Während § 15 Abs. 4 S. 6 nur für Verluste aus Ges. gilt, bei denen der G'ter als **MU'er** anzusehen ist, kann dieser Voraussetzung des § 15 Abs. 4 S. 6 iRd. Abs. 1 Nr. 4 keine Bedeutung zukommen. Nach Abs. 1 Nr. 4 S. 1 gilt Abs. 1 Nr. 4 nur für Fälle, in denen der G'ter nicht als MU'er anzusehen ist.

89 Das Verlustausgleichsverbot des § 15 Abs. 4 S. 6 gilt nach Abs. 1 Nr. 4 S. 2 für **„Anteile … am Verlust des Betriebs"**. Dem Verlustausgleichsverbot kommt damit nur Bedeutung zu, soweit überhaupt die Voraussetzungen für eine Zurechnung v. Verlusten erfüllt sind. Soweit der stille G'ter gesellschaftsvertraglich zur Teilnahme an Verlusten verpflichtet ist, sind diese allerdings grds. als WK zu berücksichtigen. Ist der stille G'ter am Verlust des Geschäftsinhabers beteiligt, ist ihm der Verlustanteil nicht nur bis zum Verbrauch seiner Einlage, sondern auch in Höhe seines negativen Kapitalkontos zuzurechnen.[1] Abs. 1 Nr. 4 S. 2 ordnet außerdem die sinngemäße Anwendung v. § 15 Abs. 4 S. 6–8 und § 15a nicht auf „Verluste des stillen G'ters" oder auf „Verluste aus stillen Ges." an, sondern „auf Anteile des stillen G'ters am Verlust des Betriebs". Dieser Formulierung des Abs. 1 Nr. 4 S. 2 kam bisher keine Bedeutung zu, da § 15a ohnehin nur ein Ausgleichsverbot für den Anteil am Verlust der Ges. begründet. Diese Formulierung erhält aber nunmehr Bedeutung für die Anwendung v. § 15 Abs. 4 S. 6–8. Persönlich getätigte Aufwendungen sind damit nicht v. diesem Ausgleichsverbot betroffen. Diese sind weder Teil des „Verlusts des Betriebs", noch hat der stille G'ter hieran einen bloßen „Anteil". Diesem Wortlaut des Abs. 1 Nr. 4 S. 2 entspricht auch der Zweck der Ausgleichsbeschränkung. Bei den persönlich getätigten Aufwendungen findet kein Transfer v. Verlusten des Geschäftsinhabers zum stillen G'ter statt, sondern diese Aufwendungen entstehen beim stillen G'ter selbst. Entspr. unterliegen auch Verluste des stillen G'ters aus der Veräußerung seiner stillen Beteiligung (für die ein Verlustvortrag nicht in Betracht käme, weil der Veräußerer künftig aus der Beteiligung keine Einkünfte mehr bezieht) nicht der Verlustausgleichsbeschränkung. Es sind keine „Anteile des stillen G'ters am Verlust des Betriebs"[2] (vgl. aber § 15 Rn. 428).

90 Abs. 1 Nr. 4 S. 2 begründet mit der Verweisung auf § 15 Abs. 4 S. 6–8 ein **Verlustausgleichsverbot und ein Verlustverrechnungsgebot**. Verluste des stillen G'ters sind nur nach Maßgabe des § 10d und nur mit Gewinnen aus dem unmittelbar vorangegangenen und den folgenden VZ verrechenbar (§ 15 Rn. 429). Bei dem Gewinn muss es sich um Gewinne aus ders. Beteiligung handeln. Damit stellen sich für die Verrechnung dies Probleme wie für die Verrechnung nach § 15a Abs. 2 (zu § 15a Rn. 23 f.). Der dem stillen G'ter zugerechnete Verlust mindert allerdings den Verlust des Inhabers des Handelsgeschäfts, auch wenn der Verlust des stillen G'ters nur beschränkt verrechenbar ist.[3]

91 Das Verlustausgleichsverbot nach § 15 Abs. 4 S. 6 tritt **neben das Verlustausgleichsverbot nach § 15a**. Die Vorschrift des § 15a normiert ein Ausgleichsverbot für Verluste, die zu einem negativen Kapitalkonto führen oder dieses erhöhen. Die Verluste sind nicht zu berücksichtigen, weil sie das gegenwärtige Vermögen nicht mindern. Das neue Ausgleichsverbot gilt demgegenüber auch dann schon, wenn die Verluste nicht zur Entstehung eines negativen Kapitalkontos führen, also auch für gegenwärtige, tatsächliche Vermögenseinbußen. Anders als § 15a gelten § 15 Abs. 4 S. 6–8 allerdings nur für Beteiligungen an KapGes. und nicht, soweit der Verlust auf eine nat. Pers. als MU'er entfällt. Ebenso wie das Ausgleichsverbot nach § 15a nur für den Anteil am Verlust der Ges. gilt, nicht für persönlich getätigte Aufwendungen, verweist auch Abs. 1 Nr. 4 S. 2 nur für den „Anteil … am Verlust des Betriebs" auf § 15 Abs. 4 S. 6. § 15a und § 15 Abs. 4 S. 6–8 unterscheiden sich in der Rechtsfolge. Während § 15a Abs. 2 eine Verrechnung nur mit künftigen Gewinnen aus der Beteiligung zulässt, sieht § 15 Abs. 4 S. 7 einen Verlustrücktrag vor. Unterliegt ein Verlustanteil nicht nur der Ausgleichsbeschränkung nach § 15 Abs. 4 S. 6, sondern auch der nach § 15a, ist ein Verlustrücktrag nicht möglich, sondern nur ein Vortrag nach Maßgabe des § 15a Abs. 2.

92 **b) Sinngemäße Anwendung von § 15a.** Die G'ter können vereinbaren, dass der stille G'ter über seine Einlage hinaus am Verlust teilnimmt, so dass ein negatives Einlagekonto des stillen G'ters entstehen kann.[4] Abs. 1 Nr. 4 S. 2 ordnet für diesen Fall die sinngemäße Anwendung v. § 15a an. Dieser gilt sowohl für den

1 BFH v. 23.7.2002 – VIII R 36/01, BStBl. II 2002, 858 (860) = FR 2002, 1363.
2 So auch *Förster*, DB 2003, 899 (900).
3 *Förster*, DB 2003, 899 (900).
4 BFH v. 23.7.2002 – VIII R 36/01, BStBl. II 2002, 858 = FR 2002, 1363; *Groh*, FS L. Schmidt, 1993, 439 ff.; FG Nds. v. 15.8.2001 – 2 K 363/01, EFG 2002, 21.

stillen G'ter, der nur verpflichtet ist, sein negatives Kapitalkonto mit zukünftigen Gewinnen auszugleichen, als auch für den stillen G'ter, der unabhängig v. zukünftigen Gewinnen zum Kontenausgleich verpflichtet ist. Die Parallele zum K'disten, den nur eine eingeschränkte Verlustausgleichsverpflichtung trifft, spricht zwar dafür, § 15a nur bei der 1. Alt. anzuwenden. Für den typischen stillen G'ter kann jedoch nichts anderes gelten als für den atypisch stillen G'ter. Für diesen findet § 15a trotz einer uneingeschränkten Verlustteilnahme im Innenverhältnis Anwendung (vgl. zu § 15a Rn. 87).

§ 15a Abs. 1 S. 1 normiert ein Ausgleichsverbot für Verluste, die zu einem negativen Kapitalkonto führen oder dieses erhöhen. Die Verluste sind nicht zu berücksichtigen, weil sie das gegenwärtige Vermögen nicht mindern. Dieses Ausgleichsverbot gilt allerdings nur für den Anteil am Verlust der Ges., nicht für persönlich getätigte Aufwendungen. Das Verlustausgleichsvolumen bemisst sich nach dem „Einlagenkonto"[1] des stillen G'ters (vgl. im Einzelnen zu § 15a Rn. 13 ff.). Das Kapitalkonto wird – wie beim K'disten – durch die geleistete, nicht die bedungene Einlage bestimmt (zu § 15a Rn. 16 ff.). Das Kapitalkonto jedes G'ters ist selbständig zu ermitteln, wobei v. den v. den einzelnen G'tern geleisteten Einlagen auszugehen ist. Diese Einlagen sind um spätere Einlagen sowie um positive Einkünfte der Vorjahre zu erhöhen und um Entnahmen und negative Einkünfte des Vorjahres zu vermindern.[2] Bei einer KG mit Einkünften aus Vermietung und aus KapVerm. bedarf es keiner Feststellung gesonderter Kapitalkonten.[3] **§ 15a Abs. 1 S. 2, 3**, die beim K'disten eine Erweiterung des Ausgleichsvolumens vorsehen, finden beim stillen G'ter keine Anwendung (vgl. § 15a Abs. 5).[4] Nicht ausgleichsfähige Verluste werden v. **§ 15a Abs. 2** in verrechenbare Verluste umqualifiziert. Die frühere Rechtsansicht, dass Verlustanteile, die über die Vermögenseinlage des stillen G'ters hinausgehen, dem Geschäftsinhaber zuzurechnen sind, ist durch Abs. 1 Nr. 4 S. 2 überholt. 93

Eine Rückzahlung der Einlage führt nach Abs. 1 Nr. 4 S. 2 iVm. **§ 15a Abs. 3** zu einer Zurechnung v. Einnahmen, soweit hierdurch ein negatives Einlagenkonto entsteht (zu Einzelheiten: § 15a Rn. 55 ff.). Nach **§ 15a Abs. 4** ist ein gesonderter Feststellungsbescheid zu erlassen, in dem über die Ausgleichsfähigkeit eines auf den stillen G'ter entfallenden Verlustes, die Verrechnung eines erzielten Gewinns mit Verlusten aus Vorjahren, eine Hinzurechnung aufgrund einer Einlagenrückgewähr und die Höhe des noch vorhandenen Verrechnungsvolumens zu entscheiden ist (zu § 15a Rn. 70 ff.). Örtlich zuständig für die Feststellung ist das FA, das den Gewinn des Unternehmens feststellt, an dem die stille Beteiligung besteht. Wird der Gewinn des Unternehmens nicht gesondert festgestellt, erlässt das Wohnsitz-FA des Geschäftsinhabers den Feststellungsbescheid nach § 15a Abs. 4. 94

6. Partiarische Darlehen (Abs. 1 Nr. 4 Alt. 2). Partiarisch sind Darlehen, für die der Darlehensgeber einen Gewinnanteil an dem Geschäft erhält, dem das Darlehen dient (Abgrenzung zur stillen Ges.: Rn. 77). Bei Darlehensverträgen zw. **Angehörigen** gelten im Wesentlichen dieselben Voraussetzungen wie bei der stillen Beteiligung v. Angehörigen (Rn. 79). Längerfristige Darlehen werden v. der Rspr. nur dann steuerrechtl. anerkannt, wenn der Rückzahlungsanspr ausreichend gesichert ist.[5] Die Vergütung für den Darlehensgeber muss dem Umstand Rechnung tragen, dass der partiarische Darlehensgeber nicht an Verlusten teilnimmt.[6] Eine Verlustbeteiligung bewirkt eine Teilnahme am unternehmerischen Risiko, so dass eine **stille Ges.** anzunehmen ist und ein partiarisches Rechtsverhältnis ausscheidet. Dementspr. ordnet Abs. 1 Nr. 4 S. 2 die sinngemäße Anwendung v. § 15a auch nicht für den Darlehensgeber an. 95

III. Erträge aus Grundpfandrechten, Versicherungen, Wechseln (Abs. 1 Nr. 5, 6, 8). 1. Grundsätzliches. Abs. 1 Nr. 5, 6 und 8 ist gemeinsam, dass sie Erträge aus speziellen Kapitalforderungen behandeln. Abs. 1 Nr. 7 bildet zu ihnen einen Auffangtatbestand für Erträge aus sonstigen Kapitalforderungen jeder Art. 96

2. Erträge aus Hypotheken, Grund- und Rentenschulden (Abs. 1 Nr. 5). Abs. 1 Nr. 5 rechnet als lex specialis zu Abs. 1 Nr. 7 Einnahmen aus den im BGB geregelten Grundpfandrechten zu den Einkünften aus KapVerm. Eine **Hypothek** ist nach **§ 1113 Abs. 1 BGB** die Belastung eines Grundstücks in der Weise, dass an denjenigen, zu dessen Gunsten die Belastung besteht, eine bestimmte Geldsumme zur Befriedigung wegen einer ihm zustehenden Forderung aus dem Grundstück zu zahlen ist. Auch die **Grundschuld** nach **§ 1191 Abs. 1 BGB** dient regelmäßig der Sicherung v. Forderungen, ist aber im Unterschied zur Hypothek nicht akzessorisch. Nach § 1191 Abs. 2 BGB können neben einer „bestimmten Geldsumme" aus dem Grundstück „Zinsen" von der Geldsumme sowie andere „Nebenleistungen" aus dem Grundstück zu 97

1 Zum Verlustsonderkonto des Geschäftsinhabers als Einlagenkonto des Stillen: *Groh*, DB 2004, 668 (669).
2 Hierzu BFH v. 16.10.2007 – VIII R 21/06, BStBl. II 2008, 126 (128) = FR 2008, 320 m. Anm. *Kempermann*; v. 15.10.1996 – IX R 72/92, BStBl. II 1997, 250 (252) = FR 1997, 182.
3 BFH v. 15.10.1996 – IX R 72/92, BStBl. II 1997, 250 (252) = FR 1997, 182.
4 BFH v. 16.10.2007 – VIII R 21/06, BStBl. II 2008, 126 (128) = FR 2008, 320 m. Anm. *Kempermann*.
5 BFH v. 25.1.2000 – VIII R 50/97, BStBl. II 2000, 393 (394) = FR 2000, 767 m. Anm. *Kempermann*; *K/S/M*, § 20 Rn F 309.
6 BFH v. 27.1.1971 – I R 169/69, BStBl. II 1971, 424.

entrichten sein. Die „Zinsen" unterliegen wegen ihrer ausdrücklichen Erwähnung in § 20 Abs. 1 Nr. 5 der Besteuerung[1], während die „bestimmte Geldsumme" (§ 1191 Abs. 1 BGB) und „andere Nebenleistungen" (§ 1191 Abs. 2 BGB) von § 20 Abs. 1 Nr. 5 nicht erfasst werden. Der Tatbestand des § 20 Abs. 1 Nr. 5 ist auf diese Leistungen auch nicht über seinen Wortlaut hinaus anzuwenden. Der auf eine „Nebenleistung" entfallende Betrag ist kein Entgelt für Kapitalüberlassung und deshalb nicht nach § 20 Abs. 1 Nr. 5 steuerbar. Da die Grundschuld nicht vom Bestand einer Forderung abhängig ist, liegt ihr nicht notwendig ein Kapitalnutzungsverhältnis zugrunde.[2] Die **Rentenschuld** sichert nach **§ 1199 BGB** die Zahlung regelmäßig wiederkehrender Geldleistungen. Sie hat in der Praxis nur wenig Bedeutung. Nach hM meint Abs. 1 Nr. 5 mit **Zinsen aus Hypotheken** nur Zinsen aus Verkehrshypotheken. Zinsen aus Sicherungshypotheken sollen unter Abs. 1 Nr. 7 fallen, da sich bei diesen die Gläubigerrechte nur nach der zugrunde liegenden Forderung richteten.[3] *Jochum* verweist demgegenüber zu Recht auf den uneingeschränkten Wortlaut des Abs. 1 Nr. 5 und die Akzessorietät auch der Verkehrshypotheken.[4] Bereitstellungszinsen, die als Entschädigung dafür gezahlt werden, dass Kapital nicht längerfristig angelegt werden kann, weil es dem Darlehensnehmer jederzeit zur Verfügung stehen muss, gehören nicht zu den Zinsen nach Abs. 1 Nr. 5.[5] Für sie greift regelmäßig § 22 Nr. 3. Bei der Tilgungshypothek und -grundschuld leistet der Schuldner gleichbleibende Jahresbeträge, sog. **Annuitäten**, die sich aus Zins- und Tilgungsleistungen zusammensetzen. Abs. 1 Nr. 5 S. 2 stellt klar, dass hier nur der Teil der Zahlungen anzusetzen ist, der als Zins auf den jeweiligen Kapitalrest entfällt. Die aus Rentenschulden gezahlten **Renten** sind in voller Höhe Einnahmen aus KapVerm. Sie lassen sich nicht in einen stpfl. Zinsanteil und einen nicht steuerbaren Tilgungsanteil aufteilen, denn die Ablösesumme (**§ 1199 Abs. 2 BGB**) wird durch die Rentenzahlungen nicht vermindert. Die Zahlung der Ablösesumme selbst ist dagegen eine nicht steuerbare Kapitalrückzahlung.

98 **3. Erträge aus Lebensversicherungen (Abs. 1 Nr. 6).** Bis zur Neureglung durch das AltEinkG erklärte Abs. 1 Nr. 6 aF Zinsen aus Sparanteilen v. Lebensversicherungen für stpfl., normierte in Abs. 1 Nr. 6 S. 2 aF aber eine weitreichende Ausnahme für SA-begünstigte Versicherungen. Das AltEinkG hat die Besteuerung v. Erträgen aus Lebensversicherungen neu geregelt und erheblich ausgeweitet. Nach § 52 Abs. 36 S. 1 ist § 20 Abs. 1 Nr. 6 aF allerdings zeitlich unbefristet weiter anzuwenden, wenn der Versicherungsvertrag vor dem 1.1.2005 abgeschlossen wurde. Nach der vom Gesetzgeber im AltEinkG getroffenen Entscheidung sollen die Erträge aus Kapitallebensversicherungen ab 1.1.2005 im Interesse der Steuergerechtigkeit und Vereinfachung stl. erfasst werden. Allerdings ist die grds. StPflicht durch Abs. 1 Nr. 6 S. 2 (Ansatz nur der Hälfte bei Leistungen nach Vollendung des 60. Lebensjahres und zwölf Jahren Laufzeit) eingeschränkt.[6] Abs. 1 Nr. 6 wird durch **Abs. 2 S. 1 Nr. 6** ergänzt. Danach gehört auch der Gewinn aus der Veräußerung v. Anspr. auf eine Versicherungsleistung iSd. Abs. 1 Nr. 6 zu den Einkünften aus KapVerm.

99 **Abs. 1 Nr. 6 S. 1** gilt für **Rentenversicherungen mit Kapitalwahlrecht, soweit nicht die lebenslange Rentenzahlung gewählt und erbracht**, sondern das Kapitalwahlrecht ausgeübt wird. Eine Versicherung iSv. Abs. 1 Nr. 6 unterscheidet sich dadurch v. einer Vermögensanlage ohne Versicherungscharakter, dass ein wirtschaftliches Risiko abgedeckt wird, das aus der Unsicherheit und Unberechenbarkeit des menschlichen Lebens für den Lebensplan des Menschen erwächst (biometrisches Risiko). Abs. 1 Nr. 6 erfasst nur Rentenversicherungen, bei denen das Kapitalwahlrecht ausgeübt wird. Davon ist auszugehen, wenn eine einmalige Kapitalauszahlung erfolgt, wenn mehrere Teilauszahlungen geleistet oder wiederkehrende Bezüge erbracht werden, die nicht die Anforderungen an eine Rente erfüllen.[7] Wird die Rentenzahlung gewählt, unterliegt nur die Rente mit dem Ertragsanteil nach § 22 Nr. 1, S. 3a, bb der Besteuerung.[8] Es werden die in der Anspar- bzw. Aufschubphase entstandenen Erträge nicht besteuert. Es sollen so Altersvorsorgeprodukte begünstigt werden, die eine „lebenslange" Absicherung des StPfl. gewährleisten. Eine die Besteuerung nach Abs. 1 Nr. 6 ausschließende Rentenzahlung setzt voraus, dass gleichbleibende oder steigende Bezüge zeitlich unbeschränkt für die Lebenszeit der versicherten Pers. erbracht werden. In diesem Sinne sind auch Mindestzeitrenten begünstigt.[9] Mit der Formulierung „und erbracht wird" soll sichergestellt werden, dass die stl. Privilegierung nur so weit reicht, wie auch tatsächlich eine Rentenzahlung an den Be-

---

1 Zum Vorschlag des Bundesrates, den Anwendungsbereich des § 32d Abs. 2 Nr. 1 auch auf die Zinsen iSv § 20 Abs. 1 Nr. 5 auszudehnen: BR-Drucks. 302/12 (Beschluss), 32.
2 BFH v. 11.4.2012 – VIII R 28/09, BStBl. II 2012, 496 = FR 2012, 926 (zu § 20 Abs. 1 Nr. 5 vor Einführung des § 20 Abs. 2 S. 1 Nr. 5 iVm. § 20 Abs. 2 S. 2).
3 B/B, § 20 Rn. 285.
4 *K/S/M*, § 20 Rn. C/5 28.
5 *K/S/M*, § 20 Rn. C/5 30; **aA** *H/H/R*, § 20 Anm. 232.
6 BT-Drucks. 15/3230.
7 BMF v. 1.10.2009, BStBl. I 2009, 1172 Rn. 19.
8 Zu Bedenken wegen der bloßen Erfassung der Erträge aus der Auszahlungsphase: *Risthaus*, DB 2004, 1329 (1339).
9 *Risthaus*, DStZ 2007, 30 (33).

zugsberechtigten erfolgt. Wird die Rentenzahlung gewählt, aber anschließend die Rentenzahlung durch Kündigung vorzeitig beendet und der Rentenzahlungsanspruch durch eine Kapitalleistung abgefunden, ist diese Versicherungsleistung nach Abs. 1 Nr. 6 zu versteuern. Endet die Rentenzahlung hingegen aufgrund des Todes der versicherten Pers., sind Kapitalleistungen zur Abfindung einer Rentengarantiezeit nicht zu besteuern.[1] Abs. 1 Nr. 6 S. 1 erstreckt sich auch auf Kapitalauszahlungen von beleihbaren, übertragbaren und vererblichen Produkten eines Versorgungswerks, die nicht zu einer Basisversorgung zählen.[2]

Außer für Rentenversicherungsverträge mit Kapitalwahlrecht gilt **Abs. 1 Nr. 6 S. 1** für **Kapitalversicherungen mit Sparanteilen**. Kapitalversicherungen mit Sparanteilen treten insbes. in folgenden Ausgestaltungen auf: Kapitalversicherung auf den Todes- und Erlebensfall (klassische Kapital-Lebensversicherung) Unfallversicherung mit garantierter Beitragsrückzahlung, Kapitalversicherung auf den Todes- und Erlebensfall v. zwei oder mehreren Pers. (Kapitalversicherung auf verbundene Leben), Kapitalversicherung mit festem Auszahlungszeitpunkt (Terminfixversicherung), Kapitalversicherung mit lebenslangem Todesfallschutz.[3] Zu den Versicherungen iSv. Abs. 1 Nr. 6 zählen nur solche mit Sparanteilen. Der Versicherungsbeitrag muss neben dem Kostenanteil (für Verwaltungsaufgaben, Abschluss-, Inkassokosten) und dem Risikoanteil (für Leistungen bei Eintritt des Hauptrisikos) einen Beitragsanteil enthalten, der für die Finanzierung einer Erlebensfall-Leistung verwendet wird. Bei diesen Versicherungsformen erfolgt grds. eine Besteuerung nach Abs. 1 Nr. 6, wobei allerdings Leistungen im Todesfall nicht zu den Einnahmen aus Abs. 1 Nr. 6 gehören.[4] Nicht plausibel ist allerdings die unterschiedliche Behandlung v. Rentenversicherungen mit Kapitalwahlrecht, bei denen die lebenslange Rentenzahlung gewählt wird (Besteuerung mit dem Ertragsanteil nach § 22 Nr. 1 S. 3 lit. a, bb) und v. Kapitalversicherungen mit Rentenwahlrecht, wenn die Rente gewählt wird (Besteuerung nach Abs. 1 Nr. 6; Verrechnung des verbleibenden Kapitals).[5] 100

Nach **Abs. 1 Nr. 6 S. 4** sind Abs. 1 Nr. 6 S. 1–3 auf fondsgebundene Lebensversicherungen, auf Erträge im Erlebensfall bei Rentenversicherungen ohne Kapitalwahlrecht, soweit keine lebenslange Rentenzahlung vereinbart und erbracht wird, und auf Erträge bei Rückkauf des Vertrages bei Rentenversicherungen ohne Kapitalwahlrecht entspr. anzuwenden. Es werden **fondsgebundene Lebensversicherungen** einbezogen. Fondsgebundene Lebensversicherungen unterscheiden sich v. herkömmlichen Lebensversicherungen dadurch, dass die Höhe der Leistungen direkt v. der Wertentwicklung der in einem besonderen Anlagestock angesparten Vermögensanlagen abhängt, wobei üblicherweise die Sparanteile nur in Investmentanteilen angelegt werden. Die Kapitalerträge aus fondsgebundene Lebensversicherungen gehören unter den gleichen Voraussetzungen zu den Einnahmen aus KapVerm. wie Erträge aus konventionellen Lebensversicherungen.[6] Außerdem werden **Rentenversicherungen ohne Kapitalwahlrecht** den Rentenversicherungen mit Kapitalwahlrecht gleichgestellt. Eine Nichtbesteuerung der Erträge aus der Anspar- bzw. Aufschubphase ist auch bei einer Rentenversicherung ohne Kapitalwahlrecht nur dann gerechtfertigt, wenn durch die Rentenzahlung eine lebenslange Absicherung des StPfl. sichergestellt ist. Ebenso werden auch die Fälle des **Rückkaufs bei einer Rentenversicherung ohne Kapitalwahlrecht** der Besteuerung unterworfen und damit den Fällen des Rückkaufs bei Rentenversicherungen mit Kapitalwahlrecht gleichgestellt. Unter den Begriff der Rentenversicherung ohne Kapitalwahlrecht fallen auch sofort beginnende Rentenversicherungen gegen Einmalbeitrag (sog. „Sofort-Renten"). Wird eine lebenslange Leibrente erbracht, richtet sich die Besteuerung nach § 22 Nr. 1 S. 3 lit. a, bb), ansonsten – insbes. bei einer abgekürzten Leibrente – nach § 20 Abs. 1 Nr. 6.[7] 101

StPfl. ist der **Unterschiedsbetrag** zw. der Versicherungsleistung und der Summe der auf sie entrichteten Versicherungsbeiträge im Erlebensfall oder bei Rückkauf des Vertrages, nicht mehr wie in der Vergangenheit nur die rechnungsmäßigen und außerrechnungsmäßigen Zinsen. Beiträge, die auf die Abdeckung v. Zusatzrisiken entfallen, wirken sich auf die Berechnung nicht aus. Statt der Formulierung „und der Summe der Beiträge" wurde die Formulierung „und der Summe der auf sie entrichteten Beiträge" gewählt.[8] Hierdurch sollte verdeutlicht werden, dass Beitragsbestandteile einer Versicherung, die – neben dem Todesfallrisiko – weitere Risiken absichern, zB den Eintritt der Berufs- oder Erwerbsunfähigkeit, nicht v. der Versicherungsleistung abgezogen werden dürfen.[9] Nicht geregelt ist die Frage, wie die Höhe der entrichteten Beiträge nachzuweisen ist (vgl. allerdings die Bescheinigungspflicht in Abs. 2 S. 1 Nr. 6 S. 2). Es empfiehlt sich deshalb für den StPfl., die Beiträge aufzuzeichnen. 102

---

1 BT-Drucks. 622/06, 80.
2 BFH v. 27.8.2018 – X R 39/15, BStBl. II 2018, 579.
3 Zu den Versicherungsformen: BMF v. 1.10.2009, BStBl. I 2009, 1172 Rn. 22.
4 BMF v. 1.10.2009, BStBl. I 2009, 1172 Rn. 31.
5 *Risthaus*, DStZ 2007, 30 (33).
6 BMF v. 1.10.2009, BStBl. I 2009, 1172 Rn. 31 ff.
7 BR-Drucks. 622/06, 80 f.
8 BT-Drucks. 15/2986, 19.
9 BT-Drucks. 15/3004, 19.

103 Eine Ausnahme v. der StPflicht nach Abs. 1 Nr. 6 S. 1 besteht nach **Abs. 1 Nr. 6 S. 2** für Versicherungsleistungen, die **nach Vollendung des 60. Lebensjahres**[1] des StPfl. und Ablauf v. zwölf Jahren seit Vertragsabschluss ausgezahlt wurden. Es ist nur die Hälfte des Unterschiedsbetrages anzusetzen. In den Fällen, in denen der Versicherungsnehmer nicht selbst Bezugsberechtigter ist, stellt sich allerdings die Frage, auf wessen Alter es ankommt. Die Einkünfte dürften dem Versicherungsnehmer (StPfl.) zuzurechnen sein, weil er dem Versicherungsunternehmen Kapital zur Nutzung überlässt.[2] Der Zweck des Abs. 1 Nr. 6 S. 2 spricht allerdings dafür, auf das Alter des Bezugsberechtigten abzustellen. Soweit gem. Abs. 1 Nr. 6 S. 2 nur die Hälfte des Unterschiedsbetrags zw. der Versicherungsleistung und der Summe der auf sie entrichteten Beiträge stpfl. ist, unterliegt die stpfl. Hälfte gem. § 32d Abs. 2 Nr. 2 nicht dem gesonderten Steuersatz, sondern der tariflichen ESt Ansonsten würde nur eine Belastung v. 12,5 % der gesamten Erträge erfolgen. KapESt wird auch hier vom vollen Unterschiedsbetrag berechnet. Die hälftige Steuerbefreiung ist unter Anrechnung der KapESt zu beantragen.[3] Für Vertragsabschlüsse ab 2012 ist nach § 52 Abs. 36 das 62. Lebensjahr maßgebend.

104 Durch das UntStRefG 2008 wurde in **Abs. 1 Nr. 6 ein S. 3** angefügt. Nach diesem treten bei entgeltlichem Erwerb des Anspr. auf die Versicherungsleistung die AK an die Stelle der v. dem Erwerber entrichteten Beiträge. Mit dieser Regelung soll eine Übermaßbesteuerung bei einem StPfl. verhindert werden, der den Anspr. auf eine Versicherungsleistung iSv. Abs. 1 Nr. 6 S. 1 vom ursprünglichen Rechtsinhaber entgeltlich erworben hat. Auf Grund der auf den Sparanteil im Versicherungsbeitrag aufgelaufenen Erträge sind die AK typischerweise höher als die bis zum Erwerbszeitpunkt entrichteten Beiträge. Nach der Regelung des S. 3 hat der Erwerber nur die Erträge zu versteuern, die in der Zeit entstanden sind, in der er Inhaber des Anspr. auf die Versicherungsleistung war. Die beim Veräußerer des Anspr. aufgelaufenen Erträge werden durch die Neuregelung in Abs. 2 S. 1 Nr. 6 erfasst.

105 **Abs. 1 Nr. 6 S. 5** wurde auf Vorschlag des Bundesrates durch das JStG 2009 eingeführt. Es werden **vermögensverwaltende Versicherungsverträge**, bei denen eine gesonderte Verwaltung der Kapitalanlagen vereinbart wurde und bei denen der wirtschaftlich Berechtigte unmittelbar oder mittelbar über die Veräußerung der verwalteten Vermögensgegenstände und die Wiederanlage der Erlöse bestimmen kann, v. den allg. Besteuerungsregeln für Versicherungsverträge (S. 1–4) ausgeschlossen. Die den Versicherungsunternehmen zufließenden Erträge werden dem wirtschaftlich Berechtigten zugerechnet. Vermögensverwaltende Versicherungsverträge sollen nicht v. den stl. Privilegien für Lebensversicherungen (lfd. Erträge sowie Erträge aus Umschichtungen bleiben während der Laufzeit unversteuert; Erträge nach Maßgabe des Abs. 1 Nr. 6 S. 2 sind nur zur Hälfte zu versteuern) profitieren. Der Gesetzgeber reagiert damit auf Vertragsangebote auf dem Versicherungsmarkt, die Lebensversicherungen mit individueller Vermögensverwaltung beinhalten. Bei diesen wird anders als bei konventionellen Lebensversicherungen für den Erlebensfall keine Versicherungsleistung garantiert. Der Versicherungsnehmer trägt allein das Kapitalanlagerisiko. Die Kapitalanlage ist andererseits in nahezu jeder depotfähigen Kapitalanlageform möglich und erfolgt idR bei einem vom Kunden frei wählbaren Kreditinstitut. Der Kunde kann unmittelbar selbst oder mittelbar über einen Verwalter über die Vermögensgegenstände disponieren. Es tritt der Versorgungscharakter einer Lebensversicherung hinter den Zweck der Kapitalanlage zurück.[4] Abs. 1 Nr. 6 S. 5 setzt voraus, dass die im Versicherungsbeitrag enthaltenen Sparanteile auch in andere Anlageprodukte als in Investmentfonds investiert werden können und der wirtschaftlich Berechtigte **„unmittelbar oder mittelbar über die Vermögensgegenstände disponieren kann“**. Eine unmittelbare Möglichkeit zur Einflussnahme besteht, wenn der Versicherungsvertrag ein Weisungsrecht des wirtschaftlich Berechtigten ggü. dem Versicherungsunternehmen vorsieht. Von einer mittelbaren Möglichkeit zur Einflussnahme auf Vermögensumschichtungen ist auszugehen, wenn die Vermögensdispositionen v. einem Vermögensverwalter getroffen werden, der durch den wirtschaftlich Berechtigten beauftragt oder ausgewählt wurde. Die Voraussetzung, dass die Kapitalanlagen **„speziell für diesen einzelnen Vertrag zusammengestellt“** werden, macht deutlich, dass die Auswahl der einzelnen Anlageprodukte konkret zw. Versicherungsunternehmen und Anleger abgesprochen ist. Hiervon ist nicht auszugehen, wenn das Versicherungsunternehmen einer unbestimmten, v. vornherein nicht bekannten Anzahl v. Anlegern verschiedene Produkte anbietet und die Anleger lediglich die Auswahl treffen, welche der angebotenen Produkte dem Versicherungsvertrag zugrunde zu legen sind. Voraussetzung für einen vermögensverwaltenden Versicherungsvertrag ist, dass Kapitalanlagen vereinbart werden, die **„nicht auf öffentl. vertriebene Investmentfondsanteile oder Anlagen, die die Entwicklung eines veröffentlichten Indexes abbilden, beschränkt“** sind. Hintergrund für

1 Vgl. allerdings BMF v. 6.3.2012, BStBl. I 2012, 238 zu den stl. Auswirkungen einer Anpassung von Verträgen an die Anhebung des Mindestrentenalters vom 60. auf das 62. Lebensjahr.

2 *Goverts/Knoll*, DStR 2005, 223 (226); **aA** *Kreußler/Nörig*, Lebensversicherung und Steuer, 4. Aufl. 1998, 129.

3 *Melchior*, DStR 2007, 1229 (1232).

4 BT-Drucks. 16/10494, 6; BT-Drucks. 16/11108, 18.

diese Ausnahme ist, dass ansonsten auch marktübliche fondsgebundene Lebensversicherungen erfasst würden. Derartige Versicherungen unterfallen seit jeher typischerweise dem Anwendungsbereich der Besteuerung nach Abs. 1 Nr. 6 und werden auch v. § 54b Abs. 1 Nr. 3, Abs. 2 VAG als Typus einer Lebensversicherung anerkannt. **„Wirtschaftlich Berechtigter"** ist der Inhaber des Anspr. auf die Versicherungsleistung. Dies ist idR der Versicherungsnehmer, kann in den Fällen eines unwiderruflich eingeräumten Bezugsrechts aber auch ein Dritter sein. Sicherungsübereignung oder Pfändung führt grds. nicht zu einem Wechsel in der Pers. des wirtschaftlich Berechtigten. Nach S. 5 werden vermögensverwaltende Versicherungsverträge v. den allg. Besteuerungsregeln für Versicherungsverträge ausgenommen. Stattdessen werden derartige Verträge systematisch zutr. **transparent besteuert**. Dh., dass im Zeitpunkt, in dem Kapitalerträge zB in Form v. Zinsen, Dividenden oder Veräußerungsgewinnen dem vom Versicherunternehmen gehaltenen Depot oder Konto zufließen, diese dem wirtschaftlich Berechtigten zuzurechnen sind. Dabei richtet sich die Besteuerung nach den für das jeweilige Anlagegut geltenden Regelungen (zB bei Zinsen nach Abs. 1 Nr. 7, bei Dividenden nach Abs. 1 Nr. 1 und bei Investmentfondserträgen nach den Vorschriften des InvStG). Nach Abs. 1 Nr. 6 S. 5 erfolgt nur eine Besteuerung der lfd. zugeflossenen Erträge. Leistungen im Todes- oder Erlebensfall sowie bei Rückkauf des Vertrages sind estrechtl. unbeachtlich, sofern die Erträge, die in diesen Versicherungsleistungen enthalten sind, ab dem Jahr 2009 nach Abs. 1 Nr. 6 S. 5 versteuert wurden.

Ebenso wie Abs. 1 Nr. 6 S. 5 wurde auch **Abs. 1 Nr. 6 S. 6** durch das JStG 2009 eingeführt. Es sollen mit 106
der Neuregelung **stl. Mindeststandards für die Anforderung an die Risikoleistung** aus einer Kapitalversicherung gesetzt werden. Die hälftige Befreiung nach Abs. 1 Nr. 6 S. 2 soll nicht gelten, wenn bei einer Kapitallebensversicherung mit lfd. Beitragsleistung die vereinbarte Leistung bei Eintritt des Versichertenrisikos weniger als 50 % der Summe der zu zahlenden Beiträge beträgt und bei einer Kapitallebensversicherung die vereinbarte Leistung das Deckungskapital oder den Zeitwert der Versicherung nicht um mindestens 10 % des Deckungskapitals, des Zeitwerts oder der Summe der gezahlten Beiträge übersteigt. Der Gesetzgeber hat damit auf Versicherungsangebote mit einem minimalistischen Versicherungsschutz hinsichtlich des biometrischen Risikos reagiert. Bei diesen trete der Versorgungscharakter derart hinter den Zweck der Kapitalanlage zurück, dass eine privilegierte Besteuerung nicht angemessen sei.[1]

Die Steuerbegünstigung der nur hälftigen Versteuerung der Erträge nach Abs. 1 Nr. 6 S. 2 ist ausgeschlos- 107
sen, wenn die in Abs. 1 Nr. 6 S. 6 aufgestellten Anforderungen an die Risikoleistung einer Kapitallebensversicherung nicht erfüllt sind. **Lit. a** betrifft **Kapitallebensversicherungen mit einer lfd. Beitragszahlung** bis zum Zeitpunkt des Erlebensfalls, also dem Zeitpunkt des Ablaufs der vereinbarten Versicherungslaufzeit. Mindestens 50 % der über die gesamte Laufzeit zu zahlenden Beiträge werden als **Mindesttodesfallschutz** vorausgesetzt. Die Regelung lehnt sich an die frühere verwaltungsrechtl. Regelung zum Mindesttodesfallschutz an. Sie geht allerdings insoweit über sie hinaus, als früher die Beitragszahlungsdauer auf fünf Jahre beschränkt werden konnte. Verbreitet waren Verträge, die fünf Jahre lang jeweils eine Beitragszahlung v. 20 % und anschließend sieben Jahre lang keine Beitragszahlung mehr vorsahen. Dies führte dazu, dass idR bereits nach dem dritten oder vierten Versicherungsjahr das angesammelte Deckungskapital die versprochene Todesfall-Leistung überstieg, faktisch also kein Risiko mehr getragen wurde. Dies wird nunmehr dadurch vermieden, dass die Regelung auf eine Beitragszahlung bis zum Laufzeitende abstellt. Gleichzeitig wird jedoch statt der früher vorausgesetzten 60 % nunmehr ein Risikoschutz v. 50 % der Beitragssumme verlangt. Ziel ist dabei, dass idR zumindest während der Hälfte der vertraglichen Laufzeit ein versicherungstechnisches Risiko getragen wird.[2]

Lit. b betrifft hauptsächlich **Kapitalversicherungen gegen Einmalbeitrag** oder abgekürzter Beitragszah- 108
lungsdauer sowie Leistungen bei fondsgebundenen Lebensversicherungen. Anstatt auf die Beitragssumme werden bei diesen Verträgen die Anforderungen an den Mindesttodesfallschutz auf das jeweilige Deckungskapital oder bei fondsgebundenen Versicherungen auf den Zeitwert des Vertrages bezogen. Als ausreichend wird grds. eine Todesfallleistung betrachtet, die den Zeitwert oder das Deckungskapital um 10 % übersteigt. Da der Zeitwert auf Grund der Wertentwicklung der unterlegten Kapitalanteile regelmäßig schwankt, wird alternativ zugelassen, dass sich die zusätzlich auszuzahlende Todesfallleistung auf die Summe der gezahlten Beiträge bezieht. In den Anfangsjahren sind die Anforderungen an den Risikoschutz geringer als bei lit. a; sie bleiben dafür aber konstant bestehen. Dementspr. hat der Gesetzgeber es als sachgerecht angesehen, Verträge mit lfd. Beitragszahlung, die die unter lit. b aufgeführten Kriterien erfüllen, als begünstigte Verträge zu behandeln, auch wenn sie die Anforderungen des lit. a nicht erfüllen. Wie bei der bisherigen Mindesttodesfallschutzregelung gilt eine Karenzzeit v. fünf Jahren für die entspr. Leistungen. Damit wird auch Pers. mit höherem Lebensalter, bei denen wegen des erreichten Alters keine Ge-

1 BT-Drucks. 16/10494, 7.
2 BT-Drucks. 16/11108, 19.

sundheitsprüfung vorgenommen wird und die erst nach der Karenzzeit die Leistungen erhalten können, eine entspr. stl. Begünstigung ermöglicht.[1]

108a Durch das Kroatien-AnpG v. 25.7.2014[2] wurden in Abs. 1 Nr. 6 die Sätze 7 und 8 angefügt. In der Begr. zur Anfügung von **S. 7** wird darauf hingewiesen, dass Versicherungen iSv. Abs. 1 Nr. 6 der Absicherung von wirtschaftlichen Risiken dienten, die aus der Ungewissheit und Unberechenbarkeit des menschlichen Lebens erwachsen. Deswegen werde iRd. privaten Vermögensverwaltung bei Eintritt des versicherten Risikos die ausgezahlte Versicherungssumme nicht besteuert. Stpfl. sei nur die Versicherungsleistung im Erlebensfall. Durch die entgeltliche Veräußerung des Versicherungsanspr. verliere die Versicherung jedoch den Zweck der Risikovorsorge bei Eintritt des Versicherungsfalls. Denn für den Erwerber einer gebrauchten Lebensversicherung sei die Absicherung des versicherten Risikos nicht von Bedeutung. Bei wirtschaftlicher Betrachtungsweise erhalte der Käufer eine Forderung auf Auszahlung der Versicherungssumme mit einem wegen des Prognoserisikos des Eintritts des Versicherungs- oder Erlebensfalls unbestimmten Fälligkeitszeitpunkt. Diese Erwägungen seien auch Grundlage von Anlagemodellen, die auf dem Versicherungsmarkt vertrieben würden. Bei diesen erziele der Anleger mit dem Tod der versicherten Person einen Gewinn, der umso höher sei, je früher der Todesfall tatsächlich eintrete.[3] Die Kalkulation mit dem Eintritt von versicherten Risiken ist aber auch bei anderen Risiken – wie dem Eintritt einer schweren Krankheit – denkbar. Die StPfl. nach Abs. 1 Nr. 6 S. 7 knüpft deshalb nicht nur an den Eintritt des Todesfallrisikos an. **Abs. 1 Nr. 6 S. 8** normiert eine Ausnahmeregelung zu S. 7. Diese sollte nach dem Gesetzentwurf der BReg. zunächst nur für den Erwerb v. Versicherungsanpr. durch die versicherte Person v. einem Dritten gelten, bspw. den Erwerb aus Anlass der Beendigung des Arbverh.[4] Die Ausnahmeregelung wurde dann allerdings im Gesetzgebungsverfahren auf Fälle ausgedehnt, in denen aus anderen Rechtsverhältnissen entstandene Abfindungs- und Ausgleichsanspr. arbeitsrechtlicher, erbrechtlicher oder familienrechtlicher Art durch Übertragung von Anspr. aus Versicherungsverträgen erfüllt werden. Der FinA ging davon aus, dass auch diese Übertragungen nicht durch die Realisierung besonderer Renditeerwartungen motiviert sind, sondern aus anderen Gründen vorgenommen werden, insbes. anlässlich v. Auseinandersetzungen bei Scheidungen oder Auseinandersetzungen v. Nachlässen.[5]

108b Das InvStRefG hat in **Abs. 1 Nr. 6 Satz 9** angefügt. Bei fondsgebundenen Versicherungsverträgen soll als Ausgleich für die stl. **Vorbelastung von Investmenterträgen** eine 15-prozentige Steuerbefreiung gewährt werden. Es soll nicht nur der positive Unterschiedsbetrag stfrei bleiben, sondern es soll auch bei Verlusten aus fondsgebundenen Versicherungsverträgen in dieser anteiligen Höhe keine Verrechnung mit positiven anderen Einkünften erfolgen.[6] Diese Regelung ist allerdings erst ab 1.1.2018 anzuwenden (Rn. 42).

109 **4. Diskontbeträge von Wechseln und Anweisungen (Abs. 1 Nr. 8).** Abs. 1 Nr. 8 erfasst als lex specialis zu Abs. 1 Nr. 7 Diskontbeträge v. Wechseln und Anweisungen einschl. der Schatzwechsel. **Wechsel** sind Wertpapiere, in denen der Aussteller einen anderen anweist, an den in der Urkunde als berechtigt Ausgewiesenen eine bestimmte Geldsumme an einem bestimmten Tag zu zahlen („gezogener Wechsel") oder in denen der Aussteller selbst die Zahlung einer bestimmten Geldsumme an einem bestimmten Tag verspricht („eigener Wechsel"). Die **Anweisung** ist ein Wertpapier, in dem der Anweisende den Angewiesenen ermächtigt, einem Dritten Geld oder andere vertretbare Sachen auf Rechnung des Anweisenden zu leisten, und in dem er zugleich den Dritten ermächtigt, die Leistungen im eigenen Namen zu erheben. **Schatzwechsel** sind unverzinsliche, kurzfristige eigene Wechsel, die vom Bund, seinem Sondervermögen oder v. den Ländern ausgestellt werden. Sie sind zu unterscheiden v. den sog. Schatzanweisungen und Finanzierungsschätzen, die unter Abs. 1 Nr. 7 fallen. **Diskontbetrag** ist der Betrag, der bei Ankauf oder Inzahlungnahme eines erst in einer bestimmten Frist fälligen Wechsels oder einer Anweisung vom Nominalbetrag einbehalten wird. Wirtschaftlich handelt es sich um Zinsen für die Zeit zw. Ankauf und Fälligkeit. Nicht unter Abs. 1 Nr. 8, sondern Abs. 1 Nr. 7 fallen Wechselverfallzinsen sowie Wechselzinsen bei Sicht- und Nachsichtwechseln.

110 **IV. Sonstige Kapitalerträge iSv. Abs. 1 Nr. 7. 1. Grundsätzliches.** Abs. 1 Nr. 7 enthält einen Auffangtatbestand zu den Tatbeständen des Abs. 1 Nr. 1–6 und 8. Er rechnet zu den Einkünften aus KapVerm. Erträge aus sonstigen Kapitalforderungen jeder Art.

111 **2. Kapitalforderungen jeder Art.** Kapitalforderungen sind alle auf Geld – Sachdarlehen fallen unter § 22 Nr. 3 – gerichteten Forderungen.[7] Eine Inhaberschuldverschreibung, die das Recht auf Lieferung einer be-

1 BT-Drucks. 16/11108, 19f.
2 BGBl. I 2014, 1266.
3 Ausf. BT-Drucks. 18/1529, 52f.
4 BT-Drucks. 18/1529, 53.
5 BT-Drucks. 18/1995, 115.
6 BT-Drucks. 18/8739, 115.
7 Ausführlich: *Weißbrodt/Michalke*, DStR 2012, 1533 (1535 mwN).

stimmten Menge physischen Goldes beinhaltet, das fast vollumfänglich durch eingelagertes Gold und iÜ durch kurzfristige Lieferansprüche gedeckt ist, ist keine Kapitalforderung iSv. Abs. 1 Nr. 7.[1] Es ist unerheblich, ob es sich um gesetzliche oder vertragliche, privat- oder öffentl.-rechtl.[2], gesicherte oder ungesicherte Forderungen, um Forderungen auf eine einmalige oder auf eine Zahlung in Raten handelt. Ebenso ist es unerheblich, ob die Forderung zunächst als Kaufpreis- oder Arbeitslohnforderung oder ob sie – wie bei Schadensersatzanspr – gegen den Willen des StPfl. entstanden ist. Auch die vom Schuldner erzwungene Kapitalüberlassung kann zu Einnahmen aus KapVerm. führen.[3] Die Forderung muss nach § 41 AO auch nicht rechtswirksam sein. Nach der Rspr. des BFH ist auch ein öffentl. rechtlicher Erstattungsanspruch eine „sonstige Kapitalforderung jeder Art" iSv. Abs. 1 Nr. 7[4] (vgl. allerdings: Rn. 114a).

Der Tatbestand des Abs. 1 Nr. 7 wurde vor seiner Änderung durch das UntStRefG 2008 dann als erfüllt angesehen, wenn die Rückzahlung des Kapitals, nicht aber ein Entgelt zugesagt war und auch dann, wenn ein Entgelt für die Kapitalüberlassung zugesagt war, nicht aber die Rückzahlung des Kapitals. Keine Kapitalanlage iSv. Abs. 1 Nr. 7 lag dagegen nach hM vor, wenn weder die Kapitalrückzahlung noch ein Entgelt für die Kapitalüberlassung zugesagt war (aber: § 23).[5] Der Gesetzeswortlaut („oder gewährt worden ist") wurde durch teleologische Reduktion korrigiert. Man ging davon aus, dass spekulative Anlagen mit in jeder Hinsicht unsicherem Mittelrückfluss nicht erfasst werden sollten.[6] Durch das UntStRFG wurde Abs. 1 Nr. 7 S. 1 dahin geändert, dass das Wort „gewährt" durch das Wort „geleistet" ersetzt wurde und nach den Wörtern „auch wenn die Höhe" die Wörter „der Rückzahlung oder" eingefügt wurden. Nach dem Referentenentwurf v. 5.2.2007 waren noch Erträge aus sonstigen Kapitalforderungen jeder Art einbezogen, „wenn die Rückzahlung des KapVerm. oder ein Entgelt für die Überlassung des KapVerm. zur Nutzung zugesagt oder gewährt worden ist, auch wenn die Höhe der Rückzahlung oder das Entgelt v. einem ungewissen Ereignis abhängt". In den weiteren Entwürfen wurde dann allerdings der Begriff „gewährt" durch den Begriff „geleistet" ersetzt. Es sollte verhindert werden, dass der Begriff „gewährt" iS einer ex-ante faktischen Garantie verstanden und Zertifikatserträge doch nicht erfasst werden.[7] Es sollte mit der Ersetzung des Wortes „gewährt" durch das Wort „geleistet" klargestellt werden, dass zukünftig alle lfd. **Erträge aus reinen Spekulationsanlagen** (Vollrisikozertifikate) erfasst werden. Weiterhin – so die Begr. – sollen unter den geänderten Wortlaut der Nr. 7 zukünftig auch sonstige Kapitalforderungen fallen, bei denen sowohl die Höhe des Entgelts als auch die Höhe der Rückzahlung v. einem ungewissen Ereignis abhängt. Erfasst würden nunmehr Kapitalforderungen, deren volle oder teilw. Rückzahlung weder rechtl. noch faktisch garantiert werde. Erträge, die bei Rückzahlung, Einlösung oder Veräußerung realisiert würden, unterlägen der Besteuerung nach Abs. 2 S. 1 Nr. 7 nF.[8] Die Absicht des Gesetzgebers geht aus der Gesetzesbegründung deutlich hervor, die **Umsetzung des gesetzgeberischen Willens** ist jedoch nicht gelungen. Dass mit dem Wort „geleistet" etwas anderes gemeint ist als mit dem Wort „gewährt", ist nicht deutlich. Außerdem heißt es im 2. HS „auch wenn die Höhe der Rückzahlung oder des Entgelts v. einem ungewissen Ereignis abhängt". Mit dieser Formulierung wird gerade nicht „klargestellt", was gelten soll, wenn die Höhe der Rückzahlung **und** des Entgelts v. einem ungewissen Ereignis abhängen. Außerdem soll der Tatbestand des Abs. 1 Nr. 7 nicht nur dann erfüllt sein, wenn die Rückzahlung und das Entgelt nicht v. der „Höhe", sondern auch dem Grunde nach v. einem ungewissen Ereignis abhängt. Wird das Kapital nur zT zurückgezahlt, liegt ein Veräußerungsverlust iSv. Abs. 2 S. 2 (Einlösung gilt als Veräußerung) und Abs. 4 S. 1 vor. Wird weder das Kapital zurückgezahlt noch ein Entgelt gezahlt, liegt ebenfalls ein Verlust iSv. Abs. 2 S. 2, Abs. 4 S. 1 vor. 112

Abs. 1 Nr. 7 S. 2 beinhaltet etwas im Steuerrecht Selbstverständliches: Dass es nicht auf die **Bezeichnung** der Kapitalanlage durch die Beteiligten, sondern auf ihren wirtschaftlichen Gehalt ankommt. Außerdem soll nicht die **zivilrechtl. Gestaltung** maßgeblich sein, sondern der wirtschaftliche Vorgang, der in die zivilrechtl. Gestaltung gekleidet ist. Der Finanzausschuss hat als Beispiel den Fall angeführt, dass bei sog. capped warrants die put warrents und die call warrants zusammen veräußert oder eingelöst werden.[9] 113

---

1 BFH v. 12.5.2015 – VIII R 4/15, BStBl. II 2015, 835; v. 6.2.2018 – IX R 33/17, BStBl. II 2018, 607.
2 BFH v. 8.4.1986 – VIII R 260/82, BStBl. II 1986, 557 = FR 1986, 385 (Prozesszinsen); FG Nds. v. 18.2.2004 – 3 K 252/02, EFG 2004, 1213 (Erstattungszinsen).
3 BFH v. 13.11.2007 – VIII R 36/05, BStBl. II 2008, 292 (293); v. 24.5.2011 – VIII R 3/09, BStBl. II 2012, 254; v. 28.2.2018 – VIII R 53/14, BStBl. II 2018, 678.
4 BFH v. 15.6.2010 – VIII R 33/07, FR 2010, 1043 m. Anm. *Kanzler* = BFH/NV 2010, 1917.
5 BFH v. 11.7.2006 – VIII R 67/04, FR 2007, 441 m. Anm. *Harenberg* = DB 2007, 248; BT-Drucks. 12/6078, 122; FG München v. 4.5.2004 – 2 K 2385/03, EFG 2005, 1868.
6 BFH v. 4.12.2007 – VIII R 53/05, BStBl. II 2008, 563 (565) = FR 2008, 518 m. Anm. *Harenberg.*
7 *Behrens*, BB 2007, 1025 (1026 Fn. 14).
8 BT-Drucks. 16/4841, 54.
9 BT-Drucks. 12/6078, 122.

114 **3. Erträge.** Zu den Erträgen aus Kapitalforderungen gehören vor allem **Zinsen**. Zinsen sind nach der Laufzeit bemessene gewinn- und umsatzunabhängige Vergütungen für die Nutzung eines auf Zeit überlassenen Kapitals.[1] Danach sind keine Zinsen – da laufzeitunabhängig – Bearbeitungsgebühren und Kreditvermittlungsprovisionen und – da nicht unabhängig vom wirtschaftlichen Ergebnis der Kapitalüberlassung gezahlt – Umsatz- und Gewinnbeteiligungen. Keine Zinsen iSv. Abs. 1 Nr. 7 sind auch – nach Abs. 1 Nr. 4 zu erfassende – Erträge aus partiarischen Darlehen, Zinsen aus zu einem BV gehörenden Kapitalforderungen und zu den Einkünften aus VuV zählende Miet- und Erbbaurechtzinsen. Unter Abs. 1 Nr. 7 fallen dagegen Verzugszinsen[2] und Prozesszinsen[3] (zu Stückzinsen vgl. Rn. 138; zu Erstattungszinsen vgl. Rn. 114a).[4] Bei über einen Zeitraum von mehr als einem Jahr gestundeten Kaufpreisforderungen enthalten die Kaufpreisraten einen Zinsanteil.[5] Der BFH hat Verzugszinsen wie auch Prozesszinsen als Kapitalerträge iSd. § 20 Abs. 1 Nr. 7 qualifiziert. Auch eine vom Schuldner erzwungene Kapitalüberlassung könne zu Einnahmen aus KapVerm. führen. Verzugszinsen seien Entgelt für die unfreiwillige Vorenthaltung des dem StPfl. zustehenden Kapitals. Da Einkünfte aus einer erzwungenen Kapitalüberlassung keine subjektive Einkünfteerzielungsabsicht des StPfl. voraussetzten, sondern allein die objektive Steigerung seiner wirtschaftlichen Leistungsfähigkeit, seien allerdings für die Prüfung, ob eine erzwungene Kapitalüberlassung überhaupt zu nachhaltigen Einkünften führen könne, die miteinander wirtschaftlich zusammenhängenden Einnahmen (hier: Verzugszinsen) und Ausgaben (hier: Schuldzinsen) ohne Rücksicht auf das Zufluss- und Abflussprinzip gegenüberzustellen. Der BFH hat – ausgehend von diesen Grundsätzen – Verzugszinsen nicht als stpfl. Einnahmen qualifiziert, da mit ihnen in den Vorjahren nicht geltend gemachte höhere Schuldzinsen für die erfolgte Kapitalüberlassung in wirtschaftlichem Zusammenhang standen.[6] In Fortentwicklung der Grundsätze hat der BFH nunmehr entschieden, dass die Grundsätze der erzwungenen Kapitalüberlassung auch dann anzuwenden sind, wenn im Zeitpunkt der Zahlung ungewiss ist, ob das Kapital später zurückgezahlt wird. Schuldzinsen für ein Darlehen, welches zur Finanzierung einer Steuer(nach)zahlung aufgenommen wird, können folglich als WK abgezogen werden.[7]

Diese Rspr. dürfte zugleich die Möglichkeit bieten, in entspr. Fällen das nach neuem Recht bestehende WK-Abzugsverbot des § 20 Abs. 9 EStG zu vermeiden. Neben Zinsen werden auch **sonstige Erträge** erfasst, die durch die Kapitalüberlassung veranlasst sind und vom Nutzer des Kapitals gezahlt werden.[8] Ob es sich bei einer Leistung um ein Entgelt für die Kapitalüberlassung oder eine Kapitalrückzahlung handelt, hängt davon ab, bei welcher Verpflichtung der Leistungserfolg eingetreten ist. Ob der Schuldner die ausgezahlten Renditen tatsächlich erwirtschaftet hat, ist unerheblich.[9] Auch im Rahmen v. Abs. 1 Nr. 7 ist zw. **Einkunfts- und Vermögenssphäre** zu unterscheiden.

114a Nach Abs. 1 Nr. 7 S. 3 sind **Erstattungszinsen iSv. § 233a AO** Erträge iSd. Abs. 1 Nr. 7 S. 1. Der Gesetzgeber hat mit der Einführung dieser Regelung durch das JStG 2010 auf das Urteil des BFH vom 15.6.2010 reagiert, mit dem der BFH seine Rspr. zur Steuerpflicht von Erstattungszinsen geändert und entschieden hat, dass gesetzliche Zinsen, die das FA auf Grund von ESt-Erstattungen an den StPfl. zahlt, nicht (mehr) der ESt unterliegen. § 12 Nr. 3 enthalte nicht lediglich ein gesetzliches Abzugsverbot für Nachzahlungszinsen, sondern entziehe die nicht abziehbare Steuer schlechthin dem steuerbaren Bereich. Die Erstattungszinsen teilten als steuerliche Nebenleistung insofern das Schicksal der Hauptforderung.[10] Der Finanzausschuss war hingegen der Ansicht, dass ein StPfl., der zum Ausgleich für verspätete ESt-Erstattungen Zinsen vom FA bekomme, nicht steuerlich günstiger gestellt werden dürfe als ein StPfl., der seine vor Beginn des Zinslaufs nach § 233a AO erhaltenen ESt-Erstattungen zinsbringend bei einer Bank anlege. Für die Steuerbarkeit von Erstattungszinsen sei nicht bedeutend, dass für Nachzahlungszinsen iSd. § 233a AO, die an das FA zu zahlen seien, kein SA-Abzug mehr möglich sei. Bei der unterschiedlichen steuerlichen Behandlung von Nachzahlungszinsen und Erstattungszinsen handele es sich um eine bewusste gesetzgeberische Entscheidung, die konsequent daran anknüpfe, dass private Schuldzinsen nicht abzugsfähig, Guthabenzinsen aber steuerpflichtig seien.[11] Nach § 52a Abs. 8 aF ist § 20 Abs. 1 Nr. 7 S. 3 in allen Fällen an-

1 BGH v. 16.11.1978 – III ZR 47/77, NJW 1979, 540; BFH v. 13.10.1987 – VIII R 156/84, BStBl. II 1988, 252 (255) = FR 1988, 127.
2 BFH v. 24.5.2011 – VIII R 3/09, BStBl. II 2012, 254.
3 BFH v. 24.5.2011 – VIII R 3/09, BStBl. II 2012, 254.
4 Krit. hierzu *K/S/M*, § 20 Rn. C/7 42 f. mwN.
5 FG Düss. v. 6.2.2017 – 11 K 3064/15 E, EFG 2017, 652 mwN (Rev. VIII R 3/17).
6 BFH v. 24.5.2011 – VIII R 3/09, BStBl. II 2012, 254.
7 BFH v. 28.2.2018 – VIII R 53/14, BStBl. II 2018, 687.
8 *Schumacher*, Erträge, 133.
9 BFH v. 22.7.1997 – VIII R 13/96, BStBl. II 1997, 767 = FR 1997, 949; v. 10.7.2001 – VIII R 35/00, FR 2001, 958 = DStR 2001, 1517; v. 18.5.2001 – VIII B 25/01, FR 2001, 848 = BFH/NV 2001, 1119 (Schneeballsystem).
10 BFH v. 15.6.2010 – VIII R 33/07, FR 2010, 1043 m. Anm. *Kanzler* = BFH/NV 2010, 1917.
11 BT-Drucks. 17/3549, 22.

zuwenden, in denen die Steuer noch nicht bestandskräftig festgesetzt ist. Ob die Gesetzesänderung tatsächlich dazu führt, dass Erstattungszinsen der Abgeltungsteuer unterliegen, war zunächst umstritten. Das FG Münster hatte dies bejaht.[1] In der Literatur wurde allerdings die Auffassung vertreten, der neue S. 3 stelle lediglich klar, dass Erstattungszinsen Erträge aus sonstigen Kapitalforderungen seien. Hiervon sei aber auch der BFH ausgegangen. Der BFH habe die Erstattungszinsen allerdings dem nicht steuerbaren Bereich zugeordnet, wenn die zugrunde liegende Steuer von § 12 Nr. 3 erfasst werde. Insoweit laufe § 20 Abs. 1 Nr. 7 S. 3 ins Leere.[2] Mit Urteil v. 12.11.2013 hat der BFH entschieden, mit der ausdrücklichen Normierung der Erstattungszinsen als Kapitaleinkünfte habe der Gesetzgeber seinen Willen, diese der Besteuerung der zu unterwerfen, klar zum Ausdruck gebracht. Die Regelung des zeitlichen Anwendungsbereichs verstoße auch nicht gegen das verfassungsrechtliche Rückwirkungsverbot.[3]

V. Stillhalterprämien (Abs. 1 Nr. 11). Stillhalterprämien wurden bis zum 31.12.2008 nach § 22 Nr. 3 aF 115
(Einkünfte aus Leistungen) besteuert.[4] Vergütungen für die Glattstellung des Optionsgeschäfts waren WK bei den Einkünften iSd. § 22 Nr. 3. Inhalt eines **Optionsgeschäftes** ist der Erwerb oder die Veräußerung des Rechtes, eine bestimmte Menge eines Basiswertes (insbes. Aktien) jederzeit während der Laufzeit der Option zu einem im Voraus vereinbarten Preis (Basispreis) entweder vom Kontrahenten (Stillhalter) zu kaufen oder an ihn zu verkaufen. Für dieses Recht hat der Inhaber der Option bei Abschluss des Optionsgeschäfts die Optionsprämie (**Stillhalterprämie**) zu zahlen. Die Stillhalterprämie ist das Entgelt, das der Stillhalter als Entschädigung für die Bindung und die Risiken, die er durch die Begebung des Optionsrechts eingeht, unabhängig vom Zustandekommen des Wertpapiergeschäfts allein für das „Stillhalten" erhält.

Schließt der Stillhalter ein **Glattstellungsgeschäft** ab, mindern sich nach Abs. 1 Nr. 11 HS 2 die Einnah- 116
men aus den Stillhalterprämien um die im Glattstellungsgeschäft gezahlten Prämien. Es wird nach dem Nettoprinzip nur der beim Stillhalter nach Abschluss eines Gegengeschäfts (Glattstellung) verbliebene Vermögenszuwachs der Besteuerung unterworfen. Eine Glattstellung liegt nach der Gesetzesbegründung vor, wenn der Stillhalter eine Option der gleichen Art unter Closing-Vermerk kauft, wie er sie zuvor verkauft hat.[5] Angesprochen wird damit die sog. beendende Glattstellung (zB an der EUREX), bei der aufgrund einer Schuldaufhebungs- und Verrechnungsabrede nicht nur wirtschaftlich, sondern auch zivilrechtl. die verkaufte Option und die gekaufte Option gleicher Serie erlöschen. Erfasst sein muss aber nach dem Gesetzeswortlaut und dem Gesetzeszweck auch die sog. einfache Glattstellung, bei der es nur wirtschaftlich, nicht aber rechtl. zur Auflösung der eingegangenen Stillhalterposition kommt.[6] Nach dem Gesetzeswortlaut („mindern sich die Einnahmen ... um die Prämie") dürften die gezahlten Prämien nicht im VZ des Abflusses, sondern unabhängig vom Zahlungszeitpunkt v. der Stillhalteprämie absetzbar sein (Rückwirkung nach § 175 Abs. 1 Nr. 2 AO).[7] Ergibt sich ein negativer Saldo aus Stillhalterprämie und Glattstellungsaufwendungen, dürfte auch dieser als WK-Überschuss stl. beachtlich und mit anderen positiven Einkünften aus KapVerm. verrechenbar sein.[8]

Nach dem Gesetzeswortlaut darf ein vom Stillhalter bei Ausübung gezahlter **Barausgleich** nicht v. der 116a
Stillhalterprämie abgezogen werden.[9] Abs. 1 Nr. 11 entspr. damit der Rspr. des BFH zu § 22 Nr. 3 aF. Der BFH hat in ständiger Rspr. zu § 22 Nr. 3 aF entschieden, dass das Optionsgeschäft und das Basisgeschäft beim Stillhalter zwei getrennte Geschäfte seien (Zwei-Verträge-Theorie). Die Stillhalterprämie war nach § 22 Nr. 3 aF als sonstige Leistung zu versteuern. Wurde der Stillhalter aus der Option in Anspr. genommen, so waren die Verluste aus dem Basisgeschäft als Verluste aus privaten Veräußerungsgeschäften nach § 23 Abs. 1 S. 1 Nr. 2 aF zu behandeln. War statt der Lieferung des Basiswertes lediglich ein Barausgleich vorgesehen, so war der hierdurch vermittelte Verlust ebenfalls als Verlust aus einem Veräußerungsgeschäft, und zwar nach § 23 Abs. 1 S. 1 Nr. 4a F, zu berücksichtigen.[10] Eine Verrechnung der Stillhalter-

1 FG Münster v. 16.12.2010 – 5 K 3626/03 E, DStR 2011, 303.
2 *Schäfer/Scholz*, DStR 2013, 1885 (1888).
3 BFH v. 12.11.2013 – VIII R 36/10, BStBl. II 2014, 168 (Verfassungsbeschwerde: 2 BvR 482/14).
4 BFH v. 17.4.2007 – IX R 40/06, BStBl. II 2007, 608 = FR 2007, 1032.
5 BT-Drucks. 16/4841, 54; vgl. auch *Behrens*, DStZ 2007, 748 (750).
6 *Haisch*, DStZ 2007, 762 (765); **aA** *H/H/R*, § 20 Anm. 401.
7 *Haisch*, DStZ 2007, 762 (765).
8 *H/H/R*, § 20 Anm. 401; vgl. allerdings BR-Drucks. 220/07, 87 (wo v. einem „verbleibenden Vermögenszuwachs" gesprochen wird).
9 *Behrens*, DStZ 2007, 748 (750); *Zanzinger*, DStR 2010, 149.
10 Allerdings erst ab 1.1.1999, da § 23 Abs. 1 S. 1 Nr. 4 aF Termingeschäfte erst ab dem 1.1.1999 zu den privaten Veräußerungsgeschäften rechnete. Für die Zeit vor dem 1.1.1999 wurde ein Verlust auf der privaten Vermögensebene angenommen; vgl. BFH v. 25.5.2010 – IX B 179/09, FR 2010, 1052 m. Anm. *Helios/Philipp* = BFH/NV 2010, 1627; v. 13.2.2008 – IX R 68/07, BStBl. II 2008, 522 = FR 2008, 881 m. Anm. *Harenberg*.

prämie mit den Verlusten aus den privaten Veräußerungsgeschäften (Basisgeschäften) war aber nach § 23 Abs. 3 S. 8 und 9 aF ausgeschlossen.[1] Anders dagegen behandelte der BFH das Glattstellungsgeschäft. Zwar sei auch dieses vom Eröffnungsgeschäft zu trennen, der StPfl. zahle die Prämien aber vor allem, um seine Einnahmen aus dem Stillhaltergeschäft zu sichern.[2] An dieser Rspr. ist immer wieder Kritik geäußert worden. Wenn beim Glattstellungsgeschäft Aufwendungen zur Sicherung der Einnahmen aus dem Stillhaltergeschäft WK seien, müssten Aufwendungen, die der Stillhalter in Kauf genommen hat, um überhaupt Einnahmen aus der Einräumung der Option erzielen zu können, erst recht abziehbar sein.[3] Das FG München hat sich mit Beschluss v. 12.8.2009 dieser Kritik angeschlossen und die Vollziehung in einem Fall ausgesetzt, in dem der Antragsteller 91 000 000 Euro Stillhalterprämien vereinnahmt und 93 000 000 Euro Verluste aus Abschlussgeschäften erlitten hatte.[4] Der BFH hat an seiner Rspr. festgehalten und die Aussetzung der Vollziehung unter Hinweis auf seine Rspr. abgelehnt.[5] In der Folge hat der BFH mit Urt. v. 24.4. 2012 und v. 20.10.2016 nochmals seine Auffassung zur Trennung von Options- und Basisgeschäft beim Optionsinhaber für § 23 Abs. 1 S. 1 Nr. 4 aF unter Betonung der besonderen Bedeutung der Kontinuität der Rspr. bestätigt.[6]

116b Abs. 1 Nr. 11 sieht nur eine Minderung der Stillhalterprämie um Prämien aus einem Glattstellungsgeschäft vor, nicht dagegen den **Abzug eines gezahlten Barausgleichs**. Die FinVerw. hat hieraus geschlossen, dass es sich – wie nach der BFH-Rspr. für die Zeit vor dem 1.1.1999 – um einen einkommensteuerrechtlich unbeachtlichen Vermögensschaden handele.[7] Der BFH hat dagegen mit Urt. v. 20.10.2016 entschieden, dass der vom Stillhalter gezahlte Barausgleich ebenso stl. zu berücksichtigen ist wie die in einem Glattstellungsgeschäft gezahlten Prämien (Rn. 116), allerdings nicht nach § 20 Abs. 1 Nr. 11, sondern nach § 20 Abs. 2 S. 1 Nr. 3 lit. a. Für die Besteuerung des Stillhalters ordne das G eine „getrennte“ Besteuerung der Stillhalterprämie und der Glattstellungsgeschäfte in § 20 Abs. 1 Nr. 11 an, ohne dort den Barausgleich zu regeln. Der vom Stillhalter gezahlte Barausgleich sei aber als Verlust bei einem Termingeschäft gem. § 20 Abs. 2 S. 1 Nr. 3 lit. a zu berücksichtigen. Auch ein negativer Differenzausgleich könne vom Stillhalter bei der Durchführung eines Termingeschäfts iSd. § 20 Abs. 2 S. 1 Nr. 3 lit. a „erlangt“ werden. Der gezahlte Barausgleich könne nach § 20 Abs. 6 mit den Stillhalterprämien verrechnet werden (vgl. auch Rn. 130a).[8]

116c Stellt der Stillhalter nicht glatt und zahlt auch keinen Barausgleich, sondern führt im Fall der Kaufoption **das Geschäft mit Verlust** durch, so ergeben sich negative Einkünfte nach § 20 Abs. 2. Diese Verluste könnten grds. mit den Stillhalterprämien verrechnet werden – allerdings nach § 20 Abs. 6 S. 5 nicht beim Basiswert Aktien.[9] Eine Änderung der Rspr. zur Behandlung von Barausgleichszahlungen könnte allerdings auch hier zu einer abweichenden Behandlung führen.[10]

116d Übt im Fall einer Verkaufsoption der Optionsinhaber die Option aus, liefert der Optionsinhaber also den Basiswert, so liegt beim Stillhalter ein **Anschaffungsvorgang** hinsichtlich des gelieferten Basiswertes vor. Die AK werden durch die Basispreise bestimmt. Die vereinnahmte Optionsprämie wird bei der Ermittlung des Veräußerungsgewinns nicht berücksichtigt.[11]

C. Veräußerungsgewinne (Abs. 2)

117 **I. Grundsätzliches.** Neben den Erträgen aus den in Abs. 1 aufgeführten Kapitalanlagen werden auch die Wertzuwächse erfasst, die der StPfl. durch die Veräußerung der Kapitalanlagen, bei deren Einlösung, Rückzahlung, Abtretung oder deren verdeckten Einlage in eine KapGes. erzielt. Gleichzeitig ist Abs. 2 Auffangtatbestand für die Fälle, in denen sich Ertrags- und Vermögensebene nicht trennen lassen. Während

1 BFH v. 17.4.2007 – IX R 40/06, BStBl. II 2007, 608 = FR 2007, 1032; v. 20.10.2016 – VIII R 55/13, BStBl. II 2017, 264.
2 BFH v. 13.2.2008 – IX R 68/07, BStBl. II 2008, 522 = FR 2008, 881 m. Anm. *Harenberg*; v. 25.5.2010 – IX B 170/09, BFH/NV 2010, 1627.
3 *Philipowski*, DStR 2009, 353; DStR 2010, 2283; *Zanzinger*, DStR 2010, 149.
4 FG München v. 12.8.2009 – 1 V 1193/09, DStRE 2010, 9.
5 BFH v. 25.5.2010 – IX B 179/09, FR 2010, 1052 m. Anm. *Helios/Philipp* = DStRE 2010, 1334; vgl. allerdings die Aufhebung dieser Entscheidung durch BVerfG v. 11.10.2010 – 2 BvR 1710/10, FR 2011, 85 m. Anm. *Haisch/Helios* = DStR 2010, 2296.
6 BFH v. 24.4.2012 – IX B 154/10, BStBl. II 2012, 454 = FR 2012, 1165; v. 20.10.2016 – VIII R 55/13, BStBl. II 2017, 264; vgl. allerdings BFH v. 26.9.2012 – IX R 50/09, FR 2013, 182 m. Anm. *Bode*, zu verfallenen Optionen beim Optionsinhaber.
7 BMF v. 18.1.2016, BStBl. I 2016, 85 Rz. 34.
8 BFH v. 20.10.2016 – VIII R 55/13, BStBl. II 2017, 264 (267).
9 *Zanzinger*, DStR 2010, 149 (151).
10 Hierzu *Jochum* in K/S/M, § 20 Rn. C/11 13.
11 *Graf/Paukstadt*, FR 2011, 249 (256).

mit Abs. 2 S. 1 Nr. 4 aF lediglich eine Regelung für Kapitalanlagen getroffen werden sollte, bei denen stpfl. Erträge als Wertzuwachs konstruiert waren („Einnahmesurrogate“) und sich Ertrag und Wertzuwachs nicht trennen ließen, erfasst Abs. 2 jegliche realisierte Wertveränderung des KapVerm. als Erwerbsvermögen. Abs. 2 zählt die zu erfassenden Gewinne in Orientierung an den Einnahmetatbeständen des Abs. 1 auf, um bei der Regelung des § 43 für den vorzunehmenden Steuerabzug vom Kapitalertrag an die einzelnen Tatbestände des Abs. 2 anknüpfen zu können.[1]

II. Veräußerung von Beteiligungen (Abs. 2 S. 1 Nr. 1). 1. Regelungsinhalt. Abs. 2 S. 1 Nr. 1 regelt, dass die Veräußerung v. Anteilen an Körperschaften, zB an einer AG oder GmbH, die v. einem StPfl. in seinem PV gehalten werden, **unabhängig v. der früher geltenden Haltefrist** v. zwölf Monaten steuerbar ist. Werden Beteiligungen im PV gehalten, erfolgt die Besteuerung des Veräußerungsgewinns grds. nach Abs. 2 S. 1 Nr. 1 und dieser unterliegt der Abgeltungsteuer nach § 32d, § 43 Abs. 5. Dies gilt allerdings nur, wenn es sich nicht um eine wesentliche Beteiligung iSv. § 17 handelt. Bei der Veräußerung einer wesentlichen Beteiligung iSv. § 17 gilt das Teileinkünfteverfahren nach § 3 Nr. 40 iVm. § 3c Abs. 2 (Befreiung v. 40 % und Abzugsbegrenzung auf 60 %). Ebenso gilt das Teileinkünfteverfahren nach § 3 Nr. 40, wenn eine Beteiligung veräußert wird, die im BV gehalten wird. 118

2. Körperschaft iSv. Abs. 1 Nr. 1. Abs. 2 S. 1 Nr. 1 rechnet den Gewinn aus der Veräußerung v. Anteilen an einer **„Körperschaft iSd. Abs. 1 Nr. 1“** zu den Einkünften aus KapVerm. Abs. 1 Nr. 1 erfasst Einnahmen aus der Beteiligung an einer AG, einer GmbH, sonstigen KapGes., einer Erwerbs- und Wirtschaftsgenossenschaft sowie an Bergbau treibenden Vereinigungen. Unter Abs. 1 Nr. 1 fallen aber auch die Bezüge aus einer sog. Gründungs- oder VorGes. oder aus Beteiligungen an ausländ. Rechtsgebilden, die den v. Abs. 1 Nr. 1 S. 1 bezeichneten Körperschaften vergleichbar sind. 119

3. Anteile an einer Körperschaft. Abs. 2 S. 1 Nr. 1 S. 1 erfasst den Gewinn aus der Veräußerung v. **„Anteilen“** an einer Körperschaft. Gemeint ist damit die gesellschaftsrechtl. Stellung als Anteilseigner. Es soll die Veräußerung der Aktie, des GmbH-Anteils etc. erfasst werden. Abs. 2 S. 1 Nr. 1 S. 1 ist insoweit unter Rückgriff auf Abs. 1 Nr. 1 zu interpretieren. IÜ entspr. der Anteilsbegriff dem des § 17 Abs. 1 S. 3. 120

Abs. 2 S. 1 Nr. 1 S. 2 Alt. 1 bestimmt, dass Anteile an einer Körperschaft auch **„Genussrechte“** iSd. Abs. 1 Nr. 1 sind. Genussrechte sind – entspr. § 17 Abs. 1 S. 3 – Forderungsrechte gegen eine KapGes., die eine Beteiligung am Gewinn und Liquidationserlös sowie evtl. zusätzliche Rechte zB eine feste Verzinsung gewähren.[2] Anteile an einer Körperschaft sind nach Abs. 2 S. 1 Nr. 1 S. 2 auch „den Anteilen iSd. Abs. 1 Nr. 1 **ähnliche Beteiligungen**“. In der Gesetzesbegründung heißt es hierzu, ähnliche Beteiligungen seien insbes. Anteile an einer VorGes., die nach Abschluss eines GmbH-Vertrages vor Eintragung in das Handelsregister bestehe.[3] Die VorGes. ist als Körperschaft iSd. Abs. 2 S. 1 Nr. 1 S. 1 zu qualifizieren. Dann ist es konsequent, dass auch die Veräußerung der Beteiligung an einer VorGes., selbst wenn es sich bei dieser Beteiligung nicht um einen „Anteil“ handeln sollte, nach Abs. 2 S. 1 Nr. 1 besteuert wird. Nach Abs. 2 S. 1 Nr. 1 S. 2 sind Anteile einer Körperschaft auch **„Anwartschaften auf Anteile iSd. Abs. 1 Nr. 1“**. Anwartschaften auf Beteiligungen iSv. Abs. 2 S. 1 Nr. 1 sind nach der Gesetzesbegründung grds. alle dinglichen oder schuldrechtl. Rechte auf den Erwerb eines Anteils einer Körperschaft.[4] Keine Anwartschaften sind nach *Haisch* dagegen schuldrechtl. Anspr. gegenüber Dritten auf Lieferung v. Anteilen (zB Kaufoptionen auf Aktien).[5] Hierzu gehören Bezugsrechte, die einen Anspr. auf Abschluss eines Zeichnungsvertrags begründen.[6] Nach zutr. Auffassung fallen auch Wandlungsrechte aus Schuldverschreibungen iSd. § 221 Abs. 1 AktG als Anwartschaften unter Abs. 2 S. 1 Nr. 1 S. 2 (vgl. § 17 Rn. 17).[7] 121

4. Veräußerungstatbestände. Erfasst werden Gewinne aus der **„Veräußerung“** v. Anteilen. Wesentliches Tatbestandsmerkmal der Veräußerung ist der entgeltliche Rechtsträgerwechsel,[8] dh. die entgeltliche Übertragung des – zumindest wirtschaftl. – Eigentums auf einen Dritten.[9] Unerheblich sind nach Ansicht des BFH die Höhe der Gegenleistung und die Höhe der anfallenden Veräußerungskosten.[10] Diese Rspr. widerspricht der Auffassung der FinVerw., wonach eine Veräußerung nicht vorliegt, wenn der Veräußerungspreis die tatsächlichen Transaktionskosten nicht übersteigt. Die Rspr. hat weitreichende Bedeutung 122

1 BT-Drucks. 16/4841, 54f.
2 BT-Drucks. 16/4841, 55.
3 BT-Drucks. 16/4841, 55.
4 BT-Drucks. 16/4841, 55.
5 *Haisch*, DStZ 2007, 762 (765).
6 BFH v. 27.10.2005 – IX R 15/05, BStBl. II 2006, 171 = FR 2006, 291; *H/H/R*, § 20 Anm. 430.
7 BT-Drucks. 16/4841, 55; *K/S/M*, § 20 Rn. D/1 7; **aA** *Haisch*, DStZ 2007, 762 (770).
8 BFH v. 24.10.2017 – VIII R 13/15, Ubg 2018, 172.
9 So die hM, vgl. etwa *Ratschow* in Blümich, § 20 Rn. 351; *H/H/R*, § 20 Anm. 422.
10 BFH v. 12.6.2018 – VIII R 32/16, DStR 2018, 1964.

in Fällen, in denen StPfl. wertlose Aktien kurz vor ihrem Ausfall entgeltlich übertragen, um den Verlust stl. berücksichtigen zu können. Nach Abs. 2 S. 2 gilt als Veräußerung auch die Einlösung, Rückzahlung, Abtretung oder verdeckte Einlage in eine KapGes. Ebenso ist als „Veräußerung" auch der Austritt aus einer Erwerbs- und Wirtschaftgenossenschaft anzusehen.[1]

123 **5. Gewinne.** Abs. 2 S. 1 Nr. 1 rechnet zu den Einkünften aus KapVerm. die **„Gewinne"** aus der Veräußerung v. Anteilen an einer Körperschaft. Gewinne in diesem Sinne sind auch **„Verluste"**. Abs. 4 definiert als Gewinne iSv. Abs. 2 den Unterschied zw. den Einnahmen aus der Veräußerung und den AK, unabhängig davon, ob der Betrag positiv oder negativ ist. Systematisch unzutr. ist es allerdings, dass Abs. 2 S. 1 Nr. 1 v. „Gewinnen" spricht. Die Einkünfte aus KapVerm. gehören weiterhin zu den Überschuss-, nicht den Gewinneinkünften. In § 22 Nr. 3 wurden bisher „Einkünfte" aus privaten Veräußerungsgeschäften erfasst.

124 **III. Veräußerung von Dividenden- und Zinsscheinen (Abs. 2 S. 1 Nr. 2). 1. Grundsätzliches.** Abs. 2 S. 1 Nr. 2 erfasst den Gewinn aus der Veräußerung v. Dividenden- und Zinsscheinen. Er führt die schon in der Vergangenheit in Abs. 2 S. 1 Nr. 2 lit. a und b enthaltenen Regelungen fort. Abs. 2 S. 1 Nr. 2 regelt den Fall, dass die Dividenden- bzw. Zinsscheine **durch den Inhaber des Stammrechts** veräußert werden. Den Fall, dass der Anspr. auf den Gewinnanteil bzw. der Ertragsanspr zusammen mit dem Stammrecht veräußert wird, und den Fall, dass nur das Stammrecht veräußert, aber der Anspr. auf den Gewinnanteil bzw. der Ertragsanspr zurückbehalten wird, regelt Abs. 5.

125 **2. Die Veräußerung von Dividenden- und sonstigen Ansprüchen (Abs. 2 S. 1 Nr. 2 lit. a).** Ohne Abs. 2 S. 1 Nr. 2 lit. a S. 1 wären v. dem Veräußerer die später zufließenden Dividenden zu versteuern. Nach Abs. 2 S. 1 Nr. 2 lit. a sind dagegen bereits die Einnahmen aus der Veräußerung des Dividendenscheins und sonstiger Anspr. zu erfassen. Abs. 2 S. 1 Nr. 2 lit. a S. 1 verlagert den Besteuerungstatbestand vor und verdrängt Abs. 1 Nr. 1. Es werden der Zeitpunkt der Erfassung, aber auch der Umfang der Einnahmen besonders geregelt. **Dividendenscheine** sind Schuldverschreibungen, welche die Anspr. der G'ter auf den festzustellenden verteilbaren Jahresüberschuss verbriefen. „Sonstige Anspr." sind alle Anspr. auf einen Gewinnanteil gegen eine in Abs. 1 Nr. 1 genannte Körperschaft, die nicht durch einen Dividendenschein verbrieft sind. Abs. 2 S. 1 Nr. 2 lit. a S. 1 meint allerdings nur die Veräußerung v. künftig erst entstehenden Dividendenforderungen. Ist die Dividendenforderung bereits entstanden, besteht für eine Vorverlagerung des Besteuerungstatbestandes kein Anlass mehr. Eine **„Veräußerung"** ist gegeben, wenn und sobald das wirtschaftliche Eigentum an dem Dividendenschein bzw. an den sonstigen Anspr. auf eine andere Pers. aufgrund eines entgeltlichen Verpflichtungsgeschäftes übergeht. Bei einer unentgeltlichen Übertragung wird die Dividende nach Abs. 1 Nr. 1 erfasst. Bei einer teilentgeltlichen Übertragung soll der Vorgang in einen voll entgeltlichen Vorgang – mit Besteuerung nach Abs. 2 S. 1 Nr. 2 lit. a – und einen voll unentgeltlichen Vorgang – mit Besteuerung nach Abs. 1 Nr. 1, Abs. 5 – aufgespalten werden.[2] Erfasst werden die Einnahmen aus der Veräußerung **„durch den Inhaber des Stammrechts"**. Nicht v. Abs. 2 S. 1 Nr. 2 lit. a S. 1 besteuert werden Weiterveräußerungserträge des Erwerbers eines isolierten Dividendenscheins. Auch nicht erfasst wird der Fall, dass der Anteilseigner das Stammrecht veräußert, den Dividendenschein zurückbehält und diesen später separat veräußert. In diesem Fall sind nach Abs. 5 die Einnahmen beim Erwerber des Stammrechts zu besteuern. Abs. 2 S. 1 Nr. 2 lit. a verlangt, dass die dazugehörigen **Anteile nicht mitveräußert** werden. Den Fall, dass Stammrecht und Gewinnanspr zusammen veräußert werden, regelt bereits Abs. 5. Der Gewinn aus der Veräußerung von Dividendenscheinen wird in Abs. 2 S. 1 Nr. 2 lit. a S. 1 erfasst. Diese Begriffswahl widerspricht dem Charakter der Einkünfte aus KapVerm. als Überschuss- und nicht Gewinneinkunftsart.[3] Sie entspr. auch nicht der v. § 2 Abs. 2 S. 1 Nr. 2 vorgegebenen Unterscheidung v. Einkünften und Einnahmen. **Abs. 2 S. 1 Nr. 2 lit. a S. 2** bestimmte in der Vergangenheit, dass die Besteuerung nach S. 1 an die Stelle der Besteuerung nach Abs. 1 tritt. Zu dieser Regelung wurde – und zwar auch hier – die Auffassung vertreten, dass bei einer Veräußerung von Dividendenanspr. vor dem Dividendenstichtag die Besteuerung der späteren Dividendenzahlung nach Abs. 1 Nr. 1 generell ausgeschlossen sei. Die BReg. war in ihrem Gesetzentwurf zum Kroatien-AnpG hingegen der Meinung, die Veräußerung des Dividendenanspr. allein entfalte nach S. 2 keine Sperrwirkung. S. 2 solle eine Doppelbesteuerung sowohl des Erlöses aus der Veräußerung des Dividendenanspr. als auch der späteren Dividendenzahlung verhindern. Abs. 2 S. 1 Nr. 2 lit. a S. 1 trete deshalb nur insoweit an die Stelle der Besteuerung nach Abs. 1, wie beim Veräußerer des Dividendenanspr. eine kongruente Besteuerung des Veräußerungserlöses erfolge. Ansonsten bleibe es bei der Besteuerung der später folgenden Dividendenzahlung.[4] Durch das Kroatien-AnpG wurde diese Rechtsauffassung deutlicher zum Ausdruck gebracht.

---

1 BT-Drucks. 16/4841, 55.
2 *K/S/M*, § 20 Rn. D/2 9.
3 *H/H/R*, § 20 Anm. 420; *K/S/M*, § 20 Rn. D/2 11.
4 BT-Drucks. 18/1529, 53.

3. Die Veräußerung von Zinsscheinen und -forderungen (Abs. 2 S. 1 Nr. 2 lit. b). Nach Abs. 2 S. 1 Nr. 2 lit. b S. 1 sind Einnahmen aus der Veräußerung v. Zinsscheinen zu besteuern. Zinsscheine sind Nebenpapiere zu einer Schuldverschreibung auf den Inhaber. Neben der Veräußerung v. Zinsscheinen regelt Abs. 2 S. 1 Nr. 2 lit. b S. 1 auch die Veräußerung v. nichtverbrieften Zinsforderungen. Nicht v. Abs. 2 S. 1 Nr. 2 lit. b S. 1 erfasst werden die Entgelte aus der Veräußerung sonstiger Anspr., zB v. Optionsrechten. 126

Die Zinsscheine oder -forderungen müssen durch den Inhaber oder ehemaligen Inhaber der Schuldverschreibung veräußert werden. Bei einer Weiterveräußerung durch einen Zinsscheinerwerber gilt Abs. 2 S. 1 Nr. 7. Der Gesetzgeber wollte ursprünglich mit Abs. 2 S. 1 Nr. 2 lit. b lediglich die Besteuerung v. der Erfassung der Zinsen auf die Erfassung der Einnahmen aus der Veräußerung der Zinsforderung vorverlagern. Er hat dann Abs. 2 S. 1 Nr. 2 lit. b auf Veräußerungen durch den ehemaligen Inhaber der Schuldverschreibung ausgedehnt. Es sollte nicht länger möglich sein, der Besteuerung dadurch auszuweichen, dass zunächst das Stammrecht und erst später die Zinsforderung veräußert wird.[1] Abs. 2 S. 1 Nr. 2 lit. b S. 1 ist insbes. für sog. stripped bonds v. Bedeutung.[2] Abs. 2 S. 1 Nr. 2 lit. b gilt nach Abs. 2 S. 2 sinngemäß für Schuldverschreibungen, die nicht in einzelnen Wertpapieren verbrieft sind, und nach Abs. 2 S. 3 auch für Schuldbuchforderungen, die in ein öffentl. Schuldbuch eingetragen sind. 127

Eine Veräußerung liegt vor, wenn das wirtschaftliche Eigentum auf eine andere Pers. aufgrund eines entgeltlichen schuldrechtl. Verpflichtungsgeschäftes übertragen wird. Unentgeltliche Übertragungen erfüllen den Besteuerungstatbestand des Abs. 2 S. 1 Nr. 2 lit. b nicht. Es bleibt bei der Besteuerung der Zinsen nach Abs. 1 Nr. 7. Nach Abs. 2 S. 1 Nr. 2 lit. b S. 2 gilt Entspr. – wie für die Veräußerung – für die Einlösung v. Zinsscheinen und Zinsforderungen durch den ehemaligen Inhaber der Schuldverschreibung. Der Gesetzgeber hat diese Regelung eingeführt, um zu verhindern, dass der Inhaber einer Schuldverschreibung das Stammrecht veräußert und anschließend die zurückbehaltenen Zinsscheine stfrei einlöst. Diese Regelung war allerdings auch schon vor Einführung der Veräußerungsgewinnbesteuerung in Abs. 2 nur deklaratorisch, soweit der Inhaber der Schuldverschreibung Zinsscheine bzw. -forderungen zurückbehielt, die sich auf seinen Besitzzeitraum beziehen. Sie wirkte konstitutiv, soweit die Zinsscheine bzw. -forderungen sich auf die Besitzzeit des Erwerbers beziehen.[3] Die Einlösung der Zinsscheine war als Einziehung einer Forderung auf der nichtsteuerbaren Vermögensebene zu qualifizieren. Sie ist nunmehr auch insoweit nur deklaratorisch gegenüber Abs. 2 S. 1 Nr. 7 iVm. Abs. 2 S. 2. 128

IV. Termingeschäfte (Abs. 2 S. 1 Nr. 3). 1. Grundsätzliches. Abs. 2 S. 1 Nr. 3 erfasst den Gewinn bei Termingeschäften, durch die der StPfl. einen Differenzausgleich oder einen durch den Wert der veränderlichen Bezugsgröße bestimmten Geldbetrag oder Vorteil erlangt (lit. a) sowie den Gewinn aus der Veräußerung eines als Termingeschäft ausgestalteten Finanzinstruments (lit. b). Im Zusammenhang mit der Einf. der Abgeltungssteuer wurde die bis dahin in § 23 Abs. 1 Nr. 4 aF verortete Vorschrift in § 20 verankert. 129

2. Differenzausgleich (Abs. 2 S. 1 Nr. 3 lit. a). Nach § 23 Abs. 1 S. 1 Nr. 4 aF war der Wertzuwachs beim Termingeschäft lediglich steuerbar, wenn der Zeitraum zw. dem Erwerb und der Beendigung des Rechts nicht mehr als zwölf Monate betrug. Abs. 2 S. 1 Nr. 3 lit. a bestimmt nunmehr, dass der entspr. Wertzuwachs unabhängig v. dem Zeitpunkt der Beendigung des Rechts steuerbar ist. Es ist der Gewinn bei Termingeschäften steuerbar, durch die der StPfl. einen Differenzausgleich oder einen durch den Wert einer veränderlichen Bezugsgröße bestimmten Geldbetrag oder Vorteil erlangt. Das Termingeschäft ist in § 20 Abs. 2 nicht definiert. **Termingeschäfte** sind nach der Rspr. des BGH zur Auslegung des WpHG und des BFH Verträge über Wertpapiere, vertretbare Waren oder Devisen nach gleichartigen Bedingungen, die v. beiden Seiten erst zu einem späteren Zeitpunkt zu erfüllen sind und die zudem eine Beziehung zu einem Terminmarkt haben, der es ermöglicht, jederzeit ein Gegengeschäft abzuschließen. Das Termingeschäft zeichne sich dadurch aus, dass der Erfüllungszeitpunkt hinausgeschoben werde, woraus sich die für Termingeschäfte spezifische Gefährlichkeit und damit das für die Qualifizierung als Börsentermingeschäft wesentliche Schutzbedürfnis des Anlegers ergebe.[4] § 2 Abs. 2 Nr. 1 WpHG definiert Termingeschäfte als Kauf, Tausch oder anderweitig ausgestaltete Festgeschäfte oder Optionsgeschäfte, die zeitlich verzögert zu erfüllen sind und deren Wert sich unmittelbar oder mittelbar vom Preis oder Maß eines Basiswertes ableitet. Das Termingeschäft enthält gegenseitige schuldrechtl. Verpflichtungen, deren Erfüllung erst zu einem späteren Zeitpunkt erfolgen muss (Festgeschäft zB in der Form v. Futures, dh. standardisierten Fest- 130

---

1 *Scheurle*, DB 1994, 445 (447).
2 *Scheurle*, DB 1997, 1839 (1840); *Dahm/Hamacher*, WM 1994, Beil. Nr. 3, 7 f.
3 *Scheurle*, DB 1994, 445 (447).
4 BGH v. 16.4.1991 – XI ZR 88/90, BGHZ 114, 177; BFH v. 4.12.2014 – IV R 53/11, BStBl. II 2015, 483 (486) = FR 2015, 414; FG Köln v. 3.8.2011 – 7 K 4682/07, EFG 2012, 49; zuletzt BFH v. 24.10.2017 – VIII R 35/15, BStBl. II 2018, 189.

geschäften, die an einer amtlichen Terminbörse gehandelt werden, oder Forwards, die außerbörslich gehandelt und individuell gestaltet werden) oder kann (Optionsgeschäft). Das Termingeschäft ist gekennzeichnet durch ein zeitliches Auseinanderfallen v. Verpflichtungs- und Erfüllungsgeschäft.[1] Das Termingeschäft unterscheidet sich vom Kassageschäft, das sofort binnen zwei Tagen zu erfüllen ist.[2] Nach der Gesetzesbegründung umfasst der Begriff des Termingeschäfts sämtliche als Options- oder Festgeschäft ausgestalteten Finanzinstrumente sowie Kombinationen zw. Options- und Festgeschäften, deren Preis unmittelbar oder mittelbar abhängt v. dem Börsen- oder Marktpreis v. Wertpapieren, dem Börsen- oder Marktpreis v. Geldmarktinstrumenten, dem Kurs v. Devisen oder Rechnungseinheiten, Zinssätzen oder anderen Erträgen oder dem Börsen- oder Marktpreis v. Waren oder Edelmetallen. Dabei ist es nach der Gesetzesbegründung[3] ohne Bedeutung, ob das Termingeschäft in einem Wertpapier verbrieft ist[4] und es an einer amtlichen Börse oder außerbörslich abgeschlossen wird.[5] Abs. 2 S. 1 Nr. 3 lit. a erfasst nur Termingeschäfte „durch die der StPfl. einen **Differenzausgleich** oder einen durch den Wert einer veränderlichen Bezugsgröße bestimmten Geldbetrag oder Vorteil erlangt". Es werden damit keine Termingeschäfte erfasst, die auf die Lieferung eines Basiswertes gerichtet sind.[6] Diese können allerdings – sofern der gehandelte Basiswert nicht unter einen der Tatbestände des § 20 Abs. 2 fällt – nach § 23 Abs. 1 S. 1 Nr. 2 steuerbar sein. Erfolgt im Anschluss an die Ausübung der Kaufoption eine Lieferung des Basistitels an den Optionsinhaber, werden die Anschaffungs- und Anschaffungsnebenkosten des Wirtschaftsguts „Optionsrecht" zu AK des Basistitels.[7] Index-Zertifikate sind keine Termingeschäfte, sondern vielmehr Schuldverschreibungen, die den Anspr. des Schuldners gegen den Emittenten auf Zahlung eines Geldbetrags verbriefen, dessen Höhe vom Stand des zugrunde gelegten Indexes am Ende der Laufzeit abhängt. Der Leistungsaustausch ist nicht – wie bei einem Termingeschäft – zukunftsbezogen, sondern dieser erfolgt durch Übertragung der Schuldverschreibung Zug um Zug gegen Zahlung des Kaufpreises in der für Kassageschäfte üblichen Frist v. zwei Tagen.[8] Die am Ende der Laufzeit mit Rückzahlung erlangten Mehrbeträge sind nach Abs. 1 Nr. 7, nicht Abs. 2 S. 1 Nr. 3 steuerbar.[9] Abs. 2 S. 1 Nr. 3 lit. a erfasst die Gewinne aus sog. Beendigungsgeschäften. Es findet bei diesen keine Veräußerung statt, sondern es wird ein Differenzausgleich allein durch die Beendigung des Termingeschäfts erlangt[10] (zur Glattstellung vgl. Rn. 131). Ist das Termingeschäft als Optionsgeschäft ausgestaltet und **verfällt das Optionsrecht** am Ende der Laufzeit, hat der BFH in ständiger Rspr. zu § 23 Abs. 1 S. 1 Nr. 4 aF die steuerliche Berücksichtigung abgelehnt. § 23 Abs. 2 S. 1 Nr. 4 erfasse nur Vorteile, die auf dem Basisgeschäft beruhten. Hieran fehle es, wenn der Optionsinhaber von seinem Recht auf Differenzausgleich keinen Gebrauch mache und die Option verfallen lasse.[11] Das FG München ist mit Urt. v. 8.10.2009 von dieser BFH-Rspr. abgewichen.[12] Der BFH hat sich mit Urt. v. 26.9.2012 überraschend im Ergebnis der Entscheidung des FG München angeschlossen und seine bisherige Rspr. zu § 23 Abs. 1 Nr. 4 aF geändert. Diese Änderung der Rspr. war überraschend, weil sie ausgelaufenes Recht betrifft und derselbe Senat noch mit Urt. v. 24.4.2012 seine Rspr. zum Barausgleich beim Stillhaltergeschäft unter Hinweis auf die große Bedeutung der Kontinuität der Rspr. fortgeführt hatte (Rn. 130, 131). Der BFH hat in seinem Urt. v. 26.9.2012 entschieden, dass ein Verlust aus einem Optionsgeschäft als einem bedingten Termingeschäft auch dann vorliege, wenn der Optionsinhaber die Option verfallen lasse. Das Gesetz könne vom StPfl. kein wirtschaftlich sinnloses Verhalten fordern.[13] Die FinVerw. hat auch zur neuen Rechtslage die Auffassung vertreten, der Verfall eines Optionsrechts zum Ende der Laufzeit sei einkommensteuerlich ohne Bedeutung. Es lägen insbes. keine negativen Einnahmen iSd. § 20 Abs. 2 S. 1 Nr. 3 lit. a vor, da der Optionsinhaber (tatsächlich) keinen Differenzausgleich „erlangt" bzw. „geleistet" habe.[14] An dieser Rechtsauffassung hat die FinVerw. auch nach der Entsch. des BFH v. 26.9.2012 festgehalten. Der BFH ist dieser Auffassung der Verwaltung mit Urteilen v. 12.1.2016 entgegengetreten. Das Verfallenlassen der Option sei nach § 20 Abs. 2 S. 1 Nr. 3 lit. a steuerbar. Der Tatbestand des § 20 Abs. 2 S. 1

1 *Schimmelschmidt/Hun Chai*, DB 2008, 1711 (1712).
2 BGH v. 12.3.2002 – XI ZR 258/01, BGHZ 150, 164.
3 Vgl. aber *Haisch*, DStZ 2007, 762 (766).
4 Zweifelnd: *Helios/Link*, DStR 2008, 386 (387).
5 BT-Drucks. 16/4841, 55; *Dahm/Hamacher*, DStR 2008, 1910 (1912 ff.); *Behrens*, DStZ 2007, 748 (751); *Haisch*, DStZ 2007, 762 (772 Fn. 105).
6 BFH v. 6.7.2016 – I R 25/14, BStBl. II 2018, 124; *K/S/M*, § 20 Rn. D/3 3.
7 *Helios/Philipp*, BB 2010, 95 (96 mwN).
8 BGH v. 18.1.1988 – II ZR 72/87, BGHZ 103, 84; FG Köln v. 3.8.2011 – 7 K 4682/07, EFG 2012, 49.
9 *H/H/R*, § 20 Anm. 476.
10 *H/H/R*, § 20 Anm. 476.
11 BFH v. 26.9.2012 – IX R 50/09, FR 2013, 182 m. Anm. *Bode*.
12 FG München v. 8.10.2009 – 15 K 1050/09, EFG 2010, 222.
13 BFH v. 26.9.2012 – IX R 50/09, FR 2013, 182 m. Anm. *Bode*.
14 BMF v. 9.10.2012, BStBl. I 2012, 953 Rn. 32; vgl. auch OFD Münster v. 13.7.2009, DStR 2009, 1757 (zur Veräußerung zu einem bloß symbolischen Preis).

Nr. 3 lit. a verlange – anders als § 23 Abs. 1 S. 1 Nr. 4 aF – nicht mehr, dass die Gewinne aus Termingeschäften durch die „Beendigung des Rechts" erzielt werden. Der Gesetzgeber habe mit der Neuregelung Wertzuwächse unabhängig von dem Zeitpunkt der Beendigung des Rechts als steuerbar behandeln wollen. Dementspr. „erlange" derjenige einen „Vorteil" aus dem Termingeschäft, der mit dem Erwerb der Option das Recht auf einen Barausgleich erwerbe, egal, ob er den Barausgleich durchführe oder ob er das Recht verfallen lasse.[1] Die FinVerw. hat sich schließlich der Auffassung des BFH angeschlossen.[2] Optionsprämien sind in unmittelbarem Zusammenhang mit dem Termingeschäft stehende Aufwendungen iSd. § 20 Abs. 4 S. 5.[3] Qualifiziert man Knock-out-Zertifikate als Termingeschäfte,[4] ist der Verlust aus Knock-out-Zertifikaten, wenn diese bei Unter- oder Überschreiten der Knock-out-Schwelle automatisch verfallen sind, ebenfalls nach § 20 Abs. 2 S. 1 Nr. 3 lit. a zu berücksichtigen.[5] Im Verfahren VIII R 35/15 hat der BFH die Frage der Verlustberücksichtigung aufgrund einer Differenzausgleichsvereinbarung differenziert beantwortet.[6] Unabhängig davon, ob das Gegengeschäft dem Eröffnungsgeschäft nachfolgt, ist entscheidend, ob beide Geschäfte derart miteinander verknüpft sind, dass der auf Realisierung einer positiven oder negativen Differenz aus dem Eröffnungs- und Gegengeschäft gerichtete Wille der Vertragsparteien erkennbar wird.

Ein vom **Stillhalter gezahlter Barausgleich** ist nach der Rspr. des BFH als Verlust bei einem Termingeschäft gem. § 20 Abs. 2 S. 1 Nr. 3 lit. a zu berücksichtigen. Auch ein negativer Differenzausgleich könne – so der BFH – vom Stillhalter „bei" der Durchführung eines Termingeschäfts iSd. § 20 Abs. 2 S. 1 Nr. 3 lit. a „erlangt" werden. Für die Besteuerung des Stillhalters ordne das G eine „getrennte" Besteuerung der Stillhalterprämie und der Glattstellungsgeschäfte in § 20 Abs. 1 Nr. 11 an, ohne dort den Barausgleich zu regeln. Dieser falle unter § 20 Abs. 2 S. 1 Nr. 3 lit. a (vgl. auch Rn. 116af.). 130a

3. Veräußerungsgewinne (Abs. 2 S. 1 Nr. 3 lit. b). Abs. 2 S. 1 Nr. 3 lit. b erklärt den Gewinn aus der Veräußerung eines als Termingeschäft ausgestalteten Finanzinstruments für stpfl. Finanzinstrumente sind nach § 2 Abs. 2b S. 1 WpHG Wertpapiere iSv. § 2 Abs. 1 WpHG, Geldmarktinstrumente iSd. § 2 Abs. 1a WpHG, Derivate iSd. § 2 Abs. 2 WpHG und Rechte auf Zeichnung v. Wertpapieren. Allerdings erfasst Abs. 2 S. 1 Nr. 3 lit. b nur Finanzinstrumente, die „als Termingeschäfte ausgestaltet" sind (zum Begriff des Termingeschäfts: Rn. 130). Abs. 2 S. 1 Nr. 3 lit. b erfasst den Gewinn aus der Veräußerung eines als Termingeschäft ausgestalteten Finanzinstruments. Hierunter dürften auch die Einnahmen aus einem Glattstellungsgeschäft fallen.[7] Nach der Rspr. des BFH entspr. das Glattstellungsgeschäft, mit dem sich ein StPfl. v. seinen Verpflichtungen aus dem Eröffnungsgeschäft löst, wirtschaftlich einer Veräußerung und unterfiel § 23 Abs. 1 S. 1 Nr. 2 aF.[8] 131

V. Veräußerung von Wirtschaftsgütern mit Erträgen iSv. Abs. 1 Nr. 4 (Abs. 2 S. 1 Nr. 4). Nach Abs. 2 S. 1 Nr. 4 gehört zu den Einkünften aus KapVerm. auch der Gewinn aus der Veräußerung v. WG, die Erträge iSd. Abs. 1 Nr. 4 (Einnahmen aus der Beteiligung als stiller G'ter und aus partiarischem Darlehen) erzielen. Ein beim Erwerb der Beteiligung entrichtetes Ausgabeaufgeld gehört zu den AK, nicht den WK.[9] Abs. 2 S. 2 bestimmt ergänzend hierzu, dass als Veräußerung iSv. S. 1 auch die Abtretung gilt und in den Fällen v. S. 1 Nr. 4 auch die Vereinnahmung eines Auseinandersetzungsguthabens. Es soll die Veräußerung einer stillen Beteiligung an Gesellschaftsfremde sowie das Auseinandersetzungsguthaben, welches einem stillen G'ter bei der Auflösung der Ges. zufließt, steuerbar sein. In gleicher Weise sollen die Wertzuwächse erfasst werden, die aufgrund der Abtretung v. Forderungen aus einem partiarischen Darlehen oder bei Beendigung der Laufzeit des Darlehens zufließen. 132

VI. Übertragung von Hypotheken, Grundschulden (Abs. 2 S. 1 Nr. 5). Abs. 2 S. 1 Nr. 5 stellt sicher, dass nicht nur Zinsen aus Hypotheken und Grundschulden sowie Rechte aus Rentenschulden erfasst werden, sondern auch Gewinne, die bei der Übertragung derartiger Rechte anfallen. 133

1 BFH v. 12.1.2016 – IX R 48/14, BStBl. II 2016, 456 = DB 2016, 508; v. 12.1.2016 – IX R 49/14, BStBl. II 2016, 459 = FR 2016, 774; v. 12.1.2016 – IX R 50/14, BStBl. II 2016, 462 = FR 2016, 854.
2 OFD NRW v. 27.12.2016, DB 2017, 158.
3 *Heuermann*, DB 2013, 718 (719f.).
4 Hierzu FG Düss. v. 6.10.2015 – 9 K 4203/13 E, EFG 2015, 2173 mwN (Rev. VIII R 37/15); FG Köln v. 26.10.2016 – 7 K 3387/13, EFG 2017, 216 (Rev. VIII R 1/17).
5 FG Düss. v. 6.10.2015 – 9 K 4203/13 E, EFG 2015, 2173 (Rev. VIII R 37/15); FG Köln v. 26.10.2016 – 7 K 3387/13, EFG 2017, 216 (Rev. VIII R 1/17).
6 BFH v. 16.4.2018 – VIII R 35/15, BStBl. II 2018, 189.
7 *Graf/Paukstadt*, FR 2011, 249 (256); *Helios/Philipp*, BB 2010, 95 (97); *H/H/R*, § 20 Anm. 485; *Helios/Link*, DStR 2008, 386 (387).
8 BFH v. 29.6.2004 – IX R 26/03, BStBl. II 2004, 995 = FR 2004, 1173; **aA** BT-Drucks. 16/4841, 73.
9 BFH v. 23.2.2000 – VIII R 40/98, BStBl. II 2001, 24 = FR 2001, 36.

134 **VII. Veräußerung von Versicherungsansprüchen (Abs. 2 S. 1 Nr. 6).** Nach Abs. 2 S. 1 Nr. 6 S. 1 ist die Veräußerung v. Anspr. auf eine Versicherungsleistung steuerbar. Erfasst werden damit Verträge, in denen die Anspr. des Versicherungsnehmers (insbes. aus kapitalbildenden Lebensversicherungen) abgetreten werden, als auch Verträge, durch die ein Dritter die Anspr. durch Eintritt in den Versicherungsvertrag als Versicherungsnehmer übernimmt. Abs. 2 S. 1 Nr. 6 S. 2 verpflichtet das Versicherungsunternehmen zur Mitteilung v. der Veräußerung und – auf Verlangen – zur Übersendung einer Bescheinigung über die Höhe der entrichteten Beiträge. Die Bescheinigungspflicht wurde auf Vorschlag des Finanzausschusses eingefügt. Es sollte dem StPfl. erleichtert werden, die stpfl. Erträge bei einer Veräußerung des Anspr. auf die Versicherungsleistung zu ermitteln (insbes. bei vor dem 1.1.2005 abgeschlossenen Versicherungsverträgen und Kombinationsprodukten aus Lebens- und Zusatzversicherungen).[1] Die Mitteilung ist an das für den StPfl. zuständige FA zu richten. Der Gesetzgeber geht davon aus, dass dieses v. dem Versicherungsunternehmen zu ermitteln ist, da ihm der Wohnsitz des StPfl. bekannt ist. Ein KapESt-Abzug findet nicht statt. Die Einkünfte sind gem. § 32d Abs. 3 in der ESt-Erklärung anzugeben und werden (grds.) mit dem gesonderten Steuertarif nach § 32d Abs. 1 versteuert.[2]

135 **VIII. Veräußerung von sonstigen Kapitalforderungen (Abs. 2 S. 1 Nr. 7).** Abs. 2 S. 1 Nr. 7 ergänzt Abs. 1 Nr. 7 und erfasst die Gewinne aus der Veräußerung v. sonstigen Kapitalforderungen jeder Art. Nach Abs. 2 S. 1 Nr. 7 iVm. Abs. 2 S. 2 soll der Vermögenszufluss aus der Veräußerung, Abtretung oder Einlösung v. sonstigen Kapitalforderungen besteuert werden. Abs. 2 S. 1 Nr. 7 ist dabei – ebenso wie Abs. 1 Nr. 7 – als Auffangtatbestand gestaltet. Abs. 2 S. 1 Nr. 4 aF erfasste bereits Einnahmen aus der Veräußerung v. Kapitalforderungen iSd. Abs. 1 Nr. 7 (Finanzinnovationen), zielte dabei allerdings darauf, den Kapitalertrag, nicht den Wertzuwachs des Kapitalstamms zu erfassen. Wertänderungen der Kapitalanlage wurden nur iRd. sog. Marktrendite erfasst, wenn und soweit sich der Wertzuwachs des Kapitalstamms nicht v. dem Nutzungsentgelt abgrenzen ließ. Abs. 2 S. 1 Nr. 4 geht über die bisherige Regelung hinaus und erübrigt die schwierige Abgrenzung v. Nutzungsentgelt und Wertänderung des Kapitalstamms. Es werden nunmehr allg. neben dem Nutzungsentgelt auch die entspr. Wertzuwächse auf der Vermögensebene erfasst. Zusätzliche Bedeutung erhält Abs. 2 S. 1 Nr. 7 durch die Änderung v. Abs. 1 Nr. 7. Abs. 1 Nr. 7 erfasst nunmehr auch „Spekulations-“erträge, bei denen entweder die Rückzahlung des KapVerm., die Ertragserzielung oder beides unsicher ist. Es sollen insbes. Erträge aus Zertifikaten erfasst werden, bei denen die Rückzahlung v. der Entwicklung eines Basiswertes, zB eines Indexes, abhängig ist. Während bisher der Tatbestand des Abs. 1 Nr. 7 nur erfüllt war, wenn die Rückzahlung des Kapitals – wie bei Garantiezertifikaten – zumindest teilw. zugesagt war, soll durch die Neufassung v. Abs. 1 Nr. 7 und Abs. 2 S. 1 Nr. 7 eine umfassende estl. Erfassung der Zertifikatserträge erfolgen. Abs. 2 S. 1 Nr. 7 ist an die Stelle v. Abs. 1 Nr. 4 aF und an die Stelle v. § 23 Abs. 1 Nr. 2 S. 1 getreten, der nur zur Anwendung kam, wenn der Erwerber des Zertifikats innerhalb v. einem Jahr nach Anschaffung aus dem Geschäft einen Vorteil erzielte. Er hat zugleich den Besteuerungstatbestand über die bisherigen Besteuerungstatbestände hinaus ausgedehnt.

136 Abs. 2 S. 1 Nr. 7 erfasst den Gewinn aus der Veräußerung v. sonstigen Kapitalforderungen jeder Art. Er ergänzt Abs. 1 Nr. 7. Während Abs. 1 Nr. 7 die Fruchtziehung aus der Überlassung v. KapVerm. auf Zeit besteuert, regelt Abs. 2 S. 1 Nr. 7 die StPflicht der im PV realisierten Wertsteigerungen aus der Veräußerung v. Kapitalforderungen jeder Art. Dementspr. ist auch die Erläuterung der „Kapitalforderungen jeder Art“, die in Abs. 1 Nr. 7 vorgenommen wird, für Abs. 2 S. 1 Nr. 7 relevant. Es wird der Gewinn aus der Veräußerung v. Kapitalforderungen jeder Art erfasst, wenn die Rückzahlung des KapVerm. oder ein Entgelt für die Überlassung des KapVerm. zur Nutzung zugesagt oder geleistet worden ist, auch wenn die Höhe v. einem ungewissen Ereignis abhängt. Die frühere Unterscheidung v. Festzinsanleihen und Finanzinnovationen ist damit überflüssig geworden. Unabhängig davon, ob ein fester oder variabler Zins vereinbart wurde und ob der Ertrag und/oder die Kapitalrückzahlung v. einem ungewissen Ereignis abhängt, werden die Erträge nach Abs. 1 Nr. 7, die Veräußerungserlöse nach Abs. 2 S. 1 Nr. 7 erfasst. Nach dem BMF-Schr. zur Abgeltungsteuer fällt unter § Abs. 2 S. 1 Nr. 7 auch die Veräußerung von Inhaberschuldverschreibungen, die einen Anspruch auf einen Rohstoff verbriefen.[3] Es soll also ein Unterschied zwischen der Veräußerung des Rohstoffs (§ 23 Abs. 1 S. 1 Nr. 2) und der Schuldverschreibung bestehen.

137 Auch Vollrisikozertifikate, bei denen weder der Zinsertrag noch die Rückzahlung des investierten Kapitals vom Emittenten garantiert wird, fallen unter Abs. 1 Nr. 7 und Abs. 2 S. 1 Nr. 7.[4] IdR ist bei Vollrisikozertifikaten die Auszahlung eines Rückzahlungsbetrags zum Laufzeitende vorgesehen. Die Höhe der Rückzah-

1 BT-Drucks. 16/5491, 18.
2 *Melchior*, DStR 2007, 1229 (1232).
3 BMF v. 9.10.2012, BStBl. I 2012, 953 zu Rn. 57.
4 *Schimmelschmidt/Hun Chai*, DB 2008, 1711.

lung richtet sich nach der Wertentwicklung des Basiswertes. Es können allerdings auch an Stelle einer einmaligen Zahlung am Ende der Laufzeit lfd. Zahlungen auf Grundlage der Entwicklung eines Performance-Indexes während der Laufzeit des Zertifikats vorgesehen sein. Bei Laufzeitende kann sich dann eine Abschlusszahlung oder eine Nachzahlungspflicht des Anlegers ergeben. Zweifelh ist, wie derartige Zahlungen zu erfassen sind. Eine Aufteilung der lfd. Zahlungen in einen Ertrags- und einen Vermögenszuwachsanteil dürfte mangels Aufteilungsmaßstabes ausscheiden. Eine Besteuerung der lfd. Zahlungen in voller Höhe nach Abs. 1 Nr. 7 führte zu einer Ungleichbehandlung der lfd. Zahlungen und der Abschlusszahlungen allein wegen des Zeitpunkts der Zahlungen. Wollte man die Zahlungen nach Abs. 1 Nr. 7 stl. erfassen, sobald die Summe der Zahlungen die AK übersteigt, würden die AK doppelt berücksichtigt. Es bietet sich v. daher an, auch die lfd. Zahlungen nach Abs. 2 S. 1 Nr. 7 zu erfassen.[1] Allerdings müssten die Zahlungen nach Abs. 2 S. 1 Nr. 7 nicht erst bei Leistung der Abschlusszahlung besteuert werden, sondern sobald sie die AK übersteigen. Abs. 1 und Abs. 2 sind nicht dahin gegeneinander abzugrenzen, dass Abs. 1 lfd. Erträge erfasst und Abs. 2 die zugehörigen aperiodischen Besteuerungstatbestände normiert[2], sondern dahin, dass Abs. 1 die Kapitalerträge und Abs. 2 den realisierten Vermögenszuwachs sowie die Fälle, in denen eine Aufteilung/Abgrenzung nicht durchführbar ist, erfasst.

Auch vereinnahmte Stückzinsen fallen unter Abs. 2 S. 1 Nr. 7. Der Veräußerer einer Schuldverschreibung erhält sie als Entgelt für die auf den Zeitraum bis zur Veräußerung der Schuldverschreibung entfallenden Schuldzinsen. Stückzinsen wurden in der Vergangenheit nach Abs. 2 S. 1 Nr. 3 versteuert unter der Voraussetzung, dass sie besonders in Rechnung gestellt wurden, ansonsten nach Abs. 2 S. 1 Nr. 4 S. 1 lit. c, Alt. 1 aF. Sie werden nach Abs. 2 S. 1 Nr. 7 nF als Teil des Veräußerungserlöses erfasst unabhängig davon, ob die Zinsen neben dem Wert des Stammrechts besonders in Rechnung gestellt werden oder in das Entgelt einbezogen werden. Stückzinsen sind nicht mehr Kapitalerträge iSv. Abs. 1 Nr. 7, sondern nach der Neuregelung des Abs. 2 S. 1 Nr. 7 Teil des Veräußerungserlöses.[3] Dennoch sollen nach der Gesetzesbegründung für den Erwerb der Kapitalforderung gezahlte Stückzinsen weiterhin nicht AK iSv. Abs. 4 darstellen, sondern (vorab entstandene, dh. im Jahr der Zahlung entstandene) negative Einnahmen.[4] Dies erscheint unabgestimmt. Der Wortlaut von Abs. 2 S. 1 Nr. 7 spricht für die Zurechnung von Stückzinsen zum Veräußerungserlös der Kapitalforderung. Damit lässt sich auch unproblematisch eine Gleichbehandlung der Fälle offen ausgewiesener Stückzinsen und der Fälle nicht gesondert ausgewiesener Stückzinsen erreichen. Konsequent wäre es dann, die Stückzinsen beim Erwerber zu den AK der Kapitalforderung zu rechnen. Will man beim Erwerber die offen ausgewiesenen Stückzinsen – wie nach altem Recht – als negative Einnahmen ansehen, erscheint dies problematisch im Hinblick auf das WK-Abzugsverbot des Abs. 9 S. 1. Konsequent wäre es dann auch, die Stückzinsen beim Veräußerer unter Abs. 1 Nr. 7 zu subsumieren. Bei einer Veräußerung ohne Ausweis von Stückzinsen entstünden Aufteilungsprobleme. 138

Zu den Einnahmen aus der Veräußerung v. Kapitalforderungen jeder Art gehören auch Einnahmen aus Veräußerungsgeschäften, bei denen die Kapitalforderung früher veräußert als erworben wird. Der Veräußerer veräußert eine Kapitalforderung, die er noch nicht besitzt und spekuliert darauf, dass er diese Forderung in der Folge bei gesunkenem Kurs zu einem niedrigeren Preis erwerben kann, als er selbst erzielt hat. Die Einnahmen aus derartigen Geschäften waren bisher nach § 23 Abs. 1 Nr. 3 zu versteuern und werden nunmehr v. Abs. 2 S. 1 Nr. 7 besteuert. 139

Die umstrittene Frage, ob der **insolvenzbedingte Ausfall einer privaten Darlehensforderung** einen Verlust nach Abs. 2 S. 1 Nr. 7, S. 2 iVm. Abs. 4 darstellt, wurde vom BFH jüngst bejaht.[5] Denn mit der Einf. der Abgeltungssteuer sollte eine vollständige stl. Erfassung aller Wertveränderungen erreicht werden.[6] Das Urt. überzeugt vor dem Hintergrund, dass die Quellentheorie, also die Trennung von Vermögens- und Ertragsebene, aufgegeben wurde. Infolgedessen ist der Ausfall einer Kapitalforderung dem Verlust bei der Veräußerung der Forderung gleichzustellen, sofern endg. feststeht, dass keine weiteren Rückzahlungen mehr erfolgen können. Ob dies auch für einen **Forderungsverzicht** gilt, hat der BFH noch dahinstehen lassen.[7] Da in einem Verzicht ein freiwilliges Element liegt, sollte danach differenziert werden, welchen Handlungsspielraum der Verzichtende noch innehatte: War die Forderungen nicht mehr werthaltig, so ist die Situation mit dem insolvenzbedingten Ausfall einer Forderung vergleichbar, denn der Handlungsspiel- 139a

1 *Schimmelschmidt/Hun Chai*, DB 2008, 1711.
2 So *Dinkelbach*, DB 2009, 870 (871).
3 *H/H/R*, § 20 Anm. 513.
4 BT-Drucks. 16/4841, 56; so auch *H/H/R*, § 20 Anm. 513.
5 BFH v. 24.10.2017 – VIII R 13/15, HFR 2018, 124.
6 BT-Drucks. 16/4841, 33, 55f.
7 Vgl. aber FG Münster v. 12.3.2018 – 2 K 3127/15 E, EFG 2018, 947 (Rev. IX R 9/18).

raum tendierte hier zu null. Bei einem Verzicht auf werthaltige Forderungen muss dies anders bewertet werden, da hier subj. Motive des Verzichtenden im Vordergrund stehen.

140 **IX. Übertragung von Anteilen an einer Körperschaft iSv. § 1 Abs. 1 Nr. 3–5 KStG (Abs. 2 S. 1 Nr. 8).** Abs. 2 S. 1 Nr. 8 folgt der Systematik des § 20, in Abs. 2 die Veräußerungstatbestände für die Einkunftsquellen zu regeln, aus denen Einnahmen nach Abs. 1 fließen. In Abs. 1 Nr. 9 werden Einnahmen aus Leistungen einer nicht v. der KSt befreiten Körperschaft iSv. § 1 Abs. 1 Nr. 3–5 KStG erfasst, die Gewinnausschüttungen vergleichbar sind. Entspr. werden v. Abs. 2 S. 1 Nr. 8 Vermögensmehrungen oder -minderungen, die einem StPfl. durch sein Ausscheiden als Mitglied oder G'ter einer Körperschaft iSd. § 1 Abs. 1 Nr. 3–5 KStG (zB eines Versicherungsvereins auf Gegenseitigkeit, eines rechtsfähigen oder nicht rechtsfähigen Vereins oder einer Stiftung) oder durch Übertragung seiner Mitglied- oder G'ter-Stellung auf Dritte zufließen, der ESt unterworfen. Es soll verhindert werden, dass – bezogen auf die umfassende estrechtl. Erfassung der Vermögensvorgänge aus Kapitalanlagen – eine „Lücke" im Zusammenhang mit den in § 1 Abs. 1 Nr. 3–5 KStG genannten Körperschaften entsteht, die private Anleger zu Gestaltungen verleiten könnte, um der Besteuerung v. Veräußerungsvorgängen zu entgehen.[1]

141 **X. Ausdehnung des Veräußerungsbegriffs (Abs. 2 S. 2).** Nach Abs. 2 S. 2 gilt als Veräußerung iSv. Abs. 2 S. 1 auch die Einlösung, Rückzahlung, Abtretung oder verdeckte Einlage in eine KapGes.; in den Fällen v. Abs. 2 S. 1 Nr. 4 gilt auch die Vereinnahmung eines Auseinandersetzungsguthabens als Veräußerung. Da Wertzuwächse der Kapitalanlage nicht nur durch Veräußerung realisiert werden können, sondern auch durch andere zivilrechtl. Vorgänge, wurden diese – wie auch durch § 17 Abs. 1 S. 2 – der Veräußerung gleichgestellt. Abs. 2 S. 2 stellt klar, dass als Veräußerung neben der entgeltlichen Übertragung des (wirtschaftlichen) Eigentums auch die (entgeltliche) Abtretung (nicht die Sicherungsabtretung) einer Forderung anzusehen ist. Er erweitert den Begriff der Veräußerung auf die vorzeitige oder vertragsgemäße Rückzahlung einer Kapitalforderung (Erfüllung einer Kapitalforderung durch vollständige oder teilw. Rückzahlung des hingegebenen Kapitals) und die Einlösung einer Forderung oder eines Wertpapiers (Erfüllung der in einer Schuldverschreibung versprochenen Leistungen durch den Anleiheschuldner bei gleichzeitiger Rückübertragung der Schuldverschreibungsurkunde), wobei beide Begriffe nicht nur die Endfälligkeit erfassen.[2] Damit soll sichergestellt werden, dass auch das bislang nicht erfasste Emissionsdisagio nach der Disagio-Staffel[3] im Zeitpunkt der Rückgabe der Schuldverschreibung stpfl. ist.[4] Als Einlösung ist auch die Wandlung bei Wandelanleihen anzusehen.[5] Außerdem ordnet Abs. 2 S. 2 an, dass als Veräußerung auch die verdeckte Einlage v. WG in eine KapGes. zu definieren ist. Es wird insoweit eine den Vorschriften des § 17 Abs. 1 S. 2, § 23 Abs. 1 S. 5 Nr. 2 entspr. Regelungslage geschaffen. Abs. 2 S. 2 bezweckt damit eine vollständige stl. Erfassung aller Wertzuwächse. Nicht umfasst sind Vorgänge, die auf die Lieferung einer Sache gerichtet sind, etwa die Einlösung von Xetra-Gold-Inhaberschuldverschreibungen.[6]

142 Die vollständige Erfassung aller (realisierten) Wertzuwächse soll auch mit Hilfe der Regelung in Abs. 2 S. 2, 2. HS erreicht werden, mit der der Veräußerungsbegriff auf die Auseinandersetzung bei stillen Ges. erweitert wird. In den Fällen des Abs. 1 Nr. 4 gilt auch die Vereinnahmung eines Auseinandersetzungsguthabens als Veräußerung. Der Mehrbetrag, der bei der Auseinandersetzung einer stillen Ges. oder der Beendigung des partiarischen Darlehens iSd. Abs. 1 Nr. 4 gezahlt wird, ist als Veräußerungsgewinn iSv. Abs. 2 S. 1 Nr. 4 zu erfassen. Es ist dabei nunmehr unerheblich, aus welchem Grund eine Rückzahlung über den Betrag der Einlage hinaus gezahlt wird. Die in der Vergangenheit notwendige Entscheidung, ob die im Rahmen einer Auseinandersetzung der stillen Ges. gezahlten Beträge einen Gewinn- oder Verlustanteil des letzten Wj. enthalten, ob ein über den Nominalwert hinausgehender Betrag auf Grund einer Wertsicherungsklausel gezahlt wird, ob eine Abfindung für entgehende zukünftige Gewinnanteile geleistet wird oder ob ein Veräußerungsgewinn ieS vorliegt, hat ihre Bedeutung verloren.

143 Die Übertragung einer Kapitalanlage v. einem Depot in ein anderes eines anderen Gläubigers ist nach § 43 Abs. 1 S. 4 eine Veräußerung. Dies gilt nach § 43 Abs. 1 S. 4 allerdings nicht, wenn der StPfl. der auszahlenden Stelle mitteilt, dass es sich um eine unentgeltliche Übertragung handelt. Die auszahlende Stelle hat dies dem FA anzuzeigen.

144 Abs. 2 S. 2 enthält keine (ausdrückliche) Regelung für den Fall, dass eine Kapitalanlage untergeht, zB eine Darlehensforderung wegen Insolvenz des Darlehensschuldners wertlos wird oder erlischt. Auch in diesem

1 BT-Drucks. 16/4841, 56.
2 *Haisch*, DStZ 2007, 762 (765).
3 BMF v. 24.11.1986, BStBl. I 1986, 539.
4 BT-Drucks. 16/4841, 56.
5 **AA** *Haisch*, DStZ 2007, 762 (770).
6 BFH v. 3.4.2018 – IX R 33/17, BStBl. II 2018, 607.

Fall ist der von § 20 Abs. 2 S. 2 definierte Tatbestand der „Veräußerung" erfüllt.[1] Der Gesetzgeber wollte mit der Regelung in § 20 Abs. 2 S. 2 eine Aufzählung in das Gesetz aufnehmen, die gewährleistet, dass alle realisierten positiven Wertzuwächse erfasst werden. Er erfasst damit zugleich in bestimmten Formen realisierte Wertverluste. Es besteht aber kein sachlich rechtfertigender Grund, entgegen dem objektiven Nettoprinzip in anderen Formen realisierte Wertverluste unberücksichtigt zu lassen.[2] Ob noch ein Euro zurückgezahlt wird oder eine Einlösung in Höhe eines (oder zwei?) Euro erfolgt oder jegliche Rückzahlung oder Einlösung unterbleibt, kann keinen Unterschied begründen. Der Verlust ist zu berücksichtigen, sobald die Wertminderung endg. feststeht.[3] Um die Verlustrealisierung zu erreichen, kann es sich anbieten, das Darlehen an einen Dritten zu veräußern oder dieses in eine KapGes. einzulegen.[4] Die FinVerw. geht allerdings (noch)[5] davon aus, dass der Forderungsausfall keine Veräußerung iSd. § 20 Abs. 2 S. 2 ist.[6] Sie vertritt außerdem die Ansicht, dass eine Veräußerung nicht vorliegt, wenn der Veräußerungspreis die tatsächlichen Transaktionskosten nicht übersteigt.[7]

XI. Veräußerung der Beteiligung an einer Personengesellschaft (Abs. 2 S. 3). Nach Abs. 2 S. 3 gilt die Anschaffung oder Veräußerung einer unmittelbaren oder mittelbaren Beteiligung an einer PersGes. als Anschaffung oder Veräußerung der anteiligen WG. Abs. 2 S. 3 konkretisiert § 39 Abs. 2 Nr. 2 AO, der besagt, dass WG, die mehreren zur gesamten Hand zustehen, den Beteiligten anteilig zugerechnet werden, soweit eine getrennte Zurechnung für die Besteuerung erforderlich ist. Der Gesetzgeber wollte mit der Regelung des Abs. 2 S. 3 erreichen, dass die Veräußerung eines Gesamthandsanteils an einer PersGes., die Wertpapiere oder sonstige Kapitalanlagen hält, zu den Einkünften aus KapVerm. gehört. Der Gesetzgeber ist davon ausgegangen, dass Anteile an PersGes., deren Gesamthandsvermögen aus WG iSv. Abs. 2 besteht (zB in einer GbR gehaltene Beteiligungen) nicht zu den WG iSv. Abs. 2 gehören. Vielmehr sei der Gesamthandsanteil selbst ein WG iSv. § 23, für das die Veräußerungsfrist des § 23 Abs. 1 S. 1 Nr. 2 gelte. Ohne die Regelung des Abs. 2 S. 3 hätte seiner Ansicht nach die Möglichkeit bestanden, über eine PersGes. den Wertzuwachs bei WG iSv. Abs. 2 außerhalb der Veräußerungsfrist stfrei zu realisieren. Abs. 2 S. 3 soll diese Besteuerungslücke schließen.[8] Eine unmittelbare Beteiligung an einer PersGes. ist gegeben, wenn ein StPfl. G'ter einer PersGes. ist oder treuhänderisch beteiligt ist. Eine mittelbare Beteiligung besteht bei der Unterbeteiligung an dem Gesellschaftsanteil eines G'ters. 145

Nach der Gesetzesbegründung soll Abs. 2 S. 3 auch Anwendung finden, wenn sich im Gesamtvermögen der PersGes. neben den WG iSv. Abs. 2 auch andere WG befinden.[9] Grds ist dann der Teil des Veräußerungsentgelts, der auf andere WG entfällt, nur nach Maßgabe des § 23 Abs. 1 Nr. 3 steuerbar. Dies gilt jedenfalls dann, wenn die PersGes. insges Einkünfte aus KapVerm. erzielt. Erzielt die PersGes. als MU'schaft iSv. § 15 Abs. 1 S. 2 gewerbliche Einkünfte, sind etwaige Veräußerungsgewinne nach Abs. 8 als gewerbliche Gewinne zu erfassen. Entspr. gilt, wenn die PersGes. Einkünfte iSv. § 18 und iSv. § 13 erzielt. Probleme ergeben sich, wenn die PersGes. Einkünfte aus VuV erzielt. Im Rahmen der Einkunftsart VuV wären Gewinne der in Abs. 2 beschriebenen Art nicht steuerbar. Es werden zB Zinsen aus Bausparguthaben nur als Einkünfte aus KapVerm. qualifiziert, solange das angesparte Kapital nicht in einem engen wirtschaftlichen Zusammenhang mit dem Erwerb oder der Herstellung eines Grundstücks oder Gebäudes steht, das zur Erzielung v. Einkünften aus VuV eingesetzt werden soll. Man könnte in diesem Fall eine Steuerbarkeit nach Abs. 2 S. 3 annehmen, soweit Erwerbsvermögen iSv. Abs. 2 mitübertragen wird. Hiergegen spricht jedoch Abs. 8, der die Einkunftsart KapVerm. auch ggü. der Einkunftsart VuV als subsidiär ansieht. 146

---

1 So iErg. auch: BFH v. 24.10.2017 – VIII R 13/15, HFR 2018, 124, entgegen FG Düss. v. 11.3.2015 – 7 K 3661/14 E, BB 2015, 1639; noch offen die Rev. gegen FG Düss. v. 6.10.2015 – 9 K 4203/13 E, EFG 2015, 2173 (Rev. VIII R 37/15); *Bayer*, DStR 2009, 2397; *Doege*, Stbg. 2008, 440; *Dinkelbach*, DB 2009, 870 (874); *Schmitt-Homann*, BB 2010, 351 (354); **aA** BMF v. 9.10.2012, BStBl. I 2012, 953 zu Rn. 60; *Helios/Link*, DStR 2008, 386 (389); *Neumann*, GmbH-StB 2008, 361 (363); *Bode*, DStR 2009, 1781 (1783); für eine AfaA: *Heuermann*, NZG 2009, 841 (846); FG Köln v. 17.4. 1980 – VII 557/77 L, EFG 1980, 495 (496); hiergegen aber *Kellersmann*, FR 2012, 57 (61); vgl. auch *Mathäus*, FR 2016, 888.

2 So zuletzt ausf.: FG Düss. v. 6.10.2015 – 9 K 4203/13 E, EFG 2015, 2173 (Rev. VIII R 37/15); *Kellersmann*, FR 2012, 57 (67).

3 Ausführlich hierzu: *Bayer*, DStR 2009, 2397; vgl. auch *Doege*, Stbg. 2008, 440; *Bode*, DStR 2009, 1781 (1783), *Kellersmann*, FR 2012, 57 (59); BFH v. 27.11.2001 – VIII R 36/00, BStBl. II 2002, 731 = FR 2002, 680 (zu § 17).

4 *Bayer*, DStR 2009, 2397 (2402); *Kellersmann*, FR 2012, 57 (59); vgl. allerdings BMF v. 18.1.2016, BStBl. I 2016, 85 zu Rn. 61 (Einlage nur in Höhe des werthaltigen Teils; ansonsten kein zu berücksichtigender Realisationstatbestand); OFD Münster v. 13.7.2009, DStR 2009, 1757 (1758: Missbrauch von Gestaltungsmöglichkeiten).

5 Das Urt. des BFH v. 24.10.2017 – VIII R 13/15, HFR 2018, 124, wurde bislang noch nicht im BStBl. veröffentlicht.

6 BMF v. 18.1.2016, BStBl. I 2016, 85 Rn. 60.

7 BMF v. 18.1.2016, BStBl. I 2016, 85 Rn. 59; vgl. zu dieser Verwaltungsanweisung: *Knoblauch*, DStR 2013, 798.

8 BT-Drucks. 16/4841, 56.

9 BT-Drucks. 16/4841, 56.

147 Der Regelung des Abs. 2 S. 3 bedarf es nicht, wenn die PersGes. Kapitalanlagen erwirbt und in der Folge wieder veräußert. In diesem Fall ist Abs. 2 ohne weiteres anwendbar. Abs. 2 S. 3 findet Anwendung, wenn der StPfl. die Beteiligung an einer PersGes. erwirbt und in der Folge veräußert, wenn nach Begr. der Beteiligung die WG v. der PersGes. angeschafft werden und dann die Beteiligung an der PersGes. vom G'ter veräußert wird und auch dann, wenn die Beteiligung an einer kapitalvermögenverwaltenden PersGes. erworben wird und die PersGes. dann die WG veräußert.

147a **XII. Abtrennung von Zinsscheinen oder -forderungen (Abs. 2 S. 4, 5).** Mit dem durch das InvStRefG neu eingefügten § 20 Abs. 2 S. 4 und 5 sollen Gestaltungen verhindert werden, mit denen versucht wird, durch Bond-Stripping die Steuerbelastung tariflich zu versteuernder Einkünfte zu vermindern. Die Gestaltung zielt darauf ab, Verluste aus KapVerm. zu generieren, die nach § 32d Abs. 2 dem persönlichen Steuersatz unterliegen und damit voll mit den übrigen Einkünften verrechnet werden können, während die Gewinne der Abgeltungsteuer mit einem Steuersatz von 25 % unterliegen. Das Modell ist so konzipiert, dass bei im PV erworbenen Anleihen der Zinsschein oder die Zinsforderung vom Anleihemantel abgetrennt wird (Bond-Stripping) und die AK für die Anleihe vollständig dem Anleihemantel zugeordnet werden. Der Anleihemantel wird an eine ausschließlich zur Abwicklung der Gestaltung erworbene Vorratsges. (GmbH), an welcher der StPfl. zu 100 % beteiligt ist, veräußert. Wg. der vollständigen Zuordnung der AK zum Anleihemantel generiert der StPfl. aus der Veräußerung des Anleihemantels einen Verlust iSv. § 20 Abs. 2 S. 1 Nr. 7, der nach § 32d Abs. 2 S. 1 Nr. 1 lit. b der tariflichen ESt unterliegt. Die Verlustverrechnungsbeschränkung nach § 20 Abs. 6 findet nach § 32 Abs. 2 S. 2 insoweit keine Anwendung, sodass die aus der Veräußerung des Anleihemantels erzielten Verluste mit anderen Einkünften verrechnet werden können. Den Zinsschein oder die Zinsforderung veräußert der StPfl. an seine Bank. Wg. der vollständigen Zuordnung der AK zum Anleihemantel generiert der StPfl. aus der Veräußerung des Zinsscheins oder der Zinsforderung iHd. vollständigen Veräußerungserlöses einen Gewinn gem. § 20 Abs. 2 S. 1 Nr. 2 lit. b. Der Veräußerungsgewinn unterliegt der Abgeltungsteuer von 25 %. Derartige Gestaltungen sollen mit § 20 Abs. 2 S. 4 und 5 „klarstellend" – so die Gesetzesbegründung – verhindert werden. Nach der Regelung wird bei einer Abtretung des Zinsscheins oder der Zinsforderung von dem dazugehörigen Stammrecht eine Veräußerung des einheitlichen WG Anleihe (bestehend aus Anleihemantel und Zinsschein oder Zinsforderung) fingiert und in demselben Zeitpunkt eine Anschaffung der nach der Abtrennung selbstständigen WG (Anleihemantel einerseits und Zinsschein oder Zinsforderung andererseits) unterstellt.[1]

D. Besondere Entgelte oder Vorteile (Abs. 3)

148 Abs. 3 ergänzt die Besteuerungstatbestände des Abs. 1 und Abs. 2. Er präzisiert den Umfang der stpfl. Einnahmen. Er rechnet besondere Entgelte oder Vorteile zu den Einnahmen aus KapVerm., die neben oder anstelle der in Abs. 1 und Abs. 2 bezeichneten Einnahmen gewährt werden. Es sollen im Zusammenwirken der Grundtatbestände mit dem Ergänzungstatbestand des Abs. 3 alle Vermögensmehrungen erfasst werden, die sich bei wirtschaftlicher Betrachtung als Kapitalertrag oder Veräußerungs-„gewinn" darstellen. Der Begriff des „besonderen Entgelts oder Vorteils" ist mit Hilfe der allg. Einnahmendefinition des § 8 Abs. 1 zu bestimmen. Der Vermögensvorteil muss in Geld oder Geldeswert bestehen. Vorteile, die nicht in Geld bestehen, sind gem. § 8 Abs. 2 mit den üblichen Endpreisen am Abgabeort anzusetzen. Der Vorteil muss zufließen und in diesem Sinne beim Empfänger eine Vermögensmehrung auslösen.[2] Ob ein entspr. zivilrechtl. Anspr. bestand, ist unerheblich.[3] Ebenso wenig ist erheblich, ob das Entgelt in offener oder verdeckter Form gewährt wird[4] oder ob der zugeflossene Vorteil seinem Wert nach die WK und Rückgewähransprüche übersteigt, die wirtschaftlich durch den Zufluss ausgelöst werden.[5] Besondere Entgelte oder Vorteile iSv. Abs. 3 sind zB Bezüge aufgrund einer Dividenden-, Aktienrückkaufs- oder Verzinsungsgarantie[6], ein neben der Dividende gezahlter Bonus, Bonus- oder Treueaktien (auch bei Leistungen eines Dritten)[7], die Befreiung v. Darlehensschulden im Zuge des Erwerbs eigener Anteile durch eine KapGes.[8], Ausgleichszahlungen eines Organträgers an Minderheits-G'ter des Organs,[9] Entschädigungszahlungen v. Mehrheits- an Minderheits-G'ter oder Freiaktien, die entspr. einem vereinbarten Wahlrecht die Bardividende ersetzen.[10]

1 BT-Drucks. 18/8739, 115 f.
2 BFH v. 4.7.1984 – I R 195/81, BStBl. II 1984, 842 (843) = FR 1984, 597.
3 BFH v. 6.4.1993 – VIII R 68/90, BStBl. II 1993, 825 (827) = FR 1993, 782.
4 BFH v. 2.3.1993 – VIII R 13/91, BStBl. II 1993, 602 = FR 1993, 542.
5 BFH v. 4.7.1984 – I R 195/81, BStBl. II 1984, 842 (843) = FR 1984, 597.
6 BFH v. 2.3.1993 – VIII R 13/91, BStBl. II 1993, 602 = FR 1993, 542.
7 BFH v. 7.12.2004 – VIII R 70/02, BStBl. II 2005, 468 (Telekom).
8 BFH v. 27.3.1979 – VIII R 95/76, BStBl. II 1979, 553.
9 BFH v. 27.11.1956 – I D 1/56 S, BStBl. III 1957, 139.
10 BFH v. 14.2.2006 – VIII R 49/03, BStBl. II 2006, 520 = FR 2006, 609.

Ebenso fallen Dienstleistungen als Gegenleistung für eine zinslose Kapitalüberlassung,[1] Zahlungen aufgrund einer Wertgarantie[2] oder einer Wertsicherungsklausel[3] sowie Provisionen, die als zusätzliches Entgelt für die Kapitalüberlassung geleistet werden, unter Abs. 3. Erhalten Anleger Entschädigungszahlungen, die auf Grund von Beratungsfehlern im Zusammenhang mit einer Wertpapier-Kapitalanlage geleistet werden, sind diese Zahlungen nach Auffassung der FinVerw. besondere Entgelte und Vorteile iSd. Abs. 3, wenn ein unmittelbarer Zusammenhang zu einer konkreten einzelnen Transaktion besteht, bei der ein konkreter Verlust entstanden ist oder ein stpfl. Gewinn vermindert wird – und zwar auch dann, wenn die Zahlung ohne eine rechtliche Verpflichtung erfolgt.[4]

E. Fehlerkorrektur bei Kenntnisnahme (Abs. 3a)

Die durch das JStG 2010 eingeführte Regelung des Abs. 3a soll den Problemen Rechnung tragen, die bei der Aufdeckung von Fehlern beim KapESt-Abzug nach Ablauf des Kj. auftreten. Die Abgeltungsteuer ist darauf angelegt, beim privaten Kapitalanleger die Veranlagung von Kapitaleinkünften durch das FA weitestgehend entbehrlich zu machen. Im Rahmen des KapESt-Abzugsverfahrens bei einem Kreditinstitut ist aber eine rückwirkende Korrektur „nicht administrierbar".[5] Im Rahmen der Erhebung der Abgeltungsteuer tritt mit Ablauf des Kj. eines Zäsur ein, weil Verlustverrechnungen nach § 43a Abs. 3 S. 2 zeitraumbezogen nur innerhalb des Kj. erfolgen können, nicht ausgeglichene Verlustsalden nur in Folgejahre vorgetragen oder aber bescheinigt werden können. Über die im Kj. abgeführte KapESt erhält der Anleger eine Steuerbescheinigung. Jede rückwirkende Änderung hätte potentiell eine Vielzahl von Folgekorrekturen bei den nachfolgenden Geschäftsvorfällen (Neuberechnung von Verlusttöpfen, Freistellungsauftragsvolumen, ausländische anrechenbare Steuern etc.) zur Folge. Verlust- und Steuerbescheinigungen wären zu ändern, ebenso Veranlagungen, denen die Bescheinigungen zu Grunde gelegen haben. Der Gesetzgeber hat deshalb geregelt, dass bei der Aufdeckung von Fehlern beim KapESt-Abzug die Korrekturen nicht rückwirkend vorzunehmen sind, sondern durch die zum Abzug der KapESt verpflichtete Stelle bei Kenntnisnahme. Der Gesetzgeber hat § 43a Abs. 3 S. 7 eingefügt, wonach die auszahlende Stelle, wenn sie nach Ablauf des Kj. von der Veränderung einer Bemessungsgrundlage oder einer zu erhebenden KapESt erfährt, die entspr. Korrektur erst zum Zeitpunkt ihrer Kenntnisnahme vorzunehmen hat. Er hat diese Regelung des § 43a Abs. 3 S. 7 in § 20 Abs. 3a S. 1 durch die Bestimmung ergänzt, dass die Korrekturen iSd. § 43a Abs. 3 S. 7 erst in den in § 43a Abs. 3 S. 7 genannten Zeitpunkten zu berücksichtigen sind, und in § 20 Abs. 3a S. 2 eine Regelung getroffen, um zu verhindern, dass Korrekturen doppelt erfolgen. Der Bundesrat hatte in seiner Stellungnahme zu der beabsichtigten Neuregelung des Abs. 3a vorgeschlagen, keine ausdrückliche Aussage zur materiellen Wirkung einer Korrektur des Instituts nach § 43a Abs. 3 zu treffen, sondern den Korrekturantrag nach § 32d Abs. 4 und auch den nach § 32d Abs. 6 unmittelbar davon abhängig zu machen, dass die Korrektur nicht auf Institutsebene erfolgt.[6] Der Finanzausschuss ist diesem Vorschlag jedoch nicht gefolgt.[7] Abs. 3a gilt – ebenso wie § 43a Abs. 3 S. 7 – nur für Kapitalanleger, die ihre Kapitaleinkünfte im PV erzielen, da der Steuerabzug im betrieblichen Bereich keine abgeltende Wirkung hat. Abs. 3a ist nach § 52a Abs. 10 S. 10 aF auf Korrekturen anzuwenden, die Kapitalerträge betreffen, die ab 2009 zugeflossen sind.[8] 148a

Nach Abs. 3a S. 1 sind Korrekturen iSd. § 43a Abs. 3 S. 7 erst zu dem dort genannten Zeitpunkt zu berücksichtigen. Nach der Begründung der Bundesregierung regelt Abs. 3a S. 1 damit, „dass die Korrekturen, die die auszahlende Stelle nach § 43a Abs. 3 S. 7 vorgenommen hat, materiell-rechtlich nicht rückwirkend, sondern erst im Jahr der Korrektur wirksam werden (Zufluss oder Abfluss)".[9] Geht man von dieser Begründung aus, dass Abs. 3a S. 1 materiell-rechtlich die Korrekturbeträge zeitlich verlagern soll, so ist allerdings die Formulierung von Abs. 3a S. 1 nicht gelungen, da Abs. 3a S. 1 – wie § 43a Abs. 3 S. 7 – als verfahrensrechtliche Handlungsanweisung formuliert ist („Korrekturen ... sind zu berücksichtigen"). 148b

„Korrekturen iSd. § 43a Abs. 3 S. 7" sind nach § 43a Abs. 3 S. 7 Korrekturen auf Grund einer „Veränderung einer Bemessungsgrundlage oder einer zu erhebenden KapESt". Der Begriff der „Veränderung" ließe sich dem Wortlaut nach dahin verstehen, dass der KapESt-Abzug zunächst fehlerfrei war, dann aber eine „Veränderung" erfolgt. Sowohl die Gesetzesbegründung zu § 43a Abs. 3 S. 7 als auch zu Abs. 3a spricht je- 148c

1 *K/S/M*, § 20 Rn. K 20 – „Dienstleistungen".
2 BFH v. 25.6.1974 – VIII R 109/69, BStBl. II 1974, 735.
3 BFH v. 19.5.1992 – VIII R 37/90, BFH/NV 1993, 87 (89 f.); *K/S/M*, § 20 Rn. K 20 – „Wertsicherungsklausel".
4 BMF v. 18.1.2016, BStBl. I 2016, 85 Rn. 83.
5 BT-Drucks. 17/2249, 82.
6 BR-Drucks. 318/10, 34.
7 BT-Drucks. 17/3449.
8 BT-Drucks. 17/2249, 82, 93.
9 BT-Drucks. 17/2249, 82.

doch eindeutig davon, dass es um die Korrektur „materieller Fehler beim KapESt-Einbehalt" geht. § 43a Abs. 3 S. 7 – und damit auch Abs. 3a – regelt die Korrektur von Veränderungen „einer Bemessungsgrundlage oder einer zu erhebenden KapESt". Es sind damit sowohl Fehler beim zu Grunde gelegten Besteuerungssachverhalt als auch Rechtsanwendungsfehler angesprochen. Die Korrekturen iSd. § 43a Abs. 3 S. 7 sollen „erst zu dem dort genannten Zeitpunkt" berücksichtigt werden, dh. „erst zum Zeitpunkt der Kenntnisnahme". Abs. 3a fingiert, dass sich der kapitalertragsteuerpflichtige Vorgang materiell-rechtlich im Jahr der Kenntnisnahme ereignet hat, und zugleich, dass der fehlerhafte KapESt-Abzug ebenfalls in diesem Jahr erfolgt ist.

148d Da Abs. 3a S. 1 nur für Korrekturen iSd. § 43a Abs. 3 S. 7 gilt, § 43a Abs. 3 S. 7 aber nur Korrekturen durch die auszahlende Stelle regelt, findet Abs. 3a S. 1 keine Anwendung in Fällen, in denen ein Fehler bei der Veranlagung durch das FA erfolgt ist.

148e Nach Abs. 3a S. 2 kann der StPfl., wenn er durch eine Bescheinigung der auszahlenden Stelle nachweist, dass sie die Korrektur nicht vorgenommen hat und auch nicht vornehmen wird, die Korrektur nach § 32d Abs. 4 und 6 geltend machen. Nach § 32d Abs. 4 kann der StPfl. mit der ESt-Erklärung für Kapitalerträge, die der KapESt unterlegen haben, eine Steuerfestsetzung entspr. § 32d Abs. 3 S. 2 „zur Überprüfung des Steuereinbehalts dem Grund und der Höhe nach" beantragen. Nach § 32d Abs. 6 können die Kapitaleinkünfte der tariflichen ESt unterworfen werden (Günstigerprüfung).[1] Abs. 3a S. 2 soll verhindern, dass Korrekturen doppelt berücksichtigt werden.[2] Macht der StPfl. die Korrektur nach § 32d Abs. 4 geltend, so muss er sie für den Zeitraum geltend machen, für den auch § 43a Abs. 3 S. 7 die Korrektur vorsieht, also das Jahr der Kenntnisnahme, da § 32d Abs. 4 die Veranlagung zur „Überprüfung des Steuereinbehalts" vorsieht. Für den Steuereinbehalt aber gilt gerade § 43a Abs. 3 S. 7. Außerdem wäre es dem StPfl. kaum zumutbar, zunächst abzuwarten, ob die Bank die Korrektur nach § 43a Abs. 3 S. 7 vornimmt, bevor er die rückwirkende Korrektur beantragen darf.

F. Definition des Gewinns iSv. Abs. 2 (Abs. 4)

149 **I. Grundsätzliches.** Abs. 2 rechnet zu den Einkünften aus KapVerm. auch die iE dort beschriebenen Veräußerungsgewinne. Abs. 4 ergänzt diese Regelung und definiert den Gewinn iSv. Abs. 2. Er bestimmt die Steuerbemessungsgrundlage für die Veräußerungsfälle des Abs. 2.

150 **II. Gewinn als Unterschiedsbetrag (Abs. 4 S. 1 HS 1).** Abs. 4 S. 1, 1. HS definiert als Gewinn iSv. Abs. 2 den Unterschied zw. den Einnahmen aus der Veräußerung – nach Abzug der Aufwendungen, die im unmittelbaren sachlichen Zusammenhang mit dem Veräußerungsgeschäft stehen –, und den AK. Diese Regelung lehnt sich an die Regelungen der §§ 17 und 23 an. Nach § 17 Abs. 2 ist Veräußerungsgewinn der Betrag, um den der Veräußerungspreis nach Abzug der Veräußerungskosten die AK übersteigt. § 23 Abs. 3 bestimmt den Gewinn oder Verlust aus Veräußerungsgeschäften als den Unterschied zw. Veräußerungspreis einerseits und den AK oder HK und den WK andererseits. Der sich nach Abs. 4 S. 1, 1. HS ergebende Betrag kann sowohl positiv als auch negativ sein. In der Gesetzesbegründung wird insoweit bei einem positiven Betrag v. einem Gewinn ieS und bei einem negativen Betrag v. einem Verlust gesprochen.[3] Einnahmen aus der Veräußerung sind alle Zahlungen, die Übertragung v. Rechten, Sachen oder Forderung, die der Veräußerer für die Übertragung der Kapitalanlage iSd. Abs. 2 vom Erwerber als Gegenleistung erhält. Ob die Gegenleistung unmittelbar vom Erwerber oder auf seine Veranlassung v. einem Dritten geleistet wird, ist unerheblich. Abs. 2 S. 2 definiert als „Veräußerung" auch die Einlösung, Rückzahlung, Abtretung oder verdeckte Einlage in eine KapGes. Entspr. sind Einnahmen aus der Veräußerung auch die Beträge, die bei der Einlösung, Rückzahlung oder Abtretung zufließen. Für den Fall der verdeckten Einlage trifft Abs. 4 S. 2 eine ausdrückliche, spezielle Regelung. „Aufwendungen" iSv. Abs. 4 S. 1, 1. HS sind nach § 8 Abs. 1 Vermögensabflüsse in Geld oder Geldeswert. Zu den „Aufwendungen" gehören nach der Gesetzesbegründung auch Veräußerungskosten und – in den Fällen der Ausübung v. Verkaufsoptionen mit Andienung des Basiswertes – durch den Optionsnehmer bereits geleistete Optionsprämien. Abs. 4 S. 1, 1. HS setzt Aufwendungen voraus, die „im unmittelbaren sachlichen Zusammenhang mit dem Veräußerungsgeschäft stehen". Diese Aufwendungen sind v. den allg. WK aus KapVerm. abzugrenzen, die nach Abs. 9 nur in Form des Sparer-PB v. 801 Euro abzugsfähig sind. Gemeint sind Aufwendungen, die durch die Übertragung des wirtschaftlichen Eigentums an einer Kapitalanlage vom Veräußerer auf den Erwerber (Veräußerung) veranlasst sind (zum Veranlassungsbegriff: § 4 Abs. 4). Hierzu können gehören: Notarkosten, Anwaltskosten, Gerichtskosten, Grundbuchgebühren, Bankgebühren, Beraterkosten, Inseratskosten,

1 Zur Einbeziehung auch dieser Korrekturmöglichkeit in die Regelung des § 20 Abs. 3a auf Vorschlag des Bundesrates und des Finanzausschusses: BR-Drucks. 318/10, 34; BT-Drucks. 17/3449, 17; BT-Drucks. 17/2823, 22 f.

2 BT-Drucks. 17/2249, 82.

3 BT-Drucks. 16/4841, 57.

Reisekosten, Gutachterkosten, Maklerprovisionen, sofern sie mit der Veräußerung der Kapitalanlage im Zusammenhang stehen; nicht dagegen Aufwendungen, die mit der Anschaffung (AK) oder dem Halten (Depotgebühr, Schuldzinsen) einer Kapitalanlage zusammenhängen. Zu den Veräußerungsaufwendungen iSd. Abs. 4 sind die v. der Bank in Rechnung gestellten Transaktionskosten zu rechnen. Ausgehend vom Grundsatz, dass Depot- und Vermögensverwaltungsgebühren nicht abzugsfähig sind, Veräußerungskosten (= Aufwendungen, die in unmittelbarem Zusammenhang mit dem Veräußerungsgeschäft stehen) hingegen schon, lässt die FinVerw. den Transaktionskostenanteil zumindest dann zum Abzug zu, wenn er im Vermögensverwaltungsvertrag festgehalten ist. Als Obergrenze wird ein Transaktionskostenanteil von 50 % der gesamten Gebühr anerkannt, wenn er in dieser Höhe tatsächlich ausgewiesen ist.[1] Aufwendungen im Zusammenhang mit einer Fremdfinanzierung sind nur berücksichtigungsfähig, wenn sie in sachlichem Zusammenhang mit der Veräußerung stehen. Dies ist anzunehmen, wenn eine Vorfälligkeitsentschädigung bei Veräußerung der Kapitalanlage zu zahlen ist. Ein sachlicher Zusammenhang mit der Veräußerung, dh. mit dem realisierten Vermögenszuwachs der Kapitalanlage, kann aber auch in den Fällen in Betracht kommen, in denen nicht die Absicht der Erzielung v. Erträgen, sondern die Erzielung des Vermögenszuwachses im Vordergrund steht.[2] Mit dem „unmittelbaren sachlichen Zusammenhang" hat der Gesetzgeber die fünfte Kategorie des „Zusammenhangs" eingeführt. So hat § 3c Abs. 1 den „unmittelbaren wirtschaftlichen Zusammenhang" zum Gegenstand, § 3c Abs. 2 den „wirtschaftlichen Zusammenhang", § 8 Abs. 3 den „Zusammenhang" und § 9 Nr. 2a S. 3 GewStG den „unmittelbaren Zusammenhang", wobei sich insbes. das Tatbestandsmerkmal des „unmittelbaren" Zusammenhangs schon im Rahmen v. § 3c Abs. 1 als ungeeignet erwiesen hat, plausible und konsensfähige Ergebnisse zu erzielen. Ein „unmittelbarer sachlicher" Zusammenhang lässt sich annehmen, wenn die Aufwendungen mit dem Veräußerungsgeschäft nicht lediglich über Zwischenschritte oder Mittelspersonen in Verbindung stehen (unmittelbar) und zu ihm nicht lediglich eine äußere, sondern eine innere Verbindung (sachlich) aufweisen. AK sind alle Aufwendungen, die durch die Anschaffung der Kapitalanlage veranlasst sind (vgl. zu § 6 Rn. 27 ff.). AK sind die Aufwendungen, die geleistet werden, um einen Vermögensgegenstand zu erwerben, ferner die Nebenkosten und nachträglichen AK. Gutachterkosten, die im Zusammenhang mit der Anschaffung von GmbH-Anteilen anfallen, sind keine WK, sondern Anschaffungsnebenkosten, wenn sie nach einer grds. gefassten Erwerbsentscheidung entstehen und die Erstellung des Gutachtens nicht lediglich eine Maßnahme einer noch unbestimmten Erwerbsentscheidung darstellt.[3]

III. Umrechnung in Euro (Abs. 4 S. 1 HS 2). Abs. 4 S. 1, 2. HS bestimmt, dass für die Ermittlung des Gewinns bei nicht in Euro getätigten Geschäften die Einnahmen und die AK jeweils in Euro anzusetzen sind. 151
Damit werden auch die sich aus den Währungsschwankungen ergebenden Gewinne estrechtl. erfasst. Hierunter fallen die Anschaffung v. Wertpapieren in fremder Währung oder der Erwerb v. ausländ. Anleihen. Abs. 4 S. 1, 2. HS weicht damit v. Abs. 2 S. 2, 2. HS aF ab, nach dem für die Berechnung der Marktrendite bei Wertpapieren und Kapitalforderungen in ausländ. Währung der Unterschied in dieser Währung zu ermitteln war, entspr. aber der Rspr. zu § 23 Abs. 1 Nr. 1b.[4] Die Regelung des Abs. 4 S. 1, 2. HS ist systematisch fragwürdig, da (reine) Gewinne und Verluste aus Fremdwährungsgeschäften – nach der Gesetzesbegründung[5] – weiterhin der Besteuerung nach § 22 Nr. 2 iVm. § 23 Abs. 1 S. 1 Nr. 2 unterfallen (allerdings nicht der Abgeltungsteuer und nur, wenn sie innerhalb der Frist des § 23 Abs. 1 S. 1 Nr. 2 realisiert werden).[6]

IV. Der Minuend bei verdeckter Einlage (Abs. 4 S. 2). Nach Abs. 4 S. 2 tritt in den Fällen der verdeckten Einlage an die Stelle der Einnahmen aus der Veräußerung des WG ihr gemeiner Wert; der Gewinn ist 152
für das Kj. der verdeckten Einlage anzusetzen. Abs. 4 S. 2 ergänzt Abs. 2 S. 2, nach dem als Veräußerung auch die verdeckte Einlage in eine KapGes. gilt, und regelt für diesen Fall die Steuerbemessungsgrundlage. Abs. 4 S. 2 entspr. § 17 Abs. 2 S. 2. Nach § 17 Abs. 1 S. 2 steht die verdeckte Einlage in eine KapGes. der Veräußerung der Anteile gleich und nach § 17 Abs. 2 S. 2 tritt an die Stelle des Veräußerungspreises der gemeine Wert der Anteile.

V. Der Subtrahend bei vorheriger Entnahme oder Betriebsaufgabe (Abs. 4 S. 3). Abs. 4 S. 3 bestimmt, dass bei der Veräußerung eines WG, das aus einem BV entnommen wurde oder aufgrund einer 153
BetrAufg. in das PV überführt wurde, an Stelle der AK der (nach § 6 Abs. 1 Nr. 4 oder § 16 Abs. 3) bei der Entnahme oder bei der BetrAufg. angesetzte Wert gilt. Es sollen der Besteuerung nach § 20 lediglich die im PV entstandenen Wertzuwächse unterfallen. Wertzuwächse im Zeitraum der Zugehörigkeit zu einem

1 BMF v. 18.1.2016, BStBl. I 2016, 85 Rn. 93; vgl. hierzu *Strahl*, KÖSDI 2010, 16853 (16856).
2 Hierzu *Dinkelbach*, DB 2009, 870 (871).
3 BFH v. 27.3.2007 – VIII R 62/05, BStBl. II 2010, 159 = FR 2007, 1183 m. Anm. *Kanzler*.
4 BFH v. 20.8.2003 – I R 81/02, BStBl. II 2004, 614 = FR 2004, 161 m. Anm. *Pezzer*.
5 BT-Drucks. 16/4841, 59.
6 *Dinkelbach*, DB 2009, 870 (872).

BV werden iRd. Entnahmebesteuerung nach § 4 Abs. 1 oder der Besteuerung des Aufgabegewinns nach § 16 Abs. 3 besteuert.

154 **VI. Der Subtrahend in den Fällen des Abs. 2 S. 1 Nr. 6 (Abs. 4 S. 4).** Abs. 4 S. 4 regelt, dass bei einer Veräußerung eines Anspr. auf eine Leistung aus einer kapitalbildenden Lebensversicherung die vor der Veräußerung entrichteten Beiträge als AK gelten. Wurde der Anspr. entgeltlich erworben, gelten sowohl die Erwerbsaufwendungen als auch die nach dem Erwerb entrichteten Beiträge als AK. Durch diese Regelung soll sichergestellt werden, dass nur die in der Besitzzeit des Veräußerers entstandenen Erträge und nicht die Beitragsleistung besteuert wird.[1]

155 **VII. Die Berechnung bei Termingeschäften (Abs. 4 S. 5).** Abs. 2 S. 1 Nr. 3 lit. a rechnet zu den Einkünften aus KapVerm. auch den Gewinn bei Termingeschäften, durch die der StPfl. einen Differenzausgleich oder einen durch den Wert einer veränderlichen Bezugsgröße bestimmten Geldbetrag oder Vorteil erlangt. Abs. 4 S. 5 bestimmt ergänzend hierzu, dass Gewinn bei einem Termingeschäft der Differenzausgleich oder der durch den Wert einer veränderlichen Größe bestimmte Geldbetrag oder Vorteil ist abzgl. der Aufwendungen, die in unmittelbarem sachlichen Zusammenhang mit dem Termingeschäft stehen. Es sollen entspr. dem Nettoprinzip die in unmittelbarem sachlichen Zusammenhang mit dem Termingeschäft anfallenden Aufwendungen den Gewinn mindern. Abs. 4 S. 5 unterscheidet sich v. Abs. 4 S. 1, der als Gewinn den Unterschied zw. den Einnahmen aus der Veräußerung und den AK bestimmt. Er trägt dem Umstand Rechnung, dass bei Termingeschäften an die Stelle v. Anschaffung und Veräußerung die Zahlung des Differenzausgleichs tritt. Entspr. lässt Abs. 4 S. 5 die Aufwendungen zum Abzug zu, die sich auf das Termingeschäft insges. beziehen, nicht nur Aufwendungen, die den Veräußerungstatbestand betreffen. Abs. 4 S. 5 ist vergleichbar der früheren Regelung des § 23 Abs. 3 S. 5 („Gewinn oder Verlust bei einem Termingeschäft … ist der Differenzausgleich oder … Vorteil abzgl. der WK"). Zu den nach Abs. 4 S. 5 zu berücksichtigenden Aufwendungen gehören Transaktionskosten der Bank, aber auch Schuldzinsen, die für einen der Finanzierung des Termingeschäfts dienenden Kredit zu zahlen sind. Ebenso nach Abs. 4 S. 5 abzuziehen sind AK für ein Optionsrecht, wenn bei Ausübung der Option statt der Lieferung eines Basisgutes ein Barausgleich zu zahlen ist.[2] Die FinVerw. lässt bisher die AK aus fehlgeschlagenen Termingeschäften (weil zB das Optionsrecht wertlos verfallen ist) nicht zum Abzug als vergebliche WK zu. Diese stehen jedoch mit dem Abschluss des Termingeschäfts im „unmittelbaren sachlichen Zusammenhang".[3]

156 Abs. 4 S. 5 definiert nur den „Gewinn bei einem Termingeschäft" und gilt damit nur für die Fälle des Abs. 2 S. 1 Nr. 3 lit. a, nicht für die Fälle des Abs. 2 S. 1 Nr. 3 lit. b, der neben dem Gewinn bei Termingeschäften (Abs. 2 S. 1 Nr. 3 lit. a) den Gewinn aus der Veräußerung eines als Termingeschäft ausgestalteten Finanzinstruments zu den Einkünften aus KapVerm. rechnet. Von Abs. 2 S. 1 Nr. 5 sollen nicht Veräußerungsgeschäfte iSd. Abs. 2 S. 1 Nr. 3 lit. b – zB Glattstellungsgeschäfte bei Optionsgeschäften an der EUREX – erfasst werden.[4] In diesen Fällen soll eine Gewinnermittlung nach Abs. 4 S. 1 erfolgen.

157 **VIII. Der Subtrahend bei unentgeltlichem Erwerb (Abs. 4 S. 6).** Nach Abs. 4 S. 6 sind bei einem unentgeltlichen Erwerb v. WG im Wege der Einzelrechtsnachfolge dem Erwerber bei der Ermittlung des Gewinns die Aufwendungen des Rechtsvorgängers (die Anschaffung, die Überführung in das PV, der Erwerb eines Rechts aus Termingeschäften oder die Beiträge iSv. Abs. 1 S. 1 Nr. 6 S. 1) zuzurechnen. Die Regel entspricht § 23 Abs. 1 S. 3 aF.

158 **IX. Die Fifo-Methode bei Sammelverwahrung (Abs. 4 S. 7).** Abs. 4 S. 7 regelt, dass bei vertretbaren Wertpapieren in der sog. Girosammelverwahrung die Fifo-Methode (First-In-First-Out) Anwendung findet. Es ist zu unterstellen, dass die zuerst angeschafften Wertpapiere zuerst veräußert werden. Damit soll erreicht werden, dass die Kreditinstitute den Steuerabzug bei der Veräußerung v. gleichartigen Wertpapieren, die zu verschiedenen Zeitpunkten angeschafft wurden, in der Praxis leichter bewältigen können. Die Regelung entspricht § 23 Abs. 1 Nr. 2 S. 2 aF. Sie gilt bei Girosammelverwahrung und Streifbandverwahrung, sie gilt allerdings nicht über Depotgrenzen hinweg, wenn der StPfl. mehrere Depots oder Unterdepots unterhält. Sie ist entspr. im Fall des Leerverkaufs anzuwenden, wenn die Anzahl der „eingedeckten" die Anzahl der leerverkauften Wertpapiere übersteigt.[5]

158a **X. Veräußerungserlös bei Abtretung von Zinsscheinen oder -forderungen (Abs. 4 S. 8, 9).** Die mit dem InvStRefG neu eingeführten Regelungen des § 20 Abs. 4 S. 8 und 9 ergänzen die ebenfalls neu ein-

1 BT-Drucks. 16/4841, 57.
2 *H/H/R*, § 20 Anm. 573.
3 *Philipowski*, DStR 2007, 1615; *H/H/R*, § 20 Anm. 573; vgl. auch BFH v. 3.5.2007 – VI R 36/05, BStBl. II 2007, 647 = FR 2007, 978 m. Anm. *Bergkemper*.
4 BT-Drucks. 16/4841, 57.
5 *Mikus/Sandkühler*, DB 2009, 1320.

geführten Regelungen des § 20 Abs. 2 S. 4 und 5 (Rn. 147a) und regeln die Ermittlung des Veräußerungserlöses. Als Veräußerungserlös gilt der gemeine Wert (§ 9 BewG) des einheitlichen WG zum Zeitpunkt der Trennung von Anleihemantel und Zinsschein oder Zinsforderung. Als gemeiner Wert ist bei börsennotierten Schuldverschreibungen idR der niedrigste im regulierten Markt notierte Kurs am Tag der Trennung anzusetzen. Der gemeine Wert der Schuldverschreibung gilt gleichzeitig als AK der neuen WG. Um die AK auf den Zinsschein oder die Zinsforderung und den Anleihemantel aufteilen zu können, ist wiederum deren gemeiner Wert zu ermitteln. Da für diese Papiere im Zeitpunkt der Trennung typischerweise noch kein Börsenkurs existiert, ist deren gemeiner Wert grds. der unter Berücksichtigung des aktuellen Marktzinses nach finanzmathematischen Methoden ermittelte Barwert. Die Summe der Barwerte der neuen WG dürfte idR dem gemeinen Wert der Anleihe entsprechen. Sofern eine Abweichung auftritt, ist eine Verhältnisrechnung vorzunehmen.[1]

G. Anteilstausch, Aktien-/Umtauschanleihen, Bezugsrechte, Anteilszuteilung (Abs. 4a)

I. Grundsätzliches. Abs. 4a wurde als Regelung für „Kapitalmaßnahmen ohne Geldzahlungen" durch das JStG 2009 eingeführt. Er soll die Abgeltungsteuer für StPfl. und Quellensteuerabzugsverpflichtete (insbes. Kreditinstitute) bei Kapitalmaßnahmen praktikabler ausgestalten, bei denen die Erträge nicht als Geldzahlungen, sondern insbes. in Form v. Anteilen an KapGes. zufließen. Es soll eine Gewinnrealisation durch die Aussetzung der Tauschgrundsätze vermieden werden.[2] Es soll vermieden werden, dass die Banken – auf Grund fehlender Zahlungsvorgänge – die Steuerbeträge v. den StPfl. einfordern müssen oder das FA die Quellensteuer vom StPfl. anzufordern hat, sofern dieser die Leistungen nicht ggü. der Bank erbringt. Außerdem soll eine streitanfällige Bewertung des Veräußerungspreises und des Veräußerungszeitpunktes erübrigt und die FinVerw. v. zusätzlichen Veranlagungsfällen entlastet werden. IÜ sind die Kreditinstitute bei Auslandsfällen idR nicht in der Lage, den konkreten Veräußerungszeitpunkt sowie den Veräußerungspreis zu bestimmen.[3] Abs. 4a geht v. der Grundregel aus, dass bei den erfassten Kapitalmaßnahmen – abw. v. Abs. 4 – der Gewinn mit 0 Euro angesetzt wird und die AK der erhaltenen Anteile mit den AK der hingegebenen Anteile bei einer zukünftigen Veräußerung angesetzt werden. Die Besteuerung wird, um das Abgeltungsteuerverfahren zu vereinfachen, verschoben. Abgeltungsteuer wird nicht im Zeitpunkt der Kapitalmaßnahme erhoben, sondern erst bei der zukünftigen Veräußerung gegen Geldzahlung. Nach § 52a Abs. 10 S. 10 aF ist Abs. 4a erstmals auf nach dem 31.12.2008 zufließende Kapitalerträge anzuwenden. Durch das JStG 2010 wurde Abs. 4a S. 1 geändert und Abs. 4a S. 3 neu gefasst. 159

II. Anteilstausch (Abs. 4a S. 1, 2). Werden Anteile v. Körperschaften gegen Anteile an einer anderen Körperschaft getauscht, treten die übernommenen Anteile stl. an die Stelle der bisherigen Anteile, wenn das Besteuerungsrecht Deutschlands für die erhaltenen Anteile weiterhin bestehen bleibt. Die AK der hingegebenen Anteile werden in den neuen Anteilen fortgeführt („Fußstapfentheorie"). Zugleich wird verhindert, dass bei Anteilen, bei denen die bisher geltende Haltefrist v. einem Jahr bereits überschritten ist, die stillen Reserven wieder steuerverstrickt werden.[4] Die Besteuerung wird nach der Grundregel des Abs. 4a verschoben. Abs. 4a S. 1 ergänzt § 12 Abs. 2 KStG, der die Rechtsfolge des Abs. 4a S. 1 bereits bei der Verschmelzung ausländ. Körperschaften vorsieht. Abs. 4a S. 1 setzt voraus, dass die entspr. Vorgänge auf gesellschaftsrechtl. Maßnahmen beruhen, die v. den beteiligten Unternehmen ausgehen. Es wird zu Umtauschvorgängen auf freiwilliger Basis, zB auf Grund eines privatrechtl. Tauschvertrages zw. zwei Privatanlegern, abgegrenzt. Damit erfasst Abs. 4a S. 1 Verschmelzungen, Aufspaltungen und qualifizierte Anteilstauschvorgänge, die dem Anwendungsbereich des § 1 Abs. 1 Nr. 1, Abs. 3 UmwStG unterliegen.[5] Abs. 4a S. 1 galt zunächst nur für Anteile an Ges., die in Deutschland weder Geschäftsleitung noch Sitz haben. Der Gesetzgeber ist davon ausgegangen, dass in diesen Fällen die Kreditinstitute idR nicht in der Lage sind, den konkreten Veräußerungszeitpunkt sowie den Veräußerungspreis zu bestimmen, in Deutschland unbeschränkt stpfl. Ges. dagegen idR Kapitalmaßnahmen rechtzeitig ankündigen und stl. Informationen über die stl. Einordnung der Maßnahme liefern.[6] Durch das JStG 2010 wurde Abs. 4a S. 1 jedoch auf Inlandsbeteiligungen mit der Begründung erstreckt, es habe sich gezeigt, dass auch bei Inlandsbeteiligungen eine Besteuerung der Kapitalmaßnahmen unpraktikabel sei. Es würde nach § 43 Abs. 1a nur für die KapESt die Steuerneutralität fingiert und der Anleger müsste die Sachverhalte im Veranlagungsverfahren erklären.[7] Nach 160

1 BT-Drucks. 18/8739, 116.
2 *Bron*, DStR 2014, 353.
3 BT-Drucks. 16/10189, 66.
4 BT-Drucks. 16/11108, 20.
5 BT-Drucks. 16/11108, 20; zur Anwendbarkeit auf Spaltungsvorgänge: *Bron/Seidel*, BB 2010, 2599 (2600).
6 BT-Drucks. 16/11108, 20; BT-Drucks. 17/2249, 83; zur gemeinschaftsrechtlichen Problematik: *Bron/Seidel*, DStZ 2009, 268 (270).
7 BT-Drucks. 17/2249, 83.

Abs. 4a S. 1 darf hinsichtlich der erhaltenen Anteile (unabhängig v. dem Besteuerungsrecht an den eingetauschten Anteilen)[1] keine Einschränkung für das deutsche Besteuerungsrecht bestehen. Der Gesetzgeber orientiert sich insoweit an § 13 Abs. 2 S. 1 Nr. 1 und 2 UmwStG. Durch den Verweis auf Art. 8 der RL 90/434/EWG („Fusionsrichtlinie") wird der Anwendungsbereich der Regelung auch auf Fälle ausgedehnt, bei denen nach dem jeweils einschlägigen DBA das Recht der Besteuerung der Gewinne aus der Anteilsveräußerung dem ausländ. Staat zugewiesen wird (zB Art. 13 DBA – Tschechien).[2] Die übernommenen Anteile treten abweichend von Abs. 2 S. 1 „und den §§ 13 und 21 des UmwStG" an die Stelle der bisherigen Anteile. Abs. 4a S. 1 verdrängt § 13 UmwStG, der für Verschmelzungen und – über § 15 UmwStG – auch für Spaltungen gilt, dahingehend, dass es keines Antrags bedarf und automatisch die gehaltenen Anteile an die Stelle der wegfallenden Anteile treten.[3] Abs. 4a S. 1 weicht von § 21 UmwStG ab, indem er die Steuerneutralität auf Anteilseignerebene nicht davon abhängig macht, dass ein qualifizierter Anteilstausch iSd. § 21 UmwStG (die übernehmende Ges. erwirbt eine mehrheitsvermittelnde Beteiligung an der erworbenen Ges.) vorliegt.[4] Nach Abs. 7 gilt Abs. 4a allerdings nur, wenn Einkünfte aus KapVerm. vorliegen, dh. wenn die hingegebenen Anteile weder zu einem BV gehören noch eine qualifizierte Beteiligung iSv. § 17 darstellen.[5] Nach Abs. 4a S. 2 wird ein Ertrag iSv. Abs. 1 Nr. 1 angenommen, wenn der StPfl. zusätzlich zu den Anteilen eine Gegenleistung (Barkomponente) erhält. Diese ist der KapESt zu unterwerfen.[6] Nach der Rspr. des BFH stellt allerdings die Barzahlung anlässlich eines Tausches von Anteilen, die vor dem 1.1.2009 erworben wurden und bei denen bereits die einjährige Veräußerungsfrist gem. § 23 Abs. 1 S. 1 Nr. 2 aF abgelaufen war, in voller Höhe keinen steuerbaren Kapitalertrag iSv. § 20 Abs. 4a S. 2, Abs. 1 S. 1 Nr. 1 dar.[7] Fraglich ist, ob gezahlte Transaktionskosten als nachträgliche AK zu behandeln sind.[8] Die Barkomponente gilt als Ertrag iSd. Abs. 1 Nr. 1. Sofern es sich bei den Anteilen um Aktien handelt, kann der Ertrag damit nicht mit Verlusten aus Aktienveräußerungen verrechnet werden, obwohl es sich um eine Entschädigung für eine Aktie handelt.[9]

161 **III. Aktien-, Umtausch- und ähnliche Anleihen (Abs. 4a S. 3).** Bei Anleihen, bei denen der Anleger an Stelle der Zahlung eines Geldbetrags vom Emittenten die Lieferung v. Aktien oder anderen Wertpapieren des Emittenten (Wandelanleihen) oder nicht des Emittenten (Umtauschanleihen) verlangen kann, und bei Anleihen, bei denen der Emittent das Recht hat, an Stelle der Rückzahlung Wertpapiere anzudienen (Aktienanleihen), wird nach Abs. 4a S. 3 das Entgelt für den Erwerb der Forderung als Veräußerungspreis der Forderung und als AK der erhaltenen Wertpapiere angesetzt. Der Mehrwert zugunsten des Anlegers im Fall seines Wahlrechts und der Minderwert zu Lasten des Anlegers im Fall des Andienungsrechts des Emittenten bleibt zunächst unberücksichtigt.[10] Eingetretene Wertverluste „springen" allerdings auf die im Umtauschwege erhaltenen Aktien (oder sonstigen Wertpapiere) über. Veräußerungsverluste aus Aktien können nach Abs. 6 S. 5 aber nur mit Veräußerungsgewinnen aus Aktien verrechnet werden. Es kann sich deshalb eine Realisation vor dem Umtauschzeitpunkt anbieten. Umgekehrt können allerdings auch unrealisierte Gewinne in einen Aktiengewinn „überspringen".[11] Abs. 4a S. 3 idF des JStG 2009 setzte zunächst voraus, dass bei sonstigen Kapitalforderungen iSd. Abs. 1 Nr. 7 „der Inhaber das Recht hat, bei Fälligkeit anstelle der Rückzahlung des Nominalbetrags vom Emittenten die Lieferung einer vorher festgelegten Anzahl von Wertpapieren zu verlangen" oder der Emittent das Recht besitzt „bei Fälligkeit dem Inhaber an Stelle der Rückzahlung des Nominalbetrags eine vorher festgelegte Anzahl von Wertpapieren anzudienen". Der Gesetzgeber hat im JStG 2010 die Formulierung „an Stelle der Rückzahlung des Nominalbetrags" durch „an Stelle der Zahlung eines Geldbetrags" ersetzt und das Merkmal der „vorher festgelegten Anzahl von Wertpapieren" gestrichen. Er hat Abs. 4 S. 3 neu formuliert in der Absicht, seinen Anwendungsbereich auszuweiten. Es sollen durch die Neufassung insbes. auch Vollrisikozertifikate[12] mit Andienungsrecht erfasst werden, sofern die Regelungen zur Abgeltungsteuer bei ihnen Anwendung finden. Der Gesetzgeber ist da-

1 *Bron/Seidel*, DStZ 2009, 268 (271).
2 *Steinlein*, DStR 2009, 509 (510).
3 *Haritz*, FR 2010, 589 (590).
4 *Haritz*, FR 2010, 589 (591).
5 *Steinlein*, DStR 2009, 509 (510).
6 BT-Drucks. 16/11108, 20.
7 BFH v. 20.10.2016 – VIII R 10/13, BStBl. II 2017, 262 und v. 20.10.2016 – VIII R 42/13, BFH/NV 2017, 283 – hierzu auch *Bron*, DStR 2017, 762.
8 *Steinlein*, DStR 2009, 509 (511).
9 *Bron/Seidel*, DStZ 2009, 268 (270).
10 Zur Handhabung vor Einführung der Neuregelung: *Bron/Seidel*, DStZ 2009, 268 (273).
11 *Hahne/Krause*, DStR 2008, 1724 (1726).
12 Schuldverschreibungen, bei denen die Wertentwicklung von der Entwicklung eines Basiswertes, zB eines Indexes oder eines Aktienkorbs abhängig ist, und bei denen sowohl die Rückzahlung des Kapitals als auch die Erzielung von Erträgen unsicher ist.

von ausgegangen, dass die Voraussetzungen für eine Steuerneutralität in diesen Fällen nach Abs. 4a S. 3 aF nicht gegeben waren bzw. ihr Vorliegen nicht eindeutig war. Bei derartigen Kapitalanlagen sei bereits der Tatbestand der Lieferung einer „vorher festgelegten Anzahl von Wertpapieren" fraglich und der Tatbestand „an Stelle der Rückzahlung des Nominalbetrages" nicht erfüllt. Denn die Rückzahlung oder Andienung von Wertpapieren sei abhängig von der Wertentwicklung des Basiswerts.[1] Keine Anwendung findet Abs. 4a S. 3 auch nach seiner Neufassung durch das JStG 2010 auf die Lieferung oder Andienung von Wertpapieren über Termingeschäfte iSd. Abs. 2 S. 1 Nr. 3[2] oder von anderen WG als Wertpapieren (zB Rohstoffen)[3] sowie bei unbaren Tauschvorgängen iRv. Kapitalmarktmaßnahmen (zB Umtausch von Anleihen im Rahmen eines öffentl. Angebots), da es sich hier regelmäßig um auf freiwilliger Basis durchgeführte nachträglich vereinbarte Maßnahmen handelt.[4] Nach Abs. 4a S. 3 letzter HS gilt Abs. 4a S. 2 entspr., dh. erhält der Privatanleger neben Wertpapieren eine weitere Gegenleistung, insbes. einen Ausgleich von Bruchteilen oder eine teilweise Barteilung, so führt dies zu Einnahmen aus KapVerm. iSd. Abs. 1 Nr. 7.[5]

IV. Bezugsrechte (Abs. 4a S. 4). Erhöht eine AG, eine GmbH oder eine ausländ. KapGes. ihr Grund- bzw. 162
Stammkapital gegen Einlage, erwirbt der Anteilseigner durch Gewährung der Bezugsrechte einen Anspr. auf entgeltlichen Erwerb der neuen Anteile. Diese Bezugsrechte sind Bestandteil seines G'ter-Rechts und scheiden mit ihrer Zuteilung aus der Substanz der bisherigen Anteile aus. Die Kapitalerhöhung gegen Einlage in das Grund- bzw. Stammkapital führt zu einer Abspaltung der im bisherigen Anteil verkörperten Substanz und dementspr. zu einer Abspaltung eines Teils der ursprünglichen AK. Die bisherigen AK der Anteile vermindern sich um den Teil, der durch die Abspaltung auf die Bezugsrechte entfällt (Gesamtwertmethode).[6] Die Ermittlung v. Bezugsrechtswerten stellt die Kreditinstitute in vielen Fällen vor Probleme. Bei handelbaren Bezugsrechtswerten fehlt häufig am ersten Handelstag ein Kurs, auf dessen Grundlage die Berechnung nach der „Gesamtwerttheorie" erfolgen kann. Bei nicht handelbaren Bezugsrechten, für die ohnehin keine Kurse festgestellt werden können, besteht nur die Möglichkeit der rein rechnerischen Bezugsrechtswertermittlung. Eine besondere Unsicherheit besteht bei im Ausland stattfindenden Kapitalmaßnahmen, bei denen nur in seltenen Fällen ausreichende Informationen für deren zuverlässige Beurteilung nach deutschen stl. Grundsätzen vorliegen und eine zutr. Qualifikation und Bewertung v. Bezugsrechten erfolgen kann.[7] Abs. 4 S. 4 fingiert deshalb bei Bezugsrechten AK v. 0 Euro. Damit entspr. der Veräußerungserlös eines Bezugsrechts künftig dem Veräußerungsgewinn und die AK der Altaktien bleiben unverändert. Im Vergleich zur früheren Rechtslage wird die Besteuerung v. Bezugsrechten erheblich vereinfacht. Abs. 4a verhindert lediglich ein Überspringen v. Alt-AK auf das Bezugsrecht und auf die Neu-Anteile, beinhaltet nicht, dass die Ausübung des Bezugsrechts einen Gewinn iSd. Abs. 4 auslöst.[8] Abs. 4a trifft auch nur eine Regelung für die Bewertung der Substanzabspaltung aus den gehaltenen Anteilen. Wird ein Bezugsrecht v. einem Bezugsrechtsinhaber erworben, hat der Erwerber AK, die bei einer Veräußerung des Bezugsrechts zu berücksichtigen sind oder bei Ausübung des Bezugsrechts Teil der AK der neuen Anteile werden.[9] Wurde eine Aktie durch die Ausübung eines Bezugsrechts nach dem 31.12.2008 erworben, das Bezugsrecht aber von einer vor dem 1.1.2009 erworbenen und bereits steuerentstrickten Aktie abgespalten, sind die AK des Bezugsrechts entgegen § 20 Abs. 4a Satz 4 nicht mit 0 Euro, sondern in der tatsächlichen Höhe anzusetzen. Es dürfen stille Reserven, die wg. Ablaufs der Veräußerungsfrist des § 23 aF nicht mehr steuerbar waren, nicht erneut steuerverhaftet werden.[10] Problematisch ist, dass der Ansatz des Bezugsrechts mit 0 Euro bei einem späteren Verkauf der jungen und der alten – vor dem 1.1.2009 erworbenen – Aktien dazu führen kann, dass bei dem Verkauf der jungen Aktie ein Gewinn zu versteuern ist, während bei Veräußerung der Altaktie ein stl. nicht abzugsfähiger Verlust fingiert wird.[11] Da Abs. 4a nicht für Bezugsrechte bei qualifizierten Beteiligungen iSv. § 17 gilt, stellt sich für die Bank das Problem, dass der Kunde möglicherweise noch Aktien bei anderen Banken hält und damit Abs. 4a nicht anzuwenden ist.[12]

V. Zuteilung von Anteilen ohne gesonderte Gegenleistung (Abs. 4a S. 5). Für die Kreditinstitute ist 163
iRd. Abgeltungsteuer insbes. bei Auslandssachverhalten regelmäßig nicht zu erkennen, ob die Einbuchung zusätzlicher Anteile eine sofort steuerwirksame Sachausschüttung oder lediglich eine Kapitalrückgewähr

1 BT-Drucks. 17/2249, 84; *Bron/Seidel*, BB 2010, 2599 (2602).
2 *Haisch/Danz*, DStZ 2008, 392 (397); *Haisch/Elser/Krampe*, DStZ 2010, 394 (397).
3 *Bron/Seidel*, DStZ 2009, 268 (272); *Haisch/Elser/Krampe*, DStZ 2010, 394 (397).
4 *Haisch/Elser/Krampe*, DStZ 2010, 394 (397).
5 *Haisch/Elser/Krampe*, DStZ 2010, 394 (397); *Bron/Seidel*, BB 2010, 2599 (2602).
6 BFH v. 21.9.2004 – IX R 36/01, BStBl. II 2006, 12 = FR 2005, 444; BT-Drucks. 16/10189, 66.
7 BT-Drucks. 16/10189, 67.
8 BMF v. 18.1.2016, BStBl. I 2016, 85 Rn. 109 f.; *Meilicke*, DB 2010, 753.
9 *Bron/Seidel*, DStZ 2009, 268 (275).
10 BFH v. 9.5.2017 – VIII R 54/14, DB 2017, 1692.
11 *Meilicke*, DB 2009, 476; *Meilicke*, DB 2010, 753.
12 *Meilicke*, DB 2009, 476 (478).

darstellt. Entspr. gilt auch bei sog. „Spin-off"-Vorgängen. Denn die v. den Emittenten so bezeichneten Vorgänge können eine (steuerneutrale) Abspaltung (ein Unternehmen spaltet einen Teil seiner Aktivitäten auf eine neu gegründete Ges. ab und überträgt deren Anteile an die Aktionäre) oder eine (bislang stpfl.) Sachausschüttung (eine Ges. überträgt eine in ihrem Besitz befindliche Beteiligung auf die Anteilseigner) darstellen. Daher bestimmt S. 5 zur Vermeidung v. Veranlagungsfällen, dass im Zweifelsfall die Einbuchung v. Anteilen, ohne dass eine gesonderte Gegenleistung – zB in Form eines Tausches oder in Form v. Geldzahlungen – zu erkennen ist, zu einem Ertrag v. 0 Euro führt. Allerdings bedeutet dies auch, dass der Wert dieser Anteile mit AK v. 0 Euro anzusetzen ist. Damit wird – auch wenn der Kapitalertrag bei der Zuführung der Anteile zunächst nicht besteuert wird – eine vollständige Besteuerung der Vermögensmehrung beim StPfl. zum Zeitpunkt der Veräußerung erreicht.[1] Abs. 4 S. 5 setzt voraus, dass der auszahlenden Stelle die Ermittlung des Kapitalertrags nicht möglich ist. Bei inländ. Sachverhalten ist davon auszugehen, dass die Erträge durch entspr. Angaben der Emittenten zu ermitteln sein werden. Daher wird diese Vermutung idR bei Auslandsfällen Anwendung finden. Von dieser Vermutung ist jedoch nicht auszugehen, wenn das ausländ. Recht ein Wahlrecht zulässt, wonach unter Verzicht auf eine Bardividende der Bezug v. Freiaktien möglich ist. Bei diesen – ua. in den Niederlanden zulässigen – Sachverhaltsgestaltungen ist es den Kreditinstituten möglich, den stl. relevanten Kapitalertrag zu ermitteln.[2]

163a **VI. Abspaltung von Körperschaften (Abs. 4a S. 7).** Nach § 20 Abs. 4a S. 7 soll dann, wenn Vermögen einer Körperschaft durch Abspaltung auf andere Körperschaften übergeht, abweichend von S. 5 und § 15 UmwStG § 20a Abs. 4a S. 1 und 2 entspr. gelten. Es sollen bei Abspaltungen von Körperschaften die Anteile an der übernehmenden Ges. an die Stelle der Anteile an der übertragenden Ges. treten. Abweichend von §§ 13 und 15 UmwStG besteht kein Antragserfordernis für die Fortführung der AK. Die AK sind entspr. dem Umtauschverhältnis laut Spaltungsvertrag oder -plan aufzuteilen. Sofern dieser nicht bekannt ist, ist entspr. der bisherigen Praxis das rechnerische Splittingverhältnis maßgebend.[3] Die erhaltenen Anteile übernehmen den steuerlichen Status der Anteile an der übertragenden Ges.[4] § 20 Abs. 4a S. 7 hat damit die Fragestellung erübrigt, inwieweit Abs. 4a S. 1 auch Spaltungsvorgänge erfasst. Es war vor Einführung v. Abs. 4a S. 7 umstritten, ob das Tauschkriterium auch bei Abspaltungen erfüllt ist, wenn der Anteilseigner keine Anteile abgibt, sondern nur neue Anteile an dem Rechtsträger erhält, auf den das Vermögen des übertragenden Rechtsträgers abgespalten wird.[5]

164 **VII. Zeitpunkt von Kapitalmaßnahmen (Abs. 4a S. 6).** Abs. 4a S. 6 enthält eine Vereinfachungsregel zur Ermittlung des stl. relevanten Zeitpunkts einer Kapitalmaßnahme. Bei ausländ. Maßnahmen ist eine zuverlässige Ermittlung eines Stichtags für das Wirksamwerden einer Kapitalmaßnahme häufig nicht möglich, insbes., wenn in dem ausländ. Sitzstaat keine dem deutschen Recht vergleichbaren Publizitätspflichten bestehen. Im Hinblick auf die künftigen Steuerabzugsverpflichtungen und um eine konsistentere Ermittlung der Verbrauchsreihenfolge nach Fifo-Grundsätzen zu erreichen, wird bei Kapitalmaßnahmen auf den Zeitpunkt der Depoteinbuchung abgestellt.[6]

H. Zurechnung von Beteiligungserträgen auf den Anteilseigner (Abs. 5)

165 Nach Abs. 5 – der unverändert aus Abs. 2a aF übernommen wurde – erzielt Einkünfte aus KapVerm. iSd. Abs. 1 Nr. 1 und 2 der Anteilseigner und ist Anteilseigner derjenige, dem der Anteil iSd. Abs. 1 Nr. 1 im Zeitpunkt des Gewinnverteilungsbeschlusses zuzurechnen ist. Bei Beteiligungserträgen wird Kapital nicht zeitlich begrenzt überlassen, sondern endg. auf die KapGes. übertragen und die Dividende ist der Ertrag aus der vermögensmäßigen Beteiligung an der KapGes. Sie steht demjenigen zu, der im Zeitpunkt ihrer Abspaltung v. dem sonstigen Mitgliedschaftsrecht bezugsberechtigter G'ter ist. Veräußert der G'ter seine Beteiligung, so sind die Erträge dem Erwerber zuzurechnen, da er im Zeitpunkt des Gewinnverteilungsbeschlusses Anteilseigner ist. Der Veräußerer erzielt, wenn die Beteiligung zum BV gehört, einen nach §§ 13, 15 oder 18, er erzielt einen nach § 17 oder einen nach Abs. 2 Nr. 1 steuerbaren Veräußerungsgewinn. Veräußert der G'ter sein Stammrecht, behält aber den Anspr. auf den Gewinnanteil (ganz oder zeitanteilig) zurück, so sind die Einnahmen aus der Einlösung des Dividendenscheins ebenfalls dem Erwerber zuzurechnen.[7] Überträgt der G'ter nach dem Gewinnverteilungsbeschluss und vor dem Zufluss der Dividende seinen Dividendenanspruch, so ist ein Zufluss beim bisherigen Anspruchsinhaber anzunehmen.

1 BT-Drucks. 16/11108, 21.
2 BT-Drucks. 16/11108, 21.
3 BMF v. 18.1.2016, BStBl. I 2016, 85 Rn. 101, 115.
4 BR-Drucks. 302/12, 86.
5 Zu diesem Meinungsstreit: *Bron*, DStR 2014, 353 (354) mwN.
6 BT-Drucks. 16/11108, 21.
7 Zu den sich hieraus ergebenden Gefahren und Chancen: *Schuck*, DStR 1996, 371; *Pyszka*, DStZ 1996, 170.

Abs. 5 definiert den Begriff des Anteilseigners gem. den besonderen steuerrechtl. Zurechnungsvorschriften. Anteilseigner ist grds. derjenige, dem das Stammrecht zivilrechtl. zusteht. Hiervon abw. ist jedoch derjenige Anteilseigner, der das Stammrecht nach § 39 AO als wirtschaftlicher Eigentümer (Rn. 9), Treugeber (Rn. 9), Sicherungsgeber oder Eigenbesitzer innehat. Bei einem Wertpapierdarlehen übereignet der Darlehensgeber dem Darlehensnehmer Wertpapiere (zB Aktien) und erhält dafür neben der Kompensationszahlung (zum Ausgleich v. Ausschüttungen, Zinsen) eine Leihgebühr. Es liegt eine Nutzungsüberlassung im Wege eines Sachdarlehens (§ 607 Abs. 1 BGB) vor.[1] Der Darlehensnehmer hat bei Fälligkeit Wertpapiere gleicher Art, Güte und Menge zurückzuübereignen. Der Darlehensnehmer wird zivilrechtl. und wirtschaftlicher Eigentümer der Wertpapiere und muss die Wertpapiere in seiner Bilanz aktivieren. Das wirtschaftliche Eigentum kann ausnahmsweise beim Verleiher verbleiben, wenn die Gesamtwürdigung der Umstände des Einzelfalls ergibt, dass dem Entleiher lediglich eine formale zivilrechtliche Rechtsposition verschafft werden sollte.[2] Beim Darlehensgeber erfolgt nach hM (systematisch inkonsequent) im Hinblick auf den Charakter des Wertpapierdarlehens als bloße Nutzungsüberlassung keine Realisierung stiller Reserven. Es tritt an die Stelle der Wertpapiere die Forderung auf Rückübertragung von Wertpapieren gleicher Art, Güte und Menge, die mit dem Buchwert der hingegebenen Wertpapiere angesetzt wird.[3] Dividenden sind nach Abs. 5 dem Darlehensnehmer als zivilrechtl. und wirtschaftlichem Eigentümer zuzurechnen.[4] Beim Darlehensgeber sind die Kompensationszahlungen und die Leihgebühr stpfl.[5] Im KapESt-Abzugsverfahren ist nach Auffassung der FinVerw. § 43 Abs. 1 S. 4, der die Übertragung von Wertpapieren, die in einem Depot verwaltet werden, als Veräußerung fingiert, auch auf die Fälle der Wertpapierleihe anzuwenden. Bei einer entspr. Mitteilung könne der Vorgang auch als unentgeltliche Depotübertragung mit Meldung an das FA gem. § 43 Abs. 1 S. 5 und 6 abgewickelt werden. Wird das depotführende Kreditinstitut in den Lenkvorgang als Entleiher oder Verleiher eingeschaltet, so sei der Vorgang steuerlich neutral zu behandeln.[6] Bei Wertpapierpensionsgeschäften überträgt der Pensionsgeber dem Pensionsnehmer Wertpapiere nicht gegen Zahlung eines Nutzungsentgelts, sondern gegen Zahlung eines Kaufpreises. Der Pensionsnehmer hat die Wertpapiere zu einem im Voraus bestimmten oder vom Pensionsgeber zu bestimmenden Zeitpunkt gegen Zahlung eines Rückkaufpreises zurückzuübereignen. Nach Auffassung der FinVerw. geht das wirtschaftliche Eigentum nicht auf den Pensionsnehmer über. Der Pensionsgeber muss die Wertpapiere weiterhin in seiner Bilanz ausweisen.[7] Die Dividenden werden nach der Rspr. des BFH und Auffassung der FinVerw. allerdings – unabhängig vom wirtschaftlichen Eigentum – dem Pensionsnehmer als zivilrechtl. Eigentümer zugerechnet.[8] In der Literatur wird zwar (zu Recht) darauf hingewiesen, dass diese vom wirtschaftlichem Eigentum abw. Zurechnung dem Gesetzeswortlaut widerspreche.[9] Zur weiteren Anwendung der BFH-Rspr. wird jedoch (nicht überzeugend) auf die Gesetzesbegründung v. Abs. 2a aF verwiesen. Nach dieser habe lediglich das Konkurrenzverhältnis zw. Inhaber des Stammrechts und Inhaber des Dividendenscheins, nicht jedoch zw. wirtschaftlichem und rechtl. Eigentümer des Stammrechts geregelt werden sollen.[10] Beim Pensionsgeber sind die Kompensationszahlungen, wenn man die Dividenden dem Pensionsnehmer zurechnet, in gleicher Weise stpfl. wie beim Darlehensgeber eines Wertpapierdarlehens. Bei einer Zurechnung der Dividenden auf den Pensionsgeber wären die Kompensationszahlungen lediglich eine Weiterleitung der dem Pensionsgeber bereits zugerechneten Erträge. Unabhängig v. der zivilrechtl. Übertragung der Wertpapiere fallen Pensionsgeschäfte nicht unter den Begriff der „Veräußerung“ iSv. Abs. 2, sondern sind dem Bereich der Vermögensnutzung zuzurechnen.[11] 166

Abs. 5 S. 3 fingiert den Nießbraucher oder Pfandgläubiger als Anteilseigner, wenn ihm die Einnahmen iSv. Abs. 1 Nr. 1 oder 2 zuzurechnen sind. Diese Regelung läuft allerdings – da eine entspr. steuerrechtl. Zurechnung regelmäßig ausscheidet – weitgehend leer. Der Nießbrauch an einer Beteiligung, an einem Wert- 167

1 *Häuselmann*, FR 2010, 200.
2 BFH v. 18.8.2015 – I R 88/13, DStR 2016, 168 = FR 2016, 369; *Ditz/Tcherveniachki*, DB 2016, 615.
3 BMF v. 3.4.1990, DB 1990, 863; *Mühlhauser/Stoll*, DStR 2002, 1597; *Häuselmann/Wagner*, FR 2003, 331; *Häuselmann*, FR 2010, 200 (202).
4 *Rau*, DStR 2015, 2048 (2049 mwN); *Mühlhauser/Stoll*, DStR 2002, 1597 (1598); *Häuselmann*, FR 2010, 200 (201); vgl. allerdings BFH v. 16.4.2012 – I R 2/12, BFH/NV 2014, 1813 = FR 2014, 1041 = GmbHR 2014, 1209 zu wirtschaftlichem Eigentum bei cum/ex-Geschäften.
5 *Mühlhauser/Stoll*, DStR 2002, 1597 (1599).
6 BMF v. 18.1.2016, BStBl. I 2016, 85 Rn. 170f.; *Schmitt-Homann*, BB 2010, 351 (355).
7 OFD Ffm. v. 15.3.1995, BB 1995, 1081; **aA** *Häuselmann/Wagner*, FR 2003, 331 (334); *Häuselmann*, FR 2010, 200 (201).
8 BFH v. 29.11.1982 – GrS 1/81, BStBl. II 1983, 272 (275, 277); OFD Ffm. v. 17.5.2004, DStR 2004, 181; vgl. im Einzelnen *Häuselmann*, FR 2010, 200 (201 mwN).
9 D/P/M, § 20 Rn. 103; vgl. auch *Häuselmann*, FR 2010, 200 (201).
10 *Schmid/Stoll*, DStR 2001, 2137; *Mühlhauser/Stoll*, DStR 2002, 1597 (1600 mwN).
11 *Häuselmann*, FR 2010, 200 (203).

papier oder an einer Forderung rechtfertigt idR keine abw. Zurechnung der Erträge. Der Anteilseigner, Eigentümer oder Inhaber überlässt Kapital gegen Entgelt zur Nutzung und verwirklicht den Einkünfteerzielungstatbestand. Die Einräumung des Nießbrauchs ist als Vorausabtretung der künftigen Erträgnisansprüche zu werten.[1] Etwas anderes kann nur dann gelten, wenn der Nießbraucher sich selbst an einer KapGes. beteiligt oder Gläubiger einer Kapitalforderung wird. Der Nießbraucher muss zumindest „Teilrechtsnachfolger" des bisherigen Berechtigten in Bezug auf das KapVerm. werden.[2] Diese Grundsätze über die Zurechnung v. Erträgen im Falle des Nießbrauchs gelten unabhängig davon, ob der Nießbrauch entgeltlich oder unentgeltlich bestellt ist.[3] Allerdings ist bei einem entgeltlichen Nießbrauch dem Nießbrauchbesteller das gezahlte Entgelt schon nach Abs. 3, 2. Alt. anstelle der Erträge iSd. Abs. 1 zuzurechnen und dem Nießbraucher die Kapitalerträge als Einnahmen aus der Einziehung einer Forderung.[4] Die hM differenziert zw. dem Zuwendungs- und dem Vorbehaltsnießbrauch und rechnet die Kapitalerträge dem Vorbehaltsnießbraucher zu.[5] Die Gegenansicht weist allerdings zu Recht darauf hin, dass es nicht darauf ankommen könne, dass der Vorbehaltsnießbraucher idR selbst das Kapital angelegt habe. Zuwendungs- und Vorbehaltsnießbraucher unterschieden sich nur in den Rechten, die sie vor der Nießbrauchsbestellung besessen hätten.[6] Entscheidend dürfte sein, ob der Vorbehaltsnießbraucher Befugnisse zurückbehalten hat, welche die Annahme rechtfertigen, dass keine „Teilrechtsnachfolge" eingetreten ist und der Nießbrauchsbesteller weiterhin derjenige ist, der das Kapital zur Nutzung überlässt.

I. Ausgleich, Verrechnung und Abzug von Verlusten (Abs. 6)

168 **I. Grundsätzliches.** Abs. 6 regelt den Ausgleich negativer Einkünfte aus KapVerm. Abs. 6 S. 1–3 beschränkt den Ausgleich und Abzug v. negativen Einkünften aus KapVerm. auf die Einkunftsart KapVerm. Abs. 6 S. 4 lässt die Verrechnung v. Verlusten aus der Veräußerung v. Aktien nur mit Gewinnen aus Aktiengeschäften zu. Abs. 6 S. 5 stellt schließlich sicher, dass eine Verrechnung nur entweder iRd. KapESt-Abzugs nach § 43a Abs. 3 oder iRd. Veranlagung erfolgt.

169 **II. Ausgleich positiver Einkünfte aus Kapitalvermögen (Abs. 6 S. 1 aF).** Durch das Kroatien-AnpG[7] wurde der bisherige S. 1 des Abs. 6 gestrichen. Dieser regelte, dass verbleibende positive Einkünfte aus KapVerm. nach der Verrechnung iSd. § 43a Abs. 3 zunächst mit Verlusten aus privaten Veräußerungsgeschäften nach Maßgabe des § 23 Abs. 3 S. 9 und 10 zu verrechnen waren. § 23 Abs. 3 S. 9 aF bestimmte, dass Verluste aus privaten Veräußerungsgeschäften iSd. § 23 in der bis zum 31.12.2008 anzuwendenden Fassung abw. v. § 23 Abs. 3 S. 7 (Ausgleich v. Verlusten nur bis zur Höhe des Gewinns, den der StPfl. im gleichen Kj. aus privaten Veräußerungsgeschäften erzielt hat) auch mit Einkünften aus KapVerm. iSd. § 20 Abs. 2 ausgeglichen werden durften. Nach § 23 Abs. 3 S. 10 aF minderten sie abw. v. § 23 Abs. 3 S. 8 nach Maßgabe des § 10d auch die Einkünfte, die der StPfl. in den folgenden VZ aus § 20 Abs. 2 erzielte. Es konnten danach Verluste aus der Veräußerung v. KapVerm., aber auch aus der Veräußerung v. Immobilien vorgetragen werden. Diese Verluste konnten mit positiven Einkünften iSv. § 23 in späteren VZ, aber auch mit Einkünften iSv. Abs. 2 verrechnet werden.[8] Die Möglichkeit, Altverluste aus der Zeit vor Einführung der Abgeltungsteuer vorzutragen, war allerdings von vornherein zeitlich begrenzt worden. Sie bestand letztmals für den VZ 2013. Der Gesetzgeber hat deshalb § 23 Abs. 3 S. 9 und 10 sowie Abs. 6 S. 1 im Kroatien-AnpG v. 25.7.2014[9] aufgehoben.[10]

170–173 Einstweilen frei.

174 **III. Begrenzung des Verlustausgleichs und -abzugs auf die Einkunftsart (Abs. 6 S. 1–3).** Nach Abs. 6 S. 1–3 dürfen Verluste aus KapVerm. nur iRd. Einkunftsart Einkünfte aus KapVerm. ausgeglichen und vorgetragen werden.

175 **1. Verlustausgleichs- und Abzugsverbot (Abs. 6 S. 1).** Nach Abs. 6 S. 1 dürfen Verluste aus KapVerm. nicht mit Einkünften aus anderen Einkunftsarten ausgeglichen werden; sie dürfen auch nicht nach § 10d

1 BFH v. 14.12.1976 – VIII R 146/73, BStBl. II 1977, 115; v. 22.8.1990 – I R 69/89, BStBl. II 1991, 38; v. 17.10.2001 – I R 97/00, FR 2002, 277 m. Anm. *Pezzer* = BFH/NV 2002, 240.
2 *K/S/M*, § 20 Rn. B 48.
3 *K/S/M*, § 20 Rn. B 50.
4 *K/S/M*, § 20 Rn. B 50.
5 BMF v. 23.11.1983, BStBl. I 1983, 508; FG Düss. v. 15.2.2000 – 14 K 7410/96 E, EFG 2000, 676 mwN; *Korn*, DStR 1999, 1461 (1468); offen gelassen v. BFH v. 29.5.2001 – VIII R 11/00, BFH/NV 2001, 1393.
6 *K/S/M*, § 20 Rn. G 11.
7 G v. 25.7.2014, BGBl. I 2014, 1266.
8 Ausf. zu Abs. 6 S. 1 vgl. die 13. Aufl.
9 BGBl. I 2014, 1266.
10 BT-Drucks. 18/1529, 55 (53).

abgezogen werden. Der Gesetzgeber durchbricht damit die allg. estrechtl. Regeln über Verlustausgleich (§ 2 Abs. 3) und Verlustabzug (§ 10d). Er zieht die Konsequenz daraus, dass Einkünfte aus KapVerm. eine Schedule bilden und begrenzt den Verlustausgleich auf den Binnenbereich dieser Einkunftsart.[1] Allerdings sind trotz des WK-Abzugsverbots Verlustanteile des stillen G'ters weiterhin abzugsfähig (Rn. 84). Die Aufwendungen für ein Glattstellungsgeschäft mindern nach § 20 Abs. 1 Nr. 11, 2. HS die Einnahmen aus den Stillhalterprämien (Rn. 116). Es ist fraglich, ob ein vom Stillhalter gezahlter Barausgleich von den Stillhalterprämien abgezogen werden kann (Rn. 116a). Außerdem ist bei übersteigenden WK zu prüfen, ob eine Versteuerung der Einnahmen nicht wegen fehlender Einkünfteerzielungsabsicht entfällt (vgl. Rn. 114).[2]

2. Verlustvortragsgebot (Abs. 6 S. 2, 3). Nach Abs. 6 S. 2 mindern Verluste aus KapVerm. die Einkünf- 176
te, die der StPfl. in den folgenden VZ aus KapVerm. erzielt. Es erfolgt ein Verlustvortrag, allerdings kein Verlustrücktrag. Abw. v. der Regelung des § 10d ist der Verlustvortrag bei den Einkünften aus KapVerm. nicht durch die Sockelbeträge nach § 10d Abs. 2 S. 1 und 2 beschränkt. Der Gesetzgeber ist davon ausgegangen, dass iRd. „Verrechnungstopfes" eine § 10d Abs. 2 entspr. Beschränkung der Verlustverrechnung durch die Kreditinstitute nicht durchführbar ist und es daher geboten ist, StPfl. nicht zu benachteiligen, sofern sie die Verluste im Rahmen einer Veranlagung berücksichtigt haben möchten.[3] Nach Abs. 6 S. 4 ist § 10d Abs. 4 sinngemäß anzuwenden, dh. es ist der am Schluss eines VZ verbleibende Verlustvortrag gesondert festzustellen. Dabei ist zw. Verlusten aus Aktiengeschäften und Verlusten aus anderen Kapitalanlagen zu unterscheiden.

IV. Verluste aus privaten Veräußerungsgeschäften mit Aktien (Abs. 6 S. 4). Verluste aus KapVerm. 177
iSv. Abs. 2 S. 1 Nr. 1 S. 1, die aus der Veräußerung v. Aktien entstehen, dürfen nach Abs. 6 S. 4 nur mit Gewinnen aus KapVerm. iSd. Abs. 2 S. 1 Nr. 1 S. 1, die aus der Veräußerung v. Aktien entstehen, ausgeglichen werden; die S. 3 und 4 gelten sinngemäß, dh. die Verluste mindern entspr. positive Einkünfte folgender VZ. Es können Verluste aus der Veräußerung v. Aktien, die innerhalb des Kj. nicht verrechnet werden können, in die folgenden Kj. vorgetragen und mit Gewinnen aus zukünftigen Veräußerungsgeschäften im Veranlagungsverfahren verrechnet werden, sofern der StPfl. sich nicht für einen Verlustvortrag iRd. Verlustverrechnungstopfes gem. § 43a Abs. 3 bei seinem Kreditinstitut entscheidet und die Verluste vom zuständigen FA in sinngemäßer Anwendung des § 10d Abs. 4 festgestellt werden. Gewinne aus Aktiengeschäften können mit Verlusten aus anderen Kapitalanlagen iSv. § 20 verrechnet werden. Die Regelung wurde auf Vorschlag des Finanzausschusses eingeführt.[4] Nach dem Gesetzentwurf der BReg. waren Verluste aus privaten Veräußerungsgeschäften mit Aktien, bei denen die Anteile nach dem 31.12.2008 erworben wurden, verrechenbar mit lfd. Einkünften aus Beteiligungen (zB Dividendeneinkünften) und Einkünften aus anderem KapVerm. (zB Zinseinkünften). Der Finanzausschuss wollte mit der Einfügung v. Abs. 6 S. 4 „durch Spekulationsgeschäfte bedingte abstrakt drohende qualifizierte Haushaltsrisiken" verhindern (vgl. Rn. 42). Die Ausgleichbeschränkung aus Abs. 6 S. 4 gilt nur für Verluste aus der Veräußerung v. Aktien, nicht für Verluste aus der Veräußerung anderer Wertpapiere oder Finanzprodukte, zB v. GmbH-Anteilen, Investmentfondsanteilen, Zertifikaten und insbes. auch nicht für Finanzprodukte, die sich auf Aktien beziehen, wie zB Bezugsrechte, Aktien-, DAX- oder Basket-Zertifikate.[5] Der nur mittelbare Handel mit Aktien über besondere Finanzprodukte führt nicht dazu, dass ein Aktiengeschäft iSv. Abs. 6 S. 4 vorliegt.

V. Bescheinigung iSv. § 43a Abs. 3 S. 4 (Abs. 6 S. 5). Verluste aus KapVerm., die der KapESt „unterlie- 178
gen" (dh. wenn sie positiv wären, der KapESt unterlägen)[6], dürfen (außerhalb des Verrechnungstopfes) nur verrechnet werden oder die Einkünfte mindern, die der StPfl. in den folgenden VZ aus KapVerm. erzielt, wenn er eine Bescheinigung seines Kreditinstitutes iSd. § 43a Abs. 3 S. 4 vorlegt. § 43a Abs. 3 sieht vor, dass die auszahlende Stelle negative Kapitalerträge bis zur Höhe der positiven Kapitalerträge auszugleichen hat. Der nicht ausgeglichene Verlust ist auf das nächste Kj. zu übertragen. Auf Verlangen hat sie nach § 43a Abs. 3 S. 4 über die Höhe des nicht ausgeglichenen Verlustes eine Bescheinigung zu erteilen; der Verlustübertrag entfällt in diesem Fall. Abs. 6 S. 5 verlangt für die Verlustverrechnung und den Verlustvortrag nach § 20 Abs. 6 – und damit außerhalb des Verrechnungstopfes – die Vorlage der Bescheinigung nach § 43a Abs. 3 S. 4 und verhindert damit, dass die Verluste sowohl iRd. Verrechnungstopfes als auch zusätzlich bei der Veranlagung berücksichtigt werden. Erhält der StPfl. die Bescheinigung, wird der Verrechnungstopf nach § 43a Abs. 3 S. 4 2. HS geschlossen, die Verluste können bei der Veranlagung gel-

1 *Eckhoff*, FR 2007, 989 (990).
2 BFH v. 24.5.2011 – VIII R 3/09, BStBl. II 2012, 254 (zu Verzugszinsen als Einnahmen aus erzwungener Kapitalüberlassung).
3 BT-Drucks. 16/4841, 58.
4 BT-Drucks. 16/5491, 19.
5 *Dinkelbach*, DB 2009, 870 (873).
6 *H/H/R*, § 20 Anm. 619.

tend gemacht werden. Beantragt der StPfl. keine Bescheinigung, werden die Verluste im Verrechnungstopf berücksichtigt, nicht aber bei der Veranlagung.[1]

J. Verlustverrechnungsbeschränkung nach § 15b (Abs. 7)

179 Bis zum JStG 2007 ordnete Abs. 1 Nr. 4 aF an, dass auf Anteile des stillen G'ters am Verlust des Betriebs neben § 15 Abs. 4 S. 6–8 und § 15a auch § 15b sinngemäß anzuwenden sei. Das JStG 2007 hat die Verweisung auf § 15b nach § 20 Abs. 2b aF übernommen und auf sämtliche Einkünfte aus KapVerm. ausgedehnt. Diese Ausdehnung wurde damit begründet, Umgehungsgestaltungen seien in jüngster Zeit insbes. bei Kapitallebensversicherungen und sonstigen Kapitalforderungen jeder Art Abs. 1 Nr. 7) entwickelt worden.[2] Der Gesetzgeber dürfte hauptsächlich Gestaltungen vor Augen gehabt haben, bei denen der StPfl. in festverzinsliche WP investiert und die Investition hoch fremdfinanziert, oder Gestaltungen, bei denen die Kapitaleinnahmen erst nach Jahren fließen, zB bei Zerobonds, und in den ersten Jahren durch Inanspruchnahme eines Disagios und Zinsaufwand hohe Verluste entstehen.[3] Über diese Ausdehnung auf andere Einkünfte aus KapVerm. hinaus wurde in Abs. 2b S. 2 aF geregelt, dass ein vorgefertigtes Konzept iSv. § 15b Abs. 2 S. 2 auch vorliegt, wenn die positiven Einkünfte nicht der tariflichen ESt unterliegen, wenn zB Verluste zu einer Minderung des der progressiven ESt unterliegenden Einkommens führen, die späteren Einnahmen aber der Abgeltungsteuer unterliegen. Die Regelung des Abs. 2b aF wurde durch das UntStRefG 2008 unverändert nach Abs. 7 übernommen. Allerdings hat Abs. 7 an praktischer Bedeutung verloren, nachdem nunmehr nicht nur Abs. 6 den Ausgleich v. Verlusten mit positiven Einkünften anderer Einkunftsarten ausschließt, sondern auch Abs. 9 dem Abzug v. WK über den WK-PB hinaus entgegensteht. Nach OFD Münster ist § 15b unter den Voraussetzungen des § 15b Abs. 3 auf gezahlte Zwischengewinne (aus Investmentvermögen) und Stückzinsen mit der Folge anzuwenden, dass diese auch iRd. Kapitalertragsteuerabzugs erst im Jahr des Zuflusses der korrespondierenden Einnahmen verrechenbar sind.[4]

K. Verhältnis zu anderen Einkunftsarten (Abs. 8)

180 Abs. 8 ordnet die Subsidiarität der Einkünfte aus KapVerm. ggü. den Einkünften aus LuF, aus GewBetr., aus selbständiger Arbeit und aus VuV an, dh. § 20 tritt zurück, wenn die zu beurteilenden Einkünfte ihrer Art nach gleichzeitig den Tatbestand einer der genannten anderen Einkunftsarten erfüllen. Sind mehrere Einkunftsarten berührt, so ist die Einkunftsart maßgebend, die im Vordergrund steht und die Beziehungen zu den anderen Einkunftsarten verdrängt.[5] Abs. 8 wurde nahezu unverändert aus Abs. 3 aF übernommen. Es wurde lediglich der Verweis auf Abs. Abs. 1 und Abs. 2 durch den Verweis auf die Abs. 1, 2 und 3 ersetzt. Allerdings kommt der Abgrenzung zu anderen Einkunftsarten eine andere Bedeutung zu als in der Vergangenheit. Während in der Vergangenheit Veräußerungsgewinne und -verluste nur im Rahmen anderer Einkunftsarten, nicht iRd. Einkunftsart des § 20 erfasst wurden und bei gewerblichen Einkünften GewSt anfiel, unterliegen nunmehr Einkünfte aus KapVerm. – im Gegensatz zu Einkünften anderer Einkunftsarten – einem Steuersatz v. nur 25 %, ist eine Verlustverrechnung nur eingeschränkt möglich, sind WK bei lfd. Erträgen vom Abzug ausgenommen und werden Veräußerungsgewinne und -verluste – anders als bei Einkünften aus VuV – bei Einkünften aus KapVerm. erfasst. Da der Ausfall einer Darlehensforderung in der Vergangenheit iRd. Einkunftsart KapVerm. nicht berücksichtigt wurde, wurde versucht, bei Darlehen eines ArbN an den ArbG den Verlust iRd. Einkünfte aus nichtselbständiger Arbeit als WK geltend zu machen.[6] Nunmehr ist eine Berücksichtigung im Rahmen v. Einkünften aus KapVerm. grds. möglich, der Verlust allerdings – anders als bei Einkünften iSv. § 19 – nur eingeschränkt verrechenbar. Nach der Rspr. des BFH überschreitet der An- und Verkauf v. Wertpapieren dann den Rahmen einer privaten Vermögensverwaltung und es liegen Einkünfte aus GewBetr. vor, wenn die entfaltete Tätigkeit dem Bild eines „Wertpapierhandelsunternehmens" bzw. eines „Finanzunternehmens" vergleichbar ist.[7] Diese Abgrenzung war v. Bedeutung für die Frage der Steuerbarkeit der Gewinne bei längerer Haltedauer und vor allem für die Frage der Verrechenbarkeit v. Verlusten. Mit der Einführung der Abgeltungsteuer sind die Gewinne in jedem Fall steuerbar, gelten unterschiedliche Steuersätze und ist die Verrechenbarkeit v. Verlusten aus Aktiengeschäften iRd. Einkunftsart KapVerm. noch stärker eingeschränkt als zuvor. Zinsen aus Bausparguthaben wurden bisher nur als Einnahmen aus KapVerm. qualifiziert, solange das angesparte

1 BT-Drucks. 16/4841, 58.
2 BR-Drucks. 622/06, 82.
3 *Carlé*, KÖSDI 2007, 15594 (15596).
4 OFD Münster v. 13.7.2010, juris; zur Kritik: *Brandtner/Geiser*, DStR 2009, 1732.
5 BFH v. 22.3.1985 – VI R 170/82, BStBl. II 1985, 529 = FR 1985, 511.
6 Zu der Problemstellung vor Einführung von § 20 Abs. 2 grundlegend: BFH v. 7.2.2008 – VI R 75/06, BStBl. II 2010, 48 = FR 2008, 774 m. Anm. *Bode*.
7 BFH v. 30.7.2003 – X R 7/99, BStBl. II 2004, 408.

Kapital nicht in engem wirtschaftlichem Zusammenhang mit dem Erwerb oder der Herstellung eines Grundstücks oder Gebäudes steht, das zur Erzielung v. Einkünften aus VuV eingesetzt wird. Nunmehr führt die Umqualifizierung in Einkünfte aus VuV dazu, dass ein Verlust der Forderung nicht mehr berücksichtigungsfähig ist und die Zinsen nicht mehr mit 25 %, sondern mit dem progressiven Steuersatz besteuert werden. Im Steuerabzugsverfahren kann die auszahlende Stelle die Zuordnung zu den Einkünften aus nichtselbständiger Arbeit nicht vornehmen und wird deshalb KapESt einbehalten. Der StPfl. ist in diesen Fällen auf die Wahlveranlagung nach § 32d Abs. 4 angewiesen, um den Steuerabzug korrigieren zu lassen.

Einnahmen aus KapVerm., das im Rahmen einer gewerblichen Tätigkeit zum notwendigen oder gewillkürten BV oder Sonder-BV gehört, sind BE. Dabei kann auch schon die Kapitalüberlassung als solche als gewerbliche Betätigung zu qualifizieren sein. Wertpapiergeschäfte selbst in einem erheblichen Umfang gehören im Allg. zur privaten Vermögensverwaltung. Die Grenze zur gewerblichen Betätigung wird nur überschritten, wenn die Tätigkeit dem Bild entspricht, das nach der Verkehrsauffassung einen GewBetr. ausmacht oder andere bei einer privaten Vermögensverwaltung ungewöhnliche Verhaltensweisen vorliegen (ausf.: § 15 Rn. 131).[1] 181

Bei Beteiligungen im BV werden lfd. Erträge und Veräußerungsgewinne progressiv nach §§ 3 Nr. 40, § 3c Abs. 2 besteuert. Aufwendungen sind abziehbar, Verluste sind vertikal ausgleichsfähig. Bei Beteiligungen im PV ist zw. lfd. Erträgen und Veräußerungsgewinnen zu unterscheiden. Veräußerungsgewinne werden nach §§ 17, 3 Nr. 40, 3c Abs. 2 nach den Regeln des Teileinkünfteverfahrens besteuert, wenn die Beteiligung mindestens 1 % beträgt. Bei Beteiligungen unter 1 % erfolgt eine Besteuerung mit der Abgeltungsteuer. Laufende Erträge unterliegen der Abgeltungsteuer. Nach § 32d Abs. 2 Nr. 3 besteht allerdings die Möglichkeit einer Option zur Besteuerung nach den Regeln des Teileinkünfteverfahrens, wenn die Beteiligung mindestens 25 % beträgt oder mindestens 1 % beträgt und der Anteilseigner für die KapGes. beruflich tätig ist. 182

Wertpapiere können in das BV eines Arztes eingelegt und damit den Einkünften aus selbstständiger Arbeit iSv. § 18 zugeordnet werden. Es reicht allerdings für einen Zusammenhang mit dem freiberuflichen Bereich weder aus, dass die Wertpapiere aus betrieblichen Mitteln erworben worden sind, noch, dass sie in der Gewinnermittlung ausgewiesen sind, noch, dass sie als Sicherheit für betriebliche Schulden dienen. Den Einkünften aus selbstständiger Arbeit sind sie nur zuzurechnen, wenn sie als Hilfsgeschäft zur freiberuflichen Tätigkeit angesehen werden können. Ein solches Hilfsgeschäft kann zB vorliegen, wenn ein als Sicherheit für betriebliche Schulden verpfändetes Wertpapierdepot in seiner Verwendung so festgelegt ist, dass es aus Sicht der kreditgebenden Bank untrennbarer Bestandteil eines Finanzierungskonzepts für den freiberuflichen Bereich ist, das über die Verwendung des Depots als Kreditsicherheit hinausgeht.[2] 182a

(Verzugs-)Zinsen, die v. Mietern auf rückständige Mieten gezahlt werden, gehören zu den Einkünften aus VuV. Zinsen aus Bausparguthaben sind Einnahmen iSv. § 20, solange das angesparte Kapital nicht in engem wirtschaftlichem Zusammenhang mit dem Erwerb oder der Herstellung eines Grundstücks oder Gebäudes steht, das zur Erzielung v. Einkünften aus VuV eingesetzt werden soll. Zinsen aus der Anlage vereinnahmter Mieten gehören im Allg. zu den Einkünften aus KapVerm.[3] Eine „Reserve zur Finanzierung von Instandhaltungs- und Instandsetzungsmaßnahmen“ kann allerdings vorrangig der Aufrechterhaltung einer geordneten Vermietung und Verpachtung und lediglich nachrangig der Erzielung von Zinseinnahmen dienen, sodass der Schwerpunkt der wirtschaftlichen Veranlassung in der Bereitstellung von ständig verfügbarer Liquidität liegt.[4] 183

Abs. 3 enthält keine Bestimmung über das Verhältnis zu den Einkünften aus nichtselbständiger Arbeit und zu den Einkünften iSd. § 22. Insoweit ist die Abgrenzung „aus der Wesensart der jeweiligen Einkunftsart“ vorzunehmen.[5] Einkünfte aus KapVerm. sind v. den Einkünften aus nichtselbständiger Arbeit danach abzugrenzen, ob die Einnahmen oder WK durch die Kapitalüberlassung oder durch das Arbverh. veranlasst sind. Es entscheidet der engere und wirtschaftlich vorrangige Veranlassungszusammenhang. Es ist die Einkunftsart maßgebend, die im Vordergrund steht und die Beziehungen zu den anderen Einkunftsarten verdrängt.[6] Bei der Zuwendung eines ArbG an seinen ArbN liegt kein Arbeitslohn vor, wenn die Zuwendung wegen anderer Rechtsbeziehungen oder wegen sonstiger, nicht auf dem Dienstverhältnis beruhender Beziehungen zwischen ArbG und ArbN gewährt wird. Als derartige Sonderrechtsbeziehungen kommen insbes. entgeltlich auf Zeit übertragene Sachen oder Rechte in Betracht. Dazu gehören neben di- 184

1 BFH v. 6.3.1991 – X R 39/88, BStBl. II 1991, 631; FG Köln v. 18.1.2017 – 9 K 267/14, EFG 2017, 988 (Rev. X R 9/17).
2 BFH v. 17.5.2011 – VIII R 1/08, BStBl. II 2011, 862 = FR 2011, 1099 m. Anm. *Kanzler*.
3 BFH v. 15.3.2000 – I R 69/99, BStBl. II 2000, 355 = FR 2000, 771 = GmbHR 2000, 743.
4 FG Berlin-Bdbg. v. 6.1.2015 – 6 K 6190/12, EFG 2015, 815 (rkr.).
5 BFH v. 31.10.1989 – VIII R 210/83, BStBl. II 1990, 532 = FR 1990, 372.
6 BFH v. 25.11.2010 – VI R 34/08, BStBl. II 2012, 25; v. 7.2.2008 – VI R 75/06, BStBl. II 2010, 48 (50); v. 5.11.2013 – VIII R 20/11, BStBl. II 2014, 275 (277) = FR 2014, 426.

rekten Beteiligungen am Unternehmen des ArbG auch Darlehen der ArbN. Der Veräußerungsgewinn einer solchen Kapitalbeteiligung führt jedenfalls nicht allein deswegen zu Arbeitslohn, weil der Beteiligte oder der Darlehensgeber ArbN des Unternehmens war und der Abschluss der Verträge auch nur ArbN angeboten worden war. Ob ein Leistungsaustausch zwischen ArbG und ArbN den Einkünften aus nichtselbständiger Arbeit oder auf Grund einer Sonderrechtsbeziehung einer anderen Einkunftsart oder dem nichtsteuerbaren Bereich zuzurechnen ist, ist auf Grund einer in erster Linie der Tatsacheninstanz obliegenden tatsächlichen Würdigung zu entscheiden.[1] Verzugszinsen, die aufgrund einer verspäteten Auszahlung des Arbeitslohns geleistet werden, sind Einnahmen aus KapVerm. Gewährt der ArbN dem ArbG ein Darlehen, so sind die Zinsen hieraus grds. Einnahmen aus KapVerm. Dies schließt es allerdings nicht aus, den Ausfall eines Darlehens, das zur Sicherung eines Arbeitsplatzes gegeben wurde, als WK bei den Einkünften aus nichtselbständiger Arbeit zu berücksichtigen. Als Indiz für solche beruflichen Umstände gilt nach der Rspr. des BFH etwa der Umstand, dass ein außenstehender Dritter, insbes. eine Bank, kein Darlehen mehr gewährt hätte und daher jedenfalls nicht die Vermehrung des Geldkapitals zur Erzielung von Zinseinkünften im Vordergrund steht.[2] Bei dem Darlehen eines G'ter-Geschäftsführers einer GmbH ist bei der Darlehensgewährung zu prüfen, ob das Darlehen zur Erzielung von Einkünften aus KapVerm. in Form von Zinsen, aus gesellschaftsrechtlichen Gründen – und damit auch zur Erzielung von Einkünften aus KapVerm. – oder aber zur Sicherung des Arbeitsplatzes gewährt wurde und damit den Einkünften aus nicht selbstständiger Arbeit zuzuordnen ist. Außerdem ist zu prüfen, ob ein Darlehensverzicht zur Sicherung der verbleibenden Darlehensforderung aus gesellschaftsrechtlichen Gründen oder zur Erhaltung des Arbeitsplatzes erfolgt ist, selbst wenn das Darlehen zunächst aus anderen Gründen gewährt wurde.[3] Bei der Übernahme einer Bürgschaft durch einen G'ter-Geschäftsführer ist ebenfalls zu fragen, ob die Übernahme durch die G'ter-Stellung oder das Arbeitsverhältnis veranlasst ist. Regelmäßig dürfte die Übernahme weniger durch die berufliche Stellung, sondern eher durch die G'ter-Stellung begründet sein.[4] Das FG Köln hat Ausschüttungen aus Genussrechten eines ArbN am Unternehmen seines ArbG als Einkünfte aus nicht selbstständiger Arbeit und nicht als Einkünfte aus KapVerm. qualifiziert, da nur ArbN der Erwerb der Genussrechte möglich war, der Ertrag der Genussrechte im Wesentlichen vom Erfolg des ArbG abhing, das Ausscheiden des ArbN zur automatischen Kündigung des Genussrechtsverhältnisses führte, die erzielte Rendite weit über den Renditemöglichkeiten am Kapitalmarkt lag und die Verzinsung völlig unbestimmt war.[5] Zahlungen eines G'ter-Geschäftsführers aufgrund einer Haftungsinanspruchnahme nach § 69 AO sind regelmäßig durch das Arbverh. veranlasst, da die Haftung auf der Stellung als Geschäftsführer, nicht auf der als G'ter beruht. Erwirbt ein ArbN Ges.-Anteile an seiner ArbG'in, um damit eine höher dotierte Position zu erlangen, und finanziert er den Erwerb mit einem Darlehen, sind die Darlehenszinsen regelmäßig WK bei den Einkünften aus KapVerm., nicht bei den Einkünften aus nichtselbständiger Arbeit.[6] Der Veräußerungsgewinn aus einer Kapitalbeteiligung an einem Unternehmen führt nicht allein deshalb zu Einkünften aus nichtselbstständiger Arbeit, weil die Kapitalbeteiligung von einem ArbN des Unternehmens gehalten und nur ArbN angeboten worden war.[7] Kann ein ArbN die v. seinem ArbG erworbenen Genussrechte nur dadurch verwerten, dass er sie nach Ablauf der Laufzeit an diesen veräußert, und hängt die Höhe des Rückkaufswerts der Genussrechte davon ab, wie das Anstellungsverhältnis endet, handelt es sich bei dem Überschuss aus dem Rückverkauf der Genussrechte um Einkünfte aus nicht selbstständiger Arbeit gem. § 19 Abs. 1 S. 1 Nr. 1 iVm. § 8 Abs. 1. Der geldwerte Vorteil fließt dem ArbN zu dem Zeitpunkt zu, in dem ihm das Entgelt für die Rücknahme der Genussrechte ausgezahlt wird.[8]

185 Durch das JStG 2009 wurde in Abs. 8 S. 2 angefügt, dass Abs. 4a „insoweit keine Anwendung findet". Der Gesetzgeber wollte damit deutlich machen, dass allein in den Fällen, in denen die Anteile im PV gehalten werden und der Anteilseigner nicht zumindest zu 1 % iSd. § 17 beteiligt ist, die Sonderregelung des Abs. 4a Anwendung findet. Denn nur bei diesen Anteilen gelten die Regelungen zur Abgeltungsteuer, deren Erhebung Abs. 4a vereinfachen soll.[9]

---

1 BFH v. 20.5.2010 – VI R 12/08, BStBl. II 2010, 1069 (1070) = FR 2011, 192.

2 BFH v. 10.1.2014 – VI R 57/13, BStBl. II 2014, 850; v. 25.11.2010 – VI R 34/08, BStBl. II 2012, 25 (zu § 20 idF vor dem UntStRefG 2008); v. 17.9.2009 – VI R 24/08, BStBl. II 2010, 198 = FR 2010, 239 m. Anm. *Bergkemper*; v. 7.2. 2008 – VI R 75/06, BStBl. II 2010, 48; FG Nds. v. 23.2.2011 – 9 K 45/08, DStR 2012, 729 (Verlust einer Einlage im Rahmen einer stillen Beteiligung; rkr.); vgl. allerdings Rn. 180.

3 BFH v. 25.11.2010 – VI R 34/08, BStBl. II 2012, 24.

4 BFH v. 16.11.2011 – VI R 97/10, BStBl. II 2012, 343 = FR 2012, 277 m. Anm. *Bergkemper*.

5 FG Köln v. 21.9.2011 – 12 K 2152/09, EFG 2012, 234 (bestätigt durch BFH v. 21.10.2014 – VIII R 44/11, BStBl. II 2015, 593, soweit revisionsrechtl. nicht zu beanstandende Tatsachenwürdigung durch das FG erfolgte).

6 BFH v. 5.4.2006 – IX R 111/00, BStBl. II 2006, 654 = FR 2006, 838; vgl. auch § 3c Rn. 45 „Geschäftsführungskosten".

7 BFH v. 17.6.2009 – VI R 69/06, BStBl. II 2010, 69 = FR 2010, 136 m. Anm. *Bergkemper*.

8 BFH v. 5.11.2013 – VIII R 20/11, BStBl. II 2014, 275 = FR 2014, 426.

9 BT-Drucks. 16/11108, 21.

L. Sparer-Pauschbetrag und Werbungskosten-Abzugsverbot (Abs. 9)

I. Pauschbetrag von 801 Euro und Abzugsverbot (Abs. 9 S. 1). Abs. 9 S. 1, 1. HS sieht vor, dass bei der Ermittlung der Einkünfte aus KapVerm. ein Sparer-PB v. 801 Euro abzuziehen ist.[1] Der Gesetzgeber hat den bisherigen Sparerfreibetrag v. 750 Euro und den bisherigen WK-PB v. 51 Euro in einem einheitlichen Sparer-PB v. 801 Euro zusammengefasst. Er hat davon abgesehen, den PB auf einen glatten Betrag abzurunden, um den Banken die erheblichen Kosten, die mit der Umstellung auf die neuen Freibeträge verbunden gewesen wären, zu ersparen. Der Ansatz der tatsächlichen WK ist ausgeschlossen.[2] Dies ist verfassungsgemäß und gefestigte Rspr. des BFH.[3] Der Gesetzgeber wollte mit dem Sparer-PB die WK in den unteren Einkommensgruppen und bei niedrigeren Kapitaleinnahmen typisierend abgelten. Bei den oberen Einkommensgruppen ist er davon ausgegangen, dass mit dem relativ niedrigen Proportionalsteuersatz v. 25 % die WK mit abgegolten seien.[4] Vom Abzug ausgenommen sind damit nicht nur WK wie Vermögensverwaltungsgebühren, sondern auch Zinsen für eine Fremdfinanzierung der Kapitalanlage. Es erfolgt – eingeschränkt durch den WK-PB – eine Bruttobesteuerung der Einnahmen aus KapVerm. Zugelassen ist allerdings nach Abs. 4 S. 2 ein Abzug der Aufwendungen, die in unmittelbarem sachlichen Zusammenhang mit dem Veräußerungsgeschäft stehen (vgl. Rn. 150) mit der Folge, dass nicht abzugsfähige lfd. Aufwendungen in stl. zu berücksichtigende geminderte Veräußerungsgewinne oder Veräußerungsverluste transformiert werden können (zB bei „Hebel-Fonds", bei denen die Finanzierungsaufwendungen auf die Fonds-Ebene verlagert werden).[5] Es werden im Rahmen v. Abs. 1 Nr. 6 bei Lebensversicherungen v. den Versicherungsleistungen die Beiträge und im Rahmen v. Abs. 1 Nr. 11 v. den Einnahmen aus Stillhaltergeschäften die Aufwendungen für die Glattstellung abgezogen. Nach Abs. 4 S. 5 werden die Aufwendungen abgezogen, die im unmittelbaren sachlichen Zusammenhang mit dem Termingeschäft stehen. Außerdem räumt § 32d Abs. 2 Nr. 3 die Möglichkeit ein, zum Teileinkünfteverfahren zu optieren und das WK-Abzugsverbot zu vermeiden, wenn die Beteiligung mindestens 25 % beträgt oder mindestens 1 % beträgt und der Anteilseigner für die KapGes. beruflich tätig ist. 186

II. Gemeinsamer Sparer-Pauschbetrag bei Ehegatten (Abs. 9 S. 2–3). Abs. 9 S. 2 entspr. der bisherigen Regelung des Abs. 4 S. 2. Anstelle des bisherigen gemeinsamen Sparerfreibetrags v. 1 500 Euro wird ein Sparer-PB v. 1 602 Euro gewährt. Nach Abs. 9 S. 3 ist – entspr. der bisherigen Regelung des Abs. 4 S. 3 für den gemeinsamen Sparerfreibetrag – der gemeinsame Sparer-PB bei der Einkunftsermittlung bei jedem Ehegatten je zur Hälfte abzuziehen; sind die Kapitalerträge eines Ehegatten niedriger als 801 Euro, so ist der anteilige Sparer-PB insoweit, als er die Kapitalerträge dieses Ehegatten übersteigt, bei dem anderen Ehegatten zu berücksichtigen. 187

III. Begrenzung des Sparer-Pauschbetrags (Abs. 9 S. 4). Der Sparer-PB und der gemeinsame Sparer-PB werden betragsmäßig begrenzt auf die Höhe der nach Maßgabe des Abs. 6 verrechneten Kapitalerträge. Der Sparer-PB soll keine negativen Kapitaleinkünfte begründen. Die Formulierung „und nach Maßgabe des Abs. 6 verrechneten" wurde auf Vorschlag des Finanzausschusses eingefügt. Er wollte damit dem v. ihm vorgeschlagenen Verlustausgleichsverbot des Abs. 6 S. 5 bei Verlusten aus der Veräußerung v. Aktien Rechnung tragen. Da aufgrund dieser Ausgleichsbeschränkung positive Zinseinkünfte nicht durch Verluste aus Aktiengeschäften ausgeglichen werden könnten, sondern zu versteuern seien, sei es geboten, bei diesen tatsächlich zu versteuernden Zinseinkünften auch den vollen Sparer-PB anzusetzen. Mit der Ergänzung v. Abs. 9 S. 4 werde erreicht, dass nur der Saldo der verrechenbaren Kapitalerträge für die Bemessung des Sparer-PB maßgeblich sei.[6] Die Begrenzung auf die Höhe der „um eine abzuziehende ausländ. Steuer geminderten" Beträge, die durch das UntStRefG 2008 normiert worden war, wurde durch das JStG 2009 gestrichen. Da ausländ. Steuern auf Kapitalerträge ausschließlich durch Anrechnung auf die deutsche Steuer berücksichtigt würden, könne der Fall einer abzuziehenden ausländ. Steuer nicht vorkommen.[7] 188

---

1 Zur Forderung, den Sparerfreibetrag an die Inflationsrate zu koppeln: *Haas*, DStR 2014, 567.
2 Zur Geltung auch bei der „Günstigerprüfung" BFH v. 28.1.2015 – VIII R 13/13, BStBl. II 2015, 393.
3 BFH v. 2.12.2014 – VIII R 34/13, BStBl. II 2015, 387; v. 1.7.2014 – VIII R 53/12, BStBl. II 2014, 975; v. 28.2.2018 – VIII R 41/15, BStBl. II 2018, 478.
4 BT-Drucks. 16/4841, 57.
5 *Dinkelbach*, DB 2009, 870 (871).
6 BT-Drucks. 16/5491, 18 f.
7 BT-Drucks. 16/10189, 67.

f) Vermietung und Verpachtung (§ 2 Absatz 1 Satz 1 Nummer 6)

§ 21 [Einkünfte aus Vermietung und Verpachtung]

(1) [1]Einkünfte aus Vermietung und Verpachtung sind

1. **Einkünfte aus Verwaltung und Verpachtung von unbeweglichem Vermögen, insbesondere von Grundstücken, Gebäuden, Gebäudeteilen, Schiffen, die in ein Schiffsregister eingetragen sind, und Rechten, die den Vorschriften des bürgerlichen Rechts über Grundstücke unterliegen (z.B. Erbbaurecht, Mineralgewinnungsrecht);**
2. **Einkünfte aus Verwaltung und Verpachtung von Sachinbegriffen, insbesondere von beweglichem Betriebsvermögen;**
3. **Einkünfte aus zeitlich begrenzter Überlassung von Rechten, insbesondere von schriftstellerischen, künstlerischen und gewerblichen Urheberrechten, von gewerblichen Erfahrungen und von Gerechtigkeiten und Gefällen;**
4. **Einkünfte aus der Veräußerung von Miet- und Pachtzinsforderungen, auch dann, wenn die Einkünfte im Veräußerungspreis von Grundstücken enthalten sind und die Miet- oder Pachtzinsen sich auf einen Zeitraum beziehen, in dem der Veräußerer noch Besitzer war.**

[2]§§ 15a und 15b sind sinngemäß anzuwenden.

(2) [1]Beträgt das Entgelt für die Überlassung einer Wohnung zu Wohnzwecken weniger als 66 Prozent der ortsüblichen Marktmiete, so ist die Nutzungsüberlassung in einen entgeltlichen und einen unentgeltlichen Teil aufzuteilen. [2]Beträgt das Entgelt bei auf Dauer angelegter Wohnungsvermietung mindestens 66 Prozent der ortsüblichen Miete, gilt die Wohnungsvermietung als entgeltlich.

(3) Einkünfte der in den Absätzen 1 und 2 bezeichneten Art sind Einkünften aus anderen Einkunftsarten zuzurechnen, soweit sie zu diesen gehören.

§§ 82a, 82b, 82g und 82i EStDV; vom Abdruck wurde abgesehen

Literatur: *Beck*, Ortsübliche Miete bei möblierten Wohnungen, Grundeigentum 2018, 864; *Beiser*, Kursverluste aus Fremdwährungskrediten bei Vermietung und Verpachtung – eine Kritik an der Rechtsprechung des BFH, DStZ 2018, 86; *Berninghaus*, Ertragsteuerliche Folgen der Rückabwicklung einer Beteiligung an einer vermögensverwaltenden KG, DStR 2014, 624; *Bleschick*, Einkünfteerzielungsabsicht auch bei Vermietungsverhältnissen zwischen Arbeitnehmer und Arbeitgeber, EStB 2018, 372; *Brehm*, Die Einkünfteerzielungsabsicht bei den Einkünften aus Vermietung und Verpachtung, SteuerStud 2009, 127; *Brill*, Nachträglicher Schuldzinsenabzug und Vorfälligkeitsentschädigung bei VuV, EStB 2014, 345; *Bruschke*, Mietverträge zwischen nahen Angehörigen, DStZ 2017, 732; *Bührer*, Die einkunftsartenübergreifende Verlustverrechnung nach § 15a EStG, DStR 2015, 1546; *Delp/Ronig*, Sharing Economy, erweiterte Geschäftsmodelle und Besteuerung, DB 2018, 1296; *Dorn*, Möglichkeiten und Probleme der sinngemäßen Anwendung des § 15a EStG auf vermögensverwaltende Personengesellschaften, DStR 2015, 1598; *Eckert*, Fiktive Gewinne bei einem geschlossenen Immobilienfonds, DB 2011, 1055; *Gemeinhardt*, Verträge unter nahen Angehörigen – steuerliche Anerkennung, BB 2012, 739; *Günther*, Nießbrauch und andere Nutzungsrechte bei Einkünften aus Vermietung und Verpachtung, EStB 2013, 427; *Haase*, Abgrenzungsfragen bei der Zuordnung von Aufwendungen zu laufenden Einnahmen oder Veräußerungsgewinnen, FR 2016, 159; *Haenicke*, „Drittaufwand" und „erweiterter" Eigenaufwand, DStZ 2006, 793; *Heuermann*, Steuervereinfachung bei verbilligtem Vermieten – Neue Blicke durch die „alten Löcher", DStR 2011, 2082; *Heuermann*, Können wir auf die Überschusserzielungsabsicht verzichten?, DStZ 2010, 825; *Heuermann*, Zuordnung von Erwerbsaufwand bei verschiedenen immobilen Wirtschaftsgütern, DB 2009, 1558; *Heuermann*, Irritationen über einen alten Rechtsgrundsatz – Verträge zwischen nahe stehenden Personen ohne zivilrechtliche Wirksamkeit?, DB 2007, 1267; *Heuermann*, Die Erwerbsgerichtetheit von Einkünften aus Vermietung und sonstigen Leistungen, DStR 2005, 1338; *Heuermann*, Objektivierung eines subjektiven Tatbestandsmerkmals: Die Einkünfteerzielungsabsicht bei Vermietung und Verpachtung in der deutschen und österreichischen Rechtsordnung, DStZ 2004, 9; *Heuermann*, Vermieten als unangemessenes Gestalten durch gegenläufige Rechtsgeschäfte auf der Nutzungsebene, StuW 2004, 124; *Hilbertz*, Vermietungseinkünfte steuerlich optimieren, NWB 2012, 222; *Holste* genannt *Göcke*, § 21 Abs. 1 S. 2 EStG: Die sinngemäße Anwendung von § 15a EStG, DStR 2016, 1246; *Hutmacher*, Ferienobjekte (Ferienhäuser und -wohnungen) und Einkünfte aus Vermietung und Verpachtung, ZNotP 2014, 130; *Jachmann/Schallmoser*, Berücksichtigung von nachträglichen Schuldzinsen bei den Einkünften aus Vermietung und Verpachtung, DStR 2011, 1245; *Jäger*, Die steuerliche Behandlung der Rückabwicklung von Schrottimmobilien, DStR 2011, 155; *Klein/Wösthoff*, Berücksichtigung von Steuervorteilen bei Rückabwicklung einer Immobilienfondsbeteiligung, DB 2015, 2256; *Krauß*, Steuerrechtliche Implikationen von Mietverhältnissen unter nahen Angehörigen, DStZ 2017, 476; *Kußmaul/Kloster*, Sharing Economy: Versteuerung der privaten Wohnraum(unter)vermietung im Zwielicht?, DStR 2016, 1280; *Leisner-Egensperger*, Zulässigkeit von Überschussprognosen bei Vermietungen?, DStZ 2010, 790; *Meyer/Ball*, Schuldzinsen als nachträgliche Werbungskosten bei den Einkünften aus Vermietung und Verpachtung – Trendwende des BFH, DStR 2012, 2260; *Middendorf/Rickermann*, Sinngemäße Anwendung des § 15a EStG bei vermögensverwaltenden Personengesellschaften, BB 2015, 929; *Müller, Christian Johannes*, Einnahmeverzicht im Einkommensteuerrecht – insbesondere durch verbilligte Wohnungsüberlassung an nahe Angehörige, 2009; *Naujok/Hamacher*, Neue Entwicklungen im Immobilien-Steuerrecht, ZfIR 2018, 469; *Neufang/Körner*, Gebäude auf fremden Grund und Boden versus Drittaufwand, BB 2010, 1503; *Paus*, Modernisierungsmaßnahmen vor Verkauf oder Selbstnutzung einer vermieteten Wohnung, DStZ 2005, 454; *Paus*, Absicht der Einkünfteerzielung bei leer stehenden Räumen: Umbau erforderlich?, DStZ 2010, 23; *Paus*, Nachträgliche Schuldzinsen: Unterbrechung des Veranlassungszusammenhangs bei Wegfall der Vermietungsabsicht, DStZ 2014, 580; *Paus*, Anerkennung von Verlusten bei der Vermietung unter Angehörigen, FR 2016, 212; *Pezzer*, Vermietung und Verpachtung – eine strukturell defizitäre Einkunftsart, in: GS für Christoph Trzaskalik, 2005, 239; *Ruhlmann*, Steuerliche Probleme bei der Flüchtlingsunterbringung, ZfIR 2016, 689; *Sauren*, Beiträge zur Instandhaltungsrücklage nach dem WEG direkt abzugsfähig?, DStR 2006, 2161; *Schallmoser*, Ein paar Gedanken zu nachträglichen Schuldzinsen bei den Einkünften aus Vermietung und Verpachtung, in: FS Spindler, S. 739; *Schallmoser*, Neues zu Immobilien im Einkommensteuerrecht, DStR 2013, 501; *Schallmoser*, Aktuelle Rechtsprechung zum Leerstand von Wohnimmobilien, SteuK 2013, 353; *Scheffler/Blank*, Die Immobilie im Steuerrecht - Ableitung einer Gesamtsteuerbelastung, DStR 2018, 1381; *Schießl*, Schuldzinsenabzug bei den Einkünften aus Vermietung und Verpachtung, SteuerStud 2008, 422; *Schießl*, Gestaltungsmissbrauch (§ 42 AO) bei den Einkünften aus Vermietung und Verpachtung, SteuerStud 2007, 403; *Schießl*, Die Vorfälligkeitsentschädigung als Finanzierungskosten eines neu erworbenen Objekts?, DStZ 2007, 466; *Schmitz-Herscheidt*, Die Surrogationsbetrachtung des BFH beim Schuldzinsabzug nach nicht steuerbarer Veräußerung einer zuvor vermieteten Immobilie, FR 2014, 625; *Söffing*, Der abgekürzte Vertragsweg DStZ 2007, 147; *Spindler*, Einkünfteerzielungsabsicht bei Vermietung und Verpachtung, DB 2007, 185; *Spindler*, Zur Einkünfteerzielungsabsicht bei den Einkünften aus Vermietung und Verpachtung, FS Korn, 2005, 165; *Stein*, Praxisprobleme des Nachweises der Vermietungsabsicht bei leer stehenden Immobilien, DStR 2009, 1079; *Stein*, Einkünfteerzielungsabsicht und Werbungskostenabzug bei verbilligter Wohnraumvermietung an Angehörige, DStZ 2011, 80; *Stein*, Gesetzgebungsvorbehalt einer unwiderleglichen Vermutung, DStZ 2011, 442; *Stein*, Rechtsfolgen verbilligter Wohnraumvermietung, DStZ 2012, 19; *Stöber*, Die subjektübergreifende Einkünfteerzielungsabsicht, FR 2017, 801; *Stuhrmann*, Nachträgliche Werbungskosten bei den Einkünften aus Vermietung und Verpachtung, DStR 2005, 726; *Talaska/Cremers*, Auskunftsersuchen an „Airbnb": Sind Selbstanzeigen noch möglich?, DB 2018, 1824; *Thiele*, Die ertragsteuerliche Behandlung von Ferienimmobilien in der Praxis, FR 2017, 904; *Thürmer*, Die Rechtsprechung des Bundesfinanzhofs zur Ermittlung der Einkünfte aus Vermietung und Verpachtung bei Ferienwohnungen, in: FS Spindler, S. 833; *Tiedtke/Möllmann*, Zivilrechtliche Wirksamkeit als Voraussetzung der steuerlichen Anerkennung von Verträgen zwischen nahen Angehörigen, DStR 2007, 1940; *Trossen*, Vorfälligkeitsentschädigung keine Werbungskosten bei den Einkünften aus Vermietung und Verpachtung, NWB 2014, 2316; *Zipfel/Pfeffer*, Verträge unter nahen Angehörigen, BB 2010, 343.

A. Grundaussagen der Vorschrift

1 Abs. 1 regelt die Einkünfte, die ein StPfl. aus der **zeitlich begrenzten entgeltlichen Überlassung zum Gebrauch oder zur Nutzung v. unbeweglichen Gegenständen** des PV oder damit zusammenhängenden Rechten erzielt. Abs. 2 enthält eine Sonderregelung für die Ermittlung der Einkünfte bei einer teilentgeltlichen Wohnungsüberlassung. Abs. 3 regelt das Verhältnis zu anderen Einkunftsarten. § 21 Abs. 1 erfasst nicht die Einkünfte aus der VuV v. beweglichen Gegenständen; diese werden nach § 22 Nr. 3 S. 1 besteuert (§ 22 Rn. 66). Im Hinblick auf den vermieteten Gegenstand ergänzen sich daher § 21 und § 22 Nr. 3, soweit die Einkünfte nicht nach einer anderen Einkunftsart steuerbar sind (vgl. § 21 Abs. 3).

2 Die durch § 21 hauptsächlich geregelte VuV v. Immobilien ist dadurch gekennzeichnet, dass idR ein Vermögenszuwachs allenfalls langfristig und unter Berücksichtigung der (nichtsteuerbaren) Wertsteigerungen der Immobilie erreicht werden kann. Steuerrechtl. kommt es daher **typischerweise** auch über längere Zeiträume zu teilw. beachtlichen **negativen Einkünften**. Fragen der Einkünfteerzielungsabsicht (Rn. 11), der Verträge zw. nahen Angehörigen (Rn. 19) und der Zurechnung v. Einkünften (Rn. 26) spielen wegen dieses Charakters der Einkunftsart eine besondere Rolle. Das Wesen als Verlusteinkunftsart führt zu Steuergestaltungen bei Verlustzuweisungsgesellschaften (§ 2b), Steuerstundungsmodellen (§ 15b) und Bauherrenmodellen (Rn. 54). Nicht zu Unrecht wird daher aus Gründen der Steuergleichheit und der Steuersystematik[1] gefordert, die **Veräußerungsgewinne in die Besteuerung einzubeziehen**.[2] Die Besteuerung privater Veräußerungsgeschäfte innerhalb v. zehn Jahren (§ 23) ist ein Schritt in die richtige Richtung. Lediglich wohnungsbaupolitische Gründe dürften es rechtfertigen, Wertsteigerungen des Erwerbsvermögens auch nach diesem Zeitraum nicht zu besteuern.

B. Einkünfte aus Vermietung und Verpachtung

3 **I. Tatbestand der Einkünfteerzielung. 1. Regelung.** § 21 regelt die entgeltliche Überlassung v. unbeweglichen Vermögensgegenständen zum Gebrauch oder zur Nutzung an Dritte. Erwerbsgrundlage (§ 2 Rn. 53) sind die in Abs. 1 S. 1 Nr. 1–4 geregelten Gegenstände des PV und die dort geregelten Rechte. Den objektiven **Tatbestand** der Einkunftsart VuV **verwirklicht, wer die rechtl. oder tatsächliche Macht hat, eines der in Abs. 1 genannten WG anderen entgeltlich auf Zeit zur Nutzung zu überlassen**; er muss Träger der Rechte und Pflichten aus einem Miet- oder Pachtvertrag sein.[3] Auch wenn Grundlage der Verfügungsbefugnis häufig das Eigentum ist, ist es nicht erforderlich, dass der StPfl. bürgerlich-rechtl. oder wirtschaftlicher Eigentümer des Vermietungsobjektes ist.[4] Der StPfl. erzielt alleine dadurch Einkünfte aus VuV, dass er den jeweiligen Gegenstand der VuV einem anderen entgeltlich zur Nutzung überlässt (zur Zurechnung der Einkünfte Rn. 26). Der Tatbestand des Abs. 1 erfasst die Überlassung eines Gegenstandes zur zeitlich begrenzten Nutzung, nicht aber andere Verwertungen der in Abs. 1 S. 1 Nr. 1–4 geregelten Güter und Rechte. Die Einkünfte werden durch Überschussrechnung (§§ 8, 9) ermittelt, wobei der Verlustausgleich und -abzug eingeschränkt sein kann (§ 21 Abs. 2, § 15a, § 15b).

4 **2. Abgrenzungsfragen.** Die vielfältigen Nutzungs- und Verwertungsmöglichkeiten v. unbeweglichem Vermögen werfen Abgrenzungsfragen gegenüber Veräußerungsgeschäften, gegenüber Leistungseinkünften iSv. § 22 Nr. 3 und gegenüber nicht steuerbaren Einnahmen auf.

5 **a) Abgrenzung zu Veräußerungsgeschäften.** § 21 erfasst Einkünfte aus der Nutzungsüberlassung an einen anderen. Ein Veräußerungsgeschäft liegt dagegen vor, wenn ein Vermögensgegenstand gegen Entgelt auf einen Dritten übertragen wird (vgl. auch § 23 Rn. 14). § 21 setzt voraus, dass der Eigentümer oder Nutzungsberechtigte des Vermietungsobjektes zumindest einen Teil seiner Herrschaftsgewalt behält oder zurückerhält. Entgelte, die dafür erbracht werden, dass ein Vermögensgegenstand in seiner Substanz endg. aufgegeben wird, werden weder v. § 21 Abs. 1 noch v. § 22 Nr. 3 erfasst.[5] Wird ein Gegenstand des PV übertragen, kann die Veräußerung unter den Voraussetzungen des § 23 steuerbar sein. § 21 und § 23 schließen sich wechselseitig aus.[6] So sind Einnahmen aus außerhalb der Veräußerungsfrist getätigten Finanztermingeschäften iSd. § 23 Abs. 1 S. 1 Nr. 4 aF einkommensteuerrechtlich nicht schon deshalb den Einkünften aus VuV zuzurechnen, weil die den Einnahmen zugrunde liegenden Geschäfte ursprünglich

---

1 *Drüen* weist auf den Zusammenhang mit der AfA hin: *K/S/M*, § 21 Rn. A 41.
2 ZB *Tipke*, Steuerrechtsordnung, Bd. II, 2. Aufl. 2003, 716 mwN.
3 BFH v. 27.1.1993 – IX R 269/87, BStBl. II 1994, 615; v. 31.10.1989 – IX R 216/84, BStBl. II 1992, 506 mwN; v. 30.6.1999 – IX R 83/95, BFH/NV 2000, 118; v. 21.1.2014 – IX R 10/13, BFH/NV 2014, 836.
4 BFH v. 28.3.1995 – IX R 126/89, BStBl. II 1997, 121; v. 23.10.1984 – IX R 48/80, BStBl. II 1985, 453; v. 24.4.1990 – IX R 9/86, BStBl. II 1990, 888; v. 15.5.1990 – IX R 21/86, BStBl. II 1992, 67.
5 BFH v. 4.9.1996 – XI R 20/96, BFH/NV 1997, 336.
6 Bei den Aufwendungen gibt es kein Wahlrecht; vielmehr kommt es auf den Veranlassungszusammenhang an. Vgl. *Haase*, FR 2016, 159.

der Absicherung des Risikos steigender Zinsen iZ mit der Finanzierung von AK fremdvermieteter Immobilienobjekte dienten.[1]

Für die Abgrenzung einer Nutzungsüberlassung gegenüber einem Veräußerungsgeschäft ist nicht die zivilrechtl. Qualifikation entscheidend.[2] Es kommt vielmehr darauf an, welches **wirtschaftliche Ergebnis** der StPfl. herbeiführen will. Ermöglicht der Eigentümer einem Dritten die Hebung v. Bodenschätzen auf seinem Grundstück (sog. **Substanzausbeuteverträge**)[3] ist daher die entscheidende Frage, ob wirtschaftlich eine Nutzungsüberlassung oder eine Veräußerung vorliegt.[4] Eine **Nutzungsüberlassung** liegt in aller Regel vor, wenn der Eigentümer einem Dritten das Grundstück vorübergehend zum Zwecke des Abbaus der Bodenschätze überlässt. Nur in besonderen Ausnahmefällen können Ausbeuteverträge als Kaufverträge und damit als (außerhalb des § 23 Abs. 1 S. 1 Nr. 1) nicht steuerbare Veräußerungsvorgänge angesehen werden.[5] Unerheblich ist, ob dem Substanzabbau zivilrechtl. ein obligatorisches oder dingliches Rechtsgeschäft zugrunde liegt.[6] Auch wenn die Vertragsparteien dem Substanzausbeutevertrag einen Kaufvertrag zugrunde legen, handelt es sich idR um eine Nutzungsüberlassung, wenn das Eigentum an dem Grundstück nicht endg. übertragen wird.[7] Das Entgelt aus dem Verkauf eines bodenschatzführenden Grundstücks gehört ebenfalls zu den Einkünften aus VuV, wenn die Auslegung der Bestimmungen des Kaufvertrages ergibt und/oder aus außerhalb des Vertrages liegenden Umständen zu ersehen ist, dass die Parteien keine dauerhafte Eigentumsübertragung, sondern eine zeitlich begrenzte Überlassung zur Substanzausbeute anstreben.[8] Dies gilt auch dann, wenn über Verkauf und Rückübertragung zwei getrennte Verträge abgeschlossen werden oder vereinbart wird, dass die Rückübertragungsverpflichtung entfällt, sofern sie zur Versteuerung des „Kaufpreises" führt, diese Zusatzvereinbarung dem FA aber nicht rechtzeitig offenbart wird.[9] Soll das Grundstück nach der Ausbeute an einen Dritten übertragen werden, kann es sich ebenfalls um einen Pachtvertrag handeln.[10] Eine **Ausnahme** gilt nur dann, wenn nicht die Nutzungsüberlassung des Grundstücks, sondern der **Verkauf der Bodenschätze** im Vordergrund steht. Dies setzt idR den Abbau der Bodenschätze durch den Eigentümer in eigener Regie voraus. Bei einem Substanzausbeutevertrag kann jedoch ausnahmsweise ein Kaufvertrag über Bodenschätze vorliegen, wenn es sich um die **einmalige Lieferung** einer **fest abgrenzbaren Menge** handelt.[11] Auch die unwiederbringliche Veräußerung einer Salzabbaugerechtigkeit kann eine Veräußerung darstellen.[12] Ob und inwieweit bei Substanzausbeuteverträgen eine zeitlich begrenzte, unter Abs. 1 S. 1 Nr. 1 fallende entgeltliche Nutzungsüberlassung des Grundstücks oder ausnahmsweise eine entgeltliche, aber stfreie Übertragung v. Bodensubstanz gegeben ist, hat das FG als Tatsacheninstanz zu beurteilen.[13] 6

Die Abgrenzung zw. Nutzungsüberlassung und Veräußerungsgeschäft kann auch bei **Mietkaufverträgen** oder Leasing-Geschäften eine Rolle spielen.[14] Bei einer Verbindung v. Mietvertrag und Kaufvertrag kommt es darauf an, ob es sich bei den „Mietzahlungen" nach ihrem wirtschaftlichen Gehalt um Kaufpreisraten handelt.[15] **Leasingverträge** sind idR den Mietverträgen zuzuordnen. Etwas anderes kann gelten, wenn der Leasing-Vertrag nach einer Gesamtbetrachtung als Ratenkaufvertrag zu bewerten ist. Schwierigkeiten können sich ergeben, wenn das wirtschaftliche Eigentum (§ 39 AO) am Leasingobjekt dem Leasingnehmer zugeordnet wird.[16] In diesen Fällen sollte das wirtschaftliche Eigentum auch für die Unterscheidung zw. Veräußerungsgeschäft und Nutzungsüberlassung herangezogen werden. 7

b) Abgrenzung gegenüber sonstiger Verwertung von unbeweglichem Vermögen. Die Nutzungsüberlassung ist nicht nur gegenüber Veräußerungsgeschäften, sondern auch gegenüber anderen Gegenleistungen im Zusammenhang mit unbeweglichem Vermögen abzugrenzen. § 21 setzt voraus, dass das unbe- 8

1 BFH v. 13.1.2015 – IX R 13/14, BStBl. II 2015, 827; dazu *Watrin/Riegler*, FR 2015, 1049.
2 *K/S/M*, § 21 Rn. B 36.
3 Vgl zu diesen Fragen: *Stahl*, FS Streck, S. 233 ff.
4 Zur Bedeutung des wirtschaftlichen Gehalts bei Sandausbeuteverträgen: BFH v. 28.9.2010 – IX B 65/10, BFH/NV 2011, 43; zur Veräußerung einer Salzabbaugerechtigkeit: BFH v. 11.2.2014 – IX R 25/13, BStBl. II 2014, 566.
5 BFH v. 24.10.2012 – IX R 6/12, BFH/NV 2013, 907.
6 *K/S/M*, § 21 Rn. B 36.
7 StRspr. BFH v. 5.10.1973 – VIII R 78/70, BStBl. II 1974, 130; v. 30.10.1967 – VI 331/64, BStBl. II 1968, 30; zur Verfassungsmäßigkeit dieser Rspr.: BVerfG v. 10.2.1987 – 1 BvR 482/86, BB 1987, 598; v. 3.6.1992 – 1 BvR 583/86, HFR 1993, 36.
8 BFH v. 21.7.1993 – IX R 9/89, BStBl. II 1994, 231.
9 BFH v. 24.11.1992 – IX R 30/88, BStBl. II 1993, 296.
10 BFH v. 25.6.1985 – IX R 60/82, BFH/NV 1985, 74.
11 BFH v. 21.7.1993 – IX R 9/89, BStBl. II 1994, 231; v. 12.12.1969 – VI R 197/67, BStBl. II 1970, 210.
12 BFH v. 11.2.2014 – IX R 25/13, BStBl. II 2014, 566.
13 BFH v. 11.2.2014 – IX R 25/13, BStBl. II 2014, 566; v. 6.5.2003 – IX R 64/98, BFH/NV 2003, 1175.
14 *K/S/M*, § 21 Rn. B 40 ff.
15 BFH v. 5.11.1957 – I 221/56 U, BStBl. III 1957, 445.
16 Vgl. zum Leasing: BMF v. 9.1.1996, BStBl. I 1996, 9; v. 23.12.1991, BStBl. I 1992, 13; v. 9.6.1987, BStBl. I 1987, 440.

wegliche Vermögen zum Gebrauch oder zur Nutzung überlassen wird. Dem Eigentümer können jedoch auch andere Zahlungen zufließen, die für die Belastung oder für den endg. Rechtsverlust des Grundstücks gezahlt werden. Ein Entgelt kann als Einnahme aus VuV zu beurteilen sein, wenn es nach seinem wirtschaftlichen Gehalt als Gegenleistung für die Nutzung eines Grundstücks des PV darstellt.[1] Demgegenüber ist die Hinnahme einer Gebrauchsminderung des Grundstücks, ohne dass einem Dritten eine Nutzung eingeräumt wird, keine VuV iSd. des § 21 Abs. 1 S. 1 Nr. 1.[2] Weder v. § 21 Abs. 1 S. 1 Nr. 1 noch v. § 22 Nr. 3 erfasst werden Entgelte im Rahmen einer privaten Veräußerung oder eines veräußerungsähnlichen Vorgangs. Bei hoheitlichen Eingriffen fehlt es an einer steuerbaren Leistung (§ 22 Rn. 66).

9 Die entgeltliche Gestattung, eine Kanalleitung mit Kanalschacht auf dem Grundstück zu verlegen und zu unterhalten, führt angesichts eines miet- oder pachtähnlichen Verhältnisses zu **Einkünften aus VuV**, wobei es unerheblich ist, ob die Verpflichtung für dauernd eingegangen wird und das Entgelt in einer einmaligen Leistung besteht.[3] Steuerbar nach Abs. 1 S. 1 Nr. 1 ist die Vergütung und die Pauschalentschädigung, die ein Landwirt v. einem Erdölunternehmen dafür erhält, dass er ihm die Aussolung der unter seinem Grundbesitz liegenden Salzstöcke und die dadurch entstehenden unterirdischen Hohlräume als behälterlose Tiefspeicher zur zeitlich nicht begrenzten Lagerung v. Erdöl überlässt.[4] Eine Entschädigung, die für die **Überspannung** eines zum PV gehörenden Grundstücks mit einer Hochspannungsleitung gezahlt wird, gehört jedenfalls dann nicht zu den steuerbaren Einkünften, wenn es sich um eine endgültige Beschränkung der Eigentümerbefugnisse handelt, weil eine Rückübertragung der erworbenen Rechte ausgeschlossen ist.[5] Ob eine **Dienstbarkeit** zu einer Nutzung berechtigt oder den Eigentümer zur Unterlassung einer bestimmten Nutzung verpflichtet und welche Leistung bei einer Dienstbarkeit mit einem gemischtem Inhalt der Gesamtleistung das Gepräge gibt, ist unter Berücksichtigung des wirtschaftlichen Gehalts nach dem gesamten Inhalt der getroffenen Vereinbarungen zu bestimmen.[6] Liegt kein Nutzungsverhältnis vor oder überwiegt der Leistungscharakter, kommt die Anwendung des § 22 Nr. 3 oder die Nichtsteuerbarkeit unter dem Gesichtspunkt des veräußerungsähnlichen Vorgang in Betracht (s. die Kasuistik bei § 22 Rn. 66f.).

10 Im Hinblick auf die Abgrenzungsschwierigkeiten wird vertreten, unter Abs. 1 S. 1 Nr. 1 jede ökonomische Verwertung v. unbeweglichem Vermögen zu subsumieren, die nicht in ein Übertragungsgeschäft mündet.[7] Eine solche Auslegung wäre zwar möglicherweise wünschenswert, ließe sich aber nicht mehr mit den Begriffen VuV vereinbaren, denen der Gedanke der Nutzungsüberlassung zugrunde liegt. Auch würde eine solche Auslegung lediglich Abgrenzungsschwierigkeiten zw. § 21 und § 22 Nr. 3 beheben, nicht aber die Abgrenzung zu einer Verwertung im Vermögensbereich, die keine entgeltliche Verwertung am Markt darstellt.

11 **3. Einkünfteerzielung. a) Voraussetzungen.** Voraussetzung für die Einkünfteerzielung ist, dass die Tätigkeit oder Vermögensnutzung objektiv darauf gerichtet ist, auf Dauer gesehen ein positives Ergebnis zu erzielen (Einkünfteerzielungsabsicht; § 2 Rn. 57).[8] Dementspr. fällt auch eine Vermietungstätigkeit nur dann unter die Einkunftsart VuV, wenn der Vermieter die Absicht hat, **auf Dauer einen Totalüberschuss** der Einnahmen über die WK zu erwirtschaften.[9] Der Entschluss der Einkünfteerzielung muss endg. gefasst sein.[10] Maßgeblich ist die Einkünfteerzielungsabsicht des jeweiligen StPfl., der den Handlungstatbestand der Vermietung verwirklicht; eine Zurechnung der Einkünfteerzielungsabsicht eines Rechtsvorgängers, von dem das Vermietungsobjekt entgeltlich erworben worden ist, findet nicht statt.[11] Die Einkünfteerzielungsabsicht ist eine **innere Tatsache**, die nur anhand äußerlicher Merkmale beurteilt werden kann.[12] Lässt sich zB nach einem längeren Zeitraum nicht absehen, ob und ggf. wann das Objekt iRd. Einkunftsart

1 BFH v. 20.7.2018 – IX R 3/18, BFH/NV 2018, 1266 – Zurverfügungstellung eines eigenen Grundstücks zum Zwecke der ökologischen Aufwertung zu einer Ausgleichs-/Ersatzfläche; v. 17.5.1995 – X R 64/92, BStBl. II 1995, 640 mwN der Rspr.; v. 19.4.1994 – IX R 19/90, BStBl. II 1994, 640 – befristete Einräumung einer beschränkt persönlichen Dienstbarkeit.

2 BFH v. 12.9.1985 – VIII R 306/81, BStBl. II 1986, 252.

3 BFH v. 4.9.1996 – XI R 20/96, BFH/NV 1997, 336.

4 BFH v. 14.10.1982 – IV R 19/79, BStBl. II 1983, 203.

5 BFH v. 2.7.2018 – IX R 31/16, BStBl. II 2018, 759; aus der früheren Rspr.: BFH v. 19.4.1994 – IX R 19/90, BStBl. II 1994, 640 (VuV); s. aber die Abgrenzung in BFH v. 17.5.1995 – X R 64/92, BStBl. II 1995, 640 – kein Nutzungsverhältnis.

6 BFH v. 17.5.1995 – X R 64/92, BStBl. II 1995, 640.

7 *K/S/M*, § 21 Rn. B 47 und B 274.

8 Zusammenfassend zu den Einkünften aus VuV: *Spindler*, DB 2007, 185; BFH v. 5.9.2000 – IX R 33/97, BStBl. II 2000, 676; v. 31.1.2017 – IX R 23/16, BFH/NV 2017, 897.

9 BFH v. 25.6.1984 – GrS 4/82, BStBl. II 1984, 751 (766); vgl. auch das ausf. Schr. des BMF v. 8.10.2004, BStBl. I 2004, 933; dazu *Fleischmann*, DB 2005, 67.

10 BFH v. 21.9.2000 – IX B 75/00, BFH/NV 2001, 585.

11 BFH v. 22.1.2013 – IX R 13/12, BStBl. II 2013, 533; *Stöber*, FR 2017, 801 (807), zum Fall der unentgeltlichen Rechtsnachfolge.

12 BFH v. 25.6.1984 – GrS 4/82, BStBl. II 1984, 751; vgl. auch *Plücker*, FS Spindler, S. 703 ff.

genutzt werden wird, spricht dies gegen die Absicht, Einkünfte aus VuV zu erzielen.[1] Die Einkünfteerzielungsabsicht ist bei allen Tatbestandsalternativen des § 21 zu prüfen, also auch bei der Vermietung v. Sachinbegriffen gem. Abs. 1 S. 1 Nr. 2.[2] Teilweise wird in der Literatur vertreten, dass Überschüsse bei Vermietungen nicht angestrebt werden müssen, Langzeitprognosen nicht zulässig seien und in einer Marktwirtschaft auch nicht möglich seien.[3] Hiergegen spricht, dass das Erzielen von Einkünften in allen Einkunftsarten voraussetzt, dass der Steuerpflichtige auf Dauer ein positives Ergebnis anstrebt und nur so eine gleichmäßige Besteuerung nach der Leistungsfähigkeit erreicht werden kann.[4] Die Einkünfteerzielungsabsicht ist bei Abs. 1 S. 1 Nr. 1 **objektbezogen** und damit grds. für jede einzelne Immobilie unabhängig von der zivilrechtlichen Zuordnung gesondert zu prüfen.[5]

Die Einkünfteerzielungsabsicht besteht bei einer leer stehenden Wohnung, solange der StPfl. sich ernsthaft und nachhaltig um eine Vermietung bemüht, selbst wenn er die Wohnung zugleich zum Verkauf anbietet.[6] Sobald ein nicht vermietetes Grundstück verkauft ist, besteht keine Einkünfteerzielungsabsicht mehr.[7] Der Abbruch eines Gebäudes steht der Annahme der Einkünfteerzielungsabsicht nicht entgegen, wenn das Grundstück mit einer neuen Bebauung nach wie vor vermieten will.[8] Sie erfordert grds. eine in die Zukunft gerichtete und langfristige Beurteilung. Bei bebauten Grundstücken ist eine abschließende (negative) Beurteilung der Vermietungsabsicht mit Rücksicht auf den bloßen Zeitablauf regelmäßig erst dann nicht zu beanstanden, wenn ein Mietvertrag über mehr als zehn Jahre nicht zustande gekommen ist. Bei einem unbebauten Grundstück muss dieser Zeitrahmen im Hinblick auf die vor der Vermietung erforderliche Bebauung großzügiger gehandhabt werden.[9] Für die Einkunftsart VuV besteht die Besonderheit, dass im Regelfall zu Beginn jahrelang WK-Überschüsse getragen werden müssen und je nach Umfang der Fremdfinanzierung erst nach sehr langen Zeiträumen ein positives Gesamtergebnis aus der Vermögensnutzung realisiert werden kann.[10] Für den **Leerstand von Wohnimmobilien** hat der BFH eine differenzierte Rspr. entwickelt.[11] Bei einer nach Herstellung, Anschaffung oder Selbstnutzung leerstehenden Wohnung muss der StPfl. die Einkünfteerzielungsabsicht erkennbar aufgenommen haben, damit er die entspr. Aufwendungen als (vorab entstandene) WK abziehen kann.[12] Dies setzt **ernsthafte und nachhaltige Vermietungsbemühungen** voraus. Sind die Vermietungsbemühungen nicht erfolgreich, muss der StPfl. sein Verhalten anpassen, nach Vermarktungswegen suchen, seine Vermietungsbemühungen zB durch Einschaltung eines Maklers intensivieren oder Zugeständnisse bei der Ausgestaltung des Mietverhältnisses machen. Nach einer vorangegangenen dauerhaften Vermietung einer Wohnimmobilie besteht die Einkünfteerzielungsabsicht indiziell weiter, solange nicht aus objektiven Umständen geschlossen werden muss, dass die Einkünfteerzielungsabsicht aufgegeben wurde.[13] Lässt sich bei einem längeren Leerstand nicht feststellen, dass sich der StPfl. um die Vermietung bemüht, kann daraus geschlossen werden, dass die Einkünfteerzielungsabsicht aufgegeben wurde. Bei einem **langfristigen strukturellen Leerstand** besteht zwar die Einkünfteerzielungsabsicht zunächst weiter. Allerdings kann ein besonders langer Leerstand auch bei ernsthaften und nachhaltigen Vermietungsbemühungen dazu führen, dass die Einkünfteerzielungsabsicht ohne Verschulden des StPfl. wegfällt. Davon ist auszugehen, wenn der StPfl. die Wohnung aufgrund fehlender Marktgängigkeit oder aus tatsächlichen oder rechtlichen Gründen dauerhaft nicht in einen betriebsbereiten Zustand versetzen kann, oder wenn aus anderen Gründen das Objekt in absehbarer Zeit nicht wieder vermietet werden kann, also ein **objektives Vermietungshindernis** besteht.[14] 11a

---

1 BFH v. 11.8.2010 – IX R 3/10, BStBl. II 2011, 166; v. 21.12.2010 – IX B 117/10, BFH/NV 2011, 598.
2 BFH v. 28.10.2008 – IX R 51/07, BFH/NV 2009, 157.
3 *Leisner-Egensperger*, DStZ 2010, 790 ff.; dagegen *Stein*. DStZ 2011, 442.
4 Vgl. auch *Heuermann*, DStZ 2010, 825.
5 BFH v. 9.10.2013 – IX R 2/13, BStBl. II 2014, 527; v. 21.1.2014 – IX R 37/12, BStBl. II 2015, 631; v. 12.5.2009 – IX R 18/08, BFH/NV 2009, 1627; v. 1.4.2009 – IX R 39/08, BStBl. II 2009, 776; v. 12.12.2011 – IX B 132/11, BFH/NV 2012, 727.
6 BFH v. 9.7.2003 – IX R 102/00, BStBl. II 2003, 940; nicht bei Ausschluss der Vermietung: BFH v. 5.4.2005 – IX R 48/04, BFH/NV 2005, 1299; vgl. zu dieser Problematik auch *Spindler*, DB 2007, 185; *Stein*, DStR 2009, 1079.
7 BFH v. 14.7.2004 – IX R 56/01, BFH/NV 2005, 37.
8 BFH v. 19.12.2007 – IX R 50/07, BFH/NV 2008, 1111.
9 BFH v. 1.12.2015 – IX R 9/15, BStBl. II 2016, 335.
10 BFH v. 30.9.1997 – IX R 80/94, BStBl. II 1998, 771; *K/S/M*, § 21 Rn. B 172 ff. und B 274 zu der damit zusammenhängenden Problematik.
11 Ausf. *Schallmoser*, SteuK 2013, 353.
12 BFH v. 11.12.2012 – IX R 14/12, BStBl. II 2013, 279; v. 11.12.2012 – IX R 68/10, BStBl. II 2013, 367; v. 16.6.2015 – IX R 21/14, BFH/NV 2015, 1567.
13 BFH v. 11.12.2012 – IX R 39/11, BFH/NV 2013, 540; v. 11.12.2012 – IX R 9/12, BFH/NV 2013, 718; v. 11.12.2012 – IX R 15/12, BFH/NV 2013, 720; v. 11.12.2012 – IX R 40/11, BFH/NV 2013, 541; v. 12.3.2013 – IX R 38/12, BStBl. II 2013, 1013 (zur „teilweisen" Aufgabe der Vermietungsabsicht).
14 BFH v. 9.7.2013 – IX R 48/12, BStBl. II 2013, 693; v. 31.1.2017 – IX R 17/16, BStBl. II 2017, 633; dazu: *Naujok/Hamacher*, ZfIR 2018, 469.

12 Die Einkunftsart wurde viele Jahre als „geborenes Verlustgeschäft" angesehen.[1] Trotzdem hat der Gesetzgeber diese Einkunftsart beibehalten. § 21 beruht auf der **typisierenden Annahme**[2], dass die langfristige VuV trotz über längere Zeiträume anfallender WK-Überschüsse **idR letztlich** zu **positiven Einkünften** führt. Deshalb gebietet es der Normzweck dieser Regelung, **bei** einer **auf Dauer angelegten Vermietung v. Wohnimmobilien** regelmäßig[3] davon auszugehen, dass der StPfl. beabsichtigt, letztlich einen Einnahmeüberschuss zu erwirtschaften.[4] Insoweit ist die für alle Einkunftsarten geltende Einkünfteerzielungsabsicht bereichsspezifisch ausgeformt.[5] Die Vermietung darf nach den bei Beginn der Vermietung ersichtlichen Umständen keiner Befristung unterliegen[6] (zur Befristung Rn. 14). Insbes. fehlt es nicht schon deshalb an der Einkünfteerzielungsabsicht, weil eine objektive betriebswirtschaftliche Beurteilung ergibt, dass die Vermietung in naher Zukunft nicht zur Einkünfteerzielung geeignet ist.[7] Der Einkünfteerzielungsabsicht steht auch nicht entgegen, dass der StPfl. die AK oder HK des Vermietungsobjekts sowie anfallende Schuldzinsen mittels Darlehen finanziert, die zwar nicht getilgt, indes bei Fälligkeit durch den Einsatz v. parallel lfd. Lebensversicherungen abgelöst werden sollen.[8] In diesen Fällen kann aber § 15b zur Anwendung kommen (Rn. 70). Die **typisierende Annahme**, dass bei einer auf Dauer angelegten Vermietungstätigkeit der StPfl. beabsichtigt, letztlich einen Einnahmeüberschuss zu erwirtschaften, **gilt jedoch nicht** für die dauerhafte Verpachtung **unbebauten Grundbesitzes**[9] selbst wenn er zusammen mit einem bebauten Grundstück vermietet wird.[10] Auch bei der Anmietung einer als Homeoffice genutzten Wohnung des ArbN durch den ArbG ist stets im Einzelfall die Einkünfteerzielungsabsicht zu prüfen.[11] Die Rechtsprechungsgrundsätze zur vermuteten Einkünfteerzielungsabsicht für die Vermietung von Wohnungen gelten **auch nicht für die Vermietung von Gewerbeobjekten.**[12] Hierbei handelt es sich um alle Immobilien, die nicht Wohnzwecken dienen.[13] Auch bei einer **tageweisen Vermietung eines Wohnhauses an Filmproduktionsgesellschaften** kann nicht ohne Weiteres und typisierend eine Einkünfteerzielungsabsicht angenommen werden.[14] Den Steuerpflichtigen trifft in diesen Fällen im Zweifel die Feststellungslast für das Vorliegen der Einkünfteerzielungsabsicht. Die Einkünfteerzielungsabsicht ist auch zu prüfen, wenn der StPfl. die AK oder HK des Vermietungsobjekts sowie anfallende Schuldzinsen fremdfinanziert und Zinsen auflaufen lässt, ohne dass durch ein Finanzierungskonzept v. vornherein deren Kompensation durch spätere positive Ergebnisse vorgesehen ist.[15] Die historische Bausubstanz des vermieteten Gebäudes oder die aus Gründen des Denkmalschutzes bedingte Unabgeschlossenheit der Wohnungen sprechen nicht gegen die Einkünfteerzielungsabsicht.[16] Liebhaberei kann bei den Einkünften aus VuV nur in Ausnahmefällen angenommen werden.[17]

13 **b) Indizien gegen Einkünfteerzielungsabsicht.** Eine Ausnahme v. diesem Grundsatz gilt nur dann, wenn aufgrund besonderer Umstände der Beweis des ersten Anscheins oder Beweisanzeichen (Indizien) gegen das Vorliegen einer Überschusserzielungsabsicht sprechen. Bei längeren Verlustperioden müssen

1 So *Trzaskalik* in seiner früheren Kommentierung in *K/S/M*, § 21 Rn. B 269; *Drüen* weist in seiner Neukommentierung darauf hin, dass sich diese Aussage heute nicht mehr halten lässt: *K/S/M*, § 21 Rn. A 41; zur betriebswirtschaftl. Betrachtung der Besteuerung von Immobilien: *Scheffler/Blank*, DStR 2018, 1381.
2 Vgl. *Heuermann*, DStZ 2010, 825; es handelt sich nicht um eine unwiderlegl. Vermutung (unklar insoweit *Schmidt*[37], § 21 Rn. 25).
3 Zu Ferienwohnungen **ohne jegliche Selbstnutzung:** BFH v. 6.11.2001 – IX R 97/00, BStBl. II 2002, 726.
4 Grundlegend BFH v. 30.9.1997 – IX R 80/94, BStBl. II 1998, 771; vgl. aber auch schon BFH v. 31.3.1987 – IX R 112/83, BStBl. II 1987, 774; v. 24.9.1985 – IX R 32/80, BFH/NV 1986, 449; BMF v. 8.10.2004, BStBl. I 2004, 933; s. auch *Ebling*, FS Offerhaus, 1999, 567; *Heuermann*, DStZ 2004, 9; **aA** *Stein*, DStZ 2004, 189 ff. und DStZ 2010, 768, der von einem (unzulässigen) Prognoseverbot spricht; abl. auch *Müller*, Einnahmeverzicht im Einkommensteuerrecht, 2009, 114 ff., der für einen im Einzelfall erschütterbaren Anscheinsbeweis plädiert.
5 *Heuermann*, DStR 2005, 1338 (1342).
6 BFH v. 9.7.2002 – IX R 47/99, BStBl. II 2003, 580; v. 9.7.2002 – IX R 33/01, BFH/NV 2002, 1565.
7 BFH v. 14.9.1994 – IX R 71/93, BStBl. II 1995, 116; vgl. auch FG Nds. v. 17.12.2003 – 1 K 10692/00, EFG 2004, 728; krit. *Stein*, DStZ 2004, 521.
8 BFH v. 19.4.2005 – IX R 15/04, BStBl. II 2005, 754; v. 19.4.2005 – IX R 10/04, BStBl. II 2005, 692.
9 BFH v. 28.11.2007 – IX R 9/06, BStBl. II 2008, 515 (Prognosezeitraum beträgt dann 30 Jahre) mit Anm. *Bode*, FR 2008, 671; vgl. auch BFH v. 25.3.2003 – IX B 2/03, BStBl. II 2003, 479.
10 BFH v. 26.11.2008 – IX R 67/07, BStBl. II 2009, 370.
11 BFH v. 17.4.2018 – IX R 9/17, FR 2018, 1004.
12 BFH v. 20.7.2010 – IX R 49/09, BStBl. II 2010, 1038; v. 16.9.2015 – IX R 31/14, BFH/NV 2016, 188; krit. *Paus*, FR 2016, 212.
13 BFH v. 9.10.2013 – IX R 2/13, BStBl. II 2014, 527; v. 21.1.2014 – IX R 37/12, BStBl. II 2015, 631.
14 FG München v. 5.7.2012 – 5 K 2947/10, juris.
15 BFH v. 10.5.2007 – IX R 7/07, BStBl. II 2007, 873.
16 BFH v. 27.10.2005 – IX R 3/05, BFH/NV 2006, 525.
17 BFH v. 21.1.1986 – IX R 7/79, BStBl. II 1986, 394; v. 11.4.1990 – I R 63/88, BFH/NV 1990, 705; FG Münster v. 8.5.2001 – 1 K 5312/98 E, EFG 2001, 1281 (Liebhaberei, wenn Kaltmiete die AfA nicht deckt und Einnahmen nicht einmal 40 % des WK erreichen).

diese Beweisanzeichen belegen, dass der StPfl. die verlustbringende Tätigkeit nur aus im Bereich der Lebensführung liegenden persönlichen Gründen oder Neigungen ausübt.[1] Ein **Beweisanzeichen** für die Liebhaberei kann vorliegen, wenn die **VuV ausschließlich ausgeübt** wird, um Steuervorteile durch die Verrechnung v. Verlusten mit anderen positiven Einkünften zu erreichen oder wenn die Tätigkeit davon bestimmt wird, nicht steuerbare Veräußerungsgewinne zu erzielen. Bei einer ausschließlichen Fremdfinanzierung, einem krassen Missverhältnis zw. Einnahmen und Zinsaufwendungen und einem fehlenden Finanzierungskonzept, kann Liebhaberei vorliegen.[2] Allerdings spricht alleine die Tatsache, dass an Angehörige vermietet wird, dass das Objekt (zunächst) ausschließlich fremd finanziert wird, dass eine unter dem Marktpreis liegende Miete vereinbart wird (vgl. auch Rn. 79) oder dass Subventions- und Lenkungsnormen in Anspr. genommen werden, nicht gegen eine Einkünfteerzielungsabsicht.

Als **Indiz, das gegen das Vorliegen einer Überschusserzielung** spricht, gilt der Umstand, dass der StPfl. sich nicht zu einer langfristigen Vermietung entschlossen hat, denn in diesen Fällen liegt keine auf Dauer angelegte Vermietung vor. Bloß indifferenten Überlegungen einer möglichen späteren Selbstnutzung sprechen aber nicht gegen die Einkünfteerzielungsabsicht.[3] Allein der Abschluss eines Mietvertrages auf eine bestimmte Zeit rechtfertigt ebenfalls noch nicht den Schluss, auch die Vermietungstätigkeit sei nicht auf Dauer ausgerichtet; vielmehr müssen Umstände hinzutreten, die zusammen mit dem Abschluss des Vertrages auf eine bestimmte Zeit den Schluss rechtfertigen, der Vermieter habe seine Tätigkeit nicht auf Dauer ausgerichtet.[4] Liegt nach diesen Grundsätzen ein **befristetes Mietverhältnis** vor, fehlt es an einer Überschusserzielungsabsicht, wenn in diesem Zeitraum kein positives Gesamtergebnis erzielt werden kann.[5] Auch die Veräußerung eines Grundstücks innerhalb eines engen zeitlichen Zusammenhangs – v. idR fünf Jahren[6] – seit der Anschaffung oder Herstellung spricht selbst bei einem unbefristeten Mietvertrag gegen die Überschusserzielungsabsicht, wenn es dem StPfl. nicht gelingt, nachvollziehbare Gründe dafür vorzutragen, dass er sich erst nachträglich zur Veräußerung entschlossen hat.[7] Der Veräußerung entspricht es, wenn der StPfl. seine vermietete Immobilie in einem entsprechenden Zeitraum an eine die Vermietung fortführende gewerblich geprägte Personengesellschaft (§ 15 Abs. 3 Nr. 2 EStG) veräußert, auch wenn er an dieser selbst beteiligt ist.[8] Die **v. Anbeginn an beabsichtigte Eigennutzung** im Anschluss an eine kurzfristige Vermietung kann nicht anders beurteilt werden als die beabsichtigte Veräußerung eines Vermietungsobjekts.[9] In beiden Fällen ist die Vermietung nicht auf Dauer angelegt, so dass der erste Anschein gegen die Einkünfteerzielungsabsicht spricht.[10] Gegen die Überschusserzielungsabsicht spricht auch die Beteiligung an einem **Mietkaufmodell**,[11] Rückkaufs- oder Verkaufsgarantien[12] sowie an einem Bauherren- oder Erwerbermodell mit **Rückkaufangebot** oder **Verkaufsgarantie**.[13] Durch diese Garantien wird es einem Anleger ermöglicht, sich ohne Schwierigkeiten und ohne Vermögensverlust unter Mitnahme der durch das Modell bedingten Steuervorteile v. der Immobilie zu trennen, sobald Einnahmeüberschüsse anfallen.[14] Den Rückkaufs- oder Verkaufszusagen kann eine Indizwirkung nur dann zukommen, wenn erkennbar ist, dass der StPfl. **bereits beim Erwerb** des Objekts ernsthaft in Betracht gezogen hat, 14

1 BFH v. 25.6.1984 – GrS 4/82, BStBl. II 1984, 751.
2 Vgl. BFH v. 10.5.2007 – IX R 7/07, BStBl. II 2007, 873.
3 BFH v. 2.4.2008 – IX R 63/07, BFH/NV 2008, 1323.
4 BFH v. 14.12.2004 – IX R 1/04, BStBl. II 2005, 211; v. 24.2.2010 – IX B 53/09, BFH/NV 2010, 1098; v. 17.2.2010 – IX B 180/09, BFH/NV 2010, 883 (Vereinbarung über Verkauf der vermieteten Immobilie nach zwölf Jahren); vgl. auch *Heuermann*, HFR 2005, 313.
5 BFH v. 9.7.2002 – IX R 57/00, BStBl. II 2003, 695; v. 4.11.2003 – IX R 55/02, BFH/NV 2004, 484; v. 29.3.2007 – IX R 7/06, BFH/NV 2007, 1847; zur befristeten entgeltlichen Überlassung einer Wohnung aufgrund eines den Eltern des Vermieters eingeräumten lebenslangen Wohnungsrechts: FG Düss. v. 6.2.2017 – 11 K 2879/15 E, EFG 2017, 1150 (Rev. IX R 8/17); *Heuermann*, DB 2002, 2011; *Spindler*, FS Korn, 2005, 165 (180); nach BMF v. 8.10.2004, BStBl. I 2004, 933 erstmals anzuwenden ab VZ 2004 (krit. *Stein*, DStR 2003, 1661).
6 Keine starre Grenze; auch später verkaufte Immobilien können berücksichtigt werden (BFH v. 29.12.2006 – IX B 139/05, BFH/NV 2007, 1084).
7 BFH v. 9.7.2002 – IX R 47/99, BStBl. II 2003, 580; v. 28.2.2007 – IX B 161/06, BFH/NV 2007, 1477; v. 18.1.2006 – IX R 18/04, BFH/NV 2006, 1078; v. 30.11.2005 – IX B 172/04, BFH/NV 2006, 720; vgl. auch *Stein*, INF 2003, 902 (903).
8 BFH v. 9.3.2011 – IX R 50/10, BStBl. II 2011, 704.
9 BFH v. 29.3.2007 – IX R 7/06, BFH/NV 2007, 1847.
10 *Leu*, DStZ 2000, 129 (130); *Stein*, DStZ 2000, 626; vgl. auch BFH v. 24.9.1985 – IX R 32/80, BFH/NV 1986, 449.
11 BFH v. 9.2.1993 – IX R 42/90, BStBl. II 1993, 658; v. 31.3.1987 – IX R 111/86, BStBl. II 1987, 668; v. 31.3.1987 – IX R 112/83, BStBl. II 1987, 774; v. 11.8.1987 – IX R 143/86, BFH/NV 1988, 292; v. 30.10.1990 – IX R 92/89, BFH/NV 1991, 390; v. 15.9.1992 – IX R 15/91, BFH/NV 1994, 301; ausf. *Spindler*, DB 2007, 185 (187).
12 BFH v. 8.3.2006 – IX R 19/04, BFH/NV 2006, 1637.
13 BFH v. 22.4.1997 – IX R 17/96, BStBl. II 1997, 650; v. 14.9.1994 – IX R 71/93, BStBl. II 1995, 116; v. 14.9.1994 – IX B 97/93, BFHE 175, 541; vgl. auch *Spindler*, FS Korn, 2005, 165 (174 f.).
14 BFH v. 14.9.1994 – IX R 71/93, BStBl. II 1995, 116; v. 14.9.1994 – IX B 97/93, BFHE 175, 541.

sich mit Rücksicht auf diese Garantie v. dem Objekt wieder zu trennen.[1] Daher fehlt sowohl auf der Ebene der Ges. wie auch auf derjenigen der G'ter die Einkünfteerzielungsabsicht, wenn sich ein **Immobilienfonds** der Möglichkeit begeben hat, ein Grundstück zeitlich unbegrenzt zu nutzen, weil er einem Dritten rechtswirksam ein Ankaufsrecht eingeräumt hat, und wenn feststeht, dass nach der Konzeption des Fonds bis zum Zeitpunkt der möglichen Ausübung des Ankaufsrechts ausschließlich WK-Überschüsse erzielt werden können.[2] Bei einem geschlossenen Immobilienfonds in der Rechtsform einer PersGes. muss die Einkünfteerzielungsabsicht sowohl auf der Ebene der PersG als auch auf der Ebene des G'ters geprüft werden, wenn die Vermietungstätigkeit des Fonds nach deren Konzept nur 20 Jahre umfasst.[3] Lässt sich jedoch der Eigentümer einer Eigentumswohnung beim Erwerb einer zweiten Wohnung vom Verkäufer beider Wohnungen ein Rückverkaufsrecht hinsichtlich der ersten Wohnung einräumen, dann schließt dies die Absicht, aus beiden Wohnungen langfristig einen Überschuss zu erzielen, nicht aus, wenn feststeht, dass der Erwerber v. dem Recht nur Gebrauch machen will, falls äußere Umstände ihn dazu zwingen.[4]

15 Die zunächst fehlende Gewinnerzielungsabsicht wird auch bei einer Beteiligung an einer sog. **Verlustzuweisungsgesellschaft**[5] vermutet; etwas anderes gilt erst dann, wenn ein Totalgewinn nach dem Urteil eines ordentlichen Kfm. sehr wahrscheinlich ist.[6] Sowohl die Neuregelung des § 15b als auch der bis dahin geltende § 2b erübrigen nicht die Prüfung der Einkünfteerzielungsabsicht, sondern setzen diese voraus (§ 15b Rn. 12). Die Einkünfteerzielungsabsicht kann auch entfallen, wenn sich der StPfl. nach Auszug des Mieters zur Veräußerung einer Wohnung entschließt. Die Aufwendungen während des Wohnungsleerstandes sind dann nicht abzugsfähig.[7] Außerdem können besondere Arten der Nutzung der Immobilie ausnahmsweise schon für sich allein Beweisanzeichen für eine private, nicht mit der Erzielung v. Einkünften zusammenhängende Veranlassung sein.[8] Dies gilt insbes. für die Vermietung **teilw. selbstgenutzter Ferien- und Zweitwohnungen**.[9] Bei einer Ferienwohnung, die der StPfl. nicht selbst nutzt, sondern **ausschließlich an wechselnde Feriengäste vermietet** oder hierfür bereit hält, sind die generellen zur Dauervermietung aufgestellten Grundsätze idR anzuwenden, so dass grds. v. der Einkünfteerzielungsabsicht auszugehen ist[10] (Rn. 12), auch wenn es zu hohen WK-Überschüssen kommt.[11] Wird eine Ferienwohnung nicht durchweg im ganzen Jahr an wechselnde Feriengäste vermietet und können ortsübliche Vermietungszeiten nicht festgestellt werden, ist ihr Vermieten mit einer auf Dauer ausgerichteten Vermietungstätigkeit nicht vergleichbar, so dass die Einkünfteerzielungsabsicht durch eine Prognose überprüft werden muss.[12] Der Nachweis der ausschließlichen Fremdvermietung obliegt dem StPfl.[13] In besonderen Fällen kann es geboten sein, auch bei ausschließlicher Vermietung, die Einkünfteerzielungsabsicht zu prüfen (zB Unterschreiten der ortsüblichen Vermietungszeit[14] v. mindestens 25 % ohne dass ein Vermietungshindernis[15] gegeben ist).[16] Bei **auch nur gelegentlicher Selbstnutzung** einer Ferienwohnung ist die Überschuss-

---

1 BFH v. 14.9.1999 – IX R 59/96, BStBl. II 2000, 67; v. 14.2.1995 – IX R 95/93, BStBl. II 1995, 462.
2 BFH v. 8.12.1998 – IX R 49/95, BStBl. II 1999, 468.
3 BFH v. 2.7.2008 – IX B 46/08, BStBl. II 2008, 815; v. 28.7.2008 – IX B 33/08, BFH/NV 2008, 1841; vgl. auch zu einer auf elf Jahre ausgerichteten Vermietungstätigkeit einer GbR: BFH v. 20.1.2009 – IX R 49/07, BFH/NV 2009, 757.
4 BFH v. 22.4.1997 – IX R 17/96, BStBl. II 1997, 650.
5 BFH v. 21.11.2000 – IX R 2/96, BStBl. II 2001, 789; *Spindler*, ZfIR 2001, 237; krit. *K/S/M*, § 21 Rn. B 167.
6 BFH v. 21.8.1990 – VIII R 25/86, BStBl. II 1991, 564; v. 12.12.1995 – VIII R 59/92, BStBl. II 1996, 219.
7 FG Hbg. v. 16.5.2000 – II 497/99, EFG 2000, 1074; grds. *Stein*, DStR 2009, 1079.
8 S. auch BFH v. 25.1.1994 – IX R 139/92, BFH/NV 1995, 11: Vermietung eines aufwendig umgebauten EFH zu einem Preis, der nicht einmal 1/3 der WK erreicht.
9 BFH v. 6.11.2001 – IX R 97/00, BStBl. II 2002, 726; v. 13.8.1996 – IX R 48/94, BStBl. II 1997, 42; v. 25.1.1994 – IX R 139/92, BFH/NV 1995, 11; v. 25.6.1991 – IX R 163/84, BStBl. II 1992, 23; einen umfassenden Überblick über die Rspr. zur Vermietung von Ferienwohnung bietet *Thürmer*, FS Spindler, S. 833 ff.; vgl. auch *Spindler*, FS Korn, 2005, 165 (171 f.); *Spindler*, DB 2007, 185 (186 f.); zum Vorliegen gewerblicher Einkünfte vgl. *Thiele*, FR 2017, 904.
10 BFH v. 5.11.2002 – IX R 18/02, BStBl. II 2003, 914; v. 5.11.2002 – IX R 50/01, BFH/NV 2003, 598; v. 17.9.2002 – IX R 63/01, BFH/NV 2003, 454 (auch bei anfänglicher kurzer teilw. Selbstnutzung); zu den Nachweisen der ausschließlichen Nutzung: BMF v. 8.10.2004, BStBl. I 2004, 933; ausführlich zu Ferienwohnungen: FinMin. Nieders. v. 18.6.2010, DStR 2010, 1842.
11 BFH v. 24.8.2006 – IX R 15/06, BStBl. II 2007, 256; v. 7.10.2008 – IX B 92/08, BFH/NV 2009, 22.
12 BFH v. 19.8.2008 – IX R 39/07, BStBl. II 2009, 138; so auch bei nur halbjähriger Vermietung: BFH v. 28.10.2009 – IX R 30/08, BFH/NV 2010, 850; v. 9.3. 2017 – IX B 122/16, BFH/NV 2017, 728.
13 BFH v. 20.9.2006 – IX B 102/05, BFH/NV 2007, 32.
14 Zum Vergleichsmaßstab der Ortsüblichkeit s. BFH v. 24.6.2008 – IX R 12/07, BFH/NV 2008, 1484.
15 Dies liegt vor, wenn eine Ferienwohnung aus tatsächlichen Gründen (zB wegen einer notwendigen Renovierung oder wegen höherer Gewalt) eine Zeit nicht vermietet werden kann: BFH v. 29.11.2005 – IX B 109/05, BFH/NV 2006, 719.
16 BFH v. 24.8.2006 – IX R 15/06, BStBl. II 2007, 256; v. 26.10.2004 – IX R 57/02, BStBl. II 2005, 388; v. 14.12.2004 – IX R 70/02, BFH/NV 2005, 1040; v. 15.2.2005 – IX R 53/03, BFH/NV 2005, 1059; *Credo*, BB 2005, 1819; *Credo*, DB 2005, 965.

erzielungsabsicht im Einzelnen zu **prüfen**.[1] Dies gilt auch, wenn sich der StPfl. die Selbstnutzung vorbehalten hat, unabhängig davon, ob und inwieweit er hiervon tatsächlich Gebrauch macht.[2] Die Frage, ob der StPfl. mit oder ohne Einkünfteerzielungsabsicht handelt, ist anhand einer unter Heranziehung aller objektiv erkennbaren Umstände zu treffenden Prognose zu entscheiden.[3] Ist bei objektiver Betrachtung ein Totalüberschuss nicht zu erwarten, kann die Einkünfteerzielungsabsicht nicht deshalb bejaht werden, weil private Motive oder persönliche Neigungen nicht feststellbar sind.[4] In mehreren grundlegenden Entscheidungen v. 6.11.2001[5] hat der BFH detaillierte Vorgaben gemacht.[6] Danach sind als WK in die Prognose nur diejenigen Aufwendungen einzubeziehen, die auf Zeiträume entfallen, in denen die Ferienwohnung tatsächlich vermietet oder zur Vermietung angeboten und bereitgehalten wird. Soweit es sich nicht um ausschließlich auf die Vermietung entfallende WK handelt, sind die WK auf die Zeit der Vermietung und diejenige der Selbstnutzung aufzuteilen. Bei einem zeitlichen Vorbehalt der Selbstnutzung ist nur diese Zeit der Selbstnutzung zuzurechnen und iÜ die Leerstandszeit der Vermietung zuzuordnen. Ist die Selbstnutzung jederzeit möglich, sind die Leerstandszeiten im Wege der Schätzung entspr. dem Verhältnis der tatsächlichen Selbstnutzung zur tatsächlichen Vermietung aufzuteilen. Lässt sich der Umfang der Selbstnutzung nicht aufklären, sind die Aufwendungen hälftig der Selbstnutzung und Vermietung zuzuordnen. Der Prognose sind bei einem 30-jährigen Zeitraum (Rn. 17) Einnahmen und WK anhand des Durchschnitts v. idR fünf. VZ zugrunde zu legen. Dabei ist ein Sicherheitszuschlag bei den Einnahmen v. 10 % und bei den Ausgaben ein Sicherheitsabschlag v. 10 % gerechtfertigt. Hat der StPfl. schon beim Erwerb einer teils selbst genutzten, teils an wechselnde Feriengäste vermieteten Ferienimmobilie den späteren Verkauf ernsthaft in Betracht gezogen, ist bei der Prüfung der Einkünfteerzielungsabsicht als Prognosezeitraum der Zeitraum der tatsächlichen Vermögensnutzung zugrunde zu legen.[7] Die zur Vermietung v. Ferienwohnungen entwickelten Maßstäbe sind grds. auch auf die Vermietung v. **Messezimmern oder -wohnungen** anwendbar, bei denen regelmäßig und typischerweise v. einem häufigen Wechsel an Gästen iVm. Leerstandszeiten auszugehen ist.[8]

Überlässt der StPfl. **mehrere Objekte** entgeltlich zur Nutzung, ist im Regelfall die Einkünfteerzielungs- 16
absicht für jedes Objekt **getrennt zu beurteilen**.[9] In Ausnahmefällen ist jedoch auch eine Zusammenfassung v. Immobilien möglich, wenn sie auf der Grundlage eines einheitlichen Gesamtplans des StPfl. vermietet werden. Die Absicht der G'ter einer GbR, einen weiteren G'ter aufzunehmen, rechtfertigt es grds. nicht, den Anteil jedes G'ters aufzuteilen in einen, den er veräußern und einen restlichen, den er weiter halten will, mit der Folge, dass die Überschusserzielungsabsicht nur für den letzteren Anteil zu bejahen ist.[10] Zur Einkünfteerzielungsabsicht bei PersGes. s. Rn. 31.

c) Prognoseentscheidung. Soweit im Einzelfall die Einkünfteerzielungsabsicht nicht typisierend an- 17
genommen werden kann, muss der StPfl. diesen Anschein widerlegen. Es ist eine Prognose erforderlich, ob auf Dauer gesehen nachhaltig Überschüsse zu erzielen sind.[11] Dabei kommt es nicht auf die Dauer der abstrakten Nutzungsmöglichkeit des Grundstücks an, sondern auf die **voraussichtliche Dauer der konkreten Nutzung** durch den StPfl.[12] sowie die mögliche Nutzung durch unentgeltliche Rechtsnachfolger.[13] Dies schließt eine Kalkulation über 50 oder gar 100 Jahre aus; ein derart langer Zeitraum enthält zu viele spekulative Komponenten für eine Prognoseentscheidung.[14] Problematisch wäre es auch, an die voraussichtliche Nutzungsfähigkeit des Vermietungsgegenstandes oder an das Lebensalter und die Lebenserwartung des StPfl. anzuknüpfen. Der BFH legt typisierend einen Prognosezeitraum v. 30 Jahren zugrunde, da

1 BFH v. 28.7.2005 – IX B 21/05, BFH/NV 2006, 267; v. 16.4.2013 – IX R 22/12, BFH/NV 2013, 1552.
2 BFH v. 16.4.2013 – IX R 26/11, BStBl. II 2013, 613; v. 16.7.2002 – IX R 6/01, BFH/NV 2002, 1454; v. 9.3.2006 – IX B 143/05, BFH/NV 2006, 1281.
3 BFH v. 16.4.2013 – IX R 22/12, BFH/NV 2013, 1552.
4 BFH v. 31.1.2017 – IX R 23/16, BFH/NV 2017, 897.
5 Insbes. BFH v. 6.11.2001 – IX R 97/00, BStBl. II 2002, 726; s. auch die Entscheidungen in BFH v. 6.11.2001 – IX R 35/00, BFH/NV 2002, 765 ff.; vgl. auch *Thürmer*, DB 2002, 444; *Thürmer*, DStZ 2002, 855; *Spindler*, ZfIR 2002, 229.
6 Dazu BMF v. 8.10.2004, BStBl. I 2004, 933; *Diemel-Metz*, DStR 2004, 495; vgl. auch BFH v. 26.10.2004 – IX R 26/02, BFH/NV 2005, 688.
7 BFH v. 20.12.2013 – IX B 100/13, BFH/NV 2014, 516.
8 BFH v. 4.3.2008 – IX R 11/07, BFH/NV 2008, 1462.
9 BFH v. 17.10.2013 – III R 27/12, BStBl. II 2014, 372.
10 BFH v. 30.6.1999 – IX R 68/96, BFH/NV 2000, 120.
11 Nur noch in Ausnahmefällen: *Ebling*, FS Offerhaus, 1999, 567 (578); zu den Berechnungsgrundlagen ausf.: *Stein*, DStR 2002, 1419/1420.
12 So bereits BFH v. 31.3.1987 – IX R 111/86, BStBl. II 1987, 668; v. 31.3.1987 – IX R 112/83, BStBl. II 1987, 774; v. 3.3.1989 – IX B 70/88, BFH/NV 1990, 26.
13 BFH v. 6.11.2001 – IX R 97/00, BStBl. II 2002, 726.
14 BFH v. 27.7.1999 – IX R 64/96, BStBl. II 1999, 826; vgl. auch *Pezzer*, DStR 1995, 1853 (1856).

in einem solchen Zeitraum bei einer Finanzierung zu Standardkonditionen die Kredite getilgt werden.[1] Wird der spätere Verkauf einer Immobilie schon beim Erwerb ernsthaft in Betracht gezogen, ist bei der Prüfung der Einkünfteerzielungsabsicht als Prognosezeitraum der kürzere Zeitraum der tatsächlichen Vermögensnutzung zugrunde zu legen.[2] Die FinVerw. hat sich nach anfänglichem Zögern dieser Auffassung angeschlossen.[3]

18 Bei der Überschussprognose sind die im Rahmen v. § 21 **nicht steuerbaren Veräußerungsgewinne** außer Ansatz zu lassen, so dass nicht zu prüfen ist, ob WK-Überschüsse durch den stfreien Erlös aus der Veräußerung des Mietobjekts ausgeglichen werden.[4] Entgegen der Auffassung der FinVerw.[5] können allerdings die bei § 23 erfassten Gewinne aus der Veräußerung eines Grundstücks in die Beurteilung der Absicht, positive Einkünfte zu erzielen, einbezogen werden.[6] Voraussetzung ist jedoch, dass Grundlage der vom StPfl. beabsichtigten Nutzung der Verkauf innerhalb der Zehn-Jahresfrist ist. Dies hat der StPfl. im Zweifel nachzuweisen.[7] Ob **Subventions- und Lenkungsnormen** bei der Prognose des Totalüberschusses zu berücksichtigen sind, richtet sich nach dem mit der Norm verbundenen Lenkungszweck und der Art der Förderung.[8] Bei einer auf Dauer angelegten Vermietung bleiben sie grds. außer Ansatz.[9] Das Gleiche gilt für WK-Überschüsse, die durch eine staatliche Reglementierung des Mietwohnungsmarktes, zB nach dem Abs. 2. WoBauG oder dem Wohnungsbindungsgesetz, verursacht werden. Geltend gemachte Sonderabschreibungen nach den §§ 1, 3 und 4 FördG sind nicht in eine befristete Totalüberschussprognose einzubeziehen, wenn die nachträglichen HK innerhalb der voraussichtlichen Dauer der Vermietungstätigkeit gem. § 4 Abs. 3 FördG vollständig abgeschrieben werden.[10] Die soziale und wohnungspolitische Zielsetzung dieser Normen würde ebenfalls unterlaufen, wenn die durch die Begrenzung der Mieteinnahmen entstandenen WK-Überschüsse unter dem Gesichtspunkt der Liebhaberei unberücksichtigt bleiben müssten.[11] Bei Sonderabschreibungen oder erhöhten Abschreibungen, die lediglich zu einer Steuerstundung führen, sind zumindest bei einer nur kurzfristigen Vermietung die entspr. Steuervergünstigungen in die Prognose einzubeziehen, wenn dies deren Zweck und die Art der Förderung gebieten (vgl. auch § 2 Rn. 57).[12]

19 **4. Verträge zwischen Angehörigen. a) Grundsätzliches.** Mietverhältnisse zw. nahen Angehörigen[13] (hierzu gehören auch Großeltern und Enkelkinder im Verhältnis zueinander)[14] spielen wegen der hohen WK-Überschüsse, die bei der Vermietung v. überwiegend fremd finanzierten Objekten entstehen, in der Praxis eine große Rolle. Für sie gelten die allg. Voraussetzungen für Verträge zw. Angehörigen (§ 2 Rn. 79). Sie sind steuerrechtl. nur dann anzuerkennen, wenn sie zum einen der Erzielung v. Einkünften dienen (Rn. 11 ff.), zum anderen bürgerlich-rechtl. wirksam vereinbart sind und sowohl die Gestaltung als auch die Durchführung des Vereinbarten dem zw. Fremden üblichen entsprechen.[15] Lassen die Vertragsbeteiligten zivilrechtl. Formerfordernisse unbeachtet, so führt dieses Beweisanzeichen gegen die Ernsthaftigkeit der getroffenen Vereinbarung nicht allein und ausnahmslos dazu, das Vertragsverhältnis steuerrechtl. nicht anzuerkennen.[16] Die Grundsätze für Mietverträge zw. nahestehenden Personen gelten auch für den Fall der Vermietung an eine von einer nahestehenden Person beherrschte GmbH.[17] Die **Indizwirkung** gegen den vertraglichen Bindungswillen wird aber verstärkt, wenn den Vertragspartnern die Nichtbeachtung der

1 BFH v. 6.11.2001 – IX R 97/00, BStBl. II 2002, 726; v. 4.7.2018 – IX B 114/17, BFH/NV 2018, 1088; zu Anfang und Ende der Einkünfteerzielungsabsicht: *Heuermann*, DStZ 2004, 9 (13); krit. *Paus*, FR 2016, 212, der die Festlegung auf diesen Zeitraum für willkürlich und sachwidrig hält.
2 BFH v. 14.1.2003 – IX R 74/00, BFH/NV 2003, 752.
3 BMF v. 8.10.2004, BStBl. I 2004, 933 (936 f.).
4 BFH v. 25.6.1984 – GrS 4/82, BStBl. II 1984, 751.
5 BMF v. 8.10.2004, BStBl. I 2004, 933 (937).
6 So auch *Heuermann*, DStZ 2002, 864; *Pezzer*, StuW 2000, 457; **aA** *Stein*, DStZ 2003, 803.
7 Vgl. auch *Stein*, DStR 2002, 1419 (1421).
8 BFH v. 9.7.2002 – IX R 57/00, BStBl. II 2003, 695.
9 BFH v. 6.11.2001 – IX R 97/00, BStBl. II 2002, 726; v. 30.9.1997 – IX R 80/94, BStBl. II 1998, 771.
10 BFH v. 25.6.2009 – IX R 24/07, BStBl. II 2010, 127.
11 BFH v. 30.9.1997 – IX R 80/94, BStBl. II 1998, 771.
12 BFH v. 9.7.2002 – IX R 57/00, BStBl. II 2003, 695; vgl. auch *Heuermann*, DB 2002, 2011 (2013); *Thürmer*, DStZ 2002, 855 (859).
13 Insoweit kommt es nicht auf § 15 AO, sondern auf ein den Gleichklang wirtschaftlicher Interessen indizierendes Näheverhältnis an (BFH v. 20.1.2003 – IX B 94/02, BFH/NV 2003, 617).
14 BFH v. 7.6.2006 – IX R 4/04, BStBl. II 2007, 294.
15 Ausf. *Krauß*, DStZ 2017, 476; *Bruschke*, DStZ 2017, 732; keine Vermietung bei unterhaltsbedingter unentgeltlicher Wohnungsüberlassung (BFH v. 9.1.2006 – IX B 165/05, BFH/NV 2006, 738).
16 BFH v. 7.6.2006 – IX R 4/04, BFH/NV 2006, 2162.
17 BFH v. 22.3.2017 – IX B 94/16, BFH/NV 2017, 913.

Formvorschriften insbes. bei klarer Zivilrechtslage angelastet werden kann.[1] Bei **minderjährigen Kindern** ist idR die Mitwirkung eines Pflegers erforderlich.[2] Wird ein zunächst schwebend unwirksamer Vertrag (§ 1629 Abs. 1 S. 1 iVm. § 1795 Abs. 1 Nr. 1 BGB) zeitnah durch den Ergänzungspfleger genehmigt, kann der Vertrag gleichwohl stl. anzuerkennen sein, da der zivilrechtl. Unwirksamkeit lediglich Indizfunktion zukommt.[3] Unabhängig davon muss feststehen, dass der Vertrag nicht nur zum Schein abgeschlossen wurde (§ 41 Abs. 2 AO)[4] und eine rechtsmissbräuchliche Gestaltung (§ 42 AO) ausgeschlossen ist.[5] Hält das Mietverhältnis dem Fremdvergleich nicht stand, wird es der Besteuerung nicht zugrunde gelegt. Bei einem Gestaltungsmissbrauch entsteht der Steueranspruch so, wie er bei einer angemessenen Gestaltung entstanden wäre, so dass im Regelfall v. einer unentgeltlichen Nutzungsüberlassung auszugehen ist.

20 **b) Fremdvergleich.** Anerkannt werden Verträge zw. nahen Angehörigen nur dann, wenn sie zivilrechtl. wirksam zustande gekommen sind, denn nur auf diese Weise kann sichergestellt werden, dass nur ernsthafte Vertragsbeziehungen berücksichtigt werden, die nicht im privaten Bereich (vgl. § 12) wurzeln.[6] Halten nahe Angehörige zivilrechtl. Formerfordernisse nicht ein, spricht dies indiziell gegen den vertraglichen Bindungswillen.[7] § 41 AO, wonach das ernsthaft gewollte und tatsächlich durchgeführte Vertragsverhältnis der Besteuerung zugrunde gelegt wird, findet keine Anwendung.[8] Nicht anerkannt werden **Scheingeschäfte** (§ 41 Abs. 2 S. 1 AO), die vorliegen, wenn sich die Vertragsbeteiligten über den Scheincharakter des Rechtsgeschäfts einig sind.[9] Das kann bereits daran offenkundig werden, wenn sie die notwendigen Folgerungen aus dem Vertrag bewusst nicht gezogen haben.[10] Danach ist ein Mietverhältnis für die Besteuerung unerheblich, wenn ein Zahlungsempfänger die ihm zugeflossenen Beträge in Verwirklichung eines gemeinsamen Gesamtplanes alsbald dem Schuldner wieder zuwendet[11] oder wenn der Vermieter dem Mieter die Miete im Vorhinein zur Vfg. stellt oder die Miete nach Eingang auf seinem Konto alsbald wieder an den Mieter zurückzahlt, ohne hierzu aus anderen – zB unterhaltsrechtl. – Rechtsgründen verpflichtet zu sein.[12] Ein Beweisanzeichen für eine solche Voraus- oder Rückzahlung kann sich insbes. daraus ergeben, dass der Mieter wirtschaftlich nicht oder nur schwer in der Lage ist, die Miete aufzubringen.[13] Dabei hat das FG in seine Beurteilung das gesamte in den Streitjahren verfügbare Einkommen des Mieters einzubeziehen.[14]

21 Ob einem Mietvertrag zw. nahen Angehörigen die steuerrechtl. **Anerkennung zu versagen** ist, weil die Vereinbarung und Durchführung des Vertrages v. dem unter Fremden Üblichen abweicht, kann nur im Rahmen einer Würdigung aller Umstände des Streitfalles entschieden werden.[15] Dabei ist die **Gesamtheit der objektiven Gegebenheiten** entscheidend. Einzelnen Beweisanzeichen kann eine unterschiedliche Bedeutung zukommen. Dementspr. schließt nicht jede Abweichung vom Üblichen notwendigerweise die stl. Anerkennung des Vertragsverhältnisses aus.[16] Voraussetzung ist jedoch, dass die **Hauptpflichten** der Mietvertragsparteien wie Überlassen einer konkret bestimmten Mietsache und Höhe der zu entrichtenden Miete (vgl. § 535 BGB) klar und eindeutig vereinbart sowie entspr. dem Vereinbarten durchgeführt werden.[17] Ist nicht erkennbar, ob Warm- oder Kaltmiete vereinbart wurde, fehlt es an einer ein-

---

1 BFH v. 22.2.2007 – IX R 45/06, BStBl. II. 2011, 20; v. 13.7.1999 – VIII R 29/97, BStBl. II 2000, 386; so nunmehr auch das BMF v. 23.12.2010, BStBl. I 2011, 37; dagegen *Tiedtke/Möllmann* (DStR 2007, 1940), die in der Prüfung der zivilrechtl. Wirksamkeit einen Verstoß gegen § 41 AO sehen; dazu *Heuermann*, DB 2007, 1267.
2 Wenn das Vormundschaftsgericht die Mitwirkung eines Ergänzungspflegers für entbehrlich gehalten hat, sind die Verträge auch ohne Mitwirkung eines Pflegers anzuerkennen; zum Nießbrauch vgl. BMF v. 9.2.2001, BStBl. I 2001, 171.
3 BFH v. 7.6.2006 – IX R 4/04, BStBl. II 2007, 294.
4 Vgl. hierzu *Heuermann*, DB 2007, 416.
5 Aus der Literatur: *Spindler*, DB 1997, 643; *Pezzer*, StuW 1994, 341; *Pezzer*, DStR 1995, 1853 (1898).
6 BFH v. 19.6.1991 – IX R 306/87, BStBl. II 1992, 75; v. 1.2.1973 – IV R 49/68, BStBl. II 1973, 307; v. 9.7.1987 – IV R 95/85, BStBl. II 1988, 245; v. 25.9.1990 – IX R 45/86, BFH/NV 1991, 236.
7 BFH v. 12.5.2009 – IX R 46/08, BStBl. II 2011, 24.
8 Ausnahme für das Gebiet der ehemaligen DDR für die Phase der vollständigen Rechtsumwälzung: BFH v. 21.10.1997 – IX R 57/96, BStBl. II 1998, 108.
9 BFH v. 28.1.1997 – IX R 23/94, BStBl. II 1997, 655; zum Fremdvergleich beim Scheingeschäft: BFH v. 21.9.2004 – IX R 5/03, BFH/NV 2005, 498.
10 BFH v. 21.10.1988 – III R 194/84, BStBl. II 1989, 216.
11 BFH v. 5.12.1990 – I R 5/88, BStBl. II 1991, 308.
12 BFH v. 19.12.1995 – IX R 85/93, BStBl. II 1997, 52.
13 BFH v. 9.10.2013 – IX R 2/13, BStBl. II 2014, 527; v. 21.1.2014 – IX R 37/12, BStBl. II 2015, 631; v. 19.12.1995 – IX R 85/93, BStBl. II 1997, 52; v. 27.6.1995 – IX R 90/93, BFH/NV 1996, 29.
14 BFH v. 28.1.2003 – IX R 53/00, BFH/NV 2003, 768.
15 BFH v. 17.2.1998 – IX R 30/96, BStBl. II 1998, 349.
16 BFH v. 7.5.1996 – IX R 69/94, BStBl. II 1997, 196.
17 BFH v. 20.10.1997 – IX R 38/97, BStBl. II 1998, 106; *Gorski*, DStZ 1997, 16.

deutigen Vereinbarung.[1] Wird die bezifferte Miete mit dem handschriftlichen Zusatz „vorbehaltlich der Anerkennung durchs Finanzamt" versehen, ist der Mietvertrag ebenfalls steuerrechtlich nicht anzuerkennen.[2] Ein Mietverhältnis entspricht auch dann nicht den Kriterien des Fremdvergleichs, wenn es in zahlreichen Punkten von den zw. fremden Dritten üblichen Vertragsinhalten abweicht.[3] Die gezahlte Miete muss tatsächlich endg. in das Vermögen des Vermieters übergehen.[4] Für die Auslegung ursprünglich unklarer Vereinbarungen kann die spätere tatsächliche Übung der Vertragspartner herangezogen werden.[5] An den Nachweis, dass es sich um ein ernsthaftes Vertragsverhältnis handelt, sind umso strengere Anforderungen zu stellen, je mehr die Umstände auf eine private Veranlassung hindeuten.[6] In die Würdigung kann ein zw. den gleichen Beteiligten abgeschlossener Arbeitsvertrag mit einbezogen werden.[7] Allerdings sind Verträge mit Dritten (zB der Darlehensvertrag mit einer Bank) idR nicht in den Fremdvergleich einzubeziehen.[8] Bei Darlehen zw. nahen Angehörigen, die nach ihrem Anlass wie v. einem Fremden gewährt worden sind, ist eine fehlende Besicherung allerdings als Kriterium des Fremdvergleichs zu berücksichtigen; ihr kommt aber für sich alleine genommen keine entscheidungserhebliche Bedeutung zu.[9]

22 Die steuerrechtl. Anerkennung v. Mietverträgen zw. Angehörigen **scheitert** daher zB **nicht alleine daran**, dass die Miete nach Auflösung des Kontos des Vermieters (wie mündlich vereinbart) vorschüssig bar gezahlt wird,[10] wenn eine schriftliche Vereinbarung hinsichtlich der Nebenkosten nicht getroffen worden war,[11] wenn bei Miteigentümerehegatten nur ein Ehegatte als Vermieter auftritt[12] oder wenn ein schriftlicher Mietvertrag zu Art und Zeitpunkt der Mietzahlung sowie zur Frage der Zahlung v. Nebenkosten keine Angaben enthält.[13] Ein vorübergehender und kurzfristiger Ausfall der Mietzahlungen, weil der Betreuer nach Einweisung der Eltern in ein Pflegeheim die Miete nicht mehr zahlt, ist unschädlich.[14]

Mietverhältnisse sind jedoch beispielsweise **nicht anerkannt** worden, wenn die Miete zT überhaupt nicht oder nur unvollständig überwiesen wird und die Barzahlungen nicht nachgewiesen werden (BFH v. 20.10. 1997 - IX R 38/97, BStBl. II 1998, 106; v. 19.6.1991 - IX R 306/87, BStBl. II 1992, 75, wenn der Mietvertrag über eine leere Wohnung geschlossen, tatsächlich eine möblierte überlassen wird und der StPfl. die Wohnung in nicht unerheblichem Umfang weiter benutzt (BFH v. 31.3.1992 - IX R 299/87, BFH/NV 1992, 656; v. 27.6.1995 - IX R 90/93, BFH/NV 1996, 29), wenn die vermieteten Räume durch den Vermieter mit benutzt werden (BFH v. 18.5.2004 - IX B 112/03, BFH/NV 2004, 1262; v. 7.12.2006 - IX B 17/06, BFH/NV 2007, 444) oder nur durch eine gemeinsame Küche erreichbar sind (BFH v. 4.8.2003 - IX R 25/02, BFH/NV 2004, 38), wenn nicht feststeht, dass die Miete tatsächlich endg. aus dem Vermögen des Mieters in das des Vermieters gelangt ist (BFH v. 28.1.1997 - IX R 23/94, BStBl. II 1997, 655) oder wenn die Miete entgegen der vertraglichen Vereinbarung nicht regelmäßig, sondern in einem späteren Jahr in einem Betrag gezahlt wird (BFH v. 14.1.1992 - IX R 33/89, BStBl. II 1992, 549). Die Würdigung der Gesamtheit der objektiven Gegebenheiten obliegt stets in erster Linie den FG als Tatsacheninstanz und ist vom BFH nur eingeschränkt überprüfbar (BFH v. 27.7.2004 - IX R 73/01, BFH/NV 2005, 192; v. 1.4.2008 - IX B 156/07, BFH/NV 2008, 1323; v. 29.9.2008 - IX B 96/08, BFH/NV 2009, 42).[15] Eine Rev. hat jedoch Erfolg, wenn das FG iRd. Fremdvergleichs nicht alle Umstände des Streitfalles gegeneinander abgewogen und gewürdigt hat (BFH v. 17.2.1998 - IX R 30/96, BStBl. II 1998, 349) oder die Sachverhaltswürdigung widersprüchlich ist (BFH v. 9.10.2008 - IX R 54/07, BFH/NV 2009, 150). Unzulässig ist es auch, wenn das FG an Stelle der vereinbarten Leistung der Besteuerung eine höhere Gegenleistung unter Hinweis darauf zugrunde legt, dass eine solche unter fremden Dritten üblich sei (BFH v. 31.5.2001 - IX R 78/98, BStBl. II 2001, 756). Ein Mietvertrag zw. einer v. Ehegatten begründeten GbR und einem G'ter (Ehegatten) ist nicht anzuerkennen, wenn und soweit diesem das Grundstück nach § 39 Abs. 2 Nr. 2 AO anteilig zuzurechnen ist (BFH v. 18.5. 2004 - IX R 83/00, BStBl. II 2004, 898).

1 BFH v. 28.7.2004 - IX B 50/04, BFH/NV 2004, 1531.
2 BFH v. 1.8.2012 - IX R 18/11, DStZ 2013, 331.
3 BFH v. 4.10.2016 - IX R 8/16, BStBl. II 2017, 273.
4 BFH v. 17.12.2002 - IX R 23/00, BFH/NV 2003, 612.
5 BFH v. 28.6.2002 - IX R 68/99, BStBl. II 2002, 699.
6 BFH v. 28.1.1997 - IX R 23/94, BStBl. II 1997, 655.
7 BFH v. 5.11.2002 - IX R 30/01, BFH/NV 2003, 465.
8 BFH v. 15.10.2002 - IX R 46/01, BStBl. II 2003, 243.
9 BFH v. 19.8.2008 - IX R 23/07, BFH/NV 2009, 12.
10 BFH v. 7.5.1996 - IX R 69/94, BStBl. II 1997, 196.
11 BFH v. 21.10.1997 - IX R 57/96, BStBl. II 1998, 108; v. 15.10.1996 - IX R 6/95, BFH/NV 1997, 285.
12 BFH v. 21.10.1999 - IX B 76/99, BFH/NV 2000, 319.
13 BFH v. 15.10.1996 - IX R 6/95, BFH/NV 1997, 285.
14 BFH v. 11.7.2017 - IX R 42/15, BFH/NV 2017, 1422.
15 Vgl. dazu auch *Pezzer*, DStZ 2002, 850; *Spindler*, StbJb. 2002/03, 61.

c) Gestaltungsmissbrauch. Auch wenn ein Mietverhältnis mit nahen Angehörigen dem Fremdvergleich standhält, kann es steuerrechtl. nicht anerkannt werden, wenn ein Gestaltungsmissbrauch (§ 42 AO) vorliegt. Davon ist auszugehen, wenn eine rechtl. Gestaltung gewählt wird, die, gemessen am erstrebten Ziel, unangemessen ist, der Steuerminderung dienen soll und durch wirtschaftliche oder sonst beachtliche nichtsteuerliche Gründe nicht zu rechtfertigen ist.[1] Alleine das **Bestreben, Steuern zu sparen**, macht eine rechtl. **Gestaltung nicht unangemessen**, denn auch Angehörigen steht es grds. frei, ihre Rechtsverhältnisse möglichst günstig zu gestalten.[2] Eine rechtl. Gestaltung ist dann unangemessen, wenn der StPfl. die vom Gesetzgeber vorausgesetzte Gestaltung zum Erreichen eines bestimmten Ziels nicht gebraucht, sondern einen ungewöhnlichen Weg wählt, auf dem nach den Wertungen des Gesetzgebers das Ziel nicht erreichbar sein soll. Mietrechtl. Gestaltungen sind insbes. dann unangemessen, wenn derjenige, der einen Gebäudeteil für eigene Zwecke benötigt, einem anderen daran die wirtschaftliche Verfügungsmacht einräumt, um ihn anschließend wieder zurückzumieten.[3] 23

Ein **Gestaltungsmissbrauch kann vorliegen**, wenn Eheleute die Einliegerwohnung in ihrem Zweifamilienhaus zur Betreuung ihres Kleinkindes an die Eltern der Ehefrau vermieten, die am selben Ort weiterhin über eine größere Wohnung verfügen,[4] wenn nahestehende Personen sich nach Übertragung des Teileigentums Wohnungen wechselseitig vermieten[5] oder wenn eine minderjährige Tochter den Eltern ein Darlehen in Höhe eines zuvor ihr v. den Eltern geschenkten Betrages gewährt, mit dem die Eltern entspr. ihres Gesamtplans ein Hausgrundstück kaufen.[6] Bei einer Grundstücksübertragung v. Eltern auf ihre beiden Töchter kann die kreuzweise Übernahme v. grundstücksbezogenen Darlehensverbindlichkeiten des Vaters durch die Töchter einen Gestaltungsmissbrauch iSd. § 42 AO darstellen.[7] Es stellt **keinen Gestaltungsmissbrauch** iSd. § 42 AO dar, wenn der **Mieter das Grundstück zuvor gegen wiederkehrende Leistungen auf den Vermieter übertragen hat** (sog. **Stuttgarter Modell**).[8] Diese Rspr. beruht darauf, dass der BFH zw. Eigentumsübertragung (Vermögensebene/Eigentumsebene) einerseits und Vermietung (Nutzungsebene) andererseits trennt.[9] Dementspr. ist es auch unproblematisch, wenn auf die Ausübung eines im Zusammenhang mit einer Grundstücksübertragung eingeräumten unentgeltlichen Wohnungsrechts verzichtet und stattdessen zw. dem Übertragenden und dem neuen Eigentümer des Grundstücks ein Mietvertrag geschlossen wird; der Fortbestand des dinglichen Wohnungsrechts allein hindert die Wirksamkeit des Mietvertrages nicht.[10] Andererseits kann ein Gestaltungsmissbrauch vorliegen, wenn ein im Zusammenhang mit einer Grundstücksübertragung eingeräumtes, unentgeltliches Wohnungsrecht gegen Vereinbarung einer dauernden Last aufgehoben und gleichzeitig ein Mietverhältnis mit einem Mietzins iHd. dauernden Last vereinbart wird, weil es durch gegenläufige Rechtsgeschäfte auf der Nutzungsebene nicht zu einer entgeltlichen Nutzung des Übertragenden kommt.[11] **Demgegenüber** ist es **nicht rechtsmissbräuchlich**, wenn der Alleineigentümer v. zwei Eigentumswohnungen einem nahen Angehörigen die v. ihm selbstgenutzte Wohnung überträgt und gleichzeitig wechselseitige Mietverträge abgeschlossen werden,[12] wenn eine 64 Jahre alte Mutter ein EFH ihrem Sohn verkauft, die Kaufpreisforderung ohne eine Tilgungsvereinbarung stundet, sie durch eine Hypothek sichern und ferner verzinsen lässt und der Sohn ihr das übertragene Haus auf 30 Jahre vermietet,[13] wenn zw. Angehörigen gleichzeitig ein Nießbrauch und ein Mietvertrag vereinbart wird und das dingliche Nutzungsrecht lediglich zur Sicherung des Pacht- oder Mietverhältnisses vereinbart und nicht tatsächlich ausgeübt wird,[14] wenn ein Darlehen zw. Eltern und Kindern bei vorangehender Schenkung des Darlehensvertrages vereinbart wird, und die Vereinbarung nicht nur der Steuerersparnis dient,[15] wenn ein Ehegatte dem anderen seine an dessen Beschäftigungsort belegene Woh- 24

1 BFH v. 9.10.2013 – IX R 2/13, BStBl. II 2014, 527; v. 21.1.2014 – IX R 37/12, BStBl. II 2015, 631; v. 16.1.1996 – IX R 13/92, BStBl. II 1996, 214.
2 BFH v. 3.2.1998 – IX R 38/96, BStBl. II 1998, 539; v. 26.3.1996 – IX R 51/92, BStBl. II 1996, 443; v. 29.11.1982 – GrS 1/81, BStBl. II 1983, 272; vgl. auch *Heuermann*, BB 2003, 1465.
3 BFH v. 9.10.2013 – IX R 2/13, BStBl. II 2014, 527; v. 21.1.2014 – IX R 37/12, BStBl. II 2015, 631.
4 BFH v. 14.1.1992 – IX R 33/89, BStBl. II 1992, 549.
5 BFH v. 25.1.1994 – IX R 97/90, IX R 98/90, BStBl. II 1994, 738; v. 22.1.2013 – IX R 18/12, BFH/NV 2013, 1094.
6 BFH v. 26.3.1996 – IX R 51/92, BStBl. II 1996, 443.
7 BFH v. 29.8.2007 – IX R 17/07, BStBl. II 2008, 502; Anm. *AR*, DStZ 2008, 165.
8 BFH v. 10.12.2003 – IX R 12/01, BStBl. II 2004, 643; Anm. *Fischer*, FR 2004, 716.
9 Hierzu ausf. *Heuermann*, StuW 2004, 124; krit. dazu *Fischer*, FR 2004, 720.
10 BFH v. 17.12.2003 – IX R 60/98, BStBl. II 2004, 646; v. 17.12.2003 – IX R 91/00, BFH/NV 2004, 1272; v. 15.2.2005 – IX R 16/04, BFH/NV 2005, 1008; **aA** *Gosch*, StBp. 2004, 148.
11 BFH v. 17.12.2003 – IX R 56/03, BStBl. II 2004, 648; Anm. *Fischer*, FR 2004, 720.
12 BFH v. 12.9.1995 – IX R 54/93, BStBl. II 1996, 158.
13 BFH v. 26.11.1996 – IX R 51/94, BFH/NV 1997, 404.
14 BFH v. 3.2.1998 – IX R 38/96, BStBl. II 1998, 539.
15 BFH v. 19.2.2002 – IX R 32/98, BStBl. II 2002, 674.

nung im Rahmen einer doppelten Haushaltsführung zu üblichen Bedingungen vermietet[1] oder wenn ein Haus an die Eltern vermietet wird und der StPfl. gleichzeitig unentgeltlich ein Hauses der Eltern nutzt.[2]

25 Besondere Bedeutung hat die Frage des Gestaltungsmissbrauchs bei Mietverträgen mit unterhaltsberechtigten Angehörigen. Vermieten Eltern ihrem **unterhaltsberechtigten Kind** eine ihnen gehörende Wohnung, dann ist der Mietvertrag nach der Rspr. des BFH nicht deshalb rechtsmissbräuchlich, weil das Kind die Miete aus dem Barunterhalt oder durch Verrechnung mit dem Barunterhalt der Eltern zahlt.[3] Dies setzt jedoch voraus, dass die – ggf. auch aufgrund einer Vereinbarung zw. den Beteiligten festgelegte – Höhe des Gegenanspr. feststeht und zu den jeweiligen Fälligkeitsterminen eine Abrechnung der noch offenen (Gegen-)Forderungen vorgenommen wird.[4] Entscheidend für die Anerkennung derartiger Mietverhältnisse ist, dass es den Eltern nach § 1612 Abs. 2 BGB freisteht, ihrem unterhaltsberechtigten Kind Barunterhalt zu gewähren, v. dem es die Kosten einer Wohnung bestreiten kann, oder aber ihm Wohnraum unmittelbar zu überlassen. Unterhaltszahlung einerseits und Mietverhältnis andererseits sind sowohl zivilrechtl. als auch steuerrechtl. voneinander getrennte Vorgänge. Die Entscheidung der Eltern zugunsten des Mietverhältnisses ist auch im Hinblick auf Art. 6 GG grds. der Besteuerung zugrunde zu legen. Bereits in früheren Urteilen hatte der BFH entschieden, dass es nicht rechtsmissbräuchlich ist, wenn unterhaltspflichtige Eltern ihrem Kind eine Wohnung vermieten und das Kind die Miete aus eigenen Mitteln zahlen kann.[5] Ein Mietvertrag zw. Eltern und ihrem Barunterhalt empfangenden Kind ist jedoch dann nicht anzuerkennen, wenn Eltern und Kind noch eine **Haushaltsgemeinschaft** bilden. Das Vermieten v. Teilen einer Wohnung an im Haushalt lebende Mitbewohner ist steuerrechtl. nicht möglich.[6]

26 **II. Ermittlung und Zurechnung der Einkünfte. 1. Grundsätzliches.** Einkünfte werden derjenigen nat. Pers. zugerechnet, die den Tatbestand der jeweiligen Einkunftsart verwirklicht (§ 2 Rn. 56). Einkünfte aus VuV werden demjenigen zugerechnet, der die rechtl. oder tatsächliche Macht hat, eines der in Abs. 1 genannten WG einem anderen entgeltlich auf Zeit zu überlassen. Er muss Träger der Rechte und Pflichten aus dem Mietvertrag oder dem Pachtvertrag sein.[7] Für die Zurechnung ist nicht entscheidend, wem das Vermietungsobjekt rechtl. zuzuordnen ist. Es kommt vielmehr darauf an, wer das **Nutzungsüberlassungsverhältnis beherrscht und an diesem beteiligt ist.** Dies muss nicht notwendigerweise der zivilrechtl. oder wirtschaftliche Eigentümer sein. Mieter, Pächter oder Nießbraucher[8] können selber aus dem überlassenen WG Einkünfte aus VuV erzielen. Auch eine vom Eigentümer abgeleitete Berechtigung ist für die Zurechnung nicht erforderlich. Das kann auch derjenige sein, dem ein Wohnungsrecht entgeltlich oder unentgeltlich, formlos oder konkludent vom dinglich Wohnungsberechtigten zur Ausübung überlassen wird.[9] Auch ein Unbefugter kann bei **unerlaubter Untervermietung** Einkünfte aus VuV erzielen.[10] § 12 Nr. 2 enthält ebenfalls keine Vorgaben für die Zurechnung der Einkünfte aus VuV, denn diese Vorschrift regelt die Einkommensverwendung und setzt die Einkommenserzielung voraus.[11] Im Falle der Zwangsverwaltung sind dem Vollstreckungsschuldner die Einkünfte aus der Verwaltung des beschlagnahmten Vermögens persönlich zuzurechnen, obwohl er infolge der Beschlagnahme den Besitz an dem vermieteten Grundstück und die Verwaltungs- und Nutzungsbefugnis darüber verloren hat; denn die Handlungen, die der Zwangsverwalter iRd. ihm zugewiesenen Aufgaben (§ 150, § 152 Abs. 1 ZVG) vornimmt, werden dem

1 BFH v. 11.3.2003 – IX R 55/01, BStBl. II 2003, 627.
2 BFH v. 14.1.2003 – IX R 5/00, BStBl. II 2003, 509; dazu auch *Heuermann*, BB 2003, 1465.
3 BFH v. 19.10.1999 – IX R 30/98, BStBl. II 2000, 223; v. 19.10.1999 – IX R 39/99, BStBl. II 2000, 224; v. 19.10.1999 – IX R 80/97, BFH/NV 2000, 429; v. 17.12.2002 – IX R 58/00, BFH/NV 2003, 750; grds. *Thürmer*, DB 2003, 1012; krit. *Fischer*, FR 2000, 206 und *Gosch*, StBp. 2000, 94.
4 BFH v. 16.2.2016 – IX R 28/15, BFH/NV 2016, 1006.
5 BFH v. 28.3.1995 – IX R 47/93, BStBl. II 1996, 59; v. 22.4.1997 – IX R 52/95, BFH/NV 1997, 663; v. 9.9.1997 – IX R 43/96, BFH/NV 1998, 316; vgl. auch BFH v. 28.1.1997 – IX R 27/95, BStBl. II 1997, 599 (Vermietung an unterhaltsberechtigte Tochter und ihren Ehemann).
6 BFH v. 16.1.2003 – IX B 172/02, BStBl. II 2003, 301; v. 30.1.1996 – IX R 100/93, BStBl. II 1996, 359 (nichteheliche Lebensgemeinschaft); v. 12.1.2005 – IX B 115/04, BFH/NV 2005, 703 (auch bei zwei abgeschlossenen Wohnungen); v. 10.5.2005 – IX B 5/05, BFH/NV 2005, 1551; v. 26.2.2008 – IX B 226/07, BFH/NV 2008, 791 (familiäres Zusammenleben in miteinander verflochtenen Räumen); vgl. auch FG Hess. v. 17.2.2003 – 6 K 2178/00, EFG 2003, 850; vgl. auch BFH v. 4.7.2007 – IX B 50/07, BFH/NV 2007, 1875 Wohnräume im Haus der Kinder, die keine abgeschlossene Wohnung bilden, können nicht mit steuerrechtl. Wirkung an ein pflegebedürftiges Elternteil vermietet werden.
7 Grundlegend BFH v. 13.5.1980 – VIII R 63/79, BStBl. II 1981, 295; v. 13.5.1980 – VIII R 75/79, BStBl. II 1981, 297; v. 13.5.1980 – VIII R 128/78, BStBl. II 1981, 299; zum Erbbauberechtigten s. BFH v. 19.2.2013 – IX R 31/11, BFH/NV 2013, 1075.
8 Vgl. BFH v. 14.11.2007 – IX R 51/06, ZMR 2008, 982.
9 BFH v. 6.9.2006 – IX R 13/05, BFH/NV 2007, 406.
10 *K/S/M*, § 21 Rn. B 208.
11 BFH v. 29.11.1983 – VIII R 215/79, BStBl. II 1984, 366; krit. *K/S/M*, § 21 Rn. B 204.

Vollstreckungsschuldner auch mit stl. Wirkung als eigene zugerechnet.[1] Auch der Erwerber eines zwangsverwalteten Grundstücks kann Vermieter sein; soweit Mieterträge an die Grundpfandgläubiger ausgekehrt werden, kann es sich um Vorauszahlungen auf die AK handeln.[2]

Dass der StPfl. **Träger der Rechte und Pflichten** aus dem Nutzungsüberlassungsverhältnis sein muss, bedeutet nicht, dass es allein auf das Außenverhältnis ankommt[3]; dieses kann nur ein Indiz für die Zurechnung der Einkünfte sein. Auch ein **Treugeber** kann Einkünfte aus VuV erzielen, wenn für ihn ein Treuhänder im eigenen Namen auftritt. Der BFH stellt an die Zurechnung der Einkünfte zum Treugeber **strenge Anforderungen**. Voraussetzung ist, dass der Treugeber nach den Umständen des Einzelfalls ggü. dem Treuhänder eine derart beherrschende Stellung einnimmt, dass er wirtschaftlich die Rechte und Pflichten aus dem Mietverhältnis trägt.[4] Das Treuhandverhältnis muss auf ernst gemeinten und klar nachweisbaren Vereinbarungen zw. Treugeber und Treuhänder beruhen und tatsächlich durchgeführt werden.[5] Es soll nicht allein maßgebend sein, wem letztlich der Überschuss der Einnahmen über die WK zugute kommt und wer das Risiko eines Überschusses der WK über die Einnahmen aus VuV trägt.[6] Richtiger wäre es, auch bei den Einkünften aus VuV darauf abzustellen, wer Vermieterinitiative entfaltet und das Vermieterrisiko trägt,[7] denn für die Zurechnung kommt es entscheidend darauf an, wer das Nutzungsüberlassungsverhältnis beherrscht. 27

2. Besonderheiten bei Miteigentümern. Miteigentümer (§§ 1008 ff., 741 ff. BGB) oder Mitgesellschafter (zB § 705 BGB) können gemeinschaftlich Einkünfte aus VuV erzielen. In diesen Fällen ist zu prüfen, ob die Gemeinschaft oder der einzelne Gemeinschafter oder G'ter den Tatbestand der Einkünfteerzielung erfüllt.[8] Voraussetzung für die gemeinschaftliche Beteiligung an den Einkünften aus VuV ist, dass mehrere Pers. in ihrer **gemeinschaftlichen Verbundenheit** den Tatbestand des § 21 erfüllen.[9] Es reicht nicht aus, auf das ggf. nur intern wirkende Einverständnis eines Miteigentümers mit der Verwaltung durch den anderen abzustellen; maßgeblich ist, dass mehrere Miteigentümer durch den Mietvertrag berechtigt und verpflichtet werden.[10] Die Feststellung, wer unter mehreren Miteigentümern den objektiven Einkünftetatbestand erfüllt hat, ist vorrangig gegenüber der Frage nach der Zurechnung ggf. gemeinschaftlich erzielter Einkünfte; dementsprechend stellt sich die Zurechnungsfrage überhaupt nicht, wenn feststeht, dass nur ein Miteigentümer allein den objektiven Tatbestand der Einkunftsart Vermietung und Verpachtung erfüllt.[11] Errichtet eine Bauherrengemeinschaft ein Haus und vermietet jeder Eigentümer seine Wohnung selbständig, werden keine gemeinschaftlichen Einkünfte erzielt.[12] Der BFH stellt zudem darauf ab, dass idR nach außen deutlich wird, dass die Gemeinschaft Träger der Rechte und Pflichten aus dem Nutzungsüberlassungsverhältnis ist. Ein **Unterbeteiligter** an einer PersGes. erzielt daher keine Einkünfte aus VuV, wenn er nicht nach außen als Vermieter in Erscheinung tritt und der Hauptbeteiligte ihn nur auf schuldrechtl. Grundlage an dem wirtschaftlichen Ergebnis beteiligt.[13] Dies hat zur Folge, dass bei **Miteigentum v. Ehegatten** nur dann gemeinschaftlich Einkünfte erzielt werden, wenn beide als Vermieter auftreten.[14] Für die Frage, ob gemeinschaftlich Einkünfte erzielt werden, ist das Innenverhältnis zw. den Beteiligten entscheidend. Alleine die Tatsache, dass ein Miteigentümer die Verwaltung des Hauses wahrnimmt und als Vermieter auftritt, hat dann nicht zur Folge, dass er alleine den Tatbestand der Einkünfteerzielung erfüllt. Vermietet eine Grundstücksgemeinschaft eine Wohnung eines im Miteigentum stehenden Wohnhauses an einen Miteigentümer und nutzt dieser das gemeinschaftliche Wohnhaus insgesamt über seinen Miteigentumsanteil hinaus, so erzielt der andere Miteigentümer anteilig Einkünfte aus VuV; der die Wohnung nutzende Miteigentümer erzielt keine Vermietungseinkünfte.[15] 28

1 BFH v. 10.2.2015 – IX R 23/14, BStBl. II 2017, 367; krit. *Drasdo*, NJW 2015, 2528.
2 BFH v. 11.3.2003 – IX R 65–67/01, BFH/NV 2003, 778.
3 *Schmidt*[37], § 21 Rn. 62, sieht bei Unterbeteiligungen das Außenverhältnis als entscheidend an.
4 BFH v. 12.7.2016 – IX R 21/15, BFH/NV 2016, 1695.
5 BFH v. 15.7.1997 – VIII R 56/93, BStBl. II 1998, 152; v. 11.3.2008 – IV B 77/07, BFH/NV 2008, 1159.
6 BFH v. 17.12.1996 – IX R 30/94, BStBl. II 1997, 406; v. 3.12.1991 – IX R 155/89, BStBl. II 1992, 459; v. 15.1.1998 – IX B 25/97, BFH/NV 1998, 994.
7 Kritisch dazu *K/S/M*, § 21 Rn. B 222, der darauf hinweist, dass diese dem Mitunternehmerbegriff entlehnten Begriffe nicht auf die Überschusseinkunftsart des § 21 passen.
8 BFH v. 30.6.1999 – IX R 83/95, BFHE 190, 82 = DStR 1999, 1763.
9 BFH v. 15.4.1986 – IX R 69/81, BStBl. II 1986, 792.
10 BFH v. 25.6.2002 – IX R 55/99, BFH/NV 2002, 1556.
11 BFH v. 15.12.2009 – IX R 55/08, BFH/NV 2010, 863.
12 BFH v. 22.4.1980 – VIII R 149/75, BStBl. II 1980, 441.
13 BFH v. 17.12.1996 – IX R 30/94, BStBl. II 1997, 406; v. 3.12.1991 – IX R 10/87, BFH/NV 1992, 662.
14 *K/S/M*, § 21 Rn. B 231 ff. zu den Problemen des gemeinschaftlichen Wirtschaftens einander nahestehender Personen.
15 BFH v. 7.6.2006 – IX R 14/04, BFH/NV 2006, 2053.

29 Miterben erzielen gemeinschaftlich Einkünfte aus VuV, solange eine **Erbengemeinschaft** noch nicht auseinandergesetzt ist.[1] Wird die Erbengemeinschaft innerhalb v. sechs Wochen nach dem Erbfall aufgelöst, können die lfd. Einkünfte dem übernehmenden Miterben unmittelbar ab dem Erbfall zugerechnet werden.[2] Soll nur einem Miterben abw. v. §§ 2038 Abs. 2, 743 BGB das Fruchtziehungsrecht zustehen, so führt das zu einem alleinigen Nutzungsrecht dieses Miterben mit der Folge, dass er und nicht die Erbengemeinschaft den Steuertatbestand des § 21 Abs. 1 erfüllt.[3]

30 Rechtsfolge der gemeinschaftlichen Tatbestandsverwirklichung der Gemeinschaft oder Ges. ist die **Einkünfteermittlung auf der Ebene der Personenmehrheit**, unabhängig davon, ob es sich um eine Bruchteils- oder Gesamthandsgemeinschaft handelt.[4] Bei einer PersGes. mit Einkünften aus VuV sind die Einkünfte dementspr. zunächst auf der Ebene der Ges. zu ermitteln und sodann auf die G'ter zu verteilen, und zwar nach den Vereinbarungen der G'ter, wenn sie ihren Grund im Gesellschaftsverhältnis haben und sich nicht als Einkommensverwendung darstellen.[5] Eine PersGes. ist insoweit Steuerrechtssubjekt, als sie in der Einheit ihrer G'ter Merkmale eines Besteuerungstatbestandes verwirklicht, welche den G'tern für deren Besteuerung zuzurechnen sind.[6] Für die einzelnen G'ter sind bei entspr. Regelungen in einem Gesellschaftsvertrag Sondereinnahmen oder Sonder-WK zu berücksichtigen.[7]

31 Die **Einkünfteerzielungsabsicht** (Rn. 11) ist zunächst auf der Ebene der Personenmehrheit und außerdem für jeden einzelnen Gemeinschafter oder G'ter zu prüfen.[8] Die Absicht der G'ter einer GbR, einen weiteren G'ter aufzunehmen, rechtfertigt es jedoch nicht, den Anteil jedes G'ters aufzuteilen in einen, den er veräußern und einen restlichen, den er weiter halten will, und die Überschusserzielungsabsicht für die jeweiligen Anteile getrennt zu beurteilen.[9] Die **Einkünfte** sind den G'tern grds. **entspr.** ihrem **Beteiligungsverhältnis zuzurechnen.**[10] Bei Miteigentümern sind die zivilrechtl. Beteiligungsverhältnisse (§§ 743, 748ff. BGB) maßgebend,[11] unabhängig v. der jeweiligen Nutzung.[12] Tritt ein G'ter im Laufe eines Geschäftsjahres in eine Ges. ein, sind Einnahmen oder WK nur denjenigen StPfl. zuzurechnen, die im Zeitpunkt des Zu- oder Abflusses G'ter sind.[13] Eine vom Beteiligungsverhältnis abw. Zuordnung v. Einkünften kann vereinbart werden, wenn sie ihren Grund im Gemeinschaftsverhältnis hat.[14] Trägt ein G'ter einer GbR deren WK über den seiner Beteiligung entspr. Anteil hinaus, können ihm diese Aufwendungen iRd. einheitlichen und gesonderten Gewinnfeststellung der Ges. ausnahmsweise dann allein zuzurechnen sein, wenn insoweit weder eine Zuwendung an Mit-G'ter beabsichtigt ist noch gegen diese ein durchsetzbarer Ausgleichsanspruch besteht.[15] Vereinbaren **nahe Angehörige** eine vom Beteiligungsverhältnis abw. Zuordnung v. Einkünften, muss die Vereinbarung dem Fremdvergleich (Rn. 20) standhalten.[16] Die familienrechtl. Unterhaltspflicht eines Miteigentümers gegenüber anderen Miteigentümern ist für die estrechtl. Zuordnung der Einkünfte unbeachtlich.[17]

32 Erzielen mehrere StPfl. gemeinschaftlich Einkünfte aus VuV, sind die Einkünfte regelmäßig **einheitlich und gesondert festzustellen** (§ 180 Abs. 1 Nr. 2 lit. a AO); dies gilt insbes. auch für die Feststellung eines verrechenbaren Verlustes in den Fällen des § 15b (vgl. § 15b Rn. 57). Die Einkünfte einer vermögensverwaltenden Ges. aus der Vermietung v. Räumen an eine freiberuflich tätige Anwaltsgemeinschaft sind auch dann auf der Ebene der Ges. einheitlich und gesondert festzustellen, wenn ein G'ter zugleich an der Anwaltsgemeinschaft beteiligt ist und sein Grundstücksanteil als Sonderbetriebsvermögen iRd. selbständigen Tätigkeit zu erfassen ist.[18] In Fällen v. geringer Bedeutung kann v. einer Feststellung abgesehen werden

---

1 BMF v. 14.3.2006, BStBl. I 2006, 253; FG RhPf. v. 7.12.1992 – 5 K 1018/92, EFG 1993, 582; zur Einkünftefeststellung bei Nachlassinsolvenz: BFH v. 14.7.2016 – IX B 142/15, BFH/NV 2016, 1453.
2 BMF v. 11.1.1993, BStBl. I 1993, 62.
3 BFH v. 5.8.2004 – IX B 60/04, BFH/NV 2004, 1649.
4 BFH v. 7.10.1986 – IX R 167/83, BStBl. II 1987, 322; v. 7.4.1987 – IX R 103/85, BStBl. II 1987, 707.
5 Vgl. BFH v. 27.7.2004 – IX R 20/03, BStBl. II 2005, 33 zur Sonder-AfA nach dem FördG gegen BMF v. 24.12.1996, BStBl. I 1996, 1516.
6 BFH v. 25.6.1984 – GrS 4/82, BStBl. II 1984, 751.
7 BFH v. 7.12.1993 – IX R 134/92, BFH/NV 1994, 547.
8 BFH v. 8.12.1998 – IX R 49/95, BStBl. II 1999, 468; v. 15.12.2009 – IX R 55/08, BFH/NV 2010, 863.
9 BFH v. 30.6.1999 – IX R 68/96, BStBl. II 1999, 718.
10 BFH v. 27.6.1978 – VIII R 168/73, BStBl. II 1978, 674; v. 18.5.2004 – IX R 49/02, BStBl. II 2004, 929.
11 BFH v. 30.6.1999 – IX R 83/95, BFHE 190, 82 = DStR 1999, 1763.
12 BFH v. 26.1.1999 – IX R 17/95, BStBl. II 1999, 360.
13 BFH v. 19.8.1986 – IX S 5/83, BStBl. II 1987, 212.
14 BFH v. 7.4.1987 – IX R 103/85, BStBl. II 1987, 707; v. 7.10.1986 – IX R 167/83, BStBl. II 1987, 322; v. 23.7.2004 – IX B 61/04, BFH/NV 2005, 41; *K/S/M*, § 21 Rn. B 224.
15 BFH v. 23.11.2004 – IX R 59/01, BStBl. II 2005, 454; v. 20.1.2009 – IX R 18/07, BFH/NV 2009, 1247.
16 BFH v. 31.3.1992 – IX R 245/87, BStBl. II 1992, 890.
17 BFH v. 22.3.1994 – IX R 28/91, BFH/NV 1995, 16.
18 BFH v. 9.10.2008 – IX R 72/07, BStBl. II 2009, 231.

(§ 180 Abs. 3 AO).[1] Eine als Vermieterin auftretende GbR oder Bruchteilsgemeinschaft ist im Verfahren der einheitlichen und gesonderten Feststellung ihrer Einkünfte aus VuV grds. beteiligtenfähig und klagebefugt.[2] Werden v. einer Gemeinschaft oder Ges. mehrere Grundstücke vermietet, ist grds. für jedes Grundstück ein gesondertes Feststellungsverfahren durchzuführen; eine Ausnahme gilt, wenn wirtschaftlich miteinander verbundene Grundstücke im Bezirk eines FA zu einer Feststellungseinheit verbunden werden.[3]

33 **3. Behandlung dinglicher und obligatorischer Nutzungsrechte (insbes. Nießbrauch). a) Grundsätzliches.** Räumt der Eigentümer einem Dritten ein dingliches oder obligatorisches Nutzungsrecht ein, muss stets geprüft werden, ob und inwieweit der Eigentümer oder der Nutzungsberechtigte den Tatbestand der Einkünfteerzielung erfüllt. Dabei kommt es nicht auf das Eigentum am jeweiligen Nutzungsobjekt an; entscheidend ist vielmehr, wer Träger der Rechte und Pflichten aus dem Miet- oder Pachtverhältnis ist (Rn. 26).[4] Es genügt nicht, dass der Nießbraucher lediglich rein rechnungsmäßig an den Ergebnissen des Mietverhältnisses beteiligt ist.[5] Einkünfte aus VuV eines Grundstücks werden dem **Nutzungsberechtigten** nur zugerechnet, wenn ihm die volle Besitz- und Verwaltungsbefugnis zusteht und er selber den Tatbestand des § 21 erfüllt.[6] Für die Zurechnung der Einkünfte ist es unerheblich, ob es sich um ein dingliches oder obligatorisches Nutzungsrecht handelt.[7]

34 **b) Bestellung des Nutzungsrechts.** Voraussetzung für die Zurechnung der Einkünfte bei einem Nutzungsrecht ist, dass der Nutzungsberechtigte ein **gesicherte Rechtsposition** erlangt hat. Dies setzt eine klare und ernsthafte Vereinbarung des dinglichen oder obligatorischen Nutzungsrechts voraus. Der Eigentümer darf dem Nutzenden für die festgelegte Zeit den Gebrauch des Grundstücks nicht entziehen können.[8] Die Verwaltung erkennt ein unentgeltlich begründetes obligatorisches Nutzungsrecht nur an, wenn das Nutzungsrecht für einen festgelegten Zeitraum schriftlich vereinbart worden ist.[9] Die Befristung des (dinglichen) Nießbrauchs führt zivilrechtl. zu dessen Erlöschen kraft G, die des (schuldrechtl.) Nutzungsrechts zur Beendigung der Rechtswirkungen dieses Rechtsgeschäfts. Das gilt jedoch dann nicht, wenn ein Fortbestehen des (schuldrechtl.) Nutzungsrechts ausdrücklich oder konkludent auch für den Zeitraum nach Ablauf der (Bedingungs-)Frist vereinbart wird.[10] Missbräuchen kann durch § 42 AO begegnet werden. Wird nahen Angehörigen ein Nutzungsrecht eingeräumt, muss die Bestellung des Nutzungsrechts den allg. Regeln für Verträge zw. nahen Angehörigen (Rn. 19 ff.) genügen. Bei **minderjährigen Kindern** bedarf es idR der **Mitwirkung eines Pflegers**;[11] dies gilt auch für einen Bruttonießbrauch. Die Anordnung einer Ergänzungspflegschaft für die Dauer des Nießbrauchs ist jedoch nicht erforderlich.[12] Die Verwaltung erkennt die Bestellung eines Nießbrauchs ohne Mitwirkung eines Ergänzungspflegers auch dann nicht an, wenn das Vormundschaftsgericht die Mitwirkung eines Ergänzungspflegers für entbehrlich angesehen hat.[13] Den StPfl. kann jedoch die fehlende Mitwirkung eines Pflegers nicht entgegengehalten werden, wenn die hierfür sachlich zuständigen Gerichte sie für entbehrlich halten.[14] Ein Nießbrauch ist stl. auch dann anzuerkennen, wenn ein Unterhaltsverpflichteter dem Unterhaltsberechtigten den Nießbrauch an einem Grundstück einräumt.[15]

35 Vermietet der Nutzungsberechtigte im Zusammenhang mit der Bestellung des Nutzungsrechts das Gebäude oder die Wohnung an den Eigentümer, kann darin ein **Missbrauch** v. rechtl. Gestaltungsmöglichkeiten (§ 42 AO) liegen. Dies ist nach der Rspr. regelmäßig der Fall, wenn Eltern ihrem Kind unentgeltlich einen zeitlich befristeten Nießbrauch an einem Grundstück bestellen, welches das Kind anschließend an die Eltern zurückvermietet.[16] Über eine Wohnung kann sowohl ein Mietvertrag und gleichzeitig oder auch nachträglich ein dingliches Nutzungsrecht bestellt werden. Wird das dingliche Nutzungsrecht lediglich zur

---

1 Dazu BFH v. 16.3.2004 – IX R 58/02, BFH/NV 2004, 1211.
2 BFH v. 18.5.2004 – IX R 83/00, BStBl. II 2004, 898; v. 29.6.2004 – IX R 39/03, BFH/NV 2004, 1371; v. 18.5.2004 – IX R 42/01, BFH/NV 2005, 168.
3 BFH v. 18.11.1980 – VIII R 194/78, BStBl. II 1981, 510.
4 BFH v. 31.10.1989 – IX R 216/84, BStBl. II 1992, 506.
5 BFH v. 17.8.2012 – IX B 56/12, BFH/NV 2012, 1959.
6 BMF v. 30.9.2013, BStBl. I 2013, 1184 Tz. 1.
7 BFH v. 29.11.1983 – VIII R 215/79, BStBl. II 1984, 366.
8 BFH v. 29.11.1983 – VIII R 215/79, BStBl. II 1984, 366.
9 BMF v. 30.9.2013, BStBl. I 2013, 1184 Tz. 7.
10 BFH v. 16.1.2007 – IX R 69/04, BStBl. II 2007, 579.
11 BFH v. 13.5.1980 – VIII R 75/79, BStBl. II 1981, 297.
12 BFH v. 13.5.1980 – VIII R 63/79, BStBl. II 1981, 295.
13 BMF v. 30.9.2013, BStBl. I 2013, 1184 Tz. 4; vgl. auch BFH v. 31.10.1989 – IX R 216/84, BStBl. II 1992, 506.
14 BMF v. 9.2.2001, BStBl. I 2001, 171.
15 BFH v. 13.5.1980 – VIII R 128/78, BStBl. II 1981, 299.
16 BFH v. 18.10.1990 – IV R 36/90, BStBl. II 1991, 205.

Sicherung des Pacht- oder Mietverhältnisses vereinbart (**Sicherungsnießbrauch**) und nicht tatsächlich ausgeübt, handelt es sich nicht um einen Rechtsmissbrauch iSd. § 42 AO und der Eigentümer kann aus dem Mietverhältnis Einkünfte erzielen.[1]

36 **c) Einkünfte des Nutzungsberechtigten.** Der Nutzungsberechtigte erzielt Einkünfte aus VuV, wenn er eine gesicherte Rechtsposition innehat und selber den Tatbestand der Einkünfteerzielung erfüllt. Er muss die Stellung des Vermieters oder Verpächters einnehmen. Wird ein dingliches Nutzungsrecht eingeräumt, tritt der Nutzende kraft G (§§ 577, 571 BGB) in die Rechtsstellung des Eigentümers als Vermieter ein, so dass ihm die Einkünfte zuzurechnen sind. Minderjährige Kinder sind nur dann als Vermieter anzusehen, wenn die gesetzlichen Vertreter die Mietverträge im Namen der Kinder abgeschlossen haben.[2] Bei **obligatorischen Nutzungsrechten** greift § 577 BGB nicht ein. Daher sind dem Nutzungsberechtigten Einkünfte aus VuV nur dann zuzurechnen, wenn er durch rechtsgeschäftliche Vertragsübernahme in die Vermieterstellung eintritt.[3] Der Nutzungsberechtigte erzielt Einkünfte aus VuV unabhängig davon, ob das Nutzungsrecht entgeltlich oder unentgeltlich bestellt worden ist. Der **Nießbrauchsberechtigte** erzielt auch dann Einnahmen aus VuV, wenn sich der Nießbrauchsbesteller verpflichtet, die dem Berechtigten gem. §§ 1041, 1045, 1047 BGB obliegenden Kosten und Lasten zu tragen (sog. **Bruttonießbrauch**). Allerdings kann in diesen Fällen weder der Eigentümer (mangels Einnahmen) noch der Nießbraucher (mangels Aufwendungen) WK geltend machen.

37 Die Abgrenzung zw. entgeltlicher, teilw. entgeltlicher und unentgeltlicher Bestellung des Nießbrauchs hat Bedeutung für die Frage, ob bei einem zugewendeten Nutzungsrecht der Nutzungsberechtigte AfA geltend machen kann. Auf das **unentgeltlich erworbene Nießbrauchsrecht** darf der Nießbraucher **keine AfA** vornehmen.[4] Auf das entgeltlich erworbene Nießbrauchsrecht darf der Nießbraucher die nach der Dauer des Nießbrauchs bemessene AfA nach § 7 Abs. 1 vornehmen, wenn er aus dem Nießbrauch Einkünfte erzielt (§ 7 Rn. 17).[5] Ein teilentgeltlich bestelltes Nutzungsrecht ist in einen entgeltlichen und einen unentgeltlichen Teil aufzuteilen. Der Nutzungsberechtigte kann darüber hinaus sämtliche v. ihm getragenen Aufwendungen abziehen, wenn er das Gebäude durch Vermietung nutzt.

38 Beim **Vorbehaltsnießbrauch** wird bei der Übertragung eines Grundstücks gleichzeitig ein Nießbrauchsrecht für den bisherigen Eigentümer an dem übertragenen Grundstück bestellt. Die Bestellung des Nießbrauchs ist keine Gegenleistung des Erwerbers, unabhängig davon, ob das Grundstück entgeltlich oder unentgeltlich übertragen worden ist.[6] Der Vorbehaltsnießbraucher darf die AfA für das Gebäude wie zuvor als Eigentümer in Anspr. nehmen (§ 7 Rn. 17).[7] Darüber hinaus kann er sämtliche v. ihm getragenen Aufwendungen als WK geltend machen.

39 **d) Einkünfte des Eigentümers.** Bei zugewendeten Nutzungsrechten ist für die Einkünfte des Eigentümers entscheidend, ob das Nutzungsrecht entgeltlich oder unentgeltlich bestellt worden ist. Bei einem **unentgeltlich bestellten Nießbrauch** sind dem Eigentümer **keine Einkünfte** aus dem nießbrauchsbelasteten Grundstück zuzurechnen. Er kann weder AfA noch andere Aufwendungen als WK geltend machen.[8] Hat der die Einkünfte aus VuV erzielende Nießbraucher größere Erhaltungsaufwendungen nach § 82b EStDV auf mehrere Jahre verteilt und wird der Nießbrauch durch den Tod des Nießbrauchers innerhalb des Verteilungszeitraums beendet, kann der Eigentümer den verbliebenen Teil der Erhaltungsaufwendungen nicht als WK geltend machen, weil keine gesetzliche Grundlage für einen interpersonellen Übergang des verbliebenen Teils der von dem Nießbrauchsberechtigten getragenen Erhaltungsaufwendungen besteht.[9] Ist das zugewendete Nutzungsrecht **entgeltlich** bestellt, hat der Eigentümer das für die Bestellung gezahlte Entgelt grds. im Jahr des Zuflusses als **Einnahmen aus VuV** zu erfassen.[10] Bei Vorausleistung des Entgelts durch den Nießbraucher für mehr als fünf Jahre können die Einnahmen auf den Zeitraum verteilt werden, für

---

1 BFH v. 3.2.1998 – IX R 38/96, BStBl. II 1998, 539.
2 BFH v. 13.5.1980 – VIII R 63/79, BStBl. II 1981, 295.
3 BMF v. 30.9.2013, BStBl. I 2013, 1184 Tz. 36.
4 BFH v. 26.11.1996 – IX R 33/94, BFH/NV 1997, 643; v. 24.4.1990 – IX R 9/86, BStBl. II 1990, 888; v. 28.7.1981 – VIII R 141/77, BStBl. II 1982, 454.
5 BFH v. 27.6.1978 – VIII R 12/72, BStBl. II 1979, 38; zur Bemessung der AfA bei Bestellung des Nießbrauchs auf Lebenszeit: BMF v. 30.9.2013, BStBl. I 2013, 1184 Tz. 26; vgl. zu Vorauszahlungen auch *Günther*, EStB 2014, 427 (428).
6 BFH v. 28.7.1981 – VIII R 124/76, BStBl. II 1982, 378.
7 BFH v. 28.7.1981 – VIII R 35/79, BStBl. II 1982, 380; v. 24.9.1985 – IX R 62/83, BStBl. II 1986, 12; v. 30.1.1995 – GrS 4/92, BStBl. II 1995, 281; BMF v. 30.9.2013, BStBl. I 2013, 1184 Tz. 41 ff.; zu den Unterschieden beim Zuwendungsnießbrauch: *Götz/Hülsmann*, DStR 2010, 2432 (2433); vgl. auch *Günther*, EStB 2014, 427 (428).
8 BFH v. 13.5.1980 – VIII R 128/78, BStBl. II 1981, 299; v. 8.11.1988 – IX R 25/86, BFH/NV 1989, 223.
9 BFH v. 13.3.2018 – IX R 22/17, BFH/NV 2018, 824; v. 25.9.2017 – IX S 17/17, BFH/NV 2017, 1603.
10 BFH v. 27.6.1978 – VIII R 54/74, BStBl. II 1979, 332.

den die Zahlung geleistet wird.[1] Die Zurechnung v. Einnahmen berechtigt den Eigentümer, AfA und sonstige Aufwendungen als WK abzuziehen. Beim **Vorbehaltsnießbrauch** (Rn. 38) stehen dem Eigentümer idR keine Einkünfte aus dem belasteten Grundstück zu, so dass er weder die AfA noch sonstige WK abziehen kann. Dies gilt auch, wenn ein Grundstück gegen Einräumung eines vorbehaltenen dinglichen Wohnrechts übertragen worden ist.[2] Bei einem **Bruchteils- oder Quotennießbrauch** darf der Eigentümer AfA und andere Aufwendungen nur entspr. seiner Quote abziehen.[3] Bei Erwerb eines Grundstücks gegen die Verpflichtung, dieses mit einem Wohngebäude zu bebauen und dem Veräußerer ein dingliches Wohnrecht an einer Wohnung zu bestellen, handelt es sich idR nicht um eine entgeltliche Überlassung eines Wohnrechts, sondern ein auf die Anschaffung des Grundstücks gerichtetes Rechtsgeschäft, so dass keine Einkünfte aus VuV entstehen.[4]

e) Ablösung von Nutzungsrechten. Aufwendungen für die Ablösung v. Nutzungsrechten sind beim Eigentümer keine sofort abziehbaren WK. Beim Vorbehaltsnießbrauch führen die Ablösungszahlungen zu AK,[5] soweit der Wert des übertragenen Vermögens nicht überschritten wird (dann § 12 Nr. 2). Beim Nießbraucher führt die Zahlung zu einer nicht steuerbaren Vermögensumschichtung.[6] Wurde der Nießbrauch zugunsten eines Angehörigen mangels Eintragung weder wirksam noch tatsächlich ausgeübt, können die Zahlungen nicht zu AK führen.[7] Aufwendungen des Eigentümers zur Ablösung eines unentgeltlich eingeräumten Zuwendungsnießbrauchs können als nachträgliche AK zu berücksichtigen sein.[8] Es ist jedoch stets zu prüfen, ob § 42 AO oder die Grundsätze des Fremdvergleichs gegen die Annahme v. AK sprechen.[9] Die Verwaltung beurteilt die Zahlungen zur Ablösung eines unentgeltlichen Zuwendungsnießbrauchs grds. als Zuwendungen iSd. § 12 Nr. 2.[10] Da der Eigentümer bei entgeltlichem Zuwendungsnießbrauch Einnahmen aus VuV bezieht, sind Zahlungen zur Ablösung in diesen Fällen als negative Einnahmen zu erfassen. 40

C. Gegenstand der Vermietung und Verpachtung (Abs. 1 S. 1)

Der Einkunftsart VuV werden nur diejenigen Einkünfte zugeordnet, die aus der Vermietung der in Abs. 1 S. 1 Nr. 1–4 genannten Gegenstände erzielt werden. Hierbei handelt es sich um unbewegliches Vermögen (Nr. 1), Sachinbegriffe (Nr. 2), die zeitliche Überlassung v. Rechten (Nr. 3) und die Veräußerung v. Miet- und Pachtzinsforderungen. Werden Einkünfte aus der Vermietung anderer als der in Abs. 1 S. 1 Nr. 1–4 genannten Gegenstände erzielt, muss geprüft werden, ob diese Einkünfte einer anderen Einkunftsart, insbes. § 22 Nr. 3 zuzuordnen sind. 41

I. Vermietung und Verpachtung von unbeweglichem Vermögen (Abs. 1 S. 1 Nr. 1). Der Begriff des unbeweglichen Vermögens wird in Abs. 1 S. 1 Nr. 1 nicht definiert, sondern anhand v. Beispielen erläutert. Gemeint sind nicht nur Grundstücke, sondern alle Gegenstände, die nicht beweglich sind (zur Komplementärfunktion zu § 22 Nr. 3 Rn. 1). **Unbewegliches Vermögen** sind zunächst Grundstücke, Gebäude und Gebäudeteile. Eine Grundstücksnutzung liegt nicht nur in der herkömmlichen Verpachtung, sondern kann eine zeitliche Überlassung v. Grundstücken zur Ausbeute v. Bodenschätzen bedeuten (ausf. zu Substanzausbeuteverträgen Rn. 6). **Gebäudeteile** sind zB Wohnungen, Zimmer oder einzelne Räume.[11] Die Vermietung v. Wohnungen oder Räumen stellt den Hauptanwendungsfall des § 21 dar. Weil ins Schiffsregister eingetragene **Schiffe** zivilrechtl. weitgehend den Regeln des Liegenschaftsrechts unterworfen sind, gehören sie zum unbeweglichen Vermögen iSd. Abs. 1 S. 1 Nr. 1.[12] Soweit in entspr. Register **eingetragene Luftfahrtzeuge** ebenfalls ähnlich wie Grundstücke behandelt werden, handelt es sich ebenfalls um unbewegliches Vermögen.[13] Allerdings handelt es sich bei Erwerb, Vermietung und Veräußerung v. in die Luftfahrzeugrolle eingetragenen Flugzeugen um gewerbliche Tätigkeiten, wenn die Vermietung mit dem An- 42

1 BMF v. 30.9.2013, BStBl. I 2013, 1184 Tz. 28.
2 Zur AfA bei entgeltlichem Erwerb eines teilw. mit einem Nutzungsrecht belasteten Grundstücks: BFH v. 7.6.1994 – IX R 33/92, IX R 34/92, BStBl. II 1994, 927.
3 BMF v. 30.9.2013, BStBl. I 2013, 1184 Tz. 25.
4 BMF v. 29.5.2006, BStBl. I 2006, 392; auch BMF v. 30.9.2013, BStBl. I 2013, 1184 Tz. 33; BFH v. 21.2.1991 – IX R 265/87, BStBl. II 1992, 718; *Günther*, EStB 2014, 427 (429).
5 BFH v. 15.12.1992 – IX R 323/87, BStBl. II 1993, 488.
6 BFH v. 25.11.1992 – X R 34/89, BStBl. II 1996, 663.
7 BFH v. 18.3.1999 – IV B 58/97, BFH/NV 1999, 1208.
8 BFH v. 6.7.1993 – IX R 112/88, BStBl. II 1998, 429.
9 *Spindler*, DB 1993, 297.
10 BMF v. 30.9.2013, BStBl. I 2013, 1184 Tz. 61.
11 Vgl. BFH v. 19.10.2011 – IX B 90/11, BFH/NV 2012, 234.
12 *K/S/M*, § 21 Rn. B 2.
13 BFH v. 2.5.2000 – IX R 71/96, BStBl. II 2000, 467; *K/S/M*, § 21 Rn. B 2.

und Verkauf aufgrund eines einheitlichen Geschäftskonzepts verklammert ist.[1] Demgegenüber sind Einkünfte aus der Vermietung **nicht eingetragener** Schiffe oder Flugzeuge den Einkünften aus Leistung gem. § 22 Nr. 3 zuzuordnen. Bei im Ausland belegenen, in Schiffsregister eingetragenen Schiffen, richtet sich die Abzugsfähigkeit der Verluste aus der Vermietung des Schiffes allein nach § 2a Abs. 1 Nr. 6a.[2]

43 Zum unbeweglichen Vermögen gehören auch die **grundstücksgleichen Rechte**. § 21 Nr. 1 definiert diese ebenso wie § 23 (§ 23 Rn. 4). Neben den ausdrücklich erwähnten Erbbaurechten und Mineralgewinnungsrechten (Bergbauberechtigung bzw. Grundeigentümerrecht nach dem BergbauG) gehören hierzu auch Wohnungseigentum oder Teileigentum nach dem WEG. Erfasst wird die **Vermietung oder Verpachtung** des grundstücksgleichen Rechts, also zB des Erbbaurechts, **nicht die Bestellung** dieses Rechts.[3]

44 **II. Vermietung und Verpachtung von Sachinbegriffen (Abs. 1 S. 1 Nr. 2).** Unter Sachinbegriffen iSd. Abs. 1 S. 1 Nr. 2 ist eine Vielzahl v. beweglichen Sachen zu verstehen, die nach ihrer wirtschaftlichen oder technischen Zweckbestimmung eine Einheit bilden. Da unbewegliches Vermögen bereits v. Abs. 1 S. 1 Nr. 1 erfasst wird, zählen zu den Sachinbegriffen insbes. bewegliche Sachen, die funktionell oder technisch aufeinander abgestimmt sind oder zusammen mit einer unbeweglichen Sache vermietet werden.[4] **Beispiele für Sachinbegriffe** sind das Mobiliar vermieteter Zimmer oder Wohnungen, ein Fuhrpark, eine Gemäldesammlung oder eine Bibliothek. Der Hinweis auf bewegliches BV kann sich nur auf WG beziehen, die vor ihrer Vermietung zu einem BV gehörten. Einzelne bewegliche WG wie Wohnmobile, Heißluftballons oder Flugzeuge gehören auch dann nicht zu den Sachinbegriffen, wenn sie mit Zubehör vermietet werden.[5]

45 **III. Überlassung von Rechten (Abs. 1 S. 1 Nr. 3).** Abs. 1 S. 1 Nr. 3 erfasst nicht die Verwertung eigener Rechte zB durch den Urheber selber, sondern die Einkünfte, die aus der **zeitlich begrenzten Überlassung erworbener Rechte** erzielt werden.[6] Die Vorschrift unterscheidet nicht, ob die Benutzungsrechte oder Nutzungsrechte schuldrechtl. oder dinglicher Art sind.[7] Entscheidend ist vielmehr, dass das Nutzungsrecht zeitlich begrenzt überlassen wird. Dies ist nicht der Fall, wenn das Nutzungsrecht dem durch Vertrag Berechtigten endg. verbleibt[8] oder ein Rückfall des Rechts kraft G oder kraft Vertrages nicht in Betracht kommt. Einnahmen aus einer Transfervereinbarung in der Form der sog. Spielerleihe sind keine Einnahmen aus VuV durch die zeitlich begrenzte Überlassung eines Rechts, weil ein Fortbestand einer eigenständigen Rechtsposition beim Überlassenden nicht gewährleistet ist.[9] Eine zeitlich begrenzte Übertragung wird jedoch bejaht, wenn bei Abschluss des Vertrages ungewiss ist, ob und wann die Überlassung zur Nutzung endet.[10]

46 Das G definiert den Begriff der Rechte nicht, sondern erläutert den Begriff anhand v. Beispielen. Voraussetzung für eine Besteuerung ist daher, dass die überlassenen Rechte **mit den in Abs. 1 S. 1 Nr. 3 genannten Rechten vergleichbar** sind.[11] Schriftstellerische, künstlerische und gewerbliche Urheberrechte sind in einer Vielzahl v. Gesetzen geregelt (zB UrhRG,[12] KuG, PatentG, SortenschutzG, WarenzeichenG, Gebrauchs- und GeschmacksmusterG; vgl. auch § 73a EStDV).[13] Unter gewerblichen Erfahrungen fällt das gesetzlich nicht geschützte Spezialwissen. Die Überlassung gewerblicher Erfahrungen führt idR zu gewerblichen Einkünften.[14] IÜ ist zweifelh., ob zB das Know-how unter Abs. 1 S. 1 Nr. 3 fällt.[15] Die Überlassung v. **Fernsehübertragungsrechten** bei Sportveranstaltungen im Inland (Host-Broadcasting) führt ebenfals zu gewerblichen Einkünften.[16] Gerechtigkeiten sind zumeist landesrechtl. geregelte sachbezogene Nutzungsrechte wie Bergwerkseigentum, Fischereirechte, Forstrechte, oder Fährgerechtigkeiten. Unter Gefällen ist zB die Weide- und Grasnutzung oder der Holzbezug zu verstehen.

1 BFH v. 26.6.2007 – IV R 49/04, BStBl. II 2009, 289.
2 FG Saarl. v. 16.11.2005 – 1 K 333/01, EFG 2006, 172.
3 Die Erbbauzinsen, die ein Eigentümer eines mit einem Erbbaurecht belasteten Grundstücks erhält, sind Einkünfte aus VuV des Grundstücks (Rn. 48 „Erbbaurecht“).
4 *K/S/M*, § 21 Rn. B 4.
5 FG Nürnb. v. 25.3.1994 – I 308/92, EFG 1994, 970 (Heißluftballon); FG Münster v. 6.12.1995 – 2 K 1550/94 F, EFG 1996, 428 und FG Münster v. 28.6.1996 – 11 K 5326/93 E, EFG 1996, 1095.
6 *Blümich*, § 21 Rn. 455.
7 BFH v. 23.5.1979 – I R 163/77, BStBl. II 1979, 757.
8 BFH v. 27.2.1976 – III R 64/74, BStBl. II 1976, 529.
9 Vgl. BFH v. 27.5.2009 – I R 86/07, BStBl. II 2010, 120.
10 BFH v. 1.12.1982 – I B 11/82, BStBl. II 1983, 367; v. 23.4.2003 – IX R 57/99, BFH/NV 2003, 1311.
11 *K/S/M*, § 21 Rn. B 6.
12 Dazu BFH v. 27.2.2002 – I R 62/01, BFH/NV 2002, 1142.
13 Vgl. BFH v. 5.11.1992 – I R 41/92, BStBl. II 1993, 407; zu G'ter-Markenlizenzen: *Schweiger*, BB 1999, 451.
14 BFH v. 26.4.1995 – XI R 86/94, BStBl. II 1996, 4.
15 FG Berlin v. 26.11.1974 – IV 110-111/73, EFG 1975, 361.
16 Vgl. BFH v. 4.3.2009 – I R 6/07, BStBl. II 2009, 625.

IV. Veräußerung von Miet- und Pachtzinsforderungen (Abs. 1 S. 1 Nr. 4). Zu den Einkünften aus VuV gehören auch die Einkünfte aus der Veräußerung v. Miet- und Pachtzinsforderungen. Um eine Veräußerung handelt es sich, wenn die Miet- oder Pachtzinsforderungen endg. abgetreten (übertragen) werden. Als **Einnahme** aus VuV ist der **Veräußerungspreis** im Zeitpunkt des Zuflusses zu versteuern. Die evtl. erst spätere Einziehung der Miet- oder Pachtzinsforderungen durch den Erwerber (Abtretungsempfänger) führt weder bei diesem noch bei dem Veräußerer zu Einkünften aus VuV. Abs. 1 S. 1 Nr. 4 bestimmt ausdrücklich, dass diese Grundregel auch dann gilt, wenn die Einkünfte anlässlich der Veräußerung eines Grundstücks mit übertragen werden. Bei Abs. 1 S. 1 Nr. 4 handelt es sich um eine lediglich deklaratorische Vorschrift, die bestätigt, dass auch die anstelle v. Einnahmen bezogenen Surrogate steuerbar sind. 47

D. Einnahmen

Als Einnahmen aus VuV sind alle Zuflüsse in Geld oder Geldeswert zu erfassen, die dem StPfl. zufließen und die iRd. Einkunftsart des § 21 anfallen (§ 8). Entscheidend ist, ob die Vermögensmehrung in Form v. Geld- oder Sachleistungen **durch die Nutzungsüberlassung veranlasst** ist (§ 8 Rn. 30).[1] Miet- und Pachtzahlungen gehören offensichtlich zu den Einnahmen aus VuV. Aber auch andere Leistungen können zu Einnahmen führen: 48

Abstandszahlungen des Mieters für eine Entlassung aus dem Miet- oder Vormietvertrag gehören zu den Einnahmen aus VuV (BFH v. 21.8.1990 – VIII R 17/86, BStBl. II 1991, 76).

Antennenstandort: Einnahmen aus der Überlassung einer Immobilie zur Nutzung als Antennenstandort stellen Einnahmen aus VuV dar (FG Saarl. v. 20.10.2009 – 2 K 1260/07, EFG 2010, 140, rkr.).

Baukostenzuschuss s. Zuschuss.

Baulast: Die (entgeltliche) Übernahme einer Baulast, die die öffentl.-rechtl. Verpflichtung zu einem das Grundstück betr. Tun, Dulden oder Unterlassen umfasst, führt zu Einnahmen aus VuV (BFH v. 4.9.1996 – XI R 20/96, BFH/NV 1997, 336; v. 26.8.1975 – VIII R 167/71, BStBl. II 1976, 62).

Bausparzinsen: Guthabenzinsen aus Bausparverträgen sind nur dann bei den Einkünften aus VuV zu berücksichtigen, wenn sie mit einer Verwirklichung des Tatbestands des § 21 in wirtschaftlichem Zusammenhang stehen; zB bei engem zeitlichen Zusammenhang mit Erwerb oder Umbau einer Immobilie (BFH v. 9.11.1982 – VIII R 198/81, BStBl. II 1983, 297). Ansonsten gehören sie zu den Einkünften aus KapVerm. (BFH v. 9.11.1982 – VIII R 188/79, BStBl. II 1983, 172; v. 9.11.1982 – VIII R 198/81, BStBl. II 1983, 297; v. 8.2.1983 – VIII R 163/81, BStBl. II 1983, 355; v. 8.12.1992 – VIII R 78/89, BStBl. II 1993, 301).

Bausperre: Entschädigung für faktische Bausperre führt nicht zu Einnahmen aus VuV (BFH v. 12.9.1985 – VIII R 306/81, BStBl. II 1986, 252).

Beschlagnahme: Entschädigung für Grundstücksbeschlagnahme fällt unter § 21, wenn damit einem Dritten die Nutzung ermöglicht wird (BFH v. 14.6.1963 – VI 216/61 U, BStBl. III 1963, 380).

Darlehen: Fehlen die konstitutiven Merkmale eines Darlehens, weil zB die Rückzahlungsverpflichtung vom Eintritt einer Bedingung dergestalt abhängig ist, dass nicht nur der Zeitpunkt der Rückzahlung ungewiss ist, sondern auch, ob die Verpflichtung zur Rückgewähr unbedingt entsteht, und trägt hierfür der Darlehensgeber das wirtschaftliche Risiko, führt die Hingabe des Geldes beim Empfänger zu einer Einnahme (BFH v. 12.7.2016 – IX R 56/13, BStBl. II 2017, 253).

Devisenoptionsgeschäfte s. Rn. 83.

Dienstbarkeit: Das Entgelt für die Bestellung einer beschränkt persönlichen Dienstbarkeit (§§ 1090 ff. BGB) gehört zu den Einnahmen aus VuV, wenn es sich nach seinem wirtschaftlichen Gehalt als Gegenleistung für die Nutzung eines Grundstücks darstellt (BFH v. 19.4.1994 – IX R 19/90, BStBl. II 1994, 640; vgl. auch BFH v. 14.10.1982 – IV R 19/79, BStBl. II 1983, 203; v. 9.12.1993 – IV R 130/91, BFHE 173, 393). Die Hinnahme einer Gebrauchsminderung des Grundstücks, ohne dass einem Dritten eine Nutzung eingeräumt wird, kann nicht als VuV qualifiziert werden (BFH v. 18.8.1977 – VIII R 7/74, BStBl. II 1977, 796; vgl. auch BFH v. 12.9.1985 – VIII R 306/81, BStBl. II 1986, 252). Ob eine Dienstbarkeit zu einer Nutzung berechtigt, oder den Eigentümer zur Unterlassung einer bestimmten Nutzung verpflichtet, und welche Leistung bei einer Dienstbarkeit mit einem gemischtem Inhalt der Gesamtleistung das Gepräge gibt, ist unter Berücksichtigung des wirtschaftlichen Gehalts nach dem gesamten Inhalt der getroffenen Vereinbarungen zu bestimmen (BFH v. 17.5.1995 – X R 64/92, BStBl. II 1995, 640 mwN).

Enteignungsentschädigung sind idR ein Ausgleich für den Vermögensverlust und keine Einnahmen aus VuV (Zinsen gehören zu § 20: BFH v. 22.4.1980 – VIII R 120/76, BStBl. II 1980, 570).

---

1 *K/S/M*, § 21 Rn. B 280 ff.

Entschädigung: Zahlungen, die die Nutzung eines Grundstücks entschädigen, können zu den Einnahmen aus VuV gehören (zB Vergütung und Pauschalentschädigung für Aussolung und Erdöllagerung in einem unter dem Grundstück liegenden Salzstock BFH v. 14.10.1982 – IV R 19/79, BStBl. II 1983, 203; Inanspruchnahme eines Grundstücks wegen Errichtung einer Anlage auf dem Nachbargrundstück BFH v. 2.3.2004 – IX R 43/03, BStBl. II 2004, 507). Eine einmalige Entschädigung, die für das mit einer immerwährenden Dienstbarkeit gesicherte und zeitlich nicht begrenzte Recht auf **Überspannung** eines zum PV gehörenden Grundstücks mit einer Hochspannungsleitung gezahlt wird, zählt nicht zu den steuerbaren Einkünften (BFH v. 2.7.2018 – IX R 31/16, BStBl. II 2018, 759; anders, wenn unter bestimmten Voraussetzungen die Rückübertragung der erworbenen Rechte verlangt werden kann; aus der früheren Rspr.: BFH v. 19.4.1994 – IX R 19/90, BStBl. II 1994, 640 [VuV]; s. aber die Abgrenzung in BFH v. 17.5.1995 – X R 64/92, BStBl. II 1995, 640 – kein Nutzungsverhältnis). Zahlungen, die für Substanzschäden oder Vermögensverluste gezahlt werden (Vermögensentschädigungen) führen nicht zu Einnahmen aus VuV. Bei den Zahlungen kann es sich auch um Ersatz für entgehende Einnahmen handeln (§ 24 Rn. 13). S. auch Baulast; Bausperre; Enteignung; Schadensersatz.

Erbbaurecht: Erbbauzinsen, die ein Eigentümer eines mit einem Erbbaurecht belasteten Grundstücks erhält, gehören zu den Einnahmen aus VuV (BFH v. 20.9.2006 – IX R 17/04, BStBl. II 2007, 112; v. 11.10. 1963 – VI 251/62 U, BStBl. III 1963, 564; v. 4.7.1969 – VI R 259/67, BStBl. II 1969, 724). Übernimmt der Erbbauberechtigte Erschließungskosten und Straßenanliegerbeiträge, kann dies zu Einnahmen des Eigentümers bei Realisierung des Wertzuwachses führen (BFH v. 21.11.1989 – IX R 170/85, BStBl. II 1990, 310; ausf. *Spindler*, DB 1994, 650).

Erstattung v. WK gehören zu den Einnahmen und sind im Jahr des Zuflusses zu versteuern, unabhängig davon, ob sie zuvor oder später als WK abgezogen werden (BFH v. 1.12.1992 – IX R 189/85, BStBl. II 1994, 11; v. 22.9.1994 – IX R 6/93, BFH/NV 1995, 499; v. 29.6.1982 – VIII R 6/79, BStBl. II 1982, 755).

Fördermittel (Zuschüsse oder nicht rückzahlbare Darlehen), die ein Bauherr zur Förderung v. Mietwohnraum iRd. sog. Dritten Förderungswegs für Belegungsbindung und Mietpreisbindungen erhält, sind in dem Jahr des Zuflusses zu versteuern (BFH v. 14.10.2003 – IX R 60/02, BStBl. II 2004, 14; v. 14.10.2003 – IX R 12/02 und IX R 34/02, BFH/NV 2004, 333; v. 25.9.2007 – IX R 16/06, BFH/NV 2008, 730; *Betzwieser*, DStR 2004, 617). Lässt es das FA zu, dass die als Einnahmen aus VuV im Zuflussjahr zu versteuernden Zuschüsse auf zehn Jahre verteilt werden, so ist diese Billigkeitsmaßnahme nach § 163 Abs. 2 AO Grundlagenbescheid und bindend für die einheitliche und gesonderte Feststellung der Einkünfte (BFH v. 14.7. 2004 – IX R 65/03, BFH/NV 2004, 1623).

Gebäudefeuerversicherung s. Versicherungsleistungen.

Kaution: Mietkautionsbeträge sind getrennt vom eigenen Vermögen anzulegen und gehören idR nicht zu den Einnahmen des Vermieters. Zinserträge sind dem Mieter zuzurechnende Einkünfte aus KapVerm. (BMF v. 20.12.1988, BStBl. I 1988, 540). Mietkaution, die zur Beseitigung v. Mieterschäden einbehalten wird, führt jedoch zu Einnahmen (BFH v. 11.7.2000 – IX R 48/96, BStBl. II 2001, 784).

Kick-Back-Zahlungen: Zahlungen eines Kapitalvermittlers an den beitretenden G'ter eines Immobilienfonds (sog. „Kick-Back"-Zahlungen) mindern die HK/AK und führen nicht zu Einnahmen aus VuV (BFH v. 26.2.2002 – IX R 21/01, BFH/NV 2002, 913).

Mietausfallversicherung: Zahlungen gehören zu den Einnahmen aus VuV.

Mieterzuschüsse zu den HK des Gebäudes oder der Mieträume sind als Einnahmen aus VuV im VZ des Zuflusses anzusetzen; für sie gilt § 11 Abs. 1 S. 3 (R 21.5 Abs. 3 S. 2 EStR). Hat ein Mieter Kosten getragen, die als Erhaltungsaufwand zu behandeln sind, sind aus Vereinfachungsgründen nur die eigenen Kosten des Vermieters als WK zu berücksichtigen (R 21.5 Abs. 3 S. 6 EStR).

Mietvorauszahlungen auch vor Überlassung des Mietobjektes gehören zu den Einnahmen aus VuV (BFH v. 21.8.1990 – VIII R 17/86, BStBl. II 1991, 76).

Nebenentgelt s. Umlage.

Nutzungsbeschränkung: Ein Entgelt, das dem Eigentümer gezahlt wird, weil er sich verpflichtet, das Grundstück nicht an eine bestimmte Pers. zu vermieten, ist als Einnahme iSd. § 22 Nr. 3 zu versteuern (BFH v. 9.4.1965 – VI 82/63 U, BStBl. III 1965, 361).

Öko-Konto: Einnahmen für die Zurverfügungstellung eines eigenen Grundstücks zum Zwecke der ökologischen Aufwertung zu einer Ausgleichs-/Ersatzfläche können solche aus VuV sein (BFH v. 20.7.2018 – IX R 3/18, BFH/NV 2018, 1266).

Prämie für die familiengerechte Belegung einer Wohnung zählt zu den Einnahmen aus VuV (BFH v. 25.1. 1994 – IX R 121/90, BFH/NV 1994, 845).

Rückabwicklung einer Beteiligung an einer vermögensverwaltenden KG iRd. großen Schadensersatzes führt zu Einnahmen in Gestalt der insoweit erstatteten AfA (BGH v. 20.8.2015 – III ZR 57/14, DB 2015,

2196; *Berninghaus*, DStR 2014, 624; *Klein/Wösthoff*, DB 2015, 2256; vgl. auch BayLfSt v. 16.7.2008 - S 2556.1.1 - 1/3 - St 32/St 33, ESt-Kartei § 23 EStG Karte 8.1).

Sachleistung, die der Nutzende als Gegenleistung an den Vermieter erbringt kommen neben Geldleistungen (Mietzins) als Einnahmen in Betracht (BFH v. 19.9.2008 - IX B 102/08, BFH/NV 2009, 146).

Schadensersatz: Schadensersatzleistungen führen nur dann zu Einnahmen aus VuV, wenn sie Entgelt für die Nutzungsüberlassung sind (BFH v. 5.5.1971 - I R 166/69, BStBl. II 1971, 624; v. 29.11.1968 - VI R 316/66, BStBl. II 1969, 184) oder wenn sie Ausgaben ersetzen, die zuvor als WK abgezogen worden sind (BFH v. 22.9.1994 - IX R 6/93, BFH/NV 1995, 499). Leistungen, die Substanzschäden oder -einbußen ersetzen, betreffen die Vermögenssphäre und sind keine Einnahmen aus VuV (BFH v. 9.3.1962 - VI 180/61 U, BStBl. III 1962, 219).

Schrottimmobilien: Zur steuerlichen Behandlung der Rückabwicklung von sog. Schrottimmobilien vgl. *Jäger*, DStR 2011, 155.

Sharing Economy: Zur stl. Behandlung privater Wohnraum(unter-)vermietung: *Delp/Ronig*, DB 2018, 1296; *Talaska/Cremers*, DB 2018, 1824; *Kußmaul/Kloster*, DStR 2016, 1280.

Umlagen und Nebenentgelte, die der Vermieter für die Nebenkosten oder Betriebskosten erhebt, gehören zu den Einnahmen bei der Einkunftsart VuV (BFH v. 14.12.1999 - IX R 69/98, BStBl. II 2000, 197; v. 14.12.1999 - IX R 48/99, BFH/NV 2000, 832).

VermG: Nutzungsentgelte, die dem Verfügungsberechtigten iSd. § 2 Abs. 3 VermG bis zur Klärung des gegen ihn gerichteten Herausgabeanspruchs zufließen, gehören zu den Einnahmen aus VuV (BFH v. 28.5.2008 - IX S 4/08 [PKH], BFH/NV 2008, 1489).

Versicherungsleistungen sind dann Einnahmen aus VuV, wenn sie das Nutzungsentgelt ersetzen (zB Mietausfallversicherung) oder WK ausgleichen (BFH v. 1.12.1992 - IX R 333/87, BStBl. II 1994, 12). Nimmt ein Vermieter nach einem Brand eine AfaA in Anspruch, führen die entspr. Leistungen einer Gebäudefeuerversicherung bis zum Betrag der AfaA zu einer Einnahme aus VuV, soweit dem Vermieter die Zahlungen stl. zurechenbar sind (BFH v. 2.12.2014 - IX R 1/14, BStBl. II 2015, 493).

Verzugszinsen, die in wirtschaftlichem Zusammenhang mit der Nutzungsüberlassung stehen, gehören nach der Rspr. zu den Einnahmen aus VuV (BFH v. 21.6.1994 - IX R 57/89, BFH/NV 1995, 106; differenzierend K/S/M § 21 Rn. D 12); iÜ handelt es sich um Einnahmen aus KapVerm. (BFH v. 12.9.1985 - VIII R 306/81, BStBl. II 1986, 252).

Wohnraumvermittlungsplattformen s. Sharing Economy.

Zinseinnahmen s. Rn. 83.

Zugewinnausgleich: Die Überlassung eines Grundstücks an den früheren Ehegatten zur Abgeltung v. dessen Zugewinnausgleichsanspruch ist entgeltlich und führt zu entspr. Mieteinnahmen (BFH v. 8.3.2006 - IX R 34/04, BFH/NV 2006, 1280).

Zuschüsse zur Finanzierung v. AK oder HK gehören grds. nicht zu den Einnahmen aus VuV. Abw. hiervon sind Zuschüsse zu WK und Zuschüsse, die eine Gegenleistung für die Überlassung des Gebrauchs oder der Nutzung eines Grundstücks darstellen, als Einnahmen aus VuV zu erfassen (R 21.5 EStR; BFH v. 7.12.2010 - IX R 46/09, BStBl. II 2012, 310); Öffentliche Investitionszuschüsse mindern die AK oder HK eines Grundstücks, sofern nicht gleichzeitig mit der Gewährung Vereinbarungen getroffen werden, die mit der Gebrauchsüberlassung des Grundstücks in unmittelbarem rechtl. und wirtschaftlichen Zusammenhang stehen (BFH v. 14.7.2009 - IX R 7/08, BStBl. II 2010, 34); s. auch Mieterzuschüsse.

E. Werbungskosten

WK bei den Einkünften aus VuV bilden nach ständiger Rspr. grds. alle Aufwendungen, bei denen objektiv ein wirtschaftlicher Zusammenhang mit der VuV besteht und die subj. zur Förderung der Nutzungsüberlassung gemacht werden.[1] Dabei ist die subj. Absicht kein notwendiges Merkmal des WK-Begriffs (§ 9 Rn. 21). Eine „direkte" oder unmittelbare Veranlassung ist nicht erforderlich, eine mittelbare Veranlassung genügt.[2] Ein Abzug als WK bei VuV-Einkünften kommt aber nicht in Betracht, wenn die Aufwendungen allein oder ganz überwiegend durch eine beabsichtigte Veräußerung oder Selbstnutzung veranlasst sind und so die Veranlassung durch die Vermietungstätigkeit überlagert wird.[3] Dies gilt auch für Aufwendungen iZ mit einer gescheiterten Grundstücksveräußerung eines vermieteten Objekts.[4] 49

1 ZB BFH v. 17.7.2007 - IX R 2/05, BStBl. II 2007, 941; v. 20.12.1994 - IX R 122/92, BStBl. II 1995, 534.
2 BFH v. 17.7.2007 - IX R 2/05, BStBl. II 2007, 941.
3 BFH v. 7.12.2006 - IX B 34/06, BFH/NV 2007, 715; v. 24.1.2012 - IX R 16/11, BFH/NV 2012, 1108.
4 BFH v. 1.8.2012 - IX R 8/12, BStBl. II 2012, 781.

50 **I. Anwendungsfälle. 1. Erhaltungsaufwand.** Bei den Einkünften aus VuV spielt die Abgrenzung v. HK und Erhaltungsaufwendungen eine bedeutende Rolle. Werden Aufwendungen den AK oder HK zugeordnet, sind sie kraft G (§ 6 Abs. 1 Nr. 1 und 2, § 7, § 9 Abs. 1 Nr. 7) nur im Rahmen v. Abschreibungsregelungen zu berücksichtigen. Demgegenüber sind die – im G nicht definierten – Erhaltungsaufwendungen als WK sofort in voller Höhe abziehbar. **Maßgebend** für die Abgrenzung ist, ob die Aufwendungen anhand der auch für die Einkünfte aus VuV maßgebenden[1] **bilanzrechtl. Begriffsbestimmung** (§ 255 Abs. 2 S. 1 HGB) als HK des Vermietungsobjektes zu beurteilen sind. Ist dies nicht der Fall, sind die Aufwendungen als WK abziehbar, wenn objektiv ein wirtschaftlicher Zusammenhang mit der VuV besteht und subj. die Nutzungsüberlassung gefördert wird (vgl. § 9 Rn. 21 f.).[2]

51 HK sind Aufwendungen, die für die Herstellung eines Vermögensgegenstandes, seine Erweiterung oder für eine über seinen ursprünglichen Zustand hinausgehende wesentliche Verbesserung entstehen (§ 255 Abs. 2 S. 1 HGB). Für die Auslegung und Anwendung dieser Maßstäbe wird auf die Kommentierung zu § 6 Rn. 49 ff. verwiesen. Bei den Einkünften aus VuV ist insbes. die Frage der Herstellung bei Vollverschleiß (§ 6 Rn. 53; den Begriff „Generalüberholung" hat der BFH aufgegeben[3]), der Aufwendungen für eine nur geringfügige Erweiterung eines Gebäudes (§ 6 Rn. 55), die substanzerhaltende Erneuerung v. Bestandteilen (§ 6 Rn. 56), die Aufteilung, wenn Herstellungs- und Erhaltungsmaßnahmen bautechnisch ineinander greifen (§ 6 Rn. 60) und der **Herstellung der Betriebsbereitschaft** einer erworbenen Wohnung **(früher: anschaffungsnahe nachträgliche Aufwendungen**; s. § 6 Rn. 66) v. Bedeutung. Aufwendungen für Schönheitsreparaturen sowie für Erhaltungsarbeiten, die jährlich üblicherweise anfallen, sind den HK zuzurechnen, wenn sie im Rahmen einer umfassend durchgeführten Instandsetzung und Modernisierung anfallen.[4]

52 Erhaltungsaufwand liegt idR vor, wenn bereits vorhandene Teile, Einrichtungen oder Anlagen erneuert werden.[5] Dazu gehören sämtliche Instandhaltungs- und Modernisierungsaufwendungen, die dazu dienen, die Verwendungs- und Nutzungsmöglichkeit des Vermietungsobjektes in entspr. Zustand zu erhalten oder wiederherzustellen, auch dann, wenn einzelne Bestandteile durch zeitgemäße neue ersetzt werden.[6] Dementspr. anerkennt die FinVerw. Aufwendungen für den Einbau messtechnischer Anlagen zur verbrauchsabhängigen Abrechnung v. Heiz- und Wasserkosten oder für den Einbau und die einmaligen Anschlusskosten einer privaten Breitbandanlage als Erhaltungsaufwand.[7] Kosten für den Ersatz eines vorhandenen Anschlusses an das Wasser-, Strom-, Gas- und Fernwärmenetz, Beiträge für eine Zweiterschließung und Aufwendungen für die Anpassung an moderne Umweltschutzstandards[8] gehören ebenfalls zu den Erhaltungsaufwendungen. Ob eine Ersterschließung vorliegt oder mit dem Endausbau eine vorhandene Erschließungsanlage ersetzt oder modernisiert wurde, ist eine allein durch die Tatsacheninstanz zu würdigende Tatsache.[9]

53 **Erhaltungsaufwand** wird idR **nur während der Zeit der Nutzungsüberlassung** anerkannt. Bei den während der Vermietungszeit durchgeführten Erhaltungsmaßnahmen ist typisierend anzunehmen, dass sie noch der Einkünfteerzielung dienen, auch wenn der StPfl. die Wohnung nach dem Auszug des Mieters selber nutzt. Die Aufwendungen sind – unabhängig vom Zahlungszeitpunkt – grds. als WK zu berücksichtigen. Eine Aufteilung der Aufwendungen auf den Zeitraum der Vermietung und auf den der Selbstnutzung im Wege der Schätzung scheidet mangels objektiver Abgrenzungskriterien aus. Deshalb ist allein der Zeitpunkt der Reparatur maßgeblich.[10] Aufwendungen für Schönheitsreparaturen und zur Beseitigung kleinerer Schäden und Abnutzungserscheinungen durch den vorherigen Mieter einer Wohnung sind grds. nicht abziehbar, wenn sie nach Beendigung der Vermietung und vor der eigenen Nutzung der Wohnung durch den StPfl. durchgeführt werden, auch wenn der frühere Mieter die Reparaturen hätte durchführen müssen (s. auch § 24 Rn. 41).[11] Eine Ausnahme gilt nur für Aufwendungen zur Beseitigung eines Schadens, der die

---

1 BFH v. 4.7.1990 – GrS 1/89, BStBl. II 1990, 830.
2 BFH v. 8.12.1992 – IX R 68/89, BStBl. II 1993, 434; *K/S/M*, § 21 Rn. B 325; krit. zur Abgrenzung anhand v. § 255 Abs. 2 S. 1 HGB: *Grube*, DB 1999, 1723 (1725).
3 BFH v. 9.5.1995 – IX R 116/92, BStBl. II 1996, 632.
4 BFH v. 14.6.2016 – IX R 15/15, BStBl. II 2016, 996; v. 14.6.2016 – IX R 22/15, BStBl. II 2016, 999; v. 14.6.2016 – IX R 25/14, BStBl. II 2016, 992; dazu auch BMF v. 20.10.2017, BStBl. I 2017, 1447.
5 R 21.1 EStR.
6 BFH v. 9.5.1995 – IX R 116/92, BStBl. II 1996, 632.
7 R 21.1 Abs. 1 EStR.
8 *Grube*, DB 1999, 1723.
9 BFH v. 13.6.2008 – IX B 22/08, BFH/NV 2008, 1524.
10 BFH v. 10.10.2000 – IX R 15/96, BFHE 193, 318; v. 20.2.2001 – IX R 49/98, BFH/NV 2001, 1022.
11 BFH v. 17.12.2002 – IX R 6/99, BFH/NV 2003, 610; v. 7.11.1995 – IX R 81/93, BFH/NV 1996, 533; v. 23.11.2006 – IX B 109/06, BFH/NV 2007, 680.

mit dem gewöhnlichen Gebrauch der Mietsache verbundene Abnutzung deutlich übersteigt, insbes. eines mutwillig verursachten Schadens.[1] In diesen Fällen ist der Erhaltungsaufwand ausschließlich durch den Mieter veranlasst, so dass (nachträgliche) WK anerkannt werden können. Der erforderliche Veranlassungszusammenhang mit der Vermietungstätigkeit ist nicht gegeben, soweit die Aufwendungen allein oder ganz überwiegend durch die **Veräußerung des Mietwohnobjekts** veranlasst sind; dies gilt entgegen der Rspr. zur Selbstnutzung auch dann, wenn die betr. Arbeiten noch während der Vermietungszeit durchgeführt werden.[2]

2. Bauherrenmodelle und Immobilienfonds. Bei Bauherrenmodellen und Immobilienfonds steht die Problematik der **Abgrenzung v. WK gegenüber AK oder HK** im Vordergrund. Die Zuordnung der Aufwendungen setzt voraus, dass bei der Ges. und bei den einzelnen Anlegern Einkünfteerzielungsabsicht vorliegt.[3] Insbes. sog. Mietkaufmodelle, bei denen der Bauherr (idR durch Vermittlung des Projektanbieters) mit einem Interessenten einen Mietkaufvertrag abschließt, der neben der Nutzungsüberlassung der Immobilie ein befristetes Verkaufsangebot enthält, oder dieses in Aussicht stellt, indizieren, dass die Einkünfteerzielungsabsicht fehlt (ausf. Rn. 13 mwN).[4] In einem neuen Erlass v. 20.10.2003 hat die FinVerw. ihre Auffassung zur estl. Behandlung v. Fonds präzisiert.[5] Für die Frage, ob und inwieweit Verluste bei Bauherrenmodellen und Immobilienfonds zu berücksichtigen sind, ist § 21 Abs. 1 S. 2 iVm. § 15b v. Bedeutung (Rn. 70). 54

In Bauherrenmodellen oder Immobilienfonds schließen sich idR mehrere Pers. zusammen, um durch Projektanbieter oder v. ihnen eingeschalteten Pers. (zB Treuhänder, Geschäftsbesorger, Betreuer) Eigentumswohnungen, Einfamilienhäuser oder Mietwohnungen zu errichten und zu vermieten. Um stl. Vorteile auszunutzen, die zwar vom Bauherrn, aber nicht vom Erwerber einer Immobilie geltend gemacht werden können, schließen die Anleger eine Vielzahl zumeist vom Projektanbieter vorformulierte oder bereits ausgehandelte inhaltlich **aufeinander abgestimmte Verträge** über Einzelaufwendungen ab. Durch eine Aufteilung des Gesamtaufwandes soll erreicht werden, dass die Kosten soweit wie möglich den sofort abzugsfähigen WK zugeordnet werden. Ist der Anleger als Erwerber zu beurteilen, sind alle an die Anbieterseite geleisteten Aufwendungen, die auf den Erwerb des Grundstücks mit dem bezugsfertigen Gebäude gerichtet sind, als AK zu beurteilen;[6] der WK-Abzug wird dadurch eingeschränkt. Handelt es sich bei dem Anleger demgegenüber um einen Bauherren, können zB die während der Bauzeit abzugsfähigen vorweggenommenen WK, Kosten iRd. Zwischenfinanzierung und Teile der Treuhand- und Betreuungsgebühren als WK abgezogen werden. 55

Gem. § 15 Abs. 1 EStDV ist Bauherr, wer auf eigene Rechnung oder Gefahr ein Gebäude baut oder bauen lässt. Anleger im Bauherrenmodell sind estrechtl. regelmäßig nicht als Bauherren, sondern als **Erwerber** des bebauten Grundstücks zu beurteilen, wenn sie sich aufgrund eines v. den Projektanbietern vorformulierten Vertragswerks beteiligen und sich bei den damit zusammenhängenden Rechtsgeschäften durch die Projektanbieter vertreten lassen.[7] Die Vielzahl der aufeinander abgestimmten Verträge bildet ein **einheitliches Vertragswerk**, das auf die Übertragung des Eigentums an einem bebauten Grundstück gerichtet ist.[8] Diese Grundsätze gelten auch dann, wenn die Anleger sich zu einer GbR zusammenschließen, um das Bauvorhaben durchzuführen.[9] Ein Anleger ist nur dann **Bauherr**, wenn er das Baugeschehen beherrscht.[10] Er muss wirtschaftlich das für die Durchführung des Bauvorhabens typische Risiko tragen (Bauherrenwagnis), sowie rechtl. und tatsächlich die Planung und Ausführung in der Hand haben. Die Vereinbarung des in bestimmten Fällen einen vorzeitigen Gefahrübergang ermöglichenden § 7 VOB/B kann als Beweisanzeichen für ein erhöhtes Bauherrenrisiko sprechen.[11] Entscheidend ist das Gesamtbild unter Berücksichtigung aller Umstände des Einzelfalles, unabhängig v. den in den Verträgen gewählten Bezeichnungen. 56

Wenn der Anleger als Erwerber zu beurteilen ist, gehören sämtliche geleisteten Aufwendungen zu den **AK**, 57
die auf den Erwerb oder die Modernisierung[12] des Grundstücks mit dem bezugsfertigen Gebäude gerichtet

1 BFH v. 11.7.2000 – IX R 48/96, BStBl. II 2001, 784.
2 BFH v. 14.12.2004 – IX R 34/03, BStBl. II 2005, 343 mit Anm. *Paus*, DStZ 2005, 454.
3 Dazu *Spindler*, FS Korn, 2005, 165 (183 f.).
4 BFH v. 31.3.1987 – IX R 111/86, BStBl. II 1987, 668; v. 11.8.1987 – IX R 143/86, BFH/NV 1988, 292.
5 BMF v. 20.10.2003, BStBl. I 2003, 546; dazu *Heß*, DStR 2003, 1953; *Fleischmann/Meyer-Scharenberg*, DStR 2004, 20; *Scharwies*, BB 2004, 295; *Heisterhagen/Kleinert*, DStR 2004, 507.
6 BFH v. 14.11.1989 – IX R 197/84, BStBl. II 1990, 299; krit. zur Erheblichkeit der Unterscheidung v. Bauherr und Erwerber: *K/S/M*, § 21 Rn. B 394 ff.
7 BFH v. 14.11.1989 – IX R 197/84, BStBl. II 1990, 299; v. 8.5.2001 – IX R 10/96, BStBl. II 2001, 720.
8 BFH v. 30.1.1990 – IX R 214/87, BFH/NV 1990, 431.
9 BFH v. 7.8.1990 – IX R 70/86, BStBl. II 1990, 1024.
10 BFH v. 7.8.1990 – IX R 70/86, BStBl. II 1990, 1024; v. 13.9.1989 – II R 28/87, BStBl. II 1989, 986.
11 BFH v. 20.6.2006 – IX B 15/06, BFH/NV 2006, 1654.
12 BMF v. 20.10.2003, BStBl. I 2003, 546; vgl. auch *Heß*, DStR 2003, 1953 (1954).

sind, unabhängig davon, ob sie an den Initiator eines Projekts oder Dritte gezahlt werden.[1] **Hierzu gehören**[2] neben den Baukosten insbes. Abschlussgebühren, Agio, Baubetreuungsgebühren (BFH v. 30.1.1990 – IX R 214/87, BFH/NV 1990, 431), Beratungsgebühren, Courtage, Finanzierungsvermittlungsgebühren, Gebühr für eine Vertragsdurchführungsgarantie (BFH v. 12.11.1985 – IX R 70/84, BStBl. II 1986, 337) oder für Bautenstandsberichte, Gebühren für Bürgschaftsübernahmen oder Zins- und Freistellungsgarantien, Kosten für die Ausarbeitung der technischen, wirtschaftlichen oder stl. Konzeption (BFH v. 19.8.1986 – IX S 5/83, BStBl. II 1987, 212), Kosten für die Werbung v. Bauinteressenten, Kreditzinsen, soweit keine eigene Verpflichtung besteht (BFH v. 22.4.1980 – VIII R 149/75, BStBl. II 1980, 441), Platzierungsgarantiegebühren (BFH v. 19.8. 1986 – IX S 5/83, BStBl. II 1987, 212), Treuhandgebühren, Vergütungen für Steuer- und Rechtsberatung an den Projektanbieter, Vertragsberatungs- und Vertretungsgebühren (BFH v. 29.10.1985 – IX R 107/82, BStBl. II 1986, 217; v. 30.1.1990 – IX R 214/87, BFH/NV 1990, 431). § 42 AO steht dem Abzug solcher Aufwendungen entgegen, die zwar – wie zB die **Eigenkapitalvermittlungsprovision** – in gesonderten Verträgen als „Gebühren" für einzelne Dienstleistungen vereinbart werden, die aber aufgrund einer modellimanenten Verknüpfung aller Verträge wirtschaftlich im Zusammenhang mit dem Erwerb der Immobilie stehen.[3]

58 Beim Erwerber können diejenigen Aufwendungen als **sofort abzugsfähige WK** qualifiziert werden, die nicht auf den Erwerb des Grundstücks mit dem bezugsfertigen Gebäude gerichtet sind und die auch der Erwerber eines bebauten Grundstücks außerhalb eines Bauherrenmodells als WK abziehen könnte.[4] **Voraussetzung** ist nach der Rspr. jedoch, dass sie v. den übrigen Aufwendungen, die mit der Anschaffung des bebauten Grundstücks in Zusammenhang stehen, einwandfrei **abgrenzbar** sind und in einem **angemessenen** Verhältnis zur Gegenleistung stehen. Es müssen bereits vor der Zahlung klare Vereinbarungen bestehen, aus denen sich Grund und Höhe der Aufwendungen entnehmen lassen. Die Vergütung darf nur dann zu zahlen sein, wenn der Anleger die Gegenleistung in Anspr. nimmt. Die Abwahlmöglichkeit und die dann eintretende Ermäßigung des Gesamtkaufpreises müssen in dem Vertrag klar und eindeutig zum Ausdruck kommen. Außerdem ist zu prüfen, ob die behaupteten Leistungen und das jeweils zugehörige Entgelt den tatsächlichen Gegebenheiten entsprechen, und ob dem WK-Abzug der Rechtsgedanke des § 42 AO entgegensteht.[5] Hierbei handelt es sich insbes. um Zinsen für die Darlehen zur Finanzierung der AK des bebauten Grundstücks sowie die Aufwendungen für die Vermietung des Grundstücks und für die stl. Beratung, soweit sie in den Zeitraum nach Bezugsfertigkeit des Gebäudes fallen. Außerdem wird unter bestimmten Voraussetzungen ein Abzug als WK anerkannt, für Bauzeitzinsen, Bearbeitungs- und Auszahlungsgebühren, Beiträge zu Sach- und Haftpflichtversicherungen, Bürgschafts- und Garantiegebühren, Damnum/Disagio, Gebühren für Vermietungsgarantien und -bürgschaften, Kosten der Darlehenssicherung, Schätzgebühren, Vergütungen an Steuer- und Rechtsberater, Vorauszahlung v. Schuldzinsen, Zinsen der Zw.- und Endfinanzierung, Zinsfreistellungsgebühren.[6]

59 Im Laufe der Zeit sind verschiedene Bauherren-Modelle entwickelt worden, ohne dass sich aus der Zuordnung zu einem der Modelle rechtl. Folgen ableiten ließen.[7] Als klassisches Bauherren-Erwerber-Modell gilt das sog. **Kölner Modell**, bei dem die Anleger nur während der Bauphase gesellschaftlich verbunden bleiben und anschließend eine Eigentumswohnung oder ein Reiheneigenheim erwerben. In der Variante des sog. **Hamburger Modells** wird eine KG gegründet, an der sich die einzelnen Anleger beteiligen. Die Ges. errichtet das Gebäude; die stl. Verluste werden über die KG zugerechnet. Beim sog. **Modernisierungsmodell** wird ein sanierungsbedürftiges Objekt erworben und anschließend instandgesetzt und modernisiert. Auch wenn die Grenzen des anschaffungsnahen Herstellungsaufwands (15 % der AK; § 6 Rn. 66) nicht überschritten sind, ordnen Rspr. und Verwaltung sämtliche Aufwendungen den AK zu.[8]

60 Für **geschlossene Immobilienfonds** in der Form einer KG oder GbR gelten die gleichen Abgrenzungsmerkmale wie bei Bauherrenmodellen, so dass zw. **Erwerberfonds** und **Bauherrenfonds** zu unterscheiden ist.[9] Entscheidend ist, ob die Fondsgesellschaft (Gesellschaftsebene) als Bauherrin oder als Erwerberin zu qualifizieren ist. Ein geschlossener Fonds ist immer dann als Erwerber anzusehen, wenn der Initiator der Ges. ein

1 BMF v. 20.10.2003, BStBl. I 2003, 546/551; vgl. auch BFH v. 28.6.2001 – IV R 40/97, BStBl. II 2001, 717; *Heß*, DStR 2003, 1953 (1956).
2 Grundlegend: BFH v. 14.11.1989 – IX R 197/84, BStBl. II 1990, 299; *Fleischmann*, DStR 1990, 552.
3 BFH v. 8.5.2001 – IX R 10/96, BStBl. II 2001, 720; zu **Fremdkapitalvermittlungsprovisionen:** BFH v. 15.6.2011 – IX B 148/10, BFH/NV 2011, 1516; s. auch *Fleischmann/Meyer-Scharenberg*, DStR 2004, 20.
4 BMF v. 20.10.2003, BStBl. I 2003, 546.
5 BFH v. 14.11.1989 – IX R 197/84, BStBl. II 1990, 299.
6 BMF v. 20.10.2003, BStBl. I 2003, 546; *K/S/M*, § 21 Rn. B 404 ff. mwN.
7 *Blümich*, § 21 Rn. 423.
8 BFH v. 18.4.1994 – IX B 155/93, BFH/NV 1994, 852; vgl. v. 7.9.1995 – IX B 110/95, BFH/NV 1996, 35.
9 So auch die FinVerw.: BMF v. 20.10.2003, BStBl. I 2003, 546; zu Gestaltungsmöglichkeiten bei geschlossenen Immobilienfonds: *Scharwies*, BB 2004, 295.

einheitliches Vertragswerk vorgibt und die G'ter in ihrer gesellschaftsrechtl. Verbundenheit keine Möglichkeit besitzen, hierauf Einfluss zu nehmen.[1] Hinsichtlich der Einflussnahme ist auf die G'ter in ihrer gesellschaftsrechtl. Verbundenheit abzustellen.[2] Diese Grundsätze gelten grds. für alle Fonds[3] und damit auch für einen **gewerblichen Immobilienfonds.**[4] Dies hat ua. zur Folge, dass bei geschlossenen Immobilienfonds Aufwendungen für in gesonderten Verträgen vereinbarte Dienstleistungen (zB Mietgarantie, Treuhänderleistung), die ein Anleger auf Grund einer modellimmanenten Verknüpfung aller Verträge in wirtschaftlichem Zusammenhang mit der Erlangung des Eigentums an der bezugsfertigen Immobilie entrichtet, nicht den sofort abziehbaren WK, sondern den AK zuzurechnen sind (vgl. auch Rn. 57).[5] Auch **Eigenkapitalvermittlungsprovisionen**, die idR sofort abziehbaren BA sind, gehören bei einem gewerblichen Immobilienfonds aufgrund v. § 42 AO, der § 5 vorgeht, zu den AK/HK.[6] Entspr. Rückflüsse mindern die AK/HK.[7]

3. Schuldzinsen. Schuldzinsen sind WK, wenn der Zweck der Schuldaufnahme darin besteht, Einkünfte 61 aus VuV zu erzielen und die aufgenommenen Mittel dementspr. verwendet werden.[8] Entscheidend ist, dass das zugrunde liegende Darlehen tatsächlich zum Erzielen v. Einkünften verwendet worden ist.[9] Der Begriff der Schuldzinsen ist weit auszulegen und umfasst alle Aufwendungen zur Erlangung wie Sicherung des Kredits.[10] Zu den Schuldzinsen gehören auch **Nebenkosten der Darlehensaufnahme**, wie Bereitstellungszinsen, Geldbeschaffungskosten und das Damnum[11], Abschlussgebühren eines Bausparvertrages oder Notargebühren für die Besicherung eines Grundstücks[12] (s. auch Rn. 62 „Notarkosten"). Auch Schuldzinsen, die der Erwerber eines zum Vermieten bestimmten Grundstücks vereinbarungsgemäß für den Zeitraum nach dem Übergang v. Besitz, Nutzen, Lasten und Gefahren bis zur später eintretenden Fälligkeit des Kaufpreises an den Veräußerer erstattet, sind als WK abziehbar.[13] Wird ein Grundstück gegen Gewährung von Gesellschaftsrechten in eine vermögensverwaltende Personengesellschaft mit Vermietungseinkünften eingebracht, können gegebenenfalls Schuldzinsen, die aus AK resultieren, geltend gemacht werden.[14] Entscheidend für die Abzugsfähigkeit ist die tatsächliche Verwendung der Darlehensbeträge.[15] Wird ein **Gebäude teils vermietet und teils selbst genutzt**, können die Darlehenszinsen insoweit als WK bei den Einkünften aus VuV abgezogen werden, als das Darlehen (tatsächlich) zur Herstellung des der Einkünfteerzielung dienenden Gebäudeteils verwendet worden ist. Der StPfl. kann ein Darlehen mit steuerrechtl. Wirkung gezielt dem der Einkünfteerzielung dienenden Gebäudeteil zuordnen.[16] Über die gesonderte Zuordnung der AK oder HK hinaus müssen diese so zugeordneten Kosten auch mit Geldbeträgen aus dem dafür aufgenommenen Darlehen gesondert bezahlt werden.[17] Der Zuordnungszusammenhang ist unterbrochen, wenn das Auszahlungsverhalten des StPfl. mit seiner Zurechnungsentscheidung nicht übereinstimmt.[18] Auch eine bloß gedankliche Zuordnung im Rahmen einer Umschuldung genügt nicht.[19] Die vollständige Zuordnung eines Darlehens zum fremdvermieteten Teil des Gebäudes ist auch nicht dadurch möglich, dass ein ursprünglich nicht diesem Teil zugeordnetes Darlehen im Wege der Umschuldung abgelöst wird.[20] Kann der **Aufwand nicht eindeutig** dem vermieteten oder

---

1 BMF v. 20.10.2003, BStBl. I 2003, 546 Tz. II 2 2.; Anschluss an BFH v. 8.5.2001 - IX R 10/96, BStBl. II 2001, 720; v. 28.6.2001 - IV R 40/97, BStBl. II 2001, 717.
2 Vgl. *Heß*, DStR 2003, 1953 (1956).
3 BMF v. 20.10.2003, BStBl. I 2003, 546 Tz. II.
4 BFH v. 28.6.2001 - IV R 40/97, BStBl. II 2001, 717 und 720.
5 FG Berlin-Bdbg. v. 15.12.2011 - 9 K 9121/08, EFG 2012, 1227; vgl. zur Problematik der Besteuerung geschlossener Immobilienfonds: *Fleischmann*, DStR 2002, 1293; *Arndt*, BB 2002, 1617; *Beck*, DStR 2002, 1846; *Lindauer*, DStZ 2002, 640; s. jetzt auch § 15b (Rn. 70).
6 BFH v. 28.6.2001 - IV R 40/97, BStBl. II 2001, 717 und 720; v. 29.2.2012 - IX R 13/11, BFH/NV 2012, 1422.
7 BFH v. 26.2.2002 - IX R 20/98, BStBl. II 2002, 796.
8 § 9 Rn. 30 ff.; BFH v. 26.11.1985 - IX R 64/82, BStBl. II 1986, 161.
9 BFH v. 6.10.2004 - IX R 68/01, BStBl. II 2005, 324.
10 BFH v. 1.10.2002 - IX R 12/00, BStBl. II 2003, 398.
11 BFH v. 9.11.1993 - IX R 81/90, BStBl. II 1994, 289 mwN.
12 Vgl. BFH v. 1.10.2002 - IX R 72/99, BStBl. II 2003, 399.
13 BFH v. 27.7.2004 - IX R 32/01, BStBl. II 2004, 1002.
14 BFH v. 18.10.2011 - IX R 15/11, BStBl. II 2012, 205.
15 BFH v. 25.5.2011 - IX R 22/10, BFH/NV 2012, 14.
16 BFH v. 27.10.1998 - IX R 44/95, BStBl. II 1999, 676; v. 27.10.1998 - IX R 19/96, BStBl. II 1999, 678; v. 27.10.1998 - IX R 29/96, BStBl. II 1999, 680; v. 25.3.2003 - IX R 22/01, BStBl. II 2004, 348; v. 7.4.2005 - IX B 39/05, BFH/NV 2005, 1543; *Pezzer*, FR 2000, 650; BMF v. 16.4.2004, BStBl. I 2004, 464; grundlegend *Heuermann*, DB 2009, 1558.
17 BFH v. 26.2.2008 - IX B 5/08, BFH/NV 2008, 1142.
18 BFH v. 23.11.2004 - IX R 2/04, BFH/NV 2005, 694; v. 1.3.2005 - IX R 58/03, BStBl. II 2005, 597 - höheres Darlehen als erforderlich.
19 BFH v. 8.12.2004 - IX B 134/04, BFH/NV 2005, 551.
20 BFH v. 5.3.2007 - IX B 2/07, BFH/NV 2007, 1298.

dem nicht zur Vermietung bestimmten Teil des Gebäudes **zugeordnet werden**, ist er regelmäßig nach dem **Verhältnis der eigengenutzten zu den durch Fremdvermietung genutzten Flächen** aufzuteilen.[1] Dies gilt grds. auch, wenn der StPf. Darlehen zur Finanzierung je unterschiedlicher Grundstücksteile aufnimmt, die eigenständige WG bilden, der Zuordnungszusammenhang zu einzelnen Grundstücksteilen aber scheitert, weil die Valuten sämtlicher Darlehen auf ein Girokonto fließen, v. dem dann der StPfl. den gesamten Kaufpreis an den Verkäufer überweist.[2] Allerdings ist auch eine Aufteilung nach dem Verhältnis des auf den vermieteten Grundstücksteil entfallenden Kaufpreises zum Gesamtkaufpreis möglich, wenn die Parteien des Kaufvertrags den Kaufpreis in anderer Weise auf die erworbenen WG aufgeteilt haben und dieser Maßstab auch steuerrechtl. bindet.[3] Eine Verteilung nach den im Wege des Ertragswertverfahrens ermittelten Verkehrswerten der Teilflächen kommt in Betracht, wenn diese erheblich voneinander abweichen.[4] Diese Grundsätze gelten nicht nur bei **Herstellung**, sondern auch im Fall der **Anschaffung** eines gemischt genutzten Gebäudes.[5] Wird ein einheitliches Darlehen für die Anschaffung eines Gebäudes aufgenommen, kann der sich hieraus ergebende tatsächliche Verwendungszweck nicht durch die spätere Aufteilung des Gebäudes und die anteilige Zuordnung der Darlehen geändert werden.[6] Ein wirtschaftlicher Zusammenhang v. Schuldzinsen mit der Vermietung besteht auch dann, wenn ein betrieblicher Kredit nach BetrAufg. und vor Vermietung des Betriebsgrundstücks durch ein neues Darlehen abgelöst wird.[7] Die Grundsätze des GrS zum **Drittaufwand** (§ 4 Rn. 136 f.) sind zu beachten. Nehmen **Eheleute** gemeinsam ein **gesamtschuldnerisches Darlehen** zur Finanzierung eines vermieteten Gebäudes auf, das einem v. ihnen gehört, so werden die Zins- und Tilgungsleistungen des Nichteigentümer-Ehegatten dem Eigentümer-Ehegatten mit der Folge zugerechnet, dass ihm auch der Wert dieser Leistungen zufließt.[8] Nimmt ein Ehegatte allein ein Darlehen zur Finanzierung eines Gebäudes auf, das dem anderen Ehegatten gehört, sind die Schuldzinsen nicht abziehbar, es sei denn, der Eigentümerehegatte hat sie aus eigenen Mitteln gezahlt.[9] WK können auch vorliegen, wenn der Eigentümer-Ehegatte einer Immobilie im Wege des Schuldbeitritts die gesamt- schuldnerische persönliche Mithaftung für ein Darlehen des Nichteigentümer-Ehegatten übernimmt.[10] Übernimmt der Eigentümer-Ehegatte einer vermieteten Immobilie die gesamtschuldnerische persönliche Mithaftung für ein der Finanzierung der Immobilie dienendes Darlehen des Nichteigentümer-Ehegatten, so sind die Schuldzinsen als für Rechnung des Eigentümer-Ehegatten aufgewendet anzusehen und als WK abziehbar.[11] Schuldzinsen, die auf die Zeit nach Aufgabe der VuV entfallen, wurden früher von der Rspr. grds. nicht als WK anerkannt. Der BFH hat nunmehr seine Rspr. zu den **nachträglichen Schuldzinsen** fortentwickelt. Schuldzinsen, die auf Verbindlichkeiten entfallen, welche der Finanzierung von AK eines zur Erzielung von Einkünften aus VuV genutzten Wohngrundstücks dienten, können als (nachträgliche) WK abgezogen werden, wenn und soweit die Verbindlichkeiten durch den Veräußerungserlös nicht getilgt werden können.[12] Dabei kommt es nicht darauf an, ob die Immobilie innerhalb des Zehnjahreszeitraums des § 23 veräußert wird;[13] entscheidend ist der Vorrang der Schuldentilgung[14] und was mit dem Veräußerungspreis geschieht[15] (ausf. § 24 Rn. 42).

---

1 BFH v. 25.3.2003 – IX R 22/01, BStBl. II 2004, 348; v. 24.6.2008 – IX R 26/06, BFH/NV 2008, 1482.
2 BFH v. 1.4.2009 – IX R 35/08, BStBl. II 2009, 663; dazu *Schallmoser*, DStR 2009, 1685.
3 BFH v. 1.4.2009 – IX R 35/08, BStBl. II 2009, 663.
4 BFH v. 25.5.2005 – IX R 46/04, BFH/NV 2006, 261.
5 BFH v. 9.7.2002 – IX R 65/00, BStBl. II 2003, 389; v. 9.7.2002 – IX R 40/01, BFH/NV 2003, 23; v. 15.5.2007 – IX B 184/06, BFH/NV 2007, 1647; zur **Aufteilung** im Einzelnen: BMF v. 16.4.2004, BStBl. I 2004, 464; s. auch *Tiedtke/Wälzholz*, FR 2001, 225.
6 BFH v. 8.7.2003 – IX B 54/03, BFH/NV 2003, 1422; v. 25.3.2003 – IX R 22/01, BStBl. II 2004, 348; zur einheitlichen Kaufpreiszahlung vgl. auch BFH v. 7.7.2005 – IX R 20/04, BFH/NV 2006, 264; OFD Ffm. v. 30.8.2006, DB 2006, 2260.
7 BFH v. 25.1.2001 – IX R 27/97, BStBl. II 2001, 573.
8 BFH v. 19.8.2008 – IX R 78/07, BStBl. II 2009, 299; dazu *Bode*, FR 2009, 435.
9 BFH v. 2.12.1999 – IX R 45/95, BStBl. II 2000, 310; vgl. auch BFH v. 2.12.1999 – IX R 45/95, BStBl. II 2000, 310; dazu *Fischer*, FR 2000, 662; s. auch BFH v. 4.9.2000 – IX R 22/97, BFHE 193, 112; *Fischer*, FR 2001, 141.
10 BFH v. 3.12.2002 – IX R 14/00, BFH/NV 2003, 468.
11 BFH v. 20.6.2012 – IX R 29/11, BFH/NV 2012, 1952.
12 BFH v. 20.6.2012 – IX R 67/10, BStBl. II 2013, 275; dazu BMF v. 27.7.2015, BStBl. I 2015, 581; vgl. *Brill*, EStB 2014, 345 ff.; *Dornheim*, DStZ 2012, 553; vgl. auch *Jachmann/Schallmoser*, DStR 2011, 1245; *Schallmoser* in FS Spindler, 739; *Pezzer*, DStJG 35 (2010), 207.
13 BFH v. 8.4.2014 – IX R 45/13, BStBl. II 2015, 635; zur Surrogationsbetrachtung: *Schmitz-Herscheidt*, FR 2014, 625; krit. *Paus*, DStZ 2014, 580; keine generelle Pflicht zur vorzeitigen Verwendung des Rückkaufswerts einer der Anschaffungsfinanzierung dienenden Kapitallebensversicherung: BFH v. 16.9.2015 – IX R 40/14, BStBl. II 2016, 78 = FR 2016, 426.
14 BFH v. 1.12.2015 – IX R 42/14, BStBl. II 2016, 332 = FR 2016, 961.
15 Zur Verwendung der Darlehensmittel für ein neues Vermietungsobjekt: BFH v. 6.12.2017 – IX R 4/17, BStBl. II 2018, 268.

II. Einzelnachweise

62

Abbruchkosten: Die Zuordnung hängt davon ab, ob das Gebäude mit oder ohne Abbruchabsicht erworben wurde (vgl. ausf. § 6 Rn. 115 f.). Für die Absicht, bei Erwerb eines Grundstücks, aufstehende Gebäude abzubrechen, spricht ein Abbruch innerhalb v. drei Jahren nach Erwerb (BFH v. 13.11.1979 – VIII R 93/73, BStBl. II 1980, 69; v. 4.3.1998 – X R 151/94, BFH/NV 1998, 1089). Dieser Beweis ersten Anscheins kann regelmäßig nicht durch Beweis über Wahrnehmungen v. Zeugen in der Zeit nach dem maßgeblichen Zeitpunkt des Grundstückskaufs entkräftet werden (BFH v. 5.9.2005 – IX B 156/04, BFH/NV 2006, 275). Standen Abbruchkosten in wirtschaftlichem Zusammenhang mit der vorherigen Überlassung an die Voreigentümer und waren die Altlasten durch deren gewerbliche Nutzung veranlasst, so kann es sich um nachträgliche WK („letzter Akt der Vermietungstätigkeit") handeln (BFH v. 10.4.2008 – IX B 126/07, BFH/NV 2008, 1332).

Abgekürzter Vertragsweg: Schließt ein Dritter im eigenen Namen einen Werkvertrag über Erhaltungsarbeiten am vermieteten Grundstück des StPfl. ab und leistet er die vereinbarte Vergütung, so kann der StPfl. diesen Aufwand auch dann bei seinen Einkünften aus VuV als WK abziehen, wenn der Dritte dem StPfl. den Betrag zuwendet (BFH v. 15.11.2005 – IX R 25/03, BStBl. II 2006, 623; v. 15.1.2008 – IX R 45/07, BStBl. II 2008, 572; vgl. auch *Haenicke*, DStZ 2006, 793; *Neufang/Körner*, BB 2010, 1503 ff.). Eine solche Zuwendung kann auch in einer vGA zu Gunsten des Steuerpflichtigen liegen (BFH v. 28.9.2010 – IX R 42/09, BStBl. II 2011, 271).

Ablösezahlung: Aufwendungen eines erbbauverpflichteten Grundstückseigentümers zur Ablösung des Erbbaurechts zählen zu den HK des anschließend auf dem Grundstück nach dem Abriss der vorhandenen Bebauung neu errichteten Gebäudes (BFH v. 13.12.2005 – IX R 24/03, BStBl. II 2006, 461). Zahlungen an die bisherigen Erbbauberechtigten zur Ablösung ihres Erbbaurechts führen zu sofort abziehbaren WK bei den Einkünften aus VuV, wenn die Abstandszahlungen dem Abschluss eines neuen Erbbauvertrags mit höheren Erbbauzinsen dienen (BFH v. 26.1.2011 – IX R 24/10, BFH/NV 2011, 1480).

Absetzungen für außergewöhnliche Abnutzung aus wirtschaftlichen Gründen sind WK, wenn sich nach der Kündigung des Mietverhältnisses herausstellt, dass das auf die Bedürfnisse des Mieters ausgerichtete Gebäude nicht mehr oder nur noch eingeschränkt nutzbar ist und auch durch eine (nicht steuerbare) Veräußerung nicht mehr sinnvoll verwendet werden kann (BFH v. 17.9.2008 – IX R 64/07, BStBl. II 2009, 301; dazu auch *Heuermann*, HFR 2009, 233).

Abstandszahlungen zur vorzeitigen Beendigung des Mietverhältnisses oder zur Räumung einer Wohnung sind nur dann WK, wenn das Objekt weiterhin der Einkünfteerzielung dient (BFH v. 25.2.1975 – VIII R 115/70, BStBl. II 1975, 730; v. 17.1.1978 – VIII R 97/75, BStBl. II 1978, 337; v. 24.10.1979 – VIII R 92/77, BStBl. II 1980, 187; v. 23.2.1988 – IX R 151/86, BFH/NV 1989, 485). Bei beabsichtigter anschließender Eigennutzung handelt es sich nicht um WK (BFH v. 7.7.2005 – IX R 38/03, BStBl. II 2005, 760). Abstandszahlungen an Nutzungsberechtigte, die im Anschluss an einen Grundstückserwerb geleistet werden, **um ein neues Gebäude errichten zu können**, sind **HK** des neuen Gebäudes (BFH v. 18.5.2004 – IX R 57/01, BStBl. II 2004, 872).

AfA-Berechnung s. Kaufpreisaufteilung.

Anfechtung: Aufwendungen eines Grundstückserwerbers zur Befriedigung eines den Kaufvertrag nach § 3 Abs. 2 AnfG anfechtenden Gläubigers gehören zu den nachträglichen AK (BFH v. 17.4.2007 – IX R 56/06, BStBl. II 2007, 956).

Arbeitszimmer: Aufwendungen für ein häusliches Arbeitszimmer können unter den Voraussetzungen des § 4 Abs. 5 S. 1 Nr. 6b abgesetzt werden.

Aufteilung: Ist ein erworbenes Zweifamilienhaus-Grundstück in zwei eigenständige WG bildende Gebäudeteile (fremdvermietete Wohnung sowie einem Wohnungsberechtigten überlassene Wohnung) aufzuteilen, so ist die v. den Vertragsparteien vorgenommene Aufteilung des Kaufpreises auf einzelne WG grds. – auch in Fällen der gemischten Schenkung – der Besteuerung zugrunde zu legen (BFH v. 27.7.2004 – IX R 54/02, BStBl. II 2006, 9). Zur Aufteilung bei Schuldzinsen s. dort.

Ausgleichsbeiträge nach § 154 BBauGB: die zu den Erschließungsbeiträgen entwickelte Rspr. (vgl. BFH v. 27.10.1993 – I R 65/92, BFH/NV 1994, 471; v. 22.3.1994 – IX R 52/90, BStBl. II 1994, 842) ist entspr. anzuwenden (OFD Kobl. v. 24.1.1997, DStR 1997, 617; Erhaltungsaufwand: *Schindhelm/Wilde*, DB 1991, 727; Aufwendungen auf Grund und Boden: FG Nds. v. 4.8.1994 – XII 409/91, EFG 1995, 67).

Bargebotszinsen (§ 49 Abs. 2 ZVG) gehören zu Schuldzinsen (BFH v. 29.4.1992 – XI R 3/85, BStBl. II 1992, 727).

Bauerwartungsland: Anlässlich des Erwerbs anfallende Finanzierungskosten können WK sein, wenn der StPfl. damit rechnen konnte, das Grundstück in überschaubarer Zeit bebauen zu dürfen (BFH v. 4.6.1991 – IX R 30/89, BStBl. II 1991, 761).

Baugenehmigungskosten gehören zu den HK (BFH v. 27.6.1990 – I R 18/88, BFH/NV 1991, 34).

Bauherrenmodell s. Rn. 54.

Bausparvertrag: Abschlussgebühren sind WK bei den Einkünften aus VuV, wenn alleiniger Zweck des Vertragsabschlusses die Erlangung des Baudarlehens und die Verwendung der Kreditmittel zur Erzielung v. Einkünften aus VuV ist (BFH v. 1.10.2002 – IX R 12/00, BStBl. II 2003, 398; v. 8.2.1983 – VIII R 163/81, BStBl. II 1983, 355).

Bauwesenversicherung: Beiträge führen zu WK (BFH v. 25.2.1976 – VIII B 81/74, BStBl. II 1980, 294).

Bauzeitzinsen (zB Bereitstellungszinsen, Damnum, etc.) gehören zu den WK (BFH v. 7.11.1989 – IX R 190/85, BStBl. II 1990, 460); sie dürfen in voller Höhe im Zeitpunkt der Zahlung abgezogen werden (BMF v. 19.4.2000, DStR 2000, 970; s. aber BFH v. 20.10.1999 – X R 69/96, BStBl. II 2000, 259 zu § 10e).

Beiträge zur Errichtung öffentl. Anlagen s. Erschließungskosten.

Bereitstellungszinsen s. Bauzeitzinsen.

Brandschaden führt zu AfaA im VZ des Schadenseintritts (s. auch *Grube*, DStZ 2000, 469); Schadensbeseitigungskosten können teilw. WK sein (BFH v. 1.12.1992 – IX R 333/87, BStBl. II 1994, 12).

Breitbandkabel s. Kabelanschluss.

Cash-Pool: Wer einen als Darlehen empfangenen Geldbetrag nicht dazu nutzt, Aufwendungen im Zusammenhang mit seiner Vermietungstätigkeit zu begleichen, sondern ihn in einen Cash-Pool einbringt, aus dem heraus er später seine Kosten bestreitet, kann Schuldzinsen aus diesem Darlehen nicht als WK v. seinen Einnahmen aus Vermietung abziehen (BFH v. 29.3.2007 – IX R 10/06, BStBl. II 2007, 645).

Damnum s. Bauzeitzinsen.

Devisenoptionsgeschäfte s. Rn. 83.

Disagio: Ein iRd. Veräußerung einer Immobilie als kalkulatorischer Teil des Kaufpreises berücksichtigtes Disagio gehört zu den AK und nicht zu den Finanzierungskosten eines WG. Wird dagegen eine Vereinbarung über die Erstattung des Disagios unabhängig vom Kaufvertrag getroffen, gehört dieses nicht zum Kaufpreis; es handelt sich dann um Finanzierungskosten und damit um WK des Erwerbers (BFH v. 12.5. 2009 – IX R 40/08, BFH/NV 2009, 1629).

Eigenleistung des Hauseigentümers ist weder bei den WK noch bei den HK eines Gebäudes zu berücksichtigen; Fahrtkosten können jedoch in tatsächlicher Höhe als HK (bei Neuerrichtung) oder WK (in Zusammenhang mit Erhaltungsaufwand) geltend gemacht werden (vgl. BFH v. 10.5.1995 – IX R 73/91, BStBl. II 1995, 713).

Einbauküche: Aufwendungen für die vollständige Erneuerung einer Einbauküche (Spüle, Herd, Einbaumöbel und Elektrogeräte) in einem vermieteten Immobilienobjekt sind nicht als Erhaltungsaufwand sofort als WK abziehbar. Bei ihren einzelnen Elementen handelt es sich um ein einheitliches WG, das auf zehn Jahre abzuschreiben ist (BFH v. 3.8.2016 – IX R 14/15, BStBl. II 2017, 437; BMF v. 16.5.2017, BStBl. II 2017, 775).

Erbbaurecht: Gutachterkosten. Gutachterkosten für die Ermittlung der Entschädigung nach § 27 Abs. 1 ErbbauV sind keine WK (BFH v. 28.3.2007 – IX R 46/05, BFH/NV 2007, 1490).

Erbbauzinsen sind bis VZ 2003 auch dann als WK bei den Einkünften aus VuV im Kj. ihrer Leistung sofort abziehbar, wenn sie in einem Einmalbetrag vorausgezahlt werden (BFH v. 23.9.2003 – IX R 65/02, BStBl. II 2005, 159, gegen BMF v. 10.12.1996, BStBl. I 1996, 1440). Seit VZ 2004 gilt § 11 Abs. 2 S. 3 (s. § 11 Rn. 41).

Erhaltungsaufwand s. Rn. 50.

Erschließungkosten s. § 6 Rn. 39 ff.

Fahrtkosten: Bei nicht umfangreichem Grundbesitz ist regelmäßige Arbeitsstätte die Wohnung des StPfl. Aufwendungen für gelegentliche Fahrten zu dem vermieteten Grundstück sind WK gem. § 9 Abs. 1 S. 1 (R 21.2 Abs. 4 S. 4 EStR). Der Abzug von Kosten für Fahrten zu einem Vermietungsobjekt iRd. Einkünfte aus VuV ist auf die Entfernungspauschale beschränkt, wenn sich an dem Objekt der ortsgebundene Mittelpunkt der dauerhaft und auf Überschusserzielung angelegten Vermietungstätigkeit befindet (BFH v. 1.12. 2015 – IX R 18/15, BStBl. II 2016, 532).

Ferienwohnung s. Rn. 15; umfassender Überblick bei *Thürmer*, FS Spindler, S. 833 ff.

Finanzierungskosten sind im Jahr der Aufwendung WK, soweit sie mit den Einkünften aus VuV in wirtschaftlichem Zusammenhang stehen. S. auch Bausparvertrag, Bauwesenversicherung, Bauzeitzinsen, Maklerkosten.

Gartenanlage ist ein selbständiges, unabhängig vom Gebäude zu betrachtendes WG (BFH v. 13.10.1998 – IX R 61/95, BStBl. II 1999, 282; v. 30.1.1996 – IX R 18/91, BStBl. II 1997, 25). Allerdings werden die Kosten für die gärtnerische Gestaltung der Grundstücksfläche bei einem Wohngebäude v. der FinVerw. als HK anerkannt, soweit diese Kosten für das Anpflanzen v. Hecken, Büschen und Bäumen an den Grundstücksgrenzen entstanden sind (R 21.1 Abs. 3 EStR).

Grunderwerbsteuer gehört einschl. etwaiger Säumniszuschläge zu den AK (BFH v. 14.1.1992 - IX R 226/87, BStBl. II 1992, 464).

Grundsteuer gehört zu den WK, K/S/M, § 9 Rn. D 3.

Instandhaltungsrücklage: Beiträge des Eigentümers nach § 16 Abs. 2 WEG sind keine WK. Erst die aus der Rücklage finanzierten Instandhaltungs- und Modernisierungsmaßnahmen führen zu WK (BFH v. 26.1.1988 - IX R 119/83, BStBl. II 1988, 577; v. 5.10.2011 - I R 94/10, BStBl. II 2012, 244; v. 8.10.2012 - IX B 131/12, BFH/NV 2013, 32; vgl. auch *Kahlen*, ZMR 2006, 21; **aA** *Sauren*, DStR 2006, 2161).

Kabelanschlusskosten gehören bei einem Neubau zu HK und bei einer Nachrüstung eines bestehenden Gebäudes zu Erhaltungsaufwand (OFD Köln v. 18.9.1984, DB 1984, 2275; *Pensel/Hild*, DB 1989, 2348).

Kapitallebensversicherung s. Lebensversicherung

Katastrophenschäden wird durch AfaA Rechnung getragen; bei Teilzerstörung kommt auch der Abzug v. Erhaltungsaufwendungen für die Wiederherstellung in Betracht (ausf. *Grube*, DStZ 2000, 469).

Kaufpreisaufteilung: Eine vertragliche Kaufpreisaufteilung von Grundstück und Gebäude ist der Berechnung der AfA auf das Gebäude zugrunde zu legen, sofern sie zum einen nicht nur zum Schein getroffen wurde sowie keinen Gestaltungsmissbrauch darstellt und zum anderen das FG auf der Grundlage einer Gesamtwürdigung von den das Grundstück und das Gebäude betr. Einzelumständen nicht zu dem Ergebnis gelangt, dass die vertragliche Kaufpreisaufteilung die realen Wertverhältnisse in grundsätzlicher Weise verfehlt und wirtschaftlich nicht haltbar erscheint (BFH v. 16.9.2015 - IX R 12/14, BStBl. II 2016, 397).

Kiesabbau: Wird ein Kiesvorkommen im PV entdeckt, ist der Abbau des Kiesvorkommens durch Verpachtung gem. Abs. 1 S. 1 Nr. 1 ohne Absetzungen (brutto) zu besteuern (BFH v. 4.12.2006 - GrS 1/05, BStBl. II 2007, 508)

Kursverluste bei Fremdwährungsdarlehen sind bei den Einkünften aus VuV nicht als WK abziehbar (BFH v. 9.11.1993 - IX R 81/90, BStBl. II 1994, 289; v. 4.3.2016 - IX B 85/15, BFH/NV 2016, 917; v. 23.11.2016 - IX B 42/16, BFH/NV 2017, 287; krit. *Beiser*, DStZ 2018, 86).

Lebensversicherung: Dient eine Kapitallebensversicherung der Rückzahlung v. Darlehen, die zum Erwerb v. Mietgrundstücken aufgenommen worden sind, so sind die Zinsen für ein zur Finanzierung der Versicherungsbeiträge aufgenommenes Darlehen als WK abziehbar (BFH v. 25.2.2009 - IX R 62/07, BStBl. II 2009, 459; dazu *Bode*, FR 2009, 872). Versicherungsprämien für eine reine **Risikolebensversicherung** sind hingegen keine WK (BFH v. 29.10.1985 - IX R 56/82, BStBl. II 1986, 143; v. 13.10.2015 - IX R 35/14, BStBl. II 2016, 210).

Maklerkosten anlässlich der Veräußerung eines Grundstücks können zu den Finanzierungskosten eines vermieteten Objekts gehören und damit als WK abzugsfähig sein, wenn und soweit der nach einer Darlehenstilgung hinsichtlich des veräußerten Grundstücks verbleibende Erlös von vornherein zur Finanzierung des anderen Objekts bestimmt und auch tatsächlich verwendet wird und sich bereits im Zeitpunkt der Veräußerung des Grundstücks anhand objektiver Umstände der endgültig gefasste Entschluss des StPfl. feststellen lässt, mit dem durch die Veräußerung erzielten Erlös auf einem anderen Vermietungsobjekt lastende Kredite abzulösen (BFH v. 11.2.2014 - IX R 22/13, BFH/NV 2014, 1195). Allein die Verwendung des Veräußerungserlöses zum Erwerb eines neuen Vermietungsobjekts dürfte jedoch nicht ausreichen (so aber wohl FG Köln v. 21.3.2018 - 3 K 2364/15, juris [Rev. IX R 22/18]).

Mieterschäden: Beseitigung vor Selbstnutzung s. Rn. 53.

Nachträgliche WK: § 9 Rn. 24, § 24 Rn. 40 ff.

Notarkosten sind WK, soweit sie der Besicherung eines Darlehens dienen (BFH v. 1.10.2002 - IX R 72/99, BStBl. II 2003, 399). Kosten des Grundstückskaufvertrages gehören zu den AK.

Planungskosten gehören zu den HK, wenn sie bei gleichem Zweck und bei gleicher Bauart des geplanten und des später errichteten Bauwerks in dieses wertbestimmend eingegangen sind (BFH v. 8.9.1998 - IX R 75/95, BStBl. II 1999, 20; v. 2.11.2000 - IX B 95/00, BFH/NV 2001, 592). Auf die positive Feststellung, dass und inwieweit nicht verwirklichte Planungen in das tatsächlich errichtete Gebäude eingegangen sind, kommt es nicht an, wenn das ursprünglich geplante und das dann fertig gestellte Bauwerk dem gleichen Zweck dienen und die gleiche Bauart aufweisen (BFH v. 3.11.2005 - IX B 110/05, BFH/NV 2006, 295). Planungskosten sind nicht abziehbar, wenn statt eines ursprünglich geplanten Einfamilienhauses mit Einliegerwohnung ein Doppelhaus errichtet wird (FG München v. 23.11.2005 - 9 K 1575/03, EFG 2006, 564). S. auch § 6 Rn. 81.

Privatstraße: Aufwendungen für eine v. einem Dritten zu errichtende Privatstraße stellen AK eines selbständigen abnutzbaren WG dar, auch wenn die Straße der erstmaligen Erschließung des Grundstücks dient (BFH v. 19.10.1999 – IX R 34/96, BStBl. II 2000, 257).

Prozesskosten: Aufwendungen des StPfl. iZ mit zivilgerichtlichen Verfahren zur Abwehr von Übertragungsansprüchen des Landes sind nicht als WK bei den Einkünften aus VuV zu berücksichtigen (BFH v. 1.10.2014 – IX R 7/14, BFH/NV 2015, 327).

Reisekosten im Zusammenhang mit der **Verwaltung** eines vermieteten Gebäudes sind WK; dies gilt auch für Reisekosten auf der Suche nach einem zum Kauf geeigneten Objekt (BFH v. 10.3.1981 – VIII R 195/77, BStBl. II 1981, 470; *K/S/M*, § 9 Rn. B 805 ff.; *Seitrich*, BB 1986, 2308).

Restitutionsverfahren: Die Erstattung v. Instandsetzungsaufwendungen und Modernisierungsaufwendungen im Zusammenhang mit Restitutionsverfahren sind AK des rückübertragenen Grundstücks. Sie sind ab dem Jahr der Rückübertragung iRd. AfA zu berücksichtigen, selbst wenn Mieteinnahmen erst im Folgejahr erzielt werden (BFH v. 11.1.2005 – IX R 15/03, BStBl. II 2005, 477). „Vorbehaltsmittel“, die der StPfl. nach Rückübertragung eines enteigneten Grundstücks nach dem VermG gem. § 177 Abs. 5 BauGB zurückzuzahlen hat, sind keine WK (BFH v. 16.12.2005 – IX B 157/04, BFH/NV 2006, 727). Zu § 7 VermG s. § 24 Rn. 13 „Restitutionsentgelte“.

Schadstoffgutachten: Aufwendungen für ein Schadstoff-Gutachten, das der Feststellung der durch einen Mieter verursachten Untergrund- und Boden-Verunreinigungen dient, können als WK abziehbar sein (BFH v. 17.7.2007 – IX R 2/05, BStBl. II 2007, 941).

Schrottimmobilien: zur steuerlichen Behandlung der Rückabwicklung von sog. Schrottimmobilien vgl. *Jäger*, DStR 2011, 155.

Schuldzinsen s. Rn. 61.

Selbstnutzung: Aufwendungen für Renovierung und die Beseitigung kleinerer Schäden nach Beendigung des Nutzungsüberlassungsverhältnisses und vor Selbstnutzung werden idR nicht als WK anerkannt (Rn. 53 mwN).

Sondertilgung, die aufgrund einer Abrede im Kreditvertrag für den Fall eines gestiegenen Wechselkurses für Kursverluste bei einem Fremdwährungsdarlehen gezahlt werden, sind keine WK (BFH v. 22.9.2005 – IX R 44/03, BFH/NV 2006, 279).

Teilungsversteigerung: Gerichts- und Anwaltskosten einer beantragten und zurückgezogenen Teilungsversteigerung können idR nicht als WK abgezogen werden (BFH v. 19.3.2013 – IX R 41/12, BStBl. II 2013, 536).

Testamentsvollstreckung: Kosten für eine auf Dauer angelegte Testamentsvollstreckung können bei den aus der Verwaltung des Nachlasses erzielten Einkünften aus VuV als WK (ggf. anteilig) abgezogen werden (BFH v. 8.11.2017 – IX R 32/16, BStBl. II 2018, 191).

Umsatzsteuer s. § 9b Rn. 11.

Vergebliche WK: Schuldzinsen für ein gescheitertes Bauvorhaben (zB Bereitstellungszinsen und Nichtbezugsentschädigung) sind als vergebliche WK abziehbar, wenn der StPfl. zur Finanzierung einer zum Vermieten bestimmten Eigentumswohnung ein Darlehen aufgenommen hat, aber sein Angebot zum Abschluss des Bauträgervertrages zurück nimmt, weil das Bauvorhaben wegen Mittellosigkeit des Bauträgers scheitert (BFH v. 5.11.2001 – IX B 92/01, BStBl. II 2002, 144). Steht die Vermietungsabsicht einer im VZ des Erwerbs noch nicht bezugsfertigen Wohnung endg. fest, kann die spätere Aufgabe dieser Absicht aufgrund im Zeitpunkt der Bezugsfertigkeit eingetretener neuer Umstände keinen rückwirkenden Wegfall der Einkünfteerzielungsabsicht begründen (BFH v. 4.11.2003 – IX R 55/02, BFH/NV 2004, 484). Vergleichszahlung wegen des Rücktritts vom Vertrag und Prozesskosten oder Schadensersatz infolge einer Vertragsauflösung können vergebliche WK sein, wenn der StPfl. sie tätigt, um sich aus einer gescheiterten Investition zu lösen und so die Höhe der vergeblich aufgewendeten Kosten zu begrenzen (BFH v. 15.11.2005 – IX R 3/04, BStBl. II 2006, 258; v. 7.6.2006 – IX R 45/05, BStBl. II 2006, 803). S. auch Planungskosten, verlorener Aufwand.

Verlorener Aufwand: Vorauszahlungen auf AK eines zur Erzielung v. Einkünften aus VuV vorgesehenen WG können, wenn das angestrebte Anschaffungsgeschäft nicht zustande gekommen ist und eine Rückzahlung nicht erlangt werden kann, in vollem Umfang als WK abziehbar sein, wenn deutlich wird, dass sie ohne Gegenleistung bleiben und eine Rückzahlung nicht zu erlangen ist (BFH v. 28.6.2002 – IX R 51/01, BStBl. II 2002, 758).

Versicherung s. Bausparvertrag, Bauwesenversicherung.

Vorab entstandene WK: Fallen Aufwendungen schon an, bevor mit dem Aufwand zusammenhängende Einnahmen erzielt werden, können sie als vorab entstandene Werbungskosten berücksichtigt werden, wenn ein ausreichend bestimmter wirtschaftlicher Zusammenhang zwischen den Aufwendungen und der Einkunftsart besteht, in deren Rahmen der Abzug begehrt wird (BFH v. 11.8.2010 – IX R 3/10, BStBl. II 2011, 166). Dies setzt grds. voraus, dass sich der StPfl. endgültig entschlossen hat, aus dem Objekt durch Vermieten Einkünfte nach § 21 Abs. 1 S. 1 Nr. 1 zu erzielen, und diese Entsch. später nicht aufgegeben hat (BFH v. 16.6.2015 – IX R 27/14, BStBl. II 2016, 144; v. 6.9.2016 – IX R 19/15, BFH/NV 2017, 19; v. 16.2.2016 – IX R 1/15, BFH/NV 2016, 1261). Das Fehlen einer rechtlichen Grundlage für die Hingabe verlorener Aufwendungen (zB an einen betrügerischen Vermittler), die zu AK eines Vermietungsobjekts hätten führen sollen, schließt den wirtschaftlichen Zusammenhang der Aufwendungen mit einer beabsichtigten Vermietung nicht aus (BFH v. 9.5.2017 – IX R 24/16, BStBl. II 2018, 168; *Naujok/Hamacher*, ZfIR 2018, 469). Beabsichtigt ein Erbe, die Anteile der übrigen Miterben (sowie ggf. weitere Miteigentumsanteile) hinzuzuerwerben und anschließend zu vermieten, kann im Einzelfall von einer Aufnahme der Einkünfteerzielungsabsicht ausgegangen werden, wenn ihr nachweislich eine konkrete Erwerbsabsicht zugrunde liegt, deren Durchsetzung auch wirtschaftlich möglich erscheint (BFH v. 9.5.2017 – IX R 45/15, BFH/NV 2017, 1036). Aufwendungen können selbst dann abziehbar sein, wenn es entgegen den Planungen des Steuerpflichtigen nicht zu Einnahmen kommt, sofern nur eine erkennbare Beziehung zu den angestrebten Einkünften besteht (BFH v. 15.12.2009 – IX R 55/08, BFH/NV 2010, 863). Lässt sich allerdings bei jahrelanger Renovierung nicht absehen, ob und ggf. wann Vermietungseinkünfte erzielt werden, werden die Aufwendungen auch im Hinblick auf die fehlende Einkünfteerzielungsabsicht nicht anerkannt (BFH v. 11.8.2010 – IX R 3/10, BStBl. II 2011, 166; v. 13.1.2015 – IX R 46/13, BFH/NV 2015, 668). Instandsetzungsaufwendungen in der Selbstnutzungsphase sind grds. keine vorab entstandenen WK (BFH v. 1.4.2009 – IX R 51/08, BFH/NV 2009, 1259; v. 3.7.2009 – IX B 19/09, BFH/NV 2009, 1648; v. 9.7.2013 – IX R 21/12, BFH/NV 2013, 1778). Wer Aufwendungen für seine zunächst selbst bewohnte, anschließend leer stehende und noch nicht vermietete Wohnung als vorab entstandene WK geltend macht, muss seinen endg. Entschluss, diese Wohnung zu vermieten, durch ernsthafte und nachhaltige Vermietungsbemühungen belegen (BFH v. 28.10.2008 – IX R 1/07, BStBl. II 2009, 848). Will der StPfl. seine fortbestehende Vermietungsabsicht belegen, so muss er – unter Umständen auch durch eine bauliche Umgestaltung – zielgerichtet darauf hinwirken, einen vermietbaren Zustand des Objekts zu erreichen (BFH v. 25.6.2009 – IX R 54/08, BStBl. II 2010, 124 – dazu *Paus*, DStZ 2010, 23; vgl. auch BFH v. 12.5.2009 – IX R 18/08, BFH/NV 2009, 1627; v. 19.12.2007 – IX R 30/07, BFH/NV 2008, 1300; allg. *Stein* DStR 2009, 1079). Vom Eigentümer eines mit einem Vorbehaltsnießbrauch belasteten Grundstücks getragene Aufwendungen können ausnahmsweise vorab entstandene WK sein, wenn er sie im eigenen Interesse als zukünftiger Nutzer des Hauses gemacht hat und der Nießbrauch nach den zugrunde liegenden Vereinbarungen zeitnah aufgehoben werden soll (BFH v. 25.2.2009 – IX R 3/07, BFH/NV 2009, 1251; FG BaWü. v. 25.4.2017 – 5 K 763/15, EFG 2017, 1733 [Rev. IX R 20/17]). Bietet der StPfl. ein Objekt unmittelbar nach der Fertigstellung parallel sowohl zum Verkauf als auch zur Vermietung an, so spricht dies gegen den endgültigen Entschluss zu vermieten (BFH v. 9.7.2013 – IX R 21/12, BFH/NV 2013, 1778). Zu den Fällen des Leerstands von Wohnimmobilien s. Rn. 11a.

Vorauszahlungen: Im Wege einer Einmalzahlung im Voraus geleistete Erbbauzinsen für die Bestellung eines Erbbaurechts sind sofort in voller Höhe im Jahr der Zahlung als WK abziehbar (BFH v. 23.9.2003 – IX R 65/02, BStBl. II 2005, 159; dazu *Fischer*, FR 2004, 168).

Vorfälligkeitsentschädigung sind idR keine WK (BFH v. 19.2.2002 – IX R 36/98, BStBl. II 2003, 126; v. 28.7.2004 – IX B 136/03, BFH/NV 2005, 43; v. 11.2.2014 – IX R 42/13, BStBl. II 2015, 633 – dazu *Trossen*, NWB 2014, 2316; auch nicht bei Kapitaleinkünften: BFH v. 6.12.2005 – VIII R 34/04, BStBl. II 2006, 265; v. 9.8.2012 – IX B 57/12, BFH/NV 2012, 2014), selbst dann, wenn das Darlehen der Finanzierung sofort abzugsfähiger WK diente (BFH v. 23.9.2003 – IX R 20/02, BStBl. II 2004, 57, dazu *Schell*, FR 2004, 506). Werden im Zuge der nicht steuerbaren Veräußerung v. Anteilen an einer Einkünfte aus VuV erzielenden Ges. Kredite zur Finanzierung dieser Anteile vorzeitig abgelöst, so sind dadurch entstehende Vorfälligkeitsentschädigungen ebenfalls nicht als WK des G'ters abziehbar (BFH v. 15.1.2008 – IX B 166/07, BFH/NV 2008, 567). Ausnahmsweise ist die Vorfälligkeitsentschädigung aber im Zusammenhang mit dem Verkauf eines Mietwohngrundstücks dann als WK bei den Einkünften aus VuV abziehbar, wenn sie als Finanzierungskosten eines neu erworbenen Mietobjektes zu beurteilen ist (BFH v. 23.4.1996 – IX R 5./94, BStBl. II 1996, 595; FG Nds. v. 8.3.2001 – 9 K 240/97, DStRE 2001, 694 zu anschließender Beteiligung an einem Immobilienfonds; vgl. auch *Sauren*, DStR 2002, 1254, 1256; *Schließl*, DStZ 2007, 466).

Wohnungsrecht: WK können vorliegen, wenn der Eigentümer aufgrund einer schuldrechtl. Vereinbarung mit dem Wohnungsberechtigten ein Entgelt dafür zahlt, dass dieser sein Wohnungsrecht nicht (mehr) ausübt und so erreicht, das Grundstück zu vermieten und daraus Einkünfte zu erzielen (BFH v. 11.12.2012 – IX R 28/12, BFH/NV 2013, 914).

Zeitungsanzeigen, um Mieter zu finden, sind WK.

Zwangsräumung: Aufwendungen sind keine WK sondern HK/AK wenn ein besetztes Grundstück zwangsweise geräumt wird, um es anschließend zu bebauen oder als Freifläche zu vermieten (BFH v. 18.5. 2004 - IX R 57/01, BStBl. II 2004, 872).

Zweitwohnungssteuer, die vom Vermieter gezahlt wird, gehört ggf. zeitanteilig (vgl. Rn. 15 zu Ferienwohnungen) zu den WK (BFH v. 15.10.2002 - IX R 58/01, BStBl. II 2003, 287; v. 30.10.2002 - IX R 103/00, BFH/NV 2003, 745; vgl. auch *Thürmer*, DStR 2003, 584).

F. Verlustabzugsbegrenzung (Abs. 1 S. 2)

63 **I. Grundsätzliches.** Nach § 21 Abs. 1 S. 2 sind § 15a und § 15b sinngemäß anzuwenden. Diese Regelung soll sicherstellen, dass die **vermögensverwaltende und die gewerbliche Betätigung** so weit wie möglich **gleich behandelt** werden. Die sinngemäße Anwendung des § 15a hat insbes. für vermögensverwaltende PersGes. in der Rechtsform einer KG und dabei für sog. geschlossene Immobilienfonds Bedeutung; aber auch G'ter einer GbR können über § 15a Abs. 5 betroffen sein. Haben die G'ter eine steuerrechtl. anzuerkennende Vereinbarung getroffen, nach der den einzelnen G'tern WK-Überschüsse nur dann zugerechnet werden, soweit dadurch kein „negatives Kapitalkonto" entsteht, kommt § 21 Abs. 1 S. 2 iVm. § 15a nicht zur Anwendung.[1] Durch das G zur Beschränkung der Verlustverrechnung im Zusammenhang mit Steuerstundungsmodellen[2] ist § 21 Abs. 1 S. 2 geändert worden und § 15b auch bei den Einkünften aus VuV sinngemäß anzuwenden. Der Gesetzgeber hatte dabei insbes. **geschlossene Immobilienfonds** im Auge.[3] Die sinngemäße Anwendung der §§ 15a, 15b bewirkt, dass die **Ausgleichs- und Abzugsbeschränkungen** dieser Regelungen eingreifen.[4] Vorrangig ist jedoch die Überschusserzielungsabsicht der Ges. (Rn. 11)[5] und die Zurechnung der WK-Überschüsse auf die einzelnen G'ter (Rn. 28) zu prüfen.

64 **II. Sinngemäße Anwendung des § 15a.** § 15a stellt wesentlich auf das negative Kapitalkonto ab (§ 15a Rn. 13) und setzt die Ermittlung der Einkünfte nach §§ 4, 5. (Gewinnermittlung durch BV-Vergleich) und damit auch BV voraus. Die vermögensverwaltende PersGes., die Einkünfte aus VuV erzielt, ermittelt demgegenüber die Einkünfte durch Überschussrechnung (§ 2 Abs. 2 Nr. 2) und erstellt daher auch keine Steuerbilanz zu Zwecken der Gewinnermittlung, die Kapitalkonten oder Sonder-BV ausweisen könnte. § 15a kann aufgrund der unterschiedlichen Einkünfteermittlung daher nur sinngemäß angewandt werden. Verfassungsrechtl. Bedenken ergeben sich daraus nicht.[6] Die sinngemäße Anwendung des § 15a führt jedoch auch dazu, dass anders als früher[7] dem K'dist einer vermögensverwaltenden KG ein WK-Überschuss auch über seine Einlage hinaus zugerechnet werden kann.

65 **1. Verlustausgleich mit anderen Einkünften (§ 15a Abs. 1 S. 1).** Die sinngemäße Anwendung des § 15a setzt die **Ermittlung eines Ausgleichsvolumens** voraus, das dem negativen Kapitalkonto des § 15a (§ 15a Rn. 13) weitestgehend entspricht. Die handelsrechtl. Vorgaben über das Kapitalkonto sind im Hinblick auf die unterschiedliche Einkünfteermittlung nach Maßgabe der stl. Vorschriften der Überschussrechnung zu modifizieren.[8] Ausgangspunkt für die Ermittlung des Ausgleichsvolumens sind die tatsächlich geleisteten Einlagen, wobei das Kapitalkonto jedes G'ters selbständig zu ermitteln ist. Die Einlage setzt einen Zugang v. Werten im Gesellschaftsvermögen voraus.[9] Diese Einlagen sind um spätere Einlagen sowie um die positiven Einkünfte der Vorjahre zu erhöhen und um die Entnahmen und negativen Einkünfte der Vorjahre zu vermindern. Es ist nicht gerechtfertigt, für jeden G'ter für jede Einkunftsart ein gesondertes Kapitalkonto zu ermitteln, so dass bei einem G'ter einer KG mit positiven Einkünften aus KapVerm. und negativen Einkünften aus VuV die Einkünfte aus KapVerm. einzubeziehen sind.[10] Bei einer KG, die Einkünfte aus VuV erzielt, sind die Einkünfte aus privaten Veräußerungsgeschäften bei der Berechnung des Ausgleichsvolumens einzubeziehen.[11] Übersteigen die WK-Überschüsse das so ermittelte Ausgleichsvolumen, greift die Ausgleichs- und Abzugsbeschränkung des § 15a ein. § 15a Abs. 1 S. 2 und 3 lassen un-

1 BFH v. 8.9.1992 - IX R 335/87, BStBl. II 1993, 281.
2 BGBl. I 2005, 3683.
3 Vgl. BT-Drucks. 16/107, 4.
4 Zur Begrenzung der Zurechnung von Einlageminderungen als Gewinn gemäß § 15a Abs. 3 Satz 2 vgl. *Eckert*, BB 2011, 1055.
5 *K/S/M*, § 21 Rn. B 253a; *Groh*, DB 1984, 2428.
6 *Spindler*, FR 1997, 147 (148); vgl. zum Meinungsstand auch *Holste*, DStR 2016, 1246.
7 BMF v. 2.1.1975, FR 1975, 93 (100 % Erlass); BFH v. 5.5.1981 - VIII B 26/80, BStBl. II 1981, 574.
8 *K/S/M*, § 21 Rn. B 258; *Schmidt*[37], § 21 Rn. 151 f.
9 BFH v. 3.12.2002 - IX R 24/00, BFH/NV 2003, 894.
10 BFH v. 15.10.1996 - IX R 72/92, BStBl. II 1997, 250.
11 BFH v. 2.9.2014 - IX R 52/13, BStBl. II 2015, 263; **aA** *K/S/M*, § 21 Rn. B 261; zu den Folgefragen: *Bührer*, DStR 2015, 1546; *Dorn*, DStR 2015, 1598; *Middendorf/Rickermann*, BB 2015, 929; krit. *Holste*, DStR 2016, 1246.

ter bestimmten Voraussetzungen einen erweiterten Verlustausgleich zu, wenn der K'dist mit einer die geleistete Einlage übersteigenden Haftsumme im Handelsregister eingetragen ist (ausf. § 15a Rn. 26 ff.).

2. Rechtsfolge (§ 15a Abs. 1 S. 1, Abs. 2). Die sinngemäße Anwendung des § 15a Abs. 1 S. 1 bewirkt, dass der anteilige WK-Überschuss eines beschränkt haftenden G'ters aus seiner Beteiligung an einer PersGes. mit Einkünften aus VuV nur noch insoweit mit anderen positiven Einkünften ausgeglichen oder v. diesen nach § 10d abgezogen werden darf, als er das ermittelte Ausgleichsvolumen nicht übersteigt. Nicht ausgleichsfähige WK-Überschüsse mindern entspr. § 15a Abs. 2 Einkünfte aus VuV in späteren VZ (vgl. § 15a Rn. 23). **Sonder-WK** eines G'ters, wie Schuldzinsen für die Finanzierung der Kommanditeinlage, unterliegen jedoch nicht den Ausgleichs- und Abzugsbeschränkungen.[1] 66

3. Einlage- und Haftungsminderung (§ 15a Abs. 3). In den Fällen, in denen ein negatives Ausgleichsvolumen durch Entnahmen der K'disten oder Einlagerückzahlungen entsteht oder sich erhöht (sog. Einlageminderung), führt die sinngemäße Anwendung des § 15a Abs. 3 dazu, dass der Betrag der Einlageminderung als positive Einkünfte aus VuV zuzurechnen ist. § 15a Abs. 3 soll verhindern, dass durch kurzfristig hohe Einlagen ein entspr. hohes Verlustausgleichsvolumen geschaffen wird, das nach Ausgleich des entspr. Verlustanteils wieder abgebaut wird (ausf. § 15a Rn. 55 ff.). 67

4. Gesonderte Feststellung (§ 15a Abs. 4). § 15a Abs. 4 ordnet die gesonderte Feststellung des nicht ausgleichs- oder nicht abzugsfähigen Verlustes an und regelt das Verfahren (§ 15a Rn. 70 ff.). Nicht geregelt ist, wer zur Abgabe der Erklärung über das Ausgleichsvolumen und damit der verrechenbaren Verluste zuständig ist. Dies dürfte eher der K'dist als die vermögensverwaltende KG sein.[2] 68

5. Andere Gesellschafter (§ 15a Abs. 5). Im Interesse der Gleichmäßigkeit der Besteuerung gilt gem. § 15a Abs. 5 die Verlustabzugsbegrenzung nicht nur für K'disten, sondern auch für sonstige **StPfl., deren Haftung derjenigen eines K'disten vergleichbar ist**. Die sinngemäße Anwendung des § 15a Abs. 5 hat insbes. für die Beteiligung an einem in der Rechtsform einer GbR geführten geschlossenen Immobilienfonds Bedeutung. Die Verlustabzugsbegrenzung greift ein, wenn die Inanspruchnahme der G'ter für Schulden im Zusammenhang mit dem Betrieb[3] durch Vertrag ausgeschlossen oder nach Art und Weise des Geschäftsbetriebs unwahrscheinlich ist. Der BFH hat entschieden, dass eine **Inanspruchnahme unwahrscheinlich** ist, wenn der kalkulierte Gesamtaufwand durch EK und im Wesentlichen dinglich gesichertes Fremdkapital gedeckt und eine Kostenerhöhung bei normalem Verlauf der Dinge nicht zu erwarten ist.[4] Der BMF hat diese Rspr. modifiziert und stellt darauf ab, ob durch entspr. vertragliche Gestaltungen ein wirtschaftlich ins Gewicht fallendes Haftungsrisiko des G'ters verbleibt (§ 15a Rn. 93).[5] Die Feststellungslast dafür, dass eine persönliche Inanspruchnahme nach § 15a Abs. 5 Nr. 2 unwahrscheinlich ist, liegt idR beim FA. Der G'ter einer Immobilien-GbR trägt sie jedoch zumindest dann, wenn seine Stellung mit der eines Anlegers im Bauherrenmodell vergleichbar ist.[6] 69

III. Sinngemäße Anwendung des § 15b. Die durch das G zur Beschränkung der Verlustverrechnung im Zusammenhang mit Steuerstundungsmodellen v. 22.12.2005[7] eingefügte Vorschrift soll Steuerstundungsmodelle einschränken, indem künftig anfallende Verluste aus entspr. Beteiligungen nur mit späteren positiven Einkünften aus derselben Quelle zur Verrechnung zugelassen werden.[8] Neben gewerblichen Steuerstundungsmodellen sollen durch die Verweisung in § 21 Abs. 1 S. 2 vor allem auch Verluste aus VuV (insbes. **geschlossene Immobilienfonds**) erfasst werden, um Umgehungsgestaltungen auszuschließen und der Gleichbehandlung der Einkunftsarten gerecht zu werden.[9] Die sinngemäße Anwendung des § 15b gilt für Steuerstundungsmodelle, denen der StPfl. nach dem 10.11.2005 beigetreten ist oder für die nach dem 10.11.2005 mit dem Außenvertrieb begonnen wurde (§ 52 Abs. 37d iVm. Abs. 33a). Das Datum knüpft an eine Absichtserklärung der scheidenden BReg. an; ob und inwieweit die Erstreckung auf diesen vor dem Inkrafttreten des G liegenden Termin einen Verstoß gegen das **Rückwirkungsverbot** darstellt, war schon im Gesetzgebungsverfahren umstritten[10] und wird voraussichtlich die Gerichte beschäftigen. Das BMF stellt darüber hinaus bei Fonds, die vor dem 15.11.2005 mit dem Außenvertrieb begonnen haben, dem Be- 70

---

1 *Blümich*, § 21 Rn. 484.
2 *Blümich*, § 21 Rn. 500.
3 BFH v. 25.7.1995 – IX R 61/93, BStBl. II 1996, 128 zu einer internen Freistellungserklärung.
4 BFH v. 17.12.1992 – IX R 150/89, BStBl. II 1994, 490; v. 17.12.1992 – IX R 7/91, BStBl. II 1994, 492; v. 30.11.1993 – IX R 60/91, BStBl. II 1994, 496; ausf. *Spindler*, FR 1997, 147; krit. *K/S/M*, § 15a Rn. F 112 ff.
5 BMF v. 30.6.1994, BStBl. I 1994, 355.
6 FG Köln v. 21.3.2002 – 2 K 7044/95, EFG 2002, 1036 mit Anm. *Braun*.
7 BGBl. I 2005, 3683.
8 BT-Drucks. 16/254, 1.
9 BT-Drucks. 16/107, 1; BMF v. 17.7.2007, BStBl. I 2007, 542.
10 Vgl. BT-Drucks. 16/254, 4 f.

ginn des Außenvertriebs den Beschluss v. Kapitalerhöhungen und die Reinvestition v. Erlösen in neue Projekte gleich, um Umgehungsgestaltungen zu vermeiden.[1]

71 § 15b Abs. 1 ordnet eine weitgehende Verlustausgleichsbeschränkung an.[2] Die entspr. Anwendung bei den Einkünften aus VuV führt dazu, dass sowohl der innerperiodische horizontale Verlustausgleich mit den übrigen Einkünften aus VuV und der vertikale Verlustausgleich mit anderen Einkunftsarten als auch der überperiodische Verlustabzug nach § 10d ausgeschlossen ist. Lediglich eine Verrechnung v. Verlusten mit Gewinnen aus derselben Einkunftsquelle in folgenden Wj. wird gem. § 15b Abs. 1 S. 2 zugelassen (ausf. § 15b Rn. 18 ff.). Nach § 15b Abs. 1 S. 3 ist § 15a insoweit nicht anzuwenden; damit wollte der Gesetzgeber den Vorrang des § 15b vor § 15a anordnen[3] (ausf. § 15b Rn. 29 ff.).

72 **§ 15b Abs. 2 definiert Steuerstundungsmodelle** und setzt voraus, dass aufgrund einer modellhaften Gestaltung stl. Vorteile in Form negativer Einkünfte erzielt werden sollen (ausf. § 15b Rn. 37 ff.). Entscheidend ist, dass dem an der Ges. beteiligten StPfl. aufgrund eines **vorgefertigten Konzeptes** die Möglichkeit zur Verlustverrechnung geboten werden soll (§ 15b Abs. 2 S. 2). Damit geht der Gesetzgeber davon aus, dass das jeweilige Modell dem StPfl. v. außen angeboten wird (§ 15b Rn. 39). Zu den Steuerstundungsmodellen dürften insbes. auch Bauherrenmodelle gehören, die auf einer Vielzahl aufeinander abgestimmter Verträge beruhen (Rn. 54, 56; vgl. auch § 15b Rn. 47). Entscheidend ist jedoch, dass durch Verlustverrechnung mit positiven übrigen Einkünften des StPfl. ein stl. Vorteil erzielt werden soll (ausf. § 15b Rn. 49 ff.).

73 Nach den Vorstellungen des Gesetzgebers sollen diejenigen Bauträgergestaltungen nicht betroffen sein, in denen ein Bauträger ein **Objekt im Sanierungsgebiet oder ein Denkmal** saniert, für die erhöhte Absetzungen geltend gemacht werden können (§§ 7h, 7i), und bei denen vor Beginn der Sanierung die Grundstücke oder Eigentumswohnungen an Erwerber außerhalb einer Fondskonstruktion veräußert werden.[4] Ein Kauf vom Bauträger habe nur dann einen modellhaften Charakter, wenn der Bauträger neben dem Verkauf und ggf. der Sanierung noch weitere Leistungen erbringe, wie zB Mietgarantien, Übernahme der Finanzierung und rechtl. Beratung.[5] Der Gesetzgeber hat ausdrücklich davon abgesehen, für diese Fälle Rechtssicherheit zu schaffen und eine auf die Sanierung denkmalgeschützter Gebäude bezogene Sonderregelung vorzusehen.[6]

74 Nach § 15b Abs. 3 ist diese Vorschrift nur anzuwenden, wenn das Verhältnis der kumulierten prognostizierten Verluste zum aufzubringenden (Eigen-)Kapital 10 % übersteigt. Diese **Nichtaufgriffsgrenze** soll sicherstellen, dass nur Steuerstundungsmodelle mit wesentlichen Verlusten in diese Regelung einbezogen werden (zur Berechnung ausf. § 15b Rn. 55 ff.). § 15b Abs. 4 ordnet die gesonderte Feststellung der nicht ausgleichsfähigen Verluste an und regelt das Verfahren (§ 15b Rn. 57 ff.).

G. Teilweise unentgeltlich überlassene Wohnung (Abs. 2)

75 Für die Überlassung einer Wohnung zu Wohnzwecken enthält Abs. 2 eine **Sonderregelung der teilentgeltlichen Vermietung**. Mit dem **StVereinfG 2011**[7] hat der Gesetzgeber die Regelung neu gefasst. Seit dem VZ 2012[8] ist die Nutzungsüberlassung in einen entgeltlichen und einen unentgeltlichen Teil aufzuteilen, wenn das Entgelt für die Überlassung einer Wohnung zu Wohnzwecken weniger als 66 % der ortsüblichen Marktmiete beträgt. Außerdem gilt die Wohnungsvermietung als entgeltlich, wenn das Entgelt bei auf Dauer angelegter Wohnungsvermietung mindestens 66 % der ortsüblichen Miete beträgt. Bis einschließlich VZ 2011 war hingegen die Nutzungsüberlassung in einen entgeltlichen und in einen unentgeltlichen Teil aufzuteilen, wenn das Entgelt für das Überlassen einer Wohnung zu Wohnzwecken weniger als 56 % der ortsüblichen Marktmiete betrug.

76 Die typisierende Vorschrift soll nach dem Willen des Gesetzgebers der **Steuervereinfachung** dienen.[9] Daher ist für die Aufteilung nicht Voraussetzung, dass die verbilligte Überlassung auf privaten Gründen beruht oder der Vermieter bewusst und gewollt auf eine angemessene Miete verzichtet. Die Aufteilung ist bei einer Vermietung unterhalb der 66 %-Grenze selbst dann vorzunehmen, wenn die Wohnung einem fremden Dritten überlassen wird und der StPfl. aus vertraglichen oder tatsächlichen Gründen gehindert ist, das

1 BMF v. 17.7.2007, BStBl. I 2007, 542 (546).
2 Ausf. das **Anwendungsschreiben** des BMF **zu § 15b** v. 17.7.2007, BStBl. I 2007, 542.
3 BT-Drucks. 16/107, 7.
4 BT-Drucks. 16/107, 7.
5 BT-Drucks. 16/254, 6.
6 BT-Drucks. 16/254, 6.
7 BGBl. I 2011, 2131.
8 Vgl. zur Geltung *Hilbertz*, DStR 2011, 2282.
9 Vgl. BR-Drucks. 54/11, 51; zur früheren Rechtslage schon: BT-Drucks. 10/3633, 16, 20, 23.

vereinbarte Entgelt zu erhöhen.[1] Im Hinblick auf die Entstehung der Regelung setzt der Begriff der **Wohnung** eine Zusammenfassung v. Räumen voraus, die das Führen eines selbständigen Haushaltes ermöglicht; eine Abgeschlossenheit ist nicht erforderlich.[2] Als **systemwidrige Sonderregelung**[3] ist Abs. 2 einschr. auszulegen und daher nicht auf die Überlassung einzelner Räume oder im gewerblichen Bereich[4] anwendbar. Auch in außergewöhnlichen Fällen ist die Einkünfteerzielung zu prüfen. Ein solcher Fall liegt zB vor, wenn bei einer Wohnung in einem aufwendig gestalteten oder ausgestatteten Wohngebäude die am Wohnungsmarkt erzielbare Miete den besonderen Wohnwert offensichtlich nicht angemessen widerspiegelt.[5] Allein die historische Bausubstanz eines denkmalgeschützten Wohngebäudes schließt es aber nicht aus, die allg. Grundsätze anzuwenden.[6]

77 Die **ortsübliche Miete** ist nach der Lage in einem bestimmten Stadtteil, Größe und vergleichbarer Wohnung zu ermitteln. Hierbei kann auf einen Mietspiegel oder auf ein Sachverständigengutachten zurückgegriffen werden.[7] Bei einem Mietspiegel ist jeder der Mietwerte als ortüblich anzusehen, den der Mietspiegel im Rahmen einer Spanne zw. mehreren Mietwerten für vergleichbare Wohnungen ausweist.[8] Bezieht sich ein Mietspiegel nicht auf **möbliert oder teilmöbliert vermietete Wohnungen**, ist für die Möblierung iRd. Ermittlung der ortsüblichen Marktmiete ein Zuschlag zu berücksichtigen, soweit sich auf dem örtlichen Mietmarkt für möblierte Wohnungen hierfür ein Zuschlag ermitteln lässt.[9] Ein Mietspiegel dürfte dann nicht maßgeblich sein, wenn sich zB durch einen erheblichen Bevölkerungsrückgang eine entspr. Miete nicht mehr erzielen lässt.[10] Unter ortsüblicher Miete für Wohnungen vergleichbarer Art, Lage und Ausstattung ist die ortsübliche Bruttomiete – dh. die **Kaltmiete zzgl. der nach der II. BV umlagefähigen Kosten** – zu verstehen.[11] Begehrt der StPfl. den WK-Abzug in vollem Umfang, trägt er die Feststellungslast, dass mindestens 66 % der Marktmiete vereinbart sind. Abs. 2 setzt voraus, dass eine Wohnung zu Wohnzwecken überlassen wird. Vor dem Hintergrund der teilweise rasant steigenden Mietpreis- und Betriebskostenentwicklung bedürfen die Mietverhältnisse zw. nahen Angehörigen der regelmäßigen Überprüfung.[12]

78 **I. Rechtslage bis VZ 2011.** Bis zum VZ 2011 ordnete die Vorschrift an, dass in den Fällen, in denen das Entgelt für die Überlassung einer Wohnung weniger als 56 % der ortsüblichen Miete beträgt, die Nutzungsüberlassung in einen entgeltlichen und einen unentgeltlichen Teil aufzuteilen war. Bis einschl. VZ 2003 galt die Sonderregelung in den Fällen, in denen das Entgelt weniger als 50 % der ortsüblichen Miete betrug. Der Prozentsatz wurde durch das HBeglG 2004 heraufgesetzt,[13] um einen Beitrag zum Subventionsabbau zu leisten.

79 Nur für den Fall, dass die Miete weniger als 56 % der orstüblichen Marktmiete betrug, regelte das G bis VZ 2011 positiv die Aufteilung der Vermietungstätigkeit in einen entgeltlichen und unentgeltlichen Teil. Für den Fall der **verbilligten Vermietung oberhalb der gesetzlichen 56 %-Grenze** hat der BFH für die **VZ bis einschließlich 2011** die Anwendung des Abs. 2 konkretisiert.[14] Bei einer langfristigen Vermietung wird die Einkünfteerzielungsabsicht unterstellt, solange der Mietzins nicht weniger als **75 %** der ortsüblichen Marktmiete beträgt (vgl. insoweit Rn. 12).[15] Die WK sind in diesen VZ dann in vollem Umfang abziehbar.[16] Mit

1 BFH v. 28.1.1997 – IX R 88/94, BStBl. II 1997, 605; krit.: *Kohlhaas*, DStR 1998, 1039.
2 BFH v. 3.2.1998 – IX R 51/96, BFH/NV 1998, 848.
3 Für eine Abschaffung *K/S/M*, § 21 Rn. A 44.
4 BFH v. 14.1.1998 – X R 57/93, BFHE 185, 230; OFD Rheinland v. 18.12.2009, DStR 2010, 651.
5 BFH v. 6.10.2004 – IX R 30/03, BStBl. II 2005, 386; ob ein Gebäude besonders gestaltet oder ausgestattet ist, richtet sich nach denselben Kriterien, die für den Ansatz der Kostenmiete bei selbstgenutztem Wohnraum entwickelt worden sind (zB BFH v. 22.10.1993 – IX R 35/92, BStBl. II 1995, 98); zust. *Credo*, BB 2005, 1819; vgl. auch OFD München und Nürnb. v. 11.7.2005, DStR 2005, 1645, OFD Düss. und Münster v. 18.8.2005, DB 2005, 1879 und OFD Ffm. v. 17.11.1005, DStZ 2006, 94 zur Prüfungsreihenfolge in diesen Fällen.
6 BFH v. 19.4.2005 – IX R 10/04, BStBl. II 2005, 692.
7 BFH v. 25.11.1997 – IX R 8/95, BFH/NV 1998, 832; *Krauß*, DStZ 2017, 476; zur Ermittlung der ortsüblichen Miete in **Berlin:** Senatsverwaltung für Finanzen v. 24.1.2012 – III B - S 2253 - 1/2012-2, EStG-Kartei BE § 21 EStG F. 2 Nr. 1005.
8 BFH v. 11.9.2007 – IX B 4/07, BFH/NV 2007, 2291.
9 BFH v. 6.2.2018 – IX R 14/17, BStBl. II 2018, 522; dazu *Beck*, Grundeigentum 2018, 864.
10 Vgl. auch *Heuermann*, DB 2003, 112 (113).
11 BFH v. 10.5.2016 – IX R 44/15, BStBl. II 2016, 835; v. 25.7.2000 – IX R 6/97, BFH/NV 2001, 305; v. 14.12.1999 – IX R 69/98, BStBl. II 2000, 197.
12 *Krauß*, DStZ 2017, 476.
13 HBeglG 2004, BGBl. I 2004, 3076 (3082).
14 Grundlegend: BFH v. 5.11.2002 – IX R 48/01, BStBl. II 2003, 646; dazu *Heuermann*, DB 2003, 112; krit. *Müller*, Einnahmeverzicht im Einkommensteuerrecht, 2009, 163 ff.
15 Aufgabe der Rspr. des BFH in BFH v. 15.12.1992 – IX R 13/90, BStBl. II 1993, 490 und v. 27.7.1999 – IX R 64/96, BStBl. II 1999, 826.
16 BFH v. 2.5.2014 – IX B 154/13, BFH/NV 2014, 1363.

dieser Toleranzgrenze wird dem Umstand Rechnung getragen, dass der Vermieter aus durchaus wirtschaftlichen Gründen v. der Marktmiete abweicht oder die Miete nicht erhöht. Beträgt der Mietzins in den VZ bis 2011 56 % und mehr, jedoch **weniger als 75 %** der ortsüblichen Marktmiete, so ist das in der verbilligten Vermietung liegende nicht marktgerechte Verhalten des StPfl. für die Prüfung seiner Einkünfteerzielungsabsicht unerheblich.[1] Ist die **Überschussprognose positiv**, sind die mit der verbilligten Vermietung zusammenhängenden WK in voller Höhe abziehbar. Ist die **Überschussprognose negativ**, dann ist die Vermietungstätigkeit in einen entgeltlichen und einen unentgeltlichen Teil aufzuteilen; die anteilig auf den entgeltlichen Teil entfallenden WK sind abziehbar.[2] Kommt es bei negativer Überschussprognose zu einer Aufteilung der Vermietung in einen entgeltlichen und in einen unentgeltlichen Teil so ist die Vermietungstätigkeit **bei nahen Angehörigen nicht zusätzlich einem Fremdvergleich** zu unterziehen.[3] In den Fällen einer negativen Ertragsprognose und einer Miete zw. 56 % und 75 % der Marktmiete vermeidet der BFH in den VZ bis einschließlich 2011 durch diese teleologische Reduktion, dass wegen fehlender Einkünfteerzielungsabsicht überhaupt keine WK anzuerkennen wären, der Gesetzgeber für den Fall einer noch niedrigeren Miete aber ausdrücklich eine Teilentgeltlichkeit normiert hat.[4] Mit dieser Rspr, der sich inzwischen die FinVerw. angeschlossen hat,[5] löste er zahlreiche der gegen Abs. 2 erhobenen[6] verfassungsrechtl. Bedenken.

80 Diese Grundsätze führten zu einer **dreistufigen Prüfung für die VZ bis einschließlich 2011:** Bei einer Miete von mindestens 75 % der ortsüblichen Marktmiete, ist das Rechtsverhältnis als voll entgeltlich anzusehen mit der Konsequenz des vollen Werbungskostenabzugs. Beträgt die Miete zwischen 56 % und 74 %, ist die Einkünfteerzielungsabsicht wegen der gegen ihr Vorliegen sprechenden verbilligten Vermietung zu prüfen. Bei positiver Überschussprognose werden die WK voll anerkannt, bei negativer Ertragsprognose ist die Vermietertätigkeit in einen entgeltlichen und in einem unentgeltlichen Teil aufzuteilen; WK werden nur entsprechend des entgeltlichen Teils anerkannt. Beträgt die Miete weniger als 56 % der ortsüblichen Marktmiete, so galt § 21 Abs. 2 aF mit seiner Aufteilung.

80a **II. Rechtslage ab VZ 2012.** Durch das StVereinfG hat der Gesetzgeber wesentlich zur Steuervereinfachung beigetragen, indem nunmehr nur noch zwei unterschiedliche Fallkonstellationen zu beurteilen sind.[7] Indem das neue Gesetz die maßgebende Grenze von 56 % auf 66 % heraufsetzt, ist die Nutzungsüberlassung in einen entgeltlichen und einen unentgeltlichen Teil aufzuteilen, wenn das Entgelt für die Überlassung einer Wohnung zu Wohnzwecken weniger als 66 % (also bis einschließlich 65 %) der ortsüblichen Marktmiete beträgt. Werbungskosten sind in Höhe des entgeltlichen Teils abziehbar. Oberhalb von 65 % (also mindestens 66 % und mehr) der ortsüblichen Marktmiete bestimmt das Gesetz nunmehr in § 21 Abs. 2 S. 2 ausdrücklich typisierend[8], dass ein vollentgeltliches Geschäft anzunehmen ist.[9] Die Vermietungstätigkeit ist in vollem Umfang steuerbar und der Steuerpflichtige kann seine Werbungskosten voll absetzen. Damit gibt es ab VZ 2012 nur noch zwei Möglichkeiten: entweder wird die Vermietungstätigkeit bei einer Miete von weniger als 66 % der ortsüblichen Marktmiete aufgeteilt oder sie wird in vollem Umfang der Besteuerung zugrunde gelegt. Einer aufwendigen Prüfung der Einkünfteerzielungsabsicht bedarf es nicht mehr.

H. Verhältnis der Einkunftsarten zueinander (Abs. 3)

81 Erfüllt ein Sachverhalt nicht nur die Voraussetzung des Abs. 1, sondern auch den Tatbestand einer anderen Einkunftsart, ordnet Abs. 3 die **Subsidiarität der Einkunftsart VuV** an.[10] § 21 Abs. 3 kollidiert mit § 20 Abs. 3 und § 22 Nr. 1 S. 1, die ebenfalls eine Subsidiarität der Einkünfte aus KapVerm. und aus wiederkehrenden Bezügen anordnen.[11] Weil § 20 Abs. 3 und § 22 Nr. 1 S. 1 ausdrücklich die Nachrangig-

1 BFH v. 22.7.2003 – IX R 59/02, BStBl. II 2003, 806; krit. *Sauren*, DStR 2004, 943; **aA** *Müller*, Einnahmeverzicht im Einkommensteuerrecht, 2009, 171 f.; *Stein*, DStZ 2011, 80.
2 Vgl. auch BFH v. 5.11.2002 – IX R 32/02, BFH/NV 2003, 599; v. 5.11.2002 – IX R 40/99, BFH/NV 2003, 316.
3 BFH v. 22.7.20203 – IX R 59/02, BStBl. II 2003, 806; v. 24.8.2004 – IX R 28/03, BFH/NV 2005, 50; krit. *Credo*, DStZ 2005, 295 (299).
4 Zur Begr. s. *Heuermann*, DB 2003, 112.
5 BMF v. 8.10.2004, BStBl. I 2004, 933 ab VZ 2004; *Sauren*, hält die Rspr. des BFH und den Erlass des BMF für gesetzwidrig: DStR 2004, 943.
6 *K/S/M*, § 21 Rn. C 6 hält die Vorschrift für verfassungswidrig; vgl. auch *Paus*, DStZ 1987, 88.
7 *Heuermann*, DStR 2011, 2082; kritisch: *Reimer*, FR 2011, 929 (934).
8 Zur verfassungsrechtlichen Bewertung: *Heuermann*, DStR 2011, 2082.
9 Vgl. BT-Drucks. 17/5125, 38.
10 Der Verweis auf Abs. 2 hätte nach Aufhebung v. § 21 Abs. 1 S. 1 durch das StBereinG 1999 v. 22.12.1999, BGBl. I, 2601 = BStBl. I 2000, 13 gestrichen werden müssen; so auch *K/S/M*, § 21 Rn. D 2.
11 *K/S/M*, § 21 Rn. D 2.

keit ggü. den Einkünften aus VuV anordnen, geht die Einkunftsart des § 21 der der §§ 20 und 22 vor.[1] § 21 Abs. 3 regelt die Zuordnung der Einkünfte dem Grunde und nicht nur der Höhe nach. Die betragsmäßige Ermittlung der Einkünfte folgt den Grundsätzen für die Einkunftsart, der die Vermietungseinkünfte zuzuordnen sind. § 21 Abs. 2 ist daher auf Gewinneinkünfte weder unmittelbar noch entspr. anwendbar.[2]

Abs. 3 regelt nicht, ob eine andere Einkunftsart tatbestandlich erfüllt ist. Bei den Gewinneinkünften setzt dies idR voraus, dass die vermieteten oder verpachteten WG Teile eines BV sind. In der Landwirtschaft gehören Bodenschätze, deren Gewinnung gegen Entgelt Dritten überlassen wird, zum PV, so dass das Entgelt idR zu den Einkünften aus VuV gehört[3] (§ 13 Rn. 67). Ein StPfl., der als nicht aktiver Landwirt einen verpachteten land- und forstwirtschaftlichen Betrieb erwirbt, erzielt keine Einkünfte aus LuF sondern aus VuV.[4] Wird ein Grundstück dem BV zugeordnet, werden stets Einkünfte aus GewBetr. erzielt. In den Fällen der BetrAufsp. werden die Vermietungseinkünfte zu gewerblichen Einkünften (§ 15 Rn. 98).[5] IÜ kommt es darauf an, ob durch die Vermietung oder Verpachtung der Rahmen privater Vermögensverwaltung überschritten wird (ausf. § 15 Rn. 70 ff.). Dies ist insbes. der Fall, wenn Zusatzleistungen oder Verwaltungsaufwand die bloße Nutzungsüberlassung in den Hintergrund treten lassen (zB Hotels, Pensionen, Seniorenheime, Asylantenwohnheime, Ferienwohnanlagen)[6]. Auch die **Flüchtlingsunterbringung** in Form des Betreiber- oder Beherbergungsmodells kann zur Qualifikation gewerblicher Einkünfte führen.[7] Allein die Tatsache, dass ein Vermieter die für ein Einkaufszentrum üblichen Infrastruktureinrichtungen bereitstellt oder werbe- und verkaufsfördernde Maßnahmen für das Gesamtobjekt durchführt, führt jedoch nicht zu gewerblichen Einkünften.[8] Die sog. Abfärbetheorie nach § 15 Abs. 3 Nr. 1 findet auf Einkünfte eines anderen G'ters einer GbR mit freiberuflichen Einkünften und Einkünften aus VuV keine Anwendung, wenn nur ein G'ter gewerbliche Einkünfte erzielt.[9] Zum **gewerblichen Grundstückshandel** s. § 15 Rn. 118. 82

Besondere Schwierigkeiten ergeben sich im Verhältnis zu § 20 daraus, dass der BFH **Zinseinnahmen** den Einkünften aus VuV bereits dann zuordnet, wenn die Einnahmen mit einer Nutzungsüberlassung in wirtschaftlichem Zusammenhang stehen. Verzugszinsen auf rückständige Mieten und Guthabenzinsen aus Bausparverträgen,[10] wenn sie in engem Zusammenhang mit dem Erwerb oder Umbau eines Gebäudes stehen, zählen daher nach dem BFH zu den Einnahmen aus VuV (§ 20 Rn. 183). Auch Vermittlungsprovisionen für eine Lebensversicherung, die zum Zwecke der Sicherung und Tilgung der v. dem Immobilienfonds zur Finanzierung einer Wohnanlage aufgenommenen Baudarlehen dient, zählen danach nicht zu den sonstigen Einkünfte gem. § 22 Nr. 3, sondern zu den Einkünften aus VuV.[11] Richtiger wäre es, darauf abzustellen, ob die gezahlten Zinsen **Entgelt für eine Nutzungsüberlassung** iSd. § 21 sind. Nur dann ist Abs. 3 einschlägig und eine Besteuerung als Einnahmen aus VuV gerechtfertigt.[12] Deshalb ist es zutr., **Einkünfte und Verluste aus Devisenoptionsgeschäften** nicht den Einkünften aus VuV zuzuordnen, selbst wenn die Mittel, mit denen die Geschäfte getätigt wurden, zur Gänze aus Vermietungseinnahmen stammten oder grds. dazu bestimmt waren, die mit den Vermietungseinkünften zusammenhängenden lfd. Kosten zu decken sowie die Anschaffung weiterer Vermietungsobjekte zu ermöglichen.[13] 83

§ 21 Abs. 3 findet grds. auch auf Einkünfte aus nichtselbständiger Arbeit (§ 19) Anwendung. In diesem Zusammenhang spielen **Mietverhältnisse zw. ArbG und ArbN** über Arbeitszimmer oder Garagen eine 84

1 *H/H/R*, § 21 Anm. 256.
2 BFH v. 29.4.1999 – IV R 49/97, BStBl. II 1999, 652; **aA** *Felsmann*, Einkommensbesteuerung der Land- und Forstwirte, Anm. B 431b f.; *Puhl*, DStR 1986, 387 (392).
3 BFH v. 15.3.1994 – IX R 45/91, BStBl. II 1994, 840; v. 16.10.1997 – IV R 5/97, BStBl. II 1998, 185.
4 BFH v. 29.3.2001 – IV R 88/99, BFHE 195, 267 = DB 2001, 1394.
5 Zu den dogmatischen Fragen *Kudert/Mroz*, StuW 2016, 146, die von derivativ gewerblichen Einkünften der Besitzges. ausgehen; zur fehlenden sachlichen und personellen Verflechtung bei einem Erbbaurecht: BFH v. 24.9. 2015 – IV R 9/13, BStBl. II 2016, 154.
6 Zu Serviced Apartments und Student Housings *Rybarz*, ZfIR 2017, 797.
7 Ausf. *Ruhlmann*, ZfIR 2016, 689.
8 BFH v. 14.7.2016 – IV R 34/13, BStBl. II 2017, 175; *Eisolt/Möllendorff*, DStR 2017, 483.
9 FG Düss. v. 7.7.2005 – 11 K 3457/02 G, F, EFG 2005, 1858.
10 BFH v. 9.11.1982 – VIII R 188/79, BStBl. II 1983, 172; v. 9.11.1982 – VIII R 198/81, BStBl. II 1983, 297. Kein Abzug v. Schuldzinsen zur Finanzierung v. Bausparbeiträgen, wenn der StPfl. nicht den endg. Entschluss gefasst hat, Einkünfte aus VuV zu erzielen (BFH v. 29.10.2002 – VIII B 125/01, BFH/NV 2003, 314).
11 FG Münster v. 18.9.2000 – 4 K 6019/99 F, EFG 2001, 192.
12 Kritisch auch: *K/S/M*, § 21 Rn. D 11 ff.
13 BFH v. 18.9.2007 – IX R 42/05, BStBl. II 2008, 26; v. 18.9.2007 – IX R 43/05, BFH/NV 2008, 40.

Rolle.[1] Erzielt der ArbN neben seinem Arbverh. auch Einkünfte aus VuV, dann sind diese jedoch nur dann den Einkünften aus § 19 zuzuordnen, wenn sie zu diesen Einkünften gehören. Voraussetzung hierfür ist, dass die Mietzahlung des ArbG im weitesten Sinne eine Gegenleistung für das Zurverfügungstellen der individuellen Arbeitskraft ist. Hingegen handelt es sich um Einkünfte aus VuV, wenn das Mietverhältnis unabhängig neben dem Arbverh. besteht. Dies ist zB der Fall, wenn der ArbG einen Raum als Außendienst-Mitarbeiterbüro v. seinem ArbN anmietet, der ArbG gleichlautende Mietverträge auch mit fremden Dritten abschließt und der Raum im eigenbetrieblichen Interesse des ArbG angemietet wird, zB weil der ArbN über keinen eigenen Arbeitsplatz im Betrieb des ArbG verfügt.[2] Für die Unterscheidung zw. Arbeitslohn und Einkünften aus VuV ist entscheidend, in **wessen vorrangigem Interesse** das Büro genutzt wird.[3] Die FinVerw. legt einen (möglicherweise zu) strengen Maßstab an und stellt ua. darauf ab, ob der ArbN im Unternehmen über kein geeignetes Arbeitszimmer verfügt und ob der ArbG vergeblich versucht hat, entspr. Räumlichkeiten v. einem Dritten zu mieten, oder wenn der ArbG für andere ArbN Büroräume v. fremden Dritten angemietet hat.[4] Vermietet der ArbN seinem ArbG einen Raum, der als dessen Büro zu qualifizieren ist und in dem der ArbN seine Arbeitsleistung erbringt, so handelt es sich nicht um ein häusliches Arbeitszimmer iSd. § 4 Abs. 5 S. 1 Nr. 6b. Die Abzugsbeschränkung dieser Vorschrift greift deshalb nicht ein.[5] In einer Wohnungsanmietung vom AN-Ehegatten kann jedoch eine Umgehung der Regelung zum häuslichen Arbeitszimmer liegen.[6]

g) Sonstige Einkünfte (§ 2 Absatz 1 Satz 1 Nummer 7)

§ 22 Arten der sonstigen Einkünfte

Sonstige Einkünfte sind

1. **Einkünfte aus wiederkehrenden Bezügen, soweit sie nicht zu den in § 2 Absatz 1 Nummer 1 bis 6 bezeichneten Einkunftsarten gehören; § 15b ist sinngemäß anzuwenden. ²Werden die Bezüge freiwillig oder auf Grund einer freiwillig begründeten Rechtspflicht oder einer gesetzlich unterhaltsberechtigten Person gewährt, so sind sie nicht dem Empfänger zuzurechnen; dem Empfänger sind dagegen zuzurechnen**
   a) **Bezüge, die von einer Körperschaft, Personenvereinigung oder Vermögensmasse außerhalb der Erfüllung steuerbegünstigter Zwecke im Sinne der §§ 52 bis 54 der Abgabenordnung gewährt werden, und**
   b) **Bezüge im Sinne des § 1 der Verordnung über die Steuerbegünstigung von Stiftungen, die an die Stelle von Familienfideikommissen getreten sind, in der im Bundesgesetzblatt Teil III, Gliederungsnummer 611-4-3, veröffentlichten bereinigten Fassung.**

   ³Zu den in Satz 1 bezeichneten Einkünften gehören auch
   a) **Leibrenten und andere Leistungen,**
      aa) **die aus den gesetzlichen Rentenversicherungen, der landwirtschaftlichen Alterskasse, den berufsständischen Versorgungseinrichtungen und aus Rentenversicherungen im Sinne des § 10 Absatz 1 Nummer 2 Buchstabe b erbracht werden, soweit sie jeweils der Besteuerung unterliegen. ²Bemessungsgrundlage für den der Besteuerung unterliegenden Anteil ist der Jahresbetrag der Rente. ³Der der Besteuerung unterliegende Anteil ist nach dem Jahr des Rentenbeginns und dem in diesem Jahr maßgebenden Prozentsatz aus der nachstehenden Tabelle zu entnehmen:**

---

1 Dazu *Seifert*, Inf. 2002, 388; *Bleschick*, EStB 2018, 372.
2 BFH v. 19.10.2001 – VI R 131/00, BStBl. II 2002, 300; vgl. dazu auch *Pust*, HFR 2002, 114.
3 BFH v. 16.9.2004 – VI R 25/02, BStBl. II 2006, 10; v. 11.1.2005 – IX R 72/01, BFH/NV 2005, 882; v. 9.6.2005 – IX R 4/05, BFH/NV 2005, 2180; v. 19.12.2005 – VI R 82/04, BFH/NV 2006, 1076; v. 8.3.2006 – IX R 76/01, BFH/NV 2006, 1810; zur Frage, ob die Kosten einer behindertengerechten, gehobenen Badrenovierung in einer an den ArbG vermieteten Wohnung als WK berücksichtigt werden können: FG Köln v. 3.8.2016 – 5 K 2515/14, EFG 2017, 831.
4 BMF v. 13.12.2005, BStBl. I 2006, 4f.
5 BFH v. 20.3.2003 – VI R 147/00, BStBl. II 2003, 519; zur Prüfung der Einkünfteerzielungsabsicht in diesen Fällen: BFH v. 17.4.2018 – IX R 9/17, FR 2018, 1004.
6 FG Münster v. 5.6.2003 – 8 K 5960-5961/01 E, EFG 2003, 1374.

Jahr des Renten-beginns	Besteue-rungsanteil in %	Jahr des Renten-beginns	Besteue-rungsanteil in %	Jahr des Renten-beginns	Besteue-rungsanteil in %
bis 2005	50	2017	74	2029	89
ab 2006	52	2018	76	2030	90
2007	54	2019	78	2031	91
2008	56	2020	80	2032	92
2009	58	2021	81	2033	93
2010	60	2022	82	2034	94
2011	62	2023	83	2035	95
2012	64	2024	84	2036	96
2013	66	2025	85	2037	97
2014	68	2026	86	2038	98
2015	70	2027	87	2039	99
2016	72	2028	88	2040	100

[4]Der Unterschiedsbetrag zwischen dem Jahresbetrag der Rente und dem der Besteuerung unterliegenden Anteil der Rente ist der steuerfreie Teil der Rente. [5]Dieser gilt ab dem Jahr, das dem Jahr des Rentenbeginns folgt, für die gesamte Laufzeit des Rentenbezugs. [6]Abweichend hiervon ist der steuerfreie Teil der Rente bei einer Veränderung des Jahresbetrags der Rente in dem Verhältnis anzupassen, in dem der veränderte Jahresbetrag der Rente zum Jahresbetrag der Rente steht, der der Ermittlung des steuerfreien Teils der Rente zugrunde liegt. [7]Regelmäßige Anpassungen des Jahresbetrags der Rente führen nicht zu einer Neuberechnung und bleiben bei einer Neuberechnung außer Betracht. [8]Folgen nach dem 31. Dezember 2004 Renten aus derselben Versicherung einander nach, gilt für die spätere Rente Satz 3 mit der Maßgabe, dass sich der Prozentsatz nach dem Jahr richtet, das sich ergibt, wenn die Laufzeit der vorhergehenden Renten von dem Jahr des Beginns der späteren Rente abgezogen wird; der Prozentsatz kann jedoch nicht niedriger bemessen werden als der für das Jahr 2005;

bb) die nicht solche im Sinne des Doppelbuchstaben aa sind und bei denen in den einzelnen Bezügen Einkünfte aus Erträgen des Rentenrechts enthalten sind. [2]Dies gilt auf Antrag auch für Leibrenten und andere Leistungen, soweit diese auf bis zum 31. Dezember 2004 geleisteten Beiträgen beruhen, welche oberhalb des Betrags des Höchstbeitrags zur gesetzlichen Rentenversicherung gezahlt wurden; der Steuerpflichtige muss nachweisen, dass der Betrag des Höchstbeitrags mindestens zehn Jahre überschritten wurde; soweit hiervon im Versorgungsausgleich übertragene Rentenanwartschaften betroffen sind, gilt § 4 Absatz 1 und 2 des Versorgungsausgleichsgesetzes entsprechend. [3]Als Ertrag des Rentenrechts gilt für die gesamte Dauer des Rentenbezugs der Unterschiedsbetrag zwischen dem Jahresbetrag der Rente und dem Betrag, der sich bei gleichmäßiger Verteilung des Kapitalwertsder Rente auf ihre voraussichtliche Laufzeit ergibt; dabei ist der Kapitalwert nach dieser Laufzeit zu berechnen. [4]Der Ertrag des Rentenrechts (Ertragsanteil) ist aus der nachstehenden Tabelle zu entnehmen:

Bei Beginn der Rente vollendetes Lebensjahr des Rentenberechtig-ten	Ertrags-anteil in %	Bei Beginn der Rente vollendetes Lebensjahr des Rentenberechtig-ten	Ertrags-anteil in %	Bei Beginn der Rente vollendetes Lebensjahr des Rentenberechtig-ten	Ertrags-anteil in %
0 bis 1	59	38	39	64	19
2 bis 3	58	39 bis 40	38	65 bis 66	18

Bei Beginn der Rente vollendetes Lebensjahr des Rentenberechtigten	Ertragsanteil in %	Bei Beginn der Rente vollendetes Lebensjahr des Rentenberechtigten	Ertragsanteil in %	Bei Beginn der Rente vollendetes Lebensjahr des Rentenberechtigten	Ertragsanteil in %
4 bis 5	57	41	37	67	17
6 bis 8	56	42	36	68	16
9 bis 10	55	43 bis 44	35	69 bis 70	15
11 bis 12	54	45	34	71	14
13 bis 14	53	46 bis 47	33	72 bis 73	13
15 bis 16	52	48	32	74	12
17 bis 18	51	49	31	75	11
19 bis 20	50	50	30	76 bis 77	10
21 bis 22	49	51 bis 52	29	78 bis 79	9
23 bis 24	48	53	28	80	8
25 bis 26	47	54	27	81 bis 82	7
27	46	55 bis 56	26	83 bis 84	6
28 bis 29	45	57	25	85 bis 87	5
30 bis 31	44	58	24	88 bis 91	4
32	43	59	23	92 bis 93	3
33 bis 34	42	60 bis 61	22	94 bis 96	2
35	41	62	21	ab 97	1
36 bis 37	40	63	20		

[5]Die Ermittlung des Ertrags aus Leibrenten, die vor dem 1. Januar 1955 zu laufen begonnen haben, und aus Renten, deren Dauer von der Lebenszeit mehrerer Personen oder einer anderen Person als des Rentenberechtigten abhängt, sowie aus Leibrenten, die auf eine bestimmte Zeit beschränkt sind, wird durch eine Rechtsverordnung bestimmt;

b) Einkünfte aus Zuschüssen und sonstigen Vorteilen, die als wiederkehrende Bezüge gewährt werden;

1a. Einkünfte aus Leistungen und Zahlungen nach § 10 Absatz 1a, soweit für diese die Voraussetzungen für den Sonderausgabenabzug beim Leistungs- oder Zahlungsverpflichteten nach § 10 Absatz 1a erfüllt sind;

2. Einkünfte aus privaten Veräußerungsgeschäften im Sinne des § 23;

3. Einkünfte aus Leistungen, soweit sie weder zu anderen Einkunftsarten (§ 2 Absatz 1 Satz 1 Nummer 1 bis 6) noch zu den Einkünften im Sinne der Nummern 1, 1a, 2 oder 4 gehören, z.B. Einkünfte aus gelegentlichen Vermittlungen und aus der Vermietung beweglicher Gegenstände. [2]Solche Einkünfte sind nicht einkommensteuerpflichtig, wenn sie weniger als 256 Euro im Kalenderjahr betragen haben. [3]Übersteigen die Werbungskosten die Einnahmen, so darf der übersteigende Betrag bei Ermittlung des Einkommens nicht ausgeglichen werden; er darf auch nicht nach § 10d abgezogen werden. [4]Die Verluste mindern jedoch nach Maßgabe des § 10d die Einkünfte, die der Steuerpflichtige in dem unmittelbar vorangegangenen Veranlagungszeitraum oder in den folgenden Veranlagungszeiträumen aus Leistungen im Sinne des Satzes 1 erzielt hat oder erzielt; § 10d Absatz 4 gilt entsprechend;

4. Entschädigungen, Amtszulagen, Zuschüsse zu Kranken- und Pflegeversicherungsbeiträgen, Übergangsgelder, Überbrückungsgelder, Sterbegelder, Versorgungsabfindungen, Versorgungs-

bezüge, die auf Grund des Abgeordnetengesetzes oder des Europaabgeordnetengesetzes, sowie vergleichbare Bezüge, die auf Grund der entsprechenden Gesetze der Länder gezahlt werden, und die Entschädigungen, das Übergangsgeld, das Ruhegehalt und die Hinterbliebenenversorgung, die auf Grund des Abgeordnetenstatuts des Europäischen Parlaments von der Europäischen Union gezahlt werden. [2]Werden zur Abgeltung des durch das Mandat veranlassten Aufwandes Aufwandsentschädigungen gezahlt, so dürfen die durch das Mandat veranlassten Aufwendungen nicht als Werbungskosten abgezogen werden. [3]Wahlkampfkosten zur Erlangung eines Mandats im Bundestag, im Europäischen Parlament oder im Parlament eines Landes dürfen nicht als Werbungskosten abgezogen werden. [4]Es gelten entsprechend

a) für Nachversicherungsbeiträge auf Grund gesetzlicher Verpflichtung nach den Abgeordnetengesetzen im Sinne des Satzes 1 und für Zuschüsse zu Kranken- und Pflegeversicherungsbeiträgen § 3 Nummer 62,

b) für Versorgungsbezüge § 19 Absatz 2 nur bezüglich des Versorgungsfreibetrags; beim Zusammentreffen mit Versorgungsbezügen im Sinne des § 19 Absatz 2 Satz 2 bleibt jedoch insgesamt höchstens ein Betrag in Höhe des Versorgungsfreibetrags nach § 19 Absatz 2 Satz 3 im Veranlagungszeitraum steuerfrei,

c) für das Übergangsgeld, das in einer Summe gezahlt wird, und für die Versorgungsabfindung § 34 Absatz 1,

d) für die Gemeinschaftssteuer, die auf die Entschädigungen, das Übergangsgeld, das Ruhegehalt und die Hinterbliebenenversorgung auf Grund des Abgeordnetenstatuts des Europäischen Parlaments von der Europäischen Union erhoben wird, § 34c Absatz 1; dabei sind die im ersten Halbsatz genannten Einkünfte für die entsprechende Anwendung des § 34c Absatz 1 wie ausländische Einkünfte und die Gemeinschaftssteuer wie eine der deutschen Einkommensteuer entsprechende ausländische Steuer zu behandeln;

5. Leistungen aus Altersvorsorgeverträgen, Pensionsfonds, Pensionskassen und Direktversicherungen. [2]Soweit die Leistungen nicht auf Beiträgen, auf die § 3 Nummer 63, 63a, § 10a, Abschnitt XI oder Abschnitt XII angewendet wurden, nicht auf Zulagen im Sinne des Abschnitts XI, nicht auf Zahlungen im Sinne des § 92a Absatz 2 Satz 4 Nummer 1 und des § 92a Absatz 3 Satz 9 Nummer 2, nicht auf steuerfreien Leistungen nach § 3 Nummer 66 und nicht auf Ansprüchen beruhen, die durch steuerfreie Zuwendungen nach § 3 Nummer 56 oder die durch die nach § 3 Nummer 55b Satz 1 oder § 3 Nummer 55c steuerfreie Leistung aus einem neu begründeten Anrecht erworben wurden,

   a) ist bei lebenslangen Renten sowie bei Berufsunfähigkeits-, Erwerbsminderungs- und Hinterbliebenenrenten Nummer 1 Satz 3 Buchstabe a entsprechend anzuwenden,

   b) ist bei Leistungen aus Versicherungsverträgen, Pensionsfonds, Pensionskassen und Direktversicherungen, die nicht solche nach Buchstabe a sind, § 20 Absatz 1 Nummer 6 in der jeweils für den Vertrag geltenden Fassung entsprechend anzuwenden,

   c) unterliegt bei anderen Leistungen der Unterschiedsbetrag zwischen der Leistung und der Summe der auf sie entrichteten Beiträge der Besteuerung; § 20 Absatz 1 Nummer 6 Satz 2 gilt entsprechend.

   [3]In den Fällen des § 93 Absatz 1 Satz 1 und 2 gilt das ausgezahlte geförderte Altersvorsorgevermögen nach Abzug der Zulagen im Sinne des Abschnitts XI als Leistung im Sinne des Satzes 2. [4]Als Leistung im Sinne des Satzes 1 gilt auch der Verminderungsbetrag nach § 92a Absatz 2 Satz 5 und der Auflösungsbetrag nach § 92a Absatz 3 Satz 5. [5]Der Auflösungsbetrag nach § 92a Absatz 2 Satz 6 wird zu 70 Prozent als Leistung nach Satz 1 erfasst. [6]Tritt nach dem Beginn der Auszahlungsphase zu Lebzeiten des Berechtigten der Fall des § 92a Absatz 3 Satz 1 ein, dann ist

   a) innerhalb eines Zeitraums bis zum zehnten Jahr nach dem Beginn der Auszahlungsphase das Eineinhalbfache,

   b) innerhalb eines Zeitraums zwischen dem zehnten und 20. Jahr nach dem Beginn der Auszahlungsphase das Einfache

   des nach Satz 5 noch nicht erfassten Auflösungsbetrags als Leistung nach Satz 1 zu erfassen; § 92a Absatz 3 Satz 9 gilt entsprechend mit der Maßgabe, dass als noch nicht zurückgeführter Betrag im Wohnförderkonto der noch nicht erfasste Auflösungsbetrag gilt. [7]Bei erstmaligem Bezug von Leistungen, in den Fällen des § 93 Absatz 1 sowie bei Änderung der im Kalenderjahr auszuzahlenden Leistung hat der Anbieter (§ 80) nach Ablauf des Kalenderjahres dem

Steuerpflichtigen nach amtlich vorgeschriebenem Muster den Betrag der im abgelaufenen Kalenderjahr zugeflossenen Leistungen im Sinne der Sätze 1 bis 3 je gesondert mitzuteilen. [8]Werden dem Steuerpflichtigen Abschluss- und Vertriebskosten eines Altersvorsorgevertrages erstattet, gilt der Erstattungsbetrag als Leistung im Sinne des Satzes 1. [9]In den Fällen des § 3 Nummer 55a richtet sich die Zuordnung zu Satz 1 oder Satz 2 bei der ausgleichsberechtigten Person danach, wie eine nur auf die Ehezeit bezogene Zuordnung der sich aus dem übertragenen Anrecht ergebenden Leistung zu Satz 1 oder Satz 2 bei der ausgleichspflichtigen Person im Zeitpunkt der Übertragung ohne die Teilung vorzunehmen gewesen wäre. [10]Dies gilt sinngemäß in den Fällen des § 3 Nummer 55 und 55e. [11]Wird eine Versorgungsverpflichtung nach § 3 Nummer 66 auf einen Pensionsfonds übertragen und hat der Steuerpflichtige bereits vor dieser Übertragung Leistungen auf Grund dieser Versorgungsverpflichtung erhalten, so sind insoweit auf die Leistungen aus dem Pensionsfonds im Sinne des Satzes 1 die Beträge nach § 9a Satz 1 Nummer 1 und § 19 Absatz 2 entsprechend anzuwenden; § 9a Satz 1 Nummer 3 ist nicht anzuwenden. [12]Wird auf Grund einer internen Teilung nach § 10 des Versorgungsausgleichsgesetzes oder einer externen Teilung nach § 14 des Versorgungsausgleichsgesetzes ein Anrecht zugunsten der ausgleichsberechtigten Person begründet, so gilt dieser Vertrag insoweit zu dem gleichen Zeitpunkt als abgeschlossen wie der Vertrag der ausgleichspflichtigen Person, wenn die aus dem Vertrag der ausgleichspflichtigen Person ausgezahlten Leistungen zu einer Besteuerung nach Satz 2 führen. [13]Für Leistungen aus Altersvorsorgeverträgen nach § 93 Absatz 3 ist § 34 Absatz 1 entsprechend anzuwenden. [14]Soweit Begünstigungen, die mit denen in Satz 2 vergleichbar sind, bei der deutschen Besteuerung gewährt wurden, gelten die darauf beruhenden Leistungen ebenfalls als Leistung nach Satz 1. [15]§ 20 Absatz 1 Nummer 6 Satz 9 in der ab dem 27. Juli 2016 geltenden Fassung ist anzuwenden, soweit keine Steuerbefreiung nach den §§ 8 bis 12 des Investmentsteuergesetzes erfolgt ist.

§ 55 EStDV

§ 55 Ermittlung des Ertrags aus Leibrenten in besonderen Fällen

(1) Der Ertrag des Rentenrechts ist in den folgenden Fällen auf Grund der in § 22 Nr. 1 Satz 3 Buchstabe a Doppelbuchstabe bb des Gesetzes aufgeführten Tabelle zu ermitteln:

1. *bei Leibrenten, die vor dem 1. Januar 1955 zu laufen begonnen haben. [2]Dabei ist das vor dem 1. Januar 1955 vollendete Lebensjahr des Rentenberechtigten maßgebend;*
2. *bei Leibrenten, deren Dauer von der Lebenszeit einer anderen Person als des Rentenberechtigten abhängt. [2]Dabei ist das bei Beginn der Rente, im Fall der Nummer 1 das vor dem 1. Januar 1955 vollendete Lebensjahr dieser Person maßgebend;*
3. *bei Leibrenten, deren Dauer von der Lebenszeit mehrerer Personen abhängt. [2]Dabei ist das bei Beginn der Rente, im Fall der Nummer 1 das vor dem 1. Januar 1955 vollendete Lebensjahr der ältesten Person maßgebend, wenn das Rentenrecht mit dem Tod des zuerst Sterbenden erlischt, und das Lebensjahr der jüngsten Person, wenn das Rentenrecht mit dem Tod des zuletzt Sterbenden erlischt.*

(2) [1]Der Ertrag der Leibrenten, die auf eine bestimmte Zeit beschränkt sind (abgekürzte Leibrenten), ist nach der Lebenserwartung unter Berücksichtigung der zeitlichen Begrenzung zu ermitteln. [2]Der Ertragsanteil ist aus der nachstehenden Tabelle zu entnehmen. [3]Absatz 1 ist entsprechend anzuwenden.

Beschränkung der Laufzeit der Rente auf … Jahre ab Beginn des Rentenbezugs (ab 1. Januar 1955, falls die Rente vor diesem Zeitpunkt zu laufen begonnen hat)	*Der Ertragsanteil beträgt vorbehaltlich der Spalte 3 … Prozent*	*Der Ertragsanteil ist der Tabelle in § 22 Nr. 1 Satz 3 Buchstabe a Doppelbuchstabe bb des Gesetzes zu entnehmen, wenn der Rentenberechtigte zu Beginn des Rentenbezugs (vor dem 1. Januar 1955, falls die Rente vor diesem Zeitpunkt zu laufen begonnen hat) das …te Lebensjahr vollendet hatte*
1	*2*	*3*
1	*0*	*entfällt*
2	*1*	*entfällt*
3	*2*	*97*
4	*4*	*92*
5	*5*	*88*
6	*7*	*83*
7	*8*	*81*
8	*9*	*80*
9	*10*	*78*
10	*12*	*75*

Beschränkung der Laufzeit der Rente auf … Jahre ab Beginn des Rentenbezugs (ab 1. Januar 1955, falls die Rente vor diesem Zeitpunkt zu laufen begonnen hat)	*Der Ertragsanteil beträgt vorbehaltlich der Spalte 3 … Prozent*	*Der Ertragsanteil ist der Tabelle in § 22 Nr. 1 Satz 3 Buchstabe a Doppelbuchstabe bb des Gesetzes zu entnehmen, wenn der Rentenberechtigte zu Beginn des Rentenbezugs (vor dem 1. Januar 1955, falls die Rente vor diesem Zeitpunkt zu laufen begonnen hat) das …te Lebensjahr vollendet hatte*
1	*2*	*3*
11	*13*	*74*
12	*14*	*72*
13	*15*	*71*
14–15	*16*	*69*
16–17	*18*	*67*
18	*19*	*65*
19	*20*	*64*
20	*21*	*63*
21	*22*	*62*
22	*23*	*60*
23	*24*	*59*
24	*25*	*58*
25	*26*	*57*
26	*27*	*55*
27	*28*	*54*
28	*29*	*53*
29–30	*30*	*51*
31	*31*	*50*
32	*32*	*49*
33	*33*	*48*
34	*34*	*46*
35–36	*35*	*45*
37	*36*	*43*
38	*37*	*42*
39	*38*	*41*
40–41	*39*	*39*
42	*40*	*38*
43–44	*41*	*36*
45	*42*	*35*
46–47	*43*	*33*
48	*44*	*32*
49–50	*45*	*30*
51–52	*46*	*28*
53	*47*	*27*
54–55	*48*	*25*
56–57	*49*	*23*
58–59	*50*	*21*
60–61	*51*	*19*
62–63	*52*	*17*
64–65	*53*	*15*
66–67	*54*	*13*
68–69	*55*	*11*
70–71	*56*	*9*
72–74	*57*	*6*
75–76	*58*	*4*
77–79	*59*	*2*
ab 80	*Der Ertragsanteil ist immer der Tabelle in § 22 Nr. 1 Satz 3 Buchstabe a Doppelbuchstabe bb des Gesetzes zu entnehmen.*	

Verwaltung: BMF v. 11.3.2010, BStBl. I 2010, 227 – Einkommensteuerrechtliche Behandlung v. wiederkehrenden Leistungen iZ mit einer Vermögensübertragung (Rz. 85 neu gefasst durch BMF v. 6.5.2016, BStBl. I 2016, 476); BMF v. 9.4.2010, BStBl. I 2010, 323 – Einkommensteuerrechtliche Behandlung v. Ausgleichszahlungen iRd. Versorgungsausgleichs nach § 10 Abs. 1 Nr. 1b EStG und § 22 Nr. 1c EStG; BMF v. 19.8.2013, BStBl. I 2013, 1087 – Einkommensteuerrechtliche Behandlung von Vorsorgeaufwendungen und Altersbezügen (Neufassung der Rz. 8 bis 44, 204 durch BMF v. 10.1.2014, BStBl. I 2014, 70; Einfügung der Rz. 171a durch BMF v. 10.4.2015, BStBl. I 2015, 256; Neufassung der Rz. 168 durch BMF v. 1.6.2015, BStBl. I 2015, 475; Teil A „Abzug von Vorsorgeaufwendungen – § 10“ aufgehoben durch BMF v. 24.5.2017,

BStBl. I 2017, 820); BMF v. 6.5.2016, BStBl. I 2016, 476 – Ablösung eines Nießbrauchsrechts; BMF v. 24.5. 2017, BStBl. I 2017, 820 – Einkommensteuerrechtliche Behandlung von Vorsorgeaufwendungen; BFM v. 6.12.2017, BStBl. I 2018, 147 – Stl. Förderung der bAV; BMF v. 21.12.2017, BStBl. I 2018, 93 – Stl. Förderung der privaten Altersvorsorge; OFD Karlsruhe v. 20.10.2014 – S 225.8/6 - St 122, juris – Ausgleichszahlungen zur Vermeidung des Versorgungsausgleichs; OFD Ffm. v. 27.1.2016 – S 2255 A - 37 - St 220, juris – Anwendung der Öffnungsklausel; LfSt RhPf. v. 25.9.2017 – S 2230 A - St 31 5/St 31 1, juris – Einkommensbesteuerung der Land- und Forstwirte für das Kj. 2015; OFD Ffm. v. 5.1.2018 – S 2230 A - 2 - St 216 – Altenteilsleistungen in der LuF sowie Leistungen aufgrund sog. Wirtschaftsüberlassungsverträge.

Literatur: *Christ*, Vermögensübertragung gegen Versorgungsleistungen – Rentenerlass IV, JbFfSt 2010/2011, 720; *Djajani/Krenzin/Zehetmair*, Vermögensübertragungen gegen wiederkehrende Leistungen als Möglichkeit zur Ausgestaltung der Unternehmensnachfolge, DStZ 2012, 389; *Engelberth*, Wiederkehrende Leistungen im Zusammenhang mit Vermögensübertragungen, NWB 2016, 1094; *Fischer*, Wiederkehrende Bezüge und Leistungen, 1994; *Fischer*, Einkommensteuerrechtliche Behandlung v. wiederkehrenden Leistungen iZ mit einer Vermögensübertragung (BMF-Schreiben v. 11.3.2010), jurisPR-SteuerR 19/2010 Anm. 1; *Förster*, Die Besteuerung der Altersrenten aufgrund des AltEinkG im Lichte der Rspr. des BVerfG, FS Endres, 2016, 125; *Förster*, Steuerliche Aspekte grenzüberschreitender Basisversorgung im Alter, IStR 2017, 461; *Kappler/Kappler*, Die vorweggenommene Erbfolge, 2017; *Krumm*, Die Übertragung v. unternehmerischen Einheiten gegen Versorgungsleistungen: Überschreitung gleichheitsrechtlicher Gestaltungsspielräume anlässlich einer legitimen gesetzlichen Neukonzeption, StuW 2011, 159; *Kulosa*, Verfassungsfragen der Rentenbesteuerung – bereits geklärte und noch offene Fragen, DStR 2018, 1413; *Musil*, Die Besteuerung der Renten mobiler Arbeitnehmer, FR 2014, 45; *Myßen*, Renten, Raten, Dauernde Lasten, 16. Aufl. 2017 (Online-Version); *M. Orth*, Nicht einkommensteuerpflichtige Leistungen einer Familienstiftung an ihre Destinatäre wegen Einlagenrückgewähr, DB 2017, 1410 (Teil 1), 1472 (Teil 2); *Plenker*, Steuerliche Neuregelungen bei der betrieblichen Altersversorgung durch das sog. Betriebsrentenstärkungsgesetz ab 1.1.2018, DB 2017, 1545; *Schustek*, Einkommensteuerliche Behandlung von Leistungen aus ausländischen Altersvorsorgeeinrichtungen am Beispiel von Schweizer Pensionskassen, DStR 2016, 447; *Urbach*, Vermögensübertragung gegen wiederkehrende Leistungen als Gestaltungsinstrument, KÖSDI 2017, 20373; *Weber-Grellet*, Rentenbesteuerung im Lichte der neueren BFH-Rechtsprechung, DStR 2012, 1253; *Weber-Grellet*, Besteuerung der Renteneinkünfte nach Alterseinkünftegesetz verfassungsgemäß, FR 2016, 85; *Wystrcil*, Die Besteuerung von Destinatärleistungen privatnütziger Stiftungen, 2014.

Literatur zum AltEinkG: *Dreher*, Das AltEinkG, Diss. Mainz 2006; *P. Fischer*, Altersvorsorge und Altersbezüge, DStJG 24 (2001), 463; *Förster*, Steuerliche Aspekte grenzüberschreitender Basisversorgung im Alter, IStR 2017, 461; *Harder-Buschner*, Steuerliche Förderung der betrieblichen Altersversorgung, NWB 2017, 2417; *Myßen*, Private Altersvorsorge – Soziale Absicherung contra selbstverantwortlicher Altersvorsorge, DStJG 29 (2006), 249; *Myßen/M. Fischer*, Das Eigenheim als Rente – der neue Wohn-Riester, NWB Fach 3, 15117; *Myßen*, Renten, Raten, Dauernde Lasten, 16. Aufl. 2017 (Online-Version); *Myßen/J. Müller*, Alterseinkünfte, geförderte Altersvorsorge, Versorgungsausgleich, NWB 2015, 905; s. ferner die Literaturnachweise zu § 10a.

Literatur zu § 22 Nr. 5: S. den Literaturnachweis vor § 10a.

A. Grundaussagen der Vorschrift

§ 22 normiert die 7. Einkunftsart. Die Vorschrift ist nachrangig („sonstige" Einkünfte; Nr. 1 S. 1: „soweit nicht …") ggü. allen anderen Einkunftsarten (s. aber § 22 Nr. 2 iVm. § 23 Abs. 2 S. 2),[1] zB der nachträglichen Entlohnung,[2] der betrieblichen Versorgungsrente und Veräußerungsrente (§ 16 Rn. 78 ff.; s. aber R 16 Abs. 11 S. 5 EStR bei Sofortversteuerung). Die beschränkte StPfl. ist in § 49 Abs. 1 Nr. 7–9 geregelt (ausf. § 49 Rn. 90 ff.);[3] das diesbezügliche Regelwerk ist verfassungsgemäß und konform mit dem EU-Recht. Die Behandlung der grenzüberschreitenden Altersversorgung ist in der Diskussion.[4] Der EuGH hat den Abzug v. SA iSd. § 10 Abs. 1 Nr. 1a auch bei beschränkt stpfl. Erbringern v. Versorgungsleistungen zugelassen,[5] mit der Folge der Steuerbarkeit beim Empfänger.[6] Grds. sind nur mit auf Totalüberschuss gerichteter Gewinn-/**Überschusserzielungsabsicht**[7] „erzielte"[8] – nach Abzug v. WK (§ 2 Abs. 2 Nr. 2, Rn. 64) einschl. AfA – nicht aber zugewendete Einkünfte steuerbar (§ 2 Rn. 56 ff.).[9] Zulässige Ausnahmen bestehen bei der privaten Versorgungsrente (Rn. 11 ff.), beim Realsplitting (Rn. 63; § 10 Rn. 8) und bei Einkünften aus Körperschaften (Rn. 10), wo die Besteuerung dem norminspirierenden Gedanken eines „**Transfers v. Einkünften**" auf einen Zuwendungs- oder Unterhaltsempfänger folgt. Die verfassungsgemäß typisierende Besteuerung v. Leibrenten mit ihrem Ertragsanteil (Nr. 1 S. 3 lit. a bb) beruht auf der Vorstellung ei- 1

1 BFH v. 18.1.2006 – IX R 20/05, BFH/NV 2006, 1079.

2 BFH v. 18.2.1986 – IX R 7/80, BFH/NV 1986, 654; v. 16.12.1998 – II R 38/97, FR 1999, 540 = BFH/NV 1999, 931 – Abgrenzung des Arbeitslohns v. Erwerb durch Vermächtnis.

3 BFH v. 13.11.2002 – I R 90/01, BStBl. II 2003, 249 = FR 2003, 469; v. 10.4.2013 – I R 22/12, BStBl. II 2013, 728 = FR 2013, 956; v. 20.12.2017 – I R 9/16, BStBl. II 2018, 439, Anm. *Lieber*, jurisPR-SteuerR 26/2018 Anm. 3 – Zahlung nach Kanada.

4 S. nur *Wünsche/Knörzer*, IStR 2013, 244; *Musil*, FR 2014, 45; *Förster*, IStR 2017, 461.

5 EuGH v. 31.3.2011 – Rs. C-450/09 – Schröder, DStR 2011, 664 = FR 2011, 532 m. Anm. *Fischer*; *Krumm*, IWB 2014, 13; *Beiser*, IStR 2014, 294.

6 BFH v. 17.4.2013 – X R 18/11, BStBl. II 2014, 15 = FR 2013, 1102; ausf. *Th. Stein*, DStR 2011, 1165. S. auch § 50 Rn. 6.

7 BFH v. 22.11.2006 – X R 15/05, BStBl. II 2007, 390 = FR 2007, 446; v. 7.11.2006 – VIII R 76/03, BFH/NV 2007, 668; v. 17.8.2005 – IX R 23/03, BStBl. II 2006, 248 = FR 2006, 191; v. 19.1.2010 – X R 2/07, BFH/NV 2010, 1251; zusammenfassend OFD NRW v. 2.1.2014 – S 2212 - 1002 - St 222, juris, betr. Rentenversicherungen und Lebensversicherungen gegen finanzierten Einmalbetrag.

8 BFH v. 14.9.1999 – IX R 88/95, BStBl. II 1999, 776 – zutr. verneint für Pflegeleistungen innerhalb der Familie; Anm. *Fischer*, FR 1999, 1381.

9 Zust. BFH v. 30.10.2001 – VIII R 29/00, BStBl. II 2006, 223 = FR 2002, 293.

nes verzinslichen (Absenkung des Zinsfußes ab 2005 v. 5,5 % auf 3 %, auch für Renten, deren Beginn vor dem 1.1.2004 lag, § 52 Abs. 1) Zuflusses/Rückflusses eigenen Vermögens in Abhängigkeit v. einer durchschnittlichen Lebensdauer (Allg. Deutsche Sterbetafel 1997/99). Die fragwürdige Absenkung des Zinsfußes begründet der RegEntw. eines AltEinkG[1] mit dem Hinweis darauf, dass der Diskontierungsfaktor für die Berechnung der Ertragsanteile in Reaktion auf die zu niedrige Besteuerung v. SozVers.renten in der Vergangenheit mehrfach erhöht worden sei. Dies ist indes unzutr., weil der bisherige Rechnungszinsfuß „entspr. §§ 12 bis 15 BewG" festgelegt worden war, und zwar ausdrücklich „unabhängig v. den Folgerungen, die aus dem Beschl. des BVerfG[2] zu ziehen sind".[3]

2 **Aufwendungen** – Einmalprämie oder lfd. Beiträge – für den **Erwerb v. Rentenrechten** sind auch insoweit, als deren Erträge ganz oder teilw. der Besteuerung mit ihrem Ertragsanteil unterliegen, nicht als sofort abziehbare (vorweggenommene) WK abziehbar (Rn. 64).[4] **Finanzierungskosten** für eine Rentenversicherung gegen Einmalbetrag können vorab entstandene WK sein (zur Überschusserzielungsabsicht s. Rn. 1).[5] Der Zeitraum, für den die Überschussprognose vorzunehmen ist, entspricht bei den Einkünften aus Leibrenten im Regelfall der Gesamtdauer der Vermögensnutzung. Einzubeziehen sind allein die im Zeitpunkt des Vertragsschlusses erkennbaren Verhältnisse, weil sich der Rentenberechtigte bereits zu diesem Zeitpunkt endgültig gebunden hat.[6] Der um die Überschussprognose geführte Streit um die sog. Kombirenten[7] dürfte für die Zukunft durch die Absenkung des Ertragsanteils weitgehend gegenstandslos sein. Die in S. 1 HS 2 angeordnete sinngemäße Anwendung des § 15b betrifft insbes. Renten-/Lebensversicherungsmodelle gegen fremdfinanzierten Einmalbetrag, bei denen sich die stl. Verluste aus der günstigen Besteuerung v. Leibrenten und der Ansammlung sofort abziehbarer WK ergeben.[8]

B. Wiederkehrende Leistungen (Nr. 1, 5; Nr. 1b, 1c aF)

3 **I. Grundlagen. Rechtssystematische Einteilung der Renten.** Es ist zu unterscheiden zw. den wiederkehrenden Bezügen/Leistungen im Austausch mit einer Gegenleistung (**Gegenleistungsrente**; Rn. 4 ff.; zur korrespondierenden Behandlung beim Verpflichteten s. § 10 Rn. 4) und dem „Sonderrecht der privaten Vermögensübergabe" (= private unentgeltliche[9] **Versorgungsrente**; Rn. 11 ff.). Nichtabziehbar/nichtsteuerbar sind freiwillig gewährte Leistungen (§ 12 Nr. 2, § 22 Nr. 1 S. 2), insbes. die **Unterhaltsrente**, die ihre rechtl. Konturen aus der Verneinung der privaten Versorgungsrente (§ 10 Abs. 1 Nr. 1a) erhält. Auf „begriffliche" Voraussetzungen wiederkehrender Leistungen[10] (insbes. Mindestdauer,[11] sog. Rentenstammrecht[12]) kommt es nicht an. Der Begriff **„Zeitrente"** ist nur maßgebend für das Veräußererwahlrecht nach H 16 Abs. 11 EStH 2017.[13] Ein zivilrechtl. „Begriff der **Leibrente**" ist für die Besteuerung ohne Bedeutung. Die Ertragsanteilsbesteuerung greift grds. immer dann ein, wenn eigenes – auch durch Versicherungsbeiträge erworbenes – Kapital (zu Bezügen aus einer Pensionskasse, § 4c Rn. 2 ff., DirektVers. § 4b Rn. 3 ff.) raten- oder darlehensähnlich gestreckt und verzinslich ausgezahlt wird.[14] Dieser Gedanke wird indes überlagert im Anwendungsbereich der nachgelagerten Besteuerung (Nr. 1 S. 3 lit. a aa, Nr. 5). Renten, die durch den Einsatz versteuerten Einkommens erworben werden, werden nicht nachgelagert, sondern mit ihrem Ertragsanteil versteuert (sog. „dritte Schicht" der Alterseinkünfte – **Kapitalanlageprodukte**). Ruhegehaltsbezüge ehemaliger Bediensteter der koordinierten Organisationen und der Europäischen Patentorganisation, soweit sie ohne einen rechtlich ins Gewicht fallenden Eigenbetrag gezahlt werden, sind nach

1 BT-Drucks. 15/2150, 26 f., 42.
2 BVerfG v. 26.3.1980 – 1 BvR 121, 122/76, BVerfGE 54, 22 – Rentenbesteuerung.
3 BT-Drucks. 9/842, 67.
4 BFH v. 12.6.2012 – X B 51/11, BFH/NV 2012, 1442.
5 BFH v. 9.5.2000 – VIII R 77/97, BStBl. II 2000, 660 = FR 2000, 1230 m. Anm. *Kempermann*; v. 17.4.2013 – X R 18/11, BStBl. II 2014, 15 = FR 2013, 1102; FG Berlin-Bdbg. v. 22.6.2017 – 5 K 11174/15, EFG 2017, 1404 (Rev. VII R 39/17).
6 BFH v. 16.9.2004 – X R 25/01, BStBl. II 2006, 228 = FR 2005, 499; v. 17.4.2013 – X R 18/11, BStBl. II 2014, 15 = FR 2013, 1102 – zu den Grundsätzen der Überschussprognose.
7 BFH v. 5.5.2011 – X B 155/10, BFH/NV 2011, 1294: kein Vertrauensschutz bei Fortentwicklung der Rspr.
8 BT-Drucks. 16/107, 7.
9 BFH v. 11.10.2007 – X R 14/06, BStBl. II 2008, 123 = FR 2008, 287 m. Anm. *Bode*.
10 BFH v. 15.7.1991 – GrS 1/90, BStBl. II 1992, 78 = FR 1991, 742 m. Anm. *Schmidt*.
11 BFH v. 26.1.1994 – X R 54/92, BStBl. II 1994, 633 = FR 1994, 327 m. Anm. *Schmidt*.
12 BFH v. 12.7.1989 – X R 15/85, BFH/NV 1990, 227 – SozVers.rente; so bereits BFH v. 15.7.1991 – GrS 1/90, BStBl. II 1992, 78 = FR 1991, 742 m. Anm. *Schmidt*.
13 BFH v. 19.5.1992 – VIII R 37/90, BFH/NV 1993, 87.
14 BFH v. 4.10.1990 – X R 60/90, BStBl. II 1991, 89; v. 24.7.1996 – X R 105/95, BStBl. II 1996, 650 = FR 1996, 861; v. 7.2.1990 – X R 36/86, BStBl. II 1990, 1062; v. 21.10.1996 – VI R 46/96, BStBl. II 1997, 127 = FR 1997, 155 – „Einkauf" in die Pensionsregelung des ArbG; Verständigungsvereinbarung zur Auslegung von Art. 19 DBA-Schweiz in OFD Karlsruhe v. 8.3.2018 – S 130.1/669 - St 217, juris.

§ 19 Abs. 1 Nr. 2 steuerbar.[1] Sie sind als Leibrente nach § 22 Nr. 1 S. 3 lit. a zu besteuern, soweit sie darauf beruhen, dass eigenes Vermögen auf das Versorgungssystem der betreffenden Organisation übertragen worden war.[2]

II. Gegenleistungsrenten, langfristige Rückzahlung. Vermögensumschichtung und Tilgung sind nicht abziehbar/steuerbar (s. auch § 10 Rn. 4). Der BFH[3] hält es für entscheidend, dass sich die Bezüge aufgrund eines einheitlichen Entschlusses oder eines einheitlichen Rechtsgrunds mit einer gewissen Regelmäßigkeit – wenn auch nicht immer in gleicher Höhe – wiederholen; eine Mindestdauer ist nicht erforderlich. Die Bezüge müssen nicht für eine Leistung des Zahlungsempfängers gewährt werden.[4] Eine bloße Umschichtung von PV ist nicht vom Begriff der sonstigen Einkünfte erfasst, mE auch nicht eine wiederkehrend gezahlte Gegenleistung.[5] Leibrenten sind – auch bei Wertsicherungsklausel jedweder Art – gleichbleibende Leistungen in Geld (auch Sachleistungen; anders die hM) auf die Lebenszeit einer Pers. Andere wiederkehrende Leistungen können zeitlich befristet, aber der Höhe nach abänderbar sein (andernfalls liegen Kaufpreisraten vor, § 20 Rn. 110f.), oder abänderbar sein und auf die Lebenszeit einer Bezugsperson gezahlt werden. Stehen sie iZ mit einer Gegenleistung – einer Nutzungsüberlassung[6], einer Invaliditätsrente aus einer privaten Unfallversicherung[7] – und/oder wird ein Kapital als Darlehen oder „darlehensähnlich" gestreckt gezahlt („Gegenleistungsrenten"[8]), wird stets über die gesamte Laufzeit hinweg der **Zinsanteil** v. der Vermögensumschichtung/Tilgung gesondert.[9] 4

Grundfragen der Besteuerung des Ertragsanteils. Der private steuerbare Zinsanteil ist bei Leibrenten iSd. § 22 Nr. 1 S. 3 lit. a bb) im Ertragsanteil (Nr. 1 S. 2 lit. a) gesetzlich pauschaliert (Rn. 1, 3, 5); die Versagung eines Sparer-Freibetrages ist verfassungsrechtl. fragwürdig.[10] Zu mehreren Berechtigten s. § 55 Abs. 1 Nr. 3 EStDV.[11] Die individuelle Lebenserwartung des Bezugsberechtigten wird nicht geprüft.[12] Zur Erhöhung und Herabsetzung der Rente s. R 22.4 EStH 2017. Abgekürzte Leibrenten (auf Lebenszeit, höchstens auf bestimmte Zeit) sind idR entgeltlich; sie werden nach § 55 Abs. 2 EStDV besteuert.[13] Auch die verlängerte Leibrente (Renten mit Mindestlaufzeit, insbes. bei Versicherungsrenten) ist nur mit ihrem Zinsanteil steuerbar (Rn. 22).[14] Bei Änderung der Rentenhöhe aufgrund Wertsicherungsklausel bleibt der Ertragsanteil grds. unverändert.[15] Die Ablösung der Leibrente ist ein nichtsteuerbarer Kapitalanfall (zur privaten Versorgungsrente s. Rn. 11). Ein Versorgungsmotiv ist bei vereinbarter Gegenleistung strechtl. nicht relevant.[16] Die Ertragsanteilsbesteuerung gilt auch für Veräußerungsrenten, Renten aus Kapitallebensversicherungen mit Rentenwahlrecht, Leibrenten, soweit diese auf bis zum 31.12.2004 geleisteten Beiträgen oberhalb des Höchstbeitrages zur gesetzlichen Rentenversicherung beruhen (Rn. 47 – Öffnungs- 5

1 S. im Einzelnen BMF v. 19.8.2013, BStBl. I 2013, 1087 Rz. 168; OFD Ffm. v. 18.7.2017 - S 1311 A - 005 - St 56, juris; aus der Rspr.: BFH v. 22.11.2006 – X R 29/05, BStBl. II 2007, 402 – NATO (Verfassungsbeschwerde erfolglos, BVerfG v. 14.10.2010 – 2 BvR 367/07, HFR 2011, 88); v. 27.11.2013 – X B 192/12, BFH/NV 2014, 337 – NATO; v. 22.7.2015 – X B 172/14, BFH/NV 2015, 1390 – ESOC; v. 5.4.2017 – X R 50/14, BStBl. II 2017, 1187 – Vereinte Nationen; FG Köln v. 8.6.2017 – 13 K 3913/12, juris – NATO; BFH v. 23.2.2017 – X R 24/15, BStBl. II 2017, 636 – Europäisches Patentamt.

2 BMF v. 19.8.2013, BStBl. I 2013, 1087 Rz. 199; aus der Rspr.: BFH v. 5.4.2017 – X R 50/14, BStBl. II 2017, 1187 – Altersrente der Vereinten Nationen: vergleichbar mit Basisrente.

3 BFH v. 14.4.2015 – IX R 35/13, BStBl. II 2015, 795, Anm. *Jachmann-Michel*, jurisPR-SteuerR 35/2015 Anm. 4; v. 28.2.2018 – VIII R 30/15, BFHE 261, 47 = DB 2018, 1646 mwN.

4 FG Düss. v. 18.5.2018 – 13 K 614/17 E, EFG 2018, 1372 m. Anm. *Pfützenreuter* – Steuerbarkeit eines Stipendiums.

5 **AA** wohl BFH v. 14.4.2015 – IX R 35/13, BStBl. II 2015, 795. ME liegt stets eine durch eine Gegenleistung entgoltene Leistung iSd. § 22 Nr. 3 vor.

6 BFH v. 24.10.1990 – X R 43/89, BStBl. II 1991, 175 = FR 1991, 115 – Erbbaurecht.

7 BFH v. 12.4.2011 – X B 132/10, BFH/NV 2011, 1136, dort auch Abgrenzung der sog. Mehrbedarfsrente; s. auch BFH v. 13.4.2011 – X R 54/09, BStBl. II 2011, 1414 = FR 2011, 917 zu Renten aus der Basisversorgung.

8 Ausf. BMF v. 11.3.2010, BStBl. I 2010, 227 Rn. 1, 77 ff.

9 BFH v. 9.2.1994 – IX R 110/90, BStBl. II 1995, 47 (52) = FR 1994, 782 m. Anm. *Drenseck*.

10 S. aber BVerfG v. 22.9.2009 – 2 BvL 3/02, BVerfGE 124, 251 – unzulässige Richtervorlage; *Pfützenreuter*, jurisPR-SteuerR 3/2010 Anm. 5; BFH v. 18.5.2010 – X R 32-33/01, BStBl. II 2011, 675.

11 FG RhPf. v. 14.8.2001 – 2 K 2190/00, DStRE 2002, 365 – Ertragsanteil bei gemeinsamer Leibrente v. Ehegatten.

12 BFH v. 8.12.1988 – IX R 157/83, BStBl. II 1989, 282 = FR 1989, 277; v. 22.9.1999 – XI R 46/98, BStBl. II 2000, 120 = FR 2000, 199 m. Anm. *Wendt*.

13 BFH v. 15.5.1997 – X B 159/96, BFH/NV 1997, 658 – Versicherungsrenten auf bestimmte Zeit; v. 22.1.1991 – X R 97/89, BStBl. II 1991, 686 – Erwerbsunfähigkeitsrente; v. 26.1.1994 – X R 54/92, BStBl. II 1994, 633 = FR 1994, 327 m. Anm. *Schmidt* – Versorgungsrente auf Zeit; zur abgekürzten Leibrente BFH v. 10.4.2014 – X B 250/13, BFH/NV 2014, 1045.

14 BMF v. 26.11.1998, BStBl. I 1998, 1508 – einschl. des Überschussanteils steuerbar mit Ertragsteil.

15 BFH v. 28.1.1986 – IX R 12/80, BStBl. II 1986, 348 = FR 1986, 358.

16 BFH v. 9.2.1994 – IX R 110/90, BStBl. II 1995, 47 = FR 1994, 782 m. Anm. *Drenseck* – Abänderbarkeit einer Gegenleistungsrente; v. 18.10.1994 – IX R 46/88, BStBl. II 1995, 169 = FR 1995, 466.

klausel). Bei privaten Rentenversicherungsverträgen ist sowohl die garantierte Mindestrente als auch die nicht garantierte Überschussbeteiligung einheitlich mit dem Ertragsanteil (§ 22 Nr. 1 S. 3 lit. a bb) anzusetzen.[1] Werden Rentenleistungen aufgrund einer Überschussbeteiligung erhöht, sind die entspr. Erhöhungsbeträge – insbes. aufgrund einer Wertsicherungsklausel[2] – keine eigenständigen Renten; wird auch der Wert des Rentenrechts – über seinen „inneren Wert" hinaus – erhöht, ist der Erhöhungsbetrag eine selbstständige Rente, für die der Ertragsanteil vom Zeitpunkt der Erhöhung an gesondert zu ermitteln ist.[3]

6 **Andere – insbes. abänderbare – wiederkehrenden Leistungen**. Deren **Zinsanteil** ist nach § 20 Abs. 1 Nr. 7 steuerbar.[4] Beim Verpflichteten kann der Zinsanteil als BA/WK abziehbar sein (§ 9 Rn. 35 ff., 38). Private (§ 12) Schuldzinsen sind wegen ihres materiellen Zinscharakters nicht abziehbar;[5] dies ist verfassungsgemäß.[6] Dies gilt auch für den Ertragsanteil als pauschalierten Zinsanteil (§ 10 Rn. 12). Der Zinsanteil v. anderen wiederkehrenden Leistungen ist in entsprechender Anwendung der Ertragsanteilstabelle des § 22 Nr. 1 S. 3 lit. a bb) (ggf. iVm. § 55 Abs. 1 EStDV) zu berechnen,[7] kann aber auch nach finanzmathematischen Grundsätzen unter Verwendung eines Zinsfußes v. 5,5 vH ermittelt werden; dann ist die voraussichtliche Laufzeit nach der zum jeweiligen Berechnungszeitpunkt geltenden Sterbetafel zu bemessen.[8] Die FinVerw. gibt generell ein Wahlrecht[9] „in entsprechender Anwendung der Ertragswerttabelle", die ab 2005 den Zinsfuß v. 3 % verwendet (Nr. 1 S. 3 lit. a).[10] Bei der Berechnung des Barwerts ist der voraussichtliche Jahreswert maßgebend.[11] Der um die Zinsanteile bereinigte Barwert kann – bei Anschaffung eines ertragbringenden WG – **AfA-Bemessungsgrundlage** sein.[12] Die – auch zeitlich gestreckte – Vermögensumschichtung ist im PV – Ausnahme: § 23[13] – nicht steuerbar. Wird KapVerm. gegen wiederkehrende Leistungen veräußert, kann auch ein Gewinn oder Ertrag iSd. § 20 Abs. 2 vorliegen, der den Regelungen über die Abgeltungsteuer unterliegt. Bei fremdunüblich hoher Gegenleistung ist eine Korrektur mittels Fremdvergleichs geboten; die angemessenen Werte übersteigende Beträge sind Zuwendungen (§ 12 Nr. 2, § 22 Nr. 1 S. 2). Wegen der Behandlung des Veräußerungspreises und des Zinsanteils beim Berechtigten wird auf Tz. 69 ff. des BMF-Schr v. 11.3.2010, BStBl. I 2010, 227, verwiesen. Das in R 16 (11) EStH 2017 geregelte Veräußerungswahlrecht bleibt unberührt.

7 **Keine Steuerbarkeit/Abziehbarkeit „nach der äußeren Form der Wiederkehr"**. Nicht steuerbar sind Mehrbedarfs- (§ 843 Abs. 1 HS 1, 2. Alt. BGB)[14] und Schmerzensgeldrenten (§ 847 BGB). Schadensersatzrenten nach § 844 Abs. 2 BGB, die den durch den Tod des Ehegatten eingetretenen materiellen Unterhaltsschaden ausgleichen, sind nicht, auch nicht mit einem Zinsanteil, steuerbar[15] und beim Verpflichteten, da Tilgung einer privaten Schuld, nicht abziehbar. Renten wegen Aufhebung oder Minderung der Erwerbsfähigkeit (§ 842 Abs. 1 1. Alt. BGB) sind als Ersatz für entgangene oder entgehende steuerbare (§ 2 Abs. 1 Nr. 1 bis 7) Einnahmen nach § 24 Nr. 1 lit. a steuerbar.[16] Außerhalb des „Sonderrechts der Vermögensübergabe" (Rn. 11 ff.) ist die folgende **Kontrollüberlegung** maßgebend: Wäre eine **Einmalzahlung nicht steuerbar** oder nicht abziehbar – zB die Berichtigung v. Erbfall- und Erblasserschulden, die Auszahlung eines Erbteils, eines auch künftigen Pflichtteils-,[17] Vermächtnis-, Pflichtteilsergänzungsanspruchs, v. Gleich-

---

1 BFH v. 17.4.2013 – X R 18/11, BStBl. II 2014, 15 = FR 2013, 1102.
2 BFH v. 16.12.1997 – VIII R 38/94, BStBl. II 1998, 339 = FR 1998, 568.
3 Ausf. BFH v. 22.8.2012 – X R 47/09, BStBl. II 2013, 158; *Nöcker*, jurisPR-SteuerR 8/2013 Anm. 6.
4 BFH v. 25.11.1992 – X R 34/89, BStBl. II 1996, 663 = FR 1993, 236.
5 BFH v. 27.11.1996 – X R 85/94, BStBl. II 1997, 284 = FR 1997, 340, unter 4.
6 BFH v. 18.5.2010 – X R 32–33/01, BStBl. II 2011, 675 mwN.
7 BFH v. 9.2.1994 – IX R 110/90, BStBl. II 1995, 47 = FR 1994, 782 m. Anm. *Drenseck*; BMF v. 11.3.2010, BStBl. I 2010, 227 Rn. 71 f.
8 BFH v. 25.11.1992 – X R 34/89, FR 1993, 236 = BStBl. 1996 II S. 663.
9 BMF v. 11.3.2010, BStBl. I 2010, 227 Rn. 71.
10 BFH v. 25.11.1992 – X R 34/89, BStBl. II 1996, 663 = FR 1993, 236; v. 9.2.1994 – IX R 110/90, BStBl. II 1995, 47 = FR 1994, 782 m. Anm. *Drenseck*.
11 BFH v. 18.10.1994 – IX R 46/88, BStBl. II 1995, 169 = FR 1995, 466; BMF v. 11.3.2010, BStBl. I 2010, 227 Rn. 69.
12 BFH v. 9.2.1994 – IX R 110/90, BStBl. II 1995, 47 = FR 1994, 782 m. Anm. *Drenseck*; v. 18.10.1994 – IX R 46/88, FR 1995, 466 = BStBl. II 1995, 169 BMF v. 11.3.2010, BStBl. I 2010, 227 Rn. 70.
13 Zur Veräußerung eines WG gegen Leibrente s. BMF v. 11.3.2010, BStBl. I 2010, 227 Rn. 69 ff.
14 BFH v. 25.10.1994 – VIII R 79/91, BStBl. II 1995, 121 = FR 1995, 59; zur Abgrenzung BFH v. 12.4.2011 – X B 132/10, BFH/NV 2011, 1136 betr. Rente aus einer privaten Unfallversicherung.
15 BFH v. 26.11.2008 – X R 31/07, BStBl. II 2009, 651 = FR 2009, 635; *Fischer*, jurisPR-SteuerR 11/2009 Anm. 5; BMF v. 15.7.2009, BStBl. I 2009, 836.
16 BMF v. 15.7.2009, BStBl. I 2009, 836 – Steuerbarkeit v. Schadensersatzrenten.
17 BFH v. 26.11.1992 – X R 187/87, BStBl. II 1993, 298: Auszahlung eines Pflichtteils auf 15 Jahre in gewinnabhängiger Höhe; Anm. *Fischer*, FR 1993, 334; zur Erbauseinandersetzung BFH v. 26.6.1996 – VIII R 67/95, BFH/NV 1997, 175; v. 27.11.1996 – X R 85/94, BStBl. II 1997, 284 = FR 1997, 340 – Ablösung v. „Pflichtteilsrechten und sonstigen erbrechtl. Ansprüchen"; v. 15.6.1999 – X B 16/99, BFH/NV 2000, 29 – Vermächtnisrente; v. 20.10.1999 –

stellungsgeldern,[1] eines Anspr. auf Zugewinnausgleich, Versicherungsleistungen, insbes. aus Unfall-[2] und Lebensversicherungen[3], soweit diese nicht als Kapitalversicherungen mit Sparanteil nach § 20 Abs. 1 Nr. 6[4] steuerbar sind – ist bei wiederkehrender Leistung allenfalls ein Zinsanteil (sofern Leibrente: Ertragsanteil) steuerbar oder abziehbar. Wird als (Ablauf-)Leistung einer Risikoversicherung oder einer sofort beginnenden Leibrentenversicherung gegen Einmalbetrag neben einem gleich bleibenden oder steigenden Sockelbetrag eine jährlich schwankende Überschussbeteiligung gewährt, unterliegt der Auszahlungsbetrag insgesamt der Ertragsanteilsbesteuerung.[5] Wird bei einer Kapitalversicherung mit Rentenwahlrecht die Rentenzahlung gewählt, fließen die Erträge nach § 11 Abs. 1 in dem Zeitpunkt zu, in dem die Kapitalleistung im Erlebensfall zu leisten wäre. Lediglich das nach Abzug v. KapESt vorhandene Kapital steht für die Verrentung zur Vfg. Die Rentenzahlungen gehören zu den Einnahmen aus Nr. 1 S. 3 lit. a bb).[6]

III. Freiwillige und andere nichtsteuerbare Bezüge (Nr. 1 S. 2 HS 1); Zuschüsse (Nr. 1 S. 3 lit. b). 8
Werden wiederkehrende[7] Bezüge freiwillig – dh. ohne Rechtsanspruch der Empfänger – oder aufgrund einer freiwillig begründeten Rechtspflicht oder einer gesetzlich unterhaltsberechtigten Pers. gewährt, so sind sie – korrespondierend zur Nichtabziehbarkeit nach § 12 Nr. 1 und 2 und § 10 Nr. 1 KStG – gem. § 22 Nr. 1, 2 nicht steuerbar. Aufgrund der Neufassung durch das JStG 2009 gilt dies auch dann, wenn der Geber nicht unbeschränkt stpfl. ist.[8]

Die in § 22 Nr. 1 S. 3 lit. b genannten „**Einkünfte aus Zuschüssen und sonstigen Vorteilen**" haben – auch 9
wegen § 22 Nr. 1, 2 und zahlreicher Befreiungen in § 3 – keinen relevanten Anwendungsbereich.[9] **Studienbeihilfen/Stipendien** sind idR nicht steuerbar.[10] Eine Stbefreiung kann sich aus § 3 Nr. 44 ergeben.[11] S. auch § 3 Rn. 125. Zu Studienbeihilfen des künftigen ArbG § 19 Rn. 78 „Unterhaltszuschüsse".

IV. Bezüge von Körperschaften (Nr. 1 S. 2 HS 2). Die Vorschrift regelt eine (Rück-)Ausnahme vom 10
Grundsatz, dass freiwillig oder aufgrund einer freiwillig begründeten Rechtspflicht gewährte Bezüge nicht abziehbar/steuerbar sind. Nr. 1 S. 2 HS 2 will eine doppelte Entlastung v. der ESt ausschließen. Im Blick sind hierbei die Fälle, in denen Stiftungen ihre Stifter und deren Angehörige wiederkehrend versorgen.[12] Die frühere Begrenzung auf unbeschränkt stpfl. Rechtsträger ist mit dem JStG 2009 entfallen.[13] StPfl. ist auch die einer gemeinnützigen Körperschaft auferlegte Rentenverpflichtung.[14] § 3 Nr. 40 S. 1 lit. i ist nur anwendbar, wenn die Bezüge v. einem nicht v. der KSt befreiten Rechtsträger stammen (§ 3 Rn. 111). Geregelt sind damit spezialgesetzlich[15] – daher kein Abzug v. KapSt nach §§ 43, 43a – vor allem v. Zuwendungen iSv. § 58 Nr. 5 AO gemeinnütziger Rechtsträger. Bei **nicht stbefreiten Körperschaften** beträgt die Vorbelastung mit KSt 15 vH; die Bezüge werden gem. den Grundsätzen des Teileinkünfteverfahrens nach § 3 Nr. 40 S. 1 lit. i anteilig befreit (§ 3 Rn. 111). Steuerbar sind auch Bezüge aus Familienfideikommissen (§ 22 Nr. 1 HS 2 lit. b). § 22 Nr. 1 wird verdrängt durch § 15 Abs. 1, Abs. 4 AStG.[16] Das Verhältnis zu § 20 Abs. 1 Nr. 9 ist streitig;[17] letztere Vorschrift ist wegen der Subsidiarität des § 22 vorrangig, sie betrifft frei-

---

X R 132/95, BStBl. II 2000, 82 = FR 2000, 209 – Verzicht auf künftigen Erb- und Pflichtteilsanspruch; s. auch BFH v. 20.10.1999 – X R 86/96, BStBl. II 2000, 602 = FR 2000, 466 – erbrechtl. Ausgleich unter Geschwistern; ausf. Vorlagebeschluss BFH v. 10.11.1999 – X R 46/97, BStBl. II 2000, 188 = FR 2000, 270 m. Anm. *Weber-Grellet*; v. 31.7.2002 – X R 39/01, BFH/NV 2002, 1575 – Erb- und Pflichtteilsverzicht keine dauernde Last. S. auch BFH v. 9.2. 2010 – VIII R 43/06, BStBl. II 2010, 818.

1 FG München v. 14.10.2011 – 8 K 338/08, EFG 2012, 833: Zahlungen aus einem Vermächtnis, die der Gleichstellung dienen sollen.
2 Zur est-(lst-)rechtlichen Behandlung v. freiwilligen Unfallversicherungen BMF v. 28.10.2009, BStBl. I 2009, 1275.
3 *Risthaus*, DB 2006, 232; *Kußmaul/Henkes*, ZSteu. 2006, 266.
4 Zur Besteuerung von Versicherungserträgen iSd. § 20 Abs. 1 Nr. 6 BMF v. 1.9.2009, BStBl. I 2009, 1172 Rn. 19ff.
5 BFH v. 20.6.2006 – X R 3/06, FR 2006, 940 = BFH/NV 2006, 1958.
6 BMF v. 1.10.2009, BStBl. I 2009, 1172.
7 BFH v. 25.8.1987 – IX R 98/82, BStBl. II 1988, 344 = FR 1988, 337; iÜ *K/S/M*, § 22 Rn. B 361 ff.
8 BT-Drucks. 16/10189, 51; zu § 1a Abs. 1 Nr. 1a BMF v. 11.3.2010, BStBl. I 2010, 227 Rn. 53 ff.
9 BFH v. 28.2.1978 – VIII R 116/75, BStBl. II 1978, 387.
10 **AA** BFH v. 18.9.1964 – VI 244/63 U, BStBl. III 1965, 11; R 22.1 S. 4 EStR; FG Düss. v. 18.5.2018 – 13 K 614/17 E, EFG 2018, 1372: steuerbare sonstige Einkünfte nach § 22 Nr. 1 S. 3 lit. b EStG; OFD Ffm. v. 20.8.2018 – S 2121 A - 013 - St 213, juris – Steuerfreiheit von Stipendien nach § 3 Nr. 44.
11 Zum Stipendium einer in der EU/dem EWR ansässigen gemeinnützigen Körperschaft und Steuerfreiheit nach § 3 Nr. 44 s. BFH v. 15.9.2010 – X R 33/08, BStBl. II 2011, 637.
12 BT-Drucks. 10/4513, 22; BFH v. 19.10.1978 – VIII R 9/77, BStBl. II 1979, 133.
13 BT-Drucks. 16/10189, 58.
14 **AA** *M. Reich*, DStR 2011, 1742.
15 **AA** *Orth*, DStR 2001, 325 (333).
16 BFH v. 2.2.1994 – I R 66/92, BStBl. II 1994, 727 = FR 1994, 369; v. 8.4.2009 – I B 223/08, IStR 2009, 503.
17 S. *H/H/R*, § 22 Anm. 241.

lich nur nicht v. der KSt befreite Rechtsträger.[1] Können die Leistungsempfänger einer nicht v. der KSt befreiten Stiftung unmittelbar oder mittelbar Einfluss auf das Ausschüttungsverhalten der Stiftung nehmen, handelt es sich bei den Leistungen um Einkünfte aus KapVerm. iSd. § 20 Abs. 1 Nr. 9;[2] ob v. einer mittelbaren Einflussnahmemöglichkeit auszugehen ist, ist anhand des Stiftungszwecks und der satzungsgemäßen Rechte der Destinatäre zu bestimmen.[3] Den Fall der fehlenden Einflussnahme hat der BFH ausdrücklich offen gelassen. Wird einer gemeinnützigen Körperschaft im Wege der vorweggenommenen Erbfolge ein GewBetr. übertragen, kommt mE zur Füllung einer Gesetzeslücke die Vereinbarung v. als SA abziehbaren Versorgungsleistungen in Betracht (§ 8 Abs. 1 KStG iVm. § 10 Abs. 1 Nr. 1a). Zur Anwendung des § 20 Abs. 1 Nr. 9 auf Auskehrungen aus Stiftungen s. BMF v. 27.6.2006, BStBl. I 2006, 417.

11 **V. Einkünfte aus Versorgungsleistungen (Nr. 1b aF – private Versorgungsrente). 1. Grundfragen. Hauptanwendungsfall** der nach § 10 Abs. 1 Nr. 1a als SA abziehbaren privaten Versorgungsrente ist die anlässlich der „unentgeltlichen"[4] (weil gem. § 6 Abs. 3 nicht gewinnrealisierenden; Rn. 13; § 6 Rn. 188 ff.) steuerrechtl. privilegierten „privaten" (weil nicht iZ mit einem entgeltlichen Erwerb eines ertragbringenden WG stehenden) Vermögensübergabe gegen Versorgungsleistungen. Nur hier wirkt das den Ausschluss der §§ 12, 22 Nr. 1 S. 2 rechtfertigende Prinzip der vorbehaltenen Vermögenserträge (Rn. 12).[5] Die „Merkmale" und Voraussetzungen des SA-Abzugs (auch: etwaige Formbedürftigkeit, keine Mindestlaufdauer) erschließen sich aus der Zuordnung zu dem am Modell der **Hof- und Betriebsübergabe** und damit dem „Vorbehalt der Vermögenserträge"[6] ausgerichteten Typus der Übergabe v. Vermögen im Wege der vorweggenommenen Erbfolge. § 10 Abs. 1a Nr. 2 ist auch bei einer Vermögensübertragung aufgrund Verfügung von Todes wegen anwendbar.[7] Diese wird vollzogen idealtypisch unter dem teilw. Vorbehalt der nunmehr v. Übernehmer zu erwirtschaftenden Erträge;[8] in dieser Hinsicht bildet das Steuerrecht den privatrechtl. Altenteilsgedanken ab. Der Abziehbarkeit als SA entspricht materiell-rechtl. korrespondierend (Rn. 27) die klarstellende Regelung der **Steuerbarkeit nach Nr. 1b aF.** ZB ist die beim Bezieher nichtsteuerbare Rentenablösung (Rn. 26) beim Verpflichteten grds. nicht abziehbar, die nicht abziehbare in eigener Pers. erbrachte Pflegeleistung ist beim Pflegling nicht steuerbar.[9] Die Tilgung einer Schadensersatzrente ist beim (privaten) Schädiger nur Vermögensumschichtung und beim Geschädigten nicht stbar (Rn. 7). Kein Abzug v. SA und keine Steuerbarkeit, soweit die v. Übernehmer erzielten Erträge des übergebenen Vermögens wegen Steuerfreiheit, zB aufgrund DBA (Betriebsstätte im Ausland), „bei der Veranlagung außer Betracht bleiben". Durch das JStG 2010 ist „klargestellt" worden, dass Steuerbarkeit unabhängig davon eintritt, ob sich der Abzug dieser Leistungen als SA beim Zahlungsverpflichteten stl. ausgewirkt hat. Andererseits kommt eine Besteuerung nur insoweit in Betracht, als die Voraussetzungen für den SA-Abzug nach § 10 Abs. 1 Nr. a beim Zahlungsverpflichteten gegeben sind.[10]

12 **Grundgedanke der Vermögensübergabe gegen private Versorgungsrente.** Die Beteiligten lassen sich v. dem Gedanken leiten, das übertragene Vermögen der Familie zu erhalten. Die Versorgungsleistungen werden nach dem Versorgungsbedürfnis des Berechtigten und nach der wirtschaftlichen Leistungsfähigkeit des Verpflichteten bemessen.[11] Der Übergeber muss nicht auf die Versorgungsleistungen ganz oder teilw. angewiesen sein.[12] Der Gedanke der vorbehaltenen Nettoerträge und die Vergleichbarkeit mit dem Vorbehaltsnießbrauch werden v. GrS des BFH[13] als für das Rechtsinstitut „maßgebend" hervorgehoben. Dies vorausgesetzt sind Abziehbarkeit und Steuerbarkeit eng zu handhabende[14] Ausnahmen v. der Nichtabziehbarkeit/Nichtsteuerbarkeit v. Unterhaltsleistungen bzw. Zuwendungen (§ 12 Nr. 2, § 22 Nr. 1

1 Vgl. BT-Drucks. 17/2249, 8, 52.
2 BFH v. 3.11.2010 – I R 98/09, BStBl. II 2011, 417 = FR 2011, 484; hierzu *S. Müller*, jurisPR-SteuerR 14/2011 Anm. 4; *Jahn/Oppel*, DB 2011, 1187; *Kessler/M. Müller*, DStR 2011, 614; *Milatz/Herbst*, BB 2011, 1500; *Spanke/S. Müller*, BB 2011, 932. **AA** zB *Kirchhain*, BB 2006, 2387. Zum Problem *H/H/R*, § 20 EStG Anm. 342; auch zur ausländischen Familienstiftung *S. Haas*, DStR 2010, 1011.
3 Hierzu BT-Drucks. 14/2683, 114.
4 BFH v. 31.3.2004 – X R 66/98, BStBl. II 2004, 830 = FR 2004, 727 m. Anm. *Weber-Grellet*.
5 BFH v. 15.7.1991 – GrS 1/90, BStBl. II 1992, 78 = FR 1991, 742 m. Anm. *Schmidt*; v. 14.7.1993 – X R 54/91, BStBl. II 1994, 19 = FR 1993, 807.
6 BFH v. 12.5.2003 – GrS 1/00, BStBl. II 2004, 95 = FR 2003, 1084.
7 BFH v. 25.2.2014 – X R 34/11, BStBl. II 2014, 665; FG Münster v. 12.12.2017 – 7 K 572/16 F, juris; BMF v. 11.3.2010, BStBl. I 2010, 227 Rz. 2, 83.
8 BFH v. 12.5.2003 – GrS 1/00, BStBl. II 2004, 95 = FR 2003, 1084; v. 15.9.2010 – X R 31/09, BFH/NV 2011, 583.
9 BFH v. 22.1.1992 – X R 35/89, BStBl. II 1992, 552 = FR 1992, 447.
10 BT-Drucks. 17/2249, 54.
11 BFH v. 31.8.1994 – X R 44/93, BStBl. II 1996, 676 = FR 1995, 231 m. Anm. *Weber-Grellet*.
12 BFH v. 23.1.1992 – XI R 6/87, BStBl. II 1992, 526 = FR 1992, 412.
13 BFH v. 12.5.2003 – GrS 1/00, BStBl. II 2004, 95 = FR 2003, 1084.
14 BFH v. 24.7.1996 – X R 167/95, BStBl. II 1997, 315 = FR 1996, 787.

S. 2).[1] Diese Ausnahmen sind vertretbar und – so auch das BVerfG[2] – verfassungsrechtl. legitimiert aufgrund des Rechtsgedankens eines **„Transfers v. Einkünften“**[3] bzw. eines **„Vorbehalts der Vermögenserträge“**.[4] Es wäre gleichheitswidrig, wenn Unterhaltszahlungen v. Kindern an ihre Eltern aus dem einzigen Grunde stl. abziehbar wären, dass die Eltern in der Lage sind, ihren Kindern nicht Ertrag bringendes Vermögen zu übertragen.[5] Zur Ertragsprognose s. Rn. 32.

Versorgungsleistungen sind weder Veräußerungsentgelt noch AK (§ 10 Rn. 12),[6] insofern ist die Vermögensübergabe in einem spezifisch steuerrechtl. Sinne **unentgeltlich** (**§ 6 Abs. 3**).[7] **„Teilentgeltlich“** ist zB die (unentgeltliche) Übernahme v. Vermögen gegen Versorgungsleistungen an den Übergeber bei gleichzeitigen (entgeltlichen, auch zeitlich gestreckten) Ausgleichszahlungen (Gleichstellungsgelder) an Geschwister.[8] Der **Vorbehalt v. Nutzungsrechten** hindert nicht die Annahme der Unentgeltlichkeit.[9] Erforderlich ist ein sachlicher, nicht notwendigerweise ein zeitlicher Zusammenhang[10] der Versorgungsleistungen mit der Vermögensübergabe. 13

Einstweilen frei. 14

2. Reform durch das JStG 2008 mit Bestandsschutz für Altverträge. Die **Beschränkung der Neuregelung 2008 auf die Übergabe v. unternehmerischem Vermögen** soll der Erhaltung und Sicherung v. Unternehmen dienen. Privates Grund- und Wertpapiervermögen werden unter dem Gesichtspunkt eines mutmaßlich geringeren Bewirtschaftungsaufwands und der größeren Fungibilität aus dem Anwendungsbereich der privaten Versorgungsrente ausgenommen. Aus Vereinfachungsgründen wird **auf die bisherige Unterscheidung zw. Renten und dauernden Lasten verzichtet**. Mit Rücksicht auf die vor Inkrafttreten der Neuregelung gestalteten Dauersachverhalte gilt die Neufassung für alle Versorgungsleistungen, die auf nach dem 31.12.2007 vereinbarten Vermögensübergaben beruhen (§ 52 Abs. 23g, mit Sonderregelung für Übergabe eigengenutzten Wohnraums; die Übergabe v. Geld war v. der FinVerw. ohnehin nicht anerkannt worden). Ungeachtet des Wortlauts des § 52 Abs. 23g ist auf Erwerbe v. Todes wegen, die nach dem 31.12.2007 anfallen, neues Recht anzuwenden. Die Neuregelung ist erläutert im „4. Rentenerlass“[11], der für den Übergang zum neuen Recht umfangreiche Anwendungsregelungen enthält.[12] 15

Das JStG 2008 hat den Anwendungsbereich der privaten Versorgungsrente gegenständlich eingeschränkt und auf seinen Kernbereich zurückgeführt.[13] Dieser ist zugleich tatbestandlich konkretisiert worden. Dies war ein berechtigtes, durch gestalterischen Überschwang des BFH provoziertes legislatorisches Anliegen.[14] Die bisherigen Grundsätze zur Abziehbarkeit/Steuerbarkeit der „dauernden Last“ (§ 10 Abs. 1 Nr. 1a aF – diesen Begriff verwendet die Neuregelung nicht mehr) – insbes.: Beteiligte der Vermögensübergabe, Empfänger der Versorgungsleistungen Rn. 20; einzelne Unterhaltsleistungen Rn. 23 f.; gleitende Vermögensübergabe Rn. 25; Beendigung der privaten Versorgungsrente Rn. 26; materiell-rechtl. Korrespondenz Rn. 27; fehlgeschlagene Vermögensübergabe Rn. 28; Anforderung an Vereinbarung und Durchführung Rn. 29 – gelten weiter. Nach der Neuregelung sind v. **SA-Abzug ausgeschlossen** Versorgungsleistungen iZ mit der Übergabe v. (privaten) Immobilien[15], Geldvermögen, Wertpapieren, sowie v. ertraglosem Vermögen (zB eigengenutztes Wohneigentum). Die Versorgungsleistungen müssen nunmehr ausnahmslos **„lebenslang“**, dh. auf die Lebenszeit des Berechtigten gezahlt werden. Weil die bisherige **Unterscheidung zw. Leibrente und dauernder Last entfällt** und die Versorgungsleistungen in vollem Umfang abziehbar/steuerbar sind, sind die früher schwierigen Rechtsfragen betr. die Abänderbarkeit der Versorgungsleistungen[16] für Neuverträge gegenstandslos. 16

---

1 BFH v. 14.7.1993 – X R 54/91, BStBl. II 1994, 19 = FR 1993, 807.
2 BVerfG v. 17.12.1992 – 1 BvR 4/87, FR 1993, 157 = DStR 1993, 315; s. auch BFH v. 27.8.1997 – X R 54/94, BStBl. II 1997, 813 = FR 1997, 955; *Martin*, BB 1993, 1773.
3 BFH v. 26.7.1995 – X R 91/92, BStBl. II 1995, 836 = FR 1995, 825.
4 BFH v. 12.5.2003 – GrS 1/00, BStBl. II 2004, 95 = FR 2003, 1084.
5 BFH v. 24.7.1996 – X R 167/95, BStBl. II 1997, 315 = FR 1996, 787.
6 BFH v. 5.7.1990 – GrS 4-6/89, BStBl. II 1990, 847 = FR 1990, 670.
7 BFH v. 27.8.1997 – X R 54/94, BStBl. II 1997, 813 = FR 1997, 955.
8 BFH v. 24.3.2014 – X B 24/13, BFH/NV 2014, 845 mwN.
9 BFH v. 10.4.1991 – XI R 7-8/84, BStBl. II 1991, 791.
10 BFH v. 14.2.1996 – X R 106/91, BStBl. II 1996, 687 = FR 1996, 413 m. Anm. *Weber-Grellet*.
11 BStBl. I 2010, 227.
12 BMF v. 11.3.2010, BStBl. I 2010, 227.
13 BR-Drucks. 544/07, 66.
14 Kritisch zB *Reddig*, FS M. Streck, 2011, 137; *Krumm*, StuW 2011, 159.
15 Entgegen dem Vorschlag des Bundesrats BR-Drucks. 544/07 (Beschluss).
16 S. zuletzt BFH v. 18.7.2013 – X B 75/12, BFH/NV 2013, 1574; v. 23.11.2016 – X R 16/14, BStBl. II 2017, 517.

17 **3. Elemente des Typus „Vermögensübergabe". Vermögensübergabe gegen Versorgungsleistungen. a) Gegenstand der Vermögensübergabe.**[1] Nach § 10 Abs. 1 Nr. 1a S. 2 Buchst. a ist der SA-Abzug begrenzt auf Versorgungsleistungen iZ mit der lebzeitigen sowie durch Erbfall vollzogenen Übertragung eines Betriebs oder TB[2] (vgl. R 16 (3) EStH 2017), v. MU'anteilen (auch Teilanteilen) einschl. – wie bei § 6 Abs. 3 – des Sonder-BV (bei Teilen eines MU'anteils einschl. der quotalen Übertragung der wesentlichen Grundlagen des Sonder-BV)[3]. Begünstigt ist ferner die Übertragung einer Beteiligung v. mindestens 50 % (mit Beschlussmehrheit, § 47 Abs. 1 GmbHG) beherrschten GmbH und v. vergleichbaren Gesellschaftsformen eines anderen EU-/EWR-Staates, soweit der Anteil nicht ohnehin zu einem begünstigten BV gehört und wenn der Übergeber „als Geschäftsführer tätig war" (§ 35 GmbHG); der Übernehmer muss diese Tätigkeit nach der Übergabe fortsetzen; der Übergeber darf nicht mehr Geschäftsführer der Ges. sein.[4] Begünstigt ist ferner die Aufnahme eines Übernehmers in ein bestehendes Einzelunternehmen. Nicht erfasst sind – ohne dass ein gleichheitsrechtl. tragender Grund hierfür ersichtlich wäre[5] – andere KapGes'en wie AG, KGaA. Die Übertragung eines MU'Anteils an einer PersGes. oder an einer anderen Ges., bei der der G'ter als MU anzusehen ist, nur dann begünstigt, wenn die Ges. Einkünfte aus LuF, GewBetr. oder selbständiger Arbeit erzielt. Als PersGes. gelten auch Gemeinschaften, wenn die Beteiligten eine dem G'ter einer PersGes. wirtschaftlich vergleichbare Stellung haben, zB als Beteiligter einer Erbengemeinschaft oder Gütergemeinschaft. Eine gewerblich geprägte PersGes.[6] – anders die gewerblich infizierte PersGes. (§ 10 Abs. 1 Nr. 1 1. Alt.) – übt keine Tätigkeit iSd. § 15 Abs. 1 S. 1 Nr. 1 aus; anders die Besitzgesellschaft im Rahmen einer BetrAufsp., soweit ihr die gewerbliche Tätigkeit der Betriebsgesellschaft auch nach der Übertragung zugerechnet wird. Mit der ausdrücklichen Aufnahme der auf den Wohnteil eines Betriebes der LuF entfallenden Versorgungsleistungen (§ 10 Abs. 1 Nr. 1a S. 3) soll klargestellt werden, dass Versorgungsleistungen, auch soweit sie auf den Wohnteil iSv. § 34 Abs. 3 BewG entfallen, vor allem die Aufwendungen für die v. den Altenteilern genutzte Wohnung, als SA abziehbar sind;[7] dies sind Aufwendungen vor allem für Strom, Heizung und Wasser, nicht hingegen AfA, Zinsen, öffentliche Lasten des Grundstücks.[8] Wird anderes als das privilegierte Vermögen übertragen, gelten die Grundsätze über den Austausch mit einer Gegenleistung (Rn. 4). Wirtschaftsüberlassungsverträge sind nicht begünstigt (Rn. 33). Verpflichtet sich der Übernehmer im Übertragungsvertrag zur **Umschichtung v. nicht privilegiertem Vermögen** in begünstigtes Vermögen, führt dies nicht zum SA-Abzug; eine nachträgliche Umschichtung in art- und funktionsgleiches Vermögen ist anzuerkennen.[9] Die Umschichtung in nicht begünstigtes Vermögen sowie die BetrAufg. lassen den SA-Abzug (und die Steuerbarkeit, § 22 Nr. 1a) mit Wirkung für die Zukunft entfallen.[10] Der Übernehmer kann seinerseits das Vermögen gegen Versorgungsleistungen übertragen; die Einkünfte beschränken sich der Höhe nach auf die mit der Nutzungsüberlassung zusammenhängenden Kosten.[11] Eine gesamtplanmäßige Einbringung v. nicht begünstigtem Vermögen in einen zu übergebenden Betrieb kann „missbräuchlich" sein. Der Vorschlag, dass der Übergeber das begünstigte Vermögen erwirbt und unter Wahrung einer „Schamfrist" überträgt,[12] ist missbrauchsverdächtig. Wird nicht begünstigtes Vermögen übertragen, gelten die Grundsätze über wiederkehrende Leistungen im Austausch mit einer Gegenleistung.

18 **Substanz-/Ertragswert des übergebenen Vermögens**. Zur Ertragsprognose s. Rn. 32. Nicht begünstigt ist die Übergabe eines konkursreifen Betriebs.[13] Unterhaltsleistungen liegen auch dann vor, wenn die wiederkehrenden Leistungen zwar aus den erzielbaren lfd. Nettoerträgen des übergebenen Betriebs gezahlt werden können, das Unternehmen jedoch weder über einen positiven Substanzwert noch über einen positiven Ertragswert verfügt; in dieser Hinsicht ist die FinVerw. großzügiger.[14] „Ertraglos" ist grds. auch Vermögen, an dem sich der Übergeber ein Nutzungsrecht vorbehält **(„Totalnießbrauch")**.[15]

---

1 Ausf. zur Rechtslage seit dem JStG 2008 BMF v. 11.3.2010, BStBl. I 2010, 227 Rn. 7 ff.
2 BMF v. 11.3.2010, BStBl. I 2010, 227 Rn. 12 ff.
3 Zur Übertragung eines MU'anteils Thür. Landesfinanzdirektion v. 21.6.2011 – S 2221 A-80-A 2.15; s. ferner *v. Oertzen/Stein*, DStR 2009, 1120 f.; *Geck*, DStR 2011, 1303 – Gestaltungsüberlegungen.
4 BFH v. 20.3.2017 – X R 35/16, BStBl. II 2017, 985, mwN, Anm. *Schuster*, jurisPR-SteuerR 42/2017 Anm. 2.
5 Krit. *Bauschatz*, FS Spiegelberger, 2009, 4; gleichheitsrechtliche Bedenken bei *Krumm*, StuW 2011, 159; zu Ausweichgestaltungen *Spiegelberger*, DStR 2010, 1822.
6 BFH v. 22.1.2015 – X B 118/14, BFH/NV 2015, 676.
7 Zum materiell-rechtl. Korrespondenzprinzip bei der Verpflichtung zur kostenfreien Überlassung einer Wohnung s. BFH v. 18.10.2013 – X B 135/12, BFH/NV 2014, 156.
8 BMF v. 20.11.2010, BStBl. I 2010, 227 Rn. 46.
9 BMF v. 11.3.2010, BStBl. I 2010, 227 Rn. 36, 41.
10 BMF v. 11.3.2010, BStBl. I 2010, 227 Rn. 37.
11 BFH v. 18.10.2013 – X B 135/12, BFH/NV 2014, 156.
12 *Wälzholz*, FR 2008, 644.
13 BFH v. 15.7.1992 – X R 142/88, BFH/NV 1992, 816.
14 BFH v. 12.5.2003 – GrS 2/00, BStBl. II 2004, 100 = FR 2003, 1089 m. Anm. *Weber-Grellet*.
15 BFH v. 25.3.1992 – X R 100/91, BStBl. II 1992, 803 = FR 1992, 659.

b) Empfänger des Vermögens. Vermögensübergaben sind möglich v. Eltern auf Kinder und Schwiegerkinder, v. Tante auf Nichte/Neffe,[1] v. Großeltern auf Enkel, auf den Schwager,[2] sogar zw. Nichtverwandten.[3] Eine Vermögensübergabe ist auch unter Fremden anzuerkennen; zB kann der Unternehmer den Betrieb einem als Nachfolger ausgewählten Mitarbeiter unentgeltlich übertragen. Eine Generation kann „übersprungen" werden.[4] 19

c) Empfänger der Versorgungsleistungen. Der Empfänger des Vermögens muss grds. unbeschränkt stpfl. sein; anderenfalls entfällt die Abziehbarkeit/Steuerbarkeit. Eine Ausnahme gilt für EU-Mitgliedstaaten und EWR-Staaten nach § 1a Abs. 1 Nr. 1a; die Besteuerung beim Empfänger muss nachgewiesen werden.[5] **Rechtl. Leitlinie ist das „Prinzip der vorbehaltenen Erträge"** (Rz. 12). Der Übergeber will sich (und seinen Ehegatten) zu Lebzeiten versorgen,[6] uU auch die Pers., die ggü. dem Übergeber Anspr. auf Versorgungsleistungen aus dem übergebenen Vermögen haben,[7] die auf dem Hof lebende Tante, auf dem Hof lebende unverheiratete Geschwister[8] oder gesetzlich erbberechtigte Kinder[9] („**Generationennachfolge-Verbund**").[10] Versorgungsleistungen liegen auch dann vor, wenn der Empfänger weiteres Vermögen erhalten hat.[11] Zu diesem Verbund gehören nur Pers., denen Pflichtteilsansprüche[12] oä. Rechte – zB auf Zugewinnausgleich – gegen den Erben bzw. letztwillig bedachte Vermögensübernehmer zustehen;[13] auch der Partner einer eingetragenen Lebenspartnerschaft. Leistungen an Empfänger außerhalb des Generationenfolge-Verbunds sind Veräußerungs- oder nicht abziehbare Unterhaltsleistungen. **Geschwister** sollen und wollen aber idR nicht „versorgt", sondern – ggf. mittels verrenteten Gleichstellungsgeldes – hinsichtlich ihrer Beteiligung am Vermögen der Eltern gleichgestellt werden;[14] in dieser Hinsicht gelten die allg. Grundsätze über Gleichstellung, vorweggenommene Erbfolge bzw. Erbauseinandersetzung, Erfüllung eines Vermächtnisses (Rn. 4; § 16 Rn. 124 f., 187 ff.).[15] Bei der **letztwillig verfügten** (erbrechtl.) **Vermögensübergabe** erhält eine an sich zum Erbe berufene Pers. – insbes. der überlebende Ehegatte[16] – statt seines gesetzlichen (ggf. verrenteten[17]) Erbteils lediglich Versorgungsleistungen aus diesem an sich ihm zustehenden Vermögen.[18] **Pers. außerhalb des Generationennachfolge-Verbunds**[19], wie etwa der Lebensgefährte oder Mitarbeiter im Betrieb, können nicht Empfänger einer privaten Versorgungsrente sein (Beispiele: der 20

1 BFH v. 23.1.1992 – XI R 6/87, BStBl. II 1992, 526 = FR 1992, 412; v. 16.12.1993 – X R 67/92, BStBl. II 1996, 669 = FR 1994, 257 m. Anm. *Weber-Grellet.*

2 BFH v. 16.5.2001 – X R 53/99, BFH/NV 2001, 1388.

3 BFH v. 16.5.2001 – X R 53/99, BFH/NV 2001, 1388 mwN; zu eng BMF v. 11.3.2010, BStBl. I 2010, 227 Rn. 4: „ausnahmsweise auch familienfremde Dritte".

4 BFH v. 17.4.1996 – X R 160/94, BStBl. II 1997, 32 = FR 1996, 675 m. Anm. *Weber-Grellet* – Großmutter und Vater haben Erbschaft ausgeschlagen; v. 26.7.2006 – X R 1/04, BFH/NV 2007, 19 – Großeltern übertragen Vermögen auf ihre Enkelkinder.

5 BMF v. 11.3.2010, BStBl. I 2010, 227 Rn. 53 ff.

6 BFH v. 26.1.1994 – X R 54/92, BStBl. II 1994, 633 = FR 1994, 327 m. Anm. *Schmidt.*

7 BFH v. 23.1.1997 – IV R 45/96, BStBl. II 1997, 458 = FR 1997, 413 – Versorgungsleistungen an Großeltern; zust. BMF v. 11.3.2010, BStBl. I 2010, 227 Rn. 50.

8 BFH v. 26.11.2003 – X R 11/01, BStBl. II 2004, 820 = FR 2004, 484 m. Anm. *Weber-Grellet*; *Fleischer*, ZEV 2004, 166.

9 BFH v. 17.12.2003 – X R 2/01, BFH/NV 2004, 1086; BMF v. 11.3.2010, BStBl. I 2010, 227 Rn. 50: „gesetzlich erbberechtigte Abkömmlinge"; BFH v. 7.3.2006 – X R 12/05, BStBl. II 2006, 797 = FR 2006, 743: keine dauernde Last nach Erb- und Pflichtteilsverzicht des durch Vermächtnis Begünstigten; Anm. *Schuster*, jurisPR-SteuerR 27/2006 Anm. 4.

10 BFH v. 27.2.1992 – X R 139/88, BStBl. II 1992, 612 = FR 1992, 545 m. Anm. *Schmidt*; v. 20.7.2010 – IX R 29/09, BFH/NV 2010, 2257.

11 BFH v. 26.1.1994 – X R 54/92, BStBl. II 1994, 633 = FR 1994, 327 m. Anm. *Schmidt.*

12 BFH v. 26.11.2003 – X R 11/01, BStBl. II 2004, 820 = FR 2004, 484 m. Anm. *Weber-Grellet*; BMF v. 11.3.2010, BStBl. I 2010, 227 Rn. 41, 36: Beschränkung auf gesetzlich erb- und pflichtteilsberechtigte Abkömmlinge des Erblassers, sofern kein früherer Verzicht auf Pflichtteilsrecht, BFH v. 7.3.2006 – X R 12/05, FR 2006, 743 = BFH/NV 2006, 1395.

13 BFH v. 26.11.2003 – X R 11/01, BStBl. II 2004, 820 = FR 2004, 484 m. Anm. *Weber-Grellet*; v. 17.12.2003 – X R 2/01, BFH/NV 2004, 1086.

14 BFH v. 20.10.1999 – X R 86/96, BStBl. II 2000, 602 = FR 2000, 466 – diese Vermutung ist nur in Ausnahmefällen widerlegt; v. 24.3.2014 – X B 24/13, BFH/NV 2014, 845 mwN.

15 Zur Vermächtnisrente *Streck/Horst*, DStR 2011, 959.

16 BFH v. 25.2.2014 – X R 34/11, FR 2014, 897 m. Anm. *Kanzler* = BStBl. II 2014, 665; Anm. *Schuster*, jurisPR-SteuerR 31/2014 Anm. 2.

17 BFH v. 2.3.1995 – IV R 62/93, BStBl. II 1995, 413 = FR 1995, 500 m. Anm. *Söffing* – Pflichtteilsansprüche.

18 BFH v. 27.2.1992 – X R 139/88, BStBl. II 1992, 612 (615) = FR 1992, 545 m. Anm. *Schmidt*; v. 17.4.1996 – X R 160/94, BStBl. II 1997, 32 = FR 1996, 675 m. Anm. *Weber-Grellet.*

19 BFH v. 26.11.2003 – X R 11/01, BStBl. II 2004, 820 = FR 2004, 484 m. Anm. *Weber-Grellet.*

Erblasser setzt seiner Schwester,[1] den – nicht erbberechtigten – Stiefkindern;[2] seiner – nicht erbberechtigten – Lebensgefährtin[3] oder der Haushälterin[4] eine **Vermächtnisrente** aus); dort ist der Rechtsgedanke der vorbehaltenen Vermögenserträge nicht einschlägig.[5] Dies gilt ungeachtet dessen,[6] dass eine Vermögensübergabe auch an Familienfremde möglich ist (Rn. 19). Empfänger v. Versorgungsleistungen kann auch sein, wer ggü. dem Übergeber Anspr. auf Versorgungsleistungen aus dem übernommenen Vermögen hat; dies ist insbes. der Fall, wenn der Übergeber das Vermögen seinerseits v. den Eltern gegen Versorgungsrente erhalten hatte.[7]

21 Altenteiler-Ehegatten beziehen beide Einkünfte, jeder kann § 9a S. 1 Nr. 3, § 24a in Anspr. nehmen.[8] Die Versorgungsbedürftigkeit des Empfängers ist nicht zu prüfen.[9]

22 **d) Lebenslange und wiederkehrende Versorgungsleistungen.** Die Versorgungsleistungen müssen – so ausdrücklich § 10 Abs. 1 Nr. 1a – auf die Lebenszeit des Empfängers gezahlt werden; andernfalls fehlt es am Versorgungscharakter; die Rente ist nach den steuerrechtl. Grundsätzen über entgeltliche Rechtsgeschäfte zu behandeln.[10] Bei **vereinbarter Mindestlaufzeit** (Mindestzeitrenten)[11] ist der Charakter als verrentete Gegenleistung (insbes. Gleichstellungsgeld usw.) prägend.[12] Dies gilt auch für auf eine bestimmte Zeit beschränkte (abgekürzte) Renten.[13] Diese Renten sind als wiederkehrende Leistungen im Austausch mit einer Gegenleistung zu behandeln. Bei der Ermittlung der AK/des Veräußerungspreises ist der Barwert nach § 13 Abs. 1 iVm. § 14 BewG anzuwenden.[14] Eine Mindestzeitrente ist als Leibrente zu behandeln, wenn die vereinbarte Mindestlaufzeit kürzer ist als die durchschnittliche Lebensdauer des Bezugsberechtigten.[15] Haben die wiederkehrenden Leistungen den Charakter v. (Kaufpreis-)Raten – so zB bei einer Zeitrente, einer abgekürzten Leibrente oder bei einer Leibrente, bei der die Mindestlaufzeit höher ist als die durchschnittliche Lebensdauer – ist der Zinsanteil der Unterschiedsbetrag zw. der Summe der jährlichen Zahlungen und der jährlichen Minderung des Barwerts der wiederkehrenden Leistungen, der nach finanzmathematischen Grundsätzen unter Verwendung eines Zinsfußes v. 5,5 vH zu ermitteln ist.[16]

23 **e) Versorgungsleistungen.** Ein Versorgungsvertrag ist insbes. anzunehmen, wenn zivilrechtl. ein in den landesrechtl. Ausführungsgesetzen zu Art. 96 EGBGB geregelter Leibgedings-/Altenteilsvertrag vorliegt[17] oder er dem zivilrechtl. Typus des „Versorgungsvertrages"/„Altenteilsvertrages" im Wesentlichen vergleichbar ist.[18] Das Tatbestandsmerkmal „Versorgungsleistungen" nimmt hierauf Bezug; es ist gegen die Gegenleistung abzugrenzen. Die Abänderbarkeit der Leistungen (§ 323 ZPO) als vor 2008 zentrale Unterscheidung zw. Leibrente und dauernder Last ist für ab dem 1.1.2008 begründete Verpflichtungen[19] steuerrechtl. bei der Anwendung des Abs. 1 Nr. 1a nicht mehr relevant. Die Übernahme der Pflegekosten[20] – oh-

1 BFH v. 27.2.1992 – X R 139/88, BStBl. II 1992, 612 = FR 1992, 545 m. Anm. *Schmidt*.
2 BFH v. 27.3.2001 – X R 106/98, BFH/NV 2001, 1242.
3 BFH v. 17.12.2003 – X R 2/01, BFH/NV 2004, 1086; v. 20.7.2010 – IX R 29/09, BFH/NV 2010, 2257.
4 BFH v. 14.12.1994 – X R 1-2/90, BStBl. II 1996, 680 = FR 1995, 503 m. Anm. *Weber-Grellet* = FR 1995, 583 m. Anm. *Fischer* – Rente an Lebensgefährtin des Vaters sind AK; zur nachträglichen Entlohnung Rn. 1.
5 BFH v. 15.6.1999 – X B 16/99, BFH/NV 2000, 29; v. 20.7.2010 – IX R 30/09, BFH/NV 2010, 2259.
6 So nachdrücklich BFH v. 27.3.2001 – X R 106/98, BFH/NV 2001, 1242.
7 BFH v. 23.1.1997 – IV R 45/96, BStBl. II 1997, 458 = FR 1997, 413 – Übernahme einer den übertragenden Eltern ihrerseits bestehenden Versorgungsverpflichtung ggü. Großeltern.
8 BFH v. 22.9.1993 – X R 48/92, BStBl. II 1994, 107.
9 BFH v. 23.1.1992 – XI R 6/87, BStBl. II 1992, 526 = FR 1992, 412.
10 Zur abgekürzten Leibrente BFH v. 10.4.2014 – X B 250/13, BFH/NV 2014, 1045; FG Nds. v. 14.5.2013 – 15 K 180/12, EFG 2013, 1486.
11 BMF v. 11.3.2010, BStBl. I 2010, 227 Rn. 56.
12 BFH v. 21.10.1999 – X R 75/97, BStBl. II 2002, 650 = FR 2000, 159; BMF v. 11.3.2010, BStBl. I 2010, 227 Rn. 56, 77: Mindestzeitrenten oder verlängerte Leibrenten/dauernde Lasten sind stets als wiederkehrende Leistungen im Austausch mit einer Gegenleistung zu behandeln.
13 BFH v. 10.4.2014 – X B 250/13, BFH/NV 2014, 1045 mwN.
14 BMF v. 11.3.2010, BStBl. I 2010, 227 Rn. 77.
15 BFH v. 19.8.2008 – IX R 56/07, BStBl. II 2010, 24 = FR 2009, 482; BMF v. 11.3.2010, BStBl. I 2010, 227 Rn. 78.
16 BFH v. 26.11.1992 – X R 187/87, BStBl. II 1993, 298 = FR 1993, 198 m. Anm. *Schmidt* = FR 1993, 334 m. Anm. *Fischer*; BMF v. 11.3.2010, BStBl. I 2010, 227 Rn. 79.
17 BFH v. 16.12.1993 – X R 67/92, BStBl. II 1996, 669 = FR 1994, 257 m. Anm. *Weber-Grellet*; v. 16.3.1999 – X R 87/95, BFH/NV 2000, 12 mwN.
18 BFH v. 11.3.1992 – X R 141/88, BStBl. II 1992, 499 = FR 1992, 333 m. Anm. *Schmidt*, unter 4.
19 ZB BFH v. 23.11.2016 – X R 8/14, BStBl. II 2017, 512; zur Auslegung des Übergabevertrags BFH v. 3.5.2017 – X R 9/14, BFH/NV 2017, 1164; zu den einzelnen Leistungen sa. LfSt RhPf. v. 15.11.2017 – S 2221 A - St 31 1/St 35 1, juris.
20 Zu Pflege- und Betreuungsleistungen BFH v. 23.11.2016 – X R 16/14, BStBl. II 2017, 517, auch zur Einordnung von Versorgungsleistungen als Leibrente oder dauernde Last; v. 23.11.2016 – X R 8/14, BStBl. II 2017, 512.

nehin nur bis zum betragsmäßigen Umfang der erwirtschafteten Erträge[1] – wird v. den Vertragsparteien idR nicht gewünscht. Die Altverträge sind bis zum Erlöschen der Versorgungsverpflichtung weiter anzuwenden (§ 52 Abs. 23g). Obergrenze ist in jedem Fall „die sich aus dem übertragenen WG ergebene Leistungsfähigkeit des Verpflichteten".[2] Mit dieser Maßgabe kann der Leistungsumfang zivilrechtl. unabhängig v. stl. Erwägungen vereinbart werden; Bedürfnisse des Berechtigten und die Belastung des Verpflichteten sollten situationsgerecht, ggf. auch durch Substituierung v. Leistungen[3] iRd. bisherigen Versorgungskonzepts,[4] befriedigt werden.

f) Einzelne Versorgungsleistungen. Als Versorgungsleistungen iSv. § 10 Abs. 1 Nr. 1a abziehbar/steuerbar sind Zuwendungen zur Existenzsicherung in Geld oder Geldeswert (mit Ausnahme v. persönlichen Dienstleistungen – Unterausnahme: Anstellung einer fremden Kraft[5] – und Wohnraumüberlassung[6]), durch welche Grundbedürfnisse des Bezugsberechtigten (Wohnen und Ernährung, sonstiger Lebensbedarf) abgedeckt werden.[7] Wird ein Betrieb der LuF übertragen, ist auch der Teil der Versorgungsleistungen begünstigt, der auf den Wohnteil des Betriebes entfällt (§ 10 Abs. 1 Nr. 1a S. 3). Seit der Abschaffung der Nutzungswertbesteuerung ist der Nutzungswert der Wohnung weder beim Altenteilsverpflichteten als dauernde Last noch beim Altenteiler als wiederkehrende Bezüge iSd. § 22 Nr. 1 Satz 1 EStG zu erfassen. Dauernde Lasten und beim Altenteiler wiederkehrende Bezüge sind die **mit der Wohnungsüberlassung verbundenen Aufwendungen**, die dem Altenteiler als wiederkehrende Sachleistungen zufließen.[8] Versorgungsleistungen sind zB die Übernahme der Krankenversicherung, der lfd. Ertragsteuern[9] oder sonstigen Aufwendungen für den Lebensunterhalt, freie Kost, Strom, Wasser, Heizung und Beleuchtung – die SvEV ist grds. ein geeigneter Schätzungsmaßstab[10] –, nicht aber Schuldzinsen und AfA,[11] Ausgaben für öffentl. Grundstückslasten, Hausversicherung, GrSt., Feuerversicherung.[12] Abziehbar/steuerbar sind eindeutig, klar[13] und formwirksam vereinbarte übliche oder sich aus den landesrechtl. AGBGB ergebende,[14] der Erhaltung des im Zeitpunkt der Übergabe vertragsgemäßen Zustandes dienende[15] auf die Altenteilerwohnung entfallende Aufwendungen für Instandhaltung und Schönheitsreparaturen,[16] soweit sie das Versorgungsbedürfnis des Berechtigten berühren,[17] auch Reparaturen[18] an der nutzungsrechtsbelasteten Wohnung. Maßstab ist der vertraglich geschuldete Gebrauch. Es muss feststehen, dass der Vermögensübernehmer zur Tragung der fraglichen Aufwendungen verpflichtet ist. Instandhaltungsmaßnahmen sind begünstigt, die den im Zeitpunkt der Vermögensübergabe gegebenen vertrags- und ordnungsgemäßen Zustand des Gebäudes erhalten sollen.[19] Vertraglich geschuldete Erhaltungsaufwendungen können eine – übliche – Modernisierung 24

1 BFH v. 13.12.2005 – X R 61/01, BStBl. II 2008, 16 = FR 2006, 518. S. auch BMF v. 11.3.2010, BStBl. I 2010, 227 Rn. 34.
2 BFH v. 13.12.2005 – X R 61/01, BStBl. II 2008, 16 = FR 2006, 518, betr. nachträgliche Einbeziehung v. hohen Pflegekosten.
3 BFH v. 27.8.1996 – IX R 86/93, BStBl. II 1997, 47 = FR 1997, 94.
4 BFH v. 13.12.2005 – X R 61/01, FR 2006, 518 = BFH/NV 2006, 1003, *Fischer*, jurisPR-SteuerR 14/2006 Anm. 2.
5 BFH v. 22.1.1992 – X R 35/89, BStBl. II 1992, 552 = FR 1992, 447: nur Ansatz der mit der Nutzungsüberlassung zusammenhängenden Aufwendungen.
6 BMF v. 11.3.2010, BStBl. I 2010, 227 Rn. 44, 46.
7 BFH v. 25.3.1992 – X R 196/87, BStBl. II 1992, 1012 = FR 1992, 583.
8 BMF v. 10.3.2010, BStBl. I 2010, 227 Rn. 46.
9 BFH v. 15.5.1986 – III R 190/82, BStBl. II 1986, 714 = FR 1986, 436.
10 BFH v. 18.12.1990 – X R 151/88, BStBl. II 1991, 354; v. 8.6.2018 – X B 112/17, juris; LfSt Nds. v. 22.3.2018 – S 2230 - 12 - St 282, juris – Beanstandungsgrenzen für unbare Altenteilsleistungen bei Land- und Forstwirten.
11 BFH v. 3.6.1992 – X R 14/89, BStBl. II 1993, 23 = FR 1992, 745; BMF v. 11.3.2010, BStBl. I 2010, 227 Rn. 46.
12 BFH v. 25.3.1992 – X R 196/87, BStBl. II 1992, 1012 = FR 1992, 583; v. 14.12.1994 – X R 1/90, X R 2/90, BStBl. II 1996, 680 = FR 1995, 503 m. Anm. *Weber-Grellet* = FR 1995, 583 m. Anm. *Fischer*.
13 BFH v. 15.3.2000 – X R 50/98, BFH/NV 2000, 1089 mwN – Erneuerung der Fenster und Rollläden; v. 28.2.2002 – IV R 20/00, BStBl. II 2003, 644 – Kosten des Umbaus einer Betriebsleiterwohnung; FG BaWü. v. 10.5.2011 – 2 K 3045/09, EFG 2011, 1873 – keine eindeutige Regelung betr. Erneuerung eines Heizkessels.
14 BFH v. 25.8.1999 – X R 38/95, BStBl. II 2000, 21 = FR 2000, 106; v. 12.4.2000 – XI R 36/99, BFH/NV 2000, 1196; v. 21.1.2004 – XI R 23/03, BFH/NV 2004, 1228.
15 BFH v. 25.8.1999 – X R 38/95, BStBl. II 2000, 21 = FR 2000, 106; BMF v. 11.3.2010, BStBl. I 2010, 227 Rn. 46.
16 BFH v. 30.10.1984 – IX R 2/84, BStBl. II 1985, 610 (613) = FR 1985, 382; v. 1.10.2003 – X B 75/02, BFH/NV 2004, 44 mwN; BMF v. 11.3.2010, BStBl. I 2010, 227 Rn. 46.
17 BFH v. 31.3.2004 – X R 32/02, BFH/NV 2004, 1248 – Ersetzung eines Öltanks; FG BaWü. v. 30.5.2001 – 2 K 106/99, EFG 2001, 1120 – nicht bei Erneuerung einer Hofbefestigung (Gemeinschaftsanlage).
18 BFH v. 25.3.1992 – X R 196/87, BStBl. II 1992, 1012 = FR 1992, 583, mit Abgrenzung zu BFH v. 7.12.1982 – VIII R 166/80, BStBl. II 1983, 660 = FR 1983, 509, wo kein Altenteilsvertrag vereinbart war.
19 BFH v. 21.6.2012 – X B 76/11, BFH/NV 2012, 1594, betr. Kosten für die Erneuerung der Heizungsanlage; sa. FG Nds. v. 17.5.2017 – 1 K 310/16, EFG 2017, 1169: Die Verpflichtung zum Erhalt der Heizungsanlage muss im Übergabevertrag eindeutig geregelt sein; sa. zur neuen Einbauküche FG München v. 27.3.2018 – 2 K 1984/16, juris.

bewirken; eine allg. „Verpflichtung zur Modernisierung" besteht auch nicht aufgrund eines so formulierten Vertrages.[1] Außergewöhnliche Instandhaltungen – insbes. solche im Interesse des Vermögensübernehmers an der Werterhöhung und Werterhaltung – sind nicht als SA abziehbar, wenn sie den im Zeitpunkt der Übergabe vertragsgemäßen Zustand wesentlich verbessern und deswegen nicht mehr den Charakter v. Versorgungsleistungen haben.[2] Im Umfang ihrer Abziehbarkeit fließen die Sachaufwendungen dem Übergeber als wiederkehrende Sachleistungen zu; dass sie auf das dem Verpflichteten gehörende Grundstück gemacht werden, schließt deren Abziehbarkeit nicht aus.[3] Versorgungsleistungen sind auch durch Dritte – nicht in eigener Pers. (weil keine „Aufwendung") – entgeltlich erbrachte **Pflegeleistungen.**[4] Ferner sind abziehbar – weil traditionell Inhalt des Altenteils – uU im Altenteilsvertrag vereinbarte Begräbnis-[5], Grabmal-[6] und Grabpflegekosten;[7] diese einmalige Leistung kann integraler Bestandteil der Sachgesamtheit „wiederkehrende Leistungen" sein.[8] Soweit der Vermögensübernehmer auch (Allein-)Erbe ist, scheidet bei ihm der Ansatz v. wiederkehrenden Einkünften und der dauernden Last beim Verpflichteten aus.[9] Eine Abänderung der vertraglichen Leistungen ist anzuerkennen, wenn sich die Bedarfslage aufgrund nachweisbarer Umstände ändert.[10]

25 **g) Gleitende Vermögensübergabe**[11] **(Ablösung von Nutzungsrechten).** Eine Vermögensübergabe gegen Vorbehalt eines Nutzungsrechts an der existenzsichernden Wirtschaftseinheit wird später durch Vereinbarung einer Versorgungsrente – als „schuldrechtl. Variante" des Vorbehalts der Erträge – abgelöst.[12] Das Nutzungsrecht kann v. vornherein befristet, die Ablösung mithin geplant sein.[13] Es kann aber auch aufgrund eines später gefassten Entschlusses abgelöst werden;[14] dann liegt je nach Sachlage ein entgeltliches Geschäft[15] vor oder – so idR – eine Vermögensübergabe gegen Versorgungsleistungen.[16] Es kommt darauf an, ob die Versorgungsrente – wenn auch betragsmäßig eingeschränkt – den ursprünglich vereinbarten Vorbehaltsnießbrauch ersetzt (**„gleitende Vermögensübergabe"**).[17] Gleiches gilt für die sog. Rheinische Hofübergabe.[18]

26 **h) Beendigung der privaten Versorgungsrente.** Der sachliche Zusammenhang der Versorgungsleistungen mit der Vermögensübergabe endet grds., wenn der Übernehmer das Vermögen – ohne gleichzeitige

1 BFH v. 6.4.2005 – X B 124/04, juris; OFD Ffm. v. 5.11.2018 – S 2230 A - 2 - St 216, unter 1.3.
2 Weiter gehend wohl BFH v. 28.2.2002 – IV R 20/00, BStBl. II 2003, 644.
3 BFH v. 25.8.1999 – X R 94/98, BFH/NV 2000, 418.
4 BFH v. 22.1.1992 – X R 35/89, BStBl. II 1992, 552 = FR 1992, 447; BMF v. 11.3.2010, BStBl. I 2010, 227 Rn. 44f.
5 BFH v. 15.2.2006 – X R 5/04, BStBl. II 2007, 160 = FR 2006, 742 m. Anm. *Kanzler*, zu Kosten eines ortsüblichen Grabmals; BFH v. 19.1.2010 – X R 17/09, BStBl. II 2010, 544 – soweit ein Dritter Erbe ist; Zufluss ggf. beim Erben; BFH v. 19.1.2010 – X R 32/09, BStBl. II 2011, 162: kein SA-Abzug, wenn der Verpflichtete Alleinerbe des Vermögensübergebers wird; H 10.3 EStH „Beerdigungskosten"; OFD Ffm. v. 5.11.2018 – S 2230 A - 2 - St 216, unter 2.; *E. Stelter*, NWB 2018, 2054.
6 BFH v. 15.2.2006 – X R 5/04, BStBl. II 2007, 160 = FR 2006, 742 m. Anm. *Kanzler*.
7 BFH v. 18.9.1991 – XI R 10/85, BFH/NV 1992, 295; aber BFH v. 4.4.1989 – X R 14/85, BStBl. II 1989, 779 = FR 1989, 531 – nicht abziehbar beim Vermächtnisnehmer.
8 FG Münster v. 14.12.2008 – 2 K 1833/07 E, EFG 2009, 1377.
9 OFD NRW v. 27.12.2016 – S 2230 - 2016/0007 - St 165, juris, Tz. 7.8.
10 OFD Ffm. v. 5.11.2018 – S 2230 A - 2 - St 216, Tz. 3.3.
11 BFH v. 3.6.1992 – X R 14/89, BStBl. II 1993, 23 = FR 1992, 745; zust. BMF v. 11.3.2010, BStBl. I 2010, 227 Rn. 21, 25; zum Überleitungsrecht ab 1.1.2008 BFH v. 12.5.2015 – IX R 32/14, BStBl. II 2016, 331 = FR 2015, 1034; zur Ablösung des Nießbrauchsrechts s. BMF v. 6.5.2016, BStBl. I 2016, 476.
12 BFH v. 3.6.1992 – X R 147/88, BStBl. II 1993, 98 = FR 1993, 53; v. 17.5.2006 – X R 2/05, BFH/NV 2006, 1824, betr. vorherige Aufgabe des Vorbehaltsnießbrauchs; BMF v. 22.3.2010, BStBl. I 2010, 227 Rn. 25.
13 BFH v. 3.6.1992 – X R 14/89, BStBl. II 1993, 23 = FR 1992, 745.
14 BFH v. 3.6.1992 – X R 147/88, BStBl. II 1993, 98 = FR 1993, 53; v. 12.5.2015 – IX R 32/14, BStBl. II 2016, 331 = FR 2015, 1034, Anm. *Jachmann-Michel*, jurisPR-SteuerR 42/2015 Anm. 2; BMF v. 11.3.2010, BStBl. I 2010, 227 Rn. 25, unter Berücksichtigung der Änderungen durch BMF v. 6.5.2016, BStBl. I 2016, 476 Rn. 25 und 85; zur Ablösung von Nutzungsrechten iZ mit einer Vermögensübergabe BMF v. 30.9.2013, BStBl. I 2013, 1184 Rn. 55ff. – Behandlung des Nießbrauchs und anderer Nutzungsrechte bei Einkünften aus VuV.
15 BFH v. 21.7.1992 – IX R 72/90, BStBl. II 1993, 486 = FR 1993, 538 m. Anm. *Drenseck* – Ablösung gegen Einmalzahlung; v. 25.11.1992 – X R 34/89, BStBl. II 1996, 663 = FR 1993, 236; v. 27.11.1996 – X R 85/94, BStBl. II 1997, 284 mwN = FR 1997, 340 – Ablösung eines Vermächtnisnießbrauchs; BMF v. 13.9.2013, BStBl. I 2013, 1184 Rn. 39ff.
16 BFH v. 15.12.1992 – IX R 323/87, BStBl. II 1993, 488 = FR 1993, 536; v. 25.11.1992 – X R 148/90, BFH/NV 1993, 586 – Ablösung eines durch Realteilung erlangten Nießbrauchs; v. 14.2.1996 – X R 106/91, BStBl. II 1996, 687 = FR 1996, 413 m. Anm. *Weber-Grellet*, mwN.
17 BFH v. 16.6.2004 – X R 50/01, BStBl. II 2005, 130 = FR 2005, 377; v. 12.5.2015 – IX R 32/14, BStBl. II 2016, 331 = FR 2015, 1034: gleitende Vermögensübergabe, wenn die Vermögensübertragung vor dem 1.1.2008 vereinbart worden war und die Voraussetzungen des § 52 Abs. 23e S. 2 idF des JStG 2008 nicht vorliegen.
18 *Wälzholz*, FR 2008, 46; BMF v. 11.3.2010, BStBl. I 2010, 227 Rn. 25.

oder zeitnahe Anschaffung eines Ersatz-WG („Surrogat“) und/oder ohne hierfür Gesellschaftsrechte oder einen anderen Gegenwert zu erhalten – auf einen Dritten überträgt[1] oder ihm das Vermögen steuerrechtl. aus anderen Gründen nicht mehr zuzurechnen ist;[2] ferner dann, wenn das Vermögen verbraucht ist oder untergeht[3] oder wenn in nicht ausreichend ertragbringendes Vermögen umgeschichtet wird, auch wenn die Beteiligten die geschuldeten Versorgungsleistungen an die Erträge der neu erworbenen Vermögensgegenstände anpassen.[4] Dies folgt aus der gesetzlichen Voraussetzung „lebenslanger“ Leistungen und der Leitidee der vorbehaltenen Vermögenserträge.[5] Ab diesem Zeitpunkt ist die zivilrechtl. fortzuzahlende Versorgungsrente nach § 12 Nr. 2 nicht abziehbar und nach § 22 Nr. 1 nicht steuerbar.[6] Der Ablösebetrag ist nicht als SA abziehbar und beim Empfänger nicht steuerbar; er führt, wenn der Übernehmer das Vermögen weiterveräußert, auch nicht zu Veräußerungskosten oder nachträglichen AK.[7] Der Übernehmer kann das Vermögen seinerseits im Generationenverbund durch vorweggenommene Erbfolge (weiter) übertragen;[8] die wiederkehrenden Leistungen sind auch dann weiterhin als Versorgungsleistungen zu behandeln, wenn daneben noch Leistungen vereinbart werden, die zu AK oder zu einem Veräußerungsgewinn gehören.[9] Werden nur Teile des übernommenen Vermögens auf Dritte übertragen, kommt es darauf an, ob das Restvermögen nach den allg. Grundsätzen über die Ertragsprognose noch ausreichend ertragbringend ist.[10] Werden wesentliche Teile des begünstigt übertragenen Vermögens nachträglich veräußert, ist anhand einer neuen Ertragsprognose zu prüfen, ob die Versorgungsleistungen weiterhin aus den Nettoerträgen des verbleibenden Vermögens gezahlt werden können.[11] Bei einer Umschichtung setzt der SA-Abzug voraus, dass der Ertrag des übergebenen bzw. umgeschichteten Vermögens die Leistungen abdeckt. Die FinVerw. ist der Auffassung des BFH zur Umschichtung gefolgt.[12] Der Abzug der SA währt fort unter den Voraussetzungen des § 10 Abs. 1 Nr. 1a lit. c bei der Einbringung des übernommenen Vermögens in eine KapGes. (§ 20 UmwStG) oder in eine „eigene“ PersGes.[13] (24 UmwStG) sowie bei formwechselnder Umwandlung, Verschmelzung oder Realteilung v. PersGes., wenn das Unternehmen fortgeführt wird.[14]

i) Materiell-rechtliche, keine verfahrensrechtliche Korrespondenz. Wegen des „Transfers v. Einkünften“ bei der privaten Versorgungsrente (Rn. 11 ff.) sind Einkünfte nach § 22 Nr. 1 S. 1 nur steuerbar (mit ihrem vollen Betrag oder als Leibrente), wenn der Verpflichtete materiell-rechtl. zum Abzug entspr. SA berechtigt ist; nicht erforderlich ist, dass sich der Abzug steuermindernd ausgewirkt hat:[15] Ohne Bedeutung ist die verfahrensrechtl. Behandlung beim jeweiligen Vertragspartner, aus der steuerrechtl. Behandlung bei diesem können keine Rechte hergeleitet werden.[16] Möglich ist Hinzuziehung (§ 174 Abs. 5, § 360 AO) oder Beiladung (§ 60 Abs. 1 FGO).[17] 27

j) Fehlgeschlagene Vermögensübergabe.[18] Deren Rechtsfolgen sind str. Kommt eine Zuordnung zum Rechtsinstitut der „Vermögensübergabe gegen Versorgungsleistungen“ – so bei der Übertragung v. PV – nicht in Betracht und/oder ist mangels tatbestandlicher Voraussetzungen die Zuordnung einer Vertragsgestaltung zur privaten Versorgungsrente nicht möglich und wird insbes. keine ausreichend ertragbrin- 28

1 BFH v. 15.12.2005 – IX B 176/05, BFH/NV 2006, 943; v. 8.12.2010 – X R 35/10, BFH/NV 2011, 782.
2 BMF v. 11.3.2010, BStBl. I 2010, 227 Rn. 37 ff. – Betriebsaufgabe, Übertragung, Umwandlung und nachträgliche Umschichtung; BFH v. 17.5.2006 – X R 2/05, BFH/NV 2006, 1824.
3 So die Tendenz in BFH v. 31.3.2004 – X R 66/98, BStBl. II 2004, 830 = FR 2004, 727 m. Anm. *Weber-Grellet*.
4 BFH v. 17.3.2010 – X R 38/06, BStBl. II 2011, 622 = FR 2010, 1094; v. 18.8.2010 – X R 55/09, BStBl. II 2011, 633 = FR 2011, 576.
5 IErg. auch FG BaWü. v. 21.3.2016 – 9 K 1718/14, EFG 2016, 1089.
6 BFH v. 31.3.2004 – X R 66/98, BStBl. II 2004, 830 = FR 2004, 727 m. Anm. *Weber-Grellet*; BMF v. 11.3.2010, BStBl. I 2010, 227 Rn. 37 ff.
7 BFH v. 31.3.2004 – X R 66/98, BStBl. II 2004, 830 = FR 2004, 727 m. Anm. *Weber-Grellet*; v. 20.6.2007 – X R 2/06, BStBl. II 2008, 99 = FR 2008, 189.
8 Zutr. BMF v. 11.3.2010, BStBl. I 2010, 227 Rn. 38.
9 BMF v. 11.3.2010, BStBl. I 2010, 227 Rn. 38.
10 BMF v. 11.3.2010, BStBl. I 2010, 227 Rn. 40.
11 BFH v. 17.3.2010 – X R 38/06, BStBl. II 2011, 622 = FR 2010, 1094; v. 18.8.2010 – X R 55/09, BStBl. II 2011, 633 = FR 2011, 576.
12 BMF v. 11.3.2010, BStBl. I 2010, 227 Rn. 37 ff.
13 Ausf. *Brandenberg*, NWB Fach 3, 12538, auch zu den Folgen einer Umschichtung.
14 S. auch mit Lösungen zu Einzelfragen BMF v. 11.3.2010, BStBl. I 2010, 227 Rn. 42 f.
15 BFH v. 22.1.1992 – X R 35/89, BStBl. II 1992, 552 = FR 1992, 447 – Pflege des Altenteilers; v. 26.7.1995 – X R 113/93, FR 1996, 143 = BStBl. II 1996, 157; BMF v. 11.3.2010, BStBl. I 2010, 227 Rn. 51.
16 BFH v. 10.1.2007 – X B 51/06, BFH/NV 2007, 718.
17 BFH v. 12.11.1985 – IX R 2/82, BStBl. II 1986, 261 = FR 1986, 241; zu § 174 AO BFH v. 26.1.1994 – X R 57/89, BStBl. II 1994, 597 = FR 1994, 438; v. 25.2.2014 – X R 34/11, FR 2014, 897 m. Anm. *Kanzler* = BStBl. II 2014, 665 – keine notwendige Beiladung; *Schuster*, jurisPR-SteuerR 31/2014 Anm. 2.
18 S. auch BMF v. 11.3.2010, BStBl. I 2010, 227 Rn. 57 f.

gende Wirtschaftseinheit übergeben Rn. 18, 31), gelten § 12 Nr. 1, 2 und die anderen Grundsätze des ESt-Rechts – insbes. zur Gegenleistungsrente[1] – uneingeschränkt.[2] Die Zuordnung zu einem entgeltlichen Geschäft gilt unabhängig davon, ob ein „marktgerechter" Preis vereinbart ist;[3] bei überhöhter Gegenleistung ist eine Korrektur nach Grundsätzen über den Fremdvergleich erforderlich.[4] Wenn sich die Vertragsparteien bei der Bemessung der Leistungen grds. an der Leistungsfähigkeit/dem Versorgungsbedürfnis orientiert, indes das Modell der „vorbehaltenen Erträge" de facto verfehlt haben, ist es angemessen, überhöhte Versorgungsleistungen betragsmäßig zu kappen und nur in diesem Umfang des Abzugsverbot des § 12 zu unterwerfen. Ergibt die nach den Verhältnissen des Übergabezeitpunktes „überschlägig" zu treffende Prognose, dass die – zu erwartenden – erzielbaren Nettoerträge nicht ausreichen, die voraussichtlichen wiederkehrenden Leistungen in vollem Umfang zu erbringen, sind diese nach BFH v. Anbeginn an Entgelt für das übernommene Vermögen.[5]

29 **k) Anforderungen an Vereinbarung und Durchführung.**[6] Der Fremdvergleich in Fällen der Vermögensübergabe gegen Versorgungsleistungen unterscheidet sich v. dem Fremdvergleich bei sonstigen Vertragsverhältnissen zw. Angehörigen, denn Versorgungsaufwendungen sind ohnehin stets privat veranlasst; bei Versorgungsverträgen ist nur die vertragsgemäße Erfüllung der übernommenen Pflichten zu prüfen.[7] Die Versorgungsleistungen müssen grds. für die Zukunft[8] hinsichtlich Umfang des übertragenen Vermögens, hinsichtlich Art[9] und Höhe der Versorgungsleistungen („Versorgungskonzept"[10]) und der Art und Weise der Zahlung[11] – mithin in Bezug auf alle typusprägenden Sach- und Barleistungen[12] – klar, ernsthaft[13] vereinbart[14] sein bzw. abgeändert werden. Die Leistungen dürfen nicht in das Ermessen des Verpflichteten gestellt werden.[15] Pflichten, die sich bereits aus dem G ergeben, müssen auch nahe Angehörige nicht ausdrücklich vereinbaren.[16] Der Vertrag muss wie vereinbart durchgeführt werden.[17] Die verspätete Zahlung v. Versorgungsleistungen führt für sich allein nicht zur Versagung des SA-Abzugs.[18] Werden die geschuldeten Versorgungsleistungen ohne Änderung der Verhältnisse, also willkürlich nicht mehr erbracht, sind sie steuerrechtl. nicht anzuerkennen, auch wenn die vereinbarten Zahlungen später wieder aufgenommen werden.[19] Der Berechtigte muss über die ihm gezahlte Rente verfügen können.[20] Anpassungen der Bezüge müssen zivilrechtl. durch ein idR langfristig verändertes Versorgungsbedürfnis oder die veränderte wirtschaftliche Leistungsfähigkeit des Berechtigten veranlasst sein.[21] Änderungen müssen schriftlich fixiert werden.[22] Werden Versorgungsleistungen in Anpassung an das Versorgungsbedürfnis

---

1 BFH v. 27.8.1997 – X R 54/94, BStBl. II 1997, 813 = FR 1997, 955 mwN.
2 BFH v. 12.5.2003 – GrS 1/00, BStBl. II 2004, 95 = FR 2003, 1084; BMF v. 11.3.2010, BStBl. I 2010, 227 Rn. 57 f.
3 BFH v. 31.8.1994 – X R 58/92, BStBl. II 1996, 672 = FR 1995, 307, mit Abgrenzung zu BFH v. 23.1.1992 – XI R 6/87, BStBl. II 1992, 526 = FR 1992, 412.
4 BFH v. 31.8.1994 – X R 44/93, BStBl. II 1996, 676 = FR 1995, 231 m. Anm. *Weber-Grellet* – Vorabkorrektur einer unangemessen hohen Gegenleistung; BMF v. 11.3.2010, BStBl. I 2010, 227 Rn. 65.
5 BFH v. 13.12.2005 – X R 61/01, BStBl. II 2008, 16 = FR 2006, 518.
6 BMF v. 11.3.2010, BStBl. I 2010, 227 Rn. 59 ff.
7 BFH v. 28.6.2002 – IX R 68/99, BStBl. II 2002, 699 = FR 2002, 1075; v. 18.8.2010 – X R 55/09, BStBl. II 2011, 633 = FR 2011, 576; v. 15.9.2010 – X R 10/09, BFH/NV 2011, 581.
8 BMF v. 11.3.2010, BStBl. I 2010, 227 Rn. 60, unter Bezugnahme auf BFH v. 29.11.1988 – VIII R 83/82, BStBl. II 1989, 281 = FR 1989, 139.
9 BFH v. 25.8.1999 – X R 94/98, BFH/NV 2000, 418.
10 BFH v. 31.8.1994 – X R 79/92, BFH/NV 1995, 382; v. 13.12.2000 – X B 81/00, BFH/NV 2001, 600.
11 BFH v. 15.7.1992 – X R 165/90, BStBl. II 1992, 1020 = FR 1992, 747; v. 24.3.1993 – X R 4/92, BFH/NV 1993, 717.
12 BFH v. 19.1.2005 – X R 23/04, BStBl. II 2005, 434 = FR 2005, 550.
13 BFH v. 15.7.1992 – X R 165/90, BStBl. II 1992, 1020 mwN = FR 1992, 747; v. 20.5.1992 – X R 207/87, BFH/NV 1992, 805; v. 27.8.1996 – IX R 86/93, BStBl. II 1997, 47 = FR 1997, 94.
14 Zur Verklammerung zweier Übergabeverträge zu einer Einheit s. BFH v. 20.6.2017 – X R 38/16, BFH/NV 2017, 1453.
15 BFH v. 28.2.2002 – IV R 20/00, FR 2002, 841 = BFH/NV 2002, 856 – Modernisierungsaufwendungen.
16 BFH v. 11.3.2010 – X R 7/04, BFH/NV 2005, 201 – es ist ausreichend, wenn dem Übergeber eines Hofs „lebenslänglich. ein freies Altenteil eingeräumt" wird.
17 Allg. BFH v. 7.5.1996 – IX R 69/94, BStBl. II 1997, 196 = FR 1996, 678; zum Abschnittsprinzip FG Münster v. 5.2.2002 – 6 K 6565/99 E, EFG 2002, 812.
18 BFH v. 15.9.2010 – X R 10/09, BFH/NV 2011, 581.
19 BMF v. 12.3.2010, BStBl. I 2010, 227 Rn. 63; BFH v. 15.9.2010 – X R 13/09, BStBl. II 2011, 641 = FR 2011, 376 m. Anm. *Kanzler*.
20 BFH v. 15.7.1992 – X R 142/88, BFH/NV 1992, 816; v. 31.8.1994 – X R 115/92, BFH/NV 1995, 498.
21 BFH v. 15.7.1992 – X R 165/90, BStBl. II 1992, 1020 = FR 1992, 747; instruktiv zur Anerkennung einer Nachtragsvereinbarung BFH v. 27.8.1996 – IX R 86/93, FR 1997, 94 = BStBl. II 1997, 47; BMF v. 11.3.2010, BStBl. I 2010, 227 Rn. 60.
22 BFH v. 15.9.2010 – X R 13/09, BStBl. II 2011, 641 = FR 2011, 376 m. Anm. *Kanzler*; *Schuster*, jurisPR-SteuerR 5/2011 Anm. 2; BFH v. 15.9.2010 – X R 16/09, BFH/NV 2011, 428; OFD Ffm. v. 19.8.2011 – S 2221 A - 82 - St 218, juris, unter Hinweis auf BMF v. 2.8.2011; krit. *Kesseler*, DStR 2011, 799.

des Leistungsempfängers in Abweichung zu dem vereinbarten Betrag für einen vorübergehenden Zeitraum reduziert, lässt dies nicht den Rechtsbindungswillen im Hinblick auf den gesamten Versorgungsvertrag entfallen.[1] Ggf. muss die Vereinbarung an geänderte Verhältnisse angepasst werden.[2] Die Nichtumsetzung einer Wertsicherungsklausel allein ist idR nicht schädlich.[3] Anders, wenn die Nichtbeachtung auf einen fehlenden Rechtsbindungswillen schließen lässt.[4] Einigen sich die Vertragspartner auf ein in Anbetracht des gestiegenen Versorgungsbedürfnisses – zB wegen des Umzugs des Versorgungsberechtigten in ein Pflegeheim – neues Versorgungskonzept, sind Zahlungen, die ab diesem Zeitpunkt nicht mehr aus dem Ertrag des übergebenen Vermögens erbracht werden können, freiwillige Leistungen iSd. § 12 Nr. 2.[5] An einen ursprünglichen Ausschluss des Pflegefallrisikos sind die Parteien gebunden.[6]

4. Abgrenzung zur Gegenleistungsrente. S. zunächst Rn. 4ff. Ein Versorgungsmotiv des Verkäufers hindert nicht die Annahme eines entgeltlichen Geschäftes.[7] Es spricht eine Vermutung dafür, dass Eltern Betrieb, Hof und sonstiges Vermögen – „das Familiensilber" – den Kindern nicht verkaufen, sondern unentgeltlich übergeben; ein Gegenbeweis ist möglich.[8] Die diesbezügliche Vermutung ist widerlegt, wenn die Beteiligten Leistung und Gegenleistung nach kfm. Grundsätzen gegeneinander abgewogen haben und subj. v. der Gleichwertigkeit der beiderseitigen Leistungen ausgehen durften.[9] Bei einander Fremden besteht eine widerlegbare Vermutung für Entgeltlichkeit.[10] Anders uU, wenn der Übernehmer aufgrund besonderer persönlicher (insbes. familienähnlicher) Beziehungen zum Übergeber ein persönliches Interesse an der lebenslangen angemessenen Versorgung des Übergebers hat.[11] Es genügt, dass die Beteiligten subj. v. der Gleichwertigkeit der beiderseitigen Leistungen ausgegangen sind, sofern die Annahme der Ausgewogenheit unter Berücksichtigung der tatsächlichen und rechtl. Umstände im Zeitpunkt des Vertragsabschlusses vertretbar erscheint. Ein Anhaltspunkt für ein entgeltliches Rechtsgeschäft kann sich auch daraus ergeben, dass die wiederkehrenden Leistungen auf Dauer die erzielbaren Erträge übersteigen.[12] Insoweit sollte der Übergabevertrag eindeutig sein. Die Abgrenzung ist ein eine Frage der Tatsachenfeststellung und -würdigung, die dem FG obliegt. Sind die beiderseitigen Leistungen nur objektiv gleichwertig, kann dennoch eine Vermögensübergabe gegen Versorgungsleistungen möglich sein.[13] Ist auch diese Zuordnung nicht möglich, handelt es sich um eine fehlgeschlagene Vermögensübergabe (Rn. 28). Die Vertragspartner können auch ein Entgelt unter dem Marktwert („Teilentgeltlichkeit" etwa bei Freundschaftspreis) vereinbaren.[14] Zur Korrektur eines fremdunüblich hohen Entgeltes s. Rn. 28. 30

5. Unterhaltsrente – Abgrenzung zur privaten Versorgungsrente. Unterhaltsrenten sind nach § 12 Nr. 1 und 2 nicht abziehbar/steuerbar. Der BFH (GrS) setzt für die Abziehbarkeit vor Versorgungsleistungen als SA voraus, dass die Versorgungsrente auch im konkreten Fall – „soweit bei überschlägiger Berechnung vorhersehbar" (maW: es ist nicht kleinlich zu verfahren) – aus den erzielbaren steuerbaren[15] Nettoerträgen des übernommenen Vermögens gezahlt werden kann; anderenfalls handelt es sich grds. um ein Entgelt für das übernommene Vermögen.[16] Freilich sollten geringfügige Wertüberschreitungen unschädlich sein.[17] Es genügt nicht, wenn das übergebene Vermögen lediglich „seiner Art nach" ertragbringend ist, die erzielbaren Nettoerträge jedoch die vereinbarten wiederkehrenden Leistungen nicht abdecken. Maßgebend für die **Ertragsprognose** ist der im Zeitpunkt der Übergabe langfristig erzielbare Ertrag des 31

1 BFH v. 15.9.2010 – X R 31/09, BFH/NV 2011, 583.
2 BFH v. 3.3.2004 – X R 14/01, BStBl. II 2004, 826 = FR 2004, 783; BMF v. 11.3.2010, BStBl. I 2010, 227 Rn. 62.
3 Grundlegend BFH v. 3.3.2004 – X R 14/01, BStBl. II 2004, 826 = FR 2004, 783; v. 15.9.2010 – X R 31/09, BFH/NV 2011, 583.
4 BFH v. 3.3.2004 – X R 14/01, BStBl. II 2004, 826 = FR 2004, 783; v. 16.1.2007 – X B 5/06, BFH/NV 2007, 720; BMF v. 11.3.2010, BStBl. I 2010, 227 Rn. 64.
5 BFH v. 13.12.2005 – X R 61/01, BStBl. II 2008, 16 = FR 2006, 518; hierzu *Fischer*, jurisPR-SteuerR 14/2006 Anm. 2; BMF v. 11.3.2010, BStBl. I 2010, 227 Rn. 61.
6 BMF v. 11.3.2010, BStBl. I 2010, 227 Rn. 61.
7 BFH v. 2.5.2001 – VIII R 64/93, BFH/NV 2002, 10.
8 BFH v. 29.1.1992 – X R 193/87, BStBl. II 1992, 465; v. 2.5.2001 – VIII R 64/93, BFH/NV 2002, 10.
9 BFH v. 30.7.2003 – X R 12/01, BStBl. II 2004, 211 = FR 2004, 342; BMF v. 11.3.2010, BStBl. I 2010, 227 Rn. 5.
10 BFH v. 16.12.1997 – IX R 11/94, BStBl. II 1998, 718 = FR 1998, 605; v. 2.5.2001 – VIII R 64/93, BFH/NV 2002, 10; BMF v. 11.3.2010, BStBl. I 2010, 227 Rn. 4.
11 BFH v. 2.5.2001 – VIII R 64/93, BFH/NV 2002, 10 mwN; s. im Einzelnen BFH v. 16.12.1997 – IX R 11/94, BStBl. II 1998, 718 = FR 1998, 605; BMF v. 11.3.2010, BStBl. I 2010, 227 Rn. 6.
12 BMF v. 11.3.2010, BStBl. I 2010, 227 Rn. 56.
13 **AA** BFH v. 27.8.1997 – X R 54/94, BStBl. II 1997, 813 = FR 1997, 955.
14 BFH v. 2.5.2001 – VIII R 64/93, BFH/NV 2002, 10.
15 BMF v. 11.3.2010, BStBl. I 2010, 227 Rn. 20.
16 BMF v. 11.3.2010, BStBl. II 2010, 227 Rn. 7, der offenbar keine Flexibilisierung der Fehlerfolgen zulässt.
17 BFH v. 16.6.2004 – X R 50/01, BStBl. II 2005, 130 = FR 2005, 377; v. 26.10.2011 – X B 224/10, BFH/NV 2012, 212: bei der Ermittlung der erzielbaren Nettoerträge ist nur eine überschlägige Berechnung vorzunehmen.

übergebenen WG. Einigen sich die Vertragsparteien auf ein in Anbetracht des gestiegenen Versorgungsbedürfnisses neues Versorgungskonzept, sind Zahlungen, die ab diesem Zeitpunkt nicht mehr aus dem Ertrag des übergebenen Vermögens gezahlt werden können, nach § 12 Nr. 2 nicht abziehbar;[1] diese Einschränkung entspricht verfassungskonformer Auslegung.[2] Das BMF ist insofern großzügiger als der GrS des BFH, als Versorgungsleistungen, die aus den lfd. Nettoerträgen erbracht werden können, auch dann als SA abziehbar sind, wenn der übergebene Betrieb keinen Unternehmenswert hat.[3] Zur Frage, wann im vorgenannten Sinne „Vermögen" übergeben wird, s. Rn. 18.

32 **Bestimmung des Nettoertrags.**[4] Der GrS des BFH billigt die – nunmehr fortgeführte – diesbezügliche Auffassung des BMF (Gegenrechnung ua. v. AfA, außerordentlichen Aufwendungen und ggf. Schuldzinsen); ein Unternehmerlohn ist nicht anzusetzen. Wird eine wesentliche Beteiligung an einer KapGes. übertragen, ist für die Ermittlung des erzielbaren Nettoertrags auf die mögliche Gewinnausschüttung abzustellen.[5] Die Höhe der abziehbaren Versorgungsleistungen durch die nach der Prognose im Zeitpunkt der Übergabe erzielbaren Nettoerträge begrenzt; die Vereinbarung eines neuen Versorgungskonzepts – zB wegen Umzug des Übergebers in ein Pflegeheim – führt dazu, dass Zahlungen, die ab diesem Zeitpunkt nicht mehr aus dem Ertrag des übergebenen Vermögens erbracht werden können, freiwillige Leistungen (§ 12 Nr. 2 EStG) sind.[6] Für die nach objektiven Kriterien aufgrund überschlägiger Berechnung[7] vorzunehmende **Ertragsprognose** bieten die Verhältnisse des Vertragsabschlusses und die in den beiden Jahren vor der Übergabe erwirtschafteten Überschüsse einen gewichtigen Anhaltspunkt.[8] Ggf. ist einer durch Zeitablauf entstandenen Beweisnot des beweisbelasteten StPfl. Rechnung zu tragen.[9] Es reicht aus, wenn das übergebene Vermögen beim Übernehmer ausreichende Erträge erwarten lässt; die eine Verbesserung der Ertragslage versprechenden Umstände müssen im Zeitpunkt der Vermögensübergabe bereits konkret bestimmbar sein.[10] Bei Vermögensübertragungen v. Betrieben – auch solchen der LuF – besteht eine nur in Ausnahmefällen widerlegliche Vermutung dafür, dass künftig ausreichende Erträge erwirtschaftet werden, wenn der Erwerber den Betrieb fortführt. Gleiches gilt bei der Übertragung v. GmbH-Geschäftsanteilen, wenn sowohl der Übergeber als auch der Übernehmer als Geschäftsführer tätig waren bzw. sind sowie für MU'anteile und Teilbetriebe. Erfüllt sich die – realistische – Prognose nicht, bleibt es – jedenfalls bis zur Einstellung des Betriebes (Rn. 26) – bei der Abziehbarkeit v. Versorgungsleistungen; die Aufdeckung stiller Reserven ist insoweit ausgeschlossen. Bereits nach bisheriger Auffassung war eine vorübergehende Ertraglosigkeit unschädlich.[11] Bei der Übertragung eines v. Übernehmer fortgeführten Betriebes ist nach GrS zu vermuten, dass die Beteiligten v. ausreichenden künftigen Erträgen ausgegangen sind. Es sind Fälle denkbar, in denen zB ein Betrieb erst beim Übernehmer Erträge erwarten lässt.[12] Den auf der Grundlage der stl. Einkünfte ermittelten Erträgen sind AfA, erhöhte Absetzungen und Sonderabschreibungen sowie außerordentliche Aufwendungen, zB größere Erhaltungsaufwendungen, die nicht jährlich üblicherweise anfallen hinzuzurechnen. Fiktive ersparte Schuldzinsen sind kein Nettoertrag des übernommenen Vermögens.[13] Bei Einkünften aus LuF, aus GewBetr. und aus selbständiger Tätigkeit ist ein Unternehmerlohn nicht abzuziehen. Bei Übertragung eines Anteils an einer GmbH mindert das Gehalt des Ges.-Geschäftsführers die auf der Grundlage der stl. Erträge ermittelten Erträge nicht. Bei Übertragung eines GmbH-Anteils kommt es auf die ausschüttungsfähigen Erträge an.[14] Ist die zu erwartende Ergebnissteigerung die Folge v. Übernehmer vorgenommener wesentlicher Veränderungen am übergebenen Vermögen – insbes. durch Investition eigener Mittel – bleibt sie für die Ertragsprognose außer Betracht.[15]

---

1 BFH v. 13.12.2005 – X R 61/01, BStBl. II 2008, 16 = FR 2006, 518; Anm. *Schönfelder*, ZEV 2006, 231; *Hipler*, MittBayNot 2006, 539.
2 BFH v. 22.1.1992 – X R 35/89, BStBl. II 1992, 552 = FR 1992, 447; v. 27.2.1992 – X R 136/88, BStBl. II 1992, 609 = FR 1992, 479; v. 25.11.1992 – X R 91/89, BStBl. II 1996, 666 = FR 1993, 268; v. 10.11.1999 – X R 46/97, BStBl. II 2000, 188 = FR 2000, 270 m. Anm. *Weber-Grellet*; *Hipler*, DStR 2001, 1925.
3 BMF v. 11.3.2010, BStBl. II 2010, 227 Rn. 8, gegen BFH v. 12.5.2003 – GrS 2/00, BStBl. II 2004, 100 = FR 2003, 1089 m. Anm. *Weber-Grellet*.
4 BMF v. 11.3.2010, BStBl. I 2010, 227 Rn. 26ff. – Grundsätze und Ermittlung der Erträge.
5 BFH v. 13.12.2005 – X R 61/01, BStBl. II 2008, 16 = FR 2006, 518.
6 BFH v. 13.12.2005 – X R 61/01, BStBl. II 2008, 16 = FR 2006, 518.
7 BFH v. 27.4.2015 – X B 47/15, BFH/NV 2015, 1356.
8 BFH v. 12.5.2003 – GrS 1/00, BStBl. II 2004, 95 = FR 2003, 1084; zur Ermittlung der Erträge bei Gewinnermittlung nach Durchschnittssätzen gem. § 13a OFD München v. 4.4.2005 – S 2221-131 St 426, juris.
9 BFH v. 16.6.2004 – X R 22/99, BStBl. II 2004, 1053 = FR 2004, 1237.
10 BFH v. 16.6.2004 – X R 22/99, BStBl. II 2004, 1053 = FR 2004, 1237.
11 BFH v. 14.7.1993 – X R 54/91, BStBl. II 1994, 19 (22) = FR 1993, 807; *Martin*, BB 1993, 1776.
12 S. auch BMF v. 11.3.2010, BStBl. I 2010, 227 Rn. 35.
13 BFH v. 15.7.2014 – X R 39/12, BFH/NV 2015, 174.
14 BFH v. 21.7.2004 – X R 44/01, BStBl. II 2005, 133 = FR 2004, 1390.
15 BFH v. 16.6.2004 – X R 50/01, BStBl. II 2005, 130 = FR 2005, 377.

Der **Wirtschaftsüberlassungsvertrag** ist als Pachtvertrag zu behandeln. Hierauf beruhende Leistungen des Nutzungsberechtigten können als BA abziehbar sein.[1] Nach der Neufassung durch das JStG 2008 kommt ein SA-Abzug nicht in Betracht.[2] Bei vor dem 1.1.2008 geschlossenen und ggf. danach verlängerten Verträgen sind die altenteilsähnlichen Zuwendungen des Kindes an die Eltern trotz der Änderung des § 10 Abs. 1 Nr. 1a aus Gründen des Bestandsschutzes weiterhin als SA abziehbar.[3] Bei nach dem 1.1.2008 geschlossenen Verträgen fehlt es bei der pachtweisen Überlassung an einer „Übertragung" v. begünstigtem Vermögen.[4] 33

6. Gestaltungshinweise. IdR wird – je nach Einzelfall – ein Progressionsgefälle ausgenutzt. Die Abänderbarkeit der Versorgungsleistungen entspricht idR dem Interesse der Vertragsparteien; sie muss bei Neuverträgen nicht mehr vereinbart werden. Inhalt und Umfang der Versorgungsleistungen sollten im Rahmen eines Versorgungskonzepts konkret vertraglich fixiert werden, uU unter Ausschluss des Pflegefallrisikos. Auf die korrekte Vereinbarung, Durchführung und auf das Erfordernis der Schriftlichkeit des Versorgungsvertrages ist zu achten. Bei Gestaltungen ist das neue ErbSt-Recht zu beachten. In allen v. der Neuregelung betroffenen Fällen ist zu prüfen, ob nicht alternativ auf die Vereinbarung eines Nießbrauchsvorbehalts ausgewichen werden kann. 34

VI. Einkünfte aus Leistungen aufgrund eines schuldrechtlichen Versorgungsausgleichs (Nr. 1a iVm. § 10 Abs. 1a Nr. 3, 4). S. zunächst BMF v. 19.8.2013[5] und v. 21.12.2017[6]. Das Steuerrecht des schuldrechtlichen Versorgungsausgleichs ist durch das JStG 2010 an die Terminologie des VersAusglG angepasst worden. Die Ausgleichleistungen sind unabhängig davon sonstige Einkünfte, ob sich der Abzug dieser Leistungen als SA bei der ausgleichspflichtigen Pers. steuerlich ausgewirkt hat. Werden iRd. schuldrechtlichen Versorgungsausgleichs Versorgungsbezüge abgetreten, so gehören diese weiterhin zu den Einkünften des Ausgleichspflichtigen.[7] Eine Besteuerung kommt korrespondierend jedoch nur insoweit in Betracht, als die Voraussetzungen für den SA-Abzug beim Ausgleichsverpflichteten gegeben sind. Es wird auf die Kommentierung in § 10 Rn. 13a ff. verwiesen. 35

VII. Sozialversicherungsrenten und vergleichbare Alterseinkünfte (Nr. 1 S. 3 lit. a aa). 1. Besteuerung des Ertragsanteils und nachgelagerte Besteuerung. Mit der Besteuerung lebenslänglicher Renten (Leibrenten) mit ihrem Ertragsanteil soll dem systemtragenden Aspekt der Sonderung v. nichtsteuerbarer Umschichtung bzw. Rückfluss v. Vermögen und Zinsanteil (Rn. 4 ff.) Rechnung getragen werden. Dies führte zu einer verfassungswidrigen Begünstigung dieser Renten, ua weil Lebenseinkommen gleichheitswidrig stfrei blieb, ua. wg. § 3 Nr. 62. Nach den Vorgaben im **„Renten-Urteil" des BVerfG**[8] hat das AltEinkG das **„Drei-Schichten-Modell"** (Rn. 37)[9] normiert. Es unterscheidet zw. der **Basisversorgung (erste Schicht)**, der betrieblichen sowie der stl. geförderten privaten Altersvorsorge (**zweite Schicht**; Zusatzversorgung [bAV und Riester-Rente]) und den sonstigen Kapitalanlageprodukten, die zwar der Altersvorsorge dienen können, es aber nicht müssen (**dritte Schicht**).[10] Allg. zur Besteuerung von Einkünften gem. § 22 Nr. 1 S. 3 lit. a BMF v. 19.8.2013[11]. 36

Wesentliche Merkmale der Basisversorgung. Die Renten werden erst bei Erreichen einer bestimmten Altersgrenze bzw. Erwerbsunfähigkeit gezahlt und dienen als Entgeltersatzleistung der Lebensunterhaltssicherung. Die entspr. Verwendung wird dadurch sichergestellt, dass die Rentenversicherungsansprüche nicht beleihbar, nicht vererblich, nicht veräußerbar, nicht übertragbar und nicht kapitalisierbar sind. Die **Basisversorgung der ersten Schicht** wird nach § 22 Nr. 1 S. 3 lit. a aa dem Grunde nach der nachgelagerten Besteuerung unterworfen. Sie wird lediglich durch eine innerhalb des bis 2039 reichenden Übergangszeitraums geltenden gleitenden Regelung modifiziert, die sich der nachgelagerten Besteuerung immer weiter annähert. ArbN-Beiträge zur gesetzlichen Rentenversicherung werden dann nicht als vorab entstandene WK, sondern nur als SA (§ 10 Abs. 1 Nr. 2 S. 1 lit. a, Abs. 3) abziehbar sein (§ 10 Rn. 15 ff.); Leistungen aus den gesetzlichen SozVers.-Systemen werden bis 2039 in die vollständige nachgelagerte Be- 36a

---

1 BFH v. 12.7.2017 – VI R 59/15, BFH/NV 2017, 1527, dort auch zur stl. Anerkennung; sa. *Kanzler*, NWB 2014, 2926.
2 BFH v. 25.6.2014 – X R 16/13, BFH/NV 2014, 1646, m. Anm *Fischer*, jurisPR-SteuerR 44/2014 Anm. 2; v. 12.7.2017 – VI R 59/15, BFH/NV 2017, 1527; sa. BMF v. 11.3.2010, BStBl. I 2010, 227 Rn. 22, 81.
3 OFD Ffm. v. 12.5.2016 – S 2221 A - 82 - St 218, juris, Rn. 81.
4 BFH v. 25.6.2014 – X R 16/13, BFH/NV 2014, 1646.
5 BStBl. I 2013, 1087 Rz. 270 ff.
6 BStBl. I 2018, 93 Rz. 308 ff.
7 BFH v. 9.12.2014 – X R 7/14, BFH/NV 2015, 824, m. Anm. *Fischer*, jurisPR-SteuerR 24/2015 Anm. 3.
8 BVerfG v. 6.3.2002 – 2 BvL 17/99, BVerfGE 105, 73 = FR 2002, 391 m. Anm. *Fischer*.
9 BFH v. 14.7.2010 – X R 37/08, BStBl. II 2011, 628 = FR 2011, 239; v. 13.4.2011 – X R 54/09, BStBl. II 2011, 910 = FR 2011, 917; v. 23.10.2013 – X R 33/10, BStBl. II 2014, 103.
10 BFH v. 5.3.2017 – X R 50/14, BStBl. II 2017, 1187 mwN.
11 BStBl. I 2013, 1087 Rz. 190 ff.

steuerung überführt. Auch bei der kapitalgedeckten bAV geht der Gesetzgeber in allen fünf Durchführungswegen langfristig zur nachgelagerten Besteuerung über. Nachgelagert besteuert werden ferner gem. Nr. 5 – dort freilich ohne Übergangsregelung – Leistungen aus Altersvorsorgeverträgen usw., soweit sie auf stl. entlasteten Beiträgen beruhen; dies sind insbes. die Versorgungsleistungen einer Pensionskasse, eines Pensionsfonds oder aus einer DirektVers. (betriebliche Altersvorsorgung; zB Rente, Auszahlungsplan, Teilkapitalauszahlung, Einmalkapitalauszahlung) sowie aus der „Riester-Rente" (s. auch § 10a). „Im Übrigen" (s. Nr. 1 S. 3 lit. a bb S. 1) verbleibt es bei der Besteuerung des Ertragsanteils (Rn. 46 ff.). Die Neuregelung durch das AltEinkG und der Übergang zur nachgelagerten Besteuerung sind grds. **verfassungskonform**, sofern nicht mit der Besteuerung gegen das **Verbot der Doppelbesteuerung** (Rn. 45) verstoßen wird; dies auch insoweit, als Renten ab 2005 mit dem Besteuerungsanteil gem. § 22 Nr. 1 S. 3 lit. a aa) S. 3 anstatt mit dem Ertragsanteil gem. § 55 Abs. 2 EStDV besteuert werden.[1] Eine verfassungsgerichtliche Überprüfung der Besteuerung der Alterseinkünfte, die vor 2005 bezogen wurden, und der Übergangsregelung[2] kommt nicht mehr in Betracht (s. auch Rn. 4).[3] Eine erst durch das AltEinkG begründete StPfl. verstößt weder gegen den Vertrauensschutzgrundsatz noch gegen das Rückwirkungsverbot.[4] Die kritischen Stimmen verstummen nicht.[5] Der allg. Gleichheitssatz gebietet es nicht, nach beamtenrechtlichen Vorschriften gewährte Ruhegehälter nur mit einem Besteuerungsanteil zu erfassen.[6]

37 **2. Renten aus den gesetzlichen Rentenversicherungen usw. (Nr. 1 S. 3 lit. a aa). a) Grundlagen.**[7] Die der Basisversorgung dienenden[8] Leistungen aus den gesetzlichen Rentenversicherungen, der landwirtschaftlichen Alterskasse und den berufsständischen Versorgungseinrichtungen[9] werden korrespondierend mit der Abziehbarkeit der Beiträge bis zum Jahr 2039 in die vollständige nachgelagerte Besteuerung überführt („**erste Schicht**"; s. Rn. 36a). Bemessungsgrundlage ist der Besteuerungsanteil, der nach den Vorgaben des § 22 Nr. 1 S. 3 lit. a aa) S. 2 bis 8 EStG errechnet wird.[10] Es wird nicht unterschieden zwischen – sowohl in Form der abgekürzten als auch in Form der nicht abgekürzten – Erwerbsminderungsrenten und anderen Sozialversicherungsrenten.[11] Zu den Leibrenten aus den gesetzlichen Rentenversicherungen gehören alle in § 33 SGB VI aufgezählten Rentenarten, die durch die gesetzliche Rentenversicherung gewährt werden, nämlich die Renten wegen Alters, wegen verminderter Erwerbs-[12] und Berufsfähigkeit[13] sowie wegen Todes. Die nachgelagerte Besteuerung auch der Erwerbsunfähigkeitsrenten der gesetzlichen Rentenversicherung – anders als solche aus privaten Versicherungsverträgen, die mit dem Ertragsanteil besteuert werden (Rn. 46)[14] – ist verfassungskonform.[15]

37a Steuerbar sind Leistungen v. in- und – vorbehaltlich der Anwendung eines DBA[16] – **ausländ. Versorgungsträgern**. Es ist im Wege rechtsvergleichender Betrachtung zu prüfen, welcher Einkunftsart die Leistungen zugehören und ggf. welchem Regelwerk innerhalb dieser Einkunftsart sie zu unterwerfen sind.[17]

---

1 BFH v. 19.8.2013 – X R 35/11, FR 2014, 243 = BFH/NV 2013, 1861 mwN.
2 BFH v. 19.1.2010 – X R 53/08, BStBl. II 2011, 567 = FR 2010, 766; v. 18.7.2013 – X B 242/12, BFH/NV 2013, 1576.
3 BFH v. 8.11.2006 – X R 45/02, BStBl. II 2007, 574 = FR 2007, 395; Verfassungsbeschwerde nicht angenommen, BVerfG v. 25.2.2008 – 2 BvR 325/07, HFR 2008, 753; BFH v. 18.7.2013 – X B 242/12, BFH/NV 2013, 1576 mwN; *Kulosa*, DStR 2018, 1413 mwN.
4 BFH v. 9.10.2013 – X B 239/12, BFH/NV 2014, 65; v. 15.10.2014 – X B 38/14, BFH/NV 2015, 156.
5 ZB *Scholtz*, DStR 2013, 75; *Seckelmann*, DStR 2013, 69.
6 BFH v. 7.2.2013 – VI R 83/10, BStBl. II 2013, 573 = FR 2013, 1100.
7 BMF v. 19.8.2013, BStBl. I 2013, 1087 Rn 190 ff., 195 ff.; zur „Durchführung der Besteuerung" Rn. 217 ff.
8 BFH v. 14.7.2010 – X R 37/08, BStBl. II 2011, 628 = FR 2011, 239, betr. dänische Altersrente.
9 Zu Kapitalleistungen s. BFH v. 23.10.2013 – X R 3/12, BStBl. II 2014, 58 = FR 2014, 192.
10 BFH v. 19.8.2013 – X R 35/11, FR 2014, 243 = BFH/NV 2013, 1861.
11 BFH v. 27.12.2012 – X B 48/11, BFH/NV 2013, 532.
12 BFH v. 10.8.2011 – X B 7/10, BFH/NV 2012, 20.
13 BFH v. 13.4.2011 – X R 54/09, BStBl. II 2011, 910 = FR 2011, 917; v. 29.9.2011 – X B 241/10, BFH/NV 2012, 31.
14 BFH v. 27.9.2011 – X B 241/10, BFH/NV 2012, 31, *P. Fischer*, jurisPR-SteuerR 23/2013 Anm. 4.
15 Zu einer im VZ 2005 gezahlten Rente wegen verminderter Erwerbsfähigkeit BFH v. 13.4.2011 – X R 54/09, BStBl. II 2011, 910 = FR 2011, 917.
16 BFH v. 8.12.2010 – I R 92/09, BStBl. II 2011, 488 = FR 2011, 723 – Schweizer Altersrente unterfällt nicht dem Kassenstaatsprinzip; hierzu *Heger*, jursPR-SteuerR 17/2011 Anm. 4; BFH v. 25.7.2011 – I B 37/11, BFH/NV 2011, 1879 – StPfl. einer italienischen SozVers.rente; v. 23.10.2013 – X R 33/10, BStBl. II 2014, 103 zu Art. 21 DBA-Schweiz.
17 BFH v. 25.3.2010 – X B 142/09, BFH/NV 2010, 1275; v. 14.7.2010 – X R 37/08, BStBl. II 2011, 628 = FR 2011, 239 betr. dänische Altersrente; v. 23.10.2013 – X R 33/10, BStBl. II 2014, 103 betr. Austrittsleistung einer schweizerischen öffentlich-rechtl. Pensionskasse, dort auch zur Methodik der „Vergleichbarkeit"; zu ausländ. gesetzlichen Rentenversicherungen s. FG BaWü. v. 13.7.2017 – 3 K 1989/15, juris – „Obligatorium"; sa. BMF v. 27.7.2016, BStBl. I 2016, 759 – Vorsorgeeinrichtungen nach der zweiten Säule der schweizerischen Altersvorsorge (berufliche Vorsorge).

Ausländ. oder intern. Alterseinkünfte sind strukturell und inhaltlich mit den jeweils bestimmenden Charakteristika der inländ. Alterssicherungssysteme abzugleichen.[1] Eine etwaige Doppelbelastung ist unter Anwendung der isolierenden Betrachtungsweise zu prüfen. Schweizer Pensionskassen sind nach bundeseinheitlich abgestimmter Auffassung „wie" deutsche gesetzliche Rentenversicherungen zu behandeln (Rn. 3).[2] Renten aus Alterssicherungssystemen intern. Organisationen können mit Renten aus deutschen gesetzlichen Rentenversicherungen vergleichbar sein.[3] Renten v. inländ. Rentenversicherungsträgern an Empfänger im Ausland können beschränkt stpfl. sein.[4]

Der „Besteuerungsanteil" von 50 vH im Jahre 2005 wird für jeden neu hinzugekommenen Rentenjahrgang („Kohorte") bis zum Jahre 2020 jährlich um zwei Prozentpunkte, danach um einen Prozentpunkt erhöht. Erstmalig die Rentenkohorte des Jahres 2040 versteuert die Rente mit ihrem vollen Nennbetrag (Besteuerung der Leistungen in der Auszahlungsphase = volle „nachgelagerte Besteuerung"); das G geht dabei idealtypisch davon aus, dass diese Renten in vollem Umfang stbefreit aufgebaut worden sind. Für jeden Jg. des Rentenzugangs wird in Abhängigkeit v. diesem Prozentsatz ein **persönlicher Rentenfreibetrag** (= stfreier Teil der Rente) festgeschrieben, der für die Dauer des Rentenbezugs konstant bleibt (Rn. 39). Die Prozentsätze gelten einheitlich, also auch für Selbständige und Nichtpflichtversicherte; deren Leibrentenbezüge beruhen zwar zu einem bestimmten Anteil auf Beiträgen, die aus unversteuertem Einkommen geleistet wurden. Die Notwendigkeit einer Einbeziehung der Selbständigenrenten in den einheitlichen Besteuerungsanteil – bei Gewährung einer Öffnungsklausel (Rn. 47) – hat der Gesetzgeber als Grund dafür erachtet, „den Besteuerungsanteil nur auf 50 % festzulegen, statt mit einem bei anderen StPfl. gerechtfertigten wesentlich höheren Prozentsatz zu beginnen".[5] Zugleich werden altersspezifische Vergünstigungen nach dem Kohortenprinzip abgebaut, so der Versorgungsfreibetrag (§ 19a) und der Altersentlastungsbetrag (§ 24a). Die Besteuerung v. Nachzahlungen aus den gesetzlichen Rentenversicherungen[6] richtet sich nach der im Zeitpunkt des Zuflusses geltenden Rechtslage; dies ist verfassungsgemäß.[7] 37b

b) „Leibrenten und andere Leistungen".[8] Zu den **Leibrenten aus den gesetzlichen Rentenversicherungen** gehören alle in § 33 SGB VI aufgezählten Rentenarten, die durch die gesetzliche Rentenversicherung gewährt werden. Dies sind neben den Renten wegen Alters (§ 33 Abs. 2, §§ 35 ff. SGB VI) und wegen verminderter Erwerbsfähigkeit (§ 33 Abs. 3, §§ 43 ff. SGB VI) auch die wegen Todes (§ 33 Abs. 4, §§ 46 ff. SGB VI). Die nachgelagerte Besteuerung mit dem Besteuerungsanteil nach Nr. 1 S. 3 lit. a aa) erfasst verfassungskonform alle „Leibrenten und andere Leistungen" unabhängig davon, ob sie als Rente oder Teilrente, zB Alters-, Erwerbsminderungs- bzw. Erwerbsunfähigkeits-,[9] Hinterbliebenenrente (Witwen-/Witwerrente, Waisenrente oder Erziehungsrente[10]) oder als einmalige Leistungen, freilich nur solche aus der Basisversicherung,[11] – zB Sterbegeld,[12] Abfindung v. Kleinstrenten, Teilkapitalleistungen, Kapitalabfindungen[13] – ausgezahlt werden. Diese Renten beruhen auf den Beiträgen, die der StPfl. in die gesetzliche Rentenversicherung eingezahlt hat. Der Begriff der „Leistung" iSv. § 22 Nr. 5 S. 1 ist umfassend.[14] Der FinA des BT[15] wollte insbes. die Besteuerung v. (Teil-)Kapitalisierungen ermöglichen. Dies hat der 38

1 BFH v. 5.4.2017 – X R 50/14, BStBl. II 2017, 118.
2 BFH v. 8.12.2010 – I R 92/09, BStBl. II 2011, 488 = FR 2011, 723; *Heger*, jurisPR-SteuerR 17/2001 Anm. 4; *Schustek*, NWB 2016, 435; *Förster*, IStR 2017, 461. Zur deutsch-österreichischen Rentenbesteuerung *Holzapfel*, SWI 2011, 293.
3 OFD Ffm. v. 18.7.2017 – S 1311 A - 005 - St 56, juris – Einkommensteuerliche Behandlung der Pensionen ehemaliger Bediensteter der koordinierten Organisationen und der Europäischen Patentorganisation.
4 BFH v. 13.12.2011 – I B 159/11, BFH/NV 2012, 417.
5 BT-Drucks. 15/2150, 41.
6 Ausf. OFD Ffm. v. 21.9.2011 – S 2255 A - 23 - St 218, juris – Besteuerung von Rentennachzahlungen.
7 BFH v. 13.4.2011 – X R 1/10, BStBl. II 2011, 915 = FR 2011, 912 m. Anm. *Fischer*; *Schuster*, jurisPR-SteuerR 35/2011 Anm. 3.
8 BMF v. 19.8.2013, BStBl. I 2013, 1087 Rn. 212 ff.
9 Zur Verfassungsmäßigkeit der Besteuerung der Erwerbsunfähigkeitsrenten der Basisversorgung im Vergleich zu Renten, deren Besteuerung nach § 22 Nr. 1 S. 3 lit. a bb EStG lediglich mit dem Ertragsanteil besteuert werden, BFH v. 13.4.2011 – X R 54/09, BStBl. II 2011, 910 = FR 2011, 917; v. 13.4.2011 – X R 33/09, BFH/NV 2011, 1496 (Verfassungsbeschwerde nicht angenommen, BVerfG 2 BvR 1808/11). Die Erwerbsunfähigkeitsrente ist idR eine abgekürzte Leibrente; s R 22.4 EStR.
10 BFH v. 19.8.2013 – X R 35/11, BStBl. II 2014, 557 (Verfassungsbeschwerde nicht zur Entsch. angenommen, BVerfG 2 BvR 2315/13); s. ferner BFH v. 5.12.2016 – X B 91/16, BFH/NV 2017, 287.
11 BFH v. 12.12.2017 – X R 39/15, BStBl. II 2018, 579, auch zum Verhältnis zu Kapitallebensversicherungen.
12 BFH v. 23.11.2016 – X R 13/14, BFH/NV 2017, 445.
13 BFH v. 23.10.2013 – X R 3/12, BStBl. II 2014, 58.
14 BFH v. 29.9.2016 – X R 23/15, BStBl. II 2017, 347.
15 BT-Drucks. 15/3004, 19.

BFH[1] bestätigt. Zu den hiernach steuerbaren Leistungen aus den gesetzlichen Rentenversicherungen gehören auch Zusatzleistungen und „andere“ Leistungen, wie zB Kinderzuschüsse,[2] Zinsen und Rentenabfindungen bei Wiederheirat, gewährte Zulagen und erwirtschaftete Erträge, nicht hingegen Leistungen, die nach § 3 stfrei sind wie Leistungen aus der gesetzlichen Unfallversicherung. ZB werden Rentenabfindungen, die von berufsständischen Versorgungseinrichtungen nach dem 31.12.2004 ausgezahlt werden, als „andere Leistungen“ gem. § 22 Nr. 1 S. 3 lit. a aa) besteuert.[3]

39 **c) Rechnerischer Ausgangspunkt nach Nr. 1 S. 3 lit. a aa S. 2.** Bei der Besteuerung der SozVers.-Renten ist nicht nach abgekürzten oder lebenslangen Renten zu unterscheiden.[4] Bemessungsgrundlage für den „der Besteuerung unterliegenden Anteil“ der – auch abgekürzten – Leibrente „und anderer Leistungen“ ist der Jahresbetrag der Rente (dh. die Summe der im Kj. zugeflossenen Rentenbeiträge einschl. der bei Auszahlung einbehaltenen Beitragsanteile zur Kranken- und Pflegeversicherung). Der **Besteuerungsanteil** ist der Tabelle in Nr. 1 S. 3 lit. a aa) S. 3 zu entnehmen; der Unterschiedsbetrag zw. dem Jahresbetrag der Rente und dem Besteuerungsanteil ergibt „den stfreien Teil der Rente“ (S. 4; „**Rentenfreibetrag**“). Der Prozentsatz bestimmt sich grds. nach dem Jahr des Rentenbeginns, dh. ab dem Zeitpunkt, ab dem die Rente lt. Rentenbescheid bewilligt wird. Maßgebend für die stl. Behandlung ist der endgültige sozialversicherungsrechtliche Rechtsgrund.[5] Für Bestandsrenten ist als Jahr des Rentenbeginns das Jahr 2005 zu fingieren; diese Renten unterliegen zu 50 % der Besteuerung. Dies gilt sowohl für bereits lfd. Renten („Bestandsrenten“) wie für die in diesem Jahr erstmalig gezahlten Renten.

40 **d) Änderungen der Rentenhöhe – Grundsatz (Nr. 1 S. 3 lit. a aa S. 4, 5, 7).**[6] Nach § 22 Nr. 1 S. 3 lit. a aa) S. 4 und 5 wird der steuerfreie Teil der Rente in einem lebenslang geltenden, grds. gleichbleibenden Freibetrag festgeschrieben. Regelmäßige Rentenanpassungen führen nicht zu einer Erhöhung des steuerfreien Teils der Rente (§ 22 Nr. 1 S. 3 lit. a aa) S. 7), sodass spätere reguläre Rentenerhöhungen uneingeschränkt der Besteuerung unterworfen werden.[7] Der Rentenfreibetrag gilt als undynamischer, dh. mit Rentenerhöhungen nicht mitwachsender Eurobetrag ab dem Jahr, das dem Jahr des Rentenbeginns folgt, für die gesamte Laufzeit des Rentenbezugs. **Rentenerhöhungen** späterer Jahre bewirken keine neue Rente. Gleiches gilt, wenn eine Teil-Altersrente in eine volle Altersrente oder eine volle Altersrente in eine Teil-Altersrente umgewandelt wird.[8] Damit soll verhindert werden, dass in der Übergangsphase Besteuerungsunterschiede zw. diesen Renten und Beamtenpensionen erneut vergrößert werden. Die Besteuerung mit dem Besteuerungsanteil nach dem Kohortenprinzip gilt auch für Renten wegen **verminderter Erwerbsfähigkeit**, die bislang als sog. abgekürzte Leibrenten einen verhältnismäßig niedrigen Ertragsanteil hatten. Nach Nr. 1 S. 3 lit. a aa) S. 7 führen **regelmäßige Anpassungen** des Jahresbetrags der Renten nicht zu einer Neuberechnung und bleiben bei einer Neuberechnung außer Betracht. Hintergrund dieser verfassungsrechtlich nicht zu beanstandenden Festschreibung ist die Notwendigkeit, der ansonsten in der Übergangsphase eintretenden erneuten Vergrößerung der Besteuerungsunterschiede zw. SozVers.renten und Beamtenpensionen entgegenzuwirken.[9]

Beispiel: Ein StPfl. bezieht seit Oktober 2004 eine Rente iHv. 1 000 Euro. Zum 1.7.2005 wird die Rente auf 1 020 Euro angehoben. Der persönliche Rentenfreibetrag berechnet sich wie folgt:

1 000 € × 6 Monate	6 000 €
1 020 € × 6 Monate	6 120 €
Jahresbruttobetrag 2005	12 120 €
davon 50 % (= 100 % abzgl. 50 % Besteuerungsanteil im Jahr 2005)	6 060 €
Rentenfreibetrag in 2005 und in den Folgejahren	6 060 €

41 **e) Ausnahmen von der Festschreibung des Rentenfreibetrags (Nr. 1 S. 3 lit. a aa S. 6) – Neuberechnung.** Änderungen mit Auswirkungen auf den Rentenfreibetrag können zB durch Einkommensanrechnung (zB bei der Hinterbliebenenrente), durch Wechsel v. Teil- zu Vollrenten oder durch Wegfall bzw.

1 BFH v. 23.10.2013 – X R 3/12, FR 2014, 192 = BStBl. II 2014, 58, m. Anm. *Nöcker*, jurisPR-SteuerR 28/2014 Anm. 3; v. 23.10.2013 – X R 33/10, BStBl. II 2014, 103, unter Bezugnahme auf BT-Drucks. 15/2004, 19; v. 23.10.2013 – X R 21/12, BFH/NV 2014, 330 (Verfassungsbeschwerde 2 BvR 143/14 nicht zur Entsch. angenommen).
2 BFH v. 31.8.2011 – X R 11/10, BStBl. II 2012, 312 = FR 2012, 696.
3 BFH v. 23.10.2013 – X R 11/12, BFH/NV 2014, 328.
4 BFH v. 13.4.2011 – X R 54/09, FR 2011, 917 = BFH/NV 2011, 2829 = DStR 2011, 1414.
5 BFH v. 9.12.2015 – X R 30/14, BStBl. II 2016, 624, zum Rentenbeginn bei Erwerbsminderungsrenten nach vorherigem Bezug erstattungspflichtigen Krankengeldes; Anm. *Nöcker*, jurisPR-SteuerR 38/2016 Anm. 4; sa. BFH v. 15.5.2018 – X R 18/16, DStRE 2018, 1168, ausf. zur Erfüllungsfiktion.
6 BFH v. 17.11.2015 – X R 53/13, BFH/NV 2016, 549.
7 BFH v. 26.11.2008 – X R 15/07, BStBl. II 2009, 710 = FR 2009, 635.
8 BMF v. 19.8.2013, BStBl. I 2013, 1087 Rn. 223.
9 BFH v. 26.11.2008 – X R 15/07, BStBl. II 2009, 710 = FR 2009, 635, unter Bezugnahme auf BT-Drucks. 15/2150, 41.

Wiederaufleben der Rente (Letzteres bei der sog. Großen Witwenrente; Folgerenten iSd. § 88 SGB VI) entstehen. Das G verwendet hier den sozialversicherungsrechtl. Begriff „**Neuberechnung**".[1] Auch **Rentennachzahlungen** oder **-rückzahlungen** sowie der Wegfall des Kinderzuschusses zur Rente aus einer berufsständischen Versorgungseinrichtung können zu einer Neuberechnung des stfreien Teils der Rente führen. Auch die ab 1.4.2014 gezahlte „Mütterrente" führt zu einer Neuberechnung des Rentenfreibetrags.[2] Um eine gleichmäßige Besteuerung der Renten zu erreichen, wird der Rentenfreibetrag der Rente in dem Verhältnis angepasst, in dem der veränderte Jahresbetrag der Rente zum Jahresbetrag der Rente steht, der der Ermittlung des stfreien Teils der Rente zugrunde liegt. ZB ist bei einem Wechsel v. einer vollen zu einer halben Rente auch der stfreie Teil der Rente auf die Hälfte herabzusetzen. Bemessungsgrundlage für die Neuberechnung ist der geänderte Rentenbezug; für die Bestimmung des Prozentsatzes des Besteuerungsanteils bleibt das Jahr des Beginns des Rentenbezugs maßgebend. Der neue Rentenfreibetrag ist „unter Außerachtlassung v. regulären Rentenerhöhungen" zu ermitteln.

f) Aufeinanderfolge „verschiedener" Renten (Nr. 1 S. 3 lit. a aa S. 8). Diese Vorschrift regelt den Fall, 42
dass Renten „aus derselben Versicherung" aufeinander folgen (**„Folgerenten"**). Die Vorschrift stellt sicher, dass bei ununterbrochenem Rentenbezug der maßgebende Besteuerungsanteil einer späteren Rente aus einer der in Nr. 1 S. 3 lit. a aa) genannten Einrichtungen den niedrigeren Besteuerungsanteil vorausgegangener Renten berücksichtigt. Sie betrifft insbes. den Fall, dass auf die Altersrente eine Hinterbliebenenrente folgt; hier ist das v. Ges. tatbestandlich umschriebene Subtraktionsverfahren anzuwenden. Einschlägig sind ferner Fälle, in denen aus einem Versicherungsverhältnis mehrere Renten gezahlt werden, zB, wenn eine Erwerbsminderungsrente im Alter v. 65 Jahren wegfällt und durch eine Regelaltersrente ersetzt wird, oder wenn nach dem Tod des Versicherten die Versichertenrente endet und eine Hinterbliebenenrente gezahlt wird. Im letzteren Fall ist der Prozentsatz des Jahres maßgebend, in dem der Versicherte erstmalig Rente bezogen hat; denn die Hinterbliebenenrente beruht typischerweise auf Beiträgen, die während der Dauer der Ehe aus dem gemeinsam erzielten Einkommen gezahlt wurden.[3] Darüber hinaus wird für die Bestimmung des Besteuerungsanteils der Rente bei Unterbrechungen die Laufzeit der jeweilig vorhergehenden Renten berücksichtigt (**„Wiederauflebensrente"**).[4] Eine Vorverlegung des Jahres des Rentenbeginns wird nur aufgrund v. Rentenbezug aus derselben Versicherung vorgenommen.

g) Grenzüberschreitende Besteuerung („crossborder-pensions"). Ungeachtet der Einfügung des § 49 43
Abs. 1 Nr. 7[5] sind **DBA-Fragen** und **europarechtl. Probleme**[6] einer grenzüberschreitenden Besteuerung v. Vorsorgeaufwendungen und Altersbezügen nicht gelöst. Die SozVers.-Systeme in den Mitgliedstaaten der EU folgen in unterschiedlichem Umfang dem Versicherungsprinzip bzw. gewähren steuerfinanzierte Transferleistungen. Wird dies nicht beachtet, können sich den Grundfreiheiten widersprechende Mobilitätshindernisse oder aber Konstellationen einer doppelten Nichtbesteuerung v. Lebenseinkommen ergeben.[7]

h) Verfassungsrechtliche Beurteilung der Neuregelung. Die Grundentscheidung für einen Übergang 44
zur nachgelagerten Besteuerung wird allg. für sachgerecht gehalten. Dem ist im Prinzip zuzustimmen.[8] Ob freilich die v. BVerfG[9] untersagten Zweifachbesteuerungen, was der Entw. eines AltEinkG behauptet,[10] stets vermieden werden, ist fraglich (§ 10 Rn. 19).[11] Dies gilt insbes. für bestimmte Gruppen v. Freiberuflern, wenn die Beiträge zur Rentenversicherung jedenfalls zu mehr als 50 % aus versteuertem Einkommen geleistet wurden.[12] Zur Frage der Verfassungsmäßigkeit der Leibrentenbesteuerung veranlagt

---

1 BMF v. 19.8.2013, BStBl. I 2013, 1087 Rn. 232ff., mit instruktivem Berechnungsbeispiel; zur Neuberechnung des stfreien Teils der Witwenrente wg. Anrechnung von Erwerbsersatzeinkommen s. BFH v. 17.11.2015 - X R 53/13, BFH/NV 2016, 549; FG Düss. v. 22.6.2016 - 15 K 1989/13 E, EFG 2016, 1255.

2 FinMin. SchlHol. v. 10.11.2014 - VI 307-S 2255-152, juris, zur Neuberechnung iZ mit der sog. Mütterrente, mit instruktivem Bsp.; FG SchlHol. v. 13.12.2017 - 5 K 126/16, EFG 2018, 369; zur Mütterrente s. *Myßen/Emser*, NWB 2015, 2383.

3 BT-Drucks. 15/2150, 41.

4 Zu Besonderheiten bei Folgerenten aus derselben Versicherung oder demselben Vertrag BMF v. 19.8.2013, BStBl. I 2013, 1087 Rn. 224ff.

5 Zu dieser Vorschrift BFH v. 13.11.2011 - I B 159/11, BFH/NV 2012, 417 - Rente an einen Leistungsempfänger in Kanada.

6 *Richter*, IStR 2006, 429; zur Vermögensübergabe *Geck*, ZEV 2011, 450; *Wünsche/Knörzer*, IStR 2013, 244.

7 Mitteilung der EU-Kommission v. 9.4.2001, KOM (2001) 214/F - „Beseitigung der stl. Hemmnisse für die grenzüberschreitende betriebliche Altersversorgung".

8 BFH v. 19.1.2010 - X R 53/08, BStBl. II 2011, 567; v. 23.6.2017 - X B 151/16, BFH/NV 2017, 1434 mwN: Die auf freiwilligen Beiträgen beruhenden Renten aus der DRV sind gem. § 22 Nr. 1 S. 3 lit. a aa zu besteuern.

9 BVerfG v. 6.3.2002 - 2 BvL 17/99, BVerfGE 105, 73 (134) = BStBl. II 2002, 618 = FR 2002, 391 m. Anm. *Fischer*.

10 BT-Drucks. 15/2150, 40f.

11 Hierzu *Kulosa*, DStR 2018, 1413 mwN.

12 *Wernsmann/Neudenberger*, FR 2017, 853.

die FinVerw. nicht mehr vorläufig.[1] Die BReg. beansprucht, dass als „stfreier Rentenzufluss" auch der Grundfreibetrag und die als SA abziehbaren Beiträge zur Kranken- und Pflegeversicherung der Rentner anzusehen sind. Auch über die rechtstechnische Ausformung dieses Prinzips besteht Streit.[2] **Eigene Auffassung:** Die auch v. BVerfG[3] als steuersystematisch gerechtfertigt anerkannte Besteuerung nur des Ertragsanteils ist, soweit die Rente durch eigene Leistung erworben wird, ohne zwingenden Grund aufgegeben worden. Bei kapitalgedeckten und nach dem Versicherungsprinzip organisierten – insbes. berufsständischen – Versorgungswerken,[4] die keine Transferleistungen auszahlen, ist die Ertragsanteilsbesteuerung die systematisch angemessene Besteuerungsmodalität. Diese hat dort ihre Berechtigung, wo eine durch eigene und vor allem aus versteuertem Einkommen entrichtete Beiträge erkaufte Versicherungsleistung zeitlich gestreckt ausgezahlt wird, wobei der aus der zeitlichen Streckung entstehende Zinsanteil als Ertragsanteil zu erfassen ist. Der SozVers.beitrag ist funktional Versicherungsprämie.[5] Der Sache nach geht es um eine zeitversetzte Erfassung jeglichen stfrei gebliebenen Einkommens, und zwar für alle Arten v. öffentl.-rechtl. und privaten Versicherungsleistungen, Einmalleistungen und wiederkehrende Leistungen. Richtigerweise müsste die „nachgelagerte" Besteuerung dadurch verwirklicht werden, dass die tatsächlich gezahlten Beiträge im betragsmäßigen Umfang des „aufschiebend bedingt stfrei belassenen Einkommens" nachversteuert werden. Es verstößt nicht gegen Art. 3 Abs. 1 GG, wenn Rentenzahlungen aus der gesetzlichen Rentenversicherung einem entspr. Besteuerungsanteil nach § 22 Nr. 1 S. 3 lit. a bb unterliegen, Auszahlungen aus Lebensversicherungsverträgen aber lediglich mit dem niedrigeren Ertragsanteil besteuert werden.[6]

45 Nach **Auffassung des BFH** hat der Gesetzgeber mit der Umstellung der Besteuerung der Alterseinkünfte auf die sog. nachgelagerte Besteuerung Gesetzgeber die Grenzen seines weiten Gestaltungsspielraums nicht überschritten.[7] Auch die hoch komplexe **Übergangsregelung** sei nicht gleichheitswidrig ausgestaltet; dem Gesetzgeber seien gröbere Typisierungen und Generalisierungen zuzugestehen. Die dauerhafte Begrenzung der Abziehbarkeit von Beiträgen, der gleiche Besteuerungsanteil für alle Rentner trotz erheblich unterschiedlicher Vorbelastung der Beiträge, die nachgelagerte Besteuerung und die Übergangsregelung sind verfassungsgemäß.[8] Offen blieb, wie das v. BVerfG „für jeden Fall" geforderte **Verbot einer doppelten Besteuerung** begrifflich bzw. rechnerisch zu konkretisieren ist.[9] Der BFH will der Behauptung, in der Zuflussphase werde Lebenseinkommen doppelt besteuert, in jedem Einzelfall nachgehen, freilich erst für den Rentenbezug (§ 10 Rn. 19 mwN),[10] und zwar auf der Grundlage des Nominalprinzips.[11] Eine doppelte Besteuerung ist bei Alterseinkünften gegeben, wenn die stl. Belastung der Vorsorgeaufwendungen höher ist als die stl. Entlastung der Altersbezüge, dabei gilt grds. das Nominalwertprinzip;[12] es ist stets auf die durchschnittliche statistische Lebenserwartung abzustellen.[13] Bei der Überprüfung des Verbots der Doppelbesteuerung werden den aus versteuertem Einkommen geleisteten Altersvorsorgeaufwendungen die von dem StPfl. bereits bezogenen und entsprechend der statistischen Lebenserwartung künftig zu erwartenden Rentenzahlungen, die nicht der Besteuerung unterliegen, gegenübergestellt.[14] Eine Doppelbesteuerung ist ausgeschlossen, wenn die Summe der stfrei ausgezahlten Rentenanteile die Summe der aus versteuertem Einkommen geleisteten Rentenbeiträge übersteigt.[15]

---

1 BMF v. 11.4.2016, BStBl. I 2016, 450, unter Bezugnahme auf BVerfG v. 29.9.2015 – 2 BvR 2683/11, BStBl. II 2016, 310; s. auch BVerfG v. 30.9.2015 – 2 BvR 1066/10, FR 2016, 78 m. Anm. *Weber-Grellet*.
2 Ausf. *Fischer*, BB 2003, 873; iSd. hM *Weber-Grellet*, DStR 2004, 1721.
3 BVerfG v. 6.3.2002 – 2 BvL 17/99, BVerfGE 105, 73 = FR 2002, 391 m. Anm. *Fischer*.
4 S. nur BFH v. 9.2.2011 – I R 47/09, BStBl. II 2012, 601.
5 BVerfG v. 23.3.1994 – 1 BvL 8/85, BVerfGE 90, 226 (240); BFH v. 14.11.2001 – X R 90/98, BStBl. II 2002, 191 mwN = FR 2002, 471.
6 BFH v. 23.8.2017 – X R 33/15, BStBl. II 2018, 62.
7 BFH v. 26.11.2008 – X R 15/07, BStBl. II 2009, 710 = FR 2009, 635, Verfassungsbeschwerde nicht zur Entsch. angenommen, BVerfG v. 9.7.2009 – 2 BvR 201/09; BFH v. 4.2.2010 – X R 52/08, BFH/NV 2010, 1253; v. 19.1.2010 – X R 53/08, BStBl. II 2011, 567 = FR 2010, 766; Verfassungsbeschwerde nicht zur Entsch. angenommen, BVerfG v. 8.4.2011 – 2 BvR 844/10; BFH v. 16.9.2013 – VI R 67/12, BFH/NV 2014, 37.
8 *Kulosa*, DStR 2018, 1423.
9 Hierzu *Kulosa*, DStR 2018, 1413; *Karrenbrock*, DStR 2018, 844.
10 BFH v. 18.11.2009 – X R 9/07, BFH/NV 2010, 412; v. 18.8.2010 – X B 50/09, BFH/NV 2010, 2270; zu ausländ. Renten BFH v. 14.7.2010 – X R 37/08, BStBl. II 2011, 628 = FR 2011, 239 – dänische Altersrenten.
11 BFH v. 19.1.2010 – X R 53/08, BStBl. II 2011, 567 = FR 2010, 766; v. 5.6.2014 – X B 102/13, BFH/NV 2014, 1367.
12 BVerfG v. 29.9.2015 – 2 BvR 2683/11, BStBl. II 2016, 310; BFH v. 5.4.2017 – X R 50/14, BStBl. II 2017, 1187.
13 BFH v. 5.2.2018 – X B 114/17, juris; sa. FG SchlHol. v. 6.12.2017 – 3 K 184/14, juris (rkr.).
14 BFH v. 4.12.2012 – X B 152/11, BFH/NV 2013, 375.
15 BFH v. 27.5.2014 – X B 168/14, BFH/NV 2015, 1369 mwN: Überprüfung der Doppelbesteuerung nur noch im Wege einer Einzelfallprüfung; s. ferner BFH v. 21.6.2016 – X R 44/14, BFHE 254, 545 = DStR 2016, 2575.

VIII. Besteuerung Leibrenten mit dem Ertragsanteil (Nr. 1 S. 3 lit. a bb).[1] **1. Anwendungsbereich der Ertragsanteilsbesteuerung.** Die Ertragsanteilsbesteuerung gilt für diejenigen Leibrenten und anderen Leistungen, die sich als **verzinsliche Auszahlung/Rückzahlung v. eigenem Kapital** darstellen und die nicht unter Nr. 1 S. 3 lit. a aa) (Rn. 36 ff.) oder Nr. 5 (Rn. 48 ff.) einzuordnen sind, insbes. für Renten, „die durch den Einsatz v. ausschließlich versteuertem Einkommen erworben wurden". Sie gilt ferner für abgekürzte Leibrenten, die nicht unter Nr. 1 S. 3 lit. a aa) fallen (zB Rente aus einer privaten Unfallversicherung,[2] private selbständige Erwerbsminderungsrente, Waisenrente aus einer privaten Versicherung, die die Voraussetzungen des § 10 Abs. 1 Nr. 2 S. 1 lit. b nicht erfüllt), sowie bei Anwendung der Öffnungsklausel (Rn. 47). Die Renten, die nicht zur Basisversorgung (§ 10 Abs. 1 Nr. 2 S. 1 lit. a, b; § 22 Nr. 1 S. 3 lit. a aa) S. 1, ggf. iVm. § 55 Abs. 2 EStDV) gehören und Einkünfte aus Erträgen des Rentenrechts enthalten (was nicht der Fall ist zB bei Schadensersatzrenten[3]; Rn. 7), werden mit neuen – abgesenkten (Rechnungszinsfuß 3 %) – Ertragsanteilen besteuert.[4] Die neuen Ertragsanteile gelten auch für Renten, deren Beginn vor dem 1.1. 2005 liegt. Für abgekürzte Renten – zB aus einer privaten selbständigen Erwerbsminderungsversicherung, die nur bis zum 65. Lebensjahr gezahlt wird – gelten die gleichfalls abgesenkten Ertragsanteile des § 55 EStDV. Auszahlungen aus einer Rentenversicherung mit fondsgebundener Kapitalanlage, bei der die Gewährung einer lebenslangen Rente in Höhe eines bestimmten Geldbetrages vereinbart wird und ein Sinken des Rentenzahlbetrages ausgeschlossen ist, werden gem. Nr. 1 S. 3 lit. a bb mit dem Ertragsanteil besteuert. 46

2. Öffnungsklausel (Nr. 1 S. 3 lit. a bb S. 2).[5] Diese Norm[6] dient – verfassungsrechtl. zulässig[7] – pauschalierend[8] der Vermeidung der Doppelbesteuerung in besonderen Fällen[9] und bezieht sich auf Leistungen aus den berufsständischen Versorgungswerken.[10] Mit dieser möglicherweise zu eng geschnittenen[11] Klausel soll der Gefahr einer doppelten Besteuerung in den Fällen begegnet werden, dass bis zum 31.12.2004 in mindestens zehn Jahren tatsächlich geleistete[12] Beiträge oberhalb des Betrags des Höchstbeitrags zur gesetzlichen Rentenversicherung – auch an mehrere Versicherungsträger – gezahlt wurden. Maßgebend ist, für welche Jahre der StPfl. die Beiträge geleistet hat.[13] Diese Leistungen sind in drei Bestandteile zu zerlegen: nachgelagerte Besteuerung (Nr. 1 S. 3 lit. a aa), soweit sie auf Beiträgen vor 2005 bis zur Beitragsbemessungsgrenze und auf Beiträgen nach 2004 beruhen; Besteuerung mit dem Ertragsanteil (Nr. 1 S. 3 lit. a bb), soweit sie auf Beiträgen vor 2005 oberhalb der Beitragsbemessungsgrenze beruhen. Einmalige Leistungen unterliegen nicht der Besteuerung, soweit auf sie die Öffnungsklausel Anwendung findet.[14] Besonderheiten gelten, wenn Leistungen, bei denen die Voraussetzungen für die Anwendung der Öffnungsklausel vorliegen, in einen Versorgungsausgleich unter Ehegatten oder Lebenspartnern einbezogen worden sind.[15] 47

IX. Leistungen aus Altersvorsorgeverträgen und aus betrieblicher Altersversorgung (Nr. 5). 1. Grundfragen der betrieblichen Altersversorgung.[16] § 22 Nr. 5 ist anzuwenden auf Leistungen aus Altersvorsorgeverträgen iSd. § 82 Abs. 1 sowie auf Leistungen aus Pensionsfonds, Pensionskassen und Di- 48

---

1 R 22.4 EStR: Erhöhung, Herabsetzung, Besonderheiten bei Renten wegen teilw. oder vollständiger Erwerbsminderung und Witwer-/Witwenrenten; zu Einzelfragen BMF v. 19.8.2013, BStBl. I 2013, 1087 Rn. 212 ff.

2 BFH v. 12.4.2011 – X B 132/10, BFH/NV 2011, 1136.

3 BFH v. 26.11.2008 – X R 31/07, BStBl. II 2009, 651 = FR 2009, 635.

4 BMF v. 19.8.2013, BStBl. I 2013, 1087 Rn. 236 f.

5 Ausf. BMF v. 19.8.2013, BStBl. I 2013, 1087 Rn. 238 ff.; zu weiteren Zweifelsfragen OFD Ffm. v. 27.1.2016 – S 2255 A - 37 - St 220, juris; FG München v. 26.7.2017 – 1 K 2510/14, EFG 2018, 300 (Rev. X R 43/17). Zur Anwendung der Öffnungsklausel bei Leistung von Beiträgen an die gesetzliche Rentenversicherung und an berufsständische Versorgungseinrichtungen s. BFH v. 17.11.2015 – X R 40/13, BFH/NV 2016, 388; zu Beiträgen an mehrere Versorgungseinrichtungen s. BFH v. 3.5.2017 – X R 12/14, BFH/NV 2017, 1485.

6 Zur Verwaltungsauffassung ausf. OFD Ffm. v. 27.1.2016 – S 2255 A - 37 - St 220, juris.

7 BFH v. 8.10.2013 – X B 217/12, BFH/NV 2014, 41.

8 BFH v. 4.2.2010 – X R 58/08, BStBl. II 2011, 579; v. 8.10.2013 – X B 217/12, BFH/NV 2014, 41.

9 BFH v. 18.5.2010 – X R 29/09, BStBl. II 2011, 591 (Verfassungsbeschwerde nicht angenommen, BVerfG v. 30.9. 2015 – 2 BvR 1961/10, NJW 2016, 469); BFH v. 8.10.2013 – X B 217/12, BFH/NV 2014, 41: keine verfassungsrechtl. Bedenken.

10 BMF v. 19.8.2013, BStBl. I 2013, 1087 Rn. 238 ff., dort auch zum Antragserfordernis, zur Zehn-Jahres-Grenze, zum maßgebenden Höchstbeitrag, zur Ermittlung und zum Nachweis der gezahlten Beiträge, zur Ermittlung des auf Beiträgen oberhalb des Betrags des Höchstbeitrags beruhenden Teils der Leistung (mit instruktivem Beispiel), zur Aufteilung bei Beiträgen an mehr als einen Versorgungsträger.

11 *Berndt*, FR 2007, 172; *Wernsmann/Neudenberger*, FR 2017, 853.

12 BFH v. 18.5.2010 – X R 29/09, BStBl. II 2011, 591: Versorgungsanwartschaften eines Beamten bleiben unberücksichtigt. S. auch FG SchlHol. v. 15.9.2011 – 1 K 97/10, EFG 2012, 695.

13 BFH v. 19.1.2010 – X R 53/08, BStBl. II 2011, 567 = FR 2010, 766.

14 BMF v. 6.12.2017, BStBl. I 2018, 147.

15 Ausf. zu den Besonderheiten beim Versorgungsausgleich BMF v. 19.8.2013, BStBl. I 2013, 1087 Rn. 270 ff.

16 Ausf. BMF v. 6.12.2017, BStBl. I 2018, 148.

rektversicherungen. Korrespondierend mit der Freistellung der Beiträge, Zahlungen, Erträge und Wertsteigerungen von stl. Belastungen in der Ansparphase werden die Leistungen in der Auszahlungsphase grds. besteuert (nachgelagerte Besteuerung).[1] Leistungen aus einer Direktversicherung, Pensionskasse und Pensionsfonds werden spezialgesetzlich nach § 22 Nr. 5 besteuert.[2] Versorgungsleistungen des ArbG aufgrund einer Direktzusage und Versorgungsleistungen einer Unterstützungskasse führen zu Einkünften aus nichtselbständiger Arbeit (§ 19, uU iVm. § 34 Abs. 2 Nr. 4). Zahlungen iRd. bAV an einen Pensionsfonds, eine Pensionskasse oder eine DirektVers. können als Altersvorsorgebeiträge durch SA-Abzug nach § 10a und Zulage nach Abschn. XI EStG gefördert werden (§ 82 Abs. 2). Unerheblich ist, ob es sich um Leistungen aus kapitalgedeckten oder umlagefinanzierten Versorgungseinrichtungen handelt. Ferner spielt es keine Rolle, ob oder in welchem Umfang die Beiträge nach § 10a oder Abschn. XI gefördert wurden. Während der Ansparphase werden bei zertifizierten Altersvorsorgeverträgen weder Erträge noch Wertsteigerungen besteuert. Nach § 22 Nr. 5 S. 1 sind – korrespondierend mit der Freistellung der Beiträge, Zahlungen, Erträge und Wertsteigerungen von stl. Belastungen in der Ansparphase (**nachgelagerte Besteuerung**) – sonstige Einkünfte Leistungen aus **Altersvorsorgeverträgen** iSd. § 82 Abs. 1 und Leistungen aus **Pensionsfonds, Pensionskassen und Direktversicherungen**.

49 Es ist unbeachtlich, dass in den Auszahlungsbeträgen – durch Versicherungsleistungen erworbenes – **Kapital und Wertsteigerungen** enthalten sind. Im RegEntw. eines JStG 2007[3] heißt es: „Der Leistungsempfänger erwirbt in der Ansparphase mit den geleisteten Aufwendungen einen Versicherungsschutz. Erst mit dem Renteneintritt werden die Beitragszahlungen zu einem steuerrechtl. relevanten vermögenswerten Recht. Die späteren Altersbezüge sind zwar beitragsbezogen, enthalten jedoch keine Rückzahlungen v. Beiträgen. Für eine versicherungsrechtl. Lösung, die eine erfolgswirksame Berücksichtigung der Beiträge impliziert, ist insofern kein Raum." Dies ist in systematischer Hinsicht unzutr.[4]

50 **Spezialgesetzlicher Vorrang der Nr. 5.** Diese Vorschrift ist ggü. anderen Vorschriften eine vorrangige **Spezialvorschrift**. Es besteht ein Verhältnis der Spezialität zu § 20 Abs. 1 6 und – so das BMF[5] – auch ein Vorrang ggü. der Zuflussfiktion nach § 2 Abs. 1, § 14 Abs. 5 InvStG. Insbes. entfällt die Steuerfreiheit der v. Fonds erzielten Gewinne aus der Veräußerung v. Wertpapieren. In der Ansparphase findet kein Zufluss v. KapESt-pflichtigen Kapitalerträgen statt; daher wird auch kein Sparer-PB (§ 20 Abs. 9) gewährt, wohl aber der WK-PB (§ 9a Nr. 3). Weil Nr. 5 lex specialis ist, wird keine KapESt erhoben; die Abgeltungsteuer findet keine Anwendung.[6]

51 **Leistungen aus Zusagen vor dem 1.1.2005 (Altzusagen)**, die ausschließlich auf nicht geförderten Beiträgen beruhen, sind, wenn es sich um eine lebenslange Rente, eine Berufsunfähigkeits-, Erwerbsminderungs- oder um eine Hinterbliebenenrente handelt, als sonstige Einkünfte gem. Nr. 5 S. 2 lit. a iVm. Nr. 1 S. 3 lit. a bb) mit dem **Ertragsanteil** zu besteuern. Renten aus Neuzusagen (nach dem 31.12.2004), die die Voraussetzungen des § 10 Abs. 1 Nr. 2 S. 1 lit. b erfüllen, sind als gem. Nr. 5 S. 2 lit. a iVm. Nr. 1 S. 3 lit. a aa) zu besteuern. Liegen die Voraussetzungen des § 10 Abs. 1 Nr. 2 S. 1 lit. b nicht vor, erfolgt die Besteuerung gem. § 22 Nr. 5 S. 2 lit. a mit dem Ertragsanteil.[7]

52 **Der Grundsatz der Aufteilung der Leistungen** (Nr. 5 S. 2: „soweit") entspr. der stl. Behandlung der Beiträge in der Ansparphase ist ein Eckpunkt der Besteuerung nach Nr. 5.[8] Wird auf nicht geförderten Beiträgen beruhendes Kapital aus einem zertifizierten Altersvorsorgevertrag ausgezahlt, sind die in der Kapitalauszahlung enthaltenen Erträge zu versteuern, wenn sie auch nach den allg. Vorschriften als Kapitalerträge der Besteuerung unterliegen würden. Soweit Rentenzahlungen auf nicht geförderten Beiträgen und den darauf entfallenden Erträgen und Wertsteigerungen beruhen, werden sie nach Nr. 1 S. 3 lit. a bb) besteuert. Wegen der Einzelheiten wird auf das BMF-Schr. v. 21.12.2017, BStBl. I 2018, 93 Rz. 139ff. (Abgrenzung der geförderten und der nicht geförderten Beiträge) verwiesen.

53 Nach den v. Anbieter ermittelten und nach **amtlichem Muster** mitzuteilenden Daten (Nr. 5 S. 7) ist aufzuteilen in die voll stpfl. und die lediglich mit dem Ertragsanteil zu besteuernden Leistungen. Dies insbes. dann, wenn Einzahlungen auf einen Altersvorsorgevertrag den stl. geförderten Rahmen des § 10a überstie-

---

1 Zur nachgelagerten Besteuerung nach § 22 Nr. 5 ausf. BMF v. 21.12.2017, BStBl. I 2018, 93 Rn. 126ff.; zur stl. Förderung der bAV BMF v. 6.12.2017 – BStBl. I 2018, 147.
2 Lex specialis, vgl. Rz. 126ff. des BMF v. 21.12.2017, BStBl. I 2018, 93; v. 6.12.2017, BStBl. I 2018, 147 Rn. 148ff.
3 BT-Drucks. 16/2712.
4 *Fischer*, FR 2001, 613.
5 BMF v. 21.12.2017, BStBl. I 2018, 93 Rn. 128; Begr. zum Entw. eines JStG 2007, BT-Drucks. 16/2712.
6 BMF v. 21.12.2017, BStBl. I 2018, 93 Rn. 128.
7 Zu Leistungen aus einer reinen Risikoversicherung s. BMF v. 1.10.2009, BStBl. I 2009, 1172 – Besteuerung v. Versicherungserträgen im Sinne des § 20 Abs. 1 Nr. 6.
8 Entw. JStG 2007, BT-Drucks. 16/2712.

gen haben (sog. überschießende Eigenbeiträge) oder bei nur zeitweiliger Begünstigung der Ansparphase (zB bestand die Rentenversicherungspflicht nur zeitweise); das Altersvorsorgekapital ist entspr. aufzuteilen. Fehlt es an jeglicher Förderung, ist Nr. 5 – entgegen der Auffassung der FinVerw.[1] – nicht anwendbar.

Einkünfte werden insofern nach § 22 Nr. 5 S. 1 besteuert, als die Leistungen auf Beiträgen beruhen, auf die angewendet wurden 54

- § 3 Nr. 63 (Beiträge an einen Pensionsfonds oder eine Pensionskasse bis zu 8 % der Beitragsbemessungsgrenze),
- § 10a oder §§ 79 ff. (SA-Abzug bzw. Zulage),
- § 3 Nr. 66 (Versorgungsanwartschaften, die ursprünglich aus einer Direktzusage oder einer Unterstützungskasse stammen und die stl. unbelastet auf einen Pensionsfonds überführt wurden) oder
- § 3 Nr. 56 (Erwerb v. Ansprüchen durch nach dieser Vorschrift stfreie Zuwendungen).

Zu den nicht geförderten Beiträgen gehören Beträge, für die der Anleger keine Altersvorsorgezulage und keinen stl. Vorteil (SA-Abzug nach § 10a, Steuerfreiheit) erhalten hat. Zu den **geförderten Beiträgen**[2] gehören die geleisteten Eigenbeiträge zzgl. der für das Beitragsjahr zustehenden Altersvorsorgezulage, soweit sie den Höchstbetrag nach § 10a nicht übersteigen, mindestens jedoch die gewährten Zulagen und die geleisteten Sockelbeträge iSd. § 86 Abs. 1 S. 4. Soweit Altersvorsorgebeiträge zugunsten eines zertifizierten Altersvorsorgevertrags, für den keine Zulage beantragt wird oder der als weiterer Vertrag nicht mehr zulagebegünstigt ist (§ 87 Abs. 1 S. 1), als SA (§ 10a) berücksichtigt werden, gehören diese ebenfalls zu den geförderten Beiträgen. Bei einem mittelbar zulageberechtigten Ehegatten gehören die iRd. SA-Abzugs nach § 10a Abs. 1 berücksichtigten Altersvorsorgebeiträge und die für dieses Beitragsjahr zustehende Altersvorsorgezulage zu den geförderten Beiträgen.

2. Nicht geförderte Altersversorgung (Nr. 5 S. 2). Der **Umfang der Besteuerung der Leistungen nach § 22 Nr. 5** richtet sich ua. danach, inwieweit die Beiträge in der Ansparphase stfrei gestellt, gefördert oder durch stfreie Zuwendungen erworben wurden. Die Besteuerung v. Leistungen, die auf nicht geförderten Beiträgen beruhen, richtet sich gem. Nr. 5 S. 2 nach der Art der Leistung. Dies gilt auch für Leistungen aus einer ergänzenden Absicherung der verminderten Erwerbsfähigkeit oder Dienstunfähigkeit und einer zusätzlichen Absicherung der Hinterbliebenen. Nach **Nr. 5 S. 2** gelten für **Leistungen, soweit sie auf nicht geförderten Beiträgen beruhen**, die folgenden Abweichungen v. Grundsatz der nachgelagerten Besteuerung: 55

- Leistungen in Form einer lebenslangen Rente oder eine Berufsunfähigkeits-, Erwerbsminderungs-[3] und Hinterbliebenenrente werden mit dem Ertragsanteil (Nr. 5 S. 2 iVm. Nr. 1 S. 3 lit. a bb) erfasst.[4] Ein einheitlicher Ertragsanteil ist anzuwenden auf zusätzliche Überschussbeteiligungen in Form einer Bonusrente. Für die private Altersvorsorge bestimmt sich der Hinterbliebenenbegriff nach § 1 Abs. 1 S. 1 Nr. 2 AltZertG. Für die betriebliche Altersversorgung gilt darüber hinaus auch der frühere Ehegatte und der/die Lebensgefährte/in als Hinterbliebene/er. Die Berufsunfähigkeitsrente ist eine abgekürzte Leibrente;[5]
- Bei anderen Leistungen aus zertifizierten Versicherungsverträgen, Pensionsfonds, Pensionskassen und DirektVers. gilt § 22 Nr. 5 S. 2 lit. b: Es treten die Rechtsfolgen des § 22 Nr. 5 S. 2 iVm. § 20 Abs. 1 Nr. 6 in der jeweils für den Vertrag geltenden Fassung ein.[6] Hier kommt es ua. darauf an, ob der Vertrag vor oder ab dem 1.1.2005 abgeschlossen worden ist;[7]
- Übrige Leistungen.[8] In allen anderen Fällen werden die Erträge, die auf die nicht geförderten Beiträge entfallen, nach Nr. 5 S. 2 lit. c erfasst. Diese Vorschrift ist anwendbar, wenn der StPfl. in der Auszahlungsphase gleich bleibende oder steigende monatliche (Teil-)Raten, variable Teilraten oder eine Kapitalauszahlung erhält, auf die Nr. 5 S. 2 lit. b nicht anzuwenden ist (zB Teilkapitalauszahlung aus einem Altersvorsorgevertrag in der Form eines zertifizierten Bank- oder Fondssparplans). In bestimmten Fallgestaltungen (Auszahlung nach Vollendung des 60. Lebensjahres und nach Ablauf v. zwölf Jahren seit Vertragsabschluss) ist nur der hälftige Unterschiedsbetrag anzusetzen. Zu versteuern ist der Unterschiedsbetrag zw. der ausgezahlten Leistung und den auf sie entrichteten Beiträgen;

---

1 BMF v. 21.12.2017, BStBl. I 2018, 93 Rn. 126.
2 Ausf. BMF v. 21.12.2017, BStBl. I 2018, 93 Rn. 131 ff.
3 BFH v. 13.4.2011 – X R 54/09, BStBl. II 2011, 910 = FR 2011, 917; v. 13.4.2011 – X R 33/09, BFH/NV 2011, 1496.
4 BFH v. 27.9.2011 – X B 241/10, BFH/NV 2012, 31; BMF v. 21.12.2017, BStBl. I 2018, 93 Rn. 143 ff; zum Umfang der Besteuerung bei Kombination mit einer Rentenversicherung sa. FG Münster v. 30.1.2018 – 5 K 3324/16 E, EFG 2018, 552 (rkr.).
5 BFH v. 4.12.2012 – X B 151/11, BFH/NV 2013, 534; *P. Fischer*, jurisPR-SteuerR 23/2013 Anm. 4.
6 Ausf. BMF v. 21.12.2017, BStBl. I 2018, 93 Rn. 145 f.
7 Ausf. BMF v. 21.12.2017, BStBl. I 2018, 93 Rn. 145.
8 Ausf. zu weiteren Einzelfragen BMF v. 21.12.2017, BStBl. I 2018, 93 Rn. 146 f., mit instruktiven Bsp. zur Erwerbsminderungsrente.

- Leistungen aus der nach § 3 Nr. 55c S. 2 stfrei gestellten Übertragung v. Anrechten v. einem Versorgungsträger auf einen anderen Versorgungsträger.

56 **3. Schädliche Verwendung (Nr. 5 S. 3).**[1] Wird das stl. geförderte Kapital schädlich, dh. nicht dem AltZertG entspr. (Legaldefinition in § 93) verwendet, gilt das ausgezahlte geförderte Altersvorsorgevermögen nach Abzug der Zulagen iSd. Abschn. XI als Leistung iSd. Nr. 5 S. 2. Die in den Auszahlungsbeträgen enthaltenen (Zins-)Erträge und Wertsteigerungen (Kursgewinne usw.) werden nach Nr. 5 S. 3 besteuert,[2] nicht hingegen die – zurückzufordernden (§ 93 Abs. 1) – Zulagen und nach § 10a Abs. 4 zurückzuzahlenden Steuerermäßigungen;[3] auch nicht die Eigenbeiträge, die damit so gestellt werden, als ob sie aus versteuertem Einkommen geleistet wären. Die Ermittlung des zu versteuernden Ertrags bestimmt sich nach den sich für Leistungen aus ungeförderten Beiträgen ergebenden Grundsätzen des S. 2. Für die Anwendung des S. 3 wird auf das „ausgezahlte geförderte Altersvorsorgevermögen" vor Abzug des Rückforderungsbetrages nach § 93 abgestellt.[4] Zur Rückzahlung der Förderung bei schädlicher Verwendung s. § 93, zum Verfahren hierbei s. § 94. Die Auszahlung v. Altersvorsorgevermögen, das aus nicht geförderten Beiträgen – einschl. der darauf entfallenden Erträge und Wertsteigerungen – stammt, stellt keine schädliche Verwendung iSv. § 93 dar. Bei Teilauszahlungen aus einem zertifizierten Altersvorsorgevertrag gilt das nicht geförderte Kapital als zuerst ausgezahlt (Meistbegünstigung).[5]

57 **4. Besteuerung des Wohnförderkontos (Nr. 5 S. 4 ff.).**[6] Hat der Zulageberechtigte für eine wohnwirtschaftliche Verwendung iSd. § 92a Abs. 1 einen Altersvorsorge-Eigenheimbetrag eingesetzt oder hat er eine begünstigte Wohnung mit Darlehen finanziert, für deren Tilgung er die Altersvorsorgezulage nach Abschn. XI des EStG oder den SA-Abzug (§ 10a) in Anspr. genommen, sind Altersvorsorge-Eigenheimbetrag, Tilgungsleistungen und gewährte Zulagen in ein sog. Wohnförderkonto einzustellen. Dieses wird während der Ansparphase mit 2 % verzinst und ist in der Auszahlungsphase Grundlage der nachgelagerten Besteuerung.

58 **Verminderungsbetrag, Auflösungsbetrag**. Im Wohnförderkonto hat der Anbieter die geförderten Tilgungsbeiträge, die hierfür gewährten Zulagen sowie den entnommenen Altersvorsorge-Eigenheimbetrag vertragsbezogen zu erfassen. Diese Beträge (§ 92a Abs. 2 S. 5, § 92a Abs. 3 S. 5) gelten als Leistung iSd. § 22 Nr. 5 S. 1 und 4. Die Tilgungsleistungen für ein zur wohnungswirtschaftlichen Verwendung[7] in Anspr. genommenes Darlehen sind in das Wohnförderkonto einzustellen, sobald die Meldung der ZfA über die Steuerverstrickung dieser Tilgungsleistungen (§ 90 Abs. 2 S. 6) dem Anbieter vorliegt. Die Zulagen für Tilgungsleistungen sind spätestens in das Wohnförderkonto einzustellen, wenn sie dem Altersvorsorgevertrag gutgeschrieben wurden. Der sich aus dem Wohnförderkonto ergebende Gesamtbetrag ist in der Ansparphase jährlich um zwei Prozent zu erhöhen. Diese Erhöhung erfolgt – unabhängig v. Zeitpunkt der Einstellung der entspr. Beträge ins Wohnförderkonto – nach Ablauf des jeweiligen Beitragsjahres; letztmals ist sie im Zeitpunkt des Beginns der Auszahlungsphase vorzunehmen.[8] Das Wohnförderkonto wird vermindert um Zahlungen des Zulageberechtigten, die dieser – soweit Vertragsvereinbarungen nicht entgegenstehen – auf einen auf seinen Namen lautenden Altersvorsorgevertrag zur Minderung der in das Wohnförderkonto eingestellten Beträge leistet.[9] Eine weitere Verminderung des Wohnförderkontos erfolgt durch den jährlichen Verminderungsbetrag (§ 92a Abs. 2 S. 5), der gleichfalls nachgelagert besteuert wird (§ 22 Nr. 5 S. 4). Dieser Betrag ergibt sich daraus, dass zu Beginn der Auszahlungsphase der im Wohnförderkonto eingestellte Gesamtbetrag einschl. des darin enthaltenen Erhöhungsbetrages zu gleichen Teilen auf die Jahre bis zur Vollendung des 85. Lebensjahres verteilt wird. Gibt der Zulageberechtigte die Selbstnutzung der geförderten Wohnung oder die Reinvestitionsabsicht iSd. § 92a Abs. 3 S. 9 Nr. 1 und 2 iVm. S. 10 nicht nur vorübergehend auf, ist das **Wohnförderkonto aufzulösen**.[10] Gleiches gilt, wenn der Zulageberechtigte in der Auszahlungsphase stirbt und das Wohnförderkonto noch nicht vollständig zurückgeführt worden ist. Der Auflösungsbetrag (§ 92a Abs. 3 S. 5) gilt im Zeitpunkt der Aufgabe der Selbstnutzung als Leistung iSd. Nr. 5 S. 1 (Nr. 5 S. 4). Im Falle des Todes des Zulageberechtigten ist der Auflösungs-

1 Ausf. BMF v. 21.12.2017, BStBl. I 2018, 93 Rn. 195 ff., 216 ff. – Folgen der schädlichen Verwendung, Rn. 225 ff. – Besteuerung nach § 22 Nr. 5 S. 3.
2 BMF v. 21.12.2017, BStBl. I 2018, 93 Rn. 225 ff. mit Bsp.
3 Einzelheiten in BMF v. 21.12.2017, BStBl. I 2018, 93 Rn. 216 ff.
4 Hierzu allg. BMF v. 21.12.2017, BStBl. I 2018, 93 Rn. 225 ff.
5 BMF v. 21.12.2017, BStBl. I 2018, 93 Rn. 234 f. mit instruktivem Bsp.
6 BMF v. 21.12.2017, BStBl. I 2018, 93 Rn. 167 ff.
7 BMF v. 21.12.2017, BStBl. I 2018, 93 Rn. 240 ff. – Altersvorsorge-Eigenheimbetrag und Tilgungsförderung für eine wohnungswirtschaftliche Verwendung.
8 BMF v. 21.12.2017, BStBl. I 2018, 93 Rn. 171 f.
9 BMF v. 21.12.2017, BStBl. I 2018, 93 Rn. 173 ff. mit Bsp.
10 BMF v. 21.12.2017, BStBl. I 2018, 93 Rn. 178.

betrag noch dem Erblasser zuzurechnen, so dass in dessen letzter Einkommensteuererklärung die nachgelagerte Besteuerung vorgenommen wird.

Einmalige Besteuerung. Anstelle der sukzessiven Besteuerung durch Verminderung des Wohnförderkontos kann der StPfl. die einmalige Besteuerung wählen. Hierfür kann er verlangen, dass das Wohnförderkonto zu Beginn der Auszahlungsphase vollständig aufgelöst wird. Der Antrag ist beim Anbieter oder der ZfA, wenn diese das Wohnförderkonto führt, spätestens zu Beginn der Auszahlungsphase zu stellen. Ein späterer Antrag ist unbeachtlich. Im Fall eines wirksamen Antrages wird der Auflösungsbetrag (§ 92a Abs. 2 S. 6) als der im Wohnförderkonto eingestellte Gesamtbetrag einschl. des darin enthaltenen Erhöhungsbetrages zu 70 % besteuert (**Nr. 5 S. 5**). Gibt der Zulageberechtigte die Selbstnutzung der geförderten Wohnung nach der Einmalbesteuerung innerhalb einer Frist v. 20 Jahren nicht nur vorübergehend auf, ist der bisher noch nicht besteuerte Betrag gestaffelt nach der Haltedauer im Zeitpunkt der Aufgabe der Selbstnutzung eineinhalbfach – innerhalb eines Zeitraums v. zehn Jahren ab Beginn der Auszahlungsphase – oder einfach (in den nachfolgenden zehn Jahren) mit dem individuellen Steuersatz der Besteuerung zu unterwerfen (**Nr. 5 S. 6**); der Tod des Zulageberechtigten führt hingegen nicht zu einer nachgelagerten Besteuerung des noch nicht erfassten Betrages.[1] Durch S. 6 wird klargestellt, dass der noch nicht erfasste Auflösungsbetrag des Wohnförderkontos nicht nachversteuert wird, wenn die Aufgabe der Selbstnutzung der geförderten Wohnung auf Grund des Todes des Zulageberechtigten eintritt.[2] Zur Wahl der Einmalbesteuerung und Aufgabe der Selbstnutzung in einem VZ s. BMF v. 13.3.2014, BStBl. I 2014, 554. 59

5. Besteuerung der Provisionserstattung (Nr. 5 S. 8). Mit Nr. 5 S. 8 wird sichergestellt, dass die Erstattung v. Provisionen – zB an den Fondsvermittler –, die an sich systematisch richtig zu einer nachträglichen Minderung des als SA abziehbaren Altersvorsorgebeitrags führt, an den Anleger bei diesem als steuerbar erfasst wird.[3] 60

6. Mitteilungspflicht des Anbieters (Nr. 5 S. 7). Nach **Nr. 5 S. 7** hat der Anbieter dem Leistungsempfänger in folgenden Fällen eine Mitteilung über die im abgelaufenen Kj. zugeflossenen Leistungen zu erteilen:[4] 61

- erstmaliger Bezug der Leistung iSd. Nr. 5 S. 1 und 2,
- Änderung des Leistungsbetrags im Vergleich zum Vorjahr sowie
- Bezug v. Leistungen iSd. Nr. 5.

Die Bescheinigung muss die zugeflossene Leistung den S. 1–3 zuteilen. Da der StPfl. die Höhe des zu versteuernden Stands des Wohnförderkontos bei der Feststellung des Auflösungs- oder Verminderungsbetrags durch die zentrale Stelle nach § 92b Abs. 3 per Bescheid mitgeteilt bekommt, ist die Ausstellung einer Bescheinigung in Bezug auf das Wohnförderkonto durch den Anbieter entbehrlich.[5]

7. Abgrenzung von geförderten und nicht geförderten Beiträgen (Nr. 5 S. 9, 10).[6] Nr. 5 S. 9[7] stellt klar, dass die Abgrenzung v. geförderten und nicht geförderten Beträgen auch im Falle der Portabilitätsregelung bei der betrieblichen Altersversorgung (s. § 3 Rn. 152a ff.) mit dem Verteilungsschlüssel erfolgt, wie sie erfolgt wäre, wenn die Übertragung nicht stattgefunden hätte. Der Verteilungsschlüssel ist auch auf die Erträge und Wertsteigerungen aus den übertragenen Anrechten anzuwenden. S 11 stellt ferner klar, dass sich die Zuordnung v. Leistungen aus der Versorgungseinrichtung, die zu Einnahmen aus Leistungen nach § 22 Nr. 5 führen, nach § 22 Nr. 5 S. 1 oder S. 2 danach bestimmt, wie sie erfolgt wäre, wenn die Übertragung nicht stattgefunden hätte. 61a

8. Übertragung bestehender Versorgungsverpflichtungen (Nr. 5 S. 11, 12). Die durch KroatienAnpG[8] mWv. 31.7.2014 eingefügten S. 11 und 12 übernehmen die Regelungen aus § 52 Abs. 34c und 36 S. 12 aF. Erstere Regelung war eingeführt worden, um einen Anreiz zu schaffen, bestehende Versorgungsverpflichtungen auf Pensionsfonds zu übertragen. Ohne zeitliche Grenze wurde darauf abgestellt, dass der Leistungsempfänger im Zeitpunkt der Übertragung seines Versorgungsanspruchs bereits Leistungen aus einer Direktzusage oder einer Unterstützungskasse bezogen hat.[9] S. auch § 93 Abs. 1a S. 1. § 52 Abs. 36 S. 11 und 12 aF war durch das JStG 2010 eingeführt worden.[10] 61b

1 BMF v. 21.12.2017, BStBl. I 2018, 93 Rn. 178f.
2 S. auch BMF v. 13.3.2014, BStBl. I 2014, 554 zur Wahl der Einmalbesteuerung und Aufgabe der Selbstnutzung in einem VZ.
3 Hierzu BT-Drucks. 16/10189, 51f.
4 BMF v. 21.12.2017, BStBl. I 2018, 93 Rn. 193f.
5 BT-Drucks. 18/1529, 54.
6 BMF v. 21.12.2017, BStBl. I 2018, 93 Rn. 139ff.
7 Bericht des Finanzausschusses BT-Drucks. 17/7524, 14.
8 G v. 25.7.2014, BGBl. I 2014, 1266.
9 Ausf. zu der ab dem 1.1.2007 geltenden Fassung des § 52 Abs. 34c s. BT-Drucks. 16/2712, 62f.
10 BT Drucks. 17/2249, 63.

62 **9. Werbungskosten-Pauschbetrag/Versorgungsfreibetrag (§ 52 Abs. 34b S. 1).**[1] Für die nach § 22 Nr. 5 steuerbaren Bezüge wird ein WK-PB nach § 9a 1 Nr. 3 gewährt. Der Versorgungsfreibetrag des § 19 Abs. 2 kommt nicht zur Anwendung. Zu „Bestandsrentnern" mit Leistungen vor 2002 s. § 52 Abs. 34b S. 1 nF.

63 **X. Realsplitting (Nr. 1a).** Die verfassungsmäßige[2] Regelung korrespondiert mit § 10 Abs. 1 Nr. 1. Das v. unbeschränkt StPfl. (§ 1 Abs. 1, 3, § 1a § 50 Abs. 1 S. 2) erwirtschaftete Einkommen wird materiell-rechtl., nicht verfahrensrechtl. korrespondierend auf den Berechtigten transferiert.[3] Der Empfänger v. Unterhaltsleistungen iSd. § 10 Abs. 1 Nr. 1 hat diese nur in der Höhe zu versteuern, in der sie der Verpflichtete als SA geltend gemacht hat. Effekt ist die Ausnutzung eines Progressionsgefälles; der Wegfall des Splittingvorteils soll dadurch teilw. ausgeglichen werden. Wegen der Einzelheiten s. § 10 Rn. 8 ff.

64 **XI. Ermittlung der Einkünfte aus wiederkehrenden Bezügen.** Der Vermögensstamm einer mit ihrem Ertragsanteil steuerbaren Leibrente verzehrt sich mit dem Zeitablauf, daher wird keine AfA gewährt. Aufwendungen einschl. Nebenkosten (zB Eintragungs-, Rechtsberatungs- und Notarkosten, Makler und Vermittlungsgebühren[4]) für das „Ansparen" der Rente sind der Vermögenssphäre zuzuordnen und weder AK noch sofort abziehbare WK (Rn. 1). Rechtsverfolgungskosten (Beratungskosten an Rentenberater) können durch die Einnahmeerzielung veranlasst sein, und zwar ohne prozentuale Beschränkung auf Ertragsanteil;[5] dies gilt auch für Finanzierungs(neben)kosten.[6] Rechtsberatungs- und Prozesskosten,[7] an Versicherungsberater gezahlte Honorare und ähnliche Aufwendungen, die iZ mit Ansprüchen aus der gesetzlichen Rentenversicherung oder aus privaten Rentenversicherungen sowie aus der bAV – insbes. reinen Risikoversicherungen – stehen, sind WK, gleichgültig, ob sie während des Bezugs der Rentenleistungen oder schon vorher erwachsen. Ein wirtschaftlicher Zusammenhang mit der Erzielung v. Einkünften ist bei Aufwendungen iZ mit Ansprüchen aus einer privaten Rentenversicherung mit Kapitalwahlrecht oder Kündigungsrecht nicht gegeben.[8] WK sind die Kreditzinsen zur Nachentrichtung freiwilliger Beiträge zur SozVers.[9] Für die Abziehbarkeit v. WK – ggf. nach Angemessenheitsprüfung – wird eine Überschusserzielungsabsicht vorausgesetzt (Rn. 1).[10] Finanzierungskosten im Rahmen eines Versorgungsausgleichs können WK sein.[11] Der WK-PB nach § 9a 1 Nr. 3 ist beschränkt auf Einkünfte iSv. § 22 Nr. 1 und Nr. 1a; er steht jedem der Altenteiler-Ehegatten zu.[12]

C. Einkünfte aus privaten Veräußerungsgeschäften im Sinne des § 23 (Nr. 2)

65 § 22 Nr. 2 verweist auf § 23. Es wird auf die Kommentierung zu dieser Bestimmung Bezug genommen.

D. Einkünfte aus Leistungen (Nr. 3)

Literatur: *v. Bonin*, Vorgänge in der stfreien Vermögenssphäre als sonstige Leistungen, FR 1986, 11; *G. Grube*, Schadensersatz und Einkommensteuer, insbesondere beim Nachbarrechtsschutz des Privatvermögens, FR 2013, 433; *Harder*, Die sonstige Leistung im Einkommensteuerrecht, Diss. Tübingen 1990; *Ismer*, Die einkommensteuerliche Privatsphäre nach „Big Brother" – dogmatische Grundfragen bei den sonstigen Leistungen, FR 2012, 1057; *Ismer*, Nochmals: Zur Dogmatik der sonstigen Leistungen nach § 22 Nr. 3 EStG – Duplik zu Gebhardt, „Münchner Steuer-Roulette", in FR 2013, 65, FR 2013, 66; *Keuk*, Die Einkünfte aus sonstigen Leistungen – § 22 Nr. 3 EStG, DB 1972, 1130; *Krey*, Besteuerung sonstiger Leistungen, 2011.

1 Zur Besteuerung von Versorgungsbezügen (§ 19 Abs. 2) s. § 19 Rn. 81 und BMF v. 29.8.2013, BStBl. I 2013, 1087 Rz. 170 ff.
2 BFH v. 25.7.1990 – X R 137/88, BStBl. II 1990, 1022 = FR 1990, 679; v. 9.12.2009 – X R 49/07, BFH/NV 2010, 1790.
3 BFH v. 4.4.1989 – X R 14/85, BStBl. II 1989, 779 (781) = FR 1989, 531; *K/S/M*, § 22 Rn. B 371 ff.
4 Für den Erwerb nicht abnutzbarer WG BFH v. 20.6.2000 – VIII R 37/99, FR 2000, 1085 = BFH/NV 2000, 1342; zu Makler- und Vermittlungsgebühren bei kreditfinanzierten Leibrentenversicherungen BFH v. 30.10.2001 – VIII R 29/00, FR 2002, 293 = BFH/NV 2002, 268.
5 BFH v. 5.5.1993 – X R 128/90, BStBl. II 1993, 867 = FR 1993, 804 m. Anm. *Schmidt*; BMF v. 20.11.1997, BStBl. I 1998, 126.
6 BFH v. 15.12.1999 – X R 23/95, BStBl. II 2000, 267 = FR 2000, 462 mwN; unter Bezugnahme hierauf ausf. zu Renten- und Lebensversicherungen gegen finanzierten Einmalbetrag OFD NRW v. 2.1.2014 – S 2212 - 1002 - St 222, juris, dort auch zur Überprüfung der Überschussprognose.
7 OFD Ffm. v. 18.9.2002, DStZ 2003, 48; zu Prozesskosten betr. steuerbare Berufsunfähigkeitsrente FG Nds. v. 24.7.2013 – 9 K 134/12, juris (rkr.).
8 H 22.3 EStH 2017 unter Hinweis auf BMF v. 20.11.1997, BStBl. I 1998, 126 – Behandlung v. Beratungs-, Prozess- und ähnlichen Kosten iZ mit Rentenansprüchen.
9 BFH v. 21.7.1981 – VIII R 32/80, BStBl. II 1982, 41 = FR 1982, 22; v. 23.1.1991 – X R 37/86, BStBl. II 1991, 398 = FR 1991, 299 – Finanzierung der Nachentrichtung freiwilliger Beiträge; v. 5.5.1993 – X R 128/90, BStBl. II 1993, 867 = FR 1993, 804 m. Anm. *Schmidt* – Versorgungsausgleich.
10 BFH v. 23.1.1991 – X R 37/86, BStBl. II 1991, 398 aE = FR 1991, 299.
11 BFH v. 5.5.1993 – X R 128/90, BStBl. II 1993, 867 = FR 1993, 804 m. Anm. *Schmidt*; v. 8.3.2006 – IX R 78/01, BStBl. II 2006, 448.
12 BFH v. 22.9.1993 – X R 48/92, BStBl. II 1994, 107.

I. Grundsätze. Nr. 3 ist subsidiär auch ggü. Nr. 1, 2;[1] bei Entschädigungen ist er uU Auffangtatbestand.[2] 66
Er ist rechtsstaatlich hinreichend bestimmt.[3] „**Leistung**" ist jedes Tun, Unterlassen (Untätigkeit) und Dulden, das Gegenstand eines entgeltlichen Vertrages sein kann und um des Entgelts willen (arg. „erzielen"; § 2 Abs. 1) erbracht wird,[4] dies ggf. auch bei nachträglicher Entlohnung.[5] Ein gegenseitiger „synallagmatischer" (Austausch-)Vertrag ist nicht erforderlich.[6] Entscheidend ist, dass der Zahlende aufgrund des Auftretens des Zahlungsempfängers die betr. Leistung unabhängig davon erwartet, ob Letzterer die Leistung erbringen kann oder will. Es genügt, dass der StPfl. im wirtschaftlichen Zusammenhang mit seinem Tun, Dulden oder Unterlassen die gewährte Gegenleistung „als solche annimmt".[7] Gesetzliche Beispiele sind die Einkünfte aus gelegentlichen (Gegensatz: nachhaltigen, § 15 Abs. 2), auch sich wiederholenden – ggf. auch ringweisen[8] – Vermittlungen[9] und aus der Überlassung v. Sachen und Rechten auf Nutzung zB v. gewerblichen technischen usw. Erfahrungen und Fertigkeiten, zB Plänen, Mustern und Verfahren (§ 49 Abs. 1 Nr. 9),[10] soweit nicht § 21 anwendbar ist. Nach § 22 Nr. 3 steuerbar ist die Vermietung eines Pkw, einer Yacht,[11] eines nicht in die Luftfahrtrolle eingetragenen[12] Flugzeugs (§ 21 Rn. 42),[13] v. Containern.[14] Auch die einmalige Leistung ist steuerbar[15] sowie die gelegentliche und zufällige, sofern die Leistung „am Markt" – außerhalb seines „Eigenlebens" (der Privatsphäre), dh. durch wirtschaftliches Verhalten nach Art eines Dienstleistenden[16] – erbracht wird mit der Absicht, einen Überschuss zu erzielen.[17] Die Übernahme des Kostenrisikos eines fremden Prozesses gegen Beteiligung an dessen Erfolg kann zu sonstigen Einkünften führen.[18] Ein Leistungsaustausch fehlt bei Ehrenpreisen (s. auch § 2 Rn. 56, § 4 Rn. 256),[19] Spiel- und Lotteriegewinnen[20] und bei auf familienrechtl. Grundlage erbrachter Tätigkeiten. Bei hoheitlichem Eingriff in Eigentumsrechte fehlt es an einer Leistung, auch wenn der StPfl. zur Vermeidung einer förmlichen Enteignung mitwirkt.[21] Maßgebend ist der wirtschaftliche Gehalt der Leistung; unerheblich ist, ob sie mit oder

1 BFH v. 14.6.1994 – VIII R 14/93, BFH/NV 1995, 377 – Bereitstellung v. Darlehen.
2 BFH v. 23.2.1999 – IX R 86/95, BStBl. II 1999, 590 = FR 1999, 901 m. Anm. *Weber-Grellet* – Wettbewerbsverbot, wenn die untersagten Tätigkeiten mehreren Einkunftsarten zuzurechnen sind.
3 BVerfG v. 7.6.1993 – 2 BvR 1148/92, HFR 1993, 543; BFH v. 25.2.2009 – IX R 33/07, BFH/NV 2009, 1253 mwN.
4 BFH v. 23.6.1964 – GrS 1/64 S, BStBl. III 1964, 500 – gewerbsmäßige Unzucht (zweifelh.); hierzu s. Rn. 69.
5 BFH v. 21.9.1982 – VIII R 73/79, BStBl. II 1983, 201 = FR 1983, 147; v. 14.9.1999 – IX R 88/95, BStBl. II 1999, 776 = FR 1999, 1379 m. Anm. *Fischer*; v. 18.12.2001 – IX R 74/98, BFH/NV 2002, 643; FG Hess. v. 30.1.2002 – 13 K 2224/01, EFG 2002, 829 mwN: Zahlung „als Anerkennung" oder „Dankeschön".
6 BFH v. 14.9.1999 – IX R 88/95, BStBl. II 1999, 776 = FR 1999, 1379 m. Anm. *Fischer*; v. 18.12.2001 – IX R 74/98, BFH/NV 2002, 643 mwN.
7 BFH v. 21.9.2004 – IX R 13/02, BStBl. II 2005, 44 = FR 2004, 1399 m. Anm. *Fischer*; zu dem erforderlichen Zusammenhang v. Leistung und Provision BFH v. 20.4.2004 – IX R 39/01, BStBl. II 2004, 1072 = FR 2004, 1011.
8 BFH v. 20.1.2009 – IX R 34/07, BStBl. II 2009, 532 = FR 2009, 774 m. Anm. *Bode*.
9 FG Saarl. v. 15.7.2003 – 1 K 215/01, EFG 2003, 1435 – einmalige Vermittlung eines Fußballspielers; BFH v. 27.6.2006 – IX R 25/05, BFH/NV 2007, 657 – Provision bei „kreuzweiser" Vermittlung v. Lebensversicherungen; zur „ringweisen" Vermittlung BFH v. 20.1.2009 – IX R 34/07, BStBl. II 2009, 532 = FR 2009, 774 m. Anm. *Bode*.
10 BFH v. 12.11.1997 – XI R 44/95, BStBl. II 1998, 774 = FR 1998, 1007: Vermietung nur eines Wohnmobils – Abgrenzung zu § 15; v. 22.1.2003 – X R 37/00, BStBl. II 2003, 464 – Gewerblichkeit; v. 6.10.2004 – IX R 60/03, BFH/NV 2005, 327: Wohnmobilvermietung: Abgrenzung GewBetr. – Vermögensverwaltung.
11 BFH v. 29.4.1999 – III R 38/97, BFH/NV 1999, 1510; v. 23.9.1999 – IV R 4/99, BFH/NV 2000, 426.
12 BFH v. 2.5.2000 – IX R 71/96, BStBl. II 2000, 467 = FR 2000, 1046; v. 2.5.2000 – IX R 99/97, BFH/NV 2001, 14; s. auch *Höhmann*, DStR 1997, 601.
13 FG Nds. v. 15.8.2001 – 2 K 912/99, EFG 2002, 534 – Wohnmobil; FG RhPf. v. 18.7.1997 – 3 K 1807/95, 3 K 1808/95, EFG 1998, 324 – Yacht; FG Münster v. 6.12.1995 – 2 K 1550/94 F, EFG 1996, 428.
14 BayLfSt v. 15.5.2012 – S 2257.1.1-2/3 St32, juris – stl. Behandlung des „Container-Leasing-Modells"; Thür. LFD v. 31.1.2012 – S 2170 A - 28 - A 3.15 (R), juris.
15 BFH v. 12.11.1985 – IX R 183/84, FR 1986, 627 = BStBl. 1986, 890; v. 21.9.2004 – IX R 13/02, BStBl. II 2005, 44 = FR 2004, 1399 m. Anm. *Fischer*; v. 25.2.2009 – IX R 33/07, BFH/NV 2009, 1253.
16 Vgl. – zur USt – BFH v. 29.6.1987 – X R 23/82, BStBl. 1987, 744; v. 14.9.1999 – IX R 88/95, BStBl. II 1999, 776 – verneint für familiäre Pflegeleistungen; s. nunmehr § 3 Nr. 1a UStG.
17 BFH v. 16.12.1998 – X R 125/97, BFH/NV 1999, 917 – Abgrenzung zur Liebhaberei; v. 23.9.1999 – IV R 4/99, BFH/NV 2000, 426; FG Bremen v. 10.9.1997 – 4 96020 K 3, EFG 1998, 281 – Vermietung eines Wohnmobils.
18 BFH v. 10.7.2008 – IX R 47/07, FR 2008, 1124 = BFH/NV 2008, 2001; v. 25.2.2009 – IX R 33/07, BFH/NV 2009, 1253.
19 BMF v. 5.9.1996, BStBl. I 1996, 1150 – Behandlung v. Preisgeldern; *Weitemeyer*, Non Profit Law Yearbook 2009, 7; *Theisen/Raßhofer*, FS Spindler, 2011, 819; *Krumm*, FR 2015, 639.
20 BFH v. 2.9.2008 – X R 8/06, BStBl. II 2010, 548 = FR 2009, 388.
21 BFH v. 12.9.1985 – VIII R 306/81, BStBl. II 1986, 252 = FR 1986, 128 – faktische Bausperre; v. 17.5.1995 – X R 64/92, BStBl. II 1995, 640 = FR 1995, 665 – Enteignungsentschädigung; v. 10.8.1994 – X R 45/91, BFH/NV 1995, 387 – Planungsentschädigung wegen Lärmimmission (Verfahren nach § 19 Abs. 2a FStrG); BVerfG v. 7.6.1993 – 2 BvR 1148/92, HFR 1993, 543; FG RhPf. v. 9.9.1997 – 5 K 2093/95, EFG 1998, 199 – Planungsentschädigung; FG München v. 3.3.2004 – 9 K 2400/03, EFG 2004, 1120 – Entschädigung wegen Verkehrslärms.

ohne Mühe erbracht wird und ob die Einnahme hieraus wirtschaftlich gerechtfertigt ist.[1] „Nutzung" ist jedes Gebrauchen des Eigentums im Sinne einer Ausübung der aus dem Eigentum fließenden Befugnisse (§ 903 BGB); auch wenn ein Dritter nicht zugleich ein Besitzrecht erhält. Einkünfte iSv. § 22 Nr. 3 liegen vor, wenn die Gegenleistung durch ein Verhalten des StPfl. ausgelöst wird[2] und er den erhaltenen Betrag als Entgelt annimmt.[3] Ein Verhalten ist jedoch nur dann als Leistung iSd. § 22 Nr. 3 EStG zu erfassen, wenn ihm eine eigenständige wirtschaftliche Bedeutung zukommt und es vorrangig keiner anderen Einkunftsart zuzurechnen ist.[4] Für die Beurteilung des „Auslösens" ist eine objektivierende, wertende Betrachtung des wirtschaftlichen Zusammenhangs zwischen Leistung und Gegenleistung erforderlich.[5]

67 **Nicht steuerbar sind Veräußerungen eines WG** (Übertragung auch des wirtschaftlichen Eigentums) iSv. § 22 Nr. 2, § 23 Abs. 1[6] oder veräußerungsähnliche Vorgänge im privaten Bereich, bei denen ein Entgelt dafür bezahlt wird, dass nach dem wirtschaftlichen Gehalt der Leistung ein Vermögensgegenstand in seiner Substanz endg. aufgegeben wird.[7] Denn § 17, § 22 Nr. 2 iVm. § 23 erfassen private Veräußerungsgewinne abschließend. Zum Verhältnis der – zeitlich begrenzten und daher nach § 21 steuerbaren – Nutzung zur auf den endg. Verbleib beim Erwerber gerichteten Veräußerung s. § 21 Rn. 5 ff.[8] Leistungsempfänger und Leistender müssen nicht identisch sein. Die Leistung kann auch nachträglich und/oder erfolgsabhängig entgolten werden.[9] Ggf. ist die Aufteilung eines Gesamtentgelts nach allg. Grundsätzen erforderlich. Eine eigenständige wirtschaftliche Bedeutung ist zu bejahen, wenn ein bestimmtes Tun, Dulden oder Unterlassen abgegolten werden soll.[10] Kommt einer iZ mit einer Anteilsveräußerung übernommenen und entgoltenen Verpflichtung zu einem Rechtsverzicht keine eigenständige wirtschaftliche Bedeutung zu, so handelt es sich um einen unselbständigen Teil des Veräußerungspreises.[11] Die Zustimmung des G'ters einer GbR zu der Veräußerung des Grundstücks der GbR begründet kein wirtschaftlich eigenständiges Verhalten, das v. der Übertragung des Grundstücks abgespalten werden könnte.[12] Der Verkauf einer Internet-Domain ist nicht steuerbar.[13] Die **Freigrenze** der Nr. 3 S. 2 ist zu beachten. S. auch die ausf. Nachw zur Steuerbarkeit/Nichtsteuerbarkeit H 22.8 EStH 2012.

68 **II. Dulden zum Vorteil eines anderen („Nutzung" der Eigentümerbefugnisse). Steuerbar** ist die Übernahme einer Baulast mit der auch dauernden öffentl.-rechtl. Verpflichtung zu einem das Grundstück betr. Tun, Dulden oder Unterlassen; auch gegen einmaliges Entgelt.[14] Grds. ist das Entgelt für die zeitlich begrenzte Belastung eines Grundstücks mit einer Dienstbarkeit eine Einnahme aus VuV, wenn die Belastung nicht zu einem endgültigen Rechtsverlust führt.[15] Eine einmalige Entschädigung, die für das mit einer immerwährenden Dienstbarkeit gesicherte und zeitlich nicht begrenzte Recht auf Überspannung eines zum PV gehörenden Grundstücks mit einer Hochspannungsleitung gezahlt wird, ist nicht steuerbar. Bei Duldung der Nutzung durch Dritten werden Einkünfte aus VuV erzielt, wenn der wirtschaftliche Schwerpunkt nicht darin liegt, einen bestimmten Zustand des Nachbargrundstücks hinzunehmen, und zwar unabhängig davon, ob der Eigentümer hierzu nach öffentl. Recht verpflichtet ist.[16] Ein Entgelt, das ein Grundstückseigentümer dafür erhält, dass er Baumaßnahmen auf dem Nachbargrundstück hinnimmt und

1 BFH v. 21.9.1982 – VIII R 73/79, BStBl. II 1983, 201 = FR 1983, 147.
2 BFH v. 28.2.2018 – VIII R 30/15, BFHE 261, 47 = DB 2018, 1646.
3 BFH v. 25.2.2009 – IX R 33/07, BFH/NV 2009, 1253 – Prozesskostenzuschuss.
4 BFH v. 11.3.2003 – IX R 76/99, BFH/NV 2003, 1161; v. 19.3.2013 – IX R 65/10, BFH/NV 2013, 1085; s. ferner – zu einer Wettbewerbsabrede – BFH v. 2.4.2008 – X R 61/06, BFH/NV 2008, 1491; zu einem Rechtsverzicht BFH v. 6.9. 2016 – IX R 44/14, BFHE 255, 148 = BFH/NV 2017, 191 = FR 2017, 204.
5 BFH v. 13.3.2018 – IX R 18/17, BStBl. II 2018, 531, verneint bei einer „break fee".
6 BFH v. 14.11.1978 – VIII R 72/76, BStBl. II 1979, 298.
7 BFH v. 18.8.1977 – VIII R 7/74, BStBl. II 1977, 796 – Duldung eines U-Bahn-Tunnels: „Abspaltung v. Substanz"; v. 19.12.2000 – IX R 96/97, BStBl. II 2001, 391 = FR 2001, 644 m. Anm. *Fischer*, zur Abgrenzung zw. Veräußerung und Nutzungsüberlassung; v. 19.3.2013 – IX R 65/10, BFH/NV 2013, 1085 mwN.
8 BFH v. 23.4.2003 – IX R 57/99, BFH/NV 2003, 1312 – Überlassung eines Rechts.
9 BFH v. 21.9.1982 – VIII R 73/79, BStBl. II 1983, 201 = FR 1983, 147; v. 26.5.1993 – X R 108/91, BStBl. II 1994, 96 = FR 1993, 784.
10 BFH v. 11.4.2017 – IX R 46/15, BFH/NV 2017, 1030, zum Entgelt für die Verpflichtungen aus einer Poolverein barung.
11 BFH v. 29.5.2008 – IX R 97/07, BFH/NV 2009, 9, mwN; v. 11.4.2017 – IX R 46/15, BFH/NV 2017, 1030.
12 BFH v. 22.9.2008 – IX R 19/07, BFH/NV 2008, 1820 mwN.
13 FG Köln v. 20.4.2010 – 8 K 3038/08, EFG 2010, 1216, mit Anm. *Pfützenreuter*, EFG 2010, 1217.
14 BFH v. 26.8.1975 – VIII R 167/71, BStBl. II 1976, 62 – Duldung der Nutzung als Kfz.-Stellplatz (soweit nicht VuV); v. 24.3.1982 – IV R 96/78, BStBl. II 1982, 643 = FR 1982, 389 – Ferngasleitung (zweifelh.); v. 4.9.1996 – XI R 20/96, BFH/NV 1997, 336 – Duldung einer Kanalleitung „miet- oder pachtähnliches Verhältnis" uU VuV.
15 BFH v. 17.5.1995 – X R 64/92, BStBl. II 1995, 640 = FR 1995, 665 – Duldung v. Überspannung im Schutzstreifen.
16 BFH v. 2.3.2004 – IX R 43/03, BStBl. II 2004, 507 – Gestattung der Inanspruchnahme wegen Errichtung eines Gebäudes auf dem Nachbargrundstück; Anm. *Fischer*, FR 2004, 714.

auf – vermeintliche oder tatsächliche – Nachbarrechte verzichtet, ist gem. Nr. 3 steuerbar.[1] **Beispiele** für entgeltlich erbrachte **sonstige Leistungen** (ohne Substanzübertragung): grds. entgeltliche Bestellung eines beschränkt dinglichen Rechts;[2] einer Dienstbarkeit, bei welcher die Wertminderung Bemessungsgrundlage für das Entgelt ist[3] (anders bei „wirtschaftlicher Abspaltung v. Substanz" – „Verlust des wirtschaftlichen Eigentums an WG des PV" – und wenn das Entgelt dafür erbracht wird, dass ein Vermögensgegenstand in seiner Substanz endg. aufgegeben wird[4]); allg. Hinnahme einer Einschränkung subj. öffentl. Rechte;[5] Gestattung einer das eigene Grundstück im Wert mindernden Nutzung des Nachbargrundstücks;[6] Gestattung eines Bauvorhabens;[7] Vergütung für die „Zurverfügungstellung" des Grundstücks iRd. Gewinnung von Ökopunkten;[8] Hinnahme einer baurechtswidrigen Maßnahme;[9] Duldung v. Lärmimmissionen;[10] Verzicht auf die Einhaltung eines gesetzlich vorgeschriebenen Grenzabstands;[11] Ausgleich v. Beeinträchtigungen durch eine beabsichtigte Bebauung;[12] Verzicht auf den Widerspruch gegen v. einem (Nachbar-) Grundstück ausgehende Immissionen;[13] Verzicht des Inhabers eines eingetragenen Warenzeichens (jetzt: Markenrecht) auf bestehende oder vermeintliche Abwehransprüche.[14]

III. Tätigkeit und Unterlassen. 1. Beispiele für Tätigkeiten. Nach BFH ist die gelegentliche[15] **Übernahme einer Bürgschaft** gegen Provision nach § 22 Nr. 3 steuerbar; laufende (private) Bürgschaftsprovisionen sollen wiederkehrende Bezüge iSd. § 22 Nr. 1 S. 1 HS 1 sein.[16] ME ist die Provision immer nach § 22 Nr. 3 steuerbar (Rn. 4). **Weitere Beispiele** für die Steuerbarkeit nach § 22 Nr. 3: Prämie als Gegenleistung an den Stillhalter für die Einräumung einer Option;[17] Entgelt für die Verpflichtungen aus einer Poolvereinbarung;[18] Bestellung eines Vorkaufsrechts an einem Grundstück;[19] Verschaffung der Möglichkeit, die Rechtslage nach wirtschaftlichen Bedürfnissen zu gestalten, zB Verpflichtung zur Abgabe eines Kaufangebots, zur Gestellung eines Bürgen;[20] in einem Grundstückskaufvertrag vereinbarte Bindungsentschädigung;[21] Vermittlung eines Versicherungsvertrages gegen Provision;[22] Übernahme der dinglichen Haftung[23] – sog. Risikogeschäfte; gelegentliche Vermittlung[24] auch v. Verträgen auch aus einmaligem Anlass, zB beim 69

1 BFH v. 4.3.2008 – IX R 36/07, BFH/NV 2008, 1657 mwN; grundlegend zum Nachbarschutz *G. Grube*, FR 2013, 433.
2 BFH v. 17.10.1968 – IV 84/65, BStBl. II 1969, 180 – keine Veräußerung.
3 Krit. *K/S/M*, § 22 Rn. D 160.
4 BFH v. 18.8.1977 – VIII R 7/74, BStBl. II 1977, 796 – „U-Bahn-Röhre".
5 BFH v. 29.11.2000 – I R 31/00, BStBl. II 2004, 41 = FR 2001, 474.
6 BFH v. 26.10.1982 – VIII R 83/79, BStBl. II 1983, 404 = FR 1983, 352; v. 10.8.1994 – X R 42/91, BStBl. II 1995, 57 = FR 1995, 25 – Duldung der Unterbringung geistig Behinderter; v. 21.11.1997 – X R 124/94, BStBl. II 1998, 133 = FR 1998, 367 – Nutzung benachbarten Teileigentums als Spielsalon: keine veräußerungsähnliche Aufgabe eines Eigentümerrechts (Grenzfall!).
7 BFH v. 26.10.1982 – VIII R 83/79, BStBl. II 1983, 404 = FR 1983, 352 – Hochhaus; v. 9.8.1990 – X R 140/88, BStBl. II 1990, 1026 = FR 1990, 719 – Abgrenzung zur Grundstücksübertragung; v. 19.12.2000 – IX R 96/97, BStBl. II 2001, 391 = FR 2001, 644 m. Anm. *Fischer*; FG Münster v. 12.4.2003 – 8 K 1220/99 E, EFG 2003, 1090 mit Anm. *Valentin* – Steuerbarkeit einer für den Verzicht auf die Durchsetzung nachbarrechtl. Abwehransprüche gezahlten Abfindung.
8 FG SchlHol. v. 28.9.2016 – 2 K 2/16, DStRE 2017, 1106.
9 BFH v. 22.8.2003 – IX B 85/03, BFH/NV 2004, 41.
10 FG BaWü. v. 8.10.1997 – 2 K 173/95, EFG 1998, 197.
11 BFH v. 5.8.1976 – VIII R 97/73, BStBl. II 1977, 26; v. 10.8.1994 – X R 42/91, BStBl. II 1995, 57 = FR 1995, 25.
12 BFH v. 26.10.1982 – VIII R 83/79, BStBl. II 1983, 404 = FR 1983, 352 – Duldung eines benachbarten Wohnblocks; v. 18.5.2004 – IX R 63/02, BStBl. II 2004, 874 = FR 2004, 1283 – Verzicht auf Nachbarrechte im Rahmen einer Grundstücksveräußerung.
13 BFH v. 12.11.1985 – IX R 183/84, BStBl. II 1986, 890 = FR 1986, 627 – Bürgerinitiative gegen Kernkraftwerk; FG Düss. v. 19.12.2001 – 2 K 4816/98 E, EFG 2002, 759; BFH v. 19.12.2000 – IX R 96/97, BStBl. II 2001, 391 = FR 2001, 644 m. Anm. *Fischer*; FG Münster v. 12.4.2003 – 8 K 1220/99 E, EFG 2003, 1090 – Steuerbarkeit einer für den Verzicht auf die Durchsetzung nachbarrechtl. Abwehransprüche gezahlten Abfindung.
14 BFH v. 25.9.1979 – VIII R 34/78, BStBl. II 1980, 114 = FR 1980, 102.
15 § 15 ist vorrangig, s. FG München v. 27.7.2015 – 10 K 3179/13, DStRE 2017, 346.
16 BFH v. 14.4.2015 – IX R 35/13, BFH/NV 2015, 1175; Anm. *Jachmann-Michel*, jurisPR-SteuerR 35/2015 Anm. 4.
17 BFH v. 29.6.2004 – IX R 26/03, BStBl. II 2004, 995 = FR 2004, 1173; ausf. BFH v. 12.7.2016 – IX R 11/14, BFH/NV 2016, 1691.
18 BFH v. 11.4.2017 – IX R 46/15, BFH/NV 2017, 1030.
19 BFH v. 10.8.1994 – X R 42/91, BStBl. II 1995, 57 = FR 1995, 25 mwN; dort auch zur Anrechnung des Entgelts auf einen späteren Kaufpreis.
20 BFH v. 11.1.1966 – I 53/63, BStBl. III 1966, 218 – Inanspruchnahme aus Bürgschaft ist Vermögensverlust; vgl. BFH v. 24.4.1997 – VIII R 23/93, BStBl. II 1999, 342 = FR 1997, 904.
21 FG Hess. v. 27.1.2010 – 8 K 3585/06, EFG 2010, 863.
22 BFH v. 17.7.2007 – IX R 1/06, BFH/NV 2007, 2263.
23 BFH v. 13.8.1997 – I R 61/96, BStBl. II 1998, 270 = FR 1998, 168.
24 BFH v. 21.9.1982 – VIII R 73/79, BStBl. II 1983, 201 = FR 1983, 147.

Transfer eines Fußballspielers;[1] Entgelt für die (auch einmalige) Weitergabe privat erlangter Informationen;[2] Prämie an „Whistleblower";[3] Abfindungszahlungen an einen sog. räuberischen Aktionär;[4] geheimdienstliche Tätigkeit (sofern nicht gewerblich);[5] Entgelt für Konzeptionsleistungen in Form einer Wertsteigerung v. Gesellschaftsanteilen;[6] das Entgelt für die Teilnahme an einem Förderprogramm;[7] ua. Belohnungen, soweit Tätigkeit erbracht (nicht bei Mitteilung v. zufällig erlangten Kenntnissen); Schmier-[8] und Bestechungsgelder (die Herausgabe der Bestechungsgelder an den geschädigten ArbG führt im Abflusszeitpunkt zu WK bei den Einkünften aus § 22 Nr. 3);[9] gelegentlicher Auftritt des Amateurmusikers, -tänzers, -zauberers usw., als Amateursportler;[10] Einsammeln und Rückgabe v. Pfandflaschen;[11] Spesen als Schiedsrichter,[12] soweit diese nicht gewerblich tätig sind;[13] als Rettungsschwimmer der DLRG;[14] uU Tagegelder für Verbandssitzungen; Honorar für Testperson;[15] Probanden-Vergütung; Weitergabe v. Informationen für geschäftliche Zwecke;[16] die jedenfalls regelmäßige Mitfahrervergütung;[17] Teilnahmeprämien bei Sportveranstaltungen (soweit nicht § 15); Fördermittel für Teilnahme an berufsbildender Veranstaltung;[18] vereinbartes Entgelt für die gelegentliche Teilnahme an einer Talkshow, ggf. auch ein erfolgsabhängiges Preisgeld in einer Fernsehshow, wenn der Auftritt des Kandidaten und das gewonnene Preisgeld in einem gegenseitigen Leistungsverhältnis stehen,[19] Quiz (ausschließlich des erzielten Gewinns); jemand bekundet seine Bereitschaft, mit seinen persönlichen Beziehungen bei einer geschäftlichen Transaktion behilflich zu sein;[20] sonstige entgeltliche Ausgleichszahlungen:[21] ggf. eine „beak fee".[22] Die entgeltliche Beihilfe zum Betrug

---

1 FG Saarl. v. 15.7.2003 – 1 K 215/01, EFG 2003, 1435.

2 BFH v. 26.10.2004 – IX R 53/02, BStBl. II 2005, 167 = FR 2005, 447 – Steuerbarkeit eines „werthaltigen Tipps"; FG Hbg. v. 24.7.2002 – VI 128/00, EFG 2003, 94 – Information eines Journalisten.

3 BFH v. 23.3.2016 – IX B 22/16, BFH/NV 2016, 1013 – Entgelt für die Übergabe von Informationen an die Strafverfolgungsbehörden auf vertraglicher Grundlage.

4 FG Köln v. 11.6.2015 – 13 K 3023/13, EFG 2015, 1540.

5 Dahingestellt in BFH v. 16.4.2002 – IX R 40/00, BStBl. II 2002, 501 = FR 2002, 1377.

6 FG Berlin v. 13.7.2000 – 4 K 4396/97, EFG 2001, 436.

7 BFH v. 13.2.2008 – IX R 63/06, BFH/NV 2008, 1138.

8 FG Hess. v. 30.8.1996 – 14 K 336/96, EFG 1997, 288; FG BaWü. v. 29.4.1997 – 7 K 423/90, EFG 1998, 43.

9 BFH v. 26.1.2000 – IX R 87/95, BStBl. II 2000, 396 = FR 2000, 773 m. Anm. *Fischer*; v. 16.6.2015 – IX R 26/14, BStBl. II 2015, 1019 = FR 2015, 1143 m. Anm. *Bode*; Anm. *Jachmann-Michel*, jurisPR-SteuerR 50/2015 Anm. 4; Anm. *N. Schneider*, jurisPR-Compl 4/2015 Anm 4; zu den Folgen einer zeitversetzten Rückzahlung FG BaWü. v. 13.9.2006 – 7 K 71/02, EFG 2007, 1137; *Sahan*, FS Samson, 2010, 599.

10 S. aber BFH v. 9.4.2014 – X R 40/11, BFH/NV 2014, 1359 – zu Einkünften eines Bundesliga-Gewichthebers; zu Leistungen der Deutschen Sporthilfe an Berufssportler FG Hess. v. 16.10.2000 – 5 K 187/98, EFG 2001, 683: Siegprämien und pauschale Zahlungen an Sportler können bei Nichtvorliegen des Tatbestandsmerkmals der „Teilnahme am wirtschaftlichen Verkehr" sonstige Einkünfte iSv. § 22 Nr. 3 sein.

11 BFH v. 6.6.1973 – I R 203/71, BStBl. II 1973, 727.

12 BMF v. 21.11.2014, BStBl. I 2014, 1581 – zu ehrenamtlichen Schiedsrichtern im Amateurbereich und zur Anwendung des § 3 Nr. 26a und 26b; zu Turnierrichtern im Amateurpferdesport FG Nürnb. v. 15.4.2015 – 5 K 1723/12, EFG 2015, 1425 (NZB VIII B 57/15); FG RhPf. v. 18.7.2014 – 1 K 2552/11, EFG 2014, 2065: Fußballschiedsrichter sind selbst dann, wenn sie für nationale (DFB) und für internationale (UEFA, FIFA) Verbände Spiele leiten, nicht gewerblich tätig (zweifelhaft; Rev. X R 5/15); mit nicht überzeugender Abgrenzung zu international tätigen Tennisschiedsrichtern unter Bezugnahme auf FG Nds. v. 24.11.2004 – 9 K 147/00, EFG 2005, 766; sa. BFH v. 31.1.2017 – IX R 10/16, BFHE 256, 250 = BFH/NV 2017, 680.

13 BFH v. 20.12.2017 – I R 98/15, BFHE 260, 169 = DStR 2018, 449 – Einkünfte eines national und intern. tätigen Fußballschiedsrichters; Anm. *Lieber*, jurisPR-SteuerR 20/2018 Anm. 1; *Schlotter*, ISR 2018, 154; OFD Ffm. v. 24.4.2012 – S 2257 A - 19 - St 218, juris.

14 OFD Nds. v. 15.6.2014 – S 2334 - 69 - St 213, juris, betr. Rettungsschwimmer im vorbeugenden Wasserrettungsdienst. Die Steuerbefreiung des § 3 Nr. 26 kann anwendbar sein.

15 FG RhPf. v. 19.3.1996 – 2 K 1960/95, EFG 1996, 979.

16 BFH v. 21.9.1982 – VIII R 73/79, BStBl. II 1983, 201 = FR 1983, 147.

17 BFH v. 15.3.1994 – X R 58/91, BStBl. II 1994, 516 = FR 1994, 506 – mit Abgrenzung zu § 15 sowie zu den abziehbaren WK; BFH v. 6.6.2002 – X B 163/01, BFH/NV 2002, 1441.

18 BFH v. 13.2.2008 – IX R 63/06, BFH/NV 2008, 1138.

19 BFH v. 28.11.2007 – IX R 39/06, BStBl. II 2008, 469 = FR 2008, 637 m. Anm. *Bode*; hierzu BMF v. 30.5.2008, BStBl. I 2008, 645 – Behandlung von Fernseh-Preisgeldern; BFH v. 24.4.2012 – IX R 6/10, BStBl. II 2012, 581 = FR 2012, 928 m. Anm. *Binnewies* – „Big Brother"-Preisgeld (Verfassungsbeschwerde nicht zur Entsch. angenommen); hierzu die Kontroverse von *Gebhardt*, FR 2013, 65; *Ismer*, FR 2012, 581 und FR 2013, 66; BFH v. 16.6.2014 – IX B 22/14, BFH/NV 2014, 1540; FG Münster v. 15.1.2014 – 4 K 1215/12 E, EFG 2014, 638; Anm. *Pfützenreuter*, jurisPR-SteuerR 16/2014 Anm. 3.

20 BFH v. 20.4.2004 – IX R 39/01, BStBl. II 2004, 1072.

21 FG Münster v. 25.9.2015 – 11 K 1830/13 E, EFG 2016, 548.

22 BFH v. 13.3.2018 – IX R 18/17, BStBl. II 2018, 531.

kann steuerbar sein.[1] Einnahmen aus einer ehrenamtlichen Tätigkeit können Einkünfte aus Leistungen iSd. § 22 Nr. 3 (s. aber Rn. 71)[2] oder aus § 18 Abs. 1 Nr. 3[3] bzw. aus § 19 Abs. 1 Nr. 1 (Entschädigung für Verdienstausfall und Zeitverlust) sein. Tagegeldzahlungen an ehrenamtliche Mitglieder eines Verbandes, die die entstandenen Aufwendungen nicht unwesentlich übersteigen, fallen unter § 22 Nr. 3, wenn die Tätigkeit nicht einer anderen Einkunftsart zuzuordnen ist (ggf. Stfreiheit nach § 3 Nr. 26). Ehrenamtliche Betreuer[4] beziehen grds.[5] sonstige Einkünfte iSd. § 22 Nr. 3;[6] ggf. StBefreiung nach § 3 Nr 26b. Die Vergütungen der Erhebungsbeauftragten für den Zensus 2011 sind, soweit sie nicht nach § 3 Nr. 12 stfrei sind, nach § 22 Nr. 3 stpfl., wenn der stpfl. Teil der Einkünfte mehr als 255 Euro beträgt.[7] Erhält der Grundstückseigentümer v. Vermittler des Kaufvertrages eine Provision, die keine besonderen, über die Anschaffung hinausgehenden Leistungen abgelten soll, mindert dies die AK.[8] Keine Leistung des Versicherungsnehmers, wenn die Vertreterprovision an ihn weitergeleitet wird („Eigenprovision").[9] Zur Besteuerung v. Termingeschäften (§ 20 Abs. 3 Nr. 3) s. BMF v. 9.10.2012, BStBl. I 2012, 953. Wird eine Gegenleistung für die Abtretung eines Anspruchs aus einem Mietverhältnis bezahlt, ist sie nach § 22 Nr. 3 EStG steuerbar.[10] Prostituierte üben ein Gewerbe iSd. § 15 aus (Änderung der Rspr.).[11]

2. Steuerbares Unterlassen.[12] Dies ist zB Verzicht auf Ausübung v. Wettbewerb iZ mit Beendigung des Arbverh.;[13] des Verkaufs eines Unternehmens oder einer wesentlichen Beteiligung, wenn das Wettbewerbsverbot zeitlich begrenzt ist, sich in seiner wirtschaftlichen Bedeutung heraushebt und wenn dies in den getroffenen Vereinbarungen, vor allem in einem neben dem Kaufpreis für das Unternehmen geleisteten Entgelt, klar zum Ausdruck gelangt ist;[14] Verpflichtung zum Unterlassen geschäftsschädigender Aktivitäten;[15] Verzicht auf die bestimmte Nutzung eines Grundstücks;[16] Zusage, im Zwangsversteigerungsverfahren nicht zu überbieten;[17] Einverständnis einer fortdauernden Anscheinserweckung durch einen anderen, selbst tätig geworden zu sein.[18] Ein Verzicht auf behauptete Anspr. sowie Zusage des „Nichtstörens" eines Börsengangs kann eine sonstige Leistung sein, wenn der Leistung eine eigenständige wirtschaftliche Bedeutung zukommt.[19] 70

IV. Nichtsteuerbarkeit mangels Leistungsaustauschs. Nichtsteuerbar sind mangels Leistungsaustauschs Einkünfte aus (Renn-)Wetten,[20] aus Lotteriespiel[21] (anders beim „gewerblichen Spieler"[22]); Ehren- 71

1 FG Münster v. 10.4.2013 – 13 K 3654/10 E, EFG 2013, 1345 (rkr.).
2 *Schießl*, FR 2011, 795 (798 f.).
3 Ausf. für ehrenamtliche Tätigkeiten in der Kommune FinMin. MV v. 15.8.2017 – IV 301 - S 2337 - 32/01 - 014, juris – kommunale Vertretungen und kommunale Verwaltung.
4 BFH v. 23.10.1992 – VI R 59/91, BStBl. II 1993, 303 = FR 1993, 401; FinMin. Bay. v. 4.5.2009 – S 2337.1.1-2/6 St 32/St 33, juris – Aufwandsentschädigung für ehrenamtliche Betreuer nach § 1835a BGB. Allg. zu stfreien Einnahmen aus ehrenamtlicher Tätigkeit BMF v. 21.11.2014, BStBl. I 2014, 1581 – Anwendungsschr. zu § 3 Nr. 26a und 26b; BayLfSt v. 8.9.2011 – S 2121.1.1-1/33 St32, juris – nebenberufliche Tätigkeiten nach § 3 Nr. 26.
5 S. aber FG BaWü. v. 24.9.2009 – 3 K 1350/08, EFG 2010, 120 m. Anm. *Korte*; *Tegelkamp/Krüger*, ZErb 2011, 125.
6 Senatsverwaltung für Finanzen Berlin v. 30.3.2011 – III B-S 2121–5/2000, juris. Ausf. *Tegelkamp/Krüger*, Der Fiskus und das Ehremamt, ZErb 2011, 125.
7 FinMin. SchlHol. v. 13.10.2011 – VI 311-S 2337–126, juris.
8 BFH v. 16.3.2004 – IX R 46/03, BStBl. II 2004, 1046.
9 BFH v. 2.3.2004 – IX R 68/02, BStBl. II 2004, 506 = FR 2004, 657 m. Anm. *Fischer*; v. 21.9.2004 – IX R 13/02, BStBl. II 2005, 44 = FR 2004, 1399 m. Anm. *Fischer*; das Urteil des BFH v. 27.5.1998 – X R 94/96, BStBl. II 1998, 619 dürfte damit weitgehend überholt sein; vgl. *Fischer*, FR 2004, 658.
10 BFH v. 20.11.2012 – IX R 10/11, BFH/NV 2013, 71.
11 GrS des BFH v. 20.2.2013 – GrS 1/12, BStBl. II 2013, 441 = FR 2013, 810; *P. Fischer*, jurisPR-SteuerR 28/2013 Anm. 3.
12 Allg. *Reimer*, Der Ort des Unterlassens, 2004, 49f, 164 ff., 181 ff., 186 ff.
13 BFH v. 12.6.1996 – XI R 43/94, BStBl. II 1996, 516 = FR 1996, 634 – Zuordnung zu einer Einkunftsart ungewiss; v. 23.2.1999 – IX R 86/95, BStBl. II 1999, 590 = FR 1999, 901 m. Anm. *Weber-Grellet*.
14 BFH v. 23.2.1999 – IX R 86/95, BStBl. II 1999, 590 = FR 1999, 901 m. Anm. *Weber-Grellet*; v. 11.3.2003 – IX R 76/99, BFH/NV 2003, 1162 mwN – Wettbewerbsverbot iRd. Veräußerung einer wesentlichen Beteiligung; v. 16.2.2007 – VIII B 26/06, BFH/NV 2007, 1113 – Überpreis für einen GmbH-Anteil.
15 FG München v. 28.10.2002 – 13 K 368/00, EFG 2003, 391; s. aber BFH v. 29.5.2008 – IX R 97/07, BFH/NV 2009, 9.
16 BFH v. 9.4.1965 – VI 82/63 U, BStBl. III 1965, 361 – Verpflichtung, nicht zu verpachten.
17 BFH v. 18.3.2004 – IX B 129/03, BFH/NV 2004, 958.
18 FG Münster v. 20.7.2018 – 4 K 333/16 E, juris (NZB X B 116/18).
19 FG Hbg. v. 11.11.2010 – 1 K 219/09, EFG 2011, 631 m. Anm. *Pfützenreuter*; bestätigt durch BFH v. 19.3.2013 – IX R 65/10, BFH/NV 2013, 1085.
20 BFH v. 28.6.1996 – X B 15/96, BFH/NV 1996, 743; v. 14.5.1997 – XI B 145/96, BFH/NV 1997, 658 – anders bei Anwerbung zu Schneeballsystem („Unternehmensspiel Life"). Ausf. *Kahle*, DStZ 2011, 520.
21 BFH v. 16.9.1970 – I R 133/68, BStBl. II 1970, 865.
22 Zur USt BFH v. 26.8.1993 – V R 20/91, BStBl. II 1994, 54.

preise (s. auch Rn. 66).[1] Die an ehrenamtliche Richter gezahlte Entschädigung für Verdienstausfall gem. § 18 JVEG ist nach § 19 Abs. 1 S. 1 Nr. 1, § 24 Nr. 1 lit. a steuerbar, wenn sie als Ersatz für entgangene Einnahmen aus einer nichtselbständigen Tätigkeit gezahlt wird; die Entschädigung für das Zeitversäumnis nach § 16 JVEG ist mangels wirtschaftlichen Leistungsaustauschs nicht steuerbar.[2] Nicht steuerbar ist das Entgelt für gelegentliche Pflege (sofern nicht ohnehin nach § 3 Nr. 1a stfrei);[3] Finderlohn; Gewinne aus Preisausschreiben (außer es wird eine Leistung erbracht); Streikunterstützungen als durch eigene Beiträge erkaufte versicherungsähnliche Leistungen;[4] Beitragsrückerstattungen aus einer Versicherung;[5] für den Fall eines Rücktritts v. Kaufvertrag vereinbartes Reugeld.[6] Zahlungen aufgrund eines vor Eintritt des Erbfalls erklärten Erb- und/oder Pflichtteilsverzichts sind nicht einkommensteuerbar (zweifelh.).[7]

72 **V. Nichtsteuerbare Veräußerung und Verzicht auf Rechte.** Nichtsteuerbar sind die Veräußerungen einer Zufallserfindung;[8] v. Patenten (Bestellung v. Verwertungsrechten führt zur Nutzung; § 21 Abs. 1 Nr. 3, s. § 21 Rn. 45 ff.). Ferner unterliegt nicht der ESt der Verzicht auf Miet- oder Pachtrecht als vermögenswerte Position,[9] auf dingliches oder obligatorisches Wohnrecht,[10] auf Grunddienstbarkeit/Servitut (dinglichen Recht an einem Nachbargrundstück, dessen Bebaubarkeit dadurch eingeschränkt wird, als „abtrennbare Rechtsposition"),[11] auf Vorbehaltsnießbrauch[12] sowie auf Zuwendungsnießbrauch, da veräußerungsähnlich (Rn. 16)[13] (der Mieter kann aber steuerbare Vermittlungsleistung erbringen); Verzicht auf Rückkaufsanspruch,[14] auf Vorkaufsrecht;[15] auf Ankaufsrecht,[16] auf Erbbaurecht.[17] Es kommt auch darauf an, ob eine Rechtsänderung abänderbar oder aufhebbar ist.[18] Nicht nach Nr. 3 steuerbar ist die im Grundstückskaufvertrag vereinbarte Verpflichtung, ein auf dem Nachbarschaftsrecht basierendes Rechtsmittel zurückzunehmen.[19] Der Verzicht auf eine bestrittene Schadensersatzforderung kann steuerbar sein.[20]

73 **VI. Ermittlung der Einkünfte. Der Abzug v. WK** ist bei den Einkünften aus einmaligen (sonstigen) Leistungen (Nr. 3) auch dann im Jahr des Zuflusses der Einnahme vorzunehmen, wenn sie vor diesem Jahr angefallen sind oder nach diesem Jahr mit Sicherheit anfallen werden.[21] Die Rückzahlung v. Bestechungsgeldern in einem späteren Vz ist im Abflusszeitpunkt in voller Höhe steuermindernd zu berücksichtigen; das Verlustausgleichsverbot und Verlustabzugsverbot des Nr. 3 S. 3 steht nicht entgegen.[22] Entstehen künftig WK, die im Zuflussjahr noch nicht sicher vorhersehbar waren, ist die Veranlagung des Zuflussjahres gem. § 175 Abs. 1 S. 1 Nr. 2 AO zu ändern.[23] Vermögensverluste aus „Risikogeschäften" sind keine WK.[24] Der

1 BFH v. 24.10.1969 – IV R 139/68, BStBl. II 1970, 411; allg. zu Preisgeldern auch BMF v. 5.9.1996, BStBl. I 1996, 1150.
2 BFH v. 31.1.2017 – IX R 10/16, BFHE 256, 250 = BFH/NV 2017, 680 mwN; Anm. *Schießl*, jurisPR-SteuerR 21/2017 Anm. 2; *Trossen*, HFR 2017, 144; noch skeptisch OFD Ffm. v. 15.5.2017 – S 2337 A - 073 - St 213, juris.
3 BFH v. 14.9.1999 – IX R 88/95, BStBl. II 1999, 776; Anm. *Fischer*, FR 1999, 1381; FG Berlin v. 9.5.2001 – 6 K 6175/00, EFG 2001, 1373; FG Sachs. v. 12.5.2004 – 5 K 671/00, juris – nachbarschaftliche Hilfeleistung.
4 BFH v. 24.10.1990 – X R 161/88, BStBl. II 1991, 337 = FR 1991, 52 (str.).
5 RFH RStBl. 1934, 429.
6 BFH v. 24.8.2006 – IX R 32/04, BStBl. II 2007, 44 = FR 2007, 201.
7 BFH v. 20.11.2012 – VIII R 57/10, FR 2013, 870 = BFH/NV 2013, 633; *P. Fischer*, jurisPR-SteuerR 19/2013 Anm. 3.
8 Offen gelassen v. BFH v. 18.6.1998 – IV R 29/97, BStBl. II 1998, 567 mwN = FR 1998, 946 m. Anm. *Zugmaier*: zumeist greift, Nachhaltigkeit vorausgesetzt (BFH v. 11.4.2003 – IV B 170/01, BFH/NV 2003, 1407), § 18 oder § 15; nunmehr BFH v. 10.9.2003 – XI R 26/02, BStBl. II 2004, 218 = FR 2004, 342.
9 BFH v. 5.8.1976 – VIII R 117/75, BStBl. II 1977, 27 – „veräußerungsähnlicher Vorgang"; v. 14.9.1999 – IX R 89/95, BFH/NV 2000, 423 – Abfindung an Mieter für die vorzeitige Aufgabe der sich aus dem Mietvertrag ergebenden vermögenswerten Rechte.
10 BFH v. 7.5.1965 – VI 303/64, HFR 1965, 506; v. 9.8.1990 – X R 140/88, BStBl. II 1990, 1026 = FR 1990, 719 – Verzicht auf vermachtes Wohnrecht.
11 BFH v. 19.12.2000 – IX R 96/97, BStBl. II 2001, 391 = FR 2001, 644 m. Anm. *Fischer*.
12 BMF v. 30.9.2013, BStBl. I 2013, 1184 Rn. 60.
13 BFH v. 28.4.1982 – I R 151/78, BStBl. II 1982, 566 = FR 1982, 457.
14 BFH v. 14.11.1978 – VIII R 72/76, BStBl. II 1979, 298.
15 BFH v. 14.11.1978 – VIII R 72/76, BStBl. II 1979, 298.
16 FG Saarl. v. 18.5.1994 – 2 K 245/93, EFG 1994, 1001.
17 BFH v. 9.8.1990 – X R 140/88, BStBl. II 1990, 1026 = FR 1990, 719.
18 BFH v. 17.5.1995 – X R 64/92, BStBl. II 1995, 640 = FR 1995, 665.
19 BFH v. 18.5.2004 – IX R 63/02, BStBl. II 2004, 874 = FR 2004, 1283.
20 FG Hbg. v. 11.1.2010 – 1 K 219/09, EFG 2011, 631 m. Anm. *Pfützenreuter*.
21 BFH v. 25.2.2009 – IX R 33/07, BFH/NV 2009, 1253.
22 BFH v. 26.1.2000 – IX R 87/95, BStBl. II 2000, 396 = FR 2000, 773 m. Anm. *Fischer*; v. 31.5.2000 – IX R 73/96, BFH/NV 2001, 25.
23 BFH v. 3.6.1992 – X R 91/90, BStBl. II 1992, 1017 = FR 1992, 656.
24 Zu Optionsgeschäften BFH v. 28.11.1990 – X R 197/87, BStBl. II 1991, 300 = FR 1991, 178; v. 18.8.2015 – I R 38/12, BFH/NV 2016, 378; zur Inanspruchnahme aus Bürgschaft BFH v. 11.1.1966 – I 53/63, BStBl. III 1966, 218 (str.); s. ferner FG Berlin v. 19.2.2001 – 9 K 9419/99, EFG 2001, 821.

frühere Ausschluss der Verlustverrechnung (Nr. 3 S. 3 aF) war verfassungswidrig.[1] Die Verlustausgleichsbeschränkung ist verfassungsrechtlich unbedenklich.[2] Zur Anwendung des § 10d s. BMF v. 29.11.2004, BStBl. I 2004, 1097. Ein Gesamtentgelt ist nach allg. Grundsätzen aufzuteilen.[3] Die Grundsätze des Beschl. des GrS v. 17.12.2007[4] sind auf die Anwendung des § 22 Nr. 3 S. 4 bis 6 übertragbar.[5]

Einnahmen aus Stillhaltergeschäften.[6] § 22 Nr. 3 S. 5 f. idF des JStG 2009 iVm. § 52a Abs. 10a aF (durch das Kroatien-AnpG[7] mWv. 31.7.2014 aufgehoben) gestattete – letztmalig im VZ 2013 – die **Verrechnung v. Altverlusten** aus Stillhaltergeschäften mit Einkünften aus § 20 Abs. 1 Nr. 11.[8] Die S. 5 und 6 sind daher durch das Kroatien-AnpG[9] mWv. 31.7.2014 aufgehoben worden.[10] 74

E. Abgeordnetenbezüge (Nr. 4)

Nr. 4[11] war aufgrund des „Diäten-Urteils" des BVerfG[12] notwendig geworden. Die Vorschrift gilt für die Abgeordneten (nicht für deren Mitarbeiter) der in S. 1 genannten Parlamente und der ehemaligen DDR-Volkskammer (§ 57 Abs. 5), nicht für die ehrenamtlichen Mitglieder kommunaler Parlamente, die Einkünfte iSd. § 18 Abs. 1 Nr. 3 beziehen, und kommunale Wahlbeamte.[13] Die Altersentschädigung für Bundestagsabgeordnete nach § 38 Abs. 2 AbgG ist auch für Zeiten vor Inkrafttreten des AbgG 1977 in vollem Umfang zu versteuern.[14] Einnahmen seitens der Fraktionen[15] sind nach allg. Grundsätzen steuerbar. Nr. 4 S. 2 schließt alle durch das Mandat veranlassten Aufwendungen v. Abzug als WK aus.[16] Partei- und Fraktionsbeiträge, Mandatsgebühren sind nach § 10b abziehbar.[17] Mit Änderung des Nr. 4 S. 4 lit. b durch das AltEinkG wird sichergestellt, dass der Versorgungsfreibetrag bei Abgeordnetenbezügen weiterhin – nach Maßgabe des § 19 Abs. 2 S. 3 – angesetzt wird; der Zuschlag zum Versorgungsfreibetrag wird hingegen nicht gewährt, weil Abgeordnete v. der Senkung des ArbN-PB auf einen WK-PB nicht betroffen sind. Die Steuerfreiheit nach § 3 Nr. 11, 12, 13 ist verfassungsrechtl. umstritten.[18] Die stfreie WK-Pauschale für Abgeordnete ist zwar ihrer Höhe nach willkürlich,[19] aber mit dem verfahrensrechtl. Instrument einer „Neidklage" nicht aus der Welt zu schaffen.[20] Gesondert gezahlte Tage- oder Sitzungsgelder sind nur dann nach § 3 Nr. 12 stfrei, wenn sie nach bundes- oder landesrechtlicher Regelung als Aufwandsentschädigung gezahlt werden.[21] 75

Freiwilliges Altersversorgungssystem des EU-Parlaments für seine Mitglieder.[22] § 22 Nr. 4 S. 1 und 4 lit. d betrifft die Bezüge v. Abgeordneten des EU-Parlaments.[23] Deren Bezüge werden nach dem Abgeord- 76

---

1 BVerfG v. 30.9.1998 – 2 BvR 1818/91, BVerfGE 99, 88 = FR 1998, 1028 m. Anm. *Luttermann*; zu den Folgen BFH v. 26.1.2000 – IX R 87/95, BStBl. II 2000, 396 = FR 2000, 773 m. Anm. *Fischer*.
2 BFH v. 10.2.2015 – IX R 8/14, BFH/NV 2015, 830; Anm. *Jachmann-Michel*, jurisPR-SteuerR 30/2015 Anm. 3.
3 BFH v. 10.8.1994 – X R 42/91, BStBl. II 1995, 57 = FR 1995, 25.
4 BFH v. 17.12.2007 – GrS 2/04, BStBl. II 2008, 698 = FR 2008, 457.
5 OFD Ffm. v. 1.3.2017 – S 2225 A - 12 - St 213, juris: Die Grundsätze der Entsch. des GrS sind auf Verluste, die nach § 22 Nr. 3 S. 4 bis 6 verrechenbar sind, übertragbar.
6 Zur Steuerbarkeit nach § 22 Nr. 3 s. BFH v. 12.7.2016 – IX R 11/14, BFH/NV 2016, 1691.
7 G v. 25.7.2014, BGBl. I 2014, 1266.
8 Zu Einzelfragen der Abgeltungsteuer BMF v. 18.1.2016, BStBl. I 2016, 85.
9 G v. 25.7.2014, BGBl. I 2014, 1266.
10 BT-Drucks. 18/1529, 54.
11 Allg. FinMin. MV v. 16.5.2018 – IV 301 - S 2257a - 00000 - 2012/001 – stl. Behandlung der Einkünfte der Mitglieder des Landtags von MV, ehemaliger Mitglieder und Hinterbliebener; OFD Nds. v. 15.4.2010, juris – Stl. Behandlung der Bezüge v. Bundestags- und Landtagsabgeordneten sowie v. Abgeordneten des EU-Parlaments.
12 BverfG v. 5.11.1975 – 2 BvR 193/74, BVerfGE 40, 296.
13 Zum WK-Abzug v. Wahlkampfkosten BFH v. 25.1.1996 – IV R 15/95, FR 1996, 560 = BStBl. 1996, 431.
14 BFH v. 14.10.2003 – IX R 17/01, BFH/NV 2004, 189; FG München v. 26.10.2017 – 10 K 614/17, EFG 2018, 213 (Rev. IX R 32/17) – Mandat im EU-Parlament.
15 R 22.9 EStR; FG Berlin v. 27.5.2002 – 8 K 8658/99, EFG 2002, 1228.
16 BFH v. 29.3.1983 – VIII R 97/82, BStBl. II 1983, 601 = FR 1983, 434; v. 8.12.1987 – IX R 255/87, BStBl. II 1988, 435 = FR 1988, 340 – erfolgloser Wahlkampf; v. 8.7.1993 – X B 212/92, BFH/NV 1994, 175 – Wahlkampfkosten; FG Nds. v. 31.1.2001 – 4 K 180/97, EFG 2001, 1048 – zum Abgeltungscharakter.
17 BFH v. 8.12.1987 – IX R 161/83, BStBl. II 1988, 433 = FR 1988, 339 und v. 8.12.1987 – IX R 255/87, BStBl. II 1988, 435 = FR 1988, 340; BVerfG v. 26.7.1988 – 1 BvR 614/88, HFR 1988, 532.
18 BFH v. 11.9.2008 – VI R 13/06, BStBl. II 2008, 928 = FR 2008, 1170 m. Anm. *Bode*; Verfassungsbeschwerde nicht zur Entsch. angenommen, BVerfG v. 26.7.2010 – 2 BvR 2228/08, DStRE 2010, 1058.
19 *Waldhoff*, FR 2007, 225.
20 BFH v. 11.9.2008 – VI R 13/06, BStBl. II 2008, 928 = FR 2008, 1170 m. Anm. *Bode*; v. 11.9.2008 – VI R 63/04, BFH/NV 2008, 2018; *Bergkemper*, jurisPR-SteuerR 49/2008 Anm. 2; *Desens*, DStR 2009, 727.
21 R 22.9 EStR.
22 BMF v. 4.7.2005 – IV C 3 - S 2257a - 18/05, juris.
23 Ausf. OFD Nds. ESt-Kartei ND § 22 EStG Nr. 8.

netenstatut gem. der RL 2005/884/EG aus dem Haushalt der EU geleistet und unterliegen der EU-Gemeinschaftssteuer. Abgeordnete, die bereits vor Ergehen des neuen Statuts Mitglied des EU-Parlaments waren, haben ein Wahlrecht.[1]

§ 22a Rentenbezugsmitteilungen an die zentrale Stelle

(1) [1]Nach Maßgabe des § 93c der Abgabenordnung haben die Träger der gesetzlichen Rentenversicherung, die landwirtschaftliche Alterskasse, die berufsständischen Versorgungseinrichtungen, die Pensionskassen, die Pensionsfonds, die Versicherungsunternehmen, die Unternehmen, die Verträge im Sinne des § 10 Absatz 1 Nummer 2 Buchstabe b anbieten, und die Anbieter im Sinne des § 80 als mitteilungspflichtige Stellen der zentralen Stelle (§ 81) unter Beachtung der im Bundessteuerblatt veröffentlichten Auslegungsvorschriften der Finanzverwaltung folgende Daten zu übermitteln (Rentenbezugsmitteilung):

1. **die in § 93c Absatz 1 Nummer 2 Buchstabe c der Abgabenordnung genannten Daten mit der Maßgabe, dass der Leistungsempfänger als Steuerpflichtiger gilt. [2]Eine inländische Anschrift des Leistungsempfängers ist nicht zu übermitteln. [3]Ist der mitteilungspflichtigen Stelle eine ausländische Anschrift des Leistungsempfängers bekannt, ist diese anzugeben. [4]In diesen Fällen ist auch die Staatsangehörigkeit des Leistungsempfängers, soweit bekannt, mitzuteilen;**
2. **je gesondert den Betrag der Leibrenten und anderen Leistungen im Sinne des § 22 Nummer 1 Satz 3 Buchstabe a Doppelbuchstabe aa und bb Satz 4 sowie Doppelbuchstabe bb Satz 5 in Verbindung mit § 55 Absatz 2 der Einkommensteuer-Durchführungsverordnung sowie im Sinne des § 22 Nummer 5 Satz 1 bis 3. [2]Der im Betrag der Rente enthaltene Teil, der ausschließlich auf einer Anpassung der Rente beruht, ist gesondert mitzuteilen;**
3. **Zeitpunkt des Beginns und des Endes des jeweiligen Leistungsbezugs; folgen nach dem 31. Dezember 2004 Renten aus derselben Versicherung einander nach, so ist auch die Laufzeit der vorhergehenden Renten mitzuteilen;**
4. **die Beiträge im Sinne des § 10 Absatz 1 Nummer 3 Buchstabe a Satz 1 und 2 und Buchstabe b, soweit diese von der mitteilungspflichtigen Stelle an die Träger der gesetzlichen Kranken- und Pflegeversicherung abgeführt werden;**
5. **die dem Leistungsempfänger zustehenden Beitragszuschüsse nach § 106 des Sechsten Buches Sozialgesetzbuch;**
6. [2] **ab dem 1. Januar 2017 ein gesondertes Merkmal und ab dem 1. Januar 2019 zwei gesonderte Merkmale für Verträge, auf denen gefördertes Altersvorsorgevermögen gebildet wurde; die zentrale Stelle ist in diesen Fällen berechtigt, die Daten dieser Rentenbezugsmitteilung im Zulagekonto zu speichern und zu verarbeiten;**
7. [3] **ab dem 1. Januar 2019 die gesonderte Kennzeichnung einer Leistung aus einem Altersvorsorgevertrag nach § 93 Absatz 3.**

[2]§ 72a Absatz 4 und § 93c Absatz 1 Nummer 3 der Abgabenordnung finden keine Anwendung.

(2)[4] [1]Der Leistungsempfänger hat der mitteilungspflichtigen Stelle seine Identifikationsnummer sowie den Tag seiner Geburt mitzuteilen. [2]Teilt der Leistungsempfänger die Identifikationsnummer der mitteilungspflichtigen Stelle trotz Aufforderung nicht mit, übermittelt das Bundeszentralamt für Steuern der mitteilungspflichtigen Stelle auf deren Anfrage die Identifikationsnummer des Leistungsempfängers sowie, falls es sich bei der mitteilungspflichtigen Stelle um einen Träger der gesetzlichen Sozialversicherung handelt, auch den beim Bundeszentralamt für Steuern gespeicherten Tag der Geburt des Leistungsempfängers (§ 139b Absatz 3 Nummer 8 der Abgabenordnung),

1 BT-Drucks. 16/10494, 1.

2 In § 22a Abs. 1 Satz 1 Nr. 6 wurden mWv. 1.1.2019 die Wörter „ein gesondertes Merkmal" durch die Wörter „ein gesondertes Merkmal und ab dem 1. Januar 2019 zwei gesonderte Merkmale" ersetzt (G zur Vermeidung von Umsatzsteuerausfällen beim Handel mit Waren im Internet und zur Änderung weiterer stl. Vorschriften v. 11.12.2018, BGBl. I 2018, 2338).

3 In § 22a Abs. 1 Satz 1 wurde mWv. 1.1.2019 Nummer 7 angefügt (BetriebsrentenstärkungsG v. 17.8.2017, BGBl. I 2017, 3214).

4 In § 22a Abs. 2 Satz 2 wurde mWv. 1.1.2019 das Wort „Bundeszentralamt" durch die Wörter „Bundeszentralamt für Steuern" ersetzt (G zur Vermeidung von Umsatzsteuerausfällen beim Handel mit Waren im Internet und zur Änderung weiterer stl. Vorschriften v. 11.12.2018, BGBl. I 2018, 2338).

wenn dieser von dem in der Anfrage übermittelten Tag der Geburt abweicht und für die weitere Datenübermittlung benötigt wird; weitere Daten dürfen nicht übermittelt werden. [3]In der Anfrage dürfen nur die in § 139b Absatz 3 der Abgabenordnung genannten Daten des Leistungsempfängers angegeben werden, soweit sie der mitteilungspflichtigen Stelle bekannt sind. [4]Die Anfrage der mitteilungspflichtigen Stelle und die Antwort des Bundeszentralamtes für Steuern sind nach amtlich vorgeschriebenem Datensatz durch Datenfernübertragung über die zentrale Stelle zu übermitteln. [5]Die zentrale Stelle führt eine ausschließlich automatisierte Prüfung der ihr übermittelten Daten daraufhin durch, ob sie vollständig und schlüssig sind und ob das vorgeschriebene Datenformat verwendet worden ist. [6]Sie speichert die Daten des Leistungsempfängers nur für Zwecke dieser Prüfung bis zur Übermittlung an das Bundeszentralamt für Steuern oder an die mitteilungspflichtige Stelle. [7]Die Daten sind für die Übermittlung zwischen der zentralen Stelle und dem Bundeszentralamt für Steuern zu verschlüsseln. [8]Die mitteilungspflichtige Stelle darf die Identifikationsnummer sowie einen nach Satz 2 mitgeteilten Tag der Geburt nur verwenden, soweit dies für die Erfüllung der Mitteilungspflicht nach Absatz 1 Satz 1 erforderlich ist. [9]§ 93c der Abgabenordnung ist für das Verfahren nach den Sätzen 1 bis 8 nicht anzuwenden.

(3) Die mitteilungspflichtige Stelle hat den Leistungsempfänger jeweils darüber zu unterrichten, dass die Leistung der zentralen Stelle mitgeteilt wird.

(4) (weggefallen)

(5) [1]Wird eine Rentenbezugsmitteilung nicht innerhalb der in § 93c Absatz 1 Nummer 1 der Abgabenordnung genannten Frist übermittelt, so ist für jeden angefangenen Monat, in dem die Rentenbezugsmitteilung noch aussteht, ein Betrag in Höhe von zehn Euro für jede ausstehende Rentenbezugsmitteilung an die zentrale Stelle zu entrichten (Verspätungsgeld). [2]Die Erhebung erfolgt durch die zentrale Stelle im Rahmen ihrer Prüfung nach § 93c Absatz 4 der Abgabenordnung. [3]Von der Erhebung ist abzusehen, soweit die Fristüberschreitung auf Gründen beruht, die die mitteilungspflichtige Stelle nicht zu vertreten hat. [4]Das Handeln eines gesetzlichen Vertreters oder eines Erfüllungsgehilfen steht dem eigenen Handeln gleich. [5]Das von einer mitteilungspflichtigen Stelle zu entrichtende Verspätungsgeld darf 50 000 Euro für alle für einen Veranlagungszeitraum zu übermittelnden Rentenbezugsmitteilungen nicht übersteigen.

Verwaltung: BMF v. 28.9.2009, BStBl. I 2009, 1171 – Maschinelles Anfrageverfahren zur Abfrage der steuerlichen Identifikationsnummer nach § 139b AO; BMF v. 7.12.2011, BStBl. I 2011, 1223 – Rentenbezugsmitteilungsverfahren nach § 22a EStG; zu Einzelfragen BMF v. 24.5.2017, BStBl. I 2017, 820 Rz. 181 ff. – Gemeinsame Regelungen, Datenübermittlung, Einwilligung in die Datenübermittlung, Nachweis bei fehlgeschlagener Datenübermittlung (Rz. 57a idF des BMF v. 6.11.2017, BStBl. I 2017, 1455).

§ 22a regelt den Inhalt und das Verfahren der Rentenbezugsmitteilung an die zentrale Stelle. Wegen der zahlreichen Details wird auf das BMF-Schr. v. 7.12.2011, BStBl. I 2011, 1223 verwiesen. 1

Der Zeitpunkt der Übermittlung ergibt sich aus § 93c Abs. 1 Nr. 1 AO. Die stl. ID-Nr., der Vor- und Familienname und das Geburtsdatum werden durch § 93c Abs. 1 Nr. 2 lit. a bis c AO vor die Klammer gezogen, ebenso Name und Bezeichnung der mitteilungspflichtigen Stelle. Der Mitteilungspflicht unterliegen auch ausländ. Versicherungsunternehmen (einschl. Pensionskassen) sowie ausländ. Pensionsfonds, sofern sie aufsichtsrechtl. zur Ausübung des Geschäftsbetriebs im Inland befugt sind. Bei der Übermittlung der Daten von den mitteilungspflichtigen Stellen an die FinVerw. wird ein sog. Ident-Abgleich durchgeführt. Die mitteilungspflichtige Stelle muss auch die Art der voraussichtlichen Besteuerung angeben (zB Ertragsanteilsbesteuerung, Kohortenbesteuerung, Besteuerung nach § 22 Nr. 5). Sie hat sich hierbei aus Vereinfachungsgründen an der – im BStBl. veröffentlichten – Rechtsauslegung der FinVerw. zu orientieren. Mit der ID-Nr. lassen sich die Rentenbezugsmitteilungen künftig eindeutig zuordnen und sie können zielgerichtet automatisiert ausgewertet werden. 2

Die in die Rentenbezugsmitteilung aufzunehmenden Daten sind in Abs. 1 abschließend aufgeführt. Die Leistungen aus Altersvorsorgeverträgen, die als Kleinbetragsrente nach § 93 Abs. 3 ausgezahlt werden, müssen ab dem 1.1.2019 gesondert gekennzeichnet werden (Abs. 1 S. 1 Nr. 7 idF des BetriebsrentenstärkungsG[1]). Der Leistungsempfänger muss der mitteilungspflichtigen Stelle seine ID-Nr. und das Geburtsdatum mitteilen (**Abs. 2**).[2] Die mitteilungspflichtige Stelle hat vorrangig an den StPfl. heranzutreten, um die erforderlichen Daten zu ermitteln. Die Beträge der Leibrenten und anderen Leistungen iSd. § 22 Nr. 1 3

1 G v. 17.8.2017, BGBl. I 2017, 3214.
2 Ausf. hierzu BT-Drucks. 18/7457, 97 f.

S. 3 lit. a aa), bb) S. 4 und bb) S. 5 iVm. § 55 Abs. 2 EStDV sowie iSd. § 22 Nr. 5 müssen jeweils gesondert ausgewiesen sein. § 22a Abs. 1 S. 1 Nr. 7 dient der umfassenden Evaluation der Riester-Rente.[1] Die Leistungen nach § 22 Nr. 5 sind je gesondert nach S. 1 bis 4 mitzuteilen. In den Fällen, in denen die Leistung ganz oder teilw. der Besteuerung nach § 22 Nr. 1 S. 3 lit. a aa) unterliegt, ist in der Rentenbezugsmitteilung die auf regelmäßigen Rentenanpassungen beruhende Erhöhung des Jahresbetrags der Rente ggü. dem Jahr mitzuteilen, das dem Jahr des Rentenbeginns folgt. Das gilt auch bei einer Neuberechnung der Rente. Ferner müssen die Zeitpunkte des Beginns und – soweit bekannt – des Endes des jeweiligen Leistungsbezugs übermittelt werden. Der Leistungsempfänger ist v. der mitteilungspflichtigen Stelle jeweils darüber zu unterrichten, dass die Leistung der zentralen Stelle mitgeteilt wird (**Abs. 3**); dies kann im Rentenbescheid, in einer Rentenanpassungsmitteilung, in einer sonstigen Mitteilung über Leistungen oder in der Mitteilung nach § 22 Nr. 5 S. 5 erfolgen. Auch die Anbieter von Altersvorsorgeverträgen haben dem Leistungsempfänger im Rahmen ihrer Bescheinigungspflichten nach § 22 Abs. 1 Nr. 5 die für seine Besteuerung relevanten Daten mitzuteilen. Eine allgemeine Informationspflicht wäre hier unverhältnismäßig, da viele Rentner keine Steuererklärung abgeben müssen.[2]

4 Durch **Abs. 2 S. 4–7** werden die Regelungen zum maschinellen Anfrageverfahren (MAV) **in datenschutzrechtl. Hinsicht** präzisiert. In S. 5 wird der Umfang der Verarbeitungsbefugnis der zentralen Stelle im MAV auf die vollautomatisierte Prüfung der übermittelten Daten auf Verarbeitbarkeit beschränkt.[3] S. 6 regelt die Zweckbindung der Daten. Die zentrale Stelle führt die Daten zusammen und übermittelt sie an die jeweils zuständige Landesfinanzbehörde (zB das Landesrechenzentrum), die im automatisierten Verfahren eine Vorauswahl trifft und das Ergebnis an das zuständige FA übermittelt.

5 Die strenge Zweckbindung der ID-Nr. wird durch die **Bußgeldvorschrift** des **§ 50f** gesichert.

6 Mit **Abs. 5** soll die mitteilungspflichtige Stelle angehalten werden, zur Vermeidung zusätzlichen Verwaltungsaufwands die Rentenbezugsmitteilungen bis zu dem v. Gesetzgeber bestimmten Zeitpunkt übermitteln und damit die Grundlagen für eine vorausgefüllte Steuererklärung schaffen. Dem dient – präventiv – das nicht ermessensabhängige[4] **Verspätungsgeld**.[5] Die Vorschrift ist nicht verfassungswidrig.[6]

§ 23 Private Veräußerungsgeschäfte

(1) [1]Private Veräußerungsgeschäfte (§ 22 Nummer 2) sind

1. **Veräußerungsgeschäfte bei Grundstücken und Rechten, die den Vorschriften des bürgerlichen Rechts über Grundstücke unterliegen (zB Erbbaurecht, Mineralgewinnungsrecht), bei denen der Zeitraum zwischen Anschaffung und Veräußerung nicht mehr als zehn Jahre beträgt. [2]Gebäude und Außenanlagen sind einzubeziehen, soweit sie innerhalb dieses Zeitraums errichtet, ausgebaut oder erweitert werden; dies gilt entsprechend für Gebäudeteile, die selbständige unbewegliche Wirtschaftsgüter sind, sowie für Eigentumswohnungen und im Teileigentum stehende Räume. [3]Ausgenommen sind Wirtschaftsgüter, die im Zeitraum zwischen Anschaffung oder Fertigstellung und Veräußerung ausschließlich zu eigenen Wohnzwecken oder im Jahr der Veräußerung und in den beiden vorangegangenen Jahren zu eigenen Wohnzwecken genutzt wurden;**
2. **Veräußerungsgeschäfte bei anderen Wirtschaftsgütern, bei denen der Zeitraum zwischen Anschaffung und Veräußerung nicht mehr als ein Jahr beträgt. [2]Ausgenommen sind Veräußerungen von Gegenständen des täglichen Gebrauchs. [3]Bei Anschaffung und Veräußerung mehrerer gleichartiger Fremdwährungsbeträge ist zu unterstellen, dass die zuerst angeschafften Beträge zuerst veräußert wurden. [4]Bei Wirtschaftsgütern im Sinne von Satz 1, aus deren Nutzung als Einkunftsquelle zumindest in einem Kalenderjahr Einkünfte erzielt werden, erhöht sich der Zeitraum auf zehn Jahre;**
3. **Veräußerungsgeschäfte, bei denen die Veräußerung der Wirtschaftsgüter früher erfolgt als der Erwerb.**

---

1 Bericht des FinA des BT, BT-Drucks. 18/1995, 105.
2 BT-Drucks. 18/7457, 97.
3 BT-Drucks. 16/7036, 17.
4 Hierzu FG Berlin-Bdbg. v. 12.11.2015 – 5 K 10235/13, juris (Rev. X R 29/16).
5 FG Berlin-Bdbg. v. 2.4.2017 – 5 K 5043/16, EFG 2017, 1669 (Rev. X R 32/17); v. 17.5.2017 – 5 K 10290/15, juris (Rev. X R 29/17).
6 FG Berlin-Bdbg. v. 17.5.2017 – 5 K 10070/15, juris, zur nicht fristgerechten Übermittlung von Rentenbezugsmitteilungen an die zentrale Stelle (Rev. X R 28/17).

[2]Als Anschaffung gilt auch die Überführung eines Wirtschaftsguts in das Privatvermögen des Steuerpflichtigen durch Entnahme oder Betriebsaufgabe. [3]Bei unentgeltlichem Erwerb ist dem Einzelrechtsnachfolger für Zwecke dieser Vorschrift die Anschaffung oder die Überführung des Wirtschaftsguts in das Privatvermögen durch den Rechtsvorgänger zuzurechnen. [4]Die Anschaffung oder Veräußerung einer unmittelbaren oder mittelbaren Beteiligung an einer Personengesellschaft gilt als Anschaffung oder Veräußerung der anteiligen Wirtschaftsgüter. [5]Als Veräußerung im Sinne des Satzes 1 Nummer 1 gilt auch

1. **die Einlage eines Wirtschaftsguts in das Betriebsvermögen, wenn die Veräußerung aus dem Betriebsvermögen innerhalb eines Zeitraums von zehn Jahren seit Anschaffung des Wirtschaftsguts erfolgt, und**
2. **die verdeckte Einlage in eine Kapitalgesellschaft.**

(2) Einkünfte aus privaten Veräußerungsgeschäften der in Absatz 1 bezeichneten Art sind den Einkünften aus anderen Einkunftsarten zuzurechnen, soweit sie zu diesen gehören.

(3) [1]Gewinn oder Verlust aus Veräußerungsgeschäften nach Absatz 1 ist der Unterschied zwischen Veräußerungspreis einerseits und den Anschaffungs- oder Herstellungskosten und den Werbungskosten andererseits. [2]In den Fällen des Absatzes 1 Satz 5 Nummer 1 tritt an die Stelle des Veräußerungspreises der für den Zeitpunkt der Einlage nach § 6 Absatz 1 Nummer 5 angesetzte Wert, in den Fällen des Absatzes 1 Satz 5 Nummer 2 der gemeine Wert. [3]In den Fällen des Absatzes 1 Satz 2 tritt an die Stelle der Anschaffungs- oder Herstellungskosten der nach § 6 Absatz 1 Nummer 4 oder § 16 Absatz 3 angesetzte Wert. [4]Die Anschaffungs- oder Herstellungskosten mindern sich um Absetzungen für Abnutzung, erhöhte Absetzungen und Sonderabschreibungen, soweit sie bei der Ermittlung der Einkünfte im Sinne des § 2 Absatz 1 Satz 1 Nummer 4 bis 7 abgezogen worden sind. [5]Gewinne bleiben steuerfrei, wenn der aus den privaten Veräußerungsgeschäften erzielte Gesamtgewinn im Kalenderjahr weniger als 600 Euro betragen hat. [6]In den Fällen des Absatzes 1 Satz 5 Nummer 1 sind Gewinne oder Verluste für das Kalenderjahr, in dem der Preis für die Veräußerung aus dem Betriebsvermögen zugeflossen ist, in den Fällen des Absatzes 1 Satz 5 Nummer 2 für das Kalenderjahr der verdeckten Einlage anzusetzen. [7]Verluste dürfen nur bis zur Höhe des Gewinns, den der Steuerpflichtige im gleichen Kalenderjahr aus privaten Veräußerungsgeschäften erzielt hat, ausgeglichen werden; sie dürfen nicht nach § 10d abgezogen werden. [8]Die Verluste mindern jedoch nach Maßgabe des § 10d die Einkünfte, die der Steuerpflichtige in dem unmittelbar vorangegangenen Veranlagungszeitraum oder in den folgenden Veranlagungszeiträumen aus privaten Veräußerungsgeschäften nach Absatz 1 erzielt hat oder erzielt; § 10d Absatz 4 gilt entsprechend.

Verwaltung: BMF v. 5.10.2000, BStBl. I 2000, 1383 (Grundstücksveräußerungsgeschäfte); v. 25.10.2004, BStBl. I 2004, 1034 (Wertpapierveräußerungsgeschäfte); v. 20.12.2005, BStBl. I 2006, 8 (Kapitalerhöhung gegen Einlage); v. 7.2.2007, BStBl. I 2007, 262 (Grundstücksentnahmen); v. 20.12.2010, BStBl. I 2011, 14 (Umsetzung des BVerfG-Beschlusses v. 7.7.2010); v. 18.5.2015, BStBl. I 2015, 464 (Zurechnung von Abschreibungen zu Zeiträumen des steuerbaren bzw. nicht steuerbaren Wertzuwachses).

Literatur: *Bäuml*, System und Reform der Besteuerung privater Veräußerungsgeschäfte, 2005; *Behrens*, Neuregelung der Besteuerung der Einkünfte aus Kapitalvermögen ab 2009 nach dem Regierungsentwurf eines Unternehmenssteuerreformgesetzes vom 14.3.2007, BB 2007, 1025; *Bruschke*, Die Veräußerung von Immobilien im Lichte des § 23 Abs. 1 Nr. 1 EStG, DStZ 2008, 728; *Demuth/Strunk*, Die Besteuerung privater Veräußerungsgeschäfte iSd. § 23 EStG, DStR 2001, 57; *Haase*, Abgrenzungsfragen bei der Zuordnung von Aufwendungen zu laufenden Einnahmen oder Veräußerungsgewinnen, FR 2016, 159; *Heuermann*, Entwicklungslinien steuerbarer Veräußerungen von Privatvermögen, DB 2013, 718; *Höreth/Schiegl/Zipfel*, Die rückwirkende Verlängerung der Spekulationsfrist, BB 2004, 857; *Jurowsky*, Fremdwährungseinflüsse bei der Veräußerung von Wertpapieren im Rahmen des § 23 EStG, DB 2004, 2711; *Korn/Strahl*, Private Veräußerungsgeschäfte gem. § 23 EStG: Steuerfallen und Gestaltungsmöglichkeiten, NWB Fach 3, 11609; *Kracht*, Private Börsengeschäfte: Zunehmende Zweifel an der Verfassungsmäßigkeit auch bei den Optionsprämien, StuB 2005, 673; *Lupczyk*, Ausstieg aus „faulen" Immobilienfonds, FR 2017, 177; *Meyer/Ball*, Schuldzinsen als nachträgliche Werbungskosten bei den Einkünften aus Vermietung und Verpachtung – Trendwende des BFH, DStR 2012, 2260; *Mirbach/Riedel*, Zur Auswirkung der Genehmigung eines Dritten auf die Behaltensfrist des § 23 EStG, FR 2015, 272; *Müller-Franken*, Verfassungsrecht und Einkommensteuerrecht – Dargestellt am Beispiel der Besteuerung privater Veräußerungsgeschäfte, GS Trzaskalik, 2005, 195 ff.; *Musil*, Ermittlung von Vermögenseinkünften – Einkünfte aus Veräußerungsgeschäften, DStJG 35 (2011), 237; *Nacke*, Kein Veräußerungsverlust bei Gegenständen des täglichen Gebrauchs, NWB 2010, 1748; *Paukstadt/Deiritz*, Fremdwährungsgeschäfte im Rahmen des § 23 EStG, DStR 2004, 806; *Paus*, „Spekulationsgeschäfte" mit teilweise selbst genutzten Wirtschaftsgütern, FR 2013, 498; *Schießl*, Private Veräußerungsgeschäfte: Zeitpunkt der Verlustberücksichtigung bei Ratenzahlung, NWB 2017, 1644; *Seer/Drüen*, Der rückwirkende Steuerzugriff auf private Veräußerungsgewinne bei hergestellten Gebäuden auf dem verfassungsrechtlichen Prüfstand, FR 2006, 661; *Strahl*, Besteuerung von Veräußerungsvorgängen unter besonderer Berücksichtigung von Einlage- und Einbringungsvorgängen, StbJb. 2000/01, 155; *Tiedtke/Wälzholz*, Besteuerung privater Veräußerungsgeschäfte nach § 23 EStG bei der vorweggenommenen Erbfolge und Erbauseinandersetzung, ZEV 2000, 293; *Warnke*, Der Werbungskostenabzug bei Einkünften aus Spekulationsgeschäften, DStR 1998, 1073; *Wernsmann/Dechant*, Die Anwendbarkeit der Freigrenze des § 23 Abs. 3 S. 6 EStG beim Verlustrücktrag, FR 2004, 1272; *Zengerle/Janssen*, Alte § 23 EStG-Verluste noch vor Entwertung am Jahresende nutzen, NWB 2013, 2923.

A. Grundaussagen der Vorschrift

1 Wertsteigerungen des BV werden durch die Gewinnermittlung (§§ 4 ff.) erfasst. § 22 Nr. 2 iVm. § 23 besteuert – wie § 20 Abs. 2 – in bestimmten Grenzen den **realisierten Wertzuwachs im PV** („private Veräußerungsgeschäfte") als „sonstige Einkünfte". **„Private Veräußerungsgeschäfte"** (früher lt. amtlicher Überschrift: „Spekulationsgeschäfte") iSd. § 23 Abs. 1 sind Veräußerungsgeschäfte, bei denen der Zeitraum[1] zw. Anschaffung und Veräußerung eines WG des PV nicht mehr als die jeweils maßgebende Veräußerungsfrist beträgt. Zweck des § 23 ist es, realisierte Werterhöhungen oder Wertminderungen aus verhältnismäßig kurzfristigen Wertdurchgängen eines bestimmten WG im PV zu besteuern.[2]

Das alle Einkunftsarten kennzeichnende Merkmal der **Einkünfteerzielungsabsicht** ist durch die Spekulationsfristen in typisierender Weise objektiviert.[3] In langjähriger Praxis erkannten allerdings FinVerw.[4] und Rspr.[5] Verluste aus der Veräußerung v. **Gegenständen des täglichen Gebrauchs**, die kein objektives Wertsteigerungspotential aufweisen und bei denen der Wertverzehr typischerweise der privaten Lebensführung zuzurechnen ist, auch innerhalb der Frist nicht an. Nachdem der BFH jedoch entschieden hatte, dass sich eine diesbezügliche teleologische Reduktion des Begriffs Wirtschaftsgut verbietet,[6] hat der Gesetzgeber iRd. JStG 2010[7] eine der vormaligen Praxis entsprechende Regelungsänderung in § 23 Abs. 1 S. 1 Nr. 2 S. 2 aufgenommen[8], derzufolge Veräußerungen von Gegenständen des täglichen Gebrauchs vom Anwendungsbereich des § 23 Abs. 1 S. 1 Nr. 2 ausgenommen sind.

„Gewinne" (Abs. 3 S. 1) dieser Überschusseinkunftsart sind den anderen Einkunftsarten zuzurechnen, „soweit sie zu diesen gehören" (**Abs. 2 – Subsidiarität**). Zu beachten sind in diesem Zusammenhang insbes. die Grundsätze über die Abgrenzung zur Gewerblichkeit (insbes. § 15 Rn. 116 ff.).[9]

Gem. Abs. 1 S. 5 wird die nach dem 31.12.1999 (§ 52a Abs. 11 S. 7 aF) vorgenommene **Einlage** in ein BV und die verdeckte Einlage in eine KapGes. unter weiteren Voraussetzungen als Veräußerung fingiert (Rn. 13). Eine **beschränkte StPflicht** – maßgebend ist der Zeitpunkt der Veräußerung – folgt für den Fall der Veräußerung v. Grundstücken und grundstücksgleichen Rechten aus § 49 Abs. 1 Nr. 8. Für **gemeinschaftlich erzielte Einkünfte nach § 23** kommt eine einheitliche und gesonderte Feststellung nach § 180 Abs. 1 Nr. 2 lit. a AO in Betracht,[10] nicht jedoch bei Anschaffung einer Beteiligung an einer grundstücksbesitzenden PersGes. und anschließender Grundstücksveräußerung durch die Ges.[11] Das detailreiche BMF-Schr. in BStBl. I 2000, 1383 gibt einen Überblick.[12]

---

1 Zur Problematik des Zeitpunkts v. Anschaffung und Veräußerung BMF v. 5.10.2000, BStBl. I 2000, 1383 Tz. 38; *Blümich*, § 23 Rn. 162 ff.; *Risthaus*, DB 2000, Beil. Nr. 13, 21.

2 BFH v. 29.3.1989 – X R 4/84, BStBl. II 1989, 652 = FR 1989, 437; die Nichterfassung durch § 34 ist daher mit Art. 3 Abs. 1 GG zu vereinbaren; BFH v. 8.10.2012 – IX B 83/12, BFH/NV 2013, 31.

3 BFH v. 2.5.2000 – IX R 74/96, BStBl. II 2000, 469 = FR 2000, 944.

4 Etwa OFD Chem. v. 18.12.2001, StEK EStG § 23 Nr. 55; krit. *Walter/Stümper*, DB 2001, 2271.

5 FG SchlHol. v. 2.10.2003 – 5 K 429/02, EFG 2004, 265 (privat genutzter Pkw); FG Hess. v. 25.4.2006 – 12 K 594/03, EFG 2006, 1758.

6 BFH v. 22.4.2008 – IX R 29/06, BStBl. II 2009, 296 = FR 2008, 1075, auch unter Verweis darauf, dass ein strukturelles Vollzugsdefizit bei der stl. Erfassung v. Veräußerungen privater WG nicht ersichtlich sei.

7 G v. 8.12.2010, BGBl. I 2010, 1768.

8 S. BT-Drucks. 17/2249, 54.

9 Zum Belastungsvergleich *Bitz*, DStR 1999, 792; *Rautenberg/Korezkij*, BB 1999, 1638.

10 BFH v. 11.5.1999 – IX R 72/96, BFH/NV 1999, 1446; v. 30.4.2015 – IX B 10/15, BFH/NV 2015, 1077; OFD Nürnb. v. 18.4.2001, StEK EStG § 23 Nr. 47; ob eine vermögensverwaltende PersGes. einen Gewinn iSv. § 23 erzielen kann, hat der BFH bislang ausdrücklich offen gelassen, BFH v. 27.11.2008 – IV R 38/06, BStBl. II 2009, 278 = FR 2009, 527 m. Anm. *Kanzler*.

11 BFH v. 21.1.2014 – IX R 9/13, FR 2014, 616 = BFH/NV 2014, 745 (Verwirklichung des Tatbestands nur in der Person des einzelnen G'ters); auch BFH v. 10.11.2015 – IX R 10/15, BFH/NV 2016, 529.

12 S. auch *Seitz*, DStR 2001, 277.

Auf Vorlage des BFH[1] hat das BVerfG[2] **§ 23 Abs. 1 S. 1 Nr. 1 lit. b** in der für die **VZ 1997 und 1998** geltenden Fassung insoweit für mit Art. 3 Abs. 1 GG unvereinbar und **nichtig** erklärt, als die Regelung Veräußerungsgeschäfte bei Wertpapieren betrifft;[3] die Verfassungswidrigkeit beruht darauf, dass die tatsächliche Durchsetzung des Steueranspruchs in diesen VZ wegen struktureller Vollzugshindernisse – insbes. aufgrund v. § 30a AO – weitgehend vereitelt wird.[4] Im VZ 1997 und 1998 entstandene Spekulationsverluste aus Wertpapiergeschäften sind steuerrechtl. nicht mehr zu berücksichtigen.[5] Mehrere FG und der BFH haben darauf die Vollziehung entspr. Steuerbescheide zu weiteren VZ ausgesetzt.[6] Das BMF hat angeordnet, entspr. Steuerbescheide ab VZ 1999 ruhen zu lassen.[7] Das FG Münster hat dem BVerfG entspr. Fälle zu den VZ 1996 bzw. 1994–1996 zur Entscheidung über die Verfassungsmäßigkeit vorgelegt.[8] Inzwischen haben der BFH[9] und das BVerfG[10] im Hinblick auf die seit 1.4.2003 bestehende Pflicht der Kreditinstitute, Dateien über Kontendaten anzulegen (§ 24c KWG), und die finanzbehördliche Möglichkeit des Abrufs der Daten (§§ 93 Abs. 7–8, 93b AO)[11] die Anwendung des entspr. § 23 Abs. 1 S. 1 Nr. 2 auf den VZ 1999 bzw. auf die VZ **ab VZ 1999** für **verfassungsgemäß** erklärt. Nach BFH soll § 23 Abs. 1 S. 1 Nr. 1 lit. b auch für die VZ **bis VZ 1996** anwendbar bleiben.[12] 2

Durch das **StEntlG 1999/2000/2002** wurde der Tatbestand des § 23 Abs. 1 erweitert, insbes. wurden die **Spekulationsfristen verlängert**. Die Neuregelung sollte für alle Veräußerungsgeschäfte gelten, bei denen die Veräußerung auf einem nach dem 31.12.1998 rechtswirksam abgeschlossenen obligatorischen Vertrag oder gleichstehenden Rechtsakt beruhte (§ 52a Abs. 11 S. 1 aF). Der BFH[13] hat dem BVerfG die Frage vorgelegt, ob § 23 Abs. 1 S. 1 Nr. 1 S. 1 idF StEntlG 1999/2000/2002 insoweit mit dem GG vereinbar ist, als 3

---

1 BFH v. 16.7.2002 – IX R 62/99, BStBl. II 2003, 74 = FR 2002, 628; vgl. auch BFH v. 11.6.2003 – IX B 16/03, BStBl. II 2003, 663 = FR 2003, 923 (Vollziehung eines Steuerbescheids aus dem Jahr 1997 wegen ernstlicher Zweifel an Verfassungsmäßigkeit ausgesetzt); BFH v. 21.10.2003 – VII B 85/03, BStBl. II 2004, 36 und v. 21.10.2003 – VII B 95/03, BFH/NV 2004, 191 (Zweifel schlagen auf Rechtmäßigkeit eines Sammelauskunftsersuchens gegenüber Kreditinstitut durch).

2 BVerfG v. 9.3.2004 – 2 BvL 17/02, BGBl. I 2004, 591 = BStBl. II 2005, 56 = FR 2004, 470 m. Anm. *Jacob/Vieten*.

3 Dies rechtfertigt keinen Erlass nach § 227 AO, BFH v. 17.12.2008 – IX B 129/08, BFH/NV 2009, 577; die Subsidiaritätsregelung des § 23 Abs. 2 S. 2 EStG 1997 greift infolge dessen nicht mehr, BFH v. 25.8.2009 – I R 88, 89/07, FR 2010, 245 = BFH/NV 2009, 2047; zur Auswirkung auf zweistufige Verfahren (Feststellung/Festsetzung) BFH v. 30.8.2006 – VIII B 347/04, BFH/NV 2007, 71; die Grundlage für eine etwaige Strafbarkeit wegen Steuerhinterziehung hinsichtlich der VZ 1997 und 1998 entfällt, BVerfG v. 8.11.2006 – 2 BvR 620/03, BFH/NV 2007, Beil. 4, 256; and noch BayObLG v. 11.3.2003, StRK AO 1977 § 396 R 6.

4 Das festgestellte Vollzugsdefizit ist eine Tatsache iSv. § 173 AO, FG Köln v. 12.6.2008 – 10 K 1820/05, EFG 2008, 1593.

5 Zum VZ 1997 BFH v. 15.1.2008 – IX R 31/07, DStRE 2008, 1059; vgl. auch FG Berlin-Bdbg. v. 22.8.2008 – 6 S 1617/04 PKH, EFG 2009, 207 zum Verhältnis zu § 17 im VZ 1998.

6 S. die Nachweise in der 8. Aufl. Rn. 2.

7 BMF v. 27.6.2005 – IV A 7 - S 0338 - 54/05, nv., ebenso FinMin. NRW v. 1.4.2005 – S 0338, nv.; bis 2004 noch entgegengesetzt BMF v. 19.3.2004, BStBl. I 2004, 361.

8 FG Münster v. 5.4.2005 – 8 K 4710/01 E, EFG 2005, 1117 mit Anm. *Hoffmann*; FG SchlHol. v. 9.3.2005 – 1 K 198/01, EFG 2005, 1130 (VZ 1996), inzwischen vom BVerfG als unzulässig zurückgewiesen, BVerfG v. 18.4.2006 – 2 BvL 8/05, WM 2006, 1166; FG Münster v. 13.7.2005 – 10 K 6837/03 E, EFG 2005, 1542 (VZ 1994–96).

9 BFH v. 29.11.2005 – IX R 49/04, BStBl. II 2006, 178 mit Anm. *Heuermann*, HFR 2006, 267 sowie *Pezzer*, FR 2006, 384; BFH v. 19.12.2007 – IX B 219/07, BStBl. II 2008, 382 = FR 2008, 570 m. Anm. *Bode*; v. 23.5.2008 – IX B 111/04, BFH/NV 2008, 1477; zu den Auswirkungen auf die Strafbarkeit wegen Steuerhinterziehung AG Gera v. 22.2.2006, wistra 2006, 437 (Strafbarkeit hinsichtlich VZ 2000 möglich); LG Augsburg v. 26.4.2007, wistra 2007, 272 (Aussetzung des Strafverfahrens hinsichtlich VZ 1999–2001 bis zum rechtskräftigen Abschluss des Besteuerungsverfahrens).

10 BVerfG v. 10.1.2008 – 2 BvR 294/06, BFH/NV 2008, Beil. 2, 161.

11 Zur Verfassungsmäßigkeit des Kontenabrufverfahrens BVerfG v. 13.6.2007 – 1 BvR 1550/03, 1 BvR 2357/04, 1 BvR 603/05, BVerfGE 118, 168.

12 BFH v. 1.6.2004 – IX R 35/01, BStBl. II 2005, 26 = FR 2004, 1059 (VZ bis einschl. VZ 1993); v. 29.6.2004 – IX R 26/03, BStBl. II 2004, 995 = FR 2004, 1173 (VZ 1994); v. 15.1.2008 – IX R 31/07, DStRE 2008, 1059, v. 13.2.2008 – IX R 61/07, BFH/NV 2008, 1485 und v. 17.12.2008 – IX B 129/08, BFH/NV 2009, 577 (VZ 1996).

13 BFH v. 16.12.2003 – IX R 46/02, BStBl. II 2004, 284 = FR 2004, 351 m. Anm. *Weber-Grellet* (Az. BVerfG 2 BvL 2/04); vgl. auch BFH v. 5.3.2001 – IX B 90/00, BStBl. II 2001, 405; v. 22.12.2003 – IX B 177/02, BStBl. II 2004, 367 (jeweils Aussetzungsverfahren); mit ernstlichen Zweifeln an der Verfassungsmäßigkeit auch FG Düss. v. 28.2.2001 – 9 V 7770 A (E), EFG 2001, 695; v. 19.12.2001 – 9 K 7766/00 E, EFG 2002, 464; FG Saarl. v. 18.3.2003 – 2 V 28/03, EFG 2003, 866; anders FG BaWü. v. 27.8.2002 – 2 K 244/01, EFG 2002, 1614 (zulässige unechte Rückwirkung); aus dem Schrifttum *M. Wendt*, FR 1999, 333 (353) mwN; *Kupfer*, KÖSDI 2000, 12273; *Reimer*, DStZ 2001, 725 insbes. zur Rechtslage bei Anschaffungssurrogaten; *Höreth/Schiegl/Zipfel*, BB 2004, 857; *Treiber*, DB 2004, 453; zur vergleichbaren Frage einer Verminderung der Beteiligungsgrenze des § 17 ab dem 1.1.1999 s. dort Rn. 79; allg. auch *Prinz/Ommerborn*, FR 2001, 985 f.; *Micker*, BB 2002, 120.

danach auch private Grundstücksveräußerungsgeschäfte nach dem 31.12.1998, bei denen zu diesem Stichtag die zuvor geltende Spekulationsfrist v. zwei Jahren bereits abgelaufen war, übergangslos der Einkommensbesteuerung unterworfen werden. Verfassungsgemäß ist die Besteuerung nach BFH[1] dagegen dann, wenn die zweijährige Frist bei Verkündung des StEntlG 1999/2000/2002 noch nicht abgelaufen war. Zur Beurteilung der Rückwirkung ist unter Vertrauensschutzgesichtspunkten richtigerweise auf die Rechtslage im Zeitpunkt der Veräußerung abzustellen. Verfassungsrechtl. problematisch sind danach vor allem die Fälle der durch § 52a Abs. 11 S. 1 aF bewirkten Steuerbarkeit der nach dem 31.12.1998, aber bis zum Gesetzesbeschluss (4.3.1999) bzw. bis zur Verkündung der Neuregelung (31.3.1999) vollzogenen Veräußerungen bei im Veräußerungszeitpunkt abgelaufener alter Frist.[2] Auf die Vorlagen hin hat das BVerfG § 23 Abs. 1 S. 1 Nr. 1 iVm. § 52 Abs. 39 S. 1 EStG idF vom 24.3.1999 für **teilweise nichtig** erklärt, soweit in einem Veräußerungsgewinn Wertsteigerungen steuerlich erfasst werden, die bis zur Verkündung des StEntlG 1999/2000/2002 am 31.3.1999 entstanden sind und nach der zuvor geltenden Rechtslage bis zum Zeitpunkt der Verkündung stfrei realisiert worden sind oder stfrei hätten realisiert werden können.[3] In der Praxis verlangt dies ggf. die Aufteilung in einen steuerbaren und einen nicht steuerbaren Wertzuwachs; das BMF geht hier grundsätzlich von einem linearen Wertzuwachs und entspr. linearen Abschreibungen aus,[4] was in der Rspr. jedoch überwiegend abgelehnt wird.[5] Die Entscheidung des BVerfG gilt für die Verlängerung der in § 23 Abs. 1 S. 1 Nr. 2 maßgeblichen Frist entsprechend.[6]

Seit dem **UntStRefG 2008**[7] werden Gewinne aus der privaten Veräußerung v. Wertpapieren und aus Termingeschäften nicht mehr als Gewinne iSv. § 23, sondern – unabhängig v. einer Haltefrist – durch § 20 nF erfasst. In § 23 Abs. 1 S. 1 Nr. 2 S. 1 wurde daher der Verweis auf Wertpapiere gestrichen; auch die gesetzliche Regelung der Fifo-Methode für Wertpapiere (Abs. 1 S. 1 Nr. 2 S. 2 aF) konnte entfallen. Abs. 1 S. 1 Nr. 2 S. 2 nF sieht vor, dass sich bei WG iSv. Nr. 2 S. 1, aus deren Nutzung als Einkunftsquelle zumindest in einem Kj. Einkünfte erzielt werden, der Zeitraum iSd. Nr. 2 S. 1 auf zehn Jahre erhöht. Die Neuregelung soll Steuersparmodellen entgegenwirken, die auf der Vermietung beweglicher WG (etwa Container) beruhen.[8] Infolge der Erfassung in § 20 nF entfielen auch § 23 Abs. 1 S. 1 Nr. 3 aF (Erfassung v. Veräußerungen vor Erwerb, insbes. Baisse-Spekulationen mit Wertpapieren; Vorschrift mit Blick auf Leerverkäufe anderer WG allerdings wieder eingeführt mWv. VZ 2017) und § 23 Abs. 1 S. 1 Nr. 4 aF (Gewinne aus Termingeschäften). Letztere Normänderung zog eine Folgeänderung in § 23 Abs. 1 S. 3 nach sich. Durch die Neuregelung der Besteuerung v. Anteilsveräußerungen in § 20 konnte auch die Regelung des Konkurrenzverhältnisses zu § 17 in § 23 Abs. 2 S. 2 aF wegfallen. Die Erfassung v. Termingeschäften in § 20 macht auch die Vorschrift über die Gewinnermittlung bei Termingeschäften gem. § 23 Abs. 3 S. 5 aF obsolet. In § 23 Abs. 3 S. 5 nF (zuvor § 23 Abs. 3 S. 6) wurde die Freigrenze zur einfacheren Berechnung auf 600 Euro angehoben. § 23 Abs. 3 S. 7–9 aF wurden § 23 Abs. 3 S. 6–8 nF. § 23 Abs. 3 S. 9 und 10 idF des UntStRefG 2008 eröffneten die Möglichkeit, Altverluste aus privaten Veräußerungsgeschäften übergangsweise für fünf Jahre sowohl mit Gewinnen aus privaten Veräußerungsgeschäften als auch mit Erträgen aus Kapitalanlagen gem. § 20 Abs. 2 nF zu verrechnen; diese Vorschriften sind mit Wirkung vom VZ 2014 aufgehoben worden.[9] Die **Neuregelungen** sind **grds. ab dem VZ 2009 anwendbar** (s. § 52a Abs. 11 aF).

---

1 BFH v. 16.12.2003 – IX R 46/02, BStBl. II 2004, 284 = FR 2004, 351 m. Anm. *Weber-Grellet* (294); v. 15.7.2004 – IX B 116/03, BStBl. II 2004, 1000 = FR 2004, 1124; v. 18.4.2008 – IX B 6/08, BFH/NV 2008, 1329; v. 19.6.2009 – IX B 46/09, BFH/NV 2009, 1437; auch FG Münster v. 26.6.2002 – 10 K 5353/01, EFG 2002, 1177; FG BaWü. v. 21.6.2001 – 9 K 474/00, EFG 2001, 1386.

2 Ebenso oder ähnlich in weiteren Vorlagen an das BVerfG FG Köln v. 25.7.2002 – 13 K 460/01, FR 2002, 1369 m. Anm. *Seeger* = EFG 2002, 1236 (Az. BVerfG 2 BvL 14/02) und v. 24.8.2005 – 14 K 6187/04, DStRE 2007, 150 (Az. BVerfG 2 BvL 13/05); FG Münster v. 17.8.2009 – 10 K 3918/05 E, EFG 2009, 1943 (Az. BVerfG 2 BvL 21/09); FG Hess. v. 14.1.2010 – 8 K 283/04, EFG 2010, 959 (Az. BVerfG 2 BvL 2/10); auch FG Münster v. 18.1.2001 – 4 V 6735/00 E, EFG 2001, 294 (unzulässige unechte Rückwirkung bei Veräußerung vor dem 4.3.1999); vgl. *Birk/Kulosa*, FR 1999, 433 (438); *Wermeckes*, DStZ 1999, 479 (485); *Seer/Drüen*, FR 2006, 661; vgl. auch FG Münster v. 24.1.2003 – 11 K 6863/01 E, EFG 2003, 714 und v. 28.8.2003 – 11 K 6243/01 E, EFG 2004, 45 (kein Verstoß gegen das Rückwirkungsverbot bei Besteuerung einer zwar vor Gesetzesverkündung, aber nach dem Gesetzesbeschluss durchgeführten Veräußerung).

3 BVerfG v. 7.7.2010 – 2 BvL 14/02, 2 BvL 2/04, 2 BvL 13/05, BGBl. I 2010, 1296.

4 BMF v. 20.12.2010, BStBl. I 2011, 14.

5 Zurechnung von Absetzungen zu den Zeiträumen, in denen sie tatsächlich in Anspruch genommen wurden; BFH v. 11.4.2012 – IX B 14/12, BFH/NV 2012, 1130; v. 6.5.2014 – IX R 39/13, BStBl. II 2015, 459; v. 6.5.2014 – IX R 27/13, BStBl. II 2018, 380; dazu BMF v. 18.5.2015, BStBl. I 2015, 464; zur Aufteilung von Veräußerungskosten FG Köln v. 6.11.2013 – 13 K 121/13, EFG 2014, 194.

6 FG Köln v. 23.1.2013 – 4 K 741/11, EFG 2013, 781 (rkr.).

7 BGBl. I 2007, 1912.

8 Vgl. BT-Drucks. 16/4841, 102.

9 Kroatien-AnpG v. 25.7.2014, BGBl. I 2014, 1266.

B. Der Besteuerung unterliegende Objekte (Abs. 1)

§ 23 setzt für jeden einzelnen steuerbaren Vorgang **Nämlichkeit** (Identität) des angeschafften und des – ggf. real aufgeteilten (parzellierten[1]) – veräußerten WG (zum Begriff s. § 4 Rn. 66 und § 5 Rn. 57 ff.) voraus.[2] Herstellungsmaßnahmen schließen Identität nicht aus.[3] Dagegen besteht keine Identität zw. Erbbaurecht und belastetem Grundstück,[4] jedoch Teilidentität zw. einem mit Erbbaurecht belasteten und sodann lastenfrei veräußerten Grundstück.[5] Der gesetzliche Tatbestand des **Abs. 1 S. 1 Nr. 1** umfasst (vorbehaltlich DBA[6] auch ausländ.[7]) **Grundstücke**, auch Miteigentumsanteile, und **Rechte, die den Vorschriften des bürgerlichen Rechts über Grundstücke unterliegen**, neben den im G beispielhaft erwähnten (Erbbaurecht,[8] Mineralgewinnungsrecht[9]) auch Rechte aus dem Meistgebot[10] sowie Wohnungs-/Teileigentum[11] und Bodenschätze.[12] Nicht tatbestandsmäßig sind sonstige dingliche Rechte am Grundstück (zB Nießbrauch, Grundschuld,[13] nach hM auch Dauerwohnrecht, Vorkaufsrecht). Grund und Boden und aufstehende Gebäude bilden jeweils selbständige WG.[14] 4

Hergestellte Gebäude ohne Betriebsvorrichtungen iSv. R 4.2 Abs. 3 S. 3 Nr. 1 EStR oder Ladeneinrichtungen sowie nach § 23 Abs. 1 S. 1 Nr. 1 S. 2 – klarstellend (?) bei Veräußerungen nach dem 31.12.1998 (§ 52 Abs. 39 S. 1) – errichtete, ausgebaute oder erweiterte Gebäude (entspr.: Gebäudeteile, die selbständige unbewegliche WG sind, Eigentumswohnungen, Teileigentum iSv. § 1 Abs. 3 WEG) und entspr. Außenanlagen (§§ 78, 89, 92, 94 BewG) werden **einbezogen**, dh., die besagten Baumaßnahmen und die Veräußerung ohne Anschaffung des Grundstücks innerhalb der Zehn-Jahres-Frist reichen für sich allein nicht aus; die Veräußerung eines hergestellten Gebäudes ist kein eigener Steuertatbestand.[15] In die Besteuerung ist mithin auch ein Gebäude einzubeziehen, das der StPfl. in teilfertigem Zustand veräußert.[16] Wird ein teilw. entgeltlich oder gegen Abfindungszahlungen erworbenes Grundstück tatbestandsrelevant bebaut und veräußert, ist das Gebäude anteilig in die Besteuerung einzubeziehen.[17] Von den HK ist nach Maßgabe des Abs. 3 S. 4 AfA abzusetzen, denn gesetzliches Veräußerungsobjekt ist das angeschaffte Grundstück mit einbezogenem Gebäude. Sind Grundstück und Gebäude nach Art. 231, 233 EGBGB getrennt handelbar, können beide getrennt Gegenstand eines steuerbaren privaten Veräußerungsgeschäfts sein.[18] Wurde das unbebaute Grundstück unentgeltlich erworben und innerhalb v. zehn Jahren seit Erwerb durch den Rechtsvorgänger veräußert, ist das Gebäude einzubeziehen unabhängig davon, wer v. beiden es errichtet hat. 5

Ausgenommen sind nach näherer Maßgabe des **Abs. 1 S. 1 Nr. 1 S. 3** – auch teilw. – **zu eigenen Wohnzwecken genutzte WG**. Dies gilt auch für eine Zweit- und eine Ferienwohnung,[19] nicht jedoch für ein unbebautes Grundstück oder eine nicht nur zur ausschließlichen Eigennutzung des StPfl. bestimmte Ferienwohnung, sinngemäß auch für Gebäudeteile. Begünstigt ist auch der für die entspr. Gebäudenutzung er- 6

---

1 BFH v. 19.7.1983 – VIII R 161/82, BStBl. II 1984, 26 = FR 1984, 19; v. 29.3.1989 – X R 4/84, BStBl. II 1989, 652 = FR 1989, 437; s. auch BFH v. 17.12.1997 – X R 88/95, BStBl. II 1998, 343 = FR 1998, 480; v. 23.8.2011 – IX R 66/10, FR 2012, 279 m. Anm. *Bode* = BStBl. II 2013, 1002 (Aufteilung eines Hausgrundstücks in Wohnungseigentum).
2 BFH v. 24.11.1993 – X R 49/90, BStBl. II 1994, 591 = FR 1994, 224.
3 BFH v. 3.8.2004 – X R 55/01, BFH/NV 2005, 517 (solange bei wirtschaftlicher Betrachtung kein anderes WG entsteht).
4 BFH v. 30.11.1976 – VIII R 202/72, BStBl. II 1977, 384; FG Köln v. 25.10.1996 – 3 K 6547/91, EFG 1997, 407; vgl. auch FG RhPf. v. 2.5.2012 – 1 K 1353/09, StE 2012, 566 (Rev. IX R 31/12).
5 BFH v. 12.6.2013 – IX R 31/12, FR 2014, 33 m. Anm. *Bode* = BStBl. II 2013, 1011 auch zur Gewinnermittlung.
6 BFH v. 19.5.1982 – I R 257/78, BStBl. II 1982, 768 = FR 1982, 551 – Kaufoption betr. in Spanien belegenes Grundstück.
7 BFH v. 6.11.2015 – IX B 54/15, BFH/NV 2016, 194; FG Düss. v. 6.12.1989 – 15 K 568/85 E, EFG 1990, 430; FG BaWü. v. 9.2.1999 – 2 K 220/97, EFG 1999, 537.
8 Dazu BFH v. 8.11.2017 – IX R 25/15, BStBl. II 2018, 518 (Anschaffung eines Erbbaurechts setzt voraus, dass dieses im Zeitpunkt der Übertragung bereits bestellt war; keine Identität mit dem unbebauten Grundstück).
9 Zur diesbezüglichen Abgrenzung zu § 21 Abs. 1 S. 1 Nr. 1 BFH v. 24.10.2012 – IX R 6/12, BFH/NV 2013, 907.
10 BFH v. 28.6.1977 – VIII R 30/74, BStBl. II 1977, 827; s. aber BFH v. 19.5.1982 – I R 257/78, BStBl. II 1982, 768 = FR 1982, 551: Abtretung einer Option auf Grundstückserwerb ist steuerbar nach § 23 Abs. 1 S. 1 Nr. 1b.
11 FG Köln v. 26.10.2006 – 6 K 394/04, EFG 2007, 185.
12 FG München v. 13.9.2006 – 10 K 5285/04, EFG 2007, 188 auch zur Selbständigkeit als WG; zur Abgrenzung (Ausbeutevertrag) BFH v. 11.2.2014 – IX R 25/13, BStBl. II 2014, 566; v. 11.2.2014 – IX R 26/13, BFH/NV 2014, 1510.
13 BFH v. 11.4.2012 – VIII R 28/09, BStBl. II 2012, 496 = FR 2012, 926.
14 BFH v. 1.12.1989 – III R 56/85, BStBl. II 1990, 1054 = FR 1990, 185.
15 *M. Wendt*, FR 1999, 333 (353 f.).
16 BT-Drucks. 14/2070, 19; BMF v. 5.10.2000, BStBl. I 2000, 1383 Tz. 12.
17 BMF v. 5.10.2000, BStBl. I 2000, 1383 Tz. 11.
18 BMF v. 5.10.2000, BStBl. I 2000, 1383 Tz. 15.
19 BFH v. 27.6.2017 – IX R 37/16, BStBl. II 2017, 1192.

forderliche und übliche, ggf. anteilige Grund und Boden.[1] Zum Begriff „eigene Wohnzwecke" ist auf die Rspr. zu § 10e Abs. 1 aF[2] und § 4 S. 1 EigZulG zu verweisen: Begünstigt ist daher die – zB im Rahmen einer doppelten Haushaltsführung auch nur zeitweise – Nutzung durch den StPfl. selbst und die in Haushaltsgemeinschaft mit ihm lebenden Familienangehörigen und anderen Pers. (zB Lebenspartner), auch – so sehr großzügig die FinVerw. – bei gleichzeitiger unentgeltlicher Überlassung v. Teilen einer Wohnung an andere Pers., sofern die dem StPfl. verbleibenden Räume noch den Wohnungsbegriff erfüllen; ferner bei unentgeltlicher Überlassung an ein estrechtl. zu berücksichtigendes Kind zur alleinigen Nutzung;[3] nicht dagegen bei Überlassung an andere Angehörige,[4] auch nicht bei Überlassung einer Altenteilerwohnung; auch nicht bei steuerrechtl. anzuerkennender mietweiser Überlassung an Angehörige.[5] Die ausschließliche Eigennutzung zw. Anschaffung oder Fertigstellung und Veräußerung (**1. Alt.**) zielt auf den Sachverhalt, dass ein WG – zB wegen Arbeitsplatzwechsels – kurzfristig nach Anschaffung/Fertigstellung (Herstellung, § 9a EStDV) des Gebäudes veräußert wird. Auch für die **2. Alt.** – bei längerer Behaltensdauer, idR nach Vermietung, Eigennutzung im Jahr der Veräußerung sowie in den zwei Jahren zuvor –[6] ist eine entspr. „ausschließliche" Nutzung (nicht nur Mitbenutzung) vorauszusetzen.[7] Die Nutzung zu eigenen Wohnzwecken beginnt bereits dann, wenn der StPfl. beginnt, die hinreichend ausgestattete Wohnung zu beziehen.[8] Zu Einzelfragen s. BMF v. 5.10.2000, BStBl. I 2000, 1383 Rn. 22 ff. Wird ein Gebäude teils zu eigenen Wohnzwecken genutzt und zT fremdvermietet, liegen zwei WG vor (R 4.2 Abs. 4 EStR; § 4 Rn. 68b); es kommt eine teilw. Freistellung in Betracht.[9] Bei gemischt genutzten Grundstücken ist eine Aufteilung grds. nach dem Verhältnis der Nutzflächen (vgl. § 6 Rn. 50 f.) notwendig; das Wort „ausschließlich" hat nur einen zeitlichen Bezug. Das **häusliche Arbeitszimmer** eines ArbN im eigenen Haus dient nicht Wohnzwecken.[10] Bei Gewinneinkünften dient es auch dann nicht Wohnzwecken, wenn der StPfl. v. seinem Wahlrecht nach § 8 EStDV iVm. R 4.2 Abs. 8 EStR Gebrauch gemacht hat.[11] Unerheblich ist hier die Begrenzung bzw. der Ausschluss v. BA/WK nach § 4 Abs. 5 Nr. 6b/§ 9 Abs. 5.[12] Bewohnt ein Miteigentümer eines Zwei- oder Mehrfamilienhauses eine Wohnung allein, liegt eine Nutzung zu eigenen Wohnzwecken vor, soweit er die Wohnung aufgrund eigenen Rechts nutzt.[13] Bei unentgeltlichem Erwerb ist die Nutzung des WG zu eigenen Wohnzwecken durch den Rechtsvorgänger dem Rechtsnachfolger zuzurechnen. Zur Ermittlung des stpfl. Veräußerungsgewinns bei teilw. zu eigenen, teilw. zu anderen Zwecken genutzten Gebrauchs s. BMF v. 5.10.2000, BStBl. I 2000, 1383 Rn. 32 mit instruktivem Beispiel; ebd. Rn. 39 zur Behandlung des Arbeitszimmers: keine anteilige Kürzung der AK/HK, wenn der Abzug der Aufwendungen als BA/WK ausgeschlossen ist.

7 **Andere WG iSd. Abs. 1 S. 1 Nr. 2**[14] sind grds. sämtliche **vermögenswerte Vorteile des PV**, die selbständig bewertbar, längerfristig nutzbar und **keine Gegenstände des täglichen Gebrauchs** (§ 23 Abs. 1 S. 1 Nr. 2 S. 2; dazu Rn. 1) sind; so etwa Schmuck, Gemälde und andere Kunstgegenstände, Antiquitäten, Oldtimer, Briefmarken und Münzen, Edelmetalle[15], weiter Forderungen, Rechte aus dem Meistgebot, Rückkaufsrechte[16]

1 Ausf. hierzu BMF v. 5.10.2000, BStBl. I 2000, 1383 Tz. 17 ff.; BFH v. 25.5.2011 – IX R 48/10, BStBl. II 2011, 868 = FR 2012, 89 m. Anm. *Bode* (nicht das als Garten genutzte unbebaute Nachbargrundstück).

2 BFH v. 23.7.1997 – X R 143/94, BFH/NV 1998, 160; FG Köln v. 22.11.2002 – 14 K 3507/01, EFG 2003, 539 mwN: tatsächliche Nutzung ist erforderlich; **aA** *Kohlrust-Schulz*, NWB Fach 3, 10779; zum Begriff „Wohnzwecke" s. R 7.2 Abs. 1–3 EStR; zu den Nachweispflichten FG Münster v. 18.6.2007 – 1 K 3749/05 E, EFG 2007, 1605.

3 BFH v. 26.1.1994 – X R 94/91, BStBl. II 1994, 544 = FR 1994, 294; BMF v. 5.10.2000, BStBl. I 2000, 1383 Tz. 23; abgrenzend FG Nds. v. 4.3.2010 – 10 K 259/08, EFG 2010, 1133 (Rev. I R 27/10) (Überlassung an Kinder, für die kein Anspruch auf Kindergeld oder Kinderfreibetrag mehr besteht).

4 FG Hess. v. 30.9.2015 – 1 K 1654/14, EFG 2016, 201 (Überlassung an ehemalige Lebensgefährtin und gemeinsames Kind); FG Köln v. 8.10.2016 – 8 K 3825/11, EFG 2017, 222 (Vermietung an einen Elternteil); FG Berlin-Bdbg. v. 15.2.2018 – 4 K 4295/16, EFG 2018, 834 (Rev. IX R 8/18) (Wohnrecht der Mutter).

5 Ausf. zur Überlassung der Wohnung an Dritte, eigene Kinder und Miteigentümer BMF v. 5.10.2000, BStBl. I 2000, 1383 Tz. 22 ff.; BFH v. 23.2.1994 – X R 131/93, BStBl. II 1994, 694 = FR 1994, 361.

6 Die Nutzung muss sich über einen Zeitraum von drei Kj. erstrecken, diesen Zeitraum aber – mit Ausnahme des mittleren Jahres – nicht vollständig ausfüllen (BFH v. 27.6.2017 – IX R 37/16, BStBl. II 2017, 1192).

7 **AA** *Blümich*, § 23 Rn. 54.

8 BFH v. 18.1.2006 – IX R 18/03, BFH/NV 2006, 936.

9 Vgl. auch BT-Drucks. 14/23, 180: „soweit".

10 BFH v. 30.6.1995 – VI R 39/94, BStBl. II 1995, 598; FG Münster v. 28.8.2003 – 11 K 6243/01 E, EFG 2004, 45; **aA** FG Köln v. 20.3.2018 – 8 K 1160/15, EFG 2018, 1256 (rkr.).

11 BMF v. 5.10.2000, BStBl. I 2000, 1383 Tz. 16, 21.

12 BMF v. 5.10.2000, BStBl. I 2000, 1383 Tz. 21.

13 BMF v. 5.10.2000, BStBl. I 2000, 1383 Tz. 24.

14 Zum Begriff BFH v. 24.7.1996 – X R 139/93, BFH/NV 1997, 105.

15 BFH v. 24.1.2012 – IX R 62/10, BStBl. II 2012, 564 = FR 2012, 883 m. Anm. *Bode*.

16 BFH v. 14.11.1978 – VIII R 72/76, BStBl. II 1979, 298.

und die Grundschuld[1]. Kursgewinne oder -verluste im PV, die sich durch die Anlage v. Festgeld in ausländ. Währung ergeben, sind steuerbar, wenn das **Fremdwährungsguthaben** vor Ablauf der Spekulationsfrist des § 23 in einen höheren oder niedrigeren Euro-Betrag rückgetauscht wird.[2] Keine Steuerbarkeit entsteht dagegen, wenn ein Darlehen in Fremdwährung aufgenommen und am Ende der Laufzeit in gleicher Währung zurückgezahlt wird.[3] Bei mehreren gleichartigen Fremdwährungsbeträgen bedarf es eines strengen Nämlichkeitsnachweises. Nach § 23 Abs. 1 S. 1 Nr. 2 S. 3 gilt bei Anschaffung und Veräußerung mehrerer gleichartiger Fremdwährungsbeträge mit Wirkung ab VZ 2014 erneut die Fifo-Methode; es ist – zur Vereinfachung[4] – zu unterstellen, dass die zuerst angeschafften Beträge zuerst veräußert wurden. Keine WG im vorliegenden Sinne sind Verbindlichkeiten,[5] ebenso Eintrittskarten.[6] Die vormals vor allem durch Abs. 1 S. 1 Nr. 2 erfasste Veräußerung v. **Wertpapieren** einschl. Optionsscheinen unterfällt ab VZ 2009 § 20 (s. Rn. 3 und 8. Aufl. Rn. 7 sowie § 20 Rn. 117 ff.).

Werden bei der Nutzung v. WG iSd. Abs. 1 S. 1 Nr. 2 S. 1 als Einkunftsquelle zumindest in einem Kj. Einkünfte erzielt, erhöht sich die Spekulationsfrist v. einem auf zehn Jahre (Abs. 1 S. 1 Nr. 2 S. 4). Die zum VZ 2009 eingeführte Regelung soll der Vermeidung v. Steuersparmodellen dienen (s. m. Nachweis Rn. 3). 8

Die auf Leerverkäufe und Termingeschäfte bezogenen Regelungen in Abs. 1 S. 1 Nr. 3 und 4 aF entfielen ebenfalls mit dem UntStRefG 2008; derartige Geschäfte sind seither, soweit Wertpapiere gehandelt werden, nach § 20 zu beurteilen (s. zu Einzelheiten 8. Aufl. Rn. 9 und 10, zur zeitlichen Anwendung s. Rn. 3). Mit Wirkung ab VZ 2017 wurde **Abs. 1 S. 1 Nr. 3** jedoch zur stl. Erfassung von **Leerverkäufen** anderer WG (insbes. Fremdwährungen, Gold, andere Edelmetalle) wieder eingeführt (zur zeitlichen Anwendung § 52 Abs. 31 S. 3).[7] Steuerbar sind danach – Abs. 1 S. 1 Nr. 2 nicht unterfallende – Gewinne aus Veräußerungsgeschäften, bei denen die Veräußerung des WG früher erfolgt als der Erwerb. 9

Beteiligung an PersGes. Die Anschaffung oder Veräußerung einer unmittelbaren oder mittelbaren Beteiligung an einer PersGes. (auch: an einer Erbengemeinschaft im Wege der entgeltlichen Erbteilsübertragung)[8] gilt als Anschaffung oder Veräußerung der **anteiligen WG** (**Abs. 1 S. 4**) in der Person des G'ters. Tatbestandsmäßig sind die Anschaffung eines Anteils an einer grundbesitzenden Ges. und die Veräußerung des Grundstücks innerhalb v. zehn Jahren nach Anteilserwerb, unabhängig v. der Besitzdauer der Ges., sowie der Erwerb des Grundstücks durch die Ges. und Veräußerung des Anteils binnen zehn Jahren (sog. Mischfälle).[9] 10

C. Anschaffung und Veräußerung innerhalb der gesetzlichen Fristen

Anschaffung (vgl. auch § 6 Abs. 1 Nr. 5) ist (nur) der **entgeltliche Erwerb**[10] eines positiven WG;[11] auch der Erwerb aufgrund eines Ergänzungsvertrages, wenn damit erstmalig ein Anspr. auf Übertragung rechtswirksam entsteht.[12] Die Entdeckung eines Bodenschatzes durch den Grundstückseigentümer ist keine Anschaffung,[13] ebenso wenig eine eigene Erfindung.[14] Nachträgliche Herstellungsmaßnahmen schließen die Anschaffung nur dann aus, wenn das WG durch sie in ein anderes WG umgestaltet wird.[15] Der Begriff der Anschaffung korrespondiert im Wesentlichen mit dem der Veräußerung.[16] Der maßgebende schuldrechtl. 11

---

1 BFH v. 11.4.2012 – VIII R 28/09, BStBl. II 2012, 496 = FR 2012, 926.

2 BFH v. 2.5.2000 – IX R 74/96, BStBl. II 2000, 469 = FR 2000, 944; v. 2.5.2000 – IX R 73/98, BStBl. II 2000, 614 = FR 2000, 1227; v. 21.1.2014 – IX R 11/13, BStBl. II 2014, 385 = FR 2014, 656; BMF v. 25.10.2004, BStBl. I 2004, 1034 Tz. 42 ff. auch zur Verwendung des Fremdwährungsguthabens zur Anschaffung anderer WG (Aktien).

3 BFH v. 30.11.2010 – VIII R 58/07, BStBl. II 2011, 491 = FR 2011, 778.

4 S. BT-Drucks. 18/1529, 54.

5 OFD Düss. v. 13.9.1989, StEK EStG § 23 Nr. 14; BFH v. 30.11.2010 – VIII R 58/07, BStBl. II 2011, 491 = FR 2011, 778.

6 FG BaWü. v. 2.3.2018 – 5 K 2508/17, EFG 2018, 1167 (Rev. IX R 9/18) (Wertpapier).

7 BEPS-UmsG v. 20.12.2016, BGBl. I 2016, 3000; s. zur bezweckten Schließung einer Besteuerungslücke BR-Drucks. 406/16, 19.

8 BFH v. 20.4.2004 – IX R 5/02, BStBl. II 2004, 987 = FR 2004, 901; **aA** die Vorinstanz FG Nds. v. 23.10.2001 – 8 K 655/99, EFG 2003, 317.

9 BR-Drucks. 612/93, 61; BFH v. 10.11.2015 – IX R 10/15, BFH/NV 2016, 529.

10 BFH v. 22.9.1987 – IX R 15/84, BStBl. II 1988, 250 = FR 1988, 312; v. 18.12.2014 – IV R 40/10, BFH/NV 2015, 827 = FR 2015, 614; keine Anschaffung ist der Erwerb durch Erbschaft, Vermächtnis, Schenkung; zu Recht verneint für den Rückerwerb ehemaliger landwirtschaftlicher Grundstücke im Beitrittsgebiet s. BMF 14.10.1999, StEK EStG § 23 Nr. 36.

11 BFH v. 30.11.2010 – VIII R 58/07, BStBl. II 2011, 491 = FR 2011, 778 (Eingehen einer Darlehensverbindlichkeit keine Anschaffung).

12 BFH v. 17.12.1997 – X R 88/95, BStBl. II 1998, 343 = FR 1998, 480.

13 BMF v. 16.1.2001, StEK EStG § 23 Nr. 51, dort auch zum Fall der Entnahme des Grundstücks aus dem luf. Betrieb; auch FG München v. 13.9.2006 – 10 K 5285/04, EFG 2007, 188.

14 FG Münster v. 3.5.2011 – 1 K 2214/08 F, BB 2011, 2261.

15 BFH v. 3.8.2004 – X R 55/01, BFH/NV 2005, 517; v. 5.2.2007 – IX B 52/06, BFH/NV 2007, 1108.

16 BFH v. 19.4.1977 – VIII R 23/75, BStBl. II 1977, 712 willentlicher Erwerb.

Vertrag muss grds. eine Lieferverpflichtung enthalten,[1] die idR auch dinglich zu vollziehen ist.[2] Ein bindendes Angebot kann eine Anschaffung sein, wenn die Vertragspartner Verhältnisse herstellen, die wirtschaftlich einem Kaufvertrag gleichstehen und wirtschaftliches Eigentum verschaffen.[3] Die Anschaffung muss „wesentlich vom Willen des Erwerbers bestimmt sein".[4] Für die inhaltliche Einordnung des Geschäfts ist der Empfängerhorizont des Erwerbers maßgeblich.[5] Keine Anschaffung sind der Erwerb kraft G oder eines aufgrund gesetzlicher Vorschriften ergangenen Hoheitsaktes,[6] die Zuteilung im Umlegungsverfahren[7] sowie die Rückübertragung enteigneter Güter nach dem VermG.[8] Anschaffung sind demgegenüber der Erwerb im Wege der Zwangsversteigerung,[9] der entgeltliche Erwerb eines Lieferanspr.[10] oder eines Anspr. auf Rückübertragung nach dem VermG[11] oder auch der tauschweise Erwerb eines Rückübertragungsanspr.[12] und der Rückkauf v. Bauland nach Erstellung eines Bebauungsplans.[13] **Unentgeltlich** sind zB Erwerb durch Erbschaft (§ 1922 BGB), Vermächtnis (ohne Gegenleistung)[14], Schenkung, Aufhebung v. Mit-/Gesamthandseigentum durch Realteilung mit Zuweisung des dem Vermögensanteil entspr. Wertquantums des Teilhabers ohne Ausgleichszahlung, anders bei (teil-)entgeltlicher Anschaffung iRd. Auseinandersetzung unter Erben oder Miteigentümern (Realteilung mit Spitzenausgleich; ausf. § 16 Rn. 109 ff., 249 ff.)[15] oder bei Übertragungen zur Abgeltung des Zugewinnausgleichs.[16] Eine Vermögensübergabe gegen Versorgungsleistungen zur vorweggenommenen Erbfolge ist unentgeltlich (§ 22 Rn. 11), so lange der Übernehmer das Vermögen nicht veräußert;[17] die gleichzeitige – insoweit liegt eine **gemischte Schenkung** und steuerrechtl. Teilentgeltlichkeit vor – Vereinbarung v. Gleichstellungsgeldern an Geschwister und die Übernahme v. Verbindlichkeiten des Übergebers führen zu AK des Übernehmers (§ 16 Rn. 124 f.) und ggf. zu einem Veräußerungsgeschäft des Übergebers. Der hiernach mögliche **teilw. entgeltliche Erwerb** (bzw. die entspr. Veräußerung) – Beispiel: Ein Miterbe erwirbt ein WG des PV aufgrund Erbrechts und leistet zusätzlich Ausgleichszahlungen an Miterben – ist aufzuteilen in einen unentgeltlichen und einen entgeltlichen Teil nach dem Verhältnis des Verkehrswertes zur Gegenleistung (sog. Trennungstheorie).[18] Dies gilt unabhängig v. der Herkunft des Zuzahlungsbetrages. Die teilentgeltliche Übertragung kann beim Übergeber ein Veräußerungsgeschäft iSd. § 23 sein.[19] Die Entstehung und Tilgung eines Vermächtnisanspr, Pflichtteilsanspr, Erbersatzanspr nach § 1934a BGB oder einer Forderung auf Ausgleich des Zugewinns führen beim Verpflichteten nicht zu AK.[20]

---

1 BFH v. 25.8.1987 – IX R 65/86, BStBl. II 1988, 248 = FR 1988, 311 verneint bei Devisentermingeschäften.
2 FG RhPf. v. 2.9.2004 – 4 K 1144/03, DStRE 2005, 156.
3 BFH v. 7.8.1970 – VI R 166/67, BStBl. II 1970, 806; v. 23.1.1992 – IV R 95/90, BStBl. II 1992, 553.
4 BFH v. 29.3.1995 – X R 3/92, BFHE 177, 418 = FR 1995, 618 mwN.
5 BFH v. 14.12.2004 – VIII R 5/02, BStBl. II 2005, 739 = FR 2005, 1157 (zu vorgetäuschten Geschäften auf dem Kapitalmarkt); v. 10.1.2008 – IX B 106/07, BFH/NV 2008, 785.
6 BFH v. 19.4.1977 – VIII R 23/75, BStBl. II 1977, 712 zum Erwerb gem. § 72 GmbHG, sofern kein schuldrechtl. Vertrag vorausgegangen ist.
7 BFH v. 15.12.1993 – X R 49/91, FR 1994, 225 = BStBl. II 1994, 687; v. 29.3.1995 – X R 3/92, BFHE 177, 418 = FR 1995, 618: Surrogationsgedanke, auch zur Zuteilung gegen eine Zuzahlung.
8 BMF v. 11.1.1993, BStBl. I 1993, 18; FG Berlin-Bdbg. v. 14.10.2008 – 6 K 3331/03 B, EFG 2009, 201.
9 BFH v. 18.12.2015 – IX B 101/15, BFH/NV 2016, 400 (AK iHd. Bargebots).
10 FG Düss. v. 30.9.2010 – 8 K 2608/09, E, F, EFG 2011, 440.
11 BFH v. 13.12.2005 – IX R 14/03, BStBl. II 2006, 513 = FR 2006, 547; v. 11.12.2008 – IX B 123/08, BFH/NV 2009, 571.
12 BFH v. 13.4.2010 – IX R 36/09, BStBl. II 2010, 792.
13 FG Hess. v. 19.5.2008 – 5 K 477/06, EFG 2009, 109; s. auch FG Münster v. 23.6.2009 – 13 K 2760/05 E, EFG 2009, 1941.
14 BFH v. 29.6.2011 – IX R 63/10, BStBl. II 2011, 873 = FR 2012, 87 zum Fall der Teilentgeltlichkeit wegen nicht wertausgleichender Gegenleistung.
15 BFH v. 5.7.1990 – GrS 2/89, BStBl. II 1990, 837 = FR 1990, 635; v. 20.4.2004 – IX R 5/02, BStBl. II 2004, 987 = FR 2004, 901; FG BaWü. v. 26.3.2008 – 2 K 173/05, EFG 2008, 1377; *Korn/Strahl*, NWB Fach 3, 11615 ff.
16 Ausf. OFD Ffm. 5.2.2001, FR 2001, 322 = StEK EStG § 23 Nr. 44; zu Strategien der Vermeidung (Privileg der selbstgenutzten Wohnung, Übertragung mit Anrechnungsbestimmung gem. § 1380 Abs. 1 BGB; Stundung der Zugewinnausgleichsforderung) *Herrmanns*, DStR 2002, 1108; *Feuersänger*, FamRZ 2003, 645.
17 Ausf. *Brandenberg*, NWB Fach 3, 12542.
18 BFH v. 22.9.1987 – IX R 15/84, BStBl. II 1988, 250 = FR 1988, 312 auch zur Berechnung des Spekulationsgewinns.
19 BMF v. 11.1.1993, BStBl. I 1993, 62 Tz. 28 ff.; zur Ermittlung des Veräußerungsgewinns bei einem teilw. entgeltlich oder im Wege der Erbauseinandersetzung erworbenen Grundstück BMF v. 5.10.2000, BStBl. I 2000, 1383 Tz. 30 f.; FG BaWü. v. 26.3.2008 – 2 K 173/05, EFG 2008, 1377; FG Hbg. v. 30.3.2009 – 6 K 74/08, EFG 2009, 1382; weitere Rechenbeispiele bei *Risthaus*, DB 1999, 1032 (1033, 1035); ausf. mit instruktiven Beispielen und Gestaltungsüberlegungen *Tiedtke/Wälzholz*, ZEV 2000, 293; *Korn/Strahl*, NWB Fach 3, 11612 ff.
20 BFH v. 17.10.1991 – IV R 97/89, BStBl. II 1992, 392 = FR 1992, 160; BMF v. 11.1.1993, BStBl. I 1993, 62 Tz. 37, 67 ff.

Als Anschaffung gilt nach **Abs. 1 S. 2** auch die eindeutige,[1] nach dem 1.1.1999[2] verwirklichte **Entnahme aus einem BV**, auch bei einer **BetrAufg.** Das G zielt auf die bis zur Einfügung dieser Vorschrift gegebene Möglichkeit, einen Entnahmewert anzusetzen, der sich bei einer späteren stfreien Veräußerung aus dem PV als zu niedrig erweist; das G will einer sachtypischen Beweisnot des FA begegnen. Entspr. gilt, wenn der StPfl. den **Antrag nach § 21 Abs. 2 S. 1 Nr. 1 UmwStG aF** (sog. Entstrickungsantrag) gestellt hat. AK des privaten Veräußerungsgeschäfts sind – so die gesetzliche Klarstellung[3] per 1.1.2000 – der tatsächlich angesetzte Wert. S. zur Bewertung bei Anschaffung durch Entnahme iRd. § 17 dort Rn. 103. Zur Ermittlung des Veräußerungsgewinns s. BMF v. 5.10.2000, BStBl. I 2000, 1383 Rn. 35 ff. Wurde das WG nach privater Anschaffung in das BV eingelegt, bevor es entnommen wurde (Fall der unternehmerischen Zwischennutzung), löst Abs. 1 S. 2 eine **Konkurrenz zweier Verstrickungszeiträume** aus; solange der erste Verstrickungszeitraum läuft, ist dieser maßgeblich, um die Besteuerung der stillen Reserven zwischen Anschaffung und Einlage sicherzustellen.[4] 12

Anschaffung durch den Rechtsvorgänger: Die vom Erblasser getätigte Anschaffung (auch: Entnahme) wirkt auch gegen den Erben;[5] dies gilt generell für die **Gesamtrechtsnachfolge**. Dem wird nunmehr – die frühere Rspr.[6] ist gegenstandslos – für Veräußerungen ab 1999 durch **Abs. 1 S. 3** die **unentgeltliche Einzelrechtsnachfolge** zB durch Schenkung oder Vermächtnis gleichgestellt.[7] Bei einer mittelbaren Schenkung[8] ist jedenfalls die Anschaffung (und gleichgestellte Vorgänge) durch den Schenker nach Abs. 1 S. 3 zurechenbar. Zur Einbeziehung eines zw. Anschaffung oder unentgeltlichem/teilentgeltlichem Erwerb und Veräußerung des Grundstücks errichteten Gebäudes s. BMF v. 5.10.2000, BStBl. I 2000, 1383 Rn. 10 f.; zur Nutzung zu eigenen Wohnzwecken durch den Rechtsvorgänger s. Rn. 6. 13

Veräußerung ist die grds. willentliche (s. Rn. 11 zur Anschaffung)[9] entgeltliche Übertragung des – auch wirtschaftlichen[10] – Eigentums an einem grds. zuvor (s. allerdings zu Leerverkäufen Rn. 9) angeschafften WG auf einen Dritten bei Maßgeblichkeit des – grds. wirksamen[11] – Verpflichtungsgeschäfts,[12] unter besonderen Umständen auch der Abgabe eines bindenden Angebots.[13] Die Berechtigung zum Rücktritt bei Nichtzahlung von Kaufpreisraten hindert die Veräußerung im Zeitpunkt des Abschlusses des Verpflichtungsgeschäfts nicht.[14] Veräußerung ist im Fall eines angeschafften Lieferanspr. auch dessen Abtretung,[15] ebenso die Einbringung v. WG gegen Gewährung v. Gesellschaftsrechten in eine PersGes. oder KapGes.[16] oder auch die Übertragung eines Anteils an einem geschlossenen Immobilienfonds an einen Dritten.[17] Nach hM steht die Einziehung einer Forderung, die zuvor von einem Dritten unter Nennwert entgeltlich erworben wurde (Realisierung einer Gewinnmöglichkeit), der Veräußerung gleich.[18] Anderes gilt für die 14

---

1 Zur Entnahmehandlung BFH v. 21.8.1996 – X R 78/93, BFH/NV 1997, 226; R 4.3 Abs. 3 EStR; § 4 Rn. 86 ff.
2 BFH v. 18.10.2006 – IX R 5/06, BStBl. II 2007, 179 = FR 2007, 256; v. 18.10.2006 – IX R 27/06, BFH/NV 2007, 227; v. 18.10.2006 – IX R 32/06, BFH/NV 2007, 228; BMF v. 7.2.2007, BStBl. I 2007, 262; FG Düss. v. 19.12.2001 – 9 K 7766/00 E, EFG 2002, 464; FG Köln v. 30.3.2006 – 10 K 4387/05, EFG 2006, 966 mit Anm. *Wüllenkemper*, EFG 2006, 967; *Kupfer*, KÖSDI 2000, 12276 f.; **aA** *Risthaus*, DB 1999, 1032.
3 BT-Drucks. 14/2070, 19.
4 BFH v. 23.8.2011 – IX R 66/10, FR 2012, 279 m. Anm. *Bode* = BStBl. II 2013, 1002.
5 BFH v. 21.3.1969 – VI R 208/67, BStBl. II 1969, 520; v. 12.7.1988 – IX R 149/83, BStBl. II 1988, 942 = FR 1988, 610; zweifelnd – nach Aufgabe der „Fußstapfentheorie" durch BFH v. 7.12.1993 – VIII R 160/86, BStBl. II 1994, 331 = FR 1994, 266 für den Gewerbeverlust – *Kupfer*, KÖSDI 2000, 12276.
6 BFH v. 12.7.1988 – IX R 149/83, BStBl. II 1988, 942 = FR 1988, 610 mit Vorbehalt des § 42 AO.
7 Zur Aufteilung bei gemischter Schenkung FG Hbg. v. 30.3.2009 – 6 K 74/08, EFG 2009, 1382; zur vorweggenommenen Erbfolge mit Wohnrecht für den Übergeber FG Berlin-Bdbg. v. 15.2.2018 – 4 K 4295/16, EFG 2018, 834 (Rev. IX R 8/18).
8 Vgl. BFH v. 29.7.1998 – X R 54/95, BFHE 186, 400 = FR 1998, 1088 = DB 1998, 2347.
9 S. allerdings FG Münster v. 3.12.2015 – 6 K 4130/12 E, EFG 2016, 486 (Fall der Verstaatlichung).
10 FG München v. 8.2.2011 – 13 K 2769/10, EFG 2011, 1034 zum Übergang des wirtschaftlichen Eigentums durch Bestellung eines Erbbaurechts.
11 S. aber zur Anwendung des § 41 AO BFH v. 15.12.1993 – X R 49/91, FR 1994, 225 = BStBl. II 1994, 687.
12 BFH v. 8.12.1981 – VIII R 125/79, BStBl. II 1982, 618 = FR 1982, 360; v. 8.4.2014 – IX R 18/13, BFH/NV 2014, 1612 (zu § 154 Abs. 2 BGB).
13 BFH v. 19.10.1971 – VIII R 84/71, BStBl. II 1972, 452; demgegenüber FG Köln v. 26.10.2005 – 7 K 3331/02, EFG 2006, 499.
14 BFH v. 6.12.2016 – IX R 18/16, BStBl. II 2017, 676.
15 FG Düss. v. 30.9.2010 – 8 K 2608/09, E, F, EFG 2011, 440.
16 Vgl. BFH v. 21.10.1976 – IV R 210/72, BStBl. II 1977, 145; v. 27.3.1996 – I R 89/95, BStBl. II 1997, 224 = FR 1997, 234; BMF v. 29.3.2000, BStBl. I 2000, 462.
17 BFH v. 31.1.2017 – IX R 26/16, BStBl. II 2018, 341.
18 BFH v. 13.12.1961 – VI 133/60 U, BStBl. III 1962, 127; FG MV v. 14.3.2018 – 3 K 407/16, EFG 2018, 1187 (Rev. IX R 12/18); offengelassen in BFH v. 30.11.2010 – VIII R 58/07, BStBl. II 2011, 491 = FR 2011, 778; v. 11.10.2012 – IV

schlichte Einlösung einer Inhaberschuldverschreibung.[1] Auf die Motive für die Veräußerung (Krankheit, sonstige Zwangslage, Zwangsversteigerung, Enteignung gegen Entschädigung) kommt es grds. nicht an;[2] anders aber, wenn unter Zwang – zB bei unmittelbar drohender Enteignung – alsbald ein Ersatz-WG angeschafft wird[3] (dessen Veräußerung steuerbar sein kann). Vgl. zum Verkauf und Wiederkauf v. Aktien innerhalb eines sehr kurzen Zeitraums nach alter Rechtslage 8. Aufl. Rn. 16.[4] Im Umlegungsverfahren gilt grds. der Surrogationsgedanke.[5] Keine Veräußerung sind der Verlust oder die Zerstörung eines WG, die Kündigung, die Rückabwicklung eines Kaufvertrags[6] oder auch der Beteiligung an einem geschlossenen Immobilienfonds,[7] die Auseinandersetzung einer stillen Ges.[8] oder Vorgänge der Gesamtrechtsnachfolge.[9] Auch die Ausschlagung einer Erbschaft gegen Abfindung und der Erbschaftskauf können Veräußerungsgeschäfte iSd. § 23 sein.[10]

15 **Abs. 1 S. 5 Nr. 1** fingiert die – offene oder verdeckte – **Einlage** (§ 15 Rn. 380 ff.) **v. Grundstücken und ähnlichen WG** (Verweisung auf Abs. 1 S. 1 Nr. 1) **als Veräußerung**, wenn diese **„in das BV" eingelegt** worden sind **und** innerhalb v. zehn Jahren nach Anschaffung **„aus dem BV" veräußert** werden. Die Regelung will verhindern, dass die Besteuerung der zw. Anschaffung und Einlage im PV entstandenen Wertsteigerung dadurch umgangen wird, dass die genannten WG vor der Veräußerung mit einem hohen Wert in das BV eingelegt werden und die Veräußerung aus dem BV zu einem entspr. geringen Gewinn führt. Gebäude sind nach Maßgabe des Abs. 1 S. 1 Nr. 1 S. 2 einzubeziehen. Die spätere Überführung in das PV durch Entnahme, auch eine solche im Rahmen einer BetrAufg. (§ 16 Abs. 3 S. 5), und eine sonstige Entstrickung erfüllen mangels Rechtsträgerwechsels nicht den gesetzlichen Tatbestand,[11] wohl aber der Verkauf bei einer Betriebsveräußerung oder -aufgabe. Vgl. zum Rechtsbegriff „Veräußerung aus dem BV" sowie zu Übertragungsvorgängen zw. Gesellschaftsvermögen und Vermögen eines G'ters die im BMF-Schr. v. 5.10.2000, BStBl. I 2000, 1383 Tz. 4 aufgelisteten, hinsichtlich ihrer Beurteilung im Einzelnen streitigen[12] Sachverhalte. Eine Entnahme liegt aber idR nicht vor, wenn das WG zeitnah vor der Veräußerung nur formell ausgebucht wird; ggf. ist § 42 AO anwendbar. Die Formulierung „aus dem BV" (es heißt nicht: „aus dem Betrieb") setzt (nur) die personelle Identität des Inhabers – ggf. des Rechtsnachfolgers – sowie des aufnehmenden und des abgebenden BV, auch des Sonder-BV, nicht aber die Identität des Betriebs iS einer organisatorisch selbständigen Wirtschaftseinheit voraus. § 6 Abs. 5 S. 1 und 2, der mehrere (Sonder-)BV desselben StPfl. voraussetzt, geht in seinem Regelungsbereich v. anderen Vorstellungen aus; auch ist die (ab 1.1.2001) in § 6 Abs. 5 S. 3 ff. angeordnete, auf entstrickungsrechtl. Verschonung angelegte Wiederbelebung des MU-Erlasses (§ 15 Rn. 375 ff.) hier ohne Belang. Insofern liegt § 23 Abs. 1 S. 5 ein „finaler" (besser: zweckorientierter) Begriff des BV zugrunde; vgl. § 4 Rn. 32 ff. § 23 Abs. 1 S. 5 ist nicht anwendbar bei der Betriebseröffnung. Ein privates Veräußerungsgeschäft liegt – wiederum vorbehaltlich des § 42 AO – nicht vor, wenn das in das BV eingelegte WG unter Anwendung des UmwStG in eine KapGes. übertragen wird, deren Anteile dann veräußert werden. Ist der Tatbestand erfüllt, gilt als Veräußerungspreis „der für den Zeitpunkt der Einlage nach § 6 Abs. 1 Nr. 5 angesetzte Wert" (§ 23 Abs. 3 S. 2).[13] Entspr. gilt für den Fall der Überführung des WG in das PV anlässlich einer BetrAufg. (§ 23 Abs. 3 S. 3 iVm. § 16 Abs. 3 S. 5). Die Steuer entsteht zu dem in § 23 Abs. 3 S. 6 genannten Zeitpunkt. Die Übertragung eines Grund-

---

R 32/10, BStBl. II 2013, 538 = FR 2013, 418 m. Anm. *Kanzler* und v. 6.2.2018 – IX R 33/17, BStBl. II 2018, 525; **aA** FG Hess. v. 1.10.2014 – 10 K 2040/13, EFG 2015, 128; *H/H/R*, § 23 Rn. 141; zur Diskontierung v. Wechseln s. aber § 20 Rn. 109. Für die Verwertung einer Grundschuld im Wege der Zwangsvollstreckung hat der BFH die Tatbestandsmäßigkeit offengelassen, BFH v. 11.4.2012 – VIII R 28/09, BStBl. II 2012, 496 = FR 2012, 926.

1 BFH v. 8.11.2017 – IX R 25/15, BStBl. II 2018, 518 (Erfüllung des Sachleistungsanspr.).

2 FG Nds. v. 28.9.2000 – 10 K 266/96, EFG 2001, 750.

3 BFH v. 16.1.1973 – VIII R 96/70, BStBl. II 1973, 445; v. 15.1.1974 – VIII R 63/68, BStBl. II 1974, 606; vgl. FG Hess. v. 19.5.2008 – 5 K 477/06, EFG 2009, 109; *Schmidt*[37], § 23 Rn. 57.

4 Auch BFH v. 25.8.2009 – IX R 60/07, BStBl. II 2009, 999 = FR 2010, 183; *Schmitt/Hagen/Lenz*, DStR 2010, 735.

5 BFH v. 15.12.1993 – X R 49/91, FR 1994, 225 = BStBl. II 1994, 687; v. 29.3.1995 – X R 3/92, BFHE 177, 418 = FR 1995, 618, dort auch zur Mehrzuteilung.

6 BFH v. 27.6.2006 – IX R 47/04, BStBl. II 2007, 162 = FR 2006, 1126.

7 BGH v. 20.8.2015 – III ZR 57/14, NJW-RR 2016, 115.

8 BFH v. 18.10.2006 – IX R 7/04, BStBl. II 2007, 258 = FR 2007, 301.

9 BMF v. 25.10.2004, BStBl. I 2004, 1034 Tz. 27 ff.; zu den Besonderheiten bei Verschmelzung FG RhPf. v. 24.8.2004 – 2 K 1633/02, EFG 2004, 1840.

10 BFH v. 20.4.2004 – IX R 5/02, BStBl. II 2004, 987 = FR 2004, 901; *Tiedtke/Wälzholz*, BB 2001, 234, mit Diskussion steuergünstigerer Alt.; s. ferner *Zimmermann*, ZEV 2001, 5; *Geck*, ZEV 2001, 234; *Heiliger*, ZEV 2001, 432; *Tiedtke*, ZEV 2002, 183.

11 BMF v. 5.10.2000, BStBl. I 2000, 1383 Tz. 5; BFH v. 23.8.2011 – IX R 66/10, FR 2012, 279 m. Anm. *Bode* = BStBl. II 2013, 1002 (Fall der unternehmerischen Zwischennutzung).

12 *Risthaus*, DB 2000, Beil. Nr. 13, 3 f.; *Blümich*, § 23 Rn. 139 f.

13 S. im Einzelnen BMF v. 5.10.2000, BStBl. I 2000, 1383 Tz. 33 f.

stücks aus dem PV in das betriebliche Gesamthandsvermögen einer PersGes. oder auf eine KapGes. gegen Gewährung v. Gesellschaftsrechten (§ 15 Rn. 384) ist nach § 23 Abs. 1 S. 1 Nr. 1 steuerbar. Entspr. gilt bei der Übertragung eines Grundstücks in das Vermögen einer Gemeinschaft mit BV oder aus dem betrieblichen Vermögen einer Gemeinschaft in das Vermögen eines Mitglieds.[1]

16 **Gesellschaftsrechtl. Vorgänge** (Übernahme v. Stamm- und Grundkapital, Kapitalerhöhung usw.) können ebenfalls relevant sein.[2] Die **Einbringung eines WG** in eine gewerblich tätige oder geprägte **PersGes.** (nicht in das Sonder-BV) gegen Gewährung v. Gesellschaftsrechten – nicht so bei Einlagen ohne Gewährung v. Gesellschaftsrechten und sonstigen Gegenleistungen[3] – ist ein tauschähnlicher Vorgang[4] und – wie der Tausch – ein Veräußerungsvorgang iSd. Abs. 1[5] mit der Folge, dass zB die Einbringung eines Grundstücks durch offene Sacheinlage in das betriebliche Gesamthandsvermögen einer PersGes. innerhalb v. zehn Jahren seit der Anschaffung im PV zu einem privaten Veräußerungsgeschäft führt. Die Übertragung auf eine vermögensverwaltende PersGes. oder Gemeinschaft gegen Entgelt oder gegen Gewährung v. Gesellschaftsrechten soll (s. aber § 21 Rn. 28 ff.) insoweit keine Veräußerung sein, als der bisherige Eigentümer nach der Übertragung am Vermögen der Ges. oder Gemeinschaft beteiligt ist (sog. Bruchteilsbetrachtung).[6] Ein tauschähnlicher Vorgang ist auch die „Ausbringung" eines Einzel-WG des BV aus der PersGes. gegen Minderung v. Gesellschaftsrechten.[7] Nach dem 31.12.1999 wird auch die **verdeckte Einlage in eine KapGes.**[8] einer Veräußerung iSd. § 23 gleichgestellt unter Ansatz des gemeinen Werts des eingebrachten WG (**Abs. 1 S. 5 Nr. 2**).[9] Abs. 3 S. 6 regelt den Zeitpunkt der Besteuerung in diesen Fällen. Erfolgt die Einlage in das betriebliche Gesamthandsvermögen im Wege einer nach dem 31.12.1999 bewirkten verdeckten Einlage, liegt ein privates Veräußerungsgeschäft iSd. Abs. 1 S. 1 Nr. 1 vor, wenn das eingelegte WG innerhalb eines Zeitraums v. zehn Jahren seit der Anschaffung im PV aus dem BV veräußert wird.[10]

17 Für die **Berechnung der gesetzlichen Veräußerungsfristen** (§ 108 AO, §§ 187 Abs. 1, 188 Abs. 2, 3 BGB) maßgebend sind die schuldrechtl. Rechtsgeschäfte[11] bzw. die Abgabe des Meistgebots,[12] die Ausübung (grds. nicht bereits die Einräumung[13]) des Vor- oder Wiederkaufsrechts,[14] auch die Ausübung einer Option,[15] ein beidseitig bindender Vorvertrag zum Abschluss eines inhaltlich bestimmbaren Hauptvertrages,[16] nur in besonderen Ausnahmefällen – ua. bei Verschaffung des wirtschaftlichen Eigentums (§ 39 Abs. 2 Nr. 1 AO) – ein bindendes Angebot[17] oder der dingliche Vollzug vor Abschluss des obligatorischen Geschäfts.[18] Der dingliche Vollzug muss (nicht notwendigerweise innerhalb der „Spekulationsfrist") nachfolgen.[19] Bei aufschiebend bedingtem Verkauf kommt es auf den Zeitpunkt der Abgabe der bindenden Erklärungen an, nicht den Zeitpunkt des Eintritts der Bedingung.[20] Eine erforderliche Genehmigung wirkt dagegen nicht auf den Zeitpunkt des schuldrechtl. Geschäfts zurück,[21] sofern nicht bereits eine beidseitig

---

1 BMF v. 5.10.2000, BStBl. I 2000, 1383 Tz. 6.
2 Ausf. BMF v. 25.10.2004, BStBl. I 2004, 1034; v. 20.12.2005, BStBl. I 2006, 8.
3 BMF v. 5.10.2000, BStBl. I 2000, 1383 Tz. 2; zum Gesellschaftsrecht und zur Buchung *Korn/Strahl*, NWB Fach 3, 11618 f.
4 BFH v. 19.10.1998 – VIII R 69/95, BStBl. II 2000, 230 = FR 1999, 300; FG Münster v. 9.3.2005 – 1 K 5682/02 E, EFG 2005, 1198; BMF v. 29.3.2000, BStBl. I 2000, 462; v. 5.10.2000, BStBl. I 2000, 1383 Rn. 6; *Brandenberg*, JbFfStR 2000/01, 269.
5 BMF v. 29.3.2000, BStBl. I 2000, 462; FG Münster v. 9.3.2005 – 1 K 5682/02 E, EFG 2005, 1198.
6 BMF v. 5.10.2000, BStBl. I 2000, 1383 Tz. 3 mit Beispielen; *Risthaus*, DB 2000, Beil. Nr. 13, 5 f.; zu Recht krit. *Korn/Strahl*, NWB Fach 3, 11620 ff., auch zur Einbringung v. belasteten Grundstücken; *Korn*, KÖSDI 2001, 12802.
7 *Brandenberg*, JbFfStR 2000/01, 269.
8 Zum Begriff BFH v. 21.9.1989 – IV R 115/88, BStBl. II 1990, 86 = FR 1990, 150; R 40 KStR; § 17 Rn. 47.
9 BMF v. 5.10.2000, BStBl. I 2000, 1383 Tz. 2.
10 BMF v. 29.3.2000, BStBl. I 2000, 462 unter II.1. c.
11 BFH v. 26.8.1975 – VIII R 61/72, BStBl. II 1976, 64; v. 17.12.1997 – X R 88/95, BStBl. II 1998, 343 = FR 1998, 480; v. 4.6.2003 – X R 49/01, BStBl. II 2003, 751 (752) = FR 2003, 1026; v. 18.9.2006 – IX B 154/05, BFH/NV 2007, 31 auch bei notarieller Veräußerung eines GmbH-Anteils; zum Anschaffungs- und Veräußerungszeitpunkt bei Wertpapieren nach alter Rechtslage BMF v. 25.10.2004, BStBl. I 2004, 1034 Tz. 1 ff.
12 BFH v. 15.12.1993 – X R 49/91, FR 1994, 225 = BStBl. II 1994, 687 mwN.
13 BFH v. 19.10.1971 – VIII R 84/71, BStBl. II 1972, 452; v. 8.4.2003 – IX R 1/01, BFH/NV 2003, 1171.
14 BFH v. 2.2.1982 – VIII R 3/79, BStBl. II 1982, 459 = FR 1982, 386.
15 BFH v. 20.6.2001 – VI R 105/99, BStBl. II 2001, 689 = FR 2001, 901 m. Anm. *Kessler/Strnad*.
16 BFH v. 7.8.1970 – VI R 166/67, BStBl. II 1970, 806; v. 13.12.1983 – VIII R 16/83, BStBl. II 1984, 311 = FR 1984, 343 Vorvertrag.
17 BFH v. 7.8.1970 – VI R 166/67, BStBl. II 1970, 806; v. 23.1.1992 – IV R 95/90, BStBl. II 1992, 553 mwN.
18 BFH v. 19.10.1971 – VIII R 84/71, BStBl. II 1972, 452; v. 13.12.1983 – VIII R 16/83, BStBl. II 1984, 311 = FR 1984, 343.
19 BFH v. 20.1.1987 – IX R 147/83, BFH/NV 1987, 428.
20 BFH v. 10.2.2015 – IX R 23/13, BStBl. II 2015, 487 = FR 2015, 658.
21 BFH v. 2.10.2001 – IX R 45/99, BStBl. II 2002, 10 = FR 2002, 346 für den Fall eines Vertragsschlusses unter Vertretung durch einen vollmachtlosen Vertreter; v. 18.9.2006 – IX B 154/05, BFH/NV 2007, 31.

schuldrechtl. Bindung zur Durchführung des Vertrages entstanden war; Letzteres ist zu verneinen beim Erfordernis einer vormundschafts-, nachlass- oder familiengerichtlichen Genehmigung.[1] Das Rechtsgeschäft muss grds. zivilrechtl. wirksam sein; § 41 Abs. 1 AO kann anwendbar sein.[2] Rückgewähr aufgrund v. Wandlung ist keine Veräußerung;[3] eine zwischenzeitliche nur formale Rückgängigmachung ist unbeachtlich.[4] Die Erfordernisse der Genehmigung – etwa nach § 19 BauGB – berühren nicht die Wirksamkeit des Verpflichtungsgeschäfts.[5] Eine bewusste Überschreitung der gesetzlichen Veräußerungsfristen ist keine Steuerumgehung (§ 42 AO).

D. Ermittlung des Veräußerungsgewinns (Abs. 3 S. 1–4 und 6)

18 „Gewinn oder Verlust" ist die im Zeitpunkt des Entgeltzuflusses zu ermittelnde Differenz zw. dem – auf das WG entfallenden[6] – **Veräußerungspreis**, mithin allen Gütern, die der Veräußerer nach der Vereinbarung mit dem Erwerber als Entgelt für die Übereignung des WG erhält,[7] und den **AK** (einschl. Erwerbsnebenkosten wie solche für Beurkundung, Grundbuch, Makler, Besichtigung des erworbenen Grundstücks; auch das Ausgabeaufgeld bei Erwerb einer stillen Beteiligung;[8] auch vGA; auch nachträgliche AK) oder **HK** (auch HK insbes. für das nach § 23 Abs. 1 S. 1 Nr. 1 S. 2 ab 1.1.1999 „einzubeziehende" Gebäude; zur AfA Rn. 20), die mit denjenigen in § 6 Abs. 1 Nr. 1, 2 identisch sind, und den **WK** (Rn. 19) für das veräußerte WG (**§ 23 Abs. 3 S. 1**). Die HK iSd. Abs. 3 S. 1 werden nachträglich auf das erworbene WG aufgewendet (Beispiele: Ausbau eines Rohbaus, wegen der Einbeziehung nach Abs. 1 S. 1 Nr. 1 S. 2 auch ein Neubau); die eigene Arbeitsleistung gehört nicht hierzu.[9] Nach BFH sind Erbbauzinsen keine AK für den Erwerb des Erbbaurechts, sondern Entgelt für die Nutzung des erbbaurechtsbelasteten Grundstücks.[10] Eine Ermäßigung infolge Entgeltminderung vermindert den Gewinn. Zuschüsse zu den AK/HK v. dritter Seite, die keine Mieterzuschüsse iSd. R 21.5 Abs. 3 EStR sind, mindern die AK/HK; s. aber § 8 InvZulG 2005; § 16 EigZulG. Zu den Anschaffungsnebenkosten und Veräußerungskosten gehören Provisionen, Maklergebühren, Spesen.[11] Zur Gewinnermittlung in den Fällen des Abs. 1 S. 2 s. Abs. 3 S. 3; bei unternehmerischer Zwischennutzung ist der Gewinn um den im Betriebsvermögen zu erfassenden Gewinn (als Unterschied zwischen Einlage- und Entnahmewert) zu korrigieren.[12] Auch in den Fällen des Abs. 1 S. 4 ist die Gewinnermittlung wirtschaftsgutbezogen vorzunehmen.[13]

19 **WK** iSd. §§ 9 Abs. 1 S. 1, 23 Abs. 3 S. 1 (kein gesetzlicher PB) sind neben den Finanzierungsaufwendungen grds. alle durch den Anschaffungs-[14] oder Veräußerungsvorgang iSd. § 23 veranlassten Aufwendungen, die nicht zu den (nachträglichen) AK oder HK des angeschafften WG gehören[15] und auch nicht im Rahmen einer stl. relevanten „Zwischennutzung" BA oder WK bei den Einkünften aus VuV[16] oder wegen privater Nutzung nach § 12 nicht abziehbar sind. WK sind insbes. die durch die Veräußerung des (zuvor an-

1 Zutr. diff. *Tiedtke/Wälzholz*, Stbg. 2002, 209, auch zur mündlich erteilten Vollmacht sowie zu Genehmigungen nach §§ 19, 51, 144, 145 BauGB, nach dem GrStVG, der GVO, § 2 PrklG, § 5 ErbbauVO, § 12 WEG, §§ 15, 17 GmbHG; s. ferner *Götz*, FR 2001, 288.
2 BFH v. 15.12.1993 – X R 49/91, FR 1994, 225 = BStBl. II 1994, 687 Anschein eines vollständig beurkundeten Vertrags.
3 BFH v. 14.12.1982 – VIII R 54/81, BStBl. II 1983, 315 = FR 1983, 229.
4 BFH v. 15.12.1993 – X R 49/91, FR 1994, 225 = BStBl. II 1994, 687.
5 Vgl. BFH v. 15.10.1997 – II R 68/95, BStBl. II 1997, 820 zur ErbSt; allg. BFH v. 23.4.1992 – IV R 46/91, BStBl. II 1992, 1024 = FR 1992, 679 m. Anm. *Söffing* = FR 1992, 805 m. Anm. *Tiedtke* zur Genehmigung durch gesetzliche Vertreter und Ergänzungspfleger.
6 BFH v. 27.6.1995 – IX R 130/90, BStBl. II 1996, 215 = FR 1996, 215 betr. Aufteilung eines Gesamtkaufpreises; auch BFH v. 6.9.2016 – IX R 44/14, BStBl. II 2018, 323; v. 6.9.2016 – IX R 45/14, BStBl. II 2018, 329 und v. 6.9.2016 – IX R 27/15, BStBl. II 2018, 335 betr. weitere Leistungen des Veräußerers; v. 15.2.2005 – IX R 51/03, BFH/NV 2005, 1262 zur Erstattung v. Finanzierungsaufwendungen.
7 BFH v. 15.12.1993 – X R 49/91, FR 1994, 225 = BStBl. II 1994, 687 auch zur nachträglichen Erhöhung des Entgelts; ein vorbehaltener Nießbrauch mindert von vornherein das übertragene Vermögen und ist keine Gegenleistung des Erwerbers, BFH v. 22.5.2013 – IX B 187/12, BFH/NV 2013, 1405; zur Einziehung einer Forderung FG Nds. v. 29.4.2009 – 9 K 242/06, EFG 2009, 1379.
8 BFH v. 23.2.2000 – VIII R 40/98, BStBl. II 2001, 24 = FR 2001, 36: Aufwendungen auf die Kapitaleinlage sind v. § 9 nicht erfasste Aufwendungen auf das Vermögen.
9 BFH v. 31.8.1994 – X R 66/92, BFH/NV 1995, 391 mwN: Rechtsfolge nicht unbillig.
10 BFH v. 8.11.2017 – IX R 25/15, BStBl. II 2018, 518; *H/H/R*, § 23 Rn. 85.
11 BFH v. 27.6.1989 – VIII R 30/88, BStBl. II 1989, 934 = FR 1989, 685.
12 BFH v. 23.8.2011 – IX R 66/10, FR 2012, 279 m. Anm. *Bode* = BStBl. II 2013, 1002.
13 BFH v. 11.7.2017 – IX R 27/16, juris.
14 *Blümich*, § 23 Rn. 193 ff. mwN; **aA** *Schmidt*[37], § 23 Rn. 82.
15 BFH v. 17.7.1991 – X R 6/91, BStBl. II 1991, 916; v. 12.12.1996 – X R 65/95, BStBl. II 1997, 603; allg. *Schulze zur Wiesche*, FR 1982, 446; *Warnke*, DStR 1998, 1073.
16 Vgl. BMF v. 5.10.2000, BStBl. I 2000, 1383 Tz. 29.

geschafften) WG veranlassten Aufwendungen, Erhaltungsaufwendungen bei Grundstücken, soweit sie allein oder ganz überwiegend durch die Veräußerung des Objekts veranlasst sind,[1] die bei fremdfinanzierter Anschaffung des WG angefallenen **Schuldzinsen**[2] innerhalb der Spekulationsfrist[3] und – ggf. zeitanteilig[4] – Vorfälligkeitsentschädigungen,[5] soweit sie nicht einer anderen Einkunftsart zuzuordnen sind[6] oder die Aufwendung wie bei einer Eigennutzung privat veranlasst ist (§ 12).[7] Nach dieser Maßgabe sind WK auch **Veräußerungs(neben)kosten** (für Makler,[8] Notar usw.), Verwalterhonorar,[9] ferner Aufwendungen nach Vermietung und vor Veräußerung.[10] Wird ein unbebautes Grundstück innerhalb der steuerbegründenden Frist unter Aufgabe der Bebauungsabsicht wieder veräußert, können die **Planungsaufwendungen** (Baugenehmigungsgebühren, Architektenhonorare) als (vergebliche, § 9 Rn. 25) WK bei den Einkünften aus VuV oder (bei v. Anfang an bestehender Veräußerungsabsicht) aus § 23 abziehbar sein; haben sie sich erhöhend auf den Veräußerungspreis ausgewirkt, können sie nach Auffassung des BFH vom Veräußerungspreis abgezogen werden;[11] diese Einschränkung ist mit dem WK-Begriff nicht vereinbar. Ein Ansatz von WK iRv. § 23 verbietet sich, wenn es – aus welchen Gründen auch immer – nicht zur Veräußerung kommt.[12] Zur Zuordnung v. Kosten bei berufsbedingtem Umzug s. § 12 Rn. 8.[13]

Die **AK/HK mindern sich** nach **§ 23 Abs. 3 S. 4** bei nach dem 31.7.1995 angeschafften oder in das PV überführten WG um **AfA**, erhöhte Absetzungen, Sonderabschreibungen (§ 7a Abs. 1, 4) in dem Umfang, in dem sie tatsächlich bei der Ermittlung v. Einkünften iSd. § 2 Abs. 1 S. 1 Nr. 4 bis 7[14] (insbes. aus VuV) abgezogen worden sind;[15] keine Minderung dagegen um Erhaltungsaufwand, auch soweit er zB nach § 82b EStDV auf mehrere Jahre verteilt worden ist, um „wie SA" abziehbare Beträge, zB nach §§ 10f. – 10h, um die Investitionszulage nach dem InvZulG oder auch um die Schadensersatzleistung eines Dritten, wenn sie auf einem rechtlich und wirtschaftlich eigenständigen Rechtsgrund beruht.[16] 20

Es gelten das Nominalwertprinzip und grds. das **Zu- und Abflussprinzip** des § 11.[17] Der Gewinn wird realisiert erst mit Zufluss des Veräußerungserlöses, ggf. bei zeitlicher Streckung (Raten) in mehreren VZ.[18] Zum Kauf gegen Raten und gegen Leibrente bzw. dauernde Last s. § 22 Rn. 4.[19] WK sind abw. v. § 11 Abs. 2 in diesem Zeitpunkt abzuziehen;[20] dies auch, wenn sie vor dem VZ abfließen oder nach diesem VZ mit Sicherheit anfallen werden.[21] Bei nachträglichen WK ist ggf. die Veranlagung des Zuflussjahres, soweit nicht nach § 165 Abs. 2 AO verfahren wird, nach § 175 Abs. 1 S. 1 Nr. 2 AO zu ändern.[22] Eine spätere 21

1 BFH v. 23.1.1990 – IX R 17/85, BStBl. II 1990, 465 = FR 1990, 364; v. 25.2.2009 – IX R 80/07, BFH/NV 2009, 1414.
2 BFH v. 19.2.1965 – VI 291/64 U, BStBl. III 1965, 194; beiläufig BFH v. 12.12.1996 – X R 65/95, BStBl. II 1997, 603.
3 BFH v. 20.6.2012 – IX R 67/10, BStBl. II 2013, 275 = FR 2013, 39 m. Anm. *Schmitz-Herscheidt.*
4 FG Thür. v. 24.10.2013 – 2 K 747/12, DStRE 2014, 1105.
5 BFH v. 6.12.2005 – VIII R 34/04, BStBl. II 2006, 265 mit Anm. *Kempermann*, FR 2006, 417.
6 BFH v. 19.2.1965 – VI 291/64 U, BStBl. III 1965, 194; v. 6.12.2005 – VIII R 34/04, BStBl. II 2006, 265 = FR 2006, 415 m. Anm. *Kempermann*; zur Zuordnung von Schuldzinsen als nachträgliche WK bei den Einkünften aus VuV BFH v. 20.6.2012 – IX R 67/10, BStBl. II 2013, 275 = FR 2013, 39 m. Anm. *Schmitz-Herscheidt*; dazu BMF v. 28.3. 2013, BStBl. I 2013, 508; zur Zuordnung von Vorfälligkeitsentschädigungen BFH v. 11.2.2014 – IX R 42/13, FR 2014, 858 m. Anm. *Bode* = BFH/NV 2014, 1254.
7 BFH v. 16.6.2004 – X R 22/00, BStBl. II 2005, 91 = FR 2004, 1163: bei zunächst geplanter Eigennutzung Schuldzinsenabzug erst ab Zeitpunkt des Verkaufsentschlusses; auch FG BaWü. v. 8.12.1994 – 8 K 162/93, EFG 1995, 621.
8 BFH v. 11.2.2014 – IX R 22/13, BFH/NV 2014, 1195.
9 BFH v. 15.12.1987 – VIII R 281/83, FR 1989, 16 = BStBl. II 1989, 16: „zweifelh.".
10 Vgl. auch BFH v. 23.1.1990 – IX R 17/85, BStBl. II 1990, 465 = FR 1990, 364 betr. Beseitigung v. Schäden vor Verkauf.
11 BFH v. 12.12.1996 – X R 65/95, BStBl. II 1997, 603.
12 BFH v. 1.8.2012 – IX R 8/12, BStBl. II 2012, 781 = FR 2013, 86 m. Anm. *Bode*; v. 26.9.2012 – IX R 50/09, BStBl. II 2013, 231 = FR 2013, 182 m. Anm. *Bode.*
13 BFH v. 24.5.2000 – VI R 147/99, BStBl. II 2000, 476 = FR 2000, 1000 betr. Aufwendungen aufgrund der Veräußerung eines Eigenheims anlässlich eines beruflich bedingten Umzugs.
14 Erstreckung auf Nr. 7 durch das JStG 2009 v. 19.12.2008, BGBl. I 2008, 2794.
15 S. auch BMF v. 5.10.2000, BStBl. I 2000, 1383 Tz. 38 ff.; nach BFH v. 21.9.2005 – IX B 90/05, BFH/NV 2006, 55 mit Art. 3 GG vereinbar.
16 BFH v. 4.10.2016 – IX R 8/15, BStBl. II 2017, 316 = FR 2017, 841 (Schadensersatz wg. fehlerhaften Bestätigungsvermerks).
17 BFH v. 2.4.1974 – VIII R 76/69, BStBl. II 1974, 540; BMF v. 25.10.2004, BStBl. I 2004, 1034 Tz. 50f; zum Zufluss auf Notaranderkonto s. OFD Cottb. v. 1.9.1998, StEK EStG § 23 Nr. 30.
18 Zum Zufluss in mehreren Kj. s. BMF v. 5.10.2000, BStBl. I 2000, 1383 Tz. 36; s. auch BMF v. 27.11.2001, BStBl. I 2001, 986 Tz. 51; BFH v. 11.11.2009 – IX R 57/08, BStBl. II 2010, 607 = FR 2010, 626.
19 BMF v. 23.12.1996, BStBl. I 1996, 1508 Tz. 48 (mit Beispiel) Rate; Tz. 57 Leibrente.
20 BFH v. 17.7.1991 – X R 6/91, BStBl. II 1991, 916 = FR 1991, 660; v. 27.8.2008 – IX B 207/07, BFH/NV 2008, 2022.
21 BFH v. 3.6.1992 – X R 91/90, BStBl. II 1992, 1017 = FR 1992, 656.
22 Vgl. zu § 22 Nr. 3 BFH v. 3.6.1992 – X R 91/90, BStBl. II 1992, 1017 = FR 1992, 656.

Rückzahlung ist eine negative Einnahme;[1] die vorstehend befürwortete Behandlung v. WK gilt entspr. Ab 1999 gilt vorrangig der Verlustabzug nach § 23 Abs. 3 S. 8 iVm. § 10d.

E. Verluste (Abs. 3 S. 7 ff.)

22 Durch die Erweiterung des – immer noch **eingeschränkten**[2] – **Verlustausgleichs und -abzugs (Abs. 3 S. 7 f.)** wird der Rspr. des BVerfG[3] zum früheren Ausschluss der Verlustverrechnung nach § 22 Nr. 3 aF (§ 22 Rn. 73) Rechnung getragen. Verluste aus privaten Veräußerungsgeschäften[4] können nicht nur – wie zuvor – mit privaten Veräußerungsgewinnen des gleichen VZ verrechnet werden.[5] Sie können nach Maßgabe des § 10d auch – auf der Ebene der Einkünfteermittlung[6] – die Einkünfte mindern, die der StPfl.[7] in dem unmittelbar vorangegangenen VZ oder den folgenden VZ aus Geschäften iSd. § 23 erzielt hat oder erzielt. Bei zeitlich gestreckter Zahlung des Veräußerungserlöses in verschiedenen VZ fällt der Veräußerungsverlust anteilig nach dem Verhältnis der Teilzahlungsbeträge zu dem Gesamtveräußerungserlös in den jeweiligen VZ der Zahlungszuflüsse an.[8] § 23 Abs. 3 S. 8 HS 2 stellt klar, dass das **gesonderte**[9] **Feststellungsverfahren** gem. § 10d Abs. 4 durchzuführen ist.[10] Ein Verlustvortrag wird bei über der Freigrenze (Rn. 23) liegenden positiven Einkünften iSv. § 23 auch dann verbraucht, wenn das Einkommen unterhalb des Grundfreibetrags liegt.[11] Nach Auffassung der FinVerw.[12] gilt der periodenübergreifende Verlustabzug (Abs. 3 S. 8) nur für ab dem VZ 1999 entstandene Verluste. Nach BFH[13] sind für Verluste aus Geschäften iSd. § 23 in den für VZ vor VZ 1999 geltenden Fassungen, soweit diese Vorschriften auch nach dem BVerfG-Urt. v. 9.3.2004[14] anwendbar bleiben,[15] in den noch offenen Altfällen die allg. estrechtl. Regelungen über Verlustausgleich und Verlustabzug anzuwenden. Die inzwischen aufgehobenen Regelungen in **Abs. 3 S. 9 f. aF** trugen **übergangsweise** der Neuzuordnung v. Einkünften aus der Veräußerung v. Wertpapieren zu § 20 durch das UntStRefG 2008 Rechnung. Abs. 3 S. 9 aF ließ den Verlustausgleich, Abs. 3 S. 10 aF den Verlustabzug im Verhältnis zw. Verlusten aus Veräußerungsgeschäften, auf die § 23 in der bis

---

1 BFH v. 2.4.1974 – VIII R 76/69, BStBl. II 1974, 540.

2 Für die Verfassungsmäßigkeit der Neuregelung BFH v. 18.10.2006 – IX R 28/05, BStBl. II 2007, 259 = FR 2007, 393; v. 7.11.2006 – IX R 45/04, BFH/NV 2007, 1473; v. 6.3.2007 – IX R 31/04, BFH/NV 2007, 1478; v. 23.10. 2008 – IX B 125/08, BFH/NV 2009, 25; krit. *Herzig/Lutterbach*, DStR 1999, 521 (526); *Strahl/Fuhrmann*, FR 2003, 387.

3 BVerfG v. 30.9.1998 – 2 BvR 1818/91, BVerfGE 99, 88 = FR 1998, 1028 m. Anm. *Luttermann*.

4 Dies gilt nicht für Verluste, die während der Zeit unbeschränkter Steuerpflicht im Ausland entstanden sind; FG Düss. v. 17.1.2012 – 13 K 1501/10 F, EFG 2012, 1150. Zur Geltung der Verlustnutzungsbeschränkung bei Optionsgeschäften mit Mieteinnahmen BFH v. 18.9.2007 – IX R 42/05, BStBl. II 2008, 26 = FR 2008, 185.

5 S. auch BMF v. 5.10.2000, BStBl. I 2000, 1383 Tz. 41 f., auch zur Verlustverrechnung bei Ehegatten.

6 FG Berlin-Bdbg. v. 15.6.2011 – 7 K 7303/08, StE 2011, 549; aA FG SachsAnh. v. 14.9.2011 – 2 K 1832/08, EFG 2012, 241 (vom Gesamtbetrag der Einkünfte) (Rev. III R 66/11).

7 Die Vorträge von Ehegatten werden auch bei Zusammenveranlagung getrennt behandelt; FG Köln v. 20.4.2012 – 4 K 1027/09, EFG 2012, 1741 (Rev. IX R 29/12).

8 BFH v. 6.12.2016 – IX R 18/16, BStBl. II 2017, 676.

9 Zur Selbständigkeit gegenüber der Einkommensteuerfestsetzung FG München v. 8.10.2009 – 15 K 1050/09, EFG 2010, 222; zur Bedeutung im Fall einer Ablaufhemmung der Festsetzungsfrist wegen Steuerhinterziehung BFH v. 20.11.2012 – IX R 30/12, FR 2013, 674 m. Anm. *Bode* = BFH/NV 2013, 808 (Teilverjährung festzustellender Besteuerungsgrundlagen).

10 Zur zeitlichen Anwendbarkeit BFH v. 28.10.2008 – IX R 19/08, BFH/NV 2009, 584 (geboten in Fällen, in denen die Feststellungsfrist am 1.1.2007 noch nicht abgelaufen ist, auch wenn StBescheid für Verlustentstehungsjahr schon bestandskräftig); s. auch BFH v. 11.11.2008 – IX R 53/07, BFH/NV 2009, 364 (bisher nicht festgestellte Verluste sind in den ersten offenen Bescheid einzubeziehen); v. 11.11.2008 – IX R 44/07, BStBl. II 2010, 31 = FR 2009, 726 m. Anm. *Bode* (auch wenn im Bescheid für das Verlustentstehungsjahr Verluste in geringerer Höhe als tatsächlich erzielt ausgewiesen sind); v. 17.4.2009 – IX B 219/08, BFH/NV 2009, 1123; FG Münster v. 23.5.2012 – 11 K 631/11 F, EFG 2012, 1638 (Rev. IX R 30/12); anders noch vor Einfügung v. § 23 Abs. 3 S. 8 HS 2 BFH v. 22.9.2005 – IX R 21/04, BStBl. II 2007, 158 mit Anm. *Pohl*, DStR 2006, 1308; auch BFH v. 26.4.2006 – IX R 8/04, BFH/NV 2006, 1657; v. 27.6.2006 – IX R 50/05, BFH/NV 2006, 1836; demgegenüber BMF v. 14.2.2007, BStBl. I 2007, 268 unter Verweis auf BMF v. 5.10.2000, BStBl. I 2000, 1383 Tz. 42.

11 FG München v. 13.8.2008 – 1 K 2045/06, EFG 2009, 243.

12 BMF v. 5.10.2000, BStBl. I 2000, 1383 Tz. 43.

13 BFH v. 1.6.2004 – IX R 35/01, BStBl. II 2005, 26 = FR 2004, 1059; v. 7.9.2004 – IX R 73/00, BFH/NV 2005, 51; zuvor BFH v. 15.12.2000 – IX B 128/99, BStBl. II 2001, 411 = FR 2001, 541; auch v. 14.7.2004 – IX R 13/01, BStBl. II 2005, 125 = FR 2004, 1176; v. 13.12.2006 – VIII R 29/01, BFH/NV 2007, 689; *Groß*, DStR 2001, 1553 mwN.

14 BVerfG v. 9.3.2004 – 2 BvL 17/02, BGBl. I 2004, 591 = BStBl. II 2005, 56 = FR 2004, 470 m. Anm. *Jacob/Vieten*.

15 Zu den Auswirkungen im Verhältnis der VZ 1996 und 1997 FG Nds. v. 8.5.2007 – 15 K 96/07, DStRE 2007, 1316 (kein Verlustrücktrag möglich); anders FG Düss. v. 16.3.2007 – 18 K 12/05 E, EFG 2007, 1607 (Billigkeitsmaßnahme für VZ 1996 zu erwägen).

zum 31.12.2008 geltenden Fassung anzuwenden ist, und Einkünften iSd. 20 Abs. 2 nF zu.[1] Nach § 52a Abs. 11 S. 11 aF galt diese Erweiterung des Verlustausgleichs und -abzugs letztmals für den **VZ 2013** (s. zur Anwendbarkeit auch Rn. 3).[2]

F. Freigrenze (Abs. 3 S. 5)

Ist der Gewinn aus allen Veräußerungsgeschäften des VZ vor[3] Durchführung des Verlustabzugs (Abs. 3 S. 8) 23
höher als die Freigrenze v. 600 Euro, ist er voll zu versteuern (kein Freibetrag). Die Freigrenze wird bei gestrecktem Zufluss in jedem VZ neu gewährt. Zusammenveranlagte Ehegatten haben je ihre eigene Freigrenze.

h) Gemeinsame Vorschriften

§ 24 [Entschädigungen und nachträgliche Einkünfte]

Zu den Einkünften im Sinne des § 2 Absatz 1 gehören auch

1. **Entschädigungen, die gewährt worden sind**
   a) **als Ersatz für entgangene oder entgehende Einnahmen oder**
   b) **für die Aufgabe oder Nichtausübung einer Tätigkeit, für die Aufgabe einer Gewinnbeteiligung oder einer Anwartschaft auf eine solche;**
   c) **als Ausgleichszahlungen an Handelsvertreter nach § 89b des Handelsgesetzbuchs;**
2. **Einkünfte aus einer ehemaligen Tätigkeit im Sinne des § 2 Absatz 1 Satz 1 Nummer 1 bis 4 oder aus einem früheren Rechtsverhältnis im Sinne des § 2 Absatz 1 Satz 1 Nummer 5 bis 7, und zwar auch dann, wenn sie dem Steuerpflichtigen als Rechtsnachfolger zufließen;**
3. **Nutzungsvergütungen für die Inanspruchnahme von Grundstücken für öffentliche Zwecke sowie Zinsen auf solche Nutzungsvergütungen und auf Entschädigungen, die mit der Inanspruchnahme von Grundstücken für öffentliche Zwecke zusammenhängen.**

---

1 Die Verrechnung innerhalb der Einkunftsart des § 23 ist allerdings vorrangig; FG BaWü. v. 12.9.2012 - 1 K 4484/11, EFG 2013, 35 (rkr.). Zur Verfassungsmäßigkeit der hier erfolgenden Verrechnung von Verlusten, die dem Halbeinkünfteverfahren unterliegen, mit Gewinnen, die der Abgeltungsteuer unterliegen, BFH v. 3.11.2015 - VIII R 37/13, BStBl. II 2016, 273. Zur Wirkung des Feststellungsbescheids bzgl. der Altverluste BFH v. 9.8.2016 - VIII R 27/14, BStBl. II 2017, 821.

2 Die Verfassungsmäßigkeit dieser zeitlichen Beschränkung bej. BFH v. 6.12.2016 - IX R 48/15, BStBl. II 2017, 313.

3 BFH v. 11.1.2005 - IX R 27/04, BStBl. II 2005, 433 = FR 2005, 809 mit Anm. *Brandt*, BFH-PR 2005, 173; BFH v. 11.1.2005 - IX R 13/03, BFH/NV 2005, 1254; BMF v. 25.10.2004, BStBl. I 2004, 1034 Tz. 52; OFD München v. 30.7.2002, DStR 2002, 1763; *Schultze/Janssen*, FR 2002, 568; *Wernsmann/Dechant*, FR 2004, 1272; **aA** FG München v. 14.5.2004 - 8 K 1811/02, EFG 2004, 1529; *Walter/Stümper*, DStR 2002, 204; *Heidenreich*, NWB Fach 3, 12291.

Literatur: *Bauer/Günther*, Steuerfreie Entschädigung statt steuerpflichtiger Abfindung?, NJW 2007, 113; *v. Bornhaupt*, Erhaltungsaufwand nach Auszug des Mieters als nachträgliche Werbungskosten, BB 1998, 136; *Brucker*, Steuerliche Probleme bei Abfindungen an einen Gesellschafter-Geschäftsführer einer GmbH & Co KG, StW 2006, 154; *Cornelius/Lipinski*, Diskriminierungsabrede im Aufhebungsvertrag, BB 2007, 496; *Crezelius*, Grenzüberschreitende Mitunternehmerschaften – Nachträgliche Einnahmen und Ausgaben nach Auflösung ausländischer Betriebsstätten/Personengesellschaften, JbFfSt 2011/2012, 484; *Dornheim*, Nachträglicher Schuldzinsenabzug bei privaten Veräußerungsgeschäften, DStZ 2012, 553; *Dornheim*, Nachträglicher Schuldzinsenabzug bei wesentlichen Beteiligungen im Sinne von § 17 EStG, DStZ 2011, 763; *Emde*, BB-Rechtsprechungsreport zum Vertriebsrecht 2016, BB 2017, 2947; *Engelberth*, Behandlung nachträglicher Schuldzinsen, NWB 2016, 20; *Ettinger/Schmitz*, Earn-Out-Gestaltungen im Unternehmenskaufvertrag, GmbHR 2016, 966; *Geißler*, Das ungeschriebene Tatbestandsmerkmal der Zwangslage in § 24 Nr. 1 Buchst. a EStG, Stbg. 2017, 417; *Geißler*, Entschädigungszahlungen iSd. § 24 Nr. 1 Buchst. a EStG – aktuelle Entwicklungen der BFH-Rspr., NWB 2018, 2924; *Geißler/Quinten*, Beschränkung des nachträglichen Schuldzinsenabzugs durch § 4 Abs. 4a EStG, DStZ 2015, 956; *Geserich*, Die ermäßigte Besteuerung von Entlassungsentschädigungen, DB 2016, 1953; *Grube*, Schadensersatz und Einkommensteuer, insbesondere beim Nachbarrechtsschutz des Privatvermögens, FR 2013, 433; *Heinicke*, Der Rechtsnachfolger iSd. § 24 EStG, DStJG 10 (1987), 99; *Hindersmann/Morich*, Nachträgliche Schuldzinsen nach Veräußerung eines Wirtschaftsguts, StuB 2010, 696; *Intemann/Cöster*, Schuldzinsenabzug nach Veräußerung oder Aufgabe einer wesentlichen Beteiligung – Änderung der Rechtsprechung?, DB 2007, 1248; *Jachmann/Schallmoser*, Berücksichtigung von nachträglichen Schuldzinsen bei den Einkünften aus Vermietung und Verpachtung, DStR 2011, 1245; *Jochum*, Zur Zuordnung nachträglicher Schuldzinsen aus privaten Immobiliengeschäften, DStZ 2012, 728; *Mader*, FG München zur Besteuerung einer Entschädigung für Wettbewerbsverbot, B+P 2018, 764; *Mathäus*, Beurteilung nachträglicher Vorgänge im Restbetriebsvermögen, Ubg 2015, 340; *Meyer/Ball*, Schuldzinsen als nachträgliche Werbungskosten bei den Einkünften aus Vermietung und Verpachtung – Trendwende des BFH, DStR 2012, 2260; *Moritz/Strohm*, Nachträgliche Schuldzinsen nach Veräußerung einer wesentlichen Beteiligung iSd. § 17 EStG, BB 2012, 3107; *Nave*, Steuerbegünstigte Abfindung bei Arbeitsreduzierung, BB 2010, 39; *Offerhaus*, Im Dienstvertrag vereinbarte Abfindung oder Entschädigung nicht steuerbegünstigt?, DB 2000, 396; *Offerhaus*, Neue Steuerrechtsfragen zur Entschädigung von Arbeitnehmern bei Auflösung des Dienstverhältnisses, DStZ 1997, 108; *Paus*, Nachträgliche Schuldzinsen: Unterbrechung des Veranlassungszusammenhangs bei Wegfall der Vermietungsabsicht, DStZ 2014, 580; *Pezzer*, Die Einkünfteerzielungsabsicht bei den Einkünften aus Vermietung und Verpachtung – ein Mysterium als Folge des Einkünftedualismus, StuW 2000, 466; *Pfab/Schießl*, Besteuerung der Entschädigung für ehrenamtliche Richter (Schöffen), FR 2011, 795; *Schallmoser*, Ein paar Gedanken zu nächträglichen Schuldzinsen bei den Einkünften aus Vermietung und Verpachtung, in: FS Spindler, S. 739; *Schmitz-Herscheidt*, Die Surrogationsbetrachtung des BFH beim Schuldzinsabzug nach nicht steuerbarer Veräußerung einer zuvor vermieteten Immobilie, FR 2014, 625; *Stuhrmann*, Nachträgliche Werbungskosten bei den Einkünften aus Vermietung und Verpachtung, DStR 2005, 726; *Weber-Grellet*, Die Entwicklung der Rechtsprechung des BFH zu den Entschädigungen iSd. §§ 24, 34 EStG, BB 2004, 1877; *Wiemker*, Die Besteuerung von gesetzlichen Arbeitnehmerabfindungen beim Arbeitnehmer in Deutschland und Österreich, Diss. 2005.

A. Grundaussagen der Vorschrift

1 § 24 ordnet an, dass bestimmte Entschädigungen, nachträgliche Einkünfte und die in Nr. 3 geregelten Nutzungsvergütungen zu den Einkünften iSd. § 2 Abs. 1 gehören. Aus dem Wortlaut (gehören auch) und der Systematik der Vorschrift folgt, dass durch sie **keine selbständige Einkunftsart** neben den Einkunftsarten des § 2 Abs. 1 gebildet wird.[1] § 24 Nr. 1 hat für die Zuordnung v. Ersatzleistungen zu den einzelnen Einkunftsarten klarstellende Bedeutung.[2] Nr. 2 stellt klar, dass die StPflicht v. Einkünften nicht entfällt, weil sie nach Beendigung der auf die Einkünfteerzielung gerichteten Tätigkeit erzielt werden. Nur für die Besteuerung nachträglicher Einkünfte beim Rechtsnachfolger hat **§ 24 Nr. 2 HS 2 rechtsbegründenden Charakter.**[3] Da § 24 keine neue Einkunftsart schafft, kann die StPflicht nicht über den Bereich der gesetzlich festgelegten Einkunftsarten hinaus ausgeweitet werden.[4] Die in der Vorschrift genannten Einnahmen müssen vielmehr einer der Einkunftsarten des § 2 Abs. 1 Nr. 1–7 zugeordnet werden können. Ist eine eindeutige Zuordnung zu einer der Einkunftsarten des § 2 Abs. 1 S. 1 Nr. 1–6 nicht möglich, kommt eine Zuordnung zu den Einkünften iSd. § 22 Nr. 3 in Betracht.[5] Die Bedeutung des § 24 liegt vor allem darin, dass die

1 BFH v. 30.10.1970 – VI R 273/67, BStBl. II 1971, 138.
2 BFH v. 27.7.1978 – IV R 149/77, BStBl. II 1979, 66; v. 25.3.1975 – VIII R 183/73, BStBl. II 1975, 634.
3 BFH v. 25.1.1994 – VIII B 111/93, BStBl. II 1994, 455.
4 BFH v. 18.9.1986 – IV R 228/83, BFHE 147, 477.
5 BFH v. 12.6.1996 – XI R 43/94, BStBl. II 1996, 516.

Entschädigungen nach Nr. 1 und die Nutzungsvergütungen nach Nr. 3 unter den Voraussetzungen des § 34 Abs. 2 Nr. 2 und 3 tariflich begünstigt werden. Trotz dieser **Vorgreiflichkeit des § 24 für § 34** sind die tatbestandlichen Voraussetzungen beider Regelungen auseinander zu halten. Die Voraussetzung der „Zusammenballung" der Einkünfte (§ 34 Rn. 8ff.) ist nur für § 34, nicht für die Anwendung des § 24 v. Bedeutung.

B. Entschädigungen (Nr. 1)

I. Entschädigungsbegriff. 1. Kein einheitlicher Entschädigungsbegriff. Nr. 1 fasst unter dem gemeinsamen Oberbegriff der Entschädigung unterschiedliche Einkünfte zusammen. In seiner **allg.** für alle Fallgruppen maßgeblichen **Bedeutung** umfasst der Begriff Zahlungen, die eine finanzielle Einbuße ausgleichen, die ein StPfl. infolge einer Beeinträchtigung seiner Rechtsgüter erlitten hat oder zu erwarten hat.[1] Über diese sehr allg. Bedeutung hinaus gilt für Nr. 1 kein einheitlicher Entschädigungsbegriff.[2] Die unterschiedliche Funktion der verschiedenen Ersatzleistungen führt vielmehr dazu, dass die verschiedenen Tatbestände **jeweils unterschiedliche spezielle Voraussetzungen** für den Begriff der Entschädigung erfordern. Nr. 1 lit. a dient der Abgeltung und Abwicklung v. Interessen aus dem bisherigen Rechtsverhältnis, wobei strenge Anforderungen an die Abgrenzung zum bisherigen Rechtsverhältnis aufgestellt werden (Rn. 7). Die Entschädigung nach Nr. 1 lit. b umfasst jegliche Gegenleistung für die Aufgabe oder Nichtausübung einer Tätigkeit, sodass die Ersatzleistung auch aus eigenem Antrieb herbeigeführt werden darf und nicht auf einer neuen Rechts- und Billigkeitsgrundlage beruhen muss (Rn. 15). Nr. 1 lit. c definiert die Entschädigung durch Verweisung auf die zugrunde liegende handelsrechtl. Norm. 2

2. Gemeinsame Merkmale. Für alle Fallgruppen der Nr. 1 gilt, dass der StPfl. infolge der Beeinträchtigung der durch die einzelnen Tatbestände geschützten Güter einen finanziellen Schaden erlitten haben muss und die Zahlung unmittelbar dazu bestimmt sein muss, diesen Schaden auszugleichen.[3] Zw. Entschädigung und den entgangenen Einnahmen muss eine kausale Verknüpfung bestehen.[4] Da § 24 keine eigene Einkunftsart schafft, ist erforderlich, dass sich die Entschädigung einer Einkunftsart iSd. § 2 Abs. 1 S. 1 Nr. 1–7 zuordnen lässt.[5] Lässt sich die Einnahme gleichzeitig mehreren Einkunftsarten zuordnen, kann § 22 Nr. 3 erfüllt sein.[6] Schadensersatzleistungen für Verluste oder Wertminderungen am nicht steuerbaren PV fallen nicht unter § 24 Nr. 1, da sie sich keiner Einkunftsart zuordnen lassen. Die Entschädigung kann **auch Folgeschäden** umfassen, wie etwa einen Einnahmeausfall, den ein StPfl. dadurch erleidet, dass das schadenstiftende Ereignis seinen Ruf beeinträchtigt und ihm deshalb in der Folgezeit weniger Aufträge erteilt werden.[7] Die Entschädigung muss zum Ausgleich des Schadens dienen und darf nicht auf anderen Umständen beruhen.[8] Werden einheitliche Zahlungen vereinbart, die teilw. lfd. Einkünfte und teilw. Entschädigungszahlungen beinhalten, oder dient eine Entschädigung dazu, neben dem Schaden durch den Wegfall v. Einkünften auch andere Schäden auszugleichen, ist der Gesamtbetrag – erforderlichenfalls im Wege der Schätzung – aufzuteilen.[9] 3

3. Höhe der Entschädigung. Die Entschädigung kann in Geld oder Sachleistung[10] bestehen. Eine **betragsmäßige Begrenzung** ist Nr. 1 **ebenso wenig** zu entnehmen **wie** die **Beschränkung auf** einen **angemessenen Betrag.**[11] Es ist der Nettobetrag anzusetzen, der sich nach Abzug der mit den entgangenen Einnahmen in Zusammenhang stehenden BA oder WK ergibt.[12] Fallen mit der Entschädigung zusammenhängende BA oder WK (zB Prozesskosten, RA-Kosten) in einem der Vereinnahmung der Entschädigung vorausgehenden VZ an, mindern sie die regelbesteuerten Einkünfte dieses Zeitraums; entspr. mindert sich der dem ermäßigten Tarif unterliegende Betrag in dem Besteuerungszeitraum, in dem die Entschädigung als Einnahme zu erfassen ist.[13] Bei gleichzeitigem Bezug v. lfd. Arbeitslohn und einer vom ArbG gewährten Entschädigung iSd. 4

1 BFH v. 12.6.1996 – XI R 43/94, BStBl. II 1996, 516.
2 *H/H/R*, § 24 Anm. 15.
3 BFH v. 8.8.1986 – VI R 28/84, BStBl. II 1987, 106; v. 13.2.1987 – VI R 230/83, BStBl. II 1987, 386.
4 BFH v. 21.8.1990 – VIII R 17/86, BStBl. II 1991, 76; v. 12.9.1985 – VIII R 306/81, BStBl. II 1986, 252; v. 11.1.1980 – VI R 165/77, BStBl. II 1980, 205.
5 BFH v. 20.7.2018 – IX R 25/17, DStR 2018, 2327.
6 BFH v. 12.6.1996 – XI R 43/94, BStBl. II 1996, 516.
7 BFH v. 25.3.1998 – IV B 30/97, juris.
8 BFH v. 11.12.1952 – IV 260/52 U, BStBl. III 53, 57.
9 BFH v. 13.10.1978 – VI R 91/77, BStBl. II 1979, 155; v. 31.3.1977 – IV R 111/76, BStBl. II 1977, 618; v. 12.1.2000 – XI B 99/98, BFH/NV 2000, 712; FG Köln v. 16.6.2016 – 15 K 2827/12, juris.
10 ZB BFH v. 22.1.1988 – VI R 135/84, BStBl. II 1988, 525.
11 *Offerhaus*, DB 1982, Beil. Nr. 10, 2; *v. Bornhaupt*, BB 1980, Beil. Nr. 7, 13.
12 FG BaWü. v. 20.2.1969 – I 422/67, EFG 1969, 237.
13 BFH v. 26.8.2004 – IV R 5/03, BStBl. II 2005, 215; krit. *Paus*, DStZ 2005, 266.

Nr. 1 lit. a ist der ArbN-PB im Verhältnis dieser Lohnbestandteile aufzuteilen und nicht ausschließlich beim lfd. Arbeitslohn zu berücksichtigen.[1] § 24 Nr. 1 stellt nicht auf eine Zusammenballung v. Einnahmen ab; dieses Merkmal ist für die Anwendung des ermäßigten Steuersatzes gem. § 34 (§ 34 Rn. 8 ff.) v. Bedeutung.

5 **4. Einheitliche Betrachtungsweise.** Grds. ist es möglich, dass der StPfl. mehrere unterschiedliche Entschädigungszahlungen nebeneinander erhält.[2] Eine aus Anlass der Auflösung oder Beendigung eines Arbverh. als Ersatz für entgehende Einnahmen gewährte Entschädigung ist grds. einheitlich zu beurteilen. Das gilt auch für den Fall, dass sich die Entschädigung aus mehreren Teilen (in sachlicher oder auch in zeitlicher Hinsicht) zusammensetzt.[3] Bei einem erheblichen zeitlichen Abstand von mehreren Jahren zw. selbständigen Entschädigungszahlungen fehlt jedoch der für die Beurteilung der Einheitlichkeit einer Entschädigungsleistung erforderliche zeitliche Zusammenhang.[4] Der Grundsatz, dass Entschädigungen, die aus Anlass der Auflösung eines Arbverh. gewährt werden, einheitlich zu beurteilen sind, entbindet nicht von der Prüfung, ob die Entschädigung „als Ersatz für entgangene oder entgehende Einnahmen" iSd. § 24 Nr. 1 lit. a gewährt worden ist.[5] Nur wenn sämtliche Teilzahlungen unter einen Tatbestand des § 24 fallen, handelt es sich um eine einheitliche Entschädigung.[6] In Ausnahmefällen kann im Zusammenhang mit der Auflösung eines Arbverh. neben eine Entschädigung iSd. Nr. 1 lit. a eine Entschädigung für die Einhaltung eines Wettbewerbsverbots iSd. Nr. 1 lit. b treten.[7] Entschädigungen können auch durch sog. **Entschädigungszusatzleistungen** ergänzt werden (vgl. **ausf.** § 34 Rn. 12). Das sind beispielsweise solche Leistungen, die der (frühere) ArbG dem StPfl. zur Erleichterung des Arbeitsplatz- oder Berufswechsels oder als Anpassung an eine dauerhafte Berufsaufgabe und Arbeitslosigkeit erbringt.[8] Diese ergänzenden Zusatzleistungen, die den Übergang bei Verlust des Arbeitsplatzes erleichtern und „abfedern" sollen, sind Teil der einheitlichen Entschädigung.[9]

6 **II. Ersatz von Einnahmen (Nr. 1 lit. a). 1. Entschädigungsbegriff der Nr. 1 lit. a.** Die Entschädigung des Nr. 1 lit. a dient dazu, den Verlust v. entgangenen oder entgehenden Einnahmen auszugleichen. Daher fällt der Ersatz von Ausgaben oder der Ausgleich für jede beliebige Art von Schadensfolgen nicht unter diese Regelung.[10] Bei den Einnahmen, deren Ausfall ersetzt werden soll, muss es sich um steuerbare und stpfl. Einnahmen handeln; sie müssen (hypothetisch) einer bestimmten Einkunftsart unterfallen. Leistungen, die nicht steuerbare oder stfreie Einnahmen ersetzen sollen, sind (auch) nicht nach Nr. 1 lit. a steuerbar.[11] Da es sich um den Ersatz v. entgangenen oder entgehenden Einnahmen handelt, darf es sich nicht lediglich um die vereinbarte Leistung, wenn auch möglicherweise nur teilw. oder unter anderen Modalitäten, handeln. Eine Entschädigung iSv. Nr. 1 lit. a verlangt nicht, dass das zugrunde liegende Rechtsverhältnis vollständig beendet wird.[12] Es genügt, wenn im Rahmen eines fortgesetzten Rechtsverhältnisses auf neuer Rechtsgrundlage eine Entschädigung für den Verlust (Wegfall) zukünftiger Anspr. geleistet wird. Daher ist Nr. 1 lit. a auch anwendbar bei einer Entschädigung für die unbefristete Reduzierung der wöchentlichen Arbeitszeit bei Fortsetzung des Anstellungsverhältnisses.[13] Allerdings genügt es nicht, dass das bestehende Dienstverhältnis lediglich formal mit einem neuen ArbG, aber iÜ in Bezug auf den Arbeitsbereich, die Entlohnung und unter Wahrung des sozialen Besitzstandes im Wesentlichen unverändert fortgesetzt wird.[14] Zahlungen, die bürgerlich-rechtl. **Erfüllungsleistungen** eines Rechtsverhältnisses sind, wer-

1 FG Köln v. 12.3.1997 – 2 K 4934/95, EFG 1997, 797; FG Bdbg. v. 18.9.1996 – 2 K 683/96 E, EFG 1997, 163.
2 BFH v. 28.9.1987 – VIII R 159/83, BFH/NV 1988, 227.
3 BFH v. 21.3.1996 – XI R 51/95, BStBl. II 1996, 416; v. 16.11.2005 – XI R 32/04, GmbHR 2006, 389 (Schmerzensgeld wegen Rufschädigung als Teil der Entschädigung für den Verlust des Arbeitsplatzes; die Verfassungsbeschwerde hiergegen wurde nicht zur Entscheidung angenommen, BVerfG 2. Kammer II. Senat v. 18.4.2006 – 2 BvR 143/06); BFH v. 11.5.2010 – IX R 39/09, BFH/NV 2010, 1801.
4 BFH v. 11.10.2017 – IX R 11/17, BStBl. II 2018, 706.
5 BFH v. 11.7.2017 – IX R 28/16, BStBl. II 2018, 86.
6 BFH v. 9.1.2018 – IX R 34/16, BStBl. II 2018, 582.
7 Dazu BFH v. 16.3.1993 – XI R 10/92, BStBl. II 1993, 497; vgl. auch BFH v. 4.2.1998 – XI B 108/97, BFH/NV 1998, 1082.
8 Hierzu kann auch eine Kfz.-Überlassung (BFH v. 29.1.2003 – XI R 1/02, BFH/NV 2003, 769; v. 11.12.2002 – XI R 37/01, BFH/NV 2003, 747; v. 11.12.2002 – XI R 54/01, BFH/NV 2003, 607; v. 3.7.2002 – XI R 34/01, BFH/NV 2003, 448) oder eine später ausgezahlte Jubiläumszuwendung (BFH v. 14.5.2003 – XI R 23/02, BStBl. II 2004, 451) zählen; vgl. auch BFH v. 14.4.2005 – XI R 11/04, BFH/NV 2005, 1772.
9 BFH v. 14.8.2001 – XI R 22/00, BStBl. II 2002, 180.
10 BFH v. 18.10.2011 – IX R 58/10, BStBl. II 2012, 286; v. 11.7.2017 – IX R 28/16, BStBl. II 2018, 86.
11 BFH v. 20.7.2018 – IX R 25/17, DStR 2018, 2327.
12 So aber wohl BFH v. 1.8.2007 – XI R 18/05, BFH/NV 2007, 2104; v. 28.2.2005 – XI B 182/03, BFH/NV 2005, 1283.
13 BFH v. 25.8.2009 – IX R 3/09, BStBl. II 2010, 1030; vgl. auch BFH v. 13.3.2018 – IX R 12/17, DStR 2018, 1112 zu einer Entschädigung bei der Umwandlung von Versorgungsanwartschaften.
14 BFH v. 10.10.2006 – XI B 118/05, BFH/NV 2007, 415.

den grds. **nicht erfasst.**[1] Dies gilt insbes. für die als Folge einer Vertragsstörung iRd. Erfüllungsinteresses geleisteten Zahlungen des Vertragsstörers.[2] Der Erlös für aus wirtschaftlichen Gründen nicht mehr benötigte Zuckerrübenlieferrechte ist keine Entschädigung, da kein Ersatz für Einnahmen geleistet wird, die ausgefallen sind oder ausfallen werden.[3] Die Umstellung der Vergütung für die Ausarbeitung v. Drehbüchern, die bislang v. der Zahl der Wiederholungssendungen abhing, auf einen Einmalbetrag (sog. „Buy-Out-Vergütung") ist ebenfalls keine Entschädigung.[4]

Eine Entschädigung iSd. Nr. 1 lit. a liegt nur dann vor, wenn die an die Stelle der bisherigen oder künftigen Einnahmen tretende Ersatzleistung auf einer **neuen Rechtsgrundlage oder Billigkeitsgrundlage** beruht.[5] Für die Abgrenzung zw. arbeitsvertraglichen Erfüllungsleistungen und Entschädigungen ist entscheidend, zu welchem Zeitpunkt das Arbverh. nach bürgerlichem Recht wirksam beendet worden ist.[6] Als Rechtsgrundlage kommen gesetzliche Regelungen, Tarifverträge, Betriebsvereinbarungen, Gerichtsurteile, Prozessvergleiche[7] oder Verträge in Betracht. Die Voraussetzung der neuen Rechtsgrundlage ist nicht zeitlich, sondern funktional zu verstehen.[8] Eine Zahlung (zB Vorruhestandsgelder, Kündigungs-Abfindung) beruht daher auch dann auf einem neuen Rechtsgrund und stellt damit eine Ersatzleistung dar, wenn sie bereits im Arbeitsvertrag oder in einem Tarifvertrag für den Fall der betriebsbedingten Kündigung des Arbverh. vereinbart wird.[9] Die Entschädigung beruht auf einer Billigkeitsgrundlage, wenn sie nach den Grundsätzen v. Treu und Glauben (§ 242 BGB) oder aufgrund v. Fürsorgepflichten geleistet wird. Daraus darf nicht geschlossen werden, dass jede Leistung des Vertragspartners, die auf einem neuen Vertrag beruht, bereits eine Entschädigung ist.[10] Anschlussverträge oder ein Vertrag, der an die Stelle eines rechtsunwirksamen oder eines in seiner Rechtswirksamkeit zweifelh. Vertrages tritt, bilden keine neue Rechtsgrundlage, sondern regeln Erfüllungspflichten aus dem bisherigen Rechtsverhältnis. Werden vertraglich begründete Anspr. aufgrund eines Vergleiches erfüllt,[11] lfd. zu erbringende Leistungen in einer Summe nachgezahlt,[12] v. einem **Kapitalisierungswahlrecht** wiederkehrender Bezüge Gebrauch gemacht[13] oder eine Abfindung für die Reduzierung einer Pensionszusage ohne weitere Änderung des Dienstverhältnisses gezahlt,[14] handelt es sich nicht um eine Entschädigung iSd. Nr. 1 lit. a. Auch der Übergang des Dienstvertrags eines Organmitglieds vom übertragenden auf den übernehmenden Rechtsträger im Wege der Gesamtrechtsnachfolge gem. § 20 Abs. 1 Nr. 1 UmwG führt zur Fortsetzung des bisherigen Dienstverhältnisses.[15] Neu ist eine Rechts- oder Billigkeitsgrundlage, wenn Leistungspflichten neu begründet werden, die an die Stelle der ursprünglich geschuldeten Leistung treten. Nicht erforderlich ist, dass die bisherige Einkünfteerzielung beendet wird.[16] Im Falle eines **Management buy out** stellt das Dienstverhältnis als G'ter-Geschäftsführer rechtl. und wirtschaftlich betrachtet keine Fortsetzung des früheren Dienstverhältnisses als Angestellter dar, wenn ein ArbN sein Arbverh. beendet, die v. ihm mit gegründete GmbH, an der er zu 50 % beteiligt ist, den Geschäftsbetrieb des ArbG fortführt und er mit dieser GmbH einen Anstellungsvertrag als Geschäftsführer abschließt.[17] Auch eine Abfindung aufgrund einer **Änderungskündigung** eines ArbN beruht auf einer neuen Rechtsgrundlage.[18] 7

1 BFH v. 10.9.1998 – IV R 19/96, BFH/NV 1999, 308 (selbst dann nicht, wenn sie auf einer neuen Rechts- und Billigkeitsgrundlage beruhen).
2 BFH v. 21.9.1993 – III R 53/89, BFHE 172, 349; v. 10.7.1991 – X R 79/90, BFHE 165, 75.
3 BFH v. 28.2.2002 – IV R 64/00, BFH BStBl. II 2002, 658.
4 BFH v. 1.7.2004 – IV R 23/02, BStBl. II 2004, 876.
5 StRspr.: zB BFH v. 17.3.1978 – VI R 63/75, BStBl. II 1978, 375; v. 27.2.1991 – XI R 8/87, BStBl. II 1991, 703; v. 9.7.2002 – IX R 29/98, BFH/NV 2003, 21 und v. 16.9.2015 – III R 22/14, BFH/NV 2016, 26 (zu Einkünften aus VuV); v. 25.8.2009 – IX R 11/09, BStBl. II 2011, 27; v. 25.8.2015 – VIII R 2/13, BStBl. II 2015, 1015; BMF v. 1.11.2013, BStBl. I 2013, 1326; *Offerhaus*, DB 2000, 396 (zur Vereinbarung einer Abfindung bereits im Dienstvertrag); ausf. *Geserich*, DB 2016, 1953.
6 BFH v. 15.10.2003 – XI R 17/02, BStBl. II 2004, 264; vgl. auch BFH v. 14.5.2003 – XI R 16/02, BStBl. II 2003, 881; BFH v. 1.4.2004 – XI B 128/02, BFH/NV 2004, 1251.
7 Vgl. BFH v. 25.8.2015 – VIII R 2/13, BStBl. II 2015, 1015; v. 16.9.2015 – III R 22/14, BFH/NV 2016, 26.
8 *Weber-Grellet*, BB 2004, 1877 (1885).
9 BFH v. 10.9.2003 – XI R 9/02, BStBl. II 2004, 349 unter ausdrücklicher Aufgabe früherer entgegenstehender Rspr.; vgl. auch BFH v. 16.6.2004 – XI R 55/03, BStBl. II 2004, 1055; BMF v. 1.11.2013, BStBl. I 2013, 1326.
10 BFH v. 14.7.1993 – I R 84/92, BFH/NV 1994, 23.
11 BFH v. 25.3.1975 – VIII R 183/73, BStBl. II 1975, 634; v. 14.7.1993 – I R 84/92, BFH/NV 1994, 23.
12 BFH v. 16.3.1993 – XI R 52/88, BStBl. II 1993, 507.
13 BFH v. 30.1.1991 – XI R 21/88, BFH/NV 1992, 646.
14 BFH v. 6.3.2002 – XI R 36/01, BFH/NV 2002, 1144.
15 BFH v. 12.12.2007 – XI B 23/07, BFH/NV 2008, 376.
16 So aber wohl *Weber-Grellet*, DStR 1996, 1993/2000.
17 BFH v. 9.5.2007 – XI R 52/05, BFH/NV 2007, 1857.
18 Vgl. *Offerhaus*, DStZ 1994, 225; *Seitrich*, BB 1987, 378.

8 Aus dem Tatbestandserfordernis des Entgehens v. Einnahmen in Nr. 1 lit. a folgt, dass der Ausfall der Einnahmen v. **dritter Seite veranlasst** worden sein muss. Zwar fordert die Rspr. nicht mehr, dass das zur Entschädigung führende Ereignis ohne oder gegen den Willen des StPfl. eingetreten sein muss.[1] Es wird jedoch nach bisheriger Rspr. eine Zwangslage vorausgesetzt. Die Mitwirkung des StPfl. ist jedenfalls dann unschädlich, wenn er seine Rechte unter einem **erheblichen wirtschaftlichen, rechtl. oder tatsächlichen Druck** aufgegeben und das schadenstiftende Ereignis nicht aus eigenem Antrieb herbeigeführt hat.[2] Diese Voraussetzungen beziehen sich auf die Vereinbarung als solche; daher handelt es sich auch um eine Entschädigung, wenn die Auszahlungsmodalitäten später geändert werden (Ablösung monatlicher Übergangsgelder durch Einmalzahlung).[3] Stimmt der StPfl. einer gütlichen Einigung zu, spricht dies noch nicht gegen eine Zwangssituation.[4] An einer Zwangslage fehlt es jedoch dann, wenn der StPfl. in seiner Sphäre freiwillig eine Ursachenkette in Gang gesetzt hat, die ihm später keinen Entscheidungsspielraum mehr belässt.[5] Die Umwandlung einer unverfallbaren Pensionszusage in einen Anspr. auf Kapitalabfindung kann zu einer Entschädigung iSd. Nr. 1 lit. a führen.[6] Auch eine Abfindung im Zusammenhang mit der Veräußerung v. Gesellschaftsanteilen zur Abwendung eines drohenden Verlusts der lfd. Versorgungsleistungen kann unfreiwillig vereinbart worden sein.[7] Die Entschädigung für die Aufgabe der Geschäftsführertätigkeit kann auch dann v. dritter Seite veranlasst sein, wenn der Allein-G'ter-Geschäftsführer freiwillig alle Anteile an seiner GmbH veräußert; die Aufgabe der Geschäftsführertätigkeit ist nicht die zwangsläufige Folge der Anteilsveräußerung.[8] Ein Zwang zur Ablösung der Pensionsansprüche besteht jedoch nicht, wenn es im Zusammenhang mit der Ablösung der Pensionsverpflichtung nicht zu einer Veräußerung der Anteile kommt.[9] Sieht sich ein StPfl. unter Berücksichtigung der wirtschaftlichen Situation „seiner" GmbH nur in seiner Pers. als G'ter zu einem Verzicht gezwungen, handelt es sich nicht um eine Entschädigung.[10] Bei Einkünften aus nichtselbständiger Arbeit ist eine Mitwirkung des ArbN an der **Auflösung des Dienstverhältnisses** idR unschädlich, wenn sie vom ArbG veranlasst worden ist; es gelten die gleichen Maßstäbe wie bei § 3 Nr. 9.[11] Zahlt der ArbG einem ArbN im Zuge der (einvernehmlichen) Auflösung des Arbverh. eine Abfindung, sind tatsächliche Feststellungen zu der Frage, ob der ArbN dabei unter tatsächlichem Druck stand, regelmäßig entbehrlich.[12] Lediglich ein formaler ArbG-Wechsel reicht jedoch nicht aus, wenn das bestehende Arbverh. mit dem einen ArbG jeweils im Wesentlichen unverändert mit dem anderen ArbG fortgesetzt werden konnte (durchgehender Vergütungstarif, Anrechnung der Dienstzeiten, Entfallen einer Probezeit).[13] Auch eine Abfindung wegen Auflösung eines Dienstverhältnisses aufgrund der Übernahme eines Regierungsamtes fällt unter Nr. 1 lit. a, soweit sie Ersatz für das aufgrund der Vertragsbeendigung entgehende Aktivgehalt enthält.[14] In einem Urt. zu Abfindungszahlungen für den Ausschluss eines Versorgungsausgleichs hat der BFH mit beachtlichen Gründen die Frage aufgeworfen, ob iRd. § 24 Nr. 1 lit. a an dem Erfordernis der Zwangssituation festzuhalten ist, denn dies sei dem Wortlaut der Vorschrift nicht zu entnehmen und gehöre systematisch zum Merkmal der Außerordentlichkeit von Einkünften in § 34. Jedenfalls bei einer Abfindungszahlung für den Ausschluss eines Versorgungsausgleichs kommt es nicht auf eine Zwangslage an.[15]

9 Insbes. bei unternehmerischen Einkünften muss hinzukommen, dass es sich bei dem den Einnahmeausfall verursachenden Ereignis um einen **außergewöhnlichen Vorgang** handelt, der über den Rahmen einzelner,

1 So die frühere Rspr.: zB BFH v. 20.11.1970 – VI R 183/68, BStBl. II 1971, 263.
2 BFH v. 20.7.1978 – IV R 43/74, BStBl. II 1979, 9; v. 10.7.1991 – X R 79/90, BFHE 165, 75; v. 7.3.1995 – XI R 54/94, BFH/NV 1995, 961; v. 11.3.1996 – IV B 55/95, BFH/NV 1996, 737; v. 24.6.2009 – IV R 59/06, BFH/NV 2009, 1617; v. 11.2.2015 – VIII R 4/12, BStBl. II 2015, 647 (zu wirtschaftlichem Druck); *Geserich*, DB 2016, 1953.
3 BFH v. 14.5.2003 – XI R 12/00, BStBl. II 2004, 449; vgl. auch BFH v. 14.1.2004 – X R 37/02, BStBl. II 2004, 493.
4 BFH v. 13.3.2018 – IX R 12/17, DStR 2018, 1112.
5 BFH v. 7.3.1995 – XI R 54/94, BFH/NV 1995, 961; v. 12.12.2001 – XI R 38/00, BFH/NV 2002, 638.
6 BFH v. 28.7.1993 – XI R 4/93, BFH/NV 1994, 165; zu den arbeitsrechtl. und steuerrechtl. Aspekten einer Abfindung von Pensionszusagen vgl. *Huth*, BetrAV 2014, 110.
7 BFH v. 11.3.1996 – IV B 55/95, BFH/NV 1996, 737.
8 BFH v. 13.8.2003 – XI R 18/02, BStBl. II 2004, 106.
9 BFH v. 3.12.2003 – XI R 30/02, BFH/NV 2004, 1225; vgl. auch FG BaWü. v. 17.3.2005 – 14 K 225/98, EFG 2005, 935 zur Kapitalisierung eines Pensionsanspruchs bei Auflösung einer Stiftung.
10 BFH v. 24.11.2004 – XI B 89/04, BFH/NV 2005, 546.
11 BFH v. 20.10.1978 – VI R 107/77, BStBl. II 1979, 176; *Offerhaus*, DB 2000, 396; s. auch BMF v. 1.11.2013, BStBl. I 2013, 1326; nach FG Düss. ist eine Regelung der Abfindung im Anstellungsvertrag unschädlich (FG Düss. v. 25.2.2003 – 3 K 7318/00 E, EFG 2003, 704).
12 BFH v. 13.3.2018 – IX R 16/17, BStBl. II 2018, 709.
13 BFH v. 13.12.2005 – XI R 8/05, BFH/NV 2006, 1071.
14 BFH v. 6.3.2002 – XI R 51/00, BStBl. II 2002, 516.
15 BFH v. 23.11.2016 – X R 48/14, BStBl. II 2017, 383; dazu *Geißler*, Stbg. 2017, 417; *Geißler*, NWB 2018, 2924; so auch BFH v. 13.3.2018 – IX R 16/17, BStBl. II 2018, 709.

für die jeweilige Einkunftsart typischer Geschäfte hinausgeht.[1] Unter Nr. 1 lit. a gehören nur entgangene oder entgehende Einnahmen. Der Ausgleich eines Mehraufwandes fällt daher nicht unter diese Vorschrift.[2] Eine Zahlung dafür, dass kein neuer Arbeitsvertrag geschlossen wird, gilt ebenfalls keine entgangenen oder entgehenden Einnahmen ab.[3] Der Ersatz für den Verlust oder die Wertminderung v. Vermögenssubstanz, wie zB die Gegenleistung für den Verzicht auf ein obligatorisches Wohnrecht,[4] zählt ebenfalls nicht zu den Entschädigungen nach Nr. 1 lit. a.

2. Entschädigungen bei Gewinneinkünften. Ursprünglich wurde Nr. 1 lit. a für Gewinneinkünfte nicht 10
für anwendbar gehalten, weil das Gesamtergebnis des Wj. der Besteuerung zugrunde zu legen sei und einzelne BE innerhalb der Gewinnermittlung keine besondere, selbständige Bedeutung erlangen könnten.[5] Wortlaut und Systematik fordern jedoch eine Anwendung v. Nr. 1 lit. a auf Gewinneinkünfte. Daher hat der BFH diese Einschränkung der Vorschrift ausdrücklich aufgegeben und Entschädigungen auch bei den Einkünften aus LuF, GewBetr. und selbst Arbeit anerkannt.[6] Die Besonderheiten der Gewinnermittlung erfordern jedoch eine **deutliche Trennung zw. den lfd. Einkünften und den Entschädigungen** gem. Nr. 1 lit. a. Eine Entschädigung liegt nicht vor, wenn der zur Ersatzleistung führende Sachverhalt sich als ein normaler und üblicher Geschäftsvorfall iRd. jeweiligen unternehmerischen Einkunftsart darstellt.[7] Im Bereich der Einkünfte aus GewBetr. liegt eine Entschädigung nicht vor, wenn und soweit die Ersatzleistung der Erfüllung oder dem Ausgleich des Interesses an der Erfüllung solcher Verträge dient, die im lfd. Geschäftsverkehr geschlossen worden sind und sich unmittelbar auf den Geschäftsgegenstand des Unternehmens beziehen. Dies gilt auch für die infolge **Vertragsstörung** iRd. Erfüllungsinteresses geleisteten Zahlungen des Vertragsstörers, und zwar einschl. der Zahlungen für den entgangenen Gewinn iSd. § 252 BGB. Zahlungen, die bürgerlich-rechtl. Erfüllungsleistungen eines Rechtsverhältnisses sind, fallen daher selbst dann nicht unter den Begriff der Entschädigung iSd. Nr. 1 lit. a, wenn sie auf einer neuen Rechts- und Billigkeitsgrundlage beruhen.[8]

Einzelnachweise der Entschädigungen bei Gewinneinkünften 11

Alleinvertriebsrecht: Zahlung im Zusammenhang mit Alleinvertriebsrecht ist keine Entschädigung (BFH BStBl. III 1966, 91).

Architekt: Haben ein Architekt und sein Auftraggeber vertraglich vereinbart, dass jeder Vertragspartner aus wichtigem Grund kündigen könne und in diesem Fall der Architekt die vereinbarte Vergütung nur nach Abzug ersparter Aufwendungen erhalte, ist der zur Auszahlung kommende Honoraranteil keine Entschädigung iSd. Nr. 1 lit. a (BFH v. 18.9.1986 – IV R 228/83, BStBl. II 1987, 25); keine Tarifermäßigung für Zahlungen, die ein Architekt als Ersatz für entgangene Honorare erhalten hat, weil der Grundstückseigentümer das Grundstück an einen Bauträger veräußerte, ohne diesem eine Architektenbindung zugunsten des StPfl. aufzuerlegen (BFH v. 12.1.1984 – IV R 94/83, juris); Ausgleich dafür, dass ein Bauprojekt, mit dessen Planung und Durchführung er beauftragt ist, nicht durchgeführt wird und infolgedessen seine vertraglich begründeten Honoraransprüche nicht erfüllt werden, keine Entschädigung (BFH v. 27.7.1978 – IV R 149/77, BStBl. II 1979, 66).

Aufwandsentschädigung s. ehrenamtliche Tätigkeit.

Ausgleichsgeld s. Land- u Forstwirtschaft.

Auslandsversetzung: Sonderzahlungen anlässlich einer Versetzung zur ausländ. Tochtergesellschaft bei gleichzeitigem Ruhen des Arbverh. bei der Muttergesellschaft keine Entschädigung (FG Köln v. 8.2.2001 – 10 K 4874/96, EFG 2001, 570 mit Anm. *Hoffmann*).

Beratervertrag: Eine vergleichsweise vereinbarte Abfindung für die Beendigung eines Beratervertrages an einen Rechtsanwalt kann eine Entschädigung iSd. § 24 Nr. 1 sein, wenn der Anwalt im Wesentlichen wie ein ArbN tätig wird (s. Rechtsanwalt) oder wenn der Vertrag die wesentliche Existenzgrundlage darstellt (vgl. FG Hamb v. 2.12.1981 – VI 50/79, EFG 1982, 302).

Bergbau: Ausgleichszahlungen eines Bergbauunternehmens für Schäden an einem zum luf. BV gehörenden, selbstgenutzten Wohnhaus sind keine Entschädigung (BFH v. 6.8.1998 – IV R 91/96, BFH/NV 1999, 40).

1 BFH v. 20.7.1978 – IV R 43/74, BStBl. II 1979, 9; v. 27.11.1991 – X R 10/91, BFH/NV 1992, 455; v. 21.9.1993 – IX R 32/90, BFH/NV 1994, 308 (zu den Besonderheiten bei VuV).
2 BFH v. 27.7.1978 – IV R 153/77, BStBl. II 1979, 69.
3 BFH v. 10.7.2008 – IX R 84/07, BFH/NV 2009, 130.
4 BFH v. 9.8.1990 – X R 140/88, BStBl. II 1990, 1026.
5 RFH, RStBl. 1942, 19; RFH, RStBl. 1944, 641.
6 BFH v. 17.12.1959 – IV 223/58 S, BStBl. III 60, 72.
7 BFH v. 20.7.1978 – IV R 43/74, BStBl. II 1979, 9.
8 BFH v. 10.9.1998 – IV R 19/96, BFH/NV 1999, 308.

Betriebsverlegung: Entschädigung, bei längerfristigen Produktionsausfällen oder wesentlichen Produktionseinschränkungen oder einem standortbedingten Wegfall wichtiger Geschäftsbeziehungen und damit einhergehenden Umsatzausfällen (BFH v. 28.9.1987 – VIII R 159/83, BFH/NV 1988, 227).

Bezirksprovision: Entschädigung für den Verlust der Rechte aus § 87 Abs. 2 HGB (Bezirksprovision, Kundenschutz) fällt unter Nr. 1 lit. a (BFH v. 19.7.1966 – I 235/63, BStBl. III 1966, 624).

Ehrenamtliche Tätigkeit: Zahlungen einer Berufskammer an ihren ehrenamtlich tätigen Präsidenten, der den Beruf selbständig als Inhaber eines einschlägigen Betriebs ausübt, gehörten zu lfd. Einkünften (BFH v. 26.2.1988 – III R 241/84, BStBl. II 1988, 615). Gleiches gilt für Entschädigungen an Angehörige freier Berufe für eine ehrenamtliche Tätigkeit in den Berufs- und Standesorganisationen; **nicht** aber wenn Angehörige freier Berufe in Berufs- und Standesorganisationen Aufgaben der sog. **schlichten Hoheitsverwaltung** wahrnehmen, also öffentl. Dienste leisten, und für diese Tätigkeit aus einer öffentl. Kasse vergütet werden (OFD Rhld. v. 3.4.2007 – S 2246 - St 157).

Entgangener Gewinn: Die infolge Vertragsstörung iRd. Erfüllungsinteresses geleisteten Zahlungen des Vertragsstörers, und zwar einschl. der Zahlungen für den entgangenen Gewinn iSd. § 252 BGB, fallen bei den gewerblichen Einkünften selbst dann nicht unter den Begriff der Entschädigung iSd. Nr. 1 lit. a, wenn sie auf einer neuen Rechts- und Billigkeitsgrundlage beruhen (BFH v. 10.9.1998 – IV R 19/96, BFH/NV 1999, 308).

Ertragsausfall: Ersatz für tatsächlichen Ertragsausfall im landwirtschaftlichen Betrieb ist Entschädigung (BFH v. 14.10.1982 – IV R 19/79, BStBl. II 1983, 203).

Förderung: Ein Verzicht auf eine Förderung nach dem LPflegeHG RhPf.[1] nach jahrelangem Rechtsstreit kann eine Entschädigung sein, denn es handelt sich nicht um die vertraglich vereinbarte Erfüllungsleistung (BFH v. 25.8.2015 – VIII R 2/13, BStBl. II 2015, 1015).

Handelsvertreter: Wenn ein Handelsvertreter eine Einmalzahlung für die Absenkung seiner Provisionssätze erhält, kann darin eine Entschädigung für entgehende Einnahmen zu sehen sein, die unabhängig von einer Abschlagszahlung auf den Ausgleichsanspr. nach § 89b HGB zu besteuern ist (BFH v. 27.10.2015 – X R 12/13, BFH/NV 2016, 898; vgl. auch *Emde*, BB 2017, 2947).

Hochspannungsleitung: Zahlungen für die Inanspruchnahme luf Grundbesitzes ist Gegenleistung für Nutzung des Grundstücks (BFH v. 19.4.1994 – IX R 19/90, BStBl. II 1994, 640).

Invaliditätsentschädigung: Die im Schadensfall geleisteten Zahlungen der Versicherungsgesellschaft (Tagegeld, Invaliditätsentschädigung) sind keine Entschädigungen für entgangene oder entgehende Einnahmen (StWK Gruppe 28, 3117 = StLex BFH 3, 24, 53).

Investitionszulage: Entschädigung, die dafür gezahlt wird, dass die Steuerberatungsgesellschaft einer GmbH den Antrag auf Investitionszulage nicht rechtzeitig gestellt hat, gehört nicht zu den Einkünften iSd. EStR (BFH v. 16.8.1978 – I R 73/76, BStBl. II 1979, 120).

Konkurrenzverzicht: Entschädigung hierfür kann unter Nr. 1 lit. a fallen (BFH v. 5.10.1976 – VIII R 38/72, BStBl. II 1977, 198); sie dürfte jedoch eher unter Nr. 1 lit. b zu subsumieren sein (s. Rn. 18).

Kostenunterdeckung: Ausgleich für Kostenunterdeckung bei Schülerbeförderung keine Entschädigung (BFH v. 3.7.1986 – IV R 109/84, BStBl. II 1986, 806).

Land- und Forstwirtschaft: Ausgleichsgeld nach § 8 FELEG und Leistungen zur sozialen Sicherung nach § 15 FELEG sind als Entschädigungen den Einkünften aus LuF zuzuordnen, wenn sie als Ersatz für zuvor v. einer MU'schaft bezogene Tätigkeitsvergütungen gezahlt werden, die als Sondervergütungen zu den Einkünften aus LuF zählten (BFH v. 8.11.2007 – IV R 30/06, BFH/NV 2008, 546)

Mietvertrag: Entschädigung oder Abfindung für vorzeitige Auflösung eines Mietvertrages kann eine Entschädigung iSd. Nr. 1 lit. a sein (BFH v. 20.7.1978 – IV R 43/74, BStBl. II 1979, 9; v. 11.1.2005 – IX R 67/02, BFH/NV 2005, 1044).

Milchaufgabevergütung für die teilw. Aufgabe der Milcherzeugung durch den Pächter ist keine Entschädigung iSv. Nr. 1 (BFH v. 24.8.2000 – IV R 42/99, BStBl. II 2003, 67; v. 17.4.2007 – IV B 91/06, BFH/NV 2007, 1853).

Oberflächenentschädigung: Erhält ein Landwirt für die Verpachtung landwirtschaftlicher Nutzflächen zum Abbau v. Bodenschätzen neben einem Förderzins eine Entschädigung für entgangene oder entgehende Einnahmen aus der Bewirtschaftung der Flächen, gehört die Entschädigung zu den Einkünften aus LuF, wenn die Flächen im BV bleiben (BFH v. 15.3.1994 – IX R 45/91, BStBl. II 1994, 840; *K/S/M* § 24 Rn. B 41).

1 Landesgesetz über ambulante, teilstationäre und stationäre Pflegehilfen Rheinland-Pfalz v. 28.3.1995, Gesetz- und Verordnungsblatt für das Land Rheinland-Pfalz 1995, 55.

Pachtaufhebungsentschädigung: Eine für die vorzeitige Aufhebung eines Pachtvertrages geleistete Abfindung in Form einer Grundstücksübertragung und Darlehensübernahme kann auch dann eine Entschädigung sein, wenn der Pächter die Flächen v. dem neuen Verpächter pachten kann und durch die Weiterbewirtschaftung keine Einnahmeeinbußen erlitten hat, denn die Aufhebung des Pachtvertrages führte dazu, dem Pächter dauerhaft die Grundlage für die Erzielung künftiger Einnahmen entzogen worden ist. Voraussetzung für eine Entschädigung iSd. Nr. 1 lit. a ist jedoch, dass der Pächter die Vereinbarung unter rechtl., wirtschaftlichem oder tatsächlichem Druck abgeschlossen hat (BFH v. 22.1.2009 – IV R 12/06, BFH/NV 2009, 933).

Pensionsabfindung: Verzichtet ein an einer GmbH beteiligter G'ter-Geschäftsführer gegen Zahlung auf seine Pensionsansprüche, findet Nr. 1 lit. a nur Anwendung, wenn der StPfl. unter erheblichem rechtl., wirtschaftlichen und tatsächlichen Druck gestanden hat. Ein solcher Druck kann vorliegen, wenn der Verkauf der GmbH-Anteile nicht ohne den Verzicht zustande gekommen wäre, weil der G'ter-Geschäftsführer, der sich zur Veräußerung seiner GmbH-Anteile entschließt, nicht damit rechnen muss, dass dies nur bei gleichzeitigem Verzicht auf seine Pensionsansprüche gegen Abfindung durch die GmbH möglich ist (BFH v. 10.4.2003 – XI R 4/02, BStBl. II 2003, 748; v. 27.7.2004 – IX R 64/01, BFH/NV 2005, 191; v. 10.4.2003 – XI R 32/02, BFH/NV 2004, 17; v. 11.12.2002 – XI R 41/01, BFH/NV 2003, 607; zur Zwangslage *Weber-Grellet* BB 2004, 1877, 1886). Für eine Allein-G'ter-Geschäftsführerin, die die GmbH-Anteile nach dem Tod ihres Ehemannes geerbt hatte, besteht ein Zwang zur Liquidation, wenn auch ein gesellschaftsfremder Geschäftsführer keine Alt. zur Betriebseinstellung gehabt hätte (BFH v. 15.10.2003 – XI R 11/02, BFH/NV 2004, 624). Wird eine bereits bei Abschluss oder während des Arbverh. vereinbarte Abfindung, die für den Verlust späterer Pensionsansprüche infolge der Kündigung des Arbverh. nach Wahl des ArbG in einem Betrag ausgezahlt, so ist dies keine Entschädigung iSd. Nr. 1 lit. a, weil diese Ersatzleistung nicht auf einer neuen Rechtsgrundlage oder Billigkeitsgrundlage beruht (BFH v. 10.4.2003 – XI R 4/02, BStBl. II 2003, 748). Die Abfindung eines gegenüber einer PersGes. bestehenden Pensionsanspruchs eines G'ters anlässlich der Aufgabe des Betriebs der Ges. stellt eine Sondervergütung dar, die seinen Anteil am Aufgabegewinn erhöht, und fällt nicht unter Nr. 1 lit. a (BFH v. 20.1.2005 – IV R 22/03, BStBl. II 2005, 559). Im Fall der Liquidation muss ein Zwang zur Liquidation der Ges. bestehen. Dieser kann im Allg. bejaht werden, wenn auch ein gesellschaftsfremder Unternehmer im Hinblick auf die wirtschaftliche Situation der Ges. die Liquidation beschlossen hätte (BFH v. 4.9.2002 – XI R 53/01, BStBl. II 2003, 177).

Produktionseinstellung: Für die freiwillige Einstellung eines nicht mehr rentablen Produktionszweigs v. einem Konkurrenzunternehmen gezahlte Abfindung ist keine Entschädigung iSd. Nr. 1 lit. a (BFH v. 26.9.1968 – IV 22/64, BStBl. II 1969, 69); sie dürfte richtigerweise (Rn. 17) unter Nr. 1 lit. b fallen.

Rahmenvertrag: Kündigt ein Mandant einen Rahmenvertrag, durch den sich ein RA für die Zusage der Übertragung aller bei diesem anfallenden Beitreibungssachen seinerseits verpflichtet, nicht beitreibbare erstattungsfähige Honorarforderungen dem Mandanten gegenüber nicht geltend zu machen, so liegt in der Zahlung der Gebühren für alle bei Vertragsbeendigung noch lfd. Beitreibungssachen innerhalb kurzer Zeit keine Entschädigung als Ersatz für entgangene oder entgehende Einnahmen (BFH v. 27.7.1978 – IV R 14/78, BStBl. II 1979, 71).

Rechtsanwalt: Eine Entschädigung liegt nicht vor bei Einnahmen aus Geschäftsvorfällen, die der lfd. Geschäftsführung zuzurechnen sind. Schuldet aber ein Rechtsanwalt seine Leistung trotz Beibehaltung der rechtlichen Selbständigkeit aufgrund eines Beratungsvertrags im Wesentlichen wie ein ArbN (feste Vergütung, Sozialleistungen, keine Unternehmertätigkeit, Eingliederung in den Betrieb), so kommt iZ mit diesem Vertrag eine Entschädigung bei ihm nach den Grundsätzen in Betracht, die für ArbN gelten (BFH v. 10.7.2012 – VIII R 48/09, BStBl. II 2013, 155). Bei der Zahlung einer **Vertragsstrafe**, die ein Rechtsanwalt und Notar an eine Rechtsanwalts- und Notarsozietät zu zahlen hatte, weil er an einer vereinbarten Bürogemeinschaft nicht teilnahm, handelt es sich nicht um eine steuerbegünstigte Entschädigung, sondern um lfd. Einkünfte der Sozietät aus selbständiger Tätigkeit (Hess. FG v. 27.6.2012 – 11 K 459/07, EFG 2013, 37).

Schieflagenentschädigung s. Bergbau.

Seelotse: Überbrückungsgelder, die ein Seelotse nach dem Ende der Bestallung erhält, sind als nachträgliche BE (FG Nds. v. 4.7.2006 – 2 K 592/04, EFG 2006, 1894).

Sukzessivlieferungsvertrag: Abfindungen wegen Aufhebung eines Sukzessivlieferungsvertrags liegen für einen Gewerbetreibenden auch dann im Bereich des Üblichen, wenn der Unternehmer seinen alleinigen und ausschließlichen Vertragspartner verloren hat (BFH v. 10.9.1998 – IV R 19/96, BFH/NV 1999, 308).

Wettbewerbsverbot s. Rn. 16.

3. Entschädigungen bei Einkünften aus nichtselbständiger Arbeit 12

Abfindung: Eine zur Ablösung übertariflicher Zulagen gewährte Ausgleichszahlung ist keine Entschädigung, wenn das Arbverh. fortgesetzt wird (FG BaWü. v. 1.12.2003 – 10 K 186/02, EFG 2004, 656). Eine (einmalige) Abfindung v. Versorgungsansprüchen kann Entschädigung sein, wenn sie durch eine ernst zu nehmende wirtschaftliche Gefährdung der Anspr. veranlasst ist (BFH v. 14.12.2004 – XI R 12/04, BFH/NV 2005, 1251). Wird bei einem Verkauf eines Unternehmens das Arbverh. mit dem alten ArbG aufgelöst und ein neues Arbverh. begründet, fallen Abfindungszahlungen durch den neuen ArbG nicht unter Nr. 1 lit. a, wenn nicht festgestellt werden kann, dass ein **unmittelbarer Zusammenhang** der Zahlung mit dem aufgelösten Dienstverhältnis besteht (BFH v. 1.8.2007 – XI R 18/05, BFH/NV 2007, 2104).

Ablösezahlung an Fußballer, die im Arbeitsvertrag vereinbart war, ist keine tarifbegünstigte Entschädigung iSv. Nr. 1 lit. a (FG Köln v. 28.8.1998 – 15 K 4889/98, EFG 1998, 1586).

AGG: Entschädigungszahlungen nach § 15 Abs. 2 AGG sind als Ersatz für immaterielle Schäden stfrei, während Schadensersatzzahlungen gem. § 15 Abs. 1 AGG, die dem Ausgleich entgangener Einnahmen dienen, steuerbar ist. Werden in einem Aufhebungsvertrag gleichzeitig Abfindungen und Entschädigungszahlungen vereinbart, empfiehlt sich eine Aufteilung der Zahlungen im Aufhebungsvertrag (ausf. *Bauer/Günther* NJW 2007, 113; *Cornelius/Lipinski* BB 2007, 496).

Amtshaftung: Schadensersatzzahlungen aufgrund v. Amtshaftung wegen einer aufgrund mündlicher Absprache verhinderten Einstellung eines Beamten bei einem privaten ArbG können eine Entschädigung iSv. Nr. 1 lit. a sein (FG Köln v. 2.6.2004, EFG 2004, 1604, aufgehoben durch BFH v. 4.10.2006 – VIII R 53/04, BStBl. II 2007, 227, wegen Unklarheiten der Einheitlichkeit der Entschädigung). Dies gilt auch für Schadensersatzleistungen aus Amtshaftung als Surrogat für die durch eine rechtswidrige Abberufung als Bankvorstand entstandenen Verdienst- und Betriebsrentenausfälle (BFH v. 12.7.2016 – IX R 33/15, BStBl. II 2017, 158).

Änderungskündigung: Entschädigungszahlung bei Umsetzung auf niedriger entlohnten Arbeitsplatz fällt unter Nr. 1 lit. a, wenn ArbN unter Druck des ArbG handelt (vgl. *Offerhaus* DStZ 1981, 445, 452; Rn. 7)

Auflösung des Arbeitsverhältnisses: Darunter ist die nach bürgerlichem (Arbeits-)Recht wirksame Auflösung zu verstehen; die Beteiligten haben es dabei – bis an die Grenze des Gestaltungsmissbrauchs – in der Hand, durch vertragliche Vereinbarung zu bestimmen, in welchem Umfang Entschädigungen an die Stelle v. stpfl. Lohnansprüchen treten (BFH v. 14.5.2003 – XI R 16/02, BStBl. II 2003, 881). Leistungen aus Anlass der Auflösung des Arbverh. sind nur dann Entschädigung iSv. Nr. 1 lit. a, wenn das Arbverh. unfreiwillig aufgelöst wird und die Leistungen als Ersatz für entgehende Einnahmen gewährt werden. Unfreiwillige Beendigung des Arbverh., wenn ArbG kündigt, wenn ArbN nach Konkurs mit Konkursverwalter vorzeitige Auflösung des Arbverh. vereinbart (BFH v. 13.10.1978 – VI R 91/77, BStBl. II 1979, 155), wenn der Arbeitsplatz wegen Rationalisierung wegfällt und Umzug zu einem v. ArbG angebotenen neuen Arbeitsplatz unzumutbar ist (BFH v. 6.5.1977 – VI R 161/76, BStBl. II 1977, 718) oder wenn ein Regierungsamt übernommen wird (BFH v. 6.3.2002 – XI R 51/00, BStBl. II 2002, 516). Beruht die Kündigung des ArbG auf einem **Fehlverhalten des ArbN**, handelt es sich nicht um eine Entschädigung (FG RhPf. v. 4.6. 2003 – 1 K 1690/01, ArbuR 2004, 39). Keine unfreiwillige Beendigung des Arbverh., wenn ArbN kündigt, weil er zur Herstellung der ehelichen Lebensgemeinschaft Wohnsitz verlegt (BFH v. 21.6.1990 – X R 46/86, BStBl. II 1990, 1020) oder ArbG eine aus familiären Gründen notwendige Reduzierung der Arbeitszeit ablehnt (BFH v. 28.11.1991 – XI R 7/90, BFH/NV 1992, 305). Keine Entschädigung, wenn es sich bei Zahlungen um Erfüllungsleistung aus ursprünglichem Arbverh. handelt (BFH v. 6.2.1987 – VI R 229/83, BFH/NV 1987, 574 – Fortzahlung v. Bezügen; s. auch BMF v. 1.11.2013, BStBl. I 2013, 1326 zu Entlassungsentschädigungen). Zahlt allerdings der ArbG dem früheren ArbN für die Zeit nach Auflösung des Dienstverhältnisses Beträge, auf die dieser bei Fortbestand des Dienstverhältnisses einen Anspr. gehabt hätte, der aber durch einen Vergleich zivilrechtl. weggefallen ist, so handelt es sich um Entschädigungen für entgehende Einnahmen (BFH v. 19.10.2005 – XI R 24/04, BFH/NV 2006, 928). Die Entschädigung kann bereits bei Abschluss eines Dienstvertrages oder im Verlauf des Dienstverhältnisses für den Fall des vorzeitigen Ausscheidens vereinbart werden (BFH v. 10.9.2003 – XI R 9/02, BStBl. II 2004, 349; BMF v. 1.11.2013, BStBl. I 2013, 1326 ; vgl. FG Düss. v. 25.2.2003 – 3 K 7318/00 E, EFG 2003, 704; FG BaWü. v. 8.7.2003 – 1 K 24/01, EFG 2003, 1791). Wird ein einheitlicher Abfindungsbetrag vereinbart, der auch Erfüllungsleistungen beinhaltet, ist die Entschädigungsleistung herauszurechnen (Rn. 3). Wird das Arbverh. nach einer Versetzung oder mit einem neuen ArbG gem. § 613a BGB fortgesetzt, ist Nr. 1 lit. a idR nicht anwendbar, weil die Tätigkeit nicht beendet wird (vgl. BFH v. 10.10.2001 – XI R 54/00, BStBl. II 2002, 181; v. 12.4.2000 – XI R 1/99, BFH/NV 2000, 1195). Es genügt auch nicht ein lediglich formaler ArbG-Wechsel, wenn das bisherige Arbverh. innerhalb eines Unternehmensverbundes mit im Wesentlichen gleichem Inhalt fortgeführt wird (BFH v. 13.12.2005 – XI R 8/05, BFH/NV 2006, 1071).

Ausgleichszahlungen, die ein ArbG anlässlich der Auflösung eines Arbverh. einem ArbN neben der Zahlung eines Abfindungsbetrages für den Fall längerer Arbeitslosigkeit nach dem Auslauf des Arbeitslosengeldes zahlt, sind nicht Teil einer einheitlichen Entschädigung iSd. Nr. 1 lit. a (BFH v. 4.2.1998 – XI B 108/97, BFH/NV 1998, 1082).

Ausgliederung: Ausgleichszahlungen zur Abgeltung v. Nachteilen (zB Wegfall v. Freifahrten), die anlässlich der Ausgliederung eines Teilbereichs eines Unternehmens in ein konzernangehöriges Unternehmen entstehen, fallen nicht unter Nr. 1 lit. a, wenn das bisherige Arbverh. – modifiziert – nach § 613a BGB fortgesetzt wird (BFH v. 12.4.2000 – XI R 1/99, BFH/NV 2000, 1195).

Economic Value Added (EVA)-Zertifikate: Bei den Erträgen handelt es sich um geldwerte Vorteile aus dem Arbverh. dar. Der Einlösungsbetrag des EVA-Zertifikats ist trotzdem weder Ersatz für eine entgehende oder eine entgangene Einnahme noch für die Aufgabe einer Tätigkeit oder Entgelt für eine mehrjährige Tätigkeit, sondern Entgelt für die Überlassung des Kapitals auf Zeit und fällt daher nicht unter Nr. 1 (FG BaWü. v. 9.11.2006 – 6 K 105/06, EFG 2007, 512; **aA** FG Hbg. v. 16.12.2005 – VII 243/04, EFG 2006, 1059).

Ehrenamtliche Richter (Schöffen): Die Besteuerung von Entschädigungen für ehrenamtliche Richterinnen und Richter richtet sich nach dem Rechtsgrund der Zahlung. Soweit es sich um eine Entschädigung für Verdienstausfall gem. § 18 JVEG handelt, ist sie nach § 19 Abs. 1 S. 1 Nr. 1, § 24 Nr. 1 lit. a steuerbar, wenn sie als Ersatz für entgangene Einnahmen aus einer nicht selbständigen Tätigkeit gezahlt wird. Soweit es sich um eine Entschädigung für Zeitversäumnis nach § 16 JVEG handelt, ist sie nicht steuerbar. Die Steuerbefreiung des § 3 Nr. 26a findet dann keine Anwendung, wenn nach § 3 Nr. 12 stfreier Aufwendungsersatz gezahlt worden ist (BFH v. 31.1.2017 – IX R 10/16, BStBl. II 2018, 571).

Entlassungsentschädigungen s. Auflösung des Arbverh.; ausf. BMF v. 1.11.2013, BStBl. I 2013, 1326.

Erfindervergütung: Eine Zwangssituation mit der Folge einer Entschädigung kann vorliegen, wenn der ArbN mit seinem Interesse an einer Weiterführung der ursprünglichen Vereinbarung auf Arbeitnehmererfindervergütung im Konflikt mit seinem ArbG nachgibt und dessen Abfindungsangebot annimmt (BFH v. 29.2.2012 – IX R 28/11, BStBl. II 2012, 569). Handelt es sich jedoch lediglich um eine Gegenleistung für die Rechteübertragung, handelt es sich nicht um eine Entschädigung (BFH v. 29.8.2012 – IX R 63/12, BFH/NV 2012, 2022, vgl. auch *Gröne*, DStZ 2018, 463).

Erwerbsunfähigkeit: Erhält ein im Zeitpunkt des schädigenden Ereignisses Erwerbsloser vom Schädiger Ersatz für den verletzungsbedingt erlittenen Erwerbsschaden gem. § 842 BGB, kommt es für die Anwendung von § 24 Nr. 1 lit. a darauf an, ob mit der Zahlung steuerbare und stpfl. Einnahmen ersetzt werden sollen (sog. Verdienstausfall) oder der Anspr. auf stfreie Sozialleistungen wie das Arbeitslosengeld (§ 3 Nr. 2 lit. a) oder das Arbeitslosengeld II (BFH v. 20.7.2018 – IX R 25/17, DStR 2018, 2327).

Fusion: Die Abfindung an ein Organmitglied einer Bank bei Weiterbeschäftigung als weisungsabhängiger ArbN nach Fusion stellt keine Entschädigung dar, weil das bisherige Dienstverhältnis fortgesetzt wird (BFH v. 12.12.2007 – XI B 23/07, BFH/NV 2008, 376).

Geschäftsführer: Wird der Anstellungsvertrag des Geschäftsführers einer GmbH zur Vermeidung einer Kündigung aufgelöst und erhält der Geschäftsführer in diesem Zusammenhang eine Abfindung, ist diese auch dann eine tarifbegünstigte Entschädigung, wenn die GmbH G'ter-Geschäftsführerin einer MU'schaft und der Geschäftsführer deren minderheitsbeteiligter MU'er ist (BFH v. 24.6.2009 – IV R 94/06, DB 2009, 2129). Dabei spielt es auch keine Rolle, dass der Geschäftsführer weiter als Unterbeteiligter Einkünfte aus der mitunternehmerischen Beteiligung erzielt, denn die Einkünfte aus der Geschäftsführungstätigkeit können v. den anderen Bestandteilen der mitunternehmerisch bezogenen Einkünfte jedenfalls dann abgegrenzt werden, wenn der MU'er Geschäfte einer an der MU'schaft beteiligten KapGes. führt (BFH v. 24.6.2009 – IV R 94/06, aaO). Dies gilt auch für Sondervergütungen für die Auflösung eines Geschäftsführungsvertrags bei einer Komplementär-GmbH eines MU'ers an einer KG, selbst wenn die mitunternehmerische Beteiligung fortbesteht (BFH v. 24.6.2009 – IV R 95/06, juris).

Körperverletzung: Bei Entschädigungen wegen Körperverletzung ist zu unterscheiden zw. Beträgen, die den Verdienstausfall ersetzen und solchen, die als Ersatz für Arztkosten und Heilungskosten und die Mehraufwendungen während der Krankheit sowie als Ausgleich für immaterielle Einbußen in Form eines Schmerzensgeldes gewährt werden. Nur soweit entgangene oder entgehende Einnahmen aufgrund der verminderten Erwerbsfähigkeit ersetzt werden, handelt es sich um stpfl. Entschädigung gem. Nr. 1 lit. a (BFH v. 21.1.2004 – XI R 40/02, BStBl. II 2004, 716).

Kurzarbeit: Ein Zuschuss (Aufstockungsbetrag) zum Transferkurzarbeitergeld stellt eine Entschädigung für entgangene oder entgehende Einnahmen dar (FG Münster v. 15.11.2017 – 7 K 2635/16 E, EFG 2018, 120 [Rev. IX R 44/17]; vgl. auch *Lüthge/Teichert*, BB 2018, 808).

Outsourcing s. Ausgliederung.

Pensionsabfindungen, die aus Anlass der Beendigung des Arbverh. gezahlt wird, können Entschädigungen iSd. Nr. 1 lit. a sein, wenn sie vertraglich nicht vereinbart war (BFH v. 25.8.1993 – XI R 8/93, BStBl. II 1994, 167). Dabei dürfte es unschädlich sein, wenn die Pensionsabfindung bereits bei Beginn oder während des Dienstverhältnisses vereinbart wird (vgl. BFH v. 10.9.2003 – XI R 9/02, BStBl. II 2004, 349; Abweichung v. BFH v. 27.2.1991 – XI R 8/87, BStBl. II 1991, 703). Keine Entschädigung, wenn der ArbN v.

sich aus nach Eheschließung zur Herstellung der ehelichen Lebensgemeinschaft das Dienstverhältnis gekündigt hat (BFH v. 21.6.1990 – X R 46/86, BStBl. II 1990, 1020).

Reduzierung der Arbeitszeit s. Teilabfindung.

Schadensersatz, der einem StPfl. infolge einer schuldhaft verweigerten Wiedereinstellung zufließt, ist eine Entschädigung iSd. Nr. 1 lit. a (BFH v. 6.7.2005 – XI R 46/04, BStBl. II 2006, 55). Dabei ist unerheblich, ob der Ersatzanspruch bei der Zusage der Wiedereinstellung bereits für den Fall der Verweigerung einer Wiedereinstellung vereinbart wird oder ob ein solcher Ersatzanspruch aufgrund der Wiedereinstellungsklausel iVm. §§ 284, 286 BGB besteht.

Spezialeinlage: Soweit eine Spezialeinlage, die ein ArbG in eine schweizerische Pensionskasse zur Erleichterung des vorzeitigen Ruhestands seines ArbN und zum Ausgleich der damit verbundenen Rentenminderungen leistet, nicht gem. § 3 Nr. 28 stfrei ist, handelt es sich um eine Entschädigung gem. § 24 Nr. 1 lit. a, die nach § 34 ermäßigt besteuert werden kann (BFH v. 17.5.2017 – X R 10/15, BStBl. II 2017, 1251).

Streikunterstützungen unterliegen nicht der ESt (BFH v. 24.10.1990 – X R 161/88, BStBl. II 1991, 337). Sie wurden früher zu Recht als Entschädigung nach Nr. 1 lit. a beurteilt (BFH v. 30.10.1970 – VI R 273/67, BStBl. II 1971, 138; v. 30.3.1982 – III R 150/80, BStBl. II 1982, 552; *Knobbe-Keuk* DB 1992, Beil. Nr. 6).

Teilabfindung, die aufgrund einer unbefristeten Reduzierung der wöchentlichen Arbeitszeit gezahlt wird, kann eine Entschädigung iSv. Nr. 1 lit. a sein (BFH v. 25.8.2009 – IX R 3/09, BStBl. II 2010, 1030; dazu auch *Nave*, BB 2010, 39 und *Bode*, FR 2010, 344).

Übergangsgeld nach Beendigung eines Arbverh. ist keine Entschädigung iSd. Nr. 1 lit. a (BFH v. 21.6.1990 – X R 45/86, BFH/NV 1991, 88; v. 18.9.1991 – XI R 8/90, BStBl. II 1992, 34 – für Übergangsgeld nach § 62 BAT bei befristeten Arbverh.). Übergangszahlungen nach der vorzeitigen Beendigung des Arbverh., die sich nach der Höhe des letzten Gehalts bestimmen und den wirtschaftlichen Übergang in den Ruhestand erleichtern sollen, können allerdings eine Entschädigung sein, wenn sie auf einer neuen Rechts- und Billigkeitsgrundlage beruhen (BFH v. 29.5.2008 – IX R 55/05, BFH/NV 2008, 1666).

Umorientierungshilfe: Bei einer Vereinbarung, nach der der ArbN bis zur Beendigung des Arbverh. einen neunzehnmonatigen unbezahlten Übergangsurlaub nimmt, sind die Zahlung zum Ausgleich des unbezahlten Urlaubs (Umorientierungshilfe) sowie die Abfindung wegen der vorzeitigen Beendigung des Arbverh. als einheitliche Entschädigung EStG zu beurteilen (BFH v. 28.6.2006 – XI R 58/05, BStBl. II 2006, 835).

Umsetzung: Abfindung für Umsetzungen innerhalb eines Konzerns nur dann, wenn die Maßnahme nicht mehr als Fortsetzung des bisherigen Arbverh. beurteilt werden kann (BFH v. 22.6.2001 – XI B 27/01, BFH/NV 2001, 1551), s. auch Änderungskündigung.

Urlaubsansprüche: Leistungen für verfallene Urlaubsansprüche eines ArbN im Baugewerbe (insbes. gem. § 15 des Tarifvertrags über das Sozialkassenverfahren im Baugewerbe) sind keine Entschädigung, sondern Arbeitslohn (FG Münster v. 6.10.2004 – 1 K 6311/01 E, EFG 2005, 605).

Verdienstausfallentschädigung: die aufgrund einer Vergleichsvereinbarung von einer Versicherung in einem Betrag ausgezahlte Entschädigung für künftigen Dienstausfall kann unter Nr. 1 lit. a fallen (FG Nürnb. v. 2.7.2009 – 7 K 328/2008, juris).

Versorgungsleistung: Kapitalisierung kann Entschädigung nach Nr. 1 lit. a sein, wenn ArbN beim Auslaufen eines befristeten Arbeitsvertrages sich dem Verlangen des ArbG praktisch nicht entziehen kann (BFH v. 16.4.1980 – VI R 86/77, BStBl. II 1980, 393) Eine Entschädigung kann auch vorliegen, wenn der ArbG einseitig die bisherige betriebliche Versorgungszusage widerruft, eine neue betriebliche Altersvorsorge anbietet und für den zukünftigen Einnahmeverlust eine Ausgleichszahlung leistet (BFH v. 13.3.2018 – IX R 12/17, DStR 2018, 1112).

Wiedereingliederungsbeihilfen, die Pastoren nach Rückkehr v. einem mehrjährigen Auslandsaufenthalt erhalten, sind keine Entschädigung iSd. Nr. 1 lit. a (FG Nds. v. 21.6.1996 – XII 443/94, EFG 1996, 1200).

Zeitmangel: Wird das Arbeitsverhältnis aufgelöst, weil der ArbN nicht mehr genügend Zeit für die Ausübung seiner Tätigkeit bei dem ArbG hat, wird die Tätigkeit nicht auf Veranlassung des ArbG beendet, sodass es an einem besonderen Ereignis fehlt, das eine Entschädigung rechtfertigen würde (FG München v. 4.9.2013 – 10 K 2411/10, juris [rkr.]).

13 **4. Entschädigungen bei Einkünften iSd. § 2 Abs. 1 S. 1 Nr. 5–7**

Abfindungszahlungen eines Grundstückserwerbers an den Mieter v. gewerblich genutzten Räumlichkeiten für die Beendigung eines Untermietverhältnisses sind als Entschädigung für entgehende Mieteinnahmen gem. Nr. 1 lit. a beim Mieter zu erfassen (BFH v. 26.10.2004 – IX R 10/03, BFH/NV 2005, 843).

Abstandszahlung wegen vorzeitiger Auflösung des **Mietverhältnisses** können eine Entschädigung iSd. Nr. 1 lit. a sein, wenn es sich um einen außergewöhnlichen Vorgang handelt (*K/S/M* § 24 Rn. B 41). Dieser kann in einer Vertragsstörung zu sehen sein, die so schwerwiegend ist, dass sie die Parteien zur vorzeitigen Beendigung des Mietverhältnisses als äußerste Maßnahme zwingt. Hinzukommen muss noch, dass die Vertragsstörung nicht nur eines v. vielen Mietverhältnissen betrifft, die der StPfl. daneben noch unterhält (BFH v. 21.9.1993 – IX R 32/90, BFH/NV 1994, 308; v. 21.8.1990 – VIII R 17/86, BStBl. II 1991, 76). Eine für die vorzeitige Aufhebung eines Mietvertrages gezahlte Abfindung kann auch dann eine Entschädigung sein, wenn der Vermieter die vermieteten Räume anschließend gegen eine höhere Miete als zuvor an einen neuen Mieter vermietet (BFH v. 11.1.2005 – IX R 67/02, BFH/NV 2005, 1044). Wird die Abfindungszahlung allerdings ausschließlich als Entgelt für die Räumung und Rückgabe des Mietgegenstands gezahlt, handelt es sich nicht um eine Entschädigung (Hess. FG v. 1.8.2012 – 10 K 761/08, EFG 2012, 2123, rkr.).

Bausperre: Die Entschädigung für eine faktische Bausperre unterliegt auch dann nicht der ESt, wenn sie anhand eines gedachten Erbbauzinses errechnet worden ist (BFH v. 12.9.1985 – VIII R 306/81, BStBl. II 1986, 252) oder wenn die Einschränkung der Bebaubarkeit eines bereits bebauten Grundstücks entschädigt wird (BFH v. 7.7.1987 – IX R 116/82, BFH/NV 1988, 433; vgl. auch *Grube*, FR 2013, 433 [440]).

Entgangene Miet- oder Pachteinnahmen: Eine Entschädigung, die der Eigentümer eines Grundstücks erhält, weil das Grundstück bei unklarer Vermögenslage im Zuge der Wiedervereinigung durch Vermieten genutzt wurde und die sich am tatsächlich gezahlten Nutzungsentgelt bemisst, ist steuerbar (BFH v. 21.6.2007 – IX B 5/07, BFH/NV 2007, 1628; *Grube*, FR 2013, 433 [440]). Wird ein mehrjähriger Pachtvertrag nach einem Streit über die Berechtigung der vorzeitigen außerordentlichen Kündigung des Pächters durch gerichtlichen Vergleich vorzeitig beendet, kann auch eine Zahlung, die sich an der Höhe der bei regulärer Vertragserfüllung zu zahlenden Pachten, dh. dem Erfüllungsanspruch des Verpächters, orientiert, eine Entschädigung sein, wenn der Pächter dem Vergleich unter wirtschaftlichem Druck zugestimmt hat (BFH v. 16.9.2015 – III R 22/14, BFH/NV 2016, 26).

Erstattungszinsen gem. § 233a AO, die für mehr als zwei Jahre gezahlt und als Einkünfte steuerpflichtig sind, stellen keine Entschädigung dar (BFH v. 12.11.2013 – VIII R 36/10, BStBl. II 2014, 168; v. 25.9.2014 – III R 5/12, BStBl. II 2015, 220).

Gebrauchsmusterverletzung: Von einem Unternehmen wg. einer Gebrauchsmusterverletzung geleistete Zahlungen können als entgangene Einnahmen aus der Überlassung gewerblicher Urheberrechte iSd. § 21 Abs. 1 S. 1 Nr. 3 eine stpfl. Entschädigung sein (FG Münster v. 24.5.2013 – 12 K 1529/11 E, EFG 2014, 356).

Genussrechte: Ein Entgelt für den Verzicht auf Einnahmen aus der Verzinsung des Genussrechtskapitals aufgrund vorzeitiger Beendigung des Genussrechtsverhältnisses ist eine stpfl. Entschädigung und kein nicht steuerbarer Veräußerungsgewinn iSd. § 23 (BFH v. 11.2.2015 – VIII R 4/12, BStBl. II 2015, 647).

Nießbrauch: Ein Entgelt für die Aufhebung des Nießbrauchs ist kein Ersatz für entgangene oder entgehende Einnahmen (vgl. *Wüllenkemper* EFG 2004, 653).

Prämien für familiengerechte Wohnungsbelegung sind keine Entschädigung (BFH v. 25.1.1994 – IX R 121/90, BFH/NV 1994, 845).

Prozesszinsen s. Verzugszinsen.

Rentennachzahlung: Die Nachzahlung einer Altersrente aus der BfA ist keine Entschädigung iSd. Nr. 1 lit. a (BFH v. 31.7.1970 – VI R 177/68, BStBl. II 1970, 784).

Restitutionsentgelte nach VermG: Die an den Restitutionsberechtigten herauszugebenden Nutzungsentgelte gem. § 7 Abs. 7 S. 2 VermG sind eine Entschädigung iSd. Nr. 1 lit. a (BFH v. 11.1.2005 – IX R 66/03, BStBl. II 2005, 480; v. 11.1.2005 – IX R 50/03, BStBl. II 2005, 456; v. 11.1.2005 – IX R 67/02, BFH/NV 2005, 1045; FG Berlin-Brandenburg v. 7.1.2010 – 13 K 6063/06 B, EFG 2010, 1107; *Heuermann* DB 2005, 847). Es handelt sich um einen Ersatz für entgangene Einnahmen aus VuV und nicht um ein Äquivalent für evtl. Wertminderungen.

Schadensersatzrenten, die aufgrund v. § 844 Abs. 2 BGB für den Verlust v. Unterhaltsansprüchen gewährt werden, sind wiederkehrende Bezüge iSv. § 22 Nr. 1 S. 1 und als solche in vollem Umfang stpfl. (BFH v. 19.10.1978 – VIII R 9/77, BStBl. II 1979, 133; vgl. aber BFH v. 25.10.1994 – VIII R 79/91, BStBl. II 1995, 121).

Stille Gesellschaft: Erhält ein typischer stiller G'ter bei Beendigung der stillen Ges. eine vertraglich vereinbarte Abfindung, die den Betrag seiner Einlage übersteigt, handelt es sich bei dem Mehrerlös um Einkünfte aus KapVerm. und nicht um eine Entschädigung (BFH v. 14.2.1984 – VIII R 126/82, BStBl. II 1984, 580).

Verzugszinsen sind Einnahmen aus KapVerm. (Zinsen aus sonstigen Kapitalforderungen jeder Art), auch soweit sie die gesetzlichen Verzugszinsen übersteigen (BFH v. 29.9.1981 – VIII R 39/79, BStBl. II 1982, 113). Die Nachzahlung unterlassener Zinszahlungen für einen längeren Zeitraum bildet keine Entschädigung iSd. Nr. 1 lit. a (BFH v. 14.4.1992 – VIII B 114/91, BFH/NV 1993, 165; v. 3.9.1964 – IV 97/63 U, BStBl. III 1964, 643).

Versorgungsausgleich: Bei Abfindungszahlungen zur Vermeidung des Versorgungsausgleichs ist nach der Art des Versorgungsausgleichs zu unterscheiden. Soweit mit einer Abfindungszahlung das Quasi-Splitting ausgeschlossen wird, unterliegt diese dem Grunde nach der Besteuerung nach § 22 Nr. 1 S. 3 lit. a aa iVm. § 24 Nr. 1 lit. a. Dies ist jedoch auf den Besteuerungsanteil beschränkt, der sich aus der Tabelle in § 22 Nr. 1 S. 3 lit. a aa S. 3 ergibt. Soweit die Abfindungszahlung hingegen den schuldrechtlichen Versorgungsausgleich ausschließt, ist sie nicht steuerbar. Die tatbestandlich gegebene StPfl. nach § 22 Nr. 1 S. 1 iVm. § 24 Nr. 1 lit. a ist wg. fehlenden Transfers von Leistungsfähigkeit aus systematischen und teleologischen Gründen auf null zu reduzieren (BFH v. 23.11.2016 – X R 48/14, BStBl. II 2017, 383).

Wohnrecht: Gegenleistung für den Verzicht auf ein Wohnrecht ist weder eine Entschädigung iSv. Nr. 1 lit. a iVm. § 21 Abs. 2 noch eine sonstige Leistung iSd. § 22 Abs. 3 (BFH v. 9.8.1990 – X R 140/88, BStBl. II 1990, 1026; vgl. auch FG München v. 27.6.2007 – 9 K 961/04, EFG 2007, 1603).

14 **III. Entschädigung für Aufgabe oder Nichtausübung einer Tätigkeit (Nr. 1 lit. b). 1. Überblick.** Nr. 1 lit. b unterscheidet sich in der zeitlichen Perspektive v. Nr. 1 lit. a. Während sich die Entschädigung für entgangene oder entgehende Einnahmen auf die bisherige Einkünfteerzielung bezieht, ist die Entschädigung für die Aufgabe oder Nichtausübung einer Tätigkeit **zukunftsorientiert**. Die Entschädigung nach Nr. 1 lit. b gleicht nicht Einbußen aus einem bestehenden Rechtsverhältnis aus, sondern wird final[1] „für" den Verzicht des Empfängers auf eine Einkünfteerzielung gewährt.

15 Da der Verzicht auf die Erzielung v. Einkünften die Mitwirkung des StPfl. voraussetzt, ist es nicht erforderlich, dass die Aufgabe der Tätigkeit auf tatsächlichem, rechtl. oder wirtschaftlichem Druck beruht. Die Entschädigung kann **auch einvernehmlich vereinbart** werden. Macht eine Flugbegleiterin v. dem ihr tarifvertraglich zustehenden Optionsrecht, gegen Zahlung einer Abfindung aus dem Arbverh. mit der Fluggesellschaft auszuscheiden, Gebrauch, so fällt die Abfindungszahlung unter Nr. 1 lit. b.[2] In der Verkleinerung des Bezirks eines Versicherungsvertreters kann – auch bei dessen Einverständnis – der Verzicht auf eine mögliche künftige Einkunftserzielung liegen.[3] Der Grund für das Unterlassen der Einkünfteerzielung und die Ursache des Einnahmeausfalls ist für die steuerrechtl. Beurteilung ohne Bedeutung. Kennzeichen der Entschädigung nach Nr. 1 lit. b ist, dass der Leistende an der Unterlassung künftiger Einkunftserzielung ein Interesse hat.[4] Der Verzicht kann auch Gegenstand der **Hauptleistungsverpflichtung** ggü. dem Leistenden sein.[5] Es ist nicht erforderlich, dass die Entschädigung auf einer neuen Rechts- und Billigkeitsgrundlage beruht.[6]

16 Die Entschädigung darf nicht zu den lfd. und iRd. jeweiligen Einkunftsart üblichen Entgelten gehören, sondern muss deutlich v. diesen unterscheidbar bleiben.[7] Werden zB bei einer vorzeitigen Vertragsauflösung Bezüge ausgezahlt, die dem StPfl. ohnehin bis zum regulären Vertragsende zugestanden hätten, handelt es sich nicht um eine Entschädigung für die Aufgabe einer Tätigkeit. Ob das Entgelt für ein **umfassendes Wettbewerbsverbot** als unselbständiger Teil der Übernahmevereinbarung zum Veräußerungsgewinn iSv. § 16 Abs. 1 gehört, entscheidet sich danach, ob der Verpflichtung zum Unterlassen v. Wettbewerb eine **eigenständige wirtschaftliche Bedeutung** zukommt. Nur dann, wenn das Wettbewerbsverbot zeitlich begrenzt ist, sich in seiner wirtschaftlichen Bedeutung heraushebt und wenn dies in den getroffenen Vereinbarungen, vor allem in einem neben dem Kaufpreis für das Unternehmen geleisteten Entgelt, klar zum Ausdruck gelangt ist, kommt Nr. 1 lit. b in Betracht.[8]

17 **2. Aufgabe oder Nichtausübung einer Tätigkeit.** Die **Aufgabe** einer Tätigkeit setzt voraus, dass sie **endg. eingestellt** wird.[9] Eine Tätigkeit wird **nicht mehr ausgeübt**, wenn sie **ruht** oder **unterbrochen** wird, ohne endg. aufgegeben worden zu sein.[10] Es ist nicht erforderlich, dass der StPfl. die Tätigkeit bereits aufgenommen oder zuvor ausgeübt hat. Nr. 1 lit. b verlangt nur die Aufgabe oder Nichtausübung einer Tätigkeit, nicht des Berufs.[11] Deshalb ist es unschädlich, wenn ein ArbN nach Aufgabe der Tätigkeit bei einem ArbG seinen Beruf selbständig oder bei einem anderen ArbG ausübt. Auch Entschädigungen für rationalisierungs- oder altersbedingte **Umsetzungen** können unter Nr. 1 lit. b fallen, wenn sich die wesentlichen

1 *H/H/R*, § 24 Anm. 48.
2 BFH v. 8.8.1986 – VI R 28/84, BStBl. II 1987, 106.
3 BFH v. 23.1.2001 – XI R 7/00, BStBl. II 2001, 541.
4 BFH v. 5.10.1976 – VIII R 38/72, BStBl. II 1977, 198; v. 27.11.1991 – X R 10/91, BFH/NV 1992, 455; v. 30.1.1991 – XI R 21/88, BFH/NV 1992, 646.
5 BFH v. 12.6.1996 – XI R 43/94, BStBl. II 1996, 516.
6 *H/H/R*, § 24 Anm. 46; *L/B/P*, § 24 Rn. 70.
7 Teilw. wird ein „außergewöhnlicher Vorfall" (*L/B/P*, § 24 Rn. 81) oder „ungewöhnlicher Sachverhalt" (*Frotscher*, § 24 Rn. 91) gefordert.
8 BFH v. 23.2.1999 – IX R 86/95, BStBl. II 1999, 590; BFH v. 11.3.2003 – IX R 76/99, BFH/NV 2003, 1162.
9 BFH v. 28.9.1987 – VIII R 159/83, BFH/NV 1988, 227.
10 BFH v. 2.4.1976 – VI R 67/74, BStBl. II 1976, 490.
11 BFH v. 8.8.1986 – VI R 28/84, BStBl. II 1987, 106.

Merkmale der bisherigen Tätigkeit verändern. Es genügt jedoch nicht, dass die Tätigkeit lediglich unter veränderten Umständen fortgesetzt wird. Zahlungen an einen Arzt für die Verlegung seiner Praxisräume[1] oder an einen Unternehmer für die **Verlagerung der Betriebsstätte**[2] unter Beibehaltung des bisherigen Patienten- oder Kundenstamms sind deshalb nicht nach Nr. 1 lit. b begünstigt. Etwas anderes dürfte gelten, wenn die Grundlagen für die freiberufliche oder gewerbliche Tätigkeit an einem anderen Ort neu geschaffen werden.

Da § 24 keine neue Einkunftsart schafft, setzt die Anwendung v. Nr. 1 lit. b voraus, dass die Entschädigung einer der in § 2 Abs. 1 aufgeführten Einkunftsarten zugeordnet werden kann.[3] Für die Frage, welcher Einkunftsart eine Entschädigung für die Aufgabe oder Nichtausübung einer Tätigkeit zuzuordnen ist, ist entscheidend, zu welchen Einkünften die Tätigkeit im Falle ihrer Ausübung geführt hätte. Die Entschädigung ist § 22 Nr. 3 zuzuordnen, wenn sie für die Nichtausübung mehrerer unterschiedlicher Tätigkeiten gezahlt wird und eine eindeutige Zuordnung zu einer der Einkunftsarten des § 2 Abs. 1 S. 1 Nr. 1–6 nicht möglich ist.[4] Daher fällt eine Entschädigung für ein umfassendes Wettbewerbsverbot (Karenzentschädigung), die sich nicht eindeutig den Einkünften aus § 15 oder § 19 zuordnen lässt, unter § 24 Nr. 1 lit. b.[5] 18

3. Aufgabe einer Gewinnbeteiligung. Entschädigungen für die Aufgabe einer Gewinnbeteiligung oder einer entspr. Anwartschaft fallen nur unter Nr. 1 lit. b, wenn sie **nicht Bestandteil eines Veräußerungs- oder Aufgabegewinns** sind. Als Gewinnbeteiligung kommen lediglich gesellschaftsrechtl. Beteiligungen in Betracht.[6] Dies ist zB möglich bei Entschädigungen an einen stillen G'ter für die Aufgabe der stillen Beteiligung, soweit es sich nicht um Kapitalrückzahlung oder restliche Einkünfte aus KapVerm. handelt.[7] Der Verzicht auf mittelbare Gewinnbeteiligungen fällt nicht unter Nr. 1 lit. b.[8] Werden einem leitenden Angestellten anstelle des lfd. Gehalts **gewinnabhängige Bezüge** gezahlt, handelt es sich nicht um eine Gewinnbeteiligung iSd. Vorschrift.[9] 19

4. Beispiele. Nach diesen Maßstäben sind als Entschädigung iSd. Nr. 1 lit. b **anerkannt** worden: Abfindung des typisch stillen G'ter (BFH v. 16.8.1995 – VIII B 156/94, BFH/NV 1996, 125), Abfindungszahlung an Flugbegleiterin (BFH v. 8.8.1986 – VI R 28/84, BStBl. II 1987, 106) oder an Versicherungsvertreter für Verkleinerung seines Bezirks (BFH v. 23.1.2001 – XI R 7/00, BStBl. II 2001, 541), Leistungen im Zusammenhang mit dem vorzeitigen Ausscheiden aus dem Dienst (BFH v. 8.8.1986 – VI R 28/84, BStBl. II 1987, 106) und Zahlungen für Wettbewerbsverbote (BFH v. 12.6.1996 – XI R 43/94, BStBl. II 1996, 516; vgl. *Mader*, B+P 2018, 764). **Nicht anerkannt** wurden Abfindungen für den Verzicht auf einen bereits erdienten gewinnabhängigen Tantiemeanspruch (BFH v. 10.10.2001 – XI R 50/99, BStBl. II 2002, 347; vgl. auch BFH v. 6.11.2002 – XI R 2/02, BFH/NV 2003, 745; dazu *Weber-Grellet*, BB 2004, 1877 [1885]), Abstandszahlung bei einvernehmlicher vorzeitiger Vertragsauflösung (BFH v. 27.11.1991 – X R 10/91, BFH/NV 1992, 455), Zahlungen bei Betriebsverlagerung (BFH v. 28.9.1987 – VIII R 159/83, BFH/NV 1988, 227), Pensionsabfindungen (BFH v. 21.6.1990 – X R 46/86, BStBl. II 1990, 1020), Übergangsgeld (BFH v. 18.9.1991 – XI R 8/90, BStBl. II 1992, 34), Vorfälligkeitsentschädigungen (BFH v. 10.3.1992 – VIII R 66/89, BStBl. II 1992, 1032) oder der Verkaufserlös für ein Milchlieferungsrecht (BFH v. 17.4.2007 – IV B 91/06, BFH/NV 2007, 1853). 20

IV. Ausgleichszahlungen an Handelsvertreter (Nr. 1 lit. c). Zu den Entschädigungen gehören gem. Nr. 1 lit. c Ausgleichszahlungen an Handelsvertreter nach § 89b HGB. Diese stellen weder einen Ersatz für entgangene oder entgehende Einnahmen noch eine Entschädigung für die Aufgabe oder Nichtausübung einer Tätigkeit dar, sondern gehören zu den **lfd. (gewstpfl.) Einkünften**, auch wenn sie zeitlich mit der Aufgabe der gewerblichen Tätigkeit zusammenfallen.[10] Da die Ausgleichszahlung auch nicht zum Veräußerungsgewinn gem. § 16 gehört, soll durch § 24 Nr. 1 lit. c erreicht werden, dass für diese Zahlungen die Tarifermäßigung des § 34 gewährt wird, obwohl die allg. Voraussetzungen einer Entschädigung (Rn. 14) nicht vorliegen. § 34 kommt jedoch nur zur Anwendung, wenn es zu einer Zusammenballung v. Einnahmen kommt, nicht aber bei lfd. Teilzahlungen.[11] Einem Handelsvertreter kann neben der Aus- 21

---

1 BFH v. 8.10.1964 – IV 365/62 U, BStBl. III 65, 12.
2 BFH v. 28.9.1987 – VIII R 159/83, BFH/NV 1988, 227.
3 Keine Beschränkung auf § 2 Abs. 1 Nr. 1–4; **aA** BFH v. 10.3.1992 – VIII R 66/89, BStBl. II 1992, 1032 (ohne Begr.).
4 BFH v. 12.6.1996 – XI R 43/94, BStBl. II 1996, 516.
5 BFH v. 12.6.1996 – XI R 43/94, BStBl. II 1996, 516; v. 23.2.1999 – IX R 86/95, BStBl. II 1999, 590; *Gschwendtner*, NJW 1997, 1685; *Hutter*, DStZ 1996, 641; *Gosch*, StBp 1996, 275.
6 BFH v. 10.10.2001 – XI R 50/99, BStBl. II 2002, 347.
7 BFH v. 14.2.1984 – VIII R 126/82, BStBl. II 1984, 580; v. 16.8.1995 – VIII B 156/94, BFH/NV 1996, 125.
8 *Wendt*, FR 2002, 592.
9 BFH v. 19.1.1976 – VI R 67/75, BStBl. II 1976, 286.
10 BFH v. 5.12.1968 – IV R 270/66, BStBl. II 69, 196; v. 25.7.1990 – X R 111/88, BStBl. II 1991, 218.
11 BFH v. 20.7.1988 – I R 250/83, BStBl. II 1988, 936.

gleichszahlung nach § 89b HGB auch eine Entschädigung iSd. § 24 Nr. 1 lit. a gezahlt werden; eine Vermischung der Begünstigungstatbestände von § 24 Nr. 1 lit. a und lit. c kommt nicht in Betracht.[1]

22 Als Sonderregelung ist § 24 Nr. 1 lit. c **eng auszulegen**. Die Vorschrift erfasst nur Zahlungen an Handelsvertreter, die aufgrund unmittelbarer oder entspr. Anwendung des § 89b HGB gewährt werden. Der Handelsvertreter kann nach Beendigung des Vertragsverhältnisses v. dem Unternehmer eine Ausgleichszahlung verlangen, wenn und soweit der Unternehmer aus der Geschäftsverbindung mit neuen Kunden, die der Handelsvertreter geworben hat, auch nach Beendigung des Vertragsverhältnisses erhebliche Vorteile hat (§ 89b Abs. 1 Nr. 1 HBG) und die Zahlung eines Ausgleichs unter Berücksichtigung aller Umstände, insbes. der dem Handelsvertreter aus Geschäften mit diesen Kunden entgehenden Provisionen, der Billigkeit entspricht (§ 89b Abs. 1 Nr. 2 HGB). Die Frage, ob eine mit Mitteln des Unternehmers aufgebrachte Altersversorgung bei der Bemessung des Ausgleichs nach § 89b Abs. 1 S. 1 Nr. 3 HGB aus Billigkeitsgründen zu berücksichtigen ist, kann nicht allg., sondern nur unter Berücksichtigung der Umstände des Einzelfalls beantwortet werden.[2] Als Beendigung des Vertragsverhältnisses ist auch die einvernehmliche Auswechslung des Bezirks anzusehen.[3] Auch eine mit der Situation bei der Vollbeendigung vergleichbare Teilbeendigung eines Handelsvertretervertrages (Aufgabe eines eigenständigen Versicherungsmarktsegments)[4] oder die wesentliche Einschränkung des Arbeitsgebietes[5] kann einen der ermäßigten Besteuerung unterliegenden Ausgleichsanspruch begründen. Gem. § 89b Abs. 4 S. 1 HGB kann der Anspr. im Voraus nicht ausgeschlossen werden. Diese Regelung verbietet auch solche Abreden, durch die der Ausgleichsanspr. iErg. mehr oder weniger eingeschränkt wird.[6] Wird § 89b HGB jedoch wirksam abbedungen, liegt keine Ausgleichszahlung nach § 24 Nr. 1 lit. c vor.[7] Für die Zahlung wird der ermäßigte Steuersatz nach § 34 iVm. § 24 Nr. 1 lit. c nur dann gewährt, wenn die Voraussetzungen des § 89b Abs. 1 S. 1 Nr. 1 und 2 HGB kumulativ vorliegen.[8] Schließlich darf der Ausgleichsanspruch nicht nach § 89b Abs. 3 HGB ausgeschlossen sein. Zahlungen eines **Nachfolgevertreters**, der auf Grund einer Vereinbarung zw. dem Unternehmer und dem Handelsvertreter dessen Vertretung übernimmt (vgl. § 89b Abs. 3 Nr. 3), fallen daher selbst dann nicht unter § 24 Nr. 1 lit. c, wenn sie die Ausgleichsforderung ggü. dem Unternehmer ersetzen.[9]

23 Auch wenn die Vertragsbeendigung mit einer BetrAufg. zusammentrifft, gehört der Ausgleichsanspruch zum lfd. Gewinn; die Ausgleichszahlung ist nicht in den Aufgabe- oder Veräußerungsgewinn einzurechnen.[10] Andere Leistungen, die im Zusammenhang mit der Beendigung des Handelsvertreterverhältnisses gezahlt werden, wie zB Entschädigungen für Überhangprovisionen,[11] für entgangene Bezirksprovisionen, für Wettbewerbsverbote oder Versorgungsleistungen an Handelsvertreter und Hinterbliebene fallen nicht unter Nr. 1 lit. c. Im Einzelfall muss jedoch geprüft werden, ob die Tatbestandsmerkmale des Nr. 1 lit. a (bei Provisionsentschädigungen), Nr. 1 lit. b (bei Wettbewerbsverboten) oder der Nr. 2 (bei Versorgungsleistungen) erfüllt sind.[12] § 24 Nr. 1 lit. c ist auf einen **Ausgleichsanspruch nach ausländ. Recht** entspr. anwendbar, wenn dieser Anspr. dem Anspr. nach § 89b HGB nach Rechtsnatur und Voraussetzungen im Wesentlichen entspricht.[13]

24 Neben Ausgleichszahlungen an Handelsvertreter gem. § 84 HGB erfasst § 24 Nr. 1 lit. c auch die Ausgleichsansprüche v. **Versicherungs- und Bausparkassenvertretern** (vgl. §§ 89b Abs. 5, 92 Abs. 2 HGB). Im Zivilrecht besteht in entspr. Anwendung des § 89b HGB ein Ausgleichsanspruch v. Gewerbetreibenden im Rahmen besonderer Vertriebssysteme, wenn das Vertragsverhältnis mit dem jeweiligen Unternehmen in seinen wesentlichen Merkmalen dem des Handelsvertreters entspricht. Vertragshändler haben unter der Voraussetzung einen Ausgleichsanspruch, dass sie in das Vertriebssystem eingebunden und bei Beendigung des Vertragsverhältnisses zur Übertragung des Kundenstamms an den Lieferanten vertraglich ver-

---

1 BFH v. 27.10.2015 – X R 12/13, BFH/NV 2016, 898.
2 BGH v. 20.11.2002 – VIII ZR 146/01, BGHZ 153, 6; BFH v. 8.12.2016 – III R 41/14, BStBl. II 2017, 630.
3 BFH v. 9.10.1996 – XI R 71/95, BStBl. II 1997, 236.
4 § 24 Nr. 1c ist in diesen Fällen jedenfalls entspr. anwendbar: BFH v. 29.3.2006 – X R 55/04, BFH/NV 2006, 1641.
5 BFH v. 29.3.2006 – X R 55/04, BFH/NV 2006, 1641.
6 BGH v. 30.12.1970 – VII ZR 141/68, BGHZ 55, 124; BFH v. 8.12.2016 – III R 41/14, BStBl. II 2017, 630.
7 FG Hbg. v. 12.12.2003 – VII 102/00, EFG 2004, 810.
8 FG Nürnb. v. 14.3.2001 – VI 39/1997, EFG 2001, 825.
9 *H/H/R*, § 24 Anm. 65; zur früheren Rechtslage BFH v. 9.10.1996 – XI R 71/95, BStBl. II 1997, 236 mit Anm. *Wendt*, FR 1997, 226.
10 BFH v. 19.7.1966 – I 235/63, BStBl. III 66, 624; v. 14.10.1980 – VIII R 184/78, BStBl. II 1981, 97; v. 25.7.1990 – X R 111/88, BStBl. II 1991, 218; **aA** *Felix* BB 1987, 870.
11 BFH v. 19.8.1982 – IV R 227/79 juris.
12 *H/H/R*, § 24 Anm. 65.
13 FG Düss. v. 12.3.1997 – 14 K 2456/93 E, EFG 1997, 668 (zu Art. 1751 des codice civile).

pflichtet sind.[1] Die einem **Vertragshändler** in analoger Anwendung v. § 89b HGB gewährte Zahlung fällt dementspr. unter § 24 Nr. 1 lit. c.[2] Dies gilt auch für Ausgleichszahlungen an **Kommissionsagenten** und **Franchisenehmer**, die dem handelsrechtl. Ausgleichsanspruch entsprechen.[3]

C. Nachträgliche Einkünfte (Nr. 2)

I. Bedeutung der Regelung. Voraussetzung für die Einkünfteerzielung ist nicht, dass der StPfl. die entspr. Tätigkeit noch ausübt oder das zugrunde liegende Rechtsverhältnis noch besteht. Soweit Nr. 2 anordnet, dass Einkünfte aus ehemaligen Tätigkeiten oder früheren Rechtsverhältnissen zu den Einkünften des § 2 gehören, hat die Vorschrift daher lediglich klarstellende Funktion. Anders ist dies, wenn nachträgliche Einkünfte dem Rechtsnachfolger zufließen. Insoweit begründet Nr. 2 **HS 2 (konstitutiv)** die subj. StPflicht des Rechtsnachfolgers (Rn. 44). Im Unterschied zu den anderen Tatbeständen des § 24 sind die Einkünfte der Nr. 2 **nicht tarifbegünstigt**. 25

II. Tatbestandliche Voraussetzungen. 1. Grundlagen. Nr. 2 erfasst nachträgliche Einkünfte aus allen Einkunftsarten des § 2 Abs. 1 S. 1. Die **Unterscheidung zw. Einkünften** aus einer ehemaligen Tätigkeit und aus einem früheren Rechtsverhältnis dient lediglich der Verdeutlichung, **rechtfertigt** aber **keine unterschiedliche steuerrechtl. Behandlung**. Nachträgliche Einkünfte fließen zu oder werden realisiert, wenn die Tätigkeit oder das Rechtsverhältnis zu diesem Zeitpunkt bereits beendet ist. Voraussetzung für die Besteuerung ist, dass ein wirtschaftlicher Zusammenhang der Vermögensveränderung mit der ehemaligen Tätigkeit oder dem ehemaligen Rechtsverhältnis besteht.[4] Es genügt nicht jede lose Verbindung zur früheren Erwerbstätigkeit; die Einkünfte müssen vielmehr ihre **rechtl. Grundlage in der früheren Einkünfteerzielung** des StPfl. haben. Dies ist zB auch dann der Fall, wenn Werke v. Schriftstellern, Wissenschaftlern oder Künstlern nach ihrem Tod verwertet werden. Auch wenn die Tätigkeit des verstorbenen Freiberuflers aufgrund ihrer höchstpersönlichen Natur v. den Erben nicht fortgeführt werden kann, führt der Tod nicht automatisch zu einer BetrAufg. Der Betrieb eines Künstlers wird in einem solchen Fall zwar eingestellt, der Erbe kann jedoch zw. einer kurzfristigen BetrAufg. oder einer langfristigen Betriebsabwicklung wählen.[5] Die Zuordnung der jeweiligen Einkünfte ergibt sich aus der Einkunftsart, zu der die nachträglichen Einkünfte gehören würden, wenn die ehemalige Tätigkeit noch ausgeübt oder das frühere Rechtsverhältnis noch bestehen würde. 26

2. Einkünfte aus ehemaliger Tätigkeit. a) Gewinneinkünfte. aa) Grundsatz. Wenn die Tätigkeit innerhalb einer Gewinneinkunftsart endet, wird bei der Gewinnermittlung nach § 4 Abs. 1, § 5 eine Schlussbilanz auf den Zeitpunkt der Betriebseinstellung erstellt, die Grundlage des Veräußerungs- oder Aufgabegewinns ist (vgl. § 16, § 14 S. 2, § 18 Abs. 3 S. 2). In der Schlussbilanz wird das BV im Zeitpunkt der Veräußerung/Aufgabe angesetzt. Dadurch werden die Erträge und Aufwendungen der lfd. Betriebstätigkeit unabhängig vom Zeitpunkt der Vereinnahmung oder Verausgabung als Gewinn des letzten Wj. erfasst. Nach der Betriebseinstellung eingehende oder geleistete Zahlungen, die bereits in der Schlussbilanz angesetzt sind, führen dann zu einer erfolgsneutralen Vermögensumschichtung und nicht zu nachträglichen Einkünften aus der früheren Tätigkeit. Soweit spätere Vermögenszuflüsse nicht Bestandteil der Schlussbilanz geworden sind, können sie zu nachträglichen Einkünften führen. 27

bb) Veräußerungsgewinn oder nachträgliche Einkünfte. Nachträgliche Einkünfte liegen nicht vor bei Ereignissen, die nach Beendigung der Erwerbstätigkeit eintreten und die stl. Wirkung für die Vergangenheit haben. Nach der Entscheidung des GrS wirkt eine nachträgliche Änderung des Veräußerungspreises (zB durch Ausfall der Kaufpreisforderung aus der Betriebsveräußerung) materiell-rechtl. auf den Zeitpunkt der Veräußerung zurück und mindert oder erhöht den Veräußerungsgewinn oder -verlust.[6] Die Veranlagung für das Jahr der Veräußerung ist ggf. nach § 175 Abs. 1 S. 1 Nr. 2 AO zu ändern. Diese Grundsätze gelten auch für den Fall der BetrAufg.[7] Bei Vermögensänderungen nach einer BetrAufg. oder Betriebsveräußerung ist nach diesen Grundsätzen zu prüfen, ob es sich um nachträgliche Einkünfte iSd. § 24 Nr. 2 oder um eine rückwirkende Änderung des Veräußerungs- oder Aufgabegewinns (§ 16 Rn. 265 ff.) handelt.[8] 28

---

1 BGH v. 7.7.1983 – I ZR 115/81, NJW 1984, 2101; v. 17.6.1998 – VIII ZR 102/97, DStR 1998, 1763; v. 11.12.1996 – VIII ZR 22/96, NJW 1997, 655; v. 26.2.1997 – VIII ZR 272/95, NJW 1997, 1503.
2 BFH v. 12.10.1999 – VIII R 21/97, BStBl. II 2000, 220; dazu auch *Bodden*, FR 2014, 1053 (1060).
3 Vgl. BFH v. 24.1.1974 – IV R 76/70, BStBl. II 1974, 295; v. 9.10.1996 – XI R 71/95, BStBl. II 1997, 236; *K/S/M*, § 24 Rn. B 92.
4 BFH v. 24.1.1996 – X R 14/94, BStBl. II 1996, 287; v. 29.4.1993 – IV R 16/92, BStBl. II 1993, 716.
5 BFH v. 15.11.2006 – XI R 6/06, BFH/NV 2007, 436.
6 BFH v. 19.7.1993 – GrS 2/92, BStBl. II 1993, 897.
7 BFH v. 10.2.1994 – IV R 37/92, BStBl. II 1994, 564.
8 Dazu *Mathäus*, Ubg 2015, 340.

29 Nachträgliche Einkünfte liegen nur dann vor, wenn die Erträge oder Aufwendungen **weder Bestandteil der Schlussbilanz** geworden **noch dem Veräußerungs- oder Aufgabegewinn zuzuordnen** sind. Dies ist zB der Fall bei nicht bilanzierungsfähigen und bei zu Unrecht nicht bilanzierten Vermögenspositionen oder bei nachträglich abgeschlossenen oder abgewickelten Geschäften.[1] Hierzu gehören auch fortbestehende betriebliche Verbindlichkeiten, solange ein Tilgungshindernis besteht.[2] Nachträgliche Einkünfte können danach ua. vorliegen (s. auch § 16 Rn. 268):

30
- bei **„eingefrorenem BV"**, wenn nach einem Struktur- und Beurteilungswandel v. einem bestimmten Zeitpunkt an das BV als unter Auflösung der stillen Reserven in das PV überführt angesehen werden muss,[3]
- bei einer **Betriebsrente**, die eine selbständige Versicherungsvertreterin auf Provisionsbasis nach Einstellung ihrer gewerblichen Tätigkeit von der Versicherung vereinbarungsgemäß anstelle des Handelsvertreterausgleichsanspr. nach § 89b HGB erhält,[4]
- bei **Betriebssteuern**, wenn bei Gewinnermittlung auf den Zeitpunkt der BetrAufg. eine Schlussbilanz nicht erstellt wurde und dies nicht zur Erlangung ungerechtfertigter Steuervorteile geschah,[5]
- wenn nach der erklärten BetrAufg. das verpachtete Unternehmen veräußert und dabei ein Erlös für den **Geschäftswert** erzielt wird,[6]
- bei Bezügen eines Kassenarztes aus einer sog. erweiterten Honorarverteilung der kassenärztlichen Vereinigung,[7]
- bei **Milchaufgabevergütung**, die in mehreren Jahresbeträgen nach Einstellung des landwirtschaftlichen Betriebs gezahlt wird,[8]
- bei einer betrieblich veranlassten **Rentenverpflichtung**, wenn der Rentenberechtigte der Ablösung widerspricht und auf Einhaltung der Rentenzahlung besteht,[9]
- soweit **Restbetriebsvermögen** nach der Betriebsveräußerung oder -aufgabe mit dem bisherigen Buchwert weitergeführt und später veräußert wird[10] (zB bei Veräußerung des **Geschäftswerts** nach Erklärung der BetrAufg. und anschließender Betriebsverpachtung im Ganzen[11]),
- wenn zurückbehaltene Honorarforderungen nach einer Einbringung gem. § 24 UmwStG einem StPfl., der seinen Gewinn zuvor nach § 4 Abs. 3 ermittelte, in einem späteren Zeitpunkt zufließen,[12]
- bei einer **Rücklage nach § 6b**, die für den Veräußerungs- oder Aufgabegewinn gebildet oder nach der Betriebsveräußerung oder -aufgabe fortgeführt wurde und nach § 6b Abs. 3 S. 5 aufzulösen ist,[13]
- soweit nach der Betriebsveräußerung- oder -aufgabe **schwebende Geschäfte** abgewickelt werden, die in wirtschaftlichem Zusammenhang mit der früheren Tätigkeit stehen,[14]
- wenn beim Verkauf eines Anteils an einer KapGes. eine **Besserungsoption** vereinbart wird, welche dem Verkäufer ein Optionsrecht auf Abschluss eines Änderungsvertrags zum Kaufvertrag mit dem Ziel einer nachträglichen Beteiligung an der Wertentwicklung des Kaufgegenstands einräumt,[15]
- zu **Schuldzinsen** s. Rn. 33 ff.

31 Andere Vorgänge, wie zB Forderungsausfälle, der Erlass oder die Inanspruchnahme v. Verbindlichkeiten, die Bewertung ungewisser Verbindlichkeiten und Zahlungseingänge auf ungewisse oder wertberichtigte Forderungen führen zu einer rückwirkenden Änderung des Veräußerungs- oder Aufgabegewinns (vgl. im Einzelnen § 16 Rn. 265).

32 **cc) Wahlrecht bei Veräußerung gegen wiederkehrende Bezüge.** Wird ein Betrieb gegen wiederkehrende Bezüge veräußert,[16] hat der StPfl. ein **Wahlrecht** zw. der Versteuerung eines nach §§ 16, 34 begüns-

1 *H/H/R*, § 24 Anm. 75.
2 BFH v. 22.9.1999 – XI R 46/98, BStBl. II 2000, 120; dazu *Wendt*, FR 2000, 201.
3 BFH v. 29.10.1981 – IV R 138/78, BStBl. II 1982, 381.
4 FG Thür. v. 28.9.2017 – 2 K 266/16, EFG 2017, 1784.
5 BFH v. 13.5.1980 – VIII R 84/79, BStBl. II 1980, 692.
6 BFH v. 14.2.1978 – VIII R 158/73, BStBl. II 1979, 99.
7 BFH v. 22.9.1976 – IV R 112/71, BStBl. II 1977, 29; FG SchlHol. v. 28.2.2014 – 5 K 183/11, EFG 2014, 1191.
8 BFH v. 7.9.1989 – IV R 91/88, BStBl. II 1989, 975.
9 BFH v. 22.9.1999 – XI R 46/98, BStBl. II 2000, 120.
10 *Schmidt*[37], § 16 Rn. 377.
11 BFH v. 30.1.2002 – X R 56/99, BStBl. II 2002, 387.
12 BFH v. 4.12.2012 – VIII R 41/09, BStBl. II 2014, 288; dazu *Demuth/Fuhrmann*, BeSt 2013, 13.
13 BFH v. 4.2.1982 – IV R 150/78, BStBl. II 1982, 348; *Dötsch*, GS Knobbe-Keuk, 1997, 424.
14 FG SchlHol. v. 1.4.1980 – I 34/76 (IV), EFG 1980, 394.
15 BFH v. 23.5.2012 – IX R 32/11, BStBl. II 2012, 675.
16 Nicht bei der BetrAufg.: FG Köln v. 18.11.2003 – 1 K 4035/00, EFG 2004, 898.

tigten Veräußerungsgewinns im Zeitpunkt der Veräußerung oder einer Versteuerung der wiederkehrenden Bezüge im Zeitpunkt ihres Zuflusses als lfd. nachträgliche Einkünfte der bisherigen Einkunftsart.[1] Die **Sofortversteuerung ist der gesetzliche Normalfall**, die lfd. Versteuerung eine auf Billigkeitserwägungen unter Berücksichtigung des Verhältnismäßigkeitsgrundsatzes beruhende Ausnahmeregelung, die den **Versorgungscharakter** der Bezüge berücksichtigt.[2] Wird der Kaufpreis in Form v. Zahlungen geleistet wird, die sich über einen längeren Zeitraum erstrecken ohne damit die Versorgung des Veräußerers zu bezwecken, besteht kein Grund für die Anerkennung des Wahlrechts.[3] Entscheidet sich der StPfl. für wiederkehrende Bezüge, ist eine Aufteilung v. Kaufpreisraten in einen Zins- und einen Tilgungsanteil nicht vorzunehmen.[4] Bei einer Veräußerung gegen einen **gewinnabhängigen oder umsatzabhängigen Kaufpreis** ist das Entgelt allerdings zwingend als lfd. nachträgliche BE in der Höhe zu versteuern, in der die Summe der Kaufpreiszahlungen das – ggf. um Einmalleistungen gekürzte – Schlusskapitalkonto zzgl. der Veräußerungskosten überschreitet.[5] Zu einer lfd. Besteuerung der betrieblichen Veräußerungsrente als nachträgliche Einkünfte aus dem veräußerten Betrieb kann es iÜ nur kommen, wenn diese Art der Besteuerung ausdrücklich gewählt wird.[6] Eine Vorruhestandsbeihilfe gehört grds. zum Veräußerungserlös; ein Wahlrecht zur nicht tarifbegünstigten Besteuerung der Vorruhestandsbeihilfe als nachträgliche Betriebseinnahme mit dem Zufluss der jeweiligen Zahlungen kann nicht geltend gemacht werden, wenn es sich nicht um langfristig wiederkehrende Bezüge handelt.[7] Zu den Voraussetzungen und Rechtsfolgen der Betriebsveräußerung gegen wiederkehrende Bezüge: § 16 Rn. 78 ff., 126 ff.

dd) Insbesondere nachträgliche Schuldzinsen. Zu den nachträglichen Einkünften aus GewBetr. gehören auch nachträgliche BA, soweit sie durch die frühere Einkünfteerzielung veranlasst sind. Insbes. Schuldzinsen können als nachträgliche BA abgezogen werden, wenn die den Zinsen zugrunde liegende **Verbindlichkeit** während des Bestehens des Betriebes begründet wurde und **nicht durch den Veräußerungserlös oder die Verwertung v. Aktivvermögen beglichen** werden kann.[8] Es ist jedoch unschädlich, wenn der Tilgung der zurückbehaltenen Schulden Hindernisse entgegenstehen[9] oder wenn eine Tilgung dieser Schulden – etwa wegen eines zugesagten Erlasses – aus sonstigen Gründen nicht veranlasst ist.[10] Eine Ausnahme vom Grundsatz des Vorrangs der Schuldentilgung rechtfertigen jedoch nur solche Verwertungshindernisse, die ihren **Grund in der ursprünglich betrieblichen Sphäre** haben.[11] Eine Vorfälligkeitsentschädigung stellt jedoch kein Rückzahlungshindernis dar.[12] Soweit die Verbindlichkeiten nicht getilgt werden können, bleiben die Schulden „Rest-BV“,[13] sodass die entspr. Zinsen betrieblich veranlasst sind. Die Einräumung v. Sicherungsrechten am PV[14] oder eine Umschuldung[15] steht einem Abzug der Schuldzinsen nicht entgegen. Werden über ein betriebliches Kontokorrentkonto auch private Schulden abgewickelt, so ist nur der Teil der Zinsen abziehbar, der auf die betrieblich veranlassten Schulden entfällt.[16] 33

Diese Grundsätze gelten auch bei der **Betriebsveräußerung**[17] und für die **Beteiligung** an einer PersGes.[18] 34
Zahlt der G'ter einer PersGes. Zinsen für Verbindlichkeiten, die die Ges. bei Aufgabe ihres Betriebs nicht getilgt hat, obwohl ihr bei ordnungsgemäßer Abwicklung ausreichende Mittel zur Vfg. gestanden hätten,

---

1 BFH v. 29.3.2007 – XI B 56/06, BFH/NV 2007, 1306; krit. und mit einer Darstellung verschiedener Fallgruppen: *Paus*, DStZ 2003, 523; das Wahlrecht kann auch noch im Einspruchsverfahren gegen einen gem. § 175 Abs. 1 S. 1 Nr. 1 AO geänderten steuererhöhenden Bescheid ausgeübt werden (BFH v. 26.4.2018 – III R 12/17, BFH/NV 2018, 948).
2 BFH v. 26.7.1984 – IV R 137/82, BStBl. II 1984, 829; FG Düss. v. 25.8.2005 – 15 K 2016/03 E, EFG 2005, 1862.
3 BFH v. 29.3.2007 – XI B 56/06, BFH/NV 2007, 1306.
4 FG SchlHol. v. 27.5.2003 – 5 K 140/01, EFG 2003, 1160 (wg. Sparerfreibetrags); FG Hess. v. 14.7.2016 – 12 K 1197/15, juris (Rev. X R 12/17) (wg. Anwendung des § 32d).
5 BFH v. 14.5.2002 – VIII R 8/01, BStBl. II 2002, 532; zu einem rein umsatz- und/oder gewinnabhängigen variablen Kaufpreisanteil bei einem Earn-Out *Ettinger/Schmitz*, GmbHR 2016, 966.
6 BFH v. 12.5.1999 – IV B 52/98, BFH/NV 1999, 1330.
7 BFH v. 11.11.2010 – IV R 17/08, BStBl. II 2011, 716.
8 BFH v. 28.3.2007 – X R 15/04, BStBl. II 2007, 642; v. 12.11.1997 – XI R 98/96, BStBl. II 1998, 144; v. 19.1.1982 – VIII R 150/79, BStBl. II 1982, 321; v. 28.2.2005 – XI B 140/03, BFH/NV 2005, 1282; zu Sonder-BV: BFH v. 22.1.2003 – X R 60/99, BFH/NV 2003, 900.
9 BFH v. 28.3.2007 – X R 15/04, BStBl. II 2007, 642; v. 27.11.1984 – VIII R 2/81, BStBl. II 1985, 323.
10 BFH v. 26.1.1989 – IV R 86/87, BStBl. II 1989, 456.
11 BFH v. 28.3.2007 – X R 15/04, BStBl. II 2007, 642.
12 FG Nds. v. 27.2.2007 – 8 K 35/02, EFG 2007, 1231.
13 BFH v. 7.7.1998 – VIII R 5/96, BStBl. II 1999, 209.
14 BFH v. 11.12.1980 – I R 61/79, BStBl. II 1981, 461.
15 BFH v. 11.12.1980 – I R 198/78, BStBl. II 1981, 462.
16 BFH v. 4.7.1990 – GrS 2/88, GrS 3/88, BStBl. II 1990, 817 (Aufteilung nach der sog. Zinsstaffelmethode).
17 BFH v. 19.1.1982 – VIII R 150/79, BStBl. II 1982, 321.
18 BFH v. 27.11.1984 – VIII R 2/81, BStBl. II 1985, 323.

kann er die Zinsen nicht als (nachträgliche) BA abziehen. Das gilt auch für Zinsen auf Verbindlichkeiten, die einem G'ter im wirtschaftlichen Zusammenhang mit seinem Sonder-BV entstanden sind, wenn er die Aktivwerte dieses Vermögens bei Beendigung seiner Mitunternehmerstellung nicht zur Tilgung der Verbindlichkeiten verwendet. Zahlt ein G'ter jedoch Zinsen für fortbestehende Gesellschaftsverbindlichkeiten, so muss er sich nicht entgegenhalten lassen, dass er die Aktivwerte seines Sonder-BV zur Tilgung dieser Verbindlichkeiten hätte einsetzen können, da ihm sein Sonder-BV bei der Liquidation der PersGes. zurückzugeben ist.[1] Die Grundsätze zur Abziehbarkeit v. Schuldzinsen für betrieblich veranlasste Verbindlichkeiten als nachträgliche BA in Fällen der Betriebsveräußerung oder BetrAufg. gelten für Fälle des **Übergangs des Betriebs zur Liebhaberei** entspr.[2]

35 Werden die Verbindlichkeiten nicht durch den Veräußerungserlös oder die Verwertung v. Aktivvermögen getilgt, können die Schuldzinsen nicht als nachträgliche BA abgezogen werden. Unter bestimmten Voraussetzungen können sie jedoch durch Änderung des Verwendungszwecks als (lfd.) BA/WK einer anderen Einkunftsart zugeordnet werden.[3] Voraussetzung für eine steuerrechtl. anzuerkennende sog. **Umwidmung eines Kredits** ist, dass die durch die erstmalige tatsächliche Verwendung der Darlehensmittel eingetretene Zuordnung zu einer bestimmten Einkunftsart oder zur privaten Vermögenssphäre eindeutig beendet worden ist, der StPfl. eine neue, gleichfalls kreditfinanzierte Anlageentscheidung trifft, durch welche das Objekt des Kreditbedarfs ausgewechselt wird, und diese Änderung in der Zweckbestimmung nach außen hin, an objektiven Beweisanzeichen feststellbar, in Erscheinung tritt.[4] Schuldzinsen für ein früheres Betriebsgrundstück können unter diesen Voraussetzungen als WK bei den Einkünften aus VuV abgezogen werden.[5] Der willkürliche Austausch v. Finanzierungsgrundlagen ohne vorherige Lösung des ursprünglichen wirtschaftlichen Zusammenhangs der Schuldzinsen mit einer Einkunftsart genügt jedoch nicht.[6] Die Umwidmung eines Darlehens ist auch möglich, wenn der Erlös aus der Veräußerung eines ertragbringenden WG oder einer kompletten Organisationseinheit v. WG (zB gesamter Betrieb) aufgrund einer neuen Anlageentscheidung des StPfl. zum Erwerb einer anderen Einkunftsquelle eingesetzt wird.[7] Gleiches gilt, wenn ein kreditfinanziertes WG im Rahmen einer anderen Einkunftsart verwendet wird.[8] Wird ein bisher genutztes und durch Darlehen finanziertes, der Einkünfteerzielung dienendes WG veräußert und unter Aufrechterhaltung des Darlehens nur einen Teil des Erlöses dazu verwendet, durch die Anschaffung eines neuen WG steuerbare Einkünfte zu erzielen, kann im Wege einer gesplitteten Umwidmung aus dem fortgeführten Darlehen nicht mehr als Schuldzinsen abziehen, als dem Anteil der AK des neuen WG an dem gesamten Erlös entspricht.[9]

36 Ungeklärt sind bisher die **Auswirkungen der Neuregelung des Schuldzinsenabzugs gem. § 4 Abs. 4a**[10] auf nachträgliche Schuldzinsen bei Gewinneinkünften. Bei einer ausschließlich am Wortlaut orientierten Auslegung des § 4 Abs. 4a könnte eine Anwendung dieser Vorschrift mit der Begr. abgelehnt werden, dass in VZ nach der BetrAufg. oder -veräußerung keine Überentnahme (§ 4 Rn. 187) mehr getätigt wird. Dem Sinn des § 4 Abs. 4a entspricht es jedoch, dass auch dann, wenn in einem Wj. keine Überentnahmen getätigt werden, die Überentnahmen vorangegangener Wj. berücksichtigt werden.[11] Soweit aus vorangegangenen Wj. Überentnahmen vorliegen, die nicht durch den Veräußerungsgewinn ausgeglichen werden, dürfte § 4 Abs. 4a grds. auch bei der Ermittlung der nachträglichen Einkünfte anwendbar sein. Das bedeutet, dass nach dem Maßstab des verbleibenden Überentnahmevolumens den nachträglichen Schuldzinsen gem. § 4 Abs. 4a 5 ein Hinzurechnungsbetrag (nachträglicher „Gewinn") gegenüberzustellen (hinzuzurechnen) ist. In den folgenden VZ ist das Überentnahmevolumen als Bemessungsgrundlage für den Hinzurechnungsbetrag gem. § 4 Abs. 4a 4 stets neu festzustellen. Versteht man als Gewinn iSd. § 4 Abs. 4a

---

1 BFH v. 13.2.1996 – VIII R 18/92, BStBl. II 1996, 291.
2 BFH v. 15.5.2002 – X R 3/99, BStBl. II 2002, 809; v. 15.11.2006 – XI R 58/04, BFH/NV 2007, 434.
3 BFH v. 28.3.2007 – X R 15/04, BStBl. II 2007, 642.
4 BFH v. 19.8.1998 – X R 96/95, BStBl. II 1999, 353; vgl. auch *Meyer/Ball*, DStR 1999, 781.
5 BFH v. 19.8.1998 – X R 96/95, BStBl. II 1999, 353; unter Abweichung v. BFH v. 21.11.1989 – IX R 10/84, BStBl. II 1990, 213; für Sonder-BV: BFH v. 22.1.2003 – X R 60/99, BFH/NV 2003, 900.
6 BFH v. 12.11.1997 – XI R 98/96, BStBl. II 1998, 144 (keine subj. Umwidmung v. WK); v. 26.6.1991 – XI R 22/88, BFH/NV 1992, 25; v. 15.12.1992 – VIII R 27/91, BFH/NV 1993, 599 (602); v. 23.1.1991 – X R 37/86, BStBl. II 1991, 398 (400).
7 BFH v. 7.8.1990 – VIII R 67/86, BStBl. II 1991, 14; v. 1.10.1996 – VIII R 68/94, BStBl. II 1997, 454; v. 7.7.1998 – VIII R 5/96, BStBl. II 1999, 209.
8 BFH v. 1.10.1996 – VIII R 68/94, BStBl. II 1997, 454; v. 19.8.1998 – X R 96/95, BStBl. II 1999, 353.
9 BFH v. 27.3.2007 – VIII R 28/04, BStBl. II 2007, 699.
10 Durch StBereinG BGBl. I 1999, 2601 = BStBl. I 2000, 13; dazu § 4 Rn. 139 ff.; ausf. zur Beschränkung des nachträglichen Schuldzinsenabzugs durch § 4 Abs. 4a *Geißler/Quinten*, DStZ 2015, 956.
11 *Wendt*, FR 2000, 417 (427); *Geißler/Quinten*, DStZ 2015, 956; FG München v. 11.8.2016 – 10 K 746/16, juris, wendet § 4 Abs. 4a an.

nur einen positiven Betrag,[1] führt jede Zahlung nachträglicher Schuldzinsen aus dem PV als einlageähnlicher Vorgang zu einer Unterentnahme (s. § 4 Rn. 189), die das Überentnahmevolumen und damit den Hinzurechnungsbetrag kontinuierlich vermindert. Fließen in die Berechnung der Überentnahme auch Verluste ein,[2] wird das Überentnahmevolumen in den folgenden VZ jedenfalls durch Tilgungsleistungen fortlaufend vermindert.

ee) Gewinnermittlung. Die Frage, wie die nachträglichen Einkünfte aus GewBetr. zu ermitteln sind, ist str. Der BFH neigt der Auffassung zu, dass Einkünfte aus einer ehemaligen gewerblichen Tätigkeit iSd. § 24 Nr. 2 nicht aufgrund einer Gewinnermittlung gem. §§ 4 Abs. 1, 5 geltend gemacht werden können, sondern in **entspr. Anwendung des § 4 Abs. 3.**[3] Demgegenüber wird in der Literatur ein Wahlrecht zw. den Gewinnermittlungsmethoden befürwortet.[4] Selbst wenn jedoch v. einem Wahlrecht ausgegangen werden könnte, nachträgliche gewerbliche Einkünfte aufgrund eines Betriebsvermögensvergleichs zu ermitteln, müsste ein derartiges Wahlrecht auch zur Geltendmachung nachträglicher Einkünfte im Laufe des jeweiligen VZ ausgeübt worden sein. Der Verzicht darauf begründet die Entscheidung für eine Einnahme-Überschussrechnung.[5] 37

b) Ehemalige nichtselbständige Tätigkeit. Einkünfte aus ehemaliger nichtselbständiger Tätigkeit iSd. § 2 Abs. 1 S. 1 Nr. 4 können sich bei **Nachzahlungen v. Lohn** oder anderen Bezügen aus einem früheren Arbverh. ergeben. Hierzu gehören auch Zahlungen aufgrund lebenslänglicher betrieblicher Versorgungszusage[6] oder Übergangsgebührnisse an ehemalige Zeitsoldaten nach § 11 Abs. 1 SVG.[7] Die Zahlungen sind im Jahr des Zuflusses zu versteuern;[8] sie unterliegen nach § 38 Abs. 3 dem LSt-Abzug. Nachträgliche WK fallen zB an, wenn der frühere Geschäftsführer einer GmbH als **Haftungsschuldner** Steuerschulden der Ges. erfüllt,[9] wenn **Schadensersatzverpflichtungen** ggü. dem früheren ArbG erfüllt werden[10] oder bei Aufwendungen für eine **Bürgschaft** nach Auflösung des Arbverh.[11] Hat ein ArbN ein Darlehen aufgenommen, um eine zugunsten seines früheren ArbG eingegangene Bürgschaftsverpflichtung zu erfüllen, so kann er die angefallenen Darlehenszinsen bei seinen Einkünften aus nichtselbständiger Arbeit als WK abziehen. Wenn die Zahlung des Ablösungsbetrags einer vom ArbG erteilten Pensionszusage eines beherrschenden G'ter-Geschäftsführers an den die Pensionsverpflichtung übernehmenden Dritten nicht zu einem Zufluss von Arbeitslohn beim G'ter-Geschäftsführer führt, liegt Zufluss von Arbeitslohn im Zeitpunkt der Auszahlung der späteren (Versorgungs-)Leistungen vor.[12] Die Grundsätze, die die Rspr. für Abzug v. Schuldzinsen als nachträgliche WK bei den Einkünften aus VuV und aus KapVerm. entwickelt hat (Rn. 42), sind nicht auf die Einkünfte aus nichtselbständiger Arbeit übertragbar.[13] 38

3. Einkünfte aus ehemaligem Rechtsverhältnis. a) Einkunftsarten. Nachträgliche Einkünfte aus einem ehemaligen Rechtsverhältnis iSd. § 2 Abs. 1 S. 1 Nr. 5–7 können solche aus KapVerm. (§ 20), aus VuV (§ 21) oder sonstige Einkünfte iSd. § 22 sein. Fließen dem früheren Anteilseigner nach Veräußerung der Anteile an einer KapGes. noch Ausschüttungen oder dem Vermieter nach Veräußerung des Grundstücks noch Mietzahlungen zu, handelt es sich um nachträgliche Einkünfte. Für die Veräußerung v. Forderungen enthalten § 21 Abs. 1 Nr. 4 und § 20 Abs. 2 Nr. 2 und 3 Sonderregelungen. Grds ändert die **Abtretung v. Miet- oder Kapitalzinsforderungen** nichts daran, dass der Abtretende (Zedent) diese als Einkünfte bezieht, wenn sie dem Abtretungsempfänger (Zessionar) zufließen. Für abgezinste Sparkassenbriefe und Anteile an einer GmbH einschl. des Rechts auf den Gewinn aus der Zeit vor der Übertragung können sich Probleme bei der Zuordnung der Zinserträge ergeben.[14] Auch ersparte Aufwendungen können zu nachträglichen Einkünften führen.[15] 39

---

1 So zB *Wendt*, FR 2000, 417 (424) mwN.
2 So BMF v. 22.5.2000, BStBl. I 2000, 588 Tz. 11 ff.
3 BFH v. 11.2.1999 – XI S 14/98, BFH/NV 1999, 926; vgl. auch BFH v. 22.2.1978 – I R 137/74, BStBl. II 1978, 430; FG Hess. v. 9.9.1998 – 9 K 585/96, EFG 1999, 16; *K/S/M*, § 16 Rn. E 81.
4 *H/H/R*, § 24 Anm. 88 mwN.
5 BFH v. 11.2.1999 – XI S 14/98, BFH/NV 1999, 926.
6 BMF v. 1.11.2013, BStBl. I 2013, 1326.
7 BFH v. 1.8.2007 – XI R 55/05, BFH/NV 2008, 31.
8 BFH v. 22.7.1993 – VI R 104/92, BStBl. II 1993, 795; FG BaWü. v. 29.7.1994 – 6 K 22/94 EFG 1995, 169.
9 BFH v. 14.10.1960 – VI 45/60 U, BStBl. III 61, 20.
10 FG Nds. v. 22.7.1974 – IX L 130/72, EFG 1974, 572.
11 FG Berlin v. 31.3.1978 – III 72/77, EFG 1979, 172.
12 BMF v. 4.7.2017, BStBl. I 2017, 883, unter Bezugnahme auf BFH v. 18.8.2016 – VI R 18/13, BStBl. II 2017, 730.
13 FG Hess. v. 1.10.1996 – 3 K 2810/94, EFG 1997, 401.
14 BFH v. 9.3.1982 – VIII R 160/81, BStBl. II 1982, 540; krit. hierzu *Heinicke*, DStJG 10 (1987), 99; *Döllerer*, DStR 1984, 383 (390).
15 BFH v. 19.1.2010 – X R 17/09, BStBl. II 2010, 544.

40 **b) Insbesondere nachträgliche Werbungskosten.** Aufwendungen, die durch die frühere Einkünfteerzielung veranlasst sind, aber erst nach Beendigung der Tätigkeit gezahlt werden, können als nachträgliche WK abgezogen werden. Dies ist unproblematisch bei WK, die schon **während der Einkünfteerzielung entstanden** sind und erst nachträglich abfließen.[1] Entstehen die Aufwendungen erst nach Beendigung der Tätigkeit, fehlt es häufig an dem Veranlassungszusammenhang mit der früheren Einkünfteerzielung.

41 Nur solche Aufwendungen, die **allein oder nahezu ausschließlich durch die bisherige Einkünfteerzielung veranlasst** sind, können als nachträgliche WK nach Nr. 2 abgezogen werden.[2] Deshalb sind die dem Eigentümer einer bisher vermieteten Wohnung vor der beabsichtigten Selbstnutzung für ein seinen Bedürfnissen entspr. Herrichten der Wohnung sowie für bei einem Wohnungswechsel typische Arbeiten (Schönheitsreparaturen, kleine sonstige Reparaturen) entstehenden Aufwendungen keine nachträglichen WK.[3] Dies gilt auch dann, wenn im Zuge einer nicht steuerbaren Veräußerung eines bislang vermieteten Grundstücks auf Verlangen des Käufers ein schon lange nicht mehr genutzter Erdtank ausgebaut wird.[4] Ausnahmsweise können Aufwendungen als nachträgliche WK bei den Einkünften aus VuV anerkannt werden, wenn sie allein der Beseitigung v. größeren, eine erhöhte Abnutzung deutlich übersteigenden Schäden dienen, insbes. solche, die der Mieter mutwillig verursacht hat (§ 21 Rn. 53).[5] Auch **Abbruchkosten** können ausnahmsweise nachträgliche WK darstellen, wenn ein Gebäude **ohne Abbruchabsicht erworben** worden ist, der Gebäudeabbruch sich als letzter Akt der Vermietungstätigkeit darstellt und die Abbruchkosten nicht den HK eines neu zu errichtenden Gebäudes zuzuordnen sind.[6]

42 **Schuldzinsen** des **zur Finanzierung v. AK oder HK** aufgenommenen Kredits, die auf die Zeit **nach Aufgabe der Vermietungsabsicht oder -tätigkeit** entfallen, waren früher idR keine nachträglichen WK bei den Einkünften aus VuV, weil angenommen wurde, dass sie nicht mehr mit dieser Einkunftsart in wirtschaftlichem Zusammenhang stünden, sondern Gegenleistung für die Überlassung v. Kapital seien, das nicht mehr der Erzielung v. Einkünften dient.[7] Einen Veranlassungszusammenhang und damit nachträgliche WK erkannte der BFH nur dann an, wenn mit dem Kredit Aufwendungen finanziert worden sind, die während der Vermietungstätigkeit als sofort abziehbare WK zu beurteilen waren.[8] Allerdings hat der Gesetzgeber **bei der Besteuerung von privatem Immobilienvermögen** einen **Paradigmenwechsel** vollzogen, als er die Veräußerungsfrist von zwei auf zehn Jahre verlängerte und damit auch die im PV gehaltene Immobilie jedenfalls für zehn Jahre in die Besteuerung einbezog.[9] Der BFH hat dies zum Anlass genommen, seine bisherige Rspr., mit der er auch schon bisher den Abzug nachträglicher Schuldzinsen bei den Einkünften aus VuV unter bestimmten Voraussetzungen zugelassen hat, zu erweitern, um die notwendige steuerrechtl. Gleichbehandlung von nachträglichen Schuldzinsen bei den Gewinn- und den Überschusseinkünften wieder herzustellen.[10] Dies führt dazu, dass ein einmal begründeter (und zwischenzeitlich auch nicht aus anderen Gründen weggefallener) wirtschaftlicher Veranlassungszusammenhang eines Darlehens mit Einkünften iSd. § 21 Abs. 1 S. 1 Nr. 1 nicht allein deshalb entfällt, weil die mit den Darlehensmitteln angeschaffte Immobilie veräußert wird. Daher können grds. **auch bei im PV gehaltenen Immobilien nachträgliche Schuldzinsen** stl. geltend gemacht werden.[11] Der ursprüngliche Veranlassungszusammen-

---

1 BFH v. 23.1.1990 – IX R 8/85, BStBl. II 1990, 464; v. 21.12.1982 – VIII R 48/82, BStBl. II 1983, 373 (zu Einkünften aus VuV).

2 BFH v. 29.7.1997 – IX R 70/95, BFH/NV 1997, 850; v. 23.1.1990 – IX R 17/85, BStBl. II 1990, 465.

3 BFH v. 29.7.1997 – IX R 70/95, BFH/NV 1997, 850; v. 7.11.1995 – IX R 81/93, BFH/NV 1996, 533; krit. *v. Bornhaupt*, DB 1998, 136.

4 BFH v. 24.1.2012 – IX R 16/11, BFH/NV 2012, 1108.

5 BFH v. 11.7.2000 – IX R 48/96, BStBl. II 2001, 784.

6 BFH v. 31.3.1998 – IX R 26/96, BFH/NV 1998, 1212; v. 12.6.1978 – GrS 1/77, BFH BStBl. II 1978, 620; v. 15.10.1996 – IX R 2/93, BStBl. II 1997, 325 (teilw. Abzug); vgl. aber BFH v. 12.9.1995 – IX R 87/94, BFH/NV 1996, 302; v. 20.4.1993 – IX R 122/88, BStBl. II 1993, 504; s. auch § 21 Rn. 62.

7 BFH v. 12.10.1995 – IX R 115/90, BFH/NV 1996, 208; v. 25.4.1995 – IX R 114/92, BFH/NV 1995, 966; v. 20.12.1994 – IX R 32/93, BFH/NV 1995, 675; v. 7.9.1993 – IX R 64/91, BFH/NV 1994, 234; v. 2.3.1993 – IX R 9/90, BFH/NV 1993, 532; v. 2.6.1992 – IX R 155/88, BFH/NV 1993, 12; v. 23.1.1990 – IX R 8/85, BStBl. II 1990, 464; v. 21.12.1982 – VIII R 48/82, BStBl. II 1983, 373; krit. *Stuhrmann*, DStR 2005, 726.

8 BFH v. 12.10.2005 – IX R 28/04, BStBl. II 2006, 407; v. 16.9.1999 – IX R 42/97, BStBl. II 2001, 528; vgl. auch *Gosch*, StBp 2000, 93; keine nachträglichen Schuldzinsen bei Eigennutzung im Anschluss an die Vermietung: FG BaWü. v. 20.10.2005 – 10 K 367/04, EFG 2006, 176.

9 Vgl. *Jachmann/Schallmoser*, DStR 2011, 1248; *Schallmoser* in FS Spindler, 739 (743 u. 746); aA *Dornheim*, DStZ 2012, 555.

10 Zuerst BFH v. 20.6.2012 – IX R 67/10, BStBl. II 2013, 275, in einem Fall, in dem eine Immobilie innerhalb eines Zehnjahreszeitraums veräußert wurde; so schon früher *Jachmann/Schallmoser*, DStR 2011, 1248; *Pezzer*, StuW 2000, 466; krit. *Meyer/Ball*, DStR 2012, 2260.

11 Umfassend: BFH v. 8.4.2014 – IX R 45/13, BStBl. II 2015, 635; *Schmitz-Herscheidt*, FR 2014, 625; BMF v. 27.7.2015, BStBl. I 2015, 581.

hang zwischen einem (Rest-)Darlehen für AK und den (früheren) Einkünften aus VuV besteht grds. auch dann weiter fort, wenn der StPfl. das Objekt[1] veräußert und der Erlös aus der Veräußerung nicht ausreicht, um das ursprünglich zur Anschaffung des Grundstücks aufgenommene Darlehen abzulösen.[2] Die nachträglichen Schuldzinsen sind nach wie vor durch die ursprünglich zur Erzielung von Einkünften aus VuV aufgenommenen Schulden ausgelöst. Auch auf ein Refinanzierungs- oder Umschuldungsdarlehen gezahlte Schuldzinsen können im Einzelfall durch die (frühere) Einkünfteerzielung veranlasst sein.[3] Allerdings können wegen fehlenden Veranlassungszusammenhangs nachträgliche Schuldzinsen **nicht** geltend gemacht werden, wenn sie auf **Verbindlichkeiten entfallen, die durch den Veräußerungspreis des Immobilienobjekts hätten getilgt werden können** (sog. Grundsatz des Vorrangs der Schuldentilgung)[4] oder wenn der StPfl. zwar ursprünglich mit Einkünfteerzielungsabsicht gehandelt hat, seine Absicht zu einer (weiteren) **Einkünfteerzielung** jedoch bereits vor der Veräußerung des Immobilienobjekts **aus anderen Gründen weggefallen** ist.[5] Hat der StPfl. seine ursprüngliche steuerbare Tätigkeit in gesellschaftsrechtl. Verbundenheit ausgeübt, ist es für die Berücksichtigung von nachträglichen Schuldzinsen nach Veräußerung der bislang zur Einkünfteerzielung genutzten Immobilie überdies von Bedeutung, in welchem Umfang der StPfl. seinerzeit den objektiven Tatbestand des § 21 Abs. 1 S. 1 Nr. 1 selbst erfüllt hat.[6]

Bei den Einkünften aus **KapVerm.** lehnt der BFH den Abzug v. Schuldzinsen als nachträgliche WK ab.[7] 43
Die unterschiedliche steuerrechtl. Behandlung nachträglicher Schuldzinsen bei den Gewinneinkünften einerseits und den Überschusseinkünften andererseits beruhe auf dem Dualismus der Einkünfteermittlung, der auch unter Berücksichtigung des Gleichheitssatzes keinen verfassungsrechtl. Bedenken begegne.[8] Bei **Beteiligungseinkünften nach § 17** kommt es auf den VZ an. Für VZ vor 1999 ging der BFH davon aus, dass mit dem Wegfall der Einkünfteerzielung grundsätzlich der erforderliche wirtschaftliche Zusammenhang der Schuldzinsen mit der Einkunftsart entfiel, sodass keine nachträglichen WK geltend gemacht werden konnten.[9] Diese **Rechtsprechung** hat der BFH **für VZ ab 1999 geändert** und einen Abzug von Schuldzinsen für die Anschaffung einer im Privatvermögen gehaltenen Beteiligung iSv. § 17, die auf Zeiträume nach Veräußerung der Beteiligung oder Auflösung der Gesellschaft entfallen, als nachträgliche WK anerkannt.[10] Nach Absenkung der Wesentlichkeitsschwelle von mehr als 25 % auf 10 % durch das StEntlG 1999/2000/2002 für VZ ab 1999 und erst recht für die Zeit nach Absenkung der maßgeblichen Beteiligungsgrenze auf 1 % im Jahr 2000 für VZ ab 2001 und der damit einhergehenden weitgehenden konzeptionellen Gleichbehandlung von Gewinnausschüttung und Veräußerung besteht für die Einkünfte aus Kapitalvermögen jedenfalls bei einer Beteiligung iSv. § 17 keine sachliche Rechtfertigung mehr für die rechtliche Zuweisung der nachträglichen Finanzierungskosten zur (grundsätzlich) nicht steuerbaren Vermögensebene.[11]

III. Zufluss an Rechtsnachfolger. 1. Bedeutung der Regelung. Stirbt der StPfl. vor Ablauf des Kj. und 44
endet damit seine persönliche StPfl., wird der Veranlagung für das Todesjahr (Kalenderjahr) ein abgekürzter Ermittlungszeitraum zugrunde gelegt. Die Veranlagung ist jedoch auf das bis zum Tod des StPfl. erzielte Einkommen zu beschränken.[12] Die diesen Zeitraum betreffende Einkommensteuerschuld des Erblassers bleibt trotz des Übergangs auf den Erben eine vom Erblasser herrührende Steuerschuld. Die entspr. vom Erblasser herrührenden Steuerschulden sind Nachlassverbindlichkeiten.[13] Fließen Einkünfte allerdings dem StPfl. als **Rechtsnachfolger** zu, wird der Steuertatbestand in diesen Fällen erst mit dem Zufluss der Einnahmen durch den Erben als StPfl. verwirklicht.[14] Wenn der Erbe damit einen Teil des Einkünfte-

---

1 Die Voraussetzungen für den nachträglichen Schuldzinsenabzug sind objektbezogen zu beurteilen: BFH v. 21.1. 2014 – IX R 37/12, BStBl. II 2015, 631.
2 BFH v. 20.6.2012 – IX R 67/10, BStBl. II 2013, 275; v. 8.4.2014 – IX R 45/13, BStBl. II 2015, 635; vgl. auch BMF v. 27.7.2015, BStBl. I 2015, 581; *Schmitz-Herscheidt*, FR 2014, 625; krit. *Jochum*, DStZ 2012, 728, die einen Zusammenhang mit dem Veräußerungsverlust gem. § 23 Abs. 3 voraussetzt und den Abzug auf Fälle beschränkt, in denen das Objekt innerhalb des Zehnjahreszeitraums veräußert wird; diff. *Paus*, DStZ 2014, 580.
3 BFH v. 8.4.2014 – IX R 45/13, BStBl. II 2015, 635.
4 *Jachmann/Schallmoser*, DStR 2011, 1248.
5 BFH v. 20.6.2012 – IX R 67/10, BStBl. II 2013, 275; v. 21.1.2014 – IX R 37/12, BStBl. II 2015, 631.
6 BFH v. 8.4.2014 – IX R 45/13, BStBl. II 2015, 635.
7 BFH v. 9.8.1983 – VIII R 276/82, BStBl. II 1984, 29; v. 2.10.1984 – VIII R 36/83, BStBl. II 1985, 320; v. 2.10.1984 – VIII R 20/84, BStBl. II 1985, 428; v. 10.11.1992 – VIII R 98/90, BFH/NV 1993, 468; v. 14.6.1994 – VIII R 14/93, BFH/NV 1995, 377; v. 17.12.1996 – VIII R 39/95, BFH/NV 1997, 644.
8 BFH v. 25.4.1995 – IX R 114/92, BFH/NV 1995, 966.
9 BFH v. 5.10.2004 – VIII R 64/02, BFH/NV 2005, 54; vgl. auch BFH v. 27.3.2007 – VIII R 64/05, BStBl. II 2007, 639.
10 BFH v. 16.3.2010 – VIII R 20/08, BStBl. II 2010, 787.
11 Für eine Berücksichtigung der nachträglichen Schuldzinsen bei den Einkünften aus § 17 EStG: *Haase*, BB 2010, 2871; zum Zusammenhang mit der Veranlagungsoption des § 32d Abs. 2 Nr. 3: *Moritz/Strohm*, BB 2012, 3107.
12 BFH GrS v. 17.12.2007 – GrS 2/04, BStBl. II 2008, 608.
13 BFH v. 4.7.2012 – II R 15/11, BStBl. II 2012, 790.
14 BFH v. 24.1.1996 – X R 14/94, BStBl. II 1996, 287.

erzielungstatbestands erfüllt, hat Nr. 2 **konstitutiven Charakter.**[1] Der Tatbestand der Einkunftserzielung wird teilw. beim Rechtsvorgänger (Erwerbstätigkeit) und teilw. beim Rechtsnachfolger (Zufluss oder Realisierung) erfüllt. Durch die Verklammerung v. Erwerbstätigkeit und Einkünfterealisierung schließt Nr. 2 die Besteuerungslücke, die entstehen würde, wenn die Einkünfte dem Rechtsvorgänger nicht mehr zufließen und der Rechtsnachfolger den zugrunde liegenden Einkünftetatbestand nicht verwirklicht.[2] Nr. 2 gilt **subsidiär**; die allg. Grundsätze der Tatbestandsverwirklichung und der Unbeachtlichkeit der Einkommensverwendung gehen vor.[3] Der Rechtsvorgänger kann sich nicht durch (unentgeltliche) Rechtsgeschäfte unter Lebenden seiner StPflicht entziehen, indem er zB Forderungen aus seiner eigenen Erwerbstätigkeit abtritt. Die Einkünfte aus seiner Erfindertätigkeit sind daher auch dann dem Erfinder zuzurechnen, wenn er seiner Ehefrau ein eigenes Forderungsrecht daran eingeräumt hat.[4] Um nachträgliche Einkünfte des Rechtsnachfolgers handelt es sich nicht, wenn der Gesamtrechtsnachfolger lediglich aufgrund v. § 45 AO in die Verpflichtungen des Rechtsvorgängers eintritt.

45 **2. Beibehaltung der Einkunftsart.** Da es sich auch bei den Einkünften des Rechtsnachfolgers um nachträgliche Einkünfte handelt, sind **für die sachliche StPflicht** den Umfang der StPflicht und die Einkunftsart die **Verhältnisse des Rechtsvorgängers maßgebend**. BV des Rechtsvorgängers wird nicht automatisch zu PV des Rechtsnachfolgers.[5] Auch wenn ein Schriftsteller, Wissenschaftler oder Künstler stirbt und die Berufstätigkeit des verstorbenen Freiberuflers aufgrund ihrer höchstpersönlichen Natur v. den Erben nicht fortgeführt werden kann, liegt darin nicht automatisch eine BetrAufg.[6] (s. Rn. 26). Die für den Rechtsvorgänger geltenden Steuerbefreiungen und -vergünstigungen gelten auch für den Rechtsnachfolger.[7] Die Einkunftsart bestimmt sich ebenfalls nach den Verhältnissen des Rechtsvorgängers. Einkünfte aus einer ehemaligen (früheren) künstlerischen Tätigkeit gehören beim Erben des Künstlers auch dann zu den Einkünften aus künstlerischer Tätigkeit, wenn der Erbe nicht selbst Künstler ist. Die Veräußerung der vom Erblasser geschaffenen Werke stellt sich als Abschluss und Abwicklung der künstlerischen Betätigung dar und wird daher noch dieser zugerechnet.[8] Zahlungen eines Verlages an den Erben eines Autors führen bei diesen zu (nachträglichen) Einkünften aus selbständiger Arbeit.[9] Dies gilt auch für Verwertungsentgelte der GEMA oder der VG-Wort.[10] In Fällen der Gesamtrechtsnachfolge muss sich der Gesamtrechtsnachfolger entsprechend § 24 Nr. 2 und § 45 AO die Verwirklichung des Einkünfteerzielungstatbestandes durch den Rechtsvorgänger zurechnen lassen.[11]

46 **3. Rechtsnachfolger.** Rechtsnachfolger kann unter diesen Voraussetzungen sowohl der Gesamtrechtsnachfolger als auch der Einzelrechtsnachfolger (zB Vermächtnisnehmer) sein (zur Subsidiarität, wenn die Einnahmen kraft Rechtsgeschäfts unter Lebenden zufließen Rn. 44). Da es sich um Einkünfte des Rechtsnachfolgers handelt, sind für die **individuellen Besteuerungsmerkmale** sowie für Freibeträge oder Freigrenzen die **persönlichen Verhältnisse des Rechtsnachfolgers** maßgebend. Bezieher nachträglicher Einkünfte aus einer ehemaligen Tätigkeit ist der Erbe als Gesamtrechtsnachfolger auch dann, wenn der Nachlass mit Vermächtnissen belastet ist. Nachträglich zugeflossene Rentenzahlungen werden dem Erben ungeachtet dessen zugerechnet, dass sie der Testamentsvollstrecker nicht zur Begleichung der hierauf entfallenden ESt als Nachlassverbindlichkeit, sondern zur Erfüllung v. Vermächtnissen verwendet.[12]

47 **4. Einzelfälle.** Zahlt eine PersGes. **Versorgungsleistungen** an die Witwe eines verstorbenen G'ters aufgrund des Gesellschaftsvertrags als Vergütung für die Tätigkeit dieses G'ters als Geschäftsführer und ist die Witwe nicht G'ter (MU'er), so stellen die Bezüge der Witwe in voller Höhe gem. Nr. 2 nachträgliche Einkünfte aus GewBetr. dar.[13] Laufende Versorgungsleistungen, die die Witwe eines selbständigen Versicherungsvertreters v. dem vertretenen Versicherungsunternehmen im Hinblick auf die frühere Tätigkeit

1 BFH v. 17.12.2007 – GrS 2/04, BStBl. II 2008, 608.
2 BFH v. 24.1.1996 – X R 14/94, BStBl. II 1996, 287; v. 31.8.1994 – X R 115/92, BFH/NV 1995, 498; *Ruppe*, DStJG 10 (1987), 45 (57); *Heinicke*, DStJG 10 (1987), 99 ff.; zur Einkünftezurechnung s. auch *Mellinghoff*, DStJG 22 (1999), 127 (155); *Trzaskalik*, StuW 1997, 97; *Biergans*, FR 1982, 525; *Biergans*, FS L. Schmidt, 1993, 91.
3 Grundlegend *Heinicke*, DStJG 10 (1987), 99.
4 BFH v. 18.10.1989 – I R 126/88, BStBl. II 1990, 377.
5 BFH v. 7.10.1965 – IV 346/61 U, BStBl. III 65, 666; v. 30.3.1989 – IV R 45/87, BStBl. II 1989, 509.
6 BFH v. 15.11.2006 – XI R 6/06, BFH/NV 2007, 436 (hier: nachträgliche Einkünfte auch 19 Jahre nach dem Tod eines Künstlers).
7 *Ruppe*, DStJG 10 (1987), 45 (57); **aA** BFH v. 26.6.1970 – VI R 193/67, BStBl. II 1970, 824 für erfinderbezogene Steuervergünstigung.
8 BFH v. 29.4.1993 – IV R 16/92, BStBl. II 1993, 716; BStBl. III 65, 666.
9 BFH v. 27.11.1992 – IV B 109/91, BFH/NV 1993, 293.
10 BFH v. 2.3.1995 – IV R 62/93, BStBl. II 1995, 413.
11 BFH v. 26.1.2011 – VIII R 14/10, BFH/NV 2011, 1512.
12 BFH v. 24.1.1996 – X R 14/94, BStBl. II 1996, 287.
13 BFH v. 24.11.1983 – IV R 14/83, BStBl. II 1984, 431.

ihres verstorbenen Ehemannes auf Lebenszeit erhält, sind nachträgliche Einkünfte aus GewBetr. und damit im Jahr des jeweiligen Zuflusses in voller Höhe estpfl.[1] Der Rechtsnachfolger kann auch nachträgliche WK oder BA geltend machen. Benutzt die Witwe eines Schriftstellers dessen häusliches Arbeitszimmer zu Abwicklungszwecken, so können die Aufwendungen für dieses Zimmer zB als BA abziehbar sein.[2] Muss ein Erbe **Ruhegehaltszahlung iSv. § 19 zurückzahlen**, so können insoweit nachträgliche **negative Einnahmen** aus nichtselbständiger Arbeit vorliegen.[3]

D. Nutzungsvergütungen für die Inanspruchnahme von Grundstücken für öffentliche Zwecke (Nr. 3)

§ 24 Nr. 3 sondert Nutzungsvergütungen und darauf entfallende Zinsen, die bereits nach § 2 Abs. 1, §§ 13–23 der Besteuerung unterliegen, für die Anwendung des ermäßigten Steuersatzes gem. § 34 Abs. 2 Nr. 3 aus der jeweiligen Einkunftsart aus.[4] Die Vorschrift erweitert die StPflicht nicht, sodass nicht steuerbare Entschädigungen (zB für eine **faktische Bausperre**) nicht unter § 24 Nr. 3 fallen.[5] Eine „Inanspruchnahme v. Grundstücken für öffentl. Zwecke" iSv. Nr. 3 setzt voraus, dass sich **ein öffentl.-rechtl. Funktionsträger das Grundstück unter Einsatz oder Androhung v. Hoheitsmitteln** (etwa eines Enteignungsverfahrens) **beschafft**.[6] Voraussetzung ist, dass das Nutzungsverhältnis durch hoheitlichen Druck, nicht freiwillig begründet wird. Dies ist auch bei einer vertraglichen Veräußerung oder Nutzungsüberlassung durch den StPfl. möglich, wenn er damit ein konkret drohendes Enteignungsverfahren abwendet.[7] Die aufgrund einer **Teilungsversteigerung v.** der öffentl. Hand als Ersteherin gezahlten sog. Bargebotszinsen stellen bei dem Empfänger keine „Zinsen auf Entschädigungen" iSv. Nr. 3 dar, da kein öffentl.-rechtl. Sonderrecht wahrgenommen wird.[8] 48

Entschädigung für die Belastung der Grundstücke mit einer **Grunddienstbarkeit** können zu den Nutzungsvergütungen gehören, sind aber nur bei Nachzahlung tarifbegünstigt (vgl. § 34 Rn. 24).[9] Durch Nr. 3 werden alle Zinsen erfasst, die aufgrund eines durch hoheitlichen Eingriff begründeten Anspr. auf Enteignungsentschädigung gezahlt werden.[10] Werden Zinsen (oder Nutzungsvergütungen) iSd. § 24 Nr. 3 für einen Zeitraum v. mehr als drei Jahren nachgezahlt, so wird die Steuervergünstigung des § 34 Abs. 1, 2 Nr. 3 für die gesamte Nachzahlung gewährt und nicht nur für den Teilbetrag, der auf den drei Jahre übersteigenden Teil des Nachzahlungszeitraums entfällt.[11] 49

§ 24a Altersentlastungsbetrag

[1]Der Altersentlastungsbetrag ist bis zu einem Höchstbetrag im Kalenderjahr ein nach einem Prozentsatz ermittelter Betrag des Arbeitslohns und der positiven Summe der Einkünfte, die nicht solche aus nichtselbständiger Arbeit sind. [2]Bei der Bemessung des Betrags bleiben außer Betracht:

1. **Versorgungsbezüge im Sinne des § 19 Absatz 2;**
2. **Einkünfte aus Leibrenten im Sinne des § 22 Nummer 1 Satz 3 Buchstabe a;**
3. **Einkünfte im Sinne des § 22 Nummer 4 Satz 4 Buchstabe b;**
4. **Einkünfte im Sinne des § 22 Nummer 5 Satz 1, soweit § 22 Nummer 5 Satz 11 anzuwenden ist;**
5. **Einkünfte im Sinne des § 22 Nummer 5 Satz 2 Buchstabe a.**

[3]Der Altersentlastungsbetrag wird einem Steuerpflichtigen gewährt, der vor dem Beginn des Kalenderjahres, in dem er sein Einkommen bezogen hat, das 64. Lebensjahr vollendet hatte. [4]Im Fall der Zusammenveranlagung von Ehegatten zur Einkommensteuer sind die Sätze 1 bis 3 für jeden Ehegatten gesondert anzuwenden. [5]Der maßgebende Prozentsatz und der Höchstbetrag des Altersentlastungsbetrags sind der nachstehenden Tabelle zu entnehmen:

---

1 BFH v. 25.3.1976 – IV R 174/73, BStBl. II 1976, 487.
2 BFH v. 30.3.1989 – IV R 45/87, BStBl. II 1989, 509.
3 BFH v. 19.12.1975 – VI R 157/72, BStBl. II 1976, 322.
4 BFH v. 17.5.1995 – X R 64/92, BStBl. II 1995, 640.
5 BFH v. 12.9.1985 – VIII R 306/81, BStBl. II 1986, 252.
6 BFH v. 28.4.1998 – VIII R 22/95, BStBl. II 1998, 560.
7 BFH v. 21.4.1966 – VI 366/65, BStBl. III 66, 460.
8 BFH v. 28.4.1998 – VIII R 22/95, BStBl. II 1998, 560.
9 BFH v. 19.4.1994 – IX R 19/90, BStBl. II 1994, 640.
10 BFH v. 21.1.1992 – VIII R 51/88, BStBl. II 1993, 3.
11 BFH v. 14.3.1985 – IV R 143/82, BStBl. II 1985, 463.

Das auf die Vollendung des 64. Lebensjahres folgende Kalenderjahr	Altersentlastungsbetrag	
	in % der Einkünfte	Höchstbetrag in Euro
2005	40,0	1 900
2006	38,4	1 824
2007	36,8	1 748
2008	35,2	1 672
2009	33,6	1 596
2010	32,0	1 520
2011	30,4	1 444
2012	28,8	1 368
2013	27,2	1 292
2014	25,6	1 216
2015	24,0	1 140
2016	22,4	1 064
2017	20,8	988
2018	19,2	912
2019	17,6	836
2020	16,0	760
2021	15,2	722
2022	14,4	684
2023	13,6	646
2024	12,8	608
2025	12,0	570
2026	11,2	532
2027	10,4	494
2028	9,6	456
2029	8,8	418
2030	8,0	380
2031	7,2	342
2032	6,4	304
2033	5,6	266
2034	4,8	228
2035	4,0	190
2036	3,2	152
2037	2,4	114
2038	1,6	76
2039	0,8	38
2040	0,0	0

A. Grundaussagen der Vorschrift

1 Im Alter bezogene Einkünfte werden unterschiedlich besteuert. Leibrenten werden gem. § 22 Nr. 1 nur mit dem Ertragsanteil besteuert; bei Versorgungsbezügen, die voll besteuert werden, wird gem. § 19 Abs. 2 ein Versorgungsfreibetrag gewährt. § 24a soll der **Harmonisierung der Besteuerung der Altersbezüge** dienen und gewährt einen Freibetrag für diejenigen StPfl., deren Altersversorgung nicht (nur) aus Renten oder Pensionen besteht. Um eine mehrfache Begünstigung auszuschließen, werden Leibrenten, Versorgungsbezüge, Leistungen eines Pensionsfonds und sonstige Einkünfte, die der Ertragsanteilsbesteuerung unterliegen nicht in die Bemessungsgrundlage des Altersentlastungsbetrages einbezogen (S. 2). Der Gesetzgeber hat dem Auftrag des BVerfG[1] entspr. die Besteuerung der Alterseinkünfte mit Wirkung v. 1.1. 2005 neu geregelt. Mit dem Übergang zur nachgelagerten Besteuerung verliert der Altersentlastungsbetrag seine Rechtfertigung. Da die Neuordnung der Besteuerung der Altersbezüge abgestuft über einen Zeitraum v. 35 Jahren eingeführt wird, hat der Gesetzgeber sich entschieden, den Altersentlastungsbetrag entspr. allmählich abzuschmelzen. S. 1 und S. 5 regeln die schrittweise Zurückführung im Zeitraum v. 2005 bis 2040 (Rn. 9). Nach Einführung des § 2 Abs. 8 ist § 24a S. 4 auch auf Lebenspartner und Lebenspartnerschaften anzuwenden. Die Vorschrift ist mit Verfassungsrecht und Unionsrecht vereinbar.[2]

B. Voraussetzungen für die Gewährung des Altersentlastungsbetrags

2 **I. Anspruchsberechtigte (S. 3).** Anspruchsberechtigt ist derjenige StPfl., der das 64. Lebensjahr vollendet hat. Ein Lebensjahr wird mit Ablauf des Tages vollendet, der dem Tag der Wiederkehr des Geburtstages vorangeht (§ 108 Abs. 1 AO; §§ 187 Abs. 2 S. 2, 188 Abs. 2 BGB). Für das Kj. 2001 können demnach StPfl. den Altersentlastungsbetrag erhalten, wenn sie vor dem 2.1.37 geboren sind. Die Anspruchsberechtigung ist bei zusammenveranlagten Ehegatten für jeden gesondert zu prüfen. Für **beschränkt StPfl.** ist § 24a anzuwenden (vgl. § 50 Abs. 1 S. 3).

3 **II. Bemessungsgrundlage. 1. Grundsatz.** Die **Bemessungsgrundlage** für den Altersentlastungsbetrag setzt sich aus **zwei selbständigen Bestandteilen** zusammen. Sie wird gebildet aus dem Arbeitslohn und der positiven Summe der Einkünfte, die nicht zu den Einkünften aus nichtselbständiger Arbeit gehören. Die beiden Bestandteile der Bemessungsgrundlage werden nicht zu einer einheitlichen Bemessungsgrundlage zusammengerechnet, sondern bilden getrennte, sich ergänzende Ausgangsgrößen für den Altersentlastungsbetrag.

4 **2. Arbeitslohn.** Aus Gründen der Praktikabilität wird anstelle der Einkünfte aus nichtselbständiger Arbeit der **Arbeitslohn** der Berechnung zugrunde gelegt.[3] Berücksichtigt werden **alle (Brutto-)Einnahmen**, die dem ArbN aus einem Dienstverhältnis zufließen (vgl. § 2 Abs. 1 LStDV; § 19 Rn. 55 ff.), ohne dass WK, WK-PB oder Freibeträge abgezogen werden. Bei **Nettolohnvereinbarungen** muss der Bruttoarbeitslohn berechnet und zugrunde gelegt werden. Zur Bemessungsgrundlage des § 24a gehört nur der stpfl. Arbeitslohn.[4] Stfrei Bezüge aus einem Arbverh. (vgl. zB Trinkgelder gem. § 3 Nr. 51 oder stfreie Einnahmen gem. § 8 Abs. 3 S. 2) scheiden aus der Bemessungsgrundlage aus.[5] Pauschalversteuerter Arbeitslohn (§§ 40–40b) wird ebenfalls nicht berücksichtigt. Dagegen ist tarifbegünstigter Arbeitslohn (zB § 24 Nr. 1a iVm. § 34) in die Bemessungsgrundlage einzubeziehen. Die **Rückzahlung v. Arbeitslohn** mindert die Bemessungsgrundlage nur dann, wenn es sich um Bezüge des lfd. Kj. handelt; die Rückzahlungen v. Einnahmen früherer Kj. berühren die Bemessungsgrundlage nicht.[6]

5 **3. Positive Summe der anderen Einkünfte.** Weiterer Bestandteil der Bemessungsgrundlage ist die positive Summe der Einkünfte aus den Einkunftsarten § 2 Abs. 1 S. 1 Nr. 1–3 und 5–7. Da § 24a auf die **posi-**

---

1 BVerfG v. 6.3.2002 – 2 BvL 17/99, BVerfGE 105, 73 = BStBl. II 2002, 618.
2 BFH v. 3.9.2018 – III B 74/17, BFH/NV 2018, 1273 (zum Unionsrecht); FG Münster v. 24.2.2016 – 10 K 1979/15 E, juris.
3 BT-Drucks. 7/2470, 279.
4 *H/H/R*, § 24a Anm. 16; *Blümich*, § 24a Rn. 9.
5 BFH v. 26.6.2014 – VI R 41/13, BStBl. II 2015, 39.
6 *H/H/R*, § 24a Anm. 16.

tive Summe der Einkünfte und nicht auf die positiven Einkünfte abstellt, sind die positiven und negativen Einkünfte auszugleichen. Nur wenn das Ergebnis positiv ist, wird die Bemessungsgrundlage für den Altersentlastungsbetrag erhöht.[1] Für die VZ 1999–2003 ist die positive Summe der Einkünfte nach § 2 Abs. 3 S. 2–8 aF zu ermitteln.[2] Da durch diese Berechnung negative Einkünfte teilw. nicht berücksichtigt werden, können sich in diesen VZ Vorteile im Vergleich zur jetzt und früher geltenden Rechtslage ergeben, die den Zielen der sog. „Mindestbesteuerung" nicht entsprechen. Dies rechtfertigt es aber nicht, für § 24a andere Maßstäbe zugrunde zu legen.[3] In die Bemessungsgrundlage des Altersentlastungsbetrags gehen auch die Einkünfte aus privaten Veräußerungsgeschäften ein. **Verluste aus privaten Veräußerungsgeschäften** nach § 23 Abs. 3 S. 8 werden nicht auf Ebene der Einkunftsermittlung, sondern wie nach Maßgabe des § 10d vom Gesamtbetrag der Einkünfte abgezogen, so dass sie iRd. § 24a EStG nicht die positiven Einkünfte aus privaten Veräußerungsgeschäften mindern.[4] Kapitalerträge werden ebenfalls nur berücksichtigt, wenn sie nach § 32d Abs. 6 der tariflichen ESt unterworfen werden und damit zur Summe der Einkünfte gehören.[5] Dies führt zwar zunächst zu einer entspr. höheren Bemessungsgrundlage für den Altersentlastungsbetrag. Der Abzug des Altersentlastungsbetrags wirkt sich dann jedoch auf den zu berücksichtigenden Verlust aus privaten Veräußerungsgeschäften aus und mindert diesen.[6]

6 Nur die **stpfl. Einkünfte** bilden die Bemessungsgrundlage, so dass stfreie Einkünfte nicht zu berücksichtigen sind. Tarifbegünstigte Einkünfte iSd. § 34 und nachzuversteuernde Beträge gehören in die Bemessungsgrundlage. Einkünfte, die nicht zur Veranlagung führen, weil sie unter 410 Euro liegen (§ 46 Abs. 2 Nr. 1), sind demgegenüber nicht einzubeziehen. **Freibeträge** werden nur dann berücksichtigt, wenn sie bei der Ermittlung der Einkünfte abgezogen werden können, so dass der WK-PB nach § 9a 1 Nr. 2 oder Nr. 3 die Bemessungsgrundlage mindert. Sind in den Einkünften neben Leibrenten auch andere Bezüge iSd. § 22 Nr. 1 enthalten, so ist der WK-PB des § 9a 1 Nr. 3 vorrangig vom Ertragsanteil der Leibrente abzuziehen.[7] Der Freibetrag gem. § 13 Abs. 3 ist demgegenüber nicht abzuziehen, da er erst nach der Ermittlung der Einkünfte die Summe der Einkünfte mindert.[8] Auch ein **Verlustabzug** nach § 10d wirkt sich auf die Bemessungsgrundlage des § 24a nicht aus, da er erst vom Gesamtbetrag der Einkünfte abzuziehen ist.[9] Soweit § 24a an den Begriff der Einkünfte anknüpft, ist die Vorschrift ohne Einbeziehung von solchen Kapitalerträgen anzuwenden, die dem Steuerabzug nach § 32d Abs. 1 und § 43 Abs. 5 unterlegen haben.[10]

C. Ermittlung des Altersentlastungsbetrags

7 Aus der Zielsetzung des § 24a folgt, dass Versorgungsbezüge (§ 19 Abs. 2), Einkünfte aus Leibrenten (§ 22 Nr. 1 S. 3a) und Versorgungsbezüge v. Abgeordneten (§ 22 Nr. 4 S. 4 lit. b) nicht in die Bemessungsgrundlage des Altersentlastungsbetrages einzubeziehen sind (§ 24a S. 2), weil sie bereits in anderer Weise begünstigt sind.[11] Durch das JStG 2008[12] hat der Gesetzgeber außerdem die Leistungen eines Pensionsfonds gem. § 22 Nr. 5 S. 1, bei denen aufgrund des § 22 Nr. 5 S. 11 (früher § 52 Abs. 34c)[13] der Versorgungsfreibetrag des § 19 Abs. 2 Anwendung findet, sowie die sonstigen Einkünfte nach § 22 Nr. 5 S. 2 (zukünftig § 22 Nr. 5 S. 2 lit. a), die der Ertragsanteilsbesteuerung unterliegen v. der Bemessungsgrundlage des Altersentlastungsbetrags ausgenommen.[14] Die Neuregelung gilt ab VZ 2008 (§ 52 Abs. 1 idF des JStG 2008). Diese Auslegung hat das BMF zuvor schon in einem BMF-Schr. vertreten.[15] Der Altersentlastungsbetrag betrug bis einschl. VZ 2004 nach S. 1 aF 40 % der Bemessungsgrundlage, höchstens jedoch 1 908 Euro und wurde v. der FinVerw. auf den nächsten vollen Euro-Betrag aufgerundet.[16] Ab **VZ 2005** wird ein Höchst-

1 FG München v. 13.4.2004 – 5 K 1744/02, FGReport 2004, 50.
2 BFH v. 17.11.2005 – III R 83/04, BStBl. II 2006, 511.
3 *H/H/R*, § 24a Anm. 26.
4 BFH v. 22.11.2012 – III R 66/11, BFH/NV 2013, 529; **aA** FG Berlin-Bdbg. v. 15.6.2011 – 7 K 7303/08, EFG 2011, 2164.
5 BFH v. 25.4.2017 – III B 51/16, BFH/NV 2017, 1163 (die Verfassungsbeschwerde wurde nicht zur Entsch. angenommen: BVerfG v. 11.4.2018 – 2 BvR 2081/17); FG München v. 6.6.2014 – 8 K 2051/12, EFG 2014, 2118.
6 Vgl. BFH v. 22.11.2012 – III R 66/11, BFH/NV 2013, 529.
7 R 24a Abs. 1 S. 3 EStR.
8 *H/H/R*, § 24a Anm. 8; *L/B/P*, § 24a Rn. 19; jetzt auch: *Blümich*, § 24a Rn. 17.
9 *Blümich*, § 24a Rn. 18.
10 FG Münster v. 28.3.2012 – 11 K 3383/11 E, EFG 2012, 1464, rkr.; FG Düss. v. 13.10.2010 – 15 K 2712/10 E, EFG 2011, 798; R 24a Abs. 1 S. 2 EStR.
11 Vgl. BFH v. 23.3.2005 – VI B 146/04, juris.
12 BGBl. I 2007, 3150 (3152).
13 Geändert durch Art. 2 Nr. 13 des Kroatien-AnpG v. 25.7.2014, BGBl. I 2014, 1266 (1269).
14 Vgl. BR-Drucks. 544/07, 70.
15 BMF v. 23.5.2007, BStBl. I 2007, 486.
16 R 171 Abs. 1 S. 3 EStR 2003.

betrag zum Abzug zugelassen, der sich nach einem Prozentsatz des Arbeitslohns und der positiven Summe der Einkünfte, die nicht aus unselbständiger Arbeit stammen (Rn. 9), richtet. Zur Ermittlung des Altersentlastungsbetrages werden beide Bestandteile der Bemessungsgrundlage zusammengerechnet, wenn sie positiv sind. Hat der StPfl. neben dem Arbeitslohn andere Einkünfte, die in ihrer Summe negativ sind, wird die Bemessungsgrundlage Arbeitslohn nicht um diese negative Summe anderer Einkünfte gekürzt. Das EStG setzt in verschiedenen Vorschriften (vgl. § 10c; § 39b Abs. 2 und 3) voraus, dass der Altersentlastungsbetrag vorrangig vom Arbeitslohn berechnet wird. Ist der Altersentlastungsbetrag außer vom Arbeitslohn noch v. weiteren Einkünften zu berechnen, hat dies zur Folge, dass er **zunächst vom Arbeitslohn** und nur ergänzend nach den anderen Einkünften berechnet wird.[1] Die Summe der Einkünfte wird um den Altersentlastungsbetrag gemindert (§ 2 Abs. 3 S. 1). Nicht geregelt ist, wie der Altersentlastungsbetrag auf die einzelnen Einkunftsarten verteilt wird. Zur Zeit der Geltung des § 2 Abs. 3 idF des StEntlG 99/00/02 hatte diese Frage insbes. für den Verlustabzug (§ 10d) Bedeutung. Richtigerweise müsste in diesem Zeitraum der Altersentlastungsbetrag **nach Maßgabe der positiven Einkünfte** aufgeteilt werden.

D. Berücksichtigung bei Ehegatten (S. 4)

Bei zusammenveranlagten Ehegatten ist der Altersentlastungsbetrag nur dem Ehegatten für **seine eigenen Einkünfte** zu gewähren, der die Voraussetzungen des Freibetrages erfüllt (S. 4). Erfüllen beide Ehegatten die Voraussetzungen, ist der Altersentlastungsbetrag für jeden gesondert zu berechnen.[2] Durch entspr. Vertragsgestaltung können aber jeweils eigene Einkünfte beider Ehegatten begründet werden (zB Vereinbarung v. Altenteilsleistungen bei Übertragung eines landwirtschaftlichen Betriebs eines Alleineigentümers auch zugunsten seiner Ehefrau als Gesamtberechtigter[3]). Liegen die Voraussetzungen für den Abzug des gemeinsamen **Sparer-PB** vor, ist dieser bei jedem Ehegatten in der Regel zur Hälfte abzuziehen. Sind jedoch bei einem der Ehegatten die Kapitalerträge niedriger als 801 Euro, so ist der anteilige Sparer-PB beim anderen Ehegatten abzuziehen (vgl. § 20 Abs. 9 S. 3).[4] Nach § 2 Abs. 8 ist die Regelung des § 24a S. 4 auch auf Lebenspartner und Lebenspartnerschaften anzuwenden. 8

E. Neuregelung ab VZ 2005 (S. 1 und S. 5)

Ab VZ 2005 richtet sich die Höhe des Altersentlastungsbetrags nach S. 1 und S. 5. Der Höchstbetrag im Kj. ergibt sich aus einem Prozentsatz des Arbeitslohns und der positiven Summe der Einkünfte, die nicht aus selbständiger Arbeit sind. Dieser **Höchstbetrag und der Prozentsatz der Bemessungsgrundlage** vermindern sich schrittweise im Zeitraum v. 2004 bis 2040. Durch die gleichzeitige Senkung beider Komponenten soll eine Besserstellung v. (niedrigen) Einkünften aus Arbeitslohn und der positiven Summe der anderen Einkünfte gegenüber Renten, bei denen der stpfl. Anteil für jeden neu hinzukommenden Rentenjahrgang ansteigt, vermieden werden, die bei einem alleinigen Abschmelzen des Höchstbetrages möglich wäre.[5] Die Tabelle in § 24a S. 5 ordnet ab VZ 2005 eine Absenkung im Gleichklang mit dem Anstieg des Besteuerungsanteils der Renten nach § 22 Nr. 1 S. 3 lit. a aa) an. § 24a S. 5 folgt dem sog. Kohortenprinzip und bestimmt, dass der in dem auf die Vollendung des 64. Lebensjahrs folgende Kj. nach der Tabelle anzuwendende Prozentsatz und der Höchstbetrag für den gesamten weiteren Besteuerungszeitraum maßgebend bleibt. Im Gegensatz zur Abschmelzung des Versorgungsfreibetrages (§ 19 Abs. 2) wird jedoch kein zeitlebens feststehender Betrag ermittelt, weil die Höhe der zugrunde liegenden Einkünfte regelmäßig stärkeren Schwankungen unterworfen ist. 9

§ 24b Entlastungsbetrag für Alleinerziehende

(1) [1]Allein stehende Steuerpflichtige können einen Entlastungsbetrag von der Summe der Einkünfte abziehen, wenn zu ihrem Haushalt mindestens ein Kind gehört, für das ihnen ein Freibetrag nach § 32 Absatz 6 oder Kindergeld zusteht. [2]Die Zugehörigkeit zum Haushalt ist anzunehmen, wenn das Kind in der Wohnung des allein stehenden Steuerpflichtigen gemeldet ist. [3]Ist das Kind bei mehreren Steuerpflichtigen gemeldet, steht der Entlastungsbetrag nach Satz 1 demjenigen Alleinstehenden zu, der die Voraussetzungen auf Auszahlung des Kindergeldes nach § 64 Absatz 2

1 R 24a Abs. 2 EStR.
2 H 24a EStH.
3 BFH v. 22.9.1993 - X R 48/92, BStBl. II 1994, 107.
4 Vgl. zum früheren Sparer-Freibetrag: BFH v. 6.8.1997 - VIII B 88/96, BFH/NV 1998, 168.
5 BT-Drucks. 15/2150, 43.

Satz 1 erfüllt oder erfüllen würde in Fällen, in denen nur ein Anspruch auf einen Freibetrag nach § 32 Absatz 6 besteht. [4]Voraussetzung für die Berücksichtigung ist die Identifizierung des Kindes durch die an dieses Kind vergebene Identifikationsnummer (§ 139b der Abgabenordnung). [5]Ist das Kind nicht nach einem Steuergesetz steuerpflichtig (§ 139a Absatz 2 der Abgabenordnung), ist es in anderer geeigneter Weise zu identifizieren. [6]Die nachträgliche Vergabe der Identifikationsnummer wirkt auf Monate zurück, in denen die Voraussetzungen der Sätze 1 bis 3 vorliegen.

(2) [1]Gehört zum Haushalt des allein stehenden Steuerpflichtigen ein Kind im Sinne des Absatzes 1, beträgt der Entlastungsbetrag im Kalenderjahr 1 908 Euro. [2]Für jedes weitere Kind im Sinne des Absatzes 1 erhöht sich der Betrag nach Satz 1 um 240 Euro je weiterem Kind.

(3) [1]Allein stehend im Sinne des Absatzes 1 sind Steuerpflichtige, die nicht die Voraussetzungen für die Anwendung des Splitting-Verfahrens (§ 26 Absatz 1) erfüllen oder verwitwet sind und keine Haushaltsgemeinschaft mit einer anderen volljährigen Person bilden, es sei denn, für diese steht ihnen ein Freibetrag nach § 32 Absatz 6 oder Kindergeld zu oder es handelt sich um ein Kind im Sinne des § 63 Absatz 1 Satz 1, das einen Dienst nach § 32 Absatz 5 Satz 1 Nummer 1 und 2 leistet oder eine Tätigkeit nach § 32 Absatz 5 Satz 1 Nummer 3 ausübt. [2]Ist die andere Person mit Haupt- oder Nebenwohnsitz in der Wohnung des Steuerpflichtigen gemeldet, wird vermutet, dass sie mit dem Steuerpflichtigen gemeinsam wirtschaftet (Haushaltsgemeinschaft). [3]Diese Vermutung ist widerlegbar, es sei denn, der Steuerpflichtige und die andere Person leben in einer eheähnlichen oder lebenspartnerschaftsähnlichen Gemeinschaft.

(4) Für jeden vollen Kalendermonat, in dem die Voraussetzungen des Absatzes 1 nicht vorgelegen haben, ermäßigt sich der Entlastungsbetrag nach Absatz 2 um ein Zwölftel.

Verwaltung: BMF v. 23.10.2017, BStBl. I 2017, 1432.

Literatur: *Mandla*, Ist man nur dann allein, wenn der andere es nicht ist?, – Entlastungsbetrag für Alleinerziehende nach § 24b EStG bei doppelter Haushaltsaufnahme des Kindes, DStR 2011, 1642; *Paus*, Der Entlastungsbetrag für Alleinerziehende, EStB 2014, 100; *Plenker*, Entlastungsbetrag statt Haushaltsfreibetrag für Alleinerziehende, DB 2004, 156; *Proff zu Irnich*, Der Entlastungsbetrag für Alleinerziehende gemäß § 24b EStG nach dem Gesetz zur Änderung der Abgabenordnung, DStR 2004, 1904; *Ross*, Der Entlastungsbetrag für Alleinerziehende (§ 24b EStG), DStZ 2004, 437.

A. Grundaussagen der Vorschrift

1 § 24b[1] fördert Alleinerziehende und ersetzt den früheren Haushaltsfreibetrag (§ 32 Abs. 7 aF), der Art. 6 GG verletzte, weil er die eheliche ggü. anderen Erziehungsgemeinschaften benachteiligte.[2] § 24b umgeht dieses Problem zwar, indem er jegliche Erziehungsgemeinschaft ausnimmt. Jedoch wirft die Norm andere Fragen auf. Die Ursachen der ökonomischen Schlechterstellung vieler Alleinerziehender liegen idR nicht primär in einem verglichen mit anderen Eltern höheren Kindesbedarf, der vielmehr für alle Kinder einschl. des Betreuungs- und Erziehungsbedarfs freizustellen ist (vgl. §§ 31, 32), sondern insbes. in erschwerten Bedingungen der Einkommenserzielung, denen auch § 10 Abs. 1 Nr. 5 nur begrenzt abhelfen kann. Da die ESt die im Erworbenen (abzgl. indisponiblen Aufwandes) ausgedrückte Leistungsfähigkeit erfasst, den Mindererwerb aber grds. unberücksichtigt lässt, ist § 24b nicht Ausdruck des Leistungsfähigkeitsprinzips, dh. keine Fiskalzweck-, sondern eine **Sozialzwecknorm**. Als solche weckt die Vorschrift zumindest rechtspolitische Bedenken, soweit ihre progressionsabhängige Wirkung besserverdienende Alleinerziehende stärker fördert als einkommensschwächere oder gar einkommenslose Alleinerziehende.[3] Zudem können kinderbedingte Einkommenseinbußen und sogar Notlagen auch bei Erziehungsgemein-

1 § 24b wurde mit Wirkung ab VZ 2015 teilweise geändert durch G v. 16.7.2015, BGBl. I 2015, 1202 (Abs. 1 S. 4–6 und Abs. 2 hinzugefügt, Folgeänderungen in Abs. 1 S. 1 und Abs. 4). Die vorherige Fassung entstammte dem G v. 21.7.2004, BGBl. I 2004, 1753; zur rückwirkend überholten ursprünglichen Fassung s. 4. Aufl.

2 BVerfG v. 10.11.1998 – 2 BvR 1057/91, 2 BvR 1226/91, 2 BvR 980/91, BVerfGE 99, 216 (231 ff.) = BStBl. II 1999, 182 (187 ff.); vgl. § 31 Rn. 1 f.; vgl. auch BFH v. 28.1.2005 – III B 97/04, BFH/NV 2005, 1050.

3 Krit. auch *Paus*, EStB 2014, 100 (105).

schaften eintreten. Vorzugswürdig wäre mithin eine bessere sozialrechtl. Förderung aller Eltern mit kinderbedingten ökonomischen Schwierigkeiten. Dennoch verbleibt § 24b als gesetzliche Typisierung wohl noch innerhalb des legislativen Gestaltungsspielraumes, da die Norm in vielen Fällen Bedürftigen in vergleichbaren Lebenslagen hilft.[1]

Der Entlastungsbetrag für Alleinerziehende gem. § 24b wird nur unbeschränkt StPfl. gewährt (§ 50 Abs. 1 2
S. 3). Er tritt grds. neben alle sonstigen Formen der estrechtl. Berücksichtigung v. Kindern.

B. Voraussetzungen für die Gewährung des Entlastungsbetrags

I. Berücksichtigungsfähiges Kind (Abs. 1). 1. Anspruch auf Kinderfreibetrag oder Kindergeld. Dem 3
StPfl. muss für mindestens ein Kind ein Freibetrag nach § 32 Abs. 6 oder Kindergeld zustehen. Es genügt der Anspr. unabhängig v. seiner tatsächlichen Inanspruchnahme. Damit können leibliche, Adoptiv- und Pflegekinder (§ 32 Abs. 1), Stief- und Enkelkinder (§ 63 Abs. 1 S. 1), minder- und (unter den Voraussetzungen v. § 32 Abs. 4 und 5, § 63 Abs. 1 S. 2) auch volljährige Kinder unter § 24b fallen.

2. Zugehörigkeit zum Haushalt. Der StPfl. muss mit dem Kind (bei mehreren Kindern gilt Entsprechen- 4
des) in einem Haushalt leben (s. § 32 Rn. 4). Dies wird vermutet, wenn das Kind in seiner Wohnung mit Haupt- oder Nebenwohnsitz gemeldet ist (§ 24b Abs. 1 S. 2). Nach Ansicht des BFH soll diese Vermutung unwiderlegbar sein und damit auch bei einem erkannten Verstoß gegen das Melderecht gelten.[2]

Ist das Kind bei mehreren StPfl. gemeldet (zB bei Mutter und Vater), ist stets nur einer v. ihnen berechtigt. Die Zuordnung folgt dann grds. dem Kindergeldrecht (§ 24b Abs. 1 S. 3). Maßgeblich ist idR, wer gem. § 64 Abs. 2 S. 1 Anspr. auf Kindergeld hat (unabhängig v. der Zahlung). Gleichgestellt werden Berechtigte, welche die Voraussetzungen nach § 64 Abs. 2 S. 1 erfüllen würden, aber nur einen Anspr. auf einen Kinderfreibetrag, nicht auf Kindergeld haben; dies sind erweitert unbeschränkt StPfl. iSv. § 1 Abs. 3 mit Sitz außerhalb v. EU und EWR (§ 63 Abs. 1 S. 3).[3] § 24b Abs. 1 S. 3 iVm. § 64 Abs. 2 S. 1 soll allerdings nicht eingreifen, wenn das Kind zusätzlich zur doppelten Meldung auch in annähernd gleichem Umfang in den getrennten Haushalten beider Elternteile lebt. In diesem Fall räumt der BFH ihnen ein gemeinsames Bestimmungsrecht ein, wer den ungeteilten Entlastungsbetrag erhält; treffen sie keine Bestimmung, entscheidet die Auszahlung des Kindergeldes.[4]

Weitere Voraussetzung ist (ab VZ 2015) eine stl. Identifikation des Kindes. Hierzu ist seine ID-Nr. (§ 139b AO) anzugeben (§ 24b Abs. 1 S. 4).[5] Wird diese erst nachträglich erteilt, kann das Kind, sofern die übrigen Voraussetzungen vorliegen, rückwirkend berücksichtigt werden (§ 24b Abs. 1 S. 6). Kann dem Kind, weil es in Deutschland nach keinem Steuergesetz stpfl. ist (§ 139a Abs. 2 AO), keine ID-Nr. zugeteilt werden, ist das Kind in anderer geeigneter Weise zu identifizieren (§ 24b Abs. 1 S. 5), zB durch Ausweisdokumente oder ausländ. Urkunden.

II. Alleinerziehende (Abs. 3). Die Legaldefinition des Begriffs „allein stehend" in Abs. 3 differenziert zum 5
einen nach der Art der Veranlagung. IErg. werden grds. alle StPfl. erfasst, die der **Einzelveranlagung iSv. § 25** (nicht jedoch § 26a) unterliegen, dh. unverheiratete (ledige, geschiedene oder verwitwete) StPfl. sowie Verheiratete, die dauernd getrennt leben oder deren Ehegatte nicht unbeschränkt stpfl. ist. Im Einzelnen fördert § 24b zunächst StPfl., die **nicht** die **Voraussetzungen einer Ehegattenveranlagung** iSv. § 26 Abs. 1 erfüllen (s. § 26 Rn. 6 ff.: gültige Ehe, kein dauerndes Getrenntleben, unbeschränkte StPfl. beider Ehegatten). Haben diese zu irgendeinem Zeitpunkt im VZ (s. § 26 Rn. 5) vorgelegen, sind die Eheleute für den

---

1 Der BFH hat die Regelung grds. gebilligt, aber Zweifel am ausnahmslosen Ausschluss v. Ehegatten, bei denen die Voraussetzungen v. § 26 Abs. 1 vorliegen, geäußert; BFH v. 19.10.2006 – III R 4/05, BStBl. II 2007, 637 = FR 2007, 758 m. Anm. *Greite* (obiter dictum). Eine gegen diese Entsch. gerichtete Verfassungsbeschwerde blieb erfolglos; BVerfG v. 22.5.2009 – 2 BvR 310/07, BStBl. II 2009, 884. – Die Höhe des Entlastungsbetrags ist jedoch nicht beanstandet worden. Dies gilt auch, wenn der andere Elternteil seinen Unterhaltspflichten nicht nachkommt; BFH v. 17.9.2015 – III R 36/14, BFH/NV 2016, 545; v. 29.9.2016 – III R 62/13, BStBl. II 2017, 259 Rn. 35.

2 So (mit nur bedingt überzeugender Begründung) BFH v. 5.2.2015 – III R 9/13, BStBl. II 2015, 926; **aA** die Vorinstanz FG Nds. v. 23.1.2013 – 3 K 12326/12, EFG 2013, 1124. – Umgekehrt soll bei fehlender Meldung ein Nachweis der Aufnahme in den Haushalt möglich bleiben (BMF v. 23.10.2017, BStBl. I 2017, 1432 Tz. 18).

3 Beschlussempfehlung des FinA; BT-Drucks. 15/3339, 11 f.

4 BFH v. 28.4.2010 – III R 79/08, BStBl. II 2011, 30 = FR 2010, 997 m. Anm. *Greite* (das Bestimmungsrecht erlischt für den jeweiligen VZ, sobald einer der beiden Berechtigten den Entlastungsbetrag im Rahmen einer Veranlagung oder durch Vorlage einer Lohnsteuerkarte der StKl. II beim ArbG in Anspr. genommen hat). – Vgl. auch FG Berlin-Bdbg. v. 13.8.2008 – 7 K 7038/06 B, EFG 2008, 1959 (rkr.): Entlastungsbetrag für Wochenendvater, obwohl das Kind mit Hauptwohnsitz bei der kindergeldberechtigten (wiederverheirateten) Mutter lebt (zweifelh.). – Für eine Aufteilung des Entlastungsbetrages je nach Betreuungszeiten *Mandla*, DStR 2011, 1642 (1644 f.).

5 Ausweislich der Gesetzesbegründung soll hiermit Vollzugsdefiziten bei wechselnder Haushaltszugehörigkeit (Gefahr der Doppelberücksichtigung) abgeholfen werden; vgl. BT-Drucks. 18/5244, 29.

ganzen VZ nach §§ 26 ff. zu veranlagen, so dass § 24b ganzjährig entfällt (kein Fall v. Abs. 4).[1] Alternativ zu den nicht nach § 26 Abs. 1 zu veranlagenden StPfl. erfasst § 24b Abs. 3 **Verwitwete**. Nach dem Willen des Gesetzgebers kann der Entlastungsbetrag ihnen sogar neben dem Splitting-Tarif zustehen, im Todesjahr des Ehegatten entspr. Abs. 4 zeitanteilig ab dem Todesmonat neben dem letztmaligen Ehegattensplitting und im Folgejahr parallel zum einmaligen Verwitwetensplitting (vgl. § 26 Rn. 17).[2]

6 Zum anderen darf der StPfl. **keine Haushaltsgemeinschaft**, definiert durch gemeinsames Wirtschaften (Abs. 3 S. 2 aE), mit anderen volljährigen Pers. bilden. Für ein solches anspruchshinderndes „gemeinsames Wirtschaften" genügt es, dass die andere Pers. ihren (auch nichtmonetären, dann in Gestalt tatsächlicher Hilfe und Zusammenarbeit zu erbringenden) Beitrag zur Haushalts- und Lebensführung leistet und an dieser teilhat; einer gemeinsamen Haushaltskasse bedarf es nicht.[3] Ausgenommen sind (volljährige) Kinder, für die dem StPfl. entweder ein Freibetrag nach § 32 Abs. 6 oder Kindergeld zusteht oder die als Kind iSv. § 63 Abs. 1 S. 1 (Kinder iSv. § 32 Abs. 1, Stief- und Enkelkinder) besondere Dienste iSv. § 32 Abs. 5 S. 1 leisten (welche die Altersgrenzen nach § 32 Abs. 4 S. 1 für Kindergeld oder -freibetrag verlängern können; s. dort). Fallen diese Voraussetzungen bei fortbestehender Haushaltsgemeinschaft mit einem volljährigen Kind weg, erlischt der Anspr. auf den Entlastungsbetrag ab dem Folgemonat (entspr. § 24b Abs. 4; s. Rn. 7). Jede Haushaltsgemeinschaft mit sonstigen volljährigen Pers. (auch zB Großeltern) hindert die Anwendung v. § 24b. Eine solche wird (grds. auch bei bloßen Wohngemeinschaften) widerleglich vermutet, wenn die andere Pers. in der Wohnung des StPfl. mit Haupt- oder Nebenwohnsitz gemeldet ist. Dabei kann einerseits eine zum Wegfall des Entlastungsbetrages führende Haushaltsgemeinschaft auch dann vorliegen, wenn keine andere Pers. in der Wohnung gemeldet ist, und andererseits in Einzelfällen trotz Meldung eine Haushaltsgemeinschaft zu verneinen sein.[4] Leben der StPfl. und die andere Pers. in einer eheähnlichen Gemeinschaft oder in einer Lebenspartnerschaft, liegt stets eine Haushaltsgemeinschaft vor.

7 **III. Monatsprinzip (Abs. 4).** Das Vorliegen der Voraussetzungen v. § 24b ist gem. Abs. 4 monatsweise zu beurteilen. Abs. 4 gilt über den Wortlaut hinaus entspr. für Abs. 3, da der Gesetzeszweck insbes. bei Begr. einer Haushaltsgemeinschaft im VZ entfällt. Auch ging der Gesetzgeber bei der bis heute maßgeblichen Neufassung dieser Bestimmung (als Abs. 3 aF)[5] davon aus, dass seine Neuregelung dem vorherigen Abs. 3 (ohne die Worte „des Abs. 1") entspreche.[6] Es genügt, wenn die Voraussetzungen an nur einem Tag des jeweiligen Monats gleichzeitig gegeben sind. Dies gilt insbes. für das Erfordernis gleichzeitiger Meldung (Eingang maßgeblich) v. Alleinerziehendem und Kind in einer Wohnung, das nicht durch eine rückwirkende An- oder Ummeldung hergestellt werden kann.[7] Bei mehreren Kindern, von denen nicht alle ganzjährig zu berücksichtigen sind, ist auch die Erhöhung nach Abs. 2 S. 2 monatsweise zu beurteilen.[8]

C. Rechtsfolge (Abs. 1 S. 1 iVm. Abs. 2 und 4)

8 Der Entlastungsbetrag für Alleinerziehende beträgt (ab VZ 2015)[9] für StPfl. mit einem Kind 1 908 Euro im Kj. (§ 24b Abs. 2 S. 1). Für jedes weitere Kind iSv. Abs. 1 erhöht er sich um 240 Euro (§ 24b Abs. 2 S. 1). Der Betrag ist v. der Summe der Einkünfte (§ 2 Abs. 3) abzuziehen (§ 24b Abs. 1 S. 1).

9 Im Fall v. Abs. 4 (Rn. 7) ermäßigt sich der Entlastungsbetrag um ein Zwölftel für jeden Kalendermonat, in dem die Voraussetzungen nach Abs. 1 und 3 an keinem Tag gleichzeitig vorgelegen haben. Der monatliche Entlastungsbetrag liegt somit bei 159 Euro für ein Kind zzgl. 20 Euro für jedes weitere Kind.

D. Veranlagung und Lohnsteuer

10 Der Entlastungsbetrag für Alleinerziehende kann im Rahmen einer ESt-Veranlagung sowie im LSt-Verfahren berücksichtigt werden. ArbN mit Anspr. auf den Entlastungsbetrag erhalten **StKl. II** (§ 38b Abs. 1 S. 2

---

1 BMF v. 23.10.2017, BStBl. I 2017, 1432 Tz. 25; **aA** *Plenker*, DB 2004, 156 (157): zeitanteilige Anwendung von § 24b. – Umstritten ist die Rechtslage in Altfällen des § 26c aF (anwendbar bis VZ 2012): Die Rspr. gewährt insofern, weil § 26c aF die Eheleute so stellte, als hätten sie die Ehe nicht geschlossen, den anteiligen Entlastungsbetrag für den Zeitraum bis zur Eheschließung (volle Monate); BFH v. 5.11.2015 – III R 17/14, BFH/NV 2016, 548.

2 Beschlussempfehlung des FinA; BT-Drucks. 15/3339, 12; ebenso BMF v. 23.10.2017, BStBl. I 2017, 1432 Tz. 25.

3 S. BFH v. 25.10.2007 – III R 104/06, BFH/NV 2008, 545; v. 28.6.2012 – III R 26/10, BStBl. II 2012, 815 = FR 2013, 234 (jeweils zur widerlegbaren Vermutung einer Haushaltsgemeinschaft mit einem erwachsenen Kind).

4 Vgl. *Plenker*, DB 2004, 156 (157).

5 G v. 21.7.2004, BGBl. I 2004, 1753.

6 Beschlussempfehlung des FinA; BT-Drucks. 15/3339, 12.

7 BFH v. 1.12.1995 – III R 125/93, BStBl. II 1996, 91 (92) = FR 1996, 148; v. 30.6.2005 – III R 55/01, BFH/NV 2005, 1992 – jeweils noch zu § 32 Abs. 7 aF.

8 BMF v. 23.10.2017, BStBl. I 2017, 1432 Tz. 24.

9 Bis einschl. VZ 2014 lag der Entlastungsbetrag bei 1 308 Euro (nicht nach Kinderzahl gestaffelt).

Nr. 2).[1] Die Eintragung der StKl. II auf der LSt-Karte durch die Gemeinde erfolgt, wenn der StPfl. das Vorliegen der Voraussetzungen des Abs. 1 und 2 nachweist. Bei Wegfall der Voraussetzungen ist der ArbN verpflichtet, die Eintragung auf der LSt-Karte umgehend ändern zu lassen (§ 39 Abs. 4 S. 1).[2]

III. Veranlagung

§ 25 Veranlagungszeitraum, Steuererklärungspflicht

(1) Die Einkommensteuer wird nach Ablauf des Kalenderjahres (Veranlagungszeitraum) nach dem Einkommen veranlagt, das der Steuerpflichtige in diesem Veranlagungszeitraum bezogen hat, soweit nicht nach § 43 Absatz 5 und § 46 eine Veranlagung unterbleibt.

(2) (weggefallen)

(3) [1]Die steuerpflichtige Person hat für den Veranlagungszeitraum eine eigenhändig unterschriebene Einkommensteuererklärung abzugeben. [2]Wählen Ehegatten die Zusammenveranlagung (§ 26b), haben sie eine gemeinsame Steuererklärung abzugeben, die von beiden eigenhändig zu unterschreiben ist.

(4) [1]Die Erklärung nach Absatz 3 ist nach amtlich vorgeschriebenem Datensatz durch Datenfernübertragung zu übermitteln, wenn Einkünfte nach § 2 Absatz 1 Satz 1 Nummer 1 bis 3 erzielt werden und es sich nicht um einen der Veranlagungsfälle gemäß § 46 Absatz 2 Nummer 2 bis 8 handelt. [2]Auf Antrag kann die Finanzbehörde zur Vermeidung unbilliger Härten auf eine Übermittlung durch Datenfernübertragung verzichten.

§§ 56 und 60 EStDV

§ 56 Steuererklärungspflicht

[1]Unbeschränkt Steuerpflichtige haben eine jährliche Einkommensteuererklärung für das abgelaufene Kalenderjahr (Veranlagungszeitraum) in den folgenden Fällen abzugeben:

1. *Ehegatten, bei denen im Veranlagungszeitraum die Voraussetzungen des § 26 Abs. 1 des Gesetzes vorgelegen haben und von denen keiner die Einzelveranlagung nach § 26a des Gesetzes wählt,*
   - a) *wenn keiner der Ehegatten Einkünfte aus nichtselbständiger Arbeit, von denen ein Steuerabzug vorgenommen worden ist, bezogen und der Gesamtbetrag der Einkünfte mehr als das Zweifache des Grundfreibetrages nach § 32a Absatz 1 Satz 2 Nummer 1 des Gesetzes in der jeweils geltenden Fassung betragen hat,*
   - b) *wenn mindestens einer der Ehegatten Einkünfte aus nichtselbständiger Arbeit, von denen ein Steuerabzug vorgenommen worden ist, bezogen hat und eine Veranlagung nach § 46 Abs. 2 Nr. 1 bis 7 des Gesetzes in Betracht kommt;*
2. *Personen, bei denen im Veranlagungszeitraum die Voraussetzungen des § 26 Abs. 1 des Gesetzes nicht vorgelegen haben,*
   - a) *wenn der Gesamtbetrag der Einkünfte den Grundfreibetrag nach § 32a Absatz 1 Satz 2 Nummer 1 des Gesetzes in der jeweils geltenden Fassung überstiegen hat und darin keine Einkünfte aus nichtselbständiger Arbeit, von denen ein Steuerabzug vorgenommen worden ist, enthalten sind,*
   - b) *wenn in dem Gesamtbetrag der Einkünfte Einkünfte aus nichtselbständiger Arbeit, von denen ein Steuerabzug vorgenommen worden ist, enthalten sind und eine Veranlagung nach § 46 Abs. 2 Nr. 1 bis 6 und 7 Buchstabe b des Gesetzes in Betracht kommt.*

[2]Eine Steuererklärung ist außerdem abzugeben, wenn zum Schluss des vorangegangenen Veranlagungszeitraums ein verbleibender Verlustabzug festgestellt worden ist.

***§§ 57 bis 59** (weggefallen)*

§ 60 Unterlagen zur Steuererklärung

(1) [1]Der Steuererklärung ist eine Abschrift der Bilanz, die auf dem Zahlenwerk der Buchführung beruht, im Fall der Eröffnung des Betriebs auch eine Abschrift der Eröffnungsbilanz beizufügen, wenn der Gewinn nach § 4 Abs. 1, § 5 oder § 5a des Gesetzes ermittelt und auf eine elektronische Übermittlung nach § 5b Abs. 2 des Gesetzes verzichtet wird. [2]Werden Bücher geführt, die den Grundsätzen der doppelten Buchführung entsprechen, ist eine Gewinn- und Verlustrechnung beizufügen.

1 BMF v. 23.10.2017, BStBl. I 2017, 1432 Tz. 2.
2 *Melchior*, DStR 2004, 65 (68); *Hartmann*, Inf 2004, 91 (93).

(2) [1]Enthält die Bilanz Ansätze oder Beträge, die den steuerlichen Vorschriften nicht entsprechen, so sind diese Ansätze oder Beträge durch Zusätze oder Anmerkungen den steuerlichen Vorschriften anzupassen. [2]Der Steuerpflichtige kann auch eine den steuerlichen Vorschriften entsprechende Bilanz (Steuerbilanz) beifügen.

(3) [1]Liegt ein Anhang, ein Lagebericht oder ein Prüfungsbericht vor, so ist eine Abschrift der Steuererklärung beizufügen. [2]Bei der Gewinnermittlung nach § 5a des Gesetzes ist das besondere Verzeichnis nach § 5a Abs. 4 des Gesetzes der Steuererklärung beizufügen.

(4) [1]Wird der Gewinn nach § 4 Abs. 3 des Gesetzes durch den Überschuss der Betriebseinnahmen über die Betriebsausgaben ermittelt, ist die Einnahmenüberschussrechnung nach amtlich vorgeschriebenem Datensatz durch Datenfernübertragung zu übermitteln. [2]Auf Antrag kann die Finanzbehörde zur Vermeidung unbilliger Härten auf eine elektronische Übermittlung verzichten; in diesem Fall ist der Steuererklärung eine Gewinnermittlung nach amtlich vorgeschriebenem Vordruck beizufügen. [3]§ 150 Absatz 8 der Abgabenordnung gilt entsprechend.

A. Grundaussagen der Vorschrift

1 Während § 2 Abs. 7 S. 2 in sachlicher Hinsicht das Kj. als Zeitraum für die Einkommensermittlung (Jahressteuer) bestimmt, regelt **§ 25 Abs. 1 in verfahrensrechtl. Hinsicht**, dass die Steuer – vorbehaltlich der §§ 43 Abs. 5 und 46 – in einem förmlichen Verfahren (Veranlagung) durch Steuerbescheid gem. §§ 155, 157 AO festzusetzen ist. Unter Veranlagung ist das förmliche Verwirklichen von Ansprüchen aus dem Steuerschuldverhältnis iSv. § 218 Abs. 1 S. 1 AO durch den Erlass eines VA (Steuerbescheides) seitens der FinVerw. zu verstehen. Die für das abgelaufene Kj. nachträgliche Veranlagung, mithin eine Besteuerung nach der Vergangenheit, bezieht sich auf das während dieses VZ erzielte Einkommen (Abschnittsbesteuerung, § 2 Rn. 18 f.).

2 Steuererklärungen bilden die Grundlage der Veranlagung. Ergänzend zu dem insbes. in §§ 90 ff. AO geregelten Pflichtenverhältnis begründet **§ 25 Abs. 3** die Pflicht zur Abgabe der eigenhändig unterschriebenen Einkommensteuererklärung; dabei begrenzt § 56 EStDV die **Erklärungspflicht** auf die Fälle, in denen eine Veranlagung in Betracht kommt. § 60 EStDV ergänzt diese Verpflichtung im Hinblick auf einzelne der Erklärung beizufügende Unterlagen und sieht gem. § 60 Abs. 2 S. 1 EStDV hinsichtlich der HB entspr. Anpassungen vor. Die Änderungen des § 25 Abs. 3 im Jahre 2011 durch das StVereinfG, die gem. § 52 Abs. 68 S. 2 erstmals ab VZ 2013 anwendbar sind, beruhen auf der gesetzlichen Fortentwicklung der verschiedenen Veranlagungsmöglichkeiten (Abschaffung der zuvor zulässigen getrennten und besonderen Veranlagung, Einführung der Einzelveranlagung) von Ehegatten, §§ 26 ff., s. § 26 Rn. 3).[1] In **§ 25 Abs. 4** ergänzte der Gesetzgeber iRd. StBürokrAbbG v. 20.12.2008[2] das Besteuerungsverfahren um die grundsätzliche Pflicht zur Datenfernübertragung.

3 Die Veranlagung zur ESt gem. Abs. 1 erfolgt v. Amts wegen. Das förmliche Veranlagungsverfahren (Rn. 1) gewinnt keinen Einfluss auf das **Entstehen der ESt**. Der betr. Steueranspruch des Staates richtet sich vielmehr nach § 36 Abs. 1. Hiervon ist des Weiteren die **Fälligkeit** des staatlichen Zahlungsanspruchs zu unterscheiden, die der Gesetzgeber in § 36 Abs. 4 S. 1 geregelt hat.

B. Nachträgliche Veranlagung (Abs. 1)

4 Die ESt bemisst sich nach dem (modifizierten) Einkommen, § 2 Abs. 5, das dem StPfl. für einen abgelaufenen VZ **zugerechnet** wird. § 25 regelt nicht selbst, welches Einkommen der StPfl. bezogen hat; diese Grundtatbestände des steuerbaren Einkommens bestimmt § 2. Dabei bedeutet Bezug iSd. § 25 Abs. 1 nicht Zufluss gem. § 11 Abs. 1, vielmehr die zeitliche Zuordnung zu dem einzelnen Kj.[3] Das Kj. bildet auch dann den maßgeblichen VZ, wenn der StPfl. iRd. § 4a seinen Gewinn nach einem abw. Wj. ermittelt (§ 4a Rn. 1).

Indem das G auf den (jeweiligen) StPfl. abhebt, ist angesichts der das EStG beherrschenden Individualbesteuerung grds. der einzelne StPfl. nach Abs. 1 zur ESt zu veranlagen.[4] Ausnahmen bestehen gem. Abs. 3 S. 2 und 3 lediglich für Ehegatten (Rn. 9).

5 VZ und Bemessungszeitraum für die ESt ist das betr. **Kj.** Die Jahressteuer wird immer für ein bestimmtes Kj. festgesetzt, selbst wenn die sachlichen oder persönlichen Voraussetzungen der StPfl. nur in einem Teil

---

1 G v. 1.11.2011, BGBl. I 2011, 2131.
2 BGBl. I 2008, 2850.
3 BFH v. 18.7.1972 – VIII R 50/68, BStBl. II 1972, 877 (878); v. 23.5.1979 – I R 56/77, BStBl. II 1979, 763 (766); *K/S/M*, § 25 Rn. B 25 ff.
4 BFH v. 19.10.2006 – III R 29/06, BFH/NV 2007, 663.

des Kj. vorlagen.[1] Abw. v. Abs. 2 aF werden bei dem Wechsel der StPfl. infolge Zuzugs oder Wegzugs die Einkünfte insgesamt in die Veranlagung einbezogen, § 2 Abs. 7 S. 3, so dass der Ermittlungszeitraum v. Kj. (= maßgeblicher VZ) abweicht.

Das FA hat die Steuer in einem förmlichen Verfahren festzusetzen. Diese **Veranlagung** führt regelmäßig zum Erlass eines Steuerbescheides, §§ 155, 157 AO. IdR besteht ein Anspr. auf Veranlagung, der im Wege der Verpflichtungsklage verfolgt werden kann.[2] Während die Steuer gem. § 36 Abs. 1 mit Ablauf des VZ entsteht (§ 38 AO), wird die Veranlagung **nach Ablauf** des VZ durchgeführt. Der Entstehungszeitpunkt gewinnt vor allem Bedeutung für die Festsetzungsfrist, §§ 170f. AO. Von dieser förmlichen Festsetzung ist die Steuererhebung zu unterscheiden, die ggf. im Wege der Vorauszahlungen gem. § 37 schon während des betr. Kj. beginnt. Vorauszahlungen wie auch sonstige Leistungen im Wege des Steuerabzugs sichern vorrangig das Steueraufkommen, beeinflussen aber im Grundsatz nicht die Veranlagung. Die Veranlagung unterbleibt, sofern gem. **§ 46** der Steuerabzug an der Quelle den Steueranspruch abgilt, § 25 Abs. 1[3]; in diesem Fall ersetzt etwa die (pauschal erhobene) LSt die ESt. Soll eine Veranlagung durchgeführt werden, ist eine Einkommensteuererklärung abzugeben, § 46 Abs. 2 Nr. 8 S. 2. 6

C. Abgabe einer Steuererklärung (Abs. 3)

§ 25 Abs. 3 schreibt, ergänzend zu den sonstigen Mitwirkungsverpflichtungen und unabhängig v. der Aufforderung gem. § 149 Abs. 1 S. 2 AO, die Abgabe einer **Einkommensteuererklärung** vor. Einzelheiten der Erklärungen (Frist: § 149 Abs. 2 S. 1 iVm. § 109, Form: § 150 Abs. 1 S. 1) enthalten insbes. §§ 149ff. AO. Der StPfl., ggf. sein (gesetzlicher) Vertreter[4] oder Vermögensverwalter gem. § 34 AO, ist nach § 25 Abs. 3 S. 1 zur Abgabe der Erklärung, die auch per Telefax erfolgen kann auf einem privat erstellten, aber den amtlichen Vorgaben entspr. Vordruck (Rn. 10), verpflichtet. Dabei liegt eine Steuererklärung iSd. § 25 Abs. 3 S. 1 auch vor, wenn die Erklärung unvollständig oder unrichtig ist oder wenn einzelne Angaben oder Unterlagen fehlen. Verletzt ein StPfl. seine diesbezüglichen Pflichten, kommen Verspätungszuschlag, Zwangsgeld sowie Schätzung (§§ 152, 328 und 162 AO), ggf. auch Hinterziehung und Verkürzung (§§ 370 und 378 AO) in Betracht. 7

Die umfassende Abgabepflicht des § 25 Abs. 3 wird für **unbeschränkt StPfl.** begrenzt durch **§ 56 EStDV**, der neben der Bezugnahme auf § 10d (Verlustvortrag) und § 46 Abs. 2 bestimmte Einkunftsuntergrenzen als Voraussetzung für die Erklärungspflicht vorsieht. Dabei beinhaltet eine Hinweismitteilung in einem ESt-Bescheid, dass künftig keine Pflicht zur Abgabe einer Steuererklärung bestehe, keine verbindliche Zusage.[5] Bei beschränkt StPfl. richtet sich die Steuererklärungspflicht nach den für die Veranlagung maßgeblichen Bestimmungen, § 50 Abs. 5. 8

Bei **Ehegatten** ist nach der Art der gewählten Veranlagung zu unterscheiden. Nach der Änderung der §§ 26ff. im Jahre 2011 durch das StVereinfG (Rn. 2) hat der Gesetzgeber die zuvor zulässigen Möglichkeiten einer Ehegattenveranlagung iRd. § 25 Abs. 3 in der ab dem VZ 2013 geltenden Fassung angepasst und vereinfacht.[6] Im Falle einer Zusammenveranlagung gem. § 26b (Rn. 10) ist eine gemeinsame Erklärung abzugeben, um stl. als ein einziger StPfl. behandelt zu werden; das Wahlrecht kann nicht übertragen oder v. Dritten ausgeübt werden.[7] Abweichend von der bis 2011 geltenden Rechtslage (Rn. 2) kann das Veranlagungswahlrecht im Hinblick auf § 26 Abs. 2 S. 4 auch nicht mehr bis zur Unanfechtbarkeit des ESt-Bescheides ausgeübt und im Grundsatz auch die einmal getroffene Wahl der Veranlagungsart – nach Eingang der Steuererklärung bei der zuständigen Behörde – nicht widerrufen werden. Die gemeinsame StPfl. rechtfertigt unabhängig v. dem Grundsatz der Individualbesteuerung (§ 26 Rn. 19) die Zurechnung v. Verfahrenspflichten.[8] Im Rahmen des § 26a müssen Ehegatten jeweils eine eigene Erklärung abgeben, **§ 25 Abs. 3 S. 1**. Dies ist also stets der Fall, wenn etwa ein Ehegatte im Hinblick auf § 26a die Einzelveranlagung wählt (§ 26 Rn. 23). Dabei kommt eine Entscheidung für eine der in § 26 genannten Veranlagungsarten nur in Betracht, wenn verfahrensrechtl. eine Veranlagung gem. §§ 25, 46 überhaupt durchgeführt wird.[9] 9

1 *Scholtz*, DStZ 1982, 487 (488).
2 BFH v. 9.7.1959 – IV 209/58 U, BStBl. III 1959, 348.
3 Ebenso: §§ 40 Abs. 3; 40a Abs. 5; 40b Abs. 4; 50 Abs. 5; zum Verhältnis der §§ 25 und 46, vgl. BFH v. 30.3.2017 – VI R 43/15, BFH/NV 2017, 972 Rz. 18ff.
4 FG RhPf. v. 18.7.2012 – 5 K 1348/09, juris: v. Amtsgericht bestellter Betreuer.
5 FG Düss. v. 24.10.2012 – 7 K 2010/12 E, EFG 2013, 262 (263) (NZB unter X B 239/12).
6 BT-Drucks. 17/5125, 56.
7 BFH v. 29.2.2000 – VII R 109/98, BStBl. II 2000, 573 (576); v. 3.3.2005 – III R 60/03, BStBl. II 2005, 564 (565) = FR 2005, 900 m. Anm. *Kanzler*.
8 BFH v. 14.6.2000 – X R 56/98, BStBl. II 2001, 60 (64).
9 BFH v. 21.9.2006 – VI R 80/04, BStBl. II 2007, 11 (12) = FR 2007, 148 m. Anm. *Bergkemper*.

Die unterschiedlichen Verpflichtungen im Veranlagungsverfahren sind Folge der Differenzierung, die der Gesetzgeber in den §§ 26 ff. vorgenommen hat. Dabei ist die stl. Verschiedenbehandlung v. zusammenlebenden Ehegatten einerseits und allein stehenden, getrennt lebenden oder geschiedenen StPfl. andererseits verfassungsrechtl. nicht zu beanstanden (§ 26 Rn. 3 f.).[1]

10 Der Begriff der Einkommensteuererklärung ist gesetzlich nicht definiert. Im Hinblick auf § 150 Abs. 1 S. 1 AO genügt es, wenn die Erklärung dem amtlichen Muster entspricht.[2] Die Einkommensteuererklärung ist, vorbehaltlich der (offenzulegenden) Bevollmächtigung gem. § 150 Abs. 3 AO,[3] v. StPfl. und im Falle der Zusammenveranlagung v. beiden Ehegatten eigenhändig zu unterschreiben, **§ 25 Abs. 3 S. 2**. Die **eigenhändige Unterschrift** dient als grds. persönlich abzugebende Wissenserklärung der Identitätsfeststellung und Wahrheitsbekräftigung iSd. § 150 Abs. 2 AO.[4] Diesen Anforderungen genügt eine dem FA per Telefax übermittelte Erklärung auf einem amtlich vorgeschriebenen Vordruck.[5] Diese mit der eigenhändigen Unterschrift verbundene Versicherung gilt bei einer Zusammenveranlagung (Rn. 9) an sich nur für die eigenen Angaben; allerdings erstreckt der BFH die verfahrensrechtl. (nicht aber die steuerstrafrechtl.) Verantwortung der zusammenveranlagten Ehegatten auch auf die v. dem jeweils anderen Ehegatten verwirklichten Besteuerungsmerkmale.[6] Ohne (fristgemäß nachgeholte) Unterschrift liegt im Rechtssinn keine Steuererklärung vor, so dass im Einzelfall eine Schätzung gem. § 162 AO in Betracht kommt und die erweiterte Festsetzungsfrist sich nach § 170 Abs. 2 S. 1 Nr. 1, 2. Alt. AO bestimmt.[7] Fehlt nur die Unterschrift eines Ehegatten, löst dies die Vermutung iSd. § 26 Abs. 3 aus, auch ist der gleichwohl ergehende Bescheid weder (wegen Unbestimmtheit) nichtig noch aus sonstigen Gründen fehlerhaft. Haben die Voraussetzungen für eine Zusammenveranlagung vorgelegen, ist diese auch durchzuführen, wenn wegen seiner Ausreise einer der Ehegatten die Steuererklärung nicht unterschreibt.[8] Dabei bildet die Unterschrift auf einem Unterschriftsstreifen, der mit dem Erklärungsvordruck verbunden wird, keine eigenhändige Unterschrift iSd. Abs. 3.[9] Eine weitere Unterschrift hinsichtlich einzelner Anlagen kann iRd. Einkommensteuererklärung nicht verlangt werden, soweit sich die Unterschrift auf dem Mantelbogen auch auf die Anlagen bezieht;[10] denn die Unterschrift erstreckt sich auf den Inhalt der Anlagen der betr. Erklärung.[11]

11 **§ 60 EStDV** ergänzt für die Gewinnermittlung gem. §§ 4 Abs. 1, 5 und 5a die Erklärungspflicht im Hinblick auf einzelne der Steuererklärung beizufügende Unterlagen, Abs. 1 und 3. Dagegen bestimmt § 60 Abs. 2 S. 1 EStDV die Anpassung bestimmter Ansätze oder Beträge in der HB an stl. Vorgaben.

D. Datenfernübertragung (Abs. 4)

12 Ab dem VZ 2011 (vgl. § 52 Abs. 39[12]) haben StPfl. bei den Gewinneinkünften, § 2 Abs. 2 S. 1 Nr. 1, die Erklärungen im Wege der Datenfernübertragung zu übermitteln, wenn nicht ein Veranlagungsfall des § 46 Abs. 2–8 vorliegt, vgl. auch § 5b Abs. 1. Die Übersendung einer CD oder eines USB-Sticks genügt nicht, da diese Form der Datenübermittlung nicht gesetzlich vorgesehen ist.[13] Bei der Datenübertragung ist ein sicheres Verfahren zu verwenden, das den Datenübermittler authentifiziert, § 87a Abs. 6 S. 1 AO. S. 2 enthält wie § 5b Abs. 2 S. 1 eine Härteklausel, wenn insbes. das Schaffen der technischen Voraussetzungen sich als unzumutbar erweist. Hierzu enthält § 150 Abs. 8 AO nähere Bestimmungen.[14]

---

1 BFH v. 26.2.2002 – VIII R 90/98, BFH/NV 2002, 1137 (1138 f.).
2 BFH v. 22.5.2006 – VI R 15/02, BStBl. II 2007, 2 (3) = FR 2006, 1139; v. 28.7.2015 – VIII R 50/14, DStR 2015, 2234 = GmbHR 2015, 1161.
3 BFH v. 7.11.1997 – VI R 45/97, BStBl. II 1998, 54 (55) = FR 1998, 108; v. 10.4.2002 – VI R 66/98, BStBl. II 2002, 455 (456) = FR 2002, 832.
4 BFH v. 29.2.2000 – VII R 109/98, BStBl. II 2000, 573 (576).
5 FG Bdbg. v. 24.2.2003 – 1 K 57/02, EFG 2003, 777 unter Hinweis auf BFH v. 4.7.2002 – V R 31/01, BStBl. II 2003, 45.
6 BFH v. 14.1.1998 – X R 84/95, BStBl. II 1999, 203 (204) = FR 1998, 530; v. 18.7.2000 – VII R 32, 33/99, BStBl. II 2001, 133 (136); v. 16.4.2002 – IX R 40/00, BStBl. II 2002, 501 (502 f.) = FR 2002, 1377.
7 BFH v. 24.7.1996 – I R 62/95, BStBl. II 1997, 115 (116); v. 14.1.1998 – X R 84/95, BStBl. II 1999, 203 (204 f.) = FR 1998, 530; v. 30.10.2001 – X B 63/01, BFH/NV 2002, 504.
8 FG München v. 21.10.2003 – 6 K 2834/02, nv. unter Hinweis auf BFH v. 30.10.2001 – X B 63/01, BFH/NV 2002, 504.
9 BFH v. 8.7.1983 – VI R 80/81, BStBl. II 1984, 13 (14) = FR 1983, 596.
10 FG Bremen v. 16.2.1993 – II 177/90 K, EFG 1993, 560; **aA** FG Berlin v. 9.3.1993 – VII 537/90, EFG 1994, 4.
11 BFH v. 20.1.1984 – VI R 16/82, BStBl. II 1984, 436 (437) = FR 1984, 374.
12 IdF des G v. 20.12.2008, BGBl. I 2008, 2850.
13 BFH v. 17.8.2015 – I B 133/14, BFH/NV 2016, 72. Auch rechtfertigen Sicherheitsbedenken im Hinblick auf die Datenübermittlung über das Internet keine Befreiung von der elektronischen Erklärungspflicht; so FG BaWü. v. 23.3.2016 – 7 K 3192/15, EFG 2016, 723 (NZB unzulässig, BFH v. 14.2.2017 – VIII B 43/16, BFH/NV 2017, 729).
14 FG RhPf. v. 12.10.2016 – 2 K 2352/15, EFG 2017, 40 (Rev. VIII R 29/17): wirtschaftliche Unzumutbarkeit bei hohen EDV-Umstellungskosten eines Kleinstbetriebs.

§ 26 Veranlagung von Ehegatten

(1) [1]Ehegatten können zwischen der Einzelveranlagung (§ 26a) und der Zusammenveranlagung (§ 26b) wählen, wenn

1. **beide unbeschränkt einkommensteuerpflichtig im Sinne des § 1 Absatz 1 oder 2 oder des § 1a sind,**
2. **sie nicht dauernd getrennt leben und**
3. **bei ihnen die Voraussetzungen aus den Nummern 1 und 2 zu Beginn des Veranlagungszeitraums vorgelegen haben oder im Laufe des Veranlagungszeitraums eingetreten sind.**

[2]Hat ein Ehegatte in dem Veranlagungszeitraum, in dem seine zuvor bestehende Ehe aufgelöst worden ist, eine neue Ehe geschlossen und liegen bei ihm und dem neuen Ehegatten die Voraussetzungen des Satzes 1 vor, bleibt die zuvor bestehende Ehe für die Anwendung des Satzes 1 unberücksichtigt.

(2) [1]Ehegatten werden einzeln veranlagt, wenn einer der Ehegatten die Einzelveranlagung wählt. [2]Ehegatten werden zusammen veranlagt, wenn beide Ehegatten die Zusammenveranlagung wählen. [3]Die Wahl wird für den betreffenden Veranlagungszeitraum durch Angabe in der Steuererklärung getroffen. [4]Die Wahl der Veranlagungsart innerhalb eines Veranlagungszeitraums kann nach Eintritt der Unanfechtbarkeit des Steuerbescheids nur noch geändert werden, wenn

1. **ein Steuerbescheid, der die Ehegatten betrifft, aufgehoben, geändert oder berichtigt wird und**
2. **die Änderung der Wahl der Veranlagungsart der zuständigen Finanzbehörde bis zum Eintritt der Unanfechtbarkeit des Änderungs- oder Berichtigungsbescheids schriftlich oder elektronisch mitgeteilt oder zur Niederschrift erklärt worden ist und**
3. **der Unterschiedsbetrag aus der Differenz der festgesetzten Einkommensteuer entsprechend der bisher gewählten Veranlagungsart und der festzusetzenden Einkommensteuer, die sich bei einer geänderten Ausübung der Wahl der Veranlagungsarten ergeben würde, positiv ist. [2]Die Einkommensteuer der einzeln veranlagten Ehegatten ist hierbei zusammenzurechnen.**

(3) Wird von dem Wahlrecht nach Absatz 2 nicht oder nicht wirksam Gebrauch gemacht, so ist eine Zusammenveranlagung durchzuführen.

§§ 61, 62d EStDV

§ 61 Antrag auf hälftige Verteilung von Abzugsbeträgen im Fall des § 26a des Gesetzes

Können die Ehegatten den Antrag nach § 26a Absatz 2 des Gesetzes nicht gemeinsam stellen, weil einer der Ehegatten dazu aus zwingenden Gründen nicht in der Lage ist, kann das Finanzamt den Antrag des anderen Ehegatten als genügend ansehen.

***§§ 62 bis 62c** (weggefallen)*

§ 62d Anwendung des § 10d des Gesetzes bei der Veranlagung von Ehegatten

(1) [1]Im Fall der Einzelveranlagung von Ehegatten (§ 26a des Gesetzes) kann der Steuerpflichtige den Verlustabzug nach § 10d des Gesetzes auch für Verluste derjenigen Veranlagungszeiträume geltend machen, in denen die Ehegatten nach § 26b des Gesetzes zusammen veranlagt worden sind. [2]Der Verlustabzug kann in diesem Fall nur für Verluste geltend gemacht werden, die der einzeln veranlagte Ehegatte erlitten hat.

(2) [1]Im Fall der Zusammenveranlagung von Ehegatten (§ 26b des Gesetzes) kann der Steuerpflichtige den Verlustabzug nach § 10d des Gesetzes auch für Verluste derjenigen Veranlagungszeiträume geltend machen, in denen die Ehegatten nach § 26a des Gesetzes einzeln veranlagt worden sind. [2]Im Fall der Zusammenveranlagung von Ehegatten (§ 26b des Gesetzes) in einem Veranlagungszeitraum, in den negative Einkünfte nach § 10d Abs. 1 des Gesetzes zurückgetragen werden, sind nach Anwendung des § 10d Abs. 1 des Gesetzes verbleibende negative Einkünfte für den Verlustvortrag nach § 10d Abs. 2 des Gesetzes in Veranlagungszeiträume, in denen eine Zusammenveranlagung nicht stattfindet, auf die Ehegatten nach dem Verhältnis aufzuteilen, in dem die auf den einzelnen Ehegatten entfallenden Verluste im Veranlagungszeitraum der Verlustentstehung zueinander stehen.

Literatur: *Dißars*, Verfahrensrechtliche Besonderheiten bei Ehegatten, StB 1997, 340; *Flesch*, Steuerminderung durch getrennte Ehegattenveranlagung, DStR 1998, 1081; *Hagen/Schynol*, Außerordentliche Einkünfte bei Ehegatten: Steuervorteil bei richtiger Wahl der Veranlagungsart, DStR 1999, 1430; *P. Kirchhof*, Ehe- und familiengerechte Gestaltung der ESt, NJW 2000, 2792; *Korezkij*, Systematische und praktische Überlegungen zur Wahl der Veranlagungsart v. Ehegatten bei außerordentlichen Einkünften iSd. § 34 EStG, BB 2000, 122; *Korezkij*, Überlegungen zur Wahl der Veranlagungsart v. Ehegatten bei gewerblichen Einkünften iSd. § 32c EStG nach geltendem Einkommensteuertarif, BB 2000, 958; *Mellinghoff*, Steuerrechtliche Probleme bei Trennung und Scheidung v. Ehegatten, Stbg. 1999, 60; *W. Müller*, Die Bedeutung eines erfolglosen Versöhnungsversuchs für das dauernde Getrenntleben v. Ehegatten (§§ 26, 26b EStG), DStZ 1997, 86; *Saß*, Die Regelungen für Ausländer nach dem Jahressteuergesetz 1996 vor dem Hintergrund des „Schumacker-Urteils" des EuGH, DB 1996, 295; *Schöler*, Verlustvortrag und Zusammenveranlagung in der Insolvenz eines Ehegatten, DStR 2013, 1453; *Vogel*, Besteuerung v. Eheleuten und Verfassungsrecht, StuW 1999, 201.

A. Grundaussagen der Vorschrift

1 **I. Ausgangslage.** Der Steuergesetzgeber findet die verfassungsrechtl. geschützte (Art. 6 Abs. 1 GG) und zivilrechtl. auszugestaltende (§§ 1303 ff. BGB, Art. 13 ff. EGBGB) Ehe als Ausgangsbefund vor, dem er Rechnung zu tragen hat. Ehe im Sinne dieser Institutsgarantie ist die staatlicherseits bekräftigte, grds. lebenslange Verbindung v. Mann und Frau.[1] Das einfache Recht bezieht zusätzlich auch die Verbindung zweier Personen gleichen Geschlechts in den Ehebegriff ein (§ 1353 Abs. 1 S. 1 Alt. 2 BGB).[2] Keine Ehe iSd. Art. 6 Abs. 1 GG, auf Anordnung des BVerfG[3] aber wie eine solche zu stellen sind Lebenspartnerschaften iSd. LPartG (umgesetzt durch § 2 Abs. 8).[4]

Der somit direkt oder indirekt maßstabgebende Art. 6 Abs. 1 GG versteht die Ehe als Gemeinschaft, schützt ihre innere Ausgestaltung gegen staatliche Einflussnahmen und verbietet als spezieller Gleichheitssatz ihre Schlechterstellung im Vergleich mit Ledigen.[5] Als Bezugsgröße einkommensteuerlicher Vergleichbarkeit hat dabei die wirtschaftliche Realität des Ehelebens zu dienen. In intakten Ehen bilden die zusammenlebenden Ehegatten idR eine **Erwerbs- und Verbrauchsgemeinschaft**, in der jeder Ehegatte wirtschaftlich zur Hälfte an den Einkünften und Lasten des anderen teilhat, wodurch üblicherweise ein **Transfer stl. Leistungsfähigkeit** zw. den Partnern stattfindet.[6]

2 Der Gedanke der Ehe als einer Wirtschaftsgemeinschaft entspricht den Grundwertungen des **Familienrechts**, das Ausgangspunkt der Ehegattenbesteuerung ist, ohne dass die zivilrechtl. Güterzuordnung steu-

1 Zur Verfassungsgarantie der Ehe (in Abgrenzung zur Lebenspartnerschaft) BVerfG v. 17.7.2002 – 1 BvF 1, 2/01, BVerfGE 105, 313 (342 ff.).

2 Anders noch BVerfG v. 17.7.2002 – 1 BvF 1, 2/01, BVerfGE 105, 313 (342, 345): Verschiedengeschlechtlichkeit als Wesensmerkmal der zivilrechtlich auszuformenden Institutsgarantie des Art. 6 Abs. 1 GG. – Die Umwandlung einer Lebenspartnerschaft in eine Ehe ist als auf den Zeitpunkt ihrer Begr. rückwirkendes Ereignis angesehen worden (FG Hbg. v. 31.7.2018 – 1 K 92/18, juris, Rz. 18 ff. [Rev. III R 57/18]).

3 BVerfG v. 7.5.2013 – 2 BvR 909/06 ua., BGBl. I 2013, 1647; **aA** die bis dahin st. finanzgerichtliche Rspr.; BFH v. 26.1.2006 – III R 51/05, BStBl. II 2006, 515 = FR 2006, 607 m. Anm. *Greite*; v. 20.7.2006 – III R 8/04, BStBl. II 2006, 883 = FR 2006, 1049; v. 19.10.2006 – III R 10/05, BFH/NV 2007, 663. – Für die Rechtslage vor Einführung des LPartG bleibt es auch hiernach bei der Nichtanwendung der §§ 26 ff. auf gleichgeschlechtliche Partnerschaften; bestätigend BFH v. 26.6.2014 – III R 14/05, BStBl. II 2014, 829 = FR 2014, 1047. Die hiergegen eingelegte Verfassungsbeschwerde wurde nicht zur Entsch. angenommen; BVerfG v. 19.8.2015 – 2 BvR 1910/14, juris.

4 **Nichteheliche Paare** genießen nicht den besonderen Schutz des Art. 6 GG und sind deshalb auch steuerrechtlich nicht wie eine Ehe zu behandeln; BFH v. 27.10.1989 – III R 205/82, BStBl. II 1990, 294 (296 f.) = FR 1990, 187; v. 21.3.2012 – III B 52/11, BFH/NV 2012, 1125. Dies gilt auch dann, wenn sie ein gemeinsames Kind haben; BFH v. 24.7.2014 – III B 28/13, BFH/NV 2014, 1741. § 2 Abs. 8 bezieht sie ebenfalls nicht ein; BFH v. 26.4.2017 – III B 100/16, BStBl. II 2017, 903. – Nicht unter §§ 26 ff. fallen auch **Alleinerziehende mit ihren Kindern**; stRspr.; zuletzt BFH v. 29.9.2016 – III R 62/13, BStBl. II 2017, 259 (BVerfG: 2 BvR 221/17).

5 Zum Benachteiligungsverbot des Art. 6 GG BVerfG v. 3.6.1987 – 1 BvL 5/81, BVerfGE 75, 361 (366) = BStBl. II 1988, 395 (396) = FR 1988, 21; v. 29.5.1990 – 1 BvL 20/84, 1 BvL 26/84, 1 BvL 4/86, BVerfGE 82, 60 (80) = BStBl. II 1990, 653 (656) = FR 1990, 449; stRspr.; vgl. auch bereits BVerfG v. 17.1.1957 – 1 BvL 4/54, BVerfGE 6, 55 (71) = BStBl. I 1957, 193 (197).

6 BVerfG v. 3.11.1982 – 1 BvR 620/78, 1 BvR 1335/78, 1 BvR 1104/79, 1 BvR 363/80, BVerfGE 61, 319 (345 f.) = BStBl. II 1982, 717 (726).

errechtl. Regelungen, die Ausdruck abw. (typisierter) wirtschaftlicher Leistungsfähigkeit sind, entgegenstehen könnte.[1] Die Ehegatten verpflichten sich bei Geschäften zur Deckung des Lebensbedarfs gegenseitig (§ 1357 BGB). Im Regelfall des gesetzlichen Güterstandes beschränken §§ 1365 ff. BGB die Verfügungsmacht über das eigene Vermögen zum Schutze des Ehegatten; der Zugewinnausgleich (§§ 1371 ff. BGB) ebnet unterschiedliche Vermögenserwerbe am Ende der Ehe ein. Ähnlich wirkt der Versorgungsausgleich (§§ 1587 ff. BGB). Beide Ehegatten schulden einander Unterhalt, der in Geld oder durch Führung des Haushaltes geleistet werden kann (§ 1360 BGB). Die Verteilung v. Haushaltsführung und Erwerbstätigkeit obliegt allein den Ehegatten (§ 1356 BGB); jede Einflussnahme des Staates auf diese private Entsch. wäre verfassungswidrig.[2]

II. Überblick über die §§ 26–26b. Die iVm. den Tarifvorschriften zu sehenden §§ 26–26b (bis VZ 2012: §§ 26–26c)[3] tragen der Vielgestaltigkeit ehelicher Lebensführung und damit der wirtschaftlichen Leistungsfähigkeit der Ehegatten typisierend Rechnung. Ausgehend v. **Grundsatz der Individualbesteuerung** setzt das G zwar die isolierte Ermittlung der stpfl. Einkünfte jedes Ehegatten voraus, berücksichtigt aber den Transfer wirtschaftlicher Leistungsfähigkeit innerhalb der Ehe auf der Ebene der Veranlagung und gewährt den Eheleuten zu diesem Zwecke ein **Wahlrecht zw. verschiedenen Formen der Veranlagung** (§ 26 Abs. 1 S. 1), dem, da es unmittelbar an die eheliche Gemeinschaft anknüpft, entgegen der Rspr. des BFH[4] der Charakter eines höchstpersönlichen Rechts zugesprochen werden sollte. Entweder die Ehegatten wählen, als Wirtschaftsgemeinschaft behandelt zu werden, in der sie so gestellt werden, als habe jeder die Hälfte der gemeinsamen Einkünfte erzielt (§ 26b iVm. § 32a Abs. 5). Oder sie lassen sich als Einzelverdiener bei anteiliger Berücksichtigung gewisser Abzugspositionen veranlagen (§ 26a iVm. § 32a Abs. 1). Diese Entsch. kann nur einheitlich für den ganzen VZ getroffen werden.[5] Ergänzend trifft § 32a Abs. 6 Härtefallregelungen für Verwitwete (Nr. 1) sowie für den Fall der Auflösung der Ehe (Nr. 2). 3

Materiell leisten diese Vorschriften eine Zurechnung des Einkommens innerhalb der ehelichen Erwerbsgemeinschaft, weshalb ihre Ansiedlung iZ des Steuertarifs unsystematisch ist und eine Regelung auf der Ebene der Bemessungsgrundlage vorzugswürdig wäre.[6] Als typisierter Ausdruck individueller Leistungsfähigkeit gewähren die §§ 26–26b, 32a Abs. 5, 6 **keine** beliebig veränderbare **Steuersubvention**,[7] sondern garantieren eine an dem Schutzgebot des Art. 6 Abs. 1 GG und dem Gleichheitssatz ausgerichtete sachgerechte Besteuerung.[8] Die Vorschriften der Ehegatten-Veranlagung sind mithin für sich betrachtet **verfassungskonform**.[9] Ihre progressionsabhängige Wirkung ist lediglich Kehrseite der Entsch. für einen progressiven Steuertarif. Erwägungen, ihre nur vermeintlich privilegierende Wirkung einzuschränken, widersprächen dem Leistungsfähigkeitsprinzip.[10] Insbes. würde eine Begrenzung des Ehegattensplittings verheiratete wie unverheiratete Doppelverdiener ohne rechtfertigenden Grund ggü. anderen ehelichen Lebensformen mit gleichem Gesamteinkommen bevorzugen, also unzulässigerweise auf die freie Gestaltung des ehelichen Zusammenlebens einwirken. Verfassungsrechtl. bedenklich erscheint des Weiteren, dass die Vor- und Nachteile verschiedener Veranlagungsarten zunehmend durch ineinander verzahnte, kaum verständliche und je nach ihrem Zusammenspiel unterschiedlich wirkende andere Normen beeinflusst werden, die befürchten lassen, dass unzureichend beratene Eheleute die (vereinzelten) Nachteile insbes. der Zusammenveranlagung nicht erkennen und deshalb iErg. schlechter gestellt sind als Unverheiratete. 4

B. Voraussetzungen der Ehegatten-Veranlagung (Abs. 1)

I. Die intakte Ehe unbeschränkt Steuerpflichtiger (Abs. 1 S. 1). Abs. 1 S. 1 erfasst als Grundtatbestand der Ehegatten-Veranlagung den Regelfall der ehelichen Gemeinschaft. Ausgehend v. diesem normiert die Vorschrift **drei** sachliche **Voraussetzungen** für die Anwendbarkeit der §§ 26–26b, 32a Abs. 5, 6 und damit 5

1 Vgl. *Vogel*, StuW 1999, 201 (208 ff.).
2 StRspr.; zuletzt BVerfG v. 4.12.2002 – 2 BvR 400/98, 2 BvR 1735/00, BVerfGE 107, 27 (53) = BStBl. II 2003, 534 (542 f.) = FR 2003, 568.
3 Zur Anwendbarkeit s. § 52 Abs. 68.
4 BFH v. 22.3.2011 – III B 114/09, BFH/NV 2011, 1142; v. 15.3.2017 – III R 12/16, BFHE 259, 229 Rz. 17.
5 Hierdurch drohende stl. Nachteile für das Kj. der Eheschließung konnten zudem in der Vergangenheit – letztmalig für den VZ 2012 – durch eine besondere Veranlagung (§ 26c aF) vermieden werden.
6 Vgl. *Lang*, Reformentwurf, 1985, § 6.
7 BVerfG v. 3.11.1982 – 1 BvR 620/78, 1 BvR 1335/78, 1 BvR 1104/79, 1 BvR 363/80, BVerfGE 61, 319 (347) = BStBl. II 1982, 717 (726).
8 Spiegelbildlich könnte das Ehegattensplitting auch keine ehebedingten Nachteile kompensieren oder rechtfertigen; BFH v. 23.2.2005 – XI R 63/00, BStBl. II 2005, 631 = FR 2005, 1050.
9 Grundlegend BVerfG v. 3.11.1982 – 1 BvR 620/78, 1 BvR 1335/78, 1 BvR 1104/79, 1 BvR 363/80, BVerfGE 61, 319 (342 ff.) = BStBl. II 1982, 717 (725 ff.).
10 Näher hierzu *Vogel*, StuW 1999, 201.

für die Ausübung des Wahlrechts zw. den verschiedenen Formen der Ehegatten-Veranlagung, die zu **irgendeinem Zeitpunkt des VZ** allesamt **gleichzeitig** gegeben sein müssen.[1] Fehlt eine v. ihnen oder haben sie nur zu verschiedenen Zeitpunkten vorgelegen, werden die Ehegatten wie Einzelpersonen (§ 25) veranlagt.

6 **1. Ehe.** Zunächst wird eine **gültige Ehe** (oder eingetragene Lebenspartnerschaft) vorausgesetzt. Das EStG verwendet den Begriff iSd. **Zivilrechts**, dessen Anforderungen zu prüfen sind.[2] Gem. Art. 13 EGBGB richtet sich die Wirksamkeit der Eheschließung grds. nach dem Recht der Staatsangehörigkeit. Für Deutsche gelten die §§ 1303 ff. BGB. Bei Doppelstaatsangehörigkeit geht die Rechtsstellung als Deutscher gem. Art. 5 Abs. 1 S. 2 EGBGB vor. Die Ehe ausländ. Staatsangehöriger richtet sich, auch wenn sie im Inland geschlossen wird, nach dem Recht ihres Heimatstaates (s. auch Art. 13 Abs. 2, 3 EGBGB). Ehen zw. Deutschen und Ausländern unterliegen für beide Ehegatten unterschiedlichen Vorschriften. Die Rspr. zum Rentenrecht,[3] nach der Art. 6 GG im Falle der Unwirksamkeit nach deutschem Recht bei Wirksamkeit nach ausländ. Recht gebiete, diese hinkende Ehe der wirksamen Ehe gleichzustellen, wenn sie tatsächlich gelebt wurde, überträgt der BFH[4] nicht auf das Steuerrecht; eine Ehe iSd. §§ 26 ff. liege nicht vor, die Partner müssten die deutsche Eheschließung zuvor nachholen. Die v. Ausländern im Ausland wirksam geschlossene Doppelehe erkennt der BFH[5] jedenfalls dann an, wenn der erste Ehegatte nicht unbeschränkt stpfl. ist; der ordre public (Art. 6 EGBGB) sei nicht verletzt. Die Ehe endet, wenn ein Ehegatte verstirbt oder rkr. für tot erklärt wird (vgl. § 49 AO). Im zweiten Fall unterstellt R 26 Abs. 1 S. 4 EStR, dass die Ehegatten bis zu diesem Zeitpunkt nicht getrennt leben. Bei Scheidung ist die Ehe erst mit Rechtskraft des Urteils aufgelöst; § 1564 S. 2 BGB.[6] Gleiches gilt gem. § 1313 S. 2 BGB für den Fall ihrer Aufhebung.

7 **2. Intakte Ehe.** Zweitens setzt Abs. 1 S. 1 mit dem Erfordernis, die Ehegatten dürften **nicht dauernd getrennt leben**, eine **intakte Ehe** voraus. Nur in ihr besteht die erforderliche **Lebens- und Wirtschaftsgemeinschaft**, die eine Anwendung der §§ 26–26b rechtfertigt und deswegen nicht endg. aufgehoben sein darf. Der Ausschluss getrennt lebender Eheleute v. der Ehegatten-Veranlagung ist mit Art. 6 GG vereinbar.[7] Dabei ist unter Lebensgemeinschaft die räumliche, persönliche und geistige Gemeinschaft der Ehegatten, unter Wirtschaftsgemeinschaft die gemeinsame Erledigung der wirtschaftlichen Fragen ihres Zusammenlebens, namentlich die gemeinsame Entsch. über die Verwendung des Familieneinkommens, zu verstehen.[8] Beide Erfordernisse fallen regelmäßig zusammen, weshalb bei Vorliegen der Lebens- auf die Wirtschaftsgemeinschaft geschlossen werden darf.

8 Abs. 1 S. 1 differenziert nicht nach dem familienrechtl. Güterstand. Maßgeblich ist nicht die zivilrechtl. Zuordnung v. Gütern zu einem der Ehegatten, sondern allein der Tatbestand gemeinsamen Wirtschaftens, der in einer intakten Ehe üblicherweise **unabhängig v. Güterrecht** verwirklicht wird. Abw. ehevertragliche Regelungen sind häufig nicht Ausdruck getrennten Wirtschaftens innerhalb der Ehe, sondern vorbeugende Abreden für den Fall ihres Scheiterns. Abs. 1 S. 1 unterstellt daher – bei Vorliegen der übrigen Voraussetzungen – die eheliche Lebens- und Wirtschaftsgemeinschaft zulässigerweise auch im Falle der Gütertrennung.

9 Das Vorliegen dieser Lebens- und Wirtschaftsgemeinschaft beurteilt sich nach dem **Gesamtbild der Verhältnisse.**[9] Allerdings verwehrt der Schutz der Ehe dem Staat eine eingehendere Überprüfung des Ehelebens. Beantragen Ehegatten die Zusammenveranlagung, ist daher **regelmäßig zu vermuten**, dass sie nicht dauernd getrennt leben.[10] Nur im Falle besonderer äußerer Umstände darf hieran gezweifelt werden. Vor allem die räumliche Trennung der Eheleute spricht für ein dauerndes Getrenntleben.[11] Aber auch hier kann sich aus dem Gesamtbild ergeben, dass die eheliche Gemeinschaft fortbesteht, namentlich wenn

1 BFH v. 25.1.2002 – III B 127/01, BFH/NV 2002, 645.
2 BFH v. 6.12.1985 – VI R 56/82, FR 1986, 278 = BStBl. II 1986, 390; v. 17.4.1998 – VI R 16/97, BStBl. II 1998, 473 (474) = FR 1998, 796.
3 BVerfG v. 30.11.1982 – 1 BvR 818/81, BVerfGE 62, 323 (329 ff.).
4 BFH v. 17.4.1998 – VI R 16/97, BStBl. II 1998, 473 (474 f.) = FR 1998, 796.
5 BFH v. 6.12.1985 – VI R 56/82, FR 1986, 278 = BStBl. II 1986, 390 ff.
6 BFH v. 9.3.1973 – VI R 396/70, BStBl. II 1973, 487 ff.
7 BFH v. 20.9.2002 – III B 40/02, BFH/NV 2003, 157 (Gleiches gilt für Alleinerziehende und Geschiedene); s. auch BVerfG v. 3.11.1982 – 1 BvR 620/78, 1 BvR 1335/78, 1 BvR 1104/79, 1 BvR 363/80, BVerfGE 61, 319 (345 f.) = BStBl. II 1982, 717 (726).
8 BFH v. 15.6.1973 – VI R 150/69, BStBl. II 1973, 640 (641).
9 BFH v. 5.10.1966 – VI R 184/66, BStBl. III 1967, 110 (111); v. 9.3.1973 – VI R 296/70, BStBl. II 1973, 487 (488); v. 15.6.1973 – VI R 150/69, BStBl. II 1973, 640 (641); v. 7.12.2001 – III B 129/01, BFH/NV 2002, 483 (484); stRspr.
10 BFH v. 27.8.1971 – VI R 206/68, BStBl. II 1972, 173 (174).
11 BFH v. 15.6.1973 – VI R 150/69, BStBl. II 1973, 640 (641) („Vermutung"); v. 17.8.2012 – III B 38/12, BFH/NV 2012, 1988 (einer räumlichen Trennung komme iRd. Abwägung „besondere Bedeutung" zu).

zwingende äußere Gründe (Krankheit[1], Freiheitsstrafe etc.) die Trennung erfordern oder diese nach dem (nach objektiven Kriterien zu ermittelnden) Willen der Ehegatten nur vorübergehender Natur (etwa aus beruflichen Gründen) sein soll.[2] Längere Besuche und gemeinsame Urlaubsreisen begründen noch keine eheliche Lebensgemeinschaft.[3] Umgekehrt kann eine Trennung auch bei Verbleiben in der gleichen Wohnung vorliegen.[4] Besonderes Gewicht kommt der Verwendung des Einkommens zum Verbrauch durch die ganze Familie zu; anders verhält es sich, wenn ein Ehegatte den anderen auf eine ihm einseitig zugemessene Unterhaltsrente beschränkt.[5] Indessen begründet der Scheidungsantrag allein noch keine wirtschaftliche Trennung.[6] Eine eheliche Gemeinschaft soll sogar vorliegen können, wenn ein Ehegatte ohne Wissen des anderen zugleich mit einer Lebensgefährtin und einem gemeinsamen Kind in einem weiteren Haushalt wohnt.[7]

Der estrechtl. Begriff des **Getrenntlebens** stimmt nach Ansicht des BFH[8] im Wesentlichen mit **§ 1567 Abs. 1 BGB** überein. Allerdings seien an die Trennung nach § 1567 Abs. 1 BGB strengere Anforderungen als an die nach § 26 zu stellen, das Getrenntleben iSd. Familienrechts schließe daher jenes iSd. EStG regelmäßig ein.[9] – Ein ernsthafter, wenn auch gescheiterter **Versöhnungsversuch** kann ein erneutes Zusammenleben iSv. § 26 begründen, sofern er nach außen als solcher erkennbar wird (insbes. durch Aufgabe getrennter Wohnungen und Rückkehr in einen gemeinsamen Haushalt) und jedenfalls nicht ganz kurzfristiger Natur ist.[10] § 1567 Abs. 2 BGB, der Versöhnungsversuche erleichtern soll, berührt nur die Frist nach § 1566 BGB und ist deswegen im Steuerrecht nicht entspr. anwendbar.[11] 10

Eine andere Frage ist jene nach der **Feststellung** einer Trennung. Die StPfl. sind insoweit nicht an ihre Erklärung im Ehescheidungsprozess gebunden; Finanzbehörden und -gerichte haben den Sachverhalt vielmehr **v. Amts wegen** (dh insbes. ohne Bindung an zivilgerichtliche Feststellungen[12]) anhand äußerlich erkennbarer Umstände[13] zu erforschen (§§ 88 Abs. 1 S. 1 AO, 76 Abs. 1 S. 1 FGO), wobei die Erklärung vor dem Familiengericht (immerhin, aber auch nur) ein Indiz abgeben soll.[14] Ggf. ist der andere Ehegatte zu vernehmen.[15] Ist die an den Antrag auf Zusammenveranlagung geknüpfte Vermutung für ein Zusammenleben entkräftet und lässt sich der Sachverhalt nicht klären, trifft die **Ehegatten** die **objektive Beweislast**.[16] 11

3. Unbeschränkte Steuerpflicht beider Ehegatten. Schließlich müssen **beide Ehegatten unbeschränkt stpfl.** iSd. **§ 1 Abs. 1 oder 2** oder des **§ 1a** sein (s. dort). § 1 Abs. 1 erfasst grds. alle im Inland ansässigen StPfl. ungeachtet ihrer Nationalität. Ebenfalls einbezogen werden Angehörige fremder Nato-Streitkräfte (die idR keinen Wohnsitz in Deutschland haben[17]), falls sie sich auch mit Rücksicht auf ihre Ehe mit einem im Inland ansässigen Partner in Deutschland aufhalten.[18] Ferner unterfallen deutsche Auslands- 12

---

1 Einen Grenzfall betrifft FG Köln v. 16.6.2011 – 10 K 4736/07, EFG 2011, 1786 (rkr.): Keine Zusammenveranlagung mit der seit Jahren im Wachkoma liegenden Ehefrau nach der Geburt eines gemeinsamen Kindes mit der Haushälterin, die auch die ehelichen Kinder betreut; großzügiger in einem Sonderfall FG Nds. v. 23.6.2015 – 13 K 225/14, EFG 2015, 1945 (rkr.): Zusammenveranlagung mit im Pflegeheim lebender, dementer Ehefrau trotz Eingehens einer neuen Beziehung.
2 BFH v. 27.8.1971 – VI R 206/68, BStBl. II 1972, 173 (174).
3 FG Köln v. 14.10.1992 – 3 K 666/92, EFG 1993, 379.
4 BFH v. 5.10.1966 – VI R 184/66, BStBl. III 1967, 110 (111); v. 24.1.2013 – III B 113/11, BFH/NV 2013, 726.
5 BFH v. 27.8.1971 – VI R 206/68, BStBl. II 1972, 173 (174); sa. auch BFH v. 17.8.2012 – III B 38/12, BFH/NV 2012, 1988 (zumindest Fortbestehen einer Wirtschafts als Rest einer weiter gehenden Lebensgemeinschaft, die weiterhin angestrebt werden muss).
6 BFH v. 9.3.1973 – VI R 396/70, BStBl. II 1973, 487 (488 f.).
7 BFH v. 26.11.1997 – IX B 47/97, BFH/NV 1998, 585 (zweifelh.).
8 BFH v. 13.12.1985 – VI R 190/82, BStBl. II 1986, 486 (487) = FR 1986, 277.
9 BFH v. 13.12.1985 – VI R 190/82, BStBl. II 1986, 486 (487) = FR 1986, 277.
10 FG Hess. v. 14.4.1988 – 9 K 70/85, EFG 1988, 639 (sieben Wochen); FG Köln v. 21.12.1993 – 2 K 4543/92, EFG 1994, 791 (drei Wochen; zweifelh.); FG Münster v. 22.3.1996 – 14 K 3008/94 E, EFG 1996, 921 (sechs Wochen); erforderlich ist nach FG Köln v. 14.10.1992 – 3 K 666/92, EFG 1993, 379 idR ein erneutes räumliches Zusammenleben; vgl. *W. Müller*, DStZ 1997, 86; *Mellinghoff*, Stbg. 1999, 60; zur entspr. Sachaufklärungspflicht des Gerichts BFH v. 23.10.2006 – III B 5/06, BFH/NV 2007, 458.
11 BFH v. 26.8.1997 – VI R 268/94, BFH/NV 1998, 163.
12 BFH v. 3.1.2011 – III B 204/09, BFH/NV 2011, 638.
13 BFH v. 28.4.2010 – III R 71/07, BFH/NV 2010, 2042 (zB Abholen persönlicher Gegenstände aus der früheren gemeinsamen Wohnung). – Nicht maßgeblich ist hingegen eine bloße Trennungsabsicht.
14 BFH v. 13.12.1985 – VI R 190/82, BStBl. II 1986, 486 (487) = FR 1986, 277; v. 12.6.1991 – III R 106/87, BStBl. II 1991, 806 (808).
15 BFH v. 18.7.1996 – III R 90/95, BFH/NV 1997, 139.
16 BFH v. 12.6.1991 – III R 106/87, BStBl. II 1991, 806 (808).
17 Art. X Abs. 1 S. 1 Nato-Truppenstatut v. 18.8.1961, BGBl. II 1961, 1183 (1206).
18 BFH v. 26.4.1991 – III R 104/89, BFH/NV 1992, 373.

bedienstete des öffentl. Dienstes, die im Ausland nicht unbeschränkt stpfl. sind, in Deutschland der erweiterten unbeschränkten StPfl. nach § 1 Abs. 2. Ihnen gleichgestellt werden die zu ihrem Haushalt gehörenden Ehegatten, sofern sie erstens deutscher Nationalität sind oder ausschließlich in Deutschland zu versteuernde Einkünfte erzielen und sie zweitens im Ausland nur beschränkt stpfl. sind.

13 Die unbeschränkte StPflicht ist zudem im Lichte der in Art. 45 AEUV niedergelegten und in Art. 7 Abs. 2 VO (EU) 492/2011[1] konkretisierten ArbN-Freizügigkeit sowie der Rspr. des EuGH[2] zu sehen. Demnach ist **gebietsfremden EU-Bürgern** der Splittingvorteil einzuräumen, wenn ihre persönliche und familiäre Situation im Wohnsitzstaat deswegen nicht berücksichtigt werden kann, weil sie den wesentlichen Teil der Familieneinkünfte in Deutschland erzielen. Dem soll § 1a Rechnung tragen. Da § 26 Abs. 1 S. 1 verlangt, dass beide Ehegatten unbeschränkt stpfl. sind, fingiert § 1a Abs. 1 Nr. 2, Abs. 2 auf Antrag die unbeschränkte StPflicht eines im EU- oder EWR-Ausland lebenden Ehegatten, falls beim anderen Partner die Voraussetzungen der unbeschränkten StPfl. nach § 1 Abs. 1, 2 oder 3 vorliegen. In Fällen v. § 1 Abs. 2 und 3 (anders bei Abs. 1[3]) dürfen die nicht der deutschen Steuer unterliegenden gemeinsamen Einkünfte zudem nur geringfügig sein (weniger als 10 % oder bis zur Höhe des doppelten[4] Grundfreibetrags). Eheleute aus anderen EU-Staaten, die beide im Ausland wohnen und dort höhere Einkünfte erzielen, als §§ 1 Abs. 3, 1a Abs. 1 Nr. 2 gestattet, kommen nicht in den Genuss des Splittingverfahrens. Nach Ansicht des EuGH ist dies mit der ArbN-Freizügigkeit vereinbar.[5] Offen bleibt der Fall, dass Gebietsfremde neben deutschen Einkünften (fast) ausschließlich Einkünfte aus Drittstaaten erzielen (als beschränkt StPfl.), ihre persönlichen Verhältnisse also nirgends berücksichtigt werden. Pendler aus Staaten außerhalb v. EU und EWR (mit Sonderregelung für die Schweiz[6]) sind ebenso wenig nach §§ 26 ff. zu veranlagen wie im Inland wohnende Angehörige anderer Länder, deren Ehepartner nicht in Deutschland lebt.[7]

14 **II. Auflösung der Ehe und Wiederverheiratung eines Ehegatten (Abs. 1 S. 2).** Wird eine Ehe im Laufe eines VZ aufgelöst (Tod, Scheidung, Aufhebung) und heiratet einer der Partner (oder beide) innerhalb desselben VZ nochmals, so lägen, falls beide Ehen den Tatbestand des Abs. 1 S. 1 erfüllen, die Voraussetzungen der Ehegatten-Veranlagung an sich zweifach vor. Abs. 1 S. 2 trifft für diesen Fall eine **Konkurrenzregelung**, um eine doppelte Ehegatten-Veranlagung ders. Pers. auszuschließen.

15 Ein mehrfach verheirateter StPfl. kann hiernach die Vorzüge der **Ehegatten-Veranlagung nur für die jüngste Ehe** in Anspr. nehmen und nur für sie das Wahlrecht des § 26 ausüben. Der erste Ehepartner ist einzeln nach § 25 zu veranlagen (s. auch § 46 Abs. 2 Nr. 6) und dabei gem. § 32a Abs. 6 S. 1 Nr. 2 einmalig nach dem Splittingtarif zu besteuern. Der wiederverheiratete StPfl. kann nicht entscheiden, auf welche Ehe er die §§ 26 ff. angewandt wissen will. Die entstehenden Nachteile, wenn der zweite Ehegatte eigene Einkünfte hat, während der erste einkunftslos war, sind, da sich die Regelung im Ganzen eheneutral auswirkt, mit dem GG vereinbar.[8] Vermieden werden kann dieses Ergebnis nur, wenn die zweite Eheschließung bis zum nächsten VZ verschoben wird.

16 Für **Altfälle** (bis einschließlich VZ 2012) hielt der frühere **§ 26 Abs. 1 S. 3 aF** eine Sonderregel bereit, nach der die §§ 26 ff. ausnahmsweise auf die **erste Ehe** anzuwenden waren, wenn diese **durch Tod beendet** wurde und die Ehegatten der zweiten Ehe die besondere Veranlagung nach § 26c aF wählten.[9]

17 **III. Verwitwetensplitting.** Zur Vermeidung v. Härten kann ein Verwitweter, der nicht erneut geheiratet hat, gem. § 32a Abs. 6 S. 1 Nr. 1 auch im auf den Tod seines Ehegatten folgenden Jahr nach dem Splittingtarif versteuert werden (im Todesjahr greift Abs. 1 S. 1 direkt; welche Veranlagungsart damals gewählt

1 Abl. EU 2011 Nr. L 141/1 ff.
2 EuGH v. 14.2.1995 – C-279/93 (Schumacker), Slg. 1995, I-225 = FR 1995, 224 m. Anm. *Waterkamp-Faupel* = DStR 1995, 326; v. 11.8.1995 – C 80/94 (Wielockx) Slg. 1995, I-2493.
3 BFH v. 8.9.2010 – I R 28/10, BStBl. II 2011, 269 = FR 2011, 341 (ab VZ 2008).
4 Der Grundfreibetrag ist bereits bei der logisch vorrangigen Anwendung von § 1 Abs. 3 S. 2 zu verdoppeln (§ 1a Abs. 1 Nr. 2); BFH v. 6.5.2015 – I R 16/14, BStBl. II 2015, 957 = FR 2016, 185.
5 EuGH v. 14.9.1999 – C-391/97 (Gschwind), Slg. 1999, I-5451 = BStBl. II 1999, 841 = FR 1999, 1076 m. Anm. *Stapperfend*; bestätigt v. BFH v. 15.5.2002 – I R 40/01, BStBl. II 2002, 660 = FR 2002, 1008. Ein anderes soll bei im Ausland stfreien Einkünften gelten; EuGH v. 25.1.2007 – C-329/05 (Meindl), Slg. 2007, I-1107 (vorgelegt v. BFH v. 28.6. 2005 – I R 114/04, BStBl. II 2005, 835 = FR 2005, 1213 m. Anm. *Kaefer*).
6 EuGH v. 28.2.2013 – C-425/11 – Ettwein, DStR 2013, 514, hat auf der Grundlage des Freizügigkeitsabkommens mit der Schweiz (die weder EU- noch EWR-Staat ist) entschieden, dass Grenzpendlern mit Wohnsitz in der Schweiz, aber nahezu ausschließlich inländischen Einkünften eine Zusammenveranlagung zu gestatten ist (vgl. aber auch die Schlussanträge des Generalanwalts Jääskinen v. 18.10.2012, der die vorherige deutsche Rechtslage für europarechtskonform hielt).
7 FG Hbg. v. 9.12.1999 – II 236/98, EFG 2000, 866 (Türkei).
8 BVerfG v. 3.6.1987 – 1 BvL 5/81, BVerfGE 75, 361 (366 ff.) = BStBl. II 1988, 395 (396 f.) = FR 1988, 21.
9 Näheres s. 12. Aufl., Rn. 16.

wurde, ist unerheblich). Die Voraussetzungen des Abs. 1 S. 1 müssen im Zeitpunkt des Todes vorgelegen haben, nicht nur irgendwann im VZ; die Eheleute dürfen zu diesem Zeitpunkt nicht dauernd getrennt gelebt haben.[1] – Das Verwitwetensplitting soll sogar wiederaufleben, wenn der überlebende Ehegatte im Todesjahr erneut heiratet und diese Ehe noch im gleichen Jahr wieder aufgelöst wird (H 32a EStH).[2] Heiratet er im Folgejahr, soll § 32a Abs. 6 S. 1 Nr. 1 (nur) Anwendung finden, wenn bei der neuen Ehe die Voraussetzungen des § 26 Abs. 1 S. 1 fehlen (H 32a EStH).[3]

C. Rechtsfolgen (Abs. 1)

I. Vorliegen der Voraussetzungen des Abs. 1 S. 1. 1. Wahl der Veranlagungsart. § 26 Abs. 1 S. 1 eröffnet den Eheleuten ein unmittelbar rechtsgestaltendes[4] **Wahlrecht** zw. den verschiedenen Arten der (idR erforderlichen; s. §§ 25, 46 Abs. 2 Nr. 3a, 6, 7a) Ehegatten-Veranlagung und vermittelt ihnen so einen **Rechtsanspruch** auf entspr. Veranlagung. Die Veranlagungsart kann in jedem Jahr neu bestimmt werden. Zumeist ist die Zusammenveranlagung (§ 26b) vorzuziehen, da sie unterschiedliche Einkommenshöhen einebnet und so hilft, beide Grundfreibeträge sowie die unteren Progressionsstufen bestmöglich auszunutzen. Lediglich ausnahmsweise ist die Einzelveranlagung (§ 26a) zu empfehlen.[5] Da sich Vor- und Nachteile der einzelnen Regelungen (s. §§ 26a–b) je nach den individuellen Verhältnissen und im Zusammenspiel mehrerer Vorschriften unterschiedlich auswirken können, ist eine **Vergleichsberechnung im Einzelfall** anzuraten. 18

2. Einkünfte. Die Vorschriften über die Ehegatten-Veranlagung haben unabhängig davon, welche Veranlagungsart gewählt wird, grds. keinen Einfluss auf die Ermittlung der v. jedem Ehegatten erzielten Einkünfte, die für beide isoliert, wenn auch ggf. in einem einheitlichen Verfahren vorzunehmen ist. Es gilt der **Grundsatz der Individualbesteuerung**; die Eheleute stehen sich insoweit wie Fremde ggü.[6] Ausnahmen machen zB § 13 Abs. 3 S. 3, § 20 Abs. 9 S. 2–4; vgl. auch § 10d Abs. 1 S. 1, Abs. 2 S. 2; individualisierend wiederum § 24a S. 4. Gemeinsame Einkünfte sind jedem Ehegatten (nur dann) zur Hälfte zuzurechnen, wenn keine andere Aufteilung in Betracht kommt (R 26 Abs. 2 EStR). Allerdings sollten die Auswirkungen der jeweiligen Veranlagungsart schon bei der Gestaltung erwerbsrelevanter Sachverhalte bedacht werden, etwa bei Arbeits- und Gesellschaftsverträgen zw. den Ehegatten. In die Ehegatten-Veranlagung einzubeziehen sind grds. alle während des VZ erzielten Einkünfte, auch wenn sie vor der Heirat oder nach Auflösung der Ehe erzielt worden sind. Im Falle eines Wechsels v. unbeschränkter und beschränkter StPfl. während des VZ gilt § 2 Abs. 7 S. 3. 19

3. Sonderausgaben und außergewöhnliche Belastungen. Die Wahl der Veranlagungsart kann sich auf die berücksichtigungsfähigen SA und ag. Belastungen auswirken (zB § 10 Abs. 3 S. 2, § 10b Abs. 2 S. 1, § 10c S. 2, § 26a Abs. 2; individualisierend hingegen § 10a Abs. 3). Liegen die Voraussetzungen v. § 26 Abs. 1 S. 1 vor, kann Unterhalt an den Ehegatten nicht nach § 33a Abs. 1 geltend gemacht werden; die Vorschriften über die Ehegattenbesteuerung tragen dem gemeinsamen Lebensbedarf bereits hinreichend Rechnung und sind insoweit spezieller.[7] Konsequenzen ergeben sich auch für das zu versteuernde Einkommen und insbes. den Steuertarif (§ 32 Abs. 6 S. 2, § 32a Abs. 5, 6). 20

4. Steuerschuldner. Beide Eheleute sind unabhängig von der Wahl der Veranlagungsart Steuerschuldner. Im Fall der Einzelveranlagung nach § 26a besteht insofern kein Unterschied zu § 25. Nach § 26b zusammen veranlagte Ehegatten sind hingegen gem. § 44 Abs. 1 S. 1 AO Gesamtschuldner. Um nicht schlechter gestellt zu werden als Unverheiratete, können sie iRd. Vollstreckung eine Aufteilung der Gesamtschuld beantragen (§§ 268 ff. AO). Zur Frage etwaiger Erstattungsansprüche s. § 26b Rn. 12. 21

II. Fehlen der Voraussetzungen des Abs. 1 S. 1. Fehlt auch nur eine der Voraussetzungen des § 26 Abs. 1 S. 1, steht den Eheleuten kein Wahlrecht zu. Sie sind gem. § 25 einzeln und nach dem Grundtarif zu veranlagen. Besteht das Einkommen zumindest teilw. aus lstpfl. Einkünften, kann gem. § 46 Abs. 2 Nr. 4a eine Veranlagung zur Aufteilung der Abzugs- und Pauschbeträge nach § 33a Abs. 2, 33b Abs. 5 erforderlich sein. IÜ können Unterhaltsleistungen zw. geschiedenen oder dauernd getrennt lebenden unbe- 22

1 BFH v. 27.2.1998 – VI R 55/97, BStBl. II 1998, 350 = FR 1998, 570.
2 BFH v. 9.6.1965 – VI 78/62 U, BStBl. III 1965, 590 (zweifelh.).
3 Entsprechendes galt bis VZ 2012 auch dann, wenn für die neue Ehe die besondere Veranlagung nach § 26c aF gewählt wurde (H 32a EStH).
4 Die Wahl der Veranlagungsart hat materiell-rechtsgestaltende Wirkung, stellt also keine Verfahrenshandlung dar (vgl. BFH v. 12.7.2017 – I R 86/15, BStBl. II 2018, 138 Rz. 26).
5 Nur für den VZ der Eheschließung kam bis VZ 2012 auch die besondere Veranlagung (§ 26c aF) in Betracht, die in Ausnahmefällen vorteilhaft sein konnte.
6 BFH v. 23.8.1999 – GrS 1/97, BStBl. II 1999, 778 (781) = FR 1999, 1167 m. Anm. *Fischer*.
7 BFH v. 28.11.1988 – GrS 1/87, BStBl. II 1989, 164 (168) = FR 1989, 114.

schränkt estpfl. Ehegatten beim Unterhaltspflichtigen nach § 10 Abs. 1 Nr. 1 als SA, beim Empfänger nach § 22 Nr. 1a als sonstige Einkünfte berücksichtigt werden, wodurch ein umfangmäßig beschränktes Realsplitting bewirkt wird.

D. Ausübung des Wahlrechts nach Abs. 1 (Abs. 2, 3)

23 **I. Die Wahl der Veranlagungsart.** Die **Zusammenveranlagung** erfordert eine **übereinstimmende Wahl** dieser Veranlagungsart (Abs. 2 S. 2).[1] Beantragt auch nur ein Ehegatte die **Einzelveranlagung**, gilt diese Veranlagungsform für beide Eheleute (Abs. 2 S. 1). Letzteres betrifft den jeweils anderen Ehegatten unabhängig v. § 46 Abs. 2, dh. auch dann, wenn er alleine nicht zur Veranlagung verpflichtet wäre.[2]

24 Ein einseitiger Antrag auf Einzelveranlagung soll jedoch ausnahmsweise **unwirksam** sein, wenn sich für den Antragsteller keine stl. oder wirtschaftlichen Auswirkungen ergeben, weil er im VZ keine positiven oder negativen Einkünfte erzielt hat oder wenn seine positiven Einkünfte so gering sind, dass weder eine ESt festzusetzen noch ein Steuerabzug durchgeführt worden ist, der andere Ehegatte jedoch wegen seiner Einkünfte die Zusammenveranlagung begehrt.[3] Dies greife sogar, wenn dem anderen Ehegatten eine Steuerstraftat zur Last gelegt wird, da der einkunftslose Ehegatte wegen der getrennten Ermittlung der Einkünfte nicht mit der Straftat in Verbindung gebracht werde.[4] Statt der Einzelveranlagung gilt dann (nach Abs. 3) die Zusammenveranlagung. Auch soweit die Verweigerung der Zusammenveranlagung durch einen Ehegatten nicht unwirksam ist, kann der andere zivilrechtl. (gestützt auf § 1353 Abs. 1 S. 2 HS 2 BGB) auf Zustimmung klagen, die im Erfolgsfalle gem. § 894 ZPO fingiert werden kann.[5] Jedenfalls kann eine grundlose Verweigerung der Zustimmung Schadensersatzansprüche auslösen.

25 Die (auch übereinstimmende) Wahl der Einzelveranlagung kann ferner (ggf. in Kombination mit anderen Gestaltungsrechten) **rechtsmissbräuchlich** und daher unwirksam sein, sofern sie allein zum Zwecke der Steuervereitelung getroffen wird.[6] Der Umstand, dass eine Einzelveranlagung einen Erstattungsanspruch des einen und eine nicht realisierbare Nachzahlungspflicht des anderen Ehegatten zur Folge hätte, soll indes für sich betrachtet (dh. ohne Hinzutreten weiterer Umstände) noch nicht genügen, um einen solchen Rechtsmissbrauch zu begründen.[7]

26 Die Wahl der Veranlagungsart ist nach § 26 Abs. 2 S. 3 durch **Angabe in der Steuererklärung** zu treffen.[8] Diese ist gem. § 25 Abs. 3 im Fall der Zusammenveranlagung gemeinsam (S. 2), bei Einzelveranlagung dagegen je gesondert (S. 1) abzugeben und jeweils eigenhändig zu unterschreiben. – Der Antrag auf eine bestimmte Form der Veranlagung kann **nicht v. Dritten gestellt** werden, insbes. nicht v. einem Pfändungsgläubiger.[9] Das Wahlrecht zeigt sich so als Ausfluss eines an die Ehe gebundenen höchstpersönlichen Rechts. Allerdings hat der BFH diese Höchstpersönlichkeit in Erb- und Insolvenzfällen nachdrücklich verneint (s. Rn. 30, 32). – Das Wahlrecht unterliegt **keiner eigenständigen Fristbindung**. Allerdings ergibt sich eine faktische Grenze, da die Wahl der Veranlagungsart an die Abgabe der Steuererklärung gekoppelt und damit indirekt an deren Frist gebunden ist.[10] Es bleibt aber – innerhalb der Grenzen von Abs. 2 S. 4 – die Möglichkeit einer nachträglichen Änderung der Veranlagungsart (Rn. 27 ff.). – Bei **fehlender oder un-**

1 Gleiches galt bis VZ 2012 für die besondere Veranlagung nach § 26c aF.
2 BFH v. 21.9.2006 – VI R 80/04, BStBl. II 2007, 11 = FR 2007, 148 m. Anm. *Bergkemper*.
3 BFH v. 30.11.1990 – III R 195/86, BStBl. II 1991, 451 (452) = FR 1991, 272; v. 10.1.1992 – III R 103/87, BStBl. II 1992, 297 = FR 1992, 220.
4 BFH v. 10.1.1992 – III R 103/87, BStBl. II 1992, 297 = FR 1992, 220.
5 Vgl. BGH v. 12.6.2002 – XII ZR 288/00, DStRE 2002, 1121; v. 18.11.2009 – XII ZR 173/06, DStR 2010, 266 (Pflicht des Verluste erwirtschaftenden Ehegatten, der Zusammenveranlagung zuzustimmen).
6 Vgl. BFH v. 15.7.2004 – III R 66/98, BFH/NV 2005, 186 (Sonderfall).
7 BFH v. 30.8.2012 – III R 40/10, BFH/NV 2013, 193, gegen FG BaWü. v. 6.5.2010 – 3 K 839/09, EFG 2010, 1381.
8 Für VZ bis 2012 war die Erklärung über die gewünschte Veranlagungsart beim zuständigen (§ 19 AO) FA schriftlich oder zu Prot. abzugeben (§ 26 Abs. 2 S. 3 aF). Regelmäßig, aber nicht zwingend, geschah dies durch Angabe in der Steuererklärung.
9 BFH v. 29.2.2000 – VII R 109/98, BStBl. II 2000, 573 im Anschluss an BFH v. 18.8.1998 – VII R 114/97, BStBl. II 1999, 84.
10 Anders verhielt es sich für VZ bis 2012, für welche die Erklärungsfrist keine zeitliche Schranke setzte. Vgl. BFH v. 30.11.1990 – III R 195/86, BStBl. II 1991, 451 (452) = FR 1991, 272. – Hiernach konnte das Wahlrecht grds. bis zur Bestandskraft des Steuer- oder sogar eines Änderungsbescheides ausgeübt werden; BFH v. 24.5.1991 – III R 105/89, BStBl. II 1992, 123 (124) = FR 1992, 110; v. 25.6.1993 – III R 32/91, BStBl. II 1993, 824 = FR 1993, 745. Im Gerichtsverfahren konnte die Erklärung bis zur letzten Tatsacheninstanz, nicht aber mehr im Revisionsverfahren abgegeben werden, weil der BFH diese nach materiellem Steuerrecht abzugebende Erklärung als Tatsache behandelte, an deren Feststellung das Revisionsgericht nach § 118 Abs. 2 FGO gebunden ist; BFH v. 27.9.1990 – I R 181/87, BStBl. II 1991, 84 (86). War noch keine Veranlagung erfolgt, erlosch das Wahlrecht mit Ablauf der Festsetzungsfrist; BFH v. 8.3.2010 – VIII B 15/09, BFH/NV 2010, 1080.

wirksamer Erklärung ordnet § 26 Abs. 3 zwingend eine (regelmäßig günstigere) Zusammenveranlagung an.[1] – Die Finanzbehörden sollten allerdings in jenen Fällen, in denen eine Zusammenveranlagung erhebliche Nachteile für die Eheleute mit sich bringt (etwa wegen § 34; s. § 26a Rn. 13), als nach § 89 AO verpflichtet angesehen werden, einen Antrag auf Einzelveranlagung anzuregen. Der BFH erwägt zudem eine Verfahrensrüge (§ 118 FGO), wenn das FG die Eheleute nicht gem. § 76 Abs. 2 FGO auf einen solchen Antrag hingewiesen hat.[2]

II. Spätere Änderungen. Die Wahl der Veranlagungsart[3] kann **in den Grenzen von Abs. 2 S. 4 nachträglich geändert** werden. Die Vorschrift bestätigt damit konkludent das bis VZ 2012[4] ungeschrieben anerkannte Änderungsrecht, setzt ihm aber mit Wirkung ab VZ 2013 engere Grenzen. Bis zur Unanfechtbarkeit des Zusammenveranlagungsbescheids oder eines der beiden Einzelveranlagungsbescheide[5] bleibt hiernach eine Änderung grds. uneingeschränkt möglich. Ab diesem Zeitpunkt müssen kumulativ drei Voraussetzungen gegeben sein. Gem. Nr. 1 muss ein Steuerbescheid, der mindestens einen Ehegatten betrifft, aufgehoben, geändert oder berichtigt worden sein. Rechtsgrundlage und Rechtmäßigkeit des Korrekturbescheides sind dabei unerheblich; er muss allerdings seinerseits noch anfechtbar sein. Nicht ausreichend dürfte die Aufhebung eines Änderungsbescheides sein, soweit sie zum Wiederaufleben eines ursprünglich unanfechtbaren Bescheides führt, so dass es nun an einer Korrektur iSd. Nr. 1 fehlt.[6] Nr. 2 fordert, dass die Wahlrechtsänderung dem zuständigen FA vor Unanfechtbarkeit des Korrekturbescheids schriftlich oder elektronisch mitgeteilt oder zur Niederschrift erklärt wird. Nr. 3 erlaubt einen Wechsel der Veranlagungsart nur, wenn den Ehegatten hierdurch bei gemeinsamer Betrachtung ein Steuervorteil erwächst. Zu vergleichen ist also die nach dem Änderungsbescheid festgesetzte ESt mit der ESt, die bei der anderen Veranlagungsart festzusetzen wäre, wobei die iRd. Einzelveranlagung anfallende ESt beider Ehegatten zusammenzurechnen ist. Ein individueller Vorteil des einzelnen Ehegatten genügt nicht. 27

Die spätere Änderung erfordert ggf. ein neues Veranlagungsverfahren,[7] in dem bereits bestandskräftige materielle Besteuerungsgrundlagen fortzuschreiben sind.[8] Als rückwirkendes Ereignis iSv. § 175 Abs. 1 Nr. 2 AO berechtigt die Änderung die FinVerw., den Steuerbescheid auch ggü. dem anderen Ehegatten anzupassen, damit und weil die Veranlagungsart für beide Eheleute einheitlich zu bestimmen ist.[9] Dies gilt auch nach Eintritt der Bestandskraft sowie nach Ablauf der ursprünglichen Festsetzungsfrist.[10] Vor Änderung der Veranlagungsart entstandene Nachzahlungszinsen bleiben gem. § 233a Abs. 7 S. 2 HS 2 AO unberührt;[11] evtl. kommt jedoch ein Billigkeitserlass[12] in Betracht. Eine bereits eingeleitete Vollstreckung kann uU nach den nun einschlägigen Vorschriften fortgesetzt werden.[13] 28

Die mit der Änderung angestrebte Veranlagungsart muss deren Voraussetzungen erfüllen. Für die Zusammenveranlagung nach § 26b müssen also nach der Änderung entweder zwei übereinstimmende Erklärungen[14] oder die Voraussetzungen des Abs. 3 vorliegen. Haben beide Ehegatten zunächst die Einzelveranla- 29

1 Gleiches galt iErg. schon für VZ bis 2012. § 26 Abs. 3 aF unterstellte bei Fehlen einer ausdrücklichen Erklärung die Wahl der Zusammenveranlagung. Da der BFH diese Regelung nicht als widerlegliche Vermutung, sondern als zwingende Rechtsfolge verstand, sollte dies auch dann gelten, wenn ein Ehegatte die Erklärung verweigerte. Hieran dürfte sich auch mit § 26 Abs. 3 nF nichts geändert haben. Siehe BFH v. 9.3.1973 – VI R 217/71, BStBl. II 1973, 557 (558); v. 27.9.1990 – I R 181/87, BStBl. II 1991, 84 (86) – anders aber BFH v. 21.6.2007 – III R 59/06, BStBl. II 2007, 770 = FR 2007, 1125 zur Nichtabgabe der Erklärung durch einen noch unbekannten Erben (s. Rn. 30 f.).
2 BFH v. 27.9.1990 – I R 181/87, BStBl. II 1991, 84 (86) – obiter dictum; zweifelh., da kein prozessualer Antrag.
3 Keine Änderung der Veranlagungswahl liegt vor, wenn ein bestandskräftig nach § 25 veranlagter StPfl. erstmals vorträgt, verheiratet zu sein, und nun eine Zusammenveranlagung beantragt; s. FG Hbg. v. 1.8.2013, 2 K 279/12, juris (rkr.).
4 Zur Rechtslage bis VZ 2012 s. 12. Aufl., Rn. 27a.
5 Zum Sonderfall der irrtümlichen, aber bestandskräftigen Veranlagung eines Ehegatten nach § 25 s. FG Hbg. v. 1.8. 2013 – 2 K 279/12, juris (rkr.).
6 Vgl. noch zu § 26 Abs. 2 aF BFH v. 24.5.1991 – III R 105/89, BStBl. II 1992, 123 (124) = FR 1992, 110.
7 BFH v. 19.5.2004 – III R 18/02, BStBl. II 2004, 980 (982); v. 31.1.2013 – III R 15/10, BFH/NV 2013, 1071.
8 BFH v. 3.3.2005 – III R 60/03, BStBl. II 2005, 564 = FR 2005, 900 m. Anm. *Kanzler.*
9 BFH v. 3.3.2005 – III R 22/02, BStBl. II 2005, 690 (691) = FR 2005, 997 m. Anm. *Kanzler*; v. 28.7.2005 – III R 48/03, BStBl. II 2005, 865 = FR 2006, 90 m. Anm. *Greite.* – Diese Rückwirkung kann allerdings nicht die Voraussetzungen des Abs. 2 S. 4 überspielen, insbes. nicht eine ggü. beiden Ehegatten eingetretene Bestandskraft überwinden; vgl. (noch zur alten Rechtslage) BFH v. 25.9.2014 – III R 5/13, BFH/NV 2015, 811.
10 BFH v. 3.3.2005 – III R 22/02, BStBl. II 2005, 690 (692) = FR 2005, 997 m. Anm. *Kanzler*; v. 28.7.2005 – III R 48/03, BStBl. II 2005, 865 = FR 2006, 90 m. Anm. *Greite*; vgl. auch R 26 Abs. 3 S. 1 EStR 2008 (bis VZ 2012).
11 BFH v. 12.8.2015 – III B 50/15, BFH/NV 2015, 1670.
12 Hierzu FG Münster v. 31.1.2014 – 4 K 1882/13 AO, EFG 2014, 807.
13 BFH v. 18.12.2001 – VII R 56/99, BStBl. II 2002, 214 (Sonderfall).
14 Gleiches galt bis einschl. VZ 2012 für die besondere Veranlagung nach § 26c aF.

gung nach § 26a gewählt, müssen beide widerrufen.[1] Hat zuvor nur einer der Ehegatten eine solche Erklärung abgegeben, soll deren Widerruf unwirksam sein, wenn der andere Ehegatte widerspricht.[2]

30 **III. Sonderfälle. 1. Ausübung des Wahlrechts für Verstorbene.** Der BFH betrachtet das Wahlrecht nach Abs. 1 S. 1 wegen der Haftung der Erben für etwaige Steuerschulden als vermögensrechtl. und damit als **vererbliches Recht**.[3] Deshalb soll nicht der überlebende Ehegatte, sondern der Erbe oder die Erbengemeinschaft berechtigt sein, für den Verstorbenen das Wahlrecht (auch für zurückliegende VZ) auszuüben.[4] Die Vermutung nach Abs. 3 aF ist dabei nur herangezogen worden, sofern der Erbe Kenntnis v. der Erbschaft und den stl. maßgeblichen Verhältnissen hat.[5] Ob die ab VZ 2013 maßgebliche Ausgestaltung von Abs. 3 als zwingende Rechtsfolge gleichermaßen teleologisch reduziert werden kann, erscheint fraglich.

31 Die Wahl der Veranlagungsart ist jedoch nicht nur eine vermögensrechtl. Angelegenheit, sondern auch und in erster Linie Ausdruck der Gestaltung der ehelichen Lebensverhältnisse; dabei schaffen sich die Ehegatten ihre wirtschaftliche Lebensgrundlage regelmäßig in der Erwartung, dass sie nach dem Ableben des einen v. ihnen dem anderen zugute kommt.[6] Das Wahlrecht nach Abs. 1 S. 1 ist daher entgegen der Ansicht des BFH höchstpersönlicher Natur, also nicht vererblich.[7] Demzufolge sollte die Entsch. hierüber dem überlebenden Ehegatten allein zugebilligt werden, um zu verhindern, dass der Erbe es zum eigenen Vorteil, aber zum Nachteil des Ehegatten ausüben könnte. Umgekehrten Gefahrenlagen kann durch einen Missbrauchsvorbehalt (zB falls ein Ehegatte die Erbschaft wegen Überschuldung zu Lasten des Fiskus ausgeschlagen hat, nun aber Verluste des Verstorbenen geltend machen will) oder zivilrechtl. nach §§ 226, 826 BGB begegnet werden.

32 **2. Insolvenz eines Ehegatten.** Die Wahl der Veranlagungsart kann nicht nur die Gesamthöhe der ESt-Schuld beeinflussen, sondern auch deren Verteilung auf die Ehegatten verschieben und damit eine Pflicht zur Steuernachzahlung auslösen oder im Falle vorheriger Steuervorauszahlungen Erstattungsansprüche[8] begründen. Auch kann zw. einem Verlustausgleich unter den Ehegatten und einem isolierten Verlustabzug eines Ehegatten gewählt werden.[9] Beides kann im Falle der Insolvenz eines Ehegatten bedeutsam sein, der als Schuldner darauf bedacht sein könnte, Zahlungspflichten gegen die Insolvenzmasse zu richten, Leistungsansprüche indes auf seinen Partner zu verlagern. Aus diesem Grund lässt der BFH das Wahlrecht nach § 80 Abs. 1 InsO auf den Insolvenzverwalter übergehen.[10] Dem ist zu widersprechen. Abgesehen davon, dass das Veranlagungswahlrecht in der Einzelvollstreckung nicht v. einem Pfändungsgläubiger ausgeübt werden könnte (s. Rn. 26),[11] es also gem. § 36 Abs. 1 InsO nicht zur Insolvenzmasse gehört, spricht vor allem das grundgesetzliche Benachteiligungsverbot gegen eine solche Befugnis des Insolvenzverwalters. Denn sie würde es ihm erlauben, auf wirtschaftlich dem nicht insolventen Ehegatten zuzuordnende Positionen zuzugreifen, so dass Eheleute entgegen Art. 6 Abs. 1 GG schlechter gestellt wären als Unverheiratete.[12] – Auch soweit das Wahlrecht im Schrifttum als grds. den Ehegatten vorbehalten angesehen wird, soll seine Ausübung doch ausnahmsweise einer wegen § 80 Abs. 1 InsO unwirksamen Vfg. des Schuldners gleichstehen, wenn der Insolvenzmasse dadurch ein ihr bereits zustehender Erstattungsanspruch entzogen wird; insbes. soll ein Antrag auf Zusammenveranlagung unwirksam sein, wenn Vorauszahlungen des danach einkunftslos gebliebenen Schuldners aus dem anschließend zur Insolvenzmasse gewordenen Ver-

---

1 Vgl. (anwendbar bis einschl. VZ 2012, aber inhaltlich nicht durch die ab VZ 2013 geltende Neufassung des Gesetzes überholt) R 26 Abs. 3 S. 2 EStR 2008.
2 Vgl. (bis VZ 2012) R 26 Abs. 3 S. 3 EStR 2008.
3 So bereits BFH v. 29.10.1963 – VI 266/61 U, BStBl. III 1963, 597.
4 BFH v. 15.10.1964 – VI 175/63 U, BStBl. III 1965, 86; v. 13.11.1979 – VIII R 193/77, BStBl. II 1980, 188 (189) = FR 1980, 174; v. 8.10.1997 – XI R 20/97, BFH/NV 1998, 701 (702); v. 21.6.2007 – III R 59/06, BStBl. II 2007, 770 = FR 2007, 1125.
5 BFH v. 13.11.1979 – VIII R 193/77, BStBl. II 1980, 188 = FR 1980, 174; v. 21.6.2007 – III R 59/06, BStBl. II 2007, 770 = FR 2007, 1125 zu § 26 Abs. 3 aF.
6 Vgl. BVerfG v. 22.6.1995 – 2 BvL 37/91, BVerfGE 93, 121 (142) = BStBl. II 1995, 655 (663); v. 22.6.1995 – 2 BvR 552/91, BVerfGE 93, 165 (175) = BStBl. II 1995, 671 (674).
7 Zustimmend *Schmidt*[37], § 26 Rn. 16 mwN.
8 Vgl. BFH v. 22.3.2011 – VII R 42/10, BStBl. II 2011, 607 = FR 2011, 723.
9 Zum Zusammenspiel von Veranlagungsart, Verlustvortrag und Insolvenz *Schöler*, DStR 2013, 1453.
10 BFH v. 22.3.2011 – III B 114/09, BFH/NV 2011, 1142; v. 15.3.2017 – III R 12/16, BFHE 259, 229 Rz. 17 (jeweils im Anschluss an den BGH): Ausübung des Wahlrechts durch den Insolvenzverwalter; vgl. auch BGH v. 18.5.2011 – XII ZR 67/09, NJW 2011, 2725: Passivlegitimation des Insolvenzverwalters. – Wie hier (noch zur KonkursO) *Fichtelmann*, BB 1984, 1293 (1294); vgl. auch OLG SchlHol. v. 23.5.2014 – 10 UF 63/13, NJW 2014, 3523. – Aus der Ausübung des Wahlrechts folgende Steuerschulden sind Masseverbindlichkeiten; FG Köln v. 30.9.2015 – 14 K 2679/12, EFG 2016, 34.
11 BFH v. 29.2.2000 – VII R 109/98, BStBl. II 2000, 573.
12 So auch *Schöler*, DStR 2014, 2349 (2350).

mögen geleistet wurden, deren Berücksichtigung jetzt die Steuerschuld des anderen mindern würde.[1] Damit werden jedoch dem Einkünfte erzielenden, allein den ehelichen Lebensunterhalt bestreitenden Ehegatten ohne rechtfertigenden Grund die Anwendung des Splittingtarifs sowie der eheinterne Verlustausgleich versagt, wodurch v. Maßstab der wirtschaftlichen Leistungsfähigkeit abgewichen wird. Angemessener wäre, eine Zusammenveranlagung zu gestatten, aber die erbrachten Vorausleistungen nur insoweit mit der gemeinsamen Steuerschuld zu saldieren (§ 36 Abs. 2), als dies bei Einzelveranlagung des Schuldners möglich wäre, um der Insolvenzmasse den restlichen Erstattungsanspruch und dem FA den iÜ ungekürzten Steueranspruch zu belassen. Die Wahl der Einzelveranlagung wird kaum je unwirksam sein, da den Insolvenzgläubigern keine Haftungsmasse entzogen wird und weil sie auch v. nicht insolventen Ehegatten allein getroffen werden könnte (Abs. 2 S. 1).[2] Vertreten wird, eine anderweitige Aufteilung v. SA gem. § 26a Abs. 1 S. 1 könne unwirksam sein;[3] mangels eines bestehenden Anspr., der der Insolvenzmasse entzogen werden könnte, ist dies regelmäßig zu verneinen. – Die im Falle wirksam gewählter Zusammenveranlagung drohende Haftung des nicht insolventen Ehegatten als Gesamtschuldner kann nach §§ 268 ff. AO beschränkt werden (s. § 26b Rn. 11).

E. Rechtsschutz

Erkennt das FA die v. den Ehegatten gewählte Veranlagungsart nicht an, so ist eine auf die entspr. Veranlagung gerichtete **Verpflichtungsklage** (§ 40 Abs. 1 FGO) statthaft.[4] Im Erfolgsfalle verpflichtet das FG die Finanzbehörde, den StPfl. entspr. zu veranlagen (§ 101 FGO). Bei Wechsel der beantragten Veranlagungsart während eines Klageverfahrens (s. Rn. 27 ff.) ist ein Übergang zur Verpflichtungsklage nur möglich, wenn deren Voraussetzungen gegeben sind, insbes. wenn die Behörde eine neue Veranlagung abgelehnt hat.[5] 33

Die Verpflichtungsklage kann v. jedem Ehegatten alleine erhoben werden.[6] Der andere ist richtigerweise, da die Veranlagungsart einheitlich festzulegen ist, gem. § 60 Abs. 3 FGO **notwendig beizuladen**.[7] Gleichwohl hat der BFH dies nur für die Klage auf Einzelveranlagung (§ 26a) ausgesprochen,[8] hingegen für eine Klage auf Zusammenveranlagung (§ 26b) abgelehnt.[9] Ebenfalls notwendig beizuladen sind Miterben eines Ehegatten, wenn sie sich nicht über die Ausübung des Wahlrechts einig sind.[10] Bei nicht auf die Veranlagungsart an sich bezogenen Angriffen ggü. einem späteren Steuerbescheid soll der andere Ehegatte jedoch nicht notwendig beizuladen sein.[11] 34

§ 26a Einzelveranlagung von Ehegatten

(1) [1]Bei der Einzelveranlagung von Ehegatten sind jedem Ehegatten die von ihm bezogenen Einkünfte zuzurechnen. [2]Einkünfte eines Ehegatten sind nicht allein deshalb zum Teil dem anderen Ehegatten zuzurechnen, weil dieser bei der Erzielung der Einkünfte mitgewirkt hat.

(2) [1]Sonderausgaben, außergewöhnliche Belastungen und die Steuerermäßigung nach § 35a werden demjenigen Ehegatten zugerechnet, der die Aufwendungen wirtschaftlich getragen hat. [2]Auf über-

---

1 *Fichtelmann*, BB 1984, 1293 (1294).

2 BFH v. 15.3.2017 – III R 12/16, BFHE 259, 229 Rz. 27 ff., weist allerdings auf den stets beachtlichen Vorbehalt rechtsmissbräuchlicher oder willkürlicher Ausübung des Wahlrechts (vgl. Rn. 24 f.) hin.

3 *Fichtelmann*, BB 1984, 1293 (1295).

4 BFH v. 24.5.1991 – III R 105/89, BStBl. II 1992, 123 = FR 1992, 110. – Entsprechendes gilt für die Durchsetzung eines Wechsels der Veranlagungsart, der auf eine neue Veranlagung abzielt; BFH v. 31.1.2013 – III R 15/10, BFH/NV 2013, 1071.

5 BFH v. 19.5.2004 – III R 18/02, BStBl. II 2004, 980 (981 ff.).

6 Zur Klagebefugnis des im Ausland lebenden, im Inland keine Einkünfte erzielenden Ehegatten auf Zusammenveranlagung wegen § 1 Abs. 3 iVm. § 1a Abs. 1 Nr. 2 ebenso wie zum Erfordernis eines auch ihm ggü. durchgeführten Vorverfahrens BFH v. 1.10.2014 – I R 18/13, BStBl. II 2015, 474 = FR 2015, 603.

7 Vgl. bereits BFH v. 20.5.1992 – III B 110/91, BStBl. II 1992, 916 (Fall nachträglicher Änderung der Wahl).

8 BFH v. 26.11.2004 – III S 8/04, BFH/NV 2005, 351.

9 BFH v. 7.2.2005 – III B 101/04, BFH/NV 2005, 1083 (mit der zweifelh., auch nicht durchgängig zutr. Begr., die Zusammenveranlagung sei günstiger). – Vgl. auch BFH v. 1.10.2014 – I R 18/13, BStBl. II 2015, 474 = FR 2015, 603 (zu § 1 Abs. 3 iVm. § 1a Abs. 1 Nr. 2).

10 BFH v. 8.10.1997 – XI R 20/97, BFH/NV 1998, 701 (702).

11 BFH v. 8.12.1976 – I R 240/74, BStBl. II 1977, 321 (322); v. 12.8.1977 – VI R 61/75, BStBl. II 1977, 870 (871 f.); v. 28.6.1983 – VIII R 179/79, BStBl. II 1984, 196 (197) = FR 1984, 118; notwendige Beiladung indes bei Klage gegen Aufteilungsbescheid, BFH v. 8.10.2002 – III B 74/02, BFH/NV 2003, 195; vgl. auch § 26b Rn. 14.

einstimmenden Antrag der Ehegatten werden sie jeweils zur Hälfte abgezogen. [3]Der Antrag des Ehegatten, der die Aufwendungen wirtschaftlich getragen hat, ist in begründeten Einzelfällen ausreichend. [4]§ 26 Absatz 2 Satz 3 gilt entsprechend.

(3) Die Anwendung des § 10d für den Fall des Übergangs von der Einzelveranlagung zur Zusammenveranlagung und von der Zusammenveranlagung zur Einzelveranlagung zwischen zwei Veranlagungszeiträumen, wenn bei beiden Ehegatten nicht ausgeglichene Verluste vorliegen, wird durch Rechtsverordnung der Bundesregierung mit Zustimmung des Bundesrates geregelt.

§§ 61, 62d EStDV, abgedruckt bei § 26 EStG

Literatur: *Flesch*, Steuerminderung durch getrennte Ehegattenveranlagung, DStR 1998, 1081; *Hagen/Schynol*, Außerordentliche Einkünfte bei Ehegatten: Steuervorteil bei richtiger Wahl der Veranlagungsart, DStR 1999, 1430; *Korezkij*, Systematische und praktische Überlegungen zur Wahl der Veranlagungsart v. Ehegatten bei außerordentlichen Einkünften iSd. § 34 EStG, BB 2000, 122; *Korezkij*, Überlegungen zur Wahl der Veranlagungsart v. Ehegatten bei gewerblichen Einkünften iSd. § 32c EstG nach geltendem Einkommensteuertarif, BB 2000, 958.

A. Grundaussagen der Vorschrift

1 Art. 6 Abs. 1 GG gebietet, Ehegatten nicht schlechter zu stellen als Unverheiratete. Deshalb muss den Eheleuten stets die Möglichkeit verbleiben, wie Ledige besteuert zu werden, um etwaige Nachteile der Zusammenveranlagung vermeiden zu können. Dem trägt die Einzelveranlagung nach § 26a Rechnung, die beide Ehegatten – unter den Voraussetzungen v. § 26 Abs. 1 S. 1 und nur bei wirksamer Ausübung des Wahlrechts (s. § 26) – grds. als selbständige StPfl. behandelt und das Eheverhältnis nur begrenzt berücksichtigt. Die Vorschrift ist Ausdruck des **Grundsatzes der Individualbesteuerung**. Das BVerfG hat ihre **Verfassungsmäßigkeit** bestätigt.[1] Verfassungsrechtl. bedenklich ist wohl auch weniger der § 26a an sich als das unübersichtliche Normengefüge, das in seiner Gesamtheit oft kaum noch erkennen lässt, welche Veranlagungsart gewählt werden sollte, wodurch Ehegatten iErg. benachteiligt zu werden drohen.

B. Regelung im Einzelnen

2 **I. Einkünfte (Abs. 1).** Im Fall der Einzelveranlagung sind jedem Ehegatten gem. Abs. 1 S. 1 die v. ihm bezogenen Einkünfte zuzurechnen. Dies folgt an sich bereits aus § 2 Abs. 1 S. 1 und entspricht insoweit der Regelung des § 25 Abs. 1. Der (verfassungskonforme[2]) § 26a Abs. 1 S. 2 hat seit der Neufassung v. § 1356 BGB nur noch klarstellende Funktion. Gleichwohl sind wegen Art. 6 Abs. 1 GG angemessene Vergütungen aus Arbeitsverträgen zw. Eheleuten (zu deren Vorteil) anzuerkennen,[3] sofern sie ernsthaft gewollt sind und tatsächlich durchgeführt werden. Dabei dürfen besondere Anforderungen an den Nachweis der Arbeitsverträge gestellt werden; das bloße Mitwirken an der Einkünfteerzielung des anderen Ehegatten darf zulässigerweise unberücksichtigt bleiben.[4] Abs. 1 S. 2 schließt nicht aus, dass die Eheleute gemeinsam Einkünfte erzielen, etwa aus einer Gesamthands-Ges. (zB MU'schaft) oder -gemeinschaft (zB Gütergemeinschaft). Die Einkünfte sind dann beiden Ehegatten anteilig zuzurechnen; bei Fehlen anderweitiger Verteilungskriterien sind sie hälftig aufzuteilen (R 26 Abs. 2 EStR). Das BVerfG anerkannte zudem Pensionsrückstellungen für mitarbeitende Ehegatten.[5] All dies eröffnet Gestaltungsmöglichkeiten, um Einkünfte zw. den Eheleuten, aber auch v. einer Einkunftsart (GewBetr.) auf die andere (nicht selbständige Arbeit) zu verlagern.

3 Als Folge der Individualbesteuerung werden WK-Pauschbeträge v. G grds. dem Ehegatten zugerechnet, der Einkünfte aus der jeweiligen Einkunftsart erzielt hat. Anders als bei der Zusammenveranlagung wer-

1 BVerfG v. 14.4.1959 – 1 BvL 23/57, 1 BvL 34/57, BVerfGE 9, 237 (241 ff.) = BStBl. I 1959, 204 (205 ff.).
2 BVerfG v. 14.4.1959 – 1 BvL 23/57, 1 BvL 34/57, BVerfGE 9, 237 (245 ff.) = BStBl. I 1959, 204 (206 ff.).
3 BVerfG v. 24.1.1962 – 1 BvR 232/60, BVerfGE 13, 318 (326 ff.) = BStBl. I 1962, 506 (509 f.); im Anschluss an BVerfG v. 24.1.1962 – 1 BvL 32/57, BVerfGE 13, 290 (295 ff.) = BStBl. I 1962, 492 (493 ff.) (GewSt); bestätigt in BVerfG v. 8.7.1963 – 1 BvR 319/60, BVerfGE 16, 241 (243).
4 BVerfG v. 14.4.1959 – 1 BvL 23/57, 1 BvL 34/57, BVerfGE 9, 237 (246) = BStBl. I 1959, 204 (207).
5 BVerfG v. 22.7.1970 – 1 BvR 285/66, 1 BvR 445/67, 1 BvR 192/69, BVerfGE 29, 104 (111 ff.) = BStBl. II 1970, 652 (654).

den die entspr. Frei- oder Pauschbeträge regelmäßig nicht verdoppelt. Ein Verlustabzug nach § 10d ist gem. § 62d Abs. 1 EStDV (v. Amts wegen[1]) auch für eigene Verluste (nicht für jene des Ehegatten) durchzuführen, die in VZ entstanden, in denen eine andere Veranlagungsart gewählt wurde.

II. Sonderausgaben, außergewöhnliche Belastungen und Steuerermäßigungen (Abs. 2). Alle abzugsfähigen SA, ag. Belastungen[2] und die Steuerermäßigung nach § 35a werden (ab VZ 2013)[3] grds. demjenigen Ehegatten zugeordnet, der die entspr. Aufwendungen **wirtschaftlich getragen** hat (Abs. 2 S. 1). Abweichend hiervon können diese Aufwendungen auf übereinstimmenden **Antrag beider Ehegatten** auch **je zur Hälfte** geltend gemacht werden (Abs. 2 S. 2). Ein solcher Antrag erfasst einheitlich sämtliche im VZ anfallenden SA, ag. Belastungen[4] und die Steuerermäßigung nach § 35a. Eine andere als die hälftige (zB eine nach Aufwendungsarten oder -anteilen differenzierende) Aufteilung ist nicht möglich. Sonstige Zuordnungsregeln werden durch diese speziellere Norm verdrängt.[5] – Der Antrag nach S. 2 ist entspr. § 26 Abs. 2 S. 3 in den Steuererklärungen zu stellen (Abs. 2 S. 4). In begründeten Einzelfällen soll der Ehegatte, der die Aufwendungen wirtschaftlich getragen hat, die hälftige Aufteilung auch allein beantragen können (Abs. 2 S. 3). § 61 EStDV lässt zudem unabhängig davon, wer den Aufwand getragen hat, den Antrag eines Ehegatten genügen, wenn der Partner hierzu aus zwingenden Gründen nicht in der Lage ist. IÜ dürften – im Anschluss an die bis VZ 2012 geltende Rechtslage[6] – für den Antrag auf abw. Verteilung und seine spätere Änderung die Grundsätze über die Erklärung der Wahl der Veranlagungsart entspr. gelten. – Die Berechnung der zumutbaren Belastung iSd. § 33 Abs. 3 knüpft jeweils an den Gesamtbetrag des einzelnen Ehegatten an.[7] 4

III. Tarif. Das Einkommen jedes Ehegatten wird nach dem **Grundtarif** (§ 32a Abs. 1) versteuert. ProgrVorb. und Tarifermäßigungen wirken sich nur in der Pers. dessen aus, bei dem sie anfallen. Der bei Zusammenveranlagung (§ 26b) geltende, idR günstigere Splittingtarif (§ 32a Abs. 5) findet keine Anwendung, weshalb die Einzelveranlagung nur bei Vorliegen besonderer Umstände vorzuziehen sein wird.[8] 5

IV. Verfahren. Bei Wahl der Einzelveranlagung hat jeder der Ehegatten eine gesonderte Einkommensteuererklärung abzugeben und sie eigenhändig zu unterschreiben (§ 25 Abs. 3 S. 1). Jedem Ehegatten ggü. ergeht ein eigener Steuerbescheid. 6

V. Ermächtigung zum Verordnungserlass (Abs. 3). § 26a Abs. 3 ermächtigt die BReg. (iVm. § 51 Abs. 1 Nr. 3), die Anwendung des § 10d für den Fall des Wechsels zw. Einzel- und Zusammenveranlagung zu regeln. Die Vorschrift ist hinreichend bestimmt iSv. Art. 80 Abs. 1 S. 2 GG.[9] Der auf sie gestützte § 62d 7

1 BFH v. 22.2.2005 – VIII R 89/00, BStBl. II 2005, 624 = FR 2005, 993.

2 Unterhalt an den anderen Ehegatten kann indes nicht nach § 33a Abs. 1 abgesetzt werden (so dass sich die Frage einer Aufteilung nach § 26a Abs. 2 nicht stellt); BFH v. 28.11.1988 – GrS 1/87, BStBl. II 1989, 164 (168) = FR 1989, 114.

3 Bis einschließlich VZ 2012 galt eine differenzierende Rechtslage: SA wurden grds. nur bei dem Ehegatten abgezogen, der sie aufgrund eigener Verpflichtung geleistet hat oder für dessen Rechnung sie im abgekürzten Zahlungsweg entrichtet worden sind (R 26a Abs. 1 EStR 2008). Ein anderes galt gem. § 26a Abs. 2 S. 1 aF für SA nach § 9c Abs. 2 ebenso wie für ag. Belastungen, die gleichermaßen ermittelt wurden wie bei einer Zusammenveranlagung und anschließend – unabhängig davon, in wessen Pers. sie entstanden waren (vgl. FG Düss. v. 10.3.1983 – VII 40/79 E, EFG 1983, 499) – je zur Hälfte bei beiden Ehegatten berücksichtigt wurden, wenn die Eheleute nicht gemeinsam eine andere Aufteilung beantragten. Nach § 33b Abs. 5 auf die Eltern übertragene PB eines Kindes (Behinderten- und Hinterbliebenen-PB) wurden ungeachtet des Willens der Ehegatten immer je zur Hälfte angesetzt (§ 26a Abs. 2 S. 2 aF als lex specialis zu § 33b Abs. 5 S. 3); zustimmend BFH v. 19.4.2012 – III R 1/11, BStBl. II 2012, 861. Wie SA abzuziehende Beträge nach §§ 10e ff. etc. standen dem jeweiligen Gebäudeeigentümer (bei Miteigentum anteilig) zu (H 26a EStH); hieran knüpfte die Verteilung der stets nur einmal (BFH v. 14.4.1999 – X R 121/95, BFH/NV 2000, 16) zu gewährenden Steuerermäßigung nach § 34f an (§ 26a Abs. 2 S. 3 aF). Die Steuerermäßigung nach § 35a stand den Ehegatten je zur Hälfte zu, sofern sie nicht gemeinsam eine andere Aufteilung beantragten (§ 26a Abs. 2 S. 4 aF).

4 Zur Übertragbarkeit des (hälftigen) Behinderten-Pauschbetrags nach § 33b BFH v. 20.12.2017 – III R 2/17, BStBl. II 2018, 468 Rz. 8 ff.

5 FG BaWü. v. 29.11.2017 – 2 K 1032/16, EFG 2018, 1038 Rz. 29 (Rev. III R 11/18). Vgl. auch (noch zu Abs. 2 aF) BFH v. 19.4.2012 – III R 1/11, BStBl. II 2012, 861.

6 Vgl. R 26a Abs. 2 S. 4–5 EStR 2008.

7 Bis VZ 2012 wurde die zumutbare Belastung iSv. § 33 auch bei getrennter Veranlagung nach dem Gesamtbetrag der Einkünfte beider Ehegatten berechnet; BFH v. 26.3.2009 – VI R 59/08, BStBl. II 2009, 808 (809 f.) = FR 2009, 919 m. Anm. *Kanzler*.

8 Die Frage der persönlichen Zuordnung etwaiger Anspr. auf Steuererstattungen stellt sich bei § 26a (anders als bei § 26b; s. § 26b Rn. 12) regelmäßig nicht. – Zum Sonderproblem der Erstattung ursprünglich gemeinsamer Vorauszahlungen bei späterer Wahl der Einzelveranlagung BFH v. 22.3.2011 – VII R 42/10, BStBl. II 2011, 607 = FR 2011, 723.

9 *K/S/M*, § 51 Rn. C 250 ff.

EStDV hält sich inhaltlich iRd. Ermächtigung.[1] § 61 EStDV kann jedoch nicht auf diese Rechtsgrundlage zurückgeführt werden, sondern beruht auf § 51 Abs. 1 Nr. 1d, 1. Fall.[2]

C. Vorzüge der Einzelveranlagung

8 Die **Einzelveranlagung** ist der Zusammenveranlagung **nur ausnahmsweise vorzuziehen**. Erzielen die Eheleute unterschiedlich hohe Einkünfte, werden die Vorteile des Splittingtarifs kaum auszugleichen sein. Zudem erlaubt die zumeist an die Zusammenveranlagung geknüpfte Verdoppelung bestimmter Frei- und Pauschbeträge dem einen Ehegatten, noch nicht verbrauchte Restbeträge des anderen Partners auszunutzen. Die nachfolgend (ohne Anspr. auf Vollständigkeit) geschilderten Besonderheiten können aber eine Einzelveranlagung nahelegen. Dies gilt umso mehr, je geringer die Differenz zw. den Einkünften der Eheleute ist. Auch soweit eine entspr. Wahl in Betracht kommt, ist stets eine **einzelfallbezogene Vergleichsrechnung** anzuraten, um die je nach den individuellen Verhältnissen unterschiedlichen Vor- und Nachteile beider Veranlagungsarten miteinander vergleichen zu können, deren Auswirkungen sich im Falle ihrer Kombination nochmals verschieben können.

9 Zunächst kommt eine Einzelveranlagung in Betracht, wenn einer der Ehegatten einen **Verlustabzug** nach **§ 10d** allein in Anspr. nehmen möchte. Dafür entfällt ein etwaiger Ausgleich mit positiven Einkünften des anderen Ehegatten, der je nach den individuellen Verhältnissen einerseits dessen Progressionsbelastung mindern, andererseits aber auch seine SA, ag. Belastungen und tariflichen Freibeträge entwerten kann. Über einen Verlustrücktrag kann auch die Wahl der Veranlagungsart für den damaligen VZ rückwirkend geändert werden, solange der nach dem Verlustrücktrag ergangene Änderungsbescheid noch nicht unanfechtbar ist; die vorteilhafte Wirkung dieses Wechsels ist nicht v. durch den Rücktrag eröffneten Korrekturspielraum begrenzt.[3]

10 Der Höchstbetrag für Vorsorgeaufwendungen nach **§ 10 Abs. 3 S. 1** ist gem. S. 2 für zusammenveranlagte Ehegatten zu verdoppeln, indes für bestimmte StPfl. zu kürzen. Hier ist im Einzelfall zu prüfen, ob die Abzugsfähigkeit für einen Ehegatten durch Berücksichtigung des anderen Ehegatten aufgezehrt wird, so dass eine Einzelveranlagung vorteilhaft sein könnte.[4]

11 Hat ein Ehegatte überwiegend stfreie, aber dem **ProgrVorb. (§ 32b)** unterworfene Einkünfte (insbes. Sozialleistungen – zB Elterngeld – und ausländ. Einkünfte), führt die Zusammenveranlagung dazu, dass die Einkünfte des anderen Ehegatten mit einem höheren Steuersatz belastet werden. Die Einzelveranlagung ist der Zusammenveranlagung jedenfalls dann vorzuziehen, wenn die dem ProgrVorb. unterworfenen Einkünfte die stpfl. Einkünfte des Partners übersteigen.

12 In Altfällen (s. § 52 Abs. 44) ist **§ 32c** zu bedenken.[5]

13 Eine individuelle Vergleichsrechnung zw. den Auswirkungen v. §§ 26a und 26b ist unerlässlich, wenn Eheleute neben lfd. noch **außerordentliche Einkünfte** iSv. **§ 34 Abs. 2** beziehen, die nicht nach § 34 Abs. 3 besteuert werden.[6] In diesem Fall ist die Wahl der Einzelveranlagung idR der Zusammenveranlagung vorzuziehen, wenn ein Ehegatte (nahezu) ausschließlich außerordentliche Einkünfte und der andere Ehegatte (nicht nur geringfügige) positive ordentliche Einkünfte erzielt. Da der Grundfreibetrag und die Vorteile niedriger Progressionsstufen durch die Differenz-Verfünffachung nach § 34 Abs. 1 bis zu fünffach ausgenutzt werden können, sofern diese nicht bereits durch andere Einkünfte verbraucht sind, kann eine Zusammenrechnung mit ordentlichen Einkünften des Ehegatten diese Steuerermäßigung begrenzen oder entfallen lassen. Der Vorteil einer Einzelveranlagung ggü. der Zusammenveranlagung konnte dabei im Extremfall des VZ 99 maximal 91 814 DM betragen, in den Folgejahren reduziert sich dieser Effekt infolge geringerer Spitzensteuersätze.[7] Je nach den individuellen Verhältnissen der Eheleute (zusätzlich sind Verschiebungen gem. § 32b zu berücksichtigen) ist nicht nur eine Zusammenveranlagung zu vermeiden, sondern auch eine Verlagerung v. positiven Einkünften (etwa aus KapVerm.) auf den anderen Ehegatten zu bedenken. Angesichts der erheblichen Auswirkungen ordentlicher Einkünfte des Ehegatten auf die Steu-

---

1 *K/S/M*, § 51 Rn. D 68. – Nach FG Köln v. 20.4.2012 – 4 K 1027/09, EFG 2012, 1741 beschränkt sich der Regelungsgehalt des § 62d EStDV parallel zur Reichweite seiner Ermächtigung auf Fragen des Übergangs zw. beiden Veranlagungsarten. Ein allgemeiner Rechtsgedanke zur Aufteilung v. Verlusten lasse sich hieraus nicht herleiten.

2 *K/S/M*, § 51 Rn. C 36 f., D 66.

3 BFH v. 19.5.1999 – XI R 97/94, BStBl. II 1999, 762.

4 S. auch 4. Aufl. zu § 10 Abs. 3 aF, der nach der Günstigerregelung in § 10 Abs. 4a noch übergangsweise Anwendung finden kann; hierzu *Flesch*, DStR 1998, 1081 (1082) – mit Rechenbeispiel; vgl. ferner BFH v. 3.12.2003 – XI R 11/03, BStBl. II 2004, 709 = FR 2004, 532; v. 26.9.2006 – X R 3/05, BStBl. II 2007, 452 = FR 2007, 356 (Sonderfall).

5 S. 12. Aufl., Rn. 12.

6 Rechenbeispiele bei *Korezkij*, BB 2000, 122.

7 *Hagen/Schynol*, DStR 1999, 1430 (1431).

erermäßigung für außerordentliche Einkünfte erscheint die Regelung des § 26 Abs. 3 fragwürdig, nach der bei Fehlen einer ausdrücklichen Erklärung zur Wahl der Veranlagungsart stets eine Zusammenveranlagung durchgeführt wird. Unzureichend beratene Eheleute geraten so in die Gefahr, schlechter gestellt zu sein als Unverheiratete. § 26 Abs. 3 ist deswegen nur dann mit dem speziellen Diskriminierungsverbot aus Art. 6 Abs. 1 GG vereinbar, wenn zugleich § 89 AO so verstanden wird, dass die Finanzbehörden in solchen Fällen verpflichtet sind, einen entspr. Antrag anzuregen.[1]

§ 46 Abs. 2 Nr. 1 gewährt eine veranlagungsbezogene Freigrenze, die sich bei Wahl der Zusammenveranlagung nicht verdoppelt, jedoch im Fall der Einzelveranlagung jedem Ehegatten zusteht.[2] Ähnliches gilt für **§ 46 Abs. 3** (beachte auch **§ 70 EStDV**, beruhend auf § 51 Abs. 1 Nr. 3 iVm. § 46 Abs. 5). Bringt der Splittingtarif Ehegatten bei gleich hohen Einkünften keine Vorteile, können diese Vorschriften eine Einzelveranlagung sinnvoll machen. 14

Zu den Auswirkungen der Veranlagungsart auf die Förderung nach dem **EiGZulG** (bis einschließlich VZ 2003) s. 11. Auflage, § 26a Rn. 15. 15

§ 26b Zusammenveranlagung von Ehegatten

Bei der Zusammenveranlagung von Ehegatten werden die Einkünfte, die die Ehegatten erzielt haben, zusammengerechnet, den Ehegatten gemeinsam zugerechnet und, soweit nichts anderes vorgeschrieben ist, die Ehegatten sodann gemeinsam als Steuerpflichtiger behandelt.

§ 62d EStDV; abgedruckt bei § 26

Literatur: *Burkhard*, Ehegattenverantwortlichkeit und Steuerstrafrecht, DStZ 1998, 829; *Dißars*, Verfahrensrechtliche Besonderheiten bei Ehegatten, StB 1997, 340; *Flesch*, Steuerminderung durch getrennte Ehegattenveranlagung, DStR 1998, 1081; *Gonnella/Mikic*, Zur Festsetzungsverjährung bei Zusammenveranlagung v. Ehegatten und einer Steuerstraftat nur eines Ehegatten, DStR 1999, 528; *Hagen/Schynol*, Außerordentliche Einkünfte bei Ehegatten: Steuervorteil bei richtiger Wahl der Veranlagungsart, DStR 1999, 1430; *Heinke*, Zur Bekanntgabe v. Steuerbescheiden an zusammen veranlagte Ehegatten, DStZ 2000, 95; *Korezkij*, Systematische und praktische Überlegungen zur Wahl der Veranlagungsart v. Ehegatten bei außerordentlichen Einkünften iSd. § 34 EStG, BB 2000, 122; *Korezkij*, Überlegungen zur Wahl der Veranlagungsart v. Ehegatten bei gewerblichen Einkünften iSd. § 32c EStG nach geltendem Einkommensteuertarif, BB 2000, 958; *Pasche*, Aufteilung der Steuerlast und der Steuererstattungen, FPR 2012, 312; *Paus*, Zuweisung v. Erstattungsansprüchen bei Ehegatten, FR 1998, 143; *Reichle*, Ehegattenverantwortlichkeit im Steuerstrafrecht, wistra 1998, 91; *Rolletschke*, Die steuerstrafrechtliche Mitverantwortung des einen Antrag auf Zusammenveranlagung mitunterzeichnenden Ehegatten, DStZ 1999, 216; *Schnüttgen*, Steuerhinterziehung im Familienrecht – Wer haftet für vollständige und korrekte steuerliche Angaben?, FPR 2012, 333.

A. Grundaussagen der Vorschrift

§ 26b (iVm. § 32a Abs. 5) anerkennt die eheliche Gemeinschaft des Erwerbs und des Verbrauchs, in der jeder Ehegatte wirtschaftlich zur Hälfte an den Einkünften und Lasten des anderen teilhat, und den dadurch bedingten **Transfer stl. Leistungsfähigkeit** zw. den Partnern, indem die Ehegatten (durch die Anwendung des Splittingtarifs des § 32a Abs. 5 auf die nach § 26b veranlagten Einkünfte) so gestellt werden, als habe jeder v. ihnen die Hälfte der gemeinsamen Einkünfte erzielt. Die Norm gewährt daher **keine** beliebig veränderbare **Steuersubvention**, sondern ist Ausdruck des Leistungsfähigkeitsprinzips und deswegen **verfassungskonform**.[3] Ihre progressionsabhängige Wirkung ist lediglich Kehrseite der Entsch. für einen progressiven Steuertarif. 1

1 IErg. ebenso *Hagen/Schynol*, DStR 1999, 1430 (1433).
2 BFH v. 27.9.1990 – I R 181/87, BStBl. II 1991, 84 (86).
3 Grundlegend BVerfG v. 3.11.1982 – 1 BvR 620/78, 1 BvR 1335/78, 1 BvR 1104/79, 1 BvR 363/80, BVerfGE 61, 319 (342 ff.) = BStBl. II 1982, 717 (725 ff.).

2 Eine Zusammenveranlagung ist nur möglich, falls die Voraussetzungen des § 26 Abs. 1 S. 1 vorliegen und sofern entweder beide Ehegatten übereinstimmend diese Veranlagungsart gewählt haben (§ 26 Abs. 2 S. 2) oder in Ermangelung einer wirksamen Erklärung (§ 26 Abs. 3) zwingend eine Zusammenveranlagung durchzuführen ist (s. § 26 Rn. 1 ff.).

B. Regelung im Einzelnen

3 **I. Einkünfte.** § 26b regelt die Zusammenrechnung und Zurechnung der v. den Ehegatten jeweils erzielten Einkünfte. Folglich setzt die Norm die persönliche und sachliche StPfl. in der Pers. des jeweiligen Ehegatten voraus; der **Grundsatz der Individualbesteuerung** bleibt unberührt. Die Eheleute stehen sich insoweit wie Fremde ggü.[1] Arbeits- und Ges.-Verträge zw. ihnen sind grds. anzuerkennen (s. § 26a Rn. 2). Demzufolge werden die Einkünfte zunächst für jeden Ehegatten gesondert ermittelt und erst dann saldiert, es sei denn, die Spezialvorschriften einer Einkunftsart ordnen ein anderes an. Gemeinsame Einkünfte sind jedem Ehegatten (nur dann) zur Hälfte zuzurechnen, wenn keine andere Aufteilung in Betracht kommt (R 26 Abs. 2 EStR).

4 Damit ist noch nicht entschieden, auf **welcher Stufe** der Ermittlung des zu versteuernden Einkommens und in **welcher Reihenfolge** die Einkünfte zusammengerechnet werden. Das G trifft hierzu, obwohl die Frage große Bedeutung für den grds. zulässigen **Ausgleich v. positiven und negativen Einkünften beider Ehegatten** hat, keine eindeutige Entsch. Wegen des Prinzips der Individualbesteuerung wird idR für jeden Ehegatten eine eigene Summe der Einkünfte zu bilden sein (mit der Folge eines vorrangigen individuellen Verlustausgleichs), die dann zu einer gemeinsamen Summe der Einkünfte zu addieren ist.[2] Bei ansonsten nicht ausgleichbaren Verlusten (wie etwa § 2a oder § 15 Abs. 4) wurde allerdings gestattet, die Einkünfte beider Ehegatten bereits iRd. einzelnen Einkunftsart zusammenzurechnen (Vorrang des eheinternen horizontalen Verlustausgleichs).[3] Abw. v. bei der Einzelveranlagung geltenden Prinzip der primär horizontalen Summenbildung[4] wurde sogar gebilligt, vor der Addition v. Einkünften der gleichen Art die positiven Einkünfte des einen Ehegatten aus einer Einkunftsart mit negativen Einkünften des anderen Ehegatten aus einer anderen Einkunftsart zu verrechnen, um so bestimmte negative Einkünfte für einen Verlustabzug aufzusparen.[5] Der BFH hat mithin bislang (allerdings nicht durchgängig) ein **Meistbegünstigungsprinzip**[6] angewandt, das den Ausgleich positiver und negativer Einkünfte in der jeweils günstigsten Weise erlaubt.

5 Einzelne Einkunftsarten kennen spezielle **Frei-** oder Pauschbeträge (zB § 20 Abs. 9 S. 2–4; anders insbes. § 9a 1 Nr. 1, der jedem Ehegatten einzeln zusteht), die im Falle der Zusammenveranlagung regelmäßig **verdoppelt** und beiden Ehegatten gemeinsam gewährt werden. Damit kann der doppelte Betrag auch v. einem Ehegatten allein ausgenutzt werden. Übersteigen die tatsächlichen Aufwendungen eines Ehegatten den verdoppelten PB, kann dieser v. anderen Ehegatten nicht nochmals geltend gemacht werden; die damit verbundenen Nachteile ggü. Ledigen sind als solche eheneutral und deswegen mit Art. 6 Abs. 1 GG vereinbar.[7] Auf welcher Stufe Frei- oder Pauschbeträge anzusetzen sind, ergibt sich zumeist aus dem G. So enthält zB § 20 Abs. 9 eine ausdrückliche Regelung zur Verdopplung und hälftigen Berücksichtigung des Sparer-Pauschbetrags; da ungenutzte Restbeträge anschließend übertragen werden, führt dies v. selbst zur Meistbegünstigung. Indessen ist der Freibetrag für LuF (§ 13 Abs. 3) erst bei der Ermittlung des Gesamtbetrages der Einkünfte, also nach der Zusammenrechnung der Ehegatteneinkünfte anzusetzen; das Meistbegünstigungsprinzip gilt hier nicht.[8]

6 Der **Altersentlastungsbetrag** ist, wie § 24a S. 4 ausdrücklich anordnet, für jeden Ehegatten gesondert zu berechnen und anzusetzen. **Verlustabzüge** nach § 10d sind für beide Ehegatten einheitlich bis zu gemeinsamen Höchstbeträgen (Abs. 1 S. 1, Abs. 2 S. 2) v. Gesamtbetrag der Einkünfte abzuziehen. Dies gilt unabhängig davon, welche Veranlagungsart im Jahr des Verlusts gewählt wurde (§ 62d Abs. 2 S. 1 EStDV, beruhend auf § 51 Abs. 1 Nr. 3 iVm. § 26a Abs. 3). Nach einem Verlustrücktrag in einen VZ mit Zusammenveranlagung verbleibende Verluste sind für sich anschließende Vorträge in VZ ohne Zusammenveranlagung anteilig aufzuteilen (§ 62d Abs. 2 S. 2 EStDV).[9]

---

1 BFH v. 23.8.1999 – GrS 1/97, BStBl. II 1999, 778 (781) = FR 1999, 1167 m. Anm. *Fischer*.
2 Vgl. BFH v. 5.8.1986 – IX R 13/81, BStBl. II 1987, 297 (300) = FR 1987, 268.
3 BFH v. 6.7.1989 – IV R 116/87, BStBl. II 1989, 787 = FR 1989, 748 (zu § 15 Abs. 4).
4 BFH v. 3.6.1975 – VIII R 209/72, BStBl. II 1975, 698 (699).
5 BFH v. 23.8.1977 – VIII R 120/74, BStBl. II 1978, 8.
6 BFH v. 23.8.1977 – VIII R 120/74, BStBl. II 1978, 8; v. 6.7.1989 – IV R 116/87, BStBl. II 1989, 787 (788) = FR 1989, 748; anders BFH v. 25.2.1988 – IV R 32/86, BStBl. II 1988, 827 = FR 1988, 533 (zu § 13 Abs. 3).
7 BVerfG v. 25.1.1972 – 1 BvL 30/69, BStBl. II 1972, 325 (327 f.) – zu SA.
8 BFH v. 25.2.1988 – IV R 32/86, BStBl. II 1988, 827 = FR 1988, 533.
9 Vgl. aber FG Köln v. 20.4.2012 – 4 K 1027/09, EFG 2012, 1741: Aus § 62d Abs. 2 S. 2 EStDV sei kein allgemeiner Rechtsgedanken abzuleiten, dass verbleibende negative Einkünfte v. Ehegatten für den Verlustvortrag nach dem Verhältnis aufzuteilen sind, in dem die auf die einzelnen Ehegatten entfallenden Verluste im VZ der Verlustentstehung zueinander stehen.

Für alle auf die Zusammenrechnung der Einkünfte folgenden Berechnungsschritte werden die Ehegatten (soweit nichts anderes bestimmt ist) **wie ein StPfl.** behandelt (§ 26b aE). Die Gesetzesformulierung ist ungenau, da beide Partner, wie der Umkehrschluss aus der Gesamtschuldnerhaftung nach § 44 AO zeigt, Steuerschuldner bleiben, also auch StPfl. iSd. § 33 Abs. 1 AO sind. Gemeint ist, dass der Gesamtbetrag der Einkünfte (§ 2 Abs. 3), das Einkommen (§ 2 Abs. 4) und das zu versteuernde Einkommen (§ 2 Abs. 5) einheitlich zu bilden sind.[1] Es gilt der Grundsatz der **Einheit des Einkommens** der Ehegatten.[2] 7

II. Sonderausgaben und außergewöhnliche Belastungen. Wegen der Einheit des Einkommens stellt sich die Frage der Zurechnung v. SA und ag. Belastungen idR nicht.[3] Gemeinsame, entspr. verdoppelte **Pausch**- (zB § 10c S. 2) oder **Höchstbeträge** (zB § 10 Abs. 3, § 10b Abs. 2) sind anzusetzen, wenn auch nur einer der Ehegatten ihre Voraussetzungen erfüllt und sofern nur einer v. ihnen (nicht zwingend ders.) Einkünfte erzielt.[4] Umgekehrt ist der Abzug von SA versagt worden, wenn ihr Abzug für einen der Ehegatten gesetzlich ausgeschlossen ist.[5] Die Verdoppelung und Verbindung v. PB ist nachteilig, wenn die Aufwendungen eines Ehegatten diesen Betrag allein übersteigen und der anteilige PB des anderen dadurch aufgezehrt wird. Dieser Nachteil ist eheneutral und daher verfassungskonform.[6] **Spenden** (§ 10b) sind nur absetzbar, wenn sie wirtschaftlich nicht dem anderen Ehegatten zugutegekommen sind.[7] 8

III. Tarif, Steuerermäßigungen. Auf das gemeinsame zu versteuernde Einkommen der Ehegatten ist gem. **§ 32a Abs. 5** der **Splittingtarif** anzuwenden. Dadurch **verdoppeln sich** der **Grundfreibetrag** und die einzelnen **Progressionsstufen**. Die gelegentlich erhobene Kritik, die Verdoppelung des Grundfreibetrages sei wegen der mit der gemeinsamen Lebensführung verbundenen Ersparnis nicht zu rechtfertigen,[8] überzeugt nicht, da auch nichteheliche Lebensgemeinschaften, in denen beide Partner Einkünfte erzielen, diesen Vorteil trotz gleicher Ersparnis erhalten; dies muss also erst recht für Ehegatten gelten (unabhängig v. der in der ehelichen Wirtschaftsgemeinschaft unerheblichen Frage, in wessen Pers. die Einkünfte entstehen). Ebenso wird nach § 32 Abs. 6 S. 2 der **Kinderfreibetrag** für gemeinsame Kinder verdoppelt. Andererseits können dem ProgrVorb. (§ 32b) unterliegende stfreie Einkünfte eines Ehegatten zu einer höheren Besteuerung der stpfl. Einkünfte des anderen Partners führen.[9] 9

Steuerermäßigungen. Bei der Berechnung des Ermäßigungshöchstbetrags nach § 35 Abs. 1 sollen auch bei Wahl der Zusammenveranlagung die Einkünfte des einzelnen Ehegatten maßgeblich sein. Positive und negative Einkünfte derselben Einkunftsart werden daher nicht zw. den Eheleuten saldiert.[10] – Die haushaltsbezogene Vergünstigung nach § 35a wird zusammen veranlagten Ehegatten auch bei zwei Wohnungen nur einmal gewährt.[11]

IV. Zuschlagsteuern. Die ESt ist (nach Maßgabe v. § 51a Abs. 2 sowie der inhaltlich entspr. LandesKiStG) Bemessungsgrundlage der Zuschlagsteuern. Schwierigkeiten bereitet die Berechnung der **KiSt**, wenn die Eheleute zusammen veranlagt werden.[12] Gehören die Ehegatten ders. Religionsgemeinschaft an, kann die gemeinsame Steuerschuld Grundlage der KiSt sein. Bei konfessionsverschiedenen Ehen (beide Partner gehören verschiedenen KiSt-berechtigten Körperschaften an) wird grds. der Halbteilungsgrundsatz angewandt, nach dem jede Religionsgemeinschaft unabhängig davon, welcher Ehegatte die Einkünfte erzielt hat, pauschal den hälftigen Betrag erhält. Die Rspr. hat diese Praxis gebilligt.[13] Dem ist insbes. aus Vereinfachungsgründen zuzustimmen, da die Gesamt-KiSt beider Ehegatten unverändert bleibt. Bei glaubensverschiedenen Ehen (nur ein Ehegatte gehört einer KiSt-berechtigten Körperschaft an) verbietet sich dies, da 10

1 BFH v. 6.10.1982 – I R 121/79, BStBl. II 1983, 34 (35) = FR 1983, 70.
2 BFH v. 5.8.1986 – IX R 13/81, BStBl. II 1987, 297 (300) = FR 1987, 268.
3 Vgl. aber BFH v. 26.9.2006 – X R 3/05, BStBl. II 2007, 452 = FR 2007, 356 (Sonderfall der Kürzung des Vorwegabzuges für Vorsorgeaufwendungen).
4 Nicht verdoppelte Pausch- oder Höchstbeträge stehen idR jedem Ehegatten zu; vgl. zB zu § 10b Abs. 1 S. 3 BFH v. 3.8.2005 – XI R 76/03, BStBl. II 2006, 121 = FR 2006, 435 m. Anm. *Kanzler*.
5 BFH v. 22.3.1967 – VI R 300/66, BStBl. III 67, 596.
6 BVerfG v. 25.1.1972 – 1 BvL 30/69, BStBl. II 1972, 325 (327 f.).
7 BFH v. 20.2.1991 – X R 191/87, BStBl. II 1991, 690 = FR 1991, 495. – Vgl. auch FG Düss. v. 26.1.2016 – 9 K 2395/15 E, EFG 2017, 460 Rz. 12 ff. (Rev. X R 6/17), zu einem nicht verallgemeinerbaren Sonderfall: Die Spende einer Ehefrau sei nicht „freiwillig", da ihr der fragliche Betrag zuvor von ihrem zwischenzeitlich verstorbenen Ehemann unter der Auflage zugewandt wurde, ihn zu spenden; zweifelh., da entgegen Art. 6 Abs. 1 GG und § 26b EStG („gemeinsam als Steuerpflichtiger") unzulässige Individualbetrachtung der ehelichen Gemeinschaft.
8 *Tipke/Lang*[22], 447.
9 BFH v. 6.10.1982 – I R 121/79, BStBl. II 1983, 34 = FR 1983, 70.
10 BFH v. 23.6.2015 – III R 7/14, BStBl. II 2016, 871 = FR 2015, 1042; vgl. auch § 35 Rn. 15.
11 BFH v. 29.7.2010 – VI R 60/09, BStBl. II 2014, 151 = FR 2010, 1152 m. Anm. *Bergkemper*.
12 *List*, BB 1997, 17 (21 ff.).
13 BVerfG v. 20.4.1966 – 1 BvR 16/66, BVerfGE 20, 40 (42 ff.) = BStBl. I 1966, 694; BFH v. 15.3.1995 – I R 85/94, BStBl. II 1995, 547 = FR 1995, 710.

nur Kirchenmitglieder zur KiSt herangezogen werden dürfen.[1] Die Berechnung des auf den einzelnen Ehegatten entfallenden Anteils an der ESt richtet sich dann nach dem jeweiligen KiStG.

11 **V. Haftung.** **§ 44 Abs. 1 AO** erklärt zusammen zur ESt veranlagte Eheleute zu **Gesamtschuldnern**. Damit schuldet jeder Ehegatte auch jene Steuern, die wirtschaftlich seinem Partner zuzurechnen sind. Diese Benachteiligung ggü. Ledigen kann vor Art. 6 Abs. 1 GG Bestand haben, weil die **Vollstreckung** der Steuerschuld nach **§§ 268 ff. AO** (**Aufteilung** einer Gesamtschuld) auf unwiderruflichen[2] Antrag jedes Ehegatten grds. auf den Betrag **beschränkt** werden kann, der sich im Fall der Einzelveranlagung ergäbe (§ 270 AO).[3] Obwohl sich die Aufteilung nur auf die Zwangsvollstreckung bezieht,[4] die Steuerschuld also unberührt lässt, hindert sie auch andere Formen der Verwirklichung der Gesamtschuld. So ist eine Aufrechnung ggü. einem Ehegatten nach einer Aufteilung der Steuergesamtschuld nur zulässig, soweit auf ihn noch ein Steuerrückstand entfällt.[5] Die Aufteilung erstreckt sich nur auf noch ausstehende Steuerforderungen; der Aufteilungsantrag kann nicht mehr gestellt werden, wenn die Steuerschuld bereits getilgt ist.[6] Die bloße Befugnis, eine Aufteilung zu verlangen, begründet keine Einrede.[7]

12 **VI. Erstattungsansprüche.** Etwaige (pfändbare[8]) Steuererstattungsansprüche stehen jedem Ehegatten **anteilig nach dem Verhältnis der auf ihn entfallenden Zahlungen** zu.[9] Maßgeblich soll nach stRspr. sein, wessen Steuerschuld mit der Zahlung getilgt werden sollte, nicht wer tatsächlich gezahlt hat.[10] Bei **intakten Ehen**[11] lässt sich vermuten, dass eine nicht eindeutig zugeordnete Leistung auf die Steuerschuld beider Ehegatten erbracht wurde, weshalb ein (nach Tilgung der kumulierten Steuerschuld verbleibender[12]) Erstattungsbetrag **im Zweifel hälftig** aufgeteilt wird.[13] Steuerabzüge (zB LSt) sind jedoch idR dem Partner zuzuordnen, bei dem sie einbehalten wurden.[14] In wessen Pers. die zum Erstattungsanspruch führenden Umstände eingetreten sind, bleibt unberücksichtigt.[15] Die Ehegatten sind insoweit keine Gesamtgläubiger (§ 428 BGB); jeder kann nur seinen Anteil verlangen. Umgekehrt kann sich der Staat aber durch Leistung an einen Ehegatten mit Wirkung auch dem anderen ggü. befreien (§ 36 Abs. 4 S. 3). Allerdings darf das FA nicht ungeprüft an einen der Ehegatten zahlen, wenn diese inzwischen geschieden sind oder ein Ehegatte der Zahlung an den anderen widerspricht.[16] Dasselbe wird angenommen, wenn die Eheleute mittlerweile erkennbar dauernd getrennt leben.[17] Eine Einschränkung wird auch bei der Aufrechnung gemacht.[18] Gem. § 276 Abs. 6 AO können sich auch im Aufteilungsverfahren Erstattungsansprüche ergeben.

---

1 BVerfG v. 14.12.1965 – 1 BvR 606/60, BVerfGE 19, 268 (273 ff.) = BStBl. I 1966, 196 (197 ff.).

2 FG Nds. v. 5.11.2013 – 15 K 14/13, EFG 2014, 106 (rkr.).

3 BVerfG v. 21.2.1961 – 1 BvL 29/57, 1 BvL 20/60, BVerfGE 12, 151 (173 ff.) = BStBl. I 1961, 55 (61 f.); vgl. BFH v. 18.12.2001 – VII R 56/99, BStBl. II 2002, 214 (215 ff.); vgl. ferner BFH v. 4.7.2012 – II R 15/11, BStBl. II 2012, 790 = FR 2012, 1086. – § 278 Abs. 2 AO ist dabei analog § 11 AnfG einzuschränken; BFH v. 9.5.2006 – VII R 15/05, BStBl. II 2006, 738 = FR 2006, 841. – Der Antrag kann bereits vor Einleitung der Vollstreckung gestellt werden; FG Köln v. 16.2.2017 – 15 K 1478/14, EFG 2017, 1049 (Rev. VII R 17/17). Das Antragsrecht erlischt nicht mit dem Tod eines Ehegatten, auch dann nicht, wenn der überlebende Partner Gesamtrechtsnachfolger des Verstorbenen ist; BFH v. 17.1.2008 – VI R 45/04, BStBl. II 2008, 418 = FR 2008, 926 m. Anm. *Bergkemper*. – Zur hiervon abzugrenzenden Aufteilung im Innenverhältnis *Pasche*, FPR 2012, 312 ff.

4 Zur Aufteilung im Fall der Insolvenz eines Ehegatten FG Münster v. 28.2.2018 – 9 K 3343/13 E, EFG 2018, 1336 Rz. 41 ff. (Rev. VIII R 19/18).

5 BFH v. 12.1.1988 – VII R 66/87, BStBl. II 1988, 406.

6 BFH v. 12.6.1990 – VII R 69/89, BStBl. II 1991, 493 (494).

7 BFH v. 12.6.1990 – VII R 69/89, BStBl. II 1991, 493 (495 f.).

8 BFH v. 12.3.1991 – VII S 30/90, BFH/NV 1992, 145.

9 BFH v. 4.4.1995 – VII R 82/94, BStBl. II 1995, 492 (493 ff.); stRspr.

10 BFH v. 25.7.1989 – VII R 118/87, BStBl. II 1990, 41; v. 4.4.1995 – VII R 82/94, BStBl. II 1995, 492 (493 f.); v. 15.11.2005 – VII R 16/05, BStBl. II 2006, 453; **aA** *Paus*, FR 1998, 143 (144). – Eine Beitreibung im Wege der Zwangsvollstreckung ist für Rechnung desjenigen bewirkt, in dessen Vermögen vollstreckt worden ist; BFH v. 10.3.2015 – VII R 26/13, BFH/NV 2015, 946.

11 Zu weitgehend jedoch BFH v. 13.5.2015 – VII R 38/14, BFH/NV 2015, 1346, der Entsprechendes auch im Fall einer im Zahlungszeitpunkt bereits geschiedenen Ehe annimmt, sofern die FinVerw. keine Kenntnis von der Scheidung hatte.

12 BFH v. 22.3.2011 – VII R 42/10, BStBl. II 2011, 607 = FR 2011, 723; v. 30.8.2012 – III R 40/10, BFH/NV 2013, 193.

13 BFH v. 25.7.1989 – VII R 118/87, BStBl. II 1990, 41 (42); v. 15.11.2005 – VII R 16/05, BStBl. II 2006, 453 = FR 2006, 386; v. 20.2.2017 – VII R 22/15, BFH/NV 2017, 906. – Dies gilt auch im Fall der Insolvenz eines Ehegatten, BFH v. 30.9.2008 – VII R 18/08, BStBl. II 2009, 38 (40).

14 BFH v. 1.3.1990 – VII R 103/88, BStBl. II 1990, 520 (522 f.); v. 18.9.1990 – VII R 99/89, BStBl. II 1991, 47.

15 BFH v. 19.10.1982 – VII R 55/80, BStBl. II 1983, 162 (164); v. 18.9.1990 – VII R 99/89, BStBl. II 1991, 47 (48).

16 BFH v. 5.4.1990 – VII R 2/89, BStBl. II 1990, 719 (720); v. 8.1.1991 – VII R 18/90, BStBl. II 1991, 442 (443).

17 *Paus*, FR 1998, 143.

18 BFH v. 19.10.1982 – VII R 55/80, BStBl. II 1983, 162.

VII. Verfahren. Gem. § 25 Abs. 3 S. 2 haben Ehegatten, wenn sie eine Zusammenveranlagung wünschen, in den Fällen v. § 56 1 Nr. 1, 2 EStDV (beruhend auf § 51 Abs. 1 Nr. 1a, 2. Fall) (s. insbes. § 46 Abs. 2 Nr. 3a) eine gemeinsame, v. beiden Partnern eigenhändig unterschriebene (§ 25 Abs. 3 S. 5) Einkommensteuererklärung einzureichen, in der sie sich auch über die Wahl der Veranlagungsart erklären. Da sie anschließend gemeinsam wie ein StPfl. behandelt werden wollen, müssen sie bereits bei der Abgabe ihrer Erklärung zusammenwirken.[1] Grds. muss gegen jeden Ehegatten ein Steuerbescheid ergehen; jedoch können beide Bescheide nach **§ 155 Abs. 3 AO** zusammengefasst und gem. **§ 122 Abs. 7 AO** (Übermittlung einer an eine gemeinsame Anschrift adressierten Ausfertigung) bekannt gegeben werden (Ausnahme: § 122 Abs. 7 S. 2 AO).[2] Der Bekanntgabezeitpunkt richtet sich idR nach § 122 Abs. 2 AO. Erzielen die Ehegatten gemeinsame Einkünfte (zB als MU'er) bedarf es grds. zusätzlich deren gesonderter und einheitlicher Feststellung (§ 180 AO).[3] Werden nachträglich neue Tatsachen oder Beweismittel iSv. § 173 Abs. 1 AO bekannt, die nur einen Ehegatten betreffen, soll der Steuerbescheid auch ggü. dem anderen Partner geändert werden können.[4] Dabei muss sich im Fall des § 173 Abs. 1 Nr. 2 AO jeder Ehegatte das Verschulden des anderen zurechnen lassen.[5] Verspätungszuschläge können auch dann gegen beide Eheleute festgesetzt werden, wenn nur einer v. ihnen Einkünfte erzielt hat.[6] Die Frage einer Festsetzungsverjährung wird dagegen für jeden Ehegatten gesondert geprüft.[7] 13

VIII. Rechtsschutz. Auch bei Zusammenveranlagung kann **jeder Ehegatte** den ihn betr. Steuerbescheid **selbständig**, ggf. auch isoliert angreifen. Die Voraussetzungen des jeweiligen Rechtsbehelfs (§§ 347ff. AO; 40ff. FGO) müssen in seiner Pers. vorliegen. Die gesonderte Feststellung nach § 180 Abs. 1 Nr. 2a AO kann nur der Ehegatte anfechten, dem die Einkünfte zuzurechnen sind.[8] Ein Rechtsbehelf (Einspruch, Klage) in Vertretung des anderen Ehegatten muss deutlich zum Ausdruck gebracht werden[9] und bedarf im Fall der Klage einer (notfalls nachzureichenden) schriftlichen Prozessvollmacht (§ 62 Abs. 3 FGO).[10] Nach stRspr. des BFH ist der jeweils andere Ehegatte **nicht notwendig** hinzuzuziehen (§ 360 Abs. 3 AO) oder **beizuladen** (§ 60 Abs. 3 FGO).[11] Die (v. BFH gebilligte) Konsequenz dessen sind unterschiedliche Steuerfestsetzungen für beide Ehegatten. Dies widerspricht der gesetzlichen Entsch., die Eheleute wie einen StPfl. zu behandeln (Einheit des Einkommens), und ist deshalb fragwürdig.[12] 14

IX. Steuerhinterziehung. Auch wenn die Eheleute nur eine, von beiden unterzeichnete Steuererklärung abgeben, begründet ein steuerstrafrechtl. Fehlverhalten eines Ehegatten grds. noch keine Strafbarkeit des anderen Partners. Insbes. ist der Ehegatte, der die Angaben des anderen in Kenntnis deren Unrichtigkeit mitunterschreibt, regelmäßig kein Täter einer Steuerhinterziehung (§ 370 AO).[13] Angesichts des weiten strafrechtl. Vorsatzbegriffes (dolus eventualis) träte ansonsten eine übermäßige, allein durch die Veranlagungsart begründete Mitverantwortung des einen Ehegatten für das Handeln des anderen ein, die das Schuldprinzip überfordern würde. Der Zusammenveranlagung wählende Ehegatte stünde sich zudem erheblich schlechter als der einzeln zu veranlagende Ehegatte oder als ein Lediger. Dies wäre weder mit dem Gleichheitssatz noch mit Art. 6 Abs. 1 GG vereinbar. Jeder Ehegatte ist **strafrechtl.** also **nur für jenen Teil der gemeinsamen Erklärung verantwortlich**, der **eigene oder gemeinsame Positionen** betrifft. Erst wenn ein Ehegatte über die bloße Unterschrift hinausgehende Tatbeiträge leistet, etwa indem er den Partner ak- 15

1 BFH v. 9.4.1987 – IV R 192/85, BStBl. II 1987, 540 (541) = FR 1987, 384.
2 Einzelheiten in BMF v. 14.8.1986, BStBl. I 1986, 458; *Dißars*, StB 1997, 340 (341f.); *Heinke*, DStZ 2000, 95; zur Bekanntgabe an eine Erbengemeinschaft BFH v. 17.11.2005 – III R 8/03, BStBl. II 2006, 287 = FR 2006, 434.
3 Bei gemeinsamen Einkünften aus VuV liegt idR ein Fall v. geringer Bedeutung iSv § 180 Abs. 3 S. 1 Nr. 2 AO vor; BFH v. 16.3.2004 – IX R 58/02, BFH/NV 2004, 1211.
4 BFH v. 16.1.1969 – IV R 121/68, BStBl. II 69, 273; vgl. BFH v. 25.4.2006 – X R 42/05, BStBl. II 2007, 220 = FR 2006, 841.
5 BFH v. 24.7.1996 – I R 62/95, BStBl. II 1997, 115 (116); vgl. BFH v. 25.4.2006 – X R 42/05, BStBl. II 2007, 220 = FR 2006, 841.
6 BFH v. 14.6.2000 – X R 56/98, BStBl. II 2001, 60 (64).
7 BFH v. 25.4.2006 – X R 42/05, BStBl. II 2007, 220 = FR 2006, 841.
8 BFH v. 13.9.1988 – VIII R 218/85, BFH/NV 1989, 354.
9 BFH v. 27.11.1984 – VIII R 73/82, BStBl. II 1985, 296 = FR 1985, 244; v. 20.12.2006 – X R 38/05, BStBl. II 2007, 823 = FR 2007, 754; v. 20.12.2012 – III R 59/12, BFH/NV 2013, 709.
10 Die Unterschrift unter der gemeinsamen Steuererklärung enthält noch keine Bevollmächtigung des Ehepartners für ein Rechtsbehelfsverfahren; *Blümich*, § 26b Rn. 44 mwN.
11 BFH v. 8.12.1976 – I R 240/74, BStBl. II 1977, 321 (322); v. 12.8.1977 – VI R 61/75, BStBl. II 1977, 870 (871f.); v. 28.6.1983 – VIII R 179/79, BStBl. II 1984, 196 (197) = FR 1984, 118; vgl. aber § 26 Rn. 34 zur Wahl der Veranlagungsart.
12 Vgl. auch BFH v. 9.12.2003 – VI R 148/01, BFH/NV 2004, 527: kein Teilurteil möglich.
13 Zust. BFH v. 16.4.2002 – IX R 40/00, BStBl. II 2002, 501 (502) = FR 2002, 1377; *Burkhard*, DStZ 1998, 829 (831ff.); *Schnüttgen*, FPR 2012, 333 (333f.); **aA** *Reichle*, wistra 1998, 91; *Rolletschke*, DStZ 1999, 216.

tiv bei dessen Falschangaben unterstützt, kommt eine eigene Strafbarkeit (idR Teilnahme) in Betracht.[1] Andere Maßstäbe können im Verfahrensrecht gelten, das keine Sanktionen aussprechen will, sondern auf eine einheitliche Bescheidung beider Ehegatten bedacht sein muss und darf. Demgemäß soll die Sperrwirkung des § 173 Abs. 2 AO entfallen, wenn nur einer der Ehegatten (oder ein Dritter) eine Steuerhinterziehung begangen hat.[2] Indessen soll sich die Festsetzungsverjährung gem. § 169 Abs. 2 S. 2 AO bei einer Steuerstraftat nur eines Ehegatten nur für diesen verlängern.[3] Auch trifft den anderen Ehegatten keine Haftung nach § 71 AO.[4]

C. Vorzüge der Zusammenveranlagung

16 Der Hauptvorteil der Zusammenveranlagung liegt in der Anwendung des **Splittingtarifs** (§ 32a Abs. 5). Regelmäßig, insbes. solange sich ein Elternteil der Betreuung der Kinder widmet, ist die Zusammenveranlagung aus diesem Grunde vorzuziehen, da sie unterschiedliche Einkommenshöhen einebnet und so hilft, beide Grundfreibeträge sowie die unteren Progressionsstufen bestmöglich auszunutzen. Dieser Vorteil verflüchtigt sich, je weiter sich die Höhe der v. beiden Ehegatten erzielten Einkünfte annähert.

17 Des Weiteren verdoppeln sich gewisse Frei-, Höchst- oder Pauschbeträge (wie etwa der Sparerfreibetrag oder der PB für WK bei Kapitaleinkünften), die auch dann voll ausgenutzt werden können, wenn die entspr. Positionen nur in der Pers. eines Ehegatten entstanden sind. Im Fall der Einzelveranlagung könnten sie idR nicht „übertragen“ werden. Bei PB kann diese Verdoppelung jedoch auch mit (an sich eheneutralen) Nachteilen verbunden sein (s. Rn. 5).

§ 27

(weggefallen)

§ 28 Besteuerung bei fortgesetzter Gütergemeinschaft

Bei fortgesetzter Gütergemeinschaft gelten Einkünfte, die in das Gesamtgut fallen, als Einkünfte des überlebenden Ehegatten, wenn dieser unbeschränkt steuerpflichtig ist.

A. Die fortgesetzte Gütergemeinschaft nach §§ 1483 ff. BGB

1 Die Ehegatten können in einem Ehevertrag vereinbaren, dass die Gütergemeinschaft (§§ 1415 ff. BGB) nach dem Ableben eines Ehegatten zw. dem anderen Partner und den gemeinsamen Abkömmlingen, die bei gesetzlicher Erbfolge als Erben berufen sind, fortgesetzt wird, § 1483 Abs. 1 BGB. Der nun den Abkömmlingen zustehende Anteil des verstorbenen Ehegatten am Gesamtgut fällt zivilrechtl. grds. nicht in die Erbmasse; das Gesamtgut bleibt gesamthänderisch gebunden. Damit stehen auch künftige **Erträge** aus dem Gesamtgut der **Gesamthandsgemeinschaft** zu; eine Ausschüttung ist nicht vorgesehen. Der **überlebende Ehegatte** hat das **alleinige Verwaltungsrecht** (§ 1487 Abs. 1).

B. Steuerrechtliche Folgen der fortgesetzten Gütergemeinschaft

2 Der zivilrechtl. Eintritt der gemeinsamen Abkömmlinge in die Gütergemeinschaft wird erbschaftsteuerrechtl. einem Erwerb v. Todes wegen gleichgestellt (§ 4 Abs. 1 ErbStG).[5] Einkommensteuerrechtl. behandelt jedoch § 28 die **dem Gesamtgut zuzuordnenden Einkünfte** abw. vom Zivilrecht ausschließlich als solche **des überlebenden Ehegatten**, sofern dieser unbeschränkt stpfl. ist (ansonsten sind die Einkünfte anteilig zuzurechnen). Die verfassungskonforme,[6] aber systemwidrig im Abschnitt über die Veranlagung (die §§ 25–26c bleiben unberührt) angesiedelte Vorschrift modifiziert damit das Leistungsfähigkeitsprinzip. Hintergrund dessen ist neben der strikten gesamthänderischen Bindung der Erträge in erster Linie das

1 BFH v. 16.4.2002 – IX R 40/00, BStBl. II 2002, 501 (502 f.) = FR 2002, 1377.
2 Vgl. BFH v. 14.12.1994 – XI R 80/92, BStBl. II 1995, 293 (296).
3 Vgl. BFH v. 7.3.1957 – V z 231/56 S, BStBl. III 1957, 231; FG Düss. v. 1.12.1988 – 11 K 227/85 E, EFG 1989, 209; *Gonnella/Mikic*, DStR 1999, 528 (529); **aA** *T/K*, § 169 AO Rn. 23 (nur Exkulpationsmöglichkeit nach S. 3).
4 BFH v. 16.4.2002 – IX R 40/00, BStBl. II 2002, 501 = FR 2002, 1377.
5 S. *Bruschke*, ErbStB 2014, 22.
6 BFH v. 4.6.1973 – IV R 177/69, BStBl. II 1973, 638; vgl. auch BVerfG v. 16.12.1970 – 1 BvR 210/68, BVerfGE 30, 59 (63 ff.) = BStBl. II 1971, 381 (382 ff.) – zu § 76 BewG 1934.

alleinige Verwaltungsrecht des überlebenden Ehegatten, das seine **wirtschaftlich dominierende Stellung** innerhalb der Gemeinschaft begründet.[1] Deshalb soll § 28 unanwendbar sein, falls die Gütergemeinschaft tatsächlich nicht durchgeführt wird, insbes. wenn die Gemeinschafter das Alleinverwaltungsrecht im Innenverhältnis abbedungen haben.[2]

§ 28 erfasst die **lfd. Einkünfte** aus der fortgesetzten Gütergemeinschaft. Der bei der Auseinandersetzung anfallende Gewinn ist nicht mehr dem überlebenden Ehegatten, sondern allen an der Gütergemeinschaft Beteiligten anteilig zuzurechnen.[3] – Gehört ein BV zum Gesamtgut, sind die **Abkömmlinge** mangels eigener Einkünfte **keine MU'er.**[4] Dennoch soll die Übertragung eines WG an einen v. ihnen keine Entnahme sein, da das WG steuerverstrickt bleibe.[5] Dies dürfte indes nur zutreffen, sofern der Abkömmling MU'er geworden ist; anderenfalls müsste eine Entnahme vorliegen. 3

§§ 29, 30

(weggefallen)

IV. Tarif

§ 31 Familienleistungsausgleich

[1]Die steuerliche Freistellung eines Einkommensbetrags in Höhe des Existenzminimums eines Kindes einschließlich der Bedarfe für Betreuung und Erziehung oder Ausbildung wird im gesamten Veranlagungszeitraum entweder durch die Freibeträge nach § 32 Absatz 6 oder durch Kindergeld nach Abschnitt X bewirkt. [2]Soweit das Kindergeld dafür nicht erforderlich ist, dient es der Förderung der Familie. [3]Im laufenden Kalenderjahr wird Kindergeld als Steuervergütung monatlich gezahlt. [4]Bewirkt der Anspruch auf Kindergeld für den gesamten Veranlagungszeitraum die nach Satz 1 gebotene steuerliche Freistellung nicht vollständig und werden deshalb bei der Veranlagung zur Einkommensteuer die Freibeträge nach § 32 Absatz 6 vom Einkommen abgezogen, erhöht sich die unter Abzug dieser Freibeträge ermittelte tarifliche Einkommensteuer um den Anspruch auf Kindergeld für den gesamten Veranlagungszeitraum; bei nicht zusammenveranlagten Eltern wird der Kindergeldanspruch im Umfang des Kinderfreibetrags angesetzt. [5]Satz 4 gilt entsprechend für mit dem Kindergeld vergleichbare Leistungen nach § 65. [6]Besteht nach ausländischem Recht Anspruch auf Leistungen für Kinder, wird dieser insoweit nicht berücksichtigt, als er das inländische Kindergeld übersteigt.

Verwaltung: DA-KG 2018 v. 10.7.2018, BStBl. I 2018, 822. Die aktuelle Fassung der DA-KG ist auch auf der Internet-Seite des Bundeszentralamtes für Steuern (www.bzst.de) abrufbar.

Literatur zu §§ 31, 32: *Binger*, Änderungen der ESt durch das Zweite Gesetz zur Familienförderung, NWB Fach 3b, 5459; *Felix*, Das zweite Gesetz zur Familienförderung, NJW 2001, 3073; *Felix*, Paradigmenwechsel im Kindergeldrecht: Wegfall der Einkünfte- und Bezügegrenze für volljährige Kinder, NJW 2012, 22; *Glanegger*, Der Kinderbetreu-

1 BFH v. 12.11.1992 – IV R 41/91, BStBl. II 1993, 430 (432) = FR 1993, 434.
2 RFH, RStBl. 1937, 96.
3 BFH v. 12.11.1992 – IV R 41/91, BStBl. II 1993, 430 (432) = FR 1993, 434.
4 BFH v. 8.1.1975 – I R 142/72, BStBl. II 1975, 437 (438); zust. *Blümich*, § 28 Rn. 15; *Schmidt*[37], § 15 Rn. 377; **aA** *H/H/R*, § 28 Anm. 23.
5 BFH v. 13.5.1966 – VI 238/64, BStBl. III 1966, 505 (506); **aA** *Blümich*, § 28 Rn. 16: mangels MU'schaft Entnahme.

ungs- und Kindererziehungsbedarf nach dem Beschl. des BVerfG v. 10.11.1998, DStR 1999, 227; *Greite*, Der Halbteilungsgrundsatz im Familienleistungsausgleich, FR 2012, 684; *Heuermann*, Kinderfreibeträge in der Neustrukturierung des Familienleistungsausgleichs, DStR 2000, 1546; *Höck*, Der Familienleistungsausgleich gem. § 31 EStG, StW 2003, 79; *Horlemann*, Das Kindesexistenzminimum nach den Entsch. des BVerfG v. 10.11.1998, DStR 1999, 397; *Kanzler*, Grundfragen der Familienbesteuerung, FamRZ 2004, 70; *Kirchhof, P.*, Ehe- und familiengerechte Gestaltung der ESt, NJW 2000, 2792; *Paus*, Das zweite Gesetz zur Familienförderung, StW 2001, 235; *Reimer*, Keine Bundeskompetenz für das Kindergeldrecht, NJW 2012, 1927; *Reiß*, Steuervereinfachungsgesetz 2011: Problematische Neuregelung zur Berücksichtigung v. Kindern nach Vollendung des 18. Lebensjahres bei Kinderfreibetrag und Kindergeld, FR 2011, 462; *Schneider*, Die stl. Berücksichtigung v. Kindern durch das Zweite Gesetz zur Familienförderung ab 2002, DStR 2002, 64; *Schöberle*, Kinderleistungsausgleich im Schnittpunkt steuerrechtlicher Erfordernisse und sozialpolitischer Aspekte, DStZ 1999, 693; *Schön*, Die Kinderbetreuung, das BVerfG und der Entw. eines Gesetzes zur Familienförderung, DStR 1999, 1677; *Seer/Wendt*, Die Familienbesteuerung nach dem sog. „Gesetz zur Familienförderung" v. 22.12.1999, NJW 2000, 1904; *Seer/Wendt*, Kindergeld/Kinderfreibetrag und wirtschaftliche Leistungsfähigkeit des Kindes, NJW 2006, 1. – Rechtspolitisch *Seiler*, Leitlinien einer familiengerechten Besteuerung, FR 2010, 113 ff.

A. Grundaussagen der Vorschrift

1 § 31 ist die **Grundnorm des Familienleistungsausgleichs**. Die Vorschrift **verklammert zwei eigenständige Teilsysteme** zur Berücksichtigung finanzieller Belastungen durch Kinder.[1] Zum einen fordert das GG, kinderbedingte Minderungen der Leistungsfähigkeit (ungeachtet der Einkommenshöhe) v. der ESt freizustellen.[2] Zum anderen sollen ökonomisch schlechter gestellte Familien durch das (an sich sozialrechtl.) Kindergeld gefördert werden, soweit eine estrechtl. Entlastung mangels Einkommen nicht wirken kann. § 31 führt beide Normenkomplexe – grds. verfassungskonform,[3] aber im Detail nicht hinreichend abgestimmt[4] – zusammen, indem er technisch eine Alternativität v. Kinderfreibeträgen und Kindergeld anordnet, materiell einen gleitenden Übergang ihrer Wirkungen bezweckt. Vereinfacht gilt: Hat das Kindergeld mindestens die gleiche Wirkung wie die gesetzlichen Freibeträge, verdrängt es den Abzug v. der estrechtl. Bemessungsgrundlage; wirkt es sogar günstiger, gilt der überschießende Anteil als Sozialleistung. Genügt das Kindergeld hingegen nicht, um die Minderung der Leistungsfähigkeit zu berücksichtigen, wird es gänzlich rückabgewickelt und durch eine Freibetragslösung ersetzt. § 31 steht so an der Grenz- und Verbindungslinie v. eingreifendem Steuer- und austeilendem Sozialstaat.

2 Technischer Ausgangspunkt ist das v. den Familienkassen einkommensunabhängig zu leistende **Kindergeld**, (systemwidrig) geregelt im X. Abschn. (§§ 62 ff.), das stets an nur einen Berechtigten ausgezahlt wird (§ 64 Abs. 1). § 31 überführt es in eine alternative Verknüpfung v. Kindergeld und Kinderfreibeträgen (S. 1: „oder") und weist ihm dabei eine materielle Doppelnatur zu: Teils bleibt das Kindergeld Sozialleistung (S. 2), teils wird es umgewidmet zur Steuervergütung, dh. zur Vorausleistung auf die estrechtl. Entlastung (S. 3). Letztere muss v. Verfassungs wegen sowohl den sächlichen Kindesbedarf (mindestens in Höhe des sozialrechtl. Existenzminimums[5]) als auch den Betreuungs- und Erziehungsbedarf v. der Bemessungsgrundlage freistellen.[6] Der dem estrechtl. Binnensystem zugehörige § 32 Abs. 6 gewährt daher pro Elternteil und Kind je zwei verschiedene Freibeträge, einen **Kinderfreibetrag** für das sächliche Existenzminimum und einen **Freibetrag für den Betreuungs- und Erziehungs- oder Ausbildungsbedarf** des Kindes, die materiell jeweils den halben Bedarf typisieren. Bei Zusammenveranlagung (§ 26b) der Eltern werden sie verdoppelt (§ 32 Abs. 6 S. 2); iÜ stehen sie grds. jedem Elternteil zu. Da Kindergeld und Freibeträge sich ausschließen, also für ein Kind nicht gleichzeitig genutzt werden können, wird nach Ablauf des Kj. iRd. ESt-Veranlagung **v. Amts wegen geprüft**, welche Regelung für den StPfl. **günstiger** ist. (1) Sind die Freibeträge günstiger, hat das Kindergeld die gebotene Freistellung nicht (vollständig) bewirken können. Die Freibeträge werden dann v. Einkommen abgezogen (§ 2 Abs. 5). Zum Ausgleich ist die hiernach er-

---

1 Daneben kennt das EStG noch weitere, nicht systematisch abgestimmte Fälle der Berücksichtigung v. Kindern, zB §§ 10 Abs. 1 Nr. 5, 24b, 33a Abs. 2.

2 Grundlegend BVerfG v. 10.11.1998 – 2 BvR 1057/91, 2 BvR 1226/91, 2 BvR 980/91, BVerfGE 99, 216 (231 ff.) = BStBl. II 1999, 182 (187 ff.).

3 So konkludent BVerfG v. 8.6.2004 – 2 BvL 5/00, BVerfGE 110, 412 (431 ff.); v. 11.1.2005 – 2 BvR 167/02, BVerfGE 112, 164 (173 ff.) = FR 2005, 706; BFH v. 19.5.2004 – III R 55/03, BStBl. II 2006, 291 = FR 2004, 1075; v. 27.7.2017 – III R 1/09, BStBl. II 2018, 96 Rn. 34; speziell zum Abstellen auf den Kindergeld*anspruch* (S. 4) BFH v. 13.9.2012 – V R 59/10, BStBl. II 2013, 228 = FR 2013, 478. – **AA** *Reimer*, NJW 2012, 1927 (1929 ff.): keine Bundeskompetenz für das Kindergeldrecht, soweit es nicht der steuerlichen Freistellung des Existenzminimums dient.

4 BVerfG v. 9.4.2003 – 1 BvL 1/01, 1 BvR 1749/01, BVerfGE 108, 52 (75): Die das Kindergeld betr. Regelungen genügen in ihrer sozialrechtl., steuerrechtl. und familienrechtl. Verflechtung „immer weniger" dem Grundsatz der Normenklarheit (zu § 1612b BGB).

5 Zur Bemessung für 2014 vgl. 9. Existenzminimumbericht, BT-Drucks. 17/11425.

6 BVerfG v. 10.11.1998 – 2 BvR 1057/91, 2 BvR 1226/91, 2 BvR 980/91, BVerfGE 99, 216 (231 ff.) = BStBl. II 1999, 182 (187 ff.).

mittelte tarifliche ESt um einen dem Kindergeldanspruch entspr. Betrag zu erhöhen (§ 31 S. 4 HS 1; § 2 Abs. 6 S. 3). Bei zusammenveranlagten Eltern decken sich Erhöhungsbetrag und Kindergeldanspruch regelmäßig. Bei nicht zusammenveranlagten Eltern, die idR beide einen eigenen (materiell halbierten) Freibetrag nutzen, wird der Kindergeldanspruch jeweils „im Umfang des Kinderfreibetrags" angerechnet (S. 4 HS 2), also iE zumeist je zur Hälfte, obwohl das Kindergeld nur einem Berechtigten gezahlt wird. (2) Ist das Kindergeld günstiger oder führen beide Regelungen zum gleichen Ergebnis, verbleibt es beim Kindergeld. Es werden keine Freibeträge abgezogen. Das Kindergeld dient dann anteilig der Freistellung v. sächlichem Bedarf, Betreuungs- und Erziehungsbedarf; iÜ handelt es sich um eine Sozialleistung. Besteht überhaupt kein Anspr. auf Kindergeld, sind die Freibeträge ohne Günstigerprüfung abzuziehen.

B. Einzelheiten des Familienleistungsausgleichs

I. Anwendungsbereich. § 31 gilt für **unbeschränkt StPfl.** (§ 1 Abs. 1–3). Bei Wechsel der persönlichen StPfl. wird für den VZ des Wechsels eine Veranlagung zur unbeschränkten StPfl. durchgeführt (§ 2 Abs. 7 S. 3), bei der auch § 31 Anwendung findet.[1] 3

II. Kindergeld und Freibeträge iSv. § 31. 1. Kindergeld. § 31 erfasst das im X. Abschn. geregelte Kindergeld[2] und vergleichbare Leistungen iSv. § 65 Abs. 1 (Kindergeld nach zwischenstaatlichen Abkommen sowie andere Leistungen iSv. § 65 Abs. 1 S. 1, dazu § 65 Rn. 2 ff.). Nicht einbezogen wird Kindergeld nach dem BKGG.[3] Maßgeblich ist nicht das tatsächlich gezahlte Kindergeld, sondern das Bestehen eines Anspr. auf Kindergeld. Auch wenn v. einem Antrag auf Kindergeld abgesehen wird, sind die Freibeträge nach § 32 Abs. 6 nur nach Günstigerprüfung im Vergleich mit dem Anspr. auf Kindergeld abzuziehen.[4] Ein anderes gilt, falls kein Anspr. (mehr) besteht; die Feststellungslast hierfür trägt der StPfl.[5] 4

2. Freibeträge. § 32 regelt in Abs. 1–5 die tatbestandlichen Voraussetzungen für die Inanspruchnahme v. Kinderfreibeträgen und in Abs. 6 die Höhe der Kinderfreibeträge. Zu Einzelheiten s. deshalb die dortige Kommentierung. 5

3. Auseinanderfallen von Kindergeld und Freibeträgen. § 31 ist mit seiner vergleichenden Struktur an sich auf Fälle zugeschnitten, in denen beide Formen der Berücksichtigung v. Kindern personenidentisch genutzt werden können. Jedoch hat der Gesetzgeber beide **Teilsysteme** des Familienleistungsausgleichs **nur ungenügend aufeinander abgestimmt**. So wird das Kindergeld nur einem Berechtigten gewährt (§ 64 Abs. 1; nach § 64 Abs. 2 gilt das Obhutsprinzip), wohingegen die Freibeträge nach § 32 Abs. 6 grds. beiden Elternteilen zustehen. Bei zusammenveranlagten Eltern bleibt dies idR folgenlos, da beide gemeinsam als ein StPfl. behandelt werden (§ 26b), wodurch Kindergeld und verdoppelte Freibeträge (§ 32 Abs. 6 S. 2) zusammengeführt werden. Hingegen fallen beide Berechtigungen bei individueller Veranlagung der Eltern (§§ 25, 26a) regelmäßig auseinander. Ein anderes gilt, wenn ausnahmsweise ein Elternteil die gesamte Kinderförderung beanspruchen kann, weil der andere Elternteil verstorben oder nicht unbeschränkt estpfl.[6] ist oder wenn ein StPfl. das Kind alleine angenommen hat oder nur zu ihm ein Pflegekindschaftsverhältnis besteht (§ 32 Abs. 6 S. 3).[7] Gleiches gilt, sofern die Freibeträge ausnahmsweise insgesamt auf den Kindergeldberechtigten übertragen worden sind (§ 32 Abs. 6 S. 6, 7). Soweit Kindergeld und Freibeträge iÜ personenverschieden zugeordnet sind, soll dies (vor dem Hintergrund mitgedachter, aber nicht notwendig vorausgesetzter familienrechtl. Ausgleichsansprüche[8]) bei Günstigerprüfung und Verrechnung (s. sogleich) durch S. 4 HS 2 berücksichtigt werden, ohne dass das G hierdurch stets der individuellen Leistungsfähigkeit gerecht werden könnte. 6

Ferner können Kindergeld und Freibeträge nach § 32 Abs. 6 dadurch auseinanderfallen, dass ihre **Voraussetzungen nicht vollständig deckungsgleich** sind. Dabei ist zu beachten, dass die Voraussetzungen v. Kindergeld und Freibeträgen sowohl in der Pers. des StPfl. als auch für das Kind gegeben sein müssen. Beispiele: Nur Kindergeld ohne Freibeträge kann einem StPfl. für ein Kind zustehen, soweit gem. § 63 Abs. 1 für das Kindergeld auch Stief- und Enkelkinder berücksichtigt werden, nach § 32 Abs. 1 für die Freibeträge 7

1 *K/S/M*, § 31 Rn. A 5.
2 Im VZ 2009 einschl. Einmalbetrag nach § 66 Abs. 1 S. 2 aF.
3 Durch diese Regelungstechnik bedingte Ungleichbehandlungen können gerechtfertigt sein; vgl. BVerfG v. 6.4.2011 – 1 BvR 1765/09, BFH/NV 2011, 1277 (günstigere Verfahrensregeln für Kindergeld nach dem BKGG).
4 Vgl. *K/S/M*, § 31 Rn. B 7.
5 *K/S/M*, § 31 Rn. A 65.
6 Vgl. BFH v. 13.8.2002 – VIII R 53/01, BStBl. II 2002, 867 = FR 2003, 155 m. Anm. *Greite*.
7 *K/S/M*, § 31 Rn. B 5.
8 Bis VZ 2003 war dem anderen Elternteil gezahltes Kindergeld dann zu verrechnen, wenn es dem StPfl. im Wege eines zivilrechtl. Ausgleichs zustand (§ 31 S. 6 aF); s. 3. Aufl. sowie BFH v. 16.3.2004 – VIII R 86/98, BStBl. II 2005, 332 = FR 2004, 958 m. Anm. *Bergkemper*.

nach § 32 Abs. 6 aber nicht (sofern die Freibeträge nicht nach § 32 Abs. 6 S. 10–11 übertragen werden). Gleiches gilt, wenn bei einem gemeinsamen Haushalt v. Eltern, einem Elternteil und dessen Ehegatten, Pflegeeltern oder Großeltern iSv. § 64 Abs. 2 ein Kindergeldberechtigter bestimmt wird, der keine Freibeträge erhält. Umgekehrt kommen Freibeträge ohne Kindergeld bei beschränkt stpfl. Kindern in Betracht, die nicht EU-[1] oder EWR-Kinder sind und auch nicht im Haushalt eines erweitert unbeschränkt StPfl. leben, für die zudem kein Vertragskindergeld gezahlt wird (vgl. § 32 Abs. 6 S. 4; § 63 Abs. 1 S. 3).[2] Jeweils sind, weil S. 4 nicht voraussetzt, dass das Kindergeld gerade dem Freibetragsberechtigten zusteht, auch in solchen Fällen eine Günstigerprüfung und eine anschließende Verrechnung des Anspr. auf Kindergeld möglich.[3]

8 **III. Vergleichsrechnung.** Maßstab der Prüfung, ob die gebotene stl. Freistellung voll durch das zu verrechnende Kindergeld bewirkt wird, ist die durch die beiden Freibeträge nach § 32 Abs. 6 erreichbare Steuerminderung. Beginnend mit dem ältesten Kind ist **für jedes Kind** eine eigene Vergleichsrechnung durchzuführen.[4] Zu vergleichen ist die Differenz zw. der ESt auf das zu versteuernde Einkommen ohne Freibeträge und der ESt auf das zu versteuernde Einkommen abzgl. der Freibeträge einerseits mit dem Anspr. auf Kindergeld andererseits.[5] Freibeträge und Kindergeld sind dabei für den gesamten VZ einheitlich zu betrachten.[6] Dies ist insbes. dann v. Bedeutung, wenn sich die Anspr. auf Kindergeld und Freibeträge innerhalb eines VZ zeitlich unterschiedlich entwickeln (vgl. soeben zum Auseinanderfallen). Für das zweite Kind geht die Vergleichsrechnung ggf. v. zu versteuernden Einkommen nach Abzug der Freibeträge für das erste Kind aus (etc.). Anspr. auf ausländ. Kindergeld (oder vergleichbare Leistungen iSv. § 65 Abs. 1 Nr. 2) sind bei der Günstigerprüfung anzusetzen, jedoch höchstens in Höhe des deutschen Kindergeldes (§ 31 S. 5 und 6).[7]

9 Bei **zusammenveranlagten Eltern** kann die geschilderte Vergleichsrechnung idR einheitlich durchgeführt werden, weil ihre gemeinsame Behandlung als ein StPfl. (§ 26b) Freibetragsberechtigung und Kindergeldanspruch zusammenführt. Hingegen ist die Günstigerprüfung bei **nicht zusammenveranlagten Eltern** jeweils **gesondert** vorzunehmen. Rechnerisch wird dabei der Anspr. auf Kindergeld (oder vergleichbare Leistungen) „im Umfang des Kinderfreibetrags" (nicht des Freibetrags für den Betreuungs- und Erziehungs- oder Ausbildungsbedarf) angesetzt (S. 4 HS 2), dh. je nach Anteil an der Summe beider Kinderfreibeträge. Regelmäßig bedeutet dies, weil beiden Eltern die gleichen Kinderfreibeträge (je die Hälfte des Gesamtbedarfs) zustehen, dass bei jedem Elternteil ein Anspr. auf das halbe Kindergeld in die Günstigerprüfung eingestellt wird.[8] Dies gilt unabhängig davon, an wen das (ungeteilte) Kindergeld gezahlt wurde.[9] Wird der Kinderfreibetrag nach § 32 Abs. 6 S. 6 übertragen, ist das gesamte Kindergeld anzusetzen.[10]

10 **IV. Verrechnung des Kindergeldanspruchs.** Sind die Freibeträge nach § 32 Abs. 6 anzusetzen, so ist zur Vermeidung einer Doppelberücksichtigung des jeweiligen Kindes die unter Anwendung der Freibeträge ermittelte tarifliche ESt im Umfang des Kindergeldanspruchs (oder des Anspr. auf vergleichbare Leistungen) zu erhöhen (§ 31 S. 4 HS 1, § 2 Abs. 6 S. 3). Ausschlaggebend ist allein der Anspr. auf Kindergeld für den Zeitraum, für den der StPfl. die Freibeträge erhält.[11] Ob und wann das Kindergeld gezahlt wurde, ist unerheblich (ggf. empfiehlt sich ein nachträglicher Antrag auf Kindergeld).[12] Zu verrechnen ist anteils-

---

1 Vgl. auch EuGH v. 22.10.2015 – Rs. C-378/14, NJW 2016, 1147, zum Kindergeld bei im EU-Ausland lebenden Kindern.
2 *K/S/M*, § 31 Rn. B 9.
3 Vgl. BFH v. 13.8.2002 – VIII R 53/01, BStBl. II 2002, 867 (868) = FR 2003, 155 m. Anm. *Greite*; v. 25.3.2003 – VIII R 95/02, BFH/NV 2003, 1306 (1307) – Identität nur des Kindes erforderlich.
4 BFH v. 28.4.2010 – III R 86/07, BStBl. II 2011, 259 = FR 2011, 139: Einzelberechnung gesetzlich zwingend. Dies gilt auch dann, wenn eine zusammengefasste Berechnung günstiger wäre; BFH v. 19.4.2012 – III R 50/08, BFH/NV 2012, 1429.
5 Im VZ 2002 (letztmalige Erhöhung v. Freibeträgen und Kindergeld) waren die kombinierten Freibeträge ab einem Grenzsteuersatz v. etwa 31,2 % günstiger, wovon ungefähr 25 % der StPfl. betroffen waren; *Kanzler*, FR 2001, 921 (930).
6 Die Neuformulierung v. § 31 S. 4 EStG 2007 sollte dies klarstellend verdeutlichen; BR-Drucks. 622/06, 87. Ebenso zuvor BMF v. 16.7.2003, BStBl. I 2003, 385 (ab VZ 2000 Jahresprinzip); *Heuermann*, FR 2000, 248 (252); **aA** zur Rechtslage bis VZ 1999 BFH v. 16.12.2002 – VIII R 65/99, BStBl. II 2003, 593 = FR 2003, 309 m. Anm. *Greite*; v. 15.1.2003 – VIII R 72/99, BFH/NV 2003, 898 (899 f.).
7 BFH v. 13.8.2002 – VIII R 53/01, BStBl. II 2002, 867 (868) = FR 2003, 155 m. Anm. *Greite*; v. 25.3.2003 – VIII R 95/02, BFH/NV 2003, 1306 (1307).
8 BFH v. 23.12.2013 – III B 98/13, juris, Rn. 12; v. 25.4.2018 – III R 24/17, juris, Rn. 20.
9 BFH v. 25.4.2018 – III R 24/17, juris, Rn. 20.
10 BFH v. 16.3.2004 – VIII R 88/98, BStBl. II 2005, 594 = FR 2004, 960.
11 Eingehend hierzu BFH v. 13.9.2012 – V R 59/10, BStBl. II 2013, 228 = FR 2013, 478.
12 Dies soll sogar dann gelten, wenn ein Kindergeldantrag (rechtsfehlerhaft, aber bestandskräftig) abgelehnt wurde; BFH v. 15.3.2012 – III R 82/09, BStBl. II 2013, 226 = FR 2012, 932; v. 20.12.2012 – III R 29/12, BFH/NV 2013, 723. Der Ablehnungsbescheid entfalte insofern keine Tatbestandswirkung (fragwürdig).

mäßig, wenn auch die Freibeträge nur halb oder nur für einige Monate anzusetzen sind.[1] Ausländ. Kindergeld (oder vergleichbare Leistungen) ist ebenfalls zu verrechnen, wiederum beschränkt auf die Höhe des inländ. Kindergeldes (S. 5 und 6).[2]

Die (bei zusammenveranlagten Eltern zwangsläufig einheitliche) Verrechnung kann bei **nicht zusammenveranlagten Eltern** auseinanderfallen, sofern die gesonderte Günstigerprüfung zu unterschiedlichen Ergebnissen führt. Soweit jeweils eine Erhöhung der tariflichen ESt vorzunehmen ist, folgt deren Umfang – parallel zur Vergleichsrechnung – S. 4 HS 2. Je nach Anteil am Kinderfreibetrag (die Verteilung des Betreuungs- und Erziehungs- oder Ausbildungsfreibetrags ist hier unbeachtlich) wird der tariflichen ESt ein dem Anspr. auf Kindergeld (oder vergleichbare Leistungen) entspr. Betrag hinzugerechnet. Dies gilt nach dem eindeutigen Willen des Gesetzgebers auch für den StPfl., der nicht Empfänger des Kindergeldes ist, sogar dann, wenn er keinen zivilrechtl. Ausgleichsanspruchs hat. Letzteres hat das BVerfG[3] auf Vorlage des BFH[4] für sog. Mangelfälle (§ 1612b Abs. 5 BGB aF), in denen barunterhaltspflichtigen, aber nur anteilig zahlungsfähigen Elternteilen das Kindergeld als Steuervergütung angerechnet wird, obwohl das Familienrecht ihnen einen Ausgleich verweigert, als verfassungsgemäß bestätigt. 11

C. Verfahrensfragen

Der Familienleistungsausgleich nach § 31 erfolgt nur in der **ESt-Veranlagung**, ggf. nach § 46 Abs. 2 Nr. 8. 12
Bei der Berechnung der LSt werden die Freibeträge nach § 32 Abs. 6 nicht berücksichtigt. Allerdings bleiben sie (nur) für KiSt und SolZ beachtlich (§ 51a Abs. 2) und werden deshalb auf der LSt-Karte eingetragen (§ 39 Abs. 3).[5] Auch für Kinder, für die kein Kindergeld gezahlt wird (Auslandskinder), werden Freibeträge eingetragen (§ 39a Abs. 1 Nr. 6; s. dort). Bei **Vorauszahlungen** sind keine Freibeträge nach § 32 Abs. 6 abzuziehen (§ 37 Abs. 3 S. 12). – Eine Steuerfestsetzung beschwert den StPfl. auch dann, wenn sie wirtschaftlich durch die Erstattungsfunktion des Kindergeldes (Rn. 1 f.) ausgeglichen wird, die materielle Belastung also entfällt.[6] – Das FA ist bei seiner Entsch. nach § 31 nicht an die **Entsch. der Familienkassen** gebunden, hat diese aber zur Vermeidung v. Divergenzen zu informieren (§ 21 Abs. 4 FVG).[7] Vgl. auch § 70 Rn. 1 ff.

D. Verhältnis zu anderen Bestimmungen

Die Hinzurechnung des Kindergeldes (§ 31 S. 4, § 2 Abs. 6 S. 3) knüpft an die tarifliche ESt an und bleibt daher bei Sonderfällen der **Tarifberechnung** (§§ 32b, 34 Abs. 1, 34b, 34c, 34e–34g, 35) unberücksichtigt.[8] Der Ermittlung v. **KiSt** und **SolZ** ist in jedem Fall die ESt oder LSt zugrunde zu legen, die sich nach Abzug der in Betracht kommenden Freibeträge nach § 32 Abs. 6 ergibt (§ 51a Abs. 2 S. 1, Abs. 2a S. 1).[9] 13

§ 32 Kinder, Freibeträge für Kinder

(1) Kinder sind

1. **im ersten Grad mit dem Steuerpflichtigen verwandte Kinder,**
2. **Pflegekinder (Personen, mit denen der Steuerpflichtige durch ein familienähnliches, auf längere Dauer berechnetes Band verbunden ist, sofern er sie nicht zu Erwerbszwecken in seinen Haushalt aufgenommen hat und das Obhuts- und Pflegeverhältnis zu den Eltern nicht mehr besteht).**

(2) [1]Besteht bei einem angenommenen Kind das Kindschaftsverhältnis zu den leiblichen Eltern weiter, ist es vorrangig als angenommenes Kind zu berücksichtigen. [2]Ist ein im ersten Grad mit dem Steuerpflichtigen verwandtes Kind zugleich ein Pflegekind, ist es vorrangig als Pflegekind zu berücksichtigen.

1 *K/S/M*, § 31 Rn. B 35.
2 S. zB BFH v. 28.6.2012 – III R 86/09, FR 2013, 234 = BStBl. II 2013, 855 (norwegisches Kindergeld).
3 BVerfG v. 13.10.2009 – 2 BvL 3/05, BVerfGE 124, 282 (294 ff.) = FamRZ 2009, 2065.
4 BFH v. 30.11.2004 – VIII R 51/03, BStBl. II 2008, 795 (797 ff.) = FR 2005, 380; vgl. auch BFH v. 30.11.2004 – VIII R 76/00, BFH/NV 2005, 856; v. 30.11.2004 – VIII R 73/99, BFH/NV 2005, 1029. – BFH v. 30.12.2010 – III B 172/09, BFH/NV 2011, 784 hat die Rspr. des BVerfG nunmehr aufgenommen.
5 Dazu *Nolde*, FR 1995, 845.
6 BFH v. 19.5.2004 – III R 55/03, BStBl. II 2006, 291 = FR 2004, 1075.
7 Zu Einzelheiten s. R 31 Abs. 4 EStR.
8 *K/S/M*, § 31 Rn. A 12.
9 Dazu FinVerw. v. 10.12.1996, DStR 1997, 161; *K/S/M*, § 31 Rn. A 14.

(3) Ein Kind wird in dem Kalendermonat, in dem es lebend geboren wurde, und in jedem folgenden Kalendermonat, zu dessen Beginn es das 18. Lebensjahr noch nicht vollendet hat, berücksichtigt.

(4) [1]Ein Kind, das das 18. Lebensjahr vollendet hat, wird berücksichtigt, wenn es

1. **noch nicht das 21. Lebensjahr vollendet hat, nicht in einem Beschäftigungsverhältnis steht und bei einer Agentur für Arbeit im Inland als Arbeitsuchender gemeldet ist oder**
2. **noch nicht das 25. Lebensjahr vollendet hat und**
   a) **für einen Beruf ausgebildet wird oder**
   b) **sich in einer Übergangszeit von höchstens vier Monaten befindet, die zwischen zwei Ausbildungsabschnitten oder zwischen einem Ausbildungsabschnitt und der Ableistung des gesetzlichen Wehr- oder Zivildienstes, einer vom Wehr- oder Zivildienst befreienden Tätigkeit als Entwicklungshelfer oder als Dienstleistender im Ausland nach § 14b des Zivildienstgesetzes oder der Ableistung des freiwilligen Wehrdienstes nach § 58b des Soldatengesetzes oder der Ableistung eines freiwilligen Dienstes im Sinne des Buchstaben d liegt, oder**
   c) **eine Berufsausbildung mangels Ausbildungsplatzes nicht beginnen oder fortsetzen kann oder**
   d)[1] **ein freiwilliges soziales Jahr oder ein freiwilliges ökologisches Jahr im Sinne des Jugendfreiwilligendienstegesetzes oder einen Freiwilligendienst im Sinne der Verordnung (EU) Nr. 1288/2013 des Europäischen Parlaments und des Rates vom 11. Dezember 2013 zur Einrichtung von „Erasmus+", dem Programm der Union für allgemeine und berufliche Bildung, Jugend und Sport, und zur Aufhebung der Beschlüsse Nr. 1719/2006/EG, Nr. 1720/2006/EG und Nr. 1298/2008/EG (ABl. L 347 vom 20.12.2013, S. 50) oder einen anderen Dienst im Ausland im Sinne von § 5 des Bundesfreiwilligendienstgesetzes oder einen entwicklungspolitischen Freiwilligendienst „weltwärts" im Sinne der Förderleitlinie des Bundesministeriums für wirtschaftliche Zusammenarbeit und Entwicklung vom 1. Januar 2016 oder einen Freiwilligendienst aller Generationen im Sinne von § 2 Absatz 1a des Siebten Buches Sozialgesetzbuch oder einen Internationalen Jugendfreiwilligendienst im Sinne der Richtlinie des Bundesministeriums für Familie, Senioren, Frauen und Jugend vom 25. Mai 2018 (GMBl S. 545) oder einen Bundesfreiwilligendienst im Sinne des Bundesfreiwilligendienstgesetzes leistet oder**
3. **wegen körperlicher, geistiger oder seelischer Behinderung außerstande ist, sich selbst zu unterhalten; Voraussetzung ist, dass die Behinderung vor Vollendung des 25. Lebensjahres eingetreten ist.**

[2]Nach Abschluss einer erstmaligen Berufsausbildung oder eines Erststudiums wird ein Kind in den Fällen des Satzes 1 Nummer 2 nur berücksichtigt, wenn das Kind keiner Erwerbstätigkeit nachgeht. [3]Eine Erwerbstätigkeit mit bis zu 20 Stunden regelmäßiger wöchentlicher Arbeitszeit, ein Ausbildungsdienstverhältnis oder ein geringfügiges Beschäftigungsverhältnis im Sinne der §§ 8 und 8a des Vierten Buches Sozialgesetzbuch sind unschädlich.

(5) [1]In den Fällen des Absatzes 4 Satz 1 Nummer 1 oder Nummer 2 Buchstabe a und b wird ein Kind, das

1. **den gesetzlichen Grundwehrdienst oder Zivildienst geleistet hat, oder**
2. **sich anstelle des gesetzlichen Grundwehrdienstes freiwillig für die Dauer von nicht mehr als drei Jahren zum Wehrdienst verpflichtet hat, oder**
3. **eine vom gesetzlichen Grundwehrdienst oder Zivildienst befreiende Tätigkeit als Entwicklungshelfer im Sinne des § 1 Absatz 1 des Entwicklungshelfer-Gesetzes ausgeübt hat,**

für einen der Dauer dieser Dienste oder der Tätigkeit entsprechenden Zeitraum, höchstens für die Dauer des inländischen gesetzlichen Grundwehrdienstes oder bei anerkannten Kriegsdienstverweigerern für die Dauer des inländischen gesetzlichen Zivildienstes über das 21. oder 25. Lebensjahr hinaus berücksichtigt. [2]Wird der gesetzliche Grundwehrdienst oder Zivildienst in einem Mitgliedstaat der Europäischen Union oder einem Staat, auf den das Abkommen über den Europäischen Wirtschaftsraum Anwendung findet, geleistet, so ist die Dauer dieses Dienstes maßgebend. [3]Absatz 4 Satz 2 und 3 gilt entsprechend.

---

1 In § 32 Abs. 4 Satz 1 Nr. 2 Buchst. d wurden mWv. 1.1.2019 die Wörter „Richtlinie des Bundesministeriums für wirtschaftliche Zusammenarbeit und Entwicklung vom 1. August 2007 (BAnz. 2008 S. 1297)" durch die Wörter „Förderleitlinie des Bundesministeriums für wirtschaftliche Zusammenarbeit und Entwicklung vom 1. Januar 2016" und die Wörter „vom 20. Dezember 2010 (GMBl S. 1778)" durch die Wörter „vom 25. Mai 2018 (GMBl S. 545)" ersetzt (FamEntlastG v. 29.11.2018, BGBl. I 2018, 2210).

(6)[1] [1]Bei der Veranlagung zur Einkommensteuer wird für jedes zu berücksichtigende Kind des Steuerpflichtigen ein Freibetrag von 2 490 Euro für das sächliche Existenzminimum des Kindes (Kinderfreibetrag) sowie ein Freibetrag von 1 320 Euro für den Betreuungs- und Erziehungs- oder Ausbildungsbedarf des Kindes vom Einkommen abgezogen. [2]Bei Ehegatten, die nach den §§ 26, 26b zusammen zur Einkommensteuer veranlagt werden, verdoppeln sich die Beträge nach Satz 1, wenn das Kind zu beiden Ehegatten in einem Kindschaftsverhältnis steht. [3]Die Beträge nach Satz 2 stehen dem Steuerpflichtigen auch dann zu, wenn

1. **der andere Elternteil verstorben oder nicht unbeschränkt einkommensteuerpflichtig ist oder**
2. **der Steuerpflichtige allein das Kind angenommen hat oder das Kind nur zu ihm in einem Pflegekindschaftsverhältnis steht.**

[4]Für ein nicht nach § 1 Absatz 1 oder 2 unbeschränkt einkommensteuerpflichtiges Kind können die Beträge nach den Sätzen 1 bis 3 nur abgezogen werden, soweit sie nach den Verhältnissen seines Wohnsitzstaates notwendig und angemessen sind. [5]Für jeden Kalendermonat, in dem die Voraussetzungen für einen Freibetrag nach den Sätzen 1 bis 4 nicht vorliegen, ermäßigen sich die dort genannten Beträge um ein Zwölftel. [6]Abweichend von Satz 1 wird bei einem unbeschränkt einkommensteuerpflichtigen Elternpaar, bei dem die Voraussetzungen des § 26 Absatz 1 Satz 1 nicht vorliegen, auf Antrag eines Elternteils der dem anderen Elternteil zustehende Kinderfreibetrag auf ihn übertragen, wenn er, nicht jedoch der andere Elternteil, seiner Unterhaltspflicht gegenüber dem Kind für das Kalenderjahr im Wesentlichen nachkommt oder der andere Elternteil mangels Leistungsfähigkeit nicht unterhaltspflichtig ist. [7]Eine Übertragung nach Satz 6 scheidet für Zeiträume aus, für die Unterhaltsleistungen nach dem Unterhaltsvorschussgesetz gezahlt werden. [8]Bei minderjährigen Kindern wird der dem Elternteil, in dessen Wohnung das Kind nicht gemeldet ist, zustehende Freibetrag für den Betreuungs- und Erziehungs- oder Ausbildungsbedarf auf Antrag des anderen Elternteils auf diesen übertragen, wenn bei dem Elternpaar die Voraussetzungen des § 26 Absatz 1 Satz 1 nicht vorliegen. [9]Eine Übertragung nach Satz 8 scheidet aus, wenn der Übertragung widersprochen wird, weil der Elternteil, bei dem das Kind nicht gemeldet ist, Kinderbetreuungskosten trägt oder das Kind regelmäßig in einem nicht unwesentlichen Umfang betreut. [10]Die den Eltern nach den Sätzen 1 bis 9 zustehenden Freibeträge können auf Antrag auch auf einen Stiefelternteil oder Großelternteil übertragen werden, wenn dieser das Kind in seinen Haushalt aufgenommen hat oder dieser einer Unterhaltspflicht gegenüber dem Kind unterliegt. [11]Die Übertragung nach Satz 10 kann auch mit Zustimmung des berechtigten Elternteils erfolgen, die nur für künftige Kalenderjahre widerrufen werden kann.

Verwaltung: S. den Nachweis zur DA-KG 2018 bei § 31; BMF v. 28.6.2013, BStBl. I 2013, 845; v. 17.1.2014, BStBl. I 2014, 109; v. 8.2.2016, BStBl. I 2016, 226.

1 In § 32 Abs. 6 Satz 1 wurde mWv. 1.1.2019 die Angabe „2 394 Euro“ durch die Angabe „2 490 Euro“ ersetzt (FamEntlastG v. 29.11.2018, BGBl. I 2018, 2210).

Literatur: S. den Literaturnachweis zu § 31.

A. Grundaussagen der Vorschrift

1 § 32 definiert Voraussetzungen und Rechtsfolgen **kinderbedingter Minderungen der Leistungsfähigkeit**, soweit sie nicht bereits durch das Kindergeld abgegolten oder in Sondertatbeständen berücksichtigt werden (s. § 31 Rn. 1 f.). Im Einzelnen lassen sich die Aussagen der Norm in drei Gruppen gliedern. Erstens definiert sie die **Kindschaftsverhältnisse** iSd. EStG (**Abs. 1, 2**; hierzu B.). Zweitens regelt sie die **Voraussetzungen**, unter denen **Kinder in den einkommensteuerrechtl. Familienleistungsausgleich einzubeziehen** sind (**Abs. 3–5**; s. C.). Drittens gewährt § 32 **zwei Freibeträge** zur Freistellung des **sächlichen Existenzminimums** wie auch des **Betreuungs- und Erziehungsbedarfs** (**Abs. 6**; unten D.). § 32 folgt dabei im praktischen Ergebnis einem **Monatsprinzip**. Die Vorschrift gilt für **unbeschränkt EStPfl.** (§ 1 Abs. 1, 2) einschl. der nach § 1 Abs. 3 als solche zu behandelnden beschränkt StPfl.

§ 32 strahlt daneben (oft unsystematisch) auf zahlreiche andere Vorschriften aus. So ist der Kinderbegriff des § 32 maßgeblich für den Anspr. auf Kindergeld gem. § 63 Abs. 1. Auch sonstige kinderbezogene Regelungen in EStG (zB §§ 10 Abs. 1 Nr. 5, 33 Abs. 3, 33a, 33b Abs. 5) und Nebengesetzen (zB § 3 Abs. 1 Nr. 2 5. VermBG, LKirchenStG) beziehen sich (ggf. mittelbar über § 63 Abs. 1, so zB § 85) auf § 32. Hängt eine Steuerermäßigung davon ab, dass der StPfl. für ein Kind einen Freibetrag nach § 32 Abs. 6 oder Kindergeld erhält, ist ergänzend § 65 Abs. 1 S. 2 (Gleichstellung anderer Leistungen) heranzuziehen. Nach § 51a Abs. 2 S. 1 sind die Freibeträge nach § 32 Abs. 6 maßgeblich für die Bemessung der Zuschlagsteuern (vgl. § 31 Rn. 13).

B. Kindschaftsverhältnisse (Abs. 1, 2)

2 **I. Kinder iSd. EStG (Abs. 1).** Kinder iSv. **Abs. 1 Nr. 1** sind im Anschluss an das Familienrecht[1] alle leiblichen Kinder und Adoptivkinder (unabhängig v. Haushaltszugehörigkeit und geleistetem Unterhalt). Mit der Adoption Minderjähriger (Volladoption) erlöschen die bisherigen Verwandtschaftsverhältnisse (§§ 1754 f. BGB), das Kind wird estrechtl. v. nun an nur noch beim Annehmenden berücksichtigt. Bei der Adoption Volljähriger hat idR lediglich die Unterhaltspflicht der Adoptiveltern Vorrang ggü. jener der leiblichen Eltern (§ 1770 Abs. 2, 3 BGB), so dass zwei Kindschaftsverhältnisse bestehen (zur Konkurrenz Rn. 7). Stief- und Enkelkinder sind nach Abs. 1 Nr. 1 nicht zu berücksichtigen.

3 Die **Pflegekindschaft (Abs. 1 Nr. 2)** ist nicht zivilrechtl. vorgegeben, sondern ein estrechtl. Typusbegriff, dessen einzelne Merkmale im Klammerzusatz des Abs. 1 Nr. 2 gesetzlich definiert[2] sind. Ausschlaggebend ist die Verbundenheit durch ein familienähnliches, auf längere Dauer berechnetes Band. – Erforderlich ist erstens ein bereits gegebenes **familienähnliches Band**. Gemeint ist eine Eltern-Kind-Beziehung im Sinne eines Aufsichts-, Betreuungs- und Erziehungsverhältnisses, dh. eine familienähnliche Personensorge (körperliche Versorgung und Erziehung).[3] Das Pflegekindschaftsverhältnis muss den anderen Kindschaftsverhältnissen vergleichbar sein.[4] Eine v. Jugendamt nach § 44 SGB VIII erteilte Pflegeerlaubnis ist nicht erforderlich, aber Indiz.[5] Verwandtschaft mit dem Kind, Familienstand und Sorgerecht sind unerheblich. Ein Pflegekindschaftsverhältnis kann ausnahmsweise auch mit Volljährigen bestehen, allerdings nur sofern besondere Umstände vorliegen (Hilflosigkeit, Behinderung, aus Kindertagen fortdauernde besondere emotionale Bindung).[6] Ein bestimmter Altersunterschied zw. Pflegeeltern und Kind ist – jedenfalls bei geistiger

1 Vgl. BFH v. 28.7.2005 – III R 68/04, BStBl. II 2008, 350 = FR 2006, 238 m. Anm. *Greite* (Übernahme der familienrechtl. Rückwirkung einer Vaterschaftsanerkennung).
2 BFH v. 9.2.2012 – III R 15/09, BStBl. II 2012, 739 = FR 2012, 646: Klammerzusatz als Legaldefinition mit nicht lediglich erläuternder Funktion.
3 BFH v. 20.1.1995 – III R 14/94, BStBl. II 1995, 582 (584) = FR 1995, 620; v. 9.2.2012 – III R 15/09, BStBl. II 2012, 739 = FR 2012, 646.
4 BFH v. 7.9.1995 – III R 95/93, BStBl. II 1996, 63 (65) = FR 1996, 69.
5 DA-KG Kap. A 11.3 Abs. 4.
6 BFH v. 5.10.2004 – VIII R 69/02, BFH/NV 2005, 524; v. 21.4.2005 – III R 53/02, BFH/NV 2005, 1547; v. 9.2.2012 – III R 15/09, BStBl. II 2012, 739 = FR 2012, 646 (bei geistiger oder seelischer Behinderung muss der geistige Zustand

Behinderung des Kindes[1] – nicht zwingend,[2] kann jedoch Anhaltspunkt für das Vorliegen eines familienähnlichen Bandes sein.[3] Ein familienähnliches Band fehlt bei sog. Kostkindern (vgl. Rn. 5) und in ein Kinderhaus aufgenommenen Kindern.[4] – Die Beziehung muss zweitens **auf längere Dauer angelegt** sein, dh. auf einen künftigen Zeitraum, der die weitere Entwicklung eines Eltern-Kind-Verhältnisses erlaubt.[5] Nicht erforderlich ist eine zeitlich unbegrenzte oder bis zur Volljährigkeit dauernde Aufnahme des Kindes.[6] Eine zunächst nur als vorübergehend geplante Unterbringung kann Dauercharakter annehmen und zum Pflegschaftsverhältnis werden, etwa wenn sich die leiblichen Eltern nicht mehr um das Kind kümmern.[7] Eine rückblickend kürzere tatsächliche Dauer bleibt aber unschädlich, wenn die Pflegeperson zu einer langfristigen Aufnahme entschlossen war.[8] Das Adoptionsverhältnis (§ 1744 BGB) ist idR ein Pflegekindschaftsverhältnis.[9]

Ungeachtet der insofern missverständlichen Formulierung im aktuellen Gesetzestext muss der StPfl. das Pflegekind des Weiteren in seinen **Haushalt** aufgenommen haben (R 32.2 EStR).[10] Dies erfordert entspr. § 64 (vgl. § 63 Rn. 2), dass das Kind – nicht nur vorübergehend[11] – in die Familiengemeinschaft einbezogen worden ist und dort in einem Betreuungs- und Erziehungsverhältnis familiärer Art steht.[12] Dabei müssen ein **örtlich gebundenes Zusammenleben** sowie **Voraussetzungen materieller** (Versorgung, Unterhaltsgewährung) **und immaterieller Art** (Fürsorge, Betreuung) gegeben sein.[13] Diese drei Merkmale müssen kumulativ vorliegen, können aber im Einzelfall unterschiedlich ausgeprägt sein.[14] Namentlich das Merkmal örtlich gebundenen Zusammenlebens meint idR, dass das Kind die Wohnung des StPfl. teilt oder sich mit seiner Einwilligung[15] vorübergehend außerhalb dieser aufhält, kann aber auch eine dauernde Unterbringung behinderter Kinder in einem Heim[16] einschließen. Die familienähnliche Bindung endet jedoch, wenn das volljährige Pflegekind eine eigene Wohnung bezieht.[17] 4

---

dem typischen Entwicklungsstand eines Minderjährigen entsprechen). – Gegen die Anerkennung des betreuten Wohnens eines erwachsenen Behinderten in einer Familie als Pflegekindschaftsverhältnis können auch vertragliche Abreden sprechen (zB Urlaubsansprüche, kurze Kündigungsfristen etc.); FG BaWü. v. 10.6.2015 – 13 K 4131/13, juris (rkr.).

1 Vgl. hierzu BFH v. 9.2.2012 – III R 15/09, BStBl. II 2012, 739 = FR 2012, 646. Siehe zuvor FG Düss. v. 29.11.1988 – 3 K 114/88 L, EFG 1989, 286 (287); **aA** noch BFH v. 4.4.1975 – VI R 218/72, BStBl. II 1975, 636 (637).

2 BFH v. 9.2.2012 – III R 15/09, BStBl. II 2012, 739 = FR 2012, 646: Bei fehlendem Altersunterschied muss das für ein erzieherisches Einwirken erforderliche Autoritätsverhältnis durch andere besondere Umstände begründet sein. Siehe auch FG Münster v. 30.7.1998 – 3 K 7530/97 Kg, EFG 1999, 74 (75); R 32.2 Abs. 3 S. 1 EStR; DA-KG Kap. A 11.3 Abs. 5; **aA** noch BFH v. 4.4.1975 – VI R 218/72, BStBl. II 1975, 636 (637); vgl. ferner BFH v. 5.8.1977 – VI R 187/74, BStBl. II 1977, 832 (833): 14 Jahre ausreichend.

3 *K/S/M*, § 32 Rn. B 12.

4 BFH v. 23.9.1998 – XI R 11/98, BStBl. II 1999, 133 (134) = FR 1999, 131; v. 23.9.1998 – XI R 9/98, BFH/NV 1999, 600 (602).

5 BFH v. 9.2.2012 – III R 15/09, BStBl. II 2012, 739 = FR 2012, 646 Rn. 21, lässt im Anschluss an DA-KG Kap. A 11.3 Abs. 2 (damals noch DA-FamEStG 63.2.2.3 Abs. 2) eine beabsichtigte Dauer v. idR zwei Jahren genügen. Im Einzelfall kann jedoch auch eine Dauer von drei Jahren nicht ausreichen; vgl. BFH v. 8.1.2014 – XI B 120/13, BFH/NV 2014, 686. – Siehe auch R 32.2 Abs. 1 EStR.

6 BFH v. 7.9.1995 – III R 95/93, BStBl. II 1996, 63 (65) = FR 1996, 69.

7 BFH v. 17.12.1952 – IV 359/52 U, BStBl. III 1953, 74 (75). – Allerdings dürfte eine auf kurze Zeit angelegte Aufnahme nicht genügen, wenn sich diese allein mangels anderweitiger Unterbringungsmöglichkeiten verlängert; vgl. FG Köln v. 20.2.2017 – 5 K 2087/16, juris (NZB III B 26/17).

8 BFH v. 9.2.2012 – III R 15/09, BStBl. II 2012, 739 = FR 2012, 646 Rn. 21; v. 19.10.2017 – III R 25/15, juris, Rn. 32.

9 R 32.2 Abs. 1 S. 3 EStR.

10 BFH v. 12.10.2016 – XI R 1/16, BFH/NV 2017, 298. – Umgekehrt genügt es jedoch nicht, wenn das Pflegekind die Pflegeperson in seinen Haushalt aufgenommen hat; BFH v. 22.12.2011 – III R 70/09, BFH/NV 2012, 1446.

11 BFH v. 14.12.2004 – VIII R 106/03, BStBl. II 2008, 762; v. 25.6.2009 – III R 2/07, BStBl. II 2009, 968 = FR 2010, 139; v. 2.7.2012 – VI B 13/12, juris: Ein Aufenthalt v. drei Monaten übersteigt idR den Besuchscharakter, sofern eine Rückkehr nicht v. vornherein feststeht.

12 BFH v. 20.6.2001 – VI R 224/98, BStBl. II 2001, 713 = FR 2001, 1014; v. 14.1.2011 – III B 96/09, BFH/NV 2011, 788.

13 BFH v. 20.6.2001 – VI R 224/98, BStBl. II 2001, 713 = FR 2001, 1014; v. 14.1.2011 – III B 96/09, BFH/NV 2011, 788.

14 Vgl. BFH v. 18.2.2008 – III B 69/07, BFH/NV 2008, 948.

15 Im Sonderfall einer Kindesentführung (namentlich durch den anderen Elternteil) endet die Haushaltszugehörigkeit nicht automatisch im Entführungszeitpunkt, sofern der sorgeberechtigte Elternteil umgehend rechtliche Schritte zur Rückführung des Kindes einleitet, hingegen aber schon, wenn nicht mehr mit seiner Rückkehr zu rechnen ist; vgl. BFH v. 4.7.2012 – III B 174/11, BFH/NV 2012, 1599.

16 Eine dauernde Unterbringung im Heim bleibt unschädlich, solange eine nicht nur unwesentliche Betreuung durch die Pflegeeltern im eigenen Haushalt erfolgt; BFH v. 14.11.2001 – X R 24/99, BStBl. II 2002, 244 = FR 2002, 353; v. 14.1.2011 – III B 96/09, BFH/NV 2011, 788.

17 FG Köln v. 2.3.2011 – 10 K 713/10, EFG 2011, 1435.

5 Der StPfl. darf das Kind **nicht zu Erwerbszwecken** in seinen Haushalt aufgenommen haben. Entscheidend ist seit der Neuregelung durch das StÄndG 2003,[1] dass Unterbringung und Betreuung nicht nach marktwirtschaftlichen Gesichtspunkten (Kostpflege oder sog. Pflegenestfamilie) entlohnt werden. Nimmt eine Pflegeperson mehr als sechs Kinder auf, vermutet die Verwaltung, dass es sich um Kostkinder handelt.[2] Auch Heime und sonstige betreute Wohnformen nach § 34 SGB VIII verfolgen Erwerbszwecke.[3] Dagegen gilt Pflegegeld iRd. Pflegesatzes des zuständigen Jugendamtes nicht als Entlohnung, da es nur die Kosten decken soll (§ 39 SGB VIII).[4]

6 Es darf **kein Obhuts- und Pflegeverhältnis** (tatsächliche Beteiligung an der Pflege und Erziehung des Kindes) **zu den Eltern** (leibliche Eltern, Adoptiveltern oder andere Pflegeeltern) bestehen. Maßgeblich sind jeweils die Umstände des Einzelfalls. Der Entzug des Sorgerechts kann Indiz für ein fehlendes Obhuts- und Pflegeverhältnis sein.[5] Bei einem noch nicht schulpflichtigen Kind genügt idR ein Unterbleiben ausreichenden (dh. mehr als nur sporadischen[6]) Kontakts zu den Eltern v. mindestens einem Jahr,[7] bei einem schulpflichtigen Kind v. zwei Jahren.[8] Andererseits unterbricht vorübergehende Abwesenheit das Obhuts- und Pflegeverhältnis zu einem Kind im Kleinkindalter nicht.[9] Bei fast volljährigen Kindern kann es unabhängig v. einer räumlichen Trennung fortbestehen, solange Eltern und Kind in Verbindung bleiben.[10] Einmalige Besuche im Kalendervierteljahr allein begründen aber noch kein Obhuts- und Pflegeverhältnis.[11] Bei Haushaltsgemeinschaft des StPfl. mit einem Elternteil besteht dessen Obhuts- und Pflegeverhältnis mit dem Kind fort.[12] An dieser Stelle unerheblich ist dagegen, ob die Eltern einen Anspr. auf Kinderfreibeträge/Kindergeld haben.[13]

7 **II. Konkurrenz von Kindschaftsverhältnissen (Abs. 2).** Eine Konkurrenzsituation tritt ein, wenn bei einem angenommenen Kind (dh. bei der Erwachsenenadoption, bei der Adoption Minderjähriger nur im VZ der Annahme; s. Rn. 2) oder einem Pflegekind zugleich ein Kindschaftsverhältnis zu den leiblichen Eltern besteht. Abs. 2 räumt in diesen Fällen den Adoptiv- (S. 1) oder Pflegeeltern (S. 2) generell den Vorrang ein, weil sie idR die Unterhaltslast tragen. Das Kind ist hiernach auch dann nicht bei seinen leiblichen Eltern zu berücksichtigen, wenn diese im Einzelfall doch Unterhalt leisten (ein zivilrechtl. Ausgleich bleibt möglich).

C. Voraussetzungen der Berücksichtigung von Kindern (Abs. 3–5)

8 **I. Kinder bis zum 18. Lebensjahr (Abs. 3).** Ein Kind (Abs. 1) wird in dem Kalendermonat, in dem es lebend geboren[14] wurde, und in jedem folgenden Kalendermonat, zu dessen Beginn es das 18. Lebensjahr noch nicht vollendet hat (mit Ablauf des dem Geburtstag vorangegangenen Tages; §§ 108 Abs. 1 AO, 187 Abs. 2 S. 2, 188 Abs. 2 BGB)[15], berücksichtigt. Eigene Einkünfte und Bezüge des Kindes sind unschädlich.[16] Zur Eintragung auf der **LSt-Karte** s. § 39 Abs. 3 Nr. 2. Kinder, die nicht in der Wohnung des StPfl. gemeldet sind, werden idR nur dann v. der Gemeinde auf seiner LSt-Karte berücksichtigt, wenn der StPfl. eine Lebensbescheinigung vorlegt, die nicht älter ist als drei Jahre.[17] Entspr. gilt grds. für das ESt-Veranlagungsverfahren.[18]

---

1 G v. 15.12.2003, BGBl. I 2003, 2645.
2 R 32.2 Abs. 1 S. 5 EStR.
3 BFH v. 2.4.2009 – III R 92/06, BStBl. II 2010, 345; v. 19.10.2017 – III R 25/15, juris, Rn. 29.
4 BFH v. 2.4.2009 – III R 92/06, BStBl. II 2010, 345; v. 19.10.2017 – III R 25/15, juris, Rn. 30.
5 OFD Düss. v. 23.3.1988, StEK EStG § 32 Nr. 76.
6 Umgangskontakte der Eltern iRv § 1684 BGB, die sich auf wenige Tage im Monat beschränken, begründen noch kein Obhuts- und Pflegeverhältnis; FG München v. 25.10.2011 – 7 K 2736/09, EFG 2012, 851.
7 BFH v. 20.1.1995 – III R 14/94, BStBl. II 1995, 582 = FR 1995, 620; bestätigt durch BFH v. 25.4.2012 – III B 176/11, BFH/NV 2012, 1304; v. 19.10.2017 – III R 25/15, juris, Rn. 33.
8 BFH v. 7.9.1995 – III R 95/93, BStBl. II 1996, 63 = FR 1996, 69; bestätigt durch BFH v. 25.4.2012 – III B 176/11, BFH/NV 2012, 1304; v. 19.10.2017 – III R 25/15, juris, Rn. 33.
9 BFH v. 12.6.1991 – III R 108/89, BStBl. II 1992, 20 (22) = FR 1992, 111.
10 BFH v. 20.7.2006 – III R 44/05, BFH/NV 2007, 17.
11 OFD Düss. v. 23.3.1988, StEK EStG § 32 Nr. 76.
12 BFH v. 19.3.1993 – III R 45/91, BFH/NV 1993, 535; DA-KG Kap. A 11.4 Abs. 2 S. 1; vgl. auch BFH v. 19.4.2007 – III R 85/03, BFH/NV 2007, 1855.
13 BFH v. 19.4.2007 – III R 85/03, BFH/NV 2007, 1855.
14 Vgl. FG Hess. v. 28.4.1999 – 2 K 2872/98, EFG 1999, 781.
15 BFH v. 18.4.2017 – V B 147/16, BFH/NV 2017, 1052. Folglich wird ein Kind, das die Altersgrenze mit Geburtstag am Monatsersten erreicht, für diesen Monat nicht mehr berücksichtigt.
16 BFH v. 1.3.2000 – VI R 162/98, BStBl. II 2000, 459 (460) = FR 2000, 670; krit. dazu *Kanzler*, FamRZ 2004, 70 (77).
17 Zu Einzelheiten s. R 39.1 Abs. 3, R 39.2 Abs. 6–10 LStR.
18 Vgl. OFD Düss. v. 24.8.1987, StEK EStG § 32 Nr. 70.

II. Kinder, die das 18. Lebensjahr vollendet haben (Abs. 4). 1. Grundsätzliches. Nach Vollendung des 18. Lebensjahres wird ein Kind gem. Abs. 4 in jedem Monat berücksichtigt, in dem die nachfolgend geschilderten Voraussetzungen zu irgendeinem Zeitpunkt – es reicht ein Tag – gleichzeitig vorliegen.[1] Der StPfl. hat dies glaubhaft zu machen.[2] 9

Abs. 4 dient dem legislativen Motiv, Eltern volljähriger Kinder (nur) in **„typischen Unterhaltssituationen"** zu entlasten, und verwirklicht dieses Anliegen im Zusammenspiel dreier Typisierungen: Zunächst benennt S. 1 Nr. 1–3 tatbestandlich Konstellationen, in denen Eltern ihre erwachsenen Kinder üblicherweise unterstützen, in denen diese also grds. zu berücksichtigen sind. Abweichend hiervon unterstellt S. 2 für Fälle der Nr. 2 eine typische Fähigkeit des Kindes, seinen Lebensunterhalt selbst zu bestreiten, sofern es nach erstmaliger Erlangung berufsspezifischer Fähigkeiten (Erstausbildung oder Erststudium) einer Erwerbstätigkeit nachgeht. S. 3 kehrt schließlich als Gegenausnahme zu S. 2 in drei Erwerbskonstellationen mit zumeist niedrigen Einkünften zur Regel des S. 1 zurück.

Die genaue Höhe eigener Einkünfte und Bezüge des Kindes bleibt bei diesen Typisierungen jeweils (anders als in der bis VZ 2011 geltenden Gesetzesfassung) unbeachtlich. Die Rspr. folgert hieraus, dass dem abstrakten Leitgedanken der „typischen Unterhaltssituation" keine konkrete tatbestandliche Relevanz mehr zukommt.[3] Bedeutung erlangt dies vor allem, wenn ein **Dritter** dem Kind **vorrangig zum Unterhalt verpflichtet** ist (zB der Ehegatte des Kindes ab Heirat). Der Sinn und Zweck der Vorschrift, den typischen Fall eigener elterlicher Unterhaltslasten abzubilden, würde insofern eigentlich nahelegen, das Kind nicht nach Abs. 4 zu berücksichtigen, es sei denn, der v. Dritten geleistete Unterhalt unterschreitet das Existenzminimum (Mangelfall).[4] Der BFH[5] lehnt hingegen eine solche teleologische Reduktion ab. Er bewirkt damit eine vom Gesetzgeber nicht gewollte Doppelberücksichtigung des Kindes, das auch in die Besteuerung des Dritten einzubeziehen ist (zB im Wege einer Zusammenveranlagung nach §§ 26, 26b, ggf. auch gemäß § 33a).

2. Berücksichtigung bis zum 21. Lebensjahr (S. 1 Nr. 1). Ein volljähriges Kind wird bis zum 21. Lebensjahr berücksichtigt, wenn es nicht in einem Beschäftigungsverhältnis steht und bei einer Agentur für Arbeit im Inland als Arbeitsuchender gemeldet ist **(Abs. 4 S. 1 Nr. 1)**. Die Vorschrift trägt dem üblicherweise gegebenen Unterhaltsbedarf erwerbsloser Kinder angemessen Rechnung. Sie unterstellt dabei typisierend, dass das beschäftigungslose Kind arbeitsfähig und -willig ist und verzichtet demgemäß auf eine nähere Erforschung dieser Umstände. Ein weiter gehender Nachweis ernsthafter Bemühungen um eine Arbeit ist daher nicht erforderlich.[6] 10

Der Begriff des **Beschäftigungsverhältnisses** ist sozialrechtlicher Herkunft und iSv. § 138 Abs. 1 Nr. 1 iVm. Abs. 3 SGB III zu verstehen.[7] Im Einklang hiermit wird eine sozialrechtlich als „geringfügig" eingeordnete unselbstständige Beschäftigung (§§ 8 und 8a SGB IV) auch hier als unschädlich angesehen.[8] Gleiches gilt für eine selbstständige Tätigkeit, die weniger als 15 Stunden wöchentlich umfasst; gelegentliche Abweichungen von geringer Dauer bleiben unberücksichtigt.[9] – Die Sätze 2 bis 3 des Abs. 4 gelten für Fälle des Satzes 1 Nr. 1 nicht. Ebenso sind v. Kind erzielte Einkünfte und Bezüge unbeachtlich.

Das Kind muss des Weiteren seinen sozialrechtlichen Mitwirkungspflichten nachkommen. Insbes. ist eine (auch formlos mögliche) **Meldung**[10] bei der Agentur für Arbeit[11] ausnahmslos[12] erforderlich.[13] Stellt die

---

1 *K/S/M*, § 32 Rn. C 3, C 7.
2 Dazu *H/H/R*, § 32 Anm. 84, 94, 104, 108, 113, 115.
3 Vgl. BFH v. 17.10.2013 – III R 22/13, BStBl. II 2014, 257 = FR 2014, 283 m. Anm. *Greite*; v. 15.4.2015 – V R 27/14, BStBl. II 2016, 163.
4 Vgl. (noch auf der Grundlage der früheren Gesetzeslage) BFH v. 2.3.2000 – VI R 13/99, BStBl. II 2000, 522 (523) = FR 2000, 668; v. 19.4.2007 – III R 65/06, BStBl. II 2008, 756 (757) (mit Gegenausnahme bei nicht gesichertem Existenzminimum); hieran anknüpfend BZSt. v. 3.9.2013, BStBl. I 2013, 1143.
5 BFH v. 17.10.2013 – III R 22/13, BStBl. II 2014, 257 = FR 2014, 283 m. Anm. *Greite*; v. 27.2.2014 – III R 33/13, BFH/NV 2014, 842; v. 5.3.2014 – XI R 32/13, BFH/NV 2014, 1031.
6 BFH v. 18.6.2015 – VI R 10/14, BStBl. II 2015, 940; v. 18.2.2016 – V R 22/15, BFH/NV 2016, 914. – Vgl. aber unten Rn. 14 zu Nr. 2 lit. c.
7 BFH v. 18.12.2014 – III R 9/14, BStBl. II 2015, 653 unter Hinweis auf die Entstehungsgeschichte.
8 DA-KG Kap. A 14.1 Abs. 1 S. 2.
9 BFH v. 18.12.2014 – III R 9/14, BStBl. II 2015, 653.
10 Ausschlaggebend ist die (auch fernmündliche) Meldung, nicht deren Registrierung bei der Bundesagentur; BFH v. 25.9.2008 – III R 91/07, BStBl. II 2010, 47 = FR 2009, 831.
11 Die Meldung kann ebenso bei der nach dem SGB II für die Grundsicherung für Arbeitsuchende zuständigen Stelle erfolgen; BFH v. 22.9.2011 – III R 78/08, BFH/NV 2012, 204; v. 26.7.2012 – VI R 98/10, BStBl. II 2013, 443 = FR 2013, 478.
12 Die Meldung ist auch dann nicht entbehrlich, wenn das Kind unfall- oder krankheitsbedingt arbeitsunfähig ist; BFH v. 7.7.2016 – III R 19/15, BStBl. II 2017, 124; FG Köln v. 10.3.2016 – 1 K 560/14, juris (rkr.).
13 Die Meldung bei der Agentur für Arbeit wirkt (mit steuerlicher Auswirkung ab VZ 2009) nicht mehr nur drei Monate fort und muss daher auch nicht mehr regelmäßig erneuert werden; vgl. BFH v. 10.4.2014 – III R 19/12,

Agentur hiernach ihre Vermittlungstätigkeit wegen einer beachtlichen Verletzung der Mitwirkungspflichten ein, entfällt der Anspr. von diesem Zeitpunkt an.[1] Ein Kind, das in einem anderen EU- oder EWR-Staat oder in der Schweiz arbeitsuchend gemeldet ist, kann ebenfalls berücksichtigt werden.[2]

11 **3. Berücksichtigung bis zum 25. Lebensjahr (S. 1 Nr. 2, S. 2–3). a) Erweiterung in vier Fallgruppen.** Ausnahmsweise können erwachsene Kinder gem. **Abs. 4 S. 1 Nr. 2** bis zur Vollendung des 25. Lebensjahres berücksichtigt werden.[3] Das G normiert hierzu in lit. a–d vier Fallgruppen typischer Unterhaltssituationen (s. Rn. 12 ff.), die jeweils unter dem Vorbehalt v. Abs. 4 S. 2–3 (s. Rn. 16 ff.) stehen.

12 **b) Berufsausbildung (S. 1 Nr. 2 lit. a).** Einzubeziehen sind zunächst Kinder in der **Berufsausbildung** (Abs. 4 S. 1 Nr. 2 lit. a).[4] In der (weiter als bei § 10 Abs. 1 Nr. 7 interpretierten[5]) Berufsausbildung, dh. in der Ausbildung zu einem künftigen Beruf, befindet sich, wer sein Berufsziel noch nicht erreicht hat, sich aber ernstlich darauf vorbereitet.[6] Umfasst sind alle Maßnahmen, bei denen Kenntnisse, Fähigkeiten und Erfahrungen erworben werden, die als Grundlagen für die Ausübung des angestrebten Berufs geeignet sind.[7] Hierunter fallen **insbes.** die Ausbildung für einen handwerklichen, kfm., technischen, hauswirtschaftlichen oder wissenschaftlichen Beruf, ebenso der Besuch v. Allgemeinwissen vermittelnden Schulen[8] sowie v. Fach- und Hochschulen[9] im In- und Ausland.[10] Auch ein Praktikum[11] oder eine gering entlohnte Volontärtätigkeit[12] können Berufsausbildung sein, wenn sie der Erlangung der angestrebten beruflichen Qualifikation dienen, ebenso die ernsthafte und nachhaltige Vorbereitung auf das Abitur für Nichtschüler[13], auf das Studium[14] oder auf eine Promotion,[15] der Vorbereitungsdienst der Rechts-[16] und Lehramts-

---

BStBl. II 2015, 29. Zur früheren Rechtslage BFH v. 19.6.2008 – III R 68/05, BStBl. II 2009, 1008 = FR 2009, 96 m. Anm. *Greite*; v. 26.7.2012 – III R 70/10, BFH/NV 2012, 1971.

1 BFH v. 10.4.2014 – III R 19/12, BStBl. II 2015, 29; v. 23.10.2014 – V R 24/14, BFH/NV 2015, 484. Im Einzelnen ist zu differenzieren: Die Berücksichtigungsfähigkeit erlischt ohne Weiteres, wenn die Agentur ihre Tätigkeit förmlich einstellt (Verwaltungsakt; Bekanntgabe erforderlich), bei bloß interner Einstellung (ohne wirksame Bekanntgabe) aber nur, wenn eine die Einstellung rechtfertigende Pflichtverletzung vorliegt.

2 DA-KG Kap. A 14.1 Abs. 1 S. 2.

3 Bis VZ 2006 konnten Kinder noch bis zur Vollendung des 27. Lebensjahres berücksichtigt werden. Die Absenkung der Altersgrenze ist verfassungsgemäß; BFH v. 17.6.2010 – III R 35/09, BStBl. II 2011, 176 = FR 2011, 134 m. Anm. *Greite*. Die hiergegen gerichtete Verfassungsbeschwerde wurde nicht zur Entscheidung angenommen; BVerfG v. 22.10.2012 – 2 BvR 2875/10. Bestätigend BFH v. 24.2.2014 – XI B 15/13, BFH/NV 2014, 839 (Verfassungsbeschwerde nicht angenommen; BVerfG v. 19.3.2015 – 2 BvR 646/14); v. 2.4.2014 – V R 62/10, BFH/NV 2014, 1210 (Verfassungsbeschwerde nicht angenommen; BVerfG v. 29.7.2015 – 2 BvR 1397/14).

4 Dazu grds. BFH v. 9.6.1999 – VI R 33/98, BStBl. II 1999, 701 ff. = FR 1999, 1127; s. im Einzelnen DA-KG Kap. A 15.

5 BFH v. 4.3.2010 – III R 23/08, BFH/NV 2010, 1264: Die dortige Abgrenzung v. Aus- und Fortbildung gilt hier nicht.

6 BFH v. 9.6.1999 – VI R 33/98, BStBl. II 1999, 701 (703) = FR 1999, 1127; v. 15.7.2003 – VIII R 78/99, BStBl. II 2003, 841 = FR 2003, 1295 m. Anm. *Greite*; v. 13.7.2004 – VIII R 23/02, BStBl. II 2004, 999 (1000) = FR 2005, 159 m. Anm. *Bergkemper* (nicht während Beurlaubung v. Studium); v. 24.6.2004 – III R 3/03, BStBl. II 2006, 294 = FR 2005, 215; v. 2.4.2009 – III R 85/08, BStBl. II 2010, 298; v. 21.10.2015 – XI R 17/14, BFH/NV 2016, 190.

7 BFH v. 9.6.1999 – VI R 33/98, BStBl. II 1999, 701 (703) = FR 1999, 1127; v. 15.7.2003 – VIII R 47/02, BStBl. II 2003, 848 = FR 2003, 1290 m. Anm. *Greite*; v. 24.6.2004 – III R 3/03, BStBl. II 2006, 294 = FR 2005, 215; v. 2.4.2009 – III R 85/08, BStBl. II 2010, 298; v. 21.10.2015 – XI R 17/14, BFH/NV 2016, 190; v. 22.7.2017 – III R 3/16, BFH/NV 2017, 1304. – Hieran fehlt es etwa bei einer im Strafvollzug durchgeführten Drogentherapie mit arbeitstherapeutischer Beschäftigung; FG Nds. v. 28.11.2012 – 2 K 240/12, EFG 2013, 787; beim Besuch eines islamischen Mädchenkollegs, das keinen Abschluss vermittelt und auch keinen Zugang zu einem Beruf eröffnet; FG BaWü. v. 27.2.2013 – 2 K 2760/11, EFG 2013, 1049 (rkr.); ebenso beim Besuch einer auf allg. Persönlichkeits und Charakterbildung gerichteten christlichen Schule; FG Münster v. 22.12.2017 – 4 K 3336/17 Kg, juris (Rev. III R 25/18).

8 Vgl. zum Verhältnis Schulausbildung und Zivildienst FG Düss. v. 14.3.2000 – 14 K 5406/99 Kg, EFG 2000, 692.

9 Anerkannt wurde auch ein neben dem Zivildienst durchgeführtes Studium; BFH v. 14.5.2002 – VIII R 61/01, BStBl. II 2002, 807 = FR 2002, 1025 m. Anm. *Greite*.

10 BFH v. 9.6.1999 – VI R 34/98, BStBl. II 1999, 705 (706) = FR 1999, 1130.

11 Ausschlaggebend ist ein vorrangiger Ausbildungscharakter. Hieran fehlte es bei einem Praktikum auf einem Reiterhof; BFH v. 21.10.2015 – XI R 17/14, BFH/NV 2016, 190 (Verfassungsbeschwerde nicht angenommen; BVerfG v. 19.1.2017 – 2 BvR 797/16). Anerkannt wurde hingegen ein Praktikum bei einem Tätowierer; FG Düss. v. 4.10. 2016 – 10 K 1416/16 AO, juris.

12 BFH v. 9.6.1999 – VI R 50/98, BStBl. II 1999, 706 (708) = FR 1999, 1131; **aA** FG Nds. v. 21.4.1999 – II 684/97 Ki, EFG 1999, 901: tarifvertraglich bezahltes Redaktionsvolontariat nicht mehr Berufsausbildung, sondern schon Ausübung des Berufs.

13 BFH v. 18.3.2009 – III R 26/06, BStBl. II 2010, 296 = FR 2010, 92.

14 FG RhPf. v. 15.7.2013 – 5 K 2293/12, EFG 2013, 1772: Besuch eines juristischen Repetitoriums vor dem Studium der Rechtswissenschaft.

15 BFH v. 9.6.1999 – VI R 92/98, BStBl. II 1999, 708 (710) = FR 1999, 1133 m. Anm. *Kanzler*; v. 29.10.1999 – VI R 53/ 99, BFH/NV 2000, 431 (432); v. 26.11.2003 – VIII R 30/03, BFH/NV 2004, 1223 (auch im Rahmen eines Dienstverhältnisses).

16 BFH v. 10.2.2000 – VI B 108/99, BStBl. II 2000, 398 = FR 2000, 570; DA-KG Kap. A 15.2 S. 2.

referendare[1] sowie die Ausbildung eines Soldaten auf Zeit zum (auch Unter-)Offizier,[2] sogar das Noviziat im Kloster,[3] nicht aber eine Einweisung in die Aufgaben als künftiger Betriebsinhaber.[4] Die Ausbildungsmaßnahme muss weder in einer Ausbildungs- oder Studienordnung vorgeschrieben sein noch – mangels solcher Regelungen – dem Erwerb v. Kenntnissen und Fähigkeiten dienen, die für den angestrebten Beruf unverzichtbare Voraussetzung sind.[5] Berufsziel muss kein Ausbildungsberuf iSd. BBiG sein und auch keine Tätigkeit, die einem bestimmten Berufsbild entspricht.[6] Ferner ist die angestrebte Berufsausbildung inhaltlich nicht zu bewerten.[7] Es können auch nicht v. der Studien- oder Ausbildungsordnung vorgeschriebene Berufspraktika anzuerkennen sein, wenn es sich dabei um Maßnahmen zum Erwerb v. Kenntnissen, Fähigkeiten und Erfahrungen handelt, die als Grundlagen für die Ausübung des angestrebten Berufs geeignet sind.[8] Auf die Bezeichnung der Maßnahme kommt es dabei nicht an.[9] – Bei einem **behinderten Kind** ist auch das Arbeitstraining in einer Anlernwerkstatt oder beschützenden Werkstatt Berufsausbildung.[10] – Auch eine **Zweitausbildung** (Zweitstudium) kann tatbestandlich eine Berufsausbildung sein. Zur Berücksichtigung des Kindes führt sie aber nur vorbehaltlich Abs. 4 S. 2–3.

Zur Berufsausbildung kann auch der Erwerb v. **Sprachfertigkeiten** gehören.[11] Dies gilt insbes. bei einer planmäßigen Sprachausbildung. Sonstige Auslandsaufenthalte zum Zwecke des Erlernens der Landessprache[12] (zB Sprachschulbesuch im Ausland nach dem Abitur[13], Au-pair-Aufenthalt[14], Collegestudium[15], Aufbaustudiengang im Ausland[16], Tätigkeit als Fremdsprachenassistent an einer ausländ. Schule[17]) können nur Berufsausbildung sein, wenn Ausbildungsinhalt und -ziel v. einer fachlich autorisierten Stelle vorgegeben werden.[18] Dies soll ohne Weiteres anzunehmen sein, wenn der Sprachaufenthalt mit anerkannten Formen der Berufsausbildung verbunden wird (zB Besuch einer allg. bildenden Schule oder Universität).[19] Ist der Sprachaufenthalt im Ausland in einer Ausbildungs- oder Studienordnung vorgeschrieben oder empfohlen, so ist er idR ebenfalls anzuerkennen.[20] Ansonsten (zB bei Au-pair-Aufenthalt) ist ein beglei-

1 DA-KG Kap. A 15.2 S. 2.
2 BFH v. 16.4.2002 – VIII R 58/01, BStBl. II 2002, 523 = FR 2002, 945 m. Anm. *Greite*; v. 15.7.2003 – VIII R 19/02, BStBl. II 2007, 247 = FR 2004, 296 m. Anm. *Greite*; v. 8.5.2014 – III R 41/13, BStBl. II 2014, 717 (selbst wenn noch offen ist, ob ein Antrag auf Verlängerung der Dienstzeit oder auf Übernahme als Berufssoldat gestellt wird). – BFH v. 10.5.2012 – VI R 72/11, BStBl. II 2012, 895, hat sogar die allgemeine Grundausbildung eines Zeitsoldaten (Mannschaftsdienstgrad) und seine anschließende Einweisung in die weitere Verwendung als „Berufsausbildung" angesehen (fragwürdig). Mit Recht vorsichtiger dagegen BFH v. 16.9.2015 – III R 6/15, BStBl. II 2016, 281; v. 22.2. 2017 – III R 20/15, BStBl. II 2017, 913: im Vordergrund müsse die Erlangung beruflicher Qualifikationen und nicht die Erbringung bezahlter Arbeitsleistungen stehen.
3 FG Nds. v. 10.10.2013 – 16 K 283/12, juris (rkr.) (dass der Novize nach Eintritt in den Orden auf Vermögen und Erwerb verzichtet, steht der Anwendung des Berufsbegriffs nicht entgegen).
4 BFH v. 2.8.1968 – VI R 2007/66, BStBl. II 68, 777 (778).
5 BFH v. 9.6.1999 – VI R 33/98, BStBl. II 1999, 701 (703) = FR 1999, 1127; FG Berlin v. 8.7.1999 – 7 K 7128/98, EFG 1999, 1187; vgl. auch DA-KG Kap. A 15.8 Abs. 1 S. 3–4.
6 BFH v. 9.6.1999 – VI R 33/98, BStBl. II 1999, 701 (704) = FR 1999, 1127.
7 FG SachsAnh. v. 12.10.2010 – 4 K 1629/09, EFG 2011, 1000 (Besuch einer Bibelschule mit dem Berufswunsch Missionar); ähnlich FG Baden-Württemberg v. 11.10.2011 – 11 K 1908/10, EFG 2012, 934; vgl. aber auch FG Münster v. 22.12.2017 – 4 K 3336/17 Kg, juris (Rev. III R 25/18).
8 BFH v. 9.6.1999 – VI R 16/99, BStBl. II 1999, 713 (714) = FR 1999, 1132: sechsmonatiges Anwaltspraktikum eines Jurastudenten. Anders BFH v. 21.1.2010 – III R 17/07, BFH/NV 2010, 1423: Tätigkeit als Shampooneuse keine Ausbildung, sondern gering bezahltes Arbverh.
9 BFH v. 26.8.2010 – III R 88/08, BFH/NV 2011, 26.
10 Vgl. DA-KG Kap. A 15.4.
11 BFH v. 9.6.1999 – VI R 33/98, BStBl. II 1999, 701 (704) = FR 1999, 1127 mit Verweis auf BVerfG v. 10.11.1998 – 2 BvR 1057/91, 2 BvR 1226/91, 2 BvR 980/91, BVerfGE 99, 216 (242) = BStBl. II 1999, 182 (191).
12 Zu Sprachaufenthalten im Ausland DA-KG Kap. A 15.9.
13 Dazu BFH v. 9.6.1999 – VI R 39/98, BFH/NV 2000, 25; v. 23.7.1999 – VI R 187/98, BFH/NV 2000, 38.
14 Dazu BFH v. 9.6.1999 – VI R 39/98, BFH/NV 2000, 25; v. 9.6.1999 – VI R 143/98, BStBl. II 1999, 710 = FR 1999, 1130; zusammenfassend BFH v. 15.3.2012 – III R 58/08, BStBl. II 2012, 743 = FR 2012, 1134; v. 15.3.2012 – III R 82/10, BFH/NV 2012, 1588. – Ein Au-pair-Aufenthalt gilt nicht als Berufsausbildung, wenn das Kind wegen schon vorhandener Sprachkenntnisse nicht an einem Sprachkurs teilnimmt; BFH v. 15.12.2011 – III B 34/11, BFH/NV 2012, 728.
15 Dazu FG Nürnb. v. 10.7.1998 – VII (V) 747/97, EFG 1999, 295; FG Düss. v. 18.9.1997 – 10 K 1201/97 Kg, EFG 1998, 103.
16 Dazu FG Thür. v. 21.10.1998 – III 14/98, EFG 1999, 77.
17 Bej. BFH v. 14.1.2000 – VI R 11/99, BStBl. II 2000, 199 (200) = FR 2000, 401 m. Anm. *Mellinghoff* (Anglistikstudent); verneinend BFH v. 15.7.2003 – VIII R 79/99, BStBl. II 2003, 843 (845) = FR 2003, 1249 m. Anm. *Greite* (Studentin der Politikwissenschaft).
18 BFH v. 9.6.1999 – VI R 143/98, BStBl. II 1999, 710 (712) = FR 1999, 1130.
19 BFH v. 9.6.1999 – VI R 143/98, BStBl. II 1999, 710 (712) = FR 1999, 1130.
20 Vgl. BFH v. 9.6.1999 – VI R 24/99, BFH/NV 2000, 27.

tender theoretisch-systematischer Sprachunterricht zu verlangen[1]; insofern reichen wöchentlich zehn Unterrichtsstunden[2] (im Einzelfall auch weniger)[3] grds. aus.

Das G sieht **keinen zeitlichen Mindestumfang** der Ausbildungsmaßnahme vor.[4] Die Berufsausbildung muss zwar nachhaltig und ernsthaft betrieben werden, aber Zeit und Arbeitskraft des Kindes auch nicht überwiegend in Anspr. nehmen.[5] Eine begleitende Erwerbstätigkeit (zB neben Abendschule oder Fernstudium) ist daher tatbestandlich unschädlich, kann allerdings bei Zweitausbildungen gem. Abs. 4 S. 2–3 (vgl. Rn. 16ff.) zum Ausschluss der Berücksichtigung führen.

Die Berufsausbildung **beginnt** mit ihrer tatsächlichen Aufnahme, ggf. auch mit dem offiziellen Schuljahres- oder Semesterbeginn,[6] nicht aber schon mit der Bewerbung um einen Ausbildungsplatz[7] oder mit einer Immatrikulation trotz fortgesetzter Berufstätigkeit.[8] Sie ist **abgeschlossen**, wenn das Kind das Berufsziel erreicht hat. Dies ist idR[9] mit Abschluss des in der Prüfungsordnung vorgesehenen Verfahrens anzunehmen.[10] Darüber hinaus können aber auch noch weitere Qualifizierungsschritte einbezogen werden, wenn das Kind sein konkretes Berufsziel mit den Mindestvoraussetzungen einer Berufsausübung noch nicht erreicht hat.[11] Ein Hochschulstudium endet spätestens mit der Bekanntgabe des Prüfungsergebnisses, kann aber auch bereits zuvor mit Erbringung aller Prüfungsleistungen beendet sein.[12] Die Ausbildung endet auch, wenn das Kind sie (ungeachtet zB einer fortbestehenden Immatrikulation) tatsächlich abbricht. Im Fall etwaiger **Unterbrechungen** der Ausbildung kommt es idR darauf an, ob diese auch faktisch eingestellt wird.[13] Eine förmliche Beurlaubung beendet demgemäß die Ausbildung, soweit (hochschul-) rechtliche Bestimmungen ihrer Fortsetzung entgegenstehen (insbes. Ausschluss von Leistungsnachweisen) [14], nicht aber, wenn das Kind seine Ausbildung tatsächlich weiter betreibt und zB ein Praktikum ableistet.[15] Auch unfreiwillige Unterbrechungszeiten wegen vorübergehender Erkrankung oder Mutterschaft während der Schutzfristen v. §§ 3 Abs. 1, 2 MuSchG[16] und sogar wegen einer Untersuchungshaft[17] gehö-

---

1 BFH v. 9.6.1999 – VI R 143/98, BStBl. II 1999, 710 (712) = FR 1999, 1130. – Statt eines speziellen Sprachkurses kann uU auch ein in der Fremdsprache gehaltener allg. theoretisch-systematischer Unterricht ausreichen, sofern der Erwerb der Sprachkenntnisse einen konkreten Bezug zum angestrebten Beruf aufweist; BFH v. 22.2.2017 – III R 3/16, BFH/NV 2017, 1304 (Besuch einer amerikanischen Jüngerschaftsschule zur Vorbereitung auf einen Englischtest als Voraussetzung eines deutschen Hochschulstudiums).

2 BFH v. 9.6.1999 – VI R 143/98, BStBl. II 1999, 710 (713) = FR 1999, 1130; vgl. auch BFH v. 9.6.1999 – VI R 24/99, BFH/NV 2000, 27 (29); v. 19.2.2002 – VIII R 83/00, BStBl. II 2002, 469 = FR 2002, 736 m. Anm. *Greite*.

3 Der BFH zieht zunehmend die Kompensation einer geringeren Stundenzahl durch andere Umstände in Betracht, zB bei Blockunterricht, fremdsprachigen Referaten, Vorbereitung auf einen Sprachtest; BFH v. 31.8.2006 – III B 39/06, BFH/NV 2006, 2256; v. 15.3.2012 – III R 58/08, BStBl. II 2012, 743 = FR 2012, 1134; v. 15.3.2012 – III R 82/10, BFH/NV 2012, 1588; v. 14.6.2016 – III B 132/15, BFH/NV 2016, 1449.

4 BFH v. 8.9.2016 – III R 27/15, BStBl. II 2017, 278.

5 BFH v. 28.4.2010 – III R 93/08, BStBl. II 2010, 1060 (achtstündiger Schulbesuch pro Woche genügt); v. 8.9.2016 – III R 27/15, BStBl. II 2017, 278 (durchschnittlich fünf Semesterwochenstunden mit Verblockung an einzelnen Wochenenden reichen aus).

6 FG Hess. v. 23.7.2003 – 13 K 4500/02, EFG 2003, 1483.

7 FG München v. 11.5.1999 – 16 K 5546/98, EFG 1999, 846.

8 BFH v. 23.11.2001 – VI R 77/99, BStBl. II 2002, 484 = FR 2002, 632; FG Köln v. 25.4.2001 – 2 K 5912/00, EFG 2001, 1057.

9 Eine Ausnahme gilt, sofern eine Rechtsvorschrift eine längere Ausbildungszeit festlegt; BFH v. 14.9.2017 – III R 19/16, BStBl. II 2018, 131 Rn. 10ff.

10 Vgl. § 21 Abs. 2 BBiG. – Wird eine Wiederholungsprüfung erforderlich, kann die Ausbildung – ernsthafte Bemühungen vorausgesetzt – über das Ende des betrieblichen Ausbildungsverhältnisses hinaus fortdauern; BFH v. 2.4.2009 – III R 85/08, BStBl. II 2010, 298; v. 24.9.2009 – III R 70/07, BFH/NV 2010, 617.

11 BFH v. 24.2.2010 – III R 3/08, BFH/NV 2010, 1262 (Zweitausbildung im Rahmen eines Dienstverhältnisses); v. 4.3.2010 – III R 23/08, BFH/NV 2010, 1264.

12 BFH v. 24.5.2000 – VI R 143/99, BStBl. II 2000, 473 = FR 2000, 999; v. 28.1.2010 – III B 165/09, BFH/NV 2010, 876. – Nicht ausschlaggebend ist dagegen die Exmatrikulation, auf die im Fall noch ausstehender Prüfungsleistungen weiterhin Ausbildungsschritte folgen können; BFH v. 26.4.2011 – III B 191/10, BFH/NV 2011, 1139.

13 Zu weitgehend jedoch FG Hbg. v. 30.1.2014 – 6 K 209/13, juris: Während des Zivildienstes ohne Immatrikulation fortgesetzter Besuch von Vorlesungen als Ausbildung.

14 BFH v. 17.11.2004 – VIII R 56/04, BFH/NV 2005, 693.

15 Vgl. BFH v. 4.2.2014 – III B 87/13, BFH/NV 2014, 690.

16 Entsprechendes gilt für die sonstigen Beschäftigungsverbote des MuSchG; vgl. DA-KG Kap. A 15.11 Abs. 3. – S. auch BFH v. 15.7.2003 – VIII R 47/02, BStBl. II 2003, 848 = FR 2003, 1290 m. Anm. *Greite* (obiter dictum).

17 BFH v. 20.7.2006 – III R 69/04, BFH/NV 2006, 2067 (Freispruch). Ein anderes gilt, wenn die Untersuchungshaft nach einer rechtskräftigen Verurteilung in eine Strafhaft übergeht (BFH v. 23.1.2013 – XI R 50/10, BStBl. II 2013, 916 = FR 2013, 1044) oder falls die Ausbildung nach Beendigung der Untersuchungshaft nicht fortgesetzt wird (BFH v. 18.1.2018 – III R 16/17, BStBl. II 2018, 402 Rn. 12ff.).

ren noch zur Berufsausbildung. Die Elternzeit wurde dagegen nicht anerkannt (im Lichte der iÜ großzügigen Rspr. fragwürdig).[1]

c) Übergangszeit bei Ausbildung (S. 1 Nr. 2 lit. b). Kinder werden **in einer Übergangszeit** v. **höchstens vier Monaten**[2] berücksichtigt, die zw. zwei Ausbildungsabschnitten oder zw. einem Ausbildungsabschnitt und der Ableistung des gesetzlichen Wehr- oder Zivildienstes, einer v. Wehr- oder Zivildienst befreienden Tätigkeit als Entwicklungshelfer oder als Dienstleistender im Ausland nach § 14b ZDG oder der Ableistung des freiwilligen Wehrdienstes nach § 58b SoldatenG oder der Ableistung eines freiwilligen Dienstes iSv. Nr. 2 lit. d liegt (Abs. 4 S. 1 Nr. 2 lit. b). Praktische Bedeutung erlangt dies, seitdem die Wehrpflicht ausgesetzt wurde und sich damit auch die v. ihr befreienden Dienste erübrigen, nur noch für Ausbildungsabschnitte und Dienste nach Nr. 2 lit. d. 13

Erfasst wird auch die Übergangszeit, in der sich ein Kind im unmittelbaren Anschluss an eine vollendete Berufsausbildung zu einer weiterführenden Berufsausbildung entschließt,[3] ferner jene zw. Ausbildungsabschluss und Dienstbeginn (oder umgekehrt zw. Dienstende und Ausbildungsbeginn),[4] nicht aber die Zeit, in der sich ein Kind wegen Kindesbetreuung nicht um einen Anschluss-Ausbildungsplatz bemüht,[5] ebenso wenig Übergangszeiten zw. Abschluss der Berufsausbildung und Berufsantritt[6] oder die Probezeit bei erstmaligem Berufsantritt. Die Viermonatsfrist umfasst vier volle Kalendermonate, die in zwei VZ fallen können, und ist nicht taggenau zu berechnen.[7] Auch wenn das Kind erst innerhalb der Übergangszeit volljährig wird, beginnt diese gleichwohl mit Abschluss des vorangegangenen Ausbildungsabschnitts, ohne sich zu verlängern.[8] Wird die Zeitspanne überschritten, ist das Kind auch während der ersten vier Monate nicht berücksichtigungsfähig.[9] Geht das Kind während der Übergangszeit einer Erwerbstätigkeit nach, greift Abs. 4 S. 2–3 (vgl. Rn. 16 ff.).[10]

d) Fehlen eines Ausbildungsplatzes (S. 1 Nr. 2 lit. c). Gem. Abs. 4 S. 1 Nr. 2 lit. c wird ein Kind berücksichtigt, wenn Beginn oder Fortsetzung der Berufsausbildung **mangels Ausbildungsplatzes**[11] objektiv **nicht möglich** sind.[12] Ob das Kind, solange es sich um einen Ausbildungsplatz bemüht, erwerbstätig ist, bleibt an dieser Stelle unbeachtlich,[13] kann aber iRd. Anwendung v. Abs. 4 S. 2–3 Bedeutung gewinnen (vgl. Rn. 16 ff.).[14] 14

Maßgeblich ist das **Fehlen eines Ausbildungsplatzes** (zu verstehen iSv. lit. a). Anzuerkennen ist grds. jeder – nach den persönlichen Verhältnissen des Kindes nicht ausgeschlossene – Ausbildungswunsch des Kindes.[15]

---

1 BFH v. 15.7.2003 – VIII R 47/02, BStBl. II 2003, 848 = FR 2003, 1290 m. Anm. *Greite* (ohne Auseinandersetzung mit Art. 6 GG); vgl. auch BFH v. 13.7.2004 – VIII R 23/02, BStBl. II 2004, 999 (1000) = FR 2005, 159 m. Anm. *Bergkemper*; v. 24.9.2009 – III R 79/06, BFH/NV 2010, 614; krit. *Greite*, FR 2003, 1292.

2 Die typisierende Befristung auf vier Monate liegt innerhalb des legislativen Gestaltungsspielraumes und ist verfassungskonform; BFH v. 22.12.2011 – III R 5/07, BStBl. II 2012, 678 = FR 2012, 888; v. 22.12.2011 – III R 41/07, BStBl. II 2012, 681 = FR 2012, 645 m. Anm. *Greite*.

3 FG BaWü. v. 18.11.1998 – 12 K 87/98, EFG 1999, 293 (294).

4 BFH v. 25.1.2007 – III R 23/06, BStBl. II 2008, 664 f. = FR 2007, 610 m. Anm. *Greite*; ob die Ausbildung nach dem Wehr-/Zivildienst fortgesetzt werden soll, bleibt unerheblich.

5 DA-KG Kap. A 16 Abs. 4.

6 FG München v. 28.7.1999 – 1 K 251/99, EFG 1999, 1186 (1187).

7 BFH v. 15.7.2003 – VIII R 105/01, BStBl. II 2003, 847 = FR 2003, 1247 m. Anm. *Greite*. „Angebrochene" Kalendermonate zählen damit nicht zur Übergangszeit, sondern werden noch beim vorherigen oder nachfolgenden Ausbildungsabschnitt berücksichtigt.

8 BFH v. 16.4.2015 – III R 54/13, BStBl. II 2016, 25.

9 BFH v. 15.7.2003 – VIII R 78/99, BStBl. II 2003, 841 (843) = FR 2003, 1295 m. Anm. *Greite*; v. 22.12.2011 – III R 5/07, BStBl. II 2012, 678 = FR 2012, 888; v. 9.2.2012 – III R 68/10, BStBl. II 2012, 686 = FR 2012, 888; v. 16.4.2015 – III R 54/13, BStBl. II 2016, 25.

10 Auch nach der bis VZ 2011 geltenden Gesetzeslage wurde eine Übergangszeit nicht allein dadurch ausgeschlossen, dass das Kind während des fraglichen Zeitraums in Vollzeit erwerbstätig war; BFH v. 17.6.2010 – III R 34/09, BStBl. II 2010, 982 = FR 2010, 1055 m. Anm. *Greite*; ähnlich zuvor BFH v. 16.11.2006 – III R 15/06, BStBl. II 2008, 56 = FR 2007, 660 m. Anm. *Greite* (zu lit. c, aber verallgemeinerbar). Vorauszusetzen war allerdings, dass die Schädlichkeitsgrenze nach S. 2 aF unterschritten blieb.

11 Zur (weiten) Definition des Ausbildungsplatzes R 32.7 Abs. 2 EStR.

12 BFH v. 15.7.2003 – VIII R 77/00, BStBl. II 2003, 845 (846) = FR 2003, 1293 m. Anm. *Greite*.

13 BFH v. 15.4.2015 – V R 27/14, BStBl. II 2016, 163.

14 Bis VZ 2011 war ein Wegfall der typischen Unterhaltssituation wegen eigener Erwerbstätigkeit des Kindes (ausschließlich) iRd. Schädlichkeitsgrenze nach S. 2 aF zu berücksichtigen; BFH v. 16.11.2006 – III R 15/06, BStBl. II 2008, 56 = FR 2007, 660 m. Anm. *Greite*; v. 17.6.2010 – III R 34/09, BStBl. II 2010, 982 = FR 2010, 1055 m. Anm. *Greite*; v. 7.4.2011 – III R 50/10, BFH/NV 2011, 1329.

15 BFH v. 15.7.2003 – VIII R 71/99, BFH/NV 2004, 473; R 32.7 Abs. 1 EStR; DA-KG Kap. A 17.1 Abs. 1 S. 8.

Das Kind müsste den Ausbildungsplatz im Falle der Verfügbarkeit aber auch antreten können.[1] Die Verzögerung des Beginns oder der Fortsetzung der Berufsausbildung aus schul- oder studienorganisatorischen Gründen steht dem Fehlen eines Ausbildungsplatzes gleich.[2] Dies gilt etwa für die Wartezeit bis zum nächstmöglichen Ausbildungsbeginn (zB Semesterbeginn).[3] Ein Umzug an einen anderen Ausbildungs- oder Studienort ist dagegen grds. zumutbar.[4]

Erforderlich sind nachweislich **ernsthafte Bemühungen** um einen Ausbildungsplatz (Feststellungslast beim StPfl.).[5] Als Beleg hierfür kann insbes. (je nach Art der angestrebten Ausbildung) eine Bescheinigung der Agentur für Arbeit dienen.[6] Ein hinreichendes Bemühen fehlt hingegen, falls sich das Kind nicht bei der Stiftung für Hochschulzulassung (vormals ZVS) oder ggf. direkt bei den in Betracht kommenden Hochschulen um den gewünschten Studienplatz beworben hat[7] oder wenn es – gemessen an seinem Qualifikationsstand – zu wenige Bewerbungen schreibt.[8]

15 **e) Freiwillige Dienste (S. 1 Nr. 2 lit. d).** Kinder, die ein freiwilliges soziales oder ökologisches Jahr, einen Freiwilligendienst iSd. EU-Programms „Erasmus+“, einen anderen Dienst im Ausland iSv. § 5 BFDG, einen entwicklungspolitischen Freiwilligendienst „weltwärts“, einen Freiwilligendienst aller Generationen iSv. § 2 Abs. 1a SGB VII, einen Internationalen Jugendfreiwilligendienst oder einen Bundesfreiwilligendienst iSd. BFDG (nicht aber – für Altfälle – Wehr- oder Zivildienst[9]) ableisten (§ 32 Abs. 4 S. 1 Nr. 2 lit. d), werden bei Nachweis einer Bescheinigung des Trägers berücksichtigt.[10] – Die Vorschrift ist nicht im Wege der Analogie auf andere soziale Dienste zu erstrecken.[11] Sonstige Freiwilligendienste sind idR auch keine Berufsausbildung iSv. lit. a.[12]

16 **f) Ausschluss der Berücksichtigung bei Erwerbstätigkeit des Kindes (S. 2–3). aa) Überblick.** Abs. 4 S. 2–3 enthält (ab VZ 2012[13]) eine systematisch dem ganzen S. 1 nachgeordnete, aber ausdrücklich nur auf dessen Nr. 2 bezogene Einschränkung. Mit ihr typisiert der Gesetzgeber für bestimmte Fälle eigener Erwerbstätigkeit des Kindes das Fehlen einer Unterhaltssituation, so dass das volljährige Kind auch bei Vorliegen der Voraussetzungen v. lit. a–d nicht mehr zu berücksichtigen ist. Die Regelung ist an die Stelle der alten Schädlichkeitsgrenze (Abs. 4 S. 2–10 aF) getreten, nach der Entsprechendes bei eigenen Einkünften und Bezügen in Höhe des Grundfreibetrages galt.

Ausschlaggebend ist, ob das Kind bereits eine erstmalige Berufsausbildung oder ein Erststudium erfolgreich abgeschlossen hat. Bis zu diesem Zeitpunkt gelten keine Einschränkungen. Hiernach – dh. insbes. bei Zweitausbildungen, aber auch bei nachfolgenden Übergangszeiten, fehlendem Ausbildungsplatz für eine Zweitausbildung oder anschließenden Diensten – wird ein Kind nur berücksichtigt, wenn es keiner Erwerbstätigkeit nachgeht (S. 2), wobei eine regelmäßige Wochenarbeitszeit v. bis zu 20 Stunden, ein Ausbildungsverhältnis und ein geringfügiges Beschäftigungsverhältnis (§§ 8, 8a SGB IV) unschädlich sind (S. 3).

1 BFH v. 15.7.2003 – VIII R 79/99, BStBl. II 2003, 843 (844) mit krit. Anm. *Greite*, FR 2003, 1250; vgl. auch BFH v. 6.7.2004 – VIII B 59/04, BFH/NV 2004, 1531. – Vgl. aber BFH v. 27.9.2012 – III R 70/11, BStBl. II 2013, 544 = FR 2013, 565: Ableisten des Zivildienstes steht Anerkennung nach lit. c nicht entgegen, wenn sich das Kind um einen künftigen Ausbildungsplatz bemüht (im Kontext v. lit. b und d sowie Abs. 5 fragwürdig).

2 BFH v. 15.7.2003 – VIII R 77/00, BStBl. II 2003, 845 = FR 2003, 1293 m. Anm. *Greite*; v. 15.4.2015 – V R 27/14, BStBl. II 2016, 163.

3 FG SachsAnh. v. 1.3.2000 – 2 K 597/98, EFG 2000, 797.

4 FG Münster v. 1.4.2011 – 10 K 1574/10 Kg, juris; FG Sachs. v. 29.9.2010 – 8 K 935/10 (Kg), juris; v. 28.9.2015 – 6 K 372/13 (Kg), juris.

5 BFH v. 15.7.2003 – VIII R 71/99, BFH/NV 2004, 473; v. 21.7.2005 – III S 19/04 (PKH), BFH/NV 2005, 2207; v. 3.3. 2011 – III R 58/09, BFH/NV 2011, 1127; v. 18.6.2015 – VI R 10/14, BStBl. II 2015, 940; R 32.7 Abs. 3 EStR.

6 S. BFH v. 18.6.2015 – VI R 10/14, BStBl. II 2015, 940. Die Registrierung als Ausbildungsuchender hat allerdings nur eine Indiz-, keine Tatbestandswirkung. Im Einzelnen gelten die gleichen Anforderungen wie bei einer Meldung als Arbeitsuchender (s. Rn. 10). – Einer inhaltlich falschen Bescheinigung der Agentur für Arbeit kommt keine Beweiswirkung zu; FG BaWü. v. 12.4.2011 – 6 K 3291/08, EFG 2012, 2171.

7 BFH v. 26.11.2009 – III R 84/07, BFH/NV 2010, 853. – Die Bewerbung muss zum nächstmöglichen Studienbeginn erfolgen; FG München v. 23.2.2015 – 7 K 1888/14, juris.

8 FG Berlin-Bdbg. v. 3.12.2013 – 6 K 6346/10, EFG 2014, 560 (eine Bewerbung pro Monat genügt für einen unqualifizierten Bewerber nicht).

9 Nach BFH v. 4.7.2001 – VI B 176/00, BStBl. II 2001, 675 = FR 2001, 1069; v. 17.2.2010 – III B 64/09, BFH/NV 2010, 883 ist dies verfassungsgemäß (im Vergleich zu den anderen Diensten zweifelh.); s. aber auch § 32 Abs. 5.

10 Hierzu DA-KG Kap. A 18. – Vor Einf. v. lit. d war der Zeitraum des freiwilligen sozialen Jahres nicht berücksichtigungsfähig, auch nicht als „Ausbildung“ (lit. a); BFH v. 24.6.2004 – III R 3/03, BStBl. II 2006, 294 = FR 2005, 215.

11 BFH v. 18.3.2009 – III R 33/07, BStBl. II 2009, 1010 = FR 2009, 1018; v. 9.2.2012 – III R 78/09, BFH/NV 2012, 940.

12 BFH v. 7.4.2011 – III R 11/09, BFH/NV 2011, 1325; v. 18.6.2014 – III B 19/14, BFH/NV 2014, 1541. – BFH v. 9.2. 2012 – III R 78/09, BFH/NV 2012, 940 erwägt jedoch eine Ausnahme hiervon.

13 Abs. 4 geändert durch StVereinfG v. 1.11.2011, BGBl. I 2011, 2131.

Diese Differenzierung steht auch im Kontext der (kurz darauf iRd. BeitrRLUmsG[1] eingeführten und im Zollkodex-AnpG[2] fortgeschriebenen) Regelungen der §§ 4 Abs. 9, 9 Abs. 6 (sowie bis VZ 2014 des § 12 Nr. 5 aF) zur Nichtberücksichtigung der Erst- und Privilegierung der Zweitausbildung beim Kind. Die hiesige gegenläufige Schlechterstellung der Zweit- ggü. der Erstausbildung erweckt deshalb keine gleichheitsrechtlichen Bedenken. Fragwürdiger erscheint indes die vor allem bei Erstausbildungen (uU, insbes. bei hohem Verdienst unterhalb der 20-Stunden-Grenze auch bei Zweitausbildungen) drohende Doppelberücksichtigung des Existenzminimums bei Eltern (Kinderfreibeträge oder Kindergeld) und Kind (Grundfreibetrag auf das eigene Einkommen). Ob der Normzweck einer Verwaltungsvereinfachung eine solche nicht mehr atypische Abweichung v. Leistungsfähigkeitsprinzip noch rechtfertigen kann, mag bezweifelt werden.[3] Letztlich dürfte sich der Gesetzgeber wohl noch im Rahmen seines Gestaltungsspielraumes bewegt haben. Dennoch belegt die Neuregelung einmal mehr die grundlegende Reformbedürftigkeit der Familienbesteuerung.[4]

bb) Erstmalige Berufsausbildung oder Erststudium. Zentrale Bedeutung kommt dem Begriffspaar 17 „erstmalige Berufsausbildung" und „Erststudium" zu. Beide Begriffe sind im ab VZ 2013 geltenden Gesetzestext alternativ verknüpft („oder").[5] Eine Erwerbstätigkeit kann also schädlich sein, wenn das Kind zuvor entweder eine Ausbildung oder ein Studium absolviert hat.[6] Für den VZ 2012 ist Gleiches in teleologisch berichtigender Auslegung des damals noch anderslautenden Wortlauts („und") anzunehmen.[7]

Die **„Berufsausbildung"** bedarf an dieser Stelle einer **engeren** Interpretation als in S. 1 Nr. 2 lit. a, da ansonsten jegliche abgeschlossene Bildungsmaßnahme (zB ein einfaches Praktikum) zum „Verbrauch" der Erstausbildung führen und dadurch den Anwendungsbereich des einschränkenden S. 2 eröffnen würde.[8] Vorauszusetzen sei deshalb, so die Gesetzesbegründung[9], ein öffentl.-rechtlich geordneter und durch eine Prüfung abzuschließender Ausbildungsgang[10]. Nicht staatlich anerkannte, aber ihren Anforderungen nach vergleichbare private Ausbildungen sollten gleichgestellt werden. In die gleiche Richtung weisen nun auch die S. 2–5 von § 9 Abs. 6. Für das Erststudium gilt jeweils Entsprechendes.

Mehraktige Ausbildungen sind als einheitliche (Erst-)Ausbildung anzusehen, wenn sie von Beginn an darauf angelegt sind, nach Erreichen des ersten Abschlusses fortgesetzt zu werden, da das angestrebte Berufsziel erst mit dem weiterführenden Abschluss erreicht werden kann.[11] Maßgeblich hierfür ist nicht zuletzt ein enger zeitlicher und sachlicher Zusammenhang der Ausbildungsabschnitte. Ein nach einem Bachelorstudium aufgenommenes konsekutives Masterstudium ist folglich Teil der Erstausbildung.[12] Als solche Einheit sind richtigerweise auch Studium und Referendariat anzusehen, jedenfalls soweit das Ausbildungsziel (Befähigung zum Richteramt, Übernahme in den Schuldienst) nicht ohne den zweiten Schritt erreicht werden kann.[13] Dagegen beginnt mit einem Promotionsstudium typischerweise ein neuer Ausbildungsabschnitt.[14]

---

1 G v. 7.12.2011, BGBl. I 2011, 2592.
2 G v. 22.12.2014, BGBl. I 2014, 2417.
3 Vgl. *Reiß*, FR 2011, 462 (463 ff.); *Felix*, NJW 2012, 22 (26 f.).
4 Hierzu *Seiler*, FR 2010, 113.
5 Art. 2 AmtshilfeRLUmsG v. 26.6.2013, BGBl. I 2013, 1809 (1816).
6 Die „Erstausbildung" darf dabei als Oberbegriff verstanden werden, der auch den Unterfall des „Erststudiums" umfasst; BFH v. 3.7.2014 – III R 52/13, BStBl. II 2015, 152.
7 S. 12. Aufl., Rn. 17 mit Fn. 1; ebenso BFH v. 3.7.2014 – III R 52/13, BStBl. II 2015, 152.
8 BFH v. 3.7.2014 – III R 52/13, BStBl. II 2015, 152. – Keine „Berufsausbildung" im hiesigen Sinne ist namentlich der – von Nr. 2 lit. a erfasste – Besuch eines Gymnasiums; FG Münster v. 20.9.2013 – 4 K 4146/12, EFG 2014, 56. Auch eine mehrwöchige Ausbildung zum Rettungshelfer im Rahmen eines freiwilligen sozialen Jahres ist als unschädlich angesehen worden; FG Hess. v. 21.5.2015 – 2 K 155/13, EFG 2015, 1613.
9 BT-Drucks. 17/5125 v. 21.3.2011, 41.
10 BMF v. 8.2.2016, BStBl. I 2016, 226 Rn. 5, setzt andere Bildungsmaßnahmen gleich, wenn sie dem Nachweis einer Sachkunde dienen, die Voraussetzung einer fest umrissenen beruflichen Betätigung ist. Mindestanforderungen sind ein geordneter Ausbildungsgang und eine staatliche oder staatlich anerkannte Prüfung.
11 Zust. BFH v. 3.7.2014 – III R 52/13, BStBl. II 2015, 152 (duales Studium mit integrierter Ausbildung als Einheit); hieran anschließend BFH v. 15.4.2015 – V R 27/14, BStBl. II 2016, 163; v. 16.6.2015 – XI R 1/14, BFH/NV 2015, 1378; v. 3.9.2015 – VI R 9/15, BStBl. II 2016, 166. – Das bereits anfänglich angestrebte Berufsziel kann auch noch während des zweiten Ausbildungsteils glaubhaft gemacht werden; vgl. FG Düss. v. 11.1.2018 – 9 K 994/17 Kg, juris, Rn. 24 ff. (Rev. III R 8/18); v. 28.5.2018 – 7 K 2356/17 Kg, juris, Rn. 16 (Rev. III R 33/18); **aA** DA-KG Kap. V 6.1 Abs. 1 S. 8.
12 BFH v. 3.9.2015 – VI R 9/15, BStBl. II 2016, 166. Nach Ansicht des BFH soll dies „jedenfalls" dann gelten, wenn Bachelor und Masterstudiengang zeitlich und inhaltlich aufeinander abgestimmt sind. Dieses Erfordernis sollte indes, auch um einen etwaigen Universitätswechsel nicht auszuschließen, nicht zu streng gehandhabt werden.
13 Ebenso – aber nur bei engem zeitlichem Zusammenhang – DA-KG Kap. A 20.2.4 Abs. 9 S. 4.
14 DA-KG Kap. A 20.2.4 Abs. 10 S. 1. Ein anderes soll gelten, wenn die Vorbereitung auf die Promotion in einem engen zeitlichen Zusammenhang mit dem Erststudium durchgeführt wird (S. 2).

Auch die bei der Bundeswehr nach Erwerb der Laufbahnbefähigung üblichen Verwendungslehrgänge sind nicht mehr Bestandteil der ersten Berufsausbildung.[1] – Eine auch nur kurze Berufstätigkeit zw. den Ausbildungsabschnitten, die nicht nur der zeitlichen Überbrückung bis zum zuvor geplanten Beginn der nächsten Ausbildung dient, soll idR zu einer Zäsur führen, die den zeitlichen Zusammenhang entfallen lässt.[2] Im Einzelfall sollte dennoch stets geprüft werden, ob ein zugleich gegebener sachlicher Zusammenhang überwiegt.[3]

18 **cc) Erwerbstätigkeit.** Nach Abschluss einer Erstausbildung ist ein Kind, das die Voraussetzungen nach S. 1 Nr. 2 erfüllt, gem. S. 2 grds. nur zu berücksichtigen, wenn es nicht erwerbstätig ist. Anderenfalls unterstellt der Gesetzgeber typisierend eine eigene Leistungsfähigkeit des Kindes und damit den Wegfall der Unterhaltssituation. Die Höhe der tatsächlich erzielten Einkünfte ist unbeachtlich.

Als Erwerbstätigkeit in diesem Sinne dürfte zumindest jede **nichtselbständige Arbeit** iSv. § 19 anzusehen sein.[4] Gleichgestellt werden sollten selbständige Tätigkeiten iSv. §§ 13, 15, 18 EStG. Allerdings sollten hier, auch im Lichte der wöchentlichen Regelarbeitszeit in S. 3, nur solche unternehmerische Aktivitäten einbezogen werden, die ein vergleichbares Erwerbshandeln mit sich bringen, nicht aber rein kapitalmäßige Beteiligungen[5]. Dagegen ist eine private Vermögensverwaltung, mag sie auch zeitaufwendig sein, stets unbeachtlich.

Nicht ausdrücklich geregelt ist die Vorgehensweise bei nur **zeitweiliger Erwerbstätigkeit**. Richtigerweise sollte hier entspr. Abs. 3 und in Anlehnung an die auch zeitanteilig erfüllbaren Kriterien des S. 1 Nr. 2 lit. a-d eine monatsweise Betrachtung gewählt werden (im Unterschied zur jahresbezogenen Schädlichkeitsgrenze des Abs. 4 S. 2 aF). Eine Erwerbstätigkeit steht daher einer Berücksichtigung des Kindes nur im Monat ihrer Ausübung entgegen, bleibt jedoch für die anderen Monate folgenlos.

19 **dd) Rückausnahme.** Gemäß S. 3 bleibt eine Erwerbstätigkeit unschädlich, wenn die regelmäßige wöchentliche Arbeitszeit 20 Stunden nicht überschreitet, sie im Rahmen eines Ausbildungsdienstverhältnisses erfolgt oder ein geringfügiges Beschäftigungsverhältnis iSv. §§ 8, 8a SGB IV vorliegt. Der StPfl. trägt die Feststellungslast.

Die **Wochenarbeitszeit** bemisst sich bei unselbständigen Tätigkeiten grds. nach der arbeitsvertraglichen Vereinbarung, es sei denn, diese wird regelmäßig (sei es auch nur geringfügig)[6] über- oder unterschritten (inwiefern tatsächlich geleistete Überstunden entlohnt werden, ist dagegen unmaßgeblich). Bei selbständigen Tätigkeiten ist die Einhaltung der 20-Stunden-Grenze durch geeignete Unterlagen (zB Belege über in Rechnung gestellte Arbeitszeit) nachzuweisen oder glaubhaft zu machen. – Die FinVerw. hält eine vorübergehende (höchstens zweimonatige) höhere Wochenarbeitszeit für unschädlich, wenn die durchschnittliche Arbeitszeit während des Berücksichtigungszeitraumes (innerhalb eines VZ) nicht mehr als 20 Stunden pro Woche beträgt.[7] Damit können auch Vollzeiterwerbstätigkeiten in Semesterferien möglich bleiben. – Mehrere nebeneinander ausgeübte Tätigkeiten dürfen zusammen die 20-Stunden-Grenze nicht überschreiten. Hierbei ist eine innerhalb eines Ausbildungsdienstverhältnisses erbrachte Erwerbstätigkeit außer Betracht zu lassen.[8]

Das **Ausbildungsdienstverhältnis** sollte schon wegen der begrifflichen Unterscheidung enger als der Ausbildungsbegriff nach S. 1 Nr. 2 lit. a verstanden werden. Näher liegt eine terminologische Anknüpfung an den Ausbildungsbegriff des systematisch zugehörigen S. 2 (s. Rn. 17), ergänzt um ein arbeitsrechtliches Dienstverhältnis. Ein entgeltliches Praktikum schließt daher die Anwendung v. S. 2 nicht aus. Als Ausbildungsdienstverhältnis anerkannt wurden ein duales Studium[9] sowie die Unternehmensphase eines Pre-Master-Programms[10], nicht aber eine Beschäftigung als wissenschaftlicher Mitarbeiter neben einer Promo-

1 BFH v. 23.6.2015 – III R 37/14, BStBl. II 2016, 55; v. 9.3.2016 – III B 146/15, BFH/NV 2016, 918; v. 21.6.2016 – III B 133/15, BFH/NV 2016, 1450.

2 BFH v. 4.2.2016 – III R 14/15, BStBl. II 2016, 615; v. 11.4.2018 – III R 18/17, BStBl. II 2018, 548 Rn. 24. – Eine Unterbrechung von zwei Jahren führt jedenfalls zu einer Zäsur; BFH v. 29.8.2017 – XI B 57/17, juris, Rn. 15 ff.

3 ZB sollte ein Berufspraktikum zw. Bachelor- und Masterstudium unschädlich sein.

4 *Reiß*, FR 2011, 462 (467).

5 Ebenso BMF v. 8.2.2016, BStBl. I 2016, 226 Rn. 23: Einsatz persönlicher Arbeitskraft entscheidend.

6 FG Düss. v. 29.8.2013 – 3 K 2231/12 Kg, EFG 2013, 1939 (rkr.).

7 BMF v. 8.2.2016, BStBl. I 2016, 226 Rn. 24; DA-KG Kap. A 20.3.1 Abs. 2 (jeweils mit Berechnungsbeispielen).

8 DA-KG Kap. A 20.3.1 Abs. 4.

9 Relevant werden kann dies insbes. in Fällen, in denen sich das duale Studium an eine bereits abgeschlossene Erstausbildung anschließt, also Zweitausbildung ist (vgl. aber Rn. 17 zur Einheitsbetrachtung mehraktiger Ausbildungen); vgl. FG Münster v. 22.8.2013 – 3 K 711/13 Kg, EFG 2013, 2023 (rkr.); v. 11.4.2014 – 4 K 635/14 Kg, EFG 2014, 1117.

10 FG BaWü. v. 4.12.2013 – 1 K 775/13, DStRE 2015, 275 (rkr.).

tion[1] oder das Dienstverhältnis eines lediglich zur Teilnahme an verwendungsbezogenen Lehrgängen verpflichteten Zeitsoldaten[2].

Ob ein **geringfügiges Beschäftigungsverhältnis** vorliegt, ist sozialrechtlich zu beurteilen (§§ 8, 8a SGB IV). Maßgebend ist eine vorausschauende, auf das Kj. bezogene Betrachtung.[3] Mehrere Beschäftigungen sind zusammenzurechnen.

4. Unbefristete Berücksichtigung behinderter Kinder (S. 1 Nr. 3). Behinderte Kinder, die außerstande sind, sich selbst zu unterhalten, werden zeitlich unbegrenzt berücksichtigt (**Abs. 4 S. 1 Nr. 3**). Die Behinderung muss vor Vollendung des 25. Lebensjahres eingetreten sein (**Nr. 3 HS 2**),[4] nicht aber die Unfähigkeit zum Selbstunterhalt.[5] Die (hier ohnehin kaum sinnvollen) Einschränkungen des Abs. 4 S. 2–3 gelten nicht. 20

Eine **Behinderung** liegt im Anschluss an § 2 Abs. 1 SGB IX vor, wenn die körperliche Funktion, geistige Fähigkeit oder seelische Gesundheit des Kindes mit hoher Wahrscheinlichkeit länger als sechs Monate von dem für das Lebensalter typischen Zustand abweicht und daher seine Teilhabe am Leben in der Gesellschaft beeinträchtigt ist.[6] In Betracht kommen insbes. Kinder, deren Schwerbehinderung festgestellt ist (§ 2 Abs. 2 SGB IX) oder die einem schwerbehinderten Menschen gleichgestellt sind (§ 2 Abs. 3 SGB IX).[7] Erfasst sind körperliche Regelwidrigkeiten, Intelligenzmängel, Psychosen, Neurosen, Persönlichkeitsstörungen wie auch Suchtkrankheiten, nicht aber Krankheiten, deren Verlauf sich auf eine im Voraus abschätzbare Dauer beschränkt.[8]

Der **Nachweis** einer Behinderung ist grds. gem. § 65 Abs. 1 EStDV zu erbringen. Anerkannt werden (je nach Art und Grad der Behinderung) ein Ausweis, ein Bescheid oder eine Bescheinigung nach dem SGB IX, ein Bescheid über wg. der Behinderung gewährte Renten oder andere lfd. Bezüge sowie ein Bescheid über die Einstufung als Pflegebedürftiger in Pflegegrad 4 oder 5.[9] Alternativ kann der Nachweis auch in anderer Form – etwa durch ein ärztliches Gutachten – geführt werden.[10]

Behinderungsbedingte Unfähigkeit zum Selbstunterhalt setzt voraus, dass die Behinderung einer Erwerbstätigkeit, die dem Kind die Deckung seines gesamten, notwendigen Lebensbedarfs ermöglicht, entgegensteht und das Kind auch nicht über relevante andere Einkünfte und Bezüge in entspr. Höhe verfügt (vgl. auch Rn. 21a ff.).[11] 21

Ausschlaggebend ist zunächst, ob das behinderte Kind seinen gesamten **existenziellen Lebensbedarf** selbst decken kann.[12] Dieser setzt sich typischerweise aus dem allg. Lebensbedarf (Grundbedarf) und dem individuellen behinderungsbedingten Mehrbedarf zusammen.[13] Der **Grundbedarf** ist parallel zum Grundfreibetrag des § 32a Abs. 1 S. 2 Nr. 1 anzusetzen,[14] weshalb bei niedrigeren Einkünften und Bezügen idR davon ausgegangen werden kann, dass das Kind außerstande ist, sich selbst zu unterhalten.[15] Zum **behinderungsbedingten Mehrbedarf** gehören alle mit einer Behinderung unmittelbar und typischerweise

1 FG Münster v. 12.9.2014 – 4 K 2950/13 Kg, EFG 2014, 2051.

2 BFH v. 23.6.2015 – III R 37/14, BStBl. II 2016, 55; v. 16.9.2015 – III R 6/15, BStBl. II 2016, 281.

3 BFH v. 3.4.2014 – III B 159/13, BFH/NV 2014, 1037.

4 BFH v. 2.6.2005 – III R 86/03, BStBl. II 2005, 756 = FR 2005, 1254 m. Anm. *Greite* (keine Analogie zu § 32 Abs. 5 S. 1). – Maßgeblich ist der objektive Befund einer Behinderung, nicht die (ggf. spätere) Kenntnis davon; so FG Köln v. 12.1.2017 – 6 K 889/15, juris (Rev. III R 44/17) zu einer zunächst unerkannten Erbkrankheit.

5 BFH v. 9.6.2011 – III R 61/08, BStBl. II 2012, 141; v. 4.8.2011 – III R 24/09, BFH/NV 2012, 199.

6 BFH v. 19.1.2017 – III R 44/14, BFH/NV 2017, 735. Eine voraussichtlich weniger als sechs Monate andauernde Gesundheitsstörung genügt hingegen nicht; **aA** noch die Vorinstanz FG Köln v. 13.3.2014 – 15 K 768/09, EFG 2015, 821 (temporäre Behinderung infolge Drogenabhängigkeit).

7 R 32.9 S. 1 EStR.

8 DA-KG Kap. A 19.1 Abs. 2 S. 4–5.

9 S. im Einzelnen DA-KG Kap. A 19.2.

10 BFH v. 16.4.2002 – VIII R 62/99, BStBl. II 2002, 738 = FR 2002, 836 m. Anm. *Greite*; v. 21.10.2015 – XI R 17/14, BFH/NV 2016, 190 (keine Beweiserleichterung oder -umkehr; eine hiergegen gerichtete Verfassungsbeschwerde wurde nicht angenommen [BVerfG v. 19.1.2017 – 2 BvR 797/16]).

11 BFH v. 15.10.1999 – VI R 183/97, BStBl. II 2000, 72 (73) = FR 2000, 216; v. 14.6.1996 – III R 13/94, BStBl. II 1997, 173 (174) = FR 1996, 755 m. Anm. *Kanzler*.

12 So grds. BFH v. 15.10.1999 – VI R 183/97, BStBl. II 2000, 72 (73) = FR 2000, 216; v. 15.10.1999 – VI R 40/98, BStBl. II 2000, 75 (76) = FR 2000, 218; v. 15.10.1999 – VI R 182/98, BStBl. II 2000, 79 (80) = FR 2000, 213; DA-KG Kap. A 19.4.

13 BFH v. 15.10.1999 – VI R 183/97, BStBl. II 2000, 72 (73) = FR 2000, 216; v. 15.10.1999 – VI R 40/98, BStBl. II 2000, 75 (77) = FR 2000, 218.

14 DA-KG Kap. A 19.4 Abs. 2 S. 2.

15 Vgl. BFH v. 15.10.1999 – VI R 183/97, BStBl. II 2000, 72 (73) = FR 2000, 216; v. 15.10.1999 – VI R 40/98, BStBl. II 2000, 75 (77 f.) = FR 2000, 218.

zusammenhängenden ag. Belastungen (zB Wäsche, Hilfeleistungen, Erholung).[1] Er kann bei behinderten Kindern, die nicht vollstationär untergebracht sind, aus Vereinfachungsgründen nach dem maßgeblichen Behinderten-PB (§ 33b Abs. 1–3) bemessen werden,[2] neben dem allenfalls Fahrtkosten in angemessenem Umfang berücksichtigt werden können.[3] Alternativ kann der Mehrbedarf pauschal in Höhe besonderer behinderungsbedingter Bezüge unterstellt[4] oder durch Einzelnachweise belegt werden. Zum behinderungsbedingten Mehrbedarf[5] rechnen ua. auch persönliche Betreuungsleistungen der Eltern.[6]

Dem so ermittelten existenziellen Lebensbedarf sind – unabhängig v. Herkunft und Zweckbestimmung – alle dem Kind zur Vfg. stehenden **Einkünfte** (auch zB Unterhaltsleistungen des (früheren) Ehegatten, Ertragsanteil einer Erwerbsunfähigkeitsrente[7]) und **Bezüge** (zB Sozialhilfe, sofern nicht die Eltern in Regress genommen werden;[8] Unfallrente nach §§ 56 ff. SGB VII;[9] Blindengeld;[10] Elterngeld für ein eigenes Kind[11]) gegenüberzustellen.[12] Einzubeziehen sind – parallel zum behinderungsbedingten Mehrbedarf – auch behinderungsbedingte Bezüge,[13] nicht jedoch – wg. seiner Sonderfunktion als Ausgleich für immaterielle Schäden – erhaltenes Schmerzensgeld.[14] Eigenes Vermögen des Kindes wird nicht berücksichtigt.[15] Decken die derart bestimmten finanziellen Mittel des Kindes den ermittelten existenziellen Lebensbedarf nicht, fehlt die Fähigkeit zum Selbstunterhalt. Bei der Berechnung ist auf den Kalendermonat (unter Berücksichtigung des Zuflussprinzips)[16] abzustellen.[17]

Diese Grds. gelten auch für **vollstationär**[18] untergebrachte behinderte Kinder.[19] Soweit sie außer Eingliederungshilfe einschl. Taschengeld über keine weiteren Einkünfte oder Bezüge verfügen, darf ihre Unfähigkeit zum Selbstunterhalt unterstellt werden. IÜ sind bei diesen Kindern die Einkünfte und Bezüge zu ermitteln und dem Bedarf gegenüberzustellen. Dabei sind die Kosten der Heimunterbringung (insbes. ein etwaiger Wohnwert)[20] mit Ausnahme des nach der SachbezugsVO zu bestimmenden Wertes der Verpflegung als behinderungsbedingter Mehraufwand anzusetzen.[21] Daneben kann ein pauschaler behinderungsbedingter Mehrbedarf in Höhe des Behinderten-PB nicht zusätzlich angesetzt werden.

---

1 BFH v. 15.10.1999 – VI R 183/97, BStBl. II 2000, 72 (74) = FR 2000, 216.

2 BFH v. 15.10.1999 – VI R 183/97, BStBl. II 2000, 72 (74) = FR 2000, 216; v. 24.8.2004 – VIII R 83/02, BStBl. II 2007, 248.

3 BFH v. 17.11.2004 – VIII R 18/02, BFH/NV 2005, 691 im Anschluss an BFH v. 24.8.2004 – VIII R 83/02, BStBl. II 2007, 248.

4 BFH v. 24.8.2004 – VIII R 59/01, BStBl. II 2010, 1048 (Pflegegeld); v. 31.8.2006 – III R 71/05, BStBl. II 2010, 1054 = FR 2007, 202 (Blindengeld); v. 9.2.2012 – III R 53/10, BStBl. II 2014, 391 = FR 2012, 698 (Eingliederungshilfe); v. 12.12.2012 – VI R 101/10, BStBl. II 2015, 651 = FR 2013, 772 (Eingliederungshilfe).

5 Vgl. auch R 33.1–4 EStR.

6 Vgl. DA-KG Kap. A 19.4 Abs. 5 S. 3.

7 BFH v. 15.10.1999 – VI R 183/97, BStBl. II 2000, 72 (75) = FR 2000, 216.

8 BFH v. 26.11.2003 – VIII R 32/02, BStBl. II 2004, 588 = FR 2004, 779; v. 17.11.2004 – VIII R 22/04, BFH/NV 2005, 541.

9 BFH v. 15.10.1999 – VI R 182/98, BStBl. II 2000, 79 (82) = FR 2000, 213.

10 BFH v. 31.8.2006 – III R 71/05, BStBl. II 2010, 1054 = FR 2007, 202.

11 BFH v. 5.2.2015 – III R 31/13, BStBl. II 2015, 1017.

12 BFH v. 15.10.1999 – VI R 183/97, BStBl. II 2000, 72 (73) = FR 2000, 216. – Der Wegfall der früheren Einkünfte und Bezügegrenze für nicht behinderte Kinder (§ 32 Abs. 4 S. 2 aF) hat hieran nichts geändert (BFH v. 13.4.2016 – III R 28/15, BStBl. II 2016, 648).

13 BFH v. 24.8.2004 – VIII R 59/01, BStBl. II 2010, 1048 (Pflegegeld); v. 31.8.2006 – III R 71/05, BStBl. II 2010, 1054 = FR 2007, 202 (Blindengeld); v. 9.2.2012 – III R 53/10, FR 2012, 698 = BStBl. II 2014, 391 (Eingliederungshilfe); v. 12.12.2012 – VI R 101/10, BStBl. II 2015, 651 = FR 2013, 772 (Eingliederungshilfe).

14 BFH v. 13.4.2016 – III R 28/15, BStBl. II 2016, 648. Als (nicht anzusetzendes) Schmerzensgeld gelten auch Leistungen nach dem Conterganstiftungsgesetz (FG BaWü. v. 9.11.2016 – 12 K 2756/16, juris).

15 BFH v. 19.8.2002 – VIII R 17/02, BStBl. II 2003, 88 (90) = FR 2003, 38; v. 19.8.2002 – VIII R 51/01, BStBl. II 2003, 91 (93) = FR 2003, 41 m. Anm. *Greite*; *K/S/M*, § 32 Rn. C 35; *Lademann*, § 32 Rn. 98; DA-KG Kap. A 19.4 Abs. 2 S. 3 HS 2.

16 Für kurz vor oder nach Monatsende zufließende Einkünfte und Bezüge ist der Rechtsgedanke aus § 11 Abs. 1 S. 2 zu berücksichtigen; BFH v. 11.4.2013 – III R 35/11, BStBl. II 2013, 1037 = FR 2014, 347.

17 BFH v. 4.11.2003 – VIII R 43/02, BStBl. II 2010, 1046 = FR 2004, 421 m. Anm. *Greite*; v. 24.8.2004 – VIII R 83/02, BStBl. II 2007, 248; v. 20.3.2013 – XI R 51/10, BFH/NV 2013, 1088; **aA** *Greite*, FR 2004, 424. Zur Berechnung s. BMF v. 22.11.2010, BStBl. I 2010, 1346. – Zu den Besonderheiten einer Nachzahlung von ALG II BFH v. 8.8.2013 – III R 30/12, BFH/NV 2014, 498.

18 Vgl. zur vollstationären Unterbringung DA-KG Kap. A 19.4 Abs. 6.

19 Vgl. BFH v. 15.10.1999 – VI R 40/98, BStBl. II 2000, 75 = FR 2000, 218; v. 15.10.1999 – VI R 182/98, BStBl. II 2000, 79 = FR 2000, 213, in Abgrenzung zu BFH v. 14.6.1996 – III R 13/94, BStBl. II 1997, 173 = FR 1996, 755 m. Anm. *Kanzler*.

20 BFH v. 24.5.2000 – VI R 89/99, BStBl. II 2000, 580 = FR 2000, 1229.

21 BFH v. 15.10.1999 – VI R 40/98, BStBl. II 2000, 75 (77) = FR 2000, 218; v. 24.5.2000 – VI R 89/99, BStBl. II 2000, 580 (581) = FR 2000, 1229.

Die **Behinderung** muss zudem im Einzelfall **ursächlich für die Bedürftigkeit** sein (wobei eine erhebliche Mitursächlichkeit[1] genügt). Dies ist grds. anzunehmen, wenn im Schwerbehindertenausweis das Merkmal „H" (hilflos) eingetragen ist oder falls der Grad der Behinderung (GdB) mindestens 50 % beträgt und besondere Umstände hinzutreten, aufgrund derer eine Erwerbstätigkeit[2] unter den üblichen Bedingungen des allg. Arbeitsmarkts ausgeschlossen erscheint.[3] Unterhalb dieser Grenze fehlt es idR an der nötigen (Mit-)Ursächlichkeit. Diese Vermutung ist in beide Richtungen widerlegbar.[4]

5. Altfälle: Ausschluss der Berücksichtigung bei Einkünften und Bezügen des Kindes (S. 2–10 aF). Bis einschl. VZ 2011 entfielen die Freibeträge nach Abs. 6 und das Kindergeld für das gesamte Kj., sofern die eigenen Einkünfte und Bezüge des (nicht behinderten) Kindes die in Abs. 4 S. 2 aF normierte Schädlichkeitsgrenze (Jahresbetrag iHd. Grundfreibetrags) überschritten. Maßgeblich waren jeweils die Nettobeträge der Einkünfte (abzgl. BA/WK) und Bezüge (minus Kosten). Zu Einzelheiten s. 14. Aufl., Rn. 21a ff. 21a

III. Verlängerung der Berechtigung bei Ableisten von Diensten (Abs. 5). Arbeitsuchende, auszubildende Kinder und **Kinder zw. zwei Ausbildungsabschnitten** (Abs. 4 S. 1 Nr. 1, 2 lit. a und b), die einen der in den Verlängerungstatbeständen des **Abs. 5 S. 1 Nr. 1–3** abschließend[5] genannten (inzwischen ausgesetzten)[6] Dienste – dh. einen **Wehr-, Zivil- oä. Dienst** – geleistet haben, werden entspr. der Dauer des tatsächlich geleisteten Dienstes, höchstens aber für die Dauer des inländ. gesetzlichen Grundwehr- oder Zivildienstes (§§ 5 WPflG, 24 ZDG) über das 21. oder 25. Lebensjahr hinaus berücksichtigt.[7] Bei vorzeitiger Entlassung aus dem Grundwehrdienst wird eine Verlängerung der Gesamtdauer der zu leistenden Wehrübungen (vgl. § 6 Abs. 3 WPflG) nicht berücksichtigt. Gleiches gilt bei nur zeitweiser Heranziehung zum Zivildienst vor dem 21./25. Lebensjahr, wenn der Zivildienst in zeitlich getrennten Abschnitten geleistet wird (§ 24 Abs. 3 ZDG). Auch im Ausland oder nach ausländ. Recht abgeleistete Dienste können grds. nur bis zur Dauer des deutschen gesetzlichen Grundwehrdienstes oder Zivildienstes berücksichtigt werden, wobei auf die zu Beginn des Auslandsdienstes maßgebende Dauer des deutschen Grundwehrdienstes oder Zivildienstes abzustellen ist. Bei einem kürzeren ausländ. Dienst[8] kommt es grds. auf die tatsächliche Dauer an. Handelt es sich jedoch um die Dienstpflicht in einem **EU- oder EWR-Mitgliedstaat**, so ist auch eine längere Dauer des Dienstes maßgebend (Abs. 5 S. 2). Soweit ein Kind für die Dauer des ausländ. Dienstes schon nach Abs. 4 S. 1 Nr. 2 lit. d berücksichtigt wurde, kommt eine Verlängerung nach Abs. 5 richtigerweise nicht mehr in Betracht. Die Berechtigung wird ferner nicht verlängert, wenn und soweit eine Erwerbstätigkeit gem. Abs. 4 S. 2–3 entgegensteht (Abs. 5 S. 3). 22

D. Freibeträge für Kinder (Abs. 6)

I. Grundsätzliches. Abs. 6 gewährt im Anschluss an die Rspr. des BVerfG[9] je Elternteil und Kind einen **Kinderfreibetrag** für das sächliche Existenzminimum des Kindes (dazu Rn. 25) und einen **Freibetrag für den Betreuungs- und Erziehungs- sowie Ausbildungsbedarf** als weiteren Bestandteil des soziokulturellen Existenzminimums (dazu Rn. 26), die bei der ESt-Veranlagung v. Einkommen abgezogen werden.[10] Die 23

1 BFH v. 19.11.2008 – III R 105/07, BStBl. II 2010, 1057.

2 Zur Bedeutung einer gleichwohl ausgeübten (idR niedrig entlohnten) Erwerbstätigkeit für das Merkmal der „Ursächlichkeit" BFH v. 15.3.2012 – III R 29/09, BStBl. II 2012, 892 = FR 2012, 933.

3 BFH v. 14.12.2001 – VI B 178/01, BStBl. II 2002, 486 = FR 2002, 686 m. Anm. *Greite*; v. 26.8.2003 – VIII R 58/99, BFH/NV 2004, 326 (327); v. 19.11.2008 – III R 105/07, BStBl. II 2010, 1057. – Dagegen spricht ein GdB v. unter 50 % gegen eine Kausalität der Behinderung; BFH v. 22.12.2011 – III R 46/08, BFH/NV 2012, 730.

4 BFH v. 19.11.2008 – III R 105/07, BStBl. II 2010, 1057. – An der Ursächlichkeit fehlt es, wenn sich das Kind in Untersuchungs- oder Strafhaft befindet; BFH v. 30.4.2014 – XI R 24/13, BStBl. II 2014, 1014.

5 BFH v. 31.3.2014 – III B 147/13, BFH/NV 2014, 1035 (nicht auf freiwilliges soziales Jahr anwendbar); v. 19.10.2017 – III R 8/17, BStBl. II 2018, 399 Rn. 12 ff. (keine Analogie bei Dienstleistung im Zivil oder Katastrophenschutz nach § 13a WPflG).

6 § 32 Abs. 5 ist gem. § 52 Abs. 40 S. 10 letztmals für den VZ 2018 anzuwenden.

7 Wird der Dienst nicht am Monatsersten angetreten und deshalb im ersten Dienstmonat noch Kindergeld gezahlt, verlängert sich die Berechtigung dennoch um die gesamte Dienstzeit (im Streitfall 10 Monate); BFH v. 20.5.2010 – III R 4/10, BStBl. II 2010, 827. – Die Verlängerung soll unabhängig davon gelten, ob das Kind parallel zum Wehr- oder Zivildienst eine Ausbildung absolviert hat und deshalb nach Abs. 4 S. 1 Nr. 2 lit. a berücksichtigt worden ist; so BFH v. 5.9.2013 – XI R 12/12, BStBl. II 2014, 39 = FR 2014, 620.

8 Übersicht zur Dienstpflicht in ausländ. Staaten bei *H/H/R*, § 32 Anm. 152.

9 BVerfG v. 10.11.1998 – 2 BvR 1057/91, 2 BvR 1226/91, 2 BvR 980/91, BVerfGE 99, 216 (231 ff.) = BStBl. II 1999, 182 (187 ff.). Seither hat das Gericht – bezogen unmittelbar auf die sozialrechtliche Existenzsicherung, aber übertragbar auf ihr stl. Abbild – zusätzlich zum sächlichen Existenzminimum die Teilhabedimension des soziokulturell zu verstehenden Existenzminimums betont, als deren Ausdruck der Betreuungs-, Erziehungs- und Ausbildungsbedarf gewürdigt werden kann (grundlegend BVerfG v. 9.2.2010 – 1 BvL 1, 3, 4/09, BVerfGE 125, 175 [222 ff.]).

10 Nach Ansicht des BFH ist es „nicht ernstlich zweifelhaft", dass die Kinderfreibeträge das Existenzminimum von Kindern im VZ 2011 in ausreichender Höhe berücksichtigten; BFH v. 19.3.2014 – III B 74/13, BFH/NV 2014, 1032.

Norm gelangt allerdings gem. § 31 (s. dort) nur zur Anwendung, falls das Kindergeld nicht ausreicht, um die kinderbedingte Minderung der Leistungsfähigkeit auszugleichen.

24 Der **Anwendungsraum** v. § 32 Abs. 6 und der des BKGG schließen sich aus.[1] **Außergewöhnliche Unterhaltsleistungen** für Kinder sind nach § 33 neben den Freibeträgen nach § 32 Abs. 6 abziehbar.[2] Freibeträge nach § 32 Abs. 6 und Unterhaltshöchstbetrag nach § 33a Abs. 1 schließen sich aus. Freibeträge nach § 32 Abs. 6 und der Ausbildungsfreibetrag für auswärtig untergebrachte volljährige Kinder (§ 33a Abs. 2) werden nebeneinander gewährt. Gleiches gilt für § 33a Abs. 3, insbes. auch wenn der StPfl. sein Kind als Haushaltshilfe beschäftigt oder die Haushaltshilfe wegen Krankheit des Kindes, für das der StPfl. einen Freibetrag erhält, gewährt wird (§ 33a Abs. 3 S. 1 Nr. 1b).[3] Freibeträge nach § 32 Abs. 6 und Pflege-PB (§ 33b Abs. 6) sind nebeneinander abziehbar. **Kinderbetreuungskosten** können nach § 10 Abs. 1 Nr. 5 neben § 32 Abs. 6 S. 1 2. Fall geltend gemacht werden. Zusätzlich kann auch der **Entlastungsbetrag** nach § 24b (v. der Summe der Einkünfte, also vor den Freibeträgen nach § 32 Abs. 6) abgezogen werden. Zur Eintragung der Zahl der Kinderfreibeträge auf der **LSt-Karte** s. § 39 Abs. 3 S. 1 Nr. 2, Abs. 3a, § 39a Abs. 1 Nr. 6, § 46 Abs. 2 Nr. 4 (vgl. auch § 31 Rn. 12).[4]

25 **II. Einfacher und doppelter Kinderfreibetrag (Abs. 6 S. 1 1. Fall, 2).** Je Elternteil und berücksichtigungsfähiges Kind wird, soweit Abs. 6 anzuwenden ist (s. § 31), ein Kinderfreibetrag iHv. (ab VZ 2019) 2 490 Euro (Jahresbetrag)[5] gewährt, der materiell das halbe sächliche Existenzminimum abdeckt (S. 1, 1. Fall). Bei zusammenveranlagten (§ 26b) Ehegatten,[6] die beide in einem (nicht notwendig gleichartigen)[7] Kindschaftsverhältnis zum Kind stehen (Abs. 1 Nr. 1, 2), ist der doppelte (materiell ganze) Betrag (4 788 Euro) anzusetzen (S. 2). Gleiches gilt ausnahmsweise bei einem nur einseitigen Kindschaftsverhältnis, wenn der andere Elternteil, auch soweit er kein Ehegatte ist,[8] verstorben oder nicht unbeschränkt stpfl. ist (S. 3 Nr. 1), der StPfl. allein das Kind angenommen hat oder das Kind nur zu ihm in einem Pflegekindschaftsverhältnis steht (S. 3 Nr. 2). Dem Fall, dass der andere Elternteil verstorben ist, sind die Fälle gleichzustellen (§ 163 AO), dass der Wohnsitz oder gewöhnliche Aufenthalt des anderen Elternteils nicht zu ermitteln oder der Vater des Kindes amtl. nicht feststellbar ist.[9] Im Übrigen, dh. bei Einzelveranlagung der Eltern (§ 25 oder § 26a), bei Zusammenveranlagung eines Elternteils mit einem Dritten sowie bei Stief- oder Großeltern, denen nach Abs. 6 S. 10–11 nur ein Kinderfreibetrag übertragen wurde, ist jeweils der einfache (materiell halbe) Freibetrag abzuziehen. Diese Voraussetzungen müssen mindestens an einem Tag im Kalendermonat vorliegen. Für jeden Kalendermonat, in dem es hieran fehlt, ermäßigen sich die Beträge um ein Zwölftel **(Abs. 6 S. 5)**.[10]

26 **III. Einfacher und doppelter Freibetrag für den Betreuungs- und Erziehungs- sowie Ausbildungsbedarf (Abs. 6 S. 1 2. Fall, 2).** Zusätzlich steht, sofern Abs. 6 zur Anwendung gelangt (s. § 31), jedem Elternteil für jedes berücksichtigungsfähige Kind ein Freibetrag für den Betreuungs- und Erziehungs- sowie Ausbildungsbedarf iHv. 1 320 Euro zu (S. 1, 2. Fall), der ebenfalls materiell den halben Bedarf abdeckt und unter grds. parallelen Voraussetzungen verdoppelt wird (vgl. Rn. 25; geringfügig diff. S. 6–9). Der den Betreuungs- und Erziehungs- sowie Ausbildungsbedarf typisierend erfassende Freibetrag wird unabhängig v. tatsächlich entstandenen Aufwendungen abgezogen. Er ist insbes. unabhängig davon, ob die Betreuungsleistung v. den Eltern selbst oder v. Dritten erbracht wird, auf welche Weise die Eltern ihrer Erziehungspflicht nachkommen, sowie davon, wie die Ausbildung eines Kindes gestaltet ist.

27 **IV. Auslandskinder (Abs. 6 S. 4).** Gem. § 32 Abs. 6 S. 4 können für ein nicht nach § 1 Abs. 1, 2 unbeschränkt stpfl. Kind die Beträge nach § 32 Abs. 6 S. 1 bis 3 nur abgezogen werden, soweit sie nach den Verhältnissen seines Wohnsitzstaats notwendig und angemessen sind. Ein Auslandskind wird nicht unbeschränkt stpfl., wenn es die Urlaubszeit im Inland beim Unterhaltsverpflichteten verbringt;[11] Abs. 6 S. 4 ist

---

Hingegen hielt das FG Nds. v. 2.12.2016 – 7 K 83/16, EFG 2017, 668, die Kinderfreibeträge (nicht nur) im VZ 2014 für zu niedrig und hat die Frage daher gem. Art. 100 Abs. 1 GG dem BVerfG vorgelegt (Az. 2 BvL 3/17).

1 Vgl. nur *H/H/R*, § 32 Anm. 170 aE.
2 *K/S/M*, § 32 Rn. A 11.
3 *H/H/R*, § 32 Anm. 170.
4 Ausf. zu Verfahrensfragen beim Kinderfreibetrag *K/S/M*, § 32 Rn. A 111–117.
5 VZ 2018: 2 394 Euro; VZ 2017: 2 358 Euro; VZ 2016: 2 304 Euro; VZ 2015: 2 256 Euro.
6 Entsprechendes gilt für zusammen veranlagte Lebenspartner (sofern beide in einem Kindschaftsverhältnis zum Kind stehen); BMF v. 17.1.2014, BStBl. I 2014, 109.
7 *K/S/M*, § 32 Rn. D 9.
8 BFH v. 13.8.2002 – VIII R 110/01, BFH/NV 2003, 31 (32).
9 R 32.12 EStR.
10 BFH v. 14.10.2003 – VIII R 111/01, BFH/NV 2004, 331 (332).
11 BFH v. 22.4.1994 – III R 22/92, BStBl. II 1994, 887 (889) = FR 1994, 647 m. Anm. *Kanzler*; v. 27.4.1995 – III R 57/93, BFH/NV 1995, 967.

auch insoweit anzuwenden.[1] Die Freibeträge werden nach der sog. **Ländergruppeneinteilung**[2] angepasst. Auslandskinder werden nicht v. der Gemeinde auf der LSt-Karte eingetragen. Es gilt jedoch § 39a Abs. 1 Nr. 6 sowie § 46 Abs. 2 Nr. 4.

V. Übertragung der Freibeträge (Abs. 6 S. 6–11). 1. Übertragung auf einen Elternteil. a) Kinderfreibetrag. Gem. **Abs. 6 S. 6** wird auf Antrag eines Elternteils der **Kinderfreibetrag** (zum Freibetrag für den Betreuungs-, Erziehungs- und Ausbildungsbedarf s. Rn. 29) des anderen Elternteils auf ihn übertragen, wenn nur er seiner Unterhaltspflicht ggü. dem Kind für das Kj. im Wesentlichen nachkommt oder falls der andere Elternteil mangels Leistungsfähigkeit nicht unterhaltspflichtig ist. Die Übertragung bedarf **keiner Zustimmung** des anderen Elternteils.[3] S. 7 schließt sie allerdings aus, solange Unterhalt nach dem Unterhaltvorschussgesetz geleistet wird. Abs. 6 S. 6–7 gilt nur für **Elternpaare**, die **nicht der Ehegattenveranlagung unterliegen**, dh. dauernd getrennt lebende oder geschiedene Eltern oder Eltern eines nichtehelich geborenen Kindes, **nicht** aber Ehegatten, die die Einzelveranlagung (§ 26a) beantragen. Erhält der antragstellende StPfl. den vollen Kinderfreibetrag, so ist ihm für Zwecke der Günstigerprüfung sowie der Verrechnung nach § 31 S. 4 auch das dem anderen Elternteil oder einem Dritten gewährte Kindergeld zuzurechnen (s. § 31). Der übertragende Elternteil verliert alle Entlastungen, die an den Freibetrag anknüpfen (vgl. Rn. 1). 28

Die Übertragung knüpft an die zivilrechtliche[4] Unterhaltssituation an und setzt voraus, dass der **Antragsteller** seiner **Unterhaltspflicht im Wesentlichen nachkommt**, der **andere Elternteil** jedoch tatsächlich **keinen Unterhalt** leistet (sei es, dass er seine Verpflichtung nicht erfüllt, sei es, dass er hierzu mangels Leistungsfähigkeit schon nicht verpflichtet ist). Eine Übertragung ist hingegen ausgeschlossen, wenn der andere Elternteil seiner Unterhaltspflicht nach Maßgabe seiner Leistungsfähigkeit nachkommt, selbst wenn sein Beitrag zum Unterhaltsbedarf verhältnismäßig geringfügig ist.[5] Leistet ein Elternteil Naturalunterhalt durch Übernahme der Pflege und Erziehung des Kindes („Betreuungsunterhalt"), so kommt er seiner Unterhaltsverpflichtung in vollem Umfang nach (vgl. § 1606 Abs. 3 S. 2 BGB).[6] Seiner Barunterhaltsverpflichtung kommt ein Elternteil im Wesentlichen nach, wenn er sie mindestens zu 75 % erfüllt.[7] Soweit die Barunterhaltsverpflichtung nicht durch gerichtliche Entsch., Verpflichtungserklärung, Vergleich oder anderweitig durch Vertrag festgelegt ist, ist idR auf die Unterhaltstabellen der OLG, insbes. die „Düsseldorfer Tabelle" abzustellen.[8] Maßgeblich ist die relative Erfüllung der konkreten Unterhaltspflicht.[9] Soweit zivilrechtl. zulässig (§§ 1612, 1614 BGB), können zur Erfüllung der Unterhaltsverpflichtung auch andere Leistungen als lfd. Unterhaltszahlungen erbracht werden, etwa Sachleistungen – insbes. an volljährige Kinder (vgl. auch § 1603 Abs. 2 S. 2 BGB) – oder sonstige Unterhaltsabfindungen. Aus dem Barwert solcher Leistungen ist eine lfd. Geldrente abzuleiten und diese mit der „Düsseldorfer Tabelle" zu vergleichen.[10] Übernimmt ein Elternteil gegen Entgelt die Unterhaltspflicht des anderen, kommen beide iSv. Abs. 6 ihrer Unterhaltspflicht nach; dies gilt nicht bei unentgeltlicher Freistellung.[11] – Die (Nicht-)Erfüllung der Unterhaltspflicht bezieht sich auf das Kj. Die zeitliche Zuordnung v. Unterhaltsleistungen bestimmt sich nicht nach § 11, sondern nach dem Zivilrecht.[12] Besteht die Unterhaltsverpflichtung aus Gründen in der Pers. des Kindes oder wegen des Todes des Elternteils nicht während des ganzen Kj., so ist auch bzgl. ihrer Erfüllung nur auf den Verpflichtungszeitraum abzustellen.[13]

Der Kinderfreibetrag wird durch einen beiden Elternteilen bekannt zu gebenden VA übertragen.[14] Der widerrufliche[15] **Antrag** ist bis zur Bestandskraft der Veranlagung des StPfl. formlos ggü. dem Wohnsitz-

---

1 *K/S/M*, § 32 Rn. D 12; **aA** *H/H/R*, § 32 Anm. 178.
2 BMF v. 20.10.2016, BStBl. I 2016, 1183.
3 Vgl. BFH v. 25.7.1997 – VI R 113/95, BStBl. II 1998, 433 = FR 1998, 203; v. 27.10.2004 – VIII R 11/04, BFH/NV 2005, 343 zu Abs. 6 aF.
4 BFH v. 15.6.2016 – III R 18/15, BStBl. II 2016, 893 = FR 2016, 1150.
5 BFH v. 12.4.2000 – VI R 148/97, BFH/NV 2000, 1194.
6 BFH v. 15.6.2016 – III R 18/15, BStBl. II 2016, 893 = FR 2016, 1150 (unerheblich, ob dieser Elternteil SGB II-Leistungen bezieht).
7 BFH v. 12.4.2000 – VI R 148/97, BFH/NV 2000, 1194; R 32.13 Abs. 2 S. 1 EStR.
8 FG RhPf. v. 10.7.1998 – 3 K 1843/96, EFG 1998, 1470.
9 BFH v. 25.7.1997 – VI R 113/95, BStBl. II 1998, 433 (434) = FR 1998, 203; v. 25.7.1997 – VI R 129/95, BStBl. II 1998, 435 (436) = FR 1998, 205.
10 FG Köln v. 12.8.1994 – 3 K 405/93, EFG 1995, 217; *H/H/R*, § 32 Anm. 184; **aA** FG BaWü. v. 1.7.1994 – 9 K 61/93, EFG 1995, 33; FG Münster v. 30.1.1990 – XII 8737/88 E, EFG 1991, 127 (128).
11 BFH v. 24.3.2006 – III R 57/00, BFH/NV 2006, 1815.
12 BFH v. 11.12.1992 – III R 7/90, BStBl. II 1993, 397 (398) mit abl. Anm. *Kanzler*, FR 1993, 274. – Gleichsinnig BMF v. 28.6.2013, BStBl. I 2013, 845 Rn. 4: Nachzahlungen sind auf die Kalendermonate zu verteilen, für die sie bestimmt sind.
13 R 32.13 Abs. 3 S. 1 EStR; s. auch FG RhPf. v. 3.9.1997 – 5 K 2464/96, EFG 2000, 631.
14 FG Bremen v. 23.9.1993 – 1 89249 K 1, EFG 1994, 886 (887); *H/H/R*, § 32 Anm. 187.
15 FG BaWü. v. 29.7.1992 – 2 K 61/88, EFG 1993, 32.

FA[1] zu stellen. Eine Erklärung ggü. der Familienkasse ist für das FA nicht bindend. Der Antragsteller hat die Übertragungsvoraussetzungen darzulegen.[2] Der andere Elternteil ist gem. § 91 AO anzuhören,[3] im FG-Verfahren jedoch idR nicht notwendig beizuladen (§ 60 Abs. 3 FGO).[4] – Im LSt-Abzugsverfahren nach § 39 Abs. 3a kann ein Elternteil die Eintragung des vollen Kinderfreibetrags (Übertragung) beantragen.

29 **b) Freibetrag für den Betreuungs-, Erziehungs-, Ausbildungsbedarf.** Gem. **Abs. 6 S. 8** wird bei **minderjährigen** Kindern auf Antrag des Elternteils, in dessen Wohnung das Kind **gemeldet** ist, der **Freibetrag für den Betreuungs- und Erziehungs- oder Ausbildungsbedarf** (zum Kinderfreibetrag s. Rn. 28) des anderen Elternteils auf ersteren übertragen.[5] Vorauszusetzen ist auch hier, dass die Eltern nicht § 26 Abs. 1 S. 1 unterfallen, also nicht nach §§ 26a oder 26b veranlagt werden. Auch darf der andere Elternteil nicht gem. S. 9 widersprochen haben. Die Übertragung ist ausgeschlossen, wenn das Kind bei beiden Elternteilen[6] oder bei keinem v. ihnen (zB Meldung nur am Ausbildungsort) gemeldet ist. Eine Übertragung nach S. 6 dürfte idR eine solche nach S. 8 mit sich bringen.[7]

Nähere Betrachtung verdienen die beiden in S. 9 abschließend benannten **Widerspruchsgründe**. Der andere Elternteil soll widersprechen können, wenn er entweder Kinderbetreuungskosten trägt oder das Kind regelmäßig in einem nicht unwesentlichen Umfang selbst betreut. Hier ist zunächst der misslungene Wortlaut zu berichtigen. Der zu übertragende Freibetrag berücksichtigt neben der Betreuung auch die Erziehung und Ausbildung v. Kindern. Demgemäß sollte der Begriff der Kinderbetreuungskosten hier abweichend v. § 10 Abs. 1 Nr. 5 verstanden werden und auch Beiträge des anderen Elternteils zur Erziehung und Ausbildung einbeziehen.[8] Unklar ist ferner das Verhältnis der Übernahme v. Betreuungskosten (einschl. Erziehungs- und Ausbildungsaufwand) zum Kindesunterhalt. Soweit erstere bereits bei der Bemessung des Unterhalts nach § 1610 BGB (ggf. als Mehrbedarf) berücksichtigt worden sind, dürfte allein die Unterhaltsleistung ein Widerspruchsrecht begründen. Einer zusätzlichen Übernahme besonderer Betreuungskosten bedarf es dann nicht. Nur soweit der zivilrechtliche Unterhalt diesen Bedarf nicht abbildet, bliebe eine zusätzliche Leistung des anderen Elternteils zu fordern, die dann aber auch in sonstigen Ausbildungskosten (zB für den Besuch einer Musikschule) gesehen werden könnte. Allerdings dürfte eine nur einmalige oder geringfügige Übernahme v. Aufwendungen nicht genügen. Ein Widerspruchsrecht besteht zudem, wenn der andere Elternteil das Kind regelmäßig in nicht nur unwesentlichem Umfang betreut. Hier sollte wiederum über die Kleinkindbetreuung hinaus auch die Fürsorge für ältere Kinder einbezogen werden, da auch sie entspr. Begleitkosten verursachen kann. Noch nicht abschließend geklärt ist indes, ab wann eine elterliche Sorge als „regelmäßig“ und „nicht unwesentlich“ anzusehen ist.[9]

Ein (widerruflicher) **Antrag** nach S. 8 ist vom Elternteil, bei dem das Kind gemeldet ist, ggü. seinem Wohnsitz-FA zu stellen. Das FA entscheidet dann – nach vorheriger Anhörung des anderen Elternteils – durch VA über die Übertragung des Freibetrags für den Betreuungs- und Erziehungs- oder Ausbildungsbedarf. Der **Widerspruch** nach S. 9 bezeichnet keinen hiergegen zu erhebenden förmlichen Rechtsbehelf[10] (kann aber im Einspruch gegen einen den Freibetrag versagenden ESt-Bescheid geäußert werden)[11]. Das Nichtvorliegen eines Widerspruchs ist vielmehr materielle Voraussetzung einer Übertragung, seine spätere berechtigte Erklärung Grund für eine auf gegenläufigem Verfahrenswege zu erreichende Rückübertragung (mit Wirkung für die Zukunft).

30 **2. Übertragung auf einen Stief- und Großelternteil.** Sofern nicht schon ein Pflegekindschaftsverhältnis besteht (Abs. 1 Nr. 2, Abs. 2), können gem. **Abs. 6 S. 10** die den Eltern nach Abs. 6 zustehenden Freibeträge auf Antrag auch auf einen Stief- (Ehegatte eines Elternteils) oder Großelternteil übertragen werden, wenn dieser das Kind in seinen Haushalt aufgenommen hat und ihm dort Unterhalt (materielle Ver-

---

1 FG Hbg. v. 31.3.1993 – VI 206/91, EFG 1994, 43 (44).
2 R 32.13 Abs. 4 S. 1 EStR.
3 *H/H/R*, § 32 Anm. 181; einschr. R 32.13 Abs. 4 S. 5 EStR: in Zweifelsfällen.
4 BFH v. 4.7.2001 – VI B 301/98, BStBl. II 2001, 729 = FR 2001, 1071 m. Anm. *Kanzler*; vgl. auch BFH v. 16.4.2002 – VIII B 171/01, BStBl. II 2002, 578 = FR 2002, 1189 m. Anm. *Greite* zu § 64 EStG; anders BFH v. 11.5.2005 – VI R 38/02, BStBl. II 2005, 776 für den Fall der Anfechtung einer vorherigen Übertragung.
5 Die Übertragbarkeit ist verfassungsgemäß; BFH v. 27.10.2011 – III R 42/07, BStBl. II 2013, 194 (noch zu § 32 Abs. 6 aF); v. 8.11.2017 – III R 2/16, BStBl. II 2018, 266 Rn. 16 f.; krit. *Greite*, FR 2012, 684 (685 ff.).
6 *Hillmoth*, Inf. 2000, 65 (67).
7 Ähnlich BMF v. 28.6.2013, BStBl. I 2013, 845 Rn. 5 („stets“).
8 FG RhPf. v. 4.12.2015 – 4 K 1624/15, EFG 2016, 308 Rn. 42 (in der nachfolgenden Revisionsentsch. des BFH v. 8.11.2017 – III R 2/16, BStBl. II 2018, 266, nicht angesprochen). In die gleiche Richtung auch BT-Drucks. 17/6146, 15 („insbesondere“ Kinderbetreuung).
9 Hierzu BMF v. 28.6.2013, BStBl. I 2013, 845 Rn. 9.
10 Vgl. BFH v. 8.11.2017 – III R 2/16, BStBl. II 2018, 266 Rn. 18.
11 Zust. BFH v. 8.11.2017 – III R 2/16, BStBl. II 2018, 266 Rn. 18.

sorgung und Betreuung) leistet oder falls er dem Kind (ohne Aufnahme in den eigenen Haushalt) gesetzlich zum Unterhalt verpflichtet ist. § 32 Abs. 6 S. 10 trägt so der Kindergeldberechtigung v. Stief- und Großeltern nach §§ 63 Abs. 1 Nr. 2 und 3, 64 Abs. 2 S. 2 Rechnung. Der (bislang) berechtigte Elternteil kann gem. **Abs. 6 S. 11** seine **Zustimmung** erteilen, die nur für künftige Kj. widerrufen werden kann. Im Umkehrschluss können die Freibeträge auch gegen seinen Willen übertragen werden, worauf die empfangenden Stief- oder Großeltern einen Anspr. haben. Die Zustimmung hat mithin eine Nachweisfunktion. Übertragender kann jeder berechtigte Elternteil iSv. Abs. 6 sein.[1] Die Übertragung setzt einen an sein Wohnsitz-FA gerichteten **Antrag** des Übertragungsempfängers[2] voraus, dem ggf. die Erklärung des Zust. beizufügen ist. Die Zustimmung kann bis zur Bestandskraft der Veranlagung des Antragstellers erteilt werden. Wird sie nach Eintritt der Bestandskraft erteilt, kann der Bescheid nach § 175 Abs. 1 Nr. 2 AO berichtigt werden. Die Zustimmung kann auf einen VZ beschränkt werden, so dass sich ein Widerruf erübrigt. Ein **Widerruf der Zustimmung** ist nur für künftige Kj. zulässig. Er ist wie die Zustimmung ggü. dem FA zu erklären. Als **Rechtsfolge** der Übertragung erhält der jeweilige Stief- oder Großelternteil die einfachen Freibeträge. Berechtigte iSv. Abs. 6 S. 2 und 3 übertragen die doppelten Freibeträge. Zur Verrechnung des gewährten Kindergeldes vgl. § 31. Der übertragende Elternteil verliert alle Entlastungen, die an den Freibetrag anknüpfen (vgl. Rn. 1), jedoch nicht notwendig seinen Kindergeld-Anspr.[3] Leistet ein übertragender Elternteil (Bar-)Unterhalt, kommt ein zivilrechtl. Ausgleichsanspruch in Betracht.

§ 32a Einkommensteuertarif

Fassung des Absatzes 1 ab 1.1.2019:[4]

(1) [1]Die tarifliche Einkommensteuer bemisst sich nach dem zu versteuernden Einkommen. [2]Sie beträgt im Veranlagungszeitraum 2019 vorbehaltlich der §§ 32b, 32d, 34, 34a, 34b und 34c jeweils in Euro für zu versteuernde Einkommen

1. **bis 9 168 Euro (Grundfreibetrag): 0;**
2. **von 9 169 Euro bis 14 254 Euro: (980,14 × y + 1 400) × y;**
3. **von 14 255 Euro bis 55 960 Euro: (216,16 × z + 2 397) × z + 965,58;**
4. **von 55 961 Euro bis 265 326 Euro: 0,42 × x – 8 780,9;**
5. **von 265 327 Euro an: 0,45 × x – 16 740,68.**

[3]Die Größe „y" ist ein Zehntausendstel des den Grundfreibetrag übersteigenden Teils des auf einen vollen Euro-Betrag abgerundeten zu versteuernden Einkommens. [4]Die Größe „z" ist ein Zehntausendstel des 14 254 Euro übersteigenden Teils des auf einen vollen Euro-Betrag abgerundeten zu versteuernden Einkommens. [5]Die Größe „x" ist das auf einen vollen Euro-Betrag abgerundete zu versteuernde Einkommen. [6]Der sich ergebende Steuerbetrag ist auf den nächsten vollen Euro-Betrag abzurunden.

Fassung des Absatzes 1 bis 31.12.2018:

(1) [1]Die tarifliche Einkommensteuer ab dem Veranlagungszeitraum 2018 bemisst sich nach dem zu versteuernden Einkommen. [2]Sie beträgt vorbehaltlich der §§ 32b, 32d, 34, 34a, 34b und 34c jeweils in Euro für zu versteuernde Einkommen

1. **bis 9 000 Euro (Grundfreibetrag): 0;**
2. **von 9 001 Euro bis 13 996 Euro: (997,8 × y + 1 400) × y;**
3. **von 13 997 Euro bis 54 949 Euro: (220,13 × z + 2 397) × z + 948,49;**
4. **von 54 950 Euro bis 260 532 Euro: 0,42 × x – 8 621,75;**
5. **von 260 533 Euro an: 0,45 × x – 16 437,7.**

[3]Die Größe „y" ist ein Zehntausendstel des den Grundfreibetrag übersteigenden Teils des auf einen vollen Euro-Betrag abgerundeten zu versteuernden Einkommens. [4]Die Größe „z" ist ein Zehntausendstel des 13 996 Euro übersteigenden Teils des auf einen vollen Euro-Betrag abgerundeten zu versteuernden Einkommens. [5]Die Größe „x" ist das auf einen vollen Euro-Betrag abgerundete zu

1 *K/S/M*, § 32 Rn. D 40; **aA** *H/H/R*, § 32 Anm. 194 (nur Eltern iSv. S. 6, dh. unbeschr StPfl., die nicht die Voraussetzungen v. § 26 Abs. 1 S. 1 erfüllen).
2 *H/H/R*, § 32 Anm. 194.
3 *H/H/R*, § 32 Anm. 197.
4 In § 32a wurde mWv. 1.1.2019 Absatz 1 neu gefasst (FamEntlastG v. 29.11.2018, BGBl. I 2018, 2210).

versteuernde Einkommen. [6]Der sich ergebende Steuerbetrag ist auf den nächsten vollen Euro-Betrag abzurunden.

(2) bis (4) (weggefallen)

(5) Bei Ehegatten, die nach den §§ 26, 26b zusammen zur Einkommensteuer veranlagt werden, beträgt die tarifliche Einkommensteuer vorbehaltlich der §§ 32b, 32d, 34, 34a, 34b und 34c das Zweifache des Steuerbetrags, der sich für die Hälfte ihres gemeinsam zu versteuernden Einkommens nach Absatz 1 ergibt (Splitting-Verfahren).

(6) [1]Das Verfahren nach Absatz 5 ist auch anzuwenden zur Berechnung der tariflichen Einkommensteuer für das zu versteuernde Einkommen

1. **bei einem verwitweten Steuerpflichtigen für den Veranlagungszeitraum, der dem Kalenderjahr folgt, in dem der Ehegatte verstorben ist, wenn der Steuerpflichtige und sein verstorbener Ehegatte im Zeitpunkt seines Todes die Voraussetzungen des § 26 Absatz 1 Satz 1 erfüllt haben,**
2. **bei einem Steuerpflichtigen, dessen Ehe in dem Kalenderjahr, in dem er sein Einkommen bezogen hat, aufgelöst worden ist, wenn in diesem Kalenderjahr**
   a) **der Steuerpflichtige und sein bisheriger Ehegatte die Voraussetzungen des § 26 Absatz 1 Satz 1 erfüllt haben,**
   b) **der bisherige Ehegatte wieder geheiratet hat und**
   c) **der bisherige Ehegatte und dessen neuer Ehegatte ebenfalls die Voraussetzungen des § 26 Absatz 1 Satz 1 erfüllen.**

[2]Voraussetzung für die Anwendung des Satzes 1 ist, dass der Steuerpflichtige nicht nach den §§ 26, 26a einzeln zur Einkommensteuer veranlagt wird.

Literatur: *Djanani/Grossmann*, Kalte Progression aufgrund fehlender Inflationskorrektur, StuW 2015, 33; *Herzig/Schiffers*, Steuersatzänderungen des Steuerentlastungsgesetzes 1999/2000/2002 – Auswirkungen auf die Unternehmensbesteuerung, DB 1999, 969; *Jachmann*, Leistungsfähigkeit und Umverteilung, StuW 1998, 293.

A. Grundaussagen der Vorschrift

1 Im Rahmen der Individualbesteuerung regelt § 32a Abs. 1 den Einkommensteuertarif und legt einzelne Schritte der **Tarifanwendung** fest. Dabei bildet das zu versteuernde Einkommen iSd. § 2 Abs. 5 S. 1 (§ 2 Rn. 102 f.) die Bemessungsgrundlage. Die Abs. 5 und 6 betreffen Anwendungsbereich und Wirkungsweise des Splitting-Verfahrens. Die Tarifvorschrift ist im Einzelfall („vorbehaltlich", vgl. § 32a Abs. 1 S. 2) mit den besonderen Tarifvorschriften gem. §§ 32b und 32d sowie den Steuerermäßigungen gem. §§ 34 ff. in Zusammenhang zu sehen.

2 Die Höhe des Grundfreibetrages und der Tarifverlauf einschl. des Eingangs- und Spitzensteuersatzes prägen die **Steuerbelastung** und bilden über ihre technische Funktion hinaus maßgebliche Größen für die Einkommensbesteuerung. Der geltende linear-progressive Tarif[1] trägt zur Besteuerung nach der wirtschaftlichen Leistungsfähigkeit bei, entfaltet Verteilungswirkung und beeinflusst die wirtschaftliche Entwicklung. In der Vergangenheit änderte der Gesetzgeber vielfach die Bestimmungsgrößen der Steuerbelastung, die Änderungen betrafen den Grundfreibetrag, den Eingangs- und Spitzensteuersatz sowie den Tarifverlauf.[2]

Wiederholt hat der **Gesetzgeber** in der Vergangenheit die Vorschrift – häufig auch im Rahmen v. redaktionellen Folgeänderungen – **geändert.**[3] Demgemäß beruhen etwa die Änderungen des § 32a Abs. 6 im Jahre 2011 durch das StVereinfG auf der gesetzlichen Fortentwicklung der verschiedenen Veranlagungsmöglichkeiten von Ehegatten.[4] Nachdem das BVerfG[5] die Ungleichbehandlung von Ehegatten und Lebenspartnern in § 32a Abs. 5 als verfassungswidrig angesehen hatte, stellt nunmehr § 2 Abs. 8 die Gleich-

---

1 Zu Einzelheiten der Tarifstruktur *K/S/M*, § 32a Rn. A 20 und 111; krit zu den realen Belastungsverschiebungen in den Jahren 1990–2005: *Stern*, DStZ 2005, 515.
2 Zu verweisen ist auf das G v. 19.9.2002, BGBl. I 2002, 3651 und das G v. 19.7.2006, BGBl. I 2006, 1652 (1654).
3 G v. 14.8.2007, BGBl. I 2007, 1912 (1918); BT-Drucks. 16/4841, 60.
4 G v. 1.11.2011, BGBl. I 2011, 2131.
5 BVerfG v. 7.5.2013 – 2 BvR 909/06, BGBl. I 2013, 1647.

behandlung für das gesamte EStG sicher.[1] Das Anheben des Grundfreibetrags und die damit einhergehende Tarifanpassung in den Jahren 2013 und 2014 durch das Gesetz zum Abbau der kalten Progression[2] sollen dem Anstieg des Durchschnittssteuersatzes entgegenwirken, soweit dieser Anstieg allein auf den die Inflation ausgleichenden Lohn- und Gehaltserhöhungen zurückzuführen ist.[3] Zuletzt wurde der Grundfreibetrag wiederholt angehoben, zunächst mit Wirkung ab dem VZ 2016,[4] sodann mit Wirkung für die VZ 2017 und 2018[5] und schließlich mit Wirkung für die VZ 2019 und 2020.[6]

Die **verfassungsrechtl. Vorgaben** für den Tarif, Abs. 1 S. 2, verlangen die steuergesetzliche Berücksichti- 3
gung des existenznotwendigen Bedarfs (Rn. 8) sowie einen folgerichtig gestalteten, die (unterschiedliche) wirtschaftliche Leistungsfähigkeit iSv. Art. 3 GG angemessen berücksichtigenden Tarifverlauf (§ 2 Rn. 13 ff., 17).[7] Für die angemessene Höhe des Grundfreibetrags entfalten die Regelsätze der Sozialhilfe Indizwirkung iS einer Untergrenze. Hierzu veröffentlicht die BReg. regelmäßig Existenzminimumberichte.[8] Ein Halbteilungsgrundsatz im Sinne einer allg. verbindlichen, absoluten Belastungsobergrenze ist Art. 14 GG nicht zu entnehmen.[9] IÜ unterliegt der Tarif weitgehend dem Gestaltungswillen des Gesetzgebers und erweist sich nur in eingeschränktem Maße einer gerichtlichen Kontrolle als zugänglich.[10] Verfassungsrechtl. Bedenken konzentrieren sich vor allem auf die Frage, ob der jeweils gültige Grundfreibetrag in angemessener Weise das stfreie Existenzminimum abdeckt. So hat der BFH die Höhe des Grundfreibetrags für die Jahre 2000 bis 2004, 2005 und 2011 als ausreichend angesehen.[11] Insgesamt dürfte Abs. 1 S. 2 den verfassungsrechtl. Vorgaben entsprechen.

Das Splitting-Verfahren als typisiertes Realsplitting[12] bewirkt neben der Verdopplung v. Abzugsbeträgen 4
vor allem ein Abflachen der Progression.[13] Die Diskussion um das **Ehegattensplitting** gem. Abs. 5 betrifft insbes. die Frage, ob es sich hierbei um die stl. Subvention einer bestimmten Lebensform handelt (§ 26 Rn. 4), sowie die Problematik, ob StPfl., die nicht im Stand der Ehe oder der eingetragenen Lebenspartnerschaft (§ 2 Abs. 8) leben, vom Splittingtarif ausgeschlossen werden dürfen.[14]

Einstweilen frei. 5–6

B. Tarifverlauf bei Einzelveranlagung (Abs. 1)

Das zu versteuernde Einkommen, § 2 Abs. 5 S. 1, bildet im Regelfall (Rn. 9) die **Bemessungsgrundlage** für 7
die seit 2004 als stufenlose Tarifsteuer ausgestaltete ESt, § 32a Abs. 1 S. 1. Im Rahmen der Einzelveranlagung gilt die Vorschrift vorbehaltlich der Sondervorschriften (Rn. 9) für jeden (un)beschränkt StPfl. Bei beschränkt StPfl. erfolgt allerdings die Veranlagung gem. § 50 Abs. 1 S. 2 ohne Berücksichtigung eines Grundfreibetrags (§ 50 Rn. 14).

§ 32a Abs. 1 S. 2 Nr. 1 regelt den gem. § 52 Abs. 41 seit Jahren steigenden (VZ 2003: 7235 Euro, VZ 2004 8
bis VZ 2008: 7664 Euro, VZ 2009: 7834 Euro; VZ 2010 bis VZ 2012: 8004 Euro; VZ 2013: 8130 Euro; VZ 2014: 8354 Euro, VZ 2015: 8472 Euro, VZ 2016: 8652 Euro, VZ 2017: 8820 Euro, VZ 2018: 9000 Euro,

1 BT-Drucks. 17/13870, 6; G v. 15.7.2013, BGBl. I 2013, 2397.
2 G v. 20.2.2013, BGBl. I 2013, 283; kritisch zur unzureichenden Entlastung im Hinblick auf die kalte Progression: *Hechtner*, StuW 2014, 132.
3 BT-Drucks. 17/8683, 7.
4 G v. 16.7.2015, BGBl. I 2015, 1202: Anhebung auf 8652 Euro.
5 G v. 20.12.2016, BGBl. I 2016, 3000: Anhebung auf 8820 Euro ab VZ 2017 und auf 9000 Euro ab VZ 2018. Mit G v. 23.6.2017, BGBl. I 2017, 1682, wurde Abs. 1 S. 1 redaktionell geändert.
6 G v. 29.11.2018, BGBl. I 2018, 2210: Anhebung auf 9168 Euro für den VZ 2019 und auf 9408 Euro ab VZ 2020.
7 BVerfG v. 25.9.1992 – 2 BvL 5/91, 2 BvL 8/91, 2 BvL 14/91, BVerfGE 87, 153 = BStBl. II 1993, 413 (418) und (420) = FR 1992, 810; v. 10.11.1998 – 2 BvL 42/93, BVerfGE 99, 246 = BStBl. II 1999, 174 (179) = FR 1999, 139; BFH v. 10.7.2000 – XI B 27/00, BFH/NV 2001, 34: v. 9.1.2003 – III R 9/01, BFH/NV 2003, 613 (615); vgl. auch: BT-Drucks. 17/8683, 7.
8 10. Existenzminimumbericht für das Jahr 2016 v. 30.1.2015, BT-Drucks. 18/3893; 11. Existenzminimumbericht für das Jahr 2018 v. 2.11.2016, BT-Drucks. 18/10220.
9 BVerfG v. 18.1.2006 – 2 BvR 2194/99, BVerfGE 115, 97.
10 BFH v. 9.8.2001 – III R 50/00, BStBl. II 2001, 778 (779) = FR 2001, 1228 m. Anm. *Kanzler*.
11 Betr. 2000 bis 2004 BFH v. 27.7.2017 – III R 1/09, BStBl. II 2018, 96 Rz. 10; betr. 2005 BFH v. 18.11.2009 – X R 34/07, BStBl. II 2010, 414 (425) = FR 2010, 390 (Verfassungsbeschwerde nicht zur Entscheidung angenommen, 2 BvR 288/10); betr. 2011 BFH v. 19.3.2014 – III B 74/13, BFH/NV 2014, 1032; betr. 2012 FG Berlin-Bdbg. v. 3.5.2016 – 7 K 7155/14, juris (NZB unbegründet, BFH v. 11.8.2016 – III B 88/16, BFH/NV 2017, 149); krit. zur (unzulänglichen) Höhe des Grundfreibetrags: *Dziadkowski*, BB 2001, 1765 (1766).
12 *Seer*, FS Kruse, 2001, 357.
13 *K/S/M*, § 32a Rn. A 140.
14 BFH v. 26.6.2014 – III R 14/05, BStBl. II 2014, 829 = FR 2014, 1047; v. 26.4.2017 – III B 100/16, BStBl. II 2017, 903 Rz. 8: keine Anwendung des § 2 Abs. 8 und damit des Splittingtarifs auf die heterosexuellen Partner einer nicht eingetragenen Lebensgemeinschaft.

VZ 2019: 9 168 Euro), gleichwohl aber im Hinblick auf die Höhe immer wieder als unzureichend kritisierten **Grundfreibetrag**. Hierbei handelt es sich um eine Pauschale, die typisierend den notwendigen Existenzbedarf der nat. Pers. von der Besteuerung freistellt.[1] Der Verlauf des Einkommensteuertarifs richtet sich im Grundsatz nach dem zu versteuernden Einkommen. Dabei bemisst sich die tarifliche ESt im Hinblick auf den Grundfreibetrag ausdrücklich auf 0. Dieser stellt keine sachliche Steuerbefreiung dar, sondern ist Teil der Tarifvorschriften. Die Verfassung selbst verbietet in Höhe des existenznotwendigen Bedarfs den stl. Zugriff (Rn. 3). IErg. wird hinsichtlich des (wirtschaftlichen) Existenzminimums, bei Familien auch hinsichtlich des durch Kinder verursachten Betreuungsbedarfs, keine ESt erhoben.[2] Die Höhe des existenznotwendigen Bedarfs bestimmt sich nach den allg. wirtschaftlichen Verhältnissen und dem anerkannten Mindestbedarf, wobei sozialrechtl. Vorgaben maßgebliche Bedeutung gewinnen.[3] Regelmäßige und belastungsbezogene Anpassungen erweisen sich – angesichts des inflationsbedingten (unmerklichen) Anstiegs des Durchschnittssteuersatzes („kalte Progression") – als erforderlich.[4] Der Freibetrag führt zu einem einheitlichen Steuerentlastungsbetrag.

9 Der **Verlauf der beiden** durch linearen Anstieg des Grenzsteuersatzes gekennzeichneten **Progressionszonen** ist in Abs. 1 S. 2 Nr. 2 und 3 iVm. Abs. 1 S. 3 und 4 geregelt. In diesem Bereich gewinnen stl. Gestaltungsüberlegungen entscheidende Bedeutung für die Frage, ob durch Änderungen der Bemessungsgrundlage in einzelnen VZ die Gesamtsteuerbelastung gesenkt werden kann.[5] Dabei kommt dem seit Jahren sinkenden Eingangssteuersatz beachtliche steuerpolitische Signalwirkung zu. Ausweislich § 52 Abs. 41 sank der Eingangssteuersatz v. 19,9 % (seit VZ 2001) über 16 % (VZ 2004) und 15 % (VZ 2005) auf 14 % (VZ 2009). Eine erste Proportionalzone hat der Gesetzgeber in Abs. 1 S. 2 Nr. 4 geregelt. Abs. 1 S. 2 Nr. 5 iVm. Abs. 1 S. 5 legt nunmehr den Spitzensteuersatz fest. Diesen Höchststeuersatz hat der Gesetzgeber seit dem VZ 2003 mit 48,5 % v. 55 008 Euro an über den VZ 2004 mit 45 % v. 52 152 Euro an bis zum VZ 2005 auf 42 % v. 52 152 Euro an (sog. Dritte Stufe der Steuerreform) gesenkt und für den VZ 2006 auf 45 % v. 250 001 Euro an sowie für den VZ 2009 auf 45 % v. 250 401 Euro an angehoben (Rn. 2). Den Festlegungen in § 32a Abs. 1 S. 2 (Rn. 7) gehen ausweislich des Gesetzeswortlauts im Einzelfall abw. Regelungen in Form besonderer Steuersätze vor, §§ 32b, 34, 34b und 34c. Der Vorbehalt dieser Bestimmungen bei der Ermittlung der tariflichen ESt bedeutet, dass im Sinne eines Tarifvorbehalts diese Vorschriften vorrangig zu berücksichtigen sind.[6] Demgemäß ist der ProgrVorb. auch anwendbar, soweit der Grundfreibetrag nicht überschritten ist.[7] Der BFH geht zutr. davon aus, dass Einnahmen, die der Gesetzgeber etwa aus sozialpolitischen Erwägungen stfrei belässt, gleichwohl die wirtschaftliche Leistungsfähigkeit erhöhen.

10 **Abs. 1 S. 6** sieht eine Rundung des nach den einzelnen Rechenschritten gewonnenen Ergebnisses vor. Auf diese Weise wird wie bereits nach der bis 2003 geltenden Gesetzeslage (Abs. 3 S. 3 aF) auf den nächsten vollen Euro-Betrag abgerundet.

C. Splittingverfahren (Abs. 5 und 6)

11 **I. Zusammenveranlagung (Abs. 5).** Die Tarifvergünstigung des Splitting-Verfahrens kommt vorbehaltlich im Einzelnen bezeichneter Sondertarife (Rn. 9) nur in Betracht, wenn Ehegatten oder Lebenspartner (vgl. § 2 Abs. 8 [Rn. 2]) unbeschränkt stpfl. sind, nicht dauernd getrennt leben und tatsächlich gem. **§§ 26, 26b** zusammenveranlagt werden. Dabei fingiert § 1a Abs. 1 Nr. 2 die unbeschränkte StPflicht für bestimmte Angehörige. Ob jemand Ehegatte iSv. § 26 Abs. 1 S. 1 oder Lebenspartner (vgl. § 2 Abs. 8 [Rn. 2]) ist, richtet sich nach den Bestimmungen des Zivilrechts sowie des deutschen internationalen Privatrechts.[8] Eine Auslegung über den Gesetzeswortlaut hinaus entfällt. Gleichermaßen ist bei Alleinerziehenden oder getrennt lebenden bzw. geschiedenen StPfl. das Splitting-Verfahren nicht anwendbar.[9]

---

1 BT-Drucks. 17/8683, 7; BFH v. 11.2.2014 – IX R 24/13, BFH/NV 2014, 1197 (1199): Aufwendungen für privates Wohnen über Grundfreibetrag abgegolten.

2 BVerfG v. 10.11.1998 – 2 BvR 1057/91, 2 BvR 1226/91, 2 BvR 980/91, BVerfGE 99, 216 = BStBl. II 1999, 182 (188); BFH v. 9.8.2001 – III R 50/00, BStBl. II 2001, 778 = FR 2001, 1228 m. Anm. *Kanzler*.

3 BVerfG v. 25.9.1992 – 2 BvL 5, 8, 14/91, BVerfGE 87, 153 = BStBl. II 1993, 413 (418) = FR 1992, 810; v. 10.11.1998 – 2 BvR 1057/91, 2 BvR 1226/91, 2 BvR 980/91, BVerfGE 99, 216 = BStBl. II 1999, 182 (188).

4 Vgl. 10. Existenzminimumbericht v. 30.1.2015, BT-Drucks. 18/3893, der zu entspr. Gesetzesänderungen führte (Rn. 2).

5 *Herzig/Schiffers*, DB 1999, 969 (970) mit Gestaltungshinweisen.

6 BFH v. 21.1.2004 – XI R 15/03, BStBl. II 2004, 718 (719).

7 BFH v. 9.8.2001 – III R 50/00, BStBl. II 2001, 778 (779 f.) = FR 2001, 1228 m. Anm. *Kanzler*; v. 29.8.2002 – III B 16/02, BFH/NV 2003, 39.

8 BFH v. 17.4.1998 – VI R 16/97, BStBl. II 1998, 473 (474) = FR 1998, 796.

9 BVerfG v. 3.11.1982 – 1 BvR 620/78, 1 BvR 1335/78, 1 BvR 1104/79, 1 BvR 363/80, BVerfGE 61, 319 = BStBl. II 1982, 717 (726 f.); BFH v. 27.6.1996 – IV R 4/84, BFHE 181, 31 (34); v. 26.2.2002 – VIII R 90/98, BFH/NV 2002, 1137; v. 25.5.2013 – III B 2/13, BFH/NV 2013, 1406; v. 29.9.2016 – III R 62/13, BStBl. II 2017, 259 Rz. 15 (BVerfG 2 BvR 221/17): keine verfassungsrechtlichen Bedenken.

Nach Abs. 5 ist jeweils auf die Hälfte des gemeinsamen Einkommens der Grundtarif anzuwenden und zwar unabhängig davon, wer das Einkommen tatsächlich erzielt hat. Somit **fingiert** das Splitting-Verfahren einen gleichen Beitrag beider Ehegatten oder Lebenspartner (vgl. § 2 Abs. 8 [Rn. 2]) zum gemeinsamen Einkommen. Auf diese Weise zahlen zusammenveranlagte Eheleute oder Lebenspartner (vgl. § 2 Abs. 8 [Rn. 2]) eine gleich hohe ESt wie zwei Unverheiratete, v. denen jeder die Hälfte des zu versteuernden Einkommens der Eheleute erzielt. Die Steuerentlastung durch Abflachen der Progression (Rn. 4) ist umso höher, je größer die Einkommensdifferenz zw. den Ehegatten ausfällt. IdR erweist sich die Zusammenveranlagung gem. § 26b als vorteilhaft ggü. der Einzelveranlagung von Ehegatten oder Lebenspartnern, § 26a. 12

II. Sonstige Anwendung des Splitting-Verfahrens (Abs. 6). Abs. 6, den der Gesetzgeber im Jahre 2011 durch das StVereinfG (Rn. 2) im Sinne von Folgeänderungen bezüglich der §§ 26 ff. (Abschaffung der zuvor zulässigen getrennten und besonderen Veranlagung, Einführen der Einzelveranlagung) angepasst hat, erweitert den Anwendungsbereich des Splitting-Verfahrens. Durch diese Billigkeitsregelungen sollen die aus dem Tod des Ehegatten oder Lebenspartners folgenden oder mit der Eheauflösung oder Auflösung der Lebenspartnerschaft verbundenen Umstellungshärten zeitlich befristet gemildert werden. Bei beiden Alt. darf der StPfl. in dem betr. VZ nicht gem. §§ 26, 26a einzeln zur ESt veranlagt werden, **§ 32a Abs. 6 S. 2**. 13

Das sog. **Verwitwetensplitting** gestattet die mit dem Splitting-Verfahren verbundene Tarifvergünstigung für den VZ, der dem Kj. folgt, in dem der Ehegatte oder Lebenspartner (vgl. § 2 Abs. 8 [Rn. 2]) verstorben ist, § 32a Abs. 6 S. 1 Nr. 1. Dabei müssen die Voraussetzungen des § 26 Abs. 1 S. 1 im Zeitpunkt des Todes erfüllt sein, die Art der Veranlagung im Todesjahr ist dagegen unerheblich.[1] Daher entfällt der Splitting-Tarif, wenn die Ehegatten zwar zu Beginn des Todesjahres nicht dauernd voneinander getrennt gelebt haben, wohl aber im Todeszeitpunkt.[2] Gleichermaßen ausgeschlossen ist das Splitting regelmäßig, wenn der überlebende Ehegatte oder Lebenspartner im Todesjahr oder im Folgenden VZ erneut heiratet oder eine Lebenspartnerschaft eingeht.[3] 14

Das sog. **Sondersplitting** gestattet unter den in Abs. 6 S. 1 Nr. 2 genannten Voraussetzungen das Splitting-Verfahren im Kj. der Auflösung einer Ehe oder Lebenspartnerschaft (Scheidung, Tod, Aufhebung). Besonderheiten können im Falle einer Wiederheirat gelten.[4] Die Neufassung des § 32a Abs. 6 S. 2 (Rn. 2 aE) stellt sicher, dass auch über den VZ 2012 hinaus die Anwendung des Witwen-Splittings sich als möglich erweist. Technisch geschieht dies in der Weise, dass § 32a Abs. 6 S. 2 auf die Anwendung des Gnadensplittings nach S. 1 Nr. 2 beschränkt ist.[5] 15

§ 32b Progressionsvorbehalt

(1) [1]Hat ein zeitweise oder während des gesamten Veranlagungszeitraums unbeschränkt Steuerpflichtiger oder ein beschränkt Steuerpflichtiger, auf den § 50 Absatz 2 Satz 2 Nummer 4 Anwendung findet,

1. a) **Arbeitslosengeld, Teilarbeitslosengeld, Zuschüsse zum Arbeitsentgelt, Kurzarbeitergeld, Insolvenzgeld, Übergangsgeld nach dem Dritten Buch Sozialgesetzbuch; Insolvenzgeld, das nach § 170 Absatz 1 des Dritten Buches Sozialgesetzbuch einem Dritten zusteht, ist dem Arbeitnehmer zuzurechnen,**
   b) **Krankengeld, Mutterschaftsgeld, Verletztengeld, Übergangsgeld oder vergleichbare Lohnersatzleistungen nach dem Fünften, Sechsten oder Siebten Buch Sozialgesetzbuch, der Reichsversicherungsordnung, dem Gesetz über die Krankenversicherung der Landwirte oder dem Zweiten Gesetz über die Krankenversicherung der Landwirte,**
   c) **Mutterschaftsgeld, Zuschuss zum Mutterschaftsgeld, die Sonderunterstützung nach dem Mutterschutzgesetz sowie den Zuschuss bei Beschäftigungsverboten für die Zeit vor oder nach einer Entbindung sowie für den Entbindungstag während einer Elternzeit nach beamtenrechtlichen Vorschriften,**
   d) **Arbeitslosenbeihilfe nach dem Soldatenversorgungsgesetz,**
   e) **Entschädigungen für Verdienstausfall nach dem Infektionsschutzgesetz vom 20. Juli 2000 (BGBl. I S. 1045),**

1 *K/S/M*, § 32a Rn. D 6.
2 BFH v. 27.2.1998 – VI R 55/97, BStBl. II 1998, 350 (351) = FR 1998, 570.
3 Einzelnachweise in H 32a EStH.
4 Einzelnachweise in H 32a EStH.
5 BT-Drucks. 17/10604, 31.

f) Versorgungskrankengeld oder Übergangsgeld nach dem Bundesversorgungsgesetz,
g) nach § 3 Nummer 28 steuerfreie Aufstockungsbeträge oder Zuschläge,
h) Leistungen an Nichtselbständige nach § 6 des Unterhaltssicherungsgesetzes,
i) (weggefallen)
j) Elterngeld nach dem Bundeselterngeld- und Elternzeitgesetz,
k) nach § 3 Nummer 2 Buchstabe e steuerfreie Leistungen, wenn vergleichbare Leistungen inländischer öffentlicher Kassen nach den Buchstaben a bis j dem Progressionsvorbehalt unterfallen, oder

2. ausländische Einkünfte, die im Veranlagungszeitraum nicht der deutschen Einkommensteuer unterlegen haben; dies gilt nur für Fälle der zeitweisen unbeschränkten Steuerpflicht einschließlich der in § 2 Absatz 7 Satz 3 geregelten Fälle; ausgenommen sind Einkünfte, die nach einem sonstigen zwischenstaatlichen Übereinkommen im Sinne der Nummer 4 steuerfrei sind und die nach diesem Übereinkommen nicht unter dem Vorbehalt der Einbeziehung bei der Berechnung der Einkommensteuer stehen,
3. Einkünfte, die nach einem Abkommen zur Vermeidung der Doppelbesteuerung steuerfrei sind,
4. Einkünfte, die nach einem sonstigen zwischenstaatlichen Übereinkommen unter dem Vorbehalt der Einbeziehung bei der Berechnung der Einkommensteuer steuerfrei sind,
5. Einkünfte, die bei Anwendung von § 1 Absatz 3 oder § 1a oder § 50 Absatz 2 Satz 2 Nummer 4 im Veranlagungszeitraum bei der Ermittlung des zu versteuernden Einkommens unberücksichtigt bleiben, weil sie nicht der deutschen Einkommensteuer oder einem Steuerabzug unterliegen; ausgenommen sind Einkünfte, die nach einem sonstigen zwischenstaatlichen Übereinkommen im Sinne der Nummer 4 steuerfrei sind und die nach diesem Übereinkommen nicht unter dem Vorbehalt der Einbeziehung bei der Berechnung der Einkommensteuer stehen,

bezogen, so ist auf das nach § 32a Absatz 1 zu versteuernde Einkommen ein besonderer Steuersatz anzuwenden. [2]Satz 1 Nummer 3 gilt nicht für Einkünfte

1. aus einer anderen als in einem Drittstaat belegenen land- und forstwirtschaftlichen Betriebsstätte,
2. aus einer anderen als in einem Drittstaat belegenen gewerblichen Betriebsstätte, die nicht die Voraussetzungen des § 2a Absatz 2 Satz 1 erfüllt,
3. aus der Vermietung oder der Verpachtung von unbeweglichem Vermögen oder von Sachinbegriffen, wenn diese in einem anderen Staat als in einem Drittstaat belegen sind, oder
4. aus der entgeltlichen Überlassung von Schiffen, sofern diese ausschließlich oder fast ausschließlich in einem anderen als einem Drittstaat eingesetzt worden sind, es sei denn, es handelt sich um Handelsschiffe, die
   a) von einem Vercharterer ausgerüstet überlassen oder
   b) an in einem anderen als in einem Drittstaat ansässige Ausrüster, die die Voraussetzungen des § 510 Absatz 1 des Handelsgesetzbuchs erfüllen, überlassen oder
   c) insgesamt nur vorübergehend an in einem Drittstaat ansässige Ausrüster, die die Voraussetzungen des § 510 Absatz 1 des Handelsgesetzbuchs erfüllen, überlassen

   worden sind, oder
5. aus dem Ansatz des niedrigeren Teilwerts oder der Übertragung eines zu einem Betriebsvermögen gehörenden Wirtschaftsguts im Sinne der Nummern 3 und 4.

[3]§ 2a Absatz 2a und § 15b sind sinngemäß anzuwenden.

(1a) Als unmittelbar von einem unbeschränkt Steuerpflichtigen bezogene ausländische Einkünfte im Sinne des Absatzes 1 Nummer 3 gelten auch die ausländischen Einkünfte, die eine Organgesellschaft im Sinne des § 14 oder des § 17 des Körperschaftsteuergesetzes bezogen hat und die nach einem Abkommen zur Vermeidung der Doppelbesteuerung steuerfrei sind, in dem Verhältnis, in dem dem unbeschränkt Steuerpflichtigen das Einkommen der Organgesellschaft bezogen auf das gesamte Einkommen der Organgesellschaft im Veranlagungszeitraum zugerechnet wird.

(2) [1]Der besondere Steuersatz nach Absatz 1 ist der Steuersatz, der sich ergibt, wenn bei der Berechnung der Einkommensteuer das nach § 32a Absatz 1 zu versteuernde Einkommen vermehrt oder vermindert wird um

1. im Fall des Absatzes 1 Nummer 1 die Summe der Leistungen nach Abzug des Arbeitnehmer-PB (§ 9a Satz 1 Nummer 1), soweit er nicht bei der Ermittlung der Einkünfte aus nichtselbständiger Arbeit abziehbar ist;

2. im Fall des Absatzes 1 Nummer 2 bis 5 die dort bezeichneten Einkünfte, wobei die darin enthaltenen außerordentlichen Einkünfte mit einem Fünftel zu berücksichtigen sind. [2]Bei der Ermittlung der Einkünfte im Fall des Absatzes 1 Nummer 2 bis 5

a) ist der Arbeitnehmer-Pauschbetrag (§ 9a Satz 1 Nummer 1 Buchstabe a) abzuziehen, soweit er nicht bei der Ermittlung der Einkünfte aus nichtselbständiger Arbeit abziehbar ist;

b) sind Werbungskosten nur insoweit abzuziehen, als sie zusammen mit den bei der Ermittlung der Einkünfte aus nichtselbständiger Arbeit abziehbaren Werbungskosten den Arbeitnehmer-Pauschbetrag (§ 9a Satz 1 Nummer 1 Buchstabe a) übersteigen;

c) sind bei Gewinnermittlung nach § 4 Absatz 3 die Anschaffungs- oder Herstellungskosten für Wirtschaftsgüter des Umlaufvermögens im Zeitpunkt des Zuflusses des Veräußerungserlöses oder bei Entnahme im Zeitpunkt der Entnahme als Betriebsausgaben zu berücksichtigen. [3]§ 4 Absatz 3 Satz 5 gilt entsprechend.

(3) [1]Nach Maßgabe des § 93c der Abgabenordnung haben die Träger der Sozialleistungen im Sinne des Absatzes 1 Satz 1 Nummer 1 für jeden Leistungsempfänger der für seine Besteuerung nach dem Einkommen zuständigen Finanzbehörde neben den nach § 93c Absatz 1 der Abgabenordnung erforderlichen Angaben die Daten über die im Kalenderjahr gewährten Leistungen sowie die Dauer des Leistungszeitraums zu übermitteln, soweit die Leistungen nicht in der Lohnsteuerbescheinigung anzugeben sind (§ 41b Absatz 1 Satz 2 Nummer 5); § 41b Absatz 2 und § 22a Absatz 2 gelten entsprechend. [2]Die mitteilungspflichtige Stelle hat den Empfänger der Leistungen auf die steuerliche Behandlung dieser Leistungen und seine Steuererklärungspflicht hinzuweisen. [3]In den Fällen des § 170 Absatz 1 des Dritten Buches Sozialgesetzbuch gilt als Empfänger des an Dritte ausgezahlten Insolvenzgeldes der Arbeitnehmer, der seinen Arbeitsentgeltanspruch übertragen hat.

(4) [1]In den Fällen des Absatzes 3 ist für die Anwendung des § 72a Absatz 4 und des § 93c Absatz 4 Satz 1 der Abgabenordnung das Betriebsstättenfinanzamt des Trägers der jeweiligen Sozialleistungen zuständig. [2]Sind für ihn mehrere Betriebsstättenfinanzämter zuständig oder hat er keine Betriebsstätte im Sinne des § 41 Absatz 2, so ist das Finanzamt zuständig, in dessen Bezirk sich seine Geschäftsleitung nach § 10 der Abgabenordnung im Inland befindet.

(5) Die nach Absatz 3 übermittelten Daten können durch das nach Absatz 4 zuständige Finanzamt bei den für die Besteuerung der Leistungsempfänger nach dem Einkommen zuständigen Finanzbehörden abgerufen und zur Anwendung des § 72a Absatz 4 und des § 93c Absatz 4 Satz 1 der Abgabenordnung verwendet werden.

Literatur: *Gebhardt/Quilitzsch*, Europarechtliche Überlegungen zu § 32b Abs. 1 S. 2 Nr. 2 EStG, IStR 2010, 390; *Kahlenberg*, Progressionsvorbehalt bei Einkünften aus aktiven EU-Betriebsstätten, ISR 2017, 286; *Schmitz*, Zur Erweiterung des Progressionsvorbehaltes bei Entsendung/Rückkehr von Arbeitnehmern ins/aus dem Ausland, IStR 1998, 533; *Wassermeyer*, Der BFH und der Progressionsvorbehalt, IStR 2002, 289.

A. Grundaussagen der Vorschrift

Seit 1975 enthält das EStG in § 32b eine ausdrückliche Rechtsgrundlage für den ProgrVorb. Dem allg. Tarif 1
iSv. § 32a geht § 32b als spezielle Regelung, § 32a Abs. 1 S. 2, vor (§ 32a Rn. 9),[1] indem er für bestimmte Einkünfte und im Einzelnen bezeichnete Leistungen einen **Sondertarif** festlegt. Insoweit bestimmt Abs. 1 als Rechtsfolge den ProgrVorb. iSd. Abs. 2. Sofern § 32b keine Einschränkung enthält, betrifft die Vorschrift im Regelfall den positiven und negativen ProgrVorb. Dabei ist der negative ProgrVorb. neben den negativen Einnahmen auf Aufwendungen im Bereich der Einkünfteerzielung (BA und WK) begrenzt; SA vermögen

1 BFH v. 9.8.2001 – III R 50/00, BStBl. II 2001, 778 = FR 2001, 1228 m. Anm. *Kanzler*; FG München v. 13.12.2000 – 1 K 5536/99, EFG 2001, 438 mwN.

dagegen keinen negativen ProgrVorb. zu begründen.[1] Hiernach sieht § 32b, der grds. neben der Tarifermäßigung nach § 34 Abs. 1 (Rn. 8) anwendbar ist[2], keinen allg. ProgrVorb. vor für stfreie Bezüge. Die im Verhältnis zu § 32c aF[3] vorrangige Tarifvorschrift betrifft allein den Steuersatz, das zu versteuernde Einkommen iSv. § 2 Abs. 5 S. 1 bleibt iErg. unberührt. Demzufolge führt der in dieser Tarifbestimmung geregelte sog. ProgrVorb. auch nicht zu einer mittelbaren Besteuerung der stfreien Bezüge und Einkünfte gem. Abs. 1.

2 Wegen des **progressiven Tarifverlaufs** (§ 32a Rn. 9) steigt in den sog. Progressionszonen bei höheren Einkünften der Grenzsteuersatz; im Hinblick auf den Grundfreibetrag verläuft der Tarif aber auch in der sog. Proportionalzone progressiv.[4] Soweit das G bestimmte Einkünfte oder das zu versteuernde Einkommen unterhalb des Grundfreibetrags als stfrei behandelt, blieben diese Bezüge an sich ohne (belastungserhöhenden) Einfluss auf den Steuersatz, dem die stpfl. Einkünfte unterliegen. Durch den sog. positiven ProgrVorb. will der Gesetzgeber zwecks Besteuerung nach der wirtschaftlichen Leistungsfähigkeit sicherstellen, dass die Steuerfreiheit einzelner Einkünfte nicht auch noch im Hinblick auf die stpfl. Einkünfte die erhöhte Belastung verhindert, die idR mit dem progressiven Tarifverlauf verbunden ist.[5] Insoweit fließen die freigestellten oder nicht besteuerten Einkünfte zwar nicht selbst in die Bemessungsgrundlage ein, sie beeinflussen jedoch den Steuersatz für die stpfl. Einkünfte. In vergleichbarer Weise kann der sog. negative ProgrVorb. steuerentlastend wirken.

3 Abs. 1 bestimmt den Kreis der StPfl. sowie der Einkünfte, die dem ProgrVorb. unterliegen; dazu enthält Abs. 1a eine nähere Festlegung, welche Einkünfte im Zusammenhang mit einer Organschaft gem. Abs. 1 Nr. 3 zu berücksichtigen sind. Abs. 2 regelt die **Berechnung des besonderen Steuersatzes**. Abs. 3 verpflichtet Sozialleistungsträger iSv. Abs. 1 Nr. 1 zum Erstellen bestimmter Bescheinigungen.

4 Der ProgrVorb. ist wiederholt als rechtswidrig angesehen worden. Im Hinblick auf Art. 2 Abs. 1 und 3 GG teilt die Rspr. diese **verfassungsrechtl. Bedenken** nicht.[6] Dies gilt auch für den Fall, dass das zu versteuernde Einkommen unter dem Grundfreibetrag liegt. Gleichermaßen verneint der BFH einen Verstoß gegen europäisches Gemeinschaftsrecht.[7]

5 In **verfahrensrechtl. Hinsicht** berücksichtigen die FÄ den ProgrVorb. v. Amts wegen (ausschließlich) im Wege der Veranlagung. Zur Feststellung verrechenbarer Verluste hat ein FA gem. § 180 Abs. 5 AO im Einzelfall die Besteuerungsgrundlagen, ob und in welchem Umfang etwa die nach einem DBA freigestellten Einkünfte aus einer ausländ. Betriebstätte stammen, gesondert festzustellen.[8]

6 Zahlreiche **Gesetzesänderungen** haben in der Vergangenheit dazu geführt, dass § 32b regelmäßig (redaktionell) vor allem hinsichtlich der in Abs. 1 Nr. 1 genannten Merkmale angepasst wurde. Die Änderungen in den letzten Jahren[9] betrafen vor allem die Verweise sowie die Bezugnahme auf einzelne stfreie Einkünfte. Hervorzuheben ist aber das Anfügen von Buchst. c in § 32b Abs. 2 S. 1 Nr. 2 S. 2 im Jahre 2013 (Rn. 22).[10] In den Jahren 2014 und 2015 hat der Gesetzgeber[11] vor allem in § 32b Abs. 1 S. 1 lit. a, b, d und h modifiziert; insoweit handelte es sich vorrangig um redaktionelle Änderungen. Dagegen bezweckte der Gesetzgeber mit dem Anfügen von lit. k in § 32b Abs. 1 S. 1 Nr. 1 eine redaktionelle Folgeänderung aus der Neufassung des § 3 Nr. 2 lit. e.[12] Mit der Neufassung des Abs. 3 und der Hinzufügung der Absätze 4 und 5 wurden die Regelungen über die Mitteilungspflichten (Rn. 23) der allg. Reform des Besteuerungsverfahrens angepasst.[13]

1 BFH v. 16.11.2011 – X R 15/09, BStBl. II 2011, 325 (328); v. 18.4.2012 – X R 62/09, FR 2013, 233 = BFH/NV 2012, 1527 (1531): kein negativer ProgrVorb. im Hinblick auf Altersvorsorgeaufwendungen.

2 BFH v. 22.9.2009 – IX R 93/07, BStBl. II 2010, 1032 (1033) = FR 2010, 336 m. Anm. *Bode* zu den Einzelheiten der (integrierten) Steuerberechnung.

3 § 32c aufgehoben durch G v. 25.7.2014, BGBl. I 2014, 1266 (1269).

4 BFH v. 28.4.1970 – II 109/65, BStBl. II 1970, 600 (662).

5 BFH v. 9.8.2001 – III R 50/00, BStBl. II 2001, 778 (779) = FR 2001, 1228 m. Anm. *Kanzler*; v. 22.9.2009 – IX R 93/07, BStBl. II 2010, 1032 (1034) = FR 2010, 336 m. Anm. *Bode*; v. 1.3.2012 – VI R 4/11, BStBl. II 2012, 596 (597 f.) = FR 2012, 1163.

6 BVerfG v. 3.5.1995 – 1 BvR 1176/88, BStBl. II 1995, 758; BFH v. 9.8.2001 – III R 50/00, BStBl. II 2001, 778 (779 f.) = FR 2001, 1228 m. Anm. *Kanzler*.

7 BFH v. 15.5.2002 – I R 40/01, BStBl. II 2002, 660 (661) = FR 2002, 1008; krit. demgegenüber: *Sabatschus*, IStR 2002, 623 (626 f.); krit. zum Ausschluss des negativen ProgrVorb.: EuGH v. 21.2.2006 – Rs. C-152/03 – Ritter-Coulais, FR 2006, 466 = BB 2006, 525.

8 BFH v. 30.4.1991 – VIII R 68/86, BStBl. II 1991, 873 (874 ff.); v. 26.11.1997 – I R 63/97, BFH/NV 1998, 680.

9 Vgl. zuletzt: G v. 20.12.2011, BGBl. I 2011, 2854 (2922) und G v. 18.12.2013, BGBl. I 2013, 4318 (4332).

10 AmtshilfeRLUmsG v. 26.6.2013, BGBl. I 2013, 1809 (1816).

11 G v. 25.7.2014, BGBl. I 2014, 1266 (1280); G v. 29.6.2015, BGBl. I 2015, 1061 (1072).

12 BR-Drucks. 184/14, 79.

13 VerfModG v. 18.7.2016, BGBl. I 2016, 1679. Die Neuregelungen sind für ab dem 1.1.2018 gewährte Sozialleistungen anzuwenden (Art. 4 Nr. 25 lit. e VerfModG).

B. Betroffene Einkünfte (Abs. 1 und 1a)

I. Persönlicher Anwendungsbereich. Bei nat. Pers. gilt § 32b neben den **unbeschränkt StPfl.**, § 1 Abs. 1 S. 1, auch für beschränkt StPfl., auf die § 50 Abs. 2 S. 2 Nr. 4 Anwendung findet. Dies betrifft beschränkt stpfl. ArbN mit Einkünften iSv. § 49 Abs. 1 S. 4, sofern dieser Angehöriger eines Staates der EU oder des EWR ist (Grenzpendler, § 1 Rn. 14ff.). Die Voraussetzungen gem. § 1 Abs. 1 S. 1 oder § 50 Abs. 2 S. 2 Nr. 4 müssen im VZ zumindest zeitweise vorgelegen haben. Gem. § 46 Abs. 2 Nr. 1 und 7 besteht eine Veranlagungspflicht, soweit Einkünfte und Leistungen dem ProgrVorb. unterliegen. Kommt eine Veranlagung nicht (zwingend) nach § 46 Abs. 2 Nr. 1–7 in Betracht, kann der ArbN im Einzelfall die Veranlagung gem. Nr. 8 beantragen; auf diese Weise kann der StPfl. erreichen, dass ausländ. Verluste, die nach einem DBA außer Ansatz geblieben sind, zur Anwendung des negativen ProgrVorb. (Rn. 20) berücksichtigt werden.[1] Bestand die inländische unbeschränkte StPfl. während eines VZ nur zeitweilig, entfällt der ProgrVorb. nicht, wenn der StPfl. die ausländischen – auch nicht der beschränkten StPfl. unterfallenden – Einkünfte in Zeitabschnitten des betreffenden VZ bezogen hat, in denen keine unbeschränkte StPfl. bestanden hat.[2] Im Falle der Zusammenveranlagung unbeschränkt stpfl. Eheleute, § 26b, gilt der ProgrVorb. auch insoweit, als einer der Eheleute allein ausländ. Einkünfte erzielt, die im Inland durch ein DBA stfrei sind.[3] § 32b gilt auch für unbeschränkt stpfl. Pers., die an einer ausländ. PersGes. beteiligt sind,[4] nicht hingegen für **StPfl. iSd. KStG.** 7

II. Steuerfreie Ersatzleistungen (Abs. 1 S. 1 Nr. 1). Abs. 1 S. 1 Nr. 1 betrifft die im Einzelnen benannten (abschließende Aufzählung) Sozialleistungen, die aufgrund der Einzelregelungen in **§ 3** (vgl. insbes. § 3 Nr. 1, 2, 2a, 25, 28, 48 und 67) beim Empfänger **stfrei** sind. Dies gilt – ausweislich der Gesetzesbegründung iS einer gesetzlichen Klarstellung – auch für den Fall, dass ein ArbN seinen Lohnanspruch wirksam auf einen Dritten übertragen hat, vgl. Abs. 1 S. 1 Nr. 1 lit. a aE. Wird das Insolvenzgeld vorfinanziert, ist die Gegenleistung des Arbeitsentgeltanspruchs als Insolvenzgeld gem. § 32b Abs. 1 S. 1 Nr. 1 lit. a anzusehen.[5] Maßgeblich für die zeitliche Zuordnung sowie die Höhe der zu erfassenden Leistung ist der Zufluss gem. § 11 Abs. 1.[6] Im Falle einer Vorfinanzierung ist demnach der Zeitpunkt maßgeblich, in dem der StPfl. über den Auszahlungsbetrag verfügen kann; demgegenüber erlangen – da das Insolvenzgeld keinen Arbeitslohn beinhaltet – §§ 11 Abs. 1 S. 4 und 38a Abs. 1 S. 2 in diesem Zusammenhang keine Bedeutung. Für den ProgrVorb. sind idR die tatsächlich zugeflossenen Leistungsbeträge zu berücksichtigen; ggf. ist allerdings auf die Beträge abzustellen, die nach den einschlägigen Leistungsgesetzen festgestellt werden. Bei Rückzahlung hat der StPfl. im Jahr der Rückzahlung diesen Betrag v. den empfangenen Leistungen abzuziehen; ggf. entsteht ein negativer Betrag, der bei der Ermittlung des Sondertarifs zu beachten ist.[7] Sofern also der frühere ArbG das Arbeitslosengeld an das Arbeitsamt zurückzahlt, ist bei dem ArbN in Höhe des Rückzahlungsbetrages v. einem Lohnzufluss und zugleich einer Zahlung des ArbN an den Sozialleistungsträger auszugehen, wobei die Rückzahlung dem negativen ProgrVorb. unterliegt. Ersatzleistungen der **gesetzlichen Krankenkasse** unterliegen dem ProgrVorb., auch soweit sie ein freiwillig Versicherter erhält.[8] Dagegen entfällt der Bezug einer Lohnersatzleistung iSd. Abs. 1 S. 1 Nr. 1 lit. b, wenn die Kasse bei Erkrankung des Versicherten den Verdienstausfall des den Haushalt weiterführenden Ehegatten erstattet.[9] Dies gilt gleichermaßen für die auf eigenen Beiträgen des StPfl. beruhenden Leistungen aus einer privaten Krankenversicherung.[10] Diese unterschiedlichen Rechtsfolgen können bei Selbständigen dafür sprechen, sich nicht freiwillig bei einer gesetzlichen, sondern bei einer privaten Krankenversicherung zu versichern. Eine gem. § 3 Nr. 6 stfreie Leibrente unterfällt ebenfalls nicht dem ProgrVorb.[11] Bei dem **rückwirkenden Wegfall v. Lohn- oder Einkommensersatzleistungen** (insbes. wegen rückwirkender Rentengewährung) entfällt der ProgrVorb., soweit die (nunmehrigen) Zuflüsse einer anderweitigen Besteuerung, etwa iRd. § 22 Nr. 1 S. 3a, unterliegen; sofern die nunmehr empfangenen Leistungen stfrei bleiben, kommt § 32b zum Zuge.[12] 8

1 R 46.2 Abs. 3 EStR.
2 BFH v. 1.2.2012 – I R 34/11, BStBl. II 2012, 405 (406) = FR 2012, 534 m. Anm. *Kempermann.*
3 BFH v. 6.10.1982 – I R 121/79, BStBl. II 1983, 34 (35) = FR 1983, 70.
4 BFH v. 13.9.1989 – I R 117/87, BStBl. II 1990, 57 (59) = FR 1990, 58.
5 BFH v. 1.3.2012 – VI R 4/11, BStBl. II 2012, 596 (597) = FR 2012, 1163.
6 BFH v. 12.10.1995 – I R 153/94, BStBl. II 1996, 201 (202) = FR 1996, 249; v. 17.6.2005 – VI R 109/00, BStBl. II 2006, 17; v. 1.3.2012 – VI R 4/11, BStBl. II 2012, 596 (598) = FR 2012, 1163.
7 BFH v. 12.10.1995 – I R 153/94, BStBl. II 1996, 201 (202) = FR 1996, 249; FG Bdbg. v. 23.2.2005 – 4 K 401/02, EFG 2005, 1056 (1057); Einzelheiten R 32b Abs. 2 und 3 EStR.
8 BFH v. 9.9.1996 – VI B 86/96, BFH/NV 1997, 22; v. 26.11.2008 – X R 53/06, BStBl. II 2009, 376 (378) = FR 2009, 727.
9 BFH v. 17.6.2005 – VI R 109/00, BStBl. II 2006, 17 (18).
10 BFH v. 26.5.1998 – VI R 9/96, BStBl. II 1998, 581 (583) = FR 1998, 891: kein Arbeitslohn; v. 26.11.2008 – X R 53/06, BStBl. II 2009, 376 (378 und 380) = FR 2009, 727; v. 13.11.2014 – III R 36/13, BStBl. II 2015, 563 = FR 2015, 854.
11 BFH v. 22.1.1997 – I R 152/94, BStBl. II 1997, 358 (359) = FR 1997, 348.
12 BFH v. 10.7.2002 – X R 46/01, BStBl. II 2003, 391 = FR 2003, 152; R 32b Abs. 4 EStR mit Beispielen.

Der BFH hat sich beim Zusammentreffen einer Tarifermäßigung etwa nach § 34 Abs. 1 und dem (negativen[1] oder positiven[2]) ProgrVorb. für eine integrierte Steuerberechnung und damit insbes. gegen eine additive Berechnung entschieden. Allerdings darf dabei die volle Berücksichtigung der Progressionseinkünfte iRd. § 34 Abs. 1 S. 3 bei Anwendung des § 32b nicht zu einer höheren Steuerbelastung führen als bei einer StPfl. der Progressionseinkünfte.[3]

9 Neben verschiedenen grds. Fragestellungen behandeln zahlreiche Gerichtsentscheidungen Einzelfragen, die mit den in Abs. 1 S. 1 Nr. 1 angesprochenen Leistungen in Zusammenhang stehen. So unterliegt das in dem Bundeselterngeldgesetz (BEEG) geregelte, gem. § 3 Nr. 67 stfreie Elterngeld dem ProgrVorb. iSd. Abs. 1 S. 1 Nr. 1 lit. j.[4] Dagegen verneinte der BFH den ProgrVorb iSd. Abs. 1 S. 1 Nr. 1 lit. b oder c für Geburtengeld, das v. einer schweizerischen Versicherung gezahlt wird.[5]

10 **III. Einkünfte iSv. Abs. 1 S. 1 Nr. 2.** Vorbehaltlich des Abs. 1 S. 1 Nr. 3 (Rn. 13) gilt der besondere Steuersatz iSd. Abs. 2 (Rechtsfolge des ProgrVorb.) für **bestimmte ausländ. Einkünfte**, sofern die unbeschränkte StPfl. im VZ nur zeitweise bestanden hat. Der Begriff der Einkünfte richtet sich nach § 2 Abs. 2 (Rn. 22), denn für Zwecke des ProgrVorb. wird das tatsächliche Versteuern der stfrei gestellten Einkünfte unterstellt. Soweit es sich um ausländ. Einkünfte handelt, die v. einem DBA erfasst werden, kommt es zu einer unschädlichen Überschneidung mit Abs. 1 S. 1 Nr. 3 (Rn. 14). Unberücksichtigt bleiben allerdings die außerordentlichen Einkünfte iSv. Abs. 2 S. 1 Nr. 2 (Rn. 22). Der im Jahre 2006 angefügte HS stellt ausweislich der Gesetzesmaterialien klar, dass auch bei zeitweise unbeschränkter StPfl. ein ProgrVorb. auf Einkünfte, die nach einem sonstigen zwischenstaatlichen Übereinkommen stfrei sind, nicht angewendet wird, wenn dieser nicht ausdrücklich vereinbart wurde.

11 Abs. 1 S. 1 Nr. 2 setzt voraus, dass die ausländ. Einkünfte v. einem StPfl. erzielt werden, der im VZ nur **zeitweise der unbeschränkten StPfl.** unterliegt. Dies betrifft zum einen die Fälle, in denen der StPfl. wegen seines Zuzugs oder Wegzugs nur während eines Teils des VZ im Inland unbeschränkt stpfl. war, während des restlichen VZ jedoch keine (beschränkte) StPfl. bestand, Abs. 1 S. 1 Nr. 2 (1. Alt.). Zum anderen werden die StPfl. erfasst, für die gem. § 2 Abs. 7 S. 3 in einem Kj. sowohl die unbeschränkte als auch die beschränkte StPflicht bestanden hat, Wechselfall iSv. § 32b Abs. 1 S. 1 Nr. 2 (2. Alt.).[6] Nach dem Gesetzeswortlaut sind nach beiden Varianten sämtliche in dem betr. VZ erzielten ausländ. Einkünfte bei der Berechnung des Sondertarifs zu berücksichtigen. Aus diesem Grunde teilt der BFH vor allem zwecks Besteuerung nach der Leistungsfähigkeit die geltend gemachten Bedenken gegen die gesetzgeberische Gleichbehandlung der beiden Alt.[7] nicht. Eine teleologische Reduktion der Norm entfällt ebenso wie etwa eine abkommensrechtl. Beschränkung. Lediglich ein ausdrücklicher abkommensrechtl. Ausschluss der Einbeziehung soll beachtlich sein. Folglich werden iErg. ein ganzjährig und ein nur zeitweilig unbeschränkt StPfl. gleichbehandelt.

12 Erfasst werden allein die **ausländ. Einkünfte iSv. § 34d**, sofern sie nicht der deutschen ESt unterlegen haben. Demzufolge betrifft Abs. 1 S. 1 Nr. 2 nicht andere ausländ. Einkünfte, die etwa gem. § 49 in die Bemessungsgrundlage einzubeziehen sind. Gleichermaßen entfällt Abs. 1 S. 1 Nr. 2 bei Einkünften, die sowohl nach zwischenstaatlichen Vereinbarungen als auch nach innerstaatlichem Recht stfrei bleiben.[8]

13 **IV. Einkünfte iSv. Abs. 1 S. 1 Nr. 3–5 und Abs. 1a.** Der Begriff der (ausländ.) **Einkünfte** iSd. § 32b Abs. 1 S. 1 Nr. 3 und Abs. 1a richtet sich nach § 2 Abs. 2 (Rn. 22) und setzt steuerbaren Zufluss voraus. Der Saldo zw. Einnahmen und Ausgaben ist folglich nach den maßgeblichen Grundsätzen des deutschen Einkommensteuerrechts (Rn. 10) zu ermitteln.[9] Insoweit ist etwa auch § 12 zu berücksichtigen, so dass ausländ. Einkünfte aus selbständiger Arbeit ohne Abzug der im Ausland gezahlten Steuern vom Einkommen anzusetzen sind.[10] Erzielt der StPfl. inländ. und nach DBA befreite Einkünfte, entfällt eine anteilige Kürzung

1 BFH v. 15.11.2007 – VI R 66/03, BStBl. II 2008, 375 (377); krit. demgegenüber: *Siegel*, FR 2008, 389 (402 f.).
2 BFH v. 13.2.2008 – IX R 68/07, FR 2008, 881 m. Anm. *Harenberg* = BFH/NV 2008, 866.
3 BFH v. 15.11.2007 – VI R 66/03, BStBl. II 2008, 375 (378) = FR 2008, 427 m. Anm. *Bergkemper*; v. 22.9.2009 – IX R 93/07, BStBl. II 2010, 1032 (1033) = FR 2010, 336 m. Anm. *Bode*.
4 BFH v. 21.9.2009 – VI B 31/09, BStBl. II 2011, 382 (383); v. 25.9.2014 – III R 61/12, BStBl. II 2015, 182 = FR 2015, 528; krit. demgegenüber: *Winhard*, DStR 2008, 2144 (2146 ff.).
5 BFH v. 29.4.2009 – X R 31/08, BFH/NV 2009, 1625 (1627).
6 BFH v. 15.3.2000 – I R 28/99, BStBl. II 2002, 238 (240) = FR 2000, 886 m. Anm. *Kempermann*; v. 19.12.2001 – I R 63/00, BStBl. II 2003, 302 = FR 2002, 526; instruktive Beispiele bei *Schmitz*, IStR 1998, 533 ff.
7 BFH v. 19.12.2001 – I R 63/00, BStBl. II 2003, 302 = FR 2002, 526 mwN; v. 19.11.2003 – I R 19/03, BStBl. II 2004, 549 (550) = FR 2004, 289; *Wassermeyer*, IStR 2002, 289; krit. demgegenüber: *Sabatschus*, IStR 2002, 623.
8 FG Berlin v. 27.4.1998 – 8 K 8538/97, EFG 1998, 1475 (Europagehalt an ausländ. Europäischer Schule).
9 BFH v. 6.10.1982 – I R 121/79, BStBl. II 1983, 34 (36) = FR 1983, 70; v. 4.4.2007 – I R 110/05, BStBl. II 2007, 521 (523) = FR 2007, 923; v. 20.9.2006 – I R 59/05, BStBl. II 2007, 756 (757) = FR 2007, 398.
10 FG München v. 23.9.2004 – 15 K 2232/02, EFG 2005, 117 (118).

des ArbN-PB.[1] Diese Besserstellung v. StPfl. mit in- und ausländ. Einkünften im Verhältnis zu StPfl. mit allein inländ. Einkünften entspricht der gesetzgeberischen Intention und erscheint unter dem Gesichtspunkt der Verwaltungsökonomie vertretbar. Dabei unterbindet § 2a Abs. 1 – ebenso wie sonstige gesetzliche Beschränkungen des Verlustabzugs, vgl. etwa §§ 15 Abs. 4 und 15a – die Berücksichtigung bestimmter negativer ausländ. Einkünfte iRd. § 32b; der BFH (§ 2a Rn. 48 auch zu europarechtl. Bedenken) sah zumindest in der Vergangenheit diese weitreichende Einschränkung des Verlustausgleichs zutr. als verfassungsgemäß an.[2] Insofern sind nach einem DBA steuerfreie negative ausländische Einkünfte iSd. § 2a nicht im Wege des neg. ProgrVorb. zu berücksichtigen.[3] Auch für die in Abs. 1 S. 1 Nr. 3 genannten Einkünfte sieht das G im Übrigen aber als Rechtsfolge den ProgrVorb. als besonderen Steuersatz iSd. Abs. 2 vor.

Ist eine nat. Pers. im gesamten VZ im Inland unbeschränkt stpfl., kann sie gleichzeitig für (einen Teil des 14
betr.) Kj. in einem anderen Vertragsstaat stpfl. und ansässig sein. Dem ProgrVorb. unterliegen ausländ. Einkünfte, die aufgrund eines zwischenstaatlichen Vertrages stfrei sind, **Abs. 1 S. 1 Nr. 4**. Dies betrifft zunächst (vgl. Rn. 15) die in einem **DBA** geregelten Einkünfte. Dabei muss es sich um Einkünfte handeln, deren doppelte Erfassung das betr. DBA nicht etwa iRd. sog. Anrechnung gem. § 34c, sondern im Wege der Freistellung mit ProgrVorb. vorsieht. Insoweit kommt bei Verlusten grds. auch ein negativer ProgrVorb. (Rn. 17) in Betracht. Nach dem Gesetzeswortlaut müssen die Einkünfte mit Rücksicht auf das DBA tatsächlich im Inland stfrei bleiben. Demgegenüber hatte der BFH[4] die frühere Gesetzesfassung dahingehend ausgelegt, dass das einschlägige DBA lediglich die Anwendung des ProgrVorb. nicht verbieten dürfe. Eine derartige Steuerfreiheit bejaht das Gericht[5] für Tagegelder eines an die EU-Kommission zugewiesenen Beamten. Der ProgrVorb. entfällt, wenn die Steuerfreiheit einer Leibrente zugleich auf einem DBA und § 3 Nr. 6 beruht.[6]

Weiterhin erfasst Abs. 1 S. 1 Nr. 4 Einkünfte, die nach einem **sonstigen zwischenstaatlichen Überein-** 15
kommen stfrei sind, sofern das Übereinkommen die Einbeziehung der stfrei Einkünfte beim ProgrVorb. vorsieht.[7] Dies gilt insbes. für die multilateralen Vereinbarungen, die die Besteuerung der Bezüge des Personals internationaler Organisationen regeln.[8] Folgt die Steuerfreiheit v. Bezügen zugleich aus Bestimmungen des Natotruppenstatuts und einem DBA, können die Bezüge insoweit dem ggf. auch negativen (Rn. 17) Progressionsunterhalt unterliegen.[9]

§ 32b Abs. 1 S. 1 Nr. 5 erfasst demgegenüber Einkünfte, die gem. §§ 1 Abs. 3 oder 1a oder 50 Abs. 2 S. 2 16
Nr. 4 nicht der deutschen ESt unterliegen.[10] Vom ProgrVorb. betroffen sind die sog. Grenzpendler (§ 1 Abs. 3) sowie sonstige ArbN aus EU- und EWR-Staaten mit ihren nicht der deutschen ESt unterliegenden Einkünften. Dagegen entfällt der Sondertarif iSv. § 32b zB für nicht unter § 49 fallende inländ. Einkünfte oder für Einkünfte, die nach einem DBA im (inländ.) Quellenstaat nur der Höhe nach beschränkt besteuert werden können.

Nach der Gesetzesänderung im Jahre 2007 ist iRd. Abs. 1 S. 1 Nr. 5 (Rn. 16) nunmehr auch der **negative** 17
ProgrVorb. zugelassen. Der Gesetzgeber hat die früher geltende Einschränkung aufgehoben, nach der die Einkünfte iSd. Nr. 5 hatten in der Summe positiv sein müssen.[11] Die Neuregelung gilt grds. ab dem VZ 2008, § 52 Abs. 1. Allerdings können Staatsangehörige eines EU/EWR-Staates bei nicht bestandskräftigen Steuerbescheiden die Anwendung der neuen Regelung auch für frühere VZ wählen.[12] Unberücksichtigt bleiben des Weiteren die außerordentlichen Einkünfte iSv. Abs. 2 S. 1 Nr. 2 (Rn. 22). Schließlich regelt Nr. 5 ausdrücklich aE den Vorrang des Abs. 1 S. 1 Nr. 4 in den genannten Fällen.

1 BFH v. 17.12.2003 – I R 75/03, BStBl. II 2005, 96 (97) = FR 2004, 601; v. 20.9.2006 – I R 59/05, BStBl. II 2007, 756 (759) = FR 2007, 398.
2 BFH v. 17.10.1990 – I R 182/87, BStBl. II 1991, 136 (137 ff.); v. 13.5.1993 – IV R 69/92, BFH/NV 1994, 100 (101 f.); zweifelnd nunmehr aber BFH v. 13.11.2002 – I R 13/02, BFH/NV 2003, 680 (Vorlage an EuGH) vor allem wegen möglichen Verstoßes gegen Gemeinschaftsrecht.
3 BFH v. 12.1.2011 – I R 35/10, BStBl. II 2011, 494 (495) = FR 2011, 682.
4 BFH v. 19.12.2001 – I R 63/00, FR 2002, 526 = BFH/NV 2002, 584 (586); zust.: *Wassermeyer*, IStR 2002, 289 (290); abl.: *Sabatschus*, IStR 2002, 623 (624).
5 BFH v. 15.3.2000 – I R 28/99, FR 2000, 886 m. Anm. *Kempermann* = BFH/NV 2000, 1016 (1018).
6 BFH v. 22.1.1997 – I R 152/94, BStBl. II 1997, 358 (359) = FR 1997, 348.
7 BFH v. 27.9.1990 – I R 181/87, BStBl. II 1991, 84 (85) zur Tätigkeit beim Europäischen Patentamt; BFH v. 15.12.1999 – I R 80/98, BFH/NV 2000, 832: verneint für sog. Europagehalt v. Lehrern.
8 Zusammenstellung (der Fundstellen) aller zwischenstaatlichen Vereinbarungen: BMF v. 13.6.1991, BStBl. I 1991, 746.
9 BFH v. 24.2.1988 – I R 121/84, BFH/NV 1988, 632 (französische Ehefrau als „Mitglied des zivilen Gefolges").
10 § 2 Abs. 5b gilt, sodass die Nr. 5 auf der Abgeltungsteuer unterliegende Einkünfte nicht anwendbar ist; FG Münster v. 7.12.2016 – 11 K 2115/15 E, EFG 2017, 294 Rz. 33 (rkr.).
11 G v. 10.12.2007, BGBl. I 2007, 4210.
12 § 52 Abs. 43a S. 1 idF des G v. 10.12.2007, BGBl. I 2007, 4210.

18 Durch das JStG 2009[1] hat der Gesetzgeber mit erstmaliger Wirkung für den VZ 2008 § **32b Abs. 1 S. 2 und 3** eingefügt und ergänzt auf diese Weise die unionsrechtl. erforderliche Neuregelung des § 2a.[2] Im Hinblick auf die einschlägige EuGH-Rspr. verhindert unter den näher bezeichneten Voraussetzungen das G den ProgrVorb., den S. 1 Nr. 3 an sich vorsieht. S. 1 Nr. 3 erfasst Einkünfte, die nach einem DBA stfrei sind, bei denen also der ProgVorb nicht ausdrücklich ausgeschlossen ist. In dieser Situation unterbindet S. 2 (nur) für diese Einkünfte (iSd. Abs. 1 S. 1 Nr. 3) den ProgrVorb. Insoweit werden die in Bezug auf die genannten Staaten (Nicht-Drittstaaten, also positiv gewendet im Wesentlichen die EU-Staaten) erzielten Einkünfte bei der Ermittlung des Steuersatzes nicht berücksichtigt. Die Verwendung des Einkünftebegriffs zeigt, dass Gewinne wie Verluste erfasst und damit **sowohl der negative als auch der positive ProgrVorb. ausgeschlossen** werden.[3] Bei Einkünften aus einer gewerblichen EU-Betriebsstätte ordnet das G in Abs. 1 S. 2 Nr. 2 den Ausschluss des (positiven und negativen) ProgrVorb. indes nur dann an, wenn die Betriebsstätte nicht die Aktivitätsanforderungen des § 2a Abs. 2 S. 1 (§ 2a Rn. 34 ff.) erfüllt. Das bedeutet, dass lediglich Gewinne und Verluste aus passiven EU-Betriebsstätten vom ProgrVorb. ausgeschlossen sind, dieser bei Gewinnen und Verlusten aus aktiven EU-Betriebsstätten aber, wie vor der Gesetzesänderung, eingreift.[4] Weil sich der Ausschluss des ProgrVorb. bei passiven EU-Betriebsstätten gleichermaßen auf Gewinne wie Verluste bezieht, ist die Regelung als unionsrechtskonform zu erachten.[5] Die Erweiterung v. § 32b Abs. 1 S. 3 im Jahre 2013 um die sinngemäße Anwendung v. § 15b beinhaltet die notwendige Folgeänderung des neu gefassten § 15b Abs. 3a, um unerwünschte Steuerstundungsmodelle bei der Beteiligung an einer ausländ. PersGes. mit Progressionseinkünften zu vermeiden.

19 Für bestimmte stfreie ausländ. Einkünfte, die im Rahmen einer **Organschaft** erzielt werden, regelt **Abs. 1a** ausdrücklich, dass insoweit Einkünfte iSv. Abs. 1 Nr. 3 vorliegen; gem. § 52 Abs. 1[6] gilt der neu eingefügte Abs. 1a ab dem VZ 1999. Auf diese Weise werden stfreie ausländ. Einkünfte, die im Wege der Organschaft einer nat. Pers. zuzurechnen sind, in den ProgrVorb. einbezogen. Einerseits erscheint es systemgerecht, die Einkünfte der Organgesellschaft dem Organträger auch bei der Ermittlung des Steuersatzeinkommens (Rn. 20) zuzurechnen; andererseits soll die Vorschrift Umgehungen vermeiden, nachdem StPfl. durch das Zwischenschalten einer KapGes. den positiven ProgrVorb. verhindert hatten. Abs. 1a betrifft Einkünfte, die eine Organgesellschaft aus einer ausländ. Betriebsstätte erzielt und die wegen eines DBA im Inland stfrei sind; damit bei der nat. Pers. als Organträger hinsichtlich dieser ausländ. Einkünfte der besondere Steuersatz gem. Abs. 1 eingreift, erweitert Abs. 1a den ProgrVorb., indem die betr. Einkünfte als unmittelbar dem Organträger zugeflossen angesehen werden. Handelt es sich bei dem inländ. Organträger um eine PersGes., werden den im Inland stpfl. G'ter die ausländ. Einkünfte der Organgesellschaft anteilig zugerechnet.

C. Berechnung des Sondertarifs (Abs. 2)

20 Zur Berechnung des ProgrVorb. ist **das zu versteuernde Einkommen**, § 2 Abs. 5 S. 1, das gem. § 32a Abs. 1 idR die Bemessungsgrundlage für die ESt bildet (§ 32a Rn. 7), **zu berichtigen**. In diesem Zusammenhang bestimmt allerdings § 32b Abs. 1 S. 1 ausdrücklich, dass der besondere Steuersatz „auf das nach § 32a Abs. 1 zu versteuernde Einkommen" anzuwenden ist. Hiernach betrifft der ProgrVorb. also nur die Einkünfte, die dem allgemeinen, progressiv ausgestalteten Tarifverlauf unterliegen, nicht hingegen etwa die dem Sondertarif gem. § 34a unterliegenden, nicht entnommenen Gewinne. Der in § 32b geregelte ProgrVorb. sieht vor, dass die in Abs. 1 genannten Ersatzleistungen und Einkünfte (allein) zur Ermittlung des besonderen Steuersatzes den stpfl. Einkünften hinzugerechnet werden. Zum Zwecke der Einkommensteuerfestsetzung ist also zw. der Ermittlung des Einkommens als Steuerbemessungsgrundlage und als Steuersatzbemessungsgrundlage (sog. Steuersatzeinkommen)[7] zu unterscheiden. In einem zweistufigen Verfahren ist zunächst das zu versteuernde Einkommen, § 32a Abs. 1, zu ermitteln, sodann durch Hinzurechnung der besondere Steuersatz zu errechnen und auf die insoweit unveränderte Bemessungsgrundlage anzuwenden;[8] diese Be-

1 G v. 19.12.2008, BGBl. I 2008, 2794 (2799).
2 BT-Drucks. 16/10189, 53.
3 BFH v. 2.4.2014 – I R 68/12, BFH/NV 2014, 1248 (1249 f.): Ausschluss des positiven ProgrVorb. bei in den Niederlanden erzielten Gewinnen aus LuF; FG München v. 23.11.2015 – 7 K 3198/14, EFG 2016, 703 (rkr.): Ausschluss des negativen ProgrVorb. bei Verlusten aus einem österreichischen Hotelbetrieb.
4 BFH v. 26.1.2017 – I R 66/15, BFH/NV 2017, 726; FG Münster v. 21.3.2014 – 4 K 2292/11 F, EFG 2014, 1003 (rkr.); FG Köln v. 1.7.2015 – 1 K 555/13, EFG 2015, 2067 (rkr.).
5 BFH v. 26.1.2017 – I R 66/15, BFH/NV 2017, 726; FG München v. 23.11.2015 – 7 K 3198/14, EFG 2016, 703 (rkr.); *Rogge*, BB 2017, 2213; **aA** wohl *Gebhardt/Quilitzsch*, IStR 2010, 390; *Schönfeld/Quilitzsch* in Wassermeyer/Andresen/Ditz, Betriebsstätten-Handbuch, 2. Aufl. 2017, Rz. 12.23.
6 IdF des StEntlG 1999/2000/2002 v. 24.3.1999, BGBl. I 1999, 402.
7 BFH v. 6.10.1993 – I R 32/93, BStBl. II 1994, 113 = FR 1994, 95 m. Anm. *Meyer*; v. 10.8.2011 – I R 45/10, BStBl. II 2012, 118 (122) = FR 2012, 318.
8 H 32b „Allgemeines" EStH mit Beispiel.

zugnahme auf § 32a Abs. 1 unterbindet indirekt eine Änderung des zu versteuernden Einkommens im Wege des Verlustabzuges gem. § 10d. Auf diese Weise können inländ. Einkünfte, die den Grundfreibetrag nicht übersteigen, gleichwohl dem Sondertarif mit der Folge einer inländ. Steuerfestsetzung unterfallen.[1] Sind dagegen die stfreien Beträge negativ, mindert sich der Steuersatz im Wege des sog. negativen ProgrVorb.; dies kann zur Steuerfreiheit des im Inland zu versteuernden Einkommens führen.[2]

Bei Leistungen iSv. Abs. 1 S. 1 Nr. 1 ist das zu versteuernde Einkommen zu vermehren oder zu vermindern um die Summe der betr. Ersatzleistungen. Zuvor ist allerdings **gem. Abs. 2 S. 1 Nr. 1** der **ArbN-PB**, § 9a 1 Nr. 1, abzuziehen, falls dieser Betrag nicht bereits bei der Ermittlung der Einkünfte gem. § 19 diese gemindert hat.[3] Auf diese Weise wird der (ggf. nicht in vollem Umfang ausgeschöpfte) PB jedenfalls einmal berücksichtigt. Ein Abzug des PB hat dagegen zu unterbleiben, wenn bei der Ermittlung der Einkünfte gem. § 19 den PB übersteigende WK abgezogen wurden.[4] Auch werden iRd. Abs. 1 S. 1 Nr. 1 (vgl. aber für Nr. 2 und 3 Rn. 22) die tatsächlich angefallenen WK, Vorsorgeaufwendungen oder (sonstigen) gezahlten SozVers.-Beiträge beim ProgrVorb. nicht berücksichtigt. 21

Bei Einkünften iSv. Abs. 1 S. 1 Nr. 2 bis 5 ist, um den Steuersatz zu ermitteln, das zu versteuernde Einkommen, § 2 Abs. 5 S. 1, um diese Einkünfte zu vermehren oder zu vermindern. Der Einkünftebegriff in § 32b Abs. 2 S. 1 Nr. 2 weicht nicht v. den Einkünften iSd. § 2 Abs. 2 ab.[5] Insoweit definiert § 2 Abs. 2 den Begriff der Einkünfte (Rn. 13) für das EStG einheitlich und übergreifend. Dies gilt auch in den Fällen, in denen ein DBA die Besteuerung der im Ausland bezogenen Einkünfte unterbindet.[6] § 2 Abs. 5b gilt allerdings, sodass abgeltend besteuerte Kapitaleinkünfte nicht dem ProgrVorb. unterliegen.[7] Zur Ermittlung des Steuersatzeinkommens (Rn. 20) sind auch vorab entstandene WK zu berücksichtigen, selbst wenn die unbeschränkte StPfl. künftig entfällt.[8] Im Inland freigestellte Auslandseinnahmen konnte nach der nunmehr überholten Rspr. des BFH ein StPfl. um die tatsächlich entstandenen WK kürzen, auch wenn er den ArbN-PB für seine inländ. Einkünfte in Anspr. genommen hat.[9] Diese am Leistungsfähigkeitsprinzip orientierte Berücksichtigung der tatsächlich im Ausland entstandenen WK erlaubt hingegen nicht etwa den zweifachen Ansatz des ArbN-PB. 22

Seit 2001 sind die **außerordentlichen Einkünfte, Abs. 2 S. 1 Nr. 2**, lediglich in deutlicher Anlehnung an § 34 mit einem Fünftel zu berücksichtigen.[10] Für den Gesetzgeber maßgeblich war bei dieser Regelung zu den außerordentlichen Einkünften, dass diese einerseits die wirtschaftliche Leistungsfähigkeit des StPfl. steigern und andererseits das Einbeziehen lediglich im Wege der Fünftel-Regelung eine übermäßige Progressionsverschärfung verhindern sollte.[11] Hierbei handelt es sich bei den „außerordentlichen Einkünften" – angesichts der wörtlich übereinstimmenden Begriffe – um die Einkünfte, die gem. § 34 besteuert werden.[12] Insoweit greift bei den angesprochenen außerordentlichen Einkünften der spezielle ProgrVorb. iSv. § 34 Abs. 1 – Tarifermäßigung durch das fingierte Verteilen der angesprochenen Einkünfte auf mehrere Jahre – ein, um die mit außerordentlichen Einkünften häufig einhergehende Progressionsverschärfung in pauschalierender Weise zu mildern. Nachdem § 34 allerdings lediglich positive Einkünfte erfasst, unterliegen negative ausländ. außerordentliche Einkünfte grds. allein und in vollem Umfang dem (negativen) ProgrVorb. gem. § 32b[13]; eine Ausnahme gilt insoweit nur für die negativen Einkünfte iSv. Abs. 1 S. 1 Nr. 5 (Rn. 17). In dem AmtshilfeRLUmsG hat der Gesetzgeber § 32b Abs. 2 S. 1 Nr. 2 S. 2 um den Buchst. c ergänzt (Rn. 6). Die Neuregelung stellt eine Reaktion auf die sog. „Goldfinger"-Gestaltungen

---

1 BFH v. 9.8.2001 – III R 50/00, BStBl. II 2001, 778 (779) = FR 2001, 1228 m. Anm. *Kanzler.*

2 BFH v. 25.5.1970 – I R 109/68, BStBl. II 1970, 660 (661).

3 BFH v. 5.3.2009 – VI R 78/06, BFH/NV 2009, 1110; R 32b Abs. 2 S. 3 EStR.

4 BFH v. 25.9.2014 – III R 61/12, BStBl. II 2015, 182 = FR 2015, 528.

5 BFH v. 15.5.2002 – I B 73/01, BFH/NV 2002, 1295 (1296); v. 1.2.2012 – I R 34/11, BStBl. II 2012, 405 (406) = FR 2012, 534 m. Anm. *Kempermann*; v. 16.9.2015 – I R 61/13, BFH/NV 2016, 401 (Verfassungsbeschwerde nicht zur Entsch. angenommen, 2 BvR 309/16): kein Abzug von in Frankreich gezahlten Vorsorgeaufwendungen mangels WK-Eigenschaft.

6 Ebenso für „Treaty Overriding" FG Köln v. 12.3.1999 – 8 V 544/99, EFG 1999, 610 (611); FG BaWü. v. 5.2.1999 – 3 K 198/95, EFG 1999, 458; **aA** FG BaWü. v. 16.2.1999 – 5 V 34/98, EFG 1999, 438; *Lüdicke*, IStR 1999, 470 (471).

7 FG Münster v. 7.12.2016 – 11 K 2115/15 E, EFG 2017, 294 Rz. 38 (rkr.).

8 BFH v. 6.10.1993 – I R 32/93, BStBl. II 1994, 113 = FR 1994, 95 m. Anm. *Meyer.*

9 BFH v. 17.12.2003 – I R 75/03, BStBl. II 2005, 96 (97) = FR 2004, 601.

10 BFH v. 25.11.2014 – I R 84/13, BFH/NV 2015, 664: Anwendung der Fünftelregelung nur für den nach Verrechnung mit negativen lfd. Einkünften verbleibenden Teil der außerordentlichen Einkünfte.

11 BFH v. 1.2.2012 – I R 34/11, BStBl. II 2012, 405 (406) = FR 2012, 534 m. Anm. *Kempermann.*

12 BFH v. 28.4.1982 – I R 151/78, BStBl. II 1982, 566 (567) = FR 1982, 457; v. 9.6.1993 – I R 81/92, BStBl. II 1993, 790 (791) = FR 1993, 752 zu § 34 Abs. 3; v. 1.2.2012 – I R 34/11, BStBl. II 2012, 405 (406) = FR 2012, 534 m. Anm. *Kempermann*; *Schmidt/Diederichsen*, IStR 2000, 718 zum ProgrVorb. bei US-Immobilienfonds.

13 BFH v. 1.2.2012 – I R 34/11, BStBl. II 2012, 405 (407) = FR 2012, 534 m. Anm. *Kempermann.*

dar.[1] Die AK und HK für Umlaufvermögen können die StPfl. danach erst in dem Zeitpunkt gewinnmindernd berücksichtigen, in dem sie die Veräußerungserlöse vereinnahmt oder die betreffenden WG entnommen haben. Auf diese Weise wirken sich Anschaffungsverluste zunächst nicht aus. Auch die im Jahr 2013 in Abs. 1 S. 3 verankerte sinngemäße Anwendung von § 15b[2] soll die Goldfinger-Gestaltungen beenden. IÜ hat der Gesetzgeber § 32b Abs. 2 systematisch an die im Jahr 2006 beschlossenen Änderungen der §§ 32a und 32c angepasst, um Verwerfungen in Fällen des ProgrVorb. zu vermeiden. Auf diese Weise verhindert § 32b Abs. 2 S. 2 und 3, dass die betr. Einkünfte nicht dem erhöhten Steuersatz iSd. § 32a Abs. 1 S. 2 Nr. 5 unterliegen.[3] Im Jahre 2014 hat der Gesetzgeber § 32b Abs. 2 S. 2 und 3 wieder aufgehoben, und zwar als redaktionelle Anpassung an das zeitgleiche Aufheben des § 32c.[4]

D. Mitteilungsverpflichtung (Abs. 3 bis 5)

23 Abs. 3[5] belastet die Träger der Sozialleistungen iSv. Abs. 1 Nr. 1 mit einer Mitteilungspflicht. Werden steuerbefreite Lohn- oder Einkommensersatzleistungen erbracht, müssen die betr. Leistungsträger grds. die diesbezüglichen Daten über die im Kj. gewährten Leistungen sowie die Dauer des Bezugs im Wege der Datenfernübertragung mitteilen. Nicht zu übermitteln sind lediglich die Leistungen, die gem. § 41b Abs. 1 S. 2 Nr. 5 auf der LSt-Bescheinigung auszuweisen sind. Wegen der in Abs. 3 S. 2 geregelten **Hinweispflicht** hat der Träger der Sozialleistungen den StPfl. auf die stl. Behandlung der Sozialleistungen und die Datenübertragungspflicht hinzuweisen. Bei **fehlenden Ersatzleistungen** wird das FA idR vom StPfl. einen entspr. Nachweis verlangen; ggf. wird es bei der zuständigen Agentur für Arbeit eine sog. Negativbescheinigung anfordern.[6]

24 Für **ab 2018 gewährte Sozialleistungen** gelten die Abs. 3 bis 5 nF (Rn. 6). Die Einzelheiten zu Art und Weise sowie zum Zeitpunkt der Datenübermittlung ergeben sich dann aus dem neu geschaffenen § 93c Abs. 1 AO, der allg. die Datenübermittlung durch Dritte regelt. Mit Abs. 4 wird bestimmt, dass für die Anwendung dieser neuen Datenübermittlungsvorschrift und für die Inhaftungnahme nach § 72a Abs. 4 AO wegen schuldhaft fehlerhafter Datenübermittlung das Betriebsstätten-FA des jeweiligen Sozialleistungsträgers zuständig ist. Dieses FA wiederum darf, um die ihm zugewiesenen Aufgaben erfüllen zu können, bei dem für die Besteuerung des Leistungsempfängers zuständigen FA Daten abrufen und verwenden, Abs. 5.

§ 32c[7] Tarifglättung bei Einkünften aus Land- und Forstwirtschaft

(1) [1]Für Einkünfte aus Land- und Forstwirtschaft im Sinne des § 13 findet nach Ablauf von drei Veranlagungszeiträumen (Betrachtungszeitraum) eine Tarifglättung nach den Sätzen 2 und 3 statt. [2]Ist die Summe der tariflichen Einkommensteuer, die innerhalb des Betrachtungszeitraums auf die steuerpflichtigen Einkünfte aus Land- und Forstwirtschaft im Sinne des § 13 entfällt, höher als die Summe der nach Absatz 2 ermittelten fiktiven tariflichen Einkommensteuer, die innerhalb des Betrachtungszeitraums auf die steuerpflichtigen Einkünfte aus Land- und Forstwirtschaft im Sinne des § 13 entfällt, wird bei der Steuerfestsetzung des letzten Veranlagungszeitraums im Betrachtungszeitraum die tarifliche Einkommensteuer um den Unterschiedsbetrag ermäßigt. [3]Ist die Summe der tariflichen Einkommensteuer, die innerhalb des Betrachtungszeitraums auf die steuerpflichtigen Einkünfte aus Land- und Forstwirtschaft im Sinne des § 13 entfällt, niedriger als die Summe der nach Absatz 2 ermittelten fiktiven tariflichen Einkommensteuer, die innerhalb des Betrachtungszeitraums auf die steuerpflichtigen Einkünfte aus Land- und Forstwirtschaft im Sinne des § 13 entfällt, erhöht der Unterschiedsbetrag die festzusetzende Einkommensteuer des letzten Veranlagungszeitraums im Betrachtungszeitraum.

(2) [1]Die fiktive tarifliche Einkommensteuer, die auf die steuerpflichtigen Einkünfte aus Land- und Forstwirtschaft im Sinne des § 13 entfällt, wird für jeden Veranlagungszeitraum des Betrachtungszeit-

1 Dazu zB *Heuermann*, DStR 2014, 169; *Gosch*, BFH-PR 2015, 1; BFH v. 25.6.2014 – I R 24/13, BStBl. II 2015, 141 = FR 2015, 330 m. Anm. *Kanzler*; v. 19.1.2017 – IV R 50/14, BStBl. II 2017, 456 Rz. 99: kein Gestaltungsmissbrauch; zur Anwendung des § 15b auf diese Gestaltungen s. § 15b Rn. 53a.

2 G v. 18.12.2013, BGBl. I 2013, 4318.

3 BT-Drucks. 16/3368, 43.

4 G v. 25.7.2014, BGBl. I 2014, 1266 (1269); BR-Drucks. 184/14, 67.

5 Zum zeitlichen Anwendungsbereich s. Rn. 24.

6 R 32b Abs. 5 S. 2 EStR.

7 § 32c wurde neu eingefügt (G zum Erlass und zur Änderung marktordnungsrechtlicher Vorschriften sowie zur Änderung des Einkommensteuergesetzes v. 20.12.2016, BGBl. I 2016, 3045). Die Regelung des § 32c tritt an dem Tag in Kraft, an dem die Europäische Kommission durch Beschluss feststellt, dass sie entweder keine Beihilfe oder eine mit dem Binnenmarkt vereinbare Beihilfe darstellt. Zum Zeitpunkt der Drucklegung steht dieser Beschluss noch aus.

raums gesondert ermittelt. [2]Dabei treten an die Stelle der tatsächlichen Einkünfte aus Land- und Forstwirtschaft im Sinne des § 13 die nach Satz 3 zu ermittelnden durchschnittlichen Einkünfte. [3]Zur Ermittlung der durchschnittlichen Einkünfte aus Land- und Forstwirtschaft wird die Summe der tatsächlichen Gewinne oder Verluste der Veranlagungszeiträume eines Betrachtungszeitraums gleichmäßig auf die Veranlagungszeiträume des Betrachtungszeitraums verteilt.

(3) [1]Die auf die steuerpflichtigen Einkünfte aus Land- und Forstwirtschaft im Sinne des § 13 entfallende tarifliche Einkommensteuer im Sinne des Absatzes 1 ermittelt sich aus dem Verhältnis der positiven steuerpflichtigen Einkünfte aus Land- und Forstwirtschaft zur Summe der positiven Einkünfte. [2]Entsprechendes gilt bei der Ermittlung der fiktiven tariflichen Einkommensteuer.

(4) Bei der Ermittlung der tatsächlichen und der durchschnittlichen Einkünfte aus Land- und Forstwirtschaft im Sinne des Absatzes 2 bleiben Veräußerungsgewinne im Sinne des § 14 in Verbindung mit § 34 Absatz 1 oder Absatz 3, nach § 34a begünstigte nicht entnommene Gewinne sowie Einkünfte aus außerordentlichen Holznutzungen im Sinne des § 34b Absatz 1 und 2 außer Betracht.

(5) [1]Wird ein Betrieb der Land- und Forstwirtschaft innerhalb des Betrachtungszeitraums aufgegeben oder veräußert, verkürzt sich der Betrachtungszeitraum entsprechend. [2]Bestehen in diesen Fällen mehrere Betriebe der Land- und Forstwirtschaft und weichen die Betrachtungszeiträume dieser Betriebe voneinander ab, ist die Tarifglättung für jeden Betrieb gesondert vorzunehmen. [3]Dasselbe gilt, wenn bei Neueröffnung eines Betriebs der Land- und Forstwirtschaft die Betrachtungszeiträume mehrerer Betriebe der Land- und Forstwirtschaft voneinander abweichen. [4]Für Mitunternehmeranteile an Betrieben der Land- und Forstwirtschaft gelten die Sätze 1 bis 3 entsprechend.

(6) [1]Ist für einen Veranlagungszeitraum, in dem eine Tarifglättung nach Absatz 1 durchgeführt wurde, bereits ein Steuerbescheid erlassen worden, ist dieser zu ändern, soweit sich die innerhalb des Betrachtungszeitraums erzielten Einkünfte aus Land- und Forstwirtschaft ändern. [2]Die Festsetzungsfrist endet insoweit nicht, bevor die Festsetzungsfrist für den Veranlagungszeitraum abgelaufen ist, in dem sich die Einkünfte aus Land- und Forstwirtschaft geändert haben.

Literatur: *Kanzler*, Die neue Tarifglättung für die Einkünfte aus Land- und Forstwirtschaft – § 32c EStG reloaded, DStZ 2017, 210; *Lammers*, Tarifglättung bei Einkünften aus Land- und Forstwirtschaft – § 32c EStG – der fehlgeschlagene Versuch einer Begünstigung durch den Gesetzgeber, DStR 2017, 1576; *Wiegand*, Einführung in die Tarifglättung für Einkünfte aus Land- und Forstwirtschaft, NWB 2017, 649.

A. Grundaussagen der Vorschrift

I. Regelungsgegenstand. Das EStG beruht auf dem Jahressteuerprinzip (§ 2 Abs. 7 S. 1). Danach wird der progressive Tarif grds. auf ein kalenderjährlich ermitteltes Einkommen angewandt (§ 2 Abs. 7 S. 2; s. § 2 Rn. 119). StPfl. mit stark schwankenden Einkünften werden hierdurch im Vergleich zu StPfl. mit nahezu gleichbleibenden Einkünften häufig insgesamt stärker stl. belastet. Gerade bei Land- und Forstwirten kann es witterungs- und klimabedingt (Ernteausfälle uÄ) zu solchen Schwankungen kommen. § 32c bezweckt, die damit verbundenen Nachteile mittels einer Tarifglättung abzumildern. Hierzu wird StPfl. mit Einkünften aus LuF ohne Antrag, dh. von Amts wegen, bei Vorliegen bestimmter Voraussetzungen eine Steuerermäßigung auf den Schluss eines regelmäßig drei VZ umfassenden Betrachtungszeitraums gewährt. 1

Neben unionsrechtlichen (s. Rn. 2) sieht sich die Regelung auch **verfassungsrechtlichen Bedenken** ausgesetzt, die bereits im Gesetzgebungsverfahren geäußert wurden.[1] Da die Ungleichbehandlung zw. den allein regelungsbegünstigten StPfl. mit Einkünften aus LuF und allen anderen StPfl. – insbes. solchen mit ebenfalls schwankenden Einkünften (Gewerbetreibende, Freiberufler) – offenkundig ist, stellt sich allein die Frage, ob die vom Gesetzgeber angeführten Gründe landwirtschaftspolitischer Natur (niedrige Milchpreise) und ggf. die Besonderheiten landwirtschaftlichen Wirtschaftens (Witterungsabhängigkeit uÄ)[2] die Sonderregelung rechtfertigen können. Das ist indes sehr zweifelh. Für die verfassungsrechtliche Würdigung werden insbes. die vom BVerfG in seiner Entsch. zu § 32c aF (Tarifglättung für gewerbliche Einkünfte)[3] entwickelten Maßstäbe heranzuziehen sein, weil es hier wie dort um die Begünstigung einer bestimmten Einkunftsart geht.

Rechtspolitisch vermag die Regelung nicht recht zu überzeugen. Bei Betrieben, die wg. der vom Gesetzgeber aufgegriffenen Problematik der Milchpreise mehrjährig Verluste schreiben, geht die stl. Förderung ins Leere.[4]

---

1 BT-Drucks. 18/10468, 9. Auch in der Literatur werden diese Bedenken geteilt, vgl. *Kanzler*, DStZ 2017, 210; *Lammers*, DStR 2017, 1576; *Schmidt*[37], § 32c Rn. 2; *H/H/R*, § 32c Anm. 6.
2 Vgl. BT-Drucks. 18/10468, 7.
3 BVerfG v. 21.6.2006 – 2 BvL 2/99, BVerfGE 116, 164 = FR 2006, 766.
4 BR-Drucks. 715/1/16, 3.

2 **II. Zeitlicher Anwendungsbereich.** § 32c stellt derzeit noch **kein geltendes Recht** dar. Zwar wurde die Regelung bereits mit Wirkung ab dem VZ 2016 eingeführt. Die Steuerermäßigung könnte auch bereits für diesen VZ effektiv wirksam werden, weil der Gesetzgeber zugleich in § 52 Abs. 33a S. 2 angeordnet hat, dass der erste maßgebliche dreijährige Betrachtungszeitraum die VZ 2014 bis 2016 umfasst.[1] Allerdings geht der Gesetzgeber selbst davon aus, dass mit der Gewährung einer Steuervergünstigung nur für Land- und Forstwirte eine **beihilferechtliche Problematik** verbunden ist. Deshalb hat er bestimmt, dass § 32c und die dazugehörende zeitliche Anwendungsbestimmung (§ 52 Abs. 33a) erst an dem Tag in Kraft treten, an dem die Europäische Kommission durch Beschluss feststellt, dass die Regelungen in § 32c entweder keine Beihilfen oder mit dem Binnenmarkt vereinbare Beihilfen darstellen.[2] Sobald der Beschl. der Europäischen Kommission gefasst ist, ist der Tag des Inkrafttretens des § 32c gesondert im BGBl. bekannt zu machen.[3] Da bei Redaktionsschluss weder ein Kommissionsbeschl. noch eine Bekanntmachung im BGBl. vorlag, ist § 32c derzeit nicht anzuwenden.

Wird die Bedingung für das Inkrafttreten künftig erfüllt, dann ist § 32c – ggf. rückwirkend – für den VZ 2016 anzuwenden. § 52 Abs. 33a S. 3 und 4 sieht für diesen Fall weiterhin vor, dass der zweite und der dritte Betrachtungszeitraum die VZ 2017 bis 2019 und 2020 bis 2022 umfassen und § 32c letztmalig für den VZ 2022 anzuwenden ist. Folglich handelt es sich um eine von vornherein auf insgesamt neun Jahre **befristete Steuervergünstigung**.

Sollte die Europäische Kommission feststellen, dass § 32c mit dem Unionsrecht nicht vereinbar ist, dann kann die Norm nicht in Kraft treten und sie ist auf Dauer nicht anwendbar. Ob ein solcher Beschl. der Europäischen Kommission rechtmäßig ist oder nicht, ist für die Anwendbarkeit des § 32c nicht erheblich. Denn der Gesetzgeber hat das Inkrafttreten der Vorschrift ausdrücklich unter die Bedingung einer positiven Kommissionsentscheidung gestellt.

3 **III. Verhältnis zu anderen Vorschriften.** § 32c stellt eine Ausnahmevorschrift zu § 32a vor. Dort wird nämlich die Anwendung des Tarifs auf ein jährlich ermitteltes Einkommen vorausgesetzt (Jahrestarif, s. § 2 Rn. 119), während § 32c die Steuerbelastung auf der Grundlage der durchschnittlichen Einkünfte aus LuF eines Dreijahreszeitraums festlegt, allerdings nicht für sämtliche Einkünfte, sondern nur für solche aus LuF. Da die Regelung eine Progressionsglättung wg. schwankender Einkünfte vorsieht, ist die Parallele zu § 34 EStG, insbes. der dort enthaltenen Regelung für Vergütungen für mehrjährige Tätigkeiten, offensichtlich (§ 34 Rn. 1 f.). Der Gesetzgeber hat damit die Vorschrift entgegen ursprünglicher Planung zu Recht in den IV. Abschnitt „Tarif" integriert.[4]

B. Steuerbetragsvergleich im Betrachtungszeitraum (Abs. 1)

4 Abs. 1 enthält die Grundregelung für die Tarifglättung. Diese ist bei Vorliegen der Voraussetzungen nach dem Wortlaut der Vorschrift („findet … statt") zwingend durchzuführen (Abs. 1 S. 1).[5] Sie kommt nur bei Einkünften aus LuF iSd. § 13 in Betracht. Damit werden zB landwirtschaftliche Betätigungen einer KapGes. oder einer gewerblich geprägten PersGes. trotz identischer Probleme, insbes. des Milchmarkts, steuerlich nicht begünstigt.[6]

Maßgeblich für die Steuerermäßigung ist ein Vergleich zw. der „normalen" tariflichen ESt und der fiktiven tariflichen ESt, die jeweils auf die Einkünfte aus LuF entfällt. Beide Steuerbeträge sind auf das Ende des drei VZ umfassenden sogenannten **Betrachtungszeitraums** auf der Basis einer Dreijahresbetrachtung zu ermitteln und sodann gegenüberzustellen. Ist die Summe der „normalen" tariflichen Steuer in den drei VZ höher als die fiktive, dann ist die tarifliche Steuer iRd. Veranlagung des letzten VZ des Betrachtungszeitraums um den Unterschiedsbetrag zu ermäßigen (Abs. 1 S. 2). Ist die Summe, was die absolute Ausnahme sein dürfte,[7] niedriger, dann ist die festzusetzende Steuer des letzten VZ entspr. zu erhöhen (Abs. 1 S. 3).

C. Ermittlung der fiktiven tariflichen Einkommensteuer (Abs. 2)

5 Die „normale" tarifliche Steuer als die eine Vergleichsgröße wird durch Anwendung der allg. gesetzlichen Regelungen bestimmt. Dagegen musste für die Ermittlung der fiktiven tariflichen Steuer als der anderen

1 Art. 3 des G v. 20.12.2016, BGBl. I 2016, 3045.
2 Art. 5 Abs. 2 G v. 20.12.2016, BGBl. I 2016, 3045.
3 Art. 5 S. 2 G v. 20.12.2016, BGBl. I 2016, 3045.
4 BT-Drucks. 18/10468, 10.
5 GlA *Kanzler*, DStZ 2017, 210 (213).
6 BR-Drucks. 715/1/16, 4.
7 Vgl. dazu *Kanzler*, DStZ 2017, 210 (215); *H/H/R*, § 32c Anm. 5.

Vergleichsgröße eine spezielle Regelung getroffen werden. Diese findet sich in Abs. 2. Danach sind die tatsächlichen Gewinne und Verluste aus LuF, die im Betrachtungszeitraum angefallen sind, zunächst zusammenzurechnen und sodann gleichmäßig auf die drei VZ des Betrachtungszeitraums zu verteilen (Abs. 2 S. 3). Die drei sich daraus ergebenden gleich hohen Einkunftsbeträge bilden sodann anstelle der tatsächlich erzielten Einkünfte die fiktive Grundlage für die Ermittlung der ebenso fiktiven tariflichen Steuerbeträge (Abs. 2 S. 2). Für die Ermittlung der tatsächlichen Gewinne und Verluste als der Ausgangsgröße zur Bestimmung der durchschnittlichen Einkünfte gelten die allgemeinen Vorschriften, insbes. die Sonderregelung über das Wj. bei LuF gem. § 4a Abs. 1 S. 2 Nr. 1 und Abs. 2 Nr. 1.[1]

Beispiel: Ein lediger und kinderloser Getreidebauer erzielt im Betrachtungszeitraum (VZ 2014 bis 2016) in den VZ 2014 und 2015 wg. extremer Trockenheit bzw. Hagels – nach Anwendung des § 4a – jeweils einen Gewinn von 10 000 Euro und im VZ 2016 nach einer Rekordernte einen Gewinn von 100 000 Euro. Er hatte keine weiteren Einkünfte und seine stl. abziehbaren Privataufwendungen betrugen jeweils 10 000 Euro. Der Betrag der im letzten VZ des Betrachtungszeitraums (2016) zu gewährenden Steuerermäßigung errechnet sich wie folgt:

Summe der tatsächlichen Einkünfte im Betrachtungszeitraum: 120 000 Euro

durchschnittliche Jahreseinkünfte im Betrachtungszeitraum: 40 000 Euro

Summe der tariflichen ESt im Betrachtungszeitraum: 29 406 Euro (VZ 2014/2015 je 0 Euro; VZ 2016: 29 406 Euro bei einem zvE von 90 000 Euro)

Summe der fiktiven tariflichen ESt im Betrachtungszeitraum (fiktives zvE jeweils 30 000 Euro): 16 404 Euro (3 × 5 468 Euro)

Unterschiedsbetrag zwischen beiden Summen: 13 002 Euro

Die tarifliche ESt im VZ 2016 (29 406 Euro) ist demnach um 13 002 Euro zu ermäßigen.[2]

D. Einkünfte aus mehreren Einkunftsarten (Abs. 3)

Da die Tarifglättung ausschließlich für Einkünfte aus LuF vorgesehen ist und die in Abs. 1 vorgesehene 6
Vergleichsrechnung demgemäß auf tarifliche Steuerbeträge abstellt, die auf diese Einkünfte entfallen, bedurfte es einer Regelung, wie die auf LuF entfallende Steuer zu ermitteln ist, wenn der StPfl. noch Einkünfte anderer Einkunftsarten im Betrachtungszeitraum erzielt hat. Abs. 3 gibt hierzu vor, dass die tarifliche Steuer nach dem Verhältnis der **positiven** Einkünfte aus LuF zur Summe sämtlicher **positiver** Einkünfte zu errechnen ist.

E. Behandlung von Sonderfaktoren (Abs. 4 und 5)

Abs. 4 und 5 regeln Sonderfälle. Veräußerungsgewinne sind danach bei der Ermittlung der tatsächlichen 7
und der durchschnittlichen Einkünfte aus LuF, die die Grundlage für die gem. Abs. 2 zu bestimmende fiktive tarifliche ESt bilden, nicht einzubeziehen. Abs. 5 bestimmt, dass sich der für die Vergleichsrechnung maßgebliche Betrachtungszeitraum in **Betriebseröffnungs-, Betriebsveräußerungs- oder Betriebsaufgabefällen** verkürzt.

F. Verfahren (Abs. 6)

Abs. 6 bildet die Rechtsgrundlage für die **Korrektur von ESt-Bescheiden**, denen eine Tarifglättung gem. 8
Abs. 1 zugrunde liegt. Ändern sich die innerhalb des Betrachtungszeitraums erzielten Einkünfte, dann ist (kein Ermessen) der Bescheid zu ändern (Abs. 6 S. 1). Abs. 6 S. 2 sichert die Korrektur durch eine den Ablauf der Festsetzungsfrist hemmende Regelung ab.

§ 32d Gesonderter Steuertarif für Einkünfte aus Kapitalvermögen

(1) [1]Die Einkommensteuer für Einkünfte aus Kapitalvermögen, die nicht unter § 20 Absatz 8 fallen, beträgt 25 Prozent. [2]Die Steuer nach Satz 1 vermindert sich um die nach Maßgabe des Absatzes 5 anrechenbaren ausländischen Steuern. [3]Im Fall der Kirchensteuerpflicht ermäßigt sich die Steuer nach den Sätzen 1 und 2 um 25 Prozent der auf die Kapitalerträge entfallenden Kirchensteuer. [4]Die Einkommensteuer beträgt damit

$$\frac{e - 4q}{4 + k}.$$

1 GlA *Kanzler*, DStZ 2017, 210 (211).
2 Zu weiteren Bsp. s. *Kanzler*, DStZ 2017, 210 (215).

(2) Absatz 1 gilt nicht

1. für Kapitalerträge im Sinne des § 20 Absatz 1 Nummer 4 und 7 sowie Absatz 2 Satz 1 Nummer 4 und 7,
   a) wenn Gläubiger und Schuldner einander nahe stehende Personen sind, soweit die den Kapitalerträgen entsprechenden Aufwendungen beim Schuldner Betriebsausgaben oder Werbungskosten im Zusammenhang mit Einkünften sind, die der inländischen Besteuerung unterliegen und § 20 Absatz 9 Satz 1 zweiter Halbsatz keine Anwendung findet,
   b) wenn sie von einer Kapitalgesellschaft oder Genossenschaft an einen Anteilseigner gezahlt werden, der zu mindestens 10 Prozent an der Gesellschaft oder Genossenschaft beteiligt ist. [2]Dies gilt auch, wenn der Gläubiger der Kapitalerträge eine dem Anteilseigner nahe stehende Person ist, oder
   c) soweit ein Dritter die Kapitalerträge schuldet und diese Kapitalanlage im Zusammenhang mit einer Kapitalüberlassung an einen Betrieb des Gläubigers steht. [2]Dies gilt entsprechend, wenn Kapital überlassen wird
      aa) an eine dem Gläubiger der Kapitalerträge nahestehende Person oder
      bb) an eine Personengesellschaft, bei der der Gläubiger der Kapitalerträge oder eine diesem nahestehende Person als Mitunternehmer beteiligt ist oder
      cc) an eine Kapitalgesellschaft oder Genossenschaft, an der der Gläubiger der Kapitalerträge oder eine diesem nahestehende Person zu mindestens 10 Prozent beteiligt ist,

      sofern der Dritte auf den Gläubiger oder eine diesem nahestehende Person zurückgreifen kann. [3]Ein Zusammenhang ist anzunehmen, wenn die Kapitalanlage und die Kapitalüberlassung auf einem einheitlichen Plan beruhen. [4]Hiervon ist insbesondere dann auszugehen, wenn die Kapitalüberlassung in engem zeitlichen Zusammenhang mit einer Kapitalanlage steht oder die jeweiligen Zinsvereinbarungen miteinander verknüpft sind. [5]Von einem Zusammenhang ist jedoch nicht auszugehen, wenn die Zinsvereinbarungen marktüblich sind oder die Anwendung des Absatzes 1 beim Steuerpflichtigen zu keinem Belastungsvorteil führt. [6]Die Sätze 1 bis 5 gelten sinngemäß, wenn das überlassene Kapital vom Gläubiger der Kapitalerträge für die Erzielung von Einkünften im Sinne des § 2 Absatz 1 Satz 1 Nummer 4, 6 und 7 eingesetzt wird.

   [2]Insoweit findet § 20 Absatz 6 und 9 keine Anwendung;
2. für Kapitalerträge im Sinne des § 20 Absatz 1 Nummer 6 Satz 2. [2]Insoweit findet § 20 Absatz 6 keine Anwendung;
3. auf Antrag für Kapitalerträge im Sinne des § 20 Absatz 1 Nummer 1 und 2 aus einer Beteiligung an einer Kapitalgesellschaft, wenn der Steuerpflichtige im Veranlagungszeitraum, für den der Antrag erstmals gestellt wird, unmittelbar oder mittelbar
   a) zu mindestens 25 Prozent an der Kapitalgesellschaft beteiligt ist oder
   b) zu mindestens 1 Prozent an der Kapitalgesellschaft beteiligt ist und durch eine berufliche Tätigkeit für diese maßgeblichen unternehmerischen Einfluss auf deren wirtschaftliche Tätigkeit nehmen kann.

   [2]Insoweit finden § 3 Nummer 40 Satz 2 und § 20 Absatz 6 und 9 keine Anwendung. [3]Der Antrag gilt für die jeweilige Beteiligung erstmals für den Veranlagungszeitraum, für den er gestellt worden ist. [4]Er ist spätestens zusammen mit der Einkommensteuererklärung für den jeweiligen Veranlagungszeitraum zu stellen und gilt, solange er nicht widerrufen wird, auch für die folgenden vier Veranlagungszeiträume, ohne dass die Antragsvoraussetzungen erneut zu belegen sind. [5]Die Widerrufserklärung muss dem Finanzamt spätestens mit der Steuererklärung für den Veranlagungszeitraum zugehen, für den die Sätze 1 bis 4 erstmals nicht mehr angewandt werden sollen. [6]Nach einem Widerruf ist ein erneuter Antrag des Steuerpflichtigen für diese Beteiligung an der Kapitalgesellschaft nicht mehr zulässig;
4. für Bezüge im Sinne des § 20 Absatz 1 Nummer 1 und für Einnahmen im Sinne des § 20 Absatz 1 Nummer 9, soweit sie das Einkommen der leistenden Körperschaft gemindert haben; dies gilt nicht, soweit eine verdeckte Gewinnausschüttung das Einkommen einer dem Steuerpflichtigen nahe stehenden Person erhöht hat und § 32a des Körperschaftsteuergesetzes auf die Veranlagung dieser nahe stehenden Person keine Anwendung findet.

(3) [1]Steuerpflichtige Kapitalerträge, die nicht der Kapitalertragsteuer unterlegen haben, hat der Steuerpflichtige in seiner Einkommensteuererklärung anzugeben. [2]Für diese Kapitalerträge erhöht sich die tarifliche Einkommensteuer um den nach Absatz 1 ermittelten Betrag.

(4) Der Steuerpflichtige kann mit der Einkommensteuererklärung für Kapitalerträge, die der Kapitalertragsteuer unterlegen haben, eine Steuerfestsetzung entsprechend Absatz 3 Satz 2 insbesondere in Fällen eines nicht vollständig ausgeschöpften Sparer-Pauschbetrags, einer Anwendung der Ersatzbemessungsgrundlage nach § 43a Absatz 2 Satz 7, eines noch nicht im Rahmen des § 43a Absatz 3 berücksichtigten Verlusts, eines Verlustvortrags nach § 20 Absatz 6 und noch nicht berücksichtigter ausländischer Steuern, zur Überprüfung des Steuereinbehalts dem Grund oder der Höhe nach oder zur Anwendung von Absatz 1 Satz 3 beantragen.

(5) [1]In den Fällen der Absätze 3 und 4 ist bei unbeschränkt Steuerpflichtigen, die mit ausländischen Kapitalerträgen in dem Staat, aus dem die Kapitalerträge stammen, zu einer der deutschen Einkommensteuer entsprechenden Steuer herangezogen werden, die auf ausländische Kapitalerträge festgesetzte und gezahlte und um einen entstandenen Ermäßigungsanspruch gekürzte ausländische Steuer, jedoch höchstens 25 Prozent ausländische Steuer auf den einzelnen Kapitalertrag, auf die deutsche Steuer anzurechnen. [2]Soweit in einem Abkommen zur Vermeidung der Doppelbesteuerung die Anrechnung einer ausländischen Steuer einschließlich einer als gezahlt geltenden Steuer auf die deutsche Steuer vorgesehen ist, gilt Satz 1 entsprechend. [3]Die ausländischen Steuern sind nur bis zur Höhe der auf die im jeweiligen Veranlagungszeitraum bezogenen Kapitalerträge im Sinne des Satzes 1 entfallenden deutschen Steuer anzurechnen.

(6) [1]Auf Antrag des Steuerpflichtigen werden anstelle der Anwendung der Absätze 1, 3 und 4 die nach § 20 ermittelten Kapitaleinkünfte den Einkünften im Sinne des § 2 hinzugerechnet und der tariflichen Einkommensteuer unterworfen, wenn dies zu einer niedrigeren Einkommensteuer einschließlich Zuschlagsteuern führt (Günstigerprüfung). [2]Absatz 5 ist mit der Maßgabe anzuwenden, dass die nach dieser Vorschrift ermittelten ausländischen Steuern auf die zusätzliche tarifliche Einkommensteuer anzurechnen sind, die auf die hinzugerechneten Kapitaleinkünfte entfällt. [3]Der Antrag kann für den jeweiligen Veranlagungszeitraum nur einheitlich für sämtliche Kapitalerträge gestellt werden. [4]Bei zusammenveranlagten Ehegatten kann der Antrag nur für sämtliche Kapitalerträge beider Ehegatten gestellt werden.

Verwaltung: BMF v. 18.1.2016, BStBl. I 2016, 85; v. 16.6.2016, BStBl. I 2016, 527.

Literatur: *Brusch*, Unternehmensteuerreformgesetz 2008: Abgeltungsteuer, FR 2007, 999; *Delp*, Aktuelle Gestaltungs- und Problemzonen der Abgeltungsteuer, DB 2011, 196; *Levedag*, Aktuelle Entwicklungen zum Abzug von Beteiligungsaufwendungen und Anschaffungskosten natürlicher Personen als Gesellschafter von Kapitalgesellschaften, GmbHR 2016, 261; *Mannefeld*, Option zur tariflichen Steuer bei unternehmerischer Beteiligung – § 32d Abs. 2 Nr. 3 EStG im Wechselspiel zwischen Gesetzgebung und Rechtsprechung, GmbH-StB 2017, 154; *Paukstadt/Luckner*, Die Abgeltungsteuer ab 2009 nach dem Regierungsentwurf zur Unternehmensteuerreform, DStR 2007, 653; *Schäfer/Scholz*, Offene Fragen und Gestaltungsmöglichkeiten bei der Abgeltungsteuer, DStR 2012, 1885; *Weiss*, Antrag auf Anwendung des Teileinkünfteverfahrens nach § 32d Abs. 2 Nr. 3 S. 1 Buchst. b EStG, EStB 2018, 279; *Werth*, Erste BFH-Rechtsprechung zur Abgeltungsteuer, DStR 2015, 1343; *Worgulla/Söffing*, Gestaltungsmöglichkeiten und -pflichten bis zur bzw. nach der Einführung der Abgeltungsteuer auf Kapitalerträge, FR 2007, 1005.

A. Grundaussagen der Vorschrift

I. Inhalt. § 2 Abs. 5b trennt die der Abgeltungsteuer unterliegenden Einkünfte aus KapVerm., die nicht unter § 20 Abs. 8 fallen, von den übrigen Einkunftsarten. In diesem Zusammenhang regelt § 32d – als eine der zentralen Normen der gesonderten Erfassung von Kapitalerträgen, die im Grundsatz sowohl die lfd. Erträge (§ 20 Abs. 1) als auch die aus der Veräußerung privater Kapitalanlagen (§ 20 Abs. 2), nicht hingegen die in § 32d Abs. 2 im Einzelnen bezeichneten Erträge umfassen – iRd. ab dem VZ 2009 geltenden Abzugverfahrens (Schedulenbesteuerung in Form einer „Abgeltungsteuer", vgl. § 20 Rn. 4) zunächst den **besonderen Steuertarif v. 25 %** für bestimmte – im PV erzielte – Einkünfte aus KapVerm. (Abs. 1 und 2). Soweit der pauschale Steuersatz gilt, entfaltet dieser Abzug eine abgeltende Wirkung in der Weise, dass einerseits (vgl. auch § 2 Abs. 5b sowie § 43 Abs. 5 S. 1 in der ab 2009 geltenden Fassung) für die betr. Einkünfte der linear-progressive Tarif nicht greift und andererseits StPfl. die tatsächlich angefallenen WK (Rn. 5 und 9) – unbeschadet des Sparer-PB, vgl. § 44a Abs. 1 S. 1 Nr. 1 und Abs. 2 S. 1 Nr. 1 – nicht gel- 1 tend machen können, § 20 Abs. 9 S. 1. Dieser Ausschluss des Abzugs der tatsächlichen WK, den der Gesetzgeber[1] sowohl mit dem niedrigen Pauschalsteuersatz (bei StPfl. mit hohem persönlichem Steuersatz) als auch mit zumeist geringen WK (bei StPfl. mit niedrigem Steuersatz) rechtfertigte, erweist sich nach wie vor als einer der zentralen Kritikpunkte an dem System der Abgeltungsteuer. Im Übrigen stellt § 43 Abs. 5 weitgehend sicher, dass die für die Abgeltungsteuer in § 20 Abs. 1 vorgesehenen Kapitalerträge der Kapitalertragsteuer unterliegen. Auf diese Weise wird die Abgeltungsteuer in weitem Umfang – abgesehen von den in § 43 Abs. 5 S. 2 im Einzelnen genannten Erträgen – durch Abzug an der Quelle erhoben.

Die – als Emittenten- und Zahlstellensteuer ausgestaltete[2] – Abgeltungsteuer beinhaltet folglich in einer Vielzahl von Fällen eine **abschließende Besteuerung** der erfassten Kapitaleinkünfte bereits an der Quelle in einem pauschalierenden Steuerabzugsverfahren. Die mit der Abgeltungsteuer im Regelfall verbundene Privilegierung der privaten Anlageebene soll neben einer merklichen Steuervereinfachung die Attraktivität und Wettbewerbsfähigkeit des deutschen Finanzplatzes verbessern, um insbes. den Kapitalabfluss ins Ausland zu bremsen.[3] Neben dem gesonderten Steuertarif in Abs. 1 enthält § 32d verschiedene Regelungen, die zwingend (vgl. etwa Abs. 2 Nr. 1 und 2) oder optional (vgl. etwa Abs. 2 Nr. 3) eine Veranlagung zum individuellen Steuersatz vorsehen. Besonderheiten gelten für nicht der KapESt unterliegende Kapitalerträge (Abs. 3). Weiterhin eröffnet Abs. 4 die Optionsmöglichkeit dahingehend, dass StPfl. im Einzelfall – insbes. bei nicht vollständigem Ausschöpfen des Sparer-PB oder in bestimmten Einzelfällen zur Verlustverrechnung, vgl. § 43a Abs. 3 S. 2 und 3 – eine individuelle Steuerfestsetzung nach Abs. 3 S. 2 wählen können. Für die Berücksichtigung ausländ. Steuern sieht Abs. 5 im Hinblick auf § 34c Abs. 1 S. 1 – seit 2009 allerdings in einer eigenständigen Regelung (Rn. 4) – zwingend eine Anrechnung vor. Schließlich regelt Abs. 6 die Möglichkeit einer sog. Günstigerprüfung dahingehend, dass StPfl. im Einzelfall eine Besteuerung ihrer Kapitaleinkünfte nicht iRd. Abgeltungsteuer, sondern nach den allg. Regeln wählen können. Die zum Teil komplexen gesetzlichen Regelungen bieten den StPfl. nach wie vor zahlreiche Gestaltungsmöglichkeiten.[4]

2 Das Einführen der in § 32d geregelten Abgeltungsteuer ist im Zusammenhang zu sehen mit dem Bemühen des Gesetzgebers, insbes. angesichts der internationalen Verflechtung sowie der – auf Unübersichtlichkeit der verschiedenen Besteuerungsgrundsätze einschl. zahlreicher Ausnahmeregelungen beruhenden – Komplexität der unterschiedlichen Kapitalanlagen, die Besteuerung der Kapitaleinkünfte im Hinblick auf einen niedrigeren Steuersatz sowie erhöhte Transparenz neu zu gestalten, um auf diese Weise die Standortattraktivität der Bundesrepublik Deutschland zu erhöhen.[5] Das Vereinheitlichen der stpfl. Kapitaleinkünfte, die nunmehr auch in weitergehendem Umfang Veräußerungsgeschäfte iS § 23 aF einbeziehen, sowie die Höhe des nunmehr festgelegten Steuersatzes erweisen sich insoweit als durchaus positiv. Angesichts der Möglichkeit, den Sparer-PB zu nutzen, sowie vor allem des moderaten Steuersatzes, dürfte die Regelung im Grundsatz wie auch in den einzelnen Ausprägungen unter **verfassungsrechtlichen Gesichtspunkten** den zulässigen gesetzgeberischen Typisierungsspielraum nicht überschreiten.[6] Dies gilt angesichts der weitgehenden gesetzgeberischen Typisierungsbefugnis gerade bei den Einkünften aus Kapitalvermögen und angesichts der Komplexität der zu berücksichtigenden Einzelumstände auch hinsichtlich der partiellen Gleichbehandlung von Dividenden und Zinserträgen. Die Vorbelastung mit KSt auf der Gesellschaftsebene steht dem (pauschalierenden) gesonderten Steuertarif nicht entgegen. Angesichts der extremen Gestaltungsvielfalt der bestehenden und zukünftig noch bekannt werdenden Finanzierungswege sowie Finanzinstrumente in Verbindung mit vielfach beachtlichen Vollzugsdefiziten der Steuererhebung erscheint gerade im Bereich der Kapitalvermögen eine gesetzgeberische Pauschalierung in weitreichender Weise zulässig, ohne dass ein durchschlagender Verstoß gegen den Grundsatz der Besteuerung nach der individuellen Leistungsfähigkeit (insbes. im Hinblick auf das „objektive Nettoprinzip") oder den Grundsatz der Folgerichtigkeit zu bejahen ist. Der BFH hat zwischenzeitlich in einer Reihe von Verfahren zentrale Elemente der Abgeltungsteuer verfassungsrechtlich gebilligt.[7] Was die konkrete Ausgestaltung angeht, bestehen in Einzelpunkten allerdings durchaus verfassungsrechtliche Bedenken, die der BFH aufgegriffen hat.[8]

1 BT-Drucks. 16/4841, 57.
2 *Weber-Grellet*, DStR 2013, 1357.
3 BT-Drucks. 16/4841, 60.
4 Ausführlich: *Schäfer/Scholz*, DStR 2012, 1885 (1890 ff.).
5 BFH v. 29.4.2014 – VIII R 23/13, BStBl. II 2014, 884 = GmbHR 2014, 1051; FG Nürnb. v. 7.3.2012 – 3 K 1045/11, EFG 2012, 1054 (1056 ff.); *Brusch*, FR 2007, 999.
6 BFH v. 29.4.2014 – VIII R 23/13, BStBl. II 2014, 884 = GmbHR 2014, 1051 – insbes. zu § 32d Abs. 2 Satz 1.
7 BFH v. 29.4.2014 – VIII R 9/13, BStBl. II 2014, 986: Priviligierung der mit 25 % besteuerten Einkünfte; v. 1.7.2014 – VIII R 53/12, BStBl. II 2014, 975 = FR 2015, 383 = GmbHR 2014, 1275: WK-Abzugsverbot gem. § 20 Abs. 9; v. 28.1. 2015 – VIII R 13/13, BStBl. II 2015, 393: Günstigerprüfung gem. Abs. 6.
8 BFH v. 29.4.2014 – VIII R 9/13, BStBl. II 2014, 986: wegen Art. 6 GG kein Ausschluss des Sondertarifs nur wegen eines Angehörigenverhältnisses zw. Gläubiger und Schuldner der Erträge; v. 14.5.2014 – VIII R 31/11, BStBl. II 2014, 995 = GmbHR 2014, 1054: wegen Art. 6 GG kein Ausschluss des Sondertarifs, nur weil Gläubiger der Kapital-

II. Entwicklung der Vorschrift. Im Zuge der Unternehmensteuerreform 2008 gestaltete der Gesetzgeber bewusst iS eines Gesamtkonzepts[1], das nicht zuletzt umfassende Anpassungen im Bereich der §§ 43 ff. erforderlich machte, auch die – allerdings erst ab 2009 wirksame – Besteuerung v. KapVerm. des PV um. Im Grundsatz erfasst die sog. **Abgeltungsteuer** alle im PV zufließenden Kapitaleinkünfte einheitlich mit einem 25 %-Steuersatz. Diese Regelung des UntStRefG 2008 ist nach der ausdrücklichen Bestimmung in § 52a Abs. 15[2] erstmals für den VZ 2009 anzuwenden. In diesen Fällen bedarf es angesichts der angestrebten Abgeltungswirkung gem. § 43 Abs. 5 S. 1 nicht mehr der individuellen Angabe der betr. Kapitaleinkünfte in einer Steuererklärung. Im Zusammenhang mit dem Übergang zur Abgeltungsteuer bestanden insbes. im Jahr 2008 zahlreiche Handlungsmöglichkeiten, die für die StPfl. und ihre Berater eine beachtliche Herausforderung bildeten.[3] Dies gilt im Hinblick auf das in § 11 Abs. 1 S. 1 geregelte Zuflussprinzip insbes. für den Abgleich, ob ein Zufluss noch im Jahre 2008 (individueller Steuersatz) oder im Jahre 2009 (einheitlicher Steuersatz) sich als günstiger erweist. 3

Noch vor Inkrafttreten der durch die Unternehmensteuerreform 2008 geschaffenen Regelung (Rn. 2) führte ua. vehemente Kritik an teilw. fragwürdigen Gesetzesfolgen[4] zu einer Änderung sowie Ergänzung des § 32d. Im Zuge des **JStG 2008**[5] fasste der Gesetzgeber – neben einer redaktionellen Änderung in Abs. 2 Nr. 1 lit. b – in Abs. 2 Nr. 1 den lit. c neu und fügte nach Nr. 2 eine Nr. 3 an. Durch das **JStG 2009**[6] gestaltete der Gesetzgeber Abs. 5 – ausweislich der Gesetzesmaterialien iS einer redaktionellen Klarstellung – um und fügte in Abs. 6 neben einer redaktionellen Anpassung v. S. 1 einen neuen S. 2 hinzu. Das **JStG 2010** führte zu Änderungen in Abs. 2 Nr. 1 und 4 sowie Abs. 6 S. 1; die Änderungen sind gem § 52a Abs. 15 S. 2 erstmals für den VZ 2011 anzuwenden.[7] Durch das AmtshilfeRLUmsG[8] hat der Gesetzgeber ua. § 3 Nr. 40 lit. d geändert. Diese Änderung hat der Gesetzgeber iRd. Abgeltungsteuer nachvollzogen und § 32d Abs. 2 Nr. 4 entsprechend angepasst. § 32d Abs. 2 Nr. 3 lit. b wurde mit Wirkung für den VZ 2017 rechtsprechungskorrigierend geändert.[9] 4

B. Abgeltungsteuer (Abs. 1, 2)

I. Gesonderter Tarif (Abs. 1). Abs. 1 S. 1 bestimmt – vorbehaltlich der Regelung in Abs. 2 (Rn. 9) – den **einheitlichen Steuersatz v. 25 %** im Grundsatz für alle Einkünfte aus KapVerm. iSd. § 20. Ohne Berücksichtigung der KiSt. beläuft sich die Belastung einschl. SolZ auf 26,375 %. Abw. v. dem im Allg. maßgeblichen linear-progressiven Tarif gilt für die im Einzelnen bezeichneten Einkünfte aus KapVerm. folglich ein einziger Steuersatz. Allerdings ist im Grundsatz – dies umfasst auch die Wahlveranlagung gem. § 32d Abs. 4 (Rn. 18) – bei der Abgeltungsteuer im Hinblick auf § 20 Abs. 9 S. 1 der Abzug der tatsächlichen WK ausgeschlossen. Dies trifft in besonderer Weise die StPfl., die ihre Kapitalanlagen fremdfinanziert haben.[10] 5

Im Hinblick auf § 2 Abs. 5b bleiben die dem besonderen Steuersatz unterliegenden Kapitalerträge für die Berechnung des dem Regeltarif unterliegenden zu versteuernden Einkommens unberücksichtigt. Von dieser Sonderregelung nimmt das G allerdings die unter § 20 Abs. 8 fallenden Einkünfte ausdrücklich aus. Hierbei handelt es sich um Einkünfte aus KapVerm., die im Hinblick auf die Subsidiaritätsregel des § 20 Abs. 8 den Einkünften gem. §§ 13, 15, 18 und 21 zugerechnet werden.[11] Dies gilt dementspr. auch für Veräußerungsgewinne gem. § 17. Weiterhin ist im Regelfall für die fraglichen Einkünfte etwa eine Verlustverrechnung ausgeschlossen, § 20 Abs. 6 S. 2–4. Der Steuerabzug nach dem gesonderten Tarif iSd. Abs. 1 entfaltet zudem gem. §§ 43–45d abgeltende Wirkung, § 43 Abs. 5 S. 1.

In Abs. 1 S. 2 regelt der Gesetzgeber im Sinne einer Klarstellung[12] die **zwingende Anrechnung** der nach Maßgabe v. Abs. 5 (Rn. 19) anrechenbaren ausländ. Steuern. Auf diese Weise vermindert sich die inländ. Besteuerung, die gem. Abs. 1 S. 1 grds. v. einem Steuersatz iHv. 25 % ausgeht. 6

---

erträge ein Angehöriger der zu mehr als 10 % an der KapGes. beteiligten Anteilseigner ist; ausf. *Werth*, DStR 2015, 1343 (1345).

1 BT-Drucks. 16/4841, 33; *Brusch*, FR 2007, 999 (1000).
2 G v. 14.8.2007, BGBl. I 2007, 1912 (1927); ausf.: *Brusch*, FR 2007, 999 (1003); *Paukstadt/Luckner*, DStR 2007, 653 (656 f.).
3 *Worgulla/Söffing*, FR 2007, 1005.
4 BT-Drucks. 16/7036, 19.
5 G v. 20.12.2007, BGBl. I 2007, 3150 (3153).
6 G v. 19.12.2008, BGBl. I 2008, 2794 (2799); BT-Drucks. 16/10189, 53.
7 G v. 8.12.2010, BGBl. I 2010, 1768 (1771 und 1777).
8 G v. 26.6.2013, BGBl. I 2013, 1809 (1816).
9 G v. 20.12.2016, BGBl. I 2016, 3000; s. Rn. 16.
10 *Schäfer/Scholz*, DStR 2012, 1885 (1885 f.).
11 BT-Drucks. 16/4841, 60.
12 BT-Drucks. 16/4841, 60.

7 Indem die Abgeltungsteuer das allg. Veranlagungsverfahren verdrängt, entfällt insoweit der in § 10 vorgesehene Abzug v. KiSt. als SA. Vor diesem Hintergrund enthalten Abs. 1 S. 3–5 in Verbindung mit § 51a Abs 2b bis 2e einzelne pauschale (steuerentlastende) Regelungen zur KiSt. iRd. gesonderten (einheitlichen) Steuertarifs. Soweit der betr. StPfl. der **KiStPfl.** unterliegt, bestimmt Abs. 1 S. 3 eine entspr. Kürzung bereits bei der gesonderten Steuerfestsetzung. In diesem Fall ermäßigt sich nämlich die Abgeltungsteuer nach Abs. 1 S. 1 und 2 um 25 % der auf die Kapitalerträge entfallenden KiSt. Auf diese Weise will der Gesetzgeber – in Anlehnung an § 43a Abs. 1 S. 2 nF – die gezahlte KiSt. auf Kapitalerträge, die grds. gem. § 10 Abs. 1 Nr. 4 als SA abziehbar ist, bereits iRd. gesonderten Steuerfestsetzung des § 32d pauschal berücksichtigen.[1] Hiernach bewirkt Abs. 1 S. 3 bereits unmittelbar iRd. pauschalierten ESt-Berechnung die dem SA-Abzug im Ergebnis vergleichbare Steuerentlastung der KiSt. Zugleich bewirkt dieser dargestellte (steuerentlastende) Abzug einen Selbstminderungseffekt bei der KiSt., nachdem die ESt die Bemessungsgrundlage für die KiSt. bildet. Mindert die gezahlte KiSt. also diese Bemessungsgrundlage, verringert sie zugleich im Ergebnis auch die geschuldete KiSt. Im Hinblick auf diesen Zusammenhang bildet die mathematische Formel der S. 4 und 5 (Rn. 8) für alle Fälle der Kapitaleinkünfte die Berechnungsgrundlage für die Ermittlung der ESt. Für den Fall, dass der Zeitraum der ESt-Pflicht und der KiSt-Pflicht nicht übereinstimmen, ist eine Zwölftelung der KiSt erforderlich.[2] Soweit der StPfl. dem Schuldner (im Regelfall also der beteiligten Bank) der betreffenden Kapitalerträge Angaben zu seiner Konfession gemacht und – so die Gesetzeslage bis VZ 2013 – einen entsprechenden Antrag gestellt hat, hat der Schuldner auch die KiSt. zu berechnen und abzuführen. Hat der StPfl. dagegen etwa seine Bank nicht entsprechend informiert, ist gemäß § 51a Abs. 2d eine Veranlagung erforderlich. Ab dem VZ 2014 ist dagegen der Schuldner der Kapitalertragsteuer im Regelfall verpflichtet, stets auch die KiSt. abzuführen.[3]

8 Abs. 1 S. 4 enthält eine diesbezügliche **Berechnungsformel**, deren Einzelangaben dem S. 5 zu entnehmen sind. Die Materialien[4] enthalten hierzu folgendes Beispiel: Für einen StPfl., der Kapitaleinkünfte iHv. 4000 Euro erzielt und für den sich die ausländ. Quellensteuer auf 600 Euro beläuft, möge ein KiSt.-Satz v. 8 % gelten. In diesem Fall betragen die ESt (4000 Euro ./. 4 × 600) : (4 + 8 %) = 392,16 Euro und demgemäß die KiSt. 392,16 Euro × 8 % = 31,37 Euro.

9 **II. Ausschluss des gesonderten Tarifs (Abs. 2).** Abs. 2 schließt für die im Einzelnen bezeichneten Kapitalerträge das Erheben der Abgeltungsteuer iSd. Abs. 1 aus. Der Gesetzgeber will mit dieser Regelung insbes. **missbräuchliche Gestaltungen verhindern**, durch die StPfl. das mit der Einführung der Abgeltungsteuer gegenüber der Normalbesteuerung entstehende Steuersatzgefälle ausnutzen könnten.[5] In diesen Fällen muss – ggf. nach entspr. Option (Rn. 15) – der StPfl. folglich die betr. Einkünfte, die dem linear-progressiven Steuertarif unterliegen sollen, in seiner Steuererklärung angeben. Richtet sich die Besteuerung nach dem allg. Tarif, kann der StPfl. auch – abw. v. § 20 Abs. 9 S. 1 – die tatsächlichen WK, aber nicht den Sparer-Pauschbetrag berücksichtigen.[6]

10 Gem. **Abs. 2 Nr. 1** gilt der gesonderte Steuertarif iSd. Abs. 1 – sofern die Voraussetzungen (Rn. 11–13) v. S. 1 lit. a, b oder c erfüllt sind – nicht für die Kapitalerträge iSd. § 20 Abs. 1 Nr. 4 und 7 sowie Abs. 2 S. 1 Nr. 4 und 7. Betroffen sind folglich vorrangig Kapitaleinkünfte im Zusammenhang mit Darlehensvereinbarungen sowie mit Beteiligungen als stiller G'ter. Nach Auffassung des Gesetzgebers besteht bei diesen Fallgestaltungen grds. die Gefahr, dass StPfl. die Steuersatzspreizung zw. ihrem individuellen (Spitzen-) Steuersatz und dem pauschalen Steuersatz iHv. 25 % ausnutzen, ohne der gesetzlichen Intention des abgeltenden Steuersatzes zu entsprechen.[7] Zugleich bestimmt § 32d Abs. 2 Nr. 1 S. 2, dass in diesen Fällen § 20 Abs. 6 und 9 keine Anwendung finden. Durch diese Regelungen will der Gesetzgeber Gestaltungen verhindern, bei denen StPfl. im Hinblick auf die Steuersatzspreizung betriebliche Gewinne – etwa mit Hilfe v. Darlehensgestaltungen – absaugen und so ungerechtfertigt die individuelle Steuerbelastung auf den Abgeltungsteuersatz iSd. Abs. 1 mindern.[8] Die stl. Vorgaben sollen die Finanzierungsentscheidungen der Unternehmen also nicht beeinflussen. Neben dem Ziel der Finanzierungsneutralität soll Abs. 2 aber auch verhindern helfen, dass StPfl. das EK auf die privilegiert besteuerte private Anlageebene verlagern und durch Fremdkapital ersetzen.

---

1 BT-Drucks. 16/4841, 60.
2 BMF v. 18.1.2016, BStBl. I 2016, 85 Rz. 133 mit Bsp.
3 Wegen der weiteren Einzelheiten zum Abführen der KiSt durch den KiSt-Abzugsverpflichteten: § 51a Abs. 2b bis 2e sowie § 52a Abs. 18 S. 2 idF des G v. 7.12.2011, BGBl. I 2011, 2592 (2609 ff.), vgl. *Schäfer/Scholz*, DStR 2012, 1885 (1889 f.).
4 BT-Drucks. 16/4841, 60.
5 FG Nds. v. 18.6.2012 – 15 K 417/10, juris, unter Hinweis auf BT-Drucks. 16/4841, 60.
6 BFH v. 30.11.2016 – VIII R 11/14, BStBl. II 2017, 443 Rz. 24.
7 BT-Drucks. 16/4841, 60.
8 BT-Drucks. 16/4841, 60.

Abs. 2 Nr. 1 S. 1 lit. a[1] erfasst im Rahmen einer Fremdkapitalgewährung die genannten Kapitalerträge (Rn. 10) und unterwirft die Erträge sowie Veräußerungsgewinne dem progressiven Steuertarif für den Fall, dass es sich bei Gläubiger und Schuldner um **einander nahestehende** (natürliche) **Pers.** handelt. Nach den Materialien[2] soll diese Voraussetzung erfüllt sein, wenn die betr. Pers. auf den StPfl. einen beherrschenden Einfluss ausüben kann oder umgekehrt dies für den StPfl. im Verhältnis zu der genannten Pers. gilt.[3] Dies betrifft etwa Ehegatten oder Eltern-Kind-Beziehungen. Gleiches soll gelten, wenn eine dritte Pers. auf die beiden Vorgenannten einen beherrschenden Einfluss ausüben kann, einer der Beteiligten (a) bei der Vereinbarung der Bedingungen der Geschäftsbeziehungen einen außerhalb dieser Geschäftsbeziehung begründeten Einfluss ausübt oder (b) ein eigenes wirtschaftliches Interesse an der Einkünfteerzielung des anderen hegt. Wie schon iRd. § 8 Abs. 3 S. 2 KStG birgt der Begriff der „einander nahe stehenden Pers." eine Fülle v. Abgrenzungsschwierigkeiten sowie entspr. Nachweisprobleme.[4] Allerdings bestehen insoweit keine unüberwindlichen Auslegungsprobleme.[5] Dieses Näheverhältnis soll sich nach Auffassung des BFH im Hinblick auf den mit § 32d Abs. 2 verfolgten Gesetzeszweck, missbräuchlichen Gestaltungen zum Erreichen der Abgeltungswirkung entgegenzuwirken, auch nicht etwa nach § 15 AO oder nach den vergleichbaren Kriterien iZm. vGA gem. § 8 Abs. 3 S. 2 KStG richten.[6] Maßgebliche Bedeutung gewinnt insoweit das angesprochene Beherrschungsverhältnis.[7] Hiernach muss der beherrschten Person aufgrund eines absoluten Abhängigkeitsverhältnisses im Wesentlichen kein eigener Entscheidungsspielraum verbleiben.[8] Dies gilt entgegen der Einschätzung der FinVerw. nach Auffassung des BFH auch für die Beziehungen zw. Eheleuten untereinander und zw. Eltern und Kindern. Zutr. leitet der BFH diese einschränkende Auslegung des § 32d Abs. 2 S. 1 lit. a aus den verfassungsrechtl. Vorgaben des Art. 6 Abs. 1 und Art. 3 Abs. 1 GG ab.[9] Dagegen reicht ein allein aus der Familienangehörigkeit oder Ehe abgeleitetes persönliches Interesse nicht aus, um ein Näheverhältnis gem. § 32d Abs. 2 S. 1 lit. a zu begründen.[10] Seit dem VZ 2010 (Rn. 4) muss allerdings bei den nahestehenden Personen zusätzlich ein Abzug von BA oder WK in Betracht kommen, um den gesonderten Steuertarif iSd. § 32d Abs. 1 auszuschließen. Auf diese Weise ist § 32d Abs. 2 Nr. 1 S. 1 lit. a beschränkt auf die Fälle, in denen eine Steuersatzspreizung (Abzug der WK/BA mit Wirkung des individuellen Steuersatzes, dagegen Besteuerung der Zinseinnahmen mit dem Abgeltungsteuersatz) gestaltet werden könnte.[11] 11

Die Abgeltungsteuer gilt weiterhin nicht bei den betr. Kapitalerträgen (Rn. 10), sofern eine **wesentliche Beteiligung iSd. Abs. 2 Nr. 1 S. 1 lit. b** vorliegt. Hiervon geht das G aus, wenn der Anteilseigner zu mindestens 10 % an der betr. KapGes. oder Genossenschaft beteiligt ist. Gegen diese Beteiligungsgrenze bestehen jedenfalls keine verfassungsrechtl. Bedenken.[12] Im Wege der Fiktion erstreckt der Gesetzgeber diese Bestimmung auf den Fall, dass der Gläubiger der Kapitalerträge eine dem Anteilseigner nahestehende Pers. ist, Abs. 2 Nr. 1 S. 1 lit. b S. 2. Angesichts des Wortlauts und des systematischen Zusammenhangs[13] gilt für das Merkmal der nahestehenden Pers. das bereits zu Abs. 2 Nr. 1 S. 1 lit. a Gesagte (Rn. 11).[14] Nach früherer Auffassung der FinVerw.[15] waren für die Ermittlung der Beteiligungsgrenze die unmittelbaren und die lediglich mittelbaren Beteiligungen gleichermaßen zu berücksichtigen. Dem ist der BFH mit Blick auf den Gesetzeswortlaut und den systematischen Zusammenhang (ausdrückliche Erwähnung unmittelbarer und 12

1 Zur Verfassungskonformität von § 32d Abs. 2 Nr. 1 S. 1 lit. a vgl. FG Nds. v. 18.6.2012 – 15 K 417/10, EFG 2012, 2009 (2012 ff.).
2 BT-Drucks. 16/4841, 61.
3 Ausf. BMF v. 18.1.2016, BStBl. I 2016, 85 Rz. 136.
4 Einzelheiten bei BMF v. 18.1.2016, BStBl. I 2016, 85 Rz. 136.
5 BFH v. 29.4.2014 – VIII R 44/13, BStBl. II 2014, 992.
6 BFH v. 14.5.2014 – VIII R 31/11, BStBl. II 2014, 995 = GmbHR 2014, 1054.
7 BFH v. 29.4.2014 – VIII R 44/13, BStBl. II 2014, 992; v. 28.1.2015 – VIII R 8/14, BStBl. II 2015, 397 = FR 2015, 810: Beherrschung kraft absoluter finanzieller Abhängigkeit eines Ehegatten (Verfassungsbeschwerde nicht zur Entsch. angenommen, 2 BvR 623/15).
8 BFH v. 29.4.2014 – VIII R 9/13, BStBl. II 2014, 986.
9 BFH v. 29.4.2014 – VIII R 9/13, BStBl. II 2014, 986.
10 BFH v. 29.4.2014 – VIII R 35/13, BStBl. II 2014, 990.
11 BR-Drucks. 318/1/10, 46.
12 BFH v. 29.4.2014 – VIII R 23/13, BStBl. II 2014, 884 = GmbHR 2014, 1051 (Verfassungsbeschwerde nicht zur Entsch. angenommen, 2 BvR 2325/14).
13 BFH v. 14.5.2014 – VIII R 31/11, BStBl. II 2014, 995 = GmbHR 2014, 1054).
14 BFH v. 20.10.2016 – VIII R 27/15, BStBl. II 2017, 441 Rz. 21 = FR 2017, 690 m. Anm. *Weiss*: Ausschluss des Abgeltungssteuersatzes wegen Näheverhältnisses zur Schuldner-KapGes., wenn der Darlehensgläubiger als G'ter der zu mindestens 10 % beteiligten Anteilseigner-KapGes. diese beherrscht.
15 BMF v. 18.1.2016, BStBl. I 2016, 85 Rz. 137.

mittelbarer Beteiligungen in Abs. 2 Nr. 3) entgegengetreten.[1] Sofern die Beteiligung unter 10 % liegt, ist bei einer Beteiligung an den genannten KapGes. oder Genossenschaften die Anwendung des Abs. 2 Nr. 1 S. 1 lit. a gleichwohl ausgeschlossen.[2] Nach dem Zweck der Regelung setzt der Ausschluss des gesonderten Tarifs nicht voraus, dass die zivilrechtl. geschuldeten Kapitalerträge von der KapGes. tatsächlich auch entrichtet werden.[3]

13 Die iRd. JStG 2008 (Rn. 4) überarbeitete Regelung in **Abs. 2 Nr. 1 S. 1 lit. c** betrifft die sog. Back-to-back-Finanzierungen im Rahmen wechselseitiger Kapitalüberlassungen. Bei diesen näher bezeichneten Fallgestaltungen will der Gesetzgeber die Anwendung der Abgeltungsteuer iHv. (lediglich) 25 % verhindern und die betr. Kapitalerträge dem linear-progressiven Steuersatz unterwerfen. Nach der ursprünglich vorgesehenen Regelung (Rn. 3) wollte der Gesetzgeber all die Fälle erfassen, in denen ein G'ter oder eine ihm nahestehende Pers. bei einer Bank eine Einlage unterhält und diese Bank in gleicher Höhe einen Kredit an die Ges. vergibt. Unter den näher geregelten Voraussetzungen sollten die Einkünfte aus der Einlage nicht gem. Abs. 1 besteuert werden, sondern dem progressiven Steuersatz unterliegen.[4] Dieses generelle Erfassen der wechselseitigen Kapitalüberlassungen hätte allerdings im Einzelfall zu Unrecht das im Inland verbreitete „Hausbankprinzip" bedroht. Zudem bestand für StPfl. unschwer die Möglichkeit, durch Einschalten mehrerer (miteinander verbundener) Kreditinstitute (sog. Doppelbankenfälle) die gesetzliche Regelung zu umgehen.[5] Vor diesem Hintergrund soll die inkriminierte Back-to-back-Finanzierung nunmehr nur noch vorliegen, wenn eine betr. Kapitalanlage mit einer Kapitalüberlassung an einen Betrieb des StPfl. **im Zusammenhang steht**. Gleichermaßen ist die in Abs. 1 geregelte Abgeltungsteuer gem. Abs. 2 Nr. 1 S. 1 lit. c S. 2 ausgeschlossen, wenn insbes. Kreditinstitute Kapital an Dritte iSd. lit. aa) bis cc) vergeben und wiederum ein betr. Zusammenhang besteht. Dieser Zusammenhang ist vor allem bei einem einheitlichen Plan für die wechselseitige Kapitalüberlassung zu bejahen, Abs. 2 Nr. 1 S. 1 lit. c S. 3 und 4.[6] Ein einheitlicher Plan soll nach der Vorstellung des Gesetzgebers insbes. bei den in S. 4 genannten objektiven Kriterien des engen zeitlichen Zusammenhangs oder dem Verknüpfen der Zinsvereinbarungen vorliegen. Dagegen entfällt gem. Abs. 2 Nr. 1 S. 1 lit. c S. 5 ein derartiger Zusammenhang bei marktüblicher Gestaltung oder fehlendem Belastungsvorteil. Als marktunüblich dürften in diesem Zusammenhang insbes. die Fälle anzusehen sein, in denen bei den genannten Kreditgeschäften lediglich eine geringe Spreizung zw. dem Guthaben- und dem Darlehenszins vereinbart ist. Abs. 2 Nr. 1 S. 1 lit. c S. 6 erstreckt die S. 1–5 ausdrücklich auch auf Kreditgestaltungen im Bereich der Überschusseinkunftsarten.[7]

14 Der gesonderte Steuertarif iSd. Abs. 1 gilt weiterhin nicht für Kapitalerträge gem. § 20 Abs. 1 Nr. 6 S. 2, **§ 32d Abs. 2 Nr. 2**. Hierbei handelt es sich um näher bezeichnete stpfl. Versicherungsleistungen insbes. im Rahmen v. nach dem 31.12.2004 abgeschlossenen Lebensversicherungsverträgen, für die sich die Steuerbelastung im Grundsatz nach den allg. Tarifbestimmungen richtet.

15 Die durch das JStG 2008 (Rn. 4) ins G aufgenommene Regelung in **Abs. 2 Nr. 3** betrifft im Einzelnen bezeichnete Kapitalerträge aus Beteiligungen an bestimmten KapGes. In diesen Fällen einer unternehmerähnlichen Beteiligung kann ein StPfl. durch einen entspr. Antrag erreichen, dass diese Dividenden dem linear-progressiven Tarif im Teileinkünfteverfahren (§ 3 Nr. 40) unterliegen. Zugleich besteht die Möglichkeit, anders als bei der Abgeltungsteuer nach Abs. 1 die betr. WK geltend zu machen. Der Gesetzgeber hatte hierbei – im Unterschied zu einer allein privaten Vermögensverwaltung – etwa den umfangreichen Beteiligungserwerb im Rahmen eines „management buy out" im Auge oder den (fremdfinanzierten) Erwerb des Anteils an einer Berufsträger-KapGes.[8] Die Option gewinnt hiernach vor allem für StPfl. Bedeutung, deren tarifliche ESt nicht mehr als rund 41 % beträgt und die den Abzug hoher WK anstreben. Sie setzt allerdings voraus, dass noch Kapitalerträge aus einer Beteiligung fließen, und greift folglich nicht ein, wenn bereits zuvor ein Verlust aus der Auflösung der KapGes. realisiert wurde.[9]

16 **Abs. 2 Nr. 3 S. 1** konkretisiert die Beteiligung, für die das Optionsrecht (Rn. 15) nur in Betracht kommt, hinsichtlich der (un-)mittelbaren Beteiligungserfordernisse. Lit. a löst das Wahlrecht bei einer unmittel-

1 BFH v. 20.10.2016 – VIII R 27/15, BStBl. II 2017, 441 Rz. 16 = FR 2017, 690 m. Anm. *Weiss*; **glA** *Blümich*, § 32d Rn. 76. Mit Veröffentlichung der BFH-Entsch. im BStBl. II ist die Auffassung des BFH nunmehr auch von der FinVerw. zu beachten.
2 Ebenso BMF v. 18.1.2016, BStBl. I 2016, 85 Rz. 134f.
3 BFH v. 24.10.2017 – VIII R 19/16, DStR 2018, 2330.
4 BT-Drucks. 16/4841, 61; BT-Drucks. 16/7037, 18.
5 BT-Drucks. 16/7036, 13.
6 BT-Drucks. 16/7036, 13f.
7 BT-Drucks. 16/7036, 13.
8 BT-Drucks. 16/7036, 14.
9 BFH v. 21.10.2014 – VIII R 48/12, BStBl. II 2015, 270 = FR 2015, 561 m. Anm. *Gebhardt*.

baren oder auch mittelbaren Beteiligung von mindestens 25 % aus, weil damit nach der Vorstellung des Gesetzgebers typischerweise ein wesentlicher Einfluss vom G'ter ausgeübt werden kann.[1] Die in lit. b genannte „berufliche Tätigkeit“ umfasst den Einsatz etwa als Geschäftsführer, aber auch als sonstiger ArbN.[2] Nach dem bis 2016 geltenden Gesetzeswortlaut genügte jede berufliche Tätigkeit, die ein StPfl. in Voll- oder Teilzeit ausübt. Es war daher nach Auffassung des BFH nicht erforderlich, dass er auf die Geschäftsführung der KapGes. einen maßgeblichen Einfluss ausüben kann.[3] Der Gesetzgeber hat auf diese Rspr. reagiert und das Erfordernis des maßgeblichen unternehmerischen Einflusses ausdrücklich im G verankert (s. Rn. 4). Ein solcher „maßgeblicher Einfluss“ dürfte jedenfalls bei einer Tätigkeit in leitender Position innerhalb der KapGes., zB als Prokurist, zu bejahen sein.[4] Die Frage, ob die berufliche Tätigkeit unmittelbar für diejenige KapGes., an der die Beteiligung besteht, ausgeübt werden muss, hat der BFH für die frühere Rechtslage verneint.[5] Da es nach der Änderung des G darauf ankommt, dass der G'ter durch seine berufliche Tätigkeit maßgeblichen Einfluss auf „deren“ wirtschaftliche Tätigkeit nehmen kann, dürfte nunmehr stets ein unmittelbares Tätigwerden zu verlangen sein.[6] Die Anforderungen an die Beteiligung müssen in dem VZ, in dem der StPfl. erstmals optiert, erfüllt sein.[7] **S. 2** schließt in diesem Zusammenhang ausdrücklich die Anwendung v. § 3 Nr. 40 S. 2 und § 20 Abs. 6 und 9 aus; hiernach kann ein StPfl. seine WK insbes. für die Fremdfinanzierung auch über den Sparer-PB hinaus geltend machen.[8] Der Antrag bezieht sich gem. **S. 3** auf das Jahr, für das der StPfl. erstmals optiert, sowie stets auf die (sämtlichen) Anteile der jeweiligen Beteiligung. Mithin kann der StPfl. seine Kapitalerträge aus einer Beteiligung iSd. S. 1 nicht in der Weise aufteilen, dass er lediglich für einen Teil zum linear-progressiven Steuersatz optiert.[9] Im Falle einer Option bestimmt **S. 4**, dass der StPfl. den Antrag spätestens zusammen mit der ESt-Erklärung für den jeweiligen VZ zu stellen hat.[10] Bei dieser gesetzlich festgeschriebenen Frist handelt es sich um eine Handlungsfrist, für die bei verspäteter Antragstellung nicht die in §§ 171 ff. AO geregelten Änderungsvorschriften gelten, sondern nur eine Wiedereinsetzung in den vorigen Stand gem. § 110 AO in Betracht kommt. Dies gilt vor allem bei einem nicht fachkundig beratenen StPfl. Bei Einschaltung eines Steuerberaters dürfte sie in aller Regel ausscheiden, weil dessen Unkenntnis über Fristen einen dem Mandanten zuzurechnenden Schuldvorwurf begründet.[11] Ohne Widerruf gilt der Antrag allerdings für die kommenden vier VZ, in denen aus Vereinfachungsgründen die Voraussetzungen des S. 1 nicht erneut zu prüfen sind. Erst nach Ablauf dieser fünf Jahre muss der StPfl. erneut einen Antrag stellen und die betr. Beteiligung darlegen sowie ggf. nachweisen.[12] Einzelheiten der Widerrufserklärung regelt **S. 5**. Schließlich verhindert **S. 6**, dass der StPfl. nach einem Widerruf erneut für die betr. Beteiligung optiert. Hiernach steht es aber dem StPfl. frei, nach vollständiger Veräußerung seiner ursprünglichren Beteiligung und nachfolgendem Erwerb einer weiteren Beteiligung iSd. S. 1 erneut insoweit zum linear- progressiven Tarif zu optieren.[13]

Die durch das JStG 2010 (Rn. 4) aufgenommene Nr. 4 schließt den gesonderten Steuertarif gemäß Abs. 1 für bestimmte vGA iSd. § 20 Abs. 1 Nr. 1 S. 2 sowie für Einnahmen iSd. § 20 Abs. 1 Nr. 9 S. 1 aus. Die Neuregelung sichert im Bereich der Abgeltungsteuer die materielle Korrespondenz zwischen der Besteuerung iRd. § 20 Abs. 1 sowie der steuerlichen Behandlung bei der leistenden Körperschaft.[14] Insbesondere unterliegen also im Privatbereich zugeflossene vGA dem gesonderten Steuertarif nur, soweit sie das Einkommen der leistenden Körperschaft nicht gemindert haben.[15] Nur im Falle einer Minderung kommt die individuelle Einkommensteuer in Betracht. Eine Ausnahme gilt lediglich für nahestehende Personen, vgl. Abs. 2 Nr. 4 aE. 16a

1 BT-Drucks. 16/7036, 14.
2 Ausführlich: BMF v. 18.1.2016, BStBl. I 2016, 85 Rz. 138 mit weiteren Einzelheiten zu Abs. 2 Nr. 3 (Rz. 139 bis 143).
3 BFH v. 25.8.2015 – VIII R 3/14, BStBl. II 2015, 892 = FR 2016, 781; v. 27.3.2018 – VIII R 1/15, GmbHR 2018, 867 Rz 23.
4 Vgl. *Mannefeld*, GmbH-StB 2017, 154 mit weiteren Bsp.
5 BFH v. 27.3.2018 – VIII R 1/15, GmbHR 2018, 867: Danach können auch Tätigkeiten genügen, die auf Ebene einer Tochterges. entfaltet werden, wenn diese Tätigkeit aufgrund besonderer Umstände in einem engen Zusammenhang zur Beteiligung an der Mutterges. steht.
6 GlA wohl *Weiss*, EStB 2018, 279.
7 FG Hbg. v. 28.10.2015 – 3 K 124/15, juris (rkr.).
8 BT-Drucks. 16/7037, 20.
9 BT-Drucks. 16/7037, 21.
10 BFH v. 28.7.2015 – VIII R 50/14, BStBl. II 2015, 894 = FR 2016, 180: Befristung des Wahlrechts verfassungsgemäß; zweifelh. FG München v. 15.6.2016 – 9 K 190/16, juris (Rev. VIII R 20/16), wonach eine teleologische Reduktion der Fristregelung bei nachträglicher Bewertung von Einnahmen als vGA geboten sein soll.
11 BFH v. 28.7.2015 – VIII R 50/14, BStBl. II 2015, 894 = FR 2016, 180; v. 29.8.2017 – VIII R 33/15, BStBl. II 2018, 69 Rz. 27; *Weiss*, AO-StB 2018, 5.
12 BT-Drucks. 16/7037, 20.
13 BT-Drucks. 16/7037, 20 f.
14 BT-Drucks. 17/2249, 86.
15 BT-Drucks. 17/13033, 127.

C. Pflichtveranlagung (Abs. 3)

17 Sofern für stpfl. Kapitalerträge keine KapESt einbehalten worden ist, muss der StPfl. diese Erträge in seiner Steuererklärung angeben (verpflichtendes Veranlagungsverfahren). Der Gesetzgeber ging hierbei etwa v. Veräußerungsgewinnen im Hinblick auf GmbH-Anteile oder v. ausländ. Zinseinkünften aus.[1] Gleiches gilt für die Erträge aus einer v. Privatleuten getroffenen Darlehensvereinbarung. Nachdem das Erfassen dieser Einkünfte nicht gesichert erscheint, richtet sich die Veranlagung nach §§ 25 ff. Dabei sieht Abs. 3 S. 2 jedoch ausdrücklich vor, dass sich die Steuer auch für diese Kapitalerträge nach dem gesonderten Steuersatz iHv. 25 % richtet. Um diesen Betrag erhöht sich also nach **§ 2 Abs. 6 S. 1** trotz Einbeziehung in die ESt-Veranlagung für die betreffenden Kapitalerträge die tarifliche ESt zur Ermittlung der festzusetzenden Steuer.

D. Wahlveranlagung (Abs. 4)

18 Auch wenn die betr. Kapitalerträge der KapESt unterlegen haben, kann der StPfl. im Einzelfall die Veranlagung wählen, Abs. 4 (sog. „Kleine Veranlagungsoption").[2] Auf diese Weise ermöglicht der Gesetzgeber dem StPfl., Tatbestände iRd. Veranlagung geltend zu machen, die im Abgeltungsverfahren unberücksichtigt geblieben sind.[3] Auch in diesen Optionsfällen des § 32d Abs. 4 kommt – entsprechend der Regelung in § 32d Abs. 3 S. 2 – (nur) der **einheitliche Steuersatz von 25 %** zur Anwendung. Das Wahlrecht besteht nicht nur in den ausdrücklich („insbesondere") genannten Fällen; diese betreffen etwa das Nutzen eines nicht (vollständig) ausgeschöpften Sparer-PB, § 44a Abs. 1 und 2. Nach den Materialien[4] soll etwa ein StPfl. bei Dividendenausschüttungen den steuermindernden Effekt v. zunächst nicht berücksichtigten KiSt.-Zahlungen nachholen können. Dabei ließ sich der Gesetzgeber v. der Vorstellung leiten, dass in einer Reihe v. Fällen – zumeist geringerer wirtschaftlicher Bedeutung – es möglich sein soll, bislang für den StPfl. günstige Einzelumstände doch noch zu berücksichtigen und die gem. § 36 Abs. 2 Nr. 2 anzurechnende KapESt im Einzelfall (teilw.) auch wieder zu erstatten.[5] Die Wahlveranlagung nach Abs. 4 eröffnet im Hinblick auf § 20 Abs. 9 dagegen nicht die Möglichkeit, die tatsächlichen WK geltend zu machen.[6]

E. Anrechnung ausländischer Steuer (Abs. 5)

19 Als spezielle Regelung im Verhältnis zu § 34c Abs. 1 S. 1 – nunmehr aber seit dem VZ 2009 im Wege einer eigenständigen Formulierung – bestimmt **§ 32d Abs. 5 S. 1** in der durch das JStG 2009 geänderten Fassung (Rn. 4), auf welche Weise die **ausländ. Steuer** in den näher bezeichneten Fällen, insbes. bei der Antragsveranlagung, auf die deutsche Steuer **angerechnet** wird.[7] Nach wie vor gilt gem. Abs. 5 S. 1 für die in einem Nicht-DBA-Land erhobene ausländ. Quellensteuer, dass die jeweilige ausländ. Steuer im Grundsatz bei jedem ausländ. Kapitalertrag anzurechnen ist (Rn. 6). Der Gesetzgeber führte diese Bestimmung ein, damit bereits das depotführende Kreditinstitut gem. § 43a Abs. 3 die anfallende ausländ. Quellensteuer anrechnen kann.[8] Die Anrechnung setzt allerdings voraus, dass sämtliche Tatbestandsmerkmale des Abs. 5 S. 1 erfüllt sind.[9] Für die Auslegung der einzelnen Tatbestandsmerkmale kann angesichts der vergleichbaren Regelungsinhalte auf die Erkenntnisse im Zusammenhang mit §§ 34c und 34d zurückgegriffen werden. Ausweislich des Gesetzeswortlauts kommt allerdings die sog. per country limitation iRd. Abgeltungsteuer nicht zur Anwendung.[10] Vielmehr findet eine Zusammenrechnung für die im G vorgesehene Begrenzung statt. Für **DBA-Fälle** bestimmt hingegen **Abs. 5 S. 2** ausdrücklich die sinngemäße Anwendung v. S. 1. Die in S. 2 im Hinblick auf S. 1 vorgesehene Anrechnung betrifft die tatsächlich gezahlte wie auch die lediglich als gezahlt geltende (mithin fiktive) ausländ. Steuer. In derartigen Anrechnungsfällen regelt also maßgeblich das DBA, ob der StPfl. anrechnungsbefugt ist, was ausländ. Einkünfte sind und welche ausländ. Steuer anrechenbar ist.[11] **Abs. 5** S. 3 in der ab 2009 geltenden Fassung (Rn. 4) bestimmt schließlich iS einer gesetzlichen **Klarstellung des Anrechnungshöchstbetrages**, dass durch das Anrechnen der ausländ. Steuer die deutsche Steuer zwar bis auf 0 Euro reduziert werden kann, eine Erstattung demgegenüber aber entfällt.[12]

---

1 BT-Drucks. 16/4841, 61.
2 Ausf. BMF v. 18.1.2016, BStBl. I 2016, 85 Rz. 145.
3 BFH v. 9.5.2017 – VIII R 54/14, BFH/NV 2017, 1245 Rz. 23.
4 BT-Drucks. 16/4841, 61.
5 BT-Drucks. 16/4841, 62; ausf.: *Paukstadt/Luckner*, DStR 2007, 653 (656).
6 *Brusch*, FR 2007, 999 (1003).
7 BT-Drucks. 16/10189, 53; vgl. auch BMF v. 22.12.2009, BStBl. I 2010, 94 (114) Tz. 148.
8 BT-Drucks. 16/4841, 62.
9 BT-Drucks. 16/4841, 62.
10 BT-Drucks. 16/10189, 53.
11 BT-Drucks. 16/4841, 62.
12 BT-Drucks. 16/10189, 53.

F. Günstigerprüfung (Abs. 6)

Abs. 6 S. 1[1] (Rn. 4) räumt den StPfl. die (weitere) Möglichkeit ein, auf das Abgeltungsverfahren gem. Abs. 1, 3 und 4 zu verzichten und für die betr. Kapitaleinkünfte die günstigere Besteuerung nach dem **linear-progressiven Steuersatz** zu wählen (sog. „Große Veranlagungsoption").[2] Die durch das JStG 2010 (Rn. 4) neu gefasste Regelung in § 32d Abs. 6 S. 1 bestimmt, dass für die Günstigerprüfung nicht nur auf die festgesetze Einkommensteuer, sondern auf die gesamte Steuerbelastung einschließlich Zuschlagsteuern (zB Solidaritätszuschlag) abzustellen ist.[3] Die gesetzgeberische Klarstellung entspricht dem mit der Abgeltungsteuer angestrebten Vereinfachungseffekt. StPfl., deren persönlicher Steuersatz unter dem Abgeltungsteuersatz gem. Abs. 1 liegt, können auf diese Weise erreichen, dass ihre Einkünfte iSd. § 20[4] lediglich mit dem niedrigeren individuellen Steuersatz belastet werden.[5] Allerdings bleibt auch im Falle dieser Option der Ansatz der tatsächlich entstandenen WK ausgeschlossen, § 20 Abs. 9 S. 1.[6] 20

Die **optionale Günstigerprüfung** setzt gem. Abs. 6 S. 1 einen entspr. Antrag des StPfl. (Rn. 24) iRd. Veranlagungsverfahrens voraus. Bei dem Antrag handelt es sich um ein unbefristetes Wahlrecht, das bis zum Eintritt der Festsetzungsverjährung ausgeübt werden kann. Allerdings kann der Antrag nach Unanfechtbarkeit des Einkommensteuerbescheids nur dann zu einer geänderten Festsetzung führen, wenn die Voraussetzungen einer Änderungsvorschrift erfüllt sind.[7] Sofern das FA im Zuge der Steuerfestsetzung feststellt, dass der persönliche Steuersatz des StPfl. tatsächlich (zB trotz Grundfrei- und Altersentlastungsbetrag) über dem Abgeltungsteuersatz liegt, gilt der Antrag als nicht gestellt.[8] 21

Der durch das JStG 2009[9] (Rn. 4) eingefügte S. 2 bestimmt, dass die in Abs. 5 vorgesehene Anrechnungsmethode auch bei der in Abs. 6 S. 1 geregelten Günstigerprüfung Anwendung findet. **Abs. 6 S. 2** führt zu einer erheblichen Vereinfachung.[10] Ausweislich der Gesetzesmaterialien werden die ausländ. Steuern aber nur in begrenztem Umfang auf die deutsche Steuer angerechnet. 22

Nach **Abs. 6 S. 3** (= S. 2 aF, vgl. Rn. 4) darf ein StPfl., der nicht die Zusammenveranlagung gewählt hat (Rn. 24), den Antrag nach Abs. 6 S. 1 für den jeweiligen VZ nur einheitlich für sämtliche Kapitalerträge stellen. Der Gesetzgeber wollte verhindern, dass Bezieher hoher Kapitaleinkünfte, die allenfalls geringe anderweitige Einkünfte beziehen, lediglich einen Teil ihrer Kapitaleinkünfte bei ihrer allg. ESt-Berechnung berücksichtigen und auf diese Weise die betr. Kapitaleinkünfte – entgegen der gesetzlichen Intention des Abs. 6 – iErg. nur mit einem unter dem Abgeltungsteuersatz liegenden Steuersatz belastet werden.[11] 23

Abs. 6 S. 4 (= S. 3 aF, vgl. Rn. 4) bestimmt ausdrücklich, dass **zusammenveranlagte Ehegatten** den Antrag nach Abs. 6 S. 1 nur einheitlich für sämtliche Kapitalerträge und zwar beider Ehegatten stellen dürfen. Diese Regelung trägt dem Charakter der Zusammenveranlagung iSd. § 26b Rechnung.[12] 24

§ 33 Außergewöhnliche Belastungen

(1) Erwachsen einem Steuerpflichtigen zwangsläufig größere Aufwendungen als der überwiegenden Mehrzahl der Steuerpflichtigen gleicher Einkommensverhältnisse, gleicher Vermögensverhältnisse und gleichen Familienstands (außergewöhnliche Belastung), so wird auf Antrag die Einkommensteuer dadurch ermäßigt, dass der Teil der Aufwendungen, der die dem Steuerpflichtigen zumutbare Belastung (Absatz 3) übersteigt, vom Gesamtbetrag der Einkünfte abgezogen wird.

1 IdF JStG 2009 v. 10.12.2008, BGBl. I 2008, 2794 (2799).
2 Ausf. BMF v. 18.1.2016, BStBl. I 2016, 85 Rz. 149.
3 BR-Drucks. 318/1/10, 47.
4 BFH v. 30.11.2016 – VIII R 11/14, BStBl. II 2017, 443 Rz. 36: kein Ausschluss negativer, abgeltend besteuerter Einkünfte; danach ist die horizontale Verlustverrechnung mit positiven, tariflich besteuerten Einkünften aus KapVerm. zulässig.
5 Ein Antrag auf Günstigerprüfung ist auch zwingend erforderlich, wenn der StPfl. regelbesteuerte Altverluste mit positiven Einkünften, die dem Abgeltungsteuersatz unterliegen, verrechnen möchte (so BFH v. 29.8.2017 – VIII R 5/15, BStBl. II 2018, 66 Rz. 11).
6 BFH v. 2.12.2014 – VIII R 34/13, BStBl. II 2015, 387; v. 28.1.2015 – VIII R 13/13, BStBl. II 2015, 393.
7 BFH v. 12.5.2015 – VIII R 14/13, BStBl. II 2015, 806; zweifelh. FG Köln v. 30.3.2017 – 15 K 2258/14, juris, Rz. 22 (Rev. VIII R 6/17): nachträglich gestellter Antrag als rückwirkendes Ereignis iSv. § 175 Abs. 1 S. 1 Nr. 2 AO.
8 BT-Drucks. 16/4841, 62; **aA** *Blümich*, § 32d Rn. 164.
9 G v. 10.12.2008, BGBl. I 2008, 2794 (2799).
10 BT-Drucks. 16/10189, 53.
11 BT-Drucks. 16/4841, 62.
12 BT-Drucks. 16/4841, 62.

(2) [1]Aufwendungen erwachsen dem Steuerpflichtigen zwangsläufig, wenn er sich ihnen aus rechtlichen, tatsächlichen oder sittlichen Gründen nicht entziehen kann und soweit die Aufwendungen den Umständen nach notwendig sind und einen angemessenen Betrag nicht übersteigen. [2]Aufwendungen, die zu den Betriebsausgaben, Werbungskosten oder Sonderausgaben gehören, bleiben dabei außer Betracht; das gilt für Aufwendungen im Sinne des § 10 Absatz 1 Nummer 7 und 9 nur insoweit, als sie als Sonderausgaben abgezogen werden können. [3]Aufwendungen, die durch Diätverpflegung entstehen, können nicht als außergewöhnliche Belastung berücksichtigt werden. [4]Aufwendungen für die Führung eines Rechtsstreits (Prozesskosten) sind vom Abzug ausgeschlossen, es sei denn, es handelt sich um Aufwendungen, ohne die der Steuerpflichtige Gefahr liefe, seine Existenzgrundlage zu verlieren und seine lebensnotwendigen Bedürfnisse in dem üblichen Rahmen nicht mehr befriedigen zu können.

(3) [1]Die zumutbare Belastung beträgt

bei einem Gesamtbetrag der Einkünfte	bis 15 340 Euro	über 15 340 Euro bis 51 130 Euro	über 51 130 Euro
1. bei Steuerpflichtigen, die keine Kinder haben und bei denen die Einkommensteuer			
a) nach § 32a Abs. 1	5	6	7
b) nach § 32a Abs. 5 oder 6 (Splitting-Verfahren) zu berechnen ist;	4	5	6
2. bei Steuerpflichtigen mit			
a) einem Kind oder zwei Kindern,	2	3	4
b) drei oder mehr Kindern	1	1	2
	Prozent des Gesamtbetrags der Einkünfte.		

[2]Als Kinder des Steuerpflichtigen zählen die, für die er Anspruch auf einen Freibetrag nach § 32 Absatz 6 oder auf Kindergeld hat.

(4) Die Bundesregierung wird ermächtigt, durch Rechtsverordnung mit Zustimmung des Bundesrates die Einzelheiten des Nachweises von Aufwendungen nach Absatz 1 zu bestimmen.

§ 64 EStDV

§ 64 Nachweis von Krankheitskosten

(1) [1]Den Nachweis der Zwangsläufigkeit von Aufwendungen im Krankheitsfall hat der Steuerpflichtige zu erbringen:

1. *durch eine Verordnung eines Arztes oder Heilpraktikers für Arznei-, Heil- und Hilfsmittel (§§ 2, 23, 31 bis 33 des Fünften Buches Sozialgesetzbuch);*
2. *durch ein amtsärztliches Gutachten oder eine ärztliche Bescheinigung eines Medizinischen Dienstes der Krankenversicherung (§ 275 des Fünften Buches Sozialgesetzbuch) für*
   a) *eine Bade- oder Heilkur; bei einer Vorsorgekur ist auch die Gefahr einer durch die Kur abzuwendenden Krankheit, bei einer Klimakur der medizinisch angezeigte Kurort und die voraussichtliche Kurdauer zu bescheinigen,*
   b) *eine psychotherapeutische Behandlung; die Fortführung einer Behandlung nach Ablauf der Bezuschussung durch die Krankenversicherung steht einem Behandlungsbeginn gleich,*
   c) *eine medizinisch erforderliche auswärtige Unterbringung eines an Legasthenie oder einer anderen Behinderung leidenden Kindes des Steuerpflichtigen,*
   d) *die Notwendigkeit der Betreuung des Steuerpflichtigen durch eine Begleitperson, sofern sich diese nicht bereits aus dem Nachweis der Behinderung nach § 65 Absatz 1 Nummer 1 ergibt,*
   e) *medizinische Hilfsmittel, die als allgemeine Gebrauchsgegenstände des täglichen Lebens im Sinne von § 33 Absatz 1 des Fünften Buches Sozialgesetzbuch anzusehen sind,*
   f) *wissenschaftlich nicht anerkannte Behandlungsmethoden, wie z.B. Frisch- und Trockenzellenbehandlungen, Sauerstoff-, Chelat- und Eigenbluttherapie.*

   [2]Der nach Satz 1 zu erbringende Nachweis muss vor Beginn der Heilmaßnahme oder dem Erwerb des medizinischen Hilfsmittels ausgestellt worden sein;
3. *durch eine Bescheinigung des behandelnden Krankenhausarztes für Besuchsfahrten zu einem für längere Zeit in einem Krankenhaus liegenden Ehegatten oder Kind des Steuerpflichtigen, in dem bestätigt wird, dass der Besuch des Steuerpflichtigen zur Heilung oder Linderung einer Krankheit entscheidend beitragen kann.*

(2) Die zuständigen Gesundheitsbehörden haben auf Verlangen des Steuerpflichtigen die für steuerliche Zwecke erforderlichen Gesundheitszeugnisse, Gutachten oder Bescheinigungen auszustellen.

Literatur: *Amann*, Standortbestimmung der außergewöhnlichen Belastungen, 2014; *Apitz*, Steuerliche Beurteilung einer Augen-Laser-Operation, DStZ 2007, 222; *Bareis*, § 33 Abs. 3 EStG – eine verfassungswidrige Zumutung?, DStR 2017, 823; *Bleschik*, Prozesskosten als außergewöhnliche Belastungen – Alles auf Anfang?, FR 2013, 932; *Bruschke*, Umbau der eigenen Wohnung als ag. Belastung schwerbehinderter Personen, DStZ 2011, 724; *Endert*, Adoptionskosten als außergewöhnliche Belastung?, DStR 2015, 2472; *Endert*, Aktuelle Rechtsentwicklungen bei der Qualifikation von Zivilprozesskosten als außergewöhnliche Belastung, FR 2016, 66; *Endert*, Zum Sachstand der Abziehbarkeit von Zivilprozesskosten als außergewöhnliche Belastung, FR 2018, 692; *Engels*, Sind die Kosten des Scheidungsverfahrens steuerlich noch abzugsfähig? – Ein Zwischenstand, FamRZ 2016, 1989; *Eschenbach*, Der Wertverzehr langfristig und zwangsläufig genutzter WG als ag. Belastung i.S.d. § 33 EStG, DStZ 2008, 133; *J. Förster*, Gesundheitsvorsorge und Krankheitskosten im Einkommensteuerrecht, DStR 2018, 1405; *Geserich*, Krankheitskosten als außergewöhnliche Belastungen, FR 2011, 1067; *Geserich*, Der Nachweis der Zwangsläufigkeit v. Krankheitskosten nach der Neuregelung im StVereinfG 2011, DStR 2012, 1490; *Geserich*, Privataufwendungen im Einkommensteuerrecht am Beispiel der ag. Belastungen, DStR 2013, 1861; *Geserich*, Nachweis der Zwangsläufigkeit von krankheitsbedingten Aufwendungen, NWB 2014, 2004; *Geserich*, Zivilprozesskosten als außergewöhnliche Belastungen: Erneute Änderung der Rechtsprechung, NWB 2015, 2634; *Geserich*, Pflegeaufwendungen und Kosten der Heimunterbringung als außergewöhnliche Belastungen, NWB 2018, 207; *Glock/Scharenberg*, Die steuerliche Abzugsfähigkeit von Strafverteidigungskosten – Voraussetzungen und Praxishinweise, StraFo 2017, 92; *Haupt*, Die ag. Belastung in der Krise, DStR 2010, 961; *Haupt*, Steuerliche Entlastungen bei außergewöhnlichen Belastungen, DStR 2011, 204; *Haupt*, Operation gelungen – Patient ratlos, DStR 2012, 1541; *Haupt*, Zumutbare Belastung – (kein) Ende der Diskussion, DStR 2016, 902; *Haupt*, Steuern zahlen und sterben? – Duplik auf *Bareis*, DStR 2017, 823, DStR 2017, 831; *Heim*, Prozesskosten als außergewöhnliche Belastungen – Gesetzliche Regelung ab 2013, DStZ 2014, 165; *Hermenns/Modrzejewski/Rüsch*, Aufwendungen für eine künstliche Befruchtung als außergewöhnliche Belastung – Unterschiedliche Behandlung von gleich- und verschiedengeschlechtlichen Partnerschaften?, FR 2017, 270; *Hettler*, Die Berücksichtigung v. Aufwendungen zur Schadstoffbeseitigung als außergewöhnliche Belastung, DB 2002, 1848; *Kanzler*, Die außergewöhnlichen Belastungen in der neueren höchstrichterlichen Rechtsprechung, NWB 2011, 249; *Kanzler*, Der Verlust der Existenzgrundlage und die Unmöglichkeit der Befriedigung lebensnotwendiger Bedürfnisse, FR 2014, 209; *Karrenbrock/Petrak*, Erfassung v. Krankheitsaufwendungen (der Basisversorgung) nur oberhalb einer zumutbaren Belastung gem. § 33 EStG, DStR 2011, 552; *Kindler*, Zivilprozesskosten als außergewöhnliche Belastungen, DStR 2015, 2644; *G. Kirchhof*, Drei Bereiche privaten Aufwands im Einkommensteuerrecht – Zur Trennung der Erwerbs- von der Privatsphäre unter besonderer Berücksichtigung der ag. Belastungen, DStR 2013, 1867; *G. Kirchhof*, Abgrenzung beruflicher und privater Aufwendungen aus der Sicht der Wissenschaft, Deutscher Finanzgerichtstag (11) 2014, 219; *Laws*, Die steuerliche Berücksichtigung der Kosten familienrechtlicher Streitigkeiten, FamRZ 2012, 76; *Loschelder*, Umgekehrte Familienheimfahrten und zumutbare Belastung, StuW 2018, 136; *Luttermann*, Prozesskosten als „außergewöhnliche Belastung“ (§ 33 Abs. 2 Satz 4 EStG) für eine gute Rechtsordnung durch Rechtspflege, FR 2016, 402; *Münch*, Die steuerliche Berücksichtigung v. Kosten des Scheidungsverfahrens, FamRB 2006, 352; *Nieuwenhuis*, Sind zwangsläufig entstehende Scheidungskosten nicht mehr nach § 33 EStG abziehbar, weil sie nicht der Sicherung der materiellen Lebensgrundlage dienen?, DStR 2017, 2373; *Paus*, Außergewöhnliche Belastungen: Der zwangsläufige Griff nach dem Strohhalm, DStZ 2011, 150; *Paus*, Verzicht auf Erstattung von Krankheitskosten wegen Beitragsrückerstattung, EStB 2018, 398; *Renner*, Alternativmedizin, Diät, Wohnungs- oder Yachtumbau – außergewöhnliche Belastungen?, DStZ 2015, 934; *Sander*, Biopolitik durch Rechtsprechung, KJ 2006, 303; *Schild*, Die Zwangsläufigkeit v. außergewöhnlichen Belastungen i.S. des § 33 Abs. 2 EStG, SteuerStud 2010, 104; *Spieker*, Steuerliche Abzugsfähigkeit von Verfahrenskosten im Ehescheidungsverfahren als außergewöhnliche Belastungen bis 31.12.2012 und ab 1.1.2013, NZFam 2014, 537; *Stöber*, Zivilprozesskosten als außergewöhnliche Belastung, FR 2011, 790; *Urban*, Kosten des Ehescheidungsverfahrens als außergewöhnliche Belastung, FR 2016, 217; *Weckesser*, Die steuerrechtliche Behandlung behinderter Menschen im Lichte von Verfassungs- und Völkerrecht, 2014; *Wolf*, Der Aufwendungsbegriff in § 33 EStG, 1990.

A. Grundaussagen der Vorschrift

1 **I. Regelungsgegenstand.** § 33 regelt eine Steuerermäßigung für den Fall, dass der StPfl. zwangsläufig mit außergewöhnlichen Aufwendungen belastet wird. Damit trägt diese Regelung dem Grundgedanken Rechnung, dass nur das disponible Einkommen der ESt unterworfen werden darf. Die gewöhnlichen Aufwendungen privater Lebensführungen werden durch die st Freistellung des (Familien-) Existenzminimums in den Tatbeständen des Grundfreibetrages, des Familienleistungsausgleichs und der SA berücksichtigt. Die Steuergerechtigkeit fordert v. Gesetzgeber, zusätzlich **atypische Sonderbelastungen** einzelner StPfl. zu berücksichtigen.[1] Damit werden die Besonderheiten des Einzelfalls – insbes. im existenziellen Bereich – erfasst, anstatt sie generalisierend zu vernachlässigen.[2] § 33 dient der Sicherstellung des Existenzminimums in den Fällen, in denen das Existenzminimum höher liegt als beim Normalfall.[3] Es handelt sich nicht um eine Billigkeitsregelung,[4] denn die Norm soll nicht Unbilligkeiten, sondern Ungleichheiten vermeiden.[5] Die Anerkennung ag. Belastungen ist daher auch **keine Ermessensvorschrift**. Der StPfl. hat einen Rechtsanspruch auf die Steuerermäßigung, wenn die Voraussetzungen des § 33 erfüllt sind. Die Vorschrift ist im Abschn. über den Tarif angesiedelt; sie ist ihrer Rechtsnatur nach jedoch eine **Einkommensermittlungsvorschrift**. Folgerichtig sind die ag. Belastungen v. Gesamtbetrag der Einkünfte abzuziehen (§ 2 Abs. 4).

2 Aus der Funktion, das Existenzminimum sicherzustellen, folgt, dass insbes. existenziell notwendige Aufwendungen berücksichtigt werden müssen. § 33 definiert die Außergewöhnlichkeit der Aufwendungen aus einem Vergleich mit StPfl. gleicher Einkommens- und Vermögensverhältnisse, nicht durch einen Verweis auf den existentiellen Bedarf. Daraus folgt, dass § 33 über die Sicherstellung des Existenzminimums hinaus dem **Erhalt und der Rückgewinnung der Normalität** des einzelnen StPfl. dient.[6] § 33 anerkennt damit die Außergewöhnlichkeit eines Ereignisses je nach individueller Lebenssituation des einzelnen StPfl. Da die Anerkennung ag. Belastungen stets auch durch den Steuerverzicht eine Mitfinanzierung der Aufwendungen durch die Allgemeinheit bedeutet,[7] ist es gerechtfertigt, § 33 eng auszulegen.[8]

3 **II. Persönlicher Geltungsbereich.** § 33 gilt für nat unbeschränkt estpfl. Pers. (einschl. § 1 Abs. 3), nicht für beschränkt StPfl.[9] (§ 50 Abs. 1 S. 4). Im Fall der **Zusammenveranlagung** bilden **Ehegatten und eingetragene Lebenspartnerschaften (vgl. § 2 Abs. 8)** jedenfalls hinsichtlich des Einkommens und der Einkommensermittlung eine **Einheit**. Daraus folgt für die in den Bereich der Einkommensermittlung fallenden ag. Belastungen, dass es gleichgültig ist, wer v. den Ehegatten oder Lebenspartnern die einzelne Ausgabe für ag. Belastungen geleistet hat. Die ag. Belastungen des einen Ehegatten (Lebenspartners) sind ohne weiteres auch als solche des anderen anzusehen.[10] Es kommt bei dem Abzug dieser Ausgaben nicht darauf an, welcher Ehegatte (Lebenspartner) den Aufwand trägt.[11] Dies gilt **ab dem VZ 2013** nicht für die getrennte Veranlagung gem. § 26a. Durch das StVereinfG 2011 ist in § 26a Abs. 2 geregelt, dass ag. Belastungen demjenigen zugeordnet werden, der sie trägt, es sei denn, die Ehegatten oder Lebenspartner beantragen übereinstimmend die hälftige Aufteilung.[12]

4 **III. Verhältnis zu anderen Vorschriften.** Aufwendungen, die ihrer Natur nach BA, WK oder SA sind, können nicht als ag. Belastung geltend gemacht werden, selbst wenn sich die Kosten zB aufgrund v. Höchstbeträgen nicht steuermindernd ausgewirkt haben (s. Rn. 44).[13] § 33a ist ggü. § 33 die speziellere Re-

1 *K/S/M*, § 33 Rn. A 1.
2 *Amann*, Standortbestimmung der außergewöhnlichen Belastungen, 74 ff.
3 Vgl. BFH v. 24.7.1975 – IV B 38/75, BStBl. II 1975, 774; vgl. auch *Geserich*, DStR 2013, 1861 „besonderes Existenzminimum".
4 So aber gelegentlich der BFH: zB BFH v. 14.3.1975 – VI R 63/73, BStBl. II 1975, 632.
5 *K/S/M*, § 33 Rn. A 8; *Amann*, Standortbestimmung der außergewöhnlichen Belastungen, 78.
6 *Kirchhof*, Gutachten 57. DtJTag 1988, F 62 ff.
7 FG Bdbg. v. 11.12.1997 – 5 K 1232/97 E, EFG 1998, 317.
8 *Amann* weist darauf hin, dass die Vorschrift ansonsten an den Maßstäben einer Subventionsnorm gerechtfertigt werden müsste; in: Standortbestimmung der außergewöhnlichen Belastungen, 90 ff.
9 Dazu *Pülzl/Pircher*, RdW 1999, 373.
10 Vgl. BFH v. 24.1.1958 – VI 9/56 S, BStBl. III 1958, 77.
11 BFH v. 22.3.1967 – VI R 300/66, BStBl. III 1967, 596.
12 BFH v. 20.12.2017 – III R 2/17, BStBl. II 2018, 468.
13 BFH v. 1.3.1991 – III R 66/87, BFH/NV 1992, 17.

gelung (s. § 33a Abs. 4). § 33a berücksichtigt jedoch nur die typischen Unterhaltsaufwendungen; **atypische Unterhaltsaufwendungen** können daneben **nach § 33** berücksichtigt werden (§ 33a Rn. 42).[1] Eine krankheitsbedingte Unterbringung eines Angehörigen in einem Altenpflegeheim fällt daher unter § 33;[2] eine Aufteilung in Unterhaltskosten iSv. § 33a und Krankheitskosten iSv. § 33 kommt nicht in Betracht.[3] Eine zusätzliche Gewährung des Pauschbetrags nach § 33a Abs. 3 S. 2 Nr. 2 ist in diesen Fällen ebenfalls ausgeschlossen.[4] Eigenes Vermögen ist iRd. Zumutbaren einzusetzen; zur Altersvorsorge darf maßvoll Vermögen gebildet werden. Die das eigene Vermögen des Unterhaltsempfängers betreffende Bestimmung des § 33a Abs. 1 S. 3 kommt iRd. § 33 nicht ergänzend zur Anwendung.[5] Die Abgrenzung der typischen v. den untypischen Unterhaltsaufwendungen richtet sich nach deren Anlass und Zweckbestimmung, nicht nach deren Zahlungsweise.[6] **Körperbehinderte** haben nach § 33b Abs. 1 ein **Wahlrecht**, ob sie den PB ohne Anrechnung einer zumutbaren Belastung geltend machen, oder ob sie die Aufwendungen einzeln aufführen und die zumutbare Belastung nach § 33 anrechnen wollen.[7] § 33b berücksichtigt jedoch nur diejenigen ag. Belastungen, die dem StPfl. lfd. unmittelbar aufgrund der Körperbehinderung als typische Mehraufwendungen erwachsen. Außerordentliche Krankheitskosten können neben dem PB gesondert nach § 33 geltend gemacht werden, soweit sie nicht v. der Typisierung des § 33b erfasst werden.[8] Dies gilt zB für den Fall, dass ein schwerstbehinderter StPfl. auf einer Urlaubsreise auf eine Begleitperson angewiesen ist.[9] Soweit Aufwendungen, die als ag. Belastung abzugsfähig sind, aufgrund der zumutbaren Belastung nach § 33 Abs. 3 nicht vom Gesamtbetrag der Einkünfte abgezogen werden können, kommt ein Abzug dieses Anteils iRd. Steuerermäßigung nach § 35a in Betracht, weil sie insoweit nicht als ag. Belastungen berücksichtigt werden.[10]

B. Außergewöhnliche Belastungen (Abs. 1)

I. Aufwendungen. 1. Begriff. § 33 Abs. 1 S. 1 setzt voraus, dass dem StPfl. Aufwendungen erwachsen. 5
Der Begriff „Aufwendungen", den der Gesetzgeber in zahlreichen Vorschriften des EStG verwendet (vgl. zB § 4 Abs. 4, § 9 Abs. 1 S. 1, § 10 Abs. 1, § 12 Nr. 1, § 33 Abs. 1), wird im allg. Sinn v. Ausgaben verstanden. Hierunter fallen alle **Vermögensabflüsse in Geld oder Geldeswert**.[11] Sachleistungen sind entspr. § 8 Abs. 2 zu bewerten (§ 8 Rn. 31 ff.).[12] Eine eigenständige einschr. Auslegung des Begriffs Aufwendungen ist nicht erforderlich, denn dies wird bereits durch die Tatbestandsmerkmale der Außergewöhnlichkeit und Zwangsläufigkeit bewirkt.

Bei Aufwendungen handelt es sich nur um **bewusste und gewollte Vermögensverwendungen**. Entgangene Einnahmen (zB Verdienstausfall) können daher nicht nach § 33 geltend gemacht werden.[13] Dagegen 6
können erzwungene Ausgaben wie zB Lösegeldzahlungen[14] berücksichtigt werden, da sie trotz äußeren Zwangs willentlich erbracht werden.[15] Auch ein Verzicht auf eine Forderung ist eine bewusste und gewollte Vermögensverwendung.[16] Der BFH behandelt in ständiger Rspr.[17] **Vermögensverluste** infolge v.

1 BFH v. 24.2.2000 – III R 80/97, BStBl. II 2000, 294; v. 18.6.1997 – III R 60/96, BFH/NV 1997, 755; v. 22.7.1988 – III R 253/83, BStBl. II 1988, 830; vgl. auch *Hettler*, DB 2003, 356.
2 BFH v. 8.11.2012 – VI B 82/12, BFH/NV 2013, 525.
3 BFH v. 30.6.2011 – VI R 14/10, BStBl. II 2012, 876.
4 BFH v. 14.11.2013 – VI R 20/12, BStBl. II 2014, 456.
5 BFH v. 11.2.2010 – VI R 61/08, BStBl. II 2010, 621.
6 BFH v. 19.6.2008 – III R 57/05, BStBl. II 2009, 365.
7 BFH v. 20.12.2017 – III R 2/17, BStBl. II 2018, 468; *Heger* in Blümich, § 33b Rn. 11).
8 BFH v. 11.12.1987 – III R 95/85, BStBl. II 1988, 275; vgl. auch v. 4.11.2004 – III R 38/02, BStBl. II 2005, 271; *K/S/M*, § 33 Rn. A 24.
9 Vgl. BFH v. 4.7.2002 – III R 58/98, BStBl. II 2002, 765: bis zu 767 Euro neben § 33b; BFH v. 7.5.2013 – VIII R 51/10, BStBl. II 2013, 808.
10 BFH v. 5.6.2014 – VI R 12/12, BStBl. II 2014, 970; BMF v. 10.1.2014, BStBl. I 2014, 75.
11 *H/H/R*, § 33 Anm. 33; BFH v. 4.7.1990 – GrS 1/89, BStBl. II 1990, 830; v. 13.1.1989 – VI R 51/85, BStBl. II 1989, 382.
12 *H/H/R*, § 33 Anm. 34.
13 BFH v. 19.7.1957 – VI 80/55 U, BStBl. III 57, 385; v. 18.8.1995 – III B 26/95, BFH/NV 1996, 128; v. 4.11.2009 – VI B 43/09, BFH/NV 2010, 852.
14 BFH v. 30.10.1980 – IV R 223/79, BStBl. II 1981, 307; FG Münster v. 11.11.1986 – VI-I 3814/83 E, EFG 1987, 186.
15 BFH v. 6.5.1994 – III R 27/92, BStBl. II 1995, 104.
16 *K/S/M*, § 33 Rn. B 3; *H/H/R*, § 33 Anm. 34; *L/B/P*, § 33 Rn. 69; **aA** FG Nds. v. 2.11.1966 – IV 124/66, EFG 1967, 233.
17 BFH v. 24.4.2006 – III B 164/05, BFH/NV 2006, 1468; v. 16.11.1993 – I B 115/93, BFH/NV 1994, 551; v. 16.7.1959 – VI 58/57 U, BStBl. III 1959, 405; v. 23.2.1968 – VI R 97/67, BFHE 92, 199; v. 30.7.1982 – VI R 67/79, BStBl. II 1982, 744; v. 3.6.1987 – III R 49/86, BStBl. II 1987, 629; v. 8.12.1988 – IX R 157/83, BStBl. II 1989, 282; vgl. auch FG Nds. v. 16.7.1997 – XII 629/96, EFG 1998, 319 (Diebstahl).

Unfall, Brand, Diebstahl oder Forderungsverluste nicht als Aufwendungen iSd. § 33.[1] Bei den genannten Vermögensverlusten fehlt es neben der willentlichen Betätigung auch an einer tatsächlichen Leistungshandlung. Lediglich die Aufwendungen zur Wiederbeschaffung (Rn. 18) können unter § 33 fallen.

7 Für den Abzug der Aufwendungen gilt das **Abflussprinzip** des § 11 Abs. 2. Dies gilt auch dann, wenn ein Darlehen aufgenommen wird. Der Aufwand entsteht, wenn die Darlehensmittel ausgegeben werden.[2] Lediglich beim Vorteilsausgleich tritt das Abflussprinzip zurück (Rn. 14).

8 **2. Mittelherkunft.** Dem System des Einkommensteuerrechts ist grds. fremd, bei Aufwendungen danach zu unterscheiden, ob die Mittel aus dem Einkommen oder dem Vermögen stammen.[3] Auch Aufwendungen mit Hilfe **geschenkter Mittel** können ag. Belastungen sein.[4] Die Frage, ob für die ag. Belastungen ein Darlehen aufgenommen wird, ist für die Auslegung des Tatbestandsmerkmals der Aufwendung ebenfalls ohne Bedeutung.

9 **II. Belastung. 1. Belastungsprinzip.** § 33 setzt voraus, dass der StPfl. durch die Aufwendungen **tatsächlich und endg. belastet** wird (Belastungsprinzip).[5] Dies entspricht dem Grundsatz der Besteuerung nach der wirtschaftlichen Leistungsfähigkeit.[6] Das Belastungsprinzip ist zum einen ein Korrektiv für den Fall, dass der StPfl. iZ mit dem belastenden Ereignis stfreie Zuwendungen in Geld oder Geldeswert erhält, die die Belastung ganz oder zT ausgleichen.[7] Es ist außerdem Grundlage der sog. Gegenwerttheorie, wonach keine belastenden Aufwendungen vorliegen, wenn der StPfl. für seine Aufwendungen einen wirtschaftlich erfassbaren Gegenwert erhält. Anders als bei einer reinen Vermögensumschichtung liegt eine Belastung nur vor, soweit Werte aus dem Vermögen oder lfd. Einkommen endg. abfließen.[8]

10 Der BFH hat seine frühere **Unterscheidung zw. Einkommensbelastung und Vermögensbelastung aufgegeben.**[9] Während früher Rspr.[10] und zahlreiche Stimmen in der Literatur[11] nur solche Aufwendungen anerkannten, die im allg. aus dem Einkommen bestr. wurden, hat der BFH inzwischen festgestellt, dass sich eine solche Auslegung nicht mit dem Wortlaut und Zweck der Vorschrift vereinbaren lässt.[12] Der Anwendungsbereich des § 33 wird dadurch auch nicht unangemessen ausgedehnt.[13] In Fällen mit Vermögensberührung ist den gesetzlichen Merkmalen der Zwangsläufigkeit und Außergewöhnlichkeit jedoch erhöhte Beachtung zu schenken.

11 **2. Ausgabenersatz, Aufwendungsersatz, ersparte Kosten, Vorteilsanrechnung.** Von einer Belastung kann nur gesprochen werden, wenn und soweit die Aufwendungen etwaige Ersatzleistungen Dritter übersteigen und der StPfl. die Aufwendungen mithin endg. tragen muss.[14] Dem Sinn und Zweck des § 33 entspricht es, sämtliche Vorteile, Erstattungen und Ausgleichszahlungen sowie ersparte Aufwendungen des StPfl. iZ mit den ag. Belastungen zu berücksichtigen.[15] Eine Anrechnung v. Leistungen setzt jedoch voraus, dass zw. Aufwand und Ersatzleistung ein **innerer Zusammenhang** besteht.[16] Der Ausgabenersatz muss einen Ausgleich für die ag. Belastungen bezwecken; die ersparten Aufwendungen müssen unmittelbar mit den ag. Belastungen zusammenhängen, denn nur dann ist der StPfl. nicht endg. belastet. Unerheblich ist, ob der StPfl. einen Rechtsanspruch auf die Ersatzleistung hat oder nicht.[17] Soweit Ersatzleistungen vorran-

---

1 Vgl. *K/S/M*, § 33 Rn. B 3; *H/H/R*, § 33 Anm. 34 „Schäden, Verlust", Anm. 161 „Verlust oder Verfall v. Mieterleistungen", Anm. 300 „Verlust".
2 BFH v. 12.7.2017 – VI R 36/15, BStBl. II 2017, 979 (auch zu den Voraussetzungen einer abw. Steuerfestsetzung aus Billigkeitsgründen); v. 6.4.1990 – III R 60/88, BStBl. II 1990, 958.
3 *K/S/M*, § 33 Rn. B 15.
4 Anm. zu BFH v. 22.7.1988 – III R 175/86, HFR 1989, 19.
5 BFH v. 30.7.1982 – VI R 67/79, BStBl. II 1982, 744; krit. zur Belastungstheorie: *Kanzler*, FR 1999, 1194 mwN.
6 Vgl. BVerfG v. 18.2.1988 – 1 BvR 930/86, HFR 1989, 271 zur Wertverrechnung bei SA unter ausdrücklichem Hinweis auf § 33.
7 BFH v. 25.10.1994 – VIII R 79/91, BStBl. II 1995, 121; v. 15.11.1991 – III R 30/88, BStBl. II 1992, 179 (182); v. 30.7.1982 – VI R 67/79, BStBl. II 1982, 744 (745); v. 14.3.1975 – VI R 63/73, BStBl. II 1975, 632.
8 BFH v. 10.10.1996 – III R 209/94, BStBl. II 1997, 491.
9 BFH v. 6.5.1994 – III R 27/92, BStBl. II 1995, 104.
10 BFH v. 25.6.1953 – IV 72/53 U, BStBl. III 1953, 255; v. 22.12.1955 – IV 583/54 U, BStBl. III 1956, 84; v. 7.8.1959 – VI 7/59 S, BStBl. III 1959, 383; v. 28.2.1964 – VI 20/63 U, BStBl. III 1964, 245; v. 28.2.1964 – VI 180/63 S, BStBl. III 1964, 453; v. 23.11.1967 – IV R 143/67, BStBl. II 1968, 259; v. 16.5.1975 – VI R 163/73, BStBl. II 1975, 538.
11 *Tipke*, StuW 1975, 152 (158); *Rasenack*, DB 1983, 1272.
12 BFH v. 6.5.1994 – III R 27/92, BStBl. II 1995, 104; vgl. auch *K/S/M*, § 33 Rn. B 7 ff.
13 *Brockmeyer*, DStZ 1998, 214; *Sunder-Plassmann*, DStZ 1995, 193.
14 BFH v. 21.8.1974 – VI R 236/71, BStBl. II 1975, 14.
15 Ausführlich: *H/H/R*, § 33 Anm. 40.
16 BFH v. 22.10.1971 – VI R 242/69, BStBl. II 1972, 177. Der BFH differenziert zw. Krankentagegeld- und Krankenhaustagegeldversicherung.
17 *K/S/M*, § 33 Rn. B 18.

gig Aufwendungen ausgleichen, die nicht als ag. Belastungen geltend gemacht werden können, sind sie nur anteilig anzurechnen.[1] Der **Verzicht auf die Geltendmachung v. Ersatzansprüchen** hat Auswirkungen auf die Zwangsläufigkeit der Aufwendungen (vgl. Rn. 31).[2]

Anzurechnen sind Leistungen v. dritter Seite, wie zB Beihilfeleistungen, **Versicherungsleistungen**[3] (insbes. Krankenversicherungsleistungen), Schadensersatzleistungen, Unterstützungen, Entschädigungen oder Kostenersatz. Es ist nicht entscheidend, ob die Versicherungsbeiträge als SA abzugsfähig sind.[4] Auch andere Vorteile, die in untrennbarem Zusammenhang mit den ag. Belastungen stehen, wie zB **Haushaltsersparnis**,[5] sind anzurechnen. Eine Haushaltsersparnis liegt jedoch nicht vor, wenn bei einer krankheitsbedingten Unterbringung der normale Haushalt beibehalten wird. Bei Ehegatten ist für jeden der Ehegatten eine Haushaltsersparnis einzusetzen.[6] Soweit notwendige Wiederherstellungsarbeiten nicht ohne Werterhöhung (zB neu für alt) durchgeführt werden können, muss der StPfl. sich die Wertverbesserung im Wege des **Vorteilsausgleichs** anrechnen lassen.[7] Ein Vorteilsausgleich ist auch dann durchzuführen, wenn die Gegenwertlehre nicht anwendbar ist (Rn. 17), weil ein endg. Wertverlust vorliegt.[8] 12

Der BFH beschränkt die Anrechnung auf stfreie Ersatzleistungen. Führen die Erstattungen zu **stpfl. Einnahmen**, werden diese **nicht angerechnet**.[9] Diese Unterscheidung leuchtet nicht ein, da jedenfalls nach Abzug der auf die Einnahmen entfallenden Steuer eine Entlastung des StPfl. verbleibt.[10] Haushaltsersparnisse werden bei einem Krankenhausaufenthalt idR nicht angerechnet,[11] weil der Haushalt beibehalten wird und die Fixkosten weiterlaufen.[12] Erhält der StPfl. die zur Begleichung der Aufwendungen erforderlichen Mittel geschenkt, werden diese ebenfalls nicht angerechnet.[13] Erstattungen oder Ersparnisse sind nur mit denjenigen ag. Belastungen zu verrechnen, bei denen die Belastungen beseitigt werden sollen. Mit anderen ag. Belastungen desselben VZ sind die Erstattungen nicht zu verrechnen.[14] 13

Die Vorteile oder der Ausgabenersatz sind **periodenübergreifend** auszugleichen, denn eine lediglich vorübergehende Belastung genügt nicht.[15] Ersatzleistungen sind auch dann im Jahr der Verausgabung zu berücksichtigen, wenn sie in einem späteren VZ zufließen oder geleistet werden. Das **Abflussprinzip** (§ 11) **tritt** nach der Rspr. ggü. dem Belastungsprinzip **zurück**.[16] Würde man auch für die belastungsbeseitigenden Vermögensmehrungen das Prinzip der Abschnittsbesteuerung streng anwenden, müsste ein Ausgabenersatz in einem späteren VZ ähnlich wie der Rückfluss früherer WK als stpfl. Einnahme erfasst werden. Die Vorteilsanrechnung im VZ der Verausgabung setzt verfahrensrechtl. eine **vorl. Veranlagung** (§§ 164, 165 AO) voraus,[17] bei der die Höhe des Erstattungsbetrages geschätzt[18] wird. War die Belastung bereits im Zeitpunkt der Veranlagung entfallen und hatte das FA hiervon keine Kenntnis, greift § 173 Abs. 1 Nr. 1 AO ein.[19] Werden erst nach diesem Zeitpunkt Erstattungen geleistet, kann der ESt-Bescheid 14

---

1 BFH v. 19.10.1990 – III R 93/87, BStBl. II 1991, 140 (Sterbegeldversicherung); anders bei reiner Schadenversicherung wie zB Hausratversicherung: BFH v. 30.6.1999 – III R 8/95, BStBl. II 1999, 766.
2 BFH v. 20.9.1991 – III R 91/89, BStBl. II 1992, 137.
3 ZB Lebensversicherung BFH v. 22.9.1996 – III R 7/94, BStBl. II 1996, 413; Hausratversicherung BFH v. 30.6.1999 – III R 8/95, BStBl. II 1999, 766; Pflegegeld aus Pflegezusatzversicherung BFH v. 14.4.2011 – VI R 8/10, BStBl. II 2011, 701.
4 FG Berlin v. 15.6.1978 – I 360/77, EFG 1979, 84.
5 BFH v. 22.8.1980 – VI R 138/77, BStBl. II 1981, 23.
6 BFH v. 4.10.2017 – VI R 22/16, BStBl. II 2018, 179.
7 BFH v. 6.5.1994 – III R 27/92, BStBl. II 1995, 104; v. 9.8.2001 – III R 6/01, BStBl. II 2002, 240.
8 Vgl. BFH v. 9.8.2001 – III R 6/01, BStBl. II 2002, 240.
9 BFH v. 31.7.1985 – II R 236/81, BStBl. II 1985, 632.
10 *H/H/R*, § 33 Anm. 42.
11 H 33.1–33.4 „Haushaltsersparnis" EStH; BFH v. 16.6.1976 – II R 137/72, BStBl. II 1976, 646; v. 22.8.1980 – VI R 196/77, BStBl. II 1981, 25; v. 16.6.1976 – II R 137/72, BStBl. II 1979, 646; *K/S/M*, § 33 Rn. C 63 „Altersheim". Sind beide Ehegatten krankheitsbedingt in einem Alten- und Pflegeheim untergebracht, ist für jeden der Ehegatten eine Haushaltsersparnis anzusetzen: BFH v. 4.10.2017 – VI R 22/16, BStBl. II 2018, 179.
12 BFH v. 15.4.2010 – VI R 51/09, BStBl. II 2010, 794; v. 10.8.1990 – III R 2/86, BFH/NV 1991, 231.
13 BFH v. 22.10.1971 – VI R 242/69, BStBl. II 1972, 177; *K/S/M*, § 33 Rn. B 18.
14 Str: Für eine Verrechnung *H/H/R*, § 33 Anm. 40; nach BFH v. 26.6.1964 – VI 26/64 U, BStBl. III 1964, 547 sind sämtliche Krankheitskosten eines VZ ein einheitlicher Komplex; *K/S/M*, § 33 Rn. B 19 hält diese Rspr. zutr. durch BFH v. 21.8.1974 – VI R 236/71, BStBl. II 1975, 14 und v. 22.10.1971 – VI R 242/69, BStBl. II 1972, 177 für überholt und lehnt eine Saldierung ab.
15 *Brockmeyer*, DStZ 1998, 214.
16 BFH v. 30.6.1999 – III R 8/95, BStBl. II 1999, 766; v. 25.10.1994 – VIII R 79/91, BStBl. II 1995, 121; so auch *K/S/M*, § 33 Rn. B 22.
17 BFH v. 21.8.1974 – VI R 236/71, BStBl. II 1975, 14; FG Münster v. 11.11.1986 – VI-I 3814/83 E, EFG 1987, 186.
18 *K/S/M*, § 33 Rn. B 23; vgl. *Seitrich*, FR 1984, 525.
19 *K/S/M*, § 11 Rn. C 46.

nach § 175 Abs. 1 S. 1 Nr. 2 AO geändert werden.[1] Hat der StPfl. nicht mit einem später tatsächlich geleisteten Ausgabenersatz gerechnet oder sind die Aufwendungen nicht abgesetzt worden, weil der StPfl. mit einer später ausbleibenden Erstattung gerechnet hatte, ist der Steuerbescheid zu ändern. Ausgabenersatz oder nicht gewährter Belastungsausgleich sind **Ereignisse**, die **stl. Wirkung für die Vergangenheit** haben.[2]

15 **3. Gegenwert. a) Grundregel.** Der BFH[3] und die überwiegende Auffassung in der Literatur[4] verneint eine Belastung iSd. § 33, wenn der StPfl. für seine Aufwendungen einen Gegenwert oder einen nicht nur vorübergehenden Vorteil erhält. Diese v. BVerfG gebilligte[5] sog. **Gegenwerttheorie** beruht auf dem Grundgedanken, dass nur ein gleichsam verlorener Aufwand eine Belastung iSd. § 33 darstellt.[6] Erhält der StPfl. für seine Aufwendungen einen Vermögensausgleich, soll er nicht endg. und dauerhaft belastet sein.[7] Nur Aufwand, der zu einem Wertabfluss, nicht zur bloßen Vermögensumschichtung führt,[8] ist als ag. Belastung zu berücksichtigen. In der Literatur wird teilw. eine analoge Anwendung der Abschreibungsvorschriften in § 7 als Korrektiv zur Gegenwertlehrer des BFH gefordert.[9] Als Gegenwert kommen nicht nur Gegenstände sondern auch Leistungen in Betracht. Da letztlich nahezu jede Aufwendung zu einem Gegenwert in Form v. Gütern oder Dienstleistungen führt, werden als Gegenwert nur Vorteile berücksichtigt, die einen **nicht nur vorübergehenden Vorteil** darstellen.[10] Darüber hinaus setzt die Rspr. voraus, dass der betr. Gegenstand oder die bestellte Leistung nach dem Erhalt durch den StPfl. nicht nur für diesen, sondern auch für andere Pers. v. Wert sein kann und damit eine gewisse **Marktfähigkeit** besitzt, die in einem bestimmten Verkehrswert zum Ausdruck kommt.[11] Existenzsichernde Aufwendungen für lfd. Bedarf führen damit grds. nicht zu einem zu berücksichtigenden Gegenwert. Erhält der StPfl. für seine Aufwendungen Güter oder Dienstleistungen, die ausschließlich für ihn v. Bedeutung sind, werden diese ebenfalls nicht als Vermögensvorteil berücksichtigt.

16 **b) Ausnahmen von der Gegenwertlehre.** Die Rspr. lässt für bestimmte Aufwendungen Ausnahmen v. der Gegenwertlehre zu. Bei **medizinischen Hilfsmitteln** ist ein Gegenwert grds. nur dann anzunehmen, wenn der angeschaffte Gegenstand nicht ausschließlich dem Erkrankten selbst zu dienen bestimmt, sondern auch für Dritte v. Nutzen ist.[12] **Krankheitsbedingte Umbaumaßnahmen** eines Gebäudes führen zu einer endg. Belastung, wenn die krankheitsbedingte Notwendigkeit im Einzelfall derart im Vordergrund steht, dass die etwaige Erlangung eines Gegenwertes in Anbetracht der Gesamtumstände des Einzelfalles in den Hintergrund tritt.[13] Dies ist bei einer **behindertengerechten Gestaltung** des individuellen Wohnumfelds regelmäßig der Fall.[14] Entscheidend ist, ob eine eindeutige und anhand objektiver Merkmale durchführbare Unterscheidung zw. den steuerlich irrelevanten Motiven für die Errichtung und Gestaltung eines Hauses und den ausschließlich durch eine Krankheit oder Behinderung verursachten Aufwendungen möglich ist.[15] Allerdings gehören AK für ein Grundstück nicht zu den ag. Belastungen, weil sie – auch wenn ein größeres Grundstück der Errichtung eines behindertengerechten Bungalows dienen soll – nicht der Behinderung, sondern dem frei gewählten Wohnflächenbedarf des Bauherrn geschuldet sind.[16] Entgegen der früheren Rspr. des BFH ist ggf. zu der Frage, welche baulichen Maßnahmen durch die Behinderung des Steuerpflichtigen oder eines seiner Angehörigen veranlasst sind, und zur Quantifizierung der darauf entfallenden Kosten, ein Sachverständigengutachten einzuholen.[17] Wenn es sich um verlorenen

1 FG Köln v. 17.3.1988 – 7 K 1037/87, EFG 1988, 422.
2 *Blümich*, § 33 Rn. 71.
3 BFH v. 10.10.1996 – III R 209/94, BStBl. II 1997, 491; stRspr. des BFH v. 4.3.1983 – VI R 189/79, BStBl. II 1983, 378 mwN.
4 Ausf. *Brockmeyer*, DStZ 1998, 214; *K/S/M*, § 33 Rn. B 24; *Kirchhof*, Gutachten F 57. DtJTag 88, 65 ff.
5 BVerfG v. 13.12.1966 – 1 BvR 512/65, BVerfGE 21, 1.
6 Ob sich aus der Besteuerungsgleichheit ergibt, dass § 33 iSd. Gegenwerttheorie ausgelegt werden **muss** (so wohl BFH v. 10.10.1996 – III R 209/94, BStBl. II 1997, 491), ist zumindest zweifelh.
7 *Blümich*, § 33 Rn. 57.
8 Vgl. *Kirchhof*, Gutachten F 57. DtJTag, 1988, 65.
9 *Eschenbach*, DStZ 2008, 133.
10 BFH v. 4.3.1983 – VI R 189/79, BStBl. II 1983, 378 „Gegenstände, die v. bleibendem oder mindestens längerdauerndem Wert und Nutzen sind".
11 BFH v. 4.3.1983 – VI R 189/79, BStBl. II 1983, 378.
12 BFH v. 9.8.1991 – III R 54/90, BStBl. II 1991, 920.
13 BFH v. 22.10.2009 – VI R 7/09, BStBl. II 2010, 280; vgl. ausf. auch *Bruschke*, DStZ 2011, 724.
14 BFH v. 25.5.2011 – VI B 35/11, BFH/NV 2011, 1691; zum behindertengerechten Umbau *Drasdo*, NJW-Spezial 2012, 545; *Weckesser* schlägt für behinderte StPfl. eine Zweiteilung innerhalb der Auslegung des § 33 vor, nach der die behinderungsbedingten Aufwendungen grds. anzuerkennen sind, ohne dass diese Kosten als Krankheitskosten qualifiziert werden; vgl. *Weckesser*, Die steuerrechtliche Behandlung behinderter Menschen im Lichte von Verfassungs- und Völkerrecht, 2014, 397 ff.
15 BFH v. 24.2.2011 – VI R 16/10, BStBl. II 2011, 1012.
16 BFH v. 17.7.2014 – VI R 42/13, BStBl. II 2014, 931.
17 BFH v. 24.2.2011 – VI R 16/10, BStBl. II 2011, 1012.

Aufwand handelt, können die Kosten sofort abgesetzt werden.[1] Ag. Belastungen sind zB auch anerkannt worden, wenn sich infolge der Erkrankung plötzlich die Notwendigkeit ergibt, noch neue Gegenstände auszuwechseln[2] oder wenn absehbar ist, dass bei einem Mietereinbau der Mieter alsbald aus dem Gebäude ausziehen muss und verpflichtet ist, den ursprünglichen baulichen Zustand wiederherzustellen.[3] Allein die Behebung gesundheitsgefährdender Baumängel führt jedoch nicht dazu, dass die Aufwendungen als ag. Belastung abgezogen werden können.[4]

Eine Ausnahme v. der Anwendung des Gegenwertgedankens gilt außerdem bei Aufwendungen zur Scha- 17
densbeseitigung bzw. Wiederbeschaffung, wenn **lebensnotwendige Gegenstände** (Hausrat, Kleidung) aufgrund eines unabwendbaren Ereignisses verlorengegangen sind.[5] Dies gilt auch bei Aufwendungen zur Schadstoffbeseitigung bei Gegenständen des existenznotwendigen Bedarfs.[6] Dabei ist zu berücksichtigen, dass es sich bei der Schadensbeseitigung bzw. Neuanschaffung nicht nur um eine Vermögensumschichtung handelt, sondern auch um den Ausgleich eines endg. Verlustes (hier: Wertverlust des Hauses durch die Beschädigung). Soweit Werte endg. abgeflossen sind, fehlt es eben nicht – wie bei der reinen Vermögensumschichtung – an einer Belastung des StPfl.[7]

4. Wiederbeschaffung oder Wiederherstellung. Besondere Probleme bereitet die Gegenwerttheorie bei 18
Ersatzbeschaffungen. Auch wenn der StPfl. einen Gegenwert erhält, liegt ein **verlorener Aufwand** vor, wenn lediglich zuvor eingetretene endg. Vermögenseinbußen ausgeglichen werden.[8] Rspr.[9] und Verwaltung[10] anerkennen ag. Belastungen bei notwendigen und angemessenen Aufwendungen für die Wiederbeschaffung v. Hausrat und Kleidung, wenn der Verlust auf einem **unabwendbaren Ereignis** beruht.[11] Als unabwendbare Ereignisse gelten zB Brand, Naturkatastrophen (zB Hochwasser,[12] Unwetter, nicht aber Grundwasserschäden[13]), Kriegseinwirkung, Vertreibung oder politische Verfolgung, die den StPfl. existentiell betreffen. Der Verlust v. Hausrat aufgrund politischer Verfolgung beruht nur dann auf einem unabwendbaren Ereignis, wenn ein Verbleiben im Heimatland mit Gefahren für Leib und Leben oder die persönliche Freiheit des StPfl. verbunden wäre.[14] Aufwendungen zur Wiederbeschaffung sind auch abziehbar, wenn v. dem Gegenstand eine Gesundheitsgefährdung ausgeht, die beseitigt werden muss und nicht auf einem Verschulden des StPfl., seines Mieters oder auf einen Baumangel zurückzuführen ist.[15] Berücksichtigt werden nur die Wiederherstellung oder Wiederbeschaffung, **nicht die Ergänzung** des vorhandenen Bestandes.[16] Liegt das schädigende Ereignis länger als drei Jahre zurück, ist zu vermuten, dass es sich um eine nicht zu berücksichtigende Ergänzungsbeschaffung handelt.[17] Wiederbeschaffungsaufwendungen können nur insoweit als ag. Belastungen anerkannt werden, als sie notwendig und angemessen sind (s. Abs. 2).[18] Soweit es sich um Gegenstände handelt, die üblicherweise nicht notwendig[19] sind oder soweit es

---

1 BFH v. 22.10.2009 – VI R 7/09, BStBl. II 2010, 280.
2 BFH v. 29.11.1991 – III R 74/87, BStBl. II 1992, 290; v. 23.5.2002 – III R 52/99, BStBl. II 2002, 592 (Ersatzbeschaffung v. Mobiliar bei Formaldehydbelastung); v. 25.1.2007 – III B 103/06, BFH/NV 2007, 891 (zu den Voraussetzungen bei behindertengerechtem Umbau eines Badezimmers); FG BaWü. v. 19.9.2002 – 10 K 168/01, EFG 2003, 94 (Umbau eines Badezimmers wegen Erkrankung an multipler Sklerose); nicht bei nachträglichem Einbau eines Fahrstuhls oder eines automatischen Garagentores: BFH v. 15.4.2004 – III B 84/03, BFH/NV 2004, 1252; v. 15.12.2005 – III R 10/04, BFH/NV 2006, 931.
3 BFH v. 15.12.2005 – III R 10/04, BFH/NV 2006, 931.
4 BFH v. 19.6.2006 – III B 37/05, BFH/NV 2006, 2057.
5 BFH v. 21.8.1974 – VI R 237/71, BStBl. II 1974, 745.
6 BFH v. 29.3.2012 – VI R 21/11, BStBl. II 2012, 574; v. 9.8.2001 – III R 6/01, BStBl. II 2002, 240; *Hettler*, DB 2002, 1848.
7 BFH v. 6.5.1994 – III R 27/92, BStBl. II 1995, 104; v. 29.11.1991 – III R 74/87, BStBl. II 1992, 290; vgl. *Sunder-Plassmann*, DStR 1992, 1306; *ders.*, DStR 1993, 1162.
8 *K/S/M*, § 33 Rn. B 37; *Kirchhof*, Gutachten F 57. DtJTag, 1988, 66.
9 ZB BFH v. 26.4.1991 – III R 69/87, BStBl. II 1991, 755; v. 10.6.1988 – III R 248/83, BStBl. II 1988, 814; v. 15.2.1974 – VI R 67/70, BStBl. II 1974, 335.
10 R 33.2 Nr. 2 EStR.
11 *H/H/R*, § 33 Anm. 74; *Blümich*, § 33 Rn. 267; *K/S/M*, § 33 Rn. B 69.
12 Zur Hochwasserkatastrophe in Deutschland 2016: BMF v. 28.6.2016, BStBl. I 2016, 641.
13 OFD Ffm. v. 28.2.2003, DStZ 2003, 319.
14 BFH v. 26.4.1991 – III R 69/87, BStBl. II 1991, 755; **aA** FG RhPf. v. 13.7.1994 – 5 K 2881/93, EFG 1994, 930.
15 R 33.2 Nr. 2 EStR.
16 Zum Verlust v. Kleidung auf einer Urlaubsreise: BFH v. 3.9.1976 – VI R 185/74, BStBl. II 1976, 712; vgl. auch BFH v. 25.2.2005 – III B 96/04, BFH/NV 2005, 1278 (Errichtung einer modernen Trinkwasserversorgung).
17 R 33.2 Nr. 8 EStR; BFH v. 23.9.1960 – VI 90/60 S, BStBl. III 1960, 488; FG Hess. v. 18.11.1965 – I 72/65, EFG 1966, 231.
18 *H/H/R*, § 33 Anm. 75.
19 ZB Urlaubskleidung: BFH v. 3.9.1976 – VI R 185/74, BStBl. II 1976, 712.

sich um Luxusausführungen handelt,[1] sind die Aufwendungen für die Wiederbeschaffung nicht abzugsfähig. Der Höhe nach dürfen die Aufwendungen einen angemessenen Betrag nicht übersteigen.[2]

19 Die zunächst nur für die Wiederbeschaffung v. Hausrat und Kleidung geltende Anerkennung v. ag. Belastungen hat der BFH jüngst auf weitere Fallgestaltungen ausgedehnt. Unter dem Gesichtspunkt des „verlorenen Aufwands" können bei Schäden an Vermögensgegenständen Wiederherstellungsaufwendungen als ag. Belastungen in Betracht kommen, wenn ein **für den StPfl. existentiell wichtiger Bereich** (im Streitfall: das Wohnen)[3] berührt ist, **keine Anhaltspunkte für** ein eigenes (ursächliches) **Verschulden** des StPfl. erkennbar ist[4] und **keine (realisierbaren) Ersatzansprüche** gegen Dritte gegeben sind. Diese Voraussetzungen bedeuten auch, dass der zerstörte oder beschädigte Vermögensgegenstand in Größe und Ausstattung nicht erheblich über das Notwendige und Übliche hinausgehen darf. Zur Vermeidung einer den Sinn und Zweck des § 33 überschreitenden Ausdehnung hält es der BFH ferner für geboten, den StPfl. in diesem Bereich (Schäden an Vermögensgegenständen) vorrangig auf bestehende **Versicherungsmöglichkeiten** zu verweisen. Die Aufwendungen können nach bisheriger Rspr.[5] nicht als ag. Belastung abgezogen werden, wenn eine allg. zugängliche und übliche Versicherungsmöglichkeit nicht wahrgenommen wurde;[6] für die Anerkennung als ag. Belastung fehlt es in diesen Fällen an der Zwangsläufigkeit.[7] Die sog. Elementarversicherung stellt jedoch keine allg. zugängliche und übliche Versicherungsmöglichkeit dar.[8]

20 **III. Außergewöhnlichkeit. 1. Außergewöhnlichkeit der Aufwendung oder des Ereignisses.** Die Legaldefinition der ag. Belastungen[9] setzt voraus, dass dem StPfl. zwangsläufig größere Aufwendungen als der überwiegenden Mehrzahl der StPfl. gleicher Einkommensverhältnisse, gleicher Vermögensverhältnisse und gleichen Familienstandes erwachsen. Der Gesetzestext stellt für die Außergewöhnlichkeit damit nicht nur auf die Höhe der Belastung ab,[10] sondern bezieht über die Zwangsläufigkeit auch das **verursachende Ereignis** in den Tatbestand der ag. Belastungen ein. Die Zwangsläufigkeit ist grds. nicht allein an der unmittelbaren Zahlungsverpflichtung zu messen und iZ mit der Belastung zu berücksichtigen. Auch das die Verpflichtung adäquat verursachende Ereignis muss für den StPfl. zwangsläufig sein.[11] Daraus folgt, dass sowohl die Aufwendung als auch das verursachende Ereignis außergewöhnlich sein müssen.[12]

21 § 33 erfasst nicht die typischen, üblichen oder regelmäßigen Aufwendungen für die Lebensführung,[13] selbst wenn es sich um unumgängliche und hohe Aufwendungen handelt.[14] Der Tatbestand der ag. Belastungen ergänzt die Tatbestände der existenzsichernden Abzüge in **außergewöhnlichen, atypischen, unüblichen**, außerhalb der normalen Lebensführung liegenden **Situationen**.[15] § 33 soll sicherstellen, dass die Besteuerung erst jenseits des Existenzminimums einsetzt.[16] Daher stellt der BFH vielfach darauf ab, ob Aufwendungen den **existenziellen** Bereich des StPfl. betreffen.[17] Werden die Aufwendungen dagegen v. anderen Regelungen zur Steuerfreistellung des Existenzminimums erfasst, ist für § 33 kein Raum. In diesen Fällen können allenfalls Billigkeitsregelungen eingreifen.

1 FG Hbg. v. 20.11.1975 – II 38/75, EFG 1976, 183.
2 Die Verwaltung hat für die Wiederbeschaffungsaufwendungen Obergrenzen festgesetzt, die v. der Rspr. teilw. akzeptiert worden sind (*H/H/R*, § 33 Anm. 75; vgl. auch *K/S/M*, § 33 Rn. B 72).
3 Nach *Brockmeyer*, DStZ 1998, 214 gilt dies nicht bei einem Pkw. Diese Auffassung ist bei den gegenwärtigen Anforderungen an die Mobilität problematisch.
4 Auch nicht leichte Fahrlässigkeit im Straßenverkehr: *Brockmeyer*, DStZ 1998, 214; keine ag Belastung, wenn Verschulden des StPfl., des Mieters oder bei Baumangel wie zB Schimmelpilz: R 33.2. Nr. 2 EStR.
5 BFH v. 29.3.2012 – VI R 70/10, BStBl. II 2012, 572 lässt ausdrücklich offen, ob für die Abzugsfähigkeit v. Aufwendungen für Gegenstände des existenznotwendigen Grundbedarfs an dem Erfordernis einer allg. zugänglichen und üblichen Versicherungsmöglichkeit stets festzuhalten ist.
6 BFH v. 26.6.2003 – III R 36/01, BStBl. II 2004, 47 und v. 30.6.1999 – III R 8/95, BStBl. II 1999, 766 (beide zu Hausratsversicherung); v. 6.5.1994 – III R 27/92, BStBl. II 1995, 104; R 33.2 Nr. 7 EStR; *Brockmeyer*, DStZ 1998, 214; *Steinhauff*, HFR 2004, 122; krit. zur „Abwälzungstheorie" *Kanzler*, FR 2004, 101.
7 BFH v. 20.11.2003 – III R 2/02, BFH/NV 2004, 630.
8 BMF v. 28.6.2016, BStBl. I 2016, 641.
9 Zur missglückten Definition vgl. auch *K/S/M*, § 33 Rn. B 39.
10 So aber *H/H/R*, § 33 Anm. 30; *K/S/M*, § 33 Rn. B 42; wohl auch *B/B*, § 33 Rn. 53.
11 BFH v. 19.12.1995 – III R 177/94, BStBl. II 1996, 197.
12 So iErg. auch die ganz überwiegende Meinung in der Literatur: *K/S/M*, § 33 Rn. B 42; *Schmidt*[37], § 33 Rn. 12; *Blümich*, § 33 Rn. 83; **aA** *H/H/R*, § 33 Anm. 30.
13 Diese gelten als durch den Grundfreibetrag und andere Freibeträge als abgegolten: *Brockmeyer*, DStZ 1998, 214.
14 *Brockmeyer*, DStZ 1998, 214.
15 *K/S/M*, § 33 Rn. B 46; *Kirchhof*, Gutachten F 57, DJT 1988, 67; *Luttermann*, FR 2016, 402, beklagt situative Willkür, sozialpolitische Stilistik und Zeitgeist.
16 *Jakob/Jüptner*, StuW 1983, 210.
17 ZB BFH v. 6.5.1994 – III R 27/92, BStBl. II 1995, 104; v. 19.5.1995 – III R 12/92, BStBl. II 1995, 774.

2. Vergleichbare Gruppen. Die Außergewöhnlichkeit ergibt sich nach dem Gesetzeswortlaut aus einem Vergleich mit der überwiegenden Mehrzahl der StPfl. gleicher Einkommensverhältnisse, gleicher Vermögensverhältnisse und gleichen Familienstandes. Insoweit handelt es sich bei der Legaldefinition der ag. Belastungen um eine **Konkretisierung des allg. Gleichheitssatzes** (Art. 3 GG).[1] Vergleichsmaßstab sind die Einkommens- und Vermögensverhältnisse sowie der Familienstand. Mit Einkommen und Vermögen werden die **wirtschaftlichen Verhältnisse** umschrieben; gemeint ist nicht das Einkommen gem. § 2 Abs. 4. Berücksichtigt werden vielmehr auch stfreie Einnahmen, während ein Verlustvor- oder -rücktrag herauszurechnen wäre, da er einem anderen VZ zuzurechnen ist.[2] Unter Vermögen ist das Gesamtvermögen des StPfl. zu verstehen. Ausdrücklich berücksichtigt der Gesetzgeber für die Bestimmung der Vergleichsgruppe den Familienstand des StPfl. Überwiegend wird nicht auf den zivilrechtl. Status sondern auf die **Familienverhältnisse** abgestellt.[3] Da mit dem Merkmal des Familienstandes unterschiedliche Belastungssituationen gekennzeichnet werden sollen, dürfte es insoweit auf die Zahl der **unterhaltsberechtigten Pers.** ankommen. 22

Die Außergewöhnlichkeit ergibt sich danach auch aus den besonderen Verhältnissen des einzelnen StPfl. oder einer kleinen Minderheit v. StPfl.[4] Belastete StPfl. sind mit StPfl. zu vergleichen, die nicht v. dem jeweiligen außergewöhnlichen Ereignis oder den erhöhten Aufwendungen betroffen sind.[5] Dabei ist auf den jeweiligen VZ abzustellen.[6] **Naturereignisse**, wie Überschwemmungen, Stürme oder Unwetter betreffen idR nur einen Teil des Bundesgebietes, so dass das Merkmal der Außergewöhnlichkeit erfüllt ist.[7] Betrifft ein Ereignis hingegen die Mehrzahl aller StPfl. (zB **globale Katastrophen**, wie zB ein Reaktorunfall),[8] sind die Tatbestandsvoraussetzungen des § 33 nicht erfüllt. 23

3. Weitere Voraussetzungen. Abs. 1 setzt **„größere" Aufwendungen** voraus. Das bedeutet jedoch nicht, dass es auf die absolute Höhe der Beträge ankommt.[9] Entscheidend ist vielmehr die relative Belastung ggü. der überwiegenden Mehrzahl der StPfl.[10] Im Hinblick auf das estl. Jahresprinzip ist der **Vergleich innerhalb eines VZ** vorzunehmen.[11] Nur so ist sichergestellt, dass sich die ag. Belastungen aus einem Vergleich mit der überwiegenden Mehrzahl der StPfl. ergibt und nicht die durchschnittliche Situation des belasteten StPfl. in mehreren VZ zum Vergleichsmaßstab wird.[12] 24

IV. Rechtsanspruch nach Antrag. Der Abzug ag. Belastungen setzt einen Antrag des StPfl. oder seines Erben[13] voraus, der grds. bis zum Schluss der letzten Tatsacheninstanz gestellt werden kann.[14] Da der Antrag **nicht fristgebunden** ist, kann er auch noch nach Eintritt der Bestandskraft der Steuerbescheids nachgeholt werden. Wenn die übrigen Voraussetzungen des § 173 Abs. 1 S. 1 Nr. 2 AO vorliegen (unverschuldete nachträglich bekannt gewordene Tatsache),[15] muss der Einkommensteuerbescheid entspr. geändert werden.[16] Hat das FA Kenntnis v. Tatsachen, die einen Abzug v. ag. Belastungen rechtfertigen, hat es aufgrund der Fürsorgepflicht (§ 89 AO) einen entspr. Antrag anzuregen. Der StPfl. hat die den Anspr. begründenden **Tatsachen nachzuweisen oder glaubhaft**[17] **zu machen**. Im Hinblick auf die Missbrauchsanfälligkeit werden teilw. recht strenge Anforderungen gestellt. Insbes. bei Krankheits- oder Kurkosten werden amts- oder vertrauensärztliche Zeugnisse verlangt.[18] 25

---

1 *K/S/M*, § 33 Rn. B 48; *H/H/R*, § 33 Anm. 50.
2 *H/H/R*, § 33 Anm. 51.
3 *H/H/R*, § 33 Anm. 51; *K/S/M*, § 33 Rn. B 39.
4 BFH v. 5.12.1968 – IV 79/65, BStBl. II 1969, 260; v. 22.8.1980 – VI R 196/77, BStBl. II 1981, 25; v. 19.5.1995 – III R 12/92, BStBl. II 1995, 774.
5 Schlagwortartig wird vielfach ausgeführt, dass Belastete mit Unbelasteten zu vergleichen sind, *Schmidt*[37], § 33 Rn. 10; vgl. auch *H/H/R*, § 33 Anm. 51.
6 *H/H/R*, § 33 Anm. 52; **aA** *K/S/M*, § 33 Rn. B 43.
7 Vgl. zB BMF v. 28.6.2016, BStBl. I 2016, 641 zu der Unwetterlage von Ende Mai/Anfang Juni 2016 in Deutschland.
8 *Schmidt*[37], § 33 Rn. 10; *Kanzler*, FR 1993, 698.
9 *Tipke*, StuW 1975, 347.
10 BFH v. 15.4.1992 – III R 11/91, BStBl. II 1992, 821.
11 **AA** *K/S/M*, § 33 Rn. B 43.
12 *H/H/R*, § 33 Anm. 52.
13 *H/H/R*, § 33 Anm. 16 und 53 mwN.
14 *K/S/M*, § 33 Rn. A 44.
15 Ein StPfl. handelt regelmäßig grob schuldhaft iSd. § 173 Abs. 1 Nr. 2 AO, wenn er eine im Steuererklärungsformular ausdrücklich gestellte Frage nicht beantwortet (BFH v. 9.8.1991 – III R 24/87, BStBl. II 1992, 65).
16 BFH v. 21.7.1989 – III R 303/84, BStBl. II 1989, 960; v. 12.1.1993 – V R 59/89, BFH/NV 1994, 217; zu § 33a vgl. auch FG Düss. v. 4.3.1993 – 14 K 1457/91 E, EFG 1993, 663; *K/S/M*, § 33 Rn. A 43.
17 BFH v. 9.12.1994 – III R 16/89, BStBl. II 1995, 408.
18 BFH v. 1.2.2001 – III R 22/00, BStBl. II 2001, 543; v. 26.6.1992 – III R 8/91, BStBl. II 1993, 278; v. 26.6.1992 – III R 83/91, BStBl. II 1993, 212.

26 Liegen die gesetzlichen Voraussetzungen vor, hat der StPfl. einen **einklagbaren Rechtsanspruch** auf den Abzug der ag. Belastungen v. Gesamtbetrag der Einkünfte. Die Finanzbehörde hat keinen Ermessensspielraum.

C. Zwangsläufigkeit der Aufwendungen (Abs. 2)

27 **I. Zwangsläufigkeit (Abs. 2 S. 1). 1. Zwangsläufigkeit dem Grunde nach. a) Überblick.** Abs. 2 definiert das in Abs. 1 bereits enthaltene Tatbestandsmerkmal der Zwangsläufigkeit.[1] Entscheidend ist, dass die in Abs. 2 aufgezählten Gründe **derart auf die Entschließung des StPfl. einwirken, dass er sich den Aufwendungen nicht entziehen und damit ihnen nicht ausweichen kann.**[2] Der StPfl. darf keine tatsächliche Entschließungsfreiheit haben, bestimmte Aufwendungen vorzunehmen oder zu unterlassen.[3] Dabei kommt es nicht allein auf die Zwangsläufigkeit der Zahlungsverpflichtung an.[4] Auch das die Zahlungsverpflichtung adäquat verursachende **Ereignis muss** für den StPfl. **zwangsläufig sein.**[5] Nach Sinn und Zweck des § 33 ist dabei auf die wesentliche Ursache abzustellen, die zu den Aufwendungen geführt hat.[6]

28 Ob sich der StPfl. den Aufwendungen nicht entziehen kann, ist nach **objektiven Maßstäben** zu beurteilen.[7] Bei einem **entschuldbaren Sachverhaltsirrtum** ist für die Beurteilung der Zwangsläufigkeit der v. StPfl. unterstellte Sachverhalt zugrunde zu legen. Bei Fällen mit **Auslandsberührung** werden für die Beurteilung der Zwangsläufigkeit unter Hinweis auf § 33a Abs. 1 S. 5 HS 2 überwiegend **inländ. Maßstäbe** zugrunde gelegt.[8] Dies kann jedoch nicht für rechtl. Verpflichtungen gelten, bei denen nach deutschem internationalem Privatrecht das Recht des Auslands anzuwenden ist, und auch nicht für sittliche Gründe, da es darauf ankommt, ob der jeweilige StPfl. und damit der Ausländer nach seinen Maßstäben sittlich gebunden ist.[9] Grds. hat daher eine **zweistufige Prüfung** bei Sachverhalten mit Auslandsberührung stattzufinden. Auf einer ersten Stufe ist zu prüfen, ob eine tatsächliche Zwangslage, eine rechtl. Verpflichtung aufgrund internationalen Privatrechts oder eine sittliche Verpflichtung nach den eigenen Maßstäben des StPfl. besteht. Im Hinblick auf den **steuerrechtl. ordre public** ist sodann zu prüfen, ob nach (objektiven) bundesrepublikanischen Maßstäben die Zwangsläufigkeit bejaht werden kann, denn StPfl. mit ausländ. Staatsangehörigkeit sollen im Hinblick auf die Beachtung ausländ. Rechtsordnungen nicht größere stl. Vergünstigungen in Anspr. nehmen können als die überwiegende Zahl inländ. Steuerzahler.[10]

29 Die Aufwendungen dürfen **nicht durch den StPfl. selbst verursacht** worden sein, denn die Gründe für die Zwangsläufigkeit müssen v. außen auf die Entschließung des StPfl. so einwirken, dass er sich ihnen nicht entziehen kann.[11] Ag. Belastungen sind schon ausgeschlossen, wenn der StPfl. die Zwangsläufigkeit mitverursacht hat. Wird zB das gesamte Vermögen einer Pers. übernommen, können später Unterstützungsleistungen an diese Pers. nicht geltend gemacht werden, da die Bedürftigkeit durch den StPfl. mitverursacht worden ist.[12] **Freiwillige Zahlungen** sind stets selber verursacht und daher nicht zwangsläufig.[13] Verpflichtungen aufgrund rechtsgeschäftlicher **Vereinbarungen** begründen für sich allein regelmäßig keine Zwangsläufigkeit, es sei denn, es besteht zusätzlich zu der selbst begründeten Rechtspflicht eine weitere rechtl. oder eine sittliche Verpflichtung bzw. eine tatsächliche Zwangslage zur Leistung der Aufwendungen, oder die Übernahme der Rechtspflicht beruht ihrerseits auf rechtl. oder sittlichen Verpflichtungen

---

1 Die Frage, ob die Legaldefinition der Zwangsläufigkeit deklaratorische (so *K/S/M*, § 33 Rn. C 2, 25) oder konstitutive (so *H/H/R*, § 33 Anm. 174) Bedeutung hat, ist ohne praktische Bedeutung.

2 StRspr. BFH v. 10.10.1996 – III R 209/94, BStBl. II 1997, 491; v. 9.5.1996 – III R 224/94, BStBl. II 1996, 596; vgl. auch *Brockmeyer*, DStZ 1998, 214 „keine Ausweichmöglichkeit".

3 BFH v. 10.10.1996 – III R 209/94, BStBl. II 1997, 491.

4 So aber *H/H/R*, § 33 Anm. 184, der aber anschließend prüfen will, ob die Inanspruchnahme rechtsmissbräuchlich ist (*H/H/R*, § 33 Anm. 186).

5 BFH v. 9.5.1996 – III R 224/94, BStBl. II 1996, 596; v. 19.12.1995 – III R 177/94, BStBl. II 1996, 197; v. 9.5.1996 – III B 180/95, BFH/NV 1996, 882; v. 3.6.1982 – VI R 41/79, BStBl. II 1982, 749; v. 18.7.1986 – III R 178/80, BStBl. II 1986, 745; *K/S/M*, § 33 Rn. C 14.

6 *Jakob/Jüptner*, StuW 1983, 209; so auch *K/S/M*, § 33 Rn. C 17; iÜ ist die Frage der Kausalität umstritten: *K/S/M*, § 33 Rn. C 14 ff.; *H/H/R*, § 33 Anm. 184.

7 BFH v. 22.6.1979 – VI R 43/76, BStBl. II 1979, 646; v. 18.11.1977 – VI R 142/75, BStBl. II 1978, 147.

8 FG Münster v. 7.12.1994 – 13 K 3510/92 E, EFG 1995, 529; *Schmidt*[37], § 33 Rn. 27; **aA** *K/S/M*, § 33 Rn. C 7; diff.: *H/H/R*, § 33 Anm. 178.

9 So auch *K/S/M*, § 33 Rn. C 7; *H/H/R*, § 33 Anm. 178.

10 BFH v. 17.1.1984 – VI R 244/80, BStBl. II 1984, 527.

11 BFH v. 26.4.1991 – III R 69/87, BStBl. II 1991, 755; ausf. *Brockmeyer*, DStZ 1998, 214.

12 BFH v. 12.11.1996 – III R 38/95, BStBl. II 1997, 387; v. 1.12.2009 – VI B 146/08, BFH/NV 2010, 637; *Brockmeyer*, DStZ 1998, 214.

13 *K/S/M*, § 33 Rn. C 27.

oder einer tatsächlichen Zwangslage.[1] Diese Frage hat in jüngerer Zeit für **Zivilprozesskosten** Bedeutung erlangt. Der BFH lehnte ursprünglich die Anerkennung v. Zivilprozesskosten als ag. Belastung ab, da sie idR auf einem freiwilligen Entschluss des StPfl beruhen.[2] Ausnahmen waren allerdings denkbar, wenn die Verwirklichung bestimmter Rechte selbst bei Einvernehmen der Betroffenen eine gerichtliche Entscheidung, zB ein familienrechtl. Gestaltungsurteil, zwingend erfordert[3] oder wenn ein Rechtsstreit einen für den StPfl. existenziell wichtigen Bereich berührt.[4] Mit Urt. v. 12.5.2011[5] änderte der BFH seine Auffassung und erkannte Zivilprozesskosten als ag. Belastung an, weil die Aufwendungen wegen des staatlichen Gewaltmonopols zwangsläufig seien. Nach heftiger Kritik in der Literatur[6] und einer Gesetzesänderung (Rn. 47a) kehrte der BFH mit Urt. v. 18.6.2015[7] zu seiner früheren Rspr. zurück.[8] Richtigerweise zwingt das staatliche Gewaltmonopol keinen StPfl. zur Führung eines Prozesses. Auch andere vom Rechtsstaat rechtmäßig auferlegte Zahlungsverpflichtungen führen nicht zu zwangsläufigen Aufwendungen iSd. § 33. Für die Rechtslage vor Einführung des Abs. 2 S. 4 ist daher die Zwangsläufigkeit von Prozesskosten danach zu beurteilen, ob das die Prozessführung adäquat verursachende Ereignis für den StPfl. zwangsläufig ist.[9]

Ein **Verschulden des StPfl.** spricht ebenfalls gegen die Zwangsläufigkeit der Aufwendungen. Vorsätzlich 30
schuldhaftes Handeln oder grobe Fahrlässigkeit schließen stets den Abzug als ag. Belastungen aus;[10] demgegenüber kann trotz einfacher oder leichter Fahrlässigkeit Zwangsläufigkeit gegeben sein,[11] wenn es sich um ein nicht zu vermeidendes Risiko (zB Straßenverkehr) handelt. IÜ ist umstritten, ob und inwieweit bei fahrlässigem Verhalten die Voraussetzungen des Abs. 2 erfüllt sind.[12] Geldstrafen, Geldbußen und die v. einem Verurteilten zu tragenden Kosten eines Strafprozesses sind nicht zwangsläufig,[13] da sie in aller Regel ein Verschulden des StPfl. voraussetzen. Dies gilt auch, wenn die Aufwendungen auf fahrlässigem Handeln beruhen, denn andernfalls würde die staatlich auferlegte Sanktion durch steuerrechtl. Maßnahmen (zumindest teilw.) neutralisiert.[14] Die Rspr. des VI. Senats des BFH zu den Zivilprozesskosten kann auf die Kosten eines Strafprozesses nicht übertragen werden, weil eine ex-ante-Prognose im Strafverfahren wg. der für den Strafprozess zentralen Unschuldsvermutung ausscheidet.[15] Geldstrafen können jedoch ausnahmsweise zwangsläufig sein, wenn und soweit der Sanktion ein **ausländ. Urteil** zugrunde liegt, das wesentlichen, v. der Verfassung geprägten Grundsätzen der innerstaatlichen Rechtsordnung widerspricht.[16]

Aufwendungen sind grds. nicht zwangsläufig, wenn sie durch die Inanspruchnahme **anderweitiger Er-** 31
satzmöglichkeiten (zB Versicherungsansprüche, Schadenersatzansprüche) abgewendet werden können, sofern dies nicht ausnahmsweise unzumutbar ist.[17] Der **Verzicht** auf die Geltendmachung des Anspr. lässt

---

1 Keine Zwangsläufigkeit einer Grundschuldbestellung zur Sicherung v. Schulden einer KG, an der nur Angehörige des StPfl. beteiligt sind (BFH v. 29.7.1997 – IX R 89/94, BStBl. II 1997, 772); krit. auch *Kanzler*, FR 1997, 230; vgl. auch *Brockmeyer*, DStZ 1998, 214.

2 BFH v. 9.5.1996 – III R 224/94, BStBl. II 1996, 596; v. 18.6.1997 – III R 60/96, BFH/NV 1997, 755; v. 30.1.2006 – III B 133/04, BFH/NV 2006, 938; v. 1.8.2005 – IV B 40–44/04, BFH/NV 2005, 2003.

3 BFH v. 21.2.1992 – III R 88/90, BStBl. II 1992, 795; v. 8.11.1974 – VI R 22/72, BStBl. II 1975, 111; v. 23.2.1968 – VI R 239/67, BStBl. II 1968, 407; v. 21.3.1958 – VI 14/54 U, BStBl. III 1958, 329.

4 BFH v. 9.5.1996 – III R 224/94, BStBl. II 1996, 596; Anm. HFR 1997, 14; vgl. BFH v. 30.1.2006 – III B 133/04 BFH/NV 2006, 938.

5 BFH v. 12.5.2011 – VI R 42/10, BStBl. II 2011, 1015; grds. rechtfertigend *Geserich*, DStR 2013, 1861; abl. mit zutr. Begründung *G. Kirchhof*, DStR 2013, 1867.

6 ZB *G. Kirchhof*, DStR 2013, 1867; *G. Kirchhof*, Deutscher Finanzgerichtstag (11) 2014, 219; *Heger* in Blümich, § 33 Rn. 225.

7 BFH v. 18.6.2015 – VI R 17/14, BStBl. II 2015, 800; v. 19.8.2015 – X R 34/12, BFH/NV 2016, 22.

8 Ausf. zur Rechtsentwicklung *Endert*, FR 2016, 66.

9 Vgl. *Schneider*, BFH-PR 2015, 374.

10 BFH v. 5.7.1963 – VI 272/61 S, BStBl. III 1963, 499; bei Leichtfertigkeit vgl. FG Hess. v. 5.10.1990 – 1 K 5063/89, EFG 1991, 195; *K/S/M*, § 33 Rn. C 28; *Schmidt*[37], § 33 Rn. 29.

11 BFH v. 3.6.1982 – VI R 41/79, BStBl. II 1982, 749; Einschränkung durch BFH v. 9.5.1996 – III R 224/94, BStBl. II 1996, 596, s. *Brockmeyer*, DStZ 1998, 214.

12 Ausf. *K/S/M*, § 33 Rn. C 28; *Schmidt*[37], § 33 Rn. 29 will auf die im Zivilrecht entwickelten Grundsätze „gefahrgeneigter Arbeit" zurückgreifen.

13 BFH v. 8.4.1964 – VI 83/63 U, BStBl. III 1964, 333; v. 25.8.1961 – VI 99/59 S, BStBl. III 1961, 482; v. 10.9.1957 – I 322/56 S, BStBl. III 1957, 415; v. 21.7.1955 – IV 373/54 U, BStBl. III 1955, 338; v. 30.10.2003 – III R 23/02, BStBl. II 2004, 267 (Strafverteidigung des volljährigen Kindes).

14 **AA** *Jakob/Jüptner*, StuW 1983, 216; *K/S/M*, § 33 Rn. C 29.

15 BFH v. 16.4.2013 – IX R 5/12, BStBl. II 2013, 806; v. 14.5.2014 – X R 23/12, BStBl. II 2014, 684.

16 FG Bremen v. 21.12.1979 – I 135/78, EFG 1980, 183; *K/S/M*, § 33 Rn. C 63 „Geldstrafen und Geldbußen"; Gleiches muss auch für die in einem solchen Fall entstehenden Prozesskosten gelten.

17 BFH v. 14.8.1997 – III R 67/96, BStBl. II 1997, 732; v. 18.6.1997 – III R 84/96, BStBl. II 1997, 805; v. 20.9.1991 – III R 91/89, BStBl. II 1992, 137; Anm. HFR 1992, 237: gerichtliche Verfolgung nur zumutbar, wenn Rechts- und Beweislage eindeutig ist.

die Zwangsläufigkeit grds. entfallen.[1] Der StPfl. ist auch gehalten, sich nachdrücklich um die Ersatzmöglichkeit bemühen.[2] Verzichtet der StPfl. bei der Krankenkasse auf die Geltendmachung der Aufwendungen, um eine Beitragserstattung zu erhalten, so können die Krankheitskosten nicht als ag. Belastung geltend gemacht werden. Dies gilt auch dann, wenn das Ergebnis wirtschaftlich vernünftig ist, denn in diesen Fällen erhält der StPfl. mehr, als er an Aufwand hat.[3]

32 Eine Zwangsläufigkeit besteht auch nicht, wenn der StPfl. eine auf ihn zukommende Belastung nicht vermeidet, es sei denn, jede Möglichkeit dafür ist ausgeschlossen oder es ist nicht zumutbar, v. ihr Gebrauch zu machen.[4] Die **Vorbeugung durch den StPfl.** setzt jedoch voraus, dass er mit einer entspr. Belastung konkret rechnen muss. Insbes. kann nicht verlangt werden, dass der StPfl. Versicherungen abschließt, um Aufwendungen zu vermeiden oder zu vermindern, da dies eine Zwangsversicherung aus steuerrechtl. Gründen bedeuten würde.[5] Für Schäden an Vermögensgegenständen hat der BFH allerdings entschieden, dass diese nicht zwangsläufig sind, wenn der StPfl. allg. **zugängliche und übliche Versicherungsmöglichkeiten** nicht wahrgenommen hat.[6] Einen generellen Grundsatz, dass der StPfl. verpflichtet ist, Aufwendungen durch den Abschluss üblicher Versicherungen zu vermeiden, wird man aus dieser Entsch. zwar nicht ableiten müssen;[7] aber für Schäden, die durch eine Hausratversicherung abgedeckt werden können, dürften keine ag. Belastung mehr geltend gemacht werden können.[8]

33 Bei **Aufwendungen zugunsten dritter Pers.** müssen die Gründe für die Zwangsläufigkeit in der Pers. des StPfl. selbst vorliegen; das Verhalten des Unterstützten ist hingegen nicht v. ausschlaggebender Bedeutung.[9] Es findet keine doppelte Prüfung des Tatbestandsmerkmals der Zwangsläufigkeit bei dem StPfl. und bei der dritten Pers. statt. Zu fragen ist aber, ob die unterstützte Pers. selbst in den Lage gewesen wäre, den Aufwendungen auszuweichen.[10] Aufwendungen, die durch schuldhaftes Verhalten der unterstützten Pers. verursacht sind, können für den StPfl. selber zwangsläufig erwachsen. Allerdings sind die Einkommens- und Vermögensverhältnisse der durch die Aufwendungen begünstigten Pers. bei der Prüfung der Zwangsläufigkeit zu berücksichtigen.[11] Ist die dritte Pers. in der Lage, die Aufwendungen aus eigenen Mitteln zu bestreiten, fehlt es in aller Regel an der Zwangsläufigkeit für den StPfl.[12] Bei **Unterhaltsleistungen** aus sittlichen Gründen gebietet die Gleichbehandlung rechtl. und sittlicher Unterhaltspflichten, dass auch Vermögen und Lebensstellung der Beteiligten zu berücksichtigen sind.[13]

34 **b) Rechtliche Gründe.** Ein StPfl. kann sich Aufwendungen aus rechtl. Gründen nicht entziehen, wenn er zu der Leistung rechtl. verpflichtet ist. Solche Verpflichtungen können sich aus **G** (zB Unterhaltsverpflichtungen), **VA oder Vertrag** ergeben.[14] Der StPfl. darf die Verpflichtung aber nicht selbst gesetzt haben. Verpflichtungen aufgrund rechtsgeschäftlicher Vereinbarungen können daher eine Zwangsläufigkeit regelmäßig nicht begründen,[15] es sei denn, dass die Verpflichtung ihrerseits aus Gründen eingegangen worden ist, die zwangsläufig iSd. Abs. 2 sind. Schadensersatzleistungen führen nicht zu ag. Belastungen, wenn der StPfl. den Schadensfall schuldhaft verursacht hat[16] (Rn. 30). Rechtl Gründe sind auch nicht zwangsläufig, wenn der StPfl. ihnen ausweichen kann. Daher sind Aufwendungen des Erben zur Erfüllung v. **Nachlassverbindlichkeiten** regelmäßig keine ag. Belastungen, weil der Erbe die Möglichkeit hat, den Verbindlichkeiten durch Ausschlagung der Erbschaft auszuweichen.[17]

---

1 *Blümich*, § 33 Rn. 102.
2 BFH v. 18.6.1997 – III R 84/96, BStBl. II 1997, 805; v. 14.8.1997 – III R 67/96, BStBl. II 1997, 732; v. 20.9.1991 – III R 91/89, BStBl. II 1992, 137; v. 8.7.1994 – III R 48/93, BFH/NV 1995, 24; krit. *Richter*, DStZ 1992, 136.
3 *J. Förster*, DStR 2018, 1405 mwN; weitergehend *Paus*, EStB 2018, 398.
4 BFH v. 18.6.1997 – III R 60/96, BFH/NV 1997, 755.
5 *K/S/M*, § 33 Rn. C 63 „Versicherung"; *H/H/R*, § 33 Anm. 300 „Versicherungsschutz"; *Jakob/Jüptner*, StuW 1983, 210; *Kanzler*, FR 1995, 31.
6 BFH v. 30.6.1999 – III R 8/95, BStBl. II 1999, 766; v. 6.5.1994 – III R 27/92, BStBl. II 1995, 104.
7 Vgl. auch *Schmidt*[37], § 33 Rn. 32; *Blümich*, § 33 Rn. 100.
8 Ausf. *Steinhauff*, HFR 2004, 122 f.
9 BFH v. 23.5.1990 – III R 145/85, BStBl. II 1990, 895; s. aber BFH v. 18.6.1997 – III R 60/96, BFH/NV 1997, 755.
10 *Schmidt*[37], § 33 Rn. 33.
11 Zu Unterhaltsleistungen generell *H/H/R*, § 33 Anm. 146 ff.
12 *Schmidt*[37], § 33 Rn. 33; vgl. auch BFH v. 11.7.1990 – III R 111/86, BStBl. II 1991, 62; v. 23.5.1990 – III R 145/85, BStBl. II 1990, 895; v. 19.2.1965 – VI 306/64 U, BStBl. III 1965, 284.
13 BFH v. 27.2.1987 – III R 209/81, BStBl. II 1987, 432.
14 *K/S/M*, § 33 Rn. C 3.
15 BFH v. 19.5.1995 – III R 12/92, BStBl. II 1995, 774; v. 18.7.1986 – III R 178/80, BStBl. II 1986, 745.
16 BFH v. 18.9.1987 – VI R 121/84, BFH/NV 1988, 353; v. 3.6.1982 – VI R 41/79, BStBl. II 1982, 749; zur Problematik bei Gefährdungshaftung s. *H/H/R*, § 33 Anm. 184, 188.
17 BFH v. 24.7.1987 – III R 208/82, BStBl. II 1987, 715.

c) Tatsächliche Gründe. Die Rspr. zählt zu den tatsächlichen Gründen **elementare Ereignisse** wie Unwetter, Hochwasser, Brand, Krankheit, Geburt oder Todesfall oder sonst unabwendbare Ereignisse, wie etwa Erpressung[1] mit Gefahr für Leib und Leben, Vertreibung, politische Verfolgung uÄ. Fälle höherer Gewalt[2] dürften diese Voraussetzungen stets erfüllen. Eine tatsächliche Zwangslage kann nur durch ein unausweichliches Ereignis tatsächlicher Art begründet werden, nicht jedoch durch eine maßgeblich v. menschlichen Willen beeinflusste Situation.[3] Aufwendungen an Dritte können daher nicht auf tatsächliche, sondern nur auf rechtl. oder sittliche Gründe gestützt werden.[4] Hat der StPfl. die tatsächlichen Gründe seinerseits verursacht, ist ein Abzug als ag. Belastungen regelmäßig ausgeschlossen. 35

Ob tatsächliche Gründe vorliegen, die einen Abzug als ag. Belastungen rechtfertigen, wird v. BFH nach unterschiedlich strengen Maßstäben geprüft. Die Zwangsläufigkeit des Entstehens v. **Krankheitskosten** wird im allg. unterstellt, weil das die Krankheit auslösende Ereignis idR weder v. der FinVerw. noch v. den Gerichten ohne unzumutbares Eindringen in die Privatsphäre zutr. festgestellt werden kann.[5] Diese Aufwendungen werden deshalb auch dann stl. als ag. Belastungen anerkannt, wenn der StPfl. sich die Krankheit durch Unachtsamkeit oder durch selbst herbeigeführte Gefährdung zugezogen hat.[6] Hinsichtlich der Begriffe „Krankheit" und „Heilbehandlungskosten" kann an die Rspr. des BSG, des BGH und des BVerwG angeknüpft werden, die über die Berücksichtigung v. Heilbehandlungskosten iRd. gesetzlichen bzw. privaten Krankenversicherung bzw. des Beihilferechts zu entscheiden haben.[7] Vorbeugende Aufwendungen, die der Gesundheit allg. dienen, und solche, die auf einer medizinisch nicht indizierten Behandlung beruhen, erwachsen hingegen nicht zwangsläufig. Für die mitunter schwierige Trennung v. echten Krankheitskosten einerseits und lediglich **gesundheitsfördernden Vorbeuge- oder Folgekosten** andererseits fordert die ständige Rspr. regelmäßig die Vorlage eines zeitlich vor der Aufwendung erstellten amts- oder vertrauensärztlichen Gutachtens bzw. eines Attestes eines anderen öffentl.-rechtl. Trägers, aus dem sich die Krankheit und die medizinische Indikation der den Aufwendungen zugrundeliegenden Behandlung zweifelsfrei entnehmen lässt.[8] Nachdem der BFH seine Rspr. geändert, und auf ein amtsärztliches Attest verzichtet hat, hat der Gesetzgeber mit § 33 Abs. 4 und § 64 EStDV die rechtlichen Grundlagen für entsprechende Nachweispflichten geschaffen. Aus der Anerkennung als **Asylberechtigter** kann allerdings nicht ohne weiteres geschlossen werden, dass die Verfolgung des Asylberechtigten auf einem unabwendbaren Ereignis beruht.[9] Auch für die rechtl. Gründe gilt, dass der StPfl. nicht hat ausweichen können.[10] 36

d) Sittliche Gründe. Sittliche Gründe iSd. Abs. 2 sind nicht nur die **allg. ethischen und moralischen und für die Mehrheit der Bevölkerung[11] verbindlichen Maßstäbe des Handelns**. Aus der Vergleichbarkeit mit den rechtl. Pflichten[12] folgt vielmehr, dass sittliche Gründe nur zwangsläufig sind, wenn das sittliche Gebot ähnlich einem Rechtszwang v. außen her als eine Forderung oder zumindest eine Erwartung der Ges. in der Weise in Erscheinung tritt, dass die Unterlassung Nachteile im sittlich-moralischen Bereich oder auf gesellschaftlicher Ebene zur Folge haben kann.[13] Allg sittlich-moralische Beweggründe, 37

1 Vgl. FG Düss. v. 9.9.2008 – 3 K 3072/06 E, EFG 2009, 182; aber nicht, wenn sich der StPfl. straf- oder sozialwidrig verhalten hat und damit selbst und ohne Zwang einen Erpressungsgrund geschaffen hat: BFH v. 18.3.2004 – III R 31/02, BStBl. II 2004, 867.

2 Unter höherer Gewalt ist ein außergewöhnliches Ereignis zu verstehen, das unter den gegebenen Umständen auch durch äußerste, nach Lage der Sache anzuwendende Sorgfalt nicht abgewendet werden kann (BFH v. 16.8.1979 – I R 95/76, BStBl. II 1980, 47; v. 20.9.1989 – X R 8/86, BStBl. II 1990, 177).

3 BFH v. 10.10.1996 – III R 209/94, BStBl. II 1997, 491: keine Zwangslage tatsächlicher Art eines Rollstuhlfahrers zum Neubau eines behindertengerechten Hauses.

4 Ältere Entscheidungen des BFH, die tatsächliche Gründe bei Aufwendungen an Dritte bejaht haben (vgl. BFH v. 12.7.1963 – VI 282/62 U, BStBl. III 1963, 437; BFH v. 26.5.1971 – VI R 271/68, BStBl. II 1971, 628), sind v. der Literatur zu Recht kritisiert worden: vgl. *K/S/M*, § 33 Rn. C 5; *Brockmeyer*, DStZ 1998, 214.

5 BFH v. 2.9.2010 – VI R 11/09, BStBl. II 2011, 119; v. 1.2.2001 – III R 22/00, BStBl. II 2001, 543; *Brockmeyer*, DStZ 1998, 214.

6 BFH v. 30.11.1966 – VI R 108/66, BStBl. III 1967, 459; v. 12.7.1963 – VI 282/62 U, BStBl. III 1963, 437.

7 BFH v. 10.5.2007 – III R 47/05, BStBl. II 2007, 871; BFH v. 18.6.1997 – III R 84/96, BStBl. II 1997, 805.

8 BFH v. 2.9.2010 – VI R 11/09, BStBl. II 2011, 119.

9 Zu § 28 AuslG aF BFH v. 26.4.1991 – III R 69/87, BStBl. II 1991, 755; vgl. auch FG RhPf. v. 13.7.1994 – 5 K 2881/93, EFG 1994, 930.

10 BFH v. 10.10.1996 – III R 209/94, BStBl. II 1997, 491; v. 19.12.1995 – III R 177/94, BStBl. II 1996, 197; v. 21.2.1992 – III R 2/91, BFH/NV 1993, 356.

11 Zum Maßstab der herrschenden Anschauung aller billig und gerecht denkenden Menschen: BFH v. 7.8.1959 – VI 141/59 S, BStBl. III 1959, 385; v. 7.12.1962 – VI 115/62 U, BStBl. III 1963, 135.

12 Zur sog. „Gleichstellungs- und Sanktionsthese": *H/H/R*, § 33 Anm. 190 unter Hinweis auf *Leingärtner*, StuW 1956; krit. *K/S/M*, § 33 Rn. C 8.

13 BFH v. 22.10.1996 – III R 265/94, BStBl. II 1997, 558; v. 27.10.1989 – III R 205/82, BStBl. II 1990, 294.

auch wenn sie in hohem Maße achtenswert sind, reichen nicht aus;[1] ebenso wenig genügen auf bestimmten Konventionen beruhende Verpflichtungen (Anstandspflichten, Sitten und Übungen).[2] In diesem Zusammenhang ist auf alle Umstände des Einzelfalles, insbes. die persönlichen Beziehungen zw. den Beteiligten, ihre Einkommens- und Vermögensverhältnisse sowie die konkrete Lebenssituation, bei der Übernahme einer Schuld auch auf den Inhalt des Schuldverhältnisses abzustellen.[3] (Zur objektiven, an inländ. Maßstäben ausgerichteten Auslegung Rn. 28). Das Merkmal der Zwangsläufigkeit aus sittlichen Gründen spielte früher bei der Frage, wann StPfl. **Unterhaltsaufwendungen** aus sittlichen Gründen erwachsen, eine erhebliche Rolle. Ab dem VZ 96 hat diese Frage an Bedeutung verloren, da die Neufassung des § 33a zumeist[4] (insbes. für die typischen Unterhaltsaufwendungen) eine abschließende Regelung enthält.[5]

38 Sittliche Pflichten werden insbes. bei Unterhaltsaufwendungen ggü. **Angehörigen** iSd. § 15 AO bejaht, soweit sie nicht einen gesetzlichen Unterhaltsanspruch haben.[6] Bestehen gesetzliche Unterhaltsregelungen, wird eine über die rechtl. Verpflichtung hinausgehende sittliche Verpflichtung nur in besonderen Ausnahmefällen bestehen können.[7] Es genügt nicht, dass die Aufwendungen alleine aufgrund familiärer Bindung erbracht werden.[8] Aufwendungen ggü. Familienangehörigen sind regelmäßig zwangsläufig, wenn existentielle Bedürfnisse oder bes. schwerwiegende Notfälle vorliegen.[9] Aufwendungen für die **Pflege** eines nahen Angehörigen können ag. Belastungen sein, wenn es sich um Krankheitskosten handelt und die engen Anforderungen an die Zwangsläufigkeit aus sittlichen Gründen vorliegen.[10] Allerdings sind die Heimkosten eines nicht pflegebedürftigen StPfl., der seinen Ehegatten oder Lebenspartner (vgl. § 2 Abs. 8) in ein Pflegeheim begleitet, nicht abzugsfähig.[11] Es sind nicht dieselben Maßstäbe wie bei § 33b anzuwenden, denn § 33 Abs. 2 berücksichtigt nur existentiell notwendige private Abflüsse, während § 33b Abs. 6 entscheidend auf die tatsächliche Erbringung der Pflege abstellt.[12] Der BFH verweist teilw. auf die Möglichkeit der Gewährung langfristiger und ratenweise zu tilgender Darlehen, wenn entspr. Vereinbarungen zumutbar sind.[13] Es besteht jedoch keine sittliche Verpflichtung, Aufwendungen für eine v. der Krankenkasse nicht bezahlte naturheilkundliche Krebsbehandlung eines Elternteils zu übernehmen.[14] Auch die Übernahme v. Verbindlichkeiten volljähriger Kinder sind nicht abzugsfähig, weil die Eltern weder rechtl. noch sittlich verpflichtet sind, für die Schulden der Kinder aufzukommen.[15]

---

1 ZB genügt nicht die allg. sittlich Verpflichtung, in Not geratenen Mitbürgern zu helfen: BFH v. 7.3.1975 – VI R 98/72, BStBl. II 1975, 629; v. 21.4.1966 – IV 278/65, BStBl. III 1966, 354; FG Nds. v. 19.3.1996 – III 426/94, EFG 1996, 763; FG Köln v. 9.5.1984 – XI K 457/83, EFG 1985, 122; diese Auslegung ist v. BVerfG gebilligt worden: BVerfG v. 23.6.1978 – 1 BvR 712/77, StRK EStG § 33 R 324.

2 BFH v. 2.5.1958 – VI 303/57 U, BStBl. III 1958, 296 (Hochzeitsfeier); v. 12.8.1966 – VI R 76/66, BStBl. III 1967, 364 (Trauerkleidung).

3 BFH v. 24.7.1987 – III R 208/82, BStBl. II 1987, 715.

4 Ausnahme: zB Einbau eines Treppenliftes für einen querschnittsgelähmten Sohn, der nicht auf andere Mittel zurückgreifen kann: BFH v. 30.10.2008 – III R 97/06, BFH/NV 2009, 728.

5 BFH v. 23.10.2002 – III R 57/99, BStBl. II 2003, 187; *Brockmeyer*, DStZ 1998, 214/222; zur Nachzahlung freiwilliger Rentenversicherungsbeiträge für die Mutter BFH v. 7.3.2002 – III R 42/99, BStBl. II 2002, 473.

6 BFH v. 13.3.1987 – III R 301/84, BStBl. II 1987, 495; v. 25.3.1983 – VI R 275/80, BStBl. II 1983, 453; v. 12.7.1991 – III R 44/89, BFH/NV 1992, 27; FG Hess. v. 16.9.1993 – 1 K 2151/90, EFG 1994, 526.

7 FG Hbg. v. 30.11.1989 – VII 14/87, EFG 1990, 634.

8 BFH v. 13.3.1987 – III R 301/84, BStBl. II 1987, 495 und v. 27.4.1995 – III B 77/93, BFH/NV 1996, 39 (Adoption); v. 3.6.1987 – III R 141/86, BStBl. II 1987, 779 (Aussteuer); v. 11.11.1988 – III R 262/83, BStBl. II 1989, 280; v. 11.3.1988 – III B 122/86, BStBl. II 1988, 534; v. 15.3.1991 – III R 26/89, BFH/NV 1991, 669 und v. 15.3.1991 – III R 25/88, BFH/NV 1991, 736 (Ausbildung und Studium); v. 23.5.1990 – III R 63/85, BStBl. II 1990, 894 und v. 23.5.1990 – III R 145/85, BStBl. II 1990, 895; v. 16.5.1975 – VI R 132/72, BStBl. II 1975, 536, v. 5.12.1969 – VI B 74/69, BStBl. II 1970, 210 (Besuchsreisen).

9 BFH v. 19.10.1990 – III R 93/87, BStBl. II 1991, 140, v. 17.9.1987 – III R 242/83, BStBl. II 1988, 130 (Beerdigungskosten); v. 24.7.1987 – III R 208/82, BStBl. II 1987, 715 (Nachlassverbindlichkeiten); v. 23.5.1990 – III R 145/85, BStBl. II 1990, 895 und v. 23.5.1990 – III R 98/89, BFH/NV 1991, 153 (Strafverteidigerkosten); s. aber BFH v. 29.11.1991 – III R 192/90, BFH/NV 1992, 457 (Strafverteidigerkosten eines Neffen); v. 3.5.1974 – VI R 86/71, BStBl. II 1974, 686 (Gerichtskosten).

10 BFH v. 2.3.1984 – VI R 158/80, BStBl. II 1984, 484; v. 6.4.1990 – III R 60/88, BStBl. II 1990, 958.

11 BFH v. 15.4.2010 – VI R 51/09, BStBl. II 2010, 794.

12 Vgl. BFH v. 22.10.1996 – III R 265/94, BStBl. II 1997, 558; v. 29.7.2004 – III B 155/03, BFH/NV 2004, 1646; v. 21.1.2005 – III B 85/04, BFH/NV 2005, 1048; *Brockmeyer*, DStZ 1998, 214.

13 BFH v. 24.2.1988 – I R 69/84, BStBl. II 1989, 290; v. 15.3.1991 – III R 26/89, BFH/NV 1991, 669; v. 15.3.1991 – III R 25/88, BFH/NV 1991, 736.

14 BFH v. 12.12.2002 – III R 25/01, BStBl. II 2003, 299.

15 FG RhPf. v. 3.11.2009 – 6 K 1358/08, DStRE 2010, 725.

Sittliche Verpflichtungen ggü. Pers., die **keine Angehörigen** iSd. § 15 AO sind, setzen eine **besondere persönliche Beziehung** voraus, die eine Unterstützung gerade durch den StPfl. gebietet.[1] Darüber hinaus muss die Verpflichtung so unabdingbar auftreten, dass sie einer Rechtspflicht gleichkommt oder zumindest ähnlich ist. Die in der **Rspr.** entschiedenen Fälle sind am Einzelfall orientiert und lassen **keine klare Linie** erkennen. Eine sittliche Verpflichtung wurde bei umzugsbedingter Aufgabe der Berufstätigkeit einer Verlobten wegen der beabsichtigten und alsbald durchgeführten Eheschließung,[2] Unterhalt eines Erben für ein nichteheliches Kind des Erblassers,[3] Unterhalt an ein Stiefkind nach der Scheidung[4] oder Zuwendungen an eine arbeitsunfähig gewordene langjährige Haushaltsgehilfin,[5] bejaht. Die Zwangsläufigkeit wurde verneint für Unterhaltsaufwendungen an die geschiedene Ehefrau des Erblassers,[6] Aufwendungen eines Verlobten für das Studium des anderen Verlobten[7] oder Unterhaltsaufwendungen für eine in Ungarn lebende Rentnerin, die ihrerseits die Kläger jahrelang bei der Jugendarbeit mit Jugendlichen aus der ehemaligen DDR unterstützt hatte.[8] 39

Bei **eheähnlichen Lebensgemeinschaften**, die keine Lebenspartnerschaft eingegangen sind, rechtfertigen alleine das Zusammenleben und gemeinsames Wirtschaften nicht eine sittliche Verpflichtung ggü. dem Lebenspartner. Hinzukommen muss, dass die **Bedürftigkeit gemeinschaftsbedingt** ist (zB Betreuung gemeinsamer Kinder oder des pflegebedürftigen anderen Partners) und besondere Umstände vorliegen, die die Unterhaltsgewährung an den Partner bei Würdigung der gesamten Umstände als unausweichlich erscheinen lassen.[9] Unterhaltsaufwendungen für den Partner einer eheähnlichen Gemeinschaft sind zwangsläufig, wenn die Sozialhilfe im Hinblick auf das Zusammenleben gem. § 122 S. 1 BSHG verweigert wird,[10] oder die Arbeitslosenhilfe wegen des Zusammenlebens mit dem StPfl. nach 194 Abs. 1 S. 1 Nr. 2 SGB III gekürzt wird.[11] 40

2. Notwendigkeit und Angemessenheit. a) Überblick. Die Zwangsläufigkeit der Aufwendungen setzt weiter voraus, dass sie notwendig und angemessen sind. Beide Tatbestandsmerkmale haben **klarstellende Bedeutung.**[12] Während sich die Notwendigkeit eher auf die Zwangsläufigkeit dem Grunde nach bezieht, betrifft die Angemessenheit schon nach dem Gesetzeswortlaut die Höhe der Aufwendungen. Obwohl der Gesetzgeber in diesem Zusammenhang auch die Lebensstellung des StPfl. berücksichtigen wollte,[13] ist insbes. bei der Angemessenheit eine Unterscheidung nach Einkommens- und Vermögensverhältnissen abzulehnen.[14] 41

b) Notwendig. Die Notwendigkeit der Aufwendungen ist nach den **Umständen des Einzelfalles** zu würdigen.[15] Die Frage der Wiederbeschaffung eines Klaviers kann daher für einen Pianisten anders zu beurteilen sein als für andere StPfl.[16] Aufwendungen sind notwendig, wenn sie **überhaupt erforderlich** sind. Bei Wiederbeschaffung werden nur der angemessene lebensnotwendige Bestand an Kleidung oder Hausrat anerkannt.[17] Soweit Fahrtkosten (zB iZ mit Krankheitskosten) geltend gemacht werden, ist zu prüfen, ob der StPfl. auf die Benutzung öffentl. Verkehrsmittel verwiesen werden kann.[18] Endg. Unterstützungsleistungen sind nicht notwendig, wenn stattdessen ein Darlehen gewährt werden kann.[19] 42

1 *Schmidt*[37], § 33 Rn. 38; *H/H/R*, § 33 Anm. 190.
2 BFH v. 30.7.1993 – III R 16/92, BStBl. II 1994, 31.
3 BFH v. 7.12.1962 – VI 115/62 U, BStBl. III 1963, 135.
4 BFH v. 16.8.1963 – VI 121/63 S, BStBl. III 1963, 488.
5 BFH v. 8.4.1954 – IV 342/53 U, BStBl. III 1954, 188.
6 FG Nds. v. 14.10.1981 – IX 123/79, EFG 1982, 349.
7 BFH v. 9.12.1966 – VI R 196–197/66, BStBl. III 1967, 308.
8 FG München v. 9.4.1997 – 1 K 2469/94, EFG 1997, 1190.
9 BFH v. 27.10.1989 – III R 205/82, BStBl. II 1990, 294; v. 12.4.1991 – III R 85/89, BStBl. II 1991, 518; zum Problem einer Trennungsvereinbarung: FG BaWü. v. 30.11.1994 – 2 K 14/94, EFG 1995, 624; zu Besuchsfahrten: FG BaWü. v. 10.2.1993 – 5 K 34/92, EFG 1993, 657.
10 BFH v. 21.9.1993 – III R 15/93, BStBl. II 1994, 236.
11 Vgl. BFH v. 4.8.1994 – III R 62/93, BStBl. II 1994, 897; die entgegenstehende ältere Rspr. (BFH v. 27.10.1989 – III R 205/82, BStBl. II 1990, 294) ist ausdrücklich aufgegeben worden; vgl. auch FG Münster v. 26.9.1995 – 11 K 3931/95 E, EFG 1996, 378.
12 *H/H/R*, § 33 Anm. 194; BT-Drucks. 2/481, 91.
13 BT-Drucks. 2/481, 91.
14 Vgl. FG Nürnb. v. 26.7.1983 – VI 89/81, EFG 1984, 178; FG Hess. v. 21.12.1995 – 2 K 3329/95, EFG 1996, 762.
15 *K/S/M*, § 33 Rn. C 33; vgl. auch FG Berlin v. 14.4.1982 – III 101/82, EFG 1982, 467 (Beerdigungskosten).
16 Zum Klavier: FG Nürnb. v. 23.3.1960 – I 14/60, EFG 1960, 418.
17 BFH v. 3.9.1976 – VI R 185/74, BStBl. II 1976, 712 zum Diebstahl in den Ferien.
18 Dies ist der Fall, wenn die Benutzung zumutbar und die Kosten geringer sind BFH v. 30.6.1967 – VI R 104/66, BStBl. III 1967, 655; v. 13.2.1987 – III R 208/81, BStBl. II 1987, 427; v. 6.4.1990 – III R 60/88, BStBl. II 1990, 958; zuletzt BFH v. 3.12.1998 – III R 5/98, BStBl. II 1999, 227.
19 BFH v. 11.11.1988 – III R 262/83, BStBl. II 1989, 280.

43 c) **Angemessen.** Die Angemessenheit und damit die Höhe der berücksichtigungsfähigen Aufwendungen stellt eine wichtige Begrenzung der ag. Belastungen dar. Hierbei sind **objektive Maßstäbe** zugrunde zu legen.[1] Der BFH hält strenge Maßstäbe bei der Angemessenheitsprüfung für erforderlich.[2] Lediglich bei unmittelbaren Krankheitskosten beschränkt er sich darauf, zu prüfen, ob ein für jedermann offensichtliches Missverhältnis zw. dem erforderlichen und tatsächlichen Aufwand vorliegt.[3] Rspr. und Verwaltung haben in bestimmten Fällen **Obergrenzen** für die Berücksichtigung v. Aufwendungen aufgestellt. Bei Behinderten werden je nach GdB Fahrleistungen v. bis zu 15 000 km im Jahr als angemessen angesehen.[4] Die Kfz.-Kosten sind grds. nur insoweit als angemessen anzuerkennen, als sie die in den EStR und LStR für die Berücksichtigung v. Kfz.-Kosten als WK und BA festgesetzten Pauschbeträge nicht übersteigen.[5] Decken die Pauschbeträge ausnahmsweise (zB wegen geringer Jahreskilometerleistung) nicht die tatsächlichen Aufwendungen, können die Kosten für behindertengerechte öffentl. Verkehrsmittel, ggf. auch die Taxikosten, als ag. Belastung geltend gemacht werden.[6] Bei der Wiederbeschaffung v. Hausrat und Kleidung hat die Verwaltung früher abhängig v. der Anzahl der Pers. Obergrenzen festgelegt,[7] die v. der Rspr. idR anerkannt wurden.[8] IÜ hängt es v. dem jeweils zu beurteilenden Sachverhalt ab, welche Aufwendungen angemessen sind.[9]

44 **II. Abzugsverbot für Werbungskosten, Betriebsausgaben, Sonderausgaben (Abs. 2 S. 2).** Aufwendungen, die zu den BA, WK oder SA gehören, können nicht als ag. Belastungen abgezogen werden. Entscheidend ist die **objektive Zuordnung** der Aufwendungen. Es ist weder erforderlich, dass ein konkreter Zusammenhang mit einer Einkunftsart besteht,[10] noch dass die Aufwendungen sich im konkreten Fall stl. ausgewirkt haben.[11] Vergütungen für einen ausschließlich **zur Vermögenssorge bestellten Vormund** oder **Betreuer** sind WK oder BA bei den mit dem verwalteten Vermögen erzielten Einkünften und daher nicht als ag. Belastung abziehbar.[12] Krankenversicherungsbeiträge unterfallen auch dann dem Abzugsverbot, wenn sie im Einzelfall nicht als SA abziehbar sind oder sich wegen Überschreitens der gesetzlichen Höchstgrenzen nicht auswirken.[13] Wird v. **Realsplitting** Gebrauch gemacht, sind auch die über den Höchstbetrag des § 10 Abs. 1 Nr. 1 erbrachten Unterhaltsleistungen begrifflich SA und damit nicht als ag. Belastungen abziehbar.[14] Demgegenüber haben Aufwendungen für die Wohnung im eigenen Haus nach Abschaffung der Nutzungswertbesteuerung keinen WK-Charakter mehr, so dass insoweit das Abzugsverbot des § 33 Abs. 2 S. 2 nicht eingreift.[15] Umstritten ist, ob dies auch für HK der selbstgenutzten Wohnung gilt.[16] Allerdings führt die Gegenwerttheorie häufig dazu, dass iErg. keine ag. Belastungen vorliegen.[17] Kann nicht eindeutig festgestellt werden, ob es sich bei den Aufwendungen um WK, BA oder SA handelt, empfiehlt sich ggf. ein Hilfsantrag auf Berücksichtigung als ag. Belastung.[18]

45 Bei **Aufwendungen zugunsten dritter Pers.** ist in der Pers. des Leistenden zu prüfen, ob die Voraussetzungen des § 33 vorliegen (Rn. 33). Daher dürfte es keine Rolle spielen, wie die Aufwendungen beim Un-

1 *Eisenberg*, StbJb 1968/69, 305; *K/S/M*, § 33 Rn. C 34; *H/H/R*, § 33 Anm. 197; Einkommens- und Vermögensverhältnisse sollen keine Rolle spielen (FG Hess. v. 21.12.1995 – 2 K 3329/95, EFG 1996, 762; FG Saarl. v. 14.10.1993 – 1 K 234/92, EFG 1994, 250; FG Nürnb. v. 26.7.1983 – VI 89/81, EFG 1984, 178). Dies ist im Hinblick auf Abs. 1, der vergleichbare Einkommens- und Vermögensverhältnisse voraussetzt, nicht unproblematisch.
2 BFH v. 22.10.1996 – III R 203/94, BStBl. II 1997, 384/386.
3 BFH v. 17.7.1981 – VI R 77/78, BStBl. II 1981, 711.
4 BMF v. 29.4.1996, BStBl. I 1996, 446; BFH v. 22.10.1996 – III R 203/94, BStBl. II 1997, 384; v. 2.10.1992 – III R 63/91, BStBl. II 1993, 286; v. 15.11.1991 – III R 30/88, BStBl. II 1992, 179.
5 BMF v. 12.4.2001, BStBl. I 2001, 262.
6 BFH v. 18.12.2003 – III R 31/03, BStBl. II 2004, 453.
7 OFD Berlin v. 31.8.1995, FR 1996, 223.
8 FG Hess. v. 21.12.1995 – 2 K 3329/95, EFG 1996, 762; FG Saarl. v. 14.10.1993 – 1 K 234/92, EFG 1994, 250; FG Düss. v. 19.1.1988 – 8 K 319/84 L, EFG 1988, 367.
9 ZB Beerdigungskosten: FG Berlin v. 14.4.1982 – III 101/82, EFG 1982, 467; Unterhalt in einer eheähnlichen Gemeinschaft (BFH v. 4.8.1994 – III R 62/93, BStBl. II 1994, 897); keine Trinkgelder im Krankenhaus oder beim Kuraufenthalt: BFH v. 19.4.2012 – VI R 74/10, BStBl. II 2012, 577.
10 *K/S/M*, § 33 Rn. C 36; **aA** *H/H/R*, § 33 Anm. 202.
11 BFH v. 5.9.1990 – X R 20/89, BStBl. II 1991, 25; v. 23.2.1968 – VI R 131/67, BStBl. II 1968, 406; v. 5.12.1969 – VI B 74/69, BStBl. II 1970, 210 zu Ausgaben iZ mit Einnahmen nach § 3c; *Brockmeyer*, DStZ 1998, 214; s. aber OFD München v. 5.5.1997, DB 1997, 1205.
12 BFH v. 14.9.1999 – III R 39/97, BStBl. II 2000, 69; Anm. *Kanzler*, FR 2000, 222.
13 BFH v. 29.11.2017 – X R 5/17, BStBl. II 2018, 230; v. 29.11.1991 – III R 191/90, BStBl. II 1992, 293.
14 BFH v. 7.11.2000 – III R 23/98, BStBl. II 2001, 338; v. 24.7.1996 – X R 152/90, BFH/NV 1996, 889.
15 BFH v. 6.5.1994 – III R 27/92, BStBl. II 1995, 104; anders die frühere Rechtslage: vgl. zB BFH v. 29.11.1991 – III R 74/87, BStBl. II 1992, 290.
16 Bej. FG BaWü. v. 31.1.1996 – 5 K 92/94, EFG 1996, 758; krit. *Kanzler*, FR 1995, 31.
17 BFH v. 10.10.1996 – III R 209/94, BStBl. II 1997, 491.
18 *Kanzler*, FR 2000, 222.

terstützten zu behandeln wären.[1] Andererseits folgt aus der einheitlichen Behandlung der ag. Belastungen bei Ehegatten und Lebenspartnern (Rn. 3), dass Aufwendungen eines Ehegatten oder Lebenspartners keine ag. Belastungen darstellen, wenn in der Pers. des anderen Ehegatten (Lebenspartners) die Aufwendungen WK, BA oder SA wären.[2] Für die Aufwendungen iSd. § 10 Abs. 1 Nr. 7 (Berufsausbildungskosten) und Nr. 9 (Schulgeldzahlungen)[3] (bis 31.12.2001 auch für Nr. 8)[4] gilt das Abzugsverbot nur der Höhe nach.[5] Dem Zweck dieser Sonderregelung entspricht es, diese ebenso wie das Abzugsverbot auch auf § 33a anzuwenden.[6]

Bis einschl. VZ 08 sahen § 4f und § 9 Abs. 5 vor, dass zur besseren Vereinbarkeit v. Kinderbetreuung und Beruf erwerbsbedingte Kinderbetreuungskosten für Kinder bis zur Vollendung des 14. Lebensjahres teilw. wie BA oder WK berücksichtigt werden konnten (§ 4f, § 9 Abs. 5). Aufwendungen, die unter § 4f oder § 9 Abs. 5 fallen, können nicht als ag. Belastung abgezogen werden.[7] Ab VZ 09 sind die Kinderbetreuungskosten in § 9c geregelt. Aufwendungen die unter § 9c fallen, können ebenfalls nicht als ag. Belastung abgezogen werden. Mit der Aufhebung des § 9c und der modifizierten Übernahme in § 10 Abs. 1 Nr. 5 durch das **StVereinfG 2011**[8] ist § 33 Abs. 2 Satz 2 geändert worden. Es handelt sich lediglich um eine redaktionelle Folgeänderung.[9] 46

III. Diätkosten (Abs. 2 S. 3). Aufwendungen, die durch Diätverpflegung entstehen, sind gem. Abs. 2 S. 3 generell v. Abzug ausgeschlossen.[10] Dies gilt selbst dann, wenn die Diätverpflegung wie zB bei der Zöliakie (Glutenunverträglichkeit) **an die Stelle** einer sonst erforderlichen **medikamentösen Behandlung** tritt.[11] Arzneimittel iSd. § 2 AMG sind jedoch keine Lebensmittel und zählen daher nicht zur Diätverpflegung iSd. § 33 Abs. 2 S. 3, auch wenn sie während einer Diät eingenommen werden.[12] Entspr. Aufwendungen sind als Krankheitskosten zu berücksichtigen, wenn ihre Einnahme einer Krankheit geschuldet und die Zwangsläufigkeit (medizinische Indikation) der Medikation durch ärztliche Verordnung nachgewiesen ist. Der Umstand, dass der StPfl. wegen dieser Krankheit zugleich eine Diät halten muss, steht dem nicht entgegen.[13] Nach Auffassung des BFH bestehen gegen das gesetzliche Verbot der Berücksichtigung v. Aufwendungen für Diätverpflegung keine verfassungsrechtl. Bedenken.[14] 47

IV. Prozesskosten (Abs. 2 S. 4). Mit dem AmtshilfeRLUmsG[15] hat der Gesetzgeber einen neuen Satz 4 in Abs. 2 eingefügt, nach dem Aufwendungen für die Führung eines Rechtsstreits in aller Regel vom Abzug als ag. Belastung ausgeschlossen sind.[16] Lediglich in den Fällen, in denen der StPfl. Gefahr liefe, seine Existenzgrundlage zu verlieren und seine lebensnotwendigen Bedürfnisse in dem üblichen Rahmen nicht mehr befriedigen zu können, dürfen die Aufwendungen geltend gemacht werden.[17] Mit dieser Regelung reagierte der Gesetzgeber auf das Urt. des BFH v. 12.5.2011[18], in dem Zivilprozesskosten als ag. Belastungen anerkannt wurden und das durch Urt. des BFH v. 18.6.2015[19] wieder aufgegeben wurde. Mit der Einfügung von Abs. 2 S. 4 will der Gesetzgeber den Rechtszustand wiederherstellen, der vor dem Urt. des BFH v. 12.5.2011 bestanden hat (dazu Rn. 29).[20] Nach Art. 2 Nr. 39 lit. a des AmtshilfeRLUmsG ist diese 47a

---

1 So auch FG RhPf. v. 6.4.1981 – V 348/79, EFG 1982, 28 für Aufwendungen der Eltern für ihr Kind.
2 BFH v. 18.4.1972 – VIII R 12/66, BStBl. II 1972, 757.
3 Voraussetzung ist jedoch, dass nach Abs. 1 ag. Belastungen vorliegen (BFH v. 17.4.1997 – III B 216/96, BStBl. II 1997, 752; *Kanzler*, FR 1997, 577).
4 § 10 Abs. 1 Nr. 8 ist durch das 2. FamFördG aufgehoben worden (BGBl. I 2001, 2074).
5 *H/H/R*, § 33 Anm. 206.
6 *K/S/M*, § 33 Rn. C 37; *H/H/R*, § 33 Anm. 206.
7 BT-Drucks. 16/643, 10.
8 G v. 1.11.2011, BGBl. I 2011, 2131 (2132).
9 BT-Drucks. 17/5125, 42.
10 Zur Entwicklung des Abzugsverbots *K/S/M*, § 33 Rn. C 39; *H/H/R*, § 33 Anm. 208.
11 BFH v. 21.6.2007 – III R 48/04, BStBl. II 2007, 880; v. 27.9.1991 – III R 15/91, BStBl. II 1992, 110; v. 9.10.2003 – III B 139/02, BFH/NV 2004, 187; FG Münster v. 16.11.2011 – 10 K 200/10 E, juris, rkr.
12 FG Düss. v. 24.1.2017 – 10 K 2300/15 E, juris.
13 BFH v. 14.4.2015 – VI R 89/13, BStBl. II 2015, 703.
14 BFH v. 21.6.2007 – III R 48/04, BStBl. II 2007, 880.
15 G v. 26.6.2013, BGBl. I 2013, 1809.
16 Ausf. zur Gesetzesentstehung *Kanzler*, FR 2014, 209.
17 Krit. *Luttermann*, FR 2016, 402, der eine Begrenzung auf Existenzgefährdung für verfehlt hält.
18 BFH v. 12.5.2011 – VI R 42/10, BStBl. II 2011, 1015; krit. zu dieser Rspr.: *Amann*, Standortbestimmung der außergewöhnlichen Belastungen, 184 ff.
19 BFH v. 18.6.2015 – VI R 17/14, BStBl. II 2015, 800; v. 19.8.2015 – X R 34/12, BFH/NV 2016, 22; dazu *Geserich*, NWB 2015, 2634.
20 Die Gesetzesänderung geht zurück auf die Stellungnahme des BR v. 6.7.2012 zum E-JStG 2013 und die Gegenäußerung der BReg. v. 5.9.2012, BT-Drucks. 17/10604, 12; vgl. auch *Heim*, DStZ 2014, 165.

Gesetzesänderung erstmals für den VZ 2013 anwendbar.[1] Zwar ist die Gesetzesänderung erst im Juni 2013 veröffentlicht worden. Die mit der Ausdehnung auf den gesamten VZ 2013 verbundene unechte Rückwirkung ist jedoch nicht verfassungswidrig. Angesichts der durch das Urt. des BFH v. 12.5.2011 entstandenen Rechtsunsicherheit, der Schwierigkeiten einer Anwendung dieses Urt. und wg. des Bedürfnisses angesichts dieser Problematik und der Vielzahl der Fälle, eine rasche und praktikable Regelung herbeizuführen, ist die Geltungsanordnung für den gesamten VZ 2013 noch verfassungsgemäß. Ein besonderes schützenswertes Vertrauen, das dieser unechten Rückwirkung entgegenstünde, besteht nicht.[2]

47b Abs. 2 S. 4 regelt ein **grundsätzliches Abzugsverbot** für alle Aufwendungen für die Führung eines Rechtsstreits, selbst wenn diese Aufwendungen als außergewöhnlich iSd. § 33 Abs. 1 anzusehen wären.[3] Der Begriff des Rechtsstreits bezeichnet im Allg. die Auseinandersetzung zw. zwei Parteien oder Beteiligten über ein Rechtsverhältnis in einem gerichtlichen Verfahren.[4] Erfasst werden nicht nur das formale, kontradiktorische Verfahren zw. Privatpersonen (Zivilprozess), sondern alle gerichtlichen und außergerichtlichen Verfahren.[5] Hierzu gehören insbes. auch die **Kosten sowohl einer Ehescheidung als auch von Scheidungsfolgesachen** einschl. der außergerichtlichen Kosten.[6] Zu den Prozesskosten gehören alle mit einem Rechtsstreit zusammenhängenden Kosten, wie Fahrtkosten zum Gericht oder Anwalt.[7] Nach Abs. 2 S. 4 gilt das Abzugsverbot nur dann nicht, wenn der StPfl. ohne die Aufwendungen Gefahr liefe, seine Existenzgrundlage zu verlieren und seine notwendigen Bedürfnisse in dem üblichen Rahmen nicht mehr befriedigen zu können. Damit setzt die Berücksichtigung von Prozesskosten nunmehr voraus, dass sie der Sicherung der Existenz und der lebensnotwendigen Bedürfnisse dienen. Dabei kann an eine frühere Rspr. angeknüpft werden, wonach Prozesskosten zu berücksichtigen waren, wenn ein Rechtsstreit einen für den StPfl. existenziell wichtigen Bereich oder den Kernbereich menschlichen Lebens berührte und der StPfl., ohne sich auf den Rechtsstreit trotz unsicheren Ausgangs einzulassen, Gefahr liefe, seine Existenzgrundlage zu verlieren und seine lebensnotwendigen Bedürfnisse in dem üblichen Rahmen nicht mehr befriedigen zu können.[8] Als Existenzgrundlage iSd. Abs. 2 S. 4 ist grds. die materielle Lebensgrundlage des StPfl. zu verstehen.[9] Ansprüche wg. immaterieller Schäden[10] gehören ebenso wenig dazu wie seelische oder soziale Bedürfnisse. Daher unterliegen die **Scheidungskosten dem Abzugsverbot**, denn ein StPfl. erbringt die Aufwendungen für ein Scheidungsverfahren regelmäßig nicht zur Sicherung seiner Existenzgrundlage und seiner lebensnotwendigen Bedürfnisse.[11] Problematisch kann dies bei Prozesskosten sein, die den Kernbereich des menschlichen Lebens und die psychischen und sozialen Grundbedürfnisse eines Menschen betreffen.[12] Aufwendungen eines normalen Sorge- oder Umgangsrechtsstreits sind jedenfalls nicht abziehbar.[13] Die beiden Gesichtspunkte der Existenzgefährdung und der Sicherung der Lebensbedürfnisse müssen kumulativ vorliegen, wie sich aus dem Wortlaut der Vorschrift („und") ergibt.[14] Grundsätzlich ist Abs. 2 S. 4 eng auszulegen.[15] Die Regelung ist auch verfassungsgemäß, denn sie berücksichtigt hinreichend das Prinzip der Steuerfreiheit des Existenzminimums. Zum estl. zu verschonenden Existenzminimum gehören Prozesskosten grds. nicht. Soweit diese Aufwendungen zur Sicherung des Existenzminimums notwendig sind, trägt die Regelung dem dadurch Rechnung, dass sie Prozesskosten ausnahmsweise zum Abzug als ag. Belastung zulässt.[16]

---

1 BFH v. 18.5.2017 – VI R 9/16, BStBl. II 2017, 988; dem steht auch nicht die Geltungsanordnung des § 52 Abs. 1 idF des UntStRÄndG v. 20.2.2013 entgegen (vgl. zu den Unklarheiten insoweit § 52 Rn. 1a).
2 FG Sachs. v. 13.11.2014 – 2 K 1399/14, EFG 2015, 644.
3 Zum Sachstand bei den Zivilprozesskosten: *Endert*, FR 2018, 692.
4 BFH v. 18.5.2017 – VI R 9/16, BStBl. II 2017, 988.
5 *Kanzler*, FR 2014, 209.
6 BFH v. 18.5.2017 – VI R 9/16, BStBl. II 2017, 988.
7 *Bleschik*, FR 2013, 932.
8 BFH v. 9.5.1996 – III R 224/94, BStBl. II 1996, 596; zur Aufteilung nach Streitwerten bei mehreren Klageanträgen: BFH v. 27.8.2008 – III R 50/06, BFH/NV 2009, 553.
9 BFH v. 18.5.2017 – VI R 9/16, BStBl. II 2017, 988.
10 BFH v. 17.12.2015 – VI R 78/13, BFH/NV 2016, 904.
11 Ausf. hierzu: BFH v. 18.5.2017 – VI R 9/16, BStBl. II 2017, 988; v. 18.5.2017 – VI R 81/14, BFH/NV 2017, 1595; v. 18.5.2017 – VI R 66/14, BFH/NV 2017, 1593; v. 18.5.2017 – VI R 19/15, BFH/NV 2017, 1596; auch wenn der StPfl. Gefahr läuft, seine Existenzgrundlage zu verlieren: FG Sachs. v. 19.4.2018 – 8 K 80/18, juris; vgl. *Urban*, NJW 2017, 3189; krit. *Engels*, FamRZ 2017, 1630; abl. und mit verfassungsrechtl. Zweifeln: *Nieuwenhuis*, DStR 2017, 2373.
12 ZB FG Düss. v. 13.3.2018 – 13 K 3024/17 E, EFG 2018, 841 (Rev. VI R 15/18) zu Aufwendungen für die Führung eines Rechtsstreits (iRd. Haager Übereinkommens über die zivilrechtl. Aspekte intern. Kindesentführung) über das Umgangsrecht eines Vaters mit seinem Kind und über die Rückkehr des von der Mutter ins Ausland entführten Kindes nach Deutschland; FG München v. 7.5.2018 – 7 K 257/17, EFG 2018, 1960 (Rev. VI R 27/18).
13 FG Saarl. v. 13.12.2017 – 2 K 1316/16, EFG 2018, 1654.
14 *Kanzler*, FR 2014, 209.
15 *Bleschik*, FR 2013, 932.
16 BFH v. 18.5.2017 – VI R 9/16, BStBl. II 2017, 988.

Zur Berücksichtigung von Prozesskosten unter der **früheren Rechtslage (bis einschl. VZ 2012)** hat der BFH aber auch in jüngeren Urt. Stellung genommen. Da der Gesetzgeber diesen Rechtszustand wiederherstellen wollte (Rn. 47a), sind diese Grundsätze auch heute noch von Bedeutung. Die Kosten eines **Zivilprozesses** konnten nur ausnahmsweise berücksichtigt werden, wenn ein Rechtsstreit einen für den StPfl. existenziell wichtigen Bereich oder den Kernbereich menschlichen Lebens berührte.[1] Diese Voraussetzungen wurden anerkannt bei einem Arzthaftungsprozess, wenn der StPfl. ohne die Geltendmachung des (vermeintlichen) Anspr. Gefahr liefe, seine Existenzgrundlage zu verlieren oder seine lebensnotwendigen Bedürfnisse nicht mehr befriedigen zu können.[2] Das Wohnen gehört zum existenziell wichtigen Bereich, sodass Zivilprozesskosten zur Abwehr aufstaubedingter Hochwasserschäden ag. Belastungen sein können.[3] Allerdings sind Aufwendungen für zivilgerichtliche Auseinandersetzungen, die infolge von Streitigkeiten über die Beendigung von **Mietverhältnissen** entstehen, keine ag. Belastung.[4] Auch Rechtsanwalts- und Gerichtskosten zur Rückabwicklung eines Kauf- und Werkvertrags über die Errichtung eines eigenen Wohnzwecken dienenden Hauses wegen Baumängeln sind keine ag. Belastungen.[5] Die iZ mit einem **Baumängelprozess** angefallenen Kosten sind auch dann nicht als ag. Belastung abzugsfähig, wenn die Baumängel gesundheitsgefährdender Natur sind, wie dies zB bei Schimmelpilzbildung der Fall sein kann.[6] **Erbrechtsstreitigkeiten** berühren grds. weder den existenziell wichtigen Bereich noch den Kernbereich menschlichen Lebens und sind daher regelmäßig auch nicht als ag. Belastungen zu berücksichtigen.[7] Rechtsanwaltskosten wg. eines Zivilprozesses, in dem sich der StPfl. gegen Unterhaltsansprüche seines Kindes und der Kindesmutter verteidigt, sind keine ag. Belastung.[8] Auch Verfahrenskosten der Auseinandersetzung nach **Beendigung nicht ehelicher Lebensgemeinschaft** sind keine ag. Belastung.[9] Prozesskosten, die durch ein verwaltungsgerichtliches Verfahren zur Erlangung eines dauerhaften **Aufenthaltsrechts** des ausländ. Partners entstanden sind, sind nicht abziehbar.[10] Bei Kosten eines **Strafprozesses** kommt es auf den Ausgang des Verfahrens an. Ein Verurteilter kann die Kosten idR nicht geltend machen.[11] Aufwendungen v. Eltern für die Strafverteidigung ihres volljährigen Kindes waren als ag. Belastung nur dann steuermindernd zu berücksichtigen, wenn es sich um ein innerlich noch nicht gefestigtes, erst heranwachsendes Kind handelte, dessen Verfehlung strafrechtl. noch nach dem Jugendstrafrecht geahndet werden konnte.[12] Bei einem Freispruch fallen für den StPfl. idR keine Kosten an.[13] Hat der StPfl. mit seinem Verteidiger ein **Honorar vereinbart**, das über den durch die Staatskasse erstattungsfähigen Kosten liegt, war ein Abzug dieser Mehraufwendungen mangels Zwangsläufigkeit nicht möglich.[14] Starb der StPfl. vor Eintritt der Rechtskraft des Urt., konnten ag. Belastungen vorliegen.[15] Aufwendungen für ein nach § 153a Abs. 2 StPO eingestelltes Strafverfahren waren nicht abziehbar.[16] Bei der Übernahme v. Prozesskosten eines Dritten fehlte es idR an der Zwangsläufigkeit der Aufwendungen.[17] Sind die Kosten für einen Zivilprozess nur zT als ag. Belastung abziehbar, ist der abziehbare Teil der Kosten mithilfe der Streitwerte der einzelnen Klageanträge zu ermitteln.[18] 47c

1 BFH v. 16.2.2016 – IX R 1/15, BFH/NV 2016, 1261; zu einem Fall, in dem der StPfl. Opfer eines betrügerischen Verhaltens seiner Vertragspartner wurde: BFH v. 18.4.2016 – VI B 120/15, BFH/NV 2016, 1160.
2 BFH v. 17.12.2015 – VI R 78/13, BFH/NV 2016, 904.
3 BFH v. 20.1.2016 – VI R 40/13, BFH/NV 2016, 908.
4 BFH v. 14.4.2016 – VI R 38/15, BFH/NV 2016, 1442; vgl. auch zu einem Vorkaufsrechtsfall: BFH v. 14.4.2016 – VI R 5/13, BFH/NV 2016, 1015.
5 BFH v. 20.1.2016 – VI R 19/14, BFH/NV 2016, 909.
6 BFH v. 15.6.2016 – VI R 44/15, BFH/NV 2016, 1265; v. 10.3.2016 – VI R 80/14, BFH/NV 2016, 1266; vgl. auch Prozesskosten iZ mit mangelhaften Werkleistungen: BFH v. 10.3.2016 – VI R 72/14, BFH/NV 2016, 1265.
7 BFH v. 20.1.2016 – VI R 20/14, BFH/NV 2016, 1000; v. 20.1.2016 – VI R 93/13, BFH/NV 2016, 1145; v. 14.4.2016 – VI R 14/14, BFH/NV 2016, 1441; v. 15.6.2016 – VI R 29/15, BFH/NV 2016, 1550; auch wenn ein Haus zu eigenen Wohnzwecken betroffen ist: BFH v. 10.3.2016 – VI R 70/14, BFH/NV 2016, 1011.
8 BFH v. 18.2.2016 – VI R 56/13, BFH/NV 2016, 1150.
9 BFH v. 21.12.2005 – III B 98/05, BFH/NV 2006, 733.
10 BFH v. 20.4.2006 – III R 23/05, BStBl. II 2007, 41 = FR 2006, 983.
11 BFH v. 15.11.1957 – VI 279/56 U, BStBl. III 1958, 105; FG RhPf. v. 15.4.2010 – 4 K 2699/06, EFG 2010, 1491.
12 BFH v. 30.10.2003 – III R 23/02, BStBl. II 2004, 267.
13 BFH v. 18.10.2007 – VI R 42/04, BStBl. II 2008, 223; *K/S/M*, § 33 Rn. C 56.
14 BFH v. 18.10.2007 – VI R 42/04, BStBl. II 2008, 223; *Blümich*, § 33 Rn. 236.
15 BFH v. 21.6.1989 – X R 20/88, BStBl. II 1989, 831.
16 BFH v. 19.12.1995 – III R 177/94, BStBl. II 1996, 197; so auch heute: BFH v. 21.9.2016 – VI B 34/16, BFH/NV 2017, 26; keine Berücksichtigung von Zivilprozesskosten zur Unterbindung einer medialen Berichterstattung über eine Straftat (BFH v. 14.4.2016 – VI R 61/13, BFH/NV 2016, 1268).
17 BFH v. 29.11.1991 – III R 192/90, BFH/NV 1992, 457; v. 8.12.1988 – IX R 157/83, BStBl. II 1989, 282.
18 BFH v. 27.8.2008 – III R 50/06, BFH/NV 2009, 553; v. 17.12.2015 – VI R 7/14, DStR 2016, 794; v. 19.11.2015 – VI R 42/14, BFH/NV 2016, 739.

D. Zumutbare Belastungen (Abs. 3)

48 **I. Bedeutung.** Nur der Teil der Aufwendungen, der die zumutbare Belastung gem. Abs. 3 übersteigt, kann v. Gesamtbetrag der Einkünfte abgezogen werden. Dies wird damit gerechtfertigt, dass dem StPfl. entspr. seiner **stl. Leistungsfähigkeit** zugemutet werden soll, einen Teil der Belastung selbst zu tragen.[1] Im Hinblick darauf, dass § 33 das verfassungsrechtl. abgesicherte existenzsichernde Nettoprinzip verwirklicht (Rn. 1f.) und Aufwendungen nur in eng definierten, außergewöhnlichen Fällen abziehbar sind, erscheint die Kürzung um die zumutbaren Belastungen kaum gerechtfertigt.[2] Allerdings ist der Ansatz der zumutbaren Belastung bei Krankheitskosten, auch soweit es um den Abzug von Zuzahlungen geht, nach der aktuellen Rspr. des BFH **von Verfassungs wegen hinzunehmen**.[3] Die Bemessung des einkommensteuerrechtlich maßgeblichen Existenzminimums richtet sich grds. nach dem im Sozialhilferecht niedergelegten Leistungsniveau.[4] Auch Sozialhilfeempfänger haben jedoch Zuzahlungen zu leisten. Daher ist eine Differenzierung zw. Krankheitskosten und anderen als ag. Belastungen abziehbaren Aufwendungen beim Ansatz der zumutbaren Belastung verfassungsrechtl. nicht geboten. Demgegenüber wird in der Literatur Abs. 3 jedenfalls insoweit für verfassungswidrig gehalten, als dem StPfl. kein Einkommen verbleibt, das über dem Regelsatz für das Existenzminimum liegt.[5] Insoweit wird vorgeschlagen, durch den Ansatz v. PB oder v. Freibeträgen eine Kollision zw. Existenzminimum und zumutbaren Belastungen zu beseitigen.[6]

49 **II. Berechnung.** Auch die (vom Gesetzgeber mehrfach geänderte)[7] **Berechnung** der zumutbaren Belastung ist **bedenklich**. Bemessungsgrundlage für die zumutbare Belastung ist der Gesamtbetrag der Einkünfte (§ 2 Rn. 98ff.). Das bedeutet zum einen, dass **stfreie Einnahmen**, die die Leistungsfähigkeit des StPfl. steigern, nicht berücksichtigt werden. Außer Ansatz bleiben bei der Berechnung der zumutbaren Belastung zB stfreie Einnahmen und stfreie Veräußerungsgewinne,[8] stfreie ausländ. Einkünfte, die dem ProgrVorb. (§ 32b) unterliegen,[9] und Bezüge, für die LSt mit einem Pauschsteuersatz nach §§ 40 bis 40b erhoben wird.[10] Andererseits können Aufwendungen, die die stl. Leistungsfähigkeit teilw. erheblich einschränken, wie zB SA (hier insbes. Vorsorgeaufwendungen) und zwangsläufige Aufwendungen, die unter § 33a fallen, bei der Bemessungsgrundlage der zumutbaren Belastung nicht abgezogen werden.[11] Diese Systemwidrigkeiten sind jedoch insgesamt noch von dem erheblichen Gestaltungsspielraum des Gesetzgebers gedeckt, zumal auch auf die Berücksichtigung von die Leistungsfähigkeit des StPfl. steigernden Faktoren verzichtet wird.[12]

50 Die Berechnung der zumutbaren Belastung richtet sich neben dem Gesamtbetrag der Einkünfte nach dem Familienstand und der Kinderzahl.[13] Dabei wird bei der Ermittlung nicht zw. Krankheitskosten und anderen Aufwendungen, die als ag. Belastung abziehbar sind, unterschieden.[14] Die zumutbare Belastung beträgt in Abhängigkeit vom Gesamtbetrag der Einkünfte der StPfl. und in Abhängigkeit davon, ob bei den StPfl. der Grundtarif oder das Splittingverfahren zur Anwendung kommt, sowie ob mehr oder weniger als drei Kinder zu berücksichtigen sind, zw. 1 % und 7 % des Gesamtbetrags der Einkünfte. Auch wenn es in Einzelfällen zur Benachteiligung v. Ehegatten kommen kann[15] und der Gesetzgeber bei der Kinderzahl sehr grob typisiert,[16] führt alleine der Berechnungsmodus nicht zur Verfassungswidrigkeit der Regelung.[17] Allerdings haben die Wahl der Veranlagung bei Ehegatten (§§ 26ff.) und die Übertragung oder der Verzicht

1 BFH v. 15.11.1991 – III R 30/88, BStBl. II 1992, 179; v. 14.12.1965 – VI 235/65 U, BStBl. III 1966, 242; *H/H/R*, § 33 Anm. 216.
2 So auch *K/S/M*, § 33 Rn. D 1ff.; *Tipke*, StuW 1980, 290; für eine Beibehaltung der zumutbaren Belastung: *Kanzler*, FR 1993, 693; *Loschelder*, StuW 2018, 136.
3 BFH v. 2.9.2015 – VI R 32/13, BStBl. II 2016, 151; v. 1.6.2016 – X R 43/14, BStBl. II 2017, 55; v. 29.9.2016 – III R 62/13, BStBl. II 2017, 259; v. 25.4.2017 – VIII R 52/13, BStBl. II 2017, 949; v. 21.2.2018 – VI R 11/16, BStBl. II 2018, 469; sa. *Haupt*, DStR 2016, 902.
4 Krit. *Loschelder*, StuW 2018, 136.
5 *Haupt*, DStR 2010, 960 (962f.); *Kosfeld*, FR 2013, 359.
6 *Kosfeld*, FR 2009, 366 und FR 2013, 359.
7 *K/S/M*, § 33 Rn. A 29ff., D 7; *H/H/R*, § 33 Anm. 215.
8 BFH v. 16.12.1975 – VIII R 147/71, BStBl. II 1976, 360.
9 BFH v. 12.9.1977 – VI R 105/75, BStBl. II 1978, 9.
10 *B/B*, § 33 Rn. 101.
11 Vgl. BFH v. 10.1.2003 – III B 26/02, BFH/NV 2003, 616; krit. zu dieser Begrenzung auch *K/S/M*, § 33 Rn. D 2.
12 BFH v. 19.1.2017 – VI R 75/14, BStBl. II 2017, 684.
13 Durch das JStG 2007 (BGBl. I 2006, 2878, 2883) ist § 33 Abs. 3 S. 2 redaktionell an die Änderungen in § 31 S. 4 angepasst worden (vgl. BT-Drucks. 16/2712, 54).
14 BFH v. 29.11.2017 – X R 3/16, BStBl. II 2018, 384.
15 S. *Paus*, FR 1992, 471.
16 *K/S/M*, § 33 Rn. D 4.
17 Teilw. **aA** *K/S/M*, § 33 Rn. D 4.

auf den Kinderfreibetrag (§ 32 Abs. 6 S. 7 und 8) Auswirkungen auf die Höhe der zumutbaren Belastung. Beziehen beide Ehegatten Einkünfte, sind diese Einkünfte zusammengerechnet als Gesamtbetrag der Einkünfte die Bemessungsgrundlage für die Berechnung der zumutbaren Belastung, gleichgültig ob die Ehegatten die Zusammenveranlagung oder eine getrennte Veranlagung gewählt haben. Auf diese Bemessungsgrundlage, die höher ist als bei einer Einzelveranlagung, ist dann jedoch ein ggü. der Einzelveranlagung geringerer Prozentsatz zur Berechnung der zumutbaren Belastung anzuwenden, obwohl bei der getrennten Veranlagung der in Abs. 3 S. 1 Nr. 1 lit. a Grundtarif vorgesehen ist.[1] Es ist verfassungsrechtl. aber nicht zu beanstanden, dass die zumutbare Belastung bei getrennter Veranlagung v. Ehegatten v. Gesamtbetrag der Einkünfte beider Ehegatten berechnet wird.[2]

Die FinVerw. wandte Abs. 3 bisher so an, dass – sobald der Gesamtbetrag der Einkünfte eine der in Abs. 3 50a
S. 1 genannten Grenzen überschritt – sich die zumutbare Belastung insgesamt nach dem jeweils höheren Prozentsatz richtet. Dem ist der BFH bisher stillschweigend gefolgt, ohne sich inhaltlich mit der Berechnung auseinanderzusetzen. In seiner Entsch. v. 19.1.2017[3] entschied der BFH, an dieser Ermittlung der zumutbaren Belastung nicht mehr festzuhalten. Vielmehr legt er Abs. 3 S. 1 nunmehr dahingehend aus, dass nur der **Teil des Gesamtbetrags der Einkünfte**, der den jeweiligen **im G genannten Grenzbetrag übersteigt, mit dem jeweils höheren Prozentsatz belastet** wird.[4] Dabei beruft sich der BFH auf den Wortlaut der Vorschrift, der es nahelege, dass sich der gesetzlich festgelegte Prozentsatz nur auf den Gesamtbetrag der Einkünfte in der Spalte der Tabelle bezieht, in der sich auch die jeweilige Prozentzahl befindet. Diese Ermittlung der zumutbaren Belastung entspricht auch dem Zweck der Vorschrift, bei höherer wirtschaftlicher Leistungsfähigkeit einen entsprechend höheren Eigenanteil zu tragen.

E. Verordnungsermächtigung (Abs. 4)

Durch das StVereinfG 2011 wurde § 33 Abs. 4 mit Wirkung v. 5.11.2011 eingefügt.[5] Mit dieser v. BFH als 51
hinreichend bestimmt angesehenen[6] Regelung reagiert der Gesetzgeber auf die Rspr. des BFH zur Nachweispflicht der Zwangsläufigkeit v. Krankheitskosten. Der BFH hielt es entgegen der bisherigen langjährige Rspr. und Verwaltungsauffassung nicht mehr für erforderlich die Zwangsläufigkeit bestimmter Krankheitskosten, die nicht stets und eindeutig nur der Heilung oder Linderung einer Krankheit dienen können, durch Vorlage eines amtsärztlichen Attestes vor Beginn der Behandlung nachzuweisen. Es seien alle geeigneten Beweismittel zum Nachweis der Krankheitskosten zuzulassen; ein weitergehendes Nachweisverlangen ergebe sich nicht aus dem Gesetz.[7] Allerdings trage der StPfl. das Risiko, dass ein v. Gericht bestellter Sachverständiger im Nachhinein die medizinische Indikation der streitigen Behandlung nicht mehr verlässlich feststellen könne.

Von der Verordnungsermächtigung wurde mittels Änderung des § 64 EStDV Gebrauch gemacht. Die An- 52
wendungsregelung in § 84 Abs. 3f EStDV, die den formalisierten Nachweis in allen Fällen forderte, in denen die ESt noch nicht bestandskräftig festgesetzt war, soll sicherstellen, dass iErg. die langjährige Verwaltungspraxis[8] aufrechterhalten wird.[9] Die in § 84 Abs. 3f EStDV angeordnete **rückwirkende Geltung des § 64 EStDV** ist unter verfassungsrechtlichen Gesichtspunkten **nicht zu beanstanden**, weil es dem Gesetzgeber unter dem Gesichtspunkt des Vertrauensschutzes nicht verwehrt ist, eine Rechtslage rückwirkend festzuschreiben, die vor einer Rechtsprechungsänderung einer gefestigten Rspr. und einheitlichen Rechtspraxis entsprach.[10]

Der in § 64 EStDV geregelte formalisierte Nachweis ist Erkenntnishilfe und nicht Erkenntnisquelle[11], so- 53
dass dem **amtsärztlichen Gutachten oder der Bescheinigung des Medizinischen Dienstes keine Bindungswirkung** zukommt. Das FG kann sich auf allgemein zugängliche Fachgutachten oder solche Gutachten stützen, die in Verfahren vor anderen Gerichten zur Beurteilung dieser Frage herangezogen wurden,

---

1 Ausf. *H/H/R*, § 33 Anm. 222ff.
2 BFH v. 26.3.2009 – VI R 59/08, BStBl. II 2009, 808 mit Anm. *Kanzler*, FR 2009, 921; BFH v. 26.3.2009 – VI R 57/07, juris; BFH v. 26.3.2009 – VI R 58/08, juris.
3 BFH v. 19.1.2017 – VI R 75/14, BStBl. II 2017, 684.
4 BFH v. 19.1.2017 – VI R 75/14, BStBl. II 2017, 684; v. 27.7.2017 – III R 1/09, BStBl. II 2018, 96; so zuvor schon *Heger* in Blümich, § 33 EStG Rn. 136; vgl. auch *Bareis*, DStR 2017, 823, *Haupt*, DStR 2017, 823.
5 G v. 1.11.2011, BGBl. I 2011, 2131 (2134).
6 BFH v. 19.4.2012 – VI R 74/10, BStBl. II 2012, 577.
7 BFH v. 11.11.2010 – VI R 16/09, BStBl. II 2011, 966; v. 11.11.2010 – VI R 17/09, BStBl. II 2011, 969.
8 R 33.4 EStR 2008.
9 Vgl. auch Thüringer Landesfinanzdirektion v. 17.11.2011 – S 2284 A-25-A 3.16; juris.
10 BFH v. 19.4.2012 – VI R 74/10, BStBl. II 2012, 577; v. 18.6.2015 – VI R 31/14, BStBl. II 2016, 40; v. 25.4.2017 – VIII R 52/13, BStBl. II 2017, 949; ausf. *Geserich*, DStR 2012, 1491; krit. *Haupt*, DStR 2012, 1541.
11 So plastisch *Geserich*, DStR 2012, 1494.

muss aber die Beteiligten vorher darauf hinweisen.[1] Wird sowohl seitens der Beihilfe als auch der Krankenkasse abgelehnt, ein Verhalten als Krankheit einzuordnen, genügt die Bescheinigung einer Heilpraktikerin und einer Diplom-Psychologin für die Therapie eines hochbegabten Kindes auch unter Hinweis auf § 64 Abs. 1 Nr. 1 EStDV nicht.[2] Für den Begriff der „Behinderung" iSd. § 64 Abs. 1 Nr. 2 S. 1 lit. c EStDV ist auf § 2 Abs. 1 SGB IX abzustellen[3] Ein formalisierter Nachweis darf nur in den dort ausdrücklich geregelten Fällen gefordert werden.[4] So fordert § 64 Abs. 1 lit. f EStDV den strengen amtlichen Nachweis nur bei wissenschaftlich nicht anerkannten Behandlungsmethoden, nicht aber bei wissenschaftlich umstrittenen Behandlungsmethoden.[5] Ob eine Behandlungsmethode wissenschaftlich nicht anerkannt ist, hat das FG als Tatsacheninstanz zu prüfen.[6] Maßgeblicher Zeitpunkt für die wissenschaftliche Anerkennung einer Behandlungsmethode iSd. § 64 Abs. 1 Nr. 2 S. 1 lit. f EStDV ist der Zeitpunkt der Behandlung.[7] Bei den in § 2 Abs. 1 S. 2 SGB V aufgeführten besonderen Therapierichtungen (zB Homöopathie, Anthroposophie und Phytotherapie) handelt es sich um wissenschaftlich anerkannte Heilmethoden, die nach festgelegten Regeln in der Praxis individuell angewandt und kontinuierlich mit modernen wissenschaftlichen Methoden weiter entwickelt werden. Die in § 64 Abs. 1 EStDV geregelten **Nachweisanforderungen erfassen nicht Aufwendungen für die Sanierung v. Gebäuden** zur Beseitigung v. Schadstoffen – selbst wenn die Sanierungsmaßnahme auf die Beseitigung einer konkreten Gesundheitsgefahr zielt.[8] Gebrauchsgegenstände des täglichen Lebens iSv. § 33 Abs. 1 SGB V sind nur solche technischen Hilfen, die getragen oder mit sich geführt werden können, um sich im jeweiligen Umfeld zu bewegen, zurechtzufinden und die elementaren Grundbedürfnisse des täglichen Lebens zu befriedigen, sodass für einen **Treppenlift** kein formalisierter Nachweis erforderlich ist.[9] Die Zwangsläufigkeit v. Beseitigungs- oder Wiederherstellungsmaßnahmen an Gegenständen des existenznotwendigen Bedarfs ist entgegen früherer Rspr.[10] auch nicht durch ein zuvor erstelltes amtliches technisches Gutachten nachzuweisen, denn insoweit fehlt es an einer gesetzlichen Grundlage. Die Zwangsläufigkeit und ggf. die medizinische Notwendigkeit hat das FG nach den allgemeinen Beweisregeln und dem Grundsatz der freien Beweiswürdigung, ggf. unter Einholung eines Sachverständigengutachtens, zu prüfen.[11]

F. Einzelnachweise

54 **Abmagerungskur:** Aufwendungen für die Teilnahme an einer Abmagerungskur (zB Optifast-Programm) können als ag. Belastung nur anerkannt werden, wenn die medizinische Notwendigkeit durch ein vor Behandlungsbeginn ausgestelltes amtsärztliches oder vertrauensärztliches Attest nachgewiesen wird (vgl. § 64 EStDV; BFH v. 29.5.2007 – III B 37/06, BFH/NV 2007, 1865).

Adoption: Aufwendungen iZ mit einer Adoption sind nicht zwangsläufig (BFH v. 10.3.2015 – VI R 60/11, BStBl. II 2015, 695; v. 13.3.1987 – III R 301/84, BStBl. II 1987, 495; FG Nds. v. 8.12.2004 – 3 K 635/03, EFG 2005, 1358; FG RhPf. v. 15.9.2009 – 3 K 1841/06, DStRE 2010, 469; krit.: *Endert*, DStR 2015, 2472); dies gilt auch bei Unmöglichkeit der Zeugung oder Empfängnis eines Ehegatten (BFH v. 5.1.1990 – III B 53/89, BFH/NV 1990, 430).

AIDS: Aufwendungen, die durch AIDS oder durch HIV-Infektion entstehen, können als Krankheitskosten abziehbar sein (dazu *Fengler*, StB 2001, 88).

Alleinerziehende können weder wg. der Unterhaltsleistungen an ihre Kinder noch wg. ihrer besonderen Belastungssituation als Alleinerziehende ag. Belastungen geltend machen (BFH v. 17.9.2015 – III R 36/14, BFH/NV 2016, 545).

Allergie s. Schadstoffbeseitigung; zur Erforderlichkeit eines vorherigen Attestes (vgl. § 64 EStDV) bei Anschaffung v. Allergiebettzeug (BFH v. 14.12.2007 – III B 178/06, BFH/NV 2008, 561) oder eines allergiegeeigneten Bettsystems (FG Köln v. 25.6.2003 – 7 K 7879/99, EFG 2003, 1701). Aufwendungen für das Fällen v. Birken aufgrund einer Birkenpollenallergie können als ag. Belastungen berücksichtigt werden, soweit sie als Krankheitskosten zuvor durch ein amtsärztlichen Attest nachgewiesen werden (§ 64 EStDV, vgl. BFH v. 15.3.2007 – III R 28/06, BFH/NV 2007, 1841).

1 BFH v. 18.6.2015 – VI R 68/14, BStBl. II 2015, 803.
2 BFH v. 19.11.2015 – VI R 45/14, BFH/NV 2016, 393.
3 BFH v. 18.6.2015 – VI R 31/14, BStBl. II 2016, 40; v. 15.1.2015 – VI R 85/13, BStBl. II 2015, 586.
4 BFH v. 26.2.2014 – VI R 27/13, BStBl. II 2014, 824; *Geserich*, NWB 2014, 2004.
5 *Geserich*, DStR 2012, 1491.
6 BFH v. 26.6.2014 – VI R 51/13, BStBl. II 2015, 9.
7 BFH v. 18.6.2015 – VI R 68/14, BStBl. II 2015, 803.
8 BFH v. 29.3.2012 – VI R 21/11, BStBl. II 2012, 574; v. 29.3.2012 – VI R 70/10, BStBl. II 2012, 572.
9 BFH v. 6.2.2014 – VI R 61/12, BStBl. II 2014, 458.
10 BFH v. 20.12.2007 – III R 56/04, BFH/NV 2008, 937.
11 BFH v. 6.2.2014 – VI R 61/12, BStBl. II 2014, 458; *Geserich*, DStR 2012, 1493.

Altenheim: Die Kosten der altersbedingten Unterbringung in einem Alters(wohn)heim sind übliche Aufwendungen der Lebensführung und nicht als ag. Belastung abziehbar (BFH v. 10.5.2007 – III R 39/05, BStBl. II 2007, 764; v. 29.9.1989 – III R 129/86, BStBl. II 1990, 418; FG München v. 18.1.2000 – 1 K 4839/98, EFG 2000, 435). Dagegen sind Aufwendungen für die Pflege (dazu unten unter Pflege) eines pflegebedürftigen StPfl. ebenso wie Krankheitskosten ag. Belastung. Wird daher ein StPfl. krankheitsbedingt in einem **Altenpflegeheim** (BFH v. 24.2.2000 – III R 80/97, BStBl. II 2000, 294; v. 22.8.1980 – VI R 138/77, BStBl. II 1981, 23), einem **Alterswohnheim** (BFH v. 18.4.2002 – III R 15/00, BStBl. II 2003, 70; v. 29.8.2003 – III B 105/02, BFH/NV 2004, 178) oder einem **Seniorenwohnstift** (BFH v. 14.11.2013 – VI R 20/12, BStBl. II 2014, 456) untergebracht, sind die Aufwendungen als ag. Belastung abzugsfähig, soweit sie nicht außerhalb des Rahmens des Üblichen liegen. Dies gilt nicht, wenn der Betroffene erst während des Aufenthalts erkrankt (BFH v. 15.4.2010 – VI R 51/09, BStBl. II 2010, 794; krit. *Amann*, Standortbestimmung der außergewöhnlichen Belastungen, 125). Der Aufenthalt kann auch dann krankheitsbedingt sein, wenn keine zusätzlichen Pflegekosten entstanden sind und kein Merkzeichen „H" oder „Bl" im Schwerbehindertenausweis festgestellt ist (BFH v. 13.10.2010 – VI R 38/09, BStBl. II 2011, 1010). Abziehbar sind neben den Pflegekosten auch die Kosten, die auf die Unterbringung und Verpflegung entfallen, soweit es sich hierbei um ggü. der normalen Lebensführung entstehende **Mehrkosten** handelt, so dass bei einem Pauschalentgelt eine Haushaltsersparnis abzuziehen ist (vgl. BFH v. 30.6.2011 – VI R 14/10, BStBl. II 2012, 876). Kosten der **Unterbringung** eines bedürftigen **Familienangehörigen** in einem Altenheim sind typische Unterhaltsaufwendungen iSd. § 33a Abs. 1 (BFH v. 12.11.1996 – III R 38/95, BStBl. II 1997, 387; v. 12.1.1973 – VI R 207/71, BStBl. II 1973, 442). Werden die Aufwendungen für die krankheitsbedingte Unterbringung als ag. Belastungen nach § 33 berücksichtigt, ist eine zusätzliche Gewährung des Pauschbetrags nach § 33a Abs. 3 S. 2 Nr. 2 ausgeschlossen (BFH v. 14.11.2013 – VI R 20/12, BStBl. II 2014, 456), s. auch Pflege.

Alternative Behandlungsmethoden: Wissenschaftlich umstrittene alternative Heilbehandlungsmethoden können als Krankheitskosten idR nur anerkannt werden, wenn die medizinische Indikation durch ein **vor Beginn** erstelltes amtsärztliches Attest für geboten erachtet wird (§ 64 EStDV; vgl. auch BFH v. 1.2.2001 – III R 22/00, BStBl. II 2001, 543; FG RhPf. v. 18.8.2016 – 4 K 2173/15, EFG 2016, 1704; zur fehlenden sittliche Verpflichtung BFH v. 12.12.2002 – III R 25/01, BStBl. II 2003, 299; zur Klimaheilbehandlung am Toten Meer: BFH v. 17.7.2003 – III R 5/02, BFH/NV 2003, 1568). Ein nachträgliches Attest kann ausnahmsweise ausreichen, wenn das Erfordernis eines vorherigen Attestes erstmals höchstrichterlich festgestellt wurde und der StPfl. v. der Notwendigkeit der Behandlung ausgehen durfte; dies gilt nicht für Heilmethoden, die nicht allg. anerkannt sind, wie zB die Magnetfeldtherapie (BFH v. 20.11.2003 – III B 44/03, BFH/NV 2004, 335). Etwas anderes kann gelten, wenn der Steuerpflichtige an einer Erkrankung mit einer nur noch begrenzten Lebenserwartung leidet, die nicht mehr auf eine kurative Behandlung anspricht; in diesen Fällen können auch Aufwendungen für Außenseitermethoden abgesetzt werden, es sei denn, die Behandlung wird v. Pers. vorgenommen, die nicht zur Ausübung der Heilkunde zugelassen sind (für eine **immunbiologische Krebsabwehrtherapie:** BFH v. 2.9.2010 – VI R 11/09, BStBl. II 2011, 119; dazu *Haupt*, DStR 2010, 960; *Haupt*, DStZ 2011, 204; krit. *Paus*, DStZ 2011, 150).

Arzneimittel: Aufwendungen für Arzneimittel werden idR nur anerkannt, wenn ihre durch Krankheit bedingte Zwangsläufigkeit und Notwendigkeit durch eine ärztliche VO nachgewiesen ist (BFH v. 6.4.1990 – III R 60/88, BStBl. II 1990, 958). Nicht rezeptpflichtige Medikamente und Stärkungsmittel sind abziehbar, wenn sie nach Gegenstand und Menge spezifiziert ärztlich verordnet werden (BFH v. 11.1.1991 – III R 70/88, BFH/NV 1991, 386). Frei verkäufliche, **nicht mehr v. den Kassen erstattete Medikamente** können nur berücksichtigt werden, wenn vor ihrer Anwendung die medizinische Indikation bescheinigt wurde (FG Berlin v. 2.12.1999 – 4 K 4107/99, EFG 2000, 258).

Asbest: Aufwendungen für die Asbestsanierung der Außenfassade eines Wohnhauses können ag. Belastungen sein, wenn konkrete Gesundheitsgefährdungen zu befürchten sind (BFH v. 29.3.2012 – VI R 47/10, BStBl. II 2012, 570). Ein vor Durchführung der Maßnahme erstelltes amtliches Gutachten ist entgegen der früheren Rspr. (BFH v. 9.8.2001 – III R 6/01, BStBl. II 2002, 240; v. 28.2.2008 – III B 119/07, BFH/NV 2008, 1194) nicht mehr erforderlich. S. auch Sanierung und Schadstoffbeseitigung.

Asyl s. Rn. 36.

Augen-Laser-Operation ist eine Heilbehandlung, die wissenschaftlich anerkannt ist. Aufwendungen werden ohne Vorlage eines amtsärztlichen Attestes als ag. Belastung anerkannt (R 33.4 Abs. 1 EStR; OFD Münster v. 10.7.2006, DB 2006, 1528; OFD Hann. v. 22.9.2006, DStR 2006, 1984; enger noch FG Düss. v. 16.2.2006 – 15 K 6677/04 E, EFG 2006, 973; vgl. auch *Apitz*, DStZ 2007, 222).

Ausbildung: Aufwendungen für die **eigene** Ausbildung sind grds. nicht zwangsläufig, da sie auf einer freien Entschließung des StPfl. beruhen (BFH v. 6.3.1992 – VI R 163/88, BStBl. II 1992, 661). Soweit sie als SA nach § 10 Abs. 1 Nr. 7 abziehbar sind, ergibt sich dies bereits aus § 33 Abs. 2 S. 2. Aufwendungen für einen Berufswechsel können wegen krankheitsbedingtem Zwang zur Umschulung ag. Belastungen sein (BFH v. 18.4.1990 – III R 126/86, BStBl. II 1990, 738). Aufwendungen für **Umschulungsmaßnahmen** sind darüberhinaus nur abziehbar, wenn ein endg. Verlust des wirtschaftlichen Werts der Erstausbildung gegeben ist (BFH v. 28.8.1997 – III R 195/94, BStBl. II 1998, 183). Aufwendungen für den Schulbesuch eines Kindes sind durch § 33a Abs. 2 abgegolten und können nur dann ag. Belastungen sein, wenn es sich bei diesen Aufwendungen um unmittelbare Krankheitskosten (s. Legasthenie) handelt. Dies gilt auch dann, wenn die Voraussetzungen für die Gewährung eines Ausbildungsfreibetrags nicht erfüllt sind (BFH v. 17.4. 1997 – III B 216/96, BStBl. II 1997, 752). § 33 ist nicht anwendbar, wenn ein Kind aus sozialen, psychologischen oder pädagogischen Gründen in einer Privatschule untergebracht wird (BFH v. 22.12.2004 – III B 169/03, BFH/NV 2005, 699). Aufwendungen für Lerntherapie und Erziehungsberatung eines hochbegabten Kindes sind nicht als ag. Belastungen abziehbar; eine Hochbegabung als solche stellt keine Erkrankung dar (BFH v. 19.11.2015 – VI R 45/14, BFH/NV 2016, 393; sa. Legasthenie, auswärtige Unterbringung).

Aussteuer idR nicht abziehbar (BFH v. 3.6.1987 – III R 141/86, BStBl. II 1987, 779).

Auswanderung: Hierdurch bedingte Aufwendungen sind nicht zwangsläufig (BFH v. 8.11.1977 – VI R 42/75, BStBl. II 1978, 147).

Auswärtige Unterbringung: § 33 ist nicht anwendbar auf die Unterbringung eines Kindes in einer Privatschule aus sozialen, psychologischen oder pädagogischen Gründen (BFH v. 18.4.1990 – III R 160/86, BStBl. II 1990, 962; v. 22.9.2005 – IX R 52/03, BFH/NV 2006, 281 – Unterbringung eines schwer erziehbaren Kindes), auch dann nicht, wenn bei Unterbringung aufgrund einer **Behinderung** (BFH v. 1.12.1978 – VI R 149/75, BStBl. II 1979, 78; v. 18.4.1990 – III R 160/86, BStBl. II 1990, 962), oder weil es kein Deutsch spricht (BFH v. 17.4.1997 – III B 216/96, BStBl. II 1997, 752; v. 23.2.1968 – VI R 236/67, BStBl. II 1968, 374). Aufwendungen für die auswärtige Unterbringung sind jedoch als Krankheitskosten absetzbar, wenn es sich um unmittelbare Krankheitskosten handelt (BFH v. 26.6.1992 – III R 83/91, BStBl. II 1993, 212 – Asthma; BFH v. 26.6.1992 – III R 8/91, BStBl. II 1993, 278 – Legasthenie) und vor Einl. der Maßnahme hierüber ein amtsärztliches Attest erstellt worden ist (§ 64 EStDV; BFH v. 23.10.2006 – III B 142/05, BFH/NV 2007, 422). Die Bestätigung der Kreisverwaltung zur Übernahme v. Eingliederungshilfe für Internatsunterbringung kann das vorher einzuholende amtsärztliche Attest nicht ersetzen (BFH v. 16.8. 2006 – III B 20/06, BFH/NV 2006, 2075). Ein Ausbildungsfreibetrag wegen auswärtiger Unterbringung gem. § 33a Abs. 2 kann neben § 33 nicht gewährt werden.

Ayurveda-Behandlung s. alternative Behandlungsmethoden.

Badekur s. Kur.

Bandscheibenmatratze und dazugehöriger Rahmen ist nicht abziehbar (FG RhPf. v. 25.5.2004 – 1 K 2625/03, DStRE 2005, 257).

Baudenkmal: Die erhöhten Aufwendungen für Instandsetzung und Erhaltung eines Baudenkmals sind allenfalls iRv § 10f steuerlich abzugsfähig; als ag. Belastung sind die Kosten nicht zu berücksichtigen, selbst wenn sie nach Auffassung der Denkmalpflege notwendig sind (FG Münster v. 19.11.2009 – 8 K 1089/06 E, EFG 2010, 703).

Baumängel: Aufwendungen zur Beseitigung v. Baumängeln keine ag. Belastung (BFH v. 11.2.2009 – VI B 140/08, BFH/NV 2009, 762; v. 28.3.2018 – VI B 106/17, BFH/NV 2018, 716). Auch Aufwendungen zur Behebung gesundheitsgefährdender Baumängel erlauben keine Ermäßigung der ESt nach Abs. 1 (BFH v. 19.6.2006 – III B 37/05, BFH/NV 2006, 2057).

Beerdigung: Ausgaben für die Beerdigung eines nahen Angehörigen sind nur insoweit als ag. Belastung zu berücksichtigen, als sie nicht aus dem Nachlass bestr. werden können oder durch Ersatzleistungen gedeckt sind (BFH v. 17.6.1994 – III R 42/93, BStBl. II 1994, 754; FG Köln v. 29.9.2010 – 12 K 784/09, EFG 2011, 242; zur Anrechnung v. Leistungen aus einer Sterbegeldversicherung: BFH v. 19.10.1990 – III R 93/87, BStBl. II 1991, 140; s. auch *Brockmeyer*, DStZ 1998, 214/223; *Naumann*, DStR 1997, 1905). Aufwendungen, die den Verkehrswert des Nachlasses nicht übersteigen, führen nicht zu einer Belastung iSd. § 33 (BFH v. 21.2.2018 – VI R 11/16, BStBl. II 2018, 469). Abziehbar sind nur die **unmittelbar** mit der Bestattung zusammenhängenden Kosten, soweit sie angemessen sind. Zur Überführung aus dem Ausland FG Düss. v. 13.5.1998 – 9 K 3046/96 E, DStRE 2000, 958. Mittelbare Aufwendungen wie zB Trauerkleidung (BFH v. 12.8.1966 – VI R 76/66, BStBl. III 1967, 364), Bewirtung v. Trauergästen (BFH v. 17.9.1987 – III R 242/83, BStBl. II 1988, 130) Grabpflegekosten oder Reisekosten für die Beerdigung (BFH v. 17.6.1994 – III R 42/93, BStBl. II 1994, 754) sind keine ag. Belastungen (krit. *Müller*, DStZ 1999, 313 und 905). Aufwendungen für Fotobücher, die statt einer Traueranzeige erstellt wurden, sind ebenfalls keine ag. Belastung (FG Hbg. v. 13.12.2016 – 6 K 94/16, juris). Im Rahmen eines Übergabevertrags übernommene Begräbniskosten sind keine ag. Belastungen (FG München v. 30.3.1999 – 13 K 3321/94, EFG 1999, 703; FG Münster v. 24.2.1999 – 13 K 1810/96 E, EFG 1999, 608).

Befruchtung: Die Kosten für die Verwirklichung eines Kinderwunsches gehören zur für jeden frei gestaltbaren Lebensführung iSd. § 12 Nr. 1, die nach Sinn und Zweck des § 33 nur dann ausnahmsweise steuermindernd berücksichtigt werden dürfen, wenn die Aufwendungen für den StPfl. eine unabweisbare finanzielle Belastung darstellen (ausführlich zu den Aufwendungen für künstliche Befruchtung als ag. Belastung: *Ritzrow*, EStB 2012, 63). Dies ist bei Krankheitskosten der Fall. Bei der Empfängnisunfähigkeit einer Frau handelt es sich um eine Krankheit, so dass Maßnahmen zur Behebung der Empfängnisunfähigkeit (zB durch medikamentöse Behandlung oder einen operativen Eingriff) zur Krankenbehandlung gehören und als angemessene und notwendige Heilbehandlung anzusehen sind (BFH v. 10.5.2007 – III R 47/05, BStBl. II 2007, 871). Daher können Kosten einer künstlichen Befruchtung abziehbar sein, wenn sich die Frau in einer Zwangslage befindet (BFH v. 18.6.1997 – III R 84/96, BStBl. II 1997, 805; FG Düss. v. 11.8.2003 – 7 K 3527/02 E, EFG 2003, 1786). Eine vergleichbare Situation besteht bei organisch bedingter Sterilität eines Mannes, so dass in diesem Fall Kosten einer heterologen künstlichen Befruchtung abziehbar sind (BFH v. 16.12.2010 – VI R 43/10, BStBl. II 2011, 414). Entgegen früherer Rspr. kommt es nicht auf den Familienstand an, so dass auch bei einer nicht verheirateten, empfängnisunfähigen Frau die Kosten einer In-vitro-Fertilisation anerkannt werden (BFH v. 10.5.2007 – III R 47/05, BStBl. II 2007, 871; v. 21.2.2008 – III R 30/07, BFH/NV 2008, 1309). Voraussetzung ist jedoch stets, dass die Maßnahmen in Übereinstimmung mit den RL der ärztlichen Berufsordnungen vorgenommen werden. Behandlungen, die nach dem Embryonenschutzgesetz in Deutschland verboten sind, dürfen daher nicht als ag. Belastung berücksichtigt werden (BFH v. 17.5.2017 – VI R 34/15, BStBl. II 2018, 344; FG Berlin-Bdbg. v. 11.2.2015 – 2 K 2323/12, EFG 2015, 925). Aufwendungen einer empfängnisunfähigen (unfruchtbaren) Frau für eine heterologe künstliche Befruchtung durch eine In-vitro-Fertilisation (IVF) sind daher auch dann als ag. Belastung zu berücksichtigen, wenn die Frau in einer gleichgeschlechtlichen Partnerschaft lebt, denn dies widerspricht nicht den RL der ärztlichen Berufsordnungen (BFH v. 5.10.2017 – VI R 47/15, BStBl. II 2018, 350; v. 5.10.2017 – VI R 2/17, BFH/NV 2018, 194). Bei einer unverheirateten Frau ohne Lebenspartner oder Lebenspartnerin werden entspr. Aufwendungen dagegen teilw. nicht als ag. Belastung anerkannt (FG Thür. v. 14.6.2017 – 3 K 111/16, EFG 2017, 1343). Die Aufwendungen sind insgesamt – einschl. der auf die Bereitstellung und Aufbereitung des Spendersamens entfallenden Kosten – zu berücksichtigen; eine Aufteilung der Krankheitskosten kommt insoweit nicht in Betracht (BFH v. 5.10.2017 – VI R 47/15, BStBl. II 2018, 350; *Hermenns/Modrzejewski/Rüsch*, FR 2017, 270). An einer Zwangslage dürfte es jedoch bei alleinstehenden Frauen ohne feste Partnerschaft fehlen, sodass in diesen Fällen keine ag. Belastung vorliegt (vgl. auch *Greite*, FR 2007, 1124). Aufwendungen für eine Leihmutterschaft sind hingegen keine ag. Belastung (FG München v. 21.2.2000 – 16 V 5568/99, EFG 2000, 496; FG Düss. v. 9.5.2003 – 18 K 7931/00 E, EFG 2003, 1548).

Begleitperson: Die Berücksichtigung v. Kosten einer Begleitperson während einer medizinisch indizierten Kur als ag. Belastung setzt grds. voraus, dass die krankheits- oder altersbedingte Notwendigkeit der Begleitung durch ein vor Reiseantritt eingeholtes amtsärztliches Gutachten oder eine andere, diesem gleichzustellende Bescheinigung nachgewiesen wird (BFH v. 17.12.1997 – III R 35/97, BStBl. II 1998, 298). Voraussetzung für den Abzug ist aber auch hier, dass es sich um einen behinderungs- oder erkrankungsbedingten Mehrbedarf handelt (BFH v. 7.5.2013 – VIII R 51/10, BStBl. II 2013, 808). Ein Körperbehinderter, bei dem die Notwendigkeit ständiger Begleitung nachgewiesen ist, kann Mehraufwendungen, die ihm auf einer Urlaubsreise durch Kosten für Fahrten, Unterbringung und Verpflegung der Begleitperson entstehen, bis zu 767 Euro (durchschnittlicher Urlaubsbetrag der Deutschen 2000) neben dem PB gem. § 33b als ag. Belastung abziehen (BFH v. 4.7.2002 – III R 58/98, BStBl. II 2002, 765). Unterscheidet sich die v. Eltern mit ihren schwer behinderten Kindern unternommene Reise – abgesehen v. den besonderen behinderungsbedingten Erschwernissen – nicht v. einem üblichen Familienurlaub, so können die auf die Eltern entfallenden Reisekosten nicht als ag. Belastung abgezogen werden (BFH v. 26.1.2006 – III R 22/04, BFH/NV 2006, 1265). Kosten einer Begleitperson bei Krankenhausfahrten sind abziehbar (BFH v. 29.8.2003 – III B 156/02, BFH/NV 2004, 41).

Behinderte: Zur Berücksichtigung v. Aufwendungen auch neben dem Behindertenpauschbetrag des § 33b s. Rn. 4; zu Kosten für die behinderungsbedingte Unterbringung in einer sozial-therapeutischen Einrichtung (BFH v. 9.12.2010 – VI R 14/09, BStBl. II 2011, 1011); zur behinderungsbedingten Unterbringung in einer betreuten Wohngemeinschaft s. BFH v. 23.5.2002 – III R 24/01, BStBl. II 2002, 567.

Behindertengerechte Ausstattung: Mehraufwendungen wegen behindertengerechter Ausstattung können abziehbar sein, wenn es sich um „verlorenen Aufwand" handelt. Dies setzt voraus, dass ausgeschlossen ist, dass die durch die Aufwendungen geschaffenen Einrichtungen jemals wertbildende Faktoren für das Haus bilden; außerdem müssen sie anhand eindeutiger und objektiver, v. ungewissen zukünftigen Ereignissen unabhängiger Kriterien v. den Aufwendungen unterscheiden lassen, durch die der StPfl. seinen Wohnbedürfnissen Rechnung trägt. Nicht anerkannt wurde die Ausstattung eines Hauses mit einem **Fahrstuhl** (auch bei Mietereinbau: BFH v. 15.12.2005 – III R 10/04, BFH/NV 2006, 931; v. 25.1.2007 – III R 7/06, BFH/NV 2007, 1081; v. 27.12.2006 – III B 107/06, BFH/NV 2007, 701; v. 26.4.2006 – III B 113/05, BFH/

NV 2006, 1469) oder einem automatischen Garagentor oder eine behindertengerechte Bauausführung (BFH v. 15.4.2004 – III B 84/03, BFH/NV 2004, 1252 mwN; anders wenn kein Gegenwert: FG RhPf. v. 24.10.2007 – 2 K 1917/06, EFG 2008, 215); **anerkannt** wurden Aufwendungen für medizinische Hilfsmittel ieS wie zB Treppenschräglift (BFH v. 10.10.1996 – III R 209/94, BStBl. II 1997, 491; v. 6.2.1997 – III R 72/96, BStBl. II 1997, 607, v. 30.10.2008 – III R 97/06, BFH/NV 2009, 728 – für behinderten Sohn; v. 5.10.2011 – VI R 14/11, BFH/NV 2012, 39) oder ein rollstuhlgerechter **Umbau**, bei dem die Umbaumaßnahmen die Benutzung entspr. Bereiche für nichtbehinderte Menschen erheblich einschränken (FG RhPf. v. 24.10.2007 – 2 K 1917/06, EFG 2008, 215). Aufwendungen für den behindertengerechten Umbau einer **Motoryacht** erwachsen dem StPfl. nicht zwangsläufig und sind deshalb nicht als ag. Belastung zu berücksichtigen (BFH v. 2.6.2015 – VI R 30/14, BStBl. II 2015, 775; dazu *Renner*, DStZ 2015, 934).

Besuchsfahrten: Aufwendungen für Besuche zw. nahen Angehörigen sind idR nicht als außergewöhnlich, sondern typisierend als durch allg. Freibeträge (Grundfreibetrag, kindbedingte Freibeträge) und etwaige andere stl. Ermäßigungen abgegolten anzusehen (BFH v. 25.2.2009 – VI B 147/08, BFH/NV 2009, 930). Das gilt auch, wenn der besuchte Angehörige erkrankt oder pflegebedürftig ist. Aufwendungen, die zur Ausübung des **Besuchsrechts des nicht sorgeberechtigten Elternteils** nach § 1634 BGB gemacht werden, fallen daher nicht unter Abs. 1 (BFH v. 28.3.1996 – III R 208/94, BStBl. II 1997, 54; v. 27.9.2007 – III R 30/06, BFH/NV 2008, 539). Dies gilt auch für den Fall, dass die Kinder bei ihrer Mutter im Ausland (USA) leben (BFH v. 27.9.2007 – III R 28/05, BStBl. II 2008, 287 mit ausf. verfassungsrechtl. Erwägungen). Allein der Umstand, dass der Umgang der Großeltern mit dem v. ihnen getrennt lebenden Enkelkind aus familiengerichtlicher Sicht dessen Wohl dient, führt nicht zur Zwangsläufigkeit der Aufwendungen für Besuche des Enkelkinds (BFH v. 5.3.2009 – VI R 60/07, BFH/NV 2009, 1111). **Ausnahmsweise** werden ag. Belastungen anerkannt, wenn Besuchsfahrten **ausschließlich zum Zwecke der Heilung** oder Linderung einer Krankheit oder eines Leidens getätigt werden oder den Zweck verfolgen, die Krankheit oder ein Leiden erträglicher zu machen (BFH v. 22.10.1996 – III R 265/94, BStBl. II 1997, 558) oder wenn sie medizinisch angezeigt sind (BFH v. 5.10.2011 – VI R 20/11, BFH/NV 2012, 38; v. 5.10.2011 – VI R 88/10, BFH/NV 2012, 35). Sie sind jedoch nur insoweit abziehbar, als sie die Aufwendungen für Besuchsfahrten überschreiten, die der StPfl. auch ohne die Erkrankung des Angehörigen üblicherweise ausgeführt hätte (BFH v. 6.4.1990 – III R 60/88, BStBl. II 1990, 958). Nicht anerkannt wurden Familienheimfahrten eines Wehrpflichtigen zu seiner schwangeren Ehefrau (BFH v. 5.12.1969 – VI B 74/69, BStBl. II 1970, 210), Besuchsfahrten der erwachsenen Tochter zu ihrem auf Dauer pflegebedürftigen Vater (BFH v. 24.5.1991 – III R 28/89, BFH/NV 1992, 96), Besuchsfahrten zu einem eine Heilkur durchführenden Ehegatten (BFH v. 8.12.1988 – IX R 157/83, BStBl. II 1989, 282) oder Reisen in die USA zum Besuch der Kinder (BFH v. 27.9.2007 – III R 38/05, BStBl. II 2008, 287). Auch der Besuch des eine Freiheitsstrafe verbüßenden Angehörigen (BFH v. 23.5.1990 – III R 145/85, BStBl. II 1990, 895 – Kind; BFH v. 23.5.1990 – III R 145/85, BStBl. II 1990, 895 – Ehegatte) führt nicht zu ag. Belastungen (s. auch *Brockmeyer* DStZ 1998, 214/223).

Betrug: Durch Betrug veranlasste vergebliche Zahlungen, für die keine realisierbaren Ersatzansprüche erworben wurden, sind nicht als ag. Belastung zu berücksichtigen (BFH v. 19.5.1995 – III R 12/92, BStBl. II 1995, 774; FG RhPf. v. 8.2.2006 – 3 K 2924/03, juris).

Biberschaden im Garten ohne sonstige besondere Umstände ist keine ag. Belastung (FG Köln v. 1.12.2017 – 3 K 625/17, EFG 2018, 453 [Rev. VI R 42/18]).

Bioresonanztherapie ist keine wissenschaftlich anerkannte Behandlungsmethode und daher nur zu berücksichtigen, wenn zuvor eine ärztliche Bescheinigung erbracht wird, die die Zwangsläufigkeit bescheinigt (FG Köln v. 21.3.2018 – 3 K 544/17, EFG 2018, 1904).

Brustoperation: Mammaasymmetrie begründet einen Anspr. auf Krankenbehandlung nur dann, wenn diese einen Krankheitswert hat. Ein solcher ist nur gegeben, wenn die Betroffene in ihren Körperfunktionen beeinträchtigt ist oder an einer entstellend wirkenden Abweichung vom Regelfall leidet (FG RhPf. v. 20.5.2014 – 5 K 1753/13, EFG 2014, 1586 [rkr.]).

Bürgschaft: Aufwendungen zur Abdeckung einer eingegangenen Bürgschaft sind nur dann zwangsläufig, wenn die Übernahme der Bürgschaft zwangsläufig ist (BFH v. 18.11.1977 – VI R 142/75, BStBl. II 1978, 147).

Darlehen: Schuldzinsen für ein Darlehen, das ein StPfl. zur Bestreitung ag. Belastungen iSv. § 33 aufgenommen hat, sind steuerermäßigend zu berücksichtigen, wenn bzw. soweit die Darlehensaufnahme selbst zwangsläufig erfolgt ist (BFH v. 6.4.1990 – III R 60/88, BStBl. II 1990, 958). S. Rn. 8. Zahlungen auf ein zinslos gewährtes Darlehen sind keine ag. Belastung (BFH v. 19.5.2009 – VI B 113/08, BFH/NV 2009, 1631).

Delfin-Therapie: Aufwendungen für eine Delfin-Therapie sind nicht abzugsfähig, wenn die Notwendigkeit der Therapie nicht durch ein vor der Behandlung ausgestelltes amtsärztliches Attest nachgewiesen wird (§ 64 EStDV; vgl. BFH v. 15.11.2007 – III B 205/06, BFH/NV 2008, 368; FG Düss. v. 8.11.2005 – 1 K 4334/03 E, EFG 2006, 415).

Demenz: Aufwendungen für die Unterbringung in einer Wohnanlage für betreutes Wohnen wg. Demenz können als ag. Belastung anzuerkennen sein (FG Nds. v. 20.9.2017 – 9 K 257/16, StEd 2018, 37). Der reine Zeitaufwand eines ehrenamtlichen Betreuers ist jedoch keine ag. Belastung (FG Hess. v. 11.3.2011 – 11 K 1850/10, FamRZ 2011, 1764).

Diätverpflegung s. Rn. 46.

Diebstahl s. Rn. 6.

Dyskalkulie: Schulgebühren für den Besuch einer Schule zur Ausbildung zur Logopädin eines an Dyskalkulie leidenden Kindes stellen keine ag. Belastungen dar (FG Köln v. 28.3.2012 – 15 K 1425/09, EFG 2012, 1754, rkr.).

Ehescheidung: Seit dem VZ 2013 sind sowohl die Kosten der Ehescheidung als auch von Scheidungsfolgesachen unabhängig davon, ob es sich um ag. Belastungen handelt oder nicht, vom Abzugsverbot des § 33 Abs. 2 S. 4 umfasst. Da ein StPfl. die Aufwendungen für ein Scheidungsverfahren regelmäßig nicht zur Sicherung seiner Existenzgrundlage und seiner lebensnotwendigen Bedürfnisse erbringt, können die Scheidungskosten nicht als ag. Belastung angesetzt werden. Dies gilt selbst dann, wenn das Festhalten an der Ehe für den StPfl. eine starke Beeinträchtigung seines Lebens darstellt (s. Rn. 47b; BFH v. 18.5.2017 – VI R 9/16, BStBl. II 2017, 988; v. 18.5.2017 – VI R 81/14, BFH/NV 2017, 1595; v. 18.5.2017 – VI R 66/14, BFH/NV 2017, 1593; v. 18.5.2017 – VI R 19/15, BFH/NV 2017, 1596; vgl. *Urban*, NJW 2017, 3189; krit. *Engels*, FamRZ 2017, 1630; abl. und mit verfassungsrechtl. Zweifeln: *Nieuwenhuis*, DStR 2017, 2373). **Bis einschl. VZ 2012** konnten die unmittelbaren Kosten einer Ehescheidung (Gerichts- und Anwaltskosten) als ag. Belastung wg. Zwangsläufigkeit berücksichtigt werden (BFH v. 30.6.2005 – III R 27/04, BStBl. II 2006, 492; v. 2.10.1981 – VI R 38/78, BStBl. II 1982, 116; ausf. *Hamdan/Hamdan*, ZfE 2007, 290; *Schulze zur Wiesche*, FPR 2001, 117/123). Bei einer Scheidung nach ausländ. Recht gehört es zu den Aufgaben des FG als Tatsacheninstanz zu prüfen, ob die Rechtsstreitigkeiten in einem Verfahren entschieden wurden, die mit dem sog. Zwangsverbund vergleichbar waren (BFH v. 15.6.2016 – VI R 26/13, BFH/NV 2016, 1562).

Elektrosmog: Aufwendungen sind nur absetzbar, wenn sie medizinisch indiziert sind. Für die Abschirmung einer (neu errichteten) Eigentumswohnung vor Hochfrequenzimmissionen an der äußeren Gebäudehülle und im Bodenbereich der Wohnung ist dies anerkannt worden, wenn die Zwangsläufigkeit der Kosten (nur) durch ein ärztliches Privatgutachten über die ausgeprägte Elektrosensibilität der StPfl. und durch ein Gutachten eines Ingenieurs für Baubiologie über „stark auffällige" Hochfrequenzimmissionen im Rohbau der Eigentumswohnung belegt ist. Ein amtsärztliches Gutachten ist nicht erforderlich, weil sich die Maßnahme nicht unter § 64 Abs. 1 Nr. 2 EStDV subsumieren lässt (FG Köln v. 8.3.2012 – 10 K 290/11, EFG 2012, 1345, rkr.).

Entführung: Lösegeldzahlungen iZ mit einer Entführung können als ag. Belastungen abgezogen werden (BFH v. 6.5.1994 – III R 27/92, BStBl. II 1995, 104), nicht jedoch als BA oder WK (BFH v. 30.10.1980 – IV R 27/77, BStBl. II 1981, 303).

Entgangene Einnahmen s. Rn. 6.

Erbausgleich: Zahlungen iZ mit dem vorzeitigen Erbausgleich sind keine ag. Belastungen (BFH v. 28.4. 2010 – VI B 167/09, BStBl. II 2010, 747).

Erpressung: Wird ein wohlhabender StPfl. erpresst, indem Angehörige oder andere nahe stehende Pers. mit dem Tod oder einem anderen empfindlichen Übel bedroht werden, kommt es für die Abziehbarkeit darauf an, ob der StPfl. im Zeitpunkt der Erpressung Handlungsalternativen besaß, die den Erpressungsversuch mit einiger Sicherheit wirkungslos gemacht hätten. Bei einem Verlust v. Wertgegenständen durch räuberische Erpressung oder räuberischen Diebstahl kann eine Unterversicherung in der Hausratversicherung dazu führen, dass in Höhe des Selbstbehalts keine Zwangsläufigkeit der Aufwendungen besteht (FG Düss. v. 9.9.2008 – 3 K 3072/06 E, EFG 2009, 182). Erpressungsgelder sind regelmäßig nicht zwangsläufig, wenn sich der StPfl. strafbar oder sonst sozialwidrig verhalten hat und somit selbst und ohne Zwang einen Erpressungsgrund geschaffen hat (BFH v. 18.3.2004 – III R 31/02, BStBl. II 2004, 867).

Erziehungsheim: Kosten für die Unterbringung eines Angehörigen in einem therapeutischen Erziehungsheim sind bei Vorlage einer amtsärztlichen oder vertrauensärztlichen Bescheinigung abziehbar; die Kosten können auch anerkannt werden, wenn eine Krankenkasse einen Zuschuss zu der betr. Maßnahme geleistet hat (BFH v. 7.8.2003 – IX B 6/03, BFH/NV 2004, 177).

Fahrstuhl: Aufwendungen für Anbau mit Fahrstuhl wegen schwerer Gehbehinderung eines Haushaltsangehörigen sind keine ag. Belastungen (BFH v. 6.2.1997 – III R 72/96, BStBl. II 1997, 607; BFH v. 15.4. 2004 – III B 84/03, BFH/NV 2004, 1252), s. behindertengerechte Ausstattung.

Fahrtkosten sind idR weder außergewöhnlich noch zwangsläufig. Eine Ausnahme gilt für Krankheitskosten (Krankentransporte) oder bei **behinderten Menschen**. Schwer Körperbehinderte, die in ihrer Gehfähigkeit und Stehfähigkeit erheblich beschränkt sind, können neben den Pauschbeträgen für Körperbehinderte Kfz.-Aufwendungen für Privatfahrten als ag. Belastung geltend machen, wobei nicht nur die unvermeidbaren Kosten zur Erledigung privater Angelegenheiten, sondern in angemessenem Rahmen auch die Kosten für Erholungsfahrten, Freizeitfahrten und Besuchsfahrten abzugsfähig sind (dazu BMF v. 29.4.1996, BStBl. I 1996, 446; aber nicht bei Familienfahrten, die nicht vornehmlich im Interesse des Behinderten durchgeführt werden: BFH v. 21.12.2007 – III B 154/06, BFH/NV 2008, 780). Bei geh- und stehbehinderten StPfl. (Grad der Behinderung [GdB] v. mindestens 80 % oder GdB v. mindestens 70 % und Merkzeichen G) wird im allg. ein Aufwand für Fahrten bis zu 3000 km im Jahr anerkannt. Bei außergewöhnlich gehbehinderten StPfl. (Merkzeichen aG), Blinden (Merkzeichen Bl) und Hilflosen (Merkzeichen H) werden bis zu 15000 km (BFH v. 22.10.1996 – III R 203/94, BStBl. II 1997, 384; v. 15.6.2010 – VI B 11/10, BFH/NV 2010, 1631; R 33.4 Abs. 4 EStR), in besonderen Ausnahmefällen auch mehr (BFH v. 13.12.2001 – III R 6/99, BStBl. II 2002, 198; FG Hess. v. 23.6.2016 – 6 K 2397/12, EFG 2016, 1523 [Rev. VI R 28/16], zum behindertengerechten Umbau eines Kleinbusses), anerkannt. Als angemessener Aufwand können idR 0,30 Euro je km geltend gemacht werden (BMF v. 21.11.2001, BStBl. I 2001, 868; BFH v. 13.12.2001 – III R 40/99, BStBl. II 2002, 224). Das gilt auch für die Kfz.-Aufwendungen schwer geh- und stehbehinderter StPfl., die auf Fahrten entfallen, die zum Besuch v. Ärzten oder Behandlungseinrichtungen durchgeführt werden (BFH v. 19.5.2004 – III R 16/02, BStBl. II 2005, 23). Über die PB hinausgehende Kfz.-Kosten werden nach dem BFH idR nicht mehr als ag. Belastung anerkannt (BFH v. 19.5.2004 – III R 16/02, BStBl. II 2005, 23; v. 19.1.2017 – VI R 60/14, BFH/NV 2017, 571; vgl. auch FG Köln v. 28.4.2009 – 8 K 4748/06, EFG 2009, 1299). Decken die PB wegen der nur geringen Jahreskilometerleistung nicht die tatsächlichen Aufwendungen, kann der behinderte StPfl. anstelle der PB die Kosten, die ihm für Fahrten mit einem – behindertengerechten – öffentl. Verkehrsmittel, ggf. auch mit einem Taxi, entstanden sind, geltend machen (BFH v. 18.12.2003 – III R 31/03, BStBl. II 2004, 453). Eine **behindertengerechte Umrüstung eines Kfz.** wird v. der FinVerw. teilw. als ag. Belastung anerkannt (nach früher bundeseinheitlich abgestimmter Auffassung im Wege der Verteilung auf die (Rest-)Nutzungsdauer des Kfz. und jetzt im Hinblick auf das Urteil des BFH v. 22.10.2009 – VI R 7/09, BStBl. II 2010, 280 vollständig im Jahr des Abzugs: Bay. Landesamt f. Steuern v. 28.5.2010, DStR 2010, 1741; keine Berücksichtigung der Mehrkosten für ein Automatikgetriebe nach FG Nürnb. v. 26.11.2009 – 4 K 688/2009, juris). Die Aufwendungen können auch bei einem StPfl. berücksichtigt werden, auf den der PB nach § 33b Abs. 5 übertragen wurde, wenn der Behinderte an den Fahrten selbst teilgenommen hat (BFH v. 1.8.1975 – VI R 158/72, BStBl. II 1975, 825). S. Besuchsfahrten und Rn. 43.

Familienheimfahrt eines verheirateten Wehrpflichtigen ist keine ag. Belastung (BFH v. 5.12.1969 – VI B 74/69, BStBl. II 1970, 210).

Feldenkraisbehandlungen sind alternative Behandlungsmethoden, deren Aufwendungen nur anerkannt werden können, wenn die Maßnahmen nach einer vorherigen amtsärztlichen Begutachtung eindeutig und unmittelbar der Behandlung oder Linderung einer Krankheit dienen (FG München v. 2.4.2009 – 5 K 2555/07, juris).

Fettabsaugung: Aufwendungen hierfür sind nicht als ag. Belastung abziehbar, wenn vor Beginn der Maßnahmen kein amtsärztliches oder vertrauensärztliches Attest eingeholt wird, aus dem sich zweifelsfrei die medizinische Indikation der Operationen ergibt (BFH v. 24.11.2006 – III B 57/06, BFH/NV 2007, 438).

Formaldehyd s. Schadstoffbeseitigung.

Frischzellenbehandlung s. alternative Behandlungsmethoden.

Führerschein: Aufwendungen v. Eltern für ihre schwer steh- und gehbehinderte Tochter können als ag. Belastung neben dem PB für Körperbehinderte (§ 33b) abgezogen werden (BFH v. 26.3.1993 – III R 9/92, BStBl. II 1993, 749).

Geburt: Entbindungskosten sind ebenso wie Krankheitskosten abziehbar (BFH v. 13.3.1987 – III R 301/84, BStBl. II 1987, 495). Sonstige Aufwendungen für das Kind (zB Erstlingsausstattung: BFH v. 19.12.1969 – VI R 125/69, BStBl. II 1970, 242) sind nicht nach § 33 abziehbar, sondern durch Kindergeld und Kinderfreibetrag abgegolten.

Geldbußen oder Geldstrafen s. Rn. 30.

Gesundheitsfördernde Maßnahmen: Vorbeugende Aufwendungen, die der Gesundheit allg. dienen, und solche, die auf einer medizinisch nicht indizierten Behandlung beruhen, erwachsen hingegen nicht zwangsläufig; hierfür aufgewandte Kosten können nicht abgesetzt werden (vgl. BFH v. 2.9.2010 – VI R 11/09, BStBl. II 2011, 119).

Grab: Eine behördlich angeordnete Instandsetzung eines Familiengrabs dürfte entgegen dem Hessischen FG (FG Hess. v. 4.4.2017 – 2 K 1964/15, DStRE 2017, 1286 [Rev. VI R 48/17]) ebenso wenig zwangsläufig sein wie Grabpflegekosten (dazu: BFH v. 17.6.1994 – III R 42/93, BStBl. II 1994, 754).

Gruppentherapie suchtgefährdeter Menschen können als Krankheitskosten berücksichtigungsfähig sein, wenn vor Beginn der Maßnahme ein amtsärztliches oder vertrauensärztliches Zeugnis die medizinische Indikation bestätigt (BFH v. 21.7.1998 – III R 25/97, BFH/NV 1999, 300; v. 13.2.1987 – III R 208/81, BStBl. II 1987, 427).

Haarersatz: Aufwendungen für ein Toupet oder eine Haartransplantation sind idR keine ag. Belastungen (FG Nds. v. 2.2.2000 – 12 K 161/98, EFG 2000, 496; FG BaWü. v. 4.9.1998 – 14 K 147/96, EFG 1998, 1589; **aA** FG Düss. v. 18.1.1983 – XI 298/82 E, EFG 1983, 500).

Hausapotheke: Medikamente für die Hausapotheke ohne ärztliche Verordnung sind nicht stl. absetzbar (FG Rh. Pf. v. 8.7.2013 – 5 K 2157/12, EFG 2013, 1767 [rkr.]).

Hausrat: Aufwendungen für die erstmalige Einrichtung einer Wohnung oder für die Anschaffung v. Haushaltsgeräten sind keine ag. Belastungen (BFH v. 21.8.1974 – VI R 237/71, BStBl. II 1974, 745; K/S/M § 33 Rn. B 69 mwN); dies gilt auch für Wiederbeschaffungen nach einer Scheidung (BFH v. 16.5.1975 – VI R 163/73, BStBl. II 1975, 538; v. 1.8.2016 – VI B 18/16, BFH/NV 2016, 1708). Aufwendungen für die Wiederbeschaffung v. Hausrat sind in **angemessenem Umfang** ag. Belastung, wenn der Hausrat durch ein unabwendbares Ereignis verlorengegangen ist und wiederbeschafft werden muss (BFH v. 10.6.1988 – III R 248/83, BStBl. II 1988, 814; v. 3.9.1976 – VI R 185/74, BStBl. II 1976, 712 mwN). Die als Vorteilsausgleich bei der Ermittlung einer ag. Belastung zu berücksichtigenden Leistungen aus einer **Hausratversicherung** sind nicht aufzuteilen in einen Betrag, der auf allg. notwendigen und angemessenen Hausrat entfällt, und in einen solchen, der die Wiederbeschaffung v. Gegenständen und Kleidungsstücken gehobenen Anspr. ermöglichen soll (BFH v. 30.6.1999 – III R 8/95, BStBl. II 1999, 766). S. auch Schadstoffbeseitigung.

Hausschwamm: Kosten für die Beseitigung v. echtem Hausschwamm können im Einzelfall als ag. Belastung geltend gemacht werden, wenn der Befall unentdeckt geblieben ist, die konkrete Gefahr der Unbewohnbarkeit des Gebäudes droht und daraus eine aufwendige Sanierung folgt (BFH v. 29.3.2012 – VI R 70/10, BStBl. II 2012, 572).

Heileurythmie: Aufwendungen für heileurythmische Behandlungen können als ag. Belastung geltend gemacht werden (BFH v. 26.2.2014 – VI R 27/13, BStBl. II 2014, 824). Die Zwangsläufigkeit entsprechender Aufwendungen im Krankheitsfall kann durch eine Verordnung eines Arztes oder Heilpraktikers nachgewiesen werden (s. Rn. 53).

Hochwasser ist ein unabwendbares Ereignis. Aufwendungen zur Beseitigung v. Schäden am Wohneigentum oder zur Wiederbeschaffung v. Hausrat und Kleidung können nur dann als ag. Belastung angesetzt werden, wenn zumutbare Schutzmaßnahmen ergriffen und allg. zugängliche und übliche Versicherungsmöglichkeiten wahrgenommen worden sind (Rn. 18 f.; R 33.2 Nr. 7 EStR). Eine sog. Elementarversicherung gehört nicht zu den obligatorischen Versicherungen.

Hochzeit: Aufwendungen für eine Hochzeit (BFH v. 2.5.1958 – VI 303/57 U, BStBl. III 1958, 296) sind ebenso wenig ag. Belastung wie Reisekosten anlässlich einer Eheschließung im Ausland (BFH v. 15.4.1992 – III R 11/91, BStBl. II 1992, 821; FG Berlin-Bdbg. v. 15.8.2012 – 7 K 7030/11, EFG 2012, 2287, rkr.) s. Aussteuer.

Immunbiologische Krebsabwehrtherapie: Aufwendungen können in Ausnahmefällen abgesetzt werden, wenn die Behandlung v. einer Pers. vorgenommen wird, die zum Heilberuf zugelassen ist (BFH v. 2.9.2010 – VI R 11/09, BStBl. II 2011, 119; vgl auch *Haupt*, DStR 2011, 204).

Infrarot-Wärmekabine: Aufwendungen hierfür sind idR keine ag. Belastungen. Wird sie zur Linderung eines Leidens eingesetzt ist, können die AK nur dann als ag. Belastungen anerkannt werden, wenn ein Nachweis gem. § 64 Abs. 1 S. 1 Nr. 2 lit. e und S. 2 EStDV erbracht wird (FG Nürnb. v. 6.12.2013 – 7 K 387/13, EFG 2014, 1482 [rkr.]).

Insolvenzverfahren: Kosten hierfür können nicht als ag. Belastung geltend gemacht werden (FG Münster v. 4.9.2018 – 11 K 1108/17 E, juris [Rev. VI R 41/18]; *Rößler*, FR 1999, 1357; **aA** *Müller*, DStZ 1999, 645; s. auch BFH v. 19.4.1974 – VI R 63/71, BStBl. II 1974, 516 zu Aufwendungen zur Abwendung eines Konkurses).

Integrationskurse: Wer freiwillig an Deutsch- oder Integrationskursen teilnimmt, kann die Aufwendungen nicht geltend machen, weil es an der Zwangsläufigkeit fehlt. Nur dann, wenn der StPfl. durch Vorlage einer Bestätigung der Teilnahmeberechtigung nach § 6 Abs. 1 S. 1 und 3 der Verordnung über die Durchführung von Integrationskursen für Ausländer und Spätaussiedler nachweist, dass die Teilnahme am Integrationskurs verpflichtend war und damit aus rechtlichen Gründen zwangsläufig erfolgte, sind die Kosten abziehbar (R 33.4 Abs. 6 EStH).

Internat s. auswärtige Unterbringung.

Kapitalabfindung s. Unterhaltsleistungen.

Kinderkur s. Kur.

Kleidung: Kosten für die Anschaffung, Änderung oder Reinigung v. Kleidung sind selbst dann nicht außergewöhnlich, wenn sie iZ mit einer Krankheit anfallen (BFH v. 29.1.1986 – III B 63–64/85, BFH/NV 1986, 285/438; v. 7.12.1984 – III R 91/81, DB 1985, 954; v. 17.7.1981 – VI R 105/78, BFHE 133, 550; zu **Trauerkleidung:** BFH v. 12.8.1966 – VI R 76/66, BStBl. III 1967, 364).

Krankheitskosten erwachsen dem StPfl. zwangsläufig, weil er sich ihnen aus tatsächlichen Gründen nicht entziehen kann. Entscheidend für die Annahme einer Krankheit ist, ob es sich um einen allenfalls als missliebig anzusehenden Zustand handelt oder um einen anormalen Zustand, der Störungen oder Behinderungen in der Ausübung normaler psychischer oder körperlicher Funktionen v. solchem Gewicht zur Folge hat, dass er nach herrschender Auffassung einer medizinischen Behandlung bedarf, was uU v. der persönlichen Lage des Betroffenen, zB seinem Alter oder seinem Beruf, abhängen kann (vgl. BFH v. 10.5.2007 – III R 47/05, BStBl. II 2007, 871). Ein krankhafter Zustand ist dabei (estrechtl.) um so eher anzunehmen, je stärker die freie Entfaltung der Persönlichkeit in ihrem wesentlichen Kernbereich betroffen ist (BFH v. 18.6.1997 – III R 84/96, BStBl. II 1997, 805). Zu den als ag. Belastung zu berücksichtigenden Krankheitskosten gehören nur die Aufwendungen, die **unmittelbar zum Zwecke der Heilung** einer Krankheit getätigt werden oder mit dem Ziel gemacht werden, die Krankheit erträglicher zu machen (BFH v. 3.12.1998 – III R 5/98, BStBl. II 1999, 227 mwN). Damit werden insbes. Kosten für die eigentliche Heilbehandlung und eine krankheitsbedingte Unterbringung erfasst, aber auch angemessene Fahrtkosten (BFH v. 19.5. 2004 – III R 16/02, BStBl. II 2005, 23) oder Begleitung einer hilflosen Pers. (BFH v. 13.3.1964 – VI 231/63 U, BStBl. III 1964, 331). Notwendigkeit und Angemessenheit einer Behandlung im Einzelfall wird jedoch nicht überprüft (BFH v. 18.6.1997 – III R 84/96, BStBl. II 1997, 805). In Zweifelsfällen hat der StPfl. die medizinische Notwendigkeit durch eine **vor Beginn der Behandlung ausgestellte ärztliche Bescheinigung** zu belegen (BFH v. 21.4.2005 – III R 45/03, BStBl. II 2005, 602; v. 12.9.1996 – III B 70/96, BFH/NV 1997, 291; v. 12.6.1991 – III R 102/89, BStBl. II 1991, 763). Von dem Erfordernis einer vorherigen Begutachtung kann nur abgesehen werden, wenn der StPfl. deren Notwendigkeit nicht erkennen konnte (BFH v. 21.4.2005 – III R 45/03, BStBl. II 2005, 602). Bei einer konkreten Gesundheitsgefährdung können auch Kosten der Schadstoffbeseitigung oder die Neuanschaffung v. Mobiliar abziehbar sein (BFH v. 23.5.2002 – III R 52/99, BStBl. II 2002, 592; s. auch Schadstoffbeseitigung). Allerdings besteht für eine v. der Krankenkasse nicht bezahlte naturheilkundliche Krebsnachbehandlung iHv. rund 700000 DM für einen krankenversicherten Elternteil keine rechtl. oder sittliche Verpflichtung (BFH v. 12.12.2002 – III R 25/01, BStBl. II 2003, 299). **Trinkgelder**, die iZ mit der ärztlich angeordneten Behandlung einer Krankheit hingegeben werden, entstehen **nicht zwangsläufig** und sind daher nicht als ag. Belastung zu berücksichtigen (BFH v. 19.4.2012 – VI R 74/10, BStBl. II 2012, 577; v. 30.10.2003 – III R 32/01, BStBl. II 2004, 270). Die mit einer Krankheit verbundene (mittelbaren) **Folgekosten** gehören ebenso wie die Kosten für vorbeugende oder der Gesundheit ganz allg. dienende Maßnahmen, die nicht gezielt der Heilung oder Linderung v. Krankheiten dienen, nicht zu den Krankheitskosten (zB Besuchsfahrten: BFH v. 22.10.1996 – III R 265/94, BStBl. II 1997, 558; Umzug: FG München v. 25.6.1990 – 13 K 2135/89, EFG 1991, 25; s. Bekleidung). Die Unterscheidung zw. anzuerkennenden unmittelbaren und nicht anzuerkennenden mittelbaren Kosten ist problematisch und im G nicht angelegt (K/S/M, § 33 Rn. C 45). Die Tatbestandsmerkmale zwangsläufig und außergewöhnlich böten eine treffendere Abgrenzung. Leistungen Dritter (insbes. Versicherungsleistungen, Beihilfe) und ersparte Aufwendungen sind anzurechnen (zur Haushaltsersparnis s. Rn. 14). S. auch *Brockmeyer*, DStZ 1998, 214/220; *K/S/M*, § 33 Rn. C 44 ff.

Künstliche Befruchtung s. Befruchtung.

Kur: Vorbeugende Aufwendungen, die der Gesundheit allg. dienen, sind den nicht abzugsfähigen Kosten der Lebenshaltung (§ 12 Nr. 1) zuzurechnen. Kurreisen sind daher nur dann berücksichtigungsfähig, wenn sie zur Heilung oder Linderung einer Krankheit nachweislich notwendig sind (BFH v. 1.2.2001 – III R 22/00, BStBl. II 2001, 543). Die Berücksichtigung der Kosten als ag. Belastung setzt regelmäßig voraus, dass der StPfl. ein vor Antritt der Kur ausgestelltes amtsärztliches oder vertrauensärztliches Zeugnis vorlegt und sich am Zielort einer unter ärztlicher Kontrolle stehenden Heilbehandlung unterzieht (BFH v. 6.12.1993 – X B 138/93, BFH/NV 1994, 706). Von dem ärztlichen Zeugnis kann abgesehen werden, wenn feststeht, dass eine gesetzliche Krankenkasse die Kur geprüft und positiv beschieden hat (BFH v. 30.6.1995 – III R 52/93, BStBl. II 1995, 614). Besuchsfahrten der Ehefrau oder des Lebenspartners werden idR nicht anerkannt (BFH v. 16.5.1975 – VI R 132/72, BStBl. II 1975, 536). Kosten für **Kinderkuren**, bei denen das Kind privat untergebracht ist, können nur anerkannt werden, wenn vor Antritt der Kur amtsärztlich neben der Notwendigkeit der Kur als solcher zusätzlich auch bescheinigt wird, dass und warum der Kurerfolg auch bei einer Unterbringung außerhalb eines Kinderheims gewährleistet ist (BFH v. 2.4.1998 – III R 67/97, BStBl. II 1998, 613 – krit.: *Paus*, DStZ 1999, 39; BFH v. 12.6.1991 – III R 102/89, BStBl. II 1991, 763). Gleiches gilt für die Berücksichtigung v. Kosten einer Begleitperson (BFH v. 17.12.1997 – III R 35/97, BStBl. II 1998, 298).

Lärmschutzwand: Besteht weder eine gesetzliche Verpflichtung zur Errichtung einer Lärmschutzwand noch ist diese zwingend notwendig, um eine akute Gesundheitsgefährdung zu beseitigen, stellen die Aufwendungen für die Errichtung einer Lärmschutzwand zur Minderung des v. Straßenverkehr ausgehenden Lärms keine ag. Belastung dar (FG Nürnb. v. 26.1.2006 – VI 237/2005, EFG 2006, 974).

Legasthenie: Wenn durch ein amtsärztliches Attest der Krankheitswert der Legasthenie nachgewiesen wird, können Behandlungsaufwendungen anerkannt werden (BFH v. 7.6.2000 – III R 54/98, BStBl. II 2001, 94). Die medizinische Notwendigkeit der Maßnahme muss durch ein vor der Behandlung erstelltes amtsärztliches Attest nachgewiesen werden (§ 64 EStDV; BFH v. 3.3.2005 – III R 64/03, BFH/NV 2005, 1286). Aufwendungen v. Eltern für die auswärtige Unterbringung eines Kindes, dessen Lese- und Rechtschreibfähigkeit beeinträchtigt ist, sind zu berücksichtigen, wenn die Lese- und Rechtschreibschwäche Krankheitswert hat (Legasthenie im medizinischen Sinn) und die auswärtige Unterbringung für eine medizinische Behandlung erforderlich ist (BFH v. 26.6.1992 – III R 8/91, BStBl. II 1993, 278).

Leihmutter s. Befruchtung.

Liposuktion ist keine wissenschaftlich anerkannte Methode zur Beseitigung eines Lipödems, sodass § 64 Abs. 1 Nr. 2 lit. f EStDV zur Anwendung kommt (FG RhPf. v. 18.8.2016 – 4 K 2173/15, EFG 2016, 1704; FG BaWü. v. 27.9.2017 – 7 K 1940/17, EFG 2017, 1954).

Lösegeld s. Entführung und Erpressungsgelder.

Magnetfeldtherapie s. alternative Behandlungsmethoden.

Mediation: Kosten einer Familienmediation im Ehescheidungsverfahren entstehen dem StPfl. nicht zwangsläufig, weil in einem Mediationsverfahren lediglich Regelungen über Familiensachen außerhalb des Zwangsverbunds nach § 623 Abs. 1 S. 3 ZPO vereinbart werden (vgl. auch *Laws*, ZKM 2012, 43; OFD Kobl. v. 4.3.2008, DB 2008, 1181).

Mietaufwendungen gehören zu den Kosten der normalen Lebensgestaltung und sind daher keine ag. Belastungen; etwas anderes kann ausnahmsweise dann gelten, wenn Aufwendungen für einen **zweiten Wohnbedarf** entstanden sind, weil die den ersten, existentiellen Wohnbedarf abdeckende Wohnung unbewohnbar geworden ist; sie sind für den Zeitraum als ag. Belastungen berücksichtigungsfähig, bis die dem ersten Wohnbedarf gewidmete Wohnung wieder hergestellt ist (BFH v. 21.4.2010 – VI R 62/08, BStBl. II 2010, 965; dazu *Geserich*, DStR 2013, 1861).

Mobilfunkwellen: Aufwendungen für Schutzmaßnahmen gegen Mobilfunkwellen sind nicht zu berücksichtigen, wenn die gesetzlich festgelegten Grenzwerte für Mobilfunkstrahlen nicht überschritten sind und es an einem vor Ergreifen der Schutzmaßnahmen erstellten amtsärztlichen Attest zum Nachweis der behaupteten Gesundheitsbeeinträchtigung fehlt (BFH v. 7.12.2006 – V R 2/05, BFH/NV 2007, 839; FG BaWü. v. 19.7.2006 – 13 K 163/04, EFG 2007, 42).

Nabelschnurblut: Durch die Entnahme und die Einlagerung wird keine gegenwärtige Krankheit behandelt, so dass entspr. Aufwendungen nicht zwangsläufig sind (BFH v. 15.10.2007 – III B 112/06, BFH/NV 2008, 355).

Nachlassverbindlichkeiten: Aufwendungen, die einem StPfl. infolge eines Todesfalles erwachsen, sind keine ag. Belastungen, wenn sie v. dem StPfl. aus dem ihm als Erben zugefallenen Nachlass bestr. werden können oder durch sonstige ihm iZ mit dem Tod zugeflossene Geldleistungen (zB **Lebensversicherung**) gedeckt sind (BFH v. 29.5.1996 – III R 86/95, BFH/NV 1996, 807; v. 22.9.1996 – III R 7/94, BStBl. II 1996, 413; s. auch *Naumann*, DStR 1997, 1905). Bei **überschuldetem Nachlass** kann Zwangsläufigkeit aus sittlichen Gründen vorliegen (BFH v. 24.7.1987 – III R 208/82, BStBl. II 1987, 715).

Pflege: Grds können nur Pers., bei denen ein Schweregrad der Pflegebedürftigkeit nach §§ 14, 15 SGB XI nachgewiesen ist, und Pers., bei denen eine erhebliche Einschränkung der Alltagskompetenz nach § 45a SGB XI festgestellt wurde, Aufwendungen als ag. Belastung geltend machen (R 33.3 Abs. 1 EStR). Pflegekosten v. anderen Pers., die ambulant gepflegt werden, können ohne weiteren Nachweis geltend gemacht werden, wenn sie v. einem anerkannten Pflegedienst nach § 89 SGB XI gesondert in Rechnung gestellt worden sind (R 33.3 Abs. 1 S. 3 EStR). Kosten wegen **eigener** Pflegebedürftigkeit und erheblich eingeschränkter Alltagskompetenz sind ag. Belastung iSd. § 33, unabhängig davon, ob die Mehraufwendungen im eigenen Haushalt oder bei einer Heimunterbringung anfallen, sofern bei der Heimunterbringung die tatsächlich angefallenen Pflegekosten v. den zu den Aufwendungen der üblichen Lebensführung zählenden reinen Unterbringungskosten abgrenzbar sind (BFH v. 29.9.1989 – III R 129/86, BStBl. II 1990, 418; v. 10.8.1990 – III R 2/86, BFH/NV 1991, 231; *Geserich*, NWB 2018, 207). Heimkosten eines nicht pflegebedürftigen Steuerpflichtigen, der mit seinem pflegebedürftigen Ehegatten oder Lebenspartner in ein Heim zieht, sind nicht abzugsfähig (BFH v. 15.4.2010 – VI R 51/09, BStBl. II 2010, 794). Nach dem Sozialhilferecht können die Sozialhilfeträger mit den Pflegeeinrichtungen nach den Vorschriften des Achten Kap. des SGB XI (§§ 82 bis 92b) auch Pflegesätze für Pflegeleistungen unterhalb der Pflegestufe I vereinbaren. Mit dem Sozialhilfeträger ausgehandelte Pflegesätze der **Pflegestufe 0** sind v. Pflegebedürftigen, die keinen Anspr. auf Sozialhilfe haben, selbst zu tragen. Werden diese Kosten dem StPfl. **gesondert in Rechnung gestellt**, kann der StPfl. sie als ag. Belastung abziehen (BFH v. 10.5.2007 – III R 39/05, BStBl. II 2007, 764; v. 25.7.2007 – III R 64/06, BFH/NV 2008, 200). Macht der StPfl. geltend, trotz seiner vollstationären Unterbringung in einem Pflegeheim seien **zusätzliche pflegerische Leistungen** notwendig, die von dem Pflegeheim nicht erbracht würden und für die deshalb noch ambulante Pflegekräfte beschäftigt werden müssten, obliegt ihm die entspr. Darlegungs- und Feststellungslast (BFH v. 30.3.2017 – VI R 55/15, BFH/NV 2017, 1028). Aufwendungen wegen Pflegebedürftigkeit **anderer Pers.**, denen der StPfl. aus rechtl., tatsächlichen oder sittlichen Gründen **unterhaltspflichtig** ist, können abgezogen werden, wenn § 33b Abs. 6 nicht in Anspr. genommen wird (BFH v. 28.2.1964 – VI 314/63 U, BStBl. III 1964, 270; v. 11.2.1965 – IV 213/64 U, BStBl. III 1965, 407). Allein das Bestehen eines Verwandtschaftsverhältnisses genügt nicht (BFH v. 22.10.1996 – III R 265/94, BStBl. II 1997, 558). Die Aufwendungen sind nicht zu berücksichtigen, soweit der StPfl. v. dem Angehörigen dessen gesamtes sicheres Vermögen in einem Zeitpunkt übernommen hat, als dieser sich bereits im Rentenalter befand (BFH v. 12.11.1996 – III R 38/95, BStBl. II 1997, 387 s. auch *Brockmeyer*, DStZ 1998, 214). Aufwendungen für die krankheitsbedingte Unterbringung eines Angehörigen in einem Altenpflegeheim stellen als Krankheitskosten eine ag. Belastung dar. Abziehbar sind neben den Pflegekosten auch die Kosten, die auf die Unterbringung und Verpflegung entfallen, soweit es sich hierbei um ggü. der normalen Lebensführung entstehende Mehrkosten handelt (BFH v. 24.2.2000 – III R 80/97, BStBl. II 2000, 294). Eine Aufteilung in Unterhaltskosten iSv. § 33a und Krankheitskosten iSv. § 33 kommt nicht in Betracht (BFH v. 30.6.2011 – VI R 14/10, BStBl. II 2012, 876).

Praxisgebühr gehört zu den Krankheitskosten und ist daher abziehbar (OFD Ffm. v. 15.11.2004, DB 2004, 2782).

Privatschule: Aufwendungen für den Schulbesuch eines Kindes sind idR keine ag. Belastungen (BFH v. 19.10.2011 – X R 48/09, BStBl. II 2012, 200). Etwas anderes gilt, wenn es sich bei diesen Aufwendungen um unmittelbare Krankheitskosten handelt (BFH v. 17.4.1997 – III B 216/96, BStBl. II 1997, 752; FG Düss. v. 14.3.2017 – 13 K 4009/15 E, EFG 2017, 992). Diese Grundsätze finden auch für den Besuch einer Schule für Hochbegabte (BFH v. 12.5.2011 – VI R 37/10, BStBl. II 2013, 783; krit. *Amann*, Standortbestimmung der außergewöhnlichen Belastungen, 166) oder für Schuldgeldzahlungen einer fremdsprachigen Familie, die sich vorübergehend im Inland aufhält (BFH v. 23.11.2000 – VI R 38/97, BStBl. II 2001, 132; krit. *Fröschl*, HFR 2001, 432) Anwendung.

Prozesskosten s. Rn. 47a.

Psychotherapeutische Behandlung wird als ag. Belastung anerkannt, wenn Zwangsläufigkeit, Notwendigkeit und Angemessenheit durch amtsärztliches Attest oder Bescheinigung eines Medizinischen Dienstes der Krankenversicherung vor Beginn der Behandlung nachgewiesen wird (vgl. § 64 EStDV, OFD Münster v. 10.7.2006, DB 2006, 1528; vgl. auch BFH v. 9.11.2015 – VI R 36/13, BFH/NV 2016, 194).

Reparatur: Kosten für die Reparatur v. Gegenständen des täglichen Gebrauchs sind bereits ihrer Art nach keine ag. Belastung, auch wenn die Gegenstände einem außerordentlichen Verschleiß unterlegen haben (FG Köln v. 28.4.2009 – 8 K 4748/06, EFG 2009, 1299).

Sanierung v. Gebäuden gehört idR nicht zu den ag. Belastungen. Nur dann, wenn durch die Sanierung konkrete Gesundheitsgefährdungen (vgl. BFH v. 29.3.2012 – VI R 47/10, BStBl. II 2012, 570) oder andere gleichwertige unzumutbare Beeinträchtigungen (BFH v. 29.3.2012 – VI R 21/11, BStBl. II 2012, 574) behoben werden müssen, können die Aufwendungen ausnahmsweise berücksichtigt werden. Allerdings darf der Grund für die Sanierung weder beim Erwerb des Grundstücks erkennbar gewesen noch v. Grundstückseigentümer verschuldet worden sein. Ein Verschulden des StPfl. an dem eingetretenen Vermögensschaden ist jedenfalls nach bisheriger Rspr. des BFH auch bei dem Unterlassen des Abschlusses einer allg. zugänglichen und üblichen Versicherung anzunehmen (BFH v. 29.3.2012 – VI R 70/10, BStBl. II 2012, 572). Außerdem muss der StPfl. zuvor realisierbare Ersatzansprüche gegen Dritte geltend machen und sich schließlich den aus der Erneuerung ergebenden Vorteil anrechnen lassen. Zwar ist ein vor Durchführung der Maßnahmen erstelltes amtliches technisches Gutachten oder ein formalisierter Nachweis iSv. § 64 EStDV nicht erforderlich; der StPfl. trägt jedoch die Feststellungslast für die Zwangsläufigkeit der Aufwendungen. S. auch Asbest und Schadstoffbeseitigung.

Sauerstofftherapie: Der Umstand, dass es sich bei der Sauerstofftherapie (Sauerstoffresonanztherapie und hämatogene Oxidationstherapie) möglicherweise um wissenschaftlich nicht allg. anerkannte Heilverfahren handelt, steht einem Abzug der Aufwendungen als ag. Belastung nicht entgegen. Die Aufwendungen hierfür können jedoch nur abgezogen werden, wenn diese Behandlungsmethode auf einem nach medizinischen Erkenntnissen nachvollziehbaren Ansatz beruht, der die prognostizierte Wirkweise der Behandlung auf das angestrebte Behandlungsziel zu erklären vermag, diese Wirkweise also zumindest wahrscheinlich macht (BFH v. 5.10.2011 – VI R 49/10, BFH/NV 2012, 33).

Schadensersatzzahlungen können zwangsläufig sein, wenn der StPfl. bei der Schädigung nicht vorsätzlich oder leichtfertig gehandelt hat (BFH v. 3.6.1982 – VI R 41/79, BStBl. II 1982, 749; einschr. FG Hess. v. 12.12.2000 – 12 K 6234/98, EFG 2001, 1051; nicht bei vorsätzlich begangener Straftat (BFH v. 18.9.1987 – VI R 121/84, BFH/NV 1988, 353).

Schadstoffbeseitigung: Die Beseitigung v. Schadstoffbelastungen kann ag. Belastung sein, wenn es sich um Gegenstände des existenznotwendigen Bedarfs handelt und eine konkrete Gesundheitsgefährdung vorliegt, die vor Durchführung der Maßnahme durch ein amtliches Gutachten zu belegen ist. Eine konkrete Gesundheitsgefährdung kann bei Überschreiten gesetzlicher Grenzwerte anzunehmen sein. Das Gutachten hat zusätzlich die ordnungsgemäße Entsorgung nachzuweisen. Abziehbar sind sowohl Wiederbeschaffungs- oder Sanierungsaufwendungen als auch Entsorgungskosten. Eine Werterhöhung ist im Wege des Vorteilsausgleichs (Rn. 12) anzurechnen (s. BFH v. 9.8.2001 – III R 6/01, BStBl. II 2002, 240; v. 23.5.2002 – III R 52/99, BStBl. II 2002, 592; *Hettler*, DB 2002, 1848). Aufwendungen für die Sanierung eines **mit Dioxin belasteten Grundstücks** sind außergewöhnlich, wenn den Grundstückseigentümer kein Verschulden an der Belastung trifft, die Belastung für ihn zum Zeitpunkt des Grundstückserwerbs nicht erkennbar war und realisierbare Ersatzansprüche gegen Dritte nicht gegeben sind. Sie erwachsen dem StPfl. zwangsläufig, wenn er bodenschutzrechtl. zur Sanierung verpflichtet ist oder eine konkrete Gesundheitsgefährdung v. dem Grundstück ausgeht (BFH v. 20.12.2007 – III R 56/04, BFH/NV 2008, 937).

Scheidung s. Ehescheidung.

Schlichtungsverfahren: Anwaltsgebühren und Gutachterkosten iZ mit einem Schlichtungsverfahren vor der Schlichtungsstelle Bergschaden NRW können ag. Belastungen sein, wenn der StPfl. aufgrund des Bergschadens Gefahr läuft, sein Wohnhaus nicht mehr zu Wohnzwecken nutzen zu können (BFH v. 20.1.2016 – VI R 62/13, BFH/NV 2016, 1436).

Schönheitsoperation ist idR keine ag. Belastung (FG Köln v. 20.9.1996 – 3 K 5909/95, EFG 1997, 16); ausnahmsweise abziehbar, wenn vor Durchführung der Operation ein ärztliches Gutachten erstellt worden ist, aus dem sich die Notwendigkeit der Operation ergibt (FG Hbg. v. 27.4.2005 – II 76/03, FGReport 2005, 61; vgl. auch BFH v. 24.11.2006 – III B 57/06, BFH/NV 2007, 438).

Schuldzinsen: Ein „außergewöhnlicher" Kreditbedarf kann nach näherer Maßgabe des Abs. 1 abziehbar sein, wenn die Schuldaufnahme durch Ausgaben veranlasst ist, die ihrerseits eine ag. Belastung darstellen (BFH v. 29.7.1997 – IX R 89/94, BStBl. II 1997, 772; v. 29.7.1998 – X R 105/92, BStBl. II 1999, 81).

Schulgeldzahlungen s. Privatschule.

Selbstbehalt: Der von einem StPfl. vereinbarte und getragene Selbstbehalt in einer Krankenversicherung ist keine SA gem. § 10 Abs. 1 Nr. 3 S. 1 lit. a; dieser kann nur dann als ag. Belastung berücksichtigt werden, wenn er die zumutbare Belastung gem. § 33 Abs. 3 übersteigt (BFH v. 1.6.2016 – X R 43/14, BStBl. II 2017, 55; *J. Förster*, DStR 2018, 1405).

Seniorenheim s. Altenheim.

Spielsucht: Aufwendungen zur Befriedigung einer Spielsucht entstehen nicht zwangsläufig (FG Münster v. 25.4.2001 – 8 K 8497/97 E, EFG 2001, 1204).

Sport: Aufwendungen für die Ausübung eines Sports können als Krankheitskosten nur dann ag. Belastungen sein, wenn der Sport nach genauer Einzelverordnung und unter Verantwortung eines Arztes, Heilpraktikers oder einer sonst zur Ausübung der Heilkunde zugelassenen Pers. betrieben wird, um eine Krankheit oder ein Gebrechen zu heilen oder zu seiner Besserung oder Linderung beizutragen (BFH v. 14.8.1997 – III R 67/96, BStBl. II 1997, 732).

Steuerberatungskosten sind idR keine ag. Belastung (BFH v. 4.2.2010 – X R 10/08, BStBl. II 2010, 617; BFH v. 16.2.2011 – X R 10/10, BFH/NV 2011, 977).

Strafverteidigerkosten, die einem wg. einer vorsätzlichen Tat verurteilten StPfl. entstanden sind, sind keine ag. Belastung (BFH v. 14.5.2014 – X R 23/12, BStBl. II 2014, 684). Sie sind auch im Falle eines Freispruchs nicht zwangsläufig, wenn der StPfl. mit seinem Verteidiger ein Honorar vereinbart, das über den durch die Staatskasse erstattungsfähigen Kosten liegt (BFH v. 10.6.2015 – VI B 133/14, BFH/NV 2015, 1247; krit. *Glock/Scharenberg*, StraFo 2017, 92). Aufwendungen, die der StPfl. gem. § 467 Abs. 5 StPO zu tragen hat, weil er der Einstellung eines Verfahrens gem. § 153a StPO zustimmt, sind keine ag. Belastung, denn sie entstehen nicht zwangsläufig (BFH v. 13.12.2016 – VIII R 43/14, BFH/NV 2017, 569). Rechtsberatungs- und Prozesskosten als Folgekosten einer ausschließlich privat motivierten Straftat mit dem Ziel, eine zeitnahe Berichterstattung der Medien über eine begangene Straftat zu unterbinden bzw. entsprechende Artikel aus dem Internet zu löschen, sind keine ag. Belastung (BFH v. 14.4.2016 – VI R 61/13, BFH/NV 2016, 1268).

Studiengebühren für den freiwilligen Besuch einer privaten Hochschule sind als typische Berufsausbildungskosten durch den pauschalierten Ausbildungsfreibetrag des § 33a Abs. 2 abgegolten und nicht nach

§ 33 berücksichtigungsfähig (BFH v. 17.12.2009 – VI R 63/08, BStBl. II 2010, 341; v. 10.10.2017 – X R 32/15, BFH/NV 2018, 414; *Geserich*, HFR 2010, 369).

Sucht s. Gruppentherapie.

Toupet: Die Anschaffung führt auch bei nicht erblich bedingtem Haarausfall eines Mannes regelmäßig nicht zu ag. Belastung (FG RhPf. v. 12.11.2008 – 2 K 1928/08, DStRE 2009, 980).

Transsexuelle: Aufwendungen für Kleidung, Schuhe und Perücken wegen des Rollenwechsels einer Transsexuellen sind nicht als ag. Belastung zu berücksichtigen (BFH v. 25.10.2007 – III R 63/06, BFH/NV 2008, 544).

Treuhändervergütung im Verbraucherinsolvenzverfahren: Die Vergütung des Insolvenztreuhänders gehört nicht zu den WK und kann auch nicht als ag. Belastung berücksichtigt werden, wenn der StPfl. die entscheidende Ursache für seine Zahlungsschwierigkeiten selbst gesetzt hat (BFH v. 4.8.2016 – VI R 47/13, BStBl. II 2017, 276).

Trinkwasserversorgung: Aufwendungen für eine moderne Trinkwasserversorgung für ein Haus im Außenbereich, die eine alte kostenfreie Wasserversorgung ersetzt, sind keine ag. Belastungen (BFH v. 25.2.2005 – III B 96/04, BFH/NV 2005, 1278).

Umbau: Krankheitsbedingte Umbaumaßnahmen können ag. Belastungen sein (s. Rn. 16; ausf. *Bruschke*, DStZ 2011, 724).

Umgangsrecht: 1684 Abs. 1 BGB sieht ausdrücklich eine Pflicht zum Umgang mit Kindern vor; außerdem muss bei Streitigkeiten über das Umgangsrecht zwingend zuvor das Mediationsangebot des Jugendamtes in Anspr. genommen worden sein (AG Bochum v. 20.12.2002, FamRZ 2003, 772). Gleichwohl sind Aufwendungen eines Elternteils für Besuche seiner bei dem anderen Elternteil lebenden Kinder sind nicht als ag. Belastung abziehbar, weil sie bereits iRd. Familienleistungsausgleichs berücksichtigt sind (BFH v. 11.1.2011 – VI B 60/10, BFH/NV 2011, 876; v. 27.9.2007 – III R 41/04, III R 55/05 und III R 71/06, alle juris; vgl. auch BFH v. 29.8.1986 – III R 209/82, BStBl. II 1987, 167).

Umrüstung eines Kfz. s. Fahrtkosten.

Umschulung s. Ausbildung.

Umzugskosten sind typische Kosten der Lebensführung, die unabhängig v. der Art der Wohnungskündigung nicht als ag. Belastung abzugsfähig sind (BFH v. 23.6.1978 – VI R 175/76, BStBl. II 1978, 526; v. 28.2.1975 – VI R 120/73, BStBl. II 1975, 482; v. 8.10.2008 – VI B 66/08, BFH/NV 2009, 149; diff.: *K/S/M*, § 33 Rn. B 49). Lediglich in den Fällen, in denen der Umzug ausschließlich medizinisch indiziert ist, kommt ein Abzug als Krankheitskosten in Betracht (FG München v. 25.6.1990 – 13 K 2135/89, EFG 1991, 25; vgl. auch FG Düss. v. 26.11.1999 – 18 K 3056/96 E, DStRE 2000, 243).

Unfall: Vermögensverluste infolge v. Unfall sind keine Aufwendungen (s. Rn. 9). Aufwendungen zur Wiederbeschaffung und Instandsetzung werden nur bei existentiell notwendigen Gegenständen anerkannt. Dazu gehört insbes. der Pkw idR nicht, so dass Fahrzeugschäden keine ag. Belastungen darstellen (BFH v. 15.11.1991 – III R 1/91, BFH/NV 1992, 302; v. 17.10.1973 – VI R 143/71, BStBl. II 1974, 105; v. 17.10.1973 – VI R 84/70, BStBl. II 1974, 104). Auch Schäden infolge v. **Flugunfällen** sind stl. nicht abziehbare Kosten der Lebensführung (BFH v. 24.6.2004 – III B 158/03, BFH/NV 2004, 1635).

Unterhaltszahlungen: Aufwendungen für den **lfd. Unterhalt** an den geschiedenen Ehegatten oder früheren Lebenspartner sind dem Grunde nach ag. Belastungen, die unter § 33a Abs. 1 fallen. Bzgl. der Unterhaltszahlung ist nicht nur dem Grunde, sondern auch der Höhe nach die Außergewöhnlichkeit und Zwangsläufigkeit zu prüfen. Der Abzug einer vergleichsweise vereinbarten **Kapitalabfindung** zur Abgeltung sämtlicher möglicherweise in der Vergangenheit entstandener und künftiger Unterhaltsansprüche eines geschiedenen Ehegatten oder früheren Lebenspartners scheidet in aller Regel wegen fehlender Zwangsläufigkeit aus (BFH v. 26.2.1998 – III R 59/97, BStBl. II 1998, 605). Die Rspr. zu zusammengeballten Unterhaltsnachzahlungen (BFH v. 9.12.1966 – VI R 101/66, BStBl. III 1967, 246) dürfte nicht mehr gelten. Ein Abzug als ag. Belastung scheidet aus, wenn auf Antrag der StPfl. das Realsplitting Anwendung findet (BFH v. 7.11.2000 – III R 23/98, BStBl. II 2001, 338).

Verbraucherinsolvenz: Aufwendungen für das Verbraucherinsolvenzverfahren werden nicht als ag. Belastung anerkannt, da der StPfl. als Gegenwert die Befreiung v. seinen Gläubigerforderungen erhält (FG Ba-Wü. v. 8.12.2008 – 9 K 147/07, EFG 2009, 458).

Verfall von Wertersatz ist die unmittelbare Folge einer Straftat und nicht als ag. Belastung zu berücksichtigen (*Hermenns/Sendke*, FR 2014, 550 [556]).

Versicherungen zur Anrechnung v. Leistungen s. Rn. 11; zur Verpflichtung zum Abschluss s. Rn. 32.

Versorgungsausgleich ist keine ag. Belastung (BFH v. 21.10.1983 – VI R 198/79, BStBl. II 1984, 106); ebenso nicht Zahlungen für den Ausschluss eines schuldrechtlichen Versorgungsausgleichs (BFH v. 15.6.2010 – X R 23/08, BFH/NV 2010, 1807).

Vorfälligkeitsentschädigung iZ mit der Umschuldung eines Darlehensvertrages zum Erwerb eines Einfamilienhauses sind keine ag. Belastung (BFH v. 3.3.2005 – III R 54/03, BFH/NV 2005, 1529).

Vormund s. Rn. 44.

Wohnungseinrichtung bei Allergikern s. Allergie.

Zöliakie: Aufwendungen für eine entspr. Diätverpflegung sind keine ag. Belastung (BFH v. 21.6.2007 – III R 48/04, BStBl. II 2007, 880).

Zuzahlungen zu Krankheitskosten gem. § 28 Abs. 4 SGB V oder für einen stationären Krankenhausaufenthalt sind Krankheitskosten und gehören grds. zu den ag. Belastungen (BFH v. 2.9.2015 – VI R 32/13, BStBl. II 2016, 151).

§ 33a Außergewöhnliche Belastung in besonderen Fällen

(1)[1] [1]Erwachsen einem Steuerpflichtigen Aufwendungen für den Unterhalt und eine etwaige Berufsausbildung einer dem Steuerpflichtigen oder seinem Ehegatten gegenüber gesetzlich unterhaltsberechtigten Person, so wird auf Antrag die Einkommensteuer dadurch ermäßigt, dass die Aufwendungen bis zu 9 168 Euro im Kalenderjahr vom Gesamtbetrag der Einkünfte abgezogen werden. [2]Der Höchstbetrag nach Satz 1 erhöht sich um den Betrag der im jeweiligen Veranlagungszeitraum nach § 10 Absatz 1 Nummer 3 für die Absicherung der unterhaltsberechtigten Person aufgewandten Beiträge; dies gilt nicht für Kranken- und Pflegeversicherungsbeiträge, die bereits nach § 10 Absatz 1 Nummer 3 Satz 1 anzusetzen sind. [3]Der gesetzlich unterhaltsberechtigten Person gleichgestellt ist eine Person, wenn bei ihr zum Unterhalt bestimmte inländische öffentliche Mittel mit Rücksicht auf die Unterhaltsleistungen des Steuerpflichtigen gekürzt werden. [4]Voraussetzung ist, dass weder der Steuerpflichtige noch eine andere Person Anspruch auf einen Freibetrag nach § 32 Absatz 6 oder auf Kindergeld für die unterhaltene Person hat und die unterhaltene Person kein oder nur ein geringes Vermögen besitzt; ein angemessenes Hausgrundstück im Sinne von § 90 Absatz 2 Nummer 8 des Zwölften Buches Sozialgesetzbuch bleibt unberücksichtigt. [5]Hat die unterhaltene Person andere Einkünfte oder Bezüge, so vermindert sich die Summe der nach Satz 1 und Satz 2 ermittelten Beträge um den Betrag, um den diese Einkünfte und Bezüge den Betrag von 624 Euro im Kalenderjahr übersteigen, sowie um die von der unterhaltenen Person als Ausbildungshilfe aus öffentlichen Mitteln oder von Förderungseinrichtungen, die hierfür öffentliche Mittel erhalten, bezogenen Zuschüsse; zu den Bezügen gehören auch steuerfreie Gewinne nach §§ 14, 16 Absatz 4, § 17 Absatz 3 und § 18 Absatz 3, die nach § 19 Absatz 2 steuerfrei bleibenden Einkünfte sowie Sonderabschreibungen und erhöhte Absetzungen, soweit sie die höchstmöglichen Absetzungen für Abnutzung nach § 7 übersteigen. [6]Ist die unterhaltene Person nicht unbeschränkt einkommensteuerpflichtig, so können die Aufwendungen nur abgezogen werden, soweit sie nach den Verhältnissen des Wohnsitzstaates der unterhaltenen Person notwendig und angemessen sind, höchstens jedoch der Betrag, der sich nach den Sätzen 1 bis 5 ergibt; ob der Steuerpflichtige zum Unterhalt gesetzlich verpflichtet ist, ist nach inländischen Maßstäben zu beurteilen. [7]Werden die Aufwendungen für eine unterhaltene Person von mehreren Steuerpflichtigen getragen, so wird bei jedem der Teil des sich hiernach ergebenden Betrags abgezogen, der seinem Anteil am Gesamtbetrag der Leistungen entspricht. [8]Nicht auf Euro lautende Beträge sind entsprechend dem für Ende September des Jahres vor dem Veranlagungszeitraum von der Europäischen Zentralbank bekannt gegebenen Referenzkurs umzurechnen. [9]Voraussetzung für den Abzug der Aufwendungen ist die Angabe der erteilten Identifikationsnummer (§ 139b der Abgabenordnung) der unterhaltenen Person in der Steuererklärung des Unterhaltsleistenden, wenn die unterhaltene Person der unbeschränkten oder beschränkten Steuerpflicht unterliegt. [10]Die unterhaltene Person ist für diese Zwecke verpflichtet, dem Unterhaltsleistenden ihre erteilte Identifikationsnummer (§ 139b der Abgabenordnung) mitzuteilen. [11]Kommt die unterhaltene Person dieser Verpflichtung nicht nach, ist der Unterhaltsleistende berechtigt, bei der für ihn zuständigen Finanzbehörde die Identifikationsnummer der unterhaltenen Person zu erfragen.

(2) [1]Zur Abgeltung des Sonderbedarfs eines sich in Berufsausbildung befindenden, auswärtig untergebrachten, volljährigen Kindes, für das Anspruch auf einen Freibetrag nach § 32 Absatz 6 oder

---

1 In § 33a Abs. 1 Satz 1 wurde mWv. 1.1.2019 die Angabe „9 000 Euro" durch die Angabe „9 168 Euro" ersetzt (FamEntlastG v. 29.11.2018, BGBl. I 2018, 2210).

Kindergeld besteht, kann der Steuerpflichtige einen Freibetrag in Höhe von 924 Euro je Kalenderjahr vom Gesamtbetrag der Einkünfte abziehen. [2]Für ein nicht unbeschränkt einkommensteuerpflichtiges Kind mindert sich der vorstehende Betrag nach Maßgabe des Absatzes 1 Satz 6. [3]Erfüllen mehrere Steuerpflichtige für dasselbe Kind die Voraussetzungen nach Satz 1, so kann der Freibetrag insgesamt nur einmal abgezogen werden. [4]Jedem Elternteil steht grundsätzlich die Hälfte des Abzugsbetrags nach den Sätzen 1 und 2 zu. [5]Auf gemeinsamen Antrag der Eltern ist eine andere Aufteilung möglich.

(3) [1]Für jeden vollen Kalendermonat, in dem die in den Absätzen 1 und 2 bezeichneten Voraussetzungen nicht vorgelegen haben, ermäßigen sich die dort bezeichneten Beträge um je ein Zwölftel. [2]Eigene Einkünfte und Bezüge der nach Absatz 1 unterhaltenen Person, die auf diese Kalendermonate entfallen, vermindern den nach Satz 1 ermäßigten Höchstbetrag nicht. [3]Als Ausbildungshilfe bezogene Zuschüsse der nach Absatz 1 unterhaltenen Person mindern nur den zeitanteiligen Höchstbetrag der Kalendermonate, für die sie bestimmt sind.

(4) In den Fällen der Absätze 1 und 2 kann wegen der in diesen Vorschriften bezeichneten Aufwendungen der Steuerpflichtige eine Steuerermäßigung nach § 33 nicht in Anspruch nehmen.

Literatur: *Christ*, Steuerliche Abziehbarkeit von Verwandtenunterhalt, FamRB 2006, 31; *Gebauer/Hufeld*, Gleichbehandlung der Unterhaltsschuldner im Steuerrecht und Art. 18 EGBGB, IPRax 2004, 327; *Geserich*, Unterhaltsaufwendungen als außergewöhnliche Belastung nach § 33a Abs. 1 EStG, DStR 2011, 294; *Haupt/Becker*, Verfassungskonforme Besteuerung von Eltern – Realität oder Trugbild?, DStR 2015, 1529; *Hettler*, Die Abziehbarkeit von Unterhaltsleistungen an Angehörige als außergewöhnliche Belastung nach dem Jahressteuergesetz 1996 – Dargestellt anhand der jüngsten Rspr. des BFH, DB 2003, 356; *Hillmoth*, Einkünfte und Bezüge des Kindes, DStR 2007, 2140; *Kanzler*, Die gescheiterte Ehe, BBV 2004, 23; *Kanzler*, Die Zukunft der Familienbesteuerung – Familienbesteuerung der Zukunft, FR 2001, 921; *Lehmann*, Einnahmen nach BAföG und der Freibetrag bei auswärtiger Unterbringung zwecks Ausbildung (§ 33a Abs. 2 S. 1 EStG), FR 2008, 466; *Mellinghoff*, Steuerrechtliche Probleme bei Trennung und Scheidung von Ehegatten, Stbg 1999, 60; *Paus*, Unterhaltszahlungen nach ausländischem Recht, DStZ 2003, 306; *Schürmann*, Anpassung der als außergewöhnliche Belastung abziehbaren Unterhaltsbeträge an den Grundfreibetrag, FamRZ 2014, 272; *Stiller*, Unterhaltsleistungen an den ehemaligen bzw. dauernd getrennt lebenden Ehegatten: Steuerliche Behandlung und Optimierung, DStZ 2011, 154; *Stöcker*, Vermögenslosigkeit oder nur geringes Vermögen der unterstützten Person als Voraussetzung für den Abzug von Unterhaltsaufwendungen gem. § 33a Abs. 1 EStG, StB 2001, 251; *Wälzholz*, Steuerliche Geltendmachung von Aufwendungen aus Anlass der Scheidung, FamRB 2005, 89.

A. Grundaussagen der Vorschrift

§ 33a regelt den Abzug bestimmter Aufwendungen als ag. Belast. vorrangig und abschließend. Die in den ersten drei Absätzen geregelten Abzugstatbestände erfassen jeweils eigenständige Lebenssachverhalte. **Abs. 1** lässt den Abzug v. **Aufwendungen für den Unterhalt und die Berufsausbildung** einer Pers. zu, wenn der Bedarf nicht bereits anderweitig im Einkommensteuerrecht berücksichtigt wird. Daher ist ein Abzug dieser Aufwendungen ausgeschlossen, wenn der StPfl. oder ein Dritter Anspr. auf einen Freibetrag nach § 32 Abs. 6 oder Kindergeld hat, wenn der Unterhalt bereits durch die Ehegattenbesteuerung berücksichtigt wird oder wenn der Unterhalt als SA abgezogen worden ist (Rn. 12). **Abs. 2** regelt ergänzend zum allg. Ausbildungsbedarf, der bereits durch § 32 Abs. 6 berücksichtigt wird, die Berücksichtigung eines Sonderbedarfs für volljährige Kinder, die sich in Berufsausbildung befinden und auswärtig untergebracht sind. Bis einschl. VZ 2008 konnte nach **Abs. 3 aF.** Aufwendungen abgezogen werden, wenn in bestimmten Fällen eine **Hilfe im Haushalt** beschäftigt wurden, oder bei Unterbringung in einem Heim zur dauernden Pflege einer Hilfe im Haushalt vergleichbare Dienstleistungen abgegolten wurden. Diese Regelung berücksichtigte den besonderen Aufwand, wenn ältere oder kranke Menschen auf fremde Hilfe angewiesen sind. Für alle Leistungen, die nach dem 31.12.2008 erbracht werden, können entspr. Leistungen iRd. § 35a geltend gemacht werden (§ 35a Rn. 7). **Ab dem VZ 2010** erhöhen sich die Abzugsbeträge gem. **Abs. 1 S. 2** um diejenigen Aufwendungen, die erforderlich sind, um eine existenzsichernde Absicherung in der Kranken- und Pflegepflichtversicherung zu gewährleisten.[1] Damit es durch die zusätzliche Anerkennung dieser Aufwendungen nicht zu einer doppelten Begünstigung kommt, wurde Abs. 1 S. 5 angepasst. Ab **VZ 2012** wurde durch Aufhebung von § 32 Abs. 4 S. 4 die Einkünfte- und Bezügegrenze für volljährige Kinder beim Familienleistungsausgleich abgeschafft. Der bisher enthaltene Verweis auf diese Vorschrift in Abs. 1 S. 5 wird durch den bisherigen Regelungsinhalt von § 32 Abs. 4 S. 4 ersetzt. Außerdem war Abs. 2 und 3 an die neue Rechtslage anzupassen (s. Rn. 28). 1

Der in § 33a geregelte besondere Aufwand ist **typisierend und abschließend** geregelt. Die Zwangsläufigkeit der Aufwendungen wird bei den jeweiligen Abzugstatbeständen unterstellt. Die Aufwendungen können iRd. jeweiligen Höchstbeträge **ohne Anrechnung einer zumutbaren Belastung** geltend gemacht werden, setzen jedoch einen **Antrag** des StPfl. voraus. Liegen die tatbestandlichen Voraussetzungen des § 33a vor, hat der StPfl. einen **Rechtsanspruch** auf den Abzug der Aufwendungen. Für alle Abzugstatbestände ist in Abs. 3 die zeitanteilige Zuordnung und in Abs. 4 die Konkurrenz zu § 33 geregelt. 2

§ 33a regelt jedenfalls in Abs. 1 **existenzsichernde Aufwendungen**, die v. Verfassungs wegen zu berücksichtigen sind, einschl. der Aufwendungen für die Kranken- und Pflegepflichtversicherung. Die Vorschrift entspricht dem Postulat einer Besteuerung nach der individuellen Leistungsfähigkeit und hat **Vorrang vor dem generellen Abzugsverbot v. Unterhaltsaufwendungen** (§ 12). Der Gesetzgeber hat bei der Festlegung der Höhe der abziehbaren Aufwendungen zu berücksichtigen, dass zwangsläufige Unterhaltsaufwendungen realitätsgerecht zu bemessen sind.[2] Die geltenden Höchstbeträge entsprechen diesen verfassungsrechtl. Anforderungen.[3] Das BVerfG hat gefordert, neben dem sächlichen Existenzminimum und dem Betreuungsbedarf auch die verminderte Leistungsfähigkeit durch den Erziehungsbedarf v. Kindern zu berücksichtigen.[4] Der Gesetzgeber hat den allg. Ausbildungsbedarf im Freibetrag gem. § 32 Abs. 6 berücksichtigt; lediglich ein ergänzender Sonderbedarf bei volljährigen, auswärts untergebrachten Kindern wird in Abs. 2 berücksichtigt.[5] 3

B. Aufwendungen für Unterhalt und/oder Berufsausbildung (Abs. 1)

I. Aufwendungen für Unterhalt und Berufsausbildung (Abs. 1 S. 1). 1. Unterhalts- und Berufsausbildungsaufwand. a) Aufwendungen. Voraussetzung für eine Steuerermäßigung nach § 33a ist, dass dem StPfl. Aufwendungen erwachsen. Hierbei kann es sich **sowohl** um **Geld- als auch** um **Sachleistungen** handeln (ausf. § 33 Rn. 8 ff.). Wird zB eine im Eigentum des Unterhaltszahlers stehende Wohnung unent- 4

---

1 Einfügung des Abs. 1 S. 2 durch das BürgEntlG KV, BGBl. I 2009, 1959 (1962).

2 BVerfG v. 22.2.1984 – 1 BvL 10/80, BVerfGE 66, 214; v. 29.5.1990 – 1 BvL 20/84, 1 BvL 26/84, 1 BvL 4/86, BVerfGE 82, 60; v. 25.9.1992 – 2 BvL 5/91, 2 BvL 8/91, 2 BvL 14/91, BVerfGE 87, 153; v. 14.6.1994 – 1 BvR 1022/88, BVerfGE 91, 93.

3 Zur Verfassungsmäßigkeit früherer Fassungen: BVerfG v. 13.12.1996 – 1 BvR 1474/88, FR 1997, 156; v. 30.1.1997 – 1 BvR 746/86, HFR 1997, 937.

4 BVerfG v. 10.11.1998 – 2 BvR 1057/91, 2 BvR 1226/91, 2 BvR 980/91, BVerfGE 99, 216 = BStBl. II 1999, 182.

5 Vgl. BT-Drucks. 14/6160, 13.

geltlich überlassen, dann ist der geldwerte Vorteil als Unterhaltszahlung in Form eines Sachbezugs anzusetzen und in die Berechnung der Höchstbeträge nach § 33a Abs. 1 S. 1 einzubeziehen.[1] Unterhaltsaufwendungen werden auch bei Aufnahme der zu unterstützenden Pers. in den eigenen Haushalt des StPfl. anerkannt.

5 **b) Unterhalt.** Aus dem Zweck der Sonderregelung gegenüber § 33 folgt, dass **nur die typischen Unterhaltskosten**, dh. die üblichen, für den Lebensunterhalt des Empfängers bestimmten Leistungen steuerermäßigend zu berücksichtigen sind.[2] § 33a Abs. 1 umfasst daher einen anderen, engeren Bereich als das bürgerliche Recht (vgl. §§ 1601 ff. BGB, insbes. § 1610 Abs. 2 BGB).[3] Auch die Regelungen der ZPO zur Abgrenzung der dem persönlichen Gebrauch des Vollstreckungsschuldners oder seinem Haushalt dienenden und gem. § 811 Nr. 1 ZPO unpfändbaren Sachen können nicht herangezogen werden.[4] RA-Kosten, die im Rechtsstreit gegen das Sozialamt wegen Inanspruchnahme auf Rückzahlung v. Lebensunterhalt an ein Kind entstanden sind, sind zB keine typischen Unterhaltsleistungen und daher nicht abziehbar.[5] Atypische Unterhaltsaufwendungen können ggf. nach § 33 berücksichtigt werden.[6]

6 Zum typischen lfd. Lebensunterhalt gehören zB die für Wohnung, Ernährung, Kleidung, Körperpflege und persönliche Bedürfnisse des täglichen Lebens oder zur Bestreitung der sonstigen Bedürfnisse des täglichen Lebens bestimmten Leistungen und notwendige Versicherungen.[7] Seit VZ 2010 regelt § 33a Abs. 1 S. 2, dass auch die Aufwendungen für die existenzsichernde Kranken- und Pflegeversicherung geltend gemacht werden können (Rn. 17). **Kosten der Unterbringung** eines bedürftigen Familienangehörigen in einem Altenheim werden ebenfalls als typische Unterhaltsaufwendungen anerkannt,[8] wirken sich aufgrund der Anrechnung eigener Einkünfte und Bezüge auch bei hohen Kosten jedoch selten aus. Die Aufwendungen sind auch dann anzuerkennen, wenn es sich um Zuwendungen zur **Befriedigung gehobener Anspr.** handelt.[9]

7 **Keine typischen Unterhaltsaufwendungen** sind zB Gelegenheitsgeschenke wie Geräte der Unterhaltungselektronik v. nicht unerheblichem Wert[10] oder Aufwendungen für die Anschaffung einer Waschmaschine.[11] Aufwendungen aufgrund unabwendbarer Ereignisse, wie zB Brand, Diebstahl oder Hochwasser gehören ebenfalls nicht zu den typischen Unterhaltsaufwendungen, können uU jedoch nach § 33 berücksichtigt werden.[12] Dies gilt auch für den Sonderbedarf nach § 1685b iVm. § 1613 Abs. 2 BGB.[13] Bei außergewöhnlichem Bedarf in besonderen Lebenslagen, wie zB im Fall der Pflegebedürftigkeit oder der Behinderung oder im Krankheitsfall kommt ein Abzug nach § 33a Abs. 1 und § 33 in Betracht. In diesen Fällen ist § 33a Abs. 1 vor § 33 zu prüfen. Der Abzug für den ag Bedarf nach § 33 wird v. der FinVerw. nur anerkannt, soweit die eigenen Einkünfte und Bezüge des Unterhaltsempfängers zur Deckung dieses Bedarfs nicht ausreichen.

8 **c) Zahlungsweise.** Abs. 1 berücksichtigt Aufwendungen für den lfd. Unterhalt während eines Jahres. Zwar ist nicht erforderlich, dass die Zahlungen lfd. erbracht werden. Auch nur gelegentliche Leistungen im Kj. können abziehbar sein. Die Eignung der Leistungen zur Deckung des lfd. Lebensbedarfs sind dann jedoch besonders sorgfältig zu prüfen. Insbes. dürfen Unterhaltsleistungen idR nicht auf Monate vor ihrer Zahlung zurückbezogen werden.[14] **Unterhaltsnachzahlungen** können daher nur in Ausnahmefällen steuermindernd geltend gemacht werden.[15] Bei **Unterhaltsvorauszahlungen** wird grds. nur der Teil nach Abs. 1 berücksichtigt, der den Unterhaltsbedarf des Jahres, in dem geleistet wird, decken soll. Aufwendungen für zukünftige VZ sind nach der bisherigen Rspr. auch in den Folgejahren nicht abzugsfähig.[16] Entspr.

---

1 BFH v. 5.5.2010 – VI R 29/09, BStBl. II 2011, 116.
2 BFH v. 28.4.1978 – VI R 145/75, BStBl. II 1978, 456.
3 *H/H/R*, § 33a Anm. 38; *Blümich*, § 33a Rn. 100; FG Münster v. 23.2.2005 – 10 K 647/03 E, EFG 2005, 1203.
4 BFH v. 10.8.1990 – III R 30/87, BStBl. II 1991, 73; v. 19.2.1965 – VI 306/64 U, BStBl. III 1965, 284; v. 28.4.1978 – VI R 145/75, BStBl. II 1978, 456.
5 FG Köln v. 27.6.2005 – 10 K 6314/04, EFG 2005, 1762.
6 Vgl. zur Abgrenzung der typischen v. den untypischen Unterhaltsaufwendungen: BFH v. 19.6.2008 – III R 57/05, BStBl. II 2009, 365.
7 H 33a. 1 EStH.
8 BFH v. 12.11.1996 – III R 38/95, BStBl. II 1997, 387.
9 BFH v. 17.12.1990 – III B 209/90, BFH/NV 1991, 308.
10 BFH v. 10.8.1990 – III R 30/87, BStBl. II 1991, 73.
11 BFH v. 28.4.1978 – VI R 145/75, BStBl. II 1978, 456.
12 BFH v. 18.6.1997 – III R 60/96, BFH/NV 1997, 755.
13 *Mellinghoff*, Stbg. 1999, 60 (64).
14 BFH v. 5.9.1980 – VI R 75/80, BStBl. II 1981, 31; v. 13.2.1987 – III R 196/82, BStBl. II 1987, 341; v. 13.3.1987 – III R 206/82, BStBl. II 1987, 599; v. 11.11.1988 – III R 307/84, BFH/NV 1990, 83; v. 6.4.1990 – III R 193/85, BFH/NV 1990, 767; v. 25.4.2018 – VI R 35/16, BStBl. II 2018, 643.
15 *Mellinghoff*, Stbg. 1999, 60 (65).
16 BFH v. 22.5.1981 – VI R 140/80, BStBl. II 1981, 713; v. 13.2.1987 – III R 196/82, BStBl. II 1987, 341; v. 11.11.1988 – III R 307/84, BFH/NV 1990, 83.

gilt für einmalige Kapitalabfindungen zur Ablösung künftiger Unterhaltsverpflichtungen,[1] sodass jedenfalls steuerrechtl. v. entspr. Vereinbarungen abzuraten ist. Diese restriktive Rspr. findet im G keine ausdrückliche Stütze und stößt in der Literatur daher auf Kritik.[2] Dagegen weist der BFH darauf hin, dass es die StPfl. selbst in der Hand haben, durch die Wahl des Zahlungszeitpunkts die Abziehbarkeit der Unterhaltsleistungen in voller Höhe sicherzustellen.[3]

d) Berufsausbildung. Neben Unterhaltsaufwendungen wird die Steuervergünstigung nach § 33a Abs. 1 bei Aufwendungen für eine Berufsausbildung gewährt. Der Begriff der Berufsausbildung **entspricht demjenigen in § 32 Abs. 4** und ist weit auszulegen.[4] In einer Berufsausbildung befindet sich, wer sein Berufsziel noch nicht erreicht hat, sich aber ernstlich darauf vorbereitet. Der Vorbereitung auf ein Berufsziel dienen alle Maßnahmen, bei denen es sich um den Erwerb v. Kenntnissen, Fähigkeiten und Erfahrungen handelt, die als Grundlagen für die Ausübung des angestrebten Berufs geeignet sind.[5] Zur Berufsausbildung kann auch ein Sprachaufenthalt im Ausland, ein Volontariat, eine Promotion oder ein Praktikum gehören (§ 32 Rn. 12). Das sog. „freiwillige soziale Jahr"[6] gehört hierzu jedoch nicht, wohl aber ein freiwilliger zusätzlicher Wehrdienst, wenn im Anschluss eine Ausbildung zum Unteroffizier als Soldat auf Zeit absolviert wird.[7] Nachdem der Verweis auf die Zwangsläufigkeit (§ 33 Abs. 2) ab VZ 1996 entfallen ist, können Aufwendungen für eine Berufsausbildung jedoch nur dann als ag. Belast. abgezogen werden, wenn der zu Unterstützende dem Grunde nach einen entspr. **unterhaltsrechtl. Anspr.** ggü. dem StPfl. hat. 9

2. Empfänger der Aufwendungen. Bis zum VZ 1995 war Voraussetzung für den Abzug v. Aufwendungen für den Unterhalt und eine etwaige Berufsausbildung die Zwangsläufigkeit entspr. § 33 Abs. 2. Ab VZ 1996 sind nur noch Aufwendungen für gesetzlich Unterhaltsberechtigte und diesen gleichgestellte Pers. abziehbar. Aufwendungen, in denen früher eine Zwangsläufigkeit aus tatsächlichen oder sittlichen Gründen anerkannt wurde,[8] können heute idR nicht mehr abgezogen werden. Eine Ausnahme besteht nur dann, wenn sich die Gleichstellung mit einer gesetzlich unterhaltsberechtigten Pers. aus sittlichen Gründen ergibt. 10

a) Gesetzlich unterhaltsberechtigte Person. Pers. sind gesetzlich unterhaltsberechtigt, wenn der StPfl. ihnen gegenüber nach den Vorschriften des BGB,[9] insbes. nach §§ 1361 ff., 1601 ff. BGB unterhaltsverpflichtet ist. Die im Jahr 2010 **geänderte Rechtsprechung des BFH** stellt auf die **konkrete Betrachtungsweise** ab. Das bedeutet, dass die zivilrechtlichen Voraussetzungen eines Unterhaltsanspruchs (§§ 1601 bis 1603 BGB) vorliegen müssen und die Unterhaltskonkurrenzen (§§ 1606, 1608 BGB) zu beachten sind; insbesondere darf die Bedürftigkeit des Empfängers iSd. § 1602 BGB nicht unterstellt werden, sondern sie muss tatsächlich vorliegen.[10] Damit wird eine vertiefte Auseinandersetzung mit den zivilrechtlichen Unterhaltsvorschriften erforderlich.[11] Unterhaltsberechtigt sind **Ehegatten,**[12] **eingetragene gleichgeschlechtliche Lebenspartnerschaften nach dem LPartG**[13] (vgl. auch § 2 Abs. 8) **und in gerader Linie verwandte Angehörige**, wie zB Kinder, Enkel und Eltern, nicht aber Verwandte in der Seitenlinie[14], wie zB Geschwister und Verschwägerte. Unterhaltsberechtigt ist dem Grunde nach auch das Wehr- oder Zivildienst leistende Kind.[15] Besondere Unterhaltsverpflichtungen bestehen für die Mutter und in Ausnahmefällen für den Vater eines **nichtehelichen Kindes** nach § 1615l BGB. Eine Unterhaltsverpflichtung besteht während der Ehe auch für Schwiegereltern, selbst wenn die Ehegatten dauernd getrennt leben.[16] Eine gesetzliche 11

---

1 BFH v. 22.1.1971 – VI R 47/69, BStBl. II 1971, 325.
2 *Blümich*, § 33a Rn. 115; *H/H/R*, § 33a Anm. 29 aE; *B/B*, § 33a Rn. 59; an der bisherigen Linie festhaltend ausf.: BFH v. 25.4.2018 – VI R 35/16, BStBl. II 2018, 643.
3 BFH v. 25.4.2018 – VI R 35/16, BStBl. II 2018, 643.
4 BFH v. 9.11.1984 – VI R 40/83, BStBl. II 1985, 135.
5 BFH v. 9.6.1999 – VI R 143/98, BStBl. II 1999, 710 mwN.
6 BFH v. 24.6.2004 – III R 3/03, BStBl. II 2006, 294.
7 BFH v. 30.7.2009 – III R 77/06, BFH/NV 2010, 28.
8 BFH v. 30.7.1993 – III R 16/92, BStBl. II 1994, 31 (Verlobte).
9 FG Köln v. 28.3.2003 – 7 K 4897/02, EFG 2003, 1167 zu einem Fall fehlender zivilrechtl. Bedürftigkeit.
10 BFH v. 5.5.2010 – VI R 29/09, BStBl. II 2011, 116; v. 30.6.2010 – VI 35/09, BStBl. II 2011, 267; v. 4.8.2011 – III R 48/08, BStBl. II 2011, 975; R 33a.1 EStR; nach der früheren Rechtsprechung kam es auf das Bestehen einer konkreten zivilrechtl. Unterhaltsberechtigung bzw. die Höhe des zivilrechtl. Unterhaltsanspruchs nicht an (vgl. BFH v. 18.5.2006 – III R 26/05, BStBl. II 2007, 108; dazu *Geserich*, DStR 2011, 294; *Greite*, HFR 2007, 31).
11 *Geserich*, DStR 2011, 294.
12 § 1353 Abs. 1 S. 1 BGB regelt nunmehr, dass die Ehe auch von zwei Personen gleichen Geschlechts geschlossen werden kann.
13 BGBl. I 2001, 266.
14 BFH v. 31.3.2008 – III B 28/07, BFH/NV 2008, 1320.
15 Dazu im Einzelnen OFD Ffm. v. 15.4.2003, DB 2003, 1145.
16 BFH v. 27.7.2011 – VI R 13/10, BStBl. II 2011, 965.

Unterhaltspflicht besteht grds. dann, wenn der Unterhaltsberechtigte außerstande ist, sich selbst zu unterhalten. Dies ist auch dann der Fall, wenn die eigenen Mittel des Berechtigten zum Lebensunterhalt nicht ausreichen (§ 1602 BGB).[1] Dabei setzt der zivilrechtl. Unterhaltsanspruch insbes. für volljährige Verwandte[2] – nicht aber für Eheleute[3] – eine generelle **Erwerbsobliegenheit** voraus.[4] Der StPfl. hat grds. nachzuweisen, dass sich die unterhaltene Person um eine Beschäftigung bemüht hat. Fehlt es hieran, kommt eine Schätzung der (fiktiven) Einkünfte in Betracht.[5] Unterhaltszahlungen an ein volljähriges Kind sind nicht abzugsfähig, wenn das Kind nach Abschluss der Berufsausbildung seiner Erwerbsobliegenheit nicht nachkommt.[6] Unterhalten **im Ausland wohnende Angehörige** einen **landwirtschaftlichen Betrieb** in einem nach den Verhältnissen des Wohnsitzstaates üblichen Umfang und Rahmen, so besteht eine widerlegbare Vermutung, dass die dem Haushalt angehörenden Familienmitglieder **nicht unterhaltsbedürftig** sind.[7] Unterstützen Eltern die Familie ihres Kindes, sind die Zahlungen auf die unterstützen Pers. aufzuteilen; nur der Anteil für die Zahlung an das eigene Kind sind aufgrund der Unterhaltsverpflichtung abziehbar, nicht der Anteil der Schwiegerkinder.[8] Ein nachrangig zum Unterhalt verpflichteter StPfl. kann die tatsächlich geleisteten Unterhaltsaufwendungen abziehen. Eine Prüfung, ob im Einzelfall tatsächlich ein Unterhaltsanspruch besteht, nimmt die FinVerw. aus Gründen der **Verwaltungsvereinfachung** nicht vor, wenn die unterstützte Pers. unbeschränkt stpfl. sowie dem Grunde nach (potentiell) unterhaltsberechtigt ist, tatsächlich Unterhalt erhält und alle übrigen Voraussetzungen des Abs. 1 vorliegen; insoweit wird die Bedürftigkeit der unterstützten Pers. typisierend unterstellt.[9] Eine Bedürftigkeit dürfte nicht vorliegen, wenn vorrangig zum Unterhalt verpflichtete Pers. hinreichend leistungsfähig sind.[10] Übernehmen zB Großeltern Zahlungen für die Schulausbildung ihrer zusammen mit den Eltern im Ausland wohnenden Enkelkinder, dürfte ein Abzug als ag. Belast. ausscheiden.[11] Die FinVerw. geht regelmäßig davon aus, dass Unterhaltsaufwendungen in Höhe des maßgeblichen Höchstbetrages erwachsen, wenn die unterhaltsberechtigte Pers. zum Haushalt des StPfl. gehört.[12] Ob eine Pers. gesetzlich unterhaltsberechtigt ist, bestimmt sich nach inländ. Maßstäben. Unterhaltsleistungen an nach den Vorschriften des BGB nicht unterhaltsberechtigte Angehörige in der Seitenlinie sind auch dann nicht abziehbar, wenn der StPfl. nach ausländ. Recht zu deren Unterhalt verpflichtet ist, selbst wenn die Unterhaltspflicht aufgrund internationalen Privatrechts im Inland verbindlich ist.[13]

12 Eine gesetzliche Unterhaltsverpflichtung besteht auch bei Ehegatten oder eingetragenen Lebenspartnern (vgl. § 2 Abs. 8). Auf den üblichen Lebensunterhalt des StPfl. für seinen nicht dauernd getrennt lebenden, unbeschränkt stpfl. Ehegatten oder Lebenspartner ist Abs. 1 nicht anwendbar, denn die allg. Vorschrift über den Unterhaltsabzug wird in diesen Fällen durch die **Sondervorschriften über die Ehegattenbesteuerung** (§§ 25–26b, 32a Abs. 5) **verdrängt**.[14] Nicht unbeschränkt estpfl. Ehegatten oder Lebenspartner können Unterhaltsaufwendungen jedoch nach Abs. 1 auch dann geltend machen, wenn sie nicht dauernd getrennt leben, da in diesem Fall die Sonderregelungen der Ehegattenbesteuerung nicht eingreifen. **Geschiedene oder dauernd getrennt lebende Ehegatten** oder Lebenspartner können zw. dem begrenzten Realsplitting und dem Abzug der Unterhaltsaufwendungen als ag. Belast. nach Abs. 1 wählen. Wählt der StPfl. das Realsplitting nach § 10 Abs. 1 Nr. 1, kommt ein Abzug weiterer Aufwendungen auch insoweit nicht in Betracht, als die Unterhaltsaufwendungen den als SA abgezogenen Teil übersteigen.[15]

1 FG Hess. v. 14.12.2004 – 11 K 3359/02, FGReport 2005, 18.
2 BFH v. 15.4.2015 – VI R 5/14, BStBl. II 2016, 148.
3 BFH v. 5.5.2010 – VI R 5/09, BStBl. II 2011, 115.
4 BFH v. 12.7.2017 – VI R 42/15, BStBl. II 2018, 13.
5 BFH v. 15.4.2015 – VI R 5/14, BStBl. II 2016, 148.
6 FG Berlin v. 9.7.2004 – 9 K 9256/01, EFG 2005, 363; FG Köln v. 23.11.2004 – 8 K 5329/03, EFG 2005, 363 (Adoptivkind).
7 BFH v. 5.5.2010 – VI R 40/09, BStBl. II 2011, 164.
8 BFH v. 22.9.2004 – III R 25/03, BFH/NV 2005, 523; v. 19.5.2004 – III R 28/02, BFH/NV 2004, 1631.
9 R 33a. 1 Abs. 1 S. 3 und 4 EStR.
10 Vgl. zur Problematik der vorrangigen Unterhaltsverpflichtung auch BFH v. 19.5.2004 – III R 30/02, BStBl. II 2004, 943.
11 Vgl. auch *Kanzler*, FR 2004, 299.
12 R 33a. 1 Abs. 1 S. 5 EStR.
13 BFH v. 4.7.2002 – III R 8/01, BStBl. II 2002, 760; v. 30.9.2003 – III R 19/01, BFH/NV 2004, 329; *Gebauer/Hufeld* (IPRax 2004, 327) halten dies für verfassungswidrig.
14 BFH v. 28.11.1988 – GrS 1/87, BStBl. II 1989, 164; v. 23.5.2012 – III B 129/11, BFH/NV 2012, 1452; zur Rechtslage vor Inkrafttreten des LPartG s. BFH v. 26.6.2014 – III R 14/05, BStBl. II 2014, 829 (dazu BVerfG v. 28.11.2014 – 2 BvR 1910/14, juris).
15 BFH v. 7.11.2000 – III R 23/98, BStBl. II 2001, 338; vgl. auch *Schürmann*, FamRZ 2014, 272.

b) Gleichgestellte Empfänger (Abs. 1 S. 3). Nach Abs. 1 S. 3 können Aufwendungen für eine dem gesetzlich Unterhaltsberechtigten gleichgestellte Pers. abgezogen werden.[1] Nach der Definition des Abs. 1 S. 3 sind dies Pers., wenn bei ihnen zum Unterhalt bestimmte inländ. öffentl. Mittel mit Rücksicht auf die Unterhaltsleistungen des StPfl. gekürzt werden. Dies ist zB bei **eheähnlichen Gemeinschaften** der Fall, wenn Sozialleistungen mit Rücksicht auf die Unterhaltsleistungen des StPfl. gekürzt werden.[2] Insbesondere bei Beziehern der Grundsicherung für Arbeitssuchende nach dem SGB II wird das Arbeitslosengeld II und das Sozialgeld im Hinblick auf die Vermutung gekürzt, dass Hilfsbedürftige von Personen, mit denen sie eine Bedarfsgemeinschaft bilden (§ 7 Abs. 3 SGB II) oder in einer Haushaltsgemeinschaft (vgl. § 9 Abs. 5 SGB II) oder einer ehe- bzw. lebenspartnerschaftsähnlichen Gemeinschaft leben (§§ 20, 36 SGB XII), unterstützt werden. Ob eine Gemeinschaft in diesem Sinne vorliegt, ist **ausschließlich nach sozialhilferechtlichen Kriterien** zu beurteilen.[3] Voraussetzung für die Abzugsfähigkeit ist zum einen die Kürzung oder der vollständige Wegfall bestimmter inländ. öffentl. Mittel; zum anderen ist im Regelfall ein Nachweis durch eine Bescheinigung der zuständigen Behörde zu erbringen.[4] Hat die unterstützte Pers. trotz ernsthaften und nachhaltigen Bemühens keine entspr. Bescheinigung erlangt, ist das FA gehalten, im Wege der Amtshilfe von den zuständigen Behörden die für die Besteuerung notwendigen Auskünfte einzuholen.[5] Angehörige, die nicht mit dem StPfl. zusammen in einem Haushalt leben und denen gegenüber er zivilrechtl. nicht zum Unterhalt verpflichtet ist, gehören auch dann nicht zu den gleichgestellten Empfängern, wenn der Anspr. der Angehörigen auf Sozialleistungen wegen der Unterhaltsleistungen entfällt oder gemindert wird.[6] Seit dem VZ 2001[7] genügt es, dass bei der unterhaltenen Pers. zum Unterhalt bestimmte Mittel mit Rücksicht auf die Unterhaltsleistungen des StPfl. gekürzt werden; auf die Höhe kommt es nicht an. Weitere Voraussetzungen benennt Abs. 1 S. 3 nicht; insbes. kommt es nicht darauf an, ob der gleichgestellte erwerbsfähige Unterhaltsempfänger eine zumutbare Erwerbstätigkeit verweigert und deshalb eine Kürzung von Sozialleistungen zu vergegenwärtigen hat. Denn auch in einem solchen Fall verweist ihn der Tatbestand der Bedarfsgemeinschaft auf das Einkommen und Vermögen seines Lebenspartners. Eine Anrechnung fiktiver Einkünfte kommt ebenfalls nicht in Betracht.[8] Es muss jedoch tatsächlich zu einer Kürzung v. Unterhaltsleistungen gekommen sein. Eine **lediglich hypothetische Berechnung** eines Kürzungsbetrages **genügt idR nicht**.[9] Das bedeutet, dass im Regelfall ein Bescheinigung der zuständigen Behörde vorzulegen ist.[10] Da die Vorschriften des § 20 S. 1 SGB XII und der §§ 7 Abs. 3 Nr. 3c iVm. Abs. 3a, 9 Abs. 2 SGB II eheähnliche und lebenspartnerschaftsähnliche Gemeinschaften faktisch wie Ehegatten behandeln, geht die FinVerw. davon aus, dass bei der unterstützten Person die Voraussetzungen des § 33a Abs. 1 S. 2 vorliegen, auch wenn sie keinen Antrag auf Sozialhilfe oder Arbeitslosengeld II gestellt hat. Auch bei Haushaltsgemeinschaften mit Verwandten oder Verschwägerten wird aus Vereinfachungsgründen auf die Vorlage eines Kürzungs- oder Ablehungsbescheids verzichtet. In diesen Fällen muss die unterstützte Person aber schriftlich versichern, dass die entsprechenden Voraussetzungen vorliegen.[11] Durch die Gesetzesänderung wird zudem erreicht, dass für gesetzlich unterhaltsberechtigte und gleichgestellte Pers. ein einheitlicher Höchstbetrag gilt. Lebt die gleichgestellte Person im Haushalt des StPfl. ist wie bei anderen unterhaltsberechtigten Personen davon auszugehen, dass Unterhaltsaufwendungen in Höhe des maßgeblichen Höchstbetrages erwachsen.[12] 13

II. Voraussetzung für Abziehbarkeit (Abs. 1 S. 4). 1. Kein Kindergeld oder Freibetrag nach § 32 Abs. 6. Voraussetzung für den Abzug der Unterhaltsaufwendungen ist bei Kindesunterhalt, dass kein Anspr. auf einen Freibetrag nach § 32 Abs. 6 oder Kindergeld besteht. Der Anspr. auf Kindergeld setzt eine typische Unterhaltssituation der Eltern voraus, die idR nicht mehr besteht, wenn vorrangig eine andere Pers. zum Unterhalt verpflichtet ist.[13] Haben die Eltern aus diesem Grund keinen Anspr. mehr auf einen Kinderfreibetrag oder Kindergeld, kann der vorrangig zum Unterhalt Verpflichtete (zB der Kindsvater 14

1 Nach BMF v. 27.5.2015, BStBl. I 2015, 474, können Aufwendungen für den Unterhalt von Personen, die eine Aufenthalts- oder Niederlassungserlaubnis nach § 23 AufenthG haben – unabhängig von einer gesetzlichen Unterhaltsverpflichtung – nach § 33a Abs. 1 S. 3 berücksichtigt werden.
2 Vgl. im Einzelnen *K/S/M*, § 33a Rn. B 45 ff.
3 BMF v. 7.6.2010, BStBl. I 2010, 582, Tz. 3 ff.
4 BFH v. 18.3.2004 – III R 50/02, BStBl. II 2004, 594; v. 28.6.2004 – III B 104/03, BFH/NV 2004, 1637.
5 BFH v. 28.6.2004 – III B 137/03, BFH/NV 2004, 1530.
6 Vgl. BFH v. 23.10.2002 – III R 57/99, BStBl. II 2003, 187; vgl. auch *Hettler*, DB 2003, 356; krit. *Paus*, DStZ 2003, 461.
7 Zu den früheren VZ vgl. die Vorauflagen.
8 BFH v. 9.3.2017 – VI R 16/16, BStBl. II 2017, 890.
9 FG Hess. v. 23.9.1999 – 11 K 1056/99, EFG 2000, 436; *Blümich*, § 33a Rn. 148; *Frotscher*, § 33a Rn. 37.
10 Vgl. auch BFH v. 18.3.2004 – III R 50/02, BStBl. II 2004, 594.
11 Im Einzelnen BMF v. 7.6.2010, BStBl. I 2010, 582 Tz. 6.
12 BMF v. 7.6.2010, BStBl. I 2010, 582.
13 BFH v. 2.3.2000 – VI R 13/99, BStBl. II 2000, 522.

an die Mutter eines nichtehelichen Kindes) seine Aufwendungen abziehen; die Ausschlussregelung in Abs. 1 S. 4 greift nicht ein.[1] Unterhaltsleistungen an Wehrdienst leistende Kinder sind grds. abziehbar, da für sie kein Kindergeld gewährt wird.[2] Das Abzugsverbot des Abs. 1 S. 4 verstößt nicht gegen das GG.[3] Die Freibeträge nach § 32 Abs. 6 und Kindergeld werden nach Monaten berechnet (§ 32 Abs. 6 S. 6; § 66). Da auch § 33a Abs. 4 eine zeitanteilige Kürzung nach Monaten vorsieht, können Unterhaltsaufwendungen auch dann abgezogen werden, wenn nur für einen oder mehrere Monate des VZ kein Anspr. auf Kinderfreibetrag oder Kindergeld besteht (Rn. 39). Kindergeld iSd. § 33a Abs. 1 S. 4 umfasst auch ohne ausdrückliche Einbeziehung die nach ausländ. Recht gezahlten kindergeldähnlichen Leistungen iSd. § 65 Abs. 1 S. 2.[4]

15 **2. Kein eigenes Vermögen.** Die zu unterhaltende Pers. darf kein oder nur geringes Vermögen haben. Dies gilt auch, wenn die unterhaltene Pers. ihr (nicht geringes) Vermögen voraussichtlich für den zukünftigen Unterhalt benötigen wird[5] und ist unabhängig v. der Anlageart nach dem Verkehrswert zu entscheiden.[6] Verbindlichkeiten, Verwertungshindernisse oder ein Nießbrauchsvorbehalt sind wertmindernd zu berücksichtigen.[7] Die FinVerw. sieht ein Vermögen bis zu einem **Verkehrswert v. 15 500 Euro** als gering an.[8] Dieser Betrag ist seit 1975 nicht angehoben worden und wird gegenwärtig von der Rechtsprechung noch zugrundegelegt.[9] In der Literatur wird schon länger vertreten, dass der Betrag angehoben werden müsste.[10] Unverwertbares Vermögen bleibt grds. unberücksichtigt. Eine generelle Unverwertbarkeit kann dabei nur angenommen werden, wenn aus tatsächlichen oder rechtlichen Gründen eine Verwertung des Vermögens ausgeschlossen ist. An der Verwertbarkeit des Vermögens kann es daher fehlen, wenn der Unterhaltsempfänger nicht in der Lage ist, die Verwertung innerhalb einer feststehenden Zeitspanne durch eigenes Handeln herbeizuführen.[11] Vermögen ist auch zu berücksichtigen, wenn es voraussichtlich für den künftigen Unterhalt benötigt wird oder wenn es ertraglos ist.[12] Dabei mindert ein Nießbrauchsvorbehalt oder ein dinglich gesichertes Veräußerungs- und Belastungsverbot den Verkehrswert eines als Vermögen zu berücksichtigenden Grundstücks.[13] Bei Unterhaltsleistungen an Pers. mit **Wohnsitz im Ausland** ist die Wertgrenze von 15 000 Euro entsprechend der Ländergruppeneinteilung des BMF[14] anzupassen.[15]

15a Die FinVerw. ließ schon früher Vermögensgegenstände, deren Veräußerung offensichtlich eine Verschleuderung bedeuten würde oder die einen besonderen persönlichen Wert für den Unterhaltsempfänger haben, und ein selbst bewohntes angemessenes Hausgrundstück iSd. § 90 Abs. 2 Nr. 8 SGB XII (nicht aber ein Dreifamilienhaus)[16] außer Betracht.[17] Demgegenüber setzte der BFH auch das selbst genutzte Eigenheim mit dem Verkehrswert an, weil ansonsten das selbst genutzte Wohneigentum ggü. anderem Vermögen privilegiert werde.[18] Diese Rspr. hat der Gesetzgeber mit dem AmtshilfeRLUmsG korrigiert, indem er in Abs. 1 S. 4 die Verschonungsregelung für ein angemessenes Hausgrundstück aufgenommen hat.[19] Der Gesetzgeber ging von einer klarstellenden Regelung aus. Die Änderung erfolgt, um klarzustellen, dass die im Sozialrecht geltende Verschonungsregelung auch bei der Ermittlung des eigenen Vermögens eines Unterhaltsempfängers im Steuerrecht Anwendung findet.[20]

16 **III. Höhe der abziehbaren Aufwendungen. 1. Höchstbetrag nach Abs. 1 S. 1.** Die Aufwendungen für Unterhalt und Berufsausbildung sind **ab VZ 2019** bis zu einem Höchstbetrag v. **9 168** Euro abziehbar.[21]

---

1 BFH v. 19.5.2004 – III R 30/02, BStBl. II 2004, 943 mit Anm. *Kanzler*, FR 2004, 1125.
2 BFH v. 16.6.2006 – III B 43/05, BFH/NV 2006, 2056 (auch zu den anrechenbaren Einkünften und Bezügen).
3 BFH v. 22.8.1996 – III R 105/93, BFH/NV 1997, 282; v. 24.5.2012 – VI B 120/11, BFH/NV 2012, 1438.
4 BFH v. 4.12.2003 – III R 32/02, BStBl. II 2004, 275.
5 BFH v. 30.5.2008 – III B 55/08, BFH/NV 2008, 1481.
6 BFH v. 29.5.2008 – III R 48/05, BStBl. II 2009, 361; v. 12.12.2002 – III R 41/01, BStBl. II 2003, 655.
7 H 33a. 1 EStH: Geringes Vermögen („Schonvermögen“); BFH v. 11.2.2010 – VI R 65/08, BStBl. II 2010, 628; auch keine Maßgeblichkeit der Bodenrichtwerte nach dem BauGB.
8 R 33a.1 Abs. 2 S. 2 EStR.
9 BFH v. 30.6.2010 – VI R 35/09, BStBl. II 2011, 267; v. 11.2.2010 – VI R 65/08, BStBl. II 2010, 628; v. 29.5.2008 – III R 48/05, BStBl. II 2009, 361.
10 *B/B*, § 33a Rn. 84; *Stöcker*, StB 2001, 251; *Blümich*, § 33a Rn. 179; wohl auch *Geserich*, DStR 2011, 294 (297).
11 BFH v. 8.12.2017 – VI B 53/17, BFH/NV 2018, 338.
12 BFH v. 14.8.1997 – III R 68/96, BStBl. II 1998, 241.
13 BFH v. 29.5.2008 – III R 48/05, BStBl. II 2009, 361.
14 Bis VZ 2016: BMF v. 18.11.2013, BStBl. I 2013, 1462; ab VZ 2017: BMF v. 20.10.2016, BStBl. I 2016, 1183.
15 BFH v. 30.6.2010 – VI R 35/09, BStBl. II 2011, 267.
16 BFH v. 12.12.2002 – III R 41/01, BStBl. II 2003, 655.
17 R 33a.1 Abs. 2 Nr. 2 EStR; vgl. auch *K/S/M*, § 33a Rn. B 10.
18 BFH v. 30.6.2010 – VI R 35/09, BStBl. II 2011, 267.
19 AmtshilfeRLUmsG v. 26.6.2013, BGBl. I 2013, 1809.
20 Vgl. BT-Drucks. 17/11220, 36 zum gescheiterten JStG 2013.
21 FamEntlastG v. 29.11.2018, BGBl I. 2018, 2210.

Die Höchstbeträge betrugen für VZ 2015: 8472 Euro, VZ 2016: 8652 Euro, VZ 2017: 8820 Euro und VZ 2018: 9000 Euro.[1] Der **Höchstbetrag** der abziehbaren Aufwendungen **orientiert sich am stfreien Existenzminimum**[2] und gilt für jede unterstützte Pers. unabhängig v. Alter und Bedürftigkeit für die tatsächlich nachgewiesenen (Rn. 44) Aufwendungen. Die gegenwärtige Höhe der abziehbaren Aufwendungen ist verfassungsrechtl. unbedenklich.[3] Verfassungsbeschwerden, die frühere VZ betrafen, hatten zT aus verfassungsprozessualen Gründen keinen Erfolg.[4]

17 **2. Unterhaltsaufwendungen für Kranken- und Pflegepflichtversicherungen (Abs. 1 S. 2).** Der Höchstbetrag nach Abs. 1 S. 1 berücksichtigt nicht diejenigen Aufwendungen für Kranken- und Pflegepflichtversicherung, die für die Erlangung eines durch das Zwölfte Buch SGB bestimmten sozialhilfegleichen Versorgungsniveaus erforderlich sind. Aus diesem Grund hat der Gesetzgeber durch das BürgEntlG KV mit Wirkung ab dem VZ 2010 den Höchstbetrag um den Betrag erhöht, der tatsächlich für eine entspr. Absicherung der unterhaltenen Pers. aufgewandt wird. Zu den zu berücksichtigenden Unterhaltsaufwendungen gehören sowohl unmittelbare Leistungen des Unterhaltsverpflichteten an den Unterhaltsberechtigten, aus denen dieser seine Kranken- und Pflegeversicherungsverpflichtungen erfüllen kann, sowie Zahlungen des Unterhaltsverpflichteten im Namen des Unterhaltsberechtigten an dessen Träger der Kranken- bzw. Pflegeversicherung zur Erfüllung der Verbindlichkeiten des Unterhaltsberechtigten (sog. abgekürzter Zahlungsweg) als auch Leistungen des Unterhaltsverpflichteten aufgrund eigener Verbindlichkeiten zugunsten des Unterhaltsberechtigten (Fallgestaltungen des Vertrags zugunsten Dritter). Damit es in den Fällen des Vertrags zugunsten Dritter nicht zu einer Doppelberücksichtigung für Aufwendungen zur Absicherung des Kranken- und Pflegeversicherungsrisikos kommt, ist der Abzug ausgeschlossen, soweit der StPfl. den SA-Abzug nach § 10 Abs. 1 Nr. 3 S. 1 in Anspr. nehmen kann.[5]

18 **3. Anrechnung von Einkünften und Bezügen (Abs. 1 S. 5).** Unterhaltsaufwendungen nach Abs. 1 S. 1 und S. 2[6] können nur abgezogen werden, soweit die unterhaltene Pers. keine gegenzurechnenden Einkünfte oder Bezüge hat, die den Anrechnungsbetrag v. 624 Euro im Kj. übersteigen.

19 **a) Einkünfte.** Unter **Einkünften sind diejenigen des § 2 Abs. 1, 2** zu verstehen.[7] Der Gesetzeswortlaut ist insoweit eindeutig. Auch der Gesetzeszweck gebietet keine erweiternde Auslegung auf das zu versteuernde Einkommen.[8] Verlustabzüge nach § 10d des Unterhaltsberechtigten aus Vorjahren sind nicht berücksichtigungsfähig.[9] Die Einkünfte sind stets in vollem Umfang zu berücksichtigen, auch soweit sie nicht zur Bestreitung des Unterhalts zur Vfg. stehen, wie zB einbehaltene vermögenswirksame Leistungen. Bis einschl. VZ 2009 verwies § 33a Abs. 1 S. 4 aF auf § 32 Abs. 4 S. 2, sodass die SozVers.beiträge v. den Einkünften ebenso abgezogen werden mussten, wie bei der Bemessungsgrundlage des § 32 Abs. 4.[10] Ab dem VZ 2010 entfällt der Verweis auf § 32 Abs. 4 S. 2 bei der Berechnung der eigenen Einkünfte und Bezüge des Unterhaltsberechtigten, weil die Kranken- und Pflegeversicherungsbeiträge, die der Mindestversorgung des Unterhaltsberechtigten dienen, bereits in § 33a Abs. 1 S. 2 berücksichtigt werden und daher zur Vermeidung einer Doppelberücksichtigung nicht zusätzlich die Einkünfte und Bezüge des Unterhaltsberechtigten mindern dürfen.[11] Daher sind die anrechenbaren Einkünfte der unterhaltenen Person nicht (mehr) um die Arbeitnehmerbeiträge zur gesetzlichen Renten- und Arbeitslosenversicherung sowie um die Beiträge zur gesetzlichen Krankenversicherung für Leistungen, die über das sozialhilferechtliche Niveau der Krankenversorgung hinausgehen, zu mindern.[12] Zugrunde zu legen ist die Summe der Einkünfte, sodass **negative Einkünfte** den gegenzurechnenden Betrag mindern. Pauschbeträge (zB § 9a) und bei der Einkünfteermittlung zu berücksichtigende Freibeträge sind idR bei der Berechnung der gegenzurechnenden Einkünfte abziehbar.[13] Bei **Leibrenten** zählt der Ertragsanteil zu den Einkünften, während der Kapitalanteil zu den Bezügen gehört.[14] Eine Kürzung von Einkünften des Unterhaltsempfängers um Unterhaltszahlungen an Kin-

---

1 Zur Höhe der Beträge s. auch die Kommentierungen der Vorauflagen.
2 Vgl. auch BT-Drucks. 18/68, 76.
3 BFH v. 13.12.2005 – X R 61/01, BStBl. II 2008, 16; krit. *Haupt/Becker*, DStR 2015, 1529.
4 BVerfG v. 13.12.1996 – 1 BvR 1474/88, FR 1997, 156; v. 30.1.1997 – 1 BvR 746/86, HFR 1997, 937.
5 Vgl. BT-Drucks. 16/12254, 26.
6 Insoweit ist Abs. 1 S. 5 an die Neuregelung des Abs. 1 S. 2 angepasst worden (vgl. BT-Drucks. 16/12254, 26).
7 BFH v. 22.7.1988 – III R 175/86, BStBl. II 1988, 939; v. 8.5.1992 – III R 66/90, BStBl. II 1992, 900.
8 BFH v. 21.7.2000 – VI R 153/99, BStBl. II 2000, 566.
9 BFH v. 31.3.2008 – III B 90/06, BFH/NV 2008, 1318.
10 Dazu: H 33a. 1 EStH 2005; BMF v. 18.11.2005, BStBl. I 2005, 1027; vgl. auch BVerfG v. 11.1.2005 – 2 BvR 167/02, BVerfGE 112, 164.
11 BT-Drucks. 16/12254, 26.
12 BFH v. 18.6.2015 – VI R 45/13, BStBl. II 2015, 928 (Verfassungsbeschwerde nicht zur Entsch. angenommen: BVerfG v. 16.8.2017 – 2 BvR 1853/15); v. 18.6.2015 – VI R 66/13, BFH/NV 2015, 1569.
13 Vgl. BFH v. 5.8.1977 – VI R 187/74, BStBl. II 1977, 832 (zum Versorgungsfreibetrag).
14 BFH v. 17.10.1980 – VI R 98/77, BStBl. II 1981, 158.

der kommt nur in Betracht, wenn eine gesetzliche Pflicht zu entsprechenden Zahlungen besteht.[1] Allerdings müssten die zwangsläufigen Unterhaltsleistungen an den Ehegatten oder Lebenspartner v. den eigenen Einkünften der unterhaltenen Pers. abgezogen werden.

20 **b) Bezüge.** § 33a Abs. 1 S. 5 ordnet außerdem an, dass die Bezüge der unterhaltenen Person anzurechnen sind. Die Bezüge sind in der ab VZ 2012[2] geltenden Fassung in S. 5 im Einzelnen benannt. Der bis VZ 2011 geltende Gesetzestext sah einen Verweis auf § 32 Abs. 4 S. 4 vor. Die Gesetzesänderung ab VZ 2012 wurde erforderlich, weil die Einkünfte- und Bezügegrenze durch das StVereinfG 2011 abgeschafft und § 32 Abs. 4 S. 4 aufgehoben wurde.[3] Inhaltliche Änderungen sind damit nicht verbunden, weil der bisherige Regelungsgehalt des § 32 Abs. 4 S. 4 wortgleich in § 33a Abs. 1 S. 5 übernommen wurde. Zu den Bezügen im Sinne dieser Vorschrift gehören zunächst alle Einnahmen in Geld oder Geldeswert, die nicht iRd. estrechtl. Einkunftsermittlung erfasst werden, also **nicht steuerbare und im Einzelnen für stfrei erklärte Einnahmen**.[4] Dazu zählen ua. stfreie Einnahmen iSd. § 3 und § 3b einschl. der nach § 3 Nr. 40 und Nr. 40a stfrei bleibenden Beträge,[5] pauschal versteuerter Lohn nach §§ 40 oder 40a,[6] Weihnachtsgeld, Entlassungsgeld und Naturalleistungen wie Verpflegung und Unterkunft nach den festgesetzten Sachbezugswerten,[7] ausgezahlte **Lohnersatzleistungen**, wie zB Arbeitslosengeld, Arbeitslosenhilfe, Krankengeld, Mutterschaftsgeld sowie Unterhaltszahlungen auf vertraglicher Grundlage v. einem Dritten.[8] Das Elterngeld zählt bei der Berechnung des abzugsfähigen Unterhaltshöchstbetrags in vollem Umfang und damit einschl. des Sockelbetrags (§ 2 Abs. 4 BEEG) zu den anrechenbaren Bezügen des Unterhaltsempfängers;[9] ebenso das Betreuungsgeld nach den §§ 4aff. BEEG.[10] Bei den Wehrdienst leistenden Kindern gehören – auch bei Unterbringung in einer Kaserne – stfreie Mietbeihilfen für die Beibehaltung der eigenen Wohnung zu den Bezügen.[11] Zu den Bezügen gehören auch stfreie Gewinne nach §§ 14, 16 Abs. 4, 17 Abs. 3 und 18 Abs. 3, die nach §§ 19 Abs. 2, 20 Abs. 4 **stfrei bleibenden Einkünfte und Sonderabschreibungen sowie erhöhte Absetzungen**. Als anrechenbare eigene Bezüge, die zur Bestreitung des Unterhalts bestimmt oder geeignet sind, kommen auch **Unterhaltsleistungen des Ehegatten oder Lebenspartners** in Betracht.[12] Dagegen gehört das anteilige Kindergeld nicht zu den Bezügen des unterstützten Elternteils iSd. Abs. 1 S. 5.[13] Die Bezüge sind auch dann gegenzurechnen, wenn der Unterhaltsberechtigte nicht über sie verfügen kann, zB wenn Rentenansprüche an den Träger der Sozialhilfe übergeleitet worden sind.[14] Aus Vereinfachungsgründen können als **Unkostenpauschale 180 Euro** v. den Bezügen im Kj. abgezogen werden, wenn nicht höhere Aufwendungen nachgewiesen werden.[15]

21 **c) Zur Bestreitung des Unterhalts bestimmt und geeignet. Bis zum VZ 2009** verwies § 33a Abs. 1 S. 4 aF (jetzt § 33a Abs. 1 S. 5) noch auf § 32 Abs. 4 S. 2. Danach sind für alle VZ bis einschl. 2009 nur solche Bezüge anzurechnen, die zur Bestreitung des Unterhalts bestimmt oder geeignet sind. **Unberücksichtigt** bleiben Bezüge, die der unterhaltenen Pers. **zweckgebunden** wegen eines nach Art und Höhe über das Übliche hinausgehenden besonderen und außergewöhnlichen Bedarfs zufließen.[16] Daher. gehören zB nicht zu den anrechenbaren anderen Bezügen des Unterhaltsempfängers die iRd. Sozialhilfe geleisteten Beträge für Krankenhilfe (§§ 47, 48 SGB XII), für die häusliche Pflege (§ 63 Abs. 2 SGB XII) und Mehrbedarf (vgl. § 30 SGB XII),[17] Sozialhilfeleistungen iRd. Altenhilfe gem. § 71 SGB XII,[18] das Erziehungsgeld nach dem BErzGG[19] und die nach § 3 Nr. 12, 13, 26 oder 69 stfreien Leistungen, die nicht für den Unterhalt bestimmt sind. Soweit allerdings allgemeine Altersbezüge auf Veranlassung des Trägers der Sozialhilfe zur Finanzierung der

1 BFH v. 16.4.2012 – VI B 136/11, BFH/NV 2012, 1429.
2 Vgl. StVereinfG 2011 v. 1.11.2011, BGBl. I 2011, 2131.
3 BT-Drucks. 17/5125, 42.
4 BFH v. 6.4.1990 – III R 131/85, BStBl. II 1990, 885 (zur insoweit identischen Regelung in Abs. 2 S. 4, früher 2); v. 24.11.1994 – III R 37/93, BStBl. II 1995, 527.
5 R 32.10 Abs. 2 S. 2 Nr. 4 EStR.
6 BFH v. 6.4.1990 – III R 131/85, BStBl. II 1990, 885.
7 BFH v. 31.7.1981 – VI R 67/78, BStBl. II 1981, 805; vgl. auch OFD Ffm. v. 15.4.2003, DB 2003, 1145.
8 FG München v. 22.5.2007 – 13 K 3630/05, juris.
9 BFH v. 20.10.2016 – VI R 57/15, BStBl. II 2017, 194; FG Münster v. 26.11.2015 – 3 K 3546/14 E, EFG 2016, 542; FG Sachs. v. 21.10.2015 – 2 K 1175/15, EFG 2016, 383.
10 FG Münster v. 11.7.2017 – 14 K 2825/16 E, juris.
11 BFH v. 16.6.2006 – III B 43/05, BFH/NV 2006, 2056.
12 BFH v. 7.3.1986 – III R 177/80, BStBl. II 1986, 554.
13 FG Münster v. 11.7.2017 – 14 K 2825/16 E, juris.
14 Vgl. BFH v. 11.7.1990 – III R 111/86, BStBl. II 1991, 62; v. 22.7.1988 – III R 253/83, BStBl. II 1988, 830; v. 15.10.1993 – III R 74/92, BFH/NV 1994, 315.
15 R 32.10 Abs. 3 EStR; vgl. auch BFH v. 6.4.1990 – III R 131/85, BStBl. II 1990, 885.
16 Insbes. BFH v. 22.7.1988 – III R 253/83, BStBl. II 1988, 830.
17 Vgl. zu § 23 Abs. 1 Nr. 1 BSHG: BFH v. 22.7.1988 – III R 253/83, BStBl. II 1988, 830.
18 Vgl. zum BSHG: BFH v. 22.7.1988 – III R 175/86, BStBl. II 1988, 939.
19 BFH v. 24.11.1994 – III R 37/93, BStBl. II 1995, 527.

Heimunterbringung verwendet werden, steht dies der Anrechnung gem. § 33a Abs. 1 S. 4 nicht entgegen.[1] Im Falle einer sozialhilferechtl. Bedarfsgemeinschaft wird eine einheitliche Unterhaltsleistung bei Zusammenleben mehrerer unterstützter Pers. in einem Haushalt nur anteilig angerechnet.[2]

22 **d) Ausbildungshilfen.** Die v. der unterhaltenen Pers. erhaltenen Ausbildungsbeihilfen, die aus öffentl. Mitteln stammen (Rn. 35), sind nach Abs. 1 S. 5 in vollem Umfang und damit ohne Berücksichtigung des anrechnungsfreien Betrags gegenzurechnen. Leistungen aus öffentl. Mitteln, die einen ausbildungsbedingten Sonderbedarf des unterhaltsberechtigten Kindes abdecken, den zu leisten die Eltern danach bürgerlich-rechtl. verpflichtet sind, mindern die Unterhaltsverpflichtungen v. Eltern und rechtfertigen daher die Kürzung des Abzugsbetrages nach Abs. 1. Nicht gerechtfertigt ist dagegen die Anrechnung v. Ausbildungshilfen für Maßnahmen, deren Kosten die Eltern aufgrund ihrer Unterhaltspflicht nicht zu tragen hätten; denn insoweit werden die Eltern nicht v. ihren Unterhaltspflichten entlastet.[3]

23 **4. Unterhaltsaufwendungen für nicht unbeschränkt steuerpflichtige Personen (Abs. 1 S. 6).** Bei nicht unbeschränkt stpfl. Pers. mit Wohnsitz im Ausland[4] richtet sich der Höchstbetrag der abziehbaren Unterhaltsaufwendungen nach den Verhältnissen des Wohnsitzstaates,[5] darf jedoch die Beträge des Abs. 1 S. 1, 2 und 5 nicht übersteigen. Die Frage der Unterhaltsverpflichtung richtet sich nach inländ. Maßstäben. Dies gilt auch im Fall einer Unterhaltspflicht nach ausländischem Recht, wenn die Unterhaltspflicht **nach internationalem Privatrecht im Inland verbindlich** ist.[6] Soweit die Unterhaltspflicht auf anderen Gründen beruht (zB sittliche Gründe), besteht keine Möglichkeit, die Leistungen abzuziehen.[7] Das verstößt weder gegen das Gebot der Besteuerung nach der Leistungsfähigkeit noch wird Art. 3 Abs. 1 iVm. Art. 6 Abs. 1 GG verletzt, denn die Beschränkung auf Unterhaltszahlungen nach inländ. Maßstäben ist aus Gründen der Praktikabilität und der Missbrauchsabwehr gerechtfertigt.[8] Außerdem ist auch bei im Ausland lebenden Angehörigen zu prüfen, ob der Angehörige nach dem bürgerlichen Recht verpflichtet ist, zunächst seine Arbeitskraft einzusetzen (sog. **Erwerbsobliegenheit**).[9] Erfüllt der Angehörige eine ihm zumutbare Erwerbsobliegenheit nicht, so ist er nicht unterhaltsberechtigt. Bei einer intakten Ehe oder Lebenspartnerschaft können die Ehegatten oder Lebenspartner aber ihre Lebensgemeinschaft auch so ausrichten, dass ein Partner sich auf den häuslichen Bereich beschränkt, sodass idR in diesen Fällen die Erwerbsobliegenheit nicht zu prüfen ist.[10] Die Verwaltung hat für die abziehbaren Höchstbeträge Verwaltungsvorschriften mit **Ländergruppeneinteilung** erlassen.[11] Die Ermittlung der Angemessenheit und Notwendigkeit von Unterhaltsleistungen an Unterhaltsempfänger im Ausland anhand des Pro-Kopf-Einkommens ist nicht zu beanstanden, weil die Lebensverhältnisse eines Staates dadurch realitätsgerecht abgebildet werden.[12] Diese Beträge sind für die Kürzung der abzugsfähigen Unterhaltsleistungen nach S. 5 grundsätzlich zu beachten, es sei denn, sie führen zu einer offensichtlich unzutreffenden Besteuerung.[13] Die Kürzungsregelung des S. 5 ist auch in Fällen anzuwenden, in denen sich die Unterhaltspflicht des StPfl. gem. den Kollisionsnormen des Internationalen Privatrechts allein nach deutschem Unterhaltsstatut richtet.[14] Der Unterhaltshöchstbetrag für Unterhaltsempfänger mit Wohnsitz im Ausland richtet sich auch dann nach den Verhältnissen des Wohnsitzstaates, wenn sich die Unterhaltsberechtigten vorübergehend zu Besuchen im Inland aufhalten.[15] Zu den besonderen Anforderungen an den Nachweis der Unterhaltsleistungen im Ausland s. Rn. 44f.

24 **5. Opfergrenze.** Unterhaltsleistungen werden nur insoweit als ag. Belastungen anerkannt, als sie in einem **angemessenen Verhältnis zum Nettoeinkommen** des Leistenden stehen und diesem nach Abzug der Unter-

1 BFH v. 26.3.2009 – VI R 60/08, BFH/NV 2009, 1418.
2 BFH v. 19.6.2002 – III R 28/99, BStBl. II 2002, 753.
3 BFH v. 4.12.2001 – III R 47/00, BStBl. II 2002, 195.
4 Ausf. zu Unterhaltsleistungen für Pers. im Ausland: BMF v. 7.6.2010, BStBl. I 2010, 588.
5 Gilt auch für im Ausland tätige Mitarbeiter des Goethe-Instituts (BFH v. 22.2.2006 – I R 60/05, BStBl. II 2007, 106).
6 BFH v. 27.7.2011 – VI R 13/10, BStBl. II 2011, 965; vgl. auch *K/S/M*, § 33a Rn. A 108.
7 BFH v. 4.7.2002 – III R 8/01, BStBl. II 2002, 760; v. 4.7.2002 – III R 53/98, BFH/NV 2003, 20; vgl. auch *Hettler*, DB 2003, 356; krit. *Paus*, DStZ 2003, 306.
8 BVerfG v. 24.5.2005 – 2 BvR 1683/02, FamRZ 2005, 1813; BFH v. 25.11.2010 – VI R 28/10, BStBl. II 2011, 283; v. 15.4.2015 – VI R 5/14, BStBl. II 2016, 148.
9 Dazu BFH v. 15.4.2015 – VI R 5/14, BStBl. II 2016, 148 und ausf. BMF v. 7.6.2010, BStBl. I 2010, 588 Tz. 8ff.
10 BFH v. 5.5.2010 – VI R 5/09, BStBl. II 2011, 115; v. 27.7.2011 – VI R 62/10, BFH/NV 2012, 170.
11 BMF v. 20.10.2016, BStBl. I 2016, 1183.
12 BFH v. 25.11.2010 – VI R 28/10, BStBl. II 2011, 283.
13 BFH v. 30.7.1982 – VI R 257/80, BStBl. II 1982, 779; v. 6.11.1987 – III R 164/85, BStBl. II 1988, 423; v. 22.4.1994 – III R 22/92, BStBl. II 1994, 887; v. 5.6.2003 – III R 10/02, BStBl. II 2002, 714; v. 22.2.2006 – I R 60/05, BStBl. II 2007, 106; v. 25.11.2010 – VI R 28/10, BStBl. II 2011, 283.
14 BFH v. 18.12.1996 – III B 71/95, BFH/NV 1997, 398.
15 BFH v. 5.6.2003 – III R 10/02, BStBl. II 2003, 714; krit. bei einem längerfristigen Aufenthalt im Inland: *Kanzler*, FR 2003, 975.

haltsleistungen noch die angemessenen Mittel zur Bestreitung des Lebensbedarfs für sich sowie ggf. für seine Ehefrau und seine Kinder verbleiben.[1] Diese sog. Opfergrenze entspricht dem Grundgedanken des Unterhaltsrechts, wonach eine gesetzliche Unterhaltspflicht nur dann besteht, wenn der Verpflichtete bei Berücksichtigung seiner sonstigen Verpflichtungen imstande ist, die Unterhaltsleistung ohne Gefährdung seines eigenen angemessenen Unterhalts zu erbringen (§§ 1602 ff. BGB).[2] Bei der Berechnung des verfügbaren Nettoeinkommens ist **bei Selbständigen**, deren Einkünfte naturgemäß stärkeren Schwankungen unterliegen, ein **Dreijahreszeitraum** zugrunde zulegen, wobei Steuerzahlungen grundsätzlich in dem Jahr abzuziehen sind, in dem sie gezahlt wurden.[3] Führen Steuerzahlungen für mehrere Jahre jedoch zu nicht unerheblichen Verzerrungen des unterhaltsrechtlich maßgeblichen Einkommens im Streitjahr, sind die im maßgeblichen Dreijahreszeitraum geleisteten durchschnittlichen Steuerzahlungen zu ermitteln und vom „Durchschnittseinkommen" des Streitjahres abzuziehen.[4] Die Opfergrenze ist auf Unterhaltsleistungen an den **in Haushaltsgemeinschaft lebenden nichtehelichen Partner nicht anzuwenden**, weil derjenige StPfl., der Einkünfte oder Bezüge bezieht gezwungen ist, daraus die größten Ausgaben wie Miete samt Nebenkosten, Nahrungsmittel und Kleidung für beide zu zahlen. In derartigen Fällen wäre es auch sittlich nicht zu billigen, den bedürftigen Partner, welchem mit Rücksicht auf die Unterhaltsleistungen öffentl. Mittel verweigert werden, nur unzureichend zu unterstützen.[5] Für die Ermittlung der maximal abziehbaren Unterhaltsaufwendungen sind die verfügbaren Nettoeinkommen des Unterhaltsleistenden und der unterhaltenen Person(en) zusammenzurechnen und dann nach Köpfen auf diese Personen zu verteilen.[6] Gehört allerdings der Haushaltsgemeinschaft ein unterhaltsberechtigtes Kind an, so sind die für die Unterhaltsleistung zur Verfügung stehenden Mittel um den Mindestunterhalt des Kindes (vgl. § 32 Abs. 6 S. 2) zu kürzen.[7] Die Opfergrenze stimmt nicht mit dem zivilrechtl. Selbstbehalt nach § 1581 BGB überein, den die Zivilgerichte als notwendigen Eigenbedarf in erster Linie für die Bemessung v. Unterhaltsansprüchen zw. Familienangehörigen festlegen.

25 Die Opfergrenze beträgt nach der vom BFH im Grundsatz gebilligten[8] Verwaltungsregelung[9] 1 % je volle 500 Euro[10] des Nettoeinkommens, höchstens 50 %. Dieser Satz ist um je 5 % für den Ehegatten und jedes Kind, für das der StPfl. einen Kinderfreibetrag, Kindergeld oder andere Leistungen für Kinder erhält, zu kürzen, höchstens um 25 %. Hat der StPfl. nur für einen Teil des Jahres Anspr. auf Freibeträge für Kinder nach § 32 Abs. 6, Kindergeld oder eine andere Leistung für Kinder (§ 65), ist dies bei der Berechnung der Opfergrenze durch eine monatsbezogene Kürzung der anzusetzenden kinderbezogenen 5 %-Pauschale zu berücksichtigen.[11] Bei Unterhaltsleistungen an Ehegatten und minderjährige Kinder ist die Opfergrenze nicht anzuwenden, weil der StPfl. mit ihnen gem. § 1603 Abs. 2 BGB alle ihm verfügbaren Mittel teilen muss.[12] Bei der Ermittlung des Nettoeinkommens sind alle stpfl. oder stfrei Einnahmen sowie etwaige Steuerstattungen zugrunde zu legen. Abzuziehen sind die gesetzlichen Lohnabzüge (LSt, KiSt., SolZ, Sozialabgaben) und WK. Werden keine (erhöhten) WK geltend gemacht, ist der **WK-PB gem. § 9a** abzuziehen. Dies gilt selbst dann, wenn der StPfl. keinerlei WK hatte.[13] Insoweit ist zu berücksichtigen, dass es sich bei der Berechnung der Opfergrenze um einen sehr groben typisierenden Maßstab handelt, der nur bei gravierenden Abweichungen im Einzelfall zu korrigieren ist. Für die Leistungsfähigkeit des Unterhaltsleistenden ist auf dessen tatsächliche Leistungsfähigkeit und damit auf dessen Vermögen abzustellen.[14] Daher sind steuerrechtl. zulässige Gewinnminderungen zu korrigieren, soweit kein tatsächlicher Mittelabfluss vorliegt. Dies gilt etwa für Rücklagen oder den in § 7g EStG geregelten Investitionsabzugsbetrag.[15] Demgegenüber sind Verluste aus privaten Veräußerungsgeschäften zu berücksichtigen.[16]

1 BFH v. 17.1.1984 – VI R 24/81, BStBl. II 1984, 522; v. 4.4.1986 – III R 245/83, BStBl. II 1986, 852.
2 BFH v. 6.2.2014 – VI R 34/12, BStBl. II 2014, 619; ausf. *K/S/M*, § 33a Rn. B 11 ff.
3 BFH v. 28.3.2012 – VI R 31/11, BStBl. II 2012, 269, mit Anm. *Kanzler*, FR 2012, 967.
4 BFH v. 28.4.2016 – VI R 21/15, BStBl. II 2016, 742.
5 BFH v. 29.5.2008 – III R 23/07, BStBl. II 2009, 363; v. 17.12.2009 –VI R 64/08, BStBl. II 2010, 343; BMF v. 7.6.2010, BStBl. I 2010, 582.
6 Generell zur Ermittlung der abziehbaren Unterhaltsaufwendungen bei einer Haushaltsgemeinschaft: BMF v. 7.6.2010, BStBl. I 2010, 582.
7 BFH v. 17.12.2009 –VI R 64/08, BStBl. II 2010, 343.
8 BFH v. 30.6.1989 – III R 149/85, BFH/NV 1990, 225; v. 4.4.1986 – III R 245/83, BStBl. II 1986, 852; v. 23.9.1986 – III R 246/83, BStBl. II 1987, 130; vgl. auch BFH v. 11.12.1997 – III R 214/94, BStBl. II 1998, 292.
9 R 33a. 1 Abs. 3 EStR.
10 Vgl. BMF v. 7.6.2010, BStBl. I 2010, 582, Tz. 11.
11 BFH v. 14.12.2016 – VI R 15/16, BStBl. II 2017, 454.
12 BFH v. 6.2.2014 – VI R 34/12, BStBl. II 2014, 619.
13 BFH v. 11.12.1997 – III R 214/94, BStBl. II 1998, 292.
14 BFH v. 11.12.1997 – III R 214/94, BStBl. II 1998, 292.
15 BFH v. 6.2.2014 – VI R 34/12, BStBl. II 2014, 619.
16 FG Berlin-Bdbg. v. 14.9.2011 – 14 K 8290/09, EFG 2012, 329.

IV. Mehrere Beteiligte. 1. Unterhaltsaufwendungen eines Steuerpflichtigen für mehrere Unterhaltsempfänger. Entstehen dem StPfl. Unterhaltsaufwendungen für mehrere Pers., so ist der abziehbare Betrag **für jede unterhaltene Pers. getrennt zu ermitteln**. Dies gilt auch, wenn die unterhaltenen Pers. in einem gemeinsamen Haushalt leben. Dem typisierenden Charakter des Abs. 1 entspricht es, an mehrere Unterhaltsempfänger einheitlich erbrachte Unterhaltsleistungen ohne Rücksicht auf einen etwaigen unterschiedlichen Unterhaltsbedarf des einzelnen Empfängers gleichmäßig nach Köpfen aufzuteilen.[1] Unerheblich ist, an welchen der unterhaltenen Pers. jeweils einzelne Teilbeträge überwiesen oder übergeben worden sind, da dies häufig zu sachlich nicht gerechtfertigten Differenzierungen und zufälligen Ergebnissen führen würde. In die Aufteilung sind auch die nicht unterhaltsberechtigten unterhaltenen Pers. mit einzubeziehen.[2] Unterstützt ein Steuerpflichtiger seine zusammen zur Einkommensteuer veranlagten Eltern sind für die Anwendung des § 33a Abs. 1 S. 3 deren Einkünfte zusammenzurechnen und ihnen zu gleichen Teilen zuzurechnen.[3] Erbringt ein StPfl. Unterhaltsleistungen an im gemeinsamem Haushalt lebende unterhaltsberechtigte Pers. und gehören zu der Haushaltsgemeinschaft auch Kinder, für die der StPfl. Anspr. auf Kindergeld hat, so kommt eine Steuerermäßigung für andere Pers. als die beim Kindergeld berücksichtigungsfähigen Kinder nur insoweit in Betracht, als die Unterhaltsleistungen des StPfl. insgesamt den Betrag des v. ihm empfangenen Kindergelds übersteigen.[4] 26

2. Unterhaltsaufwendungen für eine Person durch mehrere Steuerpflichtige (Abs. 1 S. 7). Leisten mehrere StPfl. die Aufwendungen für den Unterhalt und eine etwaige Berufsausbildung für dieselbe Pers., so ermäßigt sich nach Abs. 1 S. 7 für jeden StPfl. der abziehbare Betrag auf den Betrag, der seinem Anteil am Gesamtbetrag der Leistungen entspricht. Da durch diese Regelung sichergestellt werden soll, dass insgesamt keine höheren Aufwendungen geltend gemacht werden können als beim Unterhalt durch einen StPfl., ist die Kürzungsregelung **nur auf StPfl. anzuwenden, die die Voraussetzungen für eine Steuerermäßigung nach Abs. 1 erfüllen**. Der Unterhaltsleistende muss also zu den Aufwendungen nach § 33a Abs. 1 S. 1 zivilrechtl. verpflichtet oder nach § 33 Abs. 1 S. 3 einem zivilrechtl. Unterhaltsverpflichteten gleichgestellt sein; eine sittliche Unterhaltsverpflichtung reicht nicht aus.[5] Die Leistungen der anderen Pers. sind jedoch als Bezüge der unterhaltenen Pers. gegenzurechnen.[6] 27

V. Fremdwährungsbeträge (Abs. 1 S. 8). Mit dem AmtshilfeRLUmsG hat der Gesetzgeber die auf § 32 Abs. 4 S. 10 aF (bis zum StVereinfG 2011) beruhende **langjährige Verwaltungspraxis** gesetzlich in Abs. 1 S. 8 aufgenommen.[7] Nicht auf Euro lautende Beträge sind entspr. dem für Ende September des Jahres vor dem VZ v. der Europäischen Zentralbank bekannt gegebenen Referenzkurs umzurechnen. Der Zeitpunkt Ende September für die Festlegung des Umrechnungskurses hat sich in der Verwaltungspraxis seit Jahrzehnten bewährt.[8] 27a

VI. Angabe der Identifikationsnummer (Abs. 1 S. 9–11). Mit Wirkung vom VZ 2015[9] gilt als weitere Voraussetzung für den Abzug von Unterhaltsleistungen nach Abs. 1, dass bei unterhaltenen Personen, die unbeschränkt oder beschränkt stpfl. sind, deren Identifikationsnummer angegeben wird. Diese Regelung soll dem Missbrauch vorbeugen und dem effizienten Verwaltungsvollzug dienen.[10] Sie ist eine Spezialnorm zu § 160 AO.[11] Abs. 1 S. 9 statuiert zunächst die Verpflichtung, die Identifikationsnummer (§ 139b AO) anzugeben. Damit wird die **Identität der unterhaltenen Person** zweifelsfrei **festgestellt**. Ein entspr. Datenabgleich ermöglicht der FinVerw. eine wirksame Kontrolle und vermeidet damit die mehrfache Inanspruchnahme oder andere Umgehungsmöglichkeiten. Wird die Identifikationsnummer nicht angegeben, scheidet ein Abzug der Unterhaltsleistungen aus. Da das BZSt die Identifikationsnummer jedem StPfl. mitteilt (§ 139a AO), gilt die Verpflichtung zur Angabe dieser Nummer für alle unterhaltenen Personen, die der unbeschränkten oder beschränkten StPfl. unterliegen. Abs. 1 S. 10 verpflichtet die unterhaltene Person, ihre Identifikationsnummer dem Unterhaltsleistenden für diese Zwecke mitzuteilen. Da die Durchsetzung einer entspr. Verpflichtung langwierig sein kann, sieht Abs. 1 S. 11 vor, dass der Unterhaltsleistende berechtigt ist, die Identifikationsnummer der unterhaltenen Person zu erfragen, wenn der Unter- 27b

---

1 BFH v. 11.12.1997 – III R 214/94, BStBl. II 1998, 292.
2 BMF v. 7.6.2010, BStBl. I 2010, Tz. 12.
3 BFH v. 24.8.2011 – VI B 18/11, BFH/NV 2011, 2062.
4 BFH v. 11.11.1988 – III R 261/83, BStBl. II 1989, 278.
5 FG Sachs. v. 5.9.2017 – 3 K 1098/16, juris (Rev. VI R 43/17).
6 BFH v. 6.6.1986 – III R 212/81, BStBl. II 1986, 805; zum Unterhalt an im Ausland lebende Pers.: BMF v. 7.6.2010, BStBl. I 2010, 588 Tz. 19.
7 AmtshilfeRLUmsG v. 26.6.2013, BGBl. I 2013, 1809.
8 Vgl. BT-Drucks. 17/11220, 37 zum gescheiterten JStG 2013.
9 Eingefügt durch Art. 3 Nr. 4 des Kroatien-AnpG v. 25.7.2014, BGBl. I 2014, 1266 (1280).
10 BT-Drucks. 18/1529, 65.
11 Vgl. *K/S/M*, § 33a Rn. B 96.

haltene seiner Verpflichtung zur Angabe der Nummer nicht nachkommt. Dabei kommt der Gesetzgeber dem Unterhaltsleistenden entgegen, indem er diesen berechtigt, die Nummer bei der für ihn zuständigen Finanzbehörde zu erfragen. Da Identifikationsnummern eine StPfl. voraussetzen, versagt die Entlastungsfunktion der Angabepflicht bei Auslandssachverhalten weitgehend.[1]

C. Ausbildungsfreibetrag (Abs. 2)

28 **I. Sonderbedarfsfreibetrag.** Die seit dem VZ 2002 geltende Regelung des Abs. 2[2] bestimmt als ag. Belast. nur noch einen **Sonderbedarf** für die Ausbildung bei volljährigen Kindern, die sich in der **Berufsausbildung befinden und auswärtig untergebracht** sind. Das 2. FamFördG[3] anerkannte den Ausbildungsbedarf eines Kindes grds. in dem einheitlichen Freibetrag des § 32 Abs. 6, der sowohl den Aufwand für Betreuung, als auch für Erziehung oder Ausbildung berücksichtigen soll (§ 32 Rn. 26). Dabei ging der Gesetzgeber davon aus, dass der zunächst überwiegende Betreuungsbedarf im Laufe der Zeit durch den Erziehungsbedarf und für ältere Kinder durch den Ausbildungsbedarf überlagert oder abgelöst wird.[4] Der Abzug eines Ausbildungsfreibetrags außerhalb des Familienleistungsausgleichs ist daher nicht mehr erforderlich.[5] **Ab** dem **VZ 2012** findet **keine Anrechnung eigener Einkünfte und Bezüge des Kindes** beim Freibetrag nach § 33a Abs. 2 mehr statt; der bisherige S. 2 dieses Absatzes wurde durch das StVereinfG 2011[6] aufgehoben. Hintergrund ist der Wegfall der Einkünfte- und Bezügegrenze für volljährige Kinder beim Familienleistungsausgleich (§ 32 Abs. 4 S. 2). Der mit der Abschaffung der Anrechnung beim Familienleistungsausgleich verbundene Vereinfachungseffekt würde nicht zum Tragen kommen, wenn Eltern von auswärtig untergebrachten volljährigen Kindern in Berufsausbildung weiterhin die Einkünfte und Bezüge des Kindes in ihrer Einkommensteuererklärung angeben müssten.[7]

29 Voraussetzung für den Abzug des Sonderbedarfsfreibetrags gem. § 33a Abs. 2 ist, dass es sich um ein **volljähriges**[8] **Kind** handelt, dass sich in der Berufsausbildung befindet, auswärtig untergebracht ist und für das Anspr. auf einen Freibetrag nach § 32 Abs. 6 oder Kindergeld besteht. Der Begriff der **Berufsausbildung** entspricht demjenigen in § 32 Abs. 4 (vgl. auch Rn. 9; § 32 Rn. 12). Zur Berufsausbildung gehört auch die gesamte Schulausbildung.[9] Ein Ausbildungsfreibetrag kann **nur für die Zeiten** abgezogen werden, in denen sich das **Kind tatsächlich in der Berufsausbildung** befindet. Dabei rechnen zu den Ausbildungszeiten auch die **unterrichts- und vorlesungsfreie Zeit** sowie unvermeidliche kurzfristige Unterbrechungen der Ausbildung zB durch Krankheit. Zum Ausbildungszeitraum gehören auch Zeiten zw. zwei innerlich zusammenhängenden, aufeinander aufbauenden Ausbildungen, insbes. die Zeit zw. einer Schulausbildung und einem Studium, einer Lehre oder einer sonstigen alsbald nachfolgenden und die schulische Allgemeinbildung berufsbezogen ergänzenden Ausbildung.[10] Die FinVerw. erkannte früher in diesen Fällen bei entspr. Antrag **Übergangszeiten zw. zwei Ausbildungsabschnitten** v. nicht mehr als vier Monaten an.[11]

30 Eine **auswärtige Unterbringung** setzt voraus, dass das Kind sowohl räumlich als auch hauswirtschaftlich aus dem Haushalt der Eltern ausgegliedert ist. Bei dauernd getrennt lebenden oder geschiedenen Ehegatten oder früheren Lebenspartnern ist eine auswärtige Unterbringung nur gegeben, wenn das Kind aus dem Haushalt beider Elternteile ausgegliedert ist.[12] Dies gilt auch, wenn das Kind im ausländ. Familienhaushalt wohnt.[13] Eine **räumliche Ausgliederung** hat auch nicht stattgefunden, wenn das Kind wochentags bei der nur 400 bis 500m entfernt wohnenden Großmutter untergebracht ist.[14] Eine auswärtige Unter-

---

1 Vgl. *K/S/M*, § 33a Rn. B 98.
2 Zu dem bis VZ 2001 geltenden Ausbildungsfreibetrag s. die Kommentierungen in den Vorauflagen und in älteren Kommentaren.
3 V. 16.8.2001, BGBl. I 2001, 2074.
4 BT-Drucks. 14/6160, 13.
5 Zur Verfassungsmäßigkeit der Kürzung durch das 2. FamFördG: BFH v. 29.9.2008 – III B 115/07, BFH/NV 2009, 147; die hiergegen gerichtete Verfassungsbeschwerde hat das BVerfG mit Beschl. v. 23.10.2012 (2 BvR 451/11) nicht zur Entsch. angenommen, sodass die ESt insoweit nicht mehr vorläufig festgesetzt wird (BMF v. 25.2.2013, BStBl. I 2013, 195).
6 G v. 1.11.2011, BGBl. 2011, 2131 (2134).
7 BT-Drucks. 17/5125, 42.
8 Die Differenzierung nach der Volljährigkeit begegnet keinen verfassungsrechtlichen Bedenken: vgl. FG RhPf. v. 27.3.2018 – 3 K 1651/16, EFG 2018, 1269 (Rev. VI R 20/18); FG Berlin-Bdbg. v. 25.3.2009 – 2 K 1797/05, EFG 2010, 1118; FG Köln v. 18.3.2009 – 7 K 2854/08, EFG 2010, 1234.
9 BFH v. 17.4.1997 – III B 216/96, BStBl. II 1997, 752.
10 BFH v. 18.12.1996 – III R 207/94, BStBl. II 1997, 430.
11 R 191 Abs. 2 S. 5 EStR 2003; R 32.6 EStH 2012 ist zurzeit unbesetzt.
12 BFH v. 5.2.1988 – III R 21/87, BStBl. II 1988, 579; v. 24.4.1986 – III R 179/80, BStBl. II 1986, 836.
13 BFH v. 8.6.1990 – III R 107/88, BStBl. II 1990, 898.
14 BFH v. 6.11.1987 – III R 259/83, BStBl. II 1988, 138.

bringung kann jedoch in einer Ganztagespflegestelle,[1] in einer weiteren Wohnung des StPfl.,[2] in einer Wohnung des Kindes[3] oder in einer Ehegattenwohnung[4] bestehen.

Die auswärtige Unterbringung setzt ein auswärtiges Wohnen v. gewisser **Dauerhaftigkeit** voraus.[5] Diese Voraussetzung ist nur bei einer Unterbringung gegeben, die darauf angelegt ist, die räumliche Selbständigkeit des Kindes während einer ganzen Ausbildung oder während eines bestimmten Ausbildungsabschnitts wie zB eines Studiensemesters oder Studientrimesters zu gewährleisten. Ein während des Studiums in den Semesterferien abgeleistetes sechswöchiges **Praktikum**[6] oder ein dreiwöchiger **Sprachkursus** im Ausland[7] genügt nicht. Andererseits wird durch einen besuchsweisen Aufenthalt bei den Eltern während der Ferien weder die Ausbildung noch die auswärtige Unterbringung unterbrochen.[8] Die auswärtige Unterbringung gem. § 33a Abs. 2 und die Haushaltszugehörigkeit nach § 34f Abs. 2 schließen einander nicht grds. aus.[9] 31

Der Sonderbedarfsfreibetrag gem. § 33a Abs. 2 kann nur abgezogen werden, wenn der StPfl. **Anspr. auf einen Freibetrag gem. § 32 Abs. 6 oder Kindergeld** hat. Daher kann idR auch der für das Kindergeld nicht anspruchsberechtigte Elternteil den Freibetrag abziehen, da grds. jeder Elternteil jeweils einen halben Freibetrag iSd. § 32 erhält (§ 32 Rn. 26; zur Aufteilung s. Rn. 35). **Stiefeltern oder Großeltern** können ebenfalls den Freibetrag geltend machen, wenn sie entweder Kindergeld erhalten oder der Freibetrag nach § 32 Abs. 6 S. 8 auf sie übertragen worden ist.[10] Ein StPfl. kann den Freibetrag gem. § 33a Abs. 2 für die Monate abziehen, in denen er Kindergeld oder einen Freibetrag nach § 32 Abs. 6 erhält. Aus der Anknüpfung an Kindergeld und die Freibeträge nach § 32 Abs. 6 folgt, dass sich der Freibetrag nach § 33a Abs. 2 und ein Abzug v. Unterhaltsaufwendungen nach § 33a Abs. 1 für denselben Zeitraum gegenseitig ausschließen. 32

Die Höhe des Sonderfreibetrags gem. Abs. 2 beträgt 924 Euro. Der tatsächliche Sonderbedarf für die auswärtige Unterbringung eines volljährigen Kindes in der Berufsausbildung wird mit diesem Betrag iHv. 77 Euro monatlich nicht realitätsgerecht berücksichtigt. Hinzu kommt, dass der früher in Abs. 2 S. 1 Nr. 1 aF berücksichtigte Aufwand für die auswärtige Unterbringung minderjähriger Kinder nicht mehr als besondere Belastung anerkannt wird. Selbst wenn der einheitliche Betreuungs-, Erziehungs- und Ausbildungsfreibetrag gem. § 32 Abs. 6, der sich an der Höhe des bisherigen höchstmöglichen Ausbildungsfreibetrags orientiert,[11] den Gesamtaufwand abdeckt, wird in der Literatur geltend gemacht, dass die horizontale Steuergleichheit verletzt sei.[12] Bei der Förderung der Ausbildung v. Kindern hat der Gesetzgeber jedoch jenseits des Existenzminimums, das durch Kinderfreibetrag und Kindergeld gesichert ist, einen weiten Ermessensspielraum, sodass der Abzugsbetrag auch bei Aufwendungen für ein Auslandsstudium nicht erhöht werden muss.[13] 33

II. Auslandskinder. Für ein nicht unbeschränkt stpfl. Kind mindert sich gem. Abs. 2 S. 2 (bis VZ 2011 Abs. 2 S. 3) sowohl der Freibetrag gem. Abs. 2 als auch der anrechnungsfreie Betrag entspr. Abs. 1 S. 5. Die in der Ländergruppeneinteilung festgelegten Beträge (Rn. 23) sind um ein oder zwei Drittel zu ermäßigen. Ausländ Kinder, die während des Schulbesuches bei Verwandten im Heimatland der Eltern wohnen, sind grds. nicht unbeschränkt stpfl. Das gilt auch, wenn sie sich während der Ferien bei den Eltern im Inland aufhalten.[14] 34

III. Aufteilung des Freibetrags. Abs. 2 S. 3 (bis VZ 2011 Abs. 2 S. 4) stellt sicher, dass der Freibetrag gem. Abs. 2 nur einmal gewährt wird, wenn mehrere StPfl. sämtliche Voraussetzungen für die Inanspruchnahme erfüllen. Die Aufteilung bei mehreren Berechtigten ist in Abs. 2 S. 4 und S. 5 (bis VZ 2011 Abs. 2 35

1 BFH v. 26.5.1971 – VI R 203/68, BStBl. II 1971, 627.
2 BFH v. 26.1.1994 – X R 94/91, BStBl. II 1994, 544.
3 FG Düss. v. 4.3.1993 – 14 K 1457/91 E, EFG 1993, 663.
4 BFH v. 8.2.1974 – VI R 322/69, BStBl. II 1974, 299.
5 BFH v. 5.11.1982 – VI R 47/79, BStBl. II 1983, 109; v. 25.3.1983 – VI R 188/81, BStBl. II 1983, 457; v. 6.11.1987 – III R 259/83, BStBl. II 1988, 138; v. 29.9.1989 – III R 304/84, BStBl. II 1990, 62.
6 BFH v. 20.5.1994 – III R 25/93, BStBl. II 1994, 699.
7 BFH v. 29.9.1989 – III R 304/84, BStBl. II 1990, 62; Anschluss an BFH v. 25.3.1983 – VI R 188/81, BStBl. II 1983, 457.
8 BFH v. 22.4.1994 – III R 22/92, BStBl. II 1994, 887.
9 BFH v. 15.7.1998 – X B 107/97, BFH/NV 1999, 39.
10 So auch *Schmidt*[37], § 33a Rn. 45.
11 BT-Drucks. 14/6160, 13.
12 *Kanzler*, FR 2001, 921 (938); *Hölscheidt* hält den Ausbildungsfreibetrag für verfassungswidrig, weil er das sub. Nettoprinzip verletzt: *Hölscheidt*, NWB 2011, 1782; vgl. aber BFH v. 17.12.2009 – VI R 63/08, BStBl. II 2010, 341, wonach eine isolierte Betrachtung der Verfassungsmäßigkeit dieser Regelung ausscheidet.
13 BFH v. 21.2.2008 – III B 56/07, BFH/NV 2008, 951; v. 17.12.2009 – VI R 63/08, BStBl. II 2010, 341; v. 25.11.2010 – III R 111/07, BStBl. II 2011, 281 (Verfassungsbeschwerde nicht zur Entsch. angenommen: BVerfG v. 23.10.2012 – 2 BvR 451/11, juris); v. 27.7.2017 – III R 1/09, BStBl. II 2018, 96.
14 BFH v. 27.4.1995 – III R 57/93, BFH/NV 1995, 967; v. 22.4.1994 – III R 22/92, BStBl. II 1994, 887.

S. 5 und S. 6) geregelt. Wird der Kinderfreibetrag nach § 32 Abs. 6 S. 7 auf den anderen Elternteil übertragen (§ 32 Rn. 28), kommt es nicht zur Aufteilung, weil es nur einen Berechtigten gibt, der den Freibetrag gem. § 33a Abs. 2 in vollem Umfang in Anspr. nehmen kann. Zusammenveranlagte Ehegatten (§ 26b) oder Lebenspartner (vgl. § 2 Abs. 8) erhalten den Freibetrag gemeinsam. Wählen verheiratete zusammenlebende Ehegatten oder Lebenspartner die **getrennte Veranlagung**, wird der Freibetrag gem. § 33a Abs. 2 **hälftig** gewährt, wenn die Ehegatten oder Lebenspartner nicht gemeinsam eine andere Aufteilung beantragen (§ 26 Abs. 2 S. 1); bei der besonderen Veranlagung nach § 26c dürfte bis VZ 2000 hälftig aufgeteilt werden; mangels ausdrücklicher Regelung durfte ab diesem Zeitpunkt bis zum VZ 2012 auch eine anderweitige Aufteilung beantragt werden.[1]

36 Seit dem 1. FamFördG ist mit Wirkung vom VZ 2000 die Aufteilung des Freibetrags erheblich vereinfacht worden. Nach Abs. 2 S. 4 (bis VZ 2011 Abs. 2 S. 5) steht der Freibetrag jedem Elternteil grds. zur Hälfte zu. Durch die Einführung des eigenständig übertragbaren Betreuungsfreibetrages ist es jedoch möglich, dass **mehr als zwei StPfl.** die Voraussetzungen für einen Freibetrag gem. Abs. 2 erfüllen. In diesen Fällen ist der Freibetrag anteilig auf die Berechtigten aufzuteilen. Dabei kann die bis zum VZ 1999 geltende Regelung[2] zugrunde gelegt werden. Nach der seit VZ 2000 geltenden Neuregelung[3] des Abs. 2 S. 5 ist auf **gemeinsamen Antrag der Eltern** eine **andere Aufteilung** möglich. Die Eltern können danach den Ausbildungsfreibetrag beliebig aufteilen. Steht den Eltern für mehrere Kinder jeweils ein Ausbildungsfreibetrag zu, können die Freibeträge für jedes Kind gesondert aufgeteilt werden. Die Übertragung des (hälftigen) Ausbildungsfreibetrags kann auch zivilrechtl. beansprucht werden kann, wenn der abgebende Elternteil dadurch keine stl. Nachteile erleidet.[4] Bei mehr als zwei Berechtigten ist eine Aufteilung nur dann möglich, wenn sämtliche Berechtigte dies gemeinsam beantragen.

37 **IV. Bis VZ 2011: Kürzung des Freibetrags. 1. Anrechnung eigener Einkünfte oder Bezüge des Kindes und von Ausbildungszuschüssen aus öffentlichen Mitteln (§ 33a Abs. 2 S. 2 aF). Bis einschl. VZ 2011** mindert sich der Freibetrag jeweils um die eigenen Einkünfte und Bezüge des Kindes iSd. § 32 Abs. 4 S. 2 und 4 aF, soweit diese insgesamt 1 848 Euro im Kj. übersteigen.[5] **Ab dem VZ 2012** findet **keine Anrechnung von Einkünften und Bezügen** des Kindes mehr statt (s. Rn. 28). Die **Vermögenslage des Kindes** ist anders als in Abs. 1 S. 3 **unbeachtlich**. Zu den Einkünften und Bezügen s. Rn. 18. **Unterhaltsleistungen** etwa in Form der Gewährung v. Wohnung, Essen, Dienst- und Geldleistungen, die einem in Berufsausbildung stehenden Kind v. seinem Ehegatten oder Lebenspartner gewährt werden, gehören unabhängig v. zivilrechtl. Unterhaltsansprüchen[6] zu den anrechenbaren eigenen Bezügen des Ehepartners oder Lebenspartners, die zur Bestreitung seines Unterhalts oder seiner Berufsausbildung geeignet sind.[7] Eine Anrechnung kommt nur für solche Bezüge in Betracht, die das Kind v. seinem Ehegatten oder Lebenspartner für Zeiträume nach der Eheschließung oder Eintragung der Lebenspartnerschaft v. diesem tatsächlich erhalten hat.[8]

38 **2. Ausbildungszuschüsse aus öffentlichen Mitteln.** Ebenfalls **bis VZ 2011** werden Ausbildungshilfen aus öffentl. Mitteln oder Zuschüsse v. Fördereinrichtungen, die hierfür öffentl. Mittel erhalten, in voller Höhe auf den Freibetrag gem. Abs. 2 S. 1 angerechnet (Grundsatz der Vollanrechnung).[9] Diese **Anrechnung entfällt ab VZ 2012**. Zu den Ausbildungshilfen zählen Zuschüsse (nicht Darlehen) nach dem BAföG[10], Ausbildungsgelder nach dem AFG oder Zuschüsse v. den Stiftungen der politischen Parteien. Eine Anrechnung v. Ausbildungshilfen ist jedoch dann nicht gerechtfertigt, wenn diese die Unterhaltsverpflichtungen der Eltern ggü. dem Kind nicht mindert (zB Übernahme der Studiengebühren an einer ausländ. Hochschule)[11] oder der Zweck der Ausbildungsbeihilfe einer Anrechnung entgegensteht (zB Belohnung bestimmter Leistungen).[12] Die Leistungen mindern nur den Ausbildungsfreibetrag des jeweiligen Zeitraumes, für den sie

1 *Schmidt*[37], § 33a Rn. 52; *Blümich*, § 33a Rn. 330.
2 Dazu *K/S/M*, § 33a Rn. D 73 ff.
3 Bis VZ 1999 galt eine komplizierte Aufteilungsregelung (s. 1. Aufl. Rn. 64 aE).
4 BFH v. 27.2.2007 – III B 90/05, BFH/NV 2007, 1119.
5 Zur verfassungskonformen Auslegung v. § 32 Abs. 4 S. 2 s. BVerfG v. 11.1.2005 – 2 BvR 167/02, BVerfGE 112, 164.
6 BFH v. 6.10.1998 – III B 89/97, BFH/NV 1999, 462; *K/S/M*, § 33a Rn. D 56.
7 BFH v. 6.10.1998 – III B 89/97, BFH/NV 1999, 462; v. 7.3.1986 – III R 177/80, BStBl. II 1986, 554; v. 6.6.1986 – III R 260/83, BStBl. II 1986, 840; v. 6.6.1986 – III R 211/81, BFH/NV 1986, 660; v. 6.6.1986 – III R 311/84, BFH/NV 1986, 730.
8 BFH v. 6.6.1986 – III R 260/83, BStBl. II 1986, 840; v. 23.4.1993 – III R 28/91, BFH/NV 1993, 598.
9 BFH v. 7.3.2002 – III R 22/01, BStBl. II 2002, 802.
10 Ausf. *Lehmann*, FR 2009, 466, der eine Berücksichtigung des BAföG weder als Ausbildungshilfe noch als Bezüge anerkennt, weil BAföG-Zahlungen lediglich die unzureichenden Unterhaltszahlungen der Eltern ergänzten.
11 FG SachsAnh. v. 29.10.2003 – 2 K 143/01, EFG 2004, 906.
12 BFH v. 17.10.2001 – III R 3/01, BStBl. II 2002, 793.

geleistet wurden.[1] Treffen Ausbildungshilfen mit negativen Einkünften oder Bezügen zusammen, findet idR keine Verrechnung statt.[2] Eine Anrechnung öffentl. Ausbildungshilfen ist lediglich dann nicht gerechtfertigt, wenn sie zum einen für Maßnahmen geleistet werden, deren Kosten die Eltern aufgrund ihrer bürgerlich-rechtl. Unterhaltsverpflichtung gem. § 1610 Abs. 1 und 2 BGB nicht zu tragen hätten; denn in diesem Falle werden die Eltern nicht v. ihrer Unterhaltspflicht entlastet. Zum anderen unterbleibt eine Anrechnung, wenn die Ausbildungshilfe eine besondere Leistung des Auszubildenden belohnen soll oder die Anrechnung mit dem besonderen Förderungszweck – wie bei Auslandsstipendien – unvereinbar wäre.[3]

D. Zeitanteilige Ermäßigung (Abs. 3)

I. Zeitweiliges Nichtvorliegen der Voraussetzungen der Abs. 1 und 2. Liegen die Voraussetzung für die Steuerermäßigung der Abs. 1 und 2 einschl. der anrechnungsfreien Beträge (Abs. 1 S. 4 und Abs. 2 S. 2) nur zeitweise vor, ordnet Abs. 3 S. 1 eine **Kürzung entspr. dem Monatsprinzip** an.[4] Die jeweiligen Beträge (Höchstbeträge, Ausbildungsfreibetrag und anrechnungsfreie Beträge) ermäßigen sich um ein Zwölftel für jeden vollen Kalendermonat, in dem die Tatbestandsvoraussetzungen nicht vorgelegen haben. Keine Kürzung findet daher statt, wenn die Voraussetzungen auch nur an einem Tag im jeweiligen Monat vorgelegen haben. Besteht in einem Kj. ein Anspr. auf Höchstbeträge oder Ausbildungsfreibeträge in unterschiedlicher Höhe zB weil die Altersgrenze überschritten wird, ist ab dem Monat, in dem sich die Änderung ergeben hat, der jeweils höhere Betrag anzusetzen.[5] 39

II. Berücksichtigung eigener Einkünfte und Bezüge bei zeitanteiliger Ermäßigung. Abs. 3 S. 2 regelt die Berücksichtigung eigener Einkünfte und Bezüge bei zeitanteiliger Ermäßigung. Da bis zum VZ 2011 die eigenen Einkünfte und Bezüge iRd. Familienleistungsausgleichs berücksichtigt wurden, sah Abs. 3 S. 2 aF vor, dass eigene Einkünfte und Bezüge nur dann anzurechnen waren, soweit sie auf Monate entfielen, für die die Steuerermäßigung nach Abs. 1 oder der Ausbildungsfreibetrag in Betracht kamen, und soweit sie den anteiligen anrechnungsfreien Betrag überstiegen.[6] Da seit dem StVereinfG 2011[7] die Einkünfte- und Bezügegrenze für volljährige Kinder im Familienleistungsausgleich entfallen ist, bedarf es keiner entspr. Kürzung bei der zeitanteiligen Ermäßigung der Beträge. Durch das Kroatien-AnpG[8] wurde Abs. 3 S. 2 an diese Gesetzeslage angepasst.[9] Danach vermindern eigene Einkünfte und Bezüge der nach Abs. 1 unterhaltenen Person, die auf diese Kalendermonate entfallen, den nach S. 1 ermäßigten Höchstbetrag nicht. 40

III. Anrechnung von Ausbildungshilfen. Nach Abs. 3 S. 3 mindern als Ausbildungsbeihilfen bezogene Zuschüsse die zeitanteiligen Höchstbeträge und Freibeträge nur für die Kalendermonate, für die sie bestimmt sind. Die Regelung ist nicht auf Zuschüsse aus öffentl. Mitteln beschränkt, sodass **auch private Zuschüsse**, die als Bezüge anzurechnen sind, entspr. ihrer Zweckbestimmung berücksichtigt werden. Bis VZ 2011 waren in den Fällen, in denen die unterhaltene Pers. oder das in der Berufsausbildung befindliche Kind sowohl eigene Einkünfte und/oder Bezüge als auch Ausbildungszuschüsse erhalten hat, zunächst die eigenen Einkünfte und Bezüge und sodann die Zuschüsse zeitanteilig entspr. ihrer Zweckbestimmung anzurechnen. Die Neufassung des Abs. 3 S. 3[10] berücksichtigt, dass eigene Einkünfte und Bezüge nicht mehr zu berücksichtigen sind. 41

E. Verhältnis zu § 33 (Abs. 4)

Abs. 4 stellt klar, dass für die in Abs. 1 und Abs. 2 geregelten Aufwendungen eine Steuerermäßigung weder anstelle noch über die Grenzen des § 33a hinaus nach § 33 in Anspr. genommen werden kann.[11] Selbst bei Annahme einer sittlichen Verpflichtung können Unterhaltsaufwendungen auch nicht nach § 33 berücksichtigt werden.[12] In diesen Fällen kann dies zu einer unterschiedlichen steuerrechtl. Behandlung v. (nicht abziehbaren) lfd. typischen Unterhaltsaufwendungen und anderen ag Aufwendungen, wie zB Krankheitskosten, die in den Grenzen des § 33 abziehbar sind, führen. Allerdings schließt § 33a Abs. 4 die Anwen- 42

1 BFH v. 7.8.1992 – III R 45/89, BStBl. II 1992, 1023; v. 18.5.2006 – III R 5/05, BStBl. II 2008, 354 (zu Auslandsstudium).
2 BFH v. 7.3.2002 – III R 22/01, BStBl. II 2002, 802.
3 BFH v. 7.3.2002 – III R 22/01, BStBl. II 2002, 802.
4 BFH v. 25.4.2018 – VI R 35/16, BStBl. II 2018, 643.
5 R 33a.4 Abs. 1 EStR.
6 Vgl. ausf. die Kommentierung in den Voraufl.
7 G v. 1.1.2011, BGBl. I 2011, 2131 = BStBl. I 2011, 986.
8 G v. 25.7.2014, BGBl. I 2014, 1266 (1269).
9 BT-Drucks. 18/1529, 55.
10 Geändert durch das Kroatien-AnpG v. 25.7.2014, BGBl. I 2014, 1266 (1269).
11 BFH v. 26.3.2009 – VI R 60/08, BFH/NV 2009, 1418; kein Wahlrecht.
12 BFH v. 23.10.2002 – III R 57/99, BStBl. II 2003, 187.

dung des § 33 nicht aus, wenn einem StPfl. durch außergewöhnliche Umstände zusätzliche, durch die Pauschalregelungen des § 33a nicht abgegoltene besondere Aufwendungen entstehen (s. auch Rn. 7).[1] Das kann insbes. bei **Krankheitskosten** der Fall sein.[2] Zu den gem. § 33 abziehbaren Kosten gehören bei einer krankheitsbedingten Unterbringung in einem Pflegeheim auch die Kosten die auf Unterbringung und Verpflegung entfallen, soweit es sich hierbei um ggü. der normalen Lebensführung entstehende Mehrkosten handelt (§ 33 Rn. 4). Allerdings kommt eine Aufteilung derartiger Kosten in Unterhaltskosten iSv. § 33a und Krankheitskosten iSv. § 33 nicht in Betracht.[3] Stehen krankheitshalber getragene Unterbringungskosten aufgrund der Größe des Appartements in einem offensichtlichen Missverhältnis zu dem medizinisch indizierten Aufwand, sind die Aufwendungen nur iHd. Üblichen als ag. Belastung zu berücksichtigen.[4] Wird ein Schüler aus Krankheitsgründen in einem Internat untergebracht, findet ebenfalls § 33 Anwendung (§ 33 Rn. 51 „auswärtige Unterbringung").[5] Daneben kann ein Ausbildungsfreibetrag wegen auswärtiger Unterbringung gem. § 33a Abs. 2 nicht gewährt werden.[6] In Ausnahmefällen, wenn dem StPfl. durch außergewöhnliche Umstände zusätzliche, durch die Pauschbeträge des § 33a Abs. 2 und § 32 Abs. 6 sowie durch das Kindergeld nicht abgegoltene besondere Aufwendungen entstehen, kann er diese aber neben dem Freibetrag des § 33a Abs. 2 geltend machen. Hierzu können Kfz.-Kosten außerordentlich gehbehinderter Pers. gehören.[7] § 33a Abs. 4 betrifft nur die in § 33a geregelten Aufwendungen.

F. Verfahren

43 Die Inanspruchnahme der Steuerermäßigung der Abs. 1 und 2 setzt einen (ggf. auch stillschweigenden) **Antrag** des StPfl. voraus. Ab VZ 2015 ist für Unterhaltsleistungen nach Abs. 1 an Personen, die der unbeschränkten oder beschränkten StPfl. unterliegen, weitere Voraussetzung, dass die Identifikationsnummer angegeben wird (Rn. 27b). Hat der StPfl. im Formular für die ESt-Erklärung in der „Anlage Kinder" die Geburtsdaten, das erhaltene Kindergeld, die Zeiten der Berufsausbildung und die Bruttoarbeitslöhne der Kinder angegeben, handelt es sich um einen konkludenten Antrag v. Ausbildungsfreibeträgen.[8] Der Antrag ist nicht fristgebunden[9] und kann auch noch nach Bestandskraft des ESt-Bescheides nachgeholt werden.[10] Die Finanzbehörden haben einen entspr. Antrag oder dessen Berichtigung anzuregen, wenn dieser offensichtlich nur versehentlich oder aus Unkenntnis unterblieben oder unrichtig gestellt worden ist (§ 89 AO).

44 Für die Tatsachen, die die Steuerermäßigung des § 33a begründen, trägt der StPfl. die objektive Beweislast (**Feststellungslast**). Der Abzug v. Unterhaltsaufwendungen setzt insbes. den Nachweis der entspr. Zahlungen durch den StPfl. voraus. Welche Beweismittel zum Nachweis des Sachverhalts erforderlich sind, richtet sich nach den Umständen des Einzelfalls.[11] IdR ist der Unterhaltsaufwand durch Zahlungsbelege nachzuweisen, die die unterhaltene Pers. als Empfänger ausweisen. Gehört die unterhaltene Pers. zum Haushalt des StPfl., so ist regelmäßig davon auszugehen, dass Aufwendungen in Höhe des Höchstbetrages entstanden sind.[12] Leben mehrere unterstützte Personen in einem Haushalt, ist nicht allein entscheidend, an welchen Angehörigen Beträge überwiesen oder übergeben wurden; vielmehr sind die Leistungen dann nach allgemeinen Maßstäben aufzuteilen.[13] Handelt es sich dabei um **Sachverhalte im Ausland**, besteht eine **erhöhte Mitwirkungspflicht** des StPfl. (vgl. § 90 Abs. 2 AO). Für ag. Belast. in Form v. Unterstützungszahlungen an im Ausland lebende Angehörige fordert die Finanzverwaltung erstens deren Bedürftigkeit durch amtliche Bescheinigung auf dafür vorgesehenem Formular (Unterhaltserklärungen)[14] oder mittels gleichwertiger detaillierter Angaben und zweitens die einzelnen Zahlungen an die jeweiligen Angehörigen nachzuweisen.[15] Bei **bestehender Ehe-**

1 BFH v. 18.6.1997 – III R 60/96, BFH/NV 1997, 755.
2 BFH v. 14.1.2013 – VI R 20/12, BStBl. II 2014, 456; v. 24.2.2000 – III R 80/97, BStBl. II 2000, 294; v. 11.7.1990 – III R 111/86, BStBl. II 1991, 62; *K/S/M*, § 33a Rn. A 24; der PB nach § 33a Abs. 2 S. 2 Nr. 2 aF konnte daneben nicht geltend gemacht werden: BFH v. 15.4.2010 – VI R 51/09, BStBl. II 2010, 794.
3 BFH v. 30.6.2011 – VI R 14/10, BStBl. II 2012, 876.
4 FG Düss. v. 5.4.2016 – 10 K 1080/14 E, EFG 2016, 911.
5 BFH v. 18.4.1990 – III R 160/86, BStBl. II 1990, 962; v. 11.7.1990 – III R 111/86, BStBl. II 1991, 62; v. 17.4.1997 – III B 216/96, BStBl. II 1997, 752.
6 BFH v. 26.6.1992 – III R 83/91, BStBl. II 1993, 212; v. 26.6.1992 – III R 8/91, BStBl. II 1993, 278.
7 BFH v. 13.12.2001 – III R 6/99, BStBl. II 2002, 198.
8 BFH v. 30.10.2003 – III R 24/02, BStBl. II 2004, 394 (Wiedereinsetzung möglich, wenn das FA derartige Anträge übergeht).
9 BFH v. 21.7.1989 – III R 303/84, BStBl. II 1989, 960.
10 BFH v. 9.10.1992 – III R 72/91, BFH/NV 1994, 217 (zu Abs. 2).
11 BFH v. 25.3.2009 – VI B 152/08, BFH/NV 2009, 932.
12 R 33a.1 Abs. 1 S. 5 EStR.
13 BFH v. 25.3.2009 – VI B 152/08, BFH/NV 2009, 932.
14 Abrufbar auf der Seite des BMF (www.bundesfinanzministerium.de) in den gängigsten Sprachen.
15 BMF v. 7.6.2010, BStBl. I 2010, 588 Tz. 3 ff.; dazu BFH v. 7.5.2015 – VI R 32/14, BFH/NV 2015, 1248.

gemeinschaft oder Lebenspartnerschaft ist bei Unterhaltszahlungen an den im Ausland lebenden Partner nach der Rechtsprechung des BFH jedoch weder die Bedürftigkeit noch die sog. Erwerbsobliegenheit des Partners zu prüfen.[1] Alle im amtlichen Vordruck über die Unterhaltsbedürftigkeit der unterstützten Pers. gestellten Fragen sind vollständig und detailliert zu beantworten.[2] Da die Erfüllung der erhöhten Mitwirkungspflichten erforderlich, möglich, zumutbar und verhältnismäßig sein muss, können hinsichtlich der Beschaffung amtlicher Bescheinigungen aus Krisengebieten Beweiserleichterungen in Betracht kommen. Hierfür kommen auch Zeugenaussagen in Betracht; handelt es sich bei dem Zeugen jedoch um einen nahen Angehörigen des StPfl., muss die Glaubhaftigkeit der Zeugenaussage zur Überzeugung des FG feststehen.[3]

An den Nachweis der Zahlungen sind höhere Anforderungen als bei Zahlungen im Inland zu stellen und regelmäßig nur sichere und leicht nachprüfbare – soweit möglich inländ. – Beweismittel zuzulassen.[4] Allein die Vorlage ausländ. Bankbescheinigungen zB über die regelmäßige Abhebung bestimmter Beträge reicht nicht aus; vielmehr ist die Beibringung weiterer Beweismittel, die den Zahlungszufluss bis zur unterhaltenen Pers. nachweisen, regelmäßig unerlässlich.[5] In den Fällen, in denen ein ArbN die Mitnahme v. **Bargeld anlässlich v. Familienheimfahrten** zur Unterstützung seiner im Ausland lebenden Familie geltend macht, kann jedoch grds. v. der Mitnahme je eines Nettolohns pro tatsächlich durchgeführter Fahrt, höchstens jedoch vier Nettomonatslöhne für den Unterhalt des Ehegatten, Lebenspartners, der Kinder und anderer am Ort des Haushalts des StPfl. lebender Angehöriger ausgegangen werden. Ein Nachweis höherer Zahlungen bleibt dem StPfl. unbenommen.[6] Der Nachweis einer Bargeldübergabe verlangt neben einer belastbaren Empfängerbestätigung einen zeitnahen, lückenlosen Nachweis der „Zahlungskette“, also Nachweise über die Abhebungen oder die konkrete Verfügbarkeit dieser Beträge zum Zeitpunkt der Übergabe durch den StPfl.; allein das Vorliegen entspr. Einkommens- und Vermögensverhältnisse genügt hierfür nicht. Wenn die Barzuwendung nicht persönlich übergeben wird, ist der Überbringer des Geldes zu benennen.[7] Diese Beweiserleichterung gilt jedoch nur in den Fällen, in denen der StPfl. seinen im Ausland lebenden Ehegatten, Lebenspartner und seine Kinder besucht.[8] Die Beweiserleichterung für bei Auslandsfahrten bar geleistete Unterhaltsleistungen an Pers. im Ausland gilt nicht, wenn beide Ehegatten (Lebenspartner) im Inland leben. In derartigen Fällen sind grds. inländ. Belege über das Vorhandensein entspr. Mittel (zB Abhebungsnachweise) und detaillierte Empfängerbestätigungen vorzulegen.[9] 45

G. Aufwendungen für Hilfe im Haushalt oder für Heimunterbringung (Abs. 3 aF)

Bis einschl. VZ 2008 regelte Abs. 3 aF **typisierend** Fälle, in denen ag. Belast. durch Aufwendungen für eine Hilfe im Haushalt oder für bestimmte Dienstleistungen bei einer Heimunterbringung entstehen. Ab VZ 2009 können entspr. Aufwendungen nur noch nach Maßgabe und im Rahmen v. § 35a geltend gemacht werden. Soweit diese Regelung für vergangene VZ von Bedeutung ist, wird auf die Kommentierung in der 9. Aufl. verwiesen. 46

§ 33b Pauschbeträge für behinderte Menschen, Hinterbliebene und Pflegepersonen

(1) [1]Wegen der Aufwendungen für die Hilfe bei den gewöhnlichen und regelmäßig wiederkehrenden Verrichtungen des täglichen Lebens, für die Pflege sowie für einen erhöhten Wäschebedarf können behinderte Menschen unter den Voraussetzungen des Absatzes 2 anstelle einer Steuerermäßigung nach § 33 einen Pauschbetrag nach Absatz 3 geltend machen (Behinderten-Pauschbetrag). [2]Das Wahlrecht kann für die genannten Aufwendungen im jeweiligen Veranlagungszeitraum nur einheitlich ausgeübt werden.

---

1 BFH v. 5.5.2010 – VI R 5/09, BStBl. II 2011, 115.
2 FG BaWü. v. 6.2.1997 – 14 K 71/92, EFG 1997, 613.
3 BFH v. 2.12.2004 – III R 49/03, BStBl. II 2005, 483.
4 Vgl. BFH v. 21.3.1995 – III R 141/93, BFH/NV 1995, 778; v. 4.8.1994 – III R 22/93, BStBl. II 1995, 114; v. 22.2.1991 – III R 3/88, BFH/NV 1991, 595; v. 3.6.1987 – III R 205/81, BStBl. II 1987, 675; vgl. ferner zu Auslandssachverhalten: BMF v. 7.6.2010, BStBl. 2010, 588 Tz. 10 ff.
5 BFH v. 3.6.1987 – III R 205/81, BStBl. II 1987, 675; v. 27.7.1990 – III R 176/86, BFH/NV 1991, 367; v. 15.11.1991 – III R 21/88, BFH/NV 1992, 375; FG München v. 24.5.2012 – 10 K 1381/11, juris, rkr.
6 BFH v. 4.8.1994 – III R 22/93, BStBl. II 1995, 114; v. 21.3.1995 – III R 141/93, BFH/NV 1995, 778.
7 BFH v. 9.3.2017 – VI R 33/16, BFH/NV 2017, 1042.
8 FG BaWü. v. 6.2.1997 – 14 K 71/92, EFG 1997, 613.
9 BFH v. 19.5.2004 – III R 39/03, BStBl. II 2005, 24.

(2) Die Pauschbeträge erhalten

1. behinderte Menschen, deren Grad der Behinderung auf mindestens 50 festgestellt ist;
2. behinderte Menschen, deren Grad der Behinderung auf weniger als 50, aber mindestens auf 25 festgestellt ist, wenn
   a) dem behinderten Menschen wegen seiner Behinderung nach gesetzlichen Vorschriften Renten oder andere laufende Bezüge zustehen, und zwar auch dann, wenn das Recht auf die Bezüge ruht oder der Ansprüche auf die Bezüge durch Zahlung eines Kapitals abgefunden worden ist, oder
   b) die Behinderung zu einer dauernden Einbuße der körperlichen Beweglichkeit geführt hat oder auf einer typischen Berufskrankheit beruht.

(3) [1]Die Höhe des Pauschbetrags richtet sich nach dem dauernden Grad der Behinderung. [2]Als Pauschbeträge werden gewährt bei einem Grad der Behinderung

von 25 und 30	310 Euro,
von 35 und 40	430 Euro,
von 45 und 50	570 Euro,
von 55 und 60	720 Euro,
von 65 und 70	890 Euro,
von 75 und 80	1 060 Euro,
von 85 und 90	1 230 Euro,
von 95 und 100	1 420 Euro.

[3]Für behinderte Menschen, die hilflos im Sinne des Absatzes 6 sind, und für Blinde erhöht sich der Pauschbetrag auf 3 700 Euro.

(4) [1]Personen, denen laufende Hinterbliebenenbezüge bewilligt worden sind, erhalten auf Antrag einen Pauschbetrag von 370 Euro (Hinterbliebenen-Pauschbetrag), wenn die Hinterbliebenenbezüge geleistet werden

1. nach dem Bundesversorgungsgesetz oder einem anderen Gesetz, das die Vorschriften des Bundesversorgungsgesetzes über Hinterbliebenenbezüge für entsprechend anwendbar erklärt, oder
2. nach den Vorschriften über die gesetzliche Unfallversicherung oder
3. nach den beamtenrechtlichen Vorschriften an Hinterbliebene eines an den Folgen eines Dienstunfalls verstorbenen Beamten oder
4. nach den Vorschriften des Bundesentschädigungsgesetzes über die Entschädigung für Schäden an Leben, Körper oder Gesundheit.

[2]Der Pauschbetrag wird auch dann gewährt, wenn das Recht auf die Bezüge ruht oder der Anspruch auf die Bezüge durch Zahlung eines Kapitals abgefunden worden ist.

(5) [1]Steht der Behinderten-Pauschbetrag oder der Hinterbliebenen-Pauschbetrag einem Kind zu, für das der Steuerpflichtige Anspruch auf einen Freibetrag nach § 32 Absatz 6 oder auf Kindergeld hat, so wird der Pauschbetrag auf Antrag auf den Steuerpflichtigen übertragen, wenn ihn das Kind nicht in Anspruch nimmt. [2]Dabei ist der Pauschbetrag grundsätzlich auf beide Elternteile je zur Hälfte aufzuteilen, es sei denn, der Kinderfreibetrag wurde auf den anderen Elternteil übertragen. [3]Auf gemeinsamen Antrag der Eltern ist eine andere Aufteilung möglich. [4]In diesen Fällen besteht für Aufwendungen, für die der Behinderten-Pauschbetrag gilt, kein Anspruch auf eine Steuerermäßigung nach § 33.

(6) [1]Wegen der außergewöhnlichen Belastungen, die einem Steuerpflichtigen durch die Pflege einer Person erwachsen, die nicht nur vorübergehend hilflos ist, kann er anstelle einer Steuerermäßigung nach § 33 einen Pauschbetrag von 924 Euro im Kalenderjahr geltend machen (Pflege-Pauschbetrag), wenn er dafür keine Einnahmen erhält. [2]Zu diesen Einnahmen zählt unabhängig von der Verwendung nicht das von den Eltern eines behinderten Kindes für dieses Kind empfangene Pflegegeld. [3]Hilflos im Sinne des Satzes 1 ist eine Person, wenn sie für eine Reihe von häufig und regelmäßig wiederkehrenden Verrichtungen zur Sicherung ihrer persönlichen Existenz im Ablauf eines jeden Tages fremder Hilfe dauernd bedarf. [4]Diese Voraussetzungen sind auch erfüllt, wenn die Hilfe in Form einer Überwachung oder einer Anleitung zu den in Satz 3 genannten Verrichtungen erforderlich ist oder wenn die Hilfe zwar nicht dauernd geleistet werden muss, jedoch eine ständige Bereitschaft zur Hilfeleistung erforderlich ist. [5]Voraussetzung ist, dass der Steuerpflichtige die

Pflege entweder in seiner Wohnung oder in der Wohnung des Pflegebedürftigen persönlich durchführt und diese Wohnung in einem Mitgliedstaat der Europäischen Union oder in einem Staat belegen ist, auf den das Abkommen über den Europäischen Wirtschaftsraum anzuwenden ist. [6]Wird ein Pflegebedürftiger von mehreren Steuerpflichtigen im Veranlagungszeitraum gepflegt, wird der Pauschbetrag nach der Zahl der Pflegepersonen, bei denen die Voraussetzungen der Sätze 1 bis 5 vorliegen, geteilt.

(7) Die Bundesregierung wird ermächtigt, durch Rechtsverordnung mit Zustimmung des Bundesrates zu bestimmen, wie nachzuweisen ist, dass die Voraussetzungen für die Inanspruchnahme der Pauschbeträge vorliegen.

§ 65 EStDV

§ 65 Nachweis der Behinderung

(1) Den Nachweis einer Behinderung hat der Steuerpflichtige zu erbringen:

1. *bei einer Behinderung, deren Grad auf mindestens 50 festgestellt ist, durch Vorlage eines Ausweises nach dem Neunten Buch Sozialgesetzbuch oder eines Bescheides der nach § 152 Absatz 1 des Neunten Buches Sozialgesetzbuch zuständigen Behörde,*
2. *bei einer Behinderung, deren Grad auf weniger als 50, aber mindestens 25 festgestellt ist,*
   a) *durch eine Bescheinigung der nach § 152 Absatz 1 des Neunten Buches Sozialgesetzbuch zuständigen Behörde auf Grund eines Feststellungsbescheids nach § 152 Absatz 1 des Neunten Buches Sozialgesetzbuch, die eine Äußerung darüber enthält, ob die Behinderung zu einer dauernden Einbuße der körperlichen Beweglichkeit geführt hat oder auf einer typischen Berufskrankheit beruht, oder,*
   b) *wenn ihm wegen seiner Behinderung nach den gesetzlichen Vorschriften Renten oder andere laufende Bezüge zustehen, durch den Rentenbescheid oder den die anderen laufenden Bezüge nachweisenden Bescheid.*

(2) [1]Die gesundheitlichen Merkmale „blind" und „hilflos" hat der Steuerpflichtige durch einen Ausweis nach dem Neunten Buch Sozialgesetzbuch, der mit den Merkzeichen „Bl" oder „H" gekennzeichnet ist, oder durch einen Bescheid der nach § 152 Absatz 1 des Neunten Buches Sozialgesetzbuch zuständigen Behörde, der die entsprechenden Feststellungen enthält, nachzuweisen. [2]Dem Merkzeichen „H" steht die Einstufung als Schwerstpflegebedürftiger in Pflegestufe III[1] nach dem Elften Buch Sozialgesetzbuch, dem Zwölften Buch Sozialgesetzbuch oder diesen entsprechenden gesetzlichen Bestimmungen gleich; dies ist durch Vorlage des entsprechenden Bescheides nachzuweisen.

(3) [1]Die Gewährung des Behinderten-Pauschbetrags setzt voraus, dass der Antragsteller Inhaber gültiger Unterlagen nach den Absätzen 1 und 2 ist. [2]Bei erstmaliger Geltendmachung des Pauschbetrags oder bei Änderung der Verhältnisse hat der Steuerpflichtige die Unterlagen nach den Absätzen 1 und 2 zusammen mit seiner Steuererklärung oder seinem Antrag auf Lohnsteuerermäßigung, ansonsten auf Anforderung des Finanzamts vorzulegen.

(3a) [1]Die Gewährung des Behinderten-Pauschbetrags setzt voraus, dass die für die Feststellung einer Behinderung zuständige Stelle als mitteilungspflichtige Stelle ihre Feststellungen zur Behinderung nach den Absätzen 1 und 2 nach Maßgabe des § 93c der Abgabenordnung an die für die Besteuerung des Antragstellers zuständige Finanzbehörde übermittelt hat. [2]Die nach Satz 1 mitteilungspflichtige Stelle hat ihre Feststellungen auf schriftlichen oder elektronischen Antrag derjenigen Person, die diese Feststellungen begehrt, an die nach Satz 1 zuständige Finanzbehörde zu übermitteln. [3]Die Person hat der mitteilungspflichtigen Stelle zu diesem Zweck ihre Identifikationsnummer (§ 139b der Abgabenordnung) mitzuteilen. [4]Neben den nach § 93c Absatz 1 der Abgabenordnung zu übermittelnden Daten sind zusätzlich folgende Daten zu übermitteln:

1. *der Grad der Behinderung,*
2. *die Feststellung weiterer gesundheitlicher Merkmale (Merkzeichen):*
   a) *G (erheblich gehbehindert),*
   b) *aG (außergewöhnlich gehbehindert),*
   c) *B (ständige Begleitung notwendig),*
   d) *H (hilflos),*
   e) *Bl (blind),*
   f) *Gl (gehörlos),*
3. *die Feststellung, dass die Behinderung zu einer dauernden Einbuße der körperlichen Beweglichkeit geführt hat,*
4. *die Feststellung, dass die Behinderung auf einer typischen Berufskrankheit beruht,*
5. *die Einstufung als Schwerstpflegebedürftiger in die Pflegestufe III[2],*
6. *die Dauer der Gültigkeit der Feststellung.*

---

1 Hier hat der Verordnungsgeber bisher die Anpassung an die Änderungen in § 15 SGB XI nicht vorgenommen; der Pflegestufe III entsprechen die Pflegegrade 4 und 5 (BMF v. 19.8.2016, BStBl. I 2016, 804).

2 Hier hat der Verordnungsgeber bisher die Anpassung an die Änderungen in § 15 SGB XI nicht vorgenommen; der Pflegestufe III entsprechen die Pflegegrade 4 und 5 (BMF v. 19.8.2016, BStBl. I 2016, 804).

[5]Die mitteilungspflichtige Stelle hat jede Änderung der Feststellungen nach Satz 4 abweichend von § 93c Absatz 1 Nummer 1 der Abgabenordnung unverzüglich zu übermitteln. [6]§ 72a Absatz 4, § 93c Absatz 1 Nummer 3 und Absatz 4 sowie § 203a der Abgabenordnung finden keine Anwendung.

(4) [1]Ist der behinderte Mensch verstorben und kann sein Rechtsnachfolger die Unterlagen nach den Absätzen 1 und 2 nicht vorlegen, so genügt zum Nachweis eine gutachtliche Stellungnahme der nach § 152 Absatz 1 des Neunten Buches Sozialgesetzbuch zuständigen Behörde. [2]Diese Stellungnahme hat die Finanzbehörde einzuholen.

Literatur: *Best*, Abgeltungswirkung des Behindertenpauschbetrags (§ 33b Abs. 3 EStG) bei Aufwendungen für Maßnahmen der Behandlungspflege (§ 37 Abs. 2 SGB V), DStZ 2011, 719; *Birnbaum*, Die Voraussetzungen für die Gewährung des Merkzeichens „H" anhand der Rechtsprechung, SGb 2011, 630; *Broer*, Kalte Progression wegen fehlender Inflationsanpassung steuerlicher Abzugsbeträge – ein bisher in der steuerpolitischen Diskussion weitgehend vernachlässigtes Problem, DStZ 2012, 792; *Dziadkowski*, Zur unterbliebenen Anpassung der Behinderten-Pauschbeträge in § 33b EStG im Steuervereinfachungsgesetz 2011, FR 2011, 224; *Gehrmann*, Einkommensteuerliche Vergünstigungen für Behinderte (Kinder), FPR 99, 257; *Heidenreich*, Kosten bei Heimunterbringung, NWB Fach 3, 14245; *Kanzler*, Der Pflege-Pauschbetrag des § 33b Abs. 6 und die damit zusammenhängenden Änderungen des § 33a EStG, FR 1992, 669; *Kube*, Komplementarität und Eigenständigkeit – Zum Verhältnis zwischen Steuerrecht und Sozialrecht am Beispiel von § 33b Abs. 6 EStG, NSZ 2004, 458; *Leister*, Behinderte im Steuerrecht, StW 1999, 222; *W. Müller*, Der Pflege-Pauschbetrag (§ 33b Abs. 6 EStG) für die Pflege hilfloser Behinderter, StB 1998, 61; *Weckesser*, Die steuerrechtliche Behandlung behinderter Menschen im Lichte von Verfassungs- und Völkerrecht, 2014; *Weigel*, Hälftige Übertragung des Behinderten-Pauschbetrags auf den Ehegatten nach § 26a EStG – Pro und kontra, EStB 2017, 118.

A. Grundaussagen der Vorschrift

1 § 33b regelt **drei verschiedene PB** für behinderte Menschen (Abs. 1–3), für Hinterbliebene (Abs. 4) und für Pflegepersonen (Abs. 6). Durch das JStG 2008[1] ist Abs. 1 mit Wirkung vom VZ 2008 geändert worden (dazu Rn. 2); durch die Neuregelung soll die Rechtslage verdeutlicht und die Rechtsanwendung vereinheitlicht werden.[2] In Abs. 5 ist die Übertragung v. Behinderten- und Hinterbliebenen-PB geregelt. Abs. 5 wurde in den letzten Jahren mehrfach, zuletzt durch das StVereinfG 2011[3], geändert (dazu Rn. 11 ff.). § 33b eröffnet dem StPfl. ein Wahlrecht, anstelle der ebenfalls möglichen Berücksichtigung höherer nachgewiesener oder glaubhaft gemachter Einzelaufwendungen nach § 33 für die ihm durch die Behinderung erwachsenden Aufwendungen einen Pauschbetrag in Anspr. zu nehmen.[4] Die PBregelung des § 33b dient vor allem der Verwaltungsvereinfachung. Sie bedeutet gleichzeitig eine Erleichterung für den StPfl., der die entspr. Aufwendungen nicht nachzuweisen braucht und erübrigt regelmäßig die Entscheidung schwieriger Abgrenzungsfragen darüber, welche Aufwendungen infolge der Behinderung erwachsen sind.[5] Außerdem werden umfangreiche oder die Intimsphäre verletzende Nachforschungen der FinVerw. vermieden.[6] Die verschiedenen PB können **nebeneinander** in Anspr. genommen werden, wenn eine Pers. die Voraussetzung für mehrere PB erfüllt (zB behinderte Hinterbliebene oder pflegende Eltern, denen der Behinderten-PB übertragen wurde).[7] Die PB können nur v. **unbeschränkt StPfl.** in Anspr. genommen werden (§ 50 Abs. 1 S. 5)

1 V. 20.12.2007, BGBl. I 2007, 3150 (3153).
2 BR-Drucks. 544/07, 71.
3 G v. 1.11.2011, BGBl. I 2011, 2131 (2134).
4 *Weckesser* plädiert für einen veränderten Behindertenpauschbetrag, der neben § 33 anwendbar sein soll und die nicht konkret erfassten behinderungsbedingten Beeinträchtigungen berücksichtigt: *Weckesser*, Die steuerrechtliche Behandlung behinderter Menschen im Lichte von Verfassungs- und Völkerrecht, 2014, 400.
5 BFH v. 27.5.1998 – III B 22/98, BFH/NV 1998, 1474.
6 BR-Drucks. 544/07, 71.
7 FG Nürnb. v. 26.5.1994 – VI 149/93, EFG 1994, 933.

oder v. StPfl., die nach § 1 Abs. 3 als unbeschränkt StPfl. behandelt werden. Nimmt die pflegebedürftige Person einen Behinderten-PB in Anspruch, schließt dies eine Berücksichtigung der Pflegeaufwendungen nach § 35a bei ihr aus, soweit die Aufwendungen mit dem Behinderten-PB abgegolten sind.[1] Das gilt nicht, wenn der einem Kind zustehende Behinderten-Pauschbetrag nach § 33b Abs. 5 auf den StPfl. übertragen wird[2] und dieser für Pflege- und Betreuungsaufwendungen des Kindes aufkommt.[3]

B. Behinderten-Pauschbetrag (Abs. 1–3)

I. Sachlicher Umfang. 1. Abs. 1 bis einschließlich VZ 2007. Abs. 1 bis 3 gilt für Aufwendungen, die einem behinderten Menschen[4] unmittelbar infolge seiner Behinderung erwachsen. Es muss sich dem Grunde nach um ag. Belastungen iSd. § 33 handeln.[5] Bis einschl. VZ 2007 regelte Abs. 1 allg., dass an Stelle einer Steuerermäßigung nach § 33 ein PB nach § 33b Abs. 3 (Behinderten-PB) geltend gemacht werden konnte.[6] Aus der Funktion eines PB wurde schon damals abgeleitet, dass Abs. 1–3 den **lfd. typischen Mehraufwand**, der einem StPfl. **durch** seine **Behinderung** entsteht, abgilt.[7] Hierzu gehörten nach der Rspr. zB Ausgaben für Unterstützungs- und Hilfsleistungen, Medikamente, Wäsche, Verpflegungsmehraufwand,[8] Heimdialysekosten oder Futter- und Pflegekosten für einen Blindenhund.[9] Einmalige, atypische, außerordentliche und lediglich mittelbar durch die Behinderung verursachte Aufwendungen konnten unter der früheren Regelung des § 33b Abs. 1 neben dem BehindertenPB nach § 33 abgezogen werden. Zu diesen Aufwendungen gehörten Kfz.-Aufwendungen schwerkörperbehinderter Menschen, die in ihrer Geh- und Stehfähigkeit erheblich beeinträchtigt sind (§ 33 Rn. 43, 51 „Fahrtkosten"),[10] Kosten einer Operation,[11] Aufwendungen für eine Heilkur,[12] Umbaukosten[13] für und Umzugskosten[14] in eine behindertengerechte Wohnung,[15] Führerscheinkosten eines gehbehinderten Kindes[16] oder die behindertengerechte Umrüstung eines Pkw.[17] Ein **schwerstbehinderter StPfl.**, bei dem die **Notwendigkeit ständiger Begleitung** nachgewiesen ist, kann Mehraufwendungen, die ihm auf einer Urlaubsreise durch Kosten für Fahrten, Unterbringung und Verpflegung der Begleitperson entstehen, bis zu 767 Euro neben dem PB für Körperbehinderte als ag. Belastung abziehen.[18] Ein Abzug neben dem BehindertenPB ist jedoch nur möglich, wenn die tatbestandlichen Voraussetzungen des § 33 erfüllt sind; die besonderen Aufwendungen sind um die zumutbare Belastung (§ 33 Abs. 3) zu kürzen. Die **Auslegung**, dass der BehindertenPB schon nach der früheren Geltung des Abs. 1 nur die lfd. und typischen Mehraufwendungen erfasste, ergab sich nicht zwingend aus dem G. Dies widerspricht auch dem Vereinfachungszweck einer pauschalierenden Regelung, führt zu Abgrenzungsfragen zw. typischen und atypischen Aufwendungen und ist im Hinblick darauf, dass der StPfl. stets den tatsächlichen Aufwand nach § 33 geltend machen kann, nicht erforderlich.[19] 2

2. Abs. 1 ab VZ 2008. Durch die Neuregelung des Abs. 1 hat der Gesetzgeber im JStG 2008 die **Unterscheidung zw. lfd. und typischen**, unmittelbar mit der Behinderung zusammenhängende Kosten einerseits **und einmaligen Kosten** sowie zusätzlichen Krankheitskosten andererseits festgeschrieben. Nach Abs. 1 S. 1 gilt der Behinderten-PB die Aufwendungen für die Hilfe bei den gewöhnlichen und regelmäßig wiederkehrenden Verrichtungen des täglichen Lebens, für die Pflege sowie für einen erhöhten Wäschebe- 3

1 BFH v. 5.6.2014 – VI R 12/12, BStBl. II 2014, 970; BMF v. 9.11.2016, BStBl. I 2016, 1213 Rn. 33; FG BaWü. v. 30.11. 2016 – 2 K 2338/15, SuP 2017, 329 (NZB VI B 13/17).
2 BFH v. 11.2.2010 – VI R 61/08, BStBl. II 2010, 621.
3 BFH v. 11.2.2010 – VI R 61/08, BStBl. II 2010, 621; BMF v. 9.11.2016, BStBl. I 2016, 1213 Rn. 33.
4 Änderung der Terminologie durch SGB IX v. 19.6.2001, BGBl. I 2001, 1046.
5 *K/S/M*, § 33b Rn. B 40.
6 Abs. 1 hatte folgenden Wortlaut: „Wegen der außergewöhnlichen Belastungen, die einem behinderten Menschen unmittelbar infolge seiner Behinderung erwachsen, kann er an Stelle einer Steuerermäßigung nach § 33 einen PB nach Abs. 3 geltend machen (Behinderten-PB)."
7 BFH v. 28.2.1968 – VI R 192/67, BStBl. II 1968, 437; v. 26.3.1993 – III R 9/92, BStBl. II 1993, 749; v. 22.10.2009 – VI R 7/09, BStBl. II 2010, 280; *K/S/M*, § 33b Rn. B 38.
8 *H/H/R*, § 33b Anm. 26.
9 Vgl. auch BFH v. 15.10.1999 – VI R 40/95, BStBl. II 2000, 75.
10 R 33.4 Abs. 4 EStR 2009; BFH v. 19.5.2004 – III R 16/02, BStBl. II 2005, 23; v. 21.5.2004 – III B 171/03, BFH/NV 2004, 1404.
11 BFH v. 30.11.1966 – VI 313/64, BStBl. III 1967, 457.
12 BFH v. 11.12.1987 – III R 95/85, BStBl. II 1988, 275.
13 FG BaWü. v. 29.1.1987 – III K 510/83, EFG 1987, 245.
14 **AA** FG Hess. v. 23.6.1977 – I 178/75, EFG 1978, 20.
15 *H/H/R*, § 33b Anm. 26.
16 BFH v. 26.3.1993 – III R 9/92, BStBl. II 1993, 749.
17 FG Nds. v. 6.11.1991 – VIII 201/88, EFG 1992, 341.
18 BFH v. 4.7.2002 – III R 58/98, BStBl. II 2002, 765; FG München v. 27.6.2007 – 10 K 824/06, EFG 2008, 45.
19 Vgl. die Kommentierung in den Vorauflagen.

darf ab. Damit soll an die Rspr. zu der bis einschl. VZ 2007 geltenden Fassung des Abs. 1 angeknüpft und die Rechtslage verdeutlicht werden.[1] Dadurch dass nunmehr diejenigen Aufwendungen im Gesetzeswortlaut genannt sind, die vom Behinderten-PB erfasst werden, wird eine präzisere Unterscheidung zw. den v. § 33b Abs. 1–3 und den v. § 33 erfassten Aufwendungen ermöglicht. Allerdings dürfte es auch hier zu **Abgrenzungsfragen** kommen. So stellt sich die Frage, ob ein zusätzlicher Pflegeaufwand, der durch eine Erkrankung des behinderten Menschen verursacht wird, neben dem Behinderten-PB geltend gemacht werden kann.[2] Insbesondere für StPfl., denen ein BehindertenPB zusteht und denen die durch die Inanspruchnahme von Behandlungspflege (vgl. § 37 Abs. 2 SGB V) entstandenen Aufwendungen nicht von einer Krankenkasse oder einem anderen Leistungsträger erstattet werden, ist entscheidend, ob die Aufwendungen für Maßnahmen der Behandlungspflege neben dem Behinderten-PB geltend gemacht werden können.[3] Auch unter der Neuregelung gilt jedoch der erhöhte PB nach Abs. 3 S. 3 die typischen Kosten der Unterbringung Hilfloser ab, sodass daneben nicht die Kosten der Unterbringung in einer Heil- und Pflegeanstalt gesondert geltend gemacht werden können.[4]

4 **II. Verhältnis zu § 33.** § 33b Abs. 1 eröffnet dem StPfl. ein **Wahlrecht**, anstelle der ebenfalls möglichen Berücksichtigung höherer nachgewiesener oder glaubhaft gemachter Einzelaufwendungen nach § 33, für die ihm durch die Behinderung erwachsenden Aufwendungen einen PB in Anspr. zu nehmen. Es ist jedoch unzulässig, für einen Teil der Aufwendungen den Einzelnachweis zu führen und iÜ die Anwendung des PB zu verlangen, weil eine derartige Gestaltung zu einer Mehrfachbegünstigung v. Aufwendungen führen würde.[5] Durch die Neuregelung des § 33b Abs. 1 S. 2 ist nunmehr klargestellt, dass sich ein Verzicht auf den Behinderten-PB auf die gesamten, vom PB für behinderte Menschen erfassten Aufwendungen bezieht; ein Teilverzicht – beispielsweise nur für Pflegekosten, die nach § 33 geltend gemacht werden sollen, aber nicht für den erhöhten Wäschebedarf, für den der PB in Anspr. genommen werden soll – ist nicht möglich.[6] Lediglich bei atypischen und mittelbaren Aufwendungen sind § 33 und § 33b nebeneinander anwendbar (Rn. 1 f.). Wird alleine der Behinderten-PB geltend gemacht, kommt es nicht zu einer Kürzung um die zumutbaren Belastungen (§ 33 Abs. 3). § 33b fordert keinen ausdrücklichen Antrag des StPfl. Er muss jedoch den Behinderten-PB **„geltend machen"**, sodass er ohne ein entspr. Tätigwerden des StPfl. nicht gewährt wird. Bei den Behinderten-PB handelt es sich um Jahresbeträge. Auch wenn die Voraussetzungen nur für einen **Teil des Kj.** vorliegen, wird der **PB nicht gekürzt**. Die FinVerw. gewährt bei Beginn, Änderung oder Wegfall der Behinderung im Laufe eines Kj. stets den PB nach dem höchsten Grad; eine Zwölftelung ist nicht vorzunehmen.[7]

5 **III. Anspruchsberechtigte (Abs. 2).** Abs. 2 regelt den Kreis der Anspruchsberechtigten für den Behinderten-PB. Ob eine Behinderung vorliegt, richtet sich nach § 2 SGB IX. Danach ist Behinderung die Auswirkung einer **nicht nur vorübergehenden Funktionsbeeinträchtigung**, die auf einem regelwidrigen körperlichen, geistigen oder seelischen Zustand beruht. Dabei ist als regelwidrig ein Zustand zu verstehen, der v. dem für das Lebensalter typischen abweicht. Erwartbare zukünftige Beeinträchtigungen durch die Behinderung können nicht vorab geltend gemacht werden.[8] **Typische Alterserscheinungen** bedeuten danach **keine Behinderung**. Als nicht nur vorübergehend gilt ein Zeitraum v. mehr als sechs Monaten (§ 2 Abs. 1 SGB IX). Die Auswirkung der Funktionsbeeinträchtigung und damit Schwere der Behinderung wird als Grad der Behinderung (GdB; vgl. § 152 Abs. 1 SGB IX), festgestellt. § 33b knüpft sowohl für die Anspruchsberechtigung als auch für die Höhe der PB an den GdB an. Die Feststellung über das Vorliegen und den GdB ist ein Grundlagenbescheid iSd. § 171 Abs. 10 AO.[9] Wird der GdB herabgesetzt, ist dies ab dem Neufeststellungszeitpunkt zu berücksichtigen.[10]

6 Behinderte Menschen, deren GdB auf mindestens 50 festgestellt ist (sog. **schwerbehinderte Menschen**), können den Behinderten-PB ohne jede Einschränkung geltend machen. Behinderte Menschen, deren GdB auf weniger als 50, aber mindestens 25 festgestellt ist (sog. **minderbehinderte Menschen**), können die PB nur geltend machen, wenn sie die weiteren Voraussetzungen des Abs. 2 Nr. 2 erfüllen. Da der GdB nach Zehnergraden abgestuft wird, kann ein PB erst bei einer Behinderung v. 30 geltend gemacht werden. Un-

---

1 BR-Drucks. 544/07, 71.
2 Dies wurde für die frühere Regelung des § 33b Abs. 1 vertreten: *Schmidt*[26], § 33b Rn. 5.
3 Hierfür spricht sich *Best*, DStZ 2011, 719, aus.
4 Vgl. BFH v. 10.5.1968 – VI R 291/67, BStBl. II 68, 647.
5 BFH v. 4.11.2004 – III R 38/02, BStBl. II 2005, 271; v. 13.7.2011 – VI B 20/11, BFH/NV 2011, 1863; v. 20.12.2017 – III R 2/17, BStBl. II 2018, 468.
6 BR-Drucks. 544/07, 71; vgl. auch FG Sachs. v. 4.11.2013 – 6 K 347/13, juris (rkr.).
7 R 33b Abs. 7 EStR.
8 FG München v. 7.5.2018 – 7 K 257/17, EFG 2018, 1960 (Rev. VI R 27/18).
9 BFH v. 13.12.1985 – III R 204/81, BStBl. II 1986, 245.
10 BFH v. 22.9.1989 – III R 167/86, BStBl. II 1990, 60 zu Änderung nach Bestandskraft des Steuerbescheides.

abhängig v. Art und Dauer der Behinderung hat ein minderbehinderter Mensch Anspr. auf einen PB, wenn ihm wegen seiner Behinderung nach gesetzlichen Vorschriften Bezüge (zB Beschädigtenversorgung nach dem BVG, Leistungen aus der gesetzlichen Unfallversicherung, Unfallruhegehalt) zustehen (Nr. 2a). Erwerbsunfähigkeitsrenten sind keine Renten oder andere lfd. Bezüge, die dem Behinderten wegen der Behinderung nach gesetzlichen Vorschriften zustehen.[1] Andere minderbehinderte Menschen sind nur anspruchsberechtigt (Nr. 2b), wenn die Behinderung entweder zu einer dauernden Einbuße der körperlichen Beweglichkeit geführt hat, oder wenn die Behinderung auf einer typischen Berufskrankheit beruht. Da es sich um eine **dauernde Einbuße der Beweglichkeit** handeln muss, genügt eine vorübergehende Einschränkung, auch wenn sie länger als sechs Monate andauert, nicht. Ob es sich um eine typische **Berufskrankheit** handelt, richtet sich nach § 9 SGB VII.[2] Die in § 33b Abs. 2 vorgenommene Differenzierung ist insbes. im Hinblick auf die Privilegierung der auf typischen Berufskrankheiten beruhenden Behinderung nicht überzeugend, da sich aus dem Differenzierungskriterium nicht zwangsläufig ein höherer Aufwand ergibt.[3] Da die tatsächlichen Aufwendungen jedoch stets nach § 33 geltend gemacht werden können, ist die Regelung nicht verfassungswidrig.

§ 33b gewährt einen erhöhten PB für Hilflose und Blinde. Der Begriff des Hilflosen wird in Abs. 6 S. 2 und 3 definiert (Rn. 16). **Blind** sind entspr. § 72 Abs. 5 SGB XII diejenigen, denen die Sehfähigkeit völlig fehlt oder deren Sehschärfe auf dem besseren Auge nicht mehr als 1/50 beträgt oder bei denen dem Schweregrad dieser Sehschärfe gleichzuachtende, nicht nur vorübergehende Störungen des Sehvermögens vorliegen. 7

IV. Höhe des Behinderten-Pauschbetrags (Abs. 3). Die Höhe des Behinderten-PB richtet sich nach dem dauernden GdB. Unter dauerndem GdB ist eine nicht nur vorübergehende Beeinträchtigung zu verstehen.[4] In Anknüpfung an die Definition der Behinderung (Rn. 5) ist ein **Zeitraum v. mehr als sechs Monaten ausreichend**.[5] Bei einer schweren Erkrankung mit alsbald nachfolgendem Tod genügt aber auch eine nur relativ kurze Zeit der tatsächlichen Hilflosigkeit.[6] Die Dauerhaftigkeit der Behinderung gilt auch für den erhöhten PB nach S. 3.[7] Abs. 3 S. 2 unterscheidet acht Stufen der Behinderung. Es handelt sich um **Jahresbeträge**, die nicht zeitanteilig gekürzt werden. Wird der GdB im Laufe eines Jahres herauf- oder herabgesetzt, wird der PB nach dem jeweils höchsten Grad gewährt.[8] Für Hilflose iSd. Abs. 6 und für Blinde (nicht Gehörlose)[9] wird ein **erhöhter PB** v. 3 700 Euro gewährt. Da **Kleinkinder** regelmäßig dauernd der Hilfe bedürfen, ist erforderlich, dass infolge der Körperbehinderung eine besondere Betreuungs- und Pflegebedürftigkeit vorliegt, die eine bei allen Kindern derselben Altersstufe regelmäßig bestehende Hilflosigkeit dauernd wesentlich übersteigt.[10] Der erhöhte PB wird unabhängig vom GdB, also zB auch bei einem GdB v. 25 gewährt. Dies ist bei Stoffwechselerkrankungen (zB Diabetes mellitus oder Phenylketonurie) v. Kindern und Jugendlichen möglich.[11] Wenn mehrere Antragsgründe vorliegen, sind die jeweils in Betracht kommenden Pauschbeträge nebeneinander zu gewähren.[12] 8

§ 33b enthält eine **typisierende Regelung** zu den mit einer Körperbehinderung unmittelbar und üblicherweise zusammenhängenden ag. Belastungen, wobei die Höhe des jeweiligen Behinderten-PB in Abs. 3 die Mindestaufwendungen widerspiegelt, die nach der Lebenserfahrung entspr. der unterschiedlichen Art und Schwere der Behinderung erwartet werden können. Dies gilt auch für den erhöhten PB nach S. 3.[13] Die PB sind seit 1975 nicht mehr an die veränderten Kaufkraftverhältnisse angepasst worden. Dies führt nicht nur dazu, dass die Bemessung der **PB nicht mehr realitätsgerecht** ist[14]; vielmehr kann die Regelung ihre Vereinfachungsfunktion nicht mehr erreichen. Ein im Gesetzgebungsverfahren zum StVereinfG 2011 gestellter Antrag auf Erhöhung der PB wurde abgelehnt.[15] Insbes. bei Schwer- und Schwerstbehinderten wird die Verfassungswidrigkeit der realitätsfernen PB geltend gemacht.[16] Insoweit ist jedoch zu berücksichtigen, 9

1 FG Nds. v. 16.6.2005 – 10 K 183/00, EFG 2005, 1774.
2 *K/S/M*, § 33b Rn. B 18.
3 *K/S/M*, § 33b Rn. B 19; zur Verfassungsmäßigkeit: BFH v. 28.9.2000 – III R 21/00, BFH/NV 2001, 435; *Schallmoser*, HFR 2001, 340.
4 BFH v. 28.9.1984 – VI R 164/80, BStBl. II 1985, 129.
5 *B/B*, § 33b Rn. 48.
6 FG Düss. v. 3.12.1997 – 13 K 1329/94, juris.
7 BFH v. 28.9.1984 – VI R 164/80, BStBl. II 1985, 129.
8 R 33b Abs. 7 EStR.
9 FG Berlin v. 22.9.1986 – V 106/85, EFG 1987, 248.
10 BFH v. 26.1.1979 – VI R 107/76, BStBl. II 1979, 260.
11 BMF v. 2.1.1980, DStR 1980, 107.
12 R 33b Abs. 1 EStR.
13 BFH v. 28.9.1984 – VI R 164/80, BStBl. II 1985, 129.
14 Ausf. *Broer*, DStZ 2012, 792.
15 Vgl. BT-Drucks. 17/6146, 7; dazu auch *Dziadkowski*, FR 2011, 224.
16 *Dziadkowski*, FR 2011, 224; *Dziadkowski*, FR 2004, 575; *Dziadkowski*, Zsteu. 2007, 140.

dass der StPfl. grds. das Wahlrecht hat, statt der PB die tatsächlichen Aufwendungen nach § 33 geltend zu machen.[1] Der Gesetzgeber ist v. Verfassungs wegen nicht gezwungen, v. dem das Einkommensteuerrecht prägenden Grundsatz des Einzelnachweises Ausnahmen zuzulassen. Daher dürfte die Regelung verfassungsgemäß sein.[2] Nachdem das BVerfG eine Verfassungsbeschwerde zur Höhe des Behinderten-PB nicht zur Entscheidung angenommen hat[3], lehnt das BMF eine vorl. Steuerfestsetzung im Hinblick auf anhängige Musterverfahren ab.[4] Rechtspolitisch ist es jedoch problematisch, den PB nicht zu erhöhen.[5]

C. Hinterbliebenen-Pauschbetrag (Abs. 4)

10 Der Hinterbliebenen-PB wird gewährt, wenn ein StPfl. Hinterbliebenenbezüge aufgrund eines der in Abs. 4 genannten Gesetze bezieht. Zu den Gesetzen, die die Vorschriften des BVG über Hinterbliebenenbezüge für entspr. anwendbar erklären (Abs. 4 S. 1 Nr. 1), gehören zB das SoldVersG, das ZDG, das Häftlingshilfegesetz, das G über die Bundespolizei, das Infektionsschutzgesetz und das G über die Entschädigung für Opfer v. Gewalttaten.[6] Er ist **personenbezogen** und wird selbst dann gewährt, wenn das Recht auf die Bezüge ruht oder wenn der Anspr. kapitalisiert abgefunden ist. Der Hinterbliebenen-PB gleicht keine ag. Belastung aus, sondern ist eine historisch bedingte Billigkeitsregelung, die **systemfremd** ist und gestrichen werden sollte.

D. Übertragung von Pauschbeträgen (Abs. 5)

11 **I. Voraussetzungen für die Übertragung.** Da bei Kindern die Aufwendungen, die infolge der Behinderung erwachsen, vielfach v. unterstützenden Angehörigen getragen werden, die Pauschbeträge aber dem betroffenen Kind originär zustehen, sieht Abs. 5 eine Übertragung des Behinderten-PB oder des Hinterbliebenen-PB vor. Die Regelung ist nicht auf andere vergleichbare Fallgestaltungen anwendbar, in denen Dritte für den behinderten Menschen Aufwendungen tragen.[7] Die Übertragung setzt grds. voraus, dass das Kind unbeschränkt stpfl. ist oder als unbeschränkt stpfl. behandelt wird (insbes. die Voraussetzungen des § 1 Abs. 3 erfüllt).[8] Der PB nach Abs. 3 für ein behindertes Kind kann mithin nicht nach Abs. 5 auf einen im Inland unbeschränkt stpfl. Elternteil übertragen werden, wenn das Kind im Ausland außerhalb eines EU/EWR-Mitgliedstaates seinen Wohnsitz oder gewöhnlichen Aufenthalt hat und im Inland keine eigenen Einkünfte erzielt.[9] Eine Übertragung ist nur auf StPfl. möglich, die für das Kind Anspr. auf einen Freibetrag nach § 32 Abs. 6 oder auf Kindergeld haben.[10] Bis zum VZ 1999 setzte die Übertragung voraus, dass der StPfl. einen **Kinderfreibetrag oder Kindergeld** erhielt. Eine Übertragung ist nunmehr auch dann möglich, wenn der StPfl. einen Freibetrag nach § 32 Abs. 6 erhält. Dadurch wird erreicht, dass auch Eltern behinderter Kinder, deren sächliches Existenzminimum durch Eingliederungshilfe abgedeckt ist, die Möglichkeit haben, den dem Kind zustehenden Behinderten-PB auf sich übertragen zu lassen.[11] Im Fall einer teilstationären Unterbringung kann der Behinderten-PB nach Abs. 3 allerdings nicht zusätzlich zu den Leistungen der Eingliederungshilfe als behinderungsbedingter Mehrbedarf angesetzt werden.[12] Eine Übertragung kommt auch bei **Enkeln, Pflegekindern oder Stiefkindern** in Betracht (§ 32 Abs. 6 S. 8). Weitere Voraussetzung ist ein Antrag des StPfl. Bei **Kindern mit eigenen Einkünften** ist deren **Zustimmung** zur Übertragung zu fordern.[13]

12 **Rechtsfolge** des Abs. 5 S. 1 ist, dass der jeweilige PB **in vollem Umfang** auf den antragstellenden StPfl. übergeht. Das Kind kann in diesem Fall nicht ergänzend Aufwendungen nach § 33 geltend machen, denn durch die Übertragung wird das Wahlrecht des § 33b Abs. 1 zugunsten des PB ausgeübt. Da der (übertragene) PB nur Aufwendungen des Kindes abgilt, kann der StPfl. eigene Aufwendungen für sein behindertes Kind unter den Voraussetzungen des § 33 geltend machen.[14] Entgegen der Auffassung der FinVerw.[15]

1 BFH v. 14.10.1997 – III R 95/96, BFH/NV 1998, 1072; v. 8.8.1997 – VI R 158/90, BFH/NV 1998, 441.
2 BFH v. 20.3.2003 – III B 84/01, BFH/NV 2003, 1164.
3 BVerfG v. 17.1.2007 – 2 BvR 1059/03, nv.
4 BMF v. 13.4.2007, BStBl. I 2007, 438.
5 *K/S/M*, § 33b Rn. A 80.
6 H 33b „Hinterbliebenen-Pauschbetrag" EStH.
7 BFH v. 17.3.1989 – III B 43/87, BFHE 156, 198; FG Münster v. 11.7.1989 – XII-IV 6156/86 E, EFG 1990, 111; *H/H/R*, § 33b Anm. 64.
8 R 33b Abs. 3 EStR.
9 BFH v. 2.6.2005 – III R 15/04, BStBl. II 2005, 828.
10 Der Gesetzeswortlaut wurde insoweit durch das JStG 2007 (v. 13.12.2006, BGBl. I 2006, 2878, 2883) an § 31 S. 4 angepasst (BT-Drucks. 16/2712, 54).
11 BT-Drucks. 14/1513, 15; zur Kindergeldberechtigung in diesen Fällen vgl. BFH v. 15.10.1999 – VI R 182/98, BStBl. II 2000, 79; v. 15.10.1999 – VI R 183/97, BStBl. II 2000, 72; v. 15.10.1999 – VI R 40/98, BStBl. II 2000, 75.
12 BFH v. 9.2.2012 – III R 53/10, DStRE 2012, 736; v. 24.8.2004 – VIII R 50/03, BStBl. II 2010, 1052.
13 Vgl. auch *H/H/R*, § 33b Anm. 72; *B/B*, § 33b Rn. 62.
14 BFH v. 11.2.2010 – VI R 61/08, BStBl. II 2010, 621; R 33b Abs. 2 EStR.
15 R 33b Abs. 2 EStR.

dürfte es jedoch nicht generell ausgeschlossen sein, dass andere Pers. eigene Aufwendungen unter den Voraussetzungen des § 33 geltend machen.

II. Übertragung bei mehreren Berechtigten (Abs. 5 S. 2–4). Abs. 5 S. 2 und 3 regeln die Aufteilung der übertragenen PB bei mehreren Berechtigten. Es handelt sich um eine **eigenständige Regelung der Konkurrenzfälle**. Auch wenn der Kreis der Berechtigten nicht benannt ist, gilt diese Regelung für getrennt veranlagte Ehegatten und für Ehegatten, die die Voraussetzungen des § 26 nicht erfüllen, weil sie getrennt leben oder geschieden sind. Entspr. gilt für Lebenspartner in derselben Situation (§ 2 Abs. 8). Die Aufteilung des übertragenen PB nach S. 2 oder 3 ist nicht möglich, wenn der Freibetrag nach § 32 Abs. 6 auf den anderen Elternteil übertragen wurde (§ 32 Rn. 28), weil es dann nur einen Berechtigten gibt. Zwar ordnet S. 2 idF des 1. FamFördG[1] nunmehr an, dass die übertragenen Freibeträge **grds.** auf beide Elternteile **je zur Hälfte** aufzuteilen sind. Da die Übertragung nach S. 1 jedoch voraussetzt, dass der StPfl. Kindergeld oder einen Freibetrag nach § 32 Abs. 6 erhält, kommt eine Aufteilung nur auf Elternteile in Betracht, die diese Voraussetzung erfüllen. Dies stellt der durch das StVereinfG 2011 geänderte S. 2 klar, indem er anordnet, dass keine hälftige Aufteilung vorgenommen wird, wenn der Kinderfreibetrag auf den anderen Ehegatten übertragen wurde.[2] **Abs. 5 S. 3** erlaubt es, bis zur Bestandskraft des Steuerbescheides gemeinsam eine **anderweitige als die hälftige Aufteilung** zu beantragen. Nur durch eine erneute gemeinsame Erklärung kann das Wahlrecht der Eltern zu einer anderweitigen Aufteilung nachträglich anders ausgeübt werden.[3] Die frühere Beschränkung (bis VZ 99) auf Elternpaare, bei denen die Voraussetzung des § 26 Abs. 1 S. 1 nicht vorliegen, ist mit dem FamFördG entfallen. Für den Fall der **getrennten Veranlagung** sind für VZ **ab 2013** ag. Belastungen grds. dem Ehegatten zuzurechnen, der die Aufwendungen wirtschaftlich getragen hat. Auf übereinstimmenden Antrag der Ehegatten ist der grds. einem Ehegatten zustehende Behinderten-PB bei der Einzelveranlagung der Ehegatten jeweils zur Hälfte abzuziehen.[4] Für VZ **bis 2012** geht § 26a Abs. 2 S. 2, der eine hälftige Aufteilung vorschreibt (§ 26a Rn. 4), als lex specialis vor, ohne dass dies verfassungsrechtlich bedenklich wäre.[5] In Fällen, in denen der getrennt lebende Ehegatte nicht zugleich Elternteil des behinderten Kindes ist, hat das FG Nds. eine anderweitige Aufteilung anerkannt.[6] Abs. 5 S. 4 schließt ausdrücklich aus, dass bei Aufteilung statt des PB behinderungsbedingte Aufwendungen nach § 33 geltend gemacht werden können. Diese Einschränkung dürfte nach der Neuregelung durch das FamFördG auch dann gelten, wenn der übertragene PB nach S. 2 hälftig aufgeteilt wird. Ab dem VZ 2000 kann die anderweitige als die hälftige Aufteilung auch für die Festsetzung der ESt-Vorauszahlung oder im LSt-Ermäßigungsverfahren beantragt werden. Nach § 46 Abs. 2 Nr. 4a lit. e ist eine **Veranlagung zur ESt** vorzunehmen, wenn eine anderweitige als die hälftige Aufteilung beantragt wird. Es besteht unter bestimmten Voraussetzungen eine einklagbare familienrechtl. Verpflichtung zur Mitwirkung der Elternteile, wenn ein abw. Aufteilung des PB in Betracht kommt.[7] 13

E. Pflege-Pauschbetrag (Abs. 6)

I. Grundsatz. § 33b Abs. 6 ermöglicht den Abzug eines Pflege-PB iHv. 924 Euro anstelle einer Steuerermäßigung für ag. Belastungen nach § 33, sodass sich beide Vorschriften idR gegenseitig ausschließen. Die Ausschlusswirkung erstreckt sich aber nur auf solche ag. Belastungen, die durch den Pflege-PB abgegolten werden sollen, sodass zB die Fahrtkosten gehbehinderter Menschen neben dem Pflege-PB geltend gemacht werden können.[8] § 33b Abs. 6 setzt durch die Pflege bedingte außergewöhnliche und zwangsläufige Aufwendungen voraus; er soll nicht die Pflegeleistung selbst, sondern die mit den Pflegeleistungen typischerweise verbundenen Aufwendungen erfassen.[9] Dabei ist die **Zwangsläufigkeit** bei § 33b Abs. 6 nach **weniger strengen Kriterien** als gem. § 33 Abs. 2 zu beurteilen, denn der Zweck des Abs. 6 besteht nicht vorrangig in der Existenzsicherung, sondern darin, die häusliche Pflege zu stärken und die Pflege v. Schwerstpflegebedürftigen zu begünstigen.[10] Es genügt eine enge persönliche Beziehung zu der gepflegten Pers.[11] Soweit den Pflegepauschbetrag übersteigende Aufwendungen nach § 33 geltend gemacht werden, verbleibt es für 14

1 V. 22.12.1999, BGBl. I 1999, 2552 = BStBl. I 2000, 4.
2 G v. 1.11.2011, BGBl. I 2011, 2131 (2134); BT-Drucks. 17/6146, 15.
3 FG Saarl. v. 28.7.2003 – 2 K 83/03, EFG 2003, 1449.
4 BFH v. 20.12.2017 – III R 2/17, BStBl. II 2018, 468.
5 BFH v. 19.4.2012 – III R 1/11, BStBl. II 2012, 861; *Schmidt*[35], § 33b Rn. 29; H 26a EStH „Pauschbetrag für behinderte Menschen".
6 FG Nds. v. 12.5.2009 – 10 K 160/06, DStRE 2009, 1303.
7 BGH v. 24.2.1988 – IVb ZR 29/87, NJW 1988, 1720.
8 FG SchlHol. v. 8.12.1999 – V 557/98, EFG 2000, 1131.
9 FG Münster v. 15.4.2015 – 11 K 1276/13 E, EFG 2015, 1198.
10 BFH v. 21.1.2005 – III B 85/04, BFH/NV 2005, 1048.
11 BFH v. 29.8.1996 – III R 4/95, BStBl. II 1997, 199; v. 29.7.2004 – III B 155/03, BFH/NV 2004, 1646; FG Bremen v. 24.11.2004 – 4 K 100/04, EFG 2005, 365.

die Zwangsläufigkeit bei den strengeren Anforderungen des § 33 Abs. 2.[1] Die zu pflegende Pers. darf nicht nur vorübergehend hilflos sein. Die Hilflosigkeit wird in Abs. 6 S. 3 und 4 definiert (Rn. 16). Nicht nur vorübergehend ist idR ein Zeitraum v. **mehr als sechs Monaten** (vgl. Rn. 5). Der StPfl. kann den PB nur geltend machen, wenn er für die ag. Belastungen, die ihm durch die Pflege erwachsen, **keine Einnahmen** erhält. Hierzu gehört jeder Vermögenszufluss in Geld oder Geldeswert. Aus dem auch für § 33b geltenden Belastungsprinzip (§ 33 Rn. 13) folgt, dass **jede im Zusammenhang mit der Pflege gewährte Leistung** (zB Pflegevergütung, Aufwendungsersatz[2]) unabhängig v. der Höhe anzurechnen ist.[3] Zu den Einnahmen zählen damit nicht nur Entgelte für die Pflege oder Aufwendungsersatz, sondern auch andere nicht steuerbare Vermögenszuflüsse.[4] Auch das einem Pflegebedürftigen zustehende Pflegegeld nach § 37 Abs. 1 SGB XI, das an eine Pflegeperson weitergeleitet wird, gehört zu den Einnahmen.[5] Die Weiterleitung führt allerdings dann nicht zu Einnahmen, wenn das Pflegegeld ausschließlich dazu verwendet wird, Aufwendungen des Pflegebedürftigen zu ersetzen, wenn also Auslagen für den Gepflegten erstattet werden oder der Pflegeperson Mittel für die Begleichung v. Aufwendungen der pflegebedürftigen Pers. treuhänderisch zur Vfg. gestellt werden.[6] 33b Abs. 6 S. 2 bestimmt, dass **Pflegegelder für ein behindertes Kind unabhängig v. der Verwendung nicht zu den Einnahmen** iSd. S. 1 gehören. Der Gesetzgeber korrigierte mit dieser Regelung ein Urteil des BFH,[7] der das Pflegegeld nur dann nicht zu den Einnahmen zählte, wenn die Pflegeperson das Pflegegeld lediglich treuhänderisch für den Pflegebedürftigen verwaltete und deren tatsächliche ausschließliche Verwendung für den Pflegebedürftigen nachwies. Der Verzicht auf einen Nachweis der treuhänderischen Verwaltung soll eine Vereinfachung sowohl für den StPfl. als auch für die FinVerw. darstellen, Verwaltungsaufwand vermeiden und Streitpotential verhindern.[8] Die FinVerw. sieht folgende Beiträge der Pflegekasse ebenfalls nicht als Einnahmen an: Beiträge zur gesetzlichen Rentenversicherung (§ 44 Abs. 1 SGB XI), Zuschüsse zur Kranken- und Pflegeversicherung soweit keine beitragsfreie Familienversicherung für die Pflegeperson möglich ist (§ 44a SGB XI) und Beiträge zur Arbeitslosenversicherung (§ 349 Abs. 4a iVm. § 347 Nr. 10 SGB III).[9]

15 **II. Weitere Voraussetzungen.** Abs. 6 S. 5 stellt als weitere Voraussetzung auf, dass der StPfl. die Pflege in seiner Wohnung oder in der Wohnung des Pflegebedürftigen persönlich durchführen muss. Bis zum VZ 2012 konnte der PB nur für Pflegeleistungen im Inland (§ 1 Rn. 6) in Anspr. genommen werden. Das AmtshilfeRLUmsG[10] hat die Regelung **europatauglich** gemacht, indem es den Anwendungsbereich des PB auf die häusliche, persönlich durchgeführte Pflege im gesamten EU-/EWR-Ausland ausgeweitet hat. Damit wird die persönliche Pflege nunmehr unabhängig vom Ort der Pflege stl. honoriert. Voraussetzung ist aber auch für das EU-/EWR-Ausland, dass die **Hilflosigkeit der im Ausland pflegebedürftigen Person nachgewiesen** wird. Für das Inland wird der Nachweis über die Vorlage eines Schwerbehindertenausweises mit dem Merkzeichen „H"[11] oder der Nachweis der Einstufung als Schwerstpflegebedürftiger in die Pflegegrade 4 und 5 nach dem SGB XI geführt. Die Anerkennung einer im Ausland festgestellten Schwerbehinderung kann über ein im Schwerbehindertengesetz geregeltes Verfahren durch inländ. deutsche Behörden herbeigeführt werden.[12] Es ist **unschädlich**, wenn der StPfl. **zeitweise** v. einer ambulanten Pflegekraft **unterstützt** wird.[13] Unter Wohnungen des Pflegebedürftigen sind auch Altenheime, Altenwohnheime und andere Unterkünfte zu verstehen.[14] Ein StPfl. kann den Pflege-PB auch dann in Anspr. nehmen, wenn die Pflegeperson ganzjährig in einem Heim untergebracht ist und nur an den Wochenenden in der Wohnung des StPfl. betreut wird. Voraussetzung ist allerdings, dass die häuslichen Pflegemaßnahmen einen nicht nur geringfügigen Zeitraum einnehmen, dh. **mindestens 10 % des gesamten pflegerischen Zeitaufwandes** betragen.[15]

1 BFH v. 29.8.1996 – III R 4/95, BStBl. II 1997, 199.
2 Aufwandsentschädigung nach § 1835 BGB als schädliche Einnahme: FG Düss. v. 13.11.2017 – 15 K 3228/16 E, EFG 2018, 567 (Rev. VI R 52/17).
3 BFH v. 21.3.2002 – III R 42/00, BStBl. II 2002, 417.
4 ZB Zahlungen iRd. familiären Lebensgemeinschaft (BFH v. 14.9.1999 – IX R 88/95, BStBl. II 1999, 776), nicht aber die Übernahme der Rentenversicherungsbeiträge durch die Pflegekasse (FG Berlin v. 9.5.2001 – 6 K 6175/00, EFG 2001, 1373).
5 BFH v. 21.3.2002 – III R 42/00, BStBl. II 2002, 417.
6 BFH v. 17.7.2008 – III R 98/06, BFH/NV 2009, 131.
7 BFH v. 21.3.2002 – III R 42/00, BStBl. II 2002, 417; Anm. *Greite*, FR 2002, 745.
8 BT-Drucks. 15/1945, 21.
9 LfSt Bayern v. 20.7.2010, DB 2010, 1673.
10 G v. 26.6.2013, BGBl. I 2013, 1809.
11 Vgl. dazu LSG Berlin-Bdbg. v. 30.4.2014 – L 11 SB 67/11, juris.
12 BT-Drucks. 17/10000, 55.
13 R 33b Abs. 4 EStR.
14 Offenlassend: FG Düss. v. 13.11.2017 – 15 K 3228/16 E, EFG 2018, 567 (Rev. VI R 52/17).
15 FG München v. 14.2.1995 – 16 K 2261/94, EFG 1995, 722; *Kanzler*, FR 1992, 669 (674).

III. Hilflosigkeit. § 33b Abs. 6 S. 3 und 4 definieren die Hilflosigkeit in Übereinstimmung mit § 35 Abs. 1 BVG.[1] Die Hilfe muss für **gewöhnliche und regelmäßig wiederkehrende Verrichtungen** im täglichen Leben geleistet werden.[2] Hierunter fallen zunächst die auch v. der Pflegeversicherung (vgl. § 14 Abs. 4 SGB XI) erfassten Bereiche der Körperpflege (Waschen, Kämmen, Toilettenbenutzung), Ernährung (Zubereitung, Essen und Trinken) und Mobilität (sog. Grundpflege); hinzu kommen nach der Rspr. des BSG[3] Maßnahmen zur psychischen Erholung, geistige Anregung und Kommunikation (Sehen, Hören, Sprechen und Fähigkeit zur Interaktion). Dagegen gehört die Verrichtung hauswirtschaftlicher Arbeiten nicht zum Begriff der Hilflosigkeit iSd. § 33b.[4] Da die Voraussetzungen des § 15 Abs. 1 Nr. 3 SGB XI enger sind als die des § 33b Abs. 6,[5] besteht bei **Zuordnung zu den Pflegegraden 4 und 5** regelmäßig Hilflosigkeit. Auch wenn in Pflegegraden 4 und 5 v. einem Pflegeaufwand v. mindestens vier Stunden auszugehen ist, genügt es nach dem BSG für die Hilflosigkeit iSd. Abs. 6, dass die hilflose Pers. für mindestens zwei Stunden am Tag fremder Hilfe dauernd bedarf; bei einem täglichen Zeitaufwand für fremde Hilfe zw. einer und zwei Stunden ist Hilflosigkeit anzunehmen, wenn der wirtschaftliche Wert der erforderlichen Pflege besonders hoch ist.[6] Bei Kindern und Jugendlichen ist die Hilflosigkeit unter Beachtung der durchschnittlichen besonderen Fähigkeiten des Alters zu bestimmen.[7] Auch ein Säugling oder **Kleinkind** kann wegen einer Behinderung gesteigert pflegebedürftig und deshalb bereits ab Geburt hilflos sein.[8] 16

IV. Pflege durch mehrere Personen. Beteiligen sich mehrere Pers. an der Pflege, ist der PB stets nach Köpfen aufzuteilen, unabhängig davon, ob sich der Pflege-PB bei jedem StPfl. auswirkt.[9] Erhält eine der mehreren Pers. jedoch für die Pflege ein Entgelt, müsste sie nach dem Gesetzeswortlaut bei der Aufteilung nicht berücksichtigt werden, weil die Voraussetzungen des Abs. 6 S. 1 bei ihr nicht vorliegen.[10] Dies widerspricht jedoch dem Sinn und Zweck des G, der davon ausgeht, dass der Pflege-PB einer Pers. für die alleinige Pflege gewährt wird. Daher wird der PB auch aufgeteilt, wenn sich mehrere Pers. an der Pflege beteiligen, einige aber nach § 33 den Abzug ihrer tatsächlichen Aufwendungen beantragen oder auf eine stl. Geltendmachung verzichten.[11] Die **Aufteilung** ist **nach der Zahl der StPfl.** vorzunehmen, welche eine hilflose Pers. in ihrer Wohnung oder in der Wohnung des Pflegebedürftigen tatsächlich persönlich gepflegt haben.[12] Pflegt eine Pers. mehrere Pflegebedürftige, kann sie den PB für jede persönlich gepflegte Pers. geltend machen.[13] Der Pflege-PB kann neben einem nach Abs. 5 übertragenen Behinderten-PB in Anspr. genommen werden.[14] 17

F. Nachweis (Abs. 7)

I. Ermächtigung. Aufgrund der Ermächtigung in § 33b Abs. 7 ist in § 65 EStDV geregelt, wie der Nachweis, dass die Voraussetzungen für die Inanspruchnahme der PB vorliegen, zu führen ist. Soweit § 65 bestimmte Anforderungen für den Nachweis aufstellt, kann der StPfl. den Nachweis **nicht in einer anderen Form** führen.[15] Der Nachweis der Hilflosigkeit einer pflegebedürftigen Pers. kann zB nicht durch eine privatärztliche Bescheinigung erbracht werden.[16] Die nach § 65 EStDV erforderlichen Feststellungsbescheide des Versorgungsamtes sind **Grundlagenbescheide** iSd. § 171 Abs. 10 AO (s. auch Rn. 5).[17] Die Finanzbehörden sind an die Feststellungen über Zeitpunkt und Umfang der Behinderung gebunden,[18] da ihnen 18

1 BSG v. 12.2.2003 – B 9 SB 1/02 R, BFH/NV 2004, Beil. Nr. 2, 189 = HFR 2004, 921.
2 Dazu auch: LSG RhPf. v. 9.11.2016 – L 6 SB 94/16, juris; LSG Berlin-Bdbg. v. 28.1.2016 – L 13 SB 158/14, juris.
3 BSG v. 23.6.1993 – 9/9a RVs 1/91, BSGE 72, 285 = SozR 3-3870 § 4 Nr. 6; v. 10.12.2003 – B 9 SB 4/02 R, VersorgVerw 04, 65; v. 12.2.2003 – B 9 SB 1/02 R, BFH/NV 2004, Beil. Nr. 2, 189 = HFR 2004, 921.
4 BFH v. 27.2.1996 – X B 148/95, BFH/NV 1996, 603.
5 BSG v. 26.11.1998 SozR 3-3300 § 14 Nr. 9.
6 BSG v. 12.2.2003 – B 9 SB 1/02 R, BFH/NV 2004, Beil. Nr. 2, 189 = HFR 2004, 921; krit. *Kube*, NZS 2004, 458, der die mangelnde gesetzliche Bestimmtheit rügt und einen zeitlichen Betreuungsbedarf v. fünf Stunden für angemessen hält.
7 LSG Hess. v. 20.5.1999, E-LSG SB-022.
8 LSG RhPf. v. 27.4.1998 – L 4 Vs 47/97, juris; LSG Nds.-Bremen v. 25.4.2018 – L 13 SB 93/17, juris.
9 *Schmidt*[37], § 33b Rn. 38.
10 BFH v. 17.7.2008 – III R 98/06, BFH/NV 2009, 131.
11 BFH v. 19.6.2008 – III R 34/07, BFH/NV 2008, 1827.
12 BFH v. 14.10.1997 – III R 102/96, BStBl. II 1998, 20.
13 *K/S/M*, § 33b Rn. E 13.
14 R 33b Abs. 6 EStR.
15 BFH v. 20.2.2003 – III R 9/2, BStBl. II 2003, 476; v. 13.12.1985 – III R 204/81, BStBl. II 1986, 245, mwN; v. 14.4.2015 – VI B 143/14, BFH/NV 2015, 975.
16 FG BaWü. v. 7.11.1997 – 2 K 58/95, EFG 1998, 469; **aA** zu früheren Fassungen FG BaWü. v. 17.4.1998 – 14 K 95/93, EFG 1998, 1334.
17 BFH v. 22.9.1989 – III R 167/86, BStBl. II 1990, 60; v. 5.2.1988 – III R 244/83, BStBl. II 1988, 436; v. 13.12.1985 – III R 204/81, BStBl. II 1986, 245; v. 27.5.1998 – III B 22/98, BFH/NV 1998, 1474.
18 FG Münster v. 16.3.2000 – 3 K 668/99 E, EFG 2000, 684.

die eigene Sachkunde fehlt. Der Einwand, die gepflegte Pers. sei v. der Sozialbehörde zu Unrecht nicht als hilflos eingestuft worden, ist gegen den Bescheid der Sozialbehörde zu richten.[1] Dies ist verfassungsrechtl. unbedenklich.[2] Wird der Nachweis nicht nach Maßgabe des § 65 EStDV geführt, kann der StPfl. nur die tatsächlich nachgewiesenen Aufwendungen unter den Voraussetzungen des § 33 geltend machen.

19 **II. Nachweiserfordernisse gem. § 65 EStDV. Schwerbehinderte Menschen** (Rn. 6) müssen gem. § 65 Abs. 1 Nr. 1 EStDV den Nachweis durch einen Ausweis nach dem SGB IX oder durch einen Bescheid der für die Durchführung des BVG zuständigen Behörde führen. Entspr. § 33b Abs. 2 Nr. 2 ist der Nachweis für **minderbehinderte Menschen** (Rn. 6) gem. § 65 Abs. 1 Nr. 2 EStDV je nach Anspruchsgrundlage unterschiedlich zu führen. Bei Anspr. auf Rente oder andere Bezüge ist der Rentenbescheid oder der die anderen Bezüge nachweisende Bescheid vorzulegen. Steht dem StPfl. keine Rente oder andere lfd. Bezüge zu, ist eine Bescheinigung der für die Durchführung des BVG zuständigen Behörde aufgrund eines Feststellungsbescheides nach § 152 Abs. 1 SGB IX vorzulegen, die eine Äußerung darüber enthält, ob die Behinderung zu einer dauernden Einbuße der körperlichen Beweglichkeit geführt hat oder auf einer typischen Berufskrankheit beruht (§ 65 Abs. 1 Nr. 2a EStDV). Wenn die Bescheinigungen nur noch in elektronischer Form übermittelt werden, genügt es, einen Ausdruck einer solchen elektronisch übermittelten Bescheinigung vorzulegen.[3] **Blinde** oder **Hilflose** können den Nachweis entweder durch einen Ausweis nach dem SGB IX mit den Merkzeichen „Bl" oder „H"[4] führen oder durch einen Bescheid der für die Durchführung des BVG zuständigen Behörde, der die entspr. Feststellungen enthält (§ 65 Abs. 2 S. 1 EStDV). Die Hilflosigkeit kann auch durch einen Bescheid mit der Einstufung als Schwerstpflegebedürftiger in Pflegegrad 4 und 5[5] (früher III) nach § 15 SGB XI, dem BSHG oder diesen entspr. gesetzlichen Bestimmungen nachgewiesen werden (§ 65 Abs. 2 S. 2 EStDV).[6] **§ 65 Abs. 3 EStDV** regelt, dass Voraussetzung für die Gewährung des Pauschbetrags ist, dass der StPfl. Inhaber der erforderlichen Unterlagen ist. Bei der erstmaligen Geltendmachung fordert § 65 Abs. 3 Satz 2 EStDV, dass der StPfl. die Nachweise zusammen mit der Steuererklärung oder einem Antrag auf LSt-Ermäßigung vorlegt. Diese Regelung dürfte v. der Ermächtigungsgrundlage des § 33b Abs. 7 nicht gedeckt sein und stellt **keine Ausschlussfrist** dar, da der Antrag auf einen PB nach § 33b nicht fristgebunden ist. Mit dem G zur Modernisierung des Besteuerungsverfahrens[7] ist in § 65 Abs. 3a EStDV geregelt worden, dass die Gewährung des Behinderten-Pauschbetrags voraussetzt, dass bestimmte Daten durch die zuständige Stelle nach § 93c AO übermittelt werden, ohne dass diese für eine fehlerhafte Datenübermittlung haftet. Diese Regelung gilt erst dann, wenn die erforderlichen Programmierarbeiten abgeschlossen sind (§ 84 Abs. 3f EStDV). Kann in **Todesfällen** der Rechtsnachfolger die Nachweise nach § 65 Abs. 1 oder 2 nicht vorlegen, genügt eine gutachterliche Stellungnahme der zur Durchführung des BVG zuständigen Behörde (Versorgungsamt), die das FA einzuholen hat (§ 65 Abs. 4).[8]

§ 33c

(weggefallen)

1 *Benutzerhinweis: Die Vorschrift wurde durch das G zur stl. Förderung v. Wachstum und Beschäftigung v. 24.4.2006[9] aufgehoben und durch § 4f aF, § 9 Abs. 5 und § 10 Abs. 1 Nr. 5 und 8 ersetzt. Durch Art. 1 des Familienleistungsgesetzes v. 22.12.2008[10] wurden die Kinderbetreuungskosten sodann mWv. VZ 2009 in § 9c zusammengefasst.[11] § 9c wurde durch das StVereinfG 2011[12] aufgehoben. Der Regelungsinhalt des § 9c wurde modifiziert in § 10 Abs. 1 Nr. 5 übernommen. Auf die jeweiligen Kommentierungen wird verwiesen.*

1 BFH v. 4.5.2004 – III B 118/03, juris.
2 BVerfG v. 7.6.1993 – 1 BvR 68/89, juris.
3 R 33b Abs. 9 EStR.
4 Zu den Voraussetzungen: *Birnbaum*, SGb 2011, 630.
5 BMF v. 19.8.2016, BStBl. I 2016, 804.
6 Dies gilt auch in den Fällen des § 33b Abs. 6: BFH v. 20.2.2003 – III R 9/02, BStBl. II 2003, 476.
7 G v. 18.7.2016, BGBl. I 2016, 1679.
8 Dazu FG Hbg. v. 18.10.2001 – II 780/99, EFG 2002, 280.
9 V. 26.4.2006, BGBl. I 2006, 1091.
10 V. 22.12.2008, BGBl. I 2008, 2955.
11 Zur Entwicklung der stl. Berücksichtigung v. Kinderbetreuungskosten: *Hölzer*, NJW 2008, 2145.
12 V. 1.11.2011, BGBl. I 2011, 2131 (2132).

§ 34 Außerordentliche Einkünfte

(1) [1]Sind in dem zu versteuernden Einkommen außerordentliche Einkünfte enthalten, so ist die auf alle im Veranlagungszeitraum bezogenen außerordentlichen Einkünfte entfallende Einkommensteuer nach den Sätzen 2 bis 4 zu berechnen. [2]Die für die außerordentlichen Einkünfte anzusetzende Einkommensteuer beträgt das Fünffache des Unterschiedsbetrags zwischen der Einkommensteuer für das um diese Einkünfte verminderte zu versteuernde Einkommen (verbleibendes zu versteuerndes Einkommen) und der Einkommensteuer für das verbleibende zu versteuernde Einkommen zuzüglich eines Fünftels dieser Einkünfte. [3]Ist das verbleibende zu versteuernde Einkommen negativ und das zu versteuernde Einkommen positiv, so beträgt die Einkommensteuer das Fünffache der auf ein Fünftel des zu versteuernden Einkommens entfallenden Einkommensteuer. [4]Die Sätze 1 bis 3 gelten nicht für außerordentliche Einkünfte im Sinne des Absatzes 2 Nummer 1, wenn der Steuerpflichtige auf diese Einkünfte ganz oder teilweise § 6b oder § 6c anwendet.

(2) Als außerordentliche Einkünfte kommen nur in Betracht:

1. **Veräußerungsgewinne im Sinne der §§ 14, 14a Absatz 1, der §§ 16 und 18 Absatz 3 mit Ausnahme des steuerpflichtigen Teils der Veräußerungsgewinne, die nach § 3 Nummer 40 Buchstabe b in Verbindung mit § 3c Absatz 2 teilweise steuerbefreit sind;**
2. **Entschädigungen im Sinne des § 24 Nummer 1;**
3. **Nutzungsvergütungen und Zinsen im Sinne des § 24 Nummer 3, soweit sie für einen Zeitraum von mehr als drei Jahren nachgezahlt werden;**
4. **Vergütungen für mehrjährige Tätigkeiten; mehrjährig ist eine Tätigkeit, soweit sie sich über mindestens zwei Veranlagungszeiträume erstreckt und einen Zeitraum von mehr als zwölf Monaten umfasst.**

(3) [1]Sind in dem zu versteuernden Einkommen außerordentliche Einkünfte im Sinne des Absatzes 2 Nummer 1 enthalten, so kann auf Antrag abweichend von Absatz 1 die auf den Teil dieser außerordentlichen Einkünfte, der den Betrag von insgesamt 5 Millionen Euro nicht übersteigt, entfallende Einkommensteuer nach einem ermäßigten Steuersatz bemessen werden, wenn der Steuerpflichtige das 55. Lebensjahr vollendet hat oder wenn er im sozialversicherungsrechtlichen Sinne dauernd berufsunfähig ist. [2]Der ermäßigte Steuersatz beträgt 56 Prozent des durchschnittlichen Steuersatzes, der sich ergäbe, wenn die tarifliche Einkommensteuer nach dem gesamten zu versteuernden Einkommen zuzüglich der dem Progressionsvorbehalt unterliegenden Einkünfte zu bemessen wäre, mindestens jedoch 14 Prozent. [3]Auf das um die in Satz 1 genannten Einkünfte verminderte zu versteuernde Einkommen (verbleibendes zu versteuerndes Einkommen) sind vorbehaltlich des Absatzes 1 die allgemeinen Tarifvorschriften anzuwenden. [4]Die Ermäßigung nach den Sätzen 1 bis 3 kann der Steuerpflichtige nur einmal im Leben in Anspruch nehmen. [5]Erzielt der Steuerpflichtige in einem Veranlagungszeitraum mehr als einen Veräußerungs- oder Aufgabegewinn im Sinne des Satzes 1, kann er die Ermäßigung nach den Sätzen 1 bis 3 nur für einen Veräußerungs- oder Aufgabegewinn beantragen. [6]Absatz 1 Satz 4 ist entsprechend anzuwenden.

Literatur: *Bareis*, Grundgesetz und Grenzsteuer: Eine nachdrückliche Aufforderung zur Änderung des § 34 Abs. 1 EStG, FR 2015, 577; *Bartsch*, Die Besteuerung des Auflösungsgewinns eines bei Übergang zur Tonnagegewinnermittlung nach § 5a Abs. 4 EStG gebildeten Unterschiedsbetrages, BB 2009, 1049; *Bode*, Tarifbegünstigung bei Veräußerung eines Mitunternehmeranteils, NWB 2015, 1374; *Briese*, Ermäßigte Besteuerung nach der Fünftelregelung von Einmalzahlungen der betrieblichen Altersversorgung?, BB 2017, 471; *Briese*, Fünftelregelung in der betrieblichen Altersversorgung anhand von Fallbeispielen, DStR 2017, 2347; *Dabitz*, Besteuerung von Erwerbsschadensersatz bei Personenschäden, zfs 2016, 364; *Desens*, Die neue Vertrauensschutzdogmatik des Bundesverfassungsgerichts für das Steuerrecht, StuW 2011, 155; *Doege*, Abgrenzungsfragen zur Betriebsveräußerung/Betriebsaufgabe und den Steuerermäßigungen gem. §§ 16, 34 EStG, DStZ 2008, 474; *Geserich*, Die steuerliche Behandlung von Aktienüberlassungen und Aktienoptionen, DStR Beihefter 23/2014, 53; *Geserich*, Die ermäßigte Besteuerung von Entlassungsentschädigungen, DB 2016, 1953; *Görgen*, Die Neuausrichtung der Realteilung als Chance auf Rechtssicherheit, DStZ 2017, 279; *Günther*, Praxisnachfolge für Ärzte, StB 2018, 56; *Haas*, Der Gewinn aus der Restschuldbefreiung – eine Steuerfalle, DStR 2018, 2129; *Herlinghaus*, Betriebsbegriff und „Gesamtplan" bei Unternehmensveräußerungen und -umstrukturierungen, FR 2014, 441; *Hey*, Wird die Gesetzesverkündung wieder zum Maß des Vertrauensschutzes?, NJW 2007, 408; *Höke*, Schadensersatz und Steuerrecht, NZV 2016, 10; *Houben*, Das Zusammenwirken von Fünftelregelung nach § 34 Abs. 1 und ermäßigtem Steuersatz nach Abs. 3 EStG bei außerordentlichen Einkünften, DStR 2006, 200; *Hummel*, Maßgeblicher Zeitpunkt der Beendigung des verfassungsrechtlichen Vertrauensschutzes bei rückwirkenden Gesetzen, DStR 2003, 1; *Jahndorf/Lorscheider*, Verfassungswidrige Besteuerung außerordentlicher Einkünfte gem. § 34 Abs. 1 S. 2 EStG, FR 2000, 433; *Korezkij*, Nochmals: Junge Entwicklung der Rechtsprechung zur Besteuerung außerordentlicher Einkünfte nach § 34 Abs. 1 EStG, DStR 2006, 452; *Korezkij/Siegel*, Zur Beziehung zwischen Fünftelregelung und Progressionsvorbehalt, DStR 2005, 577; *List*, Entspricht die Besteuerung außerordentlicher Einkünfte (§ 34 EStG) dem Grundgesetz?, BB 2003, 761; *Mader*, Neue Rechtsprechung zur Besteuerung von Entschädigungen, B+P 2018, 471; *Müller/Dorn/Schwarz*, Variable Veräußerungsentgelte – Grundsätzliches Hindernis für eine Steuerbegünstigung nach § 34 EStG?, NWB 2017, 2906; *Nettesheim/Gottwald*, Fünftelregelung bei Abfindungszahlungen, EStB 2012, 148; *Neufang/Schäfer/Stahl*, Pensionszusagen – Maßnahmen zur „Entsorgung", BB 2017, 1559; *Rautenberg*, Betriebswirtschaftliche Analyse als Beitrag zur Steuerrechtsinterpretation und -gestaltung, FS Bareis, 2005, 211; *H. Richter*, Geringfügige Fortsetzung steuerberatender Tätigkeit nach Praxisveräußerung, Stbg. 2008, 16; *Richter/John*, Gewinnrealisierungen bei dem Ausscheiden von Partnern aus Freiberufler-Sozietäten, FR 2016, 606; *Röhner*, Verlustausgleich bei außerordentlichen Einkünften, BB 2001, 1126; *Schulze zur Wiesche*, Umstrukturierung von Unternehmen und Gesamtplanrechtsprechung, DStR 2012, 1420; *Schulze zur Wiesche*, Betriebs- und Anteilsveräußerungen, Tarifbegünstigung, Gesamtplanrechtsprechung, DStR 2015, 1161; *Schulze zur Wiesche*, Betriebsaufgabe und Ermittlung des Veräußerungs- und Aufgabegewinns in der jüngsten BFH-Rspr., DB 2015, 2655; *Siegel*, Einkommensteuer bei Zusammentreffen von Progressionsvorbehalt und Fünftelregelung, BB 2004, 914; *Siegel*, Zur Konstruktion eines verfassungsgemäßen § 34 EStG, DStR 2007, 978; *Siegel*, Außerordentliche Einkünfte und Progressionsvorbehalt: Systematik der Besteuerung und Analyse der Rechtsprechung FR 2008, 389; *Siegel*, Verfassungswidrige Wirkungen der §§ 34 und 32b EStG sowie ihre Beseitigung, FR 2010, 445; *Siegel*, Kann eine enteignende Steuer verfassungsgemäß sein?, DStR 2015, 1419; *Siegel/Diller*, Rückzahlung von Arbeitslosengeld mit nachentrichtetem Lohn; Zusammentreffen von Tarifermäßigung mit negativem Progressionsvorbehalt, DStR 2008, 244; *Siegel/Diller*, Fünftelregelung und Progressionsvorbehalt, DStR 2008, 178; *Sobanski*, Gesamtpläne im Rahmen von Betriebsveräußerungen und -aufgaben – nur eine Frage der Tarifermäßigung nach § 34 EStG?, FR 2017, 384; *Stövhase*, Zusammenspiel zwischen tariflichen Rundungsvorschriften und Fünftelregelung nach § 34 Abs. 1 EStG ermöglicht negative Grenzsteuersätze auch schon in einfachen Fällen, ZSteu. 2012, 10; *Wacker*, Veräußerungsgewinne und Tarifbegünstigung – tarifbegünstigte Veräußerung trotz vorangegangener Ausgliederung, JbFfSt 2011/2012, 445; *Wacker*, Veräußerungsgewinne und Tarifbegünstigung – Leasing-Fonds – Abgrenzung laufender tarifbegünstigter Gewinne, JbFfSt 2011/2012, 450; *Wacker*, Zur Gesamtplanrechtsprechung bei Übertragung betrieblicher Einheiten – eine Zwischenbilanz aus ertragsteuerlicher Sicht des BFH, Ubg 2016, 245; *Weber-Grellet*, Die Entwicklung der Rechtsprechung des BFH zu den Entschädigungen iSd. §§ 24, 34 EStG, BB 2004, 1877; *Zugmaier*, Steuerbegünstigte Entschädigung und Nutzung des Dienstwagens über das Beschäftigungsende hinaus, DB 2002, 1401.

A. Grundaussagen der Vorschrift

1 Die ESt beruht auf dem materiellen Prinzip der jährlichen Besteuerung (§ 2 Rn. 119 f.). Dieser Zeitraum bestimmt zugleich den zeitlichen Anwendungsbereich des progressiven Tarifs. Dabei geht das EStG davon aus, dass der Steuerstaat gegenwartsnah an dem Erwerbserfolg des StPfl. teilnimmt.[1] Praktische Bedeutung erlangt der Zeitrahmen für die Progression, wenn das Einkommen dem StPfl. nicht regelmäßig und in den Zeiträumen zufließt, in denen es erwirtschaftet wird, sondern wenn **Vergütungen oder Einkünfte für mehrere Jahre in einer Summe zufließen**. In diesen Fällen wird der StPfl. durch die Progression idR überproportional belastet, weil ein regelmäßiger und verteilter Zufluss des Einkommens vielfach zu einem

1 *K/S/M*, § 2 Rn. H 2 ff.

niedrigeren progressiven Tarif und damit zu einer niedrigeren Gesamtsteuerbelastung führen würde. Um diese Härten auszugleichen, kennt das EStG seit jeher[1] eine Tarifbegünstigung v. außerordentlichen Einkünften, die auf einer Zusammenballung v. Einnahmen (Rn. 8 ff.) beruhen. Die Tarifermäßigung außerordentlicher Einkünfte **korrigiert erhöhte Belastungen**, die sich durch den auf den VZ bezogenen progressiven Tarif ergeben und **ergänzt das Jahressteuerprinzip systematisch**.

Abs. 1 regelt eine **Tarifermäßigung** für diejenigen Einkünfte, die zwar in einem Steuerabschnitt zufließen, 2
aber das Entgelt der Leistungsfähigkeit aus mehreren Steuerabschnitten sind. Die Regelung soll **Spitzenbelastungen abmildern**, die sich aus der progressiven Besteuerung der zusammengeballt zugeflossenen Einkünfte ergeben. Die Milderung der Steuerbelastung soll dadurch erreicht werden, dass eine rechnerische Verteilung der außerordentlichen Einkünfte auf fünf Jahre fingiert wird (ausf. Rn. 39). Dabei wird unterstellt, dass das übrige zu versteuernde Einkommen in allen fünf Jahren unverändert ist. Abs. 2 zählt abschließend diejenigen Einkünfte auf, für die die Tarifermäßigung in Betracht kommt. Abs. 3 bestimmt, dass für Gewinne aus Betriebsveräußerungen und BetrAufg. zur Absicherung der Altersvorsorge des Unternehmers einmalig ein ermäßigter Steuersatz (bis VZ 2003: 50 % ab VZ 2004: 56 %) in Anspr. genommen werden kann (Rn. 44 ff.). § 34 schafft weder eine neue Einkunftsart noch wird die Ermittlung des Einkommens dem Grunde nach geändert. Es handelt sich vielmehr um eine **eigenständige Steuerberechnung für eine besondere Art v. Einkünften**, die zu einer Tarifermäßigung führen kann.

Außerordentliche Einkünfte sind **in der Vergangenheit nach unterschiedlichen Maßstäben begünstigt** 3
worden. Bis 1998 wurden Veräußerungsgewinne, Entschädigungen und Nutzungsvergütungen mit der Hälfte des durchschnittlichen Steuersatzes besteuert, soweit die außerordentlichen Einkünfte den Betrag v. 15 Mio. DM (bis 1.8.1997 = 30 Mio. DM)[2] nicht überstiegen. Vergütungen für eine mehrjährige Tätigkeit wurden entspr. der heutigen Tarifermäßigung, aber bezogen auf drei Jahre, begünstigt. Durch das **StEntlG 1999/2000/2002** wurde die **heutige Berechnung der Steuerermäßigung** gleichmäßig für alle außerordentlichen Einkünfte eingeführt, die ab dem VZ 1999 nur auf zunächst unwiderruflichen Antrag gewährt wurde. Die Unwiderruflichkeit des Antrags wurde rückwirkend durch das StSenkG beseitigt. Gleichzeitig wurde Abs. 2 Nr. 1 an die Systemumstellung auf das Halbeinkünfteverfahren (jetzt Teileinkünfteverfahren) angepasst (Rn. 21). Die Begünstigung v. Veräußerungsgewinnen mit dem ermäßigten Steuersatz gem. Abs. 3 geht auf die Forderung des Bundesrates zurück, der nur unter dieser Bedingung dem Gesetzentwurf eines StSenkG zugestimmt hat. Durch das StÄndG 2001 wurde das Antragserfordernis gestrichen.

Das BVerfG hat § 34 Abs. 1 für **verfassungswidrig und nichtig** erklärt, soweit danach für Entschädigun- 4
gen im Sinne des § 24 Nr. 1 lit. a die Fünftel-Regelung anstelle des zuvor geltenden halben durchschnittlichen Steuersatzes auch dann zur Anwendung kommt, wenn diese **im Jahr 1998, aber noch vor der Einbringung der Neuregelung in den Deutschen Bundestag am 9.11.1998 verbindlich vereinbart und im Jahr 1999 ausgezahlt wurden**, oder – unabhängig vom Zeitpunkt der Vereinbarung – noch **vor der Verkündung** der Neuregelung am 31.3.1999 **ausgezahlt wurden**.[3] Dies gilt auch für die Veräußerungen von im PV gehaltenen Anteilen an einer KapGes. iSd. § 17. Soweit die Fünftelregelung des Abs. 1 mit Wirkung zum 1.1.1999 durch das am 24.3.1999 beschlossene und am 31.3.1999 verkündete StEntlG 1999/2000/2002 an die Stelle des bis dahin geltenden halben durchschnittlichen Steuersatzes getreten ist, handelt es sich nach Auffassung des 2. Senats des BVerfG zwar um eine unechte Rückwirkung, sodass § 34 damit für künftige belastende Rechtsfolgen an zurückliegende Sachverhalte anknüpft.[4] Diese unechte Rückwirkung ist zwar nicht grundsätzlich unzulässig, mit den grundrechtlichen und rechtsstaatlichen Grundsätzen des Vertrauensschutzes jedoch nur vereinbar, wenn sie zur Förderung des Gesetzeszwecks geeignet und erforderlich ist und wenn bei einer Gesamtabwägung zwischen dem Gewicht des enttäuschten Vertrauens und dem Gewicht und der Dringlichkeit der die Rechtsänderung rechtfertigenden Gründe die Grenze der Zumutbarkeit gewahrt bleibt.[5] Soweit Vereinbarungen vor dem Jahr 1998 oder nach Einbringung des Gesetzentwurfs am 9.11.1998 getroffen wurden, besteht kein Vertrauensschutz, es sei denn, dass die Entschädigung vor dem Inkrafttreten der Neuregelung am 31.3.1999 zugeflossen ist. In den Fällen jedoch, in denen die Entschädigung vor dem 31.3.1999 zugeflossen ist oder zwischen dem 1.1. und 8.11.1998 vereinbart wurden, überwiegt das Vertrauen des StPfl. das Änderungsinteresse des Gesetzgebers.[6] Damit reicht die Entscheidung des BVerfG weiter als die zuvor ergangene Rechtsprechung des BFH, die die Regelung gene-

1 § 34 geht zurück auf §§ 23, 25 EStG 1920.
2 Zur Verfassungsmäßigkeit: BFH v. 26.1.2011 – IX R 81/06, BStBl. II 2012, 658.
3 BVerfG v. 7.7.2010 – 2 BvL 1/03, 2 BvL 57/06, 2 BvL 58/06, BVerfGE 127, 31 = DStR 2010, 1736; vgl. dazu auch *Musil/Lammers*, BB 2011, 155; *Desens*, StuW 2011, 113; *Gelsheimer/Meyen*, DStR 2011, 193; *Momen*, BB 2011, 2781; *Birk*, FR 2011, 1.
4 Zur Kritik an der veranlagungszeitbezogenen Rechtsprechung: *Mellinghoff*, in: DStJG (27) 2004, 25 (43 f.).
5 Vgl. auch BVerfG v. 7.7.2010 – 2 BvL 14/02, 2 BvL 2/04, 2 BvL 13/05, BVerfGE 127, 1 = BStBl. II 2011, 76.
6 BVerfG v. 7.7.2010 – 2 BvL 1/03, 2 BvL 57/06, 2 BvL 58/06, BVerfGE 127, 31 = DStR 2010, 1736.

rell für verfassungsgemäß gehalten hat, soweit Entschädigungen erfasst werden, die zu einem Zeitpunkt vereinbart wurden, in dem die beabsichtigte Gesetzesänderung bekannt war.[1] Darüber hinaus werden **weitere verfassungsrechtl. Bedenken** erhoben. Diese richten sich gegen den Tarifverlauf des Abs. 1, die rückwirkende Einführung der Fünftelregelung des Abs. 1 und den grds. Ausschluss der Veräußerungsgewinne v. der Tarifermäßigung (Abs. 1 aF; Abs. 3 nF) für die Jahre 1999/2000.[2] In mehreren Entscheidungen hat der BFH inzwischen die **Abschaffung des halben Einkommensteuersatzes für Veräußerungsgewinne der Jahre 1999 und 2000** gebilligt und eine Verpflichtung des Gesetzgebers, rückwirkend eine Übergangsregelung zu schaffen, abgelehnt.[3] Dabei stellt er wesentlich darauf ab, dass die Neuregelung im Gegensatz zur früheren Regelung eine Sozialzwecknorm sei und in Fällen des Systemwechsels eine rückwirkende Übergangsregelung verfassungsrechtl. nicht geboten sei. In der Entscheidung v. 7.3.2003 wird jedoch ausdrücklich darauf hingewiesen, dass im Einzelfall eine **Billigkeitsmaßnahme** geboten sein kann, soweit die ermäßigte Besteuerung konkreter Bestandteil eines Konzepts der Altersversorgung des aufgebenden Unternehmers war und die Abschaffung des halben Steuersatzes zu einer gravierenden Gefährdung der Altersversorgung führt.[4] Soweit die Berechnung des Abs. 1 sich dahin auswirkt, dass es zu einer erheblichen Mehrbelastung zusätzlicher nicht begünstigter Einkünfte kommen kann (Rn. 42), wird ein Verstoß gegen Art. 3 und Art. 12 GG geltend gemacht.[5] Diese Bedenken sind bisher v. der Rspr. nicht geteilt worden.[6]

5 § 34 kann v. **unbeschränkt StPfl.** in vollem Umfang in Anspr. genommen werden. **Zusammenveranlagte Ehegatten** werden bei der Zusammenveranlagung gemeinsam als StPfl. behandelt (§ 26b); in bestimmten Fällen kann durch die getrennte Veranlagung eine höhere Steuerentlastung erreicht werden (Rn. 58). **Beschränkt StPfl.** konnten früher die Tarifermäßigung des § 34 Abs. 1 nur für Veräußerungsgewinne iSd. §§ 14, 16 und 18 Abs. 3 geltend machen (§ 50 Abs. 1 S. 3, 4), nicht jedoch für einen Veräußerungsgewinn gem. § 14a oder für § 24 Nr. 1 und 3 (vgl. § 50 Abs. 1 S. 3 und 4 aF). Diese Einschränkungen sind durch die Streichung des § 50 Abs. 1 S. 3 aF im JStG 2008 entfallen[7] Bei § 34 handelt es sich um eine sachliche Steuerbegünstigung, die jedenfalls dann v. den **Erben** des StPfl. in Anspr. genommen werden kann, wenn sie die Steuern des Erblassers zahlen. § 34 ist im KSt-Recht nicht anwendbar.[8]

B. Außerordentliche Einkünfte (Abs. 1 S. 1, Abs. 2)

6 **I. Tatbestand der außerordentlichen Einkünfte (Abs. 1 S. 1). 1. Außerordentlichkeit.** Abs. 1 S. 1 setzt den Begriff der außerordentlichen Einkünfte voraus, definiert ihn aber nicht. Auch Abs. 2 enthält keine Definition der außerordentlichen Einkünfte, sondern zählt abschließend (Rn. 14) diejenigen Einkünfte auf, für die die Ermäßigung des Abs. 1 „in Betracht kommt". Alleine die Tatsache, dass einzelne Einkünfte in Abs. 2 genannt werden, bedeutet noch nicht, dass ein Anspr. auf die Tarifermäßigung des Abs. 1 besteht. Es ist vielmehr im Einzelfall zu prüfen, ob es sich um außerordentliche Einkünfte iSd. Abs. 1 handelt.

7 Außerordentlich ist ein **ungewöhnlicher, bedeutsamer und untypischer Vorgang**. Außerordentliche Einkünfte sind deshalb abzugrenzen v. den regelmäßigen lfd. Einkünften und v. den in einer Einkunftsart typischerweise anfallenden Vermögensmehrungen. Die in Abs. 2 beschriebenen Einkünfte beruhen idR auf ungewöhnlichen und seltenen Geschäftsvorfällen. Die Tatbestände des **Abs. 2 indizieren die Außerordentlichkeit** der jeweiligen Einkünfte. Veräußerungs- und Aufgabegewinne (Nr. 1) beenden eine Erwerbstätigkeit. Entschädigungen (Nr. 2) gleichen eine finanzielle Einbuße infolge der Beeinträchtigung v. Rechtsgütern des StPfl. aus. Nutzungsvergütungen (Nr. 3) setzen voraus, dass das Nutzungsverhältnis durch hoheitlichen Druck begründet wird. Den Vergütungen für mehrjährige Tätigkeiten (Nr. 4) liegt idR nicht die typische regelmäßige Erwerbstätigkeit zugrunde. Einkünfte aus außerordentlicher Holznutzung,

---

1 BFH v. 27.8.2002 – XI B 94/02, BStBl. II 2003, 18; v. 9.3.2004 – X B 173/03, BFH/NV 2004, 956; v. 13.11.2003 – XI B 47/03, BFH/NV 2004, 487.

2 Dazu *K/S/M*, § 34 Rn. A 99 ff.; *List*, BB 2003, 761; *Hummel*, DStR 2003, 1; zusammenfassend *Korezkij*, DStR 2006, 452.

3 BFH v. 10.7.2002 – XI B 68/02, BStBl. II 2003, 341; v. 9.12.2002 – X B 28/02, BFH/NV 2003, 471; v. 25.2.2003 – VIII B 253/02, BFH/NV 2003, 624; v. 25.2.2003 – III B 130/02, BFH/NV 2003, 773; v. 7.3.2003 – IV B 163/02, BFH/NV 2003, 777; v. 9.3.2010 – VIII R 109/03, BFH/NV 2010, 1266; v. 29.11.2006 – XI B 129/06, BFH/NV 2007, 441 und v. 6.12.2006 – X R 22/06, BFH/NV 2007, 442; v. 23.8.2006 – II R 42/04, BFH/NV 2007, 761; *Korezkij*, DStR 2006, 452 (454); aus ökonomischer Sicht für eine Einbeziehung der Jahre 1999 und 2000 in die Begünstigung des Abs. 3: *Rautenberg*, FS Bareis, 2005, 211 (229).

4 BFH v. 7.3.2003 – IV B 163/02, BFH/NV 2003, 777; s. auch *Wendt*, FR 2003, 583.

5 *Jahndorf/Lorscheider*, FR 2000, 433 (435).

6 BFH v. 6.12.2006 – X R 22/06, BFH/NV 2007, 442; v. 28.4.2010 – III R 86/07, BStBl. II 2011, 259; v. 23.10.2015 – IX B 74/15, BFH/NV 2016, 193; FG BaWü. v. 26.6.2002 – 1 V 9/02, EFG 2002, 1171 und v. 25.2.2002 – 6 V 71/01, EFG 2002, 684; vgl. auch *H/H/R*, § 34 Anm. 4.

7 *Schmidt*[37], § 50 Rn. 19.

8 BFH v. 21.2.1991 – IV R 93/89, BStBl. II 1991, 455.

die bis zum VZ 2011 gem. § 34 Abs. 2 Nr. 5 aF tarifbegünstigt waren[1], setzten bereits im Tatbestand außerordentliche Einkünfte voraus. Im Hinblick auf diese Besonderheiten bedarf es idR keiner gesonderten Prüfung, ob es sich bei den in Abs. 2 beschriebenen Einkünften jeweils um ungewöhnliche und seltene Einkünfte der jeweiligen Einkunftsart handelt.

2. Zusammenballung. Die außerordentlichen Einkünfte gem. Abs. 1 S. 1 sind jedoch nicht alleine dadurch gekennzeichnet, dass es sich um ungewöhnliche und unregelmäßige Einkünfte handelt. Die ermäßigte Besteuerung nach Abs. 1 bezweckt, diejenigen Härten auszugleichen, die sich aus der progressiven Besteuerung ergeben. Es muss sich daher um eine Zusammenballung v. Einnahmen handeln, die sich bei normalem Ablauf auf mehrere Jahre verteilt hätten, da andernfalls ein sachlicher Grund für die v. der Vorschrift bezweckte Milderung der tariflichen Spitzenbelastung nicht vorliegt.[2] Danach sind außerordentliche Einkünfte stets **einmalige, für die jeweilige Einkunftsart ungewöhnliche Einkünfte, die das zusammengeballte Ergebnis mehrerer Jahre darstellen.**[3] Die zusammengeballten Einkünfte müssen geeignet sein, eine infolge der Progressionswirkung des Tarifs höhere stl. Belastung des gesamten Einkommens auszulösen.[4] Es ist jedoch nicht erforderlich, dass es durch die Zusammenballung der Einkünfte tatsächlich zu einer Verschärfung der Steuerprogression gegenüber einer Besteuerung bei Verteilung über mehrere VZ kommt.[5] Insoweit ist auch zu berücksichtigen, dass die Steuerberechnung nach Abs. 1 S. 2 und 3 nicht in jedem Fall zu einer Ermäßigung der Steuerbelastung führt (Rn. 57). Stfreie Einkünfte (zB gem. § 3 Nr. 9) sind bei der Beurteilung der Zusammenballung v. Einkünften nicht zu berücksichtigen.[6] 8

Bei den **Veräußerungsgewinnen** des Abs. 2 Nr. 1 kommt es zu einer Verschärfung der Steuerprogression, weil über mehrere Jahre entstandene stille Reserven v. WG in einem Wj. realisiert werden. Die Zusammenballung v. Einkünften als Voraussetzung der außerordentlichen Einkünfte setzt voraus, dass alle stillen Reserven der wesentlichen Grundlagen des Betriebs in einem einheitlichen Vorgang aufgelöst werden.[7] Dementspr. prüft der BFH jeweils bezogen auf den Gegenstand der Veräußerung, ob eine einheitliche **Vollrealisierung der stillen Reserven** vorliegt.[8] Wird zB ein gewerbliches Einzelunternehmen in eine PersGes. gegen Ausgleichszahlung eingebracht, handelt es sich nicht um eine steuerbegünstigte Veräußerung, da nicht sämtliche stillen Reserven des eingebrachten Betriebs realisiert werden.[9] Der Gewinn aus der Veräußerung eines MU'anteils unterliegt nicht der Tarifbegünstigung, wenn der StPfl. zuvor aufgrund einheitlicher Planung[10] und im zeitlichen Zusammenhang mit der Veräußerung einen Teil des ursprünglichen MU'anteils ohne Aufdeckung der stillen Reserven übertragen hat.[11] Dies gilt auch, wenn Teile der wesentlichen Betriebsgrundlagen einer KG unter Fortführung stiller Reserven auf eine Schwester-KG übertragen und sodann die MU'anteile an der Schwester-KG veräußert werden, weil nicht alle in der Person des Veräußerers (MU'ers) vorhandenen stillen Reserven in einem einheitlichen Vorgang aufgedeckt werden.[12] Auch die Einbringung eines Einzelunternehmens in eine PersGes. ist nicht begünstigt, wenn hierbei Sonder-BV entsteht, das nicht mit dem TW angesetzt wird.[13] Im Hinblick auf die Möglichkeit einer Teilbetriebsveräußerung gewährt der BFH allerdings die Tarifbegünstigung auch dann, wenn bei einer BetrAufg. zuvor im engen zeitlichen Zusammenhang eine das gesamte Nennkapital umfassende Beteiligung an einer KapGes. zum Buchwert in ein anderes BV übertragen oder überführt worden ist.[14] 9

---

1 § 34 Abs. 2 Nr. 5 wurde aufgehoben durch Art. 1 Nr. 22 des StVereinfG 2011 v. 1.11.2011, BGBl. I 2011, 2131 (2134).
2 Vgl. auch *Geserich*, DB 2016, 1953.
3 BFH v. 21.11.1980 – VI R 179/78, BStBl. II 1981, 214; v. 17.2.1993 – I R 119/91, BFH/NV 1993, 593; *K/S/M*, § 34 Rn. B 5 ff.
4 BFH v. 12.3.1975 – I R 180/73, BStBl. II 1975, 485.
5 BFH v. 15.10.2003 – XI R 17/02, BStBl. II 2004, 264; v. 21.3.1996 – XI R 51/95, BStBl. II 1996, 416.
6 BFH v. 14.4.2005 – XI R 11/04, BFH/NV 2005, 1772; v. 13.3.2018 – IX R 16/17, BStBl. II 2018, 709 zu dem stfreien Teil einer Rente.
7 BFH v. 18.10.1999 – GrS 2/98, BStBl. II 2000, 123; v. 1.12.1992 – VIII R 57/90, BStBl. II 1994, 607; v. 29.10.1987 – IV R 93/85, BStBl. II 1988, 374; R 34.1 Abs. 2 EStR.
8 BFH v. 18.10.1999 – GrS 2/98, BStBl. II 2000, 123; v. 1.12.1992 – VIII R 57/90, BStBl. II 1994, 607; v. 29.10.1987 – IV R 93/85, BStBl. II 1988, 374; dazu auch *Wacker*, Ubg 2016, 245.
9 Vgl. BFH v. 5.7.1990 – GrS 2/89, BStBl. II 1990, 837.
10 Damit leitet der BFH die als „Gesamtplan-Rechtsprechung" bezeichneten Grundsätze hier aus § 34 ab; vgl. dazu auch *Mielke*, DStR 2015, 673; *Schulze zur Wiesche*, DStR 2015, 1161; ausf. *Wacker*, Ubg 2016, 245; *Sobanski*, FR 2017, 384.
11 BFH v. 9.12.2014 – IV R 36/13, BStBl. II 2015, 529; dazu *Bode*, NWB 2015, 1374.
12 BFH v. 17.12.2014 – IV R 57/11, BStBl. II 2015, 536; dazu Anm. *Wendt*, FR 2015, 525; vgl. auch BFH v. 10.3.2016 – IV R 22/13, BFH/NV 2016, 1438; *Bode*, NWB 2015, 1374.
13 BFH v. 26.1.1994 – III R 39/91, BStBl. II 1994, 458; vgl. auch BFH v. 10.2.2016 – VIII R 38/12, BFH/NV 2016, 1256.
14 BFH v. 28.5.2015 – IV R 26/12, BStBl. II 2015, 797.

10 Eine Zusammenballung v. Einkünften liegt iÜ nur vor, wenn der StPfl. infolge der Entschädigung in einem VZ **mehr erhält, als er bei normalem Ablauf der Dinge erhalten hätte** und wenn die Einkünfte in einem VZ zu erfassen sind.[1] Die Steuervergünstigung ist nicht gerechtfertigt, wenn die Einkünfte nicht geeignet sind, eine höhere stl. Belastung des gesamten Einkommens auszulösen.[2] Eine Zusammenballung v. Einkünften liegt daher nicht vor, wenn die Einkünfte iSd. Abs. 2 die bis zum Ende des VZ entgehenden Einnahmen nicht übersteigen und der StPfl. keine weiteren Einnahmen bezieht, die er bei Fortsetzung der Erwerbstätigkeit nicht bezogen hätte.[3] Ob der StPfl. infolge der Beendigung des Arbeitsverhältnisses einschließlich der Entschädigung in dem jeweiligen VZ insgesamt mehr erhält, als er bei ungestörter Fortsetzung des Arbeitsverhältnisses erhalten hätte, ist anhand einer hypothetischen und prognostischen Beurteilung zu ermitteln, die sich an den Verhältnissen des Vorjahres orientiert, wenn nicht außergewöhnliche Ereignisse eine andere Anknüpfung nahelegen.[4] Verluste, die nach Beendigung des Arbeitsverhältnisses aus anderen Einkunftsarten erzielt werden, sind bei der Berechnung nicht zu berücksichtigen.[5] Werden lediglich die lfd. Zahlungen eines Jahres ersetzt, ist Abs. 1 nicht anwendbar, da der StPfl. durch diese Zahlungen nicht schlechter gestellt wird, als bei normalem Zufluss der Einnahmen.[6] Dagegen liegt eine Zusammenballung v. Einkünften vor, wenn eine Entschädigung nur bis zum Ende des VZ entgangene oder entgehende Einnahmen ersetzt, der StPfl. aber weitere Einkünfte aus nichtselbständiger Arbeit bezieht, die er bei Fortsetzung des bisherigen Arbverh. nicht bezogen hätte, sodass er insgesamt höhere Einkünfte hat als bei regulärem Verlauf des bisherigen Arbverh.[7] Es ist nicht entscheidend, ob eine Entschädigung entgehende Einnahmen mehrerer Jahre abdecken soll. Entscheidend ist danach vielmehr, ob es unter Einschluss der Entschädigung infolge der Beendigung des Arbverh. in dem jeweiligen VZ insgesamt zu einer über die normalen Verhältnisse hinausgehenden Zusammenballung v. Einkünften kommt.[8] Soweit der Beurteilung der Zusammenballung v. Einkünften eine Prognoseentscheidung zugrunde liegt, kommt es nicht in jedem Fall auf die Einkünfte des Vorjahres an; vielmehr ist entscheidend, welche Einkünfte nach den gesamten Umständen des jeweiligen Einzelfalls realistischerweise zu erwarten sind und nach welchen Maßstäben die Entschädigungsleistung berechnet wird.[9] Die Vergütung für eine mehrjährige Tätigkeit ist nicht begünstigt, wenn die Zusammenballung der Einkünfte dem vertragsgemäßen oder typischen Ablauf der jeweiligen Einkünfteerzielung entspricht; daher fehlt es an außerordentlichen Einkünften, wenn eine einmalige Kapitalabfindung lfd. Ansprüche gegen eine Pensionskasse schon in der ursprünglichen Versorgungsregelung enthalten war.[10]

11 Weiter setzt die Zusammenballung voraus, dass die **Einkünfte grds. einheitlich in einem VZ zu erfassen** sind,[11] denn durch eine Verteilung zusätzlicher Einkünfte auf mehrere VZ wird die Progressionswirkung abgemildert. Dabei ist unschädlich, wenn vereinbart wird, dass die Entschädigung erst im Folgejahr zusammengeballt zufließt.[12] Es **fehlt an einer Zusammenballung**, wenn eine Entschädigung in zwei (oder mehr) verschiedenen VZ gezahlt wird, auch wenn die Zahlungen jeweils mit anderen lfd. Einkünften zusammentreffen und sich ein Progressionsnachteil ergibt.[13] Die Ursache für die Verteilung auf mehrere VZ ist unerheblich,[14] sodass auch dann, wenn die Teilzahlungen durch die Insolvenz der Arbeitgeberin des Klägers verursacht und vom Insolvenzverwalter sozial motiviert waren, § 34 nicht zur Anwendung kommt.[15]

1 BFH v. 27.3.2009 – VIII B 184/08, BStBl. II 2009, 850; v. 9.10.2008 – IX R 85/07, BFH/NV 2009, 558; zur Berechnung FG Sachs. v. 24.4.2013 – 1 K 1836/09, EFG 2013, 1922 (rkr.); *Geserich*, DB 2016, 1953.

2 Krit. *K/S/M*, § 34 Rn. B 92.

3 BFH v. 4.3.1998 – XI R 46/97, BStBl. II 1998, 787; v. 16.7.1997 – XI R 13/97, BStBl. II 1997, 753; v. 26.1.2006 – XI B 54/05, BFH/NV 2006, 937; v. 9.10.2008 – IX R 85/07, BFH/NV 2009, 558; s. auch BMF v. 1.11.2013, BStBl. I 2013, 1326 Tz. 10 ff.; *Geserich*, DB 2016, 1953 mit zahlreichen Berechnungsbeispielen.

4 BFH v. 27.1.2010 – IX R 31/09, BStBl. II 2011, 28; v. 8.4.2014 – IX R 33/13, BFH/NV 2014, 1358 zu einem Wechsel von unselbstständiger zu selbstständiger Tätigkeit.

5 FG Thür. v. 1.12.2009 – 3 K 965/08, EFG 2010, 1789.

6 BFH v. 6.9.1995 – XI R 71/94, BFH/NV 1996, 204; vgl. auch BFH v. 4.3.1998 – XI R 46/97, BStBl. II 1998, 787.

7 BFH v. 16.7.1997 – XI R 13/97, BStBl. II 1997, 753.

8 BFH v. 24.10.2007 – XI R 33/06, BFH/NV 2008, 361.

9 Vgl. auch BFH v. 9.10.2008 – IX R 85/07, BFH/NV 2009, 558.

10 BFH v. 20.9.2016 – X R 23/15, BStBl. II 2017, 347; dazu *Briese*, BB 2017, 471; *Briese*, DStR 2017, 2347, der für eine Gleichbehandlung aller einmaligen Kapitalauszahlungen aus sämtlichen Durchführungswegen der bAV plädiert.

11 BFH v. 12.6.1996 – XI R 43/94, BStBl. II 1996, 516; v. 21.3.1996 – XI R 51/95, BStBl. II 1996, 416; v. 2.8.2016 – VIII R 37/14, BStBl. II 2017, 258; zur Problematik bei variablen Veräußerungsentgelten: *Müller/Dorn/Schwarz*, NWB 2017, 2906.

12 BFH v. 11.11.2009 – IX R 1/09, BStBl. II 2010, 746; *Geserich*, DB 2016, 1953.

13 BFH v. 21.11.1980 – VI R 179/78, BStBl. II 1981, 214; v. 21.3.1996 – XI R 51/95, BStBl. II 1996, 416; v. 14.5.2003 – XI R 16/02, BStBl. II 2003, 881; v. 25.7.2003 – XI B 204/02, BFH/NV 2003, 1573; v. 11.2.2015 – VIII R 4/12, BStBl. II 2015, 647.

14 BFH v. 2.8.2016 – VIII R 37/14, BStBl. II 2017, 258.

15 BFH v. 14.4.2015 – IX R 29/14, BFH/NV 2015, 1354; vgl. auch FG Köln v. 20.11.2013 – 3 K 2762/10, EFG 2014, 1883.

Zahlung zum Ausgleich des unbezahlten Urlaubs (Umorientierungshilfe) sowie die Abfindung wegen der vorzeitigen Beendigung des Arbverh., die sich auf zwei VZe verteilen, sind nicht begünstigt.[1] Gleiches gilt für in verschiedenen VZ vorab geleistete Teilzahlungen auf einen künftigen Ausgleichsanspruch gem. § 89b HGB[2], wenn die Zahlung zum Ausgleich eines unbezahlten Urlaubs (Umorientierungshilfe) und die Abfindung wegen der vorzeitigen Beendigung des Arbverh. in zwei VZ gezahlt werden, obwohl es sich um eine einheitliche Entschädigung handelt[3] oder wenn aufgrund eines Sozialplans mehrere Abfindungsansprüche in mehrern VZ zufließen.[4] Es besteht auch kein Anspr. auf Billigkeitsmaßnahmen, wenn der Verzicht auf eine der Teilleistungen für den StPfl. günstiger gewesen wäre.[5] Da entscheidend für die Progressionswirkung der jeweilige VZ ist, liegt eine **Zusammenballung auch dann** vor, **wenn** die außerordentlichen Einkünfte statt in einer **Summe innerhalb eines VZ in mehreren Teilbeträgen** gezahlt werden.[6] Verteilt sich eine Entschädigungszahlung auf zwei VZ, lässt die Rspr. die Steuerermäßigung nur in **eng begrenzten Ausnahmefällen** zu.[7] Dies ist der Fall, wenn die Zahlung v. vornherein in einer Summe vorgesehen war und nur wegen ihrer ungewöhnlichen Höhe und der besonderen Verhältnisse des Zahlungspflichtigen auf zwei Jahre verteilt wird[8] oder wenn bei Ablösung einer betrieblichen Rentenzahlungsverpflichtung gegen Abfindung eine frühere Einmalzahlung im Verhältnis zum Ablösebetrag als geringfügig anzusehen ist.[9] Der Zweck des Abs. 1 wird trotz Zuflusses in zwei VZ auch nicht verfehlt, wenn der StPfl. nur eine **geringfügige Teilleistung** erhalten hat und die ganz überwiegende Hauptentschädigungsleistung in einem Betrag ausgezahlt wird; andernfalls würden über den Gesetzeswortlaut des Abs. 1 hinaus die Voraussetzungen der Tarifermäßigung ohne sachlichen Grund verschärft und die ratio legis verfehlt.[10] Eine nur geringfügige Teilleistung in dem dem Zuflussjahr der Hauptentschädigungsleistung vorangegangenen Veranlagungszeitraum kann der von § 34 bezweckten Progressionsabmilderung entsprechen. Wann von einer solchen unschädlichen geringfügigen Teilleistung auszugehen ist, bestimmt sich nach dem Vorliegen einer Ausnahmesituation in der individuellen Steuerbelastung des einzelnen StPfl. Eine starre Prozentgrenze sieht das Gesetz weder vor noch kann eine solche die gesetzlich geforderte Prüfung der Außerordentlichkeit im Einzelfall ersetzen.[11] Eine **Nebenleistung kann** aber unter Berücksichtigung der konkreten individuellen Steuerbelastung als **geringfügig** anzusehen sein, wenn sie **niedriger ist als die tarifliche Steuerbegünstigung der Hauptleistung.**[12] Soweit eine Teilleistung nach § 3 Nr. 9 steuerfrei ist, ist sie außer Betracht zu lassen, da sie ohnehin keine Progressionsbelastung bewirken kann. Das BMF sieht eine Leistung jedenfalls dann als geringfügig an, wenn sie nicht mehr als 10 % der Hauptleistung beträgt.[13] Nach dem BFH schließt der Grundsatz der Einheitlichkeit der Entschädigung in ganz besonders gelagerten Fällen die selbständige Vereinbarung mehrerer Entschädigungen für klar abgegrenzte Zeiträume nicht aus und ermöglicht damit bei Zahlung der verschiedenen Entschädigungen in verschiedenen VZ die mehrfache Inanspruchnahme des § 34.[14] Bei einem erheblichen Abstand zw. zwei selbständigen Entschädigungszahlungen (zB sechs Jahre) fehlt der für die Einheitlichkeit und damit für die Zusammenballung erforderliche zeitliche Zusammenhang, sodass § 34 ebenfalls mehrfach in Anspr. genommen werden kann.[15]

Der Grundsatz der Zusammenballung v. Einkünften erfährt eine Ausnahme, wenn neben der Hauptent- 12
schädigungsleistung – auch in einem späteren VZ – **aus Gründen der sozialen Fürsorge** für eine gewisse Übergangszeit **Entschädigungszusatzleistungen** gewährt werden. Dies können Leistungen sein, die der (frühere) ArbG dem StPfl. zur Erleichterung des Arbeitsplatz- oder Berufswechsels oder als Anpassung an eine dauerhafte Berufsaufgabe und Arbeitslosigkeit erbringt.[16] Sie setzen weder eine Bedürftigkeit des ent-

1 BFH v. 28.6.2006 – XI R 58/05, BStBl. II 2006, 835.
2 BFH v. 20.7.1988 – I R 250/83, BStBl. II 1988, 936; vgl. auch *K/S/M*, § 34 Rn. A 32, B 83.
3 BFH v. 28.6.2006 – XI R 58/05, BStBl. II 2006, 835.
4 BFH v. 11.5.2010 – IX R 39/09, BFH/NV 2010, 1801.
5 BFH v. 21.6.2006 – XI R 29/05, BFH/NV 2006, 1833.
6 BFH v. 11.10.2017 – IX R 11/17, BStBl. II 2018, 706.
7 BFH v. 28.1.2008 – IX B 243/07, BFH/NV 2008, 942.
8 BFH v. 2.9.1992 – XI R 63/89, BStBl. II 1993, 831; v. 1.2.1957 – VI 87/55 U, BStBl. III 1957, 104.
9 BFH v. 14.1.2004 – X R 37/02, BStBl. II 2004, 493.
10 BFH v. 25.8.2009 – IX R 11/09, BStBl. II 2011, 27; v. 13.10.2015 – IX R 46/14, BStBl. II 2016, 214; vgl. dazu auch vorgehend FG Nürnb. v. 26.2.2009 – 4 K 1370/2008, EFG 2009, 1386; BFH v. 8.4.2014 – IX R 28/13, BFH/NV 2014, 1514 sieht eine Teilleistung von mehr als 10 % nicht mehr als geringfügig an.
11 BFH v. 26.1.2011 – IX R 20/10, BStBl. II 2011, 28; ohne bes. Umstände ist eine Teilleistung von mehr als 10 % aber nicht mehr geringfügig: BFH v. 20.6.2011 – IX B 59/11, BFH/NV 2011, 1682.
12 BFH v. 13.10.2015 – IX R 46/14, BStBl. II 2016, 214; BMF v. 4.3.2016, BStBl. I 2016, 277.
13 BMF v. 4.3.2016, BStBl. I 2016, 277.
14 BFH v. 21.1.2004 – XI R 40/02, BStBl. II 2004, 716; krit. zu Recht *Wendt*, FR 2004, 851.
15 BFH v. 11.10.2017 – IX R 11/17, BStBl. II 2018, 706.
16 BFH v. 14.8.2001 – XI R 22/00, BStBl. II 2002, 180; *Geserich*, DB 2016, 1953 mit Bsp.

lassenen ArbN noch eine nachvertragliche Fürsorgepflicht des ArbG im arbeitsrechtl. Sinne voraus.[1] Als ergänzende Zusatzleistungen kommt die befristete Weiternutzung eines Dienstwagens,[2] eine in einem späteren VZ gezahlte Jubiläumszuwendung, die der ArbN bei Fortsetzung des Arbverh. erhalten hätte,[3] die befristete Übernahme v. Versicherungsbeiträgen,[4] die befristete Zahlung v. Zuschüssen zum Arbeitslosengeld,[5] Zahlungen aus einem Härtefonds,[6] eine Nachbesserung der Hauptleistung durch einen Sozialplan[7] oder die spätere Aufzahlung zu einer Abfindung[8] in Betracht.[9] Die weitere verbilligte Nutzung einer Wohnung ist dann schädlich, wenn sie mietrechtl. frei vereinbar und dem Grunde nach ein geldwerter Vorteil aus dem früheren Dienstverhältnis ist und nicht auf die Lebenszeit des oder der Berechtigten abgeschlossen ist.[10] Sachbezüge, die in ihrer Bündelung zu einer umfassenden Versorgung führen (Erstattung der Kosten für die Wohnung einschl. Strom, Wasser, Heizung, Telefon; Wagen mit Fahrer, Zuschüsse für Hauspersonal und Einrichtung; Beiträge zum Golfklub) gehören nicht hierzu.[11] Entschädigungszusatzleistungen sind für die Steuerbegünstigung der Entlassungsentschädigung nach dem BFH schädlich, wenn sie diese nicht als Zusatz ergänzen, sondern insgesamt betragsmäßig fast erreichen.[12] Das BMF geht davon aus, dass zusätzliche Entschädigungsleistungen unschädlich sind, wenn sie weniger als 50 % der Hauptleistung betragen.[13] Wird einem ArbN anlässlich der betriebsbedingten Aufhebung seines Arbeitsvertrages eine Erhöhung seiner Entlassungsentschädigung für den Fall zugesagt, dass künftig ein für ihn günstigerer Sozialplan aufgestellt werden sollte, so steht eine solche in einem späteren VZ zufließende Nachbesserung der tarifbegünstigten Besteuerung der Hauptentschädigung auch dann nicht entgegen, wenn sie 42,3 % der Hauptentschädigung beträgt.[14] Die ergänzenden Leistungen können im VZ der Entschädigungsleistung mit dieser zusammengerechnet werden;[15] **in den folgenden VZ** sind sie jedoch **nicht mehr tarifbegünstigt**.[16] Fließt dem ArbN eine einheitliche Entschädigungsleistung seines ArbG planwidrig (zB Nachzahlung wg. eines Rechenfehlers) in mehreren VZ zu, obwohl die Vereinbarungen eindeutig auf einen einmaligen Zufluss gerichtet waren, kommt unter bestimmten Voraussetzungen ein Erlass aus Billigkeitsgründen (§ 163 AO) in Betracht.[17]

13 **3. Abgrenzbarkeit.** Bei außerordentlichen Einkünften handelt es sich um eine **besondere Art v. Einkünften im Rahmen einer Einkunftsart**.[18] Sie sind daher v. den sonstigen (ordentlichen) lfd. Einkünften abzugrenzen. Bei Veräußerungsgewinnen ergibt sich die gesonderte Ermittlung der außerordentlichen Einkünfte bereits aus dem G (vgl. zB §§ 16 Abs. 2, 17 Abs. 2, 18 Abs. 3). Aber auch bei den anderen Einkunftsarten bedarf es einer gesonderten Ermittlung der außerordentlichen Einkünfte gegenüber lfd. Einkünften einer Einkunftsart.[19] Nur für diejenigen Einkünfte einer Einkunftsart, die die Voraussetzungen des § 34 erfüllen, ist die Tarifermäßigung zu gewähren (vgl. zu Freibeträgen und WK-PB Rn. 36).

14 **II. Begünstigte Einkünfte (Abs. 2). 1. Geltungsbereich.** Aus dem Einleitungssatz des Abs. 2 („kommen in Betracht") ergibt sich, dass die besondere Steuerberechnung des Abs. 1 **nur für die dort im Einzelnen aufgeführten Einkünfte** gilt. Abs. 1 findet jedoch auch dann Anwendung, wenn andere Gesetze auf diese Regelung verweisen. Die Tarifermäßigung des Abs. 1 kann daher auf bei der Sacheinlage einer nat. Pers. entstehende Veräußerungsgewinne iSd. § 20 Abs. 5 UmwStG[20] und bei der Einbringung eines (Teil-)Be-

---

1 BFH v. 3.7.2002 – XI R 80/00, BStBl. II 2004, 447.
2 BFH v. 3.7.2002 – XI R 80/00, BStBl. II 2004, 447; v. 29.1.2003 – XI R 1/02, BFH/NV 2003, 769; v. 11.12.2002 – XI R 37/01, BFH/NV 2003, 747; v. 11.12.2002 – XI R 54/01, BFH/NV 2003, 607; v. 3.7.2002 – XI R 34/01, BFH/NV 2003, 448.
3 BFH v. 14.5.2003 – XI R 23/02, BStBl. II 2004, 451.
4 BFH v. 11.12.2002 – XI R 54/01, BFH/NV 2003, 607.
5 BFH v. 24.1.2002 – XI R 43/99, BStBl. II 2004, 442; v. 14.4.2005 – XI R 11/04, BFH/NV 2005, 1772; v. 24.1.2002 – XI R 43/99, BStBl. II 2004, 442.
6 BFH v. 6.3.2002 – XI R 16/01, BStBl. II 2004, 446.
7 BFH v. 21.1.2004 – XI R 33/02, BStBl. II 2004, 715.
8 BFH v. 21.1.2004 – XI R 22/03, BFH/NV 2004, 1226.
9 Vgl. auch BMF v. 1.11.2013, BStBl. I 2013, 1326 Tz. 13–15.
10 BMF v. 1.11.2013, BStBl. I 2013, 1326 Tz. 15.
11 BFH v. 13.8.2003 – XI R 27/03, BStBl. II 2004, 547.
12 BFH v. 24.1.2002 – XI R 2701, BStBl. II 2004, 444 = FR 2002, 525 mit Anm. *Wendt*; vgl. zur sog. Outplacementberatung auch *Grote/Kellersmann*, DStR 2002, 741.
13 BMF v. 1.11.2013, BStBl. I 2013, 1326 Tz. 14; vgl. auch *Weber-Grellet*, BB 2004, 1877 (1886).
14 BFH v. 21.1.2004 – XI R 33/02, BStBl. II 2004, 715.
15 BFH v. 24.1.2002 – XI R 43/99, BStBl. II 2004, 442.
16 BFH v. 6.3.2002 – XI R 16/01, BStBl. II 2004, 446; BMF v. 1.11.2013, BStBl. I 2013, 1326 Tz. 16.
17 *Geserich*, DB 2016, 1953; BMF v. 1.11.2013, BStBl. I 2013, 1326 Tz. 16, 18.
18 BFH v. 26.1.1995 – IV R 23/93, BStBl. II 1995, 467.
19 Vgl. BFH v. 29.10.1998 – XI R 63/97, BStBl. II 1999, 588.
20 ZB BFH v. 16.2.1996 – I R 183/94, BStBl. II 1996, 342.

triebs oder eines MU'anteils in eine PersGes. nach § 24 UmwStG[1] unter den dort genannten Voraussetzungen[2] Anwendung finden, wobei es allerdings zu erheblichen Anwendungs- und Auslegungsproblemen kommt.[3] Voraussetzung ist auch in diesen Fällen die zusammengeballte und vollständige Aufdeckung stiller Reserven[4] (s. auch Rn. 9).

2. Veräußerungsgewinne (Abs. 2 Nr. 1). Zweck der Tarifvergünstigung des § 34 ist es, zusammengeballte Einkünfte nicht nach dem progressiven ESt-Tarif zu erfassen. Bei den Gewinneinkünften werden im Zeitpunkt der BetrAufg. oder Betriebsveräußerung **typischerweise die während vieler Jahre entstandenen stillen Reserven zusammengeballt realisiert**. Daher gehören die Veräußerungs- und Aufgabegewinne seit jeher zu den außerordentlichen Einkünften (s. auch § 16 Rn. 9). Als außerordentliche Einkünfte werden die in Abs. 2 Nr. 1 bezeichneten Veräußerungsgewinne behandelt. Die Grundregelung der Veräußerungsgewinne ist § 16 Abs. 1, der den Vorschriften über die Veräußerung luf. Betriebe (§§ 14, 14a Abs. 1) sowie der Veräußerung des der selbständigen Arbeit dienenden Vermögens (§ 18 Abs. 3) nachgebildet worden ist. Da auch bei der BetrAufg. (§ 16 Abs. 3 S. 1) die stillen Reserven zusammengeballt realisiert werden, ist die Aufgabe der Veräußerung des Betriebes gleichgestellt. Bis zur Einführung des Halbeinkünfteverfahrens war es systematisch folgerichtig, auch die Veräußerung v. Anteilen an einer KapGes. (§ 17) iRd. § 34 zu begünstigen (zum zeitlichen Geltungsbereich der Neufassung Rn. 21). Der Gewinn, der sich aus der Hinzurechnung des Unterschiedsbetrages nach **§ 5a Abs. 4** S. 3 Nr. 2 ergibt, wenn ein Handelsschiff veräußert wird, wird nicht nach §§ 16, 34 steuerbegünstigt, auch wenn die PersGes. im Zusammenhang mit der Veräußerung ihren Betrieb aufgibt.[5] Dies gilt auch dann, wenn das betreffende WG im Hinblick auf eine beabsichtigte BetrAufg. (Liquidation der Ges.) veräußert worden und deshalb aus dem BV ausgeschieden ist.[6] 15

Die **Veräußerung oder Aufgabe** eines Betriebes[7] oder einer selbständigen Tätigkeit ist **stets ein außergewöhnlicher Vorgang**, sodass es keiner weiteren Prüfung der Außerordentlichkeit (Rn. 7) bedarf.[8] Der Zweck der Tarifvergünstigung setzt voraus, dass alle stillen Reserven der wesentlichen Grundlagen des Betriebs in einem einheitlichen Vorgang aufgelöst werden.[9] Hierbei handelt es sich jedoch weniger um die Prüfung, ob die Tatbestandsmerkmale der Vorschriften über die Veräußerungsgewinne (§§ 16, 14, 14a Abs. 1, 18 Abs. 3) erfüllt sind; vielmehr geht es um die Prüfung der Zusammenballung der Einkünfte als Voraussetzungen der Tarifermäßigung nach § 34 Abs. 1 oder Abs. 3 (Rn. 8 f.). Die Begünstigung nach § 34 setzt voraus, dass die Erträge dem Aufgabegewinn und nicht dem lfd. Gewinn zuzuordnen sind;[10] dabei ist auch die Auflösung eines passiven RAP dem Aufgabegewinn zuzuordnen.[11] Die §§ 16, 34 sind auch auf Betriebe oder Teilbetriebe anzuwenden, die ihre werbende Tätigkeit noch nicht aufgenommen haben; Voraussetzung ist jedoch, dass die wesentlichen Betriebsgrundlagen bereits vorhanden sind und bei zielgerichteter Weiterverfolgung des Aufbauplans ein selbstständig lebensfähiger Organismus zu erwarten ist. Es muss also ein funktionsfähiger (Teil-)Betrieb gegeben sein.[12] Im Hinblick darauf, dass vielfach ausschließlich str. ist, ob die Tarifermäßigung bei Veräußerungsgewinnen zu gewähren ist, wird die vollständige Realisierung stiller Reserven gelegentlich als Tatbestandsvoraussetzung der Veräußerungsgewinne angesehen. 16

Voraussetzung dafür, dass die Tarifermäßigung für Veräußerungsgewinne gem. Abs. 2 Nr. 1 gewährt wird, ist, dass die **dort genannten Tatbestände** erfüllt sind.[13] Insoweit wird auf die jeweilige Kommentierung dieser Vorschriften verwiesen. 17

Zu den **Veräußerungsgewinnen des § 16** zählen gem. § 16 Abs. 1 S. 1 Nr. 1 S. 1 die Veräußerung des ganzen GewBetr. (§ 16 Rn. 43 ff.) oder eines TB (§ 16 Rn. 53 ff.). Als TB gilt gem. § 16 Abs. 1 S. 1 Nr. 1 S. 2 18

1 ZB BFH v. 21.6.1994 – VIII R 5/92, BStBl. II 1994, 856.
2 Vgl. dazu auch die Änderungen durch das UntStFG v. 20.12.2001, BGBl. I 2001, 3858.
3 *Patt/Rasche*, FR 2001, 175.
4 BFH v. 26.1.1994 – III R 39/91, BStBl. II 1994, 458 mwN.
5 BFH v. 13.12.2007 – IV R 92/05, BStBl. II 2008, 583; vgl. auch *Bartsch*, BB 2009, 1049.
6 BFH v. 19.7.2011 – IV R 40/08, BFH/NV 2012, 393; vgl. zur BetrAufg. iRd. Umstrukturierung von Unternehmen *Schulze zur Wiesche*, DStR 2012, 1420.
7 Ausf. zum Betriebsbegriff: *Herlinghaus*, FR 2014, 441.
8 Keine Tarifbegünstigung eines Aufgabegewinns bei einer Flugzeugvermietung, wenn der Verkauf eines vermieteten Flugzeugs als Teilakt der lfd. Geschäftstätigkeit anzusehen ist: BFH v. 1.8.2013 – IV R 18/11, BStBl. II 2013, 910.
9 BFH v. 18.10.1999 – GrS 2/98, BStBl. II 2000, 123; vgl. auch BFH v. 26.4.2001 – IV R 14/00, BStBl. II 2001, 798; zur Restschuldbefreiung und BetrAufg. vgl. BFH v. 13.12.2016 – X R 4/15, BStBl. II 2017, 786; dazu *Haas*, DStR 2018, 2129.
10 Vgl. BFH v. 8.6.2017 – IV R 6/14, BStBl. II 2017, 1053.
11 BFH v. 25.4.2018 – VI R 51/16, DStR 2018, 2215.
12 BFH v. 3.4.2014 – IV R 12/10, BStBl. II 2014, 1000.
13 *K/S/M*, § 34 Rn. B 20.

auch die 100 %ige Beteiligung an einer KapGes. (§ 16 Rn. 62ff.). Der Veräußerungsgewinn bei Anteilen an einer KapGes. gehört nicht zu den außerordentlichen Einkünften, soweit er nach dem Halb-/Teileinkünfteverfahren gem. § 3 Nr. 40b iVm. § 3c Abs. 2 teilw. steuerbefreit ist (s. auch Rn. 21). Weiter gehört zu den Veräußerungsgewinnen gem. § 16 Abs. 1 S. 1 Nr. 2 die Veräußerung des gesamten MU'anteils[1] (§ 16 Rn. 130ff.) oder des gesamten Anteils eines phG'ters einer KGaA (§ 16 Abs. 1 Nr. 3). Die isolierte Veräußerung eines Teilbetriebs (1) durch eine Personengesellschaft ist auch dann begünstigt, wenn die Gesellschaft den gleichfalls zu ihrem Gesamthandsvermögen gehörenden weiteren Teilbetrieb (2) oder als sog. Oberpersonengesellschaft eine mitunternehmerische Beteiligung an einer Unterpersonengesellschaft zurückbehält und damit die stillen Reserven, die in diesen unternehmerischen Teileinheiten (Teilbetrieb 2; Mitunternehmeranteil an der Unterpersonengesellschaft) ruhen, nicht aufgedeckt oder zu Buchwerten in das Vermögen der Gesellschafter übertragen werden.[2] Der Tarifbegünstigung des Gewinns aus der Veräußerung eines Mitunternehmeranteils steht auch nicht entgegen, dass im Zusammenhang mit der Veräußerung Mitunternehmeranteile der KG I an der KG II (Unterpersonengesellschaft) zu Buchwerten in das Gesamthandsvermögen einer weiteren KG (III) ausgegliedert werden.[3] Im Hinblick auf § 16 Abs. 1 S. 1 Nr. 1 S. 2 unterliegt der Gewinn aus der Aufgabe eines Betriebs auch dann der Tarifbegünstigung des § 34, wenn zuvor im engen zeitlichen Zusammenhang mit der BetrAufg. eine das gesamte Nennkapital umfassende Beteiligung an einer KapGes. zum Buchwert in ein anderes BV übertragen oder überführt worden ist.[4] Eine Veräußerung iSd. § 16 liegt auch dann vor, wenn der Übertragende als selbständiger Unternehmer nach der Veräußerung des Betriebs für den Erwerber tätig wird.[5] Der Ertrag aus einer im zeitlichen und sachlichen Zusammenhang mit der Betriebsveräußerung oder BetrAufg. vollzogenen Auflösung einer **Ansparrücklage nach § 7g Abs. 3** erhöht grds. den steuerbegünstigten Betriebsveräußerungs- bzw. BetrAufg.-Gewinn.[6]

18a Grds. setzt ein BetrAufg.-Gewinn voraus, dass alle wesentlichen Betriebsgrundlagen entweder an verschiedene Erwerber veräußert oder ins PV überführt werden oder eine Kombination aus beiden Möglichkeiten vorliegt. Wird auch nur eine einzige wesentliche Betriebsgrundlage im Rahmen eines anderen Betriebs verwendet und zum Buchwert in das dortige BV überführt, liegt im Ganzen keine begünstigte BetrAufg. vor.[7] Die Anteile an einer Betriebskapitalgesellschaft sind wesentliche Betriebsgrundlagen iSv. § 16 des Besitzeinzelunternehmens. Werden diese Anteile nicht mitveräußert, kann v. einer privilegierten Teilbetriebsveräußerung nicht ausgegangen werden.[8] Mit Wirkung vom VZ 2001 gehört die **Veräußerung des Teils eines MU'anteils** gem. § 16 Abs. 1 S. 2[9] zum lfd. Gewinn (§ 16 Rn. 144). Das bedeutet gleichzeitig, dass **ab VZ 2001 die Steuervergünstigung** gem. § 34 für den Gewinn aus einer solchen **Teilanteilsveräußerung nicht mehr gewährt** wird. Obwohl gesetzlich nicht ausdrücklich geregelt, ist auch die vollständige **Aufgabe eines TB** (§ 16 Rn. 212) begünstigt. Bei einem grundstücksverwaltenden TB setzt die Tarifbegünstigung voraus, dass alle Grundstücke veräußert werden.[10] Nach der Neufassung des § 16 Abs. 3 S. 2–4 durch das UntStFG[11] werden bei der **Realteilung** die Buchwerte fortgeführt, wenn die Besteuerung der stillen Reserven sichergestellt ist (§ 16 Rn. 235); die Steuervergünstigung des § 34 kann nicht gewährt werden, weil keine stillen Reserven realisiert werden.[12] Lediglich in den Fällen, in denen bei der Realteilung ausnahmsweise sämtliche stillen Reserven realisiert werden (zB wenn die WG v. einem Realteiler sämtlich in das PV überführt werden, vgl. § 16 Rn. 235, 237), können außerordentliche Einkünfte iSd. § 34 entstehen. Der nach § 2a Abs. 3 S. 3 aF hinzuzurechnende Gewinn aus der Veräußerung einer ausländ. Betriebsstätte (§ 2a Rn. 50) ist nicht begünstigt.[13] Zum Wahlrecht bei der Betriebsveräußerung gegen wiederkehrende Bezüge s. § 24 Rn. 32, § 16 Rn. 78ff., 126ff.

---

1 Dazu *Förster*, FR 2002, 649.
2 BFH v. 16.10.2008 - IV R 74/06, BFH/NV 2009, 725.
3 BFH v. 25.2.2010 - IV 49/08, BStBl. II 2010, 726.
4 BFH v. 28.5.2015 - IV R 26/12, BStBl. II 2015, 797.
5 BFH v. 17.7.2008 - X R 40/07, BStBl. II 2009, 43; dazu *Wacker*, JbFfSt 2011/2012, 445.
6 BFH v. 20.12.2006 - X R 31/03, BStBl. II 2007, 862; dazu *Schulze-Osterloh*, BB 2007, 996; BFH v. 20.12.2006 - X R 42/04, BFH/NV 2007, 883; v. 23.5.2007 - X R 35/06, BFH/NV 2007, 1862; v. 10.11.2004 - XI R 69/03, BStBl. II 2005, 596; dazu *Fischer*, FR 2005, 490.
7 BFH v. 5.2.2014 - X R 22/12, BStBl. II 2014, 388; keine Begünstigung, wenn eine eingeführte Bezeichnung für einen Betrieb nicht mitverkauft, sondern lediglich im Rahmen eines Franchisevertrags zur Nutzung überlassen wird: BFH v. 20.3.2017 - X R 11/16, BStBl. II 2017, 992; vgl. *Wacker*, Ubg 2016, 245.
8 BFH v. 4.7.2007 - X R 49/06, BStBl. II 2007, 772; v. 4.7.2007 - X R 44/03, BFH/NV 2007, 2093.
9 IdF des UntStFG v. 20.12.2001, BGBl. I 2001, 3858.
10 BFH v. 20.1.2005 - IV R 14/03, BStBl. II 2005, 395.
11 UntStFG v. 20.12.2001, BGBl. I 2001, 3858.
12 Vgl. auch BMF v. 20.12.2016, BStBl. I 2017, 36; krit. *Görgen*, DStZ 2017, 279.
13 BFH v. 2.3.1989 - IV R 128/86, BStBl. II 1989, 543.

Bei den Einkünften aus LuF gehören die **Einkünfte gem. § 14** (s. § 14 Rn. 6 ff.) **und nach § 14a Abs. 1** zu den Veräußerungsgewinnen gem. § 34 Abs. 2 Nr. 1. Die Gewinne gem. § 14 sind gem. § 4a Abs. 2 Nr. 1 S. 2 dem Kj. zuzurechnen, in dem sie entstanden sind. Der Verweis auf § 14a Abs. 1 hat keine Bedeutung mehr, da diese Vorschrift nur auf Veräußerungen vor dem 1.1.2001 anwendbar ist. Zu den außerordentlichen Einkünften gehören auch die **Veräußerungsgewinne gem. § 18 Abs. 3**[1] (s. § 18 Rn. 106 ff.). Die Veräußerung einer freiberuflichen Praxis setzt grds. voraus, dass der StPfl. die **wesentlichen vermögensmäßigen Grundlagen** entgeltlich und **definitiv** auf einen anderen **überträgt**. Eine Wiederaufnahme der Tätigkeit nach einer gewissen Zeit kann auch dann schädlich sein, wenn sie ursprünglich nicht geplant war. Entscheidend ist die definitive Übertragung der wesentlichen Praxisgrundlagen.[2] Die teilw. Fortführung der bisherigen freiberuflichen Tätigkeit steht einer begünstigten Praxis- oder Teilpraxisveräußerung nur dann nicht entgegen, wenn dies nur in einem geringen Umfang[3] geschieht.[4] Wird eines v. mehreren örtlich abgegrenzten Büros eines Steuerberaters und Wirtschaftsprüfers veräußert, kann eine steuerbegünstigte Teilpraxisveräußerung vorliegen, wenn er dieses Büro (neben anderen Praxen) als völlig selbständigen Betrieb erworben und bis zu seiner Veräußerung im Wesentlichen unverändert fortgeführt hat.[5] Die Einbringung einer freiberuflichen Praxis oder eines gewerblichen Einzelunternehmens in eine PersGes. gegen Ausgleichszahlung ist nicht als steuerbegünstigte Veräußerung zu beurteilen.[6] Die Tarifbegünstigung hängt davon ab, dass alle wesentlichen vermögensmäßigen Grundlagen der freiberuflichen Tätigkeit einschl. der immateriellen WG auf den Erwerber übertragen oder in das PV überführt werden.[7] Die nur teilw. Veräußerung eines Mandantenstammes genügt dem nicht.[8] Die Teilanteilsveräußerung einer RA-Sozietät ist ebenso zu behandeln wie die Veräußerung eines MU'anteils und war lediglich bis zum Inkrafttreten des § 16 Abs. 1 Nr. 2 EStG idF des UntStFG steuerbegünstigt.[9] Die Veräußerung eines freiberuflichen MU'anteils und mangels Anpassung an § 16 Abs. 1 S. 2 auch eines Teilanteils ist ebenfalls tarifbegünstigt.[10] Eine Teilpraxisveräußerung kommt zB in Betracht, wenn ein Büro mit getrennten örtlichen Wirkungsbereichen und Kundenkreisen samt den Kundenbeziehungen völlig eingestellt wird; dies setzt voraus, dass alle wesentlichen Betriebsgrundlagen des TB in einem einheitlichen Vorgang veräußert werden.[11] Anders ist dies jedoch bei einer Bürogemeinschaft zu beurteilen, die im Unterschied zu einer Gemeinschaftspraxis (MU'schaft) lediglich den Zweck hat, den Beruf in gemeinsamen Praxisräumen auszuüben und bestimmte Kosten v. der Praxisgemeinschaft tragen zu lassen und umzulegen. Die Veräußerung v. Teilen dieser Bürogemeinschaft ist nicht tarifbegünstigt.[12] Veräußert ein Allgemeinmediziner, der zugleich Betriebsarzt ist, seine allgemeinmedizinische Praxis, liegt eine tarifbegünstigte Teilpraxisveräußerung vor, wenn dem Praxisteil eine entspr. organisatorische Selbständigkeit zukommt.[13] Die Veräußerung v. Anteilen an KapGes. bei **wesentlicher Beteiligung (§ 17)** ist nur für Anteile begünstigt, die nicht dem Halb-/Teileinkünfteverfahren unterlegen haben (Rn. 21). 19

Soweit **Freibeträge für Veräußerungsgewinne** iSd. § 34 Abs. 2 Nr. 1 gewährt werden (§§ 14 2, 14a Abs. 1, 16 Abs. 4, 17 Abs. 3, 18 Abs. 3), ist § 34 nicht anwendbar. Die Tarifvergünstigung gem. § 34 Abs. 1 wird nur für Gewinne oberhalb der Freibeträge gewährt.[14] Gem. § 34 Abs. 1 S. 4 und Abs. 3 S. 6 wird die Steuerermäßigung des § 34 Abs. 1 oder 3 nicht gewährt, wenn der StPfl. auf die außerordentlichen Einkünfte des § 34 Abs. 2 Nr. 1 ganz oder teilw. **§ 6b oder § 6c** anwendet.[15] Hat der StPfl. nach diesen Vorschriften eine Rücklage gebildet, die Reinvestition aber unterlassen, führt die Auflösung der Rücklage zu lfd. Gewinn, auf den § 34 nicht anwendbar ist.[16] Seit 1.1.1999 ist **§ 6b nicht mehr personenbezogen** ausgestaltet; 20

1 Dazu *K/S/M*, § 34 Rn. B 42 ff.; *Richter/John*, FR 2016, 606.
2 BFH v. 21.8.2018 – VIII R 2/15, DStR 2018, 2519; vgl. auch BFH v. 1.12.2005 – IV B 69/04, BFH/NV 2006, 298; v. 10.6.1999 – IV R 11/99, BFH/NV 1999, 1594, m. Anm. *Wendt*, FR 1999, 1120; zur Praxisnachfolge s. *Günther*, StB 2018, 56.
3 Dazu BFH v. 20.1.2009 – VIII B 58/08, BFH/NV 2009, 756.
4 BFH v. 7.11.1991 – IV R 14/90, BStBl. II 1992, 457; v. 29.10.1992 – IV R 16/91, BStBl. II 1993, 182; v. 28.6.2000 – IV B 35/00, BFH/NV 2001, 33; v. 6.8.2001 – XI B 5/00, BFH/NV 2001, 1561; vgl. auch *Richter*, Stbg. 2008, 17.
5 BFH v. 26.6.2012 – VIII R 22/09, BStBl. II 2012, 777.
6 BFH v. 18.10.1999 – GrS 2/98, BStBl. II 2000, 123.
7 BFH v. 29.5.2008 – VIII B 166/07, BFH/NV 2008, 1478.
8 BFH v. 17.2.2003 – XI B 193/02, BFH/NV 2003, 773.
9 BFH v. 19.9.2004 – IV R 11/03, BStBl. II 2004, 1068.
10 *Böttner*, DB 2002, 1798.
11 BFH v. 5.6.2003 – IV R 18/02, BStBl. II 2003, 838; zu Gestaltungsmissbrauch bei der Veräußerung v. Praxisanteilen vgl. BFH v. 24.4.2007 – XI B 35/06, BFH/NV 2007, 1268.
12 BFH v. 14.4.2005 – XI R 82/03, BStBl. II 2005, 752.
13 BFH v. 4.11.2004 – IV R 17/03, BStBl. II 2005, 208.
14 Auch für den Freibetrag gem. § 13 Abs. 3: FG Sachs. v. 9.1.2013 – 2 K 1710/12, juris (rkr.).
15 Vgl. auch BFH v. 14.2.2007 – XI R 16/05, BFH/NV 2007, 1293.
16 BFH v. 4.2.1982 – IV R 150/78, BStBl. II 1982, 348.

vielmehr steht das Gestaltungsrecht der MU'schaft zu (vgl. § 6b Rn. 3). Nimmt die **MU'schaft** § 6b auf außerordentliche Einkünfte im Gewinnfeststellungsbescheid in Anspr., steht dem MU'er in seiner persönlichen ESt-Veranlagung das Antragsrecht des § 34 Abs. 1 oder 3 nicht offen.[1] Für Veräußerungen **nach dem 31.12.2001** dürfte § 6b allerdings wieder **personenbezogen** zu verstehen sein.[2]

21 **Abs. 2 Nr. 1** ist durch das StSenkG[3] geändert worden. Seit Einführung des Halbeinkünfteverfahrens zählt der Teil der Veräußerungsgewinne, der dem **Halb-/Teileinkünfteverfahren** unterliegt, nicht mehr zu den außerordentlichen Einkünften. Hierzu gehören insbes. Veräußerungsgewinne, die nach § 3 Nr. 40 1 lit. b iVm. § 3c Abs. 2 teilw. steuerbefreit sind und Veräußerungsgewinne aus der Veräußerung v. Anteilen an KapGes. (§ 17).[4] Welche Einkünfte im Einzelnen nicht zu den tarifbegünstigten außerordentlichen Einkünften gehören bestimmt sich nach § 3 Nr. 40. Durch die Neufassung v. Abs. 2 Nr. 1 soll sichergestellt werden, dass nur solche Gewinne der ermäßigten Besteuerung unterliegen, die in vollem Umfang besteuert werden.[5] Das ist im Hinblick auf die Systemumstellung auf das Halbeinkünfteverfahren (jetzt Teileinkünfteverfahren) folgerichtig, denn die nunmehr nicht mehr durch § 34 begünstigten Veräußerungsgewinne sind bereits durch das Halb-/Teileinkünfteverfahren begünstigt; eine **doppelte Begünstigung wäre nicht gerechtfertigt.**[6] Da nur diejenigen Teile der Veräußerungsgewinne ausgenommen sind, auf die § 3 Nr. 40 1 lit. b iVm. § 3c Abs. 2 Anwendung findet, bedarf es bei einem einheitlich vereinbarten Veräußerungsgewinn der Aufteilung der Einkünfte, die unter das Halb-/Teileinkünfteverfahren fallen und derjenigen, die nach § 34 tarifbegünstigt sind. Als Indiz kann bei einer Veräußerung die vertragliche Aufteilung der Beteiligten dienen. Nicht ausdrücklich geregelt ist, wie der Freibetrag nach § 16 Abs. 4 zuzuordnen ist (s. Rn. 20), wenn in dem Veräußerungsgewinn nur anteilig Gewinne enthalten sind, die nach § 3 Nr. 40 iVm. § 3c Abs. 2 begünstigt sind. In diesen Fällen ist der Freibetrag gemäß § 16 Abs. 4 EStG für Zwecke der Ermittlung der nach § 34 Abs. 1 und 3 EStG tarifermäßigt zu besteuernden Gewinne vorrangig mit dem Veräußerungsgewinn zu verrechnen, auf den das Halbeinkünfteverfahren anzuwenden ist.[7] Die Anwendung des Grundsatzes der Meistbegünstigung bedeutet nicht, solche Gewinne zusätzlich zu begünstigen, sondern bewirkt, dem Steuerpflichtigen, soweit wie möglich, die ihm gesetzlich zustehende Tarifermäßigung für seine in vollem Umfang der Besteuerung unterliegenden Veräußerungsgewinne zu erhalten. Die Neufassung des Abs. 2 Nr. 1 gilt nicht ab einem bestimmten VZ. Sie ist vielmehr erst auf Veräußerungsgewinne anzuwenden, die dem Halb-/Teileinkünfteverfahren unterliegen (§ 52 Abs. 47 S. 2 iVm. § 52 Abs. 4a). Das bedeutet, dass für eine Übergangszeit mehrere Fassungen des Abs. 2 Nr. 1 nebeneinander anwendbar sind. IdR gilt die bisherige Fassung des Abs. 2 Nr. 1 letztmalig für Veräußerungsgewinne im VZ 2001.[8]

22 **3. Entschädigungen (Abs. 2 Nr. 2).** Als außerordentliche Einkünfte kommen Entschädigungen iSd. § 24 Nr. 1 in Betracht. Hierbei handelt es sich um Entschädigungen als Ersatz für entgangene oder entgehende Einnahmen (§ 24 Nr. 1a), für die Aufgabe oder Nichtausübung einer Tätigkeit, für die Aufgabe einer Gewinnbeteiligung oder einer Anwartschaft darauf (§ 24 Nr. 1b) und als Ausgleichszahlung an Handelsvertreter nach § 89b HGB (§ 24 Nr. 1c). Selbst wenn die **Tatbestandsvoraussetzungen des § 24 Nr. 1** erfüllt sind, kann die Steuerermäßigung nur beansprucht werden, wenn es sich um außerordentliche Einkünfte iSd. § 34 Abs. 1 (Rn. 7) handelt. Zwar gilt für die einzelnen Tatbestände des § 24 Nr. 1 kein einheitlicher Entschädigungsbegriff (§ 24 Rn. 2). Gemeinsam ist den verschiedenen Tatbeständen jedoch, dass es sich um Zahlungen für außergewöhnliche Vorgänge handelt, sodass die Voraussetzung der Außerordentlichkeit iSd. § 34 Abs. 1 gegeben ist. Die **Zusammenballung der Einkünfte** (Rn. 8 ff.) ist für § 34 Abs. 1 **gesondert zu prüfen**, bevor für eine Entschädigung iSd. § 24 Nr. 1 die Tarifermäßigung gewährt werden kann. In diesem Zusammenhang spielen **Entlassungsentschädigungen** und Abfindungen wegen einer Auflösung des Dienstverhältnisses eine besondere Rolle.[9] Wird von einer Abfindung ein Teilbetrag in eine Versorgungszusage umgewandelt, so ist dieser Betrag mangels Zuflusses nicht als Entschädigung nach § 34 Abs. 2 Nr. 2 begünstigt zu besteuern.[10]

1 *Stahl*, KÖSDI 2000, 12338 (12340).
2 § 6b Abs. 10 idF UntStFG, § 52 Abs. 18a; vgl. auch BR-Drucks. 638/01.
3 StSenkG v. 23.10.2000, BGBl. I 2000, 1433.
4 BFH v. 1.9.2004 – VIII B 64/04, BFH/NV 2004, 1650.
5 BT-Drucks. 14/2683, 116.
6 *K/S/M*, § 34 Rn. B 52.
7 BFH v. 14.7.2010 – X R 61/08, BStBl. II 2010, 1011.
8 Ausf. zur zeitlichen Anwendung *Hagen/Schynol*, DB 2001, 397.
9 Dazu ausf. BMF v. 1.11.2013, BStBl. I 2013, 1326; soweit eine Spezialeinlage, die ein ArbG in eine schweizerische Pensionskasse zur Erleichterung des vorzeitigen Ruhestands seines ArbN und zum Ausgleich der damit verbundenen Rentenminderungen leistet, nicht gem. § 3 Nr. 28 stfrei ist, kann sie gem. § 34 iVm. § 24 Nr. 1 lit. a ermäßigt besteuert werden (BFH v. 17.5.2017 – X R 10/15, BStBl. II 2017, 1251).
10 BFH v. 22.12.2010 – IX B 131/10, BFH/NV 2011, 784.

Entschädigungen iSd. § 24 Nr. 1 können bei allen Einkunftsarten des § 2 Abs. 1 S. 1 Nr. 1–7 anfallen. Bei den Überschusseinkünften und bei einer Gewinnermittlung gem. § 4 Abs. 3 sind sie im VZ des Zuflusses zu erfassen. Bei der Gewinnermittlung gem. §§ 4 Abs. 1, 5 kommt es auf den VZ der Bilanzierung an; bei abw. Wj. bedeutet dies die Erfassung in dem VZ, in dem das Wj. endet (§ 4a Abs. 2 Nr. 2). Eine Besonderheit besteht bei den **Einkünften aus LuF**. Da eine Sonderregelung anders als für Veräußerungsgewinne gem. § 14 nicht besteht, sind die außerordentlichen Einkünfte bei vom Kj. abw. Wj. gem. § 4a Abs. 2 Nr. 1 S. 1 **zeitanteilig auf die Kj. aufzuteilen**. 23

4. Nutzungsvergütungen (Abs. 2 Nr. 3). Die Steuervergünstigung des § 34 Abs. 2 Nr. 3 gilt nur für Nutzungsvergütungen und Zinsen iSd. § 24 Nr. 3, die für einen Zeitraum v. mehr als drei Jahren **nachgezahlt** werden. Nicht begünstigt sind Nutzungsvergütungen, die in einem Einmalbetrag für einen drei Jahre übersteigenden Nutzungszeitraum gezahlt werden und v. denen ein Teilbetrag auf einen Nachzahlungszeitraum v. weniger als drei Jahren und die iÜ auf den zukünftigen Nutzungszeitraum entfallen.[1] Bei einer Nachzahlung für mehr als drei Jahre ist der **gesamte Betrag begünstigt** und nicht nur der Teil, der auf den drei Jahre übersteigenden Teil des Nachzahlungszeitraums entfällt.[2] 24

5. Vergütung für mehrjährige Tätigkeiten (Abs. 2 Nr. 4). a) Rechtsentwicklung. Einkünfte aus einer Entlohnung oder Vergütung für eine mehrjährige Tätigkeit sind bereits im REStG 20 stl. begünstigt worden.[3] Anders als die übrigen außerordentlichen Einkünfte wurden sie seit 1946 nicht tariflich begünstigt, sondern zur Milderung der Progression auf mehrere Jahre verteilt. Durch das StRefG 1990 wurde für die Einkünfte aus Vergütungen für eine mehrjährige Tätigkeit eine Tarifermäßigung eingeführt, die Vorbild für die heutige Regelung des Abs. 1 war, die Progressionswirkung jedoch nur auf drei Jahre verteilte. Außerdem stellte die ab 1990 geltende Regelung nicht mehr auf eine Entlohnung, sondern auf die Vergütung für eine mehrjährige Tätigkeit ab. **Erst durch das StEntlG 1999/2000/2002** wurden die Vergütungen für mehrjährige Tätigkeiten **in Abs. 2 Nr. 4 aufgenommen** und damit den übrigen außerordentlichen Einkünften gleichgestellt.[4] 25

b) Keine Beschränkung auf bestimmte Einkunftsarten. Der Wortlaut des Abs. 2 Nr. 4 beschränkt die Anwendung dieser Norm nicht auf bestimmte Einkunftsarten, sodass die Regelung grds. für alle Einkunftsarten gilt.[5] Demgegenüber hat die Rspr. zur Vorgängerregelung des Abs. 3 aF entschieden, dass diese idR nicht auf Gewinneinkünfte anwendbar sei.[6] Dies ist nur insoweit zutr., als der Gewinn durch BV-Vergleich (§§ 4 Abs. 1, 5) ermittelt wird und der Einkünfteermittlung durch Bestandsvergleich immanent ist, dass Teile des Gewinns über mehrere Jahre in stillen Reserven angesammelt und erst bei der Betriebsveräußerung oder -aufgabe erfasst werden. Diese außerordentlichen Einkünfte werden dann bereits durch Abs. 2 Nr. 1 erfasst. Soweit iÜ die tatbestandlichen Voraussetzungen des Abs. 2 Nr. 4 erfüllt sind und kein Grund für eine einschränkende Auslegung gegeben ist, ist die Regelung auch zugunsten der Bezieher von Einkünften aus GewBetr. anwendbar.[7] Dem Wortlaut dieser Vorschrift lässt sich keine Beschränkung ihres Anwendungsbereichs auf bestimmte Einkunftsarten entnehmen. Die gebotene Einschränkung wird dadurch bewirkt, dass die Einkünfte nur dann begünstigt sind, wenn die Vergütung für mehrjährige Tätigkeiten eine entspr. Progressionswirkung typischerweise erwarten lässt. Danach ist der Ertrag aufgrund der geballten Nachaktivierung von USt-Erstattungsansprüchen für sechs Jahre, die darauf beruhen, dass der EuGH die gesamte Tätigkeit des StPfl. für umsatzsteuerfrei hält, bei einem bilanzierenden Gewerbetreibenden als tarifbegünstigte Vergütung für mehrjährige Tätigkeiten anzusehen.[8] 26

Der BFH hat in seiner früheren Rspr. Abs. 3 aF als Sonderregelung für Einkünfte aus selbständiger und nichtselbständiger Arbeit angesehen, eine Anwendung auf Einkünfte aus VuV[9] und auf Einkünfte aus KapVerm. abgelehnt[10] und Rentennachzahlungen ebenfalls nicht begünstigt.[11] Diese restriktive Auslegung und Beschränkung auf wenige Einkunftsarten dürfte – auch nachdem der Begriff „Entlohnung" durch „Vergütung" ersetzt wurde – nicht mehr gelten.[12] Vielmehr besteht **bei allen Einkunftsarten** grds. die Möglichkeit, die Vergünstigung nach Abs. 1 zu beantragen. Zu den Vergütungen aus mehrjähriger Tätigkeit kön- 27

1 BFH v. 19.4.1994 – IX R 19/90, BStBl. II 1994, 640.
2 BFH v. 14.3.1985 – IV R 143/82, BStBl. II 1985, 463.
3 Zur Entstehungsgeschichte: *Heuer*, Die Besteuerung der Kunst^2, 163 ff.
4 Dies forderte schon *Heuer*, Die Besteuerung der Kunst^2, 174 f.
5 R 34.4 Abs. 1 S. 1 EStR.
6 BFH v. 17.2.1993 – I R 119/91, BFH/NV 1993, 593; v. 28.6.1973 – IV R 77/70, BStBl. II 1973, 729.
7 R 34.4 Abs. 1 S. 1 EStR; *K/S/M*, § 34 Rn. B 125.
8 BFH v. 25.2.2014 – X R 10/12, BStBl. II 2014, 668; v. 25.9.2014 – III R 5/12, BStBl. II 2015, 220; vgl. auch FG Düss. v. 19.7.2016 – 10 K 2384/10 E, EFG 2016, 1443; *Nöcker*, NWB 2014, 2627.
9 BFH v. 14.6.1963 – VI 216/61 U, BStBl. III 1963, 380.
10 BFH v. 22.4.1966 – VI 142/65, BStBl. III 1966, 462.
11 BFH v. 31.7.1970 – VI R 177/68, BStBl. II 1970, 784.
12 Vgl. auch *Puhl*, DB 1988, 1917.

nen daher auch **Nachzahlungen v. Ruhegehaltsbezügen** und v. Renten iSd. § 22 Nr. 1 einschl. der nachgezahlten Erhöhungsbeträge für den lfd. VZ gehören.[1] Daher können auch die Kapitalleistungen berufsständischer Versorgungseinrichtungen[2] oder die Austrittsleistung, die von einer schweizerischen öffentl.-rechtl. Pensionskasse nach dem 31.12.2004 ausgezahlt wird,[3] ermäßigt besteuert werden. Voraussetzung ist jedoch, dass die Zusammenballung der Einkünfte nicht dem vertragsgemäßen oder typischen Ablauf der jeweiligen Einkünfteerzielung entspricht, sodass die einmalige Kapitalabfindung lfd. Ansprüche gegen eine der betrieblichen Altersversorgung dienenden Pensionskasse dem regulären Einkommensteuertarif unterliegt, wenn das Kapitalwahlrecht schon in der ursprünglichen Versorgungsregelung enthalten ist.[4] Bei Einkünften aus KapVerm. kommt meines Erachtens eine Tarifermäßigung gem. § 34 in Betracht, wenn die Zinseinkünfte mehrerer Jahre in einem VZ zufließen und gemeinsam stl. erfasst werden.[5] Allerdings lehnt der BFH eine Anwendung von Abs. 2 Nr. 4 auf Erstattungszinsen gem. § 233a AO ab, da die Zinszahlung keine Tätigkeit vergüte, sondern eine durch VA bestimmte zwangsweise Kapitalüberlassung sei.[6]

28 Allerdings gewinnen die Merkmale der **Zusammenballung** (Rn. 8 ff.) und der **Abgrenzbarkeit** (Rn. 13, 36) für Abs. 2 Nr. 4 besondere Bedeutung. Soweit innerhalb einer Einkunftsart, insbes. bei den Einkünften aus selbständiger Arbeit, eine Vergütung für eine mehrjährige Tätigkeit Bestandteil der regelmäßigen und üblichen Tätigkeit ist, findet Abs. 2 Nr. 4 keine Anwendung. Vielmehr ist die Tarifvergünstigung auf besondere Tätigkeiten beschränkt, die **v. der üblichen Tätigkeit abgrenzbar** sein müssen.[7] Die FinVerw. fordert, dass aufgrund der Einkunftsermittlungsvorschriften eine Zusammenballung v. Einkünften eintritt, die bei den Einkünften aus nichtselbständiger Arbeit auf wirtschaftlich vernünftigen Gründen beruht und bei anderen Einkünften nicht dem vertragsgemäßen oder dem typischen Ablauf entspricht.[8]

29 **c) Vergütung für mehrjährige Tätigkeit.** Abs. 2 Nr. 4 setzt eine Vergütung für eine mehrjährige Tätigkeit voraus. Der Gesetzgeber hat mit Wirkung ab VZ 2007 das Tatbestandsmerkmal der mehrjährigen Tätigkeit dahin definiert, dass die Tätigkeit sich über mindestens **zwei VZ** und einen Zeitraum v. **mehr als zwölf Monate** erstrecken muss.[9] Damit wird die Rspr. des BFH korrigiert, die weniger strenge Voraussetzungen aufstellte. Zwar setzte auch der BFH voraus, dass die Tätigkeit in **wenigstens zwei VZ** ausgeübt werden musste.[10] Entgegen der Auffassung der FinVerw. war es nach dem BFH jedoch nicht erforderlich, dass die Tätigkeit sich über einen Zeitraum v. mehr als zwölf Monaten erstreckte.[11] Die Tätigkeit musste auch nicht während des ganzen Jahres aufrechterhalten werden.[12] Diese frühere Rspr. war bis einschl. VZ 2006 anwendbar.[13] Das G unterscheidet nicht danach, ob die Vergütung nachträglich oder im Voraus gezahlt wird. Alleine die Tatsache der **Nachzahlung** genügt jedoch nicht, denn die betr. Einkünfte müssen für sich betrachtet Entgelt für eine mehrjährige Tätigkeit darstellen.[14] Auch **Vorauszahlungen** fallen unter Abs. 2 Nr. 4, unabhängig davon, ob die Tätigkeit auch tatsächlich ausgeübt worden ist, denn es genügt, dass die Vergütung für den entspr. Zeitraum gezahlt worden ist.[15] Zahlungen zur **Abfindung v. Pensionsanwartschaften** können daher Vergütungen für eine mehrjährige Tätigkeit sein.[16] Gleiches gilt auch für den Verzicht eines G'ter-Geschäftsführers ggü. seiner KapGes. auf eine bereits erdiente (werthaltige) Pensionsanwartschaft.[17] Bei den Vergütungen für eine mehrjährige Tätigkeit muss im Einzelfall stets geprüft werden, ob es sich um die Vergütung für eine mehrjährige Tätigkeit oder um eine Entschädigung für die Aufgabe oder Nichtausübung einer Tätigkeit (§ 24 Nr. 1 lit. b; s. § 24 Rn. 17) handelt.[18] Bei einem geldwerten Vorteil aus einem **Aktienoptionsprogramm** handelt es sich im Regelfall als Anreizlohn um eine Ver-

---

1 R 34.4 Abs. 1 S. 2 EStR.
2 BFH v. 23.10.2013 – X R 3/12, BStBl. II 2014, 58; nicht aber ein Sterbegeld: BFH v. 23.11.2016 – X R 13/14, BFH/NV 2017, 445.
3 BFH v. 23.10.2013 – X R 33/10, BStBl. II 2014, 103; v. 16.9.2015 – I R 83/11, BStBl. II 2016, 681.
4 BFH v. 20.9.2016 – X R 23/15, BStBl. II 2017, 347; FG Nds. v. 28.9.2016 – 4 K 254/15, EFG 2017, 1444.
5 Zu den Kapitaleinkünften sa. *Schmidt*[37], § 34 Rn. 38 f.; **aA** *K/S/M*, § 34 Rn. B 219.
6 BFH v. 12.11.2013 – VIII R 36/10, BStBl. II 2014, 168.
7 BFH v. 22.5.1975 – IV R 33/72, BStBl. II 1975, 765.
8 R 34.4 Abs. 1 S. 3 EStR.
9 JStG 2007 v. 13.12.2006, BGBl. I 2006, 2878 (2883); BFH v. 7.5.2015 – VI R 44/13, BStBl. II 2015, 890; FG Hess. v. 27.7.2017 – 2 K 376/16, EFG 2018, 1449 (Rev. VI R 10/18 zur Frage, welcher Zeitraum zugrunde zu legen ist, wenn die Vereinbarung während eines bestehenden Arbverh. getroffen wurde).
10 BFH v. 6.10.1993 – I R 98/92, BFH/NV 1994, 775; v. 12.5.1961 – VI 107/59 U, BStBl. III 1961, 399.
11 BFH v. 14.10.2004 – VI R 46/99, BStBl. II 2005, 289; vgl. auch *Offerhaus*, BB 1990, 331.
12 BFH v. 12.5.1961 – VI 107/59 U, BStBl. III 1961, 399.
13 Vgl. BT-Drucks. 16/2712, 54.
14 BFH v. 14.10.2004 – VI R 46/99, BStBl. II 2005, 289; v. 6.12.1991 – VI R 135/88, BFH/NV 1992, 381.
15 BFH v. 17.7.1970 – VI R 66/67, BStBl. II 1970, 683.
16 BFH v. 12.4.2007 – VI R 6/02, BStBl. II 2007, 581; *Neufang/Schäfer/Stahl*, BB 2017, 1559.
17 BFH v. 23.8.2017 – VI R 4/16, BStBl. II 2018, 208; dazu *Briese*, DStR 2017, 2135; *Otto*, GmbHR 2018, 549.
18 BFH v. 17.7.1970 – VI R 66/67, BStBl. II 1970, 683.

gütung für eine mehrjährige Tätigkeit, wenn die Laufzeit zw. Einräumung und Ausübung der Optionsrechte mehr als zwölf Monate beträgt und der ArbN in dieser Zeit auch bei seinem ArbG beschäftigt ist.[1] Entgelte für frühere Arbeitsleistungen können jedoch angenommen werden, wenn die Tatumstände ergeben, dass konkrete Arbeitserfolge zusätzlich entlohnt werden sollten.[2] Voraussetzung für die Anwendung des § 34 ist, dass zw. Einräumung und Erfüllung der Option eine Beschäftigungszeit v. mehr als zwölf Monaten liegt[3] und dass die geldwerten Vorteile in einem VZ zusammengeballt zufließen.[4] Die Tarifermäßigung für Vorteile aus Aktienoptionen entfällt nicht, wenn wiederholt Aktienoptionen eingeräumt werden und die betr. Option nicht auf einmal ausgeübt wird.[5]

Zuwendungen werden „für" eine mehrjährige Tätigkeit gewährt, wenn sich aus den Umständen der Zahlung ergibt, dass mit ihnen eine mehrjährige Tätigkeit abgegolten werden soll.[6] Kann ein solcher **Verwendungszweck** nicht bereits aus dem Anlass der Zuwendung geschlossen werden, muss er den übrigen Umständen entnommen werden; dabei kommt der Berechnung des Entgelts maßgebende Bedeutung zu, wenn andere Hinweise auf den Verwendungszweck fehlen.[7] Abs. 2 Nr. 4 ist nicht anwendbar, wenn die Vergütung nicht nach dem Zeitaufwand des StPfl. oder der Dauer der Tätigkeit bemessen ist. Daher stellt eine Prämie für einen Verbesserungsvorschlag keine Vergütung für eine mehrjährige Tätigkeit dar, wenn sie sich an der Kostenersparnis des ArbG orientiert.[8] Dies gilt auch für Jubiläumszuwendungen, die ohne Rücksicht auf die Dauer der Betriebszugehörigkeit gewährt werden (zB Firmenjubiläum).[9] 30

Aus dem Zweck der Regelung, die Progressionswirkungen abzumildern[10], folgt, dass die Vergütung grds. in einem VZ einheitlich zufließen muss. Nur durch die Zusammenballung (Rn. 8 ff.) der Zahlung in einem VZ kann es zu einer Verschärfung der Steuerprogression kommen. Die Vergütung ist daher idR nur zu berücksichtigen, wenn sie **in einer Summe** gewährt wird. Es ist jedoch unschädlich, wenn die Vergütung für eine mehrjährige Tätigkeit während eines VZ in mehreren Teilbeträgen gezahlt wird, denn in diesem Fall ergeben sich keine unterschiedlichen Auswirkungen gegenüber einer einmaligen Zahlung.[11] Ist die Vergütung in einem Betrag festgesetzt und aus wirtschaftlichen Gründen in zwei VZ ausgezahlt worden, findet Abs. 2 Nr. 4 ausnahmsweise Anwendung.[12] Bei Vergütungen für eine mehrjährige Tätigkeit, die in drei oder mehr VZ zufließen, kann § 34 selbst dann nicht in Anspr. genommen werden, wenn sie v. vornherein in einem Gesamtbetrag festgesetzt worden ist, da es an einer Zusammenballung der Einkünfte fehlt.[13] Die Tarifermäßigung wird auch nicht gewährt, wenn der StPfl. bereits lfd. nicht unerhebliche **Abschlagszahlungen** erhalten hat[14] oder wenn ein Schriftsteller keine einmalige Vergütung, sondern lfd., v. der Auflagenzahl abhängige Honorare erhält.[15] 31

d) Besonderheiten bei verschiedenen Einkunftsarten. Bei den Einkünften aus **nichtselbständiger Arbeit** ist die Anwendung des Abs. 2 Nr. 4 allein davon abhängig, ob eine zusammengeballte Entlohnung gegeben ist, für die **wirtschaftlich vernünftige Gründe** vorliegen. Dabei ist es unerheblich, ob solche wirtschaftlich vernünftigen Gründe in der Pers. des ArbG oder des ArbN gegeben sind[16] oder ob auf die Zahlung ein Rechtsanspruch besteht.[17] Anders als bei den Einkünften aus selbständiger Arbeit muss es sich, wenn die ermäßigte Besteuerung von Einkünften aus nicht selbständiger Arbeit gem. § 19 in Rede steht, bei 32

1 BFH v. 18.12.2007 – VI R 62/05, BStBl. II 2008, 294; v. 10.7.2008 – VI R 70/06, BFH/NV 2008, 1828, v. 18.12.2007 – VI R 59/05, BFH/NV 2008, 779; v. 17.10.2007 – VI B 82/07, BFH/NV 2008, 46; auch keine Unterscheidung zwischen handelbaren und nicht handelbaren Aktienoptionsrechten: BFH v. 20.11.2008 – VI R 25/05, BStBl. II 2009, 382; vgl. auch *Geserich*, DStR Beihefter 23/2014, 53.
2 BFH v. 19.12.2006 – VI R 136/01, BStBl. II 2007, 456.
3 BFH v. 19.12.2006 – VI R 136/01, BStBl. II 2007, 456; v. 19.12.2006 – VI R 159/01, BFH/NV 2007, 696; v. 19.12.2006 – VI R 24/01, BFH/NV 2007, 881; v. 15.3.2007 – VI R 3/03, BFH/NV 2007, 1301; vgl. auch *Jacobs/Portner*, FR 2003, 757.
4 BFH v. 10.7.2008 – VI R 70/06, BFH/NV 2008, 1828.
5 BFH v. 15.3.2007 – VI R 3/03, BFH/NV 2007, 1301; v. 19.12.2006 – VI R 136/01, BFH/NV 2007, 589.
6 BFH v. 7.8.2014 – VI R 57/12, BFH/NV 2015, 181; v. 7.8.2014 – VI R 58/12, BFH/NV 2015, 184; zum sog. Exit-Bonus beim Geschäftsführer einer GmbH vgl. *Hentschel*, BB 2015, 807; zu den VG Wort Nachzahlungen: juris Literaturnachweis zu *Handor/Bergan*, DStR 2017, 433.
7 BFH v. 16.12.1996 – VI R 51/96, BStBl. II 1997, 222.
8 BFH v. 31.8.2016 – VI R 53/14, BStBl. II 2017, 322; v. 16.12.1996 – VI R 51/96, BStBl. II 1997, 222.
9 BFH v. 3.7.1987 – VI R 43/86, BStBl. II 1987, 820.
10 Vgl. BFH v. 14.12.2006 – IV R 57/05, BStBl. II 2007, 180.
11 BFH v. 11.6.1970 – VI R 228/67, BStBl. II 1970, 639; v. 30.7.1971 – VI R 258/68, BStBl. II 1971, 802.
12 BFH v. 16.9.1966 – VI 381/65, BStBl. III 67, 2.
13 BFH v. 21.3.1975 – VI R 55/73, BStBl. II 1975, 690; v. 10.2.1972 – IV R 8/68, BStBl. II 1972, 529.
14 BFH v. 10.2.1972 – IV R 8/68, BStBl. II 1972, 529.
15 BFH v. 5.12.1963 – IV 296/62 U, BStBl. III 1964, 130.
16 BFH v. 23.7.1974 – VI R 116/72, BStBl. II 1974, 680; v. 30.7.1971 – VI R 258/68, BStBl. II 1971, 802.
17 BFH v. 30.7.1971 – VI R 258/68, BStBl. II 1971, 802.

der mehrjährigen Tätigkeit nicht um eine abgrenzbare Sondertätigkeit handeln. Insbesondere ist es nicht erforderlich, dass die Tätigkeit selbst von der regelmäßigen Erwerbstätigkeit abgrenzbar ist oder die in mehreren VZ erdiente Vergütung auf einem besonderen Rechtsgrund beruht, der diese von den lfd. Einkünften unterscheidbar macht.[1] Es genügt jedoch nicht, dass die Einkünfte in einem VZ, zu dem sie wirtschaftlich nicht gehören, zugeflossen sind und dort mit Einkünften derselben Einkunftsart zusammentreffen. Vielmehr müssen die betr. Einkünfte für sich betrachtet Entgelt für eine mehrjährige Tätigkeit darstellen.[2]

33 Nach diesen Maßstäben sind **folgende Zahlungen** als **Vergütung einer mehrjährigen Tätigkeit** angesehen worden: Lohnnachzahlungen;[3] Erfindervergütung, die für mehrere Jahre in einem Betrag gezahlt wurde;[4] nach Dauer der Betriebszugehörigkeit gestaffelte Zahlungen bei Ausscheiden eines ArbN wegen Erreichens der Altersgrenze;[5] Jubiläumszuwendungen aus Anlass eines Dienstjubiläums des ArbN;[6] Tantiemen, wenn sie für mehrere Jahre in einem Jahr nachgezahlt werden;[7] Nachzahlung v. Ruhegehältern;[8] Übergangsgeld nach § 62 Abs. 1 BAT.[9] Wird ein Zweitwertkontoguthaben wegen Beendigung des Dienstverhältnisses ausgezahlt, ist eine tarifermäßigte Besteuerung vorzunehmen, wenn das Guthaben über einen Zeitraum von mehr als 12 Monate hinweg angespart wurde.[10] Die Tarifvergünstigung wurde **nicht gewährt** für Firmenjubiläen (Rn. 26); bei Tantiemen, wenn sie lfd., wenn auch nachträglich ausgezahlt werden;[11] bei Ausübung eines Aktienoptionsrechts in mehreren Jahren[12] oder bei Erfindervergütungen, die in mehreren Jahren gezahlt werden.[13]

34 Nach ständiger höchstrichterlicher Rspr. ist Abs. 2 Nr. 4 auf Einkünfte aus **selbständiger Arbeit** nur anwendbar, wenn der StPfl. (a) sich während mehrerer Jahre ausschließlich der einen Sache gewidmet und die Vergütung dafür in einem VZ erhalten hat oder (b) wenn eine sich über mehrere Jahre erstreckende Sondertätigkeit, die v. der übrigen Tätigkeit des StPfl. ausreichend abgrenzbar ist und nicht zum regelmäßigen Gewinnbetrieb gehört, in einem VZ entlohnt wird oder der StPfl. für eine mehrjährige Tätigkeit eine Nachzahlung in einem Betrag aufgrund einer vorausgegangenen rechtl. Auseinandersetzung erhalten hat.[14] Weil die Tätigkeit nicht abgrenzbar ist und dem typischen Ablauf entspricht, wird die Tarifermäßigung bei **Rechtsanwälten, Steuerberatern** oder **Wirtschaftsprüfern nicht gewährt**, wenn sie **Konkursverwaltung**, **Testamentsvollstreckung**[15] oder **Vermögensverwaltung**[16] ausüben. Bei instabiler Auftragslage oder überhaupt bei wechselhaftem unternehmerischen Erfolg in einzelnen Jahren sind die daraus resultierenden Steuersatzunterschiede von den betroffenen StPfl. hinzunehmen. § 34 dient nicht dazu, die nachteiligen Folgen temporal schwankender Einkünfte generell auszugleichen.[17] Handelt es sich um Sonderzahlungen, die mit außerordentlichen Einkünften bei nichtselbständiger Tätigkeit vergleichbar sind, kommt allerdings eine Anwendung v. § 34 in Betracht.[18] Eine Vergütung, die einem Arzt für eine mehrjährige Tätigkeit aufgrund einer vorausgegangenen rechtlichen Auseinandersetzung zusammengeballt zufließt, kann daher unter § 34 fallen.[19] Eine einmalige Sonderzahlung, die an einen selbständigen Steuerberater für langjährige Dienste auf der Grundlage einer arbeitnehmerähnlichen Stellung geleistet wird, kann ebenfalls tarifbegünstigt sein.[20]

1 BFH v. 7.5.2015 – VI R 44/13, BStBl. II 2015, 890; v. 8.3.1957 – VI 32/56 U, BStBl. III 1957, 185; krit. *K/S/M*, § 34 Rn. B 133.
2 BFH v. 7.5.2015 – VI R 44/13, BStBl. II 2015, 890; v. 6.12.1991 – VI R 135/88, BFH/NV 1992, 381.
3 BFH v. 17.7.1970 – VI R 66/67, BStBl. II 1970, 683.
4 BFH v. 12.11.1982 – VI R 125/78, BStBl. II 1983, 300; v. 29.2.2012 – IX R 28/11, BStBl. II 2012, 569; anders, wenn nicht eine mehrjährige Tätigkeit entlohnt werden soll, sondern der Übergang der Verwertungsbefugnis an einer Erfindung nach dem Arbeitnehmererfindungsgesetz entgolten werden soll: BFH v. 29.8.2012 – IX B 63/12, BFH/NV 2012, 2022; FG Münster v. 27.4.2013 – 12 K 1625/12 E, EFG 2013, 1222 (rkr.); dazu: *Gröne*, DStZ 2018, 463.
5 BFH v. 10.6.1983 – VI R 106/79, BStBl. II 1983, 575.
6 BFH v. 3.7.1987 – VI R 182/85, BStBl. II 1987, 677.
7 BFH v. 11.6.1970 – VI R 338/67, BStBl. II 1970, 639.
8 BFH v. 28.2.1958 – VI 155/56 U, BStBl. III 1958, 169.
9 BFH v. 18.9.1991 – XI R 8/90, BStBl. II 1992, 34.
10 BMF v. 17.6.2009, BStBl. I 2009, 1286; dazu *Plenker*, DB 2009, 1430.
11 BFH v. 30.8.1966 – VI 211/65, BStBl. III 1966, 545.
12 BFH v. 21.3.1975 – VI R 55/73, BStBl. II 1975, 690.
13 BFH v. 26.1.2005 – VI R 43/00, BFH/NV 2005, 888.
14 BFH v. 14.12.2006 – IV R 57/05, BStBl. II 2007, 180; v. 30.7.2007 – XI B 11/07, BFH/NV 2007, 1890; v. 6.10.1993 – I R 98/92, BFH/NV 1994, 775; v. 22.5.1975 – IV R 33/72, BStBl. II 1975, 765 mwN.
15 BFH v. 28.6.1973 – IV R 77/70, BStBl. II 1973, 729.
16 BFH v. 22.5.1975 – IV R 33/72, BStBl. II 1975, 765: Ausübung mehrerer selbständiger Tätigkeiten, die ihrem Wesen nach auf einem ähnlichen Gebiet liegen (Pflegschaften, Treuhandschaften).
17 BFH v. 30.1.2013 – III R 84/11, BStBl. II 2018, 696.
18 BFH v. 10.7.2012 – VIII R 48/09, BStBl. II 2013, 155.
19 BFH v. 14.12.2006 – IV R 57/05, BStBl. II 2007, 180.
20 BFH v. 7.7.2004 – XI R 44/03, BStBl. II 2005, 276.

Erhält ein Rechtsanwalt eine Abfindung für die Auflösung eines langjährigen Beratungsvertrags, der eine wesentliche Erwerbsquelle darstellt und bei der er arbeitnehmerähnlich tätig wird, fällt diese unter § 34.[1] Zur Zahlungsweise s. Rn. 11.

6. Bis einschließlich VZ 2011: Außerordentliche Holznutzung (Abs. 2 Nr. 5). Gem. § 34 Abs. 2 Nr. 5 aF gehörten bis einschließlich VZ 2011[2] zu den außerordentlichen Einkünften auch die Einkünfte aus außerordentlicher Holznutzung gem. § 34b Abs. 1 Nr. 1 aF; insoweit wird auf die Kommentierung der Vorauflagen verwiesen. Seit VZ 2012 ist die Tarifbegünstigung ausschließlich in § 34b geregelt (s. § 34b Rn. 1 ff.). 35

C. Berechnung der Einkommensteuer für außerordentliche Einkünfte (Abs. 1 S. 2–4)

I. Ermittlung der begünstigungsfähigen Einkünfte. Voraussetzung für die Berechnung der Tarifermäßigung gem. Abs. 1 S. 2 und 3 (zu den Besonderheiten des Abs. 3 s. Rn. 51) ist die Ermittlung der begünstigungsfähigen Einkünfte. Diese werden als besondere Art v. Einkünften (Rn. 13) eigenständig ermittelt. Freibeträge für Veräußerungsgewinne iSd. § 34 Abs. 2 Nr. 1 (§§ 14 S. 2, 14a Abs. 1, 16 Abs. 4, 17 Abs. 3, 18 Abs. 3) mindern die zu berücksichtigenden Einkünfte. Sind in den Veräußerungsgewinnen teilw. nach § 3 Nr. 40 1 lit. b iVm. § 3c Abs. 2 begünstigte Gewinne enthalten, sind die Freibeträge zugunsten des StPfl. zunächst bei diesen Gewinnen zu berücksichtigen (Rn. 21).[3] Mit den außerordentlichen Einkünften unmittelbar zusammenhängende **WK/BA** sind v. diesen abzuziehen. Fallen mit der Entschädigung zusammenhängende BA oder WK in einem der Vereinnahmung der Entschädigung vorausgehenden Besteuerungszeitraum an, mindern sie die regelbesteuerten Einkünfte dieses Zeitraums; entspr. mindert sich der dem ermäßigten Tarif unterliegende Betrag in dem Besteuerungszeitraum, in dem die Entschädigung als Einnahme zu erfassen ist.[4] Die Rückzahlung einer Entschädigung iSd. § 24 Nr. 1 ist auch dann im Abflussjahr zu berücksichtigen, wenn die Entschädigung im Zuflussjahr begünstigt besteuert worden ist, weil es sich regelmäßig nicht um ein rückwirkendes Ereignis handelt, das zur Änderung des Einkommensteuerbescheides des Zuflussjahres berechtigt.[5] Der **ArbN-PB** ist bei außerordentlichen Einkünften aus nichtselbständiger Tätigkeit nur insoweit abzuziehen, als tariflich voll zu besteuernde Einnahmen dieser Einkunftsart dafür nicht zur Vfg. stehen.[6] Die v. der Summe der Einkünfte, dem Gesamtbetrag der Einkünfte und dem Einkommen abzuziehenden Beträge (insbes. **SA, ag. Belastung**) sind zunächst bei den nicht nach § 34 begünstigten Einkünften zu berücksichtigen.[7] Eine Berücksichtigung v. (fiktiv) überschießenden SA, die sich bei niedrigem zu versteuerndem Einkommen neben begünstigten Einkünften ergeben kann, ist im EStG nicht vorgesehen.[8] 36

Grds. sind die gesamten außerordentlichen Einkünfte bis zur Höhe des zu versteuernden Einkommens tarifbegünstigt. Eine anteilige Kürzung zB aufgrund des Altersentlastungsbetrages findet nicht statt.[9] Die außerordentlichen Einkünfte werden auch beim **Verlustausgleich** gesondert behandelt. Sie werden erst zum Verlustausgleich herangezogen, wenn alle lfd. voll steuerbaren Einkünfte mit Verlusten ausgeglichen sind (Günstigkeitsprinzip).[10] Wird ein dem Grunde nach tarifbegünstigter Gewinn im Jahr seiner Entstehung durch Verluste vollständig ausgeglichen, so entfaltet die Tarifbegünstigung endg. keine Wirkung.[11] Unterliegt der lfd. Verlust aufgrund einer besonderen gesetzlicher Regelung einer **Ausgleichsbeschränkung** (zB § 2a Abs. 1, 2b iVm. § 52 Abs. 4, § 15 Abs. 4, § 15b), so hat diese Vorrang.[12] 37

In mehreren grundlegenden Entscheidungen hat der BFH über die Auswirkungen der **bis einschl. VZ 2003 geltenden Mindestbesteuerung gem. § 2 Abs. 3 aF** auf die Höhe der begünstigten Einkünfte entschieden. Danach sind für die Berechnung der begünstigten ESt gem. § 34 Abs. 1 die Verlustausgleichsbeschränkungen gem. § 2 Abs. 3 S. 3 ff. aF **nicht zu beachten.**[13] Es sind vorrangig die lfd. negativen Einkünfte mit den lfd. positiven Einkünften zu verrechnen; erst danach ist eine Verrechnung mit den begüns- 38

1 BFH v. 10.7.2012 – VIII R 48/09, BStBl. II 2013, 155.
2 § 34 Abs. 2 Nr. 5 wurde aufgehoben durch Art. 1 Nr. 22 des StVereinfG 2011 v. 1.11.2011, BGBl. I 2011, 2131 (2134).
3 *Hagen/Schynol*, DB 2001, 397.
4 BFH v. 26.8.2004 – IV R 5/03, BStBl. II 2005, 215; krit. *Paus*, DStR 2005, 266.
5 BFH v. 4.5.2006 – VI R 33/03, BStBl. II 2006, 911; H 34.3 EStR.
6 BFH v. 29.10.1998 – XI R 63/97, BStBl. II 1999, 588.
7 R 34.1 Abs. 1 S. 3 EStR.
8 BFH v. 2.9.2008 – X R 15/06, BFH/NV 2009, 138.
9 BFH v. 15.12.2005 – IV R 68/04, BFH/NV 2006, 723; vgl. *Korezkij*, DStR 2006, 452 (455).
10 BFH v. 10.10.2007 – VI B 33/07, BFH/NV 2008, 44.
11 BFH v. 25.9.1996 – IV B 120/95, BFH/NV 1997, 223.
12 BFH v. 26.1.1995 – IV R 23/93, BStBl. II 1995, 467; R 34.1 Abs. 3 S. 2 EStR; zur Verrechnung negativer Einkünfte iSd. § 2a Abs. 1 mit positiven außerordentl Einkünften vgl. OFD RhPf. und OFD Münster v. 23.5.2007, DStR 2007, 1727.
13 BFH v. 13.8.2003 – XI R 27/03, BStBl. II 2004, 547; v. 21.7.2004 – X R 46/02, BFH/NV 2004, 1643.

tigten Einkünften vorzunehmen. Damit hat sich der BFH für den Grundsatz der Meistbegünstigung entschieden.[1] Für den BFH ist entscheidend, dass die nach § 34 begünstigten Einkünfte innerhalb der Summe der Einkünfte eine „besondere Abteilung" darstellen und im zu versteuernden Einkommen auch nach einem Verlustausgleich die außerordentlichen Einkünfte rechnerisch enthalten sind. Wortlaut und Systematik sprechen ebenso für die Meistbegünstigung wie die Entstehungsgeschichte.[2] Ob und inwieweit die Entscheidung des BFH Auswirkungen auf das Verhältnis v. § 34 und § 35 hat, ist nicht geklärt.[3]

39 **II. Berechnung der Tarifermäßigung. 1. Grundgedanke.** Mit dem StEntlG 1999/2000/2002 hat der Gesetzgeber die unterschiedlichen Berechnungen der Tarifermäßigung für Vergütungen für eine mehrjährige Tätigkeit (Abs. 3 aF) und für die anderen außerordentlichen Einkünfte (Abs. 2 iVm. Abs. 1 aF) beseitigt. Die Neuregelung des Abs. 1 S. 2 lehnt sich an die bisherige Berechnungsmethode des Abs. 3 aF an, dehnt jedoch die **Verteilungswirkung auf fünf Jahre** aus. Der Steuerberechnung liegt der Gedanke zugrunde, dass die außerordentlichen Einkünfte mit dem Steuersatz besteuert werden, der sich ergeben würde, wenn im VZ nur ⅕ der außerordentlichen Einkünfte erzielt worden wäre. Das StSenkErgG sieht für Veräußerungsgewinne iSd. Abs. 2 Nr. 1 alternativ einmalig unter bestimmten Voraussetzungen eine Tarifermäßigung mit dem halben Durchschnittssteuersatz vor (Rn. 44 ff.).

40 **2. Berechnung bei positivem verbleibenden zu versteuernden Einkommen (Abs. 1 S. 2).** Die auf die außerordentlichen Einkünfte entfallende ESt wird grds. **in drei Schritten ermittelt.**[4] Zuerst (1.) wird die ESt für das um die außerordentlichen Einkünfte verminderte zu versteuernde Einkommen nach dem ESt-Grund- oder Splittingtarif ermittelt. Der Gesetzgeber bezeichnet diese Größe als das „verbleibende zu versteuernde Einkommen" (Abs. 1 S. 2). Sodann (2.) wird die ESt für das Einkommen ohne die außerordentlichen Einkünfte zzgl. eines Fünftels der außerordentlichen Einkünfte ermittelt. Anschließend (3.) werden die beiden ESt-Beträge gegenübergestellt und die Differenz mit dem Faktor fünf multipliziert. Diese Berechnung ist **einheitlich für alle im VZ bezogenen außerordentlichen Einkünfte** (Abs. 1 S. 1) vorzunehmen. Der so ermittelte Betrag ist die ESt für die außerordentlichen Einkünfte. Die Gesamtsteuerbelastung des StPfl. ergibt sich aus einer Zusammenrechnung der ESt für die außerordentlichen Einkünfte und der ESt für das verbleibende zu versteuernde Einkommen. Wenn StPfl. lfd. Einkünften erzielen, die – soweit die Grundtabelle zur Anwendung gelangt – mehr als 52 882 Euro betragen, tritt eine steuerliche Entlastung der außerordentlichen Einkünfte (unabhängig von ihrer Höhe) durch die Fünftelregelung nicht mehr ein.[5] Erzielt der StPfl. sowohl außerordentliche Einkünfte, die unter § 34 Abs. 1 S. 2 fallen, als auch Einkünfte nach § 34 Abs. 3 oder § 34b Abs. 3, ist die jeweilige Tarifermäßigung unter Berücksichtigung der jeweils anderen Tarifermäßigung zu berechnen.[6] Entscheidet sich der StPfl. für die Thesaurierungsbegünstigung des § 34a findet auf diese Gewinne § 34 Abs. 1 keine Anwendung.[7]

41 Die nach Abs. 1 S. 2 zu saldierenden Steuerbeträge sind in der Weise zu ermitteln, dass jeweils die allg. **Tarifvorschriften einschl. des ProgrVorb. (§ 32b Abs. 1)** Anwendung finden.[8] Die sog. integrierte Steuerberechnung hat zur Folge, dass sich ein negativer ProgrVorb. iRd. Ermittlung des Steuerbetrags nach § 34 Abs. 1 S. 3 wg. des niedrigeren Steuersatzes notwendig steuermindernd auswirkt.[9] Dies spielt zB eine Rolle, wenn Entlassungsentschädigung und Arbeitslosengeld im selben VZ bezogen werden. Der ProgrVorb. wirkt sich auf die Höhe des Steuersatzes aus, bestimmt aber nicht den Umfang des zu versteuernden Einkommens.[10] IErg. wird die Wirkung des ProgrVorb. bei Vorliegen außerordentlicher Einkünfte erhöht; dies führt zu einer deutlichen Verminderung der Tarifermäßigung des § 34.

42 Die Abhängigkeit der Tarifermäßigung v. dem verbleibenden zu versteuernden Einkommen (Abs. 1 S. 2) kann zu einer **rechnerisch überproportionalen Belastung des verbleibenden zu versteuernden Einkommens** führen.[11] Liegt das aus lfd. Einkünften bestehende verbleibende zu versteuernde Einkommen unter

---

1 Damit hat er auch die frühere Auffassung der FinVerw. abgelehnt, die die Tarifbegünstigung nur in der Höhe gewähren wollte, in der außerordentliche Einkünfte nach Durchführung des Verlustausgleichs verbleiben (vgl. R 197 Abs. 3 S. 3 EStR 2004). Die FinVerw. hat in den nachfolgenden EStR an ihrer Auffassung nicht festgehalten.

2 Vgl. auch *Weber-Grellet*, BB 2004, 1877; *Wendt*, FR 2004, 538.

3 *Ritzer/Stangl*, FR 2004, 748.

4 *Herzig/Förster*, DB 1999, 711; soweit v. vier Schritten ausgegangen wird, wird im 4. Schritt die Steuerbelastung für alle Einkünfte berechnet: so *Wendt*, FR 1999, 333; *Jahndorf/Lorscheider*, FR 2000, 433.

5 *Nettersheim/Gottwald*, EStB 2012, 148 mit entspr. Gestaltungsempfehlungen.

6 R 34.2 Abs. 2 S. 1 EStR; ausf. Berechnungsbeispiele H 34.2 EStH; dazu krit. schon *Lemm*, DStZ 2002, 35.

7 *Bäumer*, DStR 2007, 2089 (2092); R 34.2 Abs. 2 S. 2 EStR.

8 BFH v. 17.2.2003 – XI B 140/02, BFH/NV 2003, 772; vgl. zu § 34 Abs. 3 aF: BFH v. 18.5.1994 – I R 99/93, BStBl. II 1994, 845.

9 BFH v. 11.12.2012 – IX R 23/11, BStBl. II 2013, 370.

10 Zutr. *Urban*, FR 1999, 781 (783); **aA** *Wendt*, FR 1999, 333 (339); *Wendt*, FR 1999, 787 (788).

11 Vgl. auch die ökonomische Analyse von *Hechtner*, BFuP 2017, 472.

dem Existenzminimum und die außerordentlichen Einkünfte in der proportional zu besteuernden Zone, kann der Grenzsteuersatz bezogen auf das verbleibende zu versteuernde Einkommen über 200 % betragen.[1] Diese Wirkungen werden teilw. als verfassungswidrig angesehen.[2] Der BFH weist jedoch darauf hin, dass die überproportionale Belastung aus einer isolierten Betrachtung der nicht begünstigen Einkünfte herrühre, und dass Maßstab für die verfassungsrechtliche Beurteilung die Belastung des gesamten zu versteuernden Einkommens sei.[3] *Siegel* schlägt vor, den § 34 derart umzugestalten, dass außerordentliche Einkünfte in der Periode ihres Anfallens wie folgt abschließend besteuert werden: Diese Einkünfte sind bereits sofort mit einer begünstigten Steuer zu belegen, soweit sie oberhalb des Grundfreibetrages zuzuordnen sind. Damit wird vermieden, dass im Falle negativen normal zu besteuernden Einkommens unbegründete Steuergeschenke anfallen, deren Wegfall durch konfiskatorische Grenzsteuersätze erkauft wird, wenn das zu versteuernde Einkommen in einem bestimmten Bereich zunimmt. Konfiskatorische Grenzsteuersätze werden dadurch vermieden, dass die Begünstigung nur im relevanten Progressionsbereich (zw. dem Grundfreibetrag und dem Beginn der oberen Proportionalzone) mit einem konstanten Entlastungsfaktor greift.[4] *Bareis* hält die Berechnung des § 34 Abs. 1 entgegen der Rspr. der FG[5] generell für verfassungswidrig, weil die Regelung weder dem Folgerichtigkeitsgebot genüge, noch als Vereinfachungs- oder Typisierungsregelung gerechtfertigt werden könne, denn sie führe zu willkürlichen Belastungen.[6]

3. Berechnung bei negativem verbleibenden zu versteuernden Einkommen (Abs. 1 S. 3). Abs. 1 S. 3 43
stellt sicher, dass es auch dann zu einer Besteuerung außerordentlicher Einkünfte kommt, wenn ein Fünftel der außerordentlichen Einkünfte das (negative) verbleibende zu versteuernde Einkommen nicht übersteigt, das zu versteuernde Einkommen aus lfd. (negativen) Einkünften und (positiven) außerordentlichen Einkünften aber positiv ist. In diesem Fall beträgt die ESt abw. v. Abs. 1 S. 2 das Fünffache der auf ein Fünftel des positiven zu versteuernden Einkommens entfallenden ESt[7] Nicht eindeutig geregelt ist, wie die Steuer bei einem **Zusammentreffen v. außerordentlichen Einkünften und Einkünften, die dem ProgrVorb.** gem. § 32b unterliegen, berechnet wird.[8] Grds. ist der ProgrVorb. nach § 32b neben der Tarifermäßigung des § 34 Abs. 1 anwendbar[9], denn § 34 Abs. 1 S. 3 verweist durch Bezugnahme auf die ESt, die auf ⅕ des zu versteuernden Einkommens entfällt, auf die Tarifvorschriften des EStG, zu denen auch § 32b gehört. § 34 Abs. 1 S. 3 schreibt damit nach Auffassung des BFH eine integrierte Steuerberechnung vor.[10] Soweit in der Rspr.[11] und in der Literatur[12] die sog. additive Methode[13] vertreten wird, lehnt der BFH sie als mit dem Gesetzeswortlaut nicht vereinbar ab.[14] Danach sind die dem ProgrVorb. unterliegenden Einkünfte (Progressionseinkünfte) bei der Steuerberechnung nach Abs. 1 grds. steuersatzerhöhend zu berücksichtigen. Übersteigen die der Tarifermäßigung unterliegenden außerordentlichen Einkünfte das zu versteuernde Einkommen, so sind die Progressionseinkünfte bei der Steuerberechnung nach Abs. 1 S. 3 nur insoweit zu berücksichtigen, als sich nach einer Verrechnung mit dem negativen verbleibenden zu versteuernden Einkommen ein positiver Differenzbetrag ergibt.[15]

III. Ermäßigter Steuersatz für Betriebsveräußerungen und -aufgaben (Abs. 3). 1. Zweck. Um die 44
Verabschiedung des StSenkG zu erreichen, hat die BReg. zugesagt, den halben Steuersatz für Betriebsveräußerungen und BetrAufg. wieder einzuführen. Allerdings sollte dies lediglich für aus dem Berufsleben ausscheidende Unternehmer einmal im Leben gelten.[16] Dementspr. wurde § 34 durch das StSenkErgG um Abs. 3 ergänzt, der ermöglicht, für Gewinne aus Betriebsveräußerungen und -aufgaben den halben durch-

1 *Henning/Hundsdoerfer/Schult*, DStR 1999, 131; *Wendt*, FR 1999, 333 (337); *Jahndorf/Lorscheider*, FR 2000, 433.
2 *Jahndorf/Lorscheider*, FR 2000, 433; zur Lösung dieses Problems durch eine sog. „additive" Steuerberechnung: *Siegel*, BB 2004, 914; *Siegel*, DB 2015, 1419.
3 BFH v. 28.4.2010 – III R 86/07, BStBl. II 2011, 259.
4 *Siegel*, DStR 2007, 978.
5 BFH v. 15.9.2010 – X R 55/03, BFH/NV 2011, 231; v. 23.10.2015 – IX B 74/15, BFH/NV 2016, 193; FG BaWü. v. 14.5.2014 – 1 K 2136/13, EFG 2015, 415.
6 *Bareis*, FR 2015, 577.
7 Dazu *Wendt*, FR 1999, 333 (338); *Kroschl/Wellisch*, BB 1998, 2550.
8 Vgl. zu dieser Problematik *Eggesiecker/Ellerbeck*, DStR 2007, 1281; *Siegel*, FR 2008, 389.
9 BFH v. 15.11.2007 – VI R 66/03, BStBl. II 2008, 375.
10 BFH v. 17.1.2008 – VI R 44/07, BStBl. II 2011, 21; v. 22.9.2009 – IX R 93/07, BStBl. II 2010, 1032; kritisch dazu *Siegel*, FR 2010, 445 und *Hechtner/Siegel*, DStR 2010, 1593 mit konkreten Verbesserungsvorschlägen.
11 FG BaWü. v. 29.3.2007 – 8 K 172/03, EFG 2007, 1947.
12 *Siegel*, FR 2008, 389; *Siegel/Diller*, DStR 2008, 178; *K/S/M*, § 34 Rn. D 37.
13 Danach sollen beide Abweichungen v. der Normalbesteuerung gesondert berechnet und dann kombiniert werden, um zu einer konsistenten Lösung zu gelangen (vgl. zB *Siegel*, BB 2004, 914; *Siegel*, FR 2008, 389).
14 BFH v. 15.11.2007 – VI R 66/03, BStBl. II 2008, 375; v. 22.9.2009 – IX R 93/07, BStBl. II 2010, 1032; vgl. auch *Jachmann*, DB 2010, 86 in Auseinandersetzung mit der kritischen Literatur.
15 BFH v. 1.4.2009 – IX R 87/07, BFH/NV 2009, 1787; so auch H 34.2 EStH Beisp. 4.
16 BR-Drucks. 410/2/00.

schnittlichen Steuersatz in Anspr. zu nehmen, um die Altersvorsorge v. aus dem Berufsleben ausscheidenden Unternehmern zu erleichtern.[1] Durch das HBeglG 2004[2] ist der halbe durchschnittliche Steuersatz ab VZ 2004 auf 56 % angehoben worden.

45 **2. Anwendungsbereich. a) Voraussetzungen für die Inanspruchnahme.** Die Besteuerung mit dem ermäßigten Durchschnittssteuersatz gilt **nur unter bestimmten Voraussetzungen**. Sie wird nach dem StSenkErgG nur einmal im Leben des StPfl. für einen einzelnen Veräußerungsgewinn iSd. Abs. 2 Nr. 1 (Rn. 15 ff.) und nur für Gewinne bis 5 Mio. Euro (10 Mio. DM) gewährt. Weitere Voraussetzungen sind ein Antrag des StPfl. und dass er das 55. Lebensjahr vollendet hat oder im sozialversicherungsrechtl. Sinne dauernd berufsunfähig ist.

46 Begünstigt sind durch Abs. 3 S. 1 nur die in Abs. 2 Nr. 1 geregelten Veräußerungsgewinne. **Veräußerungsgewinne gem. § 17** sind jedoch aufgrund § 52 Abs. 47 S. 3 **ab dem VZ 2001 v. der Begünstigung ausgeschlossen.**[3] Im Unterschied zur Rechtslage vor 1999 kann der ermäßigte Steuersatz des Abs. 3 nicht auf andere außerordentliche Einkünfte (Nr. 2–5) angewendet werden. Nach Auffassung des BFH ist es verfassungsrechtlich und europarechtlich nicht zu beanstanden, wenn der Gesetzgeber einen steuerbaren, im VZ 2001 noch nicht dem Halbeinkünfteverfahren unterliegenden Veräußerungsgewinn nach § 17 lediglich nach der Fünftelregelung des § 34 Abs. 1, nicht aber nach § 34 Abs. 3 begünstigt.[4] Für die in Abs. 2 Nr. 1 geregelten Veräußerungsgewinne wird die bis zum VZ 1998 geltende Steuerermäßigung des Abs. 1 aF teilw. wieder eingeführt. Dabei übernimmt das StSenkErgG die bereits 1997[5] vorgesehene **Begrenzung auf Gewinne bis zu 5 Mio. Euro** (10 Mio. DM).[6] Nur bis zu diesem Betrag wird der ermäßigte Durchschnittssteuersatz gewährt. Darüber hinausgehende Gewinne nehmen nicht an der Steuerermäßigung teil und werden nach dem normalen Tarif besteuert. Erzielt der StPfl. in einem VZ Gewinne aus mehreren Betriebsveräußerungen/-aufgaben, darf er gem. Abs. 3 S. 5 idF des StSenkErgG **nur für den Gewinn aus einer dieser Veräußerungen/Aufgaben** den ermäßigten Durchschnittssteuersatz in Anspr. nehmen.[7] Dies gilt nach dem Wortlaut des G selbst dann, wenn sämtliche Veräußerungsgewinne gem. Abs. 2 Nr. 1 den Betrag v. 5 Mio. Euro im VZ nicht übersteigen. Bei mehreren Beteiligungen ist daher zu überlegen, diese gem. § 24 UmwStG durch Einbringung zu einer Beteiligung zusammenzufassen und diese letzte Beteiligung zu veräußern (zu weiteren Alt. s. Rn. 60). Erstreckt sich eine BetrAufg. über zwei Kj. und fällt der Aufgabegewinn daher in zwei VZ an, kann die Tarifermäßigung nach Abs. 3 auf Antrag in beiden VZ, jedoch insgesamt nur bis zum Höchstbetrag v. 5 Mio. Euro gewährt werden.[8] Wendet der StPfl. auf den Veräußerungsgewinn § 6b oder 6c an, kann die Steuerermäßigung des Abs. 3 nicht in Anspr. genommen werden (Abs. 3 S. 6 iVm. Abs. 1 S. 4). § 34 Abs. 1 S. 4 ist im Wege einer teleologischen Reduktion dahingehend auszulegen, dass die Regelung die Anwendung der ermäßigten Besteuerung nicht ausschließt, wenn wie im Streitfall eine Rücklage nach § 6b Abs. 10 für den Gewinn aus der Veräußerung einer KapGes.-Beteiligung gebildet wird, sodass die Bildung einer Rücklage für Gewinne aus der Veräußerung einer KapGes.-Beteiligung nach § 6b Abs. 10 der Anwendung der Steuerermäßigung des § 34 Abs. 1 auf den verbleibenden Teil des Veräußerungsgewinns nicht entgegensteht.[9] Wird für einen Gewinn iSd. § 34 Abs. 2 Nr. 1 die Tarifbegünstigung nach **§ 34a** in Anspr. genommen, scheidet die Anwendung des § 34 Abs. 3 ebenfalls aus.[10]

47 Die **Steuerermäßigung** des Abs. 3 ist **personen- und nicht betriebsbezogen.**[11] Bei außerordentlichen Einkünften aus einheitlich und gesondert festgestellten Gewinnanteilen ist die Grenze für die Steuerermäßigung v. 5 Mio. Euro für jeden G'ter gesondert zu ermitteln. Die Begünstigungsgrenze v. 5 Mio. Euro gilt für jeden subj. StPfl. Auch **zusammen veranlagte Ehegatten** können jeder für sich die Steuerermäßigung nach Abs. 3 in Anspr. nehmen.[12]

48 Der ermäßigte Durchschnittssteuersatz soll nur für Betriebsveräußerungen und -aufgaben aus dem Berufsleben ausscheidender Unternehmer gewährt werden. Daher wird die Steuerermäßigung des Abs. 3 nur ge-

1 BR-Drucks. 722/00.
2 G v. 29.12.2003, BGBl. I 2003, 3076 (3083).
3 BFH v. 1.9.2004 – VIII B 64/04, BFH/NV 2004, 1650; v. 19.6.2006 – VIII B 129/05, BFH/NV 2006, 1830.
4 BFH v. 20.10.2010 – IX R 56/09, BStBl. II 2011, 409; v. 10.7.2012 – IX B 71/12, BFH/NV 2012, 1602.
5 § 52 Abs. 24a Nr. 2 idF des G zur Fortsetzung der Unternehmenssteuerreform v. 29.10.1997 (BGBl. I 1997, 2590 = BStBl. I 1997, 928).
6 § 52 Abs. 47 S. 5 idF des Entw. eines StSenkErgG.
7 *Pedack*, INF 2001, 165 (167).
8 BMF v. 20.12.2005, BStBl. I 2006, 7.
9 FG Münster v. 23.9.2015 – 10 K 4079/14 F, EFG 2016, 20.
10 R 34.1 Abs. 1 EStR.
11 *K/S/M*, § 34 Rn. C 17.
12 Zu Abs. 1 in der bis zum VZ 1998 geltenden Fassung hat die FinVerw. eine andere Auffassung vertreten: vgl. R 197 Abs. 3 EStR 1996; wie hier: *Blümich*, § 34 Rn. 81 mwN.

währt, wenn der StPfl. das 55. Lebensjahr vollendet hat oder wenn er dauernd berufsunfähig ist. Der **Wortlaut** dieser Regelung **entspricht § 16 Abs. 4 S. 1**, sodass für die Auslegung auf die dort entwickelten Maßstäbe (§ 16 Rn. 274ff.) zurückgegriffen werden kann. Die Altersgrenze muss der Betriebsinhaber im Zeitpunkt der Veräußerung erreicht haben.[1] Vollendet der StPfl. das 55. Lebensjahr zwar nach Beendigung der BetrAufg. oder Betriebsveräußerung, aber noch vor Ablauf des VZ der BetrAufg., wird die Tarifermäßigung des Abs. 3 nicht gewährt.[2] Für die dauernde Berufsunfähigkeit kann auf § 43 Abs. 2 SGB VI zurückgegriffen werden. Zum Nachweis ist ein entspr. Bescheid eines Rentenversicherungsträgers oder eine amtsärztliche Bescheinigung erforderlich.[3]

Nach Abs. 3 S. 4 idF des StSenkErgG kann der StPfl. die Tarifermäßigung **nur einmal im Leben** in Anspr. 49
nehmen. Diese Einschränkung gilt nur für die Tarifermäßigung des ermäßigten Durchschnittssteuersatzes nach Abs. 3 S. 1–3, sodass es unschädlich ist, wenn für Veräußerungsgewinne die Tarifermäßigung des Abs. 1 in der jetzigen Fassung in Anspr. genommen worden ist (zum Wahlrecht Rn. 50). Gem. § 52 Abs. 47 S. 6 idF des StSenkErgG ist die **Inanspruchnahme** einer Steuerermäßigung nach § 34 in VZ **vor dem 1.1.2001 unbeachtlich.**[4] Schädlich für die Inanspruchnahme der einmaligen Ermäßigung sind letztlich nur bereits gewährte Ermäßigungen aufgrund des neu gefassten Abs. 3.

b) Wahlrecht. Für außerordentliche Einkünfte iSd. Abs. 2 Nr. 1 steht dem StPfl. ein Wahlrecht zu, ob er 50
die Besteuerung mit dem ermäßigten durchschnittlichen Steuersatz nach Abs. 3 oder zur grds. Progressionsglättung des zusammengeballten Auftretens v. Einkünften die ermäßigte Besteuerung nach der Fünftelregelung gem. Abs. 1 beantragt (s. auch Rn. 60).[5] Dieses Wahlrecht kann grds. bis zur Bestandskraft der jeweiligen Steuerbescheide ausgeübt werden, setzt jedoch voraus, dass eine Änderung des ESt-Bescheids aus anderen Gründen noch möglich ist.[6] Die Tarifermäßigungen können **nur alternativ** in Anspr. genommen werden, sodass eine **Doppelbegünstigung ausgeschlossen** ist. Liegen die Voraussetzungen für eine Steuerermäßigung nach Abs. 3 nicht vor, kommt eine Steuerermäßigung nur nach Abs. 1 in Betracht. Das bedeutet, dass in den Fällen, in denen der Veräußerungsgewinn 5 Mio. Euro übersteigt, für den darüber hinausgehenden Betrag Abs. 1 in Betracht kommt.[7] Das Wahlrecht wird ausgeübt, indem der StPfl. den Antrag auf die Tarifermäßigung nach Abs. 3 stellt. Liegen die Voraussetzungen des Abs. 3 vor, hat das FA ggf. auf die Möglichkeit der Antragstellung hinzuweisen.

3. Höhe des ermäßigten Steuersatzes. Die begünstigungsfähigen Einkünfte sind eigenständig zu ermit- 51
teln (Rn. 36). Da die Tarifermäßigung des Abs. 3 bei mehreren Betriebsveräußerungen oder BetrAufg. nur für einen Veräußerungs- oder Aufgabegewinn gewährt wird, sind die begünstigungsfähigen Einkünfte des Abs. 2 Nr. 1 **für jeden Veräußerungs- oder Aufgabefall einzeln zu ermitteln.**[8] Obwohl die Tatbestandsvoraussetzungen für die objektbezogene einmalige Inanspruchnahme des Freibetrages nach § 16 Abs. 4 (§ 16 Rn. 279) und der Steuerermäßigung des § 34 Abs. 3 identisch sind, steht es dem StPfl. bei mehreren Veräußerungsgewinnen frei, ob er sowohl den Freibetrag als auch die Tarifermäßigung des Abs. 3 für denselben Sachverhalt in Anspr. nehmen will. Soweit **SA, ag. Belastungen** und sonstige vom Einkommen abzuziehende Beträge nicht bei den nicht nach § 34 begünstigten Einkünften berücksichtigt werden können, sind sie **anteilig** auf die begünstigungsfähigen Einkünfte nach Abs. 2 aufzuteilen.

Der ermäßigte Steuersatz beträgt ab dem VZ 2004[9] gem. Abs. 3 S. 2 und 3 bis zur Höhe v. 5 Mio. Euro 52
56 % **des durchschnittlichen Steuersatzes**, der sich ergäbe, wenn die tarifliche ESt nach dem gesamten zu versteuernden Einkommen zzgl. der dem ProgrVorb. unterliegenden Einkünfte zu bemessen wäre (zur Mindestbesteuerung Rn. 53). Für die VZ 2001–2003 betrug der ermäßigte Steuersatz die Hälfte des durchschnittlichen Steuersatzes. Die Berechnung entspricht insoweit der bis zum VZ 1998 geltenden Fassung des Abs. 1.[10] Liegen die Voraussetzungen für Steuerermäßigungen sowohl nach Abs. 1 als auch nach Abs. 3 vor (zB wenn der StPfl. in demselben VZ sowohl eine Abfindung nach Abs. 2 Nr. 2 als auch einen Gewinn aus der Veräußerung eines Betriebes zu versteuern hat), werden die Steuerermäßigungen **jeweils unter Berücksichtigung der jeweils anderen Steuerermäßigung** berechnet.[11]

1 Vgl. BFH v. 21.9.1995 - IV R 1/95, BStBl. II 1995, 893.
2 BMF v. 20.12.2005, BStBl. I 2006, 7 (8).
3 R 34.5 Abs. 3 iVm. R 16.4 Abs. 14 EStR.
4 R 34.5 Abs. 2 S. 2 EStR.
5 Kein Wahlrecht bei einer Entschädigung iSd. § 24 Nr. 1 im VZ 1998: BFH v. 14.2.2006 - XI B 94/05 BFH/NV 2006, 939.
6 BFH v. 9.12.2015 - X R 56/13, BStBl. II 2016, 967.
7 *Hagen/Schynol*, DB 2001, 397; **aA** *Schulze zur Wiesche*, FR 2002, 667 (669).
8 *K/S/M*, § 34 Rn. C 25.
9 Vgl. HBeglG 2004 v. 29.12.2003, BGBl. I 2004, 3076 (3083).
10 Dazu *Blümich*, § 34 Rn. 79.
11 BR-Drucks. 469/00, 8; die Berechnung ist kompliziert und kaum nachvollziehbar: s. *Hagen/Schynol*, DB 2001, 397.

53 Abs. 3 S. 2 HS 2 sieht für die nach Abs. 3 S. 1 begünstigten Einkünfte eine **Mindestbesteuerung** vor. Unterschreitet der tatsächlich ermittelte halbe durchschnittliche Steuersatz den nach § 32a Abs. 1 Nr. 1 jeweils für den entspr. VZ geltenden Eingangssteuersatz, ist **mindestens der Eingangssteuersatz** anstelle des halben durchschnittlichen Steuersatzes anzusetzen.[1] Der Mindeststeuersatz beträgt ab dem VZ 2009[2] 14 % und entspricht damit dem ab diesem VZ geltenden Eingangssteuersatz. Der Mindeststeuersatz betrug in den VZ 2001/2002 19,9 %, dem VZ 2003 17 %, dem VZ 2004 16 % und in den VZ 2005–2008 15 %. Die Mindestbesteuerung bewirkt, dass erst dann, wenn der Gewinn in höheren zu versteuernden Einkommen enthalten ist, der halbe durchschnittliche Steuersatz zur Anwendung kommt.[3] Bei einem niedrigeren zu versteuernden Einkommen kommt immer der Eingangssteuersatz zum Tragen. Außerordentliche Einkünfte iSd. § 34 werden nicht nach § 32c entlastet, auch soweit der Veräußerungsgewinn 5 Mio. Euro übersteigt und die Anwendung der Fünftel-Regelung daher tatsächlich nicht zu einer (weiteren) Ermäßigung führt.[4]

54 **4. Anwendungszeitraum.** Nach dem StSenkErgG trat Abs. 3 am 1.1.2001 in Kraft und gilt damit für Veräußerungen **ab dem VZ 2001**. Veräußerungsgewinne gem. § 17 sind aufgrund § 52 Abs. 47 S. 3 ab dem Jahr 2001 v. der Begünstigung mit dem ermäßigten durchschnittlichen Steuersatz ausgeschlossen.[5] Die Anwendung des § 34 Abs. 1 (Fünftelregelung) wird hiervon jedoch nicht berührt. § 52 Abs. 47 S. 4 stellt sicher, dass § 34 immer in der für den entspr. VZ geltenden Fassung angewendet werden soll, auch wenn mit stl. zulässiger Rückwirkung eine Vermögensübertragung nach dem UmwStG vorgenommen wird oder ein Veräußerungsgewinn iSd. Abs. 2 Nr. 1 in der nunmehr geltenden Fassung erzielt wird. Diese Regelung, die verhindern sollte, dass die Abschaffung des halben Durchschnittssteuersatzes durch das StEntlG 1999/2000/2002 unterlaufen wird, macht nach der Wiedereinführung desselben durch das StSenkErgG wenig Sinn.[6]

D. Verfahren

55 Da bei der maschinellen Steuerberechnung bei Vorliegen v. außerordentlichen Einkünften iSd. Abs. 2 stets geprüft wird, ob die normale Besteuerung oder die Tarifermäßigung des Abs. 1 günstiger ist,[7] wird **ab VZ 2001** die Fünftelregelung des **Abs. 1 ohne Antrag**[8] **v. Amts wegen** gewährt. Lediglich für die Ermäßigung nach Abs. 3 ist ein gesonderter Antrag erforderlich (Rn. 50). Für die VZ 1999–2000 wurde die Tarifermäßigung nur auf **Antrag** gewährt.[9] Dieser konnte grds. bis zum Ablauf der Festsetzungsfrist, aber auch noch im finanzgerichtlichen Verfahren oder im Rahmen einer Änderung v. Steuerbescheiden gestellt oder zurückgenommen werden.[10] Der Antrag konnte vorbehaltlich des Abs. 3 nur einheitlich für alle im VZ bezogenen außerordentlichen Einkünfte gestellt werden.[11]

56 Über die Tarifermäßigung des § 34 wird im ESt-Veranlagungsverfahren entschieden. Gehören die außerordentlichen Einkünfte zum Gewinn einer **PersGes.**, ist im Verfahren über die einheitliche und gesonderte Feststellung der Einkünfte (§§ 179, 180 AO) zu entscheiden, ob es sich um außerordentliche Einkünfte handelt, wie hoch die Einkünfte sind und wem sie zuzurechnen sind.[12] Entgegen einer teilw. vertretenen Auffassung[13] sind die v. der **Organgesellschaft** erzielten Gewinne iSd. § 16 nicht Bestandteile des dem Organträger zuzurechnenden Einkommens und unterliegen deshalb nicht der nur für Veräußerungsgewinne des Organträgers geltenden Tarifermäßigung des § 34. Das Einkommen der Organgesellschaft wird dem Organträger vielmehr ungeteilt zugerechnet ohne Unterscheidung etwa nach lfd. oder außerordentlichen Gewinnen. Im Einkommen des Organträgers, soweit es v. der Organgesellschaft herrührt, ist lediglich das ungeteilte Einkommen der Organgesellschaft enthalten. Der Organträger kann deshalb § 34 nur in Anspr. nehmen, wenn er den Tatbestand dieser Vergünstigungsvorschrift selbst verwirklicht.[14] Wendet der StPfl. § 6b oder § 6c an, findet § 34 Abs. 1 S. 1–3 insoweit keine Anwendung (Rn. 20). Bei ArbN kann v. Ein-

---

1 Zur Problematik negativer Grenzsteuersätze: *Stövhase*, ZSteu. 2012, 10.
2 § 52 Abs. 47 S. 6.
3 *Hagen/Schynol*, DB 2001, 397.
4 BFH v. 12.6.2013 – X R 9/12, BFH/NV 2013, 1918.
5 BT-Drucks. 14/4547, 18.
6 Ausf. zu den Rückwirkungsproblemen: *H/H/R*, § 34 Anm. R 4.
7 Vgl. BT-Drucks. 14/7341, 25.
8 Das Antragserfordernis ist durch Art. 1 Nr. 17 StÄndG 2001 v. 20.12.2001 (BGBl. I 2001, 3794) gestrichen worden.
9 Die durch das StEntlG 1999/2000/2002 eingeführte Unwiderruflichkeit des Antrags war durch das StSenkGv. 23.10.2000 (BGBl. I 2000, 1433) rückwirkend wieder aufgehoben worden.
10 *Hagen/Schynol*, DB 2001, 817.
11 *K/S/M*, § 34 Rn. C 26.
12 BFH v. 14.4.1992 – VIII R 149/86, BStBl. II 1992, 817.
13 *Tiedtke/Wälzholz*, GmbHR 2001, 847.
14 BFH v. 22.1.2004 – III R 19/02, BStBl. II 2004, 515.

künften aus mehrjähriger Tätigkeit die **LSt nach § 39b Abs. 3 S. 9** ermäßigt einbehalten werden. In diesen Fällen ist gem. § 46 Abs. 2 Nr. 5 eine Veranlagung durchzuführen.

E. Auswirkungen und Steuerplanung

Die rechnerische Verteilung der außerordentlichen Einkünfte auf fünf Jahre gem. Abs. 1 bewirkt in vielen Fällen eine Milderung der Progression, denn nur ein Fünftel der außerordentlichen Einkünfte wird progressionssteigernd behandelt. Die **Entlastungswirkung** des § 34 **hängt v. der Höhe des verbleibenden zu versteuernden Einkommens ab**. Die Tarifvergünstigung wirkt sich daher besonders günstig aus, wenn der StPfl. ausschließlich außerordentliche Einkünfte erzielt, denn in diesen Fällen steigen die Grenzsteuersätze iErg. fünfmal langsamer als bei Anwendung des normalen Tarifs. Die höchste Entlastungswirkung wird in Fällen der Zusammenveranlagung und ausschließlich außerordentlichen Einkünften erzielt.[1] Die Begünstigung verringert sich, sobald der StPfl. neben den außerordentlichen Einkünften auch „ordentliche" Einkünfte erzielt; sie entfällt vollkommen, wenn bereits mit den regulären Einkünften der Spitzensteuersatz erreicht wird.[2] Insbes. wenn neben hohen außerordentlichen Einkünften geringe nicht begünstigte Einkünfte erzielt werden, kommt es zu einer überproportionalen Belastung der nicht begünstigten Einkünfte (Rn. 42). 57

Diese Auswirkungen rechtfertigen Überlegungen, um die Tarifermäßigung durch eine **vorausschauende Steuerplanung** optimal auszunutzen. Besteht ein Einfluss auf den Zeitpunkt der Realisierung außerordentlicher Einkünfte (zB bei Veräußerungsgewinnen), sollte darauf geachtet werden, dass begünstigte und nicht begünstigte Einkünfte in jeweils unterschiedlichen VZ erzielt werden.[3] Die einvernehmliche Verschiebung einer Zahlung in ein Folgejahr aus stl. Gründen führt noch nicht zu einem Zufluss und ist nur dann als Gestaltungsmissbrauch zu werten, wenn der Zahlungszeitpunkt willkürlich ist und keinen Bezug zum wirtschaftlichen Hintergrund hat.[4] Bei Veräußerungsgewinnen muss insbes. das **Wahlrecht zw.** der **Sofortversteuerung und** der Veräußerung gegen eine **lfd. zu besteuernde Leibrente** (hierzu § 16 Rn. 78 ff., 126 ff.) beachtet werden. Das Wahlrecht besteht auch dann, wenn der MU'anteil gegen wiederkehrende Bezüge und ein festes Entgelt veräußert wird. Es gilt auch für wiederkehrende Leistungen, die von dritter Seite iZ mit der Veräußerung erbracht werden (zB Versicherungsgesellschaft).[5] Während früher mit der Sofortversteuerung vielfach eine Besteuerung zum halben durchschnittlichen Steuersatz verbunden war, wird sich nach der Neuregelung des Abs. 1 ab VZ 1999 vielfach die aufgeschobene Besteuerung empfehlen.[6] Allerdings besteht kein Wahlrecht bei gewinn- oder umsatzabhängigen Veräußerungsentgelten, die stets zu nachträglichen Einkünften nach § 24 Nr. 2 führen.[7] Bei **Ehegatten** ist zu **prüfen, ob** sich bei außerordentlichen Einkünften die **getrennte Veranlagung** empfiehlt.[8] Dies kann vorteilhaft sein, weil Ehegatten bei der Ermittlung der Steuer nach dem Splittingverfahren als ein StPfl. behandelt werden und lfd. Einkünfte des einen Ehegatten die Begünstigung der außerordentlichen Einkünfte des anderen Ehegatten reduzieren oder aufheben können. 58

Für die **VZ 1999 und 2000** war zu prüfen, ob die Tarifbegrenzung bei gewerblichen Einkünften gem. **§ 32c** oder die ermäßigte Besteuerung nach § 34 günstiger ist.[9] Gem. § 32c Abs. 2 Nr. 4, der nur bis VZ 2000 galt, waren v. der Tarifbegrenzung Gewinne ausgenommen, die einer Steuerermäßigung nach § 34 unterliegen, sodass ein Antrag nach § 34 Abs. 1 zum Ausschluss der Tarifbegrenzung nach § 32c führt. IdR liegt jedoch eine Konkurrenz zw. beiden Ermäßigungen nicht vor, weil gewerbliche Veräußerungsgewinne nach § 16 EStG nicht der GewSt unterliegen.[10] Seit dem VZ 2007 bestimmt § 32c Abs. 1 S. 4 dass v. der Privilegierung dieser Vorschrift die außerordentlichen Einkünfte des § 34 ausgenommen sind. Die außerordentlichen Einkünfte bleiben bei der Ermittlung des Entlastungsbetrags nach § 32c unberücksichtigt und werden ausschließlich nach den für sie geltenden Tarifen begünstigt. Aufgrund der Wirkungsweise des § 34 Abs. 1 und des § 32c kann sich jedoch bei tarifbegünstigten außerordentlichen Einkünften 59

---

1 *Paus*, NWB Fach 3, 10891 hält dies meines Erachtens unzutreffenderweise für verfassungswidrig.
2 *Paus*, NWB Fach 3, 10891; *Herzig/Förster*, DB 1999, 711 ff.; *Stahl*, KÖSDI 2000, 12338 ff.
3 Dazu *Stahl*, KÖSDI 2000, 12338 ff.; *Paus*, NWB Fach 3, 10891.
4 BFH v. 11.11.2009 – IX R 14/09, BFH/NV 2010, 1089 (ausführlich die Vorinstanz: FG Nds. v. 19.2.1009 – 5 K 73/06, EFG 2009, 1018; dazu *Lühn*, BB 2009, 1282).
5 BFH v. 26.4.2018 – III R 12/17, BFH/NV 2018, 948.
6 *Gratz/Müller*, DB 2000, 693; *Herzig/Förster*, DB 1999, 711 (715).
7 BFH v. 14.5.2002 – VIII R 8/01, BStBl. II 2002, 532.
8 *K/S/M*, § 34 Rn. A 162; *Hagen/Schynol*, DStR 1999, 1430; *Korezkij*, BB 2000, 122, die darauf hinweisen, dass je nach Zu- oder Abnahme der Einkünfte in bestimmten Fällen die Vorteilhaftigkeit einer bestimmten Veranlagungsart **viermal** wechseln kann!
9 Dazu *Korezkij*, DStR 1999, 993; *Kaminski*, DB 1999, 1238.
10 *Wendt*, FR 1999, 333.

gem. § 34 Abs. 2 eine höhere Steuerlast als bei einer Berücksichtigung derselben Einkünfte als lfd. Gewinneinkünfte ergeben. Dieses ist insbes. dann der Fall, wenn der StPfl. neben den außerordentlichen Einkünften andere Einkünfte bezogen hat, die durch ihre Höhe bereits eine Besteuerung mit dem Spitzensteuersatz ausgelöst hätten. Die Tarifbegünstigung des Abs. 1 führt in diesen Fällen zu keiner Steuerermäßigung mehr. In diesen Fällen nimmt die FinVerw. eine **Günstigerprüfung** vor.[1]

60 Nach Abs. 3 idF des StSenkErgG[2] gilt ab dem VZ 2001 für Veräußerungsgewinne gem. Abs. 2 Nr. 1 unter bestimmten Voraussetzungen (Rn. 45 ff.) alternativ der ermäßigte Durchschnittssteuersatz. Der StPfl. kann zw. den verschiedenen Tarifermäßigungen wählen (Rn. 50). Da die Tarifermäßigung des Abs. 3 nur einmal im Leben und nur für einen Veräußerungs- oder Aufgabegewinn in Anspr. genommen werden kann, bedarf es einer **sorgfältigen Berechnung der verschiedenen Alternativen**. Die Berechnung hängt v. der Höhe des Veräußerungsgewinns und der Höhe des verbleibenden zu versteuernden Einkommens ab.[3] Dabei ist auch zu beachten, dass bei Veräußerung v. Anteilen an KapGes. bei wesentlicher Beteiligung (§ 17) der ermäßigte durchschnittliche Steuersatz gem. Abs. 3 ab dem VZ 2001 selbst dann nicht in Anspr. genommen werden kann, wenn der Veräußerungsgewinn nicht dem Halb-/Teileinkünfteverfahren unterliegt.[4] In diesen Fällen findet lediglich Abs. 1 Anwendung. Bei Veräußerungsgewinnen nach § 16 ist das Verhältnis zum Veräußerungsfreibetrag gem. § 16 Abs. 4 zu beachten. Auch wenn § 16 Abs. 4 und § 34 Abs. 3 jeweils nur einmalig im Leben, wenn der StPfl. das 55. Lebensjahr vollendet hat oder im sozialversicherungsrechtl. Sinne dauernd berufsunfähig ist, geltend gemacht werden können, ist es nicht erforderlich, beide Vorschriften gleichzeitig in Anspr. zu nehmen. Fallen bei einem StPfl., der die Voraussetzungen des Abs. 3 erfüllt, in einem VZ neben einem Gewinn aus der Veräußerung eines Betriebs, TB oder MU'anteils weitere außerordentliche Einkünfte iSd. Abs. 2 an, so besteht die Möglichkeit, dass die Fünftelregelung des **Abs. 1 und der ermäßigte Steuersatz des Abs. 3 gleichzeitig** zur Anwendung kommen. Die Tarifermäßigungen nach Abs. 1 und 3 sind dabei unter Berücksichtigung der jeweils anderen Regelung zu ermitteln.[5] Dies führt zu sehr komplizierten Berechnungen[6] und stellt hohe Anforderungen an die Steuerplanung, wenn ein optimales stl. Ergebnis erreicht werden soll.[7]

§ 34a Begünstigung der nicht entnommenen Gewinne

(1) [1]Sind in dem zu versteuernden Einkommen nicht entnommene Gewinne aus Land- und Forstwirtschaft, Gewerbebetrieb oder selbständiger Arbeit (§ 2 Absatz 1 Satz 1 Nummer 1 bis 3) im Sinne des Absatzes 2 enthalten, ist die Einkommensteuer für diese Gewinne auf Antrag des Steuerpflichtigen ganz oder teilweise mit einem Steuersatz von 28,25 Prozent zu berechnen; dies gilt nicht, soweit für die Gewinne der Freibetrag nach § 16 Absatz 4 oder die Steuerermäßigung nach § 34 Absatz 3 in Anspruch genommen wird oder es sich um Gewinne im Sinne des § 18 Absatz 1 Nummer 4 handelt. [2]Der Antrag nach Satz 1 ist für jeden Betrieb oder Mitunternehmeranteil für jeden Veranlagungszeitraum gesondert bei dem für die Einkommensbesteuerung zuständigen Finanzamt zu stellen. [3]Bei Mitunternehmeranteilen kann der Steuerpflichtige den Antrag nur stellen, wenn sein Anteil am nach § 4 Absatz 1 Satz 1 oder § 5 ermittelten Gewinn mehr als 10 Prozent beträgt oder 10 000 Euro übersteigt. [4]Der Antrag kann bis zur Unanfechtbarkeit des Einkommensteuerbescheids für den nächsten Veranlagungszeitraum vom Steuerpflichtigen ganz oder teilweise zurückgenommen werden; der Einkommensteuerbescheid ist entsprechend zu ändern. [5]Die Festsetzungsfrist endet insoweit nicht, bevor die Festsetzungsfrist für den nächsten Veranlagungszeitraum abgelaufen ist.

(2) Der nicht entnommene Gewinn des Betriebs oder Mitunternehmeranteils ist der nach § 4 Absatz 1 Satz 1 oder § 5 ermittelte Gewinn vermindert um den positiven Saldo der Entnahmen und Einlagen des Wirtschaftsjahres.

(3) [1]Der Begünstigungsbetrag ist der im Veranlagungszeitraum nach Absatz 1 Satz 1 auf Antrag begünstigte Gewinn. [2]Der Begünstigungsbetrag des Veranlagungszeitraums, vermindert um die da-

1 OFD Münster v. 23.4.2009, DStR 2009, 1263.
2 V. 19.12.2000, BGBl. I 2000, 1812.
3 *Freyer/Schult*, DStR 2001, 455; zum Verhältnis zu § 2 Abs. 3 aF: *Freyer/Schult*, DStR 2001, 71.
4 BT-Drucks. 14/4547, 18.
5 BT-Drucks. 14/4217, 8.
6 *K/S/M*, § 34 Rn. C 39.
7 Dazu ausf. *Houben*, DStR 2006, 200.

rauf entfallende Steuerbelastung nach Absatz 1 und den darauf entfallenden Solidaritätszuschlag, vermehrt um den nachversteuerungspflichtigen Betrag des Vorjahres und den auf diesen Betrieb oder Mitunternehmeranteil nach Absatz 5 übertragenen nachversteuerungspflichtigen Betrag, vermindert um den Nachversteuerungsbetrag im Sinne des Absatzes 4 und den auf einen anderen Betrieb oder Mitunternehmeranteil nach Absatz 5 übertragenen nachversteuerungspflichtigen Betrag, ist der nachversteuerungspflichtige Betrag des Betriebs oder Mitunternehmeranteils zum Ende des Veranlagungszeitraums. [3]Dieser ist für jeden Betrieb oder Mitunternehmeranteil jährlich gesondert festzustellen.

(4) [1]Übersteigt der positive Saldo der Entnahmen und Einlagen des Wirtschaftsjahres bei einem Betrieb oder Mitunternehmeranteil den nach § 4 Absatz 1 Satz 1 oder § 5 ermittelten Gewinn (Nachversteuerungsbetrag), ist vorbehaltlich Absatz 5 eine Nachversteuerung durchzuführen, soweit zum Ende des vorangegangenen Veranlagungszeitraums ein nachversteuerungspflichtiger Betrag nach Absatz 3 festgestellt wurde. [2]Die Einkommensteuer auf den Nachversteuerungsbetrag beträgt 25 Prozent. [3]Der Nachversteuerungsbetrag ist um die Beträge, die für die Erbschaftsteuer (Schenkungsteuer) anlässlich der Übertragung des Betriebs oder Mitunternehmeranteils entnommen wurden, zu vermindern.

(5) [1]Die Übertragung oder Überführung eines Wirtschaftsguts nach § 6 Absatz 5 Satz 1 bis 3 führt unter den Voraussetzungen des Absatzes 4 zur Nachversteuerung. [2]Eine Nachversteuerung findet nicht statt, wenn der Steuerpflichtige beantragt, den nachversteuerungspflichtigen Betrag in Höhe des Buchwerts des übertragenen oder überführten Wirtschaftsguts, höchstens jedoch in Höhe des Nachversteuerungsbetrags, den die Übertragung oder Überführung des Wirtschaftsguts ausgelöst hätte, auf den anderen Betrieb oder Mitunternehmeranteil zu übertragen.

(6) [1]Eine Nachversteuerung des nachversteuerungspflichtigen Betrags nach Absatz 4 ist durchzuführen

1. in den Fällen der Betriebsveräußerung oder -aufgabe im Sinne der §§ 14, 16 Absatz 1 und 3 sowie des § 18 Absatz 3,
2. in den Fällen der Einbringung eines Betriebs oder Mitunternehmeranteils in eine Kapitalgesellschaft oder eine Genossenschaft sowie in den Fällen des Formwechsels einer Personengesellschaft in eine Kapitalgesellschaft oder Genossenschaft,
3. in den Fällen der unentgeltlichen Übertragung eines Betriebs oder Mitunternehmeranteils nach § 6 Absatz 3, wenn die Übertragung an eine Körperschaft, Personenvereinigung oder Vermögensmasse im Sinne des § 1 Absatz 1 des Körperschaftsteuergesetzes erfolgt. [2]Dies gilt entsprechend für eine unentgeltliche Übertragung auf eine Mitunternehmerschaft, soweit der Betrieb oder der Mitunternehmeranteil einer Körperschaft, Personenvereinigung oder Vermögensmasse im Sinne des § 1 Absatz 1 des Körperschaftsteuergesetzes als Mitunternehmer zuzurechnen ist,
4. wenn der Gewinn nicht mehr nach § 4 Absatz 1 Satz 1 oder § 5 ermittelt wird oder
5. wenn der Steuerpflichtige dies beantragt.

[2]In den Fällen der Nummern 1 bis 3 ist die nach Absatz 4 geschuldete Einkommensteuer auf Antrag des Steuerpflichtigen oder seines Rechtsnachfolgers in regelmäßigen Teilbeträgen für einen Zeitraum von höchstens zehn Jahren seit Eintritt der ersten Fälligkeit zinslos zu stunden, wenn ihre alsbaldige Einziehung mit erheblichen Härten für den Steuerpflichtigen verbunden wäre.

(7) [1]In den Fällen der unentgeltlichen Übertragung eines Betriebs oder Mitunternehmeranteils nach § 6 Absatz 3 hat der Rechtsnachfolger den nachversteuerungspflichtigen Betrag fortzuführen; Absatz 6 Satz 1 Nummer 3 bleibt unberührt. [2]In den Fällen der Einbringung eines Betriebs oder Mitunternehmeranteils zu Buchwerten nach § 24 des Umwandlungssteuergesetzes geht der für den eingebrachten Betrieb oder Mitunternehmeranteil festgestellte nachversteuerungspflichtige Betrag auf den neuen Mitunternehmeranteil über.

(8) Negative Einkünfte dürfen nicht mit ermäßigt besteuerten Gewinnen im Sinne von Absatz 1 Satz 1 ausgeglichen werden; sie dürfen insoweit auch nicht nach § 10d abgezogen werden.

(9) [1]Zuständig für den Erlass der Feststellungsbescheide über den nachversteuerungspflichtigen Betrag ist das für die Einkommensbesteuerung zuständige Finanzamt. [2]Die Feststellungsbescheide können nur insoweit angegriffen werden, als sich der nachversteuerungspflichtige Betrag gegenüber dem nachversteuerungspflichtigen Betrag des Vorjahres verändert hat. [3]Die gesonderten Feststellungen nach Satz 1 können mit dem Einkommensteuerbescheid verbunden werden.

(10) [1]Sind Einkünfte aus Land- und Forstwirtschaft, Gewerbebetrieb oder selbständiger Arbeit nach § 180 Absatz 1 Satz 1 Nummer 2 Buchstabe a oder b der Abgabenordnung gesondert festzustellen, können auch die Höhe der Entnahmen und Einlagen sowie weitere für die Tarifermittlung nach den Absätzen 1 bis 7 erforderliche Besteuerungsgrundlagen gesondert festgestellt werden. [2]Zuständig für die gesonderten Feststellungen nach Satz 1 ist das Finanzamt, das für die gesonderte Feststellung nach § 180 Absatz 1 Satz 1 Nummer 2 der Abgabenordnung zuständig ist. [3]Die gesonderten Feststellungen nach Satz 1 können mit der Feststellung nach § 180 Absatz 1 Satz 1 Nummer 2 der Abgabenordnung verbunden werden. [4]Die Feststellungsfrist für die gesonderte Feststellung nach Satz 1 endet nicht vor Ablauf der Feststellungsfrist für die Feststellung nach § 180 Absatz 1 Satz 1 Nummer 2 der Abgabenordnung.

(11) [1]Der Bescheid über die gesonderte Feststellung des nachversteuerungspflichtigen Betrags ist zu erlassen, aufzuheben oder zu ändern, soweit der Steuerpflichtige einen Antrag nach Absatz 1 stellt oder diesen ganz oder teilweise zurücknimmt und sich die Besteuerungsgrundlagen im Einkommensteuerbescheid ändern. [2]Dies gilt entsprechend, wenn der Erlass, die Aufhebung oder Änderung des Einkommensteuerbescheids mangels steuerlicher Auswirkung unterbleibt. [3]Die Feststellungsfrist endet nicht, bevor die Festsetzungsfrist für den Veranlagungszeitraum abgelaufen ist, auf dessen Schluss der nachversteuerungspflichtige Betrag des Betriebs oder Mitunternehmeranteils gesondert festzustellen ist.

Verwaltung: BMF v. 11.8.2008, BStBl. I 2008, 838.

Literatur (vor 2010 s. 14. Aufl.): *Bareis*, Steuerliche Gewinnbegriffe und Thesaurierungsbegünstigung gemäß § 34a EStG, FR 2014, 581; *Baschnagel*, Ertragsteuerliche Aspekte doppelstöckiger Personengesellschaften, BB 2015, 349; *Blöchle/Menninger*, Die Thesaurierungsbegünstigung des § 34a EStG, DStR 2016, 1974; *Blumers*, Familienunternehmen mit internationaler Struktur, BB 2015, 1371; *Bodden*, Weiterhin keine Nachversteuerung gem. § 34a EStG bei Übertragung auf eine gemeinnützige Körperschaft ?, KÖSDI 1/2018, 20622; *Bodden*, Aktuelle Brennpunkte der Thesaurierungsbesteuerung nach § 34a EStG, FR 2014, 920; *Bodden*, Die Thesaurierungsbegünstigung des § 34a EStG im Gesamtgefüge der Einkommensbesteuerung, FR 2012, 68; *Bodden*, Verfahrensrechtliche Zusammenhänge der Thesaurierungsbesteuerung nach § 34a EStG, FR 2011, 829; *Brähler/Gutzeit/Scholz*, Gelungene Reform oder überflüssige Norm? Eine quantitative Studie zu § 34a EStG, StuW 2012, 119; *Crezelius*, Nachsteuertatbestände und Umwandlungssteuerrecht, FR 2011, 401; *Demuth*, Gestaltungen mit inländischen Familienstiftungen, KÖSDI 9/2018, 20909; *Englisch*, Zur Ausübung des Wahlrechts nach § 34a im Rechtsbehelfsverfahren gegen einen Änderungsbescheid, FR 2015, 533; *Fechner/Bäuml*, Fortentwicklung des Rechts der Besteuerung von Personenunternehmen, FR 2010, 744; *Förster*, Bedeutung der Finanzierung für die Besteuerung, Stbg 2011, 49; *Haag*, Nachversteuerung gemäß § 34a EStG bei unentgeltlicher Unternehmensnachfolge durch juristische Person, BB 2012, 1966; *Kessler/Pfuhl/Grether*, Die Thesaurierungsbegünstigung nach § 34a EStG in der steuerlichen (Beratungs)Praxis, DB 2011, 185; *Levedag*, Thesaurierungsbegünstigung nach § 34a bei negativem zu versteuernden Einkommen, GmbHR 2017, R263; *Maetz*, Nachversteuerung i.S.d. § 34a bei Stiftungserrichtung?, FR 2013, 652; *Niehus/Wilke*, Zur Frage der Meistbegünstigung bei der Berücksichtigung von Verlusten und persönlichen Abzügen bei der Thesaurierungsbegünstigung des § 34a, FR 2016, 366; *Pflaum*, Steuerstrafrechtliche Gesichtspunkte der Begünstigung nicht entnommener Gewinne, wistra 2012, 205; *Schmidtmann*, Anwendung des Durchschnittssteuersatzes und des Progressionsvorbehalts beim Zusammentreffen mit schedular besteuerten Einkünften, DStR 2010, 2418; *Schmitt*, Besteuerung der Personengesellschaften? Plädoyer für die Beibehaltung der transparenten Besteuerung, FR 2010, 750; *Schneider/Wesselbaum-Neugebauer*, Von der Thesaurierungsbegünstigung zum virtuellen Trennungsprinzip, FR 2011, 166; *Thiel*, Die besonderen Ausgleichsposten in der Steuerbilanz des Organträgers, FS J. Lang, Köln 2010, 755; *Wacker*, § 34a EStG bei Erbfall und Erbauseinandersetzung, JbFfSt 2010/2011, 712; *Wrede/Friederich*, Die Thesaurierungsbegünstigung nach § 34a EStG, Stbg. 2010, 57.

A. Grundaussagen der Vorschrift

I. Regelungsgegenstand. Der durch das Unternehmensteuerreformgesetz 2008[1] eingeführte § 34a führt für bilanzierende **Einzel- und MU'er einer PersGes.**, sofern nat. Pers., eine **Tarifbegünstigung** für den **nicht entnommenen (thesaurierten) Gewinn** ein. Der thesaurierte Gewinn ist auf Antrag mit einem proportionalen **ESt-Satz v. 28,25 %** zu besteuern. Wird der thesaurierte Gewinn später entnommen, kommt es zu einer **Nachversteuerung**. Der Nachversteuerungsbetrag unterliegt einer **25 %igen Nachsteuer**. 1

Das **Ziel dieser Regelung** ist eine **Angleichung an die Besteuerung v. KapGes.** und ihrer Anteilseigner, soweit es sich um ertragstarke Personenunternehmen handelt und deshalb die Progression mit dem Spitzensteuersatz eingreift.[2] Insoweit soll eine **Belastungsneutralität der Rechtsformen** herbeigeführt werden. Dem Personenunternehmer (Einzelunternehmer oder MU'er) wird die Möglichkeit eingeräumt, zunächst hinsichtlich des nicht entnommenen Gewinnes eine Belastung herbeizuführen, die in etwa der Belastung des nicht ausgeschütteten (thesaurierten) Gewinnes auf der Ebene der KapGes. entspricht. Vergleichsmaßstab für den Thesaurierungssteuersatz v. 28,25 % war für den Gesetzgeber insoweit die Belastung des Gewinns der Körperschaft auf der Ebene der Körperschaft mit einer KSt v. 15 % ab 2008 sowie des SolZ v. 5,5 % auf die KSt zzgl. GewSt bei einem Hebesatz v. 400 %. Dies führt auf der Ebene der **KapGes.** zu einer Belastung v. (14 % GewSt + 15 % KSt + 0,83 % SolZ =) **29,83 %**. Dem entspricht unter Berücksichtigung der GewSt-Anrechung in § 35 EStG mit dem 3,8-fachen des Messbetrages nur bei Personenunternehmen und der noch hinzutretenden Belastung mit dem SolZ in etwa der ESt-Satz v. 28,25 % für den thesaurierten Gewinn. Hier ergibt sich eine Belastung v. (14 % GewSt + 28,25 % ESt – 13,30 % GewSt = 28,95 % + 0,82 SolZ =) **29,77 % des thesaurierten Gewinnes bei Personenunternehmen**. 2

Die Nachbesteuerung für später entnommenen Gewinn mit 25 % entspricht der Belastung der Ausschüttungen v. KapGes. bei Einkünften aus KapVerm. nach dem gesonderten (Abgeltungs)Steuersatz des § 32d

1 UntStRefG 2008 v. 14.8.2007, BGBl. I 2007, 1912.
2 Vgl. Begr. RegEntw. BR-Drucks. 220/07, Allgemeiner Teil, 51 f. (55).

Abs. 1 EStG. Einschl SolZ ergibt sich dann für den später entnommenen Gewinn eine **Gesamtbelastung v.** (Thesaurierungsbelastung) **29,77** + (Nachbesteuerungsbelastung: 25 % v. [100 – 29,77] + 5,5 % v. 25 % v. [100 – 29,77] =) **18,52** = **48,29 %**. Bei Ausschüttung einer KapGes. ergibt sich demgegenüber eine Gesamtbelastung v. (29,83 + 25 % v. [100 – 29,83] + 5,5 % v. 25 % v. [100 – 29,83] = **48,33 %**, sofern die Anteile im PV gehalten werden. Bei im **BV** gehaltenen Anteilen ergibt sich unter Berücksichtigung des Teileinkünfteverfahrens mit einer Befreiung nach § 3 Nr. 40 EStG v. 40 % und dem Spitzensteuersatz v. 45 % eine Gesamtbelastung v. **49,81 %** einschl. SolZ für Ausschüttungen.[1]

3 Durch den besonderen Thesaurierungssteuersatz soll neben der Herstellung v. Rechtsformneutralität die **Eigenkapitalbildung** im Unternehmen und dadurch die **internationale Wettbewerbsfähigkeit** auch v. deutschen Personenunternehmen gestärkt werden.[2] Für Unternehmen in der Rechtsform der KapGes. wird der Steuersatz v. nunmehr 15 % KSt zzgl. der GewSt für international wettbewerbsfähig gehalten. Mit einer Gesamtbelastung v. knapp unter 30 % liege die nominale Belastung des Gewinnes v. Körperschaften in Deutschland im Vergleich zu anderen europäischen Wettbewerbern im Mittelfeld. Durch § 34a werde iErg. auch für ertragstarke Personenunternehmen in Deutschland erreicht, dass diese nicht einer ihre internationale Wettbewerbsfähigkeit beeinträchtigenden zu hohen Ertragsteuerbelastung ausgesetzt werden. Zugleich werde die **Eigenkapitalbildung im Unternehmen** gefördert. § 34a leiste insoweit einen Beitrag dazu, die im internationalen Vergleich zu hohe Fremdkapitalquote deutscher Unternehmen zu beseitigen. Der Bildung v. EK komme eine besondere Rolle zur Finanzierung neuer Investitionen und als Schutz vor Insolvenzen zu. Der sich insoweit für Personenunternehmen ohne die Begünstigung des § 34a ergebende **Spitzensteuersatz** v. **47,44 %** einschl. SolZ erschwere die Eigenkapitalbildung zu sehr. Da er wegen der transparenten Besteuerung der Personenunternehmen gleichermaßen für thesaurierte wie für entnommene Gewinne gilt, wird über § 34a die Möglichkeit geschaffen, für den thesaurierten Gewinn einen begünstigenden Steuersatz in Anspr. zu nehmen, um die Eigenkapitalbasis verstärken zu können. Durch die bei späteren Entnahmen eintretende Nachversteuerung wird insoweit sichergestellt, dass die Begünstigung entfällt, wenn nachträglich Entnahmen erfolgen. Die Gesamtbelastung einschl. Nachbelastung beläuft sich dann, wie oben dargestellt auf rund **48,29 % gegenüber 47,44 %** Spitzenbelastung bei transparenter Besteuerung. § 34a stellt sich als Fortsetzung der bereits mit der Ersetzung des Anrechnungsverfahrens durch das Halbeinkünfteverfahren eingeleiteten Steuerpolitik dar, den im Unternehmen thesaurierten Gewinn ggü. dem entnommenen Gewinn zu begünstigen. Dieses Konzept wird durch § 34a auch auf Personenunternehmen übertragen. Abgesehen davon, dass entnommene Gewinne nicht immer zugleich für den (privaten) Konsum verwendete Gewinne sind, kontrastiert mit dieser den für den Konsum verwendeten Gewinn benachteiligenden Besteuerung merkwürdig, dass an anderer Stelle der Begr. zum UntStRefG der Hoffnung Ausdruck gegeben wurde, dass der Konsum anziehen werde.[3]

4 **Abs. 1** bestimmt zunächst den Umfang der begünstigungsfähigen Einkünfte und den dafür geltenden besonderen (begünstigenden) Steuersatz v. 28,25 %. **Begünstigungsfähige Einkünfte** sind nur die **Gewinneinkunftsarten**, nämlich die Einkünfte aus **LuF, GewBetr. und aus selbständiger Arbeit**. Von diesen Gewinnen werden v. der Begünstigung wieder **ausgenommen: Veräußerungsgewinne**, die bereits nach § 16 Abs. 4 durch Gewährung eines Freibetrages oder nach § 34 Abs. 3 durch ermäßigten Steuersatz begünstigt sind und unter § 18 Abs. 1 S. 4, § 3 Nr. 40a fallende Einkünfte aus selbständiger Arbeit für Vergütungen der Beteiligten an vermögensverwaltenden Ges. als sog. carried interest. Insoweit soll es mit den dort jeweils bereits erfolgten Begünstigungen sein Bewenden haben. Die **Anwendung des Thesaurierungssteuersatzes** wird auf den **nicht entnommenen Gewinn beschränkt**. Sie erfolgt nur auf **Antrag des StPfl.** Bei mehreren Betrieben des StPfl. ist der Antrag gesondert für jeden Betrieb des StPfl. und für jeden VZ zu stellen. Bei MU'er ist der **Antrag durch jeden MU'er** selbst als StPfl. unabhängig v. den anderen MU'er zu stellen. Für **Bagatellbeteiligungen** wird die Antragstellung durch den MU'er ausgeschlossen. Der Gewinnanteil muss insoweit mehr als 10 % betragen oder 10 000 Euro übersteigen. 34a Abs. 1 S. 4 regelt, dass der Antrag bis zur Unanfechtbarkeit des Einkommensteuerbescheides für den nächsten VZ (ganz oder teilw.) zurückgenommen werden kann. HS 2 ermöglicht die Änderung auch eines bereits bestandskräftigen Bescheides. S. 5 statuiert eine Ablaufhemmung bis zum Ablauf der Festsetzungsfrist für den

1 Zu Belastungsvergleichen ggü. der KapGes. vgl. *Blöchle/Menninger*, DStR 2016, 1974; *Förster*, Stbg 2011, 49; *Knief/Nienhaber*, BB 2007, 1309; *Kessler/Ortmann-Babel/Zipfel*, BB 2007, 523; krit. *Hey*, DStR 2007, 925; *Dörfler/Graf/Reichl*, DStR 2007, 645 – bloße Steuersatzgleichheit bei unterschiedlichen Bemessungsgrundlagen!

2 Begr. RegEntw. BR-Drucks. 220/07, Allgemeiner Teil, 55 und Besonderer Teil, 101 zu § 34a neu. Das Ziel einer angeblich verfolgten Rechtsformneutralität wurde freilich schon im Ansatz verfehlt, vgl. dazu ua. *Hey*, DStR 2007, 925; *Ley/Brandenberg*, FR 2007, 1085.

3 Begr. RegEntw. BR-Drucks. 220/07, Allgemeiner Teil, 52 – dort allerdings dann nur bezogen auf die Nachfrage v. Arbeitnehmerhaushalten.

nächsten VZ und stellt so sicher, dass keine Verjährung eintritt, solange das Wahlrecht zur Rücknahme noch besteht.[1]

Abs. 2 definiert den nicht entnommenen begünstigungsfähigen Gewinn iSd. § 34a Abs. 1 als den nach § 4 Abs. 1 oder § 5 Abs. 1 durch Betriebsvermögensvergleich ermittelten Gewinn abzgl. des positiven Saldos aus Entnahmen und Einlagen. 5

Abs. 3 bestimmt in S. 1 zunächst den durch Anwendung des Thesaurierungssteuersatzes zu begünstigenden Gewinn – **Begünstigungsbetrag im VZ**. Das ist der nach Abs. 1, Abs. 2 begünstigungsfähige nicht entnommene Gewinn im Umfange der Antragstellung des StPfl. Abs. 3 S. 2 legt fest, wie der **nachversteuerungspflichtige Betrag** zum Ende des VZ zu bestimmen ist und S. 3 ordnet insoweit eine **gesonderte Feststellung des nachversteuerungspflichtigen Betrages** an. Ausgangspunkt für die Feststellung des nachversteuerungspflichtigen Betrages ist der Begünstigungsbetrag des VZ, vermindert um die darauf entfallende Belastung mit ESt und SolZ. Hinzugerechnet wird ein etwaiger Bestand zum Ende des Vorjahres. Soweit wegen eines Entnahmeüberhanges über den durch Bestandsvergleich ermittelten Gewinn eine Nachversteuerung stattzufinden hat, erfolgt eine Minderung um diesen Betrag. IÜ wird geregelt, dass der für den jeweiligen Betrieb/MU'anteil festzustellende Nachversteuerungsbetrag sich erhöht, soweit auf ihn iRd. Abs. 5 nachversteuerungspflichtige Beträge aus anderen Betrieben/MU'anteilen des StPfl. übertragen werden, respektive sich mindert, soweit aus diesem Betrieb/MU'anteilen nachversteuerungspflichtige Beträge auf andere Betriebe/MU'anteile des StPfl. übertragen werden. 6

Abs. 4 ordnet die **Nachversteuerung mit 25 %** an, sofern der positive Saldo aus Entnahmen und Einlagen größer ist als der durch Bestandsvergleich nach § 4 Abs. 1 oder § 5 Abs. 1 ermittelte Gewinn (**Entnahmeüberhang)** und soweit zum Ende des vorangegangenen VZ ein nachversteuerungspflichtiger Betrag festgestellt wurde. Nach S. 3 ist der Nachversteuerungsbetrag allerdings zu mindern, soweit Entnahmen erfolgten für die Erbschaft/Schenkungssteuer anlässlich der Übertragung des Betriebs/MU'anteils. 7

Abs. 5 bestimmt zunächst, dass die **Überführung/Übertragung v. WG nach § 6 Abs. 5 S. 1–3 zum Buchwert** zw. verschiedenen Betrieben des StPfl., zw. eigenem Betrieb und SBV bei einer MU'schaft sowie zw. SBV bei verschiedenen MU'schaften und umgekehrt sowie Übertragungen in und aus Gesamthandsvermögen einer MU'schaft, an der der StPfl. beteiligt ist, zu einer **Nachversteuerung** führen können, falls die Voraussetzungen eines Entnahmeüberhanges iSd. Abs. 4 vorliegen. S. 2 lässt allerdings zu, dass auf Antrag ein im abgebenden Betrieb/MU'anteil vorhandener nachversteuerungspflichtiger Betrag bis zur Höhe des Buchwertes des überführten/übertragenen WG auf den übernehmenden Betrieb/MU'anteil des StPfl. übertragen wird. Insoweit kommt es dann für den abgebenden Betrieb/MU'anteil nicht zu einer Nachversteuerung beim StPfl. 8

Abs. 6 bestimmt, dass eine **Nachversteuerung** (auch) bei Veräußerungs-/Aufgabevorgängen sowie weiteren Vorgängen durchzuführen ist, nämlich: 9

- Nr. 1 bei **Betriebsveräußerung/BetrAufg.** nach §§ 14, 16 und 18 EStG;
- Nr. 2 bei **Einbringung** eines Betriebs/MU'anteils in eine **KapGes.** oder Genossenschaft und beim **Formwechsel** einer PersGes. in eine KapGes. oder Genossenschaft;
- Nr. 3 bei der **unentgeltlichen Übertragung nach § 6 Abs. 3** auf eine **Körperschaft** (oder ein anderes KSt-Subjekt) oder Mitunternehmerschaft, an der eine Körperschaft beteiligt ist,
- Nr. 4 beim **Wechsel der Gewinnermittlungsart** v. Betriebsvermögensvergleich zur Gewinnermittlung nach § 4 Abs. 3 sowie
- Nr. 5 auf Antrag.

S. 2 sieht eine **zinslose Stundung** der anfallenden Nachsteuer in regelmäßigen Teilbeträgen bis zu zehn Jahren vor, falls die sofortige Einziehung zu erheblichen Härten für den StPfl. führen würde. Dies gilt nicht bei Nachversteuerung wg. Wechsels der Gewinnermittlungsart oder auf Antrag. Die unentgeltliche Übertragung nach § 6 Abs. 3 auf KSt-Subjekte wurde als Tatbestand, der eine Nachversteuerung auslöst, erst auf Anregung des FinA in das G aufgenommen.[2] Die Neuregelung soll nach der Begr. verhindern, dass ein nachversteuerungspflichtiger Betrag beim Wechsel vom estl. in das kstl. Besteuerungsregime bestehen bleibt. Nach der Gesetzesbegründung soll es sich um eine lediglich „klarstellende" Regelung handeln.

---

1 § 34a Abs. 1 S. 4 2. HS und S. 5 wurden erst durch das JStG 2009 v. 19.12.2008 (BGBl. I, 2794) eingefügt. Zeitlich ist § 34a in dieser Fassung erstmals für den VZ 2008 anzuwenden, § 52 Abs. 48 idF JStG 2009. Die Ergänzungen des § 34a in Abs. 1 S. 4 und 5 sowie in Abs. 10 und 11 (dazu unten) beruhen auf Empfehlungen des Finanzausschusses, vgl. BT-Drucks. 16/11108.

2 Beschlussempfehlung des FinA v. 26.4.2017, BT-Drucks. 18/12128, 30, zum LizenzboxG v. 27.6.2017, BGBl. I 2017, 2074.

10 Nach **Abs. 7** ist ein **nachversteuerungspflichtiger Betrag vom Rechtsnachfolger** fortzuführen in den Fällen einer **unentgeltlichen Übertragung des Betriebes** oder MU'anteils. Das gilt nicht, soweit die Übertragung auf ein KSt-Subjekt erfolgt. Ebenso geht ein nachversteuerungspflichtiger Betrag bei **Einbringung zum Buchwert** eines Betriebes oder MU'anteils in eine PersGes. **nach § 24 UmwStG** auf den neuen MU'anteil an der aufnehmenden PersGes. über.

11 **Abs. 8** enthält ein **Verlustausgleichsverbot und Verlustabzugsverbot** nach § 10d bzgl. der Verrechnung negativer Einkünfte mit den nach § 34a Abs. 1 ermäßigt mit dem Thesaurierungssteuersatz besteuerten nicht entnommenen Gewinnen.

12 **Abs. 9** und die nachträglich erst durch das JStG 2009 eingefügten, ebenfalls erstmals für den VZ 2008 anzuwendenden **Abs. 10 und 11** enthalten verfahrensrechtl Regelungen. Nach **Abs. 9** ist das **für die ESt zuständige (Wohnsitz) FA** auch für **die gesonderte Feststellung des nachversteuerungspflichtigen Betrages** zuständig. Die gesonderte Feststellung darf mit dem ESt-Bescheid verbunden werden. Nach Abs. 10 können die Höhe der Entnahmen und Einlagen sowie weitere für die Tarifermittlung erforderliche Besteuerungsgrundlagen ebenfalls **gesondert festgestellt** werden, sofern für die Einkünfteermittlung eine gesonderte Feststellung nach § 180 Abs. 1 S. 1 Nr. 2 Buchst. a oder b AO stattzufinden hat. Hier ist das für die gesonderte Feststellung der Einkünfte nach § 18 AO zuständige **(Betriebs)FA** auch für die gesonderte Feststellung der für die Anwendung der Tarifermäßigung nach § 34a maßgeblichen Besteuerungsgrundlagen zuständig. Diese Feststellungen können miteinander verbunden werden. Abs. 11 ergänzt die Regelungen des Abs. 3 und 9 zur gesonderten Feststellung des nachversteuerungspflichtigen Betrages. Er stellt sicher, dass der gesondert festzustellende Betrag durch Erlass, Aufhebung oder Änderung an eine nachträgliche Änderung der Ausübung des Wahlrechtes angepasst werden kann. Abs. 10 und 11 sehen eine Ablaufhemmung für die Festsetzungsfrist vor. Diese läuft jeweils nicht vor der Festsetzungsfrist für die gesonderte Einkünftefeststellung, bzw. für den VZ, auf dessen Schluss der nachversteuerungspflichtige Betrag gesondert festzustellen ist, ab.

13 **II. Systematische Einordnung. § 34a** enthält eine **besondere Tarifvorschrift**. Der danach auf Antrag begünstigte nicht entnommene Gewinn unterliegt zunächst dem **besonderen Steuersatz v. 28,25 %**. Hinzu kommt der **SolZ**. Es handelt sich dabei nicht um die endg. Besteuerung dieses Gewinnes. Vielmehr ist für den nach Abzug der Einkommensteuerbelastung mit dem besonderen Steuersatz des § 34a und des SolZ sich ergebenden (nachversteuerungspflichtigen) Betrag noch eine **Nachversteuerung mit 25 %** zzgl. SolZ durchzuführen,[1] wenn der Betrag in späteren Veranlagungszeiträumen aus dem jeweiligen BV entnommen wird, respektive nach den Vorschriften des G als entnommen gilt, weil sich ein Entnahmeüberhang gem. Abs. 4 für das Wj. ergeben hat. Eine entspr. Nachversteuerung ist auch in den Fällen der Betriebsveräußerung oder Einbringung in eine KapGes. durchzuführen. Auch im Falle einer unentgeltlichen Betriebsübertragung oder der Einbringung zu Buchwerten nach § 24 UmwStG entfällt die Nachversteuerung nicht endg. Allerdings trifft dann die Nachversteuerungspflicht den unentgeltlichen Rechtsnachfolger im übernommenen Betrieb/MU'anteil, bzw. den StPfl. bzgl. des erworbenen oder aufgestockten MU'anteils bei der aufnehmenden PersGes.

14 Die nach Abs. 1 auf Antrag mit dem besonderen Steuersatz v. 28,25 % besteuerten nicht entnommenen Gewinne und die später mit dem Nachversteuerungssatz v. 25 % besteuerten „Entnahmen" unterliegen keiner progressiven Besteuerung wie das übrige Einkommen. Addiert ergibt sich allerdings eine höhere Belastung als nach dem Spitzensteuersatz des § 32a Abs. 1, nämlich unter Einbeziehung der GewSt und der Entlastung nach § 35 EStG bei einem Hebesatz v. 400 % mit 48,29 % gegenüber 47,48 % (s. Rn. 3).

15 Der nach Abs. 1 mit dem besonderen Steuersatz besteuerte nicht entnommene Gewinn ist Teil der Summe der Einkünfte und des Gesamtbetrages der Einkünfte iSd. § 2 Abs. 3, des Einkommens iSd. § 2 Abs. 4 und des zu versteuernden Einkommens iSd. § 2 Abs. 5. Die in § 2 Abs. 3–5 vorgesehenen Abzüge und Freibeträge vermindern daher ggf. auch einen in der Summe der Einkünfte enthaltenen nach § 34a Abs. 1 enthaltenen begünstigt zu besteuernden Gewinn.[2] Allerdings sind sie zunächst bei den nicht tarifbegünstigten im zu versteuernden Einkommen enthaltenen Einkünften zu berücksichtigen.[3] Soweit außerstl. Rechtsnormen an diese Begriffe anknüpfen, bedarf es daher keiner Erhöhung um diesen Betrag, da er bereits darin enthalten ist.[4] Insoweit besteht eine andere Rechtslage als bzgl. der ab 2009 der Abgeltungssteuer nach § 32d Abs. 1, § 43 Abs. 5 unterliegenden Kapitalerträge, die nach § 2 Va diesen Größen hinzuzurechnen

1 FG Hbg. v. 8.12.2017 – 3 K 294/16, EFG 2018, 493 (Rev. II R 35/18).
2 So zutr. BMF v. 11.8.2008, BStBl. I 2008, 838 Rz. 1; BFH v. 20.3.2017 – X R 65/14, BStBl. II 2017, 958; *Wilke/Niehus*, FR 2016, 366; zweifelnd noch *Stein* in H/H/R, § 34a Anm. 30; *Schiffers*, DStR 2008, 1805; *Söffing*, DStZ 2008, 471.
3 So auch *Niehus/Wilken* in H/H/R, § 34a Anm. 36; vgl. auch BFH v. 27.9.2006 – X R 25/04, BStBl. II 2007, 694 zum Meistbegünstigungsprinzip (für Verlustberücksichtigung bei § 35 EStG) und R 34.1 EStR zur vergleichbaren Problematik bei außerordentlichen Einkünften nach § 34.
4 Vgl. auch *Bodden*, FR 2012, 68 (71).

sind, da sie wegen § 2 Abs. 5b S. 2 zunächst nicht in diese Größen lt. EStG einzubeziehen sind. Aus demselben Grunde bedarf es auch keiner Erhöhung dieser Größen – ebenfalls im Unterschied zu den der Abgeltungssteuer nach § 32d, 43 Abs. 5 unterliegenden Kapitalerträge – in den in § 2 Abs. 5b S. 2 genannten Fällen der Anwendung bestimmter Rechtsnormen des EStG, ua. der §§ 10b, 33 Abs. 3. Hingegen gehören der festzustellende nachversteuerungspflichtige Betrag und der jeweils wegen Entnahmeüberhanges nach Abs. 4, bzw. nach Abs. 6 der Nachversteuerung unterworfene Betrag nicht zur Summe der Einkünfte, zum Gesamtbetrag der Einkünfte und zum versteuernden Einkommen im jeweiligen VZ der Nachversteuerung.

Der nach Abs. 1 mit dem besonderen Thesaurierungssteuersatz besteuerte Begünstigungsbetrag des nicht entnommenen Gewinnes des Wj. vermindert zwar nicht das zu versteuernde Einkommen. Nach § 32a Abs. 1 für den Grundtarif und 32a Abs. 5 für den Splittingtarif bemisst sich jedoch ab 2008 die tarifliche ESt nur vorbehaltlich §§ 32b, 32d, 34, 34a, 34b und 34c für zu versteuernde Einkommen nach den dort angegebenen Formeln. Die dem besonderen Steuersatz nach § 34a Abs. 1 unterliegenden Beträge sind mithin für die Anwendung des § 32a Abs. 1 und Abs. 5 auf das restliche nicht begünstigte Einkommen vorab abzuziehen. Der sich nach § 32a Abs. 1 und Abs. 5 ergebende Tarif für das nicht begünstigte Einkommen ergibt sich mithin ohne Berücksichtigung der nach § 34a Abs. 1 mit dem Thesaurierungssteuersatz zu besteuernden Einkünfte. Ein ProgrVorb. nach § 32b ist insoweit ebenfalls nicht vorgesehen. Die nach § 34a Abs. 1 begünstigten nicht entnommenen Gewinne bleiben mithin auch für die Progression des Tarifs für die nicht begünstigten übrigen Einkünfte ohne Einfluss.[1] Der der Nachversteuerung unterliegende Betrag ist ohne Einfluss auf das zu versteuernde Einkommen und damit auch ohne Einfluss auf den Tarif nach § 32a für das zu versteuernde Einkommen. 16

Das horizontale und das vertikale Verlustausgleichsgebot des § 2 Abs. 3 und das Verlustabzugsgebot des § 10d finden auch auf nach § 34a Abs. 1 begünstigungsfähige nicht entnommene Gewinne Anwendung. Denn die begünstigungsfähigen nicht entnommenen Gewinne bleiben Teil des Gewinnes aus der jeweiligen Gewinneinkunftsart (daher horizontaler Verlustausgleich) und auch Teil der Summe der Einkünfte (daher auch vertikaler Verlustausgleich). Treffen mithin Gewinne und Verluste des StPfl. aus ders. Einkunftsart, zB GewBetr. bei mehreren GewBetr. und/oder MU'anteilen, für denselben VZ zusammen, ist ein horizontaler Verlustausgleich innerhalb der Einkunftsart vorzunehmen. Ebenso ist ein vertikaler Verlustausgleich nach § 2 Abs. 3 vorzunehmen, wenn Verluste aus einer Einkunftsart mit Gewinnen aus einer anderen Einkunftsart zusammentreffen. Dasselbe gilt für einen Verlustrücktrag oder Verlustvortrag nach § 10d. Eine Besteuerung mit dem besonderen Steuersatz nach § 34a Abs. 1 kann daher nur für nach dem horizontalen und vertikalen Verlustausgleich verbleibende nicht entnommene Gewinne erfolgen. Ein Verzicht auf einen horizontalen und vertikalen Verlustausgleich mit an sich begünstigungsfähigen nicht entnommenen Gewinnen zur Generierung eines Verlustvortrages oder Verlustrücktrages ist nicht möglich. Ausgangspunkt für die Berechnung des begünstigten Gewinns nach § 34a ist das nach § 2 Abs. 5 sich ergebende Einkommen nach Durchführung eines horizontalen und vertikalen Verlustausgleichs.[2] Davon zu unterscheiden ist, dass der durch Abs. 1 bewirkten Tarifermäßigung dadurch Rechnung zu tragen ist, dass negative Einkünfte vorrangig mit dem normalen Tarif unterliegenden positiven Einkünften auszugleichen sind. Ein nach Abs. 1 ermäßigt zu besteuernder nicht entnommener Gewinn ist daher nur nachrangig in einen horizontalen Verlustausgleich einzubeziehen, sofern ein vertikaler Verlustausgleich mit positiven Einkünften aus anderen Einkunftsarten nicht möglich ist (s. auch Rn. 82).[3] 17

Abs. 8 schließt einen Ausgleich negativer Einkünfte und einen Verlustabzug nach § 10d mit ermäßigt besteuerten Gewinnen nach § 34a Abs. 1 S. 1 aus. Diese Vorschrift greift allerdings nur ein, soweit bereits eine Besteuerung zum (ermäßigten) Thesaurierungssteuersatz nach § 34a Abs. 1 stattgefunden hat. Bereits nach § 34a Abs. 1 ermäßigt besteuerte thesaurierte Gewinne stehen für einen Verlustausgleich nach § 2 Abs. 3 oder einen Verlustabzug nach § 10d nicht mehr zur Vfg. Nur insoweit als bereits eine Besteuerung zum ermäßigten Steuersatz nach § 34a Abs. 1 stattgefunden hat, steht der dieser Besteuerung zugrunde gelegte Begünstigungsbetrag (auf Antrag begünstigt besteuerte nicht entnommene Gewinn) des § 34a Abs. 3 S. 1 für eine Verlustausgleich nach § 2 Abs. 3 oder Verlustabzug nach § 10d nicht (mehr) zur Vfg. 18

Ausgeschlossen ist damit namentlich auch ein Verlustrücktrag auf im Vorjahr auf Antrag bereits begünstigt nach Abs. 1 besteuerte nicht entnommene Gewinne. Allerdings ist zu beachten, dass der Antrag auf eine begünstigte Besteuerung nach Abs. 1 S. 4 bis zur Unanfechtbarkeit des ESt-Bescheides für den nächs- 19

---

1 So auch *Bodden*, FR 2012, 68 (72); **aA** *Krane/Czisz*, GStB 2008, 302; *Seitz*, StBJb 2007/2008, 313 (350).

2 So zutr. BFH v. 20.3.2017 – X R 65/14, BStBl. II 2017, 958; BMF v. 11.8.2008, BStBl. I 2008, 838 Rz. 1; OFD Ffm. v. 2.7.2015 – S 2290a - 1 - St 213, juris; *Niehus/Wilke*, FR 2016, 366; *Wendt*, DStR 2009, 406; *Niehus/Wilke* in H/H/R, § 34a Anm. 36.

3 Vgl. BFH v. 13.8.2003 – XI R 27/03, BStBl. II 2004, 547 zur vergleichbaren Problematik für die Tarifbegünstigung außerordentlicher Einkünfte nach § 34 EStG; so auch *Wacker*, FR 2008, 605; **aA** *Wendt*, DStR 2009, 406.

ten VZ zurückgenommen werden kann. Mit einer derartigen Rücknahme des Antrages auf begünstigte Besteuerung entfällt auch die begünstigte Besteuerung nach Abs. 1 rückwirkend, sodass der Weg zu einem Verlustrücktrag wieder eröffnet ist.

Die Rücknahme des Antrages auf Besteuerung nach Abs. 1 hängt nicht davon ab, dass im Folgejahr rücktragsfähige Verluste eingetreten sind. Allerdings dürfte sie ohne rücktragsfähige Verluste im Folgejahr regelmäßig nicht zielführend sein, es sei denn zur Vermeidung einer ansonsten eintretenden Nachversteuerung wegen erheblicher, unerwarteter Entnahmen. Ohne entspr. Antragstellung scheidet ein Verlustrücktrag auf die nach Abs. 1 bereits ermäßigt besteuerten thesaurierten Gewinne aus. Es verbleibt dann nur ein Verlustvortrag nach § 10d Abs. 2.

Zu beachten ist im Zusammenhang mit Abs. 8, dass bereits nach § 10d Abs. 1 S. 2 der Gesamtbetrag der Einkünfte des vorangegangenen VZ um die Begünstigungsbeträge nach § 34a Abs. 3 S. 1 gemindert wird. Schon dadurch wird ausgeschlossen, dass negative Einkünfte des Folgejahres auf einen nach Abs. 1 begünstigt besteuerten nicht entnommenen Gewinn des Vorjahres zurückgetragen werden können. Abs. 8 behält aber Bedeutung für den Ausschluss des Ausgleichs und Vortrags negativer Einkünfte mit nach Abs. 1 ermäßigt besteuerten Gewinnen.[1]

20 Im Verhältnis zu anderen Tarifvorschriften und Steuerermäßigungen des Abs. 4. und 5. Teiles des EStG ist die Anwendung des Thesaurierungssteuersatzes gem. Abs. 1 S. 1 ausdrücklich nach S. 1 HS 2 für Veräußerungsgewinne ausgeschlossen, soweit dafür ein Freibetrag nach § 16 Abs. 4 oder der ermäßigte Steuersatz nach § 34 Abs. 3 in Anspr. genommen wird.

Hinsichtlich der Anwendung des § 34 Abs. 1 besteht nach iErg. zutr. Auffassung der FinVerw. ein Wahlrecht, entweder die Vergünstigung nach § 34a Abs. 1 oder nach § 34 Abs. 1 in Anspr. zu nehmen.[2] Dies folgt daraus, dass bei Inanspruchnahme v. § 34a Abs. 1 immer der proportionale Sondertarif v. 28,25 % anzuwenden ist. Dies gilt auch, soweit Einkünfte iSd. §§ 34 Abs. 1, 34b und 35b vorhanden sind. §§ 34 Abs. 1, 34b und 35b können sich mithin für die unter § 34a Abs. 1 fallenden nicht entnommenen Gewinne bei dessen Inanspruchnahme nicht auswirken, sondern nur für die nicht v. § 34a Abs. 1 erfassten Einkünfte. Sind für einen VZ sowohl § 34a als auch § 34 Abs. 3 nebeneinander anzuwenden, soll der Sondertarif bei der Bemessung des durchschnittlichen Steuersatzes nach § 34 Abs. 3 S. 2 zu berücksichtigen sein.[3] Ag. Belastungen nach § 33 werden bereits durch Abzug vom Gesamtbetrag der Einkünfte berücksichtigt (s. Rn. 15). IErg. mindern sie den nach § 34a Abs. 1 zu besteuernden Einkommensteil nur dann, wenn kein restliches zu versteuerndes Einkommen vorhanden ist. Einkünfte, die nach § 34a mit dem Thesaurierungssteuersatz besteuert werden, bleiben bei der Errechnung der Steuerermäßigung nach § 34 Abs. 1 unberücksichtigt.[4]

Die Inanspruchnahme der Steuerermäßigungen nach § 34c–35, die nicht zu Steuersatzermäßigungen führen, bleibt durch die Inanspruchnahme des § 34a Abs. 1 unberührt. Namentlich erfolgt eine Anrechnung ausländ. Steuern nach § 34c auch insoweit, als die tarifliche Steuer auf die Sondertarifierung nach § 34a Abs. 1 entfällt. Dasselbe gilt für die Anrechnung der GewSt nach § 35 (s. Rn. 29).

21 **III. Anwendungsbereich.** Nach seinem sachlichen Anwendungsbereich gilt § 34a nur für die Gewinneinkunftsarten, dh. die Unternehmenseinkünfte. Ausgenommen werden davon nur bereits nach § 16 Abs. 4 oder § 34 Abs. 3 begünstigte Veräußerungsgewinne und die durch Anwendung des Teileinkünfteverfahrens nach § 18 Abs. 1 S. 4, § 3 Nr. 40a begünstigten Einkünfte aus selbständiger Arbeit des Beteiligten an einer vermögensverwaltenden PersGes. Sachliche Voraussetzung ist die Gewinnermittlung durch Betriebsvermögensvergleich nach § 4 Abs. 1 oder 5 Abs. 1.

Der persönliche Anwendungsbereich erstreckt sich auf unbeschränkt und beschränkt stpfl. nat Pers. Für der KSt unterliegende StPfl. scheidet die Anwendung dieser Tarifvorschrift aus.

Zeitlich ist § 34a erstmals für den VZ 2008 anzuwenden, § 52 Abs. 34 idF des Kroatien-AnpG v. 25.7.2014 (= Abs. 48 aF). Bei Gewinnermittlung für Betriebe mit abw. Wj. kommt seine Anwendung mithin erstmals in Betracht, wenn das Wj. im Jahre 2008 endet.

B. Sondertarif für nicht entnommene Gewinne (Abs. 1)

22 **I. Begünstigte Einkunftsarten und Gewinnermittlungsart.** Der begünstigende proportionale Sondertarif des Abs. 1 kann nur für die Gewinneinkunftsarten, nämlich die unternehmerischen Einkünfte aus LuF, aus GewBetr. und selbständiger Arbeit in Anspr. genommen werden. Für beschränkt StPfl. beschränkt sich die Anwendbarkeit auf die inländ. Gewinneinkünfte nach § 49 Abs. 1 Nr. 1–3. Derartige (positive) Ein-

1 *Bodden*, FR 2012, 68 (70).
2 H 34.1 EStH 2014; BMF v. 11.8.2008, BStBl. I 2008, 838 Rz. 6.
3 *Wacker* in Schmidt[37], § 34a Rn. 50; *Bodden*, FR 2012, 68; **aA** zutr. *Schmidtmann*, DStR 2010, 2418 (2420).
4 R 34.2 Abs. 2 EStR.

künfte müssen im zu versteuernden Einkommen des jeweiligen VZ enthalten sein. Auch insoweit kann der Sondertarif nur auf nicht entnommene Gewinne iSd. Abs. 2 angewendet werden. Der Gewinn muss durch Betriebsvermögensvergleich (anhand v. Steuerbilanzen) nach § 4 Abs. 1 oder § 5 Abs. 1 ermittelt werden. Bei einer Einnahme/Überschussrechnung nach § 4 Abs. 3, einer Gewinnermittlung nach § 5a oder § 13a kommt eine Begünstigung nach § 34a auch für „nicht entnommene Gewinne" nicht in Betracht.

II. Ausgeschlossene Gewinnteile. Von der Thesaurierungsbegünstigung sind Veräußerungsgewinne ausgeschlossen, für die der Freibetrag nach § 16 Abs. 4 oder die Steuerermäßigung nach § 34 Abs. 3 in Anspr. genommen wird. Das betrifft nicht nur die in § 16 geregelten Veräußerungsgewinne bei den Einkünften aus GewBetr., sondern über die Verweisung auf § 16 Abs. 4 in § 14 und § 18 Abs. 3 auch zu den luf. Einkünften oder zu Einkünften aus selbständiger Arbeit gehörende Veräußerungsgewinne. Weiterhin können die dem Halb/Teileinkünfteverfahren nach §§ 18 Abs. 1 S. 4, 3 Nr. 40a unterliegenden Einkünfte aus selbständiger Arbeit, die ein Beteiligter an einer vermögensverwaltenden (Anteile an KapGes. haltenden) Ges./Gemeinschaft als erfolgsabhängige Vergütung (sog. carried interest) für seine Leistungen an die Ges. erhält, nicht in die Sondertarifierung einbezogen werden. Vermieden werden soll eine Mehrfachbegünstigung.[1] Während für Veräußerungsgewinne durch Verzicht auf die Inanspruchnahme v. § 16 Abs. 4 oder § 34 Abs. 3 die Anwendung des § 34a Abs. 1 grds. in Betracht kommt[2], scheidet dies für die Einkünfte nach § 18 Abs. 1 S. 4 aus. 23

Umstritten ist, ob bei Inanspruchnahme v. 16 Abs. 4 und/oder 34 Abs. 3 die Besteuerung eines unter § 16 fallenden Teiles des Veräußerungsgewinnes nach § 34a auch insoweit ausgeschlossen ist als der Höchstbetrag v. 5 Mio. nach § 34 Abs. 3 überschritten ist oder für den Teil, der nach § 34 Abs. 2 Nr. 1 iVm. § 3 Nr. 40 S. 1 lit. b dem Teileinkünfteverfahren unterliegt.[3] Richtigerweise ist nach Wortlaut und Sinn – Vermeidung einer doppelten Begünstigung – darauf abzustellen, ob es sich insoweit um Teile des auf Antrag durch § 16 Abs. 4 und § 34 Abs. 3 begünstigt als außerordentliche Einkünfte besteuerten Veräußerungsgewinnes handelt. Das trifft – ungeachtet der Begrenzung auf den Freibetrag von 45 000 Euro in § 16 Abs. 4 und der Anwendung des ermäßigten Steuersatzes in § 34 Abs. 3 auf 5 Mio. Euro – auf den übersteigenden Teil des (einheitlichen) Veräußerungsgewinns zu. Es versteht sich, dass sich diese Frage ohnehin nur stellt, „soweit" der Veräußerungsgewinn im zu besteuernden Gewinn enthalten ist, dh. für einen den (in Anspruch genommenen) Freibetrag nach § 16 Abs. 4 übersteigenden Gewinn. Aus dem „soweit" in § 34a Abs. 1 S. 1 HS 2 kann daher nicht hergeleitet werden, dass nur der nach § 16 Abs. 4 freigestellte Teil des Veräußerungsgewinns nicht mit dem Thesaurierungssteuersatz des § 34a begünstigt besteuert werden darf. Denn dieser ist überhaupt nicht zu besteuern. Vielmehr geht es nur um den einen etwaigen Freibetrag nach § 16 Abs. 4 übersteigenden zu besteuernden Gewinn. Ebenso verhält es sich hinsichtlich der Gewährung des ermäßigten Steuersatzes nach § 34 Abs. 3. „Soweit" dieser für einen nach § 34 Abs. 2 Nr. 1 als außerordentliche Einkünfte begünstigten Veräußerungsgewinn in Anspruch genommen wird, scheidet die Anwendung des § 34a für diesen Veräußerungsgewinn insgesamt aus, auch wenn die Anwendung des ermäßigten Steuersatzes für außerordentliche Einkünfte auf den Betrag von 5 Mio. Euro begrenzt ist. Das entsprechende Auslegungsverständnis des BMF ist vollständig vom Wortlaut des § 34a Abs. 1 S. 2 gedeckt, entspricht auch dessen telos und findet seine Rechtsgrundlage gerade in § 34a Abs. 1 S. 1 HS 2.[4]

Wegen der betriebs- und mitunternehmeranteilsbezogenen Regelung (s. Rn. 24 f.) der Thesaurierungsbegünstigung des § 34a scheidet dessen Anwendung bei Veräußerung des ganzen Betriebs oder des ganzen MU'anteils grundsätzlich ohnehin aus. Dem in § 34a Abs. 1 S. 1 HS 2 angeordneten Ausschluss einer doppelten Begünstigung durch Inanspruchnahme von § 16 Abs. 4, § 34 Abs. 3 und § 34a für Veräußerungsgewinne kommt daher praktische Bedeutung nur bei der auch von §§ 16, 34 begünstigten Veräußerung von TB und von in einem BV (einer MU'schaft oder eines Einzelunternehmers) gehaltenen MU'anteilen zu.[5] Insoweit genügt es für den Ausschluss der Anwendbarkeit des § 34a aber auch, dass für den (insgesamt entstandenen) Veräußerungsgewinn ein Freibetrag nach § 16 Abs. 4 und/oder eine Besteuerung zu einem nach § 34 Abs. 3 ermäßigten Steuersatz in Anspruch genommen wird.

Die begünstigte Besteuerung nach § 34a wird nicht ausgeschlossen, soweit schon dem Grunde nach kein nach § 16 begünstigt zu besteuernder Veräußerungsgewinn vorliegt. Dies betrifft die v. 16 Abs. 1 S. 2 und Abs. 1 S. 3 nicht erfasste Veräußerung lediglich v. Teilen eines MU'anteils und des Anteils des persönlich haftenden G'ters einer KGaA sowie die nach § 16 Abs. 2 S. 3 und Abs. 3 S. 5 als lfd. Gewinn zu behandelnden Teile, soweit dieselben Personen als Veräußerer und Erwerber beteiligt sind. Entgegen der Auffassung

1 Begr. RegEntw. BR-Drucks. 220/07 v. 30.3.2007 zu Abs. 1.
2 Begr. RegEntw. BR-Drucks. 220/07 v. 30.3.2007 zu Abs. 1.
3 So BMF v. 11.8.2008, BStBl. I 2008, 838 Rz. 4; zust. *Niehus/Wilke* in H/H/R, § 34a Anm. 38 für § 16 Abs. 4 und § 34 Abs. 3; **aA** *Wacker* in Schmidt[37], § 34a Rn. 35; *Ley* in Korn, § 34a Rn. 39; *Wendt*, Stbg. 2009, 1; *Ley*, Ubg. 2008, 13.
4 So auch *Weitemeyer/Schumacher* in K/S/M, § 34a Rn. B 54–B 65.
5 Insoweit **aA** *Niehus/Wilke* in H/H/R, § 34a Anm. 38 (keine Anwendungskonkurrenz mangels Thesaurierungsmöglichkeit auf der Ebene der MU'schaft).

des BMF ist § 34a allerdings anwendbar, soweit nach § 34 Abs. 2 Nr. 1 der steuerpflichtige Teil der nach § 3 Nr. 40 lit. b teilweise befreiten Gewinne aus der Veräußerung von Anteilen an Körperschaften ausdrücklich als nicht zu den außerordentlichen Einkünften gehörend qualifiziert wird. Denn diese gehören a limine nicht zu den außerordentlichen Einkünften, für die überhaupt der ermäßigte Steuersatz nach § 34 Abs. 3 in Anspruch genommen werden kann. Das gilt jedenfalls dann, wenn kein Freibetrag nach § 16 Abs. 4 in Anspruch genommen wird.

24 **III. Betriebs- und personenbezogene Begünstigung.** Die Sondertarifierung mit 28,25 % erfolgt nur auf Antrag des StPfl. Der begünstigungsfähige nicht entnommene Gewinn des Abs. 1 wird nur im Umfange des gestellten Antrages durch Anwendung des Sondertarifes tatsächlich begünstigt besteuert. Der Antrag bestimmt den Umfang des Begünstigungsbetrages, Abs. 1 S. 1 iVm. Abs. 3 S. 1, für den jeweiligen VZ. Unterhält der StPfl. mehrere Betriebe, ist der Antrag für jeden Betrieb gesondert zu stellen, Abs. 1 S. 2. Mehrere Betriebe liegen immer vor, soweit der StPfl. Gewinne aus verschiedenen Gewinneinkunftsarten bezieht. Mehrere Betriebe des StPfl. iSd. § 34a können aber auch innerhalb ders. Einkunftsart vorliegen. Insoweit gilt jedenfalls für § 34a der enge Betriebsbegriff.[1] Betrieb ist insoweit jede organisatorisch verselbständigte Einheit, mit der der StPfl. selbständig am Markt durch Leistungserbringung gegen Entgelt teilnimmt. Funktionale Unterabteilungen – etwa Vertrieb, Lagerhaltung, Buchhaltung usw. – sind keine Betriebe. Für jeden Betrieb iSd. Abs. 1 bedarf es einer eigenen Buchführung und eigener (Steuer-)Bilanz. Der TB stellt keinen Betrieb iSd. Abs. 1 dar. Zu ausländ. Betriebsstätten s. Rn. 36.

25 Bei mitunternehmerischen PersGes./Gemeinschaften wird der jeweilige MU'anteil für den beteiligten MU'er wie ein v. ihm unterhaltener eigener Betrieb behandelt. Ist der StPfl. an mehreren MU'schaften beteiligt, so wird jeder MU'anteil wie ein gesondert unterhaltener Betrieb angesehen. Dasselbe gilt auch im Verhältnis MU'anteil des StPfl. zu (weiteren) eigenen Betrieben.[2] Das gilt auch dann, wenn der MU'anteil im Interesse eines eigenen Betriebes gehalten wird (s. aber Rn. 63). Der Antrag auf Sondertarifierung des nicht entnommenen Gewinnes ist mithin für jeden MU'anteil und jeden Betrieb des StPfl. gesondert zu stellen. Für jeden dieser Bereiche ist auch der begünstigungsfähige nicht entnommene Gewinn gesondert zu ermitteln. Antragsberechtigt ist jeweils der MU'er, bzw. der Inhaber des Betriebes als der StPfl., dem der Gewinn (Gewinnanteil) als seine Einkünfte nach § 2 Abs. 1, §§ 15 Abs. 1 S. 1 Nr. 1 und Nr. 2, 13 Abs. 1 und 7 sowie 18 Abs. 1 und 4 zugerechnet wird. Die Sondertarifierung nach § 34a Abs. 1 erfolgt mithin auch bei MU'schaften personenbezogen. Jeder MU'er bestimmt durch seinen Antrag selbst, ob und inwieweit er hinsichtlich des auf ihn entfallenden Gewinn(anteils), soweit er als nicht entnommener Gewinn begünstigungsfähig ist, einen Begünstigungsbetrag für den VZ in Anspr. nehmen will. Eine gemeinsame Antragstellung durch die Ges./MU'schaft ist nicht vorgesehen. Diese ist auch nicht klagebefugt.[3] Es besteht auch keinerlei inhaltliche Bindung der MU'er an die jeweils v. den anderen MU'ern durch ihre Antragstellung beanspruchten Begünstigungsbeträge. Unberührt bleiben selbstverständlich für das gesellschaftsrechtl Innenverhältnis gesellschaftsvertragliche Vereinbarungen über die Entnahmebefugnisse der G'ter.

Nur bei MU'schaften wird – verfassungsrechtlich unbedenklich im Verhältnis zum Einzelunternehmer und gegenüber der Besteuerung von KapGes. und ihren Anteilseignern[4] – aus Gründen der Verwaltungsvereinfachung und wegen mangelnden Begünstigungserfordernisses namentlich bei Publikumsgesellschaften[5] für Bagatellfälle eine Sondertarifierung nach 34a für den nicht entnommenen Gewinn des MU'ers ausgeschlossen, indem insoweit dem MU'er keine Antragsbefugnis eingeräumt wird. Er ist hinsichtlich des nicht entnommenen Gewinnes aus dem MU'anteil nur antragsbefugt, wenn sein Gewinnanteil am Steuerbilanzgewinn der MU'schaft absolut 10 000 Euro übersteigt oder wenn sein Gewinnanteil mehr als 10 % beträgt. Für beide Größen ist abzustellen auf seinen Anteil am Steuerbilanzgewinn der MU'schaft. Dieser umfasst die Ergebnisse aus der gemeinsamen Gesellschaftsbilanz und aus den stl. Ergänzungs- und Sonderbilanzen für alle MU'er.[6]

26 **IV. Antrag auf Sondertarifierung. 1. Antragsbedingte Begünstigung.** Die Sondertarifierung nach Abs. 1 für den nicht entnommenen Gewinn erfolgt nur auf Antrag des StPfl., nicht v. Amts wegen. Es findet auch keine Günstigerprüfung statt, Abs. 1 S. 1. Der Antrag ist vom StPfl. für jeden Betrieb und für jeden MU'anteil gesondert zu stellen, Abs. 1 S. 2. Es sind also ggf. mehrere Anträge zu stellen. Für jeden Be-

1 So auch *Niehus/Wilke* in H/H/R, § 34a Anm. 5.
2 *Weitemeyer/Schumacher* in K/S/M, § 34a Rn. B 14.
3 FG Düss. v. 28.4.2016 – 8 K 3276/14 F und 8 K 3275/14 F, BB 2016, 2453 (Rev. IV R 28/16 und IV R 27/16); FG Münster v. 19.2.2014 – 9 K 511/14, BB 2014, 1700 m. Anm. *Renger*.
4 So zutr. FG Münster v. 10.9.2014 – 9 K 511/14 F, FR 2014, 611; *Niehus/Wilke* in H/H/R, § 34a Anm. 7 (Stand: Oktober 2017); krit. noch *Stein* in H/H/R, § 34a Anm. 10 (Stand: Januar 2010) (mangelnde Folgerichtigkeit) und *Wacker* in Schmidt[37], § 34a Rn. 12 (bzgl. Ausschlusses nicht bilanzierender StPfl.).
5 So die Begründung in BT-Drucks. 16/4841.
6 BMF v. 11.8.2008, BStBl. I 2008, 838 Rz. 9.

trieb und MU'anteil bestimmt der StPfl. durch seinen Antrag auch den Begünstigungsbetrag, den er für den nicht entnommenen begünstigungsfähigen Gewinn beansprucht, Abs. 3 S. 1. Es besteht keine Begrenzung dahingehend, dass pro Betrieb oder MU'anteil für den gesamten nicht entnommenen Gewinn die Einbeziehung in den Begünstigungsbetrag beantragt wird. Der StPfl. ist vielmehr völlig frei, zu bestimmen, ob überhaupt und in welchem Umfange er jeweils für den einzelnen Betrieb und/oder MU'anteil einen Begünstigungsbetrag durch seine Antragstellung beansprucht.

2. Form und Frist. Der Antrag ist bei dem nach § 19 AO für die Einkommensbesteuerung des StPfl. zu- 27
ständigen (Wohnsitz-)FA zu stellen. Bei MU'schaften ist er v. jedem MU'er selbst bei seinem Wohnsitz-FA zu stellen, nicht bei dem für die gesonderte Gewinnfeststellung nach § 18 Abs. 1 Nr. 1 bis 3 zuständige Lage oder – Betriebs-FA. Dies gilt auch dann, wenn eine gesonderte Feststellung nach Abs. 10 erfolgt (s. Rn. 85). Die Geschäftsführer einer mitunternehmerischen PersGes. sind nicht kraft § 34 AO befugt, für die MU'er entspr. Anträge zu stellen. Sie können allerdings nach § 80 AO zur Antragstellung bevollmächtigt werden. Es besteht insoweit auch keine Einspruchsbefugnis der Geschäftsführer nach § 352 Abs. 1 Nr. 1 AO, wenn bei der Einkommensteuerfestsetzung für den MU'er ein Antrag nach Abs. 1 (möglicherweise) nicht oder nur fehlerhaft berücksichtigt wurde.[1]

Der Antrag ist nicht formgebunden. Allerdings dürfte sich aus Gründen der Beweisklarheit eine schriftliche Antragstellung empfehlen. Er wird normalerweise zusammen mit der Abgabe der Einkommensteuererklärung gestellt werden. Eine ausdrückliche Frist ist in § 34a nicht bestimmt. Es gelten daher die allg. Regelungen. Danach kann der Antrag bis zur Unanfechtbarkeit des ESt-Bescheides für den jeweiligen VZ gestellt werden. Nach Eintritt der Unanfechtbarkeit für den ESt-Bescheid des betr. VZ kann der Antrag grds. nicht mehr erweitert oder erstmals gestellt werden. Insoweit sind allerdings die allg. Grundsätze für die Ausübung v. Wahlrechten zu beachten.[2] Danach kommt eine erstmalige Antragstellung oder Erweiterung des Antrages nur noch in dem Umfange in Betracht, in dem nach den Vorschriften der §§ 129, 164, 165, 172 f., 351 AO (oder speziellen Vorschriften im EStG) die Steuerfestsetzung noch geändert werden kann.[3]

3. Verlängerte Rücknahmemöglichkeit. Abs. 1 S. 4 lässt die vollständige oder teilw. Rücknahme abw. v. 28
den allg. Regeln für die Rücknahme v. Anträgen bis zum Eintritt der Unanfechtbarkeit des ESt-Bescheides für den nächsten VZ zu. Dies gilt insbes. auch dann, wenn der ESt-Bescheid bereits bestandskräftig geworden ist. Abs. 1 S. 4 2. HS sieht insoweit ausdrücklich vor, dass der (auch bestandskräftige) Bescheid zu ändern ist. Das Recht auf Rücknahme des Antrags entfällt mit der Unanfechtbarkeit des ESt-Bescheids des Folgejahres auch dann, wenn dieser Bescheid nachfolgend noch geändert wird.[4] Hinsichtlich der Rücknahmemöglichkeit bestehen bis zum Eintritt der Unanfechtbarkeit des ESt-Bescheides für den folgenden VZ keine Einschränkungen. Für den Fall der Rücknahme (Einschränkung) des Antrags nach Abs. 1 besteht mit Abs. 1 S. 4 HS 2 damit eine eigenständige Korrekturvorschrift neben den Vorschriften der §§ 172 ff. AO zur Änderung des EStBescheides zur Vfg. Die nach Abs. 1 S. 4 bis zur Unanfechtbarkeit des Bescheides für den folgenden VZ erfolgte zulässige Rücknahme des Antrags stellt sich freilich materiell auch als ein rückwirkendes Ereignis iSd. § 175 Abs. 1 S. 1 Nr. 2 AO dar. Dem kommt für die verfahrensrechtliche Änderungsmöglichkeit des ESt-Bescheides zwar keine eigenständige Bedeutung mehr zu, wohl aber für die Zinsberechnung nach § 233a AO. Insoweit ist § 233a Abs. 2a AO mit dem Beginn des Zinsanlaufs erst 15 Monate nach Ablauf des Kj. des Eintritts des rückwirkenden Ereignisses anzuwenden. Denn seine Anwendung wird nicht ausdrücklich ausgeschlossen.[5] Die Ablaufhemmung nach S. 5 gewährleistet, dass die Festsetzungsverjährung nicht vor Ablauf des Wahlrechtes für die Antragsrücknahme eintritt.

Die Regelung über die verlängerte Rücknahmemöglichkeit ist vor dem Hintergrund zu sehen, dass ein Verlustrücktrag nach § 10d Abs. 1 auf einen nach § 34a Abs. 1 begünstigt mit dem Sondertarif besteuerten (nicht entnommenen) Gewinn nach § 10d Abs. 1 S. 2 und § 34a Abs. 8 ausgeschlossen ist. Im Umfange der Rücknahme des Antrages entfällt aber die begünstigte Besteuerung für den vorangegangenen VZ. Insoweit kann daher auch ein Verlustrücktrag nach § 10d Abs. 1 aus dem nächsten VZ noch bis zur Höhe des nunmehr nicht mehr begünstigten nicht entnommenen Gewinnes vorgenommen werden. § 10d Abs. 1

---

1 FG Düss. v. 28.4.2016 – 8 K 3276/14 F und 8 K 3275/14 F, BB 2016, 2453 (Rev. IV R 28/16 und IV R 27/16); FG Münster v. 19.2.2014 – 9 K 511/14, BB 2014, 1700 m. Anm. *Renger* (unzutr. bzgl. der Bindung des Wohnsitz-FA an das Urteil).

2 So zutr. BMF v. 11.8.2008, BStBl. I 2008, 838 Rz. 10; *Niehus/Wilke* in H/H/R, § 34a Anm. 40.

3 So zutr. BFH v. 9.12.2015 – X R 56/13, FR 2016, 628; Wahlrechtsausübung zur Anwendung der §§ 34a, 34 Abs. 3 zwar auch noch im Rechtsbehelfsverfahren gegen den Änderungsbescheid zulässig, aber Begrenzung durch § 351 AO auf den Betrag der Änderung; **aA** *Englisch*, FR 2015, 533.

4 FG Düss. v. 8.11.2018 – 12 K 1250/18 E,F (Rev. zugelassen), juris.

5 Vgl. BFH v. 11.7.2013 – IV R 9/12, BStBl. II 2014, 609 (zu § 7g EStG u. § 233 Abs. 2a AO) und *Renger/Kreimer*, BB 2011, 2084: Anm. zu FG Nds. v. 5.5.2011 – 1 K 266/10 (Rev. unbegründet, BFH v. 11.7.2013 – IV R 9/12, BStBl. II 2014, 609); zweifelnd *Wacker* in Schmidt[37], § 34a Rn. 41; **aA** *Ley* in Korn, § 34a Rn. 57.2.

S. 3 ermöglicht sodann die weitergehende Änderung des Bescheides zur Berücksichtigung des Verlustrücktrages. Wird der Antrag nicht zurückgenommen, verbleibt es dabei, dass ein Rücktrag auf den begünstigt besteuerten Gewinnanteil nicht möglich ist. Ein verbleibender Verlust des VZ kann dann nur nach § 10d Abs. 2 in folgende VZ vorgetragen werden.[1] Die verlängerte Rücktragsmöglichkeit des § 34a Abs. 1 S. 4 soll etwaigen Unsicherheiten hinsichtlich der zu treffenden Prognoseentscheidung über die zukünftige Gewinn/Verlustsituation im Zusammenhang mit der Inanspruchnahme der Thesaurierungsbegünstigung jedenfalls für den unmittelbar nachfolgenden VZ Rechnung tragen.[2] Die erstmalige Stellung des Antrags oder seine Erweiterung werden durch Satz 4 nicht nachträglich ermöglicht (s. Rn. 27).

29 **V. Besteuerung des Begünstigungsbetrags des nicht entnommenen Gewinns. 1. Solidaritätszuschlag und Steuerermäßigungen nach §§ 35 und 34c.** In Höhe des durch den Antrag festgelegten Begünstigungsbetrages, Abs. 1 S. 1 und Abs. 3 S. 1, wird der im zu versteuernden Einkommen enthaltene nicht entnommene Gewinn dem proportionale Sondersteuersatz v. 28,25 % unterworfen. Dieser Teil des zu versteuernden Einkommens scheidet aus der Anwendung des in § 32a festgelegten Regeltarifes für die ESt aus. Er beeinflusst auch nicht den auf das restliche zu versteuernde Einkommen anzuwendenden Regeltarif nach § 32a EStG. Zur Belastung mit dem Sondertarif v. 28,25 % tritt die Belastung mit dem SolZ iHv. 5,5 % der festgesetzten ESt hinzu.[3]. Dies ergibt an sich einen kombinierten Steuersatz v. 28,25 % + 1,55 % = 29,80 %. Zu beachten ist aber, dass der SolZ erst an die unter Berücksichtigung v. Kinderfreibeträgen nach § 32 Abs. 6 festzusetzende tarifliche ESt iSd. § 2 Abs. 6 anknüpft. Die tariflich festzusetzende ESt wird durch Steuerermäßigungen gemindert. Die Steuerermäßigungen wirken sich auf den SolZ aus. Im hier interessierenden Zusammenhang kommen als Steuerermäßigungen namentlich nach § 34c Abs. 1, respektive nach DBA anzurechnende ausländ. Steuern und die Steuerermäßigung durch Anrechnung der GewSt im durch § 35 EStG bestimmten Umfange in Betracht. Die auf den begünstigten nicht entnommenen Gewinn entfallende Steuerbelastung mit ESt und SolZ beträgt mithin:

Belastung mit ESt und SolZ	Zahlenbeispiel	
Begünstigungsbetrag × 28,25 %	100 × 28,25 %	= 28,25
– GewSt Anrechnung § 35	– (100 × 3,5 % × 3,8)	= – 13,30
– anzurechnende ausl. Steuer § 34c	– 4,95	= – 4,95
Festzusetzende ESt		= 10,00
+ SolZ mit 5,5 % festzusetzende ESt	+ (5,5 % v. 10)	= 0,55
Gesamtbelastung ESt + SolZ		= 10,55

Zu beachten ist, dass Steuerermäßigungen nicht etwa getrennt auf das nach Abs. 1 begünstigte Einkommen und das dem Regeltarif unterliegende Einkommen angewendet werden. Vielmehr werden sie erst mindernd berücksichtigt, nachdem anhand des der Sondertarifierung nach § 34a unterliegenden Einkommensteils zzgl. des dem Regeltarif unterliegenden übrigen Einkommens die tarifliche ESt bestimmt wurde, die sodann um die Ermäßigungsbeträge vermindert wird. Die auf den nach § 34a begünstigt besteuerten Gewinn entfallende ESt gehört iSd. § 35 zur tariflichen ESt und iSd. § 34c Abs. 1 zur deutschen ESt. Letzteres gilt auch für die bei einer Nachversteuerung nach § 34a Abs. 4 anfallende ESt auf den nachversteuerungspflichtigen Betrag. Der nachversteuerungspflichtige Betrag gehört allerdings nicht zu den nach § 35 begünstigten gewerblichen Einkünften, wohl aber der nach § 34a Abs. 1 begünstigt besteuerte nicht entnommene Gewinn[4] (s. auch § 35 Rn. 11). IErg. stellt sich – vorbehaltlich des Nichteintritts v. Anrechnungsüberhängen – die oben dargestellte Belastungswirkung bzgl. des der Sondertarifierung nach Abs. 1 unterworfenen Teils des zu versteuernden Einkommens ein. Soweit nach den Ermäßigungsvorschriften eine Begrenzung vorzunehmen ist, etwa hinsichtlich der Höhe der anzurechnenden ausländ. Steuern nur bis zur Höhe der auf die ausländ. Einkünfte entfallenden deutschen Steuer und bei der Anrechnung nach § 35 EStG nur, soweit sie auf anteilig im zu versteuernden Einkommen enthaltene gewerbliche Einkünfte entfällt, ist auf die gesamte festzusetzende Steuer einschl. der auf § 34a Abs. 1 entfallenden „Thesaurierungssteuer" abzustellen.

30 **2. Kirchensteuer.** Zu den oben genannten Belastungen mit ESt und SolZ tritt ggf. die Belastung mit KiSt. hinzu. Insoweit gelten keine Besonderheiten. In der nach § 51a Abs. 2 insoweit dafür maßgeblichen Bemessungsgrundlage der festzusetzenden ESt ist die auf den begünstigten nicht entnommenen Gewinn ent-

1 Begr. RegEntw. BR-Drucks. 220/07 v. 30.3.2007 zu § 10d Abs. 1 S. 2 und zu § 34a Abs. 8.
2 Begr. RegEntw. BR-Drucks. 220/07 v. 30.3.2007 zu § 34a Abs. 1; danach Billigkeitsregelung zur Vermeidung v. Härten.
3 FG Hbg. v. 8.12.2017 – 3 K 294/16, EFG 2018, 493 (Rev. II R 35/18); *Weitemeyer/Schumacher* in K/S/M, § 34a Rn. 103.
4 BMF v. 24.2.2009, BStBl. I 2009, 440 Tz. 15; *Levedag* in H/H/R, § 35 Anm. 17; *Bodden*, FR 2012, 68 (74, 76).

fallende festzusetzende ESt bereits enthalten. Nicht zu berücksichtigen ist gem. § 51a Abs. 2 allerdings die Steuerermäßigung nach § 35 EStG. Unberührt bleibt der Sonderausgabenabzug nach § 10.

3. Belastungswirkungen der Gewerbesteuer. Bei Personenunternehmen mit nat. Pers. als MU'ern kommt der GewSt wegen der in § 35 EStG vorgesehenen Anrechnung auf die ESt eine erheblich geringere Belastungswirkung als für KapGes. zu.[1] Dies gilt jedenfalls, soweit eine Anrechnung nach § 35 EStG möglich ist. Soweit eine derartige Anrechnung wegen Anrechnungsüberhängen nicht möglich ist, etwa, weil im zu versteuernden Einkommen keine oder keine ausreichenden Einkünfte aus GewBetr. enthalten sind, namentlich wegen eines horizontalen Verlustausgleichs bei mehreren Gewerbebetrieben des StPfl., eines vertikalen Verlustausgleiches mit anderen Einkunftsarten oder bei einem durch ertragsunabhängige Hinzurechnungen nach § 8 GewStG[2] die gewerblichen Einkünfte übersteigenden Gewerbeertrag, verbleibt es allerdings bei der insoweit dann ungemildert eintretenden zusätzlichen Belastung mit GewSt.[3] 31

Unter Berücksichtigung der Anrechnung nach § 35 und deren Einfluss auf die Höhe des SolZ ergeben sich bei unterschiedlichen Hebesätzen folgende Belastungswirkungen aus ESt/GewSt/SolZ für den begünstigten Gewinn nach § 34a Abs. 1. Nicht berücksichtigt sind dabei etwaige Anrechnungsüberhänge, namentlich wegen ertragsunabhängiger Hinzurechnungen nach § 8 GewStG.

Hebesatz	**200 %**	**300 %**	**380 %**	**400 %**	**450 %**
Gewinn	100,00	100,00	100,00	100,00	100,00
GewSt	7,00	10,50	13,30	14,00	15,75
ESt § 34a Abs. 1	28,25	28,25	28,25	28,25	28,25
§ 35 Anrechnung	7,00	10,50	13,30	13,30	13,30
ESt nach Anrechnung	21,25	17,75	14,95	14,95	14,95
SolZ 5,5 %	1,17	0,98	0,82	0,82	0,82
Gesamtbelastung	29,42	29,23	29,07	29,77	31,52

Die niedrigste Belastung ergibt sich bei einem Hebesatz v. 380 %. Diese auf den ersten Blick erstaunliche Ergebnis ergibt sich daraus, dass bis zu diesem Hebesatz eine vollständige Anrechnung der GewSt auf die ESt wegen des in § 35 EStG vorgesehenen Vervielfältigers v. 3,8 des GewSt-Messbetrages erfolgt. Die GewSt-Belastung wird mithin vollständig durch Anrechnung auf die ESt kompensiert. Wegen des bis zum Hebesatz v. 380 % steigenden Anrechnungsbetrages vermindert sich jedoch die festzusetzende ESt und damit der davon abhängige SolZ. Wegen des insoweit sich ergebenden geringeren SolZ nimmt die Gesamtbelastung bis zur Erreichung dieses Hebesatzes ab. Für Hebesätze oberhalb v. 380 % erfolgt keine Kompensation der auf den übersteigenden Prozentsatz entfallenden GewSt mehr. Einkommensteuerbelastung und SolZ bleiben unverändert. Die höhere Gewerbesteuerbelastung schlägt unvermindert auf die Gesamtbelastung durch.

Eine Nachversteuerung wegen eines Entnahmeüberhanges in einem späteren VZ verändert die GewSt-Belastung nicht mehr.

Wird v. der Thesaurierungsbegünstigung nicht Gebrauch gemacht, ergeben sich dieselben gewstl. Belastungen wie oben angegeben. Je nach der Höhe der sich aus der Anwendung des Regeltarifes ergebenden Belastung des zu versteuernden Einkommens und des darin enthaltenen Gewinnes aus GewBetr. ergeben sich aber Auswirkungen auf die anrechenbare GewSt (maximal bis zur Höhe der anteiligen ESt und bis zur geschuldeten GewSt) und damit auch für den SolZ. Bei Zugrundelegung des Spitzensteuersatzes v. 45 % ergibt sich insoweit folgende Belastung:

---

1 Bei KapGes. ergeben sich in Abhängigkeit vom örtlichen Hebesatz Gesamtbelastungen mit KSt/GewSt/SolZ v. 22,83 % (Hebesatz 200 %) bis zu 31,58 % (Hebesatz 450 %), wobei die Belastung mit KSt und SolZ einheitlich immer 15,83 % beträgt. Bezogen auf das zu versteuernde Einkommen sind die Belastungen ggf. höher, soweit wegen Hinzurechnungen der Gewerbeertrag das zu versteuernde Einkommen übersteigt. S. dazu extrem BFH v. 16.1.2014 – I R 21/12, FR 2014, 695 m. Anm. *Nöcker* = BStBl. II 2014, 531 und vorhergehend FG Hbg. v. 29.2.2012 – 1 K 48/12, EFG 2012, 933 (GewSt wegen Hinzurechnungen rund fünfmal höher als KSt). Zu dieser Belastung tritt bei Ausschüttungen an die Anteilseigner deren Steuerbelastung mit der 25 %igen Abgeltungsteuer zzgl. SolZ hinzu, falls es sich um nat. Pers. mit Einkünften aus KapVerm. handelt.

2 Nach (unzutr.) Ansicht des Vorlagebeschl. des FG Hbg. v. 29.2.2012 – 1 K 138/10, EFG 2012, 960, sollen die Hinzurechnungen nach § 8 Nr. 1 GewStG wegen Verstoßes gegen das Prinzip der Besteuerung nach der (Ist-)Leistungsfähigkeit verfassungswidrig sein. Das FG setzt lediglich seine durchaus gut nachvollziehbare Wertung an die Stelle der Wertung des Gesetzgebers. Das reicht für eine Verfassungswidrigkeit nicht aus. Das BVerfG hat die Vorlage denn auch als unzulässig verworfen (BVerfG v. 15.2.2016 – 1 BvL 8/12, BStBl. II 2016, 557).

3 Zu Gestaltungsüberlegungen, Anrechnungsüberhänge bei Verlusten durch Antrag nach § 34a Abs. 1 zu vermeiden, *Förster*, DB 2007, 760 (allerdings ist zu beachten, dass der Verlustausgleich nach § 2 Abs. 3 vorrangig ist).

Hebesatz	**200 %**	**300 %**	**380 %**	**400 %**	**450 %**
Gesamtbelastung	47,09	46,88	46,74	47,44	49,19

Die Gesamtbelastung ist, verglichen mit einer Thesaurierungsbelastung und anschließender Nachversteuerung, geringfügig geringer. Dabei unberücksichtigt ist allerdings der Zinseffekt, der sich aus der zunächst niedrigeren Thesaurierungsbelastung ergibt.

Hebesatz	**200 %**	**300 %**	**380 %**	**400 %**	**450 %**
Gewinn	100,00	100,00	100,00	100,00	100,00
Thesaurierungsbelastung	29,42	29,23	29,07	29,77	31,52
Nachversteuerungsbetrag	70,58	70,77	70,93	70,23	68,48
ESt 25 % § 34a Abs. 4	17,64	17,69	17,73	17,55	17,12
SolZ 5,5 %	0,97	0,97	0,98	0,97	0,94
Nachsteuerbelastung	18,61	18,66	18,71	18,52	18,06
Gesamtbelastung	48,03	47,89	47,78	48,29	49,58

Übereinstimmend ergibt sich für alle Konstellationen, dass die geringste Belastung bei einem Hebesatz v. 380 % eintritt. Für die (geringfügig) höheren Belastungen bei Hebesätzen unterhalb v. 380 % sind ausschließlich die Auswirkungen auf den SolZ verantwortlich. Die höhere Belastung für Hebesätze oberhalb v. 380 % beruht auf der überschießenden nicht anrechenbaren GewSt.[1]

C. Begünstigungsfähiger nicht entnommener Gewinn (Abs. 2)

32 **I. Gewinn nach § 4 Abs. 1. 1. Durch Betriebsvermögensvergleich ermittelter Gewinn. a) Steuerbilanzgewinn.** Der nach Abs. 1 begünstigungsfähige nicht entnommene Gewinn wird in Abs. 1 S. 1 nicht selbst definiert, sondern insoweit wird auf Abs. 2 verwiesen. Abs. 2 kennzeichnet diesen nicht entnommenen Gewinn als den (für den jeweiligen Betrieb iSd. § 34a Abs. 1 S. 2) nach § 4 Abs. 1 oder (bei buchführungspflichtigen oder freiwillig Bücher führenden Gewerbetreibenden) nach § 5 Abs. 1 (unter Beachtung handelsrechtl Grundsätze) durch Betriebsvermögensvergleich anhand v. (Steuer) Bilanzen ermittelten Gewinn, vermindert um einen positiven Saldo aus Entnahmen und Einlagen (Entnahmeüberhang). Verwiesen wird insoweit unmissverständlich als Ausgangspunkt auf den Gewinnbegriff des § 4 Abs. 1. Der **Steuerbilanzgewinn des § 4 Abs. 1** ergibt sich danach nach folgender Formel:

	BV (EK) am Ende des Wj
–	BV (EK) am Ende des vorh. Wj.
	Unterschiedsbetrag
+	Entnahmen
–	Einlagen
=	(Steuerbilanz-)Gewinn (Verlust)

Die Verweisung des § 34a Abs. 2 auf die Gewinnermittlungsformel des § 4 Abs. 1 ist unmissverständlich. Festzuhalten ist insoweit, dass der in § 34a Abs. 2 iVm. § 4 Abs. 1 in Bezug genommene Gewinn nicht der Unterschiedsbetrag ist, sondern erst der sich nach Abrechnung v. Einlagen und Hinzurechnung v. Entnahmen ergebende Betrag.[2] Der nach § 4 Abs. 1 ermittelte (Steuerbilanz-)Gewinn ist hingegen der durch nicht

1 Zu Belastungswirkungen vgl. auch *Herzig/Lochmann*, DB 2007, 1037; *Förster*, DB 2007, 760; *Kaminski/Hofmann/Kaminskaite*, Stbg. 2007, 161.

2 So auch zutr. BMF v. 11.8.2008, BStBl. I 2008, 831 Tz. 11. Soweit vom I. Senat für Zwecke der Einkommensermittlung v. bilanzierungspflichtigen KapGes. vertreten wird, dass hier der Unterschiedsbetrag iSd. § 8 KStG iVm. einem insoweit dann zu modifizierenden § 4 Abs. 1 bereits den „Bilanzgewinn" darstelle, ist dem jedenfalls für die Einkommensbesteuerung natürlicher Pers. angesichts des eindeutigen Wortlautes des § 4 Abs. 1 nicht zu folgen. Zur terminologisch verfehlten Rspr. des I. Senates hinsichtlich der „außerbilanziellen" Hinzurechnung v. vGA zum „Bilanzgewinn" vgl. grundlegend BFH v. 4.12.1996 – I R 54/95, BFHE 182, 123 = FR 1997, 311 und darauf Bezug nehmend BFH v. 7.2.2007 – I R 27–29/05, FR 2007, 888 m. Anm. *Pezzer* = BFH/NV 2007, 1230; vgl. auch BFH v. 13.6.2006 – I R 58/05, BStBl. II 2006, 928 = FR 2006, 929 (Verminderung des „Bilanzgewinns" durch vGA, aber „außerbilanzielle" Erhöhung des der Besteuerung zugrunde liegenden Gewinnes in ders. Höhe; ebenso BFH v. 24.4.2002 – I R 43/01, BStBl. II 2003, 416 mwN. Zur Kritik s. *Bareis*, FR 2014, 581; grundlegend *Bareis*, DB 2010, 2637; *Weber-Grellet*, BB 2014, 2263; *Briese*, BB 2014, 1943 sowie *Briese*, FR 2014, 1001.

abziehbare BA geminderte und durch stfreie BE erhöhte Gewinn (s. Rn. 40, 41). Ihre Hinzurechnung und Abrechnung erfolgt „außerhalb der Bilanz", nicht aber die Berücksichtigung von Entnahmen und Einlagen. Eine Gewinnermittlung durch Vermögensvergleich anhand von Bilanzen ist immer nur durch eine Errechnung des Gewinns anhand von zwei Bilanzen unter Berücksichtigung von Entnahmen und Einlagen möglich. Deren Berücksichtigung durch Hinzurechnung oder Abzug zum/vom Unterschiedsbetrag erfolgt weder auf einer zweiten Gewinnermittlungsstufe noch „außerhalb der Bilanz".

b) Entnahmen und Einlagen, Bewertung. Vorbehaltlich etwaiger sich aus dem Regelungszusammenhang des § 34a als einer Tarifvorschrift zur Begünstigung eines thesaurierten Gewinnes ergebender teleologischer Einschränkungen verweist Abs. 2 damit nicht nur auf die in § 4 Abs. 1 verwendete Gewinnermittlungsformel, sondern auch auf den in § 4 Abs. 1 S. 2 und S. 3 definierten Entnahmebegriff und den in § 4 Abs. 1 S. 8 definierten Einlagebegriff sowie auf die insoweit bestehenden Bewertungsvorschriften in § 6 Abs. 1 Nr. 4 und § 6 Abs. 1 Nr. 5 und 5a.[1] Der in § 4 Abs. 1 (und § 5 Abs. 1) durch Betriebsvermögensvergleich ermittelte Gewinn ist identisch mit einem unter Beachtung stl. Ansatz- und Bewertungsvorschriften ermittelten Gewinn anhand einer (stl.) Gewinn- und Verlustrechnung. Denn diese erfasst ihrerseits als Gewinn nur den Saldo aus allen betrieblich veranlassten Betriebsvermögensmehrungen (betriebliche Erträge) und Betriebsvermögensminderungen (Betriebsaufwendungen/BA). Entnahmen und Einlagen gehören dazu gerade nicht, mit Ausnahme eines erfolgswirksamen Anteils aus Bewertungsunterschieden zw. nach § 6 Abs. 1 Nr. 4 anzusetzendem Entnahmewert (TW, respektive gemeiner Wert) und dem Buchwert bei Sachentnahmen. 33

Da der Gewinnbegriff des Abs. 2 iVm. Abs. 1 S. 2 betriebsbezogen ist, ist jedenfalls für § 34a ein **enger Betriebsbegriff** zugrunde zu legen. Mithin sind als Entnahmen und Einlagen auch die Überführung v. WG aus einem in einen anderen Betrieb oder in SBV desselben StPfl. iSv. § 6 Abs. 5 S. 1 und 2 zu behandeln und ebenso unentgeltliche Übertragungen gem. § 6 Abs. 5 S. 3 Nr. 1 und 2 in und aus dem Gesellschaftsvermögen, soweit sie sich nicht innerhalb desselben MU'anteils des StPfl. vollziehen. Bei Übertragungen innerhalb derselben MU'schaft nach § 6 Abs. 5 S. 3 Nr. 1 und 2 liegen – ungeachtet der technischen Behandlung – schon keine Entnahmen oder Einlagen vor (Rn. 54).[2] Soweit wegen der Anwendung des engen Betriebsbegriffes bei der Überführung und Übertragung v. WG v. und in BV desselben StPfl., bzw. v. und in ihm (auch) zuzurechnendes BV einer MU'schaft, v. Entnahmen auszugehen ist, hat auch die Bewertung nach § 6 Abs. 5 EStG mit dem Buchwert zu erfolgen. 34

Folgt man der (fragwürdigen) Rspr., liegen allerdings bei der **Übertragung** in das Gesamthandsvermögen nach § 6 Abs. 5 S. 3 Nr. 1 und 2 EStG **gegen Gewährung v. Gesellschaftsrechten** keine Entnahmen vor, sondern für den G'ter eine Veräußerung und für die aufnehmende Ges. ein Anschaffungsgeschäft.[3] Vorbehaltlich einer vorrangigen Anwendung des § 4 Abs. 1 S. 3 iVm. § 6 Abs. 1 Nr. 4 S. 1 2. HS (dazu Rn. 36) sieht § 6 Abs. 5 S. 3 insoweit allerdings für die Steuerbilanz zwingend die Bewertung mit dem Buchwert sowohl im abgebenden Bereich als auch für den aufnehmenden Bereich vor. Dasselbe gilt auch für den umgekehrten Fall einer Übertragung aus dem Gesamthandsvermögen gegen **Minderung der Gesellschaftsrechte**. Für die Ermittlung des Steuerbilanzgewinnes nach § 34a Abs. 1, 2 iVm. § 4 Abs. 1 (oder § 5) spielt die Unterscheidung zw. unentgeltlichen Übertragungen als echten Entnahmen und Einlagen und Übertragungen gegen Gewährung/Minderung v. Gesellschaftsrechten als Veräußerungen/Anschaffungen jedoch keine Rolle, da in beiden Konstellationen jeweils eine Bewertung zum Buchwert sowohl bei der abgebenden Einheit als auch bei der aufnehmenden Einheit stattzufinden hat, sodass sich keine Auswirkung auf den Steuerbilanzgewinn als Ausgangsgröße für den nicht entnommenen Gewinn ergibt. IErg. erfolgt in beiden Konstellationen die Erfassung erfolgsneutral im abgebenden betrieblichen Bereich mit Kapital an WGut (zum Buchwert) und WGut (Buchwert) an Kapital im aufnehmenden betrieblichen Bereich des StPfl. Zu 34a Abs. 5 s. Rn. 75. 35

c) Ausländische Betriebsstätte und anderer Betrieb. Sofern der **unbeschränkt StPfl.** auch Betriebstätten im Ausland unterhält, ist fraglich, inwieweit es sich dabei um Teile desselben Betriebes handelt, der nach § 4 Abs. 1 der Gewinnermittlung unterliegt oder um die Betriebsstätte eines anderen in- oder ausländ. Betriebes des StPfl. Davon hängt zunächst einmal ab, ob auf die ausländ. Betriebsstätte entfallende Gewinnanteile in die Ermittlung des nach § 34a zu begünstigenden nicht entnommenen Steuerbilanzgewinnes dieses Betriebes mit einzubeziehen sind oder nicht. Vor allem ist insoweit auch v. Bedeutung, ob 36

1 Zutr. BMF v. 11.8.2008, BStBl. I 2008, 831 Tz. 14 (Entnahmen umfassen Bar-, Sach- und Nutzungentnahmen), und Tz. 14, 34 (Entnahmen nach § 4 Abs. 1 S. 3 und Einlagen nach 4 Abs. 1 S. 8).

2 So zutr. BMF v. 11.8.2008, BStBl. I 2008, 831 Tz. 20; vgl. auch BFH v. 19.9.2012 – IV R 11/12, FR 2012, 1153 m. Anm. *Kempermann* = DB 2012, 2376 = BFHE 239, 76.

3 BFH v. 17.7.2008 – I R 77/06, FR 2008, 1149 = BStBl. I 2009, 464; vgl. auch BFH v. 19.10.1998 – VIII R 69/95, BStBl. II 2000, 230 = FR 1999, 300; v. 25.4.2006 – VIII R 52/04, BStBl. II 2006, 847; v. 24.1.2008 – IV R 37/06, FR 2008, 912 m. Anm. *Wendt* = BFH/NV 2008, 854.

die Überführung in eine ausländ. Betriebsstätte als Entnahme aus dem inländ. Betrieb anzusehen ist und wie sie zu bewerten ist.

36a Erfolgt die Überführung eines WG in eine ausländ. Betriebsstätte desselben Betriebes oder eines anderen Betriebs des im Inland unbeschränkt StPfl., stellt sich die Frage, ob dann v. einer gem. § 4 Abs. 1 S. 3 iVm. 6 Abs. 1 Nr. 4 S. 1 2. HS mit dem gemeinen Wert zu bewertenden Entnahme aus dem Betrieb auszugehen ist, weil durch die Überführung des WG das Besteuerungsrecht der Bundesrepublik ausgeschlossen oder beschränkt wird. Nach der früheren Rspr. des BFH war dies zu bejahen, da der BFH in Anwendung der sog. finalen Entnahmetheorie davon ausging, dass der Betriebsbegriff des § 4 Abs. 1 auf das BV zu beschränken sei, das der inländ. Besteuerung unterliege. Eine Überführung in ein BV des StPfl., das nicht mehr der Besteuerung in Deutschland unterlag, führte danach zu einer (mit dem TW zu bewertenden) Gewinn realisierenden Entnahme. Dies wurde angenommen bei Überführung eines WG in eine ausländ. Betriebsstätte desselben wie auch eines anderen Betriebs des StPfl., sofern mit diesem Staat ein DBA mit Freistellungsmethode bzgl. der in der ausländ. Betriebsstätte erzielten Gewinne bestand. Die ausländ. Betriebsstätte wurde insoweit nicht als Teil des Betriebes angesehen, selbst wenn sie organisatorisch damit eine Einheit bildete.[1] Hingegen sollte es an einer Entnahme fehlen, soweit kein DBA oder ein DBA mit Anrechnungsmethode bestand. Ausgehend v. dieser Rspr. hat der Gesetzgeber in § 4 Abs. 1 S. 3 iVm. § 6 Abs. 1 Nr. 4 S. 1 2. HS EStG bestimmt, dass eine Entnahme auch bei Ausschluss des Besteuerungsrechts der Bundesrepublik und bei Beschränkung des Besteuerungsrechts der Bundesrepublik anzunehmen sei. Der BFH hat diese Rspr. für die Zeit vor Einführung des § 4 Abs. 1 S. 3 EStG durch das SEStEG, dh. für vor dem 1.1.2006 endende Wj., ausdrücklich aufgegeben.[2] Er geht nunmehr davon aus, dass hinsichtlich v. stillen Reserven, die sich bis zur Überführung v. WG aus einer inländ. Betriebsstätte in eine ausländ. Betriebsstätte desselben oder eines anderen Betriebs bereits im Inland gebildet haben, das Besteuerungsrecht der Bundesrepublik a) weder nach innerstaatlichem Recht beschränkt wurde, noch b) durch DBAs, die entspr. dem DBA-MA die Freistellungsmethode vorsehen, ausgeschlossen werde. Nach Auffassung des BFH sollen (später) realisierte Gewinne, die auf bereits im Inland vor der Überführung gebildeten stillen Reserven beruhen, nicht der im Ausland belegenen Betriebsstätte zuzurechnen sein. Die Gewinne stellten daher weder zur Anrechnung nach § 34c Abs. 1 EStG berechtigende ausländ. Einkünfte nach § 34d Nr. 2 EStG dar, noch seien sie entspr. Art. 23 A iVm. Art. 7 Abs. 1, 2 DBA-MA v. der deutschen Besteuerung auszunehmen. Der BFH hat allerdings ausdrücklich offen gelassen, ob für die Rechtslage nach Inkrafttreten der Geltung des § 4 Abs. 1 S. 3 EStG diese geänderte Auffassung beizubehalten ist. Das BMF hatte insoweit mit einem Nichtanwendungserlass reagiert.[3]

36b Der Gesetzgeber hat in Reaktion auf die geänderte Rspr. des BFH durch § 4 Abs. 1 S. 4 EStG idF des JStG 2010 ausdrücklich (klarstellend?) autoritativ bestimmt, dass die Zuordnung eines bisher einer inländischen Betriebsstätte zuzuordnenden Wirtschaftsgutes zu einer ausländischen Betriebsstätte als eine Entnahme zu betriebsfremden Zwecken im Sinne des § 4 Abs. 1 S. 3 anzusehen ist. Die Überführung aus der inländischen in eine ausländische Betriebsstätte soll danach das Regelbeispiel für den zur Aufdeckung stiller Reserven führenden Ausschluss oder die Beschränkung des Besteuerungsrechtes der Bundesrepublik darstellen.[4] Zugleich wird in § 52 Abs. 8b EStG idF JStG 2010 (jetzt § 52 Abs. 6 S. 1) angeordnet, dass § 4 Abs. 1 S. 4 EStG zeitlich in allen Fällen gilt, in denen § 4 Abs. 1 S. 3 EStG anzuwenden ist, dh. ab dem 1.1.2006 für nach dem 31.12.2005 endende Wirtschaftsjahre. Da § 34a EStG seinerseits ab dem VZ 2008 (s. Rn. 21) zeitlich anwendbar ist, ist danach die Überführung eines Wirtschaftgutes in eine ausländische Betriebsstätte bereits ab 2008 bei der Anwendung des § 34a als Entnahme zu betriebsfremden Zwecken zu berücksichtigen.

Soweit in § 52 Abs. 6 S. 1 die Geltung des § 4 Abs. 1 S. 4 iVm. S. 3 EStG und damit – entgegen der BFH-Rspr. – auch für vor dem 1.1.2006 endende Wirtschaftsjahre die Fortgeltung der finalen Entnahmetheorie angeordnet wurde, kommt dem für § 34a EStG keine Bedeutung zu.

36c Fraglich kann insoweit aber sein, ob die Anordnung in § 52 Abs. 6 S. 1 idF des Kroatien-AnpG v. 25.7.2014[5], dass bereits für die VZ ab 2006 davon auszugehen ist, dass bei einer Überführung von Wirtschaftsgütern aus einer inländischen in eine ausländische Betriebsstätte desselben oder eines anderen Betriebes

---

1 Theorie der finalen Entnahme, vgl. BFH v. 16.7.1969 – I 266/65, BStBl. II 1970, 175; v. 28.4.1971 – I R 55/66, BStBl. II 1971, 630; v. 24.11.1982 – I R 123/78, BStBl. II 1983, 113; v. 30.5.1972 – VIII R 111/69, BStBl. II 1972, 760; v. 16.12.1975 – VIII R 3/74, BStBl. II 1976, 246; v. 19.2.1998 – IV R 38/97, BStBl. II 1998, 509.

2 BFH v. 17.7.2008 – I R 77/06, BStBl. II 2009, 464 = FR 2008, 1149.

3 BMF v. 20.5.2009, BStBl. I 2009, 671.

4 Vgl. Beschlussempfehlung und Bericht des Finanzschusses v. 27. und 28.10.2010, BT- Drucks. 17/3449, 12 und 17/3549, 19 zu Art. 1 Nr. 6a). Der Finanzausschuss folgte mit seiner über den RegEntw. v. 21.6.2010, BT-Drucks. 17/2249 hinausgehenden Beschlussempfehlung zur „klarstellenden" Einfügung des § 4 Abs. 1 S. 4 EStG einer Anregung des Bundesrates, vgl. BT-Drucks. 17/2823 v. 27.8.2010, 3, 4 und 37 (Stellungnahme Bundesrat und Gegenäußerung der Bundesregierung Nr. 3 zu Art. 1 und Art. 2).

5 BGBl. I 2014, 1266.

des Steuerpflichtigen eine mit dem gemeinen Wert zu bewertende Entnahme zu betriebsfremden Zwecken vorliegt, zu einer insoweit verfassungsrechtlich unzulässigen Rückwirkung auch bei § 34a für die VZ 2008 bis 2010 führt. Das kann nicht schon deshalb verneint werden, weil der Gesetzgeber des SEStEG – folgt man der nunmehrigen Rspr. des BFH – irrtümlich davon ausging, dass die Überführung eines einer inländischen Betriebsstätte zugeordneten Wirtschaftsgutes in eine ausländische Betriebsstätte schon durch den die finale Entnahmetheorie kodifizierenden § 4 Abs. 1 S. 3 EStG erfasst wurde. Denn da die Annahme eines Ausschlusses und einer Beschränkung des deutschen Besteuerungsrechtes – folgt man dem BFH – insoweit unzutreffend erfolgte, erfasste § 4 Abs. 1 S. 3 unter diesen Aspekten gerade nicht schon die bloße Überführung von einer inländischen Betriebsstätte zugeordneten Wirtschaftsgütern in eine ausländische Betriebsstätte. Ob der Gesetzgeber des SEStEG auch bloße Erschwerungen und zu befürchtende Vollzugsdefizite bei der administrativen Durchsetzung des deutschen Besteuerungsanspruches und Schwierigkeiten bei der Gewinnabgrenzung hinsichtlich der Berücksichtigung von schon vor der Überführung in das Ausland im Inland gebildeter stiller Reserven bereits als Beschränkungen des deutschen Besteuerungsrechtes im Sinne des § 4 Abs. 1 S. 3 EStG idF SEStEG angesehen hat[1], erscheint durchaus zweifelhaft. Bei dieser Ausgangslage kann jedenfalls nicht davon ausgegangen werden, dass durch § 4 Abs. 1 S. 4 EStG idF des JStG 2010 lediglich eine Klarstellung der sich ohnehin bereits aus § 4 Abs. 1 S. 3 ab 2006 ergebenden Rechtslage erfolgt ist.[2] Vielmehr ist auch insoweit möglicherweise davon auszugehen, dass erst durch § 4 Abs. 1 S. 4 eine Änderung der objektiven Rechtslage erfolgt ist. Die sich aus § 52 Abs. 6 S. 1, Abs. 12 S. 2 ergebende Rückwirkung auch für die VZ 2008 und 2009 stellt sich dann als echte Rückwirkung dar.[3] Auch eine echte Rückwirkung kann allerdings ausnahmsweise nach der Rechtsprechung des BVerfG unter engen Voraussetzungen verfassungsrechtlich zulässig sein[4], namentlich, wenn das geltende Recht unklar und verworren ist oder wenn der Bürger nach der rechtlichen Situation zu dem Zeitpunkt, auf den die Rechtsfolge zurückbezogen wird, mit dieser Regelung rechnen musste. Dies dürfte vorliegend jedenfalls für die Zeit ab dem VZ 2006 in Betracht kommen. Denn auch nach den Entscheidungen des BFH in den Jahren 2008 und 2009[5] zur Aufgabe der finalen Entnahmetheorie für die Vergangenheit blieb unklar, ob nicht der Gesetzgeber durch § 4 Abs. 1 S. 3 idF des SEStEG jedenfalls ab dem VZ 2006 der früheren Rechtsprechung eine ausdrückliche gesetzliche Grundlage verschafft hat und diese sogar durch Einbeziehung von Beschränkungen des Besteuerungsrechtes noch erweitert hat. Ein Vertrauen des Bürgers darauf, dass § 4 Abs. 1 S. 3 bei Überführung eines einer inländischen Betriebsstätte zugeordneten Wirtschaftsgutes in eine ausländische Betriebsstätte nicht anwendbar sei, konnte sich auch ab dem VZ 2008 nach der Entscheidung des BFH v. 17.7.2008 nicht bilden, weil der BFH selbst ausdrücklich offen ließ, ob nicht durch § 4 Abs. 1 S. 3 EStG für nach dem 31.12.2005 endende Wirtschaftsjahre die Überführung von Wirtschaftsgütern in das Ausland erfasst wird. Die Verwaltung bejahte in Reaktion auf dieses Urteil sogar ausdrücklich, dass § 4 Abs. 1 S. 3 idF des SEStEG die gesetzliche Rechtsgrundlage dafür darstellte, Überführungen von Wirtschaftsgütern in das Ausland ab 2006 als gewinnrealisierende Entnahme zu behandeln.[6]

Auch wenn nach § 4 Abs. 1 S. 4 iVm. § 6 Abs. 1 Nr. 4 S. 1 und § 6 Abs. 5 S. 1 2. HS idF JStG 2010 von einer gewinnrealisierenden Entnahme sowohl bei Überführung eines Wirtschaftsgutes aus einer inländischen in eine ausländische Betriebsstätte desselben Betriebs wie auch eines anderen Betriebs des Steuerpflichtigen auszugehen ist, ergeben sich für die beiden unterschiedlichen Konstellationen jedoch unterschiedliche Rechtsfolgen. Zu beachten ist aber, dass mitunternehmerische PersGes. stets insgesamt nur einen einheitlichen Betrieb[7] unterhalten. Für unbeschränkt stpfl. MU'er (Inländer) gehören daher auch die Auslandsbetriebsstätten (sog. Outbound -Fall) immer zum selben Betrieb der jeweiligen mitunternehmerischen Beteiligung. 36d

---

1 So Begründung FinA zur angeordneten Rückwirkung für die Weitergeltung der finalen Entstrickungs-/Betriebsaufgabetheorie auch für Wj. vor 2006, vgl. BT-Drucks. 17/3547 v. 28.10.2010 zu § 16a Abs. 3a (neu), 21, zu § 52 Abs. 8b, 16a, 34 aF, 27–29.

2 Zur (problematischen) Abgrenzung von lediglich klarstellender ggü. rückwirkender Gesetzgebung s. BVerfG v. 17.12.2013 – 1 BvL 5/08, BGBl. I 2014, 255 = FR 2014, 326 m. Anm. *Birk*.

3 Zur grundsätzlichen Aufrechterhaltung der Unterscheidung zwischen „echter" und „unechter Rückwirkung" bei der Einkommensteuer durch Anknüpfung an Änderungen mit Wirkung für bereits abgelaufene oder noch lfd. Veranlagungszeiträume bei Gesetzesverkündung vgl. die Entscheidungen des BVerfG v. 7.7.2010 – 2 BvL 1/03 ua., BVerfGE 127, 31 = DStR 2010, 1736; v. 7.7.2010 – 2 BvR 748/05 ua., BVerfGE 127, 61 = BStBl. II 2011, 86 und v. 7.7.2010 – 2 BvL 14/02 ua., BVerfGE 127, 1 = BStBl. II 2011, 76.

4 Vgl. BVerfG v. 3.9.2009 – 1 BvR 2384/08, HFR 2010, 181; v. 19.12.1961 – 2 BvL 6/59, BVerfGE 13, 261.

5 BFH v. 17.7.2008 – I R 77/06, BStBl. II 2009, 464 = FR 2008, 1149; v. 28.10.2009 – I R 28/08 und I R 99/08, IStR 2010, 103 und IStR 2010, 98 = FR 2010, 183 m. Anm. *Mitschke*.

6 BMF v. 20.5.2009, BStBl. I 2009, 671; **aA** allerdings bereits 2006 *Wassermeyer*, DB 2006, 2460 und DB 2006, 1176.

7 BFH v. 23.7.2003 – I R 62/02, BFH/NV 2004, 317; *Wassermeyer/Bodden* in W/R/S, Kap. 2 Abschn. B. u. Kap. 21 Abschn. C./II.

(1) Bei einer **Überführung innerhalb desselben Betriebs eines unbeschränkt Steuerpflichtigen** fehlt es zwar an einer Entnahme aus dem Betrieb im Sinne des § 4 Abs. 1 S. 2 EStG. Denn auch bei Anwendung des jedenfalls für § 34a maßgeblichen engen Betriebsbegriffes umfasst der Betrieb die organisatorisch dazugehörigen ausländ. Betriebsstätten. Für die Anwendung des § 34a ist daher zunächst auf den Steuerbilanzgewinn gem. § 4 Abs. 1 für den gesamten Betrieb einschl. der ausländ. Betriebsstätten abzustellen. Daher sind für die Gewinnermittlung durch Betriebsvermögensvergleich für diesen Betrieb auch alle in ausländ. Betriebsstätten desselben Betriebs erfolgenden Entnahmen und Einlagen, wie in § 4 Abs. 1 vorgeschrieben, zu berücksichtigen. Der sich so ergebende Gesamtgewinn für den Betrieb ist sodann aufzuteilen auf den der ausländ. Betriebsstätte zuzurechnenden Gewinnanteil und den verbleibenden ausschließlich der inländ. Besteuerung unterliegenden Anteil. Je nach Geltung der Freistellungsmethode oder der Anrechnungsmethode ist der auf die ausländ. Betriebsstätte entfallende Gewinnanteil aus der Bemessungsgrundlage auszunehmen oder die auf ihn entfallende ausländ. Steuer ist anzurechnen. Bei Geltung der Freistellungsmethode findet die Sondertarifierung nach Abs. 1 nur für den der deutschen Besteuerung unterliegenden, nicht entnommenen Gewinnanteil statt, sodass der auf die Auslandsbetriebstätte entfallende Gewinnanteil iErg. wie ein stfreier Gewinnanteil aus der Bemessungsgrundlage auch für die Thesaurierungsbesteuerung auszunehmen ist. Bei Geltung der Anrechnungsmethode des § 34c EStG mangels DBA oder wegen Vereinbarung entspr. Art. 23 B DBA-MA unterliegt hingegen bei entspr. Antragstellung der gesamte thesaurierte Gewinn der Sondertarifierung, wobei die ausländ. Steuer auf die deutsche Thesaurierungssteuer anzurechnen ist.

Nach § 4 Abs. 1 S 4 idF JStG 2010 steht allerdings auch die Überführung eines Wirtschaftsgutes aus der inländischen in die ausländische Betriebsstätte desselben Betriebes einer Entnahme für betriebsfremde Zwecke im Sinne des § 4 Abs. 1 S. 3 gleich. Für die Annahme, dass § 4 Abs. 1 S. 3 (und 4) iRd. § 34a nicht anwendbar seien, weil keine „echten" Entnahmen vorlägen, enthält das Gesetz keinen Anhaltspunkt.[1]

Auch wenn man mit dem BMF[2] insoweit konsequenterweise dann davon ausgeht, dass der von § 4 Abs. 1 S. 3 angeordneten Behandlung als Entnahme aus dem inländischen Betriebsteil eine „korrespondierende Einlage" in den ausländischen Betriebsteil desselben Betriebs gegenübersteht, ergibt sich daraus entgegen der Annahme des BMF aber nicht, dass sich die Überführung nicht auf den Gewinn des Gesamtunternehmens auswirkt. Der Ausgleich der jeweils mit dem gemeinen Wert nach § 6 Abs. 1 Nr. 4 S. 1 und § 6 Abs. 1 Nr. 5a bewerteten „Entnahmen" und „Einlage" im selben Betrieb bewirkt vielmehr lediglich, dass es insoweit nicht zu einem Entnahmeüberhang kommt. Der begünstigungsfähige der inländischen Besteuerung unterliegende Gewinn des Gesamtbetriebes wird jedoch um die durch die „Entnahme" aus der inländischen Betriebsstätte aufgedeckten stillen Reserven erhöht, während sich die erfolgsneutral zu behandelnde „Einlage" in die ausländische Betriebsstätte gerade nicht auf den Gewinn auswirkt. Es erhöht sich mithin das Begünstigungsvolumen.[3] Für die umgekehrte Konstellation einer Überführung aus der ausländischen in die inländische Betriebsstätte unter Begründung des Besteuerungsrechtes der Bundesrepublik ist zwar nach § 4 Abs. 1 S. 8 iVm. § 6 Abs. 1 Nr. 5a von einer mit dem gemeinen Wert zu bewertenden Einlage für Zwecke der Ermittlung des der inländischen Besteuerung unterliegenden Gewinnes auszugehen. Die insoweit anzunehmende Einlage führt aber nicht zu einer Erhöhung des der inländischen Besteuerung unterliegenden begünstigungsfähigen Gewinnes um die aufgedeckten stillen Reserven. Auch hier muss allerdings davon ausgegangen werden, dass der „Einlage" in die inländische Betriebsstätte des Betriebes eine korrespondierende „Entnahme" aus der ausländischen Betriebsstätte gegenübersteht, sodass sich im Gesamtergebnis keine Einlage ergibt, die zur Verrechnung mit anderweitigen Entnahmen zur Verfügung stünde.[4]

36e (2) Bei **Überführung in die ausländ. Betriebsstätte eines anderen (in- oder ausländ.) Betriebs** liegt hingegen schon nach dem anzuwendenden engen Betriebsbegriff in jedem Falle eine Entnahme für „betriebsfremde Zwecke" gemäß § 4 Abs. 1 S. 2 im inländ. Betrieb und eine Einlage im anderen (in- oder ausländ.) Betrieb vor. Fraglich kann hier nur die Bewertung sein. § 6 Abs. 5 S. 1–3 schreibt insoweit für Überführungen in das BV eines anderen Betriebs des StPfl. oder in das BV des StPfl. bei einer anderen MU'schaft oder von und in das BV der Mitunternehmerschaft die Bewertung mit dem Buchwert vor, sofern die Besteuerung der stillen Reserven sichergestellt ist. Durch § 6 Abs. 5 S. 1 2. HS idF JStG 2010 wird jedoch ausdrücklich auch für die Überführung von einem inländischen Betriebsvermögen zugeordneten Wirtschaftsgütern in ein „anderes Betriebsvermögen" im Ausland angeordnet („klargestellt"), dass die Bewertung zum gemeinen Wert gemäß § 4 Abs. 1 S. 4 iVm. § 4 Abs. 1 S. 3 und § 6 Abs. 1 Nr. 4 zu erfolgen hat. Das Gesetz ordnet insoweit „autoritativ" an, dass bei Überführung in die ausländische Betriebsstätte eines an-

1 **AA** *Lausterer/Jetter*, in: Blumenberg/Benz, Die Unternehmensteuerreform 2008, 2007, 17 f. für unbeschränkt StPfl.
2 BMF v. 11.8.2008, BStBl. I 2008, 838 Rz. 18, 34, 35.
3 So auch *Niehus/Wilke*, DStZ 2009, 14; *Niehus/Wilke* in H/H/R, § 34a Anm. 20; *Wacker*, FR 2008, 605 (609).
4 S. auch *Niehus/Wilke* in H/H/R, § 34a Anm. 20.

deren Betriebs(vermögens) die Besteuerung nicht als sichergestellt zu gelten hat. Auch insoweit sieht § 52 Abs. 12 S. 2 iVm. § 52 Abs. 6 S. 1 die rückwirkende Anwendung schon für nach dem 31.12.2005 endende Wirtschaftsjahre vor. Hinsichtlich der verfassungsrechtlichen Zulässigkeit der echten Rückwirkung gelten daher ebenfalls die obigen Ausführungen zur angeordneten Rückwirkung des § 4 Abs. 1 S. 4 idF JStG 2010. Nach dem Willen des Gesetzgebers kommt es mithin trotz der Aufgabe der finalen Entnahmetheorie durch den BFH für bis zum 31.12.2005 endende Wirtschaftsjahre nicht in Betracht, in den unter § 6 Abs. 5 S. 1 bis 3 fallenden Konstellationen der Überführung oder Übertragung von inländischen Betriebsstätten zugeordneten Wirtschaftsgütern in ausländische Betriebsstätten eines anderen Betriebs(vermögens) des Steuerpflichtigen oder in das Betriebsvermögen einer Mitunternehmerschaft, der der StPfl. als Mitunternehmer angehört, die Aufdeckung der stillen Reserven durch Buchwertansatz vermeiden zu können. Hinsichtlich der vom Gesetzgeber verlangten Gewinnrealisation durch Aufdeckung der stillen Reserven im abgebenden inländischen Betrieb des Steuerpflichtigen (oder der Mitunternehmerschaft) ergeben sich insoweit dieselben Ergebnisse wie bei einer Überführung aus der inländischen in die ausländische Betriebsstätte desselben Betriebs des Steuerpflichtigen. Anders als dort kommt es aber nicht zu einer Kompensation von Entnahme im inländischen Bereich des Betriebes mit einer Einlage im ausländischen Bereich desselben Betriebes. Vielmehr steht der Entnahme im jeweiligen Betriebsvermögen keine korrespondierende Einlage im selben Betriebsvermögen gegenüber. Dies führt bei Überführung aus dem Inland in das Ausland dazu, dass der Gewinnerhöhung durch Aufdeckung der stillen Reserven die Entnahme zum gemeinen Wert gegenübersteht, sodass insoweit isoliert gesehen ein Entnahmeüberhang entsteht. Es vermindert sich mithin das Begünstigungsvolumen. Eine dadurch ggf. ausgelöste Nachversteuerung nach Abs. 4 kann nicht durch Übertragung des nachversteuerungspflichtigen Betrages auf den anderen Betrieb nach Abs. 5 übertragen werden, weil keine Überführung zum Buchwert nach § 6 Abs. 5 erfolgen kann (Rn. 75).

Soweit Wirtschaftsgüter aus einem inländischen Betrieb des Steuerpflichtigen auf eine Mitunternehmer- 36f
schaft übertragen werden und dort einer ausländischen Betriebsstätte zugeordnet werden, verlangt § 6 Abs. 5 S. 3 iVm. § 6 Abs. 5 S. 1 2. HS, § 4 Abs. 1 S. 4 idF JStG 2010 und § 6 Abs. 1 Nr. 4 S. 1 2. HS die gewinnrealisierende Aufdeckung stiller Reserven durch Bewertung im abgebenden Betrieb mit dem gemeinen Wert.[1] In dieser Höhe ist für Zwecke des § 34a von einer „Entnahme" im abgebenden inländischen Betrieb auszugehen. Das gilt sowohl bei einer unentgeltlichen Übertragung auf die Mitunternehmerschaft als auch bei einer Übertragung „gegen Gewährung von Gesellschaftsrechten", obwohl nach Auffassung der Rechtsprechung Veräußerungs- und Anschaffungsgeschäfte vorliegen, soweit Übertragungen gegen Gewährung von Gesellschaftsrechten (Gutschriften zum Kapitalanteil) erfolgen (s. Rn. 35). Denn wegen der Behandlung des Mitunternehmeranteils als quasi „anderer Betrieb" des Steuerpflichtigen verbietet sich eine doppelte Berücksichtigung der auf eine Mitunternehmerschaft übertragenen Wirtschaftsgüter sowohl beim Mitunternehmeranteil als auch im eigenen Betrieb (s. Rn. 76). Dem kann nur dadurch Rechnung getragen werden, dass die Übertragung im abgebenden Betrieb auch bei Gewährung von Gesellschaftsrechten bis zur Höhe des gemeinen Wertes als „Entnahme" im Sinne der Abs. 2, 4 zu behandeln ist. Umgekehrt ist für den Mitunternehmeranteil insoweit von einer „Einlage" auszugehen. Entsprechendes gilt, wenn Wirtschaftsgüter aus dem inländischen Betriebsvermögen einer Mitunternehmerschaft in eine ausländische Betriebstätte eines anderen Betriebs(vermögens) des Steuerpflichtigen unentgeltlich oder gegen „Minderung von Gesellschaftsrechten" übertragen werden. Hier ist die Gewinnrealisation und die „Entnahme" bei der Mitunternehmerschaft zu berücksichtigten, während im eigenen Betrieb eine Einlage zu berücksichtigen ist.

Umgekehrt ist bei Überführung aus einer ausländ. Betriebstätte, sofern dadurch das deutsche Besteue- 36g
rungsrecht begründet wird, § 4 Abs. 1 S. 8 2. HS iVm. § 6 Abs. 1 Nr. 5a anzuwenden. Insoweit ergibt sich freilich keine Gewinnauswirkung. Handelt es sich um die inländische Betriebsstätte eines anderen Betriebs, kommt es dort nur zu einer Einlage ohne korrespondierende Entnahme. Die Einlage vermag mithin anderweitige Entnahmen für den privaten Bereich in diesem Betrieb auszugleichen und kann insoweit einen das Begünstigungsvolumen vermindernden Entnahmeüberhang verhindern.

Bei einem **beschränkt StPfl.** beschränkt sich die Anwendbarkeit des § 34a im sog. Inbound-Fall auf den 37
der deutschen Besteuerung unterliegenden Gewinn der im Inland belegenen Betriebsstätten gem. § 49 Abs. 1 Nr. 1, Nr. 2 und 3, für die der Gewinn nach § 4 Abs. 1 ermittelt wird. Die FinVerw. geht hier zutr. davon aus, dass zur Bestimmung des nicht entnommenen Gewinns allein Entnahmen und Einlagen in den inländischen Betriebsstätten zu berücksichtigen sind. Entnahmen und Einlagen in ausländischen Betriebstätten haben außer Betracht zu bleiben, unabhängig davon, ob es sich – verglichen mit einem inländ.

1 Vgl. Begründung Finanzausschuss zu Art. 1 Nr. 7 JStG 2010 (= § 6 Abs. 5 S. 1 2. HS EStG), BT-Drucks. 17/3549 v. 28.10.2010, 19. Die verlangte entsprechende Anwendung des § 4 Abs. 1 S. 4 führt ihrerseits zur entsprechenden Anwendung der Bewertungsvorschrift des § 6 Abs. 1 Nr. 4 S. 1 2. HS.

Sachverhalt – um die Betriebsstätte desselben oder eines anderen Betriebs des StPfl. handeln würde. Das gilt auch bei mitunternehmerischen PersGes., die ohnehin immer nur einen einheitlichen Betrieb mit den in- und ausländischen Betriebsstätten unterhalten. Für beide Konstellationen sind daher nur die inländischen Betriebsstätten als der inländ. Besteuerung unterliegender Betrieb zu behandeln. Nur der auf die inländ. Betriebsstätten entfallende Gewinnanteil kommt insoweit als nach § 34a Abs. 1 und 2 bei Nichtentnahme zu begünstigender, nach § 4 Abs. 1 ermittelter Steuerbilanzgewinn in Betracht. Zur Ermittlung des insoweit begünstigungsfähigen Gewinnes dürfen danach nur Entnahmen und Einlagen berücksichtigt werden, die in der inländ. Betriebsstätte erfolgen. Überführungen und Übertragungen v. der inländ. Betriebsstätte in eine ausländ. Betriebsstätte „desselben Betriebs" sind ebenso wie die eines anderen Betriebs immer als nach § 4 Abs. 1 S. 3 iVm. § 6 Abs. 1 S. 4 S. 1 2. HS gewinnrealisierende Entnahmen im inländ. Betrieb zu behandeln, während umgekehrt bei Überführung aus einer ausländ. Betriebsstätte eine mit dem gemeinen Wert zu bewertende Einlage anzunehmen ist.[1]

37a Diese Auffassung ist hinsichtlich der zwingenden Gewinnrealisation bei Überführung von Wirtschaftsgütern aus einer inländischen in eine ausländische Betriebsstätte (desselben oder eines anderen Betriebes) durch den Gesetzgeber durch § 4 Abs. 1 S. 4 idF des JStG 2010 mit Rückwirkung auch für nach dem 31.12.2005 endende Wirtschaftjahre bestätigt worden (s. Rn. 36). Von einer Gewinnrealisation – durch Betriebsaufgabe – ist auch dann auszugehen, wenn die gesamte inländische Betriebsstätte mit den ihr zugeordneten Wirtschaftgütern in das Ausland verlegt wird, sodass insoweit auch die beschränkte Steuerpflicht endet, § 16 Abs. 3a EStG idF des JStG 2010. Auch insoweit hatte der Gesetzgeber eine Rückwirkung angeordnet, § 52 Abs. 34 idF des JStG 2010.[2] Die entgegenstehende Rechtsprechung des BFH zur Aufgabe der Theorie der finalen (Entnahme) Betriebsaufgabe[3] für vor dem 31.12.2005 endende Wirtschaftsjahre findet insoweit für alle offenen Fälle auch vor dem 31.12.2005 keine Anwendung, sodass dies für Veranlagungszeiträume ab 2008 für die Anwendung des § 34a zu beachten ist. Da diese Rückwirkungsregelung für VZ ab 2015 keine Rolle mehr spielt, ist sie in § 52 nF entfallen. Sie ist aber für die früheren VZ (vor 2010) weiterhin zu beachten.

37b Der Auffassung der Finanzverwaltung ist auch hinsichtlich der Nichtberücksichtigung von Entnahmen und Einlagen in ausländischen Betriebsstätten „desselben Betriebs" des Steuerpflichtigen und eines dort erzielten nicht der deutschen Besteuerung unterliegenden Gewinnes (oder Verlustes) zu folgen.[4] Die unterschiedliche Behandlung gegenüber unbeschränkt Steuerpflichtigen mit ausländischen Betriebsstätten beruht darauf, dass sich beide in einer unterschiedlichen Lage befinden. Der beschränkt Steuerpflichtige wird schon prinzipiell nur mit seinen inländischen Einkünften der Besteuerung unterworfen. Es ist daher konsequent, für nur mit ihren Inlandseinkünften beschränkte Steuerpflichtige solche Vorgänge auszublenden, die nicht im Inland verwirklicht werden. Im Zusammenhang mit der Regelung des § 34a wirkt sich dies auch nicht einseitig zu Lasten des Steuerpflichtigen aus, sondern kann auch vorteilhaft sein, etwa bei der Nichtberücksichtigung von auf die ausländischen Betriebsstätten entfallenden Entnahmen und Verlusten.

38 **d) Betriebsstätte, anderer Betrieb in EU-Mitgliedstaat.** Bei **Überführung v. einzelnen WG** des Anlagevermögens durch einen **unbeschränkt StPfl. in eine in einem EU-Staat liegende Betriebsstätte desselben Betriebes** ist zu beachten, dass der ggf. durch die Bewertung mit dem gemeinen Wert gem. § 6 Abs. 1 Nr. 4 S. 1 entstehende Ertrag iHd. Differenz zw. Buchwert und gemeinem Wert gem. § 4g Abs. 1 durch die Bildung eines (passiven) Ausgleichspostens neutralisiert werden kann. Bei Vorliegen einer Entnahme im Sinne des § 4 Abs. 1 S. 4 iV. mit § 4 Abs. 1 S. 3 (dazu Rn. 36), führt die Anwendung des § 4g dazu, dass der entstehende Gewinn zunächst neutralisiert wird. Die Auflösung des Ausgleichspostens erhöht dann aber den thesaurierungsfähigen Gewinn verteilt über 5 Jahre wieder. Entnahme und Einlage gleichen sich aus, sodass kein Entnahmeüberhang entstehen kann. Wird v. § 4g nicht Gebrauch gemacht, erhöht sich lediglich der thesaurierungsfähige Gewinn schon im Jahr der Überführung.[5]

Problematisch ist, dass insoweit eine andere Rechtsfolge eintritt als sie sich bei Überführung in eine andere Betriebsstätte desselben Betriebs im Inland ergeben hätte. Denn im reinen Inlandsfall hätte es schon an einer gewinnrealisierenden Entnahme gefehlt, sodass der thesaurierungsfähige Gewinn niedriger ausgefallen wäre. Insoweit tritt für die Anwendbarkeit des § 34a allerdings lediglich eine begünstigende Wirkung ein. Davon zu unterscheiden ist, ob die Annahme einer gewinnrealisierenden Entnahme nach § 4 Abs. 1 S. 3

1 So konsequent BMF v. 11.8.2008, BStBl. I 2008, 838 Rz. 3, 38; sa. *Niehus/Wilke* in H/H/R, § 34a Anm. 22f.

2 Zur Begründung vgl. Bericht FinA v. 28.10.2010, BT-Drucks. 17/3547 zu Art. 1 Nr. 15 (§ 16 Abs. 3a) und Nr. 38l (§ 52 Abs. 34), S. 21f. und 28f.

3 BFH v. 28.10.2009 – I R 28/08 und I R 99/08, IStR 2010, 103 und IStR 2010, 98 = BStBl. II 2011, 1019 = FR 2010, 183 m. Anm. *Mitschke.* Dies nimmt er sowohl für die Beendigung der unbeschränkten Steuerpflicht als auch für die Beendigung der beschränkten Steuerpflicht durch bloße Verlegung der bisherigen inländischen Betriebsstätte in das Ausland an.

4 So auch *Niehus/Wilke* in H/H/R, § 34a Anm. 22f.

5 Vgl. auch *Ley/Brandenberg*, FR 2007, 1085 (1094).

und 4 die Niederlassungsfreiheit tangiert und ob dies zu rechtfertigen ist.[1] Das ist aber ein Problem des § 4 Abs. 1 S. 3 und 4 und nicht des § 34a. Für beschränkt StPfl. aus der EU mit inländischer Betriebsstätte ist § 4g nicht anwendbar, obwohl auch bei ihnen § 4 Abs. 1 S. 3 und 4 Anwendung finden. Auch soweit gegen diese unterschiedliche Behandlung unter dem Gesichtspunkt der Niederlassungsfreiheit Bedenken bestehen, betrifft dies ebenfalls nicht die Folgeregelung in § 34a, sondern die Regelung des § 4g (s. dazu *Crezelius* in § 4g Rn. 9).

Werden nicht einzelne Wirtschaftsgüter überführt, sondern insgesamt die inländische Betriebsstätte mit den ihr zugeordneten Wirtschaftsgütern in einen EU- oder EWR Staat (Ausland) verlegt, ordnet § 16 Abs. 3a idF des JStG 2010 mit Rückwirkung für alle noch offenen Fälle die gewinnrealisierende Auflösung der stillen Reserven durch Betriebsaufgabe an. Der insoweit entstehende Gewinn erhöht das Volumen des nach § 34a begünstigungsfähigen nicht entnommenen Gewinns. Bei unbeschränkt Steuerpflichtigen steht der Entnahme im inländischen Betriebsteil eine zu berücksichtigende, korrespondierende Einlage im anderen EU/EWR Staat gelegenen Betriebsteil gegenüber, sodass kein Entnahmeüberhang eintreten kann. Bei beschränkter Steuerpflicht bleibt die „korrespondierende Einlage" im anderen EU/EWR Staat allerdings außer Betracht. Daher wird es bei Betriebsverlegung eines beschränkt Steuerpflichtigen regelmäßig dazu kommen, dass mangels eines nicht entnommenen Gewinns eine Besteuerung zum Thesaurierungssatz nicht in Betracht kommt. Die Steuerstundung nach § 36 Abs. 5 idF des JStG 2010 kann sowohl der unbeschränkt Steuerpflichtige (auch für die zum Thesaurierungssteuersatz berechnete Steuer auf den nicht entnommen Gewinn) als auch der beschränkt Steuerpflichtige (für die mangels begünstigungsfähigen nicht entnommen Gewinn zum Normalsatz berechnete Steuer) beanspruchen.

Bei **Überführung in einen anderen Betrieb desselben StPfl.** in einem anderen Mitgliedstaat der EU ergibt 39
sich im Grundsatz zunächst dieselbe Problematik. Anders als bei einer Überführung in eine ausländ. Betriebsstätte desselben Betriebs ist hier allerdings in jedem Falle in Übereinstimmung mit der Behandlung im reinen Inlandsfall davon auszugehen, dass im inländ. Betrieb eine Entnahme vorliegt und im ausländ. Betrieb eine Einlage. Die vom Gesetzgeber des JStG 2010 über § 6 Abs. 5 S. 1 2. HS verlangte Anwendung des § 4 Abs. 1 S. 3, 4 und § 6 Abs. 1 Nr. 4 S. 1 2. HS mit der Bewertung zum gemeinen Wert und der Ausschluss der Anwendung des § 4g EStG für beschränkt StPfl. sind unter dem Gesichtspunkt der Gewährleistung der Niederlassungsfreiheit nicht zu rechtfertigen. Auch hier ist dies aber eine nicht den § 34a, sondern eine den § 4g betr. Problematik (s. Rn. 38).

Die als Entnahmen und Einlagen zu behandelnden Überführungen und unentgeltlichen oder gegen Gewährung v. Gesellschaftsrechten erfolgenden Übertragungen sind auch bei Überführungen/Übertragungen innerhalb der EU gem. § 6 Abs. 5 S. 1 2. HS idF des JStG 2010 jeweils mit dem gemeinen Wert zu bewerten. Anders als bei Überführung/Übertragung in eine ausländ. Betriebsstätte desselben Betriebs (Rn. 38) heben sich Entnahme und Einlage allerdings nicht auf. Dadurch kann es im übertragenden Betrieb zu einem die Nachversteuerung auslösenden Entnahmeüberhang kommen. Das entspricht zunächst im Grundsatz der Behandlung im reinen Inlandsfall, wenngleich dort die Übertragung zum Buchwert erfolgt. Sofern es sich um die Übertragung auf die ausländ. Betriebsstätte eines anderen Betriebs handelt, kommt allerdings – anders als im reinen Inlandsfall – dafür auch keine die sofortige Nachversteuerung vermeidende Übertragung eines nachversteuerungspflichtigen Betrags nach Abs. 5 S. 2 auf den anderen Betrieb im EU-Ausland in Betracht. Denn es kann gerade keine für Abs. 5 erforderliche Übertragung zum Buchwert nach § 6 Abs. 5 S. 1–3 auf den ausländischen Betrieb erfolgen (s. Rn. 36). Das wirft auch für § 34a die Frage auf, ob diese Differenzierung hinsichtlich der Auswirkungen einer Überführung v. WG zw. verschiedenen Betrieben des StPfl. im Inland einerseits und einer Überführung aus dem Inland in einen in einem anderen EU-Staat belegenen Betrieb nicht eine nicht zu rechtfertigende Beschränkung der Niederlassungsfreiheit darstellt. Gerade wenn es unter dem Aspekt einer Abgrenzung der Besteuerungsbefugnisse auch innerhalb der EU zu rechtfertigen ist, dass auch bei Überführungen/Übertragungen von Wirtschaftsgütern in andere Betriebe in anderen EU-Staaten bereits eine Aufdeckung der stillen Reserven gemäß § 6 Abs. 5 S. 1 2. HS idF des JStG 2010 verlangt werden darf,[2] erscheint fraglich, ob nicht zumindest insoweit eine Gleichbehandlung mit Überführungen/Übertragungen im Inland herbeigeführt werden muss, dass diese jedenfalls keine sofortige Nachversteuerung im Inland auslösen. Freilich kann keine Übertragung des nachversteue-

1 S. dazu (für sofortige Steuerfestsetzung grds. bejahend, aber jedenfalls wahlweise zeitlich über mehrere Jahre gestaffelte Erhebung verlangend) EuGH v. 21.5.2015 – Rs. C-657/13 – Verder LabTec, FR 2015, 600; v. 16.4.2015 – Rs. C-591/13 – Kommission ./. Deutschland zu § 6b EStG, FR 2015, 460; v. 23.1.2014 – Rs. C-164/12 – DMC, FR 2014, 466 (nachgehend FG Hbg. v. 15.4.2015 – 2 K 66/14, EFG 2015, 1404 = IStR 2015, 521); v. 25.4.2013 – Rs. C-64/11 (Spanien), IStR 2013, 393; v. 18.7.2013 – Rs. C-26/11 (Dänemark), IStR 2013, 663; v. 6.9.2012 – Rs. C-38/10 (Portugal), IStR 2012, 763; v. 29.11.2011 – Rs. C-371/10 – National Grid Indus, Slg. 2011, I-12273 = FR 2012, 25.

2 Vgl. EuGH v. 21.5.2015 – Rs. C-657/13 – Verder LabTec, FR 2015, 600; v. 23.1.2014 – Rs. C-164/12 – DMC, FR 2014, 466.

rungspflichtigen Betrages auf den (anderen) Betrieb im Ausland in Betracht kommen, soweit für den Gewinn dieses Betriebes mangels Steuerpflicht in Deutschland weder die Thesaurierungsbegünstigung in Anspruch genommen werden kann, noch er einer etwaigen Nachsteuer unterliegen kann. Zu erwägen wäre insoweit jedoch, eine mögliche europarechtswidrige Beschränkung dadurch zu vermeiden, dass insoweit zwar der nach § 4 Abs. 1 ermittelte Steuerbilanzgewinn und ein etwaiger Entnahmeüberhang des inländ. Betriebs unter Berücksichtigung der Überführung in den ausländ. Betrieb als Entnahme zu ermitteln sind. Eine durch die Überführung ausgelöste Nachversteuerung (maximal in Höhe des Buchwertes der überführten Wirtschaftsgüter als Differenz zwischen Entnahmewert und Gewinn) hätte aber im inländischen Betrieb zunächst zu unterbleiben. Der Nachversteuerungsbetrag des inländ. Betriebs wäre insoweit auch nicht zu vermindern. Eine Nachversteuerung wäre erst und nur dann für den Gewinn des inländ. Betriebes nachzuholen, wenn es im ausländ. Betrieb – gemessen an der Regelung des § 34a – zu Entnahmeüberhängen kommt.[1]

Eine derartige Regelung kann freilich nur durch den Gesetzgeber erfolgen. Ob die gegenwärtige Regelung der Abs. 4, 5 entgegen der Annahme des Gesetzgebers als europarechtswidrig wegen des Anwendungsvorranges des AEUV nicht anwendbar ist, sodass eine Überführung von Wirtschaftsgütern in einen in einem anderen EU Staat belegenden anderen Betrieb keine sofortige Nachversteuerung[2] auslösen darf, kann allerdings erst nach Vorlage an den EuGH v. diesem auch innerstaatlich verbindlich entschieden werden.

40 **e) Nicht abziehbare Betriebsausgaben und steuerfreie Betriebseinnahmen.** § 2 Abs. 2 S. 1 Nr. 1 bezeichnet für die nach der Tarifvorschrift des § 34a begünstigungsfähigen Unternehmereinkünfte/Gewinneinkünfte den Gewinn als das Ergebnis der Einkunftsart und verweist für den Gewinnbegriff ausdrücklich auf die §§ 4–7k. Aus § 34a folgt insoweit, dass nur ein durch Betriebsvermögensvergleich nach § 4 Abs. 1 (oder § 5 Abs. 1) ermittelter Gewinn, soweit noch im zu versteuernden Einkommen enthalten, als Ausgangsgröße für die Tarifbegünstigung des nicht entnommenen Gewinnes in Betracht kommt.

Nach der Formel des § 4 Abs. 1 stellt sich der Gewinn als die im Wj. betrieblich veranlasste Betriebsvermögensmehrung/Betriebsvermögensminderung dar. Der Formel des § 4 Abs. 1 gem. wird er ermittelt, indem die gesamte vom Beginn bis zum Ende des Wj. eingetretene Betriebsvermögensmehrung/-minderung vermittels Betriebsvermögensvergleiches ermittelt wird und dazu dann die nicht betrieblich veranlassten Betriebsvermögensminderungen (Entnahmen) hinzugerechnet werden und die nicht betrieblich veranlassten Betriebsvermögensmehrungen (Einlagen) abgezogen werden. Im Kontext des § 4 Abs. 1 wird die nicht betrieblich veranlasste Betriebsvermögensminderung in S. 2 als Entnahme für betriebsfremde Zwecke bezeichnet. S. 3 und 4 ordnen insoweit an, dass der Ausschluss oder die Beschränkung des Besteuerungsrechtes Deutschlands hinsichtlich des Gewinnes aus einer Veräußerung/Nutzung v. WG einer Entnahme für betriebsfremde Zwecke gleichsteht. Komplementär dazu bestimmt § 4 Abs. 4, dass (den Gewinn mindernde) BA nur solche Aufwendungen (Betriebsvermögensminderungen) sind, die betrieblich veranlasst sind. Umgekehrt wird in § 4 Abs. 1 S. 8 1. HS die Zuführung v. WG durch den StPfl. zum Betrieb(svermögen), mithin die nicht durch den Betrieb (die betriebliche Tätigkeit) veranlasste Betriebsvermögensmehrung, als Einlage bezeichnet. Im 2. HS wird die Begr. des Besteuerungsrechtes Deutschlands hinsichtlich der Gewinnbesteuerung aus der Veräußerung eines WG einer Einlage gleichgestellt.

Die Formel des § 4 Abs. 1 erweckt iVm. § 2 Abs. 2 Nr. 1 den Eindruck, dass der nach § 4 Abs. 1 ermittelte Gewinn als Ergebnis der Einkunftsart über § 2 Abs. 3–5 in die Summe der Einkünfte, den Gesamtbetrag der Einkünfte, das Einkommen und das zu versteuernde Einkommen eingeht und dort dann, soweit noch vorhanden, in die Bemessungsgrundlage für die tarifliche ESt eingeht.

Das EStG kennt jedoch einerseits betrieblich veranlasste Aufwendungen (BA), für die ausdrücklich angeordnet wird, dass sie den Gewinn nicht mindern dürfen, zB die § 4 Abs. 5 EStG genannten, und andererseits betrieblich veranlasste Erträge (BE), die stfrei zu belassen sind, ua. in § 3 Nr. 2, 26, 27, Nr. 40, 40a, 41, 70.

Diese sog. nicht abziehbaren BA, die das BV gemindert haben, sind nicht mehr im nach § 4 Abs. 1 ermittelten (Steuerbilanz-)Gewinn[3] enthalten. Denn danach ist der Unterschiedsbetrag nur um Entnahmen, dh.

1 Vgl. zur ähnlich gelagerten Problematik der europarechtswidrigen „Steuerstundung“ nach § 6b EStG aF vor Einfügung des Abs. 2a durch das StÄndG 2015 nur bei Reinvestition in einer deutschen Betriebsstätte EuGH v. 16.4. 2015 – Rs. C-591/13 – Kommission ./. Deutschland, FR 2015, 460.

2 Vgl. zur Nachholung der Besteuerung bei späterer Aufdeckung von vor der Überführung gebildeten stillen Reserven im anderen Mitgliedstaat EuGH v. 25.4.2013 – Rs. C-64/11 (Spanien), IStR 2013, 393; v. 18.7.2013 – Rs. C-261/11 (Dänemark), IStR 2013, 663 m. Anm. *Sydow*; v. 6.9.2012 – Rs. C-38/10 (Portugal), IStR 2012, 763; v. 29.11.2011 – Rs. C-371/10 – National Grid Indus, Slg. 2011, I-12273 = FR 2012, 25.

3 S. dazu *Bareis*, FR 2014, 581 mit der berechtigten Differenzierung zw. (Steuerbilanz-)**Gewinn nach § 4 Abs. 1** = Unterschiedsbetrag BVt ./. BVt-1 + Entnahmen ./. Einlagen = Betriebseinnahmen/-erträge ./. Betriebsausgaben und **zu besteuerndem Gewinn** = (Steuerbilanz-)Gewinn nach § 4 Abs. 1 + nicht abziehbare BA (§ 4 Abs. 5) ./. steuerfreie Erträge (§ 3). Dazu ist komplementär die Unterscheidung zw. Gewinn als Differenz der Erträge und Aufwendungen

betriebsfremde Vermögensminderungen, zu erhöhen, um zum (Steuerbilanz-)Gewinn zu gelangen. Aus der jeweiligen gesetzlichen Anordnung über die Nichtabziehbarkeit vom (stpfl.) Gewinn ergibt sich aber eindeutig, dass diese Aufwendungen nicht den der Besteuerung zu unterwerfenden stpfl. Gewinn mindern dürfen. Dem ist iRd. Einkommensermittlung nach § 2 EStG dadurch Rechnung zu tragen, dass dem nach § 4 Abs. 1 ermittelten (Steuerbilanz-)Gewinn die nicht abziehbaren BA (außerbilanziell) wieder hinzugerechnet werden. Umgekehrt sind stfreie BE, da im nach § 4 Abs. 1 ermittelten (Steuerbilanz-)Gewinn enthalten, v. diesem (außerbilanziell) abzuziehen, da sie gerade nicht besteuert werden sollen und mithin nicht in das der tariflichen Steuer unterliegende zu versteuernde Einkommen eingehen dürfen. Der Steuerfreiheit ist allerdings schon auf der Ebene der Ermittlung des zu versteuernden Ergebnisses der jeweiligen Einkunftsart Rechnung zu tragen. Daher hat bei Gewinneinkunftsarten der (außerbilanzielle) Abzug bereits vom nach § 4 Abs. 1 ermittelten Steuerbilanzgewinn zu erfolgen.

2. Steuerbilanzgewinn und zu besteuernder Gewinn. Es ist mithin für die Anwendung des § 34a zu 41
unterscheiden zw. dem nach § 4 Abs. 1 ermittelten **Steuerbilanzgewinn** und dem der Besteuerung unterliegenden **zu besteuernden Gewinn**. Der nach § 4 Abs. 1 ermittelte (Steuerbilanz-)Gewinn ist noch (außerbilanziell) um die nicht abziehbaren BA zu erhöhen und um die stfreien BE (und sonstige nicht zu besteuernde Betriebsvermögensmehrungen) zu vermindern. Erst der sich danach ergebende zu besteuernde Gewinn geht über die Summe der Einkünfte und den Gesamtbetrag der Einkünfte in das zu versteuernde Einkommen ein. Es ergibt sich mithin folgender für § 34a zu beachtender Zusammenhang:

	BV Ende lfd. Jahr
–	BV Ende Vorjahr
	Unterschiedsbetrag
+	Entnahmen
–	Einlagen
	Gewinn nach § 4 Abs. 1 **(Steuerbilanzgewinn)**
+	nicht abziehb. Betriebsausgaben
–	stfreie Betriebseinnahmen
	zu besteuernder (stpfl.) Gewinn

II. Nicht entnommener (begünstigungsfähiger) Gewinn. 1. Gewinn abzgl. Entnahmeüberschuss. 42
§ 34a Abs. 2 S. 1 definiert den nach § 34a Abs. 1 S. 1 durch Anwendung der Sondertarifierung begünstigungsfähigen thesaurierten Gewinn als den nach § 4 Abs. 1 ermittelten (Steuerbilanz-)Gewinn abzgl. eines positiven Saldos aus Entnahmen und Einlagen. Der **begünstigungsfähige nicht entnommene Gewinn** ergibt sich mithin nach folgender Formel:

	BV Ende lfd. Jahr
–	BV Ende Vorjahr
	Unterschiedsbetrag
+	Entnahmen
–	Einlagen
	Gewinn nach § 4 Abs. 1 **(Steuerbilanzgewinn)**
–	Entnahmeüberschuss
	Nicht entnommener Gewinn (nicht unter 0!)

Maximal der so ermittelte nicht entnommene, dh. der thesaurierte Gewinn dieses Wj., kann, soweit im zu versteuernden Einkommen noch vorhanden, mit dem Sondertarifsteuersatz des Abs. 1 besteuert werden.

(GuV = Doppik der Gewinnermittlung) der erwerbswirtschaftlichen Betätigung (= Betrieb) und Entnahmen und Einlagen als nicht erwerbswirtschaftlich veranlassten Veränderungen (= privat veranlasste Veränderungen) des BV. Die Annahme, dass Entnahmen und Einlagen für die Gewinnermittlung erst „außerbilanziell" auf einer 2. Gewinnermittlungsstufe zu berücksichtigen seien, ist absolut verfehlt. Sie steht auch in fundamentalem Gegensatz zur von § 4 Abs. 1 verlangten Gewinnermittlung durch Vermögensvergleich aufgrund von (Steuer-)Bilanzen.

Entnahmen und Einlagen des Wj. werden zur Ermittlung des nicht entnommenen Gewinnes auf der zweiten Stufe des Abzugs vom nach § 4 Abs. 1 ermittelten Gewinn vorab saldiert. Sind sie gleich hoch, ergibt sich kein Abzug vom nach § 4 Abs. 1 ermittelten (Steuerbilanz-)Gewinn. Übersteigen die Einlagen die Entnahmen, kann dies den begünstigungsfähigen nicht entnommenen Gewinn nicht über den (Steuerbilanz-) Gewinn des Wj. hinaus erhöhen. Die darüber hinausgehende Betriebsvermögenserhöhung ist nicht auf einen erwirtschafteten, zu besteuernden Gewinn, sondern auf nicht zu besteuernde Einlagen zurückzuführen, kann und darf mithin auch nicht mit dem Thesaurierungssteuersatz besteuert werden. Lediglich, wenn die Entnahmen die Einlagen übersteigen (positiver Saldo v. Entnahmen und Einlagen = Entnahmeüberschuss), vermindert sich dadurch der thesaurierte Gewinn dieses Wj. Übersteigt der Entnahmeüberschuss dieses Wj. den nach § 4 Abs. 1 ermittelten (Steuerbilanz-)Gewinn, verbleibt für dieses Jahr kein nicht entnommener zu begünstigender Gewinn nach § 34a Abs. 1. Es kann dann allenfalls eine Nachversteuerung nach Abs. 4 in Betracht wegen früher begünstigt besteuerter Gewinne in Betracht kommen. Nicht abziehbare BA und stfreie betriebliche Erträge sind im Steuerbilanzgewinn enthalten und diesem zur Ermittlung des stpfl./zu besteuernden Gewinns außerhalb der (Steuer-)Bilanz hinzuzurechnen, respektive von ihm abzuziehen. § 34a Abs. 2 stellt ausdrücklich auf den nach § 4 Abs. 1 S. 1 (oder § 5) ermittelten (Steuerbilanz-)Gewinn ab und nicht erst auf den nach Berücksichtigung von nicht abziehbaren BA und stfreien BE stpfl. (zu besteuernden) Gewinn (Rn. 46 bis 52).[1]

43 **2. Betriebsbezogene Ermittlung. a) Inland.** Zu beachten ist, dass jedenfalls für Zwecke des § 34a der Gewinn nach § 4 Abs. 1, der Entnahmeüberschuss nach 34a Abs. 2, und der sich daraus dann ergebende nicht entnommene Gewinn betriebsbezogen, dh. für jeden gesondert geführten Betrieb des StPfl. (und für jeden MU'anteil) zu ermitteln ist. Das gilt freilich nur für die Betriebe, für deren Gewinn die Sondertarifierung nach Abs. 1 (ganz oder teilw.) beantragt und insoweit ein Begünstigungsbetrag gem. Abs. 3 S. 1 beansprucht wird. Dies gilt dann für diese Betriebe/MU'anteile auch weiter, so lange ein nachversteuerungspflichtiger Betrag vorhanden ist. Es gilt auch für die Betriebe (MU'anteile), auf die nach Abs. 5 S. 2 ein nachversteuerungspflichtiger Betrag zur Vermeidung einer sofortigen Nachversteuerung bei Überführung eines WG zum Buchwert nach § 6 Abs. 5 S. 1–3 übertragen wird. Ebenfalls gilt es für auf den Rechtsnachfolger zum Buchwert nach § 6 Abs. 3 übertragene Betriebe und MU'anteile sowie die Einbringung v. Betrieben oder MU'anteilen unter Fortführung/Übernahme eines nachversteuerungspflichtigen Betrages.

44 **b) Ausländische Betriebe und Betriebsstätten.** Zu differenzieren ist zunächst einmal zw. beschränkt und unbeschränkt StPfl. Der **beschränkt StPfl.** unterliegt mit seinen Gewinnen in ausländ. Betrieben/Betriebsstätten ohnehin nicht der deutschen Besteuerung. Die Anwendung des § 34a ist beschränkt auf den Gewinn des im Inland unterhaltenen Betriebes, respektive die dort bestehende Betriebsstätte (s. Rn. 37). Einer Differenzierung zw. selbständigem Betrieb oder bloßer Betriebsstätte eines im Ausland belegenen (Haupt)Betriebes (ausländ. Stammhaus) bedarf es nicht. Betrieb iSd. § 34a iVm. § 4 Abs. 1 ist nur die inländ. Betriebsstätte (respektive die inländ. Betriebsstätten, falls mehrere organisatorisch verbundene vorhanden sind).

44a Bei **unbeschränkt StPfl.** mit im auch im Ausland belegenen Betrieben und Betriebstätten wurde nach der inzwischen aufgegebener Auffassung des BFH entspr. der finalen Entnahmetheorie ursprünglich danach differenziert, ob insoweit nach dem jeweiligen DBA die Freistellungsmethode eingriff oder ob lediglich die Anrechnungsmethode anzuwenden war. Im ersteren Falle sollte die ausländ. Betriebsstätte kein unselbständiger Teil eines Betriebes sein können, für den nach § 4 Abs. 1 ein der deutschen Besteuerung unterliegender Gewinn zu ermitteln war. Bei Geltung der Anrechnungsmethode sollten hingegen organisatorisch gegenüber einer inländ. Betriebsstätte nicht verselbständigte ausländ. Betriebsstätten lediglich unselbständige Teile des (inländ.) Betriebes sein, für den zunächst einmal einheitlich der gesamte der deutschen Besteuerung dem Grunde nach unterliegende Gewinn nach § 4 Abs. 1 zu ermitteln war. Diese Differenzierung ist spätestens nach Erweiterung des Entnahmebegriffes in § 4 Abs. 1 S. 3 durch den Gesetzgeber mit Wirkung für nach dem 31.12.2005 endende Wj. hinfällig geworden. Denn der Gesetzgeber hat klar zu erkennen gegeben, dass er für die Anwendung der Entnahmevorschrift des § 4 Abs. 1 S. 3 EStG nicht danach unterscheiden will, ob durch die Überführung eines WG in eine ausländ. Betriebsstätte das deutsche Besteuerungsrecht nach der Freistellungsmethode ausgeschlossen wird oder bei Anwendung der Anrechnungsmethode lediglich beschränkt wird. Er hat diese Entscheidung durch § 4 Abs. 1 S. 4 idF des JStG 2010 nochmals bestätigt. Daher ist spätestens seit der Geltung des § 4 Abs. 1 S. 3 EStG idF des SEStEG einheitlich dahingehend zu entscheiden, dass auch bei Geltung der Freistellungsmethode für unbeschränkt StPfl. organisatorisch unselbständige ausländ. und inl. Betriebstätten einen einheitlichen Betrieb bilden. Insoweit findet eine übereinstimmende Behandlung gegenüber Betrieben eines unbeschränkt StPfl. mit Betriebsstätten lediglich im Inland statt. Sowohl bei Anwendung der Freistellungsmethode als auch der An-

1 **AA** (unzutr.) *Weitemeyer/Schumacher* in K/S/M, § 34a Rn. C 19–C 21.

rechnungsmethode ist davon auszugehen, dass für diesen – in- und ausländische Betriebsstätten umfassenden – einen Betrieb der Steuerbilanzgewinn und der nicht entnommene Gewinn im Sinne des § 34a Abs. 2 iVm. § 4 Abs. 1 unter Berücksichtigung aller Entnahmen und Einlagen in sämtlichen Betriebsteilen zu ermitteln ist. Innerhalb des Betriebes erfolgende Überführungen von einer Betriebsstätte in eine andere desselben Betriebes stellen daher keine Entnahmen zu betriebsfremden Zwecken im Sinne des § 4 Abs. 1 S. 2 dar. Für den Fall einer Überführung aus einer inländischen in eine ausländische Betriebsstätte desselben Betriebes ordnet allerdings § 4 Abs. 1 S. 3 und 4 an, dass insoweit zwingend eine gewinnrealisierende Entnahme zu betriebsfremden Zwecken anzunehmen ist.[1] Das gilt auch bei PersGes., die immer nur denselben einheitlichen Betrieb – ggf. aber mit in- und ausländischen Betriebsstätten – unterhalten. Richtigerweise muss dann aber auch davon ausgegangen werden, dass diese „Entnahme" (nicht ihre Gewinnauswirkung) dadurch kompensiert wird, dass zugleich von einer Einlage in derselben Höhe (in der ausländischen Betriebsstätte) desselben Betriebes ausgegangen wird, sodass sich Entnahmen im inländ. Betriebsteil und Einlagen im ausländ. Betriebsteil gegenseitig aufheben und neutralisieren (s. Rn. 36).[2] Unberührt davon bleibt, dass bei Geltung der Freistellungsmethode der der ausländ. Betriebsstätte zurechenbare Gewinn in Deutschland wegen der Freistellung nicht zu besteuern ist, sodass für diesen ausländ. Gewinne weder eine Besteuerung mit dem sich aus § 32a Abs. 1, 5 ergebenden Steuersatz, noch mit dem Thesaurierungssteuersatz des § 34a Abs. 1, noch eine Nachversteuerung in Betracht kommt.[3] Er ist allerdings ggf. über den Progressionsvorbehalt nach § 32b Abs. 1 Nr. 3 zu berücksichtigen.

Der auf die ausländ. Betriebsstätte des inländ. Betriebs entfallende, im Inland nach DBA freigestellte Gewinn ist bei Zugrundelegung der insoweit übereinstimmenden Auffassungen des BFH und der FinVerw. allerdings Teil des nach § 34a Abs. 1 und 2 zu ermittelnden Steuerbilanzgewinnes nach § 4 Abs. 1 des inländ. Betriebes. Ein der ausländ. Betriebsstätte zurechenbarer Verlust mindert dann konsequenterweise auch den Steuerbilanzgewinn, nicht aber den zu besteuernden Gewinn.[4] Auch die im ausländ. Betriebsteil getätigten Entnahmen und Einlagen beeinflussen den Entnahmeüberschuss zur Ermittlung des nicht entnommenen Gewinnes nach Abs. 2. Der nach DBA freigestellte Teil des der ausländ. Betriebsstätte zurechenbaren Anteils am (Gesamt)Gewinn des Betriebes gleicht einen ansonsten entstehenden Entnahmeüberhang aus. Allerdings sind konsequenterweise auch alle Entnahmen und Einlagen im ausländ. Betriebsteil zur Bestimmung des nicht entnommenen Gewinnes iSd. Abs. 2 und für eine Nachversteuerung gem. Abs. 4 zu berücksichtigen.[5] Bei Anwendung der Anrechnungsmethode besteht lediglich insoweit ein Unterschied als auch der der ausländ. Betriebsstätte zurechenbare Anteil am Gesamtgewinn der deutschen Besteuerung unterliegt und daher auch – unter Anrechnung der ausländ. Steuer – als nicht entnommener Gewinn mit dem Thesaurierungssatz des Abs. 1 besteuert werden kann. 44b

Bei Beanspruchung der Thesaurierungsbegünstigung kann die ausländ. Steuer auf den dortigen Betriebsstättengewinn maximal bis zur Höhe der auf den nicht entnommenen Gewinn anteilig entfallenden Thesaurierungssteuer des VZ der Gewinnentstehung angerechnet werden.[6] Daher kann sich eine Begrenzung der Antragstellung nur auf einen die volle Anrechnung ermöglichenden Teil des begünstigungsfähigen Gewinns empfehlen. Ein etwaiger Anrechnungsüberhang könnte allenfalls mit einer in einem späteren VZ anfallenden Nachsteuer für den im Thesaurierungszeitraum zunächst nicht entnommenen Gewinn verrechnet werden. Dem stünde § 34c Abs. 1 S. 5 nicht entgegen, denn insoweit handelt es sich bei dem Anrechnungsüberhang um ausländ. Steuer auf die bezogenen ausländ. Einkünfte gem. § 34c Abs. 1 S. 1 iVm. § 34d Abs. 1 Nr. 2 des (Thesaurierungs) VZ. Es fehlt freilich im G nicht nur an einer ausdrücklichen Anordnung, dass ausländ. Steuer auf eine erst in einem späteren VZ erhobene deutsche (Nach)Steuer angerechnet werden kann, wenn eine vorherige Anrechnung auf die für den thesaurierten Gewinn entfallende deutsche (Thesaurierungs)Steuer nicht möglich war. Sondern es fehlt insoweit auch an einer Regelung bzgl. der Frage, inwieweit und wann ein die Nachversteuerung auslösender Entnahmeüberhang nach Abs. 4 S. 1 einem auf thesaurierte ausländ. Einkünfte entfallenden Nachversteuerungsbetrag zuzurechnen ist. Man wird hier aber davon auszugehen haben, dass a) eine Anrechnung auf die Nachsteuer zu erfolgen 44c

---

1 Vgl. so schon BMF v. 20.5.2009, BStBl. I 2009, 671.
2 So zutreffend BMF v. 11.8.2008, BStBl. I 2008, 838 Rz. 36.
3 *Bäumer*, DStR 2007, 2089 f.
4 Vgl. zur europarechtl. Zulässigkeit des Verbotes des Abzugs v. Verlusten ausländ. Betriebsstätten bei DBA-Freistellung EuGH v. 15.5.2008 – C-414/06 – Lidl, BStBl. II 2009, 692.
5 So auch bereits die Gesetzesbegründung, vgl. RegEntw. BR-Drucks. 220/07, 102 zu Abs. 2; *Wacker*, FR 2008, 605; *Lausterer/Jetter*, in: Blumenberg/Benz, Die Unternehmensteuerreform 2008, 2007, 16; *Rogall*, in: Schaumburg/Rödder, Unternehmensteuerreform 2008, 2007, 444; *Keßler/Ortmann/Babel*, in: BDI/Ernst & Young, Die Unternehmensteuerreform 2008, 2007, 27, 30; *Rödder*, DStR 2007, Beil. Heft 40, 4; *Ley/Brandenberg*, FR 2007, 1085 (1100); **aA** *Thiel/Sterner*, DB 2007, 1099 (1102); *Grützner*, StuB 2007, 445.
6 *Bäumer*, DStR 2007, 2089 (2092).

kann[1], denn es handelt sich um eine deutsche Steuer auf die in einem früheren VZ erzielten ausländ. Einkünfte und b) dass diese Anrechnung frühestmöglich zu erfolgen hat, dh. sobald nachfolgend eine (ausreichend hohe) Nachversteuerung erfolgt.

Beispiel: Für **2015:** Nach § 4 Abs. 1 ermittelter Gewinn 300 (davon 200 inländ. Teil und 100 ausländ. Teil), Entnahmen 300 (im Ausland!, Einlagen 100 (im Inland), ausländ. Steuer a) 20 und b) 40; nachversteuerungspflichtiger Betrag aus Vorjahren 100.

Für **2016:** Gewinn 200 (davon 200 im Inland, 0 im Ausland) Entnahmeüberhang 300 (nur Inland), nachversteuerungspflichtiger Betrag aus Vorjahren 170,20.

Für **2015** ergibt sich ein nicht entnommener Gewinn v. 300 – 200 = 100 und ein normal nach § 32a zu versteuernder Gewinn v. 200. Auf den nicht entnommenen Gewinn entfällt eine anteilige deutsche Steuer 28,25 zzgl. SolZ 1,55 = 29,80. Mithin erfolgt bei a) eine Anrechnung der gesamten ausländ. Steuer v. 20, sodass insoweit noch eine zu entrichtende deutsche ESt v. 8, 25 verbleibt; bei b) kann hingegen nur eine Anrechnung v. 28,25 erfolgen, sodass ein Anrechnungsüberhang v. 11,75 entsteht. Der nachversteuerungspflichtige Betrag erhöht sich gem. Abs. 3 S. 2 um 100 – 29,80 = 70,20 auf 170,20.

Für **2016** ergibt sich kein nicht entnommener Gewinn und ein normal nach § 32a zu versteuernder Gewinn v. 200. Es hat aber zusätzlich eine Nachversteuerung gem. Abs. 4 mit 100 × 25 % = 25 ESt zzgl. SolZ zu erfolgen. Der nachversteuerungspflichtige Betrag vermindert sich v. 170,20 um 100 auf 70,20. Es ist davon auszugehen, dass die Nachversteuerung vorrangig auf den auf ausländ. Einkünfte entfallenden Teil des nachversteuerungspflichtigen Betrages entfällt, soweit eine Anrechnung der ausländ. Steuern auf die anteilige deutsche (Thesaurierungs)Steuer bisher nicht möglich war. Die ausländ. Einkünfte wurden bisher mit 28,25 ESt zzgl 1,55 SolZ belastet, sodass sich ein nachversteuerungspflichtiger Betrag v. 70,20 ergab. Nunmehr erfolgt insoweit eine Nachversteuerung iHv. 70,20 (in den 100 enthalten) × 25 % = 17,69 zzgl 5,5 % SolZ 0,97 = 18,65. Insoweit ist die Anrechnung der ausländ. Steuer, soweit sie bisher wegen Anrechnungsüberhanges nicht vorgenommen werden konnte, noch vorzunehmen, vorliegend also für b) noch 11,75.

45 Für selbständige ausländ. Betriebe oder im Ausland belegene organisatorische Betriebsstätten anderer inländ. Betriebe ist hinsichtlich der Einbeziehung in die Regelung nach § 34a, wie bereits in Rn. 39 erläutert, zu verfahren. Eine Saldierung v. Entnahmen und Einlagen findet nicht statt. Auch bei Geltung der Freistellungsmethode kommt nicht in Betracht, dass freigestellte Gewinne der ausländ. Betriebsstätten Entnahmen im anderen inländ. Betrieb oder dort nicht abziehbare BA vorrangig ausgleichen können.

46 **3. Einfluss nicht abziehbarer Betriebsausgaben und steuerfreier Betriebseinnahmen auf den (begünstigungsfähigen) nicht entnommenen Gewinn.** Die Auswirkung stfreier BE und nicht abziehbarer BA auf den begünstigungsfähigen nicht entnommenen Gewinn ist umstritten. Die Problematik ergibt sich daraus, dass einerseits die stfreien Einnahmen im nach § 4 Abs. 1 ermittelten Steuerbilanzgewinn enthalten sind und andererseits die nicht abziehbaren BA nicht darin enthalten sind. Der so ermittelte Steuerbilanzgewinn ist daher noch nicht der als Ergebnis der Gewinneinkunftsart in die Summe der Einkünfte und darüber in das zu versteuernde Einkommen eingehende zu besteuernde Gewinn. Nur letzterer kann überhaupt der Besteuerung als Teil des zu versteuernden Einkommens unterliegen, sei es mit dem (begünstigenden) Thesaurierungssteuersatz des § 34a Abs. 1 oder nach dem allg. Tarif des § 32a.

Im Kontext des Abs. 1 und 2 wird als maximal begünstigungsfähig der nicht entnommene Gewinn bezeichnet, der seinerseits dahingehend bestimmt wird, dass er sich aus dem Steuerbilanzgewinn abzgl. eines Entnahmeüberschusses ergibt. Dieser nicht entnommene Gewinn kann freilich nur insoweit einer begünstigenden Besteuerung mit dem Thesaurierungssatz unterworfen werden, als er überhaupt ein stpfl. Gewinn ist. Soweit der nicht entnommene Gewinn des Abs. 2 noch stfreie Einnahmen enthält, ist er mithin um stfreie Einnahmen zu kürzen. Umgekehrt kann eine begünstigte Besteuerung mit dem Thesaurierungssteuersatz nicht in Betracht kommen, soweit der stpfl. Gewinn den nicht entnommen Gewinn übersteigt. Nicht abziehbare BA können im nicht entnommenen Gewinn nicht enthalten sein, da sie schon im nach § 4 Abs. 1 ermittelten Steuerbilanzgewinn nicht enthalten sind. Nicht abziehbare BA führen daher, soweit nicht schon der Steuerbilanzgewinn des § 4 Abs. 1 ein negatives Ergebnis ausweist, zu nicht mit dem Thesaurierungssatz zu besteuerndem Gewinn.[2]

Dieses Ergebnis ist unbestritten und unbestreitbar, soweit weder Entnahmen noch Einlagen vorliegen. Liegen zugleich stfreie Einnahmen und nicht abziehbare Ausgaben vor, findet eine Saldierung statt. Soweit sich dabei ein Überhang der nicht abziehbaren Ausgaben ergibt, scheidet insoweit eine Besteuerung mit dem Thesaurierungssatz nach Abs. 1 aus.

---

1 So auch *Ley* in Korn, § 34a Rn. 28; *Kessler/Jüngling/Pfuhl*, Ubg 2008, 741; *Bodden*, FR 2012, 68 (76); *Bodden* in W/R/S, Rn. 21.71; **aA** *Bäumer*, DStR 2007, 2089; *Fischer*, FS Schaumburg, 319 (336); *Wacker* in Schmidt[36], § 34a Rn. 64; zweifelnd *Niehus/Wilke* in H/H/R, § 34a Anm. 19.

2 FG Münster v. 19.2.2014 – 9 K 511/14 F (rkr.), FR 2014, 611 m. Anm. *Bareis* = FR 2014, 581 und *Renger*, BB 2014, 1704; **aA** *Weitemeyer/Schumacher* in K/S/M, § 34a Rn. C 20.21, 26.

Formel 34a Abs. 2		Beispiel 1	Beispiel 2	Beispiel 3
	BV Ende	200	200	200
–	BV Anfang	– 100	– 100	– 100
	Unterschiedsbetrag	+ 100	+ 100	+ 100
+	Entnahme	+ 0	+ 0	+ 0
–	Einlage	– 0	– 0	– 0
	StB-Gewinn	+ 100	+ 100	+ 100
–	Entnahmeübersch.	– 0	– 0	– 0
	n. entn. Gewinn	+ 100	+ 100	+ 100
–	stfrei	– 50	– 0	– 50
+	n.a. Betriebsausgabe	+ 0	+ 50	+ 100
	stpfl. Gewinn	+ 50	+ 150	+ 150
a)	§ 34a Abs. 1	50	+ 100	+ 100
b)	§ 32a	–	+ 50	+ 50

Soweit Entnahmen und Einlagen vorliegen, wird allerdings darum gestritten, inwieweit eine Saldierung zw. Entnahmen und stfreien BE einerseits und Einlagen und nicht abziehbaren BA andererseits erfolgen könne oder müsse, um einen möglichst hohen begünstigungsfähigen thesaurierten nicht entnommenen Gewinn zu erreichen. Insoweit ist dann noch umstritten, ob vorrangig eine Saldierung v. Entnahmen und Einlagen stattzufinden hat und nur ein verbleibender Überschuss zur Saldierung mit nicht abziehbaren BA (Einlageüberschuss) oder stfreien BE (Entnahmeüberschuss) zur Vfg. steht, bzw. mit einem Saldo aus der ebenfalls vorrangig vorzunehmenden Saldierung v. nicht abziehbaren BA und stfreien BE. Die gesetzliche Regelung wird als unklar angesehen.[1] Nach der weitestgehenden Auffassung wäre danach eine Saldierung immer so vorzunehmen, dass sich als begünstigter nicht entnommener Gewinn ein Betrag ergibt, der möglichst hoch ist. Soweit er den stpfl. Gewinn übersteigt, wäre allerdings die Besteuerung mit dem Thesaurierungssatz darauf zu beschränken. IErg. wäre nach der weitestgehenden Ansicht dann eine getrennte Saldierung v. Einlagen mit nicht abziehbaren BA und Entnahmen mit stfreien BE möglich.[2] 47

Beispiel: Unterschiedsbetrag nach § 4 Abs. 1: 250; Entnahmen 60 und Einlagen 110; Steuerbilanzgewinn nach § 4 Abs. 1: 200; darin enthalten stfreie BE 50 und nicht enthalten nicht abziehbare BA 100. Es ergibt sich ein stpfl. Gewinn v. 200 – 50 + 100 = 250.

Der begünstigungsfähige (nicht entnommene) Gewinn soll dann betragen: 250 UB + (100 nicht abziehbare BA – 100 Einlagen) – (50 stfreie Einnahmen + 50 Entnahmen) = 250.

Verlangt man eine vorrangige Saldierung v. stfreien Einnahmen und nicht abziehbaren Aufwendungen und Entnahmen und Einlagen, ergäbe sich ebenfalls ein begünstigungsfähiger Gewinn v. 250 UB + [(Saldo: n.a. BA – stfr. BE: 100 – 50 =) 50 – (Saldo Einlagen/Entnahmen 100 – 50 =) 50 =] 0 = 250.

Diesen Auffassungen ist nicht zu folgen.[3] Zunächst einmal trifft es nicht zu, dass die gesetzliche Bestimmung des Abs. 1 und 2 unklar sei, weil sie angeblich keine Regelungen zu vorrangig vorzunehmenden Saldierungen enthalte. Solcher ausdrücklicher Regelungen bedarf es nicht, da es auf Saldierungen gar nicht ankommt. Zu beachten ist insoweit lediglich, dass der Steuerbilanzgewinn des § 4 Abs. 1, auf den § 34a Abs. 1 und 2 unmissverständlich Bezug nehmen, weder Entnahmen noch Einlagen, noch nicht abziehbare BA enthält, wohl aber stfreie Betriebsvermögensmehrungen enthalten kann. Vorbehaltlich des Nichtvorhandenseins nicht abziehbarer BA übersteigt er dann den der Besteuerung unterliegenden Gewinn. Da maximal der zu besteuernde Gewinn (mit dem Thesaurierungssteuersatz) besteuert werden darf, kann ein Entnahmeüberhang bis zur Höhe stfreier Einnahmen unschädlich mit stfreien Einnahmen „verrechnet" werden. Dies mindert dann zwar den nicht entnommenen Steuerbilanzgewinn, aber eben nicht unter den Betrag des zu besteuernden Gewinnes, sodass es bis zu dieser Höhe bei der Besteuerung mit dem Thesaurierungssatz verbleibt. Übersteigt der Entnahmeüberhang die stfreien BE, liegt der nicht entnommene Gewinn des § 32a Abs. 2 dann in Höhe dieser Differenz unter dem zu besteuernden Gewinn, sodass insoweit der Thesaurierungssteuersatz nicht in Anspr. genommen werden kann. Treffen stfreie Einnahmen, nicht abziehbare BA, Einlagen und Entnahmen zusammen, so erhöhen – ausgehend vom Steuerbilanzgewinn – 48

1 *Schiffers*, GmbHR 2007, 841 (842); *Pohl*, BB 2007, 2483 f.; *Kleineidam/Liebchen*, DB 2007, 409.
2 *Pohl*, BB 2007, 2483 f.
3 **AA** aber *Renger*, BB 2014, 1700.

die nicht abziehbaren Ausgaben den zu besteuernden Gewinn, während die stfreien Einnahmen ihn vermindern. Der nicht entnommene Gewinn iSd. Abs. 2 wird – ausgehend vom Steuerbilanzgewinn – hingegen nur durch einen Entnahmeüberschuss vermindert, nicht hingegen durch einen Einlageüberschuss erhöht. Denn Einlagen erhöhen zwar das BV, aber gerade nicht den Steuerbilanzgewinn und auch nicht den zu besteuernden Gewinn. Aus diesem Zusammenhang zw. maximal der Besteuerung unterliegendem zu besteuerndem Gewinn und davon maximal ermäßigt zu besteuerndem nicht entnommenem Steuerbilanzgewinn[1] ergibt sich zwingend, dass a) bei einem Überhang der nicht abziehbaren BA über die stfreien BE abzgl. eines Entnahmeüberhanges der zu besteuernde Gewinn den nicht entnommenen Steuerbilanzgewinn übersteigt und daher insoweit keine ermäßigte Besteuerung nach Abs. 1 in Betracht kommt. Dies ist völlig unabhängig davon, ob zunächst eine Saldierung v. nicht abziehbaren BA mit stfreien Einnahmen erfolgt oder ob umgekehrt zunächst die stfreien BE mit einem Entnahmeüberhang verrechnet werden. Ergibt sich umgekehrt ein Überhang der stfreien BE über die (Summe aus) nichtabziehbaren BA und einen Entnahmeüberhang, liegt der zu besteuernde Gewinn unter dem nicht entnommenen Steuerbilanzgewinn, sodass der gesamte zu besteuernde Gewinn nach Abs. 1 ermäßigt besteuert werden kann. Auch insoweit ist völlig belanglos, ob zunächst die nicht abziehbaren BA mit den stfreien BE saldiert werden oder mit einem Entnahmeüberhang.

49 Als Fazit lässt sich festhalten, dass iErg. ein Überhang nicht abziehbarer BA über stfreie BE nicht durch Einlagen (einen Einlageüberschuss) ausgeglichen werden kann.[2]

Dieses sich eindeutig aus dem Zusammenhang zw. dem vom G in § 34a Abs. 1 und 2 verwendeten Begriffen des Gewinnes nach § 4 Abs. 1 (Steuerbilanzgewinn), des nicht entnommenen Gewinnes nach § 34a Abs. 2 (Steuerbilanzgewinn abzgl. Entnahmeüberhang), sowie des zu besteuernden Gewinnes (Steuerbilanzgewinn + nicht abziehbare BA – stfreie BE) ergebende Ergebnis kann auch nicht durch aus dem Gesetzeszweck angeblich abzuleitende teleologische Einschränkungen in Frage gestellt werden. Diese laufen im Wesentlichen darauf hinaus, dass nach dem Gesetzeszweck eine Stärkung der Eigenkapitalbasis erreicht werden soll. Diese Argumentation verschlägt deshalb nicht, weil Abs. 1 nicht eine generelle Begünstigung der Verstärkung der Eigenkapitalbasis vorsieht, sondern eben nur insoweit, als diese dadurch erfolgt, dass eine durch (zu versteuernden) Gewinn des Wj. eingetretene Betriebsvermögensmehrung ermäßigt besteuert werden soll, soweit sie nicht entnommen wurde. Einlagen, respektive ein Einlageüberschuss, führen mithin nicht zu einer Steuerermäßigung, obwohl sie ebenfalls zur Stärkung der Eigenkapitalbasis führen und dies erwünscht sein mag. Sie können daher nur in dem Umfang Berücksichtigung finden als sie Entnahmen im selben Wj. ausgleichen. Sieht man v. der zwingend erforderlichen Saldierung v. Entnahmen und Einlagen zur Feststellung eines Entnahmeüberhanges ab, ist klar festzustellen, dass Einlagen, obwohl sie eine Stärkung der Eigenkapitalbasis bewirken, sich nicht auf die durch Abs. 1 angeordnete Begünstigung durch Gewährung eines besonderen Steuersatzes für den nicht entnommenen Gewinn auswirken können. Dafür, dass v. diesem Grundsatz dann eine Ausnahme zu machen wäre, falls durch nichtabziehbare BA zwar ein zu versteuernder Gewinn entsteht, aber keine thesaurierungsfähige Betriebsvermögensmehrung, wenn ersatzweise die Betriebsvermögensmehrung durch eine Einlage bewirkt wird, enthält das G keinerlei Hinweis. Soweit im Kern für ungerechtfertigt gehalten wird, dass nicht abziehbare BA nicht nach Abs. 1 begünstigungsfähig sind, obwohl insoweit keine Entnahmen für betriebsfremde Zwecke vorliegen, mag dies ein berechtigter Einwand gegen die lex lata getroffene Regelung sein. Dies wäre dann aber de lege ferenda vom Gesetzgeber zu korrigieren und nicht durch berichtigende Auslegung.[3]

50 **4. Außerbilanzielle Hinzurechnungen und Abrechnungen, Gewerbesteuer, nicht abziehbare Verluste.** Neben im G ausdrücklich als nicht abziehbar gekennzeichneten BA nach § 4 Abs. 5, § 3c Abs. 2 und 3, die zwar den Steuerbilanzgewinn vermindern, aber nicht den für das betr. Wj. zu versteuernden stpfl. Gewinn, kennt das G weitere Bestimmungen, die dazu führen können, dass der für das Wj. sich ergebende stpfl. Gewinn den Steuerbilanzgewinn nach § 4 Abs. 1 übersteigt. Dem ist bei der Ermittlung des stpfl. Gewinnes dadurch Rechnung zu tragen, dass eine außerbilanzielle Hinzurechnung erfolgt, dh. eine Hinzurechnung zum nach § 4 Abs. 1 ermittelten (Steuerbilanz-)Gewinn. Insoweit sind ua. zu nennen die nicht abziehbaren Schuldzinsen nach § 4 Abs. 4a, die GewSt nach § 4 Abs. 5b einschl. darauf entfallender Nebenleistungen, der Gewinnzuschlag nach § 6b Abs. 7, Einkünftekorrekturen nach § 1 AStG, ein Hinzurechnungsbetrag nach § 10 Abs. 2 S. 2 AStG, außerbilanzielle Hinzurechnungen nach §§ 4, 7 UmwStG

1 Krit. ggü. der Entscheidung des Gesetzgebers, den Steuerbilanzgewinn zum Ausgangspunkt zur Bestimmung des nicht entnommenen Gewinnes zu wählen, *Hey*, DStR 2007, 925 (928).

2 Zutr. FG Münster v. 19.2.2014 – 9 K 511/14 F (rkr.), FR 2014, 611 m. Anm. *Bareis*, FR 2014, 581 und *Renger*, BB 2014, 1704; so auch schon Gesetzesbegründung RegEntw. BR-Drucks. 220/07, 103 und die ganz hM, ua. *Hey*, DStR 2007, 925 (928) (wenn auch dies als verfehlt kritisierend); sa. FG Münster v. 28.8.2017 – 3 K 1256/15 F, EFG 2018, 371 (Rev. IV R 13/17).

3 AA *Weitemeyer/Schumacher* in K/S/M, § 34a Rn. C 21, 26.

bei der Verschmelzung einer KapGes. auf eine PersGes. Eine außerbilanzielle Hinzurechnung ist auch erforderlich, soweit Verlustausgleichsverbote bestehen, die bereits den Steuerbilanzgewinn für den jeweiligen Betrieb oder MU'anteil betreffen. Denn derartige Verluste haben den Steuerbilanzgewinn dieses Wj. gemindert, dürfen aber nicht die zu versteuernden Einkünfte des Jahres mindern, in dem der Gewinn des Wj. zu erfassen ist. Sie müssen daher außerbilanziell wieder hinzugerechnet werden. Derartige Verlustausgleichsverbote ergeben sich ua. aus §§ 15 Abs. 4, 15a, 15b. Allerdings können sie vorgetragen werden und mindern dann ggf. den zu besteuernden Gewinn unter den Steuerbilanzgewinn. Ebenso verhält es sich bzgl. der nicht abziehbaren Zinsaufwendungen nach § 4h. Soweit derartige außerhalb des Steuerbilanzgewinnes durch außerbilanzielle Hinzurechnungen zu berücksichtigende Erhöhungen des zu besteuernden Gewinnes zu erfolgen haben, ergeben sich dafür dieselben Auswirkungen im Hinblick auf den nicht entnommenen (begünstigungsfähigen) Gewinn wie für die nicht abziehbaren BA (Rn. 46 ff.).[1]

Umgekehrt kennt das G neben den in § 3, namentlich in § 3 Nr. 40, Nr. 40a und Nr. 70, befreiten BE, noch andere Regelungen, die dazu führen können, dass der Steuerbilanzgewinn des § 4 Abs. 1 höher ist der der Besteuerung unterworfene zu versteuernde Gewinn, etwa im Steuerbilanzgewinn enthaltene, nach DBA freigestellte Auslandsgewinnanteile und stfreie Investitionszulagen. Außerdem übersteigt durch außerbilanzielle Abrechnungen der Steuerbilanzgewinn den zu versteuernden Gewinn auch dann, wenn in späteren Veranlagungszeiträumen früher nach §§ 15 Abs. 4, 15b, 15a nicht ausgleichfähige Verluste durch Vortrag mit dem Gewinn mindernd verrechnet werden. Dasselbe gilt bei Verrechnung des Zinsvortrags nach § 4h Abs. 1 S. 2 und 3 und einen Investitionsabzugsbetrag nach § 7g Abs. 1. Auch für diese durch außerbilanzielle Abrechnungen (vom Steuerbilanzgewinn) sich ergebenden Minderungen des zu versteuernden Gewinnes ergeben sich dieselben Auswirkungen wie für die stfreien BE (Rn. 46 ff.).

Auch für die **GewSt** kann danach nicht in Betracht kommen, dass die durch ihre Nichtabziehbarkeit gem. § 4 Abs. 5b vom zu besteuernden Gewinn bewirkte Verminderung des nicht entnommenen (Steuerbilanz-)Gewinnes iSd. § 34a Abs. 2 durch Einlagen ausgeglichen werden könnte. Dafür ist völlig unerheblich, ob aus der in § 4 Abs. 5b angeordneten Rechtsfolge, dass die GewSt iSd. G keine BA ist, folgt, dass es sich lediglich um eine nicht abziehbare BA handelt, wie der BFH[2] zutr. annimmt (s. auch *Bode* in § 4 Rn. 237), oder ob daraus (nur) folgt, dass keine BA vorliegt. Auch bei letzterer Annahme würde folgen, dass die GewSt den nicht entnommenen Gewinn mindert. Anders wäre es nur dann, wenn die GewSt eine Entnahme wäre oder einer Entnahme gleichzustellen wäre. Aus § 4 Abs. 1 S. 2 folgt jedoch, dass Entnahmen nur vorliegen, soweit WG dem BV für betriebsfremde Zwecke entnommen werden. Das trifft für die GewSt nicht zu. Soweit Vorgänge, die keine Entnahme v. WG für betriebsfremde Zwecke darstellen, dennoch als Entnahme zu behandeln sind, bedürfte es einer ausdrücklichen gesetzlichen Anordnung. Eine derartige Anordnung enthält § 4 Abs. 1 S. 3 für die dort genannten Konstellationen des Ausschlusses/der Beschränkung des Besteuerungsrechtes der Bundesrepublik, aber nicht für die GewSt. Eine derartige gesetzliche Fiktion lässt sich auch nicht durch einen Umkehrschluss aus § 4 Abs. 4 iVm. 4 Abs. 5 herleiten.[3] Sie ergibt sich auch nicht aus der Anrechnung der GewSt auf die ESt nach § 35 EStG. Auch wenn man – richtigerweise – die Begriffe BA und Entnahme im Hinblick auf die Ermittlung des Steuerbilanzgewinnes als Komplementärbegriffen ansieht, wonach die Entnahme eine nicht durch den Betrieb veranlasste Betriebsvermögensminderung kennzeichnet, während die BA eine durch den Betrieb veranlasste Betriebsvermögensminderung kennzeichnet, so besagt § 4 Abs. 5b dann eben nur, dass die GewSt nicht als (den zu versteuernden Gewinn mindernde Betriebsvermögensminderung) BA zu behandeln ist. Er besagt aber nicht, dass es sich deshalb um eine Entnahme iSd. § 4 Abs. 1 S. 2 und 3 und des § 34a Abs. 2 handelt. Die vorgeschriebene Behandlung der GewSt als Nichtbetriebsausgabe führt dazu, dass hinsichtlich des zu versteuernden Gewinnes, soweit er dem im Inland betriebenen GewBetr.(steil) zuzurechnen ist, bzgl. des Gewerbesteueraufwandes keine Besteuerung mit dem Thesaurierungssteuersatz des Abs. 1 erfolgen kann.[4] Das ist letztlich sogar konsequent, weil eine spätere „Nachversteuerung" aufgrund eines späteren Entnah- 51

1 Siehe FG Münster v. 28.8.2017 – 3 K 1256/15 F, EFG 2018, 371 (Rev. IV R 13/17), m. Anm. *Beidenhauser* zu außerbilanziellen Hinzurechnungen nach §§ 4, 7 UmwStG bei Verschmelzung einer KapGes. auf eine PersGes. für nicht entnommene Verschmelzungsgewinne.

2 BFH v. 16.1.2014 – I R 21/12, BStBl. II 2014, 531 m. Anm. *Nöcker*, FR 2014, 695; so auch *Tiede* in H/H/R, § 4 Anm. 1966; zur Verfassungsgemäßheit des § 4 Abs. 5b sa. BFH v. 10.9.2015 – IV R 8/13, BStBl. II 2015, 1046 = FR 2016, 71.

3 So *Cordes*, WPg 2007, 526 (527); *Ortmann-Babel/Zipfel*, BB 2007, 2205 (2210); *Pohl*, BB 2007, 2483 (2484).

4 So de lege lata zutr. FG Münster v. 19.2.2014 – 9 K 511/14 F (rkr.), FR 2014, 611 mit insoweit abl. Anm. *Bareis*, FR 2014, 581; ebenso *Niehus/Wilke* in H/H/R, § 34a Anm. 57, 60; *Wacker*, FR 2008, 605; BMF v. 11.8.2008, BStBl. I 2008, 831 Tz. 16; **aA** *Söffing/Worgulla*, NWB 2009, 841; *Weitemeyer/Schumacher* in K/S/M, § 34a Rn. C 26; zweifelnd *Schiffers*, GmbHR 2007, 841 (842). Dem berechtigten Anliegen von *Bareis*, FR 2014, 581, den GewSt-Aufwand wegen der problematischen Regelung des § 35 zur Anrechnung der GewSt auf die ESt quasi wie eine „Entnahme" zu behandeln, die dann durch Einlagen ausgeglichen werden kann, kann de lege lata nicht gefolgt werden. Das gibt eine „Aus-

meüberhangs insoweit nicht in Betracht kommt. Hergestellt wird die „Gleichbehandlung“ aller Gewerbetreibenden hinsichtlich der Belastung der GewSt mit ESt und der Anrechnung auf die ESt.[1]

52 Nicht abziehbare Schuldzinsen nach § 4 Abs. 4a wegen Überentnahmen sind nach der Systematik des G im Hinblick auf § 34a ebenso wie die GewSt und die anderen nicht abziehbaren BA des § 4 Abs. 5 zu behandeln. Die Behandlung in § 4 macht deutlich, dass es sich nach Auffassung des Gesetzgebers jedenfalls nicht um private Aufwendungen für die Lebensführung handelt. Denn andernfalls hätte eine Einordnung bei § 12 erfolgen müssen. Es handelt sich auch nicht um Entnahmen. Denn andernfalls hätte bereits im Anschluss an § 4 Abs. 1 S. 2 eine Einordnung, ggf. im Wege der Fiktion als Entnahme zu betriebsfremden Zwecken erfolgen müssen. Freilich wäre es wünschenswert, wenn der Gesetzgeber auf solche Zwittergebilde wie Betriebsvermögensminderungen, die keine BA, aber auch keine Entnahmen sind, oder gar keine BA sind, aber wie BA abgezogen werden können, verzichten würde. Er sollte sich dann dazu durchringen, notfalls im Wege der gesetzlichen Fiktion, die Behandlung als BA (und damit nicht als Entnahme, respektive die korrespondierende Behandlung als Einlage) vorzuschreiben, bzw. umgekehrt die Behandlung nicht als BA, respektive als Einlage vorzuschreiben. Solange dies aber nicht geschieht, dürfen derartige Fiktionen nicht qua Gesetzesauslegung erfolgen.

52a Der **Investitionsabzugsbetrag** nach § 7g Abs. 1 ist zwar „gewinnmindernd“ abzuziehen. Dies erfolgt aber richtigerweise „außerbilanziell“ (§ 7g Rn. 12) nur in der steuerlichen GuV. Das ordnet das G zwar nicht ausdrücklich an. Es ergibt sich aber daraus, dass es dafür keinen „Bilanzposten“ gibt, weder in einer StB noch in der HB. Auch die gewinnerhöhende Hinzurechnung nach § 7g Abs. 2 erfolgt „außerbilanziell“. Für Zwecke des § 34a[2] erhöht der (gewinnmindernd behandelte) Investitionsabzugsbetrag im Jahr der Inanspruchnahme nach Abs. 1 den thesaurierungsfähigen Gewinn (wie eine stfreie BE) und vermindert ihn im Jahr der Hinzurechnung nach Abs. 2 (wie eine nicht abziehbare BA).[3] Dem kommt freilich idR nur dann eine Bedeutung zu, wenn ein Entnahmeüberhang besteht.

53 **III. Besonderheiten bei Mitunternehmeranteilen und Mitunternehmerschaften. 1. Steuerbilanzgewinnanteil des Mitunternehmers.** Für StPfl., die MU'er einer PersGes./-gemeinschaft gem. **§ 15 Abs. 1 S. 1 Nr. 2** (und 13, 18) sind, stellt ihre Beteiligung an der jeweiligen MU'schaft – der MU'anteil – das Begünstigungsobjekt iSd. § 34a Abs. 1 dar. Begünstigt durch Anwendbarkeit des Sondertarifs wird der nicht entnommene Gewinn, der auf den jeweiligen MU'anteil entfällt. Er steht dem Betrieb des Einzelunternehmers gleich. Allerdings ist beim MU'anteil die Bagatellgrenze des Abs. 1 S. 3 zu beachten. Begünstigt wird jeder einzelne MU'er als StPfl., nicht die MU'schaft als solche. Es ist daher für jeden MU'er gesondert sein Gewinn(anteil) am Gewinn der MU'schaft) und der davon nicht entnommene Gewinn(anteil) zu ermitteln. Der Steuerbilanzgewinn des MU'ers umfasst seinen **Anteil am Gesellschaftsgewinn (Gesamthandsgewinn)** einschl. der Modifikationen durch **Ergänzungsbilanz** zzgl. seines **Sonder(bilanz)gewinnes.**[4] **Stfreie Betriebseinahmen und nicht abziehbare BA** sind den MU'ern, soweit sie im Gesamthandsbereich anfallen, grds. entspr. dem vereinbarten Gewinnverteilungsschlüssel zuzurechnen.

54 **2. Entnahmen und Einlagen, Sonderbetriebseinnahmen und -ausgaben.** Für die Ermittlung des auf den MU'er entfallenden Gewinnes am nach § 4 Abs. 1 ermittelten Steuerbilanzgewinn sind nur die **Entnahmen und Einlagen dieses MU'ers** zu berücksichtigen. Diese umfassen zunächst einmal seine Entnahmen und Einlagen **im Gesellschaftsbereich**, wie sie in der Kapitalkontenentwicklung zu erfassen sind. Maßgebend ist der stl. Entnahme/Einlagebegriff des § 4 Abs. 1, nicht der handelsrechtl Begriff. Soweit Entnahmen und Einlagen nach § 4 Abs. 1 S. 3 und 4 Abs. 1 S. 8 2. HS im Gesellschaftsbereich erfolgen, sind sie anteilig den MU'ern zuzurechnen. Aufteilungsmaßstab ist dabei der Gewinnverteilungsschlüssel, der für die Aufteilung des stl. Gesamthandsergebnisses maßgeblich ist. Zusätzlich sind für den jeweiligen MU'er seine **Entnahmen und Einlagen im Sonderbereich** zu berücksichtigen. Im Ergänzungsbereich kommen Entnahmen und Einlagen nicht in Betracht.[5] Es können sich dort lediglich (durch Auflösung oder Bildung) Folgewirkungen aus Entnahmen oder Einlagen des MU'ers im Gesamthandsbereich er-

---

legung“ des § 34a iVm. § 35 nicht her, insbes. auch deshalb nicht, weil gerade mit *Bareis* an der kategorialen Unterscheidung von BA und Entnahmen festzuhalten ist. Ungeachtet der §§ 4 Abs. 5b und 35 bleibt die GewSt eine BA, vgl. BFH v. 16.1.2014 – I R 21/12, FR 2014, 695 m. Anm. *Nöcker* = BStBl. II 2014, 531 mwN. Die GewSt-Verbindlichkeit gehört demzufolge – anders als die ESt-Verbindlichkeit – auch in die StB. Die Anrechnung auf die ESt stellt keine Entnahme dar, auch wenn die Zahlung der GewSt aus privaten Mitteln eine Einlage darstellt.

1 S. auch *Niehus/Wilke* in H/H/R, § 34a Anm. 57, 60, die allerdings de lege ferenda eine Einbeziehung der „außerbilanziellen Korrekturen“ empfehlen.

2 S. dazu FG Düss. v. 28.4.2010 – 8 K 3275/14 F und 8 K 3276/14 F, BB 2016, 2453 (Rev. IV R 27/16 und IV R 28/16).

3 *Niehus/Wilke* in H/H/R, § 34a Anm. 57.

4 BMF v. 11.8.2008, BStBl. I 2008, 831 Tz. 12, 20.

5 Zur Problematik des Auseinanderfallens v. Entnahmen im Gesellschaftsbereich und Gewinn bei Vorhandensein v. Ergänzungsbilanzen vgl. *Hey*, DStR 2007, 925 (927).

geben. Die Bewertung der Entnahmen und Einlagen hat sowohl im Gesamthandsbereich wie auch im Sonderbereich nach § 6 Abs. 1 Nr. 4, 5 und 5a zu erfolgen. Komplementär zur Erfassung v. Entnahmen und Einlagen im Sonderbereich erfolgt die Erfassung v. **Sonderbetriebserträgen und Sonderbetriebsaufwendungen** in den rein stl. Sonderbilanz(rechnung)en.

Übertragungen v. WG aus dem Sonderbereich in den Gesamthandsbereich und umgekehrt innerhalb derselben MU'schaft erfolgen zum Buchwert, § 6 Abs. 5 S. 3 Nr. 2 Alt. 1. Zu berücksichtigende Entnahmen und Einlagen iSd. § 34a Abs. 2 ergeben sich dadurch nicht.[1] Dabei kann dahinstehen, ob es sich wegen des Verbleibens in derselben MU'schaft (richtigerweise) schon begrifflich nicht um Entnahmen/Einlagen iSd. § 4 Abs. 1 handelt[2] oder ob zwar jeweils Entnahmen/Einlagen im Gesamthandsbereich und Sonderbereich vorliegen, diese sich aber jeweils für den MU'er komplementär ausgleichen. Übertragungen zum Buchwert nach § 6 Abs. 5 S. 3 v. und in andere MU'schaften können hingegen nach § 34a Abs. 5 eine Nachversteuerung auslösen.

3. Ausländische Betriebsstätten. MU'schaften unterhalten – anders als Einzelunternehmer – immer nur 55
einen einheitlichen Betrieb, ggf. aber mit mehreren Betriebsstätten. Für jeden einzelnen MU'er ist aber gesondert, abhängig v. seinem Wohnsitz oder gewöhnlichen Aufenthaltsort, selbständig zu bestimmen, ob er iSd. Art. 7 OECD-MA ein inländ. Unternehmen mit in- und ausländischen Betriebsstätten betreibt oder ein ausländ. Unternehmen mit Betriebsstätten im In- und Ausland. Die Betriebsstätten der Personengesellschaft sind (auch abkommensrechtlich) Betriebsstätten ihrer Mitunternehmer.[3]

Für den im Ausland ansässigen **beschränkt stpfl. MU'er** sind ausschließlich die auf die **inländ. Betriebsstätte**(n, falls mehrere im Inland) entfallenden **Gewinn**anteile, **Entnahmen und Einlagen** zur Bestimmung seines in Deutschland der Besteuerung unterliegenden (Steuerbilanz-)Gewinnes, ggf. außerbilanziell um stfreie Einnahmen und außerbilanzielle Hinzurechnungen korrigiert, und seines begünstigungsfähigen nicht entnommen Gewinnes maßgeblich (s. Rn. 37).[4]

Für den **unbeschränkt stpfl. MU'er** unterliegt sein Anteil am auf ausländ. Betriebsstätten dieser MU'schaft entfallenden Ergebnis bei Anwendung der **Anrechnungsmethode** nach § 34c oder DBA iVm. § 34c Abs. 6 S. 2 der Besteuerung in Deutschland. Der auf ausländ. Betriebsstätten einschl. dort eingesetzten SBV entfallende Gewinn(anteil) des MU'ers ist daher voll für § 34a zu berücksichtigen. Die insoweit anfallende Steuer ist, bei Inanspruchnahme der Thesaurierungsvergünstigung auf die insoweit anfallende deutsche (Thesaurierungs)Steuer anzurechnen (Rn. 44). Bei **Anwendung der Freistellungsmethode** unterliegt der auf ausländ. Betriebsstätten entfallende Gewinn (einschl. Sondergewinn, soweit nach dem jeweiligen DBA ebenfalls erfasst!) nicht der Besteuerung in Deutschland. Insoweit kommt jedenfalls nicht in Betracht, dass für diesen Gewinnanteil gesondert § 34a angewendet werden könnte. Die auf die ausländ. Betriebsstätte entfallenden (nach deutschem Steuerrecht ermittelten) Ergebnisse, sind aber, soweit sie auf den jeweiligen MU'er entfallen, in die Ermittlung seines **Anteils am Steuerbilanzgewinn und seines nicht entnommenen Gewinns** mit einzubeziehen. Dies hat zur Folge, dass der **freigestellte Gewinn(anteil)** außerbilanziell zur Ermittlung des stpfl. Gewinnes abzuziehen ist, sodass ggf. ein etwaiger Entnahmeüberhang dadurch kompensiert wird (s. Rn. 36, 38 und 44).[5]

Beispiel: (Steuerbilanz-)Gewinnanteil des MU 500 (davon 300 ausländ. Betriebsstätte) und Entnahmen 400 (ausschließlich im Inland). Bei Einbeziehung der ausländ. Betriebsstätte ergibt sich: a) Zu versteuernder Gewinn: 500 – 300 DBA Freistellung = 200. b) nach § 34a Abs. 1 und 2 begünstigter nicht entnommener Gewinn: 500 – 400 = 100. Mit dem Tarif nach § 32a zu besteuern: 200 – 100 = 100.

Die Einbeziehung der auf ausländ. Betriebsstätten derselben MU'schaft entfallenden Gewinnanteile und dort getätigter Entnahme und Einlagen kann sich vorteilhaft wegen der Kompensationsmöglichkeit v. Entnahmeüberhängen mit den nicht zu besteuernden ausländ. Gewinnanteilen auswirken, aber auch nachteilig wegen eines im ausländ. Betriebsteil entstandenen Entnahmeüberhangs oder dort anfallenden nicht abziehbaren BA oder anderer „außerbilanzieller Hinzurechnungen", etwa bei Verlustanteilen.

4. (Begünstigungsfähiger) Nicht entnommener Gewinn(anteil). Der begünstigungsfähige **nicht ent-** 56
nommen Gewinn des MU'ers ergibt sich aus seinem auf den MU'anteil entfallenden Anteil am Gesell-

---

1 BMF v. 11.8.2008, BStBl. I 2008, 831 Tz. 20.

2 So BFH v. 19.9.2012 – IV R 11/12, DStR 2012, 2051 (zur teilentgeltlichen Übertragung von SBV ins Gesamthandsvermögen).

3 BFH v. 17.10.2007 – I R 5/06, BStBl. II 2009, 356 = FR 2008, 729 mwN; BMF v. 16.4.2010, BStBl. I 2010, 354 Tz. 2; Entwurf BMF-Schr. zur Anwendung von DBA auf PersGes. v. 5.11.2013 – IV B 5 - S 1300/09/10003, Tz. 2.2.3, www.bundesfinanzministerium.de → Service → Publikationen → BMF-Schreiben.

4 So zutr. BMF v. 11.8.2008, BStBl. I 2008, 831 Tz. 3, 36, 38; vgl. auch *B. Fischer*, FS Schaumburg, 2009, 319 (339 f.) zur Problematik der Zuordnung v. Sondervergütungen bei Bestehen eines DBA mit Freistellungsmethode und BFH v. 17.10.2007 – I R 5/06, BStBl. II 2009, 356 = FR 2008, 729.

5 *B. Fischer*, FS Schaumburg, 2009, 319 (331 f.).

schaftsgewinn (inklusive Modifikation durch Ergänzungsbilanz) und seinem Sonderbereichsgewinn abzgl. eines Entnahmeüberhanges. Wie ausgeführt (Rn. 54) sind dabei nur die dem jeweiligen MU'er zuzurechnenden Entnahmen und Einlagen zu berücksichtigen. Übertragungen v. und aus SBV innerhalb derselben MU'schaft wirken sich nicht aus. Zu beachten ist aber, dass mit einer „Übertragung in den Sonderbereich" eine Entnahme verbunden sein kann und häufig sein wird, etwa bei ausbezahlten Sondervergütungen nach § 15 Abs. 1 S. 1 Nr. 2 S. 1, ua. Darlehenszinsen, Mieten, Geschäftsführergehältern. Diese Folge lässt sich vermeiden, indem die entspr. Vergütungen nicht ausbezahlt werden, sondern der Ges. als ggf. verzinsliches (handelsrechtl Fremd-) Kapital zur Vfg. gestellt werden. Fraglich erscheint, ob es auch möglich ist, dass insoweit schlicht besondere Konten des MU'ers bei Kreditinstituten unterhalten werden oder gar v. ihm eine Kasse geführt wird und die dort vorhandenen Bestände weiterhin als (nicht entnommenes) SBV behandelt werden. Zu bezweifeln ist insoweit, ob dann noch ein objektiver Förderungszusammenhang mit dem Betrieb/MU'anteil besteht.[1]

57 **5. Doppel(mehr)stöckige Mitunternehmerschaft.** Bei doppelstöckigen MU'schaften kommt die (an der Untergesellschaft beteiligte) Obergesellschaft wegen der transparenten Besteuerung nicht als v. Abs. 1 begünstigter StPfl. in Betracht, unabhängig davon, ob man sie – wie der BFH – wegen ihrer gesellschaftsrechtl Beteiligung als (unmittelbar beteiligten) MU'er ansieht oder (richtigerweise) nicht. Begünstigte MU'er können nur an der Untergesellschaft und Obergesellschaft unmittelbar beteiligte natürliche Pers. sein. Unstrittig ist, dass der in der Untergesellschaft erzielte Gewinn und die dort getätigten Entnahmen und Einlagen iErg. für § 34a auch den mittelbar über die Obergesellschaft an der Untergesellschaft beteiligten G'tern und **MU'ern der Obergesellschaft** zugerechnet werden müssen. Problematisch erscheint insoweit nur, ob der auf die MU'er der Obergesellschaft entfallende Anteil am Ergebnis der Untergesellschaft diesen jeweils gesondert als Ergebnis eines ihnen selbst zuzurechnenden MU'anteils an der Untergesellschaft zuzurechnen ist oder ob er ihnen nur und erst als Teil ihres MU'anteils über das Ergebnis der Obergesellschaft zusammengefasst mit deren eigenem Ergebnis zuzurechnen ist. Anders gewendet: Die Frage ist, ob für die MU'er der Obergesellschaft iSd. § 34a nur **ein einheitlicher MU'anteil an der Obergesellschaft** vorliegt, der auch die darüber erfolgende mittelbare Beteiligung an der Untergesellschaft umfasst oder ob für Zwecke des § 34a davon auszugehen ist, dass für die G'ter der Obergesellschaft **zwei MU'anteile** vorliegen, nämlich (1) einerseits an der Obergesellschaft (unter Ausklammerung seines Anteils an deren Beteiligung an der Untergesellschaft) und (2) andererseits an der Untergesellschaft (unter Einbeziehung seines Anteils an der Beteiligung der Obergesellschaft an der Untergesellschaft und eines etwaigen eigenen Sonderbereiches nach § 15 Abs. 1 S. 1 Nr. 2 S. 2).[2] Folgt man der Auffassung, dass die Obergesellschaft der MU'er bei der Untergesellschaft ist und der **verfahrensrechtl Behandlung**, wonach in der für die Untergesellschaft erfolgenden einheitlichen und gesonderten Feststellung die Ergebnisse v. Sonderbereichen, die die G'ter der Obergesellschaft bei der Untergesellschaft nach § 15 Abs. 1 S. 1 Nr. 2 S. 2 unterhalten, den Obergesellschaftern unmittelbar direkt zugerechnet werden, kommt auch noch eine dritte Lösung in Betracht. Danach hat der nur mittelbar über die Obergesellschaft beteiligte MU'er ebenfalls **zwei „MU'anteile"** inne, wobei aber der dem Obergesellschafter unmittelbar zuzurechnende MU'anteil an der Untergesellschaft nur den Sonderbereich/Sondermitunternehmeranteil des § 15 Abs. 1 Nr. 2 S. 2 umfasst und nicht auch den auf ihn entfallenden Anteil am v. der Obergesellschaft gehaltenen Anteil.[3]

57a Da der Sonderbereich des an der Obergesellschaft beteiligten MU'ers nach § 15 Abs. 2 Nr. 1 S. 2 nur wegen seiner Beteiligung über die Obergesellschaft an der Untergesellschaft besteht, muss insoweit richtigerweise eine **einheitliche Behandlung für den Sonderbereich und** die über die Obergesellschaft gehaltene **(mittelbare) Beteiligung an der Untergesellschaft** erfolgen. Hier sollte in Übereinstimmung mit der Auffassung der FinVerw. für § 34a davon ausgegangen werden, dass der MU'anteil des mittelbar über die Obergesellschaft an der Untergesellschaft beteiligten Obergesellschafters an der Obergesellschaft anteilig auch den dadurch vermittelten Anteil an der Untergesellschaft umfasst. Für den MU'er der Obergesellschaft liegt daher **nur ein MU'anteil** an der Obergesellschaft vor.[4] Der auf den MU'anteil entfallende Gewinnanteil iSd. § 34a iVm. § 4 Abs. 1, § 15 Abs. 1 S. 1 Nr. 2 umfasst mithin: a) den Anteil am eigenen Gewinn der Obergesellschaft; b) den Anteil am der Obergesellschaft zuzurechnenden Gewinnanteil bei der Unter-

1 So auch *Hey*, DStR 2007, 925 (928).

2 So *Wacker*, FR 2008, 605 (610 f.); *Wacker* in Schmidt[37], § 34a Rn. 22; zust. *Baschnagel*, BB 2015, 349.

3 *Ley* in Korn, § 34a Rn. 46, 80, 98; *Wendt*, Stbg. 2009, 1; *Bäumer*, DStR 2007, 2089 (2091); *Rogall*, in: Schaumburg/Rödder, Unternehmensteuerreform 2008, 2007, 438 f. und *Ley/Brandenberg*, FR 2007, 1085 (1089, 1091).

4 So auch BMF v. 11.8.2008, BStBl. I 2008, 838 Rz. 21; *B. Fischer*, FS Schaumburg, 2009, 319 (324); *L/B/P*, § 34a Rn. 78; *Gragert/Wißborn*, Begünstigung der nicht entnommenen Gewinne nach § 34a EStG, NWB F 3 S. 15251, 15255 f.; *Rödder*, DStR 2007, Beil. Heft 40, 4; so im Grundsatz auch *Niehus/Wilke* in H/H/R, § 34a Anm. 44 (allerdings separaten Sonder-MU'anteil [nur] bzgl. des SBV bei der UG annehmend); ebenso *Weitemeyer/Schumacher* in K/S/M, § 34a Rn. B 18–B 22.

gesellschaft; c) einen etwaigen Sondergewinn bei der Obergesellschaft und schließlich d) einen etwaigen Sondergewinn bei der Untergesellschaft gem. § 15 Abs. 2 Nr. 2 S. 2. Die Ergebnisse von Ergänzungsbilanzen des Obergesellschafters bei der Obergesellschaft und der Obergesellschaft und des Obergesellschafters bei der Untergesellschaft sind jeweils mit einzubeziehen.

Dementspr. sind auch für Zwecke der Ermittlung des nicht entnommenen Gewinns alle Entnahmen und Einlagen des MU'ers in diesen Bereichen zu berücksichtigen. Übertragungen oder Überführungen v. WG zw. diesen Bereichen spielen sich innerhalb desselben MU'anteils ab. Sie beeinflussen daher weder den Gewinnanteil des MU'ers nach § 4 Abs. 1, noch seinen nicht entnommene Gewinn, noch seinen zu versteuernden Gewinn.[1] Für den Fall der Veräußerung/Aufgabe der Beteiligung an der Untergesellschaft durch die Obergesellschaft liegt, falls insoweit bei der Obergesellschaft keine Entnahmen erfolgen, auch weder eine Entnahme vor, noch ist eine Nachversteuerung nach § 34a Abs. 6 Nr. 1 durchzuführen. Die Inanspruchnahme der Begünstigung setzt freilich voraus, dass nicht § 16 Abs. 4 und/oder 34 Abs. 3 vom MU'er für seinen Anteil am aus der Veräußerung des Anteils an der Untergesellschaft entstehenden Veräußerungsgewinn beansprucht wird.[2] Für im Ausland belegene Betriebsstätten der Untergesellschaft kann die Behandlung nicht anders erfolgen als für eigene Betriebsstätten der Obergesellschaft im Ausland[3] (s. Rn. 55).

6. Organschaft. Ist eine (aus nat. Pers. bestehende) MU'schaft Organträger, ist fraglich, ob ihre MU'er hinsichtlich des ihr nach § 14 KStG „zugerechneten" Einkommens v. der Thesaurierungsbegünstigung des § 34a Gebrauch machen können. Folgt man der hM, wonach die stl. Zurechnung des nach § 4 Abs. 1 ermittelten „Einkommens der Organgesellschaft" **außerbilanziell** beim Organträger zu erfolgen hat, müsste dies an sich verneint werden.[4] Denn der nach § 4 Abs. 1 ermittelte Gewinn des Organträgers soll zur Kompensierung der „außerbilanziellen Hinzurechnung" des Organeinkommens nach § 14 Abs. 1 KStG seinerseits um die handelsrechtl erfolgte Gewinnabführung „außerbilanziell" zu kürzen sein. Die Problematik einer außerbilanziellen Hinzurechnung und einer dies dann wieder kompensierenden Kürzung ergäbe sich freilich nicht, wenn man, wie früher der RFH, die Gewinnabführung nicht außerbilanziell eliminierte, sondern lediglich den Unterschiedsbetrag zw. dem für die Organgesellschaft selbst ermittelten Einkommen und der Gewinnabführung „außerbilanziell" hinzurechnete. Auf die Technik der Zurechnung des Organeinkommens darf es freilich für die Anwendbarkeit des § 34a nicht ankommen. Es muss genügen, dass der Steuerbilanzgewinn der Organgesellschaft einerseits tatsächlich zumindest im Umfange der Gewinnabführung an den Organträger abgeführt wird und v. ihm auch insoweit zu versteuern ist. Für Verlustübernahmen bedeutet dies dann freilich konsequenterweise, dass diese sich mindernd auf den eigenen thesaurierungsfähigen Gewinn auswirken. 58

Da bei der Organschaft zu einer MU'schaft aus nat. Pers. (oder nur zu einer nat. Pers.) als Organträger das „Einkommen der Organgesellschaft" der ESt unterliegt, besteht kein Grund, insoweit den § 34a EStG für prinzipiell nicht anwendbar zu halten. § 19 Abs. 2 KStG steht nicht entgegen. Denn es geht nicht um die Anwendung einer Tarifvorschrift des KStG, die im EStG keine Entsprechung hätte, sondern um die Anwendung einer Tarifvorschrift des EStG auf ein vom StPfl. – natürliche Person – als eigenes zu versteuerndes Einkommen.[5] Allerdings kann § 34a für das „Organeinkommen" nur insoweit Anwendung finden, als es durch Ergebnisabführung an die MU'schaft abgeführt und dort thesauriert, dh. nicht entnommen wird.[6] Daher sind im Organeinkommen berücksichtigte nichtabziehbare BA und stfreie Erträge ebenso zu behandeln wie entspr. eigene Aufwendungen und Erträge des Organträgers. (s. Rn. 46f.).

Problematisch erscheint allein die Behandlung bei Mehr- und Minderabführungen. Die insoweit nach § 14 Abs. 4 KStG in der Steuerbilanz des Organträgers zu bildenden aktiven und passiven Ausgleichsposten bei

---

1 So auch BMF v. 11.8.2008, BStBl. I 2008, 831 Tz. 21; *Thiel/Sterner*, DB 2007, 1099 (1104); *Rogall*, in: Schaumburg/Rödder, Unternehmensteuerreform 2008, 2007, 439f.; *Lausterer/Jetter*, in: Blumenberg/Benz, Die Unternehmensteuerreform 2008, 2007, 15.

2 So auch RegEntw. BR-Drucks. 220/07, 101 zu § 34a.

3 Vgl. BFH v. 17.7.2008 – I R 77/06, BStBl. II 2009, 464 unter B Abs. 3 S. 3b = FR 2008, 1149; **aA** insoweit *Thiel/Sterner*, DB 2007, 1099 (1105). Die dort erfolgte Gleichsetzung mit einer Beteiligung der Obergesellschaft an einer ausländ. KapGes. ist angesichts der transparenten Besteuerung der PersGes. verfehlt.

4 Daher auch zweifelnd *Rödder*, DStR 2007, Beil. Heft 10, 1 (4); *Rogall*, in: Schaumburg/Rödder, Unternehmensteuerreform 2008, 2007, 417f.; s. auch *Rogall*, DStR 2008, 429; *Pohl*, DB 2008, 84.

5 Soweit BFH v. 22.1.2004 – III R 19/02, BStBl. II 2004, 515 = FR 2004, 761 bei Veräußerung eines TB durch die Organgesellschaft die Anwendung der §§ 16, 34 versagt, betrifft dies einen anderen Sachverhalt. Denn in der Tat kennt das KStG nicht die in irgend einer Form zu begünstigende Veräußerung eines TB oder gar des ganzen Betriebes. Damit ist aber § 34a gerade nicht vergleichbar, der normal zu versteuerndes Einkommen, falls aus Unternehmenseinkünften stammend und thesauriert, begünstigen will.

6 So iErg. auch BMF v. 11.8.2008, BStBl. I 2008, 831 Tz. 11; *Rogall*, in: Schaumburg/Rödder, Unternehmensteuerreform 2008, 2007, 417f.; *Pohl*, DB 2007, 84; *Stein* in H/H/R, § 34a Anm. 47.

Minder- und Mehrabführung, die ihre Ursache in organschaftlicher Zeit haben, gleichen in der Steuerbilanz des Organträgers die Differenzen zw. dem abgeführten handelrechtl Gewinn und dem zugerechneten Steuerbilanzgewinn der Organgesellschaft aus. Die Bildung und Auflösung der Ausgleichsposten in der Steuerbilanz des Organträgers bei Abweichung der handelsrechtlich bestimmten Gewinnabführung/ Verlustübernahme von der steuerbilanziell ermittelten Gewinn-/Einkommenszurechnung führt zur Anpassung des in der Steuerbilanz des Organträgers ausgewiesenen BV an den dem Organträger zuzurechnenden Steuerbilanzgewinn der Organgesellschaft. Durch die Bildung der Ausgleichsposten geht der Steuerbilanzgewinn der Organgesellschaft vollständig in den Steuerbilanzgewinn des Organträgers ein, wie er sich aus einem Betriebsvermögensvergleich gem. § 4 Abs. 1 EStG beim Organträger ergibt. IErg. geht der Steuerbilanzgewinn der Organgesellschaft insoweit in die Ausgangsgröße für den thesaurierungsfähigen nicht entnommenen Gewinn bei dem Organträger ein. Er wird vermittels der handelsrechtl. Gewinnabführung tatsächlich vollständig abgeführt, soweit sich keine innerorganschaftlichen Mehr- oder Minderabführungen ergeben. Soweit sich aber Mehr- oder Minderabführungen ergeben, werden die Differenzen in der eigenen Steuerbilanz des Organträgers durch die Bildung der stl. Ausgleichsposten des § 14 Abs. 4 KStG gerade ausgeglichen. Damit erfolgt durch die Gewinnabführung und die Bildung der Ausgleichposten die Übernahme des vollständigen Steuerbilanzgewinnes der Organgesellschaft in den für § 34a maßgeblichen Steuerbilanzgewinn des Organträgers.[1] Die verwirrende „außerbilanzielle Hinzurechnung" des Organeinkommens und die mit ihr korrespondierende „außerbilanzielle Abrechnung" der Gewinnabführung und „einkommensneutralen Bildung" der Ausgleichsposten verdeckt nur, dass tatsächlich der Steuerbilanzgewinn der Organgesellschaft vermittels der Bildung der aktiven oder passiven Ausgleichsposten vollständig in den Steuerbilanzgewinn des Organträgers eingeht und als dessen Teil auch, soweit nicht entnommen, an der Thesaurierungsbegünstigung teilnimmt.[2]

Handelt es sich um vororganschaftlich verursachte Mehrabführungen gem. § 14 Abs. 3 KStG,[3] sind diese ebenfalls im nach § 34a begünstigungsfähigen Steuerbilanzgewinn des Organträgers enthalten, allerdings dann gem. § 14 Abs. 3 KStG als aus Ausschüttungserträgen herrührend zu behandeln. Der Bildung von Ausgleichsposten bedarf es hier nicht. Sie kommt auch nicht in Betracht. Denn das in der Steuerbilanz des Organträgers ausgewiesene BV entspricht bereits der tatsächlich erfolgten Gewinnabführung. Diese enthält allerdings eine die Zurechnung als Einkommen nach § 14 Abs. 1 übersteigende Mehrabführung. Zutreffend und in Übereinstimmung mit dem körperschaftsteuerlichen Teileinkünfteverfahren wird insoweit einerseits die Einmalbesteuerung auf der Ebene der Körperschaft noch gesichert, weil in der vororganschaftlichen Zeit (noch) keine Zurechnung an den Organträger erfolgt war. Daher erfolgte die Besteuerung noch auf der Ebene der späteren Organgesellschaft. Zutr. hat dann aber andererseits bei Weiterleitung dieses nicht bereits dem (späteren) Organträger als Einkommen zugerechneten Gewinns an den Organträger via Mehrabführung noch eine dem Teileinkünfteverfahren gem. § 3 Nr. 40 EStG unterliegende Besteuerung als „Gewinnausschüttung" zu erfolgen. Die vororganschaftlich verursachte Minderabführung ist nach § 14 Abs. 3 als Einlage durch den Organträger zu behandeln. Sie ist also so zu behandeln, als sei zunächst eine Gewinnabführung auch in Höhe der Minderabführung erfolgt, diese aber dann qua Einlage an die OG zurückgewährt worden. Für § 34a EStG bedeutet dies, dass insoweit auf der Ebene des Organträgers auch iHd. Minderabführung begünstigungsfähiger Steuerbilanzgewinn iSd. § 34a Abs. 2 vorliegt. Richtigerweise ist dem dadurch zu entsprechen, dass in der Steuerbilanz des Organträgers von nachträglichen AK auf die Beteiligung an der Organgesellschaft ausgegangen wird. Andernfalls muss jedenfalls ein (aktiver) Ausgleichsposten iHd. Minderabführung gebildet werden.

---

1 S. aber BFH v. 29.8.2012 – I R 65/11, BStBl. II 2013, 555 = FR 2013, 285 (keine Bildung eines passiven Ausgleichspostens bei Abweichungen wegen lediglich verrechenbarer Verluste nach § 15a EStG; die Bildung eines aktiven Ausgleichspostens führt zu keiner Erhöhung des steuerbilanziellen Eigenkapitals des Organträgers iSd. [aufgehobenen] § 10 UmwStG für KSt-Minderungen bei Umwandlungen auf ein Personenunternehmen). Dazu aber zutr. (partieller Nichtanwendungs-)Erlass des BMF v. 15.7.2013, BStBl. I 2013, 921 (wie BFH kein passiver Ausgleichsposten bei nicht einkommensmindernd zu berücksichtigenden verrechenbaren Verlusten, aber im Übrigen Bildung aktiver und passiver Ausgleichsposten in der Steuerbilanz zwingend und nicht lediglich als außerbilanzielle Merkposten). S. auch BFH v. 6.6.2013 – I R 38/11, BStBl. II 2014, 651 = FR 2013, 1140 (Vorlage an das BVerfG zur Verfassungsgemäßheit der rückwirkenden Anwendung des § 14 Abs. 3 gem. § 34 Abs. 9 Nr. 4 auf vororganschaftlich verursachte Mehrabführungen und FG Düss. v. 15.4.2013 – 6 K 4270/10 K, F (Rev. I R 36/13 mit nachgehendem Vorlagebeschl. v. 27.11.2013 an BVerfG, BStBl. II 2014, 651), FR 2013, 898 m. Anm. *Prinz* (keine Saldierung von vor- und nachorganschaftlichen Mehr- u. Minderabführungen gem. § 14 Abs. 3 u. 4); vgl. zur Funktion der Ausgleichsposten für die Gewinnermittlung beim Organträger auch *Thiel*, FS Lang, 2010, 755.

2 So auch *Niehus/Wilke* in H/H/R, § 34a Anm. 58; *v. Freden/Rogall*, FR 2009, 812; *Wacker*, FR 2008, 605; *Pohl*, DB 2008, 84; *Wacker* in Schmidt[37], § 34a Rn. 25; *Ley* in Korn, § 34a Rn. 63.1.

3 Zur Abgrenzung und Anwendung in Verlustsituationen ohne Vermögenstransfer s. BFH v. 6.6.2013 – I R 38/11, FR 2013, 1140 = BB 2013, 2351 m. Anm. *Mische* u. Anm. *Suchanek*, GmbHR 2013, 1104.

D. Begünstigungsbetrag, nachversteuerungspflichtiger Betrag (Abs. 3)

I. Begünstigungsbetrag. Als Begünstigungsbetrag bezeichnet das G den Teil des im zu versteuernden Einkommen enthaltenen nicht entnommenen Gewinnes iSd. Abs. 2, für den auf Antrag des StPfl. die **Sondertarifierung nach Abs. 1 für diesen VZ** erfolgt. Wegen der Betriebsbezogenheit ist der Begünstigungsbetrag bei Vorhandensein mehrerer Betriebe/MU'anteile gesondert für jeden Betrieb zu bestimmen. 59

II. Nachversteuerungspflichtiger Betrag. Nachversteuerungspflichtiger Betrag ist derjenige Betrag des nicht entnommenen Gewinnes, der bis zum Ende des jeweiligen VZ der Sondertarifierung unterworfen wurde abzgl. der darauf entfallenden ESt und des darauf entfallenden SolZ. Es handelt sich mithin um den bis dahin nach Abs. 1 begünstigt besteuerten Gewinn abzgl. der darauf lastenden Steuerbelastung. Nur die angefallene Thesaurierungsbelastung aus ESt und SolZ, nicht aber die KiSt., mindert den nachversteuerungspflichtigen Betrag. Denn insoweit ist der nicht entnommene Gewinn bereits, wenn auch begünstigt, besteuert worden. Durch die Nachversteuerung soll aber nur – bei einem späteren Entnahmeüberhang – der unter Berücksichtigung der bisherigen Steuerbelastung verbliebene thesaurierte Betrag belastet werden und nicht noch Nachsteuer auch auf einen Betrag erhoben werden, der bereits als Steuer geschuldet wurde. Die Anrechnung der GewSt nach § 35 hat keine Auswirkung auf den nachversteuerungspflichtigen Betrag. 60

Beispiel: Gewinn 100 – GewSt 13,30 (Hebesatz 380 %) = 86,7 (nicht entnommener Gewinn) – 24,5 ESt (86,7 × 28,25 %) = 62,2 – 1,35 SolZ (24,5 × 5,5 %) = 60,85 (Zugangsbetrag aus dem laufenden VZ).

Der nachversteuerungspflichtige Betrag ergibt die Bemessungsgrundlage, bis zu der in nachfolgenden Veranlagungszeiträumen eine Nachversteuerung nach Abs. 4 stattzufinden hat, wenn und soweit es dann einem Entnahmeüberhang über die Steuerbilanzgewinne der jeweiligen Wj. kommt. 61

Der nachversteuerungspflichtige Betrag zum Ende des jeweiligen VZ ergibt sich mithin aus der Summe der bis zum Ende dieses VZ nach § 34a Abs. 1 begünstigt besteuerten Gewinne abzgl. der darauf lastenden Steuerbelastung. Nach den gesetzlichen Vorgaben ergibt er sich als Summe aus Begünstigungsbetrag des VZ (abzgl. darauf entfallender Steuerbelastung) + nachversteuerungspflichtiger Vorjahresbetrag (Summe der Begünstigungsbeträge früher VZ abzgl. Steuerbelastung). Besteht für den VZ ein Entnahmeüberhang über den (Steuerbilanz-)Gewinn, beläuft sich der Begünstigungsbetrag auf 0 und außerdem hat insoweit nach 34a Abs. 4 eine Nachversteuerung stattzufinden. Der verbleibende nachversteuerungspflichtige Betrag beläuft sich dann auf den nachversteuerungspflichtigen Betrag des Vorjahres abzgl. Nachversteuerungsbetrag (s. Rn. 64) für den lfd. VZ. 62

Auch der nachversteuerungspflichtige Betrag ist betriebsbezogen zu bestimmen. Das G sieht allerdings in 34a Abs. 5 bei Überführungen/Übertragungen v. WG gem. § 6 Abs. 5 S. 1 bis 3 in partieller Durchbrechung dieses Grundsatzes eine Übertragung des nachversteuerungspflichtigen Betrages auf einen anderen Betrieb/MU'anteil des StPfl. vor (Rn. 75). 63

III. Höhe und gesonderte Feststellung. IErg. ergibt sich der nach 34a Abs. 3 S. 3 gesondert festzustellende (Rn. 83) nachversteuerungspflichtige Betrag zum Ende des VZ aus dem nachversteuerungspflichtigen Betrag des vorangegangenen VZ (Ausgangsgröße) + nachversteuerungspflichtiger Betrag für den lfd. VZ gem. 34a Abs. 3 S. 1 und 2 + nach 34a Abs. 5 übertragener nachversteuerungspflichtiger Betrag v. einem anderen Betrieb (MU'anteil) – nach 34a Abs. 5 übertragener nachversteuerungspflichtiger Betrag auf einen anderen Betrieb (MU'anteil) – Nachversteuerungsbetrag des lfd. VZ gem. 34a Abs. 4. 64

Beispiel:

§ 34a Abs. 3 S. 2	**Betrieb 1**	**Betrieb 2**	**Betrieb 3**
Vorjahr: nachverstpfl.	100	200	0
+ nachverstpfl. lfd. VZ	0	0	(100 – 29,8) = 70,2
+ übern. Betr. § 34a Abs. 5		+ 100	
– abgeb. Betrieb § 34a Abs. 5	– 100		
– Nachv. lfd. VZ § 34a Abs. 4	0	0	0
Ges. festzust. Betrag Ende VZ	0	300	70,2

Erläuterung zum Beispiel: Es ist ein WG zum Buchwert v. 200 aus Betrieb 1 in Betrieb 2 überführt worden. Der Buchwert v. 200 erhöht in Betrieb 1 als „Entnahme" einen Entnahmeüberschuss (Nachversteuerungsbetrag) über den Gewinn iSd. Abs. 2. Es ist kein begünstigungsfähiger nicht entnommener Gewinn in Betrieb 1 verblieben, sondern ein Entnahmeüberschuss v. 100. Daher wäre nach an sich bis zur Höhe des nachversteuerungspflichtigen Betrages am Ende des Vorjahres eine Nachversteuerung durchzuführen, Abs. 4 S. 1. Diese unterbleibt nach Abs. 5 S. 2 wegen der beantragten Übertragung. Dafür ist der nachversteuerungspflichtige Betrag bis zur Höhe des Buchwertes (hier 200), aber maximal bis zur Höhe des Nachversteuerungsbetrages, den die Übertragung ausgelöst hätte (hier 100), auf den übernehmenden Betrieb 2 zu übertragen. Der nachversteuerungspflichtige Betrag des Betriebes 2 ist v. bisher 200 um den Buchwert (hier 200), aber maximal um den in ansonsten Betrieb 1 ausgelösten Nachversteuerungsbetrag (hier 100) um + 100 auf 300 zu erhöhen. In Betrieb 3 entsteht erstmals (ggf. wieder – s. Betrieb 1) ein nachversteuerungspflichtiger Betrag aus dem Begünstigungsbetrag des VZ. Eine Nachversteuerung wurde im VZ für keinen Betrieb ausgelöst, sodass sich für den VZ kein Nachversteuerungsbetrag ergab.

Der zum Ende des VZ vorhandene nachversteuerungspflichtige Betrag ist vom für die Einkommensbesteuerung des StPfl. zuständigen (Wohnsitz-)FA gesondert nach § 179 AO festzustellen (Rn. 83).

E. Nachversteuerung und Nachversteuerungsbetrag (Abs. 4)

65 **I. Nachversteuerung.** Die Thesaurierungsbegünstigung des Abs. 1 auf den nicht entnommenen Gewinn des Wj. im beantragten Umfange des Begünstigungsbetrages gem. Abs. 3 S. 1 wird nicht endg. gewährt. Vielmehr erfolgt, soweit die mit dem Thesaurierungssatz besteuerten begünstigten Gewinne in nachfolgenden Wj. wieder dem Betrieb entnommen werden, eine Nachversteuerung. Bemessungsgrundlage für die Nachsteuer ist der Nachversteuerungsbetrag. Der Steuersatz für die Nachsteuer beträgt 25 %. Zu dieser ESt kommt der SolZ v. 5,5 % hinzu.[1] Der Nachversteuerungsbetrag ist kein Teil der Bemessungsgrundlage für die tarifliche ESt iSd. § 2 Abs. 5 im VZ der Nachversteuerung. Die festzusetzende Nachsteuer ist aber Teil der für diesen VZ entstehenden festzusetzenden ESt iSd. §§ 2 Abs. 6, 36 Abs. 1 und damit Teil der Bemessungsgrundlage für den SolZ nach § 3 Abs. 1 Nr. 1, Abs. 2 SolZG. Sie ist auch Teil der deutschen ESt iSd. § 34c Abs. 1, die auf ausländ. Einkünfte entfällt, soweit diese im VZ der Einkünfteerzielung der (begünstigten) deutschen (Thesaurierungs)Besteuerung unterlagen, und Teil der zu ermäßigenden tariflichen ESt iSd. § 35 EStG für die Gewerbesteueranrechnung[2] (s. Rn. 29).

66 **II. Nachversteuerungsbetrag.** Der Nachversteuerungsbetrag bildet die **Bemessungsgrundlage für die Nachsteuer**, Abs. 4 S. 2. Er gehört nicht zu den Einkünften iSd. § 2 Abs. 1–2 Abs. 3 des betr. VZ der Nachversteuerung und auch nicht zum zu versteuernden Einkommen gem. § 2 Abs. 5 dieses VZ.[3] Vielmehr wurden die nunmehrigen Nachversteuerungsbeträge bereits als Teil der Einkünfte, des Gesamtbetrages der Einkünfte und des zu versteuernden Einkommens in den Veranlagungszeiträumen erfasst, in denen im Umfange des jeweiligen Begünstigungsbetrages die Besteuerung mit dem Thesaurierungssatz nach § 34a Abs. 1 erfolgte.

67 Die Höhe des Nachversteuerungsbetrages korrespondiert zur Höhe des nicht entnommenen Gewinnes iSd. Abs. 2. Ein begünstigungsfähiger nicht entnommener Gewinn für den Betrieb/MU'anteil entsteht, wenn der positive Saldo aus Entnahmen und Einlagen geringer ist als der nach § 4 Abs. 1 (§ 5 Abs. 1) ermittelte Steuerbilanzgewinn. Umgekehrt entsteht ein **Nachversteuerungsbetrag** iHd. Differenz zw. (positivem) Steuerbilanzgewinn und (positivem) Saldo aus Entnahmen und Einlagen, wenn der Saldo aus Entnahmen und Einlagen größer ist als der Steuerbilanzgewinn **(Entnahmeüberhang)**. Verluste (ein negativer Steuerbilanzgewinn) führen isoliert gesehen nicht zu einem Nachversteuerungsbetrag. Liegt allerdings für dieses Wj. ein positiver Saldo aus Entnahmen und Einlagen vor (Entnahmeüberschuss), entsteht in Höhe dieses Saldos ein Nachversteuerungsbetrag. Außerbilanzielle Hinzurechnungen wirken sich auf einen Entnahmeüberhang und damit den Nachversteuerungsbetrag nicht aus.[4]

68 Der Nachversteuerungsbetrag wird allerdings auf den Betrag des zum Ende des vorangegangenen VZ vorhandenen (und nach Abs. 3 S. 3 gesondert festgestellten) nachversteuerungspflichtigen Betrag begrenzt. Der Nachversteuerungsbetrag kann daher niemals größer sein als der positive Saldo aus Entnahmen und Einlagen (bei Steuerbilanzgewinn v. 0 oder Verlust und einem nachversteuerungspflichtigen Betrag mindestens in dieser Höhe) des betr. Wj. Bei Nichtvorhandensein eines nachversteuerungspflichtigen Betrages zum Ende des Vorjahres beträgt er immer 0.

69 Bei Übertragung/Überführung v. WG nach § 6 Abs. 5 zum Buchwert erhöht der Buchwert die Entnahmen im abgebenden Betrieb und ist als einen etwaigen Entnahmeüberschuss mindernde Einlage im übernehmenden Betrieb zu berücksichtigen (s. Rn. 75). Soweit dadurch im abgebenden Betrieb ein Nachversteuerungsbetrag entsteht, unterbleibt auf Antrag für den abgebenden Betrieb nach Abs. 5 S. 2 die Nachversteuerung. Insoweit verweist Abs. 4 S. 1 auf Abs. 5. In Höhe des durch die Übertragung ausgelösten Nachversteuerungsbetrages im abgebenden Betrieb erfolgt dann eine Übertragung eines nachversteuerungspflichtigen Betrages vom abgebenden auf den aufnehmenden Betrieb. Der Nachversteuerungsbetrag selbst wird nicht gemindert (oder im anderen Betrieb erhöht). Es unterbleibt insoweit lediglich eine Nachbesteuerung.

1 FG Hbg. v. 8.12.2017 – 3 K 294/16, EFG 2018, 493 (Rev. II R 35/18).
2 BMF v. 24.2.2009, BStBl. I 2009, 440 Tz. 15; vgl. auch *Levedag* in H/H/R, § 35 Anm. 17; vgl. bereits *Herzig/Lochmann*, DB 2007, 1037 (1038).
3 FG Hbg. v. 8.12.2017 – 3 K 294/16, EFG 2018, 493 (Rev. II R 35/18).
4 So auch BMF v. 11.8.2008, BStBl. I 2008, 838 Rz. 27, 28.

Beispiel: Ein WG mit Buchwert v. 200 wird v. Betrieb 1 in Betrieb 2 überführt. Steuerbilanzgewinn Betrieb 1: – 300; Entnahmen/Einlagenüberschuss 150 (unter Berücksichtigung des Abganges v. 200); nachversteuerungspflichtiger Betrag Ende Vorjahr = 100.

Für Betrieb 1 ergibt sich ein Nachversteuerungsbetrag (Entnahmeüberhang) v.: (– 300 =) 0 – 150 = 150, aber maximal 100. Die Nachversteuerung hat insoweit auf Antrag zu unterbleiben. Der nachversteuerungspflichtige Betrag für Betrieb 1 mindert sich v. bisher + 100 um – 100 (übertragener Betrag) = 0.

Ein im Betrieb 2 bisher vorhandener nachversteuerungspflichtiger Betrag v. × ist um + 100 auf × + 100 zu erhöhen. S. auch Rn. 64.

III. Altrücklagen, Verwendungsreihenfolge. Nach Abs. 4 entsteht für das jeweilige Wj. immer schon dann ein Nachversteuerungsbetrag, wenn für dieses Wj. ein Entnahmeüberhang vorliegt und zum Ende des Vorjahres ein nachversteuerungspflichtiger Betrag vorhanden (gesondert festgestellt) war, dh. soweit in der Vergangenheit eine (noch nicht wieder durch Nachversteuerung berücksichtigte) nach § 34a begünstigte Besteuerung zum Thesaurierungstarif erfolgt war. Dieses Abstellen auf einen Entnahmeüberhang im jeweiligen Wj./für den jeweiligen VZ führt iErg. dazu, dass begünstigt besteuerte thesaurierte Eigenkapitalanteile vorrangig vor durch normal besteuerte (stehengelassene) Gewinne oder durch Einlageüberschüsse der Vorjahre gebildete Eigenkapitalanteile als für die Bestreitung des Entnahmeüberschusses über den (positiven) Steuerbilanzgewinn des Wj. als „verwendet gelten". Es wird durch § 34a mithin nicht ermöglicht, bei Vorhandensein nachversteuerungspflichtiger Beträge und einem Entnahmeüberschuss über den Gewinn des lfd. Wj. eine Nachversteuerung zu vermeiden, indem der Entnahmeüberschuss als aus anderen früher gebildeten Eigenkapitalteilen, namentlich „Altrücklagen" aus vor dem VZ 2008 versteuerten Gewinnen oder vor diesem Zeitraum erfolgten Kapitalzufuhren, bestritten gilt. Auch für VZ ab 2008 führen nicht begünstigt besteuerte Gewinne und durch Einlagen erfolgende Kapitalmehrungen nicht dazu, dass keine Nachversteuerung stattzufinden hat, wenn es in darauffolgenden späteren Wjahren zu einem Entnahmeüberhang kommt, vorbehaltlich dass in der Zwischenzeit durch eine nach § 34a begünstigte Thesaurierungsbesteuerung ein nachversteuerungspflichtiger Betrag entstanden ist. 70

Das G statuiert allerdings weder ausdrücklich noch implizit eine Untergliederung des EK nach „Töpfen", aus denen ein Entnahmeüberhang als bestritten gilt. Solcher „Töpfe" bedarf es gerade nicht. Etwaige Anlehnungen an die aus dem KStG unter der Geltung des Anrechnungsverfahrens bekannte Untergliederung in verschiedene Eigenkapitalanteile sind überflüssig. Ebenso bedarf es keiner Anlehnung an die nunmehr in § 27 KStG vorgenommene Unterteilung in einen ausschüttbaren Gewinn und ein „Einlagenkonto". Zu dieser Untergliederung des EK bei Körperschaften besteht insoweit allerdings eine gewisse Parallele als der „nachversteuerungspflichtige Betrag" des Abs. 3 ebenso wie das Eigenkapitalkonto außerhalb der Bilanz ausgehend vom Bestand des Endes des vorangegangenen Wj. jeweils um die Zu- und Abgänge des lfd. Wj. fortzuschreiben ist und für beide auch eine gesonderte Feststellung stattfindet. Gerade umgekehrt als nach § 27 KStG ist ein Entnahmeüberhang des lfd. Wj. allerdings mit dem nachversteuerungspflichtigen Betrag „zu verrechnen", während nach § 27 KStG Ausschüttungen vorrangig mit dem nach Abzug des Einlagekontos verbleibenden ausschüttbaren Gewinn zu „verrechnen" sind, dh. vorrangig aus ihm bestritten werden. IErg. ergibt sich unter Berücksichtigung der Behandlung außerbilanzieller Hinzurechnungen für nicht abziehbare BA und außerbilanzieller Abrechnungen für stfreie Gewinnanteile folgende **Verwendungsreihenfolge** bei einem positiven Saldo aus Entnahmen und Einlagen: **1.** positiver Saldo v. **stfreien Gewinnanteilen** und nicht abziehbaren BA des lfd. Jahres, **2. Steuerbilanzgewinn** des lfd. Jahres, **3. nachversteuerungspflichtiger Gewinn der Vorjahre**; **4. nicht entnommene** stfreie und stpfl. **Gewinne der Vorjahre**, soweit nicht nach 34a Abs. 1 besteuert und daher schon unter 3. zu berücksichtigen. 71

Die sich aus Abs. 4 ergebende Rechtsfolge, dass iErg. ein nicht durch stfreie Gewinnteile ausgeglichener Entnahmeüberschuss des lfd. Wj. immer eine Nachversteuerung auslöst, soweit am Ende des Vorjahres ein nachversteuerungspflichtiger Betrag vorhanden ist, dh. soweit im EK noch begünstigt besteuerte nicht entnommene Gewinne (abzgl. Thesaurierungsbelastung) vorhanden sind, wird als zur Zielsetzung des § 34a kontraproduktive Regelung kritisiert. Von der Regelung geht in der Tat die Empfehlung aus, nicht nach Abs. 1 besteuertes „Altkapital" sofort aus dem Betrieb zu entnehmen und außerhalb des Betriebs zu „parken", um daraus dann private Ausgaben bestreiten zu können und spätere Entnahmen aus dem Betrieb vermeiden zu können, für dessen Gewinn die Thesaurierungsbegünstigung in Anspr. genommen wird oder wurde. Gestaltungsempfehlungen[1], jeweils sofort das gesamte aus nicht nach Abs. 1 besteuerten Gewinnen gebildete Kapital zu entnehmen, zu Beginn des folgenden Wj. dann wieder einzulegen und zum Ende wieder zu entnehmen, scheitern spätestens an § 42 AO. Richtigerweise schon zu verneinen ist, dass 72

1 *Rogall*, in: Schaumburg/Rödder, Unternehmensteuerreform 2008, 2007, 429 f.; *Lausterer/Jetter*, in: Blumenberg/Benz, Die Unternehmensteuerreform 2008, 2007, 26 f.; *Kessler/Ortmann-Babel/Zipfel*, in: BDI/Ernst & Young, Unternehmensteuerreform 2008, 2007, Teil II A III, 51 f.; *Schiffers*, GmbHR 2007, 841 (846).

bzgl. der angeblich außerhalb des Betriebs „geparkten Beträge“ kein BV vorliegt. Es liegen insoweit bereits keine Entnahmen vor.[1] Andere Gestaltungsempfehlung gehen dahin, Einlagen in gewerbliche Schwesterpersonengesellschaften vorzunehmen und die übertragenen Mittel der Ursprungsgesellschaft als verzinsliches Fremdkapital wieder zur Vfg. zu stellen. Auch hier ist § 42 AO zu bedenken. Jedenfalls dann, wenn keine einem Fremdvergleich standhaltende Verzinsung stattfindet, dürfte auch davon auszugehen sein, dass die Darlehensforderungen stl. zum SBV der G'ter bei der Ursprungsgesellschaft gehören und damit stl. gerade nicht bei der SchwesterPersGes. zu erfassen sind.[2]

73 Die sich aus § 34a ergebende Verwendungsreihenfolge wird a) als kontraproduktiv zur Zielsetzung des G, nämlich der Stärkung der Eigenkapitalbasis der Betriebe[3], und b) als „lediglich fiskalisch“ begründet kritisiert, insbes. weil es durch sie „zur Einsperrung“ versteuerter Gewinne kommt.[4] Der Vorwurf der Einsperrung v. (Altregelversteuerten- und stfreien) Gewinnen trifft den Reformgesetzgeber freilich nicht. Genau diese Einsperrung (wenn auch nicht die Entwicklung v. Vermeidungsstrategien zu ihrer Verhinderung) entspricht der Zielsetzung dieses Gesetzgebers. Er geht gerade davon aus, dass die im Betrieb „eingesperrten Gewinne“ volkswirtschaftlich für den Standort Deutschland nützlicher seien als die entnommenen Gewinne. Diese Annahme mag problematisch sein (und sie ist es mE auch), aber dem Gesetzgeber insoweit ein widersprüchliches Verhalten vorzuwerfen, trifft schlicht nicht zu. Soweit iÜ v. der Einführung einer Abgeltungssteuer auf Kapitaleinkünfte mit lediglich 25 % ein Anreiz zur Entnahme ausgeht, ist dies nicht ein Problem der Thesaurierungsbegünstigung des § 34a und der Nachbesteuerung, sondern ein Problem der Abgeltungssteuer auf Kapitaleinkünfte. Insoweit wird erkennbar die Finanzierungsneutralität sowohl für das in KapGes. eingesetzte EK wie auch für das in Personenunternehmen eingesetzte EK verletzt. Die (bedauerliche) Ungleichbehandlung v. Unternehmenseinkünften und den übrigen Einkunftsarten untereinander und die schedulenhaften Behandlung (hoher) Kapitaleinkünfte im Bereich der ESt ist v. diesem Gesetzgeber gewollt und kann ihm jedenfalls nicht als widersprüchliches Verhalten angelastet werden.[5] Freilich sollte über ihre Beseitigung weiter nachgedacht werden.

74 **IV. Erbschaft-/Schenkungsteuer.** Nach Abs. 4 S. 4 ist der Nachversteuerungsbetrag um die Beträge zu vermindern, die für die in – oder ausländische[6] Erbschaftsteuer (Schenkungsteuer) anlässlich der Übertragung dieses Betriebes (MU'anteils) entnommen wurden. Der sich nach Abs. 4 S. 1 an sich ergebende Nachversteuerungsbetrag wird mithin um einen in den Entnahmen enthalten Betrag vermindert, der wirtschaftlich zur Zahlung der Erbschaft- oder Schenkungsteuer für die Übertragung dieses Betriebs/MU'anteils entnommen wurde. Die Übertragung eines TB oder eines Bruchteils am MU'anteil ist – über den Wortlaut hinausgehend – ebenfalls zu begünstigen.[7] Nicht erforderlich ist eine unmittelbare Tilgungsverwendung der entnommenen Beträge. Dadurch unterbleibt eine Nachversteuerung, soweit sie ansonsten durch die Entnahme zur Entrichtung für die Erbschaft-/Schenkungsteuer dieses ererbten Betriebs/MU'anteils oder von Teilen davon, nicht aber eines anderen Betriebs, ausgelöst worden wäre.[8] Dem ererbten/geschenkten Betrieb entnommene Beträge gelten vorrangig als auf für den Erwerb dieses Betriebs angefallene Erbschaftsteuer entnommen. Von dieser Regelung kann der Erbe als Rechtsnachfolger oder der Vermächtnisnehmer, dem der Betrieb/MU'anteil als Sachvermächtnis zugewendet wird, bzw. der damit Beschenkte Gebrauch machen. Auf die genannten Rechtsnachfolger geht der nachversteuerungspflichtige Betrag des Erben/Schenkers für den unentgeltlich übertragenen Betrieb/MU'anteil über, außer bei Schenkung von Teilbetrieben und Mitunternehmerbruchteilen (Rn. 80). Der übergegangene nachversteuerungspflichtige Betrag mindert sich dann bei ihnen ebenfalls insoweit nach Abs. 3 nicht, als der Nachversteuerungsbetrag um die auf die Erbschaftsteuer entfallende Entnahme gekürzt wurde. IErg. entfällt mithin eine Nachversteuerung nicht endg., sondern wird nur hinausgeschoben auf einen späteren VZ, in dem es erneut zu einem Nachversteuerungsbetrag kommt.

1 So zutr. *Thiel/Sterner*, DB 2007, 1099 (1106) unter Hinweis auf BFH v. 11.12.2002 – XI 48/00, BFH/NV 2003, 895.
2 Vgl. dazu auch *Niehus/Wilke* in H/H/R, § 34a Anm. 78 und 4; *Ley*, KÖSDI 2007, 15756 f.
3 So *Thiel/Sterner*, DB 2007, 1099 (1102) bzgl. des Fehlens einer Regelung zur unschädlichen Entnahmemöglichkeit für vor 2008 gebildetes Altkapital; vgl. auch *Knirsch/Maiterth/Hundsdoerfer*, DB 2008, 1405; *Siegel*, FR 2008, 557, 663; *Bareis*, FR 2008, 537; *Homburg*, DStR 2007, 686.
4 So *Hey*, DStR 2007, 925 (929).
5 Sie ist übrigens auch vom maßgeblich durch die Kölner Schule mitgeprägten Entw. einer Allgemeinen Unternehmsteuer der Stiftung Marktwirtschaft gewollt, vor dessen Hintergrund die Kritik v. *Hey*, DStR 2007, 925f an § 34a zu sehen ist. Auch nach diesem Entw. sollen die Gewinne „eingesperrt“ werden.
6 FinMin. SchlHol. v. 27.1.2010 – S 2290a - 001, juris.
7 So zutr. *Niehus/Wilke* in H/H/R, § 34a Anm. 81; zweifelnd *Ley/Brandenberg*, FR 2007, 1085; *Schiffers*, DStR 2008, 1805; s. auch *Ley* in Korn, § 34a Rn. 153; **aA** *Weitemeyer/Schumacher* in K/S/M, § 34a Rn. E 25.
8 BMF v. 11.8.2008, BStBl. I 2008, 838 Rz. 30, 31; vgl. auch Begr. RegEntw. BR-Drucks. 220/07 zu § 34a Abs. 4.

F. Übertragung von Wirtschaftsgütern (Abs. 5)

I. Übertragung/Überführung als Nachversteuerungsfall. Die zum Buchwert erfolgende **Überführung** (kein Rechtsträgerwechsel) v. einzelnen WG in einen anderen Betrieb oder in ein anderes SBV desselben StPfl. gem. § 6 Abs. 5 S. 1 und 2 und die unentgeltlich oder gegen Gesellschaftsrechte erfolgende **Übertragung** (Rechtsträgerwechsel) aus eigenem BV/SBV in gesamthänderisch gebundenes BV bei einer anderen MU'schaft und umgekehrt nach § 6 Abs. 5 S. 3 Nr. 1 und 2 sind für den abgebenden Bereich als **Entnahmen** und für den aufnehmenden Bereich als **Einlage** iSd. § 34a zu behandeln.[1] Sie können daher einen zur Nachversteuerung führenden Entnahmeüberhang begründen, respektive als Einlage vermindern. Dies ergibt sich zweifelsfrei aus § 34a Abs. 5 S. 1 iVm. Abs. 4. Denn 34a Abs. 5 S. 1 setzt voraus, dass die nach § 6 Abs. 5 erfolgende Überführung/Übertragung v. WG innerhalb des dem StPfl. zuzurechnenden BV eine die Nachversteuerung iSd. Abs. 4 auslösende Entnahme darstellen kann. Die Behandlung der unter § 6 Abs. 5 fallenden Überführungen und Übertragungen v. WG als „Entnahmen" und „Einlagen" ist die Konsequenz des dem § 34a zugrunde liegenden „engen" Betriebsbegriffes. Die in **Abs. 5 S. 2** vorgesehene **Übertragung eines nachversteuerungspflichtigen Betrages auf einen anderen Betrieb oder MU'anteil** des StPfl. zeigt freilich, dass der Gesetzgeber diese Konzeption iErg. zutr. zugunsten eines weiten Betriebsbegriffes modifiziert, wenngleich nur auf Antrag und auch nur unvollkommen. IErg. wird dadurch die Überführung/Übertragung v. WG innerhalb des dem StPfl. zuzurechnenden BV zwar als Entnahme behandelt, aber auf Antragstellung (Rn. 77) eben nicht als eine schon die Nachversteuerung auslösende Entnahme in das PV. Stattdessen wird der nachversteuerungspflichtige Betrag iHd. Buchwerts des entnommen EinzelWG auf den „anderen Betrieb" übertragen. Eine Übertragung auf einen anderen StPfl. findet nicht statt. Eine vollständige Gleichbehandlung wie bei Anwendung eines weiten Betriebsbegriffes stellt sich deshalb nicht ein, weil die Übertragung nur bis zum Buchwert des übertragenen WG als Einlage zur Verminderung eines im anderen Betriebs sich ergebenden Entnahmeüberhanges genutzt werden kann. Umgekehrt wirken sich Verluste nicht auf den Nachversteuerungsbetrag aus, auch wenn im anderen betrieblichen Bereich ein Gewinn erzielt wird. 75

Bei **MU'anteilen** ist zu beachten, dass abw. v. § 6 Abs. 5 S. 3 bei einer Übertragung v. WG aus SBV in Gesamthandsvermögen und umgekehrt innerhalb derselben MU'schaft kein Nachversteuerungsfall iSd. Abs. 5 S. 1 vorliegt, da sich die Vorgänge innerhalb desselben MU'anteil vollziehen. Richtigerweise gilt dies auch für Übertragungen v. WG innerhalb doppelstöckiger MU'schaften für den an der Obergesellschaft beteiligten MU'er. Es liegt insoweit nur ein einheitlicher MU'anteil für den Obergesellschafter vor, der auch seinen Anteil am Anteil der Obergesellschaft an der Untergesellschaft umfasst (Rn. 57).[2] Das gilt auch, soweit die Übertragungen gegen Gewährung oder Minderung von Gesellschaftsrechten erfolgen.

Im übernehmenden (anderen) Betrieb/MU'anteil des StPfl. ist für die Anwendung des § 34a v. einer „Einlage" auszugehen, soweit es nicht zur Übertragung eines nachversteuerungspflichtigen Betrages nach Abs. 5 S. 2 kommt.

Beispiel: Der StPfl. überführt 02 aus Betrieb I ein WG mit Buchwert v. 250 in Betrieb II. Für Betrieb I und Betrieb II liegen folgende Verhältnisse vor:

	Betrieb I	Betrieb II	I und II (weiter Begriff)
nachverstpfl. Betrag Ende 01	300	400	700
Entnahmen	- 40	- 300	- 340
Einlagen	+ 100	-	+ 100
Gewinn	+ 200	- 30	+ 170
Summe	+ 260	- 330	- 70
(NvstBetrag ohne Überführung)	**(0)**	**(- 300)**	-
Überführung	**- 250**	**+ 250**	-
(nicht entnommener Gewinn)	(+ 10)	(- 80)	(- 70)
Nachversteuerungsbetrag	**0**	**50**	**(70)**
nachverstpfl. Betrag Ende 02	300	(400 - 50 =) 350	(700 - 70 =) 630

Für Betrieb I ergibt sich ein nicht entnommener Gewinn v. 200 - (250 + 40 - 100 =) 190 = + 10 und damit kein Nachversteuerungsbetrag. Wird ein Antrag nach Abs. 1 nicht gestellt, erhöht sich der nachversteuerungspflichtige Betrag ggü. dem Ende des Vorjahres nicht. Für Betrieb II ergibt sich ein Nachversteuerungsbetrag v. (Entnahmen =) 300 - (Einlagen 250 + Gewinn 0 =) 250 = 50. Der nachversteuerungspflichtige Betrag vermindert sich v. Ende 01 400 auf (400 - 50 =) 350 Ende 02.

Die Überführung hat dazu geführt, dass es wegen der für Betrieb II anzunehmenden Einlage dort nur zu einer Nachversteuerung für einen Nachversteuerungsbetrag v. 50 kommt, obwohl der dortige Entnahmenüberhang ohne die

1 *Niehus/Wilke* in H/H/R, § 34a Anm. 86; *Wacker* in Schmidt[37], § 34a Rn. 67.
2 *Niehus/Wilke* in H/H/R, § 34a Anm. 86; *Wacker* in Schmidt[37], § 34a Rn. 67.

Überführung 300 betragen hätte. Durch die Annahme einer Einlage in Höhe des Buchwertes des überführten WGutes wird der Entnahmeüberhang in Betrieb II vermindert. Die gleichzeitige Verminderung des Einlagenüberhanges in Betrieb II wirkt sich nicht negativ aus, da es in Betrieb I trotz der Berücksichtigung der Übertragung als „Entnahme" nicht zu einem Entnahmeüberhang kommt. Eine vollständige Gleichbehandlung zu einer fiktiven dem § 34a entspr. Regelung bei Anwendung eines weiten Betriebsbegriffes stellt sich deshalb nicht ein, weil die übertragenen 250 hinter dem Überschuss v. 260 in Betrieb I zurückbleiben. Insoweit gehen weiterhin 10 verloren. Auf der anderen Seite findet der Verlust v. 30 in Betrieb II bei den Überentnahmen keine Berücksichtigung, weil keine Verrechnung v. Gewinn und Verlust stattfindet. Insgesamt ergibt sich dadurch ein um (30 – 10 = 70 – 50) 20 geringerer Nachversteuerungsbetrag als er sich bei Anwendung eines weiten Betriebsbegriffes ergeben würde.

Abs. 5 ist nicht anwendbar bei Überführung/Übertragung in eine ausländ. Betriebstätte des unbeschränkt StPfl. Soweit es sich um eine zu diesem inländ. Betrieb gehörende ausländ. Betriebsstätte handelt, fehlt es an einem anderen Betrieb. Insoweit kommt es jedenfalls zu einem Ausgleich von „Entnahme" und „Einlage" in demselben Betrieb, sodass eine Übertragung des WG ungeachtet der nach § 4 Abs. 1 S. 4 und § 6 Abs. 1 Nr. 4 S. 1 anzunehmenden Gewinnrealisation nicht zu einer Nachversteuerung nach Abs. 4 führen kann. Sofern es die Betriebsstätte eines anderen Betriebes ist, ist eine Buchwertfortführung nach § 6 Abs. 5 S. 1 bis 3 iVm. § 4 Abs. 1 S. 3 und 4 idF des JStG 2010 nicht möglich, sodass deshalb nach der Gesetzeslage weder bei Geltung der Freistellungs- noch der Anrechnungsmethode die Übertragung des nachversteuerungspflichtigen Betrages in Anwendung des Abs. 5 in Betracht kommt. (s. Rn. 36, 38, 39, 44). Bei beschränkter StPflicht stellen inländ. und ausländ. Betriebsstätten in jedem Fall getrennte „Betriebe" dar. Abs. 5 ist auf die Überführung v. WG zw. in- und ausländ. Betriebsstätten nicht anzuwenden (Rn. 37, 44).

§ 34a Abs. 5 S. 2 ist wegen der personenbezogenen Betrachtung auch nicht anwendbar, wenn nach § 6 Abs. 5 S. 3 Nr. 3 SBV zum Buchwert unentgeltlich auf einen anderen MU'er übertragen wird (s. auch Rn. 80).[1] Unberührt davon bleibt, dass für den übertragenden MU'er eine mit dem Buchwert zu bewertende Entnahme vorliegt, die bei ihm eine Nachversteuerung nach Abs. 4 auslösen kann.

76 Da § 34a Abs. 5 S. 1 uneingeschränkt auch auf unter § 6 Abs. 5 S. 3 fallenden Übertragungen verweist, gilt dies gleichermaßen für die gem. 6 Abs. 5 S. 3 Nr. 1 und 2 erfolgenden „unentgeltlichen" und „gegen Gewährung oder Minderung v. Gesellschaftsrechten" erfolgenden Übertragungen zum Buchwert. Die nach der (nicht unproblematischen und auch nicht überzeugenden) Rspr.- und Verwaltungsansicht[2] als entgeltlich zu betrachtenden Übertragungen gegen „Gewährung/Minderung v. Gesellschaftsrechten" müssen daher grds. für Abs. 5 und 4 als „Entnahmen" und „Einlagen" des WG behandelt werden.[3] Für unentgeltliche Übertragungen innerhalb derselben MU'schaft – dh. zwischen SBV und Gesellschaftsvermögen innerhalb derselben MU'schaft – fehlt es danach bereits an Entnahmen und Einlagen iSv. § 34a Abs. 5 iVm. Abs. 4 iVm. § 4 Abs. 1.[4] Bei Zugrundelegung dieser Auffassung kommt dann dafür mangels Vorliegens von Entnahmen und Einlagen schon dem Grunde nach keine Nachversteuerung in Betracht. Die Frage einer Übertragung des nachversteuerungspflichtigen Betrags nach Satz 2 auf Antrag stellt sich insoweit dann gar nicht mehr. Dasselbe muss auch gelten, wenn die Übertragung innerhalb derselben MU'schaft gegen Gewährung/Minderung von Gesellschaftsrechten zum Buchwert nach § 6 Abs. 5 S. 3 erfolgt. Auch dann liegen keine Entnahmen und Einlagen vor, die zu einer Nachversteuerung führen könnten. Folgt man der herrschenden Ansicht, müsste dies auch bei Übertragungen von WG gegen Gesellschaftsrechte nach § 6 Abs. 5 S. 3 zum Buchwert gelten, wenn diese sich nicht innerhalb derselben MU'schaft vollziehen. Denn dann liegen nach herrschender Ansicht ebenfalls schon keine Entnahmen vor, sondern gegen Entgelt erfolgende – allerdings erfolgsneutrale – Veräußerungen zum Buchwert. Es verblieben dann lediglich unter § 6 Abs. 5 S. 3 fallende unentgeltliche Übertragungen aus eigenem Betrieb in eine MU'schaft und umgekehrt sowie aus SBV bei einer MU'schaft in eine andere MU'schaft. Richtigerweise sollte aus der uneingeschränkten Verweisung des § 34a Abs. 5 auf Übertragungen nach § 6 Abs. 5 S. 3 aber entnommen werden, dass die unter § 6 Abs. 5 S. 3 fallenden Übertragungen gegen Gewährung/Minderung von Gesellschaftsrechten immer – ebenso wie unentgeltliche Übertragungen – iSd. § 34a Abs. 5 als Entnahmen/Einlagen iSd. § 34a zu behandeln sind, sodass sie einerseits eine Nachversteuerung auslösen können, aber andererseits auf Antrag eine Übertragung des nachversteuerungspflichtigen Betrags nach Abs. 5 S. 2 möglich ist. Das muss jedenfalls dann gelten, wenn die „gegen Gesellschaftsrechte" erworbene Beteiligung, respektive die durch Minderung der Gesellschaftsrechte geminderte („veräußerte"?) Beteiligung ihrerseits als

1 **AA** *Wendt*, Stbg. 2009, 1; *Niehus/Wilke*, DStZ 2009, 1; wie hier *Pohl*, BB 2008, 1536.

2 Vgl. BFH v. 17.7.2008 – I R 77/06, BStBl. II 2009, 464 = FR 2008, 1149 mwN; v. 19.10.1998 – VIII R 69/95, BStBl. II 2000, 230 = FR 1999, 300; v. 24.1.2008 – IV R 37/06, FR 2008, 912 m. Anm. *Wendt* = BFH/NV 2008, 854 und v. 24.1. 2008 – IV R 66/05, BFH/NV 2008, 1301; BMF v. 20.5.2009, BStBl. I 2009, 671 iVm. BMF v. 28.11.2004, BStBl. I 2004, 1190; BMF v. 8.12.2011, BStBl. I 2011, 1279.

3 So zutr. *Niehus/Wilke*, DStZ 2009, 14; *Niehus/Wilke* in H/H/R, § 34a Anm. 86; *Wacker* in Schmidt[37], § 34a Rn. 67.

4 BFH v. 19.9.2012 – IV R 11/12, FR 2012, 1153 m. Anm. *Kempermann* = BFH/NV 2012, 1880; v. 21.6.2012 – IV R 1/ 08, FR 2012, 1079 m. Anm. *Kempermann* = BFH/NV 2012, 1536.

selbständiger MU'anteil zu behandeln ist, für den der MU'er eine begünstigte Thesaurierungsbesteuerung verlangen kann. Mit der transparenten Besteuerung der MU'er einer PersGes. ist es unvereinbar, auf eine andere MU'schaft übertragene WG dem übertragenden G'ter einerseits bei dieser Ges. wegen der transparenten Besteuerung als MU'er weiterhin zuzurechnen und im eigenen Betrieb zusätzlich eine (doppelte) Zurechnung qua „gewährte Gesellschaftsrechte" vorzunehmen. Die Zurechnung bei der übernehmenden Ges. geht dabei, wenn man mit der Rspr. v. einer Anschaffung ausgeht, auf die dann stl. zwingend als Einlage zu behandelnde Begr. der Einlageforderung gegen den G'ter zurück. Denn nur so kann der Vorgang bei der übernehmenden MU'schaft als erfolgsneutraler Erwerb behandelt werden, was bisher die Rspr. jedenfalls noch nicht in Frage gestellt hat. Insoweit muss zwingend bei der übernehmenden MU'schaft für den dort bestehenden MU'anteil des übertragenden G'ters v. einer Einlage der Einlageforderung ausgegangen werden. Angesichts v. § 6 Abs. 5 S. 3 Nr. 1 und 2 kann die Einlageforderung bei der übernehmenden MU'schaft in deren Steuerbilanz dann nur mit dem Buchwert des zu übertragenden WG bewertet werden, wenn es nicht zu einem Erfolgsausweis kommen darf. Ist aber iErg. der Zugang des WG bei der übernehmenden MU'schaft auf eine stl. Einlage (wenn auch nach Ansicht der Rspr. nur der Einlageforderung) zurückzuführen und kann dadurch dort ein etwaiger Entnahmeüberhang für den einbringenden MU'er vermieden werden, muss dem korrespondierend die Übertragung des WG gegen Gewährung v. Gesellschaftsrechten im eigenen Betrieb des einbringenden G'ters oder im Sonderbereich oder Gesamthandsbereich bei einer anderen (Schwester)MU'schaft als oder wie eine „Entnahme" behandelt werden, die dort auch einen Entnahmeüberhang auslösen könnte. Das kommt lediglich für die Übertragung v. WG gegen Gewährung oder Minderung v. Gesellschaftsrechten – wie auch bei unentgeltlichen Übertragungen – zw. SBV und Gesamthandsvermögen bei derselben MU'schaft und bei Übertragungen zw. Ober- und Untergesellschaft bei doppel- und mehrstöckigen MU'schaften nicht in Betracht (Rn. 54, 75).

II. Keine Nachversteuerung auf Antrag/Übertragung des nachversteuerungspflichtigen Betrags. 77
Die dem § **34a** zugrunde liegende **betriebsbezogene Betrachtung** bewirkt, dass bei einem entspr. Entnahmeüberhang im VZ eine Nachversteuerung für diesen Betrieb (MU'anteil) ausgelöst werden kann, obwohl unter Einbeziehung aller (inländ.) Betriebe die Entnahmen des StPfl. nicht seine Steuerbilanzgewinne und Einlagen übersteigen. Dem kann der StPfl. allerdings dadurch teilw. entgegensteuern, dass er Geld und/oder andere WG noch im betr. VZ aus dem einen Betrieb (MU'anteil), der einen positiven Saldo aus Gewinn und Einlagen über die Entnahmen aufweist, bis zur Höhe dieses Saldos auf den anderen Betrieb (MU'anteil), der einen Entnahmeüberhang aufweist, zum Ausgleich dieses Entnahmeüberhanges überführt oder überträgt (s. Rn. 75). Darüber hinausgehend ermöglicht **Abs. 5 S. 2** auch dann eine vorl. Vermeidung der Nachversteuerung, wenn die Überführung oder Übertragung v. WG gem. § 6 Abs. 5 S. 1 bis 3 im abgebenden betrieblichen Bereich wegen der Entstehung eines Entnahmeüberhangs an sich zur Nachversteuerung führen würde. Die Nachversteuerung im abgebenden Bereich wird hier auf Antrag dadurch vermieden, dass statt der Nachversteuerung eine **Übertragung des nachversteuerungspflichtigen Betrags** vom **abgebenden Betrieb auf** den übernehmenden **anderen Betrieb**/MU'anteil erfolgt. Dadurch wird letztlich die Nachversteuerung auf den übernehmenden Betrieb verlagert und zeitlich hinausgeschoben. Der Höhe nach wird die Übertragung auf den Buchwert des überführten oder übertragenen WG begrenzt, maximal bis zur Höhe des Nachversteuerungsbetrages, den die Übertragung im abgebenden Bereich ansonsten ausgelöst hätte. Die Begrenzung trägt dem Umstande Rechnung, dass im abgebenden Betrieb eine Nachversteuerung nur bis zur Höhe des dort (noch) vorhandenen nachversteuerungspflichtigen Betrages erfolgen kann. Erfolgen neben der Überführung/Übertragung v. WG im abgebenden Betrieb noch andere sonstige Entnahmen, sollen diese nach Auffassung der FinVerw. vorrangig mit dem nachversteuerungspflichtigen Betrag zu verrechnen sein, sodass lediglich nur ein danach verbleibender Rest noch auf den übernehmenden Betrieb übertragen werden kann.[1] Dem ist nicht zu folgen. Vielmehr ist ein im abgebenden Bereich vorhandener nachversteuerungspflichtiger Betrag anteilig den sonstigen Entnahmen und den durch die Übertragung/Überführung ausgelösten Entnahmen zuzurechnen. Weder ist zum Nachteil des StPfl. im größtmöglichen Umfange zunächst für die sonstigen Entnahmen eine Nachversteuerung durchzuführen, noch ist umgekehrt im größtmöglichen Umfange nach einem Meistbegünstigungsprinzip[2] zugunsten des StPfl. durch Übertragung des nachversteuerungspflichtigen Betrages zunächst v. einer Nachversteuerung abzusehen.

Beispiel: Im abgebenden Betrieb bestand Ende des Vorjahres ein festgestellter nachversteuerungspflichtiger Betrag v. 160. Bei einem Gewinn v. 0 wurden sonstige Entnahmen v. 60 getätigt. Außerdem wurde ein WG mit Buchwert v. 180 in den Sonderbereich bei der aufnehmenden MU'schaft übertragen. Sonstige Einlagen erfolgten nicht. Es ergibt sich insgesamt ein Entnahmeüberhang v. (240 – 0 =) 240. Eine Nachversteuerung könnte maximal bis zum Betrage

1 BMF v. 11.8.2008, BStBl. I 2008, 838 Rz. 33; demgegenüber für ein Wahlrecht des StPfl. *Niehus/Wilke* in H/H/R, § 34a Anm. 91.
2 So ua. *Ley*, Ubg 2008, 214; *Wacker* in Schmidt[37], § 34a Rn. 69.

des nachversteuerungspflichtigen Betrages v. 160 erfolgen. Auf die sonstigen Entnahme entfällt ein anteiliger Betrag v. 60/240 × 160 = 40. Dafür ist eine Nachversteuerung durchzuführen. Der auf die Überführung entfallende anteilige nachversteuerungspflichtige Betrag v. 180/240 × 160 = 120 ist hingegen auf Antrag auf den Sonderbereich zu übertragen, sodass insoweit keine (sofortige) Nachversteuerung stattfindet. Lösung nach BMF hingegen: Nachversteuerung in Höhe von 60 und nur Übertragung des Restes von (160 – 60 =) 100 auf den Sonderbereich; Lösung Meistbegünstigung hingegen: Übertragung von (180, aber max.) 160 auf Sonderbereich, sodass kein nachversteuerungspflichtiger Betrag verbleibt und keine Nachversteuerung zu erfolgen hat.

Eine Übertragung eines nachversteuerungspflichtigen Betrages nach 34a Abs. 5 S. 2 ist nach zutr. Auffassung des BMF entgegen vielfältiger Kritik[1] bei der bloßen Übertragung v. Geldbeträgen nicht zulässig. § 34a Abs. 5 betrifft unter § 6 Abs. 5 fallende WG. Das sind solche, die zu bewerten sind. Dazu gehören Geldbeträge nicht. Auch das telos des § 34a Abs. 5 spricht nicht für die Einbeziehung v. Geldbeträgen. § 34a Abs. 5 soll verhindern, dass durch eine Nachversteuerung die v. § 6 Abs. 5 durch den Verzicht auf eine Aufdeckung stiller Reserven vermittels Buchwertfortführung erleichterten Umstrukturierungen im betrieblichen Bereich konterkariert werden. Das trifft aber nicht die Überführung/Übertragung v. Geld innerhalb des BV. Davon zu unterscheiden ist, dass die Überführung/Übertragung v. Geld im abgebenden Betrieb als „Entnahme“ und im aufnehmenden Bereich als „Einlage“ zu behandeln ist. Soweit dadurch Entnahmeüberhänge und eine Nachversteuerung vermieden werden, stellt dies auch keinen Gestaltungsmissbrauch dar.

Soweit es zur Übertragung eines nachversteuerungspflichtigen Betrages kommt und in diesem Umfange eine Nachversteuerung deshalb nicht stattfindet, ist im übernehmenden Betrieb nicht noch zusätzlich v. einer Einlage auszugehen. Einem nachversteuerungspflichtigen Betrag liegt ein mit dem Thesaurierungssatz besteuerter nicht entnommener Gewinn zugrunde und nicht eine Einlage. Wird zur Vermeidung einer Nachversteuerung daher ein nachversteuerungspflichtiger Betrag übertragen, ist konsequenterweise davon auszugehen, dass mit dem Thesaurierungssatz besteuerter Gewinn übertragen worden ist. Der übernehmende Betrieb ist daher so zu behandeln als sei die bilanzielle Vermögensmehrung durch die Übertragung zum Buchwert (technische Einlage) auf einen bei ihm ermäßigt besteuerten Gewinn zurückzuführen. Die Übertragung des nachversteuerungspflichtigen Betrags nach Abs. 5 S. 2 führt daher zwar zu einer Verlagerung der Nachversteuerung auf einen anderen betrieblichen Bereich und auf eine spätere Zeit. Sie generiert in Höhe des übertragenen nachversteuerungspflichtigen Betrages im übernehmenden Betrieb aber nicht noch zusätzlich eine nach Abs. 2 und 4 zu berücksichtigende Einlage, die dort frühzeitigere Entnahmen ohne sofortige Nachversteuerung ermöglicht.[2] Dazu kommt es lediglich – aber immerhin – iHd. Differenz zw. Buchwert und nachversteuerungspflichtigem Betrag.

Beispiel: Nachversteuerungspflichtiger Betrag in Betrieb I 100 und in Betrieb II ebenfalls 100. Gewinn in Betrieb I und II jeweils 0. Keine sonstigen Entnahmen und Einlagen in beiden Betrieben. Ein WG mit Buchwert v. 200 wird v. Betrieb I in Betrieb II überführt.

In Betrieb I ergibt sich durch die Überführung eine Überentnahme v. 200, die nach 34a Abs. 5 S. 1 iVm. 34a Abs. 4 S. 1 zu einer Nachversteuerung mit einem Nachversteuerungsbetrag v. 100 führen würde. Diese unterbleibt, wenn auf Antrag der nachversteuerungspflichtige Betrag v. 100 auf Betrieb II übertragen wird, sodass sich dort nunmehr ein nachversteuerungspflichtiger Betrag v. 200 ergibt. In Betrieb II ist für Zwecke des § 34a Abs. 2, 4 nicht von einer Einlage v. 200, sondern lediglich v. (200 – 100 =) 100 auszugehen. Dass es überhaupt zu einer „Einlage“ kommt, liegt daran, dass der Buchwert des übertragenen WG höher ist als der übertragene nachversteuerungspflichtige Betrag. Dem steht gegenüber, dass auch im übertragenden Bereich eine den nachversteuerungspflichtigen Betrag übersteigende und daher keine Nachversteuerung auslösende Entnahme vorliegt. IErg. bewirkt die Übertragung freilich zutreffenderweise, dass nur iHd. Differenz zw. Buchwert und nachversteuerungspflichtigem Betrag im übernehmenden Betrieb eine zusätzliche Möglichkeit zur Entnahme ohne Auslösung einer sofortigen Nachversteuerung geschaffen wird.

Soweit nach § 6 Abs. 5 S. 4 oder 6 statt des Buchwertes rückwirkend der TW-Ansatz zu erfolgen hat, entfallen ebenfalls rückwirkend die Voraussetzungen für die Anwendung des § 34a Abs. 5 S. 2, sodass die Übertragung des nachversteuerungspflichtigen Betrages rückgängig zu machen ist und die Nachversteuerung nachzuholen ist. Denn, wie sich aus dem Wortlaut des § 34a Abs. 5 S. 2 mit der Begrenzung auf den Buchwert ergibt, wird für unter § 6 Abs. 5 fallende Vorgänge nur bei Bewertung mit dem Buchwert auf die sofortige Nachversteuerung verzichtet.[3]

Der StPfl. kann insoweit eine sich für den betr. Betrieb ergebende Nachversteuerung auch nicht dadurch vermeiden, dass er für diesen Betrieb bestehende nachversteuerungspflichtige Beträge auf andere Betriebe

---

1 BMF v. 11.8.2008, BStBl. I 2008, 838 Rz. 32; krit. dazu *Wendt*, FR 2009, 1; *Niehus/Wilke*, DStZ 2009, 14; *Pohl*, BB 2008, 1536; *Niehus/Wilke* in H/H/R, § 34a Anm. 87; *Wacker* in Schmidt[37], § 34a Rn. 67.

2 So aber *Niehus/Wilke*, DStZ 2009, 14; wie hier *Wendt*, FR 2009, 1, aber möglicherweise nur de lege ferenda als zutr. erachtet.

3 BMF v. 11.8.2008, BStBl. I 2008, 838 Rz. 32; *Wacker* in Schmidt[37], § 34a Rn. 67; **aA** *Niehus/Wilke* in H/H/R, § 34a Anm. 87; *Pohl*, BB 2008, 1536; *Paus*, EStB 2008, 365.

überträgt. Davon macht Abs. 5 S. 2 eine Ausnahme. Nur für den Fall einer Übertragung v. WG v. einem (inländ.) BV des StPfl. in ein anderes (inländ.) BV ermöglicht Abs. 5 S. 2, dass eine ansonsten durch die Überführung/Übertragung zum Buchwert ausgelöste Nachversteuerung auf Antrag unterbleibt. Allerdings erfolgt dies dann um den Preis, dass in Höhe des sich wegen der Überführung/Übertragung an sich ausgelösten Nachversteuerungsbetrages ein nachversteuerungspflichtiger Betrag vom abgebenden Betrieb/MU'anteil auf den übernehmenden Betrieb/MU'anteil zu übertragen ist. Insoweit soll, weil das WG letztlich BV bleibt, eine Nachversteuerung nicht zwingend ausgelöst werden.[1] Eine Nachversteuerung durch die Übertragung auf den aufnehmenden Betrieb bei demselben StPfl. bleibt aber gesichert, wenn auch erst zu einem späteren Zeitpunkt.

G. Weitere gesetzliche Nachversteuerungsfälle und Nachversteuerung auf Antrag (Abs. 6)

I. Betriebsveräußerung und -aufgabe, Einbringung/Formwechsel/unentgeltliche Übertragung in/auf Kapitalgesellschaft oder Genossenschaft. Wird der Betrieb/MU'anteil gem. §§ 14, 16 Abs. 1 und 3, § 18 Abs. 3 veräußert oder aufgegeben, ist nach **§ 34a Abs. 6 S. 1 Nr. 1** bzgl. eines etwaig vorhandenen nachversteuerungspflichtigen Betrags eine Nachversteuerung durchzuführen. Eine Nachversteuerung ist auch durchzuführen, wenn die Aufgabe auf ungewollte Ereignisse – etwa auf eine Insolvenz – zurückzuführen ist.[2] 78

Bei einer „**Betriebsveräußerung oder Betriebsaufgabe**" kommt eine Übertragung eines nachversteuerungspflichtigen Betrags auf einen „anderen Betrieb" des StPfl. auch dann nicht in Betracht, wenn der Veräußerungserlös in einen „anderen Betrieb" des StPfl. reinvestiert wird oder das BV des aufgegebenen Betriebs/MU'anteils in einen „anderen Betrieb" oder MU'anteil des StPfl. überführt/übertragen wird. Das gilt auch für die Realteilung zu Buchwerten nach § 16 Abs. 3 S. 2 als BetrAufg. der MU'schaft oder jedenfalls des MU'anteils durch den gegen Sachwertabfindung ausscheidenden MU'er.[3]

Die **Realteilung zum Buchwert** nach § 16 Abs. 3 S. 2 fällt **nicht unter § 34a Abs. 5** iVm. § 6 Abs. 5, sondern fällt als BetrAufg. unter Abs. 6 Nr. 1. § 34a Abs. 5 iVm. § 6 Abs. 5 erfasst nur die Überführung/Übertragung von EinzelWG aus einem bestehen bleibenden Betrieb des StPfl./des MU'ers einer MU'schaft in einen „anderen Betrieb" des StPfl. Im Zusammenhang mit der **Übertragung von WG bei MU'schaften** ist erforderlich, dass das (Einzel-)WG aus einem **bestehen bleibenden Betrieb** (der MU'schaft oder des MU'ers) in einen „**anderen Betrieb**" (des MU'ers oder der MU'schaft) übertragen oder überführt wird. Daran fehlt es bei der (echten wie unechten) Realteilung gerade. Denn bei dieser wird der Betrieb der MU'schaft insgesamt „aufgegeben", respektive der MU'anteil (des Realteilers) an diesem Betrieb. Es fehlt bei der Realteilung mithin an einem fortbestehenden Betrieb der MU'schaft, an dem der Realteiler weiterhin beteiligt ist. Vielmehr führt die Realteilung gerade dazu, dass für den Realteiler eine Aufgabe seines MU'anteils an diesem Betrieb erfolgt, er diesen also gerade nicht fortsetzt. Angesichts der ausdrücklichen Bezugnahme nur auf § 6 Abs. 5 und nicht auf § 16 Abs. 3 S. 2 in § 34a Abs. 5 kann auch nicht zweifelh. sein, dass der Gesetzgeber in § 34a Abs. 5 die **Realteilung nicht** erfassen wollte. Eine **analoge Anwendung** von § 34a Abs. 5 S. 2 mit der Folge der Übertragung eines nachversteuerungspflichtigen Betrags aus dem (aufgegebenen, untergegangenen) MU'anteil am Betrieb auf einen „anderen Betrieb" des Realteilers **scheidet aus.** Es fehlt angesichts der eindeutigen Regelung in § 34a Abs. 6 Nr. 1 bereits an einer lückenhaften Regelung. Schon gar nicht kann von einer „planwidrigen Lücke" im G die Rede sein. Der Gesetzgeber hat eine Fortführung eines nachversteuerungspflichtigen Betrags für den StPfl. in seinem Betrieb oder durch Übertragung auf einen anderen Betrieb/MU'anteil ganz bewusst nur zugelassen, wenn der Betrieb/MU'anteil vom StPfl. weiter fortgeführt wird – so Abs. 5 iVm. § 6 Abs. 5 – oder wenn der ganze Betrieb oder ein MU'anteil ohne Zerschlagung in eine MU'schaft „eingebracht" wird – so Abs. 7 S. 2 iVm. § 24 UmwStG. Letzterem liegt offenkundig die Vorstellung zugrunde, dass der seinen ganzen Betrieb oder seinen ganzen MU'anteil einbringende StPfl. seine bisherigen Aktivitäten im eingebrachten Betrieb/MU'anteil mittels der Beteiligung als MU'er an der neuen MU'schaft fortsetzt, Nach der offenkundig gut nachvollziehbaren gesetzlichen Regelung bedarf es bei einer **Einbringung nach § 24 UmwStG** deshalb keiner sofortigen Nachversteuerung, weil der Einbringende in der (übernehmenden) MU'schaft seinen bisherigen Betrieb/MU'antell fortführt und dies gerade nicht als „Betriebsaufgabe/Betriebsveräußerung" iSv. 34a Abs. 6 Nr. 1 iVm. § 16 Abs. 1 und 3 behandelt werden soll, jedenfalls wenn eine Buchwertfortührung erfolgt. Von dieser Konstellation **unterscheidet sich eine Realteilung** grundlegend. Denn der Realteiler führt mittels der 78a

1 Begr. RegEntw. BR-Drucks. 220/07 zu § 34a Abs. 5.
2 *Schulze zur Wiesche*, DB 2007, 1612 (1614), beklagt insoweit die „Schlechterstellung v. PersG'tern" ggü. G'tern einer KapGes. – ein allerdings abwegiger Vergleich.
3 So zutr. BMF v. 11.8.2008, BStBl. I 2008, 838 Rz. 42; **aA** *Niehus/Wilke*, DStZ 2009, 14; *Ley*, Ubg 2008, 214; *Fellinger*, DB 2008, 1877; *Niehus/Wilke* in H/H/R, § 34a Anm. 96.

ihm zugeteilten WG – möge es sich um EinzelWG, TB oder MU'anteile handeln – in seinem übernehmenden (anderen) Betrieb auch nicht mittelbar seinen bisherigen Anteil am Betrieb der MU'schaft (MU'anteil) fort. Mit der Auflösung der MU'schaft, respektive seinem Ausscheiden aus der MU'schaft, endet vielmehr sein bisheriges betriebliches Engagement iRd. MU'schaft vollständig. Es wird auch nicht mittelbar anderweitig fortgesetzt. Die zwingende Nachversteuerung eines nachversteuerungspflichtigen Betrags gem. § 34a Abs. 6 Nr. 1 bei einer Realteilung folgt aus der – möglicherweise kritikwürdigen – Entsch. des Gesetzgebers, iRd. Thesaurierungsbegünstigung einem „engen Betriebsbegriff" zu folgen und diese nicht mehr zu gewähren, wenn das BV nicht in diesem Betrieb „eingesperrt" bleibt. Diese Entsch. des Gesetzgebers ist vom Rechtsanwender zu respektieren. Sie ist weder verfassungswidrig, noch würde eine etwaige Verfassungswidrigkeit dazu berechtigen, sie durch „analoge Anwendung" von § 34a Abs. 5 S. 2 oder „umgekehrt analoge" Anwendung des Abs. 7 S. 2 nicht zu beachten. Soweit eine andere Regelung – etwa die Begünstigung jeglicher betrieblicher Investitionen und „betrieblicher Umstrukturierungen" – erwünscht ist, ist es alleinige Aufgabe und fällt auch nur in die Zuständigkeit des Gesetzgebers, de lege ferenda in § 34a die Realteilung anders als bisher in Abs. 6 S. 1 zu regeln und eine Übertragung des nachversteuerungspflichtigen Betrags auf einen anderen Betrieb/MU'anteil des Realteilers vorzusehen. Der Richter überschreitet bei Weitem seine Kompetenzen, wenn er die gegenteilige gesetzliche Anordnung in Abs. 6 S. 1 durch „analoge Anwendung" von Abs. 5 S. 2 oder Abs. 7 S. 2 missachtet.[1]

78b Eine sofortige Nachversteuerung ist konsequenterweise nach Abs. 6 S. 1 Nr. 2 bei Einbringung eines Betriebs oder MU'anteils **nach § 20 UmwStG in eine KapGes. oder Genossenschaft** oder **beim Formwechsel nach § 25 iVm. § 20 UmwStG** durchzuführen. In all diesen Konstellationen – anders als bei der Einbringung nach § 24 UmwStG in eine transparent besteuerte MU'schaft – wird der Betrieb/MU'anteil nicht mehr vom StPfl. unterhalten bzw. dient ihm nicht mehr zur Erzielung von ihm zuzurechnenden eigenen betrieblichen Einkünften. Die Nachversteuerung ist insoweit konsequent, wenn man der kruden Logik des § 34a, wonach im eigenen Betrieb verbliebene Gewinne gute Gewinne sind, nicht aber „entnommene Gewinne", etwas abgewinnen kann. Vor allem besteht trotz gewollter Annäherung an die Besteuerung der Kapitalgesellschaft und ihrer Anteilseigner keine wirkliche Äquivalenz zwischen Thesaurierungsbesteuerung und Nachversteuerung gemäß § 34a, die es gestatten würde, schlicht auf eine Nachversteuerung zu verzichten. Die Besteuerung der Ausschüttungen der Kapitalgesellschaft bei ihren Gesellschaftern ist einer Nachversteuerung begünstigten thesaurierten Gewinnes wegen späterer Entnahmen nicht äquivalent.[2]

Die Nachversteuerung ist unabhängig davon, ob die Einbringung/der Formwechsel in ein KSt-Subjekt zu Buchwerten erfolgt oder zum gemeinen Wert. Soweit im letzteren Falle nach § 20 Abs. 4 UmwStG ein nach § 16 Abs. 4, § 34 Abs. 3 begünstigter Veräußerungsgewinn entsteht, verbleibt es dennoch daneben bei der Nachversteuerung für den nachsteuerpflichtigen Betrag.

78c Von einer die Nachversteuerung auslösenden Betriebsveräußerung/BetrAufg. ist auch bei einer Einbringung in eine MU'schaft nach § 24 UmwStG auszugehen, wenn diese zum gemeinen Wert oder zu Zwischenwerten oberhalb des Buchwertes erfolgt (s. Rn. 81). Werden vor oder bei der Betriebsveräußerung/-aufgabe/Einbringung/Formwechsel wesentliche Betriebsgrundlagen in einen anderen Betrieb des StPfl. überführt oder übertragen, so kann insoweit durch Übertragung des nachversteuerungspflichtigen Betrages nach Abs. 5 S. 1 und 2 auf den übernehmenden Betrieb eine Nachversteuerung bis zur Höhe des Buchwertes der überführten WG vermieden werden (Rn. 75, 77). Abs. 5 ist insoweit auch bei der Übertragung v. WG zum Buchwert auf einen eigenen Betrieb des Realteilers zu beachten. Wird lediglich ein TB oder der Teil eines MU'anteils veräußert, löst dies für sich genommen keine Nachversteuerung aus (s. Rn. 80).

78d Nach dem ab dem 5.7.2017 anzuwendenden Abs. 6 S. 1 Nr. 3 ist bei einer **unentgeltlichen** (Betriebs-/MU'anteils-)**Übertragung nach § 6 Abs. 3 an eine Körperschaft** ebenfalls eine Nachversteuerung vorzunehmen. Entsprechendes gilt für die unentgeltliche Übertragung auf eine MU'schaft, soweit der übertragene Betrieb oder MU'anteil einer Körperschaft oder Vermögensmasse iSd. § 1 Abs. 1 Nr. 1 KStG zuzurechnen

1 So aber *Niehus/Wilke* in H/H/R, § 34a Anm. 96 (analoge Anwendung von Abs. 5 S. 2 wg. angeblich „planwidriger Regelungslücke"); ebenso *Weitemeyer/Schumacher* in K/S/M, § 34a Rn. F 31 und G 8 (analoge Anwendung von Abs. 5 S. 2 und teleologische Reduktion); *Wacker* in Schmidt[37], § 34a Rn. 87, 76, sieht bei einer Realteilung unter Zuteilung von TB oder MU'anteilen Abs. 6 Nr. 1 durch Abs. 7 als „verdrängt" an, was freilich schlicht unzutr. ist. Denn die Realteilung fällt – auch bei Zuweisung von TB – weder unter Abs. 7 S. 1 – kein unentgeltlicher Übergang auf einen Rechtsnachfolger – noch unter S. 2 – keine Einbringung nach § 24 UmwStG.

2 Vgl. aber zu Anregungen durch Sonderregelungen eine Äquivalenz zwischen Nachversteuerung und Abgeltungssteuer oder Teileinkünftebesteuerung bei Dividendenausschüttungen herbeizuführen *Stein* in H/H/R, § 34a Anm. 81; *Cordes*, WpG 2007, 526; *Schiffers*, GmbHR 2007, 841; *Niehus/Wilke*, DStZ 2009, 1; *Hey*, DStR 2007, 925; *Rogall*, in Schaumburg/Rödder, Unternehmenssteuerreform 2008, 409; *Fechner/Bäuml*, FR 2010, 744; vgl. auch *Crezelius*, FR 2011, 401 (409 f.).

ist. Die unter § 6 Abs. 3 EStG[1] fallende unentgeltliche Übertragung des Betriebs oder eines MU'anteils an ein KSt-Subjekt führt damit zwingend zur Nachversteuerung – abw. von der unentgeltlichen Übertragung auf ESt-Subjekte, bei der der nachversteuerungspflichtige Betrag auf den Rechtsnachfolger übergeht (Rn. 80). Eine „unentgeltliche Übertragung" liegt nur vor, wenn der Übertragende keinerlei Gegenleistung für die Einlage erhält. Daran fehlt es immer bei offenen oder verdeckten Einlagen eines Anteilseigners. Der klassische Anwendungsfall für unentgeltliche Übertragungen besteht in der Übertragung auf (gemeinnützige) Stiftungen. Nach § 52 Abs. 34 S. 2 ist die durch das LizenzboxG v. 27.6.2017 aufgenommene Regelung des Abs. 6 S. 1 Nr. 3 erstmals auf unentgeltliche Übertragungen anzuwenden, die nach dem 5.7.2017 erfolgten. Mit der Regelung soll und wird verhindert, dass nachversteuerungspflichtige Beträge bei einem Wechsel (des Betriebs und des Betriebsinhabers) vom estl. zum kstl. Besteuerungsregime bestehen bleiben, respektive ohne Nachversteuerung untergehen. Sie können nicht vom KSt-Subjekt als dem „unentgeltlichen" Rechtsnachfolger fortgeführt werden. Stattdessen ist noch beim unentgeltlich den Betrieb/MU'anteil übertragenden ESt-Subjekt die Nachversteuerung vorzunehmen. Strittig ist, welche Rechtsfolge bei unentgeltlichen Übertragungen auf ein KSt-Subjekt eintritt, die bis zum 5.7.2017 erfolgten (s. dazu Rn. 80).

Die durch die Betriebsveräußerung, BetrAufg., Einbringung oder den Formwechsel ausgelöste Nachsteuer 78e
ist **auf Antrag zinslos zu stunden**, Abs. 6 S. 2. Der Antrag kann auch vom Rechtsnachfolger des StPfl., etwa dem Erben, gestellt werden. Die Stundung kann eine Dauer v. zehn Jahren seit Eintritt der Fälligkeit umfassen. Voraussetzung ist das Vorliegen einer unbilligen Härte im Hinblick auf die sofortige Zahlung. Die Stundung ist dann so zu gewähren, dass die Steuerschuld in regelmäßigen Teilbeträgen über zehn Jahre getilgt wird.

II. Wechsel der Gewinnermittlungsart, Nachversteuerung auf Antrag. Ein vorhandener nachversteue- 79
rungspflichtiger Betrag führt bei einem Wechsel der Gewinnermittlungsart v. der Gewinnerermittlung durch Betriebsvermögensvergleich nach § 4 Abs. 1 (oder 5 Abs. 1) zur Einnahme/Überschussrechnung nach § 4 Abs. 3 (oder zur Gewinnermittlung nach § 5a oder § 13a) zur Nachversteuerung, § 34a Abs. 6 S. 1 Nr. 4. Eine Nachversteuerung ist iÜ jederzeit auf Antrag des StPfl. durchzuführen, § 34a Abs. 6 S. 1 Nr. 5. Dies kann etwa in Betracht kommen, um eine unentgeltliche Betriebsübertragung vorzubereiten, wenn erwünscht ist, dass der Rechtsnachfolger entgegen Abs. 7 S. 1 keinen nachversteuerungspflichtigen Betrag zu übernehmen hat.[2] Der Antrag kann zwar für jeden Betrieb oder MU'anteil gesondert gestellt werden. Er kann aber nicht auf Teilbeträge des nachversteuerungspflichtigen Betrages je Betrieb oder MU'anteil beschränkt werden.[3] Eine zinslose Stundung der Nachsteuer nach Abs. 6 S. 2 kommt weder in Betracht, wenn die Gewinnermittlungsart gewechselt wird, noch im Falle der Nachversteuerung auf Antrag. Unberührt bleibt natürlich eine Stundung nach § 222 AO unter den dortigen Voraussetzungen.

H. Fortführung eines nachversteuerungspflichtigen Betrags (Abs. 7)

I. Unentgeltliche Rechtsnachfolge. Ein nachversteuerungspflichtiger Betrag geht in den Fällen der **un-** 80
entgeltlichen Übertragung des ganzen Betriebs oder MU'anteils nach § 6 Abs. 3 zwingend **auf den Rechtsnachfolger** über und ist mithin v. diesem nach Abs. 7 S. 1 fortzuführen. Eine etwaige **Nachversteuerung** nach Abs. 4 oder 6 trifft dann den **Rechtsnachfolger**. Soll dies vermieden werden, kann vor der Übertragung nach Abs. 6 S. 1 Nr. 4 auf Antrag noch des Rechtsvorgängers eine Nachversteuerung erfolgen. Trotz des Wortlautes, wonach der Antrag vom StPfl. zu stellen ist, dürfte Nichts entgegenstehen, dass in Erbfällen der Antrag nach Abs. 6 S. 2 auch noch v. dem oder den Erben als (den) Rechtsnachfolger(n) des StPfl. gestellt wird, wenn ein Übergang des nachversteuerungspflichtigen Betrages auf den Übernehmer des Betriebes oder MU'anteils nicht gewünscht ist. Daran könnte etwa ein Interesse bestehen, damit eine etwaige Steuerschuld aus der Nachversteuerung noch den Erblasser trifft und als Nachlassverbindlichkeit bei der Erbschaftsteuer zu berücksichtigen ist. Voraussetzung ist, dass eine unentgeltliche Rechtsnachfolge iSd. § 6 Abs. 3 vorliegt, sei es durch Erbfall (Erbeinsetzung, Vermächtnis), sei es durch Schenkung unter Lebenden einschließlich Übertragung gegen Versorgungsleistungen gemäß § 10 Abs. 1 Nr. 1a (sog. vorweggenommene Erbfolge).

Rechtsnachfolger als Empfänger der unentgeltlichen Übertragung des Betriebs oder MU'anteils iSd. Abs. 7 kann grds. nur eine **nat. Pers.** sein. Soweit § 6 Abs. 3 – **ausnahmsweise** – auch bei einer unentgeltlichen

---

1 Eine Nachversteuerung nach Abs. 6 dürfte jedoch ausscheiden, sofern § 6 Abs. 3 nicht erfüllt ist, so etwa, wenn die übernehmende (gemeinnützige) Körperschaft nicht MU'er wird, wie bei einer lediglich gewerblich geprägten GmbH & Co. KG; s. dazu *Bodden*, KÖSDI 2018, 20622; *Demuth*, KÖSDI 2018, 20914 und BFH v. 18.2.2016 – V R 60/13, BStBl. II 2017, 25 mwN (kein wirtschaftl. Geschäftsbetrieb gemeinnütziger Stiftung bei Beteiligung an gewerblich geprägter PersGes.).

2 So auch Begr. RegEntw. BT-Drucks. 220/07 zu § 34a Abs. 6.

3 *Kessler/Ortmann-Babel/Zipfel*, in: BDI/Ernst & Young, Unternehmensteuerreform 2008, 2007, 39.

Übertragung auf eine jur. Pers. anwendbar ist (§ 16 Rn. 24) – und nicht etwa eine unter § 34a Abs. 6 Nr. 1 fallende Betriebsveräußerung/Betriebsaufgabe (§ 6 Rn. 192, § 16 Rn. 21 f., 41) oder eine (entgeltliche) Einbringung nach Abs. 6 Nr. 2 in eine KapGes. oder Genossenschaft vorliegt –, etwa bei unentgeltlicher Übertragung auf eine **Stiftung** durch Erbeinsetzung oder Schenkung, ist **§ 34a Abs. 7 S. 1 nicht** anwendbar.[1] Denn der nachversteuerungspflichtige Betrag kann nur von einer nat. Pers. als Rechtsnachfolger fortzuführen sein, da nur eine nat. Pers. als persönlich EStPfl. hinsichtlich einer bei ihr durchzuführenden späteren Nachversteuerung der besonderen Tarifvorschrift des § 34a Abs. 4 unterliegen kann.[2] Bei der KSt unterliegenden Körperschaften ist die Tarifvorschrift des § 34a generell nicht anwendbar. Daher bestimmt Abs. 7 S. 1 HS 2 nunmehr ausdrücklich, dass bei einer unentgeltlichen **Übertragung auf ein KSt-Subjekt** der nachversteuerungspflichtige Betrag nicht fortzuführen ist. Das ist jedenfalls insoweit lediglich klarstellend und gilt iErg. daher auch schon für unentgeltliche Übertragungen vor dem 6.7.2017, als eine Fortführung des nachversteuerungspflichtigen Betrags zwecks späterer Nachversteuerung bei der Körperschaft auch schon vor dem 6.7.2017 nicht in Betracht kam (s. Rn. 78d).

Stattdessen soll nach abgestimmter Auffassung der obersten Finanzbehörden bei – vor dem 6.7.2017 erfolgter – unentgeltlicher (Betriebs-/MU'anteils-)Übertragung auf eine Stiftung (oder eine andere gemeinnützige Körperschaft) – in analoger Anwendung von § 34a Abs. 6 Nr. 1 und 2 – eine sofortige Nachversteuerung nach Abs. 4 noch beim übertragenden (Mit-)Unternehmer durchzuführen sein.[3] Dem ist allerdings nicht zu folgen.[4] Vielmehr geht der nachversteuerungspflichtige Betrag mit einer nicht unter § 34a Abs. 6 Nr. 1 und 2 fallenden, **vor dem 6.7.2017 erfolgenden** (Rn. 78d) **unentgeltlichen Übertragung auf eine Körperschaft** unter, namentlich und insbes. bei unentgeltlicher Übertragung auf eine Stiftung. Es hat dann sein Bewenden damit, dass bei etwaigen nachfolgenden Leistungen der Stiftung an den Stifter/Überträger oder andere Personen – etwa an Familienangehörige bei Familienstiftungen – diese Leistungen beim Empfänger der Leistungen nach § 20 Abs. 1 Nr. 9 zu versteuern sind. Sie unterliegen der 25-prozentigen Abgeltungsteuer nach § 32d. Wenn, weil und soweit die der unentgeltlichen Rechtsnachfolge nachfolgende Auskehrung der begünstigt beim Rechtsvorgänger thesaurierten Gewinne durch Leistungen der Stiftung (Körperschaft) der Besteuerung bei den Leistungsempfängern unterliegt, bedarf es auch weder einer Nachversteuerung bei der Stiftung – oder einer anderen Körperschaft – als Rechtsnachfolger noch einer Nachversteuerung schon beim übertragenden (Mit-)Unternehmer. Entscheidend ist, dass aus den – begünstigt besteuerten thesaurierten – Gewinnen erfolgende nachfolgende Leistungen der Stiftung (oder allgemeiner einer Körperschaft) als unentgeltlicher Rechtsnachfolger dann der Besteuerung beim Leistungsempfänger unterliegen, weil und soweit sie nicht aus dem Einlagekonto iSd. § 27 KStG erfolgen, vgl. § 20 Abs. 1 Nr. 1 S. 3, Nr. 2 S. 1, Nr. 9 EStG iVm. § 27 KStG. Eine „steuerfreie Auflösung" findet insoweit gerade nicht statt. Der nachversteuerungspflichtige Betrag geht daher bei unentgeltlicher Übertragung auf eine Stiftung (oder andere Körperschaft) ersatzlos unter,[5] weil und soweit die unentgeltliche Übertragung nicht zur Bildung von Nennkapital und auch nicht zu dem steuerlichen Einlagekonto nach § 27 KStG zuzuführenden Einlagen führt.

Der nachversteuerungspflichtige Betrag für den Betrieb/MU'anteil ist v. dem (den) unentgeltlichen Rechtsnachfolger(n) in den jeweiligen Betrieb/MU'anteil fortzuführen, nicht etwa v. dem oder den Erben, soweit sie nicht die Rechtsnachfolge in den Betrieb/MU'anteil durch Fortführung antreten. Daher ist er bei einer Mehrheit von Erben nur von dem Erben fortzuführen, dem in der Erbauseinandersetzung der Betrieb in Anrechnung auf seinen Erbteil zugewiesen wird (s. § 16 Rn. 101) und bei der qualifizierten Nachfolge in den MU'anteil nur vom qualifizierten Nachfolger (s. § 16 Rn. 181). Führen der oder die Miterben einen Betrieb/MU'anteil nicht fort, sondern veräußern ihn (oder geben ihn auf), so liegt in der Pers. des oder der Miterben ein die Nachversteuerung auslösendes Ereignis nach Abs. 6 S. 1 Nr. 1 vor. Allerdings werden die Erben als Gesamtrechtsnachfolger auch hier die Wahl haben, durch Stellung des Antrages nach Abs. 6 S. 1 Nr. 4 die Nachversteuerung noch in der Pers. des Erblassers auszulösen. Bei mehreren Miterben oder bei

1 *Niehus/Wilke* in H/H/R, § 34a Anm. 2, 98, 107; *Ley*, Ubg 2008, 214; *Ley/Bodden* in Korn, § 34a Rn. 199; OFD Ffm. v. 19.11.2013 – S 2290 aA - 02 - St 213, juris; **aA** FG Münster v. 27.1.2017 – 4 K 56/16 F, EFG 2017, 477 (Rev. III R 49/17).

2 Anders FG Münster v. 27.1.2017 – 4 K 56/16 F, EFG 2017, 477 (Rev. III R 49/17) (danach Nachzahlungssteuer nur ESt für die Vergangenheit als Zusatzposten zur KSt bei der Körperschaft als Rechtsnachfolgerin).

3 OFD Ffm. v. 19.11.2013 – S 2290a A - 02 - St 213, DStR 2014, 803; so auch *Haag*, BB 2012, 1966; *Ley/Bodden* in Korn, § 34a Rn. 199.1; *Bodden*, FR 2014, 920 (922); *Weitemeyer/Schumacher* in K/S/M, § 34a Rn. H 4 iVm. G 25.

4 Insoweit zutr. *Niehus/Wilke* in H/H/R, § 34a Anm. 2 (Stand: Oktober 2017); verfehlt freilich die Annahme, dass nach § 34a Abs. 7 S. 1 aF der nachversteuerungspflichtige Betrag von der Körperschaft zwecks späterer Auflösung und Nachversteuerung fortzuführen sei (ebenso auch FG Münster v. 27.1.2017 – 4 K 56/16 F, EFG 2017, 477 [Rev. III R 49/17]).

5 So zutr. *Maetz*, FR 2013, 652.

unentgeltlicher Übertragung des Betriebes oder MU'anteils unter Lebenden auf mehrere Beschenkte bedarf es – wegen der Personenbezogenheit der Nachversteuerung – einer Aufteilung des nachversteuerungspflichtigen Betrages. Mangels anderweitiger Anordnung wird man davon auszugehen haben, dass die Aufteilung nach Maßgabe der jeweils unentgeltlich erworbenen Anteile am Betrieb, respektive am MU'anteil (inklusive der Anteile am SBV) zu erfolgen hat. Für Zwecke der Besteuerung bedarf es einer derartigen Aufteilung auch dann, wenn zivilrechtl Gesamthandsvermögen (etwa einer Erbengemeinschaft) vorliegt.

Soweit § 6 Abs. 3 auch anwendbar ist bei unentgeltlicher Übertragung v. Teilbetrieben, bei unentgeltlicher Übertragung eines Teiles eines MU'anteils und bei unentgeltlicher Aufnahme in ein Einzelunternehmen, ist ein etwaig vorhandener nachversteuerungspflichtiger Betrag vom StPfl. selbst fortzuführen. Eine Übertragung auf den Übernehmer eines TB oder eines Anteils am MU'anteil oder eines neu geschaffenen MU'anteils am bisherigen Einzelbetrieb findet nicht statt.[1] Zu einer Nachversteuerung kommt es erst bei Aufgabe/Veräußerung des zurückbehaltenen TB/Anteils am MU'anteils. Die unentgeltliche Übertragung nach § 6 Abs. 3 ist auch nicht als Entnahme zu behandeln, die eine Nachversteuerung nach 34a Abs. 4 auslösen könnte.[2] Auf die unentgeltliche Übertragung v. EinzelWG nach § 6 Abs. 5 S. 3 Nr. 3 ist § 34a Abs. 7 gerade nicht anzuwenden (Rn. 75).

Die **Realteilung** nach § 16 Abs. 3 S. 2 stellt weder eine „unentgeltliche Übertragung" iSd. § 6 Abs. 3 dar, noch ist der die WG der MU'schaft in einen anderen Betrieb übertragende Realteiler hinsichtlich eines „nachversteuerungspflichtigen Betrags" sein eigener „Rechtsnachfolger". § 34a Abs. 7 S. 1 ist auf die Realteilung weder unmittelbar noch analog anzuwenden. Die Realteilung führt nach Abs. 6 Nr. 1 zur Nachversteuerung (Rn. 78a).

II. Einbringung in eine Personengesellschaft. Bei der Einbringung eines Betriebes oder eines MU'anteils in eine PersGes. nach § 24 UmwStG findet wegen der transparenten Besteuerung der PersGes. – anders als bei der Einbringung in eine KapGes. oder Genossenschaft nach § 20 UmwStG (Rn. 78) – in Bezug auf den StPfl., dem der Betrieb oder MU'anteil zuzurechnen ist, kein (vollständiger) Wechsel statt. Ein für den Betrieb oder MU'anteil bis zur Einbringung bestehender nachversteuerungspflichtiger Betrag ist daher vom (einbringenden) StPfl. selbst über den gewährten MU'anteil weiter fortzuführen, Abs. 7 S. 2. Eine die Nachversteuerung auslösende Betriebsveräußerung/Betriebsaufgabe im Sinne des Abs. 6 Nr. 1 liegt infolge der Einbringung nicht vor. Soweit die Rspr. davon ausgeht, dass den Einbringungsfällen nach § 24 UmwStG an sich eine tauschähnliche Veräußerung zugrunde liegt, ergibt sich jedenfalls aus § 34a Abs. 7 S. 2, dass bei Einbringung zu Buchwerten nicht v. einer die Nachversteuerung nach Abs. 6 S. 1 Nr. 1 auslösenden Betriebsveräußerung ausgegangen werden soll.[3] Anders ist es – unter Zugrundelegung der problematischen Auffassung des Vorliegens einer tauschähnlichen Veräußerung – bei einer Einbringung zu gemeinen Werten oder zu Zwischenwerten.[4] Der geänderten betrieblichen Struktur ist dadurch Rechnung zu tragen, dass der für den bisherigen (Einzel)Betrieb, respektive für den bisherigen MU'anteil bestehende nachversteuerungspflichtige Betrag auf den durch die Einbringung entstandenen neuen MU'anteil des StPfl. übergeht, Abs. 7 S. 2. Auch wenn Abs. 7 S. 2 vom Übergang auf den „neuen MU'anteil" spricht, gilt dies gleichermaßen, wenn die Einbringung in eine PersGes. erfolgt, an der der StPfl. bereits vorher als MU'er beteiligt war und zivilrechtl mithin kein neuer Gesellschaftsanteil erworben wird, sondern der bisherige Gesellschaftsanteil sich lediglich dem Umfange nach vergrößert. 81

Soweit die Einbringung in eine ausländ. Betriebsstätte der PersGes. erfolgt und nach § 24 Abs. 2 UmwStG wegen Ausschlusses oder Beschränkung des Besteuerungsrechts hinsichtlich des eingebrachten Betriebsvermögens keine Buchwertfortführung möglich ist, ist ebenfalls v. einer die Nachversteuerung auslösenden BetrAufg./Betriebsveräußerung nach Abs. 6 S. 1 Nr. 1 auszugehen. Der eingebrachte Betrieb/MU'anteil und der Betrieb der PersG sind verschiedene Betriebe. Aus § 16 Abs. 3a, § 4 Abs. 1 S. 4 idF des JStG 2010 ergibt sich, dass der Gesetzgeber von einem Ausschluss oder einer Beschränkung des deutschen Besteuerungsrechts ausgeht, wenn durch die Einbringung die bisher einer inländischen Betriebsstätte des Betriebes des StPfl. zugeordneten Wirtschaftsgüter einer ausländischen Betriebsstätte der PersG zugeordnet werden (s. Rn. 45, 39). Handelte es sich um einen inländ. Betrieb oder einen MU'anteil an einer MU'schaft mit (auch) im Inland belegenen Betriebsstätten und bestehen diese im Inland fort, wird das Besteuerungs-

1 BMF v. 11.8.2008, BStBl. I 2008, 838 Rz. 42, 47; *Weitemeyer/Schumacher* in K/S/M, § 34a Rn. H 2; **aA** *Lademann*, § 34a Rn. 48 (Aufteilung und Übertragung eines nachversteuerungspflichtigen Betrages analog Abs. 5); vgl. auch *Rogall*, in: Schaumburg/Rödder, Unternehmensteuerreform 2008, 2007, 438.
2 OFD Ffm. v. 2.7.2015 – S 2290a - 1 - St 213, juris.
3 Vgl. dazu BFH v. 17.7.2008 – I R 77/06, BStBl. II 2009, 464 = FR 2008, 1149 mwN und v. 24.1.2008 – IV R 37/06, BFH/NV 2008, 847, m. Anm. *Wendt*, FR 2008, 915.
4 So konsequent BMF v. 11.8.2008, BStBl. I 2008, 838 Rz. 47; **aA** *Wacker* in Schmidt[37], § 34a Rn. 78; *Bindl*, DB 2008, 949.

recht der Bundesrepublik durch die bloße Einbringung allerdings nicht tangiert. Das gilt auch bei lediglich beschränkter StPfl. des Einbringenden. Bei der dann zulässigen Buchwertfortführung geht nach Abs. 7 S. 2 ein nachversteuerungspflichtiger Betrag auf den MU'anteil über. Wegen der Besonderheiten der bei Einbringung eines MU'anteils entstehenden doppelstöckigen MU'schaft s. Rn. 57.

Ein Wechsel der Rechtsform v. einer PersGes. in eine andere PersGes., etwa v. der BGB Ges. in die OHG oder KG oder umgekehrt oder v. der OHG in die KG und umgekehrt fällt nicht unter Abs. 7. Hier ist ohnehin der nachversteuerungspflichtige Betrag vom StPfl. hinsichtlich seines MU'anteils fortzuführen. Ungeachtet des Wechsels der Rechtsform bleibt stl. die Identität der MU'schaft und damit auch des jeweiligen MU'anteils erhalten. Ein Wechsel der Rechtsform v. der KapGes. in die PersGes. nach § 9 UmwStG oder die Einbringung eines Betriebes oder MU'anteils einer KapGes. in eine PersGes. nach § 24 UmwStG ist für die Anwendung des § 34a ohne Auswirkung, da insoweit für KapGes. ohnehin eine „Thesaurierungsbegünstigung" durch Anwendung eines Sondertarifs nicht in Betracht kommt. Die Realteilung einer MU'schaft führt nach Abs. 6 Nr. 1 zur Nachversteuerung. Abs. 7 S. 2 ist weder unmittelbar noch analog anzuwenden (Rn. 78a).

I. Verlustausgleich, Verlustabzug (Abs. 8)

82 § 34a Abs. 8 schließt einen **Verlustausgleich** negativer Einkünfte nach § 2 Abs. 3 mit den nach § 34a Abs. 1 mit dem Sondertarif des Thesaurierungssteuersatz **besteuerten nicht entnommenen Gewinnen** aus. Dies betrifft sowohl negative Einkünfte derselben Einkunftsart (horizontaler Verlustausgleich) – etwa aus anderen Gewerbebetrieben oder MU'anteilen mit gewerblichen Einkünften, falls für den thesaurierten Gewinn eines GewBetr. auf Antrag die Sondertarifierung erfolgt ist – als auch den vertikalen Verlustausgleich mit negativen Einkünften aus einer anderen Einkunftsart. Sowohl der horizontale als auch der vertikale Verlustausgleich können jedoch dazu führen, dass der begünstigungsfähige nicht entnommene Gewinn iSd. § 34a Abs. 2 und Abs. 3 S. 1 höher als die Summe der Einkünfte und das zu versteuernde Einkommen des § 2 Abs. 5 ist. Dann kann der begünstigungsfähige Gewinn von vornherein nur maximal bis zur Höhe des zu versteuernden Einkommens mit dem Thesaurierungssatz besteuert werden. Es besteht nicht die Möglichkeit, durch Antragstellung nach § 34a Abs. 1 einen Verlustrücktrag oder -vortrag zu generieren, indem eine Besteuerung zum Thesaurierungssatz für einen über das zvE hinausgehenden begünstigungsfähigen Gewinn beantragt wird (s. Rn. 17).[1] Ausgeschlossen wird insbes. auch ein **Verlustabzug** nach § 10d, sei es ein **Verlustrücktrag** oder ein **Verlustvortrag**, v. nach § 34a Abs. 1 ermäßigt besteuerten Gewinnen. Führt etwa eine spätere Betriebsprüfung zu einer Erhöhung v. Verlusten aus einem MU'anteil, kommt insoweit weder ein Verlustausgleich mit einem bereits begünstigt besteuerten Gewinn dieses Jahres aus einem anderen Betrieb/MU'anteil des StPfl., noch ein Rücktrag auf einen begünstigt besteuerten Gewinn des Vorjahres, noch ein Vortrag auf einen bereits begünstigt besteuerten Gewinn eines Folgejahres in Betracht. § 34a Abs. 8 kommt hinsichtlich des Ausschlusses eines Verlustausgleichs nach § 2 Abs. 3 mit nach § 34a Abs. 1 bereits begünstigt besteuerten Gewinnen desselben VZ wohl nur eine klarstellende Funktion zu. Ein Rücktrag negativer Einkünfte auf einen für das Vorjahr nach § 32a Abs. 1 ermäßigt besteuerten Gewinn nach § 10d scheidet bereits nach § 10d Abs. 1 S. 2 aus, weil danach schon der Gesamtbetrag der Einkünfte für das Vorjahr um den dafür nach § 34a Abs. 3 S. 1 in Anspr. genommenen Begünstigungsbetrag gemindert wird. Allerdings ist insoweit möglich, den Antrag auf begünstigte Besteuerung nach § 34a Abs. 1 S. 4 bis zur Unanfechtbarkeit des ESt-Bescheides für den nachfolgenden VZ zurückzunehmen (Rn. 19, 28). Für den Verlustausgleich und den Verlustvortrag kann Abs. 8 nur dann Bedeutung erlangen, wenn bereits eine bestandskräftige Veranlagung unter Berücksichtigung eines ermäßigt besteuerten Gewinnes stattgefunden hat.[2]

J. Feststellungsbescheide, gesonderte Feststellung (Abs. 9–11)

83 Verfahrensrechtl. sieht **§ 34a Abs. 3 S. 3** gesondert je Betrieb und MU'anteil für jeden StPfl. eine **gesonderte Feststellung** iSd. § 179 AO für den **nachversteuerungspflichtigen Betrag** vor.[3] Sachlich und örtlich **zuständig** für die gesonderte Feststellung ist nach **§ 34a Abs. 9 S. 1** das für die Einkommensbesteuerung des StPfl. nach 19 AO zuständige **(Wohnsitz-)FA**, nicht etwa das Betriebsstätten-FA nach 18 Abs. 1 S. 1 Nr. 1–3 AO.

Gesondert festzustellen ist der zum **Ende des VZ** sich ergebende **nachversteuerungspflichtige Betrag**. Da dieser nach Abs. 3 S. 2 auch einen bereits zum Ende des Vorjahres bestehenden Betrag und eine Vermeh-

1 BFH v. 20.3.2017 – X R 65/14, BStBl. II 2017, 958, m. Anm. *Levedag*, GmbHR 2017, 263.
2 BFH v. 20.3.2017 – X R 65/14, BStBl. II 2017, 958; *Bodden*, FR 2012, 68 (70).
3 Vgl. BFH v. 13.2.2017 – X B 72/16, BFH/NV 2017, 765 (zur Unzulässigkeit einer Klage des MU'ers mit dem Ziel der Feststellung eines höheren nachversteuerungspflichtigen Betrags).

rung und/oder Verminderung aus dem lfd. VZ aufnimmt, wird iErg. nicht lediglich der ermäßigt besteuerte Begünstigungsbetrag des lfd. VZ abzgl. darauf entfallender ESt und SolZ festgestellt, sondern der gesamte für diesen Betrieb oder MU'anteil bis zum Ende des VZ sich aus bisher begünstigt besteuerten Gewinnen ergebende nachversteuerungspflichtige Betrag einschl. etwaiger Übertragungen v. oder auf andere Betriebe/MU'anteile wegen Überführung/Übertragung v. WG nach Abs. 5.

Abs. 11 ergänzt die Regelung des Abs. 3 S. 3 und Abs. 9. Abs. 11. S. 1 verbindet die gesonderte Feststellung des nachversteuerungspflichtigen Betrages mit dem aufgrund einer Antragstellung nach Abs. 1 oder der Rücknahme eines solchen Antrages ergehenden ESt-Bescheid. Soweit sich nämlich aufgrund der Antragstellung nach Abs. 1 oder seiner Rücknahme die **Besteuerungsgrundlagen im ESt-Bescheid** ändern, ist auch der **Bescheid über die gesonderte Feststellung** des nachversteuerungspflichtigen Betrages durch je nach Konstellation erstmaligen Erlass, Aufhebung oder Änderung den dem **ESt-Bescheid** insoweit zugrunde liegenden Besteuerungsgrundlagen **anzupassen**. Nach S. 2 gilt dies auch dann, wenn mangels stl. Auswirkungen die Antragstellung oder ihre Rücknahme nicht zum Erlass, der Aufhebung oder zur Änderung des ESt-Bescheides führen. Durch Abs. 11 wird Vorsorge getroffen, dass auch verfahrensrechtlich eine Anpassung des nachversteuerungspflichtigen Betrags an eine (geänderte) Antragstellung und Änderung der Besteuerungsgrundlagen im ESt-Bescheid sichergestellt werden kann.

Abs. 9 S. 2 stellt klar, dass der Feststellungsbescheid nur in dem Umfange angegriffen werden kann, als 84
sich eine Änderung ggü. dem (bereits festgestellten) nachversteuerungspflichtigen Betrag des Vorjahres ergeben hat. Anfechtbar ist die gesonderte Feststellung demnach nur im Umfang der durch den Begünstigungsbetrag abzgl. darauf lastender Steuer des lfd. Jahres und etwaiger Übertragungen nachversteuerungspflichtiger Beträge in diesem Jahr aufgrund v. Übertragungen v. Wirtschaftgütern v. und auf andere Betriebe nach Abs. 5 bewirkten Änderungen des auf das Ende des Vorjahres festgestellten Betrages. Es handelt sich bei § 34a Abs. 9 S. 2 um eine dem § 351 Abs. 2 AO vergleichbare Regelung. Hier wie dort soll die Bestandskraft des Grundlagenbescheides respektiert werden.

Im Verhältnis zum nachfolgenden Feststellungsbescheid nach § 34a Abs. 9 S. 2 ist der **Feststellungsbescheid für das Vorjahr** insoweit ein **Grundlagenbescheid iSd. § 182 AO**. Die gesonderten Feststellungen sind ihrerseits jeweils **Grundlagenbescheide ggü. den ESt-Bescheiden für den anschließenden VZ**, in dem es zu einer Nachversteuerung nach Abs. 4 kommt. Ob und in welcher Höhe insoweit ein nachversteuerungspflichtiger Betrag vorhanden ist, wird durch den Feststellungsbescheid für den ESt-Bescheid eines nachfolgenden VZ bindend festgestellt, Abs. 4 S. 1. **Keine Grundlagenfunktion** besteht demgegenüber aber **gegenüber dem ESt-Bescheid für den jeweiligen VZ**, auf dessen Ende der nachversteuerungspflichtige Betrag festgestellt wird, und umgekehrt.[1] Grundlagenfunktion kommt dem Feststellungsbescheid hingegen auch für die Fortführung des nachversteuerungspflichtigen Betrags durch den Rechtsnachfolger bei unentgeltlicher Übertragung des Betriebs und den Übergang auf den neuen MU'anteil bei Einbringung nach § 24 UmwStG gem. Abs. 7 S. 1 und 2 zu.[2]

Abs. 11 S. 3 begründet eine Ablaufhemmung für die Feststellungsfrist für die gesonderte Feststellung des nachversteuerungspflichtigen Betrages. Die Festsetzungsfrist endet danach nicht bevor die Festsetzungsfrist für die Einkommensteuerveranlagung für den VZ abgelaufen ist, auf den die gesonderte Feststellung des nachversteuerungspflichtigen Betrages zu erfolgen hat. Dadurch soll ein weitgehender Gleichlauf zw. Festsetzungsfrist für die gesonderte Feststellung des nachversteuerungspflichtigen Betrages und für die Einkommensteuerfestsetzung gewährleistet werden.[3]

Abs. 10 ermöglicht die gesonderte Feststellung der für die **Tarifbegünstigung erforderlichen Besteue-** 85
rungsgrundlagen, namentlich der Entnahmen und Einlagen, der nicht abziehbaren BA, im Bilanzgewinn enthaltener stfreier Erträge, von Nachversteuerungstatbeständen nach Abs. 5 bis 7. Für die gesonderte Feststellung dieser Besteuerungsgrundlagen des § 34a ist hier das nach **§ 180 Abs. 1 S. 1 Nr. 2 iVm. § 18 AO** für die Feststellung der gesondert festzustellenden (Gewinn-)Einkünfte zuständige **(Betriebs)FA zuständig**. Die Regelung gewährt der FinVerw. ein Ermessen, ob eine gesonderte Feststellung der für die Anwendung des § 34a erforderlichen Besteuerungsgrundlagen erfolgen soll, wenn eine gesonderte Feststellung der Gewinneinkünfte nach § 180 Abs. 1 S. 1 Nr. 2 lit. a oder b AO zu erfolgen hat. Dies ist vor dem Hintergrund zu sehen, dass unnötige gesonderte Feststellungen vermieden werden sollen, etwa wenn bei Einzelunternehmern oder insbes. MU'ern gar keine Anträge nach § 34a gestellt werden. Werden solche Anträge aber gestellt, so besteht wegen der größeren Sachnähe des Betriebsfinanzamtes für die Feststellung, ob und inwieweit die Besteuerungsgrundlagen für die Anwendung des § 34a vorliegen, regelmäßig ein Bedürfnis für die gesonderte Feststellung. Das Ermessen dürfte dann jedenfalls in nicht völlig unter-

1 BFH v. 13.2.2017 – X B 72/16, BFH/NV 2017, 765; *Bodden*, FR 2011, 829; *Wacker* in Schmidt[37], § 34a Rn. 91.
2 *Ley* in Korn, § 34a Rn. 131.2 u. 214.
3 Vgl. Beschlussempfehlung Finanzausschuss, BT-Drucks. 16/11108, 22.

geordneten Fällen auf Null reduziert sein, sodass zwingend eine gesonderte Feststellung vorzunehmen ist. Die Ermessensentscheidung ist vom (Betriebs-)Feststellungsfinanzamt zu treffen. Die **Anregung** dazu dürfte häufig allerdings v. den **Wohnsitzfinanzämtern** ausgehen, bei denen die Antragstellung gem. § 34a Abs. 1 erfolgt.

Zu beachten ist, dass der **Feststellungsbescheid nach § 180 Abs. 1 S. 1 Nr. 2 AO** über die gesonderte (und einheitliche) Feststellung der Einkünfte seinerseits für den Feststellungsbescheid nach § 34a Abs. 10 **Grundlagenbescheid** hinsichtlich solcher für die Tarifermittlung erforderlichen Besteuerungsgrundlagen ist, die bereits für die gesonderte Gewinnfeststellung festzustellen sind.[1] Hinsichtlich des Bescheids nach §§ 180 Abs. 1 S. 1 Nr. 2a, 179 Abs. 2 S. 2 AO über die gesonderte und einheitliche Gewinnfeststellung besteht die Rechtsbehelfs- und Klagebefugnis des Geschäftsführers nach § 352 AO, § 48 FGO.[2] Einwendungen gegen Art, Höhe und Zurechnung der Einkünfte müssen bereits im Feststellungverfahren nach § 180 Abs. 1 S. 1 Nr. 2 AO erhoben werden. Sie können nicht erst im Feststellungsverfahren nach § 34a Abs. 10 erhoben werden. Der **Feststellungsbescheid nach § 34a Abs. 10** ist seinerseits dann **Grundlagenbescheid für die ESt-Bescheide**, in denen die begünstigte Besteuerung des thesaurierten Gewinns nach § 34a Abs. 1 und 2 erfolgt und in denen eine Nachversteuerung nach § 34a Abs. 4 zu berücksichtigen ist.[3] Es handelt sich dabei wegen der Personenbezogenheit der Tarifbegünstigung in § 34a nicht um eine „einheitliche Feststellung", sodass § 352 AO und § 48 FGO insoweit gerade nicht anwendbar sind. Rechtsbehelfsbefugt ist jeweils nur der als MU'er betroffene einzelne StPfl. als Adressat des nach § 34a Abs. 10 ergehenden Feststellungsbescheids, nicht die Ges.[4]

Abs. 10 S. 4 statuiert eine Ablaufhemmung für die Feststellungsfrist für die gesonderte Feststellung der Besteuerungsgrundlagen für die Anwendung des Abs. 1. Diese endet nicht vor Ablauf der Feststellungsfrist für die gesonderte Feststellung der Einkünfte nach § 180 Abs. 1 S. 1 Nr. 2 AO. Hinsichtlich des Einkommensteuerbescheids ist die Ablaufhemmung nach § 171 Abs. 10 AO zu beachten.

86 Gesonderte Feststellungen nach § 34a Abs. 9 sowie § 34a Abs. 10 S. 1 EStG, §§ 179, 180 Abs. 1 S. 1 Nr. 2 AO und die Einkommensteuerfestsetzung für den (abgelaufenen) VZ nach § 155 AO, bzw. die gesonderte Feststellung der Einkünfte nach § 180 Abs. 1 S. 1 Nr. 2 AO können miteinander verbunden werden, §§ 34a Abs. 9 S. 3, Abs. 10 S. 3. Die Verbindung der Einkommensteuerfestsetzung und der gesonderte Feststellung des nachversteuerungspflichtigen Betrages nach § 34a Abs. 3 S. 3, § 179 AO, bzw. der gesonderten Feststellung der Einkünfte nach § 180 Abs. 1 S. 1 Nr. 2 AO und § 34a Abs. 10, ändert nichts daran, dass es sich dabei um **zwei verschiedene, selbständig anfechtbare Feststellungen und Verwaltungsakte** handelt.[5]

§ 34b Steuersätze bei Einkünften aus außerordentlichen Holznutzungen

(1) Außerordentliche Holznutzungen sind

1. **Holznutzungen, die aus volks- oder staatswirtschaftlichen Gründen erfolgt sind. [2]Sie liegen nur insoweit vor, als sie durch gesetzlichen oder behördlichen Zwang veranlasst sind;**
2. **Holznutzungen infolge höherer Gewalt (Kalamitätsnutzungen). [2]Sie sind durch Eis-, Schnee-, Windbruch oder Windwurf, Erdbeben, Bergrutsch, Insektenfraß, Brand oder durch Naturereignisse mit vergleichbaren Folgen verursacht. [3]Hierzu gehören nicht die Schäden, die in der Forstwirtschaft regelmäßig entstehen.**

(2) [1]Zur Ermittlung der Einkünfte aus außerordentlichen Holznutzungen sind von den Einnahmen sämtlicher Holznutzungen die damit in sachlichem Zusammenhang stehenden Betriebsausgaben

1 BFH v. 13.2.2017 – X B 72/16, BFH/NV 2017, 765.

2 Vgl. dazu BFH v. 11.7.2013 – IV R 9/12, DStR 2013, 1891 mwN; zum Streitwert bei tarifbegünstigter Besteuerung nach § 34a BFH v. 31.7.2014 – IV E 2/14, BFH/NV 2014, 1766 (35 % des Gewinns angemessen, je nach Progressionsverlauf bei G'tern).

3 *Wacker* in Schmidt[37], § 34a Rn. 99, 90; *Ley* in Korn, § 34a Rn. 216.

4 FG Düss. v. 28.4.2016 – 8 K 3276/14 F und 8 K 3275/14 F, BB 2016, 2453 (Rev. IV R 28/16 und IV R 27/16); FG Münster v. 19.2.2014 – 9 K 511/14 F, FR 2014, 611 (rkr.).

5 FG Münster v. 19.2.2014 – 9 K 511/14 F (rkr.), FR 2014, 611; *Wacker* in Schmidt[37], § 34a Rn. 91; *Ley* in Korn, § 34a Rn. 215; vgl. zur entspr. Problematik bei § 15a Abs. 4 BFH v. 30.3.1993 – VIII R 63/91, BStBl. II 1993, 706 = FR 1993, 631 m. Anm. *Stobbe* und v. 23.2.1999 – VIII R 29/98, BStBl. II 1999, 592 = FR 1999, 701 m. Anm. *Kempermann*.

abzuziehen. [2]Das nach Satz 1 ermittelte Ergebnis ist auf die ordentlichen und außerordentlichen Holznutzungsarten aufzuteilen, in dem die außerordentlichen Holznutzungen zur gesamten Holznutzung ins Verhältnis gesetzt wird. [3]Bei einer Gewinnermittlung durch Betriebsvermögensvergleich sind die im Wirtschaftsjahr veräußerten Holzmengen maßgebend. [4]Bei einer Gewinnermittlung nach den Grundsätzen des § 4 Absatz 3 ist von den Holzmengen auszugehen, die den im Wirtschaftsjahr zugeflossenen Einnahmen zugrunde liegen. [5]Die Sätze 1 bis 4 gelten für entnommenes Holz entsprechend.

(3) Die Einkommensteuer bemisst sich für die Einkünfte aus außerordentlichen Holznutzungen im Sinne des Absatzes 1

1. **nach der Hälfte des durchschnittlichen Steuersatzes, der sich ergäbe, wenn die tarifliche Einkommensteuer nach dem gesamten zu versteuernden Einkommen zuzüglich der dem Progressionsvorbehalt unterliegenden Einkünfte zu bemessen wäre;**
2. **nach dem halben Steuersatz der Nummer 1, soweit sie den Nutzungssatz (§ 68 der Einkommensteuer-Durchführungsverordnung) übersteigen.**

(4) Einkünfte aus außerordentlichen Holznutzungen sind nur anzuerkennen, wenn

1. **das im Wirtschaftsjahr veräußerte oder entnommene Holz mengenmäßig getrennt nach ordentlichen und außerordentlichen Holznutzungen nachgewiesen wird und**
2. **Schäden infolge höherer Gewalt unverzüglich nach Feststellung des Schadensfalls der zuständigen Finanzbehörde mitgeteilt und nach der Aufarbeitung mengenmäßig nachgewiesen werden.**

(5) Die Bundesregierung wird ermächtigt, durch Rechtsverordnung mit Zustimmung des Bundesrates

1. **die Steuersätze abweichend von Absatz 3 für ein Wirtschaftsjahr aus sachlichen Billigkeitsgründen zu regeln,**
2. **die Anwendung des § 4a des Forstschäden-Ausgleichsgesetzes für ein Wirtschaftsjahr aus sachlichen Billigkeitsgründen zu regeln,**

wenn besondere Schadensereignisse nach Absatz 1 Nummer 2 vorliegen und eine Einschlagsbeschränkung (§ 1 Absatz 1 des Forstschäden-Ausgleichsgesetzes) nicht angeordnet wurde.

§ 68 EStDV

§ 68 Nutzungssatz, Betriebsgutachten, Betriebswerk

(1) [1]Der Nutzungssatz muss periodisch für zehn Jahre durch die Finanzbehörde festgesetzt werden. [2]Er muss den Holznutzungen entsprechen, die unter Berücksichtigung der vollen Ertragsfähigkeit des Waldes in Kubikmetern im Festmaß (Erntefestmeter Derbholz ohne Rinde) nachhaltig erzielbar sind.

(2) [1]Der Festsetzung des Nutzungssatzes ist ein amtlich anerkanntes Betriebsgutachten oder ein Betriebswerk zugrunde zu legen, das auf den Anfang des Wirtschaftsjahrs aufzustellen ist, von dem an die Periode von zehn Jahren beginnt. [2]Es soll innerhalb eines Jahres nach diesem Stichtag der Finanzbehörde übermittelt werden. [3]Sofern der Zeitraum, für den es aufgestellt wurde, nicht unmittelbar an den vorherigen Zeitraum der Nutzungssatzfestsetzung anschließt, muss es spätestens auf den Anfang des Wirtschaftsjahres des Schadensereignisses aufgestellt sein.

(3) [1]Ein Betriebsgutachten im Sinne des Absatzes 2 ist amtlich anerkannt, wenn die Anerkennung von einer Behörde oder einer Körperschaft des öffentlichen Rechts des Landes, in dem der forstwirtschaftliche Betrieb liegt, ausgesprochen wird. [2]Die Länder bestimmen, welche Behörden oder Körperschaften des öffentlichen Rechts diese Anerkennung auszusprechen haben.

Literatur: *Hiller*, Die erhöhte Privilegierung der Forstwirtschaft, StW 2012, 107; *Koepsell/Fischer-Tobies*, Kollision der Gewinnermittlungsgrundsätze mit der Vereinfachungsregelung zur Waldwertminderung, Inf. 1995, 422; *Koss*, Besonderheiten bei der Besteuerung forstwirtschaftlicher Betriebe, DStZ 2015, 326; *Voß*, Steuerliche Besonderheiten der Stammholzeinlagerung nach Forstkalamitäten in privaten Forstbetrieben, StBp. 1995, 221 (254, 272); *Wendt*, Außerordentliche Holznutzungen aus wirtschaftlichen Gründen – ein Steuersparmodell für Forstwirte?, FR 1996, 130.

A. Grundaussagen der Vorschrift

1 § 34b[1] sieht – unabhängig v. der Einkunftsart[2] und der Einkünfteermittlungsart – für Einkünfte aus außerordentlichen Holznutzungen (Abs. 1) Tarifbegünstigungen vor, um progressionsbedingte Härten auszugleichen.[3] Bei Körperschaften ist § 34b nach Maßgabe v. R 71 KStR eingeschränkt anzuwenden. Die Vergünstigung gilt auch für beschränkt EStPfl., deren Betrieb im Inland belegen ist.[4] Bei MU'schaft sind die Voraussetzungen v. § 34b grds. im Feststellungsverfahren zu prüfen. § 34b ist neben **§§ 6b, 6c** anwendbar.[5] Die Steuerermäßigung nach **§ 34e** wird durch den Steuersatz der tarifbegünstigten Einkünfte beeinflusst. Nach § 34b besteuerte Einkünfte bleiben bei der Ermittlung des Entlastungsbetrages nach **§ 32c** unberücksichtigt (§ 32c Abs. 1 S. 4).

B. Außerordentliche Holznutzungen

2 **Holznutzungen** sind die Nutzungen infolge von Trennung vom Grund und Boden und Übergang ins UV, bei Kalamitätsholz erst nach Aufarbeitung. Die Veräußerung des Grund und Bodens einschließlich des Aufwuchses ist keine Holznutzung in diesem Sinne.[6] Die Nutzungen eines StPfl. aus mehreren Betrieben sind zusammenzufassen.[7] Es ist unerheblich, ob die Nutzungen in Nachhaltsbetrieben oder aussetzenden Betrieben anfallen.[8] Abs. 1 unterscheidet verschiedene Arten außerordentlicher Holznutzungen.

3 **Außerordentliche Holznutzungen aus volks- oder staatswirtschaftlichen Gründen (Abs. 1 Nr. 1)** setzen eine Veranlassung der Holznutzung durch gesetzlichen oder behördlichen Zwang voraus (Abs. 1 Nr. 1 S. 2). In Betracht kommen insb. eine Enteignung, eine den Umständen nach drohende Enteignung (zB beim Bau von Verkehrswegen) und behördlich angeordnete Überhiebe.[9] Nutzungen infolge militärischer Übungen sind Kalamitätsnutzungen nach Abs. 1 Nr. 2 (Rn. 4). Außerordentliche Nutzungen aus privatwirtschaftlichen Gründen (zur Deckung privaten Kapitalbedarfs aufgrund außerordentlicher Aufwendungen: Wiedererrichtung eines abgebrannten Wohnhauses, Unterhalt, Bezahlung einmaliger Abgaben etc.) sind ab VZ 2012 nicht mehr begünstigt.[10]

4 **Außerordentliche Holznutzungen infolge höherer Gewalt (Abs. 1 Nr. 2; Kalamitätsnutzungen)** sind im Kern solche, die durch ein Naturereignis verursacht werden. Ob die Nutzung im Wj. des Eintritts des Ereignisses oder in einem späteren Wj. erfolgt, ist ohne Bedeutung.[11] Die Nutzungen können – jenseits der beispielhaften Aufzählung in Abs. 1 Nr. 2 S. 2 – zB auch auf Dürre[12] sowie infektiösen Holzkrankheiten wie Rotfäule und Schwamm beruhen, sofern Schäden verursacht werden, die die Summe der im Betrieb des StPfl. regelmäßig und üblich anfallenden Schäden mengenmäßig in erheblichem Umfang übersteigen.[13] Über den Gesetzeswortlaut hinaus werden im Hinblick auf den Regelungszweck auch Holznutzungen infolge bestimmter Formen menschlicher Einwirkung einbezogen, so bei saurem Regen oder anderen Immissionsschäden, soweit diese für den einzelnen Betrieb erheblich sind[14] und nicht auf Düngungs- oder Insektenbekämpfungsmaßnahmen des StPfl. selbst zurückgehen.[15] Auch vorzeitige Nutzungen wegen Schäden durch militärische Übungen sollen als Kalamitätsnutzungen gelten; bei Entschädigungen kann hier eine RfE gebildet werden.[16] Im Übrigen sind von Dritten verursachte Schadensereignisse (zB Forstfrevel oder fehlerhafte Betriebsführung) kein Naturereignis in diesem Sinne,[17] sofern das menschliche Ver-

---

1 Die Vorschrift wurde durch das StVereinfG 2011 v. 1.11.2011 (BGBl. I 2011, 2131) mit Wirkung ab VZ 2012 (zur zeitlichen Anwendung BMF v. 16.5.2012, BStBl. I 2012, 594) grundlegend vereinfacht, um Folgerichtigkeit zu gewährleisten und die Bürokratiekosten zu senken; BT-Drucks. 17/5125, 43. Zur Rechtslage bis VZ 2011 s. die Erläuterungen in der 10. Aufl.

2 Dies wurde durch das JStG 2008 v. 20.12.2007 (BGBl. I 2007, 3150) klargestellt (insbes. Streichung des Tatbestandsmerkmals Forstwirtschaft); s. BT-Drucks. 16/6981, 92; schon nach alter Rechtslage ebenso *Kanzler*, FR 1999, 423 (425); *K/S/M*, § 34b Rn. B 3b.

3 Krit. zur verfassungs- und unionsrechtl. Zulässigkeit *Reimer*, FR 2011, 929 (934).

4 *Lademann*, § 34b Rn. 39.

5 *H/H/R*, § 34b Rn. 5.

6 BT-Drucks. 17/5125, 43; bei TB kommt aber § 34 in Betracht; **a. A.** *Dankmeyer/Giloy*, § 34b Rn. 3.

7 *H/H/R*, § 34b Rn. 12.

8 R 34b.2 Abs. 1 S. 2 EStR.

9 Vgl. R 34b.2 Abs. 3 EStR.

10 Zur vormaligen Rechtslage s. 10. Aufl. Rn. 3.

11 R 34b.2 Abs. 4 S. 3 EStR.

12 *Schmidt*[37], § 34b Rn. 6.

13 R 34b.2 Abs. 4 EStR; BFH v. 10.10.1963 – IV 422/60 S, BStBl. III 1964, 119 zu Rotfäule.

14 *F/P/G*, Rn. A 1053.

15 Vgl. *Blümich*, § 34b Rn. 21.

16 R 34b.2 Abs. 5 EStR.

17 *H/H/R*, § 34b Rn. 26.

halten nicht lediglich eine entfernte Schadensursache war.[1] In jedem Fall muss das Naturereignis zu unplanmäßigen Nutzungen in außergewöhnlichem Umfang führen.[2] Schadensfälle von einzelnen Bäumen (Dürrhölzer, Schäden durch Blitzschlag), die sich iRd. regelmäßigen natürlichen Abgänge halten, werden deshalb nicht erfasst.[3] Zu den außerordentlichen Holznutzungen zählen auch Kalamitätsfolgehiebe v. Restbeständen, die nach einem Naturereignis stehen geblieben sind, aber dennoch aus forstwirtschaftlichen Gründen eingeschlagen werden müssen, wenn sie (insb. bei fehlender Hiebreife) nicht in die planmäßige Holznutzung der nächsten Jahre einbezogen werden können.[4] Entschädigungen für künftig entgehenden Holzzuwachs sind ebenfalls Kalamitätsnutzungen.[5]

C. Einkünfte aus außerordentlichen Holznutzungen

5 Einkünfte aus außerordentlichen Holznutzungen sind nach Abs. 4 nur unter bestimmten Voraussetzungen anzuerkennen.[6] Nach **Abs. 4 Nr. 1** muss das im Wj. veräußerte oder entnommene **Holz mengenmäßig** getrennt nach ordentlichen und außerordentlichen Holznutzungen **nachgewiesen werden**, um die Ermittlung der begünstigten Einkünfte aus außerordentlichen Holznutzungen zu gewährleisten.[7] Dies geschieht bei buchführenden StPfl. grds. durch die entspr. Aufzeichnungen; bei nicht buchführenden StPfl. (§ 4 Abs. 3 oder § 13a Abs. 6 S. 2) sind für das Wj., in dem steuerbegünstigte Holznutzungen erfolgen, Aufzeichnungen über die Mengen der einzelnen Holznutzungsarten zu machen. Aus den Unterlagen müssen sich zumindest Holzart, Holzqualität und Holzmenge für alle im Wj. gezogenen Nutzungen ergeben, eine Vollständigkeitskontrolle muss möglich sein.[8] Wird das Holz über staatliche Forstämter verwertet, kann der erforderliche Nachweis auch durch Vorlage der Abrechnungen des Forstamtes geführt werden, wenn diese die nötigen Mengenangaben enthalten.[9]

6 Gem. **Abs. 4 Nr. 2** müssen **Schäden infolge höherer Gewalt unverzüglich** – idR Meldung innerhalb v. drei Monaten[10], jedenfalls vor Beginn der Aufarbeitung – **nach Feststellung** des Schadensfalls **der zuständigen Finanzbehörde mitgeteilt** werden, um eine forstfachliche Begutachtung der Schäden durch einen Forstsachverständigen der Finanzverwaltung sicherzustellen. Festgestellt ist ein Schadensfall, wenn der StPfl. v. dem Schaden Kenntnis erlangt, auch wenn der Schadensumfang noch nicht ermittelt und ggf. zu schätzen ist.[11] Nach Aufarbeitung des Schadens ist die tatsächlich angefallene Holzmenge der Finanzbehörde schriftlich anzuzeigen und nachzuweisen.[12]

D. Ermittlung der Einkünfte aus außerordentlichen Holznutzungen

7 Die Höhe der tarifbegünstigten Einkünfte richtet sich nach den im **Kj.** realisierten Gewinnen.[13] Sofern das Kj. vom Wj. abweicht, ist der Gewinn nach § 4a Abs. 2 zeitanteilig auf das Kj. umzurechnen.[14] Ggf. kann § 34b danach über mehrere Jahre in Anspr. genommen werden.[15] Nach **Abs. 2 S. 1** sind zur Ermittlung der Einkünfte aus außerordentlichen Holznutzungen von den Einnahmen sämtlicher Holznutzungen die damit in sachlichem Zusammenhang stehenden BA abzuziehen. Das nach Abs. 2 S. 1 ermittelte Ergebnis ist sodann auf die ordentlichen und außerordentlichen Holznutzungsarten aufzuteilen, indem die außerordentlichen Holznutzungen zur gesamten Holznutzung ins Verhältnis gesetzt werden (**Abs. 2 S. 2**).

8 Bei **Gewinnermittlung nach § 4 Abs. 1** ist das Holz im Wj. der Trennung, ggf. nach Aufarbeitung, als UV zu aktivieren (§ 13 Rn. 65). **Einnahmen sämtlicher Holznutzungen** sind die Roherlöse[16] aus den Holznutzungen, bei buchführenden StPfl. alle in der GuV ausgewiesenen Erlöse im Zusammenhang mit Holz-

1 Vgl. *Leingärtner*, Kap. 44 Rn. 120.
2 *H/H/R*, § 34b Rn. 27; *F/P/G*, Rn. A 1047; *Leingärtner*, Kap. 44 Rn. 119 ff.
3 R 34b.2 Abs. 4 S. 4 EStR.
4 BFH v. 11.4.1961 – I 138/60 S, BStBl. III 1961, 276 (279); *K/S/M*, § 34b Rn. B 32.
5 Dazu *Leingärtner*, Kap. 44 Rn. 122.
6 Der bis VZ 2011 erforderliche Nachweis des Nutzungssatzes durch ein amtlich anerkanntes Betriebsgutachten oder durch ein Betriebswerk (§ 34b Abs. 4 Nr. 1 aF) ist aus Gründen der Vereinfachung entfallen.
7 R 34b.6 Abs. 5 S. 1 EStR.
8 *H/H/R*, § 34b Rn. 62: mengenmäßiger Nachweis.
9 *Schmidt*[37], § 34b Rn. 21.
10 OFD Mgdb. v. 16.7.1998, StEK EStG § 34b Nr. 56.
11 R 34b.6 Abs. 6 EStR; zum Melde- und Anerkennungsverfahren s. etwa OFD Kiel v. 21.12.1976, StEK EStG § 34b Nr. 32.
12 BT-Drucks. 17/5125, 43.
13 *Leingärtner*, Kap. 44 Rn. 136.
14 *Dankmeyer/Giloy*, § 34b Rn. 29.
15 *Blümich*, § 34b Rn. 10.
16 R 34b.3 Abs. 2 S. 1 EStR; *H/H/R*, § 34b Rn. 41.

nutzungen, etwa auch Entschädigungen[1] für entgangene Holznutzungen (zB Hiebunreifeentschädigungen), nicht jedoch Entschädigungen für zusätzliche BA (zB für Wirtschaftserschwernisse).[2] Die Roherlöse aus den nachgeholten Nutzungen und den außerordentlichen Holznutzungen sind idR mit dem Durchschnittsfestmeterpreis des Gesamteinschlages ohne die Kalamitätsnutzungen zu berechnen. Für die Kalamitätsnutzung ist ein besonderer Durchschnittsfestmeterpreis zu bilden.[3] Die in sachlichem Zusammenhang stehenden **BA** sind abzuziehen.[4] Zu den BA gehören auch die Buchwertabgänge für aktivierte AK/HK des stehenden Holzes. Die Bildung einer Rücklage nach § 3 Abs. 1 FSchAusglG[5] führt ebenfalls zu BA.[6] Bei der **Aufteilung der** sich danach ergebenden **Einkünfte** auf die ordentlichen und die außerordentlichen Holznutzungsarten sind die im Wj. veräußerten Holzmengen maßgebend (Abs. 2 S. 3). Entnahmen werden nach Abs. 2 S. 5 einbezogen.

9 Bei **Gewinnermittlung nach § 4 Abs. 3** (ggf. iVm. § 13a Abs. 6 S. 2, § 13 Rn. 69) gilt Entspr. unter Berücksichtigung der allg. Regeln des § 4 Abs. 3. Bei Anwendung der BA-Pauschale nach § 51 EStDV oder § 4 FSchAusglG[7] (s. § 13 Rn. 69) ist diese anzusetzen.[8] Zur maßgebenden Verhältnisbestimmung zum Zweck der Einkünfteaufteilung (ordentliche/außerordentliche Holznutzungen) ist hier von den Holzmengen auszugehen, die den im Wj. zugeflossenen Einnahmen zugrunde liegen (Abs. 2 S. 4).

E. Ermäßigte Steuersätze

10 Außerordentliche Holznutzungen führen regelmäßig zu Einkünften, die sich bei normalem Geschehensablauf auf mehrere Wj. verteilt hätten. Der Progressionswirkung der Gewinnballung wird durch Abs. 3 eine gestaffelte **Tarifvergünstigung** entgegengesetzt.[9]

11 Auf Einkünfte aus außerordentlichen Holznutzungen im Umfang eines Nutzungssatzes (§ 68 EStDV) ist gem. **Abs. 3 Nr. 1** die **Hälfte des durchschnittlichen Steuersatzes** anzuwenden, der sich ergäbe, wenn die tarifliche ESt nach dem gesamten zu versteuernden Einkommen zzgl. der dem Progressionsvorbehalt unterliegenden Einkünfte zu bemessen wäre. Der **Nutzungssatz** (Holznutzungen, die unter Berücksichtigung der vollen Ertragsfähigkeit des Waldes auf der Grundlage einer objektiven Zustandserfassung unter Einbeziehung der Umtriebszeiten der einzelnen Holzarten in Kubikmetern im Festmaß [Erntefestmeter Derbholz ohne Rinde] nachhaltig erzielbar sind) wird periodisch für zehn Jahre[10] durch die Finanzbehörde festgesetzt (§ 68 Abs. 1 EStDV).[11] Der Festsetzung ist ein amtlich anerkanntes Betriebsgutachten (bei kleineren Forstbetrieben) oder ein Betriebswerk (bei größeren Forstbetrieben) zugrunde zu legen (näher dazu § 68 Abs. 2 EStDV).[12] Betriebswerk ist die Zusammenfassung aller Schriften und Karten, in denen die Ergebnisse der Forsteinrichtung hinsichtlich Zustandserfassung und Planung niedergelegt sind. Betriebsgutachten ist ein Betriebswerk in vereinfachter Form.[13] Betriebswerk wie Betriebsgutachten sind immaterielle WG, welche jedoch nach § 5 Abs. 2 iVm. § 248 HGB nicht zu aktivieren sind, sofern sie vom eigenen Personal des Forstbetriebs oder durch Dienstleistungen eines Dritten gegen Honorar erstellt wurden.[14] Amtlich anerkannt ist ein Betriebsgutachten, wenn die Anerkennung von einer Behörde oder Körperschaft des öffentl. Rechts des Landes, in dem der forstwirtschaftliche Betrieb liegt, ausgesprochen wird (§ 68 Abs. 3 S. 1 EStDV). Der Nutzungssatz betrifft den gesamten Betrieb und gilt jeweils für ein volles Wj.[15] Eine Einschlagsbeschränkung mindert den Nutzungssatz nicht.[16] Da der Nutzungssatz eine stl. Größe darstellt, die vom FA als unselbständige Besteuerungsgrundlage heranzuziehen ist,[17] kann sie nur durch einen Rechts-

1 Zu Versicherungsentschädigungen bei Naturkatastrophen s. BMF v. 4.6.2002, StEK AO 1977 § 163 Nr. 234 Tz. 4.2.3.1.
2 *H/H/R*, § 34b Rn. 41.
3 *H/H/R*, § 34b Rn. 41.
4 S. zu der bis VZ 2011 geltenden Differenzierung 10. Aufl., Rn. 10.
5 Dazu im Einzelnen *Leingärtner*, Kap. 44 Rn. 50 ff.
6 *Leingärtner*, Kap. 44 Rn. 51; OFD Hann. v. 7.6.2000, StEK EStG § 13 Nr. 677.
7 Noch zur alten Rechtslage BFH v. 3.2.2010 – IV R 27/07, BStBl. II 2010, 546; v. 3.2.2010 – IV R 28/07, BFH/NV 2010, 1427.
8 R 34b.3 Abs. 3 EStR.
9 BT-Drucks. 17/5125, 43; kritisch zu den Subventionswirkungen *Reimer*, FR 2011, 929 (934).
10 Zur Gültigkeit v. 20 Jahren nach alter Rechtslage s. BMF v. 20.3.1973, StEK EStG § 34b Nr. 27 und *K/S/M*, § 34b Rn. E 3.
11 Dazu BMF v. 17.5.2017, BStBl. I 2017, 783.
12 Vgl. allg. zu Forstbetriebsgutachten *Voß*, StBp. 2003, 137 ff.
13 *L/B/P*, § 34b Rn. 37.
14 *Lademann*, § 34b Rn. 87.
15 *K/S/M*, § 34b Rn. E 4.
16 *Schmidt*[37], § 34b Rn. 23.
17 *H/H/R*, § 34b Rn. 61.

behelf gegen den ESt-/Grundlagenbescheid angegriffen werden.[1] Das FA ist nicht an das Betriebswerk oder das Betriebsgutachten gebunden, die deshalb auch noch im Rechtsbehelfsverfahren überprüft werden können.[2] Ohne Festsetzung des Nutzungssatzes kommen die ermäßigten Steuersätze grds. nicht – auch nicht im Billigkeitswege – in Betracht. Lediglich bei Betrieben mit weniger als 50 ha. forstwirtschaftlich genutzter Fläche, für die nicht bereits aus anderen Gründen ein amtlich anerkanntes Betriebsgutachten oder ein Betriebswerk vorliegt, soll gem. R 34b.6 Abs. 3 EStR aus Vereinfachungsgründen ohne Betriebsgutachten oder Betriebswerk ein Nutzungssatz v. 5 fm. ohne Rinde je ha. zugrunde gelegt werden.[3]

Soweit die außerordentlichen Holznutzungen den **Umfang eines Nutzungssatzes übersteigen**, unterliegen die Einkünfte gem. **Abs. 3 Nr. 2** der **Hälfte des Steuersatzes gem. Abs. 3 Nr. 1**. Hierdurch wird eine noch weitergehende Tarifbegünstigung bei umfangreicher Schadholznutzung erreicht. 12

Nach **§ 5 Abs. 1 FSchAusglG** (lex specialis) gilt jedoch im Wj. einer Einschlagsbeschränkung für jegliche Kalamitätsnutzung[4] einheitlich der Steuersatz des Abs. 3 Nr. 2. Die Einschlagsbeschränkung muss befolgt werden.[5] Grds. muss auch die Kalamitätsnutzung im Wj. der Einschlagsbeschränkung eingetreten und der Gewinn daraus in diesem Wj. angefallen sein (s. allerdings § 5 Abs. 2 FSchAusglG).[6] Bei buchführenden StPfl. kann durch Aktivierung des aufgearbeiteten Schadensholzes am Bilanzstichtag und dessen Veräußerung in einem darauf folgenden Wj. der Steuersatz des § 5 Abs. 1 FSchAusglG wegen der Verteilung des Gewinns auf mehrere Wj. in mehreren VZ anwendbar sein. Entspr. gilt bei der Gewinnermittlung nach § 4 Abs. 3 oder § 13a Abs. 6 hinsichtlich der in späteren Wj. zugeflossenen Einnahmen aus Kalamitätsnutzungen. 13

F. Weitergehende Billigkeitsmaßnahmen im Rechtsverordnungswege

Abs. 5 (neu eingefügt durch StVereinfG 2011) ermächtigt die BReg., bei Schadensereignissen nach Abs. 1 Nr. 2 (höhere Gewalt)[7] aus Gründen sachlicher Billigkeit **zusätzliche Maßnahmen im Rechtsverordnungswege** (mit Zustimmung des BR) zu ergreifen. Zum einen können die Steuersätze für ein Wj. abweichend von Abs. 3 geregelt werden (Abs. 5 Nr. 1). Zum anderen kann für ein Wj. die Anwendung von § 4a FSchAusglG (Option zur Nichtaktivierung des Kalamitätsholzes) vorgesehen werden (Abs. 5 Nr. 2).[8] Die Verordnungsregelung ist nur dann zulässig, wenn keine Einschlagsbeschränkung (§ 1 Abs. 1 FSchAusglG) angeordnet wurde. § 163 AO bleibt unberührt.[9] 14

V. Steuerermäßigungen

1. Steuerermäßigung bei ausländischen Einkünften

§ 34c [Steuerermäßigung bei ausländischen Einkünften]

(1) [1]Bei unbeschränkt Steuerpflichtigen, die mit ausländischen Einkünften in dem Staat, aus dem die Einkünfte stammen, zu einer der deutschen Einkommensteuer entsprechenden Steuer herangezogen werden, ist die festgesetzte und gezahlte und um einen entstandenen Ermäßigungsanspruch gekürzte ausländische Steuer auf die deutsche Einkommensteuer anzurechnen, die auf die Einkünfte aus diesem Staat entfällt; das gilt nicht für Einkünfte aus Kapitalvermögen, auf die § 32d Absatz 1 und 3 bis 6 anzuwenden ist. [2]Die auf die ausländischen Einkünfte nach Satz 1 erster Halbsatz entfallende deutsche Einkommensteuer ist in der Weise zu ermitteln, dass der sich bei der Veranlagung des zu versteuernden Einkommens, einschließlich der ausländischen Einkünfte, nach den §§ 32a, 32b, 34, 34a und 34b ergebende durchschnittliche Steuersatz auf die ausländischen Einkünfte anzuwenden ist. [3]Bei der Ermittlung des zu versteuernden Einkommens und der auslän-

1 *Dankmeyer/Giloy*, § 34b Rn. 14.
2 *Dankmeyer/Giloy*, § 34b Rn. 14.
3 Zur Ausdehnung der Vereinfachungsregel bei Großkalamitäten FinMin. Bay. v. 6.6.1984, StEK EStG § 34b Nr. 41; FinMin. BaWü. v. 31.1.1995, StEK AO 1977, § 163 Nr. 171; BMF v. 4.6.2002, StEK AO 1977 § 163 Nr. 234 Tz. 4.2.4.
4 Vgl. *Hiller*, Inf. 1999, 289 (293).
5 OFD Hann. v. 7.6.2000, StEK EStG § 13 Nr. 677.
6 *F/P/G*, Rn. A 1131c.
7 BT-Drucks. 17/5125, 43: „bei Naturkatastrophen größeren Ausmaßes".
8 Ergänzt aufgrund Beschlussempfehlung des Finanzausschusses des BT, BT-Drucks. 17/6146, 20.
9 BT-Drucks. 17/5125, 43.

dischen Einkünfte sind die Einkünfte nach Satz 1 zweiter Halbsatz nicht zu berücksichtigen; bei der Ermittlung der ausländischen Einkünfte sind die ausländischen Einkünfte nicht zu berücksichtigen, die in dem Staat, aus dem sie stammen, nach dessen Recht nicht besteuert werden. [4]Gehören ausländische Einkünfte der in § 34d Nummer 3, 4, 6, 7 und 8 Buchstabe c genannten Art zum Gewinn eines inländischen Betriebes, sind bei ihrer Ermittlung Betriebsausgaben und Betriebsvermögensminderungen abzuziehen, die mit den diesen Einkünften zugrunde liegenden Einnahmen in wirtschaftlichem Zusammenhang stehen. [5]Die ausländischen Steuern sind nur insoweit anzurechnen, als sie auf die im Veranlagungszeitraum bezogenen Einkünfte entfallen.

(2) Statt der Anrechnung (Absatz 1) ist die ausländische Steuer auf Antrag bei der Ermittlung der Einkünfte abzuziehen, soweit sie auf ausländische Einkünfte entfällt, die nicht steuerfrei sind.

(3) Bei unbeschränkt Steuerpflichtigen, bei denen eine ausländische Steuer vom Einkommen nach Absatz 1 nicht angerechnet werden kann, weil die Steuer nicht der deutschen Einkommensteuer entspricht oder nicht in dem Staat erhoben wird, aus dem die Einkünfte stammen, oder weil keine ausländischen Einkünfte vorliegen, ist die festgesetzte und gezahlte und um einen entstandenen Ermäßigungsanspruch gekürzte ausländische Steuer bei der Ermittlung der Einkünfte abzuziehen, soweit sie auf Einkünfte entfällt, die der deutschen Einkommensteuer unterliegen.

(4) (weggefallen)

(5) Die obersten Finanzbehörden der Länder oder die von ihnen beauftragten Finanzbehörden können mit Zustimmung des Bundesministeriums der Finanzen die auf ausländische Einkünfte entfallende deutsche Einkommensteuer ganz oder zum Teil erlassen oder in einem Pauschbetrag festsetzen, wenn es aus volkswirtschaftlichen Gründen zweckmäßig ist oder die Anwendung des Absatzes 1 besonders schwierig ist.

(6) [1]Die Absätze 1 bis 3 sind vorbehaltlich der Sätze 2 bis 6 nicht anzuwenden, wenn die Einkünfte aus einem ausländischen Staat stammen, mit dem ein Abkommen zur Vermeidung der Doppelbesteuerung besteht. [2]Soweit in einem Abkommen zur Vermeidung der Doppelbesteuerung die Anrechnung einer ausländischen Steuer auf die deutsche Einkommensteuer vorgesehen ist, sind Absatz 1 Satz 2 bis 5 und Absatz 2 entsprechend auf die nach dem Abkommen anzurechnende ausländische Steuer anzuwenden; das gilt nicht für Einkünfte, auf die § 32d Absatz 1 und 3 bis 6 anzuwenden ist; bei nach dem Abkommen als gezahlt geltenden ausländischen Steuerbeträgen sind Absatz 1 Satz 3 und Absatz 2 nicht anzuwenden. [3]Absatz 1 Satz 3 gilt auch dann entsprechend, wenn die Einkünfte in dem ausländischen Staat nach dem Abkommen zur Vermeidung der Doppelbesteuerung mit diesem Staat nicht besteuert werden können. [4]Bezieht sich ein Abkommen zur Vermeidung der Doppelbesteuerung nicht auf eine Steuer vom Einkommen dieses Staates, so sind die Absätze 1 und 2 entsprechend anzuwenden. [5]In den Fällen des § 50d Absatz 9 sind die Absätze 1 bis 3 und Satz 6 entsprechend anzuwenden. [6]Absatz 3 ist anzuwenden, wenn der Staat, mit dem ein Abkommen zur Vermeidung der Doppelbesteuerung besteht, Einkünfte besteuert, die nicht aus diesem Staat stammen, es sei denn, die Besteuerung hat ihre Ursache in einer Gestaltung, für die wirtschaftliche oder sonst beachtliche Gründe fehlen, oder das Abkommen gestattet dem Staat die Besteuerung dieser Einkünfte.

(7) Durch Rechtsverordnung können Vorschriften erlassen werden über

1. **die Anrechnung ausländischer Steuern, wenn die ausländischen Einkünfte aus mehreren fremden Staaten stammen,**
2. **den Nachweis über die Höhe der festgesetzten und gezahlten ausländischen Steuern,**
3. **die Berücksichtigung ausländischer Steuern, die nachträglich erhoben oder zurückgezahlt werden.**

§§ 68a, 68b EStDV

§ 68a Einkünfte aus mehreren ausländischen Staaten

[1]Die für die Einkünfte aus einem ausländischen Staat festgesetzte und gezahlte und um einen entstandenen Ermäßigungsanspruch gekürzte ausländische Steuer ist nur bis zur Höhe der deutschen Steuer anzurechnen, die auf die Einkünfte aus diesem ausländischen Staat entfällt. [2]Stammen die Einkünfte aus mehreren ausländischen Staaten, so sind die Höchstbeträge der anrechenbaren ausländischen Steuern für jeden einzelnen ausländischen Staat gesondert zu berechnen.

§ 68b Nachweis über die Höhe der ausländischen Einkünfte und Steuern

[1]Der Steuerpflichtige hat den Nachweis über die Höhe der ausländischen Einkünfte und über die Festsetzung und Zahlung der ausländischen Steuern durch Vorlage entsprechender Urkunden (z.B. Steuerbescheid, Quittung über die Zahlung) zu führen. [2]Sind diese Urkunden in einer fremden Sprache abgefasst, so kann eine beglaubigte Übersetzung in die deutsche Sprache verlangt werden.

Verwaltung: BMF v. 31.10.1983, BStBl. I 1983, 470; v. 14.3.2017, BStBl. I 2017, 473 (beide Auslandstätigkeitserlass); v. 10.4.1984, BStBl. I 1984, 252 (Pauschalierungserlass); v. 24.12.1999, BStBl. I 1999, 1076 (Betriebsstätten-Verwaltungsgrundsätze); v. 30.9.2013, BStBl. I 2013, 1612 (aufgehoben durch BMF v. 4.5. 2015, BStBl. I 2015, 452); v. 3.8.2017, BStBl. I 2017, 1225 (Anrechnungsnachweise bei fiktiver QuellenSt); Leitfaden der FinVerw. zur Besteuerung ausländ. Einkünfte bei unbeschränkt stpfl. nat. Pers. (zB OFD Nds. v. 12.1.2010, juris).

Literatur: *Cordewener/Schnitger*, Europarechtl. Vorgaben für die Vermeidung der internationalen Doppelbesteuerung im Wege der Anrechnungsmethode, StuW 2006, 50; *Desens*, Der neue Anrechnungshöchstbetrag in § 34c Abs. 1 S. 2 – ein unionsrechts- und verfassungswidriges, fiskalisches Eigentor, IStR 2015, 77; *Ebel*, Anrechnung ausländ. Quellensteuer im BV – Systematik, zeitl. Bezug und Höchstbetrag am Bsp. v. Zinsen, FR 2014, 835; *Ebel*, Anrechnungsbegrenzung des § 34c Abs. 1 S. 4 – Regelungsreichweite eines fiskalisch motivierten Systembruchs, FR 2016, 241; *Grotherr*, Zweifelsfragen zur Ausgabenberücksichtigung bei der Ermittlung ausländ. Einkünfte, FS Wassermeyer, 2005, 303; *Haarmann*, Die Anrechnung ausländ. Steuern v. Einkommen auf die GewSt, FS Gosch, 2016, 123; *Hechtner*, Die Anrechnung ausländ. Steuern im System der Schedule nach den Änderungen durch das JStG 2009, BB 2009, 76; *Ismer*, Die Berücksichtigung der persönlichen Verhältnisse bei Anrechnungshöchstbetrag und ProgrVorb., IStR 2013, 297; *Ismer*, Verwirrung beim Anrechnungshöchstbetrag: Unionsrechtl. Probleme der geplanten Neufassung des § 34c, IStR 2014, 925; *Kahle/Vogel*, Fiktive Steueranrechnung in Umwandlungsfällen, ISR 2013, 234; *Kaminski*, Anrechnung ausländ. Steuern, in Lüdicke (Hrsg.), Aktuelle Problemfelder im Internationalen Steuerrecht, Forum der Internationalen Besteuerung, Bd. 45 (2016), 169; *Kessler/Dietrich*, Praxis- und Zweifelsfragen bei der Anrechnung ausländ. Steuern, IWB 2012, 544; *Kollruss*, Holding-Ges. mit doppelt ansässigen ausländ. KapGes, Der Konzern 2012, 237; *Kollruss/Braukmüller/Janssen/Sonntag*, Doppelte Anrechnung fiktiver ausländ. Steuern nach DBA bei Doppelansässigkeit der ausschüttenden ausländ. Ges., RIW 2011, 848; *Kudert*, Der „wirtschaftl. Zusammenhang" im Außensteuerrecht aus steuerrechtl. und (betriebs-)wirtschaftl. Sicht, StuW 2018, 75; *Lichtblau*, Anrechnung ausländ. Steuern im deutschen und internationalen Steuerrecht, Diss., Hamburg 2014; *Menhorn*, Anrechnungshöchstbetrag gem. § 34c noch gemeinschaftsrechtskonform?, IStR 2002, 15; *Morlock*, Anrechnung ausländ. Steuern nach § 34c bei Lizenzeinnahmen aus dem Ausland, JbFfSt 2009/2010, 815; *C. Müller*, Die Vermeidung der Doppelbesteuerung aus europarechtl. Sicht und das deutsche Verfahren zur Anrechnung ausländ. Steuern, 2010; *Müller-Dott*, Zur Rechtsänderung des § 34c zur Anrechnung ausländ. Steuern, DB 2003, 1468; *Prinz*, Besteuerungsgrundsätze für hybride internationale MU'schaften, FR 2012, 381; *Rehse/Hehlmann*, Die Berücksichtigung mittelbarer Aufwendungen bei der Ermittlung des Anrechnungshöchstbetrags nach § 34c Abs. 1 S. 4 ist europarechtswidrig, IStR 2015, 461; *Riehl/Wagemann*, Kein Steuerabzug nach § 34c Abs. 3 bei missbräuchlicher Gestaltung, IWB 2016, 651; *Schnitger*, Die Rspr. des EuGH zur Berücksichtigung der persönlichen Verhältnisse, eine Sackgasse?, IStR 2002, 478; *Schnitger*, Internationale Aspekte des Entwurfs eines Gesetzes zum Abbau v. Steuervergünstigungen und Ausnahmeregelungen (StVergAbG), IStR 2003, 73; *Schnitger*, Anrechnung ausländ. Quellensteuern bei stfreien ausländ. Einkünften unter besonderer Beachtung v. § 8b Abs. 5 KStG, IStR 2003, 298; *Schnitger*, Praktische Probleme bei der Vermeidung der Doppelbesteuerung v. Unternehmensgewinnen, IStR 2011, 653; *Sülflow-Schworck*, Die neue Berechnung des Anrechnungshöchstbetrages nach § 34c Abs. 1, IStR 2015, 802; *Tschatsch/Umlauff*, Der „wirtschaftliche Zusammenhang" in § 34c Abs. 1 S. 4, NWB 2018, 3079; *Wacker*, Das Veranlassungsprinzip national und international – eine Zwischenbilanz aus Sicht des Ertragsteuerrechts, BB 2018, 2519; *F. Wassermeyer*, Betriebliche Veranlassung und der bei der Einnahmeerzielung maßgebliche wirtschaftliche Zusammenhang, FS Frotscher, 2013, 685; *F. Wassermeyer*, Der wirtschaftliche Zusammenhang iSd. § 34c Abs. 1 S. 4, FS Gosch, 2016, 439; *F. Wassermeyer*, Anrechnung und Abzug ausländ. Steuern gem. § 34c in Missbrauchsfällen, IStR 2016, 825; *Wiss. Beirat Ernst & Young*, Anrechnung ausländ. Steuern: Der „wirtschaftliche Zusammenhang" bei § 34c Abs. 1 S. 4, IStR 2016, 922; *Wölfert/Quinten/Schiefer*, Auswirkungen des EuGH-Urt. in der Rs. Beker auf die Investmentbesteuerung, BB 2013, 2076; frühere Literatur s. 10. Aufl.

A. Grundaussagen der Vorschrift

I. Regelungsgegenstand. Nach dem Welteinkommensprinzip erstreckt sich bei unbeschränkt StPfl. die inländ. StPflicht auf alle steuerbaren Einkünfte, unabhängig davon, ob sie im Inland oder im Ausland erwirtschaftet werden (§§ 1 Abs. 1–3, 2 Abs. 1). Um Besteuerungskollisionen und Doppelbesteuerungen der 1 ausländ. Steuerquellen zu vermeiden und dadurch das Leistungsfähigkeitsprinzip durchzusetzen,[1] bedarf es gesetzgeberischer Maßnahmen, in erster Linie durch den bilateralen Abschluss v. DBA, daneben aber auch durch die unilateralen Regelungen in §§ 34c und 34d. Vor diesem Hintergrund ist § 34c als (kollisionsauflösende) Tarifvorschrift konzipiert, die die (direkte) Anrechnung der im Ausland gezahlten Steuer vorsieht **(Abs. 1)**, daneben – alternativ (Abs. 2 und 3) und ergänzend (Abs. 5) – aber auch den Abzug dieser ausländ. Steuer v. der (inländ.) Bemessungsgrundlage **(Abs. 2 und 3)** sowie – unter bestimmten Umständen – die Pauschalierung bzw. den Erl. der auf die ausländ. Einkünfte entfallenden deutschen ESt zulässt **(Abs. 5)**.

2 **II. Anwendungsbereich. 1. Persönlicher Anwendungsbereich.** In **persönlicher Hinsicht** betrifft § 34c nur unbeschränkt StPfl. (auch als G'ter v. PersGes.), beschränkt StPfl. hingegen grds. nicht, weil ausländ. Einkünfte bei diesen im Inland ohnehin nicht besteuert werden. Nur ausnahmsweise verhält es sich gem. § 50 Abs. 3, § 50 Abs. 6 aF anders, weil die inländ. Besteuerungsmerkmale gem. § 49 Abs. 1 Nr. 1 bis 3 auch ausländ. Einkunftsquellen erfassen (s. § 50 Rn. 28). IÜ setzt die Anwendung des § 34c die **Personenidentität (Steuersubjektidentität)** des StPfl. (bei zusammenveranlagten Eheleuten: **eines** Ehegatten) im In- und im Ausland voraus. Bei Qualifikations- und Zuordnungsunterschieden nach aus- und inländ. Recht ist (vorbehaltlich besonderer Regelungen in DBA) nach der (allerdings umstr.) Rechtsauffassung des BFH (s. auch § 50d Rn. 41b) das deutsche Recht maßgebend.[2] So ist – mit der Konsequenz der (ggf. anteiligen) StAnrechnung – bei Beteiligungen an ausländ. PersGes. eine Identität auch dann gegeben, wenn die Ges. im Ausland als KapGes. behandelt wird,[3] ebenso in der umgekehrten Situation der Beteiligung an einer – aus deutscher Sicht – Auslands-KapGes., die im anderen Vertragsstaat als transparent behandelt wird[4] (s. auch Rn. 20 aE), desgleichen in Fällen, in denen die Einkünfte im Ausland dem Treuhänder oder Nießbraucher, im Inland aber dem Treugeber oder Eigentümer zuzurechnen sind (§ 39 Abs. 2 Nr. 1 S. 2 AO).[5] S. auch Rn. 5 zur (wirtschaftlichen) Anrechnungsberechtigung gem. § 4 Abs. 2 S. 1 InvStG aF. Die notwendige Identität liegt auch vor, wenn ein Dritter die Steuer im Wege des Steuerabzugs einbehält (zB KapESt), nicht jedoch, wenn es sich (wie bei ausländ. KSt) um die Steuer eines Dritten handelt, die beim StPfl. lediglich anzurechnen ist.[6] Sie fehlt nach der Rspr. des BFH[7] auch bei (missbräuchlicher) **Einschaltung v. Basis-Ges. (§ 42 AO)**, iErg. aber zu Unrecht, weil der stpfl. Anteilseigner die ausländ. Steuer bei unmittelbarer Zurechnung der Einkünfte anrechnen dürfte.[8] Insoweit ist die ausländ. Steuer in eine solche des StPfl. umzudeuten und gem. Abs. 1 anzurechnen; der Rechtsgedanke des § 42 Abs. 1 S. 3 AO ist zu Ende zu denken.[9] Allerdings sind dabei die tatsächlichen Gegebenheiten hinzunehmen, und dazu gehört dann auch der Umstand der ausländ. Steuerbelastung, die nicht „überkonsequent" just wg. jener Missbräuchlichkeit ignoriert werden kann.[10] Zutr. hat der BFH[11] demggü. für den unbeschränkt stpfl. G'ter einer ausländ. Domizil-Ges. den Abzug solcher Steuern gem. § 34c Abs. 3 zugelassen, die auf dem G'ter nach § 42 AO zugerechnete Einkünfte der Ges. erhoben wurden. – Keiner Subjektidentität bedarf es ausnahmsweise bei Organschaften (vgl. §§ 14, 17 KStG) sowie bei Hinzurechnungen gem. §§ 7 ff. AStG, vgl. § 12 AStG, trotz wirtschaftlicher Doppelbelastung nach Verwaltungspraxis und hM jedoch in den Fällen der Zurechnung v. Einkünften ausländ. Zwischen-Ges. gem. § 5 AStG (s. aber § 36 Rn. 7).[12]

3 **2. Sachlicher Anwendungsbereich.** In **sachlicher Hinsicht** betroffen sind ausländ. Einkünfte, die infolge in- und ausländ. Steuer einer doppelten Besteuerung unterliegen **(Einkünfteidentität). Unterschiedliche Bemessungsgrundlagen** hindern eine derartige Doppelbesteuerung **nicht**. Daran fehlt es indes,

---

1 *Schaumburg*[4], Rn. 17.9 ff.
2 BFH v. 25.5.2011 – I R 95/10, BStBl. II 2014, 760 = IStR 2011, 688 mit Anm. *Chr. Schmidt*.
3 BMF v. 16.4.2010, BStBl. I 2010, 354 Tz. 4.1.4.1; *Weggenmann* in W/R/S[2], Rn. 6.37 ff.; s. zu einer US-LLC BFH v. 20.8.2008 – I R 34/08, BStBl. II 2009, 263 und zu einer ungarischen KFT BFH v. 25.5.2011 – I R 95/10, BStBl. II 2014, 760 = IStR 2011, 688 mit Anm. *Chr. Schmidt*; s. aber auch OFD Berlin v. 21.1.2003 (nv.): keine Anrechnung, jedoch Einbeziehung nur der Nettoausschüttung.
4 *K/S/M*, § 34c Rn. B 31; *F/W/B/S*, § 34c Rn. 130; *Kessler/Dietrich*, IWB 2012, 544 (545).
5 *Schaumburg*[4], Rn. 15.4.
6 Vgl. FG München v. 26.1.1998 – 15 K 3861/93, EFG 1998, 1076.
7 BFH v. 24.2.1976 – VIII R 155/71, BStBl. II 1977, 265 (allerdings noch zu § 6 StAnpG); v. 2.3.2016 – I R 73/14, BStBl. II 2016, 887; FG Saarl. v. 7.11.2000 – 1 K 128/98, EFG 2001, 214.
8 *Schaumburg*[4], Rn. 18.55 f., 13.23 ff.; *F/W/B/S*, § 34c Rn. 132; *Wassermeyer*, IStR 2016, 825.
9 S. zur lediglich begrenzten („segmentierten") Reichweite v. Gestaltungsmissbräuchen gem. § 42 Abs. 1 S. 2 AO auch BFH v. 19.8.1999 – I R 77/96, BStBl. II 2001, 43; *Gosch*, Harzburger Steuerprotokoll 1999, 225 (241 ff.), anders jetzt aber wohl § 42 Abs. 2 S. 1 AO, s. dazu *Drüen*, Ubg. 2008, 31 (36 f.); *Gosch*, FS Reiß, 2008, 597 (604).
10 So aber BFH v. 2.3.2016 – I R 73/14, BStBl. II 2016, 887, für die Situation der (Weiter-)Ausschüttung v. Dividenden einer inländ. KapGes. ‚über' eine wg. missbräuchlicher Zwischenschaltung nicht anzuerkennende niederländ. KapGes; zu Recht deshalb krit. *Riehl/Wagemann*, IWB 2016, 651.
11 BFH v. 1.4.2003 – I R 39/02, BStBl. II 2003, 869.
12 Krit. *Strunk/Kaminski/Köhler*, AStG/DBA § 5 AStG Rn. 12, 58.

wenn die Einkünfte nur im Ausland, nicht aber im Inland steuerbar sind[1] Eine niedrigere Bemessungsgrundlage im Ausland kann durch einen höheren ausländ. Steuersatz ausgeglichen werden oder umgekehrt. Andererseits ist nicht die tatsächliche im Ausland gezahlte Steuer an einer fiktiven inländ. (höheren) Bemessungsgrundlage zu messen. Unterschiedliche Bemessungsgrundlagen können allerdings auf die Anrechnungs-Höchstbetragsberechnung durchschlagen, so zB einer nur teilw. (früher hälftigen) Erfassung v. Dividenden (§ 3 Nr. 40), einer nur teilw. Erfassung v. Auslandsrenten nur mit deren Ertragsanteil.[2] Aus dem Anwendungsbereich des Anrechnungs- und Abzugsverfahrens des § 34c ausgenommen sind gem. Abs. 1 S. 1 HS 2 und S. 3 HS 1 sowie Abs. 6 S. 2 HS 2 ausländ. Einkünfte aus KapVerm., die der AbgeltungsSt gem. **§ 32d Abs. 1 und Abs. 3–6** unterfallen. Die systematische „Sonderung" der KapEink v. den anderen Einkünften wird also auch insoweit „konsequent"[3] durchgehalten.[4] Bemerkenswert ist dabei, dass das G dem unbeschränkt StPfl. in einer Outbound-Situation die Anrechnung ausländischer KapESt ermöglicht; unionsrechtl. dürfte dafür keine Notwendigkeit bestehen.[5] Das betrifft auch ausländ. Einkünfte, für die nach DBA fiktive Steuern anzurechnen sind; auf solche Einkünfte ist dann nicht § 34c, sondern § 32d Abs. 5 anzuwenden.[6] – Ausnahmen v. dem Erfordernis der Einkünfteidentität können sich allerdings im Rahmen v. Billigkeitserweisen gem. Abs. 5 ergeben (s. Rn. 35). Infolge der auf Höchstbeträge beschränkten direkten Anrechnung ausländ. Steuern gelang (und gelingt ggf. trotz zwischenzeitl. gesetzl. ‚Nachbesserung') die Vermeidung der Doppelbesteuerung allerdings nur unzulänglich in unionsrechts-, ggf. auch gleichheitswidriger Weise (s. Rn. 28).

3. Verhältnis zu innerstaatlichen Vorschriften. (1) Innerhalb des EStG: Inländ. Ausgleichsbeschränkungen (zB **§§ 2a, 15a**) sind sowohl im Jahr des Entstehens v. ausländ. Verlusten als auch in Jahren späterer Verrechnung nicht ausgeglichener Verluste (§ 2a Abs. 1 S. 3 und 4 aF) zu beachten.[7] Das gilt auch für darauf entfallende ausländ. Steuern, die bei Wahl des Steuerabzugs gem. Abs. 2 die negativen ausländ. Einkünfte erhöhen.[8] Ausländ. Steuern, die auf Einkünfte entfallen, welche ihrerseits dem Teil- (bzw. zuvor dem Halb-)einkünfteverfahren unterliegen und deswegen nur zT erfasst werden (vgl. **§ 3 Nr. 40**), sind iRd. § 34c Abs. 1 (zu der Abweichung beim Steuerabzug gem. § 34c Abs. 2 v. VZ 2007 an s. Rn. 31) grds. zu berücksichtigen.[9] Eine Beschränkung wäre gleichheitswidrig, da auch die deutsche KapESt gem. § 36 in vollem Umfang angerechnet wird. Zu den insoweit aber nach wie vor bestehenden **unionsrechtl. Problemen** s. Rn. 28a, aber auch Rn. 23. **§ 5a** (Tonnagesteuer) ist für § 34c Abs. 1–3 nicht anzuwenden (§ 5a Abs. 5 S. 2). Für ausländ. Einkünfte aus KapVerm., die der AbgeltungsSt gem. § 32d unterfallen, ist nicht § 34c, sondern **§ 32d Abs. 5** einschlägig (s. Rn. 3). Zur Anwendung v. § 34c Abs. 1–3 auf **beschränkt StPfl.** s. **§ 50 Abs. 3**, § 50 Abs. 6 aF sowie auch – zur „Entschärfung" der unilateralen Umqualifikation abkommensrechtl. Zinsen und Lizenzen – **§ 50d Abs. 10 S. 6** (s. § 50d Rn. 48). 4

(2) Außerhalb des EStG: Zur **GewSt** s. **§ 8 Nr. 12 GewStG** (Hinzurechnung nach § 34c [Abs. 2 und 3] abgezogener Auslandssteuern); es fehlt jedoch eine Sonderregelung zur Anrechnung ausländ. Steuern[10] und eine solche Anrechnung lässt sich auch nicht im Wege verfassungskonformer Auslegung erreichen.[11] Zur Anwendung v. § 34c auf die **KSt** s. **§ 26 Abs. 1 S. 1 Nr. 1 und S. 2 sowie Abs. 2 KStG** idF des Kroatien-AnpG v. 25.7.2014[12] (= entspr. Anwendung v. § 34c Abs. 1–3 und Abs. 5–7) sowie § 26 Abs. 1 und 6 S. 1 und 3 KStG idF des JStG 2007[13] (= entspr. Anwendung v. § 34c Abs. 1 S. 2–5, Abs. 2–7). Die Frage, 5

---

1 BFH v. 4.6.1991 – X R 35/88, BStBl. II 1992, 187; v. 2.2.1994 – I R 66/92, BStBl. II 1994, 727; BMF v. 18.2.1992, BStBl. I 1992, 123.

2 *F/W/B/S*, § 34c Rn. 136; **aA** *Blümich*, § 34c Rn. 44.

3 Vgl. BT-Drucks. 16/10189, 53.

4 BFH v. 30.11.2016 – VIII R 11/14, BStBl. II 2017, 443.

5 EuGH v. 12.2.2009 – Rs. C-67/08 – Margarete Block, DStR 2009, 373 (zur ErbSt); v. 16.7.2009 – Rs. C-128/08 – Jacques Damseaux, IStR 2009, 622 (zur KapESt).

6 S. FG Saarl. v. 8.8.2013 – 1 K 1374/12, EFG 2013, 1920.

7 R 34c (3) 8 EStR 2012, (2) 1 EStR 2008; OFD Ffm. v. 25.8.1994, StEK EStG § 34c Nr. 175 Tz. 2.4 betr. § 15a; **aA** *H/H/R*, § 34c Anm. 89.

8 R 34c (2) 2 EStR.

9 R 34c (2) 3 EStR.

10 Zur (str.) Frage der Anrechnung ausländ. Ertragsteuern auf die GewSt (iRd. Festsetzung des GewSt-Messbetrags durch das FA, nicht aber der GewSt durch die Kommune, Hess. VwGH v. 17.12.2013 – 5 A 329/12, GewArch 2014, 263) s. FG Nds. v. 16.7.2015 – 6 K 196/13, EFG 2015, 2200; *G/K/G/K*, Art. 23A/23B OECD-MA Rn. 325; *Wassermeyer*, Art. 23A OECD-MA Rn. 104; *Gosch*, Außensteuerliche Aspekte der GewSt, Hefte zur Intern. Besteuerung, 2011, 1 (21 f.); *Haarmann*, FS Gosch, 2016, 123; *Prinz/Otto*, BB 2017, 1988, jeweils mwN.

11 *Gosch*, Außensteuerliche Aspekte der GewSt, Hefte zur Internationalen Besteuerung, 2011, 1 (21 f.); **aA** *Haarmann*, FS Gosch, 2016, 123.

12 BGBl. I 2014, 1266.

13 S. dazu BFH v. 7.4.2005 – IV R 24/03, BStBl. II 2005, 598.

ob ausländ. Einkünfte vorliegen, beantwortet sich (über § 34c Abs. 1) indirekt auch für die KSt nach § 34d, obschon diese Vorschrift in § 26 KStG nicht aufgerufen wird. Das betrifft nach § 26 Abs. 1 S. 2 KStG idF des Kroatien-AnpG, § 26 Abs. 6 S. 1 HS 2 KStG idF des JStG 2007, jeweils iVm. § 8b Abs. 1 S. 2 und 3 KStG, auch jene Fälle einer vGA (gem. § 8 Abs. 3 S. 2 KStG), für die infolge einer entspr. Einkommensminderung auf der Ebene der ausländ. Beteiligungs-KapGes. die Freistellung gem. § 8b Abs. 1 S. 1 KStG ebenso wie eines DBA-Schachtelprivilegs versagt wird, aber dennoch im Ausland erhobene Quellensteuer angerechnet werden soll. § 26 Abs. 2 S. 2 KStG idF des Kroatien-AnpG, § 26 Abs. 6 S. 3 KStG idF des JStG 2007 verbietet den Abzug ausländ. Steuer gem. § 34c Abs. 2, wenn die betr. Einkünfte im Inland stfrei sind, zB gem. § 8b Abs. 1 KStG. Der v. VZ 2015 an unionsrechtl. bedingte und vollzogene Systemwechsel bei der Errechnung des Anrechnungshöchstbetrags in § 34c Abs. 1 S. 2 (s. dazu Rn. 28a f.) ist für die KSt mangels außerbetrieblicher Sphäre v. KapGes. im Kern nicht einschlägig und wird für diese deswegen folgerichtig[1] nicht nachvollzogen, s. § 26 Abs. 2 S. 1 KStG idF des Zollkodex-AnpG[2]. Zur Ausübung des Wahlrechts nach § 34c Abs. 2 (iVm. § 26 Abs. 1 S. 1 Nr. 1 KStG) innerhalb eines kstl. Organkreises s. Rn. 29. – **§ 20 Abs. 8 UmwStG** ermöglicht in entspr. Anwendung v. § 34c, § 50 Abs. 3 sowie § 26 KStG (§ 26 Abs. 6 KStG aF) die Anrechnung fiktiver ausländ. Steuer, wenn eine ausländ. Ges. iSd. Fusions-RL in eine ausländ. Ges. iSd. Fusions-RL eingebracht wird, die eingebrachte ausländ. Ges. nach deutschem Steuerrecht aber als transparente MU'schaft eingestuft wird. Gilt abkommensrechtl. die Anrechnungsmethode (zB wegen eines abkommensrechtl. Aktivitätsvorbehalts bei passiven Einkünften der Auslands-Ges.), dann führt die Einbringung wegen Verlusts des deutschen Besteuerungsrechts gem. § 20 Abs. 2 Nr. 3 UmwStG zwingend zum Ansatz der gemeinen Werte der eingebrachten WG und damit zur Gewinnrealisation;[3] Art. 11 Abs. 2 (Art. 10a Abs. 2 aF) Fusions-RL verbietet das aber und § 20 Abs. 8 UmwStG soll diesem Verbot im Wege der Anrechnung der (infolge der Buchwertverknüpfung im Ausland in aller Regel nicht „real" gewordenen) Steuer Rechnung tragen.[4] – Eine (inhaltliche, nicht aber tatbestandliche) Verknüpfung zu § 34c besteht auch zu der in **§ 4 Abs. 1 S. 3** sowie **§ 12 Abs. 1 KStG**, jeweils idF des SEStEG, infolge der darin angeordneten, entnahmegleichen Entstrickung im Inland befindlichen Besteuerungssubstrats hinsichtlich des Gewinns aus der Veräußerung oder Nutzung eines WG durch „Beschränkung" des deutschen Besteuerungsrechts, die Beschränkung besteht letztlich in der Anrechnung ausländ. Steuern im Inland.[5] – **§ 2** Abs. 1 S. 1 iVm. Abs. 3 Nr. 2 und 3 sowie **§ 4** Abs. 1, **§ 5** Abs. 1 S. 2 **AStG** grenzen negativ ab: Jene Einkünfte, die – in Umkehrung des § 34c – nicht ausländ. iS dieser Vorschrift sind,[6] unterfallen der erweitert beschränkten StPfl. iSd. genannten Vorschriften. – Zum „switch over" v. der Freistellung zur Anrechnung s. auch § 20 Abs. 2 AStG und dazu BFH v. 21.10.2009[7]. **§ 12 Abs. 2 und 3 AStG** sichert schließlich die entspr. Anwendung v. § 34c auf die Hinzurechnungsbeträge gem. §§ 7 ff. AStG. – Für das ErbSt-Recht enthält **§ 21 ErbStG** eine eigenständige und v. § 34c völlig losgelöste, konzeptionell aber vergleichbare Anrechnungsregelung.[8] – Bezogen auf **Investmentanteile** sieht **§ 47 InvStG 2018**, ähnlich wie zuvor § 4 InvStG aF (s. dazu 17. Aufl. Rn. 5), Sonderregelungen für die Anrechnung und den Abzug der ausländ. Steuer vor, wenn die ausgeschütteten und ausschüttungsgleichen Fondserträge Einkünfte aus einem ausländ. Staat enthalten, die dort zu einer Steuer herangezogen worden sind.

6 Zur Anrechnung gem. § 34c Abs. 1 kommt es nach **§ 22 Nr. 4 4 lit. d** auch für die EG-Gemeinschaftssteuer auf Entschädigungen, Übergangsgelder, Ruhegehälter und Hinterbliebenenversorgung aufgrund des Abgeordnetenstatuts des EU-Parlaments. Zur Anwendung v. § 34c Abs. 5 bei **§ 42b Abs. 1 Nr. 6** s. Rn. 35.

7 **4. Verhältnis zu DBA (Abs. 6).** Bestehen bilaterale DBA und „**stammen**"[9] die Einkünfte (wohl solche iSv. § 34d)[10] tatsächlich (und abstrakt nach Maßgabe des jeweiligen Abkommens, aber unbeschadet eines darin

---

1 **AA** *Kaminski*, Forum der Intern. Besteuerung, Bd. 45 (2016), 169 (183 f.): verfassungswidrige Ungleichbehandlung.
2 G v. 22.12.2014, BGBl. I 2014, 2417.
3 BMF v. 11.11.2011, BStBl. I 2011, 1314 Tz. 20.37.
4 Es ist zweifelh., ob das gelungen ist, weil die Steuersätze im In- und Ausland gemeinhin differieren und sich infolge der notwendig werdenden Schattenveranlagung Abweichungen ergeben werden, vgl. *Heerdt*, IStR 2012, 866 (870 ff.). Grds. krit. zum Anwendungsbereich auch *Kahle/Vogel*, ISR 2013, 234 (239 f.) mit Blick auf die vorrangige abkommensrechtl. Anordnung einer Qualifikationsverkettung.
5 Krit. *Wassermeyer*, DB 2006, 2420.
6 S. dazu BFH v. 19.12.2007 – I R 19/06, BFHE 220, 160 sowie v. 16.12.2008 – I R 23/07, nv.
7 BFH v. 21.10.2009 – I R 114/08, BStBl. II 2010, 774.
8 S. vergleichend *Kaminski*, Forum der Intern. Besteuerung, Bd. 45 (2016), 169 (184 ff., 194 ff.).
9 S. dazu BFH v. 24.3.1998 – I R 38/97, BStBl. II 1998, 471; v. 1.4.2003 – I R 39/02, BStBl. II 2003, 869; v. 19.4.1999 – I B 141/98, BFH/NV 1999, 1317.
10 Offen BFH v. 24.3.1998 – I R 38/97, BStBl. II 1998, 471. Erforderlich ist jedenfalls ein entspr. Quellenbezug im ausländ. Vertragsstaat.

ggf. zugewiesenen QuellenSt-Rechts)[1] aus dem betr. ausländ. Staat, mit dem das DBA abgeschlossen worden ist,[2] **tritt** der Anwendungsbereich v. § 34c Abs. 1–3 grds. **zurück** (**§ 34c Abs. 6 S. 1**, ggf. iVm. § 26 Abs. 1 S. 1 KStG, § 26 Abs. 6 S. 1 KStG aF, s. auch parallel § 21 Abs. 1 S. 1 ErbStG), jener v. Abs. 3 nach der Rückausnahme in **Abs. 6 S. 6** (Abs. 6 S. 5 aF) **letzter Satzteil** aber nur dann, wenn der ausländ. Staat **nicht** aus diesem Staat stammende Einkünfte besteuert, es sei denn, **(1)** die Besteuerung hat ihre Ursache in einer Gestaltung, für die „wirtschaftliche oder sonst beachtliche Gründe" fehlen (**letzter HS 1. Alt.**), oder **(2)** das DBA gestattet dem anderen Staat die Besteuerung (**letzter HS 2. Alt.**); andernfalls bleibt der Steuerabzug nach Abs. 3 – als Ausnahme – in vollem Umfang erhalten. **Im Einzelnen:** Die Einkünfte **stammen** (in Einklang mit dem Begriff des Stammens in S. 1 der Vorschrift) dann nicht iSv. **Abs. 6 S. 1 1. Satzteil** aus jenem Staat, wenn sie aus einer in Deutschland oder in einem Drittstaat tatsächlich ausgeübten Tätigkeit des StPfl. resultieren; „irgendein" Bezug zu dem ausl. Staat genügt nicht.[3] – Die Rückausnahme in **Abs. 6 S. 6** (Abs. 6 S. 5 aF) **letzter HS 1. Alt.** zielt – höchst unscharf – auf „künstliche Gestaltungen"[4] (also wohl auf rechtsmissbräuchliche Gewinnverschiebungen zu Lasten des deutschen Fiskus unter Anwendung der Rechtsgrundsätze zu § 42 AO, vgl. auch § 50d Abs. 3; sowie Rn. 2 zur Zwischenschaltung ausländ. Domizil-Ges.) ab. Bei dieser Einschränkung handelt es sich um eine (fragwürdige) konstitutive[5] gesetzliche Reaktion (durch das StBereinG v. 22.12.1999, BGBl. I 1999, 2601) auf die (offenbar früher,[6] sa. Rn. 2) entgegenstehende Rspr. des BFH[7] mit erstmaliger Anwendung v. VZ 2000 an. – Abkommensrechtl. **gestattet** iSd. **Abs. 6 S. 6** (Abs. 6 S. 5 aF) **letzter HS 2. Alt.** ist die Besteuerung v. Drittstaateneinkünften zB bei doppelter unbeschränkter StPfl. durch den Wohnsitzstaat (vgl. Art. 4 Abs. 2 OECD-MA) oder bei Betriebsstätteneinkünften durch den Betriebsstättenstaat (vgl. Art. 21 Abs. 2 OECD-MA). Besteuert der Vertragsstaat die aus einem Drittstaat stammenden Einkünfte hingegen zu Unrecht und wird diese Besteuerung auch nicht rechtsmissbräuchlich herbeigeführt, soll es bei der Anrechnung gem. Abs. 3 bleiben, um unverschuldete Doppelbesteuerungen infolge zwischenstaatlicher Auslegungsdifferenzen des DBA zu vermeiden. Praktische Relevanz hat dies vor allem für die sog. **Liefergewinnbesteuerung** bei Montagelieferungen und der hiermit verbundenen Frage danach, ob die in Anspr. genommenen Lieferungen und Leistungen dem (deutschen) Stammhaus (so die Verwaltungspraxis) oder aber der (ausländ.) Betriebsstätte zuzuordnen sind.[8] Vgl. Rn. 32 f. Zur Ausdehnung des Anwendungsbereichs v. Abs. 6 auf die Switch over-Bestimmung des § 50d Abs. 9 s. Rn. 11.

Ausnahmslos gilt die Subsidiarität aber ohnehin nur für den Fall, dass das DBA die ausländ. Einkünfte der deutschen Besteuerung nach der **Freistellungsmethode** entzieht.[9] Sieht ein DBA hingegen die **Anrechnungsmethode** vor, bleibt **Abs. 1 S. 2–5 und Abs. 2** auf die nach dem DBA anzurechnende ausländ. Steuer entspr. anwendbar **(Abs. 6 S. 2 HS 1):** Die unilateralen Regelungen sind **ergänzend** heranzuziehen, wenn das jeweilige DBA die Steueranrechnung nur dem Grunde nach bestimmt und hinsichtlich der Anrechnungsmodalitäten auf nationales Recht verweist oder auch keine Einzelheiten zur Anrechnung selbst enthält;[10] sie bleiben demgegenüber unanwendbar, wenn das DBA eigene Anrechnungsvorschriften enthält.[11] S. parallel § 21 Abs. 1 S. 4 ErbStG. Sie ermöglichen überdies keine höhere Anrechnung als nach DBA (ggf. auf einen Quellensteuersatz begrenzt) vorgesehen ist. Auch wenn ein DBA nicht v. Abzug der ausländ. Steuer, vielmehr allein v. der Anrechnung ausgeht und konkrete Maßgaben hierfür vorgibt, ist der nationale Gesetzgeber im Grundsatz nicht gehindert, dennoch alternativ auch den Abzug der ausländ. 8

1 Vgl. insoweit zur Abgrenzung zw. einem wirtschaftlichen und einem rein technischen Begriffsverständnis BFH v. 22.2.2006 – I R 14/05, BStBl. II 2006, 743; s. auch BFH v. 1.7.2009 – I R 113/08, BFH/NV 2009, 1992; v. 2.3.2010 – I R 75/08, BFH/NV 2010, 1820; s. auch v. 17.11.2010 – I R 76/09, BStBl. II 2012, 276.

2 BFH v. 15.3.1995 – I R 98/94, BStBl. II 1995, 580; v. 20.12.1995 – I R 57/94, BStBl. II 1996, 261; v. 1.7.2009 – I R 113/08, BFH/NV 2009, 1992; v. 2.3.2010 – I R 75/08, BFH/NV 2010, 1820.

3 BFH v. 17.11.2010 – I R 76/09, BStBl. II 2012, 276, wobei dort offen blieb, ob die Kriterien des § 34d oder aber des im Einzelfall einschlägigen DBA maßgeblich sind; s. auch FG Hbg. v. 17.5.2013 – 6 K 73/12, EFG 2013, 1671 (rkr.); *H/H/R*, § 34c Anm. 64; *F/W/B/S*, § 34c Rn. 145 ff.

4 BT-Drucks. 14/1514, 30.

5 BFH v. 1.4.2003 – I R 39/02, BStBl. II 2003, 869.

6 BFH v. 2.3.2016 – I R 73/14, BStBl. II 2016, 887.

7 Reaktion auf BFH v. 24.3.1998 – I R 38/97, BStBl. II 1998, 471.

8 Vgl. im Einzelnen *F/W/B/S*, § 34c Rn. 308 ff., 314.

9 BFH v. 24.3.1998 – I R 38/97, BStBl. II 1998, 471; v. 19.4.1999 – I B 141/98, BFH/NV 1999, 1317 ff.; s. auch FG Hbg. v. 17.5.2013 – 6 K 73/12, EFG 2013, 1671 (rkr.); *FW*, IStR 1998, 476.

10 S. dazu zB Art. 15a Abs. 3 lit. a DBA-Schweiz betr. die Anrechnung v. Schweizer Abzugssteuer: Anrechnung auf die deutsche ESt „entspr. § 36 unter Ausschluss v. § 34c".

11 Vgl. BFH v. 9.6.2010 – I R 94/09, BStBl. II 2011, 860 (zum DBA-Brasilien aF), hierzu BMF v. 3.8.2017, BStBl. I 2017, 1225, dort Tz. 3.2. – Zur ggf. missbräuchlichen Umgehung des abkommensrechtl. Ausschlusses der Anrechnung ausländ. Quellensteuer mittels sog. Dividenden-Strippings s. OFD Ffm. v. 16.7.1998, RIW 1999, 158; dagegen zu Recht krit. *Schneider*, RIW 1999, 336.

Steuer gem. Abs. 2 zuzulassen (Abs. 6 S. 2; Grundsatz der Meistbegünstigung), immer bezogen aber auf sämtliche betr. Anrechnungseinkünfte des Vertragsstaates.

9 Eine Ausnahme v. dieser Meistbegünstigung besteht nur für den Fall, dass das DBA die **fiktive Anrechnung ausländ. Steuern** gewährt **(Abs. 6 S. 2 letzter HS)**, also in den meisten insbes. mit Entwicklungsländern abgeschlossenen DBA,[1] iErg., um zu vermeiden, dass Steuervergünstigungen, die der Quellenstaat gewährt, dem deutschen Fiskus anstelle dem StPfl. zugute kommen.[2] Aus diesem Grunde erfolgt die Steueranrechnung „fiktiv" in der Weise, als wäre die Steuervergünstigung nicht gewährt worden. Der Ansässigkeitsstaat respektiert dadurch die steuerpolitische Entsch. des Quellenstaates und schöpft aus dieser keinen fiskalischen Vorteil.[3] Die auch für die fiktive Steueranrechnung erforderlich werdende Höchstbetragsberechnung erfolgt nach den allg. Maßstäben des Abs. 1 S. 2–5, gem. Abs. 6 S. 2 letzter HS jedoch ohne die ansonsten (vom VZ 2003 an) bestimmte Beschränkung auf Einkünfte, die im Ausland auch tatsächlich besteuert werden (Abs. 1 S. 3 HS 2, s. Rn. 25).[4]

10 In **Abs. 6 S. 3** werden die Folgerungen aus der Regelung in Abs. 1 S. 3 (per-item-limitation, s. Rn. 26) für den Fall gezogen, dass mit dem betr. ausländ. Staat ein DBA abgeschlossen worden ist. Es wird hierdurch sichergestellt, dass Abs. 1 S. 3 (HS 2) auch dann entspr. gilt, wenn die Einkünfte **in dem ausländ. Staat** gerade nach dem DBA mit diesem Staat nicht besteuert werden können. Auch dann sind die Einkünfte also **nicht** in die Errechnung des Anrechnungs-Höchstbetrages (Rn. 24 ff.) einzubeziehen. Die Regelung betrifft unmittelbar nicht die (umstrittene) Rechtsfrage, ob ausländ. Einkünfte, die **im Inland nach DBA steuerbefreit** sind, (unter Beachtung der per-country-limitation, Rn. 25 f.) in die Höchstbetragsberechnung einzubeziehen sind. Richtigerweise war und ist diese Frage mit der Rspr. zu verneinen[5]: Zwar beschränkt sich Abs. 1 S. 2 insoweit auf die per-country-limitation, was darauf hinweisen könnte, dass es (nur) auf die Summe der Einkünfte aus dem betr. Staat ankommt, nicht aber darauf, dass die einzelnen Einkünfte im Inland stfrei sind. Die Einbeziehung solcher Einkunftsteile würde jedoch dem Regelungszweck des § 34c – die Vermeidung doppelter stl. Erfassungen – nicht gerecht. Letztlich kann die Einbeziehung solcher Einkunftsteile sogar die Reduzierung der auf inländ. Einkünfte entfallenden Steuer zur Folge haben. – Ausschlaggebend ist die Einkünfteermittlung nach Maßgabe deutschen Rechts (Rn. 14), das nach DBA freigestellte Einkunftsteile aber als stfrei (§ 3) behandelt und v. der Einkunftsermittlung ausnimmt (§ 2 Abs. 3). Die besseren Erwägungen sprechen deshalb iErg. gegen die Einbeziehung solcher Einkunftsteile.[6] Indirekt wird dies durch § 34c Abs. 6 S. 3 bestätigt und ergibt sich überdies ausdrücklich aus § 47 Abs. 5 InvStG 2018, § 4 Abs. 3 InvStG aF für Investmentanteile (s. Rn. 5). Ob sich das Anrechnungsvolumen im Einzelfall unbeschadet dessen dadurch erhöhen kann, dass nach § 8b Abs. 5 KStG im Inland 5 % der (bis zum VZ 2003: nur ausländ.) Dividenden als nichtabzugsfähige BA fingiert werden, erscheint zweifelh.[7] Die „negativen" BA mögen wirtschaftlich gesehen einer Besteuerung v. 5 % der Dividendeneinnahmen entsprechen. Sie sind rechtstechnisch gleichwohl keine (stpfl.) Einkünfte, sondern bleiben BA,[8] so dass den (rechtl.) Voraussetzungen des § 34c Abs. 1 nicht genügt ist. Nicht zuletzt weist auch der Abzugsausschluss des § 26 Abs. 2 S. 2 KStG, § 26 Abs. 6 S. 3 KStG aF (jeweils iVm. § 8b Abs. 1 KStG) darauf hin, dass insoweit eine Anrechnung ausscheidet.[9]

11 **Nicht** einzubeziehen sind auch (ausländ.) Einkünfte, die in Folge v. DBA-Rückfallklauseln („**subject-to-tax-Klauseln**") im Inland erfasst werden. **Anders** verhält es sich jedoch für jene Einkünfte, welche gem. **Abs. 6 S. 5** im anderen Vertragsstaat nur zu einem durch das DBA beschränkten Steuersatz besteuert werden können, und für solche Einkünfte, welche gem. **§ 50d Abs. 9** idF des JStG 2007 einem unilateralen **switch over** v. der Freistellungs- zur Anrechnungsmethode unterworfen sind. S. dazu § 50d Rn. 40 ff. § 34c Abs. 6 S. 5 flankiert diese Switch over-Bestimmungen; die Regelung stellt in jenen Fällen die Anrechnung

---

1 ZB *Ebel*, FR 2014, 835 (843); FG Münster v. 29.6.2012 – 4 K 288/10, EFG 2012, 2267.

2 ZB zu Zinseinkünften gem. Art. 23 Abs. 1d DBA-Türkei; dazu BMF v. 12.9.1995, BStBl. I 1995, 678 (1218); zu ausländ. Stückzinsen BMF v. 8.10.1996, BStBl. I 1996, 1190; OFD Münster v. 9.10.2007, IStR 2007, 792; s. auch BFH v. 18.7.1990 – I R 115/88, BStBl. II 1990, 951.

3 Vgl. zB *Vogel/Lehner*[6], Art. 23 Rn. 192 ff.

4 Zu den Voraussetzungen zur Anrechnung fiktiver QuellenSt. nach den einzelnen DBA und zu den v. StPfl. zu erbringenden Nachweisen über das Vorliegen der Voraussetzungen s. BMF v. 3.8.2017, BStBl. I 2017, 1225.

5 Vgl. BFH v. 4.6.1991 – X R 35/88, BStBl. II 1992, 187; v. 20.12.1995 – I R 57/94, BStBl. II 1996, 261; *H/H/R*, § 34c Anm. 92; *Blümich*, § 34c Rn. 42; **aA** zB *F/W/B/S*, § 34c Rn. 134; *Wassermeyer*, FR 1991, 680; *Kessler/Dietrich*, IWB 2012, 544 (546); s. auch *Schnitger*, IStR 2003, 73 (74); *Schnitger*, IStR 2003, 298 mwN.

6 S. zu einer derartigen wirtschaftl. Betrachtungsweise auch (in der Sache durchaus vergleichbarem, jedoch anderem Zusammenhang der verdeckten Einlage) BFH v. 13.6.2018 – I R 94/15, DB 2018, 2610.

7 So aber *Schnitger*, IStR 2003, 298 (301 ff.); *E/S KStG*[3], § 8b Rn. 78.

8 Vgl. BFH v. 10.1.2007 – I R 53/06, BStBl. II 2007, 585; *Gosch*[3], § 8b Rn. 143; *Gosch*, FS Herzig, 2010, 63 (87).

9 *Haase*, AStG/DBA Art. 10 MA Rn. 10.

oder den Abzug der (beschränkten) ausländ. Steuern sicher, immer vorausgesetzt, die Missbrauchsverhinderungsvorschrift des Abs. 6 S. 6 (Abs. 6 S. 5 aF) ist nicht einschlägig (s. Rn. 7). Abs. 6 S. 5 soll für alle VZ anzuwenden sein, für die die Steuerbescheide noch nicht bestandskräftig sind (§ 52 Abs. 49 S. 2 idF des JStG 2007). – Zur Anrechnung nach **§ 50d Abs. 10 S. 6** s. § 50d Rn. 48.

Schließlich bleibt es bei der entspr. Anwendung der Abs. 1 und 2 (Anrechnung oder Abzug ausländ. Steuern) auch dann, wenn zwar ein DBA besteht, wenn das DBA sich nicht auf eine Steuer v. Einkommen des Vertragsstaates bezieht **(Abs. 6 S. 4)**. Die Wortstellung des Regelungstextes ist hier verunglückt: Gemeint ist, nur der Fall, dass sich das DBA auf eine bestimmte (oder mehrere bestimmte) Steuer(n) des betr. Staates nicht bezieht.[1] Bis zum VZ 2007 enthielt § 34c Abs. 6 S. 4 aF daneben noch eine zweite Alt. zur entspr. Anwendung v. Abs. 1 und 2, nämlich für den Fall, dass das DBA die Doppelbesteuerung nicht beseitigte. Diese Alt. wurde durch das JStG 2007 ersatzlos gestrichen, weil man nach Novellierung älterer, insoweit unvollkommener DBA[2] hierfür offenbar keinen praktischen Anwendungsbereich mehr sah. Unbeschadet dessen einschlägig waren in diesem Zusammenhang etwa Fälle aus- wie inländ. Besteuerung aufgrund v. Qualifikationskonflikten und/oder unterschiedlicher Auslegung des betr. DBA und der daraus abgeleiteten Besteuerungsrechte.[3] Es kam darauf an, ob sich die Doppelbesteuerung aufgrund des betr. DBA abstrakt nicht beseitigen ließ;[4] konkrete Doppelbesteuerungen, zB in Folge vorwerfbaren Fristversäumnisses des StPfl.,[5] reichten nicht aus; ausschlaggebend war – allein – die deutsche Sicht.[6] – Ggf. findet Abs. 6 S. 4 neben einem etwaigen Verständigungsverfahren zw. den beteiligten Fisci (vgl. Art. 25 OECD-MA) Anwendung. Denn an dem Erfordernis des Verständigungsverfahrens kann sich erweisen, dass das DBA die Doppelbesteuerung gerade in Kauf nimmt. Die lediglich abkommenswidrige (Fehl-)Anwendung des DBA durch einen der Vertragsstaaten eröffnet die Anwendung v. Abs. 1 oder 2 jedoch nicht.[7] Auch aus unionsrechtl. Sicht ist solches nach jetzigem Stand der Harmonisierung der direkten Steuern in der EU nicht geboten (s. Rn. 23).[8] 12

Unabhängig v. Eingreifen eines DBA bleibt die Möglichkeit zur Pauschalierung und zum Erl. ausländ. Steuer erhalten; ebenso bleibt der **ProgrVorb. gem. § 32b** (Abs. 1 Nr. 3) zu berücksichtigen. 13

B. Anrechnung ausländischer Steuern (Abs. 1 und 7)

I. Ausländische Einkünfte (Abs. 1 S. 1 und 4). Die Anrechnung ausländ. Steuern setzt hierdurch besteuerte ausländ. Einkünfte voraus. Zum Begriff der ausländ. Einkünfte und zu deren abschließenden Katalog s. § 34d. Sowohl auf die Bestimmung der jeweiligen Einkunftsart[9] als auch auf die Ermittlung der ausländ. Einkünfte[10] findet – bezogen auf die Verhältnisse im Ausland[11] – deutsches Recht Anwendung (§§ 4 ff.), wobei die Einkünfte für Zwecke der Anrechnung auf die jew Einkunftsart zu „isolieren" sind (ebenso wie bei § 49, s. dort Rn. 30, § 34d Rn. 2, 6, 8, 12). Anzusetzen sind im Grds. **Nettoeinkünfte** ohne (insbes. nach DBA) stfreie Einnahmen (str., s. Rn. 10); §§ 2a, 15a sind zu beachten. Wegen des Erfordernisses der Einkünfteidentität s. Rn. 3; zur per-country-limitation und zur per-item-limitation s. Rn. 25. Zur Frage nach der Behandlung „negativer" BA als ausländ. Einkünfte s. Rn. 10. 14

Abzug v. Aufwandspositionen (Abs. 1 S. 4). Handelt es sich bei den ausländ. Einkünften um solche iSd. § 34d Nr. 3, 4, 6, 7 und 8 lit. c und gehören diese Einkünfte zum Gewinn eines inländ. Betriebs (s. abgrenzend § 34d Rn. 2), sind bei ihrer Ermittlung (vom VZ 2003 an) BA- und BV-Minderungen, die mit den diesen Einkünften zugrunde liegenden Einnahmen **„in wirtschaftlichem Zusammenhang stehen"**, abzuziehen, **Abs. 1 S. 4**. Hintergrund dafür ist der Umstand, dass derartige **Aufwendungen**, wenn sie sich den genannten Einnahmen **nur mittelbar** zurechnen lassen (zB iZ mit Refinanzierungszinsen für ausländ. 15

1 ZB nach DBA-USA betr. die ESt einzelner US-Gliedstaaten, s. *Vogel/Lehner*[6], Art. 23 Rn. 255.
2 DBA-Italien; DBA-Österreich.
3 Vgl. insoweit die (aktuelle) Diskussion um die abkommensrechtl. „Isolierung" v. Dividenden-, Zins- und Lizenzeinkünften (Art. 10, 11, 12 OECD-MA) ggü. Betriebsstätteneinkünften (Art. 7 OECD-MA) mit der Rechtsfolge der (bloßen) Anrechnung anstelle der Freistellung; s. dazu *Lüdicke ua.*, Besteuerung bei grenzüberschreitender Tätigkeit, 2003, 207 ff., 218; s. auch BFH v. 7.8.2002 – I R 10/01, BStBl. II 2002, 848 (zu Art. 24 DBA-Schweiz); *Strunk/Kaminski*, IStR 2003, 181; *Gosch*, StBp. 2003, 157.
4 Zu Beispielen s. *H/H/R*, § 34c Anm. 219.
5 Vgl. BFH v. 15.3.1995 – I R 98/94, BStBl. II 1995, 580; v. 1.7.2009 – I R 113/08, BFH/NV 2009, 1992.
6 BFH v. 28.4.2010 – I R 81/09, BStBl. II 2014, 754 (noch zu § 34 Abs. 6 S. 3 Alt. 1 aF).
7 BFH v. 1.7.2009 – I R 113/08, BFH/NV 2009, 1992; v. 28.4.2010 – I R 81/09, BStBl. II 2014, 754; v. 8.12.2010 – I R 92/09, BStBl. II 2011, 488.
8 EuGH v. 14.11.2006 – Rs. C-513/04 – Kerckhaert-Morres, DStR 2006, 2118.
9 BFH v. 20.12.1995 – I R 57/94, BStBl. II 1996, 261.
10 BFH v. 2.2.1994 – I R 66/92, BStBl. II 1994, 727; v. 16.5.2001 – I R 102/00, BStBl. II 2001, 710.
11 *Gosch*, FS Wassermeyer, 2005, 263.

Portfoliobeteiligungen, insbes. solchen v. Banken und Versicherungen)[1], nach Maßgabe der direkten Gewinnzurechnungsmethode (s. § 34d Rn. 8) generell außer Acht bleiben (s. § 34d Rn. 14 mwN).[2] Der Gesetzgeber sah darin eine sachlich nicht gerechtfertigte Erhöhung der ausländ. Einkünfte als Bezugsgröße bei der Berechnung des Höchstbetrags der auf die deutsche ESt/KSt anrechenbaren Steuern aus einem ausländ. Staat.[3] Abs. 1 S. 4 soll dem für die Zwecke der Steueranrechnung und begrenzt auf bestimmte betriebliche Einkünfte[4] vorbeugen. § 34c Abs. 1 S. 4 enthält damit im Erg. eine normspezifische (Kausalitäts-)Erweiterung des § 3c Abs. 1 und der darin geforderten (und gesetzlich unzulänglichen)[5] Einschränkung auf einen „unmittelbaren" wirtschaftlichen Zusammenhang;[6] eine darüber hinausgehende Bedeutung bei der Ermittlung der Auslandseinkünfte (nach § 34d, s. Rn. 14) kommt der Vorschrift nicht zu.[7] Es bleibt allerdings ungewiss und unbestimmt, wann die erwähnten tatbestandlichen Voraussetzungen erfüllt sind.[8] Namentlich v. **BFH**[9] wird eine deckungsgleiche Auslegung mit dem allg. „wertenden" Veranlassungszusammenhang befürwortet; es komme auf „die wertende Beurteilung des die betr. Aufwendungen ‚auslösenden Moments' an (‚Prinzip der wertenden Selektion der Aufwandsursachen')". Das mag in der Allgemeinheit zutreffen, ist aber hier zu verwerfen, zum einen, weil § 34c Abs. 1 S. 4 mit § 34d Nr. 3 und 4 lit. a (auch) auf Gewinneinkünfte Bezug nimmt und der allg. Veranlassungsgedanke dann bereits bei der Gewinnermittlung Anwendung findet, und zum anderen, weil Bezugsobjekt die ausländ. Einnahmen sind, nicht aber wie bei § 50 Abs. 1 S. 1 – als Parallelregelung zur Geltung des „bloßen" Veranlassungszusammenhangs – die (dort inländ.) Einkünfte als solche.[10] Richtigerweise sind die tatbestandlichen Normerfordernisse deswegen losgelöst v. der „normalen" Aufwandsveranlassung aufzufassen und hierbei **eng** zu verstehen: Es bedarf zwar keines unmittelbaren wirtschaftlichen Zusammenhangs wie in § 3c Abs. 1 mehr. Erforderlich ist aber dessen ungeachtet ein spezifisch **zweckgerichteter Veranlassungsbezug** der betr. (indirekten) BA und BV-Minderungen zu diesen Einkünften. Der bloße wirtschaftliche Bezug zu sich daraus ergebenden (auch stl.) Folgen, wie zB die Steueranrechnung oder die Einkunftsverwaltung, reicht nicht aus.[11] Nur das entspricht der genuinen teleologischen Regelungsintention des § 34c, doppelte Besteuerungen zu vermeiden (und nur so lassen sich unionsrechtl. Anwürfe ausschließen, s. Rn. 16, ebenso wie gleichheitsrechtl. Bedenken ggü. ungerechtfertigten Ungleichbehandlungen zw. Freistellungs- und Anrechnungsmethode)[12]. – Allg. Verwaltungskosten oder Rückstellungen bei der Ermittlung der anrechenbaren Steuern,[13] auch **Währungsverluste** (s. aber auch § 34d Rn. 14)[14] sowie sog. F&E-Aufwand (in Verrechnung auf Lizenzeinnahmen) fehlt der so verstandene wirtschaftliche Zusammenhang zu den betr. Einkünften. **Nicht** zu berücksichtigen sind auch **vorgelagerte Aufwendungen**, die nicht im betr. VZ entstehen (vgl. auch § 34c Abs. 1 S. 5),[15] ebenso nicht (im Zuge einer auf 100 % der BA gedeckelten BA-Saldobetrachtung) anderweitige nicht abzugsfähige BA (zB nach § 4h, § 4 Abs. 5).[16] Einzubeziehen sind hingegen in erster Linie – als **BA** – (Re-)Finanzierungskosten, Lizenzgebühren und – als **BV-Minderungen** – TW-Abschreibungen auf Beteiligungen,[17] vo-

---

1 Vgl. OFD Berlin v. 22.1.2004, IStR 2004, 288.

2 So der BFH, vgl. BFH v. 16.3.1994 – I R 42/93, BStBl. II 1994, 799; v. 9.4.1997 – I R 178/94, BStBl. II 1997, 657; v. 29.3.2000 – I R 15/99, BStBl. II 2000, 577.

3 Vgl. BT-Drucks. 15/119, 40; BR-Drucks. 866/02, 61.

4 *Müller-Dott*, DB 2003, 1468 (1469) sieht darin einen Verstoß gegen Art. 3 Abs. 1 GG.

5 S. BFH v. 29.5.1996 – I R 21/95, BStBl. II 1997, 63 (67).

6 Vgl. ausdrücklich BR-Drucks. 866/02, 66.

7 BFH v. 6.4.2016 – I R 61/14, BStBl. II 2017, 48 = IStR 2016, 666 m. Anm. *Wacker*; *Grotherr* in FS Wassermeyer, 2005, 303, 312 f.; *Ebel*, FR 2016, 241; sa. *Gosch*, FS Wassermeyer, 2005, 263 (270).

8 S. auch *Schnitger*, IStR 2003, 73 (74); *Müller-Dott*, DB 2003, 1468; *F/W/B/S*, § 34c Rn. 203 ff.

9 BFH v. 6.4.2016 – I R 61/14, BStBl. II 2017, 14 = IStR 2016, 666 m. Anm. *Wacker*; v. 18.4.2018 – I R 37/16, DStR 2018, 1476; s. dazu *Tschatsch/Umlauff*, NWB 2018, 3079; ebenso *F/W/B/S*, AStG, § 34c Rn. 201; *H/H/R*, § 34c Anm. 94; *Frotscher/Drüen*, § 26 KStG Rn. 73; *Wiss. Beirat Ernst & Young*, IStR 2016, 922; allg. *Wacker*, BB 2018, 2519.

10 Zutr. *Ebel*, FR 2016, 241.

11 ZB *Ebel*, FR 2016, 241; *Wassermeyer*, FS Frotscher, 2013, 685 (696); *Köhler*, DStR 2003, 1156 (1157); *Müller-Dott*, DB 2003, 1468; *Kaminski*, Forum der Intern. Besteuerung, Bd. 45 (2016), 169 (190 ff.).

12 S. dazu zB *K/S/M*, § 34c Rn. B 131; *Wassermeyer*, FS Gosch, 2016, 439 (445); *Kaminski*, Forum der Intern. Besteuerung, Bd. 45 (2016), 169 (190 ff.); **aA** BFH v. 6.4.2016 – I R 61/14, BStBl. II 2017, 14 = IStR 2016, 666 (m. zust. Anm. *Wacker*), der dem weiten „Gestaltungsspielraum" des Gesetzgebers uneingeschränkten Vorrang einräumen will. Sa. *Wiss. Beirat Ernst & Young*, IStR 2016, 922.

13 Vgl. BFH v. 9.4.1997 – I R 178/94, BStBl. II 1997, 657.

14 S. auch BFH v. 22.6.2011 – I R 103/10, BStBl. II 2012, 115 (mit Anm. *Hahne*, BB 2011, 2468). Zu erwägen wäre insoweit – und andernfalls – uU auch ein Unionsrechtsverstoß gegen die Kapitalverkehrsfreiheit.

15 *Ernst & Young*, § 26 KStG Rn. 84.5; *Kessler/Dietrich*, IWB 2012, 544 (548); **aA** *Morlock*, JbFStR 2009/2010, 815; *Kaminski*, Forum der Intern. Besteuerung, Bd. 45 (2016), 169 (192).

16 *Blümich*, § 34c Rn. 60; **aA** *Kaminski*, Forum der Intern. Besteuerung, Bd. 45 (2016), 169 (192).

17 BFH v. 18.4.2018 – I R 37/16, DStR 2018, 1476; *Blümich*, § 34c Rn. 60; *Gosch*[3], § 26 KStG Rn. 61; **aA** *Kudert*, StuB 2018, 75, 79 ff.

rausgesetzt, sie sind trotz § 8b Abs. 3 S. 3 KStG zu berücksichtigen und auf die Beteiligung wird im betr. Wj. überhaupt eine Dividende gezahlt, ferner Abschreibungen auf aktivierte Forderungen. – In Zweifelsfällen muss geschätzt und gequotelt werden.[1] Eine Aufteilung nach dem Verhältnis der gesamten Aufwendungen für Kapitalanlagen zu den gesamten lfd. Erträgen ist möglich.[2] Irgendwelche pauschale Aufwendungen sind dabei aber nicht abzuziehen.

Losgelöst v. diesen Zuordnungsfragen ist zu erörtern, ob die gesetzlich angeordnete „Verminderung" des Anrechnungsvolumens in jeder Beziehung unionsrechtskonform ist. Denkbar ist, dass durch die Regelung des Abs. 1 S. 4 ein Teil der BA/WK im stl. „Niemandsland" verschwindet, weil sie einerseits v. Ansässigkeitsstaat in den Quellenstaat „verschoben" werden, dort – im Quellenstaat – aber andererseits (uU) auch nicht berücksichtigt werden (s. § 50a Abs. 3 S. 1). In seinem Urt „Seabrokers" hat der EFTA-Gerichtshof jedenfalls eine vergleichbare Regelung des norwegischen Steuerrechts als abkommenswidrig angesehen.[3] Der BFH[4] hat sich einem solchen Ansinnen nicht anschließen mögen, vornehmlich deshalb, weil ein StPfl. mit ausländ. Einkünften nach der einschlägigen EuGH-Rspr. in der gegebenen Situation nicht mit einem StPfl. mit inländ. Einkünften vergleichbar sei. Überzeugen kann das nicht, weil der EuGH die Vergleichbarkeit (nur) im Hinblick auf die zwischenstaatlich vereinbarte Freistellungsmethode (Art. 23A OECD-MA) prüft und dafür verneint (s. dazu iErg. § 2a Rn. 5a), *nicht* jedoch bezogen auf die Anrechnungsmethode (Art. 23B OECD-MA), die gerade durch die prinzipielle Gleichbehandlung v. StPfl. mit Inlands- und Auslandseinkünften geprägt ist (sa. § 50d Rn. 35a). Bejaht man deswegen aber die Gleichheit der Sachverhalte, lässt sich ein Verstoß gg. das unionsrechtl. Beschränkungsverbot im Kontext v. § 34c schwerlich bezweifeln. 16

II. Anrechenbare ausländische Steuern (Abs. 1 S. 1 und 5). Ausländ. Steuern sind gem. **Abs. 1 HS 1** (nF) anrechenbar, wenn sie **(1)** in dem Staat erhoben werden, aus dem die ausländ. Einkünfte (vgl. § 34d) stammen **(Ursprungsstaat), (2)** der deutschen ESt entsprechen, **(3)** auf die im VZ bezogenen Einkünfte entfallen, **(4)** tatsächlich festgesetzt und gezahlt worden sind. Der so bestimmte Anrechnungsbetrag ist zudem **(5)** um einen entstandenen Ermäßigungsanspruch zu kürzen; bis zum VZ 2006 durfte die ausländ. Steuer stattdessen keinem Ermäßigungsanspruch mehr unterliegen. Abw. liegen die Dinge (vom VZ 2009 an) nur bei Einkünften aus KapVermögen, auf die § 32d Abs. 1 und 2–6 anzuwenden ist, **§ 34c Abs. 1 S. 1 HS 2** (s. Rn. 3). **Im Einzelnen:** 17

1. Bei Steuern, die nicht im Ursprungs-, sondern in einem **Drittstaat** erhoben worden sind, kommt keine Anrechnung, sondern allenfalls der Steuerabzug gem. Abs. 3 (Rn. 32 ff.) in Betracht. Steuern, die zwar im Ursprungsstaat, aber auf Einkünfte aus einem Drittstaat erhoben werden, sind entspr. zu kürzen (fehlende Einkunftsidentität, s. Rn. 3). 18

2. Eine ausländ. Steuer **entspricht der deutschen ESt**, wenn sie (unbeachtlich ihrer Bezeichnung) dieser funktional gleichartig und auf die Besteuerung des gesamten oder des teilw. Einkommens gerichtet ist (vgl. Art. 2 Abs. 1 OECD-MA). Die Gleichartigkeit der Steuerbemessung, der steuertechnischen Ausgestaltung (Steuersatz, Pauschalierung) oder der Steuererhebung (Veranlagung, Quellenabzug) ist nicht erforderlich. Unbeachtlich sind auch die fiskalische Gleichwertigkeit, der Steuergläubiger und der Ertragsberechtigten (Land, Provinz, Gemeinde). 19

3. Es ist nur insoweit anzurechnen, als die ausländ. Steuer auf die im VZ bezogenen Einkünfte **„entfällt"**: Abs. 1 erfordert zwar **keine Zeitraumidentität** der im Ausland und im Inland veranlagten Einkünfte, jedoch gem. Abs. 1 S. 5 (= Abs. 1 S. 3 aF) die Zuordnung der anzurechnenden ausländ. Steuer zu den in einem VZ bezogenen Einkünfte und der anzurechnenden ausländ. Steuer. Weichen die Festsetzungs- und VZ im In- und im Ausland voneinander ab, ist nur jene ausländ. Steuer (ggf. auch als Vorauszahlung[5]) anzurechnen, die **für den gleichen Zeitraum** und für die entspr. Einkünfte, also im zeitlich kongruenten deutschen VZ, festgesetzt und erhoben wurden;[6] auf die materielle Identität der Bemessungsgrundlagen ist hingegen nicht abzustellen.[7] An der erforderlichen zeitlichen Korrespondenz im vorgenannten Sinne fehlt 20

1 BFH v. 6.4.2016 – I R 61/14, BStBl. II 2017, 14 = IStR 2016, 666 m. zust. Anm. *Wacker*; v. 18.4.2018 – I R 37/16, DStR 2018, 1476 mwN; *Wiss. Beirat Ernst & Young*, IStR 2016, 922.
2 BFH v. 18.4.2018 – I R 37/16, DStR 2018, 1476; FG Münster v. 17.9.2014 – 10 K 1310/12 K, EFG 2015, 303.
3 EFTA-Gerichtshof v. 7.5.2008 – E-7/07, IStR 2009, 315 mit Anm. *Lüdicke/Wunderlich*; *Rehse/Hehlmann*, IStR 2015, 461 (464); *Kaminski*, Forum der Intern. Besteuerung, Bd. 45 (2016), 169 (193 f.).
4 BFH v. 6.4.2016 – I R 61/14, BStBl. II 2017, 14 = IStR 2016, 666 m. zust. Anm. *Wacker*; *Wiss. Beirat Ernst & Young*, IStR 2016, 922.
5 Vgl. FinMin. Nds. v. 27.12.1962, DB 1963, 13 zu mehrjährigen und im Ausland vorab besteuerten Auslandsbauvorhaben.
6 **AA** *F/W/B/S*, § 34c Rn. 175.
7 BFH v. 31.7.1991 – I R 51/89, BStBl. II 1991, 922; BMF v. 26.3.1975, BStBl. I 1975, 479; FG Köln v. 22.9.1999 – 6 K 2225/96, EFG 2000, 567; aber str., s. *F/W/B/S*, § 34c Rn. 134 ff., 136 mwN.

es bezogen auf die Nachsteuer gem. **§ 34a Abs. 4** (was wiederum unionsrechtl. Schlechterbehandlung grenzüberschreitender Outbound-Strukturen mit sich bringt). Es fehlt daran gleichermaßen im Falle der KapESt, die auf sog. Gewinnrepatriierungen im Ausland auf Gewinnausschüttungen einer Ges. erhoben wird, die im Ausland als KapGes., im Inland aber als PersGes. qualifiziert wird. Unbeschadet der Zeitraumzuordnung mangelt es in derartigen Fällen regelmäßig und ohnehin zugleich an der Einkunftsidentität: Aus deutscher Sicht liegen im Ausschüttungsfall Entnahmen, keine Gewinne vor.[1] S. auch Rn. 2.

21 **4.** Die ausländ. Steuern müssen **im Zeitpunkt der deutschen Veranlagung** tatsächlich festgesetzt[2] und gezahlt sein. Sie sind bis zum VZ 2001 für die an der Währungsunion teilnehmenden Staaten nach Maßgabe des unwiderruflich festgelegten Umrechnungskurse, ansonsten nach Maßgabe der Euro-Referenzkurses, zur Vereinfachung auch zu den im BStBl. I veröffentl. USt-Umrechnungskursen in DM, für die VZ danach einheitlich in Euro umzurechnen.[3]

22 **5.** Sie sind **um einen entstandenen Ermäßigungsanspruch zu kürzen.** Ob dieser (Vergütungs-, Erstattungs- oder sonstige Ermäßigungs-)Anspr. tatsächlich durchgesetzt worden ist oder (noch) werden kann, ist unbeachtlich. Ausländ. Steuern, die lediglich wegen verjährter Erstattungs-Anspr. zu zahlen sind, sind deswegen nicht anzurechnen; der StPfl. ist gehalten, die Möglichkeiten einer Ermäßigung fristgerecht auszuschöpfen; auf Aspekte der Erfolgsaussicht oder der (Un-)Zumutbarkeit, ein Rechtsmittel anzustrengen, kommt es nicht an,[4] ebenso wenig darauf, ob der Anspr. im Quellenstaat faktisch realisiert werden kann.[5] Allerdings ließ sich der Rspr. im Hinblick auf diese letztere Einschränkung uU Gegenteiliges entnehmen,[6] was den Gesetzgeber des JStG 2007 veranlasst hat, die bislang lautende Regelungsfassung, wonach die ausländ. Steuern keinem Ermäßigungsanspruch mehr unterliegen durften,[7] v. VZ 2007 an entspr. umzuformulieren. Gleiches gilt, wenn der ausländ. Staat Steuervergünstigungen mit Subventionscharakter gewährt, ungeachtet dessen, dass eine solche Vergünstigung damit iErg. nicht dem StPfl., sondern dem inländ. Fiskus zugute kommt. S. aber auch Rn. 9 zur fiktiven Steueranrechnung. Aus Sicht des Unionsrechts bleibt diese Einschränkung durch Abs. 1 S. 1 unbeanstandet, weil hiernach gerade der Quellenstaat, nicht aber der Wohnsitzstaat gefordert ist (s. § 50 Rn. 17, § 50a Rn. 33).[8] S auch Rn. 23.

23 In jedem Fall muss überhaupt **deutsche ESt anfallen**, auf welche ausländ. Steuer angerechnet werden kann. Fehlt es daran, zB infolge des Sparer-Pausch- bzw. Freibetrages gem. § 20 Abs. 9 S. 2 und 4, Abs. 4 S. 2 und 4 aF, entfällt mangels Doppelbesteuerung v. vornherein jegliche Anrechnung (s. auch Rn. 32).[9] Ob darin eine unionsrechtswidrige Ungleichbehandlung zu der demgegenüber uneingeschränkten Anrechenbarkeit v. inländ. KapESt gem. § 36 Abs. 2 liegt, erscheint (auch wegen des unionsrechtl. Kohärenzgedankens) als zumindest zweifelh.[10] Weder Unionsrecht noch Art. 3 Abs. 1 GG verpflichten den Wohnsitzstaat unter derartigen Umständen zur Quellensteuererstattung aus eigenem Budget (s. aber auch Rn. 28 zur Höchstbetragsberechnung).[11] Es wird nur der sog. ordinary tax credit gewährt, kein sog. full tax credit; auch das EuGH-Urt. „Manninen"[12] zur KSt-Anrechnung (nach finnischem KSt-Recht) sollte daran ebenso wenig ändern wie das Urteil des EFTA-Gerichtshof „Fokus Bank ASA".[13] S. Rn. 22. In diese Richtung weisen auch das Urteil des EuGH v. 14.12.2006 – C-513/04 „Kerckhaert-Morres",[14] wonach unbeschadet des

1 BMF v. 16.4.2010, BStBl. I 2010, 354 Tz. 4.1.4.1; *H/H/R*, § 34c Anm. 61; *Prinz*, FR 2012, 381 (383); **aA** *Weggenmann* in W/R/S², Rn. 6.39; *Lademann*, § 34c Rn. 39; *Blümich*, § 34c Rn. 35; *Kessler/Dietrich*, IWB 2012, 544 (545).
2 Eine Steueranmeldung reicht aus; BFH v. 5.2.1992 – I R 9/90, BStBl. II 1992, 607.
3 S. im Einzelnen R 34c Abs. 1 EStR.
4 BFH v. 15.3.1995 – I R 98/94, BStBl. II 1995, 580; FG München v. 22.6.2006 – 15 K 857/03, EFG 2006, 1910; *Kessler/Dietrich*, IWB 2012, 544 (546 f.); *F/W/B/S*, § 34c Rn. 161 ff.; **aA** *H/H/R*, § 34c Anm. 73; *Lademann*, § 34c Rn. 59.
5 Einschr. und krit., aber ohne Rechtsgrundlage: *F/W/B/S*, § 34c Rn. 164; *Schnitger*, IStR 2011, 653 (655); *Kessler/Dietrich*, IWB 2012, 544 (547) im Hinblick auf eine „einseitige Risikoverlagerung" sowie für Fälle, in denen der ausländ. Ermäßigungsanspr. allein auf primärem Unionsrecht beruht.
6 BFH v. 15.3.1995 – I R 98/94, BStBl. II 1995, 580 (unter II.1. für den Fall eines fehlenden DBA).
7 BFH v. 5.2.1992 – I R 9/90, BStBl. II 1992, 607.
8 Vgl. EuGH v. 12.6.2003 – Rs. C-234/01 – Gerritse, BStBl. II 2003, 859.
9 BFH v. 16.12.1992 – I R 32/92, BStBl. II 1993, 399 (403) und FG Köln v. 11.7.2002 – 7 K 8572/98, EFG 2002, 1391; FG Hbg. v. 30.5.2002 – VI 157/01, EFG 2002, 1534; jeweils mit Anm. *Herlinghaus*.
10 FG Köln v. 11.7.2002 – 7 K 8572/98, EFG 2002, 1391 mit Anm. *Herlinghaus*; krit. demggü. *IMN*, FR 2003, 141.
11 BFH v. 3.12.2003 – I S 10/03 (PKH), IStR 2004, 279 mit Anm. *Wassermeyer*; iErg. ebenso FG Köln v. 11.7.2002 – 7 K 8572/98, EFG 2002, 1391 mit Anm. *Herlinghaus*; FG Hbg. v. 14.3.2006 – VI 373/03 (nv.) mit Anm. *Hahn*, jurisPR-SteuerR 32/06 Anm. 5; krit. *IMN*, FR 2002, 1237 (1238 f.); s. auch FG Bremen v. 3.9.2003 – 2 K 179/03, EFG 2003, 1707; BFH v. 5.5.2004 – II R 33/02, BFH/NV 2004, 1279 (dort zur ErbSt); *H/H/R*, § 34c Anm. 79; tendenziell **aA** *Cordewener/Schnitger*, StuW 2006, 50 (75 ff.); *Frotscher/Geurts*, EStG, § 34c Rn. 29.
12 EuGH v. 7.9.2004 – Rs. C-319/02, DB 2004, 2023; s. 6. Aufl., § 36 Rn. 24, 34, 60.
13 EFTA-Gerichtshof v. 23.11.2004 – E-1/04, IStR 2005, 55.
14 EuGH v. 14.11.2006 – Rs. C-513/04, DStR 2006, 2118.

DBA-Zwecks, Doppelbesteuerungen zu vermeiden, kein innerstaatlicher Anrechnungszwang besteht, sowie das EuGH-Urteil v. 17.9.2009 – C-182/08 (bezogen auf § 50c aF) „Glaxo Welcome".[1] S. auch § 36 Rn. 11 f.

24 **III. Durchführung der Anrechnung (Höchstbetragsberechnung, Abs. 1 S. 2–4, Abs. 7).** Angerechnet wurde bislang – bis zum VZ 2014 (für die Übergangs- und Folgezeit s. Rn. 28 ff.) – gem. Abs. 1 S. 2 **höchstens** derjenige Teil der ausländ. ESt, der auf die ausländ. Einkünfte (§ 34d, s. Rn. 14) – diese ggf. gekürzt um bestimmte mittelbare Aufwandspositionen, **Abs. 1 S. 4** (Rn. 15) – entfällt, einschl. der ausländ. ESt auf Einkünfte, die dem Teil- (bzw. zuvor dem Halb-)Einkünfteverfahren unterliegen und deshalb gem. § 3 Nr. 40 außer Ansatz bleiben (s. Rn. 4).

25 Dieser **Anrechnungshöchstbetrag** errechnete sich nach der **Formel:**

$$\frac{\text{deutsche ESt (ohne SolZ, KiSt)} \times \text{ausländ. Einkünfte}}{\text{Summe der (inländ. und ausländ.) Einkünfte}}$$

(vgl. § 2 Abs. 3).[2] Das hat zur (sachgerechten) Folge, dass die Anrechnung sich (nur) iRd. stl. Durchschnittsbelastung auswirkt[3] und SA, ag. Belastungen, persönliche Freibeträge[4] iErg. ebenfalls anteilig gekürzt werden.[5] Zu Berechnungsbeispielen (auch zur einheitlichen Ermittlung des Höchstbetrages bei zusammenveranlagten Eheleuten, § 26b und Rn. 37) s. R 34c Abs. 3 EStR und H 34c Abs. 3 EStH. Eine entspr. verhältnismäßige Aufteilung der anzurechnenden ausländ. ESt unterbleibt.[6] Zur Ermittlung des Höchstbetrages ist nicht zw. einzelnen Einkunftsarten[7] zu unterscheiden. Anzusetzen ist vielmehr der Gesamtbetrag der ausländ. Einkünfte (Rn. 14 f.), allerdings immer nur bezogen auf jeden einzelnen Staat **(landesbezogener Höchstbetrag**, per-country-limitation, vgl. **§ 68a EStDV iVm. § 34c Abs. 7 Nr. 1**[8] **und Abs. 1 S. 1)**[9] und für jeden einzelnen VZ. Diese Beschränkung ist günstig, wenn positiven Einkünften aus einem Staat negative Einkünfte aus einem anderen Staat gegenüberstehen, sie ist jedoch ungünstig, wenn die ausländ. ESt eines Staates höher, die eines anderen Staates jedoch niedriger als der jeweilige Höchstbetrag ist. Der übersteigende Teil geht dann verloren. Eine Erstattung des Überhangs im Wege der Billigkeit ist ausgeschlossen,[10] ebenso ein Verlustvor- oder -rücktrag („carry forward", „carry back").[11] Zum Wahlrecht des Steuerabzugs gem. Abs. 2 s. Rn. 29. Zur besonderen Höchstbetragsberechnung für inländ. Investmentfonds s. § 47 InvStG 2018, § 4 InvStG aF, § 40 Abs. 4 KAGG aF, § 19 AuslInvestmG aF und dazu Rn. 5.

26 IÜ erfolgte die Anrechnung des Höchstbetrags nach der Rspr. des BFH unabhängig v. der tatsächlichen Besteuerung im Ausland.[12] Einzubeziehen waren deshalb auch solche Einkünfte, die im Herkunftsstaat nach dessen Recht nicht besteuert wurden (oder infolge eines DBA auch nicht durften). Durch **Abs. 1 S. 3 (HS 2)** idF des StVergAbG sollen derartige (angebliche) Überbegünstigungen mit Wirkung v. VZ 2003 an vermieden werden. Ausländ. Einkünfte, die in dem Staat, aus dem sie stammen, nach dessen Recht nicht besteuert werden, sind danach bei der Ermittlung des Anrechnungshöchstbetrags nicht zu berücksichtigen. Abs. 1 erhält dadurch den Charakter einer per-item-limitation. Diese wirkt sich in Folge der per-country-limitation immer nur aus, wenn aus demselben Staat weitere dort besteuerte Einkünfte bezogen werden und wenn die ausländ. Steuer höher ist als der auf diese anderen Einkünfte entfallende Teil der deutschen ESt DBA stehen dieser Regelungsverschärfung nicht entgegen, weil die Ermittlung des Höchstbetrages sich strikt nach innerstaatlichem Recht richtet. Die Regelung wirkt allerdings nur tendenziell verbösernd. In Einzelfällen kann sie auch begünstigen, dann nämlich, wenn der StPfl. im Ausland BA (und damit Verluste) hat, die den ausländ. Einkünften zuzurechnen sind, im Ausland jedoch (naturgemäß) unbesteuert bleiben; auch solche BA sind gem. Abs. 1 S. 3 HS 2 im Inland nicht einzubeziehen. – Zur entspr.

1 EuGH v. 17.9.2009 – Rs. C-182/08, IStR 2009, 691.
2 Gem. § 26 Abs. 6 S. 1 KStG aF (jetzt § 26 Abs. 1 S. 1 KStG nF) iVm. § 34c Abs. 1 S. 2 auch für KapGes.: BFH v. 7.4.2005 – IV R 24/03, BStBl. II 2005, 598.
3 BFH v. 4.6.1991 – X R 35/88, BStBl. II 1992, 187.
4 BFH v. 16.5.2001 – I R 102/00, BStBl. II 2001, 710 (712) zu § 20 Abs. 4 aF, jetzt Abs. 9 nF; **aA** *Thurmayr*, DB 1996, 1696.
5 Was gleichheitsrechtl. unbedenklich ist, **aA** *Mössner*, DStJG 8 (1985), 135 (162).
6 H 34c (3) EStH; BMF v. 18.2.1992, BStBl. I 1992, 123; BFH v. 2.2.1994 – I R 66/92, BStBl. II 1994, 727.
7 BFH v. 20.12.1995 – I R 57/94, BStBl. II 1996, 261.
8 Was den Ermächtigungsanforderungen des Art. 80 Abs. 1 GG genügt, s. FG SchlHol. v. 9.3.2011 – 2 K 221/08, EFG 2011, 1528 (aus anderen Gründen durch BFH v. 23.10.2013 – I R 21/11, juris, aufgehoben).
9 Zu der Sondersituation einer zweifachen einzelstaatsbezogenen Höchstbetragsberechnung im Falle einer doppelt ansässigen (Holding-)Struktur mit der Folge v. Auslandseinkünften aus mehreren Staaten s. die „grenzwertigen" Gestaltungstipps v. *Kollruss*, Der Konzern 2012, 237 (244); *Kollruss/Braukmüller/Janssen/Sonntag*, RIW 2011, 848.
10 BFH v. 18.10.1972 – I R 184/70, BStBl. II 1973, 27: keine Anrechnung im Wege der Billigkeit.
11 Anders aber österr. BMF (mit Blick auf das Unionsrecht): EAS 3065 v. 22.5.2009.
12 BFH v. 20.12.1995 – I R 57/94, BStBl. II 1996, 261.

Anwendung des Abs. 1 S. 3 HS 2 in DBA-Fällen gem. Abs. 6 S. 3 und zur Einbeziehung ausschließlich im Inland (nach Abkommensrecht) stpfl. ausländ. Einkünfte s. Rn. 10.

27 Die zum Zwecke der Anrechnung aufzuteilende **deutsche ESt** ist nach **Abs. 1 S. 2** diejenige ESt, die sich nach Berücksichtigung des ESt-Tarifs gem. § 32a, des ProgrVorb. (§ 32b), der Steuerermäßigungen gem. §§ 34 und 34b sowie – nur im VZ 2007 (§ 52 Abs. 49 S. 1 idF des JStG 2007) – des erhöhten Spitzensteuersatzes (der „Reichensteuer") gem. § 32c nF und – v. VZ 2008 an – der Begünstigung der nicht entnommenen Gewinne gem. § 34a, bis zum VZ 2000 auch des § 32c aF, ergibt. Weitere Steuervergünstigungen bleiben unberücksichtigt.[1] Nicht einzubeziehen sind bei der Ermittlung der ausländ. Einkünfte, der Summe der Einkünfte sowie der tariflichen ESt schließlich diejenigen ausländ. Einkünfte aus KapVerm., die den Regelungen des § 32d Abs. 1 und 3–6 unterliegen, **§ 34c Abs. 1 S. 3 HS 1**.

28 **Unionsrechtl. Normverträglichkeit.** Die Beschränkung der direkten Steueranrechnung auf den Höchstbetrag („ordinary credit") entspricht internat. Praxis. Sie benachteiligt Beteiligungen an ausländ. ggü. solchen an inländ. KapGes. jedoch in gleich mehrfacher Hinsicht. Zum einen dadurch, dass dort die Steueranrechnung der Höchstbetragsberechnung unterfällt, während hier die Anrechnung der KapESt unbeschränkt ist, und zum anderen durch die länderbezogene Beschränkung (Rn. 25) und den dadurch ausgelösten Verlust etwaiger Anrechnungsüberhänge; Investitionen in nur einem Staat können sich als „besser" darstellen als Investitionen in mehreren Staaten. Diese Schlechterstellung widerspricht gleichermaßen dem Leistungsfähigkeitsprinzip und damit **Art. 3 Abs. 1 GG** wie der **EU-Kapitalverkehrsfreiheit** (Art. 63 AEUV).[2] Wirksam und unionsrechtsverträgl. begegnen lässt sich dem am besten und vorrangig mit einer „per *community* limitation" und einer EU-rechtsbezogenen Höchstbetragsberechnung anstelle der bisherigen „per *country* limitation"[3], aber auch durch Schaffung eines Vortrags des Anrechnungsüberhangs (bzw. eines etwaigen Verlustes).[4] Ob eine derartige länderübergreifende Verhältnisberechnung oder ein derartiger Verrechnungsvor- und -rücktrag aus Unionssicht tatsächlich auch einzufordern ist, steht allerdings auf einem anderen Blatt; dagegen lässt sich die „Notwendigkeit der Wahrung einer ausgewogenen Aufteilung der Besteuerungsbefugnis zw. den Mitgliedstaaten" als tauglicher Rechtfertigungsgrund anführen, jedenfalls dann, wenn die Anrechnungsmethode aufgrund DBA bilateral vereinbart wird,[5] wohl auch der Umstand, dass der EuGH einer mehrstaatlich „horizontalen" Meistbegünstigung durchweg eine Anerkennung versagt.[6] Aus diesen (und noch anderen) Gründen hat der BFH sich denn in vertretbarer Weise zu einer Unionsrechtsverträglichkeit der per country limitation bekannt und bekennen können.[7] – Anders verhält es sich aber in jedem Fall mit den persönl. Verhältnissen des StPfl., welche infolge der Anrechnungsbeschränkung auf den Höchstbetrag – namentlich in Gestalt der SA (§§ 10, 10a, 10b, 10c) und ag. Belastung (§§ 33 bis 33b) –, aber auch des Altersentlastungsbetrags gem. § 24a, des Entlastungsbetrags für Alleinerziehende gem. § 24b, der Kinder-Freibeträge gem. § 31, § 32 Abs. 6[8] und auch des Grund-Freibetrags[9], anteilig verloren gehen (auch wenn sie sich bei der Höchstbetragsberechnung iRd. tariflichen ESt auf den Gesamtbetrag der Einkünfte niederschlagen; uU ist die Tarifsteuer insoweit auf einer entspr. „bereinigten" Basis des Gesamtbetrags der Einkünfte zu errechnen). Die dadurch bedingten diskriminierenden Wirkungen (Niederlassungs- und Kapitalverkehrsfreiheit; Recht auf Freizügigkeit, Art. 49, 56, 63 AEUV) erzwingen die volle Berücksichtigung der persönl. Verhältnisse im Wohnsitzstaat. Das wurde lange Zeit dis-

1 BFH v. 28.10.1987 – I R 85/84, BStBl. II 1988, 78.

2 *Schön*, GS Knobbe-Keuk, 1997, 743 (774); *Schaumburg*, DStJG 24 (2001), 225 (250 ff.); *Schaumburg*[4], Rn. 18.105; grundlegend *Cordewener/Schnitger*, StuW 2006, 50 (67 ff.); **aA** (wohl) EuGH v. 14.11.2006 – Rs. C-513/04 – Kerckhaert-Morres, DStR 2006, 2118; v. 17.9.2009 – Rs. C-182/08 – Glaxo Wellcome, IStR 2009, 691.

3 **AA** FG SchlHol. v. 9.3.2011 – 2 K 221/08, EFG 2011, 1528 (aus anderen Gründen durch BFH v. 23.10.2013 – I R 21/11, juris, aufgehoben), das einen Unionsrechtsverstoß verneint: „… vor dem Hintergrund eines v. Gemeinschaftsrecht eingeforderten Wettbewerbs der Steuersysteme … geradezu kontraproduktiv …".

4 S. *Cordewener/Schnitger*, StuW 2006, 50; *Lüdicke/Kempf/Brink*, Verluste im Steuerrecht, 2009, 130; *Schaumburg*[4], Rn. 18.107, 18.109; *Schaumburg*, StuW 2000, 369 (375) mwN.; sa. bereits *Schön*, GS Knobbe-Keuk, 1997, 743 (774); **aA** FG SchlHol. v. 9.3.2011 – 2 K 221/08, EFG 2011, 1528 (aus anderen Gründen durch BFH v. 23.10.2013 – I R 21/11, juris, aufgehoben).

5 *Wölfert/Quinten/Schiefer*, BB 2013, 2076 (2079); **aA** *Thömmes*, IWB 2013, 295.

6 ZB EuGH v. 5.7.2005 – Rs. C-376/03 – „D", Slg. 2005, I-5821; v. 6.12.2007 – Rs. C-298/05 – Columbus Container Services, Slg. 2007, I-10451; v. 20.5.2008 – Rs. C-194/06 – Orange Smallcap Fund, IStR 2008, 435; v. 30.6.2016 – Rs. C-176/15 – Riskin und Timmermans, IStR 2016, 732, m. Anm. *Henze*, ISR 2016, 324; *Jochimsen/Schnitger* in Schnitger/Fehrenbacher, § 26 KStG Rn. 55.

7 BFH v. 18.12.2013 – I R 71/10, BStBl. II 2015, 361; **aA** *Thömmes*, JbFfSt. 2014/2015, 2; *Haritz/Werneburg*, GmbHR 2014, 553; *Kaminski*, Forum der Intern. Besteuerung, Bd. 45 (2016), 169 (186 ff.).

8 S. BMF v. 30.9.2013, BStBl. I 2013, 1612 (infolge späterer Regelungsänderung [s. Rn. 28a] aufgehoben durch BMF v. 4.5.2015, BStBl. I 2015, 452).

9 BFH v. 18.12.2013 – I R 71/10, BStBl. II 2015, 361; *Ismer*, IStR 2013, 297, der zutr. darauf hinweist, dass Gleiches in Ermangelung eines besonderen Persönlichkeitsbezugs nicht für die (niedrigen) Eingangssteuersätze gelten kann.

kutiert[1] und steht nach entspr. Verdikt des EuGH in der Rs. Beker und Beker fest.[2] Dass die Anrechnung vor allem bei Kapitaleinkünften zumeist abkommensrechtl. vereinbart (und damit womöglich der unionsrechtl. Einschätzung entzogen) ist, stört diesen Befund nicht; es geht vielmehr um den „autonomen" innerstaatl. Rechtskreis im Ansässigkeitsstaat, der prinzipiell verpflichtet ist, jene persönl. Verhältnisse „seiner" StPfl. zu berücksichtigen (Rn. 3). Insbes. wegen der Schwierigkeiten, welche sich ergeben können, wenn der StPfl. Einkünfte aus mehreren EU-Quellenstaaten erzielt und der Wohnsitzstaat deshalb die persönl. Verhältnisse mangels ausreichender Bemessungsgrundlage nicht berücksichtigen kann, ist auch an eine entspr. Inpflichtnahme des jew. Quellenstaates zu denken.[3] Zumindest wäre ihm dort die (nach § 34c im Wohnsitzstaat nicht eingeräumte) Quellensteuererstattung zu ermöglichen[4] (s. auch Rn. 23). Jedenfalls waren besagte persönl. Abzugspositionen und Besteuerungsmerkmale, solange der Gesetzgeber nicht entspr. tätig geworden war, im Wege der normerhaltenden Reduktion als Ausprägung des unionsrechtl. Anwendungsvorrangs bei der Berechnung des Anrechnungshöchstbetrags einzubeziehen. Das galt wegen des Verstoßes gegen die Kapitalverkehrsfreiheit nicht nur für Einkünfte aus EU-Staaten, sondern auch für solche aus Drittstaaten; die sog. Stand-still-Klausel des Art. 64 Abs. 1 AEUV greift insoweit nicht, weil es, wie aber dafür erforderlich, in § 34c Abs. 1 an einer im G angelegten sog. Direktinvestition fehlt.[5]

Im Einklang mit Vorstehendem behalf man sich verwaltungsseitig „bis zu einer gesetzlichen Umsetzung des EuGH-Urt." mit der Anbringung eines Vorläufigkeitsvermerks gem. § 165 Abs. 1 S. 2 Nr. 3 AO sowie der Gewährung v. AdV.[6] Dieser unzulängliche Notbehelf und damit auch die daraus abgeleiteten Verfahrenskonsequenzen[7] sind beendet. Infolge der Regelungsänderung durch das Zollkodex-AnpG[8] wird in **§ 34c Abs. 1 S. 2 und 3 v. VZ 2015 an** (§ 52 Abs. 34a) – und zwar durchgängig, also drittstaatenweit – nicht mehr auf das Verhältnis zw. ausländ. Einkünften und der Summe der Einkünfte nach Maßgabe v. § 34c Abs. 1 S. 2 aF abgestellt. Vielmehr wird der Anrechnungshöchstbetrag nach § 34 Abs. 1 S. 2 nunmehr in der Weise ermittelt, dass ausländ. Steuern höchstens mit der **durchschnittlichen tariflichen deutschen ESt** auf die ausländ. Einkünfte angerechnet werden. Es wird also die deutsche Steuer berücksichtigt, die auf die ausländ. Einkünfte entfällt. Dadurch soll es künftig nicht mehr zu einer Benachteiligung der ausländ. Einkünfte ggü. inländ. Einkünften kommen. Ob das vollends gelungen ist, ist aber fraglich. Zwar wird künftig nicht mehr an die Summe der Einkünfte, sondern an das zu versteuernde Einkommen angeknüpft, und wird Letzteres um die SA und die ag. Belastungen gekürzt (vgl. § 2 Abs. 5). Es werden (wohl aus Vereinfachung in Anbetracht einer andernfalls überbordenden Komplexität) sogar „überobligatorisch" weitere Abzugsposten einbezogen, die nicht dem ‚engen' subjektiven Nettoprinzip zuzuordnen sind. Die „Verteilung" zw. den Inlands- und den Auslandseinkünften geht insoweit also in Ordnung. Das gilt jedoch nicht für den Grundfreibetrag, welcher infolge der Durchschnittsberechnung iErg. doch wieder anteilig auch auf die ausländ. Einkünfte entfällt.[9] Die Neuregelung verbleibt in diesem Punkt nach wie vor unionsrechtswidrig.[10] 28a

Für noch nicht bestandskräftig veranlagte **VZ bis 2014** wird **§ 34c Abs. 1 S. 2 aF** getreu dem Wortlaut des BFH-Urt. v. 18.12.2013[11] angewandt, also mit der Maßgabe, dass an die Stelle der Summe der Einkünfte die Summe der Einkünfte abzgl. des Altersentlastungsbetrags (§ 24a), des Entlastungsbetrags für ag. Belastungen (§§ 33–33b), der berücksichtigten Kinderfreibeträge (§§ 31, 32 Abs. 8) und des Grundfreibetrags (§ 32a Abs. 1 S. 2 Nr. 1) tritt. Das ergibt sich aus **§ 52 Abs. 34a**. Eine Rückwirkung der Neuregelung in § 34c Abs. 1 S. 2 und 3 ist nicht vorgesehen. 28b

---

1 ZB *C. Pohl*, ISR 2013, 134; *Weinschütz*, IStR 2013, 471; *Haritz/Werneburg*, GmbHR 2013, 447; *Strunz*, ELR 2013, 65; *Thömmes*, IWB 2013, 293; s. ebenso *Schaumburg*[4], Rn. 18.110; *F/W/B/S*, § 34c Rn. 183; speziell zu § 4 Abs. 2 InvStG aF iVm. § 34c: *Wölfert/Quinten/Schiefer*, BB 2013, 2076. S. auch zu entspr. Überlegungen für die parallele Anrechnung nach § 21 ErbStG *Bachmann/Richter*, FR 2014, 829.

2 EuGH v. 28.2.2013 – Rs. C-168/11 – Beker und Beker, DStR 2013, 518 (auf entspr. Vorabentscheidungsersuchen durch BFH v. 9.2.2011 – I R 71/10, BStBl. II 2011, 500) und nachgehend BFH v. 18.12.2013 – I R 71/10, BStBl. II 2015, 361, als dazu ergangenes Schlussurt.

3 Vgl. den Disput zw. *Menhorn*, IStR 2002, 15 und *Schnitger*, IStR 2002, 478.

4 Vgl. BFH v. 3.12.2003 – I S 10/03 (PKH), IStR 2004, 279 mit Anm. *Wassermeyer*.

5 BFH v. 18.12.2013 – I R 71/10, BStBl. II 2015, 361; unzutr. und **aA** daher *C. Pohl*, ISR 2013, 134.

6 BMF v. 30.9.2013, BStBl. I 2013, 1612.

7 BMF v. 4.5.2015, BStBl. I 2015, 452; krit. dazu wegen nach wie vor zu beanstandender Unionsrechtswidrigkeit (sa. Rn. 28a) mit Verfahrensempfehlungen *Kaminski*, Forum der Intern. Besteuerung, Bd. 45 (2016), 169 (182 f.).

8 G v. 22.12.2014, BGBl. I 2014, 2417.

9 Zutr. *Ismer*, IStR 2014, 925.

10 *Desens*, IStR 2015, 77; *Kaminski*, Forum der Intern. Besteuerung, Bd. 45 (2016), 169 (179 ff.); **aA** (aus Verwaltungssicht und dem EuGH ein Hinwegsetzen „über einfache mathematische Regeln" vorhaltend) *Sülflow-Schworck*, IStR 2015, 802 (808).

11 BFH v. 18.12.2013 – I R 71/10, BStBl. II 2015, 361.

C. Abzug anrechenbarer ausländischer Steuer (Abs. 2)

29 Nach **Wahl** des StPfl. kann anstelle der Steueranrechnung und unter den gleichen Voraussetzungen gem. Abs. 2 der **Abzug** der ausländ. Steuer bei der Ermittlung der Einkünfte (unter Verminderung der Bemessungsgrundlage mit entspr. Auswirkungen auf die GewSt und den Verlustabzug gem. § 10d) **beantragt** werden. Das empfiehlt sich insbes. dann, wenn mittels Anrechnung die drohende Doppelbesteuerung nur teilw. vermieden werden kann, weil die anzurechnenden ausländ. Steuern die inländ. ESt übersteigen (zB bei hohen Inlandsverlusten, hohen Auslandssteuern). Ein solcher **Anrechnungsüberhang** lässt sich – anders als bei der Steueranrechnung – beim Steuerabzug ausgleichen. Kapitalanleger, die unterhalb des Sparer-Pausch- bzw. Freibetrages gem. § 20 Abs. 9, Abs. 4 aF bleiben, erlangen hierdurch allerdings keinen Vorteil, da der Pausch- bzw. Freibetrag bei negativen Kapitaleinkünften gekürzt wird (§ 20 Abs. 9 S. 4, Abs. 4 S. 4 aF).[1] – Im Rahmen eines kstl. Organkreises steht das Wahlrecht nach § 34c Abs. 2 (iVm. § 26 Abs. 1 S. 1 Nr. 1 KStG) nach zutr. Ansicht der Organgesellschaft und dem Organträger getrennt voneinander zu;[2] die FinVerw. ist hierzu jedoch aA.[3]

30 Die in Abs. 2 enthaltene tatbestandliche Verweisung auf Abs. 1 stellt sicher, dass der Steuerabzug v. StPfl. (s. Rn. 2) nur einheitlich für die Einkünfte aus einem Staat, für Einkünfte aus mehreren Staaten (per-country-limitation, Rn. 25) aber unterschiedlich beantragt werden kann.[4] Zu der auch für den Steuerabzug geltenden Einschränkung bei ausländ. Steuern auf Einkünfte gem. § 3 Nr. 40 s. Rn. 4, 24.

31 **Bei Dividendeneinkünften**, welche bei nat. Pers. **gem. § 3 Nr. 40 aF** nur zur Hälfte stpfl. sind, konnten bis zum VZ 2006 die auf die Dividenden entfallenden ausländ. Steuern vollen Umfangs abgezogen werden (s. Rn. 4, 24 zur Steueranrechnung). § 34c Abs. 2 idF des JStG 2007 schließt dies durch seinen neu angefügten **letzten HS** aus. Nichts anderes gilt für die Steuerfreistellung nach § 8b KStG sowie einschlägige DBA-Schachtelprivilegien.[5] Der Sache nach ist diese Begrenzung gerechtfertigt, weil es andernfalls zu einer doppelten Steuerentlastung (durch Erhöhung des negativen Gesamtbetrags der Einkünfte) kommt. S. auch Rn. 5 zu Investmentanteilen.

D. Abzug nicht anrechenbarer ausländischer Steuer (Abs. 3)

32 § 34c Abs. 3 **erweitert** – abw. v. § 12 Nr. 3 und als **Auffangvorschrift** – die Möglichkeit des Abzugs der festgesetzten und gezahlten und nicht um einen Ermäßigungsanspruch gekürzten Steuer (s. dazu Rn. 17 ff.) in Fällen, in denen die Voraussetzungen des Abs. 1 nicht gegeben sind, weil die ausländ. Steuer v. Einkommen **(1)** (was praktisch wenig bedeutsam ist) nicht der deutschen ESt entspricht, **(2) oder** in einem Drittstaat (vorzugsweise als Quellensteuer) erhoben wird (Rn. 33) **oder (3)** auf Einkünfte erhoben wird, die keine ausländ. Einkünfte iSv. Abs. 1 darstellen. Voraussetzung für diese Abzugserweiterungen ist immer, dass die (inländ.) Einkünfte steuerbar und stpfl. sind. Andernfalls droht keine Doppelbesteuerung, die es entspr. Sinn und Zweck des § 34c zu vermeiden gilt (s. Rn. 23). Vgl. dazu auch Abs. 6 S. 6, Abs. 6 S. 5 aF (Rn. 7).

33 Um eine **Drittstaatensteuer** im Sinne dieser zweiten Fallgruppe handelt es sich zwar, wenn deswegen im Ursprungsstaat (zB bei einer Betriebsstätte oder einem Doppelwohnsitz) die Bemessungsgrundlage gekürzt wird (Rn. 18, vgl. auch Rn. 7), nicht aber im Falle der Steueranrechnung (= Vorrang v. Abs. 1 oder Abs. 2).[6] Von der dritten Fallgruppe sind vor allem **Montagebetriebsstätten** betroffen, die im Ausland häufig (und entgegen § 34d Nr. 2 lit. a) nicht nur mit dem Montage-, vielmehr auch dem Liefergewinn besteuert werden.

34 Ein **Wahlrecht** zw. der Steueranrechnung gem. Abs. 1 und dem Steuerabzug gem. Abs. 3 besteht **nicht**.

E. Steuererlass und Steuerpauschalierung (Abs. 5)

35 In Fällen, in denen es **(1)** aus volkswirtschaftlichen (= spezifisch außenwirtschaftlichen[7]) Gründen (wegen drohender Doppelbesteuerung) zweckmäßig erscheint (zB zur Förderung der internationalen Wettbewerbsfähigkeit der deutschen Exportwirtschaft oder um die Bereitschaft des ArbN zum Auslandseinsatz zu steigern[8]) oder **(2)** in denen die Steueranrechnung nach Abs. 1 bes. schwierig ist (zB bei Zuordnung v. Steuerbeträgen auf Teile der ausländ. Bemessungsgrundlage und bei Ermittlung der Anrechnungshöchst-

1 Vgl. zur unionsrechtl. Beurteilung FG Hbg. v. 14.3.2006 – VI 373/03 (nv.) mit Anm. *Hahn*, jurisPR-SteuerR 32/06 Anm. 5.
2 ZB *Pohl*, BB 2017, 1825 mwN.
3 OFD Ffm. v. 21.2.2017, IStR 2017, 336.
4 R 34c Abs. 4 S. 1 und 2 EStR.
5 *F/M*, § 8b KStG Rn. 71; **aA** *D/P/M*, § 8b KStG Rn. 19.
6 **AA** *H/H/R*, § 34c Anm. 126.
7 BVerfG v. 19.4.1978 – 2 BvL 2/75, BStBl. II 1978, 548 (552); BFH v. 8.12.2010 – I B 98/10, BFH/NV 2011, 596.
8 FG Köln v. 22.3.2001 – 7 K 1709/99, EFG 2001, 974 (977 f.).

beträge, nicht aber bei der Anrechnung gem. § 12 AStG[1]), kann die FinVerw. die auf die ausländ. Einkünfte entfallende deutsche ESt ganz oder zT erlassen oder pauschal festsetzen. Die dazu in Abs. 5 enthaltene (und verfassungskonforme, vgl. Art. 80 GG[2]) Ermächtigung hat Auffangcharakter. Sie ist Grundlage für den Auslandstätigkeits-[3] sowie den Pauschalierungserlass.[4] Beide Erlasse sind nicht erschöpfend; **Billigkeitsmaßnahmen im Einzelfall** (nach **§ 163 AO**) bleiben vorbehalten,[5] grds. auch im Verhältnis zu DBA-Staaten bei Zuordnung der Einkünfte zum ausländ. Staat[6] und grds. (jedenfalls beim Erl. aus volkswirtschaftlichen Gründen[7]) selbst bei einem (ggf. teilw.) Besteuerungsverzicht im Ausland; Abs. 5 darf durchaus zu einer stl. Besserstellung des StPfl. führen.[8] Keine Anwendung findet die Vorschrift aber iRd. Hinzurechnung gem. §§ 7 ff. AStG.[9] **Zuständig** für den Erl. oder die Pauschalierung sind die obersten Finanzbehörden der Länder oder die v. ihnen beauftragten Finanzbehörden (so vor allem im Auslandstätigkeits- und im Pauschalierungserlass) mit Zustimmung des BMF. Die Entsch. ist grds. antragsunabhängig (s. aber Rn. 36); sie liegt im pflichtgemäßen (ggf. durch Verwaltungserlasse gebundenen) behördlichen Ermessen[10] und ergeht als eigenständiger und selbständig anfechtbarer Grundlagenbescheid (§ 171 Abs. 10 AO),[11] der allerdings nur bis zur Bestandskraft der Steuerfestsetzung zulässig ist.[12] – § 42b Abs. 1 Nr. 6 verbietet in derartigen Fällen der LSt-Steuerfreistellung gem. § 34c Abs. 5 die Durchführung des LStJA.

Praktisch bedeutsam sind vor allem die erwähnten (Rn. 35) Fälle des Auslandstätigkeits- und des Pauschalierungserlasses. Der **Auslandstätigkeitserlass** betrifft die Besteuerung des Arbeitslohns v. (unbeschränkt oder beschränkt stpfl.) ArbN, die aufgrund eines gegenwärtigen Dienstverhältnisses zu einem **inländ.** ArbG eine begünstigte Tätigkeit im Ausland ausüben. Dazu gehört insbes. die Auslandstätigkeit für einen **inländ.** Lieferanten, Hersteller oder Auftragnehmer im (= wohl projektbezogenen) Zusammenhang mit Montagen, Errichtung v. Anlagen (wie Fabriken, Bauwerken, ortsgebundenen Maschinen uÄ.) oder der Beratung ausländ. Auftraggeber im Hinblick auf derartige Vorhaben für die (prinzipiell ununterbrochene)[13] Dauer v. mindestens drei Monaten. Einbezogen sind die Planung, Einrichtung, Inbetriebnahme, Erweiterung, Instandsetzung, Modernisierung, Überwachung und Wartung, Probebetrieb, nicht jedoch Tätigkeiten v. Bordpersonal auf Seeschiffen (sowie v. Leih-ArbN), auch nicht die Tätigkeit eines Piloten bei Durchführung des lfd. Flugbetriebs.[14] Betroffen sind zudem Löhne iZ mit dem Aufsuchen oder Gewinnen v. Bodenschätzen sowie der deutschen (nicht aber ausländ., auch nicht EU-finanzierten)[15] öffentl. Entwicklungshilfe iRd. technischen oder finanziellen Zusammenarbeit. Freigestellt werden hiernach nur solche Löhne, die nicht nach DBA allein im Ausland zu besteuern sind;[16] § 32b ist anzuwenden.[17] Mit den betreff. Einkünften in Zusammenhang stehende Aufwendungen sollen gem. § 3c Abs. 1 und § 10 Abs. 1 S. 1 Nr. 1 nicht abziehbar sein. – Die Beschränkung auf inländ. ArbG sowie inländ. Lieferanten, Hersteller oder Auftragnehmer entspricht dem Regelungsziel (Rn. 35) und wird bislang allseits als verfassungsrechtl. unbedenklich angesehen.[18] Zweifel daran sind indessen aufgrund der zwischenzeitl. Entwicklungen an- 36

1 BFH v. 20.4.1988 – I R 197/84, BStBl. II 1988, 983.
2 Vgl. BVerfG v. 19.4.1978 – 2 BvL 2/75, BStBl. II 1978, 548; BFH v. 8.12.2010 – I B 98/10, BFH/NV 2011, 596.
3 BMF v. 31.10.1983, BStBl. I 1983, 470; sa. dazu ergangene Änderungen durch BMF v. 14.3.2017, BStBl. I 2017, 473 Rn. 25 f.
4 BMF v. 10.4.1984, BStBl. I 1984, 252.
5 BFH v. 18.8.1987 – VIII R 297/82, BStBl. II 1988, 139; v. 20.5.1992 – I B 16/92, BFH/NV 1992, 740; vgl. auch BVerfG v. 19.4.1978 – 2 BvL 2/75, BStBl. II 1978, 548.
6 *F/W/B/S*, § 34c Rn. 421, s. aber auch Rn. 484; **aA** *H/H/R*, § 34c Anm. 173.
7 Insoweit unterscheidend FG Köln v. 22.3.2001 – 7 K 1709/99, EFG 2001, 974 (977) mwN; s. auch BFH v. 20.5.1992 – I B 16/92, BFH/NV 1992, 740.
8 **AA** *F/W/B/S*, § 34c Rn. 495 ff., vgl. auch BFH v. 18.8.1987 – VIII R 297/82, BStBl. II 1988, 139; v. 14.6.1991 – VI R 185/87, BStBl. II 1991, 926.
9 *F/W/B/S*, § 34c Rn. 431.
10 BFH v. 14.6.1991 – VI R 185/87, BStBl. II 1991, 926.
11 *Gosch*, DStZ 1988, 136; **aA** *F/W/B/S*, § 34c Rn. 484: unselbständiger Teil der Steuerfestsetzung.
12 *Gosch*, DStZ 1988, 136; **aA** FG Hess. v. 5.12.2017 – 1 K 501/16, EFG 2018, 732 m. Anm. *Brenne* (Rev. I R 7/18), dort bezogen auf den Auslandstätigkeitserlass (s. Rn. 36); *Blümich*, § 34c Rn. 115.
13 S. zur Abgrenzung zw. (unschädlichem) Urlaub und (uU schädlicher) Inanspruchnahme v. „Freizeitblöcken" FG SchlHol. v. 23.12.2013 – 3 V 101/12, EFG 2014, 643.
14 FG BaWü. v. 24.1.2011 – 10 K 3251/09, EFG 2011, 1162.
15 FG Köln v. 22.3.2018 – 7 K 585/15, EFG 2018, 1748 (Rev. I R 20/18): kein AEUV-Verstoß (aber zweifelh., sa. BFH v. 21.3.2018 – I B 63/17, BFH/NV 2018, 838; *Wackerbeck*, EFG 2018, 1750 f.).
16 BFH v. 11.9.1987 – VI R 19/84, BStBl. II 1987, 856; v. 11.9.1987 – VI R 64/86, BFH/NV 1988, 631; v. 27.3.1991 – I R 180/87, BFH/NV 1992, 248.
17 BFH v. 27.3.1991 – I R 180/87, BFH/NV 1992, 248.
18 BFH v. 8.12.2010 – I B 98/10, BFH/NV 2011, 596; dem anschließend FG Berlin-Bdbg. v. 16.12.2014 – 4 K 4264/11, EFG 2015, 928 (Rev. I R 13/15 zurückgenommen).

gebracht: Die Beschränkung auf ArbN inländ. ArbG verstößt nämlich gegen die unionsrechtl. Grundfreiheiten der Dienstleistung (Art. 56 AEUV) und ArbN-Freizügigkeit (Art. 45 AEUV),[1] was wiederum einerseits den mit dem Erl. verbundenen Begünstigungszweck und andererseits (und zugleich) – in Ermangelung eines fortan tragfähigen Legitimationsgrundes für die punktuelle Steuerbefreiung – die gleichheitsrechtl. Unbedenklichkeit (gegenüber nicht privilegierten ArbN) insgesamt entfallen lassen könnte.[2] – Zu den nach dem **Pauschalierungserlass** pauschal besteuerten Einkünften gehören: **(1)** gewerbliche Einkünfte aus aktiver Tätigkeit einer ausländ. Betriebsstätte, **(2)** Einkünfte aus einer in einem inländ. BV gehaltenen Beteiligung an einer aktiv tätigen ausländ. MU'schaft, **(3)** Einkünfte aus selbständiger Arbeit, die auf der technischen Beratung, Planung und Überwachung bei Anlageerrichtungen beruhen und einer ausländ. Betriebsstätte oder festen Einrichtung zuzurechnen sind, **(4)** Schachteldividenden, jeweils vorausgesetzt, mit dem ausländ. Staat besteht kein DBA. Die antragsabhängige Pauschalierung beträgt 25 % der Einkünfte, max 25 % des zu versteuernden Einkommens. Der Antrag kann für einen Staat nur einheitlich, ansonsten aber unterschiedlich gestellt werden (per-country-limitation).

F. Verfahren

37 Die Steueranrechnung gem. Abs. 1 und der Steuerabzug gem. Abs. 3 erfolgen v. Amts wegen, der Abzug gem. Abs. 2 nur auf (grds. unbefristeten und rücknehmbaren[3] **Antrag** (bis zum Eintritt der Bestandskraft, ggf. auch noch bei Änderung v. Steuerbescheiden,[4] aber nicht mehr – als neues tatsächliches Vorbringen – im Revisionsverfahren[5]), idR iRd. Veranlagung[6] (auch bei LStPfl. gem. § 46 Abs. 2 Nr. 8) oder (und zwar für jeden ausländ. Staat) der Gewinnfeststellung (§ 179, § 180 Abs. 1 Nr. 2 lit. a AO).[7] Das **Wahlrecht** gem. Abs. 2 kann bei mehreren Beteiligten (auch zusammenveranlagten Eheleuten[8]) für Einkünfte aus demselben Staat unterschiedlich ausgeübt werden; für die Anrechnung als Tarifvorschrift gilt das nicht.[9] Zur per-country-limitation s. Rn. 25 f. Entspr. Nachweise (zB Steuerbescheid, Überweisungsträger uÄ) sind durch (deutschsprachige) Urkunden zu erbringen (**§ 68b EStDV iVm. § 34c Abs. 7 Nr. 2**; § 90 Abs. 2 AO).[10] Nachträgliche Änderungen (zur Berichtigungspflicht des StPfl. s. § 153 Abs. 2 AO) erfolgen gem. § 175 Abs. 1 S. 1 Nr. 2 AO.

§ 34d Ausländische Einkünfte

Ausländische Einkünfte im Sinne des § 34c Absatz 1 bis 5 sind

1. **Einkünfte aus einer in einem ausländischen Staat betriebenen Land- und Forstwirtschaft (§§ 13 und 14) und Einkünfte der in den Nummern 3, 4, 6, 7 und 8 Buchstabe c genannten Art, soweit sie zu den Einkünften aus Land- und Forstwirtschaft gehören;**
2. **Einkünfte aus Gewerbebetrieb (§§ 15 und 16),**
   a) **die durch eine in einem ausländischen Staat belegene Betriebsstätte oder durch einen in einem ausländischen Staat tätigen ständigen Vertreter erzielt werden, und Einkünfte der in den Nummern 3, 4, 6, 7 und 8 Buchstabe c genannten Art, soweit sie zu den Einkünften aus Gewerbebetrieb gehören,**

1 EuGH v. 28.2.2013 – Rs. C-544/11 – Petersen und Petersen, BStBl. II 2013, 847, und im Anschluss daran OFD NRW v. 5.12.2013, DB 2013, 2892; ebenso bereits der öVwGH (im Beschl. v. 22.3.2010, A 2010/0013) zu der dortigen Parallelvorschrift in § 3 Nr. 14 lit. a (österr.) EStG aF („Monteurklausel" oder „Montageprivileg"); dazu *Bendlinger*, SWI 2010, 245.
2 Diese Konsequenz zieht denn auch der (österr.) VfGH (im Erk. v. 30.9.2010 – G 29/10-6, G 30/10-6, G 31/10-6, G 32/10-6, G 33/10-6, G 49/10-8, G 50/10-6, G 51/10-6, AFS 10/2010) zu der erwähnten (österr.) Parallelvorschrift des § 3 Nr. 14a öEStG aF, was sodann deren Unanwendbarkeit zur Folge hatte (österr. VwGH im Erk. v. 21.12.2010, 2010/15/0177). Nachfolgend wurde § 3 Nr. 10 (österr.) EStG für eine Übergangszeit unter Einbeziehung v. EU/EWR/Schweiz (zuvor entspr. Erl. BMF v. 26.1.2011 – 010222/0008-VI/7/2011) „europäisiert", zugleich aber die Begünstigung auf 66 vH (in 2011) bzw. 33 vH (in 2012) reduziert und danach komplett gestrichen.
3 R 34c (4) 7 EStR.
4 R 34c (4) 7 EStR.
5 R 34c (4) 7 EStR; BFH v. 3.5.1957 – VI 48/55 U, BStBl. III 1957, 227.
6 BFH v. 4.6.1991 – X R 35/88, BStBl. II 1992, 187.
7 R 34c (4) 3–5 EStR; BFH v. 18.7.1990 – I R 115/88, BStBl. II 1990, 951; v. 4.6.1991 – X R 35/88, BStBl. II 1992, 187; FinMin. SchlHol., StEK EStG § 1 Nr. 58 Tz. 8.1; *Grützner*, IStR 1994, 65.
8 R 34c (4) 2 EStR; OFD Ffm. v. 24.7.2013, IStR 2013, 720.
9 R 34c (3) 7 EStR; OFD Ffm. v. 24.7.2013, IStR 2013, 720, dort auch zum Zusammentreffen v. Anrechnung und Abzug bei unterschiedlicher Wahlrechtsausübung.
10 ZB BFH v. 26.8.1993 – I B 87/93, BFH/NV 1994, 175; OFD Ffm. v. 17.2.1997, FR 1997, 391.

b) die aus Bürgschafts- und Avalprovisionen erzielt werden, wenn der Schuldner Wohnsitz, Geschäftsleitung oder Sitz in einem ausländischen Staat hat, oder

c) die durch den Betrieb eigener oder gecharterter Seeschiffe oder Luftfahrzeuge aus Beförderungen zwischen ausländischen oder von ausländischen zu inländischen Häfen erzielt werden, einschließlich der Einkünfte aus anderen mit solchen Beförderungen zusammenhängenden, sich auf das Ausland erstreckenden Beförderungsleistungen;

3. Einkünfte aus selbständiger Arbeit (§ 18), die in einem ausländischen Staat ausgeübt oder verwertet wird oder worden ist, und Einkünfte der in den Nummern 4, 6, 7 und 8 Buchstabe c genannten Art, soweit sie zu den Einkünften aus selbständiger Arbeit gehören;

4. Einkünfte aus der Veräußerung von

   a) Wirtschaftsgütern, die zum Anlagevermögen eines Betriebs gehören, wenn die Wirtschaftsgüter in einem ausländischen Staat belegen sind,

   b)[1] Anteilen an Kapitalgesellschaften,

      aa) wenn die Gesellschaft Geschäftsleitung oder Sitz in einem ausländischen Staat hat oder

      bb) deren Anteilswert zu irgendeinem Zeitpunkt während der 365 Tage vor der Veräußerung unmittelbar oder mittelbar zu mehr als 50 Prozent auf in einem ausländischen Staat belegenen unbeweglichen Vermögen beruhte und die Anteile dem Veräußerer zu diesem Zeitpunkt zuzurechnen waren; für die Ermittlung dieser Quote sind die aktiven Wirtschaftsgüter des Betriebsvermögens mit den Buchwerten, die zu diesem Zeitpunkt anzusetzen gewesen wären, zugrunde zu legen;

5. Einkünfte aus nichtselbständiger Arbeit (§ 19), die in einem ausländischen Staat ausgeübt oder, ohne im Inland ausgeübt zu werden oder worden zu sein, in einem ausländischen Staat verwertet wird oder worden ist, und Einkünfte, die von ausländischen öffentlichen Kassen mit Rücksicht auf ein gegenwärtiges oder früheres Dienstverhältnis gewährt werden. [2]Einkünfte, die von inländischen öffentlichen Kassen einschließlich der Kassen der Deutschen Bundesbahn und der Deutschen Bundesbank mit Rücksicht auf ein gegenwärtiges oder früheres Dienstverhältnis gewährt werden, gelten auch dann als inländische Einkünfte, wenn die Tätigkeit in einem ausländischen Staat ausgeübt wird oder worden ist;

6. Einkünfte aus Kapitalvermögen (§ 20), wenn der Schuldner Wohnsitz, Geschäftsleitung oder Sitz in einem ausländischen Staat hat oder das Kapitalvermögen durch ausländischen Grundbesitz gesichert ist;

7.[2] Einkünfte aus Vermietung und Verpachtung (§ 21), soweit das unbewegliche Vermögen oder die Sachinbegriffe in einem ausländischen Staat belegen oder die Rechte zur Nutzung in einem ausländischen Staat überlassen worden sind. [2]Bei unbeweglichem Vermögen, das zum Anlagevermögen eines Betriebs gehört, gelten als Einkünfte im Sinne dieser Nummer auch Wertveränderungen von Wirtschaftsgütern, die mit diesem Vermögen in wirtschaftlichem Zusammenhang stehen;

8. sonstige Einkünfte im Sinne des § 22, wenn

   a) der zur Leistung der wiederkehrenden Bezüge Verpflichtete Wohnsitz, Geschäftsleitung oder Sitz in einem ausländischen Staat hat,

   b) bei privaten Veräußerungsgeschäften die veräußerten Wirtschaftsgüter in einem ausländischen Staat belegen sind,

   c) bei Einkünften aus Leistungen einschließlich der Einkünfte aus Leistungen im Sinne des § 49 Absatz 1 Nummer 9 der zur Vergütung der Leistung Verpflichtete Wohnsitz, Geschäftsleitung oder Sitz in einem ausländischen Staat hat.

---

1 In § 34d Nr. 4 wurde mWv. 1.1.2019 Buchst. b neu gefasst (G zur Vermeidung von Umsatzsteuerausfällen beim Handel mit Waren im Internet und zur Änderung weiterer stl. Vorschriften v. 11.12.2018, BGBl. I 2018, 2338). Der Wortlaut des Buchst. b lautete bis 31.12.2018 wie folgt:
„b) Anteilen an Kapitalgesellschaften, wenn die Gesellschaft Geschäftsleitung oder Sitz in einem ausländischen Staat hat;“.

2 In § 34d wurde mWv. 1.1.2019 Nummer 7 neu gefasst (G zur Vermeidung von Umsatzsteuerausfällen beim Handel mit Waren im Internet und zur Änderung weiterer stl. Vorschriften v. 11.12.2018, BGBl. I 2018, 2338). Der Wortlaut der Nr. 7 lautete bis 31.12.2018 wie folgt:
„7. Einkünfte aus Vermietung und Verpachtung (§ 21), soweit das unbewegliche Vermögen oder die Sachinbegriffe in einem ausländischen Staat belegen oder die Rechte zur Nutzung in einem ausländischen Staat überlassen worden sind;“.

Literatur: S. den Literaturnachweis zu § 34c.

A. Grundaussagen der Vorschrift

1 **I. Regelungsgegenstand.** § 34d legt **abschließend** fest, welche ausländ. Einkünfte gem. **§ 34c Abs. 1 und 2** tarifbegünstigt sind. Die Vorschrift ergänzt sonach tatbestandlich dessen Voraussetzungen. Danach nicht als ausländ. zu qualifizierende Einkünfte können nur gem. **§ 34c Abs. 3** bei der Ermittlung der Einkünfte abgezogen werden.

2 **II. Anwendungsbereich, Verhältnis zu anderen Vorschriften.** § 34d ergänzt neben § 34c (Rn. 1) auch entspr. Verweisungsnormen in **§ 50 Abs. 3** (§ 50 Abs. 6 aF) und in **§ 26 Abs. 1 und 2 KStG** (§ 26 Abs. 6 KStG aF) (s. Rn. 2 und 4). Die Vorschrift ist kraft ausdrückl. Erwähnung ebenso maßgebend für ausländ. Einkünfte iSv. **§ 2 AStG** (s. § 2 Abs. 1 S. 1 letzter HS AStG; § 2 Abs. 3 Nr. 2 und 3, § 4 Abs. 1, § 5 Abs. 1 S. 1 und 2 AStG idF des Zollkodex-AnpG[1]) sowie – allerdings ohne entspr. Inbezugnahme – iSv. **§ 32b Abs. 1 S. 1 Nr. 2** (s. § 32b Rn. 12). Inhaltlich stellt § 34d sich als Gegenstück zu den inländ. Einkünften beschränkt StPfl. in **§ 49 Abs. 1** dar, dessen tatbestandliche Voraussetzungen hier aufgegriffen werden, ohne allerdings gänzlich deckungsgleich zu sein (Rn. 6 ff.). Obwohl eine entspr. Regelung zu § 49 Abs. 2 fehlt, ist gleichwohl auch bei § 34d die **isolierende Betrachtungsweise** in „umgekehrter" Weise anzuwenden; inländ. Besteuerungsmerkmale bleiben sonach außer Betracht, soweit sie die Annahme ausländ. Einkünfte ausschließen.[2] Es ist allein auf Grundlage des § 34d zu prüfen, ob die jeweiligen Tatbestandsvoraussetzungen erfüllt sind, unabhängig v. § 2 Abs. 1, idR auch unabhängig v. den inländ. Subsidiaritätsregeln (zB in § 20 Abs. 8, § 21 Abs. 3). Konkurrenzen zw. § 34d Nr. 1, 2 und 3 einerseits und Nr. 4, 6, 7, 8 lit. c andererseits sind aufgrund der tatbestandseigenen „Konkurrenzreihenfolge" als Einkünfte aus den zuerst genannten Arten anzusehen, zulasten der Einkünfte aus den Nr. 4, 6, 7, 8 lit.c. Für § 34d Nr. 5 fehlt eine solche Konkurrenzauflösung.[3] Greifen diese speziellen Subsidiaritäten nicht, verbleibt es bei der gegenständlich-verobjektivierten Betrachtungsweise nach Maßgabe der Nr. 4, 6, 7, 8 lit.c und wirken die ausländ. Verhältnisse nicht dadurch anrechnungsverhindernd = belastungsbegründend, dass die gewerblichen Einkünfte zu inländ. würden (s. aber auch § 49 Rn. 104). Die isolierende Betrachtung wirkt sich auch auf das allg. Veranlassungsprinzip und damit auf Aufwendungen aus, die den einzelnen Einkünften (als WK, nicht aber als BA) zuzuordnen sind,[4] ebenso aber auch der besagte Einkunftsvorrang, wie er in § 34d Nr. 1, 2 und 3 angeordnet ist (dann mit der Konsequenz v. BA statt v. WK) (s. § 34c Rn. 15).[5]

3 Soweit in Investmenterträgen in- und ausländ. Investmentanteile (ausgeschüttete oder ausschüttungsgleiche) ausländ. Einkünfte enthalten sind, sind diese gem. § 47 InvStG 2018 einzubeziehen und die im Ausland angefallenen Steuern anzurechnen (Rn. 5). Nach **§ 4 Abs. 1 InvStG aF** blieben solche Einkünfte bei der Veranlagung des Anteilseigners außer Betracht, vorausgesetzt, Deutschland hatte nach Maßgabe einschlägiger DBA auf sein Besteuerungsrecht verzichtet. Für den Begriff der ausländ. Einkünfte ist in beiden Zusammenhängen auf § 34d zurückzugreifen.

1 G v. 22.12.2014, BGBl. I 2014, 2417.
2 BFH v. 16.3.1994 – I R 42/93, BStBl. II 1994, 799; v. 9.4.1997 – I R 178/94, BStBl. II 1997, 657; v. 29.3.2000 – I R 15/99, BStBl. II 2000, 577.
3 Umfassend *Ebel*, FR 2014, 835 (836 f.); *Ebel*, FR 2016, 241 (242 f.).
4 BFH v. 9.4.1997 – I R 178/94, BStBl. II 1997, 657.
5 S. BFH v. 18.4.2018 – I R 37/16, DStR 2018, 1476, und diese Frage erkennend und diskutierend *Schlücke*, ISR 2018, 430 (432).

B. Ausländische Einkünfte

I. Ausland. Einkünfte iSd. § 34d sind ausländ., wenn sie zu Steuerquellen im Ausland gehören. **Ausland** ist dasjenige Hoheitsgebiet, das nicht zum deutschen Hoheitsgebiet gehört (arg. § 1 Abs. 1 S. 2), ohne jedoch hoheitsfrei zu sein.[1] 4

II. Ermittlung der Einkünfte. Die Ermittlung der ausländ. Einkünfte (Art und Höhe) richtet sich nach deutschem Recht (§§ 4 ff.), sofern die ausländ. Besteuerungsgrundlagen die Anwendung der deutschen Regelungen überhaupt ermöglichen, andernfalls bleiben solche Regelungen unanwendbar (zB § 13a).[2] Für den BA- und WK-Abzug gilt das **allg. Veranlassungsprinzip**[3] (§ 4 Abs. 4, § 9, nicht: § 3c Abs. 1, weil es an dem dafür erforderlichen unmittelbaren wirtschaftlichen Zusammenhang mit stfreien Einnahmen gerade fehlt[4]), allerdings nach Maßgabe der isolierenden Betrachtungsweise (Rn. 2), dh. die BA und WK müssen nach deutschem Recht iRd. betr. Einkunftsart abziehbar sein (vgl. im Einzelnen § 49 Rn. 106). Zu den Besonderheiten bei der Kostenzuordnung bei Betriebsstätten s. Rn. 8. Allg. Kosten, die sich nicht konkret zuordnen lassen, sind **aufzuteilen**. Fremdwährungen sind in Euro umzurechnen, idR mit dem Kurs am Zufluss-/Abflusstag. Bei Vorhandensein einer ausländ. Betriebsstättenbuchführung besteht ein Wahlrecht über das Umrechnungsverfahren (Stichtagskurs-, Zeitbezugsverfahren usw.), das aber unter Beachtung der Erfordernisse der GoB auszuüben ist, insbes. bei starken Währungsschwankungen.[5] Währungsgewinne oder -verluste gehören zu der Betriebsstätte, aus der sie stammen, gleichviel, wer sie wirtschaftlich trägt[6] (was strukturell zu unionsrechtl. womöglich zu missbilligenden Anrechnungsüberhängen führt).[7] **Nachträgliche Einkünfte** (nach Wegfall des auslandsbezogenen Qualifikationsmerkmals) bleiben ausländ., wenn die betr. betriebliche Leistung v. der ausländ. Steuerquelle herrührt und während der Zeit ihres Bestehens erbracht worden ist.[8] 5

C. Die einzelnen Einkunftsarten

I. Einkünfte aus Land- und Forstwirtschaft (Nr. 1). § 34d Nr. 1 korrespondiert mit **§ 49 Abs. 1 Nr. 1.** Einkünfte aus LuF sind ausländ., wenn die LuF in einem ausländ. Staat betrieben wird, auch wenn es sich – isoliert gesehen – um Einkünfte aus selbständiger Arbeit, aus der Veräußerung v. WG oder v. Anteilen an KapGes., als KapVerm., VuV oder um sonstige Einkünfte handelt (insoweit umgekehrte isolierende Betrachtungsweise, s. dazu Rn. 2, 8, 11, § 34c Rn. 14, § 49 Rn. 103 ff.). Es gilt das **Belegenheitsprinzip.** Eine durchgängige Stringenz dieses Prinzips auch bei anderen einschlägigen Regelungszusammenhängen, zB die Anforderungen an den ProgrVorb. nach Maßgabe v. § 32b Abs. 1 S. 2 Nr. 1 für den Fall der LuF, besteht allerdings nicht.[9] 6

II. Einkünfte aus Gewerbebetrieb (Nr. 2). § 34d Nr. 2 stellt die Korrespondenzvorschrift zu **§ 49 Abs. 1 Nr. 2** dar, bleibt indes – einerseits – hinter dieser zurück (zB ggü. § 49 Abs. 1 Nr. 2 lit. d: Berufssportler ohne aus- oder inländ. Betriebsstätte); sie geht andererseits (nämlich bezogen auf § 34d Nr. 4, 6, 7 und 8 lit. c) darüber hinaus und erfasst die darin genannten Einkünfte auch dann als ausländ., wenn sie gewerblicher Natur sind (Rn. 8) Ein durchgehendes Konzept fehlt; ausschlaggebend sind letztlich fiskalpolitische Erwägungen. 7

1. Betriebsstätte oder ständiger Vertreter und „sonstige" gewerbliche Einkünfte (Nr. 2 lit. a). **(1) Erste Fallalternative:** Wichtigstes Anknüpfungsmerkmal ist die im Ausland belegene Betriebsstätte (§ 12 AO; sa. § 49 Rn. 13) sowie der im Ausland tätige ständige Vertreter (§ 13 AO, sa. § 49 Rn. 14). Für die Ergebniszuordnung ist die wirtschaftliche Veranlassung ausschlaggebend (Rn. 5), wobei bedeutungslos ist, **wo** die Aufwendungen angefallen sind und **wer** sie getragen hat.[10] Allerdings wird die ausländ. Steuer nur auf jene Einkünfte angerechnet, welche (insoweit abw. v. § 49 Abs. 1 Nr. 2 lit. a, s. dort Rn. 15) „durch" die 8

---

1 Vgl. BFH v. 14.6.1991 – VI R 185/87, BStBl. II 1991, 926.
2 BFH v. 24.9.1985 – IX R 143/83, BStBl. II 1986, 287; v. 11.4.1990 – I R 63/88, BFH/NV 1990, 705; v. 19.9.1990 – IX R 72/85, BFH/NV 1991, 369; OFD Düss. StEd v. 10.7.1991, 1991, 267.
3 ZB BFH v. 20.7.1988 – I R 49/84, BStBl. II 1989, 140; v. 29.3.2000 – I R 15/99, BStBl. II 2000, 577.
4 BFH v. 16.3.1994 – I R 42/93, BStBl. II 1994, 799.
5 S. BFH v. 13.9.1989 – I R 117/87, BStBl. II 1990, 57; v. 16.2.1996 – I R 43/95, BStBl. II 1997, 128.
6 BFH v. 16.2.1996 – I R 43/95, BStBl. II 1997, 128; v. 16.2.1996 – I R 46/95, BFH/NV 1997, 111; v. 18.9.1996 – I R 69/95, BFH/NV 1997, 408; v. 16.12.2008 – I B 44/08, BFH/NV 2009, 940; **aA** *Ditz/Schönfeld*, DB 2008, 1460; s. auch aus EU-rechtl. Sicht EuGH v. 28.2.2008 – C-293/06, IStR 2008, 224 – Deutsche Shell.
7 Eingehend (mit Beisp.) *Lüdicke/Kempf/Brink*, Verluste im Steuerrecht, 2010, 129 ff., die ggf. Abhilfe über § 34c Abs. 1 S. 3 schaffen wollen (s. dazu § 34c Rn. 26; aber zweifelh.).
8 BFH v. 12.10.1978 – I R 69/75, BStBl. II 1979, 64 betr. Betriebsstätteneinkünfte.
9 S. BFH v. 2.4.2014 – I R 68/12, IStR 2014, 599 (dort unter II.3. b) ee) der Gründe).
10 ZB BFH v. 20.7.1988 – I R 49/84, BStBl. II 1989, 140; v. 18.9.1996 – I R 69/95, BFH/NV 1997, 408.

im anderen Staat belegene Betriebsstätte erzielt werden; es bedarf also einer veranlassungsgerechten (nicht unbedingt tatsächlich-funktionalen, s. dazu § 49 Rn. 15) Einkünftezuordnung, eine automatische „Attraktivkraft" der Auslandsbetriebsstätte besteht nicht.[1] Nicht „durch" die Auslandsbetriebsstätte erwirtschaftete Einkünfte sind (soweit vorhanden) anderen Betriebsstätten zuzuordnen; „betriebsstättenlose" Einkünfte aus GewBetr. gibt es im deutschen Recht allerdings prinzipiell nicht, so dass es iErg. bei Existenz nur einer Betriebsstätte (= Stammhaus) (und vorbehaltlich der zweiten Fallalternative des § 34d Nr. 2 lit. a) doch zu einer Art „Attraktivkraft" kommen kann (s. aber auch § 2 AStG idF des JStG 2009, wo eine fiktive Inlandsbetriebsstätte bestimmt wird).[2] Ausgehend v. Gesamtbetriebsergebnis[3] ist der Betriebsstättengewinn dabei vorrangig nach der **direkten** (= eigenständige Betriebsstättenbuchführung, s. auch Rn. 5), in Ausnahmen auch nach der **indirekten Methode** (Zerlegung des Gesamtgewinns entspr. Art. 7 Abs. 4 OECD-MA) aufzuteilen.[4] Zur Einschränkung dieser Gewinnermittlungsmethoden für Zwecke der Höchstbetragsberechnung gem. § 34c Abs. 1 S. 2–5 s. § 34c Abs. 1 S. 4 (dort Rn. 21). Bei grenzüberschreitender Beteiligung des StPfl. an ausländ. PersGes. gilt § 15 Abs. 1 S. 1 Nr. 2 (vgl. dort Rn. 8); die Einkünfte sind gem. § 180 Abs. 1 Nr. 2 lit. a, Abs. 5 Nr. 1 AO festzustellen. **(2) Zweite Fallalternative:** Werden Einkünfte aus selbständiger Arbeit, KapVerm., Veräußerungen, VuV oder sonstige Einkünfte im Rahmen eines GewBetr. erzielt, werden diese als gewerbliche erfasst. § 34d Nr. 2 lit. a restituiert damit die Subsidiaritätsregelungen in § 20 Abs. 8 (§ 20 Abs. 3 aF), § 21 Abs. 3, § 22 Nr. 3[5] und setzt die gegenständliche Betrachtungsweise (§ 49 Rn. 30 aE, und abgrenzend s. Rn. 2) außer Kraft.[6] S. Rn. 8. Es handelt sich hierbei und unter den Voraussetzungen des § 34d Nr. 4, 6, 7 und 8 lit. c um gesetzlich angeordnetes sog. floating income. Der unbedingten Anbindung an eine ausländ. Betriebsstätte oder einen ständigen Vertreter bedarf es für diese Fallalternative also nicht,[7] denn die zweite Fallalternative steht unverbunden neben der ersten und verknüpft diese nicht miteinander (sa. Rn. 6, 11).

9 **2. Bürgschafts- und Avalprovisionen (Nr. 2 lit. b).** Erfasst werden Bürgschafts- und Avalprovisionen, wenn der Schuldner Wohnsitz, Geschäftsleitung oder Sitz in einem ausländ. Staat hat. Bedeutsam ist dies in erster Linie für **Banken**, denen hierdurch die Steueranrechnung ermöglicht wird.

10 **3. Seeschiffe und Luftfahrzeuge (Nr. 2 lit. c).** Es handelt sich um die Korrespondenzvorschrift zu **§ 49 Abs. 1 Nr. 2 lit. b** (s. dort Rn. 30).

11 **III. Einkünfte aus selbständiger Arbeit (Nr. 3).** § 34d Nr. 3 ist die Korrespondenzvorschrift zu **§ 49 Abs. 1 Nr. 3** (s. dort Rn. 75). Abw. v. der ansonsten geltenden isolierten Betrachtungsweise (Rn. 2) werden ausdrücklich auch Einkünfte aus Veräußerungen, KapVerm., VuV sowie bestimmten sonstigen Leistungen gem. § 34d Nr. 4, 6, 7 und 8 lit. c einbezogen, soweit sie zu den Einkünften aus selbständiger Arbeit gehören. IErg. gelten damit die Subsidiaritätsklauseln in § 20 Abs. 8 (§ 20 Abs. 3 aF), § 21 Abs. 3, § 22 Nr. 3 (sa. Rn. 6, 8).

12 **IV. Einkünfte aus Veräußerungen (Nr. 4).** § 34d Nr. 4 korrespondiert mit **§ 49 Abs. 1 Nr. 2 lit. e und f** (s. dort Rn. 34 ff., 39 ff.). Erfasst werden **(1) WG**, die zum AV eines inländ. Betriebs gehören, wenn sie in einem ausländ. Staat belegen sind (§ 34d Nr. 4 lit. a), sowie (seit der normativen Ergänzung durch das G zur Vermeidung von Umsatzsteuerausfällen beim Handel mit Waren im Internet und zur Änderung weiterer stl. Vorschriften v. 11.12.2018)[8] **(2a) Anteile an KapGes.** mit Geschäftsleitung (§ 10 AO) und Sitz im Ausland (**§ 34d Nr. 4 lit. b aa**, § 34d Nr. 4 lit. b aF) oder **(2b) Anteile an Immobilien-KapGes.** (**§ 34d Nr. 4 lit. b bb**); die Voraussetzungen für letztere Anteile und Ges. entsprechen eins zu eins denjenigen in § 49 Abs. 1 Nr. 2 lit. e cc nF. S. deshalb dort Rn. 36a ff.; die Neuregelung ist erstmals auf Gewinne aus der

---

1 *H/H/R*, § 34d Anm. 28.

2 BFH v. 19.12.2007 – I R 19/06, IStR 2008, 330; v. 28.7.1993 – I R 15/93, BStBl. II 1994, 148; v. 16.12.2008 – I R 23/07, nv.; *Wassermeyer*, IStR 2004, 676; *Schauhoff*, IStR 1995, 108 (110 f.); *Schauhoff/Idler*, IStR 2008, 341; *Enneking/Denk*, DStR 1997, 1911 (1916); **aA** (zu § 2 AStG) BMF v. 14.5.2004, BStBl. I 2004, Sonder-Nr. 1 Tz. 2.5.0.1 unter Nr. 1 lit. a; s. auch zB *Kramer*, IStR 2004, 672; 677; *S/K/K*, § 2 AStG Rn. 69. S., auch umfassend und übergreifend, die v. *Haase/Brändel*, StuW 2011, 49, angestellten „Überlegungen zur Theorie der betriebsstättenlosen Einkünfte".

3 Vgl. BFH v. 20.7.1988 – I R 49/84, BStBl. II 1989, 140.

4 Im Einzelnen *Wassermeyer*, MA Art. 7 Rn. 190 ff.

5 Zugleich wird die Subsidiarität selbständiger Einkünfte ggü. solchen aus GewBetr. begründet, BFH v. 7.7.1971 – I R 41/70, BStBl. II 1971, 771.

6 Zur Gewinnermittlung bei der Überführung eines WG v. einem inländ. Betrieb in eine ausländ. Betriebsstätte s. BFH v. 17.7.2008 – I R 77/06, BStBl. II 2009, 464 (Aufgabe der sog. Theorie der finalen Entnahme; s. dazu auch § 49 Rn. 16).

7 Ebenso zB *L/B/P*, § 34d Rn. 20; *H/H/R*, § 34d Anm. 36; *D/P/M*, § 26 KStG Rn. 72; *B/B*, § 34d Rn. 9 f.; **aA** zB *Blümich*, § 26 KStG Rn. 21a; *F/W/B/S*, § 26 KStG Rn. 41.2; *Ernst & Young*, § 26 KStG Rn. 56; auch bislang hier bis zur 17. Aufl.

8 BGBl. I 2018, 2338.

Veräußerung v. Anteilen anzuwenden, bei denen die Veräußerung nach dem 31.12.2018 erfolgt, und nur soweit den Gewinnen nach dem 31.12.2018 eingetretene Wertveränderungen zugrunde liegen (§ 52 Abs. 34b S. 1). – Für die Belegenheit in diesem Sinne kommt es darauf an, wo sich das betr. WG im Zeitpunkt der Veräußerung befindet, bei Forderungen also auf den Erfüllungsort, bei Rechten auf den Ort der Ausübung, bei immateriellen WG auf den Ort der Nutzung. Die Beteiligung an der ausländ. KapGes. iSd. § 34d Nr. 4 lit. b muss keine solche (ehemals wesentliche) iSv. § 17 sein. Inländ. Besteuerungsgrundsätze sind insoweit unbeachtlich;[1] dem Gesetzgeber ging es (allein) darum, die Steueranrechnung bei entspr. steuerbaren und stpfl. Veräußerungsvorgängen im Ausland („capital gains") sicherzustellen. Allerdings findet § 17 Abs. 2 Anwendung, wenn sich die Anteile im PV befinden.[2] § 34d Nr. 1–3 geht ggf. vor. WG des Umlaufvermögens bleiben unberücksichtigt, da andernfalls eine etwaige ausländ. Liefergewinnbesteuerung begünstigt würde.

V. Einkünfte aus nicht selbständiger Arbeit (Nr. 5). Es handelt sich um die Korrespondenzvorschrift zu **§ 49 Abs. 1 Nr. 4 lit. a und b** (s. dort Rn. 90). Dort (§ 49 Abs. 1 Nr. 4 lit. a) wie hier (**§ 34d Nr. 5 S. 1 HS 1**) wird auf die Ausübung (Ausübungsort) oder Verwertung (Verwertungsort) der nichtselbständigen Tätigkeit abgestellt. **§ 34d Nr. 5 S. 1 HS 2 und S. 2** knüpft (wie § 49 Abs. 1 Nr. 4 lit. b) an das **Kassenstaatsprinzip** an: Um ausländ. Einkünfte handelt es sich auch bei Bezügen aus einer ausländ. öffentl. Kasse mit Rücksicht auf ein gegenwärtiges oder früheres Dienstverhältnis. Umgekehrt werden v. inländ. öffentl. Kassen gewährte Einkünfte auch dann als inländ. behandelt, wenn sie im Ausland ausgeübt werden. Darin liegt ein Wertungswiderspruch, weil im Inland agierende ArbN mit Bezügen aus ausländ. öffentl. Kassen iRv. § 49 Abs. 1 Nr. 4 lit. a im Inland als beschränkt stpfl. behandelt werden. IErg. wird deswegen mittels des § 34d nur die Anrechnung ausländ. Steuer verhindert. Das rechtfertigt gleichheitsrechtl. Bedenken.[3] Unabhängig davon qualifiziert § 34d Nr. 5 die betr. Einkünfte abw. v. § 49 Abs. 1 Nr. 4 lit. b (s. dort Rn. 65) nur bei unmittelbarem Zahlungsanspruch ggü. der öffentl. Kasse als inländ. oder ausländ. – Prinzipielle gleichheitsrechtl. Bedenken bestehen auch im Hinblick auf die Tätigkeit als Geschäftsführer, Prokurist oder Vorstandsmitglied einer Ges. mit Geschäftsleitung im Ausland, für die § 34d abw. v. § 49 Abs. 1 Nr. 4 lit. c keine Parallele enthält. 13

VI. Einkünfte aus Kapitalvermögen (Nr. 6). Es handelt sich um die Korrespondenzvorschrift zu **§ 49 Abs. 1 Nr. 5 lit. a und Nr. 5 lit. c aa** (s. dort Rn. 73 ff.). Abw. davon werden allerdings (bei isolierter Betrachtung, ggf. auch nur teilw.[4]) jegliche Einkünfte iSd. § 20[5] erfasst, vorausgesetzt, der Schuldner ist im Ausland ansässig (auch bei Doppelansässigkeit) oder das KapVerm. ist durch ausländ. Grundbesitz (nach ausländ. Recht) dinglich (auch durch Eintragung im Schifffahrtsregister) gesichert. Keine ausländ. Kapitaleinkünfte sind solche, die aus der ausländ. Betriebsstätte eines inländ. Schuldners stammen; dadurch ausgelöste Doppelbesteuerungen bleiben also erhalten. – **Aufwendungen** sind den ausländ. Kapitaleinkünften nur dann zuzurechnen, wenn sie durch diese (wie bei den Einnahmen erneut ganz oder auch nur teilw.) konkret **veranlasst** sind und die die Eignung haben, in die Bemessungsgrundlage der Einkünfte aus KapVerm. gem. § 20 Abs. 1 Nr. 1 einzugehen.[6] Eine allg. Refinanzierung mit vorhandenen Eigenmitteln genügt nicht, um den erforderlichen Veranlassungszusammenhang herzustellen.[7] Das gilt auch für **Währungsverluste** (ebenso wie bei Währungsgewinnen), dies allerdings nur im allgemeinen und bei solchen StPfl., die ihren Gewinn oder ihr Einkommen gem. § 4 Abs. 3 ermitteln. Denn nur bei diesen ist die Einkunftserzielung erst mit dem Zufluss (§ 11 Abs. 1) verwirklicht und gehört die Einnahme infolgedessen noch zu den ausländ. Einkünften. Anders verhält es sich demgegenüber bei bilanzierenden StPfl.: Die (ausländ.) Einnahmen sind mit Entstehen der Forderung (bzw. Verbindlichkeit) erzielt; Kursverluste (oder -gewinne), welche später eintreten, sind der Verwaltung der entspr. Forderung, also der Vermögensebene, zuzurechnen, worin keine Einkunftserzielung gem. Nr. 6 gesehen werden kann (s.a. § 34c Rn. 15).[8] Eine Ausnahme davon wird wiederum in solchen (Einzel-)Fällen machen sein, in denen Währungsverluste derart eng und wirtschaftlich-vertraglich verknüpft in Zusammenhang mit entspr. Einnahmen entstehen, dass sie 14

---

1 *F/W/B/S*, § 34d Rn. 112; **aA** *Schaumburg*[4], Rn. 18.86, der sich iErg. insoweit für eine teleologische Reduktion ausspricht.
2 *Blümich*, § 34d Rn. 43.
3 *Blümich*, § 34d Rn. 46; **aA** *F/W/B/S*, § 34d Rn. 145; *B/B*, § 34d Rn. 69: Billigkeitserlass.
4 BFH v. 9.4.1997 – I R 178/94, BStBl. II 1997, 657.
5 BFH v. 16.3.1994 – I R 42/93, BStBl. II 1994, 799; v. 9.4.1997 – I R 178/94, BStBl. II 1997, 657.
6 BFH v. 9.4.1997 – I R 178/94, BStBl. II 1997, 657.
7 S. insoweit zu Refinanzierungskosten v. Banken BFH v. 29.3.2000 – I R 15/99, BStBl. II 2000, 577; BMF v. 23.11.2001, DStR 2002, 805; OFD Mgdb. v. 20.2.2002, FR 2002, 542 und v. 2.3.2001, DB 2001, 840; OFD München v. 23.11.2001, FR 2002, 50; einschr. noch BMF v. 23.12.1997, BStBl. I 1997, 1022; Gleiches gilt umgekehrt für § 3c Abs. 1, vgl. *Beinert/Mikus*, DB 2002, 1467 (1468).
8 S.a. BFH v. 7.11.2001 – I R 3/01, BStBl. II 2002, 865; v. 22.6.2011 – I R 103/10, BB 2011, 2468 (mit Anm. *Hahne*).

v. vornherein nur der Erwerbssphäre zuzurechnen sind.[1] Das dürfte iErg. prinzipiell (und trotz § 20 Abs. 9 S. 1 und § 20 Abs. 2 S. 1 Nr. 3) auch unter der Abgeltungsteuer und unbeschadet des Abzugsgebots des § 34c Abs. 1 S. 4 (s. § 34c Rn. 15) gelten.[2] In jedem Fall ist für die Abzugsfähigkeit v. Aufwendungen allein das deutsche Steuerrecht maßgeblich, ihre stl. Behandlung im Ausland ist irrelevant. S. iÜ auch die insoweit bestehenden Einschränkungen für betriebliche Einkünfte in § 34c Abs. 1 S. 4 (dort Rn. 15).

15 **VII. Einkünfte aus Vermietung und Verpachtung (Nr. 7).** Es handelt sich bei **§ 34d Nr. 7** um die Korrespondenzvorschrift zu § 49 Abs. 1 Nr. 6 (s. dort Rn. 84ff.). § 34d Nr. 7 (S. 1) ist allerdings weiter gefasst und betrifft allg. Einkünfte aus VuV (§ 21 = nur Nutzungsentgelt, nicht Veräußerungsgewinne), soweit das unbewegliche Vermögen oder die Sachinbegriffe im Ausland belegen (= befinden) oder die Rechte im Ausland zur Nutzung überlassen sind. Abw. v. § 49 Abs. 1 Nr. 6 reicht nicht die Eintragung in ausländ. öffentl. Büchern und Registern; auch in einem ausländ. Schiffsregister eingetragene Schiffe bleiben unberücksichtigt; uU kommt aber eine Steueranrechnung gem. §§ 227, 163 AO aus Gründen der Billigkeit in Betracht.[3] Einbezogen werden infolge der durch das G zur Vermeidung von Umsatzsteuerausfällen beim Handel mit Waren im Internet und zur Änderung weiterer stl. Vorschriften v. 11.12.2018[4] neu geschaffenen Regelung in S. 2 auch Wertveränderungen v. WG, die mit diesem Vermögen in (= irgendeinem) wirtschaftl. Zusammenhang stehen. Die Neuregelung ist erstmals auf Wertveränderungen anzuwenden, die nach dem 31.12.2018 eintreten (§ 52 Abs. 34b S. 2 nF), sie findet ihre „Outbound-Parallele" in § 49 Abs. 1 Nr. 2 lit. f S. 3 (s. § 49 Rn. 46).

16 **VIII. Sonstige Einkünfte (Nr. 8).** § 34d Nr. 8 ist die Korrespondenzvorschrift zu **§ 49 Abs. 1 Nr. 7–10** (s. dort Rn. 89ff.) und wie diese eine **Auffangvorschrift**. Sonstige Einkünfte iSv. § 22 werden erfasst, wenn **(1)** der Verpflichtete wiederkehrender Bezüge im Ausland ansässig ist **(Nr. 8 lit. a)**, **(2)** bei privaten Veräußerungsgeschäften iSv. § 23 die veräußerten WG im Ausland belegen sind **(Nr. 8 lit. bb)**,[5] **(3)** der Vergütungsschuldner der Leistungen einschl. solcher iSv. § 49 Abs. 1 Nr. 9 (insbes. Know-how-Überlassung; s. dort Rn. 94) im Ausland ansässig ist **(Nr. 8 lit. c)**.

2. Steuerermäßigung bei Einkünften aus Land- und Forstwirtschaft

§ 34e

(weggefallen)

2a. Steuerermäßigung für Steuerpflichtige mit Kindern bei Inanspruchnahme erhöhter Absetzungen für Wohngebäude oder der Steuerbegünstigungen für eigengenutztes Wohneigentum

§ 34f [Baukindergeld]

1 *Benutzerhinweis: § 34f hat* ***keine aktuelle Bedeutung****. Es wird auf die Kommentierung in der 4. und 14. Aufl. verwiesen.*

---

1 BFH v. 22.6.2011 – I R 103/10, BB 2011, 2468 (mit Anm. *Hahne*).
2 *Gosch*, BFH/PR 2011, 434.
3 *Blümich*, § 34d Rn. 58.
4 BGBl. I 2018, 2338.
5 Zu Unabgestimmtheiten bei Termingeschäften s. *Egner/Heinz/Koetz*, IStR 2007, 41.

2b. Steuerermäßigung bei Zuwendungen an politische Parteien und an unabhängige Wählervereinigungen

§ 34g [Steuerermäßigung bei Zuwendungen an politische Parteien und unabhängige Wählervereinigungen]

[1]Die tarifliche Einkommensteuer, vermindert um die sonstigen Steuerermäßigungen mit Ausnahme des § 34f Absatz 3, ermäßigt sich bei Zuwendungen an

1. politische Parteien im Sinne des § 2 des Parteiengesetzes, sofern die jeweilige Partei nicht gemäß § 18 Absatz 7 des Parteiengesetzes von der staatlichen Teilfinanzierung ausgeschlossen ist, und

2. Vereine ohne Parteicharakter, wenn

a) der Zweck des Vereins ausschließlich darauf gerichtet ist, durch Teilnahme mit eigenen Wahlvorschlägen an Wahlen auf Bundes-, Landes- oder Kommunalebene bei der politischen Willensbildung mitzuwirken, und

b) der Verein auf Bundes-, Landes- oder Kommunalebene bei der jeweils letzten Wahl wenigstens ein Mandat errungen oder der zuständigen Wahlbehörde oder dem zuständigen Wahlorgan angezeigt hat, dass er mit eigenen Wahlvorschlägen auf Bundes-, Landes- oder Kommunalebene an der jeweils nächsten Wahl teilnehmen will.

[2]Nimmt der Verein an der jeweils nächsten Wahl nicht teil, wird die Ermäßigung nur für die bis zum Wahltag an ihn geleisteten Beiträge und Spenden gewährt. [3]Die Ermäßigung für Beiträge und Spenden an den Verein wird erst wieder gewährt, wenn er sich mit eigenen Wahlvorschlägen an einer Wahl beteiligt hat. [4]Die Ermäßigung wird in diesem Fall nur für Beiträge und Spenden gewährt, die nach Beginn des Jahres, in dem die Wahl stattfindet, geleistet werden.

[2]Die Ermäßigung beträgt 50 Prozent der Ausgaben, höchstens jeweils 825 Euro für Ausgaben nach den Nummern 1 und 2, im Fall der Zusammenveranlagung von Ehegatten höchstens jeweils 1 650 Euro. [3]§ 10b Absatz 3 und 4 gilt entsprechend.

§ 50 EStDV, abgedruckt bei § 10b EStG

Literatur: *Austermann*, Spenden an Abgeordnete, ZParl 2010, 527; *Lehmann*, Recht der steuerbegünstigten Zwecke: Satzungszweck, tatsächliche Geschäftsführung und Selbstlosigkeit parteinaher Stiftungen, MIP 2012, 16; *Lehmann*, Politische Betätigung im Steuerrecht, MIP 2011, 110; *Prommer*, Zu den Privilegien politischer Parteien, MIP 2014, 16.

A. Grundaussagen der Vorschrift

§ 34g ermäßigt die ESt des Zuwendenden bei Zuwendungen an politische Parteien und unabhängige Wählervereinigungen. Er fördert so mittelbar die Zuwendungsempfänger. Die **Steuervergünstigung** folgt nicht dem die ESt rechtfertigenden Belastungsgrund der finanziellen Leistungsfähigkeit, sondern durchbricht die estl. Belastungsprinzipien. § 34g ist eine parteirechtl. Subvention, die auf die Staatsfreiheit der Parteien und anderer Wahlbewerber, deren Recht auf Chancengleichheit sowie auf das Recht der Bürger auf gleiche Teilhabe an der politischen Willensbildung einwirkt. Sie bedarf deshalb besonderer verfassungsrechtl. 1

Rechtfertigung.[1] Die gleichmäßige Steuerermäßigung iHv. 50 % der Ausgaben (S. 2) entspricht dem verfassungsrechtl. Grundsatz der egalitären Gleichheit, der die Ausübung politischer Rechte in der freien Demokratie beherrscht.[2] Alle Zuwendenden werden, unabhängig v. ihrem jeweiligen Steuersatz, gleich entlastet.

2 Das geltende Recht lässt Zuwendungen an politische Vereinigungen v. nat. und jur. Pers. in beliebiger Höhe zu. **Strikte verfassungsrechtl. Grenzen** gelten jedoch, wenn der Staat Zuwendungen an politische Parteien und mit diesen auf kommunaler oder regionaler Ebene konkurrierende Wählervereinigungen stl. begünstigt. Zuwendungen befähigen finanzwirtschaftlich zu politischem Handeln und dürfen die vorgegebene Wettbewerbslage der Parteien und anderer Wahlbewerber nicht „in einer ernsthaft ins Gewicht fallenden Weise“ verändern.[3] Die Gewährung stl. Vorteile für Zuwendungen nat. Pers. an die im Wettbewerb um Wählerstimmen stehenden politischen Parteien und Wählergruppen ist nur „insoweit verfassungsrechtl. unbedenklich, als diese Zuwendungen innerhalb einer Größenordnung verbleiben, die für den durchschnittlichen Einkommensempfänger erreichbar ist“[4] **(Normalspende)**. Der Gesetzgeber hat in § 34g die verfassungsrechtl. Vorgaben der Staatsfreiheit, der Chancengleichheit der Parteien und des Rechts der Bürger auf gleiche Teilhabe an der politischen Willensbildung aufgenommen[5] und bei der Höhe der Normalzuwendung an seine Grenzen geführt. Die Einbeziehung auch der kommunalen Wählervereinigungen in § 34g verwirklicht deren Recht auf Chancengleichheit ggü. den Parteien (Art. 3 Abs. 1 iVm. Art. 9, Art. 28 Abs. 1 S. 2 GG) und geht auf eine Entscheidung des BVerfG zurück.[6] Zur Nichtberücksichtigung der freien Wählervereinigungen in § 10b Abs. 2 vgl. § 10b Rn. 51a.

2a § 34g S. 1 Nr. 1 nimmt – in Parallele zu § 10b Abs. 2 S. 1 – politische Parteien, die gem. § 18 Abs. 7 des ParteiG von der staatlichen Parteienfinanzierung ausgeschlossen sind, von der Steuerermäßigung aus. Dieses ist folgerichtig (§ 10b Rn. 51). Wenn allerdings für **kommunale Wählervereinigungen** ein entspr. Vorbehalt nicht vorgesehen ist, rechtfertigt sich das nicht dadurch, dass die bisherige Rechtsentwicklung ausschließlich die politischen Parteien im Blick hatte, auch der Ausschluss der „staatlichen Teilfinanzierung“ des § 18 Abs. 7 ParteiG nicht unmittelbar die Steuerentlastungen meint. Da nun aber jenseits der staatlichen Parteienfinanzierung nach §§ 18 f. ParteiG Parteien und kommunale Wählervereinigungen bei der stl. Behandlung gleichzustellen sind,[7] muss der Ausschluss v. der staatlichen Finanzierung und deren Erstreckung auf die stl. Entlastung von Zuwendungen an politische Parteien ebenso für die kommunalen Wählervereinigungen gelten. Der Verbotsmaßstab allerdings ist ein anderer. Auch der Entscheidungsvorbehalt zugunsten des BVerfG greift hier nicht. Für kommunale Wählervereinigungen gelten Art. 9 Abs. 2 GG und §§ 3 ff. VereinsG. Auch dort können verfassungsfeindliche Vereinigungen, insbes. wg. geringer politischer Bedeutung, einem Verbot entgehen. Dann stellt sich die Frage der stl. Förderungswürdigkeit.

B. Zuwendungen an politische Parteien und unabhängige Wählervereinigungen (S. 1 und 2)

3 **I. Begriff. Zuwendungen sind Mitgliedsbeiträge und Spenden.**[8] **Mitgliedsbeiträge** sind Geldleistungen, die ein Mitglied regelmäßig auf Grund satzungsrechtl. Verpflichtung entrichtet. **Spenden** sind darüber hinausgehende unentgeltliche Geld- und Sachzuwendungen v. Mitgliedern oder Dritten (vgl. § 10b Rn. 50).[9]

4 **II. Zweckgebundene Ausgaben.** Zu den Ausgaben zählen **alle Wertabgaben**, die aus dem geldwerten Vermögen des StPfl. abfließen und ihn endg. wirtschaftlich belasten. Sie sind in dem Kj. abzusetzen, in

1 BVerfG v. 15.1.1985 – 2 BvR 1163/82, BVerfGE 69, 92 (106 f.) = NJW 1985, 1017 (1017 f.); v. 14.7.1986 – 2 BvE 2/84, 2 BvR 442/84, BVerfGE 73, 40 (89) = BStBl. II 1986, 684 (697) = FR 1986, 412; v. 21.6.1988 – 2 BvR 638/84, BVerfGE 78, 350 (358 f.) = BStBl. II 1989, 67 (70); v. 9.4.1992 – 2 BvE 2/89, BVerfGE 85, 264 (315) = BStBl. II 1992, 766 (770); v. 17.4.2008 – 2 BvL 4/05, BVerfGE 121, 108 (118).

2 BVerfG v. 24.6.1958 – 2 BvF 1/57, BVerfGE 8, 51 (69) = NJW 1958, 1131 (1132); v. 9.4.1992 – 2 BvE 2/89, BVerfGE 85, 264 (316) = BStBl. II 1992, 766 (770).

3 BVerfG v. 9.4.1992 – 2 BvE 2/89, BVerfGE 85, 264 (313) = BStBl. II 1992, 766 (769); v. 29.9.1998 – 2 BvL 64/93, BVerfGE 99, 69 (81) = BStBl. II 1999, 110 (114 f.).

4 BVerfG v. 9.4.1992 – 2 BvE 2/89, BVerfGE 85, 264 (316) = BStBl. II 1992, 766 (770).

5 § 10b Abs. 1 S. 1; *K/S/M*, § 10b Rn. A 56 ff., C 54 f. Aus der verfassungsrechtl. gebotenen unterschiedlichen Ausgestaltung der Abziehbarkeit von Zuwendungen an gemeinnützige Körperschaften nach § 10b sowie an politische Parteien nach § 34g erklärt sich auch das für gemeinnützige Körperschaften geltende Verbot, politische Zwecke zu verfolgen; s. *Hüttemann*, DB 2015, 821.

6 BVerfG v. 21.6.1988 – 2 BvR 638/84, BVerfGE 78, 350 (357 ff.) = BStBl. II 1989, 67 (70 f.); vgl. auch BVerfG v. 29.9.1998 – 2 BvL 64/93, BVerfGE 99, 69 (77 ff.) = BStBl. II 1999, 110 (114 f.).

7 BVerfG v. 17.4.2008 – 2 BvL 4/05, BVerfGE 121, 108 (128 f.); vgl. auch § 10b Rn. 51b.

8 So § 10b Abs. 1 S. 1. Zur Abgrenzung ggü. dem Sponsoring *Hey*, DB 2005, 1403; die Zulässigkeit eines „echten“ Parteisponsoring ist nicht nur im Hinblick auf § 4 Abs. 6, sondern auch verfassungsrechtl. äußerst problematisch; dafür, wenn auch in engen Grenzen, *Hey*, DB 2005, 1403 (1407).

9 Vgl. auch BMF v. 10.4.2003, BStBl. I 2003, 286 – Mandatsträgerbeiträge.

dem sie geleistet worden sind (§ 11 Abs. 2), sofern nicht die Vorschriften über die Gewinnermittlung (§ 4 Abs. 1, Abs. 5) abw. Bestimmungen treffen.

5 Das im Begriff der Zuwendung an zweckgebundene Vereinigungen angelegte Merkmal der Förderung staatspolitischer Zwecke verlangt, dass Zuwendungen unentgeltlich (§ 10b Rn. 8 ff., 50) und freiwillig (§ 10b Rn. 11) geleistet und v. der Partei oder unabhängigen Wählervereinigung tatsächlich für staatspolitische Zwecke verwendet werden (§ 10b Rn. 52). Die Zuwendungen gehören stets zu den Kosten der privaten Lebensführung (§ 12 Nr. 1). Sie können deshalb nicht alternativ als BA abgezogen werden, auch wenn die Zuwendung betrieblich mitveranlasst ist.[1]

6 **III. Zuwendungsempfänger. 1. Berechtigte.** Nach S. 1 Nr. 1 sind zum Empfang steuerbegünstigter Zuwendungen politische Parteien iSd. § 2 ParteiG, nach S. 1 Nr. 2 auch Wählervereinigungen berechtigt. Die Erfassung auch der kommunalen Wählervereinigungen durch S. 1 Nr. 2 führt jedenfalls nach der Rspr. des BFH iErg. zur Verfassungsmäßigkeit der estl. Berücksichtigung von Zuwendungen an politische Parteien nach § 10b Abs. 2 iVm. § 34g (s. dazu aber § 10b Rn. 51a).[2]

7 **2. Politische Parteien (S. 1 Nr. 1).** Parteien sind Vereinigungen v. Bürgern, die dauernd oder für längere Zeit für den Bereich des Bundes oder eines Landes auf die politische Willensbildung Einfluss nehmen und an der **Vertretung des Volkes im Deutschen Bundestag oder einem Landtag mitwirken** wollen, wenn sie nach dem Gesamtbild der tatsächlichen Verhältnisse, insbes. nach Umfang und Festigkeit ihrer Organisation, nach der Zahl ihrer Mitglieder und nach ihrem Hervortreten in der Öffentlichkeit eine ausreichende Gewähr für die Ernsthaftigkeit dieser Zielsetzung bieten[3] (**§ 2 Abs. 1 S. 1 ParteiG**). Sie müssen darüber hinaus auch den übrigen, in den zwingenden Vorschriften des ParteiG geregelten formellen Anforderungen genügen (vgl. § 10b Rn. 51).[4] Ebenso wie bei § 10b Abs. 2 S. 1 schließt der im Nachgang zur Entsch. des BVerfG im NPD-Verbotsverfahren[5] in S. 1 Nr. 1 neu eingefügte[6] Konditionalsatz Parteien aus dem Kreis tauglicher Zuwendungsempfänger aus, die gem. einer Entsch. des BVerfG nach ihren Zielen oder dem Verhalten ihrer Anhänger darauf ausgerichtet sind, die freiheitliche demokratische Grundordnung zu beeinträchtigen oder zu beseitigen oder den Bestand der Bundesrepublik Deutschland zu gefährden (§ 18 Abs. 7 S. 2 ParteiG iVm. Art. 46a BVerfGG).

8 Die Förderung einzelner Parteimitglieder, Abgeordneter oder Kandidaten wird stl. nicht entlastet. **Zahlungen an nat. Pers.**, die nicht an die Partei weitergeleitet werden, sind keine abzugsfähigen Parteizuwendungen, auch wenn sie im Interesse der Partei verwendet worden sind.[7] Zahlungen an nat. Pers. unterliegen nach § 7 Abs. 1 Nr. 1 ErbStG als Schenkung unter Lebenden der Besteuerung.[8] Zuwendungen an die **parteinahen Stiftungen**, die als steuerbegünstigt nach §§ 51 ff. AO anerkannt sind[9], sind nach § 10b Abs. 1 EStG begünstigt.[10]

9 **3. Kommunale Wählervereinigungen (S. 1 Nr. 2). a) Teilnahme an Kommunalwahlen.** Nach S. 1 Nr. 2 – nach dem Gesetzestext nicht auch nach § 10b Abs. 2 Satz 1 (dort Rn. 51) – wird die Tarifermäßigung für Zuwendungen auch an rechtsfähige (eingetragene) oder nichtrechtsfähige (nicht eingetragene) **Vereine ohne Parteicharakter** gewährt, deren Zweck ausschließlich darauf gerichtet ist, durch Teilnahme mit eigenen Wahlvorschlägen an Wahlen auf Bundes-, Landes- oder Kommunalebene bei der politischen Willensbildung mitzuwirken (S. 1 Nr. 2 lit. a), und die sich an Wahlen beteiligt haben oder beteiligen werden (S. 1 Nr. 2 lit. b). Die Rechtsform bestimmt sich nach den Vorschriften des Bürgerlichen Rechts (§§ 21–79 BGB).

10 **b) Ausschließlicher Satzungszweck.** Nicht jede Form der Mitwirkung an der Bildung des politischen Willens des Volkes berechtigt zum Empfang tarifbegünstigter Zuwendungen. Vereinigungen, die an der Willensbildung nicht durch die Teilnahme an Wahlen, sondern nur außerparlamentarisch mitwirken wollen, sind nicht empfangsberechtigt.[11] Die Empfangsberechtigung setzt vielmehr voraus, dass sich die Vereinigung ausweislich der Satzung die **Teilnahme an Wahlen** zu demokratischen Vertretungen iSd. Art. 38 Abs. 1 S. 1 oder Art. 28 Abs. 1 S. 2 GG zum Ziel setzt. Wählervereinigungen, die sich an den Wahlen zum

---

1 R 12.5 EStR.
2 BFH v. 20.3.2017 – X R 55/14, BStBl. II 2017, 1122 = BFHE 258, 20.
3 BVerfG v. 1.8.1953 – 1 BvR 281/53, BVerfGE 3, 19 (27).
4 BFH v. 7.12.1990 – X R 1/85, BStBl. II 1991, 508 (509).
5 BVerfG v. 17.1.2017 – 2 BvB 1/13, NJW 2017, 611.
6 Art. 3 Nr. 1 des G v. 18.7.2017, BGBl. I 2017, 2730.
7 Vgl. hierzu die Ausführungen von *Austermann*, ZParl 2010, 527 ff.
8 FG Berlin v. 10.1.1989 – V 191/87, EFG 1989, 415; *Koch*, DöV 2003, 451 (459).
9 *Lehmann*, MIP 2012, 16 (18 ff.).
10 Vgl. BVerfG v. 14.7.1986 – 2 BvE 5/83, BVerfGE 73, 1 (33).
11 BFH v. 14.5.1998 – X B 164/97, BFH/NV 1999, 29.

Europäischen Parlament beteiligen, wären trotz des Wortlauts des § 34g S. 1 Nr. 2 lit. b ebenfalls berechtigt, steuerentlastete Zuwendungen entgegenzunehmen, da das Europaparlament durch Wahlen legitimiert und zunehmend mit Kompetenzen der Gesetzgebung und Budgethoheit ausgestattet wird.[1] Vereinigungen, die an den Wahlen zu einem Ausländerbeirat teilnehmen, fehlt es an der Empfangsberechtigung.[2]

11 Die Wählervereinigung muss sich – ausweislich der Satzung – mit **eigenen Wahlvorschlägen** an der Wahl beteiligen. Die Aufstellung eigener Kandidaten in allen Wahlkreisen ist jedoch nicht erforderlich. Sind gemeinsame Wahlvorschläge zulässig, reicht es aus, dass die Wählervereinigung auf der gemeinschaftlichen Liste Bewerber platziert. Kein eigener Wahlvorschlag liegt dagegen vor, wenn ein eigener Bewerber auf einem fremden Wahlvorschlag kandidiert (Huckepack-Verfahren), einen fremden Wahlvorschlag unterstützt oder lediglich eine Wahlempfehlung abgegeben wird.

12 Die Mitwirkung an der politischen Willensbildung des Volkes muss ausschließlicher Satzungszweck der Wählervereinigung sein. Vereinigungen, die neben dem politischen Zweck einen weiteren Satzungszweck gemeinnütziger oder wirtschaftlicher Art verfolgen, sind nicht berechtigt, nach § 34g begünstigte Zuwendungen zu empfangen.[3] Die Steuerermäßigung des S. 1 Nr. 2 lit. b ist damit faktisch auf sog. **Rathausparteien** beschränkt. Bürgerinitiativen oder andere Interessengemeinschaften, die sich an Wahlen beteiligen, um einem anderen oder zusätzlichen Satzungszweck Nachdruck zu verleihen, entsprechen nicht dem Ausschließlichkeitsgebot.

13 Das Ausschließlichkeitsgebot gilt für die **Zweckausrichtung**, nicht auch für die **Art und Weise der Zweckverfolgung**. Auch die Wählervereinigungen bestimmen autonom, mit welchen Mitteln und welchen Formen sie an der politischen Willensbildung mitwirken wollen, die letztlich auf eine Teilnahme an Wahlen zielt. Würde die Tarifentlastung v. bestimmten politischen Handlungsformen abhängig gemacht, wäre der Grundsatz strikter Chancengleichheit verletzt. Die Satzung genügt deshalb dem Ausschließlichkeitsgebot, wenn der Vereinszweck ausschließlich auf die Teilnahme an der politischen Willensbildung gerichtet ist und dieser Zweck zumindest auch durch die Beteiligung an Wahlen verfolgt werden soll. Die Satzung kann aber zugleich andere Formen politischen Handelns festlegen. Die tatsächliche Geschäftsführung der unabhängigen Wählervereinigung muss dem Satzungszweck entsprechen.[4] Unschädlich ist jedoch die tatsächliche Durchführung geselliger Veranstaltungen oder eine wirtschaftliche Betätigung, sofern diese jeweils von untergeordneter Bedeutung sind.[5]

14 **c) Errungenes Mandat oder Anzeige der Teilnahme an der nächsten Wahl.** Darüber hinaus verlangt § 34g in S. 1 Nr. 2 lit. b, dass der Verein auf Bundes-, Landes- oder Kommunalebene bei der jeweiligen letzten Wahl wenigstens ein Mandat errungen oder der zuständigen Wahlbehörde oder dem zuständigen Wahlorgan angezeigt hat, dass er mit eigenen Wahlvorschlägen auf Bundes-, Landes- oder Kommunalebene an der jeweiligen nächsten Wahl teilnehmen will. Erringt die unabhängige Wählervereinigung bei der jeweiligen letzten Wahl zumindest ein Mandat in einem deutschen Parlament oder einem kommunalen Selbstverwaltungsgremium, ist der Verein v. Beginn des Wahljahres an berechtigt, tarifermäßigte Zuwendungen zu empfangen (S. 1 Nr. 2 lit. b 1. Alt.). Verlässt der gewählte Mandatsträger während seiner Amtszeit die Vereinigung und schließt sich einer anderen Wählervereinigung oder Partei an, geht die Empfangsberechtigung der Vereinigung, die den Kandidaten aufgestellt hat, nicht verloren. Hat die unabhängige Wählervereinigung bei der letzten Wahl kein Mandat errungen, ist die Empfangsberechtigung nur zu bejahen, wenn die Vereinigung ggü. der zuständigen Wahlbehörde oder dem zuständigen Wahlorgan ihren ernstlichen Willen angezeigt hat, an der jeweiligen nächsten Wahl teilzunehmen. Diese nach S. 1 Nr. 2 lit. b 2. Alt. erforderliche Anzeige ist formlos in der Zeit vom ersten Tag nach der letzten Wahl bis zu dem Tag möglich, an dem die Anmeldefrist für die nächste Wahl abläuft. Sie muss der zuständigen Wahlbehörde oder dem zuständigen Wahlorgan spätestens aE des Jahres vorliegen, für das eine Tarifermäßigung für Zuwendungen an unabhängige Wählervereinigungen beantragt wird.[6]

15 **d) Zeitliche Begrenzung der Empfangsberechtigung.** Wählervereinigungen sind nicht dauerhaft, sondern lediglich zeitlich begrenzt berechtigt, tarifbegünstigte Zuwendungen zu empfangen. Zuwendungen an Wählervereinigungen werden nur **bis zum Tag der jeweiligen nächsten Wahl** (nicht bis zum Ablauf

---

1 *Prommer*, MIP 2014, 16 (20).
2 *H/H/R*, § 34g Anm. 16.
3 BMF v. 16.6.1989, BStBl. I 1989, 239 Tz. 2.
4 So sieht die FinVerw. das Ausschließlichkeitsgebot als gewahrt an, wenn die unabhängige Wählervereinigung gesellige Veranstaltungen durchführt, die im Vergleich zu ihrer politischen Tätigkeit v. untergeordneter Bedeutung sind und eine etwaige wirtschaftliche Betätigung ihre politische Tätigkeit nicht überwiegt, vgl. BMF v. 16.6.1989, BStBl. I 1989, 239 Tz. 2.
5 H 34g EStH 2017.
6 BMF v. 16.6.1989, BStBl. I 1989, 239 Tz. 3.

der Wahlperiode) begünstigt (S. 1 Nr. 2 S. 2). Beteiligt sich der Verein an der kommenden Wahl, so bleibt er weiterhin empfangsberechtigt, auch wenn kein Mandat errungen wird. An einer Wahl teilgenommen hat die Wählervereinigung, wenn der Wahlvorschlag der Wählervereinigung auf dem Stimmzettel enthalten ist[1] und damit den Anforderungen der Landes(kommunal)wahlgesetze genügt. Nimmt der Verein an der jeweiligen nächsten Wahl nicht teil, entfällt die Berechtigung, tarifbegünstigte Zuwendungen zu empfangen. Der Tarifabzug wird für Zuwendungen, die nach dem Wahltag geleistet werden, nicht mehr gewährt. Nach S. 1 Nr. 2 S. 3 wird die Steuerermäßigung für Zuwendungen an eine unabhängige Wählervereinigung, die an der jeweiligen letzten Wahl nicht teilgenommen hat, erst wieder gewährt, wenn sie sich mit eigenen Wahlvorschlägen an einer Wahl beteiligt hat (**Sperrklausel**).

Die Einschränkung der Empfangsberechtigung gilt nur für unabhängige Wählervereinigungen, die der zuständigen Wahlbehörde vor einer früheren Wahl ihre Teilnahme angekündigt und sich dann entgegen dieser Mitteilung nicht an der Wahl beteiligt haben.[2] Damit wird verhindert, dass die Steuerermäßigung **allein durch aufeinanderfolgende Absichtserklärungen** über mehrere Wahlperioden hinweg in Anspr. genommen werden kann. Hat sich die unabhängige Wählervereinigung an einer früheren Wahl nicht beteiligt, eine Beteiligung an dieser Wahl aber auch nicht angezeigt, greift die Sperrklausel nicht.[3] Die Vereinigung ist vielmehr nach S. 1 Nr. 2 lit. b für den VZ empfangsberechtigt, in dem die (erstmalige) Anzeige der zuständigen Wahlbehörde oder dem zuständigen Wahlorgan zugeht. 16

Kommt die Sperrklausel (S. 1 Nr. 2 S. 3) zur Anwendung, wird die Ermäßigung nur für Beiträge gewährt, die nach Beginn des Jahres, in dem die Wahl stattfindet, geleistet werden (S. 1 Nr. 2 S. 4). Der **Leistungszeitpunkt** ist für die jeweilige Leistung gesondert zu bestimmen. Sind Mitgliedsbeiträge als regelmäßig wiederkehrende Ausgaben kurze Zeit vor Beginn oder kurze Zeit nach Beendigung des Kj. geleistet worden, sind sie nach § 11 Abs. 2 S. 2 dem Jahr zuzuordnen, zu dem sie wirtschaftlich gehören. 17

4. Dachverbände kommunaler Wählervereinigungen. Ein Dachverband kommunaler Wählervereinigungen ist selbst keine Wählervereinigung, soweit er sich nicht selbst an Wahlen beteiligt. Erstrecken sich Auftrag und tatsächliche Handlungsweise des Verbands auf den Bereich der politischen Willensbildung im Vorfeld v. Wahlen, hat die Körperschaft gleichwohl am personalen Schutzbereich des **Grundrechts auf Chancengleichheit** teil[4] und muss deshalb selbst zum Empfang steuerbegünstigter Zuwendungen berechtigt sein. S. 1 Nr. 2 ist insoweit verfassungskonform auszulegen. 18

IV. Zuwendungsnachweis. Der StPfl. hat die Voraussetzungen der Steuerermäßigung nach § 34g seinem Veranlagungs-FA – für Zuwendungen ab VZ 2017 nur noch auf Verlangen – nachzuweisen (§ 50 Abs. 8 EStDV). Der Nachweis ist grds. durch Vorlage einer besonderen Bestätigung zu führen, die der Zuwendungsempfänger nach **amtlich vorgeschriebenem Vordruck** auszustellen hat (§ 50 Abs. 1 EStDV).[5] Die Finanzbehörden können deshalb die Steuerermäßigung nach § 34g verweigern, wenn auf ihr Verlangen hin dieses besondere haftungsbewehrte Beweismittel (S. 3, § 10b Abs. 4 S. 2) nicht vorgelegt wird.[6] Ausnahmsweise ist die Steuerermäßigung nach § 34g jedoch auch ohne die Vorlage einer solchen besonderen Bestätigung zu gewähren. Zum Nachweis von Mitgliedsbeiträgen an politische Parteien reichen Bareinzahlungsbelege, Buchungsbestätigungen oder Beitragsquittungen aus (§ 50 Abs. 6 EStDV). Zudem ist die Nachweispflicht bei Kleinspenden bis 200 Euro gelockert (§ 50 Abs. 4 Nr. 1 lit. c EStDV). Der Zuwendungsempfänger ist verpflichtet, die zweckgerichtete Verwendung der Mitgliedsbeiträge und Zuwendungsmittel nachzuweisen. Unabhängige Wählervereinigungen müssen darüber hinaus ein Doppel der Zuwendungsbestätigung aufbewahren, weil sie nicht zur öffentl. Rechnungslegung verpflichtet sind.[7] 19

Ist nach S. 1 Nr. 2 lit. b erforderlich, dass die unabhängige Wählervereinigung ggü. der zuständigen Wahlbehörde die Teilnahme an der nächsten Wahl anzeigt, dürfen Zuwendungsbestätigungen erst ausgestellt werden, wenn die Anzeige tatsächlich zugegangen ist.[8] 20

Im BMF-Schr. v. 7.11.2013, BStBl. I 2013, 1333, finden sich verbindliche **Mustervordrucke** einer Bestätigung über Zuwendungen an politische Parteien und unabhängige Wählervereinigungen (vgl. im Einzelnen § 10b Rn. 25 ff., 53). 21

1 BMF v. 16.6.1989, BStBl. I 1989, 239 Tz. 3.
2 H 34g EStH 2017.
3 BMF v. 16.6.1989, BStBl. I 1989, 239 Tz. 4.
4 BVerfG v. 29.9.1998 – 2 BvL 64/93, BVerfGE 99, 69 (77 ff.) = BStBl. II 1999, 110 (114 f.).
5 BMF v. 7.11.2013, BStBl. I 2013, 1333. Das aktualisierte Muster des Zuwendungsnachweises gilt für Zuwendungen ab dem 1.1.2014. Es wird jedoch nicht beanstandet, wenn für Zuwendungen bis zum 31.12.2014 Nachweise nach altem Muster ausgestellt wurden, BMF v. 26.3.2014, BStBl. I 2014, 791.
6 *K/S/M*, § 34g Rn. A 125, A 131 ff.
7 *K/S/M*, § 34g Rn. A 139 f.
8 BMF v. 16.6.1989, BStBl. I 1989, 239 Tz. 3.

22 **V. Rechtsfolge (S. 2).** Bei Zuwendungen iSd. S. 1 wird eine **Ermäßigung der** – um die sonstigen Steuerermäßigungen mit Ausnahme der Steuerermäßigungen nach § 34f Abs. 3[1] verminderten – **tariflichen ESt** gewährt, also des Steuerbetrags, der aus der Anwendung der Tarifformel des § 32a auf die Bemessungsgrundlage „zu versteuerndes Einkommen" gem. § 2 Abs. 5 S. 1 ermittelt wird.

23 Soweit die um die Steuerermäßigungen gekürzte **tarifliche ESt niedriger ist als die Steuerermäßigung nach § 34g** oder das zu versteuernde Einkommen 0 Euro beträgt, wirkt sich der Tarifabzug nicht aus. Die Vorschrift räumt dem Zuwendenden weder einen Erstattungsanspruch ein, noch kann der StPfl. § 34g in einem späteren VZ nachholen. Diese Regelung geht typisierend davon aus, dass Pers. ohne oder mit geringem Einkommen idR nicht als Spender in Betracht kommen und durch Zuwendungen der in § 34g vorgesehenen Höhe politischer Einfluss nicht ausgeübt werden kann. Sie ist deshalb verfassungsgemäß.[2]

24 Die Ermäßigung beträgt **50 %** aller Mitgliedsbeiträge und Zuwendungen des StPfl. an politische Parteien und Wählervereinigungen. Damit vermindert sich die Steuerschuld des Gebers um die Hälfte dieser Zuwendungen. Sind Mitgliedsbeiträge als regelmäßig wiederkehrende Ausgaben kurze Zeit vor Beginn oder kurze Zeit nach Beendigung des Kj. geleistet worden, sind sie nach § 11 Abs. 2 S. 2 dem Jahr zuzuordnen, zu dem sie wirtschaftlich gehören.

25 Der Tarifabzug wird nicht unbegrenzt gewährt, sondern ist seit dem VZ 2002 (§ 10b Rn. 49) auf „jeweils" **825** Euro, im Falle der Zusammenveranlagung v. Ehegatten auf **„jeweils"** **1 650** Euro für Ausgaben nach Nr. 1 und 2 (S. 2) **begrenzt**. Damit sind im VZ Zuwendungen in einer Gesamthöhe bis zu **1 650** Euro, bei zusammenveranlagten Eheleuten bis zu **3 300** Euro zu berücksichtigen. Die Höchstbeträge sollen gesondert und nebeneinander für Zuwendungen an politische Parteien (Nr. 1) und für Zuwendungen an unabhängige Wählervereinigungen (Nr. 2) gelten.[3] Unerheblich ist, welcher Ehepartner die Zuwendungen geleistet hat. Der Tarifabzug will den verfassungsrechtl. Anforderungen genügen, die eine Steuerermäßigung auf Zuwendungen begrenzen, die v. der Mehrzahl der StPfl. in gleicher Weise genutzt werden kann (Normalspende).[4]

26 Übersteigen die Zuwendungen an Parteien – nicht aber solche an unabhängige Wählervereinigungen – diese absoluten Zuwendungshöchstbeträge, können die Aufwendungen nach **§ 10b Abs. 2** als SA v. der estl. Bemessungsgrundlage abgezogen werden. Ein Wahlrecht zw. dem Abzug der Zuwendungen v. der Steuer nach § 34g und dem SA-Abzug nach § 10b Abs. 2 besteht nicht.[5] Nach § 10b Abs. 2 S. 2 ist der Tarifabzug vorrangig zu gewähren. Im Ergebnis sind Zuwendungen an politische Parteien bis zu einer Höhe von insgesamt 3 300 Euro, bei Zusammenveranlagung von 6 600 Euro abzugsfähig. Zuwendungen an kommunale Wählergemeinschaften können bis zu 1 650 Euro, bei Zusammenveranlagung bis zu 3 300 Euro abgezogen werden. Ob diese Beträge noch den Erfordernissen der „Normalspende" genügen, erscheint zweifelh.

27 Politische Zuwendungen können im **LSt-Ermäßigungsverfahren** nur geltend gemacht werden, soweit sie als SA nach § 10b Abs. 2 abziehbar sind (§ 39a Abs. 1 Nr. 2, Abs. 3). Damit sind lediglich Zuwendungen an politische Parteien eintragungsfähig. Die Nachrangigkeit des SA-Abzugs parteinütziger Zuwendungen gilt im LSt-Ermäßigungsverfahren nicht. Die Verwaltung berücksichtigt Zuwendungen an politische Parteien – nicht hingegen an unabhängige Wählervereinigungen iSd. S. 1 Nr. 2 – auch, soweit eine Steuerermäßigung nach S. 1 Nr. 1 in Betracht kommt. Für die Festsetzung der ESt-Vorauszahlungen nach § 37 Abs. 3 S. 2 sind Steuerermäßigungen[6] und damit auch § 34g in die Bemessungsgrundlage einzustellen.

C. Sach- und Aufwandszuwendungen (S. 3)

28 S. 3 verweist auf § 10b Abs. 3, der im Wesentlichen als Bewertungsvorschrift und für die sog. Aufwandszuwendungen Bedeutung besitzt.

29 Gegenstand der Sachzuwendung sind WG (§ 10b Rn. 56), die grds. wie bei § 10b zu bewerten sind (§ 10b Rn. 57). Ein Bewertungswahlrecht (Buchwertprivileg, § 6 Abs. 1 Nr. 4 S. 4) wie beim gemeinnützigen Zu-

---

1 Zum Verhältnis von § 35a (haushaltsnahes Beschäftigungsverhältnis) zu § 34f Abs. 3 (Baukindergeld), abgehoben von der ausdrücklichen Regelung der Reihenfolge in § 34g: BFH v. 30.1.2008 – X R 1/07, BStBl. II 2008, 520 = FR 2008, 837 m. Anm. *Kanzler*.

2 BVerfG v. 9.4.1992 – 2 BvE 2/89, BVerfGE 85, 264 (317) = BStBl. II 1992, 766 (770); BFH v. 3.6.2002 – XI B 205/01, BFH/NV 2002, 1300; v. 29.10.2004 – XI B 87/04, BFH/NV 2005, 540; v. 27.9.2005 – XI B 57/05, nv. jeweils mit Hinweis auf BVerfG v. 9.4.1992 – 2 BvE 2/89, BVerfGE 85, 264.

3 H 34g EStH 2017.

4 BVerfG v. 9.4.1992 – 2 BvE 2/89, BVerfGE 85, 264 (313, 316) = BStBl. II 1992, 766 (769 f.).

5 R 112 Abs. 2 S. 2 EStR aF.

6 FG SchlHol. v. 25.10.1983 – V 224/83, EFG 1984, 289.

wendungsabzug hat der StPfl. jedoch nicht. Eine Pauschalbewertung gebrauchter WG ist unzulässig.[1] An den Nachweis des Wertes der Sachzuwendung stellen Rspr. und Verwaltung strenge Anforderungen.[2]

Trägt der StPfl. Aufwendungen für einen Zuwendungsempfänger, kann dieser Aufwand nach § 10b Abs. 3 S. 4 und S. 5 nur steuerwirksam zugewendet werden, wenn der Zuwendende auf einen vertraglichen oder satzungsmäßigen Aufwendungsersatzanspr. verzichtet (vgl. im Einzelnen § 10b Rn. 60 ff.).[3] 30

D. Vertrauensschutz und Haftung

Nach §§ 34g S. 3, 10b Abs. 4 S. 1 darf der gutgläubig Zuwendende auf die Richtigkeit der Zuwendungsbestätigung (oder entspr. v. der Verwaltung zugelassener Zahlungsnachweise) **vertrauen** (§ 10b Rn. 66 ff.).[4] Der Verweis des § 34g auf § 10b Abs. 4 bestimmt auch die Anwendbarkeit der dort in S. 2 und 3 geregelten **Haftung**. Haftungsschuld, Haftungsschuldner, Festsetzungsverfahren und Rückgriff bestimmen sich deshalb nach den für § 10b geltenden Regeln (vgl. § 10b Rn. 71 ff.). 31

3. Steuerermäßigung bei Einkünften aus Gewerbebetrieb

§ 35 [Steuerermäßigung bei Einkünften aus Gewerbebetrieb]

(1) [1]Die tarifliche Einkommensteuer, vermindert um die sonstigen Steuerermäßigungen mit Ausnahme der §§ 34 f., 34g und 35a, ermäßigt sich, soweit sie anteilig auf im zu versteuernden Einkommen enthaltene gewerbliche Einkünfte entfällt (Ermäßigungshöchstbetrag),

1. **bei Einkünften aus gewerblichen Unternehmen im Sinne des § 15 Absatz 1 Satz 1 Nummer 1 um das 3,8-fache des jeweils für den dem Veranlagungszeitraum entsprechenden Erhebungszeitraum nach § 14 des Gewerbesteuergesetzes für das Unternehmen festgesetzten Steuermessbetrags (Gewerbesteuer-Messbetrag); Absatz 2 Satz 5 ist entsprechend anzuwenden;**
2. **bei Einkünften aus Gewerbebetrieb als Mitunternehmer im Sinne des § 15 Absatz 1 Satz 1 Nummer 2 oder als persönlich haftender Gesellschafter einer Kommanditgesellschaft auf Aktien im Sinne des § 15 Absatz 1 Satz 1 Nummer 3 um das 3,8-fache des jeweils für den dem Veranlagungszeitraum entsprechenden Erhebungszeitraum festgesetzten anteiligen Gewerbesteuer-Messbetrags.**

[2]Der Ermäßigungshöchstbetrag ist wie folgt zu ermitteln:

$$\frac{\text{Summe der positiven gewerblichen Einkünfte}}{\text{Summe aller positiven Einkünfte}} \times \text{geminderte tarifliche Steuer}$$

[3]Gewerbliche Einkünfte im Sinne der Sätze 1 und 2 sind die der Gewerbesteuer unterliegenden Gewinne und Gewinnanteile, soweit sie nicht nach anderen Vorschriften von der Steuerermäßigung nach § 35 ausgenommen sind. [4]Geminderte tarifliche Steuer ist die tarifliche Steuer nach Abzug von Beträgen auf Grund der Anwendung zwischenstaatlicher Abkommen und nach Anrechnung der ausländischen Steuern nach § 32d Absatz 6 Satz 2, § 34c Absatz 1 und 6 dieses Gesetzes und § 12 des Außensteuergesetzes. [5]Der Abzug des Steuerermäßigungsbetrags ist auf die tatsächlich zu zahlende Gewerbesteuer beschränkt.

(2) [1]Bei Mitunternehmerschaften im Sinne des § 15 Absatz 1 Satz 1 Nummer 2 oder bei Kommanditgesellschaften auf Aktien im Sinne des § 15 Absatz 1 Satz 1 Nummer 3 ist der Betrag des Gewerbesteuer-Messbetrags, die tatsächlich zu zahlende Gewerbesteuer und der auf die einzelnen Mitunternehmer oder auf die persönlich haftenden Gesellschafter entfallende Anteil gesondert und einheitlich festzustellen. [2]Der Anteil eines Mitunternehmers am Gewerbesteuer-Messbetrag richtet sich nach seinem Anteil am Gewinn der Mitunternehmerschaft nach Maßgabe des allgemeinen Gewinnverteilungsschlüssels; Vorabgewinnanteile sind nicht zu berücksichtigen. [3]Wenn auf Grund der Bestimmungen in einem Abkommen zur Vermeidung der Doppelbesteuerung bei der Festsetzung des Gewerbesteuer-Messbetrags für eine Mitunternehmerschaft nur der auf einen Teil der Mitunternehmer entfallende anteilige Gewerbeertrag berücksichtigt wird, ist der Gewerbesteuer-

1 Vgl. BMF v. 7.11.2013, BStBl. I 2013, 1333 Rn. 6.
2 BFH v. 23.5.1989 – X R 17/85, BStBl. II 1989, 879 = FR 1989, 746; BMF v. 7.11.2013, BStBl. I 2013, 1333 Rn. 6.
3 BMF v. 7.6.1999, BStBl. I 1999, 591; FG Thür. v. 30.1.2003 – IV 769/01, EFG 2003, 769.
4 FG Thür. v. 30.1.2003 – IV 769/01, EFG 2003, 769 (770).

Messbetrag nach Maßgabe des allgemeinen Gewinnverteilungsschlüssels in voller Höhe auf diese Mitunternehmer entsprechend ihrer Anteile am Gewerbeertrag der Mitunternehmerschaft aufzuteilen. [4]Der anteilige Gewerbesteuer-Messbetrag ist als Prozentsatz mit zwei Nachkommastellen gerundet zu ermitteln. [5]Bei der Feststellung nach Satz 1 sind anteilige Gewerbesteuer-Messbeträge, die aus einer Beteiligung an einer Mitunternehmerschaft stammen, einzubeziehen.

(3) [1]Zuständig für die gesonderte Feststellung nach Absatz 2 ist das für die gesonderte Feststellung der Einkünfte zuständige Finanzamt. [2]Für die Ermittlung der Steuerermäßigung nach Absatz 1 sind die Festsetzung des Gewerbesteuer-Messbetrags, die Feststellung des Anteils an dem festzusetzenden Gewerbesteuer-Messbetrag nach Absatz 2 Satz 1 und die Festsetzung der Gewerbesteuer Grundlagenbescheide. [3]Für die Ermittlung des anteiligen Gewerbesteuer-Messbetrags nach Absatz 2 sind die Festsetzung des Gewerbesteuer-Messbetrags und die Festsetzung des anteiligen Gewerbesteuer-Messbetrags aus der Beteiligung an einer Mitunternehmerschaft Grundlagenbescheide.

(4) Für die Aufteilung und die Feststellung der tatsächlich zu zahlenden Gewerbesteuer bei Mitunternehmerschaften im Sinne des § 15 Absatz 1 Satz 1 Nummer 2 und bei Kommanditgesellschaften auf Aktien im Sinne des § 15 Absatz 1 Satz 1 Nummer 3 gelten die Absätze 2 und 3 entsprechend.

Verwaltung: BMF v. 24.2.2009, BStBl. I 2009, 440 (ab VZ 2008); v. 22.12.2009, BStBl. I 2010, 43; v. 25.11.2010, BStBl. I 2010, 1312 (beide teilw. bis VZ 2017 fortgeltend); v. 3.11.2016, BStBl. I 2016, 1187 (im Meistbegünstigungsfall rückwirkend, sonst ab 2016).

Literatur: *Blaufus/Hechtner/Hundsdoerfer*, Die GewSt-Kompensation nach § 35 im JStG 2008, BB 2008, 80; *Böwing-Schmalenbrock*, Betriebsbezogene Höchstbetragsberechnung in § 35: Friktionen in doppel-/mehrstöckigen Mitunternehmerschaften, DStZ 2018, 83; *Broer*, Ist eine Anpassung der GewSt-Anrechnung bei der ESt notwendig?, DStZ 2016, 208; *Cordes*, GewSt-Anrechnung: Begrenzung auf die tatsächlich zu zahlende GewSt bei mehreren unternehmerischen Engagements, DStR 2010, 1416; *Dreßler*, GewSt-Anrechnung bei unterjährigem Gesellschafterwechsel, DStR 2014, 131; *Dreßler/Oenings*, Chancen und Risiken der GewSt-Anrechnung bei unterjährigem G'ter-Wechsel, DStR 2017, 625; *U. Förster*, Update § 35: Offene und geklärte Fragen bei der Anrechnung der GewSt im Lichte der neueren Rspr., DB 2016, 1398; *U. Förster*, Das aktuelle BMF-Schr. zur Steuerermäßigung gem. § 35, DB 2016, 2866; *Füger/Rieger*, GewSt bei Teilanteilsveräußerung und das Verbot der pauschalierten Gewerbesteueranrechnung in § 18 Abs. 4 S. 3 UmwStG, DStR 2002, 1021; *Gläser/Zöller*, Die Verteilung des GewSt-Messbetrags nach § 35 Abs. 2 EStG bei unterjährigem G'ter-Wechsel, BB 2017, 987; *Grützner*, Steuerermäßigung nach § 35 bei Mitunternehmern, StuB 2010, 311; *Grützner*, Zur Anrechnung v. GewSt auf die ESt, StuB 2017, 18 *Hechtner*, Kritische Anmerkungen zum BMF-Schreiben – Steuerermäßigung bei Einkünften aus GewBetr. gem. § 35 – Gesetzesänderung per Verwaltungsanweisung?, BB 2009, 1556; *Hoheisel*, Betriebsbezogene Ermittlung des Ermäßigungshöchstbetrags nach § 35, StuB 2017, 896; *Kirchhain*, Neues v. der Zurechnungsbesteuerung – Gedanken zur geplanten Neufassung des § 15 AStG durch das JStG 2013, IStR 2012, 602; *Knief/Nienaber*, Gewinnthesaurierung bei PersGes. iRd. UntStRef 2008 – ein Belastungsvergleich mit Fokus auf den Mittelstand, BB 2007, 1309; *Korezkij*, Der neue § 35 Abs. 1 S. 2: Ein „Nichtanwendungsgesetz" oder eine gesetzgeberische Panne?, DStR 2008, 491; *Chr. Korn*, Verlust der Steuerermäßigung nach § 35 bei mehrstöckigen PersGes., DStR 2011, 903; *Kortendick/Peters*, Die Steuerermäßigung nach § 35 bei negativen Einkünften, DB 2011, 76; *Kühnel*, Systematisierungsansatz des Ermäßigungshöchstbetrages bei der GewSt-Anrechnung gem. § 35 Abs. 1 S. 2, FR 2011, 17; *Levedag*, Ermittlung des Steuerermäßigungsbetrags gem. § 35 Abs. 1 S. 5 EStG, DB 2017, 2448; *Michel*, Betriebsbezogene Begrenzung der Steuerermäßigung nach § 35 entspricht Gesetzeszweck und -systematik, DStR 2011, 611; *Neu/Hamacher*, GewSt und GewSt-Ermäßigung bei unterjähriger gewstpfl. Anteilsveräußerung, GmbHR 2014, 841; *Paus*, Pauschale Anrechnung der GewSt bei doppelstöckigen PersGes., FR 2018, 16; *Prinz/Hütig*, Zur typisierten GewSt-Anrechnung bei einer Organträger-PersGes., StuB 2012, 20; *Przybilka*, Stl. Doppelbelastung bei unterjähriger Anteilsveräußerung?, StuB 2016, 509; *Richter/Dorn*, Die GewSt-Anrechnung nach § 35 EStG in der Beratungspraxis, DB 2018, 2196; *Ritzer/Stangl*, Berechnung des Ermäßigungshöchstbetrags nach § 35 Abs. 1, DStR 2005, 11; *Rohler*, Wechselwirkung der neuen Thesaurierungsbegünstigung (§ 34a) mit der Steuerermäßigung nach § 35, GmbH-StB 2008, 238; *Roser*, Gesellschafterbezogene Anwendungsfragen des § 35, EStB 2010, 191; *Schaumburg/Bäuml*, Organschaft und GewSt-Anrechnung, FR 2010, 1061; *Scheifele*, Veräußerung v. MU'anteilen und GewSt: Vertragl. Gestaltungsmöglichkeiten, DStR 2006, 253; *Schrade*, GewSt bei unterjähriger Veräußerung von MU'anteilen, FR 2017, 862; *Staaden*, Übernahme des horizontalen Verlustausgleichs beim Ermäßigungshöchstbetrag nach § 35 Abs. 1 S. 2 durch die FinVerw. – Neuerungen und neue Zweifelsfragen, DStR 2017, 184; *Wassermeyer*, Einkommenszurechnung nach § 15 AStG, IStR 2009, 191; DB 2007, 1373; frühere Literatur s. 10. Aufl.

A. Grundaussagen der Vorschrift

I. Regelungsgegenstand. § 35 enthält eine Steuerermäßigung und ist seinem Charakter nach als **Tarifvorschrift** ausgestaltet. Diese wurde durch das StSenkG mit dem erklärten Ziel[1] in das EStG eingefügt, Einzelunternehmen und PersGes. iErg. v. der GewSt zu entlasten und iErg. gewerbliche Einkünfte mit solchen aus selbständiger Arbeit in etwa gleichzustellen. Der Gesetzgeber hat hierzu (in näher bestimmtem Umfang und in höchst komplexer und dadurch „gestaltungsaffiner" Weise)[2] die Anrechnung der GewSt gewählt; die systematisch einfachere (und richtigere, s. Rn. 2) Lösung, stattdessen die GewSt vollends abzuschaffen, ließ und lässt sich derzeit angesichts der den Gemeinden in Art. 28 und 106 Abs. 6 GG garantierten Ertragshoheiten für die RealSt verfassungsrechtl. und angesichts ansonsten (angeblich) drohender Defizite der kommunalen Haushalte auch politisch nicht durchsetzen. 1

§ 35 löste iErg. die frühere Regelung in § 32c aF ab, durch welche gewerblichen Einkünften ein begünstigter Steuersatz eingeräumt wurde. Mittels des nunmehr eingeschlagenen Weges, die festgesetzte GewSt auf die ESt-Schuld anzurechnen, hoffte man, verfassungsrechtl. (vom BVerfG letztendlich aber nicht bestätigten)[3] Einwänden vorzubeugen, die zuvor gegen diese Steuersatz-Spreizung lt. geworden sind.[4] In der Tat sind gleichheitsrechtl. Bedenken gegen § 35 im Grundsatz nicht gerechtfertigt. Die einheitliche Besteuerung der Einkunftsarten des § 2 Abs. 1 bleibt erhalten. Die Anrechnung der GewSt als gewerbliche Sonderbelastung berührt die Tarifbelastung nicht.[5] Gleichwohl ergibt sich eine Reihe neuer (vor allem gleichheitsrechtl.) **Verfassungsbedenken** angesichts der gesetzlichen Ausgestaltung der Anrechnung (vgl. Rn. 11, 19). Sieht man in der GewSt nach wie vor – was angesichts der vielfältigen Eingriffe in die Tatbestandsmäßigkeit der GewSt, insbes. der Abschaffung der Gewerbekapital-Steuer v. EZ 1999 an, allerdings durchaus zweifelh. ist[6] (s. auch Rn. 19) – eine „ertragsorientierte ObjektSt"[7] (RealSt),[8] deren Steuergegenstand der GewBetr. ist, überzeugt die Regelung überdies ebenso wenig wie zuvor § 32c aF[9] in **steuersystematischer** und damit auch in grundlegend verfassungsrechtl. **Hinsicht** (Gebot der Widerspruchsfreiheit der Rechtsordnung und der Systemhaftigkeit des Steuerrechts[10]),[11] und zwar in zweierlei Richtung: Da die ESt demgegenüber eine Individualsteuer ist, fehlt es dann – zum einen – an der Doppelbelastung desselben Sachverhalts und Besteuerungssubjekts als Voraussetzung für die Steueranrechnung. Für die ESt gilt es insofern allenfalls, dem Nettoprinzip Rechnung zu tragen, was bislang – bis zum VZ 2007 – mit der bis dahin unberührt bleibenden Abzugsfähigkeit der geleisteten GewSt als BA (§ 4 Abs. 4) geschehen ist. Insoweit wurde die GewSt bei der ESt-Ermittlung **zweifach** berücksichtigt. Das hat sich zwar erledigt, nachdem die GewSt gem. § 4 Abs. 5b iErg. einem vollumfänglichen Abzugsverbot unterfällt, wird aber wirtschaftlich (teilw.) dadurch kompensiert, dass der bis dato gültige Anrechnungsfaktor gem. § 35 Abs. 1 S. 1 v. dem 1,8-Fachen auf das nunmehr 3,8-Fache angehoben worden ist. Zum anderen ist es ungereimt, die GewSt 2

---

1 BT-Drucks. 14/2683, 97.

2 S. *Richter/Dorn*, DB 2018, 2196, mit etlichen Bsp. zur sog. Gestaltungs- wie Abwehrberatung.

3 BVerfG v. 21.6.2006 – 2 BvL 2/99, DStR 2006, 1316.

4 BFH v. 24.2.1999 – X R 171/96, BStBl. II 1999, 450 (Vorlagebeschluss an das BVerfG) mwN.

5 *Stuhrmann*, FR 2000, 550.

6 Vgl. dazu *Gosch*, DStZ 1998, 327; *Blümich*, § 1 GewStG Rn. 14 f.; *Roser* und *Wieland*, DStJG 35 (2012), 189 (196 ff.) sowie 362, vgl. dort auch *Seer*, 292 (293 f.): „§ 35 ist entlarvend", was den kaschierten ErtragSt-Charakter der GewSt angeht, und intensiv FG Hbg. v. 29.2.2012 – 1 K 138/10, EFG 2012, 960 (Normenkontrollersuchen betr. § 8 Nr. 1 lit. a, d und e GewStG); nachfolgend BVerfG v. 15.2.2016 – 1 BvL 8/12, BStBl. II 2016, 557 (Vorlage unzulässig); anschließend FG Hbg. v. 10.2.2017 – 1 K 96/16, EFG 2017, 738 (keine Verfassungswidrigkeit; Rev. I R 15/17); vgl. aber auch schon BFH v. 16.10.2012 – I B 128/12, BStBl. II 2013, 30 = DStR 2012, 2377: keine AdV mangels ernstlicher Verfassungszweifel.

7 S. BVerfG v. 15.1.2008 – 1 BvL 2/04, BVerfGE 120, 1 = BGBl. I 2008, 1006.

8 So zuletzt wieder zB BFH v. 15.3.2000 – VIII R 51/98, BStBl. II 2000, 316; v. 18.9.2003 – X R 2/00, BStBl. II 2004, 17; v. 23.4.2008 – X R 32/06, BStBl. II 2009, 7 (die dagegen erhobene Verfassungsbeschwerde war erfolglos: BVerfG v. 29.6.2009 – 2 BvR 1540/08); v. 11.11.2008 – X R 55/06, BFH/NV 2009, 379.

9 Vgl. *Blümich*, § 32c Rn. 15.

10 Allg. dazu BVerfG v. 7.5.1998 – 2 BvR 1876/91, 2 BvR 1083/92, 2 BvR 2188/92, 2 BvR 2200/92, 2 BvR 2624/94, BVerfGE 98, 83 (106); *Kirchhof*, StuW 2000, 316 ff.; *Kirchhof*, StbJb. 1999/2000, 17 (22 f.).

11 Vgl. *Lang*, DStJG 24 (2001), 49 (103 f.); *Hey*, DStJG 24 (2001), 155 (204 ff.); *Schön*, StuW 2000, 151 (156); *Schön*, Stbg. 2000, 1 (16).

für PersGes. und nat. Pers. gleichsam abzuschaffen, sie jedoch für KapGes. vollen Umfangs beizubehalten. Der im Vergleich niedrigere KSt-Satz lässt sich insoweit nicht als tragfähiges Arg. instrumentalisieren, weil das eine mit dem anderen nichts zu tun hat und deswegen keine „steuerartübergreifende" Neutralisierung erlaubt. So gesehen ist auch die Absenkung der GewSt-Messzahl v. früher 5 % auf nunmehr 3,5 % (vgl. § 11 Abs. 2 GewStG) letzten Endes unbeachtlich.[1] Allerdings zielt die neu geschaffene Höchstbegrenzung der Anrechnung auf die tatsächlich zu zahlende GewSt in Abs. 1 S. 5 darauf ab, eine „aufkommensgerechtere Behandlung insbes. zw. Personenunternehmen und KapGes. zu erreichen".[2]

3 **II. Anwendungsbereich. 1. Sachlicher Anwendungsbereich.** Die GewSt-Anrechnung gilt für **gewerbliche Einkünfte** (Abs. 1 S. 1). Diese werden gem. Abs. 1 S. 2 als der GewSt unterliegende Gewinne und Gewinnanteile legal definiert, sofern die Anwendung des § 35 nicht nach anderen Vorschriften ausgeschlossen ist. Dadurch entfällt im Umfang der Anrechnung die wesentliche Rechtfertigung für die **BetrAufsp.**, durch die die an sich vermögensverwaltende Tätigkeit des Besitzunternehmens in eine gewerbliche umqualifiziert wird. In Anbetracht ihrer ohnehin zweifelh. Gesetzmäßigkeit und Tatbestandsmäßigkeit (vgl. Art. 20 Abs. 3 GG)[3] spricht vieles dafür, diese Rechtsfigur abzuschaffen.[4]

4 Ein weiterer, durch § 35 ausgelöster Entlastungseffekt ergibt sich aus der Minderung des **SolZ**; das ist in Anbetracht des Wirkungszwecks v. § 35 nicht zu beanstanden, auch wenn andere Einkunftsarten diesen Vorteil nicht erlangen.[5] Auf die **KiSt.** wirkt sich die Steuerermäßigung hingegen nicht aus (vgl. § 51a Abs. 2 S. 2).[6] Unanwendbar bleibt § 35 schließlich kraft sondergesetzlichen Ausschlusses gem. § 5a Abs. 5 S. 2 bei der sog. **Tonnagebesteuerung**, obschon der nach **§ 5a** ermittelte Gewinn gem. § 7 S. 3 GewStG gewstpfl. ist. Es erfolgt insoweit auch keine Einbeziehung in das Anrechnungsvolumen s. Rn. 11. Auszunehmen sind allerdings Sondervergütungen iSv. § 5a Abs. 4a S. 3 (s. Rn. 5).[7] Auszunehmen v. dem Anwendungsausschluss ist zudem der Unterschiedsbetrag nach § 5a Abs. 4 S. 3 Nr. 3, wenn ein G'ter seinen MU'anteil veräußert;[8] der Tonnagegewinn iSv. § 5a Abs. 1 ist deshalb Bestandteil der „Summe aller positiven Einkünfte" iSv. § 35 Abs. 1 S. 2 (Rn. 11); er wirkt sich aber immer nur im Nenner der Verhältnisberechnung aus, nicht im Zähler, als der „Summe der positiven gewerblichen Einkünfte", dort beträgt er 0.[9] – Zu den (zT unabgestimmten) (Gestaltungs-)Wirkungen der GewSt-Anrechnung gem. § 35 auf die schedulierte **Abgeltungssteuer gem. § 20 Abs. 6** sowie die **Thesaurierungsbegünstigung gem. § 34a Abs. 8** s. *Blaufus/Hechtner/Hundsdoerfer*, BB 2008, 80, 84 ff., *Hechtner*, BB 2009, 1556, 1562 f. Nicht abschließend geklärt ist auch, ob im Falle der Einschaltung einer ausländ. Familienstiftung ein Zurechnungsadressat nach **§ 15 AStG**, soweit er unbeschränkt stpfl. ist, die Steuerermäßigung des § 35 in Anspr. nehmen kann, falls die Stiftung einen inländ. GewBetr. unterhält oder MU'erin ist; richtigerweise ist das wohl zu verneinen, weil der Zurechnungsadressat selbst keine gewerbl. Einkünfte erzielt.[10]

5 **2. Zeitlicher Anwendungsbereich.** § 35 war als Neuregelung erstmals im VZ 2001 anzuwenden (§ 52 Abs. 50a idF des StÄndG 2001), korrespondierend zu der bisherigen Tarifvergünstigung nach § 32c aF, die letztmals im VZ 2000 anzuwenden war (§ 52 Abs. 44 idF des StÄndG 2001). In seiner nunmehrigen Fassung ist § 35 erstmals im VZ 2008 anzuwenden (§ 52 Abs. 50a S. 2 idF des JStG 2008). Zur Anwendung der Vorfassung v. VZ 2004 an s. § 52 Abs. 50a idF des GewStRefG.

B. Persönliche Anrechnungsvoraussetzungen

6 Durch die Vorschrift begünstigt werden (nur) die Einkünfte (unbeschränkt, aber auch beschränkt) estpfl. **nat. Pers.**, gleichviel, ob als Einzelunternehmer iSv. § 15 Abs. 1 S. 1 Nr. 1, unmittelbar und mittelbar beteiligte MU'er iSv. § 15 Abs. 1 S. 1 Nr. 2 (einschl. solcher v. gewerblich geprägten MU'schaften gem. § 15

1 S. zu alledem auch (und **zT aA**) BFH v. 16.1.2014 – I R 21/12, BStBl. II 2014, 531 (m. Anm. *Nöcker*, FR 2014, 698); bestätigt durch BFH v. 22.10.2014 – X R 19/12, BFH/NV 2015, 482; sowie v. 10.9.2015 – IV R 8/13, BStBl. II 2015, 1046.
2 Vgl. BT-Drucks. 16/4841, 65.
3 Umfassend *Knobbe-Keuk*[9], 864 ff.
4 Zutr. *Haritz/Wisniewski*, GmbHR 2000, 789 (795).
5 BMF v. 3.11.2016, BStBl. I 2016, 1187 Rz. 3; FG BaWü. v. 26.6.2014 – 12 K 1045/13, BB 2015, 2645 (Rev. X R 22/15 v. BFH zugelassen); sa. BFH v. 21.7.2011 – II R 50/09, BFH/NV 2011, 1685.
6 BMF v. 3.11.2016, BStBl. I 2016, 1187 Rz. 3.
7 BFH v. 6.7.2005 – VIII R 74/02, BStBl. II 2008, 180; BFH v. 4.12.2014 – IV R 27/11, BStBl. II 2015, 278.
8 BMF v. 3.11.2016, BStBl. I 2016, 1187 Rz. 13, 16; *U. Förster*, DB 2016, 2866.
9 BMF v. 3.11.2016, BStBl. I 2016, 1187 Rz. 13, 16; *U. Förster*, DB 2016, 2866.
10 FG Düss. v. 21.4.2015 – 13 K 4163/11 E, EFG 2015, 1374, m. Anm. *Weiss*, IWB 2015, 899; BMF v. 14.5.2004, Sondernr. 1/2004, 3 Tz. 15.1.4. S. 2; *K. A. Schulz*, Die Besteuerung ausländ. Familienstiftungen nach dem AStG, 2010, 83 f.; **aA** *F/W/B/S*, § 15 AStG Rn. 209; *Wassermeyer*, IStR 2009, 191 (194); zurückhaltend *Kirchhain* in Mössner/Fuhrmann[2], § 15 AStG Rn. 150 f. und IStR 2012, 602 (604): nur de lege ferenda.

Abs. 3 Nr. 2) oder als pers haftende G'ter einer KGaA iSv. § 15 Abs. 1 S. 1 Nr. 3. Die (ggf. anteiligen, Rn. 20) Anrechnungsbeträge werden allerdings für Einkünfte des gewerblichen Einzelunternehmers (Abs. 1 S. 1 Nr. 1) und aus der Beteiligung an einer MU'schaft (Abs. 1 S. 1 Nr. 2) jeweils getrennt ermittelt und erst bei der ESt-Veranlagung zusammengefasst. Im Falle einer **BetrAufsp.** sind Besitz- und Betriebs-Ges. getrennt voneinander zu betrachten, eine gegen die Betriebs-Ges. festgesetzte GewSt kann bei der ESt des Besitzunternehmers folglich nicht angerechnet werden.[1] Für **KapGes.** und ihre G'ter (mit Kapitaleinkünften, § 20) ist § 35 ohne Bedeutung. Gleiches gilt für **Zebra-Ges.** unter Beteiligung einer KapGes. sowie für die KapGes. (typisch) Still; in beiden Fällen erzielt allein die KapGes. gewstpfl. Einkünfte.[2] GewSt-freie Betriebe (vgl. § 3 Nr. 7, 13, 20 GewStG) sind iErg. nicht begünstigt, weil ihnen die erforderliche GewSt-Belastung fehlt (Rn. 11). Abw. verhält es sich indes, wenn an der Zebra-Ges. eine gewerblich geprägte PersGes. (§ 15 Abs. 3 Nr. 1) beteiligt ist (s. § 35 Abs. 2 [Abs. 3 aF]).

Erfasst werden im Grds. nur **inländ. Einkünfte**, da nur solche mit GewSt belastet sind. Einkünfte ausländ. 7
Betriebsstätten oder PersGes. werden abkommensrechtl. nicht Deutschland zugewiesen, vgl. Art. 7 OECD-MA. Andernfalls erfolgt zwar regelmäßig eine Kürzung gem. § 9 Nr. 2 und 3 GewStG, was sich allerdings auf den begünstigungsfähigen Anteil gewerblicher Einkünfte nicht auswirkt (str., s. Rn. 11).

Besonderheiten bestehen bei der **KGaA**, und zwar insofern, als bei dieser nicht der G'ter, vielmehr die 8
KGaA (als KapGes.) selbst mit der GewSt belastet wird (§ 8 Nr. 4 GewStG). Die Kürzung gem. § 9 Nr. 2b GewStG ändert daran nichts; sie beseitigt beim G'ter nur die Doppelbelastung mit GewSt infolge der Hinzurechnung gem. § 8 Nr. 4 GewStG.[3] Indem § 35 Abs. 1 S. 1 Nr. 2 die Gewinnanteile des G'ters der KGaA aber ausdrücklich einbezieht, ist dennoch gesichert, dass der G'ter in den Genuss der Anrechnung gelangen soll. Abs. 1 verlangt damit ausnahmsweise keine mit der Anrechnung korrespondierende GewSt-Belastung des betr. StPfl., sondern begnügt sich mit der gewerbestl. Einmalbelastung bei der Ges.[4] Begünstigter bei der KGaA kann also einerseits der (originär) gewerbliche Geschäftsführer (nat. Pers. oder PersGes.), andererseits der phG'ter ohne originär gewerbliche Einkünfte sein. Da der phG'ter zwar kein MU'er, jedoch „wie" ein solcher zu behandeln ist,[5] findet für die Ermittlung des anteiligen Anrechnungsbetrages gem. Abs. 2 (Abs. 3 aF) Anwendung (s. Rn. 23 ff.).[6] Bedeutung hat dies vor allem für Fälle, in denen der phG'ter nur Sondervergütungen (für die Überlassung für WG an die KGaA) erhält, die nicht in die allg. Gewinnverteilung einzubeziehen und nicht begünstigt sind (s. Rn. 25).

C. Sachliche Anrechnungsvoraussetzungen

I. (Ermäßigte) Tarifliche Steuer (Abs. 1 S. 1). Ergebnis der Anrechnung ist die Ersetzung der regulären 9
tariflichen ESt durch eine ermäßigte tarifliche ESt. Ausgangspunkt und Grundlage der ermäßigten tariflichen Steuer und damit der GewSt-Anrechnung ist die (für den jeweiligen VZ festgesetzte) **tarifliche ESt**, gem. § 35 Abs. 1 S. 1 für Zwecke der GewSt-Anrechnung ihrerseits **(1) vermindert** um die sonstigen Steuerermäßigungen mit Ausnahme der § 34f (Anrechnung v. Baukindergeld), § 34g (Anrechnung politischer Spenden) sowie – v. VZ 2009 an – § 35a (Aufwendungen für haushaltsnahe Beschäftigungsverhältnisse und die Inanspruchnahme haushaltsnaher Dienstleistungen) und **(2)** nur, „soweit sie **anteilig auf** im zu versteuernden Einkommen enthaltene **gewerbliche Einkünfte** entfällt" **(Ermäßigungshöchstbetrag)**. Die Berechnung dieses Höchstbetrags ist in der Formel des Abs. 1 S. 2 geregelt (s. Rn. 13). Die Anrechnung der GewSt tritt also zum einen hinter sonstige Steuerermäßigungen (zB durch die Anrechnung ausländ. Steuern gem. § 34c Abs. 1 und 6, § 12 AStG, aufgrund v. DBA, zB Abschn. 11 Nr. 2 Schlussprotokoll zu Art. 23 DBA-Belgien[7], Art. 23 Abs. 1 lit. a iVm. Art. 2 Abs. 1 lit. b cc DBA-USA 1989/2006[8], v. VZ 2013 an (und anders als zuvor) auch hinter die nach § 32d Abs. 6 S. 2 anzurechnende ausländ. Steuer für den Fall des ausnahmsweise aus Günstigkeitsgründen erfolgten Absehens v. der Abgeltungssteuer bei Kapitaleinkünften)[9] zurück **(Anrechnungssubsidiarität)**. Sie unterbleibt zum anderen (zumindest teilw.) dann, wenn insgesamt oder auch lediglich für gewerbliche Einkünfte im jeweiligen VZ tatsächlich keine (anteilige) ESt festgesetzt wird oder wenn diese (anteilige) tarifliche ESt-Festsetzung niedriger ausfällt als die anzurechnende GewSt. **(3)** Die Anrechnung ist gem. **Abs. 1 S. 5** v. VZ 2008 an schließlich **auf die tatsächlich zu zahlende GewSt** als **Anrechnungs-Höchstbetrag** begrenzt. S. Rn. 2.

---

1 FG Düss. v. 8.11.2006 – 7 K 3473/05 E, EFG 2007, 685.
2 BFH v. 21.9.2000 – IV R 77/99, BFH/NV 2001, 254.
3 Vgl. *Gosch*, FR 1991, 345.
4 *Korn*, § 35 Rn. 67 f.
5 BFH v. 8.2.1984 – I R 11/80, BStBl. II 1984, 381.
6 BMF v. 3.11.2016, BStBl. I 2016, 1187 Rz. 27.
7 IdF v. Art. 2 des Zusatzabkommens v. 5.11.2002 (BGBl. II 2003, 1615).
8 *Möhrle* in W/R/S[2], Rn. 20.119; sa. *Vogel/Lehner*[6], Anh. zu Art. 2 Rn. 82.
9 S. OFD Münster v. 5.10.2011, DB 2011, 2407.

10 **II. Begünstigungsfähige gewerbliche Einkünfte (Abs. 1 S. 1 und 3).** Begünstigungsfähige **gewerbliche Einkünfte** iSd. § 35 Abs. 1 S. 1 sind prinzipiell nur solche iSv. **§ 15**, und zwar nach richtiger, den Regelungszweck berücksichtigender Auffassung[1] (und insoweit abw. v. § 2 Abs. 1 S. 1 Nr. 2) nur solche iSv. § 15, die **dem Grunde nach**[2] gewstpfl. und die dementspr. mit GewSt **vorbelastet** sind (**§ 7, § 8 Nr. 4 GewStG**, vgl. ebenso § 32c Abs. 2 S. 1 aF). Letzteres ist auch im G selbst ausdrücklich verankert, **§ 35 Abs. 1 S. 3** (allerdings ohne Bezugnahme auf die GewStPfl. dem Grunde nach).[3] Einkünfte gem. **§ 16** werden grds. nicht erfasst. Ausnahmen bestehen für Einkünfte aus der Aufgabe oder Veräußerung einer 100-prozentigen Beteiligung an einer KapGes. (§ 16 Abs. 1 S. 1 Nr. 1 S. 2), wenn sie nicht iZ mit einer Betr-Aufg. oder -veräußerung stehen, Einkünfte aus der Veräußerung eines Teils des MU'anteils (gem. § 16 Abs. 1 S. 2 zu den gewerblichen Einkünften zählender lfd. Gewinn) und Einkünfte aus der Veräußerung v. mittelbar gehaltenen MU'anteilen uÄ (§ 16 Abs. 1 S. 1), Letzteres aber erst v. VZ 2002 an, nachdem entspr. Einkünfte gewstpfl. sind (vgl. § 7 S. 2 GewStG idF des UntStFG 2001), und nur in dem danach gegebenen Umfang.[4] **Nicht** begünstigungsfähig waren und sind hingegen Einkünfte gem. **§ 17**,[5] auch nicht Veräußerungsgewinne gem. **§ 22 UmwStG**, § 21 UmwStG aF. Ein anderes (weitergehendes) Verständnis erscheint vor dem Hintergrund des Gesetzeswortlauts („gewerbliche Einkünfte"; „Einkünfte aus Gewerbebetrieb") zwar als möglich, es widerspräche indes dem Gesetzeszweck, der nicht zuletzt (auch) in der Begrenzung auf den in dem „dem VZ entspr. EZ festgesetzten anteiligen GewSt-Messbetrag" (§ 35 Abs. 1 S. 1 Nr. 1, 2) zum Ausdruck kommt.[6] Anders als gem. § 32c Abs. 2 S. 2 Nr. 1–3 aF findet der Kürzungskatalog des **§ 9 GewStG** in § 35 keine Erwähnung und reduziert infolgedessen die danach zu gewährende Begünstigung im Ansatz ebenso wenig[7] wie gewst-belastete Einkünfte, die einem ermäßigten ESt-Satz unterliegen (**§ 34**; vgl. § 32c Abs. 2 S. 2 Nr. 4 aF);[8] der Gesetzeswortlaut ist insofern eindeutig. Folgen hat dies vor allem für ausländ. Einkünfte (aus ausländ. Betriebsstätten, Beteiligungen an ausländ. PersGes.), die sich gewerbesteuerrechtl. nicht auswirken (§ 9 Nr. 2, 3, 7, 8 GewStG). Infolge gesetzlicher **Befreiung** (§ 3 GewStG, § 13 GewStDV, s. Rn. 2) ganz oder teilw. gewerbesteuerfreie Einkünfte scheiden grds. aus[9] (zur – allerdings umstr. – ausnahmsweisen Anrechnung v. GewSt für gem. **§ 3 Nr. 40** befreite Einkünfte iRd. (früheren) Halb- bzw. (vom VZ 2009 an) Teileinkünfteverfahrens s. Rn. 15), gleichermaßen wie Einkünfte, die v. vornherein nicht gewerbesteuerbar sind, insbes. Einkünfte außerhalb der eigentlichen werbenden Tätigkeit des Unternehmens (vorbereitende Tätigkeiten, Verpachtungen, bis zum VZ 2002 auch Veräußerungs-, BetrAufg.- und Umwandlungsgewinne oder -verluste) bei PersGes.[10] Eine Ausnahme dazu bestand hingegen hinsichtlich des Aufgabe- oder Veräußerungsgewinns gem. **§ 18 Abs. 4 UmwStG aF** innerhalb der fünfjährigen Karenzzeit nach Umwandlung.[11] Vom 25.12.2001 an[12] ist der darauf entfallende Teil des GewSt-Messbetrags bei der Ermäßigung der ESt gem. § 35 kraft ausdrücklichen gesetzl. Ausschlusses in **§ 18 Abs. 3 S. 3 UmwStG** (§ 18 Abs. 4 S. 3 aF) aus Gründen der Missbrauchsvermeidung allerdings nicht

1 S. BMF v. 3.11.2016, BStBl. I 2016, 1187 Rz. 14; v. 24.2.2009, BStBl. I 2009, 440 Rz. 14; s. auch *Ritzer/Stangl*, DStR 2002, 1068 (1071 ff.); *Korezkij*, BB 2002 (2099 f.); *Korezkij*, DStR 2007, 2103 (2104); *Staaden*, DStR 2017, 184 (187 f.).

2 *Wendt*, FR 2000, 1173 (1179); **aA** *Neu*, DStR 2000, 1933 (1936); *Korn*, § 35 Rn. 36; *Ritzer/Stangl*, INF 2000, 641 (646); *Korezkij*, DStR 2001, 1642.

3 S. dazu *Korezkij*, DStR 2007, 2103.

4 Zutr. BMF v. 3.11.2016, BStBl. I 2016, 1187 Rz. 14; v. 24.2.2009, BStBl. I 2009, 440 Rz. 14; **aA** zB *Füger/Rieger*, DStR 2002, 933 (937) mwN. § 7 S. 2 Nr. 2 GewStG ist verfassungsgemäß (BVerfG v. 10.4.2018 – 1 BvR 1236/11, BStBl. II 2018, 303).

5 *Thiel*, StuW 2000, 413 (418); *Wendt*, FR 2000, 1173 (1179); **aA** *Herzig/Lochmann*, DB 2000, 1191 (1192).

6 BMF v. 3.11.2016, BStBl. I 2016, 1187 Rz. 14; v. 24.2.2009, BStBl. I 2009, 440 Rz. 14; **aA** *Korezkij*, DStR 2001, 1642 mwN.

7 *Thiel*, StuW 2000, 418; *Korezkij*, DStR 2007, 2103; *U. Förster*, DB 2007, 760, 761; **aA** *K/S/M*, § 35 Rn. B 13; *Herzig/Lochmann*, DB 2000, 1192; *Wendt*, FR 2000, 1173 (1179): gewerbliche Einkünfte als „gewerbesteuerbelastete Einkünfte" kraft teleologischer Reduktion; zweifelnd *Schmidt*[37], § 35 Rn. 18.

8 Insofern auch *Wendt*, FR 2000, 1173.

9 Insoweit **aA** BMF v. 3.11.2016, BStBl. I 2016, 1187 Rz. 14; v. 24.2.2009, BStBl. I 2009, 440 Rz. 14; s. auch *Ritzer/Stangl*, DStR 2005, 11 (13).

10 **AA** *Cattelaens*, WPg. 2000, 1180 (1184); *Korezkij*, BB 2002, 2099 (2100).

11 *Füger/Rieger*, DStR 2002, 1021 (1024); **aA** BFH v. 15.4.2010 – IV R 5/08, BStBl. II 2010, 912, einerseits bestätigt, andererseits für den Fall der Umwandlung einer Organ-Ges. in eine PersGes. begrenzt durch BFH v. 28.5.2015 – IV R 27/12, BStBl. II 2015, 837: teleologische Reduktion; jetzt auch BMF v. 3.11.2016, BStBl. I 2016, 1187 Rz. 13, 14; *Dötsch/Patt/Pung/Möhlenbrock*, UmwStR, 5. Aufl. 2003, § 18 UmwStG aF Rn. 78; FG Düss. v. 25.10.2006 – 7 K 4565/04 F, EFG 2007, 698.

12 Als Tag nach der Verkündung gem. § 27 Abs. 4a UmwStG aF, vgl. *Rödder*, DStR 2002, 939 (943); *Höreth/Schiegl/Zipfel*, BB 2002, 485 (489); aber **str.:** *Korezkij*, BB 2002, 2099 (2100); *Korn*, § 35 Rn. 44.2; *Füger/Rieger*, DStR 2002, 1021 (1022): ab VZ 2001.

mehr[1] zu berücksichtigen. Der Ermäßigungshöchstbetrag des § 35 Abs. 1 S. 1 (Rn. 13) und der iRd. Anrechnung gem. § 35 berücksichtigungsfähige GewSt-Messbetrag sind in entspr. Verhältnis zum Gesamtgewinn zu kürzen.[2] S. auch Rn. 29. Nach umstr.,[3] aber richtiger Auffassung gilt dies **nicht** für Gewinne aus Verkäufen v. **Teil-MU'anteilen**, die § 18 Abs. 3 S. 1 und 2 UmwStG (§ 18 Abs. 4 S. 1 und 2 UmwStG aF) nicht unterfallen und deren GewSt-Pflicht sich demzufolge nicht hieraus, sondern (als lfd. Gewinne iSd. § 15 Abs. 1 S. 1 Nr. 2) aus § 16 Abs. 1 S. 2 ergibt;[4] im Falle der GewStPfl. gem. § 7 S. 2 GewStG folgt daraus dann die Anrechnung gem. § 35.[5] Dem hat sich die FinVerw. nunmehr angeschlossen.[6] Auch wenn man dem nicht beipflichtet, sind insoweit solche Teil-Veräußerungsgewinne abzugrenzen, welche vor der Umwandlung gewstfrei realisiert werden konnten und deswegen über § 18 Abs. 3 S. 3 UmwStG (§ 18 Abs. 4 S. 3 UmwStG aF) ohnehin nicht gewstpfl. werden können.[7] – **Nicht** in das Anrechnungsvolumen einzubeziehen sind schließlich Gewinne, die nach **§ 5a** der Tonnagebesteuerung unterliegen, Rn. 4, so dass auch der (anteilig) darauf entfallende GewSt-Messbetrag und die (anteilig) darauf entfallenden, tatsächlich zu zahlende GewSt nicht zu berücksichtigen ist;[8] desgleichen (mangels gewerblicher Einkünfte) **Nachversteuerungsbeträge** gem. **§ 34a Abs. 4** im VZ der Nachversteuerung; solche Beträge sind allerdings Bestandteil der tariflichen ESt iSd. § 2 Abs. 5 (vgl. § 2 Abs. 5b) und dementspr. in die Anteilsrechnung nach § 35 Abs. 1 einzubeziehen. Anders verhält es sich bei den **nicht entnommenen Gewinnen iSd. § 34a** im VZ ihrer tarifbegünstigten Besteuerung.[9]

Auch **negative Einkünfte** aus nicht gewerblichen Einkunftsarten sowie Verluste gem. §§ 16 und 17, die nicht in die Ermittlung des Gewerbeertrags einzubeziehen sind (Rn. 10), schöpfen das Anrechnungspotential aus gewerblichen Einkünften ganz oder teilw. ab (**„vertikaler Verlustausgleich"**);[10] gleichermaßen verhält es sich bei – ggü. § 35 vorrangig zu berücksichtigenden – Verlustabzügen gem. § 10d.[11] Allerdings hatte der BFH durch Urteil v. 27.9.2006 entschieden, dass entspr. negative Einkünfte nicht anteilig (nach dem sog. Verhältnisprinzip), sondern vorrangig (nach dem sog. Meistbegünstigungsprinzip) mit nicht gem. § 35 tarifbegünstigten horizontal und nur im überschießenden Teil mit tarifbegünstigten Einkünften vertikal zu verrechnen seien;[12] die auf die gewerblichen Einkünfte entfallende ESt als Anrechnungsbasis blieb hiernach also unberührt. Die FinVerw. hatte sich dem entgegen ihrer ursprünglichen Rechtsauffassung angeschlossen.[13] Die durch das JStG 2008 (mit erstmaliger Wirkung v. VZ 2008 an) in Abs. 1 S. 2 eingeführte Formel zur Berechnung des Ermäßigungshöchstbetrages sieht hingegen nun aber wieder eine 11

1 **AA** BFH v. 15.4.2010 – IV R 5/08, BStBl. II 2010, 912 (mit Anm. *Wendt*, FR 2011, 38), einerseits bestätigt, andererseits für den Fall der Umwandlung einer Organ-Ges. in eine PersGes. begrenzt durch BFH v. 28.5.2015 – IV R 27/12, BStBl. II 2015, 837, der insoweit lediglich eine deklaratorische Anordnung jener Rechtslage annimmt, welche sich schon zuvor im Wege der teleologischen Reduktion ergab.

2 BFH v. 15.4.2010 – IV R 5/08, BStBl. II 2010, 912; BFH v. 28.5.2015 – IV R 27/12, BStBl. II 2015, 837; v. 24.9.2015 – IV R 30/13, FR 2016, 172 m. Anm. *Wendt*; BMF v. 3.11.2016, BStBl. I 2016, 1187 Rz. 14; v. 24.2.2009, BStBl. I 2009, 440 Rz. 14; **aA** *Korezkij*, BB 2002, 2099.

3 Wie hier *Schneider/Ruoff/Sistermann*, UmwSt-Erlass 2011, § 18 Rn. 18.22; *R/H/vL*[2], § 18 UmwStG Rn. 74 f.; *Förster*, DB 2002, 1394 (1396); *Ritzer/Stangl*, DStR 2002, 1785 (1787); *Haase/Hruschka*, UmwStG, § 18 Rn. 50; *Neu*, DStR 2002, 1078 (1082); *Korezkij*, BB 2002, 2099 (2100); mwN zum Meinungsstand; **aA** BMF v. 3.11.2016, BStBl. I 2016, 1187 Rz. 14; v. 11.11.2011 (UmwSt-Erlass 2011), BStBl. I 2011, 1314 Rz. 18.06 (S. 2); v. 24.2.2009, BStBl. I 2009, 440 Rz. 14; zB *W/M*, § 18 UmwStG Rn. 181; *Flick/Gocke/Schaumburg*, Der UmwSt-Erlass 2011, Rn. 18.06; ggf. auch BFH v. 11.12.2001 – VIII R 23/01, BStBl. II 2004, 474; s. dazu *Rödder*, DStR 2002, 939 (942); *BeckOK* UmwStG, § 18 Rn. 479, 483. – Zu den gebotenen vertragl. Gestaltungsmöglichkeiten s. *Scheifele*, DStR 2006, 253.

4 Vgl. OFD Düss. v. 10.9.2002, FR 2002, 1151.

5 BFH v. 28.5.2015 – IV R 27/12, BStBl. II 2015, 837; s. zum prinzipiellen Vorrang v. § 7 S. 2 GewStG ggü. § 18 Abs. 4 UmwStG aF auch BFH v. 20.11.2006 – VIII R 45/05, BFH/NV 2007, 793; v. 20.11.2006 – VIII R 47/05, BStBl. II 2008, 69; v. 11.12.2001 – VIII R 23/01, BStBl. II 2004, 474; ferner *Neu*, DStR 2002, 1078 (1082); *Haase/Hruschka*, § 18 UmwStG Rn. 50; **aA** *Füger/Rieger*, DStR 2002, 1021 (1023); *Trossen*, DB 2007, 1373; *W/M*, § 18 UmwStG Rn. 238.2.

6 BMF v. 3.11.2016, BStBl. I 2016, 1187 Rz. 14, 33 (m. Bsp.); anders noch BMF v. 16.12.2003, BStBl. I 2003, 786; v. 11.11.2011 (UmwSt-Erl. 2011), BStBl. I 2011, 1314 Rz. 18.09.

7 Vgl. BFH v. 11.12.2001 – VIII R 23/01, BStBl. II 2004, 474; *Rödder*, DStR 2002, 939 (943).

8 BMF v. 3.11.2016, BStBl. I 2016, 1187 Rz. 13; v. 24.2.2009, BStBl. I 2009, 440 Rz. 13.

9 BMF v. 3.11.2016, BStBl. I 2016, 1187 Rz. 15; v. 24.2.2009, BStBl. I 2009, 440 Rz. 15; systemkrit. *Hechtner*, BB 2009, 1556, 1562; s. auch *Rohler*, GmbH-StB 2008, 238; *H/H/R*, § 35 Anm. 17; *Bodden*, FR 2012, 68.

10 BMF v. 3.11.2016, BStBl. I 2016, 1187 Rz. 14; v. 24.2.2009, BStBl. I 2009, 440 Rz. 17.

11 BMF v. 3.11.2016, BStBl. I 2016, 1187 Rz. 17; v. 24.2.2009, BStBl. I 2009, 440 Rz. 17; krit. *Korn*, KÖSDI 2002, 13422 (13424) mwN.

12 BFH v. 27.9.2006 – X R 25/04, BStBl. II 2007, 694; **aA** *Ritzer/Stangl*, DStR 2002, 1073 (1074 f.); *K/S/M*, § 35 Rn. B 50 ff.

13 BMF v. 3.11.2016, BStBl. I 2016, 1187 Rz. 16 ff.; v. 24.2.2009, BStBl. I 2009, 440 Rz. 16 ff.; s. dazu *Korezkij*, DStR 2007, 2103.

Verhältnisrechnung vor, nach welcher dieser aus dem Quotienten der Summe (nur) der **positiven** gewerblichen Einkünfte iSd. Abs. 1 S. 3 und der Summe aller **positiven** Einkünfte zu errechnen ist, der mit der tariflichen Steuer zu vervielfachen ist. S. Rn. 13. Damit soll der besagte Meistbegünstigungsgrundsatz konterkariert und die frühere Rechtsauffassung der FinVerw. restituiert werden.[1] Das dürfte misslungen sein; richtigerweise hätte (im Zähler der Höchstbetragsformel) auf die positive Summe der gewerblichen Einkünfte abgestellt werden müssen. Im Auslegungswege lässt sich der gesetzestechnische Lapsus angesichts des eindeutigen Regelungswortlauts kaum reparieren.[2] Bejaht man das aber, schafft die Neuregelung zugleich eine beträchtlich erhöhte Gefahr für systemwidrige Anrechnungsüberhänge, s. Rn. 18. Die Situation hatte sich zudem dadurch verschärft, dass die FinVerw.[3] auf der Basis der novellierten Regelung bislang nicht auf die jeweiligen Einkunftsarten in ihrer Gesamtheit abstellte, vielmehr eine **einkunftsquellenbezogene Betrachtung** favorisierte und dadurch die **horizontale** Verrechnung positiver und negativer Einkünfte (anteilig) vermieden wissen wollte. Es war mehr als fraglich, ob diese Quellenbetrachtung im G eine Stütze fand. Bemängelt wurde überdies die damit einhergehende beträchtliche Erschwernis für Stpfl. wie FÄ, den Regelungsbefehl widerspruchsfrei umzusetzen.[4] All dem hat sich mittlerweile (und zu Recht) der BFH[5] angeschlossen und sich dabei auf die auch hier vertretene Sichtweise (aus teleologischen, historischen und Verfassungsgründen) gestützt. Zwischenzeitlich hat sich auch das BMF diesem Dictum angeschlossen.[6] Konsequenterweise sind deswegen abw. v. der bisherigen Handhabung (sa. Rn. 12, 28) auch ein GewSt-Messbetrag und die zu zahlende GewSt einzubeziehen, die bei negativen gewerblichen Einkünften (nur) durch Hinzurechnungen (vgl. § 8 GewStG) entstehen.[7] Die Berücksichtigung des horizontalen Verlustausgleichs wird idR v. Vorteil sein, zB dann, wenn die negativen Einkünfte ausschließlich aus dem nicht gewerblichen Bereich resultieren.[8] Sie ist jedoch v. Nachteil,[9] wenn der StPfl. ausschließlich gewerbliche Einkunftsquellen mit negativen Ergebnissen hat.[10] Ursache für derartige Unabgestimmtheiten ist nach wie vor die fehlende Korrespondenz zw. den einkommenstl. und den gewerbestl. Bemessungsgrundlagen.[11] – Eine die tarifliche ESt hiernach übersteigende GewSt wird an den StPfl. **nicht erstattet**. Sie kann auch **nicht** in einen anderen VZ **vor- oder rückgetragen** werden. In dem nicht ausgeschöpften Umfang geht das Anrechnungspotential („Anrechnungsüberhang"[12]) vielmehr endg. verloren.[13] Diese Rechtsfolge, die sich aus der Ausgestaltung der GewSt-Anrechnung als Tarifermäßigung ergibt, stellt nicht lediglich einen konstruktiven Mangel dar, der der gesetzgeberischen Intention, die GewSt-Belastung zu neutralisieren (Rn. 1), zuwiderläuft. Sie ist vielmehr auch in gleichheitsrechtl. Hinsicht zweifelh.,[14] und das um so mehr, nachdem der Abzug der GewSt als BA v. VZ 2008 an (vgl. § 52 Abs. 12 S. 7 idF des UntStRefG 2008) gem. § 4 Abs. 5b ausgeschlossen worden ist.[15] IErg. hängt die Frage, ob es zur Anrechnung kommt oder nicht, v. bloßen Zufälligkeiten der jeweiligen Abschnittsbesteuerung ab, ohne dass dafür sachliche Rechtfertigungsgründe ersichtlich wären;[16] die Entlastung v. GewSt entfällt gerade dann, wenn kein zu versteuerndes

1 S. BT-Drucks. 16/7036, 15; s. dazu zutr. *Blaufus/Hechtner/Hundsdoerfer*, BB 2008, 80 (81 f.); *Korezkij*, DStR 2008, 491.
2 Ebenso FG Nds. v. 15.8.2013 – 10 K 241/12, EFG 2013, 1849.
3 BMF v. 24.2.2009, BStBl. I 2009, 440.
4 Zu alldem *Hechtner*, BB 2009, 1556 (1557 ff.); *Kortendick/Peters*, DB 2011, 76 (79).
5 BFH v. 23.6.2015 – III R 7/14, BStBl. II 2016, 871.
6 BMF v. 3.11.2016, BStBl. I 2016, 1187 Rz. 16 (iVm. Rz. 9); s. *U. Förster*, DB 2016, 2866 (2867).
7 S. BMF v. 3.11.2016, BStBl. I 2016, 1187 Rz. 9, ggü. BMF v. 24.2.2009, BStBl. I 2009, 440 Rz. 10; *U. Förster*, DB 2016, 2866 (2867).
8 *U. Förster*, DB 2016, 2866.
9 Deswegen ist die neue Verwaltungspraxis nach BMF v. 3.11.2016, BStBl. I 2016, 1187 Rz. 34, zwar auf alle offenen Fälle anzuwenden, jedoch bezogen auf die Rz. 16 bis 18 erst v. VZ 2016 an, wenn sie sich ggü. der bisherigen Praxis als nachteilig herausstellt.
10 Zu Einzelheiten s. *Herzig/Lochmann*, DB 2000, 1728 (1731); *Förster*, FR 2000, 866 (869).
11 Zutr. *U. Förster*, DB 2016, 2866; *Förster*, FR 2000, 866 (869); sa. die in BMF v. 3.11.2016, BStBl. I 2016, 1187 Rz. 17 gegebenen Bsp.
12 *Herzig/Lochmann*, DB 2000, 1728 (1731).
13 *Herzig/Lochmann*, DB 2000, 1728 (1731); **aA** *Förster*, FR 2000, 866 (869).
14 *Herzig/Lochmann*, DB 2000, 1728 (1731); *Hey*, DStJG 24, 156 (182 f. und 205 f.); *Hey*, FR 2001, 870 (873, 875 ff.); *Hüttemann*, DStJG 25 (2002), 123 (126 f.); *Jachmann*, BB 2000, 1432 (1435); *Jachmann*, DStJG 25 (2002), 196 (226 f.); *Schön*, StuW 2000, 151 (156); **aA** BFH v. 23.4.2008 – X R 32/06, BStBl. II 2009, 7 (die dagegen gerichtete Verfassungsbeschwerde wurde v. BVerfG v. 29.6.2009 – 2 BvR 1540/08 nicht angenommen); v. 11.11.2008 – X R 55/06, BFH/NV 2009, 379; v. 7.4.2009 – IV B 109/08, BStBl. II 2010, 116; v. 9.2.2011 – IV R 37/08, BFH/NV 2011, 1120; v. 30.5.2012 – IV B 114/11, BFH/NV 2012, 1440; BMF v. 3.11.2016, BStBl. I 2016, 1187 Rz. 12; v. 24.2.2009, BStBl. I 2009, 440 Rz. 12.
15 Zutr. *Levedag*, HFR 2008, 1031.
16 Zutr. *Söffing*, DB 2000, 688 (692): *Herzig/Lochmann*, DB 2000, 450 (452), unter Hinweis auf den Vorlagebeschl. des BFH v. 24.2.1999 – X R 171/96, BStBl. II 1999, 450 und den dort als gleichheitswidrig gerügten Ausschluss v. der Tarifbegrenzung gem. § 32c aF für gewerbliche Einkünfte unterhalb bestimmter Grenzbeträge; s. dazu aber BVerfG v. 21.6.2006 – 2 BvL 2/99, DStR 2006, 1316 und Rn. 2.

Einkommen mit entspr. Leistungsfähigkeit vorliegt. Ziel einer abwehrenden Gestaltungsberatung muss es angesichts dessen sein, insoweit missliche Ergebnisse durch Erhöhung des gewerblichen Anteils an der ESt zu vermeiden;[1] in Fällen eines Verlustrücktrages gem. § 10d Abs. 1 kann die ansonsten verfallende GewSt-Anrechnung ggf. durch entspr. Verzicht (vgl. § 10d Abs. 1 S. 7 und 8) gerettet werden, der Verlustabzug bleibt dann als Verlustvortrag erhalten (§ 10d Abs. 2).[2]

Die aufgezeigten Bedenken verstärken sich im Hinblick auf StPfl., die (als Einzelunternehmer) über **mehrere GewBetr.** verfügen oder die (unmittelbar oder mittelbar) **an mehreren MU'schaften** beteiligt sind. In derartigen Fällen sind die jeweiligen Ermäßigungen zwar für jeden GewBetr. oder für jede MU'schaft – und zwar auf der Ebene der PersGes. – getrennt zu ermitteln, mit dem Faktor 3,8 zu vervielfältigen sowie auf die tatsächlich zu zahlende GewSt (Rn. 16) zu begrenzen und erst sodann bei der gegen des StPfl. festzusetzenden ESt zusammenzufassen.[3] Bisheriger Auffassung und Verwaltungspraxis nach konnte dies beträchtliche und iErg. leerlaufende GewSt-Überschüsse ohne Kompensationsmöglichkeiten zur Folge haben, weil die Anrechnung gem. Abs. 1 iErg. v. der tariflichen ESt abhängt, die auf die kumulierten Einkünfte aus GewBetr. entfällt, was nach bisheriger Lesart voraussetzte, dass der in der Summe der Einkünfte enthaltene, saldierte Betrag der Einkünfte aus GewBetr. positiv ist.[4] Nachdem der BFH[5] dem aber eine Absage erteilt und die FinVerw. sich dem angeschlossen hat (Rn. 11), ist diese Gefahr weitgehend gebannt: Einem im **horizontalen Verlustausgleich** negativen Ergebnis bei der ESt werden oftmals positive Gewerbeerträge (§ 7 GewStG) mit entspr. GewSt-Belastungen bei einzelnen GewBetr. gegenüberstehen, weil dem GewSt-Recht ein solcher horizontaler Verlustausgleich fremd ist. So kann es sich selbst bei GewBetr., die Verluste ausweisen, verhalten, wenn deren Gewinne infolge v. Hinzurechnungen gem. § 8 GewStG bei der Ermittlung des Gewerbeertrages (§ 7 GewStG) zu erhöhen sind. Solche Belastungen wirken sich nunmehr auf die Anrechnung aus.[6] Ein insgesamt negativer Gewerbeertrag ist allerdings nicht zu berücksichtigen; es fehlen dann begünstigte Einkünfte.[7] 12

III. Ermäßigungshöchstbetrag (Abs. 1 S. 1 und 2). Der die GewSt-Anrechnung beschränkende **Anteil an der tariflichen ESt**, die auf die Einkünfte aus GewBetr. entfällt **(Ermäßigungshöchstbetrag)**, bestimmt sich nach der durch das JStG 2008 in **§ 35 Abs. 1 S. 2** eingefügten folgenden Formel:[8] 13

$$\frac{\text{Summe der positiven gewerblichen Einkünfte}}{\text{Summe aller positiven Einkünfte}} \times \text{geminderte tarifliche Steuer}$$

Zur vorherigen Rechtslage und zur Rechtsentwicklung sowie Auslegung dieser Formel s. Rn. 11. Der Altersentlastungsbetrag und der Freibetrag gem. § 13 Abs. 3 sind von der Summe der positiven Einkünfte abzuziehen; v. VZ 2004 an ergibt sich dies unmittelbar aus § 2 Abs. 3.[9] Gehören zu den begünstigten gewerblichen Gesamteinkünften auch solche, die **nicht** begünstigt sind (Rn. 6), sind diese zur Ermittlung des Ermäßigungshöchstbetrages zu eliminieren, denn § 35 Abs. 1 S. 3 grenzt lediglich begünstigte v. nicht begünstigten Einkunftsteilen ab und weist keine weiteren Berechnungsschritte an. Erforderlich ist eine Vorberechnung, in der auch Verluste aus nicht begünstigten Einkunftsarten und -teilen (s. Rn. 11) zu verrechnen sind und negative nicht begünstigte Einkünfte sich anteilig auf sämtliche positiven Einkünfte auswirken.[10] Der Quotient aus der Summe der positiven gewerblichen Einkünfte und der Summe aller positiven Einkünfte ist mit der „geminderten" tariflichen Steuer zu multiplizieren, um den Ermäßigungshöchst-

1 Eingehend *Herzig/Lochmann*, DB 2000, 1728 (1731 ff.).
2 *Förster*, FR 2000, 866 (870).
3 BFH v. 20.3.2017 – X R 12/15, BFH/NV 2017, 1536; v. 20.3.2017 – X R 62/14, DB 2017, 2839 (jeweils betriebsbezogene Betrachtung); BMF v. 3.11.2016, BStBl. I 2016, 1187 Rz. 9; v. 24.2.2009, BStBl. I 2009, 440 Rz. 10; *Schmidt*[37], § 35 Rn. 6, 14, 41; *U. Förster*, DB 2016, 1398 und 2866; vgl. auch BT-Drucks. 14/2683, 116. **AA** *Cordes*, DStR 2010, 1416; *H/H/R*, § 35 Anm. 23.
4 BFH v. 27.9.2006 – X R 25/04, BStBl. II 2007, 694; *H/H/R*, § 35 Anm. 5, 7; *Thiel*, StuW 2000, 413 (419); *Wendt*, FR 2000, 1173 (1178); *Korn/Strahl*, KÖSDI 2000, 12582 (12603); *K/S/M*, § 35 Rn. B 42 ff.; *Ritzer/Stangl*, DStR 2005, 11; FG Münster v. 13.4.2005 – 10 K 3544/03 E, EFG 2005, 1204; FG Düss. v. 10.11.2005 – 11 K 1974/03 E, EFG 2006, 352; *Korezkij*, BB 2005, 26; zweifelnd *Herzig/Lochmann*, DB 2000, 1728 (1731); *Förster*, FR 2000, 866 (869); **aA** *Schmidt*[37], § 35 Rn. 11 f.
5 BFH v. 23.6.2015 – III R 7/14, BStBl. II 2016, 871.
6 BMF v. 3.11.2016, BStBl. I 2016, 1187 Rz. 16; *U. Förster*, DB 2016, 2866; *Staaden*, DStR 2017, 184; **aA** noch BMF v. 24.2.2009, BStBl. I 2009, 440 idF BMF v. 25.11.2010, BStBl. I 2010, 1312 Rz. 10 und 27.
7 Krit. mit instruktiven Beispielen *Ritzer/Stangl*, DStR 2002, 1068 (1075 f.).
8 BMF v. 3.11.2016, BStBl. I 2016, 1187 Rz. 16.
9 Vgl. *Korezkij*, StB 2004, 171 (174).
10 BMF v. 19.9.2007, BStBl. I 2007, 701 Rz. 13 ff.; s. auch *Ritzer/Stangl*, DStR 2002, 1068 (1075 f.): Verrechnung der jeweils (begünstigten und nicht begünstigten) Teilbeträge in einem kleinen horizontalen Verlustausgleich. Zum Ganzen und zu den möglichen alternativen Berechnungen auf Basis des neuen BMF-Schr. v. 3.11.2016 (BStBl. I 2016, 1187 Rz. 16) s. *Staaden*, DStR 2017, 184 (187 f.).

betrag zu errechnen. Die „geminderte" tarifliche Steuer wird in § 35 Abs. 1 S. 4 als die tarifliche Steuer nach Abzug von Beträgen aus der Anwendung von DBA und nach Anrechnung der ausländ. Steuern nach § 32d Abs. 6 S. 2, § 34c Abs. 1 und 6 und § 12 AStG definiert. Durch den Abzug von anzurechnender ausländ. Steuer wird eine Minderung des Ermäßigungshöchstbetrags bewirkt, die systemgerecht ist, weil die im Ausland besteuerten gewerblichen Einkünfte nicht mit GewSt belastet sind.

14 Bei **zusammenveranlagten Ehegatten** (§§ 26, 26b) bestimmt sich die anteilige tarifliche ESt getrennt aus den Einkünften der jeweiligen Ehegatten, für die die Anrechnungsvolumina sodann zusammenzufassen sind.[1] Nachteilen, die sich aus der horizontalen Verrechnung v. Verlusten des einen Ehegatten mit positiven Einkünften des anderen Ehegatten ergeben,[2] kann danach (nur) durch eine getrennte Veranlagung oder durch zuvorige gezielte Einkünfteverlagerung begegnet werden.[3] IÜ ist vertikal ehegattenübergreifend zu saldieren, wobei wie bei der Einzelveranlagung (Rn. 11) negative Einkünfte des einen Ehegatten nicht quotal, sondern vorrangig mit nicht gem. § 35 tarifbegünstigten Einkünften des anderen Ehegatten zu verrechnen sind.[4]

15 **IV. Anrechnungsumfang (Abs. 1 S. 1 Nr. 1 und 2, Abs. 1 S. 5). 1. Einkünfte aus gewerblichen Unternehmen gem. § 15 Abs. 1 S. 1 Nr. 1 (Abs. 1 S. 1 Nr. 1).** Die Ermäßigung beläuft sich bei Einkünften aus gewerblichen Unternehmen iSd. § 15 Abs. 1 S. 1 Nr. 1 **pauschal** auf das **3,8-fache** (bis zum VZ 2007: 1,8-fache) des GewSt-Messbetrages, der gem. § 14 GewStG für den dem VZ entspr. EZ – bezogen auf jeden einzelnen GewBetr. – (tatsächlich) festgesetzt worden ist; bei abw. Wj. wird der Gewerbeertrag dem EZ zugerechnet, in dem das Wj. endet (§ 10 Abs. 2 GewStG).[5] Auf die Festsetzung der GewSt und auf die tatsächliche Belastung mit GewSt kam es bis zum VZ 2007 nicht an, so dass sich auch gemeindliche Billigkeitsmaßnahmen (§§ 163, 222, 227 AO)[6] nur dann auf die Steuerermäßigung auswirkten, wenn zugleich der Steuermessbetrag aufgehoben oder gemindert wurde.[7] Vom VZ 2008 an hat sich dies geändert: **Abs. 1 S. 5** bestimmt die **tatsächlich zu zahlende** (nicht: die tatsächlich gezahlte) GewSt (s. Rn. 16) als **Anrechnungshöchstbetrag** (s. Rn. 13). VZ (§ 25 Abs. 1) ist stets, EZ (§ 14 S. 2 GewStG) ist idR das Kj., lediglich bei nur teilw. StPfl. während des gesamten Kj. tritt an die Stelle des Kj. der Zeitraum der GewSt-Pflicht (§ 14 S. 3 GewStG); zu den ggf. abw. Gewinn- und Gewerbeertragsermittlungszeiträumen s. § 4a Abs. 2; § 10 Abs. 2 GewStG. Ist der StPfl. an einer MU'schaft beteiligt, sind die entspr. gesondert und einheitlich festgestellten (Abs. 2 S. 1, Abs. 3 S. 1 aF Rn. 29) begünstigungsfähigen Anteile des Einzelunternehmers an dem für die MU'schaft festgesetzten GewSt-Messbetrag (Abs. 2 S. 2, Abs. 3 S. 2 aF, Rn. 20 f.) einzubeziehen (**Abs. 1 S. 1 Nr. 1 letzter HS iVm. Abs. 2 S. 5**, Abs. 3 S. 4 aF, Rn. 27). Wechselt der GewSt-Schuldner, besteht die sachliche GewSt-Pflicht für das Unternehmen aber gleichwohl fort (zB im Falle der Einbringung eines Einzelunternehmens in eine PersGes., nicht aber im Falle der Verschmelzung), ergehen für den betr. (ungekürzten) EZ regelmäßig mehrere getrennte GewSt-Messbescheide.[8] Diese sind der Berechnung des Anrechnungsumfangs additiv zugrunde zu legen.[9] Anzurechnen ist richtiger Auffassung nach auch dann, wenn die begünstigungsfähigen gewerblichen Einkünfte (Rn. 10) teilw. v. der ESt befreit sind und lediglich infolge Hinzurechnung gem. § 8 GewStG der GewSt unterfallen (zB gem. § 3 Nr. 40 nur teilw. erfasste Streubesitzdividenden, deren stfreier Teil aber gem. **§ 8 Nr. 5 GewStG** bei Ermittlung des Gewerbeertrages wieder hinzuzurechnen ist). Ein gewerbestl. Anrechnungsüberhang (Rn. 11) ist hier nicht hinzunehmen. Die gewerbestl. Neutralisierung der teilw. Befreiung dient nicht der Verwirklichung des gewerbestl. Objektcharakters (s. aber Rn. 19), sondern als rein fiskalische Maßnahme dem Schutz des GewSt-Aufkommens.[10] Dies rechtfertigt eine teleologische Reduktion des ohnehin weitergehenden Gesetzeswortlauts in § 35 Abs. 1 S. 1 (Rn. 10); es besteht kein Grund, die systemwidrige gesetzgeberische Entsch. des § 8 Nr. 5 GewStG auf die ESt durchschlagen zu lassen.[11]

1 BMF v. 3.11.2016, BStBl. I 2016, 1187, Rz. 10, 16 ff.; v. 24.2.2009, BStBl. I 2009, 440; v. 15.5.2002, BStBl. I 2002, 533 Rz. 14; krit. *Staaden*, DStR 2017, 184 (185 f.).
2 BMF v. 3.11.2016, BStBl. I 2016, 1187 Rz. 18 (entgegen BMF v. 24.2.2009, BStBl. I 2009, 440 Rz. 18, wg. des Grundsatzes der Individualbesteuerung, aber erst v. VZ 2008 an).
3 BFH v. 27.9.2012 – III R 69/10, BStBl. II 2013, 201 (zu § 35 Abs. 1 aF); v. 23.6.2015 – III R 7/14, BStBl. II 2016, 871 (zu § 35 Abs. 1); BMF v. 15.5.2002, BStBl. I 2002, 533 Rz. 14; v. 19.9.2007, BStBl. I 2007, 701 Rz. 12, 14; *K/S/M*, § 35 Rn. B 58; *Korn*, § 35 Rn. 30; *U. Förster*, DB 2016, 2866; *Frotscher/Geurts*, § 35 Rn. 63.
4 BFH v. 27.9.2006 – X R 25/04, BStBl. II 2007, 694; BMF v. 19.9.2007, BStBl. I 2007, 701 (gegen BMF v. 12.1.2007, BStBl. I 2007, 108 Rz. 14 f.: anteilige Verrechnung).
5 BMF v. 3.11.2016, BStBl. I 2016, 1187 Rz. 7; v. 24.2.2009, BStBl. I 2009, 440 Rz. 8.
6 Zur Mitteilungspflicht solcher Maßnahmen der Gemeinde ggü. den FinBeh. s. BMF v. 12.1.2018, BStBl. I 2018, 203.
7 S. auch *Düll/Fuhrmann/Eberhard*, DStR 2003, 862 (865); **aA** jedoch BMF v. 27.3.2003, BStBl. I 2003, 240 Rz. 15 im Hinblick auf Sanierungsmaßnahmen: generelle Auswirkung auf § 35.
8 R 11.1 S. 3 ff. GewStR.
9 BMF v. 3.11.2016, BStBl. I 2016, 1187 Rz. 30.
10 S. BT-Drucks. 14/7084, 8.
11 Vgl. *Fischer*, DStR 2002, 610 (614); **aA** *Schmidt*[37], § 35 Rn. 36.

Tatsächlich zu zahlende GewSt. Die tatsächlich zu zahlende GewSt gem. § 35 Abs. 1 S. 5 ist idR jene, welche im GewSt-Verfahren für den jeweiligen Betrieb festgesetzt worden ist (vgl. Abs. 3 S. 2, Rn. 15). Die Begrenzung des Abs. 1 S. 5 ist betriebsbezogen und nicht unternehmerbezogen zu verstehen[1] – bei Einkünften aus MU'schaften (Rn. 17) im jeweils anteiligen Umfang, auch bei Vorgängen nach dem UmwStG mit fortbestehender sachlicher GewSt-Pflicht (s. Rn. 15).[2] Wird die ESt festgesetzt, bevor ein GewSt-Bescheid vorliegt, wird die tatsächlich zu zahlende GewSt (zunächst) auf der Basis des GewSt-Messbetrags und den anzuwendenden Hebesatzes (§ 16 Abs. 1 GewStG) errechnet. Eine spätere Korrektur ermöglicht § 175 Abs. 1 S. 1 Nr. 1 AO. Gleiches gilt für spätere GewSt-Herabsetzungen gem. § 163 AO; in den Fällen des § 227 AO wird nach § 175 Abs. 1 S. 1 Nr. 2 AO geändert. – § 153 Abs. 2 AO verpflichtet den StPfl., Änderungen der tatsächlich zu zahlenden GewSt dem FA unverzüglich mitzuteilen.[3] 16

2. Einkünfte aus Mitunternehmerschaften und KGaA gem. § 15 Abs. 1 S. 1 Nr. 2 und 3 (Abs. 1 S. 1 Nr. 2). Bei Einkünften aus GewBetr. als MU'er iSd. § 15 Abs. 1 S. 1 Nr. 2 und als phG'ter einer KGaA (§ 15 Abs. 1 S. 1 Nr. 3) berechnet sich der Ermäßigungsbetrag ebenfalls mit dem 3,8-Fachen (bis zum VZ 2007: 1,8-Fachen) des – so der Regelungswortlaut – jeweils für den dem VZ entspr. EZ festgesetzten **anteiligen** GewSt-Messbetrags. Das ist insofern missverständlich, als der GewSt-Messbetrag gem. § 5 Abs. 1 S. 3 GewStG ggü. der MU'schaft selbst festgesetzt wird, nicht anteilig ggü. dem MU'er. Gemeint ist deshalb der jeweils **anteilige** und insoweit für den MU'er gem. Abs. 2 (Abs. 3 aF) gesondert und einheitlich festgestellte, als solcher aber ggü. der MU'schaft festgesetzte GewSt-Messbetrag. Gleichermaßen verhält es sich hinsichtl. der tatsächlich zu zahlenden GewSt.[4] (s. Rn. 16). Zur KGaA s. Rn. 8. 17

Pauschalierungszwecke. Durch die Pauschalierung der Anrechnung auf das 3,8-fache (bis zum VZ 2007: 1,8-fache) des zugrunde zu legenden GewSt-Messbetrages[5] unterstellt das G den Regelfall einer GewSt-Belastung bei Ansatz eines **Hebesatzes** (§ 16 GewStG) v. **400 %**[6] (bis VZ 2007: 341 %[7]) (bei einem ESt-Höchstsatz v. 42 % und ohne Berücksichtigung v. § 32a,[8] im VZ 2002 und 2003 bei einem ESt-Höchstsatz v. 48,5 % zzgl. SolZ 389 %; im VZ 2004 bei einem ESt-Höchstsatz v. 45 %: 360 %)[9] und soll bewirken, dass der Unternehmer bei einem entspr. Hebesatz iErg. vollen Umfanges v. der GewSt entlastet wird. Dies gelingt allerdings nur unvollkommen: Die GewSt-Belastung hängt v. dem tatsächlich anzuwendenden gemeindlichen Hebesatz (und hing – bis zum VZ 2007 – infolge der früheren Abzugsfähigkeit der GewSt als BA [Rn. 2]) v. dem jeweiligen individuellen ESt-Satz ab, sie wird außerdem durch den Freibetrag gem. § 11 Abs. 1 S. 2 Nr. 1 GewStG und – das aber ebenfalls nur bis zum VZ 2007 – durch die bis dahin geltenden gestaffelten Steuermesszahlen gem. § 11 Abs. 2 Nr. 1 GewStG aF beeinflusst.[10] Dadurch kommt es bei höheren kommunalen Hebesätzen zu einer gewissen Unterkompensation (Mehrbelastung), insbes. durch Anrechnungsüberhänge, eine Gefahr, die v. VZ 2008 an (im Zuge des JStG 2008) sogar noch verstärkt worden ist (s. Rn. 11); umgekehrt führen niedrigere Hebesätze zu einer Überkompensation (Minderbelastung). Der Zusammenhang mit der effektiven GewSt-Belastung des Unternehmens wird insoweit gelöst. Diese Wirkungsweisen der GewSt-Anrechnung werden zum einen auf die Beurteilung der Frage nach den Vor- und Nachteilen einer GewStPfl. (zB im Grenzbereich zw. Freiberuflern und Gewerbetreibenden; beim gewerblichen Grundstückshandel) niederschlagen.[11] Sie werden zum anderen die Ansiedlungspolitik der StPfl. und den gemeindlichen Steuerwettbewerb[12] beeinflussen. Zu einer allg. Absenkung der Hebesätze ist es gleichwohl – vermutlich wegen der kommunalen Finanzmisere – bislang nicht gekommen: Im EZ 2015 betrug der „gewichtete" Hebesatzdurchschnitt bei Gemeinden mit mehr als 50 000 Einwohnern – ggü. den Vorjahren kontinuierlich angestiegene und damit „v. der Wirtschaftsentwicklung (abgekoppelt)"[13] – 18

---

1 BFH v. 20.3.2017 – X R 12/15, BFH/NV 2017, 1536 Rz. 30 ff.; s. dazu *Levedag*, DB 2017, 2448 (2449); v. 20.3.2017 – X R 62/14, DB 2017, 2839; BMF v. 3.11.2016, BStBl. I 2016, 1187 Rz. 9, 25; **aA** *Cordes*, DStR 2010, 1416.

2 BMF v. 3.11.2016, BStBl. I 2016, 1187 Rz. 30.

3 BMF v. 3.11.2016, BStBl. I 2016, 1187 Rz. 6; v. 24.2.2009, BStBl. I 2009, 440 Rz. 7.

4 BMF v. 24.2.2009, BStBl. I 2009, 440, idF BMF v. 25.11.2010, BStBl. I 2010, 1312, Rz. 27 f. (mit Beisp.).

5 Beim (Anfechtungs-)Streit über die Festsetzung des GewSt-Meßbetrags wirkt sich die Anrechnung gem. § 35 nicht auf den Streitwert aus, s. FG BaWü. v. 23.9.2008 – 7 KO 1955/08, EFG 2009, 686.

6 Die GewSt beträgt dann 14 % des Gewerbeertrags; die GewSt-Anrechnung beläuft sich auf 3,8 × 3,5 % (Messzahl) = 13,3 %, zzgl SolZ auf die GewSt-Anrechnung, also zzgl 5,5 % = 14,03 %. Vgl. *Herzig/Lochmann*, DB 2007, 1037 (1039); *Knief/Nienaber*, BB 2007, 1309 (1311).

7 Vgl. *IFSt.*, Schrift 446/2007, 14 ff.

8 Vgl. zu den Auswirkungen der sog. Reichensteuer auf § 35 *Hechtner/Hundsdoerfer*, BB 2006, 2123 (2127).

9 Vgl. *Herzig/Lochmann*, DB 2000, 1728 (1734); *Korezkij*, BB 2003, 1537.

10 Vgl. im Einzelnen die Berechnungen und Übersichten v. *Herzig/Lochmann*, DB 2000, 1728 (1733 ff.); *Förster*, FR 2000, 866 (869).

11 *Herzig/Lochmann*, DB 2000, 1192; *Herzig/Lochmann*, DB 2000, 1728 (1734 f.).

12 Vgl. dazu *Blümich*, § 16 GewStG Rn. 6.

13 *Beland*, IFSt., Schrift 475/2011, 43.

448 %,[1] was bedeutet, dass es bei einem Großteil der StPfl. nicht zu der v. § 35 intendierten Neutralisierung der GewSt-Last kommt; eine (rechtspolitische) Anpassung der Anrechnungsvoraussetzungen ist deswegen angezeigt.[2] Bei alledem ist für GewBetr. mit einer Betriebsstätte oder mit mehreren Betriebsstätten in einer Gemeinde (vgl. § 4 Abs. 1 S. 1 GewStG) die Betriebsstättengemeinde maßgebend; für GewBetr. mit mehrgemeindlichen Betriebsstätten (vgl. § 4 Abs. 1 S. 2 GewStG) ergibt sich die durchschnittliche GewSt-Belastung unter Berücksichtigung der jeweiligen Zerlegungsanteile (§§ 28 bis 33 GewStG) sowie der jeweiligen Hebesätze im Verhältnis zum GewSt-Messbetrag.

19 Für die Pauschalierung wird eine Reihe v. Erwägungen angeführt:[3] Andernfalls leide der Charakter der GewSt als ObjektSt Schaden; das den Gemeinden zugestandene Besteuerungsrecht gem. Art. 28 GG drohe eingeschränkt zu werden, weil die GewSt im Effekt sich als bloße Vorauszahlung auf die ESt darstelle; die Abziehbarkeit der GewSt als BA verliere mangels Belastung ihre Rechtfertigung; die Pauschalierung sei bes. praktikabel, weil die leidigen Abgrenzungen zw. Einkünften gem. § 15 und § 18 an Bedeutung verlören; sie wirke überdies dämpfend auf gemeindliche Hebesatzerhöhungen. – All dies überzeugt nicht und dekuvriert die Anrechnung gem. § 35 als „Etikettenschwindel" für die schleichende Beseitigung der GewSt, bei der in Anbetracht ihrer derzeitigen Ausgestaltung (insbes. Abschaffung der Gewerbekapitalsteuer; Herabsetzung der Hinzurechnung gem. § 8 Nr. 1 GewStG auf zunächst 50 % und – v. EZ 2008 an – v. 25 %) der Objektsteuercharakter ohnehin auf dem Rückzug ist (die neuerdings aber auch wieder substanzbezogene Merkmale aufweist, § 8 Nr. 1 GewStG, s. auch Rn. 2). Entscheidend ist, dass die Pauschalierung zu ungerechtfertigten und unverhältnismäßigen Über- und Unterentlastungen führt, dadurch den Bereich ggf. noch hinnehmbarer „Typisierung" verlässt und deswegen ihrer Ausgestaltung nach Gleichheitsbedenken aufwirft.[4]

D. Besonderheiten bei Mitunternehmerschaften (Abs. 2, 3, Abs. 3, 4 aF)

20 **I. Aufteilungsfragen.** Bei MU'schaften, infolge der Behandlung „wie" ein MU'er aber auch beim phG'ter einer KGaA iSv. § 15 Abs. 1 S. 1 Nr. 3 (s. Rn. 8), soll der gegen die Ges. als GewSt-Schuldnerin (vgl. § 5 Abs. 1 S. 3 GewStG) festgesetzte GewSt-Messbetrag bei den jeweiligen MU'ern nach der Gesetzeskonzeption des § 35 nur anteilig im Verhältnis ihrer Beteiligung berücksichtigt werden (Abs. 2 [Abs. 3 aF]). Der jeweilige GewSt-Messbetrag ist deshalb **aufzuteilen**. Dessen bedarf es auch, wenn an dem betr. MU'er-Anteil ein Nießbrauch bestellt worden ist (s. Rn. 26).[5]

21 **Abs. 2 S. 2 HS 1** (Abs. 3 S. 2 HS 1 aF) bestimmt für diese Aufteilung auf die einzelnen MU'er als Aufteilungsmaßstab bindend den **Anteil** des MU'ers **am Gewinn** der MU'schaft (auch der atypisch stillen Ges.[6]) nach Maßgabe des **allg.** (gesetzlichen oder vertraglichen) **Gewinnverteilungsschlüssels**, gem. **Abs. 2 S. 2 HS 2** (Abs. 3 S. 2 HS 2 aF) allerdings **ohne** Berücksichtigung v. **Vorabgewinnanteilen** und gem. **Abs. 2 S. 3** ohne Einbeziehung solcher MU'er, welche nach einem DBA nicht der deutschen Gewerbebesteuerung unterliegen (Rn. 23). Die Orientierung am allg. Gewinnverteilungsschlüssel typisiert in sachgerechter Weise und bleibt aus Verfassungssicht unbeanstandet[7] (s. aber auch Rn. 11).

22 **Aufteilungsmaßstab.** Diese Bestimmung des Aufteilungsmaßstabs in Abs. 2 (Abs. 3 aF) ist in mehrfacher Hinsicht **nicht zweifelsfrei:** Ihr Ausgangswert ist allein der (positive oder negative) Gewinnanteil des MU'ers. Gemeint ist damit wohl nicht der Gesamtgewinn der MU'schaft gem. § 15 Abs. 1 S. 1 Nr. 2 S. 1 unter Einbeziehung v. Ergänzungs- und Sonderbilanzen, vielmehr nur der in § 15 Abs. 1 S. 1 Nr. 2 S. 1 an erster Stelle genannte **Steuerbilanzgewinn** der PersGes. **Ausgenommen** davon sind zunächst (**1**) kraft ausdrücklicher Anordnung **Vorabgewinne** (Gewinnvorab, Gewinnvoraus). Das sind solche Vergütungen, die dem G'ter aufgrund des Gesellschaftsvertrages (für einen auf gesellschaftsvertraglicher Grundlage erbrachten Beitrag) als Erfolgsbeitrag idR aus dem Steuerbilanzgewinn (und als erhöhten Teil des Gewinnanteils des MU'ers iSv. § 15 Abs. 1 S. 1 Nr. 2 S. 1 HS 1) vorweg zu gewähren sind und die den Steuerbilanzgewinn der PersGes. nicht mindern (s. § 15 Rn. 310),[8] und zwar im Grds. gleichviel, ob ein solcher Erfolgsbeitrag

1 Vgl. *Andrae*, IFSt., Schrift 508/2016, 64.
2 S. *Broer*, DStZ 2016, 208.
3 *Stuhrmann*, FR 2000, 550.
4 Ebenso *Söffing*, DB 2000, 688 (689); **aA** aber die hM, BVerfG v. 15.1.2008 – 1 BvL 2/04, BVerfGE 120, 1 = BGBl. I 2008, 1006; BFH v. 10.9.2015 – IV R 8/13, BStBl. II 2015, 1046; *Schmidt*[37], § 35 Rn. 7.
5 BMF v. 18.1.2013, DStR 2013, 199.
6 BMF v. 12.1.2007, BStBl. I 2007, 108 Rz. 18; v. 15.5.2002, BStBl. I 2002, 533 Rz. 18.
7 BFH v. 9.2.2011 – IV R 37/08, BFH/NV 2011, 1120.
8 BFH v. 11.12.1986 – IV R 222/84, BStBl. II 1987, 553; v. 13.10.1998 – VIII R 4/98, BStBl. II 1999, 284, m. Anm. *HG*, DStR 1999, 105; *Tulloch/Wellisch*, DStR 1999, 1093; *K/S/M*, § 35 Rn. E 24 f.; *Söffing*, Harzburger Prot. 1995, 219 (227 ff.); um einen solchen Vorabgewinn handelt es sich auch bei der Verpflichtung der PersGes., dem G'ter bestimmten Sonderaufwand zu ersetzen (BFH v. 13.7.1993 – VIII R 50/92, BStBl. II 1994, 282 [286]).

fix oder als gewinnabhängig[1] ausgestaltet ist. Die FinVerw.[2] hat sich dem zwischenzeitlich angeschlossen. Zuvor schied sie demgegenüber nur gewinn*un*abhängige Vorabgewinnanteile aus und schlug die gewinnabhängigen Teile dem allg. Gewinnverteilungsschlüssel zu. Ein solches Vorgehen mag zwar der Belastung des betr. begünstigten G'ters mit GewSt und damit dem Entlastungszweck des § 35 eher Rechnung tragen als eine Gleichbehandlung fixer und variabler Vorabgewinne, und es verringert zudem die Gefahr v. Anrechnungsüberhängen,[3] steht mit dem Gesetzeswortlaut, wonach Vorabgewinne unterschiedslos auszublenden sind, indes nicht in Einklang. Außerdem werden Tantiemen gemeinhin in einem Vomhundertsatz des Jahresüberschusses *vor* Steuern, nicht jedoch nach Steuern berechnet, wodurch sich, wie *Neu* aufgezeigt hat,[4] bei Einbeziehung in den Verteilungsschlüssel Belastungsverzerrungen ergeben. Richtigerweise ist deshalb (nur) auf den verbleibenden Restgewinn als Ausgangsgröße abzustellen. Eindeutig zu den Vorabgewinnen gehört die Vorabverzinsung des Kapitalanteils in der Ges.-Bilanz (vgl. § 121 Abs. 1 HGB; s. § 15 Rn. 326).[5] Solange die Gewinnermittlung unberührt bleibt, kann es sich um einen Gewinnvorab und nicht um eine Sondervergütung dann handeln, wenn der Beitrag nicht nur in Gewinn-, sondern gleichermaßen in Verlustjahren erbracht und in einem solchen Jahr zw. den G'tern als Aufwand verrechnet wird.[6] Zu unterscheiden ist im Einzelfall uU in diesem Zusammenhang auch noch zw. (herauszurechnendem) Gewinnvorab und (nicht herauszurechnender) Gewinnbegrenzung.[7] **Ausgenommen** sind gem. § 35 Abs. 2 S. 2 HS 2, § 35 Abs. 3 S. 2 HS 2 aF darüber hinaus (**2**) aber auch – mit Vorabgewinnen grds. gleich zu behandelnde[8] – **Sondervergütungen** iSv. § 15 Abs. 1 S. 1 Nr. 2 S. 1 HS 2 (einschl. Sonderbetriebseinnahmen und -ausgaben aus SBV Abs. 1 und 2), die der MU'er für seine Tätigkeiten erhält, die er der MU'schaft ggü. auf schuldrechtl. Grundlage erbringt, sowie die Ergebnisse aus positiven und negativen **Ergänzungsbilanzen**. Diese beeinflussen den Aufteilungsmaßstab nicht; der damit verbundene Aufwand ist auf alle G'ter entspr. dem Gewinnverteilungsschlüssel aufzuteilen und auf diese Weise zu „sozialisieren". Dies gilt ersichtlich selbst für einen MU'er, der lediglich einen Zwerganteil an der PersGes. innehat und in dementspr. geringem Umfang am Gesamthandsgewinn beteiligt ist, der jedoch beträchtliche Sondervergütungen vereinnahmt, welche ihrerseits als Gewinn iSv. § 7 GewStG der GewSt unterliegen. Trotz dieser gewerbestl. Belastung muss ein solcher MU'er sich mit dem Anteil am GewSt-Messbetrag begnügen, der seinem verhältnismäßigen Gewinnanteil entspricht. Das gilt gleichermaßen für den phG'ter einer KGaA mit gewerblichen Einkünften, der (ganz oder ausschließlich) eine Geschäftsführervergütung oder Vergütungen für die Überlassung v. WG erhält, welche bei der KGaA gem. § 8 Nr. 1 lit. a, d oder e GewStG gewerbestl. Hinzurechnungen auslösen. Durch diese Wirkungen wird das Regelungsziel (entgegen ursprünglicher Absichten[9]) in gleichheitsrechtl. bedenklicher Weise verfehlt; der Aufteilungsschlüssel erweist sich als zu grob und undifferenziert. Diese Bedenken lassen sich weder durch allg. Praktikabilitätserwägungen[10] noch durch den denkbaren Hinweis darauf ausräumen, dass die G'ter sich mittels Ausgleich schaffender Steuerklauseln[11] auf eine inkongruente Gewinnverteilung zugunsten des betr. MU'ers verständigen oder das Sonder-BV ggf. auch auf eine gewerblich geprägte PersGes. (ohne Gewinnrealisierung, vgl. § 6 Abs. 5 S. 3) auslagern können, die das WG sodann zur Nutzung überlässt.[12]

Was den **Gewinnverteilungsschlüssel** anbelangt, gelten die allg. Regeln: Maßgebend sind die gesellschaftsvertraglichen Abmachungen des Verteilungsschlüssels, diese allerdings nur, soweit sie steuerrechtl. anerkannt werden; etwaige steuerrechtl. Korrekturen (zB gem. § 42 Abs. 1 S. 2 AO bei Familien-PersGes.) 23

1 BFH v. 7.4.2009 – IV B 109/08, BStBl. II 2010, 116; *H/H/R*, § 35 Anm. 63; *Lademann*, § 35 Rn. 98; *K/S/M*, § 35 Rn. E 25; FG Berlin-Bdbg. v. 23.10.2007 – 6 K 1332/03 B, EFG 2008, 219; **aA** *Horlemann*, in: Pelka, Unternehmenssteuerreform, 2001, 38 (46 f.), der insoweit zw. Vorabgewinn und Gewinnvoraus unterscheidet und den so verstandenen Gewinnvoraus gem. § 35 begünstigen will.

2 BMF v. 3.11.2016, BStBl. I 2016, 1187 Rz. 22 (s. bereits BMF v. 22.12.2009, BStBl. I 2010, 43, mit meistbegünstigenden Wahlrechten zum Anwendungsübergang und entgegen BMF v. 19.9.2007, BStBl. I 2007, 701 Rz. 21; v. 24.2. 2009, BStBl. I 2009, 440 Rz. 23 f.).

3 *Ritzer/Stangl*, DStR 2002, 1785 (1786 f.).

4 *Neu*, DStR 2003, 1062; s. auch bereits *Neu*, DStR 2002, 1078.

5 BFH v. 3.11.1993 – II R 96/91, BStBl. II 1994, 88; v. 13.10.1998 – VIII R 78/97, BStBl. II 1999, 163.

6 Zutr. *Groh*, ZGR 2000, 870 (882); DStZ 2001, 358; s. auch *Gosch*, StBp. 2001, 212 (214); **aA** BFH v. 23.1.2001 – VIII R 30/99, BStBl. II 2001, 621.

7 BFH v. 5.6.2014 – IV R 43/11, BStBl. II 2014, 695.

8 ZB BFH v. 12.12.1995 – VIII R 59/92, BStBl. II 1996, 219; v. 2.12.1997 – VIII R 15/96, BStBl. II 2008, 174.

9 Vgl. BT-Drucks. 14/2683, 116.

10 Vgl. aber BT-Drucks. 14/2683, 97.

11 *Herzig/Lochmann*, DB 2000, 1728 (1729); *Strahl*, DStR 2000, 1973 (1979); *Neu*, DStR 2000, 1936; vgl. auch *Rödder/Schumacher*, DStR 2000, 1453 (1456); *Autenrieth*, DStZ 1988, 120; BFH v. 3.5.1993 – GrS 3/92, BStBl. II 1993, 616 zum Verlustabzug beim partiellen Unternehmerwechsel; weitergehend *Gl/Gür* GewStG[9], § 5 Rn. 21: zivilrechtl. Ausgleich durch abw. Gewinnverteilung auch ohne Steuerklausel.

12 *Korn/Strahl*, KÖSDI 2000, 12582 (12604); *Korn*, § 35 Rn. 80; *Ritzer/Stangl*, DStR 2002, 1785 (1786).

sind zu berücksichtigen.[1] Auf dieser Grundlage bestimmt sich (idR zum Ende des Wj.) die anteilige Zurechnung des Steuerbilanzgewinns oder -verlusts auf die einzelnen G'ter, und zwar unter Einbeziehung aller G'ter, auch solcher, die dem personalen Anforderungsprofil des § 35 nicht entsprechen und diesem deshalb nicht unterfallen, zB KapGes.[2] Es wird insoweit (in zulässiger Weise) typisiert. Voraussetzung ist lediglich, dass die Verteilungsvereinbarung keine vGA (§ 8 Abs. 3 S. 2 KStG) darstellt. Von dieser Typisierung wird (vom VZ 2004 an) gem. **Abs. 2 S. 3** eine (überobligatorische) Ausnahme für den Fall gemacht, dass an der PersGes. ein ausländ. MU'er beteiligt ist, welcher aufgrund eines DBA nicht der GewSt unterfällt. Der Gesetzgeber sieht es offenbar als unbillig an, wenn der ausländ. MU'er dennoch in die Aufteilung des GewSt-Messbetrages zu Lasten der übrigen MU'er einbezogen wird und deren Anteile an dem GewSt-Messbetrag kürzt. Da aber einerseits die PersGes. GewSt-Schuldnerin ist (vgl. § 5 Abs. 1 S. 3 GewStG) und andererseits die inländ. Betriebsstätten der PersGes. abkommensrechtl. zugleich Betriebsstätten der (sachlich gewstpfl.)[3] G'ter sind, fehlt idR eine DBA-rechtl. Freistellung einzelner MU'er[4] und ist deswegen die praktische Relevanz dieser Ausnahme nicht ersichtlich. Sie erstreckt sich derzeit erkennbar allein auf Betriebsstätten grenzüberschreitender GewBetr. im deutsch-niederländischen Grenzgebiet,[5] für die nach Art. 3 Abs. 4 des 3. Zusatzprotokolls v. 4.6.2004 zum DBA-Niederlande und dem dazu ergangenen TransformationsG v. 15.12.2004[6] ausnahmsweise das Ansässigkeits- und nicht das international abkommensrechtl. übliche Betriebsstättenprinzip Anwendung findet.[7] In jedem Fall und unbeschadet dieser Ausnahme kommt es auf die **tatsächliche** Verteilung des Gewinns iRd. einheitlichen und gesonderten Feststellung der Einkünfte aus GewBetr. nicht an.[8] Der Gewinnverteilungsschlüssel bezieht sich idR, aber vorbehaltlich abw. Abreden, auf die HB und richtet sich in diesem Zusammenhang nach den Festkapitalkonten.[9] Er ist entspr. anzuwenden, wenn der Steuerbilanzgewinn der MU'schaft höher oder niedriger ist als der HB-Gewinn,[10] grds. auch dann, wenn sich aufgrund einer Bp. Mehr- oder Mindergewinne ergeben.[11]

24 (Ausdrückliche oder konkludente) **Änderungen** des vereinbarten Gewinnverteilungsschlüssels sind, sofern sie betrieblich veranlasst sind, estrechtl. und damit auch im Rahmen v. § 35 zu berücksichtigen. Das gilt auch dann, wenn bei der Ges. Buchgewinne aus der Entnahme v. WG entstehen: IdR wird in einem solchen Fall eine Änderung der Gewinnverteilung gegeben sein; der Entnahmegewinn ist allein dem begünstigten G'ter zuzurechnen.[12] (Zivilrechtl. zulässige) Änderungen, die sich auf das abgelaufene Wj. rückbeziehen, bleiben hingegen unbeachtlich.[13] Das betrifft insbes. G'ter, die erst nach Ablauf des Wj. der Ges. beitreten und noch am Gewinn des abgelaufenen Wj. beteiligt werden.[14] Andererseits sind G'ter, die mit oder nach Ablauf des Wj. ausscheiden, am Gewinn zu beteiligen, unabhängig davon, ob der Austritt zivilrechtl. rückbezogen wird.[15] Tritt ein G'ter während des Wj. (**unterjährig**) in die Ges. ein oder scheidet er aus dieser aus, wird oder bleibt er an ihr **zeitanteilig**[16] (mangels gegenläufigen Regelungsbefehls aber nicht abschnittsbezogen analog der Aufteilungsgrundsätze zu § 10a GewStG) entspr. dem allg. Gewinnverteilungsschlüssel[17] und nach Maßgabe für den Fall des Eintritts oder des Ausscheidens des G'ters getroffener Vereinbarungen[18]

1 *Korezkij*, BB 2001, 389 (390).
2 S. BMF v. 3.11.2016, BStBl. I 2016, 1187 Rz. 25f.; v. 24.2.2009, BStBl. I 2009, 440, idF BMF v. 25.11.2010, BStBl. I 2010, 1312 Rz. 27.
3 BFH v. 14.12.1989 – IV R 117/88, BStBl. II 1990, 436; v. 3.5.1993 – GrS 3/92, BStBl. II 1993, 616; v. 25.7.1995 – VIII R 54/93, BStBl. II 1995, 794; v. 12.6.1996 – IV B 133/95, BStBl. II 1997, 82.
4 S. allg. zur Bedeutung der GewSt in DBA *Vogel/Lehner*[6], Art. 2 Rn. 72ff.
5 Nach BT-Drucks. 15/4166, 4 gibt es v. derartigen grenzüberschreitenden Gewerbegebieten „gegenwärtig erst eines"!
6 BGBl. II 2004, 1653.
7 *Möhrle* in W/R/S[2], Rn. 20.118; *Tonner/Duling/Hartmann*, IStR 2007, 497; *Korn*, § 35 Rn. 83.1f.
8 BMF v. 12.1.2007, BStBl. I 2007, 108 Rz. 18; v. 15.5.2002, BStBl. I 2002, 533 Rz. 18; zust. *Korezkij*, BB 2002, 2099 (2100); s. auch *Ritzer/Stangl*, DStR 2002, 1785 (1787).
9 BFH v. 22.5.1990 – VIII R 41/87, BStBl. II 1990, 965.
10 BFH v. 25.2.1991 – GrS 7/89, BStBl. II 1991, 691.
11 BFH v. 24.10.1996 – IV R 90/94, BStBl. II 1997, 241; *K/S/M*, § 15 Rn. E 215.
12 Vgl. zB BFH v. 6.8.1985 – VIII R 280/81, BStBl. II 1986, 17; v. 9.6.1994 – IV R 47/92, IV R 48/92, BFH/NV 1995, 103; anders jedoch, wenn der begünstigte G'ter die stillen Reserven geschenkt erhalten soll: BFH v. 28.9.1995 – IV R 39/94, BStBl. II 1996, 276; diff. *K/S/M*, § 15 Rn. E 145.
13 ZB BFH v. 17.3.1987 – VIII R 293/82, BStBl. II 1987, 558; v. 15.3.2000 – IV B 35/99, BFH/NV 2000, 1185.
14 BFH v. 21.12.1972 – IV R 194/69, BStBl. II 1973, 389.
15 BFH v. 21.12.1972 – IV R 194/69 aaO; BMF v. 12.1.2007, BStBl. I 2007, 108 Rz. 20; v. 15.5.2002, BStBl. I 2002, 533 Rz. 20.
16 BMF v. 3.11.2016, BStBl. I 2016, 1187 Rz. 28; v. 24.2.2009, BStBl. I 2009, 440 Rz. 30; v. 19.9.2007, BStBl. I 2007, 701 Rz. 28ff.; *Neu/Hamacher*, GmbHR 2014, 841; *Dreßler*, DStR 2014, 131 (133); *Schmidt*[37], § 35 Rn. 52; *H/H/R*, § 35 Anm. 65.
17 *U. Förster*, DB 2016, 866.
18 Ausdrücklich BMF v. 15.5.2002, BStBl. I 2002, 533 Rn. 29.

stl. beteiligt,[1] ggf. nach Aufstellung einer entspr. Abschichtungsbilanz.[2] Die neuerlich davon abw. Rechtsauffassung des BFH[3], wonach § 35 typisierend allein auf die fortbestehende StSchuldnerschaft der PersGes. und deshalb stichtagsbezogen allein auf das Ende des Jahres abstelle und der ausgeschiedene G'ter unbeachtet bliebe, beäugt das Problem zu formal, sie überzeugt nicht. Richtiger Ansicht nach beeinflussen Fälle des **G'ter-Wechsels** das Anrechnungsvolumen und können ggf. zu Anrechnungsüberhängen führen. Dadurch bewirkte „Wirkungsunschärfen"[4] sind aus Gründen der Gesetzestypisierung ebenso hinzunehmen wie bei gestalterischen Maßnahmen zu bedenken (zB bei Planung einer vorweggenommenen Erbfolge).[5] Da sich die FinVerw. aber mittlerweile dem BFH angeschlossen hat,[6] sind derartige Überlegungen nunmehr Makulatur. Etwaiges Anrechnungsvolumen aus dem Veräußerungsgewinn ist so zu behandeln wie das Anrechnungsvolumen aus dem lfd. Gewerbeertrag. Das kann in Einzelfällen etliche, systemwidrige Verschiebungen bedingen. Es ist zu empfehlen, solchen Werteverschiebungen „pro-aktiv" zu begegnen, namentlich dadurch, dass solche überhängenden Volumina vermittels einer vertraglichen Steuerklausel entgolten werden.[7] – Ähnliche Überhangeffekte drohen im Falle des Verkaufs v. MU'anteilen infolge v. gem. **§ 7 S. 2 GewStG** stpfl. **Aufgabe- und Veräußerungsgewinnen** des ausscheidenden G'ters; diese führen gem. § 5 Abs. 1 S. 3 GewStG unbeschadet des G'ter-Bezugs bei der PersGes. zu einer Steuerschuld[8] und belassen den regulären Verteilungsschlüssel unbeeinflusst,[9] wirken sich beim Alt-G'ter also nicht aus, laufen indes beim Erwerber häufig leer, weil dieser idR nicht über hinreichende ESt-Belastung aus gewerblichen Einkünften verfügt oder weil es sich hierbei um eine KapGes. handelt.[10] S. auch zu mehrstöckigen MU'schaften Rn. 27. Insoweit sind abw. Verteilungsvereinbarungen stl. unbeachtlich.[11] Bei **Umwandlungsvorgängen** (nach dem UmwStG oder beim Wechsel eines Einzelunternehmens in eine PersGes. oder umgekehrt) wechselt zugleich der GewSt-Schuldner mit entspr. getrennten GewSt-Messbetragsfestsetzungen (vgl. R 11.1 S. 3 GewStR), so dass sich keine Auswirkungen auf die Gewinnverteilung und damit auf die Anrechnung ergeben können.[12] Anders liegen die Dinge jedoch beim **atypisch stillen G'ter**, bei dem der Unternehmensinhaber alleiniger Schuldner der GewSt verbleibt; hier ist so wie beim Eintritt oder Ausscheiden des MU'ers zu verfahren.[13]

Die Aufteilungsberechnung gem. § 35 Abs. 2 S. 2 (§ 35 Abs. 3 S. 2 aF) geht v. dem GewSt-Messbetrag aus, 25
der **tatsächlich** ggü. der MU'schaft festgesetzt wird, also **nach** Anwendung des Freibetrags gem. § 11 Abs. 1 S. 3 GewStG. Der einzelne MU'er partizipiert folglich lediglich anteilig an diesen gewerbestl. Tarifvergünstigungen, da diese nur betriebsbezogen (für jede MU'schaft) gewährt werden. Auch dieser Umstand mindert den für ihn erreichbaren Vorteil der GewSt-Entlastung erheblich.[14] Für den (Sonder-)Fall, dass nur bestimmte Teile des Gewerbeertrags v. der GewSt-Anrechnung profitieren, andere jedoch nicht, soll keine Kürzung um den Freibetrag gem. § 11 Abs. 1 S. 3 GewStG nach Maßgabe eines Meistbegünstigungsschlüssels (s. auch Rn. 11) erfolgen.[15]

Für den Fall der Nießbrauchsbestellung an einem MU'anteil bestimmt sich die Aufteilung – in einem ers- 26
ten Schritt – nach den vorgenommenen Maßstäben, zusätzlich aber – in einem zweiten Schritt – nach

1 ZB BFH v. 17.3.1987 – VIII R 293/82, BStBl. II 1987, 558; v. 18.5.1995 – IV R 125/92, BStBl. II 1996, 5; *K/S/M*, § 15 Rn. E 223 ff.; *Ritzer/Stangl*, DStR 2002, 1785 (1789); **aA** *Korn*, § 35 Rn. 73: Ende der Wj.
2 BMF v. 3.11.2016, BStBl. I 2016, 1187 Rz. 28; v. 12.1.2007, BStBl. I 2007, 108 Rz. 20; v. 15.5.2002, BStBl. I 2002, 533 Rz. 29.
3 BFH v. 14.1.2016 – IV R 5/14, BStBl. II 2016, 875; dazu *Przybilka*, StuB 2016, 509; BFH v. 14.1.2016 – IV R 48/12, BFH/NV 2016, 1024; *Schrade*, FR 2017, 862.
4 *Schmidt*[37], § 35 Rn. 7.
5 Vgl. – mit Beispielsberechnungen – *Neu/Hamacher*, GmbHR 2014, 841 (849 ff.) und – mit Gestaltungsvorschlägen – *Scheifele*, DStR 2006, 253 (259).
6 BMF v. 3.11.2016, BStBl. I 2016, 1187 Rz. 28; s. dazu *Grützner*, StuB 2017, 18 (21); *U. Förster*, DB 2016, 866, dort auch zu weiteren Konsequenzen.
7 Ausf. und weiterführend *Dreßler/Oenings*, DStR 2017, 625.
8 Vgl. BFH v. 28.2.2013 – IV R 33/09, DStR 2013, 1324 mit Anm. *Salzmann* (zu der insoweit vergleichbaren Situation bei § 18 Abs. 3 S. 2 UmwStG, § 18 Abs. 4 S. 2 UmwStG aF).
9 BMF v. 3.11.2016, BStBl. I 2016, 1187 Rz. 33; v. 12.1.2007, BStBl. I 2007, 108 Rz. 20; v. 15.5.2002, BStBl. I 2002, 533 Rz. 24, 29.
10 Vgl. *U. Förster*, DB 2016, 2866; *Rödder*, DStR 2002, 939 (942 f.); krit. auch *Ritzer/Stangl*, DStR 2002, 1785 (1789 f.).
11 *Neu*, DStR 2002, 1078 (1080); *Rödder*, DStR 2002, 939 (943); *Neu/Hamacher*, GmbHR 2014, 841 (850); krit. *Dreßler*, DStR 2014, 131 (134).
12 BMF v. 3.11.2016, BStBl. I 2016, 1187 Rz. 29; v. 24.2.2009, BStBl. I 2009, 440 Rz. 21.
13 Zutr. *Ritzer/Stangl*, DStR 2002, 1785 (1791).
14 Vgl. die Berechnungsmodelle v. *Herzig/Lochmann*, DB 2000, 540 (544).
15 BFH v. 4.12.2014 – IV R 27/11, BStBl. II 2015, 278, m. Anm. *Nöcker*, FR 2015, 426 (für das Zusammentreffen v. nicht begünstigter Tonnagegewinnpauschale gem. § 5a Abs. 1 iVm. Abs. 5 S. 2 einerseits und begünstigten Sondervergütungen gem. § 5a Abs. 4a S. 3 andererseits, s. Rn. 4).

Maßgabe der getroffenen Nießbrauchsvereinbarung. Auf etwaige Entnahmebeschränkungen des MU'ers (Rn. 24) kommt es hierbei nicht an.[1]

27 **II. Verfahrensfragen; mehrstöckige Mitunternehmerschaften.** Der beim einzelnen MU'er (oder beim phG'ter einer KGaA) gem. Abs. 1 S. 1 begünstigungsfähige Anteil am einheitlichen GewSt-Messbetrag ist als Prozentsatz zu ermitteln und mit zwei Nachkommastellen **zu runden (Abs. 2 S. 4**, Abs. 3 S. 3 aF). Der so ermittelte Anteil und der (Gesamt-)Betrag des GewSt-Messbetrags ist v. dem für die Festsetzung des GewSt-Messbetrages **zuständigen Betriebs-FA** (vgl. § 18 AO)[2] der MU'schaft (**Abs. 3 S. 1**, Abs. 4 S. 2 aF) **gesondert und einheitlich** (§ 180 AO) **festzustellen (Abs. 2 S. 1**, Abs. 3 S. 1 aF), ohne dass es einer zusätzlichen besonderen Feststellungserklärung bedürfte. Ob und inwieweit für den Beteiligten tatsächlich die Möglichkeit einer Anrechnung besteht, ist für die Feststellung aus verwaltungspraktischen Gründen selbst dann ohne Bedeutung, wenn dies offenkundig zu verneinen ist.[3] In die Feststellung der Ober-Ges. (oder auch des Einzelunternehmers)[4] sind (ebenso wie gem. § 35 Abs. 1 S. 1 Nr. 1 letzter HS auch bei gewerblichen Unternehmen iSv. § 15 Abs. 1 S. 1 Nr. 1) anteilige GewSt-Messbeträge, die bei **doppel- oder mehrstöckigen Konstruktionen** aus der Beteiligung an einer MU'schaft stammen und die insoweit ihrerseits v. dem zuständigen FA festgestellt worden sind, einzubeziehen, also – unverändert und wiederum unter Anwendung des allg. Gewinnverteilungsschlüssels – hinzuzurechnen (**Durchrechnung auf den „Schluss-G'ter", Abs. 2 S. 5**, Abs. 3 S. 4 aF).[5] Das ist erforderlich, weil sich Gewinnanteile aus entspr. Beteiligungen gem. § 8 Nr. 8, § 9 Nr. 2 GewStG bei dem gegen den G'ter (MU'er) festgesetzten GewSt-Messbetrag nicht auswirken. Dabei ist die Durchrechnung des anteiligen GewSt-Messbetrages der Unter-Ges. unabhängig davon, ob sich bei der Ober-Ges. im Gesamtergebnis ein **negativer Gewerbeertrag** und folglich ein Messbetrag v. 0 ergibt. GewSt-Messbeträge und GewSt-Belastungen infolge v. gewerbestl. Hinzurechnungen bei ansonsten negativen gewerblichen Einkünften wirken sich nunmehr (auch hier, Rn. 12) aus.[6] Auch im Falle einer gem. § 7 S. 2 GewStG gewstpfl. Anteilsveräußerung durch eine PersGes. wird nur der anteilige Gewst-Messbetrag an die jeweilige Ober-Ges. „weitergereicht", obschon die Steuerlast auf den **Veräußerungsgewinn** vollen Umfanges v. der veräußernden Ges. zu tragen ist[7] und deshalb Anrechnungsüberhänge infolge der Unabgestimmtheit der persönlichen Voraussetzungen zw. Anrechnungsvolumen und Anrechnungshöchstbetrag drohen.

28 **Organschaft. Str.** ist, ob es zu der Durchrechnung mit Inanspruchnahme der Steuerermäßigung durch die Schluss-G'ter auch für eine GmbH kommt, welche zum einen **Organ-Ges.** einer PersGes. und zum anderen ihrerseits mitunternehmerisch an einer (außerhalb des Organkreises iSv. §§ 14 ff. KStG stehenden) (Unter-)PersGes. beteiligt ist. ZT wird das bejaht und verfahrensrechtl. aus § 35 Abs. 2 S. 1 und materiellrechtl. aus einer Analogie zu § 35 Abs. 2 S. 5 abgeleitet.[8] Richtigerweise ist die Durchrechnung hier jedoch zu verneinen.[9] Ist Organträger eine natürl. Pers. oder eine PersGes., so ist diesem zwar die Ermäßigung des § 35 zu gewähren; es liegen gewerbl. Einkünfte iSv. Abs. 1 S. 3 vor. Anders liegt es jedoch, wenn Organträger eine KapGes. ist; es kommt dann zu keiner GewSt-Entlastung. Auch für den Fall einer mitunternehmerisch beteiligten KapGes. trifft das G in der beschriebenen Situation der Organschaft keine Ausnahme. Abs. 2 S. 5 ist insoweit abschließenden Charakters und typisiert; das (wohl) nicht zuletzt in Anbetracht anderweitig drohender Schwierigkeiten, zB der (Folge-)Frage, wie zu verfahren wäre, wenn an einen Minderheits-G'ter durch die Organ-Ges. Ausgleichszahlungen geleistet werden.[10]

29 **Weitere Feststellungen.** Gesondert (vgl. § 180 Abs. 1 Nr. 2 lit. b AO) oder gesondert und einheitlich (vgl. § 180 Abs. 1 Nr. 2 lit. a AO) festzustellen sind v. Betriebs-FA außerdem die gewerblichen Einkünfte iSd.

1 BMF v. 18.1.2013, DStR 2013, 199.
2 BMF v. 3.11.2016, BStBl. I 2016, 1187 Rz. 31 f.; v. 24.2.2009, BStBl. I 2009, 440 Rz. 33 f.
3 BFH v. 22.9.2011 – IV R 8/09, DB 2011, 2640; v. 22.9.2011 – IV R 3/10, BStBl. II 2012, 14, mit Anm. *Prinz/Hütig*, StuB 2012, 20.
4 Vgl. FinMin SchlHol. v. 21.7.2011 – VI 307-S 2296a-001, juris.
5 BMF v. 3.11.2016, BStBl. I 2016, 1187 Rz. 25.
6 BMF v. 3.11.2016, BStBl. I 2016, 1187 Rz. 25 (entgegen BMF v. 24.2.2009, BStBl. I 2009, 440, idF BMF v. 25.11.2010, BStBl. I 2010, 1312 Rz. 27); s. dazu krit. *Kortendick/Peters*, DB 2011, 76 (79).
7 BMF v. 3.11.2016, BStBl. I 2016, 1187 Rz. 25 f. (mit Bsp.); *Rödder/Schumacher*, DStR 2002, 933; *Ritzer/Stangl*, DStR 2002, 1785 (1791 f.) mit Hinweisen auf auch steuergünstige Konsequenzen bei Beteiligung einer KapGes. als MU'er.
8 *H/H/R*, § 35 Anm. 47; *Korn*, § 35 Rn. 63; *Korezkij*, GmbHR 2003, 1179 (1180); *Schaumburg/Bäuml*, FR 2010, 1061; *Schmidt*[37], § 35 Rn. 54.
9 BFH v. 22.9.2011 – IV R 3/10, BStBl. II 2012, 14; v. 22.9.2011 – IV R 8/09, BStBl. II 2012, 183; v. 22.9.2011 – IV R 42/09, BFH/NV 2012, 236; FG Saarl. v. 22.2.2017 – 1 K 1459/14, DStRK 2017, 254 Rz. 39 ff. (NZB IV B 16/17); *Kollruss*, DStR 2007, 378 (Gestaltungshinweis zur Einschaltung einer KGaA als Ausweichstrategie); *Lademann*, § 35 Rn. 62; sa. FG Düss. v. 21.4.2015 – 13 K 4163/11 E, EFG 2015, 1374, m. Anm. *Weiss*, IWB 2015, 899.
10 *Frotscher/Geurts*, § 35 Rn. 173: anteilige Kürzung.

§ 35, ggf. Verluste gem. § 16, die nicht in die Ermittlung des Gewerbeertrags einzubeziehen sind,[1] sowie sonstige Begünstigungsausschlüsse (wie zB gem. § 18 Abs. 4 UmwStG)[2] ebenso wie die tatsächlich zu zahlende GewSt, letzteres aber erst v. VZ 2008 an, nachdem mit Abs. 1 S. 2 ein entspr. Anrechnungs-Höchstbetrag geschaffen worden ist. Für die Aufteilung dieser Positionen, insbes. der tatsächlich zu zahlenden GewSt, gelten bei mehrstöckigen Konstruktionen die in Rn. 27 beschriebenen Maßstäbe entspr.[3]

Grundlagenwirkungen. Die jeweiligen Feststellungen gem. § 35 Abs. 2 S. 1, § 35 Abs. 3 S. 1 aF ergehen in 30
mehrstufigen Verwaltungsverfahren (bei vielfach hintereinandergeschalteten Konstruktionen als Verfahrensketten) mit jeweils entspr. **Grundlagenwirkungen** (vgl. § 171 Abs. 10 S. 1 AO): Zum einen stellen sowohl die Festsetzung des GewSt-Messbetrages als auch die Festsetzung des Anteils am GewSt-Messbetrag aus der Beteiligung an einer anderen MU'schaft sowie die GewSt-Festsetzung durch die Gemeinde Grundlagenbescheide für die Ermittlung des anteiligen begünstigungsfähigen GewSt-Messbetrages gem. Abs. 2, 3 aF dar (**Abs. 3 S. 3**, Abs. 4 S. 4 aF). Zum anderen sind die Festsetzung des GewSt-Messbetrages, die Feststellung des Anteils an dem festzusetzenden GewSt-Messbetrag gem. Abs. 2 S. 1 (Abs. 3 S. 1 aF) und die festgestellte tatsächlich zu zahlende GewSt wiederum Grundlagenbescheide für die Ermittlung der Steuerermäßigung nach Abs. 1 (**Abs. 3 S. 2**, Abs. 4 S. 3 aF).[4] Spätere Änderungen der einzelnen Bescheide sind gem. § 175 Abs. 1 S. 1 Nr. 1 AO zu berücksichtigen. Ggf. kann es auf Seiten der FÄ zu auseinander fallenden Zuständigkeiten für die Unter- und die Ober-Ges. gem. § 18 Abs. 1 Nr. 4, § 180 Abs. 1 Nr. 2 lit. a AO kommen.

4. Steuerermäßigung bei Aufwendungen für haushaltsnahe Beschäftigungsverhältnisse und für die Inanspruchnahme haushaltsnaher Dienstleistungen

§ 35a Steuerermäßigung bei Aufwendungen für haushaltsnahe Beschäftigungsverhältnisse, haushaltsnahe Dienstleistungen und Handwerkerleistungen

(1) Für haushaltsnahe Beschäftigungsverhältnisse, bei denen es sich um eine geringfügige Beschäftigung im Sinne des § 8a des Vierten Buches Sozialgesetzbuch handelt, ermäßigt sich die tarifliche Einkommensteuer, vermindert um die sonstigen Steuerermäßigungen, auf Antrag um 20 Prozent, höchstens 510 Euro, der Aufwendungen des Steuerpflichtigen.

(2) [1]Für andere als in Absatz 1 aufgeführte haushaltsnahe Beschäftigungsverhältnisse oder für die Inanspruchnahme von haushaltsnahen Dienstleistungen, die nicht Dienstleistungen nach Absatz 3 sind, ermäßigt sich die tarifliche Einkommensteuer, vermindert um die sonstigen Steuerermäßigungen, auf Antrag um 20 Prozent, höchstens 4 000 Euro, der Aufwendungen des Steuerpflichtigen. [2]Die Steuerermäßigung kann auch in Anspruch genommen werden für die Inanspruchnahme von Pflege- und Betreuungsleistungen sowie für Aufwendungen, die einem Steuerpflichtigen wegen der Unterbringung in einem Heim oder zur dauernden Pflege erwachsen, soweit darin Kosten für Dienstleistungen enthalten sind, die mit denen einer Hilfe im Haushalt vergleichbar sind.

(3) [1]Für die Inanspruchnahme von Handwerkerleistungen für Renovierungs-, Erhaltungs- und Modernisierungsmaßnahmen ermäßigt sich die tarifliche Einkommensteuer, vermindert um die sonstigen Steuerermäßigungen, auf Antrag um 20 Prozent der Aufwendungen des Steuerpflichtigen, höchstens jedoch um 1 200 Euro. [2]Dies gilt nicht für öffentlich geförderte Maßnahmen, für die zinsverbilligte Darlehen oder steuerfreie Zuschüsse in Anspruch genommen werden.

(4) [1]Die Steuerermäßigung nach den Absätzen 1 bis 3 kann nur in Anspruch genommen werden, wenn das Beschäftigungsverhältnis, die Dienstleistung oder die Handwerkerleistung in einem in

1 BMF v. 3.11.2016, BStBl. I 2016, 1187 Rz. 32.

2 BFH v. 15.4.2010 – IV R 5/08, BStBl. II 2010, 912, mit Anm. *Wendt*, FR 2011, 38; v. 28.5.2015 – IV R 27/12, BStBl. II 2015, 837 (dort zu den Besonderheiten einer Organschaft); v. 24.9.2015 – IV R 30/13, DStR 2015, 2660.

3 BMF v. 3.11.2016, BStBl. I 2016, 1187 Rz. 31; v. 24.2.2009, BStBl. I 2009, 440, idF BMF v. 25.11.2010, BStBl. I 2010, 1312 Rz. 27 f. (mit Bsp.); zu den beträchtlichen Schwierigkeiten und zT Ungereimtheiten bei der praktischen Umsetzung der hiernach gebotenen Aufteilung insbes. bei solchen mehrstöckigen Strukturen s. *Richter/Dorn*, DB 2018, 2196 (2197); *Hoheisel*, StuB 2017, 896; *Böwing-Schmalenbrock*, DStZ 2018, 86; *Paus*, FR 2018, 16.

4 BMF v. 3.11.2016, BStBl. I 2016, 1187 Rz. 11; v. 24.2.2009, BStBl. I 2009, 440 Rz. 11.

der Europäischen Union oder dem Europäischen Wirtschaftsraum liegenden Haushalt des Steuerpflichtigen oder – bei Pflege- und Betreuungsleistungen – der gepflegten oder betreuten Person ausgeübt oder erbracht wird. [2]In den Fällen des Absatzes 2 Satz 2 zweiter Halbsatz ist Voraussetzung, dass das Heim oder der Ort der dauernden Pflege in der Europäischen Union oder dem Europäischen Wirtschaftsraum liegt.

(5) [1]Die Steuerermäßigungen nach den Absätzen 1 bis 3 können nur in Anspruch genommen werden, soweit die Aufwendungen nicht Betriebsausgaben oder Werbungskosten darstellen und soweit sie nicht als Sonderausgaben oder außergewöhnliche Belastungen berücksichtigt worden sind; für Aufwendungen, die dem Grunde nach unter § 10 Absatz 1 Nummer 5 fallen, ist eine Inanspruchnahme ebenfalls ausgeschlossen. [2]Der Abzug von der tariflichen Einkommensteuer nach den Absätzen 2 und 3 gilt nur für Arbeitskosten. [3]Voraussetzung für die Inanspruchnahme der Steuerermäßigung für haushaltsnahe Dienstleistungen nach Absatz 2 oder für Handwerkerleistungen nach Absatz 3 ist, dass der Steuerpflichtige für die Aufwendungen eine Rechnung erhalten hat und die Zahlung auf das Konto des Erbringers der Leistung erfolgt ist. [4]Leben zwei Alleinstehende in einem Haushalt zusammen, können sie die Höchstbeträge nach den Absätzen 1 bis 3 insgesamt jeweils nur einmal in Anspruch nehmen.

Verwaltung: BMF v. 9.11.2016, BStBl. I 2016, 1213 – Anwendungsschreiben zu § 35a EStG.

Literatur: *Both, R./Both, D.*, Haushaltsnahe Dienstleistungen und Betriebskosten und der Wechsel von der Eigenleistung zur Fremdvergabe, ZMR 2015, 912; *Bruschke*, Umbaumaßnahmen als Handwerkerleistungen iSd. § 35a EStG?, DStZ 2015, 313; *Dreßler*, Erbringen von Dienstleistungen nach dem deutschen und internationalen Steuerrecht, StBp. 2018, 35; *Fischer, P.*, Erd- und Pflanzarbeiten im Garten als Handwerkerleistung – Anm. zu BFH v. 13.7.2011 – VI R 61/10, jurisPR-SteuerR 9/2012, Anm. 3; *Fischer, P.*, BMF Schr. v. 15.2.2010, jurisPR-SteuerR 14/2010, Anm. 1; *Geserich*, Erweiterung der Steuerermäßigung für haushaltsnahe Dienst- und Handwerkerleistungen gem. § 35a EStG, DB 2017, 152; *Körper*, Steuerermäßigung bei Aufwendungen für haushaltsnahe Beschäftigungsverhältnisse und die Inanspruchnahme haushaltsnaher Dienstleistungen (§ 35a EStG), DStR 2017, 238; *Nolte, A. M.*, Erweiterung der Steuerermäßigung für haushaltsnahe Dienst- und Handwerkerleistungen gem. § 35a EStG, DB 2017, 152; *Nolte, A. M.*, Haushaltsnahe Dienstleistungen und haushaltsnahe Beschäftigungsverhältnisse, NWB 2017, 121; *Schlenk*, Das Tatbestandsmerkmal „in" einem Haushalt iSd. § 35a EStG, DStR 2016, 781; *Schmidbauer, W.*, Neue Regelungen für Minijobs, Midijobs, Haushaltshilfen 2013, 20. Aufl. 2013.

A. Grundaussagen der Vorschrift

1 Auf das **BMF-Schreiben** v. 9.11.2016, BStBl. I. 2016, 1213, wird Bezug genommen. Dieses Schr. enthält ua. eine detaillierte Erläuterung der gesetzlichen Tatbestandsmerkmale – insbes. Haushalt und dessen räumlicher Umfang, nicht inländischer Haushalt, haushaltsnahe Beschäftigungsverhältnisse und Dienstleistungen, Handwerkerleistungen, Anspruchsberechtigte (ArbG, Auftraggeber, Wohnungseigentümergemeinschaft) – und einen umfangreichen Katalog begünstigter und nicht begünstigter haushaltsnaher Dienstleistungen und Handwerkerleistungen mit Anwendungsregelung. Die Steuerermäßigung kann auf der LSt-Karte eingetragen werden (§ 39a Abs. 1 Nr. 5 lit. c). Der transnationale Geltungsbereich ist in **§ 35a Abs. 4** geregelt.[1] Die Aufwendungen – auch Kinderbetreuungskosten – dürfen nicht als WK/BA/SA (insoweit redaktionelle Berichtigung durch das JStG 2010) oder als ag. Belastung abziehbar sein (§ 35a Abs. 5 S. 1) oder unter § 10 Abs. 1 Nr. 5 fallen.[2] Nimmt der StPfl. § 33b in Anspr., ist § 35a Abs. 5 Satz 1 nicht anwendbar, soweit die Aufwendungen mit dem Behinderten-Pauschbetrag abgegolten sind.[3] Werden **Pflegeaufwendungen** nach § 33 als ag. Belastungen geltend gemacht, ist die Steuerermäßigung des § 35a für den Anteil der Aufwendungen zu gewähren, der nach § 33 Abs. 3 nicht vom Gesamtbetrag der Einkünfte abgezogen werden kann.[4] Entsteht bei einem Steuerpflichtigen infolge der Inanspruchnahme der Steuerer-

1 BMF v. 9.11.2016, BStBl. I 2016, 1213 Rz. 8, 14, 18 – Beschäftigungsverhältnisse in nicht inländischen Haushalten.

2 BMF v. 9.11.2016, BStBl. I 2016, 1213 Rz. 31 ff.

3 BFH v. 5.6.2014 – VI R 12/12, BStBl. II 2014, 970; BMF v. 9.11.2016, BStBl. I 2016, 1213 Rz. 33; FG BaWü. v. 30.11.2016 – 2 K 2338/15, juris (NZB VI B 13/17). Dies gilt nicht bei der Übertragung eines dem Kind zustehenden Pauschbetrags nach § 33b Abs. 5.

4 BFH v. 5.6.2014 – VI R 12/12, BStBl. II 2014, 970; BMF v. 9.11.2016, BStBl. I 2016, 1213 Rz. 32; *Geserich*, jurisPR-SteuerR 4/2018 Anm. 2.

mäßigung nach § 35a ein sog. Anrechnungsüberhang, kann der StPfl. weder die Festsetzung einer negativen ESt iH dieses Anrechnungsüberhangs noch die Feststellung einer rück- oder vortragsfähigen Steuerermäßigung beanspruchen.[1]

„**Beschäftigte Person**" kann jede iSd. § 19 Abs. 1 Nr. 1, § 1 LStDV (abw. sozialrechtl. Beurteilung ist unerheblich) nichtselbständig[2] tätige Pers. sein; auch – unter den allg. Voraussetzungen einer stl. Anerkennung des Vertragsverhältnisses – ein naher Angehöriger, idR ein solcher mit eigenem Hausstand,[3] mit Ausnahme des Ehegatten (arg. §§ 1360, 1356 Abs. 1 BGB), eines im Haushalt lebenden Gefährten und des Partners einer nichtehelichen Lebensgemeinschaft, insbes. wenn dessen eigenes Kind betreut wird.[4] Denn nicht ein zivilrechtl. Vertrag, sondern die persönliche Beziehung („innere Bindung") der Partner ist Grundlage dieses gemeinsamen Haushaltens.[5] Der leibliche Elternteil ist ohnehin zur Versorgung des Kindes verpflichtet. Keine „beschäftigte Person" ist wegen § 1619 BGB idR ein im Haushalt lebendes Kind.[6] Das Beschäftigungsverhältnis muss dem zw. Fremden Üblichen entsprechen (Fremdvergleich). Begünstigt ist der ArbG oder Auftraggeber, auch der Mieter/unentgeltliche Nutzer einer Wohnung[7] und Wohnungseigentümergemeinschaften.[8] 2

Begünstigte Aufwendungen[9] sind nur „Arbeitskosten", insbes. der Bruttoarbeitslohn bzw. das Arbeitsentgelt, die v. StPfl. getragenen SozVers.beiträge, nicht das Entgelt für verwendetes Material oder sonstige in diesem Zusammenhang gelieferte WG (**Abs. 5 S. 2**).[10] Der Anteil der Arbeitskosten muss in der Rechnung gesondert ausgewiesen werden, nicht hingegen die USt auf die Arbeitskosten.[11] Nicht abziehbar sind Aufwendungen, soweit sie durch eine Versicherung erstattet werden.[12] 3

B. Beschäftigungsverhältnisse (Abs. 1 und 2)

Nach allg. Grundsätzen kann der StPfl. (nat. Pers.) Aufwendungen (Barlohn und nach § 8 Abs. 2 zu bewertender Sachlohn, übernommene LSt) für Personal im Haushalt – uU auch bei Aufnahme eines Au-pairs[13] – auch dann nicht absetzen, wenn dadurch die Erzielung v. Einkünften ermöglicht wird (s. auch § 9 Tz. 20ff.; weitere **Konkurrenzen:**[14] behinderungsbedingte Mehraufwendungen § 33b; § 33 Abs. 2 S. 2). Fallen Kinderbetreuungskosten unter §§ 9 Abs. 5 S. 1 bzw. § 10 Abs. 1 Nr. 5 oder 8, kommt ein Abzug nach § 35a nicht in Betracht.[15] Ein zulässiger Abzug als BA/WK, als SA oder als ag. Belastung hat Vorrang vor dem Abzug nach § 35a (Rn. 1).[16] Bei gemischten Aufwendungen ist schätzweise Aufteilung möglich.[17] Kein SA-Abzug, soweit der StPfl. gem. § 3 Nr. 11a, 36 stfrei Pflegegeld erhält. Nicht abziehbar sind Aufwendungen für die eine Haushaltshilfe vermittelnde Agenturleistung.[18] 4

---

1 BFH v. 29.2.2009 – VI R 44/08, BStBl. II 2009, 411 = FR 2009, 822 m. Anm. *Bergkemper*.
2 BFH v. 28.2.1996 – X B 151/95, BFH/NV 1996, 671 – nicht begünstigt sind Zahlungen an die Arbeiterwohlfahrt für die stundenweise Überlassung einer Haushaltshilfe.
3 BFH v. 27.10.1978 – VI R 166, 173, 174/76, BStBl. II 1979, 80; vgl. H 33a.3 EStH – „Angehörige".
4 BFH v. 19.5.1999 – XI R 120/96, BStBl. II 1999, 764 = FR 1999, 1190 m. Anm. *Wendt*; BMF v. 9.11.2016, BStBl. I 2016, 1213 Rz. 9f.
5 Vgl. BFH v. 30.1.1996 – IX R 100/93, BStBl. II 1996, 359 = FR 1996, 392; FG München v. 16.6.1998 – 16 K 3205/95, EFG 1998, 1392 – Mietvertrag. Nach Auffassung des BMF fehlt es an dem für Beschäftigungsverhältnisse typischen Über- und Unterordnungsverhältnis; BMF v. 10.1.2014, BStBl. I 2014, 75 Tz. 4.
6 Vgl. auch BMF v. 9.11.2016, BStBl. I 2016, 1213 Rz. 5f.
7 BMF v. 9.11.2016, BStBl. I 2016, 1213 Rz. 27 – Nachweis.
8 Großzügig BMF v. 9.11.2016, BStBl. I 2016, 1213 Rz. 27 – Nachweis und Anwendungsregelung; FG BaWü. v. 20.11.2012 – 11 K 838/10, EFG 2013, 525 – zum Zeitpunkt der Inanspruchnahme der Steuerermäßigung bei Wohnungseigentümern.
9 Ausf. zum Umfang der begünstigten Aufwendungen (Material-, Arbeitskosten, Versicherungsleistungen, vor allem Leistungen aus der Pflegeversicherung mit umfangreichen Beispielen) BMF v. 9.11.2016, BStBl. I 2016, 1213 Rz. 36ff. – Umfang der begünstigten Aufwendungen, Tz. 44ff., 49f. – Nachweis.
10 BMF v. 9.11.2016, BStBl. I 2016, 1213 Rz. 39f.
11 BMF v. 9.11.2016, BStBl. I 2016, 1213 Rz. 40.
12 FG Münster v. 6.4.2016 – 13 K 136/15 E, juris (NZB VI B 53/16); Anm. *Dürr*, jurisPR-SteuerR 31/2016 Anm. 5.
13 BMF v. 9.11.2016, BStBl. I 2016, 1213 Rz. 35.
14 *Myßen*, NWB Fach 6, 11249f.; FG Nds. v. 23.4.2013 – 15 K 181/12, EFG 2013, 1341: Aufwendungen für die Beschäftigung einer Haushaltshilfe sind auch bei Behinderten ab dem VZ 2009 nur noch nach Maßgabe des § 35a abziehbar.
15 S. auch BMF v. 9.11.2016, BStBl. I 2016, 1213 Rz. 28ff.; ausf. zu Kinderbetreuungskosten OFD Mgdb. v. 26.7.2010 – S 2221-84-St 226.
16 BMF v. 9.11.2016, BStBl. I 2016, 1213 Rz. 31ff.
17 So auch BMF v. 9.11.2016, BStBl. I 2016, 1213 Rz. 31, 35, betr. Aufnahme v. Au-pairs. Zu gemischten Aufwendungen zB für eine Reinigungskraft, die auch das beruflich genutzte Arbeitszimmer reinigt.
18 FG Köln v. 21.10.2015 – 3 K 2253/13, EFG 2016, 621.

5 Das Anstellungsverhältnis muss eine **geringfügige Beschäftigung** iSd. § 8a SGB IV sein; der StPfl. muss am **Haushaltsscheckverfahren** als vereinfachtem Anmeldeverfahren teilnehmen (§§ 8, 8a SGB IV).[1] Wegen der Einzelheiten wird auf die umfänglichen Informationen auf der homepage **www.minijob-zentrale.de** verwiesen.

6 Durch das **FamLeistG** sind die früheren stl. Regelungen zu haushaltsnaher sozialversicherungspflichtiger Beschäftigung und zu haushaltsnahen Dienstleistungen (die nicht Handwerkerleistungen iSv. § 35a Abs. 3 sind) einschl. Pflege- und Betreuungsleistungen, die bisher in mehreren gesonderten Tatbeständen erfasst waren (ua. § 33a Abs. 3), in **§ 35a Abs. 2** zusammengefasst worden (soweit nicht Abs. 1 einschlägig ist). Die Förderung wurde ausgeweitet auf einheitlich 20 % der Aufwendungen v. bis zu 20 000 Euro, höchstens 4 000 Euro pro Jahr.[2] Durch die Einbeziehung des bisherigen § 33a Abs. 3 erfolgt eine zusätzliche Förderung der Pflege- und Betreuungsleistungen; der Abzug v. der Steuerschuld ist unabhängig v. individuellen Steuersatz.

C. Haushaltsnahe Beschäftigungsverhältnisse und Dienstleistungen (Abs. 1 und 2)

7 Die Steuerermäßigung nach **Abs. 2 S. 1** wird für die zu Tz. 4 ff. umschriebenen haushaltsnahen Dienstleistungen gewährt, die nicht im Rahmen eines Arbverh., sondern **steuerrechtl. selbständig** erbracht werden und nicht zu den handwerklichen Leistungen iSv. Abs. 3 gehören. Es sind solche, die gewöhnlich durch Mitglieder des privaten Haushalts erledigt werden und für die eine Dienstleistungsagentur oder ein selbständiger Dienstleister in Anspr. genommen wird. Eine beispielhafte Aufzählung begünstigter und nicht begünstigter Dienstleistungen enthält Anlage 1 zum BMF-Schr. v. 9.11.2106.[3] Die geförderten „haushaltsnahen Dienstleistungen" (sinnverwandt: „hauswirtschaftlich"[4]), die auch Gegenstand eines haushaltsnahen Beschäftigungsverhältnisses sein können, sind solche, die eine hinreichende Nähe zur Haushaltsführung haben bzw. damit iZ stehen.[5] Sie umfassen die gesamte **Haushaltsführung** (§ 1356 Abs. 1 BGB), auch bei Führen eines eigenen und abgeschlossenen Haushalts[6] in einem Heim[7] (s. zu § 35a Abs. 2 S. 2 Alt. 2 Rn. 7b)[8] oder einem Wohnstift,[9] insbes. das Wirtschaften im Haushalt iSv. Tätigkeiten, die gewöhnlich durch Mitglieder des privaten Haushalts erledigt werden,[10] in regelmäßigen (kürzeren) Abständen anfallen (vgl. auch § 8a S. 2 SGB IV) und im **Haushalt**[11] (= Wirtschaftsführung[12] in der Wohnung als räumlicher Bereich des Haushalts[13]) – für die Haushaltung oder die Haushaltsmitglieder – erbracht werden. Der Begriff des Haushalts ist räumlich-funktional auszulegen.[14] Die Steuerermäßigung nach § 35a beschränkt sich nicht auf Leistungen, die genau innerhalb der räumlichen Grenzen des zu eigenen Wohnzwecken genutzten Grundstücks erbracht werden.[15] Nicht begünstigt sind entgegen der hM[16] mangels Nähe zum

---

1 BMF v. 9.11.2016, BStBl. I 2016, 1213 Rz. 6 f. – Wohnungseigentümergemeinschaften und Vermieter können im Rahmen ihrer Vermietertätigkeit nicht am Haushaltsscheckverfahren teilnehmen. Zu nicht inländ. Haushalten BMF v. 9.11.2016, BStBl. I 2016, 1213 Rz. 8.

2 BT-Drucks. 16/10809, 10, 15.

3 BMF v. 9.11.2016, BStBl. I 2016, 1213.

4 Ebenso BFH v. 6.5.2010 – VI R 4/09, BFH/NV 2010, 1899; hierzu *Bergkemper*, jurisPR-SteuerR 44/2010 Anm. 4.

5 BFH v. 27.6.2007 – II R 39/05, BStBl. II 2007, 783 = FR 2008, 149 = BFH/NV 2007, 1024; v. 29.1.2009 – VI R 28/08, FR 2009, 771 m. Anm. *Bergkemper* = BFH/NV 2009, 823; v. 20.3.2014 – VI R 55/12, BStBl. II 2014, 880 = FR 2014, 947; FG BaWü. v. 8.3.2012 – 6 K 4420/11, EFG 2012, 1266 mwN; BMF v. 9.11.2016, BStBl. I 2016, 1213 Rz. 12 ff.

6 Ausf. zum Begriff „Haushalt des StPfl." BMF v. 9.11.2016, BStBl. I 2016, 1213 Rz. 1 ff., dort auch zum räumlichen Zusammenhang, zum Wohnungswechsel und zum Wohnen im Alten-/Pflegeheim und Wohnstift.

7 BMF v. 9.11.2016, BStBl. I 2016, 1213 Rz. 4, 14 ff., 28 ff. (zur Frage der Anspruchsberechtigung); OFD Kobl. v. 24.2. 2010 – S 2296b A - St 32 3.

8 Zum Begriff des Heims FG Nürnb. v. 13.2.2014 – 6 K 1026/13, EFG 2014, 1312 (rkr.), betr. Betreuungspauschale für betreutes Wohnen in einer Seniorenresidenz.

9 BFH v. 29.1.2009 – VI R 28/08, FR 2009, 771 m. Anm. *Bergkemper* = BFH/NV 2009, 823. S. auch BMF v. 9.11.2016, BStBl. I 2016, 1213 Rz. 4, 15, 17.

10 FG Nürnb. v. 11.11.2016 – 4 K 172/15, juris: zu Recht verneint für Hufschmied.

11 Ausf. BMF v. 9.11.2016, BStBl. I 2016, 1213 Rz. 1 ff.

12 Zum Rechtsbegriff „Haushalt" BFH v. 1.2.2007 – VI R 77/05, BStBl. II 2008, 760 = FR 2007, 610; ausf. BMF v. 9.11. 2016, BStBl. I 2016, 1213 Rz. 3 ff.

13 BFH v. 14.7.2007 – VI R 60/05, FR 2007, 1120 m. Anm. *Bergkemper* = BStBl. I 2007, 890.

14 BFH v. 20.3.2014 – VI R 55/12, BStBl. II 2014, 880 = FR 2014, 947; v. 3.9.2015 – VI R 18/14, BStBl. II 2016, 272 mwN.

15 BFH v. 20.3.2014 – VI R 56/12, BFH/NV 2014, 1148 betr. Aufwendungen für einen Hausanschluss; Anm. *Pfützenreuter*, jurisPR-SteuerR 29/2014 Anm. 4; BMF v. 9.11.2016 – BStBl. I 2016, 1213, Anlage 1 „Hausanschlüsse an Ver- und Entsorgungsnetze".

16 FG Berlin-Bdbg. v. 15.4.2015 – 11 K 11018/15, EFG 2015, 1281 m. Anm. *Lemaire* (rkr.); sehr weitgehend FG Nürnb. v. 24.6.2015 – 7 K 1356/14, EFG 2016, 294 (rkr.), betr. Arbeitskosten iZ mit der Straßenerneuerung.

Haushalt die Fertigung in der Betriebsstätte des Handwerkers[1] und der Erschließungsbeitrag für Straßenausbau[2], Anliegerbeiträge[3], die Herstellung einer öffentlichen Mischwasserleitung[4]. Es muss sich um Leistungen handeln, die im unmittelbaren räumlichen Zusammenhang zum Haushalt durchgeführt werden und dem Haushalt dienen. Zur Haushaltsführung gehört auch das Bewirtschaften v. Zubehörräumen und Außenanlagen.[5] Hierzu gehören umfassende Dienstleistungen iSd. VO über die Berufsausbildung zum Hauswirtschafter,[6] insbes. Reinigung/Pflege v. Wohnung und Wäsche, Einkauf v. Waren für den Haushalt und Zubereitung v. Mahlzeiten,[7] Aufwendungen für ein Notrufsystem, das innerhalb einer Wohnung iRd. „betreuten Wohnens" eine Hilfeleistung rund um die Uhr sicherstellt;[8] Gartenpflege (Rasenpflege, Heckenschneiden),[9] die Betreuung einer Hauskatze und anderer Haustiere,[10] der Winterdienst auf öffentlichen Gehwegen,[11] die Pflege, Versorgung und Betreuung v. Kindern (sofern die Aufwendung nicht dem Grunde nach gem. §§ 9 Abs. 5 S. 1 oder § 10 Abs. 1 Nr. 5, 8 abziehbar sind), Kranken, alten und pflegebedürftigen Pers., v. Umzugsspeditionen durchgeführte Umzüge für Privatpersonen.[12] Die Steuerermäßigung kann auch für Erd- und Pflanzarbeiten im Garten eines selbst bewohnten Hauses zu gewähren sein, unabhängig davon, ob der Garten neu angelegt oder ein naturbelassener Garten umgestaltet wird.[13] Zweifelh. ist die Abziehbarkeit von Kosten für eine von der öffentlichen Hand durchgeführte Straßenreinigung.[14] Ausf. Details in der Anlage zum BMF-Schr. v. 9.11.2016, BStBl. I 2016, 1213.

7a **Nicht gefördert** werden Tätigkeiten, die zwar im Haushalt des StPfl. ausgeübt werden, aber keinen Bezug zur Hauswirtschaft haben,[15] sowie solche, die außerhalb des Haushalts – zB in der Werkstatt des Handwerkers[16] – ausgeübt oder erbracht werden, zB die Grabpflege;[17] ferner nicht die Tätigkeiten als Chauffeur, Hausdame, Sekretär/in, die Inanspruchnahme eines Party-Service (weil bei Letzterem die Lieferung v. Ware im Vordergrund steht), gleichfalls nicht personenbezogene Dienstleistungen wie Frisör- und Kosmetikleistungen;[18] ferner nicht Tierarztkosten für die Behandlung von Pferden.[19] Begünstigt ist die Inanspruchnahme hausnaher Tätigkeiten über Dienstleistungen, sofern sie nicht die bei Haumeistern üblichen Dienste überschreiten, zB Hausmeister-, Gartenpflege- und kleinen Reparaturarbeiten.[20] Hierzu gehören regelmäßig auch handwerkliche Tätigkeiten in der zu eigenen Wohnzwecken genutzten Wohnung bzw. dem Haus des StPfl., wenn es sich um Schönheitsreparaturen oder kleine Ausbesserungsarbeiten handelt; Handwerkerleistungen, die im Regelfall nur v. Fachkräften durchgeführt werden können, fallen dagegen nicht unter den Begriff der haushaltsnahen Dienstleistung.[21] Nicht zu den haushaltsnahen Dienstleistungen gehören die handwerklichen Leistungen iSd. § 35a Abs. 3. Die Kosten der Müllabfuhr sind nicht abziehbar.[22]

1 FG Nürnb. v. 4.8.2017 – 4 K 16/17, EFG 2017, 1447; FG RhPf. v. 6.7.2016 – 1 K 1252/16, EFG 2016, 1350.
2 FG Berlin-Bdbg. v. 27.10.2017 – 3 K 3130/17, EFG 2018, 42 (Rev. VI R 50/17).
3 FG RhPf. v. 18.10.2017 – 1 K 1650/17, juris (rkr.).
4 BFH v. 21.2.2018 – VI R 18/16, BFHE 261, 42 = BFH/NV 2018, 855, Anm. *Geserich*, jurisPR-SteuerR 28/2018 Anm. 4.
5 BMF v. 9.11.2016, BStBl. I 2016, 1213 Rz. 15.
6 V. 14.8.1979, BGBl. I 1979, 1435; in dieser Hinsicht zust. BFH v. 29.1.2009 – VI R 28/08, FR 2009, 771 m. Anm. *Bergkemper* = BFH/NV 2009, 823.
7 BMF v. 9.11.2016, BStBl. I 2016, 1213 Rz. 5. „Essen auf Rädern" ist nicht begünstigt, s. FG Münster v. 15.7.2011 – 14 K 1226/10 E, EFG 2012, 126.
8 BFH v. 3.9.2015 – VI R 18/14, BStBl. II 2016, 272; Anm. *Geserich*, jurisPR-SteuerR 11/2016 Anm. 3.
9 BMF v. 9.11.2016, BStBl. I 2016, 1213 Rz. 1, 15, 17, 37, Anlage „Gartenpflegearbeiten".
10 BFH v. 3.9.2015 – VI R 13/15, BStBl. II 2016, 47; Anm. *Geserich*, jurisPR-SteuerR 3/2016 Anm. 3; zum „Hundegassi-Service" FG Hess. v. 1.2.2017 – 12 K 902/16, EFG 2017, 1446 (NZB VI B 25/17).
11 BFH v. 20.3.2014 – VI R 33/12, BFH/NV 2014, 1147; Anm. *Bergkemper*, jurisPR-SteuerR 35/2014 Anm. 3; *Geserich*, NWB 2014, 1930; zur Vorinstanz *Wüllenkemper*, EFG 2013, 52.
12 BT-Drucks. 16/643, 10; BMF v. 9.11.2016, BStBl. I 2016, 1213 Anlage 1 „Umzugsdienstleistungen".
13 BFH v. 13.7.2011 – VI R 61/10, BStBl. II 2012, 232 = FR 2012, 182; *P. Fischer*, jurisPR-SteuerR 9/2012 Anm. 3.
14 Bej. FG Berlin-Bdbg. v. 27.7.2017 – 12 K 12040/17, juris (Rev. VI R 4/18).
15 BFH v. 1.2.2007 – VI R 77/05, BStBl. II 2007, 760 = FR 2007, 610; v. 1.2.2007 – VI R 74/05, BFH/NV 2007, 900: Die Renovierung einer Hausfassade oder eines Bades ist keine haushaltnahe Dienstleistung.
16 FG München v. 24.10.2011 – 7 K 2544/09, DStRE 2012, 1118; hierzu *Günther*, GStB 2012, 76: „Steuerfalle" Werkstattleistungen; FG RhPf. v. 6.7.2016 – 1 K 1252/16, EFG 2016, 1350; FG Nürnb. v. 4.8.2017 – 4 K 16/17, EFG 2017, 1447 (rkr.); **aA** FG SachsAnh. v. 26.2.2018 – 1 K 1200/17, EFG 2018, 1270 (Rev. VI R 7/18).
17 FG Nds. v. 25.2.2009 – 4 K 12315/06, EFG 2009, 761; v. 23.4.2013 – 15 K 181/12, EFG 2013, 1342 – betr. Arbeiten am Grabstein (rkr.).
18 BMF v. 9.11.2016, BStBl. I 2016, 1213 Rz. 12 und Anlage 1 „Beispielhafte Aufzählung".
19 FG Nürnb. v. 4.10.2012 – 4 K 1065/12, EFG 2013, 224 (rkr.).
20 BFH v. 29.1.2009 – VI R 28/08, FR 2009, 771 m. Anm. *Bergkemper* = BFH/NV 2009, 823.
21 BFH v. 29.1.2009 – VI R 28/08, FR 2009, 771 m. Anm. *Bergkemper* = BFH/NV 2009, 823.
22 FG Köln v. 26.1.2011 – 4 K 1483/10, EFG 2011, 978 m. Anm. *Trossen*; BMF v. 9.11.2016, BStBl. I 2016, 1213 Anlage 1 „Müllabfuhr".

7b Die Steuerermäßigung kann unter den Voraussetzungen des **Abs. 2 S. 2** auch in Anspr. genommen werden für die Aufwendungen für **Pflege- und Betreuungsleistungen** insbes. von kranken, alten oder pflegebedürftigen Pers. sowie für Aufwendungen, die wegen der **Unterbringung in einem Heim oder zur dauernden Pflege** erwachsen, soweit darin – die allgemeinen Unterbringungskosten übersteigende – Aufwendungen für Dienstleistungen enthalten sind, die mit denen einer Hilfe im Haushalt vergleichbar sind.[1] Eine Personenidentität zw. StPfl. und gepflegter oder betreuter Person ist nicht erforderlich.[2] Die Feststellung und der Nachweis einer Pflegebedürftigkeit oder der Bezug von Leistungen der Pflegeversicherung sind nicht erforderlich.[3] Es müssen Dienstleistungen zur Grundpflege, dh. zur unmittelbaren Pflege am Menschen (Körperpflege, Ernährung und Mobilität) oder zur Betreuung in Anspr. genommen werden.[4] Die Steuerermäßigung steht auch den Angehörigen v. Pers. mit Pflege- oder Betreuungsbedarf zu, wenn sie für **Pflege- und Betreuungsleistungen**[5] aufkommen, die im Haushalt des StPfl. oder im Haushalt der gepflegten oder betreuten Pers. durchgeführt werden; damit soll das diesbezügliche Engagement v. Angehörigen anerkannt werden. Nach Auffassung des BMF[6] ist das Vorhandensein eines eigenen Haushalts im Heim oder am Ort der dauernden Pflege nicht erforderlich. Die Leistungen der Pflegeversicherung – wie auch iÜ Versicherungsleistungen[7] – sind anzurechnen. Personenbezogene Dienstleistungen können zu den Pflege- und Betreuungsleistungen gehören, wenn sie im Leistungskatalog der Pflegeversicherung aufgeführt sind.[8] Das Beschäftigungsverhältnis muss zw. dem StPfl. und der Haushaltshilfe bestehen.[9] Eine kumulative Inanspruchnahme für dies. Dienstleistung ist nicht möglich (Abs. 1 S. 1). Zur Abgrenzung ggü. Handwerkerleistungen s. Rn. 10. Empfangene Leistungen der Pflegeversicherung des StPfl. sowie die Leistungen iRd. Persönlichen Budgets iSd. § 17 SGB IX sind anzurechnen.[10]

8 Fallen **Kinderbetreuungskosten**[11] dem Grunde nach unter § 10 Abs. 1 Nr. 5 oder 8, kommt ein Abzug nach § 35a nicht in Betracht (§ 35a Abs. 5 S. 1 EStG). Dies gilt sowohl für den Betrag, der zwei Drittel der Aufwendungen für Dienstleistungen übersteigt, als auch für alle Aufwendungen, die den Höchstbetrag v. 4000 Euro je Kind übersteigen.[12] Jedenfalls muss die Betreuung „**im Haushalt**" stattfinden; daher ist die entgeltliche Betreuung in der Form einer Weggabe des Kindes an eine Tages-,[13] Wochenendmutter, Ganztagspflegestelle usw. nicht begünstigt. Nicht tatbestandsmäßig ist nach BMF[14] die Erteilung v. Unterricht, die Vermittlung besonderer Fähigkeiten, sportliche und andere Freizeitaktivitäten.

9 Die **Höhe der Förderung** richtet sich nach der Art des Beschäftigungsverhältnisses, unterschieden nach sog. „Mini-Jobs" iSd. § 8a SGB IV (anders noch § 10 Abs. 1 Nr. 7 aF) und solchen Arbeitsverhältnissen, für die Pflichtbeiträge zur gesetzlichen SozVers. entrichtet werden.

D. Handwerkerleistungen (Abs. 3)

10 **Sämtliche handwerkliche Tätigkeiten**, also auch einfache handwerkliche Verrichtungen, etwa regelmäßige Ausbesserungs- und Erhaltungsmaßnahmen, sind begünstigt.[15] Es wird nicht unterschieden nach einfachen und qualifizierten Leistungen.[16] Sie sind unabhängig davon gefördert, ob es sich um regelmäßig vorzunehmende Renovierungsarbeiten oder um Erhaltungs- und Modernisierungsmaßnahmen oder Kontrollmaßnahmen (zB Gebühr für Schornsteinfeger)[17], ob es sich um Arbeiten im oder am Haus,

1 BMF v. 9.11.2016, BStBl. I 2016, 1213 Rz. 13ff.
2 FG BaWü. v. 23.12.2014 – 6 K 2688/14, EFG 2015, 730.
3 BMF v. 9.11.2016, BStBl. I 2016, 1213 Rz. 13.
4 BMF v. 9.11.2016, BStBl. I 2016, 1213 Rz. 13.
5 Ausf. BMF v. 9.11.2016, BStBl. I 2016, 1213 Rz. 13 und Anlage 1 „Beispielhafte Aufzählung".
6 BMF v. 9.11.2016, BStBl. I 2016, 1213 Rz. 14; **aA** FG Hess. v. 28.2.2017 – 9 K 400/16, EFG 2017, 1349 (Rev. VI R 19/17); zum Wohnen in einem eigenständigen und abgeschlossenen Haushalt in einem Alten(wohn)heim, einem Pflegeheim oder einem Wohnstift vgl. BMF v. 9.11.2016, BStBl. I 2016, 1213 Rz. 4, 17 und 28.
7 BMF v. 9.11.2016, BStBl. I 2016, 1213 Rz. 41ff.
8 BMF v. 9.11.2016, BStBl. I 2016, 1213 Rz. 12ff.
9 BFH v. 23.12.2002 – XI B 90/02, BFH/NV 2003, 613 mwN.
10 BMF v. 9.11.2016, BStBl. I 2016, 1213 Rz. 42.
11 BMF v. 14.3.2012, BStBl. I 2012, 307 – Anwendungsschreiben zu § 10 Abs. 1 Nr. 5.
12 BMF v. 9.11.2016, BStBl. I 2016, 1213 Rz. 34.
13 BFH v. 5.7.2012 – III R 80/09, BStBl. II 2012, 816 = FR 2013, 138 m. Anm. *Greite*.
14 BMF v. 9.11.2016, BStBl. I 2016, 1213 Rz. 5.
15 BMF v. 9.11.2016, BStBl. I 2016, 1213 Rz. 19ff. mit Verweisung auf den Katalog in Anlage 1 „Beispielhafte Aufzählung".
16 BFH v. 6.5.2010 – VI R 4/09, BFH/NV 2010, 1899.
17 BFH v. 6.11.2014 – VI R 1/13, BStBl. II 2015, 481 – Aufwendungen für eine Dichtheitsprüfung einer Abwasserleitung als steuerbegünstigte Handwerkerleistung; ebenso nunmehr BMF v. 9.11.2016, BStBl. I 2016, 1213 Anlage 1 „Schornsteinfeger" und „Heizkosten".

nach wohl hM auch jenseits der Grundstücksgrenze (Rn. 7), handelt oder ob sie v. Eigentümern oder Mietern für die zu eigenen Wohnzwecken genutzte Wohnung in Auftrag gegeben werden, auch wenn es sich um Schönheitsreparaturen oder kleine Ausbesserungsarbeiten handelt.[1] Die Begr. zum RegEntw. benennt ausdrücklich das Streichen und Tapezieren v. Innenwänden,[2] die Beseitigung kleinerer Schäden, die Erneuerung eines Bodenbelags (Teppichboden, Parkett oder Fliesen), die Modernisierung des Badezimmers oder der Austausch v. Fenstern. Hierunter fallen auch Garten- und Wegebauarbeiten,[3] die Dichtheitsprüfung von Abwasserleitungen sowie die Beseitigung eines bereits eingetretenen Schadens oder vorbeugende Maßnahmen zur Schadensabwehr,[4] Erstellung eines Schadensgutachtens[5] sowie Ausschachtungsarbeiten am Mauerwerk zur Schadensfeststellung,[6] nicht aber handwerkliche Tätigkeiten bei Neubaumaßnahmen[7] und solche in einer externen Werkstatt.[8] Die Rechtslage bei Umbauten ist zweifelhaft.[9] Die sachliche Begrenzung der Vorschrift ist aus dem Tatbestandsmerkmal „im Haushalt" zu bestimmen, unabhängig davon, ob Erhaltungs- oder Herstellungsaufwand vorliegt.[10] Abs. 3 S. 2 dient dem Ausschluss der Doppelförderung. Abs. 5 S. 2 stellt klar, dass nur Arbeitskosten begünstigt sind (Rn. 3). Anspruchsberechtigt ist der Stpfl, wenn er Auftraggeber ist. Eine umfangreiche beispielhafte Aufzählung begünstigter und nicht begünstigter handwerklicher Tätigkeiten enthält Anlage 1 zum BMF v. 10.1.2014, BStBl. I 2014, 75. Zum Verhältnis von Wohnungseigentümer und Mieter s. BMF v. 10.1.2014, BStBl. I 2014, 75 Tz. 47 f.

E. Höchstbetrag der Förderung

Die Höchstbeträge nach § 35a können **nur haushaltsbezogen** in Anspr. genommen werden.[11] Zusammen- 11
veranlagten Ehegatten werden die Steuerermäßigungen jeweils nur einmal gewährt. Die Beschränkung nach **Abs. 5 S. 4** über in einem gemeinsamen Haushalt lebende **Alleinstehende** bezweckt, diese ggü. der Lebens- und Wirtschaftsgemeinschaft v. Eheleuten nicht zu bevorzugen. Für die Höchstbetragsgemeinschaft kommt eine Verdoppelung nicht in Betracht. Getrennt veranlagte Eheleute (§ 26 Abs. 2) und Alleinstehende mit gemeinsamem Haushalt können den Höchstbetrag unter sich aufteilen. Eine **mehrfache Inanspruchnahme** der Steuerermäßigungen ist nicht möglich; auch bei zusammenveranlagten Ehegatten ist es unerheblich, ob die steuerbegünstigten Leistungen in einem oder mehreren Haushalten erbracht werden.[12] Der Höchstbetrag der Steuerermäßigung für Handwerkerleistungen v. 1 200 Euro ist erstmals anzuwenden auf Aufwendungen, die im VZ 2009 geleistet und deren zugrunde liegenden Leistungen nach dem 31.12.2008 erbracht worden sind (§ 52 Abs. 50b S. 4).[13]

F. Nachweis (Abs. 5 S. 3)

Der **Nachweis** der Aufwendungen[14] ist – zur Vermeidung schattenwirtschaftlicher Auswüchse – mit zwin- 12
gender Wirkung formalisiert durch die Erfordernisse der Erstellung einer Rechnung und des Nachweises des Zahlungseingangs auf einem Bankkonto (Abs. 5 S. 3). Die Barzahlung v. Handwerkerrechnungen ohne

---

1 BFH v. 29.1.2009 – VI R 28/08, FR 2009, 771 m. Anm. *Bergkemper* = BFH/NV 2009, 823; s. aber BFH v. 5.7.2012 – VI R 18/10, BStBl. I 2013, 14, zur Erfüllung der Verpflichtung des Vermieters zu Schönheitsreparaturen; *Heger*, jurisPR-SteuerR 7/2013 Anm. 4.

2 Bestätigt durch BFH v. 6.5.2010 – VI R 4/09, BFH/NV 2010, 1899: keine Unterscheidung nach einfachen und qualifizierten Handwerkerleistungen.

3 BFH v. 6.5.2010 – VI R 4/09, BFH/NV 2010, 1899, unter Bezugnahme auf BT-Drucks. 16/643, 10, und BT-Drucks. 16/753, 11.

4 BFH v. 6.11.2014 – VI R 1/13, BStBl. II 2015, 481; Anm. *Dötsch*, jurisPR-SteuerR 10/2015 Anm. 3; BMF v. 9.11. 2016, BStBl. I 2016, 1213 Rz. 20 „Beseitigung eines bereits eingetretenen Schadens oder Maßnahmen zur vorbeugenden Schadensabwehr", Anlage 1 „Dichtheitsprüfung von Abwasseranlagen".

5 S. auch BayLfSt v. 16.11.2016 – S 2284.1.1-20/1 St32, juris: Überprüfung einer Heizungsanlage.

6 FG Sachs. v. 8.11.2016 – 3 K 218/16, EFG 2017, 654.

7 FG Nürnb. v. 15.12.2010 – 3 K 1991/2009, juris; hierzu *Nöcker*, jurisPR-SteuerR 23/2011 Anm. 5; SchlHol. FG v. 2.2.2011 – 2 K 56/10, EFG 2011, 1241; FG RhPf. v. 18.10.2013 – 4 K 1933/12, EFG 2013, 127 – betr. Anbau eines Wintergartens (rkr.); s. aber Sächs. FG v. 23.3.2012 – 3 K 1388/10, juris – zum Einbau eines Kachelofens (rkr.); allg. *A. Schmidt*, NWB 2013, 2572.

8 FG RhPf. v. 6.7.2016 – 1 K 1252/16, EFG 2016, 1350; s. auch Rn. 7a.

9 *Bruschke*, DStZ 2015, 313; das BMF-Schr. v. 10.1.2014, BStBl. I 2014, 75, enthält keine Aussage.

10 BFH v. 13.7.2011 – VI R 61/10, FR 2012, 182 = DStR 2011, 2390; BMF v. 10.1.2014, BStBl. I 2014, 75 Tz. 20.

11 Ausf. BMF v. 9.11.2016, BStBl. I 2016, 1213 Rz. 53 ff. mit instruktiven Berechnungsbeispielen; BFH v. 18.12.2014 – III R 63/13, BStBl. II 2015, 583; Anm. *Selder*, jurisPR-SteuerR 29/2015 Anm. 3.

12 BFH v. 18.10.2012 – VI R 65/10, FR 2013, 525 = BStBl. I 2013, 82; Anm. *Bergkemper*, jurisPR-SteuerR 6/2013 Anm. 3; BMF v. 9.11.2016, BStBl. I 2016, 1213 Rz. 1.

13 FG Köln v. 11.12.2009 – 5 K 2763/09, EFG 2010, 800.

14 BMF v. 9.11.2016, BStBl. I 2016, 1213 Rz. 49 ff. – Zahlungsarten, Konto eines Dritten.

bankmäßige Dokumente des Zahlungsvorgangs reicht, was verfassungsrechtl. nicht zu beanstanden ist,[1] ausnahmslos nicht aus.[2] Das Erfordernis unbarer Zahlungsvorgänge wird durch die Zulassung des abgekürzten Zahlungswegs nicht berührt.[3] Nicht begünstigt ist die Zuzahlung an das Sozialamt für die Pflege von Angehörigen.[4] Aus der Rechnung müssen sich der Erbringer der Dienstleistung als Rechnungsaussteller, der Empfänger dieser Dienstleistung, die Art, der Zeitpunkt und der Inhalt der Dienstleistung sowie die dafür v. StPfl. jeweils geschuldeten Entgelte ergeben.[5]

5. Steuerermäßigung bei Belastung mit Erbschaftsteuer

§ 35b Steuerermäßigung bei Belastung mit Erbschaftsteuer

[1]Sind bei der Ermittlung des Einkommens Einkünfte berücksichtigt worden, die im Veranlagungszeitraum oder in den vorangegangenen vier Veranlagungszeiträumen als Erwerb von Todes wegen der Erbschaftsteuer unterlegen haben, so wird auf Antrag die um sonstige Steuerermäßigungen gekürzte tarifliche Einkommensteuer, die auf diese Einkünfte entfällt, um den in Satz 2 bestimmten Prozentsatz ermäßigt. [2]Der Prozentsatz bestimmt sich nach dem Verhältnis, in dem die festgesetzte Erbschaftsteuer zu dem Betrag steht, der sich ergibt, wenn dem steuerpflichtigen Erwerb (§ 10 Absatz 1 des Erbschaftsteuer- und Schenkungsteuergesetzes) die Freibeträge nach den §§ 16 und 17 und der steuerfreie Betrag nach § 5 des Erbschaftsteuer- und Schenkungsteuergesetzes hinzugerechnet werden.

Literatur: *Crezelius*, Konkurrenz zwischen Einkommensteuer und Erbschaft- und Schenkungsteuer, ZEV 2015, 392; *Kahle/Goldschmidt*, Das Verhältnis der ErbSt zur ESt, Ubg 2016, 49; *Keß*, Das Verhältnis der Erbschaft- und Schenkungsteuer zur ESt: Die aktuelle Rechtsprechung des BFH und ihre möglichen Konsequenzen, ZEV 2015, 254; *Meßbacher-Hönsch*, Doppelbelastung mit Erbschaft-/Schenkungsteuer und Ertragsteuer: Eine Betrachtung anhand verschiedener Fallgruppen, ZEV 2018, 182; *Thiele/Beckmann*, Das Konkurrenzverhältnis zwischen Erbschaft- und Schenkungsteuer und Einkommensteuer, FR 2016, 656.

1 **Sinn und Zweck der Vorschrift, zeitliche Geltung**. Der Gesetzgeber hat die Doppelbelastung mit ESt und ErbSt grds. in Kauf genommen. Die Belastung mit Schenkung- und ESt ist im Hinblick auf die unterschiedlichen Besteuerungstatbestände verfassungsrechtl. zulässig.[6] Eine etwaige Doppelbelastung ist im Wege der Tarifermäßigung nach § 35b geltend zu machen.[7] Die zukünftige ertragsteuerrechtliche Belastung aufgrund einer im Bewertungszeitpunkt lediglich beabsichtigten, aber noch nicht beschlossenen Liquidation der KapGes. ist bei der Ermittlung des Substanzwerts als Mindestwert nicht wertmindernd zu berücksichtigen.[8] Erst mit seiner ESt-Festsetzung nach seinen persönlichen Verhältnissen und sonstigen Einkünften zeigt sich das Ausmaß der Doppelbelastung.[9] Latente ESt-Lasten sind bei der Ermittlung des der ErbSt unterliegenden Reinvermögens nicht abziehbar.[10] Andererseits ist die ErbSt estrechtl. nicht abziehbar (§ 12 Nr. 3).[11] Die nach § 35b S. 1 begünstigten Einkünfte müssen aus der Veräußerung eines Vermögensgegenstands herrühren, der sowohl von Todes wegen erworben worden ist als auch tatsächlich der ErbSt unterlegen hat; der in Anspr. genommene persönliche Freibetrag (§ 16 ErbStG) ist anteilig abzuziehen.[12]

1 BFH v. 8.5.2012 – III B 2/11, BFH/NV 2012, 1305.
2 BFH v. 20.11.2008 – VI R 14/08, BStBl. II 2009, 307 = FR 2009, 774; Anm. *Pfützenreuter*, jurisPR-SteuerR 14/2009 Anm. 4; BFH v. 30.7.2013 – VI B 31/13, BFH/NV 2013, 1786; daher keine Schätzung, FG München v. 19.2.2015 – 15 K 225/14, juris (rkr.); s. zu einem Auslandssachverhalt BFH v. 15.12.2016 – VI B 50/16, BFH/NV 2017, 598.
3 FG Sachs. v. 18.9.2009 – 4 K 645/09, juris.
4 FG BaWü. v. 23.12.2014 – 6 K 2688/14, EFG 2015, 730 (rkr.).
5 BFH v. 29.1.2009 – VI R 28/08, BStBl. II 2010, 166 = FR 2009, 771 m. Anm. *Bergkemper*.
6 BFH v. 6.12.2016 – I R 50/16, BStBl. II 2017, 324.
7 Vgl. BFH v. 7.12.1990 – X R 72/89, BStBl. II 1991, 350, zu § 35 EStG aF; BT Drucks. 16/11107, 25.
8 BFH v. 27.9.2017 – II R 15/15, BStBl. II 2018, 281; hierzu *Loose*, jurisPR-SteuerR 17/2018 Anm. 6.
9 BFH v. 17.2.2010 – II R 23/09, BStBl. II 2010, 641 = FR 2010, 952 – kein Abzug der auf geerbten Forderungen ruhenden latenten Einkommensteuerlast des Erben als Nachlassverbindlichkeit (bestätigt durch BVerfG v. 9.7. 2010 – 1 BvR 1432/10, nv.).
10 BFH v. 17.2.2010 – II R 23/09, BStBl. II 2010, 641 = FR 2010, 952.
11 BFH v. 18.1.2011 – X R 63/08, BStBl. II 2011, 680 = FR 2011, 573, Anm. *Schuster*, jurisPR-SteuerR 24/2011 Anm. 3; BFH v. 17.2.2010 – II R 23/09, BStBl. II 2010, 641 = FR 2010, 952: keine Berücksichtigung latenter ESt für Zinserträge bei der Ermittlung der erbschaftsteuerlichen Bemessungsgrundlage.
12 BFH v. 13.3.2018 – IX R 23/17, BStBl. II 2018, 593.

Der Tatbestand des § 35b ist beschränkt auf Fälle, in denen beim Erben Einkünfte mit ESt belastet werden, die zuvor als Vermögen oder Bestandteil v. Vermögen bereits der inländ. Erbschaftsteuer unterlagen. Nicht begünstigt sind Einkünfte, die sich aus (der Veräußerung von) Vermögensgegenständen ergeben, die einer Vorbelastung mit Schenkungsteuer unterlegen haben.[1] Die nach § 35b S. 1 begünstigten Einkünfte müssen bei ihrem Hinzuerwerb tatsächlich mit ErbSt belastet worden sein. Tatbestandlich ist nur der Erwerb v. Todes wegen (§ 3 ErbStG). Schenkungen unter Lebenden, Zweckzuwendungen und die Erbersatzsteuer (§ 1 Abs. 1 Nr. 2–4 ErbStG) werden nicht erfasst. Begünstigt sind veranlagte Einkünfte (§ 2 Abs. 2), die in den Gesamtbetrag und in die Summe der Einkünfte (§ 2 Abs. 3, 4) eingehen.[2] Ausgeschlossen sind nach DBA stfreie Einkünfte. Mit der verunglückten Formulierung des § 35b S. 1 sind Wertbestandteile gemeint, die zwar der ErbSt unterliegen, aber noch nicht in der Pers. des Erblassers, sondern erst nach dem Erbfall zu Einkünften führen. Hierzu gehören Gewinne aus der Veräußerung oder Entnahme einzelner WG (Aufdeckung stiller Reserven), die beim Erblasser BV waren und als BV auf den Erwerber übergegangen sind, oder aus der Veräußerung oder Aufgabe eines ganzen GewBetr., TB oder MU-Anteils nach § 16; ferner im Falle der Gewinnermittlung nach § 4 Abs. 3 Forderungen des Erblassers aufgrund v. Lieferungen oder Leistungen, die dieser erbracht hat, die zum Nachlassvermögen gehören und erst beim Rechtsnachfolger zu einem estbaren Zufluss führen (§ 24 Nr. 2)[3] sowie bei bestimmten wiederkehrenden Nutzung und Leistungen.[4] Erfasst werden insbes. übergehende Betriebe, Anteile an KapGes. und fremdvermietete Immobilien, bei denen der Ertragswert die erbschaftsteuerrechtl. Bemessungsgrundlage erhöht haben und damit eine Besteuerung künftiger Erträge vorwegnimmt.[5] Es fehlt eine gesetzliche Definition der Doppelbelastung. Der Rechtsnachfolger wird nicht entlastet bei der Erzielung lfd. Einkünfte zB aus §§ 15, 21. Die – weil doppelt belastet – begünstigungsfähigen Einnahmen müssen im VZ des Erbfalls oder in den folgenden vier Jahren zufließen. – Ausführlich zur Steuerermäßigung bei Belastung mit ErbSt, zum Zusammentreffen von Erwerben von Todes wegen und Vorerwerben sowie zur Berücksichtigung von persönlichen Steuerbefreiungen BFH v. 1.3.2018[6]. 2

Zur Berechnung der Steuerermäßigung müssen zunächst zum einen die anteilig auf die nach § 35b S. 1 begünstigten Einkünfte entfallende ESt und zum anderen der Ermäßigungsprozentsatz gem. § 35b S. 2 ermittelt werden. Der Betrag nach § 35b S. 1 EStG multipliziert mit dem Ermäßigungsprozentsatz ergibt den Betrag der Steuerermäßigung. **Der Prozentsatz der Entlastung** entspricht dem Satz der ErbSt, dem der gesamte Erwerb im Durchschnitt unterlegen hat. Der Gesamterwerb (§ 10 Abs. 1 S. 2 ErbStG) umfasst den Wert des gesamten Vermögensanfalls mit den Steuerwerten nach § 12 ErbStG, soweit er der Besteuerung unterliegt, abzgl. der Nachlassverbindlichkeiten. Die tatsächlich genutzten Freibeträge gem. §§ 16, 17 ErbStG und für den fiktiven Zugewinnausgleich (§ 5 ErbStG) sind hinzuzurechnen. 3

VI. Steuererhebung

1. Erhebung der Einkommensteuer

§ 36 Entstehung und Tilgung der Einkommensteuer

(1) Die Einkommensteuer entsteht, soweit in diesem Gesetz nichts anderes bestimmt ist, mit Ablauf des Veranlagungszeitraums.

(2) Auf die Einkommensteuer werden angerechnet:

1. **die für den Veranlagungszeitraum entrichteten Einkommensteuer-Vorauszahlungen (§ 37);**
2. **die durch Steuerabzug erhobene Einkommensteuer, soweit sie entfällt auf**
   a) **die bei der Veranlagung erfassten Einkünfte oder**
   b) **die nach § 3 Nummer 40 dieses Gesetzes oder nach § 8b Absatz 1, 2 und 6 Satz 2 des Körperschaftsteuergesetzes bei der Ermittlung des Einkommens außer Ansatz bleibenden Bezüge**

1 BFH v. 13.3.2018 – IX R 23/17, BStBl. II 2018, 593.
2 Zur Unanwendbarkeit des § 35b bei der Abgeltungsteuer s. BMF v. 18.1.2016, BStBl. I 2016, 85 Rz. 132f.
3 *Levedag* in H/H/R, § 35b Anm. 24.
4 *Levedag* in H/H/R, § 35b Anm. 25.
5 *Levedag* in H/H/R, § 35b Anm. 17, 20.
6 BFH v. 13.3.2018 – IX R 23/17, BStBl. II 2018, 593.

und keine Erstattung beantragt oder durchgeführt worden ist. [2]Die durch Steuerabzug erhobene Einkommensteuer wird nicht angerechnet, wenn die in § 45a Absatz 2 oder Absatz 3 bezeichnete Bescheinigung nicht vorgelegt worden ist. [3]Soweit der Steuerpflichtige einen Antrag nach § 32d Absatz 4 oder Absatz 6 stellt, ist es für die Anrechnung ausreichend, wenn die Bescheinigung auf Verlangen des Finanzamts vorgelegt wird. [4]In den Fällen des § 8b Absatz 6 Satz 2 des Körperschaftsteuergesetzes ist es für die Anrechnung ausreichend, wenn die Bescheinigung nach § 45a Absatz 2 und 3 vorgelegt wird, die dem Gläubiger der Kapitalerträge ausgestellt worden ist;

3.[1] *in den Fällen des § 32c Absatz 1 Satz 2 der nicht zum Abzug gebrachte Unterschiedsbetrag, wenn der Unterschiedsbetrag höher als die tarifliche Einkommensteuer des letzten Veranlagungszeitraums im Betrachtungszeitraum ist.*

(3) [1]Die Steuerbeträge nach Absatz 2 Nummer 2 sind auf volle Euro aufzurunden. [2]Bei den durch Steuerabzug erhobenen Steuern ist jeweils die Summe der Beträge einer einzelnen Abzugsteuer aufzurunden.

(4) [1]Wenn sich nach der Abrechnung ein Überschuss zuungunsten des Steuerpflichtigen ergibt, hat der Steuerpflichtige (Steuerschuldner) diesen Betrag, soweit er den fällig gewordenen, aber nicht entrichteten Einkommensteuer-Vorauszahlungen entspricht, sofort, im Übrigen innerhalb eines Monats nach Bekanntgabe des Steuerbescheids zu entrichten (Abschlusszahlung). [2]Wenn sich nach der Abrechnung ein Überschuss zugunsten des Steuerpflichtigen ergibt, wird dieser dem Steuerpflichtigen nach Bekanntgabe des Steuerbescheids ausgezahlt. [3]Bei Ehegatten, die nach den §§ 26, 26b zusammen zur Einkommensteuer veranlagt worden sind, wirkt die Auszahlung an einen Ehegatten auch für und gegen den anderen Ehegatten.

(5) [1]In den Fällen des § 16 Absatz 3a kann auf Antrag des Steuerpflichtigen die festgesetzte Steuer, die auf den Aufgabegewinn und den durch den Wechsel der Gewinnermittlungsart erzielten Gewinn entfällt, in fünf gleichen Jahresraten entrichtet werden, wenn die Wirtschaftsgüter einem Betriebsvermögen des Steuerpflichtigen in einem anderen Mitgliedstaat der Europäischen Union oder des Europäischen Wirtschaftsraums zuzuordnen sind, sofern durch diese Staaten Amtshilfe entsprechend oder im Sinne der Amtshilferichtlinie gemäß § 2 Absatz 2 des EU-Amtshilfegesetzes und gegenseitige Unterstützung bei der Beitreibung im Sinne der Beitreibungsrichtlinie einschließlich der in diesem Zusammenhang anzuwendenden Durchführungsbestimmungen in den für den jeweiligen Veranlagungszeitraum geltenden Fassungen oder eines entsprechenden Nachfolgerechtsaktes geleistet werden. [2]Die erste Jahresrate ist innerhalb eines Monats nach Bekanntgabe des Steuerbescheids zu entrichten; die übrigen Jahresraten sind jeweils am 31. Mai der Folgejahre fällig. [3]Die Jahresraten sind nicht zu verzinsen. [4]Wird der Betrieb oder Teilbetrieb während dieses Zeitraums eingestellt, veräußert oder in andere als die in Satz 1 genannten Staaten verlegt, wird die noch nicht entrichtete Steuer innerhalb eines Monats nach diesem Zeitpunkt fällig; Satz 2 bleibt unberührt. [5]Ändert sich die festgesetzte Steuer, sind die Jahresraten entsprechend anzupassen.

Verwaltung: FinMin. Nds. v. 3.2.1994, DStR 1994, 394 (Säumniszuschläge); OFD Kobl. v. 15.12.1995, FR 1996, 360.

1 In § 36 Abs. 2 wird Nummer 3 angefügt (G zum Erlass und zur Änderung marktordnungsrechtlicher Vorschriften sowie zur Änderung des EStG v. 20.12.2016, BGBl. I 2016, 3045). Die Regelung tritt an dem Tag in Kraft, an dem die Europäische Kommission durch Beschluss feststellt, dass sie entweder keine Beihilfe oder eine mit dem Binnenmarkt vereinbare Beihilfe darstellt. Zum Zeitpunkt der Drucklegung steht dieser Beschluss noch aus. S. Rn. 13a.

Literatur: *Gosch*, Über Entstrickungen – Stand des unnötig komplexen „Entstrickungssteuerrechts" und absehbare Entwicklungen, IWB 2012, 779; *Linn/Müller*, Verfahrensrechtliche Geltendmachung v. Anrechnungsansprüchen, IWB 2011, 545; *Th. Müller/Schade*, Das große Missverständnis der KapESt-Erstattung, BB 2017, 1239; *Schmich/Schnabelrauch*, Die steuerliche Behandlung der „strukturierten" Wertpapierleihe, GmbHR 2017, 224; *Sedemund*, Ist die Änderung einer Anrechnungsverfügung ohne Bindung an Zahlungs- oder Festsetzungsverjährung möglich?, DStZ 2002, 560; frühere Literatur s. 10. Aufl.

A. Grundaussagen der Vorschrift

I. Regelungsgegenstand. **§ 36 Abs. 1** legt fest, dass die nach § 2 Abs. 6 festzusetzende ESt mit Ablauf des VZ entsteht. Die Vorschrift betrifft alle EStPfl. Vergleichbare Bestimmungen enthalten für ESt-VZ § 37 Abs. 1 S. 2, § 38 Abs. 2 S. 2 für die LSt, § 44 Abs. 1 S. 2 und (aber nur noch für bis zum 21.12.2008 zufließende KapErträge, s. § 52a Abs. 1) § 45c für die KapESt, § 50a Abs. 5 S. 1 iVm. § 73c EStDV für Abzugsteuern beschränkt StPfl. Die Regelungen in **Abs. 2** über die Steueranrechnung gehören zum Steuererhebungsverfahren und sind mit Abs. 1 nur aus rein gesetzestechnischen Gründen verknüpft. Gleiches gilt für **Abs. 3** (Rundungsregel) sowie **Abs. 4** (Fälligkeit der Abschlusszahlung). Der (durch das JStG 2010 neu geschaffene) **Abs. 5** ist im engen Zusammenhang mit § 16 Abs. 3a zu sehen; mit ihm und der darin vorgesehenen Ratenzahlung soll die Unionsrechtsverträglichkeit des „finalen" Besteuerungszugriffs bei der fiktiven sog. finalen BetrAufg. gem. § 16 Abs. 3a sichergestellt werden. 1

Bezogen allein auf die Anrechnung v. KapESt hat der Gesetzgeber des InvStRefG v. 19.7.2016[1] mit der Vorschrift des **§ 36a** komplexe Regelungen geschaffen, die darauf abzielen, rechtspolitisch unerwünschte und zT als rechtsmissbräuchlich qualifizierte sog. Cum/Cum-Transaktionen zu bekämpfen. Die Vorschrift ist erstmals v. VZ 2016 an anzuwenden. S. iErg. Erläuterungen zu § 36a. 1a

II. Zeitlicher Anwendungsbereich. Zu den zeitlichen Voraussetzungen des § 36 infolge der Umstellung des kstl. Anrechnungs- auf das (zwischenzeitlich bereits seinerseits wieder abgeschaffte) sog. Halbeinkünfteverfahren s. 17. Aufl. Rn. 2. Zur erstmaligen Anwendung der durch das **JStG 2010** geschaffenen Ratenzahlungsregelung des Abs. 5 s. Rn. 25 ff. 2

B. Entstehung der Einkommensteuer (Abs. 1)

Die ESt **entsteht** (vgl. § 38 AO) gem. **§ 36 Abs. 1** idR mit Ablauf des VZ (= **Kj.**, vgl. § 25 Abs. 1), und zwar unbeeinflusst v. rückwirkenden Änderungen steuerauslösender Sachverhalte,[2] v. subj. Absichten des StPfl.[3] und unabhängig davon, ob der Ermittlungszeitraum einen Zeitraum v. zwölf Monaten umfasst (zB bei Rumpf-Wj.), ob das Wj. mit dem Kj. übereinstimmt (vgl. § 4a) oder ob sie (grds. nur deklaratorisch oder – falls unzutr. – ausnahmsweise auch konstitutiv) veranlagt oder festgesetzt wird. Die Festsetzung löst lediglich die Fälligkeit oder Erstattungsansprüche (vgl. § 37 Abs. 2 AO) aus. Ist die ESt entstanden, kann sie anschließend v. StPfl. nur noch – der Höhe nach – durch die Ausübung v. **Wahlrechten** beeinflusst werden. Hiervon **abw. Regelungen** enthalten zB § 37 Abs. 1 S. 1 für ESt-VZ (Beginn des Kalender-Wj.), § 38 Abs. 2 S. 2 für die LSt, § 44 Abs. 1 S. 2 für die KapESt, § 50a Abs. 5 iVm. § 73c EStDV (jeweiliger Zufluss), § 30 KStG (§ 48 KStG aF) für die KSt. **Folgen** des Entstehens sind: Beginn der Festsetzungsverjährung (§ 170 Abs. 1 AO), Zinslauf (§ 233a Abs. 2 AO), Gesamtrechtsnachfolge (§ 45 Abs. 1 AO), Haftung (§§ 69 ff., 191 AO), Erfüllbarkeit der StForderung als Voraussetzung der Aufrechnung (§ 226 AO iVm § 397 BGB); Pfändung (§ 46 Abs. 6 S. 1 AO); bilanzielle Erfassung, zB v. StErstattungsansprüchen. Zur Bedeutung der entstandenen ESt für die Anwendung des im Entstehungszeitpunkt geltenden Rechts und den Dispositionsschutz des StPfl. vor rückwirkend angeordneten Steuerfolgen im lfd. VZ s. Einl. Rn. 51 ff. 3

C. Kindergeldhinzurechnung (Abs. 2 S. 1 aF)

Zur Hinzurechnung v. Kindergeld gem. § 36 Abs. 2 S. 1 aF in dem VZ 1996–2003 s. 9. Aufl. Rn. 4 f. 4

1 BGBl. I 2016, 1730.
2 *K/S/M*, § 36 Rn. B 10.
3 BFH v. 1.12.1976 – I R 73/74, BStBl. II 1977, 315.

5 Einstweilen frei.

D. Anrechnungstatbestände (Abs. 2 Nr. 1, 2)

6 **I. Zweck und Ziel der Vorschrift.** § 36 Abs. 2 Nrn. 1 und 2 legt den Grds. fest, dass die (eigene) ESt des StPfl., die dieser selbst oder ein Dritter für diesen als Vorauszahlung gezahlt hat, entweder auf die Veranlagung (s. § 46 Abs. 2 Nr. 8: Antragsveranlagung insbes. zum Zwecke der Anrechnung) angerechnet *oder* aber erstattet wird. Abw. davon verhielt es sich bei § 36 Abs. 2 Nr. 3 aF, der die Anrechnung der KSt einer Körperschaft beim Anteilseigner vorsah und die KSt insoweit als wirtschaftl. Vorauszahlung des Anteilseigners qualifizierte.

6a **Nach Eröffnung des Insolvenzverfahrens** an das FA entrichtete Beträge, die nicht aus freigegebenem Vermögen stammen, können nur auf Steuerschulden angerechnet werden, die zu den Masseverbindlichkeiten gehören; im Falle eines verbleibenden Überschusses entsteht ein Erstattungsanspr. gem. § 36 Abs. 4 S. 2 zugunsten der Masse iSv. § 55 Abs. 1 InsO.[1] Die Anrechnung von Steuerabzugsbeträgen auf die ESt für Einkünfte aus KapVerm., die aus Mitteln des Nachlasses während des Nachlassinsolvenzverfahrens erzielt werden, kommt dabei nur im Rahmen einer Veranlagung der Erben in Betracht, die Schuldner des Nachlassinsolvenzverfahrens sind.[2] – IÜ sind im Abzug erhobene KapESt bei PersGes. als Abzug v. Gesellschaftskapital anzusehen und wg. der stl. Anrechnung als Entnahme zu behandeln; die G'ter sind deshalb zur Erstattung in die Masse verpflichtet.[3]

6b **II. Einkommensteuervorauszahlungen (Abs. 2 Nr. 1).** Zu den ESt-Vorauszahlungen s. **§ 37**. Anzurechnen sind hiernach gem. § 36 Abs. 2 S. 2 Nr. 1 jene Vorauszahlungen, die für den betr. VZ festgesetzt worden sind, unabhängig davon, wann sie gezahlt wurden (vgl. zur sog. fünften Vorauszahlung § 37 Abs. 3 S. 4). Bei Eheleuten sind die für beide Ehegatten gemeinsam festgesetzten VZ unabhängig davon anzurechnen, ob die Eheleute später getrennt oder zusammen veranlagt werden; ein verbleibender Rest ist nach Kopfteilen an die Ehegatten auszukehren.[4]

7 **III. Durch Steuerabzug erhobene Einkommensteuer (Abs. 2 Nr. 2).** Anzurechnen ist gem. **Abs. 2 Nr. 2 S. 1 lit. a** (S. 1 HS 2 Alt. 1 und 1. Voraussetzung aF) die durch Steuerabzug erhobene **eigene ESt** des StPfl., gleichviel, ob diese bei ihm selbst oder bei einem Dritten v. FA erhoben worden ist, „**soweit**" sie auf Einkünfte **entfällt**, die bei der Veranlagung erfasst wurden[5] (vgl. zB Rn. 8), und es ist **keine Erstattung** beantragt oder durchgeführt worden (**Abs. 2 Nr. 2 S. 1 lit. a**; S. 1 HS 2 2. Voraussetzung aF; vgl. Rn. 7b). Es muss sich um sog. **Abzugsteuern** handeln. Das sind die v. ArbG – tatsächlich[6] – einbehaltene LSt (§ 38), die nach §§ 43 ff. sowie nach § 7 InvStG aF[7], § 38b KAGG aF und § 18a AuslInvestmG aF einbehaltene KapESt sowie die Abzugsteuern nach § 50a, jeweils einschl. SolZ (§ 3 Abs. 1 SolZG), **nicht** hingegen abgegoltene oder pauschalierte ESt oder LSt (zB § 50 Abs. 5 S. 1; §§ 40–40b; Rn. 12). Letztere ist eine v. der Steuer des ArbN abgeleitete Steuer, deren (formaler) Schuldner der ArbG ist. Abw. hiervon gewährt die FinVerw.[8] dem StPfl. ausnahmsweise und aus Gründen der Billigkeit gestützt auf § 36 Abs. 2 die Anrechnung auch fremder Steuern in den Fällen der Zurechnung der Einkünfte einer zwischengeschalteten KapGes. gem. § 5 AStG, allerdings nur deutscher KSt, nicht auch ausländ. Steuer (s. § 34c Rn. 2). Ausnahmsweise kann es auch sondergesetzlich zur Anrechnung ausländ. Quellensteuern kommen, zB gem. Art. 15a Abs. 3 (iVm. Art. 19 Abs. 5) DBA-Schweiz für sog. Grenzgänger.[9] „Systemisch" wesentlich ist für die Anrechnung

---

1 BFH v. 24.2.2015 – VII R 27/14, BStBl. II 2015, 993; v. 12.10.2015 – VIII B 143/14, BFH/NV 2016, 40.

2 BFH v. 12.10.2015 – VIII B 143/14, BFH/NV 2016, 40.

3 BGH v. 5.4.2016 – II ZR 62/15, DStR 2016, 1273; sa. BFH v. 15.3.1995 – I R 82/93, DB 1995, 1642.

4 BFH v. 22.3.2011 – VII R 42/10, BStBl. II 2011, 607.

5 ZB BFH v. 26.11.1997 – I R 110/97, BFH/NV 1998, 581; v. 18.9.2007 – I R 54/06, BStBl. II 2018, 694.

6 BFH v. 18.6.1993 – VI R 67/90, BStBl. II 1994, 182.

7 Und auch insoweit nicht nur beim Anleger, sondern auch beim seinerzeitigen Fondsanteilsinhaber (als Rechtsvorgänger) tatsächlich erfasste KapESt; vgl. BFH v. 8.9.2010 – I R 90/09, BStBl. II 2013, 11 (Verfassungsbeschwerde wurde gem. §§ 93a, 93b BVerfGG nicht zur Entsch. angenommen, BVerfG v. 22.4.2011 – 2 BvR 198/11); nunmehr im 2. Rechtsgang nachgehend FG München v. 24.9.2013 – 13 K 87/11, EFG 2015, 226 (Rev. VIII R 47/14 ist durch Klagerücknahme erledigt); zur praktischen Umsetzung s. BMF v. 17.12.2012, BStBl. I 2013, 54; ferner *Gosch*, BFH/PR 2011, 87, und (krit.) *Ramackers*, RdF 2011, 212: § 7 Abs. 7 InvStG 2016 als Rechtsgrund-, nicht bloß als Rechtsfolgenverweisung auf § 36 Abs. 2; OFD Frankfurt v. 5.8.2010, DB 2010, M 29 zum auch insoweit bestehenden Erfordernis einer Steuerbescheinigung.

8 BMF v. 14.5.2004, BStBl. I Sondernummer 1/04 Tz. 5.1.1.3; *Strunk/Kaminski/Köhler*, AStG/DBA § 5 AStG Rn. 12, 58.

9 S. dazu BMF v. 8.2.2018, BStBl. I 2018, 270; OFD Karlsruhe v. 5.3.2018, IStR 2018, 814, sowie zur Abgrenzung zu § 34c Abs. 3 bei abkommenswidrig einbehaltener Quellensteuer BFH v. 2.3.2010 – I R 75/08, BFH/NV 2010, 1820.

in jedem Fall die zuvorige stl. **Erfassung** der betr. Einkünfte als Einnahmen (s. Rn. 8 f.). Darin verwirklicht sich die Sicherungsfunktion der Abzugsteuer als Quasi-Vorauszahlung auf die Steuerschuld.[1] Zur Situation der im **Insolvenzverfahren** abgeführten Steuern s. Rn. 6a.

Durch Abzug „**erhoben**" iSv. Abs. 2 Nr. 2 S. 1 ist die Steuer nicht nur, wenn sie im Abzugsverfahren (zu Recht, aber auch zu Unrecht,[2] gleichviel auch, ob v. Abführungsverpflichteten oder v. einem als Zahlstelle eingeschalteten Dritten in dessen eigenem Namen[3]) einbehalten worden, sondern ebenso dann, wenn der Abzugsverpflichtete durch Haftungsbescheid in Anspr. genommen worden ist.[4] Die bloße Möglichkeit einer solchen Inanspruchnahme reicht nicht aus. Darauf, dass die einbehaltene Steuer (§ 38 Abs. 1, § 42d) an das FA auch abgeführt worden ist, kommt es für die Anrechnung entgegen dem Gesetzeswortlaut grds. nicht an,[5] weil nur so dem Gesetzeszweck entsprochen und eine Korrespondenz zw. Einbehaltung und Anrechnung der Abzugsteuer erreicht werden kann. Weiß der StPfl. aber, dass sie nicht angemeldet und/oder abgeführt worden ist (und kann er deswegen gem. § 42d Abs. 3 S. 4 in Anspr. genommen werden), ist sie nicht anzurechnen. Die **Feststellungslast** für die positive Kenntnis liegt beim FA.[6] – Leitet der Abzugsverpflichtete an ihn v. FA rückerstattete Steuerabzugsbeträge an den Steuerschuldner weiter, beeinflusst dies die „Erhebung" nicht; als faktische Gegebenheit kann diese nicht durch einen gegenläufigen Vorgang ungeschehen gemacht werden.[7] S. aber Rn. 7b. 7a

Keine Erstattung. Zu den Anrechnungsvoraussetzungen gehört es überdies, dass **nicht die Erstattung** der betr., durch Steuerabzug erhobenen ESt **beantragt oder durchgeführt** ist. Erstattung idS ist im Grds. nur „die" (= nicht irgend-„eine") förmliche, gesetzl. vorgesehene Erstattung (vgl. § 37 AO, § 42b Abs. 1 S. 1 zur LSt; §§ 44b, 44c zur KapESt). Unbeschadet dessen will der BFH[8] (bezogen auf KapESt-Anrechnung iZ mit sog. Rücklagenmanagement-Modellen zur ‚Mobilisierung' v. KSt-Guthaben nach dem früheren KSt-Anrechnungsverfahren)[9] den Erstattungsvorgang aus Gründen einer „materiellen Steuergerechtigkeit" (und an den Grenzen des Regelungswortlauts; s. auch Rn. 8 zur LSt) indessen wirtschaftl. „angereichert" verstehen. Antragsteller der Erstattung kann so gesehen nicht nur der StPfl. sein, sondern ggf. auch ein Dritter, zB der Abzugsverpflichtete (s § 50a Rn. 40), sofern dieser den betr. Betrag nachfolgend an den Steuerschuldner weiterleitet und der Steuerschuldner dies als Auskehrung des Abzugsbetrags erkennt oder erkennen muss.[10] – Der Anrechnungsausschluss hängt prinzipiell und solange tatsächlich erstattet wird, nicht davon ab, dass die Erstattung mit Rechtsgrund erfolgt ist.[11] – Eine Ausnahme v. dem strikten Anrechnungsausschluss im Erstattungsfall ergibt sich aus § 32 Abs. 5 KStG für die andernfalls definitiv wirkende KapESt bei beschränkt stpfl. KapGes.[12] 7b

LSt (§§ 38–42 f.) wird beim ArbN (Steuerschuldner) angerechnet, vorausgesetzt, dieser wird zur ESt veranlagt (§ 46) und die LSt entfällt auf **tatsächlich** bei der Veranlagung **‚erfasste'** Einnahmen; die bloße sachliche Korrespondenz zw. LSt und Einnahmen genügt nicht.[13] Auf Nettolohn[14] entfallende und erhobene LSt wird sonach angerechnet, pauschal besteuerter Arbeitslohn (§§ 40, 40a, 40b) oder gem. § 37a pauschalierte ESt hingegen nicht, auch nicht im Hinblick auf den darauf entfallenden SolZ (§ 51a Abs. 3).[15] Eine Anrechnung hat gleichermaßen zu unterbleiben, wenn Einnahmen v. FA „bewusst" nicht einbezogen werden, weil deren StPfl. verneint wird. In jedem Fall hat der gegen den StPfl. erlassene Steuerbescheid für die Anrechnung (und damit die Anrechnungsverfügung, s. Rn. 17) – ähnlich einem Grundlagenbescheid – bindende Wirkung; die Anrechnungsverfügung ist innerhalb der Zahlungsverjährungsfrist 8

1 BFH v. 8.9.2010 – I R 90/09, BStBl. II 2013, 11.
2 BFH v. 29.3.1957 – VI 25/56 U, BStBl. III 1957, 161.
3 BFH v. 1.4.1999 – VII R 51/98, BFH/NV 2000, 46.
4 *K/S/M*, § 36 Rn. D 80.
5 BFH v. 18.5.1972 – IV R 168/68, BStBl. II 1972, 816; v. 29.6.1993 – VI B 108/92, BStBl. II 1993, 760; v. 18.6.1993 – VI R 67/90, BStBl. II 1994, 182; v. 23.4.1996 – VIII R 30/93, DB 1996, 2061.
6 BFH v. 1.4.1999 – VII R 51/98, BFH/NV 2000, 46.
7 BFH v. 20.10.2010 – I R 54/09, BFH/NV 2011, 641.
8 BFH v. 20.10.2010 – I R 54/09, BFH/NV 2011, 641; bestätigt durch BFH v. 7.7.2015 – VII R 49/13, BFH/NV 2015, 1683.
9 S. dazu BFH v. 28.6.2006 – I R 97/05, BFH/NV 2006, 2207; v. 20.8.2007 – I B 98/07, BFH/NV 2007, 2276.
10 BFH v. 20.10.2010 – I R 54/09, BFH/NV 2011, 641; auch BFH v. 7.7.2015 – VII R 49/13, BFH/NV 2015, 1683; insoweit abgrenzend BFH v. 22.11.2011 – VII R 27/11, BStBl. II 2012, 167; v. 1.12.2011 – VII R 23/11, BFH/NV 2012, 689; v. 18.9.2012 – VII R 53/11, BStBl. II 2013, 270 (jeweils zu § 36 Abs. 2 AO).
11 BFH v. 19.12.1960 – VI 92/60 U, BStBl. III 1961, 170.
12 S. dazu *Lemaitre*, IWB 2013, 265.
13 BFH v. 10.1.1995 – VII R 41/94, BFH/NV 1995, 779; v. 6.8.1996 – VII B 110/96, BFH/NV 1997, 106; offen gelassen v. BFH v. 23.5.2000 – VII R 3/00, BStBl. II 2000, 581; **aA** *Heuermann*, DB 1996, 1052 (1055).
14 BFH v. 8.11.1985 – VI R 238/80, BStBl. II 1986, 186; v. 28.2.1992 – VI R 146/87, BStBl. II 1992, 733.
15 Im Einzelnen *K/S/M*, § 36 Rn. D 106 ff.

(§§ 228ff. AO) gem. § 131 Abs. 2 Nr. 3 AO entspr. abzuändern (sa. Rn. 21).[1] Andererseits muss es nicht zu einer Steuerfestsetzung kommen. Steuerfreibeträge, Verlustabzüge uÄ beeinträchtigen die ‚Erfassung' der Einnahmen nicht.[2] Ohne Bedeutung ist auch, ob der LSt-Abzug und/oder die betr. Einnahmen zu Recht erfasst worden sind.[3] Soweit der BFH[4] die Anrechnung zu Unrecht einbehaltener und abgeführter LSt – (ebenfalls, s. Rn. 9) aus Gründen „der materiellen Gerechtigkeit" – gleichwohl zulässt, wenn keine anderweitige Erstattungsmöglichkeit gegeben ist,[5] widerspricht dies dem Regelungswortlaut; es handelt sich um einen (unzulässigen) Billigkeitserweis. Auch bei fehlender Erstattungsmöglichkeit endet die Anrechnung gem. Abs. 2 Nr. 2 S. 1 an den Grenzen des Regelungswortlauts und geht die Regelung deshalb nicht als Spezialvorschrift vor.[6] Andererseits muss es nicht zu einer Steuerfestsetzung kommen. Steuerfreibeträge, Verlustabzüge uÄ beeinträchtigen die ‚Erfassung' der Einnahmen nicht.[7] Ohne Bedeutung ist auch, ob der LSt-Abzug und/oder die betr. Einnahmen zu Recht erfasst worden sind.[8] Zur Voraussetzung der fehlenden Erstattung s. Rn. 7b. – Auch die Anrechnung nachträglich beim ArbG erhobener LSt ist möglich; wegen der hierfür erforderlichen Änderung der ursprünglichen Anrechnungs-Vfg. gem. § 130 AO s. Rn. 21. Zur nachträglichen Bescheidänderung gem. § 173 Abs. 1 AO zugunsten wie zuungunsten des StPfl. bei nachträglich bekannt gewordenem Arbeitslohn s. OFD Ffm. v. 1.3.2011 – S 0450 A - 1 - St 24.[9]

9 **KapESt** (§§ 43–45e, § 32 Abs. 5 KStG, § 7 Abs. 7 InvStG 2016,[10] § 20 Abs. 4 S. 1 REITG, § 38b KAGG aF, § 18a AuslInvestmG aF) wird – bei dem rechtl., ggf. aber auch dem wirtschaftlichen Eigentümer der Anteile (**§ 39 Abs. 2 AO**, s. dazu iErg. § 36a)[11] – unter grds. denselben Umständen angerechnet wie LSt (Rn. 8), sofern sie **(1)** auf die bei der Veranlagung **erfassten** Einkünfte entfällt, sofern die Steuer **(2)** nicht abgegolten und sofern für sie **(3)** keine Erstattung beantragt oder durchgeführt worden ist. Es bestehen **Abweichungen**, nämlich: **(1) § 36 Abs. 2 Nr. 2 S. 1 lit. b** (S. 1 HS 1 Alt. 2 aF) verweist auf Einkünfte, die nach **§ 3 Nr. 40** bei der Ermittlung des Einkommens außer Ansatz bleiben, und stellt damit sicher, dass die volle auf die Dividenden angefallene und entrichtete KapESt anzurechnen ist, obwohl bei der Ermittlung des zu versteuernden Einkommens nur (bis zum VZ 2008) die Hälfte, v. VZ 2009 an (§ 52a Abs. 3) 40 % der Dividende zu erfassen ist. Entspr. gilt für gem. **§ 8b Abs. 1 KStG** steuerbefreite (in- und ausländ.) Bezüge iSv. § 20 Abs. 1 Nr. 1, 2, 9 und 10a einer unbeschränkt stpfl. Körperschaft, Personenvereinigung oder Vermögensmasse sowie für gem. **§ 8b Abs. 6 S. 2 KStG** steuerbefreite Bezüge oder Gewinne aus unmittelbaren und mittelbaren Beteiligungen an einem nicht steuerbefreiten Betrieb gewerblicher Art einer jur. Pers. des öffentl. Rechts gem. § 8b Abs. 1 KStG. Diese auf § 8b KStG verweisenden Regelungen gehören rechtssystematisch in das KStG; sie sind in § 36 Abs. 2 Nr. 2 aufgenommen worden, weil § 31 Abs. 1 KStG (§ 49 Abs. 1 KStG aF) auf § 36 verweist. Zum KapESt-Abzug bei Wertpapierpensionsgeschäften s. § 32 Abs. 3 (iVm. § 2 Abs. 2 lit. c) KStG. *Arg. e contr.* lässt sich den auf § 3 Nr. 40 sowie § 8b Abs. 1 KStG beschränkten Abweichungen entnehmen, dass diese nicht allg. auf entspr. Konstellationen ausgedehnt werden können, zB jene Ausnahmesituation, in welcher ein unbeschränkt StPfl. eine Erstattung gem. § 50d Abs. 1 S. 2 beanspruchen kann (s.

---

1 BFH v. 29.10.2013 – VII R 68/11, BFH/NV 2014, 393; v. 12.11.2013 – VII R 28/12, BFH/NV 2014, 339; sa. FG Hbg. v. 14.10.2016 – 3 V 201/16, EFG 2016, 1845, zur Rückforderung angerechneter KapESt infolge sog. Cum/Ex-Geschäfte; s. dazu umfassend mwN *Kleutgens*, FR 2018, 774.

2 OFD München v. 20.11.2002, DStR 2003, 30 (unter 3.); OFD Ffm. v. 1.3.2011 – S 0450 A - 1 - St 24, AO-Kartei HE § 218 AO Karte 1 N (unter 3.).

3 BFH v. 19.12.2000 – VII R 69/99, BStBl. II 2001, 353.

4 BFH v. 23.5.2000 – VII R 3/00, BStBl. II 2000, 581 (für den Fall des LSt-Abzugs trotz beendeter unbeschränkter StPflicht); v. 19.12.2000 – VII R 69/99, BStBl. II 2001, 353 (für den Fall des LSt-Einbehalts v. MU'er-Sondervergütungen).

5 S. dazu aber für den Urteilsfall *Wassermeyer*, IStR 2000, 688; *Gosch*, StBp. 2000, 374: eine Erstattungsmöglichkeit fehlte dort gerade nicht.

6 **AA** *K/S/M*, § 36 Rn. D 119.

7 OFD München v. 20.11.2002, DStR 2003, 30 (unter 3.); OFD Ffm. v. 1.3.2011 – S 0450 A-1-St 24 AO-Kartei HE § 218 AO Karte 1 N (unter 3.).

8 BFH v. 19.12.2000 – VII R 69/99, BStBl. II 2001, 353.

9 AO-Kartei HE § 218 AO Karte 1 N.

10 S. dazu iErg. OFD Ffm. v. 18.11.2012, DB 2012, 1240.

11 Zu den (viel diskutierten) Problemen (und Fragwürdigkeiten), die sich in diesem Zusammenhang in der Vergangenheit – bis zu den mit erstmaliger Wirkung v. 1.1.2012 an geltenden Änderungen (ua.) in § 43 Abs. 1 S. 1 Nr. 1a und 6, Abs. 3 S. 1 Nr. 2, § 44 Abs. 1 S. 3 und 4 Nr. 3 sowie § 44a Abs. 10 durch das OGAW-IV-UmsG – bei sog. cum-/ex-Dividendengeschäften stellten, s. zB BFH v. 16.4.2014 – I R 2/12, DStR 2014, 2012 (dazu BMF v. 24.6.2015 – IV C 1 - S 2252/13/10005:003, abrufbar unter www.beck-online.de (und nicht im BStBl. abgedruckt), sowie *Matuszewski*, BB 2014, 2726); FG Hess. v. 10.2.2016 – 4 K 1684/14, EFG 2016, 761; v. 8.10.2012 – 4 V 1661/11 (AdV), EFG 2013, 47 (Verfassungsbeschwerde wurde nicht angenommen, BVerfG v. 15.7.2013 – 2 BvR 2594/12); *Klein*, BB 2013, 1054; *Rau*, DStR 2013, 838; *Rau*, DStZ 2012, 241; *Podewils*, FR 2013, 481; *Demuth*, DStR 2013, 1116; *Desens*, DStZ 2012, 142 und 246; *Desens*, DStR 2012, 2473; *Berger/Matuszewski*, BB 2011, 3097; *Derlien/Kern*, BB 2013, 1943; *Anzinger*, RdF 2012, 394; *Englisch*, RdF 2012, 425; *Kußmaul/Huwer/Kloster*, RdF 2012, 314; *Bruns*, DStZ 2012, 333.

dort Rn. 10, 11). **(2)** Überdies steht dem StPfl. hier ein **Erstattungswahlrecht** (nach § 44a Abs. 9, § 44b, § 44c aF, § 45b und c, ggf. auch § 50d Abs. 1 analog, s. § 50d Rn. 9) zu. Wird v. diesem Wahlrecht Gebrauch gemacht, ist die Anrechnung ausgeschlossen, ebenso bei möglicher Inanspruchnahme gem. § 44 Abs. 5, § 45a Abs. 7, § 50a Abs. 5 S. 5, § 50a Abs. 5 S. 6 aF. Einen Ausschlusstatbestand stellt überdies jegliche Erstattung gem. § 37 Abs. 2 AO dar. S. iÜ aber „aus Gründen materieller Gerechtigkeit" einschr. Rn. 8. **(3)** IdR müssen die zugrunde liegenden Kapitaleinkünfte wie bei der LSt (Rn. 8) bei „der" und damit bei derjenigen Veranlagung erfasst werden, für die Anrechnung begehrt wird; ausnahmsweise (zB iVm. § 7 Abs. 7 InvStG 2016) kann es insoweit aber an einer zeitl. Korrespondenz fehlen, was wiederum auch in persönl. Hinsicht ein Auseinanderfallen v. StPfl. und Anrechnungsberechtigtem zur Folge haben kann.[1] – Anzurechnen ist auf entspr. Einkünfte unabhängig davon, ob es sich um **„originäre"** Kapitaleinkünfte oder aber um solche kraft **gesetzl. Fiktion** handelt. Erfasst sind also auch zB fiktive vGA gem. § 8a KStG aF[2] sowie fiktive Einkünfte aus Hinzurechnung gem. § 10 Abs. 2 S. 1 AStG oder aus offenen Rücklagen gem. § 7 (s. auch § 17 Rn. 7), § 12 Abs. 5 UmwStG. **Nicht** anrechenbar ist die KapESt, welche auf Erträge entfällt, die nach § 1 StraBEG aufgrund strafbefreiender Nacherklärung auf Basis der im StraBEG spezialgesetzlich vorgesehenen Pauschalsteuerermittlung nachentrichtet wurde.[3] Zur Anrechnung bei nachträglich bekannt gewordenen steuerabzugspflichtigen Kapitalerträgen s. OFD München v. 20.11.2002, DStR 2003, 30.

Zur **Rechtslage bis zum VZ 2000/2001** (zur letztmaligen zeitlichen Anwendung s. § 34 Abs. 6d und 10a KStG, Rn. 2) und damit bis zur Einfügung des sog. Halbeinkünfteverfahrens s. 17. Aufl. Rn. 10. 10

Anrechnungsnachweise. (1) Der Nachweis über den Steuerabzug wird für die **LSt** idR durch Vorlage der LSt-Karte oder einer besonderen LSt-Bescheinigung (§ 41b Abs. 1), ggf. aber auch auf andere Weise[4] geführt, für die **KapESt** hingegen durch Vorlage der (Original-)Bescheinigung des Schuldners, der auszahlenden oder der zur Auszahlung verpflichteten Stelle gem. § 45a Abs. 2 oder eines inländ. (nicht aber ausländ. = kein Unionsrechtsverstoß)[5] Kredit- oder Finanzdienstleistungsinstituts gem. § 45a Abs. 3 **(§ 36 Abs. 2 Nr. 2 S. 2)**, wobei es in den Fällen des § 8b Abs. 6 S. 2 KStG (Rn. 9), insbes. also bei nur mittelbarer Beteiligung des Betriebs gewerblicher Art der jur. Pers. des öffentl. Rechts, allerdings genügt, wenn jene Bescheinigung gem. § 45a Abs. 2 und 3 vorgelegt wird, die dem Gläubiger der Kapitalerträge ausgestellt worden ist **(§ 36 Abs. 2 Nr. 2 S. 4**, S. 3 aF). Der so erbrachte Nachweis sichert idR die Anrechnung und ist **materiell-rechtl. Anrechnungsvoraussetzung**,[6] entbindet das FA in Zweifelsfällen aber nicht v. einer Überprüfung und ermöglicht es trotz Vorlage der Bescheinigung, nicht anzurechnen, falls sich die Bescheinigung als falsch herausstellt.[7] Der Originalbescheinigung bedarf es auch für die KapESt bei Investmenterträgen gem. § 7 Abs. 7 InvStG 2016, § 38b Abs. 5 S. 2 KAGG aF; eine Steueranrechnung auf Grundlage der veröffentlichten Besteuerungsgrundlagen des Investmentvermögens (Rechenschaftsberichte; elektronischer Bundesanzeiger) scheidet aus.[8] – Das alles war bis zur Ergänzung v. § 36 Abs. 2 Nr. 2 um einen S. 3 durch das G zur Modernisierung des Besteuerungsverfahrens v. 18.7.2016[9] „alternativlos" und beließ keine erleichterte Nachweismöglichkeit. Nach jenem **Abs. 2 Nr. 2 S. 3** ist es für die Anrechnung (v. VZ 2017 an) ausreichend, wenn die Bescheinigung auf Verlangen des FA vorgelegt wird; das gilt aber nur, soweit der StPfl. einen Antrag nach § 32d Abs. 4 oder 6 stellt. Fordert das FA die Bescheinigung an (wohl vermittels eines rechtsbehelfsfähigen Ermessensbescheids), ist der Nachweisverzicht hinfällig und wird nur nach Vorlage der Bescheinigung angerechnet. Es soll der Prüfung durch das FA „im Rahmen einer risikoorientierten Auswahl" überantwortet werden, ob der intendierte Beitrag zur „Vereinfachung und Entbürokratisierung des Verwaltungsverfahrens"[10] gelingt oder nicht (?). Von vornherein nicht einschlägig ist die Nachweiserleichterung überdies für steuerabzugsverpflichtete Einkünfte iSv. § 36 Abs. 2 Nr. 2 S. 1 lit. b, also Einkünfte iSv. § 3 Nr. 40, sowie Bezüge iSv. § 8b Abs. 1, 2 und 6 S. 2 KStG, für die die bisherige Vorlageverpflichtung als materielle Anrechnungsvoraussetzung unverändert fortgilt, für § 8b Abs. 6 S. 2 KStG aber nach wie vor unter den Erleichterungen des § 36 Abs. 2 Nr. 2 S. 4 (S. 3 aF). 11

1 BFH v. 8.9.2010 – I R 90/09, BStBl. II 2013, 11, s. auch BMF v. 17.12.2012, BStBl. I 2013, 54.
2 BFH v. 20.8.2008 – I R 29/07, BStBl. II 2010, 142; v. 18.3.2009 – I R 13/08, BFH/NV 2009, 1613.
3 OFD Rhld. v. 16.1.2007, DB 2007, 315; FG Köln v. 20.6.2006 – 5 K 3906/05, EFG 2007, 934; FG Düss. v. 26.1.2007 – 12 K 2904/05 AO, EFG 2008, 146; FG Hbg. v. 12.6.2007 – 5 K 110/06, EFG 2007, 1556; **aA** *Milatz/Tempich*, DB 2005, 2103.
4 Ggf. auch – bei geschätzten Einkünften – in geschätzter Höhe, vgl. OFD Nürnb. v. 1.8.1993, DStR 1994, 99.
5 FG Hess. v. 16.5.2017 – 4 K 2554/13, juris.
6 **AA** *Hahn*, jurisPR-SteuerR 37/2011 Anm. 2 (mit insoweit aber unzutr. Verallgemeinerung der unionsrechtl. Sichtweise v. EuGH v. 30.6.2011 – Rs. C-262/09 – Meilicke II, DStR 2011, 1262: bloße Beweislastanforderung).
7 S. zB OFD Münster v. 7.11.2007, FR 2008, 47, für den (Regel-)Fall der Abstandnahme v. der Nacherhebung v. KapESt bei (schon veranlagten) vGA.
8 Vgl. Bay. LAfSt v. 12.6.2007, IStR 2007, 832.
9 BGBl. I 2016, 1679.
10 S. dazu ebenso nebulös wie vollmundig BT-Drucks. 18/7457, 99.

11a (2) Zu den Nachweiserfordernissen für die **KSt**-Anrechnung gem. § 36 Abs. 2 S. 2 Nr. 3 aF (iVm. §§ 44ff. KStG aF) s. Rn. 14f. und 6. Aufl., § 36 Rn. 34, 48. Jener Nachweiserfordernisse über die stl. Vorbelastung der KapGes. bedarf es unbeschadet der prinzipiellen Unionsrechtswidrigkeit des kstl. Anrechnungsverfahrens (s. iE dazu Rn. 14) auch für die unionsrechtl. einzufordernde Anrechnung ausländ. KSt. S. dazu und zu den Erfordernissen 17. Aufl. Rn. 11a. – Unabhängig davon ist eine KSt-Anrechnung nur für die sog. Outbound-Konstellation vorzunehmen, nicht hingegen in einer sog. Inbound-Situation zugunsten des beschränkt StPfl.; für dessen Entlastung v. KSt ist der Ansässigkeitsstaat, nicht aber der Quellenstaat zuständig.[1] S. aber auch Rn. 12 zur KapESt.

12 **IV. Keine Einbeziehung abgeltender Abzugsteuern.** Steuerabzugsbeträge, die sich gem. § 50a Abs. 1 (§ 50a Abs. 1–4 aF) bei beschränkt StPfl. ergeben, kommt im Grundsatz (Ausnahme vor allem: Einkünfte eines inländ. Betriebs, vgl. § 50 Abs. 2 S. 2 Nr. 1, § 50 Abs. 5 aF) abgeltende Wirkung zu. Folglich werden die entspr. Einkünfte nicht in eine Veranlagung einbezogen, so dass die Anrechnung solcher Abzugsbeträge entfällt. Soweit der beschränkt StPfl. Staatsangehöriger eines EU- oder EWR-Staates ist, kann er zwar nach § 50 Abs. 2 S. 2 Nr. 4 lit. b und Nr. 5, in eingeschränktem Umfang für die LSt auch zuvor gem. § 50 Abs. 5 S. 2 Nr. 2 aF, eine Veranlagung beantragen (§ 46 Abs. 2 Nr. 8). Ungewiss war vor dem Hintergrund des Unionsrechts bislang allerdings die fehlende Anrechnung bzw. Erstattung v. KapESt iZ mit der abgeltenden Wirkung v. **§ 32 Abs. 1 Nr. 2 KStG** für ausländ. Mutter-KapGes., die (idR infolge Nichterreichens der erforderlichen Mindestbeteiligungsgrenze v. 10 %, bis zum VZ 2008: 15 %, gem. § 43b Abs. 2 S. 1, nach Maßgabe v. § 44d Abs. 1 S. 2 Nr. 1 EStG 1990 und bis zum 30.6.1996 zusätzlich auch wegen der dort vorbehaltenen 5 %igen Quellensteuerlast, s. § 50d Rn. 15[2]) nicht in den Vorteil der Mutter/Tochter-RL kommen; die KapESt wird für solche Ges. mit entspr. Streubesitz im Gegensatz zu Inlands-Mutter-KapGes. definitiv. Das verstößt im Regelfall indessen gegen die – drittstaatenweit wirkende (!) – Kapitalverkehrsfreiheit (Art. 63ff. AEUV), und deshalb hat der EuGH zwischenzeitlich denn (auch)[3] Deutschland (auf entsprechende Klage der EU-Kommission) zu Recht[4] verurteilt:[5] Zuständig dafür, die Beteiligungs-Ges. zu entlasten, ist prinzipiell der Quellenstaat. Allerdings besteht eine Ausnahme aufgrund der sog. ‚Amurta'-Klausel[6] dann, wenn sich Quellen- und Ansässigkeitsstaat bilateral auf eine Übertragung jener Verantwortlichkeit auf den Ansässigkeitsstaat verständigt haben, das aber nur bei einer Vollanrechnung (sog. full tax credit, kein bloßer ordinary tax credit), woran es zumeist in der Praxis fehlt; s. auch § 34c Rn. 23. Str. ist, ob eine derartige Entlastung auch infolge einer Steuerfreistellung (vergleichbar § 8b Abs. 1 KStG) im Ansässigkeitsstaat bei entspr. bilateraler Vereinbarung (nicht aber „bloß" unilateral einseitiger Befreiung, zB gem. § 8b Abs. 1 KStG)[7] ausgelöst wird.[8] Richtigerweise führt der konstatierte Unionsrechtsverstoß aber nur zu einer wirtschaftl. Gleichbehandlung mit dem Inlandsfall, nicht zu einer Besserstellung des Steuerausländers.[9] Der Höhe nach wird der ausgelöste Erstattungsanspruch deshalb um jene 5 % zu schmälern sein, welchen (seit dem VZ 2004) gem. § 8b Abs. 5 KStG auch der Inländer in Gestalt der sog. Schachtelstrafe unterworfen ist; rechnerisch beläuft sich diese Schmälerung auf 1 % (nämlich berechnet aus einer durchschnittlichen KSt-Belastung v. 20 % beim Inländer).[10]

---

1 Vgl. (bezogen auf § 50c aF) EuGH v. 17.9.2009 – Rs. C-182/08 – Glaxo Wellcome, IStR 2009, 691, und dem nachgehend BFH v. 3.2.2010 – I R 21/06, BStBl. II 2010, 691; sowie v. 2.7.2014 – I R 57/12, juris.

2 S. zB BFH v. 20.12.2006 – I R 13/06, BStBl. II 2007, 616, und dazu auch § 50d Rn. 9.

3 Ebenso wie bereits Italien (EuGH v. 19.11.2009 – Rs. C-540/07 – Kommission ./. Italien, IStR 2009, 853), Spanien (EuGH v. 3.6.2010 – Rs. C-487/08 – Kommission ./. Spanien, IStR 2010, 483) sowie Portugal (EuGH v. 22.11.2010 – Rs. C-199/10 – Secilpar – Sociedade Unipessoal SL, ABlEU 2011 Nr. C 63, 16).

4 *Kessler/Dietrich*, DStR 2011, 2131; *v. Brocke*, IWB 2011, 826; *Rehm/Nagler*, GmbHR 2011, 881.

5 EuGH v. 20.10.2011 – Rs. C-284/09 – Kommission ./. Deutschland, DStR 2011, 2038.

6 ZB EuGH v. 12.12.2006 – Rs. C-374/04 – Test Claimants in Class IV of the ACT Group Litigation, Slg. 2006, I-11673 Rn. 52ff., 57f.; v. 8.11.2007 – Rs. C-379/05 – Amurta, Slg. 2007, I-9569, jeweils mwN; krit. *Cordewener*, IWB F 11, Gr 2, 971 (977f.).

7 So EuGH v. 8.11.2007 – Rs. C-379/05 – Amurta, Slg. 2007, I-9569 Rn. 79ff.

8 Bej. BFH v. 22.4.2009 – I R 53/07, IStR 2009, 551 (dagegen gerichtete Verfassungsbeschwerde nicht angenommen, vgl. BVerfG v. 15.10.2010 – 2 BvR 1807/09); verneinend *Bron*, DB 2009, 1688; *Rehm/Nagler*, GmbHR 2009, 944; *Schön*, IStR 2009, 555; *v. Brocke/Hackemann*, IWB F 3a, Gr 1, 1127.

9 Zu ähnlichen Konstellationen einer ‚rechnerischen' wirtschaftl. Gleichbehandlung aus Gründen des Unionsrechts s. zB BFH v. 9.8.2006 – I R 31/01, BStBl. II 2007, 838 (KSt-Belastung des Betriebsstättengewinns im Anschluss an EuGH v. 23.2.2006 – Rs. C-253/03 – CLT-UFA, DStR 2006, 418) sowie v. 19.11.2003 – I R 34/02, BStBl. II 2004, 773 und v. 10.1.2007 – I R 87/03, BStBl. II 2008, 22 (beide zum Mindest-Steuersatz gem. § 50 Abs. 3 S. 2 aF im Anschluss an EuGH v. 12.6.2003 – Rs. C-234/01 – Gerritse, BStBl. II 2003, 859).

10 BFH v. 11.1.2012 – I R 25/10, DStR 2012, 742 (mit Anm. *Wiese/Strahl*, DStR 2012, 1426; *Stumm/Duttine*, BB 2012, 1206; *Grieser/Faller*, DB 2012, 1296; *Klein/Hagena*, FR 2012, 528; *Patzner/Nagler*, IStR 2012, 345; *Linn*, IStR 2012, 343); v. 11.1.2012 – I R 30/10, GmbHR 2012, 708 = IStR 2012, 379, mit Anm. *Patzner/Nagler*, GmbHR 2012, 710.

Auf die EuGH-Rspr. hat der Gesetzgeber des „G zur Umsetzung des EuGH-Urt. v. 20.10.2011 in der Rs. C-284/09"[1] vermittels einer „Verböserung zulasten aller" – also inländ. wie ausländ. Konstellationen gleichermaßen treffenden Beschränkung – reagiert, nämlich durch die allseitige StPfl. sog. Streubesitzes v. weniger als 10 % in **§ 8b Abs. 4 KStG**. Diese Regelung ist erstmals für Bezüge iSv. § 8b Abs. 1 KStG anzuwenden, die nach dem 28.2.2013 zufließen. Einer Benachteiligung grenzüberschreitender Sachverhalte ist damit „abgeholfen". Für Alt-Zuflüsse v. Kapitalerträgen schafft **§ 32 Abs. 5** (iVm. § 34 Abs. 13b S. 3 ff.) **KStG** eine hochkomplexe und -komplizierte Erstattungsmöglichkeit sui generis, die unionsrechtl. (und ggf. auch verfassungsrechtl.)[2] Anforderungen auch weiterhin kaum standhalten dürfte, auch und nicht zuletzt deswegen, weil sie Drittstaaten-Inboundengagements von vornherein ausspart (s. § 32 Abs. 5 S. 1 Nr. 1 lit. b KStG).[3] Für diese Erstattungsanträge iSd. § 32 Abs. 5 KStG ist das **BZSt** zuständig, § 5 Abs. 1 Nr. 39 FVG. Für Konstellationen außerhalb des § 32 Abs. 5 KStG bleibt die Zuständigkeitsbestimmung aber ungewiss, so zB dann, wenn der im Drittstaat Ansässige die Erstattung nach § 32 Abs. 5 KStG einfordert oder wenn der ausländ. Anteilseigner reklamiert, durch die Erhebung der KapESt auf Bruttobasis ggü. Inländern benachteiligt zu sein;[4] sicherheitshalber sollte der Erstattungsantrag in derartigen Fällen (auch) beim **FA** angebracht werden. 12a

Abgesehen von dieser Einschränkung (in Rn. 12a aE) ist die bis zu dieser „Neukreation" bestehende unklare (Erstattungs-)Rechtslage damit Vergangenheit. Nach dieser Lage waren einschlägig betroffene beschränkt StPfl. gehalten, ihr Erstattungsbegehren (innerhalb der Erstattungsfristen gem. § 171 Abs. 14 iVm. § 228 AO, jedoch ohne Anlaufhemmung gem. § 10 Abs. 2 Nr. 1 AO)[5] beim gem. § 20 Abs. 3 und 4 AO zuständigen FA (nicht aber beim BZSt)[6] auf einen Anspr. analog § 50d Abs. 1 S. 2 zu stützen (als bloße Rechtsfolge-, nicht als Rechtsgrundverweisung, s. dazu und zu den Konsequenzen iErg. § 50d Rn. 11); eine (gleichfalls vorstellbare) Analogie zu § 36 Abs. 2 S. 1 Nr. 2 S. 1 (iVm. § 31 Abs. 1 S. 1 KStG) schied in Ermangelung einer positiv-gesetzl. eingeräumten Veranlagungsmöglichkeit (vgl. § 32 Abs. 1 Nr. 2 KStG) aus;[7] die Rspr. ist zwar gehalten, den Anwendungsvorrang des Unionsrechts durchzusetzen, dennoch aber den Vorbehalt des G weitestgehend zu achten und deswegen allenfalls „minimal-invasiv" in das Regelungswerk einzugreifen. Dafür genügte es hier, nur die bisherige Abgeltungswirkung „hinwegzudenken". Auch eine analoge vorherige Steuerfreistellung gem. § 50d Abs. 2 musste deshalb entfallen. Da eine Übergangsregelung nicht geschaffen worden ist, fragt sich allerdings, in welcher Weise mit „Alt-Anträgen" verfahren wird; vermutlich sind sie in das formalisierte Verfahren nach § 32 Abs. 5 KStG „überzuleiten" – mit dann ungewissem Ausgang, zum einen, weil die gesetzl. Anforderungen kaum zu erfüllen sein werden, zum anderen, weil die FinVerw. hier offenbar „mauert": Sie hat angekündigt, derartige Anträge (vorerst) unbeschieden zu belassen und sie nicht an das BZSt abzugeben. Ausgenommen davon sollen Anträge sein, die ausdrücklich auf § 32 Abs. 5 KStG gestützt werden. Solche Anträge sollen dem BZSt übermittelt werden, auch dann, wenn der Antragsteller erkennbar nicht die Voraussetzungen des § 32 Abs. 5 KStG erfüllt. „Sofern der Antragsteller ggü. dem BZSt zu erkennen gibt, dass es sich hierbei nicht um einen Antrag nach § 32 Abs. 5 KStG handelt, weist das BZSt auf seine Unzuständigkeit hin und wird – sollte der Antrag nicht zurückgenommen werden – den Antrag wegen sachlicher und örtlicher Unzuständigkeit ablehnen, und zwar kurzfristig. Die Frage der (Un-)Zuständigkeit des BZSt wird dann ggf. im nachfolgenden Rechtsstreit finanzgerichtlich entschieden."[8] All das bezeugt ein recht distanziertes Verständnis von rechtsstaatlichen und fairen Verfahrensabläufen. 12b

Zu der spezialgesetzl. angeordneten Reihenfolge der Anrechnung v. Abzugsbeträgen iSv. § 48 (Bauabzugsteuer) s. **§ 48c**. 13

V. Anzurechnender Unterschiedsbetrag nach § 32c Abs. 1 S. 2 (Abs. 2 S. 2 Nr. 3). Der Gesetzgeber hat mit dem G zum Erlass und zur Änderung marktordnungsrechtl. Vorschriften sowie zur Änderung des EStG v. 20.12.2016[9] **§ 32c** dahingehend geändert, dass zukünftig Gewinnschwankungen in luf. Betrieben 13a

1 BGBl. I 2013, 561.
2 *Hechtner/Schnitger*, Ubg 2013, 269 (278); *Hey*, KSzW 2013, 353 (361) im Hinblick auf die Übergangsvorschrift in § 34 Abs. 13b S. 4 KStG.
3 ZB *Hechtner/Schnitger*, Ubg 2013, 269 (276 f.); *Hey*, KSzW 2013, 353 (359 ff.); *Gosch*[3], § 32 Rn. 53; sa. das Vorabentscheidungsersuchen des FG München an den EuGH v. 23.10.2017 – 7 K 1435/15, IStR 2017, 1029, m. Anm. *Forchhammer* (EuGH-Rs. C-641/17, College Pension Plan of British Columbia), zu Streubesitzdividenden an ausländ. Pensionsfonds.
4 S. *Lemaitre*, IWB 2013, 269 (273, 279).
5 **AA** *Wiese/Strahl*, DStR 2012, 1426 (1428).
6 BFH v. 11.1.2012 – I R 25/10, DStR 2012, 742.
7 **AA** *Wiese/Strahl*, DStR 2012, 1426 (1428).
8 So OFD Mgdb. v. 19.5.2014 – S 2845 - 2 - St 217.
9 BGBl. I 2016, 3045.

nachträglich durch eine individuelle StErmäßigung (als Tarifglättung) korrigiert werden. Das erfolgt in Gestalt eines ESt-Ausgleichs zum Ende des dritten Jahres auf Basis des durchschnittlichen Gewinns der zurückliegenden drei Jahre, erstmals bezogen auf die Jahre 2014 bis 2016. **§ 36 Abs. 2 S. 2 Nr. 3** soll sicherstellen, dass es im letzten VZ eines Betrachtungszeitraums nicht dadurch zu willkürlichen Ergebnissen kommt, dass die Auswirkung der Tarifglättung davon abhängt, ob in diesem letzten VZ eine ESt festgesetzt wird, die größer als 0 ist. Das wird dadurch erreicht, dass für die Fälle, in denen der Unterschiedsbetrag höher ist als die tarifliche ESt, der überschießende Betrag durch Anrechnung zum Abzug gebracht und gem. § 36 Abs. 4 S. 2 erstattet wird. – Die Vorschrift ist nach § 52 Abs. 35a erstmals im VZ 2016 und letztmals im VZ 2022 anzuwenden, nicht anders als auch § 32c (nach § 52 Abs. 33a S. 1 und 4). Beide Vorschriften treten aber (nach Art. 5 Abs. 2 des G v. 20.12.2016) erst an dem Tag in Kraft, an dem die Europäische Kommission durch Beschluss feststellt, dass sie entweder keine Beihilfe oder mit dem Binnenmarkt vereinbare Beihilfe darstellen; daran fehlt es momentan (November 2018) noch.

14 **VI. Anzurechnende Körperschaftsteuer (Abs. 2 S. 2 Nr. 3 aF).** Zu **§ 36 Abs. 2 S. 2 Nr. 3 aF** als der Kernvorschrift des – seinerzeit durch das sog. Halbeinkünfteverfahren (s. § 3 Nr. 40) abgelösten (zum zeitlichen Anwendungsbereich s. Rn. 2) – **kstl. Anrechnungsverfahrens** und zu den dazu seinerzeit bestehenden, vor allem **unionsrechtl. Zweifelsfragen** s. 17. Aufl. Rn. 14 f. S. auch Rn. 11a, 23.

15 Einstweilen frei.

E. Rundungsregelung (Abs. 3)

16 Die Rundungsregelung in Abs. 3 betrifft allein die Anrechnungstechnik. Steuerabzugsbeträge und Anrechnungsbeträge sind danach jeweils auf volle Euro aufzurunden, bei mehreren Einzelpositionen, aber auch bei zusammenveranlagten Ehegatten nach zuvoriger Addition.

F. Fälligkeit der Abschlusszahlung und Erstattung von Überschüssen (Abs. 4)

17 **I. Abschlusszahlungen (Abs. 4 S. 1).** § 36 Abs. 4 S. 1 regelt – als Sondervorschrift zu § 220 Abs. 2 AO – die Fälligkeit v. ESt, die nach der Abrechnung für den StPfl. als **Abschlusszahlung** verbleibt. Diese Abschlusszahlung ist innerhalb eines Monats nach Bekanntgabe des Steuerbescheides zu entrichten, allerdings nur in dem in der **Anrechnungs-Vfg.** ausgewiesenen und fällig gestellten Umfang, ggf. auch bei deren Änderungen.[1] Seine ursprüngliche Lesart des § 36 Abs. 4 S. 1, dass nicht eingeforderte Teile der festgesetzten ESt[2] nicht fällig werden und demzufolge auch nicht zahlungsverjähren (§§ 228 ff. AO) sollen,[3] hat der BFH mittlerweile zu Recht aufgegeben.[4] (s. auch Rn. 21). Bereits zuvor fällig gewordene, aber noch nicht entrichtete Vorauszahlungen gehen zwar in die Abschlusszahlung ein, sind allerdings sofort fällig;[5] die Festsetzungsverjährung richtet sich deswegen (jedenfalls) hier allein nach materiellem Recht. Gleiches gilt für den Fall gelten, dass abgeführte KapESt in einer Anrechnungsverfügung nicht angerechnet worden; die Anrechnung kann dann nach Ablauf der durch die Anrechnungsverfügung in Lauf gesetzten Zahlungsverjährungsfrist nicht mehr nachgeholt werden[6] Letzteres ist durchaus folgerichtig, verträgt sich indes schwerlich mit der beschriebenen umgekehrten Situation, in der das FA die Anforderung der Steuer unterlässt.[7] – Bei nicht rechtzeitiger Zahlung entstehen kraft Gesetzes Säumniszuschläge (§ 240 AO). Wegen unabhängig davon bestehender Zinspflichten ab Beginn des 16. Monats nach Entstehung der ESt s. § 233a AO.

18 **II. Überschuss zugunsten des Steuerpflichtigen (Abs. 4 S. 2 und 3).** Folgt aus der Steuerfestsetzung eine **Überzahlung** des StPfl., so ist diese an ihn als Erstattungsberechtigten nach Bekanntgabe des Steuerbescheides auszuzahlen (§ 37 Abs. 2 AO).[8] In welcher Weise (Überweisung, Verrechnung[9] oder Aufrechnung, § 226 AO) ausgezahlt wird, ist unbeachtlich. Bei zusammen zur ESt veranlagten Ehegatten (§§ 26, 26b) wirkt die Abrechnung des sich ergebenden Überschusses an einen der Ehegatten für und gegen den anderen (**§ 36 Abs. 4 S. 3**).[10] **Erstattungsberechtigt** ist – wie bei anderen Gesamtschuldnern auch (§ 37

---

1 BFH v. 31.10.1975 – VIII B 14/74, BStBl. II 1976, 258; v. 18.7.2000 – VII R 32, 33/99, BStBl. II 2001, 133.
2 Vorausgesetzt, diese beträgt nicht durchgängig null; so zutr. FG RhPf. v. 29.11.2004 – 5 K 1492/02, EFG 2005, 508.
3 BFH v. 18.7.2000 – VII R 32, 33/99, BStBl. II 2001, 133; OFD München v. 20.11.2002, DStR 2003, 30.
4 BFH v. 27.10.2009 – VII R 51/08, BStBl. II 2010, 382; *Sedemund*, DStR 2002, 560 ff.; OFD Ffm. v. 13.4.2015 – S 0450 A-1-St 24, AO-Kartei HE § 218 AO Karte 1 N.
5 BFH v. 4.6.1981 – VIII B 31/80, BStBl. II 1981, 767.
6 BFH v. 12.2.2008 – VII R 33/06, BStBl. II 2008, 504. Krit. dagegen *Delbrück/Hamacher*, IStR 2009, 771.
7 S.a. FG Hess. v. 26.4.2007 – 4 K 1535/06, nv. (v. BFH zugelassene Rev. I R 82/08 in der Hauptsache erledigt).
8 BFH v. 6.2.1990 – VII R 86/88, BStBl. II 1990, 523.
9 BFH v. 5.8.1986 – VII R 167/82, BStBl. II 1987, 8; v. 21.2.1989 – VII R 42/86, BFH/NV 1989, 762.
10 FG Nds. v. 3.2.1998 – VII 99/97, EFG 1999, 292 zu den Grenzen dieser Vereinfachung; OFD Kobl. v. 15.12.1995, FR 1996, 360.

Abs. 2 AO)[1] – regelmäßig jener Ehegatte, der den zu erstattenden Betrag, den er mit schuldete, gezahlt hat.[2] Liegen keine gegenteiligen Anhaltspunkte oder anderslautenden Absichtsbekundungen vor, kann das FA als Zahlungsempfänger davon ausgehen, dass derjenige Ehegatte, der auf die gemeinsame Steuerschuld zahlt, mit seiner Zahlung auch die Steuerschuld des anderen mit ihm zusammenveranlagten Ehegatten begleichen will.[3] Das gilt, solange die Ehe besteht und die Eheleute nicht dauernd getrennt leben (oder Gegenteiliges für das FA jedenfalls nicht erkennbar war);[4] ob die Eheleute sich später trennen oder einer der Ehegatten nachträglich die getrennte Veranlagung beantragt, ist für die Beurteilung der Tilgungsabsicht unerheblich, es kommt nur darauf an, wie sich die Umstände zum Zeitpunkt der Vorauszahlung darstellen.[5] Nach Auffassung des BFH[6] tritt die befreiende Wirkung allerdings nicht ein, wenn dem FA bei der Abrechnung bekannt ist, dass der eine Ehegatte mit der Leistung an den anderen nicht einverstanden ist (zB nachdem ein Aufteilungsantrag gem. §§ 268 ff. AO gestellt worden ist).[7] § 36 Abs. 4 S. 3 wird insoweit – gegen den Gesetzeswortlaut[8] – lediglich als widerlegliche gesetzliche Vermutung einer Einziehungsvollmacht der Eheleute untereinander angesehen.[9] Zur Situation der im **Insolvenzverfahren** abgeführten Steuern s. Rn. 6a.

Abs. 4 S. 2 regelt allein die **Fälligkeit** des Erstattungsanspruchs, der als solcher (ebenso wie die festzusetzende ESt) mit Ablauf des VZ entsteht.[10] Der Erstattungsanspruch kann v. StPfl. abgetreten oder v. dessen Gläubigern gepfändet werden. 19

G. Rechtsbehelfe

Die **Anrechnungs-Vfg.** des Steuerbescheids stellt (als Teil des Erhebungsverfahrens, §§ 218–248 AO) nach Rspr. und hM einen v. der Steuerfestsetzung zu unterscheidenden, selbständigen (deklaratorischen) **VA** dar, auch im Hinblick auf die Anrechnung der eigenen (Voraus-)Zahlungen.[11] Beide Bescheide sind getrennt voneinander anzufechten. Der Einspruch gegen die Anrechnungs-Vfg. ist allerdings aus Gründen der Praktikabilität regelmäßig in einen Antrag auf Erl. eines Abrechnungsbescheides (§ 218 Abs. 2 AO) umzudeuten und sodann gegen diesen weiterzuführen. Ein etwaiges Rechtsbehelfsverfahren gegen die Anrechnungs-Vfg. ist gem. § 74 FGO auszusetzen, der Rechtsbehelf wäre ansonsten unzulässig. 20

Von dieser Besonderheit abgesehen bleibt es indes bei der Eigenständigkeit der Anrechnungs-Vfg. Dies betrifft vor allem die Möglichkeit, die Vfg. aufzuheben oder zu ändern; sie richtet sich nach **§§ 130, 131 AO**, nicht nach §§ 172 ff. AO, richtiger Ansicht nach auch für den Fall eines (nachfolgenden) Abrechnungsbescheides (§ 218 Abs. 2 AO). Diese Frage ist innerhalb des BFH allerdings umstritten und ungeklärt: Dessen I. Senat[12] nimmt an, § 218 Abs. 2 AO enthalte eine Sonderregelung zu §§ 130, 131 AO und gehe diesen Vorschriften vor. IErg. sei das FA deshalb nicht gehindert, die ursprüngliche Anrechnung jederzeit nach Grund und Höhe zu korrigieren. Dem hat sich der VII. Senat des BFH prinzipiell widersetzt;[13] § 218 Abs. 2 AO könne vor allem den durch § 130 Abs. 2 AO gewährten Vertrauensschutz nicht aushöhlen. Dem ist beizupflichten.[14] Auch wenn der Abrechnungsbescheid nicht als ‚technischer' Änderungsbescheid zu der Anrechnungs-Vfg. ausgestaltet ist, so tritt er doch faktisch an deren Stelle und muss deshalb die für diese geltenden Änderungsvorschriften beachten. Es verhält sich iErg. ähnlich wie bei der LSt-Anmeldung hinsichtlich eines nachfolgenden Haftungs- oder Nachforderungsbescheides.[15] Allerdings führt das nicht 21

---

1 BFH v. 9.12.1959 – II 189/56 U, BStBl. III 1960, 180.
2 BFH v. 25.7.1989 – VII R 118/87, BStBl. II 1990, 41; v. 8.1.1991 – VII R 18/90, BStBl. II 1991, 442; v. 18.2.1997 – VII R 117/95, BFH/NV 1997, 482; v. 22.3.2011 – VII R 42/10, BStBl. II 2011, 607.
3 ZB BFH v. 15.11.2005 – VII R 16/05, BStBl. II 2006, 453 mwN; v. 30.9.2008 – VII R 18/08, BStBl. II 2009, 38; v. 22.3.2011 – VII R 42/10, BStBl. II 2011, 607.
4 BFH v. 13.5.2015 – VII R 38/14, BFH/NV 2015, 1346.
5 BFH v. 26.6.2007 – VII R 35/06, BStBl. II 2007, 742; v. 22.3.2011 – VII R 42/10, BStBl. II 2011, 607; FG Nds. v. 12.2.2014 – 4 K 261/13, EFG 2014, 883 m. Anm. *Zimmermann* (Rev. VII R 18/14 ist durch Klagerücknahme erledigt).
6 BFH v. 5.4.1990 – VII R 2/89, BStBl. II 1990, 719; v. 8.1.1991 – VII R 18/90, BStBl. II 1991, 442; OFD Kobl. v. 15.12.1995, FR 1996, 360 (361).
7 Vgl. FG Nds. v. 12.4.2001 – 4 K 330/98, EFG 2001, 901.
8 Deshalb bedenklich, vgl. *K/S/M*, § 36 Rn. G 36.
9 BFH v. 18.7.2000 – VII R 32, 33/99, BStBl. II 2001, 133 mwN; zu Recht zweifelnd *K/S/M*, § 36 Rn. G 36.
10 BFH v. 6.2.1996 – VII R 116/94, BStBl. II 1996, 557.
11 Zu Unrecht zweifelnd *Schmidt*[37], § 36 Rn. 30.
12 BFH v. 28.4.1993 – I R 100/92, BStBl. II 1993, 836; v. 28.4.1993 – I R 123/91, BStBl. II 1994, 147; v. 6.10.1993 – I R 101/92, BStBl. II 1994, 191.
13 BFH v. 15.4.1997 – VII R 100/96, BStBl. II 1997, 787; dazu *Gosch*, StBp. 1997, 271; auch Hess. FG v. 8.10.2012 – 4 V 1661/11, DStR 2012, 2381.
14 *K/S/M*, § 36 Rn. A 240.
15 Vgl. BFH v. 15.5.1992 – VI R 183/88, BStBl. II 1993, 829; v. 15.5.1992 – VI R 106/88, BStBl. II 1993, 840; *Thomas*, DStR 1992, 839.

zu einem unbeschränkten Vertrauensschutz. ZB kann der Widerruf der Anrechnungs-Vfg. gem. § 131 Abs. 2 S. 1 Nr. 3 AO in Betracht kommen, wenn ein ESt-Bescheid geändert wird, weil die in ihm erfassten Lohnzahlungen wegen Festsetzungsverjährung nicht erfasst werden dürfen; die veränderte steuerliche Beurteilung stellt eine nachträglich eingetretene Tatsache iSd. genannten Vorschrift dar.[1] Sa. Rn. 8.

22 IÜ ist der StPfl. infolge der (zwingenden, Rn. 7) Korrespondenz zw. Einnahmeerfassung (§ 20 Abs. 1 Nr. 1 u. 2) und Anrechnung ggf. gehalten, neben dem ansonsten vorrangigen Abrechnungsbescheid auch den jeweiligen **ESt-Bescheid** anzufechten (oder auch das FA zum Erlass eines solchen Bescheids mittels Verpflichtungsklage zu zwingen)[2], uU mit dem Ziel höherer Kapitaleinkünfte. Beschwer und Rechtsschutzbedürfnis hierfür sind grds. gegeben,[3] allerdings wohl dann nicht, wenn feststeht, dass die Einnahmeerfassung ohnehin keine höhere Steuerfestsetzung zur Konsequenz hat (zB Steuerfreiheit, Freibeträge[4]). Eine Anfechtung erübrigt sich auch, wenn der ESt-Bescheid gem. §§ 172ff. AO zu Ungunsten des StPfl. geändert werden kann.

23 Das könnte uU auch in Betracht kommen, um für noch nicht festsetzungsverjährte VZ[5] eine Änderung bestandskräftiger ESt-Bescheide bei ausländ. Kapitaleinkünften (im Hinblick auf die Kapitalverkehrsfreiheit, Art. 63ff. AEUV, auch solche aus Nicht-EU-/EWR-Staaten)[6] herbeizuführen, die bislang nicht in die Bemessungsgrundlage einbezogen wurden, weil ausländ. KSt seinerzeit de lege lata gem. § 36 Abs. 2 S. 2 Nr. 3 aF nicht anrechenbar war, was sich jedoch nicht mit den unionsrechtl. Grundfreiheiten verträgt (s. Rn. 11). Denn die zuvorige ertragsteuerl. Erfassung sowohl der ausländ. Einkünfte als auch der ausländ. KSt ist dann gleichermaßen unerlässlich und bleibt als solche auch aus unionsrechtl. Sicht auch dann beanstandungsfrei. Letzteres betrifft auch die Situation einer Steuerfreistellung ausländ. Dividenden (aufgrund DBA-Schachtelprivilegierung) und den daraus folgenden Anrechnungs- und (ggf., nämlich in Verlustsituationen, vgl. § 36 Abs. 4) Erstattungsausschluss für die ausländ. KSt bei der inländ. Mutter-Ges.[7] Die Erfassung (s. allg. Rn. 8f.) ist gewissermaßen ‚systemisch'; § 36 Abs. 2 S. 2 Nr. 3 lit. f und § 20 Abs. 1 Nr. 3 aF wirken insoweit – jedenfalls v. VZ 1996 an (s. dazu auch 6. Aufl. § 36 Rn. 39)[8] – konstitutiv.[9]

23a Zu den vielschichtigen verfahrensrechtl. Konsequenzen der im Laufe der Zeit sich wandelnden Spruchpraxis des EuGH zur Anrechnung v. KapESt s. 17. Aufl. Rn. 23a.

24 Zum einstweiligen Rechtsschutz durch AdV s. § 37 Rn. 30.

H. Ratenzahlung für Fälle der virtuellen Betriebsaufgabe gem. § 16 Abs. 3a (Abs. 5)

25 **I. Ziel, Zweck, Regelungsgegenstand.** § 36 Abs. 5 idF des JStG 2010 (und der nur redaktionellen Änderung durch das BeitrRLUmsG[10]) ist im Sachkontext zu der ebenfalls neu geschaffenen Regelung in **§ 16 Abs. 3a** idF des JStG 2010 zu lesen. Mit jener Vorschrift versucht der Gesetzgeber, auf die ihm missliebige Rspr. des BFH[11] zur sog. **finalen BetrAufg.** zu reagieren. Danach wird eine BetrAufg. für den Fall fingiert, dass ein Unternehmer seinen im Inland ansässigen Betrieb komplett in das Ausland verlegt und v. dort aus fortführt; die angesammelten stillen Reserven waren infolge dieser Fiktion analog § 16 Abs. 3 S. 3 aufzudecken und sofort zu versteuern, obschon v. einer tatsächlichen BetrAufg. zu diesem Zeitpunkt der Be-

1 BFH v. 9.12.2008 – VII R 43/07, BStBl. II 2009, 344; v. 8.9.2010 – I R 90/09, BStBl. II 2013, 11.
2 Vgl. BFH v. 16.4.2014 – I R 2/12, DStR 2014, 2012; v. 27.10.2010 – VII B 130/10, BFH/NV 2011, 197.
3 BFH v. 19.7.1994 – VIII R 58/92, BStBl. II 1995, 362; v. 13.7.1994 – I B 53/94, BStBl. II 1995, 65 (AdV); s. aber auch Rn. 20.
4 OFD Ffm. v. 1.10.1997, FR 1998, 32.
5 **AA** *Rehm/Nagler*, GmbHR 2008, 11 (17f.); *Delbrück/Hamacher*, IStR 2007, 627: ab 1990.
6 *Rehm/Nagler*, GmbHR 2008, 11 (18).
7 S. EuGH v. 11.9.2014 – Rs. C-47/12 – Kronos International Inc., IStR 2014, 724 (auf Vorabentscheidungsersuchen des FG Köln v. 6.9.2011 – 13 K 482/07, EFG 2012, 973 [insbes. 977]), und zwar trotz etwaiger Liquiditätsnachteile der inländ. Mutter-Ges.
8 Anders hingegen für VZ vor 1996: vgl. BFH (I. Senat) v. 19.10.2005 – I R 72/04, BFH/NV 2006, 925; v. 30.11.2005 – I R 128, 129/04, I R 128/04, I R 129/04, BFH/NV 2006, 1261; v. 6.10.1993 – I R 101/92, BStBl. II 1994, 191; v. 15.12. 1999 – I R 29/97, BStBl. II 2000, 527; v. 27.3.2001 – I R 66/00, BStBl. II 2003, 638; v. 27.4.2005 – I R 114/03, BFH/NV 2005, 1988; v. 21.10.1999 – I R 47/98, nv (Beschluss gem. Art. 1 Nr. 7 BFHEntlG gegen FG München v. 26.1. 1998 – 15 K 3861/93, EFG 1998, 1076); s. auch *Bock*, DStR 1997, 1278; *Gosch*, StBp 2004, 211 (213); insoweit **aA** BFH (VIII. Senat) v. 18.4.2000 – VIII R 75/98, BStBl. II 2000, 423; v. 19.8.2003 – VIII R 44/01, BFH/NV 2004, 925; *K/S/M*, § 36 Rn. E 198 mwN.
9 *Balster/Petereit*, DStR 2004, 1985 (1987); *Gosch*, DStR 2004, 1988 (1989); *Schnitger*, FR 2004, 1357 (1370); *Eicker/Ketteler*, BB 2005, 131; *Sedemund*, IStR 2007, 245 und IStR 2011, 555; s. auch BFH v. 13.11.2002 – I R 67/01, BStBl. II 2003, 587; **aA** *Hamacher/Hahne*, DB 2004, 2386 (2388); *Delbrück/Hamacher*, IStR 2007, 627 und IStR 2011, 549: bloße (fiktive) Kürzung der anzurechnenden ausländ. Steuer.
10 G v. 7.12.2011, BGBl. I 2011, 2592.
11 BFH v. 28.10.2009 – I R 28/08, BFH/NV 2010, 432; v. 28.10.2009 – I R 99/08, BStBl. II 2011, 1019.

triebsverlegung keine Rede sein kann. Der BFH hat diese seine frühere langjährige Rspr.[1] aufgegeben, letztlich deswegen, weil es dafür an einer Rechtsgrundlage fehle. Es mangele aber auch an einem entspr. Besteuerungsgrund; dem Fiskus sei es unbenommen, den Besteuerungszugriff bei einer nachfolgenden tatsächlichen BetrAufg. (im Ausland) wahrzunehmen. Abkommensrecht hindere ihn daran jedenfalls nicht, weil es sich um nachträgliche Einkünfte aus der bis zur Betriebsverlegung im Inland existenten Betriebsstätte handele. Aufgrund dieser Zuordnung sei es möglich, die Besteuerung der stillen Reserven auch in der Zeit nach der Betriebsverlegung zu realisieren. Unzweifelhafte und nicht zu leugnende faktische Schwierigkeiten, dieses Recht auch umzusetzen, muss mit entspr. Vollzugsregelungen vorgebeugt werden, solche Schwierigkeiten rechtfertigten jedoch nicht den unmittelbaren Besteuerungszugriff.

II. Rechtliche Bewertung des § 16 Abs. 3a vor dem Hintergrund der BFH-Rechtsprechung. Durch § 16 Abs. 3a soll dem nun entgegengetreten werden. Dieses Ansinnen ist sowohl aus rechtspolitischer Hinsicht als auch im Sinne eines gleichmäßigen Gesetzesvollzugs (möglicherweise auch aus rechtssystematischer Sicht)[2] durchaus verständlich. Fraglich ist indes, ob es dem Gesetzgeber gelungen ist, den Besteuerungszugriff auf nunmehr ‚feste Füße' zu stellen und tatbestandlich hinreichend abzusichern. Denn ebenso wie schon bei der im Ausgangspunkt und Kern parallelen und systematisch eng verwandten Situation der sog. **finalen Entnahme** in **§ 4 Abs. 1 S. 3 und 4** verknüpft das G den Besteuerungszugriff mit dem **„Ausschluss"** oder der **„Beschränkung" des Besteuerungsrechts Deutschlands**, hier hinsichtlich des Gewinns aus der Veräußerung oder der Nutzung sämtlicher WG des Betriebs oder eines Teilbetriebs. Genau ein solcher „Ausschluss" wird v. BFH aber verneint, indem er es Deutschland zugesteht, seinen Anspr. auf Teilhabe an den im Inland erwirtschafteten stillen Reserven nachträglich zu erfassen. Von einem ‚Ausschluss' kann so gesehen keine Rede sein. Und eine ‚Beschränkung' scheidet aus, weil dieser Terminus zweifelsfrei auf dem abkommensrechtlichen Verständnis einer Anrechnung ausländischer Ertragsteuern aufbaut; auch dafür gibt die Fallkonstellation regelmäßig nichts her. Bloße Schwierigkeiten des Besteuerungsvollzugs sind keine ‚Beschränkung' in diesem spezifischen Rechtssinne.[3] Auf diesem Abkommensverständnis baut nicht zuletzt auch die Erkenntnis des EuGH aus Sicht des Unionsrechts auf.[4] Auch § 4 Abs. 1 S. 4 und das dort gesetzlich festgelegte Regelungsbeispiel sollte an dieser Einschätzung wohl kaum etwas ändern können, es sei denn, man erkennt darin die spezialgesetzliche Fiktion eines Entstrickungsfalles. S. eingehender dazu § 49 Rn. 16. – Tragfähiger wäre es angesichts dessen eher, an dem v. BFH vertretenen Abkommensverständnis zu zweifeln: Anders als bei der ‚echten' Wegzugsteuer (gem. § 6 Abs. 1 AStG), könnte dieses Abkommensverständnis nämlich auf eine ‚fortdauernde' Wegzugsteuer hinauslaufen, und eine solche wäre (wohl) – bei Verständigung in einem DBA – als unzulässiger territorialer ‚Übergriff' – völkerrechtswidrig.[5] S. § 16 Rn. 207 ff. Über **§ 8 Abs. 1 KStG** findet § 16 Abs. 3a auch auf Körperschaften Anwendung (§ 16 Rn. 42, s. auch allg. § 17 Rn. 124). 26

III. Unionsrechtlicher Normhintergrund. Belässt man solche Überlegungen beiseite und geht man v. der fiktiven BetrAufg. gem. § 16 Abs. 3a als verbindlich aus, zielt § 36 Abs. 5 darauf ab, eine Möglichkeit zu schaffen, die ‚Härte' des sofortigen Besteuerungszugriffs gem. § 16 Abs. 3a innerhalb der EU und des EWR dadurch abzumildern, dass die Steuer auf den Aufgabegewinn und den durch den Wechsel der Gewinnermittlungsart erzielten Gewinn zinslos in fünf gleichen Jahresraten entrichtet werden kann. 27

IV. Voraussetzungen und Rechtswirkungen im Einzelnen. Maßgeblich für die Einräumung der Ratenzahlung ist die **Zuordnung der betr. WG zu einem BV** des (unbeschränkt, im Gegensatz zu der Parallelvorschrift des § 4 Abs. 1 S. 3 aber auch beschränkt)[6] StPfl. in einem anderen Mitgliedstaat der EU oder – und insoweit großzügiger und abw. v. § 4g – des EWR unter dem **Vorbehalt der gegenseitigen Amtshilfe** (entspr. oder iSd. sog. Amtshilfe-RL 77/799/EWG[7] bzw. gem. § 2 Abs. 2 EUAHiG) und der gegenseitigen Unterstützung bei der Beitreibung v. Forderungen (nach Maßgabe der sog. Beitreibungs-RL[8], jew. einschließl. der in diesem Zusammenhang anzuwendenden Durchführungsbestimmungen in den für den jew. VZ geltenden Fassungen oder eines entspr. Nachfolgerechtsaktes (s. dazu auch § 2a Rn. 14) (**Abs. 5** 28

1 BFH v. 28.4.1971 – I R 55/66, BStBl. II 1971, 630; v. 13.10.1976 – I R 261/70, BStBl. II 1977, 76; v. 28.3.1984 – I R 191/79, BStBl. II 1984, 664.
2 Sa. *G/K/G/K*, Art. 13 Rn. 161 mwN; *Gosch*, IStR 2015, 709.
3 Vgl. zB *Schönfeld*, IStR 2010, 133.
4 EuGH v. 29.11.2011 – Rs. C-371/10 – National Grid Indus BV, DStR 2011, 2334; **aA** (und den EuGH aus fiskalischer „Lagersicht" missverstehend) *Hruschka*, DStR 2011, 2343.
5 Vgl. zB *G/K/G/K*, Art. 13 Rn. 161 mwN; **aA** offenbar *Frotscher*, JbFAStR 2010/11, 529; und in Oestreicher (Hrsg.), Unternehmen im Umbruch, 2010, 95 (105 ff.).
6 *Beinert/Benecke*, FR 2010, 1009 (1011 f.).
7 EU-Amtshilfe-RL 77/799/EWG v. 19.12.1977, ABl. EG Nr. L 336, 15, zuletzt geändert durch EG-RL 2006/98 EWG v. 20.11.2006, ABl. EU Nr. L 363, 129.
8 ABl. L 150 v. 10.6.2008, 28.

S. 1). Insbes. der Zuordnungsmaßstab ist unklar. Aus Sicht des Abkommensrechts kommt sowohl eine tatsächlich-funktionale (vgl. Art. 10 Abs. 4 OECD-MA) als auch eine veranlassungsgetragene (vgl. Art. 7 Abs. 1 OECD-MA) Zuordnung in Betracht, aus nationaler Sicht erscheint der letztere Maßstab als der für eine nationale Norm naheliegendere.[1] **Festgesetzte Steuer:** Bezugsgröße für die Ratenzahlung ist die jeweilige (bereits) festgesetzte Steuer. Auch in diesem Punkt weicht das G von der Parallelvorschrift des § 4g ab; eine Saldierung des Entstrickungsgewinns mit später entstehenden Entstrickungsverlusten scheidet sonach aus. **Fälligkeiten:** Die erste Rate ist innerhalb eines Monats nach Bekanntgabe des Steuerbescheids zu entrichten (**Abs. 5 S. 2 1. HS**), die übrigen Jahresraten sind dies jew. am 31.5. der vier Folgejahre (**Abs. 5 S. 2 2. HS**). Die noch ausstehenden Raten werden sofort fällig, falls der Betrieb oder TB während dieses 5-Jahres-Zeitraums eingestellt, veräußert oder in einen Staat außerhalb der erwähnten Staaten (= Drittstaaten, s. § 2a Abs. 2a) verlegt wird; die Fälligkeit tritt dann innerhalb eines Monats nach diesem Zeitpunkt ein (**Abs. 5 S. 4 1. HS**). Die regulären Tilgungszeitpunkte gem. S. 2 bleiben davon unberührt (**Abs. 5 S. 4 2. HS**). Eine **Verzinsung** unterbleibt (**Abs. 5 S. 3**). **Änderungen der festgesetzten Steuer** schlagen auf die Ratenzahlungen durch und ziehen entspr. Anpassungen nach sich (**Abs. 5 S. 5**).

29 **V. Verfahren, Rechtsbehelf.** Ob v. der Ratenzahlung Gebrauch gemacht wird, ist **antragsabhängig** (**Abs. 5 S. 1**). Die Ablehnung ist ein Verwaltungsakt, der selbständig und unabhängig v. der eigentlichen Steuerfestsetzung anzufechten ist, ebenso wie ein etwaiger späterer Widerruf. **Antragsteller** ist der StPfl., der (erneut abw. v. § 4g) durch keine weiteren Merkmale qualifiziert wird, insbes. nicht durch seine unbeschränkte StPfl. IÜ sieht das G keine besondere Ratenfestsetzung vor, insbes. nicht über die Höhe der entrichtenden Beträge. Die Fälligkeit ergibt sich insoweit allein aus dem Gesetz. Die Ratenbeträge sind v. StPfl. mittels Differenzrechnung (offenbar) selbst zu errechnen; sie sollten aber schon aus praktischen Gründen im Steuerbescheid nachrichtlich angegeben werden. Gleiches gilt für den Fall späterer Anpassungen der festgesetzten Steuer durch Änderungsbescheid (s. Abs. 5 S. 5, Rn. 28). Problematisch ist nach wie vor der Gesetzesvollzug, um die tatbestdl. Vorgaben, insbes. jener, welche eine sofortige Fälligkeit auslösen (Abs. 5 S. 4 1. HS), umzusetzen. Bes. Mitwirkungs- und Meldepflichten bestehen insoweit (und abermals abw. v. § 4g Abs. 5) nicht; die **obj. Feststellungslast** für die fälligkeitsauslösenden Umstände trägt die FinVerw.

30 **VI. Rechtspolitische und unionsrechtliche Bewertung.** Die (immerhin optional ermöglichte) Ratenregelung soll unionsrechtl. Bedenken Rechnung tragen (Rn. 27) und ist so gesehen „gut gemeint". Ob sie unionsrechtl. Anforderungen indes tatsächlich genügt,[2] war bislang zumindest zweifelh.[3] Der EuGH hatte jedenfalls den Sofortzugriff für eine vergleichbare Regelungslage im niederländ. Recht klar verneint.[4] Und nicht zuletzt § 6 Abs. 5 AStG bezeugt, dass es auch anders geht und jedenfalls innerhalb der EU und des EWR eine unbegrenzte zinslose Stundung vorstellbar ist. Weshalb das im Kontext des § 16 Abs. 3a (s. ähnlich allerdings auch § 11 Abs. 1 UmwStG für den Fall der sog. Hinausverschmelzung[5]) anders sein soll, erschließt sich jedenfalls nicht ohne Weiteres. Zwar sei eingeräumt, dass es hier zu verstärkten Vollzugsschwierigkeiten kommen kann. Doch betrifft das (nur) die Frage der Steuererhebung und der Aspekt erschwerter Administrierbarkeit trug jedenfalls bislang als Rechtfertigung des Grundfreiheitsverstoßes nicht.[6] Trotz solcher Erwägungen hat der EuGH in seinem Urt. v. 23.1.2014 (**„DMC Beteiligungs-Ges. mbH"**)[7] nunmehr jedoch für die seinerzeit geltende Parallelvorschrift des § 20 Abs. 6 (iVm. § 21 Abs. 2 S. 3 bis 6) UmwStG 1995 im Kern (und überraschend) anders entschieden und die fünfjährige „Stundungsstreckung" (uU sogar gegen Besicherung) – gerade in Anbetracht jener Vollzugsschwierigkeiten – iErg. gutgeheißen. Überträgt man diese Aussagen auf § 36 Abs. 5 (ebenso wie auf § 4g, und an beidem dürfte kein Weg vorbeiführen), sind unionsrechtl. Bedenken ausgeräumt. Allerdings könnte in diesem Punkt die (verfassungsrechtl. relevante) Folgerichtigkeit des Regelungskonzepts fehlen: Wenn es dem Gesetzgeber nachdrücklich daran gelegen ist, mittels § 16 Abs. 3a Vollzugsdefiziten zu begegnen, so ist nicht ersichtlich, weshalb er jedenfalls hinsichtlich der Ratenzahlungen solche Defizite hinnimmt. Denn ebenso, wie es schwerfällt, das Besteuerungsrecht insgesamt nachträglich durchzusetzen, so schwer wird es fallen, diejenigen Umstände zu verifizieren, welche nach § 36 Abs. 5 S. 4 zur Beendigung der Ratenzahlung und zur sofortigen Fälligkeit der festgesetzten Steuer führen sollen.[8] Schließlich überraschen die diversen (in

---

1 **AA** wohl *H/H/R*, § 36 Anm. 66; *Beinert/Benecke*, FR 2010, 1009 (1011).
2 Insoweit bej. *Mitschke*, IStR 2011, 294, 296 ff.; *Hruschka*, DStR 2011, 2343.
3 **AA** (aber ohne Bezugnahme auf § 36 Abs. 5) FG RhPf. v. 7.1.2011 – 1 V 1217/10, IStR 2011, 308.
4 EuGH v. 29.11.2011 – Rs. C-371/10 – National Grid Indus BV, DStR 2011, 2334.
5 Dazu *R/H/vL*², § 11 UmwStG Rn. 130 ff. mwN.
6 *Gosch*, IWB 2012, 779 (784); **aA** *Hruschka*, DStR 2011, 2343.
7 EuGH v. 23.1.2014 – Rs. C-164/12 – DMC Beteiligungsges. mbH, DStR 2014, 193 (nachgehend BFH v. 30.9.2015 – I B 66/15, BFH/NV 2015, 1708: keine Rev.-Zulassung); bestätigt durch EuGH v. 21.5.2015 – Rs. C-657/13 – Verder LabTec, DStR 2015, 1166.
8 S. auch *Gosch*, IWB 2012, 779 (784).

Rn. 29 aufgezeigten) Unterschiede zu der Parallelvorschrift des § 4g, deren sachl. Ursächlichkeit sich jedenfalls nicht ohne Weiteres aufdrängt.[1]

VII. Erstmalige Anwendung. Die Regelung des § 16 Abs. 3a soll gem. § 52 Abs. 34 auf alle offenen Fälle rückwirkend angewandt werden, um „dem jahrzehntelang praktizierten Rechtszustand" Rechnung zu tragen.[2] Flankierend wird deswegen auch die Möglichkeit zur Ratenzahlung des § 36 Abs. 5 rückwirkend eingeräumt, § 52 Abs. 50d S. 3. Letzteres ist konsequent. Einmal mehr (s. auch zB § 50d Rn. 42, 47) gilt jedoch: Angesichts der diametral gegenläufigen Rspr. des BFH erscheint die Rückwirkung als fragwürdig, das Vorhandensein einer Rechtsgrundlage ist schon für die Gegenwart zu bezweifeln (Rn. 26), für die Vergangenheit gilt das umso mehr. 31

§ 36a Beschränkung der Anrechenbarkeit der Kapitalertragsteuer

(1) [1]Bei Kapitalerträgen im Sinne des § 43 Absatz 1 Satz 1 Nummer 1a setzt die volle Anrechnung der durch Steuerabzug erhobenen Einkommensteuer ferner voraus, dass der Steuerpflichtige hinsichtlich der diesen Kapitalerträgen zugrunde liegenden Anteile oder Genussscheine

1. während der Mindesthaltedauer nach Absatz 2 ununterbrochen wirtschaftlicher Eigentümer ist,

2. während der Mindesthaltedauer nach Absatz 2 ununterbrochen das Mindestwertänderungsrisiko nach Absatz 3 trägt und

3. nicht verpflichtet ist, die Kapitalerträge ganz oder überwiegend, unmittelbar oder mittelbar anderen Personen zu vergüten.

[2]Fehlen die Voraussetzungen des Satzes 1, so sind drei Fünftel der Kapitalertragsteuer nicht anzurechnen. [3]Die nach den Sätzen 1 und 2 nicht angerechnete Kapitalertragsteuer ist auf Antrag bei der Ermittlung der Einkünfte abzuziehen. [4]Die Sätze 1 bis 3 gelten entsprechend für Anteile oder Genussscheine, die zu inländischen Kapitalerträgen im Sinne des § 43 Absatz 3 Satz 1 führen und einer Wertpapiersammelbank im Ausland zur Verwahrung anvertraut sind.

(2) [1]Die Mindesthaltedauer umfasst 45 Tage und muss innerhalb eines Zeitraums von 45 Tagen vor und 45 Tagen nach der Fälligkeit der Kapitalerträge erreicht werden. [2]Bei Anschaffungen und Veräußerungen ist zu unterstellen, dass die zuerst angeschafften Anteile oder Genussscheine zuerst veräußert wurden.

(3) [1]Der Steuerpflichtige muss unter Berücksichtigung von gegenläufigen Ansprüchen und Ansprüchen nahe stehender Personen das Risiko aus einem sinkenden Wert der Anteile oder Genussscheine im Umfang von mindestens 70 Prozent tragen (Mindestwertänderungsrisiko). [2]Kein hinreichendes Mindestwertänderungsrisiko liegt insbesondere dann vor, wenn der Steuerpflichtige oder eine ihm nahe stehende Person Kurssicherungsgeschäfte abgeschlossen hat, die das Wertänderungsrisiko der Anteile oder Genussscheine unmittelbar oder mittelbar um mehr als 30 Prozent mindern.

(4) Einkommen- oder körperschaftsteuerpflichtige Personen, bei denen insbesondere aufgrund einer Steuerbefreiung kein Steuerabzug vorgenommen oder denen ein Steuerabzug erstattet wurde und die die Voraussetzungen für eine Anrechenbarkeit der Kapitalertragsteuer nach den Absätzen 1 bis 3 nicht erfüllen, haben dies gegenüber ihrem zuständigen Finanzamt anzuzeigen und eine Zahlung in Höhe des unterbliebenen Steuerabzugs auf Kapitalerträge im Sinne des § 43 Absatz 1 Satz 1 Nummer 1a und des Absatzes 1 Satz 4 zu leisten.

(5) Die Absätze 1 bis 4 sind nicht anzuwenden, wenn

1. die Kapitalerträge im Sinne des § 43 Absatz 1 Satz 1 Nummer 1a und des Absatzes 1 Satz 4 im Veranlagungszeitraum nicht mehr als 20 000 Euro betragen oder

2. der Steuerpflichtige bei Zufluss der Kapitalerträge im Sinne des § 43 Absatz 1 Satz 1 Nummer 1a und des Absatzes 1 Satz 4 seit mindestens einem Jahr ununterbrochen wirtschaftlicher Eigentümer der Aktien oder Genussscheine ist; Absatz 2 Satz 2 gilt entsprechend.

(6) [1]Der Treuhänder und der Treugeber gelten für die Zwecke der vorstehenden Absätze als eine Person, wenn Kapitalerträge im Sinne des § 43 Absatz 1 Satz 1 Nummer 1a und des Absatzes 1 Satz 4 einem Treuhandvermögen zuzurechnen sind, welches ausschließlich der Erfüllung von Al-

---

1 Sa. *Benecke/Blumenberg*, StbJb. 2014/2015, 419 (425 f.).
2 S. auch BMF v. 18.11.2011, BStBl. I 2011, 1278.

tersvorsorgeverpflichtungen dient und dem Zugriff übriger Gläubiger entzogen ist. [2]Entsprechendes gilt für Versicherungsunternehmen und Versicherungsnehmer im Rahmen von fondsgebundenen Lebensversicherungen, wenn die Leistungen aus dem Vertrag an den Wert eines internen Fonds im Sinne des § 124 Absatz 2 Satz 2 Nummer 1 des Versicherungsaufsichtsgesetzes gebunden sind.

(7) § 42 der Abgabenordnung bleibt unberührt.

Verwaltung: BMF v. 11.11.2016, BStBl. I 2016, 1324 („strukturierte Wertpapierleihe"); v. 3.4.2017, BStBl. I 2017, 726 (Anwendung v. § 36a), ergänzt durch BMF v. 20.2.2018, BStBl. I 2018, 308; v. 17.7.2017, BStBl. I 2017, 986 („Alt-Cum/Cum-Transaktionen"); v. 8.11.2017 – IV C 1 - S 1980-1/16/10010 :010 – DOK 2017/0934849, und v. 21.12.2017 – IV C 1 - S 1980-1/16/10010 :016 – DOK 2017/1058518, Letzteres abrufbar unter www.bundesfinanzministerium.de (Anwendungsfragen zum InvStG 2018); OFD Ffm. v. 17.2.2016, DB 2016, 862.

Literatur: *Altvater/Buchholz*, Steueranrechnung aus belieferten Aktiengeschäften über den Dividendenstichtag („Cum/Cum"), RdF 2016, 132; *Amann*, Voraussetzungen für KapESt-Anrechnung bei Cum-Ex-Aktiengeschäften, DB 2016, 1463; *Anemüller*, Beschränkung der Anrechenbarkeit v. KapESt nach § 36a, ErbStB 2017, 352; *Anemüller*, KapESt-Anmeldung 2018, Steuerabzugsverfahren, Rechtsgrundlagen und aktuelle Entwicklungen, ErbStB 2018, 55; *Anemüller*, Aktuelle Entwicklungen zur Besteuerung v. Einkünften aus Kapitalvermögen, EStB 2018, 337; *Behnes*, Haftung der Verwahrstellen bei Cum/Cum-Transaktionen nach dem BMF-Schr. v. 17.7.2017, RdF 2018, 40; *Behnes/Kühnel*, Wirtschaftliches Eigentum vs. Gestaltungsmissbrauch: Neue Rspr. des BFH zur Wertpapierleihe und ihre möglichen Auswirkungen bei Banken, RdF 2016, 141; *Brühl/Holle/Weiss*, Das BMF-Schr. zu Cum/Cum-Transaktionen, DStR 2017, 2093; *Ditz/Tcherveniachki*, Wirtschaftliches Eigentum bei einer Wertpapierleihe, DB 2016, 2995; *Dutt/Spengel/Vay*, Dividendenstripping durch Cum/Ex- und Cum/Cum-Geschäfte – Analyse aktueller Entwicklungen, StuW 2018, 229; *Ebel*, Wirtschaftliches Eigentum bei Zurechnung v. Aktien im Rahmen einer Wertpapierleihe, FR 2016, 371; *Fiand*, Die Steigerung von Cum/Ex: Cum/Cum?, NWB 2016, 344; *Florstedt*, Anteilszurechnung und Alternativität – Zugleich zur Frage der Legalität einer mehrfachen Erstattung einmal gezahlter KapESt bei „Cum-ex"-Geschäften, FR 2016, 641; *Florstedt*, Wirtschaftliches Eigentum und Steuerumgehung bei Aktiengeschäften um den Dividendenstichtag, Methodologische Überlegungen aus Anlass der aktuellen Diskussion zu Cum/ex- und Cum/cum-Geschäften, StuW 2018, 216; *Fu*, § 39 AO – eine verdeckte Vorschrift zur Missbrauchsverhinderung?, GmbHR 2017, 1250; *Günther*, Steuerliche Behandlung v. „Cum/Cum-Transaktionen", AO-StB 2017, 303; *Haarmann*, Die Missbrauchsverwirrung, IStR 2018, 561; *Haarmann*, Die Relevanz der Rückgewährverpflichtung eines Wertpapierdarlehens für den Übergang des wirtschaftl. Eigentums – zugleich ein Beitrag zur Zweckrichtung des § 39 AO, BB 2018, 1623; *Hahne*, „Neuer Anlauf der Finanzverwaltung zur Vergangenheitsbewältigung bei sog. Cum/Cum-Geschäften", BB 2017, 1896; *Hahne/Völker*, Anwendungsfragen des § 36a bei Investmentfonds nach geltendem und künftigem Recht, BB 2017, 858; *Haisch*, Jüngste Entwicklungen bei der Besteuerung v. Wertpapierdarlehensgeschäften, Der Konzern 2016, 278; *Haisch*, Führt die Bekämpfung v. „Cum/Cum" zu Kollateralschäden beim deutschen Aktienhandel?, RdF 2016, 85; *Haisch/Hüniken*, Erhebliche Verschärfung der Steueranrechnung bei deutschen Aktien geplant, BB 2016, 345; *Helios/Lenz*, Steuerliche Behandlung von Cum/Cum-Transaktionen nach dem BMF-Schr. v. 17.7.2017 – Erste Einschätzungen aus der Beratungspraxis, DB 2017, 1738; *Höring*, Entw. eines G zur Reform der Investmentbesteuerung („InvStRefG"), DStZ 2016, 383; *Jensch/Rüdiger*, Steuerabzug auf Kapitalerträge gem. § 36a bei Investmentfonds – Umsetzungsprobleme und Anlegergleichbehandlung, RdF 2016, 319; *Kleutgens*, Cum/ex- bzw. Cum/cum-Altfälle: Zahlungsverjährung nach § 228 AO bei Rückforderung bereits erstatteter oder angerechneter KapESt, FR 2018, 774; *Knobloch*, Steuerarbitrage um den Ausschüttungstermin von KapGes., DB 2016, 1825; *Kretzschmann/Schwarz*, Verschärfte Anforderungen an die Anrechenbarkeit der KapESt gem. § 36a, FR 2017, 223; *Kußmaul/Kloster*, Dividendenstripping erneut im Fokus des Gesetzgebers, DB 2016, 849; *Lamprecht*, § 36a – (Zusätzliche) stl. Belastung des Dividendenberechtigten oder (widerlegliche) Zurechnungsnorm bei der Erhebung?, Ubg 2018, 189; *Lechner*, Wirtschaftliches Eigentum an Aktien und Wertpapieren, JbFfSt. 2016/2017, 199; *Lechner/Schober*, Wertpapierdarlehen und -pensionsgeschäfte mit Investmentfonds – BMF-Schr. v. 15.5.2018, BB 2018, 1691; *Levedag*, Wirtschaftliche Zurechnung bei Wertpapiergeschäften, GmbHR 2016, R374; *Nagler/Niedling/Patzner*, Cum/Cum-Gestaltungen und die Erstattung unionsrechtswidrig erhobener KapESt, RdF 2017, 289; *Rau*, „Cum/Cum"-Geschäfte über Repos- und Wertpapierdarlehen nach dem BMF-Schr. v. 17.7.2017 – Erfahrungen und Einschätzungen aus der Praxis, FR 2017, 1043; *Salzmann/Heufelder*, Ist die weitere Bekämpfung von „Cum/Cum-Geschäften" im grenzüberschreitenden Kontext durch den Gesetzgeber gerechtfertigt?, IStR 2017, 125; *Schön*, Cum-/Ex-Geschäfte – materiell-rechtl. und verfahrensrechtl. Fragen, RdF 2015, 115; *Schwenke*, Im Fokus des BFH: Übergang wirtschaftlichen Eigentums bei Aktien-Ges., RdF 1/2016, 1; *Spengel*, Dringender Handlungsbedarf bei Cum/Cum Geschäften, DB 2016, 2988; *Spengel*, blog.handelsblatt.com v. 22.12.2016; *Spilker/Kremer*, Cum/Cum-Bankgeschäfte unter dem Radar der Gerichte und Behörden, BB 2018, 2775; *Spohn/Weber*, Stl. Behandlung v. ergebniskompensatorischen Wertpapiersicherungsgeschäften, RdF 2016, 148; *Stadler/Mager*, RegEntw. des G zur Reform der Investmentbesteuerung, DStR 2016, 697; *Wacker*, BB-Rspr.-Report zu 2016 veröffentlichten bilanzsteuerrechtl. BFH-Urt., BB 2017, 43.

A. Grundaussagen der Vorschrift

I. Regelungsgegenstand. **§ 36a** wurde durch das **InvStRefG v. 19.7.2016**[1] neu eingefügt. Bezogen auf 1
die Anrechnung v. KapESt wurden hierdurch komplexe Regelungen geschaffen, die vor allem (jedoch rechtswirkend überschießend, s. Rn. 8, 15) darauf abzielen, bislang weitgehend unbeanstandet gebliebene, nunmehr – im Zuge von Cum/Ex – rechtspolitisch unerwünschte[2] und zT als rechtsmissbräuchlich qualifizierte sog. **Cum/Cum-Transaktionen**[3] zu bekämpfen; eine detaillierte Auflistung gängiger „steuerinduzierter" Cum/Cum-Gestaltungsformen (Wertpapierleihe, Repos, Kassageschäfte, mit Investmentfonds uÄ) enthält das BMF-Schr. v. 17.7.2017[4]. Denn – so die Regelungsbegründung[5] –: „Es ist bekannt, dass Steuerausländer verschiedene Gestaltungsvarianten nutzen, um die Dividendenbesteuerung in Deutschland zu umgehen. Seit der Einführung einer Steuerpflicht für Streubesitz-Dividenden im Jahr 2013 ist davon auszugehen, dass auch inländische Körperschaften die gleichen Gestaltungsmodelle einsetzen. Derartige Gestaltungen sind unter der geltenden Rechtslage unter Anwendung der einschlägigen Zurechnungsregelungen des **§ 20 Abs. 5** und des **§ 39 AO** – und damit der steuerspezifischen sog. **wirtschaftlichen Betrachtungsweise** – zu prüfen. Durch den Verkauf der Aktien vor dem Dividendenstichtag und eine gleichzeitige Rückveräußerung nach dem Dividendenstichtag (durch Termingeschäft) oder durch eine Wertpapierleihe, ggf. auch über Fondsstrukturen als Transaktionsvehikel,[6] kann ein Steuerausländer oder eine inländische Körperschaft die Besteuerung der Dividenden vermeiden. Die Transaktionen sind so ausgestaltet, dass auf der Käuferseite zwar steuerpflichtige Dividenden anfallen, aber gleichzeitig Verluste aus einer späteren Rückveräußerung der Aktien oder Aufwendungen aus einer Wertpapierleihgebühr entstehen. Im Ergebnis kommt es bei dem Aktienkäufer zu fast keiner Steuerlast, sodass die einbehaltene KapESt an den Käufer erstattet werden muss. Die Steuerersparnis teilen sich Verkäufer und Käufer." Diesem als „Steuerarbitrage" bekannten Verteilungsphänomen gilt es aus Sicht des Gesetzgebers entgegenzutreten (wohl nicht nur einer imaginären „Steuermoralität" oder des viel beschworenen Compliance wegen, sondern vor allem wg. „Steuerausfällen", die zw. 2001 und 2016 angeblich mit bis zu 81 Mrd. Euro beziffert werden)[7]. Dafür nimmt der Gesetzgeber Anleihe bei US-amerikanischen und australischen Vorbildern[8] und schafft mit § 36a eine spezifische und (allerdings wenig zielgenaue, s. Rn. 8) nach Tatbestand und Rechtsfolge **typisierte Missbrauchsverhinderungsregelung**[9] (sa. Rn. 14), die sich hierbei instrumentell (auch) einer gesetzlichen (abstrakten) Justierung des wirtschaftl. Eigentums bedient, wie dieses in **§ 39 Abs. 2 Nr. 1 AO** tatbestandlich abstrakt vorgegeben ist (sa. Rn. 6 ff.; § 50j Rn. 1). Die typisierte Rechtsfolge ist, dass dem zivilrechtl. dividendenberechtigten Entleiher nicht die volle Anrechnung der KapESt, sondern eine verringerte Anrechnung v. nur zwei Fünfteln des gesamten Betrags zugestanden, er also final mit einer entspr. KapESt iHv. 15 % belastet wird (Rn. 10).[10] Die regulative Typisierung wird auch v. dem Gedanken getragen, dass „das Ganze auch in Massenverfahren gangbar wird";[11] sie soll die „ökonomische Rentabilität" des einschlägigen Geschäftsgebarens ausschließen. Bei Cum/Cum-Geschäften schlägt sich das im Grundsatz in unterschiedlichen stl. Regelungen für inländ. Dividenden und Veräußerungsgeschäfte nieder – so etwa in § 49 Abs. 1 Nr. 5 lit. a, wonach beschränkt StPfl. nur mit ihren inländ. Dividenden,

1 BGBl. I 2016, 1730.
2 S. die Kleinen Parlamentsanfragen verschiedener Abgeordneter und der Fraktion Bündnis 90/Die Grünen v. 24.11. 2016, BT-Drucks. 18/6863, mit Antwort der BReg. v. 7.1.2016, BT-Drucks. 18/7213, sowie v. 16.3.2016, BT-Drucks. 18/7942, und die darauf gegebene Antwort der BReg. v. 21.4.2016, BT-Drucks. 18/8207.
3 Zum Wirkungsmechanismus zB *Spengel*, DB 2016, 2988 (2989 f.).
4 BStBl. I 2017, 986.
5 BT-Drucks. 18/8045, 133 f.
6 *Jensch/Rüdiger*, RdF 2016, 319 (mit Bsp.).
7 Das berichten *Spilker/Kremer*, BB 2018, 2775.
8 (US-)IRC Code Sec. 246(c); (austral.) Income Tax Assessment Act 1997 Sec. 160APHO und 160APHT.
9 Allg. Meinung, s. zB *Haarmann*, IStR 2018, 561 (572).
10 **AA** *Lamprecht*, Ubg 2018, 189, der nicht den dividendenberechtigten StPfl. als belasteten Normadressaten ansehen will, sondern denjenigen, „der durch das Verhalten des zivilrechtlich Dividendenberechtigten in die Lage versetzt worden ist, seine Dividendenbesteuerung zu umgehen", und dessen „Steuerschuld" deswegen die nicht anrechenbaren drei Fünftel ab ovo zugerechnet würden. Diese Sichtweise wirkt aber gekünstelt, für sie gibt das G nichts her; „normbelasteter" Zurechnungsadressat ist zweifelsfrei der stpfl. Dividendenberechtigte.
11 *Möhlenbrock*, JbFfSt. 2016/2017, 199 (211); sa. *Fu*, GmbHR 2017, 1250.

nicht aber mit etwaigen Veräußerungsgewinnen der StPfl. unterworfen werden. Ähnlich liegt es bei Steuerinländern bezogen auf § 8b Abs. 4 KStG einerseits (betr. Dividenden), § 8b Abs. 2 KStG andererseits (betr. Veräußerungsgewinne). – Mit **§ 50j idF des sog. BEPS-UmsG** v. 20.12.2016[1] wurde mittlerweile eine parallele Vorschrift für beschränkt StPfl. geschaffen, die abkommensrechtl. Entlastung v. dem Quellensteuereinbehalt nach § 50d Abs. 1 beanspruchen.

Die Gesetzesmaterialien zu § 36a enthalten dazu **ein plastisches Beispiel:**[2]

Ein Steuerausländer verkauft A-Aktien zu einem Preis von 1 000 Euro spätestens zwei Tage vor dem Dividendenstichtag an eine inländ. Bank. Die Aktien werden rechtzeitig vor dem Dividendenstichtag geliefert, so dass der inländ. Bank Dividenden in Höhe von 100 Euro abzgl. 25 Euro KapESt zufließen. Üblicherweise reduziert sich der Kurs einer Aktie nach der Dividendenausschüttung um den Betrag der Ausschüttung (sog. Dividendenabschlag), sodass die A-Aktien grds. einen Wert von 900 Euro haben. Wie vorher vereinbart verkauft die inländ. Bank nach dem Dividendenstichtag die Aktien zu einem Preis v. 903 Euro zurück an den Steuerausländer.

Die inländ. Bank erhält einen Kaufpreis v.	+	903 Euro
eine Netto-Dividende iHv.	+	75 Euro
eine Steuergutschrift iHv.	+	25 Euro
und zahlte vorher einen Kaufpreis v.	./.	1 000 Euro
Gewinn	+	3 Euro

Faktisch muss die inländ. Bank nicht die Dividende, sondern nur den Gewinn iHv. 3 Euro versteuern, kann aber die KapESt in voller Höhe v. 25 Euro anrechnen. Dh., auf die 3 Euro Gewinn entfallen bei einer Steuerbelastung v. 30 % 0,90 Euro KSt und GewSt. Ggü. dem Fiskus entsteht ein Netto-Erstattungsanspr. iHv. 24,10 Euro.

Der Steuerausländer erhält einen Verkaufspreis v.	+	1 000 Euro
und zahlt beim Rückkauf	./.	903 Euro
verbleibender v. deutscher Steuer unbelasteter Ertrag	+	97 Euro

Bei dem Steuerausländer verbleiben keine in Deutschland stpfl. Einkünfte. Die Dividenden sind (phasenverschoben) in Aktien-Veräußerungsgewinnen enthalten, die in Deutschland idR nicht stpfl. sind (vgl. Art. 13 Abs. 5 OECD-MA).

1a **Einschätzung.** Insgesamt gesehen sind dem Gesetzgeber mit den beiden Vorschriften des § 36a und § 50j (abermalige) „Regelungsmonstren" gelungen, die moderner und luzider Gesetzgebungskunst Hohn sprechen. Ein G, das wie § 36a einer 32-seitigen Verwaltungsanweisung mit komplexesten Rechenschritten[3] sowie diverser weiterer Ausführungs- und Anwendungsschr., Letztere als „Antworten" an versierte, hier jedoch augenfällig ebenfalls „hilf- und ratlose" Fachverbände gerichtet,[4] bedarf, um es halbwegs und einigermaßen handhabbar zu machen, kann kein gutes sein, es ist vielmehr ein Armutszeugnis.

2 **II. Aufbau der Vorschrift.** Vor diesem (zweifelh.) Hintergrund erschwert das G die Anrechnung über die Erfordernisse des § 36 Abs. 2 Nr. 1 lit. a hinaus. Zur **vollen KapESt-Erstattung** gelangt man fortan (Rn. 5) nur, wenn besondere und typisierende Anforderungen an das wirtschaftliche Eigentum an den Kapitalerträgen zugrunde liegenden Anteilen oder Genussscheinen erfüllt werden: **Abs. 1** legt fest, dass der StPfl. während einer Mindesthaltedauer ununterbrochen wirtschaftlicher Eigentümer der den Arbitragen zugrunde liegenden Aktien ist. **Abs. 2** bestimmt jene Mindesthaltedauer in zeitlicher Hinsicht, **Abs. 3** das „Mindestwertänderungsrisiko", das der StPfl. in jener Zeit tragen muss. **Abs. 4** ordnet eine bestimmte Anzeigepflicht ggü. dem FA an, falls die Anrechnungserfordernisse nicht erfüllt werden. **Abs. 5** enthält Verschonungsregeln für Kapitalerträge bis 20 000 Euro oder bei Innehaben des wirtschaftlichen Eigentums über mindestens ein Jahr, **Abs. 6** desgleichen auch für näher bestimmte Treuhandverhältnisse iZ mit der Übertragung v. WG für Altersvorsorgeverpflichtungen. § 36a **Abs. 7** verhindert die sonst übliche Sperrwirkung spezieller Missbrauchsvermeidungsvorschriften ggü. § 42 AO.

3 **III. Persönlicher und sachlicher Anwendungsbereich; Verhältnis zu anderen Vorschriften.** § 36a setzt systematisch auf **§ 36 Abs. 2** auf (s. § 36 Rn. 6 ff., auch Rn. 1). Einschlägig ist die Regelung deswegen allein für veranlagte StPfl., bei welchen die anzurechnende Steuer ertragsteuerrechtlich zu erfassen ist.[5] Für Quellensteuern mit Abgeltungswirkung greift die gleichfalls neu geschaffene Regelung des **§ 50j**. Sa. Rn. 1 sowie zu § 50j. – Daneben finden sich spezielle Regeln zu Wertpapierleihgeschäften in **§ 8b Abs. 10 KStG** in dessen gegenwärtiger Fassung des AmtshilfeRLUmsG v. 26.6.2013[6], durch welche (wohl mit Erfolg) zuvor ge-

1 BGBl. I 2016, 3000.
2 BT-Drucks. 18/8045, 133 f.
3 BMF v. 3.4.2017, BStBl. I 2017, 726.
4 BMF v. 8.11.2017 – IV C 1 - S 1980-1/16/10010 :010 – DOK 2017/0934849, und v. 21.12.2017 – IV C 1 - S 1980-1/16/10010 :016 – DOK 2017/1058518, beide abrufbar unter www.bundesfinanzministerium.de.
5 *Haisch/Hüniken*, BB 2016, 345 (347).
6 BGBl. I 2013, 1809.

handhabte sog. **strukturierte Wertpapierleihgeschäfte**[1] zw. einer Bank in der Rechtsform einer PersGes. und einem Unternehmen verhindert werden sollen. Solche Kombinationsgeschäfte ziel(t)en darauf ab, dem Unternehmen als Wertpapierdarlehensnehmer durch einen BA-„Überhang" einen kstl. Vorteil zu verschaffen: Das Unternehmen sollte als zivilrechtl. und wirtschaftlicher Eigentümer der Wertpapiere einerseits in den Genuss der Steuerfreistellung des § 8b Abs. 1 (iVm. Abs. 5) KStG gelangen, andererseits die an den Verleiher geleistete Dividendenkompensationszahlung (und etwaige weitere Kosten) vollständig als BA in Abzug bringen können (s. dazu Rn. 12). Bei Cum/Cum-Transaktionen geht es demggü. in erster Linie darum, die definitive Belastung mit KapESt, insbes. v. Steuerausländern, zu verhindern. Unter Umständen treten beide Gestaltungen – sowohl strukturierte Wertpapierleihgeschäfte als auch Cum/Cum-Transaktionen – nebeneinander auf. – Vor dem Hintergrund dieser Regelungen sollte § 36a für jegliche einschlägige Wertpapiergeschäfte gelten, die „klassische" ebenso wie die „strukturierte" Wertpapierleihe (s. dazu Rn. 15), Repo-Geschäfte, Wertpapierpensionsgeschäfte iSd. § 340b HGB, Kassageschäfte.[2]

Querverbindungen bestehen zudem zum **InvStG 2018** und dort zu **§ 8 Abs. 4 Nr. 2** (iVm. Abs. 1 Nr. 1 und Abs. 2, § 6 Abs. 2) sowie **§ 10 Abs. 1 S. 2:** Danach sind inländ. Beteiligungseinnahmen von Investmentfonds nach § 8 Abs. 1 und 2 und nach § 10 Abs. 1 InvStG 2018 nur steuerbefreit, wenn der Investmentfonds die Voraussetzungen für eine Anrechenbarkeit der KapESt nach § 36a erfüllt. Für die Fälle des § 10 Abs. 1 InvStG 2018 gesteht die FinVerw.[3] zu, dass der Entrichtungspflichtige bei der Abstandnahme v. KapESt-Abzug grds. auf die Einhaltung der Mindesthaltedauer nach § 36a Abs. 2 vertrauen darf, desgleichen, dass der Fonds das Mindestwertänderungsrisiko nach § 36a Abs. 2 trägt. Ggf. ist die KapESt nachträglich zu erheben oder aber die Abstandnahme v. KapESt-Abzug erfolgt unter einem Prüfungsvorbehalt und die KapESt wird auf einem fondsspezifischen Konto (Treuhandkonto) separiert. Erkennt der Fonds, dass die Voraussetzungen des § 36a nicht erfüllt sind, so ist dies nach § 4 InvStG der FinBeh. anzuzeigen und eine Zahlung nach § 36a Abs. 4 zu leisten. – Querverbindungen bestehen zudem zu **§ 31 InvStG 2018** für Spezial-Investmentfonds, die die Transparenzoption des § 30 Abs. 1 InvStG 2018 wahrnehmen: Der Anleger kann dann die erhobene KapESt anrechnen, wenn die Voraussetzungen des § 36a Abs. 1 bis 3 erfüllt sind (§ 31 Abs. 3 S. 1 InvStG 2018). Andernfalls muss der Anleger dies ggü. dem FA anzeigen und eine Zahlung iSv. § 36a Abs. 1 S. 4, § 43 Abs. 1 S. 1 Nr. 1a leisten (§ 31 Abs. 3 S. 2 InvStG 2018). § 36a Abs. 5 und 7 bleibt unberührt (§ 36a Abs. 1 S. 3). – Indirekte Querverbindungen bestehen zudem zu **§ 6 Abs. 2 und Abs. 3 S. 1 Nr. 2 InvStG 2018:** Diese Vorschriften sehen die KStPfl. v. Investmentfonds für Entgelte, Einnahmen und Bezüge aus den in § 2 Nr. 2 lit. a bis c KStG genannten Wertpapier-Leih- und -Pensionsgeschäften vor, und das ausweislich der Gesetzesbegründung[4] (ebenfalls, s. Rn. 1) zur Vermeidung der Steuerumgehung durch Leih- und Pensionsgeschäfte über den Dividendenstichtag und die stfreie Vereinnahmung der Kompensationszahlungen. Das wirkt in der Gesamtschau mit § 36a, § 50j gleichermaßen (Rn. 1) überschießend, weil es iErg. (partiell) doppelbesteuernd wirkt.[5] Das BMF hilft diesem Missstand in seinem jüngsten Schr. v. 15.5.2018[6] nicht ab. 3a

Verfahren. Das Vorliegen der Voraussetzungen des § 36a ist v. StPfl. nachzuweisen; diesen trifft die **objektive Feststellungslast.**[7] Sa. Rn. 8. Allerdings beabsichtigt die FinVerw., grds. v. der Richtigkeit der Eigenerklärung auszugehen und besondere Nachweise usf. nur in begründeten Einzelfällen anzufordern. Sie hat sich auch – bezogen auf den normimmanenten Missbrauchsvorwurf (**§ 42 AO,** s. Rn. 14ff.) – Zurückhaltung auferlegt, „wenn eine Steuerumgehungsgestaltung ausgeschlossen ist oder unwahrscheinlich erscheint".[8] Im Übrigen sind die Rechtswirkungen des § 36a (s. Rn. 10f.) iRd. Veranlagung zu ziehen, bei einer PersGes. iRd. (bindenden) Festsetzung gem. **§ 179 Abs. 2 S. 2, § 180 Abs. 5 Nr. 2 AO;**[9] für die **GewSt**-Festsetzung greift diese Bindung nicht und hat die PersGes. als Steuerschuldnerin (§ 5 Abs. 1 S. 3 GewStG) ein eigenes Antragsrecht nach § 36a Abs. 1 S. 3 und ist der Schwellenwert nach § 36a Abs. 5 Nr. 1 auf sie selbst anzuwenden.[10] Letzteres gilt ähnlich für die Organgesellschaft bei Vorliegen einer **Organschaft nach §§ 14ff. KStG.**[11] Zur (eher theoretischen) Anwendung des § 36a auf private Kapitaleinkünfte (§ 20) s. BMF-Schr. v. 3.4.2017[12]. – **Keine Auswirkung** kommt § 36a auf das **Steuerabzugsverfahren** zu; iRd. Er- 3b

1 S. zB *Rau*, DStR 2009, 948; krit. zu diesem Begriff *Rau*, FR 2017, 1043.
2 *Levedag*, GmbHR 2016, R374.
3 BMF v. 8.11.2017, DStR 2017, 2736 Rn. 10.
4 BT-Drucks. 18/8045, 74.
5 Umfassend *Lechner/Schober*, BB 2018, 1691 (1692f.).
6 BMF v. 15.5.2018, DStR 2018, 1176.
7 BMF v. 3.4.2017, BStBl. I 2017, 726 Rn. 103.
8 BMF v. 3.4.2017, BStBl. I 2017, 726 Rn. 121.
9 BMF v. 3.4.2017, BStBl. I 2017, 726 Rn. 123ff.
10 BMF v. 3.4.2017, BStBl. I 2017, 726 Rn. 128.
11 S. im Einzelnen BMF v. 3.4.2017, BStBl. I 2017, 726 Rn. 129f.
12 BStBl. I 2017, 726 Rn. 129f.

hebung der KapESt nach §§ 43 ff. und bei der Bescheinigung der KapESt nach § 45a Abs. 2 bis 7 bleibt die Vorschrift unberücksichtigt.[1]

4 **IV. Zeitlicher Anwendungsbereich.** Das alles soll im VZ 2016 „unecht" rückwirkend mit erstmaliger Anwendung auf Kapitalerträge anzuwenden sein, die ab dem **1.1.2016** zufließen, **§ 52 Abs. 35** idF des InvStRefG. Das wirft Zweifel auf, weil bereits ins Werk gesetzte und disponierte Transaktionen rückwirkend „ins steuerliche Unrecht" gezogen werden. Berücksichtigt man zudem, dass sich Transaktionen der nunmehr inkriminierten Art nicht v. heute auf morgen umstellen lassen, werden zudem die beträchtlichen praktischen Probleme deutlich, die mit der Neuregelung verbunden sind. Solche Bedenken werden v. Gesetzgeber auch durchaus erkannt. Er wähnt sich aber im gewissen Bereich, weil es sich bei ‚Cum/Cum-Geschäften' „um gezielte Gesetzesumgehungskonstruktionen handelt, die wohl überwiegend v. professionell beratenden Unternehmen genutzt werden;" in derartigen Kreisen sei zudem bekannt, dass entspr. Geschäfte in Australien und in den USA ähnlichen gesetzlichen Regelungen ausgesetzt seien.[2] Solches mag zutreffen, wenn die in casu gestaltete Transaktion in der Tat die Hürde des Missbrauchs nach § 42 AO nicht nehmen kann; besonderen Vertrauensschutz verdient eine derartige Gestaltung dann nicht.[3] Das aber flächendeckend und berufsdiskreditierend zu unterstellen, hält rechtsstaatlichen Anforderungen nicht stand.

4a Unabhängig von Vorstehendem kümmert sich die FinVerw. aber zugleich um Cum/Cum-Gestaltungen, die vor dem 1.1.2016 ins Werk gesetzt worden sind, also vor der Neuschaffung der spezialgesetzlichen Missbrauchsvermeidungsregelung des § 36a. Solche **Alt-Cum/Cum-Geschäfte** wurden zunächst in erster Linie unter dem Maßstab des § 39 Abs. 2 Nr. 1 S. 1 AO und hierbei in Anlehnung an BFH v. 18.8.2015 – I R 88/13[4] geprüft. Das entspr. BMF-Schr. v. 11.11.2016[5] geriet jedoch unmittelbar nach seiner Veröffentlichung in das Kreuzfeuer der einen oder anderen Länder-FinVerw., insbes. des seinerzeit noch im Amt befindlichen und später abgewählten Finanzministers NRW *Walter-Borjans*.[6] Folge war sodann das formal ergänzende weitere BMF-Schr. v. 17.7.2017[7] und damit eine „Einschätzungsvolte": Die Frage nach dem Übergang des wirtschaftl. Eigentums auf Basis des vorhergehenden BMF-Schr. v. 11.11.2016 ist danach nur noch für sog. strukturierte Wertpapierleihen einschlägig; alle weiteren Gestaltungsformen werden – davon abgehoben – ausgenommen und prima vista als gestaltungsmissbräuchlich qualifiziert. Adressaten solcher Anwürfe sollen vorzugsweise Kredit- und Finanzdienstleistungsunternehmen sein, ferner Lebens- und Versicherungsunternehmen sowie andere KapGes., bei denen § 8b Abs. 7 und 8 KStG anwendbar ist.[8] Als erste Reaktion hat die BAFin. einen Fragebogen an alle deutschen Banken versandt, um zukünftige Belastungen zu erkunden.[9] Parallel dazu werden die Gestaltungen strafrechtl. Vorwürfen unterworfen und sind diese vor allem bei Banken staatsanwaltlichen Ermittlungen ausgesetzt[10] – das, obschon FG/BFH bislang keine Gelegenheit hatten, dies fachgerichtlich zu beurteilen.[11] – Zu den (zahlungs-)verjährungsrechtl. Fragen und Erfordernissen (gem. § 228 AO) bei Rückforderung bereits erstatteter oder angerechneter KapESt in Cum/Ex- und Cum/Cum-Altfällen s. (mwN) *Kleutgens*, FR 2018, 774, sowie § 36 Rn. 8.

B. Sachliche Anrechnungsvoraussetzungen (Abs. 1 bis 3)

5 **Betroffen** sind nach **Abs. 1 S. 1** vorrangig **Kapitalerträge iSv. § 43 Abs. 1 S. 1 Nr. 1a**, also (inländ.) Erträge iSd. § 20 Abs. 1 Nr. 1 aus Aktien und Genussscheinen (= Dividenden und Gewinnausschüttungen), welche die spezifischen Erfordernisse des § 43 Abs. 1 S. 1 Nr. 1a erfüllen. Betroffen sind nach **Abs. 1 S. 4** zudem **inländ. Kapitalerträge** aus Aktien und Genussscheinen **iSv. § 43 Abs. 3 S. 1**, wenn die Wertpapiere einer Wertpapiersammelbank im Ausland zur (Sammel-)Verwahrung anvertraut sind. Einschlägige Kapitalerträge sind auch Erträge aus Hinterlegungsscheinen auf inländ. Aktien (zB ADR),[12] nicht

---

1 BMF v. 3.4.2017, BStBl. I 2017, 726 Rn. 122.
2 BT-Drucks. 18/8045, 140.
3 S. iErg. ähnlich BFH v. 18.8.2015 – I R 88/13, BStBl. II 2016, 961, für die Situation infolge der Neuregelung der sog. Wertpapierleihe in § 8b Abs. 10 KStG.
4 BStBl. II 2016, 961.
5 BStBl. I 2016, 1324.
6 S. zB Handelsblatt v. 17.11.2016: „NRW-Finanzminister *Walter-Borjans* schäumt"; ebenso Handelsblatt v. 25./26./27.11.2016, S. 44.
7 BStBl. I 2017, 986.
8 BMF v. 17.7.2017, BStBl. I 2017, 986 Rn. 19; *Rau*, FR 2017, 1043 (1044), spricht insoweit v. einem „anderen Klientel", abgrenzend zu dem v. BFH mit Urt. v. 18.8.2015 – I R 88/13, BStBl. II 2016, 961, entschiedenen Sachverhalt, bei dem es um ein offenbar eher unverdächtiges Maschinenbau- und Reparaturunternehmen ging.
9 Davon berichtet *Rau*, FR 2017, 1043 (1044), unter Hinweis auf www.bafin.de.
10 Was wiederum die Anordnung von Sonderprüfungen nach § 30 Abs. 2 KWG rechtfertigen soll, vgl. VG Ffm. v. 25.7.2016 – 7 L 1967/16.F, juris.
11 S. krit. auch *Gosch*, Berater-Magazin 12/2017, 12.
12 BMF v. 3.4.2017, BStBl. I 2017, 726 Rn. 85 f.

aber Erträge aus Investmentfonds und Spezial-Investmentfonds (s. dazu aber auch ab 2018 § 8 Abs. 4 Nr. 2, § 10 Abs. 1 S. 2, § 31 Abs. 3 InvStG 2018;[1] s. dazu Rn. 3, 11).

Bei den vorgenannten Kapitalerträgen verlangt die Anrechnung der KapESt, dass **(1)** der StPfl. innerhalb der Mindesthaltedauer von 45 Tagen nicht nur zivilrechtl., sondern auch (**iSv. § 39 Abs. 2 Nr. 1 AO**) wirtschaftlicher, also „voller" Eigentümer der Aktien und Genussscheine gewesen ist, **§ 36a Abs. 1 S. 1 Nr. 1**, **(2)** mindestens 70 % des Wertänderungsrisikos betr. die Aktien und Genussscheine trägt, **§ 36a Abs. 1 S. 1 Nr. 2**, und **(3)** nicht verpflichtet ist, die Kapitalerträge ganz oder überwiegend, unmittelbar oder mittelbar anderen Pers. zu vergüten, **§ 36a Abs. 1 S. 1 Nr. 3. Im Einzelnen:**[2] 6

(1) Die **Mindesthaltedauer** für das wirtschaftliche Eigentum an den Anteilen und Genussscheinen bestimmt sich in **§ 36a Abs. 2**. Sie setzt sich aus **zwei Zeitkomponenten** zusammen, zum einen aus dem besagten Zeitraum v. 45 Tagen, zum anderen aus dem Zeitfenster v. **45 Tagen vor und 45 Tagen nach** der Fälligkeit der Kapitalerträge, innerhalb dessen die besagte Haltedauer v. 45 Tagen erreicht werden muss, und zwar, wie sich aus Abs. 1 Nr. 1 ergibt, „ununterbrochen"; eine zeitliche Segmentierung der wirtschaftlichen Eigentümerstellung innerhalb des gesamten Zeitfensters v. 90 Tagen genügt demnach nicht. Die Fälligkeit der Kapitalerträge bestimmt sich bei Aktien nach dem Gewinnverteilungsbeschluss, bei Genussscheinen nach den Emissionsbedingungen, bei fehlender Fälligkeitsangabe analog § 44 Abs. 2 S. 2 (= ein [Geschäfts-]Tag [sog. Ex-Tag]) nach der Beschlussfassung über die Ausschüttung der Höhe nach, es sei denn, aus G (s. § 58 Abs. 4 S. 2 AktG: der dritte auf den Hauptversammlungsbeschluss folgende Geschäftstag = Bankarbeitstag, § 675n Abs. 1 S. 4 BGB) oder Satzung (s. § 58 Abs. 4 S. 3 AktG) ergibt sich Abweichendes. Die FinVerw. akzeptiert (aus Vereinfachung) generell, dass auf den Ex-Tag abgestellt wird.[3] Wurden die Wertpapiere nach Maßgabe dieser Zeiträume angeschafft und veräußert, fingiert das G in **§ 36a Abs. 2 S. 2** ein „First in – First out" (= Fifo) oder auch „First bought – First sold":[4] Es wird unterstellt, dass die zuerst angeschafften Anteile oder Genussscheine zuerst veräußert wurden (sa. § 36a Abs. 5 Nr. 2 letzter HS, dazu Rn. 12). Das schließt eine „Haltestreckung" über nacheinander angeschaffte Papiere aus und bestimmt damit iErg. eine „Binnenmissbrauchsverhinderung" innerhalb der Regelung, um findig gestaltete Tatbestandsumgehungen auszuschließen. Die „Unterstellung" ist unwiderleglich und willensunabhängig. Die erforderliche Eigentümerposition erlangt der StPfl. nach **Abs. 2 S. 1**, wenn er zivilrechtlicher Miteigentümer der Aktien (nach Bruchteilen) ist und ihm diese dadurch erlangte Position nicht nach den Maßgaben des § 39 Abs. 2 Nr. 1 AO durch einen anderen entzogen werden kann. **Wann** Letzteres der Fall ist, ist Sache des jeweiligen Einzelsachverhalts und bestimmt sich nach allg. Maßstäben. Bei einem Wertpapierleihgeschäft als einem Sachdarlehen[5] (§ 607 ff. BGB) geht das wirtschaftliche Eigentum gemeinhin zusammen mit dem zivilrechtl. Eigentum auf den Darlehensnehmer über[6] (vgl. auch arg. § 8b Abs. 10 KStG)[7]. Das ist der in § 39 Abs. 1 AO festgehaltene Grundsatz und damit derjenige der Regelungskonzeption. Soll es sich **ausnahmsweise** anders verhalten, so gilt generell: Die „Verdrängung" des zivilrechtl. Eigentümers durch den wirtschaftl. Eigentümer (bei der Wertpapierleihe den Darlehensgeber) muss auf Basis eines obligatorischen Ausschlussgrundes (und nicht nur eines Verschaffungsanspr.) gesichert sein, ein bloß dinglicher Ausschlussgrund reicht nicht aus.[8] IdS verbleibt das wirtschaftliche Eigentum nur dann beim Verleiher, wenn die „Gesamtwürdigung der Umstände des Einzelfalls ergibt, dass dem Entleiher lediglich eine formale zivilrechtl. Rechtsposition verschafft werden sollte".[9] Das entspricht dem nach wie vor gesetzten Recht des § 39 Abs. 2 Nr. 1 AO und deshalb (wohl) immer noch der Ansicht der Rspr. des BFH, auch wenn dieser das Rechtsinstitut des wirtschaftlichen Eigentums in jüngster Zeit arg strapaziert und gedehnt (und dadurch um des ersichtlich erwünschten Ergebnisses willen – die wirtschaftliche und wohl auch „moralische Sinnhaftigkeit" der gewählten Gestaltung – die Systematik sowie die Tatbestandsmäßigkeit des § 39 AO ein wenig aus den Augen verloren) hat.[10] Sa. Rn. 14. Und idS hat das BMF dazu (angeblich auf erheblichen „Druck")[11] das Verwaltungsschr. v. 11.11.2016[12] auf der Basis besagter Regelungskon- 7

1 BMF v. 3.4.2017, BStBl. I 2017, 726 Rn. 87.
2 *Kretzschmann/Schwarz*, FR 2017, 223.
3 BMF v. 3.4.2017, BStBl. I 2017, 726 Rn. 4.
4 S. dazu BMF v. 3.4.2017, BStBl. I 2017, 726 Rn. 92.
5 BMF v. 11.11.2016, BStBl. I 2016, 1324 Rz. 1; *Ditz/Tcherveniachki*, DB 2016, 2995 (2996).
6 BMF v. 11.11.2016, BStBl. I 2016, 1324; OFD Ffm. v. 17.2.2016, DB 2016, 862.
7 Zutr. *Lechner*, JbFfSt. 2016/2017, 199 (203 f.); *Ditz/Tcherveniachki*, DB 2016, 2995.
8 *Haisch*, Der Konzern 2016, 278; *Ebel*, FR 2016 369; *Ditz/Tcherveniachki*, DB 2016, 2995.
9 BFH v. 18.8.2015 – I R 88/13, BStBl. II 2016, 961.
10 BFH v. 18.8.2015 – I R 88/13, BStBl. II 2016, 961; dem folgend FG Nds. v. 17.11.2016 – 6 K 230/15, juris; zu Recht krit. *Haisch*, Der Konzern 2016, 278; *Lechner*, JbFfSt. 2016/2017, 199 (206 ff.).
11 *Spengel*, blog. handelsblatt Steuerboard v. 22.12.2016; *Greive/Iwersen/Votsmeier*, Handelsblatt v. 25.11.2016, 44.
12 BStBl. I 2016, 1324.

zeption und deswegen mit zu Recht eher „milden“ Abgrenzungen erlassen; dieses Schr. ist wg. jener „Milde“ unmittelbar nach seinem Außenbekunden in die politisch-empört gefärbte Kritik des FinA des Deutschen BT, vor allem aber der Länder-FinMin., an der Spitze desjenigen v. NRW, geraten,[1] und wird deshalb demnächst wohl nur in ‚verschärfter‘ Form weiterexistieren.[2] Sa. Rn. 15.

7a **Berechnung der (Mindest-)Haltedauer**. Ausschlaggebend für die jeweilige **Haltedauer** sind die tatsächlichen Verhältnisse. Die FinVerw. beanstandet es bei Geschäften bis zu einer dreitägigen Lieferfrist allerdings nicht, wenn „generell auf den Tag abgestellt wird, an dem das Verpflichtungsgeschäft zum Erwerb und zur Veräußerung … abgeschlossen wird.“[3] Bei Erwerb des wirtschaftl. Eigentums vor dem Mindesthaltezeitraum ist der 45-Tage-Zeitraum exakt zu berechnen.[4] Abzustellen ist für die 45-Tage-Dauer auf Kalendertage, also abgrenzend zu sog. Handelstagen einschl. Sonn- und Feiertage.[5] Es zählen nur „ganze“ Tage; Tage, an denen das wirtschaftl. Eigentum erworben wird oder verloren geht, sind folglich nicht einzubeziehen.[6]

8 (2) Das **Wertänderungsrisiko** liegt, so legt das **§ 36a Abs. 3 S. 1** fest, beim StPfl., wenn er mindestens 70 % des Risikos aus einem sinkenden Wert der Anteile oder Genussscheine trägt, und das unter Berücksichtigung v. gegenläufigen Anspr. und v. Anspr. nahestehender Pers. **Bezugsgröße** für die Wertrelation ist der gemeine Wert (iSv. § 9 BewG) der Aktien oder Genussscheine bei deren Anschaffung. Maßgebender Wertermittlungszeitraum ist der Tag, an welchem der StPfl. das erforderliche „volle“ Eigentum erlangt (Rn. 6). Hat der StPfl. oder eine ihm nahestehende Pers. **Kurssicherungsgeschäfte** abgeschlossen, die das so bestimmte Wertänderungsrisiko der Anteile unmittelbar oder mittelbar um mehr als 30 % mindern, misslingt der Nachweis der Wertänderungsrisikotragung; das G vermutet in **§ 36a Abs. 3 S. 2** durch ein typisierendes Bsp. („insbesondere“), dass das nicht der Fall ist.

8a Was einschlägige **„gegenläufige Ansprüche“** sind, verrät das G nicht. Die Gesetzesmaterialien benennen beispielhaft Optionen und Futures, sodass das Risiko „beim früheren Eigentümer verbleibt“. Der Gesetzeswortlaut lässt indessen keinen ausschließlichen Bezug auf den „früheren Eigentümer“ erkennen, was darauf hindeutet, dass auch sog. Kombinationsgeschäfte „als fester Bestandteil v. Trading- und Arbitragestrategien“[7], also entspr. Macro-, Proxy- und Portfolio-Hedges mit Dritten, einbezogen werden. In seinen Schr. v. 3.4.2017[8] und v. 20.2.2018[9] listet das BMF Einzelfälle als Bsp. („insbesondere“) auf (und geht dabei recht weit): Neben Optionen und Optionsscheinen sind das Futures, Forwards, Aktien-Swaps, Aktienindex-Swaps, Leerverkaufspositionen, Investmentanteile, Zertifikate uÄ, die die Wertentwicklung einer Aktie oder eines Aktienindex umgekehrt proportional abbilden, gleichfalls Stillhaltergeschäfte, Derivategeschäfte, die eine tatsächliche Lieferung („physical delivery“) des zugrunde liegenden Basiswerts vorsehen oder bei denen ein Barausgleich („cash settlement“) vereinbart ist. Auch Stillhaltergeschäfte bezieht die FinVerw. ein,[10] wiewohl der Verpflichtete die Ausübung des Optionsrechts nicht in der Hand hat; befürchtet wird allerdings eine vereinbarte Ausgestaltung hin zu einem faktischen Festgeschäft. Das ist in dieser Allgemeinheit zu kritisieren, eine Beschränkung des Risikopotenzials sollte sich allein bei der Sicherungshöhe auswirken[11]. **Nicht** einbezogen sollten Wertpapierdarlehen und Wertpapierleihgeschäfte sein, vorausgesetzt, solche Geschäfte sind nicht (ausnahmsweise) derart ausgestaltet, dass das wirtschaftliche Eigentum nicht übergeht; der Übergang des wirtschaftlichen Eigentums ist bei Sachdarlehen und bei Leihgeschäften indessen die Regel (arg. § 8b Abs. 10 KStG) (s. bereits Rn. 3). Zudem trägt der Darlehensnehmer oder Entleiher regelmäßig kein Wertänderungsrisiko: Entweder sind (lediglich) Wertpapiere gleicher Art, Güte und Menge zurückzuübertragen oder der Rückkaufpreis steht von vornherein fest. Ähnlich liegt es iErg. bei Aktien- oder Aktienindex-Zertifikaten sowie bei Aktien-Swapverträgen mit vereinbarter Ausgleichszahlung im Falle der Wertminderung.[12] Nicht einzubeziehen sind auch Sicherungsgeschäfte, denen

1 Dazu eingehend *Greive/Iwersen/Votsmeier*, Handelsblatt v. 2.12.2016, 33 sowie in der Sache den Kritikern folgend *Spengel*, DB 2016, 2988 (2989, 2995): Wegen des „nichtssagenden“ BMF-Schr. verharre „Deutschland derzeit im Zustand der stl. ‚Cum/Cum-Bananenrepublik‘“ (sic!).

2 Auch eine „gestaltungswohlmeinende“ Rundvfg. der OFD Ffm. v. 18.11.2016 – S 2134 A - 15 - St 210, v. der *Spengel* (DB 2016, 2988 [2989]) berichtet, soll zwischenzeitlich vor Veröffentlichung zurückgezogen worden sein.

3 BMF v. 3.4.2017, BStBl. I 2017, 726 Rn. 5.

4 BMF v. 3.4.2017, BStBl. I 2017, 726 Rn. 6.

5 **AA** wohl BMF v. 3.4.2017, BStBl. I 2017, 726 Rn. 8 (dort Hinweis auf § 108 Abs. 3 AO).

6 **AA** offenbar BMF v. 3.4.2017, BStBl. I 2017, 726 Rn. 7.

7 Umfassend *Altvater/Buchholz*, RdF 2016, 132 ff.

8 BMF v. 3.4.2017, BStBl. I 2017, 726 Rn. 14 ff.

9 BMF v. 20.2.2018, BStBl. I 2018, 308.

10 BMF v. 3.4.2017, BStBl. I 2017, 726 Rn. 16 ff.

11 *Kretzschmann/Schwarz*, FR 2017, 223 (231).

12 BMF v. 3.4.2017, BStBl. I 2017, 726 Rn. 10 ff.

ein Bezug auf das getätigte Grundgeschäft fehlt, auch nicht solche, die andere Risiken (zB Währungs-, Zinsrisiken) betreffen.[1] Wirkungsrelevant ist in jedem Fall, dass der StPfl. die gegenläufigen Geschäfte „abgeschlossen hat". Werden sie erst zu einem späteren Zeitpunkt geschlossen, ist der Tatbestand nicht erfüllt. „Künstliche" Zeitdifferenzen werden allerdings den Vorwurf des Gestaltungsmissbrauchs im „Binnenbereich" der Regelung auslösen. Der Vorwurf wird häufig auch beachtlich sein, obwohl eine dafür spezifische Regelung, wie sie § 36a Abs. 2 S. 2 enthält, hier fehlt.

Die Ermittlung der gesetzlich gebotenen Wertrelation verlangt vorab die **Zuordnung der gegenläufigen Ansprüche** zu den betr. Anteilen oder Genussscheinen. Diese Zuordnung bestimmt sich nach Maßgabe des allg. Veranlassungszusammenhangs, also danach, weshalb der StPfl. den gegenläufigen Anspr. erworben hat. In der Regel sind das Sicherungszwecke. Anhaltspunkte liefern die Bildung v. Bewertungseinheiten nach § 254 HGB, § 5 Abs. 1a S. 2, die zeitliche Nähe des Erwerbs uÄ. Ein Zusammenhang wird fehlen, wenn der StPfl. losgelöst v. den Basiswerten spekulative Absichten verfolgt. Die FinVerw. bezieht jedoch auch solche Anspr. ein, wenn es der Existenz entspr. Basiswerte zur Erfüllung bedarf, namentlich bei Leerverkäufen.[2] Ist eine Veranlassung prinzipiell gegeben, ist sodann die Zuordnung zu jeweils bestimmten Basiswerten vonnöten. Denkbar ist entweder die Zuordnung zu einem einzelnen Grundgeschäft („Micro-Hedge"), zu mehreren Positionen („Macro-Hedge") oder als Rahmen zu mehreren Grundgeschäften („Portfolio-Hedge"). Einzelheiten dazu ergeben sich aus Sicht der Verwaltungspraxis aus dem BMF-Schr. v. 3.4.2017[3]. Fehlt es an einem zuordenbaren Zusammenhang, soll die „absichernde Wirkung aller gegenläufigen Ansprüche in Bezug auf den gesamten oder auch anteiligen Bestand einer Anteils- oder Genussscheingattung maßgebend" sein, bei denen eine konkrete Zuordnung nicht möglich ist. 8b

Ungewiss ist, wie die Vomhundertsätze v. 70 und 30 errechnet werden sollen. Die FinVerw. will das Wertänderungsrisiko prinzipiell anhand der folgenden **Formel** rechnerisch ermitteln: 8c

$$\text{Wertänderungsrisiko} = \left(1 - \frac{\text{Derivatezahl} \times \text{Sicherungswert}}{\text{Anteilszahl} \times \text{gemeiner Wert des Anteils}}\right) \times 100\ \%$$

Alternative Berechnungsmethoden sind möglich, wenn sie branchenüblich oder aufsichtsrechtl. vorgegeben sind und einheitlich und fortlaufend angewandt werden. Relevant ist das vor allem durch Rückgriff auf die (aufgehobene) DerivateVO v. 16.7.2013[4] für Investmentfonds. – So oder so ist die Berechnung unter Ansatz der gemeinen Werte immer dann vorzunehmen, wenn ein Basiswert oder ein gegenläufiger Anspr. erworben wird oder wegfällt. Das Wertänderungsrisiko kann dadurch sinken oder ansteigen.

Einbezogen sind in die Berechnung des Wertänderungsrisikos nicht nur gegenläufige Anspr. des StPfl., sondern auch solche diesem **nahestehender Pers.** Welcher Personenkreis das im Einzelnen ist, wird im G nicht benannt. Es bietet sich an, hier „ersetzend" auf § 1 Abs. 2 AStG zurückzugreifen (wobei nicht nachzuvollziehen ist, weshalb diese Norm nicht v. Gesetzgeber in Bezug genommen wird, allein schon, um den Personenkreis nicht uferlos werden zu lassen)[5]. Einzubeziehen sind danach nat. und jur., im Inland ebenso wie im Ausland ansässige Pers., die mindestens zu einem Viertel unmittelbar oder mittelbar an dem StPfl. beteiligt sind. Die FinVerw. listet in ihrer Verwaltungsanweisung aber daneben und darüber hinaus und sehr weitgehend (unmittelbare oder mittelbare) Beherrschungsverhältnisse auf, die gegeben seien, wenn der beherrschten Pers. aufgrund eines (wirtschaftlichen oder persönlichen) Abhängigkeitsverhältnisses im Wesentlichen kein eigener Entscheidungsspielraum mehr verbleibt; ein solches könne auch auf „geschäftsfremden Einflussmöglichkeiten" beruhen, auch auf einer bloßen „Interessenidentität";[6] einbezogen sollen stets Organschaften sein,[7] Investmentfonds und Spezial-Investmentfonds immer dann, wenn der Anleger unmittelbar oder mittelbar mehr als 25 % der Investmentanteile hält.[8] – **Gegenläufige Anspr.** nahestehender Pers. sollen vor allem „Übersicherungen" sein, die in komplexen, dem normalen Rechtsanwender schwerlich zugänglichen Berechnungen zu ermitteln sind; Bsp. gibt das BMF in seinem Schr. v. 3.4.2017.[9] – **Maßgebender Zeitraum** für die Qualifikation einer Pers. als nahestehend ist die gesetzliche Mindesthaltedauer (s. Rn. 7), wobei die Verhältnisse taggenau gesondert zu prüfen sind und dann ggf. eine Neube- 8d

1 BMF v. 3.4.2017, BStBl. I 2017, 726 Rn. 22.
2 S. zu den „Grenzen des Leerverkaufsbegriffs" *Riederer/Weick-Ludewig*, RdF 2017, 284.
3 BStBl. I 2017, 726 Rn. 50 ff.
4 BGBl. I 2013, 2463.
5 S. denn auch zutr. BStBK, Stellungnahme v. 14.11.2016 zum Entw. eines BMF-Schr. zu Anwendungsfragen zur Beschränkung der Anrechenbarkeit der KapESt nach § 36a, abrufbar unter https://www.bstbk.de/de/presse/stellungnahmen/archiv/20161114_stellungnahme_bstbk/index.html.
6 BMF v. 3.4.2017, BStBl. I 2017, 726 Rn. 64 ff.
7 BMF v. 3.4.2017, BStBl. I 2017, 726 Rn. 73.
8 BMF v. 3.4.2017, BStBl. I 2017, 726 Rn. 734.
9 BStBl. I 2017, 726 Rn. 75 ff.

rechnung des Wertänderungsrisikos erfordern.[1] Bei dieser Berechnung sind die gegenläufigen Anspr. der nahestehenden Pers. nach der Verwaltungspraxis aber nur insofern einzubeziehen, als sie eine Übersicherung der jeweiligen Basiswerte bedingen. Die hochkomplexen Berechnungsschritte ergeben sich aus dem BMF-Schr. v. 3.4.2017[2]. Das alles ist nicht nur hochgradig streitbefangen und arbeitsaufwendig, ihm fehlt auch jegliche Grundlegung im G, es bewegt sich im quasi-rechtsfreien Raum. – Die notwendigen **Nachweise** des Nahestehens und der gegenläufigen Anspr. hat der StPfl. zu erbringen (s. Rn. 3b); die formlose Erklärung der nahestehenden Pers. soll genügen.[3] Es ist fraglich, wie das in der „Wirklichkeit" umgesetzt werden kann, weil es dafür weiterer Informationen bedarf, um den Berechnungsmodi Rechnung zu tragen. Letztlich drohen auch solche bankúblichen Geschäfte erfasst zu werden, denen kein Arbitragecharakter beizumessen ist, und das wiederum bedingt eine „überschießende", zielungenaue Regelungstypisierung, der bloß noch ein Lenkungszweck zukommt, die in Anbetracht dessen mit dem Gleichheitssatz zu kollidieren droht und der ein tauglicher Belastungsgrund abgeht.[4]

9 **(3) § 36a Abs. 1 S. 1 Nr. 3** sichert die vorstehenden Anrechnungshindernisse schließlich supplementär ab: Der StPfl. darf, um in den erstrebten Anrechnungsvorteil zu gelangen, nicht (vertraglich) verpflichtet sein, die Kapitalerträge ganz oder überwiegend (= mehr als 50 %)[5], unmittelbar oder mittelbar „anderen" (= offenbar nicht nahestehenden) Pers. zu vergüten (in Form v. Ausgleichszahlungen, zB bei einem Aktien-Swap oder einem Wertpapierdarlehen oder indirekt durch einpreisende Weitergabe im Rückkaufpreis oder in Derivaten)[6]. Das zielt auf sog. Strippinggestaltungen ab, welche darauf gerichtet sind, dem Nichtanrechnungsberechtigten die Anrechnung „wirtschaftlich" zu ermöglichen, indem der Anrechnungsbetrag (zumeist gegen einen gering dimensionierten Aufpreis) über den Kaufpreis „abgegolten" und die Anrechnungsbefugnis auf diese Weise dem Anrechnungsberechtigten „abgekauft" wird.[7] Derartige Ersatzzahlungen hindern dann iErg. die Anrechenbarkeit. Nicht der Gesetzestechnik, jedoch der Sache nach ähnelt das dem früheren Vorgehen über § 50c aF. Dort wie hier ist v. FA nachzuweisen, dass die Vergütung tatsächlich die Gegenleistung für die „erkaufte Anrechnungsberechtigung" ist.[8] – Augenscheinlich sollen v. der Vergütungspflicht sehr weitgehend jegliche Weiterreichungspflichten erfasst sein, auch solche, die aus den Jahresüberschüssen gespeist werden. Lediglich gesetzliche Weitergabeverpflichtungen werden ausgespart, so zB die Überschussbeteiligung nach § 153 VVG bei Versicherungsunternehmen oder die Verpflichtungen v. Altersversorgungseinrichtungen ggü. Pensionsberechtigten.[9] Dieses Verwaltungsverständnis geht eindeutig zu weit, der Tatbestand dünkt „uferlos".[10]

10 **Rechtswirkungen.** Fehlt es an allen oder der einen oder der anderen der in Abs. 1 S. 1 formulierten, kumulativ erforderlichen Bedingungen, wird dem „an sich" anrechnungsberechtigten Dividendenberechtig-

---

1 BMF v. 3.4.2017, BStBl. I 2017, 726 Rn. 64f.

2 BStBl. I 2017, 726 Rn. 75ff.

3 BMF v. 3.4.2017, BStBl. I 2017, 726 Rn. 75f., 103.

4 Vgl. *Jensch/Rüdiger*, RdF 2016, 319 (328); *Haisch*, RdF 2016, 85; *Haisch/Hüniken*, BB 2016, 345 (349); *Knobloch*, DB 2016, 1825; sa. *Anzinger* in Schön/Sternberg, Zukunftsfragen des deutschen Steuerrechts III, 2018, Tz. 6.2.3.1.; *Schön* in BT-FinA, Prot. 18/78, Anlage S. 52; *Altvater/Buchholz*, RdF 2016, 132 (138f.); **aA** *Lamprecht*, Ubg 2018, 189, allerdings aufgrund einer anderweitigen Norminterpretation des § 36a als Zurechnungsregelung (sa. Rn. 1).

5 BMF v. 3.4.2017, BStBl. I 2017, 726 Rn. 83.

6 BMF v. 3.4.2017, BStBl. I 2017, 726 Rn. 83.

7 S. zu derartigen Gestaltungen (seinerzeit noch bezogen auf die KSt unter Geltung des längst abgeschafften KSt-Anrechnungsverfahrens, des ebenfalls abgeschafften § 50c und der in diesem Zusammenhang in § 50c Abs. 8 S. 2 enthaltenen Börsenklausel) das (gegenwärtig in argen politischen Misskredit geratene und mithin überaus unsachlich diskutierte, s. nur *Nawrath* und die den Äußerer selbst bloßstellenden Äußerungen im sog. Cum/Ex-Untersuchungsausschuss des BT, abrufbar unter www.bundestag.de → Politikfelder → 4. Untersuchungsausschuss → Ex-Finanzstaatssekretär: Alles versucht, Cum/Ex-Deals zu verbieten) BFH-Urt. v. 15.12.1999 – I R 29/97, BStBl. II 2000, 527 (dazu mit Bezug auf Cum/Cum-Geschäfte der „Neuzeit" *Spengel*, DB 2016, 2988 [2990ff.] und umfassend in seinem Gutachten als Sachverständiger für den 4. Parlamentarischen Untersuchungsausschuss der 18. Wahlperiode, www.bundestag.de/blob/438666/15d27facf097da2d56213e8a09e27008/sv2_spengel-data.pdf). Der dagegen gerichtete Nichtanwendungserl. des BMF v. 6.10.2000, BStBl. I 2000, 1392, wurde für „Steuertatbestände, die nach dem 31.12.2009 verwirklicht wurden" wundersamerweise trotz der zwischenzeitlich aufgeflammten Cum/Ex-Diskussion betr. die KapESt und der nach wie vor abw. positionierten Verwaltungspraxis durch BMF v. 4.4.2011, BStBl. I 2011, 356, aufgehoben. Jenes Urt. I R 27/97 wurde durch BFH v. 30.7.2002 – III B 50/01, BFH/NV 2003, 55; v. 27.8.2003 – I B 186/02, BFH/NV 2003, 1581; v. 20.11.2007 – I R 85/05, BStBl. II 2013, 287, und v. 16.4.2014 – I R 2/12, BFH/NV 2014, 1813, in der Sache bestätigt, was die Fragen des Übergangs des wirtschaftlichen Eigentums anbelangt. IÜ war es aber nicht mehr einschlägig, schon deshalb nicht, weil es in der Folgezeit um sog. OTC- (= Over the Counter) und nicht um Börsengeschäfte ging (s. dazu *Spengel*, DB 2016, 2988 mwN).

8 Sa. die sog. Glaxo-Wellcome-Rspr. des EuGH und des BFH, vgl. BFH v. 3.2.2010 – I R 21/06, BStBl. II 2010, 692; v. 2.7.2014 – I R 57/12, BFH/NV 2015, 11; EuGH v. 17.9.2009 – C-182/08 – Glaxo Wellcome, BFH/NV 2009, 1941.

9 BMF v. 3.4.2017, BStBl. I 2017, 726 Rn. 84.

10 *Kretzschmann/Schwarz*, FR 2017, 223 (234).

ten ein „Steuerobolus" auferlegt, ein solcher zwar nicht in Gestalt eines völligen Anrechnungsausschlusses, aber immerhin in Gestalt einer Anrechnungsbeschränkung, nämlich nach **Abs. 1 S. 2** für drei Fünftel der KapESt (**Teilanrechnung**); der auf die KapESt iHv. 25 % erhobene SolZ kann vollumfänglich angerechnet werden (§ 1 Abs. 2 SolZG).[1] Überdies ermöglicht **Abs. 1 S. 3**, dass die verbliebenen zwei Fünftel (in Gänze, aber wohl auch teilweise) bei der Ermittlung der Einkünfte abgezogen werden können (**Teilabzug**). Die Abzugsinanspruchnahme ist **antragsabhängig**, wobei der Antrag nicht formgebunden ist, aber als solcher „identifizierbar" sein muss.[2]

C. Ersatzmaßnahmen bei fehlender Anrechnungsbefugnis (Abs. 4)

Durch § 36a Abs. 1 bis 3 wird die v. StPfl. erstrebte KapESt-Anrechnung angesprochen. Sind – auf der einen Seite – die Voraussetzungen dieser Regelungen nicht erfüllt und wäre die Anrechnung deswegen zu versagen, ist der Steuerabzug jedoch – auf der anderen Seite – bislang unterblieben (zB und ua. – jeweils iVm. § 44a Abs. 10 – infolge § 44a Abs. 2 bei Vorliegen einer Freistellungsbescheinigung, § 44a Abs. 5 wg. einer NV-Bescheinigung bei sog. Überzahlern, auch infolge § 44a Abs. 7 bei nach § 5 Abs. 1 Nr. 9 KStG steuerbefreiten Körperschaften; s. zu Letzteren aber die neuerlichen Einschränkungen in § 44a Abs. 10 S. 1 Nr. 3 idF des G zur Vermeidung von Umsatzsteuerausfällen beim Handel mit Waren im Internet und zur Änderung weiterer stl. Vorschriften v. 11.12.2018[3], dazu nachfolgend) oder ist dem StPfl. der Abzugsbetrag erstattet worden, unterwirft ihn **§ 36a Abs. 4 stl. Ersatzpflichten:** Er hat **(1)** dem zuständigen FA **anzuzeigen**, dass er die Voraussetzungen der Abs. 1 bis 3 nicht erfüllt, und **(2)** eine **Zahlung** iHd. unterbliebenen Steuerabzugs auf Kapitalerträge iSd. § 43 Abs. 1 S. 1 Nr. 1a und Abs. 1 S. 4 **zu leisten**. S. zu den Einzelheiten BMF-Schr. v. 3.4.2017, dort Rn. 111 ff.[4] Ausweislich der Regelungsmaterialien[5] beabsichtigt der Gesetzgeber auf diese Weise, „Steuerumgehungsgestaltungen durch die Veräußerung an steuerbegünstigte Pers." auszuschließen, namentlich vermittels Einschaltung v. Investmentfonds, insbes. Hedgefonds, „die derzeit gezielt als ‚Vehikel' für die Zwecke der Umgehung der Dividendenbesteuerung eingesetzt werden"; auch Abs. 4 bezweckt also eine „Binnenmissbrauchsvermeidung" (s. Rn. 7, 8). Weil vor allem bei der Einschaltung v. gem. § 5 Abs. 1 Nr. 9 KStG steuerbefreiten „Vehikel"-Anlegern die Anzeigepflicht wg. Vermögenslosigkeit regelmäßig faktisch leerläuft, wurde **§ 44a Abs. 10 S. 1 Nr. 3** durch das zitierte G zur Vermeidung von Umsatzsteuerausfällen beim Handel mit Waren im Internet und zur Änderung weiterer stl. Vorschriften (mWv. VZ 2019 an) um eine obligatorische Einbehaltungspflicht v. drei Fünfteln der entstehenden KapESt ergänzt (s. § 44a Rn. 14), die aber ihrerseits wiederum durch einen antragsabhängigen Erstattungsanspruch des Gläubigers gg. das FA „relativiert" wird, wenn die Voraussetzungen des § 36a Abs. 1 bis 3 erfüllt sind (**§ 44b Abs. 2** [nF]). – Die sonach zur Missbrauchsvermeidung „motivierten" Ersatzpflichten in Gestalt der **Anzeige- und Zahlungspflicht** sind unbegrenzt, sie sind insbes. nicht auf die Konstellationen beschränkt, in denen der StPfl. zu veranlagen ist, und zwar unabhängig davon, dass der Anwendungsbereich v. § 36a Abs. 1 bis 3 wohl auf derartige Fälle reduziert bleibt (s. Rn. 3). § 36a Abs. 4 formuliert insoweit einen eigenständigen Rechtsgrund für die Zahlung, der (als solcher) nicht auf das Behaltendürfen des Erlangten durch das FA abstellt. Etwaige nachfolgende Erstattungsanspr. des StPfl. sind dann gem. § 37 AO geltend zu machen. Anliegen v. § 36a Abs. 4 ist es zunächst (nur), den bislang ausgebliebenen StAnspr. des Fiskus zu sichern; eine Veranlagungsabhängigkeit ist dafür nicht erkennbar. – **Frist- und Formerfordernisse** für die Anzeige- und Zahlungspflichten fehlen. Da es sich um eine gesetzlich angeordnete Anzeigepflicht handelt, greift aber § 150 Abs. 1 S. 3, § 167 AO. Die Frist für die Anzeige beläuft sich also auf fünf Monate nach Ablauf des VZ, Zahlungszeitpunkt ist der 10. des Folgemonats nach der Anzeige. Die FinVerw. verlangt allerdings eine „unverzügliche" Abgabe nach Ablauf des Kj. oder Wj.[6] Sie beanstandet es allerdings nicht, wenn bei bilanzierenden StPfl. auf den Ablauf des Wj. und bei Investmentfonds auf den Ablauf des Geschäftsjahres abgestellt wird, ferner nicht, wenn Anzeigen für das Kj. 2016 sowie für vor dem 30.6.2017 endende Wj. oder Geschäftsjahre bis zum 30.6.2017 abgegeben werden.[7] Zu den trotz Formungebundenheit der Anzeige inhaltlich verlangten Angaben s. BMF-Schr. v. 3.4.2017,[8] Rn. 113 ff. (Rn. 114 neu gefasst durch BMF v. 20.2.2018[9]), zu den Besonderheiten bei Investmentfonds und Spezial-Investmentfonds s. BMF v. 3.4.2017, BStBl. I 2017, 726 Rn. 117 f., und v. 21.12.2017,[10] Tz. 12. **Zuständig** ist das nach §§ 19, 11

1 BMF v. 3.4.2017, BStBl. I 2017, 726 Rn. 104.
2 BMF v. 3.4.2017, BStBl. I 2017, 726 Rn. 106 ff., s. dort auch zu Besonderheiten für Investmentfonds.
3 BGBl. I 2018, 2338.
4 BStBl. I 2017, 726.
5 BT-Drucks. 18/8045, 135.
6 BMF v. 3.4.2017, BStBl. I 2017, 726 Rn. 115; *H/H/R*, § 36a Anm. 25.
7 BMF v. 3.4.2017, BStBl. I 2017, 726 Rn. 115.
8 BStBl. I 2017, 726.
9 BStBl. I 2018, 308.
10 IV C 1 – S 1980-1/16/10010 :016 – DOK 2017/1058518, abrufbar unter www.bundesfinanzministerium.de.

20 AO bestimmte FA. Für die der Anzeige nachfolgende Abführung der KapESt (der Höhe nach v. drei Fünfteln, Abs. 1 S. 2 analog,[1] s. dazu Rn. 10) bedarf es, wie sonst auch, einer entspr. Anmeldung gem. § 167 AO, § 45a EStG (mit der Wirkung einer Festsetzung unter Vorbehalt der Nachprüfung, § 168 S. 1, § 164 AO).[2] Ab 2018 kann die Anmeldung der Zahlung nach § 36a Abs. 4 (Zeilen 42/43, Formular KapESt 2018) nicht mehr gemeinsam mit der KapESt-Anmeldung erfolgen, sondern nur noch jeweils eigenständig.[3]

D. Regel-Verschonungsausnahme (Abs. 5)

12 **Abs. 5** belässt dem StPfl. zwei **Regel-Verschonungsausnahmen** v. den Abs. 1 bis 4. **Zum einen** finden die vorgenannten Regeln nach **Abs. 5 Nr. 1** keine Anwendung, wenn die dort genannten Kapitalerträge im VZ **nicht mehr als 20 000 Euro** betragen (**Kleinanlegerverschonung**); betroffen sind Kapitalerträge nach **§ 43 Abs. 1 S. 1 Nr. 1a** (iVm. § 20 Abs. 1 Nr. 1) und nach **§ 36a Abs. 1 S. 4**; s. dazu Rn. 5. ***Oder* zum anderen** nach **Abs. 5 Nr. 2**, wenn der StPfl. beim Zufluss der Dividenden seit **mindestens einem Jahr** zivilrechtl. und wirtschaftl. Eigentümer der Aktien ist (**Langfristanlageverschonung**). Zur Behaltens-Reihenfolge gilt wie für die Mindesthaltedauer nach Abs. 2 S. 2 die Fifo-Methode, s. **Abs. 5 Nr. 2 letzter HS** iVm. Abs. 2 S. 2, und dazu bereits Rn. 7, wobei die Fifo-Methode im Grundsatz einheitlich auf alle v. (einem und demselben)[4] StPfl. gehaltenen Anteile und Genussscheine anzuwenden sein soll, gleichviel, ob diese bei einem Kreditinstitut oder in einem Depot/Unterdepot gehalten werden.[5] Zu Ausnahmen s. BMF-Schr. v. 3.4.2017,[6] Rn. 97 ff., und dort (Rn. 101 f.) auch zum Wechselverhältnis der Fifo-Methode zum Mindestwertänderungsrisiko gem. § 36a Abs. 3 S. 1 (Rn. 8 ff.). Zwischenzeitliche Übertragungen des wirtschaftl. Eigentums beenden die Haltedauer und setzen eine neue Jahresfrist in Gang.[7] Eine Gesamtrechtsnachfolge (Erbschaft, Verschmelzung) führt zur Fortführung der Anschaffungszeitpunkte.[8]

Festzuhalten bleibt: Durch die erstere Verschonungsausnahme bestätigt sich für Kleinanleger der Grundsatz des „minima non curat“, wobei unterstellt wird, dass sich ein entspr. finanzieller und administrativer Gestaltungsaufwand für den Anleger „nicht rechnet“; der Nachweisaufwand des Kleinanlegers ebenso wie die Prüfungskapazitäten der FÄ sollen nicht überstrapaziert werden.[9] Die zweite Verschonung unterstellt, dass der genannte Zeitraum v. einem Jahr den implizierten und typisierten Vorwurf der Steuerumgehung unterläuft: Bei einem derart langfristigen Anlageengagement sei, so die Mutmaßung des Gesetzgebers, „keine Steuerumgehung zu erwarten“;[10] auch das geschieht – insoweit konsequent – in wiederum typisierter Weise durch Orientierung an der bloßen Zeitgröße.

E. Sonder-Verschonungsausnahme (Abs. 6)

13 **Abs. 6** verschont bestimmte Vorgänge im Kontext **der betrieblichen Altersversorgung:** Überträgt ein Unternehmen WG zur Absicherung v. Altersvorsorgeverpflichtungen auf eine Pensionstreuhand oder Contractual Trust Arrangement (CTA, s. § 4e Rn. 4), wird die Treuhand zivilrechtl. Eigentümer, der Treugeber behält indessen das wirtschaftliche Eigentum, § 39 Abs. 2 Nr. 1 AO. Solche aus Sicht des Gesetzgebers ebenso sinnvollen wie zwangsläufigen Gestaltungen sollen nicht behindert werden;[11] nach **Abs. 6 S. 1** werden Treuhänder und Treugeber deswegen als eine Pers. behandelt. Voraussetzung ist, dass das Treuhandvermögen ausschließlich der Erfüllung v. Altersvorsorgeverpflichtungen dient und dem Zugriff übriger Gläubiger entzogen ist.[12] Entsprechendes gilt nach **Abs. 6 S. 2** für Versicherungsunternehmen und Versicherungsnehmer iRv. fondsgebundenen Lebensversicherungen, wenn die Leistungen aus dem Vertrag an den Wert eines internen Fonds iSd. § 124 Abs. 2 S. 2 Nr. 1 VAG gebunden sind.

F. Missbrauchsvorbehalt (Abs. 7)

14 **Abs. 7** der Vorschrift trifft einen **Anwendungsvorbehalt** zugunsten v. **§ 42 AO**. Das bestätigt zwar (nochmals, s. Rn. 1), dass es sich bei § 36a um eine Missbrauchsvermeidungsregelung handelt, bedürfte es doch andernfalls keines spezifischen Vorbehalts zugunsten des § 42 AO. Dieser Vorbehalt überrascht dennoch in

---

1 BMF v. 3.4.2017, BStBl. I 2017, 726 Rn. 119.
2 BMF v. 3.4.2017, BStBl. I 2017, 726 Rn. 117 f.
3 S. im Einzelnen *Anemüller*, ErbStB 2018, 55 (61); *Anemüller*, EStB 2018, 337 (339 f.).
4 BMF v. 3.4.2017, BStBl. I 2017, 726 Rn. 96.
5 BMF v. 3.4.2017, BStBl. I 2017, 726 Rn. 94 ff.
6 BStBl. I 2017, 726.
7 BMF v. 3.4.2017, BStBl. I 2017, 726 Rn. 93.
8 BMF v. 3.4.2017, BStBl. I 2017, 726 Rn. 100.
9 BT-Drucks. 18/8045, 135.
10 BT-Drucks. 18/8045, 135.
11 BT-Drucks. 18/8045, 135.
12 *Stadler/Mager*, DStR 2016, 697 (704).

zweierlei Weise: Zum einen widerspricht dies dem in § 42 Abs. 1 S. 2 explizit angelegten Rechtsfolgenvorrang der spezielleren Missbrauchsvermeidungsregelung (s. dazu zB § 50d Rn. 30ff.; s. dort aber auch zu Art. 6 ATAD-RL). So gesehen wirkt der Vorbehalt konstitutiv, nicht bloß klarstellend,[1] und das auch insoweit, als der Vorrang der spezielleren Missbrauchsvermeidungsnorm in positiver wie in negativer Hinsicht greift, also auch dann, wenn es (nur) an einzelnen Tatbestandsmerkmalen der speziellen Norm mangelt.[2] Zum anderen scheint der Gesetzgeber es für möglich zu halten, dass sich aus § 42 AO weiter gehende Konsequenzen ergeben können, welche v. § 36a nicht abschließend erfasst werden. Letzteres könnte darauf hindeuten, dass § 36a in erster Linie (jedoch nicht nur) darauf abzielt, dem Begriff des wirtschaftlichen Eigentümers bezogen auf „Dividendengeschäfte" eine eigene Kontur zu verleihen, ohne dass die zugrunde liegende Gestaltung rechtsmissbräuchlich sein müsste. Letzten Endes entspricht dieses Verständnis dem des BFH, der in seinen beiden jüngeren Entsch. zu den Cum/Ex-Geschäften und zur sog. Wertpapierleihe[3] gleichfalls (allein) auf § 39 Abs. 2 AO abgestellt und den Anwendungsbereich des § 42 AO ausdrücklich nicht ins Spiel gebracht hat – aber offensichtlich wohl wissend, dass er damit dem Begriff des wirtschaftlichen Eigentums gewisse „Gewalt" angetan und ihn zum „camouflierenden" Ersatztatbestand des § 42 AO erkoren hat[4] – was seinerseits kaum überzeugen kann, „solange die Rechtssicherheit der Zuordnungsverhältnisse noch ein Ziel sein soll",[5] und das soll es. Den Gleichlauf zw. dem „verneinten" Übergang des wirtschaftlichen Eigentums einerseits und der Annahme v. Gestaltungsmissbrauch andererseits bezeugen in der Situation der sog. strukturierten Wertpapierleihe (s. dazu Rn. 3) auch die Rechtswirkungen: Dem Entleiher werden die (Netto-)Dividenden nicht zugerechnet (obschon sie ja tatsächlich zugeflossen sind), die an den Verleiher geleisteten Kompensationszahlungen iHd. Bruttodividenden werden nicht als BA anerkannt. Folge ist die Nichtanrechnung der abgeführten KapESt, was per Saldo zu einem Verlust führt. Letzten Endes wird der Entleiher also in seinem Engagement nicht neutralisiert, sondern bestraft (sa. Rn. 1) – ein fragwürdiges Ergebnis, das sich allenfalls auf zivilrechtl. Wege ggü. dem Verleiher wird ausgleichen lassen.[6]

Richtig ist dessen ungeachtet allerdings, dass es dem Gesetzgeber unbenommen ist, § 42 AO der Vorschrift des § 36a „an die Seite" zu stellen. Dass das aus **Gründen des Vertrauensschutzes** per se verfassungswidrig wäre, erschließt sich nicht;[7] die FinVerw. lässt bezogen auf Cum/Cum-Geschäfte die Rechtsfolgen des § 42 AO dennoch nur dann eintreten, wenn der Dividendenstichtag vor der erstmaligen Anwendung des § 8b Abs. 4 KStG liegt und der Verleiher/Veräußerer eine Pers. iSd. § 32 Abs. 5 S. 1 Nr. 1 KStG ist. Ersteres ist nachvollziehbar, weil für die VZ vor Neuschaffung v. § 8b Abs. 4 KStG (28.2.2013) die Definitivbelastung der KapESt für Steuerausländer unionsrechtswidrig war; Letzteres ist unzulänglich, weil die Verengung der KapESt-Entlastung auf unionsansässige Pers. in § 32 Abs. 5 S. 1 Nr. 1 KStG gegen die drittstaatenweit wirkende Kapitalverkehrsfreiheit verstoßen dürfte (sa. bereits § 36 Rn. 12).[8] Es erscheint durchaus als konsequent, dass „Cum/Cum-Gestaltungen … in diesen Fällen … als unionsrechtskonforme Option (qualifizieren)".[9] Dass 14a

---

1 **AA** (uU) *Haarmann*, IStR 2018, 561 (572).

2 Das ist indessen umstr., s. zB *Gosch*, IWB 2017, 876; anders zB *Jo. Lüdicke*, StbJb. 2017/2018, 631 (665f.); sa. § 50d Rn. 30a.

3 BFH v. 16.4.2014 – I R 2/12, DB 2014, 2321; v. 18.8.2015 – I R 88/13, BStBl. II 2016, 961; s. dazu umfassend *Florstedt*, FR 2016, 641; *Schön*, RdF 2015, 115.

4 S. *Gosch*, BFH/PR 2016, 105 (107); *Lechner*, JbFfSt. 2016/2017, 199 (203f.); *Schwenke*, RdF 1/2016, 1; *Florstedt*, FR 2016, 641; sa. FG Nürnb. v. 7.6.2016 – 1 K 904/14, EFG 2017, 59; sa. die Diskussion zw. *Möhlenbrock*, *Schön* und *Wacker*, JbFfSt. 2016/2017, 199 (210f.): Zum einen und wie hier *Möhlenbrock*, zum anderen und **aA** evtl. aber *Schön* und vor allem *Wacker*, jener unter Hinweis auf den „methodischen" Vorrang des § 39 AO vor § 42 AO; dieser Vorrang ist unbestritten, gerade deswegen darf die Prüfung nach § 39 AO nicht durch Missbrauchsaspekte aufgeladen werden; s. ebenso *Fu*, GmbHR 2017, 1250; sa. anders *Weber-Grellet*, BB 2017, 43 (44f.): „Das bestätigt die These, dass § 42 AO im Grunde genommen nur deklaratorische Bedeutung hat und der einzelne Fall auch durch entsprechende Auslegung angemessen gelöst werden kann." Aha!. – Wie feinsinnig hier der Abgrenzungsgrad und welch auch methodischer Abgrenzungsslalom zu bewältigen ist, zeigt jüngst BFH v. 8.3.2017 – IX R 5/16, BStBl. II 2017, 930, zum taggleichen An- und Verkauf v. Wertpapieren durch einen Börsenmakler: „Gestaltungsmissbrauch"! (dort explizit abgrenzend zu BFH v. 7.12.2010 – IX R 40/09, BStBl. II 2011, 427, zur sog. Anteilsrotation).

5 *Florstedt*, StuW 2018, 216 (227f.); sa. *Dutt/Spengel/Vay*, StuW 2018, 229 (234).

6 *Gosch*, BFH/PR 2016, 107; diese in BFH v. 18.8.2015 – I R 88/13, BStBl. II 2016, 961, fraglos angelegte Konsequenz verneinend *Schmich/Schnabelrauch*, GmbHR 2017, 224; offen FG Nürnb. v. 7.6.2016 – 1 K 904/14, EFG 2017, 59; **aA** *Fu*, GmbHR 2017, 1250.

7 So aber *Haarmann*, FAZ v. 26.7.2017, S. 16, mit Blick auf die frühere Vorschrift des § 50c, die trotz ihrer Abschaffung fortwirke (?). Indessen: „Der Grundsatz der Gleichmäßigkeit der Besteuerung verpflichtet das FA, eine als unrichtig erkannte Rechtsauffassung zum frühestmöglichen Zeitpunkt aufzugeben. Das FA ist grds. an seine rechtliche Würdigung in früheren VZ nicht gebunden (Grundsatz der Abschnittsbesteuerung). Dies gilt selbst dann, wenn das FA über eine längere Zeitspanne eine fehlerhafte, für den StPfl. günstige Auffassung vertreten hat und der StPfl. im Vertrauen darauf disponiert haben sollte" (BFH v. 7.9.2016 – I R 23/15, BStBl. II 2017, 472).

8 *Nagler/Niedling/Patzner*, RdF 2017, 289; sa. *Gosch*[3], § 32 Rn. 53.

9 *Nagler/Niedling/Patzner*, RdF 2017, 289 (294).

das wg. „Behinderung" deutscher Aktienpositionen aber auch allg. für inländ. Aktieninhaber nach Neuschaffung v. § 36a nach dem 1.6.2017 gilt,[1] ist eher unwahrscheinlich; die Gleichbehandlung v. In- und Auslandspositionen dürfte hier vorrangig sein.

15 Vor diesem Hintergrund fragt sich, unter welchen Umständen sich neben § 36a Abs. 1 bis 6 ein eigenständiger Gestaltungsmissbrauch etablieren könnte. Der Bereich wird ein schmaler sein. Denn zu Recht wird darauf hingewiesen, dass sich gerade im Transaktionsgeschäft v. Anteilen und Genussscheinen eine ganze Reihe höchst tragfähiger wirtschaftlicher außerstl. Gründe anführen lässt, die auch den Abschluss eines „Gegengeschäfts" in Gestalt v. Termin- oder sonstigen Absicherungsgeschäften sehr wohl und auch vor den Augen des Fiskus rechtfertigen. Das gilt namentlich immer dann, „wenn der Darlehensnehmer aus der Wertpapierleihe und den damit zusammenhängenden Geschäften vor Steuer einen **wirtschaftlichen Vorteil** (positive **Vorsteuerrendite**) erzielt hat,"[2] und zwar bezogen auf die Bruttodividende; denn es ist nicht ersichtlich, weshalb die steuerinduzierte Einbeziehung der bei „normalem" Ablauf de iure sowohl bei der Veranlagung zu erfassenden (vgl. § 36 Abs. 2 S. 1 lit. a) als auch sodann nach Maßgabe v. § 36 Abs. 2 S. 1 anzurechnenden KapESt bei einer Gewinn-/Kostenkalkulation außer Betracht bleiben sollte oder gar müsste.[3] Ggf. genügt auch die Chance einer vorteilhaften Nutzung der begebenen Wertpapiere, also eine Nutzungsmöglichkeit.[4] § 36a erschwert es in prohibitiver Weise, derart sinnvolle (und als solche nicht gestaltungsmissbräuchliche) Geschäfte zu tätigen.[5] All das und manches mehr, das sich seitens der FinVerw. gemeinhin kaum verlässlich wird nachweisen lassen, wird ungeahnte und endlose Streitereien nach sich ziehen und zuweilen im bloßen Behaupten steckenbleiben: „Alles in allem", so *Rau* als Prüfungsspezialist der hessischen FinVerw., aber „nicht in dienstlicher Eigenschaft", „erwartet die Partien eine vergangenheitslastige und schwierige, aber vielleicht auch spannende Zeit" (sic).[6]

16 Unabhängig davon setzen die **tatbestandlichen Voraussetzungen des § 36a** die „Wegmarken" auch für § 42 AO und **schmälern dessen Anwendungsbereich**. Anwendung sollte § 42 AO allenfalls dann finden, wenn das Geflecht der getätigten Geschäfte das Ganze zu einem rechnerischen Nullsummenspiel werden lässt, wenn also „mehrere Einzelgeschäfte ein Konstrukt bilden, das für die Beteiligten weder der Vermeidung oder Transformation vorhandener Risiken dient noch neue entstehen lässt, sondern bei isolierter stl. Behandlung bei der Gesamtheit der Beteiligten risikolos stl. Vorteile zu generieren vermag".[7] Das ändert nichts daran, dass § 42 AO in einem regulatorisch engmaschig gesponnenen Steuerrechtssystem gewiss nicht dazu geschaffen ist, steuersparende Gestaltungen flächendeckend mit einer „Missbrauchskeule" zu erschlagen.[8] Gemeinhin sollte das Missbrauchsverdikt unter den gegebenen Umständen der gängigen Cum/Cum-Geschäfte schon daran scheitern, dass der Bevorteilte iErg. der Verleiher und damit „Dritter" ist, der dem „Zweiten", dem Entleiher, unverbunden, jedenfalls nicht nahestehend ist.[9]

17 Die so verstandene Sichtweise wird sich in der (Verwaltungs-)Praxis aber mit einiger Gewissheit (jedenfalls vorerst) nicht durchsetzen. Das BMF wurde mit seinem insoweit „großzügigen" Schr. v. 11.11.2016[10] v. den Ländern „zurückgepfiffen". Sein Schr. v. 11.11.2016 findet fortan nach dem nachfolgenden BMF-Schr. v. 17.7.2017[11] bloß auf die sog. **strukturierte Wertpapierleihe** und dort für den Übergang des wirtschaftl. Eigentums Anwendung,[12] **nicht jedoch auf die Transaktionsformen der Cum/Cum-Geschäfte** (in all ihren Ausformungen, s. Rn. 3). S. Rn. 4a. Für jene Cum/Cum-Transaktionen wird seitens der FinVerw. nunmehr durchgängig ein Gestaltungsmissbrauch angenommen. Die Wertungsvorgaben des § 36a werden damit ansatzlos ‚überspielt'. Damit „beseitigt" das BMF zwar iErg. die recht schwergängigen Unterscheidungen zw. § 39 und § 42 AO, die der BFH-Rspr. zugrunde liegen (Rn. 4). Er tut andererseits dem § 42 AO einige Gewalt an. – S. aber auch Rn. 3b zur ansonsten – immerhin – „selbstverordneten" Zurückhaltung der FinVerw. bei Anwendung v. § 42 AO.

1 *Nagler/Niedling/Patzner*, RdF 2017, 289 (294 f.).
2 Zutr. BMF v. 11.11.2016, BStBl. I 2016, 1324 Tz. IV.; *Ditz/Tcherveniachki*, DB 2016, 2995 (2999); vehement **aA** jedoch mit Verve *Spengel*, DB 2016, 2988 (2992 f.); sa. FG Hess. v. 10.2.2016 – 4 K 1684/14, EFG 2016, 761; FG Nürnb. v. 7.6.2016 – 1 K 904/14, EFG 2017, 59; FG Nds. v. 17.11.2016 – 6 K 230/15, DStRK 2017, 76 m. Anm. *Hahne* (NZB I R 2/12).
3 Zutr. *Ditz/Tcherveniachki*, DB 2016, 2995 (2999); **aA** *Spengel*, DB 2016, 2988 (2994 f.).
4 S. *Schön*, JbFfSt. 2016/2017, 199 (214).
5 *Knobloch*, DB 2016, 1825 (1835).
6 FR 2017, 1043 (1047).
7 *Knobloch*, DB 2016, 1825 (1835).
8 Zutr. *Haarmann*, BB 2018, 1623; anders aber offenbar *Spengel*, DB 2016, 2988 (2992 f.).
9 Vgl. AEAO zu § 42 Nr. 2.3 S. 3, BStBl. I 2014, 290; *T/K*, Vor § 42 AO Rn. 25; *Drüen*, Ubg 2008, 31 (37); *Brühl/Holle/Weiss*, DStR 2017, 2093 (2095); krit. auch *Hahne*, BB 2017, 1896; *Helios/Lenz*, DB 2017, 1738.
10 BStBl. I 2016, 1324.
11 BStBl. I 2017, 986.
12 BMF v. 17.7.2017, BStBl. I 2017, 986 Rn. 5.

§ 37 Einkommensteuer-Vorauszahlung

(1) [1]Der Steuerpflichtige hat am 10. März, 10. Juni, 10. September und 10. Dezember Vorauszahlungen auf die Einkommensteuer zu entrichten, die er für den laufenden Veranlagungszeitraum voraussichtlich schulden wird. [2]Die Einkommensteuer-Vorauszahlung entsteht jeweils mit Beginn des Kalendervierteljahres, in dem die Vorauszahlungen zu entrichten sind, oder, wenn die Steuerpflicht erst im Laufe des Kalendervierteljahres begründet wird, mit Begründung der Steuerpflicht.

(2) (weggefallen)

(3) [1]Das Finanzamt setzt die Vorauszahlungen durch Vorauszahlungsbescheid fest. [2]Die Vorauszahlungen bemessen sich grundsätzlich nach der Einkommensteuer, die sich nach Anrechnung der Steuerabzugsbeträge (§ 36 Absatz 2 Nummer 2) bei der letzten Veranlagung ergeben hat. [3]Das Finanzamt kann bis zum Ablauf des auf den Veranlagungszeitraum folgenden 15. Kalendermonats die Vorauszahlungen an die Einkommensteuer anpassen, die sich für den Veranlagungszeitraum voraussichtlich ergeben wird; dieser Zeitraum verlängert sich auf 23 Monate, wenn die Einkünfte aus Land- und Forstwirtschaft bei der erstmaligen Steuerfestsetzung die anderen Einkünfte voraussichtlich überwiegen werden. [4]Bei der Anwendung der Sätze 2 und 3 bleiben Aufwendungen im Sinne des § 10 Absatz 1 Nummer 4, 5, 7 und 9 sowie Absatz 1a, der §§ 10b und 33 sowie die abziehbaren Beträge nach § 33a, wenn die Aufwendungen und abziehbaren Beträge insgesamt 600 Euro nicht übersteigen, außer Ansatz. [5]Die Steuerermäßigung nach § 34a bleibt außer Ansatz. [6]Bei der Anwendung der Sätze 2 und 3 bleibt der Sonderausgabenabzug nach § 10a Absatz 1 außer Ansatz. [7]Außer Ansatz bleiben bis zur Anschaffung oder Fertigstellung der Objekte im Sinne des § 10e Absatz 1 und 2 und § 10h auch die Aufwendungen, die nach § 10e Absatz 6 und § 10h Satz 3 wie Sonderausgaben abgezogen werden; Entsprechendes gilt auch für Aufwendungen, die nach § 10i für nach dem Eigenheimzulagengesetz begünstigte Objekte wie Sonderausgaben abgezogen werden. [8]Negative Einkünfte aus der Vermietung oder Verpachtung eines Gebäudes im Sinne des § 21 Absatz 1 Satz 1 Nummer 1 werden bei der Festsetzung der Vorauszahlungen nur für Kalenderjahre berücksichtigt, die nach der Anschaffung oder Fertigstellung dieses Gebäudes beginnen. [9]Wird ein Gebäude vor dem Kalenderjahr seiner Fertigstellung angeschafft, tritt an die Stelle der Anschaffung die Fertigstellung. [10]Satz 8 gilt nicht für negative Einkünfte aus der Vermietung oder Verpachtung eines Gebäudes, für das erhöhte Absetzungen nach den §§ 14a, 14c oder 14d des Berlinförderungsgesetzes in Anspruch genommen werden. [11]Satz 8 gilt für negative Einkünfte aus der Vermietung oder Verpachtung eines anderen Vermögensgegenstands im Sinne des § 21 Absatz 1 Satz 1 Nummer 1 bis 3 entsprechend mit der Maßgabe, dass an die Stelle der Anschaffung oder Fertigstellung die Aufnahme der Nutzung durch den Steuerpflichtigen tritt. [12]In den Fällen des § 31, in denen die gebotene steuerliche Freistellung eines Einkommensbetrags in Höhe des Existenzminimums eines Kindes durch das Kindergeld nicht in vollem Umfang bewirkt wird, bleiben bei der Anwendung der Sätze 2 und 3 Freibeträge nach § 32 Absatz 6 und zu verrechnendes Kindergeld außer Ansatz.

(4) [1]Bei einer nachträglichen Erhöhung der Vorauszahlungen ist die letzte Vorauszahlung für den Veranlagungszeitraum anzupassen. [2]Der Erhöhungsbetrag ist innerhalb eines Monats nach Bekanntgabe des Vorauszahlungsbescheids zu entrichten.

(5) [1]Vorauszahlungen sind nur festzusetzen, wenn sie mindestens 400 Euro im Kalenderjahr und mindestens 100 Euro für einen Vorauszahlungszeitpunkt betragen. [2]Festgesetzte Vorauszahlungen sind nur zu erhöhen, wenn sich der Erhöhungsbetrag im Fall des Absatzes 3 Satz 2 bis 5 für einen Vorauszahlungszeitpunkt auf mindestens 100 Euro, im Fall des Absatzes 4 auf mindestens 5 000 Euro beläuft.

(6) [1]Absatz 3 ist, soweit die erforderlichen Daten nach § 10 Absatz 2 Satz 3 noch nicht nach § 10 Absatz 2a übermittelt wurden, mit der Maßgabe anzuwenden, dass

1. als Beiträge im Sinne des § 10 Absatz 1 Nummer 3 Buchstabe a die für den letzten Veranlagungszeitraum geleisteten
   a) Beiträge zugunsten einer privaten Krankenversicherung vermindert um 20 Prozent oder
   b) Beiträge zur gesetzlichen Krankenversicherung vermindert um 4 Prozent,
2. als Beiträge im Sinne des § 10 Absatz 1 Nummer 3 Buchstabe b die bei der letzten Veranlagung berücksichtigten Beiträge zugunsten einer gesetzlichen Pflegeversicherung

anzusetzen sind; mindestens jedoch 1 500 Euro. [2]Bei zusammen veranlagten Ehegatten ist der in Satz 1 genannte Betrag von 1 500 Euro zu verdoppeln.

Literatur: *Diebold*, Zur kurzfristigen Erhöhung der Einkommensteuer-Vorauszahlung, FR 1992, 708; *Eisolt*, Einkommensteuer-Vorauszahlungen in der Insolvenz natürlicher Personen, ZInsO 2014, 334; *Harder*, Mitwirkungspflicht bei der Anpassung v. Vorauszahlungen, DB 1991, 2217; *Wollweber*, Hinterziehungszinsen auf Vorauszahlungen? – Eine Bestandsaufnahme, SAM 2016, 89.

A. Grundaussagen der Vorschrift

1 **Vorauszahlungen** haben mehrfache Zwecke. Zum einen sollen sie einen stetigen staatlichen Mittelzufluss und eine zeitnahe Ausschöpfung der Steuerquellen sicherstellen. Zum anderen geht es darum, einer Ungleichbehandlung v. EStPfl. und LStPfl. vorzubeugen. Die Festsetzung der Vorauszahlungen ist eine vorl.; es handelt sich um jene Schuld, die voraussichtlich zu entrichten sein wird (Abs. 1 S. 1).

B. Festsetzung und Bemessung der Vorauszahlungen (Abs. 1 S. 1 HS 2, Abs. 3 S. 2, Abs. 5 S. 1)

2 Am besten würde es dem Zweck des Vorauszahlungsverfahrens entsprechen, als Bemessungsgrundlage für die festzusetzende Vorauszahlung auf die voraussichtlich für den lfd. VZ zu erwartende ESt zurückzugreifen. Diese lässt sich jedoch oftmals nur schwer abschätzen und ist mit erheblichen Unsicherheiten belastet. Die Vorauszahlungen orientieren sich deshalb ihrer Höhe nach idR (s. aber Rn. 3) an den Ergebnissen der **letzten ESt-Veranlagung**, idR unabhängig v. Zufluss in gleich hohen Quartalsbeträgen (s. Rn. 25).[1] Die sich danach ergebende ESt abzgl. der anzurechnenden Steuerabzugsbeträge (§ 36 Abs. 2 Nr. 2) und der KSt (§ 37 Abs. 3 S. 2 iVm. § 36 Abs. 2 Nr. 3 aF; s. zum zeitlichen Geltungsbereich § 36 Rn. 2) stellt die Bemessungsgrundlage für die Vorauszahlungen dar. **‚Letzte' ESt-Veranlagung** ist nicht zwingend die Veranlagung für den unmittelbar vorangegangenen VZ, vielmehr die **tatsächlich** zuletzt durchgeführte Veranlagung, allerdings stets bezogen auf den zeitnächsten Zeitraum. Änderungsveranlagungen, die für weiter zurückliegende Zeiträume vorgenommen worden sind, bleiben außer Betracht. Die in **Abs. 3 S. 2** zum Ausdruck kommende Regelvermutung geht davon aus, dass die Verhältnisse im lfd. VZ voraussichtlich nicht wesentlich v. jenen im ‚letzten' VZ abweichen. Liegen bessere Erkenntnisse vor, sind solche (über die Anpassung der Vorauszahlung, Abs. 3 S. 3, Rn. 7 ff.) zu berücksichtigen. Die **objektive Feststellungslast** trägt im Falle der Erhöhung die Finanzbehörde, im Falle der Verminderung der StPfl.[2] Vor diesem Hintergrund begegnet die Vorauszahlungslast und deren idR gleichmäßige Verteilung über das Kj. (s. Rn. 25) keinen verfassungsrechtl. Bedenken; insbes. erzwingt sie keine Anpassung der Vorauszahlungen an den für den Stpfl typischen kalenderjährlichen Verlauf des Gewinnzuflusses.[3]

3 **Fehlt** eine ‚letzte' ESt-Veranlagung, weil die StPfl. erst im Laufe eines VZ, für den Vorauszahlungen festzusetzen sind, entsteht, gilt der Grundsatz in **Abs. 1 S. 1:** Abzustellen ist auf die voraussichtliche ESt-Schuld. Die Vorauszahlungshöhe ist dann v. FA anhand anderer Anhaltspunkte (als Teilprognose) zu schätzen.[4] Auch bei einheitlich und gesondert festgestellten Einkünften (insbes. Verlustzuweisungen) sind

1 FG Berlin v. 4.9.2001 – 5 K 5105/01, EFG 2001, 1614.
2 FG SchlHol. v. 25.10.1983 – V 224/83, EFG 1984, 289.
3 BFH v. 22.11.2011 – VIII R 11/09, DB 2012, 29.
4 BFH v. 22.10.1981 – IV R 81/79, BStBl. II 1982, 446.

die voraussichtlichen Besteuerungsgrundlagen v. Wohnsitz-FA zu ermitteln (§ 162 Abs. 2 AO), das allerdings das Betriebs-FA im Wege der Amtshilfe (§ 111 AO) einschalten kann (s. auch Rn. 23).[1]

Trotz der Anlehnung an die letzte ESt-Veranlagung bleiben bestimmte Beträge bei der Festsetzung außer Ansatz, Abs. 3 S. 4–12 (Rn. 15 ff.). Die Festsetzung **negativer Vorauszahlungen** kommt **nicht** in Betracht, auch nicht zum Ausgleich v. LSt-Überschüssen.[2] Andererseits ist die Festsetzung v. ESt-Vorauszahlungen **neben dem LSt-Abzug** (§§ 38 ff.) auch dann zulässig, wenn der StPfl. ausschließlich Einkünfte aus nichtselbständiger Tätigkeit erzielt.[3] 4

Im Hinblick auf die Berücksichtigung v. **Vorsorgeaufwendungen** als SA gem. **§ 10** sind dem FA gem. § 10 Abs. 2a die erforderlichen Daten nach § 10 Abs. 2 S. 2 auch für die Zwecke der Vorauszahlung zu übermitteln. Solange und soweit es daran noch fehlt, bestimmte § 52 Abs. 50f aF und bestimmt nunmehr **§ 37 Abs. 6** idF des Kroatien-AnpG v. 25.7.2014[4] Folgendes: Liegen (erstmals für den VZ 2010) noch keine Angaben zur Höhe der Beiträge zum existenznotwendigen Krankenversicherungsschutz der privat Krankenversicherten vor, weil solche noch nicht übermittelt wurden, bestimmt **§ 37 Abs. 6 S. 1 Nr. 1** (§ 52 Abs. 50f S. 1 Nr. 1 aF), dass in den Fällen des **§ 10 Abs. 1 Nr. 3 lit. a** (Krankenversicherung) entweder **(1)** die Krankenversicherungsbeiträge, wie sie bei der letzten Veranlagung berücksichtigt wurden, iRd. § 37 Abs. 3 um 20 % gekürzt oder **(2)** die Beiträge zur gesetzlichen Krankenversicherung vermindert um 4 %, und **§ 37 Abs. 6 S. 1 Nr. 2** (§ 52 Abs. 50f S. 1 Nr. 2 aF), dass in den Fällen des **§ 10 Abs. 1 Nr. 3 lit. b** (gesetzliche Pflegeversicherung) die bei der letzten Veranlagung berücksichtigten Beiträge zugunsten einer gesetzlichen Pflegeversicherung anzusetzen sind, **(3)** in beiden Fällen mindestens jedoch 1 500 Euro, § 37 Abs. 6 S. 1 letzter HS; § 52 Abs. 50f S. 1 letzter HS aF. Letzterer Betrag war gem. § 52 Abs. 50f S. 2 aF auch für Beiträge iSv. § 10 Abs. 1 Nr. 3 anzusetzen, wenn sich **(1)** die Vorauszahlungen nach der Veranlagung für den VZ 2008 bemaßen und **(2)** der StPfl. keine höheren Beiträge ggü. dem FA nachwies. Bei Zusammenveranlagten ist der Betrag gem. **§ 37 Abs. 6 S. 2** (§ 52 Abs. 50f S. 3 aF) auf 3 000 Euro zu verdoppeln. 5

Die (erstmalige) Festsetzung v. Vorauszahlungen unterbleibt, wenn das Vorauszahlungssoll **400 Euro** (bis zum VZ 2008: 200 Euro) Euro im Kj. und **100 Euro** (bis zum VZ 2008: 50 Euro) für einen Vorauszahlungszeitpunkt (s. Rn. 25) unterschreitet **(Abs. 5 S. 1)**. Zu den Betragsgrenzen bei späteren Änderungen s. Rn. 12. 6

Zum Charakter v. **ggü. dem Erblasser festgesetzten ESt-Vorauszahlungen** als Nachlassverbindlichkeiten gem. § 10 Abs. 5 Nr. 1 ErbStG s. FG Münster v. 31.8.2017[5]. 6a

C. Anpassung der Vorauszahlungen (Abs. 3 S. 3, 4, Abs. 4, Abs. 5 S. 2)

I. Anpassung. Stellt sich heraus, dass die Festsetzung der Vorauszahlungen nach Maßgabe der letzten ESt-Veranlagung mit der voraussichtlichen ESt-Schuld des lfd. VZ nicht übereinstimmen wird, kann das FA die Vorauszahlungen – nach oben oder nach unten – anpassen **(Abs. 3 S. 3)**.[6] 7

II. Inhaltliche Voraussetzungen (Abs. 3 S. 3). Es handelt sich hierbei um eine **Ermessensentscheidung**[7] („kann"). Allerdings ist das eingeräumte Ermessen eng: Bei Vorliegen tragfähiger Erkenntnisse, die die Herab- oder Heraufsetzung der Vorauszahlungen rechtfertigen, bleibt der Finanzbehörde kaum ein Entscheidungsspielraum. Das Problem liegt insoweit weniger in der (Rechtsfolge-)Entscheidung über die Vornahme der Anpassung als darin, ob sich aufgrund der Rechts- und Sachlage auf der Tatbestandsseite die zukünftig sich ‚voraussichtlich' ergebende ESt einigermaßen verlässlich einschätzen lässt. Dies setzt eine (v. den FG überprüfbare) Prognoseentscheidung voraus, die einen gewissen Beurteilungsspielraum belässt. Ähnlich der Rechtslage beim vorl. Rechtsschutz (§ 361 AO, § 69 FGO) bedarf es im Hinblick auf Zweifelsfragen bei der Ermittlung der Besteuerungsgrundlagen regelmäßig nur einer summarischen Prüfung des FA nach den Maßstäben einer überwiegenden Wahrscheinlichkeit. Die Intensität dieser Prüfung hängt auch davon ab, ob der StPfl. eine v. ihm begehrte Herab- oder Heraufsetzung der Vorauszahlungen nach- 8

1 BMF v. 13.7.1992, BStBl. I 1992, 404.
2 *K/S/M*, § 37 Rn. A 40, B 2; das ist verfassungsrechtl. unbedenklich, BVerfG v. 4.3.1977 – 1 BvR 815/76, HFR 1977, 255.
3 BFH v. 20.12.2004 – VI R 182/97, BStBl. II 2005, 358; FG Köln v. 13.12.1999 – 11 V 1672/98, EFG 2000, 216; vgl. auch BFH v. 29.4.1992 – VI B 152/91, BStBl. II 1992, 752.
4 BGBl. I 2014, 1266.
5 FG Münster v. 31.8.2017 – 3 K 1641/17 Erb, EFG 2017, 1746 (Rev. II R 5/18).
6 BFH v. 22.10.1981 – IV R 81/79, BStBl. II 1982, 446; s. auch BFH v. 5.7.1966 – I 65/64, BStBl. III 1966, 605; v. 21.1. 1976 – I R 21/74, BStBl. II 1976, 389.
7 BFH v. 22.10.1981 – IV R 81/79, BStBl. II 1982, 446; v. 25.6.1981 – IV R 241/80, BStBl. II 1982, 105; s. auch BFH v. 6.5.1986 – IX B 121/84, BStBl. II 1986, 749 und FG Nds. v. 18.4.2018 – 6 K 49/18, EFG 2018, 1426 Rn. 61 (Rev. XI R 17/18).

weist und glaubhaft macht.[1] Unabhängig davon bleibt das FA berechtigt, den Sachverhalt erschöpfend aufzuklären. Deswegen sind die Vorauszahlungen anzupassen und entscheidet nicht die „letzte" Veranlagung, wenn es gilt, lfd. Steuerhinterziehungen zu berücksichtigen[2] und ggf. Hinterziehungszinsen festzusetzen.[3]

9 Keine Ermessensräume bleiben, wenn sich die Gründe für die Änderung der ursprünglichen Vorauszahlungsfestsetzung aus einem zeitnäher ergangenen Steuerbescheid ergeben. Grundlage der Bemessung ist dann nicht die voraussichtliche ESt, sondern die letzte Veranlagung. Folglich findet Abs. 3 S. 2 und nicht S. 3 Anwendung.[4]

10 **III. Zeitliche Voraussetzungen (Abs. 3 S. 3, Abs. 4).** Die Anpassung kann gem. Abs. 3 S. 3 für das lfd. Kj. oder in den folgenden 15 Monaten erfolgen, auch noch rückwirkend[5] nach Abgabe der Steuererklärung für den abgelaufenen VZ,[6] allerdings nicht mehr nach Bekanntgabe (§ 124 Abs. 1 S. 1 AO) des Jahressteuerbescheides. Übersteigen die Einkünfte aus LuF bei der erstmaligen Steuerfestsetzung die anderen Einkünfte voraussichtlich, verlängert sich die Frist auf 23[7] Kalendermonate. Die Fristen stehen in Zusammenhang mit den entspr. Karenzfristen gem. § 233a AO iRd. Vollverzinsung. Der StPfl. hat es damit in der Hand, rechtzeitig die erhöhende Anpassung der Vorauszahlungen zu beantragen (Rn. 13) und dadurch eine Zinspflicht zu verhindern, vorausgesetzt allerdings, die Betragsgrenze gem. Abs. 5 S. 2 v. 5 000 Euro (bis zum VZ 2008: 2 500 Euro) (Rn. 12) wird erreicht.[8]

11 Grds. kommt eine **Vorauszahlungserhöhung** ohne Zustimmung des StPfl. **nur für die Zukunft** in Betracht.[9] Allerdings gibt es **Ausnahmen: (1)** Die letzte Vorauszahlung zum 10.12. kann noch nachträglich angepasst werden (**Abs. 4 S. 1**). **(2)** Innerhalb des lfd. VZ lässt der BFH[10] die Erhöhung noch nicht fälliger Vorauszahlungen im lfd. VZ zum jeweilig nächsten Vorauszahlungsfälligkeitstermin gem. Abs. 1 zu. Fristen sind unter diesen Umständen nicht einzuhalten; die einmonatige Zahlungsfrist gem. Abs. 4 S. 2 gilt nur für nachträgliche Erhöhungen und findet hier keine Anwendung.[11] Bei ggf. auftretenden Härten soll (für maximal einen Monat nach Bekanntgabe des Vorauszahlungsbescheides) zinslos gestundet werden (§ 222 AO), nicht jedoch, wenn die Anpassung aufgrund erklärungsgemäß durchgeführter Veranlagung für ein Vorjahr erfolgt.[12] – Werden die Vorauszahlungen gem. Abs. 4 S. 1 **nach Ablauf des VZ** erhöht (sog. 5. Vorauszahlung), ist entweder der letzte Vorauszahlungsbescheid zum 1.10. zu ändern oder aber ein neuer, bes Bescheid zu erlassen. Zum Zeitpunkt des Entstehens und der Fälligkeit der Vorauszahlungserhöhung s. Rn. 26. – Die **nachträgliche Vorauszahlungsherabsetzung** ist hingegen jederzeit (auch rückwirkend) und vorbehaltlos möglich (Umkehrschluss aus Abs. 4 S. 1).

12 **IV. Betragsgrenzen (Abs. 5 S. 2).** Festgesetzte Vorauszahlungen sind iRd. Anpassung nach Abs. 3 S. 2–5 nur zu erhöhen, wenn sich der Erhöhungsbetrag für den jeweiligen Vorauszahlungszeitpunkt auf mindestens 100 Euro (bis VZ 2008: 50 Euro) beläuft (**Abs. 5 S. 2 HS 1**). Handelt es sich um eine nachträgliche Erhöhung nach Abs. 4, beträgt der Mindestbetrag 5 000 Euro (bis VZ 2008: 2 500 Euro), **Abs. 5 S. 2 HS 2**. Eine Anpassungspflicht (und ein entspr. Anpassungsanspruch) bestehen auch bei Vorliegen dieser Betragsgrenzen nicht. Der Wortlaut in Abs. 5 S. 2 könnte dies zwar nahe legen. Der Regelungszusammenhang verdeutlicht indes, dass die Vorschrift lediglich die Anpassungseinschränkungen, nicht jedoch die Voraussetzungen als solche festlegen will.[13]

13 **V. Anpassungsantrag.** Eines Antrags bedarf es grds. **nicht**, auch dann nicht, wenn für den StPfl. (zB aufgrund der zwischenzeitlichen Entwicklung der Verhältnisse[14]) sicher feststeht, dass er mit einer die Vorauszahlungen übersteigenden ESt-Schuld zu rechnen hat. Er ist allerdings zur Auskunft verpflichtet, wenn das

1 BFH v. 26.10.1978 – I B 3/78, BStBl. II 1979, 46.
2 FG Münster v. 20.4.2016 – 7 K 2354/13 E, EFG 2016, 965 m. Anm. *Kister*.
3 Krit. dazu *Wollweber*, SAM 2016, 89; *Wollweber/Talaska*, Stbg. 2016, 363; vgl. zur Festsetzung/Verjährung v. Hinterziehungszinsen auf ESt-Vorauszahlungen FG BaWü. v. 9.2.2018 – 13 K 3586/16, EFG 2018, 1430 (Rev. VIII R 18/18).
4 *Frotscher*, § 37 Rn. 24.
5 S. auch *H/H/R*, § 37 Anm. 23.
6 BFH v. 27.9.1976 – VIII B 69/75, BStBl. II 1977, 33.
7 Von 21 auf 23 Mon. verlängert durch das StVereinfG 2011 v. 1.11.2011, BGBl. I 2011, 2131.
8 BFH v. 27.8.1998 – III R 243/94, BFH/NV 1999, 288; v. 10.7.2002 – X R 65/96, BFH/NV 2002, 1567; **aA** *v. Bornhaupt*, DStZ 1999, 148; *Schmidt*[37], § 37 Rn. 4.
9 BFH v. 31.5.1954 – IV 130/54 U, BStBl. III 1954, 244; **aA** *K/S/M*, § 37 Rn. B 8, D 146: grds. unzulässig.
10 BFH v. 22.8.1974 – IV R 86/74, BStBl. II 1975, 15; v. 25.6.1981 – IV R 241/80, BStBl. II 1982, 105.
11 BFH v. 22.8.1974 – IV R 86/74, BStBl. II 1975, 15; v. 25.6.1981 – IV R 241/80, BStBl. II 1982, 105; H 213o EStH 2000; **aA** *Schmidt*[37], § 37 Rn. 4; *H/H/R*, § 37 Anm. 50.
12 *K/S/M*, § 37 Rn. B 13.
13 FG BaWü. v. 27.7.1995 – 6 K 161/91, EFG 1995, 1062; FG Nds. v. 14.9.1995 – II 478/93, EFG 1996, 142; **aA** *Schmidt*[37], § 37 Rn. 4.
14 Vgl. FinMin SchlHol. v. 16.6.1994, DStR 1994, 1085.

FA ihn dazu hört (§ 91 AO) und entspr. auffordert. Erkennt der StPfl., dass eine solche Auskunft unrichtig ist, muss er sie (ggf. mit strafbefreiender Wirkung[1]) berichtigen.[2] Andernfalls droht Steuerhinterziehung.[3]

Ausnahmsweise bestand eine **Antragspflicht** (auf amtlichem Vordruck ‚ESt 37'[4]) für den Fall, dass eine Herabsetzung (nicht: erstmalige Festsetzung) der Vorauszahlungen aus gewerblichen Einkünften wegen der Änderungen durch das StEntlG 99 ff. begehrt wurde und der StPfl. seinen Gewinn durch Bestandsvergleich ermittelte **(Abs. 3 S. 4 aF)**; diese Regelung ist mangels praktischer Relevanz durch das JStG 2008 mit Wirkung v. VZ 2008 an gestrichen worden. 14

D. Unberücksichtigt bleibende Beträge (Abs. 3 S. 4–12)

I. Sonderausgaben und außergewöhnliche Belastungen (Abs. 3 S. 4 und 6). Nach **§ 37 Abs. 3 S. 4** (§ 37 Abs. 3 S. 5 aF) sind bei der Bemessung der Vorauszahlungen bestimmte Kinderbetreuungskosten gem. § 9c Abs. 2 und 3 bzw. § 10 Abs. 1 Nr. 5 (vom VZ 2009 an)[5] SA gem. § 10 Abs. 1, ausgenommen Versicherungsbeiträge (§ 10 Abs. 1 Nr. 2 und 3), gem. § 10b sowie ag. Belastungen gem. § 33, § 33a außer Ansatz zu lassen, sofern diese Aufwendungen und abziehbare Beträge 600 Euro nicht übersteigen. Gleiches galt – v. VZ 2002 bis VZ 2006 – für § 33c aF. Die FinVerw. legt im Fall der Einzelveranlagung von Ehegatten (vgl. § 26a) für die Ermittlung der 600 Euro-Grenze die Summe der für beide Ehegatten in Betracht kommenden Aufwendungen und abziehbaren Beträge zugrunde.[6] In Gänze außer Ansatz bleibt der SA-Abzug gem. § 10a (**§ 37 Abs. 3 S. 6**). Zweck dieser Einschränkungen ist es, eine unterschiedliche Behandlung v. EStPfl. oder LStPfl. zu vermeiden. Indem § 37 Abs. 3 S. 4 (§ 37 Abs. 3 S. 5 aF) anders als im LSt-Ermäßigungsverfahren (§ 39a Abs. 3) aber den Abzug v. Versicherungsprämien ermöglicht, wird diese Zielsetzung nur unvollkommen erreicht. 15

II. Ermäßigungsbetrag gem. § 34a (§ 37 Abs. 3 S. 5). § 37 Abs. 3 S. 5 schließt die Berücksichtigung der Steuerermäßigung gem. § 34a für Zwecke der Vorauszahlungen aus, gem. Gesetzesbegründung[7], deswegen, weil die Begünstigung antragsgebunden ist und der Antrag regelmäßig ohnehin erst im Laufe des Veranlagungsverfahrens gestellt werden kann, nicht zuletzt, weil der Begünstigungsumfang vorher noch ungewiss ist. 16

III. Vorkosten bei eigengenutztem Wohnraum (Abs. 3 S. 7). § 37 Abs. 3 S. 7 bestimmt, dass Vorkosten, die gem. **§ 10e Abs. 6, § 10h S. 3 und § 10i** im Rahmen eigengenutzten Wohnraums wie SA geltend gemacht werden, bei der Festsetzung der Vorauszahlungen unberücksichtigt bleiben. Die Vorschrift hat infolge Auslaufens v. § 10e auf Objekte, mit deren Herstellung vor dem 1.1.1996 begonnen wurde oder die vor dem 1.1.1996 angeschafft worden sind, keine (praktische) Bedeutung mehr, § 52 Abs. 26. Infolgedessen ist auf die Vorauflage zu verweisen. 17

IV. Negative Einkünfte aus Vermietung und Verpachtung (Abs. 3 S. 7–11). Verluste aus der VuV eines Gebäudes bleiben bei der Festsetzung der Vorauszahlungen bis zu jenem Kj. außer Ansatz, in dem das betr. Gebäude angeschafft oder fertig gestellt wird **(Abs. 3 S. 7)**. Sinn dieser Regelung ist es, wirtschaftliche Anreize (Finanzierungseffekte) zu verringern, der sich aus der Beteiligung an Steuersparmodellen, insbes. v. Bauherrenobjekten liegt. Allerdings ist der Gesetzgeber mit dieser Intention deutlich über das Ziel hinausgeschossen. Betroffen sind nicht nur solche StPfl., die sich an entspr. Vorhaben beteiligen, sondern alle. Dies ist rechtspolitisch verfehlt. Da der Abzug der fraglichen negativen Einkünfte bei der ESt-Veranlagung erhalten bleibt, ergeben sich indes keine verfassungsrechtl. Bedenken.[8] Zugleich müssen Stundungsanträge erfolglos bleiben, da die Nichtberücksichtigung der Verluste aus VuV ermessensgerecht ist.[9] Es bleibt lediglich anzuraten, in einschlägigen Fällen die ESt-Erklärungen frühzeitig abzugeben, um die alsbaldige Berücksichtigung der Verluste gleichwohl sicherzustellen.[10] 18

Gegenstand des Abzugsausschlusses sind negative Einkünfte aus der VuV eines Gebäudes iSd. § 21 Abs. 1 Nr. 1 (**§ 37 Abs. 3 S. 8**). Dem gleichgestellt sind andere Vermögensgegenstände, sofern sie gem. 19

1 OLG Stuttgart v. 21.5.1987 – 1 Ss 221/87, wistra 1987, 263.
2 OFD Münster v. 4.7.1994, DB 1994, 1754; FG Düss. v. 24.5.1989 – 4 K 397/83 AO, EFG 1989, 491.
3 BFH v. 15.4.1997 – VII R 74/96, BStBl. II 1997, 600.
4 S. im Einzelnen OFD Hann. v. 30.8.1999, DStR 1999, 1637; zu den Auswirkungen auf die KSt-Vorauszahlung s. FinMin. Thür. v. 15.3.1999, DStR 1999, 761.
5 Durch das StVereinfG 2011 wurde § 9c mit Wirkung zum 1.1.2012 gestrichen und durch § 10 Abs. 1 Nr. 5 ersetzt.
6 R 37 EStR; krit. dazu *Blümich*, § 37 Rn. 163.
7 BT-Drucks. 16/4841, 65.
8 BFH v. 29.3.2007 – IX R 17/06, BStBl. II 2007, 627; v. 17.3.1994 – VI B 154/93, BStBl. II 1994, 567; FG Hess. v. 4.9.1995 – 2 K 2675/95, BB 1995, 2626.
9 FG RhPf. v. 8.1.1992 – 5 K 2600/91, EFG 1992, 342.
10 Zutr. *Schmidt*[37], § 37 Rn. 10.

§ 21 Abs. 1 S. 1 Nr. 1–3 Gegenstand einer VuV sein können (**§ 37 Abs. 3 S. 11**, s. Rn. 21). Unterschiede bestehen allerdings, was den **Zeitpunkt** anbelangt, v. dem ab der Abzugsausschluss erstmals entfällt. Es ist dies bei Gebäuden das Kj., das nach der **Anschaffung** (Abs. 3 S. 8) oder – bei Anschaffung vor Fertigstellung – der Fertigstellung (Abs. 3 S. 9), bei anderen Vermögensgegenständen hingegen das Kj., das nach **Aufnahme der Nutzung** (s. Rn. 21) durch den StPfl. (Abs. 3 S. 11) beginnt. Indem § 37 Abs. 3 S. 3 ausdrücklich auf § 21 Abs. 1 S. 1 Nr. 1 Bezug nimmt, bleiben nur negative Einkünfte aus VuV iSd. Vorschrift ausgeschlossen. Sobald und solange die Einkünfte im Rahmen einer anderen Einkunftsart erzielt werden, gilt dies nicht, also nicht: für gewerbliche Bauherren- oder Erwerbermodelle, für BV, für betrieblich genutzte Gebäudeteile (Arbeitszimmer). Gleichheitsrechtl. Bedenken gegen dieses Verständnis können schon deshalb kein anderes Ergebnis nach sich ziehen, weil es sich bei Abs. 3 S. 8 um eine Ausnahmevorschrift handelt, die nicht extensiv und an der Grenze ihres Wortlautes ausgelegt werden sollte.

20 Das Abzugsverbot bezieht sich auf die negativen Einkünfte aus der VuV **eines** Gebäudes und nicht – wie es in § 21 Abs. 1 S. 1 Nr. 1 heißt – **v.** Gebäuden. Abzustellen ist also auf das einzelne Gebäude und die daraus erzielten Verluste. Verrechnungen mit positiven Einkünften aus der VuV eines anderen Gebäudes sind ausgeschlossen. Der Verrechnungsausschluss ist indes nur gegenständlicher, nicht auch zeitlicher Natur. Vorausgesetzt, die Verluste sind nach Maßgabe v. Abs. 3 S. 7 abzugsfähig, können sie innerhalb des betr. Kj. mit Gewinnen aus der VuV eines anderen Gebäudes saldiert werden.

21 **V. Besonderheiten bei anderen Vermögensgegenständen (Abs. 3 S. 11).** Zu den v. Abzugsausschluss betroffenen (Rn. 19) anderen Vermögensgegenständen iSv. § 21 Abs. 1 S. 1 Nr. 1–9 gehören Grundstücke, Gebäudeteile, in Schiffsregister eingetragene Schiffe, grundstücksgleiche Rechte, Sachinbegriffe, zeitlich begrenzt überlassene Rechte, hingegen keine Eigentumswohnungen.[1] Die für die erstmalige Berücksichtigung der negativen Einkünfte maßgebliche Nutzungsaufnahme liegt vor, sobald die Sache zur bestimmungsgemäßen Nutzung in Gebrauch genommen wird. Ausschlaggebend ist das entspr. Verhalten des StPfl., **nicht** des tatsächlich Nutzenden. Es genügt bereits der ernstliche Versuch, den Gegenstand am Markt zur VuV anzubieten, auch wenn sich dieses Unterfangen iErg. als vergeblich herausstellt.[2] Da Gebäudeteile ihrerseits selbständige VuV-Objekte sein können,[3] kommt es auf deren Nutzung auch dann an, wenn das (zuvor oder zwischenzeitlich) gesamte Gebäude fertig gestellt ist; der fragliche Gebäudeteil wird durch das Gebäude also nicht konsumiert. Die erstmalige Berücksichtigung der Abzugsbeträge bei den Vorauszahlungen kommt deswegen in jenem Kj. in Betracht, das der erstmaligen Nutzung des Gebäudeteils folgt.[4]

22 **VI. Rückausnahme (Abs. 3 S. 10).** Eine Rückausnahme v. Abzugsausschluss gem. § 37 Abs. 3 S. 8 besteht nach § 37 Abs. 3 S. 10 für solche VuV-Objekte, für die erhöhte AfA gem. **§§ 14a, 14c oder 14d BerlinFG** in Anspr. genommen werden.[5] Wegen Auslaufens der Förderungsvorschriften nach dem BerlinFG ist Abs. 3 S. 10 derzeit weitgehend ohne Bedeutung.[6]

23 **VII. Beteiligung an Gemeinschaften.** Abs. 3 S. 8–11 findet auch auf solche StPfl. Anwendung, die negative Einkünfte aus VuV über eine Gemeinschaft oder Ges. beziehen. Grds. obliegt die Prüfung hierüber dem für die ESt-Veranlagung zuständigen Wohnsitz-FA, nicht dem für die gesonderte Feststellung zuständigen Betriebs-FA. Allerdings sieht die FinVerw. bei der Beteiligung an Verlustzuweisungs-Ges. ein **Vorprüfungsverfahren** beim Betriebs-FA vor.[7]

24 **VIII. Kindergeldentlastung (Abs. 3 S. 12).** Lässt sich die stl. Freistellung eines Einkommensbetrages in Höhe des Existenzminimums eines Kindes durch das Kindergeld nicht vollen Umfanges erreichen, so wird die Differenz gem. **§ 31** durch Freibeträge gem. § 32 Abs. 6 erreicht. Deren Berücksichtigung ist erst im Veranlagungs-, nicht bereits im Vorauszahlungsverfahren möglich (§ 37 Abs. 3 S. 12). Eine Ausnahme gilt nach **hM**, wenn für Kinder weder Anspr. auf Kindergeld noch auf eine andere Leistung besteht (insbes. bei unbeschränkt estpfl., nicht freizügigkeitsberechtigten Ausländern mit Kindern im Inland und unbeschränkt EStPfl. mit Kindern außerhalb eines EU-Mitgliedstaates/des EWR).[8] § 39a Abs. 1 Nr. 6 ermög-

---

1 **AA** *Schmidt*[37], § 37 Rn. 13.
2 *H/H/R*, § 37 Anm. 89; **aA** *Bordewin*, FR 1984, 64; *Puhl*, DB 1984, 14.
3 Vgl. BFH (GrS) v. 26.11.1973 – GrS 5/71, BStBl. II 1974, 132.
4 *Bordewin*, FR 1984, 64; **aA** *Puhl*, DB 1984, 14; *Schmidt*[37], § 37 Rn. 13.
5 Die frühere Bezugnahme auch auf Sonderabschreibungen nach § 4 FördG wurde durch das BundesRBereinG v. 8.7. 2016, BGBl. I 2016, 1594, mWv. 15.7.2016 gestrichen. Vgl. hierzu 17. Aufl., Rn. 22.
6 Anders verhält es sich, sollte durch den vorgelegten Entwurf eines G zur stl. Förderung des Mietwohnungsneubaus § 7bE in die Regelung einbezogen werden, vgl. dazu BT-Drucks. 19/4949, 8, 15 und BT-Drucks. 19/6140, 8 f.
7 BMF v. 13.7.1992, BStBl. I 1992, 404 Rn. 4.
8 BMF v. 9.3.1998, BStBl. I 1998, 347 Rn. 25 (aufgehoben für nach dem 31.12.2004 verwirklichte Steuertatbestände, vgl. BMF v. 29.3.2007, BStBl. I 2007, 369); *H/H/R*, § 37 Anm. 92; *K/S/M*, § 37 Rn. D 91; *Blümich*, § 37 Rn. 181.

licht in diesen Fällen eine Berücksichtigung der Freibeträge im LSt-Abzugsverfahren.[1] Entsprechend sind dann auch die Vorauszahlungen unter Berücksichtigung von Kinderfreibeträgen festzusetzen.[2]

E. Entstehung und Fälligkeit der Vorauszahlungsschuld (Abs. 1)

25 Die ESt-Vorauszahlung **entsteht** (vgl. § 38 AO) ihrem Grunde[3] (nicht ihrer Höhe) nach kraft Tatbestandsverwirklichung[4] jeweils mit Beginn des Kalendervierteljahres, in dem die Vorauszahlungen zu entrichten sind, ersatzweise mit dem Zeitpunkt der Begr. der StPfl., wenn diese erst im Laufe des Kalendervierteljahres entsteht **(Abs. 1 S. 2)**. Die hiernach maßgeblichen Entrichtungs-(= Fälligkeits-)Termine bestimmt **Abs. 1 S. 1**. Es sind dies der 10.3., 10.6., 10.9. und 10.12. eines jeden Jahres. Hiervon abw. Termine konnten die OFD nach Abs. 2 S. 1 aF für StPfl. bestimmen, die überwiegend Einkünfte aus LuF erzielten. Gleiches galt gem. Abs. 2 S. 2 aF für ArbN, mit überwiegenden Einkünften oder Einkunftsteilen aus nicht selbständiger Arbeit, sofern diese nicht der LSt unterlagen (zB Grenzgänger). Abs. 2 wurde durch das JStG 2009 (zu Recht) ersatzlos gestrichen, weil er in der Praxis nicht angewandt wurde. – Zur Geltung des § 37 Abs. 1 auch für die KSt s. § 31 Abs. 1 und 2 KStG. In der Insolvenz des Steuerschuldners ist – je nachdem, ob die ESt-Vorauszahlung nach Maßgabe v. § 37 Abs. 1 S. 2 vor oder nach Insolvenzeröffnung entstanden ist – eine Insolvenzforderung oder aber eine Masseverbindlichkeit gegeben; eine zeitanteilige Aufteilung erfolgt hingegen nicht.[5] Für Erstattungsanspr. aus ESt-Vorauszahlungen gilt das jedoch nicht, auch dann nicht, wenn der Anspr. auf Vorauszahlungen beruht, die nach Freigabe der Mittel geleistet worden sind, die zum freigegebenen Vermögen gehören.[6]

26 Umstritten ist, zu welchem Zeitpunkt gem. Abs. 4 **nachträglich erhöhte Vorauszahlungen** entstehen. Überwiegend wird angenommen, der Anpassungsbetrag entstehe nach Abs. 1 S. 2 zum Beginn des letzten Vierteljahres, also zum 1.10. Soweit dem entgegengehalten wird, Steuerschulden könnten nicht rückwirkend entstehen,[7] wird verkannt, dass Abs. 4 S. 2 (Rn. 11) lediglich einen abw. Fälligkeitstermin festlegt, hinsichtlich der Entstehung indes schweigt. Ausschlaggebend ist, dass die Schuld nicht **vor** ihrer Entstehung fällig werden kann. Voraussetzung für die Fälligkeit (nicht aber die Entstehung) ist überdies, dass ein wirksamer Vorauszahlungsbescheid (Rn. 28) ergangen ist.[8]

F. Vorauszahlungsfestsetzung, Vorauszahlungsbescheid

27 Die Festsetzung der Vorauszahlung erfolgt durch Steuerbescheid, der kraft G und deshalb unabänderlich unter Vorbehalt der Nachprüfung steht (**§ 164 Abs. 1 S. 2 AO**). Der Bescheid kann sonach jederzeit geändert werden, zum Nachteil des StPfl. ohne dessen Zustimmung allerdings infolge der Sonderregelung in **Abs. 4 S. 1** nur die jeweils letzte Vorauszahlung des VZ. Vorhergehende bereits fällige Vorauszahlungen dürfen ansonsten nur **herab-, nicht aber heraufgesetzt** werden. **Änderungsbeschränkungen** ergeben sich aus **Abs. 5 S. 2** (s. Rn. 12). Keine Einschränkungen folgen aus der Abgabe der ESt-Erklärung für den abgelaufenen VZ.[9] Wegen der Einschränkungen, die sich insoweit aus der Festsetzung der ESt ergeben, s. aber Rn. 10.

28 Mit Erl. des Jahressteuerbescheides verliert der Vorauszahlungsbescheid seine selbständige Bedeutung und seine Wirksamkeit. Maßgebend für die für den VZ zu zahlende ESt ist fortan allein der ESt-Bescheid. Die festgesetzte Vorauszahlung bleibt zwar (lediglich) im Hinblick auf die Anrechnung gem. § 36 Abs. 2 Nr. 1 relevant. Für den Vorauszahlungsbescheid ist dies jedoch unerheblich, weil Streitigkeiten über die Anrechnung durch Abrechnungsbescheid (§ 218 Abs. 2 AO) zu klären sind. Daraus folgt: Der Vorauszahlungsbescheid ist ‚auf andere Weise erledigt' (vgl. § 124 Abs. 2 AO).[10] Ihm kommen für die Zukunft keine Rechtswirkungen mehr zu, insbes. kann er nicht mehr vollzogen werden, Erstattungen der Vorauszahlungen lassen sich nur noch durch Anfechtung des ESt-Bescheides erreichen. Er lebt auch dann nicht wieder

---

1 BMF v. 9.3.1998, BStBl. I 1998, 347 Rn. 25 (aufgehoben für nach dem 31.12.2004 verwirklichte Steuertatbestände, vgl. BMF v. 29.3.2007, BStBl. I 2007, 369); FG Düss. v. 13.11.2001 – 18 K 1922/01 Kg, EFG 2002, 475.
2 BMF v. 9.3.1998, BStBl. I 1998, 347 Rn. 25 (aufgehoben für nach dem 31.12.2004 verwirklichte Steuertatbestände, vgl. BMF v. 29.3.2007, BStBl. I 2007, 369); *Blümich*, § 37 Rn. 181.
3 BFH v. 15.4.1997 – VII R 74/96, BStBl. II 1997, 600.
4 So BFH v. 15.4.1997 – VII R 74/96, BStBl. II 1997, 600, „jedenfalls" für die an der letzten ESt-Veranlagung orientierten Vorauszahlungs-Schuld; aber str., vgl. *K/S/M*, § 37 Rn. A 23, D 112, D 121, für den Fall der Orientierung der Vorauszahlungs-Schuld gem. Abs. 3 S. 3 auf der Grundlage der Prognose; s. auch *T/K*, § 38 AO Rn. 4.
5 BFH v. 24.2.2015 – VII R 27/14, BStBl. II 2015, 993 mwN; *Eisolt*, ZInsO 2014, 334.
6 BFH v. 26.11.2014 – VII R 32/13, BStBl. II 2015, 561.
7 *Diebold*, FR 1992, 708; *K/S/M*, § 37 Rn. B 8.
8 Zutr. *Schmidt*[37], § 37 Rn. 2.
9 BFH v. 27.9.1976 – VIII B 69/75, BStBl. II 1977, 33.
10 ZB BFH v. 22.3.2011 – VII R 42/10, BStBl. II 2011, 607; v. 20.8.2014 – I R 43/12, BFH/NV 2015, 306.

auf, wenn der ESt-Bescheid später seinerseits aufgehoben wird. Vorauszahlungen, die zuvor geleistet worden sind, müssen deshalb erstattet werden.[1] Anders verhält es sich aber im Hinblick auf die Vergangenheit. Der Vorauszahlungsbescheid bleibt Grundlage der ergriffenen Vollstreckungsmaßnahmen und verwirkter Säumniszuschläge. Bei der Tilgung der festgesetzten Vorauszahlung durch Ehegatten ist ein für das FA erkennbarer Tilgungswille zu beachten; das beschränkt sich nicht auf Fälle zuvor beantragter Zusammenveranlagung.[2]

G. Rechtsschutz

29 **I. Rechtsbehelfe.** Als selbständiger Steuerbescheid kann der Vorauszahlungsbescheid mit Einspruch und Anfechtungsklage angefochten werden. Dies muss ausdrücklich erfolgen. Bindungen an die Anfechtung des ESt-Bescheides bestehen grds. keine. Es muss also deutlich gemacht werden, wenn nicht nur der ESt-, sondern auch der Vorauszahlungs-Bescheid angefochten werden soll. Gleiches gilt für den Fall, dass das FA es ablehnt, die Vorauszahlungen herabzusetzen. Das behördliche (pflichtgemäße) Anpassungsermessen (§ 37 Abs. 3 S. 3) ist nur eingeschränkt überprüfbar (§ 102 FGO). Wird ein Vorauszahlungsbescheid während eines gegen diesen anhängigen Verfahrens durch den Jahresbescheid ersetzt, wird Letzterer gem. § 68 Satz 1 FGO zum Gegenstand des Verfahrens.[3] Der Klageumstellung auf eine Fortsetzungsfeststellungsklage (§ 100 Abs. 1 S. 4 FGO) bedarf es deswegen prinzipiell nicht. Eine Ausnahme davon ist (unter dem Gesichtspunkt der Wiederholungsgefahr) für den Fall zu machen, dass die maßgebende Frage nur in einem Verfahren gegen einen Vorauszahlungsbescheid geklärt werden kann.[4]

30 **II. Vorläufiger Rechtsschutz.** Hier gilt es zu unterscheiden: Während der (angefochtene) Vorauszahlungsbescheid nicht anders als der ESt-Bescheid bei Vorliegen ernstlicher Zweifel an seiner Rechtmäßigkeit ausgesetzt werden kann (§ 361 AO, § 69 FGO), lässt sich hinsichtlich der Ablehnung eines Antrages auf Herabsetzung der Vorauszahlungen nur eine vorl. Stundung über die einstweilige Anordnung (§ 114 FGO) erreichen. Allerdings ist es vorstellbar, bei Vorliegen entspr. ernstlicher Zweifel die Vollziehung eines zunächst rechtmäßig ergangenen Vorauszahlungsbescheids mit der Begr. auszusetzen, das FA sei mittlerweile – infolge der nachfolgenden tatsächlichen oder rechtlichen Entwicklung – zum Erl. eines Herabsetzungsbescheids verpflichtet.[5] Ist der ESt-Bescheid ergangen, kommt die **AdV** der vorangegangenen Vorauszahlungsbescheide nicht mehr in Betracht; sie hat sich erledigt (§ 124 Abs. 2 AO) und ist gegenstandslos geworden.[6] Die Aussetzung und Aufhebung der Vollziehung des ESt-Bescheides reduziert sich nach der ab 1997 geltenden Regelung in § 361 Abs. 2 AO und § 69 Abs. 2 FGO auf die sich daraus ergebende Abschlusszahlung, gemindert um die festgesetzte Vorauszahlung, es sei denn, dem StPfl. drohen wesentliche Nachteile. Die Neuregelung stellt zum einen die Rechtslage wieder her, wie sie vor der Änderung der Rspr. durch den GrS des BFH[7] bestanden hat, demzufolge die AdV des ESt-Bescheides (auch) die Erstattung bereits gezahlter Vorauszahlungen nach sich zog. Sie geht zum anderen aber darüber hinaus, indem sie nicht nur auf die geleisteten, sondern auf die festgesetzten Vorauszahlungen abstellt. Damit wird der säumige StPfl., der die festgesetzten Vorauszahlungen nicht entrichtet hat, nicht – wie nach früherer Rechtslage – besser gestellt als derjenige StPfl., der sich rechtstreu verhalten und die Vorauszahlungen gezahlt hat. Diese gleichmäßige Behandlung aller StPfl. schließt verfassungsrechtl. Bedenken gegen die Neuregelung aus.[8]

31 **III. Erledigung des Rechtsstreits.** Nach Ergehen des Jahressteuerbescheides hat sich der Vorauszahlungsbescheid erledigt (Rn. 10). Soll der gegen den Vorauszahlungsbescheid geführte Rechtsbehelf weitergeführt werden, muss deshalb der Antrag gem. § 68 FGO gestellt werden.[9] Andernfalls ist der Rechtsstreit in der Hauptsache für erledigt zu erklären und ist nur noch über die Verfahrenskosten zu entscheiden (§ 138

1 Vgl. BFH v. 13.2.1996 – VII R 55/95, BFH/NV 1996, 454.
2 BFH v. 13.5.2015 – VII R 41/14, BFH/NV 2015, 1347; v. 20.2.2017 – VII R 22/15, BFH/NV 2017, 906; dazu *Rukaber*, NWB 2016, 250.
3 BFH v. 26.11.2008 – X R 15/07, BStBl. II 2009, 710; v. 8.11.2013 – X B 58/13, BFH/NV 2014, 361.
4 BFH v. 1.10.1992 – V R 81/89, BStBl. II 1993, 120; v. 10.2.2010 – XI R 3/09, BFH/NV 2010, 1450 (jeweils zur USt); v. 22.11.2011 – VIII R 11/09, BStBl. II 2012, 329; v. 8.11.2013 – X B 58/13, BFH/NV 2014, 361 (jeweils zur ESt).
5 S. in diese Richtung BFH v. 28.7.2010 – I B 27/10, BStBl. II 2010, 932 (gem. § 69 Abs. 6 S. 1 FGO berichtigt durch BFH v. 15.9.2010 – I B 27/10, BStBl. II 2010, 935); dort zu einem im Laufe des Wirtschaftsjahres wirksam gewordenen EAV (§ 14 Abs. 1 S. 1 Nr. 3 und S. 2 KStG).
6 BFH v. 3.7.1995 – GrS 3/93, BStBl. II 1995, 730; s. auch BFH v. 25.10.1995 – VIII B 79/95, BStBl. II 1996, 316; v. 19.12.1995 – X B 229/94, BFH/NV 1996, 548; v. 4.3.1996 – IX B 59/95, BFH/NV 1996, 674.
7 BFH v. 3.7.1995 – Grs 3/93, aaO.
8 BFH v. 2.11.1999 – I B 49/99, BStBl. II 2000, 57; *Gosch*, § 69 FGO Rn. 197, insbes. 198.3, mwN; **aA** *Schmidt*[37], § 37 Rn. 18.
9 BFH v. 21.2.1991 – V R 130/86, BStBl. II 1991, 465; OFD Cottb. v. 13.7.1992, DB 1992, 1757.

FGO).[1] Gleichermaßen ist zu verfahren, wenn der Streit über die Herabsetzung der Vorauszahlungen geführt wird und der ESt-Jahresbescheid ergeht.[2]

§ 37a Pauschalierung der Einkommensteuer durch Dritte

(1) [1]Das Finanzamt kann auf Antrag zulassen, dass das Unternehmen, das Sachprämien im Sinne des § 3 Nummer 38 gewährt, die Einkommensteuer für den Teil der Prämien, der nicht steuerfrei ist, pauschal erhebt. [2]Bemessungsgrundlage der pauschalen Einkommensteuer ist der gesamte Wert der Prämien, die den im Inland ansässigen Steuerpflichtigen zufließen. [3]Der Pauschsteuersatz beträgt 2,25 Prozent.

(2) [1]Auf die pauschale Einkommensteuer ist § 40 Absatz 3 sinngemäß anzuwenden. [2]Das Unternehmen hat die Prämienempfänger von der Steuerübernahme zu unterrichten.

(3) [1]Über den Antrag entscheidet das Betriebsstättenfinanzamt des Unternehmens (§ 41a Absatz 1 Satz 1 Nummer 1). [2]Hat das Unternehmen mehrere Betriebsstättenfinanzämter, so ist das Finanzamt der Betriebsstätte zuständig, in der die für die pauschale Besteuerung maßgebenden Prämien ermittelt werden. [3]Die Genehmigung zur Pauschalierung wird mit Wirkung für die Zukunft erteilt und kann zeitlich befristet werden; sie erstreckt sich auf alle im Geltungszeitraum ausgeschütteten Prämien.

(4) Die pauschale Einkommensteuer gilt als Lohnsteuer und ist von dem Unternehmen in der Lohnsteuer-Anmeldung der Betriebsstätte im Sinne des Absatzes 3 anzumelden und spätestens am zehnten Tag nach Ablauf des für die Betriebsstätte maßgebenden Lohnsteuer-Anmeldungszeitraums an das Betriebsstättenfinanzamt abzuführen.

Literatur: *Bach*, Kundenbindungsprogramme und Bestechung im geschäftlichen Verkehr nach § 299 Abs. 2 StGB, wistra 2008, 47; *Giloy*, Pauschalierung der ESt für Sachprämien aus Kundenbindungsprogrammen, BB 1998, 717; *Kock*, „Meine Meilen, Deine Meilen": Dienstlich erlangte Bonuspunkte aus Kundenbindungsprogrammen, DB 2007, 462; *Seibel*, Miles & More via Brussels, FR 1997, 889; *Thomas*, Die Besteuerung v. Sachprämien aus Kundenanbindungsprogrammen, DStR 1997, 305; *Werner*, Bonuspunkte zur Kundenbindung, NWB F 6, 4951.

A. Grundaussagen der Vorschrift

1 § 37a ist (mit erstmaliger Wirkung v. VZ 1997 an, bei bis zum 30.6.1997 gestellten Anträgen auch für frühere Zeiträume) durch das JStG 1997 in das EStG eingefügt worden. Die Regelung ist auf Sachprämien des StPfl. aus sog. Kundenbindungsprogrammen zugeschnitten und hat ihren Bekanntheitsgrad (und auch Hintergrund) vor allem durch das Miles & More-Bonusprogramm der Deutschen Lufthansa erhalten (**„lex Lufthansa"**[3]).[4] Sie ergänzt den zeitgleich eingeführten Steuerfreibetrag v. 1 080 Euro (bis zum VZ 2003: 1 224 Euro) in § 3 Nr. 38 und ermöglicht es dem Unternehmen, das die Sachprämien gewährt, die hierauf entfallende ESt pauschal zu übernehmen. Im Zusammenwirken beider Vorschriften der § 3 Nr. 38 sowie § 37a wird sonach die völlige Freistellung der aus den Kundenbindungsprogrammen zufließenden Prämien bei den Kunden erreicht.

2 Die technische Abwicklung der Pauschalierung gem. § 37a setzt, ohne dass dies explizit zum Ausdruck käme, den Inlandsbezug des prämiengewährenden Unternehmens voraus (vgl. Abs. 3 S. 1: Betriebsstätten-FA). Der darin liegende Ausschluss ausländ. Anbieter v. Pauschalierungsverfahren wirkt diskriminierend und ist mit **Art. 56 AEUV** (Dienstleistungsfreiheit) unvereinbar.[5] Zum unionsrechtl. ebenfalls bedenklichen Ausschluss gebietsfremder Prämienempfänger s. Rn. 5.

1 BFH v. 29.3.1990 – V R 44/86, BFH/NV 1991, 687 (USt); v. 9.9.1986 – VIII R 198/84, BStBl. II 1987, 28 (GewSt); noch offen für ESt, vgl. BFH v. 4.6.1981 – VIII B 31/80, BStBl. II 1981, 767; v. 22.1.1988 – III B 134/86, BStBl. II 1988, 484; abl. OFD Mgdb. v. 2.3.1998, DStZ 1998, 488; *Wüllenkemper*, DStZ 1998, 466.
2 BFH v. 31.5.1978 – I R 105/77, BStBl. II 1978, 596; v. 29.11.1984 – V R 146/83, BStBl. II 1985, 370.
3 *H/H/R*, § 37a Anm. 3.
4 S. zu den derzeit einschlägigen Programmen die v. der OFD Ffm. v. 30.8.2018 – S 2334 A - 90 - St 222, geführte Liste.
5 *H/H/R*, § 37a Anm. 5; *K/S/M*, § 37a Rn. A 43.

3 Die Pauschalierungsmöglichkeit wirkt rein stl.; sie muss infolgedessen nicht verhindern, dass das Kundenbindungsprogramm den Tatbestand des **§ 299 Abs. 2 StGB** verwirklicht, nämlich dann, wenn Angestellte oder Beauftragte eines geschäftlichen Betriebs im Sinne dieser Norm begünstigt werden.[1]

B. Voraussetzungen, Grundlagen und Höhe der Pauschalierung (Abs. 1)

4 Materielle Voraussetzung der Pauschalierung ist allein die Gewährung v. **Sachprämien** iSd. **§ 3 Nr. 38 (§ 37a Abs. 1 S. 1)**. Sachprämien sind sonach Sachbezüge (vgl. § 8 Abs. 2 S. 1) und damit geldwerte Vermögensvorteile jedwelcher Art (zB Flüge, Hotelübernachtungen, Reisen, Sachwerte, auch der Erwerb v. Waren, sofern sich daraus keine wettbewerbsverfälschenden Erwerbsaufwendungen ergeben[2]), die zum Zwecke der Kundenbindung im allg. Geschäftsverkehr in einem jedermann zugänglichen planmäßigen Verfahren für die persönliche Inanspruchnahme v. Dienstleistungen unentgeltlich (idR fortlaufend, aber auch einmalig) gewährt werden. Geldbezüge (Skonti, Preisnachlässe uÄ) werden nicht erfasst. Es kommt nicht darauf an, in welcher Weise sich die Prämien bei dem begünstigten Empfänger (idR derjenige, der die betr. Dienstleistung in Anspr. nimmt, bei dienstlichem oder beruflichem Anlass aber auch zB der ArbG, an welchen dann die Sachprämie gem. § 667 2. Alt. BGB herauszugeben ist)[3] stl. auswirken (je nach betrieblicher, beruflicher oder privater Veranlassung als Einnahme/Einlage oder BA/WK bzw. Entnahme[4]). Dementspr. stellt die Summe der Werte aller Prämien, die den Kunden (im Zeitpunkt der Inanspruchnahme nach dem jew Kundenbindungsprogramm) **zufließen** (§ 11), die **Bemessungsgrundlage** (**nicht** aber den **Gegenstand**, s. Rn. 10) der pauschalen ESt dar **(§ 37a Abs. 1 S. 2)**, unabhängig davon, ob die Zuwendungen (ganz oder teilw.) steuerbar oder stpfl. sind. Zur Bemessungsgrundlage gehört also auch der nach § 3 Nr. 38 stfreie Betrag v. 1 080 Euro, sobald er überschritten ist (vgl. § 37a Abs. 1 S. 2, Rn. 5). Daran erweist sich, dass § 3 Nr. 38 – bezogen auf § 37a – keinen Freibetrag, sondern eine Freigrenze beinhaltet.[5] Für den betr. StPfl. bleibt dieser Umstand aber ohne Auswirkung. Die **Wertbestimmung** der Prämien richtet sich nach allg. Grundsätzen (§ 8 Abs. 2 S. 1) nach den im allg. Geschäftsverkehr verlangten ortsüblichen Marktpreisen (Endpreis am Abgabeort).

5 Betragsmäßige Minderungen ergeben sich ferner – in **personeller Hinsicht** – für solche Prämien, die nicht im Inland ansässigen Kunden zufließen **(Abs. 1 S. 2)**. Dadurch wird zunächst zwar lediglich die Bemessungsgrundlage reduziert, was aber nur Sinn macht, wenn dadurch zugleich Gebietsfremde v. Pauschalierungsverfahren insgesamt ausgegrenzt werden.[6] In dieser personellen Ausgrenzung Gebietsfremder, die den wesentlichen Teil ihrer Einkünfte im Inland erzielen, kann eine EU-rechtl. Diskriminierung liegen. Gleiches betrifft Pers., die der erweiterten unbeschränkten StPflicht gem. § 1 Abs. 2 unterfallen.[7] Eine erweiternde, unionsrechtskonforme Auslegung v. Abs. 1 S. 2 auf diesen Personenkreis ist angesichts des klaren Regelungswortlauts indes nicht möglich. – Im Inland ansässig sind nat. Pers. mit inländ. Wohnsitz. Auf die Maßstäbe der unbeschränkten StPflicht (§ 1 Abs. 1 S. 1) kommt es nicht an. Besondere Maßnahmen der Sachverhaltsaufklärung durch das prämiengewährende Unternehmen sind nicht zu verlangen; solche widersprächen dem Vereinfachungszweck des § 37a.

6 Auf Basis dieser Bemessungsgrundlage beläuft sich die pauschale Steuer ihrer Höhe nach auf **2,25 %**[8] (bis zum VZ 2003: 2 %) **(Abs. 1 S. 3)**.[9]

C. Rechtswirkungen der Pauschalierung (Abs. 2)

7 Durch die pauschale Übernahme der auf die Sachprämien entfallende ESt wird diese (sowie gem. § 51a Abs. 3 die KiSt. und gem. § 3 Abs. 1 Nr. 3 SolZG der SolZ) abgegolten. Diese **Abgeltungswirkung** stellt den zentralen Kern der Regelung dar. Sie tritt bei Entstehen der pauschalen Steuer iSv. § 38 AO ein, also in jenem Zeitpunkt, in dem die Sachprämie dem Kunden zufließt.[10] Auf diesem Zeitpunkt muss die Pauschalierung beantragt und genehmigt sein. Dass das anmeldende Unternehmen v. der erteilten Genehmigung keinen Gebrauch machen muss, widerspricht diesem Entstehungszeitpunkt nicht. Die anschließende

1 Vgl. *Bach*, wistra 2008, 47.
2 Vgl. die von der OFD Ffm. v. 30.8.2018 – S 2334 A - 90 - St 222, geführte Liste.
3 BAG v. 11.4.2006 – 9 AZR 500/05, DB 2006, 2068; s. dazu *Kock*, DB 2007, 462.
4 FinSen. Berlin v. 13.3.1995, DB 1995, 1310.
5 *H/H/R*, § 37a Anm. 25.
6 *H/H/R*, § 37a Anm. 26; *K/S/M*, § 37a Rn. B 24.
7 Im Einzelnen *Seibel*, FR 1997, 889.
8 Insoweit ist wegen ursprünglicher Verletzung des formellen Parlamentsprinzips durch das BestätigungsG HBeglG 2004 v. 5.4.2011 (BGBl. I 2011, 554) eine inhaltsgleiche Neufassung erfolgt.
9 Zu verfassungsrechtl. Bedenken gegen die geringe Höhe des Steuersatzes s. *K/S/M*, § 37a Rn. A 40, B 31.
10 **AA** *H/H/R*, § 37a Anm. 44.

Durchführung der pauschalierten Besteuerung repräsentiert wiederum nur den Vollzug der entstandenen Steuer, nicht deren Entstehen. Die Pauschalierungsgenehmigung stellt so gesehen einen (inhaltlich begrenzten) **Grundlagenbescheid** für die ESt-Festsetzung des Kunden dar.[1] Durch sie wird bindend festgestellt, dass die Voraussetzungen des § 37a dem Grunde nach vorliegen, was es rechtfertigt, die pauschal besteuerte Sachprämie bei der individuellen Veranlagung des Begünstigten zur ESt oder beim LStJA gänzlich außer Ansatz zu lassen (**§ 37a Abs. 2 S. 1 iVm. § 40 Abs. 3 S. 3**); sie ist auch nicht auf die Jahres-ESt oder -LSt anzurechnen (**§ 37a Abs. 2 S. 1 iVm. § 40 Abs. 3 S. 4**). Um dies sicherzustellen, ist der Prämienempfänger v. der Übernahme der ESt durch den Anbieter v. diesem zu unterrichten (**§ 37a Abs. 2 S. 2**), ohne dass das FA deshalb aber v. seiner allg. Aufklärungspflicht entbunden wäre. Darauf, dass das zuwendende Unternehmen die pauschal übernommene Steuer auch tatsächlich anmeldet und abführt, kommt es für die Besteuerung des Kunden nicht an.

Fehlt es an den Voraussetzungen der Pauschalierung, finden die allg. Besteuerungsregeln Anwendung. 8
Gleiches gilt für den Fall, dass die zunächst beantragte Pauschalierung aus dem einen oder dem anderen Grunde fehlschlägt und deshalb die Abgeltungswirkung entfällt. In diesem Fall ist der Anbieter gehalten, den Kunden entspr. Abs. 2 S. 2 in Kenntnis zu setzen, damit die individuelle Erfassung der Zuwendungen gewährleistet ist.[2]

D. Pauschalierungsverfahren (Abs. 3, 4)

Voraussetzung der Pauschalierung ist ein entspr. (und grds. unwiderruflicher[3]) **Antrag** bei dem zuständi- 9
gen Betriebsstätten-FA (**§ 37a Abs. 3 S. 1 iVm. § 41a Abs. 1 Nr. 1**), bei mehreren Betriebsstätten-FÄ dasjenige, in dem die für die pauschale Besteuerung maßgebenden Prämien ermittelt werden (**Abs. 3 S. 2**). Geschieht Letzteres ebenfalls in mehreren Betriebsstätten-FÄ, verbleibt es bei der Zuständigkeit jener FÄ nebeneinander.[4] Antragsberechtigt ist das die Sachprämie gewährende Unternehmen, nicht jedoch unbedingt dasjenige Unternehmen, das die betreffende Dienstleistung erbringt und bonifiziert; auch eine gesellschaftsrechtliche Verflechtung beider Unternehmen ist insoweit nicht erforderlich.[5] Dem FA steht ein – allerdings regelmäßig auf Null reduziertes – **Entscheidungsermessen** zu.[6] Die Genehmigung zur Pauschalierung bezieht im Allg. sämtliche ausgeschütteten Sachprämien ein. Sie erstreckt sich auf die Zukunft und kann zeitlich befristet (**Abs. 3 S. 3**), ggf. auch mit einem Widerrufsvorbehalt versehen werden. Die Ablehnung des Antrags wird sich nur höchst ausnahmsweise rechtfertigen lassen, zB bei fehlender Bonität des Unternehmens oder bei offensichtlich unzutr. Pauschalierung.[7] Deren Genehmigung wie Ablehnung stellen **Verwaltungsakte** (§ 118 AO), jedoch keine Steuerbescheide (§ 155 Abs. 1 AO) dar, so dass für Rücknahme und Widerruf §§ 130 ff. und nicht §§ 172 ff. AO Anwendung finden. Ggf. einspruchsberechtigt (§ 347 Abs. 1 S. 1 AO) ist nur das prämiengewährende Unternehmen, nicht der Prämienempfänger. Dieser ist im Falle einer anschließenden Verpflichtungsklage auch nicht beizuladen (vgl. § 60 FGO).

Wird die Genehmigung erteilt, ist das prämiengewährende Unternehmen dadurch zwar nicht zur Pau- 10
schalierung verpflichtet, vielmehr nur befugt. Macht es davon aber Gebrauch, so ist es allerdings gehalten, die Pauschalsteuer zumindest für den betr. Anmeldungszeitaum (= Mindestzeitraum) als fiktive LSt (wegen der damit grds. anwendbaren lohnsteuerrechtl. Vorschriften s. §§ 38 ff.[8]) innerhalb des LSt-Anmeldungszeitraumes (§ 41a) als Teil der LSt-Anmeldung beim Betriebsstätten-FA (s. Rn. 9) anzumelden und an dieses abzuführen (**Abs. 4**). Eine Unterscheidung nach Zuwendungsart oder -empfänger verbietet sich hierbei; die Anmeldung erfasst ebenso wie die Pauschalierungsgenehmigung alle im Geltungszeitraum gewährten Prämien, vorausgesetzt allerdings, sie sind stpfl. und steuerbar (zu dieser gegenständlichen Einschränkung vgl. Abs. 1 S. 1).[9] Bei Verstößen gegen diese Pflichten, ergeht dem Unternehmen ggü. als (Entrichtungs-)Schuldner dieser LSt (**§ 37a Abs. 2 S. 1 iVm. § 40 Abs. 3 S. 1, 2**) ein Pauschalierungsbescheid (Unternehmenssteuer eigener Art[10]). Der Kunde als der eigentliche StPfl. bleibt hingegen unbehelligt.

1 **AA** *K/S/M*, § 37a Rn. B 9; *H/H/R*, § 37a Anm. 17.
2 *H/H/R*, § 37a Anm. 32.
3 *K/S/M*, § 37a Rn. B 4; **aA** *H/H/R* § 37a Anm. 16; für die Unwiderruflichkeit bei § 37b EStG FG Hess. v. 13.4.2016 – 7 K 872/13, EFG 2016, 1705 Rn. 37 ff. (aus anderen Gründen aufgehoben durch BFH v. 21.2.2018 – VI R 25/16, BStBl. II 2018, 389).
4 *H/H/R*, § 37a Anm. 35; **aA** *K/S/M*, § 37a Rn. D 1.
5 OFD Ffm. v. 30.8.2018 – S 2334 A - 90 - St 222.
6 *Thomas*, DStR 1997, 308.
7 S. BFH v. 5.3.1993 – VI R 79/91, BStBl. II 1993, 692 = FR 1993, 478 zur parallelen Rechtslage bei § 40; *K/S/M*, § 37a Rn. B 6.
8 Im Einzelnen *H/H/R*, § 37a Anm. 40 ff.; *K/S/M*, § 37a Rn. E 2.
9 **AA** *K/S/M*, § 37a Rn. B 21; *H/H/R*, § 37a Anm. 18, 25.
10 *K/S/M*, § 37a Rn. A 20.

§ 37b Pauschalierung der Einkommensteuer bei Sachzuwendungen

(1) [1]Steuerpflichtige können die Einkommensteuer einheitlich für alle innerhalb eines Wirtschaftsjahres gewährten

1. betrieblich veranlassten Zuwendungen, die zusätzlich zur ohnehin vereinbarten Leistung oder Gegenleistung erbracht werden, und

2. Geschenke im Sinne des § 4 Absatz 5 Satz 1 Nummer 1,

die nicht in Geld bestehen, mit einem Pauschsteuersatz von 30 Prozent erheben. [2]Bemessungsgrundlage der pauschalen Einkommensteuer sind die Aufwendungen des Steuerpflichtigen einschließlich Umsatzsteuer; bei Zuwendungen an Arbeitnehmer verbundener Unternehmen ist Bemessungsgrundlage mindestens der sich nach § 8 Absatz 3 Satz 1 ergebende Wert. [3]Die Pauschalierung ist ausgeschlossen,

1. soweit die Aufwendungen je Empfänger und Wirtschaftsjahr oder

2. wenn die Aufwendungen für die einzelne Zuwendung

den Betrag von 10 000 Euro übersteigen.

(2) [1]Absatz 1 gilt auch für betrieblich veranlasste Zuwendungen an Arbeitnehmer des Steuerpflichtigen, soweit sie nicht in Geld bestehen und zusätzlich zum ohnehin geschuldeten Arbeitslohn erbracht werden. [2]In den Fällen des § 8 Absatz 2 Satz 2 bis 10, Absatz 3, § 40 Absatz 2 sowie in Fällen, in denen Vermögensbeteiligungen überlassen werden, ist Absatz 1 nicht anzuwenden; Entsprechendes gilt, soweit die Zuwendungen nach § 40 Absatz 1 pauschaliert worden sind. [3]§ 37a Absatz 1 bleibt unberührt.

(3) [1]Die pauschal besteuerten Sachzuwendungen bleiben bei der Ermittlung der Einkünfte des Empfängers außer Ansatz. [2]Auf die pauschale Einkommensteuer ist § 40 Absatz 3 sinngemäß anzuwenden. [3]Der Steuerpflichtige hat den Empfänger von der Steuerübernahme zu unterrichten.

(4) [1]Die pauschale Einkommensteuer gilt als Lohnsteuer und ist von dem die Sachzuwendung gewährenden Steuerpflichtigen in der Lohnsteuer-Anmeldung der Betriebsstätte nach § 41 Absatz 2 anzumelden und spätestens am zehnten Tag nach Ablauf des für die Betriebsstätte maßgebenden Lohnsteuer-Anmeldungszeitraums an das Betriebsstättenfinanzamt abzuführen. [2]Hat der Steuerpflichtige mehrere Betriebsstätten im Sinne des Satzes 1, so ist das Finanzamt der Betriebsstätte zuständig, in der die für die pauschale Besteuerung maßgebenden Sachbezüge ermittelt werden.

Verwaltung: BMF v. 19.5.2015, BStBl. I 2015, 468.

Literatur: *Bechthold*, Pauschalierung der Einkommensteuer für Sachzuwendungen nach § 37b EStG, BB 2015, 2266; *Engelsing/Backhaus*, Pauschalierung von Sachzuwendungen bei Gemeinnützigen bzw. Berufsverbänden, NWB 2015, 3319; *Kohlhaas*, Übermäßige Besteuerung durch § 37b EStG bei nicht abzugsfähigen Betriebsausgaben?, FR 2012, 950; *Strohner/Sladek*, Pauschalsteuer gemäß § 37b EStG bei Zuwendungen außerhalb einer Einkunftsart und bei Steuerausländern, DStR 2010, 1966.

A. Grundaussagen der Vorschrift

I. Regelungsgegenstand. Der durch das **JStG 2007 neu eingeführte** § 37b gilt die ESt v. Geschäftsfreunden (Abs. 1) und ArbN (Abs. 2) auf Sachzuwendungen durch eine **Pauschalsteuer v. 30 %** auf die entstandenen Kosten zzgl. USt ab, soweit die Besteuerung nicht bereits durch andere pauschalierende Vorschriften (Abs. 2 S. 2 und 3) vereinfachend erfasst wird. Die Einkünfte bleiben dann bei der Besteuerung des Empfängers außer Ansatz (Abs. 3). Die **Abgeltungssteuer** wird auch soweit sie für Geschäftsfreunde entrichtet wird als pauschalierte LSt fingiert (Abs. 4). Die Pauschalierung ist **auf** einen Betrag v. **10 000 Euro** je Empfänger oder Aufwendung **begrenzt**. 1

II. Zweck der Regelung. Im Vorfeld der Fußball-WM 2006 hatte die Verwaltung mit dem **VIP-Logen Erlass**[1] die Möglichkeit geschaffen, dass der Einladende für Gäste der VIP-Logen abgeltend die Steuerlast übernehmen kann. Diese **Abgeltung** wurde für Geschäftsfreunde **durch teilw. Hinzurechnung** der Aufwendungen zum eigenen Gewinn[2] **und** für eigene ArbN durch eine **pauschale LSt**[3] realisiert. Dieser **Regelung fehlte** – zumindest soweit sie nicht ArbN betraf – eine **gesetzliche Grundlage**. Durch die Ausdehnung auf alle Sachzuwendungen kam der Gesetzgeber auch den **Forderungen nach einer allg. Regelung** nach. Technisch ist die Regelung stark **an § 37a angelehnt**, der Gesetzestext zT wörtlich übernommen. 2

III. Verhältnis zu anderen Vorschriften (Abs. 2 S. 2 und 3). § 37b ist gegenüber allen **anderen Formen der pauschalierten Besteuerung nachrangig**. Dies gilt sowohl gegenüber Regelungen, die einen pauschalierten Tarif enthalten (§§ 37a, 40 Abs. 2), als auch gegenüber Vorschriften die pauschaliert Erträge oder Einnahmen des Empfängers bewerten. So lässt Abs. 2 S. 2 keine Pauschalierung zu in Fällen der **Firmenwagenbesteuerung** (§ 8 Abs. 2 S. 2–5), für amtliche **Sachbezugswerte** (§ 8 Abs. 2 S. 6–8), die **Durchschnittsbewertung** (§ 8 Abs. 2 S. 10) oder die **Rabattregelung** nach § 8 Abs. 3 und auch nicht für die **Überlassung v. Vermögensbeteiligungen** an ArbN.[4] Auch Abs. 2 S. 3 ist trotz des unklaren Wortlauts („bleibt unberührt") so zu verstehen, dass **Sachprämien bei Kundenbindungsprogrammen** (§ 37a) nicht zum Regelungsbereich des § 37b zählen,[5] da ein Nebeneinander zu einer Doppelpauschalierung bei (vielfach vorliegenden) überschneidenden Tatbeständen führen würde. Für die in § 40 Abs. 2 **pauschalierbaren Sachbezüge**, kann nicht zw. den Pauschalierungsarten gewählt werden. Die Beweislast, dass der Zuwendungsempfänger ArbN ist, trifft das FA, das nachweisen müsste, dass überhaupt Arbeitslohn vorliegt. 3

Hinsichtlich der **Pauschalbesteuerung nach § 40 Abs. 1** liegt allerdings ein **Sonderfall** vor, da hier nur bei tatsächlicher Pauschalierung § 37b ausgeschlossen wird („worden sind"). Soweit Zuwendungen in beide Bereiche fallen (zB VIP-Logenbesuche), kann der StPfl. wählen. Pauschaliert er nach § 40 Abs. 1, sind diese Aufwendungen insoweit dem Anwendungsbereich des § 37b entzogen, sonst sind sie der Bemessungsgrundlage nach Abs. 1 S. 2 hinzuzurechnen.[6] 4

Für die **Abziehbarkeit** v. Aufwendungen **als BA** beim StPfl. hat § 37b **keine Bedeutung**. So bleiben etwa Geschenke auch dann nach § 4 Abs. 5 S. 1 Nr. 1 nicht abziehbar, wenn sie vom StPfl. für den Empfänger abgeltend besteuert werden. 5

§ 160 AO wird hingegen **durch** die abgeltende **Pauschalierung verdrängt**. Eine zusätzliche Hinzurechnung nach § 160 AO kommt nicht in Betracht, weil durch die Abgeltungswirkung die Besteuerung beim Empfänger nicht mehr sichergestellt werden muss.[7] 6

Zuwendungen des ArbG an seine ArbN iSd. § 37b Abs. 2 sind **dem sozialversicherungspflichtigen Arbeitsentgelt hinzuzurechnen**, Zuwendungen an fremde ArbN hingegen idR nicht (vgl. § 1 Abs. 1 Nr. 14 SvEV). 6a

IV. Rechtsfolge der Pauschalierung. Soweit die Pauschalierung wirkt, ist die **ESt für die Zuwendung beim Empfänger abgegolten**. Der zu § 37a Abs. 2 S. 1 inhaltsgleiche Verweis in Abs. 3 S. 2 zur sinngemäßen Anwendung des § 40 Abs. 3 führt dazu, dass der StPfl. selbst Schuldner der Pauschalsteuer ist, diese die Bemessungsgrundlage nicht mindert und der Empfänger die auf ihn entfallende Pauschalsteuer auch nicht auf seine ESt anrechnen kann. 7

1 BMF v. 22.8.2005, BStBl. I 2005, 845; *Mann/Bierstedt*, BB 2006, 1366.
2 BMF v. 22.8.2005, BStBl. I 2005, 845 Tz. 16; aufgehoben mit Wirkung ab dem 1.1.2007, BMF v. 19.5.2015, BStBl. I 2015, 468 Tz. III.2.
3 BMF v. 22.8.2005, BStBl. I 2005, 845 Tz. 18: 30 % der auf die ArbN entfallenden pauschal ermittelten Kostenanteile; aufgehoben mit Wirkung ab dem 1.1.2007, BMF v. 19.5.2015, BStBl. I 2015, 468 Tz. III.2.
4 Nur der Verweis auf § 19a wurde gestrichen (BGBl. I 2009, 451). Es ist davon auszugehen, dass § 3 Nr. 39 Vorrang hat; glA *H/H/R*, § 37b Rn. 28; BMF v. 8.12.2009, BStBl. I 2009, 1513 Tz. 1.5.
5 So auch die Gesetzesbegründung BR-Drucks. 622/06, 93.
6 BMF v. 19.5.2015, BStBl. I 2015, 468 Tz. I.
7 *Schmidt*[37], § 37b Rn. 9; **aA** *H/H/R*, § 37b Rn. 11; *Niermann*, DB 2006, 2307; *Albert*, FR 2006, 913.

B. Pauschalierungsgegenstände (Abs. 1 S. 1)

8 **I. Betroffene Zuwendungen.** Pauschaliert werden dürfen **Geschenke** iSd. § 4 Abs. 5 Nr. 1[1] (S. 1 Nr. 2) **und andere betrieblich veranlasste Zuwendungen**, die **zusätzlich zur ohnehin vereinbarten Leistung** oder Gegenleistung erbracht werden (S. 1 Nr. 1). Zunächst sollte die Regelung auf Geschenke (§ 4 Rn. 197f.) beschränkt bleiben,[2] um die zu erfassenden Leistungen klar abgrenzen zu können. So sollten insbes. **Bewirtungsleistungen nicht betroffen** sein,[3] da der „Bewirtungsvorteil" aus Vereinfachungsgründen bisher nicht erfasst wurde.[4] Die auf Vorschlag des Bundesrates[5] eingefügte **Erweiterung auf andere betrieblich veranlasste Zuwendungen** war davon intendiert, dass auch Incentive-Reisen[6] pauschaliert abgegolten werden können. Vom Wortlaut erfährt die Regelung dadurch eine Erweiterung, die insbes. in Zusammenhang mit der Verpflichtung das Besteuerungswahlrecht einheitlich ausüben zu müssen (Rn. 25), **schwer zu übersehende Folgen** hat. So erfüllen etwa auch Probefahrten, die Autohändler ihren Kunden anbieten, die Tatbestandsvoraussetzungen v. Abs. 1 Nr. 1. Nach neuer Rspr. kommt es aber darauf an, ob der Empfänger eine Zuwendung erhält, die auch losgelöst von § 37b bei ihm zu stpfl. Einkünften führt (s. Rn. 14). Der Zuwendende muss also ermitteln, ob bzw. wie die Zuwendung beim Empfänger stl. zu behandeln ist, was nicht iSd. Gesetzgebers liegen dürfte. Denn der niedrige Steuersatz des § 37b rechtfertigt sich daraus, dass bei einzelnen Empfängern keine steuerbaren Zuwendungen vorliegen.[7] Bei Zuwendungen an die eigenen ArbN werden Sachbezüge unter der Freigrenze v. 44 Euro (§ 8 Abs. 2 S. 11), Mahlzeiten iRv. Auswärtstätigkeiten (§ 8 Abs. 2 S. 8)[8] und Aufmerksamkeiten[9] (Freigrenze jeweils 60 Euro) nicht einberechnet.[10] Zuwendungen des ArbG an seine ArbN, die im überwiegenden betrieblichen Interesse erfolgen, sind ebenfalls nicht nach § 37b zu pauschalieren.[11]

9 Bei **reinen Werbeleistungen**, die dem Grunde nach beim Empfänger keine Erhöhung der stpfl. Einkünfte verursachen können, droht gar keine Besteuerung, die folglich auch nicht beim Zuwendenden vereinfacht erhoben werden muss. Anders ist dies, wenn die Art der Zuwendung einen privat nutzbaren Wert enthält, zB Fahrertrainingswochenende v. Automobilherstellern. Auch die Erfassung der **Bewirtungsaufwendungen** ist nicht gewollt.[12] Zudem rechnen körperliche Gegenstände, die nicht den Geschenkbegriff erfüllen (**Streuwerbeartikel, geringwertige Warenproben** mit AK/HK bis zu 10 Euro), nicht zum Anwendungsbereich der Vorschrift.

10 **II. Sachzuwendungen.** Erfasst werden nur Sachzuwendungen („die nicht in Geld bestehen") und andere geldwerte Vorteile. Im Falle des Abs. 1 S. 1 Nr. 1 müssen diese **zusätzlich** gewährt werden. Die Zusätzlichkeitsvoraussetzung ist nach Auffassung der FinVerw. in den Fällen des Abs. 1 S. 1 Nr. 1 erfüllt, wenn in sachlichem und zeitlichem Zusammenhang mit einem Grundgeschäft zusätzliche Leistungen erbracht werden.[13] Die Voraussetzung soll nach der Rspr. nicht erfüllt sein, wenn Zuwendungen unabhängig von einem bestehenden Leistungsaustausch erbracht werden. Erforderlich soll hingegen sein, dass die Zuwendungen ergänzend zu einem synallagmatischen Leistungsaustausch hinzutreten.[14] Die weitergehende Frage, wie eng der Zusammenhang zw. Zuwendung und Leistungsaustausch sein muss, wird von der Rspr. noch uneinheitlich beantwortet. Teilweise wird es als nicht ausreichend erachtet, wenn lediglich eine gewisse zeitliche Nähe, aber kein tatsächlicher Zusammenhang zw. der Zuwendung und dem Leistungsaustausch vorliegt.[15] Nach einer anderen Entsch. setzt die Anwendung von Abs. 1 S. 1 Nr. 1 jedoch nur voraus, dass zw. dem Zuwendenden und dem Empfänger eine geschäftliche oder sonst wie geartete wirt-

1 Unabhängig davon, ob die 35-Euro-Grenze des § 4 Abs. 5 Nr. 1 überschritten wird, BFH v. 16.10.2013 – VI R 52/11, BStBl. II 2015, 455.
2 BR-Drucks. 622/06, 10.
3 BR-Drucks. 622/06, 91.
4 R 4.7 Abs. 3 EStR.
5 BT-Drucks. 16/1336.
6 Dazu BMF v. 14.10.1996, BStBl. I 1996, 1192.
7 *Van Dülmen*, DStR 2007, 9, rechtfertigt den Steuersatz damit, dass die Empfänger keine BA oder WK geltend machen können und die Versagung des BA-Abzugs zu einer nicht gerechtfertigten Doppelbesteuerung führen würde.
8 BMF v. 19.5.2015, BStBl. I 2015, 468 Tz. 18; R 8.1 Abs. 8 Nr. 2 LStR.
9 BMF v. 19.5.2015, BStBl. I 2015, 468 Tz. 19; R 19.6 Abs. 1 LStR.
10 *Niermann*, DB 2006, 2307; weitergehend *H/H/R*, § 37b Rn. 14, der aus Gleichbehandlungsgründen auch Geschenke unter 35 Euro nicht einbeziehen will.
11 BFH v. 16.10.2013 – VI R 78/12, BStBl. II 2015, 495.
12 BMF v. 19.5.2015, BStBl. I 2015, 468 Tz. 10 mit Verweis auf R 4.7 EStR und R 8.1 Abs. 8 Nr. 1 LStR; *Schmidt*[37], § 37b Rn. 4.
13 BMF v. 19.5.2015, BStBl. I 2015, 468 Tz. III.1.
14 BFH v. 21.2.2018 – VI R 25/16, BStBl. II 2018, 389.
15 FG SachsAnh. v. 9.3.2017 – 6 K 1201/16, BB 2017, 1891 (rkr.).

schaftl. Beziehung besteht und aus diesem Grund ein Anreiz gewährt wird.[1] Eine zu enge Auslegung des Zusammenhangs zw. Zuwendung und Leistungsaustausch schränkt den Anwendungsbereich von Abs. 1 S. 1 Nr. 1 stark ein und entspricht damit nicht mehr dem Gesetzeszweck der Vereinfachung und stl. Erfassung solcher Zuwendungen. Zudem wollen viele Zuwendende ihre Zuwendungen gerade nicht aus der Besteuerung nach § 37b heraushalten, sondern vielmehr die Zuwendungsempfänger von möglichen Steuerlasten und Erklärungspflichten befreien.[2] Scheitert die Anwendung von Abs. 1 S. 1 Nr. 1 an der Zusätzlichkeitsvoraussetzung, kann aber ggf. nach Abs. 1 S. 1 Nr. 2 pauschaliert werden.[3] Zuwendungen nach Abs. 2 S. 1 an ArbN können **nicht iRv. Barlohnumwandlungen** abgeltend pauschaliert werden.[4] Es muss sich um eigene Sachzuwendungen des StPfl. handeln. Sachzuwendungen Dritter an ArbN können nur v. dem Dritten, nicht aber vom ArbG pauschaliert werden.[5]

III. Betriebliche Veranlassung. Die Zuwendung muss betrieblich veranlasst sein.[6] Privat veranlasste Zuwendungen (zB an nahe Angehörige) oder gesellschaftsrechtl. veranlasste **verdeckte Gewinnausschüttungen** fallen **nicht** unter die Pauschalierung.[7] Zuwendungen aus dem hoheitlichen Bereich einer jur. Pers. des öffentl. Rechts sind nicht „betrieblich veranlasst" und können nicht pauschaliert werden.[8] Die **betriebliche Veranlassung** ist **nur für den Zuwendenden** zu **prüfen**. 11

Eine betriebliche Veranlassung setzt zudem **Gewinneinkünfte** nach § 2 Abs. 2 Nr. 1 voraus. Zuwendungen, die durch Überschusseinkünfte veranlasst sind, können nicht nach § 37b pauschaliert werden.[9] 12

C. Pauschalierungsberechtigter

Die Pauschalierungsregelung steht StPfl. zu. Dazu gehören iSd. § 33 AO neben nat. Pers. auch PersGes., Personengemeinschaften und jur. Pers, die **im Inland einen stpfl. Betrieb oder eine inländ. Betriebsstätte** (Abs. 4) führen.[10] Nach Auffassung der Verwaltung[11] sollen **ausländ. Zuwendende und nicht stpfl. jur. Pers.**[12] allein durch die Anwendung des § 37b zu StPfl. im Sinne dieser Vorschrift werden. Um wegen der Einheitlichkeit der Wahlrechtsausübung nicht alle weltweit angefallenen Zuwendungen mitpauschalieren zu müssen, soll bei ausländ. Zuwendenden § 37b auf im Inland gewährte Zuwendungen beschränkt bleiben, die an im Inland stpfl. Pers. gewährt werden.[13] Gemeinnützige Organisationen und Berufsverbände sollen § 37b grds. anwenden können.[14] 13

D. Zuwendungsempfänger (Abs. 2)

Die Vorschrift grenzt die begünstigten Pers. nicht ein. Vielmehr bestätigt Abs. 2, dass **nicht nur Geschäftsfreunde, sondern auch ArbN** Zuwendungsbegünstigte der pauschalierbaren Tatbestände sein können. Allerdings grenzt die Nachrangigkeit der Pauschalierung gegenüber anderen Pauschalierungstatbeständen den Anwendungsbereich gerade gegenüber ArbN ein. Mittlerweile folgt die FinVerw.[15] der Rspr.[16] sowie der mehrheitlichen Auffassung der Literatur,[17] wonach § 37b bei Zuwendungen außerhalb einer Einkunftsart oder bei Zuwendungen an im Inland nicht stpfl. Steuerausländer keine Anwendung findet. 14

---

1 FG Bremen v. 21.9.2017 – 1 K 20/17 (5), juris (rkr.).
2 *Zimmermann*, EStB 2017, 362.
3 **GlA** *Weber*, NWB 2015, 2136; zum Begriff „Geschenk" vgl. ausf. *H/H/R*, § 4 Rn. 1145.
4 BMF v. 19.5.2015, BStBl. I 2015, 468 Tz. III.1.
5 BMF v. 19.5.2015, BStBl. I 2015, 468, Tz. III.1; *Niermann*, DB 2006, 2307.
6 BFH v. 12.12.2013 – VI R 47/12, BStBl. II 2015, 490.
7 *Niermann*, DB 2006, 2307.
8 *Weber*, NWB 2015, 2136.
9 **AA** wohl BMF v. 19.5.2015, BStBl. I 2015, 468 Tz. I., da danach auch nicht stpfl. jur. Pers. die Pauschalierung wählen können.
10 BFH v. 12.12.2013 – VI R 47/12, BStBl. II 2015, 490.
11 BMF v. 19.5.2015, BStBl. I 2015, 468 Tz. I.; zust. FA dann analog H 41.3 LStH.
12 **AA** *Weber*, NWB 2015, 2136: Jur. Pers. des öffentl. Rechts können nur in den Betrieben gewerblicher Art, nicht aber im hoheitlichen Bereich § 37b anwenden.
13 BMF v. 19.5.2015, BStBl. I 2015, 468 Tz. 6.
14 *Engelsing/Backhaus*, NWB 2015, 3319; mit diff. Betrachtung des ideellen Bereichs, der Vermögensverwaltung, des wirtschaftlichen Geschäftsbetriebs und des Zweckbetriebs.
15 BMF v. 19.5.2015, BStBl. I 2015, 468 Tz. I. und III.1.
16 BFH v. 16.10.2013 – VI R 52/11, BStBl. II 2015, 455; v. 16.10.2013 – VI R 57/11, BStBl. II 2015, 457.
17 *Schmidt*[37], § 37b Rn. 3; *Strohner/Sladek*, DStR 2010, 1966, mwN, iErg. mit verfassungsrechtl. Bedenken; *Kohlhaas*, FR 2012, 950 Tz. VI.3.

E. Obergrenzen (Abs. 1 S. 3)

15 **I. Empfänger- und Aufwendungsobergrenze.** Die Pauschalierung ist in Abs. 1 S. 3 betragsmäßig auf 10 000 Euro begrenzt. Maßstab sind die Bruttoaufwendungen abzgl. Zuzahlungen des Empfängers.[1] Dabei gilt zum einen ein Höchstbetrag je Empfänger und Wj. (Nr. 1), zum anderen eine Höchstgrenze für die einzelne Aufwendung (Nr. 2). Die **Bedeutung dieser zweiten Obergrenze** ergibt sich vor allem aus der Rechtsfolge, dass Nr. 2 die Pauschalierung bei ihrem Überschreiten dann insgesamt und nicht wie Nr. 1 nur, soweit der Betrag überschritten wird, ausschließt. Erhält der Empfänger vom StPfl. im Wj. zwei Zuwendungen über je 6 000 Euro, können 10 000 Euro pauschaliert abgeltend besteuert werden („soweit"), handelt es sich um eine einzige Aufwendung v. 12 000 Euro, ist § 37b nicht anwendbar („wenn"). Die Pauschalierung v. Luxusgeschenken ist deshalb auch nicht teilw. möglich.[2] Zudem erhält Nr. 2 auch Bedeutung, wenn sich die Aufwendungen für eine Zuwendung auf zwei Wj. verteilen.

16 **II. Nachweispflicht.** Für die Einhaltung der Obergrenze ist der **StPfl. nachweispflichtig**. Soweit es sich um Geschenke handelt, kann auf die nach § 4 Abs. 7 bereits bestehenden Aufzeichnungspflichten (§ 4 Rn. 167) zurückgegriffen werden. Bei **Zuwendungen bis zu 60 Euro** kann auch ohne entspr. Aufzeichnungen davon ausgegangen werden, dass der Höchstbetrag nach Abs. 1 S. 3 Nr. 1 nicht überschritten wird.[3] Hinsichtlich der anderen Zuwendungen müssen entspr. Aufzeichnungen geführt werden. Da das G **keine formalen Aufzeichnungspflichten** vorsieht, handelt es sich um ein **reines Nachweisproblem**. In vielen Fällen dürfte die Einhaltung der Grenzen glaubhaft sein.[4]

17 **III. Übersteigender Betrag beim Empfänger.** Erhält ein Empfänger mehr als 10 000 Euro im Wj., ist der übersteigende Teil **nicht pauschalierbar**. Das führt zu Problemen, wenn der Empfänger nicht alle Zuwendungen versteuern müsste.

Beispiel: A hat 12 000 Euro erhalten, davon sind bei ihm 1 500 Euro nicht stpfl. Der Zuwendende hat 10 000 Euro pauschal versteuert. Für A greift hier das Prinzip der Meistbegünstigung. Er muss nur 500 Euro versteuern.

18 **IV. Maßstab.** Die Obergrenze bestimmt sich **ausschließlich nach der Höhe der Aufwendungen, unabhängig v. der Bemessungsgrundlage**. Beispiel: pauschalierbare (Netto-)Aufwendungen an einen ArbN eines verbundenen Unternehmens iHv. 8 000 Euro (= 9 520 Euro), der Wert nach § 8 Abs. 3 S. 1 beträgt 12 000 Euro (= Netto 10 084 Euro); eine Pauschalierung ist insgesamt möglich (Bemessungsgrundlage nach Abs. 1 S. 2: 12 000 Euro).

F. Berechnung der Steuer

19 **I. Höhe der Steuer (Abs. 1 S. 1).** Der Steuersatz beträgt 30 %. Da es sich dabei um einen **Nettosteuersatz** handelt (§ 40 Rn. 17), unterstellt das G einen **Bruttosteuersatz v. etwa 23 %**.

20 **II. Bemessungsgrundlage (Abs. 1 S. 2).** Bemessungsgrundlage der Pauschalierung sind grds. die **Aufwendungen zzgl. USt**. Die USt ist dabei aus den erbrachten Aufwendungen zu berechnen. Zuzahlungen des Empfängers mindern den Wert, Zuzahlungen Dritter jedoch nicht.[5] Die Höhe der den Zuwendungen **zuzurechnenden Aufwendungen** bestimmt sich **nach stl. Gewinnermittlungsvorschriften. Abzugsverbote** bleiben aber **unbeachtet.**[6] Für die Beurteilung, **mit welchem Steuersatz oder ob überhaupt USt** einzurechnen ist, ist eine umsatzsteuerbare Leistung an den Empfänger zu unterstellen, sofern die Zuwendung nicht bereits aus anderen Gründen umsatzsteuerbar ist. Ist der StPfl. nicht ustpfl., ist keine USt auf die Aufwendungen hinzuzurechnen, weil die Aufwendungen dann bereits brutto berechnet werden. **Für Zuwendungen an ArbN verbundener Unternehmen** gilt nach Abs. 1 S. 2 die **Mindestbemessungsgrundlage** nach § 8 Abs. 3 S. 1 (§ 8 Rn. 58 f.). Sie ersetzt aber nur den Anteil, der für diese ArbN angefallen ist.

Beispiel: Aufwendung insgesamt 9 000 Euro. Davon für ArbN eines verbundenen Unternehmens 5 000 Euro (brutto 5 950 Euro). Der Wert nach § 8 Abs. 3 S. 1 dafür beträgt 7 000 Euro. Die Bemessungsgrundlage wäre dann (9 000 Euro – 5 000 Euro = 4 000 Euro zzgl. 760 Euro USt = 4 760 Euro + 7 000 Euro =) 11 760 Euro.

Die übernommene Steuer wäre zwar steuersystematisch als weitere Einnahme des Zuwendungsempfängers anzusehen. Zur Vermeidung dieses Perpetuierungseffekts hat der Gesetzgeber dies jedoch ausgeschlossen und diesen Effekt bei der Festlegung des Pauschalsteuersatzes berücksichtigt.[7] Da eine Zuwendung eine

---

1 BMF v. 19.5.2015, BStBl. I 2015, 468 Tz. III.5.
2 BT-Drucks. 16/3036.
3 BMF v. 19.5.2015, BStBl. I 2015, 468 Tz. VII.3.
4 **AA** für Aufwendungen, die unter § 160 AO fallen, BMF v. 19.5.2015, BStBl. I 2015, 468 Tz. VII.3. (schädlich, wenn die Summe aller unter § 160 AO fallenden Aufwendungen den Höchstbetrag übersteigt).
5 BMF v. 19.5.2015, BStBl. I 2015, 468 Tz. III.1.
6 *Niermann*, DB 2008, 1231; zweifelhaft, *Schmidt*[37], § 37b Rn. 9.
7 BT-Drucks. 16/2712, 55; BFH v. 30.3.2017 – IV R 13/14, BStBl. II 2017, 892.

Zurechnung zu den stpfl. Einkünften des Empfängers voraussetzt, würde dies zudem dem Vereinfachungseffekt, eine solche Differenzierung gerade nicht treffen zu müssen, diametral widersprechen.

Da § 37b bei **Zuwendungen außerhalb einer Einkunftsart** oder bei Zuwendungen an im Inland nicht stpfl. Steuerausländer keine Anwendung findet (Rn. 14), gehören solche Zuwendungen **nicht zur Bemessungsgrundlage**. Der Zuwendende soll aber nachweisen müssen, dass eine Zuwendung beim Empfänger für die inländ. Besteuerung irrelevant ist.[1] Als Nachweis könnte je Zuwendung neben dem Namen des Zuwendungsempfängers der dem Zuwendenden bekannte Unternehmensstandort bzw. die Wohnanschrift des Empfängers sowie die Art und der Anlass der Zuwendung aufgezeichnet werden.[2] Dies ist aber nur dann ausreichend, falls sich keine anderen Anhaltspunkte für eine inländ. Besteuerung ergeben. Alternativ erlaubt die FinVerw. für die Ermittlung der Bemessungsgrundlage in den Fällen des Abs. 1 S. 1, einen aus Erfahrungswerten abgeleiteten Prozentsatz aller Zuwendungen als im Inland steuerlich relevante Zuwendungen zu pauschalieren.[3]

Die Kritik an den durch das neue BMF-Schr. eingeführten Aufzeichnungspflichten – insbes. zum Nachweis der fehlenden StPfl. – ist zwar berechtigt.[4] In der Praxis wird der Nachweis der steuerlich relevanten Zuwendungen aber immer mit der Abgrenzung von den steuerlich irrelevanten Zuwendungen einhergehen, sodass Letztere ohnehin betrachtet werden müssen. Der Gesetzgeber ist gefordert, die Aufzeichnungspflichten zu regeln.

Strittig ist derzeit, ob Kosten für die Beauftragung von Eventagenturen für betriebliche Veranstaltungen, an denen Kunden und ArbN des Zuwendenden teilgenommen haben, in die Bemessungsgrundlage nach Abs. 1 S. 2 einzubeziehen sind. Nach zutr. Auffassung sind solche Kosten sowohl bei konsequenter Anwendung des Abs. 1 S. 2 als auch bei der in der Literatur teilw. geforderten Bewertung nach allg. Kriterien iRd. § 37b zu erfassen.[5]

G. Abgeltungswirkung (Abs. 3 S. 1)

Mit der Pauschalierung ist die durch die Sachzuwendungen beim Empfänger entstehende **ESt abgegolten**. 21
Die Zuwendung bleibt beim Empfänger „außer Ansatz". Dh. auch, dass der Empfänger **keine entspr. Aufwendungen** geltend machen kann. Wird etwa ein Fahrertraining v. einem Chauffeur des empfangenden Unternehmens besucht, kann der bereits versteuerte Aufwand nicht vom Unternehmen geltend gemacht werden. Erhält ein Unternehmer ein nach Abs. 1 S. 1 pauschaliertes WG, ist dieses bei ihm mit dem gemeinen Wert zu aktivieren.[6]

H. Behandlung als fiktive Lohnsteuer (Abs. 4 S. 1)

Die Pauschalsteuer wird gem. Abs. 4 S. 1 wie § 37a (§ 37a Abs. 4) als LSt fingiert. Dies hat materiell zur 22
Folge, dass auch **KiSt. und der SolZ** zu erheben ist. Für die KiSt. wird in Hinblick auf die Geschäftsfreunde nur die Vereinfachungsregelung (vgl. auch § 40 Rn. 4a) in Frage kommen.[7]

Technisch muss die Pauschalsteuer **bereits im Voranmeldungszeitraum der Gewährung** abgeführt wer- 23
den, allerdings nur, wenn der StPfl. die Pauschalierung bereits gewählt hat. Entschließt sich der StPfl. **erst während des Wj.** für die Pauschalierung, muss er die bisher nicht erfassten Zuwendungen und Geschenke der bereits abgelaufenen Voranmeldungszeiträume mit erfassen. Zu einer Korrektur kommt es auch, wenn bisher **nach § 37b pauschalierte Zuwendungen nachträglich nach § 40 Abs. 1 pauschaliert** werden. Die bisherigen Anmeldungen sind dann zu korrigieren.

Zuständiges FA ist das **Betriebsstätten-FA** gem. § 41a Abs. 1 Nr. 1, der LSt-Anmeldungszeitraum (§ 41a 24
Rn. 8) gilt auch für die Pauschalsteuer. Bei mehreren Betriebsstätten (§ 41 Rn. 6) ist die die Sachbezüge ermittelnde Betriebsstätte zuständig. Da **für „Nicht"-ArbN** keine Sachbezüge ermittelt, sondern nur die Aufwendungen für die Zuwendungen aufgezeichnet werden, ist das **idR der Ort der Finanzbuchhaltung**.

I. Wahl der Pauschalierung

I. Einheitlich. Das Pauschalierungswahlrecht muss gem. Abs. 1 S. 1 **„für alle" Zuwendungen und Ge- 25
schenke eines Wj.** einheitlich ausgeübt werden.[8] Die Verwaltung lässt allerdings zu, das **Wahlrecht für**

1 BMF v. 19.5.2015, BStBl. I 2015, 468 Tz. III.1.
2 *Bechthold*, BB 2015, 2266.
3 BMF v. 19.5.2015, BStBl. I 2015, 468 Tz. III.1.
4 *Bechthold*, BB 2015, 2266: unzulässige Beweislastumkehr.
5 FG Köln v. 22.2.2018 – 1 K 3154/15, EFG 2018, 1133 (Rev. VI R 13/18).
6 BMF v. 19.5.2015, BStBl. I 2015, 468 Tz. VI.
7 S. dazu gleichlautenden Ländererlass v. 8.8.2016, BStBl. I 2016, 773.
8 *Van Dülmen*, DStR 2007, 9, äußert deswegen grds. Zweifel an der Praxistauglichkeit der Norm.

Dritte (Abs. 1) und **ArbN** (Abs. 2) **jeweils gesondert** auszuüben.[1] Innerhalb der unter Abs. 1 fallenden Zuwendungen lässt die FinVerw. für ArbN verbundener Unternehmen eine weitere gesonderte Wahlrechtsausübung zu.[2] Wenn der StPfl. pauschaliert, erhöhen alle Geschenke und alle Zuwendungen, die in den Anwendungsbereich der Norm fallen, die jeweilige Bemessungsgrundlage des Abs. 1 S. 2.

26 **Wahlrecht steht dem Unternehmen zu** und wirkt nur für dieses. Eine nat. Pers. muss **nicht für alle Betriebe einheitlich** die Pauschalierung wählen. Die Ausübung des Wahlrechts einer PersGes. schlägt nicht auf den MU'er durch. In Fällen einer **Organschaft** ist die Norm beim Organträger wie auch bei jeder Organgesellschaft selbst (und **unabhängig voneinander**) anwendbar.

27 **II. Ausübung des Wahlrechts.** Für die Ausübung des Wahlrechts („können") enthält das G **keine formalen Vorschriften**. Der StPfl. wählt die Pauschalierung idR **konkludent mit Abgabe der** die Pauschalierung enthaltenden **Lohnsteueranmeldung**. Mit Abgabe der Anmeldung ist der StPfl. an die Wahl gebunden (§ 40 Rn. 6). Da die Pauschalierung ggü. dem FA erklärt werden muss, binden vorab versandte Unterrichtungen der Empfänger (Rn. 28) den StPfl. nicht; auch einem gesetzlich nicht vorgesehenen formalen Antrag kommt keine Bindungswirkung zu.[3] Nach Abgabe der Steueranmeldung ist der StPfl. **für das gesamte Wj. an seine Erklärung gebunden**,[4] selbst wenn er nicht übersehen konnte, welche Größenordnung die Pauschalierung im Wj. erreichen wird, oder er bestimmte Zuwendungen, die in den Anwendungsbereich des § 37b fallen, bei der Antragsstellung nicht bedacht hatte. Nach neuer Rspr. sollen die Wahlrechte zur Ausübung der Pauschalierung widerruflich sein. Im Falle eines Widerrufs seien allerdings die Zuwendungsempfänger durch den Zuwendenden zu informieren.[5] Diese Rspr. ist abzulehnen, da sie dem Willen des Gesetzgebers widerspricht[6] und in der Praxis, insbes. bei einer hohen Zahl an Zuwendungsempfängern, sowohl bei der FinVerw. als auch bei den StPfl. zu großem Verwaltungsaufwand führt. Die Verwaltung lässt aber zu, dass die Entscheidung für die Pauschalierung nach Abs. 1 erst in der letzten LSt-Anmeldung des Wj. getroffen wird.[7] Die Zuwendenden haben folglich ausreichend Zeit für die Entscheidungsfindung. Abzulehnen ist indes die Auffassung, dass für die ArbN die Entscheidung spätestens bis zur Übermittlung der elektronischen LSt-Bescheinigung (= 28.2.) getroffen werden muss.[8] Diese Auffassung ist v. der LSt geprägt und beachtet nicht, dass der StPfl. ein vom Kj. abw. Wj. haben kann. Für künftige Wj. entsteht keinerlei Bindung.

J. Sonstiges

28 **I. Unterrichtung des Empfängers (Abs. 3 S. 3).** Die Regelung entspricht § 37a Abs. 2 S. 2. Unterrichtet werden muss nur, ob pauschal versteuert wurde, nicht aber über den Wert der Zuwendung. Der dort angeordneten Unterrichtung kommt **keine einkommensteuerliche Wirkung** zu.[9] Sie ist **weder Tatbestandsvoraussetzung der Pauschalierung noch Voraussetzung der Abgeltungswirkung** für den Empfänger. Auch soweit der Empfänger darauf vertrauen durfte (daran fehlt es bei einem Zusammenwirken v. Empfänger und Unternehmen), schützt eine fehlerhafte Unterrichtung nur vor steuerstrafrechtl. Konsequenzen. Sie kann zudem Schadenersatzansprüche des Empfängers begründen.

29 **II. Wirkung der Steuer für den Steuerpflichtigen.** Die Übernahme der Steuer ist wie die LSt eine Betriebssteuer und damit **BA**. Soweit die Aufwendung selbst wegen Überschreiten der **Freigrenze des § 4 Abs. 5 Nr. 1** nicht abziehbar ist, **wirkt** dies **auch für die Pauschalsteuer.**[10] Bei der Ermittlung der Freigrenze soll nach neuer Rspr. auch die übernommene Pauschalsteuer einbezogen werden.[11] Die neue Rspr. führt in den Fällen des Abs. 1 S. 1 Nr. 2 zu einer Herabsetzung der Grenzbeträge des § 4 Abs. 5 Nr. 1.[12] Die FinVerw. lässt aber auch nach der Entsch. des BFH[13] aus Vereinfachungsgründen die Steuer bei der

1 BMF v. 19.5.2015, BStBl. I 2015, 468 Tz. 4.
2 BMF v. 19.5.2015, BStBl. I 2015, 468 Tz. 5.
3 **AA** BR-Drucks. 622/06, 92.
4 BMF v. 19.5.2015, BStBl. I 2015, 468, Tz. 4 und 8a; *Blümich*, § 37b Rn. 12; **aA** *Urban*, DStZ 2008, 299; *Schmidt*[37], § 37b Rn. 13, der allerdings dann korrigierte Mitteilungen an die Zuwendungsempfänger als Voraussetzung für die Wirksamkeit des Widerrufs sieht (Rn. 14).
5 BFH v. 15.6.2016 – VI R 54/15, BStBl. II 2016, 1010 = DStR 2016, 2509.
6 BT-Drucks. 16/2712, 55.
7 BMF v. 19.5.2015, BStBl. I 2015, 468 Tz. 7.
8 BMF v. 19.5.2015, BStBl. I 2015, 468 Tz. 8.
9 *Niermann*, DB 2006, 2307.
10 BFH v. 30.3.2017 – IV R 13/14, BStBl. II 2017, 892; **aA** *Kohlhaas*, FR 2012, 951 Tz. III.3.
11 BFH v. 30.3.2017 – IV R 13/14, BStBl. II 2017, 892.
12 *Zimmermann*, EStB 2017, 362: Unter Berücksichtigung der Annexsteuern und der umsatzsteuerlichen Folgen ergibt sich ein zulässiger Grenzbetrag für die Netto-AK des Geschenks iHv. 24,97 Euro (bei 19 % USt) bzw. 25,71 Euro (bei 7 % USt).
13 BFH v. 30.3.2017 – IV R 13/14, BStBl. II 2017, 892.

Ermittlung der Freigrenze außen vor.[1] Für ArbN gehört die anteilige Steuer zum (abgegoltenen) Arbeitslohn.[2]

III. Weitergabe pauschal besteuerter Zuwendungen. Gibt der Empfänger eine nach § 37b besteuerte Zuwendung unmittelbar weiter, wirkt die Abgeltung für den Letztempfänger, wenn der Weiterleitende hierfür keine BA geltend macht.[3] 30

2. Steuerabzug vom Arbeitslohn (Lohnsteuer)

§ 38 Erhebung der Lohnsteuer

(1) [1]Bei Einkünften aus nichtselbständiger Arbeit wird die Einkommensteuer durch Abzug vom Arbeitslohn erhoben (Lohnsteuer), soweit der Arbeitslohn von einem Arbeitgeber gezahlt wird, der

1. im Inland einen Wohnsitz, seinen gewöhnlichen Aufenthalt, seine Geschäftsleitung, seinen Sitz, eine Betriebsstätte oder einen ständigen Vertreter im Sinne der §§ 8 bis 13 der Abgabenordnung hat (inländischer Arbeitgeber) oder

2. einem Dritten (Entleiher) Arbeitnehmer gewerbsmäßig zur Arbeitsleistung im Inland überlässt, ohne inländischer Arbeitgeber zu sein (ausländischer Verleiher).

[2]Inländischer Arbeitgeber im Sinne des Satzes 1 ist in den Fällen der Arbeitnehmerentsendung auch das in Deutschland ansässige aufnehmende Unternehmen, das den Arbeitslohn für die ihm geleistete Arbeit wirtschaftlich trägt; Voraussetzung hierfür ist nicht, dass das Unternehmen dem Arbeitnehmer den Arbeitslohn im eigenen Namen und für eigene Rechnung auszahlt. [3]Der Lohnsteuer unterliegt auch der im Rahmen des Dienstverhältnisses von einem Dritten gewährte Arbeitslohn, wenn der Arbeitgeber weiß oder erkennen kann, dass derartige Vergütungen erbracht werden; dies ist insbesondere anzunehmen, wenn Arbeitgeber und Dritter verbundene Unternehmen im Sinne von § 15 des Aktiengesetzes sind.

(2) [1]Der Arbeitnehmer ist Schuldner der Lohnsteuer. [2]Die Lohnsteuer entsteht in dem Zeitpunkt, in dem der Arbeitslohn dem Arbeitnehmer zufließt.

(3) [1]Der Arbeitgeber hat die Lohnsteuer für Rechnung des Arbeitnehmers bei jeder Lohnzahlung vom Arbeitslohn einzubehalten. [2]Bei juristischen Personen des öffentlichen Rechts hat die öffentliche Kasse, die den Arbeitslohn zahlt, die Pflichten des Arbeitgebers. [3]In den Fällen der nach § 7f Absatz 1 Satz 1 Nummer 2 des Vierten Buches Sozialgesetzbuch an die Deutsche Rentenversicherung Bund übertragenen Wertguthaben hat die Deutsche Rentenversicherung Bund bei Inanspruchnahme des Wertguthabens die Pflichten des Arbeitgebers.

(3a) [1]Soweit sich aus einem Dienstverhältnis oder einem früheren Dienstverhältnis tarifvertragliche Ansprüche des Arbeitnehmers auf Arbeitslohn unmittelbar gegen einen Dritten mit Wohnsitz, Geschäftsleitung oder Sitz im Inland richten und von diesem durch die Zahlung von Geld erfüllt werden, hat der Dritte die Pflichten des Arbeitgebers. [2]In anderen Fällen kann das Finanzamt zulassen, dass ein Dritter mit Wohnsitz, Geschäftsleitung oder Sitz im Inland die Pflichten des Arbeitgebers im eigenen Namen erfüllt. [3]Voraussetzung ist, dass der Dritte

1. sich hierzu gegenüber dem Arbeitgeber verpflichtet hat,

2. den Lohn auszahlt oder er nur Arbeitgeberpflichten für von ihm vermittelte Arbeitnehmer übernimmt und

3. die Steuererhebung nicht beeinträchtigt wird.

[4]Die Zustimmung erteilt das Betriebsstättenfinanzamt des Dritten auf dessen Antrag im Einvernehmen mit dem Betriebsstättenfinanzamt des Arbeitgebers; sie darf mit Nebenbestimmungen versehen werden, die die ordnungsgemäße Steuererhebung sicherstellen und die Überprüfung des Lohnsteuerabzugs nach § 42f erleichtern sollen. [5]Die Zustimmung kann mit Wirkung für die Zukunft widerrufen werden. [6]In den Fällen der Sätze 1 und 2 sind die das Lohnsteuerverfahren betreffenden Vorschriften mit der Maßgabe anzuwenden, dass an die Stelle des Arbeitgebers der Dritte

---

1 BMF v. 19.5.2015, BStBl. I 2015, 468 Tz. V.1.
2 *Niermann*, DB 2006, 2307 mit entspr. Beispiel (2308).
3 BMF v. 19.5.2015, BStBl. I 2015, 468 Tz. III.1.

tritt; der Arbeitgeber ist von seinen Pflichten befreit, soweit der Dritte diese Pflichten erfüllt hat. [7]Erfüllt der Dritte die Pflichten des Arbeitgebers, kann er den Arbeitslohn, der einem Arbeitnehmer in demselben Lohnabrechnungszeitraum aus mehreren Dienstverhältnissen zufließt, für die Lohnsteuerermittlung und in der Lohnsteuerbescheinigung zusammenrechnen.

(4) [1]Wenn der vom Arbeitgeber geschuldete Barlohn zur Deckung der Lohnsteuer nicht ausreicht, hat der Arbeitnehmer dem Arbeitgeber den Fehlbetrag zur Verfügung zu stellen oder der Arbeitgeber einen entsprechenden Teil der anderen Bezüge des Arbeitnehmers zurückzubehalten. [2]Soweit der Arbeitnehmer seiner Verpflichtung nicht nachkommt und der Arbeitgeber den Fehlbetrag nicht durch Zurückbehaltung von anderen Bezügen des Arbeitnehmers aufbringen kann, hat der Arbeitgeber dies dem Betriebsstättenfinanzamt (§ 41a Absatz 1 Satz 1 Nummer 1) anzuzeigen. [3]Der Arbeitnehmer hat dem Arbeitgeber die von einem Dritten gewährten Bezüge (Absatz 1 Satz 3) am Ende des jeweiligen Lohnzahlungszeitraums anzugeben; wenn der Arbeitnehmer keine Angabe oder eine erkennbar unrichtige Angabe macht, hat der Arbeitgeber dies dem Betriebsstättenfinanzamt anzuzeigen. [4]Das Finanzamt hat die zu wenig erhobene Lohnsteuer vom Arbeitnehmer nachzufordern.

A. Grundaussagen der Vorschrift

1 **I. Regelungsgegenstand.** § 38 ist die Grundnorm des LSt-Abzugs. Sie begründet keine neue Steuerart, sondern bestimmt nur, dass bei Einkünften aus nichtselbständiger Arbeit die ESt durch einen **Quellenabzug** zu erheben ist.[1] Die LSt ist eine **Vorauszahlungssteuer** des ArbN,[2] die lediglich in Sonderfällen (zB §§ 40ff., 50 Abs. 1 S. 1 oder wenn wegen § 46 Abs. 4 eine Veranlagung unterbleibt; s. § 46 Rn. 7) abgeltenden endg. Charakter hat. IÜ wird die LSt gem. § 36 Abs. 2 Nr. 2 auf die durch Veranlagung ermittelte ESt angerechnet.

2 **Abs. 1** bestimmt, dass der gezahlte Arbeitslohn der LSt unterliegt, wenn er v. einem inländ. ArbG (S. 1 Nr. 1), einem ausländ. Verleiher (S. 1 Nr. 2) oder bei Arbeitnehmerentsendung v. aufnehmenden Unternehmen (S. 2) gezahlt wird. **Abs. 2** regelt in S. 1, dass der ArbN Schuldner der LSt ist, nach S. 2 ist der Zufluss des Arbeitslohns der Entstehungszeitpunkt der LSt. **Abs. 3** S. 1 schreibt vor, dass der ArbG die LSt bei jeder Arbeitslohnzahlung einbehalten muss; S. 2 legt den öffentl. Kassen die Pflichten des ArbG auf. Der durch das StÄndG 2003[3] eingeführte **Abs. 3a** regelt, unter welchen Voraussetzungen Dritte die Pflichten des ArbG erfüllen müssen (S. 1) oder können (S. 2). **Abs. 4** betrifft zum einen (S. 1 u. 2) jene Fälle, in denen die LSt den Barlohn übersteigt, so dass sie v. diesem nicht einbehalten werden kann, zum anderen (S. 3) Meldepflichten für ArbN und ArbG bei Drittbezügen.

3 **II. Verhältnis zu anderen Vorschriften.** Die LSt setzt voraus, dass Einnahmen aus nichtselbständiger Arbeit (Arbeitslohn; s. § 19 Rn. 55ff.) einem ArbN zufließen. Ob Arbeitslohn vorliegt, bestimmt sich nach § 19. Gegenüber den allg. Vorauszahlungen auf die ESt nach § 37 ist der Lohnsteuerabzug **spezialgesetzliche Regelung** für v. bestimmten Pers. gezahlte Einnahmen aus nichtselbständiger Arbeit. Vorauszahlun-

1 Grundlegend BFH v. 18.7.1985 – VI R 208/82, BStBl. II 1986, 152 = FR 1986, 78.
2 BFH v. 29.4.1992 – VI B 152/91, BStBl. II 1992, 752 = FR 1992, 521 und v. 9.10.1992 – VI R 97/90, BStBl. II 1993, 166 = FR 1993, 55 m. Anm. von *Bornhaupt*.
3 BGBl. I 2003, 2645.

gen nach § 37 dürfen nicht zusätzlich festgesetzt werden, wenn außer solchem Arbeitslohn keine weiteren positiven Einkünfte vorliegen.[1] Die Regelungen in einzelnen DBA wirken sich darauf aus, ob Deutschland ein Besteuerungsrecht für bestimmte Löhne zusteht. Soweit die Abkommen für diese Fragen bestimmen, wer ArbG ist, ist dies nicht bindend für die Auslegung des § 38.[2] Keine Konkurrenz ergibt sich zur Bauabzugssteuer nach den §§ 48ff. Diese setzt den Empfang v. Bauleistungen voraus. Gegenstand des Arbverh. ist die Überlassung v. Arbeitskraft, die auch dann nicht als Bauleistung zu qualifizieren ist, wenn die Arbeitskraft für Bautätigkeiten genutzt wird. Durch die Anrechnung auf die LSt (§ 48c Rn. 2f.) und den Haftungsausschluss (§ 48 Rn. 15) wirkt die Bauabzugssteuer auf das LSt-Verfahren.

III. Verfahrensrechtliche Besonderheiten. Der ArbN kann auf die Höhe der LSt nur durch Bildung von LSt-Abzugsmerkmalen (§ 39 Rn. 1) Einfluss nehmen. Vom ArbG zuviel einbehaltene LSt kann der ArbN ab Einbehalt[3] daher im lfd. Jahr vom Betriebsstätten-FA aus § 37 AO[4] oder vom ArbG bei der nächstfolgenden Lohnzahlung iRd. § 41c zurückverlangen, nach Ablauf nur im Rahmen einer Veranlagung. 4

Die Verpflichtung des ArbG kann weder gestundet (§ 222 AO) noch erlassen (§ 227 AO) werden,[5] ggü. dem ArbN schließt § 222 S. 3 AO eine Stundung aus. Soweit dadurch auch eine Stundung aus persönlichen Gründen ausgeschlossen wird,[6] bestehen verfassungsrechtl. Bedenken.[7]

B. Arbeitgeber im Lohnsteuerabzugsverfahren

I. Arbeitgeberbegriff (Abs. 1). Der Begriff des ArbG ist im EStG nicht definiert. **Bei der Bestimmung der Einkunftsart** ist maßgeblicher ArbG, wem der ArbN seine Arbeitsleistung schuldet (§ 19 Rn. 47). In Ausnahmefällen entsteht der ArbG auch kraft Lohnzahlung (vgl. Rn. 19 sowie § 19 Rn. 50). **Für die Erhebung der LSt** ist ArbG, wer die Einbehaltungspflicht nach Abs. 3 (Rn. 16) zu erfüllen hat. Das wird im Regelfall der Abnehmer der schuldrechtl. Leistung sein, in Sonderfällen, insbes. bei Leiharbeitsverhältnissen (Rn. 10), lässt sich dadurch aber nicht eindeutig klären, wer ArbG ist,[8] da der Leih-ArbN seine Arbeitsleistung sowohl dem Entleiher wie dem Verleiher schulden kann.[9] Der zivilrechtl. ArbG-Begriff ist daher für die Frage, wer die Einbehaltungspflicht iSd. Abs. 3 hat, nicht ausschließlich entscheidend.[10] Grds. kommt es hierfür darauf an, wer dem ArbN den **Lohn im eigenen Namen und für eigene Rechnung (unmittelbar) auszahlt.**[11] Eine bloße Zahlstellenfunktion wird dabei nicht als ausreichend angesehen.[12] Eine GmbH ist nicht ArbG eines v. einer Obergesellschaft entlohnten, vorübergehend entsandten Geschäftsführers,[13] eine GmbH & Co KG nicht ArbG des Geschäftsführers der Komplementär-GmbH.[14] 5

Die Verpflichtung zum Lohnsteuereinbehalt trifft aber nicht alle ArbG, sondern nur inländ. ArbG (Abs. 1 S. 1 Nr. 1), ausländ. Verleiher (Abs. 1 S. 1 Nr. 2) und bei Arbeitnehmerentsendungen das aufnehmende inländische Unternehmen, das den Arbeitslohn wirtschaftlich trägt (Abs. 1 S. 2). 6

II. Inländischer Arbeitgeber (Abs. 1 S. 1 Nr. 1). Inländ. ArbG sind ArbG mit Wohnsitz (§ 8 AO), gewöhnlichem Aufenthalt (§ 9 AO), Geschäftsleitung (§ 10 AO), Sitz (§ 11 AO), Betriebsstätte[15] (§ 12 AO) oder einem ständigen Vertreter (§ 13 AO) im Inland und auch beschränkt StPfl., die der inländ. Steuerhoheit unterworfen sind.[16] Ständiger Vertreter eines ArbG im Inland kann auch ein Filialleiter oder eine Pers. sein, die die Aufsicht über einen Bautrupp ausübt, nicht aber ein alleinarbeitender Monteur.[17] 7

1 **AA** BFH v. 29.4.1992 – VI B 152/91, BStBl. II 1992, 752 = FR 1992, 521 in obiter dictum; *Blümich*, § 38 Rn. 30.
2 BFH v. 24.3.1999 – I R 64/98, BStBl. II 2000, 41 = FR 2000, 211.
3 *K/S/M*, § 38 Rn. D 19 mwN; *Blümich*, § 38 Rn. 41; **aA** *Völlmeke*, DB 1994, 1746.
4 FG MV v. 4.5.1993 – I 104/92, EFG 1993, 744; glA *Blümich*, § 38 Rn. 41; **aA** *Giloy*, BB 1983, 2106.
5 HM, *Blümich*, § 38 Rn. 44.
6 Andere Stundungsgründe wurden auch vor Einführung des § 222 S. 3 AO nicht zugelassen, BFH v. 12.3.1993 – VI R 71/90, BStBl. II 1993, 479.
7 *T/K*, § 222 Rn. 6 mwN; ihm folgend *Schmidt*[37], § 38 Rn. 20 und *Blümich*, § 38 Rn. 46.
8 BFH v. 24.3.1999 – I R 64/98, BStBl. II 2000, 41 = FR 2000, 211; FG BaWü. v. 8.3.2010 – 6 K 68/07, EFG 2010, 1037.
9 Zu den zivilrechtl. Einzelheiten s. *Schüren*, ArbeitsüberlassungsG Einl. Rn. 138.
10 BFH v. 24.3.1999 – I R 64/98, BStBl. II 2000, 41 = FR 2000, 211; BMF v. 9.11.2001, BStBl. I 2001, 796 (Tz. 2.2); *K/S/M*, § 38 Rn. B 6f.; **aA** BFH v. 13.3.2003 – VII R 46/02, BStBl. II 2003, 556; *Schmidt*[37], § 38 Rn. 2 (zivilrechtl. ArbG-Begriff); *L/B/P*, § 38 Rn. 6; *Offerhaus*, FS Döllerer, 1988, 459f; *Blümich*, § 38 Rn. 65.
11 BFH v. 24.3.1999 – I R 64/98, BStBl. II 2000, 41 = FR 2000, 211.
12 So auch -sch, DStR 2000, 105 (Anm. zu BFH v. 24.3.1999 – I R 64/98, BStBl. II 2000, 41 = FR 2000, 211).
13 BFH v. 19.2.2004 – VI R 122/00, BStBl. II 2004, 620 = FR 2004, 755.
14 FG Hbg. v. 29.11.2004 – III 352/02, EFG 2005, 1268, rkr.
15 § 41 Abs. 2 S. 2 ist insoweit nicht einschlägig, da er nur den Ort bezeichnet, wo der ArbG seine Aufzeichnungspflichten erfüllt; s. § 41 Rn. 6.
16 BFH v. 10.5.1989 – I R 50/85, BStBl. II 1989, 755; glA *Blümich*, § 38 Rn. 70; **aA** *K/S/M*, § 38 Rn. B 25.
17 R 38.3 Abs. 3 LStR.

8 **III. Ausländischer Verleiher (Abs. 1 S. 1 Nr. 2).** Ausländ. Verleiher ist nur, wer **gewerbsmäßig ArbN-Überlassung** betreibt. Die Gewerbsmäßigkeit bestimmt sich in Anlehnung an § 1 AÜG gewerberechtl.[1] Sie liegt nicht vor, wenn die ArbN-Überlassung nur gelegentlich betrieben wird und nicht **auf Dauer und zur Erzielung wirtschaftlicher Vorteile angelegt** ist.[2] Werden ArbN nur gelegentlich zur Deckung eines kurzfristigen Personalmehrbedarfs ausgeliehen,[3] ist die Gestellung des ArbN Nebenpflicht eines Vertrages (zB Chartern eines Flugzeugs mit Pilot)[4] oder werden ArbN für Arbeitsgemeinschaften abgeordnet oder freigestellt,[5] liegt keine ArbN-Überlassung vor.[6] Das für ausländ. Verleiher zuständige Betriebsstätten-FA ergibt sich aus § 41 Abs. 2 S. 2 HS 2 (vgl. § 41 Rn. 8).

9 **IV. Aufnehmendes Unternehmen bei Arbeitnehmerentsendung (Abs. 1 S. 2).** In Fällen der ArbN-Entsendung ist das in Deutschland ansässige aufnehmende Unternehmen inländ. ArbG, Abs. 1 S. 2. Eine ArbN-Entsendung liegt vor, wenn ein ArbN mit seinem bisherigen ArbG (entsendendes Unternehmen) vereinbart, für eine befristete Zeit bei einem verbundenen Unternehmen (aufnehmendes Unternehmen) tätig zu werden und das aufnehmende Unternehmen entweder eine arbeitsrechtl. Vereinbarung mit dem ArbN abschließt oder als wirtschaftlicher ArbG anzusehen ist.[7]

10 Der BFH[8] nimmt an, dass aus Sicht der Vertragsbeteiligten die Arbeitnehmerüberlassung zum Arbeitgeberwechsel mutiert,[9] während bei einer tatsächlichen Durchführung des vereinbarten Dreiecksverhältnisses davon auszugehen sei, dass der Leiharbeitnehmer den an ihn gezahlten Lohn typischerweise als Frucht seiner Arbeit für den Verleiher empfindet.[10] Nach Abs. 1 S. 2 HS 2 idF des StÄndG 2003 kann nun im Fall der ArbN-Entsendung der Entleiher aber selbst dann „auch" ArbG sein, wenn er keinen Arbeitslohn im eigenen Namen und auf eigene Rechnung auszahlt. Umgekehrt soll nach Abs. 3a derjenige nur Dritter (Rn. 21) und nicht ArbG sein, der einen tarifvertraglich vereinbarten Lohn auszahlt. Nach der Gesetzesbegründung[11] sind auszahlende Stellen lediglich als ArbG toleriert worden. Die Auffassung des BFH wurde v. dem Gedanken geleitet, dass die Pers. des ArbG iSd. § 1 Abs. 2 LStDV und des ArbG iSd. § 38 identisch sein müssen; es konnte deshalb in jedem Dienstverhältnis nur einen ArbG geben. Die gesetzliche Lage ist nun insofern widersprüchlich, als sie in Abs. 3a einen zivilrechtl. ArbG-Begriff voraussetzt, während in Abs. 1 S. 2 für die LSt-Erhebung einer Lohnzahlung auch mehrere ArbG existieren können. Obwohl das G damit klarstellt, dass die Zielsetzungen des § 1 Abs. 2 LStDV und § 38 unterschiedlich sind (§ 19 Rn. 47 f.), kann nur noch in Ausnahmefällen der **ArbG**, der **nach Abs. 3** die LSt einzubehalten hat, **auch jemand** sein, **der nicht Beteiligter des Dienstverhältnisses iSd. § 1 Abs. 2 LStDV ist.** Der Auszahlende kann aber unter den Voraussetzungen des Abs. 3a (Rn. 21 f.) die Pflichten des ArbG zu erfüllen haben.

C. Maßgeblicher Arbeitslohn (Abs. 1 S. 3)

11 Zum maßgeblichen Arbeitslohn für die Berechnung der LSt gehören nicht nur Geldleistungen oder Sachbezüge, die der ArbG an den ArbN leistet, sondern gem. Abs. 1 S. 3 **auch v. Dritten gezahlter Arbeitslohn,**[12] wenn der ArbG weiß oder erkennen kann, dass derartige Vergütungen erbracht werden.[13] Durch diese Gesetzesänderung sollen die Praxisprobleme, die durch das Tatbestandsmerkmal „üblicherweise" entstanden sind, beseitigt werden.[14] Ein Erkennenkönnen knüpft inhaltlich aber auch an die Lebenserfahrung und die Verhältnisse an, unter denen Vergütungen dieser Art v. Dritten gezahlt zu werden pflegen.[15] Eine Einbehaltungspflicht entsteht nun aber auch bei einem unüblichen drittbezogenen Lohn bei Kenntnis des ArbG.[16] Als Indiz[17] für ein Erkennenkönnen gilt gem. Abs. 1 S. 3 HS 2, wenn ArbG und der Bezüge gewährende

1 *Blümich*, § 38 Rn. 81 mwN.
2 *Reinhart*, BB 1986, 503.
3 *Schmidt*[37], § 38 Rn. 4.
4 *Sandmann/Marschall*, AÜG Art. 1 § 1 Rn. 3; *Becker/Wulfgramm*, AÜG Art. 1 Rn. 25 ff. mwN.
5 *Wiesemann*, BB 1989, 907.
6 BMF v. 9.11.2001, BStBl. I 2001, 796.
7 BMF v. 9.11.2001, BStBl. I 2001, 796; v. 3.5.2018, BStBl. I 2018, 643 Tz. 4.3.3.1.
8 BFH v. 19.2.2004 – VI R 122/00, BStBl. II 2004, 620 = FR 2004, 755.
9 BFH v. 19.2.2004 – VI R 122/00, BStBl. II 2004, 620 = FR 2004, 755.
10 BFH v. 2.4.1982 – VI R 34/79, BStBl. II 1982, 502.
11 BT-Drucks. 15/1562.
12 Zur Frage, wann Zahlungen Dritter Arbeitslohn sind, s. § 19 Rn. 68.
13 *Schmidt*[37], § 38 Rn. 7 hält dieses Tatbestandsmerkmal nicht für justiziabel. Zust. *Albert*, FR 2009, 857; *Drüen*, Die Indienstnahme Privater für den Vollzug von Steuergesetzen, 2012, iErg. mit substanziellen verfassungsrechtlichen Zweifeln, da Drittlöhne außerhalb der Sachherrschaft des ArbG geleistet werden. Vgl. auch Rn. 16.
14 BT-Drucks. 15/1562; s. aber noch R 106 Abs. 2 S. 2 LStR 2002.
15 So bisher zum Tatbestandsmerkmal „üblicherweise" *Frotscher*, § 38 Rn. 40.
16 *Gersch*, FR 2004, 938; anders noch zum Rechtsstand 2003 *K/S/M*, § 38 Rn. B 43.
17 **AA** *Plenker*, DB 2004, 894 (gesetzliche Vermutung nicht widerlegbar).

Dritte verbundene Unternehmen iSd. § 15 AktG sind.[1] **Keine Lohnzahlung v. Dritten** liegt vor, wenn die zahlende Pers. bloßer Leistungsmittler des ArbG ist (sog. „unechte Lohnzahlung eines Dritten"),[2] zB eine vom ArbG eingerichtete Kasse für Unterstützungsleistungen,[3] die Leistungen eines Organträgers an ArbN der Organgesellschaften, verbilligter Wareneinkauf in einem v. einer Schwester-Ges. betriebenen Belegschafts-Verkaufsladen,[4] Trinkgelder mit Rechtsanspruch[5] oder die Abwicklung eines dem ArbG zustehenden Versicherungsleistungsanspruchs unmittelbar mit dem ArbN (§ 19 Rn. 78 „Unfallversicherung").[6] In diesen Fällen kann der Auszahlende aber ein Dritter mit ArbG-Pflichten nach Abs. 3a sein (Rn. 21 f.).

Ist der Dritte nicht bloß Leistungsmittler, liegt **eine echte Lohnzahlung durch Dritte** vor. Derartige Dritt- 12
löhne unterliegen dem LSt-Abzug durch den ArbG aber nur, soweit dieser über deren Höhe in Kenntnis gesetzt wird, zB dadurch, dass er in den Zahlungsvorgang eingeschaltet wird[7] (nicht bei bloßer Ausgabe v. Berechtigungsscheinen[8]), oder dass seine ArbN über derartige Zuflüsse Angaben machen.[9] Dazu sind sie nach Abs. 4 S. 3 nun verpflichtet. Teilen die ArbN dem ArbG die Höhe der Bezüge nicht mit, muss der ArbG die darauf entfallende LSt nicht einbehalten. Dies gilt auch dann, wenn der vorteilsgewährende Dritte demselben Konzern angehört, wie der ArbG.[10] Der ArbG kann weder eine solche Aussage seiner ArbN erzwingen, noch ist er befugt, Besteuerungsgrundlagen zu schätzen.[11] Ihn trifft auch keine stl. Pflicht die ArbN zu befragen.[12] Nach Abs. 4 S. 3 HS 2 hat er aber eine Anzeigepflicht (Rn. 26). Eine Befragungspflicht des ArbG, deren Verletzung dann Haftungsfolgen haben könnte, besteht aber auch nach neuem Recht nicht.[13] Wird dem ArbN v. der ausländ. Konzernmutter ein Optionsrecht gewährt und hat der ArbG v. dieser Zuwendung keine konkrete Kenntnis, entsteht keine Pflicht, die LSt für den Vorteil bei Ausübung des Optionsrechts einzubehalten.[14] **Freiwillig gewährte Trinkgelder**[15] sind seit 2002 gem. § 3 Nr. 51 stfrei. Für die davor liegenden VZ gehörten sie nur dann zur Bemessungsgrundlage für den LSt-Abzug, wenn der ArbG davon Kenntnis hatte.[16]

D. Abwicklung des Lohnsteuerverfahrens (Abs. 2)

I. Arbeitnehmer als Schuldner der Lohnsteuer (Abs. 2 S. 1). Gem. Abs. 2 S. 1 ist Schuldner der LSt der 13
ArbN, da es sich um eine **Vorauszahlung auf** seine **ESt-Schuld** handelt. Dies gilt auch bei einer Nettolohnvereinbarung.[17] Wird der Lohn gem. §§ 40–40b pauschal besteuert, ist der ArbG Steuerschuldner (§ 40 Abs. 3). Wer ArbN iSd. LSt ist, bestimmt sich nach den zu § 19 entwickelten Grundsätzen. Die Schuld tilgt der ArbN idR[18] dadurch, dass er den Einbehalt der LSt durch den ArbG duldet (Rn. 17). Da der ArbG nicht hoheitlich ggü. dem ArbN agiert (Rn. 16), hat der ArbN ihm gegenüber auch keine Offenbarungspflichten iSd. § 90 AO. Der ArbN ist daher nicht im LSt-Abzugsverfahren verpflichtet, sich wie in einem Veranlagungsverfahren ggü. dem ArbG zu erklären.[19]

II. Entstehen der Lohnsteuer (Abs. 2 S. 2). Die LSt entsteht gem. Abs. 2 S. 2 in dem Zeitpunkt, in dem 14
der Arbeitslohn dem ArbN zufließt, unabhängig v. der mit Ablauf des Kj. (§ 36 Abs. 1) entstehenden ESt. Die zT abw. Besteuerungszeitpunkte nach § 38a Abs. 1 gelten für die Entstehung der LSt nicht,[20] da die Duldungspflicht des ArbN (Rn. 17) erst entstehen kann, wenn ihm Lohn zufließt. Soweit der ArbG LSt

1 **AA** *Gersch*, FR 2004, 938, FA voll beweispflichtig; *Schmidt*[37], § 38 Rn. 6, gilt nicht bei Leistungen mit Verschwiegenheitspflicht.
2 BFH v. 30.5.2001 – VI R 123/00, BStBl. II 2002, 230 = FR 2001, 1061; R 38.4 Abs. 1 S. 1 LStR.
3 BFH v. 28.3.1958 – VI 233/56 S, BStBl. III 1958, 268.
4 BFH v. 10.5.2006 – IX R 82/98, BStBl. II 2006, 669 = FR 2006, 833 m. Anm. *Bergkemper.*
5 *K/S/M*, § 38 Rn. B 38.
6 Es ist davon auszugehen, dass das Versicherungsunternehmen den ArbG über die Zahlung informiert, BMF v. 4.2. 2002, DStR 2002, 765.
7 Etwa bei einem Tronc-System, s. § 19 Rn. 54 „Poolung v. Einnahmen".
8 BFH v. 10.5.2006 – IX R 110/00, BFH/NV 2006, 2048.
9 BFH v. 24.10.1997 – VI R 23/94, BStBl. II 1999, 323 = FR 1998, 107.
10 BFH v. 4.4.2006 – VI R 11/03, BStBl. II 2006, 668.
11 BFH v. 10.5.2006 – IX R 82/98, BStBl. II 2006, 669 = FR 2006, 833 m. Anm. *Bergkemper.*
12 FG Münster v. 9.7.2003 – 8 K 5308/02 L, EFG 2003, 1549.
13 *Schmidt*[37], § 38 Rn. 7.
14 BFH v. 24.1.2001 – I R 119/98, BStBl. II 2001, 512 = FR 2001, 743 m. Anm. *Kanzler.*
15 Zur Steuerbarkeit s. § 19 Rn. 78 „Trinkgelder".
16 BFH v. 20.7.2000 – VI R 10/98, BFH/NV 2001, 35.
17 *Blümich*, § 38 Rn. 100; zum Begriff § 39b Rn. 16.
18 Anders aber bei fehlendem Barmittel; s. Rn. 25.
19 *K/S/M*, § 38 Rn. B 41; **aA** R 38.4 Abs. 2 S. 4 LStR (mit weitgehenden formalen Pflichten); offen gelassen in BFH v. 24.10.1997 – VI R 23/94, BStBl. II 1999, 323 = FR 1998, 107.
20 GlA wohl *Schmidt*[37], § 38 Rn. 11; **aA** *Blümich*, § 38 Rn. 110; *L/B/P*, § 38 Rn. 3.

einbehält, gilt auch dieser Teil dem ArbN als zugeflossen. Die Rückzahlung v. stpfl. Arbeitslohn (§ 8 Rn. 13) mindert als negative Einnahme den zugeflossenen Arbeitslohn im Rückzahlungszeitraum, und wirkt nicht auf den Entstehungszeitpunkt zurück. Bei einer Rückzahlung im gleichen Kj. bei fortbestehenden Dienstverhältnis erlaubt die Verwaltung[1] aber alternativ zu einer Berücksichtigung im Rückzahlungszeitraum oder beim LStJA (§ 42b Rn. 5) eine Änderung des ursprünglichen LSt-Abzugs. Nach Beendigung des Dienstverhältnisses kann die Rückzahlung nur im Rahmen einer Veranlagung berücksichtigt werden.

15 Die LSt erlischt idR bereits mit Einbehaltung durch den ArbG,[2] da der ArbN mit der Duldung des Einbehalts seiner Verpflichtung vollumfänglich nachgekommen ist. Muss der ArbN die LSt ausnahmsweise selbst entrichten (zB gem. Abs. 4 S. 4; s. Rn. 25), erlischt die LSt durch Zahlung.

E. Arbeitgeberpflichten und -stellung (Abs. 3 S. 1)

16 Der ArbG hat bei jedem Zufluss v. Arbeitslohn (Ausnahme: § 39b Abs. 5) die LSt einzubehalten. Dadurch erfüllt er eine **öffentl.-rechtl. Pflicht,**[3] die nicht durch privatrechtl. Vereinbarungen außer Kraft gesetzt werden kann.[4] Die stl. Pflichten überlagern die Rechte und Pflichten des Dienstverhältnisses.[5] Der Einbehalt kann daher idR nicht Gegenstand eines zivilrechtl. Streites zw. ArbG und ArbN sein.[6] Die Verpflichtung bezieht sich auch auf die KiSt. und auf den SolZ.[7] **Reichen die Mittel des ArbG nicht** zur Zahlung des vereinbarten Lohns aus, darf nur der um die LSt gekürzte anteilige Lohn ausbezahlt werden.[8] Auch bei Lohnpfändung[9] oder einer Verurteilung zur Zahlung v. Arbeitslohn[10] ist die LSt einzubehalten. Gem. § 41a Abs. 1 Nr. 2 muss die einbehaltene Steuer an das FA abgeführt werden.

17 Diese **Einbehaltungs- und Zahlungspflicht** korrespondiert mit einer **Duldungspflicht** des ArbN, der Steuerschuldner der LSt ist (Abs. 2; s. Rn. 13). ArbG und ArbN müssen zusammenwirken, die **gemeinsame Pflicht** kann nicht v. einem Einzelnen erfüllt werden. Sie schulden aber nicht nebeneinander dieselbe Leistung, sind also **nicht Gesamtschuldner.**[11] Der ArbN erfüllt seine Steuerschuld mit der Duldung. Dessen Steuerschuld erlischt daher schon mit dem Einbehalt (Rn. 13).

18 Der ArbG hat im Lohnsteuerverfahren die Pflicht LSt einzubehalten (Abs. 3 S. 1) und sie gem. § 41a Abs. 1 S. 1 Nr. 2 abzuführen. Soweit er deshalb dem ArbN den zivilrechtl. geschuldeten Arbeitslohn nicht auszahlt, handelt er nicht aus eigenen hoheitlichen Befugnissen.[12] Insbes. ist er nicht Beliehener,[13] der Verwaltungsaufgaben erfüllt, sondern kommt nur einer eigenen stl. Pflicht nach.[14] Der ArbG nimmt keine öffentl.-rechtl. Aufgabe wahr,[15] sondern **erfüllt eine öffentl.-rechtl. Pflicht.** Er ist hinsichtlich der einbehaltenen Beträge[16] nicht Treuhänder des ArbN,[17] sondern dessen Erfüllungshelfer.[18] Im Insolvenzfall sind die LSt-Abführungen daher anfechtbar.[19] Offen ist,[20] ob auch schon die Abführung der LSt, die innerhalb der letzten drei Monate vor dem Antrag auf Eröffnung des Insolvenzverfahrens fällig nach § 130 Abs. 1 Nr. 1

1 OFD Ffm. v. 27.7.2000, S 2399 A-1-St II 30 I, nv.
2 GlA *Heuermann*, StuW 1999, 349; *Blümich*, § 38 Rn. 111; **aA** *Völlmeke*, DB 1994, 1748; *Schmidt*[37], § 38 Rn. 11.
3 Verfassungsgemäß, s. BVerfG v. 18.12.1963 – 1 BvR 514/63, DB 1964, 204; krit. *G. Kirchhof*, FR 2015, 773, der davon ausgeht, dass die ArbG durch die Indienstnahme über Gebühr beansprucht werden und die öffentl. Hand dabei erheblich in die Berufsausübungsfreiheit der ArbG eingreift; ebenso krit. *Drüen*, Die Indienstnahme Privater für den Vollzug von Steuergesetzen, 2012, der die Verfassungskonformität für noch nicht vom BVerfG entschieden, den Lohnsteuerabzug im Kern zwar für gerechtfertigt, aber die konkrete Ausgestaltung für verfassungsrechtlich zweifelhaft hält; s. Rn. 11.
4 HM, *Schmidt*[37], § 38 Rn. 13.
5 *Heuermann*, StuW 1998, 219 (223).
6 Zum Rechtsschutz gegen den Einbehalt *Schäfer*, Diss., 1990, 128 ff., der allerdings v. einem Handeln des ArbG als Beliehener ausgeht (*ders.*, 70 ff.).
7 § 3 Abs. 4 SolZG.
8 *K/S/M*, § 38 Rn. D 2.
9 Zum pfändbaren Teil des Arbeitslohns s. §§ 850, 850e ZPO.
10 *K/S/M*, § 38 Rn. A 45 f.
11 *Heuermann*, StuW 1999, 349 (354).
12 *Heuermann*, StuW 1999, 349.
13 *G. Kirchhof*, Die Erfüllungspflichten des ArbG im LSt-Verfahren, 51; **aA** *Stolterfoht*, DStJG 9 (1986), 191.
14 *Heuermann*, StuW 1999, 349.
15 So aber die Anhänger der öffentl.-rechtl. Theorie *K/S/M*, § 38 Rn. A 12; *Stolterfoht*, DStJG 9 (1986), 191; weitere Nachweise in *Heuermann*, StuW 1999, 349 Fn. 10–13.
16 Anders in den Fällen des Abs. 4 S. 1.
17 *Grundlach/Frenzel/Schmidt*, DStR 2002, 861.
18 *G. Kirchhof*, Die Erfüllungspflichten des ArbG im LSt-Verfahren, 71.
19 *Gundlach/Frenzel/Schmidt*, DStR 2002, 861; *Fortmann*, ZInsO 2003, 114; s. auch OLG Köln v. 16.12.1992 – 13 U 160/92, NJW-RR 1993, 928; **aA** LG Flensburg v. 8.4.2002, ZInsO 2003, 13.
20 BFH v. 11.8.2005 – VII B 244/04, BStBl. II 2006, 201.

InsO angefochten werden kann, weil die LSt aus dem Vermögen des ArbG geleistet wurde,[1] oder es sich (mE richtigerweise) um ein nicht anfechtbares Bargeschäft nach § 142 InsO handelt, weil die LSt zum Arbeitslohn gehört.[2]

F. Arbeitgeberpflichten für Dritte (Abs. 3, 3a)

I. Kassen von juristischen Personen des öffentlichen Rechts (Abs. 3 S. 2). Bei jur. Personen des öffentl. Rechts werden der den Arbeitslohn auszahlenden Kasse die Arbeitgeberpflichten auferlegt (Abs. 3 S. 2). 19

II. Deutsche Rentenversicherung Bund (Abs. 3 S. 3). Bei Arbeitszeitkonten fließt der Lohn erst bei Verwendung des Wertguthabens zu (§ 19 Rn. 73). Seit 2009[3] besteht arbeitsrechtl. die Möglichkeit, bei einem Wechsel der Arbeitsstelle die Arbeitszeitkonten auf den neuen ArbG zu übertragen. Wenn sich dieser weigert oder der ArbN selbständig wird, wird die Deutsche Rentenversicherung Bund mit der Verwaltung des Arbeitszeitkontos beauftragt. Sie übernimmt dann nach Abs. 3 S. 3 die Pflichten eines ArbG. Um einen Einbehalt nach LSt-Klasse VI zu vermeiden, müssen der Deutschen Rentenversicherung Bund dann die für den Abruf der ELStAM notwendigen Daten (vgl. § 39e Abs. 4 S. 1) mitgeteilt werden. 20

III. Sonstige Dritte (Abs. 3a).[4] Durch den neu eingeführten Abs. 3a können nun auch **Dritten** die Pflichten des ArbG auferlegt sein. Das G kennt zwei Fallgruppen. Gesetzlich verpflichtet werden kann nach S. 1 jeder mit Wohnsitz, Geschäftsleitung oder Sitz im Inland, gegen den sich unmittelbar tarifvertragliche Anspr. richten, die durch Geldzahlungen erfüllt werden. Die offene Formulierung soll insbes. Sozialkassen des Baugewerbes umfassen.[5] Soweit der Dritte Sachbezüge (§ 8 Rn. 18) gewährt, ist er selbst dann nicht nach S. 1 zum LSt-Abzug verpflichtet, wenn der Sachbezug tarifvertraglich festgelegt ist. 21

Daneben kann **mit Zustimmung des FA** nach S. 2–6 ein inländ. Dritter (Wohnsitz, Geschäftsleitung oder Sitz) auch freiwillig die ArbG-Pflichten übernehmen, wenn er sich dazu ggü. dem ArbG dazu verpflichtet und den Lohn auszahlt oder nur ArbG-Pflichten für v. ihm vermittelte ArbN übernimmt. S. 2 legalisiert die bisherige Praxis bei studentischen Arbeitsvermittlungen, Mehrfacharbeitsverhältnisse bei Lebensversicherungen aufgrund der Spartentrennung und die Übernahme v. ArbG-Pflichten durch Dritte bei leitenden Konzernmitarbeitern, der Auszahlung v. Betriebsrenten, die zentralen Abrechnungen für ArbN bei Kirchen und Wohlfahrtsverbänden, für ArbN v. Wohnungseigentümergemeinschaften und für Mitarbeiter v. Land- und Bundestagsabgeordneten. Bisher wurden diese Fälle über einen abw. ArbG-Begriff erfasst (Rn. 5). Die Steuererhebung darf durch den Übergang der ArbG-Pflichten nicht beeinträchtigt werden. Dabei handelt es sich um eine abstrakte Einschätzung im Zeitpunkt des Übergangs. Das Ermessen des FA für die Zustimmung ist auf diese Frage beschränkt. Die Zustimmung des FA enthält deshalb auch die konstitutive Feststellung, dass durch den Pflichtenübergang die Steuererhebung nicht beeinträchtigt wird. Nach Auffassung der FinVerw.[6] darf die Zustimmung aber nur erteilt werden, wenn der Dritte den LSt-Abzug für den gesamten Arbeitslohn übernimmt. Solange die Zustimmung wirksam ist, besteht der Pflichtenübergang auch dann fort, wenn die Steuererhebung tatsächlich beeinträchtigt ist. Als Adressaten der Zustimmung ist der VA dem Dritten und dem ArbG bekannt zu geben, zu widerrufen oder zurückzunehmen. Es kann nach S. 4 für die ordnungsgemäße Erhebung und deren Überprüfung nach § 42f Nebenbestimmungen erlassen, zB den ArbG zur Vorlage v. Sachkonten verpflichten. Zuständig ist Betriebsstätten-FA (§§ 41a Abs. 1 Nr. 1, 41 Abs. 2; § 41 Rn. 6) des Dritten (S. 3), das im Einvernehmen mit dem Betriebsstätten-FA des ArbG handelt. Der rechtsgestaltende formfreie VA der Zustimmung kann rückwirkend erteilt, aber nur für die Zukunft widerrufen werden; S. 5 wiederholt insoweit nur § 131 AO. War die Zustimmung rechtswidrig erteilt worden, kann iRd. § 130 Abs. 2 AO die Zustimmung auch rückwirkend beseitigt werden. Der Dritte kann auch für mehrere ArbG gleichzeitig die Pflichten übernehmen. Für die LSt-Ermittlung und die LSt-Bescheinigung kann der Lohn eines Lohnzahlungszeitraums dann zusammengerechnet werden (S. 7). 22

Der Dritte wird in den Fällen des Abs. 3a nicht ArbG, sondern übernimmt nur dessen Pflichten, zB die LSt einzubehalten und abzuführen (Rn. 18), die Aufzeichnungspflichten zu erfüllen (§ 41 Rn. 3 ff.), die LSt anzumelden (§ 41a Rn. 2 f.), das Lohnkonto abzuschließen und Lohnsteuerbescheinigungen zu übermitteln oder zu erstellen (§ 41b Abs. 1) oder bei LSt-Prüfungen mitzuwirken (§ 42f). Insbes. haftet der Dritte auch 23

1 BGH v. 10.7.2003 – IX ZR 89/02, ZIP 2003, 1666; FG BaWü. v. 28.7.2004 – 1 V 30/04, EFG 2004, 1425; FG Saarl. v. 20.12.2004 – 2 V 385/04, EFG 2005, 680.
2 BFH v. 21.12.1998 – VII B 175/98, BFH/NV 1999, 745.
3 G zur Verbesserung der Rahmenbedingungen für die Absicherung flexibler Arbeitszeitregelungen (Flexi II), BGBl. I 2008, 2940.
4 Dazu auch BMF v. 27.1.2004, BStBl. I 2004, 173 (175).
5 BT-Drucks. 15/1562.
6 BMF v. 27.1.2004, BStBl. I 2004, 173 Tz. 3.2.

nach § 42d (§ 42d Rn. 69). Zur Einbehaltung der LSt bei sonstigen Bezügen s. § 39b Rn. 11. Die Norm sieht nur die Übernahme der Pflichten des ArbG vor, nicht den Übergang v. dessen Rechten. Soweit sich eine Berechtigung oder ein Recht des ArbG nur als formale Ausgestaltung der Pflicht zur Einbehaltung der LSt darstellt – zB Berechtigung des ArbG auf Ausstellung einer Freistellungsbescheinigung nach § 39b Abs. 6, auf Änderung des Lohnabzugs nach § 41c oder auf LStJA nach § 42b Abs. 1 S. 1 –, steht das Recht auch dem Dritten zu. Da S. 6 HS 1 nur die Rechtsfolge des S. 1 konkretisiert, können materielle Rechte des ArbG im LSt-Verfahren – zB Antrag auf Pauschalierung nach § 40 (§ 40 Rn. 5) – nur dann auf den Dritten übergehen, wenn sie als bloße Ausgestaltung des LSt-Abzugs betrachtet werden.[1] Davon geht § 42d Abs. 1 Nr. 4 aus (§ 42d Rn. 17), der für diese Fälle den ArbG für die vom Dritten pauschalierte LSt in Haftung nimmt.

24 Der ArbG wird v. seinen Pflichten nur befreit, soweit der Dritte diese Pflichten erfüllt (S. 6 HS 2). Seine Pflichten bleiben daher subsidiär bestehen. Kommt der Dritte einer lohnstl. Pflicht nicht nach, besteht die originäre Pflicht des ArbG fort. Gibt der Dritte eine LSt-Anmeldung nicht ab, bleibt auch der ArbG erklärungspflichtig. In diesen Fällen ist ein Verspätungszuschlag sowohl gegen ArbG, wie auch gegen den Dritten möglich. Der Dritte ist aber unmittelbarer Verfahrensbeteiligter des FA. Ein Schätzungsbescheid (§ 41a Rn. 5) muss daher zunächst ihm gegenüber ergehen. Durch Handlungen des Dritten kann keine neue Pflicht des ArbG entstehen. Wird etwa die LSt zu hoch festgesetzt, wirkt dies nicht gegen den ArbG; für Säumniszuschläge aufgrund verspäteter Zahlungen des Dritten kann der ArbG nicht herangezogen werden.

G. Sonderfälle (Abs. 4)

25 **I. Verfahren bei fehlenden Barmitteln (Abs. 4 S. 1, 2 und 4).** Der ArbG kann seiner Pflicht zum Einbehalt der LSt nur aus dem Barlohn bestreiten. Werden dem ArbN hohe Sachbezüge gewährt, erfolgt die Lohnzahlung durch Dritte[2] oder werden Abschlagszahlungen nach § 39b Abs. 5 geleistet, kann die LSt nicht immer aus dem Barlohn bestritten werden. In diesen Fällen hat der ArbG gem. Abs. 4 S. 1 **alle dem ArbN zustehenden Barmittel** (auch stfrei Bezüge zB Reisekostenersatz) **zurückzubehalten**. Soweit dies für die LSt nicht ausreicht, muss der **ArbN dem ArbG den Fehlbetrag zur Vfg. zu stellen**. Reichen die verbliebenen Barmittel nicht aus und kommt der ArbN seiner Verpflichtung nicht nach, verpflichtet Abs. 4 S. 2 den ArbG dies dem FA anzuzeigen. Diese **Anzeige** soll nach dem Gesetzeszweck dazu dienen, dass die LSt gem. Abs. 4 S. 4 nun vom ArbN erhoben werden kann. Sie muss deshalb **inhaltlich** die Voraussetzungen dafür schaffen, insbes. die Pers. des ArbN und seine für die Erhebung der LSt notwendigen Besteuerungsgrundlagen (idR die Daten des Lohnkontos[3]) enthalten. Die **Form der Anzeige** ist entgegen R 41c. 2 Abs. 2 nicht bestimmt.[4] Durch diese Anzeige soll sich nach § 42d Abs. 2 der ArbG v. einer Haftung nach § 42d befreien.[5] Die **nicht erstattete Anzeige** ist aber **kein Haftungsgrund** iSd. § 42d Abs. 1 (§ 42d Rn. 25), weil bei fehlenden Barmitteln der ArbG die LSt nicht einzubehalten hat.[6]

26 **II. Anzeigepflicht bei Bezügen von Dritten (Abs. 4 S. 3).** Abs. 4 S. 3 verpflichtet den ArbN dem ArbG v. einem Dritten gewährte Bezüge anzugeben. Dritte sind Pers., die keine ArbG-Pflichten ggü. dem Bezügeempfänger haben, also nicht Dritte iSd. Abs. 3a. Der Verweis auf Abs. 1 S. 3 würde bei textgenauer Auslegung dazu führen, dass der ArbN dem ArbG nichts mitteilen müsste, wenn der ArbG einen solchen Bezug nicht erkennen kann. Das würde dem Gesetzeszweck widersprechen. Der Verweis ist deshalb teleologisch auf die Aussonderung der Dritten iSd. Abs. 3a zu beschränken. Nach Abs. 4 S. 3 HS 2 muss der ArbG dem Betriebsstätten-FA eine Anzeige machen, wenn die Angabe des ArbN erkennbar unrichtig ist. Die **Erkennbarkeit der Unrichtigkeit** ist auch Tatbestandsvoraussetzung, wenn der ArbN keine Angabe macht. Dies ergibt sich zum einen aus dem Verweis auf Abs. 1 S. 3, der ein Erkennenkönnen als Voraussetzung für den LSt-Abzug postuliert, zum anderen daraus, dass sonst auch sämtliche ArbN, die keine Dritt-Bezüge erhalten haben, dem Betriebsstätten-FA zu melden wären. Die Angabepflicht des ArbN ist bereits am Ende des jeweiligen Lohnzahlungszeitraums (§ 38a Rn. 6) zu erfüllen. Die Anzeigepflicht des ArbG bei einer erkennbaren Unterlassung ist Teil der Erklärungspflicht der LSt-Anmeldung nach § 41a Abs. 1 Nr. 1 (§ 41a Rn. 2). Eine eigenständige Frist für die Meldung lässt sich dem G nicht entnehmen.[7] Dabei ist der Name des ArbN und die Umstände anzugeben, die die Unrichtigkeit der Angabe erkennbar machen. Die FinVerw. fordert bei erkennbar unrichtigen Angaben des ArbN eine unverzügliche Anzeige.[8]

1 Anders wohl BFH v. 10.10.2002 – VI R 13/01, BStBl. II 2003, 156 = FR 2003, 266.
2 FG Hbg. v. 22.5.1997 – II 161/95, EFG 1997, 1414, rkr.
3 Im Einzelnen dazu R 41c.2 Abs. 2 S. 2 LStR.
4 HL, *K/S/M*, § 38 Rn. E 6.
5 So hM, *Schmidt*[37], § 38 Rn. 18.
6 *Eisgruber*, DStR 2003, 141; *Nacke*, DStR 2005, 1298; **aA** BFH v. 9.10.2002 – VI R 112/99, BStBl. II 2002, 884 = FR 2003, 93 m. Anm. *Bergkemper*.
7 *Gersch*, FR 2004, 938; für halbjährliche oder jährliche Fristen *van Lishaut*, FR 2004, 203 und *Plenker*, DB 2004, 894.
8 BMF v. 27.1.2004, BStBl. I 2004, 173.

§ 38a Höhe der Lohnsteuer

(1) [1]Die Jahreslohnsteuer bemisst sich nach dem Arbeitslohn, den der Arbeitnehmer im Kalenderjahr bezieht (Jahresarbeitslohn). [2]Laufender Arbeitslohn gilt in dem Kalenderjahr als bezogen, in dem der Lohnzahlungszeitraum endet; in den Fällen des § 39b Absatz 5 Satz 1 tritt der Lohnabrechnungszeitraum an die Stelle des Lohnzahlungszeitraums. [3]Arbeitslohn, der nicht als laufender Arbeitslohn gezahlt wird (sonstige Bezüge), wird in dem Kalenderjahr bezogen, in dem er dem Arbeitnehmer zufließt.

(2) Die Jahreslohnsteuer wird nach dem Jahresarbeitslohn so bemessen, dass sie der Einkommensteuer entspricht, die der Arbeitnehmer schuldet, wenn er ausschließlich Einkünfte aus nichtselbständiger Arbeit erzielt.

(3) [1]Vom laufenden Arbeitslohn wird die Lohnsteuer jeweils mit dem auf den Lohnzahlungszeitraum fallenden Teilbetrag der Jahreslohnsteuer erhoben, die sich bei Umrechnung des laufenden Arbeitslohns auf einen Jahresarbeitslohn ergibt. [2]Von sonstigen Bezügen wird die Lohnsteuer mit dem Betrag erhoben, der zusammen mit der Lohnsteuer für den laufenden Arbeitslohn des Kalenderjahres und für etwa im Kalenderjahr bereits gezahlte sonstige Bezüge die voraussichtliche Jahreslohnsteuer ergibt.

(4) Bei der Ermittlung der Lohnsteuer werden die Besteuerungsgrundlagen des Einzelfalls durch die Einreihung der Arbeitnehmer in Steuerklassen (§ 38b), Feststellung von Freibeträgen und Hinzurechnungsbeträgen (§ 39a) sowie Bereitstellung von elektronischen Lohnsteuerabzugsmerkmalen (§ 39e) oder Ausstellung von entsprechenden Bescheinigungen für den Lohnsteuerabzug (§ 39 Absatz 3 und § 39e Absatz 7 und 8) berücksichtigt.

A. Grundaussagen der Vorschrift

§ 38a ist die **Grundlagenvorschrift** des Lohnsteuerberechnungstatbestands. Er wird durch die Vorschriften der §§ 38b–39f ergänzt (§ 38b Abs. 4). Für pauschaliert besteuerten Arbeitslohn gehen die §§ 40–40b als spezialgesetzliche Vorschriften den §§ 38aff. vor. § 38a Abs. 1 S. 2 enthält eine über § 11 Abs. 1 S. 4 auch für die Einkommensteuerveranlagung maßgebliche **Ausnahme zum Zuflussprinzip**. 1

B. Die Vorschrift im Einzelnen

I. Jahresarbeitslohn. Der Jahresarbeitslohn ist die **Bemessungsgrundlage** für die Jahreslohnsteuer (§ 38a Abs. 1 S. 1). Diese berechnet sich aus der ESt, die sich ergäbe, wenn der ArbN nur die Einkünfte aus diesem Dienstverhältnis bezogen hätte (§ 38a Abs. 2). Jahresarbeitslöhne aus anderen Dienstverhältnissen sind für den Lohnsteuerabzug nicht miteinzuberechnen. 2

II. Laufender Arbeitslohn und sonstige Bezüge. § 38a Abs. 1 S. 2 und 3 bestimmt eine **zeitliche Zuordnung** des Arbeitslohns, die aufgrund des Verweises in § 11 Abs. 1 S. 4 nicht nur für die Erhebung der LSt, sondern auch für die Veranlagung der ESt gilt. Dabei unterscheidet er zw. lfd. Arbeitslohn und sonstigen Bezügen, ohne diese zu definieren. Die Unterscheidung hat aber gem. **Abs. 3** auch Bedeutung für die Berechnung der **Höhe der LSt**. 3

Laufender Arbeitslohn ist Arbeitslohn, der dem ArbN regelmäßig fortlaufend zufließt. Dieser gilt mit Ablauf des Lohnzahlungszeitraums (Rn. 6) als bezogen. Werden an sich regelmäßig ausbezahlte Lohnteile **nach- oder vorausgezahlt**, gelten die Regelungen für lfd. Arbeitslohn entgegen dem Wortlaut[1] nur, wenn der entspr. Lohnzahlungszeitraum im Jahr der Zahlung endet.[2] Fließt lfd. Arbeitslohn **für Lohnzahlungszeiträume des abgelaufenen Kj.** nicht innerhalb der ersten drei Wochen des Folgejahres[3] zu, gilt Abs. 1 S. 2 nicht.[4] Für den lfd. Arbeitslohn ermittelt sich die LSt gem. Abs. 3 S. 1 aus einem **Durchschnittssteuersatz**, der sich durch Umrechnung der Jahreslohnsteuer nach § 39b Abs. 2 S. 5 aus einem hochgerechneten Jahresarbeitslohn errechnet (§ 39b Rn. 7). Für schwankende Arbeitslöhne oder bei Arbeitslosenzeiten ver- 4

1 *L/B/P*, § 38a Rn. 3 mit ausf. Darstellung der aus Gründen der Praktikabilität notwendigen Handhabung.
2 R 39b.2 Abs. 1 Nr. 6 LStR.
3 Zeitliche Grenze des § 39b Abs. 5 S. 2; s. § 39b Rn. 13.
4 HM, *K/S/M*, § 38a Rn. B 5; R 39b.2 Abs. 1 Nr. 7 LStR; offengelassen in BFH v. 22.7.1993 – VI R 104/92, BStBl. II 1993, 795 = FR 1993, 813.

meidet ein permanenter LStJA[1] Lohnsteuerüberzahlungen. **Beispiele:** Monatsgehälter, Wochen- und Tagelöhne, Mehrarbeitsvergütungen, Zuschläge und Zulagen, Kfz.-Überlassung zur privaten Nutzung.[2]

5 **Sonstige Bezüge** sind Arbeitslöhne, die nicht als lfd. Arbeitslohn gezahlt werden.[3] Für sie gilt nach Abs. 1 S. 3 das **Zuflussprinzip**. Aus dem fehlenden (Rück-)Verweis auf § 11 Abs. 1 S. 2 kann nicht auf dessen Geltung für den Zufluss von sonstigen Bezügen geschlossen werden.[4] Die LSt ermittelt sich bei sonstigen Bezügen gem. Abs. 3 S. 2 aus dem **Grenzsteuersatz** des voraussichtlichen Jahresarbeitslohns (§ 39b Rn. 11). **Beispiele:** 13. Monatsgehälter, Weihnachtszuwendungen, einmalige Abfindungen, Entschädigungen, Gratifikationen und Tantiemen, die nicht fortlaufend gezahlt werden, Jubiläumsgelder, Erfindervergütungen[5]. Ausgleichszahlungen für in der Arbeitsphase eines im Blockmodell ausgeübten Altersteilzeitarbeitsverhältnisses erarbeitete Zahlungsansprüche stellen sonstige Bezüge dar.[6]

6 **III. Lohnzahlungszeitraum.** Der Lohnzahlungszeitraum ist der Zeitraum (Tag, Woche, Monat), für den der lfd. Arbeitslohn gezahlt wird. Wenn sich während des Zeitraums die Art der StPfl. ändert (aus dem Ausland entsandte ArbN beginnen im Laufe des Monats), soll die Tageslohnsteuertabelle anzuwenden sein.[7] Er ist vom Kj. unabhängig, kann wechseln (zB v. Woche auf Monat) und auch in zwei Kj. reichen (zB v. 15.12. bis 14.1.). Der Lohnzahlungszeitraum ist bei monatlich entlohnten ausländ. ArbN dann nicht der Monat, wenn sie ihre Inlandstätigkeit während des lfd. Monats aufnehmen oder beenden.[8] Unter den Voraussetzungen des § 39b Abs. 5 kann bei Abschlagszahlungen der Lohnabrechnungszeitraum als Lohnzahlungszeitraum behandelt werden (§ 39b Rn. 13).

§ 38b Lohnsteuerklassen, Zahl der Kinderfreibeträge

(1) [1]Für die Durchführung des Lohnsteuerabzugs werden Arbeitnehmer in Steuerklassen eingereiht. [2]Dabei gilt Folgendes:

1. In die Steuerklasse I gehören Arbeitnehmer, die
   a) unbeschränkt einkommensteuerpflichtig und
      aa) ledig sind,
      bb) verheiratet, verwitwet oder geschieden sind und bei denen die Voraussetzungen für die Steuerklasse III oder IV nicht erfüllt sind; oder
   b) beschränkt einkommensteuerpflichtig sind;

2. in die Steuerklasse II gehören die unter Nummer 1 Buchstabe a bezeichneten Arbeitnehmer, wenn bei ihnen der Entlastungsbetrag für Alleinerziehende (§ 24b) zu berücksichtigen ist;

3. in die Steuerklasse III gehören Arbeitnehmer,
   a) die verheiratet sind, wenn beide Ehegatten unbeschränkt einkommensteuerpflichtig sind und nicht dauernd getrennt leben und der Ehegatte des Arbeitnehmers auf Antrag beider Ehegatten in die Steuerklasse V eingereiht wird,
   b) die verwitwet sind, wenn sie und ihr verstorbener Ehegatte im Zeitpunkt seines Todes unbeschränkt einkommensteuerpflichtig waren und in diesem Zeitpunkt nicht dauernd getrennt gelebt haben, für das Kalenderjahr, das dem Kalenderjahr folgt, in dem der Ehegatte verstorben ist,
   c) deren Ehe aufgelöst worden ist, wenn
      aa) im Kalenderjahr der Auflösung der Ehe beide Ehegatten unbeschränkt einkommensteuerpflichtig waren und nicht dauernd getrennt gelebt haben und
      bb) der andere Ehegatte wieder geheiratet hat, von seinem neuen Ehegatten nicht dauernd getrennt lebt und er und sein neuer Ehegatte unbeschränkt einkommensteuerpflichtig sind,

   für das Kalenderjahr, in dem die Ehe aufgelöst worden ist;

---

1 § 39b Abs. 2 S. 12 iVm. R 39b.8 S. 2 LStR; s. dazu § 39b Rn. 14.
2 R 39b.2 Abs. 1 LStR.
3 R 39b.2 Abs. 2 S. 1 LStR.
4 **GlA** *Merx* in K/K/B, § 19 EStG Rn. 36; BFH v. 24.8.2017 – VI R 58/15, BStBl. II 2018, 72.
5 R 39b.2 Abs. 2 S. 2 LStR.
6 BFH v. 15.12.2011 – VI R 26/11, BStBl. II 2012, 415 = FR 2012, 483.
7 BFH v. 10.3.2004 – VI R 27/99, BFH/NV 2004, 1239; **aA** noch FG Köln v. 30.9.1998 – 2 K 7025/96, EFG 1999, 385.
8 BFH v. 10.3.2004 – VI R 27/99, BFH/NV 2004, 1239.

4. in die Steuerklasse IV gehören Arbeitnehmer, die verheiratet sind, wenn beide Ehegatten unbeschränkt einkommensteuerpflichtig sind und nicht dauernd getrennt leben; dies gilt auch, wenn einer der Ehegatten keinen Arbeitslohn bezieht und kein Antrag nach Nummer 3 Buchstabe a gestellt worden ist;

5. in die Steuerklasse V gehören die unter Nummer 4 bezeichneten Arbeitnehmer, wenn der Ehegatte des Arbeitnehmers auf Antrag beider Ehegatten in die Steuerklasse III eingereiht wird;

6. die Steuerklasse VI gilt bei Arbeitnehmern, die nebeneinander von mehreren Arbeitgebern Arbeitslohn beziehen, für die Einbehaltung der Lohnsteuer vom Arbeitslohn aus dem zweiten und einem weiteren Dienstverhältnis sowie in den Fällen des § 39c.

[3]Als unbeschränkt einkommensteuerpflichtig im Sinne der Nummern 3 und 4 gelten nur Personen, die die Voraussetzungen des § 1 Absatz 1 oder 2 oder des § 1a erfüllen.

(2) [1]Für ein minderjähriges und nach § 1 Absatz 1 unbeschränkt einkommensteuerpflichtiges Kind im Sinne des § 32 Absatz 1 Nummer 1 und Absatz 3 werden bei der Anwendung der Steuerklassen I bis IV die Kinderfreibeträge als Lohnsteuerabzugsmerkmal nach § 39 Absatz 1 wie folgt berücksichtigt:

1. mit Zähler 0,5, wenn dem Arbeitnehmer der Kinderfreibetrag nach § 32 Absatz 6 Satz 1 zusteht, oder

2. mit Zähler 1, wenn dem Arbeitnehmer der Kinderfreibetrag zusteht, weil
   a) die Voraussetzungen des § 32 Absatz 6 Satz 2 vorliegen oder
   b) der andere Elternteil vor dem Beginn des Kalenderjahres verstorben ist oder
   c) der Arbeitnehmer allein das Kind angenommen hat.

[2]Soweit dem Arbeitnehmer Kinderfreibeträge nach § 32 Absatz 1 bis 6 zustehen, die nicht nach Satz 1 berücksichtigt werden, ist die Zahl der Kinderfreibeträge auf Antrag vorbehaltlich des § 39a Absatz 1 Nummer 6 zu Grunde zu legen. [3]In den Fällen des Satzes 2 können die Kinderfreibeträge für mehrere Jahre gelten, wenn nach den tatsächlichen Verhältnissen zu erwarten ist, dass die Voraussetzungen bestehen bleiben. [4]Bei Anwendung der Steuerklassen III und IV sind auch Kinder des Ehegatten bei der Zahl der Kinderfreibeträge zu berücksichtigen. [5]Der Antrag kann nur nach amtlich vorgeschriebenem Vordruck gestellt werden.

(3) [1]Auf Antrag des Arbeitnehmers kann abweichend von Absatz 1 oder 2 eine für ihn ungünstigere Steuerklasse oder geringere Zahl der Kinderfreibeträge als Lohnsteuerabzugsmerkmal gebildet werden. [2]Der Wechsel von der Steuerklasse III oder V in die Steuerklasse IV ist auch auf Antrag nur eines Ehegatten möglich mit der Folge, dass beide Ehegatten in die Steuerklasse IV eingereiht werden. [3]Diese Anträge sind nach amtlich vorgeschriebenem Vordruck zu stellen und vom Antragsteller eigenhändig zu unterschreiben.

A. Grundaussagen der Vorschrift

§ 38b betrifft ausschließlich das Lohnsteuerabzugsverfahren. Diese Vorschrift regelt nach Änderung durch das BeitrRLUmsG[1] ab 2012 die Steuerklassen und Kinderfreibeträge sowohl für unbeschr. als auch für beschr. StPfl. Die bisherige Spezialvorschrift für beschr. StPfl. (§ 39d) wurde aufgehoben. 1

Die nach **Abs. 1** S. 1 verbindliche Einreihung der ArbN in StKl. soll die Erhebung der LSt[2] erleichtern. Die in Abs. 1 S. 2 aufgezählten StKl. sind maßgeblich für die nach § 39b Abs. 2 S. 6–8 zu ermittelnde LSt. Abs. 1 S. 3 überträgt die durch §§ 1, 1a Abs. 1 Nr. 2 eröffnete Möglichkeit der Zusammenveranlagung für EU-Bürger in das Lohnsteuerabzugsverfahren.[3] **Abs. 2** legt die Voraussetzungen für die Berücksichtigung von Kinderfreibeträgen als LSt-Abzugsmerkmale fest und vereint den Regelungsgehalt des § 39 Abs. 3 S. 1 Nr. 2, Abs. 3a S. 1 und 3 und Abs. 3b S. 3 in der bis 2011 geltenden Fassung. **Abs. 3** ermöglicht die Berücksichtigung ungünstigerer LSt-Abzugsmerkmale.

---

1 G. v. 7.12.2011, BGBl. 2011, 2592.
2 Zum Verfahren im Ganzen s. § 39b.
3 Dazu BMF v. 29.9.1995, BStBl. I 1995, 429 und v. 6.12.1995, BStBl. I 1995, 803.

B. Die Einreihung in Steuerklassen (Abs. 1)

2 § 38b Abs. 1 reiht die ArbN grds. verbindlich (S. 1) in **sechs verschiedene StKl.** (S. 2) ein. Für Ehegatten gilt ab dem VZ 2018[1] grds. die Steuerklassenkombination IV/IV (vgl. hierzu § 39e Abs. 3 S. 3).[2] Sie können aber die Kombinationen III/V wählen. Diese Gesetzesänderung war notwendig geworden, da die ursprünglich beabsichtigte automatisierte „isolierte" Einreihung des als ArbN tätigen Ehegatten in die StKl. III von der FinVerw. programmtechnisch nicht umgesetzt werden konnte.[3] Nur die Kombination IV/IV ermöglicht das Faktorverfahren nach § 39f.[4] Nach dem LPartG[5] eingetragenen Lebenspartnern stehen diese Wahlrechte durch die Einfügung von § 2 Abs. 8[6] ebenfalls zu, nicht hingegen den Partnern einer nicht ehelichen verschiedengeschlechtlichen Lebensgemeinschaft.[7] Dabei kann es zu einem ggü. der Einkommensteuerschuld zu hohen oder zu niedrigen Lohnsteuereinbehalt kommen. Zur günstigsten Wahl der StKl. veröffentlicht der BMF jährlich ein Merkblatt. Zur Frage der Gläubigerbenachteiligung durch die ungünstige Wahl der StKl. s. *Ernst* ZVI 2003, 107. Die Wahl der Kombination IV/IV zur Erzielung eines höheren Aufstockungsbetrags bei der Altersteilzeit,[8] sowie die Wahl der Kombination III/V zur Erzielung höheren Elterngeldes[9] ist nicht missbräuchlich. Die Kombination der StKl. V/III mit getrennter Veranlagung kann einen Missbrauch iSd. § 42 AO darstellen, wenn dies nur dem Zweck dient, die Steuernachzahlung des Ehegatten mit der StKl. III zu vereiteln.[10]

C. Die einzelnen Steuerklassen (Abs. 1 S. 2)

3 In die **StKl. I** gehören alle ArbN, die unbeschr. stpfl. sind, der Einzelveranlagung nach § 25 unterliegen und nach dem Grundtarif besteuert werden oder beschr. stpfl. sind. Soweit den StPfl. ein Entlastungsbetrag für Alleinerziehende zusteht ist die **StKl. II** maßgeblich, wenn es sich um ein zweites Dienstverhältnis handelt gilt **StKl. VI**.

Unbeschränkt stpfl. und nicht dauernd getrennt lebende Ehegatten werden seit 1.1.2018 grds. in die **StKl. IV** eingeordnet. Dies gilt auch dann, wenn nur ein Ehegatte Arbeitslohn bezieht.[11]

Ehegatten können gem. S. 2 Nr. 3 lit. a die **Steuerklassenkombination III/V** wählen, wenn beide Ehegatten dies beantragen. Sie gilt gem. S. 2 Nr. 3 lit. b und c auch für ArbN, die ohne Zusammenveranlagung den Splittingtarif erhalten. Die bis VZ 2017 vorgesehene Möglichkeit der programmgesteuerten Bildung der Steuerklassenkombination „III/-", falls der andere Ehegatte keinen Arbeitslohn bezieht, wurde durch das StUmgBG[12] mangels technischer Umsetzbarkeit durch die FinVerw. ab dem VZ 2018 aufgehoben.

Die **StKl. IV** führt zur **selben Besteuerung** wie die **StKl. I.** Die **StKl. V** unterstellt, dass der **Ehegatte** bzw. Lebenspartner etwa mit **40 % am Gesamteinkommen** beteiligt ist. Die **StKl. VI** ist für ein (gleichzeitig bestehendes) **zweites und alle weiteren Dienstverhältnisse** anzuwenden[13], und für den Fall, dass der ArbN den Abruf der LSt-Abzugsmerkmale durch den ArbG verhindert (§ 39c). Für welches Dienstverhältnis die StKl. VI anzuwenden ist, kann der StPfl. frei entscheiden.[14] Zahlt ein ArbG in einem Jahr **verschiedenartige Bezüge** (zB bei Eintritt in den Ruhestand im Laufe eines Jahres laufenden Arbeitslohn und Versorgungsbezüge), ist die LSt für den Jahresarbeitslohn aus diesem einheitlichen Dienstverhältnis nach derselben StKl. zu berechnen (vgl. § 39b Abs. 2 S. 8). Für den LSt-Abzug während des Kj. erlaubt § 39e Abs. 5a ab 2017 eine getrennte Abrechnung solcher verschiedenartiger Bezüge und die Verwendung unterschiedlicher StKl. Bis VZ 2016 galt dies im Billigkeitswege.[15] Dies ist für ArbG von Bedeutung, deren Lohnabrechnung für diese unterschiedlichen Bezüge organisatorisch getrennt vorgenommen wird (vgl. § 39e Rn. 4).

---

1 StUmgBG v. 23.6.2017, BGBl. I 2017, 1682.
2 Gesetzesbegründung zum StUmgBG, BT-Drucks. 18/12127, 62.
3 BR-Drucks. 18/816, 19.
4 Zum Verfahren s. § 39.
5 G v. 16.2.2001, BGBl. I 2011, 266.
6 Mit Wirkung v. 19.7.2013; G zur Änderung des EStG in Umsetzung der Entsch. des BVerfG v. 7.5.2013 v. 15.7.2013, BGBl. I 2013, 2397; vorausgehend hierzu Beschl. des BVerfG v. 7.5.2013 – 2 BvR 909/06, 2 BvR 1981/06, 2 BvR 288/07, BGBl. I 2013, 1647.
7 BFH v. 26.4.2017 – III B 100/16, BStBl. II 2017, 903, zur Frage, ob solche Partner die Zusammenveranlagung nach § 26b wählen können.
8 BAG v. 13.6.2006 – 9 AZR 423/05, DB 2006, 2470.
9 BSG v. 25.6.2009 – B 10 EG 3/08 R, DStR 2009, 2263.
10 FG BaWü. v. 21.4.2011 – 2 K 4920/08, juris.
11 Gesetzesbegründung zum StUmgBG, BT-Drucks. 18/12127, 62.
12 G v. 23.6.2017, BGBl. I 2017, 1682.
13 Im Einzelnen dazu *K/S/M*, § 38b Rn. B 16f.
14 BFH v. 12.8.1996 – VI R 27/96, BStBl. II 1997, 143 = FR 1997, 56.
15 BMF v. 19.10.2015, BStBl. I 2015, 831.

D. Kinderfreibeträge (Abs. 2)

Die Berücksichtigung der in § 32 geregelten Kinderfreibeträge erfolgt im LSt-Abzugsverfahren durch sog. Kinderfreibetragszähler. Ein Zähler beträgt je berücksichtigungsfähigem Kind grundsätzlich 0,5 (S. 1 Nr. 1). Der Zähler beträgt 1,0 bei Zusammenveranlagung, Tod eines Elternteils oder Annahme durch einen Elternteil (S. 1 Nr. 2). Bei **minderjährigen Kindern** werden die Zähler von Amts wegen auf Grundlage der von den Meldebehörden nach § 39e Abs. 2 S. 1, 2 übermittelten Meldedaten[1] berücksichtigt (S. 1). Bei volljährigen Kindern und Pflegekindern ist ein Antrag notwendig (S. 2), der aber für mehrere Jahre gelten kann (S. 3).[2] Mit Einführung der elektronischen LSt-Abzugsmerkmale wird das strikte Jahresprinzip der LSt-Karte aufgegeben; die mehrjährige Geltung von Kinderfreibetragszählern soll der Verwaltungsvereinfachung dienen.[3] Dass die mehrjährige Geltung sinnvoll und administrierbar ist, zeigt sich bereits am Beispiel der mehrjährigen Geltung der Lohnsteuerkarte 2010 für die Jahre 2011 und 2012 wegen der verspäteten Umsetzung des Verfahrens Elster-Lohn II. 4

E. Berücksichtigung ungünstigerer LSt-Abzugsmerkmale und Wechsel der Steuerklasse bei Ehegatten (Abs. 3)

Insbesondere zur Nichtoffenbarung von LSt-Abzugsmerkmalen ggü. dem ArbG können unbeschränkt StPfl. gem. Abs. 3 S. 1 die Anwendung einer ungünstigeren StKl. bzw. eines ungünstigeren Kinderfreibetragszählers bereits vor dem maßgeblichen Ereignis (Heirat, Geburt) beantragen. Diese Regelung (bis 2011: § 39 Abs. 3b S. 2) gewinnt im elektronischen LSt-Abzugsverfahren an Bedeutung, da der ArbG geänderte Meldedaten als LSt-Abzugsmerkmale automatisch erfährt. Bislang hatte der ArbN die Änderung eines Eintrags durch das FA und die Weitergabe der Lohnsteuerkarte an den ArbG selbst in der Hand. 5

Ab dem VZ 2018[4] kann ein Ehegatte nach Abs. 3 S. 2 durch einseitigen Antrag von der StKl. III oder V in die StKl. IV wechseln, die dann auch für den anderen Ehegatten gilt. Dies stärkt insbes. die Rechte des ArbN mit der bisherigen StKl. V.[5]

§ 39 Lohnsteuerabzugsmerkmale

(1) [1]Für die Durchführung des Lohnsteuerabzugs werden auf Veranlassung des Arbeitnehmers Lohnsteuerabzugsmerkmale gebildet (§ 39a Absatz 1 und 4, § 39e Absatz 1 in Verbindung mit § 39e Absatz 4 Satz 1 und nach § 39e Absatz 8). [2]Soweit Lohnsteuerabzugsmerkmale nicht nach § 39e Absatz 1 Satz 1 automatisiert gebildet werden oder davon abweichend zu bilden sind, ist das Finanzamt für die Bildung der Lohnsteuerabzugsmerkmale nach den §§ 38b und 39a und die Bestimmung ihrer Geltungsdauer zuständig. [3]Für die Bildung der Lohnsteuerabzugsmerkmale sind die von den Meldebehörden nach § 39e Absatz 2 Satz 2 mitgeteilten Daten vorbehaltlich einer nach Satz 2 abweichenden Bildung durch das Finanzamt bindend. [4]Die Bildung der Lohnsteuerabzugsmerkmale ist eine gesonderte Feststellung von Besteuerungsgrundlagen im Sinne des § 179 Absatz 1 der Abgabenordnung, die unter dem Vorbehalt der Nachprüfung steht. [5]Die Bildung und die Änderung der Lohnsteuerabzugsmerkmale sind dem Arbeitnehmer bekannt zu geben. [6]Die Bekanntgabe richtet sich nach § 119 Absatz 2 der Abgabenordnung und § 39e Absatz 6. [7]Der Bekanntgabe braucht keine Belehrung über den zulässigen Rechtsbehelf beigefügt zu werden. [8]Ein schriftlicher Bescheid mit einer Belehrung über den zulässigen Rechtsbehelf ist jedoch zu erteilen, wenn einem Antrag des Arbeitnehmers auf Bildung oder Änderung der Lohnsteuerabzugsmerkmale nicht oder nicht in vollem Umfang entsprochen wird oder der Arbeitnehmer die Erteilung eines Bescheids beantragt. [9]Vorbehaltlich des Absatzes 5 ist § 153 Absatz 2 der Abgabenordnung nicht anzuwenden.

(2) [1]Für die Bildung und die Änderung der Lohnsteuerabzugsmerkmale nach Absatz 1 Satz 2 des nach § 1 Absatz 1 unbeschränkt einkommensteuerpflichtigen Arbeitnehmers ist das Wohnsitzfinanzamt im Sinne des § 19 Absatz 1 Satz 1 und 2 der Abgabenordnung und in den Fällen des Absatzes 4 Nummer 5 das Betriebsstättenfinanzamt nach § 41a Absatz 1 Satz 1 Nummer 1 zuständig. [2]Ist der Arbeitnehmer nach § 1 Absatz 2 unbeschränkt einkommensteuerpflichtig, nach § 1 Absatz 3 als unbeschränkt einkommensteuerpflichtig zu behandeln oder beschränkt einkommensteu-

1 Gesetzesbegründung zum BeitrRLUmsG, BT-Drucks. 17/6263.
2 BMF v. 8.11.2018, BStBl. I 2018, 1137 Tz. II. 7.
3 Gesetzesbegründung zum BeitrRLUmsG, BT-Drucks. 17/6263.
4 StUmgBG v. 23.6.2017, BGBl. I 2017, 1682.
5 Gesetzesbegründung zum StUmgBG, BT-Drucks. 18/12127, 62.

erpflichtig, ist das Betriebsstättenfinanzamt für die Bildung und die Änderung der Lohnsteuerabzugsmerkmale zuständig. [3]Ist der nach § 1 Absatz 3 als unbeschränkt einkommensteuerpflichtig zu behandelnde Arbeitnehmer gleichzeitig bei mehreren inländischen Arbeitgebern tätig, ist für die Bildung der weiteren Lohnsteuerabzugsmerkmale das Betriebsstättenfinanzamt zuständig, das erstmals Lohnsteuerabzugsmerkmale gebildet hat. [4]Bei Ehegatten, die beide Arbeitslohn von inländischen Arbeitgebern beziehen, ist das Betriebsstättenfinanzamt des älteren Ehegatten zuständig.

(3) [1]Wurde einem Arbeitnehmer in den Fällen des Absatzes 2 Satz 2 keine Identifikationsnummer zugeteilt, hat ihm das Betriebsstättenfinanzamt auf seinen Antrag hin eine Bescheinigung für den Lohnsteuerabzug auszustellen. [2]In diesem Fall tritt an die Stelle der Identifikationsnummer das vom Finanzamt gebildete lohnsteuerliche Ordnungsmerkmal nach § 41b Absatz 2 Satz 1 und 2. [3]Die Bescheinigung der Steuerklasse I kann auch der Arbeitgeber beantragen, wenn dieser den Antrag nach Satz 1 im Namen des Arbeitnehmers stellt. [4]Diese Bescheinigung ist als Beleg zum Lohnkonto zu nehmen und während des Dienstverhältnisses, längstens bis zum Ablauf des jeweiligen Kalenderjahres, aufzubewahren.

(4) Lohnsteuerabzugsmerkmale sind

1. Steuerklasse (§ 38b Absatz 1) und Faktor (§ 39f),
2. Zahl der Kinderfreibeträge bei den Steuerklassen I bis IV (§ 38b Absatz 2),
3. Freibetrag und Hinzurechnungsbetrag (§ 39a),
4. Höhe der Beiträge für eine private Krankenversicherung und für eine private Pflege-Pflichtversicherung (§ 39b Absatz 2 Satz 5 Nummer 3 Buchstabe d) für die Dauer von zwölf Monaten, wenn der Arbeitnehmer dies beantragt,
5. Mitteilung, dass der von einem Arbeitgeber gezahlte Arbeitslohn nach einem Abkommen zur Vermeidung der Doppelbesteuerung von der Lohnsteuer freizustellen ist, wenn der Arbeitnehmer oder der Arbeitgeber dies beantragt.

(5) [1]Treten bei einem Arbeitnehmer die Voraussetzungen für eine für ihn ungünstigere Steuerklasse oder geringere Zahl der Kinderfreibeträge ein, ist der Arbeitnehmer verpflichtet, dem Finanzamt dies mitzuteilen und die Steuerklasse und die Zahl der Kinderfreibeträge umgehend ändern zu lassen. [2]Dies gilt insbesondere, wenn die Voraussetzungen für die Berücksichtigung des Entlastungsbetrags für Alleinerziehende, für die die Steuerklasse II zur Anwendung kommt, entfallen. [3]Eine Mitteilung ist nicht erforderlich, wenn die Abweichung einen Sachverhalt betrifft, der zu einer Änderung der Daten führt, die nach § 39e Absatz 2 Satz 2 von den Meldebehörden zu übermitteln sind. [4]Kommt der Arbeitnehmer seiner Verpflichtung nicht nach, ändert das Finanzamt die Steuerklasse und die Zahl der Kinderfreibeträge von Amts wegen. [5]Unterbleibt die Änderung der Lohnsteuerabzugsmerkmale, hat das Finanzamt zu wenig erhobene Lohnsteuer vom Arbeitnehmer nachzufordern, wenn diese 10 Euro übersteigt.

(6) [1]Ändern sich die Voraussetzungen für die Steuerklasse oder für die Zahl der Kinderfreibeträge zu Gunsten des Arbeitnehmers, kann dieser beim Finanzamt die Änderung der Lohnsteuerabzugsmerkmale beantragen. [2]Die Änderung ist mit Wirkung von dem ersten Tag des Monats an vorzunehmen, in dem erstmals die Voraussetzungen für die Änderung vorlagen. [3]Ehegatten können einmalig im Laufe des Kalenderjahres beim Finanzamt die Änderung der Steuerklassen beantragen. [4]Dies gilt unabhängig von der automatisierten Bildung der Steuerklassen nach § 39e Absatz 3 Satz 3 sowie einer von den Ehegatten gewünschten Änderung dieser automatisierten Bildung. [5]Das Finanzamt hat eine Änderung nach Satz 3 mit Wirkung vom Beginn des Kalendermonats vorzunehmen, der auf die Antragstellung folgt. [6]Für eine Berücksichtigung der Änderung im laufenden Kalenderjahr ist der Antrag nach Satz 1 oder 3 spätestens bis zum 30. November zu stellen.

(7) [1]Wird ein unbeschränkt einkommensteuerpflichtiger Arbeitnehmer beschränkt einkommensteuerpflichtig, hat er dies dem Finanzamt unverzüglich mitzuteilen. [2]Das Finanzamt hat die Lohnsteuerabzugsmerkmale vom Zeitpunkt des Eintritts der beschränkten Einkommensteuerpflicht an zu ändern. [3]Absatz 1 Satz 5 bis 8 gilt entsprechend. [4]Unterbleibt die Mitteilung, hat das Finanzamt zu wenig erhobene Lohnsteuer vom Arbeitnehmer nachzufordern, wenn diese 10 Euro übersteigt.

(8) [1]Der Arbeitgeber darf die Lohnsteuerabzugsmerkmale nur für die Einbehaltung der Lohn- und Kirchensteuer verwenden. [2]Er darf sie ohne Zustimmung des Arbeitnehmers nur offenbaren, soweit dies gesetzlich zugelassen ist.

(9) [1]Ordnungswidrig handelt, wer vorsätzlich oder leichtfertig entgegen Absatz 8 ein Lohnsteuerabzugsmerkmal verwendet. [2]Die Ordnungswidrigkeit kann mit einer Geldbuße bis zu zehntausend Euro geahndet werden.

A. Grundaussagen der Vorschrift

I. Regelungsgegenstand. § 39 regelt **materiell-rechtlich** die für die Höhe des LSt-Abzugs maßgebenden **LSt-Abzugsmerkmale**. Das **technische Verfahren** der **elektr.** LSt-Abzugsmerkmale ist in **§ 39e** normiert. 1

Nach **Abs. 1** werden für die Durchführung des LSt-Abzugs LSt-Abzugsmerkmale gebildet. **Abs. 2** legt die zuständigen Finanzämter fest. **Abs. 3** regelt die Ausstellung von Bescheinigungen bei StPfl. n. § 1 Abs. 2 und 3 sowie bei beschr. StPfl. **Abs. 4** definiert die Lohnsteuerabzugsmerkmale. **Abs. 5** verpflichtet die ArbN zur Änderung der StKl. oder der Kinderfreibeträge, wenn sich diese zu Ungunsten des StPfl. geändert haben. **Abs. 6** eröffnet dem ArbN die Möglichkeit, Änderungen der StKl. oder der Kinderfreibeträge zu seinen Gunsten vornehmen zu lassen. **Abs. 7** regelt Besonderheiten beim Wechsel von der unbeschr. zur beschr. StPfl. **Abs. 8 und 9** verbieten dem ArbG eine Offenbarung der LSt-Abzugsmerkmale außerhalb des LSt-Abzugsverfahrens und stufen einen Verstoß als Ordnungswidrigkeit ein.

II. Anwendungsbereich. Die elektronischen LSt-Abzugsmerkmale (ELStAM) sind grundsätzlich ab dem 1.1.2013 anzuwenden.[1] § 52b Abs. 5 S. 2 und Abs. 5a S. 7[2] gewähren allerdings letztmalig Übergangsfristen (s. § 52b Rn. 1 und Rn. 8). Die **LSt-Karte** ist nur noch innerhalb dieser Übergangsfristen die verfahrensrechtl. Grundlage für die Durchführung des LSt-Abzugs. Nach Ablauf der Übergangsfristen sind die ELStAM zwingend anzuwenden (§ 52b Abs. 5a S. 1, 2). Die FinVerw. hat zur Umstellung auf das elektronische Verfahren und weiteren Anwendung der ELStAM umfassende Schreiben herausgegeben.[3] 1a

Soweit auf der LSt-Karte Eintragungen durch die Gemeinde oder das FA vorgenommen werden, handelt es sich um eine **öffentl. Urkunde** iSv. § 415 ZPO.[4] Diese Eintragungen dürfen daher gem. § 39 Abs. 6 S. 4 weder vom ArbG noch vom ArbN oder v. anderen Pers. geändert werden. Der ArbG darf aber seine v. ihm vorgenommenen Eintragungen korrigieren.[5] 2

III. Verfahrensfragen. Die in Abs. 1 geregelte Bildung der LSt-Abzugsmerkmale ist gem. Abs. 1 S. 4 eine **gesonderte Feststellung v. Besteuerungsgrundlagen**, die unter dem Vorbehalt der Nachprüfung steht. Gegen die Bildung oder Ablehnung der Bildung ist der Einspruch nach § 347 AO statthafter Rechtsbehelf. Eine Aussetzung der Vollziehung nach § 361 AO ist möglich. Die Bekanntgabe richtet sich nach § 119 Abs. 2 AO (Abs. 1 S. 6), und wird im Regelfall „in anderer Weise" durch die Lohnabrechnung des ArbG erfolgen.[6] Eine Rechtsbehelfsbelehrung ist nicht notwendig (Abs. 1 S. 7), die Rechtsbehelfsfrist beträgt daher gem. § 356 Abs. 2 AO ein Jahr ab Bekanntgabe der LSt-Abzugsmerkmale, regelmäßig also der Aushändigung oder elektr. Bereitstellung der Lohnabrechnung.[7] Einspruchsgegner ist trotz Bekanntgabe durch den ArbG das zust. FA. Die Änderung v. LSt-Abzugsmerkmalen kann durch eine einstweilige Anordnung verfolgt werden.[8] Nach Ende März des Folgejahres erledigt sich die Hauptsache,[9] da wegen § 42b Abs. 3 S. 1 dann kein LStJA durch den ArbG mehr erfolgen kann. 3

B. Bildung von Lohnsteuerabzugsmerkmalen (Abs. 1)

Die LSt-Abzugsmerkmale werden weitgehend durch Übertragung der Meldedaten wie Familienstand, Kinder oder Religionszugehörigkeit von den Meldebehörden an das BZSt automatisiert gebildet (Abs. 1 S. 1, 3; 4

1 § 52b Abs. 5 S. 1 (§ 52b Rn. 1 und Rn. 8) und BMF v. 19.12.2012, BStBl. I 2012, 1258.
2 IdF des AmtshilfeRLUmsG v. 26.6.2013, BGBl. I 2013, 1809.
3 BMF v. 25.7.2013, BStBl. I 2013, 943 (Hinweise zum Start und zum Einführungszeitraum); v. 8.11.2018, BStBl. I 2018, 1137.
4 *Lang*, StuW 1975, 124.
5 *K/S/M*, § 39 Rn. J 5.
6 S. auch § 39e Abs. 6 S. 3; Gesetzesbegründung zum BeitrRLUmsG, BT-Drucks. 17/6263.
7 § 39e Abs. 6 S. 3.
8 Zu Eintragungen auf der LSt-Karte: BFH v. 3.8.1990 – VI B 136/88, BFH/NV 1991, 242; vorläufiger Rechtsschutz auch im AdV-Verfahren möglich, *Schmidt*[37], § 39 Rn. 10.
9 *Blümich*, § 39 Rn. 44; BFH v. 27.6.1986 – VI S 6/86, BFH/NV 1987, 118 (zur Ausstellung durch die Gemeinde).

§ 39e Abs. 1 S. 1 und Abs. 2 S. 2). Für die Bildung oder Änderung von zusätzlichen oder abweichenden LSt-Abzugsmerkmalen sind die FA nach Abs. 1 S. 2 sachlich zuständig (§ 16 AO). Die Meldedaten sind für die Finanzämter grds. bindend (Abs. 1 S. 3). Zeitliche Verzögerungen aus der Führung der Melderegister und Übertragung der Daten an die FinVerw. sollen noch hingenommen werden; in begründeten Einzelfällen sollen die FA aber von den übermittelten Daten abweichen können.[1] Zur Vornahme eines zutr. LSt-Abzugs, ua. auch bei systembedingt unzutr. gebildeten ELStAM,[2] ist dies zwingend.

Der erstmalige Anstoß zur Bildung der LSt-Abzugsmerkmale wird regelmäßig durch eine Abfrage des ArbG erfolgen,[3] auch wenn nach Abs. 1 S. 1 nur auf Veranlassung des ArbN LSt-Abzugsmerkmale gebildet werden sollen.

C. Örtlich zuständige Finanzämter (Abs. 2, 3)

5 Für die Bildung und Änderung von LSt-Abzugsmerkmalen ist grds. das WohnsitzFA des ArbN nach Abs. 2 S. 1, 1. Alt. örtlich zuständig (§ 17 AO). In Ausnahmefällen ist das BetriebsstättenFA zuständig (Abs. 2 S. 1, 2. Alt. u. S. 2). Dies sind Fälle der Steuerfreistellung von Arbeitslohn nach DBA, des § 1 Abs. 2 und 3 sowie der beschr. StPfl.

Da die betroffenen ArbN dann regelmäßig keinen Wohnsitz im Inland haben, ist ihnen auch keine steuerl. ID-Nr. zugeteilt. Ein Abruf elektr. LSt-Abzugsmerkmale ist somit – auch ab 2013 – nicht möglich. Das BetriebsstättenFA stellt aber eine Ersatzbescheinigung auf Papier aus (Abs. 3 S. 1).

D. Definition der Lohnsteuer-Abzugsmerkmale (Abs. 4)

6 Abs. 4 **definiert abschließend** die LSt-Abzugsmerkmale. Dies sind die Steuerklassen (§ 38b Abs. 1), der Faktor (§ 39f), die Zahl der Kinderfreibeträge (§ 38b Abs. 2), der Frei- bzw. Hinzurechnungsbetrag (§ 39a), auf Antrag des ArbN die Höhe der Beiträge für eine private KV/PV (§ 39b Abs. 2 S. 5 Nr. 3) sowie auf Antrag des ArbN oder ArbG die Mitteilung über einen nach DBA stfreien Arbeitslohn. Für die beiden letztgenannten Abzugsmerkmale steht derzeit noch kein automatisiertes Verfahren zur Verfügung.[4] Für die Freistellung von Arbeitslohn wegen eines DBA gilt somit § 39b Abs. 6 in der am 31.12.2010 geltenden Fassung weiter (vgl. § 39b Rn. 19). Neben den in Abs. 4 aufgezählten Merkmalen werden die für den KiSt-Abzug erforderlichen Merkmale gebildet (vgl. § 39e Abs. 3 S. 1).[5]

E. Meldepflicht bzw. Änderungsmöglichkeit bei Änderung der Lohnsteuer-Abzugsmerkmale (Abs. 5, 6)

7 Ändern sich die StKl., die Kinderfreibeträge oder der Entlastungsbetrag für Alleinerziehende **zu Ungunsten** des StPfl., ist dieser **verpflichtet**, beim FA umgehend, also ohne schuldhaftes Zögern, eine Änderung zu beantragen. (Abs. 5 S. 1, 2). Dies gilt auch noch im Einführungszeitraum 2013 für Änderungen auf der LSt-Karte 2010 oder auf der Bescheinigung für den LSt-Abzug.[6] Nach Einführung der elektr. LSt-Abzugsmerkmale besteht die Pflicht jedoch nur noch für Merkmale, die nicht automatisiert gebildet werden (Abs. 5 S. 3). Dies sind der Familienstand, die Religionszugehörigkeit und die Kinder. Kommt der ArbN der Anzeigepflicht nicht nach, muss die Behörde gem. Abs. 5 S. 4 v. Amts wegen ändern.

Ob Änderungen der StKl. oder der Kinderfreibeträge **zu Gunsten** vorgenommen werden, **obliegt dem StPfl.** (Abs. 6 S. 1). **Ehegatten** können **einmal jährlich die StKl. wechseln** (Abs. 6 S. 3). Die Änderungen nach S. 1 und 3 müssen bis spätestens 30.11. des lfd. Jahres beantragt werden (Abs. 6 S. 6).

Da bei einer Heirat die StKl. bei den elektr. LSt-Abzugsmerkmalen automatisiert gebildet werden (§ 39e Abs. 3 S. 3), räumt Abs. 6 S. 4 neben der jährlichen Änderungsmöglichkeit eine **zusätzliche Änderungsoption** ein.

F. Wechsel von unbeschränkter zur beschränkten Steuerpflicht (Abs. 7)

8 Der ArbN muss einen Wechsel von der unbeschr. zur beschr. StPfl. anzeigen (Abs. 7 S. 1). Das FA ändert die LSt-Abzugsmerkmale ab dem Zeitpunkt des Wechsels der StPfl. und der ArbG muss diese über die Lohnabrechnung dem ArbN bekannt geben (Abs. 7 S. 2, 3).

---

1 „Keine absolute Bindungswirkung des Melderegisters" (Gesetzesbegründung zum BeitrRLUmsG, BT-Drucks. 17/6263); BMF v. 8.11.2018, BStBl. I 2018, 1137 Tz. II. 3. und III. 1.
2 Vgl. BT-Drucks. 18/6507.
3 BMF v. 8.11.2018, BStBl. I 2018, 1137 Tz. II. 3.
4 S. § 52 Abs. 36 und die Gesetzesbegründung zum BeitrRLUmsG, BT-Drucks. 17/6263; BMF v. 8.11.2018, BStBl. I 2018, 1137 Tz. II. 2.
5 BMF v. 8.11.2018, BStBl. I 2018, 1137 Tz. II. 2.
6 Klarstellend: § 52b Abs. 2 S. 2, 3.

G. Offenbarungs- und Verwertungsverbot (Abs. 8, 9)

Die Abs. 8 und 9 schützen den ArbN vor missbräuchlicher Offenbarung der elektr. LSt-Abzugsmerkmale durch den ArbG.[1] Eine Verletzung dieses Verbots führt zur Schadensersatzpflicht des ArbG wegen unbefugter Offenbarung aus positiver Vertragsverletzung oder nach § 823 Abs. 2 BGB iVm. § 7 Abs. 8, 9[2] und nicht nach Amtshaftungsgrundsätzen, da der ArbG beim LSt-Abzug nur eine eigene stl. Pflicht erfüllt und nicht hoheitlich handelt (§ 38 Rn. 18). 9

§ 39a Freibetrag und Hinzurechnungsbetrag

(1) [1]Auf Antrag des unbeschränkt einkommensteuerpflichtigen Arbeitnehmers ermittelt das Finanzamt die Höhe eines vom Arbeitslohn insgesamt abzuziehenden Freibetrags aus der Summe der folgenden Beträge:

1. Werbungskosten, die bei den Einkünften aus nichtselbständiger Arbeit anfallen, soweit sie den Arbeitnehmer-Pauschbetrag (§ 9a Satz 1 Nummer 1 Buchstabe a) oder bei Versorgungsbezügen den Pauschbetrag (§ 9a Satz 1 Nummer 1 Buchstabe b) übersteigen,

2. Sonderausgaben im Sinne des § 10 Absatz 1 Nummer 4, 5, 7 und 9 sowie Absatz 1a und des § 10b, soweit sie den Sonderausgaben-Pauschbetrag von 36 Euro übersteigen,

3. der Betrag, der nach den §§ 33, 33a und 33b Absatz 6 wegen außergewöhnlicher Belastungen zu gewähren ist,

4. die Pauschbeträge für behinderte Menschen und Hinterbliebene (§ 33b Absatz 1 bis 5),

4a. der Erhöhungsbetrag nach § 24b Absatz 2 Satz 2,

5. die folgenden Beträge, wie sie nach § 37 Absatz 3 bei der Festsetzung von Einkommensteuer-Vorauszahlungen zu berücksichtigen sind:

a) die Beträge, die nach § 10d Absatz 2, §§ 10e, 10f, 10g, 10h, 10i, nach § 15b des Berlinförderungsgesetzes abgezogen werden können,

b) die negative Summe der Einkünfte im Sinne des § 2 Absatz 1 Satz 1 Nummer 1 bis 3, 6 und 7 und der negativen Einkünfte im Sinne des § 2 Absatz 1 Satz 1 Nummer 5,

c) das Vierfache der Steuerermäßigung nach den §§ 34f und 35a,

6. die Freibeträge nach § 32 Absatz 6 für jedes Kind im Sinne des § 32 Absatz 1 bis 4, für das kein Anspruch auf Kindergeld besteht. [2]Soweit für diese Kinder Kinderfreibeträge nach § 38b Absatz 2 berücksichtigt worden sind, ist die Zahl der Kinderfreibeträge entsprechend zu vermindern. [3]Der Arbeitnehmer ist verpflichtet, den nach Satz 1 ermittelten Freibetrag ändern zu lassen, wenn für das Kind ein Kinderfreibetrag nach § 38b Absatz 2 berücksichtigt wird,

7. ein Betrag für ein zweites oder ein weiteres Dienstverhältnis insgesamt bis zur Höhe des auf volle Euro abgerundeten zu versteuernden Jahresbetrags nach § 39b Absatz 2 Satz 5, bis zu dem nach der Steuerklasse des Arbeitnehmers, die für den Lohnsteuerabzug vom Arbeitslohn aus dem ersten Dienstverhältnis anzuwenden ist, Lohnsteuer nicht zu erheben ist. [2]Voraussetzung ist, dass

a) der Jahresarbeitslohn aus dem ersten Dienstverhältnis geringer ist als der nach Satz 1 maßgebende Eingangsbetrag und

b) in Höhe des Betrags für ein zweites oder ein weiteres Dienstverhältnis zugleich für das erste Dienstverhältnis ein Betrag ermittelt wird, der dem Arbeitslohn hinzuzurechnen ist (Hinzurechnungsbetrag).

[3]Soll für das erste Dienstverhältnis auch ein Freibetrag nach den Nummern 1 bis 6 und 8 ermittelt werden, ist nur der diesen Freibetrag übersteigende Betrag als Hinzurechnungsbetrag zu berücksichtigen. [4]Ist der Freibetrag höher als der Hinzurechnungsbetrag, ist nur der den Hinzurechnungsbetrag übersteigende Freibetrag zu berücksichtigen,

8. der Entlastungsbetrag für Alleinerziehende (§ 24b) bei Verwitweten, die nicht in Steuerklasse II gehören.

---

1 Gilt auch ggü. anderen Behörden.
2 *Blümich*, § 39 Rn. 42.

²Der insgesamt abzuziehende Freibetrag und der Hinzurechnungsbetrag gelten mit Ausnahme von Satz 1 Nummer 4 und vorbehaltlich der Sätze 3 bis 5 für die gesamte Dauer eines Kalenderjahres. ³Die Summe der nach Satz 1 Nummer 1 bis 3 sowie 4a bis 8 ermittelten Beträge wird längstens für einen Zeitraum von zwei Kalenderjahren ab Beginn des Kalenderjahres, für das der Freibetrag erstmals gilt oder geändert wird, berücksichtigt. ⁴Der Arbeitnehmer kann eine Änderung des Freibetrags innerhalb dieses Zeitraums beantragen, wenn sich die Verhältnisse zu seinen Gunsten ändern. ⁵Ändern sich die Verhältnisse zu seinen Ungunsten, ist er verpflichtet, dies dem Finanzamt umgehend anzuzeigen.

(2) ¹Der Antrag nach Absatz 1 ist nach amtlich vorgeschriebenem Vordruck zu stellen und vom Arbeitnehmer eigenhändig zu unterschreiben. ²Die Frist für die Antragstellung beginnt am 1. Oktober des Vorjahres, für das der Freibetrag gelten soll. ³Sie endet am 30. November des Kalenderjahres, in dem der Freibetrag gilt. ⁴Der Antrag ist hinsichtlich eines Freibetrags aus der Summe der nach Absatz 1 Satz 1 Nummer 1 bis 3 und 8 in Betracht kommenden Aufwendungen und Beträge unzulässig, wenn die Aufwendungen im Sinne des § 9, soweit sie den Arbeitnehmer-Pauschbetrag übersteigen, die Aufwendungen im Sinne des § 10 Absatz 1 Nummer 4, 5, 7 und 9 sowie Absatz 1a, der §§ 10b und 33 sowie die abziehbaren Beträge nach den §§ 24b, 33a und 33b Absatz 6 insgesamt 600 Euro nicht übersteigen. ⁵Das Finanzamt kann auf nähere Angaben des Arbeitnehmers verzichten, wenn er

1. höchstens den Freibetrag beantragt, der für das vorangegangene Kalenderjahr ermittelt wurde, und
2. versichert, dass sich die maßgebenden Verhältnisse nicht wesentlich geändert haben.

⁶Das Finanzamt hat den Freibetrag durch Aufteilung in Monatsfreibeträge, falls erforderlich in Wochen- und Tagesfreibeträge, jeweils auf die der Antragstellung folgenden Monate des Kalenderjahres gleichmäßig zu verteilen. ⁷Abweichend hiervon darf ein Freibetrag, der im Monat Januar eines Kalenderjahres beantragt wird, mit Wirkung vom 1. Januar dieses Kalenderjahres an berücksichtigt werden. ⁸Ist der Arbeitnehmer beschränkt einkommensteuerpflichtig, hat das Finanzamt den nach Absatz 4 ermittelten Freibetrag durch Aufteilung in Monatsbeträge, falls erforderlich in Wochen und Tagesbeträge, jeweils auf die voraussichtliche Dauer des Dienstverhältnisses im Kalenderjahr gleichmäßig zu verteilen. ⁹Die Sätze 5 bis 8 gelten für den Hinzurechnungsbetrag nach Absatz 1 Satz 1 Nummer 7 entsprechend.

(3) ¹Für Ehegatten, die beide unbeschränkt einkommensteuerpflichtig sind und nicht dauernd getrennt leben, ist jeweils die Summe der nach Absatz 1 Satz 1 Nummer 2 bis 4 und 5 in Betracht kommenden Beträge gemeinsam zu ermitteln; der in Absatz 1 Nummer 2 genannte Betrag ist zu verdoppeln. ²Für die Anwendung des Absatzes 2 Satz 4 ist die Summe der für beide Ehegatten in Betracht kommenden Aufwendungen im Sinne des § 9, soweit sie jeweils den Arbeitnehmer-Pauschbetrag übersteigen, und der Aufwendungen des § 10 Absatz 1 Nummer 4, 5, 7 und 9 sowie Absatz 1a, der §§ 10b und 33 sowie der abziehbaren Beträge nach den §§ 24b, 33a und 33b Absatz 6 maßgebend. ³Die nach Satz 1 ermittelte Summe ist je zur Hälfte auf die Ehegatten aufzuteilen, wenn für jeden Ehegatten Lohnsteuerabzugsmerkmale gebildet werden und die Ehegatten keine andere Aufteilung beantragen. ⁴Für eine andere Aufteilung gilt Absatz 1 Satz 2 entsprechend. ⁵Für einen Arbeitnehmer, dessen Ehe in dem Kalenderjahr, für das der Freibetrag gilt, aufgelöst worden ist und dessen bisheriger Ehegatte in demselben Kalenderjahr wieder geheiratet hat, sind die nach Absatz 1 in Betracht kommenden Beträge ausschließlich auf Grund der in seiner Person erfüllten Voraussetzungen zu ermitteln. ⁶Satz 1 zweiter Halbsatz ist auch anzuwenden, wenn die tarifliche Einkommensteuer nach § 32a Absatz 6 zu ermitteln ist.

(4) ¹Für einen beschränkt einkommensteuerpflichtigen Arbeitnehmer, für den § 50 Absatz 1 Satz 4 anzuwenden ist, ermittelt das Finanzamt auf Antrag einen Freibetrag, der vom Arbeitslohn insgesamt abzuziehen ist, aus der Summe der folgenden Beträge:

1. Werbungskosten, die bei den Einkünften aus nichtselbständiger Arbeit anfallen, soweit sie den Arbeitnehmer-Pauschbetrag (§ 9a Satz 1 Nummer 1 Buchstabe a) oder bei Versorgungsbezügen den Pauschbetrag (§ 9a Satz 1 Nummer 1 Buchstabe b) übersteigen,
2. Sonderausgaben im Sinne des § 10b, soweit sie den Sonderausgaben-Pauschbetrag (§ 10c) übersteigen, und die wie Sonderausgaben abziehbaren Beträge nach § 10e oder § 10i, jedoch erst nach Fertigstellung oder Anschaffung des begünstigten Objekts oder nach Fertigstellung der begünstigten Maßnahme,
3. den Freibetrag oder den Hinzurechnungsbetrag nach Absatz 1 Satz 1 Nummer 7.

[2]Der Antrag kann nur nach amtlich vorgeschriebenem Vordruck bis zum Ablauf des Kalenderjahres gestellt werden, für das die Lohnsteuerabzugsmerkmale gelten.

(5) Ist zu wenig Lohnsteuer erhoben worden, weil ein Freibetrag unzutreffend als Lohnsteuerabzugsmerkmal ermittelt worden ist, hat das Finanzamt den Fehlbetrag vom Arbeitnehmer nachzufordern, wenn er 10 Euro übersteigt.

A. Grundaussagen der Vorschrift

1 **I. Regelungsgegenstand.** Um zu vermeiden, dass durch die Quellenbesteuerung erhöhte Vorauszahlungen vom ArbN einbehalten werden, die erst im Rahmen einer Veranlagung ausgeglichen werden können, erlaubt die Vorschrift die **Berücksichtigung eines Freibetrags** für den beim LSt-Abzug maßgeblichen Bruttolohn (§ 39b Rn. 7). Für unbeschr. StPfl. ermittelt sich dieser als Summe v. in **Abs. 1** abschließend aufgelisteten Beträgen. **Abs. 4** legt die berücksichtigungsfähigen Beträge für beschr. StPfl. fest. **Abs. 2** regelt das Verfahren und **Abs. 3** die Besonderheiten bei Ehegatten. Die Nachforderungsmöglichkeit bei unrichtigen Freibeträgen stellt **Abs. 5** klar. Bei mehreren Dienstverhältnissen kann es gem. Abs. 1 Nr. 7 auch zu einem den maßgeblichen Lohn erhöhenden **Hinzurechnungsbetrag** (Rn. 9) kommen. § 39a ist die Parallelnorm zu § 37 für die LSt-Erhebung und soll eine Schlechterstellung der ArbN vermeiden. Unterschiede bleiben vor allem hinsichtlich der Stundung (dazu § 38 Rn. 4) und der zeitnäheren Erhebung[1] bestehen.

2 **II. Verfahrensfragen (Abs. 2 und 5).** Die Berücksichtigung eines Freibetrages als LSt-Abzugsmerkmal durch die WohnsitzFA der ArbN ist nach § 39 Abs. 1 und 4 ein **Feststellungsbescheid** gem. § 179 Abs. 1 AO und Grundlage für die LSt-Erhebung, insbes. die LSt-Anmeldung,[2] die Nachforderung der LSt gegen den ArbN[3] und den LStJA durch den ArbG (dazu § 42b), nicht aber für das Veranlagungsverfahren.[4] Da die erstmalige Berücksichtigung oder Änderung eines Freibetrags gem. § 39 Abs. 1 S. 4 unter dem Vorbehalt der Nachprüfung steht, kann der Frei- oder Hinzurechnungsbetrag jederzeit nach § 164 Abs. 2 AO, auch rückwirkend,[5] geändert werden. Eine formelle Berichtigung ist nur bis zum Ablauf des Kj. notwendig, da der ArbG die Änderung danach für den LSt-Einbehalt nicht mehr berücksichtigen könnte. Für die LSt-Nachforderung (Rn. 12) reicht aus, wenn das zuständige FA den Willen zur Änderung des Frei- oder Hinzurechnungsbetrags zu erkennen gibt.

3 Die Bildung bzw. Änderung eines Freibetrags kann gem. Abs. 2 S. 2, 3 vom 1.10. des Vorjahres, für das der Freibetrag gelten soll bis zum 30.11. des lfd. Kj. beim FA beantragt werden. Zu früh gestellte Anträge werden von den FÄ aber nicht abgelehnt, sondern lediglich später bearbeitet.[6] Abs. 2 S. 5 erlaubt ein vereinfachtes Verfahren, wenn höchstens der Freibetrag des Vorjahres beantragt wird und der ArbN die Richtigkeit versichert. Die antragsgemäße[7] Eintragung kann gem. § 39 Abs. 1 S. 7 ohne **Rechtsbehelfsbelehrung** ergehen. (Zur Einspruchsfrist s. § 39 Rn. 3.) Bleibt ein Einspruch erfolglos, kann Anfechtungsklage[8] erhoben werden. Vorl. Rechtsschutz kann einheitlich nur durch AdV[9] gewährt werden. Nach Ablauf des Monats März im Folgenden Kj.[10] entfällt das Rechtsschutzbedürfnis,[11] da sich die Eintragung dann nicht mehr im LSt-Abzugsverfahren auswirken kann. Eine bereits anhängige Klage, deren Streitgegenstand der

1 Durch Praktikabilität des Verfahrens gerechtfertigt; glA *Schmidt*[37], § 39a Rn. 1.
2 *Giloy*, FR 1983, 529; **aA** *K/S/M*, § 39 Rn. A 14.
3 *H/M/W*, „Grundlagenbescheid" Rn. 9.
4 **GlA** *H/H/R*, § 39a Rn. 3; *Schmidt*[37], § 39a Rn. 20.
5 *K/S/M*, § 39a Rn. E 2 f.
6 BMF v. 8.11.2018, BStBl. I 2018, 1137 Tz. VII.
7 Bei (teilw.) Ablehnung s. § 39 Abs. 1 S. 8.
8 *K/S/M*, § 39a Rn. A 15–18.
9 BFH v. 29.4.1992 – VI B 152/91, BStBl. II 1992, 752 = FR 1992, 521.
10 Bis dahin noch LStJA durch ArbG möglich.
11 HM, zB *Blümich*, § 39a Rn. 23; auch für AdV (BFH v. 12.4.1994 – X S 20/93, BFH/NV 1994, 783).

insgesamt zu berücksichtigende Freibetrag ist,[1] kann dann aber als **Fortsetzungsfeststellungsklage** nach § 100 Abs. 1 S. 4 FGO fortgeführt werden,[2] wenn der ArbN noch ein berechtigtes Interesse an der Feststellung hat. Dies ist idR nur dann der Fall, wenn die gleiche Frage Bedeutung für den LSt-Abzug der Folgejahre hat[3] oder eine hinreichend konkrete Wiederholungsgefahr besteht.[4]

4 Hat der ArbN beim Antrag **unrichtige oder unvollständige Angaben** gemacht, muss er sie nach § 153 Abs. 1 AO ggü. dem FA berichtigen.

B. Berücksichtigungsfähige Beträge für unbeschränkt Steuerpflichtige (Abs. 1)

5 **I. Grundsätzliches.** Der einzutragende Betrag ist die Summe der Beträge des Abs. 1 S. 1 Nr. 1–8. Auch erst im Kj. entstehende Aufwendungen können eingetragen werden.[5] Andere als die in Abs. 1 S. 1 Nr. 1–8 aufgezählten Beträge können nicht eingetragen werden. Da durch die Einführung der elektr. LSt-Abzugsmerkmale auch das Jahresprinzip der LSt-Karte aufgegeben wird, regelt nun Abs. 1 S. 2 die **Geltung des Freibetrags** (mit Ausnahme der Behinderten- und Hinterbliebenen-PB, die idR für den Gültigkeitszeitraum des Behindertenausweises als Freibetrag berücksichtigt werden) für die gesamte Dauer eines **Kj.** Nach Einfügung von Abs. 1 S. 3–5 durch das AmtshilfeRLUmsG[6] soll ein Freibetrag auch für **zwei Jahre** berücksichtigt werden können. Diese Möglichkeit erspart sowohl den ArbN als auch der FinVerw. bei gleichbleibenden stl. Verhältnissen die jährliche Beantragung und ist zu begrüßen. Der ArbN kann aber den zweijährigen Freibetrag jederzeit anpassen lassen (Abs. 1 S. 4). Ändern sich die Verhältnisse zu seinen Ungunsten, ist er dazu verpflichtet (Abs. 1 S. 5). Nachdem die technischen Voraussetzungen für die Eintragung eines zweijährigen Freibetrags in der ELStAM-Datenbank mittlerweile erfüllt sind, können ArbN ab dem 1.10.2015 Freibeträge beantragen, die ab dem 1.1.2016 wirken.[7]

6 **II. Beträge mit Mindestgrenze. 1. Mindestgrenze.** Gem. Abs. 2 S. 4 kann der Eintrag der in Abs. 1 S. 1 Nr. 1–3 und Nr. 8 genannten Beträge[8] nur dann begehrt werden, wenn sie insgesamt 600 Euro übersteigen.[9] Die Grenze gilt nur für die erstmalige Eintragung, nicht für spätere Änderungen.

7 **2. Berücksichtigungsfähige Einkommensminderungen.** Berücksichtigt werden können gem. Nr. 1 **WK**, soweit sie den bereits in § 39b Abs. 2 S. 5 Nr. 1 berücksichtigten ArbN-PB – oder in Ausnahmefällen den PB für Versorgungsbezüge – übersteigen. In der Praxis selten vorkommende negative Einnahmen sind keine WK (§ 8 Rn. 13) und deshalb nicht als Freibetrag ansetzbar.[10] Abs. 1 Nr. 2 lässt – mit Ausnahme der Vorsorgeaufwendungen[11] – die Eintragung v. **SA** zu. Dies gilt auch für den Teil der Parteispenden, der nach § 34g S. 1 Nr. 1 zu einer Steuerermäßigung führt.[12] Die übrigen in § 34g genannten Steuerermäßigungen sind ebenfalls berücksichtigungsfähig.[13] Bis auf die PB für Behinderte und Hinterbliebene (Nr. 4) können nach Nr. 3 ag. Belastungen nur bei Überschreiten der Mindestgrenze eingetragen werden. Für die Höhe des Eintrags ist bei den ag. Belastungen nach § 33 die zumutbare Belastung zu berücksichtigen.

8 **III. Beträge ohne Mindestgrenze.** Die **PB für Behinderte und Hinterbliebene** nach § 33b Abs. 1–5 können gem. Abs. 1 Nr. 4, der neue Erhöhungsbetrag zum Entlastungsbetrag für Alleinerziehende bei mehr als einem haushaltszugehörigen Kind nach § 24b Abs. 2 S. 2 gem. Abs. 1 Nr. 4a[14] und **Auslandskinderfreibeträge** nach Abs. 1 Nr. 6 eingetragen werden. **WK-Überschüsse aus KapVerm.** – durch die Einführung der Abgeltungsteuer nur noch in den Ausnahmefällen des § 32d Abs. 2 möglich (§ 32d Rn. 9ff.) – werden

---

1 BFH v. 30.10.2001 – VIII R 29/00, FR 2002, 293 = BFH/NV 2002, 268.
2 BFH v. 5.6.1991 – II R 77/88, BFH/NV 1991, 746.
3 BFH v. 2.11.2000 – X R 156/97, BFH/NV 2001, 476; *Blümich*, § 39 Rn. 45.
4 BFH v. 10.11.2016 – VI R 55/08, BStBl. II 2017, 715.
5 BFH v. 5.11.1971 – VI R 284/69, BStBl. II 1972, 139.
6 G v. 26.6.2013, BGBl. I 2013, 1809.
7 BMF v. 21.5.2015, BStBl. I 2015, 488; vgl. hierzu auch § 52 Abs. 37.
8 Zur Berechnung der Grenze s. R 39a.1 Abs. 4 LStR.
9 Verfassungskonform, FG München v. 26.3.1991 – 16 K 3082/90, EFG 1991, 568.
10 Zu Kapitaleinkünften vgl. BFH v. 13.12.1963 – VI 22/61, BStBl. III 1964, 184; glA *K/S/M*, § 39a Rn. B 3; **aA** *H/H/R*, § 39a Rn. 16; *Schmidt*[37], § 39a Rn. 4 („werbungskostenähnlich").
11 Mit den pauschalen Werten gem. § 39b Abs. 2 S. 5 Nr. 3 im maßgeblichen Jahresbetrag der Vorsorgepauschale enthalten; zu Beiträgen für die sog. Rürup-Rente nach § 10 Abs. 1 Nr. 2b vgl. BFH v. 10.11.2016 – VI R 55/08, BStBl. II 2017, 715; zu Beiträgen für die gesetzliche Rentenversicherung nach § 10 Abs. 1 Nr. 2a vgl. BFH v. 9.12.2009 – X R 28/07, BStBl. II 2010, 348.
12 R 39a.1 Abs. 2 Nr. 3 LStR.
13 *H/H/R*, § 39a Rn. 17 (verfassungskonforme Analogie).
14 Mit Wirkung ab dem VZ 2015 neu eingefügt durch das G zur Anhebung des Grundfreibetrags, des Kinderfreibetrags, des Kindergeldes und des Kinderzuschlags v. 16.7.2015, BGBl. I 2015, 1202.

gem. Abs. 1 Nr. 5b unabhängig v. den **übrigen Einkünften** immer berücksichtigt, die übrigen Einkünfte nur, soweit die **Summe negativ** ist (zur Ermittlung § 37 Rn. 2). Ein (zu hoher) Zinsabschlag auf Kapitalerträge bleibt bei der Eintragung unberücksichtigt.[1] Nr. 5 erlaubt den Abzug der dort genannten Beträge nur iRd. § 37 Abs. 3 (§ 37 Rn. 15 ff.). **Verluste aus VuV** werden für die negative Summe der übrigen Einkünfte deshalb erst für Kj. berücksichtigt, die nach der Anschaffung bzw. Fertigstellung beginnen (§ 37 Abs. 3 S. 8).[2] Nach Abs. 1 Nr. 5b können zB auch erhöhte Absetzungen bei Baudenkmalen nach § 7i abgesetzt werden.[3] Die **Abzugsbeschränkungen des § 10d** können nicht berücksichtigt werden, da beim Eintrag der Freibeträge anders als bei § 37 die maßgebliche Summe der positiven Einkünfte nicht Eingang findet. Da nur Minderungen der Bemessungsgrundlage eingetragen werden können, wird die Steuerermäßigung des § 34f nach Abs. 1 Nr. 5 lit. c vervierfacht.[4] Dies gilt auch für die ab 2003 neu eingeführte[5] Steuerermäßigung gem. § 35a (§ 35a Rn. 1) sowie in Fällen des intern. ArbN-Verleihs aus Billigkeitsgründen zur Vermeidung einer zeitweisen Doppelbesteuerung für ausländ. Steuern.[6] Für Auslandskinder, für die kein Anspr. auf Kindergeld besteht (§ 63 Rn. 4), sind Kinderfreibeträge einzutragen. Die entspr. Minderung der eingetragenen Zahl der Kinderfreibeträge (Abs. 1 Nr. 6 S. 2) hat nur für die Bemessung der Annexsteuern (SolZ; KiSt.) Bedeutung. Wegen der Möglichkeit der unterjährigen Änderung der elektr. LSt-Abzugsmerkmale iSd. § 38b Abs. 2 (ohne Überprüfungsmöglichkeit der FinVerw.) legt Abs. 1 Nr. 6 S. 3 dem ArbN die Pflicht auf, den Freibetrag nach § 39a ggf. ändern zu lassen.

Nach Abs. 1 Nr. 7 kann ein **ArbN mit mehreren Arbeitsverhältnissen** seinen Grundfreibetrag, der im 9
ersten Arbverh. nicht voll ausgeschöpft wird, auf ein zweites oder weiteres Dienstverhältnis übertragen. Zur Vermeidung einer doppelten Inanspruchnahme erfolgt dann beim ersten Dienstverhältnis eine **Hinzurechnung**.

Der **Freibetrag für Alleinerziehende** für ein Kind ist nach § 39b Abs. 2 S. 5 Nr. 4 iVm. § 24b Abs. 2 S. 1 in 10
der StKl. II eingearbeitet. Verwitwete Alleinerziehende können aber im Todesjahr des Ehegatten und dem darauf folgenden Jahr noch das Splittingverfahren nutzen und gehören dann der StKl. III zu. Um den Freibetrag bereits im LSt-Verfahren nutzen zu können, erlaubt Abs. 1 Nr. 8 dessen Eintragung. Abs. 1 Nr. 4a ermöglicht es, für ein zweites oder weitere Kinder den Erhöhungsbetrag nach § 24b Abs. 2 S. 2 als Freibetrag zu berücksichtigen. Dies muss aber vom ArbN gesondert beantragt werden.[7] Ein solcher Freibetrag führt allein nicht zu einer Veranlagungspflicht (vgl. § 46 Abs. 2 Nr. 4).

C. Freibetrag bei unbeschränkt steuerpflichtigen Ehegatten (Abs. 3)

Werbungskosten (Abs. 1 Nr. 1), Kinderfreibeträge (Abs. 1 Nr. 6) und Hinzurechnungsbeträge (Abs. 1 11
Nr. 7) sind bei dem Ehegatten zu berücksichtigen, bei dem sie angefallen sind bzw. der einen Anspruch darauf hat. Von anderen einkommensmindernden Beträgen stehen gem. Abs. 3 S. 1, 3 jedem Ehegatten, der die Voraussetzungen des § 26 Abs. 1 S. 1 erfüllt, grds. die Hälfte der gemeinsam zu ermittelnden Beträge zu, soweit sie keine andere Aufteilung beantragen. Die Mindestgrenze verdoppelt sich nicht (Abs. 3 S. 2).

D. Eintragbare Beträge bei beschränkt Steuerpflichtigen (Abs. 4)

Bei beschr. StPfl. setzt sich der Freibetrag nach Abs. 4 S. 1 aus der Summe der WK, soweit sie die WK-PB 12
des § 9a S. 1 Nr. 1a oder Nr. 1b übersteigen, den Spenden, soweit sie den Sonderausgaben-PB des § 10c übersteigen und evtl. Beträgen nach § 10e oder § 10i zusammen.

Der Freibetrag kann bis zum Ende des Kj. beantragt werden, für den er gelten soll (Abs. 4 S. 2).

E. Nachforderung von Lohnsteuer (Abs. 5)

Abs. 5 stellt klar, dass jede unrichtige Bildung oder Änderung eines Freibetrags zur Nachforderung des 13
Fehlbetrags vom ArbN führt. Nach Durchführung einer Veranlagung[8] aber nur, soweit der Steuerbescheid geändert werden kann. Die Nachforderung unterliegt einer Bagatellgrenze v. 10 Euro.

---

1 BFH v. 21.11.1997 – VI R 93/95, BStBl. II 1998, 208 = FR 1998, 375.
2 BFH v. 17.3.1994 – VI B 154/93, BStBl. II 1994, 567 = FR 1994, 545.
3 FG Münster v. 29.8.2012 – 11 K 977/12 E, EFG 2012, 2194 (rkr.).
4 Das entspricht einem typisierten Grenzsteuersatz v. 25 %.
5 BGBl. I 2002, 4621.
6 LfSt München v. 28.5.2013, juris.
7 Vgl. BT-Drucks. 18/5244, 30.
8 **AA** *K/S/M*, § 39a Rn. A 3; F 3: Nachforderung nur bis zum Abschluss der LSt-Erhebung zulässig.

§ 39b Einbehaltung der Lohnsteuer

(1) Bei unbeschränkt und beschränkt einkommensteuerpflichtigen Arbeitnehmern hat der Arbeitgeber den Lohnsteuerabzug nach Maßgabe der Absätze 2 bis 6 durchzuführen.

(2) [1]Für die Einbehaltung der Lohnsteuer vom laufenden Arbeitslohn hat der Arbeitgeber die Höhe des laufenden Arbeitslohns im Lohnzahlungszeitraum festzustellen und auf einen Jahresarbeitslohn hochzurechnen. [2]Der Arbeitslohn eines monatlichen Lohnzahlungszeitraums ist mit zwölf, der Arbeitslohn eines wöchentlichen Lohnzahlungszeitraums mit 360/7 und der Arbeitslohn eines täglichen Lohnzahlungszeitraums mit 360 zu vervielfältigen. [3]Von dem hochgerechneten Jahresarbeitslohn sind ein etwaiger Versorgungsfreibetrag (§ 19 Absatz 2) und Altersentlastungsbetrag (§ 24a) abzuziehen. [4]Außerdem ist der hochgerechnete Jahresarbeitslohn um einen etwaigen als Lohnsteuerabzugsmerkmal für den Lohnzahlungszeitraum mitgeteilten Freibetrag (§ 39a Absatz 1) oder Hinzurechnungsbetrag (§ 39a Absatz 1 Nummer 7), vervielfältigt unter sinngemäßer Anwendung von Satz 2, zu vermindern oder zu erhöhen. [5]Der so verminderte oder erhöhte hochgerechnete Jahresarbeitslohn, vermindert um

1. den Arbeitnehmer-Pauschbetrag (§ 9a Satz 1 Nummer 1 Buchstabe a) oder bei Versorgungsbezügen den Pauschbetrag (§ 9a Satz 1 Nummer 1 Buchstabe b) und den Zuschlag zum Versorgungsfreibetrag (§ 19 Absatz 2) in den Steuerklassen I bis V,
2. den Sonderausgaben-Pauschbetrag (§ 10c Satz 1) in den Steuerklassen I bis V,
3. eine Vorsorgepauschale aus den Teilbeträgen
   a) für die Rentenversicherung bei Arbeitnehmern, die in der gesetzlichen Rentenversicherung pflichtversichert oder von der gesetzlichen Rentenversicherung nach § 6 Absatz 1 Nummer 1 des Sechsten Buches Sozialgesetzbuch befreit sind, in den Steuerklassen I bis VI in Höhe des Betrags, der bezogen auf den Arbeitslohn 50 Prozent des Beitrags in der allgemeinen Rentenversicherung unter Berücksichtigung der jeweiligen Beitragsbemessungsgrenzen entspricht,
   b) für die Krankenversicherung bei Arbeitnehmern, die in der gesetzlichen Krankenversicherung versichert sind, in den Steuerklassen I bis VI in Höhe des Betrags, der bezogen auf den Arbeitslohn unter Berücksichtigung der Beitragsbemessungsgrenze, den ermäßigten Beitragssatz (§ 243 des Fünften Buches Sozialgesetzbuch) und den Zusatzbeitragssatz der Krankenkasse (§ 242 des Fünften Buches Sozialgesetzbuch) dem Arbeitnehmeranteil eines pflichtversicherten Arbeitnehmers entspricht,
   c) für die Pflegeversicherung bei Arbeitnehmern, die in der sozialen Pflegeversicherung versichert sind, in den Steuerklassen I bis VI in Höhe des Betrags, der bezogen auf den Arbeitslohn unter Berücksichtigung der Beitragsbemessungsgrenze und den bundeseinheitlichen Beitragssatz dem Arbeitnehmeranteil eines pflichtversicherten Arbeitnehmers entspricht, erhöht um den Beitragszuschlag des Arbeitnehmers nach § 55 Absatz 3 des Elften Buches Sozialgesetzbuch, wenn die Voraussetzungen dafür vorliegen,
   d) für die Krankenversicherung und für die private Pflege-Pflichtversicherung bei Arbeitnehmern, die nicht unter Buchstabe b und c fallen, in den Steuerklassen I bis V in Höhe der dem Arbeitgeber mitgeteilten Beiträge im Sinne des § 10 Absatz 1 Nummer 3, etwaig vervielfältigt unter sinngemäßer Anwendung von Satz 2 auf einen Jahresbetrag, vermindert um den Betrag, der bezogen auf den Arbeitslohn unter Berücksichtigung der Beitragsbemessungsgrenze und den ermäßigten Beitragssatz in der gesetzlichen Krankenversicherung sowie den bundeseinheitlichen Beitragssatz in der sozialen Pflegeversicherung dem Arbeitgeberanteil für einen pflichtversicherten Arbeitnehmer entspricht, wenn der Arbeitgeber gesetzlich verpflichtet ist, Zuschüsse zu den Kranken- und Pflegeversicherungsbeiträgen des Arbeitnehmers zu leisten;

   [2]Entschädigungen im Sinne des § 24 Nummer 1 sind bei Anwendung der Buchstaben a bis c nicht zu berücksichtigen; mindestens ist für die Summe der Teilbeträge nach den Buchstaben b und c oder für den Teilbetrag nach Buchstabe d ein Betrag in Höhe von 12 Prozent des Arbeitslohns, höchstens 1 900 Euro in den Steuerklassen I, II, IV, V, VI und höchstens 3 000 Euro in der Steuerklasse III anzusetzen,
4. den Entlastungsbetrag für Alleinerziehende für ein Kind (§ 24b Absatz 2 Satz 1) in der Steuerklasse II,

ergibt den zu versteuernden Jahresbetrag. [6]Für den zu versteuernden Jahresbetrag ist die Jahreslohnsteuer in den Steuerklassen I, II und IV nach § 32a Absatz 1 sowie in der Steuerklasse III nach

§ 32a Absatz 5 zu berechnen. [7][1]In den Steuerklassen V und VI ist die Jahreslohnsteuer zu berechnen, die sich aus dem Zweifachen des Unterschiedsbetrags zwischen dem Steuerbetrag für das Eineinviertelfache und dem Steuerbetrag für das Dreiviertelfache des zu versteuernden Jahresbetrags nach § 32a Absatz 1 ergibt; die Jahreslohnsteuer beträgt jedoch mindestens 14 Prozent des zu versteuernden Jahresbetrags, für den 10 635 Euro übersteigenden Teil des zu versteuernden Jahresbetrags höchstens 42 Prozent, für den 27 980 Euro übersteigenden Teil des zu versteuernden Jahresbetrags 42 Prozent und für den 212 261 Euro übersteigenden Teil des zu versteuernden Jahresbetrags 45 Prozent. [8]Für die Lohnsteuerberechnung ist die als Lohnsteuerabzugsmerkmal mitgeteilte oder die nach § 39c Absatz 1 oder Absatz 2 oder nach § 39e Absatz 5a oder Absatz 6 Satz 8 anzuwendende Steuerklasse maßgebend. [9]Die monatliche Lohnsteuer ist 1/12, die wöchentliche Lohnsteuer sind 7/360 und die tägliche Lohnsteuer ist 1/360 der Jahreslohnsteuer. [10]Bruchteile eines Cents, die sich bei der Berechnung nach den Sätzen 2 und 9 ergeben, bleiben jeweils außer Ansatz. [11]Die auf den Lohnzahlungszeitraum entfallende Lohnsteuer ist vom Arbeitslohn einzubehalten. [12]Das Betriebsstättenfinanzamt kann allgemein oder auf Antrag zulassen, dass die Lohnsteuer unter den Voraussetzungen des § 42b Absatz 1 nach dem voraussichtlichen Jahresarbeitslohn ermittelt wird, wenn gewährleistet ist, dass die zutreffende Jahreslohnsteuer (§ 38a Absatz 2) nicht unterschritten wird. [13]Darüber hinaus kann das Betriebsstättenfinanzamt auf Antrag zulassen, dass bei nach § 1 Absatz 1 unbeschränkt einkommensteuerpflichtigen Arbeitnehmern mit Steuerklasse VI und ohne Freibetrag nach § 39a, die bei dem Arbeitgeber gelegentlich, nicht regelmäßig wiederkehrend beschäftigt werden und deren Dauer der Beschäftigung 24 zusammenhängende Arbeitstage nicht übersteigt, der während der Beschäftigung erzielte Arbeitslohn auf einen Jahresbetrag hochgerechnet und die sich ergebende Lohnsteuer auf den Lohnabrechnungszeitraum zurückgerechnet wird, wobei als Lohnabrechnungszeitraum der Zeitraum vom Beginn des Kalenderjahres bis zum Ende der Beschäftigung gilt. [14]Bei Anwendung des Satzes 13 sind auch der im Kalenderjahr in etwaigen vorangegangenen und beendeten weiteren Dienstverhältnissen in der Steuerklasse VI bezogene Arbeitslohn und die darauf erhobene Lohnsteuer einzubeziehen, soweit dort bereits Satz 13 angewandt wurde. [15]Voraussetzung für die Anwendung des Verfahrens nach Satz 13 ist zudem, dass der Arbeitnehmer vor Aufnahme der Beschäftigung

1. unter Angabe seiner Identifikationsnummer gegenüber dem Arbeitgeber schriftlich zustimmt,
2. mit der Zustimmung den nach Satz 14 einzubeziehenden Arbeitslohn und die darauf erhobene Lohnsteuer erklärt und
3. mit der Zustimmung versichert, dass ihm der Pflichtveranlagungstatbestand nach § 46 Absatz 2 Nummer 2 und 3a bekannt ist.

[16]Die Zustimmungserklärung des Arbeitnehmers ist zum Lohnkonto zu nehmen.

(3) [1]Für die Einbehaltung der Lohnsteuer von einem sonstigen Bezug hat der Arbeitgeber den voraussichtlichen Jahresarbeitslohn ohne den sonstigen Bezug festzustellen. [2]Hat der Arbeitnehmer Lohnsteuerbescheinigungen aus früheren Dienstverhältnissen des Kalenderjahres nicht vorgelegt, so ist bei der Ermittlung des voraussichtlichen Jahresarbeitslohns der Arbeitslohn für Beschäftigungszeiten bei früheren Arbeitgebern mit dem Betrag anzusetzen, der sich ergibt, wenn der laufende Arbeitslohn im Monat der Zahlung des sonstigen Bezugs entsprechend der Beschäftigungsdauer bei früheren Arbeitgebern hochgerechnet wird. [3]Der voraussichtliche Jahresarbeitslohn ist um den Versorgungsfreibetrag (§ 19 Absatz 2) und den Altersentlastungsbetrag (§ 24a), wenn die Voraussetzungen für den Abzug dieser Beträge jeweils erfüllt sind, sowie um einen etwaigen als Lohnsteuerabzugsmerkmal mitgeteilten Jahresfreibetrag zu vermindern und um einen etwaigen Jahreshinzurechnungsbetrag zu erhöhen. [4]Für den so ermittelten Jahresarbeitslohn (maßgebender Jahresarbeitslohn) ist die Lohnsteuer nach Maßgabe des Absatzes 2 Satz 5 bis 7 zu ermitteln. [5]Außerdem ist die Jahreslohnsteuer für den maßgebenden Jahresarbeitslohn unter Einbeziehung des sonstigen Bezugs zu ermitteln. [6]Dabei ist der sonstige Bezug um den Versorgungsfreibetrag und den Altersentlastungsbetrag zu vermindern, wenn die Voraussetzungen für den Abzug dieser Beträge jeweils erfüllt sind und soweit sie nicht bei der Steuerberechnung für den maßgebenden Jahresarbeitslohn berücksichtigt worden sind. [7]Für die Lohnsteuerberechnung ist die als Lohnsteuerabzugsmerkmal mitgeteilte oder die nach § 39c Absatz 1 oder Absatz 2 oder nach § 39e Absatz 5a oder Absatz 6 Satz 8 anzuwendende Steuerklasse maßgebend. [8]Der Unterschiedsbetrag zwischen

1 In § 39b Abs. 2 Satz 7 wurde mWv. 1.1.2019 die Angabe „10 440 Euro" durch die Angabe „10 635 Euro", die Angabe „27 475 Euro" durch die Angabe „27 980 Euro" und die Angabe „208 426 Euro" durch die Angabe „212 261 Euro" ersetzt (FamEntlastG v. 29.11.2018, BGBl. I 2018, 2210).

den ermittelten Jahreslohnsteuerbeträgen ist die Lohnsteuer, die vom sonstigen Bezug einzubehalten ist. [9]Die Lohnsteuer ist bei einem sonstigen Bezug im Sinne des § 34 Absatz 1 und 2 Nummer 2 und 4 in der Weise zu ermäßigen, dass der sonstige Bezug bei der Anwendung des Satzes 5 mit einem Fünftel anzusetzen und der Unterschiedsbetrag im Sinne des Satzes 8 zu verfünffachen ist; § 34 Absatz 1 Satz 3 ist sinngemäß anzuwenden. [10]Ein sonstiger Bezug im Sinne des § 34 Absatz 1 und 2 Nummer 4 ist bei der Anwendung des Satzes 4 in die Bemessungsgrundlage für die Vorsorgepauschale nach Absatz 2 Satz 5 Nummer 3 einzubeziehen.

(4) In den Kalenderjahren 2010 bis 2024 ist Absatz 2 Satz 5 Nummer 3 Buchstabe a mit der Maßgabe anzuwenden, dass im Kalenderjahr 2010 der ermittelte Betrag auf 40 Prozent begrenzt und dieser Prozentsatz in jedem folgenden Kalenderjahr um je 4 Prozentpunkte erhöht wird.

(5) [1]Wenn der Arbeitgeber für den Lohnzahlungszeitraum lediglich Abschlagszahlungen leistet und eine Lohnabrechnung für einen längeren Zeitraum (Lohnabrechnungszeitraum) vornimmt, kann er den Lohnabrechnungszeitraum als Lohnzahlungszeitraum behandeln und die Lohnsteuer abweichend von § 38 Absatz 3 bei der Lohnabrechnung einbehalten. [2]Satz 1 gilt nicht, wenn der Lohnabrechnungszeitraum fünf Wochen übersteigt oder die Lohnabrechnung nicht innerhalb von drei Wochen nach dessen Ablauf erfolgt. [3]Das Betriebsstättenfinanzamt kann anordnen, dass die Lohnsteuer von den Abschlagszahlungen einzubehalten ist, wenn die Erhebung der Lohnsteuer sonst nicht gesichert erscheint. [4]Wenn wegen einer besonderen Entlohnungsart weder ein Lohnzahlungszeitraum noch ein Lohnabrechnungszeitraum festgestellt werden kann, gilt als Lohnzahlungszeitraum die Summe der tatsächlichen Arbeitstage oder Arbeitswochen.

(6) [1]Das Bundesministerium der Finanzen hat im Einvernehmen mit den obersten Finanzbehörden der Länder auf der Grundlage der Absätze 2 und 3 einen Programmablaufplan für die maschinelle Berechnung der Lohnsteuer aufzustellen und bekannt zu machen. [2]Im Programmablaufplan kann von den Regelungen in den Absätzen 2 und 3 abgewichen werden, wenn sich das Ergebnis der maschinellen Berechnung der Lohnsteuer an das Ergebnis einer Veranlagung zur Einkommensteuer anlehnt.

A. Grundaussagen der Vorschrift

1 **I. Regelungsgegenstand.** § 39b regelt das technische Verfahren zur Durchführung und Berechnung des LSt-Abzugs. **Abs. 1** stellt im Zusammenhang mit der Aufhebung von § 39d klar, dass § 39b ab 2012[1] für unbeschr. u. beschr. StPfl. gilt. **Abs. 2** ermittelt die Höhe der LSt bei lfd. Arbeitslohn. **Abs. 3** bestimmt die Höhe der LSt bei sonstigen Bezügen. **Abs. 5** enthält die Regelungen für Abschlagszahlungen, **Abs. 6** legt dem BMF auf, einen Programmablaufplan für die Berechnung der LSt aufzustellen und bekannt zu machen.

2 **II. Verhältnis zu anderen Vorschriften und Verfahrensregeln.** Für ArbN ohne LSt-Karte bzw. ab 2013 ohne elektr. LSt-Abzugsmerkmale richtet sich der LSt-Einbehalt nach § 39c. Die Norm konkretisiert die materiell-rechtl. Regelungen in § 38 Abs. 3 und § 38a Abs. 3 und 4.

3–6 Einstweilen frei.

B. Durchführung des Lohnsteuerabzugs

7 **I. Verfahren bei laufendem Arbeitslohn (Abs. 2).** Durch das JStG 2008 ist für den LSt-Abzug vom lfd. Arbeitslohn stets auf einen Jahresbetrag hochzurechnen, Nach- oder Vorauszahlungen, die als lfd. Arbeitslohn gelten (§ 38a Rn. 4), sind nicht herauszurechnen. Der so ermittelte **hochgerechnete Jahresarbeitslohn** ist dann um die vollen Jahresfreibeträge (Versorgungsfreibetrag, Altersentlastungsbetrag und individuelle

---

1 BeitrRLUmsG v. 7.12.2011, BGBl. I 2011, 2592.

Freibeträge) oder Jahreshinzurechnungsbeträge zu vermindern oder zu erhöhen. Der Abzug der Vorsorgepauschale (Abs. 2 S. 5 Nr. 3), ggf. Mindestvorsorgepauschale (Abs. 2 S. 5 Nr. 3 S. 2), erfolgt seit 2010 nur noch im LSt-Abzugsverfahren.[1] Für die Berechnung ist immer die StKl. am Ende des Lohnzahlungszeitraums maßgeblich.

Abs. 2 enthält in den S. 6–10 eine **Berechnungsanleitung** für die LSt (Rn. 10). Sie ergibt sich aus dem entspr. maschinell ermittelten Betrag. Die Berechnung erfolgt auf der Grundlage v. einem mit festen Vervielfältigern hochgerechneten Jahresarbeitslohn, v. dem Abzüge je nach einzelnen StKl. (§ 38b Rn. 3) zugelassen werden. Nicht mit einberechnet werden Kinder- und Betreuungsfreibeträge nach § 32 Abs. 6. Der Zuschlag zum Versorgungsfreibetrag wird bei der Ermittlung der zu erhebenden LSt nur noch in den StKl I–V berücksichtigt, weil dieser die Funktion hat, den bei Versorgungsbezügen entfallenen ArbN-PB zu ersetzen. 8

Bei **Nach- und Vorauszahlungen** ermittelt man zunächst die anteilige LSt für den Betrag, der auf den Lohnzahlungszeitraum entfällt, durch einen Vergleich mit der LSt des Arbeitslohns ohne diesen Betrag. Die so errechnete „Mehr"-LSt wird mit der Anzahl der Lohnzahlungszeiträume, für die gezahlt wird, multipliziert.[2] Die Nach- und Vorauszahlungen können auch mit Einverständnis des ArbN wie ein sonstiger Bezug (Rn. 11) besteuert werden.[3] 9

Der BMF ist gem. Abs. 6 verpflichtet, einen Programmablaufplan zu erlassen.[4] Durch die Anfügung von S. 2 in Abs. 6[5] mit Wirkung ab dem 1.1.2014 darf im Programmablaufplan von der Rechenanleitung des § 39b abgewichen werden, wenn dadurch der Lohnsteuerabzug dem Ergebnis einer ESt-Veranlagung näherkommt.[6] Es ist unklar, auf welche Fälle diese gesetzliche Ermächtigung abzielt.[7] Die Berechnung der LSt ohne bzw. abweichend von der gesetzlichen Regelung erscheint zwar bedenklich, ist jedoch der Komplexität des Verfahrens geschuldet. 10

II. Verfahren bei sonstigen Bezügen (Abs. 3). Bei sonstigen Bezügen (§ 38a Rn. 5) kann anders als beim lfd. Arbeitslohn nicht unterstellt werden, dass sie in gleicher Höhe in allen Lohnzahlungszeiträumen des Kj. entstehen. Für sonstige Bezüge wird zunächst der **voraussichtliche Jahresarbeitslohn** nach Abs. 3 S. 1 und 2 nur aus dem bisher erhaltenen Arbeitslohn (inklusive bereits bezahlter sonstiger Bezüge; Rn. 12) und dem noch zu erwartenden lfd. Arbeitslohn[8] berechnet.[9] Zu erwartende künftige sonstige Bezüge und pauschal versteuerte Bezüge bleiben unberücksichtigt. Fließt ein sonstiger Bezug dem ArbN erst nach einem Wechsel in die beschränkte StPfl. aber noch im Kj. zu, ist nur der in der Zeit der unbeschränkten StPfl. gezahlte Arbeitslohn dem Jahresarbeitslohn zuzurechnen.[10] Vereinfachend kann der lfd. Arbeitslohn der Restlaufzeit auch durch Umrechnung des bisherigen lfd. Arbeitslohns ermittelt werden.[11] Da der ArbN nicht verpflichtet ist, die elektronische LSt-Bescheinigung des vorangegangenen ArbG vorzulegen, ist in diesen Fällen nach Abs. 3 S. 2 der Lohn für die vor Beginn des Dienstverhältnisses liegenden Zeiträume des Kj. aus dem aktuellen Monatslohn hochzurechnen (zur Folge für das Lohnkonto § 41 Rn. 4). Vom voraussichtlichen Jahresarbeitslohn ist – sofern die Voraussetzungen jeweils vorliegen – der Versorgungsfreibetrag, der Altersentlastungsbetrag oder ein Jahresfreibetrag abzuziehen bzw. ein Hinzurechnungsbetrag hinzuzuaddieren (sog. **maßgeblicher Jahresarbeitslohn** nach Abs. 3 S. 3). Die LSt für den sonstigen Bezug ergibt sich dann nach Abs. 3 Sätze 4 bis 8 aus dem Unterschied der LSt vom maßgeblichen Jahresarbeitslohn mit dem sonstigen Bezug bzw. ohne den sonstigen Bezug. 11

Handelt es sich bei den sonstigen Bezügen um einen nach § 34 ermäßigt zu besteuernden Arbeitslohn (§ 34 Rn. 14), ermittelt sich die LSt dafür in einem eigenen – ggf. nachgelagerten[12] – Verfahren. Dabei ist gem. Abs. 3 S. 9 der voraussichtliche Jahresarbeitslohn nur um ein Fünftel dieser Bezüge zu erhöhen und der LSt-Unterschied dann zu verfünffachen. Auch für die Ermittlung des voraussichtlichen Jahresarbeitslohns sind solche Bezüge aus früheren Lohnzahlungszeiträumen nur mit einem Fünftel zu berücksichtigen.[13] 12

---

1 BMF v. 26.11.2013, BStBl. I 2013, 1532 Tz. 1; zur Berechnung der Pauschale Tz. 2–6.
2 S. dazu das Beispiel in H 39b.5 LStH.
3 R 39b.5. Abs. 4 S. 2 LStR.
4 Für 2019: BMF v. 12.11.2018, BStBl. I 2018, 1152; ausschließlich für beschränkt StPfl. mit Versorgungsbezügen, für die eine Quellensteuerbegrenzung vorgesehen ist: BMF v. 28.1.2016, BStBl. I 2016, 202.
5 G v. 25.7.2014, BGBl. I 2014, 1266.
6 BR-Drucks. 184/14, 68.
7 Stellungnahme des Finanz- und Wirtschaftsausschusses des BR, s. BR-Drucks. 184/1/14, 12.
8 FG Münster v. 30.1.1985 – XII-II 5373/82 L, EFG 1985, 561.
9 S. dazu die Beispiele H 39b.6 LStH.
10 BFH v. 25.8.2009 – I R 33/08, BStBl. II 2010, 150.
11 R 39b.6 Abs. 2 S. 3 und 4 LStR.
12 R 39b.6 Abs. 3 LStR.
13 Zur Berechnung bei Abfindungsentschädigungen *Michalowski*, NWB Fach 6, 4593.

Der angefügte HS stellt sicher, dass für den Fall, dass das zu versteuernde Einkommen negativ ist und erst durch Hinzurechnung der außerordentlichen Einkünfte positiv wird, die modifizierte Anwendung der Fünftelungsregelung § 34 Abs. 1 S. 3 (§ 34 Rn. 43) auch bei der LSt angewendet wird, um Nachzahlungen bei der ESt-Veranlagung zu vermeiden. Die Änderung von Abs. 3 S. 6 mit Wirkung ab dem 1.1.2014 stellt sicher, dass bei der Berechnung der LSt für einen sonstigen Bezug, der nach § 34 ermäßigt zu besteuern ist, der Versorgungsfreibetrag und der Altersentlastungsbetrag abgezogen werden können.[1]

13 **III. Verfahren bei Abschlagszahlungen (Abs. 5).** Für die Höhe der LSt und den Zeitpunkt des Einbehalts ist es grds. unbeachtlich, ob der bezahlte Lohn genau berechnet wurde oder ihm eine Schätzung der ungefähren Höhe zugrunde liegt (Abschlagszahlung). Eine Ausnahme gilt allerdings dann, wenn der ArbG bei kürzeren Lohnzahlungszeiträumen die genaue Lohnabrechnung für einen längeren Zeitraum **(Lohnabrechnungszeitraum)** vornimmt. Dann kann der ArbG den Lohnabrechnungszeitraum als Lohnzahlungszeitraum behandeln und erst zu diesem Zeitpunkt die LSt einbehalten. Voraussetzung ist, dass der Lohnabrechnungszeitraum nicht mehr als fünf Wochen beträgt und die Abrechnung spätestens drei Wochen nach dessen Ablauf erfolgt.[2] Als erfolgt gilt die Lohnabrechnung unabhängig vom konkreten Zahlungsabfluss dann, wenn der Zahlungsbeleg den Bereich des ArbG verlassen hat.[3] Werden Lohnzahlungen für künftige Arbeitsleistungen bezahlt **(Vorschüsse)**, gilt die Vereinfachungsregel nicht.[4] Es wird aber nicht beanstandet, wenn die LSt für kleinere Vorschüsse erst bei der Verrechnung einbehalten wird. Bei größeren Vorschüssen ist die LSt bei Zahlung einzubehalten, sofern der Zahlung nicht eine Darlehensvereinbarung mit besonderer Tilgungsvereinbarung zugrunde liegt. In diesem Fall führt nicht die Hingabe, sondern erst die Tilgung der Beträge durch Verrechnung zu einem Zufluss des Arbeitslohns.

14 **IV. Permanenter Lohnsteuerjahresausgleich.** Beim lfd. Arbeitslohn kann gem. Abs. 2 S. 12 mit Erlaubnis des Betriebsstättenfinanzamtes der ArbG einen sog. permanenten LStJA durchführen. Dazu hat der ArbG nach Ablauf jedes Lohnzahlungszeitraums den im Kj. bis zu diesem Zeitpunkt gezahlten lfd. Arbeitslohn auf einen Jahresarbeitslohn hochzurechnen, die entspr. Jahres-LSt zu ermitteln und v. der sich ergebenden zeitanteiligen LSt die bereits einbehaltene LSt abzuziehen. Nur der übersteigende Teil ist dann einzubehalten. Dadurch werden LSt-Überzahlungen beim LSt-Abzug vermieden.
Darüber hinaus wird der permanente LStJA ab dem VZ 2018[5] gem. Abs. 2 S. 13–16 auf Antrag des ArbG auch bei unbeschränkt stpfl. ArbN mit StKl. VI und ohne Freibetrag nach § 39a, die beim ArbG nur gelegentlich und max. 24 zusammenhängende Tage arbeiten, zugelassen. Der ArbN muss allerdings bestimmte Verpflichtungen eingehen und der Anwendung des permanenten LStJA ausdrücklich zustimmen. Der während der kurzfristigen Beschäftigung erzielte Arbeitslohn wird zunächst auf einen Jahresarbeitslohn hochgerechnet und die sich hieraus ergebende LSt anschließend auf den Lohnabrechnungszeitraum zurückgerechnet. Der kurzfristig erzielte Lohn wird also auf einen längeren Zeitraum umgelegt, was zu einem niedrigeren LSt-Abzug führt. Die Ergänzung der Sätze 13–16 war notwendig geworden, nachdem der permanente LStJA im Zuge der Einf. der ELStAM[6] gem. Abs. 2 S. 12 iVm. § 42b Abs. 1 S. 1 auf Fälle beschränkt wurde, bei denen seit Beginn eines Kj. ein durchgängiges Dienstverhältnis zum ArbG bestand. Die neue gesetzliche Regelung kommt insbes. ArbN zugute, die in kurzen Zeiträumen relativ hohe Löhne erzielen, wie zB Volksfestbedienungen.

15 **V. Rückzahlung von Arbeitslohn.** Bei der Rückzahlung v. Arbeitslohn handelt es sich um negative Einnahmen (§ 8 Rn. 13). Dadurch mindert sich der für den LSt-Abzug maßgebliche Lohn im Jahr der Rückzahlung. Der Lohn ist für die Berechnung der LSt deshalb um den Rückzahlungsbetrag zu kürzen.[7] Wird Lohn des gleichen Kj. zurückgezahlt, kann auch der LSt-Abzug des früheren Lohnzahlungszeitraums geändert werden.[8] Rückzahlungen an einen früheren ArbG können nur im Veranlagungsverfahren berücksichtigt werden.[9] War der Arbeitslohn steuerbefreit, bleibt die Rückzahlung für die LSt unbeachtlich (§ 8 Rn. 13).

---

1 G v. 25.7.2014, BGBl. I 2014, 1266; der Programmablaufplan nach Abs. 6 ermöglichte entgegen der früheren Gesetzeslage bereits den Abzug der beiden Beträge (vgl. BR-Drucks. 184/14, 68).
2 S. dazu Beispiele in H 39b.5 LStH.
3 R 39b.5 Abs. 5 S. 2 LStR.
4 *Schmidt*[37], § 39b Rn. 22.
5 StUmgBG v. 23.6.2017, BGBl. I 2017, 1689.
6 Vgl. BeitrRLUmsG v. 7.12.2011, BGBl. I 2011, 2592.
7 *Schmidt*[37], § 39b Rn. 10; **aA** *K/S/M*, § 39b Rn. C 14.
8 FinMin. NRW v. 19.2.1986, EStK B4, Verschiedenes, K 1.1.
9 FinMin. NRW v. 19.2.1986, EStK B4, Verschiedenes, K 1.1; **aA** *Schmidt*[37], § 39b Rn. 10, der alternativ einen Eintrag als Freibetrag zulassen will; dazu § 39a Rn. 7.

C. Nettolohnvereinbarungen

I. Vorliegen einer Nettolohnvereinbarung. Die Vereinbarung eines Nettolohns beinhaltet, dass der ArbN einen im Voraus festgelegten Nettobetrag[1] erhalten soll und der ArbG alle darauf entfallenden gesetzlichen Abgaben zusätzlich übernimmt (**Nettolohnvereinbarung**). Nur dann, wenn vor oder bei der Auszahlung des Lohnes feststeht, dass der ArbG die Steuern und Beitragsanteile zur SozVers. des ArbN übernimmt und ihm damit zusätzlich einen weiteren Vermögensvorteil zuwenden will, handelt es sich um eine Nettolohnabrede.[2] Da der ArbN typischerweise nicht auf die Nachzahlung der LSt in Anspr. genommen werden kann, die LSt für ihn auch dann als geleistet gilt, wenn der ArbG keine LSt abführt, sind hohe Anforderungen an den Nachweis zu stellen.[3] Diese „Befreiungswirkung" setzt aber voraus, dass der ArbG zum Einbehalt und Abführen der LSt verpflichtet war.[4] Ist die Vereinbarung zw. ArbN und ArbG str., ist das ArbG zuständig.[5] 16

Der ArbN bleibt Schuldner der Abzüge. In der Übernahme der LSt durch den ArbG liegt daher zusätzlicher Arbeitslohn, der mit dem ausgezahlten Nettolohn zufließt.[6] Hat der ArbG sich die Steuererstattung aus der Veranlagung des ArbN vorbehalten, sind Erstattungsbeträge negativer Arbeitslohn, der wie WK den (hochgerechneten) Bruttolohn kürzt.[7] Die Vereinbarung muss beinhalten, dass die vom ArbN geschuldete LSt vom ArbG an das FA abgeführt wird. Bei einer fehlgeschlagenen Pauschalierung kann deshalb keine bedingte Nettolohnvereinbarung unterstellt werden.[8] Auch die Verabredung zu „Schwarzlohnzahlungen" führt zu keiner Nettolohnabrede,[9] da ArbN und ArbG dabei davon ausgehen, dass LSt überhaupt nicht abgeführt wird. In diesen Fällen fließt erst mit der Bezahlung der jeweiligen Abgabe durch den ArbG der weitere Arbeitslohn dem ArbN zu.[10] Dass der ArbG sozialversicherungsrechtl. schon vorher keinen Rückgriff auf den ArbN nehmen kann,[11] hat für den Zufluss keine Bedeutung. Soweit der ArbG Beträge vom ArbN zurückerhält, liegen für den ArbN im Zeitpunkt der Zahlung[12] negative Einnahmen vor.[13] 17

II. Lohnsteuerabzug bei Nettolohnvereinbarung. Bei einer Nettolohnvereinbarung ist der ausgezahlte Betrag auf einen Bruttolohn hochzurechnen. Dabei sind alle weiteren Lohnabzüge in einem Abtastverfahren mit zu berücksichtigen. Der sich so ergebende Bruttolohn ist bei der Veranlagung des ArbN zu berücksichtigen,[14] die einbehaltene LSt entspr. anzurechnen. Bei Abfindungsvereinbarungen ist für die Schätzung des voraussichtlichen Arbeitslohns nur der beim abfindenden ArbG erzielte Arbeitslohn zu berücksichtigen.[15] 18

D. Absehen vom Lohnsteuerabzug bei nach DBA steuerfreiem Arbeitslohn (Abs. 6 in der am 31.12.2010 geltenden Fassung)

§ 39b Abs. 6 in der am 31.12.2010 geltenden Fassung ist solange anzuwenden, bis die Bescheinigung auf Papier durch ein elektr. Verfahren ersetzt werden kann und BMF dies mitteilt.[16] Sobald dies der Fall ist, wird der Regelungsbereich dieser Norm von § 39 Abs. 4 Nr. 5 abgedeckt. Ist der gezahlte Arbeitslohn nach einem DBA stfrei, muss keine LSt einbehalten werden. Die Erteilung einer Bescheinigung bzw. elektr. Mitteilung verhindert die Haftung des ArbG.[17] Dies ist keine materielle Voraussetzung für den Verzicht auf den LSt-Einbehalt und nur für den LSt-Abzug maßgeblich. Das Wohnsitz-FA ist bei der Veranlagung nicht daran gebunden.[18] In einigen DBA (zB Frankreich) ist die Freistellung antragsgebunden, vom LSt- 19

1 Bei der originären Nettolohnvereinbarung ist der Bruttolohn nicht Geschäftsgrundlage der Vereinbarung (*Kaiser/Sigrist*, DB 1994, 178).
2 BFH v. 29.10.1993 – VI R 26/92, BStBl. II 1994, 197 = FR 1994, 160.
3 BFH v. 28.2.1992 – VI R 146/87, BStBl. II 1992, 733 = FR 1992, 664.
4 BFH v. 6.12.1991 – VI R 122/89, BStBl. II 1992, 441 = FR 1992, 524 (nicht bei ausländ. ArbG, der nicht zum LSt-Abzug verpflichtet war).
5 BFH v. 13.12.2007 – VI R 57/04, BStBl. II 2008, 434 = FR 2008, 722 m. Anm. *Bergkemper.*
6 BFH v. 29.6.1993 – VI B 108/92, BStBl. II 1993, 760.
7 BFH v. 30.6.2009 – VI R 29/06, FR 2010, 180 = BFH/NV 2009, 1890. Für Freibeträge, für Versorgungsbezüge und den Altersentlastungsbetrag gilt dies ebenso, s. R 39b.9 Abs. 1 S. 4 LStR.
8 BFH v. 5.11.1993 – VI R 16/93, BStBl. II 1994, 557.
9 BFH v. 21.2.1992 – VI R 41/88, BStBl. II 1992, 443 = FR 1992, 448; BGH v. 13.5.1992 – 5 StR 38/92, NJW 1992, 2240.
10 BFH v. 21.2.1992 – VI R 41/88, BStBl. II 1992, 443 = FR 1992, 448.
11 § 28g S. 3 SGB IV.
12 BFH v. 22.6.1990 – VI R 162/86, BFH/NV 1991, 156; **aA** *Katterbe*, DStZ 1984, 432.
13 OFD Düsseldorf v. 29.11.2005, EStG-Kartei NW, § 39b EStG Nr. 1000.
14 BFH v. 18.6.1993 – VI R 67/90, BStBl. II 1994, 182 = FR 1994, 22.
15 BFH v. 13.12.2007 – VI R 57/04, BStBl. II 2008, 434 = FR 2008, 722 m. Anm. *Bergkemper.*
16 § 52 Abs. 36.
17 Vgl. im Einzelnen *K/S/M*, § 39b Rn. G 4 mwN.
18 BFH v. 13.3.1985 – I R 86/80, BStBl. II 1985, 500 = FR 1985, 514.

Abzug darf dann auch materiell nur abgesehen werden, wenn eine beantragte Freistellung vorliegt. Da Abs. 6 vom „Arbeitgeber" spricht, umfasst dies auch den ausländ. Verleiher iSd. § 38 Abs. 1 Nr. 2 und den Dritten iSd. § 38 Abs. 3a.[1]

§ 39c Einbehaltung der Lohnsteuer ohne Lohnsteuerabzugsmerkmale

(1) [1]Solange der Arbeitnehmer dem Arbeitgeber zum Zweck des Abrufs der elektronischen Lohnsteuerabzugsmerkmale (§ 39e Absatz 4 Satz 1) die ihm zugeteilte Identifikationsnummer sowie den Tag der Geburt schuldhaft nicht mitteilt oder das Bundeszentralamt für Steuern die Mitteilung elektronischer Lohnsteuerabzugsmerkmale ablehnt, hat der Arbeitgeber die Lohnsteuer nach Steuerklasse VI zu ermitteln. [2]Kann der Arbeitgeber die elektronischen Lohnsteuerabzugsmerkmale wegen technischer Störungen nicht abrufen oder hat der Arbeitnehmer die fehlende Mitteilung der ihm zuzuteilenden Identifikationsnummer nicht zu vertreten, hat der Arbeitgeber für die Lohnsteuerberechnung die voraussichtlichen Lohnsteuerabzugsmerkmale im Sinne des § 38b längstens für die Dauer von drei Kalendermonaten zu Grunde zu legen. [3]Hat nach Ablauf der drei Kalendermonate der Arbeitnehmer die Identifikationsnummer sowie den Tag der Geburt nicht mitgeteilt, ist rückwirkend Satz 1 anzuwenden. [4]Sobald dem Arbeitgeber in den Fällen des Satzes 2 die elektronischen Lohnsteuerabzugsmerkmale vorliegen, sind die Lohnsteuerermittlungen für die vorangegangenen Monate zu überprüfen und, falls erforderlich, zu ändern. [5]Die zu wenig oder zu viel einbehaltene Lohnsteuer ist jeweils bei der nächsten Lohnabrechnung auszugleichen.

(2) [1]Ist ein Antrag nach § 39 Absatz 3 Satz 1 oder § 39e Absatz 8 nicht gestellt, hat der Arbeitgeber die Lohnsteuer nach Steuerklasse VI zu ermitteln. [2]Legt der Arbeitnehmer binnen sechs Wochen nach Eintritt in das Dienstverhältnis oder nach Beginn des Kalenderjahres eine Bescheinigung für den Lohnsteuerabzug vor, ist Absatz 1 Satz 4 und 5 sinngemäß anzuwenden.

(3) [1]In den Fällen des § 38 Absatz 3a Satz 1 kann der Dritte die Lohnsteuer für einen sonstigen Bezug mit 20 Prozent unabhängig von den Lohnsteuerabzugsmerkmalen des Arbeitnehmers ermitteln, wenn der maßgebende Jahresarbeitslohn nach § 39b Absatz 3 zuzüglich des sonstigen Bezugs 10 000 Euro nicht übersteigt. [2]Bei der Feststellung des maßgebenden Jahresarbeitslohns sind nur die Lohnzahlungen des Dritten zu berücksichtigen.

A. Grundaussagen der Vorschrift

1 **I. Regelungsgegenstand.** Ein zutr. LSt-Abzug ist ohne elektr. LSt-Abzugsmerkmale nicht möglich. Deshalb soll der in **Abs. 1** vorgesehene LSt-Abzug nach der ungünstigsten StKl. (VI) als Druckmittel den ArbN zur Vorlage der LSt-Karte bzw. zur Mitwirkung beim elektr. LSt-Abzugsverfahren anhalten. **Abs. 2** soll StPfl. ohne ID-Nr. zur Abgabe der für den zutr. LSt-Abzug notwendigen Bescheinigungen bringen. **Abs. 3** ermöglicht eine vereinfachte Ermittlung der LSt bei sonstigen Bezügen von Dritten.

2 **II. Verfahrensfragen.** § 39c hat nicht nur Bedeutung für den LSt-Abzug des lfd. Jahres. Das FA kann den ArbG auch nach Ablauf des Kj. wegen Nichtbeachtung des Abs. 1 S. 1 in Haftung nehmen.[2]

B. Lohnsteuerabzug nach Steuerklasse VI (Abs. 1)

3 Die Besteuerung mit der StKl. VI setzt nach Abs. 1 S. 1 voraus, dass dem ArbG die elektr. LSt-Abzugsmerkmale wegen Verschuldens des ArbN nicht vorliegen. Die gleiche Folge tritt ein, wenn der ArbN nach § 39e Abs. 6 S. 6 Nr. 1 die Übermittlung der ELStAM an den ArbG oder beim Wohnsitz-FA die Bereitstellung der ELStAM nach § 39e Abs. 6 S. 6 Nr. 2 allgemein gesperrt hat.[3]

1 Anwendung auch für frühere Zeiträume, BMF v. 27.1.2004, BStBl. I 2004, 173.
2 BFH v. 12.1.2001 – VI R 102/98, FR 2001, 752 = BFH/NV 2001, 963; anders noch BFH v. 15.11.1974 – VI R 167/73, BStBl. II 1975, 297.
3 BMF v. 8.11.2018, BStBl. I 2018, 1137 Tz. III. 6.

Abs. 1 S. 2 ermöglicht es dem ArbG, allerdings längstens für drei Monate, beim LSt-Abzug von den voraussichtlichen LSt-Abzugsmerkmalen auszugehen. Dies ist zulässig, sofern ein Abruf der ELStAM wg. technischer Störungen nicht möglich ist oder der ArbN die fehlende Mitteilung über die ihm zuzuteilende ID-Nr. nicht zu vertreten hat. Liegen dem ArbG nach drei Monaten keine LSt-Abzugsmerkmale vor, muss er rückwirkend StKl. VI anwenden (Abs. 1 S. 3). § 39c Abs. 1 S. 1 ist auch dann anzuwenden, wenn für das Vorjahr eine LSt-Karte mit einer günstigeren LSt-Klasse vorlag.[1]

C. Steuerpflichtige ohne ID-Nr. (Abs. 2)

Wurde einem ArbN keine steuerl. ID-Nr. zugeteilt (insbes. Fälle der § 1 Abs. 2 und 3, beschr. StPfl.), kann 4
der ArbG die elektr. LSt-Abzugsmerkmale nicht abrufen. Damit der ArbG den LSt-Abzug in zutreffender Höhe vornehmen kann, ist diesem eine Bescheinigung nach § 39 Abs. 3 vorzulegen. Stellt der ArbN keinen Antrag auf Erteilung einer Bescheinigung, hat der ArbG die LSt nach StKl. VI zu ermitteln. Innerhalb von sechs Wochen nach Eintritt in das Dienstverhältnis oder nach Beginn des Kalenderjahres ist eine rückwirkende Korrektur möglich.

D. Besondere Pauschalierung für Dritte mit Arbeitgeberpflichten (Abs. 3)

Abs. 3 erlaubt den nach § 38 Abs. 3a S. 1 (§ 38 Rn. 10) zum LSt-Abzug verpflichteten Dritten bis zu einem 5
Jahresarbeitslohn v. 10 000 Euro die LSt für sonstige Bezüge mit einem festen Steuersatz v. 20 % und unabhängig v. einer LSt-Karte bzw. elektr. LSt-Abzugsmerkmalen zu erheben. Selbst bei Annahme der StKl. VI würde sich keine höhere LSt ergeben, da bis ungefähr 10 000 Euro Jahreslohn eine Steuererhebung mit dem Eingangssteuersatz vorgesehen ist. Dadurch soll insbes. der Aufwand der Sozialkassen des Baugewerbes in vertretbarem Rahmen bleiben. Schuldner dieser pauschalen LSt bleibt der ArbN.[2] Der so versteuerte Arbeitslohn ist bei der Steuererklärung anzugeben, die pauschale LSt auf die ESt-Schuld anzurechnen und der Dritte hat dem ArbN eine besondere LSt-Bescheinigung auszustellen.[3]

§ 39d

(weggefallen)

Benutzerhinweis: Zu § 39d in der bis 2011 geltenden Fassung wird auf die Kommentierung in der 10. Auflage 1
verwiesen. § 39d wurde durch das BeitrRLUmsG vom 7.12.2011, BGBl. I 2011, 2592, mit Wirkung ab 2012 aufgehoben. Die einzelnen Regelungsbereiche wurden auf die allgemeinen Verfahrensvorschriften des Lohnsteuerabzugsverfahrens aufgeteilt (vgl. hierzu Gesetzesbegründung zum BeitrRLUmsG, BT-Drucks. 17/6263). Die Regelungen für beschr. StPfl. finden sich in folgenden ab 2012 anzuwendenden Vorschriften:

§ 38b Abs. 1 und 2 (Steuerklassen und Kinderfreibeträge);

§ 39 Abs. 2 S. 2–4 (örtlich zuständige Finanzämter);

§ 39 Abs. 3 (LSt-Bescheinigung für beschr. StPfl.);

§ 39 Abs. 7 (Wechsel von unbeschr. zur beschr. StPfl.);

§ 39a Abs. 4 (Freibeträge für beschr. StPfl.).

§ 39e Verfahren zur Bildung und Anwendung der elektronischen Lohnsteuerabzugsmerkmale

(1) [1]Das Bundeszentralamt für Steuern bildet für jeden Arbeitnehmer grundsätzlich automatisiert die Steuerklasse und für die bei den Steuerklassen I bis IV zu berücksichtigenden Kinder die Zahl der Kinderfreibeträge nach § 38b Absatz 2 Satz 1 als Lohnsteuerabzugsmerkmale (§ 39 Absatz 4 Satz 1 Nummer 1 und 2); für Änderungen gilt § 39 Absatz 2 entsprechend. [2]Soweit das Finanzamt Lohnsteuerabzugsmerkmale nach § 39 bildet, teilt es sie dem Bundeszentralamt für Steuern zum Zweck der Bereitstellung für den automatisierten Abruf durch den Arbeitgeber mit. [3]Lohnsteuer-

---

1 BFH v. 29.7.2009 – VI B 99/08, BFH/NV 2009, 1809.
2 R 39c Abs. 5 S. 3.
3 R 39c Abs. 5 S. 4, 5.

abzugsmerkmale sind frühestens bereitzustellen mit Wirkung von Beginn des Kalenderjahres an, für das sie anzuwenden sind, jedoch nicht für einen Zeitpunkt vor Beginn des Dienstverhältnisses.

(2) [1]Das Bundeszentralamt für Steuern speichert zum Zweck der Bereitstellung automatisiert abrufbarer Lohnsteuerabzugsmerkmale für den Arbeitgeber die Lohnsteuerabzugsmerkmale unter Angabe der Identifikationsnummer sowie für jeden Steuerpflichtigen folgende Daten zu den in § 139b Absatz 3 der Abgabenordnung genannten Daten hinzu:

1. rechtliche Zugehörigkeit zu einer steuererhebenden Religionsgemeinschaft sowie Datum des Eintritts und Austritts,
2. melderechtlichen Familienstand sowie den Tag der Begründung oder Auflösung des Familienstands und bei Verheirateten die Identifikationsnummer des Ehegatten,
3. Kinder mit ihrer Identifikationsnummer.

[2]Die nach Landesrecht für das Meldewesen zuständigen Behörden (Meldebehörden) haben dem Bundeszentralamt für Steuern unter Angabe der Identifikationsnummer und des Tages der Geburt die in Satz 1 Nummer 1 bis 3 bezeichneten Daten und deren Änderungen im Melderegister mitzuteilen. [3]In den Fällen des Satzes 1 Nummer 3 besteht die Mitteilungspflicht nur, wenn das Kind mit Hauptwohnsitz oder alleinigem Wohnsitz im Zuständigkeitsbereich der Meldebehörde gemeldet ist und solange das Kind das 18. Lebensjahr noch nicht vollendet hat. [4]Sofern die Identifikationsnummer noch nicht zugeteilt wurde, teilt die Meldebehörde die Daten unter Angabe des Vorläufigen Bearbeitungsmerkmals nach § 139b Absatz 6 Satz 2 der Abgabenordnung mit. [5]Für die Datenübermittlung gelten die §§ 2 und 3 der Zweiten Bundesmeldedatenübermittlungsverordnung vom 1. Dezember 2014 (BGBl. I S. 1950) in der jeweils geltenden Fassung entsprechend.

(3) [1]Das Bundeszentralamt für Steuern hält die Identifikationsnummer, den Tag der Geburt, Merkmale für den Kirchensteuerabzug und die Lohnsteuerabzugsmerkmale des Arbeitnehmers nach § 39 Absatz 4 zum unentgeltlichen automatisierten Abruf durch den Arbeitgeber nach amtlich vorgeschriebenem Datensatz bereit (elektronische Lohnsteuerabzugsmerkmale). [2]Bezieht ein Arbeitnehmer nebeneinander von mehreren Arbeitgebern Arbeitslohn, sind für jedes weitere Dienstverhältnis elektronische Lohnsteuerabzugsmerkmale zu bilden. [3]Bei Eheschließung wird für jeden Ehegatten automatisiert die Steuerklasse IV gebildet, wenn zum Zeitpunkt der Eheschließung die Voraussetzungen des § 38b Absatz 1 Satz 2 Nummer 4 vorliegen. [4]Das Bundeszentralamt für Steuern führt die elektronischen Lohnsteuerabzugsmerkmale des Arbeitnehmers zum Zweck ihrer Bereitstellung nach Satz 1 mit der Wirtschafts-Identifikationsnummer (§ 139c der Abgabenordnung) des Arbeitgebers zusammen.

(4) [1]Der Arbeitnehmer hat jedem seiner Arbeitgeber bei Eintritt in das Dienstverhältnis zum Zweck des Abrufs der Lohnsteuerabzugsmerkmale mitzuteilen,

1. wie die Identifikationsnummer sowie der Tag der Geburt lauten,
2. ob es sich um das erste oder ein weiteres Dienstverhältnis handelt (§ 38b Absatz 1 Satz 2 Nummer 6) und
3. ob und in welcher Höhe ein nach § 39a Absatz 1 Satz 1 Nummer 7 festgestellter Freibetrag abgerufen werden soll.

[2]Der Arbeitgeber hat bei Beginn des Dienstverhältnisses die elektronischen Lohnsteuerabzugsmerkmale für den Arbeitnehmer beim Bundeszentralamt für Steuern durch Datenfernübertragung abzurufen und sie in das Lohnkonto für den Arbeitnehmer zu übernehmen. [3]Für den Abruf der elektronischen Lohnsteuerabzugsmerkmale hat sich der Arbeitgeber zu authentifizieren und seine Wirtschafts-Identifikationsnummer, die Daten des Arbeitnehmers nach Satz 1 Nummer 1 und 2, den Tag des Beginns des Dienstverhältnisses und etwaige Angaben nach Satz 1 Nummer 3 mitzuteilen. [4]Zur Plausibilitätsprüfung der Identifikationsnummer hält das Bundeszentralamt für Steuern für den Arbeitgeber entsprechende Regeln bereit. [5]Der Arbeitgeber hat den Tag der Beendigung des Dienstverhältnisses unverzüglich dem Bundeszentralamt für Steuern durch Datenfernübertragung mitzuteilen. [6]Beauftragt der Arbeitgeber einen Dritten mit der Durchführung des Lohnsteuerabzugs, hat sich der Dritte für den Datenabruf zu authentifizieren und zusätzlich seine Wirtschafts-Identifikationsnummer mitzuteilen. [7]Für die Verwendung der elektronischen Lohnsteuerabzugsmerkmale gelten die Schutzvorschriften des § 39 Absatz 8 und 9 sinngemäß.

(5) [1]Die abgerufenen elektronischen Lohnsteuerabzugsmerkmale sind vom Arbeitgeber für die Durchführung des Lohnsteuerabzugs des Arbeitnehmers anzuwenden, bis

1. ihm das Bundeszentralamt für Steuern geänderte elektronische Lohnsteuerabzugsmerkmale zum Abruf bereitstellt oder

2. der Arbeitgeber dem Bundeszentralamt für Steuern die Beendigung des Dienstverhältnisses mitteilt.

[2]Sie sind in der üblichen Lohnabrechnung anzugeben. [3]Der Arbeitgeber ist verpflichtet, die vom Bundeszentralamt für Steuern bereitgestellten Mitteilungen und elektronischen Lohnsteuerabzugsmerkmale monatlich anzufragen und abzurufen. [4]Kommt der Arbeitgeber seinen Verpflichtungen nach den Sätzen 1 und 3 sowie nach Absatz 4 Satz 2, 3 und 5 nicht nach, ist das Betriebsstättenfinanzamt für die Aufforderung zum Abruf und zur Anwendung der Lohnsteuerabzugsmerkmale sowie zur Mitteilung der Beendigung des Dienstverhältnisses und für die Androhung und Festsetzung von Zwangsmitteln zuständig.

(5a) [1]Zahlt der Arbeitgeber, ein von diesem beauftragter Dritter in dessen Namen oder ein Dritter im Sinne des § 38 Absatz 3a verschiedenartige Bezüge als Arbeitslohn, kann der Arbeitgeber oder der Dritte die Lohnsteuer für den zweiten und jeden weiteren Bezug abweichend von Absatz 5 ohne Abruf weiterer elektronischer Lohnsteuerabzugsmerkmale nach der Steuerklasse VI einbehalten. [2]Verschiedenartige Bezüge liegen vor, wenn der Arbeitnehmer vom Arbeitgeber folgenden Arbeitslohn bezieht:

1. neben dem Arbeitslohn für ein aktives Dienstverhältnis auch Versorgungsbezüge,
2. neben Versorgungsbezügen, Bezügen und Vorteilen aus seinem früheren Dienstverhältnis auch andere Versorgungsbezüge oder
3. neben Bezügen und Vorteilen während der Elternzeit oder vergleichbaren Unterbrechungszeiten des aktiven Dienstverhältnisses auch Arbeitslohn für ein weiteres befristetes aktives Dienstverhältnis.

[3]§ 46 Absatz 2 Nummer 2 ist entsprechend anzuwenden.

(6) [1]Gegenüber dem Arbeitgeber gelten die Lohnsteuerabzugsmerkmale (§ 39 Absatz 4) mit dem Abruf der elektronischen Lohnsteuerabzugsmerkmale als bekannt gegeben. [2]Einer Rechtsbehelfsbelehrung bedarf es nicht. [3]Die Lohnsteuerabzugsmerkmale gelten gegenüber dem Arbeitnehmer als bekannt gegeben, sobald der Arbeitgeber dem Arbeitnehmer den Ausdruck der Lohnabrechnung mit den nach Absatz 5 Satz 2 darin ausgewiesenen elektronischen Lohnsteuerabzugsmerkmalen ausgehändigt oder elektronisch bereitgestellt hat. [4]Die elektronischen Lohnsteuerabzugsmerkmale sind dem Steuerpflichtigen auf Antrag vom zuständigen Finanzamt mitzuteilen oder elektronisch bereitzustellen. [5]Wird dem Arbeitnehmer bekannt, dass die elektronischen Lohnsteuerabzugsmerkmale zu seinen Gunsten von den nach § 39 zu bildenden Lohnsteuerabzugsmerkmalen abweichen, ist er verpflichtet, dies dem Finanzamt unverzüglich mitzuteilen. [6]Der Steuerpflichtige kann beim zuständigen Finanzamt

1. den Arbeitgeber benennen, der zum Abruf von elektronischen Lohnsteuerabzugsmerkmalen berechtigt ist (Positivliste) oder nicht berechtigt ist (Negativliste). Hierfür hat der Arbeitgeber dem Arbeitnehmer seine Wirtschafts-Identifikationsnummer mitzuteilen. [2]Für die Verwendung der Wirtschafts-Identifikationsnummer gelten die Schutzvorschriften des § 39 Absatz 8 und 9 sinngemäß; oder
2. die Bildung oder die Bereitstellung der elektronischen Lohnsteuerabzugsmerkmale allgemein sperren oder allgemein freischalten lassen.

[7]Macht der Steuerpflichtige von seinem Recht nach Satz 6 Gebrauch, hat er die Positivliste, die Negativliste, die allgemeine Sperrung oder die allgemeine Freischaltung in einem bereitgestellten elektronischen Verfahren oder nach amtlich vorgeschriebenem Vordruck dem Finanzamt zu übermitteln. [8]Werden wegen einer Sperrung nach Satz 6 einem Arbeitgeber, der Daten abrufen möchte, keine elektronischen Lohnsteuerabzugsmerkmale bereitgestellt, wird dem Arbeitgeber die Sperrung mitgeteilt und dieser hat die Lohnsteuer nach Steuerklasse VI zu ermitteln.

(7) [1]Auf Antrag des Arbeitgebers kann das Betriebsstättenfinanzamt zur Vermeidung unbilliger Härten zulassen, dass er nicht am Abrufverfahren teilnimmt. [2]Dem Antrag eines Arbeitgebers ohne maschinelle Lohnabrechnung, der ausschließlich Arbeitnehmer im Rahmen einer geringfügigen Beschäftigung in seinem Privathaushalt im Sinne des § 8a des Vierten Buches Sozialgesetzbuch beschäftigt, ist stattzugeben. [3]Der Arbeitgeber hat dem Antrag unter Angabe seiner Wirtschafts-Identifikationsnummer ein Verzeichnis der beschäftigten Arbeitnehmer mit Angabe der jeweiligen Identifikationsnummer und des Tages der Geburt des Arbeitnehmers beizufügen. [4]Der Antrag ist nach amtlich vorgeschriebenem Vordruck jährlich zu stellen und vom Arbeitgeber zu unterschreiben. [5]Das Betriebsstättenfinanzamt übermittelt dem Arbeitgeber für die Durchführung des Lohn-

steuerabzugs für ein Kalenderjahr eine arbeitgeberbezogene Bescheinigung mit den Lohnsteuerabzugsmerkmalen des Arbeitnehmers (Bescheinigung für den Lohnsteuerabzug) sowie etwaige Änderungen. [6]Diese Bescheinigung sowie die Änderungsmitteilungen sind als Belege zum Lohnkonto zu nehmen und bis zum Ablauf des Kalenderjahres aufzubewahren. [7]Absatz 5 Satz 1 und 2 sowie Absatz 6 Satz 3 gelten entsprechend. [8]Der Arbeitgeber hat den Tag der Beendigung des Dienstverhältnisses unverzüglich dem Betriebsstättenfinanzamt mitzuteilen.

(8) [1]Ist einem nach § 1 Absatz 1 unbeschränkt einkommensteuerpflichtigen Arbeitnehmer keine Identifikationsnummer zugeteilt, hat das Wohnsitzfinanzamt auf Antrag eine Bescheinigung für den Lohnsteuerabzug für die Dauer eines Kalenderjahres auszustellen. [2]Diese Bescheinigung ersetzt die Verpflichtung und Berechtigung des Arbeitgebers zum Abruf der elektronischen Lohnsteuerabzugsmerkmale (Absätze 4 und 6). [3]In diesem Fall tritt an die Stelle der Identifikationsnummer das lohnsteuerliche Ordnungsmerkmal nach § 41b Absatz 2 Satz 1 und 2. [4]Für die Durchführung des Lohnsteuerabzugs hat der Arbeitnehmer seinem Arbeitgeber vor Beginn des Kalenderjahres oder bei Eintritt in das Dienstverhältnis die nach Satz 1 ausgestellte Bescheinigung für den Lohnsteuerabzug vorzulegen. [5]§ 39c Absatz 1 Satz 2 bis 5 ist sinngemäß anzuwenden. [6]Der Arbeitgeber hat die Bescheinigung für den Lohnsteuerabzug entgegenzunehmen und während des Dienstverhältnisses, längstens bis zum Ablauf des jeweiligen Kalenderjahres, aufzubewahren.

(9) Ist die Wirtschafts-Identifikationsnummer noch nicht oder nicht vollständig eingeführt, tritt an ihre Stelle die Steuernummer der Betriebsstätte oder des Teils des Betriebs des Arbeitgebers, in dem der für den Lohnsteuerabzug maßgebende Arbeitslohn des Arbeitnehmers ermittelt wird (§ 41 Absatz 2).

(10) Die beim Bundeszentralamt für Steuern nach Absatz 2 Satz 1 gespeicherten Daten können auch zur Prüfung und Durchführung der Einkommensbesteuerung (§ 2) des Steuerpflichtigen für Veranlagungszeiträume ab 2005 verwendet werden.

A. Grundaussagen der Vorschrift

1 **I. Regelungsgegenstand.** § 39e legt insbesondere die Rechte und Pflichten der am LSt-Abzugsverfahren Beteiligten fest, die für das technische Funktionieren des neuen elektronischen Abrufverfahrens notwendig sind. Zum Stand Oktober 2015 wurden in der ELStAM-Datenbank Daten zu rund 38,5 Mio. Arbeitsverhältnissen vorgehalten. Das technische System funktioniert offenkundig zuverlässig, nur in wenigen Einzelfällen wurden aus technischen Gründen falsche ELStAM gebildet.[1] Bei fehlerhaften ELStAM kann eine Korrektur beim zuständigen Wohnsitzfinanzamt beantragt werden (vgl. § 39 Abs. 1 S. 2 und Abs. 2 S. 1).

Die Abs. **1–3** regeln die **Pflichten** der Bundes- und Landes**finanzbehörden**, sowie der Gemeinden, die erforderlichen Daten zur Vfg. zu stellen. Die Abs. **4–6** bestimmen die Rechte und Pflichten der ArbN und ArbG. **Abs. 7** ermöglicht bestimmten ArbG zur **Vermeidung v. Härten**, nicht am Abrufverfahren teilzunehmen. Die Abs. **8 und 9** ordnen das Verfahren bei fehlenden ID-Nr. **Abs. 10** enthält eine Ermittlungsbeschränkung für die FinVerw.

2 **II. Systematische Einordnung und Anwendungsbereich.** In Abgrenzung zu § 39, der die LSt-Abzugsmerkmale materiell-rechtlich festlegt, regelt § 39e das **technische Verfahren** zur Bildung und Anwendung der **elektronischen Lohnsteuerabzugsmerkmale**. Die nach Einführung der LSt-Bescheinigung verbliebene **Restfunktion der LSt-Karte** wurde durch das **ab 2013 anzuwendende Verfahren der ELStAM ersetzt**, das letztlich sog. Medienbrüche zw. elektronischer Datenverarbeitung und nicht elektronischer Datenübermittlung vermeidet. Die Besonderheiten des LSt-Abzugs im Einführungszeitraum 2013 und bis zur endgültigen Umstellung des Verfahrens regelt § 52b idF des AmtshilfeRLUmsG[2].

---

1 Vgl. Antwort der BReg. v. 29.10.2015 auf eine parlamentarische Anfrage, BT-Drucks. 18/6507.
2 G v. 26.6.2013, BGBl. I 2013, 1809.

B. Behördliche Pflichten (Abs. 1–3)

Das **BZSt** bildet die StKl. und die Freibeträge für minderjährige Kinder (Abs. 1 S. 1), speichert alle LSt-Abzugsmerkmale (Abs. 2) und hält diese neben weitere Daten (ID-Nr., Geburtsdatum, Kirchensteuersatz) zum unentgeltlichen Abruf durch den ArbG bereit (Abs. 3 S. 1). Die **Meldebehörden** teilen hierzu dem BZSt die Meldedaten (Geburtsdatum, Familienstand, Kinder, Religionszugehörigkeit) und deren Änderung als Grundlage für die LSt-Abzugsmerkmale mit (Abs. 2 S. 2). Von den Meldedaten abweichende oder zusätzliche LSt-Abzugsmerkmale werden von **Wohnsitz-FA** gebildet und dem BZSt mitgeteilt (Abs. 1 S. 2). 3

Bei **mehreren Dienstverhältnissen** eines ArbN sind jeweils gesonderte elektr. LSt-Abzugsmerkmale zu bilden (Abs. 3 S. 2).

Bei einer **Heirat** während des Kj. wird ab dem VZ 2018[1] beiden Ehegatten automatisiert die StKl. IV zugewiesen (Abs. 3 S. 3). Ein Wechsel zur Steuerklassenkombination „IV/IV mit Faktor" oder „III/V" erfordert hingegen einen Antrag beider Ehegatten nach § 38b Abs. 1 S. 2 Nr. 3 lit. a.[2] Durch das StUmgBG wurde die bisher nur als Übergangsregelung vorgesehene automatisierte Einordnung in die Kombination „IV/IV" endgültig gesetzlich geregelt. Grund hierfür ist, dass die ursprünglich beabsichtigte programmgesteuerte „isolierte" Einreihung des als ArbN tätigen Ehegatten in die StKl. III von der FinVerw. programmtechnisch nicht umgesetzt werden konnte.[3] S. auch § 39 Abs. 6 S. 3–5. Mit Inkrafttreten des Bundesmeldegesetzes zum 1.11.2015[4] werden ab diesem Zeitpunkt erstmals Meldedaten für **Lebenspartnerschaften** automatisiert an das BZSt. übermittelt. Die Familienstände „verheiratet" und „Lebenspartnerschaft" werden im ELStAM-Verfahren identisch behandelt. Für gleichgeschlechtliche Ehegatten sind keine Besonderheiten mehr zu beachten.[5] Es ist damit nicht mehr notwendig, vom zuständigen Wohnsitzfinanzamt eine gesonderte Bescheinigung nach § 39 Abs. 1 S. 2 zu beantragen.[6]

Zuordnungsmerkmal ist grds. die **ID-Nr.** der StPfl.; sofern diese noch nicht zugeteilt ist, wird das vorläufige Bearbeitungsmerkmal (§ 139b Abs. 6 S. 2 AO) herangezogen (Abs. 2 S. 1 u. 4).

Das BZSt führt die Daten des ArbN mit der **Wirtschafts-IDNr.** des ArbG nach § 139c AO zusammen, so dass grds. nur einem ArbG die Daten zur Vfg. stehen.

C. Rechte und Pflichten der Arbeitnehmer und Arbeitgeber (Abs. 4–6)

Damit der ArbG die Daten abrufen und richtig zuordnen kann, muss ihm der **ArbN** seine **ID-Nr. und** sein **Geburtsdatum** mitteilen und angeben, ob es sich um das erste oder ein weiteres Dienstverhältnis handelt (Abs. 4 S. 1). Der **ArbG** hat die elektr. LSt-Abzugsmerkmale bei Beginn des Dienstverhältnisses (Abs. 4 S. 2) und dann monatlich (Abs. 5 S. 3) **abzurufen**,[7] sich hierfür **zu authentifizieren** (Abs. 4 S. 3) und die LSt-Abzugsmerkmale **so lange anzuwenden**, bis diese geändert werden oder das Dienstverhältnis beendet wird (Abs. 5 S. 1 Nr. 1 u. 2). Teilt der ArbN dem ArbG die ID-Nr. nicht mit, muss dieser die LSt nach der StKl. VI berechnen (vgl. § 39c Abs. 1 S. 1). Der ArbG kann die ID-Nr. auch nicht beim FA des ArbN abfragen. Bei einem **ArbG-Wechsel** muss der bisherige ArbG die Beendigung **unverzüglich mitteilen** (Abs. 4 S. 5), da sonst der neue ArbG den Lohn nach der StKl. VI berechnen muss. 4

Kommt der **ArbG seinen Pflichten** nach Abs. 4 S. 2, 3 u. 5 sowie nach Abs. 5 S. 1 und 3 nicht nach, wird er vom zuständigen Betriebsstätten-FA zur Erfüllung ebendieser Pflichten aufgefordert oder bei Bedarf mit Zwangsmitteln konfrontiert (Abs. 5 S. 4).

Abs. 5a erlaubt ArbG, die ihren ArbN **verschiedenartige Bezüge** zahlen, abw. vom Grundsatz der Einheitlichkeit des Dienstverhältnisses die Berechnung der LSt für weitere Bezüge während eines Kj. nach StKl. VI, ohne hierfür ELStAM abzurufen. Am Ende des Kj. bzw. bei Beendigung des Dienstverhältnisses sind die verschiedenartigen Bezüge jedoch zusammenzurechnen und die LSt einheitlich nach den ELStAM zu berechnen (vgl. § 39b Abs. 2 S. 8 und Abs. 3 S. 7). Diese Vorgehensweise ist allein der gängigen Abrechnungspraxis zahlreicher ArbG geschuldet.[8] Hauptanwendungsfall ist die parallele Zahlung von Betriebsrenten und Arbeitslohn für ein aktives Dienstverhältnis (vgl. § 38b Rn. 3).

---

1 StUmgBG v. 23.6.2017, BGBl. I 2017, 1682.
2 BMF v. 8.11.2018, BStBl. I 2018, 1137 Tz. II. 5.
3 BR-Drucks. 816/16, 19; vgl. auch § 52 Abs. 39 idF des Kroatien-AnpG, BGBl. I 2014, 1266.
4 Vgl. Art. 1 Nr. 3 des G zur Änderung des G zur Fortentwicklung des Meldewesens v. 20.11.2014, BGBl. I 2014, 1738.
5 BMF v. 8.11.2018, BStBl. I 2018, 1137 Tz. II. 6.
6 Anders bislang noch BMF v. 7.8.2013, BStBl. I 2013, 951 Rn. 25.
7 Zur technischen Registrierung für die Teilnahme am ELStAM-Verfahren vgl. BMF v. 8.11.2018, BStBl. I 2018, 1137 Tz. III. 2.
8 Vgl. BT-Drucks. 631/15, 123.

Der **ArbN** kann durch einen Antrag beim Wohnsitz-FA mit Wirkung für die Zukunft für bestimmte ArbG (Negativliste bzw. Positivliste) oder allg. (Vollsperrung bzw. Freischaltung) den Datenabruf (zeitraumbezogen oder stets) **sperren oder freischalten** lassen (Abs. 6 S. 6 Nr. 1 und 2).[1]

5 Die **elektr. LSt-Abzugsmerkmale sind geschützt** und dürfen nur für das LSt-Abzugsverfahren verwendet werden (Abs. 4 S. 7 iVm. § 39 Abs. 8 und Abs. 9).

6 Weichen die elektr. LSt-Abzugsmerkmale von den steuerl. zutreffenden LSt-Abzugsmerkmalen iSd. § 39 **zu seinen Gunsten** ab, ist der ArbN verpflichtet, die elektr. LSt-Abzugsmerkmale ändern zu lassen (Abs. 6 S. 5). Eine unterlassene Korrektur v. Seiten der Finanzbehörden geht nicht zu Lasten des ArbN.

D. Härtefälle (Abs. 7)

7 Bei unbilliger Härte kann das Betriebsstätten-FA dem ArbG auf Antrag, der ggf. jährlich neu zu stellen ist (Abs. 7 S. 4), eine Ausnahme genehmigen (Abs. 7 S. 1). Eine **unbillige Härte** liegt vor, wenn der ArbG **keinen Internetzugang** hat und die Einrichtung eines solchen Zugangs wirtschaftlich oder persönlich unzumutbar wäre,[2] wenn er zB kurzfristig eine **Einstellung seiner betrieblichen Tätigkeit** oder eine **Umstellung der Buchhaltung** beabsichtigt oder ihm die Methode **altersbedingt** nicht zumutbar ist. Bei ausschließlich **geringfügig Beschäftigten im Privathaushalt** ist dem Antrag gem. Abs. 7 S. 2 stets stattzugeben. Lässt der ArbG die **Lohnabrechnung durch einen Dienstleister** erstellen, liegt **kein Härtefall** vor.

Wurde dem Antrag stattgegeben, übermittelt das FA dem ArbG eine Bescheinigung über die LSt-Abzugsmerkmale der ArbN (Abs. 7 S. 5).

E. Fehlende ID-Nr. (Abs. 8, 9)

8 Solange einem nach § 1 Abs. 1 unbeschr. StPfl. keine **steuerl. ID-Nr.** zugeteilt worden ist, tritt an die Stelle des elektr. Abrufverfahrens eine ggf. jährlich zu erteilende Papierbescheinigung (Abs. 8). Diese ist – mit evtl. eingetragenen LSt-Abzugsmerkmalen – dem ArbG vor Beginn des Kj. oder bei Dienstantritt vorzulegen, die Kulanzregelung des § 39c Abs. 1 S. 2–5 für drei Monate gilt aber auch für die Papierbescheinigung. Ordnungsmerkmal für die Übermittlung der LSt-Bescheinigung ist in diesem Fall die eTIN iSd. § 41b Abs. 2 S. 1, 2.

Kann sich ein ArbG beim Abruf nicht durch eine **Wirtschafts-ID-Nr.** authentifizieren, erfolgt dies mit Hilfe der Steuernummer (Abs. 9).

F. Verwendung der elektronischen Lohnsteuer-Abzugsmerkmale für die Einkommensbesteuerung (Abs. 10)

9 Abs. 10 erlaubt nach seinem Wortlaut, die gespeicherten Daten auch zur Nachbesteuerung bisher nicht erfasster Einnahmen oder StPfl. (insbes. für die Rentenbesteuerung) zu verwenden. Da dies bereits nach § 88 AO möglich ist, regelt die Vorschrift letztlich eine Ermittlungsbeschränkung für die VZ vor 2005.

§ 39f Faktorverfahren anstelle Steuerklassenkombination III/V

(1) [1]Bei Ehegatten, die in die Steuerklasse IV gehören (§ 38b Absatz 1 Satz 2 Nummer 4), hat das Finanzamt auf Antrag beider Ehegatten nach § 39a anstelle der Steuerklassenkombination III/V (§ 38b Absatz 1 Satz 2 Nummer 5) als Lohnsteuerabzugsmerkmal jeweils die Steuerklasse IV in Verbindung mit einem Faktor zur Ermittlung der Lohnsteuer zu bilden, wenn der Faktor kleiner als 1 ist. [2]Der Faktor ist Y: X und vom Finanzamt mit drei Nachkommastellen ohne Rundung zu berechnen. [3]„Y" ist die voraussichtliche Einkommensteuer für beide Ehegatten nach dem Splittingverfahren (§ 32a Absatz 5) unter Berücksichtigung der in § 39b Absatz 2 genannten Abzugsbeträge. [4]„X" ist die Summe der voraussichtlichen Lohnsteuer bei Anwendung der Steuerklasse IV für jeden Ehegatten. [5]Maßgeblich sind die Steuerbeträge des Kalenderjahres, für das der Faktor erstmals gelten soll. [6]In die Bemessungsgrundlage für Y werden jeweils neben den Jahresarbeitslöhnen der ersten Dienstverhältnisse zusätzlich nur Beträge einbezogen, die nach § 39a Absatz 1 Satz 1 Nummer 1 bis 6 als Freibetrag ermittelt und als Lohnsteuerabzugsmerkmal gebildet werden könnten; Freibeträge werden neben dem Faktor nicht als Lohnsteuerabzugsmerkmal gebildet. [7]In den Fällen

1 Details hierzu in BMF v. 8.11.2018, BStBl. I 2018, 1137 Tz. III. 6.
2 Vgl. § 150 Abs. 8 AO sowie BMF v. 8.11.2018, BStBl. I 2018, 1137, Tz. V.

des § 39a Absatz 1 Satz 1 Nummer 7 sind bei der Ermittlung von Y und X die Hinzurechnungsbeträge zu berücksichtigen; die Hinzurechnungsbeträge sind zusätzlich als Lohnsteuerabzugsmerkmal für das erste Dienstverhältnis zu bilden. [8]Arbeitslöhne aus zweiten und weiteren Dienstverhältnissen (Steuerklasse VI) sind im Faktorverfahren nicht zu berücksichtigen. [9]Der nach Satz 1 gebildete Faktor gilt bis zum Ablauf des Kalenderjahres, das auf das Kalenderjahr folgt, in dem der Faktor erstmals gilt oder zuletzt geändert worden ist. [10]Die Ehegatten können eine Änderung des Faktors beantragen, wenn sich die für die Ermittlung des Faktors maßgeblichen Jahresarbeitslöhne im Sinne des Satzes 6 ändern. [11]Besteht eine Anzeigepflicht nach § 39a Absatz 1 Satz 5 oder wird eine Änderung des Freibetrags nach § 39a Absatz 1 Satz 4 beantragt, gilt die Anzeige oder der Antrag auf Änderung des Freibetrags zugleich als Antrag auf Anpassung des Faktors.

(2) Für die Einbehaltung der Lohnsteuer vom Arbeitslohn hat der Arbeitgeber Steuerklasse IV und den Faktor anzuwenden.

(3) [1]§ 39 Absatz 6 Satz 3 und 5 gilt mit der Maßgabe, dass die Änderungen nach Absatz 1 Satz 10 und 11 keine Änderungen im Sinne des § 39 Absatz 6 Satz 3 sind. [2]§ 39a ist anzuwenden mit der Maßgabe, dass ein Antrag nach amtlich vorgeschriebenem Vordruck (§ 39a Absatz 2) nur erforderlich ist, wenn bei der Faktorermittlung zugleich Beträge nach § 39a Absatz 1 Satz 1 Nummer 1 bis 6 berücksichtigt werden sollen.

(4) Das Faktorverfahren ist im Programmablaufplan für die maschinelle Berechnung der Lohnsteuer (§ 39b Absatz 6) zu berücksichtigen.

A. Grundaussagen der Vorschrift

Die Einführung des Faktorverfahrens für den LSt-Abzug ab dem Jahr 2010[1] hatte die allerhöchste politische Priorität im JStG 2009.[2] Bei der Vorschrift handelt es sich um die Umsetzung einer **frauenpolitischen Forderung**, da die Einteilung nach StKlassen „bei berufstätigen Ehegatten … wegen der relativ hohen unterjährigen Belastung in der StKl. V diese oftmals als diskriminierend empfunden [werde] und … sich hemmend auf die Absicht zur Arbeitsaufnahme aus[wirke].“ **Ziel** der Vorschrift ist, die monatlich zu zahlende **LSt** im Verhältnis zum Gesamteinkommen der Ehegatten zu errechnen und die lohnstl. Belastung **zw. Ehegatten „gerechter“ zu verteilen.** In Hinblick auf den Datenschutz erscheint aber bedenklich, dass durch die Höhe des Faktors der ArbG indirekt auf den Arbeitslohn des bei ihm nicht beschäftigten Ehegatten schließen kann. Auch eingetragene Lebenspartner können das Faktorverfahren wählen (§ 2 Abs. 8; vgl. § 38b Rn. 2). Durch die dadurch veränderte Höhe des Nettolohns können sich Auswirkungen außerhalb des StRechts ergeben (zB höheres Arbeitslosengeld).[3] 1

Die Vorschrift sieht ihren **Anwendungsbereich bei unterschiedlich hohen Lohneinkünften** der Ehegatten, bei denen der LSt-Einbehalt nach den LStKlassen IV/IV zu einer zu hohen Vorbelastung gegenüber der ESt unter Anwendung des Splittingverfahrens führt. Diese **Differenz** wird im Faktorverfahren **durch das Verhältnis der jeweiligen LSt** unter Zugrundelegung der LStKlasse IV **zw. den Ehegatten verteilt**. Das Faktorverfahren kann v. den Ehegatten statt der Lohnsteuerklassen IV/IV oder III/V gewählt werden. Gem. § 46 Abs. 2 Nr. 3a führt das Faktorverfahren (wie die Wahl der LStKlassen III/V) zu einer **Pflichtveranlagung.** Das G geht damit v. einer vergleichbaren Ungenauigkeit der Verfahren aus.[4] 2

Abs. 1 beschreibt das Faktorverfahren. S. 1 deklariert die **Tatbestandsvoraussetzungen**, die S. 2–8 beschreiben die **Ermittlung des Faktors**. Die S. 9–11 betreffen die Gültigkeit des Faktors und **Veränderungen der Bemessungsgrundlage**. **Abs. 2** regelt die **Berechnung der LSt**, **Abs. 3** enthält **verfahrensrechtliche Hinweise** und **Abs. 4** gliedert das Verfahren in die **maschinelle LSt-Berechnung** ein. 3

1 Vgl. § 52 Abs. 52 idF des G v. 19.12.2008, BGBl. I 2008, 2794.
2 BGBl. I 2008, 2795. Im Referentenentwurf wurde die Regelung an erster Stelle der hervorzuhebenden Regelungen genannt. Das Faktorverfahren war bereits im E-JStG 2008 (BT-Drucks. 16/6290) vorgesehen.
3 *Sell/Sommer*, DStR 2008, 1953.
4 Für die Annahme eines tendenziell genaueren Einbehalts (unter der Voraussetzung einer zutr. Prognose) *Schmidt*[37], § 39f Rn. 1.

B. Faktorverfahren (Abs. 1)

4 **I. Tatbestandsvoraussetzung des Faktorverfahrens (Abs. 1 S. 1).** Abs. 1 S. 1 setzt voraus, dass es sich um Ehegatten handelt, die in die StKl. IV gehören (§ 38b Abs. 1 S. 2 Nr. 4), also der Ehegattenveranlagung unterliegen (§ 26 Rn. 5) und beide Arbeitslohn beziehen. Zudem müssen beide Ehegatten das Verfahren beantragen und der Faktor nach S. 2 kleiner als eins sein.

5 Für den zu stellenden **Antrag** schreibt das G (wie bei der Wahl der StKl. III/V) **keine Form** vor. Durch die eingeschränkten Verweise in Abs. 3 (Rn. 12) ist für die erstmalige Antragstellung § 39a Abs. 2 S. 3 auch nicht entspr. anzuwenden. Der Antrag ist beim FA zu stellen.

6 Im **Regelfall ist der Faktor kleiner als eins** aufgrund der Differenz der voraussichtlichen ESt zu der Jahres-LSt bei einer StKl.-Kombination IV/IV, da nur Lohneinkünfte der ersten Dienstverhältnisse berücksichtigt werden. (Rn. 8).

7 **II. Die Technik des Faktorverfahrens (Abs. 1 S. 2–8).** Abs. 1 S. 2 enthält die Rechenformel des Faktors (Y: X) und die Bestimmung seiner Genauigkeit (drei Nachkommastellen). Dieser Faktor wird auf die LSt-Karte der StKl. IV zusätzlich eingetragen bzw. ab 2013[1] neben der StKl. IV als elektronisches LSt-Abzugsmerkmal gebildet (vgl. § 39 Abs. 4 Nr. 1).

8 Abs. 1 S. 3 bestimmt als Zähler (Y) die **voraussichtliche ESt nach dem Splittingverfahren** unter Berücksichtigung der in § 39b Abs. 2 genannten Abzugsbeträge.[2] Ausgangspunkt dieser Bemessungsgrundlage ist **nur die Summe der Lohneinkünfte aus den ersten Dienstverhältnissen**. Lohneinkünfte anderer Dienstverhältnisse bleiben nach Abs. 1 S. 8 unberücksichtigt,[3] andere Einkünfte können nur iRd. § 39a Abs. 1 S. 1 Nr. 5 lit. b Berücksichtigung finden (Abs. 1 S. 5). Die Bemessungsgrundlage für die voraussichtliche ESt mindert sich zudem um die Summe der Freibeträge, die für jeden Ehegatten nach § 39a Abs. 1 S. 1 Nr. 1–6 auf der LSt-Karte hätten eingetragen bzw. als ELStAM berücksichtigt werden können.

9 Abs. 1 S. 4 verwendet als Nenner die Summe der **voraussichtlichen LSt beider Ehegatten**. Für die Frage der Voraussichtlichkeit sind die Methoden für die Ermittlung des voraussichtlichen Jahresarbeitslohns (R 39b. 6 Abs. 2 LStR) entspr. anzuwenden. Beim Nenner bleiben Freibeträge nach § 39a unbeachtlich. Abs. 1 S. 5 legt fest, dass die Steuerbeträge des Kj. maßgeblich sind, für das der Faktor erstmals gelten soll.

10 Abs. 1 S. 7 stellt lediglich klar, dass für die Aufteilung des Grundfreibetrags auf mehrere Arbverh. (§ 39a Rn. 9) keine Besonderheiten gelten.

Nach Abs. 1 S. 9[4] wird ab dem VZ 2019 ein Faktor künftig für zwei Jahre gebildet (vgl. § 52 Abs. 37a). Künftig regelt Abs. 1 S. 10 und 11, dass eine Änderung des Faktors beantragt werden kann, sofern sich die Jahresarbeitslöhne ändern (aber nur einmal pro Jahr nach Abs. 3 S. 1 iVm. § 39 Abs. 6 S. 3), und dass im Falle einer Änderung eines Freibetrags der Faktor ebenfalls neu berechnet wird. Dies soll gewährleisten, dass der Zweijahreszeitraum des Abs. 1 S. 9 mit dem möglichen Zweijahreszeitraum für einen Freibetrag (vgl. § 39a Abs. 1 S. 3) künftig parallel läuft. Beantragen Ehegatten während des Zweijahreszeitraums eines Faktors die Änderung eines Freibetrags iSd. § 39a Abs. 1, führt dies ab dem Folgejahr zu einem neuen Zweijahreszeitraum für den Faktor. Ein zunächst gebildeter Freibetrag wird in die Berechnung eines später beantragten Faktors einbezogen, der Freibetrag gilt dann nicht mehr (vgl. Abs. 1 S. 6 HS 2).

C. Anwendung des Faktorverfahrens (Abs. 2)

11 Die LSt berechnet sich **zunächst nach StKl. IV**. Auf die so ermittelte LSt ist **dann** der **Faktor**, den das FA in die LSt-Karte eingetragen bzw. als ELStAM gebildet hat, anzuwenden.

Beispiel: Der Ehemann erzielt einen Jahresarbeitslohn v. 60 000 Euro (LSt nach StKl. IV: 15 000 Euro), die Ehefrau einen Jahresarbeitslohn v. 24 000 Euro (LSt nach StKl. IV: 3 000 Euro). Die voraussichtliche ESt (Y) nach Splittingtabelle liegt bei 16 100 Euro. X berechnet sich dann auf 18 000 Euro, der Faktor (16 100 : 18 000) mit 0,894. Statt 15 000 Euro werden beim Ehemann nur 13 410 Euro, bei der Ehefrau 2 682 Euro LSt erhoben. Bei der LSt-Klasse III/V wäre das Verhältnis 9 500 Euro zu 6 600 Euro gewesen.

---

1 Vgl. § 52b u. BMF v. 6.12.2011, BStBl. I 2011, 1254.

2 Ausf. Berechnungen s. *Niermann*, DB 2009, 140.

3 Das ist sachgerecht, da das Faktorverfahren nur die Belastung der StKl. V, nicht die Probleme der StKl. VI betrifft (glA *H/H/R*, § 39f Rn. 9).

4 Abs. 1 S. 9–11 und Abs. 3 S. 1 wurden durch das Bürokratieentlastungsgesetz vom 28.7.2015, BGBl. 2015, 1400, eingefügt.

D. Verfahrensrechtliche Besonderheiten (Abs. 3 und 4)

Für **Änderungen des LSt-Abzugs** (Änderung des Faktors, Umstellung auf StKl. IV/IV oder III/V) gelten die **allg. Regeln** nach § 39 Abs. 6 S. 3 und 5. Grds. gilt gem. Abs. 3 S. 2 § 39a entspr. Die Antragsform aber nur, soweit auch Beträge nach § 39a Abs. 1 S. 1 Nr. 1–6 mit eingetragen werden sollen. Abs. 4 regelt die **Aufnahme** des Faktorverfahrens in den **Programmablaufplan der maschinellen LSt-Berechnung**. 12

§ 40 Pauschalierung der Lohnsteuer in besonderen Fällen

(1) [1]Das Betriebsstättenfinanzamt (§ 41a Absatz 1 Satz 1 Nummer 1) kann auf Antrag des Arbeitgebers zulassen, dass die Lohnsteuer mit einem unter Berücksichtigung der Vorschriften des § 38a zu ermittelnden Pauschsteuersatz erhoben wird, soweit

1. von dem Arbeitgeber sonstige Bezüge in einer größeren Zahl von Fällen gewährt werden oder

2. in einer größeren Zahl von Fällen Lohnsteuer nachzuerheben ist, weil der Arbeitgeber die Lohnsteuer nicht vorschriftsmäßig einbehalten hat.

[2]Bei der Ermittlung des Pauschsteuersatzes ist zu berücksichtigen, dass die in Absatz 3 vorgeschriebene Übernahme der pauschalen Lohnsteuer durch den Arbeitgeber für den Arbeitnehmer eine in Geldeswert bestehende Einnahme im Sinne des § 8 Absatz 1 darstellt (Nettosteuersatz). [3]Die Pauschalierung ist in den Fällen des Satzes 1 Nummer 1 ausgeschlossen, soweit der Arbeitgeber einem Arbeitnehmer sonstige Bezüge von mehr als 1 000 Euro im Kalenderjahr gewährt. [4]Der Arbeitgeber hat dem Antrag eine Berechnung beizufügen, aus der sich der durchschnittliche Steuersatz unter Zugrundelegung der durchschnittlichen Jahresarbeitslöhne und der durchschnittlichen Jahreslohnsteuer in jeder Steuerklasse für diejenigen Arbeitnehmer ergibt, denen die Bezüge gewährt werden sollen oder gewährt worden sind.

(2) [1]Abweichend von Absatz 1 kann der Arbeitgeber die Lohnsteuer mit einem Pauschsteuersatz von 25 Prozent erheben, soweit er

1. arbeitstäglich Mahlzeiten im Betrieb an die Arbeitnehmer unentgeltlich oder verbilligt abgibt oder Barzuschüsse an ein anderes Unternehmen leistet, das arbeitstäglich Mahlzeiten an die Arbeitnehmer unentgeltlich oder verbilligt abgibt. [2]Voraussetzung ist, dass die Mahlzeiten nicht als Lohnbestandteile vereinbart sind,

1a. oder auf seine Veranlassung ein Dritter den Arbeitnehmern anlässlich einer beruflichen Tätigkeit außerhalb seiner Wohnung und ersten Tätigkeitsstätte Mahlzeiten zur Verfügung stellt, die nach § 8 Absatz 2 Satz 8 und 9 mit dem Sachbezugswert anzusetzen sind,

2. Arbeitslohn aus Anlass von Betriebsveranstaltungen zahlt,

3. Erholungsbeihilfen gewährt, wenn diese zusammen mit Erholungsbeihilfen, die in demselben Kalenderjahr früher gewährt worden sind, 156 Euro für den Arbeitnehmer, 104 Euro für dessen Ehegatten und 52 Euro für jedes Kind nicht übersteigen und der Arbeitgeber sicherstellt, dass die Beihilfen zu Erholungszwecken verwendet werden,

4. Vergütungen für Verpflegungsmehraufwendungen anlässlich einer Tätigkeit im Sinne des § 9 Absatz 4a Satz 2 oder Satz 4 zahlt, soweit die Vergütungen die nach § 9 Absatz 4a Satz 3, 5 und 6 zustehenden Pauschalen um nicht mehr als 100 Prozent übersteigen,

5. den Arbeitnehmern zusätzlich zum ohnehin geschuldeten Arbeitslohn unentgeltlich oder verbilligt Datenverarbeitungsgeräte übereignet; das gilt auch für Zubehör und Internetzugang. [2]Das Gleiche gilt für Zuschüsse des Arbeitgebers, die zusätzlich zum ohnehin geschuldeten Arbeitslohn zu den Aufwendungen des Arbeitnehmers für die Internetnutzung gezahlt werden,

6. den Arbeitnehmern zusätzlich zum ohnehin geschuldeten Arbeitslohn unentgeltlich oder verbilligt die Ladevorrichtung für Elektrofahrzeuge oder Hybridelektrofahrzeuge im Sinne des § 6 Absatz 1 Nummer 4 Satz 2 zweiter Halbsatz übereignet. [2]Das Gleiche gilt für Zuschüsse des Arbeitgebers, die zusätzlich zum ohnehin geschuldeten Arbeitslohn zu den Aufwendungen des Arbeitnehmers für den Erwerb und die Nutzung dieser Ladevorrichtung gezahlt werden.

[2]Der Arbeitgeber kann die Lohnsteuer mit einem Pauschsteuersatz von 15 Prozent für Sachbezüge in Form der unentgeltlichen oder verbilligten Beförderung eines Arbeitnehmers zwischen Wohnung und erster Tätigkeitsstätte sowie Fahrten nach § 9 Absatz 1 Satz 3 Nummer 4a Satz 3 und für

zusätzlich zum ohnehin geschuldeten Arbeitslohn geleistete Zuschüsse zu den Aufwendungen des Arbeitnehmers für Fahrten zwischen Wohnung und erster Tätigkeitsstätte sowie Fahrten nach § 9 Absatz 1 Satz 3 Nummer 4a Satz 3 erheben, soweit diese Bezüge den Betrag nicht übersteigen, den der Arbeitnehmer nach § 9 Absatz 1 Satz 3 Nummer 4 und Absatz 2 als Werbungskosten geltend machen könnte, wenn die Bezüge nicht pauschal besteuert würden. [3]Die nach Satz 2 pauschal besteuerten Bezüge mindern die nach § 9 Absatz 1 Satz 3 Nummer 4 und Absatz 2 abziehbaren Werbungskosten; sie bleiben bei der Anwendung des § 40a Absatz 1 bis 4 außer Ansatz.

(3) [1]Der Arbeitgeber hat die pauschale Lohnsteuer zu übernehmen. [2]Er ist Schuldner der pauschalen Lohnsteuer; auf den Arbeitnehmer abgewälzte pauschale Lohnsteuer gilt als zugeflossener Arbeitslohn und mindert nicht die Bemessungsgrundlage. [3]Der pauschal besteuerte Arbeitslohn und die pauschale Lohnsteuer bleiben bei einer Veranlagung zur Einkommensteuer und beim Lohnsteuer-Jahresausgleich außer Ansatz. [4]Die pauschale Lohnsteuer ist weder auf die Einkommensteuer noch auf die Jahreslohnsteuer anzurechnen.

A. Grundaussagen der Vorschrift

1 **I. Regelungsgegenstand.** In den §§ 40–40b sind die Voraussetzungen der LSt-Pauschalierung geregelt. § 40 betrifft die Pauschalierung für die Gewährung sonstiger Bezüge, für das Nacherheben v. LSt (Abs. 1) und insbes. für die Gewährung unentgeltlicher oder verbilligter Mahlzeiten, für Betriebsveranstaltungen und stpfl. Erholungsbeihilfen (Abs. 2). Die LSt-Pauschalierung ist ein **besonderes Besteuerungsverfahren**. Statt einer individuellen Berechnung der LSt wird LSt mit einem durchschnittlichen (§ 40 Abs. 1 S. 1) oder festen (§§ 40 Abs. 2, 40a, 40b) Steuersatz erhoben.

2 **II. Systematische Einordnung.** Die pauschale LSt hat **Abgeltungscharakter** (Rn. 29). Sowohl der pauschal besteuerte Lohn als auch die pauschale LSt bleiben gem. Abs. 3 S. 3 bei der Veranlagung außer Ansatz. Zwar ist nach Abs. 3 S. 2 der ArbG Schuldner der pauschalen LSt, sie entsteht aber nicht in seiner Pers., sondern ist identisch mit der LSt[1] des ArbN, die aber vom ArbG gem. Abs. 3 S. 1 übernommen wird. Die pauschale LSt ist keine Unternehmenssteuer eigener Art,[2] sondern lediglich formell als Erhebungssteuerschuld der ArbG ausgestaltet.[3]

3 Die LSt-Pauschalierung ist v. der Nettolohnvereinbarung (§ 39b Rn. 16f.) zu unterscheiden, bei der der ArbN Steuerschuldner bleibt und lediglich einen Anspr. auf Freistellung v. der LSt ggü. dem ArbG hat.

1 BFH v. 6.5.1994 – VI R 47/93, BStBl. II 1994, 715 = FR 1994, 615.
2 *G. Kirchhof*, Die Erfüllungspflichten des ArbG im LSt-Verfahren, 2005, 49; anders noch BFH v. 5.11.1982 – VI R 219/80, BStBl. II 1983, 91 = FR 1983, 151.
3 BFH v. 4.4.2001 – VI R 173/00, BStBl. II 2001, 677 = FR 2001, 1010.

Das Pauschalierungsverfahren ist verfassungsrechtl. unbedenklich,[1] da im Interesse eines einfachen und ökonomischen Verfahrens auch Mängel bei der materiellen Besteuerung in Kauf genommen werden können.[2] 4

III. Kirchensteuer und Solidaritätszuschlag bei der Pauschalierung. Auf die pauschale LSt wird **KiSt** erhoben. Voraussetzung ist, dass der ArbN einer Konfession angehört.[3] Die FinVerw.[4] bietet eine **Vereinfachungsregelung** mit einem ermäßigten Steuersatz[5] an, der dem Umstand Rechnung trägt, dass nicht alle ArbN einer Konfession angehören. Macht der ArbG Gebrauch v. der ihm zustehenden **Nachweismöglichkeit,**[6] dass einzelne ArbN keiner steuererhebenden Religionsgemeinschaft angehören, gilt für die übrigen ArbN der allg. KiSt-Satz. Für den **SolZ** stellt die pauschale LSt ungekürzt die Bemessungsgrundlage dar, weil für sie in § 3 Abs. 3–5 SolZG 95 keine Ausnahmen vorgesehen sind. Insbes. ist § 3 Abs. 3 SolZG nicht einschlägig.[7] Zu SolZ und KiSt bei der einheitlichen Pauschsteuer nach § 40a s. § 40a Rn. 4a u. 15 sowie § 40b Rn. 4a. 4a

B. Die Pauschalierung mit variablen Steuersätzen (Abs. 1)

I. Das Antragsverfahren. 1. Antrag des Arbeitgebers. Die Pauschalierung nach Abs. 1 setzt einen Antrag des ArbG voraus[8] und kann dem ArbG daher nicht aufgezwungen werden. Der Antrag enthält das Einverständnis mit dem Ergehen eines Pauschalierungsbescheids.[9] Er wirkt lediglich verfahrensrechtl. und schließt spätere materielle Einwendungen nicht aus.[10] Der Antrag kann formlos – auch konkludent[11] – gestellt werden. Es muss aber hinreichend zum Ausdruck kommen, **dass der ArbG die Pauschalierung will** und sich über deren Rechtsfolgen im Klaren ist.[12] Ein Antrag des ArbG auf Pauschalierung nach Abs. 1 ist gegenstandslos, wenn er in Unkenntnis über die Rspr. gestellt wird, dass für Trinkgelder ein LSt-Abzug nur durchzuführen ist, soweit der ArbG über deren Höhe in Kenntnis gesetzt wird. Eine Erklärung, die ArbN wirtschaftlich nicht weiter belasten zu wollen, reicht nicht aus, weil dies auch die Ermittlung eines Nettosteuersatzes[13] betreffen könnte. Eine bloß formale Anerkennung (zB Unterschrift unter dem Prüfungsbericht) reicht nicht.[14] Anders aber, wenn der ArbG weiß, dass er zur Pauschalierung nicht verpflichtet ist und mit einem entspr. Vorschlag des Prüfers einverstanden ist.[15] Nach den Grundsätzen der Anscheinsvollmacht ist idR auch antragsbefugt, wer bei einer LSt-Außenprüfung für den ArbG auftritt.[16] Ob ein Schr. einen Pauschalierungsantrag enthält, ist aus der Sicht des FA als Empfänger zu beurteilen. Außer in **Nacherhebungsfällen** kann gem. § 41c Abs. 3 S. 1 der Antrag nach Ausschreibung der LSt-Bescheinigung nicht mehr gestellt werden, wenn nach dem Regelbesteuerungsverfahren abgerechnet wurde. Bei Nacherhebungsfällen kann der ArbG den Antrag bis zum Abschluss der mündlichen Verhandlung vor dem FG gegen den Haftungsbescheid stellen. 5

Der ArbG ist an seinen Antrag auf Pauschalierung **gebunden**, sobald der Pauschalierungsbescheid wirksam wird.[17] Dies erfolgt bereits wegen § 168 AO mit Anmeldung der LSt.[18] Soweit die Literatur die Bindung erst mit Bestandskraft eintreten lassen will,[19] ist zu entgegnen, dass es sich bei dem Pauschalierungsbescheid um einen rechtsgestaltenden VA handelt.[20] IÜ ist im Rahmen eines Einspruchsverfahrens ein be- 6

1 BVerfG v. 8.10.1991 – 1 BvL 50/86, FR 1992, 70 = NJW 1992, 423 mwN.
2 *Wagner*, Die Pauschalierung der Lohn- und Lohnkirchensteuer, 1988, 89 ff.; **aA** *Lang*, StuW 1975, 129; *K/S/M*, § 40 Rn. A 40.
3 BFH v. 7.12.1994 – I R 24/93, BStBl. II 1995, 507 = FR 1995, 348.
4 Gleichlautender Ländererlass v. 8.8.2016, BStBl. I 2016, 773.
5 Wird jährlich nach Bundesland getrennt im BStBl. I veröffentlicht.
6 ArbG trägt Beweislast, BFH v. 30.11.1989 – I R 14/87, BStBl. II 1990, 993 = FR 1990, 122.
7 BFH v. 1.3.2002 – VI R 171/98, BStBl. II 2002, 440 = FR 2002, 684 m. Anm. *Kanzler*.
8 BFH v. 21.9.1990 – VI R 97/86, BStBl. II 1991, 262 = FR 1991, 23.
9 *Gosch*, FR 1991, 6 (7).
10 BFH v. 21.9.1990 – VI R 97/86, BStBl. II 1991, 262 = FR 1991, 23.
11 ZB durch LSt-Anmeldung *K/S/M*, § 40 Rn. B 22; **aA** *Blümich*, § 40 Rn. 23.
12 *Blümich*, § 40 Rn. 21; *H/H/R*, § 40 Rn. 15.
13 Dieser ist sowohl bei einer Nettolohnvereinbarung (§ 39b Rn. 16 f.) als auch bei einer Pauschalierung nach § 40 Abs. 1 Nr. 2 (Rn. 17) anzusetzen.
14 BFH v. 3.6.1982 – VI R 48/79, BStBl. II 1982, 710 = FR 1982, 549.
15 *Wagner*, Die Pauschalierung der Lohn- und Lohnkirchensteuer, 1988, 105.
16 BFH v. 10.10.2002 – VI R 13/01, BStBl. II 2003, 156 = FR 2003, 266.
17 BFH v. 5.3.1993 – VI R 79/91, BStBl. II 1993, 692 = FR 1993, 478; H 40.1 „Bindung des ArbG an den Pauschalierungsbescheid" LStH.
18 *H/H/R*, § 40 Rn. 15.
19 *K/S/M*, § 40 Rn. B 28; *Blümich*, § 40 Rn. 23; *Heuermann*, DB 1994, 2411.
20 *Thomas*, DStR 1992, 437.

rechtigtes Interesse des ArbG an einer Rückgängigmachung seines Antrags iRd. Ermessens durch die Behörde zu prüfen.[1] Ein LSt-Pauschalierungsbescheid ist nicht deshalb nichtig, weil der ArbG keinen Pauschalierungsantrag gestellt hat.[2] Zum Antragsrecht eines Dritten iSd. § 38 Abs. 3a s. § 38 Rn. 11.

7 **2. Zulassung durch das Betriebsstättenfinanzamt.** Ob der Antrag zugelassen wird, steht im **Ermessen** („kann") des Betriebsstätten-FA.[3] Sind die Voraussetzungen des Abs. 1 erfüllt, ist die Pauschalierung im Regelfall zuzulassen.[4] Die Zulassung kann vor einer Anmeldung als Einwilligung oder nach Anmeldung als Genehmigung erfolgen.[5] **Regelungsgegenstand** ist die Feststellung, dass der Verfahrensweg der LSt-Pauschalierung eröffnet ist. Die Zulassung erstreckt sich auch auf die Festsetzung eines bestimmten, uU auch v. der Berechnung des ArbG abw.,[6] Pauschsteuersatzes.

8 Die Zulassung kann wegen fehlender Bonität des ArbG **verweigert** werden, da der ArbN als Schuldner der LSt dadurch verloren geht.[7] Ebenso ist eine Ablehnung nicht ermessenfehlerhaft, wenn die Antragstellung rechtsmissbräuchlich ist, etwa ein ArbG bewusst vom lfd. Arbeitslohn keine LSt einbehält, die Pauschalierungsgrenzen wiederholt missachtet werden[8] oder bei regelmäßigen Sachbezügen.[9]

9 Im Rahmen einer **Einspruchsentscheidung** hat das FA auch sein Ermessen zu überprüfen, insbes. wenn die Antragstellung durch den ArbG irrtümlich erfolgte. Kann der Steueranspruch dann noch durch einen Haftungsbescheid realisiert werden, ist es ermessensfehlerhaft, den ArbG an seinem Antrag festzuhalten.[10] Die bloße Anfechtung der Antragserklärung reicht dazu nicht.[11]

10 **3. Die Stellung des Arbeitnehmers im Verfahren.** Der ArbN ist formal an der Pauschalierung **nicht beteiligt**. Da der ArbG durch Pauschalierung die LSt des ArbN übernimmt, wird dieser zunächst stl. entlastet, so dass eine ihn begünstigende Wirkung entsteht. Die Pauschalierung kann deshalb auch gegen den Willen des ArbN beantragt und zugelassen werden.[12] Andererseits kann der ArbG sowohl arbeitsrechtl.[13] als auch stl. (dazu s. Rn. 30) die **pauschale LSt auf den ArbN überwälzen**. Dies rechtfertigt das BAG damit, dass der ArbN das Recht behalte, die Einzelbesteuerung nach LSt-Karte zu verlangen.[14] Da der ArbG aber an seinen Antrag gebunden ist und die Pauschalierung dazu führt, dass Arbeitslohn und pauschale LSt bei der Veranlagung unbeachtlich bleiben, führt die Überwälzung zu einer Belastung des ArbN, gegen die er derzeit nicht vorgehen kann. Da die Überwälzung der pauschalen LSt dem Gedanken widerspricht, dass der ArbG die LSt „übernimmt", ist eine Überwälzung nur zulässig, wenn die Pauschalierung im Einverständnis mit dem ArbN erfolgt. Der ArbN hat aber auch dann keinen Anspr. auf Pauschalierung, wenn er sich bereit erklärt, die pauschale LSt zu tragen.[15]

11 **II. Die Pauschalierungsfälle. 1. Gewährung sonstiger Bezüge (Abs. 1 Nr. 1). Sonstige Bezüge** (§ 38a Rn. 5) können nach Nr. 1 pauschaliert besteuert werden, wenn sie in einer größeren Zahl v. Fällen gewährt werden und dem einzelnen ArbN nicht mehr als 1 000 Euro gewährt werden. Die Verwaltung lässt ausdrücklich zu,[16] dass sonstige Bezüge nur soweit pauschal besteuert werden, als sie den Freibetrag nach § 8 Abs. 3 übersteigen; dazu § 8 Rn. 47 f.

12 Eine **größere Zahl v. Fällen** liegt immer vor, wenn **mindestens 20 ArbN** betroffen sind.[17] Sind weniger als 20 ArbN betroffen, ist auf die Verhältnisse des ArbG und die angestrebte Vereinfachung abzustellen.[18] Für sonstige Bezüge in Zusammenhang mit VIP-Logen kann die LSt vereinfacht mit einem Pauschsteuersatz v. 30 % des auf eigene ArbN entfallenden Anteils am Gesamtbetrag erhoben werden.[19]

---

1 BFH v. 5.3.1993 – VI R 79/91, BStBl. II 1993, 692 = FR 1993, 478.
2 BFH v. 7.2.2002 – VI R 80/00, BStBl. II 2002, 438 = FR 2002, 732 m. Anm. *Kanzler.*
3 Dazu § 41a Abs. 1 Nr. 1.
4 FG Münster v. 21.11.1997 – 11 K 4425/96 L, EFG 1998, 822.
5 Dazu ausf. *Blümich*, § 40 Rn. 31–34.
6 *H/H/R*, § 40 Rn. 16; **aA** *Lademann*, § 40 Rn. 26.
7 *H/H/R*, § 40 Rn. 16; *Blümich*, § 40 Rn. 34.
8 R 40.1 Abs. 2 S. 3 LStR; dazu s. Rn. 13.
9 FG Münster v. 6.3.1981 – II 5489/80 L, EFG 1981, 416.
10 BFH v. 5.3.1993 – VI R 79/91, BStBl. II 1993, 692 = FR 1993, 478.
11 So aber *H/H/R*, § 40 Rn. 16.
12 BFH v. 5.11.1982 – VI R 219/80, BStBl. II 1983, 91; *H/H/R*, § 40 Rn. 15 und § 40a Rn. 17.
13 BAG v. 5.8.1987 – 5 AZR 22/86, NJW 1988, 1165.
14 BAG v. 5.8.1987 – 5 AZR 22/86, NJW 1988, 1165 2. Leitsatz.
15 *H/H/R*, § 40a Rn. 18; **aA** *Blümich*, § 40a Rn. 17.
16 BMF v. 15.4.1993, BStBl. I 1993, 339; *Blümich*, § 40 Rn. 14.
17 R 40.1 Abs. 1 S. 1 LStR.
18 HM, R 40.1 Abs. 1 S. 2 LStR; **aA** *B/B*, § 40 Rn. 20 (mindestens fünf ArbN).
19 BMF v. 12.7.2005, BStBl. II 2005, 845.

Die Pauschalierung ist gem. Abs. 1 S. 3 ausgeschlossen, soweit der ArbG einem ArbN sonstige Bezüge v. mehr als 1 000 Euro gewährt. Diese **Höchstgrenze** errechnet sich je ArbN und Kj. Höhere sonstige Bezüge unterliegen der Regelbesteuerung. Maßgeblich sind nur die vom jeweiligen ArbG gewährten sonstigen Bezüge, die nicht der Regelbesteuerung unterlegen haben. Dies hat der ArbG anhand des Lohnkontos[1] zu überprüfen.[2] 13

2. Nacherhebung von Lohnsteuer (Abs. 1 Nr. 2). Wurde LSt nicht vorschriftsmäßig einbehalten, erlaubt Nr. 2 eine **Korrektur** über eine pauschalierte Besteuerung. Die Rspr.[3] will der Gefahr, dass die Schutzwirkung einer Anrufungsauskunft nach § 42e „unterlaufen werden könnte", dadurch vorbeugen, dass sie den Einbehalt entspr. einer falschen Anrufungsauskunft wie eine vorschriftsmäßige LSt-Erhebung behandelt (s. aber § 42e Rn. 6). Eine Pauschalierung ist in diesen Fällen damit nicht mehr möglich, so dass die Korrektur bei den Einzelveranlagungen der jeweiligen ArbN vollzogen werden müssen. Eine unzulässige Pauschalierung ist keine vorschriftsmäßige Erhebung.[4] Die Nacherhebung kommt typischerweise für LSt aufgrund einer LSt Außenprüfung in Betracht. Die 1 000-Euro-Grenze gilt dabei nicht.[5] Im Gegensatz zur Korrektur nach **§ 41c Abs. 1 Nr. 2** setzt § 40 Abs. 1 Nr. 2 nicht voraus, dass die Korrektur im nächsten Lohnzahlungszeitraum erfolgt; die LSt wird auch nicht nach den §§ 39b bis 39d ermittelt oder nachträglich vom ArbN einbehalten. Liegen die Voraussetzungen beider Normen vor, kann der ArbG zw. beiden Methoden wählen.[6] 14

Auch das **Haftungsverfahren** nach § 42d betrifft die Korrektur eines nicht ordnungsgemäßen Steuereinbehalts. Bei der Pauschalierung wird der ArbG aber Alleinschuldner, nicht wie nach § 42d Abs. 3 S. 1 Gesamtschuldner neben dem ArbN. Wegen der eingeschränkten Haftung des ArbN nach § 42d Abs. 3 S. 4 kommt es in beiden Fällen wirtschaftlich zu einem ähnlichen Ergebnis.[7] Wird ein Pauschalierungsantrag zugelassen, entfallen die Voraussetzungen der Haftung, da dann keine LSt des ArbN mehr einzubehalten ist. Das **Pauschalierungsverfahren** ist deshalb **vorrangig**. 15

3. Lohnsteuer bei beschränkt steuerpflichtigen Künstlern. Bei beschränkt stpfl. Künstlern lässt die Verwaltung die Erhebung der LSt unabhängig der Voraussetzungen des Abs. 1 mit einem Pauschsteuersatz v. 43,89 % zu.[8] Der Übernahmesatz gilt aber nur bei kurzfristigen Tätigkeiten bis drei Monaten.[9] 16

III. Ermittlung des Pauschsteuersatzes. Die Ermittlung des Pauschsteuersatzes ist in R 40.1 Abs. 3 LStR und H 40.1 LStH ausf. dargestellt. Der für jedes Kj. getrennt zu berechnende[10] Pauschsteuersatz, ermittelt zunächst die Summe der Jahresarbeitslöhne der betroffenen ArbN und unterteilt die ArbN nach LSt-Klassen. Die als ELStAM erfassten Kinderfreibeträge werden nicht berücksichtigt.[11] Aus der anteiligen Mehrsteuer bei Annahme einer homogenen Verteilung der Jahreslohnsumme auf die ArbN wird dann gem. Abs. 1 S. 2 aus einem Durchschnittssteuersatz ein **Nettosteuersatz**[12] errechnet, der berücksichtigt, dass auch in der Übernahme der LSt durch den ArbG ein geldwerter Vorteil liegt. 17

C. Pauschalierung mit festen Steuersätzen (Abs. 2)

I. Voraussetzungen. Die Pauschalierungstatbestände des Abs. 2 setzen keinen Antrag voraus. Die bestehenden Wahlrechte werden deshalb durch Anmeldung der pauschalen LSt ausgeübt; etwaige vom ArbG gestellte Anträge sind unbeachtlich.[13] Liegen gleichzeitig die Voraussetzungen des Abs. 1 vor, kann der **ArbG** die Pauschalierungsart **wählen**,[14] da Abs. 2 keine Mindestpauschsteuersätze für bestimmte Einnahmen enthält. Der Pauschsteuersatz für die Tatbestände des S. 1 beträgt 25 %, für S. 2 15 %. 18

II. Die einzelnen Pauschalierungstatbestände. 1. Arbeitstägliche Mahlzeiten (Abs. 2 Nr. 1). Mit einem Pauschsteuersatz v. 25 % kann der geldwerte Vorteil der unentgeltlichen oder verbilligten **Abgabe v.** 19

---

1 Dort aufzuzeichnen nach § 4 Abs. 2 Nr. 8 S. 1 LStDV.
2 R 40.1 Abs. 2 S. 1 LStR.
3 BFH v. 16.11.2005 - VI R 23/02, BStBl. II 2006, 210 = FR 2006, 385.
4 BFH v. 5.11.1993 - VI R 16/93, BStBl. II 1994, 557.
5 *Schmidt*[37], § 40 Rn. 7.
6 *K/S/M*, § 40 Rn. A 14.
7 *Blümich*, § 40 Rn. 58.
8 BMF v. 15.1.1996, BStBl. I 1996, 55 (Höhe der Pauschsteuer, wenn ArbG LSt und SolZ trägt).
9 BMF v. 15.1.1996, BStBl. I 1996, 55 unter Tz. 4.2.
10 HM, FG Münster v. 11.12.1996 - 8 K 6360/93 L, EFG 1997, 608, rkr.; **aA** R 40.1 Abs. 3 S. 4 LStR (lässt die Verhältnisse des Vorjahrs als Berechnungsgrundlage zu).
11 BFH v. 26.7.2007 - VI R 48/03, BStBl. II 2007, 844 = FR 2007, 1069 m. Anm. *Bergkemper*; *H/H/R*, § 40 Rn. 30.
12 Formel: (1 × Durchschnittsteuersatz): (1 – Durchschnittssteuersatz).
13 BFH v. 24.9.2015 - VI R 69/14, BStBl. II 2016, 176.
14 *B/B*, § 40 Rn. 11; *Blümich*, § 40 Rn. 86; *H/H/R*, § 40 Rn. 33; **aA** (Abs. 2 ist lex specialis) *K/S/M*, § 40 Rn. B 1.

Mahlzeiten oder entspr. **Barzuschüsse** an ein die Mahlzeiten abgebendes Unternehmen abgegolten werden. Diese Pauschalierung ist statt oder neben der Freibetragsregelung des § 8 Abs. 3 möglich.[1] Voraussetzung ist, dass der ArbG an jedem Arbeitstag generell Mahlzeiten ausgibt und der ArbN daran teilnehmen kann.[2] Bewertet wird der geldwerte Vorteil dabei nach § 8 Abs. 2.[3]

20 **2. Mahlzeiten bei Auswärtstätigkeit (Abs. 2 Nr. 1a). Ab 2014** (Einfügung durch das Gesetz zur Änderung und Vereinfachung der Unternehmensbesteuerung und des steuerlichen Reisekostenrechts) kann der ArbG übliche Mahlzeiten (bis zur Höhe von 60 Euro), die im Rahmen einer Auswärtstätigkeit gestellt und mit dem Sachbezugswert nach § 8 Abs. 2 S. 8 bewertet werden, pauschal versteuern.

21 **3. Betriebsveranstaltungen (Abs. 2 Nr. 2).** Betriebsveranstaltungen führen nach § 19 Abs. 1 S. 1 Nr. 1a zu **stpfl. Arbeitslohn,** soweit der Freibetrag iHv. 110 Euro überschritten ist (§ 19 Abs. 1 S. 1 Nr. 1a S. 3) oder mehr als zwei Veranstaltungen pro Jahr durchgeführt werden (§ 19 Abs. 1 S. 1 Nr. 1a S. 4). In diesen Fällen kann der Arbeitslohn nach Abs. 2 Nr. 2 pauschal mit 25 % versteuert werden.[4] Die FinVerw. legt den Begriff „Betriebsveranstaltung" im Hinblick auf die Pauschalierung restriktiv aus. Sie soll nur möglich sein, wenn alle ArbN daran teilnehmen können und sich eine Begrenzung somit nicht als Privilegierung einzelner ArbN darstellt.[5] Diese restriktive Auslegung dürfte auch dem Willen des Gesetzgebers entsprechen, der durch die Einführung des § 19 Abs. 1 S. 1 Nr. 1a durch das Zollkodex-AnpG[6] lediglich die Rechtslage vor 2015 gesetzlich festschreiben wollte.[7] Nach der früheren Rechtslage sollte der Pauschalierungssatz eine „vertikale Beteiligung" aller ArbN sach- und realitätsgerecht abbilden, weshalb bei Fehlen der Offenheit nicht nach Abs. 2 Nr. 2 mit 25 % pauschaliert werden konnte.[8] Die Pauschalierung nach Abs. 2 Nr. 2 setzt ab 2015 nun aber „nur" eine Betriebsveranstaltung voraus, wie sie in § 19 Abs. 1 S. 1 Nr. 1a **S. 1** definiert ist. Ob eine Betriebsveranstaltung, wie in § 19 Abs. 1 S. 1 Nr. 1a **S. 3** für die Anwendung des 110-Euro-Freibetrags gefordert, allen ArbN offensteht, spielt für die Pauschalierung nun aber keine Rolle mehr. Pauschaliert werden können jedenfalls nur Leistungen, die untrennbarer Bestandteil der Betriebsveranstaltung sind. Dies ist bei ersatzweiser Ausgabe von Wertgutscheinen nicht erfüllt.[9] Während einer Betriebsveranstaltung überreichte Geldgeschenke, die kein zweckgebundenes Zehrgeld sind,[10] können ebenso wenig pauschaliert werden wie die Zuwendungen v. Goldmünzen.[11]

22 **4. Erholungsbeihilfen (Abs. 2 Nr. 3).** Erholungsbeihilfen sind als solche bezeichnete zweckgebundene Sach- oder Barzuwendungen, die ausschließlich zur Förderung der Erholung des ArbN verwendet werden dürfen.[12] Der ArbG muss sich über den tatsächlichen Verwendungszweck der Erholungsbeihilfen vergewissern; nicht ausreichend sind hingegen bloße Vermutungen[13] oder Bestätigungen der ArbN, die Mittel zu nicht näher bezeichneten Erholungszwecken verwendet zu haben.[14] Die FinVerw. nimmt bereits bei einem zeitlichen Zusammenhang der Beihilfe mit einem Urlaub des ArbN eine zweckentspr. Verwendung an.[15] Der ArbN muss nicht bedürftig sein. Die Höchstgrenzen sind für jede Pers. gesondert zu betrachten. Werden sie überschritten, kann die Beihilfe insgesamt (Wortlaut: „wenn") nicht mehr pauschaliert werden.[16] Eine Verteilung der Erholungsbeihilfen auf mehrere Jahre ist nicht möglich.

23 **5. Verpflegungsmehraufwendungen (Abs. 2 Nr. 4).** Vergütungen des ArbG für Mehraufwendungen für Verpflegung sind gem. § 3 Nr. 13 und Nr. 16 **stfrei** (§ 3 Rn. 33 und 36), soweit sie die in § 9 Abs. 4a S. 3–6 (bis einschl. VZ 2013: § 4 Abs. 5 S. 1 Nr. 5) genannten Beträge nicht übersteigen. Die **übersteigenden Teile** können seit 1997 **bis zu 100 %** dieser Beträge pauschaliert besteuert werden, wenn sie für eine **auswärtige Tätigkeit** des ArbN bezahlt werden, nicht aber in Fällen der doppelten Haushaltsführung.[17] Kann ein Verpflegungsmehraufwand, etwa wegen Unterschreitung der Acht-Stundengrenze, schon dem

1 *H/H/R*, § 40 Rn. 36 mwN; *Blümich*, § 40 Rn. 14.
2 *H/H/R*, § 40 Rn. 36.
3 Dazu ausf. R 8.1 Abs. 7 LStR.
4 BMF v. 14.10.2015, BStBl. I 2015, 832 Tz. 5.
5 BMF v. 14.10.2015, BStBl. I 2015, 832 Tz. 5.
6 G v. 22.12.2014, BGBl. I 2014, 2417.
7 BT-Drucks. 18/3017, 47.
8 BFH v. 15.1.2009 – VI R 22/06, BStBl. II 2009, 476 = FR 2009, 722 m. Anm. *Bergkemper.*
9 FG München v. 24.9.2010 – 8 K 2633/08, EFG 2011, 138, rkr.
10 BFH v. 7.2.1997 – VI R 3/96, BStBl. II 1997, 365 = FR 1997, 419.
11 BFH v. 7.11.2006 – VI R 58/04, BStBl. II 2007, 128 = FR 2007, 299 m. Anm. *Bergkemper.*
12 FG Köln v. 4.6.1996 – 7 K 4967/93, EFG 1997, 110, rkr.
13 BFH v. 19.9.2012 – VI R 55/11, BStBl. II 2013, 398.
14 FG Rh Pf. v. 23.11.2016 – 2 K 1180/16, EFG 2017, 1102 (Rev. VI R 21/17).
15 R 40.2 Abs. 3 S. 4 LStR.
16 *Schmidt*[37], § 40 Rn. 15; **aA** *K/S/M*, § 40 Rn. C 7 „Freibeträge".
17 BMF v. 30.9.2013, BStBl. I 2013, 1279.

Grunde nach nicht geltend gemacht werden, scheitert auch eine pauschale Besteuerung. Für die **Ermittlung** des stfreien Betrages können nach H 40.2 „Pauschalversteuerung v. Reisekosten" LStH alle Aufwendungsarten (Fahrt-, Verpflegungs- und Übernachtungskosten) zusammengerechnet werden und der übersteigende Betrag bis zur Höhe der Verpflegungspauschalen allein der Vergütung für Verpflegung zugeordnet werden.

6. Datenverarbeitungsgeräte und Internetzugang (Abs. 2 Nr. 5). Die Pauschalierung umfasst geld- 24
werte Vorteile aus der Übereignung v. Datenverarbeitungsgeräten und dazugehörigem Zubehör inklusive Software. Umfasst sind auch Aktualisierungen und der Austausch vorhandener Bestandteile. Voraussetzung ist, dass er zusätzlich zum ohnehin geschuldeten Arbeitslohn[1] gezahlt wird. Eine Barlohnumwandlung ist nicht begünstigt. Die Pauschalierungsmöglichkeit wurde ab 30.6.2013[2] durch die Einfügung des Begriffs „Datenverarbeitungsgeräte" (bislang: Personalcomputer) erweitert. Sie umfasst auch Zubehör, aber anders als bei § 3 Nr. 45 muss bei Telekommunikationsgeräten, die nicht Zubehör eines Datenverarbeitungsgeräts sind, die Internetnutzung möglich sein.[3] Diese Bedingung dürfte in Zeiten von Smartphones und Tablets keine relevante Einschränkung der Pauschalierungsmöglichkeit sein. Hat der ArbN einen Internetzugang, sind Barzuschüsse des ArbG pauschalierungsfähig. Zu den Kosten des Internetzugangs zählen sowohl die lfd. Kosten (Grundgebühr und lfd. Gebühren), als auch die Kosten der Einrichtung (ISDN-Anschluss, Modem, PC). Die Verwaltung lässt aus Vereinfachungsgründen zu, dass für die lfd. Nutzung ohne Nachweis 50 Euro pauschalierungsfähig sind,[4] wenn der ArbN erklärt, dass er einen Internetzugang besitzt und im Kj. durchschnittlich Aufwendungen in dieser Höhe entstehen. Die Erklärung ist als Beleg zum Lohnkonto aufzubewahren. Soll ein höherer Aufwand ersetzt werden, reicht ein Nachweis über einen Zeitraum v. drei (repräsentativen) Monaten.[5] Der ArbN kann keine WK aus der Internetnutzung geltend machen, soweit darauf pauschal besteuerte Bezüge entfallen. Bei Zuschüssen bis 50 Euro soll aus Vereinfachungsgründen eine Anrechnung auf die WK unterbleiben.[6] Zu weiteren Einzelheiten s. *Macher* DStZ 2002, 315.

7. Ladevorrichtungen für Elektrofahrzeuge (Abs. 2 Nr. 6). Abs. 2 Nr. 6[7] dient der Förderung der Elek- 24a
tromobilität.[8] Hierfür können geldwerte Vorteile aus der unentgeltlichen oder verbilligten Übereignung[9] von Ladevorrichtungen[10] mit 25 % zzgl. SolZ und KiSt pauschal versteuert werden, sofern die Übereignung zusätzlich zum ohnehin geschuldeten Arbeitslohn erfolgt. Bemessungsgrundlage für die Pauschalierung können aus Vereinfachungsgründen die Bruttokosten des ArbG sein.[11] Neben der Übereignung können auch Barzuschüsse zum Erwerb oder zum Betrieb der Ladevorrichtung gezahlt werden. Der Ladestrom selbst gehört aber nicht zu den begünstigten Betriebskosten.[12]

8. Fahrten zwischen Wohnung und erster Tätigkeitsstätte (Abs. 2 S. 2). Sachbezüge in Form einer Be- 25
förderung oder Zuschüsse für die Fahrten zw. Wohnung und erster Tätigkeitsstätte (bzw. bis einschl. VZ 2013: regelmäßige Arbeitsstätte) sowie für Fahrten zu Sammelpunkten oder weiträumigen Arbeitsgebieten nach § 9 Abs. 1 S. 3 Nr. 4a S. 3[13] können nach S. 2 mit einem **Pauschsteuersatz v. 15 %** besteuert werden. Die unentgeltliche oder verbilligte Sammelbeförderung ist gem. § 3 Nr. 32 stfrei. Die seit 1990 wieder mögliche Pauschalierung betrifft daher die **Gestellung eines Kfz, Barzuschüsse für Fahrten mit dem eigenen Kfz oder mit öffentl. Verkehrsmitteln.** Diese müssen seit 1994 zusätzlich zum ohnehin geschuldeten Arbeitslohn[14] geleistet werden **(keine Barlohnumwandlung)**. Die Pauschalierung ist nur in den Grenzen des

1 Dies ist der arbeitsrechtlich geschuldete Arbeitslohn, vgl. BFH v. 1.10.2009 – VI R 41/07, BStBl. II 2010, 487 = FR 2010, 438 u. v. 19.9.2012 – VI R 54/11, FR 2013, 674 = DStR 2012, 2427.
2 AmtshilfeRLUmsG v. 26.6.2013, BGBl. I 2013, 1809.
3 R 40.2 Abs. 5 S. 4 LStR.
4 R 40.2 Abs. 5 S. 7 LStR.
5 R 40.2 Abs. 5 S. 9 iVm. R 3.50 Abs. 2 S. 5 LStR.
6 R 40.2 Abs. 5 S. 12 LStR.
7 In § 40 Abs. 2 S. 1 wurde durch das G zur stl. Förderung von Elektromobilität im Straßenverkehr v. 7.11.2016 (BGBl. I 2016, 2498) Nr. 6 neu eingefügt. Die Regelung ist für Vorteile anzuwenden, die zw. dem 1.1.2017 und dem 31.12.2020 gewährt werden, vgl. § 52 Abs. 37c.
8 BT-Drucks. 18/8828, 1.
9 Nicht hingegen im Falle einer zeitweisen Überlassung, BMF v. 14.12.2016, BStBl. I 2016, 1446 Tz. 3.1.
10 Pauschalierungsfähig sind die Kosten für die gesamte Ladeinfrastruktur, für Zubehör sowie für notwendige Dienstleistungen, BMF v. 14.12.2016, BStBl. I 2016, 1446 Tz. 2.2.
11 BMF v. 14.12.2016, BStBl. I 2016, 1446 Tz. 3.1.
12 BMF v. 14.12.2016, BStBl. I 2016, 1446 Tz. 3.2.
13 G v. 25.7.2014, BGBl. I 2014, 1266; die FinVerw. ließ entgegen des bisherigen Gesetzeswortlauts die Pauschalierung auch für Fahrten zu diesen Orten zu, vgl. BMF v. 31.10.2013, BStBl. I 2013, 1376 Tz. 5.1.
14 Dies ist der arbeitsrechtlich geschuldete Arbeitslohn, vgl. BFH v. 1.10.2009 – VI R 41/07, BStBl. II 2010, 487 = FR 2010, 438 u. v. 19.9.2012 – VI R 54/11, FR 2013, 674 = DStR 2012, 2427.

§ 9 Abs. 1 S. 3 Nr. 4 und Abs. 2 möglich.[1] Pauschal besteuert werden kann aber auch ein Unfallkostenersatz.[2] Darüber hinaus gezahlte Beträge unterliegen der Regelbesteuerung, eine Pauschalierung nach Abs. 1 S. 1 Nr. 1 scheitert idR daran, dass es sich insoweit um lfd. Arbeitslohn handelt. Der maßgebliche Wert bei einer Kfz.-Gestellung ermittelt sich grundsätzlich nach § 8 Abs. 2 S. 3, 4 oder durch Einzelbewertung der tatsächlichen Fahrten.[3] Soweit pauschal besteuert wird, mindern sich gem. S. 3 die nach § 9 Abs. 1 S. 3 Nr. 4 und Abs. 2 als WK abziehbaren Pauschalen bzw. tatsächlichen Aufwendungen.[4] Wegen dieser Verknüpfung mit dem WK-Abzug und zur Vermeidung etwaiger Vollzugsdefizite sollte die Anwendung dieser Pauschalierungsnorm nach Ausschreibung und Übermittlung der LSt-Bescheinigung nicht mehr möglich sein.[5] Eine rückwirkende Anmeldung pauschaler LSt nach Abs. 2 S. 2 auch nach Übermittlung der LSt-Bescheinigung ist nach dem Wortlaut des § 41c Abs. 3 S. 1 aber möglich, sofern bislang unversteuerte ArbG-Leistungen erstmals erfasst werden sollen und eine Änderungsmöglichkeit nach der AO besteht. Denn in diesen Fällen wird kein bereits vorgenommener LSt-Abzug geändert, sondern eine pauschale LSt erstmals festgesetzt (vgl. auch § 41c Rn. 8). Ein nach Abs. 2 S. 2 pauschal versteuerter geldwerter Vorteil zählt nach Abs. 2 S. 3 nicht zum maßgeblichen Arbeitslohn für Teilzeitbeschäftigte iRd. § 40a.

D. Gemeinsame Regeln für alle Pauschalierungsfälle (Abs. 3)

26 **I. Übernahme der Lohnsteuer durch den Arbeitgeber.** Der **ArbG** übernimmt[6] gem. Abs. 3 S. 1 die LSt des ArbN und wird dadurch gem. Abs. 3 S. 2 **Schuldner der pauschalen LSt**, ein Anspr. auf Erstattung pauschaler LSt steht dem ArbG zu.[7] Die LSt ändert sich in dessen Pers. dadurch nicht dem Grund nach, sondern nur in der Höhe. Eine negative pauschale LSt kann mangels gesetzlicher Grundlage nicht festgesetzt werden.[8]

27 Die pauschale LSt muss gegen den ArbG durch **Steuerbescheid**, nicht durch Haftungsbescheid festgesetzt werden.[9] Zur Auslegung eines Bescheids kann auch ein Prüfungsbericht herangezogen werden. Haftungs- und Pauschalierungsbescheid können auch auf einem Vordruck geltend gemacht werden, wenn die nur äußerliche Zusammenfassung erkennbar ist, der Bescheid als Steuer- und Haftungsbescheid gekennzeichnet ist und sich eindeutig entnehmen lässt, in welcher Höhe die Steuer- bzw. die Haftungsschuld festgesetzt werden. Wird in einem solchen Fall nur ein Bescheid angegriffen, erwächst der andere in Rechtskraft. Ein gemeinsamer Nachforderungsbetrag aus Haftung und Pauschalierung führt zur Unwirksamkeit.[10] Eine Umdeutung eines Haftungsbescheids in einen Pauschalierungsbescheid und umgekehrt ist nicht zulässig. Hebt das FA im **Klageverfahren** einen Pauschalierungsbescheid auf und ersetzt ihn durch einen Haftungsbescheid, kann der ArbG einen Antrag nach § 68 FGO stellen.[11]

28 Bereits mit Zufluss des Arbeitslohns beim ArbN entsteht die pauschale LSt.[12] Die **Festsetzungsfrist** beginnt nach § 170 Abs. 1 AO mit Ablauf des Kj. des Zuflusses.[13] Für die antragsgebundene Pauschalierung nach § 40 Abs. 1 gilt die Anlaufhemmung nach § 170 Abs. 3 AO, iÜ § 170 Abs. 2 Nr. 1 AO. Soweit ein Antrag gestellt werden muss, wirkt die Ablaufhemmung nach § 171 Abs. 3 AO. Der Ablauf wird auch gem. § 171 Abs. 4 AO durch eine LSt-Außenprüfung (dazu § 42f Rn. 10) gehemmt. Hat das FA die pauschale LSt formal fehlerhaft in einem Haftungsbescheid festgesetzt, muss bei einem Rechtsbehelf zur Vermeidung einer Verjährung zunächst ein formell korrekter Pauschalierungsbescheid erlassen werden, bevor der Haftungsbescheid aufgehoben wird.[14] Wurde der ArbG hingegen zunächst nur für LSt in Haftung genommen, kann nach Ablauf der Verjährung ggü. dem ArbN keine pauschalierte LSt mehr festgesetzt werden.

29 **II. Auswirkung auf den Arbeitnehmer.** Gem. Abs. 3 S. 3 bleibt pauschal besteuerter Arbeitslohn bei der Veranlagung außer Betracht. Die pauschale LSt kann nach Abs. 3 S. 4 nicht angerechnet werden. Mit der

1 Mit Hinweisen zur ausschließlichen bzw. kombinierten Nutzung verschiedener Verkehrsmittel, BMF v. 31.10.2013, BStBl. I 2013, 1376 Tz. 5.2.
2 *Offerhaus*, BB 1991, 257.
3 BMF v. 4.4.2018, BStBl. I 2018, 592 Rn. 10d.
4 OFD Berlin v. 11.3.2002, BB 2002, 1686.
5 Offengelassen in BFH v. 24.9.2015 – VI R 69/14, BStBl. II 2016, 176.
6 Nach *Blümich*, § 40 Rn. 113 ist dies nur Rechtsfolge; **aA** hM, BFH v. 6.5.1994 – VI R 47/93, BStBl. II 1994, 715 = FR 1994, 615.
7 OFD Erf. v. 19.12.1996, DStR 1997, 580.
8 BFH v. 28.4.2016 – VI R 18/15, BStBl. II 2016, 898.
9 HM, *Schmidt*[37], § 40 Rn. 27.
10 *K/S/M*, § 40 Rn. A 47.
11 *Schmidt*[37], § 40 Rn. 28.
12 BFH v. 6.5.1994 – VI R 47/93, BStBl. II 1994, 715 = FR 1994, 615.
13 Eingehend *Thomas*, DStZ 1994, 545.
14 BFH v. 16.5.1990 – X R 147/87, BStBl. II 1990, 942 und v. 24.1.1995 – VII B 142/94, BStBl. II 1995, 227.

Pauschalierung ist der Sachverhalt **abgegolten**. Nach der Rspr. ist das Wohnsitz-FA aber nicht an den Pauschalierungsbescheid des Betriebsstätten-FA gebunden.[1] Aufgrund der ausdrücklichen gesetzlichen Anordnung in Abs. 3, kommt dem Bescheid aber auch **formelle Bindungswirkung** zu,[2] eine Änderung des Pauschalierungsbescheids (zB Wegfall des Pauschalierungsbescheids) deshalb gem. § 175 Abs. 1 S. 1 Nr. 1 AO auch in der ESt-Veranlagung umzusetzen.[3]

Durch das StEntlG 1999/2000/2002 gilt seit 1.4.1999 auch die auf den ArbN **überwälzte pauschale LSt** als zugeflossener Arbeitslohn. Die pauschale LSt ist deshalb aus dem vollen Lohn zu berechnen. Dies gilt auch für überwälzte Annexsteuern.[4] 30

§ 40a Pauschalierung der Lohnsteuer für Teilzeitbeschäftigte und geringfügig Beschäftigte

(1) [1]Der Arbeitgeber kann unter Verzicht auf den Abruf von elektronischen Lohnsteuerabzugsmerkmalen (§ 39e Absatz 4 Satz 2) oder die Vorlage einer Bescheinigung für den Lohnsteuerabzug (§ 39 Absatz 3 oder § 39e Absatz 7 oder Absatz 8) bei Arbeitnehmern, die nur kurzfristig beschäftigt werden, die Lohnsteuer mit einem Pauschsteuersatz von 25 Prozent des Arbeitslohns erheben. [2]Eine kurzfristige Beschäftigung liegt vor, wenn der Arbeitnehmer bei dem Arbeitgeber gelegentlich, nicht regelmäßig wiederkehrend beschäftigt wird, die Dauer der Beschäftigung 18 zusammenhängende Arbeitstage nicht übersteigt und

1. **der Arbeitslohn während der Beschäftigungsdauer 72 Euro durchschnittlich je Arbeitstag nicht übersteigt oder**
2. **die Beschäftigung zu einem unvorhersehbaren Zeitpunkt sofort erforderlich wird.**

(2) Der Arbeitgeber kann unter Verzicht auf den Abruf von elektronischen Lohnsteuerabzugsmerkmalen (§ 39e Absatz 4 Satz 2) oder die Vorlage einer Bescheinigung für den Lohnsteuerabzug (§ 39 Absatz 3 oder § 39e Absatz 7 oder Absatz 8) die Lohnsteuer einschließlich Solidaritätszuschlag und Kirchensteuern (einheitliche Pauschsteuer) für das Arbeitsentgelt aus geringfügigen Beschäftigungen im Sinne des § 8 Absatz 1 Nummer 1 oder des § 8a des Vierten Buches Sozialgesetzbuch, für das er Beiträge nach § 168 Absatz 1 Nummer 1b oder 1c (geringfügig versicherungspflichtig Beschäftigte) oder nach § 172 Absatz 3 oder 3a (versicherungsfrei oder von der Versicherungspflicht befreite geringfügig Beschäftigte) oder nach § 276a Absatz 1 (versicherungsfrei geringfügig Beschäftigte) des Sechsten Buches Sozialgesetzbuch zu entrichten hat, mit einem einheitlichen Pauschsteuersatz in Höhe von insgesamt 2 Prozent des Arbeitsentgelts erheben.

(2a) Hat der Arbeitgeber in den Fällen des Absatzes 2 keine Beiträge nach § 168 Absatz 1 Nummer 1b oder 1c oder nach § 172 Absatz 3 oder 3a oder nach § 276a Absatz 1 des Sechsten Buches Sozialgesetzbuch zu entrichten, kann er unter Verzicht auf den Abruf von elektronischen Lohnsteuerabzugsmerkmalen (§ 39e Absatz 4 Satz 2) oder die Vorlage einer Bescheinigung für den Lohnsteuerabzug (§ 39 Absatz 3 oder § 39e Absatz 7 oder Absatz 8) die Lohnsteuer mit einem Pauschsteuersatz in Höhe von 20 Prozent des Arbeitsentgelts erheben.

(3) [1]Abweichend von den Absätzen 1 und 2a kann der Arbeitgeber unter Verzicht auf den Abruf von elektronischen Lohnsteuerabzugsmerkmalen (§ 39e Absatz 4 Satz 2) oder die Vorlage einer Bescheinigung für den Lohnsteuerabzug (§ 39 Absatz 3 oder § 39e Absatz 7 oder Absatz 8) bei Aushilfskräften, die in Betrieben der Land- und Forstwirtschaft im Sinne des § 13 Absatz 1 Nummer 1 bis 4 ausschließlich mit typisch land- oder forstwirtschaftlichen Arbeiten beschäftigt werden, die Lohnsteuer mit einem Pauschsteuersatz von 5 Prozent des Arbeitslohns erheben. [2]Aushilfskräfte im Sinne dieser Vorschrift sind Personen, die für die Ausführung und für die Dauer von Arbeiten, die nicht ganzjährig anfallen, beschäftigt werden; eine Beschäftigung mit anderen land- und forstwirtschaftlichen Arbeiten ist unschädlich, wenn deren Dauer 25 Prozent der Gesamtbeschäftigungsdauer nicht überschreitet. [3]Aushilfskräfte sind nicht Arbeitnehmer, die zu den land- und forstwirtschaftlichen Fachkräften gehören oder die der Arbeitgeber mehr als 180 Tage im Kalenderjahr beschäftigt.

---

1 BFH v. 13.1.1989 – VI R 66/87, BStBl. II 1989, 1030 = FR 1989, 560.
2 *K/S/M*, § 40 Rn. D 7; *Blümich*, § 40 Rn. 123 ff.
3 BFH v. 19.2.2002 – VI B 240/01, BFH/NV 2002, 784.
4 *Niermann*, DB 1999, 817 mit entspr. Rechenbeispielen.

(4) Die Pauschalierungen nach den Absätzen 1 und 3 sind unzulässig

1. bei Arbeitnehmern, deren Arbeitslohn während der Beschäftigungsdauer durchschnittlich je Arbeitsstunde 12 Euro übersteigt,

2. bei Arbeitnehmern, die für eine andere Beschäftigung von demselben Arbeitgeber Arbeitslohn beziehen, der nach § 39b oder § 39c dem Lohnsteuerabzug unterworfen wird.

(5) Auf die Pauschalierungen nach den Absätzen 1 bis 3 ist § 40 Absatz 3 anzuwenden.

(6) [1]Für die Erhebung der einheitlichen Pauschsteuer nach Absatz 2 ist die Deutsche Rentenversicherung Knappschaft-Bahn-See zuständig. [2]Die Regelungen zum Steuerabzug vom Arbeitslohn sind entsprechend anzuwenden. [3]Für die Anmeldung, Abführung und Vollstreckung der einheitlichen Pauschsteuer sowie die Erhebung eines Säumniszuschlags und das Mahnverfahren für die einheitliche Pauschsteuer gelten dabei die Regelungen für die Beiträge nach § 168 Absatz 1 Nummer 1b oder 1c oder nach § 172 Absatz 3 oder 3a oder nach § 276a Absatz 1 des Sechsten Buches Sozialgesetzbuch. [4]Die Deutsche Rentenversicherung Knappschaft-Bahn-See hat die einheitliche Pauschsteuer auf die erhebungsberechtigten Körperschaften aufzuteilen; dabei entfallen aus Vereinfachungsgründen 90 Prozent der einheitlichen Pauschsteuer auf die Lohnsteuer, 5 Prozent auf den Solidaritätszuschlag und 5 Prozent auf die Kirchensteuern. [5]Die erhebungsberechtigten Kirchen haben sich auf eine Aufteilung des Kirchensteueranteils zu verständigen und diesen der Deutschen Rentenversicherung Knappschaft-Bahn-See mitzuteilen. [6]Die Deutsche Rentenversicherung Knappschaft-Bahn-See ist berechtigt, die einheitliche Pauschsteuer nach Absatz 2 zusammen mit den Sozialversicherungsbeiträgen beim Arbeitgeber einzuziehen.

A. Grundaussagen der Vorschrift

1 **I. Regelungsgegenstand.** § 40a erlaubt die Pauschalierung für Teilzeitbeschäftigte. Der ArbG kann dabei auf die Vorlage einer LSt-Karte oder Bescheinigung nach § 39 Abs. 3 bzw. ab 2013 auf den Abruf der elektronischen LSt-Abzugsmerkmale verzichten. Die dadurch bezweckte Verfahrensvereinfachung steht zumindest gegenüber einem sich daraus ergebenden Steuervorteil[1] im Vordergrund.[2] Die Vorschrift erlaubt in drei Fallgruppen eine Pauschalierung, in Abs. 1 für **kurzfristig Beschäftigte**, in Abs. 2 und 2a für **geringfügig Beschäftigte** iSd. §§ 8 Abs. 1 Nr. 1, 8a SGB IV und in Abs. 3 für **Aushilfskräfte in der LuF**. Es gelten wie bei § 40 Abs. 2 feste Steuersätze. Die dazu dargestellten Grundsätze (§ 40 Rn. 19 ff.) gelten entspr.

2 Im **Verhältnis zur Regelbesteuerung** besteht ein **Wahlrecht** des ArbG.[3] Dabei muss er die Pauschalierung nicht einheitlich für alle Teilzeitbeschäftigte durchführen,[4] sondern kann für jeden ArbN das günstigste Verfahren wählen.[5] Der Lohn des einzelnen ArbN muss aber einheitlich pauschaliert oder regelversteuert werden.[6] Der ArbG kann auch nach Ablauf des Kj. die Pauschalierung rückgängig machen und zur Lohn-Regelbesteuerung übergehen.[7] Soweit die Rspr. die Auffassung vertrat, dass für eine Nebentätigkeit beim

---

1 *Blümich*, § 40a Rn. 3; **aA** hM eigener Sozialzweck BFH v. 3.6.1982 – VI R 48/79, BStBl. II 1982, 710 = FR 1982, 549; *K/S/M*, § 40a Rn. A 1.
2 *Blümich*, § 40a Rn. 5; Begr. zu Hebung der Steuersätze in BT-Drucks. 11/2157, 158.
3 BFH v. 29.9.1996 – VI B 115/95, nv.
4 BFH v. 3.6.1982 – VI R 48/79, BStBl. II 1982, 710 = FR 1982, 549.
5 *L/B/P*, § 40a Rn. 11.
6 BFH v. 27.7.1990 – VI R 20/89, BStBl. II 1990, 931 = FR 1990, 683.
7 BFH v. 26.11.2003 – VI R 10/99, BStBl. II 2004, 195.

ArbG der Haupttätigkeit dann pauschaliert werden könne, wenn kein untrennbarer innerer Zusammenhang zw. den Tätigkeiten bestehe und sie ihrer Art nach unterschiedlich seien,[1] ist dies durch Abs. 4 Nr. 2 überholt. Ein **Wechsel** zw. Pauschalierung und Regelbesteuerung ist nur zulässig, wenn dies **durch das Arbverh. selbst veranlasst** ist,[2] etwa der ArbN in Ruhestand tritt und das Arbverh. iRd. Grenzen des § 40a weiterführt,[3] der Arbeitslohn wegen einer Erhöhung zu einer Überschreitung der Pauschalierungsgrenzen führt oder der Arbeitslohn schwankt.[4] Soll durch den Übergang der Besteuerungsart alleine erreicht werden, durch **Ausnutzung des ArbN-PBs** (§ 9a Nr. 1 lit. a) für einen Teil des Lohns der Besteuerung zu entgehen, liegt darin ein **Gestaltungsmissbrauch** gem. § 42 AO.[5]

Zur **Bemessungsgrundlage** für die Pauschalierung gehört der gesamte Arbeitslohn aus der Aushilfsbeschäftigung.[6] Wird die pauschale LSt auf den ArbN überwälzt, mindert dies gem. §§ 40a Abs. 5 iVm. 40 Abs. 3 seit dem 1.4.1999 die Bemessungsgrundlage nicht mehr (§ 40 Rn. 30). Vom ArbG zu entrichtende SozVers.beiträge sind dem Arbeitslohn hinzuzurechnen.[7] Dasselbe gilt für den **Ersatz v. WK.**[8] Da als Arbeitslohn aber nur stpfl. Einnahmen zu verstehen sind, gehören steuerbefreite Einnahmen nicht zur Bemessungsgrundlage,[9] auch dann nicht, wenn das G den Ersatz v. WK steuerbefreit.[10] Die gesetzliche Wertung, bestimmte Einnahmen aus der Besteuerung auszublenden, kann nicht deshalb rückgängig gemacht werden, weil weitere Einnahmen durch eine pauschale Steuer abgegolten werden. Auslagenersatz (§ 19 Rn. 60) gehört nicht zum Arbeitslohn. Für die **Abs. 2 und 2a** ist das **Arbeitsentgelt** iSd. § 14 SGB IV Bemessungsgrundlage. Diese Vorschrift ist durch die Arbeitsentgeltverordnung (ArEV) konkretisiert. Zum Arbeitsentgelt zählen insbes. nicht lohnsteuerfreie (§ 1 ArEV) und nach § 40 Abs. 2 pauschal versteuerte Einnahmen (§ 2 Abs. 1 Nr. 2 ArEV). 3

II. Verhältnis zu anderen Vorschriften. Neben § 40a können auch § 40 Abs. 1 Nr. 1 und Abs. 2 anwendbar sein. Gem. § 40 Abs. 2 S. 3 HS 2 sind die Fahrtkostenzuschüsse nach § 40 Abs. 2 S. 2 nicht auf die Grenzen (Rn. 19) des § 40a anzurechnen. Da nach § 40 Abs. 2 S. 2 pauschal versteuerte Einnahmen gem. § 2 Abs. 1 Nr. 2 ArEV nicht dem Arbeitsentgelt iSd. § 14 SGB IV zuzurechnen sind, wirken sich Fahrtkostenzuschüsse auch nicht auf die für § 40a Abs. 2 maßgeblichen Einnahmegrenzen der §§ 8 Abs. 1 Nr. 1, 8a SGB IV aus. Die Pauschalierungen sind daher nebeneinander anwendbar, durch die übrigen Pauschalierungen des § 40 können aber die Grenzen des § 40a nicht unterlaufen werden.[11] Werden die Grenzen nachträglich überschritten, kann der ArbG nach § 40 Abs. 1 Nr. 2 pauschalieren.[12] Die Pauschalierung für Zukunftssicherungsleistungen nach § 40b ist auch bei Teilzeit- und Aushilfskräften möglich.[13] Auch innerhalb der Pauschalierungsmöglichkeiten des § 40a steht dem ArbG ein Wahlrecht zu.[14] Zu den Rechten des ArbN s. § 40 Rn. 10. 4

III. Kirchensteuer und Solidaritätszuschlag. Die Pauschalsteuer umfasst in den Fällen des Abs. 1, 2a und 3 nur die LSt. KiSt und SolZ werden zusätzlich erhoben (vgl. § 40 Rn. 4a). Zu KiSt und SolZ im Fall des Abs. 2 vgl. Rn. 15. 4a

B. Pauschalierungsfälle im Einzelnen (Abs. 1–3, 6)

I. Pauschalierung bei kurzfristiger Beschäftigung (Abs. 1). Bei kurzfristig beschäftigten ArbN kann der Arbeitslohn mit 25 % pauschal besteuert werden. Eine **kurzfristige Beschäftigung** liegt gem. Abs. 1 S. 2 dann vor, wenn der ArbG den ArbN im Kj. nur **gelegentlich** und **nicht regelmäßig wiederkehrend** (zB jeweils an Wochenenden) beschäftigt. Maßgeblich soll sein, dass keine feste Wiederholungsabsicht vorliegt.[15] Eine erneute Tätigkeit ist nur schädlich, wenn sie bereits v. vornherein vereinbart wurde.[16] Wie oft 5

---

1 BFH v. 4.8.1994 – VI R 94/93, BStBl. II 1994, 944 = FR 1995, 105.
2 *Blümich*, § 40a Rn. 9.
3 BFH v. 27.7.1990 – VI R 20/89, BStBl. II 1990, 931 = FR 1990, 683.
4 *Blümich*, § 40a Rn. 9; *v. Bornhaupt*, BB 1992, 1835.
5 BFH v. 20.12.1991 – VI R 32/89, BStBl. II 1992, 695 = FR 1992, 629; H 40a.2 LStH.
6 R 40a.1 Abs. 4 S. 1 LStR.
7 FG Hess. v. 20.7.1993 – 4 K 1921/92, EFG 1994, 394; *Blümich*, § 40a Rn. 18; *H/H/R*, § 40a Rn. 22; **aA** FG Hbg. v. 16.6.1981 – I 105/79, EFG 1982, 100; *Schmidt*[37], § 40a Rn. 5.
8 *K/S/M*, § 40a Rn. B 3; zum Begriff § 19 Rn. 59.
9 R 40a.1 Abs. 4 S. 2 LStR.
10 *H/H/R*, § 40a Rn. 22; **aA** *Schmidt*[37], § 40a Rn. 3; *Blümich*, § 40a Rn. 27.
11 *K/S/M*, § 40a Rn. A 5.
12 *B/B*, § 40a Rn. 35.
13 BFH v. 8.12.1989 – VI R 165/86, BStBl. II 1990, 398 = FR 1990, 285.
14 *Blümich*, § 40a Rn. 15.
15 R 40a.1 Abs. 2 S. 1 LStR.
16 R 40a.1 Abs. 2 S. 2 und 3 LStR.

der ArbN tatsächlich im Laufe des Jahres tätig wird, ist unerheblich.[1] Diese Abkehr v. objektiv überprüfbaren Merkmalen ist bedenklich. Gem. Abs. 1 S. 2 ist eine **Beschäftigungsdauer** v. mehr als 18 zusammenhängenden Arbeitstagen schädlich. Übliche arbeitsfreie Tage unterbrechen den Zeitraum ebenso wenig[2] wie bezahlte Krankheits- oder Urlaubstage.[3] Der Begriff „Arbeitstag" ist dabei nicht als Kalendertag zu verstehen, sondern umfasst auch eine sich auf zwei Kalendertage erstreckende Nachtschicht.[4]

6 Alternativ setzt die Pauschalierung zudem eine **Begrenzung des durchschnittlichen Tageslohns** auf 72 Euro[5] bezogen auf die jeweilige Beschäftigungsphase oder eine **sofortige Erforderlichkeit zu einem unvorhersehbaren Zeitpunkt** voraus. Unvorhersehbar muss der Arbeitskräftebedarf hinsichtlich des konkreten Zeitpunkts sein, etwa bei krankheitsbedingten Ausfällen v. Personal,[6] bei Mehrbedarf durch Betriebsunfälle oder bei ungewöhnlichen Witterungseinflüssen. Daran fehlt es bei vorhersehbaren Ereignissen, wie Schlussverkäufen oder Messen[7] oder wenn der ArbG regelmäßig mit rufbereiten ArbN arbeitet.[8] Ein Einsatz, zB durch einen zusätzlichen Auftrag, erst in drei Tagen ist nicht „sofort" erforderlich.[9]

7 Daneben ist auch die allg. Stundenlohngrenze nach Abs. 4 Nr. 1 zu beachten (Rn. 18).

8 **II. Pauschalierung bei geringfügiger Beschäftigung mit Rentenversicherungsbeitrag des Arbeitgebers (Abs. 2, 6).** Durch das 2. G für moderne Dienstleistungen am Arbeitsmarkt[10] wurde in § 40a Abs. 2 eine einheitliche Pauschsteuer v. 2 % für geringfügig Beschäftigte iSd. §§ 8 Abs. 1 Nr. 1, 8a SGB IV eingeführt. Die Beschäftigung kann anders als in Abs. 1 auch eine lfd. und wiederkehrende Tätigkeit sein. Die Regelung löst die frühere St-Befreiung nach § 3 Nr. 39 ab. Die einheitliche Pauschsteuer gilt gleichzeitig LSt, KiSt und SolZ ab. Sie wird begleitet durch die Einführung einer Steuerermäßigung nach § 35a (§ 35a Rn. 1) bei Aufwendungen für haushaltsnahe Beschäftigungsverhältnisse.

9 Eine **geringfügige Beschäftigung iSv. § 8 Abs. 1 Nr. 1 SGB IV** liegt vor, wenn das Arbeitsentgelt für die Beschäftigung regelmäßig 450 Euro im Monat nicht übersteigt. Für Löhne in der sog. „Gleitzone" bis 850 Euro monatlich gibt es nur sozialgesetzliche, keine stl. Besonderheiten.[11] Nach § 8 Abs. 2 SGB IV sind mehrere geringfügige Beschäftigungen nach § 8 Abs. 1 Nr. 1 (geringfügig entlohnte Beschäftigungen) zusammenzurechnen. Bei der Zusammenrechnung v. geringfügigen Beschäftigungen nach § 8 Abs. 1 Nr. 1 und nicht geringfügigen (sozialversicherungspflichtigen Haupt-)Beschäftigungen bleibt hingegen die erste geringfügig entlohnte Beschäftigung unbeachtlich. Es ist unschädlich, wenn der Monatslohn v. 450 Euro ausnahmsweise überschritten wird (vgl. „regelmäßig"). Arbeitszeitkonten-Modelle sind nun auch bei geringfügiger Beschäftigung möglich.[12] Eine **geringfügige Beschäftigung in Privathaushalten iSv. § 8a SGB IV** liegt vor, wenn diese durch einen privaten Haushalt begründet ist und die Tätigkeit sonst gewöhnlich durch Mitglieder des privaten Haushalts erledigt wird. Da Abs. 4 nicht mehr auf Abs. 2 verweist, ist in beiden Fällen kein durchschnittlicher Maximalstundenlohn zu beachten. Der Beschäftigte kann für eine andere Beschäftigung auch ArbN desselben ArbG sein. Für geringfügige Beschäftigungen nach § 8 Abs. 1 Nr. 2 (kurzfristige Beschäftigungen) gilt die Pauschalierung nicht.

10 Die Pauschalierungsmöglichkeit besteht für „**Arbeitsentgelt**" (Rn. 3). Gemeint ist Arbeitsentgelt iSd. § 14 SGB IV (nicht Arbeitslohn nach § 19). Zum Arbeitsentgelt zählt nicht die einheitliche Pauschsteuer. Schuldner der Pauschsteuer ist nach § 40 Abs. 3 S. 2 der ArbG. Die Pauschsteuer wird daher nicht durch Abzug vom Lohn einbehalten.

11 Die Pauschalierung nach Abs. 2 setzt voraus, dass für das Arbeitsentgelt **Beiträge nach § 168 Abs. 1 Nr. 1b oder 1c** SGB VI (geringfügig versicherungspflichtig Beschäftigte), **§ 172 Abs. 3 oder 3a SGB VI** (versicherungsfrei oder von der Versicherungspflicht befreite geringfügig Beschäftigte) oder nach **§ 276a Abs. 1 SGB VI** (nach der Übergangsregelung des § 230 Abs. 8 SGB VI versicherungsfrei geringfügig Beschäftigte, die bereits nach der bis einschl. 2012 geltenden Rechtslage versicherungsfrei waren) zu entrichten sein müssen, sonst ist nur eine Pauschalierung nach Abs. 2a möglich.

1 R 40a.1 Abs. 2 S. 4 LStR.
2 BFH v. 28.1.1994 – VI R 51/93, BStBl. II 1994, 421.
3 R 40a.1 Abs. 5 S. 3 LStR.
4 BFH v. 28.1.1994 – VI R 51/93, BStBl. II 1994, 421; H 40a.1 „Arbeitstag" LStH.
5 Anhebung der bisherigen Grenze iHv. 68 Euro auf 72 Euro mWv. 1.1.2017 durch das Zweite Bürokratieentlastungsgesetz v. 30.6.2017, BGBl. I 2017, 2143, zur Anpassung an die Höhe des Mindestlohns.
6 FG Hbg. v. 5.4.1991 – I 22/87, EFG 1991, 755.
7 R 40a.1 Abs. 3 LStR.
8 FG Nds. v. 25.8.1992 – XI 366/91, EFG 1993, 344.
9 FG BaWü. v. 25.1.1991 – 9 K 109/89, EFG 1991, 628.
10 BGBl. I 2002, 4621.
11 Dazu *Niermann/Plenker*, DB 2003, 304.
12 *Niermann*, DB 2001, 2418.

Seit 1.1.2013 sind geringfügige Beschäftigungsverhältnisse grds. rentenversicherungspflichtig, damit mehr „Minijobber" besser für die Rentenzeit vorsorgen.[1] Der ArbG hat nach § 168 Abs. 1 Nr. 1b SGB VI seinen Beitragsanteil zu zahlen und der ArbN die Differenz zum jeweils geltenden Beitragssatz (seit 1.1.2018: 18,6 %). Nach § 6 Abs. 1b SGB VI kann jedoch auch Rentenversicherungsfreiheit beantragt werden. Die möglichen Alternativen für die Anwendung der Pauschalierung nach Abs. 2 wurden mit Wirkung ab dem 1.1.2013 entspr. den ab diesem Zeitpunkt geltenden sozialrechtl. Normen erweitert.[2]

Die Beitragspflicht für den ArbG besteht nach §§ 172 Abs. 3 und 3a SGB VI auch für versicherungsfreie Beschäftigungsverhältnisse mit Ausnahme v. Studierenden, die nach § 5 Abs. 3 SGB VI versicherungsfrei sind. Die Beiträge an die Rentenversicherung betragen bei geringfügig entlohnten Beschäftigten grds. 15 % des Arbeitsentgelts (§ 168 Abs. 1 Nr. 1b, § 172 Abs. 3 SGB IV), bei geringfügig Beschäftigten in Privathaushalten sogar nur 5 % (§ 168 Abs. 1 Nr. 1c, § 172 Abs. 3a SGB IV).

Zusätzlich ist für in der gesetzlichen KV Versicherte – nicht Beamte oder privat versicherte Selbständige – 12 nach § 249b SGB V ein Pauschalbeitrag v. 13 % des Arbeitsentgelts, bei geringfügig Beschäftigten in Privathaushalten v. 5 % des Arbeitsentgelts an die Krankenversicherung zu entrichten. Für den ArbG ergibt sich somit eine **Gesamtbelastung** v. 30 % bei geringfügig entlohnten Beschäftigten und v. 12 % bei geringfügig Beschäftigten in Privathaushalten.

Einstweilen frei. 13

Für die **Erhebung und Vollstreckung** ist nicht das Betriebsstätten-FA, sondern gem. Abs. 6 S. 1 die Deut- 14 sche Rentenversicherung Knappschaft-Bahn-See zuständig. Weder gilt für die Anmeldung und Abführung § 41a, noch für die Vollstreckung und das Mahnwesen die AO, vielmehr sind hierfür die sozialrechtlichen Regelungen des SGB heranzuziehen. Die einheitliche Pauschsteuer für geringfügig Beschäftigte in privaten Haushalten kann gem. § 28a Abs. 7 SGB IV durch Haushaltsscheck gemeldet werden. Gem. § 28p Abs. 10 SGB IV werden ArbG wegen der Beschäftigten in privaten Haushalten nicht geprüft.

Die einheitliche Pauschsteuer gilt neben der LSt und dem **SolZ** auch die **KiSt** ab. Anders als die für § 40, 15 § 40a Abs. 1, 2a u. 3 sowie § 40b geltende Vw-Regelung (§ 40 Rn. 4a) kann der ArbG keinen Nachweis führen, dass der Beschäftigte keiner erhebungsberechtigten Kirche angehört. Aus dem Wortlaut ergibt sich zwar nicht unmittelbar, dass auch in jedem Fall KiSt erhoben wird. Lediglich in Abs. 6 S. 4 wird das Gesamtaufkommen zu 5 % als Anteil der KiSt bestimmt. Da sich aber die einheitliche Pauschsteuer nicht vermindert, wenn keine KiSt-Pflicht besteht, belastet die einheitliche Pauschsteuer auch Pers. mit KiSt, die keiner steuerberechtigten Kirche angehören.[3] Für eine solche Regelung sprechen deren pragmatische Handhabbarkeit und das Recht des Gesetzgebers pauschalierende Tatbestände zu schaffen.[4]

III. Pauschalierung bei geringfügiger Beschäftigung ohne Rentenversicherungsbeitrag des Arbeit- 16 gebers (Abs. 2a). Ist der ArbG nicht verpflichtet („hat zu entrichten"), für nach §§ 8 Abs. 1 Nr. 1, 8a SGB IV geringfügig Beschäftigten Rentenversicherungsbeiträge zu leisten, kann er gem. Abs. 2a eine Pauschalbesteuerung v. 20 % wählen. IÜ gelten dieselben Tatbestandsvoraussetzungen wie bei Abs. 2. Die Beschränkungen des Abs. 4 (Höchststundenlohn, kein anderes Arbverh.) gelten nicht.

IV. Aushilfskräfte in der Land- und Forstwirtschaft (Abs. 3). Einen Pauschsteuersatz v. nur 5 %[5] sieht 17 Abs. 3 für die Pauschalierung des Arbeitslohns v. Aushilfskräften in der LuF vor. Dadurch sollen die besonderen Verhältnisse in der LuF berücksichtigt werden, die in einem saisonal erhöhten Personalbedarf[6] und der Tatsache liegen, dass überwiegend ansonsten einkommenslose Pers. beschäftigt werden.[7] Begünstigt werden nur Arbeitslöhne v. **Aushilfskräften**. Diese dürfen gem. S. 2 nur luf. Arbeiten verrichten, v. denen mindestens 75 % „typische" luf. Tätigkeiten sein müssen, die nur saisonal anfallen. Arbeiten fallen nicht ganzjährig an, wenn sie wegen der Abhängigkeit vom Lebensrhythmus der produzierten Pflanzen oder Tiere einen erkennbaren Abschluss in sich tragen. Die Unschädlichkeitsgrenze v. 25 % in S. 2 bezieht sich nur auf ganzjährig anfallende luf. Arbeiten.[8] **Typische luf. Tätigkeiten** sind solche, die üblicherweise

1 G zu Änderungen im Bereich der geringfügigen Beschäftigung v. 5.12.2012, BGBl. I 2012, 2474.
2 G v. 25.7.2014, BGBl. I 2014, 1266; vgl. § 52 Abs. 38. S. auch BR-Drucks. 184/14, 68 f.
3 Keinen Verstoß gegen die Religionsfreiheit bei einer nur mittelbaren Belastung durch KiSt (KiStPflicht für jur. Pers.) sieht die Europäische Kommission für Menschenrechte (EK MR DR 85-A, 29 (43) „Kustannas oy vapaa ajattelija AB ua. gg Finnland" und das Schweizerische Bundesgericht (BGer v. 13.6.2000, EuGRZ 2001, 128 [131] mwN). Nach BVerfG v. 14.12.1965 – 1 BvL 31, 32/62, BVerfGE 19, 226 = BStBl. I 1966, 219 darf keine nat. Pers. zu finanziellen Leistungen an eine steuerberechtigte Religionsgemeinschaft verpflichtet werden, der sie nicht angehört.
4 Der KiSt-Anteil beträgt pro Monat und Beschäftigten höchstens 0,45 Euro.
5 Bis 1996 sogar nur 3 %.
6 BFH v. 17.2.1995 – VI R 51/94, BStBl. II 1995, 392.
7 *Schmidt*[37], § 40a Rn. 11.
8 BFH v. 25.10.2005 – VI R 60/03, BStBl. II 2006, 206 = FR 2006, 480.

in einem Betrieb iSv. § 13 Abs. 1 Nr. 1–4 anfallen. Dazu kann auch der Wegebau gehören,[1] nicht aber etwa Blumenbinden, das Schälen v. Spargel,[2] Verkaufstätigkeiten[3] oder Reinigungsarbeiten, die ihrer Art nach während des ganzen Jahres anfallen.[4] Der ArbN darf gem. S. 3 keine luf. Fachkraft sein oder länger als 180 Tage im Kj. beim ArbG beschäftigt werden. **Fachkraft** ist, wer die Fertigkeiten für eine luf. Tätigkeit im Rahmen einer Berufsausbildung erlernt hat oder anstelle einer Fachkraft eingesetzt ist.[5] Letzteres ist dann der Fall, wenn mehr als 25 % der zu beurteilenden Tätigkeit Fachkraft-Kenntnisse erfordern. Traktorführer sind jedenfalls dann Fachkräfte, wenn sie den Traktor als Zugfahrzeug mit landwirtschaftlichen Maschinen führen.[6] Die Tätigkeit muss in einem luf. Betrieb erbracht werden. Der Begriff ist tätigkeitsbezogen auszulegen. Ist der Betrieb nur kraft Rechtsform gewerblich, schadet dies nicht.[7]

C. Gemeinsame Regeln (Abs. 4 und 5)

18 **I. Stundenlohngrenze und Regelarbeitsverhältnis bei demselben Arbeitgeber.** Für die Pauschalierungen nach Abs. 1 und Abs. 3 gilt gem. Abs. 4 Nr. 1 eine generelle Stundenlohngrenze v. zwölf Euro. Diese berechnet sich **durchschnittlich bezogen auf die Beschäftigungsperiode**.[8] Der Begriff „Arbeitsstunde" ist als Zeitstunde zu verstehen.[9] Vorbereitungszeiten sind nur zu berücksichtigen, wenn sie im Dienstvertrag entlohnt werden.[10] In Hinblick auf das mögliche Überschreiten der durchschnittlichen Grenze entsteht die pauschale LSt zunächst auflösend bedingt. Nach Abs. 4 Nr. 2 darf beim selben ArbG nicht gleichzeitig ein der Regelbesteuerung unterworfenes Arbverh. bestehen. Beide Beschränkungen gelten nicht für geringfügig Beschäftigte nach Abs. 2 und 2a.

19 **II. Sonstige Bezüge und Pauschalierungsgrenzen.** Für die Berechnung der Pauschalierungsgrenzen sind sonstige Bezüge gleichmäßig auf die Lohnzahlungszeiträume zu verteilen. Wird der sonstige Bezug erst nach Ablauf des Kj. gezahlt, in dem die entlohnte Leistung erbracht wurde, ist eine Verteilung nicht vorzunehmen.[11]

20 **III. Aufzeichnungspflichten.** Die Aufzeichnungspflichten ergeben sich aus § 4 Abs. 2 Nr. 8 LStDV. Sie dienen nur dem Nachweis,[12] müssen dafür aber die Zahl der tatsächlich geleisteten Stunden je Lohnzahlungszeitraum enthalten.[13] Pauschale Angaben über geleistete Arbeitsstunden reichen nicht.[14] Kann der Nachweis nicht erbracht werden, so ist die LSt gem. § 162 AO nach den allg. Grundsätzen der §§ 39b–39c zu schätzen oder auf Antrag gem. § 40 Abs. 1 Nr. 2 vorzunehmen. Nach Jahren aus dem Gedächtnis angefertigte Aufzeichnungen sind kein ausreichender Nachweis.[15]

21 **IV. Fehlerhafte Pauschalierung.** Liegen die tatbestandlichen Voraussetzungen des § 40a nicht vor, ist die Pauschalierung fehlerhaft. Da dann der ArbN Schuldner der LSt bleibt, ist der ArbG nicht Zinsschuldner iSd. § 235 Abs. 1 S. 2 und 3 AO.[16] Wird die Pauschalierung durch Überschreiten der Pauschalierungsgrenzen fehlerhaft, wirkt dies nur für den jeweiligen Tätigkeitszeitraum. Andere Zeiträume werden dadurch nicht berührt.[17]

22 **V. Aufwendungen im Zusammenhang mit pauschal versteuertem Arbeitslohn.** Nach Abs. 5 iVm. § 40 Abs. 3 S. 3 bleiben pauschal besteuerte Arbeitslöhne und die pauschale LSt bei der Veranlagung außer Ansatz. Aufwendungen, die mit den nach § 40a pauschal besteuerten Arbeitslöhnen zusammenhängen, können deshalb nicht als WK abgezogen werden.[18]

---

1 BFH v. 8.10.1985 – VIII R 284/83, BStBl. II 1986, 481 = FR 1986, 322.
2 BFH v. 8.5.2008 – VI R 76/04, BStBl. II 2009, 40 = FR 2008, 1178.
3 R 40a.1 Abs. 6 S. 3 LStR.
4 BFH v. 25.10.2005 – VI R 59/03, BStBl. II 2006, 204 = FR 2006, 480: nicht aber das Ausmisten in Zusammenhang mit dem einmal jährlich erfolgenden Vieh-Austrieb (BFH v. 25.10.2005 – VI R 60/03, BStBl. II 2006, 206 = FR 2006, 480).
5 Ob die durchgeführten Arbeiten den Einsatz einer Fachkraft erfordern, ist dann nicht maßgeblich (BFH v. 25.10.2005 – VI R 77/02, BStBl. II 2006, 208 = FR 2006, 291).
6 BFH v. 25.10.2005 – VI R 59/03, BStBl. II 2006, 204 = FR 2006, 480.
7 BFH v. 14.9.2005 – VI R 89/98, BStBl. II 2006, 92 = FR 2006, 147; *K/S/M*, § 40a Rn. D 2.
8 *K/S/M*, § 40a E 1; *Schmidt*[37], § 40a Rn. 6; *H/H/R*, § 40a Rn. 55; *Blümich*, § 40a Rn. 76.
9 BFH v. 10.8.1990 – VI R 89/88, BStBl. II 1990, 1092 = FR 1991, 25.
10 BFH v. 29.3.1985 – VI R 23/80, BFH/NV 1986, 492; **aA** *K/S/M*, § 40a Rn. E 1.
11 BFH v. 21.7.1989 – VI R 157/87, BStBl. II 1989, 1032 = FR 1989, 725.
12 BFH v. 12.6.1986 – VI R 167/83, BStBl. II 1986, 681 = FR 1986, 493.
13 Einschränkend FG RhPf. v. 16.2.1987 – 5 K 264/86, EFG 1987, 377 (nicht für jede Woche gesondert).
14 FG BaWü. v. 11.4.1983 – VII 411/81, EFG 1984, 86.
15 FG Hess. v. 23.7.1992 – 4 K 2470/91, EFG 1993, 610.
16 BFH v. 5.11.1993 – VI R 16/93, BStBl. II 1994, 557.
17 *Blümich*, § 40a Rn. 81.
18 R 40a.1 Abs. 1 S. 5 LStR.

§ 40b Pauschalierung der Lohnsteuer bei bestimmten Zukunftssicherungsleistungen

(1) Der Arbeitgeber kann die Lohnsteuer von den Zuwendungen zum Aufbau einer nicht kapitalgedeckten betrieblichen Altersversorgung an eine Pensionskasse mit einem Pauschsteuersatz von 20 Prozent der Zuwendungen erheben.

(2) [1]Absatz 1 gilt nicht, soweit die zu besteuernden Zuwendungen des Arbeitgebers für den Arbeitnehmer 1 752 Euro im Kalenderjahr übersteigen oder nicht aus seinem ersten Dienstverhältnis bezogen werden. [2]Sind mehrere Arbeitnehmer gemeinsam in der Pensionskasse versichert, so gilt als Zuwendung für den einzelnen Arbeitnehmer der Teilbetrag, der sich bei einer Aufteilung der gesamten Zuwendungen durch die Zahl der begünstigten Arbeitnehmer ergibt, wenn dieser Teilbetrag 1 752 Euro nicht übersteigt; hierbei sind Arbeitnehmer, für die Zuwendungen von mehr als 2 148 Euro im Kalenderjahr geleistet werden, nicht einzubeziehen. [3]Für Zuwendungen, die der Arbeitgeber für den Arbeitnehmer aus Anlass der Beendigung des Dienstverhältnisses erbracht hat, vervielfältigt sich der Betrag von 1 752 Euro mit der Anzahl der Kalenderjahre, in denen das Dienstverhältnis des Arbeitnehmers zu dem Arbeitgeber bestanden hat; in diesem Fall ist Satz 2 nicht anzuwenden. [4]Der vervielfältigte Betrag vermindert sich um die nach Absatz 1 pauschal besteuerten Zuwendungen, die der Arbeitgeber in dem Kalenderjahr, in dem das Dienstverhältnis beendet wird, und in den sechs vorangegangenen Kalenderjahren erbracht hat.

(3) Von den Beiträgen für eine Unfallversicherung des Arbeitnehmers kann der Arbeitgeber die Lohnsteuer mit einem Pauschsteuersatz von 20 Prozent der Beiträge erheben, wenn mehrere Arbeitnehmer gemeinsam in einem Unfallversicherungsvertrag versichert sind und der Teilbetrag, der sich bei einer Aufteilung der gesamten Beiträge nach Abzug der Versicherungsteuer durch die Zahl der begünstigten Arbeitnehmer ergibt, 62 Euro im Kalenderjahr nicht übersteigt.

(4) In den Fällen des § 19 Absatz 1 Satz 1 Nummer 3 Satz 2 hat der Arbeitgeber die Lohnsteuer mit einem Pauschsteuersatz in Höhe von 15 Prozent der Sonderzahlungen zu erheben.

(5) [1]§ 40 Absatz 3 ist anzuwenden. [2]Die Anwendung des § 40 Absatz 1 Satz 1 Nummer 1 auf Bezüge im Sinne des Absatzes 1, des Absatzes 3 und des Absatzes 4 ist ausgeschlossen.

A. Grundaussagen der Vorschrift

I. Regelungsgegenstand. Die Pauschalierung v. Arbeitslohn, in Form v. **Zuwendungen an eine Pensionskasse**, steht iZ mit der Förderung der betrieblichen Altersversorgung durch die §§ 4b bis 4d. Die Norm dient der Förderung der betrieblichen Altersversorgung und wg. der vorgesehenen festen Steuersätze auch der Vereinfachung.[1] Beide Zwecke gewährleisten die Pauschsteuersätze v. nur 15 % (Abs. 4) bzw. 20 % (Abs. 1 und 3). Durch das AltEinkG[2] wurde die Möglichkeit der Pauschalbesteuerung für neue[3] Direkt-Vers. gestrichen, weil diese Unterart der vorgelagerten Besteuerung nicht mehr in ein System der nachgelagerten Besteuerung v. Versorgungsleistungen passt.[4] Gleichzeitig wurde § 3 Nr. 63 entspr. erweitert (§ 3 Rn. 164). Für die umlagefinanzierte betriebliche Altersversorgung wurde das bisherige System beibehalten und in Abs. 2 S. 5[5] sogar erweitert. 1

1 *H/H/R*, § 40b Rn. 3.
2 BGBl. I 2004, 1427.
3 Zur Fortgeltung der bisherigen Rechtslage für Verträge aufgrund einer Versorgungszusage vor dem 1.1.2005 vgl. Rn. 6a.
4 BT-Drucks. 2/04, 75.
5 MWv. 19.12.2006 wieder aufgehoben, JStG 2007 v. 13.12.2006, BGBl. I 2006, 2878.

2 **Abs. 1** erlaubt die Pauschalierung für bestimmte Zukunftssicherungsleistungen. **Abs. 2** schränkt die Pauschalierungsmöglichkeit betragsmäßig ein. **Abs. 3** gewährt eine Pauschalierung für Beiträge zu einer Unfallversicherung für mehrere ArbN. **Abs. 4** enthält eine Pauschalierungspflicht für Sonderzahlungen nach § 19 Abs. 1 Nr. 3. **Abs. 5** verweist auf § 40 Abs. 3 und enthält eine Konkurrenzklausel zur Pauschalierung nach § 40 Abs. 1 Nr. 1.

3 **II. Verhältnis zu anderen Vorschriften.** Nach Abs. 5 S. 2 ist auf begünstigte Zukunftssicherungsleistungen eine Pauschalierung nach § 40 Abs. 1 Nr. 1 ausgeschlossen. Dies gilt auch für die die Höchstbeträge (Rn. 9f.) übersteigenden Leistungen,[1] nicht aber, wenn die Voraussetzungen des § 40b nicht vorliegen.[2] Die übrigen Pauschalierungsfälle können alternativ vorliegen.

4 § 40 Abs. 3 ist nach § 40b Abs. 5 S. 1 entspr. anzuwenden. Insoweit kann hinsichtlich der allg. Folgen auf die Ausführungen zu § 40 (§ 40 Rn. 26ff.) verwiesen werden. Daraus folgt, dass auch bei dieser Pauschalierung der ArbG Steuerschuldner wird und die Leistungen bei der Veranlagung insgesamt außer Betracht bleiben, also auch soweit sie dem Grunde nach SA nach § 10 Abs. 1 Nr. 2 wären.[3] Die Vereinfachungsregel des § 8 Abs. 2 S. 11 ist nicht auf Zukunftssicherungsleistungen anzuwenden.[4]

4a **III. Kirchensteuer und Solidaritätszuschlag.** KiSt u. SolZ (vgl. § 40 Rn. 4a) werden zusätzlich zur Pauschsteuer erhoben.

B. Begünstigte Leistungen (Abs. 1)

5 **I. Zuwendungen als Arbeitslohn.** Mit einem Steuersatz v. 20 % können Beiträge des ArbG an DirektVers. (gilt nur noch für Altfälle, vgl. Rn. 6a; sa. § 4b Rn. 3,) oder Zuwendungen an Pensionskassen zum Aufbau einer nicht kapitalgedeckten betrieblichen Altersversorgung (§ 4c Rn. 2) pauschaliert besteuert werden. Diese Leistungen sind **Arbeitslohn** des ArbN.[5] Denn sie sind so zu behandeln, als ob sie der ArbN geleistet und der ArbG einen entspr. höheren Barlohn gezahlt habe.[6] Unschädlich für die Pauschalierung ist es deshalb, wenn der ArbN im Rahmen einer **Barlohnumwandlung** auf einen ihm zustehenden höheren Bruttolohn zugunsten einer Zukunftssicherungsleistung verzichtet hat.[7] Die in R 129 Abs. 5 LStR 2001 eingefügte Beschränkung auf Herabsetzungen des künftigen Arbeitslohns wurde wieder zurückgenommen.[8] Der Beitrag muss aber direkt vom ArbG an den Versicherer erbracht werden. Eine Barauszahlung, die der ArbN zur Altersversorgung verwendet, kann nicht pauschaliert werden.[9] Eigene Beiträge der ArbN aus versteuertem Arbeitslohn können auch dann nicht pauschaliert werden, wenn der ArbG zur Zahlung verpflichtet ist.[10] Kein Arbeitslohn ist der Prämienvorteil aus einer Gruppenversicherung.[11] Auch Zahlungen des ArbG an Unterstützungskassen sind kein Arbeitslohn, da der ArbN dadurch keinen Rechtsanspruch auf Leistungen erwirbt (§ 4c Rn. 2). Kein Arbeitslohn liegt vor, wenn ein Dienstverhältnis nach stl. Gesichtspunkten nicht anerkannt wird (§ 4b Rn. 5).

6 Wird der Beitrag (anteilig) aus iRd. Versicherung entstandenen Gewinnanteilen erbracht[12] oder verliert ein ArbN sein Bezugsrecht ersatzlos (zB durch Ausscheiden aus dem Dienstverhältnis)[13], ist strittig, ob Lohnrückzahlungen vorliegen. Dieser Rückzahlungsbetrag soll als **negative Einkünfte** die als Bemessungsgrundlage der für die Pauschalierung maßgeblichen anfallenden Beitragsleistungen des ArbG des „Rückzahlungs"-Kj. mindern.[14] Ein Übersteigen der negativen Einkünfte über die Summe der Beiträge und Zuwendungen im Rückzahlungsjahr bleibt seit 2008 unberücksichtigt.[15] Gegen die Behandlung als Lohnrückzahlung sind im Schrifttum gewichtige Arg. vorgetragen worden,[16] insbes. dass diese Auffas-

1 *H/H/R*, § 40b Rn. 6.
2 *Blümich*, § 40b Rn. 4.
3 *H/H/R*, § 40b Rn. 9; **aA** *K/S/M*, § 40b Rn. A 4.
4 BFH v. 26.11.2002 – VI R 68/01, BStBl. II 2003, 492 = FR 2003, 620; dazu Anm. *MIT*, DStR 2003, 732.
5 Zur Frage, ob es sich dabei um Barlohn oder einen geldwerten Vorteil handelt *Pust*, HFR 2003, 577.
6 BMF v. 9.2.1993, BStBl. I 1993, 248 unter Tz. 1.
7 BMF v. 19.12.2000, BStBl. I 2001, 343; BFH v. 29.4.1991 – VI R 61/88, BStBl. II 1991, 647 = FR 1991, 501; *K/S/M*, § 40b Rn. B 8; R 40b.1 Abs. 5 LStR.
8 BMF v. 3.5.2001, BStBl. I 2001, 342.
9 *Schmidt*[37], § 40b Rn. 5.
10 BFH v. 12.4.2007 – VI R 55/05, BStBl. II 2007, 619 = FR 2007, 973 m. Anm. Bergkemper.
11 BMF v. 15.3.1996, DB 1996, 655.
12 So noch die frühere Verwaltungsauffassung, R 40b.1 Abs. 12 LStR 2008.
13 Auch nach aktueller Verwaltungsauffassung, R 40b.1 Abs. 13 LStR.
14 R 40b.1 Abs. 14 S. 1 LStR; *Blümich*, § 40b Rn. 29.
15 R 40b.1 Abs. 14 S. 3 LStR; anders noch R 129 Abs. 15 S. 2 und 4 LStR 2006 (LSt-Erstattungsanspr. iHv. 20 % des übersteigenden Betrags).
16 *K/S/M*, § 40b Rn. B 13; *Schmidt*[37], § 40b Rn. 6; *H/H/R*, § 40b Rn. 22.

sung die Annahme enthalte, dass die Gewinnanteile bereits dem ArbN zugestanden hätten. Auch die Rspr. sieht nun in der Gewinnausschüttung einer Pensionskasse an den ArbG keine Lohnrückzahlung, da beim ArbN mangels Anspruch kein Abfluss stattfindet und die Gewinnausschüttung keinen „actus contrarius" zur Beitragszahlung darstellt.[1] Die Verwaltung folgt inzwischen dieser Ansicht im Hinblick auf Gewinnanteile, nicht jedoch beim Verlust von Bezugsrechten.[2] Für die bisherige Auffassung der Verwaltung spricht aber, dass dadurch das Versicherungsverhältnis auf der Ebene des ArbG als Versicherungsnehmer insgesamt und in sich konsequent abgewickelt werden kann. Entspr. kann der ArbN selbst keine negativen Einnahmen geltend machen, da er nicht in das Pauschalierungsverfahren eingeschaltet war.[3] Nur soweit bisher regelversteuerte Beiträge als Lohnrückzahlung behandelt werden,[4] mindern diese Teile als negative Einnahmen den Arbeitslohn des ArbN.[5] Über die Verwaltungsregelung in R 40b. 1 Abs. 13–16 LStR hinaus ist die Festsetzung einer negativen pauschalen LSt mangels gesetzlicher Grundlage aber nicht möglich.[6] Str. ist, ob bei DirektVers. mit gespaltenem Bezugsrecht (§ 4b Rn. 9) der Prämienanteil, der als Entgelt für die Einräumung einer Gewinnbeteiligung des ArbG zu leisten ist, der LSt unterliegt.[7] Verneint man dies, könnten aus Gewinnanteilen bestrittene Rückzahlungen der Versicherung zu keiner LSt-Erstattung führen.

Laufende Zuwendungen des ArbG an eine Pensionskasse bleiben zunächst iRd. **§ 3 Nr. 56** (bis zur Höhe von 2 % der Beitragsbemessungsgrenze in der allg. Rentenversicherung) stfrei (§ 3 Rn. 159). Die den stfreien Höchstbetrag übersteigenden Zuwendungen können nach § 40b versteuert werden.

II. Anwendung von § 40b in der am 31.12.2004 geltenden Fassung. Durch das AltEinkG[8] wurde ab dem 1.1.2005 die Möglichkeit ausgeschlossen, Beiträge des ArbG zu DirektVers. und Pensionskassen zum Aufbau einer kapitalgedeckten betrieblichen Altersversorgung nach § 40b zu pauschalieren. Für Altverträge wurde jedoch eine Übergangsregelung geschaffen (vgl. § 52 Abs. 52b S. 1 idF v. 20.4.2009), die durch das BetriebsrentenstärkungsG[9] ab 1.1.2018 vereinfacht wurde. Demnach können Beiträge weiterhin nach § 40b in der am 31.12.2004 geltenden Fassung pauschaliert werden, wenn vor dem 1.1.2018 mindestens ein Beitrag des ArbG zum Aufbau einer kapitalgedeckten betrieblichen Altersversorgung an eine Pensionskasse oder DirektVers. rechtmäßig nach § 40b aF pauschal besteuert wurde, weil die entspr. Beiträge aufgrund einer Versorgungszusage geleistet wurden, die vor dem 1.1.2005 erteilt wurde. Das Vorliegen der Voraussetzungen ist personenbezogen zu prüfen. Unbeachtlich sind dabei zwischenzeitliche Vertragsänderungen, Neuabschlüsse oder ArbG-Wechsel.[10] 6a

Ab 1.1.2019[11] ist eine Pauschalierung von Beiträgen zu DirektVers. nach § 40b aF nicht mehr davon abhängig, dass der ArbN auf die Anwendung der Steuerbefreiung des § 3 Nr. 63 verzichtet.[12]

III. Sonstige Pauschalierungsvoraussetzungen. 1. Notwendige Versicherungsvereinbarung. Für DirektVers. enthielt Abs. 1 S. 2 zusätzliche Einschränkungen (nicht auf den Erlebensfall vor dem 60. Lebensjahr abgeschlossen;[13] vorzeitige Kündigung durch ArbN ausgeschlossen[14]). Eine **Kapitalversicherung mit einer Laufzeit v. weniger als fünf Jahren** wird v. der FinVerw. nur anerkannt, wenn sie nicht nach dem arbeitsrechtl. Grundsatz der Gleichbehandlung abgeschlossen werden.[15] 7

2. Erstes Dienstverhältnis. Eine Pauschalierung ist gem. Abs. 2 S. 1 nur iRd. ersten Dienstverhältnisses zulässig. Diese Einschränkung trifft nur Fälle, in denen der ArbN gleichzeitig in mehreren Dienstverhält- 8

1 BFH v. 12.11.2009 – VI R 20/07, BStBl. II 2010, 845 = FR 2010, 484 m. Anm. Bergkemper; v. 10.8.2010 – VI R 1/08, FR 2011, 192 = DB 2010, 2030.
2 R 40b.1 Abs. 12 LStR wurde mit den LStR 2011 gestrichen, nicht jedoch Abs. 13; Übergangsregelung für Ausschüttungen bis 31.12.2010, BMF v. 28.9.2010, BStBl. I 2010, 760.
3 R 40b.1 Abs. 14 S. 4 LStR; *Blümich*, § 40b Rn. 29; **aA** wohl *H/H/R*, § 40b Rn. 22.
4 Zur entspr. Aufteilung R 40b.1 Abs. 15 LStR.
5 Nach R 40b.1 Abs. 15 S. 4 LStR bereits beim LSt-Abzug zu berücksichtigen; bedenklich, s. § 39a Rn. 7.
6 BFH v. 28.4.2016 – VI R 18/15, BStBl. II 2016, 898.
7 BFH v. 26.7.2005 – VI R 115/01, BFH/NV 2005, 1804 (Aufteilung im Schätzwege).
8 G v. 5.7.2004, BGBl. I 2004, 1427.
9 G v. 17.8.2017, BGBl. I 2017, 3214.
10 BMF v. 6.12.2017, BStBl. I 2018, 147 Tz. II. 14.
11 G v. 11.12.2018, BGBl. I 2018, 2338.
12 Vgl. hierzu die Änderung des § 52 Abs. 40 sowie die Aufhebung von § 52 Abs. 4 S. 12 und 13 durch das G v. 11.12.2018, BGBl. I 2018, 2338.
13 S. dazu vorformulierte Klausel in R 40b.1 Abs. 6 S. 4 LStR.
14 Nicht schädlich war bei Beendigung des Dienstverhältnisses eine Übertragung auf den ArbN (R 40b.1 Abs. 6 S. 5, 6 LStR).
15 R 40b.1 Abs. 2 S. 5, 6 LStR; **aA** FG BaWü. v. 11.12.2002 – 7 K 175/99, EFG 2003, 883; bestätigt durch BFH v. 7.9.2007 – VI R 9/03, nv.; *K/S/M*, § 40b Rn. B 7.

nissen steht, idR ArbN die nach der StKl. VI regellohnbesteuert werden.[1] Wechselt der ArbN innerhalb eines Kj. den ArbG, kann sowohl im späteren Dienstverhältnis pauschaliert werden,[2] als auch nachträglich vom früheren ArbG für Leistungen im zurückliegenden Zeitraum.[3] Bei teilzeitbeschäftigten ArbN ist vom ArbG nachzuweisen, dass es sich um das einzige Arbverh. handelt.[4]

C. Pauschalierungsgrenze (Abs. 2)

9 **I. Jährliche Höchstgrenze.** Die Pauschalierung ist auf 1 752 Euro pro Kj. und ArbN begrenzt. Der Betrag ist personenbezogen und darf vom ArbG nur einmal jährlich in Anspr. genommen werden, unabhängig davon für welche Jahre die Leistungen erbracht werden.[5] Ob für den ArbN im selben Kj. vom früheren ArbG auch schon begünstigte Leistungen erbracht wurden, ist unbeachtlich.[6]

10 **II. Durchschnittsberechnung.** Sind mehrere (mindestens zwei)[7] ArbN gemeinsam[8] versichert, können Leistungen für einzelne ArbN bis zu 2 148 Euro pauschaliert werden, wenn die durchschnittliche Förderung je ArbN den Betrag v. 1 752 Euro nicht übersteigt. Dazu ist gem. Abs. 2 S. 2 zwingend eine einheitliche Durchschnittsberechnung durchzuführen, bei der die Leistungen für alle ArbN, soweit sie nicht 2 148 Euro übersteigen, unabhängig v. der Art der Leistungen[9] einzuberechnen sind. Dadurch sollen höhere Leistungen für ältere ArbN möglich werden. Soweit für einzelne ArbN höhere Leistungen erbracht wurden, sind diese dennoch einzubeziehen, wenn der als Arbeitslohn zu qualifizierende Anteil 2 148 Euro nicht übersteigt.[10] Zur konkreten Berechnung s. R 40b.1 Abs. 9 LStR.

11 **III. Vervielfältigung bei Beendigung.** Für Leistungen, die der ArbG aus Anlass des Ausscheidens des ArbN erbringt, vervielfältigt sich die Pauschalierungsgrenze gem. Abs. 2 S. 3 um die Anzahl der Jahre, in denen das Dienstverhältnis bestanden hat. Dies gilt auch für Fälle der Barlohnumwandlung,[11] sofern zw. Beitragsleistung und Ausscheiden ein enger zeitlicher Zusammenhang besteht, idR drei Monate.[12] Angefangene Jahre zählen voll, eine Durchschnittsberechnung ist dabei nicht zulässig. Der Betrag vermindert sich gem. Abs. 2 S. 4 um die Leistungen, die in den sechs vorangegangenen Jahren pauschaliert wurden. Ein Dienstverhältnis ist auch dann beendet, wenn mit dem bisheriger ArbG ein neues Dienstverhältnis vereinbart wird,[13] sofern es sich nicht als Fortsetzung des bisherigen erweist, weil es insbes. in Bezug auf den Arbeitsbereich, die Entlohnung und die sozialen Besitzstände im Wesentlichen dem bisherigen Dienstverhältnis entspricht. Das Dienstverhältnis als G'ter-Geschäftsführer stellt rechtl. und wirtschaftlich betrachtet keine Fortsetzung des früheren Dienstverhältnisses als Angestellter dar und umgekehrt.

D. Gruppenunfallversicherung (Abs. 3)

12 Beiträge für eine Gruppenunfallversicherung (§ 19 Rn. 78 „Unfallversicherung") können gem. Abs. 3 seit 1990 pauschaliert werden, sofern der durchschnittliche Beitrag pro ArbN und Kj. 62 Euro nicht übersteigt. Bei einem höheren Beitrag einsteht kein Pauschalierungswahlrecht. Ist bei Pauschalzuweisungen ein personenbezogener Betrag nicht feststellbar, ist als tatsächlicher Betrag der Durchschnittsbetrag aus der Pauschalzuweisung anzunehmen.[14] Voraussetzung für die Pauschalierung ist, dass der ArbN den Versicherungsanspruch unmittelbar ggü. der Versicherungsgesellschaft geltend machen kann.[15] Bei einem nur mittelbaren Anspr. der ArbN (nur ArbG als Versicherungsnehmer kann Versicherungsanspruch geltend machen) sind die Beiträge nicht lstpfl.[16]

---

1 BFH v. 12.8.1996 – VI R 27/96, BStBl. II 1997, 143 = FR 1997, 56.
2 *Schmidt*[37], § 40b Rn. 8.
3 BFH v. 18.12.1987 – VI R 245/80, BStBl. II 1988, 554 = FR 1988, 366.
4 BFH v. 8.12.1989 – VI R 165/86, BStBl. II 1990, 398 = FR 1990, 285.
5 BFH v. 18.12.1987 – VI R 204/83, BStBl. II 1988, 379 = FR 1988, 257; **aA** *K/S/M*, § 40b Rn. C 4.
6 R 40b.1 Abs. 8 S. 1 LStR; **aA** *K/S/M*, § 40b Rn. C 1.
7 FG Nds. v. 22.4.1980 – VI L 240/78, EFG 1980, 453.
8 Erfordert zwingend einen gemeinsamen Vertrag; abgelehnt bei Abschluss einer Einzelversicherung neben Gruppenversicherung anderer ArbN nach ArbG-Wechsel, BFH v. 11.3.2010 – VI R 9/08, BFH/NV 2010, 1334.
9 FG Münster v. 16.6.1994 – 14 K 3888/92 L, EFG 1995, 86.
10 BFH v. 24.2.2005 – V R 45/02, BStBl. II 2007, 61.
11 R 40b.1 Abs. 11 S. 2 LStR.
12 R 40b.1 Abs. 11 S. 1 LStR; *Hartmann*, Inf. 1999, 742.
13 BFH v. 28.8.2008 – VI R 50/06, BStBl. II 2009, 243.
14 R 40b.1 Abs. 11 S. 7 LStR.
15 BFH v. 16.4.1999 – VI R 75/97, BFH/NV 1999, 1590; BMF v. 17.7.2000, BStBl. I 2000, 1204.
16 FG RhPf. v. 12.7.2001 – 6 K 1091/01, DStRE 2002, 89.

E. Gegenwertzahlungen nach § 19 Abs. 1 S. 1 Nr. 3 S. 2 (Abs. 4)

Abs. 4 bestimmt eine Pflichtpauschalierung für Arbeitslohn iSd. § 19 Abs. 1 Nr. 3 S. 2 (§ 19 Rn. 76f.). Die Vorschrift ersetzte und erweiterte den früheren Abs. 2 S. 5,[1] der nach der Rspr.[2] mangels Steuerbarkeit des zu pauschalierenden Betrags leer lief. Der Steuersatz beträgt (nur) 15 %, um eine Systemumstellung der umlagefinanzierten Versorgungssysteme zu erleichtern.[3] Die Begr. ist deshalb widersprüchlich, weil die Besteuerung der Zahlungen gleichzeitig überhaupt erst eingeführt wurde. Die Pflicht des ArbG zu pauschalieren ist offensichtlich aus dem Dilemma geboren, dass die Gegenwertzahlungen aus einem Verhalten des ArbG resultieren, **ohne die konkret-individuelle Leistungsfähigkeit des ArbN zu erhöhen**. Eine Überwälzung der LSt auf den ArbN wird sich arbeitsrechtl. nicht umsetzen lassen. Damit trennt die Regelung endg. Steuersubjekt und Steuerschuld. Das ist mit dem Wesen der ESt nicht vereinbar[4] und lässt sich auch nicht mit dem Arg. der Verwaltungsvereinfachung rechtfertigen; das erreicht schon eine Option. Wenn aber die abstrakte Erhöhung der Leistungsfähigkeit des ArbN einer Besteuerung genügt, muss dieser, nicht der ArbG, mit der daraus resultierenden ESt belastet werden. Auch der BFH hält die Zwangspauschalierung für verfassungswidrig und hat deshalb das BVerfG angerufen.[5] 13

§ 41 Aufzeichnungspflichten beim Lohnsteuerabzug

(1) [1]Der Arbeitgeber hat am Ort der Betriebsstätte (Absatz 2) für jeden Arbeitnehmer und jedes Kalenderjahr ein Lohnkonto zu führen. [2]In das Lohnkonto sind die nach § 39e Absatz 4 Satz 2 und Absatz 5 Satz 3 abgerufenen elektronischen Lohnsteuerabzugsmerkmale sowie die für den Lohnsteuerabzug erforderlichen Merkmale aus der vom Finanzamt ausgestellten Bescheinigung für den Lohnsteuerabzug (§ 39 Absatz 3 oder § 39e Absatz 7 oder Absatz 8) zu übernehmen. [3]Bei jeder Lohnzahlung für das Kalenderjahr, für das das Lohnkonto gilt, sind im Lohnkonto die Art und Höhe des gezahlten Arbeitslohns einschließlich der steuerfreien Bezüge sowie die einbehaltene oder übernommene Lohnsteuer einzutragen; an die Stelle der Lohnzahlung tritt in den Fällen des § 39b Absatz 5 Satz 1 die Lohnabrechnung. [4]Ferner sind das Kurzarbeitergeld, das Schlechtwettergeld, das Winterausfallgeld, der Zuschuss zum Mutterschaftsgeld nach dem Mutterschutzgesetz, der Zuschuss bei Beschäftigungsverboten für die Zeit vor oder nach einer Entbindung sowie für den Entbindungstag während einer Elternzeit nach beamtenrechtlichen Vorschriften, die Entschädigungen für Verdienstausfall nach dem Infektionsschutzgesetz vom 20. Juli 2000 (BGBl. I S. 1045) sowie die nach § 3 Nummer 28 steuerfreien Aufstockungsbeträge oder Zuschläge einzutragen. [5]Ist während der Dauer des Dienstverhältnisses in anderen Fällen als in denen des Satzes 4 der Anspruch auf Arbeitslohn für mindestens fünf aufeinander folgende Arbeitstage im Wesentlichen weggefallen, so ist dies jeweils durch Eintragung des Großbuchstabens U zu vermerken. [6]Hat der Arbeitgeber die Lohnsteuer von einem sonstigen Bezug im ersten Dienstverhältnis berechnet und ist dabei der Arbeitslohn aus früheren Dienstverhältnissen des Kalenderjahres außer Betracht geblieben, so ist dies durch Eintragung des Großbuchstabens S zu vermerken. [7]Die Bundesregierung wird ermächtigt, durch Rechtsverordnung mit Zustimmung des Bundesrates vorzuschreiben, welche Einzelangaben im Lohnkonto aufzuzeichnen sind, und Einzelheiten für eine elektronische Bereitstellung dieser Daten im Rahmen einer Lohnsteuer-Außenprüfung oder einer Lohnsteuer-Nachschau durch die Einrichtung einer einheitlichen digitalen Schnittstelle zu regeln. [8]Dabei können für Arbeitnehmer mit geringem Arbeitslohn und für die Fälle der §§ 40 bis 40b Aufzeichnungserleichterungen sowie für steuerfreie Bezüge Aufzeichnungen außerhalb des Lohnkontos zugelassen werden. [9]Die Lohnkonten sind bis zum Ablauf des sechsten Kalenderjahres, das auf die zuletzt eingetragene Lohnzahlung folgt, aufzubewahren. [10]Die Aufbewahrungsfrist nach Satz 9 gilt abweichend von § 93c Absatz 1 Nummer 4 der Abgabenordnung auch für die dort genannten Aufzeichnungen und Unterlagen.

(2) [1]Betriebsstätte ist der Betrieb oder Teil des Betriebs des Arbeitgebers, in dem der für die Durchführung des Lohnsteuerabzugs maßgebende Arbeitslohn ermittelt wird. [2]Wird der maßgebende Arbeitslohn nicht in dem Betrieb oder einem Teil des Betriebs des Arbeitgebers oder nicht im In-

---

1 MWv. 19.12.2006, JStG 2007 v. 13.12.2006, BGBl. I 2006, 2878.
2 BFH v. 15.2.2006 – VI R 92/04, BStBl. II 2006, 528 = FR 2006, 509 m. Anm. Bergkemper; glA *Heger*, BB 2005, 749.
3 BT-Drucks. 16/2712; vgl. auch BMF v. 31.3.2010, BStBl. I 2010, 270, Tz. 258f.
4 Weitergehend (verfassungswidrig) *Glaser*, BB 2006, 2217.
5 BFH v. 14.11.2013 – VI R 49/12, BFH/NV 2014, 418 = FR 2014, 472.

land ermittelt, so gilt als Betriebsstätte der Mittelpunkt der geschäftlichen Leitung des Arbeitgebers im Inland; im Fall des § 38 Absatz 1 Satz 1 Nummer 2 gilt als Betriebsstätte der Ort im Inland, an dem die Arbeitsleistung ganz oder vorwiegend stattfindet. [3]Als Betriebsstätte gilt auch der inländische Heimathafen deutscher Handelsschiffe, wenn die Reederei im Inland keine Niederlassung hat.

§ 4 LStDV

§ 4 Lohnkonto

(1) Der Arbeitgeber hat im Lohnkonto des Arbeitnehmers Folgendes aufzuzeichnen:

1. *den Vornamen, den Familiennamen, den Tag der Geburt, den Wohnort, die Wohnung sowie die in einer vom Finanzamt ausgestellten Bescheinigung für den Lohnsteuerabzug eingetragenen allgemeinen Besteuerungsmerkmale. [2]Ändern sich im Laufe des Jahres die in einer Bescheinigung für den Lohnsteuerabzug eingetragenen allgemeinen Besteuerungsmerkmale, so ist auch der Zeitpunkt anzugeben, von dem an die Änderungen gelten;*
2. *den Jahresfreibetrag oder den Jahreshinzurechnungsbetrag sowie den Monatsbetrag, Wochenbetrag oder Tagesbetrag, der in einer vom Finanzamt ausgestellten Bescheinigung für den Lohnsteuerabzug eingetragen ist, und den Zeitraum, für den die Eintragungen gelten;*
3. *bei einem Arbeitnehmer, der dem Arbeitgeber eine Bescheinigung nach § 39b Abs. 6 des Einkommensteuergesetzes in der am 31. Dezember 2010 geltenden Fassung (Freistellungsbescheinigung) vorgelegt hat, einen Hinweis darauf, dass eine Bescheinigung vorliegt, den Zeitraum, für den die Lohnsteuerbefreiung gilt, das Finanzamt, das die Bescheinigung ausgestellt hat, und den Tag der Ausstellung;*
4. *in den Fällen des § 19 Abs. 2 des Einkommensteuergesetzes die für die zutreffende Berechnung des Versorgungsfreibetrags und des Zuschlags zum Versorgungsfreibetrag erforderlichen Angaben.*

(2) Bei jeder Lohnabrechnung ist im Lohnkonto folgendes aufzuzeichnen:

1. *der Tag der Lohnzahlung und der Lohnzahlungszeitraum;*
2. *in den Fällen des § 41 Absatz 1 Satz 5 des Einkommensteuergesetzes jeweils der Großbuchstabe U;*
3. *der Arbeitslohn, getrennt nach Barlohn und Sachbezügen, und die davon einbehaltene Lohnsteuer. [2]Dabei sind die Sachbezüge einzeln zu bezeichnen und – unter Angabe des Abgabetags oder bei laufenden Sachbezügen des Abgabezeitraums, des Abgabeorts und des Entgelts – mit dem nach § 8 Abs. 2 oder 3 des Einkommensteuergesetzes maßgebenden und um das Entgelt geminderten Wert zu erfassen. [3]Sachbezüge im Sinne des § 8 Abs. 3 des Einkommensteuergesetzes und Versorgungsbezüge sind jeweils als solche kenntlich zu machen und ohne Kürzung um Freibeträge nach § 8 Abs. 3 oder § 19 Abs. 2 des Einkommensteuergesetzes einzutragen. [4]Trägt der Arbeitgeber im Falle der Nettolohnzahlung die auf den Arbeitslohn entfallende Steuer selbst, ist in jedem Fall der Bruttoarbeitslohn einzutragen, die nach den Nummern 4 bis 8 gesondert aufzuzeichnenden Beträge sind nicht mitzuzählen;*
4. *steuerfreie Bezüge mit Ausnahme der Vorteile im Sinne des § 3 Nr. 45 des Einkommensteuergesetzes und der Trinkgelder. [2]Das Betriebsstättenfinanzamt kann zulassen, daß auch andere nach § 3 des Einkommensteuergesetzes steuerfreie Bezüge nicht angegeben werden, wenn es sich um Fälle von geringer Bedeutung handelt oder wenn die Möglichkeit zur Nachprüfung in anderer Weise sichergestellt ist;*
5. *Bezüge, die nach einem Abkommen zur Vermeidung der Doppelbesteuerung oder unter Progressionsvorbehalt nach § 34c Abs. 5 des Einkommensteuergesetzes von der Lohnsteuer freigestellt sind;*
6. *außerordentliche Einkünfte im Sinne des § 34 Abs. 1 und 2 Nr. 2 und 4 des Einkommensteuergesetzes und die davon nach § 39b Abs. 3 Satz 9 des Einkommensteuergesetzes einbehaltene Lohnsteuer;*
7. *das Vorliegen der Voraussetzungen für den Förderbetrag nach § 100 des Einkommensteuergesetzes;*
8. *Bezüge, die nach den §§ 40 bis 40b des Einkommensteuergesetzes pauschal besteuert worden sind, und die darauf entfallende Lohnsteuer. [2]Lassen sich in den Fällen des § 40 Absatz 1 Satz 1 Nummer 2 und Absatz 2 des Einkommensteuergesetzes die auf den einzelnen Arbeitnehmer entfallenden Beträge nicht ohne weiteres ermitteln, so sind sie in einem Sammelkonto anzuschreiben. [3]Das Sammelkonto muß die folgenden Angaben enthalten: Tag der Zahlung, Zahl der bedachten Arbeitnehmer, Summe der insgesamt gezahlten Bezüge, Höhe der Lohnsteuer sowie Hinweise auf die als Belege zum Sammelkonto aufzubewahrenden Unterlagen, insbesondere Zahlungsnachweise, Bestätigung des Finanzamts über die Zulassung der Lohnsteuerpauschalierung. [4]In den Fällen des § 40a des Einkommensteuergesetzes genügt es, wenn der Arbeitgeber Aufzeichnungen führt, aus denen sich für die einzelnen Arbeitnehmer Name und Anschrift, Dauer der Beschäftigung, Tag der Zahlung, Höhe des Arbeitslohns und in den Fällen des § 40a Abs. 3 des Einkommensteuergesetzes auch die Art der Beschäftigung ergeben. [5]Sind in den Fällen der Sätze 3 und 4 Bezüge nicht mit dem ermäßigten Kirchensteuersatz besteuert worden, so ist zusätzlich der fehlende Kirchensteuerabzug aufzuzeichnen und auf die als Beleg aufzubewahrende Unterlage hinzuweisen, aus der hervorgeht, daß der Arbeitnehmer keiner Religionsgemeinschaft angehört, für die die Kirchensteuer von den Finanzbehörden erhoben wird.*

(2a) [1]Der Arbeitgeber hat die nach den Absätzen 1 und 2 sowie die nach § 41 des Einkommensteuergesetzes aufzuzeichnenden Daten der Finanzbehörde nach einer amtlich vorgeschriebenen einheitlichen Form über eine digitale Schnittstelle elektronisch bereitzustellen. [2]Auf Antrag des Arbeitgebers kann das Betriebsstättenfinanzamt zur Vermeidung unbilliger Härten zulassen, dass der Arbeitgeber die in Satz 1 genannten Daten in anderer auswertbarer Form bereitstellt.

(3) [1]Das Betriebsstättenfinanzamt kann bei Arbeitgebern, die für die Lohnabrechnung ein maschinelles Verfahren anwenden, Ausnahmen von den Vorschriften der Absätze 1 und 2 zulassen, wenn die Möglichkeit zur Nachprüfung in an-

derer Weise sichergestellt ist. [2]Das Betriebsstättenfinanzamt soll zulassen, daß Sachbezüge im Sinne des § 8 Absatz 2 Satz 11 und Absatz 3 des Einkommensteuergesetzes für solche Arbeitnehmer nicht aufzuzeichnen sind, für die durch betriebliche Regelungen und entsprechende Überwachungsmaßnahmen gewährleistet ist, daß die in § 8 Absatz 2 Satz 11 oder Absatz 3 des Einkommensteuergesetzes genannten Beträge nicht überschritten werden.

(4) [1]In den Fällen des § 38 Abs. 3a des Einkommensteuergesetzes ist ein Lohnkonto vom Dritten zu führen. [2]In den Fällen des § 38 Abs. 3a Satz 2 ist der Arbeitgeber anzugeben und auch der Arbeitslohn einzutragen, der nicht vom Dritten, sondern vom Arbeitgeber selbst gezahlt wird. [3]In den Fällen des § 38 Abs. 3a Satz 7 ist der Arbeitslohn für jedes Dienstverhältnis gesondert aufzuzeichnen.

A. Grundaussagen der Vorschrift

Abs. 1 regelt iVm. § 4 LStDV umfassend und abschließend die für das LSt-Verfahren zu führenden Aufzeichnungen. Der ArbG wird verpflichtet als **zentrales Datenblatt** ein Lohnkonto zu führen. Die Angaben des Lohnkontos sind Aufzeichnungen iSd. §§ 145 Abs. 2, 146–148 AO.[1] Ein Verstoß des ArbG gegen die Aufzeichnungspflicht führt zu einer Beweislastumkehr im Haftungsverfahren.[2] 1

Abs. 2 definiert einen **eigenständigen lohnsteuerlichen Betriebsstättenbegriff**, der nicht mit dem allg. Betriebsstättenbegriff des § 12 AO identisch ist,[3] sondern in seinen Wirkungen darüber hinausgeht.[4] 2

B. Die Aufzeichnungs- und Aufbewahrungspflichten (Abs. 1)

I. Form und Inhalt des Lohnkontos. Der ArbG muss für jeden einzelnen ArbN grds. ein **gesondertes Lohnkonto**[5] für jedes Kj. führen. Nach § 4 Abs. 2 Nr. 8 S. 2 LStDV können nach § 40 Abs. 1 Nr. 2 und Abs. 2 pauschal versteuerte Bezüge in einem Sammelkonto aufgezeichnet werden.[6] Eine besondere Form ist nicht vorgeschrieben, auf Antrag kann gem. § 4 Abs. 3 LStDV das Betriebsstättenfinanzamt bei maschinellen Lohnabrechnungsverfahren Ausnahmen zulassen. Aus § 4 Abs. 3 LStDV ergibt sich, dass bei jeder gewählten Form die Kontrolle eines ordnungsgemäßen LSt-Einbehalts gesichert sein muss.[7] Bis VZ 2017 gilt die Empfehlung der FinVerw., in den Lohnabrechnungsprogrammen die Schnittstellenbeschreibung „Digitale LohnSchnittstelle" vorzusehen. Diese Schnittstelle soll die Vollständigkeit der Lohnkonten sowie den problemlosen Datenzugriff der FinVerw. gewährleisten.[8] Die FinVerw. wurde durch die Einfügung des Abs. 1 S. 7[9] ermächtigt, die Einzelheiten der Digitalen LohnSchnittstelle im Verordnungswege zu regeln und deren Anwendung für die ArbG grds. verpflichtend einzuführen. § 4 Abs. 2a iVm. § 8 Abs. 3 LStDV legen dementspr. fest, dass die Digitale LohnSchnittstelle für alle ab dem 1.1.2018 vorzunehmenden Eintragungen anzuwenden ist.[10] Zur Vermeidung unbilliger Härten können Daten gem. § 4 Abs. 2a S. 2 LStDV aber auch in anderer auswertbarer Form bereitgehalten werden.[11] 3

Der ArbG muss in das Lohnkonto gem. § 41 Abs. 1 S. 2 zunächst die **Daten der LSt-Karte** bzw. ab 2013 die abgerufenen **elektronischen LSt-Abzugsmerkmale** oder die für den Lohnsteuerabzug erforderlichen Merkmale aus entspr. Bescheinigungen (§ 39 Abs. 3 oder § 39e Abs. 7, 8) eintragen. **§ 4 Abs. 2 LStDV** enthält detailliert, wie und welche Angaben entspr. § 41 Abs. 1 S. 3 laufend eingetragen werden müssen. Insbes. sind – mit Ausnahme der Trinkgelder[12] und Bezüge nach § 3 Nr. 45 – auch stfreie Zuwendungen einzutragen, nicht aber Zuwendungen, die den Lohnbegriff nicht erfüllen.[13] Gem. § 41 Abs. 1 S. 5 ist jeweils 4

1 *Blümich*, § 41 Rn. 2; **aA** *K/S/M*, § 41 Rn. A 16.
2 *K/S/M*, § 41 Rn. A 16.
3 *Blümich*, § 41 Rn. 5.
4 *K/S/M*, § 41 Rn. A 17.
5 Zahlen aus der Buchführung genügen nicht.
6 Dazu *Lademann*, § 41 Rn. 21 ff.
7 Vgl. auch *K/S/M*, § 41 Rn. B 5.
8 BMF v. 29.6.2011, BStBl. I 2011, 675.
9 MWv. 1.1.2017 durch das VerfModG v. 18.7.2016, BGBl. I 2016, 1679.
10 Die aktuellen Fassungen der Schnittstellenbeschreibung stehen auf der Homepage des BZSt., www.bzst.de, zum Abruf zur Verfügung.
11 BMF v. 26.5.2017, BStBl. I 2017, 789.
12 § 4 Abs. 2 Nr. 4 LStDV.
13 *Schmidt*[37], § 41 Rn. 1.

ein **Großbuchstabe „U"** einzutragen,[1] wenn bei Fortbestehen des Dienstverhältnisses kein Anspr. auf Arbeitslohn besteht, um das FA wegen § 32b auf mögliche Lohnersatzleistungen hinzuweisen. Wenn der ArbG den voraussichtlichen Jahreslohn nach § 39b Abs. 3 vereinfacht ermittelte, ist gem. § 41 Abs. 1 S. 6 der **Großbuchstabe „S"** zu vermerken. Für die elektronische LSt-Bescheinigung ist noch der **Großbuchstabe „F"** (für nach § 3 Nr. 32 stfreie Sammelbeförderungen) und der **Großbuchstabe „M"** (für vom ArbG während einer Auswärtstätigkeit gestellten und mit dem Sachbezugswert bewerteten Mahlzeiten) zu erfassen (§ 41b Abs. 1 S. 2 Nr. 8 und 9). Die FinVerw. verzichtet allerdings bis 31.12.2018 auf die Angabe des Großbuchstaben „M".[2]

5 **II. Betroffener Arbeitgeber und Aufbewahrungspflichten.** Die Pflicht des Abs. 1 trifft als **akzessorische Pflicht**[3] den ArbG, der den LSt-Abzug durchzuführen hat (§ 38 Rn. 5 ff.) Das Lohnkonto ist am Ort der Betriebsstätte zu führen und muss gem Abs. 1 S. 9 bis zum Ablauf des sechsten Kj. aufbewahrt werden.[4] Die Frist beginnt mit dem Tag der Lohnzahlung, nicht der Eintragung,[5] Unterlagen sind als **Belege formell zum Lohnkonto** zu nehmen. Dies ist zT gesetzlich bestimmt (§ 39 Abs. 3), iÜ ergibt sich dies aus den §§ 146, 147 AO.[6]

C. Betriebsstätte (Abs. 2)

6 Mit der Betriebsstätte wird das örtlich zuständige FA und der Ort der Lohnkontenführung bestimmt, nicht aber ob eine Pers. als inländ. ArbG zu betrachten ist.[7] Als Betriebsstätte gem. Abs. 2 S. 1 ist der Betrieb oder Teil des Betriebs zu behandeln, in dem **der maßgebende Arbeitslohn ermittelt** wird. Darunter ist die Zusammenstellung der für den LSt-Einbehalt maßgeblichen Lohnteile zu verstehen, nicht die bloß rechnerische Ermittlung, die Aufbewahrung der LSt-Karten oder der Bescheinigungen über die LSt-Abzugsmerkmale[8] oder ab 2013 der Abruf der elektronischen LSt-Abzugsmerkmale. Unerheblich ist auch der Ort, an dem der maßgebliche Wille des Unternehmers gebildet wird, an welchem Ort die Lohn- und Personalakten aufbewahrt werden, die Personalentscheidungen vorbereitet und getroffen werden sowie von welchem Ort aus die Lohnabrechnungen veranlasst, die entsprechenden Daten geliefert und die Überweisungen getätigt werden.[9] Verfügt der ArbG über mehrere Teilbetriebe, liegt es in seinem Ermessen, ob er eine zentrale Abrechnungsstelle einrichtet oder mehrere Betriebsstätten entstehen.[10]

7 Wird der Arbeitslohn außerhalb des Betriebs des ArbG (zB v. einem Dritten) oder nicht im Inland ermittelt, fingiert Abs. 2 S. 2 HS 1 eine **Betriebsstätte am Ort der Geschäftsleitung im Inland.**[11] Dieser ist nach den zu § 10 AO entwickelten Grundsätzen zu bestimmen.[12] Zu den Betriebsstätten bei Konzernunternehmen s. OFD Hann. v. 18.8.1993, StEK EStG § 41 Nr. 6.

8 Bei einem **ausländ. Verleiher** iSd. § 38 Abs. 1 S. 1 Nr. 2 (§ 38 Rn. 8) gilt gem. Abs. 2 S. 2 HS 2 der Ort, an dem im Inland die Arbeitsleistung ganz oder vorwiegend erbracht wird, als Betriebsstätte, sofern der Lohn nicht im Inland ermittelt wird.[13] Die Finanzbehörden stellen dabei zutr. personenbezogen auf den Ort der Arbeitsleistung eines ArbN ab, und nicht verleiherbezogen auf den Ort, wo die meisten ArbN eingesetzt werden. Bei mehreren ArbN-Kolonnen, die an unterschiedlichen Orten tätig werden, gilt im Zweifelsfall § 25 AO, bei einem tatsächlichen Wechsel des Einsatzortes einer Kolonne gilt § 26 AO.[14] Für ArbG, die Bauleistungen erbringen (§ 48), gilt § 20a AO.

9 Für deutsche Handelsschiffe[15] gilt neben einer Betriebsstätte nach Abs. 2 S. 2 HS 1 auch der inländ. Heimathafen als Betriebsstätte, wenn die Reederei im Inland keine Niederlassung hat.

---

1 Dazu R 41.2 LStR.
2 BMF v. 27.9.2017, BStBl. I 2017, 1339.
3 *K/S/M*, § 41 Rn. B 1.
4 Die längere Frist des § 93c Abs. 1 Nr. 4 AO gilt nicht (vgl. Abs. 1 S. 10).
5 *K/S/M*, § 41 Rn. B 13 mwN.
6 *Blümich*, § 41 Rn. 26; iErg. glA BFH v. 6.3.1980 – VI R 65/77, BStBl. II 1980, 289 = FR 1980, 362 (aus allg. Beweislastregeln).
7 *Schmidt*[37], § 41 Rn. 2 u. § 38 Rn. 3.
8 *Blümich*, § 41 Rn. 27; *Schmidt*[37], § 41 Rn. 2; s. auch R 41.3 LStR.
9 FG SachsAnh. v. 16.12.2009 – 2 K 1033/08, rkr., juris.
10 *Schmidt*[37], § 41 Rn. 2.
11 Zu Wohnungseigentümergemeinschaften OFD Bremen v. 28.7.1997, DB 1997, 1744.
12 *Blümich*, § 41 Rn. 30; *T/K*, § 10 AO Rn. 2.
13 In den Bundesländern wurden zentral zuständige FÄ eingerichtet. H 41.3 LStH.
14 *Blümich*, § 41 Rn. 31.
15 Zum Begriff *Blümich*, § 41 Rn. 32.

§ 41a Anmeldung und Abführung der Lohnsteuer

(1) [1]Der Arbeitgeber hat spätestens am zehnten Tag nach Ablauf eines jeden Lohnsteuer-Anmeldungszeitraums

1. **dem Finanzamt, in dessen Bezirk sich die Betriebsstätte (§ 41 Absatz 2) befindet (Betriebsstättenfinanzamt), eine Steuererklärung einzureichen, in der er die Summen der im Lohnsteuer-Anmeldungszeitraum einzubehaltenden und zu übernehmenden Lohnsteuer angibt (Lohnsteuer-Anmeldung),**
2. **die im Lohnsteuer-Anmeldungszeitraum insgesamt einbehaltene und übernommene Lohnsteuer an das Betriebsstättenfinanzamt abzuführen.**

[2]Die Lohnsteuer-Anmeldung ist nach amtlich vorgeschriebenem Datensatz durch Datenfernübertragung zu übermitteln. [3]Auf Antrag kann das Finanzamt zur Vermeidung unbilliger Härten auf eine elektronische Übermittlung verzichten; in diesem Fall ist die Lohnsteuer-Anmeldung nach amtlich vorgeschriebenem Vordruck abzugeben und vom Arbeitgeber oder von einer zu seiner Vertretung berechtigten Person zu unterschreiben. [4]Der Arbeitgeber wird von der Verpflichtung zur Abgabe weiterer Lohnsteuer-Anmeldungen befreit, wenn er Arbeitnehmer, für die er Lohnsteuer einzubehalten oder zu übernehmen hat, nicht mehr beschäftigt und das dem Finanzamt mitteilt.

(2) [1]Lohnsteuer-Anmeldungszeitraum ist grundsätzlich der Kalendermonat. [2]Lohnsteuer-Anmeldungszeitraum ist das Kalendervierteljahr, wenn die abzuführende Lohnsteuer für das vorangegangene Kalenderjahr mehr als 1 080 Euro, aber nicht mehr als 5 000 Euro betragen hat; Lohnsteuer-Anmeldungszeitraum ist das Kalenderjahr, wenn die abzuführende Lohnsteuer für das vorangegangene Kalenderjahr nicht mehr als 1 080 Euro betragen hat. [3]Hat die Betriebsstätte nicht während des ganzen vorangegangenen Kalenderjahres bestanden, so ist die für das vorangegangene Kalenderjahr abzuführende Lohnsteuer für die Feststellung des Lohnsteuer-Anmeldungszeitraums auf einen Jahresbetrag umzurechnen. [4]Wenn die Betriebsstätte im vorangegangenen Kalenderjahr noch nicht bestanden hat, ist die auf einen Jahresbetrag umgerechnete für den ersten vollen Kalendermonat nach der Eröffnung der Betriebsstätte abzuführende Lohnsteuer maßgebend.

(3) [1]Die oberste Finanzbehörde des Landes kann bestimmen, dass die Lohnsteuer nicht dem Betriebsstättenfinanzamt, sondern einer anderen öffentlichen Kasse anzumelden und an diese abzuführen ist; die Kasse erhält insoweit die Stellung einer Landesfinanzbehörde. [2]Das Betriebsstättenfinanzamt oder die zuständige andere öffentliche Kasse können anordnen, dass die Lohnsteuer abweichend von dem nach Absatz 1 maßgebenden Zeitpunkt anzumelden und abzuführen ist, wenn die Abführung der Lohnsteuer nicht gesichert erscheint.

(4) [1]Arbeitgeber, die eigene oder gecharterte Handelsschiffe betreiben, dürfen die gesamte anzumeldende und abzuführende Lohnsteuer, die auf den Arbeitslohn entfällt, der an die Besatzungsmitglieder für die Beschäftigungszeiten auf diesen Schiffen gezahlt wird, abziehen und einbehalten. [2]Die Handelsschiffe müssen in einem inländischen Seeschiffsregister eingetragen sein, die deutsche Flagge führen und zur Beförderung von Personen oder Gütern im Verkehr mit oder zwischen ausländischen Häfen, innerhalb eines ausländischen Hafens oder zwischen einem ausländischen Hafen und der Hohen See betrieben werden. [3]Die Sätze 1 und 2 sind entsprechend anzuwenden, wenn Seeschiffe im Wirtschaftsjahr überwiegend außerhalb der deutschen Hoheitsgewässer zum Schleppen, Bergen oder zur Aufsuchung von Bodenschätzen oder zur Vermessung von Energielagerstätten unter dem Meeresboden eingesetzt werden. [4]Ist für den Lohnsteuerabzug die Lohnsteuer nach der Steuerklasse V oder VI zu ermitteln, so bemisst sich der Betrag nach Satz 1 nach der Lohnsteuer der Steuerklasse I.

A. Grundaussagen der Vorschrift

1 § 41a dient der Erhebung und Durchsetzung[1] des gem. § 38 entstandenen und fälligen LSt-Anspr. Soweit der ArbG die LSt einbehält und abführt, liegt eine **Entrichtungsschuld** vor, die keine Steuerschuld iSd. § 37 Abs. 1 AO ist.[2] **Abs. 1** regelt Inhalt, Umfang und Zeitpunkt der LSt-Anmeldung und -Abführung. **Abs. 2** definiert den LSt-Anmeldezeitraum. **Abs. 3 und 4** enthalten Sonderregelungen zur Zuständigkeit und zum Abführungszeitpunkt bzw. für Handelsschiffe.

B. Anmeldung und Abführung der Lohnsteuer (Abs. 1)

2 **I. Lohnsteueranmeldung als Steuererklärung.** Die LSt-Anmeldung ist eine Steuererklärung iSd. § 150 Abs. 1 S. 2 AO, in der der ArbG die **LSt selbst zu berechnen** hat. Die Frist nach § 170 Abs. 2 S. 1 Nr. 1 AO beginnt mit Ablauf des Kj., in dem die Steueranmeldung beim FA eingereicht wird. Dass sie vom ArbG und nicht vom ArbN als Schuldner der LSt abzugeben ist, ist dafür unbeachtlich.[3] Gem. Abs. 1 S. 2 ist der ArbG verpflichtet, die Anmeldung nach amtlich vorgeschriebenen Datensatz durch Datenfernübertragung zu übermitteln.[4] § 72a Abs. 1 bis 3, § 87a Abs. 6 sowie §§ 87b bis 87d AO sind zu beachten. Übermittler von LSt-Anmeldungen müssen sich nach den Vorgaben des § 87a Abs. 6 authentifizieren. In Härtefällen kann das FA gem. Abs. 1 S. 3 auf die elektronische Übertragung verzichten. Ein Härtefall ist jedenfalls dann anzunehmen, wenn der ArbG keine maschinelle Lohnabrechnung einsetzt (§ 41b Rn. 3). Der Erwerb einer entspr. Hard- und Software für die elektronische Übertragung wird ihm hingegen zuzumuten sein. In anerkannten Härtefällen ist die Anmeldung nach amtlich vorgeschriebenen **Vordruck** abzugeben und vom ArbG oder einer berechtigten Pers. zu unterschreiben.

3 **Anzumelden** sind die – vom ArbN nach § 38 Abs. 2 geschuldete – **einzubehaltende** LSt aus regelversteuertem Arbeitslohn einschl. der LSt aus Nettolohnvereinbarungen und die nach den §§ 40 bis 40b vom ArbG **übernommene** – v. ihm nach § 40 Abs. 3 selbst geschuldete – pauschale LSt. Die auszuzahlenden Bergmannsprämien[5] und die Summe des ausgezahlten Kindergeldes[6] sind dem einbehaltenen LSt-Betrag zu entnehmen, mindern aber die abzuführende LSt nicht.[7] Im Rahmen des LStJA durch den ArbG nach § 42b erstattete LSt ist in der Anmeldung gem. § 42b Abs. 3 S. 2 gesondert auszuweisen. Einzutragen sind zudem die KiSt. und der SolZ. Die Anmeldung ist auch abzugeben, wenn im Anmeldungszeitraum keine LSt einzubehalten oder zu übernehmen war.[8]

4 Für jede Betriebsstätte iSd. § 41 Abs. 2 und für jeden LSt-Anmeldungszeitraum iSd. § 41a Abs. 2 ist **genau eine** gesonderte **Anmeldung** zu übermitteln.[9] Die Anmeldung ist spätestens am 10. Tag nach Ablauf des Anmeldungszeitraums beim Betriebsstätten-FA einzureichen. Die Frist kann – auch rückwirkend – gem. § 109 Abs. 1 AO verlängert[10] oder der Anmeldungszeitpunkt nach § 41a Abs. 3 S. 2 (Rn. 9) vorverlagert werden. Die Anmeldung kann mit den Zwangsmitteln der §§ 328 ff. AO durchgesetzt werden. Bei einer Verspätung v. bis zu fünf Tagen wird v. einem Verspätungszuschlag abgesehen, wenn die LSt gleichzeitig entrichtet wird.[11] Von der Abgabe wird der ArbG gem. Abs. 1 S. 4 nur befreit, wenn er ArbN, für die LSt einzubehalten oder zu übernehmen ist, nicht mehr beschäftigt und dies dem FA mitteilt.

5 **II. Lohnsteueranmeldung als Steuerbescheid.** Die LSt-Anmeldung steht gem. § 168 S. 1 AO einer **Steuerfestsetzung unter dem Vorbehalte der Nachprüfung** gleich. Sie umfasst alle im Anmeldungszeitraum lohnsteuerrechtl. bedeutsamen Sachverhalte (Sollbetrag).[12] Ergibt sich ein Erstattungsanspruch, ist für den Eintritt der Wirkung noch die Zustimmung des FA gem. § 168 S. 2 AO notwendig. Gegen die Anmeldung kann der ArbG selbst[13] und der ArbN als Schuldner und Drittbetroffener[14] **Einspruch** einlegen, weil er

---

1 Zur Durchsetzung bei Insolvenz s. *Blümich*, § 41 Rn. 34 ff.
2 BFH v. 24.3.1998 – I R 120/97, BStBl. II 1999, 3 = FR 1998, 962; *Blümich*, § 41a Rn. 20.
3 BFH v. 7.2.2008 – VI R 83/04, BStBl. II 2009, 703 = FR 2008, 777; *HMW*, „Verjährung" Rn. 14; **aA** *H/H/Sp*, § 170 AO Rn. 16.
4 Für LSt-Anmeldungen ab Januar 2019 s. BMF v. 24.8.2018, BStBl. I 2018, 1005.
5 § 3 Abs. 1 S. 2 BergPG v. 12.5.1969, BStBl. I 1969, 318.
6 § 72 Abs. 7.
7 R 41a.1 Abs. 3 LStR.
8 *Blümich*, § 41a Rn. 9.
9 R 41a.1 Abs. 2 S. 1 LStR; *K/S/M*, § 41a Rn. B 3.
10 *K/S/M*, § 41a Rn. B 5.
11 AEAO v. 15.7.1998 (BStBl. I 1998, 630) zu § 152 Tz. 7 (sonst missbräuchliche Ausnutzung der Schonfrist).
12 BFH v. 15.5.1992 – VI R 183/88, BStBl. II 1993, 829 = FR 1992, 758; **aA** *K/S/M*, § 41a Rn. A 16 und B 1 (nur tatsächlich einbehaltene LSt).
13 BFH v. 12.6.1997 – I R 72/96, BStBl. II 1997, 660 = FR 1997, 859.
14 BFH v. 20.7.2005 – VI R 165/01, BStBl. II 2005, 890 = FR 2005, 1210 m. Anm. *Bergkemper*; *Heuermann*, StBp. 2005, 307.

den Abzug der LSt vom Lohn zu dulden hat.[1] Die LSt-Anmeldung kann aber nur ggü. dem ArbG vollzogen und infolgedessen auch nur ihm gegenüber ausgesetzt werden.[2] Der ArbG ist zu einem Verfahren des ArbN notwendig beizuladen, nicht aber der ArbN zum Rechtsbehelf des ArbG.[3] Die angefochtene LSt-Anmeldung erledigt sich mit der Bekanntgabe des ESt-Bescheids. Das FA kann bei Nichtabgabe einer Anmeldung durch den ArbG die LSt nach § 162 AO auch **schätzen.**[4] Denn aus § 42d Abs. 4 Nr. 1 folgt nicht, dass bei Nichtanmeldung die LSt nur über einen Haftungsbescheid geltend gemacht werden kann.[5]

Der Steuerbescheid kann **geändert** werden durch (1) eine Korrektur nach § 41c Abs. 1 Nr. 2 (§ 41c Rn. 4f.), allerdings gem. § 41c Abs. 3 zeitlich nur bis Ablauf des Kj. und hinsichtlich zum Zeitpunkt der Korrektur noch beschäftigter ArbN, (2) eine gem. § 153 AO berichtigte Anmeldung,[6] (3) nach § 164 Abs. 2 AO oder durch Festsetzung nach § 167 Abs. 1 S. 1 – außerhalb der Frist des § 41c Abs. 3 und nach Übermittlung der LSt-Bescheinigung jedoch nur zu Ungunsten des ArbG[7] – und (4) inzidenter durch einen abw. LSt-Haftungsbescheid (§ 42d Rn. 47f.).[8] Da die Festsetzung die Entrichtungsschuld des ArbG betrifft, handelt es sich nicht um einen fiktiven Haftungsbescheid.[9] Wird die Anmeldung **bestandskräftig**, kann sie nur unter den Voraussetzungen der §§ 173ff. AO geändert werden. Dies gilt entspr. für den Fall, dass ein bislang noch nicht erfasster Sachverhalt erstmals in einem Haftungs-[10] oder Pauschalierungsbescheid[11] geregelt wird. Auch der Vertrauensschutz nach § 176 Abs. 2 AO ist dabei zu beachten. Eine bestandskräftige LSt-Anmeldung erledigt sich durch den ESt-Bescheid „auf andere Weise" iSd. § 124 Abs. 2 AO,[12] weil die LSt durch die Festsetzung der ESt als Jahressteuer erlischt.[13] Der LSt-Anmeldung kommt über die Tatbestandswirkung für die einzubehaltende LSt auch **Drittwirkung** zu. Wer in der Lage war, eine LSt-Anmeldung anzufechten, muss die darin festgesetzte LSt im Rahmen einer Haftung nach § 69 AO gegen sich gelten lassen.[14] 6

III. Abführung der Lohnsteuer. Gem. Abs. 1 S. 1 Nr. 2 ist die (tatsächlich) einbehaltene und übernommene LSt bis zum Fälligkeitszeitpunkt an das Betriebsstätten-FA abzuführen, soweit auf die Schuld nicht gem. § 48c Abs. 1 Nr. 1 die Bauabzugsteuer angerechnet wird. Der vorschriftswidrig nicht einbehaltene Anteil wird erst mit Festsetzung fällig.[15] **Säumniszuschläge** nach § 240 AO entstehen nicht, bevor die LSt angemeldet worden ist.[16] Auch die Schonfrist gem. § 240 Abs. 3 AO beginnt erst ab diesem Zeitpunkt. Stundung oder Erlass der Entrichtungsschuld sind nicht möglich, da es sich um keinen Anspr. nach § 37 Abs. 1 AO handelt (Rn. 1). Zur Zahlungs- und Festsetzungsverjährung s. *v. Groll* DStJG 9, 433ff. Die verspätete oder unvollständige Abführung kann als Ordnungswidrigkeit gem. § 380 AO geahndet werden. Zur Abführung bei Insolvenz des ArbG s. § 38 Rn. 14.[17] 7

C. Lohnsteueranmeldungszeitraum (Abs. 2)

Der Anmeldungszeitraum ist nur ein **steuertechnischer Zeitraum** für die Anmeldung und Abführung durch den ArbG.[18] Wann LSt einzubehalten ist, regeln die §§ 38 Abs. 3, 39b Abs. 5. Maßgeblich ist gem. S. 1 je nach Höhe der LSt **der Kalendermonat, das Kalendervierteljahr oder das Kj.** Maßstab ist gem. S. 2 die LSt des Vorjahrs, sofern nicht hochgerechnete Beträge gem. S. 3 oder andere Zeiträume gem. S. 4 maßgeblich sind, weil im Vorjahr nicht durchgehend LSt abgeführt wurde. Seit 1.1.2017 ist die LSt erst dann monatlich anzumelden, wenn die LSt des Vorjahres mehr als 5000 Euro betrug.[19] 8

---

1 BFH v. 5.10.2005 – VI R 152/01, BStBl. II 2006, 94 = FR 2006, 142 m. Anm. *Bergkemper*; *Heuermann*, DStR 1998, 959; *Heuermann*, StBp. 2005, 307.
2 BFH v. 13.8.1997 – I B 30/97, BStBl. II 1997, 700 (zu § 50a Abs. 4).
3 *Blümich*, § 41 Rn. 23.
4 R 41a.1 Abs. 4 S. 3 LStR; *H/H/R*, § 41a Rn. 10; *Blümich*, § 41a Rn. 25; **aA** *K/S/M*, § 41a Rn. A 17.
5 BFH v. 7.7.2004 – VI R 171/00, BStBl. II 2004, 1087 = FR 2004, 1292.
6 HM, etwa *v. Bornhaupt*, StVj. 1991, 345 (352); **aA** *T/K*, § 168 AO Tz. 4 (Antrag nach § 164 Abs. 2 AO).
7 BFH v. 30.10.2008 – VI R 10/05, BStBl. II 2009, 354 = FR 2009, 628.
8 FG München v. 22.6.2004 – 8 K 780/02, EFG 2005, 637, rkr.
9 HM, etwa *Schmidt*[37], § 41a Rn. 1 mwN.
10 BFH v. 15.5.1992 – VI R 106/88, BStBl. II 1993, 840 = FR 1992, 756.
11 BFH v. 15.5.1992 – VI R 183/88, BStBl. II 1993, 829 = FR 1992, 758.
12 BFH v. 3.7.1995 – GrS 3/93, BStBl. II 1995, 730 = FR 1995, 706 m. Anm. *Groh*.
13 *Wüllenkemper*, DStZ 1998, 458 (464).
14 BFH v. 7.10.1997 – VIII R 22/94, BFH/NV 1998, 824.
15 *Gast-de Haan*, DStJG 9 (1986), 141 (144).
16 Gegen die Festsetzung v. Säumniszuschlägen auf Anmeldungsschulden *Diebold*, StB 2003, 137.
17 Ausf. *Gundlach/Frenzel/Schmidt*, DStR 2002, 861.
18 BFH v. 8.3.1988 – VII R 6/87, BStBl. II 1988, 480.
19 Anhebung der bisherigen Grenze iHv. 4000 Euro auf 5000 Euro durch das Zweite BürokratieentlastungsG v. 30.6. 2017, BGBl. I 2017, 2143, zur Entlastung der ArbG und der FÄ von Verwaltungsaufwand.

D. Sonderregeln (Abs. 3 und 4)

9 **I. Abführung an andere Kasse und Vorverlagerung des Zeitraums (Abs. 3).** Die oberste Finanzbehörde kann nach S. 1 eine andere zuständige Kasse bestimmen, das Betriebsstätten-FA kann den Anmeldungs- und Abführungszeitpunkt nach S. 2 vorverlegen.

10 **II. Lohnsteuerermäßigung für Seeleute (Abs. 4).** Zur Wettbewerbsfähigkeit der deutschen Handelsflotte erlaubt Abs. 4 S. 1 ab dem Lohnzahlungszeitraum Juni 2016 bis zum Lohnzahlungszeitraum Mai 2021[1], dass die gesamte einzubehaltende LSt nicht abgeführt werden muss, wenn der ArbG[2] Handelsschiffe betreibt, die nicht zw. inländ. oder innerhalb inländ. Häfen[3] Pers. und Güter befördern. Bemessungsgrundlage ist die LSt, die auf den für die Tätigkeit an Bord v. Schiffen gezahlten Lohn entfällt.[4] Das Handelsschiff muss die deutsche Flagge führen[5] und in das inländ. Seeschiffsregister eingetragen sein. Werden Schiffe nur für den Teil eines Jahres für begünstigte Zwecke eingesetzt, darf auch nur die auf diese Zeiträume entfallende LSt abgezogen werden. Abzustellen ist dabei auf die Verhältnisse in den jeweiligen Lohnzahlungszeiträumen.[6] Die Vergünstigung galt bisher nur hinsichtlich des Lohns für Besatzungsmitglieder, die mindestens 183 Tage auf einem solchen Schiff[7] beschäftigt waren. Diese Einschränkung ist ab dem Lohnzahlungszeitraum Juni 2016 weggefallen. Die beihilferechtliche Genehmigung der EU-Kommission wurde sowohl bei Einf. der Begünstigung im Jahr 1998[8] als auch bei der Erweiterung der Abzugsmöglichkeit auf 100 % ab Juni 2016 erteilt.[9] Hinsichtlich des berechtigten Reeders s. R 41a.1 Abs. 5 S. 2–5 LStR.
Die Verfassungsmäßigkeit der Norm wird in der Literatur zu Recht infrage gestellt.[10] Denn die Subvention zugunsten norddeutscher Reeder soll sich auf 75 Mio. Euro belaufen,[11] die zudem im Falle der Anwendung der Tonnagebesteuerung nach § 5a keine weitere ertragsteuerliche Wirkung nach sich zieht.

§ 41b Abschluss des Lohnsteuerabzugs

(1) [1]Bei Beendigung eines Dienstverhältnisses oder am Ende des Kalenderjahres hat der Arbeitgeber das Lohnkonto des Arbeitnehmers abzuschließen. [2]Auf Grund der Aufzeichnungen im Lohnkonto hat der Arbeitgeber nach Abschluss des Lohnkontos für jeden Arbeitnehmer der für dessen Besteuerung nach dem Einkommen zuständigen Finanzbehörde nach Maßgabe des § 93c der Abgabenordnung neben den in § 93c Absatz 1 der Abgabenordnung genannten Daten insbesondere folgende Angaben zu übermitteln (elektronische Lohnsteuerbescheinigung):

1. **die abgerufenen elektronischen Lohnsteuerabzugsmerkmale oder die auf der entsprechenden Bescheinigung für den Lohnsteuerabzug eingetragenen Lohnsteuerabzugsmerkmale sowie die Bezeichnung und die Nummer des Finanzamts, an das die Lohnsteuer abgeführt worden ist,**
2. **die Dauer des Dienstverhältnisses während des Kalenderjahres sowie die Anzahl der nach § 41 Absatz 1 Satz 5 vermerkten Großbuchstaben U,**
3. **die Art und Höhe des gezahlten Arbeitslohns sowie den nach § 41 Absatz 1 Satz 6 vermerkten Großbuchstaben S,**
4. **die einbehaltene Lohnsteuer, den Solidaritätszuschlag und die Kirchensteuer,**
5. **das Kurzarbeitergeld, den Zuschuss zum Mutterschaftsgeld nach dem Mutterschutzgesetz, die Entschädigungen für Verdienstausfall nach dem Infektionsschutzgesetz vom 20. Juli 2000 (BGBl. I S. 1045), zuletzt geändert durch Artikel 11 § 3 des Gesetzes vom 6. August 2002 (BGBl. I S. 3082), in der jeweils geltenden Fassung, sowie die nach § 3 Nummer 28 steuerfreien Aufstockungsbeträge oder Zuschläge,**

---

1 § 41a Abs. 4 S. 1 und § 52 Abs. 40a idF des G zur Änderung des EStG zur Erhöhung des Lohnsteuereinbehalts in der Seeschifffahrt v. 24.2.2016, BGBl. I 2016, 310; Bek. des BMF v. 18.5.2016, BGBl. I 2016, 1248.
2 Dies ist regelmäßig der zum LSt-Einbehalt nach § 38 Abs. 3 verpflichtete Vertragspartner des ArbN (BFH v. 13.7. 2011 – VI R 84/10, BStBl. II 2011, 986 = FR 2012, 140).
3 Vgl. hierzu Antwort der BReg. auf eine parlamentarische Anfrage, BT-Drucks. 18/7510, 46.
4 R 41a.1 Abs. 5 S. 1 LStR.
5 Gem. FlaggenrechtsG.
6 FG Nds. v. 27.4.2017 – 14 K 15/17, juris (Rev. VI R 30/17).
7 Nicht für Einsatzzeiten auf Schiffen Dritter (BFH v. 13.7.2011 – VI R 84/10, BStBl. II 2011, 986 = FR 2012, 140).
8 BGBl. I 1998, 4023.
9 BGBl. I 2016, 1248.
10 *H/H/R*, § 41a Rn. 21; *Dietz* in K/K/B, § 41a Rn. 4.
11 Vgl. hierzu Antwort der BReg. auf eine parlamentarische Anfrage, BT-Drucks. 18/7274, 22.

6. die auf die Entfernungspauschale anzurechnenden steuerfreien Arbeitgeberleistungen für Fahrten zwischen Wohnung und erster Tätigkeitsstätte sowie Fahrten nach § 9 Absatz 1 Satz 3 Nummer 4a Satz 3,
7. die pauschal besteuerten Arbeitgeberleistungen für Fahrten zwischen Wohnung und erster Tätigkeitsstätte sowie Fahrten nach § 9 Absatz 1 Satz 3 Nummer 4a Satz 3,
8. für die dem Arbeitnehmer zur Verfügung gestellten Mahlzeiten nach § 8 Absatz 2 Satz 8 den Großbuchstaben M,
9. für die steuerfreie Sammelbeförderung nach § 3 Nummer 32 den Großbuchstaben F,
10. die nach § 3 Nummer 13 und 16 steuerfrei gezahlten Verpflegungszuschüsse und Vergütungen bei doppelter Haushaltsführung,
11. Beiträge zu den gesetzlichen Rentenversicherungen und an berufsständische Versorgungseinrichtungen, getrennt nach Arbeitgeber- und Arbeitnehmeranteil,
12. die nach § 3 Nummer 62 gezahlten Zuschüsse zur Kranken- und Pflegeversicherung,
13. die Beiträge des Arbeitnehmers zur gesetzlichen Krankenversicherung und zur sozialen Pflegeversicherung,
14. die Beiträge des Arbeitnehmers zur Arbeitslosenversicherung,
15. den nach § 39b Absatz 2 Satz 5 Nummer 3 Buchstabe d berücksichtigten Teilbetrag der Vorsorgepauschale.

[3]Der Arbeitgeber hat dem Arbeitnehmer die elektronische Lohnsteuerbescheinigung nach amtlich vorgeschriebenem Muster binnen angemessener Frist als Ausdruck auszuhändigen oder elektronisch bereitzustellen. [4]Soweit der Arbeitgeber nicht zur elektronischen Übermittlung nach Absatz 1 Satz 2 verpflichtet ist, hat er nach Ablauf des Kalenderjahres oder wenn das Dienstverhältnis vor Ablauf des Kalenderjahres beendet wird, eine Lohnsteuerbescheinigung nach amtlich vorgeschriebenem Muster auszustellen. [5]Er hat dem Arbeitnehmer diese Bescheinigung auszuhändigen. [6]Nicht ausgehändigte Lohnsteuerbescheinigungen hat der Arbeitgeber dem Betriebsstättenfinanzamt einzureichen.

(2) [1]Ist dem Arbeitgeber die Identifikationsnummer (§ 139b der Abgabenordnung) des Arbeitnehmers nicht bekannt, hat er für die Datenübermittlung nach Absatz 1 Satz 2 aus dem Namen, Vornamen und Geburtsdatum des Arbeitnehmers ein Ordnungsmerkmal nach amtlich festgelegter Regel für den Arbeitnehmer zu bilden und das Ordnungsmerkmal zu verwenden. [2]Er darf das lohnsteuerliche Ordnungsmerkmal nur für die Zuordnung der elektronischen Lohnsteuerbescheinigung oder sonstiger für das Besteuerungsverfahren erforderlicher Daten zu einem bestimmten Steuerpflichtigen und für Zwecke des Besteuerungsverfahrens erheben, bilden, verarbeiten oder verwenden.

(2a) [1]Ordnungswidrig handelt, wer vorsätzlich oder leichtfertig entgegen Absatz 2 Satz 2, auch in Verbindung mit § 32b Absatz 3 Satz 1 zweiter Halbsatz, das Ordnungsmerkmal verwendet. [2]Die Ordnungswidrigkeit kann mit einer Geldbuße bis zu zehntausend Euro geahndet werden.

(3) [1]Ein Arbeitgeber ohne maschinelle Lohnabrechnung, der ausschließlich Arbeitnehmer im Rahmen einer geringfügigen Beschäftigung in seinem Privathaushalt im Sinne des § 8a des Vierten Buches Sozialgesetzbuch beschäftigt und keine elektronische Lohnsteuerbescheinigung erteilt, hat anstelle der elektronischen Lohnsteuerbescheinigung eine entsprechende Lohnsteuerbescheinigung nach amtlich vorgeschriebenem Muster auszustellen. [2]Der Arbeitgeber hat dem Arbeitnehmer nach Ablauf des Kalenderjahres oder nach Beendigung des Dienstverhältnisses, wenn es vor Ablauf des Kalenderjahres beendet wird, die Lohnsteuerbescheinigung auszuhändigen. [3]Nicht ausgehändigte Lohnsteuerbescheinigungen hat der Arbeitgeber dem Betriebsstättenfinanzamt einzureichen.

(4) [1]In den Fällen des Absatzes 1 ist für die Anwendung des § 72a Absatz 4 und des § 93c Absatz 4 Satz 1 der Abgabenordnung sowie für die Anwendung des Absatzes 2a das Betriebsstättenfinanzamt des Arbeitgebers zuständig. [2]Sind für einen Arbeitgeber mehrere Betriebsstättenfinanzämter zuständig, so ist das Finanzamt zuständig, in dessen Bezirk sich die Geschäftsleitung des Arbeitgebers im Inland befindet. [3]Ist dieses Finanzamt kein Betriebsstättenfinanzamt, so ist das Finanzamt zuständig, in dessen Bezirk sich die Betriebsstätte mit den meisten Arbeitnehmern befindet.

(5) [1]Die nach Absatz 1 übermittelten Daten können durch das nach Absatz 4 zuständige Finanzamt zum Zweck der Anwendung des § 72a Absatz 4 und des § 93c Absatz 4 Satz 1 der Abgabenordnung verwendet werden. [2]Zur Überprüfung der Ordnungsmäßigkeit der Einbehaltung und Abführung der Lohnsteuer können diese Daten auch von den hierfür zuständigen Finanzbehörden bei den für

die Besteuerung der Arbeitnehmer nach dem Einkommen zuständigen Finanzbehörden erhoben, abgerufen, verarbeitet und genutzt werden.

(6) Die Absätze 1 bis 5 gelten nicht für Arbeitnehmer, soweit sie Arbeitslohn bezogen haben, der nach den §§ 40 bis 40b pauschal besteuert worden ist.

A. Grundaussagen der Vorschrift

1 Der LSt-Abzug und das Lohnkonto sind bei der Beendigung des Dienstverhältnisses oder am Ende des Kj. abzuschließen. Durch das StÄndG 2003 wurden die Eintragungen auf der LSt-Karte durch die „elektronische LSt-Bescheinigung" ersetzt. Das technische Verfahren (ElsterLohn I) sieht die Übermittlung der LSt-Bescheinigungsdaten auf elektronischem Weg ab 1.1.2017 nach Maßgabe des § 93c AO[1] vor. Elektronisch übermitteln müssen alle ArbG, die die Lohnabrechnung maschinell durchführen oder durchführen lassen. Das StÄndG unterstellt, dass die Datenfernübertragung keine zusätzliche Belastung darstellt und das nicht mehr feste Verbinden der Bescheinigung mit der LSt-Karte zu einer Entlastung führt. Die Bescheinigungen sind Beweismittel iSd. § 92 S. 1 Nr. 3 AO, deren Erteilung, Änderung oder Ergänzung vom ArbN nur arbeitsgerichtlich[2] und nur bis zum Abschluss des LSt-Abzugsverfahrens (§ 41c Rn. 3, § 42b Rn. 7)[3] verfolgt werden können. Sie beweisen, wie der LSt-Abzug tatsächlich durchgeführt wurde, und nicht, wie er richtig gewesen wäre.[4] Für fehlerhafte Angaben haftet der ArbG gem. § 42d Abs. 1 Nr. 3, für vorsätzliche oder grob fahrlässige unrichtige oder unvollständige Datenübermittlung haftet der ArbG zudem gem. § 72a Abs. 4 AO. Die elektronische Übermittlung sichert die Kontrollfähigkeit der FinVerw., insbes. kann auch ein unzutr. LSt-Abzug festgestellt und korrigiert werden, obwohl der ArbN nicht veranlagt wird. Gleicht das FA den vom ArbN iRd. ESt-Veranlagung erklärten Arbeitslohn nicht mit den vom ArbG elektronisch übermittelten Daten ab und führt dies zu einem Fehler im ESt-Bescheid, liegt keine offenbare Unrichtigkeit iSd. § 129 AO, sondern ein Ermittlungsfehler des FA vor.[5]

B. Die Vorschrift im Einzelnen

2 Nach Abs. 1 S. 2 ist die LSt-Bescheinigung nach Maßgabe des § 93c AO elektronisch zu übermitteln. Aus § 93c Abs. 1 Nr. 1 AO folgt insbes., dass die LSt-Bescheinigung nach Ablauf des Besteuerungszeitraums bis zum letzten Tag des Monats Februar des folgenden Jahres übermittelt werden muss. LSt-Bescheinigungen müssen für alle unbeschränkt und beschränkt stpfl. ArbN übermittelt werden.[6] Abs. 1 S. 3 sieht vor, dass dem ArbN die elektronische LSt-Bescheinigung in Form eines Papierausdrucks auszuhändigen oder elektronisch bereitzustellen ist. Dies soll binnen einer angemessenen Frist erfolgen. Diese Formulierung lässt den genauen Zeitpunkt offen,[7] ermöglicht dadurch aber die Verbindung der Informationsweitergabe mit anderen Vorgängen. Die Bereitstellung und Verbindung der LSt-Bescheinigung mit der nächsten Lohnabrechnung wäre zB angemessen. Bei Bedarf muss der ArbG die eTIN gem. Abs. 2 aus Namen, Vornamen und Geburtsdatum des ArbN bilden und für die Datenübertragung verwenden. Die eTIN darf nach Abs. 2 S. 1 jedoch nur verwendet werden, wenn dem ArbG die ID-Nr. nicht bekannt ist. Die FinVerw. veröffentlicht jährlich ein Muster für die LSt-Bescheinigung[8] und gibt weitere Hinweise zur Ausstellung.[9]

3 ArbG, die mangels technischer Ausstattung LSt-Bescheinigungen nicht maschinell erstellen,[10] müssen gem. Abs. 1 S. 4 oder Abs. 3 S. 1 die LSt-Bescheinigung manuell auf amtlichem Vordruck erteilen. Abs. 4 regelt, dass das Betriebsstätten-FA dafür zuständig ist, die Ordnungsmäßigkeit der Datenübermittlung nach § 93c Abs. 4 AO zu überwachen und bei Bedarf den ArbG nach § 72a Abs. 4 AO in Haftung zu nehmen. Abs. 5 erlaubt einen Datenabgleich zw. Betriebsstätten- und Veranlagungs-FÄ. Bei ArbN, die nur Bezüge iSd. §§ 40–40b erhalten haben, bedarf es gem. Abs. 6 der Bescheinigung nicht.

---

1 MWv 1.1.2017 durch das VerfModG v. 18.7.2016, BGBl. I 2016, 1679, eingefügt.
2 BFH v. 29.6.1993 – VI B 108/92, BStBl. II 1993, 760; FG RhPf. v. 23.9.2002 – 1 K 1626/02, EFG 2003, 52; *T. Müller*, EFG 2003, 53; offengelassen in BFH v. 19.10.2001 – VI R 36/96, BFH/NV 2002, 340.
3 BFH v. 19.10.2001 – VI R 36/96, BFH/NV 2002, 340.
4 BFH v. 8.7.2015 – VI R 51/14, BFH/NV 2015, 1609.
5 BFH v. 16.1.2018 – VI R 41/16, BStBl. II 2018, 378.
6 BMF v. 27.9.2017, BStBl. I 2017, 1339.
7 Vgl. hierzu die Antwort der BReg. auf eine parlamentarische Anfrage, BT-Drucks. 18/7842, 30.
8 Ab Kj. 2019 s. BMF v. 31.8.2018, BStBl. I 2018, 1009.
9 Ab Kj. 2018 s. BMF v. 27.9.2017, BStBl. I 2017, 1339.
10 BMF v. 27.9.2017, BStBl. I 2017, 1339 Tz. IV.

Bei elektr. übermittelter LSt-Bescheinigung ist die LSt-Karte 2010 oder eine Ersatzbescheinigung für den LSt-Abzug bis zur erstmaligen Anwendung der elektr. LSt-Abzugsmerkmale als Beleg zum Lohnkonto zu nehmen und aufzubewahren (§ 52b Abs. 1 S. 3 idF des AmtshilfeRLUmsG[1]).[2] 4

Bescheinigt der ArbG seinem ArbN versehentlich zu viel einbehaltene und abgeführte LSt und ist eine Korrektur im Rahmen eines LStJA nicht mehr möglich (zB wegen Zeitablauf, § 42b Abs. 3 S. 1), so bleibt die LSt-Anmeldungsschuld des ArbG nach der Erteilung der Lohnsteuerbescheinigung bestehen.[3] § 93c Abs. 3 S. 1 AO verpflichtet den ArbG bis zum Ablauf des siebten auf den Besteuerungszeitraum folgenden Kj., eine bislang unzutr. übermittelte LSt-Bescheinigung zu korrigieren. Der LSt-Abzug ist jedoch nur zu ändern, solange dies nach § 41c Abs. 3 noch möglich ist.[4] 5

§ 41c Änderung des Lohnsteuerabzugs

(1) [1]Der Arbeitgeber ist berechtigt, bei der jeweils nächstfolgenden Lohnzahlung bisher erhobene Lohnsteuer zu erstatten oder noch nicht erhobene Lohnsteuer nachträglich einzubehalten,

1. wenn ihm elektronische Lohnsteuerabzugsmerkmale zum Abruf zur Verfügung gestellt werden oder ihm der Arbeitnehmer eine Bescheinigung für den Lohnsteuerabzug mit Eintragungen vorlegt, die auf einen Zeitpunkt vor Abruf der Lohnsteuerabzugsmerkmale oder vor Vorlage der Bescheinigung für den Lohnsteuerabzug zurückwirken, oder

2. wenn er erkennt, dass er die Lohnsteuer bisher nicht vorschriftsmäßig einbehalten hat; dies gilt auch bei rückwirkender Gesetzesänderung.

[2]In den Fällen des Satzes 1 Nummer 2 ist der Arbeitgeber jedoch verpflichtet, wenn ihm dies wirtschaftlich zumutbar ist.

(2) [1]Die zu erstattende Lohnsteuer ist dem Betrag zu entnehmen, den der Arbeitgeber für seine Arbeitnehmer insgesamt an Lohnsteuer einbehalten oder übernommen hat. [2]Wenn die zu erstattende Lohnsteuer aus dem Betrag nicht gedeckt werden kann, der insgesamt an Lohnsteuer einzubehalten oder zu übernehmen ist, wird der Fehlbetrag dem Arbeitgeber auf Antrag vom Betriebsstättenfinanzamt ersetzt.

(3) [1]Nach Ablauf des Kalenderjahres oder, wenn das Dienstverhältnis vor Ablauf des Kalenderjahres endet, nach Beendigung des Dienstverhältnisses, ist die Änderung des Lohnsteuerabzugs nur bis zur Übermittlung oder Ausschreibung der Lohnsteuerbescheinigung zulässig. [2]Bei Änderung des Lohnsteuerabzugs nach Ablauf des Kalenderjahres ist die nachträglich einzubehaltende Lohnsteuer nach dem Jahresarbeitslohn zu ermitteln. [3]Eine Erstattung von Lohnsteuer ist nach Ablauf des Kalenderjahres nur im Wege des Lohnsteuer-Jahresausgleichs nach § 42b zulässig. [4]Eine Minderung der einzubehaltenden und zu übernehmenden Lohnsteuer (§ 41a Absatz 1 Satz 1 Nummer 1) nach § 164 Absatz 2 Satz 1 der Abgabenordnung ist nach der Übermittlung oder Ausschreibung der Lohnsteuerbescheinigung nur dann zulässig, wenn sich der Arbeitnehmer ohne vertraglichen Anspruch und gegen den Willen des Arbeitgebers Beträge verschafft hat, für die Lohnsteuer einbehalten wurde. [5]In diesem Fall hat der Arbeitgeber die bereits übermittelte oder ausgestellte Lohnsteuerbescheinigung zu berichtigen und sie als geändert gekennzeichnet an die Finanzverwaltung zu übermitteln; § 41b Absatz 1 gilt entsprechend. [6]Der Arbeitgeber hat seinen Antrag zu begründen und die Lohnsteuer-Anmeldung (§ 41a Absatz 1 Satz 1) zu berichtigen.

(4) [1]Der Arbeitgeber hat die Fälle, in denen er die Lohnsteuer nach Absatz 1 nicht nachträglich einbehält oder die Lohnsteuer nicht nachträglich einbehalten kann, weil

1. der Arbeitnehmer vom Arbeitgeber Arbeitslohn nicht mehr bezieht oder

2. der Arbeitgeber nach Ablauf des Kalenderjahres bereits die Lohnsteuerbescheinigung übermittelt oder ausgeschrieben hat,

dem Betriebsstättenfinanzamt unverzüglich anzuzeigen. [2]Das Finanzamt hat die zu wenig erhobene Lohnsteuer vom Arbeitnehmer nachzufordern, wenn der nachzufordernde Betrag 10 Euro übersteigt. [3]§ 42d bleibt unberührt.

---

1 G v. 26.6.2013, BGBl. I 2013, 1809.
2 BMF v. 25.7.2013, BStBl. I 2013, 943.
3 BFH v. 19.10.2001 – VI R 131/00, BStBl. II 2002, 300 = FR 2002, 85 m. Anm. *Kanzler*.
4 BMF v. 27.9.2017, BStBl. I 2017, 1339 Tz. II.

A. Grundaussagen der Vorschrift

1 § 41c ermöglicht dem ArbG eine Änderung des LSt-Abzugs. Die Vorschrift bezweckt die zeitnahe Herstellung rechtmäßiger Zustände im Abzugsverfahren.[1] **Abs. 1** enthält die Änderungstatbestände, **Abs. 2** regelt, aus welchem Betrag eine zu erstattende LSt zu entnehmen ist. **Abs. 3** bestimmt, bis zu welchem Zeitpunkt die Änderung vorgenommen werden kann und **Abs. 4** die Rechtsfolgen, wenn kein nachträglicher Einbehalt erfolgte oder möglich war.

2 Die Vorschrift gewährt dem ArbG im Falle des **Abs. 1 Nr. 1** ein **Änderungsrecht**, mit dem keine Pflicht zur Änderung, sondern gem. Abs. 4 nur eine Pflicht zur Anzeige bei Nachforderungsfällen korrespondiert. Für die Änderungen nach **Abs. 1 Nr. 2** wird in den meisten Fällen wg. Abs. 1 S. 2 die **Pflicht** bestehen, eine Änderung vorzunehmen. Ein unzutr. Lohnsteuerabzug kann mit Einwendungen gegen die LSt-Bescheinigung nicht mehr rückgängig gemacht werden.[2] Soweit § 39c Abs. 1 S. 3–5 oder § 39c Abs. 2 S. 2 die Überprüfung und Änderung des LSt-Abzugs zu einem bestimmten Zeitpunkt anordnen, gehen diese Regelungen § 41c vor.[3]

B. Änderungstatbestände (Abs. 1 und 2)

3 **I. Rückwirkende LSt-Abzugsmerkmale bzw. Eintragungen auf der Lohnsteuerkarte.** Dass Änderungen der ELStAM und Eintragungen auf der LSt-Karte Rückwirkung entfalten können, bestimmt sich nach den §§ 39, 39a. § 41c Abs. 1 Nr. 1 regelt den Zeitpunkt, ab dem eine Änderung berücksichtigt werden darf. Die Vorschrift gilt entspr., wenn der ArbN erstmals eine LSt-Karte[4] oder eine Bescheinigung nach § 39 Abs. 3 vorlegt bzw. erstmals den Abruf elektronischer LSt-Abzugsmerkmale ermöglicht oder eine Mitteilung nach § 39 Abs. 4 Nr. 5 ergeht.

4 **II. Erkennen vorschriftswidrigen Lohnsteuereinbehalts.** Abs. 1 Nr. 2 erlaubt eine Änderung, wenn der ArbG erkennt, dass der LSt-Einbehalt **nicht vorschriftsmäßig** war oder aufgrund einer rückwirkenden Gesetzesänderung nicht mehr ist. Ab dem VZ 2009 ist er nach Abs. 1 S. 2 dazu verpflichtet, wenn ihm dies wirtschaftlich zumutbar ist.[5] Über den Wortlaut hinaus („einbehalten") ist diese Vorschrift auch auf die pauschalierte LSt entspr. anzuwenden.[6]

5 Der Tatbestand setzt ein **eigenes Erkennen des Fehlers** durch den ArbG voraus. Daran fehlt es, wenn der ArbG die LSt vorsätzlich falsch einbehalten hat[7] oder die Kenntnisse durch Feststellungen einer LSt-Außenprüfung vermittelt werden.[8] In beiden Fällen wäre es sinnwidrig, wenn sich der ArbG durch bloße Anzeige nach Abs. 4 über § 42d Abs. 2, HS 2 v. seiner Haftung für den zunächst unterlassenen Einbehalt befreien könnte.[9] Der telos des zeitnahen LSt-Einbehalts tritt hinter den Sicherungszweck zurück.[10]

6 **III. Änderungsverfahren.** Der ArbG kann nur in der – der Bereitstellung von elektronischen LSt-Abzugsmerkmalen oder der Vorlage einer Bescheinigung durch den ArbN bzw. dem Zeitpunkt des Erkennens – **nächstfolgenden Lohnzahlung** die bisher erhobene LSt erstatten oder noch nicht erhobene LSt nachträglich einbehalten. **Teiländerungen** sind ebenso wenig zulässig[11] wie die teilw. Nacherhebung über mehrere Lohnzahlungszeiträume. Reicht der Barlohn nicht für den Einbehalt aus, so ist der Einbehalt insgesamt zu unterlassen und die Anzeige nach Abs. 4 zu erstatten.

1 *K/S/M*, § 41c Rn. A 1.
2 BFH v. 13.12.2007 – VI R 57/04, BStBl. II 2008, 434 = FR 2008, 722 m. Anm. *Bergkemper*.
3 *K/S/M*, § 41c Rn. A 4 (lex specialis).
4 R 41c.1 Abs. 3 S. 2 LStR.
5 Neu eingefügt durch das G zur Sicherung v. Beschäftigung und Stabilität in Deutschland v. 2.3.2009, BStBl. I 2009, 434.
6 *Blümich*, § 41c Rn. 12.
7 BFH v. 4.6.1993 – VI R 95/92, BStBl. II 1993, 687 = FR 1993, 604; *Schmidt*[37], § 41c Rn. 3; **aA** *K/S/M*, § 41c Rn. B 3.
8 *H/H/R*, § 41c Rn. 10; **aA** *Schmidt*[37], § 41c Rn. 3.
9 IErg. glA *K/S/M*, § 41c Rn. E 2.
10 **AA** *Blümich*, § 41c Rn. 12.
11 R 41c.1 Abs. 4 S. 3 LStR; **aA** *K/S/M*, § 41c Rn. B 6; *Blümich*, § 41c Rn. 18.

Führt die Änderung zu einer Erstattung, ist sie gem. Abs. 2 S. 1 zunächst dem Betrag zu entnehmen, den der ArbG für seine ArbN an LSt im Anmeldezeitraum einbehalten oder übernommen hat. Kann die Erstattung daraus nicht gedeckt werden, wird gem. Abs. 2 S. 2 der Fehlbetrag auf Antrag vom Betriebsstätten-FA ersetzt. Der ArbN kann selbst die Erstattung nach § 37 Abs. 2 AO beantragen, wenn der ArbG v. seinem Recht nach § 41c keinen Gebrauch macht.[1] Nach Ablauf des Kj. kann der Antrag nicht mehr gestellt werden.[2] 7

C. Änderung nach Ablauf des Kalenderjahres oder nach Beendigung des Dienstverhältnisses (Abs. 3)

Der LSt-Abzug darf vom ArbG gem. Abs. 3 nur bis zur Übermittlung (Fälle des § 41b Abs. 1 S. 2) bzw. Ausschreibung (Fälle des § 41b Abs. 1 S. 4 u. Abs. 3) der LSt-Bescheinigung geändert werden, da ansonsten der Inhalt der LSt-Belege unrichtig würde.[3] Dies gilt auch, wenn eine Nettolohnvereinbarung (§ 39b Rn. 16) besteht und die Höhe des LSt-Anteils str. ist.[4] Entgegen der bisherigen Rspr., nach der eine Änderung zugunsten des ArbG nach Ausstellen der LSt-Bescheinigung nicht zulässig war,[5] soll nach neuer Auffassung des BFH auch nach Ausstellen der LSt-Bescheinigung gem. § 164 Abs. 2 AO zugunsten des ArbG eine Änderung vorgenommen werden können, da die materiell-rechtlich zutr. Festsetzung der LSt durch die nur formell bescheinigte LSt nicht verhindert werden soll.[6] Dies widerspricht dem Gesetzeswortlaut des Abs. 3 S. 1 und würde eine Änderung der bisherigen Systematik bedeuten.[7] Zudem stellt es die FinVerw. vor das Problem, diese Fälle erkennen zu können und ggf. die LSt-Bescheinigungen der betroffenen ArbN ändern zu müssen. Der Gesetzgeber folgt deshalb durch die Einfügung von Abs. 3 S. 4 bis 6 mit Wirkung ab dem 31.7.2014 durch das Kroatien-AnpG[8] dieser Rspr. nur in den Fällen, in denen sich ArbN ohne vertraglichen Anspruch und gegen den Willen des ArbG bereichert haben. Zudem wird der ArbG verpflichtet, seine LSt-Anmeldung zu berichtigen und der FinVerw. eine geänderte LSt-Bescheinigung zu übermitteln.[9] Die FinVerw. versuchte bereits vor dieser Gesetzesänderung, die Anwendung der neuen Rspr. auf Fälle zu begrenzen, in denen ein ArbN zu eigenen Gunsten Gelder des ArbG veruntreut hat und der ArbG selbst eine berichtigte LSt-Bescheinigung erteilt.[10] 8

Das FA wird durch Abs. 3 aber nicht gehindert, die LSt-Entrichtungsschuld nach § 164 Abs. 2 S. 1 AO abw. v. der Anmeldung zuungunsten des ArbG festzusetzen.[11] Auch eine nachträgliche, erstmalige Versteuerung von ArbG-Leistungen durch Pauschalierung nach § 40 Abs. 2 S. 2 ist möglich (vgl. § 40 Rn. 25). § 93c Abs. 3 S. 1 AO verpflichtet den ArbG bis zum Ablauf des siebten auf den Besteuerungszeitraum folgenden Kj., eine bislang unzutr. übermittelte LSt-Bescheinigung zu korrigieren. Der LSt-Abzug ist jedoch nur zu ändern, solange dies nach § 41c Abs. 3 noch möglich ist.[12] Unstrittig ist, dass nach dem Ausstellen der LSt-Bescheinigung ein fehlerhafter LSt-Abzug durch eine ESt-Veranlagung des ArbN korrigiert werden kann (vgl. auch § 19 Rn. 78 „Lohnsteuer").[13]

Nach Ablauf des Kj., aber noch vor dem Ausstellen der LSt-Bescheinigung kann es auch zu einer Erstattung im Wege des LStJA durch den ArbG nach § 42b kommen. Da dies lediglich bei unbeschränkt stpfl. ArbN möglich ist, kommt bei beschränkt stpfl. ArbN eine LSt-Erstattung nur nach § 37 Abs. 2 AO durch das FA in Frage.[14]

D. Rechtsfolgen bei unterbliebener Änderung (Abs. 4)

Behält der ArbG die LSt nicht ein, muss er dies **unverzüglich**, dh. ohne schuldhaftes Zögern,[15] dem Betriebsstätten-FA **anzeigen**. Die Anzeige muss so erfolgen, dass das FA in der Lage ist, die LSt vom ArbN nachzufordern.[16] Die Anzeige schließt gem. § 42d Abs. 2, HS 2 die Haftung des ArbG aus. Wird die LSt-Erhebung durch eine Gesetzesänderung nachträglich fehlerhaft, ist die Anzeige insoweit bedeutungslos, da 9

1 R 41c.1 Abs. 5 S. 3 LStR.
2 BFH v. 20.5.1983 - VI R 111/81, BStBl. II 1983, 584 = FR 1983, 463.
3 *Schmidt*[37], § 41c Rn. 4.
4 BFH v. 13.12.2007 - VI R 57/04, BStBl. II 2008, 434 = FR 2008, 722 m. Anm. *Bergkemper*.
5 BFH v. 17.6.2009 - VI R 46/07, BStBl. II 2010, 72 = FR 2010, 139.
6 BFH v. 13.11.2012 - VI R 38/11, BStBl. II 2013, 929 = FR 2013, 386.
7 Stellungnahme des Finanz- und Wirtschaftsausschusses des BR, s. BR-Drucks. 184/1/14, 13 f.
8 G v. 25.7.2014, BGBl. I 2014, 1266.
9 BMF v. 27.9.2017, BStBl. I 2017, 1339.
10 BMF v. 7.11.2013, BStBl. I 2013, 1474.
11 BFH v. 30.10.2008 - VI R 10/05, BStBl. II 2009, 354 = FR 2009, 628.
12 BMF v. 27.9.2017, BStBl. I 2017, 1339.
13 BFH v. 5.7.2012 - VI R 11/11, FR 2013, 383 m. Anm. *Bergkemper* = DB 2012, 2846.
14 R 41c.1 Abs. 8 S. 2 LStR.
15 § 121 Abs. 1 S. 1 BGB.
16 R 41c.2 Abs. 2 LStR.

die Anzeige nur eine zunächst bestehende Haftung ausschließt, die **Nichtanzeige** aber **keinen Haftungstatbestand** erfüllt (§ 42d Rn. 25).[1]

10 Das Betriebsstätten-FA kann gem. Abs. 4 S. 2 die zu wenig erhobene LSt vom ArbN nachfordern, sofern der Betrag zehn Euro übersteigt. Die Anzeige des ArbG ist dafür keine materielle Voraussetzung.[2] Sie hemmt aber den Anlauf der Festsetzungsfrist ggü. dem ArbN nach § 170 Abs. 2 S. 1 Nr. 1 AO.[3] Zu den Einzelheiten s. R 41c.3 LStR.

§§ 42, 42a

(weggefallen)

§ 42b Lohnsteuer-Jahresausgleich durch den Arbeitgeber

(1) [1]Der Arbeitgeber ist berechtigt, seinen unbeschränkt einkommensteuerpflichtigen Arbeitnehmern, die während des abgelaufenen Kalenderjahres (Ausgleichsjahr) ständig in einem zu ihm bestehenden Dienstverhältnis gestanden haben, die für das Ausgleichsjahr einbehaltene Lohnsteuer insoweit zu erstatten, als sie die auf den Jahresarbeitslohn entfallende Jahreslohnsteuer übersteigt (Lohnsteuer-Jahresausgleich). [2]Er ist zur Durchführung des Lohnsteuer-Jahresausgleichs verpflichtet, wenn er am 31. Dezember des Ausgleichsjahres mindestens zehn Arbeitnehmer beschäftigt. [3]Der Arbeitgeber darf den Lohnsteuer-Jahresausgleich nicht durchführen, wenn

1. der Arbeitnehmer es beantragt oder

2. der Arbeitnehmer für das Ausgleichsjahr oder für einen Teil des Ausgleichsjahres nach den Steuerklassen V oder VI zu besteuern war oder

3. der Arbeitnehmer für einen Teil des Ausgleichsjahres nach den Steuerklassen II, III oder IV zu besteuern war oder

3a. bei der Lohnsteuerberechnung ein Freibetrag oder Hinzurechnungsbetrag zu berücksichtigen war oder

3b. das Faktorverfahren angewandt wurde oder

4. der Arbeitnehmer im Ausgleichsjahr Kurzarbeitergeld, Schlechtwettergeld, Winterausfallgeld, Zuschuss zum Mutterschaftsgeld nach dem Mutterschutzgesetz, Zuschuss bei Beschäftigungsverboten für die Zeit vor oder nach einer Entbindung sowie für den Entbindungstag während einer Elternzeit nach beamtenrechtlichen Vorschriften, Entschädigungen für Verdienstausfall nach dem Infektionsschutzgesetz vom 20. Juli 2000 (BGBl. I S. 1045) oder nach § 3 Nummer 28 steuerfreie Aufstockungsbeträge oder Zuschläge bezogen hat oder

4a. die Anzahl der im Lohnkonto oder in der Lohnsteuerbescheinigung eingetragenen Großbuchstaben U mindestens eins beträgt oder

5. für den Arbeitnehmer im Ausgleichsjahr im Rahmen der Vorsorgepauschale jeweils nur zeitweise Beträge nach § 39b Absatz 2 Satz 5 Nummer 3 Buchstabe a bis d oder der Beitragszuschlag nach § 39b Absatz 2 Satz 5 Nummer 3 Buchstabe c berücksichtigt wurden oder sich im Ausgleichsjahr der Zusatzbeitragssatz (§ 39b Absatz 2 Satz 5 Nummer 3 Buchstabe b) geändert hat oder

6. der Arbeitnehmer im Ausgleichsjahr ausländische Einkünfte aus nichtselbständiger Arbeit bezogen hat, die nach einem Abkommen zur Vermeidung der Doppelbesteuerung oder unter Progressionsvorbehalt nach § 34c Absatz 5 von der Lohnsteuer freigestellt waren.

(2) [1]Für den Lohnsteuer-Jahresausgleich hat der Arbeitgeber den Jahresarbeitslohn aus dem zu ihm bestehenden Dienstverhältnis festzustellen. [2]Dabei bleiben Bezüge im Sinne des § 34 Absatz 1 und 2 Nummer 2 und 4 außer Ansatz, wenn der Arbeitnehmer nicht jeweils die Einbeziehung in den Lohnsteuer-Jahresausgleich beantragt. [3]Vom Jahresarbeitslohn sind der etwa in Betracht kom-

---

1 IErg. glA *Schmidt*[37], § 41c Rn. 5; **aA** hM, *K/S/M*, § 42d Rn. C 2.

2 *V. Bornhaupt*, BB 1983, 106 (107).

3 BFH v. 5.7.2012 - VI R 11/11, BStBl. II 2013, 190 = FR 2013, 383 m. Anm. *Bergkemper*; *Schmidt*[37], § 41c Rn. 5; **aA** hM, *K/S/M*, § 42d Rn. C 2.

mende Versorgungsfreibetrag und Zuschlag zum Versorgungsfreibetrag und der etwa in Betracht kommende Altersentlastungsbetrag abzuziehen. [4]Für den so geminderten Jahresarbeitslohn ist die Jahreslohnsteuer nach § 39b Absatz 2 Satz 6 und 7 zu ermitteln nach Maßgabe der Steuerklasse, die die für den letzten Lohnzahlungszeitraum des Ausgleichsjahres als elektronisches Lohnsteuerabzugsmerkmal abgerufen oder auf der Bescheinigung für den Lohnsteuerabzug oder etwaigen Mitteilungen über Änderungen zuletzt eingetragen wurde. [5]Den Betrag, um den die sich hiernach ergebende Jahreslohnsteuer die Lohnsteuer unterschreitet, die von dem zugrunde gelegten Jahresarbeitslohn insgesamt erhoben worden ist, hat der Arbeitgeber dem Arbeitnehmer zu erstatten. [6]Bei der Ermittlung der insgesamt erhobenen Lohnsteuer ist die Lohnsteuer auszuscheiden, die von den nach Satz 2 außer Ansatz gebliebenen Bezügen einbehalten worden ist.

(3) [1]Der Arbeitgeber darf den Lohnsteuer-Jahresausgleich frühestens bei der Lohnabrechnung für den letzten im Ausgleichsjahr endenden Lohnzahlungszeitraum, spätestens bei der Lohnabrechnung für den letzten Lohnzahlungszeitraum, der im Monat Februar des dem Ausgleichsjahr folgenden Kalenderjahres endet, durchführen. [2]Die zu erstattende Lohnsteuer ist dem Betrag zu entnehmen, den der Arbeitgeber für seine Arbeitnehmer für den Lohnzahlungszeitraum insgesamt an Lohnsteuer erhoben hat. [3]§ 41c Absatz 2 Satz 2 ist anzuwenden.

(4) [1]Im Lohnkonto für das Ausgleichsjahr ist die im Lohnsteuer-Jahresausgleich erstattete Lohnsteuer gesondert einzutragen. [2]In der Lohnsteuerbescheinigung für das Ausgleichsjahr ist der sich nach Verrechnung der erhobenen Lohnsteuer mit der erstatteten Lohnsteuer ergebende Betrag als erhobene Lohnsteuer einzutragen.

A. Grundaussagen der Vorschrift

1 Der LStJA ist der Abschluss des LSt-Abzugsverfahrens. Er ist noch Teil des Vorauszahlungsverfahrens und bezweckt den **frühzeitigen Ausgleich** zuviel erhobener LSt. Im Gegensatz zur Antragsveranlagung nach § 46 Abs. 2 Nr. 8 wird der Ausgleich auf der Basis der nach § 39b Abs. 2 zu errechnenden Jahres-LSt und nicht nach dem zu versteuernden Einkommen iVm. § 32a ermittelt. Der ArbG ist an die Eintragungen auf der LSt-Karte und ab 2013 an die elektronischen LSt-Abzugsmerkmale gebunden. Der LStJA durch den ArbG **ändert wie § 41c Abs. 3 nur den LSt-Abzug.**[1] Unter den Voraussetzungen des § 39b Abs. 2 S. 12 kann das Verfahren als **permanenter LStJA** (§ 39b Rn. 14) bereits während des Kj. durchgeführt werden. Der LStJA ist nur für unbeschränkt stpfl. ArbN zulässig.[2]

2 Der Erstattungsanspruch des ArbN ist öffentl.-rechtl. und richtet sich gegen den Steuer-Fiskus. Der ArbG kann daher mit eigenen Ansprüchen gegen den ArbN nicht aufrechnen. Eine Gehaltsabtretung umfasst regelmäßig auch LSt-Erstattungsansprüche[3] und damit auch einen Anspr. aus § 42b. Bei einer Gehaltspfändung ist das Betriebsstätten-FA Drittschuldner.[4] Für die Abtretung und Pfändung sind die Voraussetzungen des § 46 Abs. 2, 6 AO zu beachten.[5]

B. Voraussetzungen des Lohnsteuerjahresausgleichs (Abs. 1)

3 **I. Zulässigkeitsvoraussetzungen.** Nach der Änderung des § 42b Abs. 1 S. 1 **ab 2012**[6] ist der ArbG nur noch **berechtigt** den LStJA für solche ArbN durchzuführen, die das gesamte abgelaufene Kj. (Ausgleichsjahr) unbeschränkt stpfl. waren[7] und ständig in einem **zu ihm bestehenden Dienstverhältnis** standen (Abs. 1 S. 1).[8] Der Anwendungsbereich des LStJA musste durch die Einführung der elektronischen LSt-

1 *K/S/M*, § 42b Rn. A 4; *Drenseck*, DStJG 9 (1986), 377 (386).
2 *Blümich*, § 42b Rn. 5.
3 BFH v. 4.12.1979 – VII R 29/77, BStBl. II 1980, 488.
4 *Blümich*, § 42b Rn. 33; *K/S/M*, § 42b Rn. A 17; **aA** *H/H/R*, § 42b Rn. 6 (Betriebsstätten-FA und ArbG); *Stöber*, Forderungspfändung[13], Rn. 381 (nur ArbG).
5 *H/H/R*, § 42b Rn. 6.
6 BeitrRLUmsG v. 7.12.2011, BGBl. I 2011, 2592.
7 R 42b Abs. 1 S. 2 LStR; *Blümich*, § 42b Rn. 11; **aA** *K/S/M*, § 42b Rn. B 2.
8 R 42b Abs. 1 S. 2 LStR.

Abzugsmerkmale eingeschränkt werden, da dem ArbG immer nur die LSt-Abzugsmerkmale aus dem aktuellen Dienstverhältnis bekannt sind. Der ArbG kann die in Abs. 1 S. 3 aufgeführten Ausschlussfälle somit nicht mehr wie früher anhand weitergereichter LSt-Karten zweifelsfrei erkennen.[1] Beschäftigt der ArbG am 31.12. mindestens zehn ArbN, wird er gem. S. 2 zum LStJA **verpflichtet**. Als ArbN zählen dabei auch Teilzeitbeschäftigte oder gering entlohnte ArbN, v. deren Lohn keine LSt einzubehalten war.[2]

4 **II. Durchführungsverbote.** In S. 3 sind neun Durchführungsverbote normiert, die eine schnelle Veranlagung durch das FA ermöglichen (Nr. 1) oder ungerechtfertigte Erstattungen verhindern[3] sollen (Nr. 2–6). Ein **Antrag** des ArbN **gegen den LStJA** gem. Nr. 1 bindet den ArbG.[4] Aufgrund der Verbote in Nr. 2 und 3 ist der LStJA nur bei der LSt-Klassen I möglich und bei den LSt-Klassen II, III und IV, wenn diese das ganze Kj. hindurch für den ArbN bestanden haben. Hat der ArbN dem **ProgrVorb.** nach § 32b unterliegende Einnahmen bezogen (Nr. 4) oder könnten solche Einnahmen bezogen worden sein, etwa Krankengeld (Nr. 4a)[5] oder nach DBA stfreier Lohn (Nr. 6), wird der LStJA ebenso ausgeschlossen wie bei **Hinzurechnungsbeträgen** nach § 39a Abs. 1 Nr. 7 (Nr. 3a). Ein LStJA ist nicht mehr möglich, wenn **Freibeträge eingetragen wurden** (Nr. 3a) oder die LSt unter **Anwendung des Faktorverfahrens** abgezogen wurde (Nr. 3b). Da die Auswirkungen der Vorsorgepauschale bei einem **Wechsel bzgl. der Renten-, Kranken- oder Pflegeversicherungspflicht** (Nr. 5) für den ArbG nicht nachvollziehbar sind, ist in diesen Fällen ausschließlich eine Veranlagung nach § 46 Abs. 2 Nr. 3 durchzuführen.[6]

C. Ermittlung des Erstattungsbetrags (Abs. 2)

5 Zunächst muss der ArbG den **Jahresarbeitslohn** ermitteln. Nur bis 2012 ist er dabei an die LSt-Bescheinigungen der vorangegangenen Dienstverhältnisse gebunden.[7] Ab 2013 ist von der StKl. des letzten Lohnzahlungszeitraums des Ausgleichsjahres auszugehen (Abs. 2 S. 4). **Entschädigungen** gem. § 24 Nr. 1 (zB wegen Auflösung des Dienstverhältnisses s. § 24 Rn. 20) und **Vergütungen für mehrjährige Tätigkeiten** gem. § 34 Abs. 2 Nr. 4 werden gem. S. 2 nur auf Antrag des ArbN eingerechnet. Dies ist dann günstiger, wenn sich trotz Einbeziehung noch eine Erstattung ergibt. Von diesem Jahresarbeitslohn sind nur ein etwaiger Versorgungs-Freibetrag nach § 19 Abs. 2 und ein etwaiger Altersentlastungsfreibetrag nach § 24a abzuziehen. Freibeträge können nur noch bei der Veranlagung nach § 46 berücksichtigt werden. Aus diesem Betrag ist gem. § 39b Abs. 2 S. 6, 7 die **Jahres-LSt** zu ermitteln. Soweit die einbehaltene LSt diesen Betrag überschreitet, ist die LSt dem ArbN zu erstatten.

6 Bei Vorliegen einer **Nettolohnvereinbarung** hat der ArbG die zutr. Jahres-LSt durch Hochrechnung des Jahresnettolohns auf den entspr. Jahresbruttolohn zu ermitteln und diesen auf der LSt-Bescheinigung zu vermerken. Führt die Durchführung des LStJA zu Steuererstattungen, ist die zu bescheinigende einbehaltene LSt entspr. zu vermindern.[8]

D. Zeitpunkt der Durchführung und Refinanzierung der Erstattung (Abs. 3)

7 Der ArbG darf frühestens im letzten im Ausgleichsjahr endenden, spätestens im letzten, im folgenden Februar[9] endenden Lohnzahlungszeitraum (§ 38a Rn. 6) den LStJA durchführen. Der Erstattungsbetrag ist dem Betrag zu entnehmen, den der ArbG für seine ArbN für den Lohnzahlungszeitraum insges. an LSt erhoben hat. Reicht diese nicht aus, kann der Fehlbetrag auf Antrag vom Betriebsstätten-FA ersetzt werden oder er wird mit noch zu erhebender LSt verrechnet.[10] Da § 42b **nur** eine **Erstattung** v. zu viel erhobener LSt erlaubt, darf sich dadurch die LSt für den aktuellen Lohnzahlungszeitraum auch bei einer vereinfachten Zusammenfassung v. LSt-Erhebung und LStJA[11] nicht erhöhen, sofern nicht die Voraussetzungen des § 41c erfüllt sind.[12]

---

1 Gesetzesbegründung zum BeitrRLUmsG, BT-Drucks. 17/6263; vgl. auch BMF v. 8.11.2018, BStBl. I 2018, 1137 Tz. VI.
2 *Schmidt*[37], § 42b Rn. 2.
3 *Blümich*, § 42b Rn. 14 ff. mwN.
4 *Blümich*, § 42b Rn. 15.
5 Zum Großbuchstaben U s. § 41 Abs. 1 S. 6.
6 Ebenso bei Änderung der Beitragsbemessungsgrenze oder des Beitragssatzes, vgl. BMF v. 26.11.2013, BStBl. I 2013, 1532 Tz. 8.
7 *K/S/M*, § 42b Rn. C 1.
8 OFD Düss. v. 29.11.2005, juris Tz. 2.
9 Der LStJA für das Ausgleichsjahr 2015 war noch bis März 2016 zulässig (Änderung des Monats durch das VerfModG v. 18.7.2016, BGBl. I 2016, 1679).
10 *K/S/M*, § 42b Rn. D 3.
11 R 42b Abs. 3 S. 1 LStR.
12 *Blümich*, § 42b Rn. 31.

E. Aufzeichnungspflichten (Abs. 4)

Im Lohnkonto muss die erstattete LSt gesondert eingetragen werden (S. 1). Auf der LSt-Bescheinigung darf als LSt nur der um die Erstattung geminderte Betrag angegeben werden (S. 2). 8

§ 42c

(weggefallen)

§ 42d Haftung des Arbeitgebers und Haftung bei Arbeitnehmerüberlassung

(1) Der Arbeitgeber haftet

1. für die Lohnsteuer, die er einzubehalten und abzuführen hat,

2. für die Lohnsteuer, die er beim Lohnsteuer-Jahresausgleich zu Unrecht erstattet hat,

3. für die Einkommensteuer (Lohnsteuer), die auf Grund fehlerhafter Angaben im Lohnkonto oder in der Lohnsteuerbescheinigung verkürzt wird,

4. für die Lohnsteuer, die in den Fällen des § 38 Absatz 3a der Dritte zu übernehmen hat.

(2) Der Arbeitgeber haftet nicht, soweit Lohnsteuer nach § 39 Absatz 5 oder § 39a Absatz 5 nachzufordern ist und in den vom Arbeitgeber angezeigten Fällen des § 38 Absatz 4 Satz 2 und 3 und des § 41c Absatz 4.

(3) [1]Soweit die Haftung des Arbeitgebers reicht, sind der Arbeitgeber und der Arbeitnehmer Gesamtschuldner. [2]Das Betriebsstättenfinanzamt kann die Steuerschuld oder Haftungsschuld nach pflichtgemäßem Ermessen gegenüber jedem Gesamtschuldner geltend machen. [3]Der Arbeitgeber kann auch dann in Anspruch genommen werden, wenn der Arbeitnehmer zur Einkommensteuer veranlagt wird. [4]Der Arbeitnehmer kann im Rahmen der Gesamtschuldnerschaft nur in Anspruch genommen werden,

1. wenn der Arbeitgeber die Lohnsteuer nicht vorschriftsmäßig vom Arbeitslohn einbehalten hat,

2. wenn der Arbeitnehmer weiß, dass der Arbeitgeber die einbehaltene Lohnsteuer nicht vorschriftsmäßig angemeldet hat. [2]Dies gilt nicht, wenn der Arbeitnehmer den Sachverhalt dem Finanzamt unverzüglich mitgeteilt hat.

(4) [1]Für die Inanspruchnahme des Arbeitgebers bedarf es keines Haftungsbescheids und keines Leistungsgebots, soweit der Arbeitgeber

1. die einzubehaltende Lohnsteuer angemeldet hat oder

2. nach Abschluss einer Lohnsteuer-Außenprüfung seine Zahlungsverpflichtung schriftlich anerkennt.

[2]Satz 1 gilt entsprechend für die Nachforderung zu übernehmender pauschaler Lohnsteuer.

(5) Von der Geltendmachung der Steuernachforderung oder Haftungsforderung ist abzusehen, wenn diese insgesamt 10 Euro nicht übersteigt.

(6) [1]Soweit einem Dritten (Entleiher) Arbeitnehmer im Sinne des § 1 Absatz 1 Satz 1 des Arbeitnehmerüberlassungsgesetzes in der Fassung der Bekanntmachung vom 3. Februar 1995 (BGBl. I S. 158), das zuletzt durch Artikel 26 des Gesetzes vom 20. Dezember 2011 (BGBl. I S. 2854) geändert worden ist, zur Arbeitsleistung überlassen werden, haftet er mit Ausnahme der Fälle, in denen eine Arbeitnehmerüberlassung nach § 1 Absatz 3 des Arbeitnehmerüberlassungsgesetzes vorliegt, neben dem Arbeitgeber. [2]Der Entleiher haftet nicht, wenn der Überlassung eine Erlaubnis nach § 1 des Arbeitnehmerüberlassungsgesetzes in der jeweils geltenden Fassung zugrunde liegt und soweit er nachweist, dass er den nach § 51 Absatz 1 Nummer 2 Buchstabe d vorgesehenen Mitwirkungspflichten nachgekommen ist. [3]Der Entleiher haftet ferner nicht, wenn er über das Vorliegen einer Arbeitnehmerüberlassung ohne Verschulden irrte. [4]Die Haftung beschränkt sich auf die Lohnsteuer für die Zeit, für die ihm der Arbeitnehmer überlassen worden ist. [5]Soweit die Haftung des Entleihers reicht, sind der Arbeitgeber, der Entleiher und der Arbeitnehmer Gesamtschuldner. [6]Der Entleiher darf auf Zahlung nur in Anspruch genommen werden, soweit die Vollstreckung in

das inländische bewegliche Vermögen des Arbeitgebers fehlgeschlagen ist oder keinen Erfolg verspricht; § 219 Satz 2 der Abgabenordnung ist entsprechend anzuwenden. [7]Ist durch die Umstände der Arbeitnehmerüberlassung die Lohnsteuer schwer zu ermitteln, so ist die Haftungsschuld mit 15 Prozent des zwischen Verleiher und Entleiher vereinbarten Entgelts ohne Umsatzsteuer anzunehmen, solange der Entleiher nicht glaubhaft macht, dass die Lohnsteuer, für die er haftet, niedriger ist. [8]Die Absätze 1 bis 5 sind entsprechend anzuwenden. [9]Die Zuständigkeit des Finanzamts richtet sich nach dem Ort der Betriebsstätte des Verleihers.

(7) Soweit der Entleiher Arbeitgeber ist, haftet der Verleiher wie ein Entleiher nach Absatz 6.

(8) [1]Das Finanzamt kann hinsichtlich der Lohnsteuer der Leiharbeitnehmer anordnen, dass der Entleiher einen bestimmten Teil des mit dem Verleiher vereinbarten Entgelts einzubehalten und abzuführen hat, wenn dies zur Sicherung des Steueranspruchs notwendig ist; Absatz 6 Satz 4 ist anzuwenden. [2]Der Verwaltungsakt kann auch mündlich erlassen werden. [3]Die Höhe des einzubehaltenden und abzuführenden Teils des Entgelts bedarf keiner Begründung, wenn der in Absatz 6 Satz 7 genannte Prozentsatz nicht überschritten wird.

(9) [1]Der Arbeitgeber haftet auch dann, wenn ein Dritter nach § 38 Absatz 3a dessen Pflichten trägt. [2]In diesen Fällen haftet der Dritte neben dem Arbeitgeber. [3]Soweit die Haftung des Dritten reicht, sind der Arbeitgeber, der Dritte und der Arbeitnehmer Gesamtschuldner. [4]Absatz 3 Satz 2 bis 4 ist anzuwenden; Absatz 4 gilt auch für die Inanspruchnahme des Dritten. [5]Im Fall des § 38 Absatz 3a Satz 2 beschränkt sich die Haftung des Dritten auf die Lohnsteuer, die für die Zeit zu erheben ist, für die er sich gegenüber dem Arbeitgeber zur Vornahme des Lohnsteuerabzugs verpflichtet hat; der maßgebende Zeitraum endet nicht, bevor der Dritte seinem Betriebsstättenfinanzamt die Beendigung seiner Verpflichtung gegenüber dem Arbeitgeber angezeigt hat. [6]In den Fällen des § 38 Absatz 3a Satz 7 ist als Haftungsschuld der Betrag zu ermitteln, um den die Lohnsteuer, die für den gesamten Arbeitslohn des Lohnzahlungszeitraums zu berechnen und einzubehalten ist, die insgesamt tatsächlich einbehaltene Lohnsteuer übersteigt. [7]Betrifft die Haftungsschuld mehrere Arbeitgeber, so ist sie bei fehlerhafter Lohnsteuerberechnung nach dem Verhältnis der Arbeitslöhne und für nachträglich zu erfassende Arbeitslohnbeträge nach dem Verhältnis dieser Beträge auf die Arbeitgeber aufzuteilen. [8]In den Fällen des § 38 Absatz 3a ist das Betriebsstättenfinanzamt des Dritten für die Geltendmachung der Steuer- oder Haftungsschuld zuständig.

Literatur: *Beermann*, BFH-Rechtsprechung zur Lohnsteuerhaftung nach § 69 AO, FR 1992, 262; *Beermann*, AO-Geschäftsführerhaftung und ihre Grenzen nach der Rechtsprechung des BFH, DStR 1994, 805; *von Bornhaupt*, Lohnsteuernachforderungen beim Arbeitnehmer, FR 1991, 365; *von Bornhaupt*, Haftungsausschluss bei schuldlosem und entschuldbarem Handeln, StVj. 1993, 322; *Depping/Nikolaus*, Haftungsschulden im Konkurs, DStZ 1996, 176; *Eisgruber*, Lohnsteuerhaftung des Arbeitgebers auf Grund einer unterlassenen Anzeige nach § 38 Abs. 4 Satz 2 EStG, DStR 2003, 141; *Gast de Haan*, Lohnsteuerschuld und Arbeitgeberhaftung, DStJG 9 (1986), 141; *Geißler*, Der Unternehmer im Dienste des Steuerstaats, Diss. 2001; *Giloy*, Haftung des Arbeitgebers für die Lohnsteuer, NWB Fach 6, 4267; *Herzig*, Steuerliche und bilanzielle Probleme bei Stock-Options und Stock Appreciation Rights, DB 1999, 1; *Heuermann*, Der Lohnsteueranspruch ggü. dem Arbeitgeber, DB 1994, 2411; *Heuermann*, Der Lohnsteueranspruch gegen den Arbeitnehmer und sein Verhältnis zur (festgesetzten) Einkommensteuer, DB 1996, 1052; *Heuermann*, Systematik und Struktur der Leistungspflichten im Lohnsteuerabzugsverfahren, Diss. 1998; *Heuermann*, Leistungspflichten im Lohnsteuerverfahren, StuW 1998, 219; *G. Kirchhof*, Die Erfüllungspflicht des Arbeitgebers im Lohnsteuerverfahren, Diss. 2005; *Krämer*, Bestimmtheit und Begründung von Haftungs- und Pauschalierungsbescheiden, Diss. 1994; *Lang*, Arbeitsrecht und Steuerrecht, RdA 1999, 64; *Mösbauer*, Möglichkeiten des Haftungsausschlusses, FR 1995, 173; *Mösbauer*, Zur Haftung des Entleihers von Arbeitnehmern für deren Lohnsteuer, FR 1996, 281; *H-F Müller*, Die steuerrechtliche Haftung des GmbH-Geschäftsführers in der Krise, GmbHR 2003, 389; *Olbertz*, Die Lohnsteuerhaftung des Arbeitgebers, DB 1998, 1787; *Portner*, Stock Options – (Weitere) lohnsteuerliche Fragen, insbesondere bei Expatriates, DStR 1998, 1535; *Rothenberger*, Keine Säumniszuschläge auf Haftungsschulden, DStZ 1997, 694; *Schäfer*, Dreiecksbeziehungen zwischen Arbeitnehmer, Arbeitgeber und Finanzamt beim Lohnsteuerabzug, Diss. 1990; *Seer*, Verständigung im Steuerverfahren, Habil. 1996; *Thomas*, Verfahrensfragen zu Lohnsteuerpauschalierungsbescheiden, DStR 1992, 837; *Thomas*, Die Ermittlung der Haftungsschuld bei unterbliebenem Lohnsteuerabzug, DStR 1995, 273; *Thomas*, Lohnsteuerabzug auf freiwillige Trinkgelder, KFR F 6 EStG § 38, 1/98, 101; *Völlmeke*, Das Entschließungsermessen beim Haftungsbescheid, DStR 1991, 1001; *Völlmeke*, Probleme bei der Anrechnung von Lohnsteuer, DB 1994, 1746; *Völlmeke*, Probleme bei der Trinkgeldbesteuerung, DStR 1998, 157; *Winter*, Der Arbeitgeber im Lohnsteuerrecht, Diss. 1998; *Wüllenkemper*, Auswirkungen der Bekanntgabe eines Jahressteuerbescheides auf einen Rechtsstreit und einen Vorauszahlungsbescheid, DStZ 1998, 458.

A. Grundaussagen der Vorschrift

I. Regelungsgegenstand. § 42d normiert **zwei unterschiedliche Haftungstatbestände**, die Haftung des ArbG oder Dritten iSd. § 38 Abs. 3a (§ 38 Rn. 21) für LSt (Abs. 1–5, 9) und die Haftung bei der ArbN-Überlassung (Abs. 6–8). **Abs. 1** enthält die **Haftungstatbestände** für den ArbG, **Abs. 2** die **Haftungsausschlüsse. Abs. 3** begründet die **Gesamtschuldnerschaft** zw. ArbN und ArbG und stellt es in das **Ermessen** des FA, welchen der beiden es in Anspr. nimmt. **Abs. 4** regelt die **Verfahrensvereinfachungen** bei der Inanspruchnahme des ArbG und **Abs. 5** enthält eine **Bagatellgrenze**. Nach **Abs. 6** haftet der **Entleiher** v. ArbN bei ArbN-Überlassungen auch dann, wenn der Lohn vom Verleiher gezahlt wird. **Abs. 7** lässt den **Verleiher** haften, wenn ausnahmsweise der Entleiher als ArbG anzusehen ist. **Abs. 8** regelt spezielle **Verfahrensvorschriften** für die Entleiher- und Verleiherhaftung. **Abs. 9** regelt die fortgeltende Haftung des ArbG, auch wenn ein Dritter iSd. § 38 Abs. 3a seine Pflichten übernimmt und das Haftungsverhältnis zw. Dritten und ArbG. 1

§ 42d erlaubt dem FA, den ArbG, den Dritten iSd. § 38 Abs. 3a und den Entleiher v. Arbeitskräften für nicht erhobene oder nicht abgeführte LSt in Haftung zu nehmen. Die Haftung soll den ordnungsgemäßen LSt-Einbehalt garantieren[1] und die Steuerforderung gegen den ArbN absichern. Sie hat Schadensersatz- aber keinen Strafcharakter.[2] Für gesetzwidrig zu hoch einbehaltene LSt entsteht keine Haftung. 2

Die **Entleiherhaftung** stellt sicher, dass insbes. der illegale Entleiher in Anspr. genommen werden kann, wenn der illegale Verleiher, der den ArbN entlohnt, die LSt nicht einbehält und abführt.[3] Da die gesetzliche Vermutung des Art. 1 § 10 AÜG nicht für das Steuerrecht gilt,[4] haftet der illegale Entleiher nicht schon nach Abs. 1. Die Entleiherhaftung soll Wettbewerbsverzerrungen durch steuerunehrliche Verleiher vermeiden. Zudem steht so dem Fiskus nach der Aufdeckung einer steuerunehrlichen ArbN-Überlassung im Inland ein Schuldner zur Vfg., den er in Anspr. nehmen kann.[5] 3

1 BFH v. 9.10.1992 – VI R 47/91, BStBl. II 1993, 169 = FR 1993, 94; *K/S/M*, § 42d Rn. A 1.
2 BFH v. 22.7.1993 – VI R 116/90, BStBl. II 1993, 775 = FR 1993, 814.
3 BT-Drucks. 10/1934, 39.
4 BFH v. 2.4.1982 – VI R 34/79, BStBl. II 1982, 502.
5 BT-Drucks. 10/4119.

4 **II. Verhältnis zu anderen Vorschriften.** Die LSt-Haftung ist **verfassungsgemäß.**[1] Soweit der ArbG nach § 40 Abs. 3 die LSt übernimmt, aber nicht abführt, muss das FA gegen ihn einen Pauschalierungsbescheid erlassen. Das **Pauschalierungsverfahren** geht der Haftung vor (§ 40 Rn. 15). Die Haftung für die Kirchen-LSt ergibt sich über entspr. Verweise aus den jeweiligen KiStG der Länder.[2] Die Entleiherhaftung wird durch § 48 Abs. 4 Nr. 2 eingeschränkt (Rn. 63).

B. Haftungstatbestand (Abs. 1)

5 **I. Arbeitgeber im Lohnsteuerverfahren.** Der ArbG haftet für die LSt, die er einzubehalten und abzuführen hat, sowie für zu Unrecht erstattete LSt oder die Verkürzung v. ESt aufgrund einer Verletzung seiner Aufzeichnungspflichten. Gegenüber dem FA ist er **Steuerschuldner** iSd. § 33 Abs. 1 AO. Seine Rechtsstellung ggü. dem ArbN ist umstritten.[3] Der Streit ist aber für die Praxis nur wenig bedeutsam, da die lohnsteuerrechtl Pflichten nicht abbedungen werden können. Das dem Dienstverhältnis zugrunde liegende Dienstrecht wird vom LSt-Recht überlagert;[4] der ArbG nimmt aber keine staatliche Aufgabe wahr, sondern erfüllt mit dem LSt-Abzug eine **eigene öffentl.-rechtl Verpflichtung** gemeinsam mit dem ArbN, der Schuldner der LSt ist (§ 38 Rn. 16f.). Übernimmt ein Dritter iSd. § 38 Abs. 3a die Pflichten des ArbG, übernimmt er auch dessen Haftungsstellung, ohne dass der ArbG insoweit v. der Haftung befreit wird.

6 Unterlaufen dem ArbG beim LSt-Abzug Fehler, hat der ArbN gegen den ArbG einen **Schadensersatzanspruch** aus positiver Vertragsverletzung.[5] Ein Amtshaftungsanspruch gem. § 839 BGB iVm. Art. 34 S. 1 GG gegen den ArbG besteht nicht.[6] Erfüllt der ArbG einen solchen Schadensersatzanspruch, so führt dies nicht zu einer steuerbaren Einnahme beim ArbN.[7]

7 **II. Haftungsschuld und Steuerschuld.** Die (nicht pauschalierte) LSt ist eine Vorauszahlung auf die ESt. Letztere entsteht gem. § 36 Abs. 1 erst mit Ablauf des Kj. Ab diesem Zeitpunkt ist im Verhältnis zum ArbN nur der ESt-Anspr. maßgebend.[8] Was unter dem Begriff „LSt" iSd. § 42d Abs. 1 Nr. 1 und 2 zu verstehen ist, hängt deshalb davon ab, zu welchem Zeitpunkt das FA den ArbG in Anspr. nimmt.

8 **Während des lfd. Kj.** haftet der ArbG für die LSt des einzelnen Lohnzahlungszeitraums. Dies gilt auch dann, wenn zu vermuten ist, dass die Jahreslohnsteuerschuld nicht in entspr. Höhe entstehen wird.[9] Da für den LSt-Abzug ausschließlich die LSt-Abzugsmerkmale maßgeblich sind (§ 39 Rn. 1), sind während des lfd. Kj. der Haftungsanspruch und der Steueranspruch gegen den ArbN dem Umfang nach identisch.[10]

9 **Nach Ablauf des Kj.** richtet sich die Haftung des ArbG nach der Jahres-LSt. Diese errechnet sich nach § 39b Abs. 2 S. 3–11 nach den LSt-Abzugsmerkmalen für den Jahresarbeitslohn.[11] Auch für eine Änderung des LSt-Abzugs nach Ablauf des Kj. gem. § 41c Abs. 3 wäre diese Größe maßgeblich. Da die Haftung nach § 42d gem. § 191 Abs. 1 S. 1 Nr. 1 AO **akzessorisch** ist, ist eine Steuerschuld des ArbN Tatbestandsvoraussetzung für die Haftung.[12] Daraus folgt aber nicht, dass die Haftung durch eine ggü. der Jahres-LSt niedrigere ESt-Schuld des ArbN begrenzt wird.[13] Dies würde zu einer „Schattenveranlagung" im Haftungsverfahren führen.[14] Die **Haftungsschuld betrifft** aber **ausschließlich** die **LSt**, die verfahrensmäßig abgetrennt vom Veranlagungsverfahren erhoben wird und für die das Wohnsitz-FA zuständig ist. Das LSt-Abzugsverfahren hat keine Bindungswirkung für die Veranlagung des ArbN und ist nur über die Anrechnung nach § 36 Abs. 2 Nr. 2 damit verbunden. Dieser systemimmanenten Trennung der Verfahren widerspräche es, wenn dem ArbG materielle Einwände aus der Pers. des ArbN, wie das Erlöschen der LSt durch die Festsetzung der ESt,[15]

---

1 BVerfG v. 17.2.1977 – 1 BvR 33/76, HFR 1977, Nr. 308; *H/H/R*, § 42d Rn. 8 (verfassungskonforme Auslegung notwendig); *Blümich*, § 42b Rn. 9; **aA** *Schick*, Besteuerungsverfahren, 36.
2 *Blümich*, § 42d Rn. 14.
3 Zum Streitstand ausf. *G. Kirchhof*, Die Erfüllungspflicht des ArbG im Lohnsteuerverfahren, 2005, 25ff.
4 *Birkenfeld*, DStJG 9 (1986), 233 (264).
5 BAG v. 17.3.1960 – 5 AZR 395/58, DB 1960, 642; *Schmidt*[37], § 38 Rn. 1; **aA** *K/S/M*, § 38 Rn. A 40; *Stolterfoht*, DStJG 9 (1986), 196.
6 *Blümich*, § 42d Rn. 20; **aA** *K/S/M*, § 38 Rn. A 13.
7 BFH v. 20.9.1996 – VI R 57/95, BStBl. II 1997, 144.
8 BFH v. 21.2.1992 – VI R 141/88, BStBl. II 1992, 565.
9 BFH v. 24.11.1961 – VI 183/59 S, BStBl. III 1962, 37.
10 Zur LSt-Karte: BFH v. 26.7.1974 – VI R 24/69, BStBl. II 1974, 756; *K/S/M*, § 42d Rn. A 8.
11 *Thomas*, DStR 1995, 273 (275).
12 BFH v. 15.12.1989 – VI R 151/86, BStBl. II 1990, 526; *Heuermann*, DB 1994, 2411.
13 So aber *Schmidt*[37], § 42d Rn. 2; *H/H/R*, § 42d Rn. 22.
14 *K/S/M*, § 42d Rn. A 13.
15 BFH v. 12.10.1995 – I R 39/95, BStBl. II 1996, 87.

zuzubilligen wären.[1] Die zT hiergegen erhobenen verfassungsrechtl Bedenken[2] sind unbegründet, denn eine übermäßige Inanspruchnahme kann zum einen über die Anrechnung und den Regress korrigiert werden,[3] zum anderen ist bei Veranlagungsfällen das Auswahlermessen eingeschränkt.

III. Entstehen und Verjährung des Haftungsanspruchs. Der Haftungsanspruch **entsteht** mit Verwirklichung eines Haftungstatbestandes des Abs. 1, ohne dass es des Erlasses eines Haftungsbescheides bedarf.[4] Wird die LSt nicht ordnungsgemäß einbehalten, entsteht der Haftungsanspruch nach Abs. 1 Nr. 1 bereits mit **Zahlung des Lohns**,[5] denn abführen muss der ArbG nur den tatsächlich einbehaltenen Betrag (§ 41a Rn. 7). Wird die einbehaltene LSt nicht abgeführt, entsteht der Haftungsanspruch am 10. Tag nach Ablauf des Voranmeldungszeitraums gem. § 41a Abs. 1 Nr. 2. Fällig wird der Anspr. hinsichtlich der nicht einbehaltenen LSt erst mit Festsetzung der Haftungsschuld gem. § 220 Abs. 2 S. 2 AO, hinsichtlich der nicht abgeführten LSt gem. §§ 220 Abs. 1 AO iVm. 41a Abs. 1 Nr. 2 bereits mit der Entstehung. Letztere Haftungsschuld kann gem. § 222 S. 4 AO nicht gestundet werden. 10

Die **Verjährung** des Haftungsanspruchs regelt § 191 Abs. 3 AO. Die Festsetzungsfrist beträgt gem. § 191 Abs. 3 S. 2 AO vier Jahre[6] und beginnt gem. § 191 Abs. 3 S. 3 AO mit Ablauf des Kj., in dem der ArbG den Haftungstatbestand verwirklicht hat. **Zugunsten des Haftungsschuldners** kann aber der Bescheid noch nach Ablauf der Verjährungsfrist geändert werden.[7] Im Erlasszeitpunkt muss gem. § 191 Abs. 5 Nr. 1 AO ein Steuerbescheid gegen den Steuerschuldner noch festgesetzt werden können und die Steuerschuld darf weder erlassen, noch trotz Festsetzung bereits verjährt sein. Ob die Steuerschuld nach dem Erlass des Haftungsbescheides verjährt, ist unbeachtlich.[8] Eine LSt-Außenprüfung hemmt ggü. dem ArbG den Ablauf der Festsetzungsfrist nach § 171 Abs. 4 AO; allerdings nur, wenn sie tatsächlich durchgeführt wird.[9] Die Festsetzungsfrist für einen Haftungsbescheid endet nicht vor Ablauf der Festsetzungsfrist für die LSt.[10] 11

Hebt das FA im Rahmen eines Rechtsbehelfsverfahrens einen Haftungsbescheid auf, endet die Ablaufhemmung aufgrund der Außenprüfung.[11] Um dies zu vermeiden, muss die Behörde den Haftungsbescheid ändern oder einen neuen Bescheid erlassen, nachdem der alte Bescheid durch das FG aufgehoben wurde.[12] 12

IV. Einzelne Tatbestände. 1. Haftung für die einzubehaltende und abzuführende Lohnsteuer (Abs. 1 Nr. 1). Die Haftung für die einzubehaltende und abzuführende LSt knüpft an die Pflichten der §§ 38 Abs. 2, 41a an. **Richtig einbehalten** ist die LSt, wenn sie entsprechend der LSt-Abzugsmerkmale – bei fehlenden LSt-Abzugsmerkmalen[13] nach LSt-Klasse VI – und der Jahreslohnsteuer nach § 39b Abs. 2 S. 4–11 ermittelt wurde.[14] Die LSt ist auch dann richtig berechnet (bisheriges LSt-Kartenprinzip s. § 39 Rn. 1), wenn die Eintragungen objektiv falsch sind und v. den tatsächlichen Verhältnissen des ArbN abweichen.[15] Dies gilt auch für die elektronischen LSt-Abzugsmerkmale. Denn nur der ArbN ist iRd. §§ 39 Abs. 5–7 verpflichtet, Änderungen der Eintragung herbeizuführen. Bei einer Verletzung dieser Pflicht ist daher gem. Abs. 2 Nr. 1 ausschließlich der ArbN heranzuziehen. Führt der ArbG bei fehlenden LSt-Abzugsmerkmalen entgegen § 39c Abs. 1 S. 1 den LSt-Abzug nach StKl. I durch, kann er auch nach Ablauf des Kj. nach § 42d Abs. 1 S. 1 in Haftung genommen werden.[16] 13

Der ArbG trägt das Haftungsrisiko hinsichtlich der Frage, ob ein Lohn stpfl. ist. Wurde eine verbindliche Zusage nach § 204 AO erteilt, hat der ArbG nur die LSt einzubehalten, die sich nach dieser Zusage ergibt, auch wenn sich deren Unrichtigkeit nachträglich herausstellt.[17] Führt er in Zweifelsfragen eine **Anrufungsauskunft** nach § 42e herbei und folgt ihr, soll nach neuerer Rspr.[18] der Tatbestand des Abs. 1 nicht 14

1 *Blümich*, § 42d Rn. 32.
2 *Schmidt*[37], § 42d Rn. 2.
3 *Blümich*, § 42d Rn. 32.
4 BFH v. 15.10.1996 – VII R 46/96, BStBl. II 1997, 171.
5 *K/S/M*, § 42d Rn. A 40; **aA** *Schmidt*[37], § 42d Rn. 10.
6 Bei Steuerverkürzung bzw. -hinterziehung s. aber § 191 Abs. 3 S. 2 AO.
7 BFH v. 12.8.1997 – VII R 107/96, BStBl. II 1998, 131; AEAO zu § 191.
8 BFH v. 7.11.1995 – VII R 26/95, BFH/NV 1996, 379.
9 BFH v. 17.6.1998 – IX R 65/95, BStBl. II 1999, 4.
10 BFH v. 6.3.2008 – VI R 5/05, BStBl. II 2008, 597.
11 BFH v. 24.1.1995 – VII B 142/94, BStBl. II 1995, 227.
12 BFH v. 23.3.1993 – VII R 38/92, BStBl. II 1993, 581.
13 S. § 38b Abs. 2 Nr. 6; oder fehlender Bescheinigung nach § 39 Abs. 3.
14 BFH v. 26.7.1974 – VI R 24/69, BStBl. II 1974, 756.
15 BFH v. 26.7.1974 – VI R 24/69, BStBl. II 1974, 756.
16 BFH v. 12.1.2001 – VI R 102/98, FR 2001, 752 = BFH/NV 2001, 963.
17 *K/S/M*, § 42d Rn. B 1.
18 BFH v. 16.11.2005 – VI R 23/02, BStBl. II 2006, 210 = FR 2006, 385; *K/S/M*, § 42d Rn. B 1; anders noch BFH v. 9.10.1992 – VI R 97/90, BStBl. II 1993, 166 = FR 1993, 55 m. Anm. *von Bornhaupt*.

erfüllt sein.[1] Lehnt man richtigerweise eine solche rechtsgestaltende Wirkung der Anrufungsauskunft ab (§ 42e Rn. 6), wäre eine Inanspruchnahme jedenfalls ermessensfehlerhaft. Weicht der ArbG v. einer erteilten Auskunft ab, kann er nicht dadurch einen Haftungsausschluss bewirken, dass er die Abweichung dem FA anzeigt.[2] **Führt der ArbG einbehaltene LSt nicht ab**, haftet er stets.[3] Er trägt die Gefahr des zufälligen Verlusts bis zum Zugang beim FA.[4]

15 **2. Haftung für zu Unrecht erstattete Lohnsteuer (Abs. 1 Nr. 2).** Da eine zu hohe Erstattung v. LSt nach § 42b zugleich einen unzutr. Einbehalt v. LSt darstellt, ist in diesen Fällen bereits der Tatbestand der Nr. 1 erfüllt.[5] Die Nr. 2 hat nur klarstellende Bedeutung.[6] Eine konstitutive Bedeutung erlangt die Norm auch nicht für den Fall, dass entgegen den Verboten des § 42b Abs. 1 S. 4 (§ 42b Rn. 4) ein LStJA vorgenommen wurde.

16 **3. Haftung für verkürzte Einkommensteuer (Abs. 1 Nr. 3).** Voraussetzung für die Haftung nach Nr. 3 ist, dass **unrichtige Angaben im Lohnkonto** (§ 41 Rn. 3 f.) oder in der **LSt-Bescheinigung** (§ 41b Rn. 2 und 3) zu einer Verkürzung v. ESt geführt haben.[7] Die Vorschrift wurde eingeführt, weil der BFH[8] eine Haftung bei fehlerhaften LSt-Bescheinigungen abgelehnt hatte.[9]

17 **4. Haftung des Arbeitgebers für Lohnsteuer, die der Dritte iSd. § 38 Abs. 3a zu übernehmen hat (Abs. 1 Nr. 4).** Diese Haftung unterscheidet sich grds. v. den Nr. 1–3, da hier der Dritte aufgrund einer Pauschalierung selbst LSt-Schuldner ist und der ArbG nicht für LSt eines ArbN, sondern für LSt des Dritten in Anspr. genommen werden kann. Da der Übergang der ArbG-Pflichten auf den Dritten keine Mitwirkung des ArbG voraussetzt, ist diese Haftung für Schulden des Dritten krit.

18 **V. Haftender und Verschulden.** Haftender ist der ArbG (s. § 38 Rn. 5 und § 19 Rn. 47), der die Einbehaltungspflicht gem. § 38 Abs. 3 zu erfüllen hat.[10] Die Haftung nach § 42d setzt **kein Verschulden** voraus,[11] das Verschulden ist aber iRd. **Ermessensausübung** zu würdigen.[12] Bei einem Nichteinbehalt aufgrund eines entschuldbaren Rechtsirrtums, kann der ArbG nicht in Haftung genommen werden.[13]

19 Werden **Lohnzahlungen v. Dritten** geleistet (§ 19 Rn. 68), so setzt der Haftungstatbestand voraus, dass sich der Zufluss im Herrschaftsbereich des ArbG ereignet und dieser dadurch nach entspr. Kenntnis in der Lage ist, die LSt einzubehalten.[14] Erbringt eine ausländ. Muttergesellschaft für ArbN ihrer inländ. Tochter Leistungen, ist die Tochtergesellschaft Haftungsschuldnerin.[15] Dies gilt etwa auch für die Gewährung v. Stock Options (§ 19 Rn. 78 „Ankaufsrecht") durch die ausländ. Muttergesellschaft.[16] Für den Einbehalt v. LSt für Provisionen v. Bausparkassen und Versicherungen an ArbN v. Kreditinstituten entsteht eine Haftung, wenn der ArbG über die Höhe der Provisionen tatsächlich Kenntnis erlangt.[17]

20 Die Haftung des ArbG ist nicht subsidiär. § 219 S. 2 AO gewährt für das Steuerabzugsverfahren ausdrücklich eine Ausnahme vom Grundsatz einer vorrangigen Vollstreckung ggü. dem Steuerschuldner.

21 **VI. Haftungsumfang, Zinsen und Säumniszuschläge.** Der Haftungsumfang[18] berechnet sich aus der gem. § 38a **individuell ermittelten LSt**. Soweit der ArbG die LSt nicht selbst berechnet hat, muss das FA die Berechnung selbst durchführen, um die Höhe der Haftungsschuld festzustellen.[19] Maßgebend ist die vom ArbG einzubehaltende und abzuführende LSt, nach Ablauf des Kj. die hypothetische LSt-Abzugs-

1 *K/S/M*, § 42d Rn. B 1; *Giloy*, (NWB Fach 6, 4267) sieht zumindest das FA als daran gebunden.
2 BFH v. 4.6.1993 – VI R 95/92, BStBl. II 1993, 687 = FR 1993, 604.
3 *Blümich*, § 42d Rn. 49.
4 *K/S/M*, § 42d Rn. B 3.
5 *K/S/M*, § 42d Rn. B 4.
6 BFH v. 24.9.1982 – VI R 64/79, BStBl. II 1983, 60 = FR 1983, 21; **aA** *Giloy*, NWB Fach 6, 4267 (LStJA ist eigenständig konzipierter Akt).
7 BFH v. 22.7.1993 – VI R 116/90, BStBl. II 1993, 775 = FR 1993, 814.
8 BFH v. 12.7.1968 – VI R 320/66, BStBl. II 1968, 697.
9 BT-Drucks. 7/1470; krit. dazu *Lang*, StuW 1975, 113 (130).
10 BFH v. 21.2.1986 – VI R 9/80, BStBl. II 1986, 768 = FR 1986, 387; *T/K*, § 191 AO Rn. 8.
11 *Giloy*, NWB Fach 6, 4267; **aA** *K/S/M*, § 42d Rn. B 12 (verschuldensunabhängige Haftung unverhältnismäßig); *H/H/R*, § 42d Rn. 23 (Haftung ohne Verschulden unbillig).
12 HM *Blümich*, § 42d Rn. 58f; **aA** *Schick*, BB 1983, 1041; *K/S/M*, § 42d Rn. B 12.
13 BFH v. 18.9.1981 – VI R 44/77, BStBl. II 1981, 801 = FR 1982, 23; nach *Giloy*, (NWB Fach 6, 4267) der Versuch die Folgen der verschuldensunabhängig konzipierten Haftung durch Treu und Glauben oder wegen Unbilligkeit auszuschließen.
14 BFH v. 21.2.1986 – VI R 9/80, BStBl. II 1986, 768 = FR 1986, 387.
15 BFH v. 21.2.1986 – VI R 9/80, BStBl. II 1986, 768 = FR 1986, 387.
16 BFH v. 10.3.1972 – VI R 278/68, BStBl. II 1972, 596; *Herzig*, DB 1999, 1.
17 BFH v. 24.10.1997 – VI R 23/94, BStBl. II 1999, 323 = FR 1998, 107 (zu Trinkgeldern); *Schmidt*[37], § 42d Rn. 8.
18 Zur weiter gehenden Begrenzung bei Haftung anderer Pers. s. Rn. 43.
19 *Blümich*, § 42d Rn. 67.

schuld.[1] Nur bei **Nettolohnvereinbarungen** (§ 39b Rn. 16f.) und in den Fällen des § 40 Abs. 1 Nr. 2 ist dabei ein Nettosteuersatz (§ 40 Rn. 17) anzuwenden. Selbst bei einem Regressverzicht (s. Rn. 46) bleibt es beim Bruttosteuersatz. Die nicht einbehaltene LSt ermittelt sich nur aus dem bereits zugeflossenen Lohn. Eine **Schätzung** der LSt mit einem durchschnittlichen Steuersatz gem. § 40 Abs. 1 Nr. 2 ist nur zulässig, wenn der ArbG zustimmt (§ 40 Rn. 14) oder die Voraussetzungen für eine Schätzung gem. § 162 AO vorliegen.[2]

Als Haftungsschuldner ist der ArbG weder **Zinsschuldner**, noch Zinsgläubiger,[3] da § 235 AO sich ausschließlich auf Steuern bezieht.[4] Soweit er einbehaltene LSt nicht abgeführt hat, handelt es um eine zinsauslösende Steuerschuld.[5] Wird die Haftungsschuld am Fälligkeitstag nicht entrichtet, entstehen **Säumniszuschläge**, da § 240 Abs. 1 S. 2 AO seit dem 31.7.1998 die Haftungsschuld der Steuerschuld gleichstellt.[6] 22

VII. Haftung und Insolvenz. Das bisher in § 61 Abs. 1 Nr. 2 KO geregelte Konkursprivileg für LSt-Beträge ist ab dem 1.1.1999 durch die Abschaffung aller Vorrechte gem. § 38 InsO[7] beseitigt worden. Zahlt der Insolvenzverwalter nach der Insolvenzeröffnung Löhne aus, hat er auf diese Löhne LSt einzubehalten und abzuführen. 23

C. Ausschluss der Haftung (Abs. 2)

Die in Abs. 2 dargestellten Ausschlusstatbestände haben **überwiegend** nur **deklaratorischen** Charakter,[8] weil der Tatbestand des Abs. 1 bereits nicht erfüllt ist. Lediglich für die **Anzeige nach § 41c Abs. 4**, wenn der ArbG einen vorschriftswidrigen LSt-Einbehalt erkennt (§ 41c Rn. 9), wirkt Nr. 1 **konstitutiv**. Bei einer vorsätzlich unrichtigen Einbehaltung ist eine haftungsausschließende Anzeige nicht möglich (§ 41c Rn. 5).[9] Haftungsausschließend ist insbesondere auch eine Meldung nach § 38 Abs. 4 S. 3. 24

Auch eine Anzeige nach § 38 Abs. 4 S. 2 soll v. der Haftung befreien. Die Unterlassung einer solchen Anzeige erfüllt aber keinen Haftungstatbestand, da § 38 Abs. 4 S. 2 voraussetzt, dass keine LSt einzubehalten und abzuführen ist.[10] Selbst wenn die Anzeige die Einbehaltung ersetzt, mangelt es für eine Haftung an einer Abführungspflicht. Die Auslegung des BFH,[11] dass § 42d Abs. 1 Nr. 1 auch für LSt gelte, deren rechtmäßige Nichteinbehaltung nicht rechtzeitig angezeigt wurde, führt zu einer haftungsbegründenden Analogie. Der bloße Mangel eines Haftungsausschlussgrundes führt nicht im Wege des Umkehrschlusses zu einer Haftung.[12] Eine solche Haftung könnte iÜ nur dann erfüllt sein, wenn die unterlassene Anzeige kausal für den Steuerausfall ist.[13] Hat der ArbG ordnungsgemäß angezeigt, ist eine Haftung jedenfalls auch dann ausgeschlossen ist, wenn die LSt deshalb nicht vom ArbN nachzufordern ist, weil der hierfür maßgebliche Mindestbetrag v. zehn Euro nicht überschritten ist oder beim ArbN eine Nachversteuerung, etwa v. Versicherungsaufwendungen (§ 30 EStDV), durchzuführen ist, weil nicht LSt, sondern ESt nacherhoben wird. 25

D. Gesamtschuld von Arbeitgeber und Arbeitnehmer (Abs. 3)

I. Gesamtschuldnerschaft von Arbeitgeber und Arbeitnehmer. Bereits gem. § 44 Abs. 1 S. 1 AO sind Haftungs- und Steuerschuldner **Gesamtschuldner**. § 42d Abs. 3 S. 1 hat daher nur klarstellende Bedeutung.[14] Da Steuerschuld und Haftungsschuld nicht übereinstimmen müssen (Rn. 7ff.), besteht die Gesamtschuld nur, soweit die Haftung des ArbG reicht. Die Zahlung durch einen Gesamtschuldner wirkt gem. § 44 Abs. 2 S. 1 AO auch für den anderen Gesamtschuldner.[15] Die Aufrechnung steht diesbezüglich gem. 26

1 *K/S/M*, § 42d Rn. A 7; *Giloy*, NWB Fach 6, 4267; **aA** *H/H/R*, § 42d Rn. 22 (Beschränkung auf die endg. ESt-Schuld des ArbN).
2 BFH v. 17.3.1994 – VI R 120/92, BStBl. II 1994, 536 = FR 1994, 433.
3 Etwa hinsichtlich Prozesszinsen nach § 236 Abs. 1 AO.
4 BFH v. 25.7.1989 – VII R 39/86, BStBl. II 1989, 821.
5 BFH v. 18.7.1991 – V R 72/87, BStBl. II 1991, 781.
6 Anders noch BFH v. 25.2.1997 – VII R 15/96, BStBl. II 1998, 2.
7 Dazu *Pape*, NJW 1997, 2777.
8 *Blümich*, § 42d Rn. 75.
9 *Giloy*, NWB Fach 6, 4267; iErg. glA *Schmidt*[37], § 42d Rn. 14 (unzulässige Rechtsausübung); **aA** *H/M/W*, Haftung für LSt 2.
10 *B/B*, § 42d Rn. 53; **aA** BFH v. 9.10.2002 – VI R 112/99, FR 2003, 93 m. Anm. *Bergkemper* = BStBl. 2002, 884; *K/S/M*, § 42d Rn. C 2.
11 BFH v. 9.10.2002 – VI R 112/99, FR 2003, 93 m. Anm. *Bergkemper* = BStBl. 2002, 884; **aA** *Eisgruber*, DStR 2003, 141; *Nacke*, DStR 2005, 1298.
12 So aber *Blümich*, § 42d Rn. 49.
13 **AA** BFH v. 9.10.2002 – VI R 112/99, FR 2003, 93 m. Anm. *Bergkemper* = BStBl. 2002, 884; (nur iRd. Ermessensentscheidung zu berücksichtigen).
14 BT-Drucks. 7/1470.
15 BFH v. 24.1.1992 – VI R 177/88, BStBl. II 1992, 696.

§ 44 Abs. 2 S. 1 AO einer Zahlung gleich. Eine bloße Aufrechnungslage des FA ggü. dem ArbN hindert eine Inanspruchnahme des ArbG hingegen nicht.[1] Sie ist aber bei der Ermessensentscheidung zu berücksichtigen.[2] Zahlungen, die nach der Bekanntgabe der Einspruchsentscheidung auf die Steuerschuld geleistet werden, haben keinen Einfluss auf die Rechtmäßigkeit des Haftungsbescheides;[3] eine nach diesem Zeitpunkt erfolgte Minderung der Steuerschuld kann aber einen Widerruf nach § 131 Abs. 1 AO veranlassen.[4]

27 **II. Inanspruchnahme des Arbeitgebers oder Arbeitnehmers. 1. Ermessen des Finanzamts.** Dem Betriebsstätten-FA steht gem. Abs. 3 S. 2 ein Auswahl- und Entschließungsermessen[5] zu, das aber nur besteht, soweit ArbG und ArbN als Gesamtschuldner für die LSt-Schuld des ArbN als einer Vorauszahlungssteuer für die ESt einstehen müssen.[6]

Das Ermessen erstreckt sich auch auf die Inanspruchnahme des ArbN als Steuerschuldner,[7] weil auch Zweckmäßigkeits- und Billigkeitsüberlegungen anzustellen sind, ob die nicht einbehaltene LSt nicht ebenso leicht beim ArbG eingezogen werden kann. Die Frage, ob das FA einen Haftungsanspruch geltend machen will **(Entschließungsermessen)**, setzt voraus, dass ein Haftungstatbestand erfüllt ist.[8] In ihrem **Auswahlermessen** ist die Behörde gem. Abs. 3 S. 3 nicht eingeschränkt, wenn der ArbN zur ESt veranlagt wird. Nach der ständigen Rspr.[9] ist die Inhaftungnahme des ArbG aber nicht mehr zulässig, wenn die Steuer vom ArbN ebenso schnell und einfach erhoben werden kann, weil er zu veranlagen ist.

Bei einer vorsätzlich begangenen Steuerstraftat ist die Haftungsschuld gegen den Steuerstraftäter festzusetzen (vorgeprägtes Auswahlermessen).[10] Einer besonderen Begr. des Ermessens bedarf es dann nicht. Mehrere Steuerhinterzieher stehen gleichrangig nebeneinander.

28 **2. Einschränkungen der Inanspruchnahme des Arbeitnehmers.** Gem. Abs. 3 S. 4 wird die Inanspruchnahme des ArbN iRd. Gesamtschuld **auf zwei Tatbestände beschränkt**. Erst wenn einer dieser Tatbestände erfüllt ist, kommt ein Auswahlermessen in Betracht. Ob es iRd. ESt-Veranlagung zu einer Erhebung der bisher nicht im Wege der Vorauszahlung erhobenen Steuer kommt, wird durch die Einschränkung des Abs. 3 S. 4 nicht berührt.[11] Bei der Veranlagung ist auch eine Anrufungsauskunft nach § 42e nicht bindend.[12]

29 Wurde die **LSt nicht vorschriftsmäßig einbehalten (Nr. 1)**, wurde die LSt des ArbN nicht getilgt. Der ArbN kann daher wegen dieses LSt-Anspr. in Anspr. genommen werden. Auch die fehlerhafte Erstattung v. LSt im Rahmen eines LStJA nach § 42b führt zu einem nicht vorschriftsmäßigen Einbehalt v. LSt.[13] Bei einem korrekten Einbehalt erlischt die LSt-Schuld des ArbN gem. § 47 AO.[14] Die LSt ist dann erhoben iSd. § 36 Abs. 2 Nr. 2 und kann angerechnet werden, selbst wenn sie nicht an das Betriebsstätten-FA abgeführt wird.[15] Bei einer **Nettolohnvereinbarung** (§ 39b Rn. 16f.) gilt die LSt mit dem Auszahlen des Barlohns als vorschriftsmäßig einbehalten.[16] Auch nach Ablauf des VZ kann das FA gegen den ArbN die LSt-Schuld geltend machen. Liegen die Voraussetzungen des § 46 Abs. 1 und 2 vor, ist der ArbN zu veranlagen und die einbehaltene LSt anzurechnen. Ansonsten kann der ArbN dem LSt-Anspr. sämtliche materiell-rechtl Einwendungen entgegenhalten, insbes. geltend machen, dass die gem. § 36 Abs. 1 geschuldete Steuer die gem. § 46 Abs. 4 S. 1 nachgeforderte Vorauszahlungsschuld unterschreite. Wurde der ArbN bereits veranlagt, kann der LSt-Anspr. nur noch über eine Änderung des ESt-Bescheides geltend gemacht werden.[17] Der

1 *Blümich*, § 42d Rn. 80 mwN.
2 BFH v. 4.5.1983 – II R 108/81, BStBl. II 1983, 592; *K/S/M*, § 42d Rn. D 2.
3 BFH v. 17.10.1980 – VI R 136/77, BStBl. II 1981, 138.
4 BFH v. 12.8.1997 – VII R 107/96, BStBl. II 1998, 131.
5 R 42d.1 Abs. 5 S. 2 LStR; **aA** *Giloy*, NWB Fach 6, 4267 (Geltendmachung des ESt-Anspr. keine Ermessensentscheidung).
6 *K/S/M*, § 42d Rn. D 4; *Schmidt*[37], § 42d Rn. 16.
7 BFH v. 21.2.1992 – VI R 141/88, BStBl. II 1992, 565; *Giloy*, NWB Fach 6, 4267; *v. Bornhaupt*, FR 1991, 365 (368); **aA** *Mösbauer*, FR 1995, 727; *Schmidt*[37], § 42d Rn. 16 (Ermessensentscheidung ggü. ArbN nur bei Haftung für Steuern des lfd. Kj.).
8 *Schmidt*[37], § 42d Rn. 16.
9 BFH v. 19.7.1995 – VI B 28/95, BFH/NV 1996, 32; zust. *K/S/M*, § 42d Rn. D 6; *Schmidt*[37], § 42d Rn. 32.
10 BFH v. 12.2.2009 – VI R 40/07, BStBl. II 2009, 478.
11 IErg. hM; str. ist nur, ob die Formulierung „irreführend" ist (so *Schmidt*[37], § 42d Rn. 24; **aA** *Blümich*, § 42d Rn. 88).
12 BFH v. 9.10.1992 – VI R 97/90, BStBl. II 1993, 166 = FR 1993, 55 m. Anm. *von Bornhaupt*.
13 *Gast-de Haan*, DStJG 9 (1986), 142 (168); **aA** *v. Bornhaupt*, BB 1975, 547.
14 BFH v. 8.11.1985 – VI R 238/80, BStBl. II 1986, 186 = FR 1986, 160; *K/S/M*, § 38 Rn. A 56; **aA** *Völlmeke*, DB 1994, 1746.
15 BFH v. 18.6.1993 – VI R 67/90, BStBl. II 1994, 182 = FR 1994, 22.
16 BFH v. 28.2.1992 – VI R 146/87, BStBl. II 1992, 733 = FR 1992, 664.
17 BFH v. 21.2.1992 – VI R 141/88, BStBl. II 1992, 565.

ArbN kann gem. § 44 Abs. 2 S. 3 AO keine arbeitgeberbezogenen Einwendungen erheben oder vortragen, dass eine Inanspruchnahme des ArbG gegen Treu und Glauben verstieße.[1] Der Vortrag, der ArbG sei vorrangig heranzuziehen, begründet kein Leistungsverweigerungsrecht.[2]

Wurde die **LSt nicht vorschriftsmäßig angemeldet (Nr. 2)**, setzt eine Inanspruchnahme die Kenntnis des ArbN voraus. Nur **positives Wissen** führt zu einer **Haftung** des ArbN, der seine LSt-Schuld bereits mit der Duldung des Einbehalts erfüllt hat. Zeigt der ArbN den Sachverhalt ohne schuldhaftes Zögern dem FA an, ist gem. Abs. 3 S. 4 Nr. 2 S. 2 seine Inanspruchnahme ausgeschlossen. Maßgeblich ist dabei ausschließlich die Anmeldung der LSt Dem Abführen der LSt nach § 41a Abs. 1 Nr. 2 kommt keine Bedeutung zu. Auch wenn der ArbN weiß, dass eine angemeldete LSt nicht abgeführt wird, kann er nicht in Anspr. genommen werden. 30

3. Ausschluss der Inanspruchnahme des Arbeitgebers. Vor der Inanspruchnahme des ArbG sind die notwendige Begrenzung der Haftungsrisiken für den ArbG[3] und der Zweck der LSt-Verfahrens, den Eingang der Quellensteuer sicherzustellen,[4] gegeneinander abzuwägen. Zu prüfen ist deshalb, ob die Haftung des ArbG nach Treu und Glauben ausgeschlossen ist **(Entschließungsermessen)** oder es unbillig wäre, ihn vor dem ArbN heranzuziehen **(Auswahlermessen)**. 31

Die Inanspruchnahme des ArbG ist nach Treu und Glauben ausgeschlossen, wenn er sich in einem **entschuldbaren Rechtsirrtum** befindet,[5] bzw. die Ursache des **Rechtsirrtums in der Sphäre der Verwaltung** liegt.[6] Der Rechtsirrtum ist entschuldbar, wenn der ArbG bei seinem (subj.) Kenntnisstand trotz sorgfältiger Prüfung aus guten Gründen (objektiv) überzeugt sein konnte, dass LSt im konkreten Einzelfall nicht einzubehalten sei.[7] Dem ArbG obliegt es aber, sich über die einschlägigen Gesetze, VO und RL zu informieren.[8] Verfährt er nach den allg. Weisungen der zuständigen Behörden, haftet er auch dann nicht, wenn er keine konkrete Kenntnis der Anordnung hatte.[9] Eine Änderung der Rspr. führt ebenso wenig zu einer Haftung des ArbG, wie eine geänderte Verwaltungsanweisung.[10] Da der ArbG idR kein Steuerfachmann ist, darf er auch im Vertrauen auf einen Tarifvertrag Bezüge stfrei auszahlen[11] und die bisherige Rechtslage bei einer Gesetzesänderung fortführen, wenn er die Änderungen zumutbar noch nicht berücksichtigen konnte.[12] 32

In die Sphäre der Verwaltung fällt ein Rechtsirrtum, der **durch Maßnahmen eines LSt-Außenprüfers bestärkt** wurde.[13] Eine Bestärkung ist aber nicht schon das bloße Nichtbeanstanden eines Verfahrens,[14] sondern setzt voraus, dass der streitige LSt-Abzug Gegenstand einer Vorprüfung war[15] oder das FA nach der Außenprüfung Kenntnis v. dem fehlerhaften LSt-Abzug erlangt und den ArbG nicht auf den Fehler aufmerksam gemacht hat.[16] In die Sphäre der Verwaltung fallen auch Fehler aufgrund v. **unklaren oder falschen Auskünften** des FA[17] oder einer unklaren RL. Dies gilt auch für eine unrichtige Anrufungsauskunft (zu deren Rechtswirkungen s. § 42e Rn. 7); bei einer Übernahme des Verfahrens[18] für eine andere Betriebsstätte ist der Rechtsfehler entschuldbar.[19] Dem ArbG kann in diesen Fällen nicht vorgeworfen werden, dass er keine Anrufungsauskunft eingeholt hat. Bei offensichtlich zweifelh. Rechtslagen schützt den ArbG aber nur eine Anrufungsauskunft.[20] 33

1 BFH v. 27.3.1991 – VI R 126/87, BStBl. II 1991, 720 = FR 1991, 626.
2 *Blümich*, § 42d Rn. 89 f.
3 BFH v. 18.9.1981 – VI R 44/77, BStBl. II 1981, 801 = FR 1982, 23.
4 BFH v. 26.7.1974 – VI R 24/69, BStBl. II 1974, 756.
5 BFH v. 29.4.1992 – XI R 5/90, BStBl. II 1992, 969 = FR 1992, 580 m. Anm. *Kanzler*.
6 *Schmidt*[37], § 42d Rn. 26.
7 *Offerhaus*, StbJb. 1983/84, 314; *H/H/R*, § 42d Rn. 60.
8 Aber R 42d.1 Abs. 4 S. 4 LStR: keine Inanspruchnahme, wenn wegen kurzer Zeit zw. Gesetzesverkündung und folgender Lohnabrechnung Anpassung nicht zumutbar war.
9 BFH v. 6.12.1996 – VI R 18/96, BStBl. II 1997, 413 = FR 1997, 390.
10 FG Nds. v. 29.11.1991 – XI 76/88, EFG 1992, 365.
11 BFH v. 18.9.1981 – VI R 44/77, BStBl. II 1981, 801 = FR 1982, 23; aber BFH v. 31.1.1986 – VI R 17/83, BFH/NV 1986, 372 (fehlerhafte Auslegung v. Tarifvertrag schädlich).
12 R 42d.1 Abs. 4 S. 4 LStR.
13 BFH v. 18.9.1981 – VI R 44/77, BStBl. II 1981, 801 = FR 1982, 23.
14 BFH v. 5.3.1965 – VI 259/63 U, BStBl. III 1965, 355.
15 BFH v. 24.1.1992 – VI R 177/88, BStBl. II 1992, 696.
16 BFH v. 20.7.1962 – VI 167/61 U, BStBl. III 1963, 23.
17 BFH v. 24.11.1961 – VI 183/59 S, BStBl. III 1962, 37.
18 S. § 42e S. 2 und 3.
19 *Blümich*, § 42d Rn. 102.
20 BFH v. 5.2.1971 – VI R 82/68, BStBl. II 1971, 353; *v. Bornhaupt*, BB 1981, 2129.

34 Der ArbG muss **nachweisen**, dass der Rechtsirrtum in der Sphäre des FA liegt.[1] Ein Mitverschulden v. FA und ArbG ist analog § 254 BGB insoweit zu berücksichtigen,[2] als der Haftungsanspruch dann nicht in voller Höhe geltend gemacht werden kann. Kann eine **bestandskräftige Veranlagung des ArbN** nicht mehr geändert werden, ist eine Nachforderung beim ArbG ermessenfehlerhaft.[3]

35 **4. Ausübung des Auswahlermessens.** Für die Ausübung des Auswahlermessens gibt es **keinen Grundsatz der vorrangigen Inanspruchnahme des ArbN**.[4] Entscheidend sind die tatsächlichen Verhältnisse des Einzelfalls im Zeitpunkt der Einspruchsentscheidung.[5] Der **ArbG** ist **nur nachrangig** in Anspr. zu nehmen, wenn die LSt ebenso schnell wie einfach vom ArbN nacherhoben werden kann,[6] zB weil er ohnehin zu veranlagen ist[7] und insbes. dann, wenn der ArbN inzwischen aus dem Betrieb ausgeschieden ist.[8] Entspr. gilt, wenn die Berechnung der LSt wegen Fehlens der LSt-Karte (bzw. ab 2013 fehlender elektronischer LSt-Abzugsmerkmale) ebenso aufwendig ist, wie die Versendung v. Kontrollmitteilungen durch das FA.[9] Der ArbG muss aber in diesen Fällen die erforderlichen Angaben machen[10] und darlegen, dass die Veranlagungen der ArbN noch bevorstehen.[11] Nur nachrangig ist der ArbG auch dann heranzuziehen, wenn das Bestehen des Arbverh. zweifelh. ist,[12] der betroffene ArbN sich selbst den Arbeitslohn ohne LSt ausgezahlt hat[13] oder es sich um wenige ArbN handelt,[14] deren Einkünfte wahrscheinlich unter der stpfl. Grenze liegen.[15] Im letzteren Fall muss es sich um langfristig Beschäftigte handeln, deren Anschrift bekannt ist, und das Verhalten des ArbG darf nicht grob leichtfertig gewesen sein. Verläuft die **Erhebung beim ArbN erfolglos**, kann der ArbG anschließend selbst dann in Anspr. genommen werden, wenn ein früherer Haftungsbescheid wegen vorrangiger Inanspruchnahme des ArbN aufgehoben wurde,[16] nicht aber, wenn aufgrund einer LSt-Außenprüfung der Vorbehalt der Nachprüfung der LSt-Anmeldung aufgehoben wurde (s. dazu Rn. 51). Eine Inanspruchnahme des ArbG ist aber unbillig, wenn die Steuer beim ArbN wegen Bestandskraft des ESt-Bescheids nicht nachgefordert werden kann.[17]

36 **Vorrangig**[18] darf der **ArbG** in Anspr. genommen werden, wenn die LSt bewusst oder grob fahrlässig nicht einbehalten wurde,[19] auch wenn das FA die Anmeldung der LSt durch den ArbG längere Zeit nicht überwacht hat.[20] Dies gilt auch bei einvernehmlich mit dem ArbN geleisteten Schwarzlohnzahlungen.[21] Bei einer **Nettolohnvereinbarung** (§ 39b Rn. 16f.) haftet der ArbG grds. alleine[22] und vorrangig, wenn ausnahmsweise beim ArbN die Voraussetzungen des Abs. 3 S. 4 Nr. 2 vorliegen (Rn. 30). Eine vorrangige Inanspruchnahme ist auch zur Vereinfachung des Verfahrens zulässig, wenn LSt aufgrund einer Vielzahl gleichartiger Sachverhalte nachzuzahlen ist,[23] etwa mehr als 40 ArbN betroffen sind[24] oder eine Vielzahl meist kleiner LSt-Beträge betroffen ist.[25] Entspr. gilt, wenn die individuelle Ermittlung der LSt schwierig

1 BFH v. 24.1.1992 – VI R 177/88, BStBl. II 1992, 696.
2 BFH v. 3.8.1988 – I S 1/88, BFH/NV 1989, 545.
3 BFH v. 9.10.1992 – VI R 47/91, BStBl. II 1993, 169 = FR 1993, 94.
4 *K/S/M*, § 42d Rn. D 9; **aA** wohl FG Berlin v. 3.9.2003 – 6 K 6283/02, EFG 2005, 596 (Haftung des ArbG nur subsidiär zur Steuerschuld des ArbN; auch bei Erhöhung des Werts eines geldwerten Vorteils). Die Revisionsentscheidung (BFH v. 17.6.2005 – VI R 84/04, BStBl. II 2005, 795 = FR 2005, 1163 m. Anm. *Bergkemper*) geht auf diesen Problembereich nicht mehr ein.
5 BFH v. 26.3.1991 – VII R 66/90, BStBl. II 1991, 545.
6 BFH v. 19.7.1995 – VI B 28/95, BFH/NV 1996, 32.
7 BFH v. 30.11.1966 – VI 164/65, BStBl. III 1967, 331.
8 BFH v. 10.1.1964 – VI 262/62 U, BStBl. III 1964, 213.
9 BFH v. 19.7.1995 – VI B 28/95, BFH/NV 1996, 32.
10 BFH v. 29.11.1978 – I R 159/76, BStBl. II 1979, 182.
11 BFH v. 24.1.1992 – VI R 177/88, BStBl. II 1992, 696.
12 BFH v. 18.7.1958 – VI 134/57 U, BStBl. III 1958, 384.
13 BFH v. 29.1.1985 – VII R 67/81, BFH/NV 1986, 256.
14 FG Köln v. 7.6.1990 – 2 K 246/85, EFG 1990, 611 (für acht ArbN, die bekannt sind und im Bezirk des Betriebsstätten-FA wohnen).
15 BFH v. 3.6.1982 – VI R 48/79, BStBl. II 1982, 710 = FR 1982, 549.
16 *Schmidt*[37], § 42d Rn. 32.
17 BFH v. 9.10.1992 – VI R 47/91, BStBl. II 1993, 169 = FR 1993, 94.
18 Zum Verhältnis zu anderen Haftungsschuldnern s. Rn. 45.
19 BFH v. 29.9.1987 – VII R 54/84, BStBl. II 1988, 176.
20 BFH v. 11.8.1978 – VI R 169/75, BStBl. II 1978, 683.
21 FG Nds. v. 18.1.2001 – 11 K 270/99, EFG 2003, 371, Rev. VI R 26/02 (derzeit nicht fortgeführt, BFH/NV 2005, 237).
22 BFH v. 8.11.1985 – VI R 238/80, BStBl. II 1986, 186 = FR 1986, 160.
23 BFH v. 6.3.1980 – VI R 65/77, BStBl. II 1980, 289 = FR 1980, 362.
24 BFH v. 24.1.1992 – VI R 177/88, BStBl. II 1992, 696.
25 BFH v. 26.7.1974 – VI R 24/69, BStBl. II 1974, 756.

ist, keine Einwendungen gegen die Höhe bestehen und vom ArbG nicht beabsichtigt ist, die ArbN mit der LSt weiterzubelasten.[1]

E. Haftung anderer Personen

I. Haftung gesetzlicher Vertreter. Neben der Haftung des ArbG nach § 42d können **gesetzliche Vertreter, Vermögensverwalter und Verfügungsberechtigte** nach den Vorschriften der §§ 69, 34, 35 AO für die LSt in Haftung genommen werden. Als gesetzliche Vertreter kommen insbes. Geschäftsführer[2] (auch wenn er nur als „Strohmann" eingesetzt ist),[3] Vereinsvorsitzende,[4] auch wenn sie nur ehrenamtlich und unentgeltlich tätig sind,[5] Konkurs-/Insolvenzverwalter, Zwangsverwalter, Nachlassverwalter, Liquidatoren, Testamentsvollstrecker, Prokuristen,[6] Duldungsbevollmächtigte[7] und faktische Geschäftsführer, die mit dem entspr. Anschein einer Berechtigung tatsächlich nach außen hin auftreten,[8] in Betracht, **nicht** aber Vergleichsverwalter,[9] Sequester[10] oder Sachwalter.[11] 37

Die Haftung hat Schadenersatzcharakter[12] und setzt gem. § 69 eine **vorsätzliche oder grob fahrlässige** Verletzung der stl. Pflichten voraus, die **kausal für den Steuerausfall** sein muss.[13] Die Bemessung der LSt folgt den gleichen Grundsätzen wie bei der Haftung des ArbG.[14] Die Kausalität richtet sich nach der Adäquanztheorie.[15] Der Geschäftsführer verletzt seine Sorgfaltspflicht, wenn er die LSt nicht abführt, weil er auf einen zukünftigen Mittelzufluss oder das Bestehen einer Aufrechnungslage (zB mit einem vermeintlichen Vorsteuerguthaben) vertraut.[16] Auch ein Antrag auf Eröffnung des Insolvenzverfahrens oder die Bestellung eines vorläufigen Insolvenzverwalters befreit den Geschäftsführer noch nicht von seiner Haftungspflicht.[17] Das FA muss gem. § 219 S. 2 AO nicht vor Inanspruchnahme versucht haben, in das bewegliche Vermögen des ArbN zu vollstrecken. Der Haftende kann auch für die auf den eigenen Lohn entfallende LSt in Anspr. genommen werden.[18] 38

Die **lohnsteuerlichen Pflichten** des Geschäftsführers werden **durch die nominelle Bestellung** begründet.[19] Unmaßgeblich ist, ob die Pers. die nötige Sachkunde besitzt, die Tätigkeit tatsächlich ausübt oder nur Strohmann ist.[20] Setzt der Geschäftsführer Mitarbeiter ein, muss er diese ausreichend überwachen.[21] Bei mehreren Geschäftsführern ist jeder grds. gesamtverantwortlich;[22] durch eine interne verbindliche Aufteilung der Tätigkeitsbereiche, die schriftlich niedergelegt wird, können die Pflichten begrenzt werden.[23] Darauf kann sich der Geschäftsführer aber nicht berufen, wenn an der exakten Erfüllung der Verpflichtung durch den zuständigen Geschäftsführer Anlass zum Zweifel entsteht.[24] Um sich dem Haftungsrisiko zu entziehen, muss der Geschäftsführer zurücktreten oder sein Amt niederlegen.[25] 39

Bei Liquiditätsschwierigkeiten, gilt der **Grundsatz der gleichrangigen Befriedigung** v. ArbN und FA.[26] 40
Reichen die Mittel nicht mehr zur Zahlung v. Bruttolöhnen inklusive der LSt aus, darf der Lohn nur noch

1 BFH v. 25.8.1993 – XI R 8/93, BStBl. II 1994, 167 = FR 1994, 89.
2 Zur Haftung in der Krise *Müller*, GmbHR 2003, 389.
3 BFH v. 11.3.2004 – VII R 52/02, BStBl. II 2004, 579.
4 BFH v. 13.3.2003 – VII R 46/02, BStBl. II 2003, 556.
5 BFH v. 23.6.1998 – VII R 4/98, BStBl. II 1998, 761.
6 *Lohmeyer*, Inf. 1988, 268.
7 FG Nds. v. 9.7.1991 – XI 508/90, EFG 1992, 239.
8 BFH v. 10.5.1989 – I R 121/85, BFH/NV 1990, 7.
9 *T/K*, § 34 AO Rn. 10.
10 BFH v. 27.11.1990 – VII R 20/89, BStBl. II 1991, 284.
11 FG Nds. v. 30.10.1981 – XI (VI) 220/80, EFG 1982, 386.
12 BFH v. 21.6.1994 – VII R 34/92, BStBl. II 1995, 230.
13 BFH v. 5.3.1991 – VII R 93/88, BStBl. II 1991, 678.
14 BFH v. 29.7.2009 – VI B 99/08, BFH/NV 2009, 1809.
15 BFH v. 17.11.1992 – VII R 13/92, BStBl. II 1993, 471.
16 BFH v. 24.3.2004 – VII B 317/03, BFH/NV 2004, 1069.
17 FG Köln v. 25.2.2014 – 10 K 2954/10, EFG 2014, 1350 (rkr.).
18 BFH v. 15.4.1987 – VII R 160/83, BStBl. II 1988, 167; v. 8.5.2001 – VII B 252/00, BFH/NV 2001, 1222.
19 *Blümich*, § 42d Rn. 177.
20 BFH v. 13.2.1996 – VII B 245/95, BFH/NV 1996, 657.
21 BFH v. 27.11.1990 – VII R 20/89, BStBl. II 1991, 284.
22 BFH v. 23.6.1998 – VII R 4/98, BStBl. II 1998, 761.
23 *Blümich*, § 42d Rn. 177.
24 BFH v. 6.5.1997 – VII B 23/97, BFH/NV 1997, 641.
25 BFH v. 2.7.1987 – VII R 162/84, BFH/NV 1988, 220; *Hein*, DStR 1988, 65 mwN.
26 BFH v. 26.7.1988 – VII R 83/87, BStBl. II 1988, 859.

gekürzt ausgezahlt werden,[1] auch wenn die Bank Gelder nur für Nettolohnzahlungen zur Vfg. stellt.[2] Dies gilt auch, wenn der Geschäftsführer die Löhne aus eigenen Mitteln bezahlt.[3] Dieser Grundsatz führt zu einer Begrenzung der Haftung auf die LSt, die bei korrekter Kürzung entstanden wäre.[4] Die objektive Beweislast für die gleichmäßige Befriedigung trägt der Haftungsschuldner.[5] Eine betragsmäßige Beschränkung der LSt-Haftung kommt aber nur für die letzten Monate eines Haftungszeitraums in Betracht, wenn aus den für die letzte Lohnzahlung verwendeten Mitteln die LSt-Rückstände des Vormonats nicht hätten beglichen werden können.

41 Die Nichtabführung der LSt stellt auch dann eine schuldhafte Pflichtverletzung dar, wenn sie im Interesse der Erhaltung des Betriebs und seiner Arbeitsplätze erfolgt.[6] Eine **vorsätzliche Verletzung der Abführungspflicht** liegt vor, wenn die termingerechte Abführung deshalb unterbleibt, weil der Geschäftsführer hofft oder darauf vertraut, dass er die Steuerrückstände nach Behebung der Liquiditätsprobleme ausgleichen kann, etwa in der Hoffnung auf eine Kreditzusage der Bank[7] oder auf den Erfolg eines Stundungsantrags beim FA[8] oder in der Erwartung, das FA werde aufrechnen.[9] Der Geschäftsführer verletzt seine Pflichten schon dann grob fahrlässig, wenn er nur die Schonfrist des § 240 Abs. 3 AO ausnutzen will und die maßgeblichen Finanzprobleme unerwartet erst nach deren Beginn auftreten.[10] Ein Irrtum über seine ihm obliegenden Pflichten ist ein vermeidbarer Verbotsirrtum.[11]

42 Wäre der Geschäftsführer berechtigt gewesen, eine inzwischen unanfechtbar gewordene LSt-Anmeldung anzufechten, muss er diese gem. § 166 AO gegen sich gelten lassen **(Drittwirkung)**.[12] Der **Gesamtrechtsnachfolger** tritt gem. § 45 AO in die Rechtsstellung des Rechtsvorgängers ein.

43 **II. Weitere Haftungstatbestände.** Nach **§ 75 AO** haftet der **Betriebsübernehmer** für die LSt, die seit Beginn des letzten vor der Übereignung liegenden Kj. entstanden ist und die bis zum Ablauf v. einem Jahr nach Anmeldung des Betriebs durch den Erwerber festgesetzt oder angemeldet wird. Der Erwerber haftet gem. § 219 S. 2 AO nachrangig und beschränkt auf den Bestand des übernommenen Vermögens. Nach **§ 71 AO** haftet für verkürzte LSt derjenige, der eine **Steuerhinterziehung** gem. § 370 AO oder eine **Steuerhehlerei** gem. § 374 AO begeht oder an einer solchen Tat teilnimmt.[13]

44 **III. Ermessen und Verschulden.** Der Umfang der Haftung wird durch den Steuerbetrag begrenzt, der bei pflichtgemäßem Verhalten nicht ausgefallen wäre.[14] Das Maß des Verschuldens ist für den Umfang der Haftung bedeutungslos.[15] Das **Entschließungsermessen** ist **vorgeprägt**,[16] wenn das FA bei seiner Entscheidung v. einer vorsätzlichen, nicht nur grob fahrlässigen Pflichtverletzung des Haftungsschuldners ausgegangen ist. Auch wenn dann grds. v. einer stillschweigenden sachgerechten Ermessensausübung durch das FA ausgegangen werden kann,[17] muss in Sonderfällen nach Billigkeits- und Zweckmäßigkeitsgesichtspunkten abgewogen werden.[18] Bei einem Mitverschulden des FA stellt die persönliche Inanspruchnahme des Haftungsschuldners nur dann einen Ermessensfehlgebrauch dar, wenn dessen Verschulden gering ist.[19]

45 Beim **Auswahlermessen** gelten dieselben Grundsätze (Rn. 35) wie im Verhältnis zw. ArbG und ArbN.[20] Sind mehrere Geschäftsführer bestellt, so müssen sich die erkennbaren Ermessenserwägungen des FA beim Erlass des Haftungsbescheids auf sämtliche Geschäftsführer und deren Verursachungsanteile erstrecken.[21]

---

1 BFH v. 17.1.1989 – VII B 96–97/88, BFH/NV 1989, 424.
2 BFH v. 12.7.1983 – VII B 19/83, BStBl. II 1983, 655; **aA** FG Düss. v. 23.11.1983 – III 230/76 L, EFG 1984, 378.
3 BFH v. 21.10.1986 – VII R 144/83, BFH/NV 1987, 286; **aA** FG Düss. v. 5.11.1991 – 8 K 586/87 H (L), EFG 1992, 240.
4 BFH v. 26.7.1988 – VII R 83/87, BStBl. II 1988, 859.
5 BFH v. 12.3.2004 – VII B 368/03, nv.
6 BFH v. 12.7.1988 – VII R 108–109/87, BFH/NV 1988, 764.
7 BFH v. 4.9.1990 – VII B 40/90, BFH/NV 1991, 427.
8 BFH v. 19.11.1985 – VII S 13/85, BFH/NV 1986, 266.
9 BFH v. 2.8.1988 – VII R 60/85, BFH/NV 1989, 150.
10 BFH v. 11.12.1990 – VII R 85/88, BStBl. II 1991, 282.
11 BFH v. 12.7.1988 – VII R 108–109/87, BFH/NV 1988, 764.
12 BFH v. 16.11.1995 – VI R 82/95, BFH/NV 1996, 285.
13 BFH v. 13.7.1994 – I R 112/93, BStBl. II 1995, 198 = FR 1995, 113. Zur Haftung v. G'tern einer GbR und bei einer Vor-GmbH s. *Blümich*, § 42d Rn. 190 mwN.
14 BFH v. 26.7.1988 – VII R 83/87, BStBl. II 1988, 859.
15 BFH v. 5.9.1989 – VII R 61/87, BStBl. II 1989, 979.
16 BFH v. 8.11.1988 – VII R 141/85, BStBl. II 1989, 219.
17 BFH v. 13.6.1997 – VII R 96/96, BFH/NV 1998, 4.
18 FG Düss. v. 3.3.1998 – 8 K 8367/91 H (U), EFG 1998, 1038.
19 BFH v. 13.6.1997 – VII R 96/96, BFH/NV 1998, 4.
20 BFH v. 29.1.1985 – VII R 67/81, BFH/NV 1986, 256.
21 BFH v. 29.5.1990 – VII R 85/89, BStBl. II 1990, 1008.

Geht das FA v. einem unrichtigen Sachverhalt aus, ist die Ausübung des Auswahlermessens fehlerhaft.[1] Wird ein ArbG nach § 42d in Anspr. genommen, sind nach hM bei der Ermessenausübung auch Ausführungen zu weiteren Haftungsschuldnern zwingend erforderlich.[2] Soweit sich die Haftung nach anderen Vorschriften nur derivativ aus der ArbG-Haftung nach § 42d ableitet, sollte die Spezialvorschrift aber eine vorrangige Inanspruchnahme des ArbG rechtfertigen.[3]

F. Rückgriff des Arbeitgebers

Der ArbG erfüllt mit Zahlung der LSt eine Steuerschuld des ArbN und hat daher gegenüber diesem einen Erstattungsanspruch. Der Regressanspruch ist **privatrechtl Natur,**[4] für Rechtstreitigkeiten sind die ArbG zuständig.[5] Der ArbG muss den ArbN v. der geltend gemachten Steuerforderung unterrichten, damit dieser selbst Rechtsmittel einlegen kann.[6] Der Anspr. entsteht mit Abführung der LSt[7] und verjährt in 30 Jahren, sofern keine kürzere tarifvertragliche Ausschlussfrist eingreift.[8] **Verzichtet der ArbG** auf den Rückgriff, wendet er in diesem Zeitpunkt,[9] frühestens aber mit Zahlung der LSt,[10] dem ArbN **Arbeitslohn** zu. Der **Nettosteuersatz** (§ 40 Rn. 17) ist **nur bei Nettolohnvereinbarungen** (§ 39b Rn. 16 f.) anzuwenden, nicht aber auch dann, wenn feststeht, dass der ArbG beim ArbN keinen Regress wird nehmen können.[11] **Kein Arbeitslohn** soll dann vorliegen, wenn der Rückgriff unmöglich oder der Verzicht unfreiwillig ist, der Rückgriff im ganz überwiegend eigenbetrieblichen Interesse liegt oder für den ArbG unwirtschaftlich ist.[12] Diese Einteilung widerspricht aber der allg. Systematik des Arbeitslohns. Es ist daher zu unterscheiden, ob die **Ursache** für den Verzicht **im Arbverh.** liegt (dann Arbeitslohn) **oder ob andere Gründe** für den Verzicht maßgeblich sind. So führt ein Ausfall wegen Unwirtschaftlichkeit des Rückgriffs, insbes. bei Kleinbeträgen pro ArbN, oder wegen Zahlungsunfähigkeit des ArbN zu keinem Zufluss v. Arbeitslohn. Bei einem Vorteil aufgrund Tarifvertrags oder sonstiger gewerkschaftlicher Arbeit liegt aber auch dann Arbeitslohn vor, wenn dieser in einem Verzicht auf einen Rückgriff liegt.[13] 46

G. Haftungsverfahren (Abs. 4)

I. Haftungsbescheid. 1. Notwendigkeit und äußere Form. Ein Haftungsbescheid[14] ist vom Betriebsstätten-FA zu erlassen, wenn der ArbG weder die nachzuentrichtende LSt anmeldet (Nr. 1), noch die Zahlungsverpflichtung schriftlich anerkennt (Nr. 2). Das FA darf eine nach einer Außenprüfung nachträglich angemeldete LSt nicht nach oben korrigieren.[15] Ein wirksames Anerkenntnis muss sich auf die gesamte Haftungsschuld erstrecken.[16] Der Bescheid ist gem. § 191 Abs. 1 S. 3 AO **schriftlich** zu erteilen und muss unterschrieben sein. Die fehlende **Unterschrift** führt aber nicht zur Aufhebung.[17] 47

2. Bestimmtheit. Unbestimmte Bescheide sind **nichtig.**[18] Um dem Bestimmtheitsgebot zu genügen, muss der Haftungsbescheid erkennen lassen, dass der Betroffene nicht **als Steuerschuldner**, sondern als Haftungsschuldner in Anspr. genommen wird.[19] Werden Haftungs- und Steuerschuld in einem Bescheid zusammengefasst, muss die Höhe des jeweiligen Anspr. erkennbar sein.[20] Der Haftungsbetrag muss **nach Steuerarten** (LSt, ev und rk KiSt, SolZ) **aufgegliedert** werden und es muss der **Sachkomplex bezeichnet** werden, für den LSt erhoben wird.[21] Dazu reicht es, wenn die Art der Zuwendung und der Zuwendungszeit- 48

---

1 BFH v. 11.3.1986 – VII R 144/81, BFH/NV 1987, 137.
2 BFH v. 26.2.1985 – VII R 110/79, BFH/NV 1985, 20.
3 **AA** FG München v. 27.2.1996 – 8 K 3303/93, EFG 1996, 574, nur iErg. bestätigt v. BFH v. 9.8.2002 – VI R 41/96, BStBl. II 2003, 160 = FR 2003, 316.
4 BFH v. 18.5.1972 – IV R 168/68, BStBl. II 1972, 816; *Schmidt*[37], § 42d Rn. 64; **aA** *K/S/M*, § 42d Rn. A 26.
5 BAG v. 9.12.1976 – 3 AZR 371/75, BStBl. II 1977, 581.
6 BAG v. 9.12.1976 – 3 AZR 371/75, BStBl. II 1977, 581.
7 BAG v. 12.1.1994 – 5 AZR 597/92, NJW 1994, 2636.
8 BAG v. 14.6.1974 – 3 AZR 456/73, DB 1974, 2210.
9 *Schmidt*[37], § 42d Rn. 64.
10 *Blümich*, § 42d Rn. 130.
11 BFH v. 29.10.1993 – VI R 26/92, BStBl. II 1994, 197 = FR 1994, 160.
12 HM s. *H/H/R*, § 42d Rn. 27 mwN.
13 **AA** *Blümich*, § 42d Rn. 130.
14 Zu Pauschalierungsbescheid s. § 40 Rn. 27.
15 *Giloy*, NWB Fach 6, 4267.
16 *H/H/R*, § 42d Rn. 93.
17 BFH v. 18.7.1985 – VI R 41/81, BStBl. II 1986, 169 = FR 1985, 672.
18 BFH v. 3.12.1996 – I B 44/96, BStBl. II 1997, 306.
19 BFH v. 11.10.1989 – I R 139/85, BFH/NV 1991, 497.
20 BFH v. 16.11.1984 – VI R 176/82, FR 1985, 364 = BStBl. II 1985, 266.
21 BFH v. 17.3.1994 – VI R 120/92, BStBl. II 1994, 536 = FR 1994, 433.

raum gekennzeichnet werden,[1] eine Aufteilung nach einzelnen Jahren ist nicht erforderlich.[2] Der inhaltlichen Bestimmtheit genügt es, wenn sich der Regelungswille aus der Begr. oder beigefügten Anlagen ergibt oder das FA auf einen früher oder gleichzeitig übersandten Betriebsprüfungsbericht Bezug nimmt.[3] In einem Haftungsbescheid kann die LSt für mehrere ArbN oder für unterschiedliche Sachkomplexe in einem **Sammelhaftungsbescheid** zusammengefasst werden.[4] Wird der Sammelbescheid nicht nach Zeiträumen oder einzelnen ArbN aufgegliedert, ist der Bescheid nicht unbestimmt,[5] kann aber fehlerhaft begründet sein.

49 **3. Notwendige Begründung.** Der Haftungsbescheid muss gem. § 121 Abs. 1 AO **schriftlich** begründet werden. Dabei sind grds. die einzelnen ArbN und die anteiligen, nach Kj. unterschiedenen Steuerschulden zu benennen.[6] Diese **Aufgliederung** kann entfallen, wenn der ArbG v. vornherein bei seinen ArbN keinen Regress nehmen will oder kann oder wenn der ArbG dem FA die Namen der ArbN vorenthalten hat.[7] Entspr. gilt, wenn die Aufteilung dem FA nicht zumutbar ist, weil sich etwa bei einer Vielzahl[8] v. ArbN gleichartige Anspr. mit nur geringer Auswirkung ergeben.[9] Eine Aufgliederung auf die einzelnen Voranmeldungszeiträume braucht nicht zu erfolgen, wenn der Haftungsbescheid erst nach Ablauf der Erhebungsjahre erlassen wurde.[10] Die erforderlichen Angaben müssen nicht im Haftungsbescheid selbst enthalten sein, wenn sie dem ArbG bereits aus einem Betriebsprüfungsbericht bekannt sind.[11]

50 Das FA muss spätestens bis zum Ende der mündlichen Verhandlung vor dem FG[12] seine **Ermessenserwägungen** darlegen.[13] Regelmäßig besonders zu begründen ist dabei die Ausübung des Auswahlermessens.[14] Dadurch muss eine gerichtliche Kontrolle der Ermessensentscheidung möglich sein.[15] Ist die einbehaltene LSt nicht abgeführt worden, kann der ArbG in Haftung genommen und stillschweigend v. einem sachgerechten Gebrauch des Ermessens ausgegangen werden.[16] **Von einer Begr. kann abgesehen werden**, wenn dem ArbG die Auffassung des FA bekannt oder doch ohne weiteres erkennbar ist,[17] der ArbG zum Ausdruck gebracht hat, dass er keinen Regress nehmen will,[18] den Haftungsbescheid selbst beantragt hat[19] oder der ArbG zumindest leichtfertig den LSt-Abzug unterlassen hat.[20] Die Ermessensentscheidung ist nur dann rechtmäßig, wenn das FA den entscheidenden **Sachverhalt einwandfrei und erschöpfend ermittelt** hat.[21] Entspricht die Begr. den dargestellten Anforderungen nicht, ist der Haftungsbescheid rechtswidrig und aufzuheben.[22]

51 **4. Änderung des Haftungsbescheids.** Für die Änderung des Haftungsbescheides sind die **§§ 130 ff. AO** maßgeblich. Der **Vertrauensschutztatbestand** des § 130 Abs. 2 AO erstreckt sich darauf, dass aus einem bestimmten Sachkomplex kein höherer Betrag festgesetzt worden ist;[23] für andere noch nicht erfasste Sachverhaltskomplexe kann ein zusätzlicher Haftungsbescheid ergehen. Wenn Sachverhalte des Haftungsbescheides zunächst in einer LSt-Anmeldung hätten erfasst sein müssen, liegt im Erlass des Haftungsbescheids zugleich eine Änderung der LSt-Anmeldung gem. § 164 Abs. 2 AO. Ist eine solche Änderung der LSt-Anmeldung nicht mehr möglich, weil etwa nach einer Außenprüfung der Vorbehalt gem. § 164 Abs. 3 S. 3 AO aufgehoben wurde und die **Änderungssperre des § 173 Abs. 2 AO** greift, kann auch kein Haftungsbescheid mehr ergehen.[24] Wird der Vorbehalt entgegen § 164 Abs. 3 S. 3 AO nicht aufgehoben,

1 BFH v. 28.11.1990 – VI R 121/87, BFH/NV 1991, 665.
2 *Schmidt*[37], § 42d Rn. 47.
3 BFH v. 28.11.1990 – VI R 55/87, BFH/NV 1991, 600.
4 BFH v. 4.7.1986 – VI R 182/80, BStBl. II 1986, 921 = FR 1986, 656.
5 BFH v. 17.3.1994 – VI R 120/92, BStBl. II 1994, 536 = FR 1994, 433.
6 BFH v. 3.12.1996 – I B 44/96, BStBl. II 1997, 306.
7 BFH v. 28.11.1990 – VI R 55/87, BFH/NV 1991, 600.
8 Mindestens 200, BFH v. 15.10.1980 – II R 127/77, BStBl. II 1981, 84: noch zumutbar Aufteilung bei 140–160 ArbN, FG Düss. v. 7.7.1987 – I 36/82 H, EFG 1987, 591.
9 *Schmidt*[37], § 42d Rn. 46.
10 BFH v. 28.11.1990 – VI R 55/87, BFH/NV 1991, 600.
11 *Offerhaus*, BB 1982, 794.
12 Ab 2002 gem. § 102 S. 2 FGO idF des StÄndG 01.
13 BFH v. 29.5.1990 – VII R 85/89, BStBl. II 1990, 1008.
14 BFH v. 13.6.1997 – VII R 96/96, BFH/NV 1998, 4; zum Begriff Rn. 66.
15 BFH v. 29.5.1990 – VII R 85/89, BStBl. II 1990, 1008.
16 *Schmidt*[37], § 42d Rn. 48.
17 BFH v. 20.7.1988 – I R 61/85, BStBl. II 1989, 99.
18 BFH v. 7.12.1984 – VI R 72/82, BStBl. II 1985, 170 = FR 1985, 252.
19 FG Hbg. v. 18.3.1980 – III 158/79, EFG 1980, 342, bestätigt v. BFH v. 18.7.1985 – VI R 93/80, BStBl. II 1985, 644 = FR 1985, 671.
20 BFH v. 26.2.1991 – VII R 3/90, BFH/NV 1991, 504.
21 BFH v. 4.10.1988 – VII R 53/85, BFH/NV 1989, 274.
22 BFH v. 3.2.1981 – VII R 86/78, BStBl. II 1981, 493.
23 *T/K*, § 130 AO Rn. 3 mwN.
24 BFH v. 7.2.2008 – VI R 83/04, BStBl. II 2009, 703 = FR 2008, 777.

bleibt eine Änderung nach § 164 Abs. 2 AO und deshalb auch ein Haftungsbescheid möglich.[1] Entspr. sollen FÄ den Vorbehalt erst mit dem zuletzt ergehenden Nachforderungs- oder Haftungsbescheid aufheben.[2] Hebt das FA einen LSt-Haftungsbescheid ersatzlos auf, ist es am Erlass eines neuen Haftungsbescheids gehindert,[3] wenn die Rücknahme nicht lediglich wegen formellen Gründen[4] erfolgte oder im Aufhebungsbescheid der neue Haftungsbescheid enthalten ist.[5]

5. Rechtsbehelfe gegen den Haftungsbescheid. Der **ArbG** kann gegen den Haftungsbescheid **Einspruch** gem. § 347 AO einlegen und Anfechtungsklage erheben. Der **ArbN** als Schuldner der LSt ist einspruchsbefugt, soweit er gem. § 42d Abs. 3 S. 4 persönlich für die nachgeforderte LSt in Anspr. genommen werden kann.[6] Der ArbG ist dann zum Verfahren gem. § 360 Abs. 3 AO notwendig hinzuziehen. Die Anfechtung durch den ArbN ist bis zum Ablauf der Festsetzungsverjährung, mindestens jedoch bis zum Ablauf der Jahresfrist des § 356 Abs. 2 AO möglich.[7] Ob eine **Zahlungsverpflichtung** aus einem Haftungsbescheid erloschen ist, kann nur durch **Abrechnungsbescheid** nach § 218 Abs. 2 AO geklärt werden.[8] 52

Der ArbG kann nicht einwenden, dass die LSt die ESt-Schuld des ArbN übersteige (Rn. 9).[9] Für das FG sind bei der Überprüfung des Ermessens die tatsächlichen Verhältnisse im Zeitpunkt der letzten Verwaltungsentscheidung maßgeblich.[10] Greift der ArbG bei einem Sammelbescheid nur einen bestimmten Haftungsanspruch an, erwächst der Haftungsbescheid iÜ in Bestandskraft.[11] Das FA kann dann die Haftungstatbestände nicht mehr auswechseln oder mit anderen Sachverhalten unterlegen,[12] die Anspruchsgrundlage kann aber weiter ausgewechselt werden.[13] Bei einer Teilrücknahme des Haftungsbescheides bedarf es keines Antrags nach § 68 FGO.[14] 53

II. Inanspruchnahme des Arbeitgebers ohne Haftungsbescheid. Eine **vereinfachte Inanspruchnahme** des ArbG ist möglich, wenn er die LSt angemeldet hat (Nr. 1) oder die Zahlungsverpflichtung nach einer Außenprüfung schriftlich anerkennt (Nr. 2). Aus der Regelung in Nr. 1 lässt sich nicht im Umkehrschluss ableiten, dass ein Schätzungsbescheid bei Nichtabgabe der LSt-Anmeldung nicht möglich ist.[15] Eine **nachträgliche Anmeldung** der zu Unrecht nicht einbehaltenen LSt ist im Gegensatz zur Anmeldung nach § 41a nicht zeitraumbezogen und betrifft eine Haftungsschuld.[16] Die Anmeldung steht unter dem Vorbehalt der Nachprüfung[17] und kann zu einer abw. Festsetzung gem. § 167 Abs. 1 S. 1 AO führen.[18] Das **schriftliche Anerkenntnis** steht gem. § 167 Abs. 1 S. 3 AO einer LSt-Anmeldung gleich, ist also VA und keine „tatsächliche Verständigung".[19] Der ArbG kann daher dagegen Einwendungen erheben. Die **Nachforderung pauschaler LSt** gem. Abs. 4 S. 2 soll deren Erhebung dadurch erleichtern, dass kein Steuerbescheid oder Leistungsgebot notwendig wird, wenn der ArbG die LSt anmeldet oder die Zahlungspflicht nach einer LSt-Außenprüfung schriftlich anerkennt. 54

H. Nachforderungsverfahren gegen den Arbeitnehmer

Bei Nachforderungsfällen, §§ 38 Abs. 4, 39 Abs. 4, 39a Abs. 5, 41c Abs. 4 und 42d Abs. 3 S. 4,[20] ist ein eigenständiger Nachforderungsbescheid gegen den ArbN nur bis zur Veranlagung möglich. Danach gilt der Grundsatz des **Vorrangs der Veranlagung**.[21] Kommt eine Veranlagung nach § 46 Abs. 1 und 2 nicht in 55

1 BFH v. 15.12.1994 – V R 135/93, BFH/NV 1995, 938; **aA** *Blümich*, § 42d Rn. 156.
2 FinMin. Sachs. v. 19.5.1998, DStR 1998, 1307.
3 BFH v. 25.7.1986 – VI R 216/83, BStBl. II 1986, 779.
4 BFH v. 18.2.1992 – VII B 237/91, BFH/NV 1992, 639 (fehlende Begr.); v. 11.7.1986 – VI R 105/83, BStBl. II 1986, 775 (Nichtigkeit).
5 BFH v. 22.1.1985 – VII R 112/81, BStBl. II 1985, 562.
6 BFH v. 29.6.1973 – VI R 311/69, BStBl. II 1973, 780; **aA** *K/S/M*, § 42d Rn. A 59.
7 FG Münster v. 26.2.1997 – 8 K 5883/94 L, EFG 1997, 783; zweifelnd *Schmidt*[37], § 42d Rn. 59.
8 BFH v. 8.1.1998 – VII B 137/97, BFH/NV 1998, 686.
9 BFH v. 26.7.1974 – VI R 24/69, BStBl. II 1974, 756; **aA** *Schmidt*[37], § 42d Rn. 2.
10 BFH v. 24.1.1992 – VI R 177/88, BStBl. II 1992, 696.
11 BFH v. 4.7.1986 – VI R 182/80, BStBl. II 1986, 921 = FR 1986, 656.
12 BFH v. 12.8.1997 – VII B 212/96, BFH/NV 1998, 433.
13 BFH v. 8.11.1994 – VII R 1/93, BFH/NV 1995, 657.
14 BFH v. 6.8.1996 – VII R 77/95, BStBl. II 1997, 79.
15 R 41a.1 Abs. 4 S. 3 LStR; **aA** *K/S/M*, § 41a Rn. A 17 ff.
16 *K/S/M*, § 42d Rn. E 1.
17 *Blümich*, § 42d Rn. 166[35].
18 *Blümich*, § 42d Rn. 166 (mwN zur Frage, ob Verschuldens- oder Ermessenserfordernisse zu beachten sind); **aA** FG Münster v. 26.2.1997 – 8 K 5883/94 L, EFG 1997, 783.
19 *Mösbauer*, FR 1995, 893; **aA** *Seer*, Verständigungen im Steuerverfahren, 1996, 122.
20 Einzelfälle s. H 41c.3 LStH.
21 BFH v. 21.2.1992 – VI R 141/88, BStBl. II 1992, 565.

Betracht, kann der unbeschränkt stpfl. ArbN alle Einwendungen erheben, die sich auf die ESt-Schuld beziehen. Aufgrund der Abgeltungswirkung der LSt gem. § 50 Abs. 5 S. 1 steht dieses Recht beschränkt stpfl. ArbN nicht zu.[1]

56 Zuständig ist bis zum Ablauf des Kj. das Betriebsstätten-FA,[2] dann das Wohnsitz-FA.[3] Eine LSt-Außenprüfung beim ArbG hemmt den Ablauf der Verjährungsfrist beim ArbN nicht.[4]

I. Bagatellgrenze (Abs. 5)

57 Bei Nachforderungen ggü. dem ArbG oder dem ArbN gilt gem. Abs. 5 eine Bagatellgrenze v. **zehn** Euro. Diese Grenze bezieht sich auf den jeweils geltend gemachten Gesamtbetrag, unabhängig davon, ob der auf einzelne ArbN entfallende Anteil unter zehn Euro liegt.[5] Die Grenze gilt nicht für den Regress des ArbG, verzichtet dieser aber darauf, führt dies wegen der gleichsam gesetzlich unterstellten Unwirtschaftlichkeit nicht zu Arbeitslohn (Rn. 46).[6]

J. Haftung des Entleihers (Abs. 6)

58 **I. Bedeutung der Entleiherhaftung.** Bei Leih-Arbverh. ist grds. der Verleiher der ArbG iSd. § 38 (§ 38 Rn. 5f.). Dies gilt auch dann, wenn es sich um eine **unerlaubte ArbN-Überlassung** iSd. § 1 AÜG handelt. Die Fiktion des Arbverh. zw. Entleiher und ArbN gem. Art. 1 § 10 Abs. 1 S. 1 AÜG wirkt nicht für das Steuerrecht.[7] Der Entleiher kann daher auch bei unerlaubter ArbN-Überlassung nicht gem. Abs. 1 in Haftung genommen werden. Um eine Gesetzeslücke zu vermeiden, bestimmt Abs. 6 eine **zusätzliche Haftung** des Entleihers **neben dem (nicht „für den") ArbG**. Die Entleiherhaftung setzt eine Haftung des ArbG voraus und scheidet aus, wenn der ArbG die LSt nach § 40 Abs. 3 schuldet.[8]

59 **II. Haftungstatbestand.** Der Entleiher haftet gem. S. 1 neben dem ArbG, soweit dieser ihm ArbN nach § 1 Abs. 1 S. 1 AÜG überlässt. Auf eine im gewerberechtl. Sinn „gewerbsmäßige" Überlassung kommt es nach der Änderung durch das AmtshilfeRLUmsG[9] nicht mehr an, da § 1 Abs. 1 S. 1 AÜG seit 1.12.2011[10] darauf nicht mehr abstellt. Die Überschreitung der sechsmonatigen Frist des **§ 1 Abs. 2 AÜG**, die zu einer gesetzlichen Vermutung unzulässiger Arbeitsvermittlung führt, ändert gem. § 42d Abs. 6 S. 1 HS 2 weder den steuerrechtl Status des Entleihers, noch seine Haftung. Der **Tatbestand** ist **nicht erfüllt**, wenn ArbN desselben Wirtschaftszweiges tarifvertraglich geregelt zur Vermeidung v. Kurzarbeit bzw. Entlassungen (§ 1 Abs. 3 Nr. 1 AÜG) oder innerhalb eines Konzerns (§ 1 Abs. 3 Nr. 2 AÜG) überlassen werden.

60 **Kein Überlassen** liegt vor, wenn der Personaleinsatz der Erfüllung eines Dienst- oder Werkvertrages des Unternehmers dient. Bei der Abgrenzung im Einzelfall kommt es auf den Geschäftsinhalt an, nicht auf die gewünschte Rechtsfolge oder eine bloße Bezeichnung des Vertrages.[11] Dabei ist letztlich die tatsächliche Durchführung des Vertrages maßgebend. **Für eine Überlassung** spricht, wenn der Auftraggeber die ArbN nach eigenen betrieblichen Erfordernissen und seinen Weisungen einsetzt,[12] die ArbN in die Betriebsorganisation eingegliedert sind (zB Sozialräume nutzen), die Vergütung nach Zeiteinheiten und für Überstunden und unabhängig vom erzielten Ergebnis erfolgt.[13] Entspr. gilt, wenn der Auftraggeber unqualifizierte Kräfte zurückweisen kann. Das FA hat bei der Prüfung die Auffassung der Bundesanstalt für Arbeit zu berücksichtigen.[14]

61 **III. Haftungsausschluss.** Abs. 6 schließt in zwei Fällen die Haftung aus. Gem. **S. 2** muss kumulativ der Überlassung eine **Erlaubnis** nach § 1 AÜG zugrunde liegen und der Entleiher nachweisen, dass er den **Meldepflichten** der §§ 28a–28c SBG IV nachkommt. Die Mitwirkungspflicht des § 51 Abs. 1 Nr. 2d läuft derzeit leer, da v. der Ermächtigungsnorm noch kein Gebrauch gemacht wurde. Die Erlaubnis nach § 1 Abs. 1 AÜG ist personenbezogen und gilt deshalb auch dann, wenn der Verleiher nebenher weitere ArbN „schwarz" beschäftigt.[15] Soweit allerdings ArbN im Baugewerbe für Tätigkeiten, die üblicherweise v. Arbeitern verrichtet

1 BFH v. 20.6.1990 – I R 157/87, BStBl. II 1992, 43.
2 R 41c.3 Abs. 1 LStR.
3 BFH v. 21.2.1992 – VI R 141/88, BStBl. II 1992, 565; *K/S/M*, § 42d Rn. A 42.
4 BFH v. 15.12.1989 – VI R 151/86, BStBl. II 1990, 526.
5 *Schmidt*[37], § 42d Rn. 33; *Blümich*, § 42d Rn. 214; **aA** *Gast-de Haan*, DStJG 9 (1986), 141 (162).
6 *H/H/R*, § 42d Rn. 27; **aA** *Blümich*, § 42d Rn. 214.
7 BFH v. 18.1.1991 – VI R 122/87, BStBl. II 1991, 409 = FR 1991, 425.
8 *K/S/M*, § 42d Rn. G 8; *Blümich*, § 42d Rn. 216.
9 G v. 26.6.2013, BGBl. I 2013, 1809.
10 BGBl. I 2011, 642.
11 BAG v. 28.11.1989 – 1 ABR 90/88, DB 1990, 1139.
12 BAG v. 30.1.1991 – 7 AZR 497/89, DB 1991, 2342.
13 BFH v. 18.1.1991 – VI R 122/87, BStBl. II 1991, 409 = FR 1991, 425.
14 R 42d.2 Abs. 3 S. 4, 5 LStR.
15 *Becker/Wulfgramm*, Art. 1 § 1 AÜG Rn. 18.

werden, überlassen werden, ist dies generell nach § 1b AÜG unzulässig.[1] Die Meldepflichten des SGB IV umfassen die zeitnahe Mitteilung des Beginns und Endes der Überlassung an Krankenkassen und Arbeitsamt. Die Erfüllung dieser Pflichten ist nachzuweisen, eine bloße Glaubhaftmachung reicht nicht aus.[2]

Gem. **S. 3** haftet der Entleiher außerdem nicht, wenn er über das Vorliegen einer Überlassung **ohne Verschulden irrte**, etwa v. einem Subunternehmerverhältnis oder einer Maschinengestellung mit Bedienungspersonal ausging. Da im Baugewerbe wegen § 1b AÜG meist „Werkverträge" abgeschlossen werden, sind in diesem Bereich strengere Maßstäbe anzulegen.[3] An einem Verschulden fehlt es, wenn die im Verkehr übliche Sorgfalt beachtet wurde. 62

Wie ein Haftungsausschluss wirkt nach § 48 Abs. 4 Nr. 2 die Anmeldung und Abführung der Bauabzugssteuer (§ 48 Rn. 15). Die Verknüpfung dieser unterschiedlichen Regelungsbereiche (§ 38 Rn. 3) erfolgte aus Gründen der Rechtssicherheit.[4] Der Ausschluss der Anwendung setzt nach dem Wortlaut („wenn") voraus, dass der gesamte zu entrichtende Betrag angemeldet und abgeführt wurde. Unterbleibt eine Anmeldung durch den Entleiher aufgrund einer Freistellungsbescheinigung nach § 48b, schützt auch das Vertrauen auf die Richtigkeit der Bescheinigung vor einer Haftungsinanspruchnahme (§ 48a Rn. 5). Nach Auffassung der FinVerw.[5] ist idR aber davon auszugehen, dass die Fehlerhaftigkeit der Bescheinigung dem Entleiher bekannt ist. 63

IV. Umfang der Haftung. Die Haftung beschränkt sich gem. S. 4 auf die Zeit, für die der ArbN überlassen wurde. Dazu gehören nicht Urlaubs- oder Krankheitstage.[6] Ist die LSt schwer zu ermitteln, ist gem. S. 7 die Haftungsschuld mit 15 % des mit dem Verleiher vereinbarten Entgelts ohne USt anzunehmen. Die Vorschrift ist lex specialis gegenüber § 162 AO.[7] Der Entleiher kann glaubhaft machen, dass die Haftungsschuld niedriger ist. 64

V. Gesamtschuld und Ermessensausübung. Nach S. 5 sind Entleiher, ArbG und ArbN Gesamtschuldner. Der Entleiher haftet im Verhältnis zum ArbG gem. S. 6 nur subsidiär,[8] neben dem ArbN aber gem. S. 6 HS 2 gleichrangig. Für die Auswahlentscheidung ggü. dem ArbN gelten die allg. Ermessensabwägungen (Rn. 35 f.). Eines Haftungsbescheides bedarf es gem. Abs. 6 S. 8 iVm. Abs. 4 nicht, wenn der Entleiher die Haftungsschuld anmeldet oder die Zahlungspflicht schriftlich anerkennt.[9] 65

K. Haftung des Verleihers (Abs. 7)

Der Verleiher haftet wie ein Entleiher gem. Abs. 7, wenn ausnahmsweise der Entleiher ArbG ist, weil er im Rahmen einer unerlaubten ArbN-Überlassung die Löhne im eigenen Namen und auf eigene Rechnung auszahlt.[10] Die Rechtsstellung entspricht dann der des Entleihers, der nicht ArbG ist.[11] 66

L. Sicherungsanordnung (Abs. 8)

Die Regelung entspricht § 50a Abs. 7. Die Sicherungsanordnung muss **zur Sicherung des LSt-Anspr. erforderlich** sein. Das ist dann gegeben, wenn beim Verleiher ein Haftungsfall zu befürchten ist. Zahlt der Entleiher aufgrund der Sicherungsanordnung, so erlischt die Abführungsschuld des Verleihers[12] und anteilig die Verbindlichkeit des Entleihers ggü. dem Verleiher.[13] Die Anordnung richtet sich zwar an den Entleiher,[14] ist aber ein **VA mit Drittwirkung.**[15] Der Verleiher ist daher anfechtungsberechtigt. 67

Die Anordnung kann gem. Abs. 8 S. 2 auch mündlich ergehen. Einer Begr. hinsichtlich der Höhe bedarf es nicht, wenn der Sicherungsbetrag die pauschale Haftsumme nach Abs. 6 S. 7 nicht übersteigt.[16] 68

1 R 42d.2 Abs. 4 S. 3 LStR.
2 *Blümich*, § 42d Rn. 225.
3 R 42d.2 Abs. 4 S. 8 LStR.
4 BT-Drucks. 14/4658, 11.
5 BMF v. 1.11.2001, BStBl. I 2001, 804 Rn. 67.
6 *Schmidt*[37], § 42d Rn. 72; **aA** *K/S/M*, § 42d Rn. G 17.
7 *Blümich*, § 42d Rn. 230.
8 *Schmidt*[37], § 42d Rn. 73.
9 *K/S/M*, § 42d Rn. G 26.
10 BFH v. 2.4.1982 – VI R 34/79, BStBl. II 1982, 502; dazu § 38 Rn. 5 f.
11 *Reinhart*, BB 1986, 500 (505).
12 *K/S/M*, § 42d Rn. I 2.
13 *L/B/P*, § 42d Rn. 71.
14 **AA** *Schmidt*[37], § 42d Rn. 74 (auch gegenüber Verleiher auszusprechen).
15 *Blümich*, § 42d Rn. 238; *Schmidt*[37], § 42d Rn. 74.
16 *Blümich*, § 42d Rn. 239.

M. Haftung des Dritten (Abs. 9)

69 Übernimmt ein Dritter iSd. § 38 Abs. 3a die Pflichten des ArbG, wird der ArbG gem. § 38 Abs. 3a S. 6 HS 2 nur dann und nur soweit v. seinen Pflichten befreit, als der Dritte die übernommenen ArbG-Pflichten auch tatsächlich erfüllt. Nur soweit der Dritte LSt nicht ordnungsgemäß einbehält und abführt, haftet der ArbG neben dem Dritten nach Abs. 1 Nr. 4.[1] Die Stellung des Dritten zum ArbN entspricht der eines ArbG, die Stellung des ArbG ggü. dem ArbN ändert sich durch die Pflichtenübernahmen des Dritten nicht. Das bekräftigt Abs. 9 S. 4.

70 Die Haftung des Dritten beschränkt sich auf die Reichweite der Pflichtenübernahme (S. 3), sie verlängert sich aber bei der freiwilligen Pflichtenübernahme nach § 38 Abs. 2a S. 2 bis die Beendigung dem Bestriebsstätten-FA des Dritten angezeigt wird. Er ist Gesamtschuldner mit dem ArbG und ArbN. Ob der ArbN oder der Dritte in Anspr. genommen wird, bestimmt sich nach denselben Maßstäben wie zw. ArbN und ArbG. Zw. Dritten und ArbG soll zu berücksichtigen sein, wer den Fehlbetrag zu vertreten hat. Der ArbG haftet etwa dann vorrangig, wenn Fehlbeträge auch auf seinen falschen Angaben ggü. dem Dritten beruhen.

71 Unklar ist indes der Verweis auf Abs. 4. Soweit er den Dritten betrifft, ist er nur deklaratorisch, da sich diese Rechtsfolge bereits aus § 38 Abs. 3a S. 6 ergibt. Hat der Dritte, nicht aber der ArbG, die LSt angemeldet, kann aus § 42d Abs. 9 S. 4 HS 2 nicht geschlossen werden, dass die Anmeldung wie eine eigene Anmeldung des ArbG wirkt. Der Dritte ist nicht Vertreter des ArbG. In diesen Fällen ist auch kein Schätzungsbescheid gegen den ArbG möglich, da seine Erklärungspflicht durch die Anmeldung des Dritten erloschen ist.

72 Die Gesetzesbegründung geht davon aus, dass § 42d Abs. 9 haftungsbegründend ist, obwohl die Norm lediglich haftungserhaltend formuliert ist. Da § 38 Abs. 3a nicht die Pflichten des ArbG erweitert, kann bei einer Unterlassung des Einbehalts durch den Dritten eine LSt-Haftung des ArbG nur entstehen, wenn er aufgrund der Lohnzahlung des Dritten zum Einbehalt verpflichtet wäre. Dafür bedarf es gem. § 38 Abs. 4 S. 3 positive Kenntnis v. der Nichteinbehaltung und eine eigene Barlohnzahlung; sonst kommt nur eine Anzeige nach § 38 Abs. 4 S. 2 in Betracht. § 38 Abs. 3a schränkt die Pflichten des ArbG aber ein, soweit der Dritte die ArbG-Pflicht erfüllt. Behält der Dritte die LSt ein, führt sie aber nicht ab, ist der ArbG v. der Einbehaltungspflicht frei geworden. Dann haftet er nicht nach Abs. 1 Nr. 1, da diese Haftung voraussetzt, dass er die LSt einzubehalten und abzuführen hat. Der ArbG braucht aber nur abführen, was er einbehalten hat.

73 Hatte der Dritte gem. § 38 Abs. 3a S. 7 den Lohn für mehrere ArbG einzubehalten, ermittelt sich die Haftungsschuld gem. § 42d Abs. 9 S. 6 aus dem Gesamtlohn des ArbN. Da zw. den ArbG untereinander kein Gesamtschuldverhältnis entsteht, ist die Haftungssumme gem. S. 7 nach dem Verhältnis der Arbeitslöhne aufzuteilen. Nach S. 8 ist das Betriebsstätten-FA des Dritten für die Geltendmachung der LSt- oder Haftungsschuld ggü. dem Dritten zuständig.

§ 42e Anrufungsauskunft

[1]Das Betriebsstättenfinanzamt hat auf Anfrage eines Beteiligten darüber Auskunft zu geben, ob und inwieweit im einzelnen Fall die Vorschriften über die Lohnsteuer anzuwenden sind. [2]Sind für einen Arbeitgeber mehrere Betriebsstättenfinanzämter zuständig, so erteilt das Finanzamt die Auskunft, in dessen Bezirk sich die Geschäftsleitung (§ 10 der Abgabenordnung) des Arbeitgebers im Inland befindet. [3]Ist dieses Finanzamt kein Betriebsstättenfinanzamt, so ist das Finanzamt zuständig, in dessen Bezirk sich die Betriebsstätte mit den meisten Arbeitnehmern befindet. [4]In den Fällen der Sätze 2 und 3 hat der Arbeitgeber sämtliche Betriebsstättenfinanzämter, das Finanzamt der Geschäftsleitung und erforderlichenfalls die Betriebsstätte mit den meisten Arbeitnehmern anzugeben sowie zu erklären, für welche Betriebsstätten die Auskunft von Bedeutung ist.

1 BFH v. 20.3.2014 – VI R 43/13, BStBl. II 2014, 592 = FR 2014, 769.

A. Grundaussagen der Vorschrift

I. Regelungsgegenstand. § 42e regelt eine ausschließlich für das LSt-Verfahren (Rn. 7) geltende Pflicht des FA, gebührenfrei[1] auf Anfrage eines Beteiligten über die Anwendung lohnstl. Vorschriften im Einzelfall Auskunft zu erteilen. Dadurch soll zum einen das **Haftungsrisiko des ArbG** gemindert werden,[2] zum anderen dient es der **Rechtmäßigkeit des LSt-Abzugs** schlechthin, auch im Interesse des ArbN.[3] Vergleichbare Regelungen finden sich, wenn in anderen G dem ArbG Aufgaben übertragen werden (§ 29 Abs. 4 S. 2 BerlinFG; § 15 Abs. 4 S. 5. VermBG; § 9 BergPDV; KiStG der Länder). Für eine Anrufungsauskunft ist keine Gebühr zu entrichten. 1

II. Verhältnis zu anderen Vorschriften. Die Auskunft nach **§ 89 Abs. 2 AO** betrifft nur verfahrensrechtl. Rechte und Pflichten.[4] Soweit eine Auskunft über das LSt-Verfahren begehrt wird, ist § 42e lex specialis.[5] **§ 204 AO** betrifft aber nur zukünftige Sachverhalte und setzt eine Außenprüfung voraus.[6] Beide Institute können unabhängig voneinander verfolgt werden. Eine **verbindliche Auskunft gem. § 89 Abs. 2 AO** ist nur außerhalb der Regelung des § 42e möglich. 2

B. Auskunftsberechtigung

Eine Anfrage können **alle Beteiligten** des LSt-Verfahrens stellen, neben dem ArbG und Dritten iSd. § 38 Abs. 3a auch Entleiher oder Verleiher und der ArbN,[7] und Pers., die aus anderen Vorschriften in Haftung genommen werden können[8] oder bei denen fraglich ist, ob sie dem LSt-Verfahren unterliegen.[9] Voraussetzung ist aber ein **Auskunftsinteresse.**[10] Daran fehlt es, wenn eine verbindliche Zusage nach § 204 AO erteilt wurde[11] und nach Ablauf des Kj., sofern weder eine Änderung nach § 41c noch ein LStJA nach § 42b möglich ist.[12] Das FA ist **bei** einer **zulässigen Anfrage** eines Beteiligten **verpflichtet**, eine Auskunft zu erteilen.[13] 3

C. Gegenstand und Form der Anfrage

Gegenstand können **nur lohnsteuerrechtl. Vorschriften** sein, die für den Steuereinbehalt, die Abführung der LSt oder die Pauschalierung maßgeblich sind;[14] zB Behandlung geldwerter Vorteile, Ersatzleistungen oder Sonderzuwendungen, Pauschalierungsfragen, Form und Inhalt des Lohnkontos, Vorliegen v. Arbeitsverhältnissen bei bestimmten Pers., **nicht aber** Fragen, die nur für die ESt-Veranlagung Bedeutung erlangen; zB WK- und SA-Abzug. Strittige Sachverhalte zu § 37b können durch eine Anrufungsauskunft geklärt werden.[15] Die Auskunft muss sich auf eine **konkrete Rechtsfrage** beziehen und den **Sachverhalt genau und bestimmt** darlegen.[16] Dabei ist es ausreichend, wenn sich das Auskunftsersuchen des ArbG auf bestimmte Falltypen oder Fallgruppen bezieht.[17] Eine besondere Form ist nicht vorgeschrieben,[18] zur besseren Dokumentation und Beweisführung wird jedoch eine schriftliche Antragstellung empfohlen.[19] Bei mehreren für den ArbG zuständigen Betriebsstätten-FÄ muss die Anfrage aber gem. S. 4 die Angabe sämtlicher Betriebsstätten-FÄ und die Erklärung, für welche davon die Auskunft v. Bedeutung ist, enthalten. 4

D. Zuständigkeit

Zuständig ist das **Betriebsstätten-FA**, bei mehreren für den ArbG zuständigen Betriebsstätten-FÄ dasjenige, in dessen Bezirk sich die Geschäftsleitung des ArbG befindet (S. 2), hilfsweise dasjenige, in dessen Bezirk sich die Betriebsstätte mit den meisten ArbN befindet (S. 3). Die Anzahl der meisten ArbN ist nach 5

1 BMF v. 12.12.2017, BStBl. I 2017, 1656 Rn. 1.
2 BFH v. 9.10.1992 – VI R 97/90, BStBl. II 1993, 166 = FR 1993, 55 m. Anm. *von Bornhaupt.*
3 *K/S/M*, § 42e A 1; *T/K*, Vor 204 AO Rn. 24.
4 *T/K*, § 89 AO Rn. 5.
5 *K/S/M*, § 42e A 4; **aA** *Schmidt*[37], § 42e Rn. 13 (nebeneinander anwendbar).
6 Im Einzelnen *T/K*, § 204 AO Rn. 8.
7 BFH v. 9.10.1992 – VI R 97/90, BStBl. II 1993, 166 = FR 1993, 55 m. Anm. *von Bornhaupt*; s. dazu aber Rn. 7.
8 *H/H/R*, § 42e Rn. 16.
9 *Richter*, StBp. 1983, 57.
10 HM, *Blümich*, § 42e Rn. 17; **aA** *v. Bornhaupt*, DStR 1980, 5.
11 *K/S/M*, § 42e Rn. B 6.
12 *Blümich*, § 42e Rn. 17.
13 *H/H/R*, § 42e Rn. 20.
14 BFH v. 9.10.1992 – VI R 97/90, BStBl. II 1993, 166 = FR 1993, 55 m. Anm. *von Bornhaupt.*
15 BMF v. 19.5.2015, BStBl. I 2015, 468 Rn. 37.
16 *Blümich*, § 42e Rn. 13.
17 *Hilbert*, NWB 2018, 466.
18 BMF v. 12.12.2017, BStBl. I 2017, 1656 Rn. 7.
19 *Hilbert*, NWB 2018, 466.

Köpfen zu ermitteln.[1] Die Auskunft des nach den S. 2 bis 4 zuständigen FA wirkt auch für die übrigen Betriebsstätten-FÄ.

E. Rechtsnatur und Wirkung der Auskunft

6 Nach neuerer Rspr.[2] und Verwaltungsmeinung[3] soll die Auskunft nach § 42e ein VA sein.[4] Der ArbG soll berechtigt sein, eine Anrufungsauskunft auch inhaltlich überprüfen zu lassen. Das mag politisch wünschenswert sein,[5] allein es ist nicht vom Wortlaut des G gedeckt. Eine Auskunft ist anders als eine Zusage keine Willens-, sondern eine **Wissenserklärung.**[6] Dies gilt auch für die Auskunft nach § 42e. Anders als in § 89 Abs. 2 AO ist die Auskunft nicht „verbindlich", noch wird der Begriff „Zusage" wie in § 204 AO verwendet.[7] Die inhaltliche Überprüfbarkeit im Rechtsweg soll sich aber darauf beschränken, ob die Auskunft der FinVerw. dem Gesetz, der höchstrichterlichen Rspr. oder der aktuellen Verwaltungsauffassung entspricht. Eine umfassende inhaltliche Kontrolle oder die Klärung bislang offener Rechtsfragen soll nicht möglich sein.[8]

7 Unklar ist teilw. noch, welche Wirkung dieser VA hat. Die Rspr. hält an ihrer bisherigen[9] Auffassung fest[10], wonach die Auskunft **nur für das LSt-Verfahren** wirkt und das Wohnsitz-FA nicht bei der Veranlagung des ArbN bindet, selbst dann nicht, wenn die Auskunft dem ArbN selbst erteilt wurde.[11] Auch die FinVerw. geht davon aus, dass die Anrufungsauskunft keine Bindungswirkung für das Veranlagungsverfahren hat.[12] Eine ggü. dem ArbG erteilte Anrufungsauskunft soll nach neuer Rspr. im LSt-Nachforderungsverfahren auch ggü. dem ArbN wirken.[13] Gleiches soll für den umgekehrten Fall gelten.[14] Die Wirkung könnte sich einerseits darauf beschränken, dass ein auskunftsgemäßer LSt-Abzug jegliche Haftung des ArbG ausschließt.[15] Sie könnte aber auch rechtsgestaltende Wirkung haben, dass ein anderer LSt-Abzug rechtswidrig wäre, der ArbG also zu niedrige oder zu hohe LSt einbehalten und abführen muss. Es wäre in diesem Fall zu beachten, dass dann alle ArbN v. der Auskunft unmittelbar betroffen wären, so dass die Auskunft diesen gegenüber bekanntzugeben wäre.[16] Allein dies spricht gegen diese weitreichende rechtsgestaltende Wirkung, da ansonsten eine Auskunft an einen ArbN nicht mehr möglich wäre. Der ArbG ist aber nicht verpflichtet, gem. der Auskunft zu handeln.[17]

8 Unklar ist aber auch, wie lange die Auskunft wirkt.[18] **Zeitlich** konnte sich der ArbG bisher auf die Auskunft verlassen, solange sich der Sachverhalt nicht änderte, sie wurde aber für die Zukunft[19] gegenstandslos, wenn das FA die Auskunft durch Mitteilung aufhob oder sich die gesetzlichen Grundlagen änderten.[20] Nun muss die Auskunft formal aufgehoben werden, um ihre Rechtswirkung zu verlieren. Die Verwaltung behilft sich durch analoge Anwendung von § 207 Abs. 1 AO, wonach eine verbindliche Zusage außer Kraft tritt, sobald sich die Rechtsvorschriften, auf denen die Entscheidung beruht, geändert werden.[21] Die speziellste Regelung für die Wirkung v. Zusagen enthalten die §§ 204 ff. AO. Ihre entspr. Anwendung führt zu

1 *Blümich*, § 42e Rn. 20.
2 BFH v. 30.4.2009 – VI R 54/07, BStBl. II 2010, 996 = FR 2010, 42 m. Anm. *Bergkemper*; **aA** bisherige hM, BFH v. 9.3.1979 – VI R 185/76, BStBl. II 1979, 451; *K/S/M*, § 42e Rn. B 12.
3 BMF v. 12.12.2017, BStBl. I 2017, 1656 Rn. 15.
4 So schon bisher *Blümich*, § 42e Rn. 26; *T/K*, Vor § 204 Rn. 25; *Schmidt*[37], § 42e Rn. 7; nach Änderung der Auffassung auch *H/H/R*, § 42e Rn. 23; mit differenzierter Betrachtung *Hilbert*, NWB 2018, 466: Unbürokratische Beantwortung von Informationsanfragen in einfach gelagerten Fällen durch eine Wissenserklärung des FA wäre sinnvoll.
5 Motiv der RsprÄnderung war, der besonderen Belastung des ArbG gerecht zu werden und ihm deshalb frühestmögliche und definitive Klarheit zu verschaffen. Die Entscheidung wurde in der Literatur überwiegend begrüßt (*Schulze Grotthoff*, BB 2009, 2123; *Bergkemper*, DB 2009, 1684).
6 *T/K*, § 204 AO Rn. 3.
7 **AA** *Blümich*, § 42e Rn. 31.
8 BFH v. 27.2.2014 – VI R 23/13, BStBl. II 2014, 894 = FR 2014, 992.
9 BFH v. 16.12.1996 – VI R 51/96, BStBl. II 1997, 222 = FR 1997, 349.
10 BFH v. 13.1.2011 – VI R 61/09, BStBl. II 2011, 479 = FR 2011, 620.
11 BFH v. 9.10.1992 – VI R 97/90, BStBl. II 1993, 166; **aA** *v. Bornhaupt*, FR 1993, 57.
12 BMF v. 12.12.2017, BStBl. I 2017, 1656 Rn. 20.
13 BFH v. 17.10.2013 – VI R 44/12, BStBl. II 2014, 892 = FR 2014, 771.
14 BMF v. 12.12.2017, BStBl. I 2017, 1656 Rn. 18.
15 So bisher BFH v. 9.10.1992 – VI R 97/90, BStBl. II 1993, 166 = FR 1993, 55 m. Anm. *von Bornhaupt*; *H/H/R*, § 42e Rn. 24.
16 *Blümich* (§ 42e Rn. 36) geht im umgekehrten Fall (Auskunft an ArbN) davon aus, dass die Auskunft dem betroffenen ArbG nicht bekanntgegeben werden müsste.
17 *H/H/R*, § 42e Rn. 25.
18 *Schulze Grotthoff*, BB 2009, 2123; *Bergkemper*, DB 2009, 1684.
19 BFH v. 9.3.1979 – VI R 185/76, BStBl. II 1979, 451 (nicht für abgeschlossene Sachverhalte).
20 BFH v. 9.3.1965 – VI 109/62 U, BStBl. III 1965, 426.
21 BMF v. 12.12.2017, BStBl. I 2017, 1656 Rn. 13.

besseren Ergebnissen als die allg. Korrekturvorschriften nach §§ 130, 131 AO.[1] So ist eine rechtswidrige belastende Auskunft nicht bindend (§ 206 Abs. 2 AO) und das FA kann eine rechtswidrige Auskunft für die Zukunft ohne weitergehende Voraussetzungen auch wieder aus der Welt schaffen.[2] Nach der Rspr.[3] kann eine Anrufungsauskunft analog § 207 Abs. 2 AO durch eine begründete Ermessensentscheidung mit Wirkung für die Zukunft geändert oder aufgehoben werden. Die Bindungswirkung zeitlich befristeter Auskünfte entfällt mit Ablauf der Frist. Die Verwaltung folgt der Rspr. auch insoweit.[4]

F. Form der Auskunft

Die Auskunft ist **grds. formlos** zulässig, soll aber schriftlich erteilt werden.[5] Da der ArbG daran ein be- 9
rechtigtes Interesse hat, steht ihm eine **schriftliche Bestätigung** gem. § 119 Abs. 2 S. 2 AO zu.[6]

G. Rechtsbehelfe

Gegen die Nicht- und Falscherteilung der Auskunft steht dem ArbG nach Auffassung von Rspr. und Ver- 10
waltung ein Einspruch zu. Lehnt das FA die Auskunft ab oder ist die erteilte Auskunft falsch und wehrt sich der ArbG dagegen nicht, erwächst die Auskunft in Bestandskraft. Eine Neuerteilung oder Änderung ist dann nur unter den Voraussetzungen des § 130 Abs. 1 AO oder § 207 Abs. 2 AO möglich. Einem **erneuten Antrag** fehlt idR jedoch das Auskunftsinteresse (Rn. 3), sofern das FA nicht v. einem unzutr. Sachverhalt ausgegangen ist oder sich neu rechtl. Gesichtspunkte ergeben.

§ 42f Lohnsteuer-Außenprüfung

(1) Für die Außenprüfung der Einbehaltung oder Übernahme und Abführung der Lohnsteuer ist das Betriebsstättenfinanzamt zuständig.

(2) [1]Für die Mitwirkungspflicht des Arbeitgebers bei der Außenprüfung gilt § 200 der Abgabenordnung. [2]Darüber hinaus haben die Arbeitnehmer des Arbeitgebers dem mit der Prüfung Beauftragten jede gewünschte Auskunft über Art und Höhe ihrer Einnahmen zu geben und auf Verlangen die etwa in ihrem Besitz befindlichen Bescheinigungen für den Lohnsteuerabzug sowie die Belege über bereits entrichtete Lohnsteuer vorzulegen. [3]Dies gilt auch für Personen, bei denen es streitig ist, ob sie Arbeitnehmer des Arbeitgebers sind oder waren.

(3) [1]In den Fällen des § 38 Absatz 3a ist für die Außenprüfung das Betriebsstättenfinanzamt des Dritten zuständig; § 195 Satz 2 der Abgabenordnung bleibt unberührt. [2]Die Außenprüfung ist auch beim Arbeitgeber zulässig; dessen Mitwirkungspflichten bleiben neben den Pflichten des Dritten bestehen.

(4) Auf Verlangen des Arbeitgebers können die Außenprüfung und die Prüfungen durch die Träger der Rentenversicherung (§ 28p des Vierten Buches Sozialgesetzbuch) zur gleichen Zeit durchgeführt werden.

Literatur: *Schmidt*, Zeitgleiche Außenprüfung durch Finanzamt und Rentenversicherung, NWB 2012, 3692.

1 Für die Anwendung der §§ 130, 131 AO *Blümich*, § 42e Rn. 40.
2 Der Versendung v. Kontrollmitteilungen an alle WohnsitzFÄ der ArbN bedürfte es dann nicht.
3 BFH v. 2.9.2010 – VI R 3/09, BStBl. II 2011, 233.
4 BMF v. 12.12.2017, BStBl. I 2017, 1656 Rn. 12.
5 R 42e Abs. 1 S. 3 LStR.
6 *T/K*, § 119 AO Rn. 7; *K/S/M*, § 42e Rn. B 7.

A. Grundaussagen der Vorschrift

1 **I. Regelungsgegenstand.** § 42f enthält keine Rechtsgrundlage[1] für die Durchführung einer LSt-Außenprüfung, sondern ergänzt die §§ 193 ff. AO in **Abs. 1** durch eine Regelung zur örtlichen Zuständigkeit und in **Abs. 2** durch eine Ausweitung der Mitwirkungspflichten v. ArbN über § 200 Abs. 1 S. 3 AO hinaus. **Abs. 3** betrifft die Fälle der Dritten mit ArbG-Pflichten. **Abs. 4** ermöglicht die zeitgleiche Prüfung durch das FA und die Träger der Rentenversicherung.[2]

2 **II. Verhältnis zu anderen Vorschriften.** Gegenüber der AO sind die Vorschriften **lex specialis.** § 195 S. 1 AO wird durch § 42f S. 1 verdrängt, die Möglichkeit zur Beauftragung eines anderen FA mit der Prüfung nach § 195 S. 2 AO wird allerdings nicht berührt.[3] Die LSt-Außenprüfung ist eine besondere Außenprüfung iSd. § 1 Abs. 2 BpO.[4] Die §§ 5–12 BpO sind anzuwenden mit Ausnahme der Bekanntgabefristen des § 5 Abs. 4 S. 2 BpO.

3 **III. Betroffener Personenkreis.** Die Prüfung der LSt kann gem. **§ 193 Abs. 1 AO** bei ArbG erfolgen, die einen **Betrieb unterhalten** oder freiberuflich tätig sind und darüber hinaus gem. **§ 193 Abs. 2 Nr. 1 AO** bei ArbG, die **LSt einzubehalten und abzuführen** haben. Darunter fallen auch Privatpersonen, die ArbN beschäftigen. Sofern sie nur gering entlohnte Kräfte beschäftigen, sollen sie aber idR nicht geprüft werden.[5] Das Ziel einer Prüfung kann auch sein, dem FA Klarheit über eine potentielle Haftungs- oder Steuerschuld zu verschaffen.[6] Soweit **nur pauschalierte LSt** anfällt, kommt außer in den Fällen des § 193 Abs. 1 AO nur **§ 193 Abs. 2 Nr. 2 AO** als Rechtsgrundlage für eine Prüfung in Betracht.

4 **IV. Gegenstand und Umfang der Lohnsteuer-Außenprüfung.** Die LSt-Außenprüfung erstreckt sich darauf, ob die **LSt und die Annexsteuern**[7] zutr. einbehalten oder übernommen und an das FA abgeführt wurden.[8] Sie umfasst weder die Prüfung der ESt-Festsetzung des ArbG oder einzelner ArbN[9] noch die Prüfung von Sachverhalten, die ausschließlich für die USt relevant sind.[10] Dies hindert den LSt-Prüfer jedoch nicht daran, Kontrollmitteilungen auch im Hinblick auf die USt an die zuständigen FÄ zu senden. Bei Bedarf kann auch eine alle Steuerarten umfassende Außenprüfung nach § 193 Abs. 1 und § 194 Abs. 1 S. 2 AO angeordnet werden. Die LSt-Außenprüfung ist **zeitraumbezogen.**[11] Der Prüfungszeitraum kann auch mehr als drei Jahre umfassen,[12] da § 4 Abs. 3 BpO ausdrücklich nicht gilt. Auch eine **Erweiterung des Prüfungszeitraums** ist deshalb nicht nur in den Grenzen des § 4 Abs. 3 BpO möglich.

B. Besondere Zuständigkeit (Abs. 1)

5 Gem. Abs. 1 ist das Betriebsstätten-FA auch für die LSt-Außenprüfung zuständig. Dies ist eine Regelung der **örtlichen Zuständigkeit**, die durch Beauftragung nach § 195 S. 2 AO auf ein anderes FA übertragen werden kann.[13]

C. Mitwirkungspflichten (Abs. 2)

6 **I. Mitwirkungspflicht des Arbeitgebers (Abs. 2 S. 1).** Der Umfang der Mitwirkungspflicht des ArbG ergibt sich aus § 200 AO, der spezialgesetzliche Vorschrift ggü. den §§ 90 ff. AO für Außenprüfungen ist. Auf diesen verweist S. 1 deklaratorisch. Lohnstl. Besonderheiten ergeben sich gegenüber sonstigen Außenprüfungen nicht.

7 **II. Mitwirkungspflicht der Arbeitnehmer (Abs. 2 S. 2).** Die Mitwirkungspflichten der ArbN werden durch S. 2 gegenüber § 200 Abs. 1 S. 3 AO **erheblich erweitert.**[14] Da sich die Auskunftspflicht auf eigene Angelegenheiten des ArbN bezieht, gilt die Subsidiaritätsklausel des § 200 Abs. 1 S. 3 nicht.[15] Die Aus-

---

1 *H/H/R*, § 42f Rn. 6; **aA** *Blümich*, § 42f Rn. 8 f. (lex specialis).
2 Ab 2010 SteuerbürokratieabbauG v. 20.12.2008 (BStBl. I 2009, 124).
3 *H/H/R*, § 42f Rn. 12.
4 R 42f Abs. 1 S. 2 LStR.
5 R 42f Abs. 3 S. 2 LStR; krit. dazu *K/S/M*, § 42f Rn. A 3.
6 BFH v. 23.10.1990 – VIII R 45/88, BStBl. II 1991, 278.
7 *H/H/R*, § 42f Rn. 10.
8 BFH v. 9.3.1990 – VI R 87/89, BStBl. II 1990, 608.
9 *H/H/R*, § 42f Rn. 4.
10 FG Berlin-Bdbg. v. 2.4.2014 – 7 K 7058/13, EFG 2014, 1077 (rkr.).
11 *Giloy*, NWB Fach 6, 4267; weitergehend *Blümich*, § 42f Rn. 15 (im Ermessen des FA, nur einzelne Sachverhalte zu prüfen); **aA** *v. Bornhaupt*, BB 1990, Beil. Nr. 1, S. 2 (sachverhaltsbezogen).
12 FG Thür. v. 22.5.1997 – I 44/97, EFG 1998, 984.
13 *H/H/R*, § 42f Rn. 12.
14 *K/S/M*, § 42f Rn. C 2; **aA** *Blümich*, § 42f Rn. 22 (insgesamt konstitutiv).
15 *H/H/Sp.*, § 200 AO Rn. 181; **aA** *Mihatsch*, DB 1985, 1099 (1101).

kunftspflicht bezieht sich auch auf den Arbeitslohn aus vorangegangenen Dienstverhältnissen, nicht aber auf Einnahmen aus anderen Einkunftsarten.[1]

8 **III. Mitwirkungspflicht potenzieller Arbeitnehmer (Abs. 2 S. 3).** Die Mitwirkungspflicht betrifft nach S. 3 auch Pers., bei denen str. ist, ob sie ArbN des geprüften ArbG sind oder waren. Das ist aber nur dann der Fall, wenn sich FA und ArbG darüber uneinig sind.[2] Da die Frage, ob eine ArbN-Eigenschaft vorliegt, gerade Prüfungsgegenstand ist, reicht es für das Entstehen einer Mitwirkungspflicht aus, wenn das FA hinreichend Anhaltspunkte dafür hat, dass der Sachverhalt prüfungsrelevant ist.

D. Verfahrensrechtliche Folgen der Lohnsteuer-Außenprüfung

9 **I. Rechtswirkungen beim Arbeitgeber.** Die Bekanntgabe einer Prüfungsanordnung nach § 196 AO (§ 371 Abs. 2 Nr. 1a AO) sowie das Erscheinen des Beamten[3] zur Prüfung (§ 371 Abs. 2 Nr. 1c AO) schließen eine strafbefreiende **Selbstanzeige** aus. Durch den Beginn der Prüfung, der sich in der ernsthaften Aufnahme v. Prüfungshandlungen verwirklicht,[4] wird die **Festsetzungsverjährung** gem. § 171 Abs. 4 AO unterbrochen. Wird nach Abschluss der Prüfung der Vorbehalt der Nachprüfung für die LSt-Anmeldung gem. § 164 Abs. 3 S. 1 AO aufgehoben, hindert die **Änderungssperre** nach § 173 Abs. 2 AO auch den Erlass eines Haftungsbescheids.[5] Ein Erlass bleibt aber möglich, wenn die Aufhebung des Vorbehalts unterbleibt.[6] Aus der Sperrwirkung erwächst darüber hinaus kein allg. Verwertungsverbot. Ehegattenarbeitsverhältnisse[7] oder Lohnbezüge an G'ter v. Körperschaften[8] können trotz unbeanstandetem LSt-Abzug bei der Veranlagung der ESt oder KSt nicht anerkannt werden.

10 Im **Anschluss an eine LSt-Außenprüfung** kann der ArbG eine Zusage nach § 204 AO beantragen. Für geprüfte Sachverhalte, die unbeanstandet bleiben, entsteht ein Vertrauensschutz des ArbG (§ 42d Rn. 33).

11 **II. Rechtswirkungen beim Arbeitnehmer.** Die Rechtswirkungen beim ArbG schlagen nicht auf den ArbN durch. So tritt durch den Beginn der Außenprüfung weder eine Verjährungsunterbrechung für die ESt des ArbN ein,[9] noch hindert eine Änderungssperre nach § 173 Abs. 2 AO eine LSt-Nachforderung beim ArbN.[10] Auch ein Verwertungsverbot, das sich aufgrund der Aufhebung einer rechtswidrigen Prüfungsanordnung ergibt, schützt den ArbN nicht vor einer Auswertung der durch eine Prüfung erlangten Kenntnisse.[11]

E. Außenprüfung bei Dritten mit Arbeitgeberpflichten (Abs. 3)

12 Auch ein Dritter mit ArbG-Pflichten nach § 38 Abs. 3a (§ 38 Rn. 21 f.) ist gem. §§ 193 Abs. 2 Nr. 1 AO verpflichtet, die LSt einzubehalten und abzuführen, ohne dass zunächst die originäre Pflicht des ArbG erlischt. Es kann daher bei beiden eine LSt-Außenprüfung durchgeführt werden. Auch die Mitwirkungspflichten des ArbG bleiben bei Einschaltung eines Dritten gem. Abs. 3 S. 2 bestehen. Zuständig ist das Betriebsstätten-FA des Dritten, das aber gem. § 195 S. 2 AO ein anderes FA mit der Prüfung beauftragen kann.

F. Gleichzeitige Außenprüfung durch Finanzamt und Rentenversicherungsträger (Abs. 4)

13 Auf Antrag des ArbG wird nach Abs. 4 eine zeitgleiche Außenprüfung durch FA und Rentenversicherungsträger möglich. Das soll eine Belastung durch eine zweifache Außenprüfung beseitigen. Die bisherigen Erfahrungen bei Pilotierungen haben dies nicht bestätigt,[12] die Vorschrift wird in der Praxis auch kaum genutzt.[13] Die Prüfungen sind nur zeitgleich, nicht einheitlich, also weder inhaltsgleich oder gleich

1 *Schmidt*[37], § 42f Rn. 5.
2 *Blümich*, § 42f Rn. 23.
3 OLG Stuttgart v. 22.5.1989 – 3 Ss 21/89, MDR 1989, 1017.
4 BFH v. 2.2.1994 – I R 57/93, BStBl. II 1994, 377; AEAO zu § 198.
5 BFH v. 31.8.1990 – VI R 78/86, BStBl. II 1991, 537 = FR 1991, 147; BMF v. 8.11.1993, BStBl. I 1993, 922.
6 BFH v. 14.9.1993 – VIII R 9/93, BStBl. II 1995, 2; v. 16.9.2004 – X R 22/01, BFH/NV 2005, 322; *Blümich*, § 42d Rn. 156; **aA** *Thomas*, DStR 1992, 1468; *Schmidt*[37], § 42f Rn. 8; noch weitergehend *Giloy*, NWB Fach 6, 4267 (4274), der bereits bei einer Mitteilung nach § 202 Abs. 1 S. 3 AO eine Änderungssperre für Sachverhalte früherer Zeiträume annimmt.
7 BFH v. 24.7.1996 – X R 123/94, BFH/NV 1997, 161.
8 FG RhPf. v. 6.3.1995 – 5 K 1720/94, EFG 1996, 574.
9 BFH v. 15.12.1989 – VI R 151/86, BStBl. II 1990, 526.
10 BFH v. 9.11.1984 – VI R 157/83, BStBl. II 1985, 191 = FR 1985, 167.
11 BFH v. 9.11.1984 – VI R 157/83, BStBl. II 1985, 191 = FR 1985, 167; *T/K*, § 196 Rn. 33.
12 S. auch Bedenken des BR (BT-Drucks. 16/10579).
13 *Schmidt*, NWB 2012, 3692, in einer ersten Bestandsaufnahme.

lang andauernd. Das Steuergeheimnis muss auch in diesen Fällen gewahrt werden. Der Antrag des ArbG ist formlos beim BetriebsstättenFA zu stellen.[1] Im Rahmen der Ermessensausübung darf das FA bei fehlender Zweckmäßigkeit der Gleichzeitigkeit den Antrag ablehnen. Das Ermessen ist nur insoweit vorgeprägt, als bei der Ermessensabwägung eine mögliche Entlastung v. Bürokratiekosten beim ArbG zu berücksichtigen ist.

§ 42g Lohnsteuer-Nachschau

(1) [1]Die Lohnsteuer-Nachschau dient der Sicherstellung einer ordnungsgemäßen Einbehaltung und Abführung der Lohnsteuer. [2]Sie ist ein besonderes Verfahren zur zeitnahen Aufklärung steuererheblicher Sachverhalte.

(2) [1]Eine Lohnsteuer-Nachschau findet während der üblichen Geschäfts- und Arbeitszeiten statt. [2]Dazu können die mit der Nachschau Beauftragten ohne vorherige Ankündigung und außerhalb einer Lohnsteuer-Außenprüfung Grundstücke und Räume von Personen, die eine gewerbliche oder berufliche Tätigkeit ausüben, betreten. [3]Wohnräume dürfen gegen den Willen des Inhabers nur zur Verhütung dringender Gefahren für die öffentliche Sicherheit und Ordnung betreten werden.

(3) [1]Die von der Lohnsteuer-Nachschau betroffenen Personen haben dem mit der Nachschau Beauftragten auf Verlangen Lohn- und Gehaltsunterlagen, Aufzeichnungen, Bücher, Geschäftspapiere und andere Urkunden über die der Lohnsteuer-Nachschau unterliegenden Sachverhalte vorzulegen und Auskünfte zu erteilen, soweit dies zur Feststellung einer steuerlichen Erheblichkeit zweckdienlich ist. [2]§ 42f Absatz 2 Satz 2 und 3 gilt sinngemäß.

(4) [1]Wenn die bei der Lohnsteuer-Nachschau getroffenen Feststellungen hierzu Anlass geben, kann ohne vorherige Prüfungsanordnung (§ 196 der Abgabenordnung) zu einer Lohnsteuer-Außenprüfung nach § 42f übergegangen werden. [2]Auf den Übergang zur Außenprüfung wird schriftlich hingewiesen.

(5) Werden anlässlich einer Lohnsteuer-Nachschau Verhältnisse festgestellt, die für die Festsetzung und Erhebung anderer Steuern erheblich sein können, so ist die Auswertung der Feststellungen insoweit zulässig, als ihre Kenntnis für die Besteuerung der in Absatz 2 genannten Personen oder anderer Personen von Bedeutung sein kann.

Literatur: *Dißars*, Die Lohnsteuer-Nachschau nach § 42g EStG, NWB 2013, 3210; *Janssen-Heid/Hilbert*, Lohnsteuer-Nachschau nach § 42 EStG – Übersicht und offene Fragen, BB 2015, 598.

A. Grundaussagen der Vorschrift

1 **I. Regelungsgegenstand.** Die durch das AmtshilfeRLUmsG[2] mit Wirkung ab dem 30.6.2013 in § 42g eingeführte LSt-Nachschau verfolgt primär das Ziel, Schwarzarbeit zu bekämpfen.[3] Sie ermöglicht der FinVerw., ohne vorherige Ankündigung zeitnah Sachverhalte, die eine LSt-Pflicht begründen oder zu einer Änderung der Höhe der LSt, des SolZ, der KiSt oder von Pflichtbeiträgen zu einer Arbeits- oder Arbeitnehmerkammer führen können, zu überprüfen.[4] Insbes. soll ein Eindruck von den tatsächlichen Gegebenheiten vor Ort (räumliche Verhältnisse, Art des Geschäftsbetriebs, tatsächlich eingesetztes Personal usw.) gewonnen werden.[5] Diese Norm stellt die Rechtsgrundlage dar, nach der sich die FinVerw. an Prüfungen der „Finanzkontrolle Schwarzarbeit“ der Zollverwaltung beteiligen kann. Nach § 52 Abs. 1 S. 2 idF des

1 *H/H/R*, § 42f Rn. 30.
2 G v. 26.6.2013, BGBl. I 2013, 1809.
3 Vgl. Antwort der BReg. v. 31.7.2013 auf eine Parlamentsanfrage, BT-Drucks. 17/14483.
4 BMF v. 16.10.2014, BStBl. I 2014, 1408 Rn. 2 und 3.
5 BMF v. 16.10.2014, BStBl. I 2014, 1408 Rn. 3.

AmtshilfeRLUmsG gilt § 42g erstmals für Lohnzahlungszeiträume, die nach dem 31.12.2012 enden, sowie für sonstige Bezüge, die nach dem 31.12.2012 zufließen.

II. Verhältnis zu anderen Vorschriften (Abs. 1). Die LSt-Nachschau ist nicht mit einer LSt-Außenprüfung iSd. § 42f gleichzusetzen. Sie soll keine Prüfung iSd §§ 193 ff. AO sein,[1] sondern ein besonderes Verfahren (Abs. 1 S. 2). Deshalb ist es zB nicht zulässig, im Rahmen einer LSt-Nachschau ein Verzögerungsgeld iSd. § 146 Abs. 2b AO festzusetzen oder in digital vorgehaltene Lohndaten durch Datenzugriff nach § 147 Abs. 6 AO Einsicht zu nehmen.[2] Eine LSt-Nachschau hat keine Auswirkungen auf die Verjährung von Steueransprüchen. Wie bei der Außenprüfung nach § 193 AO ist nicht konkret geregelt, welche Maßnahmen im Rahmen einer LSt-Nachschau einen VA iSd. § 118 AO darstellen. Das bloße Betreten öffentlich zugänglicher Geschäftsräume ist zB kein VA iSd. § 118 AO, die Aufforderung, bestimmte Unterlagen vorzulegen oder nicht öffentlich zugängliche Räume zu öffnen, erfüllt hingegen den Tatbestand des VA. Solche Maßnahmen sind mit Zwangsmitteln nach §§ 328 ff. AO durchsetzbar,[3] aber auch mit dem Einspruch nach § 347 AO anfechtbar. Ggf. ist AdV nach § 361 AO zu gewähren. Da die LSt-Nachschau ohne Prüfungsanordnung oder sonstige vorherige Ankündigung erfolgt, kann sie auch nicht im Vorhinein verfahrensrechtl. verhindert werden.[4] 2

Str. war bislang, ob eine LSt-Nachschau eine Selbstanzeige zur Steuerart LSt ausschließt. Der Sperrgrund des § 371 Abs. 2 Nr. 1 lit. c AO bezog sich in der bis 2014 geltenden Gesetzesfassung nicht ausdrücklich auf eine Außenprüfung nach § 196 AO, sondern allgemein auf eine „steuerliche Prüfung". Auch das „besondere Verfahren" der LSt-Nachschau (Abs. 1 S. 2) dient dazu, Besteuerungsgrundlagen zu prüfen, und schloss damit bereits bislang eine Selbstanzeige aus.[5] Der Gesetzgeber hat nun aber durch die Einfügung von § 371 Abs. 2 Nr. 1 lit. e AO[6] mit Wirkung ab dem 1.1.2015 eindeutig geregelt, dass die Durchführung einer LSt-Nachschau ein Sperrgrund ist, sofern sich der Beamte ausgewiesen hat. 3

III. Betroffene Personen. Die LSt-Nachschau dient nach Abs. 1 der Sicherstellung einer ordnungsgemäßen Einbehaltung und Abführung der LSt und deren Annexsteuern. Sie kann deshalb nur Personen betreffen, die zur Einbehaltung und Abführung der LSt verpflichtet sind (§ 38 Rn. 7 f.). Aus Abs. 2 ergibt sich zudem, dass eine LSt-Nachschau nur für inländische ArbG und ausländische Verleiher gedacht ist, die eine gewerbliche und berufliche Tätigkeit ausüben. Die Voraussetzungen des Abs. 1 und Abs. 2 dürften auch bei Dritten erfüllt sein, die nach § 38 Abs. 3a ArbG-Pflichten übernommen haben.[7] Wer ArbN nur in seinem privaten Haushalt beschäftigt, hat keine üblichen Arbeits- oder Geschäftszeiten. Eine LSt-Nachschau wird hier regelmäßig nicht zulässig sein. 4

B. Befugnisse der Finanzverwaltung (Abs. 2)

Wie bei einer Prüfung der „Finanzkontrolle Schwarzarbeit" der Zollverwaltung können nun auch die zur LSt-Nachschau befugten Beamten der Steuerverwaltung ohne Ankündigung die Geschäfts- und in Ausnahmefällen sogar die Wohnräume der StPfl., die häuslichen Arbeitszimmer oder auch Baustellen[8] betreten. Dies stellt im Vergleich zu einer LSt-Außenprüfung nach § 42f oder einer Bp. nach § 193 AO eine deutliche Erweiterung der Befugnisse dar. Allerdings ändert sich für den StPfl. die Eingriffsintensität nicht durch die Frage, welche Behörde einen Eingriff vollzieht. In jedem Fall können sich LSt-Außenprüfer daher an Einsätzen der Finanzkontrolle Schwarzarbeit beteiligen.[9] Der hohe volkswirtschaftliche Schaden, der durch Schwarzarbeit entsteht, rechtfertigt zudem in jedem Fall eine Verbesserung der Effizienz in der Bekämpfung der Schwarzarbeit.[10] Die Maßnahme setzt aber keinen Anfangsverdacht einer Verkürzung der LSt oder vermutete Schwarzarbeit voraus. Auch eine Zufallsauswahl nach Risikomanagementgesichtspunkten ist möglich. Da das G nicht konkret definiert, welche Sachverhalte überprüft werden dürfen, sondern Abs. 1 abstrakt das Ziel vorgibt, den ordnungsgemäßen LSt-Abzug zu sichern, sind die unterschiedlichsten Nachschaugründe zulässig; die FinVerw. hat deshalb zutr. einen umfangreichen, nicht abschlie- 5

1 Vgl. Stellungnahme des BR zum JStG-E 2013, BT-Drucks. 17/10604.
2 BMF v. 16.10.2014, BStBl. I 2014, 1408 Rn. 2.
3 BMF v. 16.10.2014, BStBl. I 2014, 1408 Rn. 21 und 22.
4 Vgl. Antwort der BReg. v. 7.10.2013 auf eine Parlamentsanfrage, BT-Drucks. 17/14821.
5 Vgl. Antwort der BReg. v. 7.10.2013 auf eine Parlamentsanfrage, BT-Drucks. 17/14821; **aA** *Rau/Dürrwächter*, § 27b UStG Rn. 38; *Dißars*, NWB 2013, 3210 (enge Auslegung angezeigt wg. immenser Konsequenzen für den Betroffenen).
6 G zur Änderung der AO und des EGAO v. 22.12.2014, BGBl. I 2014, 2415.
7 *Janssen-Heid/Hilbert*, BB 2015, 598.
8 BMF v. 16.10.2014, BStBl. I 2014, 1408 Rn. 7, 9.
9 *Demuth/Eisgruber*, DStR Beihefter 49/2012, 135.
10 **GlA** *Apitz*, StBp. 2014, 33 (für wirksame Bekämpfung der Schwarzarbeit ist die Kenntnis der tatsächlichen Sachverhalte im Unternehmen erforderlich).

ßenden Katalog an Gründen aufgestellt.[1] Die Verhältnismäßigkeit im Einzelfall ist aber iRd. Ermessensausübung zu beachten.

Eine LSt-Nachschau ist nach Abs. 2 S. 1 **während der üblichen Geschäfts- und Arbeitszeiten** möglich und damit auch während der Nacht, an Wochenenden oder Feiertagen sowie unabhängig von Öffnungszeiten.[2] Nach Auffassung der FinVerw. ist eine LSt-Nachschau auch außerhalb der üblichen Geschäftszeiten möglich, sofern dort ArbN anzutreffen sind.[3] Dies ist notwendig, um Schwarzarbeit nach offiziellem Betriebsschluss nachgehen zu können. Findet nach Betriebsschluss Schwarzarbeit statt, gehört auch diese Zeit zur üblichen Geschäftszeit. Ein Widerspruch zum Gesetzeswortlaut liegt deshalb nicht vor.[4]

§ 42g enthält **keine genaue Zuständigkeitsregelung**. Abs. 2 S. 2 erwähnt lediglich „die mit der Nachschau Beauftragten". Als für die LSt-Nachschau zuständige FÄ kommen insbes. die Betriebsstättenfinanzämter der ArbG in Betracht, es sollen aber auch andere FÄ, in deren Bezirk ein steuererheblicher Sachverhalt verwirklicht wird, mit der Nachschau beauftragt werden können.[5]

C. Mitwirkungspflichten der betroffenen Personen (Abs. 3)

6 Die betroffenen Personen haben nach Abs. 3 alle lohnsteuerlich relevanten Unterlagen vorzulegen und Auskünfte zu erteilen. Dieser Grundsatz wird nur durch Abs. 3 S. 1 HS 2 eingeschränkt, wonach dies der Feststellung einer steuerlichen Erheblichkeit zweckdienlich sein muss. Die Pflichten des ArbG gelten nach Abs. 3 S. 2 iVm. § 42f Abs. 2 S. 2 und 3 auch für ArbN oder für Personen, deren ArbN-Eigenschaft unklar ist. Die FinVerw. geht zutr. davon aus, dass die LSt-Nachschau kein Durchsuchungsrecht umfasst.[6]

D. Übergang zu einer Lohnsteuer-Außenprüfung (Abs. 4)

7 Nach Übergang zu einer LSt-Außenprüfung nach § 42f gelten die §§ 193 ff. AO. Anstelle einer Prüfungsanordnung nach § 196 AO ist auf den Übergang nur schriftlich hinzuweisen (Abs. 4 S. 2). Der Prüfungsgegenstand sowie der Prüfungszeitraum müssen aber angegeben werden, damit der Prüfungsauftrag konkretisiert wird. Sofern es der zeitnahen Aufklärung lohnsteuerlicher Sachverhalte dient, kann die FinVerw. von vornherein ein Maßnahmenpaket aus LSt-Nachschau und LSt-Außenprüfung planen und durchführen.[7] Werden im Rahmen einer LSt-Nachschau Sachverhalte bekannt, die andere Steuerarten betreffen, kann eine Außenprüfung nach § 193 AO folgen. Deren Prüfungsbeginn ist aber nach § 197 AO rechtzeitig bekannt zu geben.

E. Auswirkungen auf die Besteuerungsgrundlagen Dritter (Abs. 5)

8 Abs. 5 erlaubt der FinVerw. ausdrücklich die Auswertung der im Rahmen einer LSt-Nachschau gewonnenen Erkenntnisse bei anderen Steuerarten des geprüften StPfl. oder bei Dritten.

3. Steuerabzug vom Kapitalertrag (Kapitalertragsteuer)

§ 43 Kapitalerträge mit Steuerabzug

(1) [1]Bei den folgenden inländischen und in den Fällen der Nummern 5 bis 7 Buchstabe a und Nummern 8 bis 12 sowie Satz 2 auch ausländischen Kapitalerträgen wird die Einkommensteuer durch Abzug vom Kapitalertrag (Kapitalertragsteuer) erhoben:

1. Kapitalerträgen im Sinne des § 20 Absatz 1 Nummer 1, soweit diese nicht nachfolgend in Nummer 1a gesondert genannt sind, und Kapitalerträgen im Sinne des § 20 Absatz 1 Nummer 2. [2]Entsprechendes gilt für Kapitalerträge im Sinne des § 20 Absatz 2 Satz 1 Nummer 2 Buchstabe a und Nummer 2 Satz 2;

1a. Kapitalerträgen im Sinne des § 20 Absatz 1 Nummer 1 aus Aktien und Genussscheinen, die entweder gemäß § 5 des Depotgesetzes zur Sammelverwahrung durch eine Wertpapiersam-

1 BMF v. 16.10.2014, BStBl. I 2014, 1408 Rn. 4.
2 *Janssen-Heid/Hilbert*, BB 2015, 598.
3 BMF v. 16.10.2014, BStBl. I 2014, 1408 Rn. 10.
4 **AA** *Janssen-Heid/Hilbert*, BB 2015, 598: unzulässige Verschärfung des Kontrollinstruments.
5 BMF v. 16.10.2014, BStBl. I 2014, 1408 Rn. 2.
6 BMF v. 16.10.2014, BStBl. I 2014, 1408 Rn. 11.
7 **AA** *Janssen-Heid/Hilbert*, BB 2015, 598; iErg. **glA** *Bergan/Jahn*, NWB 2015, 579.

melbank zugelassen sind und dieser zur Sammelverwahrung im Inland anvertraut wurden, bei denen eine Sonderverwahrung gemäß § 2 Satz 1 des Depotgesetzes erfolgt oder bei denen die Erträge gegen Aushändigung der Dividendenscheine oder sonstigen Erträgnisscheine ausgezahlt oder gutgeschrieben werden;

2. Zinsen aus Teilschuldverschreibungen, bei denen neben der festen Verzinsung ein Recht auf Umtausch in Gesellschaftsanteile (Wandelanleihen) oder eine Zusatzverzinsung, die sich nach der Höhe der Gewinnausschüttungen des Schuldners richtet (Gewinnobligationen), eingeräumt ist, und Zinsen aus Genussrechten, die nicht in § 20 Absatz 1 Nummer 1 genannt sind. [2]Zu den Gewinnobligationen gehören nicht solche Teilschuldverschreibungen, bei denen der Zinsfuß nur vorübergehend herabgesetzt und gleichzeitig eine von dem jeweiligen Gewinnergebnis des Unternehmens abhängige Zusatzverzinsung bis zur Höhe des ursprünglichen Zinsfußes festgelegt worden ist. [3]Zu den Kapitalerträgen im Sinne des Satzes 1 gehören nicht die Bundesbankgenussrechte im Sinne des § 3 Absatz 1 des Gesetzes über die Liquidation der Deutschen Reichsbank und der Deutschen Golddiskontbank in der im Bundesgesetzblatt Teil III, Gliederungsnummer 7620-6, veröffentlichten bereinigten Fassung, das zuletzt durch das Gesetz vom 17. Dezember 1975 (BGBl. I S. 3123) geändert worden ist. [4]Beim Steuerabzug auf Kapitalerträge sind die für den Steuerabzug nach Nummer 1a geltenden Vorschriften entsprechend anzuwenden, wenn
   a) die Teilschuldverschreibungen und Genussrechte gemäß § 5 des Depotgesetzes zur Sammelverwahrung durch eine Wertpapiersammelbank zugelassen sind und dieser zur Sammelverwahrung im Inland anvertraut wurden,
   b) die Teilschuldverschreibungen und Genussrechte gemäß § 2 Satz 1 des Depotgesetzes gesondert aufbewahrt werden oder
   c) die Erträge der Teilschuldverschreibungen und Genussrechte gegen Aushändigung der Erträgnisscheine ausgezahlt oder gutgeschrieben werden;
3. Kapitalerträgen im Sinne des § 20 Absatz 1 Nummer 4;
4. Kapitalerträgen im Sinne des § 20 Absatz 1 Nummer 6 Satz 1 bis 6; § 20 Absatz 1 Nummer 6 Satz 2 und 3 in der am 1. Januar 2008 anzuwendenden Fassung bleiben für Zwecke der Kapitalertragsteuer unberücksichtigt. [2]Der Steuerabzug vom Kapitalertrag ist in den Fällen des § 20 Absatz 1 Nummer 6 Satz 4 in der am 31. Dezember 2004 geltenden Fassung nur vorzunehmen, wenn das Versicherungsunternehmen auf Grund einer Mitteilung des Finanzamts weiß oder infolge der Verletzung eigener Anzeigeverpflichtungen nicht weiß, dass die Kapitalerträge nach dieser Vorschrift zu den Einkünften aus Kapitalvermögen gehören;
5. Kapitalerträgen im Sinne des § 20 Absatz 1 Nummer 3 mit Ausnahme der Gewinne aus der Veräußerung von Anteilen an Investmentfonds im Sinne des § 16 Absatz 1 Nummer 3 in Verbindung mit § 2 Absatz 13 des Investmentsteuergesetzes;
6. ausländischen Kapitalerträgen im Sinne der Nummern 1 und 1a;
7. Kapitalerträgen im Sinne des § 20 Absatz 1 Nummer 7, außer bei Kapitalerträgen im Sinne der Nummer 2, wenn
   a) es sich um Zinsen aus Anleihen und Forderungen handelt, die in ein öffentliches Schuldbuch oder in ein ausländisches Register eingetragen oder über die Sammelurkunden im Sinne des § 9a des Depotgesetzes oder Teilschuldverschreibungen ausgegeben sind;
   b) der Schuldner der nicht in Buchstabe a genannten Kapitalerträge ein inländisches Kreditinstitut oder ein inländisches Finanzdienstleistungsinstitut im Sinne des Gesetzes über das Kreditwesen ist. [2]Kreditinstitut in diesem Sinne ist auch die Kreditanstalt für Wiederaufbau, eine Bausparkasse, ein Versicherungsunternehmen für Erträge aus Kapitalanlagen, die mit Einlagegeschäften bei Kreditinstituten vergleichbar sind, die Deutsche Postbank AG, die Deutsche Bundesbank bei Geschäften mit jedermann einschließlich ihrer Betriebsangehörigen im Sinne der §§ 22 und 25 des Gesetzes über die Deutsche Bundesbank und eine inländische Zweigstelle oder Zweigniederlassung eines ausländischen Unternehmens im Sinne der §§ 53 und 53b des Gesetzes über das Kreditwesen, nicht aber eine ausländische Zweigstelle eines inländischen Kreditinstituts oder eines inländischen Finanzdienstleistungsinstituts. [3]Die inländische Zweigstelle oder Zweigniederlassung gilt anstelle des ausländischen Unternehmens als Schuldner der Kapitalerträge;

7a. Kapitalerträgen im Sinne des § 20 Absatz 1 Nummer 9;

7b. Kapitalerträgen im Sinne des § 20 Absatz 1 Nummer 10 Buchstabe a;

7c. Kapitalerträgen im Sinne des § 20 Absatz 1 Nummer 10 Buchstabe b;

8. Kapitalerträgen im Sinne des § 20 Absatz 1 Nummer 11;

9. Kapitalerträgen im Sinne des § 20 Absatz 2 Satz 1 Nummer 1 und Gewinnen aus der Veräußerung von Anteilen an Investmentfonds im Sinne des § 16 Absatz 1 Nummer 3 in Verbindung mit § 2 Absatz 13 des Investmentsteuergesetzes;

10. Kapitalerträgen im Sinne des § 20 Absatz 2 Satz 1 Nummer 2 Buchstabe b und Nummer 7;

11. Kapitalerträgen im Sinne des § 20 Absatz 2 Satz 1 Nummer 3;

12. Kapitalerträgen im Sinne des § 20 Absatz 2 Satz 1 Nummer 8.

[2]Dem Steuerabzug unterliegen auch Kapitalerträge im Sinne des § 20 Absatz 3, die neben den in den Nummern 1 bis 12 bezeichneten Kapitalerträgen oder an deren Stelle gewährt werden. [3]Der Steuerabzug ist ungeachtet des § 3 Nummer 40 und des § 8b des Körperschaftsteuergesetzes vorzunehmen. [4]Für Zwecke des Kapitalertragsteuerabzugs gilt die Übertragung eines von einer auszahlenden Stelle verwahrten oder verwalteten Wirtschaftsguts im Sinne des § 20 Absatz 2 auf einen anderen Gläubiger als Veräußerung des Wirtschaftsguts. [5]Satz 4 gilt nicht, wenn der Steuerpflichtige der auszahlenden Stelle unter Benennung der in Satz 6 Nummer 4 bis 6 bezeichneten Daten mitteilt, dass es sich um eine unentgeltliche Übertragung handelt. [6]Die auszahlende Stelle hat in den Fällen des Satzes 5 folgende Daten dem für sie zuständigen Betriebsstättenfinanzamt bis zum 31. Mai des jeweiligen Folgejahres nach Maßgabe des § 93c der Abgabenordnung mitzuteilen:

1. Bezeichnung der auszahlenden Stelle,
2. das zuständige Betriebsstättenfinanzamt,
3. das übertragene Wirtschaftsgut, den Übertragungszeitpunkt, den Wert zum Übertragungszeitpunkt und die Anschaffungskosten des Wirtschaftsguts,
4. Name, Geburtsdatum, Anschrift und Identifikationsnummer des Übertragenden,
5. Name, Geburtsdatum, Anschrift und Identifikationsnummer des Empfängers sowie die Bezeichnung des Kreditinstituts, der Nummer des Depots, des Kontos oder des Schuldbuchkontos,
6. soweit bekannt, das persönliche Verhältnis (Verwandtschaftsverhältnis, Ehe, Lebenspartnerschaft) zwischen Übertragendem und Empfänger.

[7]§ 72a Absatz 4, § 93c Absatz 4 und § 203a der Abgabenordnung finden keine Anwendung.

(1a) (weggefallen)

(2) [1]Der Steuerabzug ist außer in den Fällen des Absatzes 1 Satz 1 Nummer 1a und 7c nicht vorzunehmen, wenn Gläubiger und Schuldner der Kapitalerträge (Schuldner) oder die auszahlende Stelle im Zeitpunkt des Zufließens dieselbe Person sind. [2]Der Steuerabzug ist außerdem nicht vorzunehmen, wenn in den Fällen des Absatzes 1 Satz 1 Nummer 5 bis 7 und 8 bis 12 Gläubiger der Kapitalerträge ein inländisches Kreditinstitut oder inländisches Finanzdienstleistungsinstitut nach Absatz 1 Satz 1 Nummer 7 Buchstabe b oder eine inländische Kapitalverwaltungsgesellschaft ist. [3]Bei Kapitalerträgen im Sinne des Absatzes 1 Satz 1 Nummer 6 und 8 bis 12 ist ebenfalls kein Steuerabzug vorzunehmen, wenn

1. eine unbeschränkt steuerpflichtige Körperschaft, Personenvereinigung oder Vermögensmasse, die nicht unter Satz 2 oder § 44a Absatz 4 Satz 1 fällt, Gläubigerin der Kapitalerträge ist, oder
2. die Kapitalerträge Betriebseinnahmen eines inländischen Betriebs sind und der Gläubiger der Kapitalerträge dies gegenüber der auszahlenden Stelle nach amtlich vorgeschriebenem Muster erklärt; dies gilt entsprechend für Kapitalerträge aus Options- und Termingeschäften im Sinne des Absatzes 1 Satz 1 Nummer 8 und 11, wenn sie zu den Einkünften aus Vermietung und Verpachtung gehören.

[4]Im Fall des § 1 Absatz 1 Nummer 4 und 5 des Körperschaftsteuergesetzes ist Satz 3 Nummer 1 nur anzuwenden, wenn die Körperschaft, Personenvereinigung oder Vermögensmasse durch eine Bescheinigung des für sie zuständigen Finanzamts ihre Zugehörigkeit zu dieser Gruppe von Steuerpflichtigen nachweist. [5]Die Bescheinigung ist unter dem Vorbehalt des Widerrufs auszustellen. [6]Die Fälle des Satzes 3 Nummer 2 hat die auszahlende Stelle gesondert aufzuzeichnen und die Erklärung der Zugehörigkeit der Kapitalerträge zu den Betriebseinnahmen oder zu den Einnahmen aus Vermietung und Verpachtung sechs Jahre aufzubewahren; die Frist beginnt mit dem Schluss des Kalenderjahres, in dem die Freistellung letztmalig berücksichtigt wird. [7]Die auszahlende Stelle hat in den Fällen des Satzes 3 Nummer 2 der Finanzbehörde, die für die Besteuerung des Einkom-

mens des Gläubigers der Kapitalerträge zuständig ist, nach Maßgabe des § 93c der Abgabenordnung neben den in § 93c Absatz 1 der Abgabenordnung genannten Angaben auch die Konto- und Depotbezeichnung oder die sonstige Kennzeichnung des Geschäftsvorgangs zu übermitteln. [8]§ 72a Absatz 4, § 93c Absatz 1 Nummer 3 und Absatz 4 sowie § 203a der Abgabenordnung finden keine Anwendung.

(3) [1]Kapitalerträge im Sinne des Absatzes 1 Satz 1 Nummer 1 Satz 1 sowie Nummer 1a bis 4 sind inländische, wenn der Schuldner Wohnsitz, Geschäftsleitung oder Sitz im Inland hat; Kapitalerträge im Sinne des Absatzes 1 Satz 1 Nummer 4 sind auch dann inländische, wenn der Schuldner eine Niederlassung im Sinne der §§ 61, 65 oder des § 68 des Versicherungsaufsichtsgesetzes im Inland hat. [2]Kapitalerträge im Sinne des Absatzes 1 Satz 1 Nummer 1 Satz 2 sind inländische, wenn der Schuldner der veräußerten Ansprüche die Voraussetzungen des Satzes 1 erfüllt. [3]Kapitalerträge im Sinne des § 20 Absatz 1 Nummer 1 Satz 4 sind inländische, wenn der Emittent der Aktien Geschäftsleitung oder Sitz im Inland hat. [4]Kapitalerträge im Sinne des Absatzes 1 Satz 1 Nummer 6 sind ausländische, wenn weder die Voraussetzungen nach Satz 1 noch nach Satz 2 vorliegen.

(4) Der Steuerabzug ist auch dann vorzunehmen, wenn die Kapitalerträge beim Gläubiger zu den Einkünften aus Land- und Forstwirtschaft, aus Gewerbebetrieb, aus selbständiger Arbeit oder aus Vermietung und Verpachtung gehören.

(5) [1]Für Kapitalerträge im Sinne des § 20, soweit sie der Kapitalertragsteuer unterlegen haben, ist die Einkommensteuer mit dem Steuerabzug abgegolten; die Abgeltungswirkung des Steuerabzugs tritt nicht ein, wenn der Gläubiger nach § 44 Absatz 1 Satz 10 und 11 und Absatz 5 in Anspruch genommen werden kann. [2]Dies gilt nicht in Fällen des § 32d Absatz 2 und für Kapitalerträge, die zu den Einkünften aus Land- und Forstwirtschaft, aus Gewerbebetrieb, aus selbständiger Arbeit oder aus Vermietung und Verpachtung gehören. [3]Auf Antrag des Gläubigers werden Kapitalerträge im Sinne des Satzes 1 in die besondere Besteuerung von Kapitalerträgen nach § 32d einbezogen. [4]Eine vorläufige Festsetzung der Einkommensteuer im Sinne des § 165 Absatz 1 Satz 2 Nummer 2 bis 4 der Abgabenordnung umfasst auch Einkünfte im Sinne des Satzes 1, für die der Antrag nach Satz 3 nicht gestellt worden ist.

Verwaltung: BMF v. 9.10.2012, BStBl. I 2012, 953; v. 20.12.2012, BStBl. I 2013, 36 – neu gefasst durch BMF v. 3.12.2014, BStBl. I 2014, 1586; v. 28.12.2012, BStBl. I 2013, 53; v. 24.5.2013, BStBl. I 2013, 718; v. 24.9.2013, BStBl. I 2013, 1183; v. 15.12.2015, DB 2016, 205; v. 18.1.2016, BStBl. I 2016, 85; v. 20.4.2016, BStBl. I 2016, 475 (Ergänzung zum BMF v. 18.1.2016); v. 16.6.2016, BStBl. I 2016, 527 (Ergänzung zum BMF v. 18.1.2016); v. 31.3.2017, BStBl. I 2017, 725 (KapESt-Abzug durch inländ. Kreditinstitute bei – auch grenzüberschreitenden – Treuhandmodellen); v. 3.5.2017, BStBl. I 2017, 739 (Ergänzung zum BMF v. 18.1.2016 durch das InvStRefG); v. 14.6.2017, DB 2017, 1485 (Anwendungsfragen zum InvStG nF); v. 21.9.2017, DB 2017, 2262 (Anwendungsfragen zum InvStG nF); v. 12.4.2018, BStBl. I 2018, 624 (Einzelfragen zur Abgeltungssteuer; Ergänzung des BMF-Schr. v. 18.1.2016); Gleich lautender Erlass der obersten Finanzbehörden der Länder v. 10.8.2016, DB 2016, 2204 – Elektronisches Verfahren zum KiSt-Abzug bei Kapitalerträgen.

Literatur: *Asmus/Werneburg*, Cum/Ex-Geschäfte: Die Verjährungsfrage; *Buge/Bujotzek/Steinmüller*, Die InvSt-Reform ist verabschiedet, DB 2016, 1594; *Delp*, Aktuelle Problemstränge zwischen Abgeltungsteuer und Einkommensteuererklärung, DB 2015, 1919; *Delp*, Investmentsteuerreform aus privater Anlegersicht, DB 2017, 447; *Desens*, Anrechnung der Kapitalertragsteuer nach Leerverkäufen über den Dividendenstichtag, DStR 2012, 2473; *Eisgruber/Spengel*, Replik zu *Spatschek/Spilker*: Cum-/Ex-Transaktionen im Fokus der Steuerfahndung, DB 2017, 750; *Gradl/Hammer*, Besteuerung von Dividendeneinnahmen in der Direktanlage und mittels Investmentfonds, GmbHR 2014, 914; *Habammer*, Die Haftung der Depot-Banken bei Cum/Ex-Fällen, DStR 2017, 1958; *Jehke/Blank*, „Cum/Ex-Geschäfte" mit inländischer Depotbank auf Verkäuferseite – Vorrang der Haftung vor der Rücknahme der Anrechnungsverfügung?, DStR 2017, 905; *Klein*, Die vertane Chance im sog. „Cum/Ex-Verfahren" – Nachschau des Hessischen FG-Urteils v. 12.2.2016 – 4 K 1684/14, BB 2016, 2006 (Teil 1), 2200 (Teil 2); *Kleutgens*, Cum/ex- bzw. cum/cum-Altfälle: Zahlungsverjährung nach § 228 AO bei Rückforderung bereits erstatteter oder angerechneter Kapitalertragsteuer, FR 2018, 774; *Kollruss*, Zur Relevanz des subjektiven Nettoprinzips innerhalb der Abgeltungssteuer, FR 2018, 350; *Kral/Watzlaw*, Die geplante Reform der Investmentbesteuerung – Praxishinweise und Handlungsbedarf aus Sicht einer depotführenden Stelle, BB 2015, 2198; *Kußmaul/Kloster*, Dividendenstripping im Fokus des Gesetzgebers, DB 2016, 849; *Müller/Schade*, Das große Missverständnis der Kapitalertragsteuererstattung (Besprechung des Urt. des FG Hess. v. 10.3.2017), BB 2017, 1239; *Neumann*, Investmentsteuerreformgesetz: Ausgewählte Problemfelder; *Podewils*, Cum-ex-Geschäfte („Dividendenstripping") weiterhin im Fokus – steuerliche und strafrechtliche Implikationen, FR 2013, 481; *Rau*, Cum-Ex-Geschäfte und Leerverkäufe nach dem Urt. des FG Hess. v. 10.3.2017, DStR 2017, 1958; *Schweinitz/Thiems*, Die Umsetzungspflichten für Depotbanken bei Publikumsfonds nach dem Regierungsentwurf des Gesetzes zur Reform der Investmentbesteuerung; *Seer/Krumm*, Die Kriminalisierung der Cum-/Ex-Dividende-Geschäfte als Herausforderung für den Rechtsstaat, DStR 2013, 1757 (Teil 1), 1814 (Teil 2); *Spatschek/Spilker*, Duplik zu *Eisgruber/Spengel*: Cum-/Ex-Transaktionen im Fokus der Steuerfahndung, DB 2017, 752; *Spatschek/Spilker*, Cum-/Ex-Transaktionen im Fokus der Steuerfahndung, DB 2016, 2920; *Spengel*, Unzulässige Verrechnungspraxis deutscher Banken bei Cum/Ex-Geschäften, FR 2017, 545; *Spengel/Eisgruber*, Die nicht vorhandene Gesetzeslücke bei Cum/Ex-Geschäften, DStR 2015, 785; *Spilker*, Rechtsstaatliche Grenzen für die steuerliche und steuerstrafrechtliche Würdigung von Cum/Cum- und Cum/Ex-Geschäften, FR 2017, 138; *Spilker*, Anrechnung der KapESt bei Cum/Ex-Geschäften gem. § 36 Abs. 2 Nr. 2 EStG, FR 2017, 469; *Stadler/Bindl*, Das neue InvStG – Überblick und Korrekturbedarf, DStR 2016, 1956; *Weidemann*, Cum-ex-Dividende-Geschäfte (steuer-) strafrechtlich betrachtet, BB 2014, 2135; *Werth*, Erste BFH-Rechtsprechung zur Abgeltungsteuer, DStR 2015, 1343; *Worgulla*, Bruttobesteuerung der Einkünfte aus Kapitalvermögen und der allgemeine Gleichheitsgrundsatz, FR 2013, 921.

A. Grundaussagen der Vorschrift

1 **I. Regelungsgegenstand.** Der Begriff der KapESt bezeichnet den in den §§ 43 ff. geregelten „Steuerabzug v. Kapitalertrag". Es handelt sich um eine besondere Form der **Erhebung der ESt und der KSt (§ 31 Abs. 1 KStG)**. Die Kapitalerträge werden dem Steuerabzug bereits an der Quelle unterworfen.[1]

Der KapESt-Abzug setzt grds. die StPfl. der Kapitalerträge voraus, es werden aber auch stfreie Erträge (zB nach § 3 Nr. 40 oder § 8b Abs. 1 KStG) dem Abzug unterworfen.[2] Die KapESt wird nach Art einer **Objektsteuer** unabhängig v. persönlichen Merkmalen des Gläubigers der Kapitalerträge erhoben. Sie weist allerdings auch Merkmale einer Personensteuer auf, wenn zB §§ 44a–c mit Rücksicht auf die persönlichen Verhältnisse des Gläubigers eine Abstandnahme v. Steuerabzug oder §§ 44b und 44c eine Erstattung vorsehen. Die KapESt knüpft an den **materiellen Steuertatbestand des § 20** an, betrifft aber nicht alle v. § 20 erfassten Kapitalerträge.

2 Die **Abgeltungsteuer für im PV erzielte Kapitalerträge** ist der untechnische Begriff für die für bestimmte Kapitalprodukte einzubehaltende KapESt. Sie hat in bestimmten Fällen abgeltende Wirkung (**§ 43 Abs. 5**) und dient nicht nur als Vorauszahlung auf die tatsächliche Einkommensteuerschuld. In diesen Fällen müssen die Einkünfte aus KapVerm. in der Einkommensteuererklärung nicht mehr angegeben werden.

Die Einf. einer Abgeltungsteuer für private Kapitaleinkünfte iHv. **nominal 25 %** (§ 32d Abs. 1 S. 1) sollte

- der Steuervereinfachung dienen,[3]
- das Interesse privater Anleger an der Verlagerung v. Kapital ins Ausland vermindern[4] und
- eine erhebliche Steuerentlastung bringen. Sofern der persönliche Steuersatz unter 25 % liegt, können die Kapitaleinkünfte iRd. Einkommensteuererklärung angegeben werden (§ 32d Abs. 6),[5] sodass sich für den

1 Zur Rechtsnatur der Entrichtungsverpflichtung: BFH v. 24.3.1998 – I R 120/97, BStBl. II 1999, 3 = FR 1998, 962.
2 *Hartrott* in H/H/R, § 43 Rn. 7 (Stand: April 2014).
3 BT-Drucks. 16/4841 (Begr. Abs. 1 S. 2 Buchst. d, e).
4 BT-Drucks. 16/4841 (Begr. Abs. 1 S. 1 Buchst. c).
5 BFH v. 2.12.2014 – VIII R 34/13, BStBl. II 2015, 387 (BVerfG 2 BvR 878/15); v. 28.1.2015 – VIII R 13/13, BStBl. II 2015, 393: keine Zweifel an der Verfassungsmäßigkeit des § 32d Abs. 6.

Steuerbürger effektiv keine höhere estl. Belastung als nach dem „alten" System ergeben kann.[1] Zweifelhaft ist allerdings, inwieweit diese Entlastung gerade der Bezieher höherer Einkommen sozial gerechtfertigt ist.

- Nachdem die erhofften positiven fiskalischen Effekte ausgeblieben sind und mit dem im Dezember 2015 in Kraft getretenen G zum automatischen Informationsaustausch über Finanzkonten in Steuersachen[2] die Grundlage für eine effektive Besteuerung von im Ausland angelegtem Kapital geschaffen worden ist, gibt es inzwischen Bestrebungen zur Abschaffung der KapESt für nat. Pers.[3]

II. Systematische Einordnung. § 43 regelt den Kreis der abzugspflichtigen Kapitalerträge, §§ 43a und 43b die Bemessung der KapESt, § 44 die Entrichtung der KapESt, § 44a die Abstandnahme v. Steuerabzug, §§ 44b und 45 die Erstattung bzw. den Ausschluss der Erstattung der KapESt, § 45a die Anmeldung und Bescheinigung und § 45d die Mitteilung an das Bundeszentralamt für Steuern (BZSt). § 45e ermächtigt die BReg. zum Erl. einer VO. 3

III. Aufbau und aktuelle Entwicklung der Norm. § 43 **Abs. 1 Satz 1** bestimmt, bei welchen inländischen und ausländischen Kapitalerträgen iSd. § 20 ein KapESt-Abzug vorzunehmen ist (dazu Rn. 7 ff.). 4

Abs. 2 S. 1 bis 4 regeln, in welchen Fällen kein Steuerabzug vorzunehmen ist. S. 4 bis 7 begründen Nachweis-, Aufbewahrungs-, Mitteilungs- und Meldepflichten.

Abs. 1 S. 6 und 7 sowie Abs. 2 S. 7 und 8 wurden durch das **VerfModG v. 18.7.2016**[4] an die ebenfalls durch dieses G geänderten Vorschriften der Abgabenordnung, insbes. § 93c AO, angepasst. Wie bisher besteht beim Verfahren über die Mitteilung der unentgeltlichen Depotübertragung weder ein Prüfdienst, noch sind Bestimmungen zur Haftung vorhanden. Auf die Einf. derartiger Aufgaben gem. §§ 72a Abs. 4, 93c Abs. 4 S. 1 und 203a AO und deren Zuweisung zu einer bestimmten Finanzbehörde wird weiterhin verzichtet. Die Informationspflicht nach § 93c Abs. 1 Nr. 3 AO ggü. dem StPfl., der einen Antrag auf Freistellung der Kapitalerträge vom Steuerabzug ggü. dem Kreditinstitut gestellt hat, wird nicht für erforderlich gehalten, weil er bereits bei Antragstellung von der Finanzbehörde über die Weitergabe der Information über die Freistellung unterrichtet werde.[5]

Abs. 5 S. 1 HS. 1 postuliert die **grds. Abgeltungswirkung** der KapESt. Ausnahmen: Abs. 5 S. 1 HS. 2, Abs. 5 S. 2 (Fälle des § 32d Abs. 2, insbes. Kapitalerträge unter nahestehenden Pers. und Kapitalerträge, die zu den Einkünften aus LuF, aus GewBetr., aus selbständiger Arbeit oder aus VuV gehören). Nach Abs. 5 S. 3 **können** Kapitalerträge iSd. S. 1 auf Antrag des StPfl. in die besondere Besteuerung v. Kapitalerträgen nach § 32d einbezogen werden (vgl. zu den in Betracht kommenden Sachverhalten die Beispielsaufzählung in § 32d Abs. 4).

Die Abgeltungsteuer wird idR v. Schuldner der Kapitalerträge durch die Stelle, die die Kapitalerträge oder Veräußerungsgewinne auszahlt (Kreditinstitut), einbehalten und abgeführt. Damit führt der Steuerabzug praktisch zu einer Veranlagung durch die Banken.

IV. Verhältnis zu anderen Vorschriften. Dividenden, die eine deutsche Immobilien-AG ausschüttet, unterliegen seit dem 1.1.2009 der Abgeltungsteuer. Das **ReitG**[6] geht hier als SpezialG den Regelungen des EStG vor. 5

§ 7 InvStG aF[7] regelt für Kapitalerträge, die **vor dem 1.1.2018 zufließen,** den KapESt-Abzug bei Ausschüttung, Thesaurierung und Rückgabe v. Anteilsscheinen an deutschen Investmentvermögen, sowie das Verhältnis zu den allgemeinen Vorschriften der §§ 43 ff. EStG.

Bemessungsgrundlage der KapESt sind danach grds. alle Erträge iSd. § 2 Abs. 1 InvStG. Ausgenommen sind ausdrücklich (und abschließend) gem. § 7 Abs. 1 Nr. 1 lit. a und b InvStG[8]:

- inländ. Kapitalerträge iSd. § 43 Abs. 1 S. 1 Nr. 1 und 1a sowie S. 2 EStG;
- von inländ. Investmentges. ausgeschüttete Erträge aus der VuV von im Inland belegenen Grundstücken und grundstücksgleichen Rechten sowie ausgeschüttete Gewinne aus privaten Veräußerungsgeschäften mit im Inland belegenen Grundstücken und grundstücksgleichen Rechten;

1 BT-Drucks. 16/4841 (Begr. Abs. 1 S. 2 Buchst. d, e); **aA** *Kollruss*, FR 2018, 350.
2 BGBl. I 2015, 2531.
3 *Dürr*, BB 2017, 854; nach einem Beschl. des BR v. 12.5.2017, BR-Drucks. 376/17, soll die Abschaffung der Abgeltungsteuer derzeit allerdings nicht weiter vorangetrieben werden.
4 BGBl. I 2016, 1679.
5 BR-Drucks. 631/15 v. 18.12.2015, 126 f.
6 G v. 27.5.2007, BGBl. I 2007, 914.
7 BMF v. 28.7.2015, BStBl. I 2015, 610: Verfahren bis zu einer gesetzlichen Umsetzung des EuGH v. 9.10.2014 – Rs. C-326/12 – van Caster und van Caster, FR 2014, 1100, §§ 6 und 7 InvStG; ersetzt das BMF v. 4.2.2015, BStBl. I 2015, 135.
8 IdF des AIFM-StAnpG v. 18.12.2013, BGBl. I 2013, 4318.

- Gewinne aus der Veräußerung von Wertpapieren, aus Bezugsrechten an KapGes. und aus Termingeschäften iSd. § 21 Abs. 1 S. 2 InvStG;
- Gewinne aus der Veräußerung von Grundstücken iSd. § 2 Abs. 3 InvStG und
- stfreie ausländ. Mieterträge, § 4 Abs. 1 InvStG.

Ausschüttungen aus intransparenten Investmentfonds, **§ 6 InvStG,** sind stets kapitalertragsteuerpflichtig;[1] ebenso besitzzeitanteilige akkumulierte ausschüttungsgleiche Erträge aus ausländ. Investmentfonds (§ 7 Abs. 1 S. 1 Nr. 3 InvStG) und Zwischengewinne (§ 7 Abs. 1 S. 1 Nr. 4 InvStG).

Für den Steuerabzug gelten die Verfahrensvorschriften für die Kapitalerträge gem. § 43 Abs. 1 S. 1 Nr. 7 und Abs. 1 S. 2 EStG entsprechend, § 7 Abs. 1 S. 2 InvStG.[2] Die Anrechnung ausl. Quellensteuer richtet sich nach § 4 Abs. 2 S. 8 InvStG, § 7 Abs. 1 S. 3 InvStG.

Das InvStR wurde durch das **InvStRefG** v. 19.7.2016[3] **grundlegend geändert.**[4] Mit diesem G sollen EU-rechtliche Risiken ausgeräumt, einzelne Steuersparmodelle (insbes. die Umgehung der Dividendenbesteuerung) verhindert, steuerliches Gestaltungspotenzial eingeschränkt, administrativer Aufwand abgebaut und Systemfehler des geltenden Rechts korrigiert werden.[5] Die neuen Besteuerungsregeln sind grds. ab dem **1.1.2018** anzuwenden. Einzelheiten regeln mehrere BMF-Schr.[6]

Das G führt ein **intransparentes Besteuerungssystem für Publikums-Investmentfonds** ein, dem – mit Ausnahme von PersGes. – grds. alle Kapitalanlagevehikel unabhängig von ihrer rechtl. Gestaltung oder ihrem Anlegerkreis unterfallen.

Das bisherige Prinzip steuerlicher Transparenz führte zu einem unmäßigen administrativen Aufwand. Bei jeder Ertragsausschüttung und Thesaurierung sind bis zu 33 unterschiedliche Besteuerungsgrundlagen zu ermitteln und zu veröffentlichen; Verluste sind in bis zu 12 unterschiedliche Verlustverrechnungskategorien zu unterteilen. Die Ermittlung der Besteuerungsgrundlagen ist derart komplex und setzt eine Kenntnis der Geschäftsvorgänge des Fonds voraus, dass eine Überprüfung weder Anlegern, noch steuerlichen Beratern, noch Veranlagungsbeamten möglich ist. Eine rückwirkende Fehlerkorrektur ist im anonymen Massenverfahren der Publikumsfonds nicht möglich, was durch „rechtzeitige Liquidation" gezielt ausgenutzt wurde. – Aufgrund des EuGH-Urt. v. 9.10.2014[7], das die bisherige Pauschalbesteuerung nach § 6 InvStG für Fonds, die ihre Besteuerungsgrundlagen nicht veröffentlichen, insoweit als europarechtswidrig eingestuft hat, als dem Anleger keine Möglichkeit zum eigenen Nachweis der Besteuerungsgrundlagen eingeräumt wird, ist zu erwarten, dass bei den FÄ vermehrt Anträge auf Berücksichtigung selbst ermittelter Besteuerungsgrundlagen eingehen werden. Der hierfür zu betreibende (Personal-)Aufwand steht nach Meinung des Gesetzgebers in keinem Verhältnis zur Höhe der zu erwartenden Steuer.

Für auf **Privatanleger** ausgerichtete Publikums-Investmentfonds werden die Besteuerungsregelungen künftig so gestaltet, dass sie weitgehend ohne Mitwirkung der Fonds umsetzbar sind. Künftig sind nur noch vier Kennzahlen nötig: Höhe der Ausschüttung, Wert des Fondsanteils am Jahresanfang und -ende und die Information, ob es sich um einen Aktien-, einen Misch-, einen Immobilien- oder einen sonstigen Fonds handelt. Die Steuererhebung ggü. den Anlegern erfolgt – wie bisher – im Wege des KapESt-Abzugs.

Für **Spezial-Investmentfonds** (bis zu 100 Anleger) wird dagegen unter den bisherigen Voraussetzungen das heutige semi-transparente Verfahren fortgeführt.

In- und ausländische Investmentfonds unterliegen in Deutschland mit solchen Einkünften, für die Deutschland nach völkerrechtlichen Grundsätzen ein Besteuerungsrecht zusteht, unterschiedslos der KSt. Darüber hinaus findet keine Körperschaftsbesteuerung statt. *Soweit* bestimmte **steuerbefreite Anleger** (insbes. Kirchen und gemeinnützige Stiftungen) in den Fonds investiert haben, kann er eine Befreiung von der KSt erlangen. Hierzu ist bei gemeinnützigen, mildtätigen oder kirchlichen Anlegern eine Bescheinigung nach § 44a Abs. 7 S. 2 erforderlich. Vergleichbare ausländ. Anleger erhalten auf Antrag beim BZSt. eine entspr. Bescheinigung. Bei Pensions- und Unterstützungskassen, sonstigen Einrichtungen iSd. § 5 Abs. 1 Nr. 3 KStG und vergleichbaren ausländ. Einrichtungen ist keine Bescheinigung über den steuerbegünstigten Status vorgesehen. Da die Steuerbefreiung nur zu veranlagende inländ. Immobilienerträge umfasst, ist die Frage des Steuerstatus bei der Veranlagung zu klären.

1 Zur bisherigen Rechtslage und zur aktuellen Entwicklung nach dem EuGH-Urt. v. 9.10.2014 – Rs. C-326/12 – van Caster und van Caster, FR 2014, 1100, vgl. *Jesch/Haug*, DStZ 2015, 130 mwN.

2 Dazu ausführlicher *Blümich*, § 7 InvStG Rn. 8.

3 BGBl. I 2016, 1730.

4 Zur Investmentsteuerreform aus privater Anlegersicht *Delp*, DB 2017, 447; Übergangsvorschriften im Überblick und Handlungsempfehlungen bei *Stadler/Bindl*, DStR 2017, 26.

5 Begründung zum RegEntw., BT-Drucks. 18/8045, 1, 49 ff.

6 BMF v. 14.6.2017, DB 2017, 1485; v. 21.9.2017, DB 2017, 2262.

7 EuGH v. 9.10.2014 – Rs. C-326/12 – van Caster und van Caster, FR 2014, 1100.

Ebenfalls steuerbefreit sind Fonds, soweit die Anteile iRv. zertifizierten Altersvorsorge- und Basisrentenverträgen gehalten werden.

Das mit dem AIFM-StAnpG eingeführte Besteuerungsregime für Investitionsges. wird in die vorgenannten Systeme integriert. Die in der Praxis mitunter schwierige Unterscheidung zw. Investmentfonds und Investmentges. entfällt damit.

Für die Zeit vor dem 1.1.2018 bestimmen sich die stl. Rechte und Pflichten der Beteiligten weiterhin nach bisherigem Recht, **§ 56 Abs. 1 S. 2 InvStG.** Das bisherige Recht ist auch auf Unterschiedsbeträge anzuwenden, die vor 2018 endende Geschäftsjahre eines Investmentfonds betreffen, die erst ab 2018 im Bundesanzeiger veröffentlicht werden (Korrekturen von fehlerhaften Besteuerungsgrundlagen des bisherigen Rechts, für die es in der Übergangsphase zum neuen Recht eines besonderen Korrekturverfahrens bedarf).

S. 3 fingiert bei **Investmentfonds und Kapital-Investitionsges.** mit einem vom Kj. abw. Geschäftsjahr ein zum 31.12.2017 endendes **Rumpfgeschäftsjahr**, um für alle Investmentvermögen (mit Ausnahme der Pers.-Investmentges.) einen einheitlichen zeitlichen Übergang zu schaffen. Bis dahin zugeflossene Kapitalerträge iSd. bisherigen § 1 Abs. 1 S. 1 InvStG[1] gelten nach § 2 Abs. 1 S. 2 InvStG[2] als zu diesem Zeitpunkt zugeflossen, sofern nicht innerhalb der Frist des § 1 Abs. 3 S. 5 InvStG[3] eine Ausschüttung beschlossen wird.

Um auf **Anlegerebene** einen einheitlichen Übergang zum neuen Recht zu bewirken, gelten die vor dem 1.1.2018 angeschafften Anteile nach § 56 **Abs. 2 S. 1** InvStRefG zum 31.12.2017 als veräußert und zum 1.1. 2018 als angeschafft. Als Veräußerungserlös gilt nach S. 2 der letzte im Kj. 2017 festgesetzte Rücknahmepreis; falls kein Rücknahmepreis festgesetzt wird, tritt nach S. 3 der Börsen- oder Marktpreis an dessen Stelle. Die aufgrund der Veräußerungsfiktion entstehenden Veräußerungsgewinne oder -verluste sind erst in dem Zeitpunkt vom Anleger zu versteuern, in dem der Anteil tatsächlich veräußert wird, § 56 **Abs. 3 S. 1** InvStRefG. Bis dahin ist das Ergebnis der fiktiven Veräußerung auch nicht in der StB abzubilden. Der Gewinn nach Abs. 3 S. 1 ist gem. Abs. 5 S. 1 (nur dann) gesondert festzustellen, wenn er als Besteuerungsgrundlage der ESt unterliegt. Dies betrifft im Wesentlichen Anleger, die ihre Investmentanteile oder Spezial-Investmentanteile im BV halten.

Der bei der Einf. der Abgeltungsteuer eingeräumte **Bestandsschutz** für die Steuerfreiheit von Veräußerungsgewinnen aus vor 2009 angeschafften Wertpapieren wird **zum 31.12.2017 gekappt**, § 56 **Abs. 6** S. 1 Nr. 1 InvStRefG. Alle ab 2018 eintretenden Wertänderungen sind dagegen stpfl., soweit der Gewinn aus der Veräußerung bestandsgeschützter Altanteile den **Freibetrag von 100 000 Euro** überschreitet, Abs. 6 S. 1 Nr. 1. Ein verbleibender Freibetrag ist gesondert festzustellen, Abs. 6 S. 3. Ein bereits „verbrauchter" Freibetrag lebt nach S. 5 wieder auf, wenn in einem folgenden VZ Verluste aus vor 2009 angeschafften Investmentanteilen auftreten.

B. Steuerabzugspflichtige Kapitalerträge (Abs. 1)

I. Erträge nach § 20 Abs. 1 Nr. 1 (mit Ausnahme der in § 43 Abs. 1 S. 1 Nr. 1a genannten Erträge) und Nr. 2; Abs. 2 S. 1 Nr. 2 lit. a, S. 2 (Abs. 1 S. 1 Nr. 1). Nach § 43 Abs. 1 S. 1 Nr. 1 ist ein Steuerabzug v. den (inländ.) Beteiligungserträgen iSv. **§ 20 Abs. 1 Nr. 1 S. 1** vorzunehmen. Zu den sonstigen Bezügen iSv. § 20 Abs. 1 Nr. 1 S. 1 zählen gem. § 20 Abs. 1 Nr. 1 S. 2 auch vGA, so dass auch diese nach § 43 Abs. 1 Nr. 1 dem KapESt-Abzug unterworfen werden. Wird eine vGA aufgedeckt, so wird deren StPfl. allerdings regelmäßig im Veranlagungsverfahren des Gläubigers geklärt.[4] Zu den steuerabzugspflichtigen Erträgen gehören auch die Bezüge nach **§ 20 Abs. 1 Nr. 2**, die nach Auflösung oder auf Grund einer Kapitalherabsetzung anfallen (§ 20 Rn. 57f.). Der KapESt-Abzug ist nach § 43 Abs. 1 S. 3 **„ungeachtet des § 3 Nr. 40 und des § 8b KStG"** vorzunehmen.[5] Damit bedarf es keiner Prüfung, ob Anteilseigner eine nat. Pers. ist, welche die Regelung des § 3 Nr. 40 erfüllt. Nach § 8b Abs. 1 KStG bleiben bei einer Körperschaft als Anteilseigner die Bezüge iSd. § 20 Abs. 1 Nr. 1, 2, 9 und 10 lit. a bei der Ermittlung des Einkommens außer Ansatz. § 43 Abs. 1 S. 3 ordnet dennoch den Steuerabzug an, weil eine Ausnahme v. der Abzugspflicht auf praktische Schwierigkeiten stieße.[6] In den Fällen des § 8b KStG ist auch keine Erstattung der KapESt vorgesehen. § 44b ordnet eine Erstattung nur in Freistellungs-, Nichtveranlagungs- und Überhangfällen an. Es kommt nur eine Anrechnung der KapESt iRd. Veranlagung in Betracht. § 31 Abs. 1 KStG iVm. § 36 Abs. 2 S. 2 Nr. 2 S. 1 sehen eine Anrechnung vor bei unbeschränkt stpfl. Körperschaften (vgl. § 50 Abs. 5), 6

1 IdF des AIFM-StAnpG.
2 IdF des AIFM-StAnpG.
3 IdF des AIFM-StAnpG.
4 Vgl. auch R 213m EStR aF.
5 Vereinfachungsregelung in BMF v. 9.10.2012, BStBl. I 2012, 953 Rz. 291.
6 BT-Drucks. 12/4487, 35.

während § 32 Abs. 1 Nr. 2 KStG eine Abgeltungswirkung bei beschränkt stpfl. Körperschaften ohne inländ. Betriebsstätte normiert.[1] Das EURLUmsG hat den KapESt-Abzug auf Kapitalerträge iSd. **§ 20 Abs. 2 S. 1 Nr. 2 lit. a, S. 2** ausgedehnt. Damit sollte der Umgehung der definitiven KapESt-Belastung im Bereich der öffentl. Hand durch die Veräußerung v. Dividendenscheinen begegnet werden. Während Ausschüttungen an steuerbefreite Körperschaften iHv. 3/5[2] dem KapESt-Abzug mit Abgeltungswirkung unterliegen (§ 43 Abs. 1 S. 1 Nr. 1 iVm. § 44a Abs. 8), unterfiel das Entgelt im Fall der Veräußerung eines Dividendenscheins (§ 20 Abs. 2 S. 1 Nr. 2 lit. a) weder der KapESt (§ 43 Abs. 1 S. 1 Nr. 8) noch der KSt (Steuerbefreiung des hoheitlichen Bereichs).[3]

7 **II. Kapitalerträge aus Aktien in Sammel- oder Sonderverwahrung (Abs. 1 S. 1 Nr. 1a).** Abs. 1 Nr. 1a **verlagert die Abzugsverpflichtung** auf Dividenden inländischer sammel- und streifbandverwahrter Aktien (§§ 5 und 2 Abs. 1 Depotgesetz) v. der AG **auf das depotführende Institut**, oder, wenn die Dividende auf ein ausländisches Depot gezahlt wird, auf die letzte inländische Stelle (vgl. § 44 Abs. 1 S. 4 Nr. 3; s. § 44 Rn. 5). Die Vorschrift wurde eingeführt, um Missbräuche bei sog. Cum-/Ex-Geschäften zu unterbinden.[4]

Zur Besteuerung von **American Depository Receipts** (ADR) auf inländ. Aktien vgl. BMF-Schr. v. 24.5. 2013[5]. ADR sind Hinterlegungsscheine, die einen Anteil an einem im Inland verwahrten Bestand an inländ. Aktien verbriefen.

8 **III. Zinsen aus Wandelanleihen, Gewinnobligationen und Genussrechten (Abs. 1 S. 1 Nr. 2).** Bei **Wandelanleihen** wird neben der festen Verzinsung ein Recht auf Umtausch in Ges.-Anteile eingeräumt. Mit dem Umtausch erlischt das Forderungsrecht und entsteht ein Ges.-Verhältnis. Bei **Gewinnobligationen** wird eine Zusatzverzinsung geleistet, die sich nach der Höhe der Gewinnausschüttungen des Schuldners richtet. Zu den Gewinnobligationen zählen nach Abs. 1 S. 1 Nr. 2 S. 2 nicht Teilschuldverschreibungen, bei denen der Zinsfuß nur vorübergehend herabgesetzt und gleichzeitig eine v. jeweiligen Gewinnergebnis des Unternehmens abhängige Zusatzverzinsung bis zur Höhe des ursprünglichen Zinsfußes festgelegt ist. Der Gesetzgeber geht in diesem Fall davon aus, dass keine Zusatzverzinsung, sondern lediglich eine Stundung hinsichtlich des Unterschiedsbetrages zw. dem ursprünglichen festen und dem vorübergehend festgesetzten Zinsfuß vorliegt. Erträge aus **Genussrechten**, mit denen das Recht am Gewinn und Liquidationserlös einer Kap.-Ges. verbunden ist, unterliegen bereits nach § 43 Abs. 1 S. 1 Nr. 1 iVm. § 20 Abs. 1 Nr. 1 der KapESt Abs. 1 S. 1 Nr. 2 S. 1 unterwirft auch sonstige Genussrechte der KapESt, zB solche mit reiner Gewinnbeteiligung. Nicht der KapESt unterliegen nach Abs. 1 S. 1 Nr. 2 S. 3 die dort bezeichneten **Bundesbankgenussrechte**.

Durch das OGAW-IV-UmsG ist die Steuerabzugsverpflichtung auf Dividenden inländ. sammel- und streifbandverwahrter Aktien auf die depotführende Stelle verlagert worden. Dieser Systematik folgt nun auch der Steuerabzug bei Kapitalerträgen iSd. § 43 Abs. 2 S. 1 Nr. 1 und 2. Die nach bisheriger Rechtslage vorgesehene Erstattung der durch den Schuldner abgeführten Steuer in den Fällen des § 44b Abs. 6 entfällt. Liegen die Voraussetzungen einer Befreiung vom KapESt-Abzug vor, kann zudem das depotführende Institut vom Steuerabzug Abstand nehmen.[6]

9 **IV. Erträge aus stillen Beteiligungen und partiarischen Darlehen (Abs. 1 S. 1 Nr. 3).** Abs. 1 S. 1 Nr. 3 unterwirft (inländ.) Einnahmen als typischer stiller G'ter und Zinsen aus partiarischen Darlehen (zu Unterbeteiligungen: § 20 Rn. 168) dem KapESt-Abzug. Eine Auszahlung ist nicht Voraussetzung.[7]

10 **V. Zinsen aus Lebensversicherungen (Abs. 1 S. 1 Nr. 4).** Nach **Abs. 1 S. 1 Nr. 4 S. 1** hat das Versicherungsunternehmen bei stpfl. Versicherungsleistungen als Bemessungsgrundlage für die KapESt den **Unterschiedsbetrag** zw. der Versicherungsleistung und der Summe der Beiträge zugrunde zu legen (§ 20 Abs. 1 S. 1 Nr. 6 S. 1). Diese kapitalerstragsteuerrechtl. Bemessungsgrundlage stimmt bei einem entgeltlichen Erwerb nicht mit der ertragstl. überein. Ein etwaiger entgeltlicher Erwerb des Anspr. auf die Versicherungsleistung bleibt also beim Steuerabzug unberücksichtigt. Den Ansatz der AK – den **§ 20 Abs. 1 Nr. 6 S. 3** vorsieht – anstelle der vor dem Erwerb entrichteten Beiträge kann der StPfl. nur iRd. Veranlagung nach § 32d Abs. 4 oder 6 geltend machen. Eine Berücksichtigung v. etwaigen AK bereits durch das Versicherungsunternehmen hat der Gesetzgeber nicht zugelassen, da das Versicherungsunternehmen idR nicht unmittelbar am Veräußerungsvorgang beteiligt sei und insoweit nicht hinreichend sicher die Höhe der AK

1 Zur Vereinbarkeit mit EU-Recht: *Dautzenberg*, BB 2001, 2137.
2 Geändert durch UntStRefG; Ersatz des „Halbeinkünfteverfahrens" durch das „Teileinkünfteverfahren".
3 BT-Drucks. 15/3677, 32.
4 BT-Drucks. 17/4510, 89 ff., vgl. dazu 14. Aufl.; FG Hess. v. 10.3.2017 – 4 K 977/14, EFG 2017, 656.
5 BMF v. 24.5.2013, BStBl. I 2013, 718.
6 So die Begründung (damals noch zum E-JStG 2013), BT-Drucks. 17/1000, 57.
7 BFH v. 22.7.1997 – VIII R 57/95, BStBl. II 1997, 755 = FR 1997, 943; v. 24.1.1990 – I R 55/85, BStBl. II 1991, 147.

feststellen könne, aber für zu gering einbehaltene KapESt haften müsse.[1] Weiterhin regelt § 43 Abs. 1 S. 1 Nr. 4 S. 1 HS 2, dass der Ansatz des hälftigen Unterschiedsbetrages gem. **§ 20 Abs. 1 Nr. 6 S. 2** beim Steuerabzug nicht erfolgt (vgl. auch § 32d Abs. 2 Nr. 2 S. 1). Der StPfl. kann diese Freistellung nur in seiner ESt-Erklärung geltend machen. Der Gesetzgeber wollte der Gefahr begegnen, dass in diesen Fällen – auf Grund fehlender zusätzlicher Kontrollmöglichkeiten durch die FinVerw. – lediglich eine Besteuerung iHv. 12,5 % des Wertzuwachses erfolgt, wenn der StPfl. die Erträge nicht in seiner ESt-Erklärung angibt.

Nach **§ 43 Abs. 1 Nr. 4 S. 2** ist ein KapESt-Abzug v. Zinsen aus sog. Finanzierungsversicherungen nur vorzunehmen, wenn das Versicherungsunternehmen aufgrund einer Mitteilung des FA weiß oder infolge der Verletzung eigener Mitteilungspflichten (vgl. § 29 Abs. 1 EStDV) nicht weiß, dass die Kapitalerträge zu Einkünften aus KapVerm. gehören. Der Gesetzgeber trägt der Tatsache Rechnung, dass das Versicherungsunternehmen aus eigener Kenntnis nicht beurteilen kann, ob der Ausnahmetatbestand des § 20 Abs. 1 Nr. 6 S. 4 aF erfüllt ist.

VI. Investmenterträge iSv. § 20 Abs. 1 Nr. 3 (Abs. 1 S. 1 Nr. 5). Die Vorschrift wurde durch das InvSt-RefG v. 19.7.2016[2] eingeführt. Sie gilt für Kapitalerträge, die nach dem 31.12.2017 zufließen. Die Investmenterträge nach § 20 Abs. 1 Nr. 3 werden dadurch als eigenständiger Tatbestand eingeführt, bei dem KapESt einzubehalten ist.[3] 11

VII. Ausländische Kapitalerträge iSv. § 43 Abs. 1 S. 1 Nr. 1 (Abs. 1 S. 1 Nr. 6). Gem. Abs. 1 S. 1 Nr. 6 wird auch v. **ausländ. Kapitalerträgen iSv. Abs. 1 S. 1 Nr. 1** (insbes. Dividenden) KapESt erhoben. Anders als bei inländ. Dividenden wird der Steuerabzug nicht v. Schuldner der Kapitalerträge, sondern v. der auszahlenden inländischen Stelle vorgenommen. Dadurch wird erreicht, dass auch bei ausländ. Dividenden eine Abgeltungswirkung eintreten kann. 12

VIII. Kapitalerträge iSv. § 20 Abs. 1 Nr. 7 (§ 43 Abs. 1 S. 1 Nr. 7). § 43 Abs. 1 S. 1 Nr. 7 regelt die Erhebung der als **Zinsabschlag** bezeichneten KapESt. Erfasst werden Kapitalerträge iSv. § 20 Abs. 1 Nr. 7, und zwar nach lit. a Zinsen aus verbrieften oder registrierten Geldforderungen und nach lit. b Kapitalerträge aus sog. „einfachen" Geldforderungen. 13

Abs. 1 S. 1 Nr. 7 lit. a[4] betrifft Kapitalerträge[5] aus Anleihen und Forderungen gegen in- oder ausländ. Kapitalschuldner (öffentl. Körperschaften, Unternehmen, Banken, Anlage-Ges.), die in ein öffentl. Schuldbuch oder ein ausländ. Register eingetragen oder über die Sammelurkunden iSv. § 9a DepotG oder Teilschuldverschreibungen ausgegeben werden. Bei Staatsanleihen wird über die Anleihe keine Urkunde ausgegeben, sondern die Schulden werden in ein „öffentl. Schuldbuch" eingetragen (zB Bundesschatzbriefe[6]). Eine „Sammelurkunde nach § 9a DepotG" ist eine bei einer Wertpapiersammelbank hinterlegte Urkunde, die eine vollständige Wertpapieremission verbrieft. „Teilschuldverschreibungen" werden über eine einheitliche Anleihe ausgestellt und lauten zu einheitlichen Konditionen auf Teile des Gesamtbetrages. 14

Unter **Abs. 1 S. 1 Nr. 7 lit. b**[7] fallen Erträge aus nicht in lit. a genannten („einfachen") Kapitalforderungen[8], deren Schuldner ein inländ. Kredit- oder Finanzdienstleistungsinstitut iSd. KWG ist. Nach Abs. 1 Nr. 7 lit. b S. 2 ist Kreditinstitut iSv. Abs. 1 S. 1 Nr. 7 lit. b S. 1 auch die Kreditanstalt für Wiederaufbau, eine Bausparkasse, ein Versicherungsunternehmen für Erträge aus Kapitalanlagen, die mit Einlagegeschäften bei Kreditinstituten vergleichbar sind (Zinsen aus Beitrags- oder Ablaufdepots),[9] die Postbank und die Deutsche Bundesbank. Außerdem werden als inländ. Kreditinstitute die inländ. Zweigstellen ausländ. „Unternehmen" iSv. §§ 53, 53b KWG angesehen, denen zugleich durch Abs. 1 S. 1 Nr. 7 lit. b S. 3 die Schuldnerstellung des ausländ. Kreditinstituts zugerechnet wird. 15

IX. Kapitalerträge iSv. § 20 Abs. 1 Nr. 9, 10 lit. a, b (Abs. 1 S. 1 Nr. 7a–7c). Mit der Einf. des Halbeinkünfteverfahrens sind in § 20 Abs. 1 Nr. 9, 10a und 10b auch die „Leistungen" v. Körperschaften iSv. § 1 16

1 BT-Drucks. 16/4841, 66.
2 BGBl. I 2016, 1730 (1753).
3 BT-Drucks. 18/8045, 136.
4 BMF v. 18.1.2016, BStBl. I 2016, 85 Rz. 160.
5 BMF v. 27.5.2015, BStBl. I 2015, 473: Auf Grundlage des BFH-Urt. v. 24.5.2011 – VIII R 3/09, BStBl. II 2012, 254, handelt es sich bei dem von den Kreditinstituten zu zahlenden **Nutzungsersatz auf rückerstattete Kreditbearbeitungsgebühren** um Kapitalerträge iSv. § 43 Abs. 1 S. 1 Nr. 7 lit. b, § 20 Abs. 1 Nr. 7.
6 Zu Bundesschatzbriefen Typ B: BMF v. 9.10.2012, BStBl. I 2012, 953 Rz. 52–54; v. 18.1.2016, BStBl. I 2016, 85 Rz. 52–54.
7 BMF v. 18.1.2016, BStBl. I 2016, 85 Rz. 161.
8 Zu Namensschuldverschreibungen: BMF v. 18.1.2016, BStBl. I 2016, 85 Rz. 161; zu Erstattungsansprüchen einer insolventen PersGes. gegen ihre G'ter wg. gezahlter KapESt: BGH v. 5.4.2016 – II ZR 62/15, BB 2016, 1383; krit. hierzu *Kruth*, DStR 2016, 1871.
9 BR-Drucks. 622/06, 97; § 52 Abs. 42.

Abs. 1 Nr. 3–5 KStG sowie Betrieben gewerblicher Art iSv. § 4 KStG für steuerbar erklärt worden (§ 20 Rn. 60–118). § 43 Abs. 1 S. 1 Nr. 7a–7c knüpfen an diese Regelungen mit der Normierung entspr. KapESt-Tatbestände an.[1] Nach § 43 Abs. 1 S. 3 ist der Steuerabzug auch für Bezüge iSd. § 20 Abs. 1 Nr. 9 und 10a ungeachtet des § 3 Nr. 40 und des § 8b KStG vorzunehmen.[2]

17 **X. Kapitalerträge iSv. § 20 Abs. 1 Nr. 11 (Abs. 1 S. 1 Nr. 8). § 43 Abs. 1 S. 1 Nr. 8** unterwirft die nach § 20 Abs. 1 Nr. 11 steuerbaren **Stillhalterprämien** dem KapESt-Abzug. Um dem Nettoprinzip Rechnung tragen zu können, werden v. Stillhalter im Rahmen eines Glattstellungsgeschäftes gezahlte Stillhalterprämien automatisch in den allg. Verlustverrechnungstopf (§ 43a Abs. 3) eingestellt.[3]

18 **XI. Kapitalerträge iSv. § 20 Abs. 2 S. 1 Nr. 1 S. 1 und 2 (Abs. 1 S. 1 Nr. 9), Nr. 2 lit. b und Nr. 7 (Abs. 1 S. 1 Nr. 10)[4], Nr. 3 (Abs. 1 S. 1 Nr. 11) und Nr. 8 (Abs. 1 S. 1 Nr. 12).** Geregelt wird der KapESt-Abzug für Kapitalerträge nach § 20 Abs. 2 S. 1 Nr. 1 (insbes. Veräußerung v. Aktien), Nr. 2 lit. b und Nr. 7 (Veräußerung v. Zinsscheinen und Veräußerung oder Einlösung sonstiger Kapitalforderungen jeder Art), Nr. 3 (Termingeschäfte) und Nr. 8 (insbes. Gewinn aus der Übertragung v. Anteilen an Körperschaften, die keine KapGes. sind).

Der in Nr. 9 enthaltene Tatbestand der Veräußerung von Anteilen an Körperschaften wurde durch das InvStRefG um die Veräußerung von Investmentanteilen ergänzt. Die Veräußerungsgewinne werden dort und nicht in Nr. 5 aufgeführt, um die Freistellung vom Steuerabzug bei betrieblichen Anlegern nach § 42 Abs. 2 S. 2 zu erreichen.[5]

Gewinne aus der Veräußerung von vor dem 1.1.2009 erworbenen obligationsähnlichen Genussrechten unterliegen auch nach Einf. der Abgeltungsteuer nicht dem KapESt-Abzug.[6]

19 **XII. Besondere Entgelte und Vorteile (Abs. 1 S. 2).** Kapitalerträge, die unter den Auffangtatbestand des § 20 Abs. 3 fallen (§ 20 Abs. 2 S. 1 Nr. 1 aF, vor UntStRefG) und neben den Erträgen nach § 20 Abs. 1 S. 1 Nr. 1–12 gewährt werden, unterliegen nach § 43 Abs. 1 S. 2 dem KapESt-Abzug.

20 **XIII. Halb-/Teileinkünfteverfahren (Abs. 1 S. 3).** Bemessungsgrundlage für den Steuerabzug ist stets der **volle Kapitalertrag**, unabhängig davon, ob die Erträge beim Anteilseigner nach § 3 Nr. 40 nur zur Hälfte bzw. zu 60 % der Besteuerung unterliegen, oder gem. § 8b Abs. 1 KStG bei der Einkommensermittlung ganz außer Betracht bleiben.

21 **XIV. Veräußerungsgewinne (Abs. 1 S. 4–7).** Nach **Abs. 1 S. 4** gilt zur Sicherstellung des Steueraufkommens jede **Übertragung v. Kapitalanlagen** iSd. § 20 Abs. 2 auf einen anderen Gläubiger als Veräußerung, wenn das übertragene WG v. einer auszahlenden Stelle (Kreditinstitut oder Finanzdienstleistungsunternehmen) verwahrt oder verwaltet wird. Eine solche fingierte Veräußerung ist nur dann kapitalertragstpfl., wenn der Veräußerungsgewinn nach der Übergangsregelung des § 52 Abs. 28 nach § 20 Abs. 2 materiell stpfl. wäre.[7] Dem StPfl. bleibt es allerdings nach **Abs. 1 S. 5** unbenommen, ggü. der auszahlenden Stelle darzulegen, dass kein stpfl. Vorgang[8] (sondern zB eine Schenkung, ein Erbfall oder eine sonstige unentgeltliche Depotübertragung[9]) vorliegt. Damit soll zugunsten des StPfl. erreicht werden, dass bereits iRd. KapESt-Verfahrens der tatsächliche Sachverhalt aufgeklärt wird. Nach **Abs. 1 S. 6** hat die auszahlende Stelle dem Betriebsstätten-FA derartige unentgeltliche Rechtsgeschäfte **mitzuteilen**. Damit soll gewährleistet werden, dass die FinVerw. über Sachverhalte, die die ErbSt betreffen, Kenntnis erlangt. Die FinVerw. beschränkt die Mitteilungspflicht der Banken in diesem Fall auf Schenkungsfälle, da für Erbfälle bereits nach § 33 ErbStG eine Mitteilungspflicht besteht[10]. Insbesondere sind die ID-Nr. von Schenker und Beschenktem mitzuteilen. Das Kreditinstitut hat den Vorgang grds. als stpfl. Veräußerung iSd. S. 4 zu behandeln, wenn der Schenker ihm nicht alle erforderlichen Daten mitteilt. Die Formulierung des S. 6 wurde durch das VerfModG v. 18.7.2016[11] an den neuen § 93c AO angeglichen. S. 7 wurde durch dieses G neu eingefügt. Nach geltendem Recht besteht bei dem bisherigen Verfahren über die Mitteilung der unentgelt-

1 BT-Drucks. 14/2683, 117.
2 BR-Drucks. 638/01, 55.
3 BMF v. 18.1.2016, BStBl. I 2016, 85 Rz. 25.
4 BMF v. 27.9.2016, BStBl. I 2016, 1018 – zur Behandlung des Rückkaufsangebots von Argentinien-Anleihen v. 17.2. 2016 und v. 15.8.2016.
5 G v. 19.7.2016, BGBl. I 2016, 1730; BT-Drucks. 18/8045, 136.
6 BFH v. 12.12.2012 – I R 27/12, BStBl. II 2013, 682.
7 BMF v. 18.1.2016, BStBl. I 2016, 85 Rz. 162.
8 BMF v. 18.1.2016, BStBl. I 2016, 85 Rz. 165 ff.; v. 12.4.2018, BStBl. I 2018, 624 Rz. 166.
9 BMF v. 18.1.2016, BStBl. I 2016, 85 Rz. 165 ff.; v. 12.4.2018, BStBl. I 2018, 624 Rz. 166.
10 BMF-Antwortschreiben v. 5.2.2015, DB 2015, 588 (589); BMF v. 18.1.2016, BStBl. I 2016, 85 Rz. 165 ff.; v. 12.4. 2018, BStBl. I 2018, 624 Rz. 166.
11 BGBl. I 2016, 1679.

lichen Depotübertragung weder ein Prüfdienst noch sind Bestimmungen zur Haftung vorhanden. Auf die Einf. derartiger Aufgaben gem. § 72a Abs. 4, § 93c Abs. 4 S. 1 und § 203 AO und deren Zuweisung zu einer bestimmten Finanzbehörde wird verzichtet.[1]

C. Identität von Gläubiger und Schuldner (Abs. 2)

Nach **Abs. 2 S. 1** ist ein Steuerabzug außer in den Fällen des Abs. 1 S. 1 Nr. 1a und 7c nicht vorzunehmen, 22
wenn Gläubiger und Schuldner der Kapitalerträge oder die auszahlende Stelle im Zeitpunkt des Zufließens dies. Pers. im Sinne einer identischen stl. Rechtspersönlichkeit sind. Dementspr. ist Abs. 2 S. 1 nicht im Verhältnis v. Mutter- und Tochter-Ges., Organträger und Organ-Ges. oder Treuhänder[2] und Treugeber anzuwenden.

Nach **Abs. 2 S. 2** ist ein Steuerabzug außerdem nicht vorzunehmen, wenn in den Fällen des Abs. 1 S. 1 Nr. 5–7 und 8–12 Gläubiger der Kapitalerträge ein inländ. Kreditinstitut oder inländ. Finanzdienstleistungsinstitut nach Abs. 1 S. 1 Nr. 7b oder eine inländ. Kapitalanlagegesellschaft ist. (Gleichstellung der Kapitalanlagegesellschaften mit Kreditinstituten; Wiederherstellung des Rechtszustandes nach dem KAAG).[3] Damit wurde das ursprünglich in Abs. 1 S. 1 Nr. 7 lit. b S. 4 enthaltene **Bankenprivileg** auf alle neu hinzukommenden KapESt-Tatbestände ausgedehnt. Abs. 2 S. 2 ist auch anzuwenden, wenn Gläubiger der Kapitalerträge die Deutsche Bundesbank oder eine ausländische Zweigstelle eines inländischen Kreditinstituts oder inländischen Finanzdienstleistungsinstituts ist. Er findet auch Anwendung bei zugunsten eines inländ. Kreditinstituts oder Finanzdienstleistungsinstituts gewährten Investmentanteilen.[4] Gehören die Konten oder Depots einem unter Insolvenzverwaltung stehenden Kredit- oder Finanzdienstleistungsinstitut, findet S. 2 ebenfalls Anwendung.[5]

S. 3 Nr. 1 präzisiert die Voraussetzungen des Bankenprivilegs. Mit S. 3 **Nr. 2 S. 1** wird zum Zwecke der StVereinfachung der Kreis der Kapitalerträge, v. denen kein StAbzug vorzunehmen ist, auf Gewinneinkünfte v. Körperschaften und sonstigen inländ. Betrieben erweitert. Die Freistellungsmöglichkeit betrifft allerdings nur bestimmte Arten v. Kapitalerträgen, insbes. Veräußerungstatbestände und Termingeschäfte (§ 43 Abs. 1 Nr. 6 und 8–12), nicht jedoch lfd. Zinszahlungen. Unter die Freistellung nach Nr. 1 fallen auch unbeschränkt stpfl. Körperschaften, die nach ausländischem Recht gegründet werden, insbes. die in Anl. 2 zum EStG (zu § 43b) angeführten Gesellschaften.[6] Für Personenunternehmen ist zwingend eine Freistellungserklärung nach dem Vordruckmuster in Anlage 1 zum BMF-Schreiben v. 18.1.2016[7] vorgeschrieben.

S. 4–7 begründen Nachweis-, Aufbewahrungs-, Mitteilungs- und Meldepflichten. S. 6 gleicht die Aufbewahrungsfrist für die Freistellungserklärung nach § 43 Abs. 2 S. 3 Nr. 2 derjenigen für den Freistellungsauftrag (§ 44a Abs. 2 S. 1 Nr. 1) an. Die auf 6 Jahre verkürzte Aufbewahrungsfrist soll aE des Jahres zu laufen beginnen, in dem die Freistellung letztmalig berücksichtigt wird, um zu vermeiden, dass unbefristete Freistellungserklärungen noch anzuwenden sind, das Formular aber schon vernichtet ist.[8]

S. 7 und 8 wurden durch das VerfModG[9] neu gefasst. S. 7 wurde an den neuen § 93c Abs. 1 AO angeglichen. Er enthält nunmehr lediglich Daten, die aufgrund von Besonderheiten der Bestimmung zusätzlich zu den in § 93c AO genannten Daten an das für die Besteuerung des Gläubigers der Kapitalerträge zuständige FA zu übermitteln sind. Die bisher in S. 8 enthaltene Ermächtigungsgrundlage zum Erl. eines BMF-Schr. wird nach Erl. desselben[10] für entbehrlich gehalten. Nach geltendem Recht besteht bei dem bisherigen Verfahren über die Mitteilung der unentgeltlichen Depotübertragung weder ein Prüfdienst noch sind Bestimmungen zur Haftung vorhanden. Auf die Einf. derartiger Aufgaben gem. § 72a Abs. 4, § 93c Abs. 4 S. 1 und § 203 AO und deren Zuweisung zu einer bestimmten Finanzbehörde wird gem. S. 8 verzichtet.[11]

D. Inländische Kapitalerträge (Abs. 3)

Dem KapESt-Abzug unterliegen grds. – Ausnahmen: Abs. 1 S. 1 Nr. 6, 7 lit. a, 8–12 und S. 2 – nur inländ. 23
Kapitalerträge, da nur diese den für die Anordnung eines Steuerabzugs notwendigen Inlandsbezug haben. Inländ. sind Kapitalerträge nach **Abs. 3 S. 1** dann, wenn der Schuldner der Kapitalerträge Wohnsitz, Ge-

1 Gesetzesbegründung BT-Drucks. 631/15, 126 (127).
2 Zu Treuhandkonten und -depots vgl. BMF v. 18.1.2016, BStBl. I 2016, 85 Rz. 152–158.
3 S. auch *H/H/R*, § 43 Rn. J 08-7.
4 BMF v. 18.1.2016, BStBl. I 2016, 85 Rz. 174; ergänzt durch BMF v. 3.5.2017, BStBl. I 2017, 739.
5 BMF v. 12.4.2018, BStBl. I 2018, 624 Rz. 1.
6 BMF v. 18.1.2016, BStBl. I 2016, 85 Rz. 175.
7 Vordruckmuster Anlage 1 zum BMF v. 18.1.2016, BStBl. I 2016, 85 Rz. 176ff.
8 So die Gesetzesbegründung, dort zu Nr. 19 Buchst. c Doppelbuchst. bb, BT-Drucks. 17/2249.
9 G v. 18.7.2016, BGBl. I 2016, 1679.
10 BMF v. 24.9.2013, BStBl. I 2013, 1183.
11 Gesetzesbegründung BT-Drucks. 631/15, 126 (127).

schäftsleitung, Sitz oder eine Niederlassung iSd. §§ 61, 65 oder 68 des Versicherungsaufsichtsgesetzes im Inland hat. Ob der Gläubiger im Inland Wohnsitz, Geschäftsleitung oder Sitz hat, ist grds. unerheblich. Eine Ausnahme gilt bei Erträgen iSv. Abs. 1 S. 1 Nr. 7. Ist der auszahlenden Stelle bekannt, dass der Gläubiger dieser Erträge nicht unbeschränkt stpfl. ist, ist – sofern kein Tafelgeschäft vorliegt – ein KapESt-Abzug grds. nicht vorzunehmen (vgl. § 49 Abs. 1 Nr. 5 lit. c).[1] **Abs. 3 S. 2** ist eine Folgeregelung zu Abs. 1 S. 1 Nr. 1 S. 2. Diese dehnt den KapESt-Abzug auf Kapitalerträge iSv. § 20 Abs. 2 S. 1 Nr. 2 lit. a, 2 aus. Abs. 3 S. 2 bestimmt für diesen Fall, dass Kapitalerträge iSv. Abs. 1 S. 1 Nr. 1 S. 2 inländ. sind, wenn der Schuldner der veräußerten Anspr. die Voraussetzungen des S. 1 erfüllt, dh. Wohnsitz, Geschäftsleitung oder Sitz im Inland hat. Der KapESt-Abzug soll nicht dadurch umgangen werden können, dass der Inhaber des Stammrechts den Dividendenschein an einen ausländ. Erwerber veräußert.[2] **Abs. 3 S. 3** trägt der Regelung des § 20 Abs. 1 Nr. 1 S. 4 Rechnung, nach der als sonstige Bezüge auch Einnahmen gelten, die anstelle der Bezüge iSv. § 20 Abs. 1 S. 1 v. einem anderen als dem Anteilseigner nach § 20 Abs. 5 bezogen werden, wenn die Aktien mit Dividendenberechtigung erworben, aber ohne Dividendenanspruch geliefert werden. Danach unterliegen die unter § 20 Abs. 1 Nr. 1 S. 4 fallenden Einnahmen als inländ. Kapitalerträge dem KapESt-Abzug, wenn der Emittent der erworbenen Aktien (die AG) die Voraussetzungen des Abs. 3 S. 1 erfüllt, also Geschäftsleitung oder Sitz im Inland hat.[3]

Abs. 3 S. 4 enthält die für die Fälle des Abs. 1 S. 1 Nr. 6 benötigte Begriffsbestimmung der ausländ. Kapitalerträge.

E. Kapitalertragsteuer bei anderen Einkunftsarten (Abs. 4)

24 Gem. Abs. 4 ist ein KapESt-Abzug – dem Objektsteuercharakter der KapESt entspr. – auch dann vorzunehmen, wenn die Kapitalerträge beim Gläubiger zu den Einkünften aus LuF, GewBetr., selbständiger Arbeit oder VuV gehören. Bei Einkünften aus nichtselbständiger Arbeit erfolgt der Steuerabzug im Lohnsteuerverfahren.

F. Abgeltungswirkung (Abs. 5)

25 Abs. 5 S. 1 bildet die zentrale Vorschrift für die **grds. Abgeltungswirkung** der KapESt.[4] Diese tritt jedoch **nur insoweit** ein, als die Erträge der Höhe nach dem Steuerabzug tatsächlich unterlegen haben.[5] Ist der nach den materiell-rechtlichen Regelungen des § 20 zu ermittelnde Gewinn tatsächlich höher als die iRd. KapESt-Abzugs berücksichtigte Bemessungsgrundlage, besteht für den darüber hinausgehenden Betrag eine Veranlagungspflicht nach § 32d Abs. 3, um Steuergestaltungsmodellen einen Riegel vorzuschieben.[6] Auch wenn die Kapitalerträge der KapESt unterlegen haben, kann der StPfl. im Einzelfall die Veranlagung wählen, § 32d Abs. 4 („kleine Veranlagungsoption") und Abs. 6 („Günstigerprüfung") (näher dazu § 32d Rn. 18, 20).

Die Abgeltungswirkung tritt nicht ein:

- nach **HS 2**, wenn der Gläubiger der Kapitalerträge nach § 44 Abs. 1 S. 10 und 11 und Abs. 5 in Anspr. genommen werden kann;
- nach Abs. 5 **S. 2** in den Fällen des § 32d Abs. 2 (insbes. Kapitalerträge unter nahestehenden Pers.) und wenn die Kapitalerträge zu den Einkünften aus LuF, GewBetr., selbständiger Arbeit oder VuV gehören. Dies entspricht dem in § 20 Abs. 8 geregelten subsidiären Charakter der Einkunftsart „Kapitalvermögen".

Gem. Abs. 5 **S. 3** werden Kapitalerträge, die nach S. 1 der abgeltenden KapESt unterlegen haben, auf **Antrag** des StPfl. in das Verfahren nach § 32d einbezogen (vgl. die Beispielsaufzählung in § 32d Abs. 4). Einwendungen gegen die materielle Rechtmäßigkeit des Steuerabzugs bestimmter Kapitalerträge und die hierauf bezogene KapESt-Anmeldung sind nach § 43 Abs. 5 S. 3 iVm. § 32d Abs. 4 durch Abgabe einer Einkommensteuererklärung, in der die betreffenden Kapitalerträge mit erklärt werden, zu erheben und ggf.

1 FinMin. NRW v. 21.11.2001, DStR 2002, 858.
2 BT-Drucks. 15/3677, 33.
3 BR-Drucks. 622/06, 97.
4 Zu den Konturen der Abgeltungssteuer gem. §§ 2 Abs. 5b, 25 Abs. 1 und 43 Abs. 5 S. 1 vgl. *Schmidt*, DStR 2018, 1201.
5 Zur Abgeltungswirkung „scheinbar" einbehaltener, aber nicht abgeführter KapESt bei Scheinrenditen FG Nürnb. v. 11.10.2017 – 3 K 348/17, juris (Rev. VIII R 17/17).
6 Ausführlich dazu die Gesetzesbegründung, dort zu Nr. 19 Buchst. d Doppelbuchst. aa, BT-Drucks. 17/2249, 58. Aus Billigkeitsgesichtspunkten kann gem. BMF v. 18.1.2016, BStBl. I 2016, 85 Rz. 183, von der Veranlagungspflicht abgesehen werden, wenn die Differenz je VZ nicht mehr als 500 Euro beträgt und keine weiteren Gründe für eine Veranlagung nach § 32d Abs. 3 vorliegen.

mit anschließendem Rechtsbehelfsverfahren durchzusetzen, und nicht im Rahmen eines Rechtsbehelfsverfahrens gegen die KapESt-Anmeldung.[1]

Dank Abs. 5 **S. 4** müssen abgeltend besteuerte Kapitalerträge nicht allein deshalb in der Steuererklärung aufgeführt werden, um in den Genuss der Wirkung eines Vorläufigkeitsvermerks zu kommen.[2]

§ 43a Bemessung der Kapitalertragsteuer

(1) [1]Die Kapitalertragsteuer beträgt

1. in den Fällen des § 43 Absatz 1 Satz 1 Nummer 1 bis 7a und 8 bis 12 sowie Satz 2: 25 Prozent des Kapitalertrags;

2. in den Fällen des § 43 Absatz 1 Satz 1 Nummer 7b und 7c: 15 Prozent des Kapitalertrags.

[2]Im Fall einer Kirchensteuerpflicht ermäßigt sich die Kapitalertragsteuer um 25 Prozent der auf die Kapitalerträge entfallenden Kirchensteuer. [3]§ 32d Absatz 1 Satz 4 und 5 gilt entsprechend.

(2) [1]Dem Steuerabzug unterliegen die vollen Kapitalerträge ohne Abzug; dies gilt nicht für Erträge aus Investmentfonds nach § 16 Absatz 1 des Investmentsteuergesetzes, auf die nach § 20 des Investmentsteuergesetzes eine Teilfreistellung anzuwenden ist; § 20 Absatz 1 Satz 2 bis 4 des Investmentsteuergesetzes sind beim Steuerabzug nicht anzuwenden. [2]In den Fällen des § 43 Absatz 1 Satz 1 Nummer 9 bis 12 bemisst sich der Steuerabzug

1. bei Gewinnen aus der Veräußerung von Anteilen an Investmentfonds im Sinne des § 16 Absatz 1 Nummer 3 in Verbindung mit § 2 Absatz 13 des Investmentsteuergesetzes nach § 19 des Investmentsteuergesetzes und

2. in allen übrigen Fällen nach § 20 Absatz 4 und 4a,

wenn die Wirtschaftsgüter von der die Kapitalerträge auszahlenden Stelle erworben oder veräußert und seitdem verwahrt oder verwaltet worden sind. [3]Überträgt der Steuerpflichtige die Wirtschaftsgüter auf ein anderes Depot, hat die abgebende inländische auszahlende Stelle der übernehmenden inländischen auszahlenden Stelle die Anschaffungsdaten mitzuteilen. [4]Satz 3 gilt in den Fällen des § 43 Absatz 1 Satz 5 entsprechend. [5]Handelt es sich bei der abgebenden auszahlenden Stelle um ein Kreditinstitut oder Finanzdienstleistungsinstitut mit Sitz in einem anderen Mitgliedstaat der Europäischen Union, in einem anderen Vertragsstaat des EWR-Abkommens vom 3. Januar 1994 (ABl. EG Nr. L 1 S. 3) in der jeweils geltenden Fassung oder in einem anderen Vertragsstaat nach Artikel 17 Absatz 2 Ziffer i der Richtlinie 2003/48/EG vom 3. Juni 2003 im Bereich der Besteuerung von Zinserträgen (ABl. EU Nr. L 157 S. 38), kann der Steuerpflichtige den Nachweis nur durch eine Bescheinigung des ausländischen Instituts führen; dies gilt entsprechend für eine in diesem Gebiet belegene Zweigstelle eines inländischen Kreditinstituts oder Finanzdienstleistungsinstituts. [6]In allen anderen Fällen ist ein Nachweis der Anschaffungsdaten nicht zulässig. [7]Sind die Anschaffungsdaten nicht nachgewiesen, bemisst sich der Steuerabzug nach 30 Prozent der Einnahmen aus der Veräußerung oder Einlösung der Wirtschaftsgüter. [8]In den Fällen des § 43 Absatz 1 Satz 4 gelten der Börsenpreis zum Zeitpunkt der Übertragung zuzüglich Stückzinsen als Einnahmen aus der Veräußerung und die mit dem Depotübertrag verbundenen Kosten als Veräußerungskosten im Sinne des § 20 Absatz 4 Satz 1. [9]Zur Ermittlung des Börsenpreises ist der niedrigste am Vortag der Übertragung im regulierten Markt notierte Kurs anzusetzen; liegt am Vortag eine Notierung nicht vor, so werden die Wirtschaftsgüter mit dem letzten innerhalb von 30 Tagen vor dem Übertragungstag im regulierten Markt notierten Kurs angesetzt; Entsprechendes gilt für Wertpapiere, die im Inland in den Freiverkehr einbezogen sind oder in einem anderen Staat des Europäischen Wirtschaftsraums zum Handel an einem geregelten Markt im Sinne des Artikels 1 Nummer 13 der Richtlinie 93/22/EWG des Rates vom 10. Mai 1993 über Wertpapierdienstleistungen (ABl. EG Nr. L 141 S. 27) zugelassen sind. [10]Liegt ein Börsenpreis nicht vor, bemisst sich die Steuer nach 30 Prozent der Anschaffungskosten. [11]Die übernehmende auszahlende Stelle hat als Anschaffungskosten den von der abgebenden Stelle angesetzten Börsenpreis anzusetzen und die bei der Übertragung als Einnahmen aus der Veräuße-

1 FG Köln v. 5.8.2015 – 3 K 1040/14, EFG 2016, 93 m. Anm. *Weingarten* = BB 2016, 418 m. Anm. *Fölsing* (Rev. VIII R 45/15); BFH v. 29.8.2017 – VIII R 23/15, DB 2017, 2841, zur Verrechnung von Altverlusten (vor 2009).
2 Gesetzesbegründung, dort zu Nr. 19 Buchst. d Doppelbuchst. bb.

rung angesetzten Stückzinsen nach Absatz 3 zu berücksichtigen. [12]Satz 9 gilt entsprechend. [13]Liegt ein Börsenpreis nicht vor, bemisst sich der Steuerabzug nach 30 Prozent der Einnahmen aus der Veräußerung oder Einlösung der Wirtschaftsgüter. [14]Hat die auszahlende Stelle die Wirtschaftsgüter vor dem 1. Januar 1994 erworben oder veräußert und seitdem verwahrt oder verwaltet, kann sie den Steuerabzug nach 30 Prozent der Einnahmen aus der Veräußerung oder Einlösung der Wertpapiere und Kapitalforderungen bemessen. [15]Abweichend von den Sätzen 2 bis 14 bemisst sich der Steuerabzug bei Kapitalerträgen aus nicht für einen marktmäßigen Handel bestimmten schuldbuchfähigen Wertpapieren des Bundes und der Länder oder bei Kapitalerträgen im Sinne des § 43 Absatz 1 Satz 1 Nummer 7 Buchstabe b aus nicht in Inhaber- oder Orderschuldverschreibungen verbrieften Kapitalforderungen nach dem vollen Kapitalertrag ohne jeden Abzug.

(3) [1]Die auszahlende Stelle hat ausländische Steuern auf Kapitalerträge nach Maßgabe des § 32d Absatz 5 zu berücksichtigen. [2]Sie hat unter Berücksichtigung des § 20 Absatz 6 Satz 4 im Kalenderjahr negative Kapitalerträge einschließlich gezahlter Stückzinsen bis zur Höhe der positiven Kapitalerträge auszugleichen; liegt ein gemeinsamer Freistellungsauftrag im Sinne des § 44a Absatz 2 Satz 1 Nummer 1 in Verbindung mit § 20 Absatz 9 Satz 2 vor, erfolgt ein gemeinsamer Ausgleich. [3]Der nicht ausgeglichene Verlust ist auf das nächste Kalenderjahr zu übertragen. [4]Auf Verlangen des Gläubigers der Kapitalerträge hat sie über die Höhe eines nicht ausgeglichenen Verlusts eine Bescheinigung nach amtlich vorgeschriebenem Muster zu erteilen; der Verlustübertrag entfällt in diesem Fall. [5]Der unwiderrufliche Antrag auf Erteilung der Bescheinigung muss bis zum 15. Dezember des laufenden Jahres der auszahlenden Stelle zugehen. [6]Überträgt der Gläubiger der Kapitalerträge seine im Depot befindlichen Wirtschaftsgüter vollständig auf ein anderes Depot, hat die abgebende auszahlende Stelle der übernehmenden auszahlenden Stelle auf Verlangen des Gläubigers der Kapitalerträge die Höhe des nicht ausgeglichenen Verlusts mitzuteilen; eine Bescheinigung nach Satz 4 darf in diesem Fall nicht erteilt werden. [7]Erfährt die auszahlende Stelle nach Ablauf des Kalenderjahres von der Veränderung einer Bemessungsgrundlage oder einer zu erhebenden Kapitalertragsteuer, hat sie die entsprechende Korrektur erst zum Zeitpunkt ihrer Kenntnisnahme vorzunehmen; § 44 Absatz 5 bleibt unberührt. [8]Die vorstehenden Sätze gelten nicht in den Fällen des § 20 Absatz 8 und des § 44 Absatz 1 Satz 4 Nummer 1 Buchstabe a Doppelbuchstabe bb sowie bei Körperschaften, Personenvereinigungen oder Vermögensmassen.

(4) [1]Die Absätze 2 und 3 gelten entsprechend für die das Bundesschuldbuch führende Stelle oder eine Landesschuldenverwaltung als auszahlende Stelle. [2]Werden die Wertpapiere oder Forderungen von einem Kreditinstitut oder einem Finanzdienstleistungsinstitut mit der Maßgabe der Verwahrung und Verwaltung durch die das Bundesschuldbuch führende Stelle oder eine Landesschuldenverwaltung erworben, hat das Kreditinstitut oder das Finanzdienstleistungsinstitut der das Bundesschuldbuch führenden Stelle oder einer Landesschuldenverwaltung zusammen mit den im Schuldbuch einzutragenden Wertpapieren und Forderungen den Erwerbszeitpunkt und die Anschaffungsdaten sowie in Fällen des Absatzes 2 den Erwerbspreis der für einen marktmäßigen Handel bestimmten schuldbuchfähigen Wertpapiere des Bundes oder der Länder und außerdem mitzuteilen, dass es diese Wertpapiere und Forderungen erworben oder veräußert und seitdem verwahrt oder verwaltet hat.

A. Grundaussagen der Norm

1 § 43a enthält Regelungen zur Höhe des KapESt-Satzes und zur Bemessungsgrundlage der KapESt. Die Steuersätze sind auf den **Sondertarif** des § 32d ausgerichtet. Dem Steuerabzug unterliegen gem. Abs. 2 S. 1 (Ausnahmefälle: S. 2) grds. die ungeminderten Kapitalerträge. Abs. 2 S. 3–10 betreffen **Depotwechsel** mit und ohne Gläubigerwechsel. Abs. 3 S. 2–6 regeln die **Verlustberücksichtigung**.

B. Steuersatz (Abs. 1)

Grds. gilt ein **einheitlicher Steuersatz v. 25 %**, Abs. 1 S. 1 Nr. 1. Nur für die Fälle des § 43 Abs. 1 S. 1 Nr. 7b und 7c (Leistungen bzw. Gewinn v. Betrieben gewerblicher Art mit oder ohne eigene Rechtspersönlichkeit) beträgt der Steuersatz 15 %, Abs. 1 S. 1 Nr. 2; dies entspr. der nach der Entlastung nach § 44a Abs. 8 verbleibenden Belastung. 2

Nach der Neufassung des Abs. 1 S. 1 Nr. 1 durch das InvStRefG[1] ist der Steuerabzug iHv. 25 % des Kapitalertrags auch auf Investmenterträge iSd. neuen § 43 Abs. 1 S. 1 Nr. 5 anzuwenden. Das G gilt für alle Erträge, die nach dem 31.12.2017 zufließen.[2]

Abs. 1 S. 2 entspr. § 32d Abs. 1 S. 3. Er regelt, dass sich im Falle der KiStPfl. die KapESt um 25 % der auf die Kapitalerträge entfallenden KiSt. ermäßigt. Mit dieser Regelung wird die Abziehbarkeit der KiSt. als SA nach § 10 Abs. 1 Nr. 4 pauschal berücksichtigt. 3

§ 43a Abs. 1 S. 3 verweist zur Berechnung der KapESt bei Berücksichtigung der KiSt. sowie der anzurechnenden ausländ. Quellensteuer auf § 32d Abs. 1 S. 4 und 5 und die dort vorgegebene Berechnungsformel. 4

C. Bemessungsgrundlage (Abs. 2–4)

I. Grundregel (Abs. 2 S. 1). Abs. 2 S. 1 enthält die Grundregel: Dem Steuerabzug unterliegen die vollen Kapitalerträge ohne jeden Abzug (WK, BA, SA, Steuern). 5

II. Bemessungsgrundlage in den Fällen des § 43 Abs. 1 S. 1 Nr. 9–12 (Abs. 2 S. 2). Abs. 2 S. 2 bestimmt die Bemessungsgrundlage in Veräußerungs- und Einlösungsfällen und ordnet hierfür den Steuerabzug nach § 20 Abs. 4 und 4a an, wenn die WG von der die Kapitalerträge auszahlenden Stelle erworben oder veräußert und seitdem verwaltet oder verwahrt worden sind. Durch diese Verweisung auf § 20 Abs. 4 wird erreicht, dass bei Erhebung der KapESt und bei Ermittlung des Kapitalertrages im finanzamtlichen Verfahren die gleichen Regelungen Anwendung finden. Die Verweisung auf § 20 Abs. 4a stellt sicher, dass die zum Steuerabzug Verpflichteten auch im Steuerabzugsverfahren bei bestimmten Kapitalmaßnahmen die Sonderregelungen dieser Norm beachten (s. dort). 6

Durch das InvStRefG[3] wurde Abs. 2 neu gefasst. Der bisherige S. 1 wurde um eine Ausnahme hinsichtlich der Erträge aus Investmentfonds ergänzt. Nach dem angefügten HS unterliegen nur die nach Anwendung der Teilfreistellung nach § 20 InvStG verbleibenden Investmenterträge dem Steuerabzug. Die Änderung des S. 2 dient dazu, die Besonderheiten zur Ermittlung der Gewinne aus der Veräußerung von Investmentanteilen, die sich nach § 19 InvStG ergeben, bei der Bemessungsgrundlage des Steuerabzugs zu berücksichtigen. Im Übrigen bleibt es bei der bisherigen Regelung zur Ermittlung der Bemessungsgrundlage nach § 20 Abs. 4 und 4a. Die Neufassung ist auf alle Erträge anzuwenden, die nach dem 31.12.2017 zufließen.[4]

III. Depotwechsel ohne Gläubigerwechsel und bei unentgeltlicher Übertragung (Abs. 2 S. 3–7).[5] 7
Abs. 2 S. 3, 5 und 6 regeln die Ermittlung des Kapitalertrags bei **Depotwechsel mit identischem Gläubiger** und ermöglichen die Übermittlung der Anschaffungsdaten v. der abgebenden an die übernehmende auszahlende Stelle. Nach Abs. 2 S. 3 hat die abgebende inländ. auszahlende Stelle der übernehmenden inländ. auszahlenden Stelle die **Anschaffungsdaten mitzuteilen**. Hat die abgebende Stelle ihren Sitz um EU-Ausland, in einem Vertragsstaat des EWR oder in einem sog. ZIV-Drittstaat[6], kann der StPfl. nach Abs. 2 S. 5 den Nachweis nur durch eine **Bescheinigung des ausländ. Instituts** führen.[7] In allen anderen Fällen ist nach Abs. 2 S. 6 ein Nachweis der Anschaffungsdaten iRd. Steuerabzugsverfahrens ausgeschlossen und infolgedessen die Ersatzbemessungsgrundlage nicht anzuwenden. Eine Berichtigungsmöglichkeit besteht ausschließlich im Veranlagungsverfahren nach § 32d Abs. 4.[8]

---

1 G v. 19.7.2016, BGBl. I 2016, 1730 (1753); BT-Drucks. 18/8045, 136.
2 G v. 19.7.2016, BGBl. I 2016, 1730 (1755).
3 G v. 19.7.2016, BGBl. I 2016, 1730 (1754); BT-Drucks. 18/8045, 137.
4 G v. 19.7.2016, BGBl. I 2016, 1730 (1755).
5 Zu Einzelfragen vgl. BMF v. 18.1.2016, BStBl. I 2016, 85 Rz. 184ff.
6 Länder, mit denen die EU Abkommen über vergleichbare Regelungen zur RL 2003/48/EG (Zinsrichtlinie) getroffen hat (= Schweiz, San Marino, Monaco, Andorra). Erweiterung um die ZIV-Staaten durch das JStG 2009; derzeit: Luxemburg, Österreich, Schweizerische Eidgenossenschaft, Liechtenstein, San Marino, Monaco, Andorra, Curacao, Sint Maarten, BMF v. 18.1.2016, BStBl. I 2016, 85 Rz. 193.
7 Nichtbeanstandungsregelung bei elektronischer Übermittlung in BMF v. 18.1.2016, BStBl. I 2016, 85 Rz. 193; v. 12.4.2018, BStBl. I 2018, 624 Rz. 193.
8 BMF v. 18.1.2016, BStBl. I 2016, 85 Rz. 193; v. 12.4.2018, BStBl. I 2018, 624 Rz. 193.

8 Abs. 2 **S. 4** bestimmt, dass in Fällen der **unentgeltlichen Übertragung** die AK an die auszahlende Stelle des Neugläubigers übermittelt werden, damit diese im Falle einer Veräußerung die Bemessungsgrundlage für den KapESt-Abzug ermitteln kann.

9 Werden beim Depotwechsel nach Abs. 2 S. 3–6 (Depotwechsel ohne Gläubigerwechsel sowie Depotwechsel bei unentgeltlicher Übertragung) die Anschaffungsdaten nicht übermittelt, hat nach Abs. 2 **S. 7** im Falle der Veräußerung das Kreditinstitut, das die WG in sein Depot übernommen hat, den **Veräußerungsgewinn iHv. 30 % der Einnahmen** aus der Veräußerung oder Einlösung anzusetzen. Die Korrektur des Kapitalertrags nach Anwendung einer Ersatzbemessungsgrundlage erfolgt grds. iRd. Veranlagung nach § 32d Abs. 4.[1]

10 **IV. Ermittlung bei fingierter Veräußerung nach § 43 Abs. 1 S. 4 (Abs. 2 S. 8–13).** Abs. 2 **S. 8–10** regeln die Ermittlung des Kapitalertrags in den **Fällen des § 43 Abs. 1 S. 4**, nach dem für Zwecke des KapESt-Abzugs die Übertragung eines v. einer auszahlenden Stelle verwahrten oder verwalteten WG iSv. § 20 Abs. 2 auf einen anderen Gläubiger als Veräußerung gilt, auch wenn tatsächlich ein unentgeltlicher – aber nicht als solcher nachgewiesener – Vorgang vorliegt. Nach Abs. 2 S. 8 gilt der Börsenpreis zum Übertragungszeitpunkt zzgl. der bei der (fiktiven) Veräußerung anfallenden Stückzinsen und abzgl. der Übertragungskosten als Einnahme. Nach Abs. 2 S. 9 HS 1 ist der Börsenpreis mit dem niedrigsten im regulierten Markt notierten Kurs anzusetzen; das gilt nach HS 2 auch für bestimmte Wertpapiere[2]. Liegt kein Börsenpreis vor, bemisst sich die Steuer gem. Abs. 2 S. 10 nach 30 % der AK.

11 Abs. 2 S. **11–13** regeln entspr. die Ermittlung des Kapitalertrags, wenn der neue Gläubiger die WG später veräußert.

Für WG, die die Depotbank **vor dem 1.1.1994** erworben oder veräußert und seitdem verwahrt oder verwaltet hat, kann der Steuerabzug gem. Abs. 2 **S. 14** nach 30 % der Einnahmen aus der Veräußerung oder Einlösung der Wertpapiere und Kapitalforderungen bemessen werden (Ersatzbemessungsgrundlage).

12 **V. Sonderregel für Wertpapiere des Bundes und der Länder (Abs. 2 S. 15).** Abs. 2 **S. 15**[3] enthält eine Sonderregelung für Kapitalerträge aus nicht zum marktmäßigen Handel bestimmten schuldbuchfähigen **Wertpapieren des Bundes und der Länder** (zB Bundesschatzbriefe Typ A und B) und Kapitalerträge iSd. § 43 Abs. 1 S. 1 Nr. 7 lit. b aus nicht in Inhaber- oder Orderschuldverschreibungen verbrieften Kapitalforderungen (zB Sparbriefe). Bei diesen erfolgt der Steuerabzug nach dem Grundsatz des § 43 Abs. 2 S. 1. Der Abs. dieser Wertpapiere soll nicht durch eine Bemessung nach § 43a Abs. 2 S. 2–14 beeinträchtigt werden.

13 **VI. Anrechnung ausländischer Quellensteuer (Abs. 3 S. 1).** Abs. 3 S. 1 regelt – durch Verweis auf § 32d Abs. 5 S. 5 – die Berücksichtigung ausländ. Quellensteuer[4] insbes. bei ausländ. Dividenden.[5]

14 **VII. „Verrechnungstopf" (Abs. 3 S. 2–7).** Im Zuge der Einf. der Abgeltungsteuer wurde der frühere sog. „Stückzinstopf" in einen **Verlustverrechnungstopf** umgewandelt. Dadurch sollen die KapESt insbes. auch bei Bezug v. mit ausländ. Quellensteuer vorbelasteten Dividenden, v. gezahlten Stückzinsen oder bei Veräußerungsverlusten in zutr. Höhe einbehalten und zusätzliche Veranlagungsfälle vermieden werden.

15 Abs. 3 **S. 2–7** regeln den Ausgleich negativer Kapitalerträge durch die auszahlende Stelle und den Verlustvortrag. Abs. 3 S. 2 HS 1 sieht vor, dass negative Kapitalerträge „unter Berücksichtigung des **§ 20 Abs. 6 S. 4**" mit positiven Kapitalerträgen auszugleichen sind. Dies bedeutet, dass für Verluste aus **Aktienveräußerungen** ein **zusätzlicher Verrechnungstopf**[6] erforderlich ist. Der Ausgleich hat „im Kj." zu erfolgen. Hieraus kann man schließen, dass es auf die zeitliche Abfolge innerhalb des Kj. nicht ankommt. Jeder einzelne Geschäftsvorfall (Ertragszu- und -abfluss; Transaktionen), der v. KapESt-Abzug und grds. v. der Abgeltungswirkung betroffen ist, wird in der zeitlichen Reihenfolge seines Anfalls abgearbeitet. Verluste werden umgehend ausgeglichen, soweit ein positiver Ertrag anfällt.[7] Sofern die Erträge höher als der vorgetragene Verlust sind, ist der den Verlust übersteigende Betrag der KapESt zu unterwerfen. Wird der Verlust zeitlich nach dem Ertrag realisiert, wird dem StPfl. die uU schon einbehaltene KapESt erstattet.

---

1 BMF v. 18.1.2016, BStBl. I 2016, 85 Rz. 194 ff.
2 Zum maßgeblichen Börsenkurs beim Tausch von Wertpapieren BMF v. 18.1.2016, BStBl. I 2016, 85 Rz. 64 ff.
3 BMF v. 18.1.2016, BStBl. I 2016, 85 Rz. 200.
4 Zur Anrechnung spanischer Quellensteuer auf die deutsche Abgeltungsteuer BMF v. 8.9.2011, BStBl. I. 2011, 854 (Zufluss bis 31.12.2014) und v. 18.3.2015, BStBl. I 2015, 253 (Zufluss ab 1.1.2015); zur Anrechnung norwegischer Quellensteuer vgl. BMF v. 15.11.2011, BStBl. I 2011, 1113.
5 BMF v. 18.1.2016, BStBl. I 2016, 85 Rz. 201 ff.
6 BMF v. 18.1.2016, BStBl. I 2016, 85 Rz. 228.
7 Schwächer BMF v. 18.1.2016, BStBl. I 2016, 85 Rz. 212: „… wird nicht beanstandet, wenn das Kreditinstitut … unterjährig … einen Abgleich vornimmt …".

Verluste aus Aktienverkäufen[1] dürfen nur mit Gewinnen aus Aktienverkäufen verrechnet werden, Abs. 3 S. 2 iVm. § 20 Abs. 6 S. 4. Die Bezeichnung „Aktie" iSd. § 20 Abs. 6 S. 4 ist wörtlich zu nehmen, so dass die Veräußerung v. Teil- und Bezugsrechten nicht unter die beschränkende Vorschrift fällt. Dagegen sind Aktiengewinne mit jeglichen Verlusten (aus Wertpapieren, gezahlten Stückzinsen und Zwischengewinnen) ausgleichbar. Ist innerhalb desselben Kj. sowohl ein „allgemeiner" Verlust als auch ein Aktienverlust entstanden, ist für die Verrechnung mit Aktiengewinnen die Nutzung des Aktienverlustes vorrangig, um den allg. Verlustverrechnungstopf zu „schonen", dessen Verwertung unbeschränkt möglich ist. Für die Verluste aus Aktienverkäufen ist ein eigener Verlusttopf („Aktien-Verrechnungstopf") einzurichten.[2] Falls nach Verrechnung eines Aktienveräußerungsgewinns mit dem allg. Verlusttopf im weiteren Verlauf des Jahres ein Aktienveräußerungsverlust erzielt wird, muss die Verlustverrechnung insoweit wieder korrigiert und der Aktienverlust nachträglich mit dem Aktiengewinn verrechnet werden, um eine zeitnahe Verrechnung der Aktienverluste zu erreichen. Der allgemeine Verlusttopf lebt insoweit wieder auf.[3] Verluste aus Wertpapierverkäufen, auf die § 23 in der bis 31.12.2008 geltenden Fassung anwendbar ist und die bis zum 31.12.2012 vorgetragen wurden, können letztmals für den VZ 2013 auch mit Einkünften aus KapVerm. iSd. § 20 Abs. 2 idF des Art. 1 des G v. 14.8.2007[4] ausgeglichen werden, § 23 Abs. 3 S. 9 und 10 iVm. § 52a Abs. 11 S. 11. Inwieweit dies möglich ist, hängt aufgrund der Formulierung des § 20 Abs. 6 S. 1[5] wesentlich davon ab, ob der StPfl. für seine Aktiengeschäfte nur ein Depotkonto bei einer Bank oder Depotkonten bei mehreren Banken unterhält. *Philipowski*[6] erkennt darin einen Verstoß gegen den Gleichbehandlungsgrundsatz.

Abs. 3 S. 4 und 5 sehen auf Verlangen des Gläubigers **alternativ zum Verlustvortrag** die Ausstellung einer **Verlustbescheinigung** nach amtl. vorgeschriebenem Muster zum Jahresende vor.[7] Ohne eine solche Bescheinigung ist die Verlustberücksichtigung außerhalb des Verrechnungstopfes nicht möglich (§ 20 Rn. 178).[8] – Die Verlustbesch. wird regelm. mit einer Bescheinigung nach § 45a Abs. 2, 3 verbunden.

Abs. 3 S. 2 HS 2 ermöglicht **ab 2010** die personenübergreifende Verrechnung positiver und negativer Kapitalerträge v. **Ehegatten**, vorausgesetzt, sie haben bei ihrem depot- oder kontoführenden Kreditinstitut einen gemeinsamen Freistellungsauftrag iSd. § 44a Abs. 2 S. 1 Nr. 1 eingereicht.[9] Zur depotübergreifenden Verrechnung von Altverlusten s. das Urt. des BFH v. 29.8.2017[10]. 16

Nach Abs. 3 S. 6 kann im Fall eines sämtliche Wertpapiere umfassenden **Depotwechsels** das übernehmende Institut den Verlustverrechnungstopf übernehmen. Die abgebende auszahlende Stelle hat die Höhe des nicht ausgeglichenen Verlustes mitzuteilen. Eine Verlustbescheinigung wird in diesem Fall nicht erteilt. 17

Korrekturen beim KapESt-Abzug sind gem. Abs. 3 **S. 7** grds. nur mit Wirkung für die Zukunft, dh. nach den Verhältnissen im Zeitpunkt des Bekanntwerdens des Fehlers vorzunehmen. Hiervon abw. können die auszahlenden Stellen einheitlich für alle Anleger bis zum 31.1. Korrekturen für das vorangegangene Kj. vornehmen.[11] Die auszahlende Stelle kann allerdings bei offensichtlich v. ihr selbst vertretenen Fehlern nach § 44b Abs. 5 S. 1 eine Korrektur auch für die Vergangenheit durchführen.[12] Wenn der Schuldner der KapESt seine Bankverbindung beendet hat und eine Korrektur gem. § 43a Abs. 3 S. 7 nicht mehr möglich ist, ist die Regelung des § 44 Abs. 1 S. 8 und 9 entspr. anzuwenden.[13] 18

---

1 *Jachmann-Michel*, DB 2018, 2777, zu BFH v. 12.6.2018 – VIII R 32/16, DB 2018, 2278.

2 BMF v. 18.1.2016, BStBl. I 2016, 85 Rz. 228.

3 *Behrens*, DStR 2007, 1998 (1999); *Seitz*, StB 2009, 426; BMF v. 9.10.2012, BStBl. I 2012, 953 Rz. 229; v. 18.1.2016, BStBl. I 2016, 85 Rz. 229.

4 BGBl. I 2007, 1912.

5 „Verbleibende positive Einkünfte aus Kapitalvermögen sind nach der Verrechnung im Sinne des § 43a Absatz 3 zunächst mit Verlusten aus privaten Veräußerungsgeschäften nach Maßgabe des § 23 Absatz 3 Satz 9 und 10 zu verrechnen."

6 *Philipowski*, DStR 2014, 2051.

7 Näher dazu BMF v. 18.1.2016, BStBl. I 2016, 85 Rz. 233 ff.; zu beachten ist insbes. die Ausschlussfrist zum 15.12. des lfd. Jahres, Rz. 234; v. 16.12.2014, BStBl. I 2015, 24 zu Folgen der „Umqualifizierung" von Einkünften iSd. § 20 Abs. 1 S. 1 Nr. 1 in solche des § 17.

8 FG RhPf. v. 27.1.2016 – 2 K 1824/15, juris; vorgehend BFH v. 12.5.2015 – IX R 57/13, BFH/NV 2015, 1364.

9 Im Einzelnen BMF v. 18.1.2016, BStBl. I 2016, 85 Rz. 217–219 (dort Verlustverrechnung bei Ehegatten ab VZ 2010), 261 ff.; krit. *Wagner*, DStR 2010, 2558.

10 BFH v. 29.8.2017 – VIII R 23/15, DB 2017, 2841.

11 Im Einzelnen BMF v. 18.1.2016, BStBl. I 2016, 85 Rz. 241 ff.; zu den Folgen der Umqualifizierung von Einkünften iSd. § 20 Abs. 2 S. 1 Nr. 1 in Einkünfte iSd. § 17 s. BMF v. 16.12.2014, BStBl. I 2015, 24; zur Kapitalmaßnahme der Hewlett-Packard Co. im November 2015 s. BMF v. 20.3.2017, DStR 2017, 663.

12 So zuletzt BMF v. 18.1.2016, BStBl. I 2016, 85 Rz. 241; Gesetzesbegründung, dort zu Nr. 20, BT-Drucks. 17/2249, 58.

13 BMF v. 18.1.2016, BStBl. I 2016, 85 Rz. 241d.

Abs. 3 **S. 8** sieht eine **Ausnahme** v. den Regelungen des Abs. 3 über die Führung eines Verlustverrechnungstopfes vor für die **Fälle des § 44 Abs. 1 S. 4 Nr. 1 lit. a, bb**, dh. bei **Tafelgeschäften** iSv. § 44 Abs. 1 S. 4 Nr. 1 lit. a, bb soll eine Verrechnung nach den Regeln des § 43a Abs. 3 ausgeschlossen sein.

Ebenso scheiden Verlustverrechnung und Anrechnung ausländ. Steuer aus, wenn die Kapitalerträge zu einer anderen Einkunftsart als den Einkünften aus KapVerm. gehören oder v. Körperschaften, Personenvereinigungen oder Vermögensmassen erzielt werden.

19 **VIII. Bundesschuldbuch führende Stelle oder Landesschuldenverwaltungen als auszahlende Stelle (Abs. 4).** Da die das Bundesschuldbuch führende Stelle und die Landesschuldenverwaltungen keine Wertpapiere veräußern oder für ihre Kunden erwerben, können sie die Bemessungsgrundlage für den Steuerabzug nicht aus ihren Unterlagen entnehmen. Das Kredit- oder Finanzdienstleistungsinstitut, über das die Wertpapiere erworben werden, muss deshalb die erforderlichen Angaben liefern.

§ 43b Bemessung der Kapitalertragsteuer bei bestimmten Gesellschaften

(1) [1]Auf Antrag wird die Kapitalertragsteuer für Kapitalerträge im Sinne des § 20 Absatz 1 Nummer 1, die einer Muttergesellschaft, die weder ihren Sitz noch ihre Geschäftsleitung im Inland hat, oder einer in einem anderen Mitgliedstaat der Europäischen Union gelegenen Betriebsstätte dieser Muttergesellschaft, aus Ausschüttungen einer Tochtergesellschaft zufließen, nicht erhoben. [2]Satz 1 gilt auch für Ausschüttungen einer Tochtergesellschaft, die einer in einem anderen Mitgliedstaat der Europäischen Union gelegenen Betriebsstätte einer unbeschränkt steuerpflichtigen Muttergesellschaft zufließen. [3]Ein Zufluss an die Betriebsstätte liegt nur vor, wenn die Beteiligung an der Tochtergesellschaft tatsächlich zu dem Betriebsvermögen der Betriebsstätte gehört. [4]Die Sätze 1 bis 3 gelten nicht für Kapitalerträge im Sinne des § 20 Absatz 1 Nummer 1, die anlässlich der Liquidation oder Umwandlung einer Tochtergesellschaft zufließen.

(2) [1]Muttergesellschaft im Sinne des Absatzes 1 ist jede Gesellschaft, die

1. **die in der Anlage 2 zu diesem Gesetz bezeichneten Voraussetzungen erfüllt und**
2. **nach Artikel 3 Absatz 1 Buchstabe a der Richtlinie 2011/96/EU des Rates vom 30. November 2011 über das gemeinsame Steuersystem der Mutter- und Tochtergesellschaften verschiedener Mitgliedstaaten (ABl. L 345 vom 29.12.2011, S. 8), die zuletzt durch die Richtlinie 2014/86/EU (ABl. L 219 vom 25.7.2014, S. 40) geändert worden ist, zum Zeitpunkt der Entstehung der Kapitalertragsteuer gemäß § 44 Absatz 1 Satz 2 nachweislich mindestens zu 10 Prozent unmittelbar am Kapital der Tochtergesellschaft beteiligt ist (Mindestbeteiligung). [2]Ist die Mindestbeteiligung zu diesem Zeitpunkt nicht erfüllt, ist der Zeitpunkt des Gewinnverteilungsbeschlusses maßgeblich. [3]Tochtergesellschaft im Sinne des Absatzes 1 sowie des Satzes 1 ist jede unbeschränkt steuerpflichtige Gesellschaft, die die in der Anlage 2 zu diesem Gesetz und in Artikel 3 Absatz 1 Buchstabe b der Richtlinie 2011/96/EU bezeichneten Voraussetzungen erfüllt. [4]Weitere Voraussetzung ist, dass die Beteiligung nachweislich ununterbrochen zwölf Monate besteht. [5]Wird dieser Beteiligungszeitraum nach dem Zeitpunkt der Entstehung der Kapitalertragsteuer gemäß § 44 Absatz 1 Satz 2 vollendet, ist die einbehaltene und abgeführte Kapitalertragsteuer nach § 50d Absatz 1 zu erstatten; das Freistellungsverfahren nach § 50d Absatz 2 ist ausgeschlossen.**

(2a) Betriebsstätte im Sinne der Absätze 1 und 2 ist eine feste Geschäftseinrichtung in einem anderen Mitgliedstaat der Europäischen Union, durch die die Tätigkeit der Muttergesellschaft ganz oder teilweise ausgeübt wird, wenn das Besteuerungsrecht für die Gewinne dieser Geschäftseinrichtung nach dem jeweils geltenden Abkommen zur Vermeidung der Doppelbesteuerung dem Staat, in dem sie gelegen ist, zugewiesen wird und diese Gewinne in diesem Staat der Besteuerung unterliegen.

(3) (weggefallen)

Anlage 2 (zu § 43b)

Gesellschaften im Sinne der Richtlinie Nr. 2011/96/EU

Gesellschaft im Sinne der genannten Richtlinie ist jede Gesellschaft, die

1. **eine der folgenden Formen aufweist:**
   a) **eine Gesellschaft, die gemäß der Verordnung (EG) Nr. 2157/2001 des Rates vom 8. Oktober 2001 über das Statut der Europäischen Gesellschaft (SE) und der Richtlinie 2001/86/EG des**

Rates vom 8. Oktober 2001 zur Ergänzung des Statuts der Europäischen Gesellschaft hinsichtlich der Beteiligung der Arbeitnehmer gegründet wurde, sowie eine Genossenschaft, die gemäß der Verordnung (EG) Nr. 1435/2003 des Rates vom 22. Juli 2003 über das Statut der Europäischen Genossenschaft (SCE) und gemäß der Richtlinie 2003/72/EG des Rates vom 22. Juli 2003 zur Ergänzung des Statuts der Europäischen Genossenschaft hinsichtlich der Beteiligung der Arbeitnehmer gegründet wurde,

b) Gesellschaften belgischen Rechts mit der Bezeichnung „société anonyme"/„naamloze vennootschap", „société en commandite par actions"/„commanditaire vennootschap op aandelen", „société privée à responsabilité limitée"/„besloten vennootschap met beperkte aansprakelijkheid", „société coopérative à responsabilité limitée"/„coöperatieve vennootschap met beperkte aansprakelijkheid", „société coopérative à responsabilité illimitée"/„coöperatieve vennootschap met onbeperkte aansprakelijkheid", „société en nom collectif"/„vennootschap onder firma" oder „société en commandite simple"/„gewone commanditaire vennootschap", öffentliche Unternehmen, die eine der genannten Rechtsformen angenommen haben, und andere nach belgischem Recht gegründete Gesellschaften, die der belgischen Körperschaftsteuer unterliegen,

c) Gesellschaften bulgarischen Rechts mit der Bezeichnung „събиратедно дружество", „командитно дружество", „дружество с ограничена отговорност", „акционерно дружество", „командитно дружество с акции", „неперсонифицирано дружество", „кооперации", „кооперативни съюзи" oder „държавни предприятия", die nach bulgarischem Recht gegründet wurden und gewerbliche Tätigkeiten ausüben,

d) Gesellschaften tschechischen Rechts mit der Bezeichnung „akciová společnost" oder „společnost s ručením omezeným",

e) Gesellschaften dänischen Rechts mit der Bezeichnung „aktieselskab" oder „anpartsselskab" und weitere nach dem Körperschaftsteuergesetz steuerpflichtige Gesellschaften, soweit ihr steuerbarer Gewinn nach den allgemeinen steuerrechtlichen Bestimmungen für die „aktieselskaber" ermittelt und besteuert wird,

f) Gesellschaften deutschen Rechts mit der Bezeichnung „Aktiengesellschaft", „Kommanditgesellschaft auf Aktien", „Gesellschaft mit beschränkter Haftung", „Versicherungsverein auf Gegenseitigkeit", „Erwerbs- und Wirtschaftsgenossenschaft" oder „Betrieb gewerblicher Art von juristischen Personen des öffentlichen Rechts" und andere nach deutschem Recht gegründete Gesellschaften, die der deutschen Körperschaftsteuer unterliegen,

g) Gesellschaften estnischen Rechts mit der Bezeichnung „täisühing", „usaldusühing", „osaühing", „aktsiaselts" oder „tulundusühistu",

h) nach irischem Recht gegründete oder eingetragene Gesellschaften, gemäß dem Industrial and Provident Societies Act eingetragene Körperschaften, gemäß dem Building Societies Act gegründete „building societies" und „trustee savings banks" im Sinne des Trustee Savings Banks Act von 1989,

i) Gesellschaften griechischen Rechts mit der Bezeichnung „ανώνυμη εταιρεία" oder „εταιρεία περιωρισμένης ευθύνης (Ε.Π.Ε.)" und andere nach griechischem Recht gegründete Gesellschaften, die der griechischen Körperschaftsteuer unterliegen,

j) Gesellschaften spanischen Rechts mit der Bezeichnung „sociedad anónima", „sociedad comanditaria por acciones" oder „sociedad de responsabilidad limitada" und die öffentlich-rechtlichen Körperschaften, deren Tätigkeit unter das Privatrecht fällt sowie andere nach spanischem Recht gegründete Körperschaften, die der spanischen Körperschaftsteuer („impuesto sobre sociedades") unterliegen,

k) Gesellschaften französischen Rechts mit der Bezeichnung „société anonyme", „société en commandite par actions", „société à responsabilité limitée", „sociétés par actions simplifiées", „sociétés d'assurances mutuelles", „caisses d'épargne et de prévoyance", „sociétés civiles", die automatisch der Körperschaftsteuer unterliegen, „coopératives", „unions de coopératives", die öffentlichen Industrie- und Handelsbetriebe, die öffentlichen Industrie- und Handelsunternehmen und andere nach französischem Recht gegründete Gesellschaften, die der französischen Körperschaftsteuer unterliegen,

l) Gesellschaften kroatischen Rechts mit der Bezeichnung „dioničko društvo" oder „društvo s ograničenom odgovornošću" und andere nach kroatischem Recht gegründete Gesellschaften, die der kroatischen Gewinnsteuer unterliegen,

m) Gesellschaften italienischen Rechts mit der Bezeichnung „società per azioni", „società in accomandita per azioni", „società a responsabilità limitata", „società cooperative" oder „società di mutua assicurazione" sowie öffentliche und private Körperschaften, deren Tätigkeit ganz oder überwiegend handelsgewerblicher Art ist,

n) Gesellschaften zyprischen Rechts mit der Bezeichnung: „εταιρείες" im Sinne der Einkommensteuergesetze,

o) Gesellschaften lettischen Rechts mit der Bezeichnung: „akciju sabiedrība" oder „sabiedrība ar ierobežotu atbildību",

p) Gesellschaften litauischen Rechts,

q) Gesellschaften luxemburgischen Rechts mit der Bezeichnung „société anonyme", „société en commandite par actions", „société à responsabilité limitée", „société coopérative", „société coopérative organisée comme une société anonyme", „association d'assurances mutuelles", „association d'épargne-pension" oder „entreprise de nature commerciale, industrielle ou minière de l'Etat, des communes, des syndicats de communes, des établissements publics et des autres personnes morales de droit public" sowie andere nach luxemburgischem Recht gegründete Gesellschaften, die der luxemburgischen Körperschaftsteuer unterliegen,

r) Gesellschaften ungarischen Rechts mit der Bezeichnung: „közkereseti társaság", „betéti társaság", „közös vállalat", „korlátolt felelösségü társaság", „részvénytársaság", „egyesülés" oder „szövetkezet",

s) Gesellschaften maltesischen Rechts mit der Bezeichnung: „Kumpaniji ta' Responsabilita' Limitata" oder „Socjetajiet en commandite li l-kapital taghhom maqsum f'azzjonijiet",

t) Gesellschaften niederländischen Rechts mit der Bezeichnung „naamloze vennootschap", „besloten vennootschap met beperkte aansprakelijkheid", „open commanditaire vennootschap", „coöperatie", „onderlinge waarborgmaatschappij", „fonds voor gemene rekening", „vereniging op coöperatieve grondslag" oder „vereniging welke op onderlinge grondslag als verzekeraar of kredietinstelling optreedt" und andere nach niederländischem Recht gegründete Gesellschaften, die der niederländischen Körperschaftsteuer unterliegen,

u) Gesellschaften österreichischen Rechts mit der Bezeichnung „Aktiengesellschaft", „Gesellschaft mit beschränkter Haftung", „Versicherungsvereine auf Gegenseitigkeit", „Erwerbs- und Wirtschaftsgenossenschaften", „Betriebe gewerblicher Art von Körperschaften des öffentlichen Rechts" oder „Sparkassen" sowie andere nach österreichischem Recht gegründete Gesellschaften, die der österreichischen Körperschaftsteuer unterliegen,

v) Gesellschaften polnischen Rechts mit der Bezeichnung „spółka akcyjna", „spółka z ograniczoną odpowiedzialnością" oder, „spółka komandyjtowo-akcyjna",

w) Gesellschaften portugiesischen Rechts in Form von Handelsgesellschaften oder zivilrechtlichen Handelsgesellschaften sowie Genossenschaften und öffentliche Unternehmen,

x) Gesellschaften rumänischen Rechts mit der Bezeichnung „societăţi pe acţiuni", „societăţi în comandită pe acţiuni", „societăţi cu răspundere limitată" oder „societăţi în nume colectiv" oder „societăţi în comandită simplă",

y) Gesellschaften slowenischen Rechts mit der Bezeichnung „delniška družba", „komanditna družba" oder „družba z omejeno odgovornostjo",

z) Gesellschaften slowakischen Rechts mit der Bezeichnung „akciová spoločnosť", „spoločnosť s ručením obmedzenym" oder „komanditná spoločnosť",

aa) Gesellschaften finnischen Rechts mit der Bezeichnung „osakeyhtiö"/„aktiebolag", „osuuskunta"/„andelslag", „säästöpankki"/„sparbank" oder „vakuutusyhtiö"/„försäkringsbolag",

bb) Gesellschaften schwedischen Rechts mit der Bezeichnung „aktiebolag", „försäkringsaktiebolag", „ekonomiska föreningar", „sparbanker", „ömsesidiga försäkringsbolag" oder „försäkringsföreningar",

cc) nach dem Recht des Vereinigten Königreichs gegründete Gesellschaften;

2. nach dem Steuerrecht eines Mitgliedstaates in Bezug auf den steuerlichen Wohnsitz als in diesem Staat ansässig betrachtet wird und auf Grund eines mit einem dritten Staat geschlossenen Doppelbesteuerungsabkommens in Bezug auf den steuerlichen Wohnsitz nicht als außerhalb der Gemeinschaft ansässig betrachtet wird und

3. ohne Wahlmöglichkeit einer der folgenden Steuern oder irgendeiner Steuer, die eine dieser Steuern ersetzt, unterliegt ohne davon befreit zu sein:

- **vennootschapsbelasting/impôt des sociétés in Belgien,**
- **корпоративен данък in Bulgarien,**
- **daň z příjmů právnických osob in der Tschechischen Republik,**
- **selskabsskat in Dänemark,**
- **Körperschaftsteuer in Deutschland,**
- **tulumaks in Estland,**
- **corporation tax in Irland,**
- **Φόρος εισοδήματος νομικών προσώπων κερδοσκοπικού χαρακτήρα in Griechenland,**
- **impuesto sobre sociedades in Spanien,**
- **impôt sur les sociétés in Frankreich,**
- **porez na dobit in Kroatien,**
- **imposta sul reddito delle persone giuridiche in Italien,**
- **Φόρος εισοδήματος in Zypern,**
- **uzņēmumu ienākuma nodoklis in Lettland,**
- **pelno mokestis in Litauen,**
- **impôt sur le revenu des collectivités in Luxemburg,**
- **társasági adó, osztalékadó in Ungarn,**
- **taxxa fuq l-income in Malta,**
- **vennootschapsbelasting in den Niederlanden,**
- **Körperschaftsteuer in Österreich,**
- **podatek dochodowy od osób prawnych in Polen,**
- **imposto sobre o rendimento das pessoas colectivas in Portugal,**
- **impozit pe profit in Rumänien,**
- **davek od dobička pravnih oseb in Slowenien,**
- **daň z príjmov právnickych osôb in der Slowakei,**
- **yhteisöjen tulovero/inkomstskatten för samfund in Finnland,**
- **statlig inkomstskatt in Schweden,**
- **corporation tax im Vereinigten Königreich.**

Verwaltung: BMF v. 11.11.2016, BStBl. I 2016, 1324 – Wertpapierleihe.

Literatur: *Philipowski*, Abgeltungsteuer: Die unterschiedliche Behandlung der Altverluste verstößt gegen Art. 3 GG, DStR 2014, 2051; *Wiese/Strahl*, Quellensteuer auf Dividenden: BFH schwenkt auf Linie des EuGH ein – Anmerkungen zum S.A.S.-Urteil des BFH, DStR 2012, 1426.

A. Grundaussagen der Vorschrift

§ 43b regelt eine Entlastung v. der KapESt auf Dividenden, die v. einer inländ. Tochter-Ges. einer Mutter-Ges. im EU-Ausland oder einer in einem anderen Mitgliedstaat belegenen Betriebsstätte einer in einem EU-Mitgliedstaat ansässigen Mutter-Ges. zufließen.[1] Abs. 1 und 2 setzt die EU-Mutter/Tochter-RL und deren Fortentwicklung in der RL 2003/123/EG um. 1

B. Grundregelung der Kapitalertragsteuer-Entlastung (Abs. 1)

Abs. 1 S. 1 setzt als Gläubigerin der Kapitalerträge eine **Mutter-Ges.** iSv. Abs. 2 voraus (hierzu Rn. 3 ff.), 2
die weder ihren Sitz noch ihre Geschäftsleitung im Inland hat. Ferner darf es sich nicht um eine sog. vor-

1 Entspr. Anwendung im Verhältnis zur Schweiz nach dem Abkommen EU-Schweiz.

geschobene Auslands-Ges. iSv. § 50d Abs. 3 handeln. Die Tochter-Ges. muss gem. Abs. 2 S. 3 eine unbeschränkt stpfl. Ges. sein, die die in Anlage 2 und in Art. 3 Abs. 1b der RL 90/435/EWG bezeichneten Voraussetzungen erfüllt. Die KapESt-Befreiung besteht auch, wenn die Gewinnausschüttung einer **Betriebsstätte** (Definition: Rn. 6) der Mutter-Ges. zufließt. Voraussetzung ist, dass die Betriebsstätte in einem anderen EU-Mitgliedstaat liegt. Nach Abs. 1 S. 2 gilt die Steuerbefreiung auch dann, wenn es sich um die ausländ. Betriebsstätte einer in Deutschland unbeschränkt stpfl. Mutter-Ges. handelt. Ein Zufluss an die Betriebsstätte wird allerdings nur dann angenommen, wenn die Beteiligung an der Tochter-Ges. tatsächlich zu dem BV der Betriebsstätte gehört; damit sollen Umgehungen verhindert werden.[1] Begünstigt werden **Kapitalerträge iSd. § 20 Abs. 1 Nr. 1**, die v. einer KapGes. zufließen können. Die Begünstigung besteht darin, dass die KapESt auf Antrag nicht erhoben (bzw. – nach Abs. 2 S. 5 – erstattet) wird. Nach Abs. 1 S. 4 besteht die Begünstigung nicht für Kapitalerträge iSd. § 20 Abs. 1 Nr. 1, die anlässlich der Liquidation oder Umwandlung einer Tochtergesellschaft zufließen.

C. Mutter- und Tochter-Gesellschaft, Beteiligungszeitraum (Abs. 2)

3 **Mutter-Ges.** iSv. Abs. 1 ist eine Ges., welche die in der **Anlage 2 zum EStG** bezeichneten Voraussetzungen erfüllt[2] (vgl. vor Rn. 1). Sie muss eine der dort genannten Gesellschaftsformen aufweisen, und in einem anderen EU-Staat stl. ansässig sein (Nr. 2 der Anlage). Sie darf nicht aufgrund eines DBA als nicht in einem EU-Mitgliedstaat ansässig gelten. Sie muss einer der in Anlage 2 Nr. 3 genannten Steuern oder einer Steuer, welche eine der genannten Steuern ersetzt, unterliegen. Es darf für sie keine Steuerbefreiung gelten.

Die Mutter-Ges. muss zudem nach Abs. 2 S. 1 im Zeitpunkt der Entstehung der KapESt mindestens zu 15 % (vgl. aber Rn. 7) unmittelbar[3] am Kapital der Tochter-Ges. beteiligt sein.[4] Ist die Mindestbeteiligung zu diesem Zeitpunkt nicht erfüllt, ist der Zeitpunkt des Gewinnverteilungsbeschlusses maßgebend, Abs. 2 S. 2. Abs. 2 S. 2 trägt damit der Regelung des § 20 Abs. 5 S. 2 Rechnung, die für die Zurechnung v. Einkünften aus KapVerm. darauf abstellt, wer im Zeitpunkt des Gewinnverteilungsbeschlusses Anteilseigner ist. Für die Prüfung der notwendigen Mindestbeteiligung sind Anteile, die über eine nicht im Inland gelegene Betriebsstätte gehalten werden, mit den Anteilen der Mutter-Ges. zusammenzurechnen.[5] Die Voraussetzung einer unmittelbaren Beteiligung ist auch dann gegeben, wenn diese im BV einer inländ. Betriebsstätte der EU-Mutter-Ges. gehalten wird.

4 **Tochter-Ges.** ist nach Abs. 2 S. 3 jede unbeschränkt stpfl. Ges., welche die in Anlage 2 und in Art. 3 Abs. 1b der RL 90/435/EWG bezeichneten Voraussetzungen erfüllt.

5 Nach Abs. 2 S. 4 muss die Beteiligung nachweislich ununterbrochen **zwölf Monate** bestehen. Gem. Abs. 2 S. 5 ist die einbehaltene und abgeführte KapESt nach § 50d Abs. 1 S. 2 zu erstatten,[6] wenn der Beteiligungszeitraum nach dem Zeitpunkt der Entstehung der KapESt vollendet wird.

D. Definition der Betriebsstätte (Abs. 2a)

6 Nach Abs. 2 S. 1 gilt die KapESt-Befreiung auch für Gewinnausschüttungen, die einer in einem anderen Mitgliedstaat belegenen Betriebsstätte einer in einem EU-Mitgliedstaat ansässigen Mutter-Ges. zufließen. Betriebsstätte in diesem Sinne ist eine feste Geschäftseinrichtung in einem anderen EU-Mitgliedstaat, durch die die Tätigkeit der Mutter-Ges. ausgeübt wird. Voraussetzung ist, dass das Besteuerungsrecht für die Gewinne dieser Geschäftseinrichtung nach den jeweils geltenden DBA dem Betriebsstättenstaat zugewiesen ist und die Gewinne in diesem Staat der Besteuerung unterliegen.

E. Ausdehnung auf Beteiligungen unter 15 % (Abs. 3)

7 Abs. 3 erweitert die Begünstigung nach Abs. 1, 2, 2a über die Verpflichtung zur Umsetzung der Mutter-Tochter-RL und der RL 2003/123/EG hinaus auf Beteiligungen von mindestens 10 %. Er nimmt die Absenkung der Mindestbeteiligungsquote auf 10 % ab dem 31.12.2008 vorweg. § 43b Absatz 3 ist letztmals auf Ausschüttungen anzuwenden, die vor dem 1.1.2009 zugeflossen sind (§ 52 Abs. 55d EStG). Er fordert – über die sonstigen Voraussetzungen des Abs. 1 und 2 hinaus –, dass der Mutter-Ges. in dem anderen

1 BT-Drucks. 15/3677, 33; vgl. zu dieser Voraussetzung: *Jesse*, DStR 2005, 151 (156).
2 S. JStG 1996 v. 11.10.1995, BStBl. I 1995, 437 (565).
3 Anhängiges Revisionsverfahren (I R 77/17) zur Frage, ob eine ausländ. Ges., die über eine GbR Anteile an einer deutschen KapGes. hält, für Zwecke der KapESt-Erstattung als „unmittelbar“ iSv. § 43b Abs. 2 Nr. 2 an der KapGes. beteiligt anzusehen ist, soweit ihr Anteil an der KapGes. rechnerisch mindestens 10 % beträgt.
4 Zur Frage, ob Genussrechte auch „Kapital“ in diesem Sinne sind, vgl. BFH v. 14.6.2005 – VIII R 73/03, BStBl. II 2005, 861 und *Gosch*[3], § 17 Rz. 15 Fn. 6; vgl. auch OECD-MK zu Art. 10 Anm. 15d.
5 BT-Drucks. 15/3677, 33.
6 EuGH v. 17.10.1996 – Rs. C-283, 291, 292/94, IStR 1996, 526.

EU-Staat für die Ausschüttung der Tochter-Ges. eine StBefreiung oder -anrechnung gewährt wird. Außerdem muss Gegenseitigkeit bestehen, dh., der andere Staat muss Ausschüttungen ab der gleichen Beteiligungshöhe v. der KapESt befreien.

§ 44 Entrichtung der Kapitalertragsteuer

(1) [1]Schuldner der Kapitalertragsteuer ist in den Fällen des § 43 Absatz 1 Satz 1 Nummer 1 bis 7b und 8 bis 12 sowie Satz 2 der Gläubiger der Kapitalerträge. [2]Die Kapitalertragsteuer entsteht in dem Zeitpunkt, in dem die Kapitalerträge dem Gläubiger zufließen. [3]In diesem Zeitpunkt haben in den Fällen des § 43 Absatz 1 Satz 1 Nummer 1, 2 bis 4 sowie 7a und 7b der Schuldner der Kapitalerträge, jedoch in den Fällen des § 43 Absatz 1 Satz 1 Nummer 1 Satz 2 die für den Verkäufer der Wertpapiere den Verkaufsauftrag ausführende Stelle im Sinne des Satzes 4 Nummer 1, und in den Fällen des § 43 Absatz 1 Satz 1 Nummer 1a, 5 bis 7 und 8 bis 12 sowie Satz 2 die die Kapitalerträge auszahlende Stelle den Steuerabzug unter Beachtung der im Bundessteuerblatt veröffentlichten Auslegungsvorschriften der Finanzverwaltung für Rechnung des Gläubigers der Kapitalerträge vorzunehmen. [4]Die die Kapitalerträge auszahlende Stelle ist

1. in den Fällen des § 43 Absatz 1 Satz 1 Nummer 5 bis 7 Buchstabe a und Nummer 8 bis 12 sowie Satz 2

a) das inländische Kreditinstitut oder das inländische Finanzdienstleistungsinstitut im Sinne des § 43 Absatz 1 Satz 1 Nummer 7 Buchstabe b, das inländische Wertpapierhandelsunternehmen oder die inländische Wertpapierhandelsbank,

aa) das die Teilschuldverschreibungen, die Anteile an einer Sammelschuldbuchforderung, die Wertrechte, die Zinsscheine, die Anteile an Investmentfonds im Sinne des Investmentsteuergesetzes oder sonstigen Wirtschaftsgüter verwahrt oder verwaltet oder deren Veräußerung durchführt und die Kapitalerträge auszahlt oder gutschreibt oder in den Fällen des § 43 Absatz 1 Satz 1 Nummer 8 und 11 die Kapitalerträge auszahlt oder gutschreibt,

bb) das die Kapitalerträge gegen Aushändigung der Zinsscheine oder der Teilschuldverschreibungen einem anderen als einem ausländischen Kreditinstitut oder einem ausländischen Finanzdienstleistungsinstitut auszahlt oder gutschreibt;

b) der Schuldner der Kapitalerträge in den Fällen des § 43 Absatz 1 Satz 1 Nummer 7 Buchstabe a und Nummer 10 unter den Voraussetzungen des Buchstabens a, wenn kein inländisches Kreditinstitut oder kein inländisches Finanzdienstleistungsinstitut die die Kapitalerträge auszahlende Stelle ist;

2. in den Fällen des § 43 Absatz 1 Satz 1 Nummer 7 Buchstabe b das inländische Kreditinstitut oder das inländische Finanzdienstleistungsinstitut, das die Kapitalerträge als Schuldner auszahlt oder gutschreibt;

3. in den Fällen des § 43 Absatz 1 Satz 1 Nummer 1a

a) das inländische Kredit- oder Finanzdienstleistungsinstitut im Sinne des § 43 Absatz 1 Satz 1 Nummer 7 Buchstabe b, das inländische Wertpapierhandelsunternehmen oder die inländische Wertpapierhandelsbank, welche die Anteile verwahrt oder verwaltet und die Kapitalerträge auszahlt oder gutschreibt oder die Kapitalerträge gegen Aushändigung der Dividendenscheine auszahlt oder gutschreibt oder die Kapitalerträge an eine ausländische Stelle auszahlt,

b) die Wertpapiersammelbank, der die Anteile zur Sammelverwahrung anvertraut wurden, wenn sie die Kapitalerträge an eine ausländische Stelle auszahlt,

c) der Schuldner der Kapitalerträge, soweit die Wertpapiersammelbank, der die Anteile zur Sammelverwahrung anvertraut wurden, keine Dividendenregulierung vornimmt; die Wertpapiersammelbank hat dem Schuldner der Kapitalerträge den Umfang der Bestände ohne Dividendenregulierung mitzuteilen,

4. in den Fällen des § 43 Absatz 1 Satz 1 Nummer 5, soweit es sich um die Vorabpauschale nach § 16 Absatz 1 Nummer 2 des Investmentsteuergesetzes handelt, das inländische Kredit- oder Finanzdienstleistungsinstitut im Sinne des § 43 Absatz 1 Satz 1 Nummer 7 Buchstabe b, das inländische Wertpapierhandelsunternehmen oder die inländische Wertpapierhandelsbank, welches oder welche die Anteile an dem Investmentfonds im Sinne des Investmentsteuergesetzes verwahrt oder verwaltet.

[5]Die innerhalb eines Kalendermonats einbehaltene Steuer ist jeweils bis zum zehnten des folgenden Monats an das Finanzamt abzuführen, das für die Besteuerung

1. des Schuldners der Kapitalerträge,
2. der den Verkaufsauftrag ausführenden Stelle oder
3. der die Kapitalerträge auszahlenden Stelle

nach dem Einkommen zuständig ist; bei Kapitalerträgen im Sinne des § 43 Absatz 1 Satz 1 Nummer 1 ist die einbehaltene Steuer in dem Zeitpunkt abzuführen, in dem die Kapitalerträge dem Gläubiger zufließen. [6]Dabei ist die Kapitalertragsteuer, die zu demselben Zeitpunkt abzuführen ist, jeweils auf den nächsten vollen Eurobetrag abzurunden. [7]Wenn Kapitalerträge ganz oder teilweise nicht in Geld bestehen (§ 8 Absatz 2) und der in Geld geleistete Kapitalertrag nicht zur Deckung der Kapitalertragsteuer ausreicht, hat der Gläubiger der Kapitalerträge dem zum Steuerabzug Verpflichteten den Fehlbetrag zur Verfügung zu stellen. [8]Zu diesem Zweck kann der zum Steuerabzug Verpflichtete den Fehlbetrag von einem bei ihm unterhaltenen und auf den Namen des Gläubigers der Kapitalerträge lautenden Konto, ohne Einwilligung des Gläubigers, einziehen. [9]Soweit der Gläubiger nicht vor Zufluss der Kapitalerträge widerspricht, darf der zum Steuerabzug Verpflichtete auch insoweit die Geldbeträge von einem auf den Namen des Gläubigers der Kapitalerträge lautenden Konto einziehen, wie ein mit dem Gläubiger vereinbarter Kontokorrentkredit für dieses Konto nicht in Anspruch genommen wurde. [10]Soweit der Gläubiger seiner Verpflichtung nicht nachkommt, hat der zum Steuerabzug Verpflichtete dies dem für ihn zuständigen Betriebsstättenfinanzamt anzuzeigen. [11]Das Finanzamt hat die zu wenig erhobene Kapitalertragsteuer vom Gläubiger der Kapitalerträge nachzufordern.

(1a) [1]Werden inländische Aktien über eine ausländische Stelle mit Dividendenberechtigung erworben, aber ohne Dividendenanspruch geliefert und leitet die ausländische Stelle auf die Erträge im Sinne des § 20 Absatz 1 Nummer 1 Satz 4 einen einbehaltenen Steuerbetrag im Sinne des § 43a Absatz 1 Satz 1 Nummer 1 an eine inländische Wertpapiersammelbank weiter, ist diese zur Abführung der einbehaltenen Steuer verpflichtet. [2]Bei Kapitalerträgen im Sinne des § 43 Absatz 1 Satz 1 Nummer 1 und 2 gilt Satz 1 entsprechend.

(1b) Bei inländischen und ausländischen Investmentfonds ist für die Vorabpauschale nach § 16 Absatz 1 Nummer 2 des Investmentsteuergesetzes Absatz 1 Satz 7 bis 11 entsprechend anzuwenden.

(2) [1]Gewinnanteile (Dividenden) und andere Kapitalerträge im Sinne des § 43 Absatz 1 Satz 1 Nummer 1, deren Ausschüttung von einer Körperschaft beschlossen wird, fließen dem Gläubiger der Kapitalerträge an dem Tag zu (Absatz 1), der im Beschluss als Tag der Auszahlung bestimmt worden ist. [2]Ist die Ausschüttung nur festgesetzt, ohne dass über den Zeitpunkt der Auszahlung ein Beschluss gefasst worden ist, so gilt als Zeitpunkt des Zufließens der Tag nach der Beschlussfassung; ist durch Gesetz eine abweichende Fälligkeit des Auszahlungsanspruchs bestimmt oder lässt das Gesetz eine abweichende Bestimmung der Fälligkeit durch Satzungsregelung zu, gilt als Zeitpunkt des Zufließens der Tag der Fälligkeit. [3]Für Kapitalerträge im Sinne des § 20 Absatz 1 Nummer 1 Satz 4 gelten diese Zuflusszeitpunkte entsprechend.

(3) [1]Ist bei Einnahmen aus der Beteiligung an einem Handelsgewerbe als stiller Gesellschafter in dem Beteiligungsvertrag über den Zeitpunkt der Ausschüttung keine Vereinbarung getroffen, so gilt der Kapitalertrag am Tag nach der Aufstellung der Bilanz oder einer sonstigen Feststellung des Gewinnanteils des stillen Gesellschafters, spätestens jedoch sechs Monate nach Ablauf des Wirtschaftsjahres, für das der Kapitalertrag ausgeschüttet oder gutgeschrieben werden soll, als zugeflossen. [2]Bei Zinsen aus partiarischen Darlehen gilt Satz 1 entsprechend.

(4) Haben Gläubiger und Schuldner der Kapitalerträge vor dem Zufließen ausdrücklich Stundung des Kapitalertrags vereinbart, weil der Schuldner vorübergehend zur Zahlung nicht in der Lage ist, so ist der Steuerabzug erst mit Ablauf der Stundungsfrist vorzunehmen.

(5) [1]Die Schuldner der Kapitalerträge, die den Verkaufsauftrag ausführenden Stellen oder die die Kapitalerträge auszahlenden Stellen haften für die Kapitalertragsteuer, die sie einzubehalten und abzuführen haben, es sei denn, sie weisen nach, dass sie die ihnen auferlegten Pflichten weder vorsätzlich noch grob fahrlässig verletzt haben. [2]Der Gläubiger der Kapitalerträge wird nur in Anspruch genommen, wenn

1. der Schuldner, die den Verkaufsauftrag ausführende Stelle oder die die Kapitalerträge auszahlende Stelle die Kapitalerträge nicht vorschriftsmäßig gekürzt hat,

2. der Gläubiger weiß, dass der Schuldner, die den Verkaufsauftrag ausführende Stelle oder die die Kapitalerträge auszahlende Stelle die einbehaltene Kapitalertragsteuer nicht vorschriftsmäßig abgeführt hat, und dies dem Finanzamt nicht unverzüglich mitteilt oder

3. das die Kapitalerträge auszahlende inländische Kreditinstitut oder das inländische Finanzdienstleistungsinstitut die Kapitalerträge zu Unrecht ohne Abzug der Kapitalertragsteuer ausgezahlt hat.

[3]Für die Inanspruchnahme des Schuldners der Kapitalerträge, der den Verkaufsauftrag ausführenden Stelle und der die Kapitalerträge auszahlenden Stelle bedarf es keines Haftungsbescheids, soweit der Schuldner, die den Verkaufsauftrag ausführende Stelle oder die die Kapitalerträge auszahlende Stelle die einbehaltene Kapitalertragsteuer richtig angemeldet hat oder soweit sie ihre Zahlungsverpflichtungen gegenüber dem Finanzamt oder dem Prüfungsbeamten des Finanzamts schriftlich anerkennen.

(6) [1]In den Fällen des § 43 Absatz 1 Satz 1 Nummer 7c gilt die juristische Person des öffentlichen Rechts und die von der Körperschaftsteuer befreite Körperschaft, Personenvereinigung oder Vermögensmasse als Gläubiger und der Betrieb gewerblicher Art und der wirtschaftliche Geschäftsbetrieb als Schuldner der Kapitalerträge. [2]Die Kapitalertragsteuer entsteht, auch soweit sie auf verdeckte Gewinnausschüttungen entfällt, die im abgelaufenen Wirtschaftsjahr vorgenommen worden sind, im Zeitpunkt der Bilanzerstellung; sie entsteht spätestens acht Monate nach Ablauf des Wirtschaftsjahres; in den Fällen des § 20 Absatz 1 Nummer 10 Buchstabe b Satz 2 am Tag nach der Beschlussfassung über die Verwendung und in den Fällen des § 22 Absatz 4 des Umwandlungssteuergesetzes am Tag nach der Veräußerung. [3]Die Kapitalertragsteuer entsteht in den Fällen des § 20 Absatz 1 Nummer 10 Buchstabe b Satz 3 zum Ende des Wirtschaftsjahres. [4]Die Absätze 1 bis 4 und 5 Satz 2 sind entsprechend anzuwenden. [5]Der Schuldner der Kapitalerträge haftet für die Kapitalertragsteuer, soweit sie auf verdeckte Gewinnausschüttungen und auf Veräußerungen im Sinne des § 22 Absatz 4 des Umwandlungssteuergesetzes entfällt.

(7) [1]In den Fällen des § 14 Absatz 3 des Körperschaftsteuergesetzes entsteht die Kapitalertragsteuer in dem Zeitpunkt der Feststellung der Handelsbilanz der Organgesellschaft; sie entsteht spätestens acht Monate nach Ablauf des Wirtschaftsjahres der Organgesellschaft. [2]Die entstandene Kapitalertragsteuer ist an dem auf den Entstehungszeitpunkt nachfolgenden Werktag an das Finanzamt abzuführen, das für die Besteuerung der Organgesellschaft nach dem Einkommen zuständig ist. [3]Im Übrigen sind die Absätze 1 bis 4 entsprechend anzuwenden.

A. Grundaussagen der Vorschrift

1 § 44 regelt die **Entrichtung der KapESt**. § 44 **Abs. 1** S. 1 bestimmt den Schuldner der KapESt – allerdings nur in den Fällen des § 43 Abs. 1 Nr. 1–7b, 8, 12 sowie S. 2 –, § 44 Abs. 1 S. 2 ihren Entstehungszeitpunkt, § 44 Abs. 1 S. 3 und 4 knüpfen an § 44 Abs. 1 S. 1 an und bestimmen den Abzugsverpflichteten. § 44 Abs. 1 S. 5–9 enthalten Aussagen zur Erhebung der KapESt, **Abs. 1a** vermeidet Veranlagungsfälle, wenn Aktien über eine ausländ. Stelle in zeitlicher Nähe zum Ausschüttungstermin erworben werden. **Abs. 1b soll Fälle der Nicht- oder Mehrfachbesteuerung vermeiden. Abs. 2 und 3** schließen mit Regelungen zum Zufluss an § 44 Abs. 1 S. 2 an. § 44 **Abs. 4** greift auf § 44 Abs. 1 S. 3 zurück und trifft eine Regelung zum Abzug der KapESt und § 44 **Abs. 5** regelt die Haftung. § 44 **Abs. 6** behandelt die in § 44 Abs. 1 S. 1 ausgenommenen Fälle des § 43 Abs. 1 S. 1 Nr. 7c und ergänzt § 44 Abs. 1 S. 1, Abs. 1 S. 2, Abs. 2, 3 und 4. Die Norm ist durch das InvStRefG[1] in zahlreichen Punkten geändert worden.

B. Schuldner und Abzugsverpflichteter (Abs. 1 S. 1, 3–4, Abs. 1a, 1b und 6)

2 **Schuldner der KapESt** ist gem. § 44 Abs. 1 S. 1 der Gläubiger der Kapitalerträge. In den Fällen des § 43 Abs. 1 S. 1 Nr. 7c (Betrieb gewerblicher Art ohne eigene Rechtspersönlichkeit; wirtschaftlicher Geschäftsbetrieb) fallen Gläubiger (jur. Pers. des öffentl. Rechts; befreite Körperschaft) und Schuldner (Betrieb) der

1 G v. 19.7.2016, BGBl. I 2016, 1730 (1754).

Kapitalerträge zivilrechtl. zusammen. Abs. 6 S. 1 fingiert deshalb die jur. Pers. des öffentl. Rechts und die befreite Körperschaft als Gläubiger und den Betrieb gewerblicher Art als Schuldner der Kapitalerträge.[1]

3 Den **Steuerabzug** hat nach **Abs. 1 S. 3** in den Fällen des § 43 Abs. 1 S. 1 Nr. 1, 2 bis 4 sowie 7a und b der **Schuldner der Kapitalerträge**, in den Fällen des § 43 Abs. 1 S. 1 Nr. 1 S. 2 die den Verkaufsauftrag **ausführende Stelle** iSd. S. 4 Nr. 1 und in den Fällen des § 43 Abs. 1 S. 1 Nr. 1a, 5 bis 7 und 8 bis 12 sowie S. 2 die die Kapitalerträge **auszahlende Stelle** vorzunehmen. Dabei haben sie die im BStBl. veröffentlichten Auslegungsvorschriften der FinVerw. zu beachten.[2]

4 Abs. 1 S. 4 bestimmt bei den verschiedenen Anlageformen jeweils die auszahlende Stelle.[3] **Abs. 1 S. 4 Nr. 1** ist an die Erweiterung der abzugspflichtigen Kapitalerträge in § 43 angepasst. Abs. 1 S. 4 Nr. 1 lit. a erweitert den Kreis der den Steuerabzug vornehmenden Stellen um die inländ. Wertpapierhandelsunternehmen und -handelsbanken, ohne dass sich dadurch materiell-rechtl. Änderungen ergäben. Abs. 1 S. 4 Nr. 1 lit. a, aa bezieht „sonstige WG" ein. Damit ist klargestellt, dass bei Termingeschäften das Kreditinstitut zum Steuerabzug verpflichtet ist, das die Differenzbeträge oder sonstigen Vorteile aus dem Termingeschäft auszahlt oder gutschreibt. Abs. 1 S. 4 **Nr. 3 lit. c** wurde durch das Zollkodex-AnpG[4] mWv. 1.1.2015 angefügt.[5] Hierdurch wird der Schuldner der Kapitalerträge als auszahlende Stelle zum Steuerabzug bei Kapitalerträgen gem. § 43 Abs. 1 S. 1 Nr. 1a verpflichtet, soweit die Wertpapiersammelbank für die bei ihr in Sammelverwahrung gegebenen Aktien iSd. § 43 Abs. 1 S. 1 Nr. 1a keine Dividendenregulierung vornimmt, weil der Kunde Aktienbestände ganz oder teilweise von der Dividendenregulierung durch die Bank ausgenommen hat (sog. „abgesetzte Bestände"). Häufiger Anwendungsfall ist die Separierung von Beteiligungen iSd. § 43b. Der Kunde veranlasst in diesen Fällen eigenständig die Regulierung der Dividende und kann so unter den Voraussetzungen des § 50d Abs. 2 die Dividende ohne Steuerabzug direkt von seiner Tochtergesellschaft als Schuldnerin der Kapitalerträge beziehen. § 44 Abs. 1 S. 4 Nr. 3 lit. c verpflichtet bei abgesetzten Beständen grds. die ausschüttende Ges. als auszahlende Stelle zum Steuerabzug. Sie hat zu prüfen, ob der Steuerabzug vorzunehmen ist oder aber insbes. nach Maßgabe des § 50d Abs. 2 unterbleibt. Die Wertpapiersammelbank hat den Schuldner der Kapitalerträge vom Umfang der Bestandsabsetzung zu informieren.[6] Abs. 1 S. 4 **Nr. 4** wurde durch das InvStRefG[7] mWv. 1.1.2018 angefügt. Die Vorschrift regelt, wer zum Steuerabzug auf die Vorabpauschale iSd. § 16 Abs. 1 Nr. 2 InvStG verpflichtet ist. Dies ist das Kredit- oder sonstige Finanzinstitut, das die Anteile an einem Investmentfonds verwahrt oder verwaltet.[8]

5 **Abs. 1a** vermeidet Veranlagungsfälle, wenn Aktien über eine ausländ. Stelle in zeitlicher Nähe zum Ausschüttungstermin erworben werden.

Ist der Verkäufer zur Lieferung einer Aktie einschließlich Dividendenanspruch („Aktie cum Dividende") verpflichtet, liefert dem Erwerber aber nur eine Aktie „ex Dividende", hat er zum Ausgleich eine **Kompensationszahlung** an den Käufer der Aktie zu leisten, die nach § 20 Abs. 1 Nr. 1 S. 4 stpfl. ist. Im Inland ist auf die Kompensationszahlung in gleicher Weise KapESt zu erheben und abzuführen wie bei einer „echten" Dividendenzahlung. Eine ausländ. Stelle kann zwar nicht durch deutsche Steuergesetze zum Einbehalt der KapESt verpflichtet werden, viele ausländ. Stellen sind aber im Interesse ihrer Kunden bereit, die auf die Kompensationszahlung entfallende KapESt einzubehalten und abzuführen. Sofern es sich bei den Kunden um deutsche Privatanleger handelt, kann durch diesen freiwilligen Steuereinbehalt eine Veranlagungspflicht für diese Kompensationszahlung vermieden werden.[9]

Technisch wird dieser Steuereinbehalt so abgewickelt, dass das ausländ. depotführende Kreditinstitut des Leerverkäufers diesen auf Grundlage seiner allgemeinen Geschäftsbedingungen mit einer Kompensationszahlung iHd. Bruttodividende belastet. Diese Kompensationszahlung wird an das ausländ. depotführende Kreditinstitut des Käufers weitergeleitet, das auf Basis seiner allgemeinen Geschäftsbedingungen einen Steuereinbehalt vornimmt, sodass der Käufer nur eine Gutschrift iHd. Nettodividende erhält. Das ausländ. depotführende Institut des Käufers leitet die einbehaltene Steuer an eine inländ. Wertpapiersammelbank

---

1 BT-Drucks. 14/2683, 117.

2 Ergänzung durch StÄndG 2015 v. 2.11.2015, BGBl. I 2015, 1834, mWv. 1.1.2016 (gegen BFH v. 12.12.2012 – I R 27/12, BStBl. II 2013, 682); zur Bindung der Kreditinstitute an die veröffentlichte Verwaltungsauffassung vgl. auch *Hoffmann*, Kein Anspruch auf Schadensersatz gegen Kreditinstitute bei verpflichtender Umsetzung des Kapitalertragsteuerabzugs, DStR 2016, 1848 mwN.

3 Näher dazu BMF v. 18.1.2016, BStBl. I 2016, 85 Rz. 242, 248 ff.

4 G v. 22.12.2014, BGBl. I 2014, 2417.

5 BR-Drucks. 592/14.

6 Gesetzesbegründung, dort zu Nr. 14 Buchst. b, BT-Drucks. 18/3017.

7 G v. 19.7.2016, BGBl. I 2016, 1730 (1754 f.).

8 BT-Drucks. 18/8045, 137.

9 So die Begründung (noch zum E-JStG 2013) in BT-Drucks. 17/10000, 57.

weiter. Diese führt die Steuer an die deutsche FinVerw. ab und stellt im Gegenzug eine Steuerbescheinigung zu Gunsten des Käufers aus.[1]

Abs. 1b wurde durch das InvStRefG[2] mWv. 1.1.2018 eingeführt, um das Problem der Nicht- bzw. Mehrfachbesteuerung zu vermeiden. Sofern nach § 16 Abs. 1 Nr. 2 iVm. § 18 InvStG eine Vorabpauschale ggü. dem Anleger anzusetzen ist, hat die auszahlende Stelle sowohl beim inländ. als auch beim ausländ. Investmentfonds einen KapESt-Abzug vorzunehmen. Nach Abs. 1b sind für diesen Zweck die Regelungen des § 44 Abs. 1 S. 7 bis 9 entspr. anwendbar (s. dazu Rn. 8).

C. Entstehung und Steuerabzug (Abs. 1 S. 2–4, Abs. 2–4, 6 und 7)

Nach Abs. 1 S. 2 **entsteht die KapESt** in dem Zeitpunkt, in dem die Kapitalerträge dem Gläubiger zufließen (Zufluss: § 11 Abs. 1).[3] Erträge, deren Ausschüttung v. einer Körperschaft beschlossen wird, fließen nach Abs. 2 an dem Tag zu, der im Beschl. bestimmt worden ist, ansonsten am Tag nach der Beschlussfassung.[4] Den Zufluss bei stiller Ges. und partiarischem Darlehen regelt Abs. 3. Da in den Fällen des § 43 Abs. 1 S. 1 Nr. 7c (Betrieb gewerblicher Art, wirtschaftlicher Geschäftsbetrieb) eine tatsächliche Vermögensübertragung für das Entstehen des Steueranspr. nicht notwendig ist, sondern der erzielte Gewinn als Einnahme gilt, bestimmt Abs. 6 S. 2, dass die KapESt im Zeitpunkt der Bilanzerstellung, spätestens acht Monate nach Ablauf des Wj., entsteht, bei der Auflösung v. Rücklagen am Tag nach der Beschlussfassung über die Verwendung und bei der Veräußerung einbringungsgeborener Anteile am Tag nach der Veräußerung. Gem. Abs. 1 S. 3 ist in dem Zeitpunkt, in dem die KapESt entsteht, der **Steuerabzug** für Rechnung des Gläubigers vorzunehmen. Eine Ausnahme gilt nach Abs. 4 im Fall der Stundung.[5] 6

Abs. 1 **S. 3** bestimmt außerdem die Stelle, die den Steuerabzug für Rechnung des Gläubigers der Kapitalerträge vorzunehmen hat. Bei Erträgen iSd. § 43 Abs. 1 S. 1 Nr. 1a erfolgt der Steuereinbehalt auch in Fällen des § 20 Abs. 1 Nr. 1 S. 4 durch die auszahlende Stelle.

S. 4 ergänzt S. 3; er regelt, wer die „auszahlende Stelle" iSd. S. 3 ist.

Abs. 2 Satz 2 wurde durch das StÄndG 2015[6] ergänzt, um die Regelung für Fälle zu öffnen, in denen durch G oder durch Satzungsbestimmung abw. vom Leitbild der sofortigen Fälligkeit des § 271 Abs. 1 BGB eine spätere Fälligkeit des Anspr. auf Auszahlung von Kapitalerträgen bestimmt wird. Damit wird verhindert, dass ein Zufluss vor Fälligkeit des Auszahlungsanspruchs angenommen wird und KapESt vor dem Zufluss erhoben wird.

Nach § 14 Abs. 3 KStG gelten Mehrabführungen, die ihre Ursache in vororganschaftlicher Zeit haben, als Gewinnausschüttungen der Organ-Ges. an den Organträger.[7] **§ 44 Abs. 7** regelt die Entstehung und Entrichtung der nach § 43 Abs. 1 Nr. 1 zu erhebenden KapESt in diesen Fällen.[8] 7

D. Erhebung der Kapitalertragsteuer (Abs. 1 S. 5–11, Abs. 7 S. 2)

Die innerhalb eines Kalendermonats einbehaltene Steuer ist nach **Abs. 1 S. 5** bis zum 10. des Folgemonats an das für die Einkommensbesteuerung des Abzugsverpflichteten zuständige FA abzuführen. Bei Kapitalerträgen iSv. § 43 Abs. 1 S. 1 Nr. 1 ist die einbehaltene Steuer (schon) in dem Zeitpunkt abzuführen, in dem die Kapitalerträge dem Gläubiger zufließen. 8

Nach **Abs. 1 S. 6** sind KapESt und Zinsabschlag auf den nächsten vollen Euro-Betrag abzurunden. Wird der Kapitalertrag in Sachwerten geleistet, hat der Gläubiger der Kapitalerträge einen Fehlbetrag nach **Abs. 1 S. 7** zur Vfg. zu stellen. Entspricht der Gläubiger dem nicht, hat der Abzugsverpflichtete dies dem FA anzuzeigen (Abs. 1 S. 10)[9]. Das FA fordert die zu wenig erhobene KapESt nach (**Abs. 1 S. 11**). Nach **Abs. 7 S. 2** ist in den Fällen des § 14 Abs. 3 KStG die KapESt an dem auf den Entstehungszeitpunkt folgenden Werktag abzuführen.

---

1 Zu Cum-/Ex-Geschäften vgl. *Haritz/Werneburg*, NWB 2015, 657, und die Literaturhinweise zu § 43 und § 45a.
2 G v. 19.7.2016, BGBl. I 2016, 1730 (1754 f.); BT-Drucks. 18/8045, 137 (138).
3 Zum Zufluss v. Zinsen BMF v. 18.1.2016, BStBl. I 2016, 85 Rz. 242 f.
4 BFH v. 8.7.1998 – I R 57/97, BStBl. II 1998, 672 = FR 1998, 959.
5 BFH v. 18.12.1985 – I R 222/81, BStBl. II 1986, 451 (453) = FR 1986, 354; v. 24.3.1998 – I R 120/97, BStBl. II 1999, 3 = FR 1998, 962.
6 StÄndG 2015 v. 2.11.2015, BGBl. I 2015, 1834; zur Begründung vgl. BT-Drucks. 18/6094, 83.
7 Hierzu BFH v. 18.12.2002 – I R 51/01, BStBl. II 2005, 49 m. Anm. *Then* = DStR 2003, 412 = FR 2003, 457; *Schimmel/Schmidt/Otto*, Stbg. 2004, 457 (458); bestätigt durch (zuletzt) BFH v. 27.11.2013 – I R 36/13, BStBl. II 2014, 651 = FR 2014, 979 (Vorlagebeschl. zum BVerfG 2 BvL 18/14).
8 BT-Drucks. 15/3677, 34.
9 Dazu auch das Antwortschr. des BMF v. 21.9.2017, DB 2017, 2262; Inhalt der Meldung: BMF v. 12.4.2018, BStBl. I 2018, 624 Rz. 251d.

Nach den durch das InvStRefG mWv. 1.1.2018 neu eingefügten **S. 8 und 9** kann der zum Steuerabzug Verpflichtete den Fehlbetrag von einem von ihm unterhaltenen und auf den Namen des Gläubigers der Kapitalerträge lautenden Konto – ohne Einwilligung des Gläubigers(!) – einziehen. Soweit der Gläubiger nicht vor Zufluss der Kapitalerträge widerspricht, darf der zum Steuerabzug Verpflichtete dabei bis zur Grenze des eingeräumten Kontokorrentkredits gehen.[1]

Abs. 2 S. 1 stellt klar, dass die besondere Zuflussfiktion nur für inländ. Dividenden und ähnliche Kapitalerträge gilt. Für vergleichbare ausländ. Kapitalerträge bleibt es bei der Grundregel des Abs. 1 S. 2.

E. Haftung und Nachforderung (Abs. 5, 6)

9 Nach Abs. 5 S. 1 haften die **Abzugsverpflichteten** für die KapESt, die sie einzubehalten und abzuführen haben. Für ihre Inanspruchnahme reicht ein objektiver Pflichtenverstoß aus. Die Abzugsverpflichteten müssen dann nachweisen, dass sie ihre Pflichten weder vorsätzlich noch grob fahrlässig verletzt haben. **Der Gläubiger der Kapitalerträge** kann als Steuerschuldner im Wege der Nachforderung nur unter den Voraussetzungen des Abs. 5 S. 2 in Anspr. genommen werden. Daneben können noch **weitere Pers.** (gesetzliche Vertreter, Geschäftsführer etc.) haften.

Wird der Gläubiger der Kapitalerträge ohnehin veranlagt, ist für ein Haftungsverfahren im Regelfall kein Raum mehr.

Die Inanspruchnahme erfolgt durch **Haftungs- oder Nachforderungsbescheid**. Gegenüber dem Gläubiger der Kapitalerträge besteht insoweit ein Wahlrecht, wobei in beiden Fällen die Exkulpationsmöglichkeit des Abs. 5 S. 1 HS 2 gilt.[2] Eine Ausnahme gilt nach Abs. 5 S. 3. Danach bedarf es keines Haftungsbescheides ggü. dem Abzugsverpflichteten, soweit dieser die KapESt richtig angemeldet hat oder seine Zahlungsverpflichtung schriftlich anerkennt. In den Fällen des § 43 Abs. 1 S. 1 Nr. 7c fallen Gläubiger und Schuldner der Kapitalerträge zivilrechtl. zusammen. **Abs. 6 S. 4** verzichtet deshalb darauf, Abs. 5 für entspr. anwendbar zu erklären. **Abs. 6 S. 5** normiert aber eine Haftung des Schuldners der Kapitalerträge für die KapESt, soweit sie auf vGA und auf Veräußerungen iSd. § 22 Abs. 4 UmwStG entfällt.

Bei sog. Cum/Cum-Geschäften kommt eine Inhaftungnahme der Depotbank in Betracht.[3]

§ 44a Abstandnahme vom Steuerabzug

(1) [1]Soweit die Kapitalerträge, die einem unbeschränkt einkommensteuerpflichtigen Gläubiger zufließen, zusammen mit den Kapitalerträgen, für die die Kapitalertragsteuer nach § 44b zu erstatten ist oder nach Absatz 10 kein Steuerabzug vorzunehmen ist, den Sparer-Pauschbetrag nach § 20 Absatz 9 nicht übersteigen, ist ein Steuerabzug nicht vorzunehmen bei Kapitalerträgen im Sinne des

1. **§ 43 Absatz 1 Satz 1 Nummer 1 und 2 aus Genussrechten oder**
2. **§ 43 Absatz 1 Satz 1 Nummer 1 und 2 aus Anteilen, die von einer Kapitalgesellschaft ihren Arbeitnehmern überlassen worden sind und von ihr, einem von der Kapitalgesellschaft bestellten Treuhänder, einem inländischen Kreditinstitut oder einer inländischen Zweigniederlassung einer der in § 53b Absatz 1 oder 7 des Kreditwesengesetzes genannten Unternehmen verwahrt werden, und**
3. **§ 43 Absatz 1 Satz 1 Nummer 3 bis 7 und 8 bis 12 sowie Satz 2.**

[2]Den Arbeitnehmern im Sinne des Satzes 1 stehen Arbeitnehmer eines mit der Kapitalgesellschaft verbundenen Unternehmens nach § 15 des Aktiengesetzes sowie frühere Arbeitnehmer der Kapitalgesellschaft oder eines mit ihr verbundenen Unternehmens gleich. [3]Den von der Kapitalgesellschaft überlassenen Anteilen stehen Aktien gleich, die den Arbeitnehmern bei einer Kapitalerhöhung auf Grund ihres Bezugsrechts aus den von der Kapitalgesellschaft überlassenen Aktien zugeteilt worden sind oder die den Arbeitnehmern auf Grund einer Kapitalerhöhung aus Gesellschaftsmitteln gehören. [4]Bei Kapitalerträgen im Sinne des § 43 Absatz 1 Satz 1 Nummer 1, 2 bis 7 und 8 bis 12 sowie Satz 2, die einem unbeschränkt einkommensteuerpflichtigen Gläubiger zufließen, ist der Steu-

1 Zur Erhebung der KapESt bei Sachwertleistungen vgl. auch BMF v. 3.5.2017, BStBl. I 2017, 739 Rz. 251a bis c (neu) (Ergänzung zum BMF v. 18.1.2016, BStBl. I 2016, 85).

2 BFH v. 13.9.2000 – I R 61/99, BStBl. II 2001, 67; v. 19.12.2012 – I R 81/11, BFH/NV 2013, 698; v. 21.9.2017 – VIII R 59/14, BStBl. II 2018, 163.

3 BMF v. 11.11.2016, BStBl. I 2016, 1324 und v. 17.7.2017, BStBl. I 2017, 986 (990 Rz. 31); *Brühl/Holle/Weiss*, DStR 2017, 39; abl. *Helios/Lenz*, DB 2017, 1738 (1743).

erabzug nicht vorzunehmen, wenn anzunehmen ist, dass auch für Fälle der Günstigerprüfung nach § 32d Absatz 6 keine Steuer entsteht.

(2) [1]Voraussetzung für die Abstandnahme vom Steuerabzug nach Absatz 1 ist, dass dem nach § 44 Absatz 1 zum Steuerabzug Verpflichteten in den Fällen

1. des Absatzes 1 Satz 1 ein Freistellungsauftrag des Gläubigers der Kapitalerträge nach amtlich vorgeschriebenem Muster oder
2. des Absatzes 1 Satz 4 eine Nichtveranlagungs-Bescheinigung des für den Gläubiger zuständigen Wohnsitzfinanzamts

vorliegt. [2]In den Fällen des Satzes 1 Nummer 2 ist die Bescheinigung unter dem Vorbehalt des Widerrufs auszustellen. [3]Ihre Geltungsdauer darf höchstens drei Jahre betragen und muss am Schluss eines Kalenderjahres enden. [4]Fordert das Finanzamt die Bescheinigung zurück oder erkennt der Gläubiger, dass die Voraussetzungen für ihre Erteilung weggefallen sind, so hat er dem Finanzamt die Bescheinigung zurückzugeben.

(2a) [1]Ein Freistellungsauftrag kann nur erteilt werden, wenn der Gläubiger der Kapitalerträge seine Identifikationsnummer (§ 139b der Abgabenordnung) und bei gemeinsamen Freistellungsaufträgen auch die Identifikationsnummer des Ehegatten mitteilt. [2]Ein Freistellungsauftrag ist ab dem 1. Januar 2016 unwirksam, wenn der Meldestelle im Sinne des § 45d Absatz 1 Satz 1 keine Identifikationsnummer des Gläubigers der Kapitalerträge und bei gemeinsamen Freistellungsaufträgen auch keine des Ehegatten vorliegen. [3]Sofern der Meldestelle im Sinne des § 45d Absatz 1 Satz 1 die Identifikationsnummer nicht bereits bekannt ist, kann sie diese beim Bundeszentralamt für Steuern abfragen. [4]In der Anfrage dürfen nur die in § 139b Absatz 3 der Abgabenordnung genannten Daten des Gläubigers der Kapitalerträge und bei gemeinsamen Freistellungsaufträgen die des Ehegatten angegeben werden, soweit sie der Meldestelle bekannt sind. [5]Die Anfrage hat nach amtlich vorgeschriebenem Datensatz durch Datenfernübertragung zu erfolgen. [6]Das Bundeszentralamt für Steuern teilt der Meldestelle die Identifikationsnummer mit, sofern die übermittelten Daten mit den nach § 139b Absatz 3 der Abgabenordnung beim Bundeszentralamt für Steuern gespeicherten Daten übereinstimmen. [7]Die Meldestelle darf die Identifikationsnummer nur verwenden, soweit dies zur Erfüllung von steuerlichen Pflichten erforderlich ist.

(3) Der nach § 44 Absatz 1 zum Steuerabzug Verpflichtete hat in seinen Unterlagen das Finanzamt, das die Bescheinigung erteilt hat, den Tag der Ausstellung der Bescheinigung und die in der Bescheinigung angegebene Steuer- und Listennummer zu vermerken sowie die Freistellungsaufträge aufzubewahren.

(4) [1]Ist der Gläubiger

1. eine von der Körperschaftsteuer befreite inländische Körperschaft, Personenvereinigung oder Vermögensmasse oder
2. eine inländische juristische Person des öffentlichen Rechts,

so ist der Steuerabzug bei Kapitalerträgen im Sinne des § 43 Absatz 1 Satz 1 Nummer 4 bis 7 und 8 bis 12 sowie Satz 2 nicht vorzunehmen. [2]Dies gilt auch, wenn es sich bei den Kapitalerträgen um Bezüge im Sinne des § 20 Absatz 1 Nummer 1 und 2 handelt, die der Gläubiger von einer von der Körperschaftsteuer befreiten Körperschaft bezieht. [3]Voraussetzung ist, dass der Gläubiger dem Schuldner oder dem die Kapitalerträge auszahlenden inländischen Kreditinstitut oder inländischen Finanzdienstleistungsinstitut durch eine Bescheinigung des für seine Geschäftsleitung oder seinen Sitz zuständigen Finanzamts nachweist, dass er eine Körperschaft, Personenvereinigung oder Vermögensmasse im Sinne des Satzes 1 Nummer 1 oder 2 ist. [4]Absatz 2 Satz 2 bis 4 und Absatz 3 gelten entsprechend. [5]Die in Satz 3 bezeichnete Bescheinigung wird nicht erteilt, wenn die Kapitalerträge in den Fällen des Satzes 1 Nummer 1 in einem wirtschaftlichen Geschäftsbetrieb anfallen, für den die Befreiung von der Körperschaftsteuer ausgeschlossen ist, oder wenn sie in den Fällen des Satzes 1 Nummer 2 in einem nicht von der Körperschaftsteuer befreiten Betrieb gewerblicher Art anfallen. [6]Ein Steuerabzug ist auch nicht vorzunehmen bei Kapitalerträgen im Sinne des § 49 Absatz 1 Nummer 5 Buchstabe c und d, die einem Anleger zufließen, der eine nach den Rechtsvorschriften eines Mitgliedstaates der Europäischen Union oder des Europäischen Wirtschaftsraums gegründete Gesellschaft im Sinne des Artikels 54 des Vertrags über die Arbeitsweise der Europäischen Union oder des Artikels 34 des Abkommens über den Europäischen Wirtschaftsraum mit Sitz und Ort der Geschäftsleitung innerhalb des Hoheitsgebietes eines dieser Staaten ist, und der einer Körperschaft im Sinne des § 5 Absatz 1 Nummer 3 des Körperschaftsteuergesetzes vergleichbar ist; soweit es sich um eine nach den Rechtsvorschriften eines Mitgliedstaates des Europäischen

Wirtschaftsraums gegründete Gesellschaft oder eine Gesellschaft mit Ort und Geschäftsleitung in diesem Staat handelt, ist zusätzlich Voraussetzung, dass mit diesem Staat ein Amtshilfeabkommen besteht.

(4a) [1]Absatz 4 ist entsprechend auf Personengesellschaften im Sinne des § 212 Absatz 1 des Fünften Buches Sozialgesetzbuch anzuwenden. [2]Dabei tritt die Personengesellschaft an die Stelle des Gläubigers der Kapitalerträge.

(4b) [1]Werden Kapitalerträge im Sinne des § 43 Absatz 1 Satz 1 Nummer 1 von einer Genossenschaft an ihre Mitglieder gezahlt, hat sie den Steuerabzug nicht vorzunehmen, wenn ihr für das jeweilige Mitglied

1. eine Nichtveranlagungs-Bescheinigung nach Absatz 2 Satz 1 Nummer 2,
2. eine Bescheinigung nach Absatz 5 Satz 4,
3. eine Bescheinigung nach Absatz 7 Satz 4 oder
4. eine Bescheinigung nach Absatz 8 Satz 3 vorliegt; in diesen Fällen ist ein Steuereinbehalt in Höhe von drei Fünfteln vorzunehmen.

[2]Eine Genossenschaft hat keinen Steuerabzug vorzunehmen, wenn ihr ein Freistellungsauftrag erteilt wurde, der auch Kapitalerträge im Sinne des Satzes 1 erfasst, soweit die Kapitalerträge zusammen mit den Kapitalerträgen, für die nach Absatz 1 kein Steuerabzug vorzunehmen ist oder für die die Kapitalertragsteuer nach § 44b zu erstatten ist, den mit dem Freistellungsauftrag beantragten Freibetrag nicht übersteigen. [3]Dies gilt auch, wenn die Genossenschaft einen Verlustausgleich nach § 43a Absatz 3 Satz 2 unter Einbeziehung von Kapitalerträgen im Sinne des Satzes 1 durchgeführt hat.

(5) [1]Bei Kapitalerträgen im Sinne des § 43 Absatz 1 Satz 1 Nummer 1, 2, 5 bis 7 und 8 bis 12 sowie Satz 2, die einem unbeschränkt oder beschränkt einkommensteuerpflichtigen Gläubiger zufließen, ist der Steuerabzug nicht vorzunehmen, wenn die Kapitalerträge Betriebseinnahmen des Gläubigers sind und die Kapitalertragsteuer bei ihm auf Grund der Art seiner Geschäfte auf Dauer höher wäre als die gesamte festzusetzende Einkommensteuer oder Körperschaftsteuer. [2]Ist der Gläubiger ein Lebens- oder Krankenversicherungsunternehmen als Organgesellschaft, ist für die Anwendung des Satzes 1 eine bestehende Organschaft im Sinne des § 14 des Körperschaftsteuergesetzes nicht zu berücksichtigen, wenn die beim Organträger anzurechnende Kapitalertragsteuer, einschließlich der Kapitalertragsteuer des Lebens- oder Krankenversicherungsunternehmens, die auf Grund von § 19 Absatz 5 des Körperschaftsteuergesetzes anzurechnen wäre, höher wäre, als die gesamte festzusetzende Körperschaftsteuer. [3]Für die Prüfung der Voraussetzung des Satzes 2 ist auf die Verhältnisse der dem Antrag auf Erteilung einer Bescheinigung im Sinne des Satzes 4 vorangehenden drei Veranlagungszeiträume abzustellen. [4]Die Voraussetzung des Satzes 1 ist durch eine Bescheinigung des für den Gläubiger zuständigen Finanzamts nachzuweisen. [5]Die Bescheinigung ist unter dem Vorbehalt des Widerrufs auszustellen. [6]Die Voraussetzung des Satzes 2 ist gegenüber dem für den Gläubiger zuständigen Finanzamt durch eine Bescheinigung des für den Organträger zuständigen Finanzamts nachzuweisen.

(6) [1]Voraussetzung für die Abstandnahme vom Steuerabzug nach den Absätzen 1, 4 und 5 bei Kapitalerträgen im Sinne des § 43 Absatz 1 Satz 1 Nummer 6, 7 und 8 bis 12 sowie Satz 2 ist, dass die Teilschuldverschreibungen, die Anteile an der Sammelschuldbuchforderung, die Wertrechte, die Einlagen und Guthaben oder sonstigen Wirtschaftsgüter im Zeitpunkt des Zufließens der Einnahmen unter dem Namen des Gläubigers der Kapitalerträge bei der die Kapitalerträge auszahlenden Stelle verwahrt oder verwaltet werden. [2]Ist dies nicht der Fall, ist die Bescheinigung nach § 45a Absatz 2 durch einen entsprechenden Hinweis zu kennzeichnen. [3]Wird bei einem inländischen Kredit- oder Finanzdienstleistungsinstitut im Sinne des § 43 Absatz 1 Satz 1 Nummer 7 Buchstabe b ein Konto oder Depot für eine gemäß § 5 Absatz 1 Nummer 9 des Körperschaftsteuergesetzes befreite Stiftung im Sinne des § 1 Absatz 1 Nummer 5 des Körperschaftsteuergesetzes auf den Namen eines anderen Berechtigten geführt und ist das Konto oder Depot durch einen Zusatz zur Bezeichnung eindeutig sowohl vom übrigen Vermögen des anderen Berechtigten zu unterscheiden als auch steuerlich der Stiftung zuzuordnen, so gilt es für die Anwendung des Absatzes 4, des Absatzes 7, des Absatzes 10 Satz 1 Nummer 3 und des § 44b Absatz 6 in Verbindung mit Absatz 7 als im Namen der Stiftung geführt.

(7) [1]Ist der Gläubiger eine inländische

1. Körperschaft, Personenvereinigung oder Vermögensmasse im Sinne des § 5 Absatz 1 Nummer 9 des Körperschaftsteuergesetzes oder

2. **Stiftung des öffentlichen Rechts, die ausschließlich und unmittelbar gemeinnützigen oder mildtätigen Zwecken dient, oder**
3. **juristische Person des öffentlichen Rechts, die ausschließlich und unmittelbar kirchlichen Zwecken dient,**

so ist der Steuerabzug bei Kapitalerträgen im Sinne des § 43 Absatz 1 Satz 1 Nummer 1, 2, 3 und 7a bis 7c nicht vorzunehmen. [2]Voraussetzung für die Anwendung des Satzes 1 ist, dass der Gläubiger durch eine Bescheinigung des für seine Geschäftsleitung oder seinen Sitz zuständigen Finanzamts nachweist, dass er eine Körperschaft, Personenvereinigung oder Vermögensmasse nach Satz 1 ist. [3]Absatz 4 gilt entsprechend.

(8) [1]Ist der Gläubiger

1. **eine nach § 5 Absatz 1 mit Ausnahme der Nummer 9 des Körperschaftsteuergesetzes oder nach anderen Gesetzen von der Körperschaftsteuer befreite Körperschaft, Personenvereinigung oder Vermögensmasse oder**
2. **eine inländische juristische Person des öffentlichen Rechts, die nicht in Absatz 7 bezeichnet ist,**

so ist der Steuerabzug bei Kapitalerträgen im Sinne des § 43 Absatz 1 Satz 1 Nummer 1, 2, 3 und 7a nur in Höhe von drei Fünfteln vorzunehmen. [2]Voraussetzung für die Anwendung des Satzes 1 ist, dass der Gläubiger durch eine Bescheinigung des für seine Geschäftsleitung oder seinen Sitz zuständigen Finanzamts nachweist, dass er eine Körperschaft, Personenvereinigung oder Vermögensmasse im Sinne des Satzes 1 ist. [3]Absatz 4 gilt entsprechend.

(8a) [1]Absatz 8 ist entsprechend auf Personengesellschaften im Sinne des § 212 Absatz 1 des Fünften Buches Sozialgesetzbuch anzuwenden. [2]Dabei tritt die Personengesellschaft an die Stelle des Gläubigers der Kapitalerträge.

(9) [1]Ist der Gläubiger der Kapitalerträge im Sinne des § 43 Absatz 1 eine beschränkt steuerpflichtige Körperschaft im Sinne des § 2 Nummer 1 des Körperschaftsteuergesetzes, so werden zwei Fünftel der einbehaltenen und abgeführten Kapitalertragsteuer erstattet. [2]§ 50d Absatz 1 Satz 3 bis 12, Absatz 3 und 4 ist entsprechend anzuwenden. [3]Der Anspruch auf eine weitergehende Freistellung und Erstattung nach § 50d Absatz 1 in Verbindung mit § 43b oder § 50g oder nach einem Abkommen zur Vermeidung der Doppelbesteuerung bleibt unberührt. [4]Verfahren nach den vorstehenden Sätzen und nach § 50d Absatz 1 soll das Bundeszentralamt für Steuern verbinden.

(10) [1]Werden Kapitalerträge im Sinne des § 43 Absatz 1 Satz 1 Nummer 1a gezahlt, hat die auszahlende Stelle keinen Steuerabzug vorzunehmen, wenn

1. **der auszahlenden Stelle eine Nichtveranlagungs-Bescheinigung nach Absatz 2 Satz 1 Nummer 2 für den Gläubiger vorgelegt wird,**
2. **der auszahlenden Stelle eine Bescheinigung nach Absatz 5 für den Gläubiger vorgelegt wird,**
3. [1] **der auszahlenden Stelle eine Bescheinigung nach Absatz 7 Satz 2 für den Gläubiger vorgelegt wird; soweit die Kapitalerträge einen Betrag von 20 000 Euro übersteigen, ist bei Gläubigern nach Absatz 7 Satz 1 Nummer 1 abweichend vom ersten Halbsatz ein Steuerabzug in Höhe von drei Fünfteln vorzunehmen, wenn der Gläubiger bei Zufluss der Kapitalerträge nicht seit mindestens einem Jahr ununterbrochen wirtschaftlicher Eigentümer der Aktien oder Genussscheine ist oder**
4. **der auszahlenden Stelle eine Bescheinigung nach Absatz 8 Satz 2 für den Gläubiger vorgelegt wird; in diesen Fällen ist ein Steuereinbehalt in Höhe von drei Fünfteln vorzunehmen.**

[2]Wird der auszahlenden Stelle ein Freistellungsauftrag erteilt, der auch Kapitalerträge im Sinne des Satzes 1 erfasst, oder führt diese einen Verlustausgleich nach § 43a Absatz 3 Satz 2 unter Einbeziehung von Kapitalerträgen im Sinne des Satzes 1 durch, so hat sie den Steuerabzug nicht vorzunehmen, soweit die Kapitalerträge zusammen mit den Kapitalerträgen, für die nach Absatz 1 kein Steuerabzug vorzunehmen ist oder die Kapitalertragsteuer nach § 44b zu erstatten ist, den mit dem Freistellungsauftrag beantragten Freistellungsbetrag nicht übersteigen. [3]Absatz 6 ist entsprechend anzuwenden. [4]Werden Kapitalerträge im Sinne des § 43 Absatz 1 Satz 1 Nummer 1a von einer auszahlenden Stelle im Sinne des § 44 Absatz 1 Satz 4 Nummer 3 an eine ausländische Stelle aus-

---

1 In § 44a Abs. 10 Satz 1 wurde mWv. 1.1.2019 Nummer 3 neu gefasst (G zur Vermeidung von Umsatzsteuerausfällen beim Handel mit Waren im Internet und zur Änderung weiterer stl. Vorschriften v. 11.12.2018, BGBl. I 2018, 2338). Der Wortlaut der Vorschrift lautete bis 31.12.2018 wie folgt:
„3. der auszahlenden Stelle eine Bescheinigung nach Absatz 7 Satz 2 für den Gläubiger vorgelegt wird oder“.

gezahlt, hat diese auszahlende Stelle über den von ihr vor der Zahlung in das Ausland von diesen Kapitalerträgen vorgenommenen Steuerabzug der letzten inländischen auszahlenden Stelle in der Wertpapierverwahrkette, welche die Kapitalerträge auszahlt oder gutschreibt, auf deren Antrag eine Sammel-Steuerbescheinigung für die Summe der eigenen und der für Kunden verwahrten Aktien nach amtlich vorgeschriebenem Muster auszustellen. [5]Der Antrag darf nur für Aktien gestellt werden, die mit Dividendenberechtigung erworben und mit Dividendenanspruch geliefert wurden. [6]Wird eine solche Sammel-Steuerbescheinigung beantragt, ist die Ausstellung von Einzel-Steuerbescheinigungen oder die Weiterleitung eines Antrags auf Ausstellung einer Einzel-Steuerbescheinigung über den Steuerabzug von denselben Kapitalerträgen ausgeschlossen; die Sammel-Steuerbescheinigung ist als solche zu kennzeichnen. [7]Auf die ihr ausgestellte Sammel-Steuerbescheinigung wendet die letzte inländische auszahlende Stelle § 44b Absatz 6 mit der Maßgabe an, dass sie von den ihr nach dieser Vorschrift eingeräumten Möglichkeiten Gebrauch zu machen hat.

Verwaltung: BMF v. 16.9.2013, BStBl. I 2013, 1168 – Anwendung der Sammel-Steuerbescheinigung nach § 44a Abs. 10 S. 4; v. 18.1.2016, BStBl. I 2016, 85 Rz. 252 ff.; v. 20.4.2016, DB 2016, 986 – Abstandnahme vom KapESt-Abzug nach § 44a Abs. 6 EStG bei gebündelter Vermögensanlage für rechtlich unselbständige Stiftungen der Kommunen (Ergänzung des BMF v. 18.1.2016); v. 11.11.2016, BStBl. I 2017, 986 – Steuerliche Behandlung von „Cum/Cum-Transaktionen"; v. 19.12.2017, BStBl. I 2018, 52; v. 12.4.2018, BStBl. I 2018, 624 (Ergänzung des BMF v. 18.1.2016); v. 28.9.2018, DB 2018, 2668 – Investmentanteil-Bestandsnachweis nach § 9 Abs. 1 Nr. 3 InvStG; OFD NRW v. 14.8.2018, DB 2018, 2081 – Ausstellung von Bescheinigungen gem. § 44a Abs. 5 EStG.

Literatur: *Engelsing/Backhaus*, Kapitalertragsteuer bei Berufsverbänden, NWB 2014, 949; *Gradl/Hammer*, Besteuerung von Dividendeneinnahmen in der Direktanlage und unter Zwischenschaltung eines Investmentfonds, GmbHR 2014, 914; *Jansen*, Freistellungsbescheinigungen nach § 44a Abs. 5 EStG für Unternehmen der Finanzbranche, FR 2012, 667; *Painter*, Das Gesetz zur Umsetzung der Amtshilferichtlinie sowie zur Änderung steuerlicher Vorschriften im Überblick, DStR 2013, 1629.

A. Grundaussagen der Vorschrift

1 Die Vorschrift dient der Verfahrensvereinfachung. Sie soll verhindern, dass Veranlagungen nur zum Zweck der Erstattung v. KapESt durchgeführt werden müssen. Bei Kapitalerträgen iSd. § 43 Abs. 1 S. 1 Nr. 1 und 2, die bis zum 31.12.2012 zugeflossen sind, wurde die KapESt vom Schuldner der Kapitalerträge einbehalten und abgeführt. Gläubiger der Kapitalerträge, die nicht zur ESt veranlagt werden (sog. NV-Fälle) oder bei denen die ESt oder KSt auf Dauer niedriger ist als die KapESt (sog. Dauerüberzahler), konnten beim BZSt. nach § 44b Abs. 1 die Erstattung der vom Schuldner einbehaltenen KapESt beantragen. Wurden die WG durch ein inländ. Kredit- oder Finanzdienstleistungsinstitut verwahrt oder verwaltet, konnte dieses dem Gläubiger der Kapitalerträge unter den Voraussetzungen des § 44b Abs. 6 die einbehaltene und abgeführte Steuer erstatten. Neben der Erstattung im Einzelantragsverfahren wurde die einbehaltene KapESt auch über das Sammelantragsverfahren nach § 45b erstattet. Dies betraf insbes. Arbeitnehmerbeteiligungen, wenn eine KapGes. ihren ArbN über Mitarbeiterbeteiligungsmodelle Anteile am Unternehmen überließ.

Beide Erstattungsverfahren werden durch die Erweiterung der Abstandnahme vom Steuerabzug abgelöst. Dies sichert den Betroffenen Liquiditätsvorteile und der bürokratische Aufwand der Erstattung einbehaltener KapESt entfällt.[1]

1 So die Begründung (noch zum E-JStG 2013), BT-Drucks. 17/10000, 58.

Die Änderung in Abs. 2a S. 3 durch das Kroatien-AnpG[1] beseitigt das bisherige Widerspruchsrecht des Gläubigers der Kapitalerträge gegen die automatische Abfragemöglichkeit. Da die Kreditinstitute die ID-Nr. zum Zwecke des KiSt-Abzugs[2] bereits ohne Widerspruchsmöglichkeit erfahren könnten,[3] besteht nach Auffassung des Gesetzgebers keine Notwendigkeit mehr für ein Widerspruchsrecht iRd. Freistellungsverfahrens. Dadurch sollen die Banken bürokratisch entlastet werden. Die Regelung gilt nur für Altfälle, weil Freistellungsaufträge, die ab dem 1.1.2011 gestellt wurden, die ID-Nr. stets enthalten müssen.[4]

B. Abstandnahme in Freistellungs- und Nichtveranlagungsfällen (Abs. 1–3)

I. Begünstigte Kapitalerträge. Ein Steuerabzug ist nicht vorzunehmen, solange die in **Abs. 1 S. 1** bezeichneten („privaten") Kapitalerträge **zusammen** mit den Kapitalerträgen, für welche die KapESt nach § 44b zu erstatten oder nach Abs. 10 kein Steuerabzug vorzunehmen ist, den **Sparer-PB** nicht übersteigen. 2

Durch die Änderung in S. 1 wird die Abstandnahme vom Steuerabzug bei unbeschränkt StPfl. auf Kapitalerträge iSd. § 43 Abs. 1 S. 1 Nr. 1 und 2 erweitert. Außer in NV-Fällen ist der Steuerabzug auch dann nicht vorzunehmen, wenn und soweit die Kapitalerträge einen nach amtlich vorgeschriebenem Muster erteilten Freistellungsauftrag (s. dazu Rn. 3) nicht übersteigen. Damit entfällt insbes. für die Inhaber von nicht verbrieften Genussrechten die Notwendigkeit, trotz vorliegender NV-Bescheinigung zur Erstattung der abgeführten KapESt eine Veranlagung der Kapitalerträge vorzunehmen. Gleiches gilt, wenn die Kapitalerträge den Sparer-PB nicht übersteigen. Auch bei Erträgen aus der Beteiligung an GmbHs oder nicht börsennotierten AGs ist bei Vorlage eines Freistellungsauftrags oder einer NV-Bescheinigung vom Steuerabzug Abstand zu nehmen.

Bei Beteiligungen von Mitarbeitern an KapGes. entfällt die Notwendigkeit eines Sammelantragsverfahrens, da bereits im Fall einer NV-Bescheinigung vom Steuerabzug Abstand zu nehmen ist. Gleiches gilt, wenn ArbN einen Freistellungsauftrag zur Abstandnahme vom Steuerabzug erteilen. Dem zum Steuerabzug Verpflichteten obliegen die Meldepflichten nach § 45d Abs. 1 unter den dort genannten Voraussetzungen.

II. Freistellungsauftrag. Weitere Voraussetzung ist nach Abs. 2 S. 1 Nr. 1, dass dem Abzugsverpflichteten ein **Freistellungsauftrag** nach amtl. vorgeschriebenem Vordruck[5] vorliegt. Der Gläubiger der Kapitalerträge kann das Freistellungsvolumen auf mehrere auszahlende Stellen verteilen. Zusammen zu veranlagende **Ehegatten und Lebenspartner**[6] können, da ihnen ein gemeinsames Freistellungsvolumen nach § 20 Abs. 9 S. 2 zusteht, einen gemeinsamen Freistellungsauftrag erteilen. Sie können aber Einzel-Freistellungsaufträge erteilen. Der gemeinsame Freistellungsauftrag ist Voraussetzung für die seit dem Kj. 2010 mögliche ehegattenübergreifende Verlustverrechnung. Ist ein gemeinsamer Freistellungsauftrag erteilt, haben die Kreditinstitute die übergreifende Verlustverrechnung zum Jahresende durchzuführen.[7] 3

Auch **kstpfl. Personenzusammenschlüsse** können bei Kapitalerträgen iSd. § 43 Abs. 1 S. 1 Nr. 7, 8 sowie S. 2 den Sparer-PB geltend machen und einen Freistellungsauftrag erteilen.[8] **Nicht der KSt unterliegende Personenvereinigungen** können grds. keinen Freistellungsauftrag erteilen.[9] Ihre Einkünfte werden einheitlich und gesondert festgestellt und unterliegen dem Zinsabschlag. Wird v. einer Feststellung nach § 180 Abs. 3 S. 1 Nr. 2 AO abgesehen, teilt der Kontoinhaber die Einnahmen auf die einzelnen G'ter auf, die sich den Zinsabschlag anrechnen lassen können. Die FinVerw. lässt zu, dass bei sog. losen Personenzusammenschlüssen (zB Schulklassen, Sportgruppen, nicht dagegen Grundstücksgemeinschaften oder Wohnungseigentümergemeinschaften) und Kleinbeträgen das Kreditinstitut v. Zinsabschlag absehen kann.[10]

Nach Abs. 2a S. 1 kann ein Freistellungsauftrag[11] nur erteilt werden, wenn der Gläubiger der Kapitalerträge seine ID-Nr. (§ 139b AO) mitteilt (bei gemeinsamen Freistellungsaufträgen v. Ehegatten/Lebens-

---

1 G v. 25.7.2014, BGBl. I 2014, 1266.

2 Zur Neuregelung des KiSt-Abzugsverfahrens s. zB „Panorama", NWB 2014, 338; *F. Schmidt*, NWB 2014, 922 und 3577; „Panorama", NWB 2014, 2315; *Spieker*, DB 2014, 1892; Gleichlautender Erlass der obersten Finanzbehörden der Länder v. 10.8.2016, DB 2016, 2204.

3 So wohl nicht völlig zutr., vgl. § 44a Abs. 2a S. 3, § 51a Abs. 2c Nr. 3 S. 10 iVm. Abs. 2e („... oder hat er dem Abruf von Daten zur Religionszugehörigkeit widersprochen (Sperrvermerk) ..." und *Meyering/Friegel/Gröhe*, DStZ 2014, 559.

4 Vgl. die Gesetzesbegründung in BT-Drucks. 18/1529, 59 zu Art. 1 Nr. 27.

5 Das aktuelle Muster eines Freistellungsauftrags ist als Anlage dem BMF v. 18.1.2016, BStBl. I 2016, 85, beigefügt.

6 Näher dazu BMF v. 18.1.2016, BStBl. I 2016, 85 Rz. 261 ff.; zur Bedeutung des gemeinsamen Freistellungsauftrags für die ehegattenübergreifende Verlustverrechnung *Wagner*, DStR 2010, 2558.

7 Einzelheiten BMF v. 18.1.2016, BStBl. I 2016, 85 Rz. 266–273.

8 BMF v. 18.1.2016, BStBl. I 2016, 85 Rz. 280 ff.

9 BMF v. 18.1.2016, BStBl. I 2016, 85 Rz. 286 ff.

10 BMF v. 18.1.2016, BStBl. I 2016, 85 Rz. 291.

11 Freistellungsaufträge, die ab dem 1.1.2011 gestellt werden, § 52 Abs. 16 S. 3.

partnern auch die des Ehegatten/Lebenspartners). Dies dient der erleichterten Prüfung der Rechtmäßigkeit der Inanspruchnahme des Freistellungsauftrags.[1] Bereits erteilte Freistellungsaufträge bleiben zunächst weiter wirksam (S. 2). In den Sätzen 3 bis 7 ist ein automatisiertes Verfahren geregelt, mit dem die Meldestellen iSd. § 45d Abs. 1 S. 1 für die „Altfälle" die ID-Nr. beim BZSt. abfragen können. Die Meldestelle darf die ID-Nr. nur für stl. Zwecke verwenden (Abs. 2a S. 8).

4 Einstweilen frei.

C. Abstandnahme bei steuerbefreiten Körperschaften, Personengesellschaften iSd. § 212 Abs. 1 SGB V und Genossenschaften (Abs. 4, 4a und 4b)

5 **Abs. 4** erlaubt eine Abstandnahme v. Steuerabzug bei v. der KSt befreiten inländ. Körperschaften und jur. Pers. des öffentl. Rechts, vorausgesetzt, die Erträge fallen nicht in einem wirtschaftlichen Geschäftsbetrieb, für den die Befreiung ausgeschlossen ist, oder in einem nicht befreiten Betrieb gewerblicher Art an (Abs. 4 S. 5). Abs. 4 trägt der Tatsache Rechnung, dass die steuerbefreiten Körperschaften grds. keine Freistellung nach Abs. 1–3 und mangels Veranlagung auch keine Steueranrechnung erreichen können. Vom Steuerabzug ausgenommen sind Kapitalerträge iSv. § 43 Abs. 1 S. 1 Nr. 4, 6, 7, 8 bis 12 und S. 2 (besondere Entgelte). Die Ausnahme v. Steuerabzug gilt auch, wenn es sich bei den Kapitalerträgen um Bezüge iSv. § 20 Abs. 1 Nr. 1 und 2 handelt, die der Gläubiger v. einer ebenfalls v. der KSt befreiten Körperschaft bezieht.[2] Nach Abs. 4 S. 3 muss der Gläubiger dem Abzugsverpflichteten durch eine **Bescheinigung** des FA nachweisen, dass er zum begünstigten Personenkreis zählt. Anstelle dieser Bescheinigung kann eine amtl. beglaubigte Kopie des letzten Freistellungsbescheides oder der vorl. Bescheinigung[3] über die Gemeinnützigkeit oder eine bereits nach § 44c erteilte Bescheinigung überlassen werden.[4] § 44a Abs. 4 S. 6 regelt eine Steuerfreistellung für die Fälle, in denen eine im EU/EWR-Ausland ansässige steuerbefreite Pensionskasse bestimmte Zinsen aus Deutschland bezieht, die der beschränkten StPfl. unterliegen. Dies führt zu einer Gleichbehandlung mit inländischen Pensionskassen. Die Regelung steht iZ. mit § 7 Abs. 6 InvStG, wo eine entsprechende Freistellung für Erträge aus offenen deutschen Immobilienfonds geregelt ist.[5]

5a Durch das StVereinfG 2011[6] wurde zur Verfahrensvereinfachung **Abs. 4b** eingefügt, der das KapESt-Verfahren bei Gewinnausschüttungen v. Genossenschaften an ihre Mitglieder umstellt, wenn bei diesen die Voraussetzungen für eine Steuerbefreiung aufgrund v. NV-Bescheinigungen oder Freistellungsaufträgen vorliegen. Da die Genossenschaften ihre Mitglieder persönlich kennen und deshalb bereits im Abzugsverfahren prüfen können, ob Befreiungstatbestände vorliegen, sollen sie dann v. Steuerabzug absehen können (Abs. 4b S. 1). Nach S. 2 sind auch Freistellungsaufträge der Mitglieder zu berücksichtigen. Das bedeutet für Genossenschaftsbanken, dass die Gewinnausschüttungen an ihre Mitglieder in den Verrechnungstopf fließen, den die Bank als auszahlende Stelle für andere Erträge (zB Zinseinkünfte) ihrer Mitglieder führt.

D. Abstandnahme bei Kapitalertragsteuer-Überhängen (Abs. 5)

6 Vom KapESt-Abzug ist bei den in Abs. 5 S. 1 genannten Kapitalerträgen (Rz. 7) abzusehen, wenn die KapESt und die anrechenbare KSt beim Gläubiger aufgrund der Art seiner Geschäfte auf Dauer höher wären als die festzusetzende ESt oder KSt (**Überbesteuerung; „Dauerüberzahler"**). Es soll dann die KapESt nicht erst bei der Veranlagung erstattet werden. Abs. 5 setzt eine Überbesteuerung **„aufgrund der Art seiner Geschäfte"** voraus. Dieses Tatbestandsmerkmal ist erfüllt, wenn die Überbesteuerungssituation der ausgeübten Geschäftstätigkeit derart wesensimmanent ist, dass ein wirtschaftlich besseres Ergebnis zwangsläufig nicht erzielt werden kann. Das Unternehmen muss aufgrund der abstrakten Art seiner Geschäftstätigkeit überbesteuert werden (zB Lebensversicherungsunternehmen, Verwertungsges iSd. UrheberrechtswahrnehmungG, auch EVU, die hohe Wertpapiererträge erzielen, diese aber als BA an ihre Kunden weitergeben[7]). Das Tatbestandsmerkmal ist nicht erfüllt, wenn die Überbelastung nicht auf die Art der ausgeübten Geschäfte, sondern auf die Art und Weise, in der diesen Geschäften nachgegangen wird, auf die Marktsituation (schlechte Absatzlage oder Preisverfall), die individuelle Geschäftsentwicklung (Ge-

1 Gesetzesbegründung, dort zu Nr. 22 Buchst. b, BT-Drucks. 17/2249, 59.
2 Zur Eingrenzung v. § 44a Abs. 4 S. 2 durch das UntStFG: BR-Drucks. 638/01, 55.
3 Mit dem EhrenamtsstärkungsG v. 21.3.2013 (BGBl. I 2013, 556) wurde die „vorl. Bescheinigung" durch das Verfahren des § 60a AO zur Feststellung der satzungsmäßigen Voraussetzungen abgelöst. Unter den in Rz. 297 genannten Voraussetzungen gelten die Rn. 295 und 296 des BMF v. 18.1.2016, BStBl. I 2016, 85, hierfür entspr.
4 BMF v. 18.1.2016, BStBl. I 2016, 85 Rz. 295 ff.
5 BT-Drucks. 17/3549, 26.
6 G v. 1.11.2011, BGBl. I 2011, 2131; Gesetzesentwurf BT-Drucks. 15/5125, 11, 44.
7 BT-Drucks. 12/2501, 20. Nach Auffassung der FinVerw. erfüllen Holdingunternehmen seit der Einf. des Halbeinkünfteverfahrens (jetzt Teileinkünfteverfahren; Steuerbefreiung für Beteiligungsunternehmen) uU auch die Vorausssetzung eines Dauerüberzahlers; für Bay. Karte 5.4.3. zu §§ 43–45d EStK).

winnlosigkeit, Insolvenz[1]), individuelle rechtl. Gestaltungen (GAV, Rückvergütung bei Genossenschaft[2]) oder hohe Verlustvorträge zurückzuführen ist.[3] Eine Abstandnahme v. KapESt-Abzug wurde dementspr. abgelehnt bei Holding-Ges.[4], bei kommunalen Versorgungs- und Verkehrsbetrieben[5], bei Wohnungsbau-Ges.[6] und bei Kreditinstituten mit hohem Eigenbestand an fremdverwalteten Wertpapieren.[7] Eine Überbesteuerung **„auf Dauer"** meint einen noch nicht feststehenden und nicht absehbaren Zeitraum. Nach Abs. 5 S. 4 ist durch eine – unter dem Vorbehalt des Widerrufs auszustellende – **Bescheinigung** des zuständigen FA nachzuweisen, dass eine Überbesteuerung zu erwarten ist.[8] § 44a Abs. 5 Satz 1 befreit auch dann von der Verpflichtung zum KapESt-Einbehalt, wenn zivilrechtl. Gläubiger der Kapitalerträge eine PersGes. ist.[9]

Die Abstandnahme v. KapESt-Abzug nach § 44a Abs. 5 galt zunächst nur für Kapitalerträge iSv. § 43 Abs. 1 S. 1 Nr. 6, 7 und Nr. 8 bis 12 sowie S. 2. Durch das AmtshilfeRLUmsG[10] wurde die Regelung auf Erträge iSv. § 43 Abs. 1 S. 1 Nr. 1 und 2 ausgedehnt. 7

Bei anderen Erträgen kommt nur eine Erstattung oder Anrechnung iRd. Veranlagung in Betracht. Außerdem lässt § 44a Abs. 5 eine Abstandnahme v. Steuerabzug nur zu, wenn die Kapitalerträge **BE** des Gläubigers der Kapitalerträge sind (zur KapESt bei BE: § 43 Abs. 4). Der Gesetzgeber geht davon aus, dass nur bei in einer Bp. zu überprüfenden BE die Steuererhebung ausreichend sichergestellt ist.[11] Abs. 5 ist auch auf **beschränkt StPfl.** anzuwenden. Gründung und Betrieb v. Zweigniederlassungen ausländ. Unternehmen in Deutschland sollen nicht behindert werden.

Abs. 5 S. 2 ff. enthält eine Sonderregelung für Lebens- und Krankenversicherungsunternehmen. Da im Falle eines Organschaftsverhältnisses das zugerechnete Einkommen beim OTräger versteuert wird, kann es bei der OGes. nicht mehr zu einer Überzahlung iSd. Abs. 5 kommen, mit der Folge, dass eine entspr. Bescheinigung nicht mehr erteilt werden könnte und bereits erteilte Bescheinigungen mit Wirkung für die Zukunft zu widerrufen wären, so dass die einbehaltene KapESt erst bei der Veranlagung des OTrägers auf die auf das OEinkommen festgesetzte ESt/KSt angerechnet werden könnte. Durch Abs. 5 S. 2 wird sichergestellt, dass die Versicherungsunternehmen auch in Fällen der Organschaft eine Dauerüberzahlerbescheinigung erhalten können, sofern – bezogen auf den ganzen Organkreis – die anzurechnenden Steuern höher sind als die festgesetzten.[12] 8

E. Verwaltung unter dem Namen des Gläubigers (Abs. 6)

Abs. 6 verlangt eine Verwahrung oder Verwaltung **unter dem Namen des Gläubigers** der Kapitalerträge. Der Abzugsverpflichtete soll einen klaren und einfachen Anhalt für die v. ihm zu treffende Feststellung haben, wer Gläubiger der Kapitalerträge ist. Diese Voraussetzung ist nicht erfüllt bei Tafelgeschäften, Treuhand-,[13] Nießbrauchs-, Mietkautions-, Notar- und sonstigen Anderkonten sowie Gläubigervorbehaltskonten auf den Namen Dritter. 9

Im Vorgriff auf eine gesetzliche Regelung wird nach dem BMF-Schreiben v. 16.8.2011, BStBl. I 2011, 787, das noch immer gilt, bei rechtl. unselbständigen Stiftungen v. KapESt-Abzug Abstand genommen, wenn für eine solche Stiftung bei einem inländischen Kredit- oder Finanzdienstleistungsinstitut ein Konto oder Depot **auf den Namen eines anderen Berechtigten geführt** wird und das Konto oder Depot durch einen

1 BFH v. 9.11.1994 – I R 5/94, BStBl. II 1995, 255 (257) = FR 1995, 281.
2 BFH v. 10.7.1996 – I R 84/95, BStBl. II 1997, 38 (39) = FR 1996, 862.
3 BFH v. 20.12.1995 – I R 118/94, BStBl. II 1996, 199 (200) = FR 1996, 290; *Scheurle*, DB 1994, 1895 (1897); **aA** *Philipowski*, DB 1994, 1895.
4 BFH v. 27.8.1997 – I R 22/97, BStBl. II 1997, 817 = FR 1998, 70; FinMin. Nds. v. 14.1.1994, DB 1994, 353; OFD NRW v. 9.12.2013, DB 2014, 572.
5 BFH v. 29.3.2000 – I R 32/99, BStBl. II 2000, 496; FinMin. Bdbg. v. 7.2.1994, FR 1994, 207; **aA** FG SachsAnh. v. 11.4.1995 – II 39/94, EFG 1996, 25.
6 FG München v. 13.5.1994 – 7 K 1802/93, EFG 1995, 270; FG Bdbg. v. 22.2.1995 – 2 K 397/94 K, EFG 1995, 626; BFH v. 8.4.1997 – I R 74/96, BFH/NV 1997, 747.
7 *Scheurle*, DB 1993, 1596; FG Bdbg. v. 24.11.1993 – 2 V 526/93 AE (KE), EFG 1994, 490; FG SachsAnh. v. 7.11.1994 – II 79/93, EFG 1995, 676; **aA** *Philipowski*, DB 1994, 1895 (1896); *Jansen*, FR 2012, 667.
8 Zum vorl. Rechtsschutz: BFH v. 27.7.1994 – I B 246/93, BStBl. II 1994, 899 = FR 1995, 63.
9 FG Hbg. v. 19.10.2017 – 2 K 57/17, EFG 2018, 130 (rkr.) m. Anm. *Schindler*.
10 G v. 26.6.2013, BGBl. I 2013, 1809. Die Neuregelung ist auf Kapitalerträge anzuwenden, die dem Gläubiger nach dem 31.12.2012 zufließen, § 52a Abs. 16c S. 2 aF.
11 *Philipowski*, DB 1994, 1895 (1896).
12 *H/H/R*, § 44a Anm. J 08-5.
13 Lt. BMF v. 18.1.2016, BStBl. I 2016, 85 Rz. 302, soll zur Vermeidung v. sachlichen Härten bei Kapitalbeträgen, die inländ. jur. Pers. d. öff. Rechts über einen Treuhänder zufließen, auf Antrag der betroffenen Körperschaft die KapESt in der gesetzl. zul. Höhe v. dem für sie zuständigen FA erstattet werden.

Zusatz zur Bezeichnung eindeutig sowohl v. übrigen Vermögen des Anderen zu unterscheiden als auch steuerlich der Stiftung zuzuordnen ist.

F. Gemeinnützige Körperschaften (Abs. 7)

10 Bei gemeinnützigen Körperschaften, gemeinnützigen oder mildtätigen Stiftungen des öffentl. Rechts und jur. Pers. des öffentl. Rechts wird bei Kapitalerträgen iSv. § 43 Abs. 1 S. 1 Nr. 7a–c nach § 44a Abs. 7 S. 1 auf einen KapESt-Abzug verzichtet. Voraussetzung für die Abstandnahme v. Steuerabzug ist nach Abs. 7 S. 2, dass der Gläubiger durch eine Bescheinigung des für seine Geschäftsleitung oder seinen Sitz zuständigen FA nachweist, dass er eine Körperschaft, Personenvereinigung oder Vermögensmasse iSd. Abs. 7 S. 1 ist.

G. Von der Körperschaftsteuer befreite Körperschaften (Abs. 8)

11 Abs. 8 regelt **eine anteilige Abstandnahme v. Steuerabzug**. Unter Abs. 8 fallen steuerbefreite Körperschaften, für die nicht bereits Abs. 7 gilt. Nach Abs. 8 S. 1 ist bei diesen Körperschaften der Steuerabzug bei den in Abs. 8 aufgezählten Kapitalerträgen nur iHv. drei Fünfteln vorzunehmen.[1] **Abs. 8 S. 3** regelt als Voraussetzung für die Abstandnahme die Vorlage einer NV-Bescheinigung. **Abs. 8 S. 4** verweist auf die in Abs. 4 geregelten allg. Grundlagen zur NV-Bescheinigung.[2]

Ist in den Fällen des Abs. 7, 8 und 10 Satz 1 Nr. 3 und 4 ein Steuerabzug deswegen vorgenommen worden, weil dem Schuldner der Kapitalerträge oder der auszahlenden Stelle die notwendige Bescheinigung iSd. § 44a Abs. 7 oder 8 nicht vorlag, und wurde v. der Möglichkeit der Änderung der Steueranmeldung nach § 44b Abs. 5 kein Gebrauch gemacht, so lässt die FinVerw. zur **Vermeidung v. Härten** zu, dass die KapESt auf Antrag der betroffenen Körperschaft in der gesetzlich zulässigen Höhe v. dem FA, an das die KapESt abgeführt wurde, erstattet wird.[3]

H. Ehemalige Körperschaften öffentlichen Rechts (Abs. 8a)

12 Nach Abs. 8a ist Abs. 8 entspr. auf PersGes. anzuwenden, deren G'ter nicht steuerpflichtige SozVers. Träger oder deren steuerbefreite Landesverbände sind, und die kraft Gesetzes aus einer Körperschaft des öffentl. Rechts in eine GbR umgewandelt worden sind. Diese Gesellschaften fielen durch den gesetzlich bestimmten Rechtsformwechsel (unbeabsichtigt) aus dem Anwendungsbereich der Norm heraus. Das wurde durch die Einfügung des Abs. 8a korrigiert.

I. Beschränkt steuerpflichtige Körperschaften bei Kapitalerträgen iSv. § 43 Abs. 1 S. 1 Nr. 1–4 (Abs. 9)

13 Im Sinne einer Gleichbehandlung mit inländ. Körperschaften, Personenvereinigungen und Vermögensmassen, bei denen der KapESt-Abzug abgeltende Wirkung hat, wird der Steuersatz für die endg. Belastung der ausländ. Körperschaften mit KapESt ebenfalls an den tariflichen Steuersatz für die KSt angepasst. Im Einzelfall kann sich eine weiter gehende Entlastung aus einem DBA ergeben.[4] Die Entlastung erfolgt umfassend durch nachträgliche Erstattung durch das BZSt. Ggf. kommt für EU-/EWR-Ges. unter den dort genannten Voraussetzungen auch eine Erstattung nach § 32 Abs. 5 KStG in Betracht.

J. Ausländische Kapitalerträge aus Aktien in Sammel- oder Sonderverwahrung (Abs. 10)

14 § 44a Abs. 10 regelt den Steuerabzug (S. 4 ff.) bzw. Ausnahmen v. Steuerabzug (S. 1–3) bei ausländischen Kapitalerträgen iSd. § 43 Abs. 1 S. 1 Nr. 1a (insbes. sammelverwahrte Aktien). Dadurch wird der Steuerabzug bei ausländischen Erträgen v. den ausschüttenden AG bzw. Investmentvermögen mit Wirkung zum 1.1.2012 auf die auszahlenden inländischen Stellen verlagert.

S. 1 Nr. 3 wurde durch das G zur Vermeidung von Umsatzsteuerausfällen beim Handel mit Waren im Internet und zur Änderung weiterer stl. Vorschriften v. 11.12.2018[5] um Halbs. 2 ergänzt.[6] Die Regelung soll verhindern, dass steuerbegünstigte Anleger für Cum/Cum-Geschäfte genutzt werden, um vom Steuerabzug unbelastete Kapitalerträge zu erzielen, ohne den Anzeige- und Zahlungspflichten nach § 36a Abs. 4 Folge zu leisten. Tatsächlich wurden in den vergangenen Jahren in großem Umfang kurzfristig Aktien börsennotierter Unternehmen über deren Dividendenstichtag von beschränkt StPfl. erworben und anschließend wieder zurückgegeben. Da steuerbegünstigte Anleger bisher die Möglichkeit der vollständigen Ab-

1 BT-Drucks. 16/4841, 68.
2 BT-Drucks. 15/1562, 38 f.
3 BMF v. 18.1.2016, BStBl. I 2016, 85 Rz. 300a.
4 *Schönfeld*, IStR 2007, 850.
5 BGBl. I 2018, 2338.
6 BR-Drucks. 559/18, 6.

standnahme vom KapESt-Abzug erhielten, wurde keine Steuer einbehalten. Zwar waren die Anleger nach § 36a Abs. 4 verpflichtet, derartige Cum/Cum-Geschäfte anzuzeigen und die nicht einbehaltene Steuer abzuführen, dieser Pflicht kamen sie aber nicht nach, weil sie die Dividendenerträge vereinbarungsgemäß an die beschränkt StPfl. weiterzuleiten hatten und somit keine ausreichenden finanziellen Mittel zur Erfüllung dieser Pflicht vorhanden waren.[1] Diese Änderung ist nach der allg. Anwendungsregel des § 52 Abs. 1 in der am 1.1.2019 geltenden Fassung erstmals für nach dem 31.12.2018 zufließende Kapitalerträge anzuwenden.

§ 44 Abs. 10 S. 4 gilt für Erträge aus inländ. Investmentanteilen mit Ausnahme der Fälle des § 7 Abs. 1 InvStG, für Erträge aus sammel- und streifbandverwahrten Gewinnobligationen, Wandelanleihen, aus Genussrechten mit Eigen- und Fremdcharakter sowie aus ADR und insbes. den ADR vergleichbaren EDR, GDR und IDR inländ. Aktien entsprechend.[2]

Die Regelung in **S. 4 ff.** dient der **Vermeidung eines ungerechtfertigten Steuereinbehalts** in Fällen der Drittverwahrung oder Zwischenverwahrung (§ 3 DepotG) im Ausland.[3] 15

Das G sieht deshalb vor, dass das inländische Institut, das die Dividenden an den Kunden auszahlt, für sämtliche Bezüge aus v. ihm verwalteten **Aktien mit Zwischenverwahrung im Ausland** eine sog. **Sammel-Steuerbescheinigung** erhält, die es zum Vorteil seiner Kunden auswertet, wodurch diese so gestellt werden sollen, als würde das inländische Institut den Steuerabzug durchführen (zB Berücksichtigung v. Freistellungsaufträgen). Die Sammel-Steuerbescheinigung ist keine Bescheinigung iSd. § 45a Abs. 2 und berechtigt nicht zur unmittelbaren Anrechnung oder zur Beantragung einer Erstattung der darin ausgewiesenen Steuer.[4]

Die Sammelbescheinigung ist auf **Antrag der Hausbank**, die die Kapitalerträge dem Kunden auszahlt oder gutschreibt, v. der letzten inländischen Stelle, die die Überweisung ins Ausland durchgeführt hat, zu erstellen (S. 4). Gemäß S. 5 darf der Antrag nur gestellt werden, wenn nachgewiesen ist, dass es sich um eine **Dividendenzahlung** handelt. Neben der Sammelbescheinigung dürfen **keine Einzel-Steuerbescheinigungen** über die nämlichen Kapitalerträge erstellt werden, S. 6. Liegt der Hausbank die Sammelbescheinigung vor, dann hat sie zu Gunsten des Kunden die einbehaltene KapESt zu erstatten, wenn die Voraussetzungen des § 44b Abs. 6 erfüllt sind (zB Stellung eines Freistellungsauftrages), S. 7.

Der Antrag auf Erteilung einer Sammel-Steuerbescheinigung kann nur für Dividendenerträge aus Aktien gestellt werden, die mit Dividendenanspr. erworben und geliefert werden. Bei den Kapitalerträgen muss es sich um echte Dividenden mit Steuerabzug handeln.[5]

Einzelheiten zum Verfahren und das aktuelle amtlich vorgeschriebene Muster können dem dazu ergangenen BMF-Schr.[6] entnommen werden.

§ 44b Erstattung der Kapitalertragsteuer

(1) Nach Ablauf eines Kalenderjahres hat der zum Steuerabzug Verpflichtete die im vorangegangenen Kalenderjahr abgeführte Steuer auf Ausschüttungen eines Investmentfonds zu erstatten, soweit die Ausschüttungen nach § 17 des Investmentsteuergesetzes nicht als Ertrag gelten.

(2)[7] Ist bei Gläubigern nach § 44a Absatz 7 Satz 1 Nummer 1 gemäß § 44a Absatz 10 Satz 1 Nummer 3 Kapitalertragsteuer einbehalten und abgeführt worden, wird auf Antrag durch das Finanzamt, in dessen Bezirk sich die Geschäftsleitung oder der Sitz des Gläubigers befindet, die Kapitalertragsteuer erstattet, wenn der Gläubiger die Voraussetzungen nach § 36a Absatz 1 bis 3 erfüllt.

(3) bis (4) (weggefallen)

(5) [1]Ist Kapitalertragsteuer einbehalten oder abgeführt worden, obwohl eine Verpflichtung hierzu nicht bestand, oder hat der Gläubiger dem nach § 44 Absatz 1 zum Steuerabzug Verpflichteten die Bescheinigung nach § 43 Absatz 2 Satz 4, den Freistellungsauftrag, die Nichtveranlagungs-Bescheinigung oder die Bescheinigungen nach § 44a Absatz 4 oder Absatz 5 erst zu einem Zeitpunkt vorgelegt, zu dem die Kapitalertragsteuer bereits abgeführt war, oder nach diesem Zeitpunkt erst die

1 Vgl. die ausf. Begr. in BT-Drucks. 19/4455, 47.
2 BMF v. 16.9.2013, BStBl. I 2013, 1168.
3 Dazu ausf. BT-Drucks. 17/7524, dort zu Art. 2 Nr. 28, Buchst. 4 (S. 16).
4 BMF v. 16.9.2013, BStBl. I 2013, 1168.
5 BMF v. 16.9.2013, BStBl. I 2013, 1168 (unter Aufhebung des BMF v. 1.3.2012, BStBl. I 2012, 236).
6 BMF v. 16.9.2013, BStBl. I 2013, 1168.
7 In § 44b wurde mWv. 1.1.2019 Absatz 2 eingefügt (G zur Vermeidung von Umsatzsteuerausfällen beim Handel mit Waren im Internet und zur Änderung weiterer stl. Vorschriften v. 11.12.2018, BGBl. I 2018, 2338).

Erklärung nach § 43 Absatz 2 Satz 3 Nummer 2 abgegeben, ist auf Antrag des nach § 44 Absatz 1 zum Steuerabzug Verpflichteten die Steueranmeldung (§ 45a Absatz 1) insoweit zu ändern; stattdessen kann der zum Steuerabzug Verpflichtete bei der folgenden Steueranmeldung die abzuführende Kapitalertragsteuer entsprechend kürzen. [2]Erstattungsberechtigt ist der Antragsteller. [3]Solange noch keine Steuerbescheinigung nach § 45a erteilt ist, hat der zum Steuerabzug Verpflichtete das Verfahren nach Satz 1 zu betreiben. [4]Die vorstehenden Sätze sind in den Fällen des Absatzes 6 nicht anzuwenden.

(6) [1]Werden Kapitalerträge im Sinne des § 43 Absatz 1 Satz 1 Nummer 1 und 2 durch ein inländisches Kredit- oder Finanzdienstleistungsinstitut im Sinne des § 43 Absatz 1 Satz 1 Nummer 7 Buchstabe b, das die Wertpapiere, Wertrechte oder sonstigen Wirtschaftsgüter unter dem Namen des Gläubigers verwahrt oder verwaltet, als Schuldner der Kapitalerträge oder für Rechnung des Schuldners gezahlt, kann das Kredit- oder Finanzdienstleistungsinstitut die einbehaltene und abgeführte Kapitalertragsteuer dem Gläubiger der Kapitalerträge bis zur Ausstellung einer Steuerbescheinigung, längstens bis zum 31. März des auf den Zufluss der Kapitalerträge folgenden Kalenderjahres, unter den folgenden Voraussetzungen erstatten:

1. **dem Kredit- oder Finanzdienstleistungsinstitut wird eine Nichtveranlagungs-Bescheinigung nach § 44a Absatz 2 Satz 1 Nummer 2 für den Gläubiger vorgelegt,**
2. **dem Kredit- oder Finanzdienstleistungsinstitut wird eine Bescheinigung nach § 44a Absatz 5 für den Gläubiger vorgelegt,**
3. **dem Kredit- oder Finanzdienstleistungsinstitut wird eine Bescheinigung nach § 44a Absatz 7 Satz 2 für den Gläubiger vorgelegt und eine Abstandnahme war nicht möglich oder**
4. **dem Kredit- oder Finanzdienstleistungsinstitut wird eine Bescheinigung nach § 44a Absatz 8 Satz 2 für den Gläubiger vorgelegt und die teilweise Abstandnahme war nicht möglich; in diesen Fällen darf die Kapitalertragsteuer nur in Höhe von zwei Fünfteln erstattet werden.**

[2]Das erstattende Kredit- oder Finanzdienstleistungsinstitut haftet in sinngemäßer Anwendung des § 44 Absatz 5 für zu Unrecht vorgenommene Erstattungen; für die Zahlungsaufforderung gilt § 219 Satz 2 der Abgabenordnung entsprechend. [3]Das Kredit- oder Finanzdienstleistungsinstitut hat die Summe der Erstattungsbeträge in der Steueranmeldung gesondert anzugeben und von der von ihm abzuführenden Kapitalertragsteuer abzusetzen. [4]Wird dem Kredit- oder Finanzdienstleistungsinstitut ein Freistellungsauftrag erteilt, der auch Kapitalerträge im Sinne des Satzes 1 erfasst, oder führt das Institut einen Verlustausgleich nach § 43a Absatz 3 Satz 2 unter Einbeziehung von Kapitalerträgen im Sinne des Satzes 1 aus, so hat es bis zur Ausstellung der Steuerbescheinigung, längstens bis zum 31. März des auf den Zufluss der Kapitalerträge folgenden Kalenderjahres, die einbehaltene und abgeführte Kapitalertragsteuer auf diese Kapitalerträge zu erstatten; Satz 2 ist entsprechend anzuwenden.

(7) [1]Eine Gesamthandsgemeinschaft kann für ihre Mitglieder im Sinne des § 44a Absatz 7 oder Absatz 8 eine Erstattung der Kapitalertragsteuer bei dem für die gesonderte Feststellung ihrer Einkünfte zuständigen Finanzamt beantragen. [2]Die Erstattung ist unter den Voraussetzungen des § 44a Absatz 4, 7 oder Absatz 8 und in dem dort bestimmten Umfang zu gewähren.

Literatur: *Desens/Hummel*, Die „Einschaltung" der Depotbank bei der Erstattung der Kapitalertragsteuer im Investmentsteuerrecht, FR 2012, 605; *Painter*, Das Gesetz zur Umsetzung der Amtshilferichtlinie sowie zur Änderung steuerlicher Vorschriften im Überblick, DStR 2013, 1630.

A. Grundaussagen der Vorschrift

1 § 44b ergänzt § 44a. Er sieht in Abs. 5 und 6 die Erstattung der KapESt vor, um – etwa in NV-Fällen – nicht allein zu diesem Zweck eine Veranlagung durchführen zu müssen und eine schnellere Rückgewähr zu viel gezahlter KapESt zu ermöglichen.

Abs. 1 bis 4 wurden infolge der Abstandnahme vom Steuerabzug in § 44a durch das AmtshilfeRLUmsG[1] aufgehoben.

1 G v. 26.6.2013, BGBl. I 2013, 1809.

Durch das InvStRefG[1] wurde **Abs. 1 neu** gefasst. Die Vorschrift regelt die Erstattung von KapESt, die auf Ausschüttungen eines Investmentfonds in dessen Liquidationsphase angefallen ist. Grundsätzlich sind die Ausschüttungen eines Investmentfonds in voller Höhe stpfl. Erträge und unterliegen damit auch in voller Höhe der KapESt. Eine Ausnahme macht § 17 InvStG in der ab 1.1.2018 geltenden Fassung während der Liquidationsphase, in der typischerweise auch steuerneutrale Kapitalrückzahlungen vorgenommen werden. Die Regelung des § 17 InvStG nF, bei der in der Liquidationsphase nach einem bestimmten Berechnungsschema zw. stpfl. Ausschüttung und steuerneutraler Kapitalrückzahlung zu unterscheiden ist, kann aber erst nach Ablauf des Kj. angewandt werden, weil der letzte im Kj. festgesetzte Rücknahmepreis für die Berechnung erforderlich ist. Das heißt, die zum Steuerabzug verpflichteten Stellen müssen während des Kj. zunächst auf alle „Ausschüttungen" KapESt erheben. Nach Ablauf des Kj. müssen sie den Anteil der steuerneutralen Kapitalrückzahlungen ermitteln und dem Anleger den darauf entfallenden Anteil an KapESt erstatten. Diese Erstattungsbeträge erhalten sie über ihre KapESt-Anmeldung von ihrem Betriebsstätten-FA zurück.[2]

Abs. 2 wurde durch das G zur Vermeidung von Umsatzsteuerausfällen beim Handel mit Waren im Internet und zur Änderung weiterer stl. Vorschriften[3] **eingefügt.** Mit dieser Regelung wird dem Umstand Rechnung getragen, dass den steuerbegünstigten Anlegern die Dividendenerträge auch weiterhin stl. unbelastet zufließen sollen, wenn keine **Cum/Cum-Gestaltungen** vorliegen. Die FinVerw. kann iRd. Erstattungsverfahrens prüfen, ob die Voraussetzungen des § 36a vorliegen.[4] Die Änderung ist nach der allg. Anwendungsregelung in § 52 Abs. 1 in der am 1.1.2019 geltenden Fassung erstmals für nach dem 31.12.2018 zufließende Kapitalerträge anzuwenden.

Abs. 5 regelt die Erstattung, wenn die KapESt rechtsgrundlos oder deshalb einbehalten oder abgeführt wurde, weil die für eine Abstandnahme vom Steuerabzug erforderlichen Bescheinigungen nicht rechtzeitig vorgelegt wurden. Satz 3 wurde durch das Zollkodex-AnpG[5] zum 1.1.2015 eingefügt,[6] um die Zahl der Veranlagungsfälle bei zu viel gezahlter KapESt zu verringern.[7] Die Änderung ist nach § 52 Abs. 1 erstmals für den VZ 2015 anzuwenden.

Abs. 6 enthält das **Erstattungsverfahren durch die Kreditwirtschaft**.

Abs. 7 wurde durch das AmtshilfeRLUmsG neu eingefügt. Er betrifft Kapitalerträge von Gesamthandsgemeinschaften. Die Änderungen durch das AmtshilfeRLUmsG traten am 30.6.2013 in Kraft (Art. 31 Abs. 1 AmtshilfeRLUmsG). Die Abs. 1 bis 4 sind letztmals auf Kapitalerträge anzuwenden, die dem Gläubiger vor dem 1.1.2013 zugeflossen sind, § 52a Abs. 16c S. 4; die Abs. 6 und 7 idF des AmtshilfeRLUmsG sind erstmals auf Kapitalerträge anzuwenden, die dem Gläubiger nach dem 31.12.2012 zufließen, § 52a Abs. 16d.

B. Erstattung bei rechtsgrundloser Leistung (Abs. 5)

Abs. 5 ist in seiner 1. Alt. eine Sonderregelung zu § 37 Abs. 2 AO, nach dem die KapESt zu erstatten ist, 2
wenn sie erhoben wurde, obwohl eine Verpflichtung hierzu nicht bestand (zB doppelte Zahlung, Zahlung v. 33⅓ statt 25 %; Einbehaltung trotz vorliegenden Freistellungsauftrags; nicht: nachträgliche Änderung eines Gewinnverteilungsbeschlusses). Sofern eine Korrektur des Steuerabzugs nach Abs. 5 durch den Schuldner der Kapitalerträge oder die auszahlende Stelle tatsächlich nicht erfolgt ist, führt die ohne rechtlichen Grund einbehaltene KapESt zu einem Erstattungsanspr. iSv. § 37 Abs. 2 AO. Der Antrag ist an das Betriebsstätten-FA zu richten, an das die Steuer abgeführt worden ist.[8] Erstattungsberechtigt ist der Schuldner der Kapitalerträge – auch wenn die KapESt nicht für seine Rechnung entrichtet wurde.[9] In seiner 2. Alt. erfasst Abs. 5 die Fälle „missglückter" Abstandnahme, in denen der Gläubiger dem Abzugsverpflichteten den Freistellungsauftrag, die NV-Bescheinigung oder die Bescheinigungen nach § 44a Abs. 4 oder 5 erst zu einem Zeitpunkt vorgelegt hat, in dem die KapESt bereits abgeführt war. Bei beiden Alt. kann die Steueranmeldung korrigiert oder bei der nächsten Steueranmeldung die abzuführende KapESt entspr. gekürzt werden.[10]

---

1 G v. 19.7.2016, BGBl. I 2016, 1730 (1754f.); zur Anwendung BMF v. 3.5.2017, BStBl. I 2017, 739 Rz. 308a (neu) (Ergänzung zum BMF v. 18.1.2016, BStBl. I 2016, 85).
2 BT-Drucks. 18/8045, 138.
3 G v. 11.12.2018, BGBl. I 2018, 2338.
4 So die Gesetzesbegründung, BT-Drucks. 19/4455, 48.
5 G v. 22.12.2014, BGBl. I 2014, 2417.
6 BR-Drucks. 14/592.
7 *Geberth/Bartelt*, DB 2014, 2861.
8 BMF v. 18.1.2016, BStBl. I 2016, 85 Rz. 307.
9 BFH v. 14.7.2004 – I R 100/03, FR 2005, 104 = BFH/NV 2004, 1688.
10 Vgl. dazu auch BMF v. 18.1.2016, BStBl. I 2016, 85 Rz. 307ff.

Korrekturen sind grds. nur mit Wirkung für die Zukunft, dh., nach den Verhältnissen im Zeitpunkt des Bekanntwerdens des Fehlers, vorzunehmen. Hiervon abweichend können die auszahlenden Stellen einheitlich für alle Anleger bis zum 31. Januar Korrekturen für das vorangegangene Kj. vornehmen. Hat die auszahlende Stelle den Fehler selbst zu vertreten, kann sie nach der Verwaltungsauffassung – abweichend v. S. 1 – iRd. nächsten Steueranmeldung die Korrektur für die Vergangenheit durchführen.[1] Zur Erstattung der KapESt bei nachträglich bekannt gewordenen Steuerbefreiungstatbeständen, nachträglich vorgelegten Bescheinigungen, NV-Bescheinigungen und Freistellungsaufträgen bei nach dem 1.1.2014 zugeflossenen Kapitalerträgen (Abs. 5 S. 3) vgl. BMF-Schr. v. 18.1.2016[2].

C. Erstattung durch die Kreditwirtschaft (Abs. 6)[3]

3 Für Kapitalerträge iSd. § 43 Abs. 1 S. 1 Nr. 1 und 2 trat ab dem 1.1.2010 an die Stelle der Erstattung durch das BZSt aufgrund Sammelantrags des verwahrenden oder verwaltenden Kreditinstituts die Erstattung durch das Institut selbst. Dieses verrechnet die Erstattungssumme mit der v. ihm auf andere Kapitalerträge zu entrichtenden KapESt. In den Fällen des Freistellungsauftrags und des Verlustausgleichs nach § 43a Abs. 3 S. 2 ist das Kreditinstitut zur Erstattung verpflichtet (Abs. 6 S. 4).

Dem Kreditinstitut müssen die in Abs. 6 S. 1 Nr. 1–4 genannten Bescheinigungen vorliegen. Es sammelt die entspr. Erstattungsbeträge und setzt sie in seiner Monats-Anmeldung v. dem zu entrichtenden Betrag ab (Abs. 6 S. 3).

Das Haftungsverfahren (Abs. 6 S. 2) einschl. der Erleichterung beim Leistungsgebot ist den Voraussetzungen für die Haftung für einzubehaltende Beträge (§ 44 Abs. 5) angeglichen worden.

D. Kapitalerträge von Gesamthandsgemeinschaften

4 Bei Kapitalerträgen, die eine Gesamthandsgemeinschaft erzielt, kommt – anders als bei Kapitalerträgen, die eine KapGes. iSv. § 44a Abs. 7 und 8 erzielt – eine Abstandnahme v. Steuerabzug nicht in Betracht, da die Erträge zunächst an die Gemeinschaft als solche fließen und eine Aufteilung der Erträge auf deren Mitglieder erst iRd. gesonderten und einheitlichen Gewinnfeststellung erfolgt.

Das früher notwendige Erstattungsverfahren beim BZSt. entfiel durch die Änderungen des AmtshilfeRL-UmsG[4]. Da den **Feststellungs-FÄ** die für die Erstattung notwendigen Unterlagen bereits vorliegen, kann dort auch die Erstattung der KapESt durchgeführt werden.

§ 45 Ausschluss der Erstattung von Kapitalertragsteuer

[1]In den Fällen, in denen die Dividende an einen anderen als an den Anteilseigner ausgezahlt wird, ist die Erstattung oder Anrechnung von Kapitalertragsteuer für den Zahlungsempfänger ausgeschlossen. [2]Satz 1 gilt nicht für den Erwerber eines Dividendenscheines oder sonstigen Anspruches in den Fällen des § 20 Absatz 2 Satz 1 Nummer 2 Buchstabe a Satz 2; beim Erwerber sind drei Fünftel der Kapitalertragsteuer nicht anzurechnen oder zu erstatten. [3]In den Fällen des § 20 Absatz 2 Satz 1 Nummer 2 Buchstabe b ist die Erstattung von Kapitalertragsteuer an den Erwerber von Zinsscheinen nach § 37 Absatz 2 der Abgabenordnung ausgeschlossen.

A. Grundaussage der Vorschrift

1 § 45 befasst sich mit Fällen, in denen Ertragsanspruch und Stammrecht voneinander getrennt wurden, nunmehr der Inhaber des Ertragsanspruchs den Ertrag bezieht und vom Ertrag KapESt einbehalten wird.

1 BMF v. 18.1.2016, BStBl. I 2016, 85 Rz. 241 ff., mit zusätzlichen Beispielen.
2 BMF v. 18.1.2016, BStBl. I 2016, 85 Rz. 307a.
3 BMF v. 21.9.2010, BStBl. I 2010, 753 – Leerverkäufe v. Aktien über den Dividendenstichtag (im Anschluss an BMF v. 5.5.2009, BStBl. I 2009, 631); aufgehoben durch BMF v. 29.11.2011, BStBl. I 2011, 1112, aber für Vorgänge vor dem 1.1.2012 weiter anzuwenden; *Desens/Hummel*, FR 2012, 605.
4 G v. 26.6.2013, BGBl. I 2013, 1809.

Die Regelung soll sicherstellen, dass eine Besteuerung oder Steuererstattung trotz Auseinanderlaufens von Ertragsanspruch und Stammrecht nur einmal erfolgt. S. 1 schließt die Erstattung für den Fall der Auszahlung der Dividende an einen anderen als den Anteilseigner aus. Davon abw. erlaubt S. 2 die Erstattung an den Erwerber eines Dividendenscheins oder eines sonstigen Anspr. S. 3 schließt dann die Erstattung an den Erwerber eines Zinsscheins aus.

B. Grundregel (S. 1)

2 Nach § 20 Abs. 5 S. 2 ist die Dividende v. demjenigen zu versteuern, dem im Zeitpunkt des Gewinnverwendungsbeschlusses das Stammrecht nach § 39 AO zuzurechnen ist. § 45 S. 1 schließt einen hierauf gestützten Erstattungsanspruch des Zahlungsempfängers jedoch aus; nur der **Inhaber des Stammrechts** kann eine Anrechnung der KapESt nach § 36 Abs. 2 Nr. 2 erreichen. Der Inhaber des Stammrechts (Anteilseigner) und der Inhaber des Ertragsanspr müssen intern einen Ausgleich vornehmen.

S. 1 wurde (ebenso wie S. 2) durch das G zur Vermeidung von Umsatzsteuerausfällen beim Handel mit Waren im Internet und zur Änderung weiterer stl. Vorschriften[1] **geändert**. Die Ergänzung um die Worte „oder Anrechnung" in S. 1 dient der Klarstellung, dass neben der Erstattung auch die Anrechnung von KapESt ausgeschlossen ist, sofern die Dividende an einen anderen als den Anteilseigner ausgezahlt wird. Diese Klarstellung soll zusammen mit der Ergänzung von S. 2 um den HS 2 verhindern, dass über das Erstattungsverfahren die Regelungen zur beschränkten Anrechenbarkeit von KapESt unterlaufen werden.[2]

Die Änderung ist nach der allg. Auslegungsregelung in § 52 Abs. 1 in der am 1.1.2018 geltenden Fassung erstmals für den VZ 2018 anzuwenden. Zur Rückwirkungsproblematik s. die Gesetzesbegründung in BT-Drucks. 19/4455, 43.

C. Erstattung im Fall des § 20 Abs. 2 S. 1 Nr. 2 lit. a (S. 2)

3 Nach § 20 Abs. 2 S. 1 Nr. 2 lit. a gehören Einnahmen aus der Veräußerung v. Dividendenscheinen und sonstigen Anspr. durch den Inhaber des Stammrechts zu den Einkünften aus KapVerm., wenn die Anteile nicht mitveräußert werden. Auf diese Einnahmen wird keine KapESt erhoben (vgl. § 43 Abs. 1 Nr. 8). KapESt wird jedoch nach § 43 Abs. 1 S. 1 Nr. 1 auf die Dividende selbst einbehalten. Nach der Grundregel des § 45 S. 1 wäre diese nicht erstattungsfähig. § 45 S. 2 trägt der Vorschrift des § 20 Abs. 2 S. 1 Nr. 2 lit. a S. 2 Rechnung, nach der die Besteuerung nach § 20 Abs. 2 S. 1 Nr. 2 lit. a S. 1 an die Stelle der Besteuerung der Dividende nach § 20 Abs. 1 Nr. 1 tritt, und **schließt die Anwendung v. § 45 S. 1 aus**, sodass der Erwerber eines isolierten Dividendenscheins und (seit der Gesetzesänderung durch das Kroatien-AnpG[3]) auch der Erwerber sonstiger Anspr. die Erstattung der einbehaltenen KapESt an sich erreichen kann.

S. 2 wurde durch das G zur Vermeidung von Umsatzsteuerausfällen beim Handel mit Waren im Internet und zur Änderung weiterer stl. Vorschriften[4] **geändert**. Die Ergänzung von S. 2 um den HS 2 soll Gestaltungen verhindern, bei denen über die Abtrennung von Dividendenscheinen die Beschränkung der Anrechnungsvoraussetzungen nach § 36a umgangen wird.[5] Deshalb wird die Anrechnung oder Erstattung der KapESt beim Erwerber eines Dividendenscheins auf einen Betrag von maximal 2/5 begrenzt, auch wenn bei der vorhergehenden Veräußerung des Dividendenscheins eine Besteuerung stattfand. So wird gewährleistet, dass auf die Dividendenzahlungen 15 % KapESt einbehalten wird.

Die Änderung ist nach der allg. Anwendungsregelung in § 52 Abs. 1 in der am 1.1.2018 geltenden Fassung erstmals für den VZ 2018 anzuwenden. Zur Rückwirkungsproblematik s. die Gesetzesbegründung in BT-Drucks. 19/4455, 43.

§ 10 Abs. 1 S. 1 HS 2 ReitG schließt für Anteile an deutschen REIT-AG die Vorverlagerung der Besteuerung auf die Veräußerung des Dividendenscheins oder des Dividendenanspr. aus. Mangels Anwendbarkeit des § 20 Abs. 2 S. 1 Nr. 2 lit. a ist auch § 45 S. 2 nicht anzuwenden. Besteuert wird auch in diesem Fall nur die v. der REIT-AG gezahlte Dividende.

D. Die Regelung für den Zinsscheinerwerber (S. 3)

4 Nach § 20 Abs. 2 S. 1 Nr. 2 lit. b gehören zu den Einkünften aus KapVerm. auch Einnahmen aus der Veräußerung v. Zinsscheinen und -forderungen durch den Inhaber oder ehemaligen Inhaber der Schuldverschreibungen, wenn die dazugehörigen Schuldverschreibungen nicht mitveräußert werden. Auf diese Einnahmen aus der Veräußerung wird – anders als im Fall des § 20 Abs. 2 S. 1 Nr. 2 lit. a – gem. § 43 Abs. 1

1 G v. 11.12.2018, BGBl. I 2018, 2338.
2 Vgl. die Gesetzesbegründung in BT-Drucks. 19/4455, 42 m. Bsp.
3 G v. 25.7.2014, BGBl. I 2014, 1266.
4 G v. 11.12.2018, BGBl. I 2018, 2338.
5 Gesetzesbegründung in BT-Drucks. 19/4455, 42.

S. 1 Nr. 8 KapESt einbehalten. Auf die in der Folge gezahlten Zinsen wird ebenfalls KapESt erhoben (§ 43 Abs. 1 S. 1 Nr. 7). Da diese Zinsen – anders als die Dividende im Fall des § 20 Abs. 2 S. 1 Nr. 2 lit. a – stpfl. sind, schließt § 45 S. 3 **entspr. der Grundregel des § 45 S. 1** eine Erstattung aus.

§ 45a Anmeldung und Bescheinigung der Kapitalertragsteuer

(1) [1]Die Anmeldung der einbehaltenen Kapitalertragsteuer ist dem Finanzamt innerhalb der in § 44 Absatz 1 oder Absatz 7 bestimmten Frist nach amtlich vorgeschriebenem Vordruck auf elektronischem Weg zu übermitteln; die auszahlende Stelle hat die Kapitalertragsteuer auf die Erträge im Sinne des § 43 Absatz 1 Satz 1 Nummer 1a jeweils gesondert für das Land, in dem sich der Ort der Geschäftsleitung des Schuldners der Kapitalerträge befindet, anzugeben. [2]Satz 1 gilt entsprechend, wenn ein Steuerabzug nicht oder nicht in voller Höhe vorzunehmen ist. [3]Der Grund für die Nichtabführung ist anzugeben. [4]Auf Antrag kann das Finanzamt zur Vermeidung unbilliger Härten auf eine elektronische Übermittlung verzichten; in diesem Fall ist die Kapitalertragsteuer-Anmeldung von dem Schuldner, der den Verkaufsauftrag ausführenden Stelle, der auszahlenden Stelle oder einer vertretungsberechtigten Person zu unterschreiben.

(2) [1]Folgende Stellen sind verpflichtet, dem Gläubiger der Kapitalerträge auf Verlangen eine Bescheinigung nach amtlich vorgeschriebenem Muster auszustellen, die die nach § 32d erforderlichen Angaben enthält; bei Vorliegen der Voraussetzungen des

1. **§ 43 Absatz 1 Satz 1 Nummer 1, 2 bis 4, 7a und 7b der Schuldner der Kapitalerträge,**
2. **§ 43 Absatz 1 Satz 1 Nummer 1a, 6, 7 und 8 bis 12 sowie Satz 2 die die Kapitalerträge auszahlende Stelle vorbehaltlich des Absatzes 3 und**
3. **§ 44 Absatz 1a die zur Abführung der Steuer verpflichtete Stelle.**

[2]Die Bescheinigung kann elektronisch übermittelt werden; auf Anforderung des Gläubigers der Kapitalerträge ist sie auf Papier zu übersenden. [3]Die Bescheinigung braucht nicht unterschrieben zu werden, wenn sie in einem maschinellen Verfahren ausgedruckt worden ist und den Aussteller erkennen lässt. [4]§ 44a Absatz 6 gilt sinngemäß; über die zu kennzeichnenden Bescheinigungen haben die genannten Institute und Unternehmen Aufzeichnungen zu führen. [5]Diese müssen einen Hinweis auf den Buchungsbeleg über die Auszahlung an den Empfänger der Bescheinigung enthalten.

(3) [1]Werden Kapitalerträge für Rechnung des Schuldners durch ein inländisches Kreditinstitut oder ein inländisches Finanzdienstleistungsinstitut gezahlt, so hat anstelle des Schuldners das Kreditinstitut oder das Finanzdienstleistungsinstitut die Bescheinigung zu erteilen, sofern nicht die Voraussetzungen des Absatzes 2 Satz 1 erfüllt sind. [2]Satz 1 gilt in den Fällen des § 20 Absatz 1 Nummer 1 Satz 4 entsprechend; der Emittent der Aktien gilt insoweit als Schuldner der Kapitalerträge.

(4) [1]Eine Bescheinigung nach Absatz 2 oder Absatz 3 ist auch zu erteilen, wenn in Vertretung des Gläubigers ein Antrag auf Erstattung der Kapitalertragsteuer nach § 44b gestellt worden ist oder gestellt wird. [2]Satz 1 gilt entsprechend, wenn nach § 44a Absatz 8 Satz 1 der Steuerabzug nur nicht in voller Höhe vorgenommen worden ist.

(5) [1]Eine Ersatzbescheinigung darf nur ausgestellt werden, wenn die Urschrift oder die elektronisch übermittelten Daten nach den Angaben des Gläubigers abhandengekommen oder vernichtet sind. [2]Die Ersatzbescheinigung muss als solche gekennzeichnet sein. [3]Über die Ausstellung von Ersatzbescheinigungen hat der Aussteller Aufzeichnungen zu führen.

(6) [1]Eine Bescheinigung, die den Absätzen 2 bis 5 nicht entspricht, hat der Aussteller durch eine berichtigte Bescheinigung zu ersetzen und im Fall der Übermittlung in Papierform zurückzufordern. [2]Die berichtigte Bescheinigung ist als solche zu kennzeichnen. [3]Wird die zurückgeforderte Bescheinigung nicht innerhalb eines Monats nach Zusendung der berichtigten Bescheinigung an den Aussteller zurückgegeben, hat der Aussteller das nach seinen Unterlagen für den Empfänger zuständige Finanzamt schriftlich zu benachrichtigen.

(7) [1]Der Aussteller einer Bescheinigung, die den Absätzen 2 bis 5 nicht entspricht, haftet für die auf Grund der Bescheinigung verkürzten Steuern oder zu Unrecht gewährten Steuervorteile. [2]Ist die Bescheinigung nach Absatz 3 durch ein inländisches Kreditinstitut oder ein inländisches Finanzdienstleistungsinstitut auszustellen, so haftet der Schuldner auch, wenn er zum Zweck der Bescheinigung unrichtige Angaben macht. [3]Der Aussteller haftet nicht

1. **in den Fällen des Satzes 2,**
2. **wenn er die ihm nach Absatz 6 obliegenden Verpflichtungen erfüllt hat.**

Verwaltung: BMF v. 6.8.2013, BStBl. I 2013, 984; v. 3.12.2014, BStBl. I 2014, 1586; v. 2.7.2015, DB 2015, 1870; v. 18.1.2016, BStBl. I 2016, 85; v. 15.12.2017, BStBl. I 2018, 13 (Neuveröffentlichung des BMF v. 3.12. 2014); v. 27.6.2018, BStBl. I 2018, 805 – Ausstellung von Steuerbescheinigungen für Kapitalerträge nach § 45a Abs. 2 und 3 EStG (Ergänzung des BMF v. 15.12.2017).

Literatur: *Klein*, Die vertane Chance im sog. „Cum/Ex-Verfahren" – Nachschau des Hessischen FG-Urteils v. 12.2. 2016 – 4 K 1684/14, BB 2016, 2006 (Teil 1), 2200 (Teil 2); *Spengel/Eisgruber*, Die nicht vorhandene Gesetzeslücke bei Cum-/Ex-Geschäften, DStR 2015, 785; sa. die Literaturnachweise zu Cum-/Ex-Geschäften bei § 43.

A. Grundaussagen der Vorschrift

§ 45a ergänzt § 44, der die Entstehung, Einbehaltung und Abführung der KapESt regelt. Er enthält Vorschriften über die Anmeldung und die Bescheinigung der KapESt. 1

B. Anmeldung der Kapitalertragsteuer (Abs. 1)

Die Anmeldung der KapESt soll der FinVerw. die Überwachung des Steuerabzugs erleichtern. Innerhalb 2
der Fristen des § 44 Abs. 1 (10. des Folgemonats und Folgetag bei ausgeschütteten Dividenden) und des § 44 Abs. 7 (erster Werktag nach dem Entstehungstag) hat der **Entrichtungspflichtige** (der Schuldner der Kapitalerträge, die den Verkaufsauftrag ausführende Stelle in den Fällen des § 20 Abs. 1 Nr. 1 S. 4 oder die auszahlende Stelle) die einbehaltene KapESt **nach amtl. vorgeschriebenen Muster**[1] **anzumelden**; Abs. 1 S. 1 HS. 1. Die auszahlende Stelle hat die KapESt auf die Erträge iSd § 43 Abs. 1 S. 1 Nr. 1a jeweils gesondert für das Land, in dem sich der Ort der Geschäftsleitung des Schuldners der Kapitalerträge befindet, anzugeben, Abs. 1 S. 1 HS 2. Dadurch soll gewährleistet werden, dass die KapESt dem Land zugewiesen wird, in dem sich der Ort der Leitung befindet.[2] Die Verpflichtung zur Anmeldung besteht nach Abs. 1 S. 2 auch dann, wenn ein Steuerabzug nicht oder nicht in voller Höhe vorzunehmen ist, zB bei Personenidentität zw. Gläubiger und Schuldner der Kapitalerträge (§ 43 Abs. 2) oder Abstandnahme v. Steuerabzug nach § 44a. Der Grund für die Nichtabführung ist gem. Abs. 1 S. 3 in der Anmeldung anzugeben (zu den weiteren Formalien vgl. Abs. 1 S. 4, 5).

Zur Vermeidung unbilliger Härten kann das FA auf Antrag auf die elektronische Übermittlung verzichten (Abs. 1 S. 4). In diesem Fall ist die KapESt-Anmeldung wie bisher auf Papier abzugeben. Da die Härtefallregelung des Abs. 1 S. 4 wie die Regelung für die LSt-Anmeldungen nach § 41 Abs. 1 S. 3 ausgestaltet ist, sind beide Härtefallregelungen einheitlich auszulegen. Allerdings wird die Verwaltung aufgrund der Struktur der Schuldner der Kapitalerträge bzw. der die Kapitalerträge auszahlenden Stellen (hauptsächlich stl. beratene GmbHs und Banken) wohl davon ausgehen, dass die Voraussetzungen für die Annahme eines Härtefalls (vgl. § 150 Abs. 8 AO) regelmäßig nicht erfüllt sein werden.

C. Bescheinigung der Kapitalertragsteuer (Abs. 2–7)

§ 45a Abs. 2 S. 1 bestimmt, wer auf Verlangen des Gläubigers eine Bescheinigung nach amtl. vorgeschrie- 3
benem Muster auszustellen hat, die die nach § 32d erforderlichen Angaben enthalten muss.[3]

Die Steuerbescheinigung ist zum einen materielle Voraussetzung und Tatbestandsmerkmal des § 36 Abs. 2 S. 2 zur Anrechnung der KapESt, zum anderen dient sie als Nachweis für die einbehaltene und abgeführte KapESt auf die zugeflossenen Erträge.[4] Insoweit liefert sie aber nur den Anscheinsbeweis für die Entrichtung der KapESt auf die erhaltenen Zahlungen.[5] Sofern die zu beweisende Tatsache nicht vorliegt, darf demgemäß auch keine Bescheinigung ausgestellt werden.

Die Bescheinigung hat in den Fällen des § 43 Abs. 1 S. 1 Nr. 1, 2–4, 7a und 7b der **Schuldner der Kapitalerträge** zu erteilen, § 45a Abs. 1 S. 1 Nr. 1. Werden die Kapitalerträge für seine Rechnung durch ein in-

---

1 BMF v. 3.12.2014, BStBl. I 2014, 1586; v. 15.12.2017, BStBl. I 2018, 13.
2 BT-Drucks. 17/4510, 91.
3 Zur Ausstellung v. Steuerbescheinigungen für in den Jahren 2009 und 2010 bes. in Rechnung gestellte Stückzinsen bei festverzinslichen Wertpapieren, die vor dem 1.1.2009 angeschafft wurden: BMF v. 16.12.2010, BStBl. I 2011, 78; zum Widerruf einer KapESt-Bescheinigung: FG Hess. v. 8.10.2012 – 4 V 1661/11 (Streitjahre 2006 bis 2008), BB 2012, 3184 mit Anm. *Blumers/Elicker*; dazu *Desens*, DStR 2012, 2473; BMF v. 6.8.2013, BStBl. I 2013, 984.
4 BFH v. 29.4.2008 – VIII R 28/07, BStBl. II 2009, 842.
5 BFH v. 12.2.2008 – VII R 33/06, BFH/NV 2008, 845.

länd. Kredit- oder Finanzdienstleistungsinstitut gezahlt, so tritt dieses gem. § 45a Abs. 3 an seine Stelle.[1] In den Fällen des § 43 Abs. 1 S. 1 Nr. 1a, 6, 7, 8 bis 12 sowie S. 2 hat die **auszahlende Stelle** (vgl. § 44 Abs. 1 S. 4) die Bescheinigung auszustellen, § 45a Abs. 1 S. 1 Nr. 2. In den Fällen des § 44 Abs. 1a hat die **zur Abführung der Steuer verpflichtete Stelle** die Bescheinigung auszustellen, § 45a Abs. 2 S. 1 Nr. 3.

Entspr. gilt nach § 45a Abs. 3 S. 3 in den Fällen des § 20 Abs. 1 Nr. 1 S. 4. Die Bescheinigung der KapESt bei Einnahmen iSv. § 20 Abs. 1 Nr. 1 S. 4 wird v. Kredit- oder Finanzdienstleistungsinstitut des Aktienerwerbers ausgestellt.[2] In der Mehrzahl der Aktiengeschäfte, bei denen die Auszahlung der Nettodividende von einer inländ. Depotbank des Verkäufers erfolgt, sind die Steuerbescheinigungen regelmäßig ein geeigneter und ausreichender Nachweis für die Erhebung der KapESt. Dies gilt jedoch nicht in den Fällen, in denen aufgrund besonderer Gestaltung nicht typischerweise von einer Einbehaltung der KapESt ausgegangen werden kann oder die Nichterhebung der KapESt auf die Dividendenkompensationszahlungen nachgewiesen ist. In diesen Fällen reicht allein die Vorlage der Anrechnungsbescheinigung nach § 45a Abs. 3 nicht aus.[3]

In die Bescheinigung sind die in **§ 45a Abs. 2, 3** geforderten Angaben aufzunehmen.[4] § 45a setzt einen Gleichklang zw. Steueranmeldung und Bescheinigung voraus, sodass die Steuer zu bescheinigen ist, die angemeldet wurde.[5]

Grds. darf nur **eine einzige Jahressteuerbescheinigung** ausgestellt werden. Es wird jedoch von der Verwaltung nicht beanstandet, wenn aufgrund geänderter Besteuerungsmerkmale die auf das angelaufene ganze Kj. bezogene KapESt in mehrere zeitraumbezogene, fortlaufend nummerierte Steuerbescheinigungen aufgeteilt wird. In diesem Fall ist die Gesamtzahl der ausgestellten Bescheinigungen anzuführen.[6]

Abs. 5 sieht die Möglichkeit der Ausstellung einer **Ersatzbescheinigung** vor, wenn die Urschrift abhanden gekommen oder vernichtet ist.[7]

Abs. 6 verlangt die Berichtigung einer unrichtigen Bescheinigung; bei Papierbescheinigungen auch deren Rückforderung. Sind in der Steuerbescheinigung die Kapitalertragsteuer und die anrechenbare KapESt zu niedrig ausgewiesen, kann von einer Berichtigung abgesehen werden, wenn eine **ergänzende Bescheinigung** ausgestellt wird, in die neben den übrigen Angaben nur der Unterschied zw. dem richtigen und dem ursprünglich bescheinigten Betrag aufgenommen wird. Die ergänzende Bescheinigung ist als solche zu kennzeichnen; die ursprüngliche Bescheinigung bleibt weiterhin gültig.[8]

Gem. **Abs. 7** haftet der Aussteller für **unrichtige Bescheinigungen**, im Falle des Abs. 3 aber auch der Schuldner, der unrichtige Angaben gemacht hat.

§ 45b

(weggefallen)

1 *Benutzerhinweis: § 45b wurde durch das AmtshilfeRLUmsG v. 26.6.2013[9] aufgehoben. Die Vorschrift ist letztmals auf Kapitalerträge anzuwenden, die dem Gläubiger vor dem 1.1.2013 zugeflossen sind, § 52a Abs. 16c S. 5 aF. Die letzte Kommentierung erfolgte in der 12. Aufl.*

Durch die Erweiterung der Abstandnahme vom Steuerabzug in § 44a ist die Entlastung v. Steuerabzug bei Mitarbeiterbeteiligungsmodellen durch das BZSt. nicht mehr erforderlich. Bei Gesamthandsgemeinschaften iSd. § 45b Abs. 2a erfolgt die Erstattung gem. § 44b Abs. 7 künftig durch das Feststellungs-FA. Auch in diesen Fällen entfällt daher das Sammelantragsverfahren.

1 Zur Erstellung v. Steuerbescheinigungen auf Antrag ausländ. Kreditinstitute für den Anteilseigner bei Verwahrung der Wertpapiere durch inländ. Kreditinstitute: BMF v. 2.7.2015, BStBl. I 2015, 664.
2 BR-Drucks. 622/06, 99; BMF v. 24.6.2015 – IV C 1 - S 2252/13/10005:003, zur Ausstellung von Steuerbescheinigungen bei „Cum-/Ex-Geschäften".
3 FG Hess. v. 10.3.2017 – 4 K 977/14, EFG 2017, 656 (rkr.) (zu Cum-/Ex-Geschäften).
4 Ausf. zu Form und Inhalt der Steuerbescheinigungen nach Abs. 2, 3: BMF v. 3.12.2014, BStBl. I 2014, 1586; v. 15.12.2017, BStBl. I 2018, 13.
5 FG Hess. v. 10.3.2017 – 4 K 977/14, EFG 2017, 656 (rkr.) (zu Cum-/Ex-Geschäften).
6 BMF v. 3.12.2014, BStBl. I 2014, 1586 Rz. 7; Kurzübersicht dazu in DStZ 2015, 60; BMF v. 15.12.2017, BStBl. I 2018, 13 Rz. 9.
7 BR-Drucks. 638/01, 55.
8 BMF v. 3.12.2014, BStBl. I 2014, 1586 Rz. 5; v. 15.12.2017, BStBl. I 2018, 13 Rz. 6.
9 BGBl. I 2013, 1809 und BT-Drucks. 17/10000 (Begründung, noch zum E-JStG 2013).

§ 45c

(weggefallen)

§ 45d Mitteilungen an das Bundeszentralamt für Steuern

(1) [1]Wer nach § 44 Absatz 1 dieses Gesetzes und nach § 7 des Investmentsteuergesetzes zum Steuerabzug verpflichtet ist, hat dem Bundeszentralamt für Steuern nach Maßgabe des § 93c der Abgabenordnung neben den in § 93c Absatz 1 der Abgabenordnung genannten Angaben folgende Daten zu übermitteln:

1. bei den Kapitalerträgen, für die ein Freistellungsauftrag erteilt worden ist,

a) die Kapitalerträge, bei denen vom Steuerabzug Abstand genommen worden ist oder bei denen Kapitalertragsteuer auf Grund des Freistellungsauftrags gemäß § 44b Absatz 6 Satz 4 dieses Gesetzes oder gemäß § 7 Absatz 5 Satz 1 des Investmentsteuergesetzes erstattet wurde,

b) die Kapitalerträge, bei denen die Erstattung von Kapitalertragsteuer beim Bundeszentralamt für Steuern beantragt worden ist,

2. die Kapitalerträge, bei denen auf Grund einer Nichtveranlagungs-Bescheinigung einer natürlichen Person nach § 44a Absatz 2 Satz 1 Nummer 2 vom Steuerabzug Abstand genommen oder eine Erstattung vorgenommen wurde.

[2]Bei einem gemeinsamen Freistellungsauftrag sind die Daten beider Ehegatten zu übermitteln. [3]§ 72a Absatz 4, § 93c Absatz 1 Nummer 3 und § 203a der Abgabenordnung finden keine Anwendung.

(2) [1]Das Bundeszentralamt für Steuern darf den Sozialleistungsträgern die Daten nach Absatz 1 mitteilen, soweit dies zur Überprüfung des bei der Sozialleistung zu berücksichtigenden Einkommens oder Vermögens erforderlich ist oder der Betroffene zustimmt. [2]Für Zwecke des Satzes 1 ist das Bundeszentralamt für Steuern berechtigt, die ihm von den Sozialleistungsträgern übermittelten Daten mit den vorhandenen Daten nach Absatz 1 im Wege des automatisierten Datenabgleichs zu überprüfen und das Ergebnis den Sozialleistungsträgern mitzuteilen.

(3) [1]Ein inländischer Versicherungsvermittler im Sinne des § 59 Absatz 1 des Versicherungsvertragsgesetzes hat das Zustandekommen eines Vertrages im Sinne des § 20 Absatz 1 Nummer 6 zwischen einer im Inland ansässigen Person und einem Versicherungsunternehmen mit Sitz und Geschäftsleitung im Ausland nach Maßgabe des § 93c der Abgabenordnung dem Bundeszentralamt für Steuern mitzuteilen. [2]Dies gilt nicht, wenn das Versicherungsunternehmen eine Niederlassung im Inland hat oder das Versicherungsunternehmen dem Bundeszentralamt für Steuern bis zu diesem Zeitpunkt das Zustandekommen eines Vertrages angezeigt und den Versicherungsvermittler hierüber in Kenntnis gesetzt hat. [3]Neben den in § 93c Absatz 1 der Abgabenordnung genannten Daten sind folgende Daten zu übermitteln:

1. Name und Anschrift des Versicherungsunternehmens sowie Vertragsnummer oder sonstige Kennzeichnung des Vertrages,

2. Laufzeit und garantierte Versicherungssumme oder Beitragssumme für die gesamte Laufzeit,

3. Angabe, ob es sich um einen konventionellen, einen fondsgebundenen oder einen vermögensverwaltenden Versicherungsvertrag handelt.

[4]Ist mitteilungspflichtige Stelle nach Satz 1 das ausländische Versicherungsunternehmen und verfügt dieses weder über ein Identifikationsmerkmal nach den §§ 139a bis 139c der Abgabenordnung noch über eine Steuernummer oder ein sonstiges Ordnungsmerkmal, so kann abweichend von § 93c Absatz 1 Nummer 2 Buchstabe a der Abgabenordnung auf diese Angaben verzichtet werden. [5]Der Versicherungsnehmer gilt als Steuerpflichtiger im Sinne des § 93c Absatz 1 Nummer 2 Buchstabe c der Abgabenordnung. [6]§ 72a Absatz 4 und § 203a der Abgabenordnung finden keine Anwendung.

§ 45d soll eine mehr als einmalige Inanspruchnahme des Sparerfreibetrags aufgrund v. Freistellungsaufträgen verhindern. Es werden deshalb die nach § 44 Abs. 1 und § 7 InvStG zum Steuerabzug Verpflichteten zu **Mitteilungen** an das BZSt. verpflichtet. 1

Durch das VerfModG v. 18.12.2016[1] wurden die Abs. 1 und 3 der Vorschrift an die durch dieses G vorgenommenen Änderungen der AO angepasst. Die **elektronische Datenübermittlung** an die Finanz-

1 BGBl. I 2016, 1679.

behörde durch Dritte ist nun allg. in **§ 93c AO** geregelt. Danach hat die mitteilungspflichtige Stelle die Daten grds. nach Ablauf des Besteuerungszeitraums bis zum letzten Tag des Monats Februar des Folgejahres nach amtlich vorgeschriebenem Datensatz über eine amtlich bestimmte Schnittstelle zu übermitteln, § 93c Abs. 1 Nr. 1 HS 1 AO. Der Datensatz muss ua. die in § 93c Abs. 1 Nr. 2 lit. a u. b AO genannten Angaben zur mitteilungspflichtigen Stelle enthalten, außerdem (lit. c) Vor- und Familiennamen, Geburtsdatum, Anschrift und ID-Nr. des StPfl. (§ 139b AO), ggf. (lit. d) den Firmennamen, die Firmenanschrift und die Wirtschafts-ID-Nr. (§ 139c AO). Mitzuteilen sind auch der Zeitpunkt der Erstellung des Datensatzes oder eines anderen Ereignisses, anhand dessen die Daten in der zeitlichen Reihenfolge geordnet werden können, die Art der Mitteilung, der betroffene Besteuerungszeitraum oder Besteuerungszeitpunkt und die Angabe, ob es sich um eine erstmalige, korrigierte oder stornierte Mitteilung handelt, § 93c Abs. 1 Nr. 2 lit. e AO.

Da § 93c Abs. 1 Nr. 1 und 2 AO auf alle Fälle anwendbar ist, in denen steuerliche Daten eines StPfl. aufgrund gesetzlicher Vorschriften von einem Dritten an Finanzbehörden elektronisch zu übermitteln sind, konnte auf die bisher in **§ 45d Abs. 1 Nr. 1, 2 und 5** geregelten Mitteilungspflichten verzichtet werden. Es bleiben die speziellen Mitteilungspflichten bei **Freistellungsaufträgen** (bisher Nr. 3 und 4, jetzt Nr. 1 und 2); bei einem gemeinsamen Freistellungsauftrag von Ehegatten sind weiterhin die Daten beider Ehegatten mitzuteilen, § 45d Abs. 1 S. 2 nF.

Zu übermitteln sind danach die Höhe des Betrags, für den v. Abzug Abstand genommen, KapESt erstattet oder eine Erstattung beantragt worden ist (**die „freigestellten" Beträge**, bisher Abs. 1 Nr. 3, jetzt Nr. 1), und die Kapitalerträge, bei denen aufgrund einer **NV-Bescheinigung** nach § 44a Abs. 2 S. 1 Nr. 2 v. Steuerabzug Abstand genommen oder eine Erstattung vorgenommen worden ist (bisher Abs. 1 Nr. 4, jetzt Nr. 2). Dies ermöglicht nach dem Wegfall bisher bestehender Kontrollmöglichkeiten weiterhin die Überprüfung der Angaben, die der NV-Bescheinigung zugrunde liegen.[1]

Abs. 2 normiert eine dem § 31a Abs. 3 AO ähnliche Ausnahme v. Steuergeheimnis für **Mitteilungen an Sozialleistungsträger**.

Abs. 3 nimmt grds. auch die inländ. Versicherungsvermittler ausländ. Versicherungsunternehmen in den Kreis der Mitteilungspflichtigen auf (Ausnahmen in Abs. 3 S. 2 nF)[2]. Die Vorschrift dient der Sicherstellung der inländ. Besteuerung v. Kapitalerträgen aus Versicherungsverträgen zw. inländ. StPfl. und ausländ. Versicherungsunternehmen. Die Verletzung der Mitteilungspflicht kann als Ordnungswidrigkeit geahndet werden (§ 50e idF des JStG 2009). Die durch das VerfModG v. 18.12.2016 geänderte Vorschrift enthält – entspr. den obigen Ausführungen zu Abs. 1 – nur noch Daten, die zusätzlich zu den in § 93c AO Genannten zu übermitteln sind. Der Versicherungsnehmer gilt gem. Abs. 3 S. 5 nF als StPfl. iSd. § 93c Abs. 1 Nr. 2 lit. c AO. – Da mitteilungspflichtige Stelle iSd. § 45d Abs. 3 auch ein ausländ. Versicherungsunternehmen sein kann, das im Inland weder über ein Identifikationsmerkmal noch über eine Steuernummer oder ein sonstiges Ordnungsmerkmal verfügt, bestimmt Abs. 3 S. 3 nF, dass in diesem Fall auf die Angabe dieser von § 93c Abs. 1 Nr. 2 lit. a AO geforderten Daten verzichtet wird.

Gem. **§ 93c Abs. 1 Nr. 3 S. 1 AO** hat die mitteilungspflichtige Stelle den StPfl. darüber zu informieren, welche für seine Besteuerung relevanten Daten sie an die Finanzbehörden übermittelt hat oder übermitteln wird. Diese Vorschrift findet gem. § 45d Abs. 1 S. 3 nF bei Freistellungsaufträgen keine Anwendung, weil der StPfl. bereits bei der Antragstellung über die Weitergabe der Daten informiert wird.[3]

Nach geltendem Recht sind bei den Verfahren zur Mitteilung von freigestellten Kapitalerträgen und zur Übermittlungspflicht von neu abgeschlossenen ausländ. Lebensversicherungsverträgen durch den inländ. Versicherungsvermittler Bestimmungen zur Haftung sowie ein Recht zur Außenprüfung bisher nicht vorhanden. Auf die Einführung derartiger Aufgaben gem. § 72a Abs. 4 oder § 203a AO und deren Zuweisung zu einer bestimmten Finanzbehörde hat der Gesetzgeber weiterhin verzichtet, § 45d Abs. 1 S. 4 und Abs. 3 S. 6 nF.

---

1 Vgl. Gesetzesbegründung, dort zu Nr. 24 Buchst. a, BT-Drucks. 17/2249, 61.

2 Die Vorschrift wurde durch das VerfModG v. 18.7.2016 (BGBl. I 2016, 1679) geändert. Bei dem in S. 2 genannten „Zeitpunkt", der aufgrund der Änderung keinen Bezugspunkt mehr hat, dürfte es sich um den Endtermin der nunmehr in § 93c Abs. 1 Nr. 1 genannten Mitteilungsfristen (28.2. des auf den Besteuerungszeitraum folgenden Jahres bzw. Ablauf des zweiten Kalendermonats nach dem Ablauf des Monats, in dem der Besteuerungszeitpunkt liegt) handeln.

3 BR-Drucks. 631/15 v. 18.12.2015, 128.

§ 45e Ermächtigung für Zinsinformationsverordnung

[1]Die Bundesregierung wird ermächtigt, durch Rechtsverordnung mit Zustimmung des Bundesrates die Richtlinie 2003/48/EG des Rates vom 3. Juni 2003 (ABl. EU Nr. L 157 S. 38) in der jeweils geltenden Fassung im Bereich der Besteuerung von Zinserträgen umzusetzen. [2]§ 45d Absatz 1 Satz 2 und Absatz 2 ist entsprechend anzuwenden.

Die **Zinsrichtlinie** verpflichtete die Mitgliedstaaten seit Juli 2005 zu Kontrollmitteilungen über Zinszahlungen an Steuerausländer an die Steuerverwaltungen der jeweiligen Mitgliedsländer. 1

Dem hat die BReg. aufgrund der Ermächtigung in § 45e S. 1 mit der „VO zur Umsetzung der RL 2003/48/EG des Rates v. 3.6.2003 im Bereich der Besteuerung v. Zinserträgen (**Zinsinformationsverordnung – ZIV**)" v. 26.1.2004 Rechnung getragen. Die ZIV gilt gem. § 7 ZIV für Zinszahlungen (iSv. § 6 ZIV) durch eine inländ. Zahlstelle (iSv. § 4 ZIV) an wirtschaftliche Eigentümer (iSv. § 2 ZIV), die ihren Wohnsitz in einem anderen Mitgliedstaat der EU haben. Mit mehreren BMF-Schr. hat die FinVerw. zur Anwendung der ZIV und zu Zweifelsfragen Stellung genommen.[1] 2

Die **EU-ZinsRL** wurde durch die RL (EU) 2015/2060 v. 10.11.2015 (ABlEU 2015 Nr. L 301, 1) sowie die ergänzende RL 2014/48/EU **aufgehoben**. Auf Basis des OECD-Standards wird der automatische Informationsaustausch stl. Daten nunmehr über das Finanzkonten-Informationsaustauschgesetz (FKAustG) v. 21.12.2015 (BGBl. I 2015, 2531) in Deutschland in nationales Recht überführt. Gemäß § 17 Abs. 1 der ZIV idF der Dritten VO zur Änderung der Zinsinformationsverordnung (BGBl. I 2016, 1722) gilt die ZIV grds. nur noch für Zinszahlungen, die **bis zum 31.12.2015 zugeflossen** sind. Zu Einzelheiten vgl. Voraufl.

§ 45e S. 2 erklärt die **Regelung des § 45d** zur Übermittlung der Daten an das BZSt. sowie – soweit es um die Verwertung der Mitteilungen der anderen Mitgliedstaaten über ausländ. Zinsen unbeschränkt StPfl. geht – zu deren Weitergabe an die Sozialleistungsträger für entspr. anwendbar. Dem BZSt. ist damit ua. gestattet, die erhaltenen besteuerungsrelevanten Informationen den Sozialleistungsträgern iSd. §§ 18 bis 29 SGB I mitzuteilen, soweit dies zur Überprüfung des bei der Gewährung von Sozialleistungen zu berücksichtigenden Einkommens oder Vermögens erforderlich ist und der Betroffene zustimmt. 3

4. Veranlagung von Steuerpflichtigen mit steuerabzugspflichtigen Einkünften

§ 46 Veranlagung bei Bezug von Einkünften aus nichtselbständiger Arbeit

(1) (weggefallen)

(2) Besteht das Einkommen ganz oder teilweise aus Einkünften aus nichtselbständiger Arbeit, von denen ein Steuerabzug vorgenommen worden ist, so wird eine Veranlagung nur durchgeführt,

1. **wenn die positive Summe der einkommensteuerpflichtigen Einkünfte, die nicht dem Steuerabzug vom Arbeitslohn zu unterwerfen waren, vermindert um die darauf entfallenden Beträge nach § 13 Absatz 3 und § 24a, oder die positive Summe der Einkünfte und Leistungen, die dem Progressionsvorbehalt unterliegen, jeweils mehr als 410 Euro beträgt;**
2. **wenn der Steuerpflichtige nebeneinander von mehreren Arbeitgebern Arbeitslohn bezogen hat; das gilt nicht, soweit nach § 38 Absatz 3a Satz 7 Arbeitslohn von mehreren Arbeitgebern für den Lohnsteuerabzug zusammengerechnet worden ist;**
3. [2] **wenn bei einem Steuerpflichtigen die Summe der beim Steuerabzug vom Arbeitslohn nach § 39b Absatz 2 Satz 5 Nummer 3 Buchstabe b bis d berücksichtigten Teilbeträge der Vorsorgepauschale größer ist als die abziehbaren Vorsorgeaufwendungen nach § 10 Absatz 1 Nummer 3 und Nummer 3a in Verbindung mit Absatz 4 und der im Kalenderjahr insgesamt erzielte Arbeitslohn 11 600 Euro übersteigt, oder bei Ehegatten, die die Voraussetzungen des § 26**

1 BMF v. 6.1.2005, BStBl. I 2005, 29; geändert durch BMF v. 13.6.2005, BStBl. I 2005, 716; v. 27.1.2006, BStBl. I 2006, 439; v. 30.1.2008, BStBl. I 2008, 320 und v. 20.9.2013, BStBl. I 2013, 1182.

2 In § 46 Abs. 2 Nr. 3 wurde mWv. 1.1.2019 die Angabe „11 400 Euro" durch die Angabe „11 600 Euro" und die Angabe „21 650 Euro" durch die Angabe „22 050 Euro" ersetzt (FamEntlastG v. 29.11.2018, BGBl. I 2018, 2210).

Absatz 1 erfüllen, der im Kalenderjahr von den Ehegatten insgesamt erzielte Arbeitslohn 22 050 Euro übersteigt;

3a. **wenn von Ehegatten, die nach den §§ 26, 26b zusammen zur Einkommensteuer zu veranlagen sind, beide Arbeitslohn bezogen haben und einer für den Veranlagungszeitraum oder einen Teil davon nach der Steuerklasse V oder VI besteuert oder bei Steuerklasse IV der Faktor (§ 39f) eingetragen worden ist;**

4.[1] **wenn für einen Steuerpflichtigen ein Freibetrag im Sinne des § 39a Absatz 1 Satz 1 Nummer 1 bis 3, 5 oder Nummer 6 ermittelt worden ist und der im Kalenderjahr insgesamt erzielte Arbeitslohn 11 600 Euro übersteigt oder bei Ehegatten, die die Voraussetzungen des § 26 Absatz 1 erfüllen, der im Kalenderjahr von den Ehegatten insgesamt erzielte Arbeitslohn 22 050 Euro übersteigt; dasselbe gilt für einen Steuerpflichtigen, der zum Personenkreis des § 1 Absatz 2 gehört oder für einen beschränkt einkommensteuerpflichtigen Arbeitnehmer, wenn diese Eintragungen auf einer Bescheinigung für den Lohnsteuerabzug (§ 39 Absatz 3 Satz 1) erfolgt sind;**

4a. **wenn bei einem Elternpaar, bei dem die Voraussetzungen des § 26 Absatz 1 Satz 1 nicht vorliegen,**

a) **bis c)** (weggefallen)

d) **im Fall des § 33a Absatz 2 Satz 5 das Elternpaar gemeinsam eine Aufteilung des Abzugsbetrags in einem anderen Verhältnis als je zur Hälfte beantragt oder**

e) **im Fall des § 33b Absatz 5 Satz 3 das Elternpaar gemeinsam eine Aufteilung des Pauschbetrags für behinderte Menschen oder des Pauschbetrags für Hinterbliebene in einem anderen Verhältnis als je zur Hälfte beantragt.**

[2]Die Veranlagungspflicht besteht für jeden Elternteil, der Einkünfte aus nichtselbständiger Arbeit bezogen hat;

5. **wenn bei einem Steuerpflichtigen die Lohnsteuer für einen sonstigen Bezug im Sinne des § 34 Absatz 1 und 2 Nummer 2 und 4 nach § 39b Absatz 3 Satz 9 oder für einen sonstigen Bezug nach § 39c Absatz 3 ermittelt wurde;**

5a. **wenn der Arbeitgeber die Lohnsteuer von einem sonstigen Bezug berechnet hat und dabei der Arbeitslohn aus früheren Dienstverhältnissen des Kalenderjahres außer Betracht geblieben ist (§ 39b Absatz 3 Satz 2, § 41 Absatz 1 Satz 6, Großbuchstabe S);**

6. **wenn die Ehe des Arbeitnehmers im Veranlagungszeitraum durch Tod, Scheidung oder Aufhebung aufgelöst worden ist und er oder sein Ehegatte der aufgelösten Ehe im Veranlagungszeitraum wieder geheiratet hat;**

7. **wenn**

a) **für einen unbeschränkt Steuerpflichtigen im Sinne des § 1 Absatz 1 bei der Bildung der Lohnsteuerabzugsmerkmale (§ 39) ein Ehegatte im Sinne des § 1a Absatz 1 Nummer 2 berücksichtigt worden ist oder**

b) **für einen Steuerpflichtigen, der zum Personenkreis des § 1 Absatz 3 oder des § 1a gehört, Lohnsteuerabzugsmerkmale nach § 39 Absatz 2 gebildet worden sind; das nach § 39 Absatz 2 Satz 2 bis 4 zuständige Betriebsstättenfinanzamt ist dann auch für die Veranlagung zuständig;**

8. **wenn die Veranlagung beantragt wird, insbesondere zur Anrechnung von Lohnsteuer auf die Einkommensteuer. [2]Der Antrag ist durch Abgabe einer Einkommensteuererklärung zu stellen.**

(3) [1]In den Fällen des Absatzes 2 ist ein Betrag in Höhe der einkommensteuerpflichtigen Einkünfte, von denen der Steuerabzug vom Arbeitslohn nicht vorgenommen worden ist und die nicht nach § 32d Absatz 6 der tariflichen Einkommensteuer unterworfen wurden, vom Einkommen abzuziehen, wenn diese Einkünfte insgesamt nicht mehr als 410 Euro betragen. [2]Der Betrag nach Satz 1 vermindert sich um den Altersentlastungsbetrag, soweit dieser den unter Verwendung des nach § 24a Satz 5 maßgebenden Prozentsatzes zu ermittelnden Anteil des Arbeitslohns mit Ausnahme der Versorgungsbezüge im Sinne des § 19 Absatz 2 übersteigt, und um den nach § 13 Absatz 3 zu berücksichtigenden Betrag.

(4) [1]Kommt nach Absatz 2 eine Veranlagung zur Einkommensteuer nicht in Betracht, so gilt die Einkommensteuer, die auf die Einkünfte aus nichtselbständiger Arbeit entfällt, für den Steuer-

1 In § 46 Abs. 2 Nr. 4 wurde mWv. 1.1.2019 die Angabe „11 400 Euro“ durch die Angabe „11 600 Euro“ und die Angabe „21 650 Euro“ durch die Angabe „22 050 Euro“ ersetzt (FamEntlastG v. 29.11.2018, BGBl. I 2018, 2210).

pflichtigen durch den Lohnsteuerabzug als abgegolten, soweit er nicht für zuwenig erhobene Lohnsteuer in Anspruch genommen werden kann. [2]§ 42b bleibt unberührt.

(5) Durch Rechtsverordnung kann in den Fällen des Absatzes 2 Nummer 1, in denen die einkommensteuerpflichtigen Einkünfte, von denen der Steuerabzug vom Arbeitslohn nicht vorgenommen worden ist und die nicht nach § 32d Absatz 6 der tariflichen Einkommensteuer unterworfen wurden, den Betrag von 410 Euro übersteigen, die Besteuerung so gemildert werden, dass auf die volle Besteuerung dieser Einkünfte stufenweise übergeleitet wird.

§ 70 EStDV

§ 70 Ausgleich von Härten in bestimmten Fällen

[1]Betragen in den Fällen des § 46 Absatz 2 Nummer 1 bis 7 des Gesetzes die einkommensteuerpflichtigen Einkünfte, von denen der Steuerabzug vom Arbeitslohn nicht vorgenommen worden ist und die nicht nach § 32d Absatz 6 des Gesetzes der tariflichen Einkommensteuer unterworfen wurden, insgesamt mehr als 410 Euro, so ist vom Einkommen der Betrag abzuziehen, um den die bezeichneten Einkünfte, vermindert um den auf sie entfallenden Altersentlastungsbetrag (§ 24a des Gesetzes) und den nach § 13 Absatz 3 des Gesetzes zu berücksichtigenden Betrag, niedriger als 820 Euro sind (Härteausgleichsbetrag). [2]Der Härteausgleichsbetrag darf nicht höher sein als die nach Satz 1 verminderten Einkünfte.

A. Grundaussagen der Vorschrift

I. Regelungsgegenstand. § 46 bestimmt, unter welchen Voraussetzungen ein ArbN zu veranlagen ist. Zweck der Vorschrift ist es zum einen die vom Arbeitslohn abgezogene **LSt ggü. der** nach § 36 Abs. 1 entstandenen **ESt auszugleichen** und zum anderen das Verfahren der Erhebung der ESt durch Ausschluss der Veranlagung zu **vereinfachen**.[1] 1

Die Norm unterscheidet zw. der **Amtsveranlagung** (Abs. 2 Nr. 1–7), wobei es sich um Fälle handelt, in denen Nachzahlungen zu erwarten sind, und der dem gegenüber nachrangigen[2] **Antragsveranlagung** nach Abs. 2 Nr. 8. Innerhalb der Amtsveranlagungen ist Abs. 2 Nr. 1 vorrangig, da Abs. 5 den erweiterten Härteausgleich (Rn. 32 f.) auf die Veranlagung nach Abs. 2 Nr. 1 beschränkt. Aus Abs. 2 ergibt sich ein **Veranlagungsgebot**, soweit die Tatbestände erfüllt sind, iÜ („wird eine Veranlagung nur durchgeführt") be- 2

1 *Blümich*, § 46 Rn. 1.
2 BFH v. 22.5.2006 – VI R 15/05, BStBl. II 2006, 912; *H/H/R*, § 46 Rn. 57.

steht für ArbN ein **Veranlagungsverbot**, das durch die Abgeltungswirkung der LSt nach Abs. 4 materiell gerechtfertigt wird.

3 **II. Anwendungsbereich. 1. Einkünfte aus nichtselbständiger Arbeit.** Abs. 2 setzt voraus, dass der StPfl. **tatsächlich** Einkünfte aus nichtselbständiger Arbeit erzielt hat. Wurden Einnahmen irrtümlich als Arbeitslohn behandelt (zB vGA), ist § 46 nicht anzuwenden.[1] **Stfreie Einnahmen** sollen nicht ausreichen.[2] Diese Auffassung ist vom Wortlaut[3] nicht gedeckt, es ergeben sich aber seit Einführung der Antragsveranlagung daraus keine besonderen Auswirkungen.

4 **2. Vorgenommener Steuerabzug vom Arbeitslohn.** Nach dem Wortlaut muss ein LSt-Abzug **tatsächlich vorgenommen** worden sein.[4] Dies ist auch dann erfüllt, wenn die LSt nicht in der richtigen Höhe abgezogen wurde[5] oder bei der Höhe des Arbeitslohns keine LSt einzubehalten war.[6] Hat der ArbG **zu Recht keine LSt** einbehalten, kommt nur eine Veranlagung nach § 25 in Betracht, bei der die Härteregelungen des Abs. 3 und 5 anzuwenden sind.[7] Wurde der **Steuerabzug zu Unrecht unterlassen** (zB nicht anerkannte Nettolohnvereinbarung), ergibt sich aus dem Zweck der Norm, dass auch in diesen Fällen eine Veranlagung nach § 46 nicht ausgeschlossen ist.[8] Zu Unrecht nicht einbehaltene LSt ist außerhalb des Veranlagungsverfahrens nachzufordern. **Vorgenommen** ist der Steuerabzug bereits mit Einbehalt, auf die Abführung an das FA kommt es nicht an.[9]

5 **III. Verhältnis zu anderen Vorschriften. 1. Verhältnis zu § 25 und § 56 EStDV.** § 25 wird durch § 46 **eingeschränkt**, soweit eine Veranlagung tatsächlich unterbleibt,[10] und iÜ durch die abw. Rechtsfolge in § 46 Abs. 4 bei Veranlagungen v. ArbN **ergänzt**. § 46 enthält auch bei fristgerechtem Antrag keine Rechtsgrundlage zur Änderung bestandskräftiger Schätzungsbescheide.[11] Er setzt das Grundprinzip um, dass die auf Einkünfte aus nichtselbständiger Arbeit entfallende ESt durch den LSt-Abzug abgegolten ist.[12] Deshalb unterbleibt die Veranlagung nicht, wenn ein unbeschränkt stpfl. ArbN v. einem ausländ. ArbG Arbeitslohn bezieht, der nicht der LSt unterliegt.[13] Der Härteausgleich ist auch in diesen Fällen anzuwenden.[14] Ist der sachliche Geltungsbereich des § 46 nicht eröffnet (Rn. 3), gelten die Regeln der §§ 25 ff. uneingeschränkt.

§ 56 S. 1 Nr. 1b und Nr. 2b EStDV normieren für die Fälle der Amtsveranlagungen nach Abs. 2 Nr. 1–7 die Pflicht, eine Einkommensteuererklärung abzugeben (vgl. auch § 25 Rn. 2).

6 **2. Verhältnis zu den §§ 38 ff.** Das LSt-Verfahren erfolgt **unabhängig** v. einer späteren Veranlagung.[15] Auch wenn keine Veranlagung durchgeführt werden kann, bleibt gem. Abs. 4 S. 2 eine Nachforderung der LSt beim ArbN möglich; zur Wirkung einer Veranlagung auf die Inanspruchnahme des ArbG § 42d Rn. 34. Im Veranlagungsverfahren gibt es umgekehrt **keinerlei Bindung** an die iRd. LSt-Erhebung getroffenen Entscheidungen.[16] Dies gilt für Eintragungen auf der LSt-Karte (ab 2013 elektr. LSt-Abzugsmerkmale) ebenso, wie für bei der LSt stfrei belassene Bezüge oder die Frage, ob unzutr. pauschal besteuerte Lohnteile in die Veranlagung einzubeziehen sind.[17] Auch eine Anrufungsauskunft nach § 42e bindet das veranlagende Wohnsitz-FA nicht (§ 42e Rn. 7).

7 **3. Verhältnis zu § 36 Abs. 2.** Die **Anrechnung der LSt** gem. § 36 Abs. 2 Nr. 2 auf die festgesetzte ESt ist eine selbständige Vfg., die als eigenes Verfahren die ESt-Veranlagung mit dem LSt-Abzug verknüpft.[18] Die anzurechnende LSt tilgt die ESt-Schuld, nicht aber die festgesetzte ESt (§ 36 Rn. 7). Unterbleibt eine Ver-

---

1 *H/H/R*, § 46 Rn. 21; *Blümich*, § 46 Rn. 40.
2 HM FG Düss. v. 18.10.1973 – VIII 177/73 L, EFG 1974, 64; *H/H/R*, § 46 Rn. 21; *Schmidt*[37], § 46 Rn. 4.
3 S. dazu insbes. Abs. 2 Nr. 1, der entgegen der Formulierung des Einleitungssatzes ausdrücklich die Notwendigkeit der Steuerpflichtigkeit fordert.
4 HM, *Blümich*, § 46 Rn. 40 mwN.
5 *H/H/R*, § 46 Rn. 22.
6 RFH, RStBl. 1937, 1177.
7 BFH v. 10.1.1992 – VI R 117/90, BStBl. II 1992, 720; **aA** *K/S/M*, § 46 Rn. A 11.
8 BFH v. 13.11.1987 – VI R 4/84, BFH/NV 1988, 566; **aA** *K/S/M*, § 46 Rn. B 4 (Veranlagung nach § 25).
9 *Blümich*, § 46 Rn. 41.
10 BFH v. 22.5.2006 – VI R 15/05, BStBl. II 2006, 912 = FR 2006, 1049 (nach Schätzungsbescheid ist kein Antrag nach Abs. 2 Nr. 8 notwendig).
11 BFH v. 22.5.2006 – VI R 17/05, BStBl. II 2006, 806 = FR 2006, 1049.
12 *Blümich*, § 46 Rn. 16.
13 BFH v. 16.5.1975 – VI R 165/72, BStBl. II 1975, 642.
14 *H/H/R*, § 46 Rn. 80.
15 *Schmidt*[37], § 46 Rn. 3.
16 BFH v. 21.10.1985 – GrS 2/84, BStBl. II 1986, 207 = FR 1986, 106.
17 BFH v. 13.1.1989 – VI R 66/87, BStBl. II 1989, 1030 = FR 1989, 560; **aA** *Blümich*, § 46 Rn. 21.
18 BFH v. 24.3.1992 – VII R 39/91, BStBl. II 1992, 956.

anlagung, kommt es zu keiner Anrechnung, vielmehr ist dann die ESt-Schuld durch die einbehaltene LSt gem. Abs. 4 S. 1 abgegolten.

4. Verhältnis zu § 50 Abs. 2. Für **beschränkt stpfl. ArbN** ist § 50 Abs. 2 lex specialis. Eine Veranlagung unterbleibt auch in den Fällen, in denen LSt nicht einbehalten wurde.[1] Soweit sie andere Einkünfte erzielen, kommt eine Veranlagung nach § 25 in Betracht. **Für EU-Bürger** gewährt aber § 50 Abs. 2 S. 2 Nr. 4b einen Anspr. auf die Antragsveranlagung nach § 46 Abs. 2 Nr. 8. 8

5. Verhältnis zu §§ 169, 170 und 175 AO. Die Regelungen zur Festsetzungsfrist nach § 169 AO gelten grds. auch in den Fällen des § 46. Die Anlaufhemmung nach § 170 Abs. 2 S. 1 Nr. 1 AO ist nur in den Fällen der Pflichtveranlagung nach § 46 Abs. 2 Nr. 1–7 anzuwenden (s. auch Rn. 30). Wird eine die Veranlagungspflicht nach § 46 begründende Tatsache erst durch eine nach Ablauf der regulären Festsetzungsfrist abgegebene Steuererklärung bekannt, hemmt dies den Anlauf der Festsetzungsfrist auch nicht rückwirkend.[2] 8a

Die Bindungswirkung eines Grundlagenbescheids erweitert trotz § 175 Abs. 1 S. 1 Nr. 1 AO die Veranlagungstatbestände des § 46 nicht.[3]

B. Einzeltatbestände der Amtsveranlagungen (Abs. 2)

I. Überblick. Die Amtsveranlagungen[4] lassen sich unterteilen in solche 9

- wegen Nebeneinkünften (Abs. 2 Nr. 1),
- wegen mehrerer Arbverh. (Abs. 2 Nr. 2 und 3a),
- wegen besonderer Umstände bei nur einem Arbverh. (Abs. 2 Nr. 3, 4, 4a, 6),
- v. nicht im Inland Ansässigen (Abs. 2 Nr. 7).

II. Amtsveranlagung bei Nebeneinkünften (Abs. 2 Nr. 1). Abs. 2 Nr. 1 enthält **zwei** unabhängig voneinander zu prüfende **Alt.:** die nicht dem LSt-Abzug zu unterwerfenden stpfl. Nebeneinkünfte und die dem ProgrVorb. unterliegenden Einkünfte. Sofern diese jeweils 410 Euro übersteigen, ist eine Amtsveranlagung durchzuführen. Der Betrag v. 410 Euro ist eine **Freigrenze,**[5] der auch bei Zusammenveranlagung nicht zu verdoppeln ist.[6] Sie ist für jede Alt. getrennt zu prüfen.[7] Durch Abs. 2 Nr. 1 soll die Anzahl der Pflichtveranlagungen vermindert und dadurch Verwaltungsaufwand verhindert werden.[8] 10

1. Maßgebliche Nebeneinkünfte (Abs. 2 Nr. 1 Alt. 1). Unter die 1. Alt. fallen alle **stpfl. Einkünfte**, die zu Recht keinem LSt-Abzug unterworfen waren. Der ArbN muss deshalb entweder Einkünfte des § 2 Abs. 1 Nr. 1–3 und 5–7 erzielt haben oder Einkünfte aus nichtselbständiger Arbeit, bei denen der LSt-Abzug zu Recht unterblieb.[9] 11

Für die Berechnung der Freigrenze ist nach dem Wortlaut die positive Summe der stpfl. Einkünfte, v. denen der Freibetrag nach § 13 Abs. 3 und der Altersentlastungsbetrag nach § 24a abgezogen werden, maßgeblich. Es soll folglich die **Differenz des Gesamtbetrags der Einkünfte zu** den darin enthaltenen **lstpfl. Einkünften** dargestellt werden. Das G ist daher dahingehend anzuwenden, dass zu prüfen ist, ob der gem. § 2 Abs. 3 zu ermittelnde Gesamtbetrag der Einkünfte die dem LSt-Abzug unterworfenen Einkünfte um mehr als 410 Euro übersteigt. Stfreie Einkünfte bleiben daher ebenso unbeachtlich wie Verluste, die nicht ausgeglichen werden können,[10] oder Verlustabzüge nach § 10d bzw. sonstige einkommensmindernde Ausgaben (SA, ag. Belastungen; Ausgaben „wie SA“). Die Rspr.,[11] dass ein Verlust v. über 410 Euro eine Amtsveranlagung begründet, ist durch die klarstellende Gesetzesänderung[12] überholt. 12

---

1 BFH v. 4.5.1993 – I B 39/93, BFH/NV 1993, 727.
2 BFH v. 28.3.2012 – VI R 68/10, BStBl. II 2012, 711.
3 BFH v. 9.2.2012 – VI R 34/11, BStBl. II 2012, 750 = FR 2013, 90.
4 Ausf. mit Rechenbeispielen *Richter/Richter*, NWB Fach 6, 4351.
5 *H/H/R*, § 46 Rn. 25, 28.
6 BFH v. 21.2.1964 – VI 193/62 U, BStBl. III 1964, 244.
7 BT-Drucks. 11/2157, 164: jeweils „eigene Freigrenze“.
8 BT-Drucks. 11/2157, 164.
9 BFH v. 21.2.2003 – VI R 74/00, BStBl. II 2003, 496 = FR 2003, 854 (die entschiedene Fallkonstellation ist aber mit Einführung des § 38 Abs. 3a S. 1 überholt).
10 Für nach § 23 Abs. 3 S. 7 u. 8 nicht ausgleichsfähige Verluste aus Spekulationsgeschäften, BFH v. 26.3.2013 – VI R 22/11, BStBl. II 2013, 631 = FR 2013, 769 m. Anm. *Bergkemper*.
11 BFH v. 21.9.2006 – VI R 47/04, juris, und v. 21.9.2006 – VI R 52/04, BStBl. II 2007, 45 = FR 2006, 1135 m. Anm. *Tillmann*; in beiden Urteilen vertritt der VI. Senat die Auffassung, dass eine Summe, die einen negativen Betrag ergibt, dann größer als 410 Euro sein könnte, wenn man sie als „negative Summe“ bezeichnet.
12 JStG 2007, BGBl. I 2006, 2878; anwendbar auch auf VZ vor 2006; kein Verstoß gegen das Rückwirkungsverbot, BFH v. 17.1.2013 – VI R 32/12, BStBl. II 2013, 439 = FR 2013, 672; v. 17.7.2014 – VI R 3/13, BFH/NV 2014, 1739.

13 **2. Dem Progressionsvorbehalt unterliegende Einkünfte (Abs. 2 Nr. 1 Alt. 2).** Dem ProgrVorb. unterliegen gem. § 32b Lohnersatzleistungen (§ 32b Abs. 1 Nr. 1), ausländ. Einkünfte (§ 32b Abs. 1 Nr. 2) und Einkünfte, die nach einem DBA oder einem anderen zwischenstaatlichen Übereinkommen[1] stfrei sind (§ 32b Abs. 1 Nr. 3). Bei der Berechnung der Freigrenze sind dieselben Beschränkungen wie bei der Berechnung des ProgrVorb. (§ 32b Rn. 13) zu beachten.

14 **III. Amtsveranlagung bei mehreren Arbeitsverhältnissen (Abs. 2 Nr. 2).** Voraussetzung ist, dass derselbe ArbN zumindest einige Zeit[2] **v. mehreren ArbG gleichzeitig** („nebeneinander") **Arbeitslohn** bezogen hat. Dabei kann es sich um frühere und/oder gegenwärtige Dienstverhältnisse handeln. Bei ArbN v. jur. Pers. des öffentl. Rechts kommt es darauf an, ob der Lohn gleichzeitig v. verschiedenen öffentl. Kassen ausbezahlt wurde. Soweit die LSt mehrerer Arbverh. durch einen Dritten iSd. § 38 Abs. 3a (§ 38 Rn. 10) nach den Merkmalen einer LSt-Karte bzw. ab 2013 der zutreffenden elektr. LSt-Abzugsmerkmale ermittelt wurde, bedarf es einer Pflichtveranlagung nicht.

15 **IV. Amtsveranlagung bei zu hoher Vorsorgepauschale (Abs. 2 Nr. 3).** Voraussetzung ist, dass die bei Berechnung der LSt abgezogenen Teilbeträge der Vorsorgepauschale für die gesetzl. u. priv. KV/PV (oder die abgezogene Mindestvorsorgepauschale) höher als die bei der Veranlagung nach § 10 Abs. 1 Nr. 3, 3a und Abs. 4 als Sonderausgaben abziehbaren Vorsorgeaufwendungen sind.[3] Eine Veranlagung wird seit dem VZ 2010[4] jedoch nur noch durchgeführt, wenn der im Kj. insgesamt erzielte Arbeitslohn (Betragsgrenzen ab dem VZ 2019) 11 600 Euro bzw. bei Ehegatten, die die Voraussetzungen des § 26 Abs. 1 erfüllen, 22 050 Euro, übersteigt. Durch diese Bagatellgrenzen werden StPfl. mit niedrigen Arbeitslöhnen von der Erstellung einer Steuererklärung sowie die FinVerw. von Verwaltungsaufwand entlastet.[5] Dem Veranlagungsgebot entspricht ein Verbot des LStJA nach § 42b gem. § 42b Abs. 1 S. 3 Nr. 5.

16 **V. Amtsveranlagung von Ehegatten bei beiderseitigem Lohnbezug (Abs. 2 Nr. 3a).** Das Veranlagungsgebot setzt voraus, dass (1) die Ehegatten **zusammenveranlagt** werden, (2) **beide Arbeitslohn** bezogen haben und (3) die LSt v. mindestens einem Ehegatten nach der **LSt-Klasse V oder VI** oder bei LSt-Klasse IV nach dem Faktorverfahren einbehalten wurde. Der Bezug nach der LSt-Klasse VI ist nur dann nicht schon ein Fall der Nr. 2, wenn die Besteuerung wegen der Nichtvorlage der LSt-Karte gem. § 39c erfolgte.

17 **VI. Amtsveranlagung wegen eingetragenem Freibetrag (Abs. 2 Nr. 4).** Voraussetzung dieser Veranlagung ist, dass ein **Freibetrag nach § 39a** in der LSt-Karte eingetragen wurde bzw. ab 2013 als elektr. LSt-Abzugsmerkmale gebildet wurde und der im Kj. insges. erzielte Arbeitslohn 11 600 Euro (bei zusammen veranlagten Ehegatten 22 050 Euro) nicht übersteigt. Die durch das JStG 2010 (mWv. VZ 2009) eingeführte Regelung verhindert Pflichtveranlagungen mit geringer stl. Auswirkung. **Ausgenommen** ist der Eintrag der Pauschbeträge für Behinderte und Hinterbliebene gem. § 39a Abs. 1 Nr. 4. Da ein Hinzurechnungsbetrag nach § 39a Abs. 1 Nr. 7 ein zweites Dienstverhältnis voraussetzt, sind diese Fälle bereits v. § 46 Abs. 2 Nr. 2 erfasst. Das Veranlagungsgebot gilt auch in den Fällen der nach § 1 Abs. 2 unbeschr. stpfl. ArbN sowie beschr. stpfl. ArbN (Bescheinigung nach § 39 Abs. 3 S. 1).

18 **VII. Amtsveranlagung bei nicht unter § 26 Abs. 1 fallenden Eltern (Abs. 2 Nr. 4a).** Betroffen v. dieser Amtsveranlagung sind Pers., die ein **gemeinsames Kind** haben und bei denen die **Voraussetzungen des § 26 Abs. 1** nicht vorliegen, weil sie etwa nicht verheiratet sind oder dauernd getrennt leben. Nach S. 2 entsteht in diesen Fällen eine Veranlagungspflicht immer für beide Elternteile, um eine korrespondierende Handhabung zu ermöglichen.

19 Einstweilen frei.

20 Hinsichtlich des **Ausbildungsfreibetrags** nach § 33a Abs. 2 und der **PB für Behinderte oder Hinterbliebene** nach § 33b entsteht gem. Nr. 4a lit. d bzw. e eine Veranlagungspflicht, wenn die Aufteilung der Beträge nicht hälftig erfolgt. Da der Ausbildungsfreibetrag gem. § 33a Abs. 2 S. 4 jedem zunächst zur Hälfte zusteht, setzt dies eine abw. Beantragung nach § 33a Abs. 2 S. 5 voraus. Dies gilt bei der Übertragung des BehindertenPB eines Kindes auf die Eltern entsprechend (§ 33b Abs. 5 S. 2, 3).

21 **VIII. Amtsveranlagung bei außerordentlichen Lohneinkünften (Abs. 2 Nr. 5).** Hat der ArbN im Kj. einen nach § 34 ermäßigt zu besteuernden Lohnanteil erhalten, ist dieser gem. § 39b Abs. 3 S. 9 einer besonderen LSt zu unterwerfen (§ 39b Rn. 12). Die Pflichtveranlagung soll eine Korrektur einer unzutr. Anwen-

---

1 ZB Tätigkeit beim Europäischen Patentamt (BFH v. 27.9.1990 – I R 181/87, BStBl. II 1991, 84).
2 *Blümich*, § 46 Rn. 68.
3 BMF v. 22.10.2010, BStBl. I 2010, 1254 Tz. 9.
4 Eingefügt durch das StVereinfG 2011 v. 1.11.2011, BGBl. I 2011, 2131.
5 Begründung zum StVereinfG 2011, BT-Drucks. 17/5125.

dung der Steuerermäßigung sicherstellen.[1] Die pauschale LSt nach § 39c Abs. 3 wird wie die LSt in der StKl. VI ermittelt; die Pflichtveranlagung in diesen Fällen entspricht in der Rechtsfolge daher Abs. 2 Nr. 2.

IX. Amtsveranlagung bei Lohnsteuer-Schätzung für sonstige Bezüge nach § 39b Abs. 3 S. 2 (Abs. 2 Nr. 5a). Mit Einführung der elektronischen LSt-Bescheinigung (§ 41b Rn. 1) sind dem ArbG die Lohnbezüge aus vorangegangenen Dienstverhältnissen nur noch bekannt, wenn der ArbN die LSt-Bescheinigungen vorlegt. Für die LSt für einen sonstigen Bezug sind nach § 39b Abs. 3 S. 2 die „Vorlöhne" in Höhe des aktuellen Lohns zu schätzen (§ 39b Rn. 11). Um auszuschließen, dass die LSt geringer als bei Einbeziehung des realen Arbeitslohns ist, ordnet Abs. 5a eine Pflichtveranlagung an. Dafür hat der ArbG bei der Ermittlung aufgrund geschätzter Vorlöhne die LSt-Bescheinigung mit dem Großbuchstaben „S" zu versehen (§ 41 Rn. 4). Der ArbN kann die Pflichtveranlagung durch Vorlage der LSt-Bescheinigung für die Vorlöhne vermeiden. 22

X. Amtsveranlagung bei Eheauflösung und Wiederverheiratung im selben Kalenderjahr (Abs. 2 Nr. 6). In den Fällen des § 26 Abs. 1 S. 2 bleibt eine erst im Kj. **aufgelöste Ehe** für die Anwendung des § 26 Abs. 1 S. 1 Nr. 1 bis 3 außer Betracht, wenn einer der Ehegatten noch im Kj. wieder heiratet (§ 26 Rn. 14ff.). Da gem. § 39a Abs. 3 LSt-Abzugsmerkmale den anderen Ehegatten betreffen können, bedarf es einer Veranlagung beider ehemaligen Ehegatten. Die bis VZ 2012 von den neu verheirateten Ehegatten wählbare besondere Veranlagung änderte an dem Veranlagungsgebot nichts. 23

XI. Amtsveranlagung bei nicht im Inland Ansässigen (Abs. 2 Nr. 7). Die Veranlagungspflicht besteht nach **Nr. 7 lit. a** bei EU-ArbN, deren Ehegatte nicht im Inland ansässig ist, wenn die LSt nach LSt-Klasse III erhoben wurde.[2] 24

Hat das Betriebsstätten-FA einem nicht im Inland ansässigen ArbN, der gem. § 1 Abs. 3 oder § 1a unbeschränkt stpfl. sein kann, eine Bescheinigung nach § 39 Abs. 3 erteilt, sind gem. **Nr. 7 lit. b** sämtliche Eintragungen im Rahmen einer Pflichtveranlagung vom Betriebsstätten-FA zu überprüfen.[3] 25

XII. Antragsveranlagung (Abs. 2 Nr. 8). 1. Grundsätzliches. Gem. Abs. 2 Nr. 8 erfolgt eine Veranlagung, wenn sie vom ArbN beantragt wird. Die Antragsveranlagung ist ggü. den Amtsveranlagungen **subsidiär** und setzt einen formwirksamen Antrag voraus (Rn. 29). Der Antrag auf ESt-Veranlagung enthält regelmäßig auch einen Antrag auf Veranlagung der Zuschlagsteuern gem. § 51a.[4] 26

Der Antrag ist eine **Verfahrenshandlung.**[5] Er ändert nicht die materielle Rechtslage. Der Antrag setzt **keinen Antragsgrund** voraus[6] und kann **bis zur Bestandskraft** des ESt-Bescheids **zurückgenommen** werden, da der ArbN nicht an seinen Antrag gebunden ist. Das darin liegende Wahlrecht erlischt nur durch Fristablauf oder Bestandskraft des Bescheids.[7] 27

Ergibt sich durch die Antragsveranlagung eine **Steuernachforderung**, kann der ArbN durch Rücknahme des Antrags eine Nachzahlung vermeiden, sofern keine Amtsveranlagung in Betracht kommt. Eine Inanspruchnahme wegen zu wenig erhobener LSt (§ 42d Rn. 55) verhindert die Rücknahme indes nicht. 28

2. Antragsform. Der Antrag muss gem. Abs. 2 S. 2 **in Form einer ESt-Erklärung** abgegeben werden. Für einen wirksamen Antrag müssen daher die Voraussetzungen der §§ 149, 150 AO und § 25 Abs. 3 erfüllt sein. Folgende Übermittlungsformen bzw. Wege führen in der Praxis zu einem wirksamen Antrag: Abgabe der Erklärung auf den eigenhändig unterschriebenen[8] amtlichen Papiervordrucken (§ 25 Rn. 10),[9] Übermittlung der unterschriebenen Vordrucke per Fax,[10] Übermittlung der Steuererklärungsdaten unter Verwendung des Programms „ElsterFormular" im Wege der Datenfernübertragung über das Internet, verbunden mit der Abgabe der komprimierten und ebenfalls unterschriebenen Erklärungsvordrucke sowie Übermittlung der Steuererklärungsdaten unter Verwendung einer elektronischen Authentifizierung (ohne ergänzende Papiervordrucke).[11] Sind die verfahrensrechtl. Voraussetzungen nicht bis zum Ablauf der Antragsfrist erfüllt, ist der **Antrag nicht wirksam gestellt.**[12] Es müssen nicht alle materiell-rechtl. Angaben 29

1 BT-Drucks. 14/443, 67.
2 BT-Drucks. 13/1558, 158.
3 *Saß*, DB 1996, 295 (296).
4 *Giloy*, DB 1992, 1057.
5 BFH v. 25.2.1992 – IX R 41/91, BStBl. II 1992, 621.
6 *H/H/R*, § 46 Rn. 1.
7 *Weber-Grellet*, DStR 1992, 1417.
8 BFH v. 7.11.1997 – VI R 45/97, BStBl. II 1998, 54 = FR 1998, 108.
9 Ein einseitig kopierter Vordruck reicht aus (BFH v. 22.5.2006 – VI R 15/02, BStBl. II 2007, 2 = FR 2006, 1139).
10 BFH v. 8.10.2014 – VI R 82/13, BStBl. II 2015, 359.
11 FG BaWü. v. 17.8.2015 – 9 K 2505/14, EFG 2015, 1815 (NZB VI B 104/15).
12 BFH v. 10.10.1986 – VI R 208/83, BStBl. II 1987, 77 = FR 1987, 103.

enthalten sein,[1] zumindest aber der Bruttoarbeitslohn und die einbehaltene LSt.[2] Einzelne Angaben oder Unterlagen (zB LSt-Karte) können nachgereicht werden.[3] Für einen wirksamen Antrag auf Zusammenveranlagung müssen beide Ehegatten die Steuererklärung unterschrieben haben,[4] für eine getrennte Veranlagung kommt es nicht darauf an, ob auch der andere Ehegatte einen Antrag gestellt hat.[5] Ein Abtretungsempfänger oder Pfändungsgläubiger ist nicht berechtigt einen Antrag für den ArbN zu stellen,[6] sondern muss den ArbN auf Abgabe einer Steuererklärung zivilrechtl. verklagen.[7]

30 **3. Antragsfrist.** Durch das JStG 2008[8] wurde die (nicht verlängerbare) zweijährige **Ausschlussfrist**[9] ersatzlos gestrichen. Es gelten daher gem. § 52 Abs. 55j S. 4 seit dem VZ 2005 (und für alle offenen Fälle[10]) die allg. Verjährungsvorschriften. Die Anlaufhemmung des § 170 Abs. 2 S. 1 Nr. 1 AO ist grds. nicht anzuwenden, da im Fall des Abs. 2 Nr. 8 keine Pflicht zur Abgabe einer Steuererklärung besteht.[11] Ergibt sich jedoch eine Erklärungspflicht aus § 56 EStDV[12] oder fordert das FA den ArbN nach § 149 Abs. 1 S. 2 AO zur Abgabe einer Steuererklärung auf,[13] so wird der Anlauf der Festsetzungsfrist gehemmt. Die Ablaufhemmung des § 171 Abs. 3 AO ist anzuwenden, da die Abgabe einer ESt-Erklärung nach Abs. 2 Nr. 8 einen Antrag darstellt.[14] Fällt das Ende der Festsetzungsverjährung auf einen Sonntag, einen Feiertag oder einen Sonnabend, greift § 108 Abs. 3 AO.[15]

31 **4. Antragsverbescheidung.** Ist der Antrag form- und fristgerecht gestellt, muss das FA den ArbN veranlagen, ansonsten ergeht ein mit Einspruch angreifbarer Ablehnungsbescheid gem. § 155 Abs. 1 S. 3 AO.[16] Zur Abgrenzung zur NV-Bescheinigung s. BFH BStBl. II 1990, 565.

C. Härteausgleich (Abs. 3 und 5)

32 **I. Zweck und Umfang.** Der Härteausgleich des Abs. 3 vollzieht eine **Übertragung der in Abs. 2 Nr. 1 gewährten Freigrenze** v. 410 Euro für andere Einkünfte auf die nach Abs. 2 zu veranlagenden Fälle. Der Härteausgleich ist nach dem klaren Gesetzeswortlaut nicht auf die dem ProgrVorb. unterliegenden Einkünfte anzuwenden.[17] Bei Nebeneinkünften zw. 410 Euro und 820 Euro ermöglicht der **erweiterte Härteausgleich** nach Abs. 5 iVm. § 70 EStDV einen stufenlosen Übergang zur vollen Besteuerung. Die Regelungen des Abs. 3 und Abs. 5 führen im jeweiligen Einzelfall nur zu geringen Steuerentlastungen. Davon profitieren aber zahlreiche StPfl.[18]

33 **II. Voraussetzungen des Härteausgleichs (Abs. 3).** Für den Härteausgleich muss grds. eine **Veranlagung nach Abs. 2** vorliegen. Entgegen des Wortlauts des Abs. 2 S. 1 ist er aus Gleichbehandlungsgründen auch dann zu gewähren, wenn ein im Inland unbeschränkt stpfl. ArbN Arbeitslohn von seinem ausländ. ArbG erhält, der im Inland nicht dem LSt-Abzug unterliegt (zB bei einem Grenzgänger, der nach § 25 veranlagt wird).[19] Die **Summe der Einkünfte ohne LSt-Abzug** darf 410 Euro nicht übersteigen (Frei-

---

1 *Schmidt*[37], § 46 Rn. 33.
2 FG Berlin v. 26.11.2002 – 7 K 7434/01, EFG 2003, 398 (kein wirksamer Antrag ohne Anlage N); BFH v. 15.3.1974 – VI R 108/71, BStBl. II 1974, 590; *Hoffmann*, EFG 2003, 399.
3 *Hoffmann*, EFG 2003, 399.
4 BFH v. 29.2.2000 – VII R 109/98, BStBl. II 2000, 573.
5 BFH v. 30.11.1990 – III R 195/86, BStBl. II 1991, 451 = FR 1991, 272.
6 BFH v. 18.8.1998 – VII R 114/97, BStBl. II 1999, 84.
7 BFH v. 29.2.2000 – VII R 109/98, BStBl. II 2000, 573.
8 G v. 20.12.2007, BGBl. I 2007, 3150.
9 BFH v. 3.6.1986 – IX R 121/83, BStBl. II 1987, 421 = FR 1987, 102; FG Köln v. 30.1.2004 – 10 K 3897/03, EFG 2005, 446.
10 Auch bei Antragstellung nach dem 28.12.2007, s. BFH v. 12.11.2009 – VI R 1/09, BStBl. II 2010, 406; jedoch nicht bei bereits bestandskräftig abgelehnten Anträgen auf Veranlagung, s. BFH v. 9.2.2012 – VI R 34/11, BStBl. II 2012, 750 = FR 2013, 90.
11 BFH v. 14.4.2011 – VI R 53/10, BStBl. II 2011, 746 = FR 2011, 818 m. Anm. *Bergkemper*; zuletzt v. 23.2.2012 – VI B 118/11, BFH/NV 2012, 919 (v. BVerfG bestätigt durch Nichtannahmebeschl. v. 18.9.2013 – 1 BvR 924/12, juris: allg. Gleichheitssatz nicht verletzt).
12 BFH v. 30.3.2017 – VI R 43/15, BStBl. II 2017, 1046.
13 BFH v. 4.10.2017 – VI R 53/15, BStBl. II 2018, 123.
14 BFH v. 20.1.2016 – VI R 14/15, BStBl. II 2016, 380.
15 BFH v. 20.1.2016 – VI R 14/15, BStBl. II 2016, 380.
16 *T/K*, § 155 AO Rn. 12.
17 BFH v. 5.5.1994 – VI R 90/93, BStBl. II 1994, 654 = FR 1994, 580.
18 Nach einer Antwort des BMF v. 7.9.2015 auf eine parlamentarische Anfrage sind dies rund 1,2 Mio. StPfl., vgl. BT-Drucks. 18/5977, 27.
19 BFH v. 10.1.1992 – VI R 117/90, BStBl. II 1992, 720; v. 27.11.2014 – I R 69/13, BStBl. II 2015, 793; gilt auch für den erweiterten Härteausgleich nach Abs. 5.

grenze; s. aber Rn. 35). Kapitaleinkünfte sind dabei nur zu berücksichtigen, soweit sie nicht in die sog. Günstigerprüfung nach § 32d Abs. 6 einbezogen werden.[1] Dadurch wird ein faktischer zweiter Sparer-pauschbetrag vermieden.[2] Die Summe bestimmt sich wie bei Abs. 2 Nr. 1 (Rn. 12) und berechnet sich vor Abzug des Härteausgleichs.[3] Zudem ist der Betrag gem. **S. 2** noch um den Freibetrag nach § 13 Abs. 3 und um den Altersentlastungsbetrag nach § 24a zu vermindern,[4] soweit dieser nicht aus Versorgungsbezügen resultiert.[5] § 46 wurde durch das JStG 2008[6] an den geänderten § 24a angepasst. Bei **zusammenveranlagten Ehegatten** verdoppelt sich der Betrag v. 410 Euro nicht (Rn. 10). Der Härteausgleich ist v. Amts wegen zu berücksichtigen.

III. Rechtsfolge. Der ggf. nach S. 2 geminderte Betrag ist vom Einkommen abzuziehen. Soweit WK mit nicht dem LSt-Abzug unterliegenden Arbeitslohn in Zusammenhang stehen, mindern sie den ArbN-PB nach § 9a Nr. 1 lit. a.[7] 34

IV. Der erweiterte Härteausgleich (Abs. 5). Der erweitere Härteausgleich erfolgt gem. § 70 EStDV und setzt eine Veranlagung nach § 46 Abs. 2 Nr. 1 voraus.[8] Danach vermindert sich der Härteausgleich bei stpfl. Nebeneinkünften um den 410 Euro übersteigenden Betrag. Dies verhindert eine sprunghafte Mehrbelastung bei einer nur geringfügigen Überschreitung der 410 Euro-Grenze.[9] Der erweiterte Härteausgleich ist nicht auf dem ProgrVorb. unterliegende Lohnersatzleistungen anzuwenden.[10] 35

Beispiele:

Nebeneinkünfte (NE)	Ausgleichsbetrag	zu versteuernde NE
411 Euro	409 Euro	2 Euro
620 Euro	200 Euro	420 Euro
820 Euro	0 Euro	820 Euro

D. Abgeltungswirkung (Abs. 4)

Gem. S. 1 gilt die **ESt des ArbN** als mit dem LSt-Abzug **abgegolten**, wenn eine Veranlagung nach Abs. 2 nicht in Betracht kommt und soweit der ArbN nicht für zu wenig erhobene LSt in Anspr. genommen werden kann. Für die Veranlagungsfälle wirkt die LSt hingegen auch dann nicht abgeltend, wenn sie richtig ermittelt, einbehalten und abgeführt wurde.[11] Die Abgeltungswirkung gilt **nicht für den ArbG**. Der Hinweis in S. 2 ist deklaratorisch, da der LStJA durch den ArbG zum LSt-Abzugsverfahren gehört und unabhängig v. einer Veranlagung des ArbN erfolgen kann.[12] 36

§ 47

(weggefallen)

1 G v. 25.7.2014, BGBl. I 2014, 1266, mit Wirkung ab dem 1.1.2014. In den Härteausgleich fließen folglich auch die nach § 32d Abs. 3 oder 4 iVm. Abs. 1 zu erklärenden und mit dem Abgeltungsteuersatz von 25 % zu besteuernden Kapitaleinkünfte ein.
2 BT-Drucks. 18/1776, 7.
3 BFH v. 2.12.1971 – IV R 142/70, BStBl. II 1972, 278.
4 Berechnungsbeispiel H 46.3 „Allgemeines“ EStH.
5 Der gekürzte Abzug wirkt sich derzeit nur bei Versorgungsbezügen unter 4 770 Euro (davon 40 % = 1 908 Euro) aus.
6 V. 20.12.2007, BGBl. I 2007, 3150.
7 Berechnungsbeispiel bei *Blümich*, § 46 Rn. 154.
8 Zur Vorrangigkeit dieser Veranlagung s. Rn. 2.
9 BFH v. 27.11.2014 – I R 69/13, BStBl. II 2015, 793.
10 BFH v. 5.5.1994 – VI R 90/93, BStBl. II 1994, 654 = FR 1994, 580; die zu Abs. 3 ergangene Entsch. kann wg. des weitgehend gleichen Gesetzeswortlauts auf die Fälle des Abs. 5 übertragen werden.
11 BFH v. 23.3.2005 – VI B 62/04, BFH/NV 2005, 1073.
12 *Blümich*, § 46 Rn. 169.

VII. Steuerabzug bei Bauleistungen

§ 48 Steuerabzug

(1) [1]Erbringt jemand im Inland eine Bauleistung (Leistender) an einen Unternehmer im Sinne des § 2 des Umsatzsteuergesetzes oder an eine juristische Person des öffentlichen Rechts (Leistungsempfänger), ist der Leistungsempfänger verpflichtet, von der Gegenleistung einen Steuerabzug in Höhe von 15 Prozent für Rechnung des Leistenden vorzunehmen. [2]Vermietet der Leistungsempfänger Wohnungen, so ist Satz 1 nicht auf Bauleistungen für diese Wohnungen anzuwenden, wenn er nicht mehr als zwei Wohnungen vermietet. [3]Bauleistungen sind alle Leistungen, die der Herstellung, Instandsetzung, Instandhaltung, Änderung oder Beseitigung von Bauwerken dienen. [4]Als Leistender gilt auch derjenige, der über eine Leistung abrechnet, ohne sie erbracht zu haben.

(2) [1]Der Steuerabzug muss nicht vorgenommen werden, wenn der Leistende dem Leistungsempfänger eine im Zeitpunkt der Gegenleistung gültige Freistellungsbescheinigung nach § 48b Absatz 1 Satz 1 vorlegt oder die Gegenleistung im laufenden Kalenderjahr den folgenden Betrag voraussichtlich nicht übersteigen wird:

1. **15 000 Euro, wenn der Leistungsempfänger ausschließlich steuerfreie Umsätze nach § 4 Nummer 12 Satz 1 des Umsatzsteuergesetzes ausführt,**
2. **5 000 Euro in den übrigen Fällen.**

[2]Für die Ermittlung des Betrags sind die für denselben Leistungsempfänger erbrachten und voraussichtlich zu erbringenden Bauleistungen zusammenzurechnen.

(3) Gegenleistung im Sinne des Absatzes 1 ist das Entgelt zuzüglich Umsatzsteuer.

(4) Wenn der Leistungsempfänger den Steuerabzugsbetrag angemeldet und abgeführt hat,

1. **ist § 160 Absatz 1 Satz 1 der Abgabenordnung nicht anzuwenden,**
2. **sind § 42d Absatz 6 und 8 und § 50a Absatz 7 nicht anzuwenden.**

Verwaltung: BMF v. 27.12.2002, BStBl. I 2002, 1399; v. 20.9.2004, BStBl. I 2004, 862; v. 2.12.2004, BStBl. I 2004, 1129; OFD Karls. v. 4.10.2001, DB 2001, 2321; FinMin. Bay. v. 25.10.2001, DStR 2001, 1979; OFD Erf. v. 9.7.2001, FR 2001, 862; OFD Kiel v. 11.12.2001, DB 2002, 70; BayLfSt v. 16.9.2015, DStR 2015, 2720; Merkblatt des BMF zum Steuerabzug bei Bauleistungen, abrufbar unter www.bundesfinanzministerium.de.

Literatur zu §§ 48–48d: *Apitz*, Steuerabzug für Bauleistungen, FR 2002, 10; *Beck/Girra*, Bauabzugsteuer, NJW 2002, 1079; *Behrendt/Wischott/Krüger*, Praxisfragen zu deutschen Besteuerungsrechten iZ mit Offshore-Windparks in der deutschen ausschließlichen Wirtschaftszone, BB 2012, 1827; *Cordewener*, Europäische Vorgaben für die Verfahrensrechte v. Steuerausländern – Formellrechtliche Implikationen der „Fokus Bank"-Entscheidung des EFTA-Gerichtshofs, IStR 2006, 113; *Diebold*, Der Bausteuerabzug – ein „Steuer"-Abzug ohne Steuer?, DStZ 2002, 252; *Diebold*, Die Anrechnung des Bausteuerabzugs – Entstehung, Fälligkeit und Durchführung, DStZ 2002, 471; *Diebold*, Haftung für den Bausteuerabzug – zur Dogmatik der Haftung im Steuerrecht, DStR 2002, 1336; *Diebold*, Erstattung des Bausteuerabzugs – Entstehung, Fälligkeit, Durchführung, DStZ 2003, 413; *Ebling*, Der Steuerabzug bei Bauleistungen, DStR Beihefter 51–52/01; *Eisolt*, Erteilung einer Freistellungsbescheinigung nach § 48b an den Insolvenzverwalter, ZInsO 2013, 1564; *Fuhrmann*, Neuer Steuerabzug für Bauleistungen, KÖSDI 2001, 13093; *Gehm*, Aspekte der Bauabzugsteuer im Licht der Rspr., D-spezial 2005, 3; *Gehm*, Benennung von Gläubigern und Zahlungsempfängern gem. § 160 AO – Risikoprofil in der Praxis, StBp. 2015, 283; *Gerhards*, Steuerschuldnerschaft des Leistungsempfängers (§ 13b UStG) bei Bauleistungen im Lichte v. Rspr. und aktueller Gesetzgebung, DStZ 2014, 708; *Hey*, Vereinbarkeit der Bauabzugssteuer (§§ 48 ff.) mit dem Gemeinschaftsrecht, EWS 2002, 153; *Hök*, Das G über die Bauabzugsteuer und die Auswirkungen auf die Durchsetzung v. Werklohnansprüchen, ZfBR 2002, 113; *Hofmann*, Der Abschluss v. Werkverträgen mit ausländischen Subunternehmern, BauR 2007, 812; *Holzner/Dürr*, Die Einkommensteuer und ihre Erhebungsformen, NWB-Beil. 13/2017, 24; *Kahlen*, Bauleistungssteuer: Was WEG-Verwalter und Wohnungs-/Teileigentümer beachten müssen, WE 2005, 54; *Kleiner*, Bauabzugssteuer – Verbleibende Probleme und Lösungsansätze, INF 2002, 385; *Lieber*, Die neue Steuerabzugspflicht für Leistungen am Bau, DStR 2001, 1470; *Litzenburger*, Die Steuerabzugspflicht gem. § 48 beim Bauträgervertrag im Spannungsfeld zw. Zivilrecht und öffentlichem Recht, NotBZ 2002, 15; *Nöcker*, Die Freistellungsbescheinigung bei der Bauabzugssteuer – Ein Erfahrungsbericht aus der

Praxis, StuB 2003, 494; *Ramackers*, Kommentierung des BMF-Schreibens v. 1.11.2001 zum Steuerabzug v. Vergütungen für im Inland erbrachte Bauleistungen (§§ 48ff.), BB 2002, Beil. Nr. 2; *Schroen*, Kritische Überlegungen zum G zur Eindämmung illegaler Betätigung im Baugewerbe, NWB Fach 3, 11683; *Schwenke*, Steuerabzug im Baugewerbe: Viel Aufwand um nichts?, BB 2001, 1553; *Seifert*, Die Abzugsbesteuerung bei Bauleistungen im Überblick, INF 2001, 577; *Serafini*, BMF klärt Zweifelsfragen zur Umkehr der Steuerschuldnerschaft bei Bauleistungen, GStB 2005, 97 (131); *Stickan/Martin*, Die neue Bauabzugsbesteuerung, DB 2001, 1441; *Sydow*, G zur Eindämmung illegaler Betätigung im Baugewerbe, NWB Fach 3, 11639.

A. Grundaussagen der Vorschrift

I. Regelungsgegenstand. §§ 48–48d enthalten die sog. Bauabzugsverpflichtungen. Die Vorschriften, die durch das G zur Eindämmung illegaler Betätigung im Baugewerbe v. 30.8.2001[1] in das EStG eingefügt (und bereits durch das StÄndG 2001 partiell wieder geändert und ergänzt) wurden, zielen darauf ab, deutsche Baustellen v. illegaler Beschäftigung (**„Schwarzarbeit"**) und **Dumpinglöhnen** im Baugewerbe zu befreien und dadurch zugleich Wettbewerbsverzerrungen sowie Störungen des Sozialversicherungssystems zu begegnen. Zu diesem Zweck war bereits durch das StEntlG 1999ff. in § 50a Abs. 7 aF ein Steuerabzugsverfahren bei Vergütungen an ausländ. Werkvertragsunternehmer eingeführt worden, das aber nach Einl. eines Vertragsverletzungsverfahrens durch die EG-Kommission wegen unionsrechtl. Diskriminierungen mit dem StBereinG 1999 rückwirkend v. Beginn an wie- der aufgehoben wurde. Stattdessen werden nunmehr mit vergleichbarer Zielrichtung und zum Zwecke der Sicherung der durch die Bauleistungen ausgelösten Steuerforderungen sowohl die Auftraggeber als auch die im Baugewerbe Tätigen einem technisch, zeit- und verwaltungsaufwendigen und höchst komplexen Verfahren (Abzugs-, Anmeldungs-, Abführungspflichten, Freistellungs-, Anrechnungs-, Erstattungsverfahren) unterworfen.[2] 1

Ihrer **rechtsdogmatischen Einordnung** nach handelt es sich bei der Bauabzugsteuer um eine **Entrichtungssteuer** (iSd. § 3 Abs. 1 AO), in ihren Wirkungen, aber auch ihrer Rechtsnatur vergleichbar jenen bei der LSt und der KapESt.[3] Dagegen lt. gewordener Kritik[4] ist nicht zu folgen. Geltend gemacht wird, es fehle an einer an der Quelle einzubehaltenden Steuer als Voraussetzung für eine solche Entrichtungssteuer-Schuld, auch werde kein eigentlicher, konkret sach- und personenkongruent zuordenbarer Steuertatbestand verwirklicht, auf den sich der Steuerabzug beziehen könne. Der allg. Sicherungscharakter der Bauabzugsteuer vermöge diese Defizite nicht zu kompensieren. Mangels „Steuer" fände deswegen weder der Finanzrechtsweg (§ 33 FGO) noch das allg. Abgabenverfahrensrecht der AO Anwendung. Auch die Haftung hierfür sei strenggenommen per definitionem ausgeschlossen. Solche Überlegungen verkennen, dass es dem Gesetzgeber freisteht, für bestimmte Leistungen oder sonstige Sachverhalte eine Abzugsteuer vorzusehen und dadurch formell- wie materiell-rechtl. eine Entrichtungssteuer-Schuld zu konstituieren, ohne dass dem konkrete Besteuerungsvorgänge auf Seiten der eigentlich belasteten Pers. zugrunde liegen müssen. Diese Schuld stellt als solche eine „Steuer" dar und ist den dafür geltenden Regelungswerken uneingeschränkt unterworfen. Begrenzt wird dieses Recht des Gesetzgebers allein durch verfassungsrechtl. Vorgaben (Rn. 4). Zur wechselwirkenden Hemmung des Ablaufs der Festsetzungsfrist ggü. dem Steuerschuldner durch den Ablauf der Festsetzungsfrist ggü. dem Entrichtungssteuerpflichtigen s. **§ 171 Abs. 15 AO** idF des AmtshilfeRLUmsG v. 26.6.2013[5]; s. dazu auch zB § 50a Rn. 45. 2

II. Zeitlicher Geltungsbereich. § 48 ist erstmals auf Gegenleistungen (s. § 48 Abs. 3, Rn. 12f.) für Bauleistungen (s. § 48 Abs. 1 S. 2, Rn. 9) anzuwenden, die nach dem 31.12.2001 erbracht werden (§ 52 Abs. 56). §§ 48aff. traten demgegenüber bereits v. 7.9.2001 an in Kraft (vgl. Art. 7 Abs. 1 des G zur Eindämmung illegaler Betätigung im Baugewerbe, Rn. 1); dadurch sollte es ermöglicht werden, rechtzeitig die Freistellung gem. § 48b zu beantragen.[6] 3

III. Verfassungsmäßigkeit und Unionsrechtmäßigkeit. Vor dem Hintergrund des allg. **Gleichheitssatzes** (Art. 3 Abs. 1 GG) nicht gänzlich unbedenklich ist die abermalige (vgl. §§ 38ff., 43ff., 50a) „Instrumentalisierung" Privater in die gesetzliche Steuererhebung.[7] Was insoweit insbes. bei ArbG und Kreditinstituten, aber auch bei Vergütungsschuldnern beschränkt StPfl. wegen der flächendeckenden „Erhebungsbreite" und der andernfalls drohenden Steuerausfälle noch hingenommen werden kann, erscheint bei der (unentgeltlichen und haftungsbewehrten) Inpflichtnahme der Empfänger v. Bauleistungen schon 4

1 BGBl. I 2001, 2267; BStBl. I 2001, 602.
2 Vgl. FG Düss. v. 4.3.2002 - 10 V 1007/02 AE (E), EFG 2002, 688; *Schwenke*, BB 2001, 1553.
3 *K/S/M*, § 48 Rn. A 4; *Tipke/Kruse*, § 3 Rn. 83; *Lademann* § 48 Rn. 3.
4 *Diebold*, DStZ 2002, 471; *Diebold*, DStR 2002, 1336.
5 BGBl. I 2013, 1809.
6 Die FinVerw. stellte offenbar aber keine amtlichen Vordrucke zur Vfg., s. OFD Erf. v. 9.7.2001, FR 2001, 862; OFD Karls. v. 4.10.2001, DB 2001, 2321.
7 FG Nds. v. 13.1.2016 – 9 K 95/13, EFG 2016, 444 m. Anm. *Kreft* (Rev. IV R 11/16).

problematischer, weil hier ein lediglich beschränkter wirtschaftlicher Tätigkeits- und Leistungsbereich einem Sonderopfer unterworfen wird. Erschwerend kommt hinzu, dass Legitimationsgrund für diese Erhebungsform nicht nur steuer-, sondern auch sozialrechtl. (Veranlassungs-)Gesichtspunkte sind (Rn. 1).[1] Indem der Steuerabzug gem. § 48 Abs. 4 (s. Rn. 15) an die Stelle der andernfalls bestehenden gesetzlichen Wege zur Sicherstellung des Steueranspruchs (das BA- und WK-Abzugsverbot gem. § 160 Abs. 1 S. 1 AO, die Entleiherhaftung gem. § 42d Abs. 6 und 8, den Steuerabzug auf Anordnung gem. § 50a Abs. 7) tritt, werden diese Nachteile allerdings zT aufgewogen: Dem Steuerabzug kommt dadurch in weiten Bereichen Abgeltungswirkung zu; der Fiskus gibt sich gewissermaßen mit dem der Höhe nach typisierten Steuerabzug v. 15 % des Brutto-Entgelts (vgl. Rn. 12) zufrieden; die Regelung dürfte insoweit innerhalb des gesetzgeberischen Gestaltungsfreiraums liegen.[2] Allerdings ist die Selbstbescheidung auf die typisierten 15 % – indes umgekehrt – aus gleichheitsrechtl. Sicht ggü. StPfl. außerhalb des Baugewerbes nicht unproblematisch.

5 Die schon gegen die Vorgängervorschrift des § 50a Abs. 7 idF des StEntlG 1999 ff. (s. Rn. 1) erhobenen **unionsrechtl. Bedenken** glaubte man dadurch ausräumen zu können, dass die entspr. Pflichten auf Bauleistungen aus- wie inländ. Unternehmer erstreckt werden.[3] Das ist im Ansatz sicherlich sachgerecht.[4] Es ist allerdings zweifelh., ob dies gelungen ist:[5] Anders als Steuerinländer werden Steuerausländer oftmals nur unter Schwierigkeiten die den Steuerabzug vermeidende Freistellungsbescheinigung (§ 48c Abs. 2, § 48b) erlangen können (Erfordernis der Ansässigkeitsbescheinigung gem. § 48b Abs. 1 Nr. 3 sowie der Erstattung gem. § 48d Abs. 1 S. 4; die generelle Beweislastumkehr; Ausgestaltung v. § 48b Abs. 2 als Ermessensvorschrift; die auf einzelne Aufträge beschränkte Erteilung v. Freistellungsbescheinigungen an nicht ansässige StPfl.). Weitere Erschwernisse für Steuerausländer sind das Erfordernis der Bestellung eines inländ. Empfangsbevollmächtigten (§ 48 Abs. 1 S. 1, s. aber dazu auch § 48b Rn. 2) und der Einwendungsausschluss hinsichtlich eines zu sichernden Steuer-Anspr. aufgrund DBA im Haftungsverfahren des Leistungsempfängers gem. § 48d Abs. 1 S. 6). Um den administrativen Aufwand des Abzugs zu vermeiden, werden Auftraggeber deshalb uU eher geneigt sein, einen Inländer als einen Ausländer zu beauftragen. IÜ ist – wie stets bei Steuernormen, die zu außerstl. Lenkungszwecken verwendet (besser: missbraucht) werden – die Zielgenauigkeit und Effizienz solcher Vorschriften höchst fragwürdig.[6] Die Vorschriften belegen einmal mehr, dass die konkrete Gesetzgebung den vielfachen Bekundungen im politischen Raum zu einem einfacheren und widerspruchsfreien Steuerrecht zum Trotze bloße Lippenbekenntnisse sind. Angesichts dessen und zugleich unbeschadet dieser Überlegungen bleibt zudem zu bezweifeln, ob der Steuerabzug das angemessene Mittel ist, um dem Regelungsziel zu entsprechen. Denn der Steuerabzug die Bauabzugsteuer bezieht sich auf einen Besteuerungszugriff, welcher sich jenseits der staatlichen Territorialität auf anderweitig überhaupt nicht steuerbare und stpfl. Leistungen erstrecken kann. Darin unterscheidet sich dieser Zugriff als reines Sicherungs- und Abschreckungsmittel v. dem Steuerabzug, welchem zB beschränkt stpfl. Künstler und Sportler gem. § 50a Abs. 1 Nr. 1 unterliegen. Der BFH erkennt diesen Unterschied jedenfalls im summarischen AdV-Verfahren jedoch nicht als tragfähig erachtet.[7]

B. Abzugsvoraussetzungen (Abs. 1)

6 **Abs. 1 S. 1** enthält den **Grundsatz des Steuerabzugs** und legt fest, unter welchen Voraussetzungen dieser Abzug vorzunehmen ist. **Abzugsverpflichtet** ist hiernach der Leistungsempfänger, wenn er **(1)** Unternehmer iSd. § 2 UStG oder eine jur. Pers. des öffentl. Rechts ist, und wenn an ihn **(2)** v. einem anderen als Leistendem **(3)** eine Bauleistung **(4)** im Inland erbracht wird. Sind diese Voraussetzungen erfüllt, ist der Leistungsempfänger verpflichtet, 15 % der (vertraglich vereinbarten) Gegenleistung im Wege des Steuerabzugs für Rechnung des Leistenden (= idR, jedoch nicht zwingend des Steuerschuldners, s. Rn. 8) einzubehalten (s. Rn. 11). Da es sich bei den tatbestandlichen Voraussetzungen sämtlich um besteuerungsauslösende Merkmale handelt, trägt das FA hierfür die objektive **Feststellungslast**.

---

1 S. allg. (bezogen auf das LSt-Abzugsverfahren) *K/S/M*, § 38 Rn. A 95 ff.
2 FG Hess. v. 16.5.2017 – 4 K 63/17, EFG 2017, 1351 (Rev. I R 46/17); v. 16.5.2017 – 4 K 66/17, juris (Rev. I R 47/17).
3 Vgl. FG Düss. v. 4.3.2002 – 10 V 1007/02 AE (E), EFG 2002, 688; *Schwenke*, BB 2001, 1553.
4 S. das insofern erfolgreiche Vertragsverletzungsverfahren gegen Belgien (EuGH ABlEU Nr. C-326/06, 5 „Kommission/Belgien") gegen die belgische Bauabzugssteuer, die indessen nur nicht in Belgien registrierte Vertragspartner traf; s. auch *Cordewener*, IStR 2006, 113 (119).
5 Umfassend und zutr. *Hey*, EWS 2002, 153; iErg. **aA** FG Hess. v. 16.5.2017 – 4 K 63/17, EFG 2017, 1351 (Rev. I R 46/17); v. 16.5.2017 – 4 K 66/17, juris (Rev. I R 47/17), sowie, allerdings lediglich im summarischen AdV-Verfahren, BFH v. 29.10.2008 – I B 160/08, BB 2009, 703 mit krit. Anm. *Balmes/Ambroziak*.
6 So selbst die BReg., vgl. BT-Drucks. 14/4658, 13.
7 BFH v. 29.10.2008 – I B 160/08, BFH/NV 2009, 377; s. dazu *Balmes/Ambroziak*, BB 2009, 706; *Gosch*, BFH/PR 2009, 279.

Leistungsempfänger (**Abs. 1 S. 1**) und damit Abzugsverpflichtete sind alle in- und ausländ., unbeschränkt und beschränkt stpfl., jur wie nat. Pers., gleich welcher Rechtsform (auch GbR[1]), die als **Unternehmer iSv. § 2 UStG** in eine Leistungskette eingeschaltet sind (als General-, Subunternehmer, Endabnehmer[2]). Die Tätigkeit muss also auf Einnahmeerzielung gerichtet sein; Gewinnerzielungsabsicht ist nicht erforderlich. Im Falle einer Organschaft ist Unternehmer der Organträger; die Durchführung des Steuerabzugs durch die Organ-Ges. im Namen des Organträgers wird indes nicht beanstandet.[3] Zur Abzugspflicht v. Organ-Ges. bei Innenumsätzen s. Rn. 8. Der Beginn und das Ende der Unternehmereigenschaft richtet sich nach den Maßstäben des UStG (vgl. A 18, 19 UStR).[4] Ausschlaggebend für die Unternehmereigenschaft ist der **Zeitpunkt der Leistungserbringung** (= Beginn des Leistungsbezugs, vgl. auch § 15 Abs. 1 UStG für den Vorsteuerabzug), nicht jener der Auftragserteilung oder jener der Zahlung. Eine Bindung an die umsatzsteuerrechtl. Behandlung besteht nicht. Unternehmer idS ist demnach, wer eine gewerbliche oder berufliche Tätigkeit selbständig ausübt, und zwar unter Einschluss nicht nur einer Bau-, sondern der gesamten unternehmerischen Tätigkeiten. Einbezogen werden zB auch Kleinunternehmer iSv. § 19 UStG, pauschal versteuerte Forst- und Landwirte iSv. § 24 UStG. UStPflicht ist nicht erforderlich, so dass im Grds. vor allem steuerbefreite (vgl. § 4 Nr. 12 UStG) Vermieter und Verpächter v. Wohnungen und Gebäuden Unternehmer iSv. § 48 Abs. 1 S. 1 sind. Es sind dies keine Privatpersonen. Dies ist problematisch, weil Unternehmer ggü. Nichtunternehmern insoweit benachteiligt werden, wenn sie Leistungen für den nichtunternehmerischen Bereich in Anspr. nehmen. Dennoch lässt sich ein einschr. Regelungsverständnis, wonach nur Leistungen „für das Unternehmen" des Leistungsempfängers der Abzugsbesteuerung unterworfen sein sollen, mit dem Gesetzestext nicht vereinbaren.[5] Begrenzt wird diese „Härte" des G nur dadurch, dass bei Vermietung v. lediglich einer oder zwei Wohnungen (nicht aber Gebäuden) die Abzugspflicht entfällt, **Abs. 1 S. 2**, sog. Zweiwohnungsregelung (s. Rn. 11). Die FinVerw.[6] begrenzt die Abzugspflicht allerdings noch weitergehend und contra legem auf den unternehmerischen Bereich. Bei teilw. betrieblicher Nutzung des betr. Bauwerks soll es abw. v. A 192 Abs. 18 UStR darauf ankommen, ob die Bauleistung dem unternehmerischen oder dem nichtunternehmerischen Teil des Bauwerks zugeordnet werden kann, hilfsweise auf den Zweck, der überwiegt. Dieser überwiegende Zweck wiederum soll anhand des Wohn-/Nutzungsverhältnisses oder anderer sachgerechter Maßstäbe festzustellen sein. Auch dem staatstreuen und freundlich gesonnenen StPfl. (und Kommentator) sind solche feinsinnigen Unterscheidungen nicht mehr plausibel zu machen; dem, der solches ausheckt, ist nur mehr komplette Praxisuntauglichkeit zu bescheinigen. Leistungsempfänger sind iÜ kraft ausdrücklicher gesetzlicher Bestimmung und zur Vermeidung v. Ungleichbehandlungen **jur. Pers. des öffentl. Rechts** (vgl. A 4 KStR) – oder auch deren einzelne Organisationseinheiten[7] – nach dem Regelungswortlaut nicht nur mit ihrem unternehmerischen, sondern (insoweit abw. v. § 2 Abs. 3 UStG) auch mit ihrem nichtunternehmerischen (hoheitlichen) Bereich. Die v. der FinVerw.[8] vorgenommene Beschränkung auf den Betrieb gewerblicher Art ist v. G nicht gedeckt. Einrichtungen ausländ. Staaten und Institutionen mit v. Ausländ. Amt anerkannten Sonderstatus (zB nach der Wiener Konvention) sollen allerdings ausgenommen sein.[9] 7

Leistender ist gem. **Abs. 1 S. 1** derjenige, der im Inland eine Bauleistung erbringt, also der **tatsächlich-wirtschaftlich Leistende**. Es kann dies jedwelche in- oder ausländ. Pers. oder Personenvereinigung („jemand") sein, ebenfalls (Rn. 7) gleich welcher Rechtsform und welchen Unternehmenszwecks und gleichviel, ob sie unbeschränkt oder beschränkt stpfl. ist,[10] abw. v. Leistungsempfänger aber auch unabhängig davon, ob sie Unternehmer iSd. § 2 UStG ist[11] und ob sie ausschließlich, überwiegend oder auch nur gelegentlich Bauleistungen erbringt. Unter denselben persönlichen Voraussetzungen ist Leistender darüber hinaus gem. expliziter Anordnung („gilt") in **§ 48 Abs. 1 S. 4** gleichermaßen derjenige, der selbst keine Leistungen erbracht hat, sondern solche lediglich abrechnet (**fiktiv-wirtschaftlich Leistender**; vgl. insoweit auch § 14 Abs. 3 S. 2 UStG). Leistender iSv. § 48 Abs. 1 S. 1 ist also iErg. der (zivil-)**rechtl. Leistende** und damit zwar regelmäßig, jedoch nicht unbedingt der eigentliche Steuerschuldner (abw. v. § 38 Abs. 2 S. 1, § 44 Abs. 1 S. 1, § 50a Abs. 5 S. 2). Einbezogen sind hiernach – neben „vorgeschalteten" Generalunterneh- 8

---

1 BMF v. 27.12.2002, BStBl. I 2002, 1399 Rn. 17; **aA** demgegenüber offenbar OFD Erf. v. 9.7.2001, FR 2001, 862.
2 BMF v. 27.12.2002, BStBl. I 2002, 1399 Rn. 17.
3 BMF v. 27.12.2002, BStBl. I 2002, 1399 Rn. 21.
4 BMF v. 27.12.2002, BStBl. I 2002, 1399 Rn. 23.
5 **AA** *Stickan/Martin*, DB 2001, 1441 (1445).
6 BMF v. 27.12.2002, BStBl. I 2002, 1399 Rn. 16 mit Beispielen.
7 BMF v. 27.12.2002, BStBl. 2002, 1399 Rn. 22.
8 BMF v. 27.12.2002, BStBl. 2002, 1399 Rn. 24.
9 BMF v. 27.12.2002, BStBl. 2002, 1399 Rn. 4.
10 FG Hess. v. 16.5.2017 – 4 K 63/17, EFG 2017, 1351 (Rev. I R 46/17); v. 16.5.2017 – 4 K 66/17, juris (Rev. I R 47/17).
11 **AA** *Stickan/Martin*, DB 2001, 1441 (1444).

mern, Bauträgern iSd. § 3 Makler- und BauträgerVO[1] und bloßen Inkassostellen – auch und gerade (ausländ.) **Domizil- und Briefkastenfirmen.**[2] Das ist zwar sicher nicht gewollt, jedoch v. Gesetzeswortlaut gedeckt; einen Aktivitätsvorbehalt enthält das G nicht. Wegen der dadurch ggf. bedingten Komplikationen bei Beantragung einer Freistellungsbescheinigung gem. § 48b s. dort Rn. 11. Zu weiteren Schieflagen im Hinblick auf den Regelungsausschluss v. § 160 Abs. 1 S. 1 AO s. Rn. 15. – In einem die Abzugsteuerpflicht auslösenden Verhältnis stehen ferner **organschaftlich verbundene Unternehmen** zueinander. Die umsatzsteuerrechtl. Beurteilung und der Umstand, dass dort in einem solchen Fall bloße Innenumsätze vorliegen, ändert daran in Anbetracht des klaren Wortlauts des Abs. 1 nichts. Erneut (Rn. 7) kommt eine teleologische Reduktion nicht in Betracht; der insoweit großzügigeren FinVerw.[3] ist nicht beizupflichten.[4] **Kein** Leistender iSv. Abs. 1 S. 1 ist hingegen derjenige, der Leistungen nur vermittelt. Es ist dies auch nicht die Abrechnung des Verwalters einer Wohnungseigentümergemeinschaft mit den Wohnungseigentümern, wohl aber der jeweilige Wohnungseigentümer für Arbeiten an seinem Sondereigentum oder die Eigentümergemeinschaft für Arbeiten am Gemeinschaftseigentum.[5]

9 **Bauleistungen** sind nach der Legaldefinition in **§ 48 Abs. 1 S. 3** (in inhaltlicher, aber nicht tatbestandlicher Anknüpfung an § 211 Abs. 1 S. 2 SGB III und §§ 1, 2 der Baubetriebe-VO zu § 216 Abs. 2 SGB III,[6] dort in anderen Zusammenhängen die sozialrechtl. Winterbauförderung betr.) alle Leistungen, die der Herstellung, Instandsetzung, Instandhaltung, Änderung oder Beseitigung v. Bauwerken und deren bestimmungsgemäßen Nutzung dienen.[7] Die v. der FinVerw. gemachte Einschränkung, dass sich die Leistungen auf die Substanz des Bauwerks auswirken müssten (Substanzerweiterung, -verbesserung, -beseitigung[8]), lässt sich dem G nicht entnehmen. Die Tätigkeitsmerkmale („alle", „dienen") bedingen ein weites und umfassendes Begriffsverständnis, das jegliche Tätigkeiten „am Bau" sowohl mit als auch ohne Personaleinsatz und unabhängig v. den vertraglichen Grundlagen (zB Werkverträge gem. §§ 631 ff. BGB; Werklieferungsverträge gem. § 651 BGB) einbezieht: (Jegliche) **handwerkliche Tätigkeiten** wie die eigentlichen Bauarbeiten (zB Maurer-, Dachdecker-, Maler-, Verputz-, Polier- und Dämmarbeiten, Abriss, auch Gerüstbau[9]), aber auch darüber hinausgehende Gewerke (zB Fliesen-, Fußboden- und Parkettlegereien, Klempnerarbeiten, Fenster- und Türeinbauten, Elektriker- und Energieversorgungsarbeiten, Fassadenreinigung, Glasereien, Ofen-, Kamin- und Heizungsbau, Aufzüge und Rolltreppen, gebäudebezogene Innenausbauten, wie zB Ladeneinbauten, Schaufensteranlagen uÄ, auch künstlerische Leistungen, wenn sich solche auf die Gebäudesubstanz auswirken[10]), v. Tätigkeiten in der (planerischen und technischen) **Vorbereitung** der jeweiligen Maßnahmen (Arbeiten zur Einrichtung der Baustelle, vorangehende Aushub- und Tiefbauarbeiten). Dazu gehören kann auch das Liefern, Zurverfügungstellen und Aufstellen v. Baustoffen, Baumaschinen, -fahrzeugen, -gerüsten und sonstigen Bauvorrichtungen, die Werkabnahme (durch Bausachverständige uÄ) und die **Abwicklung** (zB Entsorgungsmaßnahmen, Nacharbeiten[11]), es sei denn, diese Leistungen erfolgen isoliert und unabhängig v. der eigentlichen Bauleistung (zB Materiallieferung durch einen Baustoffhändler oder Baumärkte; Transportleistungen bei Abbruch und Aushubarbeiten; Schuttabfuhr).[12] Einzubeziehen sind – allerdings entgegen der FinVerw. – auch Instandhaltungsarbeiten, zB aufgrund (lfd. oder einmaliger) Wartungs- und Reparaturaufträge, sowie ausschließlich **planerische Leistungen** wie Architekten-, Ingenieur- und Statiker-Tätigkeiten (Vermessung, Bauzeichnungen, Bauberechnungen, Bauleitung, Baubetreuung und -überwachung). Ein Grund dafür, diese Bereiche aus dem Bereich der Bauabzugsbesteuerung auszunehmen oder sie lediglich zu erfassen, wenn sie **Nebenleistungen** einer Bauleistung ieS sind und als solche das „Schicksal" der sie prägenden Hauptleistung teilen,[13] ist nicht ersichtlich. Insbes. erzwingt die gesetzgeberisch gewollte Anknüpfung an § 211 Abs. 1 SGB III angesichts des weit gefassten Gesetzeswortlauts in § 48 Abs. 1 insoweit keine teleologische Reduktion.[14] Eine Unterscheidung danach,

---

1 BMF v. 27.12.2002, BStBl. I 2002, 1399 Rn. 18, vgl. dazu auch *Wagner*, ZNotP 2002, 101; *Wälzholz*, ZNotP 2002, 135; *Litzenburger*, NotBZ 2002, 15.
2 FG Nds. v. 13.1.2016 – 9 K 95/13, EFG 2016, 444 m. Anm. *Kreft* (Rev. IV R 11/16).
3 BMF v. 27.12.2002, BStBl. I 2002, 1399 Rn. 21.
4 **AA** *Stickan/Martin*, DB 2001, 1441 (1445).
5 BMF v. 27.12.2002, BStBl. I 2002, 1399 Rn. 20; s. *Hügel*, ZWE 2002, 163; *Kahlen*, WE 2005, 54.
6 V. 28.10.1980, BGBl. I 1980, 2033.
7 Vgl. BSG v. 24.6.1999 – B 11/10 AL 7/98 R, SGb. 1999, 465 mwN.
8 BMF v. 27.12.2002, BStBl. I 2002, 1399 Rn. 6.
9 Insoweit aber BMF v. 27.12.2002, BStBl. I 2002, 1399 Rn. 12.
10 BMF v. 27.12.2002, BStBl. I 2002, 1399 Rn. 8.
11 Insoweit **aA** *Fuhrmann*, KÖSDI 2001, 13093 (13095) unter Berufung auf BSG v. 15.2.2000 – B 11 AL 41/99, NZS 2000, 623; s. auch BAG v. 25.1.2005 – 9 AZR 258/04, NZA 2005, 1130.
12 BMF v. 27.12.2002, BStBl. I 2002, 1399 Rn. 12.
13 So aber BMF v. 27.12.2002, BStBl. I 2002, 1399 Rn. 7 iVm. 13.
14 **AA** *Stickan/Martin*, DB 2001, 1441 (1444).

ob die begleitenden Tätigkeiten (Planung, Überwachung usw.) v. einem anderen Unternehmer geleistet werden als die eigentlichen Bauausführungen, ist unbeachtlich. Zu den Bauleistungen gehören schließlich Strom-, Leitungs- und Mastbau, Klär-, Siel- und Brunnenanlagen, Straßen-, Drainage- und Asphaltarbeiten, zudem die Installation einer Photovoltaikanlage an oder auf einem Gebäude sowie die Aufstellung einer Freilandfotovoltaikanlage[1] uÄ. Denn auch solche Bauarbeiten werden an einem „**Bauwerk**" als Sache (vgl. § 438 Abs. 1 Nr. 2a, § 634a Abs. 1 Nr. 2 BGB, § 638 BGB aF, § 12 S. 1 ErbbRVO) und als „irgendwie mit dem Erdboden verbundene oder infolge ihrer eigenen Schwere auf ihm ruhende, aus Baustoffen oder Bauteilen mit baulichem Gerät hergestellte Anlagen"[2] vorgenommen. **Nicht** zu den Bauleistungen gehören indessen Tätigkeiten, die lediglich **anlässlich** der eigentlichen Bautätigkeiten oder unabhängig davon auf einem unbebauten Grundstück durchgeführt werden, zB gärtnerische Gestaltungen (jedoch Dachbegrünungen[3]), Raum- und Fensterreinigung, auch Arbeiten an Betriebsvorrichtungen (zB Maschinen, Tischlerarbeiten außerhalb des gebäudebezogenen Innenausbaus, Antennen und Satelliten). Denn solche Arbeiten betreffen nicht ein Bauwerk, sie verändern vielmehr den natürlichen Zustand des Grund und Bodens[4] oder sind Arbeiten eigener Art. Die steuerrechtl. Regelung tritt insoweit hinter die weiterreichende sozialrechtl. Regelung in § 211 Abs. 1 SGB III zurück. **Nicht** zu den einschlägigen Bauleistungen gehören schließlich Fracht-, Beförderungs-, Geschäftsbesorgungsleistungen, Maklerei, auch nicht Finanzierungs- und Rechtsberatung iZ mit den Baumaßnahmen, die Überlassung v. ArbN.[5]

Die betr. Bauleistung muss **im Inland** erbracht werden (§ 48 Abs. 1 S. 1). Was Inland ist, bestimmt sich 10
auch für § 48 – als (lediglich) besondere stl. Erhebungsform – in Übereinstimmung mit allg. völkerrechtl. Grds. und dem erweiterten Inlandsbegriff des § 1 Abs. 1 S. 2.[6] Allein sachgerecht ist es, hierbei nicht auf die jeweils einzelne Leistungshandlung abzustellen und auf die Frage, wo diese getätigt wird, vielmehr auf den **Ort des Leistungserfolgs** („erbracht"; vgl. auch § 50a Abs. 7 S. 1 idF des StEntlG 1999ff., s. dazu Rn. 1). Darauf, ob die tatsächliche Leistungshandlung ganz oder teilw. im Ausland stattfindet, kann es schon deswegen nicht ankommen, weil die inländ. StPflicht sich sowohl aus der Ausübung als auch aus der Verwertung im Inland ergeben kann (vgl. zB § 49 Abs. 1 Nr. 3, 9). Außerdem wird der Vergütungsschuldner als Abzugsverpflichteter in die tatsächlichen Gegebenheiten der Leistungsvorgänge zumeist keinen Einblick haben. IdR wird der Ort des Leistungserfolges – in gewissem Einklang mit der Grundregel in § 3a Abs. 2 Nr. 1 UStG – mit der Belegenheit des betr. Bauwerks (Grund und Boden) übereinstimmen.[7] Zwingend ist dies jedoch nicht. Auch Bauleistungen, die v. Inland aus in Bezug auf ein im Ausland belegenes Bauwerk erbracht werden (zB im Inland fertiggestellte und abgeschlossene Architektenleistungen für eine im Ausland belegene, einem Inländer gehörende Ferienanlage; s. aber auch Rn. 9), können v. der Abzugspflicht erfasst sein.

C. Ausnahmen vom Steuerabzug (Abs. 2)

Der Steuerabzug kann in drei **Ausnahmefällen** unterbleiben, nämlich: **(1)** Der Leistende legt dem Emp- 11
fänger eine – grds. nur ex nunc für die Zukunft wirkende (s. aber § 48b Rn. 6) – Freistellungsbescheinigung gem. **§ 48b Abs. 1 S. 1** vor. Eine erst später nachgereichte Freistellungsbescheinigung lässt zwar nicht die Abzugspflicht,[8] idR aber dennoch eine Haftung entfallen (s. § 48a Rn. 5). **(2)** Der Leistungsempfänger vermietet nicht mehr als **zwei Wohnungen** (**§ 48 Abs. 1 S. 2, Zwei-Wohnungs-Regelung**, s. Rn. 7). Zum Wohnungsbegriff s. BMF BStBl. I 2002, 1399 Tz. 54 (zu mitvermieteten Garagen s. Tz. 63), R 31 Abs. 6 S. 2–4 LStR 2005. Leer stehende Wohnungen bei fortbestehender Vermietungsabsicht schaden nicht.[9] Auch auf den Vermietungszweck oder die Zugehörigkeit der Wohnungen zum PV oder BV kommt es nicht an,[10] ebenso wenig auf die Belegenheit v. Wohnungen im Ausland.[11] Die Vermietung v. Gebäuden berechtigt **nicht** zum Absehen v. Steuerabzug, auch nicht die Vermietung bloß einzelner Zimmer einer

1 FG Hess. v. 16.5.2017 – 4 K 63/17, EFG 2017, 1351 (Rev. I R 46/17); v. 16.5.2017 – 4 K 66/17, juris (Rev. I R 47/17); FG Düss. v. 10.10.2017 – 10 K 1513/14 E, EFG 2018, 959 (Rev. I R 67/17); BayLfSt v. 16.9.2015, DStR 2015, 2720 (unter Änderung einer früher entgegenstehenden Verwaltungspraxis; bis zum 31.12.2015 wird das Unterlassen des Steuerabzugs deswegen nicht beanstandet).
2 Vgl. BAG v. 21.1.1976 – 4 AZR 71/75, AP Nr. 27 zu § 1 TVG Tarifverträge Bau.
3 BMF v. 27.12.2002, BStBl. I 2002, 1399 Rn. 5.
4 Zutr. *Stickan/Martin*, DB 2001, 1441 (1444).
5 BMF v. 27.12.2002, BStBl. I 2002, 1399 Rn. 9.
6 Vgl. *Behrendt/Wischott/Krüger*, BB 2012, 1827 (1831 f.) im Hinblick auf Offshore-Windparks.
7 S. auch *Stickan/Martin*, DB 2001, 1441 (1444).
8 BMF v. 27.12.2002, BStBl. I 2002, 1399 Rn. 45.
9 BMF v. 27.12.2002, BStBl. I 2002, 1399 Rn. 57.
10 BMF v. 27.12.2002, BStBl. I 2002, 1399 Rn. 58.
11 BMF v. 27.12.2002, BStBl. I 2002, 1399 Rn. 59.

sonst selbst genutzten Wohnung[1] oder die unentgeltliche Überlassung v. Wohnungen zur Nutzung.[2] Bei Überschreiten der Zwei-Wohnungs-Regelung erstreckt sich der Abzug auf alle Wohnungen.[3] Ein daneben bestehender unternehmerischer Bereich bleibt ohnehin unberührt. **Wem** die Wohnungen zuzurechnen sind, richtet sich nach allg. Grundsätzen, bei Grundstücksgemeinschaften oder -Ges. diesen als (jeweiligen) einzelnen Unternehmer iSd. § 2 UStG und nicht dem Gemeinschafter oder G'ter.[4] Ehegatten sind getrennt zu beurteilen.[5] **(3) Geringfügigkeitsgrenzen** (Bagatellgrenzen), die auf die jeweiligen Gegenleistungen (Rn. 12ff.) bezogen sind, werden nicht überschritten. Es sind dies zum einen **15000** Euro, wenn der Leistungsempfänger **ausschließlich** (= ausnahmslos[6]) stfreie Umsätze nach § 4 Nr. 12 UStG ausführt, er also Grundstücke und Wohnungen und nicht[7] gem. § 9 UStG zur USt optiert vermietet (**§ 48 Abs. 2 S. 1 Nr. 1**), oder – zum anderen **5000** Euro in den übrigen Fällen (**§ 48 Abs. 2 S. 1 Nr. 2**). Abzustellen ist darauf, ob die Grenzwerte „im Zeitpunkt der Gegenleistung", also des Abflusses (§ 11) derselben als dem maßgeblichen **Steuerabzugszeitpunkt** (vgl. auch § 48a Abs. 1 S. 1) voraussichtlich (und nur) **im lfd. Kj.** nicht überschritten werden. Das erfordert eine Prognoseentscheidung, die sich auf **sämtliche Bauleistungen** bezieht, die v. demselben jeweiligen Leistenden ggü. dem Empfänger im lfd. Kj. bereits erbracht worden sind und voraussichtlich noch zu erbringen sein werden; diese Leistungen sind für die Ermittlung des maßgeblichen Betrages der voraussichtlichen Gegenleistungen zusammenzurechnen (**Abs. 2 S. 2**). Werden verschiedene Leistungen durch Subunternehmer in einer Leistungskette mit entspr. vielen Abrechnungen erbracht, kann dies zu mehrfachem Steuerabzug auf ein und dieselben Leistungen ein und desselben Subunternehmers führen (**Kaskadeneffekt**). Ausschlaggebend für die Prognoseentscheidung ist die Sichtweise des Leistungsempfängers, wobei er sich einschlägiger Unterlagen (zB Kostenvoranschläge, Bauzeitenplanung des Architekten oder Generalunternehmers) bedienen kann. Infolge der Orientierung an den zu erbringenden Bauleistungen ist ggf. auf An- oder Abschlagszahlungen abzustellen (s. Rn. 13), wodurch sich gewisse Einschätzungsspielräume ergeben. Da es sich bei den Grenzwerten um **Freigrenzen** und nicht um Freibeträge handelt, unterfällt der Gesamtbetrag der Abzugsteuer, sobald sie überschritten werden,[8] ggf. aber nur noch für das restliche Kj., falls das Überschreiten der Grenzen zuvor nicht vorhersehbar war. Reicht der Betrag, welcher zum Überschreiten der Freigrenze führt, nicht mehr aus, um der Gesamtabzugspflicht zu genügen, soll diese Pflicht in jener Höhe entfallen, in der sie die Gegenleistung übersteigt.[9] – Auf ein Verschulden des Leistungsempfängers kommt es nicht an. Zur Berücksichtigung und Einhaltung der Geringfügigkeitsgrenzen im Organkreis oder durch Organisationseinheiten v. jur. Pers. des öffentl. Rechts s. BMF BStBl. I 2002, 1399 Tz. 49f. Bei lediglich teilw. unternehmerischer Nutzung des Bauwerks sind die Freigrenzen aufzuteilen.[10]

D. Steuersatz (Abs. 1 S. 1), Bemessung des Abzugsbetrags (Abs. 3)

12 Der Steuerabzug beträgt – ausgehend v. einer gegriffenen durchschnittlich zu erhebenden Ertragsteuer des leistenden Unternehmens v. 3,75 % und einer LSt-Belastung v. 11,25 % des Gesamtauftragsvolumens – **15 %** der **Gegenleistung**. Es ist dies das (uneingeschränkte) **Brutto-Entgelt** ohne Abzug irgendwelcher BA oder WK und unter Einschluss der USt (**§ 48 Abs. 3**). Letzteres ist unabhängig v. den Fällen des sog. Reverse-charge-Verfahrens gem. **§ 13b UStG:**[11] Gem. § 13b Abs. 2 Nr. 1 iVm. Abs. 5 S. 1 UStG (v. 2002 bis 2012: § 13b Abs. 1 S. 1 Nr. 1 iVm. Abs. 2 S. 1 UStG aF) ist bei Werklieferungen[12] und (nicht unter § 13b Abs. 1 iVm. § 3a Abs. 2 UStG fallenden) sonstigen Leistungen eines ausländ. Leistenden nicht dieser, sondern der inländ. Leistungsempfänger alleiniger Steuerschuldner der USt, sofern er Unternehmer oder eine jur. Pers. des öffentl. Rechts ist (s. auch § 50 Rn. 13, 32, dort auch zur früheren Rechtslage gem. §§ 51ff.

1 BMF v. 27.12.2002, BStBl. I 2002, 1399 Rn. 55.
2 BMF v. 27.12.2002, BStBl. I 2002, 1399 Rn. 56.
3 BMF v. 27.12.2002, BStBl. I 2002, 1399 Rn. 56.
4 BMF v. 27.12.2002, BStBl. I 2002, 1399 Rn. 60f.
5 BMF v. 27.12.2002, BStBl. I 2002, 1399 Rn. 62.
6 Vgl. aber auch BFH v. 11.8.1999 – XI R 12/98, BStBl. II 2000, 229 im Hinblick auf die sog. Abfärbetheorie iSd. § 15 Abs. 3 S. 1 zu einem angeblich allg. zu beachtenden Verfassungsgrundsatz der Proportionalität; s. dazu krit. *Gosch*, StBp. 2000, 57; s. auch BFH v. 17.10.2002 – I R 24/01, BStBl. II 2003, 355.
7 BMF v. 27.12.2002, BStBl. I 2002, 1399 Rn. 48.
8 **AA** *Stickan/Martin*, DB 2001, 1441 (1445).
9 BMF v. 27.12.2002, BStBl. I 2002, 1399 Rn. 53 mit Beispielen.
10 BMF v. 27.12.2002, BStBl. I 2002, 1399 Rn. 51.
11 Vgl. dazu *Gerhards*, DStZ 2014, 708; allg. *Tiedtke*, UR 2004, 6.
12 S. aber insoweit das an den EuGH gerichtete Vorabentscheidungsersuchen des BFH v. 30.6.2011 – V R 37/10, DStR 2011, 1463 (zur Vereinbarkeit der gesetzl. einbezogenen Werklieferungen mit Art. 5 S. 5 der RL 77/388/EWG, jetzt Art. 14 Abs. 3 der RL 2006/112/EG), beim EuGH anhängig als Rs. C-395/11 „BLV Wohn- und Gewerbebau GmbH", s. die dazu ergangenen Schlussanträge des Generalanwalts Mengozzi v. 12.9.2012 sowie *Seifert*, StuB 2011, 676.

UStDV aF[1]). Gleiches gilt (v. VZ 2004 an) gem. § 13b Abs. 2 S. 1 Nr. 4 iVm. Abs. 5 S. 2 UStG (§ 13b Abs. 1 S. 1 Nr. 4 iVm. Abs. 2 S. 2 UStG aF) allg. für Werklieferungen und sonstige Leistungen, die der Herstellung, Instandsetzung, Instandhaltung, Änderung oder Beseitigung v. Bauwerken dienen, ausgenommen Planungs- und Überwachungsleistungen, vorausgesetzt, der Leistungsempfänger ist Unternehmer, der seinerseits Leistungen idS erbringt.[2] Beides betrifft auch den Leistungsbezug für den nichtunternehmerischen Bereich (vgl. § 13b Abs. 5 S. 3 UStG, § 13b Abs. 2 S. 3 UStG aF). Infolge des Einschlusses der USt ergibt sich iErg. sowohl beim inländ. (vgl. § 13 Abs. 1 Nr. 1 lit. a S. 1 UStG) als auch beim ausländ. Leistenden tatsächlich eine Abzugsteuer v. 17,45 % der jeweiligen Nettovergütung. Wird die USt (zB infolge Irrtums über die UStPfl.) zunächst nicht abgeführt, ist der Abzug später (beim Abfluss der USt) vorzunehmen. Allg. zur umsatzstl. Behandlung der Abzugsteuer s. BMF v. 27.12.2002, BStBl. I 2002, 1399 Tz. 83 ff. Ein Abzug des SolZ unterbleibt. Maßgeblich ist zwar stets nur der tatsächlich als solcher für die Leistung erbrachte Gegenwert, dies aber unbeschadet der stl. Beurteilung als Gewinnanteile (§ 15 Abs. 1 S. 1 Nr. 2) oder vGA (§ 8 Abs. 3 S. 2 KStG).

In jedem Fall ist Gegenleistung in diesem Sinne nicht allein der iRd. Endabrechnung über die erbrachte Bauleistung abgerechnete **Endbetrag**, es sind dies auch **Abschlags-, An- und Teilzahlungen**[3] sowie die nachträgliche **Auszahlung v. Sicherheitseinbehalten**.[4] Maßgeblich für den Steuerabzug und das Entstehen der Abzugspflicht ist der jeweilige Zahlungszeitpunkt als **Abflusszeitpunkt** (§ 11), auch im Falle der Abtretung der Gegenleistung[5] sowie des (echten oder unechten) Factorings,[6] auch bei zivilrechtl. Zwangsvollstreckungen.[7] Die Zahlungsart und -modalität (Barzahlung, Überweisung, Aufrechnung, Vollstreckung) ist unbeachtlich. Im Falle der Aufrechnung gilt dies auch bei annähern der Gleichwertigkeit v. Forderung und Gegenforderung.[8] Schwierigkeiten drohen bei **Korrekturen der Bemessungsgrundlagen:** Ändert sich die Bemessungsgrundlage in der Folgezeit, berechnet sich der Abzugsbetrag im Grundsatz nach der nunmehr maßgeblichen Gegenleistung: Eine Nachzahlung unterliegt mithin gleichermaßen dem Steuerabzug (s. § 48a Rn. 2), auch eine Minderung (zB bei Geltendmachen nachträglicher Mängelansprüche) kann zu einer Reduzierung des Abzugsbetrages im Zuge der Endabrechnung führen. Die isolierte nachträgliche Herabsetzung der Gegenleistung kann allerdings infolge der nach § 48c vorzunehmenden Anrechnung bzw. Erstattung der angemeldeten Abzugsbeträge Einnahmeausfälle nach sich ziehen, die dem Sicherungscharakter des Steuerabzugsverfahrens widersprechen. Nicht zuletzt deshalb sieht § 48 eine „interpersonale" Abzugserstattung zw. Leistenden und Leistungsempfänger nicht vor. In Einklang hiermit wird das FA der Änderung der Steueranmeldung gem. § 48a Abs. 1 bei Herabsetzung der bisher zu entrichtenden Abzugsteuer nur in Ausnahmefällen zustimmen (vgl. § 168 S. 2 AO). 13

Besteht die Gegenleistung in einer **Sachleistung** (im Falle des Tauschs, einer tauschähnlichen Leistung oder des Tauschs mit Baraufgabe) ist der Gegenwert entspr. zu bewerten. Gleiches gilt bei Erbringung einer Dienstleistung. Der Leistungsempfänger muss, um dem Quellenabzug Rechnung tragen zu können, entweder einen Teil der Sachleistung zurückhalten oder aber der Leistende muss ihm entspr. Geldmittel zur Erfüllung des Steuerabzugs in bar zur Vfg. stellen (vgl. auch § 38 Abs. 4 S. 1). 14

E. Rechtsfolgen des Steuerabzugs (Abs. 4)

Kommt der Leistungsempfänger **(1)** seiner Anmeldungs- und Abführungspflicht nach oder hat ihm **(2)** der Leistende eine Freistellungsbescheinigung vorgelegt (§ 48c Abs. 5), ist ihm (naturgemäß, wie sonst auch, allerdings nur nach Maßgabe der allg. Voraussetzungen der § 4 Abs. 4, § 42 AO) der uneingeschränkte BA- und WK-Abzug der getätigten Aufwendungen gewiss, auch dann, wenn er den „wahren" Zahlungsempfänger (zB bei Domizil- oder Briefkastenfirmen, vgl. auch § 48 Abs. 1 S. 3, Rn. 8) nicht in der v. **§ 160 Abs. 1 S. 1 AO** geforderten Weise namhaft macht oder machen kann; **§ 48 Abs. 4 Nr. 1** schließt die Anwendung v. § 160 Abs. 1 S. 1 AO aus und bestimmt damit den Vorrang des Steuerabzugs vor der in § 160 AO zum Ausdruck kommenden Gefährdungshaftung.[9] Gleiches gilt gem. **§ 48 Abs. 4 Nr. 2** für die LSt-Entleiherhaftung gem. § 42d Abs. 6 und 8 und den Steuerabzug auf Anordnung gem. § 50a Abs. 7. 15

---

1 BMF v. 27.12.2002, BStBl. I 2002, 1399 Rn. 81.
2 S. dazu – bezogen auf Bauleistungen – BFH v. 22.8.2013 – V R 37/10, DStR 2013, 2560.
3 BMF v. 27.12.2002, BStBl. I 2002, 1399 Rn. 42.
4 FG Hess. v. 16.5.2017 – 4 K 63/17, EFG 2017, 1351 (Rev. I R 46/17); v. 16.5.2017 – 4 K 66/17, juris (Rev. I R 47/17); BMF v. 27.12.2002, BStBl. I 2002, 1399 Rn. 82.
5 BMF v. 27.12.2002, BStBl. I 2002, 1399 Rn. 42; BGH v. 12.5.2005 – VII ZR 97/04, WM 2005, 1381.
6 BMF v. 27.12.2002, BStBl. I 2002, 1399 Rn. 42, 43.
7 BMF v. 27.12.2002, BStBl. I 2002, 1399 Rn. 44.
8 BMF v. 27.12.2002, BStBl. I 2002, 1399 Rn. 86.
9 FG Nds. v. 13.1.2016 – 9 K 95/13, EFG 2016, 444 m. Anm. *Kreft* (Rev. IV R 11/16); so auch die **hM**, vgl. zB *H/H/R*, § 48 Anm. 22; *Apitz*, FR 2002, 10 (20); *Blümich*, § 48 Rn. 207 ff.; *T/K*, § 160 AO Rn. 10; *Klein*[12], § 160 Rn. 1a; *Frotscher/Geurts*, § 48 Rn. 48; *Korn*, § 4 Rn. 718.1, § 48 Rn. 48; *Gehm*, StBp. 2015, 283 (284).

Durch diese Zugriffsverzichte wird die Abzugsteuer in gewisser Weise zu einer Abgeltungssteuer (s. Rn. 2). Dabei erweist sich insbes. der Anwendungsausschluss v. § 160 Abs. 1 S. 1 AO als recht großzügig, berücksichtigt man, dass der BFH[1] iRd. § 160 AO einen weiten wirtschaftlichen Empfängerbegriff vertritt und nicht nur auf die Domizil-Ges. als Auftragnehmer, sondern (auch) auf die v. dieser mangels eigenen fach- und branchenkundigen Personals eingeschalteten Subunternehmer zurückgreift. Indem Abs. 1 S. 3 iVm. Abs. 4 Nr. 1 sich mit dem formal Abrechnenden als Leistenden begnügt, wird diese Rspr. unterlaufen. Wegen dadurch ausgelöster gleichheitsrechtl. Bedenken s. Rn. 4. Dies alles gilt indes nicht, wenn der Leistungsempfänger seinen Abzugspflichten nicht ordnungsgemäß nachkommt und er deswegen als Haftender in Anspr. genommen wird; s. dazu § 48a Rn. 4f. Problematisch ist die Gewährung des BA-Abzugs, wenn der Leistungsempfänger § 48 Abs. 4 Nr. 1 gewissermaßen „instrumentalisiert" und sich den Abzug entgegen § 160 AO im Zusammenwirken mit einer als formal Subunternehmer eingeschalteten Domizil-Ges. in rechtsmissbräuchlicher Weise erschleicht. Auch bei Versagung der Steueranrechnung gem. § 48c Abs. 3 können hier Steuerausfälle drohen, denen nur mit den Mitteln des § 42 AO begegnet werden kann.[2] Gleichermaßen entfällt gem. § 42 AO der Anwendungsausschluss v. § 42d Abs. 6 und 8, wenn ArbN-Entleiher und Leistungsempfänger missbräuchlich zusammenwirken, um der Entleiherhaftung zu entgehen (zB durch Erschleichen einer Freistellungsbescheinigung gem. § 48b, s. § 48a Rn. 5).

16 Der Verstoß gegen den Steuerabzug stellt eine bußgeldbewehrte Ordnungswidrigkeit dar (vgl. § 380 Abs. 2 AO).

17 Aus **zivilrechtl. Sicht** lässt die Vornahme des Steuerabzugs den Werklohnanspruch des Auftragnehmers prinzipiell unberührt. Anders verhält es sich allerdings nach Zahlung der Steuer. Die Zahlung hat **Erfüllungswirkung**, es sei denn, es bestand keine Abzugspflicht und dies war für den Auftraggeber aufgrund der im Zahlungszeitpunkt bekannten Umstände eindeutig erkennbar.[3] Der Steueranmeldung kommt noch keine Erfüllungswirkung zu.[4] Zahlt der Auftragnehmer nach versehentlich vollständiger Zahlung des Werklohns an den Unternehmer die BauabzugSt an das FA, trifft den leistenden Unternehmer eine aus dem Vertragsverhältnis resultierende Nebenpflicht, diesen Betrag an den Besteller zu erstatten, ggf. aber unter Zurückbehaltung gem. § 273 Abs. 1 BGB bis zur ordnungsgemäßen Abrechnung und Vorlage der unterschriebenen dritten Ausfertigung über den Steuerabzug.[5]

§ 48a Verfahren

(1) [1]Der Leistungsempfänger hat bis zum zehnten Tag nach Ablauf des Monats, in dem die Gegenleistung im Sinne des § 48 erbracht wird, eine Anmeldung nach amtlich vorgeschriebenem Vordruck abzugeben, in der er den Steuerabzug für den Anmeldungszeitraum selbst zu berechnen hat. [2]Der Abzugsbetrag ist am zehnten Tag nach Ablauf des Anmeldungszeitraums fällig und an das für den Leistenden zuständige Finanzamt für Rechnung des Leistenden abzuführen. [3]Die Anmeldung des Abzugsbetrags steht einer Steueranmeldung gleich.

(2) Der Leistungsempfänger hat mit dem Leistenden unter Angabe

1. **des Namens und der Anschrift des Leistenden,**
2. **des Rechnungsbetrags, des Rechnungsdatums und des Zahlungstags,**
3. **der Höhe des Steuerabzugs und**
4. **des Finanzamts, bei dem der Abzugsbetrag angemeldet worden ist,**

über den Steuerabzug abzurechnen.

(3) [1]Der Leistungsempfänger haftet für einen nicht oder zu niedrig abgeführten Abzugsbetrag. [2]Der Leistungsempfänger haftet nicht, wenn ihm im Zeitpunkt der Gegenleistung eine Freistellungsbescheinigung (§ 48b) vorgelegen hat, auf deren Rechtmäßigkeit er vertrauen konnte. [3]Er darf insbesondere dann nicht auf eine Freistellungsbescheinigung vertrauen, wenn diese durch unlautere Mittel oder durch falsche Angaben erwirkt wurde und ihm dies bekannt oder infolge grober Fahrlässigkeit nicht bekannt war. [4]Den Haftungsbescheid erlässt das für den Leistenden zuständige Finanzamt.

(4) § 50b gilt entsprechend.

1 BFH v. 10.11.1998 – I R 108/97, BStBl. II 1999, 121; s. dazu aber auch *Gosch*, StBp. 1999, 81.
2 *Stickan/Martin*, DB 2001, 1441 (1447).
3 BGH v. 12.5.2005 – VII ZR 97/04, WM 2005, 1381; v. 17.1.2007 – VIII ZR 171/06, WM 2007, 558.
4 OLG München v. 19.1.2005, BauR 2005, 1188.
5 BGH v. 26.9.2013 – VII ZR 2/13, HFR 2014, 450, m. Anm. *W. Müller*, LMK 2014, 354126.

A. Grundaussagen der Vorschrift

§ 48a legt die verfahrensrechtl. Maßgaben fest, unter denen die Abzugssteuerschuld als (eigene) Entrichtungssteuerschuld des Leistungsempfängers v. diesem erhoben und bei diesem durchgesetzt wird. 1

B. Anmeldung und Abführung (Abs. 1, 4)

In verfahrensrechtl. Hinsicht hat der Leistungsempfänger die einbehaltenen Abzugssteuer für den Anmeldungszeitraum selbst zu berechnen und diesen Betrag sodann bei dem für ihn zuständigen FA auf amtl. vorgeschriebenem Vordruck (vgl. dazu § 51 Abs. 4 Nr. 1 lit. f) anzumelden (**Abs. 1 S. 1**). Anzumelden ist der Steuerabzug nicht als ‚verdichtete Zahl' in einem kumulierten Betrag, sondern im Hinblick auf **jeden einzelnen Leistenden**. Das gebietet schon die Wechselwirkung zu der Anrechnung und die Erstattung des Abzugsbetrages beim Leistenden gem. § 48c, die nur auf diese Weise sichergestellt werden können. **Anmeldungszeitraum** ist jener Kalendermonat, in welchem die „Gegenleistung iSd. § 48 erbracht wird", maW: in dem die Gegenleistung beim Unternehmer abfließt (§ 11) und damit der Steuerabzug vorzunehmen ist (vgl. zu diesem **Abzugszeitpunkt** auch § 48 Abs. 2 S. 1, § 48 Rn. 13). Maßgeblich ist die jeweilige Einzelzahlung (End-, Abschlags- und Anzahlungen, ggf. auch Nachzahlungen bei etwaigen Rechnungserhöhungen, s. § 48 Rn. 13), nicht erst die abschließende Gegenleistung iRd. Gesamtabrechnung. Die Anmeldung muss spätestens am 10. Tag nach Ablauf dieses Zeitraumes abgegeben werden. Zum gleichen Zeitpunkt ist die Abführung **fällig** und muss die einbehaltene und angemeldete Steuer auch spätestens an das für den Leistenden zuständige (s. dazu § 48b Rn. 8) FA abgeführt werden (**Abs. 1 S. 2**). Diese Fälligkeit ergibt sich unmittelbar aus dem G (§ 220 Abs. 2 S. 1 HS 1 AO) und tritt nicht erst mit Bekanntgabe eines Haftungsbescheides ein (§ 220 Abs. 2 S. 2 AO).[1] Bei der Anmeldung handelt es sich um eine **Steueranmeldung** (§ 168 AO). Im Einzelnen ist das Verfahren der LSt-Anmeldung und -Abführung in § 41a nachgestaltet worden, so dass auf die dortigen Erläuterungen verwiesen werden kann. Wie dort[2] ist auch hier eine Stundung (§ 222 AO) im Regelfall ausgeschlossen.[3] Inhaltlich verlangt die FinVerw. die konkrete Angabe der zugrunde liegenden Bauleistung (Art, Projekt).[4] Zu etwaigen Besonderheiten für den Fall, dass die v. Leistungsempfänger erbrachte Gegenleistung herabgesetzt und deswegen die Anmeldung geändert werden soll, s. § 168 S. 2 AO und § 48 Rn. 13. Zu den Auswirkungen einer nachträglich vorgelegten Freistellungsbescheinigung s. § 48b Rn. 8. Unterbleibt die Steuerabführung, droht die Haftungsinanspruchnahme gem. Abs. 3 (s. dazu Rn. 4f.). Der FA steht das Prüfungsrecht gem. § 50b zu (**§ 48a Abs. 4**): Der Anordnung einer besonderen Außenprüfung (§§ 193ff. AO) bedarf es nicht; eine solche ist aber auch nicht ausgeschlossen. Zur FA-Zuständigkeit für die VSt s. § 21 Abs. 1 S. 2 AO iVm. § 1 UStZustVO. 2

C. Abrechnung (Abs. 2)

Der Leistende kann die abgeführte Steuer auf die v. ihm zu entrichtenden Steuern anrechnen, ggf. auch ihre Erstattung beantragen (§ 48c, dort Rn. 6). Um sicherzustellen, dass tatsächlich nur diejenigen Beträge angerechnet oder erstattet werden, die v. Leistungsempfänger auch an das für ihn zuständige FA (s. § 48b Rn. 8) abgeführt worden sind, hat der Leistungsempfänger mit dem Leistenden über den Steuerabzug unter Angabe des Namens und der Anschrift des Leistenden, des Rechnungsbetrags, des Rechnungsdatums, des Zahlungstags, der Höhe des Steuerabzugs und des FA, bei dem der Steuerabzug angemeldet worden ist (s. ähnlich § 50a Abs. 5 S. 7, dort Rn. 39), abzurechnen (**Abs. 2**). Auf die Abrechnung hat der Leistende ggü. dem Leistungsempfänger einen zivilrechtl. Anspr. 3

D. Haftung (Abs. 3)

Unterbleibt hingegen der Steuerabzug gem. § 48 ganz oder zT und verhält sich der Leistungsempfänger pflichtwidrig, **haftet** er für den nicht oder zu niedrig abgeführten (dh.: den Unterschiedsbetrag zu der tatsächlich geschuldeten) Abzugsbetrag gem. **Abs. 3 S. 1**. Die Inanspruchnahme als Haftender tritt nicht hinter die Inanspruchnahme des Leistenden als Steuerschuldner zurück; ein entspr. Auswahlermessen des FA ist mithin idR nicht auszuüben. Die Insolvenz des Leistenden ist demzufolge unbeachtlich, ebenso der Um- 4

1 *Blümich*, § 48a Rn. 100; **aA** *Tipke/Kruse*, § 220 Rn. 11; *Pahlke/König*, § 220 Rn. 9.
2 Vgl. BFH v. 24.3.1998 – I R 120/97, BStBl. II 1999, 3 = FR 1998, 962.
3 BMF v. 27.12.2002, BStBl. I 2002, 1399 Tz. 65.
4 BMF v. 27.12.2002, BStBl. I 2002, 1399 Tz. 66.

fang der v. Leistenden geschuldeten Steuerbeträge; lediglich das gänzliche Fehlen solcher Schulden oder v. Abzugspflichten iSv. § 48c kann zu berücksichtigen sein.[1] Auf abkommensrechtl. Rechte des Leistenden kann der Leistungsempfänger sich im Haftungsverfahren nicht berufen (vgl. § 48d Abs. 1 S. 6, § 48d Rn. 2).

5 Die Haftung entfällt, wenn dem Leistungsempfänger eine Freistellungsbescheinigung gem. § 48b vorlag, auf deren Rechtmäßigkeit er vertrauen konnte (**Abs. 3 S. 2**). Sein Vertrauen ist allerdings insbes. nicht schützenswert, wenn die Bescheinigung durch **(1)** unlautere Mittel oder durch falsche Angaben erwirkt wurde und **(2)** dies dem Leistungsempfänger bekannt oder infolge grober Fahrlässigkeit nicht bekannt war (**Abs. 3 S. 3**). Betroffen v. dieser Einschränkung sind namentlich **ArbN-Entleiher**, denen idR bekannt sein wird und muss, wenn die Freistellungsbescheinigung für eine ArbN-Überlassung statt für eine Bauleistung erwirkt wurde. Mangels Bauleistung gründet sich die Haftung in diesem Fall aber nicht auf Abs. 3, sondern auf § 42d Abs. 6 und 8; § 48a Abs. 3 S. 2 geht insoweit § 48b Abs. 5 iVm. § 48 Abs. 4 Nr. 2 vor. Ansonsten kommt es auf ein Verschulden oder einen Verschuldensgrad des Leistungsempfängers regelmäßig nicht an. Ihm obliegt es zwar, die ihm vorgelegte Freistellungsbescheinigung zu überprüfen (Dienstsiegel, Sicherheitsnummer).[2] Vor allem **leichte Fahrlässigkeit** wird ihm **nicht** vorzuwerfen sein. Es ist deshalb idR nicht haftungsauslösend, wenn er auf eine entspr. Abfrage im Internet (www.bzst-online.de) auf die beim BZSt (bis 31.12.2005: BfF) geführte Zentraldatei über die erteilten Freistellungsbescheinigungen gem. § 48b Abs. 6 oder auch beim auf der Bescheinigung angegebenen FA verzichtet hat.[3] Ggf. genügt es allerdings auch, sich beim für den Leistenden zuständigen FA der Richtigkeit der Freistellungsbescheinigung zu vergewissern. Die Bestätigung wird idR nur mündlich oder fernmündlich, nicht schriftlich erteilt.[4] Ein Rechtsanspruch darauf besteht ohnehin nicht.[5] – Unschädlich soll es trotz unterbliebenen Abzugs sein, wenn die im Zeitpunkt der Zahlung gültige Bescheinigung nachgereicht wird.[6]

6 Die Inanspruchnahme erfolgt idR durch einen Haftungsbescheid (§ 191 AO) des für ihn zuständigen FA (**Abs. 3 S. 4**).[7] Stattdessen kann das FA aber auch gem. § 167 Abs. 1 S. 1 AO vorgehen und die Steuer beim Leistungsempfänger nicht in dessen Funktion als Haftungs-, sondern als Entrichtungssteuerschuldner nachfordern (s. auch § 50a Rn. 45).[8]

E. Rechtsbehelfe

7 Gegen die Steueranmeldung (Rn. 2) ebenso wie gegen den Haftungs- und ggf. den Nachforderungsbescheid (Rn. 4) sind Einspruch und Anfechtungsklage gegeben. Rechtsbehelfsbefugt sind sowohl der Leistungsempfänger als auch der Leistende. Unterbleibt die Anfechtung der Anmeldung, stellt diese den Rechtsgrund für das Behaltendürfen der Abzugssteuer dar; eine Erstattung gem. § 48c Abs. 2 kommt nicht in Betracht. Im Einzelnen gilt Gleiches wie zu § 50a, s. dort Rn. 40, § 50d Rn. 9. Einstweiliger Rechtsschutz kann durch **AdV** erlangt werden, Aufhebung der Vollziehung (Erstattung, § 361 Abs. 2 S. 3 AO, § 69 Abs. 2 S. 7 FGO) wegen der Sonderregelung in § 48c Abs. 2 (s. dort Rn. 5 ff.) allerdings nur an den Leistenden, nicht an den abzugsverpflichteten Leistungsempfänger (insoweit abw. v. § 50a, s. dort Rn. 40).

§ 48b Freistellungsbescheinigung

(1) [1]Auf Antrag des Leistenden hat das für ihn zuständige Finanzamt, wenn der zu sichernde Steueranspruch nicht gefährdet erscheint und ein inländischer Empfangsbevollmächtigter bestellt ist, eine Bescheinigung nach amtlich vorgeschriebenem Vordruck zu erteilen, die den Leistungsempfänger von der Pflicht zum Steuerabzug befreit. [2]Eine Gefährdung kommt insbesondere dann in Betracht, wenn der Leistende

1. **Anzeigepflichten nach § 138 der Abgabenordnung nicht erfüllt,**
2. **seiner Auskunfts- und Mitwirkungspflicht nach § 90 der Abgabenordnung nicht nachkommt,**

---

1 FG München v. 24.9.2009 – 7 K 1238/08, EFG 2010, 147.
2 BMF v. 27.12.2002, BStBl. I 2002, 1399 Tz. 74.
3 BMF v. 27.12.2002, BStBl. I 2002, 1399 Tz. 74; (jedenfalls) keine Pflicht zur „regelmäßigen" Prüfung; anders noch BMF v. 1.11.2001, BStBl. I 2001, 804 Tz. 51.
4 BMF v. 27.12.2002, BStBl. I 2002, 1399 Tz. 74.
5 *Kleiner*, INF 2002, 385 (387); *Nöcker*, StuB 2003, 494 (498).
6 BMF v. 27.12.2002, BStBl. I 2002, 1399 Tz. 75.
7 FG Münster v. 12.7.2012 – 13 K 2592/08, EFG 2012, 1938; **aA** *Diebold*, DStR 2002, 1336.
8 Str.; wie hier BFH v. 13.9.2000 – I R 61/99, BStBl. II 2001, 67; v. 7.7.2004 – VI R 171/00, BStBl. II 2004, 1087 = FR 2004, 1292 mwN; BMF v. 27.12.2002, BStBl. I 2002, 1399 Tz. 78; OFD Stuttgart v. 1.7.2003, IStR 2003, 646; *K/S/M*, § 41a Rn. D 17 f.

3. den Nachweis der steuerlichen Ansässigkeit durch Bescheinigung der zuständigen ausländischen Steuerbehörde nicht erbringt.

(2) Eine Bescheinigung soll erteilt werden, wenn der Leistende glaubhaft macht, dass keine zu sichernden Steueransprüche bestehen.

(3) In der Bescheinigung sind anzugeben:

1. Name, Anschrift und Steuernummer des Leistenden,

2. Geltungsdauer der Bescheinigung,

3. Umfang der Freistellung sowie der Leistungsempfänger, wenn sie nur für bestimmte Bauleistungen gilt,

4. das ausstellende Finanzamt.

(4) Wird eine Freistellungsbescheinigung aufgehoben, die nur für bestimmte Bauleistungen gilt, ist dies den betroffenen Leistungsempfängern mitzuteilen.

(5) Wenn eine Freistellungsbescheinigung vorliegt, gilt § 48 Absatz 4 entsprechend.

(6) [1]Das Bundeszentralamt für Steuern erteilt dem Leistungsempfänger im Sinne des § 48 Absatz 1 Satz 1 im Wege einer elektronischen Abfrage Auskunft über die beim Bundeszentralamt für Steuern gespeicherten Freistellungsbescheinigungen. [2]Mit dem Antrag auf die Erteilung einer Freistellungsbescheinigung stimmt der Antragsteller zu, dass seine Daten nach § 48b Absatz 3 beim Bundeszentralamt für Steuern gespeichert werden und dass über die gespeicherten Daten an die Leistungsempfänger Auskunft gegeben wird.

A. Grundaussagen der Vorschrift

Werden die Geringfügigkeitsgrenzen des § 48 Abs. 2 überschritten, gibt es für den Leistenden nur die Möglichkeit, den Steuerabzug über die Beantragung einer Freistellungsbescheinigung gem. § 48b zu vermeiden (vgl. § 48 Abs. 2 S. 1). 1

B. Die Vorschrift im Einzelnen (Abs. 1, 2, 3, 5)

Die Freistellungsbescheinigung (zum Inhalt s. **Abs. 3 S. 1**, Rn. 7) ist (nach amtl. vorgeschriebenem Vordruck, s. § 51 Abs. 4 Nr. 1 lit. g) **auf Antrag** (nur) des Leistenden (nicht auch des Leistungsempfängers, es sei denn, dieser ist Bevollmächtigter des Leistenden; s. dazu im Einzelnen § 48 Rn. 8) zu erteilen, vorausgesetzt, **(1)** der zu sichernde Steueranspruch erscheint nicht gefährdet, und **(2)** es ist ein inländ. Empfangsbevollmächtigter (vgl. § 123 AO) bestellt **(Abs. 1 S. 1)**. Nur die erste der beiden Voraussetzungen trifft sowohl den in- wie den ausländ. Bauleistenden, die zweite Voraussetzung richtet sich nur an den ausländ. als denjenigen, für den das Abzugsverfahren gem. §§ 48 ff. eigentlich geschaffen worden ist (s. auch § 48 Rn. 1). Leistende mit Sitz, Wohnsitz, Geschäftsleitung oder gewöhnlichem Aufenthalt in der EU sollen v. diesem Erfordernis aber wiederum ausgenommen sein.[1] 2

Zu sichernde Steueransprüche iSv. Abs. 1 S. 1 sind ESt- (einschl. LSt-)Anspr., nicht jedoch solche aus anderen Regelungsbereichen außerhalb des EStG, insbes. also nicht USt-Anspr.[2] Als eine **Gefährdung des** solcherart zu sichernden **Steueranspruchs** wird es gem. **Abs. 1 S. 2** insbes. (und damit nur exemplarisch als **Regelfälle**) angesehen, wenn der Leistende Anzeigepflichten nach § 138 AO nicht erfüllt (**Abs. 1 S. 1 Nr. 1**) oder seiner Auskunfts- und Mitwirkungspflicht gem. § 90 AO nicht nachkommt (**Abs. 1 S. 1 Nr. 2**), oder, dies aber nur für den ausländ. Bauleistenden zur Vermeidung sog. weißer Einkünfte (zu deswegen bestehenden europarechtl. Zweifeln s. § 48 Rn. 5), wenn er den Nachweis der stl. Ansässigkeit durch Bescheinigung der zuständigen ausländ. Steuerbehörde nicht erbringt (**Abs. 1 S. 1 Nr. 3**). Gleichermaßen wird es sich verhalten, wenn der Leistende (in Einzelfällen sogar ein Dritter)[3] wiederholt seine stl. Pflichten nicht erfüllt hat oder in sonstiger Weise stl. unzuverlässig ist (insoweit und indiziell bezogen auf alle, auch solche außerhalb der eigentlich zu sichernden Steueransprüche, also einschl. der USt[4]). Beispiele für **wei-** 3

---

1 BMF v. 27.12.2002, BStBl. I 2002, 1399 Tz. 29.
2 FG Düss. v. 3.7.2002 - 18 V 1183/02 AE (KV), EFG 2003, 99.
3 FG Hbg. v. 30.3.2010 - 6 K 243/09, EFG 2010, 1517: stl. Vorverhalten der Eltern des (vorgeblich) leistenden Kindes.
4 Zutr. FG Düss. v. 3.7.2002 - 18 V 1183/02 AE (KV), EFG 2003, 99.

tere Anwendungsfälle sind nachhaltige (also nicht nur vorübergehende)[1] Steuerrückstände (einschl. LSt-Rückstände aufgrund eigener Entrichtungssteuerschuld des Leistenden),[2] wiederholte Verstöße gegen Anmeldungs- und Erklärungspflichten[3] (Nichtabgabe, unzutr. Angaben), auch die rechtsmissbräuchliche (vgl. § 42 AO) Zwischenschaltung einer funktionslosen ausländ. **Domizil- oder Briefkastenfirma**, die lediglich kraft Fiktion des § 48 Abs. 1 S. 3 als Leistende gilt (s. Rn. 7 und § 48 Rn. 8).

4 **I. Gefährdungsprüfung, Glaubhaftmachung.** Ergibt die **Prüfung** (ggf. durch Rückfragen auch bei den ausländ. Steuerbehörden) keinen Anlass für die Annahme der Gefährdung des Steueranspruchs, ist die Bescheinigung zu erteilen. Ein Ermessen steht dem FA nicht zu („hat ... zu erteilen"). Auf die Gefährdungsprüfung kann **verzichtet** werden, wenn der Leistende **glaubhaft** macht (zB durch Vorlage v. Verträgen, anwaltliche Versicherung uÄ, vgl. allg. § 294 ZPO), dass gegen ihn keine zu sichernden Steueransprüche bestehen, in erster Linie also dann, wenn der Leistende weder unbeschränkt noch (zB mangels inländ. Betriebsstätte) beschränkt stpfl. ist und wenn das einschlägige DBA Deutschland kein Besteuerungsrecht zuweist, ferner bei Vorhandensein hoher Verlustvorträge. – Wenn **Abs. 2** trotz der Glaubhaftmachung dem FA einen Entscheidungsfreiraum (gebundenes Ermessen) belässt („soll"), so deswegen, um die Antragsablehnung zu ermöglichen, falls sich ungeachtet dessen herausstellt, dass stpfl. Anspr. bestehen. Betroffen sein werden hiervon namentlich ausländ. Bauleistende mit zunächst kurzzeitigen **Bauausführungen**, die längere Zeit erfordern, als ursprünglich geplant war, oder die sich durch Unterbrechungen oder sonstige Umstände verzögern und die infolgedessen die Mindest-Zeiträume für eine dadurch begründete Betriebsstätte (vgl. § 12 Abs. 2 Nr. 8 AO: länger als sechs Monate; Art. 5 Abs. 3 OECD-MA: länger als zwölf Monate) überschreiten.[4] Es kann sich auch erst später ergeben, dass einzelne, als solche voneinander unabhängige Bautätigkeiten (Montagen) wirtschaftlich und geografisch derart verbunden sind, dass sie als eine einheitliche betriebsstättenbegründende Bauausführung zusammenzurechnen sind.[5] Da die bloße Glaubhaftmachung im Allg. genügt, braucht das FA dem allerdings nicht systematisch nachzugehen. Es kann sich regelmäßig mit den Darstellungen des StPfl. begnügen und die zunächst erteilte Freistellungsbescheinigung ggf. später aufheben oder ändern (s. Rn. 6). Eine derartige (großzügige) Handhabung erscheint um so gebotener, als die Freistellungsbescheinigung „mittlerweile eine Art zusätzliche Gewerbeerlaubnis mit der Maßgabe (darstellt), dass, wer eine Freistellungsbescheinigung nicht beibringen kann, keinen Auftrag erhält".[6]

5 **II. Beschränkung der Bescheinigung.** Das FA kann (und wird idR) die Erteilung der Freistellungsbescheinigung entspr. dem gestellten Antrag oder aufgrund der ggf. nur zT erfüllten Erteilungsvoraussetzungen zeitlich (Geltungsdauer, zumeist maximal drei Jahre, ggf. aber auch kürzer,[7] idR mit Wirkung v. Tag der Ausstellung an, bei entspr. Beantragung frühestens sechs Monate vor Ablauf, aber auch als unmittelbar anschließende Folgebescheinigung[8]), gegenständlich (auftragsbezogen auf bestimmte Baumaßnahmen und -projekte) und/oder persönlich (bezogen nur auf bestimmte und einzelne Leistungsempfänger) beschränken (vgl. Abs. 3 S. 1 Nr. 2 und 3). Das betrifft im Grundsatz gleichermaßen in- wie ausländ. Leistende; objektbezogene Beschränkungen sollen aber namentlich bei Ausländern „bei nur vorübergehender Tätigkeit im Inland, insbes. wenn nur ein Auftrag im Inland beabsichtigt ist", in Betracht kommen.[9] Besteht für eine derartige Beschränkung kein Anlass, ist die Bescheinigung (als Gesamt- oder Sammelfreistellung) umfassend auszustellen, ggf. aber unter dem Vorbehalt des jederzeitigen Widerrufs (vgl. § 131 AO; s. Rn. 8). Bei einer auf eine bestimmte Zeit erteilte Bescheinigung sollen daneben keine auftragsbezogenen Bescheinigungen erteilt werden.[10] Liegt eine Bescheinigung vor, sind ebenso wie bei Anmeldung und Abführung des Steuerabzugsbetrages gem. § 48 sowohl § 160 Abs. 1 S. 1 AO als auch § 42d Abs. 6 und § 50a Abs. 7 grds. nicht anzuwenden (**§ 48b Abs. 5 iVm. § 48 Abs. 4**). Vgl. dazu und zu Ausnahmen in Missbrauchsfällen § 48 Rn. 15, § 48a Rn. 5.

6 **III. Insolvenzverfahren.** Gerät der Leistende (als Unternehmer) in Vermögensverfall, so kann nach (zwischenzeitlich aufgrund der BFH-Rspr.[11] modifizierter) Auffassung der FinVerw.[12] grds. davon ausgegan-

1 BMF v. 27.12.2002, BStBl. I 2002, 1399 Tz. 33; FinMin. Bay. v. 25.10.2001, DStR 2001, 1979.
2 FG Düss. v. 4.3.2002 – 10 V 1007/02 AE (E), EFG 2002, 688.
3 BMF v. 27.12.2002, BStBl. I 2002, 1399 Tz. 33.
4 Vgl. zB BFH v. 21.4.1999 – I R 99/97, BStBl. II 1999, 694 = FR 1999, 1197 m. Anm. *Kempermann*.
5 Vgl. BFH v. 16.5.2001 – I R 47/00, BStBl. II 2002, 846 = FR 2001, 1067.
6 Zutr. *Nöcker*, StuB 2003, 494 (496); FG Berlin v. 21.12.2001 – 8 B 8408/01, EFG 2002, 330; einschr. BFH v. 5.11. 2001 – VIII B 16/01, BFH/NV 2002, 313.
7 BMF v. 27.12.2002, BStBl. I 2002, 1399 Tz. 36.
8 BMF v. 20.9.2004, BStBl. I 2004, 862.
9 BMF v. 27.12.2002, BStBl. I 2002, 1399 Tz. 37.
10 BMF v. 27.12.2002, BStBl. I 2002, 1399 Tz. 36.
11 BFH v. 13.11.2002 – I B 147/02, BStBl. II 2003, 716 = FR 2003, 259; *Buciek*, HFR 2003, 360; *Gundlach/Frenzel/Schirrmeister*, DStR 2003, 823; *Eisolt*, ZInsO 2013, 1564.
12 BMF v. 4.9.2003, BStBl. I 2003, 431 Tz. 33; zur bisherigen Verwaltungspraxis s. zB FinMin. Saarl. v. 3.7.2002, DStR 2002, 1396 und dazu 3. Aufl., § 48b Rn. 10.

gen werden, dass der Insolvenzverwalter seine stl. Pflichten erfüllt. Ihm ist folglich die Freistellungsbescheinigung auszustellen. Gleiches gilt für den vorl. Insolvenzverwalter mit Verfügungsbefugnis (vgl. § 22 Abs. 1 InsO), vorausgesetzt, die tatsächliche Eröffnung des Insolvenzverfahrens ist erkennbar. Eine Unterscheidung danach, ob die Steuern vor oder nach Insolvenzeröffnung anfallen, ist insoweit nicht (mehr) vorzunehmen. Dies kann sich lediglich auf die Anrechnungsreihenfolge der Steuerabzugsbeträge nach § 48c auswirken, s. dort Rn. 3. – Dem ist uneingeschränkt beizupflichten (s. 3. Aufl.): Die Anspruchsgefährdungstatbestände des Abs. 1 S. 2 Nr. 1–3 sind nicht einschlägig, weil sie sich auf den Gemeinschuldner (= StPfl.) beziehen, nicht aber auf den Insolvenzverwalter. Die Bauabzugsteuer ist nicht geeignet, dem FA Befriedigungsvorteile zu verschaffen und Insolvenzrecht zu verdrängen. Auch die FinVerw. ist gehalten, ihre Forderungen wie jeder andere Gläubiger zur Tabelle anzumelden.[1] Wurde eine Freistellungsbescheinigung erteilt, jedoch wegen eines drohenden Insolvenzantrages gem. § 131 AO widerrufen (Rn. 8), soll eine Anfechtung des Widerrufs durch den Insolvenzverwalter (nach wie vor) nur möglich sein, wenn das Verfahren eröffnet worden ist und die Voraussetzungen der §§ 130, 131 InsO vorliegen.[2] Zur Erstattung s. § 48c Rn. 8, zur Haftung im Insolvenzfall s. § 48a Rn. 4f.

C. Verfahren, Rechtswirkungen

Antragsbefugnis. Befugt, den **Antrag** auf Erteilung der Freistellungsbescheinigung (Rn. 2) zu stellen, ist 7
der Leistende sowohl iSv. § 48 Abs. 1 S. 1 als auch iSv. § 48 Abs. 1 S. 4 und damit nicht allein der Steuerschuldner, sondern ebenso der nur zivilrechtl. Gläubiger (s. § 48 Rn. 8; auch § 48c Rn. 6). Allerdings wird bei Letzterem der Steueranspruch regelmäßig gem. § 48b Abs. 1 S. 1 gefährdet sein und die Bescheinigung bereits deswegen nicht erteilt werden können (s. Rn. 3; s. auch § 50d Abs. 1 S. 2, dort Rn. 12). Zur Antragstellung durch den Insolvenzverwalter und dessen Antragsbefugnis s. Rn. 6 und BMF v. 27.12.2002, BStBl. I 2002, 1399 Tz. 33.

Bescheidung, Rechtswirkungen. Über die Erteilung der Freistellungsbescheinigung entscheidet das für 8
den Leistenden zuständige FA (Abs. 1 S. 1) durch **VA** (§ 118 AO), nicht aber durch Steuerbescheid (§ 155 Abs. 1 S. 3 AO). **Zuständiges FA** ist das jeweilige Betriebsstätten-FA. Von ausländ. Bauleistenden ohne Ansässigkeit im Inland ist der Antrag bei dem nach der USt-ZuständigkeitsVO zuständigen FA zu stellen (§ 20a AO). Zum **obligatorischen Inhalt** der Bescheinigung gehören Name, Anschrift und Steuernummer des Leistenden bzw. bei Organschaften diejenige des Organträgers,[3] die Geltungsdauer der Bescheinigung, der Umfang der Freistellung sowie der Leistungsempfänger, wenn sie nur für bestimmte Bauleistungen gilt, sowie das ausstellende FA (**Abs. 3**). Die Bescheinigung ist dem Leistungsempfänger zu überlassen, entweder – bei auftragsbezogenen Bescheinigungen – im Original oder – bei Gesamt- bzw. Sammelfreistellungen (Rn. 5) – in Kopie[4] sie ist v. ihm (sechs Jahre lang) aufzubewahren (§ 147 Abs. 1 Nr. 5, Abs. 3 AO).[5] Festsetzungs-[6] und **Antragsfristen** bestehen nicht. Die Bescheinigung kann auch nachträglich erteilt werden und stellt dann für eine vorangegangene Steueranmeldung des Leistungsempfängers iSv. § 48a Abs. 1 ein rückwirkendes Ereignis gem. § 175 Abs. 1 S. 1 Nr. 2 AO dar (vgl. auch § 48a Rn. 2). Sie kann gem. §§ 130ff. AO geändert werden;[7] allerdings bevorzugt die FinVerw. bei **Änderung** der in der Bescheinigung eingetragenen **persönlichen Identifikationsmerkmale** (Steuernummer, Name, Anschrift) auf Antrag des StPfl. die (Neu-)Erteilung einer weiteren (bei Aufrechterhaltung der alten) Bescheinigung, wohl um missbräuchlicher Benutzung entgegenzuwirken.[8] Bei Verlust der Bescheinigung wird entweder eine neue oder aber eine Ersatzbescheinigung erteilt.[9] Im Gefährdungsfall soll ein Widerruf erfolgen.[10] Wird eine auf eine bestimmte Bauleistungen oder auf mehrere bestimmte Bauleistungen gegenständlich beschränkte Bescheinigung (s. Rn. 5) aufgehoben, ist dies dem jeweiligen betroffenen Leistungsempfänger – für diesen mit entspr. **Haftungsfolgen** (s. § 48a Abs. 3, § 48a Rn. 4f.) – mitzuteilen (**Abs. 4**). Andernfalls ist es Sache des Leistenden, die aufgehobene Bescheinigung einzuziehen und sie dem FA zurückzugeben. Vor Kenntniserlangung v. der Änderung wird der Leistungsempfänger dann idR nicht haften müssen (Ausnahme: die Freistellungsbescheinigung wird gem. § 130 Abs. 2 Nr. 2 AO wegen grob fahrlässig nicht

1 BFH v. 13.11.2002 – I B 147/02, BStBl. II 2003, 716 = FR 2003, 259.
2 BMF v. 27.12.2002, BStBl. I 2002, 1399 Tz. 80.
3 BMF v. 27.12.2002, BStBl. I 2002, 1399 Tz. 33 aE.
4 BMF v. 27.12.2002, BStBl. I 2002, 1399 Tz. 41.
5 BMF v. 27.12.2002, BStBl. I 2002, 1399 Tz. 47.
6 S. BFH v. 11.10.2000 – I R 34/99, BStBl. II 2001, 291 = FR 2001, 264 m. Anm. *Kempermann*.
7 Zu den Beschränkungen bei lediglich vorbehaltenem Widerruf s. aber auch BFH v. 21.5.1997 – I R 38/96, BFH/NV 1997, 904.
8 BMF v. 27.12.2002, BStBl. I 2002, 1399 Tz. 40.
9 BMF v. 27.12.2002, BStBl. I 2002, 1399 Tz. 39.
10 BMF v. 27.12.2002, BStBl. I 2002, 1399 Tz. 80.

erkannter falscher Angaben zurückgenommen). Unabhängig davon ist die Änderung nicht rückwirkend, sondern nur für noch ausstehende Gegenleistungen zu beachten. Im Einzelnen verhält es sich nicht anders als bei der Freistellungsbescheinigung gem. § 50d Abs. 2 (s. dazu § 50d Rn. 16ff.). Zum Verhältnis zw. dem Steuerabzugsverfahren gem. § 50d iVm. dem jeweiligen DBA einerseits und § 48b andererseits s. § 48d.

9 **§ 48b Abs. 6 S. 1** bekundet, dass dem Leistungsempfänger iSd. § 48 Abs. 1 S. 1 im Wege einer elektronischen Abfrage Auskunft über die beim BZSt. gespeicherten Freistellungsbescheinigungen gegeben wird; S. 2 der Vorschrift stellt sicher, dass der Antragsteller mit seinem Antrag auf Erteilung der Bescheinigung der Speicherung und der Auskunftserteilung zustimmt. Im derzeit lfd. Gesetzgebungsverfahren befindet sich § 48b Abs. 6 S. 1 idF des Entw. des 2. DSAnpUG-EU.[1] Die geplante Neuregelung stellt (nach wie vor) sicher, dass das BZSt. die übermittelten Daten speichern darf, und zwar (nach S. 2 des Entw.) zum Zwecke der beschriebenen Auskunftserteilung. Die bisherige Einwilligungsfiktion in Abs. 6 S. 2 sei mit dem Transparenzgebot in Art. 5 Abs. 1 lit. a VO (EU) 2016/679 nicht länger vereinbar. Sie soll durch § 48b Abs. 3 S. 2 idF des Entw. des 2. DSAnpUG-EU ersetzt werden, wonach der Antragsteller darüber zu informieren ist, dass das BZSt. die in Abs. 3 S. 1 genannten Daten verarbeiten darf.[2] – Zu den sich aus Abs. 6 ergebenden Folgen für die Haftung s. § 48a Rn. 4.

10 Für die **USt** ist die Freistellungsbescheinigung unbeachtlich. Insbes. entbindet ihre Erteilung nicht v. den Erfordernissen der §§ 14, 14a UStG für die Rechnungserstellung und damit für den Vorsteuerabzug gem. § 15 UStG. Die Erteilung der Freistellungsbescheinigung begründet (vorbehaltlich eines etwaigen Billigkeitserweises gem. § 163 Abs. 1 AO) auch keinen Vertrauensschutz dafür, dass der Rechnungssteller kein Scheinunternehmen ist und unter der benannten Adresse seinen Sitz hat.[3]

11 **Gerichtlichen Rechtschutz** erlangt der Antragsteller im vorl. Verfahren durch Beantragung einer einstweiligen Anordnung (§ 114 FGO),[4] ansonsten durch Erhebung einer Verpflichtungsklage (§ 40 Abs. 1 FGO). Für den Antrag auf **einstweilige Anordnung** bedarf es der substantiierten Darlegung und Glaubhaftmachung (§ 155 FGO iVm. § 294 ZPO) nicht nur des sog. Regelungsanspruchs, sondern vor allem auch des sog. Regelungsgrundes, also der andernfalls drohenden Existenzgefährdung, und zwar (ua.) – in Anbetracht der Ausnahmen gem. § 48 Abs. 1 S. 1 und 2 – durch Darlegung des Kundenkreises sowie – im Hinblick auf die Möglichkeit der objekt- oder auftragsbezogenen Freistellung (vgl. § 48b Abs. 3 S. 1 Nr. 3, Abs. 4) – der Auftragsstruktur.[5]

§ 48c Anrechnung

(1) [1]Soweit der Abzugsbetrag einbehalten und angemeldet worden ist, wird er auf vom Leistenden zu entrichtende Steuern nacheinander wie folgt angerechnet:

1. **die nach § 41a Absatz 1 einbehaltene und angemeldete Lohnsteuer,**
2. **die Vorauszahlungen auf die Einkommen- oder Körperschaftsteuer,**
3. **die Einkommen- oder Körperschaftsteuer des Besteuerungs- oder Veranlagungszeitraums, in dem die Leistung erbracht worden ist, und**
4. **die vom Leistenden im Sinne der §§ 48, 48a anzumeldenden und abzuführenden Abzugsbeträge.**

[2]Die Anrechnung nach Satz 1 Nummer 2 kann nur für Vorauszahlungszeiträume innerhalb des Besteuerungs- oder Veranlagungszeitraums erfolgen, in dem die Leistung erbracht worden ist. [3]Die Anrechnung nach Satz 1 Nummer 2 darf nicht zu einer Erstattung führen.

(2) [1]Auf Antrag des Leistenden erstattet das nach § 20a Absatz 1 der Abgabenordnung zuständige Finanzamt den Abzugsbetrag. [2]Die Erstattung setzt voraus, dass der Leistende nicht zur Abgabe von Lohnsteueranmeldungen verpflichtet ist und eine Veranlagung zur Einkommen- oder Körperschaftsteuer nicht in Betracht kommt oder der Leistende glaubhaft macht, dass im Veranlagungszeitraum keine zu sichernden Steueransprüche entstehen werden. [3]Der Antrag ist nach amtlich vorgeschriebenem Muster bis zum Ablauf des zweiten Kalenderjahres zu stellen, das auf das Jahr folgt, in dem der Abzugsbetrag angemeldet worden ist; weitergehende Fristen nach einem Abkommen zur Vermeidung der Doppelbesteuerung bleiben unberührt.

---

1 Entwurf eines Zweiten Datenschutz-Anpassungs- und Umsetzungsgesetzes EU, BR-Drucks. 430/18, 359.
2 BR-Drucks. 430/18, 359.
3 BFH v. 13.2.2008 – XI B 202/06, BFH/NV 2008, 1216.
4 Vgl. BFH v. 27.7.1994 – I B 246/93, BStBl. II 1994, 899 = FR 1995, 63.
5 BFH v. 23.10.2002 – I B 86/02, DStR 2002, 2077.

(3) Das Finanzamt kann die Anrechnung ablehnen, soweit der angemeldete Abzugsbetrag nicht abgeführt worden ist und Anlass zu der Annahme besteht, dass ein Missbrauch vorliegt.

A. Grundaussagen der Vorschrift

1 Nicht anders als sonstige Steuern, die an der Quelle abgezogen werden (vgl. §§ 38 ff., 43 ff., 50a), dient auch der Steuerabzug gem. §§ 48 ff. nur der Sicherung des inländ. Steueranspruchs ggü. dem leistenden Bauunternehmer. Die ggf. einbehaltene und abgeführte Steuer ist bei diesem deswegen auf dessen Steuerschuld steuermindernd anzurechnen, ggf. auch an ihn zu erstatten. Eine Doppel- oder Überbesteuerung ist nicht beabsichtigt.

B. Steueranrechnung (Abs. 1, 3)

2 **I. Tatbestand und Rechtsfolgen.** Der Steuerabzug erfolgt gem. § 48 Abs. 1 S. 1 „für Rechnung" des Leistenden, gem. § 48 Abs. 1 S. 3 auch für den die v. einem anderen erbrachte Leistung lediglich formal Abrechnenden (§ 48 Rn. 8). Bei ordnungsgemäßer Einbehaltung und Anmeldung des Abzugsbetrages durch den Leistungsempfänger erfolgt beim Leistenden deshalb die Anrechnung des betr. Betrages auf die v. diesem zu entrichtenden Steuern. Die Anrechnung ist **idR zwingend** vorzunehmen. Sie darf nur **ausnahmsweise** nach pflichtgemäßem Ermessen („kann") v. FA – ganz oder auch nur teilw. – **abgelehnt** werden, soweit der Abzugsbetrag zwar angemeldet, jedoch (ggf. auch nur im Haftungswege, vgl. §§ 48a Abs. 3) nicht abgeführt wurde, **und** (additiv) soweit „Anlass zu der Annahme besteht, dass ein Missbrauch vorliegt" **(Abs. 3)**. Unter welchen Umständen ein **Missbrauch** vorliegen soll, sagt das G nicht. Infolge des Kontextes zur Anrechnung ist es aber wohl erforderlich, dass Anhaltspunkte für eine Anrechnungserschleichung im kollusiven Zusammenwirken zw. Leistenden und Leistungsempfänger bestehen, insbes. dann, wenn es sich bei dem (formal) Leistenden um eine Domizil-Ges. handelt (s. § 48 Rn. 8). Auch wenn der bloße „Anlass zu der Annahme" genügt, so ist doch zu fordern, dass das FA objektiv nachprüfbare (§ 102 FGO) und plausible Gründe für seine Mutmaßung angibt.

3 IÜ obliegt es dem Leistenden, den Einbehalt und die Anmeldung des Abzugsbetrages nachzuweisen, und zwar idR durch die ihm ggü. erfolgte Abrechnung gem. § 48a Abs. 2.[1] Die Anrechnung erfolgt sodann nach der gesetzlich vorgegebenen („nacheinander") **Anrechnungsreihenfolge** gem. **Abs. 1 S. 1** wie folgt auf die v. Leistenden zu entrichtenden Steuern: **(1)** auf die nach § 41a Abs. 1 einbehaltene und angemeldete LSt (als eigene Entrichtungssteuerschuld des Leistenden),[2] (bei mehreren lohnstl. Betriebsstätten nach Maßgabe der zuvor bestimmten Tilgungsreihenfolge gem. § 255 AO),[3] **(2)** auf die Vorauszahlungen auf die ESt oder KSt, dies allerdings nur für Vorauszahlungs-Zeiträume innerhalb des Besteuerungs- oder VZ, maW: des jeweiligen Leistungsmonats als Anmeldungszeitraum (**Abs. 1 S. 2**), **(3)** auf die ESt oder KSt des Besteuerungs- oder VZ, in dem die Leistung erbracht worden ist und **(4)** auf die v. Leistenden iSd. §§ 48, 48a anzurechnende und abzuführenden Abzugsbeträge (falls dieser selbst entspr. Beträge einzubehalten hat, zB, weil er Generalunternehmer ist). Eine Anrechnung auf den SolZ und die USt-Vorauszahlungen unterbleibt. Führt die Anrechnung zu einem negativen Betrag, ist der überschießende Betrag im Allg. zu erstatten. Eine Ausnahme hiervon macht das G – aus Gründen der erneuten Besicherung des Steueranspruchs – lediglich für die Anrechnung auf (nur vorl.) ESt- oder KSt-Vorauszahlungen (**Abs. 1 S. 3**). Zur Anrechnung im Insolvenzverfahren s. BMF v. 27.12.2002, BStBl. I 2002, 1399 Tz. 88, BMF v. 4.9.2003, BStBl. I 2003, 431; s. aber auch § 48b Rn. 6.

4 **II. Verfahren, Rechtsbehelfe.** Die Anrechnung erfolgt **v. Amts wegen** durch das zuständige Betriebsstätten-FA. Bei StPfl. ohne Sitz und Geschäftsleitung im Inland bestimmt § 20a AO zentrale Zuständigkeiten v. FÄ, zugleich auch für die LSt-Anmeldungen und die ESt- und KSt-Veranlagungen. Die Einhaltung der Anrechnungsreihenfolge (Rn. 3) wird dadurch erst ermöglicht. Ist Leistender eine PersGes., müssen die anrechenbaren Abzugsbeträge einheitlich und gesondert festgestellt werden (§ 180 Abs. 5 Nr. 2 iVm. Abs. 1 Nr. 2 und 3 AO); auf die Feststellung kann uU wegen geringer Bedeutung verzichtet werden (§ 180

1 BMF v. 27.12.2002, BStBl. I 2002, 1399 Tz. 88.
2 FG Düss. v. 4.3.2002 – 10 V 1007/02 AE (E), EFG 2002, 688; **aA** *Fuhrmann*, KÖSDI 2001, 13093 (13099); *Apitz*, FR 2002, 10 (16).
3 BMF v. 27.12.2002, BStBl. I 2002, 1399 Tz. 89 aE.

Abs. 3 S. 1 Nr. 2 AO).[1] Ist Leistender eine Organ-Ges., so ist bei dieser anzurechnen (s. aber auch § 48 Rn. 8).[2] Wird die Anrechnung ganz oder zT seitens des FA versagt, ist ein **Abrechnungsbescheid** gem. § 218 Abs. 2 AO zu beantragen oder amtsseitig zu erlassen, gegen den Einspruch und Anfechtungsklage (des Leistenden, nicht auch des Leistungsempfängers) zu erheben sind.

C. Steuererstattung (Abs. 2)

5 **I. Tatbestand und Rechtsfolgen.** Vorausgesetzt, den Leistenden trifft im Inland weder eine LSt-Anmeldungspflicht (§ 41a) noch ist er zur ESt oder KSt zu veranlagen (§ 46), **oder** er macht glaubhaft (vgl. dazu § 48b Abs. 2), dass im VZ keine zu sichernden Steueransprüche (nur gegen ihn, nicht auch gegen ArbN in Gestalt v. LSt-Anspr., s. § 48b Rn. 3) entstehen werden (**Abs. 2 S. 2**), sind die einbehaltenen und abgeführten Abzugsbeträge gem. **Abs. 2 S. 1** zu erstatten (§ 37 AO), und zwar nur an den Leistenden, ggf. auch an einen v. diesem Bevollmächtigten oder einem Zedenten. Besteht der Verdacht, dass die Erstattung in missbräuchlicher Weise erwirkt werden soll, ist (allein) § 42 AO einschlägig; § 48c Abs. 3 (Rn. 2) findet ausdrücklich (und ohne erkennbaren Sinn und Zweck) nur auf die Anrechnung, nicht auf die Erstattung Anwendung; um eine Freistellungsentscheidung handelt es sich hierbei nicht. Eine vorrangige Verrechnung mit etwaigen USt-Rückständen kommt nicht in Betracht. Bei **unberechtigtem Steuerabzug** ist gem. § 37 Abs. 2 AO zu erstatten; Einwände des Leistenden sind zivilrechtl. zu verfolgen.[3]

6 Die Erstattung erfordert einen entspr. **Antrag** des Leistenden nach amtl. vorgeschriebenem Muster (**Abs. 2 S. 3**). **Antragsberechtigt** ist „der Leistende“ und damit nach der Regelungssystematik sowohl der tatsächlich-wirtschaftlich Leistende iSv. § 48 Abs. 1 S. 1 (= Steuerschuldner) als auch der nur fiktiv-wirtschaftlich Leistende iSv. § 48 Abs. 1 S. 4 (= zivilrechtl. Gläubiger, s. § 48 Rn. 8). Das kann insbes. bei Einschaltung bloß funktionsloser (ausländ.) Domizil- und Briefkastenfirmen Ungereimtheiten und **Antragskollisonen** nach sich ziehen (s. auch § 48b Rn. 7): Solche „Leistenden“ sind uU nicht zur LSt-Anmeldung verpflichtet, weil sie ihrerseits Subunternehmer mit entspr. ArbN einschalten. Sie sind wegen § 42 AO[4] auch nicht zur ESt oder KSt zu veranlagen; sie sind nicht Steuerschuldner. Eine Erstattung an sie lässt sich folglich wohl nur durch rechtzeitige Steueranrechnung gem. Abs. 1 beim Steuerschuldner vermeiden (s. Rn. 2). Die gesetzliche Regelung ist unzulänglich.[5]

Fristen: Der Antrag kann bereits **während** des lfd. VZ und ggf. während oder unmittelbar nach Erbringung der Bauleistung gestellt werden, er setzt dann aber in besonderem Maße voraus, dass das Entstehen weiterer Steuern im VZ glaubhaft gemacht wird. Dieses Erfordernis wird erleichtert, wenn das VZ bereits abgelaufen ist, was indes wiederum den Nachteil einer länger dauernden Liquiditätsschmälerung beim Leistenden nach sich zieht. Der Antrag kann **bis zum** Ablauf des zweiten Kj. gestellt werden, das auf das Jahr folgt, in dem der Abzugsbetrag angemeldet worden ist. Danach ist er nicht mehr statthaft. Da die Anmeldung gem. § 48a Abs. 1 S. 1 bis zum 10. Tag nach Ablauf des Monats anzumelden ist, in dem die Gegenleistung iSd. § 48 erbracht wurde, bedeutet dies für Steueranmeldungen, die für den Monat Dezember erfolgen, dass die Frist entspr. um ein Kj. hinausgedehnt wird. Gleiches kann sich ergeben für den Fall, dass die Steuer pflichtwidrig verspätet angemeldet wird. Die erforderliche Kenntnis über diese in der Sphäre des Leistungsempfängers liegenden Umstände erhält der Leistende aus der gem. § 48a Abs. 2 obligatorischen Steuerabrechnung. Ermöglicht **Abkommensrecht** eine längere Frist (zB Art. 29 Abs. 3 DBA-USA, Art. 44 Abs. 2 DBA-Schweden, Art. 28 Abs. 3 DBA-Norwegen; Art. 46 Abs. 3 DBA-Dänemark; Art. 25b Abs. 2 DBA-Frankreich: vier Jahre; Art. 18A Abs. 4 DBA-Großbritannien: drei Jahre), geht diese vor (**Abs. 2 S. 3 letzter HS**).

7 Über die Erstattung entscheidet das zentral für die Steuern v. Einkommen bei Bauleistungen bei nicht im Inland Ansässigen gem. **§ 20a AO** (vgl. auch die ArbN-ZuständigkeitsVO-Bau v. 30.8.2001[6]) **zuständige FA** (s. dazu Rn. 4) durch **Erstattungs-(Freistellungs-)bescheid** iSd. § 155 Abs. 1 S. 3 AO (**Abs. 2 S. 1**). Änderungen des Bescheides erfolgen gem. § 164 Abs. 2, §§ 172 ff. AO, und zwar vor allem wohl dann, wenn sich später herausstellt, dass gegen den Leistenden doch Steueransprüche entstanden sind oder entstehen werden (s. Rn. 5). Zu weiteren verfahrensrechtl. Einzelheiten s. die parallele Rechtslage gem. § 50d Abs. 1 (§ 50d Rn. 11).

8 **II. Rechtsbehelfe.** Gegen die (ggf. Teil-)Ablehnung der Erstattung ist v. Leistenden als Antragsteller (s. Rn. 6) Einspruch und Anfechtungsklage zu erheben. Einstweiliger Rechtsschutz erfolgt mangels Vollziehbarkeit nicht durch AdV (§ 361 AO, § 69 FGO), sondern durch einstweilige Anordnung (§ 114 FGO). Be-

---

1 OFD Kiel v. 11.12.2001, DB 2002, 70.
2 BMF v. 27.12.2002, BStBl. I 2002, 1399 Tz. 91.
3 BMF v. 27.12.2002, BStBl. I 2002, 1399 Tz. 95.
4 Zur Anwendbarkeit v. § 42 AO auf ausländ. StPfl. s. BFH v. 27.8.1997 – I R 8/97, BStBl. II 1998, 163 und 235 = FR 1998, 208 gegen BFH v. 29.10.1981 – I R 89/80, BStBl. II 1982, 150 (sog. Monaco-Urteil), s. dazu auch § 50d Rn. 21.
5 Vgl. *Gosch*, StBp. 2001, 332 (334).
6 BGBl. I 2001, 2267, 2269.

gehrt der Insolvenzverwalter (s. § 48b Rn. 6) v. FA die Erstattung der durch den Auftraggeber einer Bauleistung für Rechnung des Gemeinschuldners einbehaltenen und abgeführten Bauabzugsteuer, soll allerdings der Zivilrechtsweg gegeben sein, wenn der Erstattungsanspruch nicht auf Abs. 2, sondern in zivilrechtl. Anspr. (§§ 812 ff. BGB) gründet.[1]

§ 48d Besonderheiten im Fall von Doppelbesteuerungsabkommen

(1) [1]Können Einkünfte, die dem Steuerabzug nach § 48 unterliegen, nach einem Abkommen zur Vermeidung der Doppelbesteuerung nicht besteuert werden, so sind die Vorschriften über die Einbehaltung, Abführung und Anmeldung der Steuer durch den Schuldner der Gegenleistung ungeachtet des Abkommens anzuwenden. [2]Unberührt bleibt der Anspruch des Gläubigers der Gegenleistung auf Erstattung der einbehaltenen und abgeführten Steuer. [3]Der Anspruch ist durch Antrag nach § 48c Absatz 2 geltend zu machen. [4]Der Gläubiger der Gegenleistung hat durch eine Bestätigung der für ihn zuständigen Steuerbehörde des anderen Staates nachzuweisen, dass er dort ansässig ist. [5]§ 48b gilt entsprechend. [6]Der Leistungsempfänger kann sich im Haftungsverfahren nicht auf die Rechte des Gläubigers aus dem Abkommen berufen.

(2) Unbeschadet des § 5 Absatz 1 Nummer 2 des Finanzverwaltungsgesetzes liegt die Zuständigkeit für Entlastungsmaßnahmen nach Absatz 1 bei dem nach § 20a der Abgabenordnung zuständigen Finanzamt.

§ 48d sichert **unilateral** das **deutsche Quellensteuer-Abzugsrecht** gem. § 48, falls die zugrunde liegenden Einkünfte nach Abkommensrecht dem anderen Vertragsstaat und nicht der Bundesrepublik zugewiesen werden. Ein völkerrechtl. unzulässiges treaty overriding liegt darin nicht, weil die Abkommensrechte letztlich ungeachtet des Steuerabzuges unberührt bleiben. 1

Die Vorschrift klärt das **Verhältnis der §§ 48 ff.** zu ggf. entgegenstehendem **Abkommensrecht** und bestimmt, dass das inländ. Steuerabzugsrecht (§§ 48 ff.) uneingeschränkt vorgeht und v. Leistungsempfänger zu beachten ist (**Abs. 1 S. 1**). Allerdings bleibt der Anspr. des Leistenden (= des Gläubigers der Gegenleistung) auf Erstattung der einbehaltenen und abgeführten Steuerbeträge unberührt (**Abs. 1 S. 2**). Er ist durch Antrag gem. § 48c Abs. 2 (s. dort Rn. 5 ff.) geltend zu machen (**Abs. 1 S. 3**) und erfordert den Nachweis des Leistenden, dass er in dem anderen Vertragsstaat ansässig ist (**§ 48d Abs. 1 S. 4** iVm. § 48b Abs. 1 S. 2 Nr. 3). Indem **§ 48d Abs. 1 S. 5** die entspr. Anwendung v. **§ 48b** insgesamt anordnet, bestimmt das G zugleich, dass eine Erstattung nur unter den dort angeführten Voraussetzungen in Betracht kommt, namentlich also nur dann, wenn die Gefährdung des inländ. Steueranspruchs ausgeschlossen erscheint und wenn ein inländ. Empfangsbevollmächtigter bestellt ist (vgl. § 48b Abs. 1 S. 1, dort Rn. 2), oder wenn glaubhaft gemacht wurde, dass keine weiteren Steueransprüche gegen den betr. Leistenden bestehen (vgl. § 48b Abs. 2, dort Rn. 3). Die zentrale Zuständigkeit für die Steuererstattung gem. § 48d Abs. 1 obliegt unbeschadet des § 5 Abs. 1 Nr. 2 FVG nicht dem ansonsten hierfür zuständigen BZSt (bis 31.12.2005: BfF), sondern dem gem. **§ 20a AO** zuständigen FA (vgl. auch § 48c Rn. 7). Im Falle der Inanspruchnahme als Haftender (vgl. § 48a Abs. 3) kann sich der Leistungsempfänger – wegen der ihn als Entrichtungssteuerschuldner treffenden eigenen Steuerabzugspflicht – nicht auf die Rechte des Leistenden aus dem Abkommen berufen (**§ 48d Abs. 1 S. 6**). Die Pflichten des Leistungsempfängers zum Steuerabzug werden durch die dem Leistenden ggf. günstigere abkommensrechtl. Rechtslage nicht geschmälert. 2

VIII. Besteuerung beschränkt Steuerpflichtiger

§ 49 Beschränkt steuerpflichtige Einkünfte

(1) Inländische Einkünfte im Sinne der beschränkten Einkommensteuerpflicht (§ 1 Absatz 4) sind

1. **Einkünfte aus einer im Inland betriebenen Land- und Forstwirtschaft (§§ 13, 14);**
2. **Einkünfte aus Gewerbebetrieb (§§ 15 bis 17),**
   a) **für den im Inland eine Betriebsstätte unterhalten wird oder ein ständiger Vertreter bestellt ist,**

1 OLG Ffm. v. 29.10.2003, DStZ 2004, 280.

b) die durch den Betrieb eigener oder gecharterter Seeschiffe oder Luftfahrzeuge aus Beförderungen zwischen inländischen und von inländischen zu ausländischen Häfen erzielt werden, einschließlich der Einkünfte aus anderen mit solchen Beförderungen zusammenhängenden, sich auf das Inland erstreckenden Beförderungsleistungen,

c) die von einem Unternehmen im Rahmen einer internationalen Betriebsgemeinschaft oder eines Pool-Abkommens, bei denen ein Unternehmen mit Sitz oder Geschäftsleitung im Inland die Beförderung durchführt, aus Beförderungen und Beförderungsleistungen nach Buchstabe b erzielt werden,

d) die, soweit sie nicht zu den Einkünften im Sinne der Nummern 3 und 4 gehören, durch im Inland ausgeübte oder verwertete künstlerische, sportliche, artistische, unterhaltende oder ähnliche Darbietungen erzielt werden, einschließlich der Einkünfte aus anderen mit diesen Leistungen zusammenhängenden Leistungen, unabhängig davon, wem die Einnahmen zufließen,

e) die unter den Voraussetzungen des § 17 erzielt werden, wenn es sich um Anteile an einer Kapitalgesellschaft handelt,

aa) die ihren Sitz oder ihre Geschäftsleitung im Inland hat,

bb) bei deren Erwerb auf Grund eines Antrags nach § 13 Absatz 2 oder § 21 Absatz 2 Satz 3 Nummer 2 des Umwandlungssteuergesetzes nicht der gemeine Wert der eingebrachten Anteile angesetzt worden ist oder auf die § 17 Absatz 5 Satz 2 anzuwenden war oder

cc)[1] deren Anteilswert zu irgendeinem Zeitpunkt während der 365 Tage vor der Veräußerung unmittelbar oder mittelbar zu mehr als 50 Prozent auf inländischem unbeweglichem Vermögen beruhte und die Anteile dem Veräußerer zu diesem Zeitpunkt zuzurechnen waren; für die Ermittlung dieser Quote sind die aktiven Wirtschaftsgüter des Betriebsvermögens mit den Buchwerten, die zu diesem Zeitpunkt anzusetzen gewesen wären, zugrunde zu legen,

f) die, soweit sie nicht zu den Einkünften im Sinne des Buchstaben a gehören, durch

aa) Vermietung und Verpachtung oder

bb) Veräußerung

von inländischem unbeweglichem Vermögen, von Sachinbegriffen oder Rechten, die im Inland belegen oder in ein inländisches öffentliches Buch oder Register eingetragen sind oder deren Verwertung in einer inländischen Betriebsstätte oder anderen Einrichtung erfolgt, erzielt werden. [2]§ 23 Absatz 1 Satz 4 gilt entsprechend. [3]Als Einkünfte aus Gewerbebetrieb gelten auch die Einkünfte aus Tätigkeiten im Sinne dieses Buchstabens, die von einer Körperschaft im Sinne des § 2 Nummer 1 des Körperschaftsteuergesetzes erzielt werden, die mit einer Kapitalgesellschaft oder sonstigen juristischen Person im Sinne des § 1 Absatz 1 Nummer 1 bis 3 des Körperschaftsteuergesetzes vergleichbar ist. [4][2]Zu den Einkünften aus der Veräußerung von inländischem unbeweglichem Vermögen im Sinne dieses Buchstabens gehören auch Wertveränderungen von Wirtschaftsgütern, die mit diesem Vermögen in wirtschaftlichem Zusammenhang stehen, oder

g) die aus der Verschaffung der Gelegenheit erzielt werden, einen Berufssportler als solchen im Inland vertraglich zu verpflichten; dies gilt nur, soweit die Gesamteinnahmen 10.000 Euro übersteigen;

3. Einkünfte aus selbständiger Arbeit (§ 18), die im Inland ausgeübt oder verwertet wird oder worden ist, oder für die im Inland eine feste Einrichtung oder eine Betriebsstätte unterhalten wird;

4. Einkünfte aus nichtselbständiger Arbeit (§ 19), die

a) im Inland ausgeübt oder verwertet wird oder worden ist,

b) aus inländischen öffentlichen Kassen einschließlich der Kassen des Bundeseisenbahnvermögens und der Deutschen Bundesbank mit Rücksicht auf ein gegenwärtiges oder früheres

---

1 In § 49 Abs. 1 Nr. 2 Buchst. e wurde mWv. 1.1.2019 Doppelbuchst. cc angefügt (G zur Vermeidung von Umsatzsteuerausfällen beim Handel mit Waren im Internet und zur Änderung weiterer stl. Vorschriften [„JStG 2018"] v. 11.12.2018, BGBl. I 2018, 2338).

2 In § 49 Abs. 1 Nr. 2 Buchst. f wurde mWv. 1.1.2019 Satz 4 angefügt (G zur Vermeidung von Umsatzsteuerausfällen beim Handel mit Waren im Internet und zur Änderung weiterer stl. Vorschriften [„JStG 2018"] v. 11.12.2018, BGBl. I 2018, 2338).

Dienstverhältnis gewährt werden, ohne dass ein Zahlungsanspruch gegenüber der inländischen öffentlichen Kasse bestehen muss,

c) als Vergütung für eine Tätigkeit als Geschäftsführer, Prokurist oder Vorstandsmitglied einer Gesellschaft mit Geschäftsleitung im Inland bezogen werden,

d) als Entschädigung im Sinne des § 24 Nummer 1 für die Auflösung eines Dienstverhältnisses gezahlt werden, soweit die für die zuvor ausgeübte Tätigkeit bezogenen Einkünfte der inländischen Besteuerung unterlegen haben,

e) an Bord eines im internationalen Luftverkehr eingesetzten Luftfahrzeugs ausgeübt wird, das von einem Unternehmen mit Geschäftsleitung im Inland betrieben wird;

5. Einkünfte aus Kapitalvermögen im Sinne des

   a) § 20 Absatz 1 Nummer 1, 2, 4, 6 und 9, wenn der Schuldner Wohnsitz, Geschäftsleitung oder Sitz im Inland hat oder wenn es sich um Fälle des § 44 Absatz 1 Satz 4 Nummer 1 Buchstabe a Doppelbuchstabe bb handelt; dies gilt auch für Erträge aus Wandelanleihen und Gewinnobligationen,

   b) (weggefallen)

   c) § 20 Absatz 1 Nummer 5 und 7, wenn

      aa) das Kapitalvermögen durch inländischen Grundbesitz, durch inländische Rechte, die den Vorschriften des bürgerlichen Rechts über Grundstücke unterliegen, oder durch Schiffe, die in ein inländisches Schiffsregister eingetragen sind, unmittelbar oder mittelbar gesichert ist. [2]Ausgenommen sind Zinsen aus Anleihen und Forderungen, die in ein öffentliches Schuldbuch eingetragen oder über die Sammelurkunden im Sinne des § 9a des Depotgesetzes oder Teilschuldverschreibungen ausgegeben sind, oder

      bb) das Kapitalvermögen aus Genussrechten besteht, die nicht in § 20 Absatz 1 Nummer 1 genannt sind,

   d) § 43 Absatz 1 Satz 1 Nummer 7 Buchstabe a, Nummer 9 und 10 sowie Satz 2, wenn sie von einem Schuldner oder von einem inländischen Kreditinstitut oder einem inländischen Finanzdienstleistungsinstitut im Sinne des § 43 Absatz 1 Satz 1 Nummer 7 Buchstabe b einem anderen als einem ausländischen Kreditinstitut oder einem ausländischen Finanzdienstleistungsinstitut

      aa) gegen Aushändigung der Zinsscheine ausgezahlt oder gutgeschrieben werden und die Teilschuldverschreibungen nicht von dem Schuldner, dem inländischen Kreditinstitut oder dem inländischen Finanzdienstleistungsinstitut verwahrt werden oder

      bb) gegen Übergabe der Wertpapiere ausgezahlt oder gutgeschrieben werden und diese vom Kreditinstitut weder verwahrt noch verwaltet werden.

   [2]§ 20 Absatz 3 gilt entsprechend;

6. Einkünfte aus Vermietung und Verpachtung (§ 21), soweit sie nicht zu den Einkünften im Sinne der Nummern 1 bis 5 gehören, wenn das unbewegliche Vermögen, die Sachinbegriffe oder Rechte im Inland belegen oder in ein inländisches öffentliches Buch oder Register eingetragen sind oder in einer inländischen Betriebsstätte oder in einer anderen Einrichtung verwertet werden;

7. sonstige Einkünfte im Sinne des § 22 Nummer 1 Satz 3 Buchstabe a, die von den inländischen gesetzlichen Rentenversicherungsträgern, der inländischen landwirtschaftlichen Alterskasse, den inländischen berufsständischen Versorgungseinrichtungen, den inländischen Versicherungsunternehmen oder sonstigen inländischen Zahlstellen gewährt werden; dies gilt entsprechend für Leibrenten und andere Leistungen ausländischer Zahlstellen, wenn die Beiträge, die den Leistungen zugrunde liegen, nach § 10 Absatz 1 Nummer 2 ganz oder teilweise bei der Ermittlung der Sonderausgaben berücksichtigt wurden;

8. sonstige Einkünfte im Sinne des § 22 Nummer 2, soweit es sich um private Veräußerungsgeschäfte handelt, mit

   a) inländischen Grundstücken oder

   b) inländischen Rechten, die den Vorschriften des bürgerlichen Rechts über Grundstücke unterliegen;

8a. sonstige Einkünfte im Sinne des § 22 Nummer 4;

9. **sonstige Einkünfte im Sinne des § 22 Nummer 3, auch wenn sie bei Anwendung dieser Vorschrift einer anderen Einkunftsart zuzurechnen wären, soweit es sich um Einkünfte aus inländischen unterhaltenden Darbietungen, aus der Nutzung beweglicher Sachen im Inland oder aus der Überlassung der Nutzung oder des Rechts auf Nutzung von gewerblichen, technischen, wissenschaftlichen und ähnlichen Erfahrungen, Kenntnissen und Fertigkeiten, zum Beispiel Plänen, Mustern und Verfahren, handelt, die im Inland genutzt werden oder worden sind; dies gilt nicht, soweit es sich um steuerpflichtige Einkünfte im Sinne der Nummern 1 bis 8 handelt;**
10. **sonstige Einkünfte im Sinne des § 22 Nummer 5; dies gilt auch für Leistungen ausländischer Zahlstellen, soweit die Leistungen bei einem unbeschränkt Steuerpflichtigen zu Einkünften nach § 22 Nummer 5 Satz 1 führen würden oder wenn die Beiträge, die den Leistungen zugrunde liegen, nach § 10 Absatz 1 Nummer 2 ganz oder teilweise bei der Ermittlung der Sonderausgaben berücksichtigt wurden.**

(2) Im Ausland gegebene Besteuerungsmerkmale bleiben außer Betracht, soweit bei ihrer Berücksichtigung inländische Einkünfte im Sinne des Absatzes 1 nicht angenommen werden könnten.

(3) [1]Bei Schifffahrt- und Luftfahrtunternehmen sind die Einkünfte im Sinne des Absatzes 1 Nummer 2 Buchstabe b mit 5 Prozent der für diese Beförderungsleistungen vereinbarten Entgelte anzusetzen. [2]Das gilt auch, wenn solche Einkünfte durch eine inländische Betriebsstätte oder einen inländischen ständigen Vertreter erzielt werden (Absatz 1 Nummer 2 Buchstabe a). [3]Das gilt nicht in den Fällen des Absatzes 1 Nummer 2 Buchstabe c oder soweit das deutsche Besteuerungsrecht nach einem Abkommen zur Vermeidung der Doppelbesteuerung ohne Begrenzung des Steuersatzes aufrechterhalten bleibt.

(4) [1]Abweichend von Absatz 1 Nummer 2 sind Einkünfte steuerfrei, die ein beschränkt Steuerpflichtiger mit Wohnsitz oder gewöhnlichem Aufenthalt in einem ausländischen Staat durch den Betrieb eigener oder gecharterter Schiffe oder Luftfahrzeuge aus einem Unternehmen bezieht, dessen Geschäftsleitung sich in dem ausländischen Staat befindet. [2]Voraussetzung für die Steuerbefreiung ist, dass dieser ausländische Staat Steuerpflichtigen mit Wohnsitz oder gewöhnlichem Aufenthalt im Geltungsbereich dieses Gesetzes eine entsprechende Steuerbefreiung für derartige Einkünfte gewährt und dass das Bundesministerium für Verkehr und digitale Infrastruktur die Steuerbefreiung nach Satz 1 für verkehrspolitisch unbedenklich erklärt hat.

Verwaltung: BMF v. 23.1.1996, BStBl. I 1996, 100 (Abzugsteuer bei künstlerischen, sportlichen, artistischen oder ähnlichen Darbietungen; aufgehoben für Steuertatbestände nach dem 31.12.2009); BMF v. 16.5.2011, BStBl. I 2011, 530; OFD NRW v. 5.9.2017, IStR 2017, 996 (beide zu VuV gem. Abs. 1 Nr. 2 lit. f aa und Abs. 1 Nr. 6); BMF v. 27.10.2017, BStBl. I 2017, 1448 (Überlassung v. Software und Datenbanken); OFD NRW v. 5.9.2017, DB 2017, 2384; BMF v. 3.5.2018, BStBl. I 2018, 643 (Arbeitslohn nach DBA).

Literatur: *Ackermann*, Beschränkte StPfl. bei Einkünften aus KapVerm., IWB 2015, 270; *Ackermann*, Beschränkte StPfl. bei der grenzüberschreitenden Überlassung v. Software, ISR 2016, 258; *Alvermann*, Steuerfallen bei grenzüberschreitenden Spielertransfers und Spielerleihen, SpuRt 2011, 19; *Bader/Klose*, Steuerliche Behandlung vergeblicher Auftragskosten für ausländ. Bauprojekte, IStR 1996, 318; *Behnes/Nink/Rohde*, Nutzung internetbasierter Datenbankanwendungen – Haftung des Lizenznehmers für Quellensteuer des ausländ. Anbieters, CR 2016, 281; *Beinert/Benecke*, Änderungen der Unternehmensbesteuerung im JStG 2009, Ubg. 2009, 169; *Birk*, Zuzug und Wegzug v. KapGes. – Zu den kstl. Folgen der Überseeringentscheidung des EuGH, IStR 2003, 469; *Böhl/Schmidt-Naschke/Böttcher*, Besteuerung v. Vermietungseinkünften bei Direktinvestitionen in Deutschland, IStR 2008, 651; *Bron*, Betriebsbegriff und beschränkte StPflicht iRd. Zinsschrankenregelung der § 4h und § 8a KStG, IStR 2008, 14; *Bron*, Geänderte Besteuerung v. gewerblichen Immobilieneinkünften beschränkt StPfl., DB 2009, 592; *Bublitz*, Besteuerung bei Auslandseinsätzen für private Trägerorganisationen iRd. deutschen Entwicklungszusammenarbeit, IStR 2007, 77; *Cloer/Hagemann/Lichel/Schmitt*, Änderungen für Einkünfte mit Bezug zu deutschem Grundbesitz iRd. beschränkten StPfl. – Entw. eines JStG 2018 – Teil I und II, BB 2018, 1686 und 1751; *Dahle/Sureth/Stamm*, Die Einkommensbesteuerung v. international tätigen Künstlern, Sportlern, Artisten und unterhaltend Darbietenden, StuB 2011, 138; *Dominik*, Der Darlehensverzicht in der Gewinnermittlung für ausländ. Immobilieninvestoren, 2013; *Eckert*, Erstmalige Bilanzierung ausländ. Grundstücks-Ges., DB 2011, 1189; *Fuhrmann*, Einkommensbesteuerung ausländ. Künstler und Sportler, KÖSDI 2003, 13880; *Gläser/M. Birk*, Einkünfte aus VuV beschränkt StPfl., IStR 2011, 762; *Gosch*, Zur Gewinnermittlung bei Grundstücksveräußerung durch ausländ. KapGes., StBp. 2000, 220; *Gosch*, Altes und Neues, Bekanntes und weniger Bekanntes zur sog. isolierenden Betrachtungsweise, FS Wassermeyer, 2005, 263; *Gosch*, Über die Zeit im Abkommensrecht, IStR 2015, 709; *Gradl*, Steuern und Sport, IWB 2014, 489; *Haarmann* (Hrsg.),

Die beschränkte StPflicht, 1993; *Haase/Brändel*, Steuerabzug bei Spielerleihe und Spielertransfer, IWB 2010, 795; *Haun/Klumpp*, Zuordnung von Beteiligungen zum BV einer PersGes. bei grenzüberschreitenden Sachverhalten – Führt die neueste BFH-Rspr. zu einem Paradigmenwechsel?, IStR 2018, 661; *Hecht/Lampert*, Die estl. Behandlung der Überlassung v. Software (Teil I und II), FR 2009, 1127 und FR 2010, 68; *Holthaus*, Aktuelle Abzugsverpflichtung v. Privatpersonen, Vereinen, öffentlichen Einrichtungen und Unternehmern bei Darbietungen v. ausländ. Show-Girls, Models, Talk-Gästen, Djs etc., FR 2008, 416; *Holthaus*, Qualifikation v. Darbietungseinkünften und Steuerabzug nach § 50a, IWB 2017, 540; *Huschke/Hartwig*, Das geplante JStG 2009: Auswirkungen auf Vermietungseinkünfte beschränkt stpfl. KapGes., IStR 2008, 745; *Kahle/Schulz*, Zum Einkünftekatalog des § 49 nach den jüngsten Rechtsentwicklungen, DStZ 2008, 784; *Kempermann*, Besteuerung der Einkünfte internationaler Anwaltssozietäten, FS Wassermeyer, 2005, 333; *Kempf/Hohage*, Gedanken zu § 8b Abs. 3 S. 1 KStG bei beschränkt StPfl., IStR 2010, 806; *Kempf/Loose/Oskamp*, Beschränkte StPfl. bei Gewinnen aus der Veräußerung v. Immobilien-KapGes. nach dem Entw. des JStG 2018, IStR 2018, 527; *Kessler/Maywald/Peter*, Mögliche Auswirkungen des Satelliten-Urteils auf die steuerliche Behandlung v. grenzüberschreitenden Internet-Transaktionen, IStR 2000, 425; *Chr. Klein*, Betriebsstättenzurechnung bei gewerblich geprägter KG im Nicht-DBA-Fall, Ubg 2018, 334; *G. Kraft*, Die Gelegenheitsverschaffung zur Vertragsverpflichtung v. Berufssportlern im Inland, IStR 2011, 486; *C. Kraft/Hohage*, Gestaltungsüberlegungen beim Verkauf v. Anteilen an grundstücksverwaltenden Gesellschaften, IStR 2014, 605; *Kumpf/Roth*, Einzelfragen der Ergebniszuordnung nach den neuen Betriebsstätten-Verwaltungsgrundsätzen, DB 2000, 787; *Lindauer/Westphal*, JStG 2009: Änderungen bei inländ. Vermietungseinkünften durch ausländ. KapGes., BB 2009, 420; *Maßbaum/Müller*, Aktuelle Entwicklungen im Bereich der Abzugsteuer nach § 50a bei Lizenzzahlungen und Anordnung des Steuerabzugs, BB 2015, 3031; *Meier*, Immobilien-KapGes. und das Risiko einer reflexartigen Entstrickung bei (mittelbarer) Veräußerung für beschränkt StPfl.?, ISR 2018, 347; *Meining/Kruschke*, Die Besteuerung der „ausländ. KapGes. & Co. KG" bei ausschließl. grundstücksverwaltender Tätigkeit im Inland, GmbHR 2008, 91; *Mensching*, Neufassung des § 49 Abs. 1 Nr. 2 lit. f durch das JStG 2009, DStR 2009, 96; *Mody*, Problembereiche der Besteuerung beschränkt stpfl. Künstler und Sportler, FS L. Fischer, 1999, 769; *Mohr/Gebhardt*, Zum Verhältnis v. § 8b Abs. 7 KStG und § 17 Abs. 2 S. 6 im Kontext beschränkt stpfl. KapGes., IStR 2013, 401; *Mroz*, Die isolierende Betrachtungsweise – ein Anwendungsfall für die grenzüberschreitende BetrAufsp.?, IStR 2017, 742; *Mroz/Wellmann*, Zuordnung der Beteiligung zum BV einer gewerblich geprägten PersGes. im Nicht-DBA-Fall, FR 2018, 740; *Neyer*, Erweiterung des Umfangs der beschränkten StPflicht: § 49 Abs. 1 Nr. 4 lit. d, IStR 2004, 403; *Morgenthaler*, Die „isolierende Betrachtungsweise" im internationalen ESt-Recht, FS Krawitz, 2010, 275; *Nitzschke*, Veräußerung direkt gehaltener Beteiligungen an KapGes. durch beschränkt Körperschaftsteuerpflichtige – Führt § 8b Abs. 3 KStG zur partiellen Besteuerung eines Veräußerungsgewinns?, IStR 2012, 125; *Petersen*, Quellensteuer bei Überlassung v. Standardsoftware, IStR 2013, 896; *Petersen*, Quellensteuer bei Softwareüberlassung, IStR 2016, 975; *Pinkernell*, Cloud Computing – Besteuerung des grenzüberschreitenden B2B- und B2C-Geschäfts, Ubg 2012, 331; *Pinkernell*, Internationale Steuergestaltung im Electronic Commerce, IFSt-Schrift Nr. 494 (2014), 24; *Pinkernell*, Beschränkte StPfl. bei Vergütungen für Software und Datenbanken (Entw. eines BMF-Schr. v. 15.5.2017), Ubg 2017, 497; *Portner*, Keine beschränkte StPfl. für im Ausland ansässige Bezieher v. Leistungen aus einer Direktzusage, BB 2015, 854; *Reith*, Steuerliche Behandlung v. verlorenen Aufwendungen bei Investitionstätigkeiten deutscher Unternehmen in DBA-Ländern, IStR 2001, 671; *Rolf*, Die Einkommenbesteuerung v. Gewinnen aus dem Betrieb v. Handelsschiffen im internationalen Verkehr, 2014; *Salzmann/Heufelder*, Ausweitung der beschränkten StPfl. auf die Veräußerung v. ausländ. Immobilien-KapGes., IStR 2019, 67; *Schauhoff/Cordewener/Schlotter*, Besteuerung ausländ. Künstler und Sportler in der EU, 2008; *Schauhoff/Idler*, Änderung der BFH-Rspr. zur Besteuerung v. Werbeverträgen mit beschränkt StPfl., IStR 2008, 341; *Schlotter*, Konkurrenz v. Steuerabzugstatbeständen in der beschränkten StPfl. am Bsp. v. Vergütungen für Fernsehübertragungsrechte an Sportveranstaltungen, FR 2010, 651; *Schlotter/Degenhart*, Besteuerung v. Transferentschädigungen und Entgelten für Spielerleihen nach dem JStG 2010, IStR 2011, 457; *Schmid/Renner*, Inländ. Gewinne bei Forderungsverzicht ggü. ausländ. Grundstücksgesellschaft mit deutschem Grundbesitz?, FR 2012, 463; *Schmidt-Heß*, Beschränkte StPflicht bei Rechteüberlassung durch den originären Inhaber des Rechts?, IStR 2006, 690; *Schnitger*, Das Ende der Bruttobesteuerung beschränkt StPfl., FR 2003, 745; *Schnitger/Fischer*, Einkünfteermittlung bei ausländ. grundstücksverwaltenden KapGes. und Gemeinschaftsrecht, DB 2007, 598; *Schönfeld/Bergmann*, Grundbesitzbesicherte Darlehen im Internationalen Steuerrecht – einige Merkwürdigkeiten rund um § 49 Abs. 1 Nr. 5 lit. c, IStR 2014, 254; *Schwerdtfeger*, Änderungen der beschränkten StPflicht für Geschäftsführer, Vorstände und Prokuristen iRd. StÄndG 2001, IStR 2002, 361; *Stahl*, Die örtliche Zuständigkeit in grenzüberschreitenden Fällen, ISR 2013, 8; *Steinhäuser*, Die Besteuerung der Einkünfte leitender Angestellter nach § 49 Abs. 1 Nr. 4 lit. c, FR 2003, 652; *Strahl*, Steuerabzug nach § 50a und Unternehmereigenschaft – Neue Brennpunkte der Besteuerung der öffentl. Hand, KÖSDI 2016, 19838; *Töben/Lohbeck/Fischer*, Aktuelle steuerliche Fragen iZ mit Inbound-Investitionen in deutsches Grundvermögen, FR 2009, 151; *Trautmann*, Ausländ. KapGes. mit deutschem Immobilienbesitz in der Krise – Deutsche Besteuerungskonsequenzen beim Wegfall v. Darlehen, IStR 2016, 10; *Trautmann/Dörnhöfer*, Die ausländ. Immobilienges. mit inländ. Grundbesitz in der Krise, IWB 2017, 499; *Villena y Scheffler/Güdemann*, Der Vermittler v. Sportlern und die deutsche Quellensteuer, SpuRt 2012, 55; *Wagner*, Inbound-Investitionen in deutschen Grundbesitz: Erweiterungen der beschränkten StPfl. bei Anteilsveräußerungen durch das „JStG 2018", DB 2018, 1886; *Wagner*, „JStG 2018": Erweiterung des Umfangs der beschränkten StPfl. bei Immobilieninvestments, DB 2018, 2659; *Wassermeyer*, Die beschränkte StPflicht, in: Vogel (Hrsg.), Grundfragen des Internationalen Steuerrechts, 1985, 49; *Wassermeyer*, Gesetzliche Neuregelung der Vermietung inländ. Grundbesitzes in § 49 Abs. 1 Nr. 2 lit. f, IStR 2009, 238; *Wassermeyer*, Nachträgliche „ausländ." Einkünfte, IStR 2011, 361; *Weiss/Brühl*, Ausgewählte ertragsteuerliche Aspekte des „JStG 2018", BB 2018, 2135; *Widmann*, Beschränkte StPflicht und DBA bei Umwandlungen, FS Wassermeyer, 2005, 581.

A. Grundaussagen der Vorschrift

I. Regelungsgegenstand. Das deutsche ESt-Recht unterscheidet zw. unbeschränkter und beschränkter StPflicht (vgl. § 1 Abs. 1 bis 3 und § 1 Abs. 4). Während der unbeschränkt StPfl. grds. mit seinen gesamten Einkünften (nach Maßgabe des Einkünftekatalogs in § 2 Abs. 1 S. 1) der StPflicht unterfällt (Welteinkommen), hat die beschränkte StPflicht den Charakter einer **Objektsteuer:** Sie knüpft nur im Ausgangspunkt an die sieben Einkunftsarten des § 2 Abs. 1 S. 1, iÜ aber an bestimmte **abschließend** aufgeführte Einkünfte mit Inlandsbezug an (Territorialitätsprinzip); die Zuordnung der Einkünfte bestimmt sich – in gewisser Weise abw. v. § 2 Abs. 1 – nach den im Inland verwirklichten Sachverhalten (**isolierende Betrachtungsweise,** § 49 Abs. 2, dazu Rn. 103 ff.) und aufgrund des Objektsteuercharakters überdies nach dem Wesen der betr. Einkunftsart (str., s. Rn. 105). Persönliche Verhältnisse des StPfl. werden nur in eingeschränkter Weise beachtet (grds. Abgeltungswirkung des Steuerabzugs, weitgehend kein Abzug v. WK, BA und SA, ag. Belastungen, vgl. im Einzelnen § 50 Abs. 1 und 2 [§ 50 Abs. 1 und 5 aF]). Dennoch handelt es sich auch bei der beschränkten StPflicht um eine **Individualsteuer**. Zur auch hier erforderlichen Unterscheidung zw. den persönl. und den sachl. Voraussetzungen der StPfl. s. § 1 Rn. 30. 1

Da sich die Steuerbarkeit gem. § 49 auf bestimmte inländ. Einkunftsquellen und Tätigkeiten bezieht (und beschränkt), richtet sich auch die den beschränkt StPfl. treffende **Einkünfteermittlung** nur auf diese (steuerbaren) Einkünfte.[1] 2

II. Verfassungsmäßigkeit. Die Unterschiede zur unbeschränkten StPflicht sollen grds. **verfassungsrechtl.** unbedenklich sein; insbes. sollen die gesetzlichen Typisierungen die Besteuerungsgleichheit nicht verletzen.[2] Infolge der (herkömmlicherweise und trotz gewisser Aufweichungen nach wie vor) erheblichen Eingriffe in das den Grundsatz der Leistungsfähigkeit verbürgende **Nettoprinzip** und auch aus gleichheitsrechtl. Gründen ist dies indes äußerst zweifelh. Namentlich der zur Rechtfertigung angeführte Gesichtspunkt, nur mittels des Objektbezugs der beschränkten StPflicht und des Ausschlusses der Abzugspositionen lasse sich eine wirksame Steuererhebung durchsetzen, erweist sich kaum als tragfähig. Die Auswahl der Besteuerungsobjekte ist mehr oder weniger willkürlich und lässt keine schlüssige Sachkonzeption erkennen; sie nimmt ungereimte Besteuerungslücken in Kauf, etwa bei Gewerbetreibenden ohne Betriebsstätten oder bei Kapitaleinkünften. Letztlich liegen der beschränkten StPflicht in ihrer gegenwärtigen Ausgestaltung überkommene Verständnisstrukturen zugrunde, die in einer globalen, zusammenwachsenden Wirtschaft fragwürdig geworden sind. 3

Unabhängig davon bleibt der gesetzgeberische Entscheidungsspielraum, in welchem Umfang auf **sachliche Besteuerungsmerkmale** zurückgegriffen wird, in weiterer Hinsicht **begrenzt:** Zum einen durch das allg. völkerrechtl. Willkürverbot, das es verbietet, Einkünfte als inländ. zu qualifizieren, die unter keinem denkbaren Gesichtspunkt über einen Inlandsbezug verfügen;[3] zum anderen durch das Diskriminierungsverbot aus Gründen der Staatsangehörigkeit in Art. 18 AEUV.[4] Zum unionsrechtl. gebotenen Nettoprinzip innerhalb der EU s. § 50 Abs. 2 Nr. 5 iVm. Abs. 2 S. 7 (§ 50 Rn. 22 ff.). Eine weitere (natürliche) Schranke ergibt sich aus der territorialen Begrenzung der Hoheitsgewalt. Zum abkommensrechtl. Diskriminierungsverbot s. Art. 24 Abs. 1 bis 3 OECD-MA.[5] 4

III. Verhältnis zu anderen Vorschriften. §§ 49 ff. (Inlandsbeziehungen beschränkt StPfl.) enthalten die **Gegenregelungen** zu **§§ 34c, 34d** (Auslandsbeziehungen unbeschränkt StPfl.). Die Besteuerung beschränkt StPfl. richtet sich nach **§§ 50, 50a, 50d** (Einkünfte- und Einkommensermittlung, Steuertarif; Steuerabzugsverfahren). Zur Abgrenzung ggü. der erweiterten beschränkten StPflicht gem. **§§ 2, 5 und 6 AStG** (Wegzugsbesteuerung) s. Rn. 7, 35, § 1 Rn. 4. Zum Verhältnis zw. § 49 (Abs. 1 Nr. 2 lit. a und f, Nr. 6) einerseits und **§ 4h** andererseits s. *Bron*, IStR 2008, 14 (s. auch Rn. 16), dort auch zum Verhältnis zw. § 49 Abs. 1 Nr. 2 lit. a und **§ 34a**. Zum Verhältnis zum **KStG** s. Rn. 7a. Zum Verhältnis zw. § 49 Abs. 1 und dem **InvStG** s. dort § 6 Abs. 5 Nr. 1, dazu Rn. 74 sowie 34a. 5

DBA: Bei nicht unbeschränkt StPfl. verzichtet der deutsche Fiskus v. vornherein auf eine Besteuerung nach dem Welteinkommensprinzip; er unterwirft nur bestimmte Aktivitäten der ESt. Hinsichtlich dieser Aktivitäten bedarf es aber einer bilateralen Einkommensabgrenzung zw. den jeweils beteiligten Staaten 6

---

1 BFH v. 17.12.1997 – I R 95/96, BStBl. II 1998, 260; Anm. *FW*, IStR 1998, 213.
2 BVerfG v. 24.9.1965 – 1 BvR 228/65, BVerfGE 19, 119; v. 12.10.1976 – 1 BvR 2328/73, BVerfGE 43, 1; BFH v. 10.10.1973 – I R 162/71, BStBl. II 1974, 30; v. 16.8.1963 – VI 96/62 U, BStBl. III 1963, 486; v. 14.2.1975 – VI R 210/72, BStBl. II 1975, 497; v. 10.10.1973 – I R 162/71, BStBl. II 1974, 30; v. 20.4.1988 – I R 219/82, BStBl. II 1990, 701; zu Recht krit. *Schaumburg*[4], Rn. 4.4 ff.
3 *Koblenzer*, BB 1996, 933.
4 *Schaumburg*[4], Rn. 4.12 ff.
5 *Schaumburg*[4], Rn. 4.49 ff.

durch DBA. Diese begründen oder erweitern die StPflicht nicht, sondern schränken diese lediglich ein, indem sie dem einen Vertragsstaat das Besteuerungsrecht belassen und dem anderen nehmen. Demjenigen Staat, dem das Besteuerungsrecht (ganz oder teilw.) belassen wird, bleibt das Recht (nicht die Pflicht) zur Besteuerung. Macht er davon für die eine oder andere Aktivität keinen Gebrauch, gehen die DBA-Regelungen ins Leere,[1] es sei denn, das betr. DBA oder auch eine unilaterale Vorschrift im Wege eines treaty override (vgl. zB § 50d Abs. 3, 8, 9, 10) bestimmen eine Rückfallklausel (‚subject to tax' –, ‚switch over'-Klauseln). – Fehlt es an einem DBA, sind allein §§ 49–50a einschlägig. Kein Gegenstand der DBA ist grds. die Frage der Einkünftezurechnung. Insoweit bleiben die nationalen Zurechnungsvorschriften und damit auch **§ 42 Abs. 1 AO** vorbehaltlich entspr. Sonderreglungen in den DBA prinzipiell uneingeschränkt anwendbar.[2] S. dazu im Einzelnen § 50d Rn. 30.

7 **AStG:** Die beschränkte StPflicht nach Maßgabe v. § 49 wird durch **§ 2 AStG** erweitert. S. § 1 Rn. 4. Der Umstand, dass (Zwischen-)Einkünfte im Ausland eingeschalteter Zwischen-KapGes. nach Maßgabe v. §§ 7 ff. AStG beim inländ. Anteilseigner der Ges. der Hinzurechnungsbesteuerung unterfallen, belässt eine etwaige beschränkte StPflicht der Zwischen-Ges. ebenso unberührt, wie das die beschränkte StPflicht in Bezug auf die Hinzurechnungsbesteuerung tut. Das kann zu Systemverwerfungen führen, wenn die Einkünfte im Inland nicht gewStpfl sind (zB bei § 49 Abs. 1 Nr. 2 lit. f, Nr. 5) und die Ges. infolgedessen lediglich mit KSt v. 15 % belastet wird, wohingegen der Niedrigsteuersatz gem. § 8 Abs. 3 AStG bei 25 % „verharrt".[3] – Die nachwirkende StPflicht für solche nat. Pers., die Anteile an KapGes. iSv. § 17 halten und ins Ausland wegziehen, wird in **§ 6 AStG** geregelt. S. dazu Rn. 35, § 1 Rn. 4. Die Wegzugsteuer betrifft in ihrem Grundtatbestand den Wegzug bei Beendigung der unbeschränkten StPflicht, § 6 Abs. 1 S. 1 AStG; der Tatbestand ist für beschränkt StPfl. nicht einschlägig.[4] Das könnte für die daneben bestehenden steuerauslösenden sog. Ersatztatbestände in § 6 Abs. 1 S. 2 Nrn. 1 bis 4 AStG anders sein, weil diese im Gegensatz zu § 6 Abs. 1 S. 1 AStG im Zeitpunkt der Tatbestandsverwirklichung keine zehnjährige unbeschränkte StPflicht erfordern. Auch ein beschränkt StPfl., der zuvor mindestens zehn Jahre in Deutschland unbeschränkt stpfl. war, könnte beim Erwerb inländ. KapGes.-Anteile also betroffen sein.[5] Richtigerweise ist diese Konsequenz jedoch nicht zu ziehen; der Grundtatbestand des § 6 Abs. 1 S. 1 AStG setzt die immanente Voraussetzung auch für die Ersatztatbestände des § 6 Abs. 1 S. 2 Nrn. 1 bis 4 AStG.[6] Im Übrigen ist der nach § 49 Abs. 1 Nr. 2 lit. e anzusetzende Gewinn aus der Veräußerung von KapGes.-Anteilen um den nach § 6 AStG besteuerten Vermögenszuwachs zu kürzen (§ 6 Abs. 1 S. 5 AStG; s. dazu gleichermaßen § 17 Rn. 10 aE). Die Kürzung wirkt einer doppelten Besteuerung einerseits der fiktiven Veräußerung nach § 6 AStG und andererseits der tatsächlichen Veräußerung entgegen.

7a **KStG:** Für das KSt-Recht bestimmt **§ 2 Abs. 1 KStG** die beschränkte KStPfl. v. Rechtsgebilden, die weder Geschäftsleitung noch Sitz im Inland haben; die beschränkte StPfl. erstreckt sich hiernach auf sämtliche „inländ. Einkünfte", nimmt infolge der Verweisung des **§ 8 Abs. 1 KStG** jedoch ebenfalls Bezug auf § 49 und ordnet dessen entspr. Anwendung an.[7] Der Katalog der beschränkt StPfl. ist auch (s. Rn. 1) hiernach ein abschließender und scheidet eine analoge tatbestandliche Erweiterung auf andere, (bislang) nicht erfasste Besteuerungsgegenstände aus, etwa die Ausdehnung der beschränkten StPfl. auf eine ausländ. EU-/EWR-Mutter-Ges., um zu dieser eine organschaftliche Konsolidierung iSv. §§ 14ff. KStG auch ohne inländ. (Betriebsstätten-)Bezug zu ermöglichen.[8] Im Gegensatz zu unbeschränkt stpfl. KSt-Subjekten iSv. § 1 Nr. 1 KStG können beschränkt stpfl. KSt-Subjekte iSv. § 2 Nr. 1 nicht nur gewerbliche Einkünfte erzielen, sondern grds. sämtliche Einkünfte aus dem Katalog des § 49 Abs. 1. Ausländ. KapGes. können deswegen im Gegensatz zu inländ. KapGes.[9] prinzipiell über eine außerbetriebliche Sphäre verfügen.[10] Allerdings ergeben sich Anwendungsausnahmen nach dem Wesen der Einkünfte; insbes. Einkünfte iSv. § 49 Abs. 1 Nr. 4, 7 und 8a sind bei KapGes. von vornherein ausgeschlossen. S. auch Rn. 44 zu § 49 Abs. 1 Nr. 2 lit. f S. 3. Zu den Rechtswirkungen der beschränkt stpfl. Körperschaft auf den KapESt-Abzug s. **§ 32 KStG**, zu denjenigen auf die Entstrickungsbesteuerung s. **§ 12 Abs. 2 KStG**.

---

1 BFH v. 12.10.1978 – I R 69/75, BStBl. II 1979, 64.
2 BFH v. 29.10.1997 – I R 35/96, BStBl. II 1998, 235 unter ausdrücklicher Aufgabe seiner früheren Rspr., vgl. BFH v. 29.10.1981 – I R 89/80, BStBl. II 1982, 150 (sog. Monaco-Urteil).
3 Zutr. *Haase*, AStG/DBA § 7 AStG Rn. 16.
4 BFH v. 19.12.2007 – I R 19/06, BFH/NV 2008, 672.
5 *F/W/B/S*, § 6 AStG Rn. 17, 32; *Wassermeyer*, DB 2006, 1390.
6 *Kraft*, § 6 AStG Rn. 350; *Hecht*, BB 2009, 2396.
7 ZB BFH v. 13.11.2002 – I R 90/01, BStBl. II 2003, 249.
8 S. dazu zB *v. Brocke/St. Müller*, DStR 2014, 2106; *Schnitger*, IStR 2014, 587; beide in Konsequenz des EuGH v. 12.6.2014 – Rs. C-39/13, C-40/13 und C-41/13 – SCA Group Holding BV, IStR 2014, 486.
9 StRspr., vgl. zB BFH v. 22.8.2007 – I R 32/06, BStBl. II 2007, 961 mwN.
10 BFH v. 12.6.2013 – I R 109–111/10, BStBl. II 2013, 1024; *Gosch*³, § 8 Rn. 200; *Schnitger/Fehrenbacher*, § 2 KStG Rn. 48; *F/W/B/S*, § 10 AStG Rn. 242.

B. Inländische Einkünfte (Abs. 1)

I. Inländische Einkünfte aus Land- und Forstwirtschaft (Abs. 1 Nr. 1). 1. Erfasste Einkünfte. Der **Begriff** der LuF entspricht demjenigen in **§ 13**. Die LuF muss **im Inland** betrieben werden, dh. auf im Inland belegenen Grund und Boden, auch dann, wenn dieser Teil eines ausländ. Betriebs oder TB ist oder wenn er sich nur teilw. im Inland befinde. In solchen Fällen unterliegt immer nur der inländ. Teil der beschränkten StPflicht.[1] Von wem die LuF betrieben wird (Eigentümer, Pächter, Mieter, Nießbraucher) und wo die Betriebsleitung ihren Sitz hat, ist unbeachtlich. Es bedarf im Inland auch keiner Betriebsstätte[2] (s. zu der Frage von luf. Grundstücken als Betriebsstätte auch § 2a Rn. 16); die bloße Grundstücksbelegenheit reicht aus. Veräußerungsgewinne sind (ggf. nur anteilig) zu versteuern (vgl. § 14); zum dann ggf. begünstigten Steuersatz s. § 16 Abs. 4, § 14a. Der beschränkt stpfl. Landwirt kann seinen Gewinn nach Durchschnittssätzen ermitteln (**§ 13a**), wobei lediglich die Verhältnisse der im Inland betriebenen LuF maßgeblich sind.[3] 8

2. Steuererhebung. Besteuert wird durch **Veranlagung**. 9

3. Verhältnis zu Doppelbesteuerungsabkommen. In DBA stellen LuF-Einkünfte zumeist keine eigene Einkunftsart dar. Es gilt das **Belegenheitsprinzip** (Art. 6, 13 OECD-MA), so dass sich für einen inländ. LuF-Betrieb keine Beschränkungen ergeben. 10

II. Inländische Einkünfte aus Gewerbebetrieb (Abs. 1 Nr. 2). 1. Regelungsinhalt. Beschränkt stpfl. sind nach § 49 Abs. 2 Einkünfte aus GewBetr., und zwar im Grundsatz und Ausgangspunkt ausweislich des einleitenden Satzteils uneingeschränkt solche iSv. §§ 15 bis 17. Einbezogen sind also nicht nur originär gewerbliche, sondern auch „an sich" vermögensverwaltende Tätigkeiten, welche über § 15 Abs. 3 als gewerblich infiziert oder geprägt und dadurch zum fiktiven GewBetr. werden; der Tatbestand des § 49 Abs. 1 Nr. 2 lit. a trifft insoweit keinerlei Einschränkungen.[4] Allerdings führt nicht jede gewerbliche Betätigung im Inland zur beschränkten StPfl. entspr. Einkünfte aus GewBetr., sondern nur solche mit besonderem Inlandsbezug (sa. Rn. 15). Ein einheitliches Konzept ist nicht erkennbar.[5] Praktisch wichtigster Fall ist die Betriebsstättenbesteuerung gem. § 49 Abs. 1 Nr. 2 lit. a. 11

2. Betriebsstätte und ständiger Vertreter (Abs. 1 Nr. 2 lit. a). a) Anknüpfungsmerkmal. Zur Sicherstellung der beschränkten StPflicht bei gewerblichen Einkünften (§§ 15 bis 17) knüpft § 49 Abs. 1 Nr. 2 lit. a an die **im Inland unterhaltene** Betriebsstätte (**Betriebsstättenprinzip**, vgl. auch Art. 7 OECD-MA) oder an einen **im Inland bestellten** ständigen Vertreter an (insoweit enger und damit § 49 Abs. 1 Nr. 2 lit. a begrenzend der „abhängige Vertreter" iSv. Art. 5 Abs. 5, Abs. 6 OECD-MA). 12

b) Betriebsstätte. Der Begriff der Betriebsstätte orientiert sich an **§ 12 AO** (und damit *nicht* an Art. 5 OECD-MA).[6] Es handelt sich sonach um eine feste Geschäftseinrichtung oder Anlage mit nicht nur vorübergehendem räumlichem Bezug zum Inland, die der Tätigkeit eines Unternehmens (und zwar unmittelbar[7]) dient (insbes. Stätte der Geschäftsleitung, Zweigniederlassung, Geschäftsstelle, Fabrikations- oder Werkstätten, Warenlager, Ein- oder Verkaufsstellen, Bergwerke, Steinbrüche oder andere stehende, örtlich fortschreitende oder schwimmende Stätten der Gewinnung v. Bodenschätzen, eine oder mehrere (auch örtlich fortschreitende oder schwimmende) Bauausführung(en) oder Montage(n), wenn die einzelne oder eine v. mehreren zeitlich nebeneinander bestehenden oder mehrerer ohne Unterbrechung[8] aufeinanderfolgenden Bauausführung(en) oder Montage(n) länger als sechs Monate dauert(n).[9] Die erforderliche feste Verbindung zur Erdoberfläche besteht auch bei fahrbaren Verkaufsständen mit festem Standplatz, bei Marktständen,[10] bei richtigem Verständnis indes nur dann, wenn die betr. Tätigkeit zumindest teilw. **in** 13

---

1 BFH v. 19.12.2007 – I R 19/06, BFH/NV 2008, 672.

2 S. dazu BFH v. 2.4.2014 – I R 68/12, ISR 2014, 274 mit (zust.) Anm. *Krain*; sa. § 2a Rn. 18. S. aber auch aus Abkommenssicht BFH v. 27.10.2011 – I R 26/11, BStBl. II 2012, 457.

3 BFH v. 19.12.2007 – I R 19/06, BFH/NV 2008, 672.

4 BFH v. 29.11.2017 – I R 58/15, DStR 2018, 657; skeptisch demgegenüber jedenfalls für den Inbound-Fall *Töben*, ISR 2013, 350.

5 Krit. *Schaumburg*[4], Rn. 6.160 ff.

6 BFH v. 29.11.2017 – I R 58/15, DStR 2018, 657, dort bezogen auf einen Nicht-DBA-Fall; sa. Rn. 15.

7 BFH v. 10.2.1988 – VIII R 159/84, BStBl. II 1988, 653.

8 Übliche Arbeitsunterbrechungen (Urlaub, Feiertage uÄ) und besondere betriebsbedingte Unterbrechungen (Streik, Naturgewalten) werden mitgerechnet, vgl. BFH v. 8.2.1979 – IV R 56/76, BStBl. II 1979, 479; v. 21.10.1981 – I R 21/78, BStBl. II 1982, 241; Einzelheiten zu Beginn und Ende v. Montagen s. v. 21.4.1999 – I R 99/97, BStBl. II 1999, 694, zT abw. (s. *Kempermann*, FR 1999, 1202) 2.9 Abs. 2 GewStR: bis zu zwei Wochen.

9 Zur Abgrenzung ggü. mehreren parallelen Bauausführungen im abkommensrechtl. Sinn s. BFH v. 16.5.2001 – I R 47/00, BStBl. II 2002, 846 = IStR 2001, 364 m. Anm. *FW*.

10 Vgl. aber auch abgrenzend zu periodisch wiederkehrenden Ständen auf Weihnachtsmärkten BFH v. 17.9.2003 – I R 12/02, BStBl. II 2004, 396.

der Betriebsstätte auch ausgeübt wird und sich **darin** vollzieht, woran es bei lediglich vermieteten Grundstücken und Betriebsmitteln (auch im Rahmen einer grenzüberschreitenden BetrAufsp.), aber auch bei bloßen Transporteinrichtungen (zB Rohrleitungen) fehlt.[1] Auf Eigentum oder eine vergleichbare unentziehbare Rechtsposition des Gewerbetreibenden kommt es nicht an, eine (auch lediglich faktische) Verfügungsmacht genügt, sofern diese nicht nur ganz vorübergehend ist und dem Gewerbetreibenden nicht gegen dessen Willen entzogen werden kann. Problematisch und komplex ist die Frage nach dem Vorliegen einer Betriebsstätte namentlich und zunehmend iZ mit dem **E-Commerce** und den damit einhergehenden Steuergestaltungen.[2] **Nicht** um eine Betriebsstätte handelt es sich deswegen zB bei dem in der Wohnung eines **ArbN** befindlichen Arbeitszimmer, auch nicht im Falle einer entspr. arbeitsvertraglichen Verpflichtung.[3] GewBetr. ohne Betriebsstätte sind nicht denkbar, weil sie zumindest immer über eine Geschäftsleitung und damit über eine Stätte der Geschäftsleitung (im Zweifel am Wohnsitz des Gewerbetreibenden) verfügen. S. dazu und zur Verneinung sog. floating income auch Rn. 15. **Nicht** um eine Betriebsstätte handelt es sich hiernach auch (und entgegen einer insoweit gegenläufigen Tendenz innerhalb der OECD zu Art. 5 OECD-MA) bei der Erbringung bloßer **Dienstleistungen** (Handwerker, Reinigungs- und Pflegekräfte[4], Wirtschafts- und Buchprüfer), etwa durch ein Tätigwerden in den Räumlichkeiten des Vertragspartners im Inland, und zwar selbst dann nicht, wenn die Tätigkeit über einen längeren Zeitraum erbracht wird; es müssen stets zusätzliche Umstände hinzukommen, welche auf eine örtliche Verfestigung schließen lassen.[5]

14 **c) Ständiger Vertreter.** Ein ständiger Vertreter ist eine Pers., die nachhaltig[6] die Geschäfte eines Unternehmers besorgt und dabei dessen Sachweisungen unterliegt (§ 13 AO; zu DBA s. Rn. 12), gleichviel, ob angestellt oder selbständig,[7] nat. oder jur. Pers., ob auf rechtsgeschäftlicher oder tatsächlicher Grundlage, ob mit oder ohne feste Geschäftseinrichtung im Inland.[8] In erster Linie sind dies Agenten, Spediteure, Bankiers, Pächter (bei Wahrnehmung der Geschäfte des Verpächters),[9] auch Makler, Kommissionäre und Handelsvertreter (§ 84 HGB), ggf. auch der Geschäftsführer einer KapGes. als deren gesetzl. Organ (s. auch Rn. 66),[10] idR nicht mangels Vertragsabschlusszwecks zB Callcenter, auch nicht Modellagenturen. Voraussetzung ist allein die **sachliche Weisungsgebundenheit**, die die FinVerw. eng versteht.[11] Auch ein nur ganz vorübergehendes oder gelegentliches Tätigwerden genügt nicht,[12] ebenso wenig ein Tätigwerden des Unternehmers für sich selbst und für den eigenen Betrieb.[13] Keine inländ. Einkünfte sind gegeben, wenn sie durch das Tätigwerden der ausländ. Betriebsstätte des inländ. ständigen Vertreters für den ausländ. Unternehmer erzielt werden; erforderlich ist ein Tätigwerden im Inland.[14] Zum (engeren) Begriff des abhängigen Vertreters nach DBA-Recht vgl. Art. 5 Abs. 5 OECD-MA.

15 **d) Erfasste Einkünfte, Einkünftezuordnung.** Besteuert werden (nur) die Gewinne der inländ. Betriebsstätte bzw. des inländ. ständigen Vertreters. Eine automatische „Attraktivkraft" der Betriebsstätte für die betr. Inlandseinkünfte besteht ungeachtet der unterschiedlichen Formulierung ggü. der spiegelbildlichen Vorschrift des § 34 Nr. 2a („durch" statt „für") nicht.[15] S. § 34d Rn. 8. Hier wie dort gilt für die – der Einkünfteermittlung vorgelagerte Frage der – **Einkünftezuordnung** das **territoriale Erwirtschaftungsprinzip** und dabei der **Maßstab der Veranlassung** (s. auch § 50 Abs. 1 S. 1). Dieser Zuordnungsmaßstab ist im

---

1 *FW*, IStR 1997, 149; **aA** BFH v. 30.10.1996 – II R 12/92, BStBl. II 1997, 12 zu festen Rohrleitungen („pipeline").
2 Umfassend dazu *Pinkernell*, IFSt-Schrift Nr. 494 (2014), 24 ff.
3 Vgl. im Einzelnen *Gosch*, § 12 AO Rn. 12f mwN zur umfangreichen Rspr.
4 Vgl. dazu OFD Münster v. 9.7.2010 – S 1300-248 - St 45–32 zu Pflegekräften aus den EU-Beitrittsländern.
5 Vgl. BFH v. 4.6.2008 – I R 30/07, BStBl. II 2008, 922 (abgrenzend zu BFH v. 14.7.2004 – I R 106/03, BFH/NV 2005, 154).
6 Wobei auf einen Zeitraum v. sechs Monaten abzustellen ist; zu den zeitlichen Voraussetzungen sa. BFH v. 3.8.2005 – I R 87/04, BStBl. II 2006, 220.
7 BFH v. 28.6.1972 – I R 35/70, BStBl. II 1972, 785.
8 S. mwN *Leisner-Egensperger*, IStR 2013, 889.
9 BFH v. 12.4.1978 – I R 136/77, BStBl. II 1978, 494.
10 Verneinend zB FG RhPf. v. 17.9.1997 – 4 K 2438/95, EFG 1998, 576; FG Düss. v. 16.1.2003 – 15 K 8624/99 K, EFG 2003, 1125; *Strunk/Kaminski/Köhler*, AStG/DBA Art. 5 OECD-MA Rn. 114; bej. zB FG München v. 28.5.1998 – 7 V 1/98, EFG 1998, 1491; *Buciek*, FS Wassermeyer, 2005, 289; *Heißner*, IStR 2004, 161; offen BFH v. 3.8.2005 – I R 87/04, BStBl. II 2006, 220.
11 S. R 49.1 Abs. 1 S. 2 und 3 EStR.
12 BFH v. 3.8.2005 – I R 87/04, BStBl. II 2006, 220.
13 BFH v. 18.12.1990 – X R 82/89, BStBl. II 1991, 395.
14 **AA** *H/H/R*, § 49 Anm. 226.
15 Vgl. zB BFH v. 1.4.1987 – II R 186/80, BStBl. II 1987, 550; v. 24.2.1988 – I R 95/84, BStBl. II 1988, 663; *K/S/M*, § 49 Rn. D 133, D 851; BFH v. 11.12.2013 – I R 4/13, BStBl. II 2014, 791; v. 12.6.2013 – I R 47/12, BStBl. II 2014, 770; *Töben*, ISR 2013, 350 (354 f.).

Kern (und unbeschadet des nur für die Bestimmung des Fremdvergleichs reservierten § 1 Abs. 5 AStG in Auffüllung des sog. „Authorised OECD Approach" zu Art. 7 Abs. 2 OECD-MA, s. Rn. 18) ein wirtschaftlicher. Er wird sich in aller Regel mit demjenigen des Abkommensrechts decken, soweit hiernach – iRd. sog. Betriebsstättenvorbehalts (Art. 10 Abs. 4, Art. 11 Abs. 4, Art. 12 Abs. 3 OECD-MA) – ein tatsächlich-funktionaler Zusammenhang eingefordert wird. In Grenzbereichen kann er davon aber auch abweichen – nicht anders als bei Anwendung v. Art. 7 Abs. 1 S. 2 OECD-MA (s. § 50d Rn. 45b) – und es können dann – allerdings entgegen der Verwaltungspraxis[1] – rechtliche Zuordnungsmaßstäbe genügen, wie sie in § 15 Abs. 1 S. 1 Nr. 2 zwar nicht enthalten, jedoch in der Sache vorausgesetzt werden. Letzteres betrifft namentlich Konstellationen, in denen es an einer Auslandsbetriebsstätte fehlt, weil das im Inland (nach hiesigen Regeln, § 15, § 49 Abs. 2) gewerblich tätige Unternehmen im Ausland nicht über eine (Geschäftsleitungs-) Betriebsstätte (s. § 12 S. 2 Nr. 1 AO) verfügt; die Existenz eines gewerbl. sog. floating income hat der BFH für den Outbound-Fall[2] zu Recht abgelehnt.[3] Andernfalls gebühren der Inlandsbetriebsstätte dann doch sämtliche Einkünfte des Unternehmens und können gewerbliche Einkünfte daneben nur über die gesonderten territorialen Objektzugriffe in Abs. 1 Nr. 2 lit. b–g erfasst werden. Auf diesen Rechtsgrundsätzen hat der BFH[4] neuerlich auch bei der (reinen Inlands-)Konstellation einer gewerblich geprägten KG aufgebaut, deren G'ter zwei KapGes. mit Sitz in einem Nicht-DBA-Staat (Chile) waren. Das Gesamthandsvermögen in Gestalt der Beteiligung an einer Inlands-GmbH soll hiernach „veranlassungsgerecht" nicht unbedingt zu der Inlands-Betriebsstätte der KG (iSv. § 12 AO, s. Rn. 13) „gehören", vielmehr (wohl anteilig) den Betriebsstätten der G'ter zugeordnet werden können. Das dünkt aus Sicht des Veranlassungszusammenhangs[5] (zunächst) konsequent, ist dennoch alles andere als zweifelsfrei, weil das Gesamthandsvermögen jenseits der steuerrechtl. Zuordnung ein vorrangiges zivilrechtl.-wirtschaftl. (§ 39 AO) Veranlassungsband bewirkt, das sich nicht stl. mitunternehmerbezogen zerlegen lässt. Hier werden zum einen das Transparenzprinzip, zum anderen das Veranlassungsprinzip überstrapaziert. Das Veranlassungsprinzip ermöglicht in der Gesamtschau die eindeutige steuer- wie zivilrechtl. Zuordnung zur (Inlands-)Betriebsstätte; der (ohnehin bedenklichen) unterschiedlichen Behandlung v. nationalen und grenzüberschreitenden Sachverhalten bedarf es (hier) nicht.[6] Unabhängig davon sieht „die Welt" ohnehin anders aus, wenn ein DBA ins Spiel kommt; die Prägung der PersGes. „qualifiziert" hiernach keine gewerblichen Einkünfte, das Besteuerungsrecht für etwaige Dividenden der Beteiligungs-KapGes. würde nach Art. 10 OECD-MA als speziellerer Einkunftsart dem Ansässigkeitsstaat des Zahlungsempfängers/Nutzungsberechtigten zugewiesen (s. Rn. 49). – An dem notwendigen Inlandsbezug der Betriebsstätte mangelt es idR bei der vermögensverwaltend tätigen, aber gewerblich geprägten ausländ. Unter-Ges. einer inländ., ihrerseits vermögensverwaltend tätigen, aber durch die Unter-Ges. gewerblich infizierten Ober-Ges (s. dazu Rn. 11). Die v. der Unter-Ges. erzielten Einkünfte sind deren (ausländ.) Betriebsstätte zuzurechnen und die G'ter der Ober-Ges. sind deswegen im Inland (und unbeschadet eines etwaigen DBA, aber vorbehaltlich Abs. 1 Nr. 2 lit. f) auch nicht beschränkt stpfl.;[7] bei Letzteren sind die ausländ. Betriebsstätteneinkünfte ebenso wie etwaige Gewinne aus der Veräußerung der MU'anteile an der ausländ. Unter-Ges. deswegen auch nicht einheitlich und gesondert festzustellen.

---

1 S. BMF v. 16.4.2010, BStBl. I 2010, 354 Tz. 2.2.4.1; sa. den sog. Betriebsstättenerl. v. 24.12.1999, BStBl. I 1999, 1076 Tz. 2.4, 4.4.51; *K/S/M*, § 49 Rn. D 915; *Töben*, ISR 2013, 350 (352 ff.); *Kramer*, IStR 2014, 21.

2 Ob das ebenso für den Inbound-Fall gilt, ist höchstrichterlich bislang unentschieden. Das ist womöglich aber zu verneinen, weil Art. 7 Abs. 1 OECD-MA das Besteuerungsrecht dem Ansässigkeitsstaat der das Unternehmen betreibenden Pers. (Art. 3 Abs. 1 lit. d, Art. 4 Abs. 1 OECD-MA) gibt und dafür eben nur auf die Ansässigkeit abstellt, nicht auf das Innehaben einer Betriebsstätte; vgl. auch *Kahlenberg*, ISR 2017, 421 (426); *Hagemann*, StuW 2016, 182; *Hagemann*, 2017, 89, gegen *Kollruss*, StuW 2017, 82.

3 BFH v. 28.7.1993 – I R 15/93, BStBl. II 1994, 148; sa. BFH v. 19.11.2003 – I R 3/02, BStBl. II 2004, 932; v. 19.12.2007 – I R 19/06, BFH/NV 2008, 672; v. 12.6.2013 – I R 47/12, BStBl. II 2014, 770; FG München v. 31.5.2017 – 9 K 3041/15, IStR 2017, 749, m. Anm. *Hagemann*, IStR 2017, 849; *Behrenz*, IStR 2017, 752; *Kahlenberg*, ISR 2017, 421 (NZB I B 62/17, dort für die Privatwohnung eines Freiberuflers als Geschäftsleitungsbetriebsstätte); *Wassermeyer*, IStR 2004, 676; *Wassermeyer*, IStR 1994, 28; *Schauhoff*, IStR 1995, 108 (110 f.); *Enneking/Denk*, DStR 1997, 1911 (1916); *Töben*, IStR 2017, 944; *Haase/Brändel*, StuW 2011, 54; *Haase/Dorn*, DB 2011, 2115; **aA** *Kramer*, IStR 2004, 672, DB 2011, 1882, IStR 2014, 21; unklar *K/S/M*, § 49 Rn. D 1365 ff.

4 BFH v. 29.11.2017 – I R 58/15, FR 2018, 558 m. Anm. *Wacker*.

5 Dazu *Wacker*, BB 2018, 2519.

6 Deswegen zu Recht krit. zB *Hagemann*, NWB 2018, 1687; *Meretzki*, ISR 2018, 271; *Klein*, Ubg 2018, 334; *Haun/Klumpp*, IStR 2018, 661; *Mroz/Wellmann*, FR 2018, 740; *Chr. Klein*, Ubg 2018, 334; sa. *Prinz*, FR 2018, 973; zur kontroversen Diskussion sa. *Richter/Welling*, FR 2018, 984.

7 Zutr. *Töben*, ISR 2013, 314 (316), unter Bezugnahme auf BFH v. 24.2.1988 – I R 95/84, BStBl. II 1988, 663; *Lemaitre/Lüdemann* in W/R/S[2], Rn. 5.4 ff., Rn. 5.8 f., 5.17 f., auch unter Bezugnahme auf § 49 Abs. 2; ebenso *Engel*, Vermögensverwaltende PersGes. im Ertragsteuerrecht, 2. Aufl. 2015, Rz. 1500 f.; (wohl) **aA** *Wassermeyer* in W/R/S[2], Rn. 2.11.

15a **Gewinnermittlung.** Auf dieser Basis richtet sich die (der Zuordnung nachgelagerte) **Gewinnermittlung** ausschließlich nach nationalem Recht (Art. 3 Abs. 2 OECD-MA) und hierbei nach Maßgabe der **allg. Vorschriften** (§§ 4 ff.). Eine (bestätigende, allerdings nur unvollkommen ausgestaltete) Sonderregelung enthält lediglich § 50 Abs. 1 S. 1, wonach BA nur abziehbar sind, wenn sie mit den inländ. Einkünften im wirtschaftlichen Zusammenhang stehen. Die hiernach gebotene Zuordnung v. BA nach Veranlassungsgesichtspunkten erfolgt idR nach der direkten Methode (auf Basis einer Betriebsstättenbuchführung), hilfsweise nach der indirekten Methode (anhand v. Aufteilungsschlüsseln, zB für Lohn- und Produktionskosten).[1] S. § 50 Rn. 19. Praxisüblich ist eine gemischte Methode, weil sich regelmäßig nicht sämtliche Aufwandspositionen eindeutig zuordnen lassen.[2] Problematisch ist die Aufteilung des hiernach ermittelten Betriebsstättengewinns, welche erst eine Zuordnung des Anteils am Gesamtgewinn des (Einheits-)Unternehmens zur Abgrenzung der Besteuerungsrechte zw. dem Ansässigkeitsstaat und dem Quellenstaat (Betriebsstättenstaat) ermöglicht. Nur mit dem inländ. Anteil an jenem Gewinn unterfällt das Unternehmen der deutschen beschränkten StPflicht.

16 Problematisch ist in Anbetracht der gesetzlichen „Kargheit" auch (und vor allem) die Frage nach der Abgrenzung des Besteuerungssubstrats im **Innentransferverhältnis v. Stammhaus und Betriebsstätte**. Dazu werden unterschiedliche Konzepte und Theorien vertrete: die Theorie v. sog. Funktionsnutzen[3], das sog. Erwirtschaftungskonzept[4], vor allem aber die seitens der FinVerw.[5] praktizierte und v. der früheren Rspr.[6] cum grano salis auch gutgeheißene sog. **Theorie der finalen Entnahme** (wohl analog § 6 Abs. 5 S. 1). Die letztere Theorie wurde indes v. BFH durch Urt v. 17.7.2008 – I R 77/06[7] aufgegeben, Gründe dafür sind dem BFH die Abkommenslage, die unbeschadet des in Art. 7 Abs. 1 OECD-MA vereinbarten Quellensteuerrechts des Betriebsstättenstaats die Besteuerung der territorial im Inland erwirtschafteten stillen Reserven ermöglicht, und iErg. damit auch, weil es bislang hierfür an der erforderlichen gesetzlichen Grundlage für den Besteuerungszugriff fehlte. Eine solche Grundlage zur (fiktiven) Entnahme und zur (fiktiven) Einlage v. WG beim Ausschluss bzw. bei der Beschränkung und bei der Begr. des Besteuerungsrechts Deutschlands hinsichtlich des Gewinns aus der Veräußerung (bzw. Nutzung) des WG wurde (durch das SEStEG mit erstmaliger Anwendung ab VZ 2006) in Gestalt v. **§ 4 Abs. 1 S. 3 und 7 HS 2** geschaffen (und war zu dem Zeitpunkt, in dem der BFH seine Rspr.-Änderung vollzog, unabhängig davon bereits geschaffen worden und ist insoweit also keine unmittelbare „Reaktion" auf die gewandelte Rspr.).[8] Ob diese Regelungen indes den Besteuerungszugriff vorbehaltlos ermöglichen, ist in Anbetracht der Abkommenslage, die den Besteuerungszugriff auf die bis zum Zeitpunkt der WG-Überführung angesammelten stillen Reserven durchaus zulässt, eher zu bezweifeln, wird derzeit aber ‚heiß' und kontrovers diskutiert.[9] Bei richtiger Sicht der Dinge wird es am Tatbestand des wirksamen Zugriffs fehlen. Ob die deswegen (rückwirkend, vgl. § 52 Abs. 6 S. 1) geschaffene (und schon zuvor als solche prophezeite)[10] gesetzliche Nachbesserung durch **§ 4 Abs. 1 S. 4** idF des JStG 2010 gelungen ist, erscheint allerdings nicht minder zweifelhaft, weil dadurch bei Licht betrachtet nicht die legislatorisch angeordnete Fiktion eines Entnahmebeispiels in Gestalt der Verbringung eines betriebl. genutzten WG in eine Auslandsbetriebsstätte geschaffen wurde, vielmehr (lediglich) ein schlichtes Regelbeispiel für die „Finalität" in Form des Ausschlusses oder der Beschränkung

---

1 BFH v. 25.6.1986 – II R 213/83, BStBl. II 1986, 785; v. 29.7.1992 – II R 39/89, BStBl. II 1993, 63; BMF v. 24.12.1999, BStBl. I 1999, 1076 Tz. 2.3.

2 *Wassermeyer*, Art. 7 OECD-MA Rn. 191 mwN.

3 Vgl. *Becker*, DB 1989, 12, DB 1990, 392.

4 *Debatin*, DB 1989, 1692 (1739).

5 BMF v. 24.12.1999, BStBl. I 1999, 1076.

6 BFH v. 16.7.1969 – I 266/65, BStBl. II 1970, 175; v. 28.4.1971 – I R 55/66, BStBl. II 1971, 630; v. 30.5.1972 – VIII R 111/69, BStBl. II 1972, 760; v. 16.12.1975 – VIII R 3/74, BStBl. II 1976, 246; v. 24.11.1982 – I R 123/78, BStBl. II 1983, 113; v. 19.2.1998 – IV R 38/97, BStBl. II 1998, 509.

7 BFH v. 17.7.2008 – I R 77/06, BStBl. II 2009, 464; das Urt wurde v. BMF mit einem Nichtanwendungserlass belegt, vgl. BMF v. 20.5.2009, BStBl. I 2009, 671; s. dazu *Mitschke*, DB 2009, 1376.

8 In diesem Punkt missverständlich aber (für viele, die solches annehmen) zB *Benecke/Blumenberg*, StbJb. 2014/2015, 419 (423).

9 Wie hier zB *Köhler*, FS Krawitz, 2010, 212 (228 ff.); *Wassermeyer*, DB 2006, 1176; *Körner*, IStR 2009, 741; *Ditz*, IStR 2009, 115 (120 f.); *Prinz*, DB 2009, 807 (810); *Roser*, DStR 2008, 2389; *G/K/G/K*, Art. 13 Rn. 86; *Beiser*, DB 2008, 2724; *Gosch*, IWB 2012, 779; *Gosch*, IWB 2014, 179 (188); *Gosch*, Forum der Intern. Besteuerung, Bd. 45 (2016), 145 (153 f.); zw. der Zeit vor und nach Schaffung v. § 4 Abs. 1 S. 4 diff. und gesetzgeberwohlmeinend *Oppel*, ISR 2016, 298 (301 f.); **aA** zB *Mitschke*, FR 2008, 1144; FR 2009, 326; DB 2009, 1376; IStR 2010, 95; *Meilicke*, GmbHR 2009, 783; *Burwitz*, NZG 2008, 827; *Schneider/Oepen*, FR 2009, 22; 568; *Lampert* in Gosch[3], § 12 Rn. 9 ff.: „Sinn und Zweck"; wohl auch *Wacker* in Schmidt[37], § 16 Rn. 175: „Die Zweifel … sind positiv-rechtl. im Wege einer Fiktion durch § 16 IIIa iVm. § 4 I 4 idF JStG 2010 beseitigt worden."

10 *Köhler*, FS Krawitz, 2010, 212 (235): „Womöglich hat in diesem Fall die Rspr. ein Nichtanwendungsurteil zu einem G bewirkt"; sa. *Gosch*, BFH/PR 2008, 499 (und den ausdrückl. Hinweis darauf in BR-Drucks. 318/1/10, 10).

des deutschen Besteuerungsrechts; die unzulängliche tatbestandliche Anknüpfung an besagtem Ausschluss und besagter Beschränkung ist indes ohne Wenn und Aber geblieben.[1] Diese Lesart des G entspringt keineswegs „revolutionären Gedanken",[2] sie folgt im Kern allein dem defizitären Regelungstext. Gleiches gilt für die Situation der sog. finalen BetrAufg., die v. BFH[3] – ebenfalls in Änderung seiner früheren Spruchpraxis und mit selbigen Erwägungen – aufgegeben und durch das JStG 2010 in § 16 Abs. 3a (sowie flankierend in § 36 Abs. 5) (s. § 16 Rn. 207 ff., § 36 Rn. 25 ff.) gesetzl. verankert worden sein soll. S. a. Rn. 107 und § 4 Rn. 105 ff., auch zu der Unionsrechtskompatibilität v. § 4g. – Im Fokus dieser Diskussion steht allerdings jene (bezogen auf § 49 umgekehrte) Konstellation der Überführung eines WG v. inländ. Stammhaus in die Auslands-Betriebsstätte. Dass für die Konstellation des § 49, also der Rückführung eines WG aus der Inlandsbetriebsstätte in das Auslandsstammhaus, Gleiches gilt, ist ebenfalls zweifelh., iErg. aber wohl zu bejahen; denn auch hier ist das Unternehmen ein einheitliches mit nur einem Betrieb im Rechtssinne. Eine Entnahmesituation iSv. § 6 Abs. 5 S. 1 muss deswegen ausscheiden. Der inländ. Besteuerungszugriff wird (wohl) abermals nicht beschnitten, weil es (nur) um die in Deutschland aufgelaufenen stillen Reserven und deren stl. Erfassung geht, was wiederum im Realisationsfall über Abs. 1 Nr. 2 lit. a als nachträgliche BE gelingt (s. Rn. 107); dass Abs. 1 Nr. 2 lit. a ohnehin nur die Inlands-Betriebsstätte erfasst, trägt dem hinlänglich Rechnung.[4] S. § 16 Rn. 210. Voraussetzung ist aber stets die Existenz einer solchen Inlands-Betriebsstätte, um ein Verbleiben des inländ. Besteuerungssubstrats zu gewährleisten.[5] Zudem ist zu klären (und bleibt ggf. ungewiss), welche WG der Betriebsstätte oder aber dem Stammhaus funktional zuzuordnen sind; Probleme bereiten hier insbes. immaterielle WG, wenn man für diese die sog. Zentralfunktion des Stammhauses befürwortet.[6] – Unbeschadet dessen handelt es sich bei der Inlandsbetriebsstätte nicht um einen **Betrieb iSv. § 4h Abs. 1**;[7] Betrieb idS ist der Gesamtbetrieb. Allerdings sollen die für die Zinsschranke maßgeblichen Bezugsgrößen (Nettozinsaufwand und -ertrag; das sog. EBITDA gem. § 4h Abs. 1 S. 1; Freigrenze des § 4h Abs. 2 S. 1 lit. a) nur insoweit einzubeziehen sein, als sie der Betriebsstätte zuzuordnen sind; der EK-Vergleich gem. § 4h Abs. 2 S. 1 lit. c hingegen auf den ganzen Betrieb.[8] In ähnlicher Weise soll bei der Thesaurierungsbegünstigung gem. § 34a in Inbound-Fällen ‚Betrieb' iSv. **§ 34a Abs. 1 S. 2** (bei Licht betrachtet contra legem) nur die inländ. Betriebsstätte sein. – Zur vor allem abkommensrechtl. Problematik v. Gewinnzuordnung und Gewinnabgrenzung und zu dem hierbei anzustellenden Fremdvergleich nach Maßgabe v. Art. 7 Abs. 2 OECD-MA sowie v. § 1 Abs. 5 AStG s. Rn. 18.

e) Steuererhebung. Betriebsstättengewinne werden **veranlagt** (s. § 50 Abs. 2 S. 2 Nr. 1 [§ 50 Abs. 5 S. 2 aF]). Die Gewinnabgrenzung zw. dem (ausländ. Stammhaus und der (inländ.) Betriebsstätte kann auf Antrag einvernehmlich auf bilateraler Basis nach Maßgabe eines vertraglichen Vorabverständigungsverfahrens (Advance Pricing Agreement – APA) erfolgen; zur dafür konstituierten bes. Gebührenpflicht s. § 178a AO. 17

f) Verhältnis zu Doppelbesteuerungsabkommen. Die inländ. StPflicht gem. § 49 Abs. 1 Nr. 2 lit. a korrespondiert mit Art. 7 Abs. 1 OECD-MA und wird hierdurch nicht eingeschränkt. Der lex-fori-Grundsatz des Art. 3 Abs. 2 OECD-MA ist aber auch dann prioritär, wenn er abkommensrechtl. Zuordnungsmaßstäben widerspricht. So verbleibt es in der Inbound-Situation bei der gewerblichen Fiktion infolge BetrAufsp. oder gewerblicher Prägung unabhängig davon, dass es an originär gewerblichen Einkünften iSv. Art. 7 Abs. 1 OECD-MA mangelt; ob der ausländ. MU'er in solchem Fall abw. v. § 12 AO über eine Betriebsstätte iSv. Art. 5 Abs. 1 OECD-MA verfügt, der aus Abkommenssicht kraft Veranlassung Einkünfte der PersGes. zuzuordnen sind, hängt indessen davon ab, dass der MU'er seinerseits originär gewerblich agiert, andernfalls läuft der inländ. Besteuerungszugriff leer.[9] Ansonsten gilt abkommensrechtl. das Quellen- 18

---

1 **AA** FG Düss. v. 19.11.2015 – 8 K 3664/11 F, EFG 2016, 209 m. Anm. *Damrau* (Rev. I R 95/15) (nachfolgend zu EuGH v. 21.5.2015 – Rs. C-657/13 – Verder LabTec, DStR 2015, 1 [dazu *Gosch*, BFH-PR 2015, 296], der sich infolge der auf die zeitlich-ratierliche Streckung der Entstrickungssteuer in § 4g beschränkten Vorlagefrage des FG Düss. v. 5.12.2013 [8 K 3664/11 F, BB 2014, 21] „vorlagefragegerecht" nur zu jener Streckungsproblematik geäußert hat), sowie FG Köln v. 16.2.2016 – 10 K 2335/11, EFG 2016, 793 m. Anm. *Neitz-Hackstein* = IStR 2016, 381 m. Anm. *Mitschke* (rkr. trotz Rev.-Zulassung), zu beidem zu Recht krit. *Ditz/Tcherveniachki*, ISR 2016, 417; sa. § 36 Rn. 30 sowie § 17 Rn. 124.

2 So aber *Ritzer* in R/H/vL², Anh. 7 Rn. 33d.

3 BFH v. 28.10.2009 – I R 28/08, IStR 2010, 103; v. 28.10.2009 – I R 99/08, BStBl. II 2011, 1019.

4 Wohl ebenso (jedenfalls im Ansatz) *Wassermeyer*, Art. 7 Rn. 261; **aA** *H/H/R*, § 49 Anm. 305.

5 S. zu dem (Zweifels-)Fall bei gewerbl. geprägten, aber vermögensverwaltenden PersGes. *Loose/Wittkowski*, IStR 2011, 68.

6 BMF v. 24.12.1999, BStBl. I 1999, 1076 Tz. 2.4 Abs. 4; krit. *Wassermeyer/Andresen/Ditz*, Betriebsstätten-Handbuch, 2. Aufl. 2017, Rn. 4.5.

7 BMF v. 4.7.2008, BStBl. I 2008, 718 Tz. 9.

8 ZB *Bron*, IStR 2008, 14; *Grotherr*, IWB 2007 G 3 F 3, 1489 (1496); *Middendorf/Stegemann*, INF 2007, 305.

9 Unklar, womöglich **aA** *Wacker*, FR 2018, 562 (563); *Töben*, FR 2016, 543 (552); *Meretzki*, ISR 2018, 271.

staatsprinzip, gem. **Art. 7 Abs. 2 OECD-MA** allerdings nach Maßgabe des **Grundsatzes des dealing at arm's length** (= Fremdvergleichsgrundsatz), wonach Stammhaus und Betriebsstätte für die Gewinnzuordnung (s. Rn. 15) fiktiv als selbständige Unternehmen gegenübergestellt werden. Dabei besteht innerhalb der OECD im Hinblick auf zwischenstaatl. Kontroversen über die Gewinnaufteilung bei Betriebsstätten die mittlerweile – durch eine Änderung v. Art. 7 OECD-MA auf der Grundlage des **„Authorised OECD Approach"** (AOA) bereits verstetigte – Tendenz zur Anerkennung von Innentransfers zwischen Stammhaus und Betriebsstätte (sog. dealings: Betriebsstätte als fiktives eigenständiges und selbständiges Unternehmen, Vergütung nach Fremdvergleichsgrundsatz unter Einbeziehung einer Funktionsanalyse, der Chancen- und Risikoverteilung).[1] Da Art. 7 Abs. 2 OECD-MA nach hM[2] aber lediglich für die Gewinnaufteilung, nicht jedoch für die Gewinnermittlung als „self-executing" wirkt, bedarf es für die Annahme fiktiver Liefer- und Leistungsbeziehungen zw. Stammhaus und Betriebsstätte einer innerstaatlichen Rechtsgrundlage, an der es in Deutschland noch fehlte, die zwar zwischenzeitl. – mit Wirkung v. VZ 2013 an – durch § 1 Abs. 5 AStG (iVm. § 21 Abs. 20 S. 2) idF des AmtshilfeRLUmsG v. 26.6.2013[3] (und iVm. der BsGaV v. 13.10.2014[4] und nunmehr v. 22.12.2016[5] [mit Übergangsregelung unter Rz. 5]) geschaffen wurde[6] (s. § 50 Rn. 19a), der indessen für die Gewinnermittlung iZ mit § 49 keine (jedenfalls keine unmittelbare) Bedeutung zukommen kann, s. § 50 Rn. 19a.[7] Möglicherweise fehlt eine derartige Regelung trotz § 4 Abs. 1 S. 3 sowie § 12 Abs. 3 KStG aber nach wie vor für die Besteuerung der stillen Reserven eines WG bei der Überführung eines WG in eine ausländ. Betriebsstätte; **Art. 13 Abs. 2 OECD-MA** und das darin verankerte Betriebsstättenprinzip muss dem inländ. Besteuerungszugriff auf jene stillen Reserven, die im Inland bis zum Überführungszeitpunkt aufgelaufen sind, keineswegs entgegenstehen; s. dazu Rn. 107.

19 **3. Seeschiffe und Luftfahrzeuge (Abs. 1 Nr. 2 lit. b und c).** Der beschränkten StPflicht unterliegt der Betrieb v. Seeschiffen und Luftfahrzeugen[8] (Abs. 1 Nr. 2 lit. b), (seit VZ 1986) gem. Nr. 2 lit. c auch dann, wenn das Unternehmen selbst keine Beförderungsleistungen erbringt, sondern nur im Rahmen einer **internationalen Betriebsgemeinschaft** oder eines **Poolabkommens** an entspr. Beförderungseinkünften beteiligt ist. Seeschiffe sind (zugleich begrifflich sowohl enger als auch weiter als der Begriff der Handelsschiffe in § 5a, dort Rn. 13 ff.) solche, die zum Einsatz auf hoher See bestimmt sind, sofern sie der Beförderung dienen. Beförderndes Unternehmen ist bei Vercharterungen immer nur der Betreiber, der Beförderungseinkünfte erzielt, bei Time- oder Voyage-Charter hingegen der Vercharterer. Voraussetzung der Erfassung durch die beschränkte StPflicht ist die Beförderung zw. inländ. oder v. inländ. zu ausländ. See- oder Lufthäfen, bei Beförderungen v. ausländ. zu inländ. Häfen deshalb nur der Teilgewinn.[9] Ergänzende Beförderungsleistungen (zB Zubringer) werden, soweit sie sich auf das Inland erstrecken, miterfasst.

20 Die Einkünfte sind unter den Voraussetzungen v. **Abs. 4** (= Betreiberunternehmen mit Geschäftsleitung im Ausland und zwischenstaatlicher Gegenseitigkeit[10]) stfrei. Unterfallen sie **Abs. 1 Nr. 2 lit. b** oder werden sie über eine inländ. Betriebsstätte oder einen ständigen Vertreter erzielt, werden sie unter den Voraussetzungen v. **Abs. 3** pauschal mit 5 % der vereinbarten Beförderungsentgelte besteuert, es sei denn, das deutsche Besteuerungsrecht bleibt nach einem DBA auch der Höhe nach aufrechterhalten. Diese unwiderlegliche Gewinnvermutung verstößt gegen Art. 3 Abs. 1 GG sowie gegen EU- und DBA-Diskriminierungsverbote, sofern der beschränkt StPfl. nachweislich Verluste oder Gewinne unterhalb der gesetzlichen Gewinnfiktion erwirtschaftet.[11] Allerdings steht dem Steueranspruch gem. Abs. 1 Nr. 2 lit. b regelmäßig **DBA**-Recht entgegen, das die Besteuerung aus dem Betrieb v. See- und Luftfahrzeugen im internationalen

1 ZB *Timm*, PISTB 2009, 195; *Timm*, PISTB 2010, 10; *Eisgruber*, Brennpunkte im deutschen Internationalen Steuerrecht (Forum der Internationalen Besteuerung, Bd. 36) 2010, 119.
2 ZB BFH v. 9.11.1988 – I R 335/83, BStBl. II 1989, 510; *Ditz*, IStR 2005, 37.
3 V. 26.6.2013, BGBl. I 2013, 1809.
4 BGBl. I 2014, 1603.
5 BStBl. I 2017, 182.
6 S. dazu zB *Hemmelrath/Kepper*, IStR 2013, 37; *Seeleitner/Krinninger/Grimm*, IStR 2013, 220; *Buchner*, StB 2013, 81; *Adrian/Franz*, BB 2013, 1879.
7 S. zu den Einwirkungen des AOA auch *Gosch*, FS 100 Jahre Steuer-Rspr. in Deutschland, 2018, 1027 mwN.
8 Grds. dazu s. *Rolf*, Die Einkommensbesteuerung von Gewinnen aus dem Betrieb von Handelsschiffen im internationalen Verkehr, 2014, 13 ff.
9 BFH v. 2.3.1988 – I R 57/84, BStBl. II 1988, 596.
10 Vgl. die Aufstellung BMF, IStR 1997, 574.
11 *Schaumburg*[4], Rn. 6.186; vgl. auch BFH v. 22.4.1998 – I R 54/96, DStRE 1998, 590 zu Art. 25 DBA-Philippinen; **aA** FG Hbg. v. 20.7.1999 – II 299/97, EFG 1999, 1230. Die dagegen gerichtete Rev. I R 81/99 war unbegründet, weil ausländ. jur. Pers. aus Drittstaaten kein Grundrechtsschutz zusteht, vgl. BFH v. 24.1.2001 – I R 81/99, BStBl. II 2001, 290); die anschließende Verfassungsbeschwerde wurde v. BVerfG nicht angenommen (BVerfG v. 8.11.2001 – 1 BvR 722/01, nv.); s. dazu aber auch *-sch*, DStR 2001, 617 (618); *Guckelberger*, AöR 129, 618 (2004). Abw. verhält es sich für EU/EWR-KapGes., s. BVerfG v. 19.7.2011 – 1 BvR 1916/09 „Cassina", RIW 2011, 857.

Verkehr dem Staat zuweist, in dem sich der Ort der tatsächlichen Geschäftsleitung befindet **(Art. 8 OECD-MA)**.

21 Die Besteuerung der v. **Abs. 1 Nr. 2 lit.** c erfassten Pool-Einkünfte setzt (ohne sachliche Rechtfertigung[1]) voraus, dass die Beförderung v. einem inländ. Unternehmen durchgeführt wird. Fehlt es daran, wird das Poolergebnis insoweit bei dem poolbeteiligten ausländ. Unternehmen über Abs. 1 Nr. 2 lit. b erfasst. Ist am Pool außerdem ein unbeschränkt StPfl. beteiligt, kann es folglich zu einer Doppelbesteuerung kommen.[2]

22 **Abkommensrechtl.** liegt das Besteuerungsrecht für den Betrieb v. Seeschiffen und Luftfahrzeugen idR dort, wo sich der Ort der tatsächlichen Geschäftsleitung des Unternehmens befindet (Art. 8 OECD-MA); § 49 Abs. 1 Nr. 2 lit. b läuft dadurch weitgehend leer.

23 **4. Ausübung und Verwertung künstlerischer, sportlicher, artistischer, unterhaltender und sonstiger Darbietungen (Abs. 1 Nr. 2 lit. d). a) Erfasste Einkünfte.** Abs. 1 Nr. 2 lit. d besteuert inländ. Einkünfte, die „durch" (nicht: „aus")[3] **(1) künstlerische**(n), **sportliche**(n), **artistische**(n), (vom VZ 2009 an außerdem:) **unterhaltende**(n) **oä. Darbietungen**, die im Inland ausgeübt oder verwertet werden, einschl. **(2)** Einkünfte aus anderen, **damit zusammenhängende Leistungen**, **(3)** unabhängig davon, **wem** die Einkünfte **zufließen**. Zweck der ausweitenden (Durchgriffs-)Regelung ist es, Besteuerungslücken zu solchen Pers. zu schließen, die als Gewerbetreibende in vergleichbarer Weise wie Selbständige tätig sind (Abs. 1 Nr. 3) und im Inland nicht über eine Betriebsstätte oder einen ständigen Vertreter verfügen (Abs. 1 Nr. 2 lit. a). Erfasst werden namentlich Künstlerverleih-Ges. (sog. rent-a-star-company), Agenten, Management-Ges. uÄ.[4]

24 Anknüpfungsmerkmal ist in erster Linie die **Darbietung der betr. gewerblichen Tätigkeit im Inland**, also deren Ausübung, daneben deren Verwertung. Zum Erfordernis der Gewinnerzielungsabsicht v. Amateur-Künstlern und -Sportlern s. Rn. 104. Die **Ausübung** v. **Darbietungen** zielt darauf ab, Eigenes oder Fremdes (Werke, Kenntnisse, Fähigkeiten) vorzuführen, zu zeigen, zu Gehör zu bringen, zu präsentieren. Der Begriff setzt den persönlichen (physischen) Auftritt des Darbietenden voraus, sei es öffentl. vor Publikum, sei es nichtöffentl., zB in einem Studio, vor einer Filmkamera.[5] **Verwertung** iSd. Nr. 2 lit. d ist demgegenüber die – jegliche – finanzielle Ausnutzung einer Darbietung, zB durch die Produktion v. Tonträgern, durch die Einräumung v. Rechten[6] uÄ. Erfasst werden aufgrund der Neuregelungen durch das StEntlG 1999 ff. sowohl Inlands- als auch Auslandsdarbietungen, vorausgesetzt, diese werden jedenfalls im Inland verwertet; ausschlaggebend ist insoweit die tatsächliche Inlandsnutzung, nicht die Inlandsansässigkeit des Vertragspartners.[7] Einbezogen werden also auch (zeitsynchrone wie zeitversetzte) **Liveübertragungen** (über Film, Fernsehen, Rundfunk oder Internet) ausländ. (Sport-, Konzert-, Zirkus- oder sonstigen Unterhaltungs-) Darbietungen im Inland durch Produktion und Vermarktung v. Bildsignalen (einschl. des damit oftmals in Zusammenhang stehenden Stadionbetretungsrechts).[8] Die bis zum VZ 1999 geltende Regelung war insofern unklar und beließ Beurteilungsspielräume.[9] Neuerlich[10] wird eine solche Unklarheit darin gesehen, dass der Gesetzgeber des JStG 2009 in § 49 Abs. 1 Nr. 2 lit. f (S. 1 lit.) aa einen eigenständigen Tatbestand der gewerbl. Rechteüberlassung geschaffen hat (s. Rn. 39 ff.); lit. f der Vorschrift trete aber in Konkurrenz zu lit. d und gehe Letzterem mit der Konsequenz vor, dass sich die als solches verselbständigte Überlassung des Liveübertragungsrechts mit der Live-Übertragungsnutzung veräußerungsgleich verbrauche und einen beschränkten Besteuerungszugriff ausschliesse. Dem ist nicht beizupflichten. § 49 Abs. 1 Nr. 2 lit. d geht lit. f schon in systematischer Hinsicht vor. Dass § 49 Abs. 1 Nr. 2 lit. f lediglich einen spezifischen Subsidiaritätsvorbehalt zu lit. a enthält, ändert insofern nichts, als es bei Existenz einer Inlandsbetriebsstätte zugleich am Tatbestand des § 49 Abs. 1 Nr. 2 lit. f mangelt. So gesehen umfasst § 49 Abs. 1 Nr. 2 lit. f lediglich das Recht, die Liveübertragung ihrerseits (und anderweitig) als ‚Konserve' weiterzunutzen, nicht aber die Übertragung selbst, diese wird allein v. lit. d erfasst. – **Von wem** die (ausländ.) Darbie-

1 *H/H/R*, § 49 Anm. 486 f.
2 Im Einzelnen *H/H/R*, § 49 Anm. 486 f.
3 BFH v. 2.2.1994 – I B 143/93, BFH/NV 1994, 864 (865).
4 Vgl. *Fuhrmann*, KÖSDI 2003, 13880 (13883); *Molenaar/Grams*, IWB Fach 10 Gr 2, 1669 (1685).
5 Insoweit nicht ganz eindeutig, aber offenbar einschr. *H/H/R*, § 49 Anm. 545.
6 BFH v. 16.5.2001 – I R 64/99, BStBl. II 2003, 641 zu Präsentations- und Werbemöglichkeiten bei Sportveranstaltungen.
7 BMF v. 23.1.1996, BStBl. I 1996, 89 Tz. 2.3; tendenziell BFH v. 4.3.2009 – I R 6/07, BStBl. II 2009, 625, m. Anm. *Schauhoff/Schlotter*, IStR 2009, 751; **aA** *H/H/R*, § 49 Anm. 542; *K/S/M*, § 49 Rn. E 376.
8 S. dazu *Schlotter*, FR 2010, 651.
9 Nach Auffassung des BFH waren Auslandsdarbietungen nicht einzubeziehen, vgl. BFH v. 17.12.1997 – I R 18/97, BStBl. II 1998, 440, mit zust. Anm. *FW*, IStR 1998, 539; aber str., vgl. zB *H/H/R*, § 49 Anm. 540; **aA** BMF v. 23.1. 1996, BStBl. I 1996, 89 Tz. 2.2.2.
10 *Schlotter*, FR 2010, 651.

tung im Inland verwertet (vermarktet) wird, ob nur v. einer Pers. oder aber aller beteiligten oder aber auch v. oder über dritte(n)[1] Pers., ist ebenso unbeachtlich wie der **Zeitpunkt**, zu dem dies geschieht.[2] Unbeachtlich ist insoweit in zeitlicher, aber auch in geografischer Hinsicht der Vertragsschluss und Vertragsort; maßgeblich ist die letztlich erfolgende Nutzung. Der Verwertungstatbestand erweist sich damit iErg. als nahezu uferlos. Er wird lediglich dadurch eingegrenzt, dass die Verwertungsleistung einen unmittelbaren sachlichen Zusammenhang zu der Darbietung aufweisen muss;[3] fehlt ein solcher Zusammenhang, kommt allenfalls eine mit der Darbietung zusammenhängende Leistung (Rn. 30) in Betracht. S. auch zum Abkommenszusammenhang Rn. 33a.

25 **Künstlerisch** ist eine eigenschöpferische Leistung. Es gilt ein enger Künstlerbegriff.[4] Erfasst werden nur vortragende Kunstdarbietende (Bühnen-, Film-, Rundfunk-, Fernsehkünstler, Tänzer, Musiker,[5] Dirigenten), nicht hingegen werkschaffende Künstler (Maler, Fotografen, Komponisten, Regisseure, Schriftsteller, Kunsthandwerker, Bildhauer, Bühnenbildner, Choreographen, Drehbuchautoren), es sei denn, auch diese bieten ihre Werke dar (Lesung, Vortrag) oder lassen diese darbieten (ausländ. Agenturen, Verleihunternehmen, Opern- oder Schauspielhäuser, Konzertdirektionen, Orchester, etwa bei Gasttourneen) oder es handelt sich im Einzelfall um Darbietungen „aus einer Hand", s. Rn. 33. Es gilt ders. enge Künstlerbegriff wie in § 49 Abs. 1 Nr. 3 sowie iSv. Art. 17 OECD-MA (s. Rn. 30).[6]

26 **Sportliche Leistungen** sind solche aus körperlicher oder geistiger Tätigkeit, die letztlich um ihrer selbst willen erbracht werden, idR unter Anerkennung bestimmter Regeln und Organisationsformen. Sie können v. Berufssportlern ebenso wie v. Amateuren erbracht werden, auch dann, wenn sie v. ausländ. (Vermittlungs-) Unternehmen inländ. Veranstaltern angeboten werden (Gastspiele und -starts). Einbezogen sind nicht nur traditionelle, sondern alle sportlichen Darbietungen wie Tanzen, Billard, Schach, Bridge uÄ. IÜ gilt auch hier (wie bei den Künstlern, Rn. 25) ein enges Begriffsverständnis: Die sportliche Darbietung muss vor Publikum stattfinden. Anderweitige sportliche Aktivitäten wie zB individuelles Bergsteigen, Sporttauchen, Survivalaktionen, Tätigkeiten als Trainer,[7] Schieds- oder Linienrichter, Balljungen, Betreuer wie Masseure oder Physiotherapeuten usf. werden nicht einbezogen, ebenso wenig wie grds. (s. aber abgrenzend auch Rn. 30) Einkünfte aus Werbe- uä Promotionsveranstaltungen, auch aus einer Quizteilnahme, es sei denn, diese sind ein unmittelbarer (Neben-)Effekt der eigentlichen sportlichen Darbietung.[8] Auch **dritte Pers.** neben dem ‚eigentlich' agierenden Sportler können in spezifischen, eng umrissenen Situationen sportlich darbietend iSv. Abs. 1 Nr. 2 lit. d agieren (und zugleich dem FA einen zweiten Besteuerungszugriff ermöglichen), zB ein Rad- oder Motorrennstall,[9] der Eigentümer eines Turnier- oder Galopppferdes,[10] der an einem Wettbewerb teilnehmende Verein (Bundesligaverein uÄ.). S. auch Rn. 30 zu Künstlern.

27 **Artistische Darbietungen** sind solche unterhaltender Art der Akrobaten, Varieté-, Revue- und Showkünstler (s. auch Rn. 28), Zauberer, Clowns, Zirkusleute, **nicht** aber jene v. Wahrsagern, Hellsehern. Sie können künstlerische wie sportliche, aber auch unterhaltende Elemente vereinen und enthalten.

28 **Unterhaltende Darbietungen.** Mit der Ergänzung der für § 49 Abs. 1 Nr. 2 lit. d relevanten Einkünfte soll dem Umstand Rechnung getragen werden, dass der abkommensrechtl. Begriff des Künstlers in Art. 17 Abs. 1 OECD-MA lediglich (gewerbliche) Einkünfte aus einer bestimmten Tätigkeit (in Abgrenzung zu anderen gewerblich oder selbständig ausgeübten Tätigkeiten) erfassen will, abw. v. innerstaatlichen Zuordnungen in §§ 15 und 18 ohne jedoch ein besonderes Niveau der Darbietung im Auge zu haben.[11] Die Qua-

1 *K/S/M*, § 49 Rn. E 363; BMF v. 23.1.1996, BStBl. I 1996, 89 Tz. 6.
2 Zweifelnd *Lüdicke*, IStR 1999, 193.
3 BFH v. 16.5.2001 – I R 64/99, BStBl. II 2003, 641; v. 4.3.2009 – I R 6/07, BStBl. II 2009, 625, m. Anm. *Schauhoff/Schlotter*, IStR 2009, 751 (752) (zu derivativ erworbenen Live-Übertragungsrechten).
4 S. aber auch SG Köln v. 12.11.2007 – S 23 KR 3/07, AfP 2008, 115 zur angeblich künstlerischen Darbietung v. *Dieter Bohlen* als sog. Juror der RTL-TV-Sendung „Superstars", s. FAZ 264/07 v. 13.11.2007, 9 und 42.
5 Gleichviel, ob „real" agierend oder bloß im Playback-Verfahren, s. FG Nürnb. v. 6.3.2013 – 3 K 1469/11, juris (NZB I B 71/13): keine „menschliche Requisite".
6 Vgl. BFH v. 8.4.1997 – I R 51/96, BStBl. II 1997, 679 (entgegen BFH v. 11.4.1990 – I R 75/88, BFHE 160, 513); v. 18.7.2001 – I R 26/01, BStBl. II 2002, 410 (dort zu den Besonderheiten des DBA-Österreich und entgegen dem österreichischen VwGH, SWI 2002, 314, SWI 2001, 513: völkerrechtswidrige Auslegung); *Wassermeyer*, Art. 17 MA Rn. 21, 36; *Vogel/Lehner*[6], Art. 17 Rn. 22 ff.; vgl. auch BMF v. 23.1.1996, BStBl. I 1996, 89 Tz. 5.2; BFH v. 21.4.1999 – I B 99/98, BStBl. II 2000, 254; *F/W/K*, Art. 17 Rn. 15; *Kempermann*, FR 1999, 857.
7 FG Köln v. 16.12.1997 – 3 K 6937/97, EFG 1998, 744.
8 FG Münster v. 31.5.1999 – 9 K 8434/98 S, EFG 1999, 968; sa. zur Abgrenzung BFH v. 13.3.1991 – I R 8/88, BStBl. II 1992, 101.
9 BFH v. 6.6.2012 – I R 3/11, BFH/NV 2012, 2038, m. Anm. *Kempermann*, ISR 2012, 121; *K/S/M*, § 49 Rn. E 288 ff., 295; *H/R/R*, § 49 Rn. 532.
10 FG Hbg. v. 20.7.1999 – II 337/97, EFG 2000, 14.
11 *Wassermeyer*, Art. 17 MA Rn. 22.

lifikation als „unterhaltend" ist so gesehen weitgehend eine beliebige; Zweifel an der Gesetzmäßigkeit der Besteuerung sind gleichwohl nicht gerechtfertigt.[1] Letztlich geht es aus abkommensrechtl. Sicht allein um den Unterhaltungscharakter des Dargebotenen als solchen. Dem passt sich Abs. 1 Nr. 2 lit. d nunmehr an. (Bislang) problematische Quasi-Analogien zu dem zuvorigen Einkünftekatalog erübrigen sich damit weitgehend; zugleich verlieren die „ähnlichen" Darbietungen (Rn. 29) dadurch indirekt ihren Auffangcharakter. Denn „unterhaltend" sind letzten Endes jegliche einschlägige Tätigkeiten jenseits der übrigen Katalogtätigkeiten, wie zB jene der Showmaster, Büttenredner, Entertainer, v. Ritterschauspielen und der Darstellung handwerklicher Traditionen des Mittelalters,[2] Hellseher und Wahrsager, v. Varieté- oder Revuedarbietungen (Eisrevue), ggf. auch einer konzeptionelle Bühnenshow[3] (zweifelh., weil die Show idR neben der eigentlichen Darbietung steht und lediglich die Kulisse dafür liefert, dass sich der eigentlich Darbietende entspr. in Szene setzen kann), auch erotischer Tanzdarbietungen sog. American Girls,[4] v. Models, Talk-Gästen, DJs, Auftritte v. Modells auf „choreographisch gestalteten"[5] (?) Modenschauen, Feuerwerke und Lasershows,[6] sogar der Auftritt als sog. Jury-Mitglied bei einer TV-Casting-Show („Dieter Bohlen")[7] usf., nach Verwaltungspraxis[8] und wohl auch Rspr. (s. Rn. 30) jedoch nicht zB Fotoshootings eines Fotomodells iZ mit einer Werbekampagne (s. aber abgrenzend Rn. 85), auch nicht wiss. Vorträge und Seminare.[9] Zur (lückenschließenden) parallelen Ergänzung auch des Abs. 1 Nr. 9 s. Rn. 94.

Ähnliche Darbietungen waren bis zum VZ 2008 solche, die den Katalogberufen qualitativ zwar nicht voll entsprechen, die ihnen auch in jener Hinsicht jedoch immerhin vergleichbar sind; das Show- und Unterhaltungsgeschäft als solches blieb also ausgespart.[10] Ausschlaggebend war, dass die ähnlichen Darbietungen Schnittstellen zu den künstlerischen, sportlichen oder artistischen Darbietungen ihrerseits einen gewissen eigenschöpferischen Charakter aufwiesen; ohne jedoch dem Qualitätsprofil der „eigentlich" erfassten Darbietungen in jeglicher Hinsicht genügen zu müssen; letztlich lief das auf den Charakter einer Auffangvorschrift hinaus. Infolge der Einbeziehung der unterhaltenden Darbietungen (vom VZ 2009 an) in den maßgeblichen Einkünftekatalog (Rn. 28) hat sich das alles weitgehend erledigt und läuft die Beibehaltung der ‚ähnlichen Darbietungen' deswegen seitdem in aller Regel leer.[11] Sie greift allenfalls noch ganz ausnahmsweise, wenn sich sogar ein unterhaltender Charakter nicht mehr nachweisen lässt, so etwa bei der bloßen physischen Anwesenheit mehr oder minder prominenter Pers. („Starlets" oder „It-Girls"[12], wie zB neuerlich Sabia Bouhlarouz und Sylvie Meis alias van der Vaart im nationalen und Kim Kardashian, Miley Cyrus sowie Lindsay Lohan im internationalen „Vergleich" oder – jedenfalls zu früheren Girlie-Zeiten – Paris Hilton ebenso wie Verona Pooth formerly known as Feldbusch) oder anderer Zeitgenossen (wie zB Karl Lagerfeld, Dieter Bohlen oder in österreichischen Kreisen Richard ‚Mörtel' Lugner) bei einer Einweihung oä. gegen ein (oft bemerkenswert hohes) Entgelt (sog. Appearance-Fee). Angesichts dessen ist die Auffangvorschrift verzichtbar. Sie gehört gestrichen, auch wenn der gelegentlich geäußerte Einwand, sie verstoße wegen ihrer Begriffsweite gegen den Gesetzesvorbehalt (Art. 20 Abs. 3 GG),[13] unbegründet erscheint;[14] die gesetzlich aufgelisteten Katalogaktivitäten gaben und geben genügend Anhaltspunkte, um einen wertenden Abgleich zu ermöglichen.[15] 29

1 **AA** *H/H/R*, § 49 Anm. 535.
2 FG Thür. v. 18.10.2000 – I 1043/00, EFG 2001, 74.
3 BFH v. 17.11.2004 – I R 20/04, BFH/NV 2005, 892.
4 BFH v. 17.10.2007 – I R 81, 82/06, BFH/NV 2008, 356.
5 BMF v. 25.11.2010, BStBl. I 2010, 1350 Tz. 17.
6 FG Berlin-Bdbg. v. 8.12.2016 – 13 K 9226/14, EFG 2017, 665 m. Anm *Klammer* (NZB I B 9/17 unzulässig); sa. zu Recht krit. Anm. *Holthaus*, IWB 2017, 540: keine Darbietung.
7 Vgl. (zur Künstlersozialversicherung) BSG v. 1.10.2009 – B 3 KS 4/08 R, BSGE 104, 265: „… Die Sprüche weisen … Elemente v. Comedy, Satire, Improvisation und Unterhaltung für ein junges Publikum auf" und seien der „darstellenden Kunst in Form der Unterhaltungskunst" zuzuordnen.
8 BMF v. 9.1.2009, BStBl. I 2009, 362; OFD Karlsruhe v. 29.4.2014, StEd 2014, 136.
9 BMF v. 25.11.2010, BStBl. I 2010, 1350 Tz. 17.
10 Insoweit zutr. FG Münster v. 25.4.2006 – 11 K 6823/02, EFG 2006, 1166, aber aufgehoben durch BFH v. 17.10.2007 – I R 81, 82/06, BFH/NV 2008, 356.
11 S. auch bereits *Holthaus*, FR 2008, 416.
12 S. dazu im Duden (aufgenommen in 2009 und mit Bezug auf die amerikanische Schauspielerin *C. Bow*, die ihren Ruf als Sexsymbol durch den 1927 gedrehten Film „It" begründete): „Junge oder jüngere Frau, die durch ihr häufiges öffentliches Auftreten in Gesellschaft prominenter Personen und ihre starke Medienpräsenz einer breiten Öffentlichkeit bekannt ist."
13 *Schmidt*[37], § 49 Rn. 41.
14 BFH v. 17.10.2007 – I R 81, 82/06 aaO.
15 *Schaumburg*[4], Rn. 6.200; FG Thür. v. 18.10.2000 – I 1043/00, EFG 2001, 74; s. aber auch (und gleichwohl zu Recht) krit. ggü. solchen – so der Aufsatztitel – „Analogieanweisungen im StRecht" und der daraus ersichtlich reduzierten „Gesetzgebungskultur" *Crezelius*, FR 2008, 889.

30 **Mit diesen Leistungen zusammenhängende Leistungen. Neben** den Einkünften im vorgenannten Sinne aus Inlandsdarbietungen und deren Inlandsverwertung erfasst Abs. 1 Nr. 2 lit. d auch Leistungen, die selbst keine künstlerischen, sportlichen, artistischen oä. Leistungen sind, aber **mit diesen Leistungen zusammenhängen** (im Sinne eines strikten Konnexitätserfordernisses). Dies sind – neben den eigentlichen Leistungen ieS vorangehenden oder diese begleitenden und vorbereitenden (Stell- und Verständigungs-)Proben für den Auftritt – vor allem (Neben-)Leistungen des Veranstalters (zB Kartenverkauf, Merchandising, Transportleistungen), Agenten, der technischen, kfm. oder medizinischen Hilfsdienste (Bühnenbild, Beleuchtung, Tontechnik, Kostüme uÄ), Gestellung des (musikalischen, organisatorischen, programmatischen) Rahmens für den Auftritt des Künstlers (zB durch einen Chor, ein Orchester oder durch Sänger),[1] die Tätigkeiten v. Regisseuren, Choreographen, Bühnenbildnern, die selbst nicht künstlerisch wirken, außerdem Autogrammstunden, Werbung, Sponsoring, Interviews, Teilnahme an Lesungen oder Talkshows usw., sofern sie unmittelbar (sachlich wie zeitlich) **bei** oder **anlässlich** der eigentlichen Darbietung erfolgen.[2] Einer Zuordnung der Werbeverpflichtung des Darbietenden zu einer bestimmten Veranstaltung bedarf es allerdings nicht; der „Zusammenhang" als solcher genügt.[3] Ausschlaggebend ist der **tatsächliche Zusammenhang**. Ein rechnerischer Zusammenhang mit den betr. Einkünften (oder eine gemeinsame Abrechnung) oder ein gesamtvertraglicher Zusammenhang ist ebenso wenig vonnöten wie schädlich.[4] Andererseits sind die betr. Nebenleistungen (vorbehaltlich rechtsmissbräuchlicher ‚Auslagerungen' v. BA) **nicht** einzubeziehen, wenn ihnen entspr. Kontrakte **mit Dritten** zugrunde liegen und wenn sie v. einem anderen als dem Darbietenden oder dem die Darbietung Verwertenden erbracht werden, zB durch eine sog. Event-, Produktions- oder Service-Ges.,[5] wobei im allg. nur auf deren jur. Selbständigkeit abzustellen ist und nur (ganz) ausnahmsweise infolge der Einzelfallumstände (zB eines rein künstlichen ‚Vertragssplitting')[6] eine „wirtschaftliche Betrachtungsweise" und eine Zugehörigkeit zur ‚Sphäre' des Künstlers zugrunde gelegt werden kann;[7] eine derartige „faktische Anbieteridentität" ist regelmäßig nicht bereits anzunehmen, weil eine Gesamttournee nach Art, Ort, Zeit und Abrechnung der Leistungen gemeinsam durchgeführt wird,[8] auch nicht, wie die FinVerw.[9] aber meint, weil „der Darbietende unmittelbaren Einfluss auf die Wahl und den Umfang der Leistungen des Dritten ausüben kann", und schon gar nicht (jenseits jeder Tatbestandmäßigkeit), weil der Darbietende oder eine ihm nahe stehende Pers. iSd. § 1 Abs. 2 AStG unmittelbar oder mittelbar an dem Unternehmen, das die Nebenleistung erbringt, beteiligt ist oder eine wechselseitige wirtschaftl. Abhängigkeit besteht. Die so verstandene gesetzliche Zuordnung der Neben- zu der Hauptleistung ist eindeutig („einschließlich"), sie entspricht zudem dem prinzipiell „objektsteuerartigen" System der beschränkten StPfl., die im Kern die leichthin ermöglichte Erkennbarkeit des Objekts des Besteuerungszugriffs einfordert. Für eine personelle Ausdehnung des Grundtatbestandes gibt Abs. 1 Nr. 2 lit. d nichts her, auch nicht dadurch, dass es nach Abs. 1 Nr. 2 lit. d letzter HS gleich ist, wem die betr. Einkünfte zufließen (Rn. 31). Auch aktive (trennbare) Werbeleistungen (zB Bandenwerbung), die unabhängig v. den Darbietungen (vom inländ. Veranstalter oder v. einem Dritten[10]) erbracht werden, gehören nicht dazu.[11] Sie unterliegen als Dienstleistung der beschränkten StPflicht nur im Rahmen einer (in Einzelfällen aber durchaus weit zu verstehenden sog. Dienstleistungs-)[12] Betriebsstätte oder eines ständigen Vertreters (Abs. 1 Nr. 2 lit. a).[13] Gleichermaßen verhält es sich bei Warenverkäufen (Eis, Getränke oÄ). Die Einbeziehung auch solcher Aktivitäten widerspräche dem Gleichbehandlungsgebot ggü. vergleichbaren Leistungen bei anderen als Sportveranstaltungen (zB einer Messe, Ausstellung usw.).[14] Davon

1 *H/H/R*, § 49 Anm. 549.
2 BMF v. 23.1.1996, BStBl. I 1996, 89 Tz. 2.2.3.1; BFH v. 21.4.1999 – I B 99/98, BStBl. II 2000, 254; v. 6.6.2012 – I R 3/11, BFH/NV 2012, 2038, m. Anm. *Kempermann*, ISR 2012, 121 (zu der uU anders gelagerten Abkommenslage nach Art. 17 OECD-MA); krit. bereits *Kempermann*, FR 1999, 857.
3 BFH v. 16.12.2008 – I R 23/07, nv.; **aA** *Schauhoff*, IStR 1997, 5 (8).
4 *H/H/R*, § 49 Anm. 548.
5 BFH v. 16.5.2001 – I R 64/99, BStBl. II 2003, 641; v. 17.11.2004 – I R 20/04, BFH/NV 2005, 892, für Leistungen eines Produktionsmanagement- und Technikerteams; v. 28.7.2010 – I R 93/09, BFH/NV 2010, 2263, für technisch-logistischen Nebenleistungen betr. die Zurverfügungstellung des Bühnenequipments und Leistungen technischer Hilfskräfte; *K/S/M*, § 49 Rn. E 410 ff.; *H/H/R*, § 49 Anm. 548; BMF v. 23.1.1996, BStBl. I 1996, 89 Tz. 2.2.3.2; **aA** FG München v. 22.3.2002 – 1 V 4030/01, EFG 2002, 835.
6 BMF v. 25.11.2010, BStBl. I 2010, 1350 Tz. 31 ff., 33 f.
7 BFH v. 16.11.2011 – I R 65/10, IStR 2012, 374 mit krit. Anm. *Lamprecht*; sa. FG Köln v. 6.11.2008 – 15 K 4515/02, EFG 2009, 255; *Ehlig*, IStR 2010, 504.
8 BFH v. 16.11.2011 – I R 65/10, IStR 2012, 374 mit krit. Anm. *Lamprecht*.
9 BMF v. 25.11.2010, BStBl. I 2010, 1350, Tz. 34.
10 *H/H/R*, § 49 Anm. 548.
11 BFH v. 16.5.2001 – I R 64/99, BStBl. II 2003, 641; *H/H/R*, § 49 Anm. 543.
12 S. aber BFH v. 4.6.2008 – I R 30/07, BStBl. II 2008, 922 (m. Anm. *Gosch*, BFH/PR 2008, 524).
13 *Schauhoff*, IStR 1993, 363 (364 f.); **aA** *Killius*, FR 1995, 721 (724): einschlägig sei stets § 49 Abs. 1 Nr. 6.
14 *FW*, IStR 2001, 780.

wiederum zu unterscheiden sind indes Fälle der (ggf. abspaltbaren) Überlassung (und Vermarktung) v. Persönlichkeitsrechten (Namen, Fotos) des Künstlers und Sportlers, insbes. bei zwischengeschalteten Vermittlungs-Ges. Bei den Vergütungen für solche Aktivitäten handelt es sich gemeinhin (uU auch daneben und teilweise) um solche aus der Nutzungsüberlassung v. Rechten iSv. Abs. 1 Nr. 2 lit. f und bis zum VZ 2008 iSv. Abs. 1 Nr. 6.[1] Letzteres ist (trotz § 21 Abs. 3) eine Folge der durch das Objektsteuerprinzip der beschränkten StPfl. bedingten einkünftespezifischen (und v. § 49 Abs. 2, s. dazu Rn. 103, abzugrenzenden) isolierenden Betrachtungsweise und greift unbeschadet der Qualifizierung der betreffenden Einkünfte als solcher aus GewBetr. (aus Dienstleistungen).[2]

Wem die Einnahmen **zufließen** (dem Darbietenden, dem Verwertenden oder einem Dritten, einer nat oder einer jur. Pers.), ist **bedeutungslos** (Abs. 1 Nr. 2 lit. d letzter HS). Abs. 1 Nr. 2 lit. d will gerade solchen Gestaltungen begegnen, die darauf abzielen, die beschränkte StPflicht durch ein Vertragsgeflecht und eine Aufteilung der verschiedenen zusammenhängenden Leistungen auf jeweils gesonderte Verträge zu vermeiden.[3] Dieses Ziel wird indes erreicht, ohne dass es der Hervorhebung im letzten HS noch bedurft hätte. 31

b) Steuererhebung. Besteuert wird (vorbehaltlich nachgewiesener BA/WK, § 50a Abs. 3) durch **Brutto-Steuerabzug** (§ 50a Abs. 1 Nr. 1 und 2 [§ 50a Abs. 4 S. 1 Nr. 1 und 2 aF], dort Rn. 7ff.), und zwar grds. mit Abgeltungswirkung (§ 50 Abs. 2 S. 1 [§ 50 Abs. 5 S. 1 aF]), v. VZ 2008 (s. § 50 Rn. 16ff.) jedoch mit optionaler Veranlagung für EU-/EWR-Staatsangehörige, § 50 Abs. 2 S. 2 Nr. 5 iVm. Abs. 2 S. 7. Ausnahmen bestehen überdies für Einkünfte im Rahmen eines inländ. Betriebs (§ 50 Abs. 2 S. 2 Nr. 1 [§ 50 Abs. 5 S. 2 aF]) sowie für die Inlandsverwertung v. Auslandsdarbietungen iSv. Abs. 1 Nr. 2 lit. d. Abw. v. der zuvorigen Rechtslage werden v. VZ 2009 an überdies sog. werkschaffende Künstler, soweit sie nicht vor Publikum auftreten, veranlagt und (in Einklang mit der Abkommenslage, s. Rn. 33) nicht mehr an der Quelle besteuert; dazu und zu den Abgrenzungserfordernissen ggü. Einkünften aus Nutzungsrechtsüberlassungen, welche auch weiterhin (gem. § 50a Abs. 1 Nr. 3) dem Steuerabzug unterworfen sind, s. § 50a Rn. 7. 32

c) Verhältnis zu Doppelbesteuerungsabkommen. Art. 17 OECD-MA weist das Besteuerungsrecht für Einkünfte aus dem **Auftreten** v. (erneut – Rn. 25, 32 – allerdings grds. nur v. darbietenden und vortragenden, nicht auch v. sog. werkschaffenden[4]) Künstlern, Sportlern und Artisten dem Quellenstaat zu **(Arbeitsortprinzip)**, soweit das DBA nicht Sonderbestimmungen über die Besteuerung v. Einkünften anderer Pers. aus einer v. Künstler oder Sportler persönlich ausgeübten Tätigkeit mit entspr. Zuordnung zum Tätigkeitsstaat enthält (vgl. Art. 17 Abs. 2 OECD-MA). Allerdings prüft das BZSt in solchen Fällen, ob die Zwischenschaltung einer ausländ. Künstler-Ges. zur Vermeidung der Quellenbesteuerung nicht rechtsmissbräuchlich ist (§ 42 AO); das ist zu bejahen, wenn der Ges. kein eigenständiges Unternehmerrisiko verbleibt.[5] In jedem Fall knüpft auch Art. 17 Abs. 2 OECD-MA stets nur an Einkünfte der Ges. an, die diese für die persönlich v. Künstler oder Sportler ausgeübte Tätigkeit oder für die Überlassung des Künstlers oder Sportlers zur Ausübung einer solchen Tätigkeit erzielt, nicht jedoch für daraus abgeleitete und erworbene Rechte.[6] Zum Anwendungsbereich des Art. 17 OECD-MA gehören alle Einkünfte aus einschlägigen Aktivitäten, unabhängig v. Anlass der Veranstaltung (zB auch Benefiz- uä. Wohltätigkeitsveranstaltungen); Einkünfte aus Werbe-, Ausrüstungs- uä. Verträgen werden einbezogen, soweit ein unmittelbarer oder mittelbarer Zusammenhang mit der Darbietung oder dem Auftritt besteht. 33

IÜ wird das deutsche Besteuerungsrecht für die Inlands**verwertung** v. (Auslands-)Darbietungen häufig ausgeschlossen (vgl. Art. 7, 12, 13, 21 OECD-MA). Im Fokus steht hierbei insbes. die **Abgrenzung** zw. Tätigkeits- und Lizenzvergütungen und der daraus erwachsenden Zuordnung des Besteuerungsrechts zum Tätigkeitsstaat (Art. 17 OECD-MA) bzw. (und vorbehaltlich gelegentlich zwischenstaatl. vereinbarter Quellenbesteuerungsrechte, zB an den Vergütungen für Rundfunk- und Fernsehübertragungsrechte[7]) zum 33a

1 Vgl. auch BFH v. 27.6.2001 – I B 153/00, BFH/NV 2001, 1563; v. 28.1.2004 – I R 73/02, BStBl. II 2005, 550 zu Gestattungsrechten an Bild und Namen v. Sportlern und Künstlern (dazu BMF v. 2.8.2005, BStBl. I 2005, 844); *Hey*, RIW 1997, 887 (888); *Wild/Eigelshoven/Reinfeld*, DB 2003, 1867; **aA** *Schauhoff*, IStR 1993, 363; FG Berlin v. 10.1.2003 – 3 K 3379/98, IStR 2003, 496 für Namens- und Sponsorenrechte; diff. *Mody*, FS L. Fischer, 1999, 769 (775f.) für den „aktiv" präsentierten und den lediglich „verwerteten" Künstler oder Sportler.

2 BFH v. 28.1.2004 – I R 73/02, BStBl. II 2005, 550.

3 FG München v. 22.3.2002 – 1 V 4030/01, IStR 2002, 418; *H/H/R*, § 49 Anm. 549.

4 BFH v. 8.4.1997 – I R 51/96, BStBl. II 1997, 679; v. 18.7.2001 – I R 26/01, BStBl. II 2002, 410; BMF v. 25.11.2010, BStBl. I 2010, 1350, Tz. 80.

5 BFH v. 29.11.1966 – I 216/64, BStBl. III 1967, 392; v. 15.9.1971 – I R 202/67, BStBl. II 1972, 281; v. 31.5.1972 – I R 94/69, BStBl. II 1972, 697; v. 2.2.1994 – I B 143/93, IStR 1994, 239 m. Anm. *FW*.

6 BFH v. 4.3.2009 – I R 6/07, BStBl. II 2009, 625, m. Anm. *Schauhoff/Schlotter*, IStR 2009, 751; sa. BFH v. 13.6.2012 – I R 41/11, IStR 2012, 814 (zu Art. 17 DBA Österreich).

7 S. zB Art. 17 Abs. 1 S. 3 DBA Österreich und dazu (einschr.) BFH v. 16.6.2012 – I R 41/11, IStR 2012, 814, sowie das dt.-österr. Konsultationsabkommen v. 9./12.7.2010, BStBl. I 2010, 647.

Ansässigkeitsstaat (Art. 12 OECD-MA): Darbietung im Abkommenssinne umfasst zwar jedweden Auftritt mit entspr. Öffentlichkeitsbezug, wenn auch nicht unbedingt zwingend (Studioaufnahmen) vor präsentem Publikum, nicht jedoch die Herstellung eines Werks für eine spätere Darbietung. Ausschlaggebend ist im Zweifel der Schwerpunkt des Geleisteten. Ggf. ist die Vergütung zw. persönlich ausgeübter Tätigkeit und Verwertung entspr. den jeweiligen Leistungsteilen **aufzuteilen.**[1] Die FinVerw.[2] nimmt dazu bei öffentl. Auftritten und der Verwertung auf Bild- und Tonträgern einen Aufteilungsschlüssel im Verhältnis 80 vH zu 20 vH an, bei werkschaffenden Künstlern mangels anderweitiger Kriterien v. 40 vH zu 60 vH; ein anderweitiger Aufteilungsschlüssel muss nachgewiesen werden. Im Hinblick auf die Darbietung durch Filmschauspieler wird ein Verwertungsanteil an den Filmen nicht zugestanden.[3]

34 **5. Veräußerung von Anteilen an Kapitalgesellschaften (Abs. 1 Nr. 2 lit. e). a) Entwicklung.** Abs. 1 Nr. 2 lit. e betrifft Anteile an KapGes. und die daraus erzielten Veräußerungsgewinne unter den Voraussetzungen v. § 17. Die Vorschrift ist im Zuge der ‚Europäisierung' des Umwandlungssteuerrechts durch das SEStEG[4] mit erstmaliger Wirkung v. VZ 2006 an (vgl. § 52 Abs. 57) neu gefasst worden; der zuvorige Regelungsinhalt findet sich nunmehr in Abs. 1 Nr. 2 lit. e aa); Abs. 1 Nr. 2 lit. e bb) ist gänzlich neu. Die durch das „JStG 2018" v. 11.12.2018[5] geschaffene Regelungsergänzung in § 49 Abs. 1 Nr. 2 lit. e cc) weitet den inländ. Besteuerungszugriff auf ausländ. KapGes. mit inländ. Immobilienbesitz mit erstmaliger Wirkung auf Veräußerungen nach dem 31.12.2018 (§ 52 Abs. 45a idF des „JStG 2018" v. 11.12.2018[6]) aus (s. Rn. 36a ff., 46a).

34a Als Ausnahme v. der generellen Verweisungsnorm des **§ 6 Abs. 5 Nr. 1 InvStG 2018** auf § 49 Abs. 1 (s. bereits Rn. 5) sind Gewinne iSd. § 49 Abs. 1 Nr. 2 lit. e iVm. § 17 explizit v. Tatbestand des § 6 Abs. 5 Nr. 2 InvStG 2018 ausgenommen. Diese Ausnahme dient dazu, Standortnachteile für deutsche Investmentfonds zu vermeiden, namentlich dadurch, dass die Veräußerungsgewinne aus wesentlichen Beteiligungen in vielen Fällen bei ausländ. Investmentfonds nicht besteuert werden könnten, weil abkommensrechtl. regelmäßig dem Quellenstaat kein Besteuerungsrecht für Veräußerungsgewinne zugewiesen ist. Das betrifft auch die neu geschaffene Regelung in § 49 Abs. 1 Nr. 2 lit. e cc).

35 **b) Erfasste Einkünfte gem. Abs. 1 Nr. 2 lit. e aa) (Abs. 1 Nr. 2 lit. e aF). § 49 Abs. 1 Nr. 2 lit. e aa)** (Abs. 1 Nr. 2 lit. e aF) erfasst die Einkünfte aus der **Veräußerung v. Beteiligungen an KapGes.** iSv. § 17 mit Sitz oder Geschäftsleitung im Inland. Die Vorschrift ist allerdings ggü. § 49 Abs. 1 Nr. 2a subsidiär; sie greift nur dann, wenn die Beteiligung iSv. § 17 **nicht** bereits zu einem inländ. BV gehört. Veräußerte Anteile, die zu einem Gesamthandsvermögen ohne BV gehören, sind den G'tern anteilig zuzurechnen (§ 39 Abs. 2 Nr. 2 AO; s. § 17 Rn. 24). Die Zugehörigkeit zu einem ausländ. BV hindert hingegen nicht (isolierende Betrachtungsweise, Abs. 2, vgl. Rn. 103).[7] Bei privaten Veräußerungen innerhalb der Spekulationsfrist (§ 22 Nr. 2 iVm. § 23 Abs. 1 S. 1 Nr. 2) war – bis 2008 – § 49 Abs. 1 Nr. 8 vorrangig (vgl. § 23 Abs. 2 S. 2 aF); seitdem werden Anteilsveräußerungserträge unabhängig v. einer Spekulationsfrist nach § 20 Abs. 2 Nr. 1 iVm. § 49 Abs. 1 Nr. 5 S. 1 lit. d, § 43 Abs. 1 Nr. 9 erfasst und für die Veräußerung v. Anteilen an KapGes. iSv. § 17 ist nur noch § 49 Abs. 1 Nr. 2 lit. e einschlägig (s. Rn. 91).

35a Als Veräußerungen iSv. § 49 Abs. 1 Nr. 2 lit. e aa) (§ 49 Abs. 1 Nr. 2 lit. e aF) gelten auch **verdeckte Einlagen** (§ 17 Abs. 1 S. 2) sowie Kapitalrückzahlungen bzw. -herabsetzungen und Auflösungen v. KapGes. (§ 17 Abs. 4). **Übernahmegewinne**, welche für einen ausländ. Anteilseigner bei Umwandlung einer (inländ.) KapGes. in eine (inländ.) PersGes. kraft der Einlagefiktion des § 5 Abs. 2 UmwStG entstehen, sind infolge der Inbezugnahme des § 17 in § 5 Abs. 2 UmwStG gem. § 49 Abs. 1 Nr. 2 lit. e aa) beschränkt stpfl.[8] Dass die verschmelzungsbedingte Einlagefiktion (ohnehin) auch wesentliche Beteiligungen iSv. § 17 betrifft, die v. einem beschränkt StPfl. gehalten werden, entsprach bei richtiger Lesart des G bereits zuvorigem Recht,[9] ergibt sich aber (spätestens) jetzt zwingend aus § 5 Abs. 2 S. 1 UmwStG (idF des SEStEG).[10] Einkünfte aus der Veräußerung (zuvoriger, s. § 17 Rn. 9) **einbringungsgeborener Anteile** unterliegen hingegen ungeachtet der prinzipiellen Rechtsfolgeverweisung in **§ 21 Abs. 1 UmwStG aF** auf § 17 **nicht** dessen Regelungsbereich und werden damit auch nicht v. § 49 Abs. 1 Nr. 2 lit. e aa) (§ 49 Abs. 1 Nr. 2 lit. e aF) erfasst; die

1 BMF v. 25.11.2010, BStBl. I 2010, 1350, Tz. 86 ff.
2 BMF v. 25.11.2010, BStBl. I 2010, 1350, Tz. 87.
3 Vgl. auch BMF v. 5.10.1990, BStBl. I 1990, 638 Tz. 1.1.2.
4 V. 7.12.2006, BGBl. I 2006, 2782.
5 BGBl. I 2018, 2338.
6 BGBl. I 2018, 2338.
7 BFH v. 6.10.1966 – I 35/64, BStBl. III 1967, 45; R 49.3 Abs. 1 S. 2 EStR 2005; *Widmann*, DStZ 1996, 449 (450).
8 *Widmann*, FS Wassermeyer, 2005, 581 ff.
9 *W/M*, § 5 UmwStG Rn. 126.
10 *Prinz zu Hohenlohe/Strauch/Adrian*, GmbHR 2006, 623 (627).

entspr. Einkünfte können bei Zugehörigkeit zu einem BV aber ggf. der Besteuerung nach § 49 Abs. 1 Nr. 2 lit. a (iVm. § 16) unterfallen.[1] – An die Stelle einbringungsgeborener Anteile infolge Anteilstauschs sind infolge des Konzeptionswechsels durch das SEStEG für Umwandlungsvorgänge, deren Eintragung in das Handelsregister ab dem 12.12.2006 beantragt wurde, gem. §§ 22 UmwStG die sog. **sperrfristverhafteten Anteile** getreten (s. § 17 Rn. 9). Kommt es hiernach zu einer steuerschädlichen Veräußerung v. Anteilen iSd. § 17 Abs. 1 **innerhalb der 7-jährigen Sperrfrist** des **§ 22 Abs. 2 S. 1 UmwStG**, entstehen beim Einbringenden **rückwirkend** beschränkt stpfl. Einkünfte entweder iSv. § 49 Abs. 1 Nr. 2 lit. a oder Nr. 2 lit. e aa; ein Wegzugsgewinn iSv. § 6 AStG (s. § 17 Rn. 10) mindert sich entspr. Tritt der Verlust des deutschen Besteuerungsrechts **nach Ablauf jener sieben Jahre** nach der Einbringung ein, ist für einen beschränkt stpfl. Anteilseigner, der die Anteile im PV hält, eine Besteuerung unabhängig v. der Höhe seiner Beteiligung nicht vorgesehen. – Zu Veräußerungsgewinnen aus Beteiligungen an sog. Portfolio-Ges. über **Venture Capital und Private Equity Fonds** s. BMF v. 16.12.2003, BStBl. I 2004, 40 Tz. 23 (vgl. auch § 17 Rn. 5).

Wo die betr. Einkünfte erzielt werden (im In- oder im Ausland), ist unbeachtlich, ebenso, ob Vertragspartner ein Steuerin- oder -ausländer ist.[2] Wird die Beteiligung v. einer ausländ. KapGes. gehalten, ist der Veräußerungsgewinn allerdings nach § 8b Abs. 2 KStG steuerbefreit; eine Kürzung um die sog. Schachtelstrafe des § 8b Abs. 3 S. 1 KStG scheidet insoweit aus, weil es sich hierbei um fiktive nichtabziehbare BA und qua definitionem nicht um einen Veräußerungsgewinn handelt.[3] Bei einer ausländ. KapGes. ohne inländ. Betriebsstätte kommt hinzu, dass eine solche KapGes. mit betr. Veräußerungsgewinnen zwar gem. § 49 Abs. 1 Nr. 2 lit. e aa beschränkt stpfl. ist (Rn. 35), BA mangels Inlandsbetriebs (und mangels gesetzl. fingierter Inlandsbetriebsstätte) aber nicht abziehbar sind und infolgedessen zugleich auch die sog. Schachtelstrafe nach § 8b Abs. 3 S. 1 KStG leerläuft und entfallen muss.[4] Im Falle der sog. **Wegzugsbesteuerung** gem. **§ 6 Abs. 1 AStG** (Rn. 5) erkannte der BFH in einem AdV-Verfahren weder einen Verstoß gegen Art. 3 Abs. 1 GG noch gegen das EU-Diskriminierungsverbot.[5] Diese Rechtsauffassung ließ sich nach Ergehen des EuGH-Urteils ‚de Lasteyrie du Saillant'[6] nicht länger halten und führte zu entspr. gesetzlichen Korrekturen in § 6 AStG. S. § 17 Rn. 10. Verlegt die KapGes. ihren Sitz oder ihre Geschäftsleitung v. Inland in das Ausland zurück, scheiden die steuerverhafteten Anteile aus der inländ. Besteuerung aus. Folgt man jedenfalls für derartige Fälle wegziehender Ges. nach wie vor (s. aber § 17 Rn. 124) der sog. Sitztheorie, sind die stillen Reserven aufzudecken und ist v. StPfl. gem. § 17 Abs. 4 ein fiktiver Veräußerungsgewinn zu versteuern.[7] Gem. § 12 Abs. 3 KStG idF des SEStEG[8] (zu dessen erstmaliger Anwendung s. § 17 Rn. 1, 9) gilt dies allerdings nur noch für Wegzugsfälle in Staaten außerhalb der EG und des EWR-Raums sowie bei einer Beschränkung oder einem Ausschluss des deutschen Besteuerungszugriffs; § 12 Abs. 1 u. 2 KStG bestimmt für diese Fälle einen allg. (nach Lage der Dinge allerdings tatbestandlich wohl weitgehend leerlaufenden, s. Rn. 16) Entstrickungstatbestand; ausgenommen hiervon sind Wegzüge innerhalb des EU- und EWR-Raums, die (unbeschadet entgegenstehender DBA, vgl. Art. 13 Abs. 5 OECD-MA) eine Nachversteuerung späterer tatsächlicher Veräußerungsgewinne auslösen (§ 12 Abs. 1 letzter HS KStG iVm. § 4 Abs. 1 S. 4, § 15 Abs. 1a). S. § 17 Rn. 124. 35b

c) Einkünfte gem. Abs. 1 Nr. 2 lit. e bb). Beim **Anteilstausch** gilt für den Einbringenden der **gemeine Wert** der eingebrachten Anteile als Veräußerungspreis und als AK der erhaltenen Anteile, wenn für die eingebrachten oder erhaltenen Anteile nach der Einbringung das Recht Deutschlands hinsichtlich des Gewinns aus der Veräußerung dieser Anteile ausgeschlossen oder beschränkt ist (**§ 21 Abs. 2 S. 2 UmwStG**). **Davon abw.** tritt jedoch gem. **§ 21 Abs. 2 S. 3 UmwStG** an die Stelle des gemeinen Werts **auf Antrag** des Einbringenden und in Einklang mit dem bei der Einbringung gem. **§ 21 Abs. 1 S. 2 UmwStG** v. der übernehmenden Ges. (und auf deren Antrag) angesetzten Wert der **Buchwert oder** ein **Zwischenwert**, höchstens jedoch der gemeine Wert, wenn **(1)** das Recht Deutschlands hinsichtlich der Besteuerung des Gewinns aus der Veräußerung der erhaltenen Anteile nicht ausgeschlossen oder beschränkt ist (**§ 21 Abs. 2 S. 3 Nr. 1 UmwStG**) oder wenn **(2)** der Gewinn aus dem Anteilstausch gem. **Art. 8 Fusionsrichtlinie** nicht besteuert werden darf (**§ 21 Abs. 2 S. 3 Nr. 2 S. 1 UmwStG**). Gleiches gilt für die **Verschmelzung** oder **Vermögensübertragung** gem. **§§ 11 ff. UmwStG;** auch hier wird hinsichtlich des anzusetzenden Werts der Anteile an der übernehmenden Ges. ein entspr. Antragsrecht in **§ 13 Abs. 2 UmwStG** ein- 36

1 *H/H/R*, § 49 Anm. 561, 583; **aA** *Widmann*, FS Wassermeyer, 2005, 581 (591 f.).
2 *H/H/R*, § 49 Anm. 575.
3 *Nitzschke*, IStR 2012, 125; *Kempf/Hohage*, IStR 2010, 806; sa. BFH v. 29.8.2012 – I R 7/12, BStBl. II 2013, 89, mwN; **aA** *Erle/Sauter*, § 8b KStG Rn. 157; *D/P/M*, § 8b KStG Rn. 178 f.
4 BFH v. 31.5.2017 – I R 37/15, BStBl. II 2018, 144; sa. BFH v. 13.6.2018 – I R 94/15, DStR 2018, 2251.
5 BFH v. 17.12.1997 – I B 108/97, BStBl. II 1998, 558.
6 EuGH v. 11.3.2004 – Rs. C-9/02, DStR 2004, 551.
7 Zutr. *Birk*, IStR 2003, 469 (473); **aA** *Dautzenberg*, StuB 2003, 407.
8 V. 7.12.2006, BGBl. I 2006, 2782.

geräumt. In beiden Fällen kommt es unbeschadet entgegenstehender DBA (= treaty override) in den Fällen einer späteren Veräußerung zu einer **Nachversteuerung**. Zu einer solchen Nachversteuerung kommt es gem. § 21 Abs. 2 S. 3 Nr. 2 letzter HS sowie § 13 Abs. 2 Nr. 2 S. 2 UmwStG, jeweils iVm. **§ 15 Abs. 1a 2** (s. dort Rn. 159), ebenso für die Fälle der späteren verdeckten Einlage, der Auflösung, der Kapitalherabsetzung und -rückzahlung oder der Ausschüttung und Rückzahlung v. Beträgen aus dem Einlagekonto iSd. § 27 KStG. § 49 Abs. 1 Nr. 2 lit. e bb) stellt sicher, dass die Nachversteuerung des Einbringungsgewinns in jenen Fällen auch dann gewährleistet ist, wenn der Anteilseigner zu diesem Zeitpunkt im Inland nicht (mehr) ansässig ist.

36a **d) Erfasste Einkünfte gem. Abs. 1 Nr. 2 lit. e cc). Regelungsinhalt, Regelungszweck.** Vermittels des durch das „JStG 2018" v. 11.12.2018[1] neu geschaffenen § 49 Abs. 1 Nr. 2 lit. e cc) will Deutschland sich das beschränkte Besteuerungsrecht für Gewinne aus der Veräußerung v. Anteilen an sog. Immobilien-KapGes. sichern.[2] Solche KapGes. sind nach den Regelungsvorgaben Ges., **(1)** deren Anteilswert zu irgendeinem Zeitpunkt während der 365 Tage vor der Veräußerung unmittelbar oder mittelbar zu mehr als 50 % auf inländ. unbeweglichem Vermögen beruhte (sog. Rückbetrachtungszeitraum) ***und*** (= kumulativ) **(2)** bei denen die Anteile dem Veräußerer zu diesem Zeitpunkt (wohl gem. § 39 AO)[3] zuzurechnen waren, **Abs. 1 Nr. 2 lit. e cc) 1. Satzteil.** Der Sache nach wird hierdurch die korporationsrechtl. Trennung zw. KapGes. und G'ter zugunsten einer Transparenzbetrachtung unterlaufen, letzten Endes, um dem Immobilieninvestor die Möglichkeit zu nehmen, durch die Zwischenschaltung einer KapGes. der Besteuerung im Belegenheitsstaat zu entgehen. Die Vorschrift fungiert damit im Kern als Missbrauchsvermeidungsnorm.

36b Die Regelungsvoraussetzungen und Regelungszwecke decken sich (nahezu) mit jenen des **Art. 13 Abs. 4 OECD-MA** in dessen novellierter Fassung 2017.[4] Nach Maßgabe v. Art. 13 Abs. 4 OECD-MA 2014 (und auch v. Art. 13 Abs. 4 der deutschen DBA-Verhandlungsgrundlage v. 22.8.2013[5] sowie v. Art. 13 Abs. 4 UN-MA)[6] lag es im Grundsatz nicht anders, es fehlten hiernach allerdings die nunmehr spezifizierten (und in § 49 Abs. 1 Nr. 2 lit. e cc aufgegriffenen) zeitlichen Erfordernisse. Diese **Zeiterfordernisse** wurden aufgenommen, um (über den generellen Missbrauchsvermeidungszweck der Norm [Rn. 36a] hinausgehend) normeigenen „In- sich"-Ausweggestaltungen entgegenzuwirken, durch „Kapitalinjektionen"[7] der stichtagsbezogenen Grenze von 50 % kurzfristig zu entgehen.[8] Der Rückbetrachtungszeitraum dient also seinerseits typisierter Missbrauchsvermeidung (sa. Rn. 36e). Dafür genügt schon die unmittelbare und mittelbare Wertbeeinflussung „zu irgendeinem Zeitpunkt", gänzlich beliebig und gleichviel, von welcher, ggf. kürzester, Zeitdauer – eine kaum zu kontrollierende Voraussetzung. – Problematisch ist die Neuregelung zudem, was das Mittelbarkeitserfordernis angeht. Dieses bezieht sich nicht auf die Anteilszurechnung, sondern auf den Anteilswert und ist (auch) in diesem Punkt denkbar weit gefasst: Das Merkmal des „Beruhens" ist zB auch dann gegeben, wenn der Anteilswert mittels des vereinnahmten Kaufpreises auf eine vorherige Grundstücksveräußerung außerhalb des Rückbetrachtungszeitraums zurückzuführen ist. Das überdehnt das in dem Rückbetrachtungszeitraum liegende Missbrauchsvermeidungselement, okkupiert überdies ausländ. Besteuerungssubstrat[9] und provoziert doppelte Besteuerungen (zu beidem Rn. 36e), ist de lege lata dennoch allein tatbestandsgerecht und lässt sich mittels (teleologisch reduzierter) Auslegung kaum „einfangen". Zu empfehlen ist deshalb die sofortige Ausschüttung des vereinnahmten Veräußerungsgewinns als Dividende.

36c So oder so fiel die Zuordnung des Besteuerungsrechts an den Belegenheitsstaat in Deutschland nach beiden Abkommensfassungen bislang leer, weil der beschränkte Besteuerungszugriff in striktem Einklang mit § 17 den Sitz oder die Geschäftsleitung im Inland voraussetzte, Abs. 1 Nr. 2 lit. a; davon wird nun Abstand genommen. Zudem wird – durch Ergänzung des Einkünftekatalogs in **§ 34d Nr. 4 lit. b bb** – Sorge dafür getragen, dass ausländ. Steuern iRv. § 34c (auch ohne Existenz eines entspr. DBA) auf die festgesetzte deutsche Steuer angerechnet werden können (s. § 34d Rn. 12). Zum Verhältnis zu bestehenden DBA s. Rn. 36f, 36g, dort auch zur Kritik an der Norm. Zu der Anordnung eines Steuerabzugs nach § 50a Abs. 7 s. § 50a Rn. 41 ff.

---

1 BGBl. I 2018, 2338.
2 BT-Drucks. 19/4455, 48 ff.
3 BT-Drucks. 19/4455, 49.
4 *Ditz/Bärsch/Quilitzsch*, DB 2018, 1171 (1175); *Gradl/Kiesewetter*, IStR 2018, 1; *Bauernschmitt/Dißmann* in Haase, MLI, 2017, Art. 9 Rn. 1 ff.
5 Offenbar ähnlich (und erkennbar entgegen BFH v. 24.8.2011 – I R 46/10, BStBl. II 2014, 764) auch BMF v. 20.6. 2013, BStBl. I 2013, 980 Tz. 2.3 lit. b.
6 *Vogel/Lehner*[6], Art. 13 Rn. 117.
7 *Wagner*, DB 2018, 1886 (1888).
8 BT-Drucks. 19/4455, 48.
9 *Kempf/Loose/Oskamp*, IStR 2018, 527 (529 ff.).

Mindestbeteiligung, Ermittlung der Immobilienquote „in der Zeit“. Vor diesem Hintergrund verknüpft das G die beschränkte StPfl. mit den „Voraussetzungen des § 17“, die damit ausnahmslos zu den Voraussetzungen auch des § 49 Abs. 1 Nr. 2 lit. e cc) werden. Das betrifft auch die nach § 17 Abs. 1 S. 1 notwendige Mindestbeteiligung von 1 %. Die ursprünglich (in einem neuen § 49 Abs. 1 Nr. 5 S. 1 lit. e des BMF-Referentenentw. v. 21.6.2018) geplante Erfassung auch v. Anteilen unter 1 %[1] ist iErg. nicht G (aus „administrativen Gründen“)[2] geworden. Ohnehin wird die Bedeutung der 1 %-Mindestbeteiligung dadurch relativiert, dass sie nur an einem einzigen Tag innerhalb der 365 Tage vor der Veräußerung erfüllt sein muss, im Zeitpunkt der Veräußerung ist das nicht (mehr) vonnöten. – Wie die tatbestandlich relevante **Immobilienquote** zu **ermitteln** ist, bekundet die neue Vorschrift in ihrem letzten Halbs.: Zugrunde zu legen sind hiernach „die aktiven WG des BV mit den Buchwerten, die zu diesem Zeitpunkt anzusetzen gewesen wären“. MaW: Jegliche Passivpositionen bleiben ausgespart. Die Verkehrswerte sind hiernach auch nicht optional anzusetzen. Die Probleme der Buchwert- und damit der Quotenermittlung sind immens, namentlich bei mittelbar gehaltenem Grundbesitz:[3] Die Buchwerte, diese offenbar nach Maßgabe der Steuer-, nicht der Handelsbilanz, sind taggenau im Verlauf aus der Bilanz fortzuschreiben, um eine Quotenüberschreitung festzustellen.[4] Ermittlungsvereinfachungen sieht das G nicht vor, Plausibilitätskontrollen durch Interpolation der Buchwerte zw. jeweils zwei Abschlussstichtagen liegen indessen nahe. Für Auslands-KapGes. mit inländ. Grundbesitz werden regelmäßig Steuerbilanzen nach deutschem Steuerrecht aufgestellt; darauf kann zurückgegriffen werden. Anders liegt es aber bei mittelbaren Anteilsveräußerungen, hier müssen Steuerbilanzen „virtuell“ erstellt werden. Das wird in Beteiligungsketten praktisch unmöglich. Bei Minderheits-Ges. kommt hinzu, dass ihnen die Werte und weitere Daten kaum zur Verfügung stehen. Es wird hier schlechterdings ausgeschlossen, jedenfalls unzumutbar sein, den Quotennachweis auf Basis der Buchwerte zu erbringen. Zu den Folgen eines Vollzugsdefizits s. Rn. 36e aE. Ohnehin ist fraglich, ob das alles, vor allem der Buchwertansatz, dem an sich gleich gelagerten Abkommensverständnis des Art. 13 Abs. 4 OECD-MA entspricht.[5] 36d

Rechtswirkungen. Die durch die Neuregelung ausgelösten Steuerkonsequenzen sind derzeit „überschaubar“: Betroffenen KapGes. kommt idR (abgesehen v. § 8b Abs. 8 und 9 KStG) **§ 8b Abs. 2 KStG** zugute und die Schachtelstrafe des § 8b Abs. 3 S. 1 KStG entfällt mangels inländ. Betriebsstätte[6] (s. Rn. 35b) (aus selbigem Grund der fehlenden Inlandsbetriebsstätte entfällt gleichfalls die GewSt, § 2 Abs. 1 GewStG). KapGes. treffen damit infolge der Neuregelung allenfalls neue „lästige“ Erklärungspflichten. „Übrig“ bleiben vor allem nat. Pers., da für diese nur die 40-prozentige Steuerbefreiung des Teileinkünfteverfahrens greift (s. **§ 3 Nr. 40 lit. c** iVm. § 3c Abs. 2).[7] Überdies können infolge der Steuerverstrickung der Immobilien-KapGes. ggf. „Entstrickungsreflexe“ drohen, vor allem bei mittelbaren Beteiligungen für die jeweiligen G'ter der Zwischen-KapGes. und bei Neuabschluss v. DBA mit Immobilienklauseln (sa. § 17 iVm. § 6 Abs. 1 S. 2 Nr. 4 AStG).[8] Ein bloßes „Unterschreiten“ der Immobilienquote im Rückbetrachtungszeitraum dürfte für einen solchen „Reflex“ nicht genügen, § 49 Abs. 1 Nr. 2 lit. e cc stellt allein auf die Anteilsveräußerung ab und sieht keine weiteren Ersatzrealisationstatbestände vor. Im Übrigen wird § 49 Abs. 1 Nr. 2 lit. e cc als „Teil“ des § 49 Abs. 1 Nr. 2 lit. e in den Regelungsbereich des **§ 6 Abs. 1 S. 5 AStG** einbezogen und ist auch der nach § 49 Abs. 1 Nr. 2 lit. e cc anzusetzende Gewinn aus der Veräußerung der KapGes.-Anteile um den nach § 6 AStG zu besteuernden Vermögenszuwachs zu kürzen (s. Rn. 7). – „Umgekehrte Reflexe“ können freilich genutzt werden, um mittels einer „bewussten“ Anteilsverstrickung mittels „Immobilienanreicherung“ einer KapGes. in den Vorteil des steuerneutralen Anteilstauschs des § 21 UmwStG zu gelangen.[9] 36e

Verhältnis zu Doppelbesteuerungsabkommen. Trotz Anlehnung an **Art. 13 Abs. 4 OECD-MA** (Rn. 36b, s. aber auch Rn. 36d) ist die Anwendung der Regelung nicht konkret mit der Anwendung eines DBA verknüpft und auch für Nicht-DBA-Staaten einschlägig. Maßgebend ist jedenfalls die Besteuerungszuordnung nach dem jeweiligen DBA. § 49 Abs. 1 Nr. 2 lit. e cc wirkt nicht abkommensüberschreibend, falls ein dem Art. 13 Abs. 4 OECD-MA nachgebildetes Abkommen in casu fehlt.[10] So gesehen sind die Auswirkungen 36f

1 S. dazu zB *Kempf/Loose/Oskamp*, IStR 2018, 527 (528).
2 BT-Drucks. 19/4455, 49.
3 *Kempf/Loose/Oskamp*, IStR 2018, 527 (532 f.).
4 *Adrian/Fey/Yilmaz*, StuB 2018, 569 (573); *Salzmann/Heufelder*, IStR 2019, 67 (69).
5 S. die Bedenken des BR, BR-Drucks. 372/1/18, 15; *Salzmann/Heufelder*, IStR 2019, 67 (68 f.).
6 BFH v. 31.5.2017 – I R 37/15, BStBl. II 2018, 144; *Kempf/Loose/Oskamp*, IStR 2018, 527 (529 f.).
7 *Meier*, ISR 2018, 347.
8 IErg. *Meier*, ISR 2018, 347 (347 ff.); *Kempf/Loose/Oskamp*, IStR 2018, 527 (533).
9 *Salzmann/Heufelder*, IStR 2019, 67 (69 f.).
10 *Cloer/Hagemann/Lichel/Schmitt*, BB 2018, 1687; *Wagner*, DB 2018, 1886 (1889); *Salzmann/Heufelder*, IStR 2019, 67 (68 f.).

der Neuregelungen vorerst eher spärlich.[1] Allerdings werden die „Lücken" bezogen auf die abkommensrechtl. Immobilienklausel tendenziell eher abnehmen, sei es durch bilaterale Vereinbarungen (wie neuerlich mit Australien, seit geraumer Zeit, wenn auch in modifizierter Weise, mit Schweden, Österreich, auch den USA), sei es im Hinblick auf die anstehenden Anpassungen aufgrund des (allerdings noch zu notifizierenden sowie durch jeweilige Anwendungsgesetze bilateral zu ratifizierenden) Multilateralen Instruments (MLI)[2]. Letzteres sieht bezogen auf eine Reihe v. DBA die Einf. einer Immobilienklausel, optional mit oder ohne den 365-Tage-Rückbetrachtungszeitraum (s. Rn. 36a, 36b), vor.[3] – Zu gewichten ist zudem, dass die OECD-MK zu Art. 13 Abs. 4 OECD-MA (in Tz. 28.13) ausdrücklich auf das in vielen Staaten fehlende „Zugriffsrecht" zur Ausschöpfung des durch Art. 13 Abs. 4 OECD-MA vorbehaltenen Besteuerungsrechts hinweist und deswegen die Vereinbarung der Anrechnung statt der Freistellung empfiehlt.[4] Verfügen mehrere Staaten aber über ein Zugriffsrecht, droht wiederum eine Mehrfacherfassung, dann nämlich, wenn der besagte Rückbetrachtungszeitraum in einigen oder allen diesen Staaten temporär überschritten werden sollte.[5] Weitere Besteuerungsübergriffe drohen für den Fall, dass der Grundbesitz seinerseits bereits vor der Anteilsveräußerung veräußert worden ist. S. bereits Rn. 36b.

36g Die Vorschrift ist nach allem krit. zu sehen, sie ist überschießend und geht weit über eine „Gegenwehr" zur Missbrauchsvermeidung (s. Rn. 36a) hinaus.[6] Ob ihr wegen jenes Vermeidungszwecks und dessen pauschaler Umsetzung aus Sicht des Unionsrechts die insoweit gemeinhin erforderliche einzelfallbezogene Escape-Klausel fehlt (s. dazu zB § 50d Rn. 26, 41i mwN), ist indessen fraglich; § 49 Abs. 1 Nr. 2 lit. e cc setzt auf bilateralen DBA auf, die regelmäßig die „ausgewogene Aufteilung der Besteuerungsbefugnis" wahren und dadurch etwaige Grundfreiheitsverstöße allemal rechtfertigen;[7] das könnte auf die wort- und zweckgleiche nationale Vorschrift durchschlagen. Ob die Vorschrift an einem immanenten („strukturellen") und deswegen verfassungswidrigen Vollzugsdefizit leidet, einerseits wg. der womöglich mangelnden „Bereitschaft" der StPfl., die betr. Veräußerung ggü. den FinBeh. zu erklären, andererseits wg. der beschriebenen Probleme, die Norm „zu administrieren",[8] sei bezweifelt, denn die Norm ist bei aller Kritik und bei allen Schwierigkeiten (Rn. 36d) durchaus „umsetzbar".

36h **Anwendungszeitraum, Übergangsregelung.** § 49 Abs. 1 Nr. 2 lit. e cc) ist erstmals auf Gewinne aus der Veräußerung v. Anteilen anzuwenden, bei denen die Veräußerung nach dem 31.12.2018 erfolgt, und nur, soweit den Gewinnen nach dem 31.12.2018 eingetretene Wertveränderungen der Anteile (nicht aber der Immobilie!) zugrunde liegen (§ 52 Abs. 45a).[9] Letzteres entspricht den verfassungsrechtl. Anforderungen (s. dazu § 17 Rn. 34 ff.).

37 **e) Steuererhebung.** Besteuert wird durch **Veranlagung**. § 17 Abs. 3 (Freibetrag) und § 34 Abs. 1 (Tarifermäßigung) sind zu gewähren. Verluste sind zu berücksichtigen (vgl. § 50 Rn. 9 ff.). BA/WK-Abzüge scheiden regelmäßig aus, nicht anders als bei § 17 (s. dort Rn. 132); auch Veräußerungsgewinne sind wie dort zu ermitteln, insbes. unter voller Beachtung v. § 17 Abs. 2 (sa. § 50 Rn. 9 zu § 17 Abs. 2 S. 6).[10]

38 **f) Verhältnis zu Doppelbesteuerungsabkommen.** DBA weisen das Besteuerungsrecht für wesentliche Beteiligungen idR dem **Ansässigkeitsstaat des Veräußerers** zu (vgl. Art. 13 Abs. 5 OECD-MA). Zu Abweichungen gem. Art. 13 Abs. 2 s. Rn. 18, und solchen gem. Art. 13 Abs. 4 OECD-MA und den sich in diesem Zusammenhang zu stellenden besonderen Problemen s. Rn. 36a ff., insbes. 36f, 49.

39 **6. Vermietung, Verpachtung und Veräußerung von unbeweglichem Vermögen, Sachinbegriffen oder Rechten (Abs. 1 Nr. 2 lit. f). a) Entwicklung und Besteuerungsgrund.** Der durch das StMBG v. 21.12.1993[11] (und mit erstmaliger Wirkung v. VZ 1994 an) erstmals eingefügte Abs. 1 Nr. 2 lit. f hat **lückenfüllenden Charakter**; mit ihm sollen (an sich und nur) stille Reserven – allerdings stets nur bei Vor-

1 *Salzmann/Heufelder*, IStR 2019, 67 (68 f.).
2 S. OECD, BEPS MLI Position Germany, abrufbar unter www.oecd.org/tax/treaties/beps-mli-position-germany.pdf; dazu zB *Grotherr*, FR 2017, 767.
3 S. die aktuelle Übersicht bei *Meier*, ISR 2018, 347 (355).
4 S. auch BStBK, Stellungnahme zum RefEntw. eines JStG 2018 v. 13.7.2018, abrufbar unter www.bstbk.de/export/sites/standard/de/ressourcen/Dokumente/04_presse/stellungnahmen/2018/2018-10-10_BStBK-Stellungnahme_zum_JStG_2018.pdf, dort zu Art. 3, S. 2 ff.
5 *Kempf/Loose/Oskamp*, IStR 2018, 527 (529 ff.).
6 Ausf. BStBK, aaO.
7 StRspr., zB EuGH v. 13.12.2005 – C-446/03 – Marks & Spencer, DStR 2005, 2168.
8 So BStBK, aaO; sa. *Kempf/Loose/Oskamp*, IStR 2018, 527 (529), jeweils in Anlehnung an BVerfG v. 9.3.2004 – 2 BvL 17/02, DStRE 2004, 396.
9 *Wagner*, DB 2018, 1886 (1890).
10 Umfassend mwN *Mohr/Gebhardt*, IStR 2013, 401.
11 BGBl. I 1993, 2310.

liegen gewerblicher Einkünfte (§ 15) – auch dann erfasst werden, wenn (und „soweit", also umfänglich begrenzt)[1] sie *nicht* gem. Abs. 1 Nr. 2 lit. a im Rahmen einer Betriebsstätte oder eines ständigen Vertreters, iErg. aber auch iRd. Veräußerung (Kauf, Tausch uÄ, s. § 17 Rn. 42) v. Anteilen iSv. § 17 an einer KapGes. oder eines Spekulationsgeschäftes aufgedeckt werden. Beschränkte sich die Regelungsergänzung im Erg damit ursprünglich nur auf Veräußerungseinkünfte und wurden lfd. (gewerbliche) Einkünfte aus der VuV unbeweglichen Vermögens, v. Sachinbegriffen oder Rechten allein über Abs. 1 Nr. 6 erfasst, änderte sich diese Systematik durch das JStG 2009. Seitdem (vom VZ 2009 an) werden neben den Veräußerungseinkünften (jetzt **§ 49 Abs. 1 Nr. 2 lit. f S. 1 lit. bb**) auch die lfd. Einkünfte aus der VuV des betr. Vermögens (auch hier wiederum vorbehaltlich des Abs. 1 Nr. 2 lit. a) den „betriebsstättenlosen" (s. dazu auch § 34d Rn. 8) gewerblichen Einkünften iSd. Abs. 1 Nr. 2 lit. f zugeschlagen (jetzt **Abs. 1 Nr. 2 lit. f S. 1 lit. aa**). Hintergrund war die Überlegung, einheitliche wirtschaftl. Vorgänge würden ‚ohne Not' in verschiedene Einkunftsarten aufgesplittet und dadurch unterschiedlichen **Einkunftsermittlungsarten** unterworfen, ohne dass es dafür eine einleuchtende Rechtfertigung gäbe.[2] Dem ist prinzipiell zuzustimmen und das erweist sich für den Stpfl durchweg als günstiger (Rn. 45). Allerdings verbleibt es (wohl) bei einer getrennten Einkünfteermittlung (Rn. 46). Nachteilig sind nunmehr außerdem Unabgestimmtheiten zum **Abkommensrecht** (Rn. 49). Für die **GewSt** änderte sich nichts; die GewStPflicht erfordert nach wie vor die Begr. einer Inlandsbetriebsstätte (§ 2 Abs. 1 GewStG), woran es trotz der Fiktion fehlt.[3] – Zum prinzipiellen Vorrang v. § 49 Abs. 1 Nr. 2 lit. d s. Rn. 24. – Einnahmen und Ausgaben, welche wirtschaftlich VZ vor 2009 zuzurechnen sind, werden (uU parallel zur Neuregelung) weiterhin allein (und unbeschadet dessen prinzipieller Subsidiarität ggü. Nr. 2 lit. f) v. § 49 Abs. 1 Nr. 6 erfasst.[4]

b) Regelungsvorrang von Abs. 1 Nr. 2 lit. a. Der Vorbehalt zugunsten Abs. 1 Nr. 2 lit. a ist immer dann einschlägig, wenn die Veräußerung oder VuV einer im Inland (ohnehin) operierenden Betriebsstätte zuzuordnen und über eine solche getätigt wird. Er greift aber idR **nicht** infolge der bloßen (kurz- wie langfristigen) VuV, die als soche nicht betriebsstättenbegründend wirkt[5], es sei denn, der StPfl. erbringt zusätzliche Dienstleistungen auf oder durch den betr. Grundbesitz.[6] Auch Bauplanungs- und Bauüberwachungstätigkeiten können die Annahme einer Betriebsstätte rechtfertigen.[7] Ähnlich kann es sich bei einem ständigen Vertreter verhalten, welcher die Interessen des StPfl. im Rahmen einer Hausverwaltung uä wahrnimmt.[8] Bei Privatpersonen scheidet eine beschränkte StPfl. iSv. Abs. 1 Nr. 2 lit. f jedenfalls so oder so aus. 40

c) Erfasste Einkünfte. Betroffen sind nach **Abs. 1 Nr. 2 lit. f S. 1** Einkünfte aus der Veräußerung (**lit. bb**) oder (vom VZ 2009 an, Rn. 39) auch aus der VuV v. **unbeweglichem Vermögen**,[9] **Sachinbegriffen oder Rechten (lit. aa)**, die – so Abs. 1 Nr. 2 lit. f S. 1 idF des StÄndG 2007 mit Wirkung v. VZ 2007 an – **(1)** im Inland belegen oder **(2)** in ein inländ. öffentl. Buch oder Register eingetragen sind oder **(3)** deren Verwertung in einer inländ. Betriebsstätte oder anderen Einrichtung erfolgt (s. dazu Rn. 86), **nicht** aber solche des lfd. Geschäftsbetriebs, auch nicht aus Anteilsveräußerungen im Gesamthandsvermögen (s. Rn. 42).[10] Bis zum VZ 2006 war verkürzend v. unbeweglichem Vermögen,[11] Sachinbegriffen oder Rechten iSv. Abs. 1 Nr. 6 die Rede. Bei der Bezugnahme auf Abs. 1 Nr. 6 handelte es sich um eine bloße Tatbestandsverweisung; gleichzeitiger Einkünfte gem. Abs. 1 Nr. 6 bedurfte es nicht. Zu der seinerzeitigen Neuformulierung der Vorschrift kam es, um sicherzustellen, dass Einkünfte aus der Rechteveräußerung auch dann erfasst werden können, wenn sie nicht die Erfordernisse des Abs. 1 Nr. 6 erfüllen, weil das betr. Recht mangels einer zeitlichen und/oder inhaltlichen Begrenzung wirtschaftlich endg. in das Vermögen des Nutzenden übergeht (s. Rn. 85). Nach alter wie nach neuer Gesetzesfassung bleiben solche sich „selbst verbrauchen- 41

1 *K/S/M*, § 49 Rn. E 631; *H/H/R*, § 49 Anm. 594, 616.
2 BT-Drucks. 16/10189, 78; sa. FG Köln v. 10.7.2013 – 10 K 2408/10, EFG 2013, 1674 (Rev. I R 58/13 wurde zurückgenommen).
3 BMF v. 16.5.2011, BStBl. I 2011, 530 Tz. 15; sa. OFD Münster/Rheinland v. 21.7.2011 – S 1300-169-St 45-32, EStG Kartei NW § 49 Nr. 802 II; OFD NRW v. 5.9.2017, IStR 2017, 996 Tz. 5.
4 BMF v. 16.5.2011, BStBl. I 2011, 530 Tz. 8; krit. *Gläser/M. Birk*, IStR 2011, 762 (764) mit Blick auf praktische Umsetzungsschwierigkeiten.
5 BFH v. 28.10.1977 – III R 77/75, BStBl. II 1978, 116; v. 19.3.1981 – IV R 49/77, BStBl. II 1981, 538; v. 13.6.2006 – I R 84/05, BFH/NV 2006, 2334.
6 BFH v. 21.8.1990 – VIII R 271/84, BStBl. II 1991, 126.
7 Str., s. FG München v. 24.4.1975 – IV 160/74 GrE 1, 2, EFG 1975, 489; aber aus DBA-Sicht *Vogel/Lehner*[6], Art. 5 Rn. 61.
8 BFH v. 21.7.1977 – V R 58/75, BStBl. II 1978, 78.
9 Zur Veräußerung in Abgrenzung zur Einbringung s. BFH v. 5.6.2002 – I R 81/00, BStBl. II 2004, 344.
10 FG München v. 29.7.2013 – 7 K 190/11, EFG 2013, 1852 (rkr.), m. Anm. *Podewils*, jurisPR-SteuerR 46/2013 Anm. 3; *Orth/Kutschka*, IStR 2013, 965; aus anderen Gründen abgelehnt v. *Haase*, IStR 2014, 170; *H/H/R*, § 49 Anm. 620; *Lüdicke*, DB 1994, 952.
11 Zur Veräußerung in Abgrenzung zur Einbringung s. BFH v. 5.6.2002 – I R 81/00, BStBl. II 2004, 344.

den" (und deswegen nicht unter Abs. 1 Nr. 6 fallenden) Rechtsveräußerungen aber unbesteuert, wenn sie außerhalb eines GewBetr. und des Abs. 1 Nr. 2 lit. f erzielt werden.

41a Wegen der entspr. Begrifflichkeiten der **VuV v. unbeweglichem Vermögen, Sachinbegriffen oder Rechten** s. die Erläuterungen zu § 49 Abs. 1 Nr. 6 (dort Rn. 84) und speziell zu **Softwareüberlassungen** § 50a Rn. 15a.

42 **Veräußerungen** iSd. § 49 Abs. 1 Nr. 2 lit. f S. 1 lit. bb sind im Grundsatz solche iSv. § 17 Abs. 1, s. deshalb dort Rn. 40. Es muss sich also um ein Rechtsgeschäft handeln, das auf die Übertragung des rechtl. oder wirtschaftlichen Eigentums an Anteilen gerichtet ist. **Nicht** erfasst werden Entnahmen,[1] auch nicht die Überführung v. WG in eine ausländ. Betriebsstätte[2] (s. dazu § 4 Abs. 1 S. 3, Rn. 16) sowie unentgeltliche Vorgänge, wie zB die Überführung v. WG in eine inländ. Betriebsstätte[3] oder verdeckte Einlagen.[4] Denn obwohl es an entspr. Abgrenzungen zur Unentgeltlichkeit wie in § 17 Abs. 1 S. 4, Abs. 2 fehlt,[5] und zudem abw. zum abkommensrechtl. Verständnis (vgl. Art. 13 Nr. 5 Musterkommentar zu Art. 13 OECD-MA[6]) setzt die Besteuerung ersichtlich **entgeltliche Vorgänge** voraus.[7] Ebenso wenig einzubeziehen sind mangels Rechtsträgerwechsels Einbringungsvorgänge in vermögensverwaltende PersGes. durch den G'ter.[8] Nicht einzubeziehen ist auch der Verkauf des Anteils an einer PersGes., zu deren BV entspr. WG gehören (s. bereits Rn. 41);[9] einer beschränkten StPfl. unterfällt der Verkauf der Anteile an einer immobilienverwaltenden (in- oder ausländ.) PersGes. folglich nur unter den Voraussetzungen des § 23 Abs. 1 S. 1 Nr. 1 iVm. S. 4, wenn also die Beteiligungsdauer weniger als zehn Jahre beträgt, sei es unmittelbar nach § 49 Abs. 1 Nr. 8 (bei nat. Pers.), sei es mittelbar iVm. § 49 Abs. 2 (bei KapGes.).[10] Durch das InvStRefG v. 19.7.2016[11] ist die nunmehr entspr. Anwendung v. § 23 Abs. 1 S. 4 für die Fälle des **§ 49 Abs. 1 Nr. 2 lit. f** in dessen neu formuliertem **S. 2** explizit angeordnet und klargestellt worden.[12] Die FinVerw. geht aber offenbar v. einer konstitutiven Rechtswirkung v. VZ 2017 an aus.[13]

43 **Gewerblichkeit der Veräußerung.** Voraussetzung ist iÜ auch hier (vgl. Abs. 1 Nr. 2 einleitender Satzteil), dass die Veräußerungstätigkeit nach inländ. Einschätzung als **gewerblich** (§ 15) zu qualifizieren ist.[14] Es finden sonach in erster Linie die allg. Abgrenzungen zw. Vermögensverwaltung und **gewerblichem Grundstückshandel** (sog. Drei-Objekt-Grenze, vgl. § 15 Rn. 116ff.) Anwendung, wobei nicht nur inländ., sondern auch ausländ. Grundstücksverkäufe in die Beurteilung einzubeziehen sind. Abs. 2 steht dem nicht entgegen, weil ausländ. Besteuerungsmerkmale hiernach nur dann ausscheiden, wenn bei ihrer Berücksichtigung inländ. Einkünfte nicht angenommen werden können.[15] Gerade durch diese Einbeziehung stellt Abs. 1 Nr. 2 lit. f S. 1 (aa) sonach sicher, dass die Veräußerung des inländ. Grundbesitzes besteuert werden kann. Andernfalls wäre dies nicht möglich, da der Zugriff Deutschlands auf den ausländ. Grundbesitz aufgrund des abkommensrechtl. Belegenheitsprinzips (vgl. Art. 6, 13 Abs. 1 OECD-MA) durchweg verschlossen ist. Dadurch kann es in Einzelfällen (vor allem in Nicht-DBA-Fällen) allerdings zu einer doppelten Besteuerung kommen, wenn der Veräußerungsvorgang auch im Ausland der Besteuerung unterfällt. Der StPfl. kann sich dem uU entziehen, wenn er zur Abwicklung der inländ. Investitionen eine KapGes. einschaltet.[16] Gewerblich iSd. Abs. 1 Nr. 2 lit. f ist auch die Tätigkeit v. **PersGes.**, wobei entweder auf die Ges. als solche oder aber auch nur den gewerblich tätigen G'ter abzustellen ist.[17] Gewerblich iSv. § 49 Abs. 1 Nr. 2 lit. f ist gleichfalls die gem. **§ 15 Abs. 3 Nr. 2** gesetzlich fiktive, als solche nichtgewerbliche Tätigkeit

1 *K/S/M*, § 49 Rn. E 657.
2 *K/S/M*, § 49 Rn. E 657.
3 *Lüdicke*, DB 1994, 952.
4 BFH v. 5.6.2002 – I R 81/00, BStBl. II 2004, 344; insofern unterscheidet § 49 Abs. 1 Nr. 2 lit. f sich v. Nr. 2 lit. e, der – über § 17 Abs. 1 S. 2 – eine entspr. Ausdehnung auf verdeckte Einlagen enthält.
5 Vgl. dazu BFH v. 27.7.1988 – I R 147/83, BStBl. II 1989, 271; v. 28.2.1990 – I R 43/86, BStBl. II 1990, 615.
6 *Wassermeyer*, Art. 13 MA Rn. 22.
7 BFH v. 5.6.2002 – I R 81/00, BStBl. II 2004, 344; v. 5.6.2002 – I R 105/00, BFH/NV 2002, 1433; ebenso *Lüdicke*, DB 1994, 952 (957); *H/H/R*, § 49 Anm. 620.
8 BFH v. 6.10.2004 – IX R 68/01, BStBl. II 2005, 324.
9 FG München v. 29.7.2013 – 7 K 190/11, EFG 2013, 1852 (rkr.), m. Anm. *Podewils*, jurisPR-SteuerR 46/2013 Anm. 3; IStR 2013, 963 (rkr.) m. Anm. *Orth/Kutschka*; *K/S/M*, § 49 Rn. E 658; *H/H/R*, § 49 Anm. 620.
10 Eingehend *C. Kraft/Hohage*, IStR 2014, 605 (607).
11 BGBl. I 2016, 1730.
12 S. BT-Drucks. 18/8345, 14.
13 OFD NRW v. 5.9.2017, IStR 2017, 996 Tz. II.1.
14 *Wassermeyer*, IStR 2009, 238.
15 *Bornheim*, DStR 1998, 1773 (1777f.); *Schaumburg*[4], Rn. 6.215, 6.155.
16 *Bornheim*, DStR 1998, 1773 (1777f.).
17 *K/S/M*, § 49 Rn. E 626f.; BFH v. 14.3.2007 – XI R 15/05, BStBl. II 2007, 924; **aA** *H/H/R*, § 49 Anm. 617f.; *Wachter*, GmbHR 2005, 1181.

einer (inländ.) PersGes., an welcher ausländ. KapGes. beteiligt sind (Gewerblichkeit kraft Prägung). Ein anderweitiger Regelungsbefehl lässt sich weder § 15 Abs. 3 Nr. 2 noch § 49 entnehmen; die Vorschrift ist insoweit vielmehr offen und zieht entspr. gewerbliche Tätigkeiten iSd. §§ 15–17 insgesamt in den Bereich der beschränkten StPflicht hinein (vgl. § 49 Abs. 1 Nr. 2 einleitender Satzteil).[1] Gewerblich ist infolgedessen auch die VuV-Aktivität einer (ausländ.) Besitz-Ges. im Rahmen einer **grenzüberschreitenden BetrAufsp.**, bei der inländ. Grundbesitz v. dem ausländ. Besitzunternehmen an eine inländ. Betriebs-Ges. vermietet oder verpachtet wird; sa. Rn. 45, auch Rn. 85.[2]

Einbezogen werden darüber hinaus nach **§ 49 Abs. 1 Nr. 2 lit. f S. 3** (S. 2 aF) auch **vergleichbare Einkünfte**, die – so die Neuregelung idF des SEStEG[3] – **(1)** v. einer Körperschaft iSd. § 2 Nr. 1 KStG (also Körperschaften, Personenvereinigungen und Vermögensmassen ohne Sitz oder Geschäftsleitung im Inland) erzielt werden, die **(2)** mit einer KapGes. oder einer sonstigen jur. Pers. iSd. § 1 Abs. 1 Nr. 1 bis 3 KStG (also KapGes.; Rechts- und Wirtschaftsgenossenschaften; Versicherungs- und Pensionsfondsvereine aG) vergleichbar ist. Zuvor war die Rede v. einer Körperschaft ohne Sitz und Geschäftsleitung im Inland, die jedoch einer inländ. KapGes. oder sonstigen jur. Pers. des privaten Rechts, die handelsrechtl. zur Führung v. Büchern verpflichtet ist (vgl. § 6 HGB), gleichsteht. Die gesetzliche Neuformulierung ändert in der Sache im Grunde nichts; sie ist lediglich redaktionell dadurch bedingt, dass nach § 8 Abs. 2 KStG bei einem unbeschränkt StPfl. iSd. § 1 Abs. 1 Nr. 1 bis 3 KStG alle Einkünfte als Einkünfte aus GewBetr. iSd. § 15 zu behandeln sind und zugleich das zuvorige Merkmal der Verpflichtung zur Führung v. Büchern nach den Vorschriften des HGB ersatzlos aufgegeben worden ist. Die Frage der Vergleichbarkeit der betr. Körperschaften mit solchen iSv. § 1 Abs. 1 Nr. 1 bis 3 KStG richtet sich nach den Maßstäben eines (idR) **abstrakten Typenvergleichs**. S. dazu § 17 Rn. 16, 123 mwN. Von derartigen Körperschaften erzielte Einkünfte gelten kraft gesetzlicher Fiktion (und unter gesetzestechnischer Verdrängung v. Abs. 2)[4] als solche aus GewBetr. iSd. Abs. 1 Nr. 2. – **Grund**[5] für die Ausdehnung der beschränkten StPflicht gem. Abs. 1 Nr. 2 lit. f auch auf ausländ. Unternehmen war es, unerwünschte Gestaltungen vornehmlich im Immobilienbereich unter Einschaltung vermögensverwaltender ausländ. KapGes. zu begegnen. Anders als inländ. (unbeschränkt stpfl.) unterfallen ausländ. (beschränkt stpfl.) KapGes. nicht § 8 Abs. 2 KStG und ist ihre Tätigkeit deswegen nicht kraft Rechtsform gewerblich.[6] Indem Abs. 1 Nr. 2 lit. f S. 3 in seiner ursprünglichen Fassung aber auch solche jur. Pers. einbezog, welche im Inland nicht bereits kraft Rechtsform buchführungsverpflichtet waren (vgl. § 238 HGB iVm. § 6 HGB, § 17 Abs. 2 GenG, § 16 VAG), ging der zuvorige Regelungswortlaut über den Willen des Gesetzgebers hinaus und erfasste auch solche ausländ. Ges., die lediglich im Einzelfall infolge gleichartiger nachhaltiger Betätigung der Buchführungspflicht unterlagen.[7] – In der Praxis ist die Ausdehnung gem. Abs. 1 Nr. 2 lit. f S. 3 (S. 2 aF) deswegen bedeutsam, weil v. solchen Ges. erzielte Veräußerungsgewinne abkommensrechtl. zwar Unternehmensgewinne darstellen, für die der Bundesrepublik kein Besteuerungsrecht zusteht (vgl. Art. 7 Abs. 1 OECD-MA), diese Zuordnung jedoch aufgrund der Grundstücksbelegenheit regelmäßig zugunsten der Bundesrepublik zurücktritt (vgl. Art. 13 Abs. 1 OECD-MA). 44

d) Einkünfteermittlung. aa) Veräußerungsgewinn. Für die **Ermittlung des Veräußerungsgewinns** (und ggf. -verlusts) finden die allg. Regeln (§§ 4 ff.) Anwendung.[8] Die Gewinne iSv. Abs. 1 Nr. 2 lit. f S. 1 lit. aa werden demnach als Saldo v. Veräußerungspreis nach Abzug der Veräußerungskosten und den AK und HK (§ 6 Abs. 1 Nr. 1 S. 1,[9] Nr. 2) errechnet, ggf. – bei Annahme eines gewerblichen Grundstückshandels – des TW (§ 6 Abs. 1 Nr. 5 S. 1),[10] und vermindert um zwischenzeitliche AfA[11] (§ 5 Abs. 1, § 6 Abs. 1 Nr. 1 und 2), nicht jedoch der ausländ. Buchwerte. Eine Analogie v. § 17 Abs. 2 S. 1 oder § 23 Abs. 3 S. 1 scheidet aus. Die genannten Vorschriften enthalten Sonderregelungen, die auf § 49 Abs. 1 Nr. 2 lit. f ungeachtet gewisser Ähnlichkeiten des Regelungsgegenstandes in Ermangelung eigener Ermittlungsmaßstäbe 45

1 BFH v. 17.7.2008 – I R 85/07, BStBl. II 2008, 924; *Meining/Kruschke*, GmbHR 2008, 91; **aA** *K/S/M*, § 49 Rn. E 628; *H/H/R*, § 49 Anm. 617.

2 Sa. FinSen. Berlin v. 21.7.2014, DStR 2014, 2569; OFD NRW v. 5.9.2017, IStR 2017, 996 Tz. II.1.

3 V. 7.12.2006, BGBl. I 2006, 2782.

4 FG SachsAnh. v. 25.5.2016 – 3 K 1521/11, EFG 2016, 2024 (Rev. I R 81/16); *Bornheim*, DStR 1998, 1773 (1777 f.).

5 BT-Drucks. 12/5630, 64.

6 S. zB BFH v. 12.6.2013 – I R 109–111/10, BStBl. II 2013, 1024.

7 *H/H/R*, § 49 Anm. 633; **aA** *Grützner*, IWB Fach 3 Deutschland Gr 3, 1077 (1082).

8 BFH v. 5.6.2002 – I R 81/00, BStBl. II 2004, 344; v. 5.6.2002 – I R 105/00, BFH/NV 2002, 1433; *K/S/M*, § 49 Rn. E 691.

9 Krit. dazu (mit Blick auf in Einzelfällen unbillige Ergebnisse, denen sich de lege lata jedoch nicht entgehen lässt) *H/H/R*, § 49 Anm. 634.

10 *Lüdicke*, DB 1994, 954; *Schaumburg*[4], Rn. 6.217.

11 *Schaumburg*[4], Rn. 6.217; *H/H/R*, § 49 Anm. 634; *Hendricks*, IStR 1997, 229 (233); BMF v. 15.12.1994, BStBl. I 1994, 883.

gerade nicht anwendbar sind.[1] Eine Regelungslücke besteht nicht, weil sich die Gewinnermittlung ohne weiteres durch die entspr. Anwendung der §§ 4ff. bewältigen lässt. Die AfA ist mit der FinVerw.[2] ausnahmslos gewinnerhöhend zu berücksichtigen (s. aber auch Nr. 15 Musterkommentar zu Art. 13 Abs. 1 OECD-MA zum AfA-Abzug im Ansässigkeitsstaat), nicht nur für den Fall vorheriger VuV-Einkünfte gem. § 49 Abs. 1 Nr. 6.[3] Hat die AfA zu Verlusten aus VuV geführt und konnten diese wegen § 2 Abs. 3 aF ggf. ihrer Höhe nach nur beschränkt verrechnet werden konnte, ändert sich an diesem Ergebnis der AfA-Berücksichtigung nichts. Die Besteuerung des Veräußerungsgewinns gem. § 49 Abs. 1 Nr. 2 lit. f und der in diesem Zusammenhang erforderlichen Einkünfteermittlung zieht insoweit die (technische) Umqualifizierung der zuvorigen Einkünfte aus VuV in gewerbliche nach sich; die Verlustverrechnungsbeschränkungen des § 2 Abs. 3 aF blieben systemgerecht gewahrt.[4] – Fraglich ist, ob auch die „Schlussbesteuerung" bei Beendigung einer (grenzüberschreitenden) BetrAufsp. (zB bei personeller Entflechtung) einen nach Abs. 1 Nr. 2 lit. f S. 1 lit. aa steuerbaren und stpfl. Veräußerungsgewinn auslöst; da auch § 16 Abs. 3 zu den allg. Gewinnermittlungsvorschriften gehört, ist das iErg. zu bejahen.[5] Sa. Rn. 43.

46 **bb) Laufende VuV-Einkünfte.** Für die **Ermittlung der lfd. VuV-Einkünfte** gilt v. VZ 2009 an im Prinzip Gleiches. Zuvor galt dies nur für „ausländ. geprägte" PersGes. gem. § 15 Abs. 3 Nr. 2 (Rn. 43), mangels Buchführungspflicht (§§ 238ff. HGB iVm. § 8 Abs. 2 KStG) und deshalb auch mangels BV sowie eines entspr. Zugriffstatbestands in § 49 Abs. 1 Nr. 2 hingegen nicht für ausländ. KapGes., bei denen die VuV-Einkünfte bis dahin (allein) § 49 Abs. 1 Nr. 6 unterfielen und die Einkünfte durch Einnahme-Überschuss-Rechnung ermittelt wurden (Rn. 39). In der Konsequenz folgt seitdem aus der Neuregelung: Alle WG, die mit der inländ. Einkunftsquelle im wirtschaftl. Zusammenhang stehen, sind (fiktives) BV, wozu nach Auffassung der FinVerw. „insbes. auch Mietkonten, Mietforderungen sowie Verbindlichkeiten" gehören sollen.[6] Auch die beschränkt stpfl. KapGes. kann die allg. (vgl. **§ 7 Abs. 4 S. 1 Nr. 1**)[7] wie auch die erhöhten AfA-Sätze gem. **§ 7 Abs. 5 Nr. 2** sowie TW-Abschreibungen gem. **§ 6 Abs. 1 Nr. 1 S. 2** beanspruchen.[8] Ob das auch für die Übertragung stiller Reserven auf Reinvestitionsgüter nach § 6b Abs. 1 S. 1, § 6c oder die Bildung einer Rücklage nach **§ 6b Abs. 3, § 6c** gilt, ist zumindest fraglich[9], da beides – das allerdings vorbehaltlich einer unionsrechtl. Unbedenklichkeit, die de lege lata nicht gegeben ist (sa. § 50 Rn. 8 aE)[10] – erfordert, dass das veräußerte WG zum AV einer Inlandsbetriebsstätte gehört hat, woran es idR fehlen wird (s. Rn. 39).[11] Auch nach dem 31.12.2008 gelten als AfA-Bemessungsgrundlagen die ursprünglichen AK/HK oder der TW zum 1.1.1994; **§ 7 Abs. 1 S. 5** ist nicht anzuwenden, weil das Grundstück nicht zum 1.1.2009 in ein BV eingelegt worden ist.[12] Hiernach zu berücksichtigendes BV sind dabei (nur) diejenigen WG, welche im wirtschaftlichen Zusammenhang mit inländ. Einkunftsquellen stehen. Forderungen oder Verbindlichkeiten aus der Zeit der VuV vor dem 1.1.2009 bleiben für die Gewinnermittlung unberücksichtigt und sind (unabhängig v. dem Zeitpunkt ihrer Erfüllung) – nur – nach (zuvoriger) Maßgabe des § 49 Abs. 1 Nr. 6 zu erfassen.[13] **§ 4h** bleibt wegen nach wie vor fehlenden Vorliegens eines Betriebs unanwendbar, s. dazu Rn. 16. Das bloße Beziehen gewerblicher Einkünfte reicht für die Tatbestandsanforderungen der Zinsschranke nicht aus[14] und **§ 8a Abs. 1 S. 4 KStG** (Sonderregelung für Immobilien-KapGes.) findet mangels Überschusseinkünften keine Anwendung.[15] Die FinVerw.[16] will demgegenüber infolge der Rege-

1 **AA** zB *H/H/R*, § 49 Anm. 633; *Hendricks*, IStR 1997, 229.
2 BMF v. 15.12.1994, BStBl. I 1994, 883 Tz. 2.2.
3 BFH v. 5.6.2002 – I R 81/00, BStBl. II 2004, 344; v. 27.6.2006 – IX R 47/04, BStBl. II 2007, 162; insoweit offenbar einschr. *Lüdicke*, IStR 2002, 673 (674); **aA** *K/S/M*, § 49 Rn. E 696ff.
4 **AA** *Lüdicke*, IStR 2002, 673 (674): Nichtberücksichtigung der AfA oder uneingeschränkter Verlustausgleich aus VuV.
5 Zutr. FinSen. Berlin v. 21.7.2014, DStR 2014, 2569.
6 OFD NRW v. 5.9.2017, IStR 2017, 996.
7 S. BMF v. 16.5.2011, BStBl. I 2011, 530; OFD Münster v. 24.7.2008, GmbHR 2008, 1007; sa. FG Köln v. 10.7.2013 – 10 K 2408/10, EFG 2013, 1674 (rkr.) im Hinblick auf die Altregelung: Versagung des AfA-Satzes v. 3 % als Verstoß gegen die Kapitalverkehrsfreiheit.
8 OFD NRW v. 5.9.2017, IStR 2017, 996.
9 Bej. *Huschke/Hartwig*, IStR 2008, 746; *Beinert/Benecke*, Ubg. 2009, 175.
10 EuGH v. 16.4.2015 – Rs. C-591/13 – Kommission ./. Deutschland, DStR 2015, 870.
11 BMF v. 16.5.2011, BStBl. I 2011, 530 Tz 11f.; OFD NRW v. 5.9.2017, IStR 2017, 996 Rz. 3.1.
12 BMF v. 16.5.2011, BStBl. I 2011, 530 Tz 11.
13 **AA** *Mensching*, DStR 2009, 96 (98) (mit Blick auf anderweitig auftretende Gefahr der Doppel- oder Keinmalerfassung, für die aber nichts ersichtlich ist).
14 *Bron*, IStR 2008, 14 (16); *Köster-Böckenförder/Clauss*, DB 2008, 2213 (2215); **aA** *Kröner/Bolik*, DStR 2008, 1309 (1314); *Dörr/Fehling*, Ubg. 2008, 345 (348); *Geißelmeier/Bargenda*, NWB F 4, 5329 (5338); *Mensching*, DStR 2009, 96 (99); **offen** *Beinert/Benecke*, Ubg. 2009, 169 (175); *Kahle/Schulz*, Stbg. 2008, 541 (543); *Töben/Lohbeck/Fischer*, FR 2009, 151 (157); *Lindauer/Westphal*, BB 2009, 420 (422); *Grotherr*, IWB F 3, Gr 1, 2373 (2381).
15 *Beinert/Benecke*, Ubg. 2009, 169 (175); **aA** *Huschke/Hartwig*, IStR 2008, 745 (749).
16 BMF v. 16.5.2011, BStBl. I 2011, 530 Tz. 9; OFD NRW v. 5.9.2017, IStR 2017, 996 Tz. 3.1.

lung in Nr. 2 lit. f – zum einen – auf den Gesamtbetrieb der Körperschaft abstellen und sowohl deren inländ. wie ausländ. Betriebsteile zum Zwecke des EK-Vergleichs nach § 4h Abs. 2 S. 2 lit. b einbeziehen, und – zum anderen – bei der Ermittlung des maßgeblichen Einkommens (§ 8a Abs. 1 KStG) den gesamten Bereich der Einkünfteerzielung iSd. § 49 Abs. 1 Nr. 1 bis 3 berücksichtigen. Damit überdehnt sie das Zugriffsrecht der in § 49 Abs. 1 Nr. 1 lit. f angeordneten beschränkten StPfl.

Passivpositionen, insbes. solche für Darlehensverbindlichkeiten (zB zur Immobilien-Refinanzierung), werden hiernach idR nicht abzubilden sein; folglich können daraus erzielte Buchgewinne, zB bei Verzicht auf das Darlehen oder aus Abzinsung gem. **§ 6 Abs. 1 S. 3** oder aus Kursgewinnen, nicht entstehen; ihnen fehlt der notwendige (unmittelbare) Bezug zu den Einkünften aus VuV.[1] Die hier tatsächlich nicht vorhandene Betriebsstätte der als GewBetr. bloß fingierten KapGes. und die für eine solche Betriebsstätte geltenden Zuordnungsmaßstäbe nach dem Veranlassungsprinzip werden durch § 49 Abs. 1 Nr. 2 lit. f S. 3 (S. 2 aF) – auch insoweit – nicht substituiert,[2] das auch dann nicht, wenn entspr. Aufwand zuvor (iZ mit § 50 Abs. 1 S. 1) als BA abziehbar gewesen ist; eine dadurch virulent werdende „Unwucht"[3] war deshalb, wie so oft bei nicht „zu Ende gedachten" Gesetzesfiktionen, dem unzulänglichen Regelungstatbestand geschuldet. Hierzu hat der Gesetzgeber des „JStG 2018" v. 11.12.2018[4] zwischenzeitlich jedoch „rspr.-brechend" „nachgeschlimmert". Er will vermittels eines neu geschaffenen **§ 49 Abs. 1 Nr. 2 lit. f S. 4** sicherstellen, dass zu den Einkünften aus der Veräußerung von inländ. unbeweglichem Vermögen im Sinne der Norm auch „Wertveränderungen" v. WG gehören, die mit diesem Vermögen in (= irgendeinem) wirtschaftl. Zusammenhang stehen. Das soll ersichtlich auch einen etwaigen Darlehensverzicht einbeziehen. Die Neuregelung findet ihre Parallele in **§ 34d Nr. 7 S. 2** (s. § 34d Rn. 15). Auf diese Weise soll gewährleistet sein, dass WG, die ausschließlich und unmittelbar für eigenbetriebliche Zwecke v. StPfl. genutzt werden oder zu diesem Zweck bestimmt sind, notwendiges BV darstellen, das als solches v. Objektsteuer-Zugriff des § 49 Abs. 1 Nr. 2 lit. f erfasst wird. Dass es womöglich an einer Veräußerung fehlt – die „Wertveränderungen" also realisiert oder nicht realisiert sind –, dürfte (ungeachtet des Imparitätsprinzips)[5] unbeachtlich sein, weil die betr. Zugehörigkeit fingiert wird. Dass das nicht mittels einer ausdrücklichen „Geltungsanordnung" geschieht, sollte iErg. nichts ändern, die Fiktion wird durch das konstitutive „gehören" bewirkt. Trotzdem ist zweifelh., ob das G sein Ziel erreicht: Die notwendige „Wertänderung" soll sich augenscheinlich auf den Buchwert beziehen und bezogen darauf bilanziell ausgelöste Erträge oder Aufwendungen erfassen; eindeutig ist das freilich nicht, gemeint sein könnten durchaus auch rein stichtagsbezogene Wertänderungen.[6] Zu Recht wird auch darauf hingewiesen, dass Deutschland ein Besteuerungsrecht an etwaigen Erträgen (Buchgewinnen) aus „Wertänderungen" durch **Art. 6 OECD-MA** allemal entzogen sein wird; denn solche Erträge stellen keine „Frucht" aus der Immobilie dar, und dass die Neuregelung dazu als Treaty override wirken sollte, ist nicht erkennbar. Infolgedessen drohen dann aber doppelte Besteuerungen.[7] – Die Neuregelung ist erstmals auf Wertänderungen anwendbar, die nach dem 21.12.2018 eintreten, **§ 52 Abs. 45a S. 2**.[8] Sa. Rn. 36h. 46a

Voraussetzung für die **Gewinnermittlung nach § 4 Abs. 1 S. 1** ist allerdings, dass entweder eine Buchführungspflicht gem. **§§ 140, 141 AO**, also insbes. nach § 141 Abs. 1 Nr. 1 AO nach entspr. Aufforderung durch das FA, falls die dafür maßgeblichen Grenzen (Umsätze v. mehr als 500.000 Euro p.a. oder ein Gewinn v. mehr als 50.000 Euro p.a.) überschritten werden, s. § 141 Abs. 1 AO) vorliegt, aber ggf. auch nach Maßgabe ausländ. Rechtsnormen,[9] oder gem. § 5 Abs. 1 S. 1 **freiwillig** eine Buchführung erstellt wird;[10] al- 46b

---

1 Zutreffend *Töben/Lohbeck/Specker*, NWB 2009, 1484 (1496); *Fischer/Dominik*, IWB 2011, 163 (166ff.); *Dominik*, Darlehensverzicht, 2013, passim; *Gläser/M. Birk*, IStR 2011, 762 (763f.); *Günkel*, JbFSt 2010/2011, 826 (832f.); *Schmid/Renner*, FR 2012, 463.

2 Vgl. – bezogen auf den Ertrag aus dem (Darlehens-)Forderungsverzicht – BFH v. 7.12.2016 – I R 76/14, BStBl. II 2017, 704, m. Anm. *Böhmer/Mundhenke*, ISR 2017, 242; *Müller/Burg*, BB 2015, 2334; *Trautmann*, IStR 2016, 10; *Trautmann/Dörnhöfer*, IWB 2017, 499; sa. *Lieber/Wagner*, Ubg 2012, 229 (236); **aA** aber wohl die FinVerw., OFD NRW v. 5.9.2017, IStR 2017, 996, unter 3.1.

3 S. *Böhmer/Mundhenke*, ISR 2017, 242.

4 BGBl. I 2018, 2338.

5 Darauf weist BStBK, Stellungnahme zum RefE eines JStG 2018 v. 13.7.2018, abrufbar unter www.bstbk.de/export/sites/standard/de/ressourcen/Dokumente/04_presse/stellungnahmen/2018/2018-10-10_BStBK-Stellungnahme_zum_JStG_2018.pdf, dort zu Art. 3, S. 2ff., S. 7, hin.

6 *Wagner*, DB 2018, 2659 (2662).

7 *Wagner*, DB 2018, 2659 (2663); *Cloer/Hagemann/Lichel/Schmitt*, BB 2018, 1686 und 1756.

8 Zu entspr. „Gestaltungstipps", um die stl. Erfassung etwaiger Erträge zu unterlaufen, s. *Wagner*, DB 2018, 2659 (2663).

9 BMF v. 16.5.2011, BStBl. I 2011, 530; AEAO zu § 140 S. 4 v. 31.1.2014, BStBl. I 2014, 291; aber umstr., s. zum Streitstand BFH v. 25.6.2014 – I R 24/13, BStBl. II 2015, 141; s. dazu *St. Richter/John*, ISR 2014, 414.

10 BFH v. 25.6.2014 – I R 24/13, BStBl. II 2015, 141.

lerdings kann in diesem Zusammenhang füglich bezweifelt werden, ob die in § 49 Abs. 1 Nr. 2 lit. f S. 3 (S. 2 aF) bestimmte Gesetzesfiktion überhaupt geeignet ist, ein gewerbliches Unternehmen iSv. § 141 AO zu „schaffen".[1] Dass die besagten Grenzwerte sich auf den „einzelnen Betrieb" beziehen und dass die jew (inländ.) Grundstücksvermietung dem wohl kaum entspricht, ist unbeachtlich, weil das Grundstück jedenfalls BV sein kann.[2] Um über die Buchführungspflicht entscheiden zu können, ist der Erwerb eines die StPfl. gem. Abs. 1 Nr. 2 lit. f begründenden Vermögensgegenstandes der zuständigen Gemeinde gem. **§ 138 Abs. 1 iVm. Abs. 3 AO** innerhalb eines Monats nach dem (wirtschaftl.) Erwerb anzuzeigen; eine nachträgliche Anzeigepflicht bei zum 1.1.2009 (= gesetzl. Eintritt in die StPfl.) schon bestehenden VuV-Einkünften bedarf es nicht.[3] – So oder so handelt es sich bei Abs. 1 Nr. 2 lit. f in beiden Besteuerungsalternativen um unterschiedliche Zugriffstatbestände; trotz der Ausweitung der beschränkten StPfl. aus GewBetr. sind deswegen zwei **getrennte Gewinnermittlungen** – zum einen für Abs. 1 Nr. 2 lit. f S. 1 lit. aa und zum anderen für S. 1 lit. bb – durchzuführen. Anders soll die VuV mehrerer inländ. Grundstücke durch eine ausländ. KapGes. behandelt werden; als „wirtschaftl. Einheit" sei hier eine einheitliche Gewinnermittlung vorzunehmen.[4] – Unabhängig davon verbleibt es bei dem abgeltenden Steuerabzug gem. **§ 50a Abs. 1 Nr. 3** für solche Vergütungen, welche für die Überlassung der Nutzung oder des Rechts auf Nutzung v. Rechten und Know-how gezahlt werden.

47 **e) Begründung des Betriebsvermögens (Abs. 1 Nr. 2 lit. f S. 1 lit. bb).** Stille Reserven, die vor erstmaliger Anwendung v. Abs. 1 Nr. 2 lit. f aF, jetzt Abs. 1 Nr. 2 lit. f S. 1 lit. bb, also vor 1994, zugewachsen sind, sind nicht in die stpfl. Veräußerungseinkünfte einzubeziehen. Zwar liegt infolge des zeitpunkt- und nicht zeitraumbezogenen Besteuerungszugriffs streng genommen nur eine sog. unechte Rückwirkung vor, die grds. verfassungsrechtl. unbedenklich ist. Dennoch handelt es sich um eine verfassungsrechtl. nicht zu akzeptierende rückwirkende Wertzuwachsbesteuerung (vgl. auch die parallele Rechtslage in § 17 Rn. 34). Das Hineinwachsen in den steuerverstrickten Bereich ist auf gesetzgeberische, v. StPfl. nicht beeinflussbare Maßnahmen zurückzuführen, mit denen er auch nicht rechnen musste.[5] Deshalb ist im Wege der verfassungskonformen Auslegung v. dem Zeitwert (TW) – als ‚Quasi-Einlage' analog § 6 Abs. 1 Nr. 5 S. 1 HS 1 – bei Inkrafttreten der Regelung auszugehen.[6] § 6 Abs. 1 Nr. 5 S. 1 HS 2 lit. a, wonach der Einlagewert auf die AK oder HK bei Anschaffung oder Herstellung innerhalb v. drei Jahren **vor** der Steuerverstrickung begrenzt ist (s. dazu § 6 Rn. 175), ist nicht anzuwenden.[7] **Abs. 1 Nr. 2 lit. f S. 1 lit. aa:** Bezogen auf die lfd. VuV-Einkünfte bedarf es zum 1.1.2009 der Umwidmung des (bislang vermögensverwaltenden) inländ. PV in inländ. (gewerbliches) BV.[8] Infolge der gem. § 49 Abs. 1 Nr. 2 lit. f S. 1 lit. bb (Abs. 1 Nr. 2 lit. f aF) prinzipiell ohnehin schon bestehenden Steuerverstrickung des inländ. Grundbesitzes werden dabei allerdings (abermals) keine stillen Reserven aufgedeckt: Entweder es ist – bei Alt-Immobilien, die vor dem 1.1.1994 angeschafft oder hergestellt wurden – auch für die Einkünfteermittlung nach Abs. 1 Nr. 2 lit. f S. 1 lit. aa auf den TW zum 1.1.1994 abzustellen,[9] oder – bei Neu-Immobilien, die nach dem 1.1.1994 angeschafft oder hergestellt worden sind – ist erneut v. einer Quasi-Einlage mit den jew AK/HK auszugehen, die unter Verminderung entspr. AfA zum 1.1.2009 fortzuführen und der Besteuerung gem. Abs. 1 Nr. 2 lit. f S. 1 lit. aa zugrunde zu legen sind.[10] Zur erstmaligen Einbeziehung in der Vergangenheit aufgelaufener Forderungen und Verbindlichkeiten s. Rn. 46.

---

1 S. BFH v. 15.10.2015 – I B 93/15, BStBl. II 2016, 66 (AdV); **aA** FG SachsAnh. v. 25.5.2016 – 3 K 1521/11, EFG 2016, 2024 (Rev. I R 81/16); dem beipflichtend OFD NRW v. 5.9.2017, IStR 2017, 996 (Rechtsbehelfsverfahren sind gem. § 363 Abs. 2 S. 2 AO ruhend zu stellen).

2 Vgl. BFH v. 5.6.2002 – I R 81/00, BStBl. II 2004, 344; v. 22.8.2006 – I R 6/06, BStBl. II 2007, 163; s. aber auch (offenlassend) BFH v. 17.12.1997 – I R 95/96, BStBl. II 1998, 260.

3 BMF v. 16.5.2011, BStBl. I 2011, 530.

4 OFD NRW v. 5.9.2017, IStR 2017, 996.

5 Vgl. BFH v. 16.5.2001 – I R 102/00, BStBl. II 2001, 710, dort allerdings abl. für die Ausweitung des Besteuerungszugriffs auf sog. Finanzinnovationen (konkret: Optionsanleihen); (zu Unrecht) ebenfalls abl. BFH v. 1.3.2005 – VIII R 92/03, BStBl. II 2005, 398 (unter Abs. 2 S. 2b bb ccc) im Hinblick auf das gesetzlich veranlasste Hineinwachsen in die Beteiligungswesentlichkeit gem. § 17 Abs. 1.

6 BFH v. 5.6.2002 – I R 81/00, BStBl. II 2004, 344; v. 5.6.2002 – I R 105/00, BFH/NV 2002, 1433; v. 27.6.2006 – IX R 47/04, BStBl. II 2007, 162; *Gosch*, StBp. 2000, 220; vgl. auch *Lüdicke*, DB 1994, 956.

7 BFH v. 27.6.2006 – IX R 47/04, BStBl. II 2007, 162.

8 **AA** OFD Münster v. 24.7.2008, GmbHR 2008, 1007, wonach der Grundbesitz ausländ. grundstücksverwaltender KapGes. kein BV darstellen soll; zu Recht krit. *Beinert/Benecke*, Ubg. 2009, 169 (175).

9 S. BFH v. 5.6.2002 – I R 81/00, IStR 2002, 670; v. 5.6.2002 – I R 105/00, IStR 2002, 596; *Beinert/Benecke*, Ubg. 2009, 169 (175).

10 S. BFH v. 22.8.2006 – I R 6/06, BStBl. II 2007, 163; *Huschke/Hartwig*, IStR 2008, 745 (748); *Mensching*, DStR 2009, 96 (98); *Lindauer/Westphal*, BB 2009, 420 (422); *Töben/Lohbeck/Fischer*, FR 2009, 151 (154); *Beinert/Benecke*, Ubg. 2009, 169 (175).

f) Steuererhebung. Die Steuer nach § 49 Abs. 1 Nr. 2 lit. f wird im Wege der **Veranlagung** erhoben; § 50a Abs. 1 Nr. 3 (§ 50a Abs. 4 S. 1 Nr. 3 aF) findet mangels entspr. tatbestandlicher Voraussetzungen keine Anwendung.[1] Bei vermuteter Gefährdung des Steueranspruchs kann der Steuerabzug gem. § 50a Abs. 7 angeordnet werden.[2] – Die (örtliche) **Zuständigkeit** des festsetzenden **FA** richtet sich nach §§ 19, 20 AO, ggf. auch nach Maßgabe einer Zuständigkeitsvereinbarung gem. § 27 iVm. § 21 Abs. 1 S. 2 AO.[3] – Rechtsgrundlage einer beim StPfl. durchzuführenden **Ap.** ist für die lfd. Einkünfte v. VZ 2009 an § 193 Abs. 1 AO, zuvor war dies (infolge seinerzeit noch zu isolierender VuV-Einkünfte gem. Abs. 1 Nr. 6, Rn. 39, 84) § 193 Abs. 2 Nr. 2 AO. – Zur (insoweit übergangsweise bis 2015 aufgeschobenen) Pflicht zur Datenübermittlung mittels E-Bilanz (bei Einkünften gem. § 49 Abs. 1 Nr. 2 lit. a, lit. f S. 1 lit. aa und Nr. 6) s. § 5b Rn. 2 und 3. 48

g) Verhältnis zu Doppelbesteuerungsabkommen. Wegen des **Belegenheitsprinzips** unterfällt die Besteuerung v. Veräußerungsgewinnen aus Geschäften über inländ. Grundbesitz dem Recht Deutschlands (Art. 6, Art. 13 Abs. 1 OECD-MA). Für Schiffe und Luftfahrzeuge (Art. 13 Abs. 3; Art. 6 Abs. 2 OECD-MA), Sachinbegriffe und Rechte iSv. § 49 Abs. 1 Nr. 2 S. 1 lit. f bb), Nr. 6 (Art. 13 Abs. 2 und 5, Art. 23A OECD-MA, vgl. Rn. 84) gilt dies nicht, so dass für Abs. 1 Nr. 2 lit. f idR kein Raum bleibt. Dennoch läuft Abs. 1 Nr. 2 S. 1 lit. f bb) deswegen in diesem Punkt nicht v. vornherein leer. Denn unbeschadet der Besteuerungszuordnung zu der Betriebsstätte in dem anderen Vertragsstaat und damit an diesen Staat kann aus abkommensrechtl. Sicht das prinzipielle Recht des bisherigen Zuordnungsstaats verbleiben, die bis zur Veräußerung angesammelten stillen Reserven zu besteuern, s. dazu Rn. 16. Einkünfte aus der **Veräußerung v. Anteilen an KapGes.** können nach Art. 13 Abs. 5 OECD-MA prinzipiell nur in dem Vertragsstaat besteuert werden, in welchem der Veräußerer ansässig ist, beim Steuerausländer also im Ausland. Nur für **Immobilien-KapGes.** verhält sich das nach Art. 13 Abs. 4 OECD-MA anders (s. Rn. 36f). Allerdings fehlte es nach wie vor an einem innerstaatlichen Zugriffstatbestand iRd. beschränkten StPfl. Vermittels eines neuen § 49 Abs. 1 Nr. 5 S. 1 lit. c war (im E-AmtshilfeRLUmsG) beabsichtigt, diesem „Fiskalmissstand“ entgegenzutreten;[4] das unterblieb zunächst, wurde indessen nur auf „Halde“ positioniert, sodann aber aufgegriffen und findet sich nunmehr in § 49 Abs. 1 Nr. 2 lit. e cc) idF des „JStG 2018“ v. 11.12.2018[5], dort iVm. § 17. Der ursprüngliche Gedanke, für Kleinstbeteiligungen an Immobilien-KapGes. „in einem Zuge“ eine Neuregelung zusätzlich auch in § 49 Abs. 1 Nr. 5 (iVm. § 20 Abs. 1 S. 1) zu formulieren (nämlich in Nr. 5 S. 1 lit. e), wurde im Laufe des Gesetzgebungsverfahrens aufgegeben (s. zu alldem Rn. 36a). – Abw. kann es sich verhalten, wenn die Anteile zum BV einer inländ. Betriebsstätte gehören (Art. 13 Abs. 2 OECD-MA, s. Rn. 18) oder wenn der Anteilswert zu mehr als 50 % auf unbeweglichem, im Inland belegenem Vermögen beruht (Art. 13 Abs. 4 OECD-MA, s. Rn. 36aff.). Abw. verhält es sich nach (zutreff. und ständiger) Spruchpraxis des BFH[6] und sodann auch der Verwaltungspraxis[7] in derartigen Fällen jedoch nicht bei gewerblich geprägten PersGes., die zwar nach innerstaatl. StRecht als gewerbl. behandelt werden, die indessen aus Abkommenssicht aufgrund ihrer vermögensverwaltenden Tätigkeit zu beurteilen sind; das Besteuerungsrecht richtet sich deswegen entweder nach Art. 6 OECD-MA (Belegenheit) oder nach Art. 21 OECD-MA (Ansässigkeit). Gleichermaßen liegt es bei einer innerstaatl.-gewohnheitsrechtl. infizierten Gewerblichkeit kraft BetrAufsp.[8] – Bei den vorstehenden Abgrenzungen verbleibt es auch für lfd. Bezüge aus VuV; unbeschadet der Besteuerungsfiktion in § 49 Abs. 1 Nr. 2 lit. f S. 1 lit. aa (Rn. 39) kommt es aus abkommensrechtl. Sicht infolge des Betriebsstättenvorbehalts also nicht zu einer Umqualifizierung der VuV-Einkünfte in Unternehmensgewinne gem. Art. 7 Abs. 1 S. 1 OECD-MA und sind diese idR nicht im Inland zu besteuern. – Zu Kollisionen mit der abkommensrechtl. Zuordnung nach Art. 6 OECD-MA kann es schließlich bezogen auf den neu geschaffenen § 49 Abs. 1 Nr. 2 lit. f S. 4 kommen, der Buchgewinne aus Passivpositionen iZ mit Immobilien der beschränkten StPfl. unterwirft, angesichts der Abkommenszuordnung jedoch häufig leerlaufen wird (s. Rn. 46a). 49

7. Verschaffung der Gelegenheit, einen Berufssportler als solchen vertraglich zu verpflichten (Abs. 1 Nr. 2 lit. g). a) Besteuerungsgrund und Regelungsinhalt. Der BFH hatte mit Urt. v. 27.5.2009 – I R 86/07[9] für die sog. Spielerleihe im Profi-Fußball entschieden, dass die dadurch für den entleihenden 49a

---

1 HM; BFH v. 16.5.2001 – I R 64/99, BStBl. II 2003, 641; *H/H/R*, § 49 Anm. 606; *Schaumburg*[4], Rn. 6.267ff.; *Lüdicke*, DB 1994, 952 (954).
2 S. zB FG Münster v. 6.7.2012 – 11 V 1706/12 E, DStR 2012, 1658; OFD NRW v. 5.9.2017, IStR 2017, 996 Tz. 4.
3 S. iE BMF v. 16.5.2011, BStBl. I 2011, 530 Tz. 13f.; OFD NRW v. 5.9.2017, IStR 2017, 996 Tz. III.; allg. auch *Stahl*, ISR 2013, 8.
4 BR-Drucks. 406/1/16, 23; s. dazu *Wittenstein*, IStR 2017, 171; *Sommer/Retzer*, ISR 2016, 383; *Grotherr*, FR 2017, 767 (772), dort mit Blick auf das Multilaterale Instrument.
5 BGBl. I 2018, 2338.
6 ZB BFH v. 28.4.2010 – I R 81/09, BStBl. II 2014, 754; v. 9.12.2010 – I R 49/09, BStBl. II 2011, 482; v. 25.5.2011 – I R 95/10, BStBl. II 2014, 760 = IStR 2011, 688 m. Anm. *Chr. Schmidt*.
7 BMF v. 16.4.2010, BStBl. I 2010, 354.
8 BFH v. 25.5.2011 – I R 95/10, BStBl. II 2014, 760 = IStR 2011, 688 m. Anm. *Chr. Schmidt*.
9 BFH v. 27.5.2009 – I R 86/07, BStBl. II 2010, 120.

Verein herbeigeführte (bloße) Möglichkeit, beim DFB eine Spielerlaubnis für den „verliehenen" Spieler beantragen zu können, in Ermangelung eines „Rechteverkaufs" nicht iSv. Abs. 1 Nr. 6 besteuerungsauslösend sei. Dieses Urt. sollte v. der FinVerw. zunächst nicht[1], schließlich aber doch angewendet[2] werden. Als „rspr.-brechende" Reaktion auf dieses Urt. hat der Gesetzgeber des JStG 2010 mit § 49 Abs. 1 Nr. 2 lit. g (und mit erstmaliger Wirkung v. VZ 2010 an) sodann jedoch einen neuen Besteuerungstatbestand geschaffen, um das Entgelt für den Transfer und die „Leihe" (sog. Spielerleihe) v. Berufssportlern der beschränkten StPfl. zu unterwerfen und dadurch den „in der Vergangenheit praktizierten Rechtszustand bei der Besteuerung v. Sportlertransfers" wiederherzustellen.[3] Die Regelung ist rechtspolitisch fragwürdig, weil sie ohne Not und gegen das Besteuerungssystem auch faktische Gegebenheiten der beschränkten StPfl. unterwirft.

49b **b) Erfasste Einnahmen für die Verschaffung einer „Gelegenheit".** **Einbezogen** sind Vergütungen und Entgelte jedweder Art, die dafür gezahlt werden, dass die „**Gelegenheit**" verschafft wird, einen Berufssportler als solchen im Inland vertraglich zu verpflichten. Gemeint soll mit diesen im EStG anderweitig unbekannten unbestimmten Rechtsbegriff augenscheinlich der Spielertransfer und die Spielerleihe und das dafür geleistete **Transfer- oder Leihentgelt** sein, das (idR) v. einem inländ. Sportverein an einen ausländ. Sportverein gezahlt wird, dem der betr. Berufssportler „gehört". Sofern statt dessen oder daneben Vertragsverhältnisse und daraus erwachsende Rechte „an" dem Sportler gegen Entgelt (mit-)übernommen werden, ist ggf. (auch) Abs. 1 Nr. 6 einschlägig. Was konkret unter entspr. Entgelder zu fassen ist, ist fraglich; die Begriffe ‚Transfer- und Leihentgelt' sind als solche eher unspezifisch und nicht konturenscharf abzugrenzen.[4] Maßgeblich werden jedenfalls sämtliche Entgelte sein, die über den „gesamten Einsatz für den Sportler an den abgebenden Verein entrichtet werden";[5] der Zeitpunkt der Gelegenheitsverschaffung ist insoweit also unmaßgeblich.

49c **c) Wesentlichkeitsgrenze.** Abs. 1 Nr. 2 lit. g letzter HS sieht eine Nichtaufgriffsgrenze vor: Soweit die Gesamteinnahmen je verschaffter Gelegenheit 10.000 Euro nicht übersteigen, wird die beschränkte StPfl. nicht ausgelöst. Mit dieser Freigrenze soll erklärtermaßen der Amateursport geschont werden.

49d **d) Inlandsbezug.** Der notwendige Inlandsbezug wurde erst im Laufe des Gesetzgebungsverfahrens ergänzt und soll durch die tatbestandl. Gelegenheitsverschaffung zur vertragl. Verpflichtung „im Inland" hergestellt werden. Dieser Bezug ist unklar: Eine entspr. Gelegenheitsverschaffung zur Vertragsverpflichtung im Ausland wird offenbar nicht einbezogen, was Gestaltungsmöglichkeiten eröffnet, indem die Verpflichtung im Ausland eingegangen und der Sportler sodann im Inland (nur) eingesetzt wird.

49e **e) Steuererhebung.** Die Steuer nach § 49 Abs. 1 Nr. 2 lit. g wird im Wege des Steuerabzugs erhoben; § 50a Abs. 1 Nr. 3 ist entspr. ergänzt worden.

49f **f) Verhältnis zu Doppelbesteuerungsabkommen.** In der Praxis dürfte das neue Besteuerungsobjekt der verschafften Gelegenheit weitgehend leerlaufen, weil die insoweit einzig einschlägige Regelung des Art. 17 OECD-MA das Besteuerungsrecht nur für die persönl. ausgeübte Tätigkeit des betr. Sportlers zuweist; es genügt dafür nicht, nur darauf abzustellen, dass dem Sportler die Gelegenheit für eine spätere Sportausübung verschafft wird.[6] Zwar kommt es danach nicht darauf an, wem die Einkünfte für diese Tätigkeit zufliessen. Doch ist die Gelegenheitsverschaffung so oder so nicht tatbestandsmäßig. Und ob der nur mittelbare Zusammenhang mit einer solchen Tätigkeit ausreicht, ist zumindest zweifelh.[7] Da regelmäßig auch ein Besteuerungszugriff nicht auf Art. 12 OECD-MA gestützt werden kann, verbleibt es bei Art. 7 OECD-MA und damit für eine Besteuerungszuordnung zu dem Ansässigkeitsstaat des Spielerverleihers.[8]

50 **III. Inländische Einkünfte aus selbständiger Arbeit (Abs. 1 Nr. 3). 1. Grundtatbestand.** Einkünfte aus selbständiger Arbeit (Begriff § 18) werden bereits dann erfasst, wenn diese im Inland (nur) **ausgeübt** oder **verwertet** wird. Eine inländ. Betriebsstätte oder eine feste Einrichtung (Rn. 55) dienen zwar v. VZ 2004 an als weitere inländ. Anknüpfungsmerkmale für die stl. Erfassung, so dass seitdem zB auch ausländ. Sozii einer freiberuflichen Sozietät („Freiberufler-PersGes.") mit ihrem inländ. Gewinnanteil beschränkt stpfl. sind, unabhängig davon, ob ihre (konkrete) Tätigkeit im Inland tatsächlich ausgeübt oder verwertet wird. Diese Einbeziehung entspricht der Novellierung des OECD-MA durch Streichung des dortigen Art. 14, sie ist entgegen des OECD-MK (in Art. 14 Nr. 4 OECD-MK 2008) indessen konstitutiv und nicht bloß „klarstel-

1 BMF v. 7.1.2010, BStBl. I 2010, 44.
2 BMF v. 15.7.2010, BStBl. I 2010, 617.
3 BT-Drucks. 17/2249, 62 f.
4 Deshalb zutr. krit. *Haase/Brändel*, IWB 2010, 795 (798).
5 BT-Drucks. 17/2249, 63.
6 *Gradl*, IWB 2014, 489 (498 f.).
7 Vgl. *Haase/Brändel*, IWB 2010, 795 (798 f.).
8 *Schlotter/Degenhart*, IStR 2011, 457.

lend".[1] Anders als idR (s. aber auch Abs. 1 Nr. 2 lit. d) beim GewBetr. (Rn. 12 ff.) und regelmäßig abw. auch v. einschr. DBA bedarf es des „Betriebsstättenprinzips" aber nicht, um die beschränkte StPflicht auszulösen. Das hat zur Folge, dass Einkünfte aus selbständiger Arbeit nahezu gänzlich der deutschen Besteuerung unterworfen sind (und richtiger, v. OECD-MA aber nicht geteilter, s. Rn. 55, Auffassung nach auch schon vor dem VZ 2004 waren),[2] solche aus GewBetr. hingegen nicht, was gleichheitsrechtl. nicht unbedenklich erscheint.[3] (Zwangsläufig) weitere Folge ist, dass in der Praxis zumindest in Grenzfällen und bei fehlender Betriebsstätte versucht wird, die betr. Einkünfte als solche aus GewBetr. darzustellen; die Tätigkeitsabgrenzungen bestimmen sich insoweit nach denselben Merkmalen wie bei unbeschränkt StPfl. (vgl. § 18 Rn. 39).

2. Ausübung. Die selbständige Tätigkeit wird in jedem Tätigwerden ausgeübt, das zu ihrem wesentlichen Bereich gehört. Sie wird dann im Inland ausgeübt, wenn sie dort in ihren wesentlichen (= eigentlichen) Merkmalen ausgeübt wird. **Beispiele:** Erstellung eines Kunstwerks als schöpferische Leistung eines Dichters,[4] Prozessvertretung und Beratung durch einen Anwalt,[5] planmäßige Verwirklichung der Idee aus einer Erfindung,[6] ggf. auch bereits die Ausübung der Rechte aus einem Lizenzvertrag durch einen Erfinder,[7] das Konzert eines Musikers, die Operation eines Arztes. Passive Leistungen (wie ein Zurverfügunghalten uÄ) werden dort erbracht, wo der Leistende sich aufhält, das Unterlassen einer Konkurrenztätigkeit hingegen dort, wo keine Konkurrenz entfaltet werden darf.[8] 51

Die Ausübung einer Tätigkeit schließt die **Veräußerung oder Aufgabe** der betr. Tätigkeit mit ein; es handelt sich nicht um Verwertungshandlungen.[9] Erfasst werden auch nachträgliche Einkünfte (§ 24),[10] was wiederum entgegen der (früheren) Rspr. zur Folge hat, dass die Verlagerung einer freiberuflichen Tätigkeit in das Ausland keine fiktive BetrAufg. auslöst; der Besteuerungszugriff bleibt (und zwar unbeschadet Art. 7 MA, Art. 14 MA aF, s. Rn. 59) prinzipiell gesichert. S. Rn. 107. 52

3. Verwertung. Unter dem gesetzlich nicht definierten Begriff der Verwertung versteht der BFH ein (wirtschaftl.) **Nutzbarmachen**, das an einem Ort geschieht, der v. der Ausübung verschieden sein kann. Erforderlich ist eine eigenständige Tätigkeit, die sich nicht in der bloßen (körperlichen oder geistigen) Arbeitsleistung erschöpft; eine bloße Arbeitsleistung lässt sich als solche nicht verwerten. Verlangt wird vielmehr ein darüber hinausgehender Vorgang, durch welchen ein körperliches oder geistiges Produkt geschaffen und v. StPfl. selbst[11] dem Inland zugeführt wird. Erst bei Überlassung des Rechts gegen ein Entgelt, die Verschaffung der Nutzungsmöglichkeit zwecks Vervielfältigung, Bearbeitung, Verbreitung, durch berechtigten Vertrieb, „schafft" eine Verwertung.[12] **Beispiele:** Verkauf oder Vermietung selbst geschaffener Kunstwerke,[13] v. Marktanalysen[14] oder Forschungsberichten,[15] Überlassung v. Urheberrechten, Patenten, Erfindungen oder Erfahrungen durch die jeweiligen Urheber,[16] nicht jedoch die Tätigkeit eines Ingenieurs,[17] Kapitäns,[18] Flugbediensteten.[19] Speziell zur Software s. § 50a Rn. 15 f. 53

Grds. tritt das Verwerten einer Leistung hinter deren Ausübung zurück; ihm kommt dann lediglich die Funktion eines **Auffangtatbestandes** zu.[20] 54

---

1 Ausf. *Richter* in W/R/S^2, Rn. 7.59 ff., 7.61.
2 **AA** *K/S/M*, § 49 Rn. F 98; sa. *Kempermann*, FS Wassermeyer, 2005, 333 (336 f.).
3 Krit. zu Recht *Schaumburg*^{4}, Rn. 6.224.
4 BFH v. 28.2.1973 – I R 145/70, BStBl. II 1973, 660.
5 S. auch *Portner/Bödefeld*, IWB Fach 3 Gr 3, 1037; *Krabbe*, FR 1995, 692; *Bellstedt*, IStR 1995, 361.
6 BFH v. 20.11.1974 – I R 1/73, BFHE 114, 530.
7 BFH v. 13.10.1976 – I R 261/70, BStBl. II 1977, 76; v. 11.4.1990 – I R 82/86, BFH/NV 1991, 143.
8 BFH v. 9.9.1970 – I R 19/69, BStBl. II 1970, 867; sa. BFH v. 9.11.1977 – I R 254/75, BStBl. II 1978, 195.
9 BFH v. 12.10.1978 – I R 69/75, BStBl. II 1979, 64.
10 BFH v. 12.10.1978 – I R 69/75 aaO.
11 BFH v. 12.11.1986 – I R 38/83, BStBl. II 1987, 377 (379); v. 12.11.1986 – I R 69/83, BStBl. II 1987, 379 (381, 383).
12 Ausf. mwN *Kessler/Wald*, IStR 2015, 889 (893 f.) sowie *Maßbaum/D. Müller*, BB 2015, 3031; *Strahl*, KÖSDI 2016, 19838; *Ackermann*, ISR 2016, 258; *Behnes/Nink/Rohde*, CR 2016, 281; *Petersen*, IStR 2016, 960 (jeweils konkret bezogen auf Datenbankanwendungen sowie Softwareüberlassungen).
13 BFH v. 12.11.1986 – I R 268/83, BStBl. II 1987, 372; v. 20.7.1988 – I R 174/85, BStBl. II 1989, 87.
14 BFH v. 12.11.1986 – I R 69/83, BStBl. II 1987, 379.
15 BFH v. 12.11.1986 – I R 144/80, BFH/NV 1987, 761.
16 R 49.2 EStR; sa. BFH v. 13.10.1976 – I R 261/70, BStBl. II 1977, 76; v. 20.11.1974 – I R 1/73, BFHE 114, 530; v. 5.11.1992 – I R 41/92, BStBl. II 1993, 407.
17 BFH v. 12.11.1986 – I R 320/83, BStBl. II 1987, 381.
18 BFH v. 12.11.1986 – I R 38/83, BStBl. II 1987, 377.
19 Zu den mannigfachen Abgrenzungsfragen (und auch Gestaltungsmöglichkeiten) iZ mit Datenbankanwendungen s. *Kessler/Wald*, IStR 2015, 889 (893 ff.) sowie *Maßbaum/D. Müller*, BB 2015, 3031; *Strahl*, KÖSDI 2016, 19838.
20 BFH v. 12.11.1986 – I R 268/83, BStBl. II 1987, 372 (nachträgliche inländ. Einkünfte verdrängen Einkünfte aus einer Verwertung im Inland).

55 **4. Betriebsstätte oder feste Einrichtung.** Soweit der **Inlandsbezug** in Abs. 1 Nr. 3 seit dem VZ 2004 (Rn. 50) alternativ **durch eine feste Einrichtung oder eine Betriebsstätte** hergestellt wird, gilt im Grundsatz Gleiches wie bei Abs. 1 Nr. 2 lit. a, s. Rn. 12ff., insbes. 13. Durch die Verwendung des Begriffs der festen Einrichtung wird der übereinstimmende Terminus in dem (am 29.4.2000 im OECD-MA gestrichenen, in deutscherseits abgeschlossenen DBA, jedoch nach wie vor überwiegend vereinbarten) Art. 14 Abs. 1 OECD-MA aF aufgegriffen, der im nationalen Recht iÜ keine Entsprechung findet. Inhaltliche Unterschiede zum Begriff der Betriebsstätte (§ 49 Abs. 1 Nr. 2 lit. a; Art. 7 OECD-MA) bestehen insoweit nicht; abkommensrechtl. wurde zw. beiden Begriffen nur deswegen unterschieden, um gewerbliche und selbständige Tätigkeiten voneinander abzugrenzen (vgl. Art. 14 Nr. 4 OECD-MK aF). Zu Einzelheiten der Abgrenzung s. *Wassermeyer*, Art. 14 MA Rn. 66ff. Problematischer als bei der Betriebsstätte ist allerdings die Antwort darauf, welche Einkünfte der festen Einrichtung oder Betriebsstätte zuzurechnen sind. Erfasst werden (nur) Einkünfte, „für die" (so Abs. 1 Nr. 3) die Betriebsstätte oder feste Einrichtung unterhalten wird. Häufig werden lediglich einzelne WG wie Patente, Mandate oder Aufträge ins Inland verlagert. Dieser Zuordnung folgt dann die **Einkunftszurechnung**, gleichviel, wo sich der StPfl. selbst physisch aufhält. Auch ansonsten richtet sich die Einkunftszurechnung danach, für welche Betriebsstätte oder feste Einrichtung die betr. Pers. die selbständige Arbeit gewöhnlich erbringt. Die Zurechnung bestimmt sich also in erster Linie nach **tätigkeitsbezogenen Merkmalen**; in diesem Sinne lokalisiert sie die erbrachte Arbeit und geht dem Ort der tatsächlichen Arbeitsausübung idR vor. Zumindest besteht die entspr. (widerlegbare) Vermutung, dass die Tätigkeit der festen Einrichtung oder Betriebsstätte zugehört. Bei Existenz mehrerer fester Einrichtungen oder Betriebsstätten in mehreren Ländern muss ggf. aufgeteilt werden; aus der Einkünftezuordnung folgt also iErg. zugleich eine quantitative Begrenzung.

56 **Einzelfälle:** Das Erstellen v. Bauplänen durch **Architekten** ist einer festen Einrichtung zuzurechnen; der Ort der Arbeitsausübung kann aber bei Bauausführungen auch auf der Baustelle liegen, die ihrerseits eine feste Einrichtung begründet. Ein **Arzt** verfügt regelmäßig über eine feste Einrichtung in seiner Praxis. Die Zurverfügungstellung eines Behandlungszimmers in einem Krankenhaus stellt nur dann eine feste Einrichtung dar, wenn es stets dasselbe Zimmer ist und die Nutzungsmöglichkeit über länger als sechs Monate besteht.[1] **Berater** (RA, StB, WP) werden idR dort tätig, wo sie sich aufhalten. Externe Tätigkeiten, Geschäftsreisen oder gedankliche (Vor-)Arbeiten sind einer festen Einrichtung zuzuordnen.[2] **Schriftsteller** üben ihre Tätigkeit dort aus, wo sie ihre schöpferische Leistungen,[3] **Dozenten** dort, wo sie ihre Lehrtätigkeit erbringen.

57 **5. Inlandsbezug.** Der notwendige Inlandsbezug wird bei der Tätigkeitsausübung regelmäßig durch die persönliche (physische) Anwesenheit des StPfl. oder für diesen tätiger Pers.[4] hergestellt, seit dem VZ 2004 (Rn. 50) alternativ durch eine feste Einrichtung oder eine Betriebsstätte (Rn. 55f.).

58 **6. Steuererhebung.** Die Steuer wird in den Fällen des § 50a durch abgeltenden (§ 50 Abs. 2 S. 1 [§ 50 Abs. 5 S. 1 aF]) **Steuerabzug** erhoben, ansonsten durch Veranlagung.

59 **7. Verhältnis zu Doppelbesteuerungsabkommen.** Die Besteuerung entspricht v. VZ 2004 an Art. 14 Abs. 1 OECD-MA aF (Rn. 55f.), ging und geht jedoch darüber hinaus, zum einen infolge der Anknüpfung sowohl an die Arbeitsausübung als auch die Arbeitsverwertung, zum anderen infolge der alternativen Anknüpfung an die Tätigkeit (= Ausübung und deren Verwertung) ebenso wie an die Existenz der festen Einrichtung; Letzteres hat zur Konsequenz, dass es auf die (frühere) abkommensrechtl. Kontroverse über das sog. Ausübungs- oder das sog. Betriebsstättenmodell nicht ankommt.[5] Bei Verlagerung der Aktivitäten in das Ausland und einer dortigen Begr. einer festen Einrichtung bzw. einer Betriebsstätte geht das Besteuerungsrecht zwar verloren; Abs. 1 Nr. 3 sichert indessen gleichwohl den Zugriff auf die bis zur Verlagerung angesammelten stillen Reserven. S. dazu Rn. 107.

60 **IV. Inländische Einkünfte aus nichtselbständiger Arbeit (Abs. 1 Nr. 4). 1. Grundsätzliches.** Wie bei solchen aus selbständiger Arbeit wird auch bei der beschränkten StPflicht v. Einkünften aus nichtselbständiger Arbeit (Begriff § 19) an deren Ausübung oder Verwertung im Inland angeknüpft, darüber hinaus an deren Bezug aus inländ. öffentl. Kassen. Sonderregelungen sind durch das StÄndG 2001 für Organe v. KapGes. eingefügt worden (Abs. 1 Nr. 4 lit. c, s. Rn. 66ff.).

---

1 Vgl. BFH v. 11.10.1989 – I R 77/88, BStBl. II 1990, 166.
2 Vgl. BFH v. 22.3.1966 – I 65/63, BStBl. III 1966, 463.
3 BFH v. 28.2.1973 – I R 145/70, BStBl. II 1973, 660; v. 13.3.1997 – V R 13/96, BStBl. II 1997, 372; v. 15.2.1990 – IV R 13/89, BStBl. II 1990, 621.
4 *Wassermeyer*, Art. 14 MA Rn. 50; *Krabbe*, FR 1995, 692; **aA** *H/H/R*, § 49 Anm. 673; *Portner/Bödefeld*, IWB Fach 3 Deutschland Gr 3, 1037.
5 S. dazu mwN BFH v. 25.11.2015 – I R 50/14, BStBl. II 2017, 247 (dort bezogen auf Art. 14 Abs. 1 DBA-USA 1989).

2. Ausübung und Verwertung (Abs. 1 Nr. 4 lit. a). Wegen der Begriffe Ausübung und Verwertung s. zunächst Rn. 24, 51 und 53. 61

Beispiele zur Tätigkeitsausübung im Inland: Erfasst werden auch Seeleute auf einem im inländ. Schiffsregister eingetragenen und unter deutscher Flagge fahrenden Schiff, vorausgesetzt, dieses befindet sich auf hoher See und nicht im internationalen Hafen.[1] Infolge dieser Einschränkungen kann es zu Steuerausfällen kommen, wenn dem deutschen Fiskus das Besteuerungsrecht aufgrund der inländ. Geschäftsleitung des Schifffahrtsunternehmens zugewiesen ist (vgl. Art. 15 Abs. 3 OECD-MA).[2] Lieferung v. Marktanalyseberichten an den inländ. ArbG;[3] nicht demgegenüber: Kundenberatung im Ausland;[4] Ingenieurtätigkeit bei der Errichtung eines Fabrikgebäudes im Ausland für einen inländ. ArbG;[5] Tätigkeit eines ins Inland entsandten ArbN der ausländ. Tochter-Ges., auch nicht, wenn dies im Interesse der Mutter-Ges. geschieht.[6] 62

Die **Verwertung** v. Einkünften aus nichtselbständiger Tätigkeit ist der praktischen Besteuerung weitgehend entzogen; das Arbeitsortsprinzip hat internationalrechtl. eindeutigen Vorrang. Im Einklang hiermit stellt die FinVerw. Verwertungseinkünfte aus Billigkeitsgründen weitgehend frei, wenn ein DBA besteht und der LSt-Abzug gem. § 39 Abs. 4 Nr. 5 (§ 39b Abs. 6 aF) (zur Anwendung s. § 52 Abs. 51b, Abs. 50g) unterbleibt, sowie dann, wenn nachgewiesen und glaubhaft gemacht wird, dass v. den Einkünften im Tätigkeitsstaat vergleichbare Steuern erhoben werden,[7] bei bestimmten Tätigkeit nach dem Auslandstätigkeitserlass auch ohne entspr. Nachweise.[8] 63

Von Abs. 1 Nr. 4 werden bei entspr. Veranlassungszusammenhang (und insoweit abw. v. der unbeschränkten StPflicht, für die das strikte Zuflussprinzip gilt, § 11 Abs. 1)[9] auch **nachträgliche Einkünfte**[10] (Ruhegelder,[11] Tantiemen,[12] Lohnfortzahlung bei Krankheit[13] uÄ) erfasst („wird" oder „worden ist"; s. auch § 1 Rn. 30). Fraglich (und wohl zu verneinen) ist allerdings, ob das auch für nach der aktiven Dienstzeit vereinnahmte Leistungen aus einer Pensionszusage gilt.[14] 64

3. Einkünfte aus öffentlichen Kassen (Abs. 1 Nr. 4 lit. b). Die Einkünfte (lfd. Bezüge iSv. § 19 Abs. 1 S. 1 Nr. 2,[15] aber auch Versorgungsbezüge gem. § 19 Abs. 2 S. 2 Nr. 1)[16] werden aus **inländ. öffentl. Kassen** (zum Begriff s. § 1 Rn. 10) nur dann „gewährt" (gemeint ist bei dieser ‚schiefen' Formulierung wohl „bezogen"), wenn sie aus einem Dienstverhältnis resultieren (sog. **Kassenstaatsprinzip**). Dieses **Dienstverhältnis** (mit dem entspr. Zahlungsanspruch) kann, muss aber nicht zum Träger der inländ. öffentl. Kasse bestehen, auch ein anderer (inländ. wie ausländ., öffentl. wie privater) ArbG reicht aus (zB Goethe-Institut, DAAD, GIZ),[17] und das auch ggü. einem „nachgeschalteten" weiteren privaten ArbG,[18] nach vorgeblich „klarstellender" Regelung[19] in § 49 Abs. 1 Nr. 4 lit. b letzter HS und § 50d Abs. 7 (§ 50d Abs. 4 aF) (s. aber § 50d Rn. 34 f.)[20] selbst bei unmittelbarem Zahlungsanspruch nur gegen den anderen Dienstherrn.[21] Maßgeblich ist hiernach allein die wirtschaftl. (nicht nur abstrakte, sondern konkret dienstverhältnisbezogene) Lastentragung aus einer öffentl. Kasse,[22] „Zahlstelle" muss diese keineswegs sein („aus", 65

1 BFH v. 13.2.1974 – I R 218/71, BFHE 111, 416; R 39d Abs. 1 S. 3 LStR 2008, vgl. auch zum umgekehrten Fall der Tätigkeit auf einem ausländ. Seeschiff BFH v. 12.11.1986 – I R 38/83, BStBl. II 1987, 377.
2 S. auch BFH v. 11.2.1997 – I R 36/96, BStBl. II 1997, 432; v. 5.9.2001 – I R 55/00, IStR 2002, 164.
3 BFH v. 12.11.1986 – I R 69/83, BStBl. II 1987, 379.
4 BFH v. 12.11.1986 – I R 69/83, BStBl. II 1987, 379.
5 BFH v. 12.11.1986 – I R 192/85, BStBl. II 1987, 383.
6 Str.; **aA** *Runge*, BB 1977, 16.
7 R 39d Abs. 2 LStR 2008, R 125 Abs. 2 LStR 2005.
8 R 39d Abs. 2 Nr. 2 LStR 2008, R 125 Abs. 2 Nr. 2 S 2 LStR 2005.
9 BFH v. 19.12.2001 – I R 63/00, BStBl. II 2003, 302.
10 Vgl. BMF v. 29.3.1985, BStBl. I 1985, 113.
11 BFH v. 18.2.1954 – IV 174/53 U, BStBl. III 1954, 130.
12 BFH v. 27.1.1972 – I R 37/70, BStBl. II 1972, 459.
13 FG Köln v. 16.4.2007 – 14 K 1233/04, EFG 2007, 1446.
14 *Portner*, BB 2015, 854.
15 BFH v. 24.1.2018 – I R 49/16, BStBl. II 2018, 621 (dort zum DBA-Ungarn).
16 FG MV v. 29.6.2016 – 1 K 158/13, juris.
17 BFH v. 14.11.1986 – VI R 209/82, BStBl. II 1989, 351; v. 13.8.1997 – I R 65/95, BStBl. II 1998, 21.
18 BFH v. 28.3.2018 – I R 42/16, IStR 2018, 732; **aA** *Schmidt*[37], § 49 Rn. 88.
19 So BT-Drucks. 13/5952, 49 f.
20 Eingefügt durch das JStG 1997, zum Geltungsbereich s. § 52 Abs. 31a.
21 Aber zweifelh., s. BFH v. 13.8.1997 – I R 65/95, BStBl. II 1998, 21, IStR 1998, 19.
22 BFH v. 28.3.2018 – I R 42/16, IStR 2018, 732; FG Düss. v. 31.1.2012 – 13 K 1178/10 E, EFG 2012, 1167 (Rev. I R 20/12 nach Rücknahme eingestellt) (bezogen auf Vergütungen der GTZ/GIZ in Kasachstan); *Bublitz*, IStR 2007, 77 (79); *H/H/R*, § 49 Anm. 761, unter zutr. Berufung auf die amtl. Gesetzesbegründung (BT-Drucks. 13/5952, 49 f.); **aA** *K/S/M*, § 49 Rn. G 143.

nicht aber „durch" öffentl. Kassen).[1] In Fällen einer ‚Mischfinanzierung' ist ggf. aufzuteilen.[2] Das gilt gleichermaßen für (Ausnahme-)Sachverhalte, in denen „Zahlstelle" die öffentl. Kasse ist, die Lastentragung aber (zB im Rahmen einer Private Public Partnership) einer privaten Stelle anheimfällt; § 49 Abs. 1 Nr. 4 lit. b ist dafür nicht einschlägig.[3] Vermittels der durch das sog. BEPS-UmsG v. 20.12.2016[4] geschaffenen Ermächtigungsgrundlage des § 2 Abs. 3 Nr. 2 AO soll das auch DBA-überschreibend (entgegen Art. 18 Abs. 3 und 5 OECD-MA) gelingen. – Davon zu unterscheiden ist die (insoweit engere) Regelungslage bei der sog. erweiterten unbeschränkten StPfl. nach § 1 Abs. 2 S. 1 Nr. 2 (s. § 1 Rn. 10) sowie auch bei entspr. Einkünften aus ausländ. Kassen gem. § 34d Nr. 5 (s. § 34d Rn. 13), die tatbestandl. beide ein konkretes Dienstverhältnis zu der Kasse verlangen. – Das so verstandene Kassenstaatsprinzip in § 49 Abs. 1 Nr. 4 lit. b wirft bezogen auf ArbN mit privat (re-)finanziertem Arbeitslohn unions- und vor allem gleichheitsrechtl. Bedenken auf.

66 **4. Tätigkeit von Geschäftsführern, Prokuristen, Vorstandsmitgliedern (Abs. 1 Nr. 4 lit. c). Besonderheiten** bestehen vor allem im Hinblick auf die Tätigkeiten der gesetzlichen oder satzungsmäßigen **Organe v. KapGes.** (**Geschäftsführer**, vgl. § 35 GmbHG; **Vorstandsmitglieder**, vgl. § 76 AktG, § 24 Abs. 2 GenG, § 34 VAG), die vornehmlich in der Erteilung v. Weisungen und dem Treffen v. Entscheidungen bestehen, darüber hinaus (rechtsformunabhängig, s. Rn. 68) v. **Prokuristen** (vgl. § 48 HGB), nicht jedoch (Art. 3 Abs. 1 GG!) v. faktisch geschäftsführenden Pers.,[5] auch nicht v. Handelsbevollmächtigten oÄ; die erwähnten Vollmachts- und Vertretungsverhältnisse bestimmen sich grds. nach deutschem (Handels- und Ges.-) Recht, eine Organschaftsbestellung nach ausländ. Recht ist aber denkbar. Für diesen Personenkreis stellt Abs. 1 Nr. 4 lit. c (idF des StÄndG 2001 mit erstmaliger Anwendung v. VZ 2002 an) generell darauf ab, dass die betr. (Leitungs-)Tätigkeit für eine **Ges.** mit **inländ. Geschäftsleitung** (§ 10 AO) als desjenigen Empfängers erbracht wird, dem die Weisungen übermittelt werden. Die Bezüge des betr. Personenkreises aus nichtselbständiger (nicht aber aus selbständiger)[6] Tätigkeit (iSd. § 19) für diese Ges. sind also unabhängig v. der Dauer der vorübergehenden Aufenthalte des Leitungsorgans in Deutschland hier beschränkt stpfl. Damit bestätigt das G einerseits den GrS des BFH.[7] Es verwirft andererseits diejenige Rspr. des BFH, die – allerdings bezogen nur auf neuere DBA und deswegen (angeblich) nicht v. GrS abw.[8] – regelmäßig auf den physischen Aufenthaltsort des jeweiligen Organs (idR dessen Wohnsitz) abstellt.[9] Die Abgrenzungen, die der BFH zw. den (wenigen) älteren und neueren DBA, welche Sonderregelungen für die Besteuerung der Einkünfte leitender Angestellter enthalten,[10] vornimmt, überzeugen nicht; sie erscheinen gekünstelt.[11] Insofern ist die Gesetzesergänzung zu begrüßen. Unschön ist, dass der Gesetzgeber einmal mehr die Judikative legislativ ‚überspielt', und außerdem, dass die Rspr. zu § 49 (also den Nicht-DBA-Fällen) und zu den erwähnten DBA künftig voraussichtlich voneinander divergieren wird (s. auch Rn. 72). (Auch) in Anbetracht dessen wäre es wünschenswert, wenn der BFH seine Rspr. noch einmal überdenken würde.[12] Weitere Unabgestimmtheiten können sich im Hinblick auf inländ. Gesellschaftsorgane einer ausländ. Ges. ergeben, weil § 34d Nr. 5 insoweit (und ähnlich § 49 Abs. 1 Nr. 4 lit. d, s. Rn. 69) keine mit § 49 Abs. 1 Nr. 4 lit. c korrespondierende Vorschrift enthält.[13] Gestaltungsausweg kann die Umwandlung der Bezüge in Beraterhonorare sein, wegen der (bislang bestehenden, s. aber § 17 Rn. 124) Gefahr der Schlussbesteuerung gem. §§ 11, 12 KStG jedoch kaum jemals die Verlegung der Geschäftsleitung der Ges.

---

1 S. zu vergleichbaren begriffl. Abgrenzungen in anderen, aber vergleichbaren Zusammenhängen zB BFH v. 25.7. 2011 – I B 37/11, BFH/NV 2011, 1879; auch v. 17.2.2010 – I R 85/08, BStBl. II 2011, 758.

2 **AA** *H/H/R*, § 49 Anm. 761: stets aus öffentl. Kassen herrührend.

3 S. auch BFH v. 22.11.1986 – I R 144/80, BFH/NV 1987, 761; v. 31.7.1991 – I R 47/90, HFR 1992, 168; *H/H/R*, § 49 Anm. 761.

4 BGBl. I 2016, 3000.

5 S. dazu zB BGH v. 11.7.2005 – II ZR 235/03, DB 2005, 1897; *Gosch*, § 10 AO Rn. 17 mwN.

6 Zur Abgrenzung im Einzelfall s. allg. zB *Schrader/Schubert*, DB 2005, 1457, sowie aus umsatzsteuerrechtl. Sicht BFH v. 10.3.2005 – V R 29/03, BStBl. II 2005, 730; BMF v. 21.9.2005, BStBl. I 2005, 936; *Widmann*, DB 2005, 2373: Geschäftsführer als Unternehmer iSd. § 2 Abs. 2 Nr. 1 UStG.

7 BFH v. 15.11.1971 – GrS 1/71, BStBl. II 1972, 68 betr. DBA-Schweiz 1931/1959; daran anschließend BFH v. 25.10. 2006 – I R 81/04, IStR 2007, 177; v. 11.11.2009 – I R 83/08, BStBl. II 2010, 781; v. 11.11.2009 – I R 190/08, BFH/NV 2010, 885.

8 BFH v. 5.10.1994 – I R 67/93, BStBl. II 1995, 95 betr. DBA-Kanada; sa. BMF v. 3.5.2018, BStBl. I 2018, 643 Rn. 307, zuvor: BMF v. 12.11.2014, BStBl. I 2014, 1467 Tz. 6.1; v. 14.9.2006, BStBl. I 2006, 532 Tz. 6.1 Rn. 119.

9 BFH v. 5.10.1994 – I R 67/93, BStBl. II 1995, 95; vgl. auch BFH v. 2.5.1997 – I B 117/96, BFH/NV 1998, 18.

10 S. dazu den Überblick bei *Schwerdtfeger*, IStR 2002, 361 (362 f.); sa. OFD Ffm. 11.2.2003, GmbHR 2003, 553 unter Hinweis auf DBA-Schweiz, -Belgien, -Dänemark, -Japan, -Türkei, -Schweden.

11 Abl. zB *Kempermann*, FR 1995, 158; *Kramer*, RIW 1995, 742; *Neyer*, IStR 1997, 33.

12 *Neyer*, IStR 1997, 33.

13 Zutr. *Neyer*, IStR 2001, 587 (588 f.); *Steinhäuser*, FR 2003, 652.

Abs. 1 Nr. 4 lit. c findet auf **alle Vergütungen** der erwähnten Art Anwendung, unabhängig davon, wofür diese im Einzelnen geleistet werden. Es bleibt also bei der Maßgeblichkeit der inländ. Geschäftsleitung der Ges., auch wenn im konkreten Einzelfall die geschäftsleitende Tätigkeit nicht (nur) in der Erteilung v. Weisungen (zB Ein- oder Verkaufsaktivitäten) besteht. Auch dann kommt es nicht auf den tatsächlichen Tätigkeits- oder Aufenthaltsort an.[1] Von welcher Seite die Vergütungen erbracht werden (zB v. Konzern-Obergesellschaften aufgrund v. Aktienoptionsplänen), ist unbeachtlich. **Einbezogen** sind gegenwärtige, aber auch nachträgliche Vergütungen, sofern die abgegoltenen Leistungen v. dem StPfl. nur persönlich erbracht werden bzw. wurden, also zB Ausgleichszahlungen für Urlaubs- und Tantiemeansprüche,[2] (anteilige) Vorteile aus der Gewährung v. Kaufoptionsrechten im Rahmen v. Aktienoptionen,[3] wohl auch Ruhegehälter. Letzteres wirkt sich wegen der Besteuerungszuordnung zum Wohnsitzstaat gem. Art. 18 OECD-MA aber regelmäßig nur aus, wenn ein Bezug zur lfd. Tätigkeit besteht, zB bei Abfindungen zur Ablösung eines Pensionsanspruchs, **nicht** jedoch bei lfd. Renten oder bei (kapitalisierten) Einmalzahlungen mit Versorgungscharakter bei oder nach Beendigung des Arbverh.[4] **Nicht einbezogen** sind auch Vergütungen, die dafür gezahlt werden, dass es gerade an einer Tätigkeit fehlt, zB ein Sich-zur-Verfügung-Halten (Bereitschaftsdienst, Zeiträume der Arbeitsfreistellung iZ mit der Beendigung des Dienstverhältnisses bei Altersteilzeit nach dem sog. Blockmodell),[5] Vergütungen für Konkurrenz- und Wettbewerbsverbote,[6] auch Abfindungen, die kein zusätzliches Tätigkeitsentgelt darstellen; hier ist im Grundsatz der tatsächliche Aufenthaltsort des Betreffenden ausschlaggebend.[7] S. aber Abs. 1 Nr. 4 lit. d, Rn. 69 ff. 67

Ges. iSd. Abs. 1 Nr. 4 lit. c sind in erster Linie (nur) KapGes., bei der Tätigkeit eines Prokuristen kommen aber auch PersGes. in Betracht, **nicht** jedoch Einzelkaufleute, sonstige jur. Pers.[8] Nach welcher Rechtsordnung die Ges. gegründet worden ist und wo sie ihren (statutarischen) Sitz hat, ist unbeachtlich. Ausschlaggebend ist der inländ. Geschäftsleitungsort. Für die Bestimmung der **Geschäftsleitung** und deren **Ort** gelten die allg. Regeln des **§ 10 AO**, wonach die Geschäftsleitung der Mittelpunkt der geschäftlichen Oberleitung ist. Das umfasst bei einer KapGes. nur die lfd. Geschäftsführung ieS („Tagesgeschäft"), nicht aber die Festlegung der Grundsätze der Unternehmenspolitik, der Vornahme ungewöhnlicher Maßnahmen, die Entscheidungen v. besonderer wirtschaftlicher Bedeutung.[9] Bei einem Schifffahrtsunternehmen kann sich der Ort der Geschäftsleitung idS auch in den Geschäftsräumen eines ausländ. Managers oder Korrespondenzreeders befinden.[10] Werden die Geschäfte v. mehreren Pers. geführt, ist nach dem Bedeutungsgrad der v. diesen zu treffenden Entscheidungen aufgrund der tatsächlichen Gegebenheiten des Einzelfalles zu gewichten.[11] Nach umstrittener,[12] aber richtiger Auffassung des I. Senats des BFH[13] sind aber auch mehrere Orte der geschäftlichen Oberleitung denkbar.[14] 68

5. Entschädigung iSd. § 24 Nr. 1 für die Auflösung eines Dienstverhältnisses (Abs. 1 Nr. 4 lit. d). 69
(Erstmals)[15] v. VZ 2004 an werden bei ArbN auch Abfindungszahlungen iSd. § 24 Nr. 1 (für die Beendi-

---

1 BFH v. 22.6.1983 – I R 67/83, BStBl. II 1983, 625; v. 21.5.1986 – I R 37/83, BStBl. II 1986, 739; v. 5.10.1994 – I R 67/93, BStBl. II 1995, 95.
2 BMF v. 3.5.2018, BStBl. I 2018, 643 Rn. 216 ff.; zuvor: BMF v. 12.11.2014, BStBl. I 2014, 1467 Tz. 5.5.4.2, 5.5.1 ff.; v. 14.9.2006, BStBl. I 2006, 532 Rn. 122, 128; sa. BFH v. 27.1.1972 – I R 37/70, BStBl. II 1972, 459.
3 S. dazu BFH v. 24.1.2001 – I R 100/98, BStBl. II 2001, 509; BMF v. 3.5.2018, BStBl. I 2018, 643 Rn. 236 ff.; v. 12.11.2014, BStBl. I 2014, 1467 Tz. 5.5.5; v. 14.9.2006, BStBl. I 2006, 532 Tz. 6.6, Rn. 129 ff.
4 BMF v. 3.5.2018, BStBl. I 2018, 643 Rn. 220 ff.; v. 12.11.2014, BStBl. I 2014, 1467 Tz. 5.5.4.1; v. 14.9.2006, BStBl. I 2006, 532 Tz. 6.3 Rn. 123; sa. BFH v. 19.9.1975 – VI R 61/73, BStBl. II 1976, 65.
5 BFH v. 9.9.1970 – I R 19/69, BStBl. II 1970, 867; v. 12.1.2011 – I R 49/10, BStBl. II 2011, 446. Sa. BMF v. 3.5.2018, BStBl. I 2018, 643 Rn. 312 f., 324 ff.; v. 12.11.2014, BStBl. I 2014, 1467 Tz. 6.2, 6.5; v. 14.9.2006, BStBl. I 2006, 532 Tz. 6.2, 6.7, Rn. 120, 137 ff.
6 BFH v. 12.6.1996 – XI R 43/94, BStBl. II 1996, 516; sa. BFH v. 5.10.1994 – I R 67/93, BStBl. II 1995, 95; BMF v. 3.5.2018, BStBl. I 2018, 643 Rn. 322 f.; v. 12.11.2014, BStBl. I 2014, 1467 Tz. 6.4; v. 14.9.2006, BStBl. I 2006, 532 Tz. 6.4, Rn. 126 f.
7 BFH v. 24.2.1988 – I R 143/84, BStBl. II 1988, 819; v. 10.7.1996 – I R 83/95, BStBl. II 1997, 341; BMF v. 3.5.2018, BStBl. I 2018, 643 Rn. 220 ff.; v. 12.11.2014, BStBl. I 2014, 1467 Tz. 5.5.4.1 ff.; v. 14.9.2006, BStBl. I 2006, 532 Tz. 6.3, Rn. 121.
8 Vgl. BFH v. 21.8.2007 – I R 17/07, BFH/NV 2008, 530 zu Vereinen (und deren Vorsitzenden) nach Art. 15 Abs. 4 DBA-Schweiz.
9 BFH v. 16.12.1998 – I R 138/97, BStBl. II 1999, 437 (438); v. 15.7.1998 – I B 134/97, BFH/NV 1999, 372 (373); sa. BFH v. 3.7.1997 – IV R 58/95, BStBl. II 1998, 86 (87).
10 BFH v. 3.7.1997 – IV R 58/95, BStBl. II 1998, 86; v. 25.8.1999 – VIII R 76/95, BFH/NV 2000, 300.
11 BFH v. 7.12.1994 – I K 1/93, BStBl. II 1995, 175 (178); v. 3.7.1997 – IV R 58/95, BStBl. II 1998, 86 (89).
12 Vgl. *Gosch*, § 10 AO Rn. 29; *T/K*, § 10 AO Rn. 9 mwN.
13 BFH v. 15.10.1997 – I R 76/95, BFH/NV 1998, 434; v. 16.12.1998 – I R 138/97, BStBl. II 1999, 437 (439).
14 *Gosch*, StBp. 1998, 106.
15 Die Neuregelung wirkte nicht lediglich „klarstellend" zurück; BFH v. 27.8.2008 – I R 81/07, BFH/NV 2009, 258.

gung des Arbverh., jedoch für dieses Arbverh.) v. der beschränkten StPflicht erfasst, soweit die Einkünfte aus der zuvor ausgeübten Tätigkeit im Inland der Besteuerung unterlegen haben. Die Neuregelung bezweckt, zuvorige Besteuerungslücken zu schließen.[1] Hinsichtlich der Voraussetzungen und Abgrenzungen ist auf § 24 Nr. 1 zu verweisen. Erfasst werden nur konkret und final auf die Auflösung des Dienstverhältnisses bezogene Vergütungen, nicht aber anderweitige Vergütungen, die unabhängig davon oder anlässlich der Beendigung gezahlt werden, zB für Wettbewerbsverbote[2] und damit für die Nichtausübung einer Tätigkeit.[3] Um eine inländ. Besteuerung der vorangegangenen Tätigkeit handelt es sich dann, wenn die betr. Pers. mit dieser Tätigkeit zu irgendeinem Zeitpunkt und für irgendeinen Zeitraum unbeschränkt oder beschränkt stpfl. war, vorausgesetzt aber, es handelte sich um Einkünfte aus nichtselbständiger Arbeit iSd. § 19. Auf eine tatsächliche Besteuerung kommt es (wie zB bei § 1 Abs. 3, s. § 1 Rn. 20) nicht an; auch stfreie (einschl. DBA-befreite) inländ. Einkünfte sind sonach einzubeziehen.[4] Ebenso wie bei der beschränkten StPflicht aus Geschäftsführertätigkeit (s. Rn. 66) fehlt eine Korrespondenz zu den ausländ. Einkünften gem. § 34d sowie (idR) zur DBA-rechtl. Lage (s. Rn. 72). Bei Verursachung der Entschädigung durch eine zuvor beschränkte EStPflicht kann die Zuordnung der Abfindungsleistungen uU schwierig sein, weil Abs. 1 Nr. 4 nur bestimmte Tätigkeiten erfasst, die Entschädigung aber regelmäßig die gesamte Tätigkeit des StPfl. betrifft, auch jene, die im Inland nicht der Besteuerung unterlegen hat. Hier bedarf es regelmäßig der (schätzweisen) Aufteilung. Als Aufteilungsschlüssel kommt nach Regelungswortlaut und -zweck in erster Linie wohl nur das Verhältnis des gesamten und des der inländ. Besteuerung unterliegenden Arbeitslohns in Betracht, eine zeitbezogene Aufteilung allenfalls hilfsweise in praktisch bes. schwierigen Fällen; ansonsten findet eine Zeitaufteilung im G keine Stütze. Zum Verhältnis einer verursachungsorientierten Zuordnung und Veranlassung als aliud zum Zufluss und Abfluss iRd. beschränkten StPflicht s. auch Rn. 107.[5]

70 **6. Tätigkeit an Bord von Luftfahrzeugen (Abs. 1 Nr. 4 lit. e).** Mit erstmaliger Wirkung v. VZ 2007 wurde ein neuer Tatbestand für die Tätigkeit an Bord v. Luftfahrzeugen geschaffen, die, sofern sie sich im internationalen Verkehrseinsatz befinden, nicht zum Inland gehören. Da **Art. 15 Abs. 3 OECD-MA**[6] entspr. Einkünfte v. der Besteuerung jenem Staat zuweist, in dem sich die Geschäftsleitung des Luftfahrtunternehmens befindet, bestand bislang – bei Vereinbarung der abkommensrechtl. Freistellungsmethode (Art. 23A OECD-MA) mit dem Wohnsitzstaat der Bediensteten – die Gefahr sog. weißer Einkünfte; erfasst werden konnten zwar – in Ermangelung einer abkommensrechtl. Arbeitsortsfiktion[7] – die anteiligen Einkünfte des Bordpersonals für die im deutschen Luftraum bzw. auf deutschen Flughäfen verrichteten Tätigkeiten, aber eben auch nur für diese Tätigkeiten. Die notwendige Rechtsgrundlage für den Steuerzugriff soll Abs. 1 Nr. 4 lit. e schaffen. Für Schiffspersonal wurde davon abgesehen. Die analoge Anwendung der Vorschrift auf solche Pers. scheidet mithin ebenso aus wie auf den internat. Straßen- oder Bahnverkehr.[8] S. zur Problematik auch § 50d Rn. 41d.

70a Seinen tatbestandl. Erfordernissen nach verlangt § 49 Abs. 1 Nr. 4 lit. e lediglich die Ausübung an Bord eines im internat. Luftverkehr eingesetzten Luftfahrzeugs. Die Pers., die die betr. Tätigkeit ausübt, kann, sie muss aber nicht ArbN des Luftverkehrsbetreibers sein. Es kann sich also auch um eine im ArbN-Verleih eingesetzte Pers. handeln, oder um Mitarbeiter eines speziell tätigen ArbN („crewing").[9]

71 **7. Steuererhebung.** Die Steuer wird (vom VZ 1996 an) im Wege des (prinzipiell abgeltenden, vgl. § 50 Abs. 2 S. 1 [§ 50 Abs. 5 S. 1 aF]) LSt-Abzugs (mit WK-Abzug) **erhoben**, sofern ein inländ. ArbG vorhanden ist (§ 38). Fehlt es an einem solchen, kommt es nur bei den in § 50a Abs. 1 Nrn. 1 und 2 aufgeführten Einkünften aus künstlerischen, sportlichen, artistischen, unterhaltenden oder sonstigen Darbietungen und Verwertungen zum Steuerabzug gem. Steuerabzug. EU-/EWR-Staatsangehörigen wird – v. VZ 2009 an – in allen Fällen alternativ ein Veranlagungswahlrecht eingeräumt, § 50 Abs. 2 S. 2 Nrn. 4b und 5 iVm. Abs. 2 S. 7. Bis zum VZ 2009 kam es bei fehlendem inländ. ArbG (nur) bei den in § 50a Abs. 4 Nr. 2 aF ge-

---

1 BFH v. 27.8.2008 – I R 81/07, BFH/NV 2009, 258.
2 *H/H/R*, § 49 Anm. 740; **aA** *K/S/M*, § 49 Rn. G 67, G 249 „Wettbewerbsverbot".
3 Vgl. BFH v. 12.6.1996 – XI R 43/94, BStBl. II 1996, 516.
4 **AA** *H/H/R*, § 49 Anm. 787; *Neyer*, IStR 2004, 403 (404).
5 *Neyer*, IStR 2004, 403 (404).
6 Ausnahmen bei deutschen DBA: Art. 15 Abs. 1, 2 DBA-Liberia; Art. 15 Abs. 1 DBA-Trinidad und Tobago; sa. BMF v. 21.7.2005, BStBl. I 2005, 821.
7 BFH v. 22.10.2003 – I R 53/02, BStBl. II 2004, 704; v. 10.1.2012 – I R 36/11, BFH/NV 2012, 1138 (jew. für Binnenschiffer im Hinblick auf Art. 15 Abs. 3 S. 1 DBA-Schweiz); aber str. vgl. zB *F/W/K*, DBA-Schweiz, Art. 15 Rn. 1, 63; *Wassermeyer*, Art. 15 DBA-Schweiz Rn. 90; sa. *Hilbert*, IWB 2011, 160.
8 Vgl. BFH v. 22.1.2001 – I B 79/01, BFH/NV 2002, 902; v. 16.5.2002 – I B 80/01, BFH/NV 2002, 1423.
9 *H/H/R*, § 49 Anm. 792; uU aber anders iZ mit Art. 15 Abs. 3 OECD-MA, s. BFH v. 11.2.1997 – I R 36/96, BStBl. II 1997, 432; *Wassermeyer*, Art. 15 Rn. 198.

nannten Berufsgruppen (Künstler, Berufssportler, Schriftsteller, Journalisten, Bildberichterstatter) zum (ansonsten – v. VZ 1996 an – insoweit subsidiären) Steuerabzug gem. § 50a, andernfalls zur Veranlagung (§ 46). Ein Erstattungsanspruch nach § 50 Abs. 5 S. 2 Nr. 3 aF stand ArbN grds. nicht zu; s. im Einzelnen 14. Aufl. § 50 Rn. 27.

8. Verhältnis zu Doppelbesteuerungsabkommen. Das DBA-Recht stellt übereinstimmend mit § 49 Abs. 1 Nr. 4 auf die Tätigkeit (ihre Ausübung) (Art. 15 Abs. 1 OECD-MA) und auf das Kassenstaatsprinzip (Art. 19 OECD-MA) ab, die Verwertungsanknüpfung ist hingegen unbekannt. Besteuerungseinschränkungen ergeben sich aus der Freistellung aufgrund der 183-Tage-Klausel (vgl. Art. 15 Abs. 2 OECD-MA)[1] sowie der Grenzgängerbesteuerung (zB Art. 15a DBA-Schweiz)[2]. In beiden Fällen sehen DBA das Besteuerungsrecht des Wohnsitzstaats vor. Zu den Besonderheiten im Hinblick auf die Besteuerung des Bordpersonals v. Schiffen und Luftfahrzeugen s. Art. 15 Abs. 3 OECD-MA[3] (s. dazu Rn. 69).[4] Im Hinblick auf die Sonderregelungen in § 49 Abs. 1 Nr. 4 lit. c für die Tätigkeiten als Geschäftsführer, Prokurist oder Vorstandsmitglied einer Ges. mit Geschäftsleitung im Inland verbleibt es bei den Regelungen in Art. 15 OECD-MA und dem hiernach grds. dem Ansässigkeitsstaat zugeordneten Besteuerungsrecht.[5] Zu Ausnahmen s. aber Rn. 66. Gleiches gilt bezogen auf die in Abs. 1 Nr. 4 lit. d bestimmte beschränkte StPflicht v. Abfindungen für den Verlust des Arbeitsplatzes (Rn. 69).[6] Allerdings hatte sich die (deutsche) FinVerw. seit geraumer Zeit bemüht, Deutschland das Besteuerungsrecht für nachträglich gezahlte Abfindungen aus Anlass der Beendigung eines im Inland ausgeübten Arbverh. durch entspr. Verständigungsvereinbarungen gem. Art. 25 Abs. 3 OECD-MA zu sichern.[7] Das ist letzten Endes gescheitert. Der BFH[8] hat das zu Recht verneint. Die daraufhin zunächst geschaffenen gesetzlichen Bemühungen, den vormaligen Rechtszustand über (den seinerzeit neu geschaffenen) § 2 Abs. 2 AO iVm. einschlägigen VO zu restituieren, sind iErg. ebenfalls misslungen.[9] Der nunmehr neuerliche Versuch, die notwendige Rechtsgrundlage für die Abweichung v. DBA zu schaffen, ist § 2 Abs. 3 Nr. 1 AO, wonach vermittels VO Einkünfte oder Vermögen oder Teile davon bestimmt werden können, um nach vorheriger Notifizierung v. der Steuerfreistellung auf die Steueranrechnung übergehen zu können (sa. Rn. 65). Speziell für Abfindungen wurde zudem mit § 50d Abs. 12 ein abkommensüberschreibendes G geschaffen (s. § 50d Rn. 52 f.). – Schließlich wird das Besteuerungsrecht ggf. abw. für Entgelte zugeordnet, die wegen ihres Versorgungscharakters Art. 18 OECD-MA unterworfen sind.[10] Zu einer abw. Besteuerungszuordnung kann es auch dann kommen, wenn das Entgelt losgelöst v. der eigentlichen Arbeitserbringung erbracht wird, zB bei Leistungen gem. § 9 ArbnErfG, für welche entspr. der Situation bei Abfindungen infolge des engeren abkommensrechtl. Kausalitätsverständnisses zw. Leistung und Gegenleistung entweder Art. 15 Abs. 1 OECD-MA oder aber auch Art. 12 Abs. 1 OECD-MA einschlägig sein kann.[11] – Zum LSt-Abzug bei abkommensbefreiten Einkünften s. § 50d Rn. 5. 72

1 BMF v. 3.5.2018, BStBl. I 2018, 643 Rn. 80 ff.; v. 12.11.2014, BStBl. I 2014, 1467 Tz. 4.

2 Sa. BMF v. 3.5.2018, BStBl. I 2018, 643 Rn. 19 f.; v. 12.11.2014, BStBl. I 2014, 1467 Tz. 1.2.2.2.

3 S. dazu BMF v. 3.5.2018, BStBl. I 2018, 643 Rn. 345 ff.; v. 12.11.2014, BStBl. I 2014, 1467 Tz. 8.

4 Zum Verhältnis zw. dem DBA und dem Rahmenabkommen über die Technische Zusammenarbeit s. einerseits FG RhPf. v. 30.4.2007 – 5 K 2884/03, EFG 2008, 949, andererseits FG Düss. v. 31.1.2012 – 13 K 1178/10 E, EFG 2012, 1167 (Rev. I R 20/12 nach Rücknahme eingestellt).

5 BMF v. 3.5.2018, BStBl. I 2018, 643 Rn. 307 ff.; v. 12.11.2014, BStBl. I 2014, 1467 Tz. 6.

6 BMF v. 3.5.2018, BStBl. I 2018, 643 Rn. 220 ff.; v. 12.11.2014, BStBl. I 2014, 1467 Tz. 5.5.4; zB *Neyer*, IStR 2004, 403 (405). S. auch FG Köln v. 30.1.2008 – 4 V 3366/07, EFG 2008, 593 (m. Anm. *Herlinghaus*) zum DBA-Belgien; abgrenzend demggü. BFH v. 24.7.2013 – I R 8/13, BStBl. II 2014, 929 (zum DBA-Frankreich aufgrund danach gegebener Besonderheiten); dazu auch BMF v. 3.5.2018, BStBl. I 2018, 643 Rn. 223; v. 12.11.2014, BStBl. I 2014, 1467 Tz. 5.5.4.2 Rn. 189.

7 ZB die Konsultationsvereinbarungen mit der Schweiz (BStBl. I 2011, 146); Belgien (BStBl. I 2011, 103; sa. BMF v. 10.1.2007, BStBl. I 2007, 261); Großbritannien (BStBl. I 2012, 862); Luxemburg (BStBl. I 2012, 693); Niederlande (BStBl. I 2011, 142); Österreich (BStBl. I 2011, 144). IErg. BMF v. 3.5.2018, BStBl. I 2018, 643 Rn. 227 ff.; v. 12.11. 2014, BStBl. I 2014, 1467 Tz. 5.5.4.2.

8 S. BFH v. 2.9.2009 – I R 90/08, BStBl. II 2010, 394; v. 2.9.2009 – I R 111/08, BStBl. II 2010, 387; ebenso *Kempermann*, FR 2009, 475; *Vogel/Lehner*[6], Art. 25 Rn. 154, Rn. 166, Einl. Rn. 135 ff.; *G/K/G/K*, Art. 25 Rn. 94; *Ismer*, IStR 2009, 366; *Haase*, AStG/DBA, Art. 15 Rn. 51 ff., Art. 25 Rn. 42; sa. BFH v. 1.2.1989 – I R 74/86, BStBl. II 1990, 4; v. 4.6.2008 – I R 62/06, BStBl. II 2008, 793; v. 20.8.2008 – I R 39/07, BStBl. II 2009, 234; **aA** *Schröder*, IStR 2009, 48.

9 BFH v. 10.6.2015 – I R 79/13, BStBl. II 2016, 326, m. Anm. *Lehner*, IStR 2015, 790; FG BaWü. v. 6.4.2017 – 3 K 3729/16, juris (Rev. I R 37/17); *Micker*, IWB 2011, 61; *Drüen*, IWB 2011, 360; *T/K*, § 2 AO Rn. 333 f.; *Schönfeld/Ditz*, DBA, 2013, Systematik Rn. 100 und Art. 15 Rn. 49; *Pohl*, RIW 2012, 677; *Hummel*, IStR 2011, 397 (403); **aA** *Oellerich* in Gosch, § 2 AO Rn. 94 ff.

10 BMF v. 3.5.2018, BStBl. I 2018, 643 Rn. 226; v. 12.11.2014, BStBl. I 2014, 1467 Tz. 5.5.4.1 Rn. 181.

11 BMF v. 3.5.2018, BStBl. I 2018, 643 Rn. 234 f.; v. 12.11.2014, BStBl. I 2014, 1467 Tz. 5.5.4.3; BFH v. 21.10.2009 – I R 70/08, BStBl. II 2012, 493; s. dazu aus verfahrensrechtl. Sicht wegen Art. 29 DBA-USA 1989/2008 zu Recht einschr. BMF v. 25.6.2012, BStBl. I 2012, 692; *Eimermann*, IStR 2010, 909.

73 **V. Inländische Einkünfte aus Kapitalvermögen (Abs. 1 Nr. 5). 1. Erfasste Einkünfte.** Die gem. § 49 Abs. 1 Nr. 5 v. der beschränkten StPflicht erfassten Einkünfte aus KapVerm.[1] decken sich im Grundsatz mit jenen aus **§ 20 Abs. 1 Nr. 1–7**; v. ihnen ist bei Vorliegen einer entspr. beschränkten StPfl.[2] KapESt (§§ 43 ff.) einzubehalten. **Ausgenommen** sind – mangels praktischer Relevanz – lediglich Diskontbeträge v. Wechseln und Anweisungen einschl. der Schatzwechsel gem. § 20 Abs. 1 Nr. 8 sowie Leistungen und Gewinne v. Betrieben gewerblicher Art v. jur. Pers. des öffentl. Rechts und wirtschaftliche Geschäftsbetriebe KSt-befreiter Körperschaften, Personenvereinigungen oder Vermögensmassen gem. § 20 Abs. 1 Nr. 10. Letzteres hat zur Folge, dass eine ggf. einbehaltene KapESt mangels inländ. Einkünfte als Voraussetzung der beschränkten StPflicht zu erstatten ist.[3] **Einbezogen** sind demgegenüber nach dem gesetzlichen Paradigmenwechsel zur Abgeltungsteuer durch das UntStRefG 2008 – jedenfalls prinzipiell – die Wertzuwächse, die dem Stpfl durch die Veräußerung der Kapitalanlagen oder nach Abschluss eines Kapitalüberlassungsvertrags gem. **§ 20 Abs. 2 S. 1 Nr. 1 S. 1 und 2, Nrn. 2 lit. b, 3, 7 und 8** zufließen und die gem. § 43 Abs. 1 Nr. 9–12 der KapESt unterfallen. Erfasst werden hiernach Wertzuwächse, welche nach dem 31.12.2008 zufließen (vgl. § 52a Abs. 17 idF des UntStRefG 2008). Auf den KapESt-Abzug wird aber (trotz § 43 Abs. 4) mangels einschlägiger Tatbestandsmäßigkeit in Abs. 1 Nr. 5 verzichtet, wenn es sich um eine qualifizierte Kapitalbeteiligung iSv. § 49 Abs. 1 Nr. 2 lit. e handelt.[4] – Erforderlich für die beschränkte Stpflicht auch der Kapitalerträge ist – wie sonst auch – in jedem Fall ein (persönlicher oder sachlicher) Inlandsbezug (s. Rn. 76 ff.).

74 **Im Einzelnen** werden (wurden) einbezogen:

- **Gewinnanteile** einschl. vGA (**§ 49 Abs. 1 Nr. 5 S. 1 lit. a iVm. § 20 Abs. 1 Nr. 1**), die ***vor dem 1.1. 2018*** zufließen (s. § 52 Abs. 45a idF des InvStRefG v. 19.7.2016[5]), allerdings mit Ausnahme v. Erträgen aus Investmentanteilen iSd. § 2 InvG aF (s. aber § 49 Abs. 1 Nr. 5 S. 1 lit. b iVm. § 2 und § 7 InvStG aF). Einzubeziehen sind bei entspr. Inlandsbezug auch gem. § 8a KStG aF in (fiktive) vGA umqualifizierte Zinsen sowie auf den ausländ. G'ter entfallende (ebenfalls fiktive) Kapitalerträge iSd. § 7 UmwStG.[6] Einbezogen sein sollen nach Ansicht der FinVerw.[7] auch Gewinnanteile nach zuvoriger isolierter Veräußerung des Gewinnanspruchs durch den Stammrechtsinhaber, falls eine Besteuerung des Veräußerungsgewinns bei Letzterem nach **§ 20 Abs. 2 S. 1 Nr. 2 lit. a S. 1** unterblieben ist; mangels Doppelbesteuerung eines und desselben Gewinns beim beschränkt stpfl. Veräußerer trete die Veräußerungsgewinnbesteuerung dann abw. v. § 20 Abs. 2 S. 1 Nr. 2 lit. a S. 2 nicht an die Stelle der Anteilsbesteuerung nach S. 1 der Vorschrift. Das ist abzulehnen. Die StPfl. nach § 20 Abs. 1 Nr. 1 wird durch § 20 Abs. 2 S. 1 Nr. 2 lit. a S. 2 unabhängig v. einer tatsächlichen Besteuerung des Veräußerungsgewinns suspendiert; die Nichtbesteuerung des Veräußerungsgewinns beruht allein auf dem Fehlen eines entspr. steuerbegründenden Tatbestands in § 49 Abs. 1 Nr. 5 und dieses Manko lässt sich nicht mittels erweiternder (und ggf. auch unionsrechtl. bedenklicher)[8] Auslegung v. § 20 Abs. 2 S. 1 Nr. 2 lit. a S. 2 – „quasi" im Wege einer „innerstaatlichen subject-to-tax-Klausel"[9] – ausgleichen;[10]
- Bezüge aus Kapitalherabsetzungen und Auflösungen (§ 49 Abs. 1 Nr. 5 S. 1 lit. a iVm. § 20 Abs. 1 Nr. 2);
- bis zur Umstellung des kstl. Vollanrechnungs- auf das sog. Halbeinkünfteverfahren: die anzurechnende oder zu vergütende **KSt** (§ 49 Abs. 1 Nr. 5 S. 1 lit. b aF iVm. § 20 Abs. 1 Nr. 3 aF; zur Übergangsregelung s. § 52 Abs. 57a S. 2, s. dazu im Einzelnen § 36 Rn. 2);
- Einnahmen aus stiller Ges. (§ 230 HGB) und partiarischen Darlehen (§ 49 Abs. 1 Nr. 5 S. 1 lit. a iVm. § 20 Abs. 1 Nr. 4);
- Erträge aus Versicherungen (§ 49 Abs. 1 Nr. 5 S. 1 lit. a iVm. § 20 Abs. 1 Nr. 6);

---

1 S. allg. *Ackermann*, IWB 2015, 270.
2 Die v. Kreditinstitut iZ mit der Legitimationsprüfung nach § 154 AO oder der bei Kontoeröffnung erhobenen Identifizierung nach § 2 GwG festgestellt werden kann, ggf. auch anhand einer v. der ausländ. Finanzbehörde ausgestellte Wohnsitzbescheinigung, s. BMF v. 22.12.2009, BStBl. I 2010, 94 Tz. 314.
3 BFH v. 19.12.1984 – I R 31/82, BFHE 143, 416; *Wassermeyer*, IStR 2003, 94, der insoweit (zutr.) eine Gesetzeslücke annimmt; **aA** *Ramackers*, IStR 2003, 383.
4 BMF v. 22.12.2009, BStBl. I 2010, 94 Tz. 315.
5 BGBl. I 2016, 1730.
6 Str., wie hier zB *Rödder/Schumacher*, DStR 2006, 1525 (1531); **aA** zB *D/P/M*, § 4 UmwStG (SEStEG) Rn. 5: Erfassung gem. § 49 Abs. 1 Nr. 2 lit. a iRd. Feststellungsverfahren: zwar Reduzierung des Quellensteuereinbehalts gem. § 10 OECD-MA, aber keine Abgeltung, § 50 Abs. 2 S. 2 Nr. 1.
7 BMF v. 26.7.2013, BStBl. I 2013, 939.
8 *Helios/Klein*, FR 2014, 110 (112).
9 Zutr. *Helios/Klein*, FR 2014, 110 (112).
10 Zutr. *Wiese/Berner*, DStR 2013, 2674; *Helios/Klein*, FR 2014, 110; *Bisle*, NWB 2013, 4108; zwar diff., aber dennoch letzten Endes **aA** *Ramackers*, RdF 2013, 241.

- Einnahmen aus Leistungen nicht KSt-befreiter Körperschaften, Personenvereinigungen oder Vermögensmassen iSd. § 1 Abs. 1 Nr. 3 bis 5 KStG außerhalb des Regelungsbereichs v. § 20 Abs. 1 Nr. 1 (§ 49 Abs. 1 Nr. 5 S. 1 lit. a iVm. § 20 Abs. 1 Nr. 9). Die Regelung soll gem. § 52 Abs. 57a S. 1 erstmals für Ausschüttungen anzuwenden sein, für die der 4. Teil des KStG aF nicht mehr gilt. Da § 20 Abs. 1 Nr. 9 derartige Ausschüttungen aber gerade nicht betrifft, ist § 49 Abs. 1 Nr. 5 S. 1 lit. a wohl gem. der Grundregel des § 52 Abs. 1 erstmals v. VZ 2001 an anwendbar;
- Erträge aus **Wandelanleihen und Gewinnobligationen (§ 49 Abs. 1 Nr. 5 S. 1 lit. a letzter HS [§ 49 Abs. 1 Nr. 5 S. 1 lit. a HS 2 aF])**. Derartige Erträge gehören an sich zu § 20 Abs. 1 Nr. 7 (und damit „eigentlich" zu S. 1 lit. c der Vorschrift, sa. Rn. 79), werden indes durch § 49 Abs. 1 Nr. 5 S. 1 lit. a letzter HS (§ 49 Abs. 1 Nr. 5 S. 1 lit. a HS 2 aF) der dort bestimmten beschränkten StPflicht zugeordnet, und das uneingeschränkt und auch dann, wenn über die Wandelanleihen Teilschuldverschreibungen begeben werden.[1] Grund dafür ist allein der übereinstimmende Inlandsbezug im HS 1 der Vorschrift. Die in § 49 Abs. 1 Nr. 5 S. 1 lit. a HS 2 idF vor Streichung durch das InvStRefG v. 19.7.2016[2] genannten Ausnahmen für Kapitalerträge aus Investmentfonds, die bis zum 31.12.2003 zuflossen (§ 52 Abs. 57a S. 5 aF), fanden deswegen auf Wandelanleihen und Gewinnobligationen keine Anwendung;[3]
- **bis zum 31.12.2003 zugeflossene** (vgl. § 52 Abs. 57a S. 5) **Erträge aus ausländ. Investmentanteilen** bei **Tafelgeschäften**, die mit inländ. Kreditinstituten abgewickelt wurden (§ 49 Abs. 1 Nr. 5 S. 1 lit. a aF iVm. § 44 Abs. 1 S. 4 Nr. 1 lit. a bb). § 49 Abs. 1 Nr. 5 S. 1 lit. a letzter HS aF stellte sicher, dass Erträge aus ausländ. Investmentfonds ansonsten grds. nicht der beschränkten StPflicht unterfielen, da der Schuldner nicht im Inland ansässig war. Nicht beschränkt stpfl. waren hiernach die in § 37n, § 38b Abs. 1–4, § 43a, § 43c, § 44 S. 1 bis 3, § 50a, § 50c aF iVm. § 38b Abs. 1–4 KAGG aF erfassten Erträge aus bestimmten inländ. Sondervermögen (Geldmarkt, Wertpapier, Beteiligungen, Investmentfonds, Grundstücke, Altersvorsorge);
- **nach dem 31.12.2003 zugeflossene Erträge aus (ausländ.) Investmentanteilen iSd. § 2 InvStG aF, (1)** soweit es sich um inländ. Erträge iSd. § 43 Abs. 1 S. 1 Nr. 1 und 2 handelt, v. denen ein KapESt-Abzug v. 20 % vorgenommen worden ist, (**§ 49 Abs. 1 Nr. 5 S. 1 lit. b aa** idF des InvModG **iVm. § 2 und § 7 Abs. 3 InvStG aF**) und **(2)** soweit es sich um sonstige Erträge iSv. § 7 Abs. 1, 2 und 4 InvStG aF handelt, die – wie zuvor – aus **Tafelgeschäften** resultieren und mit inländ. Kreditinstituten abgewickelt werden (**§ 49 Abs. 1 Nr. 5 S. 1 lit. b bb** idF des InvModG **iVm. § 44 Abs. 1 S. 4 Nr. 1 lit. a bb**). Einbezogen sind hiernach Teile der Ausschüttungen und teilthesaurierte Erträge v. Inlands- und Auslandsfonds, die dem Zinsabschlagsverfahren unterliegen (§ 7 Abs. 1 und 2 InvStG aF), ausgeschüttete und thesaurierte Dividenden, die v. inländ. KapGes. stammen (§ 7 Abs. 3 InvStG aF) und vollthesaurierte Dividenden (§ 7 Abs. 4 InvStG aF); die frühere Unterscheidung zw. ausgeschütteten und thesaurierten Erträgen (vgl. § 38b, § 39b, § 44 S. 2–4 KAGG aF; § 18a AuslInvestmG aF) wurde aufgegeben. **Nicht** zu § 49 Abs. 1 Nr. 5 S. 1 lit. b, sondern zu § 49 Abs. 1 Nr. 8 gehören Gewinne, die mittels inländ. Spezial-Sondervermögen aus privaten Veräußerungsgeschäften mit inländ. Grundstücken und grundstücksgleichen Rechten erzielt werden (§ 34 Abs. 1 Nr. 3 InvStG 2018, § 15 Abs. 2 S. 2 InvStG aF).
- **§ 49 Abs. 1 Nr. 5 S. 1 lit. b** wurde durch das **InvStRefG** v. 19.7.2016[4] allerdings **ersatzlos aufgehoben**. Die Norm ist nach § 52 Abs. 28a nur noch für solche Kapitaleinkünfte aus Investmentanteilen anzuwenden, die ***vor dem 1.1.2018*** zufließen. Da **v. 2018 an** die vorstehend beschriebenen Ertragsarten bereits auf der Ebene des Investmentfonds besteuert werden, besteht kein Grund mehr, die Ausschüttungen eines Fonds, die nunmehr zu den Einkünften nach § 20 Abs. 1 Nr. 3 (iVm. § 16 InvStG 2018) zählen, auf der Ebene der Anleger der beschränkten StPfl. zu unterwerfen.[5] Gleiches gilt prinzipiell für die inländ. Dividenden v. Spezial-Investmentfonds (§§ 25 ff. InvStG 2018); sofern es hier (aufgrund der Wahrnehmung der sog. Transparenzoption durch den Anleger, §§ 30 ff. InvStG 2018) zu einer unmittelbaren Zurechnung auf Anlegerebene kommt, ergibt sich die beschränkte StPfl. aus § 49 Abs. 1 Nr. 5 S. 1 lit. a (oder auch aus § 49 Abs. 1 Nr. 2 lit. f, Nr. 6 oder Nr. 8).[6] Schüttet ein Spezial-Investmentfonds inländ. Immobilienerträge nach § 34 Abs. 1 InvStG 2018, § 5 Abs. 4 InvStG aF oder sonstige inländ. Einkünfte nach § 6 Abs. 5 Nr. 1 InvStG 2018 an einen beschränkt stpfl. Anleger aus oder gelten solche Einkünfte als zugeflossen, richtet sich die Besteuerung nach **§ 33 InvStG 2018**, und danach gelten **(1)**

---

1 FG Düss. v. 6.12.2017 – 2 K 1289/15 H, EFG 2018, 1965 (Rev. I R 6/18); *Ackermann*, IWB 2015, 270 (271); **aA** *H/H/R*, § 49 Anm. 833; *K/S/M*, § 49 Rn. H 245; *Blümich*, § 49 Rn. 184b; *Schmidt*[37], § 49 Rn. 99; *Lademann*, § 49 Rn. 1766; *L/B/P*, § 49 Rn. 235.
2 BGBl. I 2016, 1730.
3 **AA** *H/H/R*, § 49 Anm. 833, 846.
4 BGBl. I 2016, 1730.
5 BT-Drucks. 18/8045, 139.
6 BT-Drucks. 18/8045, 139.

die inländ. Immobilienerträge kraft Verweisung in **§ 33 Abs. 2 S. 1 InvStG 2018** als v. Anleger unmittelbar nach § 49 Abs. 1 Nr. 2 lit. f, Nr. 6 oder Nr. 8 bezogene Einkünfte und **(2)** die sonstigen inländ. Einkünfte kraft Verweisung in **§ 33 Abs. 3 InvStG 2018** ebenfalls als unmittelbar nach § 49 Abs. 1 bezogene Einkünfte. Der besonderen Regelung des § 49 Abs. 1 Nr. 5 S. 1 lit. b bedarf es deswegen jedenfalls nicht mehr; diese Vorschrift ist ersatzlos weggefallen.[1]

- Erträge aus dinglich gesicherten Forderungen (§ 20 Abs. 1 Nr. 5 und 7; § 49 Abs. 1 Nr. 5 S. 1 lit. c aa S. 1) (s. Rn. 76 ff. zum Inlandsbezug und zu Ausnahmen);
- Erträge aus sonstigen Kapitalforderungen (§ 20 Abs. 1 Nr. 7) aus nicht beteiligungsähnlichen Genussrechten (§ 49 Abs. 1 Nr. 5 S. 1 lit. c bb), und das ausnahmslos und auch aus (nicht verbrieften) Genussrechten ohne einen spezifischen Inlandsbezug, denn das G schweigt dazu, eröffnet aber andererseits weder Grund für eine Analogie zu Abs. 1 Nr. 5 S. 1 lit. a[2] noch für eine teleologische Reduktion;[3]
- **bis zum 31.12.2008 zugeflossene** (vgl. § 52a Abs. 17 idF des UntStRefG 2008) **Zinsen** aus Anleihen und Forderungen iSv. **§ 20 Abs. 1 Nr. 7** (Zinsen aus Teilschuldverschreibungen), **Abs. 2 S. 1 Nr. 2b, Nr. 3 und 4** (außer bei Wandelanleihen iSv. § 20 Abs. 1 Nr. 2) sowie dazu gem. **§ 20 Abs. 2 S. 1 Nr. 1** gewährte bes. Entgelte oder Vorteile, wenn der Stpfl die Geschäfte über eine inländ. auszahlende Stelle vornimmt, ohne bei dieser ein Konto oder ein Depot zu unterhalten, also bei sog. **Tafelgeschäften (§ 49 Abs. 1 Nr. 5 S. 1 lit. c cc aF iVm. § 43 Abs. 1 S. 1 Nr. 7 lit. a, Nr. 8 und Abs. 1 S. 2 aF)**;
- **nach dem 31.12.2008 zugeflossene** (vgl. § 52a Abs. 17 idF des UntStRefG 2008) Einkünfte aus entspr. **Tafelgeschäften**, dies ggü. der früheren Regelungslage allerdings erweitert auf dem KapESt-Abzug unterliegende **Gewinne aus Veräußerungen** gem. **§ 20 Abs. 2 S. 1 Nr. 1 S. 1 und S. 2** (Gewinne aus der Veräußerung v. Anteilen an Körperschaften und bestimmten Genussrechten), **Nr. 2 lit. b** (Gewinne aus der Veräußerung v. Zinsscheinen und Zinsforderungen aus Teilschuldverschreibungen) **und Nr. 7** (Gewinne aus der Veräußerung v. Teilschuldverschreibungen), **§ 49 Abs. 1 Nr. 5 S. 1 lit. d iVm. § 43 Abs. 1 S. 1 Nr. 7 lit. a, Nr. 9 und 10 sowie** Kapitalerträge nach **§ 20 Abs. 3** (= daneben gewährte besondere Entgelte und Vorteile), **§ 49 Abs. 1 Nr. 5 S. 1 lit. d iVm. § 43 Abs. 1 S. 2.** Ursprünglich sollten hiervon auch Einkünfte gem. § 20 Abs. 1 Nr. 11 (Stillhalterprämien), § 20 Abs. 2 S. 1 Nr. 3 (Termingeschäfte) sowie Nr. 8 iVm. § 43 Abs. 1 S. 1 Nr. 8, 11 und 12 einbezogen werden. Der Gesetzgeber verzichtete jedoch auf diese Ausweitung; er trug mittels der Einschränkung (durch das JStG 2009) insbes. dem Umstand Rechnung, dass Deutschland in derartigen Fällen gem. Art. 13 Abs. 5 und Art. 21 OECD-MA idR kein Besteuerungsrecht zusteht und es bei gem. § 154 AO namentlich bekannten Steuerausländern (Depotinhabern) nicht als erforderlich erschien, eine Besteuerung vorzunehmen.[4]
- sonstige **Vorteile aus Kapitalnutzungen (§ 49 Abs. 1 Nr. 5 S. 2 iVm. § 20 Abs. 3** [Abs. 2 aF]), vorausgesetzt, sie unterfallen den (gegenüber § 20 eingeschränkten) tatbestandlichen Voraussetzungen des § 49 Abs. 1 Nr. 5 S. 1.

75 Zwar nimmt § 49 Abs. 1 Nr. 5 nicht ausdrücklich auf **§ 20 Abs. 8** (Abs. 3 aF) Bezug, gleichwohl gilt auch iRd. beschränkten StPflicht das **Subsidiaritätsprinzip**.[5]

76 **2. Inlandsbezug.** Die Vorschrift stellt den für die beschränkte StPflicht erforderlichen Inlandsbezug in § 49 Abs. 1 Nr. 5 S. 1 in unterschiedlicher Weise her:

77 Bei den Einkünften gem. **§ 20 Abs. 1 Nr. 1, 2, 4 und 6** wird der erforderliche Inlandsbezug durch die inländ. Ansässigkeit (Wohnsitz, Geschäftsleitung oder Sitz) des Kapitalschuldners (nicht des Haftenden) im Zeitpunkt des Kapitalzuflusses[6] bestimmt **(§ 49 Abs. 1 Nr. 5 S. 1 lit. a)**. Bei Gesamtschuldnern genügt es, wenn einer der Schuldner diese Voraussetzungen erfüllt, bei Teilschuldnern kommt es auf die jeweilige Ansässigkeit an. Die Ansässigkeit des Kapitalgläubigers ist unbeachtlich.[7] Darüber hinaus genügte es bis zur InvSt-Reform mWv. 1.1.2018, dass es sich um bestimmte ausländ. Erträge iSd. § 7 Abs. 1, 2 und 4 InvStG aF, bis zum VZ 2003: iSd. §§ 17 und 18 AuslInvestmG aF, handelte. Der Inlandsbezug wurde hier durch den Verweis auf § 44 Abs. 1 S. 4 Nr. 1 lit. a bb aF ausdrücklich bestimmt, s. Rn. 74.

78 Bei der anzurechnenden oder zu vergütenden KSt **(§ 20 Abs. 1 Nr. 3 aF)** wurde dieses Erfordernis der Ansässigkeit nicht ausdrücklich im G verlangt **(§ 49 Abs. 1 Nr. 5 S. 1 lit. b aF)**. Es ergab sich jedoch gleichermaßen daraus, dass nur Ausschüttungen unbeschränkt stpfl. (also im Inland ansässiger, vgl. § 1 Abs. 1 KStG) Körper-

1 S. BT-Drucks. 18/8045, 139.
2 AA *L/B/P*, § 49 Rn. 245; *Schmidt*[37], § 49 Rn. 101; *Blümich*, § 49 Rn. 1954; *H/H/R*, § 49 Anm. 850.
3 AA *B/B*, § 49 Rn. 158.
4 BT-Drucks. 16/11108, 28.
5 *H/H/R*, § 49 Anm. 805.
6 BFH v. 28.3.1984 – I R 129/79, BStBl. II 1984, 620; v. 6.2.1985 – I R 87/84, BFH/NV 1985, 104.
7 *H/H/R*, § 49 Anm. 831.

schaften die Anrechnung nach § 27 KStG aF auslösen konnten. Praktische Bedeutung hatte § 49 Abs. 1 Nr. 5 S. 1 lit. b aF letztlich nur für **KSt-Vergütungsfälle** (aus dem EK 03, vgl. § 36e aF), für KSt-Anrechnungsfälle jedoch nicht. Diese unterfielen bereits § 49 Abs. 1 Nr. 2 (Einkünfte aus GewBetr.), da die KSt-Anrechnung bei beschränkt stpfl. Anteilseignern voraussetzte, dass die Anteile zu einem inländ. BV gehörten (§ 51 KStG aF).

Bei Einkünften gem. **§ 20 Abs. 1 Nr. 5 und 7** wird der notwendige Inlandsbezug allein durch die **Belegenheit** der die Kapitalforderung dinglich besichernden Vermögensgegenstände (Grundstücke, grundstücksgleiche Rechte) bzw. – bei Schiffen – durch die Eintragung in ein inländ. Schiffsregister[1] hergestellt, auch dann, wenn der Schuldner nicht im Inland ansässig ist (**§ 49 Abs. 1 Nr. 5 S. 1 lit. c aa S. 1**). Luftfahrzeuge werden nicht erfasst. Für die (zivilrechtl. wirksame) dingliche Sicherung der Kapitalforderung[2] (gleichviel, ob aus- oder einschl.,[3] jedoch niemals allein der Zinsen als der eigentlichen Einkünfte) genügt neben der unmittelbaren (zB Grundpfandrechte) ausdrücklich eine nur mittelbare (zB Verwertungs- oder Pfandrechte). Die formgerechte Erteilung und Aushändigung einer erforderlichen Eintragungsbewilligung an den Gläubiger steht der eingetragenen Sicherung gleich,[4] unter vergleichbaren Umständen auch die Erteilung einer Vormerkung,[5] nicht aber die Darlehenshingabe gegen dingliche Besicherung durch einen inländ. Gläubiger, der sich die Mittel seinerseits aus dem Ausland beschafft hat.[6] Ausreichend ist auch die Übergabe des Grundschuldbriefs an einen Notar zur treuhänderischen Verwahrung für den Gläubiger[7] sowie bloße Verpfändung eines Grundschuld- oder Hypothekenbriefs.[8] Auf den Sicherungsumfang kommt es nicht an. Sicherungs- und Zuflusszeitpunkte müssen allerdings übereinstimmen, der Zinszeitraum ist hingegen bedeutungslos.[9] **Ausnahmen** (gem. **Abs. 1 Nr. 5 S. 1 lit. c aa S. 2**) bestehen (auch bei inländ. Belegenheit) **(1)** für Zinsen und Forderungen, die in ein öffentl. Schuldbuch eingetragen oder **(2)** die in einer Sammelurkunde gem. § 9a DepotG verbrieft oder **(3)** über die Teilschuldverschreibungen ausgegeben sind. – IErg. werden damit Zinseinkünfte aus **Sparanlagen** und **Festgeldern nicht** v. der beschränkten StPflicht erfasst. Gleiches gilt für die Zinsen, die im Rahmen einer **G'ter-Fremdfinanzierung** v. inländ. KapGes. an ihre ausländ. G'ter gezahlt werden (vgl. jedoch § 8a KStG aF). Gleiches gilt aber nicht für Zinszahlungen aus Wandelanleihen (und darüber begebenen Teilschuldverschreibungen), die per se § 49 Abs. 1 Nr. 5 lit. a unterfallen (s. Rn. 74), nicht jedoch lit. c und damit auch nicht lit. c aa S. 2.[10] 79

Bei den Einkünften gem. **§ 20 Abs. 1 Nr. 7** fehlt im G hinsichtlich der Erträge aus **nicht beteiligungsähnlichen Genussrechten** ein Inlandsbezug. Erforderlich muss für den inländ. Steuerzugriff aber auch hier (vgl. Rn. 77) sein, dass der Schuldner Wohnsitz, Geschäftsleitung oder Sitz im Inland hat (teleologische Reduktion).[11] Die Erfassung der gleichermaßen zu den Einkünften aus **Tafelgeschäften** nach § 20 Abs. 1 Nr. 7 gehörenden Kapitalerträge gem. § 43 Abs. 1 S. 1 Nr. 7 Buchst. a, 8 und Abs. 1 S. 2 (Zinsen), v. 1.1. 2009 an (vgl. § 52a Abs. 17) auch der zu den Gewinnen aus Veräußerungen gem. § 20 Abs. 2 Nr. 1 S. 1 und 2, Nr. 2b, und 7 gehörenden Kapitalerträge gem. § 43 Abs. 1 S. 1 Nrn. 9 und 10, setzt voraus, dass diese Erträge v. dem Schuldner oder v. einem **inländ. Kreditinstitut** (§ 43 Abs. 1 Nr. 7b) oder einem **inländ. Finanzdienstleistungsinstitut** ausbezahlt oder gutgeschrieben werden und dass die Teilschuldverschreibung nicht v. dem Schuldner oder dem inländ. Kreditinstitut verwahrt (**Abs. 1 Nr. 5 lit. d aa**)[12] oder gegen Übergabe der Wertpapiere ausgezahlt oder gutgeschrieben und diese v. Kreditinstitut weder verwahrt noch verwaltet (**§ 49 Abs. 1 Nr. 5 S. 1 lit. d bb**) werden. Erfasst werden sonach (nur) Kapitalerträge, bei denen der Gläubiger sich die Erträge selbst auszahlen lässt. Die (stfreie) Auszahlung über ausländ. Kredit- und Finanzdienstleistungsinstitute wird nicht einbezogen. 80

Für sonstige Entgelte oder Vorteile iSv. **§ 49 Abs. 1 Nr. 5 S. 2 iVm. § 20 Abs. 3** (Abs. 2 aF) sieht das G keinen besonderen Inlandsbezug vor. Maßgeblich sind sonach auch insoweit die in § 49 Abs. 1 Nr. 5 S. 1 bestimmten Inlandsbezüge. 81

---

1 Auch bei einem ausländ. und im Ausland ansässigen Eigentümer, RFH RStBl. 1932, 442.
2 Einzelfälle (und sich daraus ergebende „Merkwürdigkeiten") werden anschaulich v. *Schönfeld/Bergmann*, IStR 2014, 254, erläutert.
3 BFH v. 28.3.1984 – I R 129/79, BStBl. II 1984, 620.
4 BFH v. 13.4.1994 – I R 97/93, BStBl. II 1994, 743.
5 *Frotscher/Geurts*, § 49 Rn. 330.
6 RFH, RStBl. 1934, 1080; s. aber auch RStBl. 1934, 1205; RStBl. 1935, 582, für den Fall, dass die dingliche Besicherung gleichzeitig zugunsten des ausländ. Gläubigers erfolgt.
7 BFH v. 13.4.1994 – I R 97/93, BStBl. II 1994, 743.
8 BFH v. 6.2.1985 – I R 87/84, BFH/NV 1985, 104.
9 BFH v. 28.3.1984 – I R 129/79, BStBl. II 1984, 620; *H/H/R*, § 49 Anm. 847; *Schönfeld/Bergmann*, IStR 2014, 254 (255); **aA** *L/B/P*, § 49 Rn. 334.
10 FG Düss. v. 6.12.2017 – 2 K 1289/15 H, EFG 2018, 1965 (Rev. I R 6/18).
11 *H/H/R*, § 49 Anm. 850.
12 *Oho/Behrens*, IStR 1996, 313 (315).

82 **3. Steuererhebung.** Kapitaleinkünfte unterliegen **idR** der (grds. abgeltenden, vgl. § 50 Abs. 2 S. 1 [§ 50 Abs. 5 S. 1 aF], dort Rn. 16 ff.) **Abzugsteuer** gem. §§ 43 ff. Sind die Einkünfte einer inländ. Betriebsstätte zuzuordnen, ist zu veranlagen (§ 50 Abs. 2 S. 1 Nr. 1 [§ 50 Abs. 5 S. 2 aF]). Der Steuersatz bestimmt sich nach § 43a, § 32d. Ist (infolge DBA, § 43b, § 50g, Rn. 83) ein niedrigerer Steuersatz anzusetzen, kann Erstattung gem. § 50d Abs. 1 beantragt werden. Soweit § 44a v. der KapESt-Abzugspflicht Ausnahmen vorsieht, setzen diese in aller Regel die unbeschränkte StPfl. des Gläubigers voraus. **Abw.** davon verhält es sich gem. § 43b sowie § 44a Abs. 4 S. 6 idF des JStG 2010: **§ 43b Abs. 1 und 3** ermöglicht auf Antrag die KapESt-Befreiung für bestimmte Ges. und unter bestimmten Voraussetzungen innerhalb der EU (nicht aber für liquidations- oder umwandlungsbedingte Zuflüsse v. Kapitalerträgen, § 43b Abs. 1 S. 4), **§ 44a Abs. 4 S. 6** für die Fälle des § 49 Abs. 5 lit. c und d (Rn. 74), vorausgesetzt, es handelt sich (1) bei dem jew. Anleger um eine in der EU/im EWR (mit Sitz und Ort der Geschäftsleitung) ansässige Ges., die bei Vornahme eines Typenvergleichs einer in Deutschland ansässigen Körperschaft iSd. § 5 Abs. 1 Nr. 3 KStG entspricht – in erster Linie also rechtsfähige Pensionskassen –, und (2) mit dem Ansässigkeitsstaat besteht ein Amtshilfeabkommen.[1] Die Regelung stand iZ mit § 7 Abs. 3 und 6 InvStG aF, der vor der InvSt-Reform (InvStRefG v. 19.7.2016,[2] Rn. 74) eine entspr. Freistellung für Erträge aus offenen deutschen Immobilienfonds regelte.

83 **4. Verhältnis zu Doppelbesteuerungsabkommen.** Es bestehen erhebliche Einschränkungen der beschränkten StPflicht, vgl. Art. 10 Abs. 2 und 11 Abs. 2 OECD-MA: Sowohl die Dividenden- als auch die Zinsbesteuerung ist weitgehend dem jeweiligen Wohnsitzstaat zugewiesen und belässt dem Quellenstaat nur das (eingeschränkte) Recht zum Steuerabzug (bei Dividenden zw. 5 % und 15 %, in Ausnahmen bis 25 %, bei Zinsen bis zu 10 %, in Ausnahmen bis 25 %; sa. § 50j). Bei Zinseinkünften hat die Bundesrepublik auf ihr Quellensteuerrecht zumeist verzichtet. Zu den allg. Steuerentlastungen auf Zinszahlungen innerhalb der EU aufgrund der Mutter/Tochter-RL s. § 43b und aufgrund der Zins-/Lizenz-RL s. § 50g, § 50h.

84 **VI. Einkünfte aus Vermietung und Verpachtung (Abs. 1 Nr. 6). 1. Erfasste Einkünfte.** § 49 Abs. 1 Nr. 6 bestimmt, in welchem sachlichen Umfang VuV-Einkünfte in die beschränkte StPflicht einbezogen werden. Infolge der prinzipiellen Isolierung der Einkunftsarten im Bereich der beschränkten StPflicht (Rn. 103) steht dieser Zugriffstatbestand unbeschadet § 21 Abs. 3 gleichrangig neben den anderen Einkunftsarten. Fallen die betr. VuV-Einkünfte allerdings (zugleich) unter § 49 Abs. 1 Nr. 1–5 und werden sie davon erfasst, gehen jene Einkünfte gleichwohl vor. Abs. 1 Nr. 6 idF des JStG 2009 ordnet diese spezielle Subsidiarität in einem neuen Satzeinschub ausdrücklich an, in erster Linie augenscheinlich iZ mit der zeitgleich eingeführten Ausweitung beschränkt stpfl. Einkünfte aus GewBetr. um VuV-Einkünfte (iSv. Abs. 1 Nr. 6) gem. Abs. 1 Nr. 2 lit. f S. 1 lit. aa (s. dazu Rn. 39). Jene tatbestandliche Ausweitung führt dazu, dass sowohl originär gewerbliche Einkünfte beschränkt stpfl. KapGes. aus VuV als auch solche VuV-Einkünfte, die dies nur kraft Fiktion des **§ 49 Abs. 1 Nr. 2 lit. f S. 1 lit. aa** sind, diesen ihren gewerblichen Charakter auch für die Zwecke des § 49 behalten.[3]

85 Von § 49 Abs. 1 Nr. 6 werden im Grundsatz alle Einkünfte des § 21 erfasst, also solche aus der VuV v. **unbeweglichem Vermögen, Schiffen** uÄ (§ 21 Abs. 1 Nr. 1), **Sachinbegriffen** (§ 21 Abs. 1 Nr. 2), **Rechten** (§ 21 Abs. 1 Nr. 3), auch der Veräußerung v. Miet- und Pachtzinsforderungen gem. § 21 Abs. 1 Nr. 4. Die VuV **einzelner WG** unterfällt § 49 Abs. 1 Nr. 9. Voraussetzung für die Anwendung v. § 49 Abs. 1 Nr. 6 ist die (auch ihrer Dauer nach unbegrenzte oder ungewisse) **zeitliche** (nicht: örtliche) **Nutzungsüberlassung** eines Gegenstandes oder Rechts, gleichviel auf welcher (obligatorischen oder dinglichen) Grundlage. Um eine solche Rechtsüberlassung (iSv. § 21 Abs. 1 Nr. 3) handelt es sich zwar auch bei der (derivativen) Nutzungsüberlassung v. Persönlichkeitsrechten (Namen, Bilder) zur Durchführung und Verwertung v. Werbemaßnahmen (zB v. Sportlern) durch einen Dritten (zB ein entspr. Vermarktungsunternehmen),[4] zutr., v. der FinVerw.[5] und auch v. BFH aber nicht geteilter Ansicht nach[6] indes nicht bei einer originären Nut-

1 S. dazu *Patzner/Nagler*, IStR 2010, 840.
2 BGBl. I 2016, 1730.
3 *Huschke/Hartwig*, IStR 2008, 745.
4 BFH v. 28.1.2004 – I R 73/02, BStBl. II 2005, 550 zu Gestattungsrechten an Bild und Namen v. Sportlern und Künstlern (dazu BMF v. 2.8.2005, BStBl. I 2005, 844); FG München v. 30.11.2015 – 7 K 3840/13, juris; **aA** *Wild/Eigelshoven/Hanisch*, IStR 2006, 181.
5 S. BMF v. 9.1.2009, BStBl. I 2009, 362 zur Aufteilung der Gesamtvergütung beschränkt stpfl. Fotomodelle; s. dazu abgrenzend aber auch Rn. 28.
6 ZB *K/S/M*, § 49 Rn. I 201; *Gosch*, FS Wassermeyer, 2005, 263 (269); *M. Lang*, SWI 2007, 17 (18); **aA** jedoch BFH v. 19.12.2007 – I R 19/06, BFH/NV 2008, 672; v. 16.12.2008 – I R 23/07 nv. (gegen BFH v. 28.1.2004 – I R 73/02, BStBl. II 2005, 550; v. 5.11.1992 – I R 41/92, BStBl. II 1993, 407); BMF v. 2.8.2005, BStBl. I 2005, 844; *Schmidt-Heß*, IStR 2006, 690; sa. öVwGH, (ö)RdW 2006, 716 (m. Anm. *Zorn*, RdW 2006, 787): nur bei entspr. Zusammenhang mit der eigentlichen Berufssphäre.

zungsüberlassung durch den Inhaber des an seiner Pers. bestehenden ‚Nutzungsrechts' als bloßer Gestattung („negatives Verbotsrecht").[1] Ob mit der Nutzungsüberlassung v. Persönlichkeitsrechten in Zusammenhang stehende Dienstleistungen, sofern sie nicht v. Abs. 1 Nr. 2 lit. d erfasst werden, dahinter zurücktreten, ist Sache des Einzelfalles; ggf. ist aufzuteilen (str., s. Rn. 31). **Nicht** um eine Nutzungsüberlassung eines Rechts iSv. Abs. 1 Nr. 6 (und Nr. 2 lit. f S. 1 lit. aa) handelt es sich jedenfalls, wenn dem Vergütungsschuldner bloß faktisch die Möglichkeit eingeräumt wird, aufgrund der Gestattung ein eigenes Recht begründen zu können.[2] Allerdings ist zur Beseitigung dieses ‚Zugriffsdefizits' mit Wirkung v. VZ 2010 an Abhilfe in Gestalt v. § 49 Abs. 1 Nr. 2 lit. g geschaffen worden, s. Rn. 49a ff. **Nicht** v. Nr. 6 erfasst wird hingegen seine **endg.** Überlassung oder Veräußerung.[3] Die zeitliche Begrenztheit des überlassenen Rechts (zB Patent- oder Markenrechts, Software, s. dazu iErg. § 50a Rn. 15 f.) steht der Annahme einer zeitlich begrenzten Nutzungsüberlassung nicht entgegen,[4] auch nicht, dass ungewiss ist, ob und wann die Überlassung zur Nutzung endet,[5] **anders** jedoch die Gewissheit darüber, dass das WG nicht zurückübertragen werden kann oder sich während der Nutzungsüberlassung wirtschaftlich erschöpft, zB die Überlassung veranstaltungsbezogener Rechte, die sich während der Veranstaltung „verbrauchen", zB die Bandenwerbung bei einer Sportveranstaltung[6] oder das exklusive Recht zur Übertragung der Uraufführung eines Theaterstücks[7] (s. § 50a Rn. 15). Um den stl. Zugriff auch in derartigen Fällen zu ermöglichen, wurde der Besteuerungstatbestand des Abs. 1 Nr. 2 lit. f v. VZ 2006 an (§ 52 Abs. 57 idF des SEStEG)[8] entspr. ergänzt (s. Rn. 39 ff.).[9] S. dazu Rn. 15 ff., auch zu den zuweilen schwierigen Abgrenzungen zw. Veräußerung und bloßer Nutzungsüberlassung. Da bei (wirtschaftlich selbständiger) Überlassung des sog. **Know-how** zweifelh. ist, ob dieses zeitlich begrenzt überlassen werden kann, werden etwaige Besteuerungslücken durch Abs. 1 Nr. 9 geschlossen (Rn. 93).[10] Die Besteuerung kann dann nur gem. Abs. 1 Nr. 2 lit. f oder Nr. 9 erfolgen, ansonsten (bei Überlassung des Know-how als unselbständige Nebenleistung zur Überlassung gewerblicher Schutzrechte) bleibt es bei der Besteuerung über Abs. 1 Nr. 6.[11] – Von Abs. 1 Nr. 6 erfasst werden prinzipiell auch **BetrAufsp. über die Grenze**, wenn das ausländ. Besitzunternehmen Einkünfte aus der VuV wesentlicher Betriebsgrundlagen an das inländ. Betriebsunternehmen erzielt[12] (Rn. 13, zur Problematik der isolierenden Betrachtungsweise s. Rn. 103); allerdings gebührt (auch) hier zwischenzeitl. § 49 Abs. 1 Nr. 2 lit. f S. 1 lit. aa Anwendungsvorrang, s. Rn. 43, 45.

2. Inlandsbezug. Der Inlandsbezug wird entweder durch die **Belegenheit** im Inland, die (konstitutiv wirkende) Eintragung in ein inländ. Buch oder Register (Grundbuch, Schiffs-, Patent-, Warenzeichen-, Gebrauchsmuster, Sortenschutzregister) **oder** durch die **Verwertung** in einer inländ. Betriebsstätte oder einer anderen Einrichtung hergestellt. Den Inlandsbezügen der **Belegenheit** oder der Eintragung kommt insbes. auch Bedeutung für Einkünfte aus der Veräußerung entspr. Miet- und Pachtzinsforderungen iSv. § 21 Abs. 1 S. 1 Nr. 4 zu, für den in § 49 Abs. 1 Nr. 6 eine ausdrückliche Regelung des Inlandsbezugs fehlt.[13] Bei der Eintragung des überlassenen Rechts ist unbeachtlich, für wen diese erfolgt ist. Dies kann, wenn auch mit Einverständnis des ausländ. Überlassenden, auch der inländ. Lizenznehmer sein.[14] – **Verwertung** (zum Begriff s. Rn. 53) wird lediglich bei Sachinbegriffen und Rechten in Betracht kommen (zB Nutzung v. Lizenzen[15] oder Medikamentrezepturen[16]). Sie setzt das Vorliegen einer fremden (also nicht dem Vergütungsgläubiger als dem Rechtsinhaber zustehenden) inländ. Betriebsstätte (§ 12 AO) oder anderen Ein- 86

1 BGH v. 14.3.1990 – KVR 4/88, NJW 1990, 2815, für die Erlaubnis des Veranstalters zur Fernsehübertragung einer Sportveranstaltung; v. 8.11.2005 – KZR 37/03, NJW 2006, 377, für vergleichbare Berichterstattung im Hörfunk; s. dazu auch BFH v. 4.3.2009 – I R 6/07, BStBl. II 2009, 625.
2 S. BFH v. 27.5.2009 – I R 86/07, BStBl. II 2010, 120 (für die sog. Spielerleihe im Profi-Fußball und die dadurch für den entleihenden Verein herbeigeführte Möglichkeit, beim DFB eine Spielerlaubnis für den „verliehenen" Spieler beantragen zu können).
3 BFH v. 7.12.1977 – I R 54/75, BStBl. II 1978, 355; konkret zu § 49 Abs. 1 Nr. 3 (jeweils bezogen auf die Übertragung eines Alleinvertriebsrechts): BFH v. 27.7.1988 – I R 130/84, BStBl. II 1989, 101; v. 27.2.2002 – I R 62/01, BFH/NV 2002, 1142.
4 *Schaumburg*[4], Rn. 6.256.
5 BFH v. 7.12.1977 – I R 54/75, BStBl. II 1978, 355.
6 BFH v. 16.5.2001 – I R 64/99, BStBl. II 2003, 641.
7 BMF v. 25.11.2010, BStBl. I 2010, 1350 Tz. 24.
8 V. 7.12.2006, BGBl. I 2006, 2782.
9 BT-Drucks. 16/520, 8 f. (zum Entw. des G zur Verringerung stl. Missbräuche und Umgehungen).
10 FG München v. 14.5.2018 – 7 K 1440/17, EFG 2018, 1184 (Rev. I R 18/18) m. Anm. *Forchhammer*.
11 BFH v. 27.4.1977 – I R 211/74, BStBl. II 1977, 623.
12 *Piltz*, DB 1981, 2044; *Kaligin*, WPg. 1983, 457; *Gebbers*, RIW 1984, 711.
13 *H/H/R*, § 49 Anm. 936.
14 RFH RStBl 1935, 759; RStBl 1932, 742.
15 BFH v. 23.5.1973 – I R 163/71, BStBl. II 1974, 287.
16 BFH v. 5.11.1992 – I R 41/92, BStBl. II 1993, 407.

richtung voraus, gleichviel, ob es sich hierbei um eine solche eines ausländ. beschränkt StPfl. oder eines inländ. unbeschränkt StPfl. handelt.[1] Eine „andere Einrichtung" unterfällt letztlich denselben Voraussetzungen wie eine Betriebsstätte (= feste Geschäftseinrichtung oder Anlage, Rn. 13), allerdings ohne dass sie einem Betrieb dienen muss. Beispielhaft ist dafür auf öffentl.-rechtl. Rundfunk- oder Fernsehanstalten zu verweisen, nach zutr. Ansicht aber auch auf andere (Dritt-)Nutzungen im nicht gewerblichen Bereich, unabhängig davon, ob die hoheitliche Sphäre betroffen ist oder nicht.[2]

87 **3. Steuererhebung.** Grds. Veranlagung, anders aber bei der Überlassung (nicht jedoch der Veräußerung) v. Rechten und gewerblichen Erfahrungen, bei der die Voraussetzungen für den (abgeltenden) Steuerabzug gem. § 50a Abs. 1 Nr. 3 (§ 50a Abs. 4 S. 1 Nr. 3 aF) vorliegen. S. § 50a Rn. 15.

88 **4. Verhältnis zu Doppelbesteuerungsabkommen.** Bezogen auf das unbewegliche Vermögen herrscht auch im Abkommensrecht das **Belegenheitsprinzip** vor, so dass sich durchweg keine Besteuerungseinschränkungen ergeben (Art. 6 OECD-MA); Ausnahmen ergeben sich nur in Randbereichen, zB bei Zinserträgen aus der Anlage v. Mieteinnahmen im Inland belegener Immobilien, für die Art. 10 OECD-MA und damit das Ansässigkeits- und nicht das Belegenheitsprinzip gilt.[3] Betr. der VuV v. Sachinbegriffen liegen abkommensrechtl. Lizenzeinkünfte vor, deren Besteuerung dem Wohnsitzstaat zugewiesen ist (Art. 12 OECD-MA)

89 **VII. Sonstige Einkünfte (Abs. 1 Nr. 7–10). 1. Erfasste Einkünfte. a) Grundsatz.** Sonstige Einkünfte iSv. § 22 werden nicht durchgängig, sondern **nur lückenhaft** v. der beschränkten StPflicht erfasst. Im Einzelnen:

90 **b) § 49 Abs. 1 Nr. 7 iVm. § 22 Nr. 1 S. 3 lit. a aa). Leibrenten und andere Leistungen**, die v. den gesetzlichen Rentenversicherungsträgern, der landwirtschaftlichen Alterskasse (bis zur Änderung durch das LSV-NOG v. 12.4.2012[4]: Alterskassen), den berufsständischen Versorgungseinrichtungen, den Versicherungsunternehmen oder sonstigen Zahlstellen gewährt werden. Voraussetzung ist im Grundsatz, dass die Versorgungsträger oder Zahlstellen **inländ.** sind (s. aber Rn. 90a). Auf diese Weise gilt für (insbes. nachgelagerte) Versorgungsbezüge der genannten Art ein unilaterales, spezielles **Versorgungs-Kassenstaatsprinzip** (vgl. Rn. 65, 72), das den deutschen Besteuerungszugriff auch dann sicherstellen soll, wenn der Leistungsempfänger (Stichwort: mobiler Rentner, sog. Auslandsrentner) im Ausland lebt. Es stellt allein auf die Zahlung und den Zufluss ab; ein (einschr.) Erfordernis, wonach mit den Renten einhergehende Vorsorgeaufwendungen in der Erwerbsphase steuerwirksam geworden sein müssten, ist (iÜ auch für Steuerinländer) weder vorgesehen noch – aus Unions- oder Verfassungsgründen – vonnöten.[5] Die Regelung wurde durch das AltEinkG eingefügt und gilt v. VZ 2005 an. Zuvor lief die Regelung des § 49 Abs. 1 Nr. 7 iVm. § 22 Nr. 1 für die dort gleichermaßen bestimmte beschränkte StPflicht bei wiederkehrenden Bezügen (Leibrenten, dauernde Lasten) in derartigen Fällen weitgehend leer. Grund hierfür war das Fehlen einer spezifischen (inländ.) Abzugsbesteuerung für jenen Fall, dass sich Deutschland als Quellenstaat abkommensrechtl. ein entspr. Besteuerungsrecht vorbehalten hat.[6] Tatsächlich betrifft dies gegenwärtig jedoch nur wenige Ausnahmen, weil das Besteuerungsrecht für Ruhegehälter nach der Mehrzahl der deutscherseits abgeschlossenen DBA dem Wohnsitzstaat zusteht, der Quellenstaat sie aber freizustellen hat, vgl. Art. 18, Art. 21 OECD-MA;[7] Ausnahmen bestehen idR nur nach Maßgabe des sog. Kassenstaatsprinzips gem. Art. 19 Abs. 2 OECD-MA.[8] Von den ‚klassischen' Staaten, die für einen ‚beweglichen' Altersruhesitz in Betracht kommen, scheidet eine inländ. Inanspruchnahme zB im Verhältnis zu Spanien, Portugal, den USA und der Schweiz aus; anders verhält es sich derzeit nur im Verhältnis zu Österreich.[9] Soweit die FinVerw.[10] meint, ein deutsches (Quellen-)Besteuerungsrecht ergebe sich unbeschadet der Abkommensvereinbarung immer dann, wenn dadurch ein Quellenzugriffsrecht nicht ausdrücklich verboten wird, verlässt dieser Interpretationsversuch allerdings den Rahmen des völkerrechtl. verbindlich Vereinbarten. IÜ greift

---

1 BFH v. 5.11.1992 – I R 41/92, BStBl. II 1993, 407; *FW*, IStR 1993, 228.
2 *Holthaus*, IStR 2017, 729 (731 f.); wohl auch *H/H/R*, § 49 Anm. 954; **aA** *Strahl*, KÖSDI 2016, 19842 Tz. 13.
3 Vgl. BFH v. 28.4.2010 – I R 81/09, BStBl. II 2014, 754.
4 BGBl. I 2012, 579 (599).
5 FG Köln v. 29.3.2012 – 6 K 1101/08, EFG 2012, 1675 (aus anderen Gründen aufgehoben durch BFH v. 20.8.2014 – I R 43/12, BFH/NV 2015, 306).
6 ZB gem. Art. 18 Abs. 2 DBA-Dänemark; Art. 19 Abs. 1 DBA-Argentinien.
7 Vgl. iErg. *Vogel/Lehner*[6], Art. 18 Rn. 3 ff.; sa. BFH v. 24.1.2018 – I R 49/16, BStBl. II 2018, 621 (dort zum DBA-Ungarn).
8 S. speziell zu Art. 17 DBA-Niederlande 2012 BMF v. 24.1.2017, BStBl. I 2017, 147, dort unter 2.
9 S. dazu *Holzapfel*, SWI 2011, 392.
10 BayLfSt v. 8.6.2011, IStR 2011, 776 (bezogen auf den dort angesprochenen Art. 18 Abs. 3 lit. c DBA-Kanada 2001 ist die getroffene Aussage im Regelungskontext allerdings zutr., vgl. BFH v. 13.12.2011 – I B 159/11, BFH/NV 2012, 417; v. 20.12.2017 – I R 9/16, BStBl. II 2018, 439 [Verfassungsbeschwerde BVerfG 2 BvR 1745/18]; parallel BFH v. 20.12.2017 – I R 8/16, BFH/NV 2018, 720; **aA** *Wassermeyer*, Art. 18 DBA-Kanada Rn. 70a).

Abs. 1 Nr. 7 deswegen nur bezogen auf Nicht-DBA-Staaten. Jedenfalls sind die betr. Bezüge unbeschadet eines bestehenden DBA und der danach erfolgten Besteuerungszuordnung gem. § 25 Abs. 3 im Inland zu erklären.

Vom VZ 2010 an werden darüber hinaus (zur Verwirklichung einer nachgelagerten Besteuerung) nicht nur inländ. (Rn. 90), sondern auch Leistungen **ausländ. Zahlstellen** einbezogen (**§ 49 Abs. 1 Nr. 7 letzter HS**); das aber immer nur dann, wenn die Beiträge, die den Leistungen zugrunde liegen, nach § 10 Abs. 1 Nr. 2 ganz oder teilw. bei der Ermittlung der SA berücksichtigt wurden; die Neuregelung soll der Gleichbehandlung v. unbeschränkt und beschränkt stpfl. Leistungsempfängern entspr. dem sog. **Förderstaatsprinzip** Rechnung tragen: derjenige Staat soll besteuern dürfen, der den Aufbau des Rentenrechts steuerl. oder auf andere Weise gefördert hat (zB ausländ. Kapitalanlage-Ges., die mit beschränkt StPfl. einen in Deutschland geförderten Basisrentenvertrag iSd. § 10 Abs. 1 Nr. 2 lit. b schließt). Überraschend ist, dass der Gesetzgeber[1] sich dafür auf den Gleichheitssatz und hierbei den EuGH[2] beruft, demzufolge die Rückforderung einer zu Altersvorsorgezwecken gewährten Zulage nach dem sog. Riester-Modell bei Beendigung der unbeschränkten StPfl. nicht zulässig war. Dem wird nun zwar abgeholfen; andernorts bleiben ähnl. Ungleichbehandlungen zw. unbeschränkt und beschränkt StPfl. indes nach wie vor ungeahndet und kümmern den Gesetzgeber nicht (Rn. 3, 50, 65). 90a

Zuständig ist für StPfl., die (allein mit Einkünften) nach § 49 Abs. 1 Nrn. 7 und 10 zu veranlagen sind, zentral das FA Neubrandenburg (§ 19 Abs. 6 AO iVm. der EStZustV[3]). Das gilt auch, wenn der StPfl. aufgrund eines Antrags nach § 1 Abs. 3 fiktiv als unbeschränkt stpfl. behandelt wird (wobei in diesem Fall eine zwingende Beschränkung auf Einkünfte nach § 49 Abs. 1 Nr. 7 und 10 entfällt und die Zuständigkeit auch dann übergeht, wenn der StPfl. bislang der Abgeltung unterfallende weitere Einkünfte hat)[4]. Die Zuständigkeitsverlagerung ist unbeschadet der Örtlichkeitsbestimmung in § 19 Abs. 6 S. 1 AO, § 2 EStZustV eine sachliche kraft Organisationsakts (vgl. ähnlich § 17 Abs. 2 Satz 3 FVG),[5] die nicht durch eine behördliche Zuständigkeitsvereinbarung gem. § 26 S. 2 AO ‚überspielt' werden kann.[6] 90b

c) § 49 Abs. 1 Nr. 8 iVm. § 22 Nr. 2, § 23. aa) Private Veräußerungsgeschäfte (Spekulationsgeschäfte). Die Vorschrift ist – ebenso wie Abs. 1 Nr. 2 lit. e (s. Rn. 35 ff.) – iRd. ‚Europäisierung' des Umwandlungssteuerrechts durch das **SEStEG** mit erstmaliger Wirkung v. VZ 2006 an (vgl. § 52 Abs. 57) grundlegend neu gefasst worden. Der frühere Regelungsinhalt wurde neu gegliedert und im Hinblick auf die Einkünfte aus der Veräußerung privat gehaltener Anteile an KapGes. iSv. § 49 Abs. 1 Nr. 2 lit. e ergänzt. **Im Einzelnen:** Einkünfte aus privaten Veräußerungen unterliegen (nach wie vor) nur dann der beschränkten StPflicht, soweit sie aus den Veräußerungsgeschäften **(1)** mit **inländ. Grundstücken** (**§ 49 Abs. 1 Nr. 8 lit. a**) oder **(2)** mit **inländ. grundstücksgleichen Rechten** (**§ 49 Abs. 1 Nr. 8 lit. b**) (ggf. – iVm. § 22 Nr. 2, bis zum VZ 2005 zusätzlich über die Verweisung in § 49 Abs. 1 Nr. 8 letzter HS aF auf § 23 Abs. 1 S. 4 – auch über die Beteiligung an einer PersGes.) resultieren. Dazu gehören gem. **§ 34 Abs. 1 Nr. 3 InvStG 2018**, § 15 Abs. 2 S. 2 InvStG aF auch Gewinne aus entspr. Veräußerungsgeschäften inländ. Spezial-Sondervermögen. Der beschränkten StPflicht unterlagen bis VZ 2008 gem. **§ 49 Abs. 1 Nr. 8 lit. c** aF (zuvor Nr. 8 aF) iVm. § 23 Abs. 1 S. 1 Nr. 3 (ab VZ 1994 und bis VZ 2008, vgl. § 52a Abs. 17) überdies **(3)** Einkünfte aus Veräußerungsgeschäften mit **Beteiligungen iSv. § 17 Abs. 1 S. 1 an KapGes.**, und zwar übereinstimmend mit § 49 Abs. 1 Nr. 2 lit. e entweder (§ 49 Abs. 1 Nr. 8 lit. c aa) v. KapGes. mit Geschäftsleitung oder Sitz im Inland (s. auch § 49 Abs. 1 Nr. 2 lit. e aa) oder gem. § 49 Abs. 1 Nr. 8 lit. c bb in den Nachversteuerungsfällen des § 49 Abs. 1 Nr. 2 lit. e bb), s. dort Rn. 36. Nach wie vor **nicht** einbezogen waren hiernach abw. v. § 49 Abs. 1 Nr. 2 lit. e jedoch Vorgänge gem. § 17 Abs. 1 S. 2 (Gleichstellung der verdeckten Einlage) und gem. § 17 Abs. 4 (Auflösung, Kapitalherabsetzung und Ausschüttung aus dem stl. Einlagekonto). § 49 Abs. 1 Nr. 8 lit. c wurde durch das UntStRefG 2008 ersatzlos aufgehoben; Gewinne aus der Veräußerung v. Beteiligungen iSv. § 17 werden dadurch, dies aber erst für Erträge, die nach dem 31.12.2008 zufließen (vgl. § 52a Abs. 17), nur noch über § 49 Abs. 1 Nr. 2 lit. e erfasst. – Private Veräußerungsgeschäfte iSv. **§ 23** mit **anderen WG**, insbes. Wertpapieren, blieben (vorbehaltlich § 49 Abs. 1 Nr. 2 lit. a) unbesteuert: Infolge der Bezugnahme in § 49 Abs. 1 Nr. 8 aF auf § 22 Nr. 2 entstand zwar zugleich eine (Weiter-)Verweisung auf § 23, allerdings lediglich insoweit, als dies die Begrifflichkeiten der v. § 23 91

1 BT-Drucks. 17/506, 25 f.

2 EuGH v. 10.9.2009 – Rs. C-269/07 – Kommission ./. Deutschland, DStR 2009, 1954.

3 VO v. 2.1.2009, BGBl. I 2009, 3 idF der VO v. 11.12.2012, BGBl. I 2012, 2637; s. dazu eingehend *Stahl*, ISR 2013, 8 (11).

4 *Stahl*, ISR 2013, 8 (11).

5 S. allg. BFH v. 24.2.1987 – VII R 23/85, BFH/NV 1987, 283; v. 21.4.1993 – X R 112/91, BStBl. II 1993, 649; v. 16.10. 2002 – I R 17/01, BFH/NV 2003, 366.

6 BFH v. 20.8.2014 – I R 43/12, BFH/NV 2015, 306; sa. allg. zB *H/H/Sp*, § 26 AO Rn. 14, § 16 AO Rn. 45 f.; anders uU *Gosch*, § 26 AO Rn. 6.1: § 26 S. 2 AO analog aus Gründen der Verfahrensökonomie.

erfassten Geschäfte anbelangt. Andernfalls wäre die in dem zuvorigen letzten HS v. § 49 Abs. 1 Nr. 8 aF enthaltene Anwendungsanordnung v. § 23 Abs. 1 S. 2 bis 4 und Abs. 2 nicht verständlich. Dafür, dass diese Anordnung nur deklaratorischen Charakter gehabt hätte, ist nichts ersichtlich. Auswirkungen hatte dies insbes. für die Freigrenze gem. § 23 Abs. 3 S. 6 aF, die für beschränkt StPfl. nicht galt.[1] Überdies waren veräußerungsgleiche Vorgänge gem. § 23 Abs. 1 S. 5 Nr. 1 (Einlage eines Grundstücks oder grundstücksgleichen Rechts in das BV) sowie Nr. 2 (verdeckte Einlage in eine KapGes.) nicht steuerbar. S. auch Rn. 92 zur Einkünfteermittlung. Dadurch, dass der Querverweis auf § 23 Abs. 1 S. 2 bis 4 und Abs. 2 durch das SEStEG mit Wirkung v. VZ 2006 an ersatzlos gestrichen worden ist, greift die Bezugnahme auf § 22 Nr. 2 in § 49 Abs. 1 Nr. 8 (erster Satzteil) und damit die dort enthaltene Weiterverweisung auf § 23 mit der Folge einer – nach der amtlichen Gesetzesbegründung offenbar nicht beabsichtigten[2] – Ausdehnung der beschränkten StPflicht nunmehr uneingeschränkt. – Erfasst werden als Veräußerungsgeschäfte auch die **Überführung v. WG in das PV** (Entnahme, BetrAufg.) sowie der Besteuerungsantrag gem. § 21 Abs. 2 S. 1 Nr. 1 UmwStG aF und – bei unentgeltlichem Erwerb – entspr. Rechtsakte des Rechtsvorgängers. Daran hat sich durch die Streichung des letzten Satzteils in § 49 Abs. 1 Nr. 8 aF nichts geändert. Denn auch der zuvorige Verweis auf § 23 Abs. 2 (Subsidiarität privater Veräußerungsgeschäfte) hatte zur Folge, dass § 49 Abs. 1 Nr. 8 bei Veräußerung v. wesentlichen Anteilen an KapGes. ggü. § 49 Abs. 1 Nr. 2 lit. e iVm. § 17 vorrangig war (§ 23 Abs. 2 S. 2 aF, Rn. 35). Bei der gewerblichen Veräußerung anderer WG inner- oder außerhalb der Sperrfrist (Spekulationsfrist) des § 23 Abs. 1 gehen hingegen § 49 Abs. 1 Nr. 1 und Nr. 2 vor (§ 23 Abs. 2). Nach zutr. Auffassung[3] tritt § 49 Abs. 1 Nr. 8 für Gewinne aus einer aufgrund inländ. Besteuerungsmerkmale gewerblichen Veräußerung auch dann zurück, wenn eine Besteuerung nach Abs. 1 Nr. 2 in Ermangelung einer Betriebsstätte oder eines ständigen inländ. Vertreters nicht in Betracht kommt. Das Gebot der isolierenden Betrachtung (Abs. 2, Rn. 100) steht dem nicht entgegen, weil danach nur im Ausland, nicht aber im Inland gegebene Besteuerungsmerkmale außer Betracht bleiben. Dass v. Abs. 1 Nr. 8 im Grundsatz gleichermaßen PV wie BV erfasst werden, ändert daran nichts.

92 **bb) Ermittlung der Einkünfte.** Generell gelten die allg. Vorschriften (s. auch Rn. 106 ff.); § 23 ist uneingeschänkt anzuwenden. Bis zum VZ 2005 war dies für die Einkünfteermittlung bei Veräußerungsgeschäften gem. § 49 Abs. 1 Nr. 8 zweifelh. Bei Anwendung v. § 23 Abs. 3 S. 1 ist der Unterschiedsbetrag zw. Veräußerungspreis und AK/HK und WK zu errechnen, worauf § 49 Abs. 1 Nr. 8 letzter HS aF jedoch gerade nicht verwies. Dennoch blieb es hierbei mangels anderweitiger Sonderregelung.[4] Für die Verlustabzugsbeschränkungen gem. § 23 Abs. 3 S. 8 und 9 galt dies jedoch nicht,[5] ebenso wenig wie für die Freigrenze gem. § 23 Abs. 3 S. 6 (str., s. Rn. 91). Gleichermaßen infolge fehlender Bezugnahme unterblieb bei Veräußerungen v. KapGes.-Anteilen die Gewährung des Freibetrags gem. § 17 Abs. 3.

93 **d) § 49 Abs. 1 Nr. 8a iVm. § 22 Nr. 4: Abgeordnetenbezüge.** Ihre Erfassung (durch Veranlagung) setzt keinen besonderen Inlandsbezug voraus.

94 **e) § 49 Abs. 1 Nr. 9 iVm. § 22 Nr. 3: Sonstige Einkünfte.** Es handelt sich (ebenso wie auch § 22 Nr. 3) um eine lückenschließende **Auffangvorschrift**, deren Anwendung einerseits hinter die Einkünfte iSv. § 49 Abs. 1 Nr. 1–8a zurücktritt (vgl. letzter HS), bei der es andererseits nicht darauf ankommt, dass auch § 22 Nr. 3 bei unmittelbarer Geltung ggü. unbeschränkt StPfl. anwendbar oder bei diesen einer anderen Einkunftsart zuzurechnen wäre (vgl. HS 2). Der Sache nach bezieht § 49 Abs. 1 Nr. 9 nicht sämtliche Besteuerungstatbestände des § 22 Nr. 3 ein, sondern ist auf bestimmte Einkünfte beschränkt, nämlich solche aus der **Nutzung beweglicher Sachen** (zB Mobilien-Leasing; zweifelh. bei Software-Überlassung durch Provider, sa. Rn. 85 und § 2a Rn. 36);[6] nicht hingegen Satellitentransponder: Dienstleistung,[7] allerdings nur bei Nutzung eines beliebigen, nicht aber eines bestimmten Transponders) oder aus der **Überlassung der Nutzung oder des Rechts auf Nutzung** v. (nur beispielhaft, nicht abschließend [„insbes.“]) gewerblichen, technischen, wissenschaftlichen und ähnlichen Erfahrungen, Kenntnissen und Fertigkeiten (Plänen, Mustern, Verfahren), also des **Know-how.**[8] S. dagegen abgrenzend Art. 12 OECD-MK Rn. 101. **Nicht** um Know-how handelt es sich um verselbständigte WG, auch wenn diesen ein bestimmtes, als solches nutzbares ‚Wissen' zugrunde liegt, wie zB aufgrund v. Recherchen und Auswertungen über das Käuferverhalten bei der Überlassung entspr. aufbereiteter und ausgewählter Kundenadressen zur Direktwerbung (vgl.

1 *H/H/R*, § 49 Anm. 1029.
2 BT-Drucks. 16/3369, 15 f.
3 *H/H/R*, § 49 Anm. 1029; **aA** FG Hbg. v. 4.9.1997 – II 75/94, EFG 1998, 39.
4 *H/H/R*, § 49 Anm. 1021.
5 *H/H/R*, § 49 Anm. 1029.
6 *Kessler/Maywald/Peter*, IStR 2000, 425; umfassend *Portner*, Ertragsteuerrechtl. Aspekte des E-Commerce, IFSt. Nr. 390/01, insbes. 76 ff. und passim.
7 BFH v. 17.2.2000 – I R 130/97, IStR 2000, 438, m. Anm. *Kessler/Maywald/Peter*, IStR 2000, 425.
8 Zum Begriff BFH v. 16.12.1970 – I R 44/67, BStBl. II 1971, 235; v. 23.11.1988 – II R 209/82, BStBl. II 1989, 82.

§ 29 Abs. 2 Nr. 1b BDSG); anders als zB bei Plänen oder einer Studie wird hierdurch das Rechercheergebnis nicht nur dokumentiert, sondern davon losgelöst – gleichsam als vorsortierte Ware – vermarktet,[1] und ähnlich kann es sich deshalb bei der Durchführung einer klinischen Studie durch ausländ. Prüfärzte und die Überlassung der Ergebnisdokumentation an den inländ. Auftraggeber verhalten.[2] **Nicht** darunter fallen auch Alleinvertriebs-[3] oder Autorenrechte iSv. § 15 UrhG.[4] **Veräußerungen** (oder endg. Nutzungsverzichte) sind – ebenso wie bei § 22 Nr. 3[5] – grds. ausgeschlossen,[6] solche unterfallen der privaten Vermögenssphäre. Allerdings können sich insoweit erhebliche (praktische) Abgrenzungsschwierigkeiten zur zeitlich unbeschränkten Nutzungsüberlassung ergeben, weil das (rechtl. ungeschützte) Know-how einer derartig nur begrenzten Überlassung oder einer Veräußerung oftmals unzugänglich ist.[7] Um hier Rechtssicherheit zu schaffen, verlangt § 49 Abs. 1 Nr. 9 (im Gegensatz zu Nr. 6 iVm. § 21 Abs. 1 Nr. 3, Rn. 84) keine zeitlichen Überlassungsgrenzen. § 49 Abs. 1 Nr. 9 dehnt den Besteuerungszugriff sonach iErg. über jenen des § 22 Nr. 3 aus.[8] Die hiernach einschlägige Nutzung umfasst überdies – und auch insofern über § 21 Abs. 1 Nr. 3 hinausgehend – jegliche Verwendung der Sache, sei es in Form der Selbstnutzung, sei es durch anderweitige Nutzung iSd. Ausübung v. Eigentümerbefugnissen, wie zB eine Weitervermietung,[9] vorausgesetzt jedoch, ein tatsächlicher Inlandsbezug bleibt dennoch gewahrt (s. Rn. 96). In jedem Fall muss das betr. Nutzungsrecht dem Geldgeber gezielt als Gegenleistung überlassen werden; fehlt ein solcher Bezug, handelt es sich um ein stl. unbeachtliches Sponsoring.[10] – Wegen der Anwendung der Freigrenze in § 22 Nr. 3 S. 2 s. Rn. 97. – Mit (erstmaliger) Wirkung v. VZ 2009 an bezieht das G überdies „zur Ausschöpfung“[11] v. abkommensrechtl. zugewiesenen Besteuerungsrechten ausdrücklich auch Einkünfte aus inländ. unterhaltenden Darbietungen mit ein. S. dazu auch Rn. 28.

f) § 49 Abs. 1 Nr. 10 iVm. § 22 Nr. 5 (bis VZ 2009: Nr. 5 S. 1). Abs. 1 Nr. 10 wurde mit erstmaliger Anwendung im VZ 2009 durch das JStG 2009 in den Einkünftekatalog des § 49 aufgenommen. Damit verbundenes Ziel ist es, die Besteuerung v. **Leistungen aus Pensionsfonds, Pensionskassen und DirektVers. iSv. § 22 Nr. 5** auch dann zu ermöglichen, wenn der Leistungsempfänger nicht unbeschränkt stpfl. ist. Es handelt sich also in gewisser Weise um einen territorialen ‚Übergriff‘, der (nicht anders als bei den Leibrenten und andere Leistungen gem. § 49 Abs. 1 Nr. 7 iVm. § 22 Nr. 1 S. 3 lit. a aa, Rn. 90) durch die Überlegung gerechtfertigt sein mag, dass die Beiträge, auf denen die betr. Leistungen beruhen, zu Lasten des deutschen Steueraufkommens in der Ansparphase stfrei geblieben sind. Betroffen sind wie bei § 49 Abs. 1 Nr. 7 in erster Linie sog. Auslandsrentner. Zur speziellen Zuständigkeit des FA Neubrandenburg s. § 19 Abs. 6 AO (Rn. 90b). 95

Bis zum VZ 2009 war der Steuerzugriff gem. § 49 Abs. 1 Nr. 10 beschränkt auf Leistungen, soweit diese auf **im Inland** gem. § 3 Nrn. 63, 66 oder 56 **stfrei** gestellten Beiträgen, Leistungen oder Zuwendungen beruhten. Vom VZ 2010 an werden auch Leistungen ausländ. Zahlstellen einbezogen, soweit die Leistungen bei einem unbeschränkt StPfl. zu Einkünften nach § 22 Nr. 5 S. 1 führen würden oder wenn die Beiträge, die den Leistungen zugrunde liegen, nach § 10 Abs. 1 Nr. 2 ganz oder teilw. bei der Ermittlung der SA berücksichtigt wurden. Zur Verwirklichung des sog. **Förderstaatsprinzips** (auch) in diesen Fällen s. Abs. 1 Nr. 7 (Rn. 90a). 95a

2. Inlandsbezug. Zum Inlandsbezug für die Besteuerung nach Abs. 1 Nr. 8 s. Rn. 91, nach Abs. 1 Nr. 8a s. Rn. 92. Für Abs. 1 Nr. 9 wird dieser Bezug durch die (unmittelbare oder mittelbare) **Inlandsnutzung** (auch im Ausland befindlicher Sachen oder Rechte) sichergestellt. Die betr. Nutzung im Inland muss eine tatsächliche sein; eine bloße wirtschaftliche Verwertung im Inland genügt (abw. v. Abs. 1 Nr. 6) nicht.[12] Zum Inlandsbezug bei Abs. 1 Nr. 10 s. Rn. 95. 96

---

1 BFH v. 13.11.2002 – I R 90/01, BStBl. II 2003, 249.
2 FG München v. 27.5.2013 – 7 K 3552/10, EFG 2013, 1412 (rkr.).
3 BFH v. 27.7.1988 – I R 130/84, BStBl. II 1989, 101; v. 27.7.1988 – I R 87/85, BFH/NV 1989, 393.
4 BFH v. 20.7.1988 – I R 174/85, BStBl. II 1989, 87.
5 BFH v. 27.7.1988 – I R 130/84, BStBl. II 1989, 101; v. 27.7.1988 – I R 87/85, BFH/NV 1989, 393.
6 FG München v. 14.5.2018 – 7 K 1440/17, EFG 2018, 1184 (Rev. I R 18/18) m. Anm. *Forchhammer*; *K/S/M*, § 49 Rn. J 99.
7 Vgl. insoweit die restriktive Rspr. des BFH v. 4.3.1970 – I R 140/66, BStBl. II 1970, 428 und v. 4.3.1970 – I R 86/69, BStBl. II 1970, 567; sa. FG München v. 14.5.2018 – 7 K 1440/17, EFG 2018, 1184 (Rev. I R 18/18) m. Anm. *Forchhammer*.
8 **AA** *Schmidt*[37], § 49 Rn. 126 f.; *Frotscher/Geurts*, § 49 Rn. 421 f.
9 Vgl. BFH v. 10.4.2012 – I R 22/12, BStBl. II 2013, 728.
10 FG Hbg. v. 19.10.2000 – VI 14/99, EFG 2001, 289.
11 BT-Drucks. 16/10189, 79.
12 BFH v. 10.4.2012 – I R 22/12, BStBl. II 2013, 728; *K/S/M*, § 49 Rn. J 136; *H/H/R*, § 49 Anm. 1053; *L/B/P*, § 49 Rn. 286.

97 **3. Steuererhebung.** Die ESt wird idR veranlagt. Ein Steuerabzug ist nur für Einkünfte gem. § 49 Abs. 1 Nr. 9 vorgesehen (§ 50a Abs. 1 Nr. 3 [§ 50a Abs. 4 S. 1 Nr. 3 aF]). Die ESt ist dem StPfl. allerdings zu erstatten, wenn die Freigrenze gem. § 22 Nr. 3 S. 2 iHv. 256 Euro unterschritten wird; infolge der Gesamtverweisung auf § 22 Nr. 3 in § 49 Abs. 1 Nr. 9 steht die Freigrenze auch beschränkt StPfl. zu.[1]

98 **4. Verhältnis zu Doppelbesteuerungsabkommen.** Zu Leibrenten und anderen Leistungen (§ 49 Abs. 1 Nr. 7 iVm. § 22 Nr. 1 S. 3 lit. a aa) s. Rn. 90.

99 **Private Veräußerungsgeschäfte (§ 49 Abs. 1 Nr. 8).** Bei der **Veräußerung unbeweglichen Vermögens** iSv. **Art. 6 OECD-MA** ergeben sich wegen des prinzipiellen DBA-Belegenheitsprinzips (**Art. 13 Abs. 1 OECD-MA**) keine abkommensrechtl. Einschränkungen. Zur Besteuerungszuordnung der Einkünfte aus der **Veräußerung v. Anteilen an KapGes.** nach **Art. 13 Abs. 5 OECD-MA** s. Rn. 49.

100 Bei **Abgeordnetenbezügen (§ 49 Abs. 1 Nr. 8a)** bestehen weitgehende Einschränkungen der Besteuerung durch das Besteuerungsrecht des Wohnsitzstaats (**Art. 21 OECD-MA**).

101 **Sonstige Bezüge (§ 49 Abs. 1 Nr. 9).** Das Besteuerungsrecht liegt überwiegend beim Wohnsitzstaat, wenn die betr. Einkünfte als Lizenzeinkünfte zu erfassen sind (**Art. 12 OECD-MA**); der Bundesrepublik steht dann allenfalls eine Quellensteuerbefugnis zu. Zu beachten bleibt allerdings, dass die tatbestandlichen Begrifflichkeiten nicht eins zu eins übereinstimmen: Art. 12 OECD-MA qualifiziert Vergütungen, die „für die Benutzung oder für das Recht auf Benutzung" entspr. Rechte und Fertigkeiten gezahlt werden, § 49 Abs. 1 Nr. 9 (und § 50a Abs. 1 Nr. 3) hingegen Vergütungen für die „Überlassung der Nutzung oder des Rechts auf Nutzung". Infolge dieser Unterschiede werden die Einkünfte vielfach **Art. 7 OECD-MA** zuzuordnen sein und nicht zum Quellensteuereinbehalt berechtigen. Sa. § 50a Rn. 15a (zur Überlassung v. Software).

102 Zu Leistungen aus Pensionsfonds, Pensionskassen und DirektVers. (Abs. 1 Nr. 10) s. Rn. 95 und 90.

C. Isolierende Betrachtungsweise (Abs. 2)

103 In Abs. 2 ist mit der sog. isolierenden Betrachtungsweise das **Kernstück des § 49** verankert. Danach bleiben im Ausland gegebene Besteuerungsmerkmale außer Betracht, soweit bei ihrer Berücksichtigung inländ. Einkünfte iSv. Abs. 1 nicht angenommen werden können. Anders gewendet: Die Zuordnung v. Einkünften gem. Abs. 1 beurteilt sich grds. (nur) **nach den Verhältnissen im Inland**, gleichermaßen die Bestimmung der jeweiligen Einkunftsart (sog. Ursprungsprinzip). Im Ausland verwirklichte Merkmale müssen deshalb ausscheiden, wenn bei ihrer Berücksichtigung die inländ. Besteuerung entfiele oder wenn sich dadurch die nach inländ. Steuerrecht maßgebliche Einkunftsart verändern würde. Als praktisch bedeutsam erweist sich die fiktive ‚Isolierung' der innerstaatlich verwirklichten Besteuerungsmerkmale namentlich bei den **Subsidiaritätsklauseln** in § 20 Abs. 8 (Abs. 3 aF), 21 Abs. 3,[2] § 22 Nr. 1 S. 1 und Nr. 3 S. 1, § 23 Abs. 2: Es bleibt auch dann bei der jeweiligen an sich subsidiären Einkunftsart, wenn die betr. Einkünfte bei Berücksichtigung der ausländ. Verhältnisse in solche aus GewBetr. umzuqualifizieren wären und als solche – in Ermangelung einer inländ. Betriebsstätte oder eines inländ. ständigen Vertreters – im Inland nicht der beschränkten StPflicht unterfielen. **Beispiele:** ausländ. Gewerbetreibende ohne inländ. Betriebsstätte mit Zinseinnahmen iZ mit einem durch ein Inlandsgrundstück besicherten Darlehen,[3] ausländ. KapGes. mit inländ. Vermietungseinkünften,[4] mit Gewinnen aus der Veräußerung einer Beteiligung iSd. § 17;[5] ausländ. Besitz-Ges. im Rahmen einer BetrAufsp (sa. Rn. 43).[6] Diese ausländ. Verhältnisse werden vielmehr ausgeblendet; die inländ. Besteuerung wird in Einklang mit dem Objektcharakter der beschränkten StPflicht (Rn. 1) auf die maßgeblichen inländ. Besteuerungsmerkmale verengt. Zugleich folgt daraus, dass Einkünfte, die bei Einbeziehung auch ausländ. Merkmale als Gewinneinkünfte zu behandeln wären, als Überschusseinkünfte zu versteuern sind.[7] Allerdings hat diese Wirkungsweise der isolierenden Betrachtungsweise in jüngerer Zeit beträchtlich an Bedeutung verloren, weil der Gesetzgeber die Tatbestände des § 49 Abs. 1 sukzessive erweitert und dabei den Legitimationsgrund des Ursprungsprinzips aufgegeben hat, so in § 49 Abs. 1 Nr. 2 lit. d und f, Nr. 3, Nr. 4 lit. a.[8]

---

1 *H/H/R*, § 49 Anm. 1030.
2 Insoweit **aA** *Gebbers*, RIW 1984, 711 (715).
3 *Hawlitschek*, IStR 2016, 177 (182).
4 BFH v. 20.1.1959 – I 112/57 S, BStBl. III 1959, 133; v. 18.12.1974 – I R 161/73, BStBl. II 1975, 464.
5 BFH v. 13.12.1961 – I 209/60 U, BStBl. III 1962, 85; *Hawlitschek*, IStR 2016, 177 (182).
6 *Crezelius*, StVj. 1992, 322; **aA** *Mroz*, IStR 2017, 742; sa. grds. *Kudert/Mroz*, StuW 2016, 154.
7 BFH v. 28.3.1984 – I R 129/79, BStBl. II 1984, 620; v. 6.2.1985 – I R 87/84, BFH/NV 1985, 104; *H/H/R*, § 49 Anm. 1210.
8 S. dazu im Einzelnen *Morgenthaler*, FS Krawitz, 2010, S. 275 (der darin Anlass für gleichheitsrechtl. Bedenken erkennen will).

Von letzterem abgesehen, ändert das alles im Grds. zwar nichts daran, dass die Tatbestandsmerkmale einer Einkunftsart infolge der isolierenden Betrachtungsweise weder unterdrückt noch fingiert werden dürfen;[1] sie müssen unabhängig v. der Frage nach der Einkünftequalifikation erfüllt sein. In Grenzbereichen kann die isolierende Betrachtung dennoch steuerbegründend wirken, zB bei der Ausübung einer inländ. gewerblichen Tätigkeit, die bei Einbeziehung der Verhältnisse im Ausland mangels **Gewinnerzielungsabsicht** als Liebhaberei zu qualifizieren wäre. Die Verhältnisse im Ausland sind nach diesseitiger,[2] v. BFH[3] indes nicht geteilter Auffassung nicht einzubeziehen, weil die Frage nach der Tatbestandsmäßigkeit (nur) nach Maßgabe des im Inland verwirklichten Sachverhalts beantwortet werden kann.[4] Das BMF wandte die Rspr. des BFH denn auch ursprünglich nicht an,[5] hat seine Auffassung dazu aber später geändert.[6] In der Praxis wird es einschlägiger Nachweise durch den Vergütungsgläubiger (vgl. § 90 Abs. 2 AO) bedürfen,[7] dies idR aber – mit dem BMF[8] und abermals entgegen dem BFH[9] – nicht (bereits) im Steuerabzugs-, sondern (erst) im Rahmen eines Freistellungsverfahrens (§ 50d Rn. 9).[10] Das Steuerabzugsverfahren ist regelmäßig nicht mit eingehenden Untersuchungen des Vergütungsschuldners zur beschränkten StPfl. zu befrachten, andernfalls droht die Haftungsinanspruchnahme (sa. § 50a Rn. 39). 104

Weitergehende Bedeutung kommt der isolierenden Betrachtungsweise ungeachtet der möglicherweise missverständlich weiten Fassung v. Abs. 2 **nicht** zu.[11] Es bleibt sonach dabei, dass ausländ. Besteuerungsmerkmale einzubeziehen sind, wenn und soweit es ihrer bedarf, um die Einkunftsart auch nach inländ. Steuerrecht abschließend zu bestimmen. Das ist vor allem dann der Fall, wenn die Einstufung in die eine oder andere Steuerart v. dem Steuersubjekt abhängt, das sie verwirklicht (zB die Abgrenzung zw. selbständiger und gewerblicher Tätigkeit).[12] Unberührt v. Abs. 2 bleiben für die Bestimmung der im Inland verwirklichten Einkunftsart darüber hinaus jene Rechtsfolgen, die sich aus dem objektsteuerartigen Charakter der beschränkten StPflicht ergeben: Es kommt hiernach nur auf das objektive Wesen der jeweiligen (im Inland verwirklichten und aus dem Inland bezogenen) Einkünfte an. Das gilt auch für solche Einkunftsarten, die zueinander im Verhältnis der Subsidiarität stehen (Rn. 102). Auch dann bleibt es unbeschadet anderweitiger inländ. Einkünfte bei der Zuordnung zu der jeweils verwirklichten Einkunftsart, deren Inlandsbezug gem. Abs. 1 zur beschränkten StPflicht führt. Die betr. Einkunftsart ist insoweit zu segmentieren. Die Funktion des Abs. 1 beschränkt sich darin, die maßgeblichen inländ. Anknüpfungsmerkmale für die beschränkte StPflicht zu bestimmen; eine zusätzliche Umqualifizierung der Einkunftsart wird dadurch nicht bewirkt.[13] Abs. 2 ändert daran nichts; die Vorschrift ist insoweit nicht einschlägig, weil auch bei Berücksichtigung der ausländ. Besteuerungsmerkmale inländ. Einkünfte iSd. Abs. 1 angenommen werden können. 105

D. Ermittlung der inländischen Einkünfte

§ 49 knüpft mit den in Abs. 1 abschließend aufgezählten inländ. Einkünften an die Einkunftsarten des § 2 Abs. 1 an (§§ 13–23) und setzt diese als gegeben voraus, ohne weitergehende Steuertatbestände zu begrün- 106

1 *H/H/R*, § 49 Anm. 1230.
2 *Gosch*, FS Wassermeyer, 2005, 263 (272 ff.); ebenso *Mössner*, FS Flick, 1997, 939 (951 f.); FG Hbg. v. 20.7.1999 – II 337/97, EFG 2000, 14 (Pferderennen).
3 BFH v. 7.11.2001 – I R 14/01, BStBl. II 2002, 861, DStR 2002, 667 mit abl. Anm. *Gosch* und zust. Anm. *Lüdicke* (Pferdeturniere); v. 2.2.2010 – I B 91/09, BFH/NV 2010, 878; FG Köln v. 23.9.2005 – 15 K 4853/03, EFG 2005, 1940; FG München v. 29.1.2018 – 7 K 52/16, EFG 2018, 738 m. Anm. *Forchhammer* (Rev. I R 8/18); *Holthaus*, IStR 2018, 587; FG Hess. v. 27.7.2010 – 4 K 982/09, IStR 2018, 604 (staatliche und Non-Profit-Einrichtungen).
4 Zust. *Hawlitschek*, IStR 2016, 177 (181 f.).
5 BMF v. 11.12.2002, BStBl. I 2002, 1394; v. 22.9.1989, DStR 1990, 151; v. 23.1.1996, BStBl. I 1996, 89 (95 f.).
6 BMF v. 25.11.2010, BStBl. I 2010, 1350 Rz. 14 f. (unter Aufhebung v. BMF v. 11.12.2002, BStBl. I 2002, 1394), für alle nach dem 31.12.2008 zugeflossenen Vergütungen nach § 50a (Rz. 118); sa. BMF v. 4.4.2011, BStBl. I 2011, 356.
7 Zu den dabei nachzusuchenden Anforderungen s. zB einerseits (und zutr.) FG München v. 29.1.2018 – 7 K 52/16, EFG 2018, 738 (Rev. I R 8/18) m. Anm. *Forchhammer*; andererseits (und abzulehnen) FG Hess. v. 27.7.2010 – 4 K 982/09, IStR 2018, 604; *Holthaus*, IStR 2018, 587 (jeweils zu im Ausland gemeinnützigen Künstlerverleihges./Konzertdirektionen, die im Rahmen eines wirtschaftl. Geschäftsbetriebs „eigengewerblich" handeln können).
8 BMF v. 25.11.2010, BStBl. I 2010, 1350 Tz. 15.
9 BFH v. 7.11.2001 – I R 14/01, BStBl. II 2002, 861; FG München v. 29.1.2018 – 7 K 52/16, EFG 2018, 738 (Rev. I R 8/18) m. Anm. *Forchhammer*; *Holthaus*, IStR 2018, 587 (staatliche und Non-Profit-Einrichtungen).
10 BMF v. 25.11.2010, BStBl. I 2010, 1350 Tz. 15.
11 *Frotscher/Geurts*, § 49 Rn. 428; *Schaumburg*[4], Rn. 6.156; sa. BFH v. 1.12.1982 – I B 11/82, BStBl. II 1983, 367: nicht ernstlich zweifelh.; **aA** *Flies*, DStZ 1995, 431.
12 BFH v. 4.3.1970 – I R 140/66, BStBl. II 1970, 428; v. 23.5.1973 – I R 163/71, BStBl. II 1974, 287; v. 20.2.1974 – I R 217/71, BStBl. II 1974, 511; v. 28.3.1984 – I R 129/79, BStBl. II 1984, 620.
13 So ausdrücklich BFH v. 28.1.2004 – I R 73/02, BStBl. II 2005, 550, dazu BMF v. 2.8.2005, BStBl. I 2005, 844; *Wassermeyer*, DStJG 8 (1985), 49 (61); *Gosch*, FS Wassermeyer, 2005, 263 (277 ff.); iErg. auch *Mössner*, FS Flick, 1997, 939 (951 f.); **aA** die hM, vgl. zB *H/H/R*, § 49 Anm. 1221; *Mensching*, DStR 2009, 97 (99); *Meining/Kruschke*, GmbHR 2008, 91 (94); *K/S/M*, § 49 Rn. K 400.

den[1] (s. aber auch Rn. 1). Zur Isolierung der Einkunftsarten in den Fällen der Subsidiarität s. Rn. 105. Die Entsch. darüber, ob die Voraussetzungen erfüllt sind, bestimmt sich nach deutschem Steuerrecht, ebenso wie hiernach die beschränkt stpfl. Einkünfte im Wege des Einnahme- oder Aufwandsüberschusses ermittelt werden. Es finden also die allg. Regelungen Anwendung (§§ 4 ff., 8 ff.), deren Bedeutung allerdings insoweit gemindert wird, als es in den Fällen der **abgeltenden Abzugsteuer** gem. § 50 Abs. 2 S. 1 (§ 50 Abs. 5 S. 1 aF) (dort Rn. 18) keiner Einkunftsermittlung bedarf; die Abzugsteuer bemisst sich nach den Einnahmen. IÜ sind BA und WK nach § 50 Abs. 1 S. 1 abziehbar, soweit sie in wirtschaftlichem Zusammenhang mit inländ. Einkünften stehen; es gilt das **Veranlassungsprinzip** (§ 4 Abs. 4). S. § 50 Rn. 4. Zu Besonderheiten bei der Gewinnermittlung v. Betriebsstätten s. § 50 Rn. 19.

107 Zu den (positiven oder negativen) inländ. Einkünften können (vorbehaltlich der auch insoweit zu beachtenden DBA) auch **nachträgliche Einnahmen** (§ 24 Nr. 1 und 2) aus ehemaligen inländ. Tätigkeiten und inländ. Besteuerungsmerkmalen (zB gem. § 49 Abs. 1 Nr. 2 lit. a und Nr. 3) gehören (zB Ruhegelder und Renten,[2] Nachzahlungen, Veräußerungsgewinne,[3] auch Erträge aus der Auflösung einer betriebsstättenbezogenen Rückstellung[4]), ggf. auch unter Begr. eines neuen Besteuerungstatbestandes (zB aus Verwertung nach bisheriger Ausübung). Das betrifft im Kern auch die (str.) Problematik um den ‚letzten' Besteuerungszugriff bei Verlagerung einer gewerblichen oder freiberuflichen Tätigkeit in das Ausland; auch hier[5] gelingt (jedenfalls in der Theorie) der Inlandszugriff auf nachträgliche Einnahmen. Die Rspr.[6] nahm deswegen bislang zu Unrecht (und auch unbeschadet der zugleich diskutierten unionsrechtl. Fragen, s. § 16 Rn. 207[7]) eine (fiktive) sog. **finale BetrAufg.** iSv. § 16 Abs. 3, § 18 Abs. 3 S. 2 an.[8] Der BFH hat diese Rspr. denn auch mit guten (s. aber auch § 36 Rn. 25 ff.) Gründen des Abkommensrechts aufgegeben[9]: Die tatbestandlichen Voraussetzungen einer BetrAufg. liegen nicht vor. Eine Analogie verbietet sich. Denn den innerstaatlichen Besteuerungszugriff im Falle einer späteren tatsächlichen Betriebsveräußerung oder BetrAufg. im Ausland ermöglicht unter solchen Umständen Abs. 1 Nr. 2 lit. a und Nr. 3. Zu den (positiven oder negativen) inländ. Einkünften können danach (vorbehaltlich der auch insoweit zu beachtenden DBA) durchaus auch nachträgliche Einnahmen (§ 24 Nr. 1 und 2) aus ehemaligen inländ. Tätigkeiten und inländ. Besteuerungsmerkmalen gehören[10]; dass die vormalige Betriebsstätte oder Geschäftseinrichtung zu diesem Zeitpunkt der ‚realen' BetrAufg. dann noch im Inland besteht, wird dafür nicht verlangt.[11] Abkommensrecht (Art. 7, Art. 13 OECD-MA) widerspricht dem im Ansatz und bezogen auf den Wegzugsstichtag nicht, auch wenn bei fehlender Abstimmung mit dem Zuzugsstaat naturgemäß eine Doppelbesteuerung droht, die dem ‚Geist' eines DBA zuwiderlaufen mag. Dass es praktisch schwierig ist, den inländ. Besteuerungszugriff in solchen Fällen zu sichern, ist mangels entgegenstehender gesetzlicher Vorkehrungen de lege lata irrelevant.[12] Auch dass einzelne der in das Ausland transferierten WG im Ausland keinem „echten" späteren Realisationsakt unterfallen, vielmehr dort untergehen oder sich – was insbes. bei immateriellen WG oft der Fall sein wird – schlicht „verbrauchen", ändert daran nichts; es geht nur um den möglichen Zugriff auf jene stillen Reserven, die bis zum Wegzug aufgelaufen sind. So gesehen verhält es sich etwa in den Fällen des § 6 AStG bei Beteiligungen des weggezogenen StPfl. an Auslands-KapGes. nicht viel anders. Abhilfe kann hier ein Zugriffstatbestand auf den Wegzugszeitpunkt schaffen, welcher dann (nur) für Wegzugsfälle innerhalb der EU ähnlich wie in § 6 Abs. 5 AStG auszugestalten wäre. Ob das mit den durch das JStG 2010 neu geschaffenen § 16 Abs. 3a, § 36 Abs. 5 gelungen ist, ist eher zu bezweifeln. S. Rn. 16, § 36 Rn. 25 ff.

---

1 BFH v. 20.2.1974 – I R 217/71, BStBl. II 1974, 511.

2 BFH v. 15.7.1964 – I 415/61 U, BStBl. III 1964, 551.

3 BFH v. 12.10.1978 – I R 69/75, BStBl. II 1979, 64; BMF v. 24.12.1999, BStBl. I 1999, 1076 Tz. 2.9; *H/H/R*, § 49 Anm. 53; *Keßler/Huck*, StuW 2005, 193 (204, 212).

4 BFH v. 20.5.2015 – I R 75/14, IStR 2015, 883 m. Anm. *Dürrschmidt* (dort für eine Outbound-Situation).

5 Vgl. *Schaumburg*, FS Wassermeyer, 2005, 411 (427); *Körner*, IStR 2004, 424 (429); *Spengel/Braunagel*, StuW 2006, 34 (41); *Schnitger*, BB 2004, 804 (811); *G/K/G/K*, Art. 13 Rn. 87; **aA** *Mitschke*, FR 2008, 1144; *Mitschke*, FR 2009, 326; sa. *Goebel/Ungemach/Jacobs*, DStZ 2009, 531.

6 BFH v. 12.4.1978 – I R 136/77, BStBl. II 1978, 494; v. 22.4.1998 – XI R 28/97, BStBl. II 1998, 665; sa. BFH v. 14.3.2007 – XI R 15/05, BStBl. II 2007, 924; v. 7.10.1974 – GrS 1/73, BStBl. II 1975, 168.

7 S. FG RhPf. v. 17.1.2008 – 4 K 1347/03, EFG 2008, 680 (als Vorinstanz zu BFH v. 28.10.2009 – I R 28/08, IStR 2010, 103); FG Köln v. 18.3.2008 – 1 K 4110/04, EFG 2009, 259 (als Vorinstanz zu BFH v. 28.10.2009 – I R 99/08, BStBl. II 2011, 1019).

8 Zutr. FG RhPf. v. 17.1.2008 – 4 K 1347/03, EFG 2008, 680; FG Köln v. 18.3.2008 – 1 K 4110/04, EFG 2009, 259.

9 BFH v. 28.10.2009 – I R 28/08, IStR 2010, 103 sowie v. 28.10.2009 – I R 99/08, BStBl. II 2011, 1019.

10 S. bereits BFH v. 15.7.1964 – I 415/U, BStBl. III 1964, 551; v. 28.3.1983 – I R 191/79, BStBl. II 1984, 664.

11 Ebenso zB *Schaumburg*[4], Rn. 6.382; *Kumpf/Roth*, DB 2000, 787; *K/S/M*, § 49 Rn. D 4147 f.; *H/H/R*, § 49 Anm. 53; **aA** *Wassermeyer* in Wassermeyer/Andresen/Ditz, Betriebsstätten-Handbuch, 2. Aufl. 2017, Rn. 7.1; *Wassermeyer*, IStR 2011, 361.

12 *K/S/M*, § 49 Rn. D 4111 ff., 4129 f.

Gleichermaßen sind grds. und bei entspr. (nachweisbaren) wirtschaftlichen Zusammenhang **vorweggenommene**[1] (zB Ausbildungskosten, Gründungsaufwand) ebenso wie **nachträgliche WK und BA**[2] (zB nachlaufende Ausgaben, Abwicklungskosten uÄ.) einzubeziehen, nach zutr. Auffassung selbst dann, wenn es sich um sog. vergebliche Aufwendungen handelt, weil die inländ. Tätigkeit nicht aufgenommen wird, sondern scheitert.[3] Zwar kann es dann am Anknüpfungspunkt für die Besteuerung fehlen und widerspricht das in gewisser Weise der Objektbezogenheit der beschränkten StPfl. An dem gleichwohl (fort)geltenden Veranlassungsprinzip (vgl. § 50 Abs. 1 S. 1; § 4 Abs. 4) ändert dies jedoch nichts.[4] Soweit es an dem erforderlichen tatbestandlichen Vergangenheits- bzw. Zukunftsbezug mangelt (zB § 49 Abs. 1 Nr. 2 lit. a: „... unterhalten wird oder ... bestellt ist", § 49 Abs. 1 Nr. 4: „... ausgeübt oder verwertet wird oder worden ist"), kann das in der Inbound-Situation allerdings dazu führen, dass der betr. Aufwand iErg. letztlich vollends unberücksichtigt bleibt. Ggf. bedarf es der schätzweisen Aufteilung. Bei Zuordnung zu (abkommensrechtl. befreiten) Einnahmen ist grds. § 3c Abs. 1 zu beachten.[5] – Unabhängig davon kann bei den **Überschusseinkünften** (§ 2 Abs. 2 Nr. 2) das Veranlassungsprinzip in gewisser Weise mit dem Abflussprinzip (§ 11 Abs. 2) kollidieren. Der BFH[6] hat diesem Prinzip[7] (ebenso wie dem Zuflussprinzip, § 11 Abs. 1) namentlich beim Wechsel der unbeschränkten zur beschränkten StPflicht (vgl. § 2 Abs. 7 S. 3) Vorrang eingeräumt und einen (nachträglichen) WK-Abzug nur bei jeweiliger zeitlicher Übereinstimmung mit dem Zahlungszeitpunkt anerkannt. Den dagegen gerichteten Einwendungen[8] ist im Kern nicht beizupflichten. Als Teil der allg. Einkommensermittlungsgrundsätze bleibt es bei der uneingeschränkten Anwendung auch des Zu- und Abflussprinzips. Dessen ‚Überlagerung' durch ein generelles Veranlassungsprinzip und damit ein anderes Ergebnis ließe sich nur durch eine Gesetzesänderung erreichen (s. in diese Richtung aber Abs. 1 Nr. 4 lit. d, Rn. 69). Auf der anderen Seite scheidet der Abzug vorweggenommenen oder nachträglichen Aufwands unbeschadet des Abflussprinzips aus, wenn der Aufwand nicht in Zusammenhang mit bestimmten inländ. Einnahmen steht und diese Einnahmen nach Maßgabe eines DBA v. der inländ. Besteuerung freigestellt sind (s. zur sog. Symmetriethese § 2a Rn. 4); die allg. Veranlassungs- und Zuordnungsgrundsätze werden insoweit nicht suspendiert, beide Prinzipien stehen als aliud nebeneinander.[9] Dass Erwerbsaufwand infolge dieses wechselseitigen systematischen Verständnisses iErg. stl. vollends leerlaufen kann, verträgt sich indes nicht mit den unionsrechtl. Diskriminierungsverboten;[10] s. dazu im Einzelnen § 2a Rn. 18a. 107a

Zu den Besonderheiten der Einkünfteermittlung bei Abs. 1 Nr. 2 lit. f s. Rn. 45, bei Abs. 1 Nr. 7–10 s. Rn. 92. 108

---

1 S. FG München v. 27.7.2007 – 8 K 3952/05, EFG 2007, 1677; sa. BFH v. 11.4.2018 – I R 5/16, BStBl. II 2018, 761, dort bezogen auf Einkünfte gem. § 49 Abs. 1 Nr. 4 lit. a; s. dazu auch mwN § 50d Rn. 53b; umfassend *Gosch*, IStR 2015, 709.

2 ZB BFH v. 28.10.2009 – I R 99/08, BStBl. II 2011, 1019; v. 28.3.1984 – I R 191/79, BStBl. II 1984, 664; sa. BFH v. 27.4.2005 – I R 112/04, BFH/NV 2005, 1756.

3 Wobei die bloße Absicht der allg. Tätigkeitsaufnahme allerdings nicht ausreicht, vgl. BFH v. 27.4.2005 – I R 112/04, BFH/NV 2005, 1756; sa. FG Hbg. v. 9.3.2007 – 6 K 96/05, EFG 2007, 1440; v. 28.2.2006 – VI 351/03, EFG 2006, 1565.

4 BMF v. 24.12.1999, BStBl. I 1999, 1076 Tz. 2.9.1; sa. die insoweit klare Aussage des BFH auch zur Inbound-Situation im Urt. v. 26.2.2014 – I R 56/12, BStBl. II 2014, 703, mit (zust.) Anm. *Haase*, ISR 2014, 273; *Cloer/Leich*, IWB 2014, 660; *Wacker*, Forum der Intern. Besteuerung, Bd. 45 (2016), 77 (112 ff., 84 ff.); *Heinsen/Wendland*, GmbHR 2014, 1033; **aA** die hM, vgl. zB *Schmidt*[37], § 50 Rn. 9; *H/H/R*, § 49 Anm. 53, 181, 340; *Wassermeyer/Andresen/Ditz*, Betriebsstätten-Handbuch, 2. Aufl. 2017, Rn. 7.2; *K/S/M*, § 49 Rn. D 4111 ff., 4129 f.; *Strunk/Kaminski*, IStR 2000, 33; *Schwenke* in FS Gosch, 2016, 377; mwN – Vgl. zu dem **umgekehrten Fall** der gescheiterten Gründung einer Betriebsstätte im Ausland (Outbound): BMF v. 24.12.1999, BStBl. I 1999, 1076; BFH v. 28.4.1983 – IV R 122/79, BStBl. II 1983, 566; v. 1.12.1987 – IX R 104/83, BFH/NV 1989, 99; v. 17.12.1998 – I B 80/98, BStBl. II 1999, 293; FG München v. 18.10.2010 – 13 K 2802/08, DStRE 2012, 142; v. 26.2.2014 – I R 56/12, BStBl. II 2014, 703 (für vorweggenommene BA); v. 20.5.2015 – I R 75/14, IStR 2015, 883 m. Anm. *Dürrschmidt* (für den nachträglichen Ertrag aus der Auflösung einer Rückstellung); **aA** zB *H/H/R*, § 49 Anm. 53; *Wassermeyer*, Art. 7 MA Rn. 295 ff., 300; *Schaumburg*[4], Rn. 6.151; *Kahlenberg*, StuB 2014, 770; *Reith*, IStR 2001, 671; *Bader/Klose*, IStR 1996, 318; *Kumpf/Roth*, DB 2000, 787 (790); *Mössner*, IStR 2013, 888; *Cloer/Conrath*, IWB 2013, 448. – Abzugrenzen ist die Situation zur tatbestandl. abw. vorgegebenen Steuerfreistellung gem. § 8b Abs. 3 iVm. Abs. 2 KStG, s. dazu BFH v. 9.1.2013 – I R 72/11, BStBl. II 2013, 343.

5 BFH v. 20.9.2006 – I R 59/05, BStBl. II 2007, 756; v. 11.2.2009 – I R 25/08, BStBl. II 2010, 536; BMF v. 3.5.2018, BStBl. I 2018, 643 Rn. 67 ff.; v. 12.11.2014, BStBl. I 2014, 1467 Tz. 2.5 Rn. 47; s. dort Rn. 48 auch zur schätzweisen Aufteilung nicht klar zuordenbarer WK unter Hinweis auf BFH v. 26.3.2002 – VI R 26/00, BStBl. II 2002, 823.

6 BFH v. 17.4.1996 – I R 78/95, BStBl. II 1996, 571; sa. BFH v. 28.3.1984 – I R 129/79, BStBl. II 1984, 620.

7 S. aber auch FG München v. 27.7.2007 – 8 K 3952/05, EFG 2007, 1677 zum VZ-übergreifenden Verlustvortrag gem. § 10d Abs. 2.

8 *Schaumburg*[4], Rn. 6.150 ff.

9 BFH v. 20.9.2006 – I R 59/05, BStBl. II 2007, 756.

10 Abgrenzend FG Hbg. v. 9.3.2007 – 6 K 96/05, EFG 2007, 1440 (allerdings bei fehlendem Veranlassungszusammenhang).

E. Besteuerung von Schifffahrt- und Luftfahrtunternehmen (Abs. 3 und 4)

109 **Abs. 3 und 4** enthalten besondere Regelungen für die Besteuerung v. Schiff- und Luftfahrtunternehmen (s. Abs. 1 Nr. 2 lit. b und c, Rn. 19ff.). **Zum einen** werden die zu besteuernden inländ. Einkünfte solcher Unternehmen pauschal mit 5 % der für die Beförderung vereinbarten Entgelte ermittelt **(Abs. 3 S. 1)**, und zwar selbst dann, wenn solche Einkünfte durch eine inländ. Betriebsstätte oder einen ständigen Vertreter erzielt werden **(Abs. 3 S. 2)**, jedoch nicht im Rahmen sog. Pool-Einkünfte gem. Abs. 1 Nr. 2 lit. c und auch nicht, soweit das deutsche Besteuerungsrecht unbegrenzt nach dem einschlägigen DBA erhalten bleibt **(Abs. 3 S. 3)**. Letzteres betrifft vor allem Einkünfte aus Binnenverkehr. **Zum anderen** entfällt die beschränkte StPflicht bei Geschäftsleitung im Ausland, wenn Gegenseitigkeit mit dem anderen Staat verbürgt ist, und wenn das Bundesministerium für Verkehr und digitale Infrastruktur (zuvor „und Bau- und Wohnungswesen")[1] die Steuerbefreiung für verkehrspolitisch unbedenklich hält **(Abs. 4)**.[2] Beide Sonderregelungen sollen iErg. Druck auf die jeweiligen anderen Staaten ausüben, schießen dabei aber in der Belastungshöhe über das Ziel hinaus und ziehen ungerechtfertigte Besteuerungsungleichheiten nach sich (s. Rn. 20).

§ 50 Sondervorschriften für beschränkt Steuerpflichtige

(1) [1]Beschränkt Steuerpflichtige dürfen Betriebsausgaben (§ 4 Absatz 4 bis 8) oder Werbungskosten (§ 9) nur insoweit abziehen, als sie mit inländischen Einkünften in wirtschaftlichem Zusammenhang stehen. [2]§ 32a Absatz 1 ist mit der Maßgabe anzuwenden, dass das zu versteuernde Einkommen um den Grundfreibetrag des § 32a Absatz 1 Satz 2 Nummer 1 erhöht wird; dies gilt bei Einkünften nach § 49 Absatz 1 Nummer 4 nur in Höhe des diese Einkünfte abzüglich der nach Satz 4 abzuziehenden Aufwendungen übersteigenden Teils des Grundfreibetrags. [3]§ 10 Absatz 1, 1a Nummer 1, 3 und 4, Absatz 2 bis 6, die §§ 10a, 10c, 16 Absatz 4, die §§ 24b, 32, 32a Absatz 6, die §§ 33, 33a, 33b und 35a sind nicht anzuwenden. [4]Hiervon abweichend sind bei Arbeitnehmern, die Einkünfte aus nichtselbständiger Arbeit im Sinne des § 49 Absatz 1 Nummer 4 beziehen, § 10 Absatz 1 Nummer 2 Buchstabe a, Nummer 3 und Absatz 3 sowie § 10c anzuwenden, soweit die Aufwendungen auf die Zeit entfallen, in der Einkünfte im Sinne des § 49 Absatz 1 Nummer 4 erzielt wurden und die Einkünfte nach § 49 Absatz 1 Nummer 4 nicht übersteigen. [5]Die Jahres- und Monatsbeträge der Pauschalen nach § 9a Satz 1 Nummer 1 und § 10c ermäßigen sich zeitanteilig, wenn Einkünfte im Sinne des § 49 Absatz 1 Nummer 4 nicht während eines vollen Kalenderjahres oder Kalendermonats zugeflossen sind.

(2) [1]Die Einkommensteuer für Einkünfte, die dem Steuerabzug vom Arbeitslohn oder vom Kapitalertrag oder dem Steuerabzug auf Grund des § 50a unterliegen, gilt bei beschränkt Steuerpflichtigen durch den Steuerabzug als abgegolten. [2]Satz 1 gilt nicht

1. **für Einkünfte eines inländischen Betriebs;**
2. **wenn nachträglich festgestellt wird, dass die Voraussetzungen der unbeschränkten Einkommensteuerpflicht im Sinne des § 1 Absatz 2 oder Absatz 3 oder des § 1a nicht vorgelegen haben; § 39 Absatz 7 ist sinngemäß anzuwenden;**
3. **in Fällen des § 2 Absatz 7 Satz 3;**
4. **für Einkünfte aus nichtselbständiger Arbeit im Sinne des § 49 Absatz 1 Nummer 4,**
   a) **wenn als Lohnsteuerabzugsmerkmal ein Freibetrag nach § 39a Absatz 4 gebildet worden ist oder**
   b) **wenn die Veranlagung zur Einkommensteuer beantragt wird (§ 46 Absatz 2 Nummer 8);**
5. **für Einkünfte im Sinne des § 50a Absatz 1 Nummer 1, 2 und 4, wenn die Veranlagung zur Einkommensteuer beantragt wird.**

[3]In den Fällen des Satzes 2 Nummer 4 erfolgt die Veranlagung durch das Betriebsstättenfinanzamt, das nach § 39 Absatz 2 Satz 2 oder Satz 4 für die Bildung und die Änderung der Lohnsteuerabzugs-

1 S. Art. 234 Zehnte Zuständigkeitsanpassungsverordnung v. 31.8.2015, BGBl. I 2015, 1474.
2 ZB BMF v. 26.3.1976, BStBl. I 1976, 278 (Jordanien); v. 21.6.1977, BStBl. I 1977, 350 (Chile); v. 11.7.1983, BStBl. I 1983, 370 (Sudan); v. 3.10.1988, BStBl. I 1988, 423 (Taiwan); v. 6.3.1989, BStBl. I 1989, 115 (Papua Neuguinea); v. 3.4.1990, BStBl. I 1990, 178 (Zaïre); v. 9.6.1998, BStBl. I 1998, 582 (Seychellen); v. 15.4.2004, BStBl. I 2004, 420, v. 9.11.2005, BStBl. I 2005, 959 (Brunei); v. 13.2.2006, BStBl. I 2006, 216 (Brasilien); v. 27.12.2005, BStBl. I 2006, 3, v. 11.10.2010, BStBl. I 2010, 831 (Katar); v. 31.8.2015, BStBl. I 2015, 675 (Malediven); v. 21.12.2015, BStBl. I 2015, 1087 (Fidschi); v. 18.10.2018, BStBl. I 2018, 1036 (Oman).

merkmale zuständig ist. [4]Bei mehreren Betriebsstättenfinanzämtern ist das Betriebsstättenfinanzamt zuständig, in dessen Bezirk der Arbeitnehmer zuletzt beschäftigt war. [5]Bei Arbeitnehmern mit Steuerklasse VI ist das Betriebsstättenfinanzamt zuständig, in dessen Bezirk der Arbeitnehmer zuletzt unter Anwendung der Steuerklasse I beschäftigt war. [6]Hat der Arbeitgeber für den Arbeitnehmer keine elektronischen Lohnsteuerabzugsmerkmale (§ 39e Absatz 4 Satz 2) abgerufen und wurde keine Bescheinigung für den Lohnsteuerabzug nach § 39 Absatz 3 Satz 1 oder § 39e Absatz 7 Satz 5 ausgestellt, ist das Betriebsstättenfinanzamt zuständig, in dessen Bezirk der Arbeitnehmer zuletzt beschäftigt war. [7]Satz 2 Nummer 4 Buchstabe b und Nummer 5 gilt nur für Staatsangehörige eines Mitgliedstaats der Europäischen Union oder eines anderen Staates, auf den das Abkommen über den Europäischen Wirtschaftsraum Anwendung findet, die im Hoheitsgebiet eines dieser Staaten ihren Wohnsitz oder gewöhnlichen Aufenthalt haben. [8]In den Fällen des Satzes 2 Nummer 5 erfolgt die Veranlagung durch das Bundeszentralamt für Steuern.

(3) § 34c Absatz 1 bis 3 ist bei Einkünften aus Land- und Forstwirtschaft, Gewerbebetrieb oder selbständiger Arbeit, für die im Inland ein Betrieb unterhalten wird, entsprechend anzuwenden, soweit darin nicht Einkünfte aus einem ausländischen Staat enthalten sind, mit denen der beschränkt Steuerpflichtige dort in einem der unbeschränkten Steuerpflicht ähnlichen Umfang zu einer Steuer vom Einkommen herangezogen wird.

(4) Die obersten Finanzbehörden der Länder oder die von ihnen beauftragten Finanzbehörden können mit Zustimmung des Bundesministeriums der Finanzen die Einkommensteuer bei beschränkt Steuerpflichtigen ganz oder zum Teil erlassen oder in einem Pauschbetrag festsetzen, wenn dies im besonderen öffentlichen Interesse liegt; ein besonderes öffentliches Interesse besteht

1. **an der inländischen Veranstaltung international bedeutsamer kultureller und sportlicher Ereignisse, um deren Ausrichtung ein internationaler Wettbewerb stattfindet, oder**
2. **am inländischen Auftritt einer ausländischen Kulturvereinigung, wenn ihr Auftritt wesentlich aus öffentlichen Mitteln gefördert wird.**

Verwaltung: BMF v. 30.5.1995, BStBl. I 1995, 336 (§ 50 Abs. 7, Steuerfreiheit für ausländ. Kulturorchester, Künstlervereinigungen und Solisten); v. 19.12.1996, BStBl. I 1996, 1500 (§ 50 Abs. 5 S. 4 Nr. 3 aF = Abs. 5 S. 2 Nr. 3); v. 30.12.1996, BStBl. I 1996, 1506 (§ 50 Abs. 5 S. 4 Nr. 2 aF = Abs. 5 S. 2 Nr. 2); v. 24.12.1999, BStBl. I 1999, 1076 (Betriebsstätten-Verwaltungsgrundsätze); v. 3.11.2003, BStBl. I 2003, 553 (§ 50 Abs. 5 S. 2 Nr. 3 aF, Umsetzung des EuGH-Urt. „Gerritse"); v. 10.9.2004, BStBl. I 2004, 860 (Mindeststeuersatz); v. 20.3.2008, BStBl. I 2008, 538; v. 21.1.2010, BStBl. I 2010, 49 (beide § 50 Abs. 4 aF, Abs. 7); v. 16.4.2010, BStBl. I 2010, 354 (PersGes.); v. 5.7.2011, BStBl. I 2011, 711 (SA).

Literatur: S. den Literaturnachweis zu § 49, außerdem *Anzinger*, Steuerbefreiung der FIFA anlässlich der Fußball-Weltmeisterschaft 2006 in Deutschland durch Ministererlass – demokratisch legitimiert und volkswirtschaftlich zulässig?, FR 2006, 857; *Balzerkiewicz/Voigt*, Kriterien eines Steuererlasses nach § 50 Abs. 7 bei Sportereignissen unter Berücksichtigung der Gleichbehandlung verschiedener Sportarten, BB 2005, 302; *Bernütz/Loll*, Zur steuerlichen Meistbegünstigung aufgrund des Freundschaftsabkommens mit den USA, IStR 2012, 744; *Cordewener*, Das EuGH-Urteil „Gerritse" und seine Umsetzung durch das BMF-Schr. v. 3.11.2003 – Steine statt Brot für die Besteuerungspraxis, IStR 2004, 109; *Cordewener*, Grenzüberschreitende Verlustberücksichtigung im Europäischen Recht, DStJG 28 (2005), 255 (270 ff.); *Eckert*, Besteuerung v. Dividenden an Steuerausländer, IStR 2003, 406; *Fenzl/Kirsch*, Keine Verlustausgleichsbeschränkung iRd. Antragsveranlagung beschränkt stpfl. EU-/EWR-ArbN, FR 2006, 17; *Haase*, Die Privilegierung des Kulturaustauschs im nationalen und internationalen Steuerrecht, INF 2005, 389; *Heine*, Ausschluss des SA-Abzugs für beschränkt StPfl., IWB 2015, 499; *Holthaus*, Steuerfreistellung v. ausländischen Künstlern und Sportlern nach dem JStG 2009, IWB F 3 Gr 3, 1531; *Holthaus*, Praxisproblem bei der ab 2009 geänderten Besteuerung beschränkt stpfl. Künstler und Sportler, IStR 2010, 23; *Holthaus*, Beschränkt stpfl. Mannschaftssportler: ein Eigentor des BMF beim Steuererlass für Champions-League & Co – Negativliste setzt FinVerw. unter Zugzwang, IStR 2010, 763; *Holthaus*, Beschränkung der Freistellungsmöglichkeiten v. Veranstaltungen mit ausländ. Künstlern und Sportlern durch das StÄndG 2015, IStR 2016, 373; *Kahle/Schulz*, Besteuerung v. Inbound-Investitionen – Ermittlung der inländischen Einkünfte und Durchführung der Besteuerung nach dem JStG 2009, RIW 2009, 140; *Kempermann*, Besteuerung beschränkt stpfl. Künstler und Sportler, FR 2008, 591; *Krumm*, Kapitalverkehrsfreiheit und (teilentgeltlicher) Vermögenstransfer – zum EuGH-Urt. C-450/09 (Schröder), IWB 2011, 456; *Krumm*, Bedeutung des „Korrespondenzprinzips" für die unionsrechtl. Bedeutung des § 50 Abs. 1 S. 3, IWB 2014, 13; *M. Lang*, Die Bedeutung der Rspr. des EuGH für die Auslegung des Art. 16 Abs. 2 Freizügigkeitsabkommen, FS für M. Reich, 2014, 409; *Nürnberg*, Die Besteuerung der ausländ. Kulturvereinigung, IWB 2018, 174; *Schlegel/Rund*, Die EM 2024 – Versuch einer steuerlichen Gesamtdarstellung, FR 2019, 1; *Schnitger*, Das Ende der Bruttobesteuerung beschränkt StPfl., FR 2003, 745; *Schwindt/Niederquell*, Sonderausgabenabzug bei beschränkt estpfl. Personen, ISR 2017, 209; *Stein*, Ausländische Leistungserbringer und Besteuerung v. Versorgungsleistungen nach § 22 Nr. 1b, DStR 2011, 1165; *Trencsik/Thiede*, Beihilferecht und Entscheidungsspielräume der Verwaltung bei Gesetzesauslegung und Ermessensausübung– Am Bsp. des Steuererlasses für intern. Kunst- und Sportveranstaltungen, StuW 2018, 170; frühere Literatur s. 10. Aufl.

A. Grundaussagen der Vorschrift

1 **Regelungszweck und Regelungsbedeutung.** Beschränkt StPfl. (§ 49) werden durch den **Quellenstaat** (im Gegensatz zu dem Ansässigkeitsstaat, vgl. auch Art. 6 ff. OECD-MA einerseits, Art. 23 A/B OECD-MA andererseits) besteuert. Quellensteuer[1] idS kennzeichnet im internationalen Steuerrecht den Besteuerungszugriff „an der Quelle" durch den sog. Quellen- oder Belegenheitsstaat im Wege des **Steuerabzugs**.[2] Dieser Zugriff hat entweder abgeltende Wirkung oder aber er wirkt nur vorläufig und das G ermöglicht die Anrechnung der Abzugsteuer (vgl. § 36 Abs. 2 Nr. 2) im Rahmen einer nachfolgenden Veranlagung. § 50 bestimmt, unter welchen Voraussetzungen die eine oder die andere Besteuerungsform in Betracht kommt. Die Vorschrift stellt dabei den **Objektsteuercharakter** der beschränkten StPflicht (§ 49 Rn. 1) sicher, indem persönliche Verhältnisse der StPfl. weitgehend unbeachtet bleiben. Zahlreiche Gesetzesänderungen, insbes. durch das JStG 2009 (Rn. 3), haben allerdings insbes. die Abgeltungswirkung der Quellensteuern (Abs. 2 S. 1, Abs. 5 S. 1 aF) eingeschränkt (Abs. 1 S. 2, Abs. 5 S. 2 aF) und die Unterschiede zur unbeschränkten StPflicht erheblich nivelliert. Dadurch ist den insoweit erhobenen Einwendungen gegen die **Verfassungs- und Unionsrechtskonformität**[3] der Regelung weitgehend Rechnung getragen worden, so zB jenen gegen die Nichtgewährung des Splittingtarifs gem. § 32a (s. auch 4. Aufl. und Rn. 17; § 1 Rn. 3); die BA-Abzugseinschränkungen des Abs. 5 S. 2 Nr. 3 S. 2 aF, die Nachweiserfordernisse des § 50 Abs. 1 S. 2 aF iVm. § 10d, die Abzugsausschlüsse des Abs. 1 S. 3 (Abs. 1 S. 4 aF), den Saldierungsausschluss des Abs. 2 aF. S. iE 8. Aufl. Rn. 1 mwN).[4]

2 **Überblick über die Vorschrift.** Vor diesem Bedeutungshintergrund ist § 50 durch das JStG 2009 neu strukturiert worden: **Abs. 1** bestimmt, welche andernfalls greifenden Vorschriften der Einkunftsermittlung für beschränkt Stpfl ausgespart bleiben, falls diese veranlagt werden. **Abs. 2** regelt den Abgeltungscharakter des grds. Steuerabzugsverfahrens, dem beschränkt Stpfl im Kern nach wie vor unterworfen sind, und legt die dazu bestehenden Ausnahmen fest, in denen zu veranlagen ist. **Abs. 3** betrifft die Anrechnung und den Abzug ausländ. Steuern bei den Gewinneinkünften. **Abs. 4** ermöglicht es, der FinVerw., die ESt unter bestimmten Voraussetzungen zu pauschalieren oder zu erlassen. **§ 50 aF** war in ähnlicher Weise aufgebaut. Die Vorschrift enthielt allerdings besondere Regeln zum Verlustabzug (Abs. 2 aF) sowie zum Steu-

1 S. zB § 50h, § 51 Abs. 2e S. 1; § 26 Abs. 2 S. 3 KStG, § 26 Abs. 6 S. 4 und S. 7 iVm. § 34 Abs. 11c S. 4 KStG aF; § 5 Abs. 6 S. 1 und S. 3 FVG; § 20 Abs. 4 S. 2 REITG; § 9 InvStG.

2 Zum Begriff umfassend *Haase*, Geistiges Eigentum, 2012, Rn. 8.7 ff., mwN.

3 Vgl. BT-Drucks. 16/10189, 59 f., allg. und umfassend zB *Schauhoff/Cordewener/Schlotter*, Besteuerung ausländ. Künstler und Sportler, 2008, 31 ff.; s. aber nach wie vor auch FG Nürnb. v. 10.1.2013 – 6 K 1643/12, juris.

4 Vgl. *Cordewener*, DStJG 28 (2005), 255 (270 ff.).

ersatz (Abs. 3 aF), die nunmehr ersatzlos gestrichen wurden. Strukturelle Vorgängervorschrift zu Abs. 2 war Abs. 5 aF, der jedoch beträchtliche inhaltliche Unterschiede aufwies und – vor allem – unionsrechtl. Unzulänglichkeiten aufwies. S. iErg. 14. Aufl. Rn. 27 sowie die 8. Aufl.

Erstmalige Anwendung. Die durch das JStG 2009 geschaffenen Neuregelungen (Rn. 2) sind **erstmals im VZ 2009** anzuwenden. § 50 Abs. 5 S. 2 Nr. 3 aF (Rn. 27) fand letztmals auf Vergütungen Anwendung, die vor dem 1.1.2009 zuflossen (§ 52 Abs. 58 S. 2, zuletzt idF des Kroatien-AnpG v. 25.7.2014[1]). Die Änderungen des BeitrRLUmsG v. 7.12.2011[2] (§ 50 Abs. 1 S. 2 und 4, Abs. 2 S. 2 Nr. 2, Nr. 4 lit. a, S. 3 und 6) sowie des StVereinfG v. 1.11.2011[3] (§ 50 Abs. 1 S. 3 und 4) gelten erstmals v. VZ 2012 an. § 50 Abs. 1 S. 3 iVm. § 52 Abs. 46 S. 1 idF des BEPS-UmsG v. 20.12.2016[4] gilt mit erstmaliger Wirkung für Versorgungsleistungen, die nach dem 31.12.2016 geleistet werden (s. Rn. 6). 3

B. Ermittlung und Bemessung der Einkünfte im Falle der Steuerveranlagung (Abs. 1)

I. Betriebsausgaben und Werbungskosten (Abs. 1 S. 1). Die Einkunftsermittlung richtet sich bei beschränkt StPfl. **im Grundsatz** – allerdings nur im Falle seiner **Veranlagung** – nach denselben Regeln wie bei unbeschränkt StPfl. Namentlich gilt das (obj) **Nettoprinzip**; WK (§ 9) und BA sind nach Maßgabe des **Veranlassungsprinzips** (§ 4 Abs. 4) abzugsfähig, vorausgesetzt, sie stehen mit inländ. Einkünften (§ 49) **in wirtschaftlichem Zusammenhang, § 50 Abs. 1 S. 1.** Entspr. dem Rechtsgedanken des § 3c Abs. 1 werden andere BA und WK ausgeschieden. Abw. v. § 3c Abs. 1 fehlt indes eine Beschränkung auf solche Aufwandspositionen, bei denen der wirtschaftliche Zusammenhang mit der betr. Einkunftsquelle ein ‚unmittelbarer' ist. Abzugsfähig bleibt also auch wirtschaftlich bloß mittelbar verbundener Erwerbsaufwand. Allg. Abzugsverbote und Abzugsbeschränkungen (gem. § 3c, § 4 Abs. 4a bis 8, § 3c, § 4h, § 9 Abs. 2 und 5, § 12; § 160 AO) finden vorbehaltlos Anwendung; § 4g setzt hingegen unbeschränkte StPflicht voraus (§ 4g Abs. 1 S. 1). Zur Berücksichtigung vorweggenommener und nachträglicher BA oder WK s. § 49 Rn. 107, sa. Rn. 16 zum Abgeltungseffekt. Ob die BA/WK im In- oder aber im Ausland anfallen, ist unbeachtlich; bei Auslandsaufwand greift indes idR eine erhöhte Mitwirkungspflicht gem. § 90 Abs. 2 AO (insbes. bei etwaigen Aufklärungsbedarf im Hinblick auf privat mitveranlassten ‚gemischtem' Aufwand).[5] 4

Einschränkungen ergeben sich überdies aus der Abgeltungswirkung gem. § 50 Abs. 2 S. 1 (§ 50 Abs. 5 S. 1 aF, Rn. 16) sowie bei Anwendung der **PB** für WK (§ 9a S. 1 Nr. 1), die bis zum VZ 2008 nur v. beschränkt stpfl. ArbN (§ 50 Abs. 1 S. 4 aF), seitdem zwar v. allen StPfl. beansprucht werden können, das aber nur ggf. zeitanteilig (vgl. zum Kürzungsumfang § 34c Abs. 3) gekürzt (§ 50 Abs. 1 S. 5). Nicht anwendbar war früher auch der Sparer-Freibetrag gem. § 20 Abs. 4 aF (§ 50 Abs. 1 S. 4 aF); der **Sparer-PB** gem. **§ 20 Abs. 9** ist hingegen auch beschränkt StPfl. zu gewähren; da es (anders als für § 20 Abs. 9, vgl. § 52a Abs. 10 S. 9 idF des UntStRefG) an einer entspr. Übergangsvorschrift für § 50 fehlt, entfiel die frühere Einschränkung zu Lasten des § 20 Abs. 4 aF nicht erst im VZ 2009, sondern bereits im VZ 2008 (§ 52 Abs. 1 idF des UntStRefG). 5

II. Nicht anzuwendende Vorschriften (Abs. 1 S. 3–5, § 50 Abs. 1 S. 1, 4–6 aF). 1. Grundsätze. SA, ag. Belastungen und sonstige Steuervergünstigungen werden beschränkt StPfl. in weitem Umfang vorenthalten, weil sie regelmäßig dessen persönliche Verhältnisse betreffen. Hintergrund ist der Gedanke, dass es in erster Linie Sache des Wohnsitzstaates, nicht aber des Quellenstaates ist, derartige Verhältnisse der betr. Pers. zu berücksichtigen. Das ist allg. und insbes. auch aus Sicht des Unionsrechts anerkannt. (s. § 1a Rn. 1). Gegen den Abzugsausschluss halten indes namentlich in jenen Fällen unionsrechtl. Bedenken nicht stand, in denen nicht der enge Bereich personen- und familienbezogener Steuermerkmale betroffen ist, vielmehr eine erwerbsbezogene Beziehung im Vordergrund steht,[6] wie zB bei den StB-Kosten gem. § 10 Abs. 1 Nr. 6 (aF)[7], den Kosten für eine Haushaltshilfe gem. § 10 Abs. 1 Nr. 8 aF[8] oder dem Abzug v. Schulgeld gem. § 10 Abs. 1 Nr. 9 aF;[9] bei gem. § 10 Abs. 1 Nr. 1a (aF) als SA abziehbaren Rentenverpflichtungen 6

---

1 BGBl. I 2014, 1266.
2 G v. 7.12.2011, BGBl. I 2011, 2592.
3 G v. 1.11.2011, BGBl. I 2011, 2131.
4 BGBl. I 2016, 3000.
5 Dazu BFH v. 21.9.2009 – GrS 1/06, BStBl. II 2010, 672.
6 EuGH v. 6.12.2018 – C-480/17 – Frank Montag, IStR 2019, 27, auf Vorabentscheidungsersuchen des FG Köln v. 3.8. 2017 – 15 K 950/13, EFG 2017, 1656 m. Anm. *V. Wendt, Hennigfeld*, DB 2017, 2198; vgl. allg. *Schön*, IStR 2004, 289 (292 f.) mwN zur Rspr. des EuGH; sa. *Schwindt/Niederquell*, ISR 2017, 209.
7 Vgl. EuGH v. 6.7.2006 – Rs. C-346/04 – Conijn, BStBl. II 2007, 350 und das dazu ergangene Schlussurt. des BFH v. 20.9.2006 – I R 113/03, BFH/NV 2007, 220 (das allerdings womöglich zu Unrecht die Abzugsfähigkeit auch auf gebietsfremde StPfl. ausgedehnt hat, anstatt diese Gebietsansässigen ebenso wie Gebietsfremden zu versagen).
8 Vgl. EuGH v. 13.11.2003 – Rs. C-209/01 – Schilling, IStR 2004, 60.
9 EuGH v. 11.9.2007 – Rs. C-76/05 – Schwarz und Gootjes-Schwarz, BFH/NV 2008, 5; v. 11.9.2007 – Rs. C-318/05 – Kommission ./. Deutschland, BFH/NV 2008, 14; s. dazu *Meilicke*, DStR 2007, 1892; *Gosch*, DStR 2007, 1895.

iZ mit der Übertragung einer Immobilie im Wege der vorweggenommenen Erbfolge[1] und ebenso für den SA-Abzug der Pflichtbeiträge (nicht jedoch freiwilliger Beiträge!) zu einer berufsständischen Altersversorgungseinrichtung gem. § 10 Abs. 1 Nr. 2 (lit. a)[2] sowie v. Versorgungsleistungen gem. § 10 Abs. 1a iVm. § 22 Nr. 1a iZ mit der Übertragung v. Anteilen an einer KapGes.; auf die korrespondierende Erfassung oder Nichterfassung der Beträge beim Empfänger im Ausland soll es hiernach nicht „verstoßrechtfertigend" ankommen.[3] Der Gesetzgeber hat hierauf denn auch (zT) reagiert, so durch Streichung des SA-Abzugs allg. (vgl. § 10 Abs. 1 Nr. 6 und 8 aF: ‚Verböserung zulasten aller'[4]) oder durch eine entspr. tatbestandliche Ausweitung, so in § 10 Abs. 1 Nr. 9, und sodann – mit erstmaliger Wirkung für Versorgungsleistungen, die nach dem 31.12.2016 geleistet werden (§ 50 Abs. 1 S. 3 iVm. § 52 Abs. 46 S. 1 idF des BEPS-UmsG v. 20.12.2016[5]) – denn auch für besagte Versorgungsleistungen iSd. § 10 Abs. 1a Nr. 2 (s. dazu § 10 Rn. 12 f.). Verbleibenden Ausschlüssen ist ggf.[6] durch einen Antrag gem. § 1 Abs. 3, § 1a zu begegnen.[7]

7 Vor diesem Hintergrund bestimmt Abs. 1 S. 3 bis 5 näher spezifizierte Anwendungsausschlüsse und -einschränkungen. Diese sind abschließend. Vice versa ist davon auszugehen, dass all jene Aufwandspositionen, die nicht aufgeführt sind, in dem gesetzlichen Rahmen uneingeschränkt berücksichtigungsfähig verbleiben.

8 **2. Kinderbetreuungskosten, Sonderausgaben (Abs. 1 S. 3 und 4).** Kinderbetreuungskosten gem. § 9c sowie gem. § 9 Abs. 5 S. 1, soweit er § 9c Abs. 2 und 3 für anwendbar erklärt, und SA gem. **§ 10, § 10a und § 10c** werden **grds. nicht** berücksichtigt (**Abs. 1 S. 3**). Eine **Ausnahme** davon trifft **Abs. 1 S. 3** infolge der neuen Durchnummerierung durch das BEPS-UmsG v. 20.12.2016[8] für Versorgungsleistungen nach **§ 10 Abs. 1a Nr. 2**; das ist eine Folge des EuGH-Urt. „Grünewald" (s. dazu sowie zur erstmaligen Anwendung der Neuregelung Rn. 6). Eine **weitere Ausnahme** trifft **Abs. 1 S. 4** für beschränkt stpfl. **ArbN** mit Einkünften gem. § 49 Abs. 1 Nr. 4. Diesen wird v. VZ 2010 an (erstmals) der Abzug erwerbsbedingter Kinderbetreuungskosten gem. § 9 Abs. 5 S. 1 iVm. § 9c Abs. 2 und 3 zugestanden. **Abw.** v. anderen StPfl.[9] bleibt ihnen auch der SA-PB gem. § 10c (§ 10c Abs. 1 aF) und blieb ihnen bis zum VZ 2009 die (durch das BürgEntlG KV v. 16.7.2009[10] abgeschaffte) Vorsorgepauschale gem. § 10c Abs. 2 und 3 aF erhalten; eine Verdoppelung gem. § 10c Abs. 4 aF wegen Zusammenveranlagung entfiel. An Stelle des SA-PB können die tatsächlichen Aufwendungen iSd. § 9c, § 10 Abs. 1 Nr. 1, 1a, 4, 7 und 9 und nach § 10b angesetzt werden, § 50 Abs. 1 S. 4 iVm. § 10c, § 50 Abs. 1 S. 4 Nr. 1 iVm. § 10c Abs. 1 aF. Bei Inanspruchnahme der Vorsorgepauschale bestand diese Möglichkeit zwar nicht; der ArbN konnte v. VZ 2004 an aber die Günstigerprüfung gem. § 10c Abs. 5 aF beanspruchen, § 50 Abs. 1 S. 4 Nr. 2 aF. Ab dem VZ 2010 ist die Vorsorgepauschale gem. § 10c Abs. 2 und 3 aF und damit auch das Erfordernis für eine solche Günstigerprüfung entfallen (und gem. § 39b in das LSt-Abzugsverfahren verlagert worden). Seitdem können – ggf. iRd. Höchstbeträge gem. § 10 Abs. 3 – nur noch die tatsächlich nachgewiesenen Vorsorgeaufwendungen gem. § 10 Abs. 1 Nr. 2 lit. a und Nr. 3 (insoweit klargestellt durch JStG 2010) abgezogen werden. Das schlägt auf die Ausnahme des § 50 Abs. 1 S. 4 durch. Betraglich begrenzt werden diese Abzugspositionen auch bei ArbN allerdings – v. VZ 2012 an – strikt durch die erzielten Einkünfte nach § 49 Abs. 1 Nr. 4; zu einem Abzugsüberschuss kommt es nicht. S. auch Rn. 14. – An ausländische SozVers.-Träger geleistete Globalbeiträge sind zur Berücksichtigung der Vorsorgeaufwendungen als SA entspr. und nach Maßgabe des BMF-Schr. v. 5.7.2011[11] aufzuteilen. Aufwendungen nach § 10 Abs. 1 Nr. 3a sind bei beschränkt StPfl. generell nicht zu berücksichtigen. Sind die beschränkt stpfl. Einkünfte aus nichtselbständiger Arbeit nicht während des ganzen Kj. bezogen worden, sind die Aufwendungen zeitanteilig (ggf. taggenau) auf den Teil

1 EuGH v. 31.3.2011 – Rs. C-450/09 – Schröder, BFH/NV 2011, 1096.
2 EuGH v. 6.12.2018 – C-480/17 – Frank Montag, IStR 2019, 27.
3 EuGH v. 24.2.2015 – Rs. C-559/13 – Grünewald, BStBl. II 2015, 1071 (Rev. I R 49/12 wurde nachfolgend durch BFH v. 16.6.2015, nv., in der Hauptsache erledigt); s. dazu *Heine*, IWB 2015, 499; sa. bereits FG Nds. v. 30.5.2011 – 3 K 278/07, IStR 2010, 31; v. 13.6.2012 – 3 K 267/12, DStRE 2013, 587; *Krumm*, IWB 2011, 456 und IWB 2014, 13; *Stein*, DStR 2011, 1165; *Thömmes*, JbFfSt. 2011/12, 50.
4 Umfassend *Böwing-Schmalenbrock*, Verbösernde Gleichheit und Inländerdiskriminierung im Steuerrecht, 2011, passim.
5 BGBl. I 2016, 3000.
6 Was aber wg. der spezifischen Voraussetzungen des § 1 Abs. 3 nicht immer möglich ist, vgl. EuGH v. 6.12.2018 – C-480/17 – Frank Montag, IStR 2019, 27, auf Vorabentscheidungsersuchen des FG Köln v. 3.8.2017 – 15 K 950/13, EFG 2017, 1656 m. Anm. *V. Wendt, Hennigfeld*, DB 2017, 2198.
7 Zur Frage der Entsch. über die Abzugsfähigkeit iRd. Veranlagung oder aber der einheitlichen und gesonderten Feststellung s. BFH v. 10.6.2015 – I R 63/12, BFH/NV 2016, 1.
8 BGBl. I 2016, 3000.
9 Zur gleichheitsrechtl. Problematik *Hidien/Holthaus*, IWB 2009, F. 3 Gr. 1, 2403.
10 BGBl. I 2009, 1959.
11 BMF v. 5.7.2011, BStBl. I 2011, 711.

des Kj. zu kürzen, in dem Einkünfte iSd. § 49 Abs. 1 Nr. 4 erzielt wurden; das folgt für die Regelungslage ab VZ 2010 und die hiernach abziehbaren tatsächlichen Aufwendungen aus § 50 Abs. 1 S. 4 letzter HS und ergab bzw. ergibt sich überdies (auch für die VZ zuvor) für die Jahres- und Monatspauschalen gem. § 9a S. 1 Nr. 1, § 10c, § 10c Abs. 1 bis 3 aF, jew iVm. § 10c Abs. 5 aF, aus § 50 Abs. 1 S. 5 nF/aF. **Spenden** (§ 10b) und **Zuwendungen an politische Parteien** (§ 34g) sind abziehbar. Zu **Verlusten** (§ 10d) s. Rn. 9. **Steuerbegünstigungen gem. §§ 10f. bis 10h** bleiben anwendbar, infolge der tatbestandlichen Beschränkung auf eine inländ. Eigennutzung allerdings nur bei Eigennutzung v. Inlandsobjekten[1] und damit praktisch niemals; das dürfte aus unionsrechtl. Sicht bei verständiger Betrachtung kaum haltbar sein.[2] Grds. anwendbar bleibt ebenso § 34g.

3. Verlustausgleich und Verlustabzug (Abs. 1 S. 1, Abs. 1 S. 2, Abs. 2 aF). Vorausgesetzt, die ESt gilt nicht gem. § 50 Abs. 2 S. 1 als abgegolten, sind Verluste abziehbar, § 50 Abs. 1 S. 1 (Rn. 4). Allg. Einschränkungen des Verlustausgleichs und -abzugs (zB § 2b aF, § 15 Abs. 4, § 15a, § 17 Abs. 2 S. 6) gelten auch für beschränkt StPfl. und sind zu beachten. Zu Ausnahmen s. § 22 Nr. 3 sowie § 23 Abs. 3 s. § 49 Rn. 92. Verluste aus abzugspfl. Einkünften, die der Abgeltung unterfallen, können nicht mit anderweitigen inländ. Einkünften, die zu veranlagen sind, ausgeglichen werden; das folgt aus dem Charakter des Abgeltungszwecks (s. auch § 50 Abs. 2 S. 1 aF). Nicht abziehbar sind gleichermaßen Verluste, die bei beschränkter StPfl. infolge der sog. isolierenden Betrachtungsweise (Abs. 2) unbeschadet ihrer gewerbl. Natur einer anderen Einkunftsart zuzuordnen sind (§ 49 Abs. 1 Nr. 9).[3] Ein Wechsel v. der unbeschränkten zur beschränkten StPflicht und umgekehrt berührt die Identität des StPfl. nicht und belässt ihm die Abzugsmöglichkeit.[4] Zum Wechsel der StPflicht während des Kj. s. § 2 Abs. 7 S. 3, zu der daraus erwachsenden Mitteilungspflicht des StPfl. ggü. dem FA zur Änderung der LSt-Abzugsmerkmale gem. § 39 s. § 39 Abs. 7. 9

Bis zum VZ 2008 (s. Rn. 3) war ein Verlustabzug **nur** zulässig, soweit die Verluste in wirtschaftlichem Zusammenhang mit inländ. Einkünften standen und sich aus im Inland aufbewahrten Unterlagen ergaben (§ 50 Abs. 1 S. 2 aF iVm. § 10d), und **nicht** bei (auch nicht bei negativen)[5] Einkünften, die dem Steuerabzug unterliegen (§ 50 Abs. 5 aF, Rn. 16) oder bei Einkünften aus KapVerm. gem. § 20 Abs. 1 Nr. 5 und 7 (§ 50 Abs. 2 S. 2 iVm. 1 aF). Das gesetzliche Erfordernis v. Inlandsunterlagen verstieß wegen Diskriminierung Gebietsfremder gegen EU-Recht[6] und erforderte schon bislang zumindest eine EG-konforme Auslegung.[7] Es genügte deswegen, wenn die Unterlagen in einem anderen EU- oder EWR-Mitgliedstaat aufbewahrt werden, vorausgesetzt, die nach Maßgabe des deutschen Rechts ermittelten und im fraglichen Wj. entstandenen Verluste wurden klar und eindeutig belegt.[8] **Unterlagen** sind hierbei im weitesten Sinne zu verstehen, also zB Bücher, Aufzeichnungen, Inventare, Jahresabschlüsse, Lageberichte, Belege, Geschäftsbriefe usf.[9] Eine inländ. Buchführungspflicht besteht (entgegen Abs. 1 S. 3 aF bis zum VZ 1975) nicht. Diesen Einschränkungen im Falle des Steuerabzugs unterfiel auch der **Verlustausgleich** mit anderen Einkunftsarten (Abs. 2 S. 1 aF), gleichermaßen der Verlustausgleich für Veranlagungseinkünfte mit entspr. Abzugseinkünften. 10

Die Einschränkungen des vertikalen Verlustausgleichs, des Verlustrück- und -vortrags in Abs. 2 waren aus Sicht des **Unionsrechts** jedenfalls dann bedenklich, wenn die betr. anderen Einkunftsarten ihrerseits und gleichermaßen entweder der uneingeschränkten oder der Höhe nach beschränkten inländ. Besteuerung unterfielen.[10] Anders wird es sich hingegen – nach wie vor – verhalten, wenn die einen Einkünfte uneingeschränkt, die anderen Einkünfte jedoch nur der Höhe nach beschränkt besteuert werden können; hier verbietet sich bereits im Ansatz der Vergleich mit unbeschränkt StPfl.[11] 11

---

1 Kein Verstoß gegen EU-Recht, vgl. BFH v. 11.3.1998 – X B 49/97, BFH/NV 1998, 1091 und v. 11.3.1998 – X B 146/97, BFH/NV 1998, 1097.
2 Vgl. EuGH v. 17.1.2008 – Rs. C-152/05, BStBl. II 2008, 326, zur EigZul; *Fischer*, EuZW 2011, 326; *Gosch*, BFH/PR 2011, 39; sa. BMF v. 13.3.2008, BStBl. I 2008, 539; **aA** jedoch der (IX. Senat des) BFH v. 20.10.2010 – IX R 20/09, BStBl. II 2011, 342, sowie IX R 55/09, BFH/NV 2011, 767; FG Köln v. 21.3.2011 – 7 K 2175/08, EFG 2011, 1762.
3 S. *Lüdicke/Kempf/Brink*, Verluste im Steuerrecht, 2010, 264.
4 *Orth*, FR 1983, 1, 65; *H/H/R*, § 50 Anm. 60, 100.
5 Zutr. FG Nds. v. 17.1.2001 – 2 K 817/98, EFG 2001, 1136.
6 Vgl. EuGH v. 15.5.1997 – Rs. C-250/95 – Futura/Singer, IStR 1997, 366.
7 S. auch BFH v. 17.7.2008 – I R 77/06, BStBl. II 2009, 464 (unter Abs. 2 S. 3a).
8 R 50.1 EStR 2008 („rückwirkende Bewilligung einer Aufbewahrungserleichterung"); sa. OFD Düss. v. 2.9.1997, DB 1997, 1896.
9 FG Münster v. 19.5.2006 – 9 K 1681/99 F, EFG 2006, 1579 mit Anm. *Herlinghaus*: nur Originalunterlagen.
10 Vgl. *Cordewener*, DStJG 28 (2008), 255 (274f.); *Herzig/Dautzenberg*, DB 1997, 8 (13); *Schön*, StbJb. 2003/04, 27 (59); *Schnitger*, FR 2003, 745 (749), Letzterer unter zutr. Hinweis auf EuGH v. 12.6.2003 – Rs. C-234/01 – Gerritse, BStBl. II 2003, 859.
11 *Schnitger*, FR 2003, 745 (749); **aA** *Lüdicke/Kempf/Brink*, Verluste im Steuerrecht, 2010, 268, mit Blick auf doppelt ansässige StPfl.

12 **4. Außergewöhnliche Belastungen (Abs. 1 S. 3).** §§ 33, 33a und 33b, v. VZ 2008 an § 35a (bis zum VZ 2005 auch § 33c aF) sind nicht anwendbar (§ 50 Abs. 1 S. 3).

13 **5. Steuerbefreiungen, Steuerermäßigungen, Freibeträge (Abs. 1 S. 3).** Befreiungen, Ermäßigungen, Freibeträge sind nur insoweit unanwendbar, als sie ausdrücklich ausgeschlossen sind. Das ist der Fall bei **§ 16 Abs. 4** (Freibetrag für Veräußerungsgewinne, v. VZ 1999 an, s. § 52 Abs. 57a, zuletzt idF des Kroatien-AnpG v. 25.7.2014)[1], **§ 24b** (Entlastungsbetrag für Alleinerziehende), **§ 32** (Freibeträge für Kinder, Haushaltsfreibetrag), **§ 32a Abs. 6** (Splitting). **§ 4f** (bis zum VZ 2008) bzw. (ab VZ 2009) **§ 9c Abs. 1 und 3** (erwerbsbedingte Kinderbetreuungskosten als BA bzw. – über § 9 Abs. 5 S. 1 – als WK, beides ab VZ 2006), **§ 20 Abs. 4 aF** (Sparer-Freibetrag, bis zum VZ 2008, anders jedoch ab VZ 2009 der Sparer-PB gem. § 20 Abs. 9, s. Rn. 5); **§ 24a** (Altersentlastungsbetrag, bis zum VZ 2008; seitdem ist dieser Betrag ersatzlos entfallen). Auch die Tarifvergünstigungen gem. **§ 34** sind anzuwenden, bis zum VZ 2007 allerdings nur für Veräußerungsgewinne iSd. § 14 **(nicht:** § 14a), § 16, § 17, § 18 Abs. 3 (§ 50 Abs. 1 S. 3 aF), nicht aber für Entschädigungen oder Vergütungen iSv. § 24 Nr. 1 und 3, für mehrjährige Tätigkeiten sowie für außerordentliche Holznutzungen iSv. § 34b Abs. 1 Nr. 1 (§ 50 Abs. 1 S. 4 aF). Die Änderung wollte erklärtermaßen (BT-Drucks. 16/7036, 24) den unionsrechtl. Grundfreiheiten Rechnung tragen; sie ist ab VZ 2008 anzuwenden, gem. § 52 Abs. 58 (zuletzt idF des Kroatien-AnpG v. 25.7.2014)[2] für EG/EWR-Angehörige auf Antrag in den Fällen des § 34 Abs. 2 Nr. 2 bis 5 aber auch auf vorherige nicht bestandskräftig veranlagte VZ.

14 **III. Steuerbemessung (Abs. 1 S. 2, Abs. 3 aF).** Wird der beschränkt StPfl. veranlagt (Rn. 22), unterfallen die betr. Einkünfte idR dem Steuertarif des § 32a Abs. 1 und ist die Steuer hierbei nach der **Grundtabelle** zu berechnen (§ 32a Abs. 1, **§ 50 Abs. 1 S. 2**). Es gelten die **allg. Steuersätze**, allerdings (und in Einklang mit EG-rechtl. Vorgaben, Rn. 17) unter Einbeziehung des **Grundfreibetrages** gem. § 32a Abs. 1 S. 2 Nr. 1. Letzteres hat zur Folge, dass sich der betr. Steuersatz rechnerisch erhöht oder dass es dadurch überhaupt erst zur Besteuerung kommt, wenn die Einkünfte unterhalb des Grundfreibetrages liegen. Gleichwohl werden wegen der Gegenkorrekturen in § 32a Abs. 1 S. 3 und 4, Abs. 1 S. 2 Nrn. 4 und 5 stets nur die tatsächlich erwirtschafteten Einkünfte besteuert und keine „Schein"-Gewinne erfasst. – **Abw.** davon wird beschränkt stpfl. **ArbN** mit Einkünften gem. § 49 Abs. 1 Nr. 4 aus sozial- und arbeitsmarktpolitischen Gründen der Grundfreibetrag prinzipiell zugestanden.[3] Zur Vermeidung v. „Überbegünstigungen" ist diese Gewährung – v. VZ 2012 an – aber auf den Teil des Grundfreibetrags begrenzt, in dem letzterer Betrag die Einkünfte nach § 49 Abs. 1 Nr. 4 abzgl. der nach § 50 Abs. 1 S. 4 abzuziehenden Aufwendungen (Rn. 8) übersteigt. – Das **Splittingverfahren** (§ 32a Abs. 5) bleibt hingegen unanwendbar, da es unbeschränkte StPflicht beider Eheleute voraussetzt;[4] das Verwitwetensplitting gem. § 32a Abs. 6 ist gem. § 50 Abs. 1 S. 3 ausdrücklich ausgeschlossen (Rn. 13). Das alles betrifft stets nur die Fälle der Steuerveranlagung, nicht den Steuerabzug, für den die Abzugsteuersätze (§ 43a, § 50a, § 39d aF) gelten.

15 **Bis zum VZ 2008** (Rn. 3) wurde der Steuertarif für die Veranlagungsfälle in Abs. 3 aF sondergesetzlich unter Fixierung einer gesetzlichen Mindeststeuer bestimmt. Diese Mindeststeuer betrug – abw. v. den regulären Tarifen und in unionsrechtl. bedenklicher Weise (8. Aufl. Rn. 1) – 25 % des Einkommens zzgl. SolZ v. 5,5 % der ESt[5] (Abs. 3 S. 2 HS 1 aF), ggf. – unter den Voraussetzungen der § 34 Abs. 2 Nr. 1, § 34b[6] oder auch der Steueranrechnung nach § 50 Abs. 6 aF[7] – weniger, desgleichen bei ArbN in den Fällen der zeitanteiligen Kürzung gem. § 50 Abs. 1 S. 5 aF/nF (§ 50 Abs. 3 S. 2 HS 2 aF). IÜ war die Steuer grds. nach der **Grundtabelle** zu berechnen (§ 32a Abs. 1, § 50 Abs. 3 S. 1 aF). Vorbehaltlich des Mindeststeuersatzes galten die allg. Steuersätze, nach zutr. Auffassung, aber abw. zum Abzugsverfahren (s. Rn. 17, str.) unter Einbeziehung des Grundfreibetrages gem. § 32a Abs. 1 S. 2 Nr. 1. Im Falle einer Antragsveranlagung (§ 50 Abs. 5 S. 2 Nr. 2 aF) fand der ProgrVorb. Anwendung (§ 32b Abs. 1 Nr. 5). Zu den unions- und verfassungsrechtl. Aspekten des früheren Mindeststeuersatzes s. auch Rn. 17 und 14. Aufl., § 50a Rn. 30.

C. Abgeltungswirkung des Steuerabzugs (Abs. 2, Abs. 5 aF)

16 **I. Regelfall der Abgeltungswirkung für bestimmte Einkünfte (Abs. 2 S. 1, Abs. 5 S. 1 aF).** Für Einkünfte, die dem Steuerabzug v. Arbeitslohn (§§ 38 ff.), v. Kapitalertrag (§§ 43 ff.) oder gem. § 50a unterliegen, greift prinzipiell die **Abgeltungswirkung** gem. **§ 50 Abs. 2 S. 1** (§ 50 Abs. 5 S. 1 aF). Sie erstreckt

1 BGBl. I 2014, 1266.
2 BGBl. I 2014, 1266.
3 BT-Drucks. 16/11108, 22.
4 Was mit Gemeinschaftsrecht grds. vereinbar ist, vgl. BVerfG v. 12.10.1976 – 1 BvR 2328/73, BStBl. II 1977, 190; v. 5.2.1965 – VI 334/63 U, BStBl. III 1965, 352; s. aber Rn. 1.
5 BFH v. 30.8.1995 – I R 10/95, BStBl. II 1995, 868.
6 Vgl. BFH v. 5.7.1967 – I 153/64, BStBl. III 1967, 654.
7 R 50.2 S. 4 EStR 2005.

sich der Regelungskonzeption nach auch auf die KapESt auf Dividenden (vgl. § 43 Abs. 1 S. 3) und führt bei beschränkt StPfl. zur endg. Vorenthaltung der nur teilw. (iHv. 60 %, bis zum VZ 2008: hälftigen) Einnahmeerfassung gem. § 3 Nr. 40 S. 1 lit. d (vgl. auch entspr. § 32 Abs. 1 Nr. 2 KStG iVm. § 8b Abs. 1 KStG, s. § 36 Rn. 12)[1]; eine Erstattungsmöglichkeit besteht insoweit grds. nicht (str., s. § 50d Rn. 9; § 43 Rn. 14). Die iZ mit der Abgeltungswirkung anzuwendende Bruttobesteuerung lässt den Abzug v. **BA und WK im Ausgangspunkt nicht** zu. Sie verhindert überdies den Abzug v. SA und ag. Belastungen sowie den Verlustabzug gem. § 10d (Rn. 9) ebenso wie eine Steueranrechnung (§ 36, s. auch Rn. 17). **Ausnahmen** v. der Abgeltungswirkung bestehen **(1)** für ArbN, bei denen – bis zum VZ 2011 – iRd. LSt-Abzugs WK und bestimmte SA gem. § 39d aF zu berücksichtigen sind (§ 50 Abs. 2 S. 2 Nr. 4 lit. a aF), bzw. bei denen – v. VZ 2012 an – als LSt-Abzugsmerkmal ein Freibetrag nach § 39a Abs. 4 gebildet worden ist (**Abs. 2 S. 2 Nr. 4 lit. a**), **(2)** in Fällen, in denen die Einkünfte BE eines inländ. Betriebs sind (**Abs. 2 S. 2 Nr. 1**, Abs. 5 S. 2 HS 2 aF, § 32 Abs. 1 Nr. 2 KStG; s. Rn. 19 ff.); **(3)** in den weiteren in **Abs. 2 S. 2 Nr. 2**, Abs. 5 S. 2 HS 3 aF, für die KSt in § 32 Abs. 2 KStG aufgeführten Fällen (Rn. 20 ff.); **(4)** davon v. VZ 2009 an namentlich für die Fälle der Wahlveranlagung gem. **§ 50 Abs. 2 S. 2 Nr. 4 lit. b** (bei Einkünften gem. § 49 Abs. 1 Nr. 4, also für ArbN) **und Nr. 5** (bei Einkünften iSd. § 50a Abs. 1 Nrn. 1, 2 und 4), für die KSt iVm. § 32 Abs. 2 Nr. 2 und Abs. 4 KStG innerhalb der EG und des EWR-Raums (**Abs. 2 S. 5,** 7, Rn. 1). **Nicht** anwendbar ist § 50 Abs. 2 überdies, **(1)** wenn der KSt-Pfl. wegen der Abzugsbeträge in Anspr. genommen werden kann (§ 32 Abs. 2 Nr. 3 KStG), **(2)** in Fällen des § 38 Abs. 2 KStG (s. § 32 Abs. 2 Nr. 4 KStG) sowie **(3)** der erweitert beschränkten StPfl. gem. § 2 AStG; s. **§ 2 Abs. 5 S. 2 AStG**; dies gilt auch im Hinblick auf inländische Einkünfte iSv. § 49, die ein beschränkt StPfl. unter den Voraussetzungen des § 2 Abs. 1 AStG erzielt.[2] Die Einkünfte unterliegen insoweit dem progressiven Steuersatz. Eine Ausnahme trifft § 2 Abs. 5 S. 3 AStG (v. VZ 2013 an) für die Abgeltungswirkung des Steuerabzugs v. Kapitalertrag, indem § 43 Abs. 5 danach unberührt bleibt. **Nicht** anzuwenden ist § 50 Abs. 2 S. 1 auch für die Erträge aus inländ. Spezial-Investmentfonds, **§ 15 Abs. 2 S. 5 InvStG**. Schließlich entfällt die Abgeltungswirkung für den LSt-Abzug mangels einer abstrakten Einbehaltungspflicht (nach der zutr. Verwaltungspraxis) auch dann, wenn **keine positiven Einnahmen** gegeben sind, sondern (nur) vorweggenommene oder nachträgliche WK (sa. Rn. 4).

Die Regelungslage mit den beschriebenen Ausnahmetatbeständen und der nur eingeschränkten Abgeltungswirkung trägt insbes. den einschlägigen unionsrechtl. Anforderungen Rechnung (Rn. 1; zur erstmaligen Anwendung s. Rn. 3). Diese betreffen namentlich das Abzugsverbot für BA und WK: Nachdem der EuGH durch Urteil v. 12.6.2003 – C-234/01 ‚Gerritse'[3] das **Bruttoprinzip** für Künstler und Sportler als nicht mit dem Unionsrecht vereinbar angesehen hat, war das (frühere, Rn. 27) strikte Abgeltungsprinzip bezogen auf gebietsfremde Marktbürger (nat. Pers. ebenso wie jur. Pers.)[4] innerhalb der EU jedenfalls uneingeschränkt nicht länger haltbar, weder im Hinblick auf § 50 Abs. 5 S. 1 aF noch im Hinblick auf § 50a Abs. 1 aF und Abs. 3 aF sowie § 50a Abs. 4 S. 1 Nr. 3 aF, s. Rn. 1. Dagegen blieb es (abw. v. veranlagten StPfl., s. Rn. 14) jedenfalls für den Regelfall unbeanstandet, dass dem Gebietsfremden der **Grundfreibetrag** des § 32a Abs. 1 S. 2 Nr. 1 vorenthalten wurde. Ohne Auswirkung blieb die EuGH-Rspr. – über das DBA-Diskriminierungsverbot des Art. 24 OECD-MA – im Sinne einer abkommensrechtl.[5] oder – über Art. 14 Abs. 2 Abs. 1 GATS = General Agreement on Trade in Services[6] – im Sinne einer überstaatlichen **Meist-** 17

1 Zur insofern bestehenden unionsrechtl. Problematik s. das Vorabentscheidungsersuchen des FG München v. 23.10. 2017 – 7 K 1435/15, EFG 2017, 1963 (EuGH C-641/17, College Pension Plan of British Columbia), m. Anm. *Forchhammer*, IStR 2017, 1035; *Ellenrieder/Kahlenberg*, BB 2018, 1815 (1879); sa. *Gosch*[3], § 8b Rn. 61 mwN.

2 BFH v. 19.12.2007 – I R 19/06, BStBl. II 2010, 398; v. 16.12.2008 – I R 23/07, nv.; BMF v. 7.4.2010, BStBl. I 2010, 368.

3 EuGH v. 12.6.2003 – Rs. C-234/01, BStBl. II 2003, 859; *Schnitger*, FR 2003, 745; sa. EuGH v. 3.10.2006 – Rs. C-290/04 – Scorpio, BStBl. II 2007, 352 und nachfolgend BFH v. 24.4.2007 – I R 39/04, BStBl. II 2008, 95, zur Berücksichtigung unmittelbaren Aufwands bereits beim Steuerabzug.

4 BFH v. 28.1.2004 – I R 73/02, BStBl. II 2005, 550.

5 Vgl. BFH v. 19.11.2003 – I R 22/02, BStBl. II 2004, 560 (mit Anm. *Schnitger*, FR 2004, 774); v. 30.3.2011 – I R 63/10, BStBl. II 2011, 747 (krit. dagegen *Bernütz/Loll*, IStR 2012, 744), beide bezogen auf eine nat. Pers. und zu Art. XI des deutsch/US-Freundschaftsvertrages v. 29.10.1954, BGBl. II 1956, 488; v. 26.5.2004 – I R 54/03, BStBl. II 2004, 767; v. 17.5.2005 – I B 108/04, BFH/NV 2005, 1778; v. 23.6.2010 – I R 37/09, BStBl. II 2010, 895, sowie v. 19.12.2012 – I R 73/11, FR 2013, 1012 (dort jew. auch im Hinblick auf EG-Assoziierungsabkommen); v. 17.11.2004 – I R 20/04, BFH/NV 2005, 892; sa. BFH v. 26.5.2004 – I R 54/03, BStBl. II 2004, 767 (zum DBA-Russland und der EU-rechtl. Kapitalverkehrsfreiheit); sa. allg. BFH v. 19.12.2007 – I R 66/06, BStBl. II 2008, 510; *Cordewener/Enchelmaier/Schindler*, Meistbegünstigung im Steuerrecht der EU-Staaten, 2006, S. 41 ff.; *Hofbauer*, Das Prinzip der Meistbegünstigung im grenzüberschreitenden Ertragsteuerrecht, 2005, S. 40; **aA** *Schnitger*, FR 2003, 745. S. aber zu gleichwohl bestehenden unionsrechtl. Einflüssen auf die Abkommensauslegung – jeweils zu Art. 24 Abs. 1 DBA-USA – BFH v. 29.1. 2003 – I R 6/99, BStBl. II 2004, 1043 (bezogen auf eine KapGes.); v. 8.9.2010 – I R 6/09, BStBl. II 2013, 186 (zu § 8a KStG aF und DBA-Schweiz); v. 16.1.2014 – I R 30/12, BStBl. II 2014, 721 (zu § 8a KStG aF und zum DBA-USA aF).

6 BGBl. II 1994, 1473, 1643.

begünstigung bezogen auf in Drittstaaten Ansässige,[1] gleichermaßen – über das mit der Schweiz am 21.6. 1999 abgeschlossene und am 1.6.2002 in Kraft getretene EU-Freizügigkeitsabkommen[2] – auf in der Schweiz Ansässige (s. auch § 1a Rn. 3, § 17 Rn. 10)[3]. Zu den Wirkungen des Abgeltungsprinzips unter der Geltung des (früheren) KSt-Anrechnungsverfahrens und dem dafür bestehenden grds. Ausschluss der KSt-Anrechnung gem. § 36 Abs. 2 S. 2 Nr. 3 aF s. **§ 50 Abs. 5 S. 2 aF**, s. 8. Aufl., § 50 Rn. 19, s. auch § 36 Rn. 11. Um Ausweggestaltungen in der Praxis zu begegnen, wurden in der Vergangenheit spezielle Missbrauchsverhinderungsvorschriften geschaffen (vgl. § 8a KStG aF, § 50c aF). Zur Abgeltung bei der KapESt s. § 49 Abs. 1 Nr. 5b iVm. § 43 Abs. 1 Nr. 4.

18 Die Abgeltungswirkung ist nicht davon abhängig, ob der betr. Steuerabzug tatsächlich vorgenommen worden ist.[4] Sie ist auch unabhängig davon, ob das FA gegen den Vergütungsschuldner einen Haftungsbescheid (§ 191 AO) oder Nachforderungsbescheid (§ 167 AO) erlässt; beide Wege der Inanspruchnahmen stellen nur eine ‚verlängerte' Form des Steuerabzugs dar, nicht aber eine Steuerveranlagung.[5]

19 **II. Ausnahmen von der Abgeltungswirkung (Abs. 2 S. 2, Abs. 5 S. 2 aF).** Zu der prinzipiellen Abgeltungswirkung statuiert das G eine Reihe v. (gleichheitsrechtl. nicht zweifelsfreien) Ausnahmetatbeständen:

19a **1. Einnahmen aus inländischem Betrieb (Abs. 2 S. 2 Nr. 1, Abs. 5 S. 2 HS 2 aF).** Inländ. Betriebsgewinne unterliegen keinem Steuerabzug, sondern sind – zusammen mit den übrigen Einkünften – zu **veranlagen** (Abs. 1 S. 1–4, Abs. 2, 3). BA werden angesetzt. Steuerabzüge gem. § 43 Abs. 4, § 50a sind auf die ESt anzurechnen; der Ausschluss der KSt-Anrechnung gilt nicht (Abs. 5 S. 3 iVm. 2). Ein **inländ. Betrieb** kann ein luf. Betrieb, eine Betriebsstätte oder ein ständiger Vertreter sein[6] (s. dazu § 49 Rn. 12). – Die **Gewinnermittlung** der inländ. Betriebsstätte richtet sich nach den einschlägigen inländ. Vorschriften (§§ 4, 5, auch zB § 13a;[7] s. auch § 49 Rn. 106), wobei die anteiligen Gewinne (BE und BA) – vorbehaltlich entgegenstehender DBA – nach Maßgabe des wirtschaftlichen Veranlassungszusammenhangs dem Stammhaus als dem persönlich StPfl. und der Betriebsstätte zuzurechnen sind. S. § 49 Rn. 15f. Zur Aufteilung nach der sog. direkten Methode s. § 34d Rn. 8. Die Aufteilung des Gewinns auf verschiedene Betriebsstätten richtet sich danach nach den geleisteten Erfolgsbeiträgen. Es ist darauf abzustellen, auf welche Tätigkeiten oder WG die BE (Vermögensmehrungen) und BA (Vermögensminderungen) zurückzuführen sind, wer die Tätigkeit ausgeübt hat und welcher Betriebsstätte die ausgeübten Tätigkeiten oder die eingesetzten WG tatsächlich zuzuordnen sind.[8] Etwaige Gewinnverteilungsabreden sind unbeachtlich.[9] Im Zweifel und bei Nichterfüllung stl. Mitwirkungspflichten (vgl. § 90 Abs. 2 AO) entscheidet der Maßstab der größten Wahrscheinlichkeit.[10] Einzelheiten ergeben sich aus den v. BMF erlassenen Betriebsstätten-Verwaltungsgrundsätzen.[11] Die innerhalb der OECD bewerkstelligte Neuorientierung der Gewinnzuordnung auf der Basis einer ‚echten' Selbständigkeitsfiktion der Betriebsstätte nach Maßgabe des dealing at arm's length-Grundsatzes (vgl. Art. 7 Abs. 2 OECD-MA) sowie des sog. Authorized OECD Approach (= AOA) oder Separate Entity Approach[12] ist zwischenzeitlich mittels § 1 Abs. 5 idF des AmtshilfeRLUmsG v. 26.6.2013[13] (und mit Wirkung v. VZ 2013 an, vgl. § 21 Abs. 20 S. 2 AStG) innerstaatlich gesetzlich umgesetzt (und durch die BsGaV v. 13.10.2014[14] handhabbar gemacht) worden (sa. § 49 Rn. 16). Zu beachten ist indessen, dass diese Umsetzung „eigentlich" und unmittelbar bloß iZ mit § 1 Abs. 1 AStG und iZ mit der beschränkten StPfl., wenn überhaupt, allenfalls „über" Art. 7 Abs. 1 OECD-MA wirkt. Denn es handelt sich hierbei

1 BFH v. 17.11.2004 – I R 75/01, BFH/NV 2005, 690; v. 19.11.2003 – I R 21/02, BFH/NV 2004, 1076; vgl. aber auch (allerdings bezogen auf Art. 2 Abs. 2 der RL 86/560/EWG – 13. USt-RL) FG Köln v. 24.8.2005 – 2 K 3126/04, IStR 2005, 706 (mit Anm. *Nagler/Rehm*).

2 BGBl. III 2001, 811; s. dazu und zur Einflussnahme der EuGH-Rspr. *M. Lang*, FS M. Reich, 2014, 409.

3 Es fehlt an dem sich aus Art. 16 Abs. 2 FZA ergebenden Erfordernis einer entspr. einschlägigen „Alt-Spruchpraxis" des EuGH bei Inkrafttreten des FZA am 1.6.2002. S. dazu BFH v. 7.9.2011 – I B 157/10, BStBl. II 2012, 590 (zur Übertragung der Rechtsgrundsätze v. EuGH v. 3.10.2006 – Rs. C-290/04 – Scorpio, Slg. 2006, I-9461); v. 9.5.2012 – X R 3/11, BStBl. II 2012, 585 (zum Abzug v. Schulgeld an Schweizer Privatschule als SA gem. § 10 Abs. 1 Nr. 9). Krit. dazu *Beiser*, IStR 2012, 303; sa. § 1a Rn. 9.

4 BFH v. 26.4.1978 – I R 97/76, BStBl. II 1978, 628.

5 BFH v. 18.5.1994 – I R 21/93, BStBl. II 1994, 697.

6 BFH v. 23.10.1991 – I R 86/89, BStBl. II 1992, 185.

7 BFH v. 17.12.1997 – I R 95/96, BStBl. II 1998, 260.

8 BFH v. 18.12.2002 – I R 92/01, BFH/NV 2003, 964.

9 S. allg. zB *Vogel/Lehner*[6], Art. 7 Rn. 73ff., 101ff.; *Ditz/Schneider*, DStR 1010, 81.

10 BFH v. 18.12.2002 – I R 92/01, BFH/NV 2003, 964.

11 BMF v. 24.12.1999, BStBl. I 1999, 1076; s. dazu zB *Strunk/Kaminiski*, IStR 2000, 33; *Göttsche/Stangl*, DStR 2000, 498.

12 ZB *Kußmaul/Ruiner/Delarber*, Ubg. 2011, 837; *Wichmann*, FR 2011, 1082; *Lüdicke*, FR 2011, 1077.

13 BGBl. I 2013, 1809.

14 BGBl. I 2014, 1603.

nicht um eine allg. Gewinnermittlungsregelung. – Ermittelt der StPfl. seinen Betriebsstättengewinn nach Maßgabe des § 4 Abs. 3, entfällt die Abgeltungswirkung des § 50 Abs. 2 S. 1 (§ 50 Abs. 5 S. 1 aF) nur dann, wenn die Betriebsstätte im VZ des Zuflusses der in Rede stehenden Einnahmen unterhalten wird; ein VZ-übergreifender Ausschluss der Abgeltungswirkung ist nur nach Maßgabe der Gewinnermittlung nach § 4 Abs. 1 denkbar.[1]

2. Fehlende Voraussetzung der unbeschränkten Steuerpflicht (Abs. 2 S. 2 Nr. 2, Abs. 5 S. 2 Nr. 1 aF). Lag dem Steuerabzug die **Annahme** zugrunde, der StPfl. sei gem. § 1 Abs. 2 oder 3 oder § 1a unbeschränkt stpfl., stellt sich jedoch nachträglich (also nach Ablauf des betr. Lohnzahlungszeitraums) heraus, dass dies nicht zutrifft, ist (um die Nacherhebung v. ESt zu erleichtern) ebenfalls zu veranlagen; die Abgeltungswirkung wird dann aufgehoben (**Abs. 2 S. 2 Nr. 2 HS 1**, Abs. 5 S. 2 Nr. 1 HS 1 aF). Betroffen sind vor allem ArbN, bei deren LSt-Abzug die Splitting- statt der Grundtabelle (vgl. § 32a) angewandt wurde. Wegen der (unbeschadet der Veranlagung alternativ möglichen)[2] Steuernachforderung im Einzelnen ist gem. **§ 50 Abs. 2 S. 2 Nr. 1 HS 2** (§ 50 Abs. 5 S. 2 Nr. 1 HS 2 aF) „sinngemäß" **§ 39 Abs. 7** (Abs. 5a aF) (insbes. S. 4: Nachforderung zu wenig erhobener LSt v. mehr als zehn Euro) anzuwenden, und zwar infolge der Gesamtverweisung auf § 39 Abs. 7 (Abs. 5a aF) (wohl) als Rechtsgrund- und nicht als bloße Rechtsfolgenverweisung.[3] Daraus folgt für den Fall der fiktiven unbeschränkten StPflicht gem. § 1 Abs. 3 allerdings nicht, dass eine Steuernachforderung im Erg nur bei einer Änderung der gem. § 1 Abs. 3 S. 2 maßgeblichen Einkunftsgrenzen nach zunächst zu Recht erteilter LSt-Bescheinigung gem. § 39c Abs. 4 in Betracht kommen kann. Das FA kann auch dann „nachträglich" iSv. § 50 Abs. 2 S. 2 Nr. 2 feststellen, dass die Voraussetzungen der unbeschränkten EStPflicht nach § 1 Abs. 3 nicht vorgelegen haben, wenn es dies bereits bei Erteilung der Bescheinigung hätte bemerken können und/oder wenn jene Bescheinigung v. Anfang an nicht hätte erteilt werden dürfen. Auch bei einer fehlerhaft erteilten Bescheinigung gem. § 39c Abs. 4 kann das FA die zu wenig erhobene LSt nachfordern. Die nachträgliche Feststellung, dass die Voraussetzungen des § 1 Abs. 3 bzw. § 1a nicht vorliegen, beruht regelmäßig nicht auf einer Änderung der tatsächlichen Verhältnisse, sondern darauf, dass die Höhe der Einkünfte oder das Verhältnis der inländ. zu den ausländ. Einkünften sich entgegen der Erwartungen abw. entwickelt haben.[4] – Bei Aufdeckung der beschränkten StPflicht erst nach Durchführung einer Veranlagung kommt hingegen nur eine Änderung der Festsetzung nach allg. Vorschriften (vgl. §§ 172 ff. AO) in Betracht. 20

3. Wechsel zwischen unbeschränkter und beschränkter Steuerpflicht gem. § 2 Abs. 7 S. 3 (Abs. 2 S. 2 Nr. 3). § 50 Abs. 2 S. 2 Nr. 3 (und ebenso § 32 Abs. 2 Nr. 1 KStG für die KSt) sieht (mit erstmaliger Wirkung v. VZ 2009 an) zusätzlich die Fälle des § 2 Abs. 7 S. 3 als Ausnahmetatbestand v. der Abgeltungswirkung vor. Betroffen ist der sog. Statuswechsel v. der unbeschränkten in die beschränkte StPflicht während eines VZ. Der Neuregelung hätte es nicht bedurft; sie ist lediglich klarstellenden Charakters, weil auch schon nach zuvorigen Grundsätzen zu veranlagen war.[5] 21

4. Veranlagung bei Arbeitnehmern und für Einkünfte iSv. § 50a Abs. 1 Nr. 1, 2 und 4 (Abs. 2 S. 2 Nr. 4 und 5, Abs. 5 S. 2 Nr. 2 aF). a) Veranlagung von Arbeitnehmern (Abs. 2 S. 2 Nr. 4). aa) Pflichtveranlagung (Abs. 2 S. 2 Nr. 4 lit. a). Beschränkt stpfl. ArbN mit **Einkünften aus nichtselbständiger Tätigkeit** gem. § 49 Abs. 1 Nr. 4 sind nach § 50 Abs. 2 S. 2 Nr. 4 lit. a zu veranlagen, wenn als St-Abzugsmerkmal ein Freibetrag nach § 39a Abs. 4 gebildet worden (bzw. – bis zum VZ 2012 – aufgrund des § 39d Abs. 2 aF eine Eintragung auf der Bescheinigung iSd. § 39d Abs. 1 S. 3 aF erfolgt) ist (S. dazu § 39a Rn. 12). Weitere Voraussetzungen bestehen v. VZ 2009 an nicht. 22

bb) Antragsveranlagung (Abs. 2 S. 2 Nr. 4 lit. b). Daneben räumt Abs. 2 S. 2 Nr. 4 lit. b beschränkt stpfl. ArbN v. VZ 2009 an zudem ein uneingeschränktes Antragsrecht auf Veranlagung, also eine Wahl-Veranlagung, ein. Abw. v. Abs. 2 S. 2 Nr. 4 lit. a ist dieses Antragsrecht allerdings in persönlicher Hinsicht auf EU-/EWR-Staatsangehörige beschränkt, **Abs. 2 S. 6**; zu dieser nicht unproblematischen Beschränkung s. Rn. 24. 22a

b) Weitere Fälle der Antragsveranlagung (Abs. 2 S. 2 Nr. 5). Abs. 2 S. 2 Nr. 5 sieht (ebenfalls mit erstmaliger Wirkung v. VZ 2009 an) eine Veranlagungswahlrecht für beschränkt StPfl. vor, die mit ihren Einkünften gem. § 50a Abs. 1 Nrn. 1, 2 und 4 dem Steuerabzug unterliegen; Einkünfte gem. § 50a Abs. 1 Nr. 3 werden ohne ersichtlichen Sachgrund und damit in gleichheitswidriger Weise ausgespart. Auch hier (Rn. 22) können einschlägige Anträge ausschließlich v. EU-/EWR-Staatsangehörigen gestellt werden, 23

---

1 Zutr. FG Köln v. 26.3.2003 – 7 K 733/99, EFG 2003, 1013.

2 BFH v. 12.8.2015 – I R 18/14, BStBl. II 2016, 201; *H/H/R*, § 50 Anm. 250 ff., 260; *K/S/M*, § 50 Rn. E 61 und E 191 Nr. 6; **aA** *L/B/P*, § 50 Rn. 54.

3 *H/H/R*, § 50 Anm. 260; **aA** wohl BFH v. 23.9.2009 – I R 65/07, BStBl. II 2009, 666.

4 BFH v. 23.9.2009 – I R 65/07, BStBl. II 2009, 666; **aA** *Wüllenkemper*, EFG 2007, 1852.

5 *Jacob*, FR 2002, 1113; vgl. BT-Drucks. 13/5952, 44.

Abs. 2 S. 6, Rn. 25. Eine entspr. Regelung für die KSt enthält (iVm. § 50a Abs. 1 Nr. 1, 2 und 4) § 32 Abs. 2 Nr. 2 und Abs. 4 KStG.

24 **c) Beschränkung auf EU-/EWR-Staatsangehörige (Abs. 2 S. 7).** Sowohl das Antragswahlrecht nach Abs. 2 S. 2 Nr. 4 lit. b als auch das Wahlrecht nach Abs. 2 S. 2 Nr. 5 steht allein Staatsangehörigen der EU- und EWR-Staaten zu. Angehörige v. Drittstaaten müssen sich bei Vorliegen der spezifischen Voraussetzungen hingegen mit der Möglichkeit der fingierten unbeschränkten StPflicht gem. § 1 Abs. 3, § 1a begnügen. Der Grund für diese Beschränkung ist in der **Motivlage** des Gesetzgebers zu sehen, die Wahlrechte überhaupt einzuführen. Denn Grund hierfür war und ist die Befürchtung, die unterschiedliche Behandlung v. in- und ausländ. ArbN verstoße gegen die unionsrechtl. Diskriminierungs- und Freizügigkeitsverbote (Art. 18, 45 AEUV, s. auch § 1 Rn. 3),[1] zumal ArbN oftmals allein über Lohneinkünfte verfügen und die Berücksichtigung persönlicher Verhältnisse im Ansässigkeitsstaat deshalb scheitert.[2] Die Regelung ist indessen abkommensrechtl. nicht zweifelsfrei, weil sie infolge der Anknüpfung an die Staatsangehörigkeit implizit Angehörige anderer Staaten diskriminiert (Art. 24 Abs. 1 OECD-MA); s. auch § 1 Rn. 3, § 1a Rn. 2.[3]

25 **d) Verfahren (Abs. 2 S. 3–6, 8).** Soweit die Veranlagung gem. Abs. 2 S. 2 Nr. 4 lit. b und 5 nur auf Antrag erfolgt, enthält das G (entgegen früherer Regelungslage, vgl. § 50 Abs. 5 S. 2 Nr. 2 S. 2 aF iVm. § 46 Abs. 2 S. 1 Nr. 8 aF: 2 Jahre) hierfür keine bes. Fristen, sodass eine Antragstellung allein durch den Ablauf der allg. Festsetzungsfristen (§§ 169 ff. AO) begrenzt ist. Die behördliche **Zuständigkeit** ergibt sich für die Fälle des § 50 Abs. 2 S. 2 Nr. 5 gegenwärtig noch aus § 19 Abs. 1 AO. Für Zeiträume nach dem 31.12.2013 wird die Zuständigkeit für diese Fälle der Antragsveranlagung nach § 50 Abs. 2 S. 8 einheitlich auf das BZSt. verlagert (vgl. § 5 Abs. 1 Nr. 12 FVG iVm. VO v. 24.6.2013[4]). Für die Fälle der **ArbN-Veranlagung** gem. Abs. 2 S. 2 Nr. 4 trifft Abs. 2 S. 3–6 (Abs. 5 S. 2 Nr. 2 S. 2–4 aF) bes. Zuständigkeitsregelungen: **(1) Bis zum VZ 2011:** Betriebsstätten-FA, das die Bescheinigung nach § 39d Abs. 1 S. 3 aF erteilt hat, § 50 Abs. 2 S. 3 aF; bei mehreren Betriebsstätten-FA dasjenige FA, in dessen Bezirk der ArbN zuletzt beschäftigt war (§ 50 Abs. 2 S. 4), im Falle der LSt-Klasse VI dasjenige FA, in dessen Bezirk der ArbN zuletzt unter Anwendung der LSt-Klasse I tätig war (§ 50 Abs. 2 S. 5). Ist keine Bescheinigung nach § 39d Abs. 1 S. 3 aF erteilt worden, das Betriebsstätten-FA, in dessen Bezirk der ArbN zuletzt beschäftigt war (§ 50 Abs. 2 S. 6 aF). **(2)** Für die Zeit **v. VZ 2012 an**, gilt im Grds. Gleiches. Allerdings tritt an die Stelle des FA, das die Bescheinigung nach § 39d Abs. 1 S. 3 aF erteilt hat, das FA, das gem. § 39 Abs. 2 S. 2 oder S. 4 für die Bildung und die Änderung der LSt-Abzugsmerkmale zuständig ist (§ 50 Abs. 2 S. 3), und an der Stelle bezieht sich die Zuständigkeit gem. § 50 Abs. 2 S. 6 auf Fälle, in welchen der ArbG für den ArbN keine elektronischen LSt-Abzugsmerkmale gem. § 39e Abs. 4 S. 2 abgerufen hat und in welchen keine Bescheinigung für den LSt-Abzug nach § 39 Abs. 3 S. 1 oder § 39e Abs. 7 S. 5 ausgestellt worden ist. S. iErg. § 39 Rn. 5.

26 **e) Rechtsfolgen.** Rechtsfolge der Veranlagung ist der Ausschluss der Abgeltungswirkungen iSd. § 50 Abs. 2 S. 1 (§ 50 Abs. 5 S. 1 aF) und die Anwendung der in § 50a Abs. 1 niedergelegten Grundsätze. Auch die in Abs. 1 S. 4 angeordnete Kürzung der Pauschalen bei jahresanteiliger Beschäftigung, Rn. 8 f.) ist anzuwenden (abw. bis zum VZ 2009; Abs. 4 S. 4 Nr. 2 S. 5 aF). Für Steuerabzüge gem. § 43 Abs. 1, § 50a Abs. 4 bleibt die Abgeltungswirkung bestehen, diese Einkünfte werden allerdings iRd. ProgrVorb. berücksichtigt. Dass die fortbestehende Abgeltungswirkung insoweit (entgegen Abs. 5 S. 2 Nr. 2 S. 6 aF) nicht mehr bes hervorgehoben wird, ändert daran nichts; sie ergibt sich insoweit bereits aus Abs. 2 S. 1. Einer Änderung der LSt-Voranmeldungen steht eine bestandskräftige Antragsveranlagung nach § 50 Abs. 2 S. 2 Nr. 4 lit. b nur entgegen, wenn die jeweils betr., beschränkt stpfl. Einkünfte einbezogen worden sind.[5]

27 **f) Rechtslage bis zum VZ 2008.** S. dazu 8. Aufl., § 50 Rn. 18 ff., 14. Aufl., Rn. 27.

D. Steueranrechnung und Steuerabzug bei ausländischen Einkünften (Abs. 3, Abs. 6 aF)

28 Verfügt der beschränkt StPfl. über ausländ. Einkünfte, mit denen er in dem ausländ. Staat („dort") der Besteuerung unterliegt, droht eine Doppelbesteuerung. Um eine solche zu vermeiden, lässt **Abs. 3** ausnahmsweise die Anrechnung ausländ. (Ertrag-)Steuern auf die festgesetzte ESt oder wahlweise den Abzug ausländ. Steuer bei der Ermittlung des Gesamtbetrags der Einkünfte **entspr. § 34c Abs. 1–3** zu, und zwar – da ein Verweis auf § 34c Abs. 6 fehlt – auch im Verhältnis zu Staaten, mit denen DBA bestehen (und die inso-

1 Vgl. EuGH v. 14.2.1995 – Rs. C-279/93 – Schumacker, IStR 1995, 126.
2 BFH v. 10.1.2007 – I R 87/03, BStBl. II 2008, 22 (dagegen gerichtete Verfassungsbeschwerde wurde nicht angenommen, BVerfG v. 9.2.2010 – 2 BvR 1178/07, juris); FG BaWü. v. 7.6.2016 – 6 K 1213/14, EFG 2016, 1980 (Rev. I R 80/16).
3 *Vogel/Lehner*[6], Art. 24 Rn. 53; **aA** FG BaWü. v. 7.6.2016 – 6 K 1213/14, EFG 2016, 1980 (Rev. I R 80/16).
4 BGBl. I 2013, 1679.
5 FG Köln v. 20.4.2016 – 12 K 574/15, EFG 2016, 1351 m. Anm. *Herget* (Rev. VI R 21/16).

weit idR keine entspr. Regelungen enthalten).[1] **Voraussetzung** hierfür sind aber: **(1)** Einkünfte aus LuF, GewBetr. oder selbständiger Arbeit, jeweils mit inländ. Betrieb; **(2)** keine Erfassung der betr. Einkünfte im (anderen) Quellenstaat nach den Maßstäben der unbeschränkten StPflicht. Allein auf die stl. Behandlung in jenem Quellenstaat kommt es auch dann an, wenn dies nicht der Ansässigkeitsstaat des beschränkt StPfl. ist, dieser (Dritt-)Staat aber ebenfalls die Anrechnung oder den Abzug der Steuern des Quellenstaats ermöglicht.[2] IÜ scheidet die inländ. Steueranrechnung aus, wenn die betr. Einkünfte im Herkunftsstaat ohnehin nicht stpfl. sind, zB aufgrund einer DBA-Freistellung.

Die ausländ. Steuer wird im Wege der **Veranlagung** angerechnet und abgezogen. Zur Berechnung des Höchstbetrags der Anrechnung s. § 34c Rn. 24. Einzubeziehen sind alle beschränkt stpfl. Einkünfte, bei denen die Steuer nicht abgegolten ist.[3] Bei Veranlagung der v. § 50 Abs. 3 erfassten Einkünfte ist die deutsche Gesamtsteuer entspr. aufzuteilen. Zur Ermittlung der der deutschen ESt entspr. ausländ. Steuern s. R 50.2 S. 2 EStR. Zur entspr. Anwendung v. § 50 Abs. 3 auch für die KSt s. **§ 26 Abs. 1 S. 1 Nr. 2 KStG**, § 26 Abs. 6 S. 1 KStG aF. 29

E. Erlass und Pauschalierung (Abs. 4, Abs. 7 aF)

Zweck und Aussage. Abs. 4 (Abs. 7 aF) ermöglicht der FinVerw., die ESt bei beschränkt Stpfl (ähnlich und in der Zielrichtung vergleichbar mit § 34c Abs. 5) ganz oder teilw. zu erlassen oder diese in einem PB festzusetzen, wenn dies im besonderen öffentl. Interesse liegt. Ein bes. öffentl. Interesse besteht nach der grundlegenden Neufassung der Vorschrift durch das JStG 2009 und abermals des JStG 2010 **(1)** an (im VZ 2010: iZ mit) der inländ. Veranstaltung international bedeutsamer kultureller und sportlicher Ereignisse, um deren Ausrichtung ein internationaler Wettbewerb stattfindet (**Abs. 4 HS 3 Nr. 1**), oder **(2)** am (im VZ 2010: iZ mit dem) inländ. Auftritt einer ausländ. Kulturvereinigung, wenn ihre Anteile wesentlich aus öffentl. Mitteln gefördert wird (**Abs. 4 HS 3 Nr. 2**). Das war in besagter Fassung des JStG 2010 durch Verwendung des Wörtchens „insbesondere" nur beispielhaft, es wurde durch das StÄndG 2015[4] jedoch vermittels Streichung jenes Wortes nunmehr (zur „Vermeidung v. Streitigkeiten und damit letztlich auch zum Bürokratieabbau")[5] abschließend ausgestaltet. – Diese Konkretisierungen mögen hinreichen, um dem Vorwurf einer **verfassungsrechtl.** bedenklichen Weite und Unbestimmtheit vorzubeugen. Gleichwohl verbleibende Bedenken wurzeln denn auch eher im Rechtspolitischen (sowie im ‚Moralischen': Weshalb soll es volkswirtschaftl. „wertvoll" sein, die vielfach korrupten Organisatoren v. Sport-Weltmeisterschaften uÄ steuerfrei zu belassen?) als im Rechtl.,[6] dies jedenfalls weitaus eher als in der Regelungsfassung bis zum VZ 2008: Danach war die FinVerw. berechtigt, in entspr. Weise vorzugehen, wenn dies aus volkswirtschaftlichen Gründen (= besondere außenwirtschaftliche Gründe und damit „Vorgänge, bei denen die Tätigkeit des beschränkt StPfl. im Inland gesamtwirtschaftliche Zwecke nachhaltig fördert")[7] zweckmäßig oder eine gesonderte Berechnung der Einkünfte bes. schwierig war. Auch diese Ermächtigung wurde verfassungsrechtl. trotz ihrer tatbestandlichen Weite und Unbestimmtheit[8] als unbedenkliche Generalklausel angesehen. Frei nach dem Satz „Wo kein Kläger, da kein Richter" droht die wahrscheinliche Verfassungswidrigkeit allerdings ungeahndet zu bleiben; es sei denn, es findet sich ein Wettbewerber als probater Konkurrentenkläger.[9] – Eine andere Frage ist aufzuwerfen, nämlich ob die sehr global umschriebene Steuerfreistellung mit unionsrechtl. Beihilferecht (Art. 107 AEUV) vereinbar ist; richtigerweise wohl nicht.[10] 30

Im Einzelnen: Mit der nunmehrigen Regelung idF des JStG 2010 werden die dort gegebenen Regelbeispiele auf die erwähnten internationalen Wettbewerbe (**Abs. 4 HS 3 Nr. 1**) und den Auftritt einer ausländischen und öffentl. geförderten Kulturvereinigung (**Abs. 4 HS 3 Nr. 2**) präzisiert und zugleich verengt. Nicht einbezogen sein sollen einschlägige Aktivitäten, die lediglich aus Anlass der Beispielsaktivitäten oder in zeitlichem Zusammenhang damit stehen, die jedoch nicht originärer Bestandteil der genannten Großveranstaltungen und Auftritte stehen. Das soll durch die nunmehrige Regelungsfassung ‚klargestellt' werden,[11] wi- 31

1 R 50.2 S. 1 EStR 2005.
2 FG Düss. v. 15.12.1992 – 6 K 110/88 K, EFG 1993, 447.
3 R 50.2 S. 3 EStR 2005.
4 G v. 2.11.2015, BGBl. I 2015, 1834.
5 BT-Drucks. 18/4902, 66.
6 Zutr. *Anzinger*, FR 2006, 857; *Schlegel/Rund*, FR 2019, 1 (4f.); **aA** *H/H/R*, § 50 Anm. 450.
7 BFH v. 7.3.2007 – I R 98/05, BStBl. II 2008, 186; vgl. auch zur Parallelvorschrift in § 34c Abs. 5: BVerfG v. 19.4. 1978 – 2 BvL 2/75, BVerfGE 48, 210 (226); BFH v. 13.1.1966 – IV 166/61, BFHE 85, 399 (405); krit. *Anzinger*, FR 2006, 857 (866f.); *Balzerkiewicz/Voigt*, BB 2005, 302 (303).
8 BFH v. 7.3.2007 – I R 98/05, BStBl. II 2008, 186; s. jedoch zweifelnd *Anzinger*, FR 2006, 857.
9 *Schlegel/Rund*, FR 2019, 1 (4f.).
10 *Trencsik/Thiede*, StuW 2018, 170.
11 BT-Drucks. 17/2823, 20.

derspricht jedoch der zuvorigen Fassung, die die Regelung durch das JStG 2009 erhalten hat: Wenn danach ein bloßer ‚Zusammenhang' genügte, umschließt das auch bloße Begleitveranstaltungen und lässt einen mittelbaren Bezug ausreichen; v. einer ‚Klarstellung' kann angesichts dessen kaum die Rede sein.

Beispiele:[1] Steuerfreiheit v. Einkünften aus der Verwertung einer entspr. im Ausland ausgeübten nichtselbständigen Tätigkeit,[2] sowie v. Einkünften der FIFA iZ mit der Fußball-WM 2006(!),[3] sowie mit inländischen Spielen der europäischen Vereinswettbewerbe v. Mannschaftssportarten unter der Voraussetzung zwischenstaatl. Gegenseitigkeit[4]; Besteuerung v. Artisten mit einem Pauschsteuersatz v. 25 % bzw. 33,33 % des Brutto- bzw. Netto-Arbeitslohns,[5] Besteuerung v. gastspielverpflichteten Künstlern bei Theater, Funk, Fernsehen mit einem Pauschsteuersatz v. 20 % bzw. 25 % (zzgl. SolZ) des Brutto- bzw. Netto-Arbeitslohns,[6] Besteuerung v. ArbN inländ. ArbG nach Maßgabe des Auslandstätigkeitserlasses[7] (s. dazu § 34c Rn. 35 f., dort auch zur möglichen Unions- und Verfassungswidrigkeit des Erlasses), Begünstigung v. ausländ. Kulturvereinigungen,[8] nach Maßgabe der Neuregelung aber nur solcher, deren Auftritt (also nicht auch die Vereinigung als solche) „wesentlich" (= wohl min. zu 25 vH) aus öff. Mitteln gefördert wird, (aus schwerlich nachvollziehbaren Gründen) aber nicht v. Solisten oder solistisch besetzten Ensembles (= jedenfalls nicht mehr als fünf Mitglieder[9]).[10] Ein vollständiger Erl. kann (und wird) nach Lage der Dinge allenfalls bei „bedeutsamen" Großveranstaltungen (Weltmeisterschaften, Olympiade) in Betracht kommen.

32 **Verfahren. Zuständig** für die (selbständige und als solche anfechtbare) Erlass- oder Pauschalierungsentscheidung sind die obersten Finanzbehörden der Länder oder v. ihnen beauftragten FÄ mit Zustimmung des BMF (gestufte Verwaltungsentscheidung).[11] **Antragsberechtigt** ist nur der Vergütungsgläubiger, nicht der Vergütungsschuldner.[12] **Anfechtungsberechtigt** sind aber auch drittbetroffene (Mit-)Wettbewerber. Vgl. auch die Parallelnorm in § 34c Abs. 5 (dazu § 34c Rn. 35).

§ 50a Steuerabzug bei beschränkt Steuerpflichtigen

(1) Die Einkommensteuer wird bei beschränkt Steuerpflichtigen im Wege des Steuerabzugs erhoben

1. **bei Einkünften, die durch im Inland ausgeübte künstlerische, sportliche, artistische, unterhaltende oder ähnliche Darbietungen erzielt werden, einschließlich der Einkünfte aus anderen mit diesen Leistungen zusammenhängenden Leistungen, unabhängig davon, wem die Einkünfte zufließen (§ 49 Absatz 1 Nummer 2 bis 4 und 9), es sei denn, es handelt sich um Einkünfte aus nichtselbständiger Arbeit, die bereits dem Steuerabzug vom Arbeitslohn nach § 38 Absatz 1 Satz 1 Nummer 1 unterliegen,**
2. **bei Einkünften aus der inländischen Verwertung von Darbietungen im Sinne der Nummer 1 (§ 49 Absatz 1 Nummer 2 bis 4 und 6),**
3. **bei Einkünften, die aus Vergütungen für die Überlassung der Nutzung oder des Rechts auf Nutzung von Rechten, insbesondere von Urheberrechten und gewerblichen Schutzrechten, von gewerblichen, technischen, wissenschaftlichen und ähnlichen Erfahrungen, Kenntnissen und Fertigkeiten, zum Beispiel Plänen, Mustern und Verfahren, herrühren, sowie bei Einkünften, die aus der Verschaffung der Gelegenheit erzielt werden, einen Berufssportler über einen begrenzten Zeitraum vertraglich zu verpflichten, (§ 49 Absatz 1 Nummer 2, 3, 6 und 9),**
4. **bei Einkünften, die Mitgliedern des Aufsichtsrats, Verwaltungsrats, Grubenvorstands oder anderen mit der Überwachung der Geschäftsführung von Körperschaften, Personenvereinigungen**

---

1 Im Einzelnen *H/H/R*, § 50 Anm. 470.
2 R 39d Abs. 2 Nr. 2 LStR, R 125 Abs. 2 Nr. 2 LStR aF.
3 OFD Münster v. 10.2.2006, DB 2006, 420; zu Recht krit. zB *Anzinger*, FR 2006, 857; *Balzerkiewicz/Voigt*, BB 2005, 302 *Schlegel/Rund*, FR 2019, 1.
4 BMF v. 20.3.2008, BStBl. I 2008, 538; sog. Negativliste hinsichtl. der Gegenseitigkeit: BMF v. 21.1.2010, BStBl. I 2010, 49; krit. dazu *Holthaus*, IStR 2010, 763.
5 R 125 Abs. 4 LStR 2005.
6 BMF v. 15.1.1996, BStBl. I 1996, 55.
7 BMF v. 31.10.1983, BStBl. I 1983, 470.
8 S. auch BMF v. 20.7.1983, BStBl. I 1983, 382 idF BMF v. 30.5.1995, BStBl. I 1995, 336; dazu eingehend und krit. *Holthaus*, IStR 2003, 120; IStR 2010, 23, 27 ff.; *Nürnberg*, IWB 2018, 174.
9 Wobei Jazz-Ensembles „wegen der Eigenart des Jazz" idR und in jedem Falle als solistisch geprägt anzusehen sein sollen, BayLfSt v. 24.10.2011, IStR 2012, 124.
10 BFH v. 7.3.2007 – I R 98/05, BStBl. II 2008, 186; BMF v. 20.7.1983, BStBl. I 1983, 382 idF v. 30.5.1995, BStBl. I 1995, 336 Tz. 4; FG Nds. v. 21.9.1999 – VI 327/97, EFG 2000, 220; krit zu Recht *Holthaus*, IStR 2010, 23, 28 f.
11 Vgl. zum Verfahren und zum Rechtsschutz im Einzelnen *Gosch*, DStZ 1988, 136.
12 BFH v. 30.5.2007 – I B 124/06, BFH/NV 2007, 1905.

und Vermögensmassen im Sinne des § 1 des Körperschaftsteuergesetzes beauftragten Personen sowie von anderen inländischen Personenvereinigungen des privaten und öffentlichen Rechts, bei denen die Gesellschafter nicht als Unternehmer (Mitunternehmer) anzusehen sind, für die Überwachung der Geschäftsführung gewährt werden (§ 49 Absatz 1 Nummer 3).

(2) [1]Der Steuerabzug beträgt 15 Prozent, in den Fällen des Absatzes 1 Nummer 4 beträgt er 30 Prozent der gesamten Einnahmen. [2]Vom Schuldner der Vergütung ersetzte oder übernommene Reisekosten gehören nur insoweit zu den Einnahmen, als die Fahrt- und Übernachtungsauslagen die tatsächlichen Kosten und die Vergütungen für Verpflegungsmehraufwand die Pauschbeträge nach § 4 Absatz 5 Satz 1 Nummer 5 übersteigen. [3]Bei Einkünften im Sinne des Absatzes 1 Nummer 1 wird ein Steuerabzug nicht erhoben, wenn die Einnahmen je Darbietung 250 Euro nicht übersteigen.

(3) [1]Der Schuldner der Vergütung kann von den Einnahmen in den Fällen des Absatzes 1 Nummer 1, 2 und 4 mit ihnen in unmittelbarem wirtschaftlichem Zusammenhang stehende Betriebsausgaben oder Werbungskosten abziehen, die ihm ein beschränkt Steuerpflichtiger in einer für das Bundeszentralamt für Steuern nachprüfbaren Form nachgewiesen hat oder die vom Schuldner der Vergütung übernommen worden sind. [2]Das gilt nur, wenn der beschränkt Steuerpflichtige Staatsangehöriger eines Mitgliedstaats der Europäischen Union oder eines anderen Staates ist, auf den das Abkommen über den Europäischen Wirtschaftsraum Anwendung findet, und im Hoheitsgebiet eines dieser Staaten seinen Wohnsitz oder gewöhnlichen Aufenthalt hat. [3]Es gilt entsprechend bei einer beschränkt steuerpflichtigen Körperschaft, Personenvereinigung oder Vermögensmasse im Sinne des § 32 Absatz 4 des Körperschaftsteuergesetzes. [4]In diesen Fällen beträgt der Steuerabzug von den nach Abzug der Betriebsausgaben oder Werbungskosten verbleibenden Einnahmen (Nettoeinnahmen), wenn

1. Gläubiger der Vergütung eine natürliche Person ist, 30 Prozent,
2. Gläubiger der Vergütung eine Körperschaft, Personenvereinigung oder Vermögensmasse ist, 15 Prozent.

(4) [1]Hat der Gläubiger einer Vergütung seinerseits Steuern für Rechnung eines anderen beschränkt steuerpflichtigen Gläubigers einzubehalten (zweite Stufe), kann er vom Steuerabzug absehen, wenn seine Einnahmen bereits dem Steuerabzug nach Absatz 2 unterlegen haben. [2]Wenn der Schuldner der Vergütung auf zweiter Stufe Betriebsausgaben oder Werbungskosten nach Absatz 3 geltend macht, die Veranlagung nach § 50 Absatz 2 Satz 2 Nummer 5 beantragt oder die Erstattung der Abzugsteuer nach § 50d Absatz 1 oder einer anderen Vorschrift beantragt, hat er die sich nach Absatz 2 oder Absatz 3 ergebende Steuer zu diesem Zeitpunkt zu entrichten; Absatz 5 gilt entsprechend.

(5) [1]Die Steuer entsteht in dem Zeitpunkt, in dem die Vergütung dem Gläubiger zufließt. [2]In diesem Zeitpunkt hat der Schuldner der Vergütung den Steuerabzug für Rechnung des Gläubigers (Steuerschuldner) vorzunehmen. [3]Er hat die innerhalb eines Kalendervierteljahres einbehaltene Steuer jeweils bis zum zehnten des dem Kalendervierteljahr folgenden Monats an das Bundeszentralamt für Steuern abzuführen. [4]Der Schuldner der Vergütung haftet für die Einbehaltung und Abführung der Steuer. [5]Der Steuerschuldner kann in Anspruch genommen werden, wenn der Schuldner der Vergütung den Steuerabzug nicht vorschriftsmäßig vorgenommen hat. [6]Der Schuldner der Vergütung ist verpflichtet, dem Gläubiger auf Verlangen die folgenden Angaben nach amtlich vorgeschriebenem Muster zu bescheinigen:

1. den Namen und die Anschrift des Gläubigers,
2. die Art der Tätigkeit und Höhe der Vergütung in Euro,
3. den Zahlungstag,
4. den Betrag der einbehaltenen und abgeführten Steuer nach Absatz 2 oder Absatz 3.

(6) Die Bundesregierung kann durch Rechtsverordnung mit Zustimmung des Bundesrates bestimmen, dass bei Vergütungen für die Nutzung oder das Recht auf Nutzung von Urheberrechten (Absatz 1 Nummer 3), die nicht unmittelbar an den Gläubiger, sondern an einen Beauftragten geleistet werden, anstelle des Schuldners der Vergütung der Beauftragte die Steuer einzubehalten und abzuführen hat und für die Einbehaltung und Abführung haftet.

(7) [1]Das Finanzamt des Vergütungsgläubigers kann anordnen, dass der Schuldner der Vergütung für Rechnung des Gläubigers (Steuerschuldner) die Einkommensteuer von beschränkt steuerpflichtigen Einkünften, soweit diese nicht bereits dem Steuerabzug unterliegen, im Wege des Steuerabzugs einzubehalten und abzuführen hat, wenn dies zur Sicherung des Steueranspruchs zweckmäßig ist. [2]Der Steuerabzug beträgt 25 Prozent der gesamten Einnahmen, bei Körperschaften, Personenvereinigungen oder Vermögensmassen 15 Prozent der gesamten Einnahmen; das Finanzamt

kann die Höhe des Steuerabzugs hiervon abweichend an die voraussichtlich geschuldete Steuer anpassen. [3]Absatz 5 gilt entsprechend mit der Maßgabe, dass die Steuer bei dem Finanzamt anzumelden und abzuführen ist, das den Steuerabzug angeordnet hat; das Finanzamt kann anordnen, dass die innerhalb eines Monats einbehaltene Steuer jeweils bis zum zehnten des Folgemonats anzumelden und abzuführen ist. [4]§ 50 Absatz 2 Satz 1 ist nicht anzuwenden.

§§ 73a–73g EStDV

§ 73a Begriffsbestimmungen

(1) Inländisch im Sinne des § 50a Abs. 1 Nr. 4 des Gesetzes sind solche Personenvereinigungen, die ihre Geschäftsleitung oder ihren Sitz im Geltungsbereich des Gesetzes haben.

(2) Urheberrechte im Sinne des § 50a Abs. 1 Nr. 3 des Gesetzes sind Rechte, die nach Maßgabe des Urheberrechtsgesetzes vom 9. September 1965 (BGBl. I S. 1273), zuletzt geändert durch das Gesetz vom 7. Dezember 2008 (BGBl. I S. 2349), in der jeweils geltenden Fassung geschützt sind.

(3) Gewerbliche Schutzrechte im Sinne des § 50a Abs. 1 Nr. 3 des Gesetzes sind Rechte, die nach Maßgabe des Geschmacksmustergesetzes vom 12. März 2004 (BGBl. I S. 390), zuletzt geändert durch Artikel 7 des Gesetzes vom 7. Juli 2008 (BGBl. I S. 1191), des Patentgesetzes in der Fassung der Bekanntmachung vom 16. Dezember 1980 (BGBl. 1981 I S. 1), zuletzt geändert durch Artikel 2 des Gesetzes vom 7. Juli 2008 (BGBl. I S. 1191), des Gebrauchsmustergesetzes in der Fassung der Bekanntmachung vom 28. August 1986 (BGBl. I S. 1455), zuletzt geändert durch Artikel 3 des Gesetzes vom 7. Juli 2008 (BGBl. I S. 1191) und des Markengesetzes vom 25. Oktober 1994 (BGBl. I S. 3082; 1995 I S. 156), zuletzt geändert durch Artikel 4 des Gesetzes vom 7. Juli 2008 (BGBl. I S. 1191), in der jeweils geltenden Fassung geschützt sind.

§ 73b (weggefallen)

§ 73c Zeitpunkt des Zufließens im Sinne des § 50a Abs. 5 Satz 1 des Gesetzes

Die Vergütungen im Sinne des § 50a Abs. 1 des Gesetzes fließen dem Gläubiger zu

1. *im Fall der Zahlung, Verrechnung oder Gutschrift: bei Zahlung, Verrechnung oder Gutschrift;*
2. *im Fall der Hinausschiebung der Zahlung wegen vorübergehender Zahlungsunfähigkeit des Schuldners: bei Zahlung, Verrechnung oder Gutschrift;*
3. *im Fall der Gewährung von Vorschüssen: bei Zahlung, Verrechnung oder Gutschrift der Vorschüsse.*

§ 73d Aufzeichnungen, Aufbewahrungspflichten, Steueraufsicht

(1) [1]Der Schuldner der Vergütungen im Sinne des § 50a Abs. 1 des Gesetzes (Schuldner) hat besondere Aufzeichnungen zu führen. [2]Aus den Aufzeichnungen müssen ersichtlich sein:

1. *Name und Wohnung des beschränkt steuerpflichtigen Gläubigers (Steuerschuldners),*
2. *Höhe der Vergütungen in Euro,*
3. *Höhe und Art der von der Bemessungsgrundlage des Steuerabzugs abgezogenen Betriebsausgaben oder Werbungskosten,*
4. *Tag, an dem die Vergütungen dem Steuerschuldner zugeflossen sind,*
5. *Höhe und Zeitpunkt der Abführung der einbehaltenen Steuer.*

[3]Er hat in Fällen des § 50a Abs. 3 des Gesetzes die von der Bemessungsgrundlage des Steuerabzugs abgezogenen Betriebsausgaben oder Werbungskosten und die Staatsangehörigkeit des beschränkt steuerpflichtigen Gläubigers in einer für das Bundeszentralamt für Steuern nachprüfbaren Form zu dokumentieren.

(2) Bei der Veranlagung des Schuldners zur Einkommensteuer (Körperschaftsteuer) und bei Außenprüfungen, die bei dem Schuldner vorgenommen werden, ist auch zu prüfen, ob die Steuern ordnungsmäßig einbehalten und abgeführt worden sind.

§ 73e Einbehaltung, Abführung und Anmeldung der Steuer von Vergütungen im Sinne des § 50a Abs. 1 und 7 des Gesetzes (§ 50a Abs. 5 des Gesetzes)

[1]Der Schuldner hat die innerhalb eines Kalendervierteljahrs einbehaltene Steuer von Vergütungen im Sinne des § 50a Absatz 1 des Gesetzes unter der Bezeichnung „Steuerabzug von Vergütungen im Sinne des § 50a Absatz 1 des Einkommensteuergesetzes" jeweils bis zum zehnten des dem Kalendervierteljahr folgenden Monats an das Bundeszentralamt für Steuern abzuführen. [2]Bis zum gleichen Zeitpunkt hat der Schuldner dem Bundeszentralamt für Steuern eine Steueranmeldung über den Gläubiger, die Höhe der Vergütungen im Sinne des § 50a Absatz 1 des Gesetzes, die Höhe und Art der von der Bemessungsgrundlage des Steuerabzugs abgezogenen Betriebsausgaben oder Werbungskosten und die Höhe des Steuerabzugs zu übersenden. [3]Satz 2 gilt entsprechend, wenn ein Steuerabzug auf Grund der Vorschrift des § 50a Abs. 2 Satz 3 oder Abs. 4 Satz 1 des Gesetzes nicht vorzunehmen ist oder auf Grund eines Abkommens zur Vermeidung der Doppelbesteuerung nicht oder nicht in voller Höhe vorzunehmen ist. [4]Die Steueranmeldung ist nach amtlich vorgeschriebenem Datensatz durch Datenfernübertragung zu übermitteln. [5]Auf Antrag kann das Bundeszentralamt für Steuern zur Vermeidung unbilliger Härten auf eine elektronische Übermittlung verzichten; in diesem Fall ist die Steueranmeldung vom Schuldner oder von einem zu seiner Vertretung Berechtigten zu unterschreiben. [6]Ist es zweifelhaft, ob der Gläubiger beschränkt oder unbeschränkt steuerpflichtig ist, so darf der Schuldner die Einbehaltung der Steuer nur

dann unterlassen, wenn der Gläubiger durch eine Bescheinigung des nach den abgabenrechtlichen Vorschriften für die Besteuerung seines Einkommens zuständigen Finanzamts nachweist, dass er unbeschränkt steuerpflichtig ist. [7]Die Sätze 1, 2, 4 und 5 gelten entsprechend für die Steuer nach § 50a Absatz 7 des Gesetzes mit der Maßgabe, dass

1. *die Steuer an das Finanzamt abzuführen und bei dem Finanzamt anzumelden ist, das den Steuerabzug angeordnet hat, und*
2. *bei entsprechender Anordnung die innerhalb eines Monats einbehaltene Steuer jeweils bis zum zehnten des Folgemonats anzumelden und abzuführen ist.*

§ 73f Steuerabzug in den Fällen des § 50a Abs. 6 des Gesetzes

[1]Der Schuldner der Vergütungen für die Nutzung oder das Recht auf Nutzung von Urheberrechten im Sinne des § 50a Abs. 1 Nr. 3 des Gesetzes braucht den Steuerabzug nicht vorzunehmen, wenn er diese Vergütungen auf Grund eines Übereinkommens nicht an den beschränkt steuerpflichtigen Gläubiger (Steuerschuldner), sondern an die Gesellschaft für musikalische Aufführungs- und mechanische Vervielfältigungsrechte (Gema) oder an einen anderen Rechtsträger abführt und die obersten Finanzbehörden der Länder mit Zustimmung des Bundesministeriums der Finanzen einwilligen, dass dieser andere Rechtsträger an die Stelle des Schuldners tritt. [2]In diesem Fall hat die Gema oder der andere Rechtsträger den Steuerabzug vorzunehmen; § 50a Abs. 5 des Gesetzes sowie die §§ 73d und 73e gelten entsprechend.

§ 73g Haftungsbescheid

(1) Ist die Steuer nicht ordnungsmäßig einbehalten oder abgeführt, so hat das Bundeszentralamt für Steuern oder das zuständige Finanzamt die Steuer von dem Schuldner, in den Fällen des § 73f von dem dort bezeichneten Rechtsträger, durch Haftungsbescheid oder von dem Steuerschuldner durch Steuerbescheid anzufordern.

(2) Der Zustellung des Haftungsbescheids an den Schuldner bedarf es nicht, wenn der Schuldner die einbehaltene Steuer dem Bundeszentralamt für Steuern oder dem Finanzamt ordnungsmäßig angemeldet hat (§ 73e) oder wenn er vor dem Bundeszentralamt für Steuern oder dem Finanzamt oder einem Prüfungsbeamten des Bundeszentralamts für Steuern oder des Finanzamts seine Verpflichtung zur Zahlung der Steuer schriftlich anerkannt hat.

Verwaltung: BMF v. 23.1.1996, BStBl. I 1996, 100 (Steuerabzug bei Korrespondenten); v. 23.1.1996, BStBl. I 1996, 89 (Steuerabzug bei künstlerischen, sportlichen oä. Darbietungen; aufgehoben, gültig bis 31.12.2008); v. 23.1.1996, BStBl. I 1996, 162 (§ 50a Abs. 7); v. 13.3.1998, BStBl. I 1998, 351 (Korrespondenten), v. 7.5.2002, BStBl. I 2002, 521; OFD Münster v. 17.4.2002, IStR 2002, 464; BMF v. 1.8.2002, BStBl. I 2002, 709 (jeweils zu § 50a Abs. 4, aufgehoben, gültig bis 31.12.2008); v. 2.8.2002, BStBl. I 2002, 710 (zu § 50a Abs. 7); v. 11.12.2002, BStBl. I 2002, 1394 (§ 50a Abs. 4; aufgehoben, gültig bis 31.12.2008); v. 5.4.2007, BStBl. I 2007, 449; v. 9.1.2009, BStBl. I 2009, 362 mit Ergänzung OFD Karlsruhe v. 29.4.2014, StEd 2014, 347 (Steuerabzug bei beschränkt stpfl. Fotomodellen); v. 25.11.2010, BStBl. I 2010, 1350 (Steuerabzug bei künstlerischen, sportlichen oä. Darbietungen, gültig ab 1.1.2009, mit zahlreichen Anwendungsbeispielen ab Tz. 91 ff.); v. 17.6.2014, BStBl. I 2014, 887 (zum sog. Nettoabzug bei EU-/EWR-StPfl.); v. 27.10.2017, BStBl. I 2017, 1448 (Überlassung v. Nutzungsrechten an Software).

Literatur: S. die Literaturnachweise zu § 49 und § 50, außerdem: *Cordewener*, Europäische Vorgaben für die Verfahrensrechte v. Steuerausländern – Formellrechtliche Implikationen der „Fokus Bank"-Entscheidung des EFTA-Gerichtshofs, IStR 2006, 113; *Cordewener/Dörr*, Die ertragsteuerliche Behandlung v. Lizenzgebühren an ausländische Lizenzgeber: Aktuelle Einflüsse des europäischen Gemeinschaftsrechts, GRURInt. 2006, 447; *Cordewener/Grams/Molenaar*, Neues aus Luxemburg zur Abzugsbesteuerung nach § 50a – Erste Erkenntnisse aus dem EuGH-Urteil v. 3.10. 2006, IStR 2006, 739; *Decker/Looser*, Neuregelung des Steuerabzugs nach § 50a ab 2009, IStR 2010, 8; *Demleitner*, § 50a Abs. 7 – Unwägbarkeiten durch die FinVerw., ISR 2015, 238; *Ehlig*, § 50a bei ausländ. Künstlern und Sportlern und trennbare Nebenleistungen, IStR 2010, 504; *Ehlig*, Möglichkeiten des Rechtsschutzes iRd. Steuerabzugs nach § 50a bei inländ. Darbietungen ausländ. Künstler und Sportler, DStZ 2011, 647; *Eicker/Seiffert*, EuGH: Haftung des Vergütungsschuldners gem. § 50a Abs. 5 S. 5 trotz Beitreibungsrichtlinie?, BB 2007, 358; *Frase*, Grenzüberschreitende Lizenzverträge – ertragsteuerliche Optimierungsansätze, KÖSDI 2017, 20341; *Gehm*, Die Haftung nach § 50a Abs. 5 S. 4 hinsichtlich des Steuerabzugs bei beschränkt StPfl., StBp. 2017, 335; *Goebel/Ungemach/Gehrmann*, Wesentliches zur Abzugsverpflichtung nach § 50a Abs. 1, IWB 2015, 793; *Grams/Molenaar*, Hat die Entsch. des EuGH in Sachen Gerritse Auswirkungen auf das Steuerabzugsverfahren nach § 50a Abs. 4 und die Haftung nach § 50a Abs. 5?, DStZ 2003, 761; *Grams/Schön*, Zur Umsetzung des EuGH-Urteils Scorpio (C-290/04) durch BMF-Schr. v. 5.4.2007 – Wird die EU-Kommission ihr Vertragsverletzungsverfahren gegen Deutschland einstellen?, IStR 2007, 658; *Herrler*, Steuerabzug nach § 50a Abs. 7 bei beschränkt stpfl. Verkäufer einer Immobilie, ZfIR 2015, 410; *Holthaus*, Steuerabzug bei beschränkt stpfl. Sportlern und Künstlern: Einf. des Staffeltarifs im § 50a Abs. 4 (StÄndG 2001), IStR 2002, 454; *Holthaus*, Praxisprobleme bei der ab 2009 geänderten Besteuerung beschränkt stpfl. Künstler und Sportler, IStR 2010, 23; *Holthaus*, Aktuelle Möglichkeiten und Risiken der DBA-Anwendung bei beschränkt stpfl. Künstlern und Sportlern, IWB 2011, 802; *Holthaus*, Besonderheiten bei der Besteuerung von ausländ. Gastdozenten an deutschen Hochschulen und Forschungseinrichtungen, ZStV 2014, 207; *Holthaus*, Erweiterte Möglichkeiten der FinVerw. beim Steuerabzug auf Vergütungen nach § 50a Abs. 7 ab 2015, ISR 2014, 329; *Holthaus*, Aktuelle Probleme mit der EU-Konformität des Steuerabzugs nach § 50a, IStR 2014, 628; *Holthaus*, Anordnung des Steuerabzugs nach § 50a Abs. 7 – frisch geschärftes Schwert der FinVerw., IStR 2015, 876; *Holthaus*, Besteuerung von Rechteüberlassungen ins Inland und Steuerabzug gem. § 50a Abs. 1 Nr. 3 vor dem Hintergrund des geplanten BMF-Schr., IStR 2017, 729; *Holthaus*, Zu Risiken und Nebenwirkungen des BMF-Schr. zur beschränkten StPfl. bei Nutzungen v. Software und Datenbanken im Inland, DStZ 2018, 68; *Holthaus*, Abzugssteuerpflicht nach § 50a bei Vergütungen an ausländ. staatliche und Non-Profit-Einrichtungen – Analyse der Irrwege des FG München im Urt. v. 29.1.2018 im Vergleich zum Urt. des FG Hess. v. 27.7.2010, IStR 2018, 587; *Holthaus/Volkmann*, Besteuerung von Vergütungen nach § 13b UStG sowie nach § 50a bei elektronischer Datennutzung, insbes. von ausländ. Datenbanken, DStZ 2015, 550; *Homuth*, Besteuerung ausländ. Künstler im Inland, IWB 2016, 278; *Homuth*, Steuerabzug und Veranlagung v. beschränkt StPfl., IWB 2017, 246; *Intemann/Nacke*, Die EuGH-Entscheidung in der Rs. Scorpio, DB 2007, 1430; *Kahl*, StÄndG 2001 – Auswirkung der Steuerschuldnerschaft des Leistungsempfängers (§ 13b Abs. 2 UStG) auf den Steuerabzug nach § 50a, DB 2002, 13; *Kahle/Schulz*, Besteuerung v. Inbound-Investitionen – Ermittlung der inländischen Einkünfte und Durchführung der Besteuerung nach dem JStG 2009, RIW 2009, 140; *Köhler/Goebel/Schmidt*, Neufassung des § 50a durch das JStG 2009 – Ende einer Dauerbaustelle?, DStR 2010, 8; *Kowallik*, Steuerabzug nach § 50a Abs. 1 Nr. 3 bei sog. gemischten Verträgen, IWB 2010, 48; *Kraft*, Softwareüberlassung und Gestattung v. Datenbanknutzung durch ausländ. Digitalanbieter, NWB 2018, 868 und 937; *M. Lang*, Steuerabzug, Haftung und Gemeinschaftsrecht, SWI 2007, 17; *W. Loukota*, EG-Grundfreiheiten und beschränkte StPflicht, 2006; *Maßbaum/Imhof*, Beschränkte StPfl. und Steuerabzug bei grenzüberschreitender Überlassung v. Software und Datenbanken, FR 2018, 6; *Maßbaum/D. Müller*, Aktuelle Entwicklungen im Bereich der Abzugsteuer nach § 50a bei Lizenzzahlungen und Anordnung des Steuerabzugs, BB 2015, 3031; *Nacke*, Besteuerung ausländischer Künstler und Sportler, NWB 2009, 1910; *Oreskovic-Rips/Kowalewski*, Steuerabzug auf Anordnung nach § 50a Abs. 7 unter Berücksichtigung des Kroatien-AnpG – Erläuterungen zu ausgewählten Einzelproblemen und Abwehrgestaltungen bei Immobilienverkäufen durch beschränkt stpfl. Körperschaften, IStR 2015, 418; *Petersen*, Quellensteuer bei Überlassung v. Standardsoftware, IStR 2013, 896; *Petersen*, Quellensteuer bei Vertriebsrechten am Bsp. v. Softwareunternehmen, IStR 2017, 136; *Pinkernell*, Digitale Wirtschaft – Aktuelle Themen aus Beratungspraxis und Steuerpolitik, Ubg 2018, 139; *Reiter*, Steuerabzug auf grenzüberschreitende Vergütungen für die Überlassung v. Urheberrechten – Besonderheiten bei gemeinschaftlich entwickelten Produkten und Auftragsentwicklungen, IStR 2017, 572; *Schauhoff*, Quellensteuerabzug bei Zahlungen an beschränkt stpfl. Künstler und Sportler, IStR 1997, 5; *Schewe*, Beschränkte StPfl. ausländ. Softwareanbieter, IWB 2018, 98; *Schlotter/Hruschka*, Aktuelle Fragen des Steuerabzugs nach § 50a aus Unternehmenssicht, StbJb. 2017/18, 667; *Schnitger*, Das Ende der Bruttobesteuerung beschränkt StPfl., FR 2003, 745; *Schnitger/Oskamp*, Der Entw. des BMF-Schr. zur beschränkten StPfl. und Abzugsteuer nach § 50a bei grenzüberschreitender Überlassung v. Software und Datenbanken, IStR 2017, 616; *Strahl*, Steuerabzug nach § 50a und Unternehmereigenschaft – Neue Brennpunkte der Besteuerung der öffentl. Hand, KÖSDI 2016, 19838; *Thiele*, Quellensteuerabzug bei Softwareüberlassung – Das neue BMF-Schr. zu § 50a im Kontext des Urheberrechts, DStR 2018, 274; *Thiele/Stelzer*, Die intern. Besteuerung v. Lizenzgebühren für Softwareüberlassung – Das Abkommensrecht im Lichte des deutschen Urheberrechts, ISR 2018, 42; *Toifl*, Der Durchgriff nach § 50a Abs. 4 Nr. 1 dEStG und § 99 Abs. 1 Z 1 öEStG, in: Gassner/Lang/Lechner/Schuch/Staringer, Die beschränkte StPflicht im ESt- und KSt-Recht, 2004, 211; *Warnke*, Grenzüberschreitende Überlassung v. Software und Datenbanken, EStB 2019, 69; *Wehmhörner*, Beschränkte StPfl. und Steuerabzug im digitalen Zeitalter: Das BMF-Schr. zur grenzüberschreitenden Überlassung v. Software und Datenbanken, ISR 2018, 66; *Zacher*, Rechtsschutzlücken bei der Besteuerung beschränkt stpfl. Künstler und Sportler, SAM 2007, 22; frühere Literatur s. 10. Aufl.

A. Grundaussagen der Vorschrift

§ 50a dient dazu, die Besteuerung bei beschränkt StPfl. **sicherzustellen**, indem der Schuldner bestimmter Vergütungen verpflichtet wird, Steuern bei der Auszahlung abzuziehen und diese an das FA auszuzahlen. Die Vorschrift erweitert insoweit für (allerdings nur bestimmte) beschränkt StPfl. die für alle (grds. auch beschränkt) StPfl. geltenden Vorschriften über den **Quellensteuerabzug** (LSt, §§ 38 ff.; KapESt, §§ 43 ff.; Bauabzugsteuer, §§ 48 ff.). Ihre Rechtfertigung erfährt die Vorschrift aus dem Umstand, dass beschränkt StPfl. bei den im G aufgeführten, im Inland stpfl. Vorgängen hier über keine dauerhaften Bezüge verfügen, auf die zum Zwecke der Besteuerung Zugriff genommen werden könnte. Wegen dieser Besonderheiten sind die Nachteile, denen jene beschränkt StPfl. im Vergleich zu unbeschränkt oder auch anderen (veranlagten) beschränkt StPfl. unterliegen, **gleichheitsrechtl.** jedenfalls im Grundsatz unbedenklich[1] (s. auch § 1 Rn. 2, § 50 Rn. 1). Bedenklich kann insoweit allenfalls die nicht ohne weiteres zu rechtfertigende selektive Auswahl der Abzugsverpflichteten innerhalb der Gr. der beschränkt Stpfl sein.[2] Nicht zweifelsfrei erweist sich der Sicherungszweck des Steuerabzugs überdies in Fällen solcher doppelansässiger Stpfl, die wegen des Mittelpunkts ihrer Lebensinteressen aus DBA-Sicht als im Ausland ansässig gelten (vgl. Art. 4 Abs. 2 OECD-MA), in Inland jedoch gleichwohl unbeschränkt stpfl. und deswegen unbeschadet des Steuerabzugs im Einzelfall stets zu veranlagen sind.[3] – Wegen der grds. Abgeltungswirkung des Steuerabzugs nach § 50a s. § 50 Abs. 2 (§ 50 Abs. 5 aF). 1

Unionsrechtl. Bedenken ggü. dem Steuerabzug als solchen bestehen **prinzipiell nicht**; der EuGH hat in der Rs. „**Scorpio**"[4] das Abzugsprinzip – ebenso wie die Möglichkeit der Inhaftungnahme nach Abs. 5 S. 5 nF/aF (Rn. 44) – (wider Erwarten, jedoch zu Recht[5]) als „angemessene Weise (…), (um) die Effizienz dieser Erhebung zu gewährleisten" – ausdrücklich als „effizientes" und „verhältnismäßiges Mittel zur Beitreibung stl. Forderungen des Besteuerungsstaates"[6] angesehen und als solches nicht in Frage gestellt. Abgesehen davon, dass dem gebietsfremden StPfl. die Möglichkeit eingeräumt wird, vorab eine Freistellungsbescheinigung zu erwirken, ist die unterschiedliche Behandlung v. Gebietsfremden und Gebietsansässigen also unbeschadet verfahrens- und liquiditätsmäßiger Nachteile, denen der Gebietsfremde ausgesetzt wird, im Grundsatz gerechtfertigt, weil sich die beschränkte StPflicht ansonsten kaum wirksam durchsetzen lässt. Der EuGH fordert lediglich eine (begrenzte) Berücksichtigung des Nettoprinzips ein, dem zunächst allerdings weder die Verwaltungspraxis[7] noch der deutsche Gesetzgeber Rechnung getragen hatten. Dementspr. hatte die EU-Kommission dieserhalb gegen Deutschland ein Vertragsverletzungsverfahren gem. Art. 258 AEUV eingeleitet.[8] S. iÜ 14. Aufl. Rn. 30 sowie § 50 Rn. 1. Streitjahre der „Scorpio"-Entscheidung des EuGH waren allerdings 1993 und 1996. Zwischenzeitl. steht jedoch fest, dass – unbeschadet der Erweiterung der EG-BeitreibungsRL auf Steuern v. Einkommen[9] – auch für die Zeit v. 1.7.2002 bis zum VZ 2008 (s. Rn. 5)[10] keine andere Einschätzung gerechtfertigt ist:[11] Das Abzugssystem stellt ein sachgerechtes 2

---

1 BFH v. 2.2.1994 – I B 143/93, BFH/NV 1994, 864.

2 *Staringer*, DStJG 31 (2008), 135 (151 f.); *M. Lang*, SWI 2007, 17 (23).

3 Vgl. zB *M. Lang*, SWI 2003, 452 und SWI 2007, 22; *Staringer*, DStJG 31 (2008), 135 (152 f.).

4 EuGH v. 3.10.2006 – Rs. C-290/04 – Scorpio, BStBl. II 2007, 352; sa. BFH v. 16.6.2004 – I B 44/04, BStBl. II 2004, 882; v. 17.5.2005 – I B 108/04, BFH/NV 2005, 1778 (AdV-Beschlüsse); vgl. auch EuGH v. 15.2.2007 – Rs. C-345/04 – Centro Equestre da Lezíria Grande Lda., IStR 2007, 212; v. 13.7.2016 – Rs. C-18/15 – Brisal und KBC Finance Ireland, ISR 2016, 364 m. Anm. *St. Müller*.

5 S. auch *Frotscher/Geurts*, § 50a Rn. 14; *Köhler/Goebel/Schmidt*, DStR 2010, 8 (11).

6 Allerdings nur in dem deutschen Urteilsoriginal: In den Übersetzungen in die französische und englische Sprache heißt es „l'application de la retenue à la source représentait un moyen proportionné d'assurer le recouvrement de la créance fiscale de l'áEtat d'imposition" bzw. „Moreover, the use of retention at source represented a proportionate means of ensuring the recovery of the tax debts of the State of taxation", maW: es wird das Imperfekt, nicht das Präsens benutzt.

7 BMF v. 5.4.2007, BStBl. I 2007, 449, insoweit noch weitergehend BMF v. 3.11.2003, BStBl. I 2003, 553.

8 Vertragsverletzungsverfahren v. 26.3.2007 – Az. 1999/4852.

9 EG-RL 2001/44/EG des Rates v. 15.6.2001 zur Änderung der RL 76/308/EWG – Beitreibungsrichtlinie – (ABl. EG Nr. L 175 v. 28.6.2001, 17) iVm. dem EG-BeitrG v. 3.5.2003 (BGBl. I 2003, 654) – In BFH v. 10.1.2007 – I R 87/03, BStBl. II 2008, 22 ist der BFH demgegenüber v. der RL 2002/94/EG v. 9.12.2002 (ABl. EG Nr. L 337/41) ausgegangen; das war falsch (vgl. auch *Kempermann*, FR 2007, 842; *Grams*, IStR 2007, 405).

10 Wobei str. ist, ob es dafür auf die Entstehung der betr. Steuer oder aber ihre Einforderung mittels eines Haftungs- oder Nachforderungsbescheids ankommt, s. – unter Hinweis auf die Sachverhalts- und Entscheidungskonstellation in EuGH v. 3.10.2006 – Rs. C-290/04 – Scorpio, BStBl. II 2007, 352 – BFH v. 5.5.2010 – I R 104/08, BFH/NV 2010, 1814; v. 5.5.2010 – I R 105/08, BFH/NV 2010, 2043 einerseits, *M. Lang*, SWI 2007, 17 (24) andererseits.

11 EuGH v. 18.10.2012 – Rs. C-498/10 – X NV, IStR 2013, 26 mit Anm. *Müller*, IWB 2012, 843 (auf Vorabentscheidungsersuchen des [niederländischen] Hoge Raad v. 24.9.2010 – 09/00296, 09/00400, IStR 2010, 881 mit Anm. *Grams/Molenaar*); iErg. ebenso 11. Aufl. Rn. 2 mwN; sa. bereits EuGH v. 9.11.2006 – Rs. C-433/04 – Kommission vs. Belgien, DStRE 2007, 665 zur belgischen Bauabzugssteuer (dort allerdings zu einer andernfalls im Inland nicht

und verhältnismäßiges Mittel dar, um die Besteuerung angesichts der Besonderheit der hiervon erfassten Sachverhalte (einer idR nur einmaligen oder gelegentlichen Inlandstätigkeit) sicherzustellen; Inlands- und Auslandssachverhalte sind insofern eben nicht vollen Umfangs vergleichbar. Die Beitreibungs-RL ändert daran nichts: Das politische Ziel der Schaffung eines EU-Binnenmarktes kann „die Wirklichkeit" nicht „überspielen" und diese ermöglicht ungeachtet der besagten RL gegenwärtig keine effiziente Beitreibung.[1] Ein grenzüberschreitendes Vollzugsdefizit schafft aber vice versa nur eine gleichheitsrechtl. zweifelh. „umgekehrte" Ungleichbehandlung „nach innen".[2] Der BFH hat es gleichermaßen abgelehnt, beschränkt Stpfl nach der bis zum VZ 2008 geltenden Rechtslage innerhalb der EU „gesetzesübersteigend" ein (optionales) Veranlagungsrecht einzuräumen.[3] Ob sich der Steuerabzug vorbehaltlos auch dann „halten" lässt, wenn der (EU-ausländ.) Vergütungsgläubiger im Inland über eine Betriebsstätte verfügt, ist allerdings wieder in Zweifel geraten; der EuGH hat eine entspr. Regelung des tschechischen Rechts als unionsrechtswidrig verworfen.[4] – Unabhängig davon ist allerdings den unionsrechtl. Grundfreiheiten insoweit Rechnung zu tragen, als jener Erwerbsaufwand, der in unmittelbarem Zusammenhang mit den beschränkt stpfl. Einkünften steht, bereits im Abzugsverfahren berücksichtigt wird, s. Rn. 22. Zu den gleichheits- und unionsrechtl. Bedenken insbes. ggü. dem (früheren) Mindeststeuersatz gem. Abs. 4 S. 4 aF s. 14. Aufl. Rn. 30.[5]

3 **Neuregelungen durch das JStG 2009.** Durch das **JStG 2009** hat der Gesetzgeber auf die aufgezeigten grundlegenden Bedenken und auf die Anforderungen des Unionsrechts reagiert und diese Regelungen „europäisiert". Er hat dabei den Steuerabzug prinzipiell, wenn auch in modifizierter Form beibehalten. Alt. Überlegungen, ein durchgängiges Veranlagungsverfahren einzuführen, wurden im Gesetzgebungsverfahren ebenso verworfen wie die Einf. einer Meldepflicht des Vergütungsschuldner, „das FA v. der Vergütung, deren Grund und dem Zahlungsempfänger in Kenntnis zu setzen".[6] Das entspricht der (in Rn. 2) beschriebenen Grundannahme, die der EuGH im Urt. „Scorpio" aufgestellt hat, und wird (allein) den derzeitigen verwaltungs- und vollstreckungstechnischen (Umsetzungs-)Möglichkeiten sowie dem Stand der zwischenstaatlichen Zusammenarbeit gerecht.[7] Gleichwohl erwies es sich als erforderlich, das Steuerabzugsverfahren anzupassen. Das geschah erklärtermaßen mit einer zweifachen Zielrichtung: zum einen sollen sich die Neuregelungen stärker an den EG-rechtl. Bedürfnissen ausrichten, zum anderen sollen sie stärker die durch das Abkommensrecht gewährten Besteuerungsrechte beachten. Letzteres bewirkt vor allem verfahrensrechtl. Erleichterungen: In jenen Bereichen, in denen Deutschland nach DBA ohnehin kein Quellensteuerrecht zusteht und der Steuerabzug folglich ein nachfolgendes Erstattungsverfahren gem. § 50d Abs. 1 bedingt, wird (vom VZ 2009 an) v. vornherein auf den Steuerzugriff an der Quelle verzichtet, so bei **(1)** Einkünften der zuvor in Abs. 4 S. 1 Nr. 2 aF aufgeführten Berufsgruppen, **(2)** Einkünften aus der Verwertung ausländ. Darbietungen (Abs. 4 S. 1 Nr. 1 aF); **(3)** Einkünften aus der Überlassung beweglicher Sachen (Abs. 4 S. 1 Nr. 3 aF); **(4)** Einkünften aus der Veräußerung v. Rechten (Abs. 4 S. 1 Nr. 3 letzter HS aF). Umgekehrt wird der Steuerzugriff in Einklang mit Abkommensrecht auf die nunmehr in § 49 Abs. 1 Nr. 2 lit. d und Nr. 9 (s. § 49 Rn. 28) tatbestandlich auch auf unterhaltende Darbietungen ausgedehnten Einkünfte (Abs. 1 Nr. 1) erstreckt. IÜ bleibt das Steuerabzugsverfahren v. der Entlastungsmöglichkeit gem. § 50d Abs. 1 aber prinzipiell unberührt und wird durch Letzteres nicht verdrängt.[8] Zu ggf. nach wie vor verbleibenden Unionsrechtszweifeln s. Rn. 3.

3a **Regelungsaufbau.** Auf dieser Grundlage enthält Abs. 1 diejenigen der beschränkten StPfl. unterliegenden Einkünfte, bei denen der Steuerabzug vorzunehmen ist. Abs. 2 bestimmt die maßgebenden Steuersätze und Einzelheiten zur Bemessungsgrundlage; Grundsatz ist die Brutto-Abzugsteuer. Letztere wird in Abs. 3 für Vergütungsgläubiger der EU/EWR-Staaten iSe. (partiellen) Netto-Steuer modifiziert. Abs. 4 will als

---

bestehenden Steuerbarkeit und StPfl.); BFH v. 28.11.2007 – X R 12/07, BStBl. II 2008, 193; v. 29.11.2007 – I B 181/07, BStBl. II 2008, 195, mit Anm. *Gosch*, BFH/PR 2008, 101.

1 Bericht der EG-Kommission an den Rat und das Europäische Parlament v. 8.2.2006 KOM(2006)43; dazu OFD Münster v. 9.10.2007, IStR 2007, 792.

2 S. auch BFH v. 20.12.2006 – I R 94/02, BStBl. II 2010, 331.

3 BFH v. 10.1.2007 – I R 87/03, BStBl. II 2008, 22 (= Schlussurt. EuGH v. 12.6.2003 – Rs. C-234/01 – Gerritse, BStBl. II 2003, 859); die dagegen gerichtete Verfassungsbeschwerde wurde nicht angenommen, s. BVerfG v. 9.2.2010 – 2 BvR 1178/07, IStR 2010, 327.

4 EuGH v. 19.6.2014 – Rs. C-53/13, C-80/13 – Strojírny Prostějov und ACO Industries Tábor, ISR 2014, 280; dazu *Holthaus*, ISR 2014, 281; *Holthaus*, IStR 2014, 628.

5 *Schroen*, NWB 2006, F. 3, 14255; *Intemann/Nacke*, DB 2007, 1430 (1434); *Grams/Schön*, IStR 2007, 658 (662 f.); FG Berlin-Bdbg. v. 29.8.2007 – 12 V 12132/07, IStR 2007, 679 (mit Anm. *Grams*) zur AdV-Gewährung; sa. *W. Loukota*, EG-Grundfreiheiten und beschränkte StPfl., 2006, 157 f.

6 BT-Drucks. 16/10189, 61.

7 S. BT-Drucks. 16/10189, 61; sa. BFH v. 29.11.2007 – I B 181/07, BStBl. II 2008, 195; *Hartmann*, DB 2009, 197 (198); krit. *Rüping*, IStR 2008, 575 (578); *Grams/Schön*, IStR 2008, 656.

8 Vgl. auch BMF v. 25.11.2010, BStBl. I 2010, 1350 Rn. 74 ff.

Ausnahmeregelung Überbesteuerungen bei hintereinander geschalteten beschränkt StPfl. entgegenwirken. Abs. 5 regelt das eigentliche Abzugsverfahren und Abs. 6 und 7 sehen Erleichterungen für bestimmte Konstellationen vor.

Besondere Sachzuständigkeit des BZSt. Um eine weitgehend einheitliche Rechtsanwendung zu gewährleisten und sicherzustellen und um die „Schlagkraft der Steuerverwaltung" durch Effizienzsteigerung „spürbar" zu erhöhen[1], wurden durch das FödRefBeglG v. 10.8.2009[2] das FVG und iZ damit auch § 50a, §§ 73d ff. EStDV (ebenso wie das Veranlagungsverfahren nach § 50 Abs. 2 S. 2 Nr. 5, s. § 50 Abs. 2 S. 8) geändert bzw. ergänzt: Frühestens für Zeiträume v. 31.12.2011 an und nach genauerer Maßgabe einer dafür zu erlassenden VO[3] (vgl. § 52 Abs. 47 S. 1 idF des Kroatien-AnpG v. 25.7.2014,[4] § 52 Abs. 58 S. 3 EStG sowie § 84 Abs. 3h S. 4 EStDV, jeweils idF des FödRefBeglG, § 52 Abs. 47 S. 1) wurde danach die frühere Zuständigkeit der Wohnsitz- und Betriebsstätten-FÄ (§ 19 AO) (auch) für das Steuerabzugsverfahren des Abs. 1 einheitlich auf das BZSt verlagert (vgl. § 5 Abs. 1 Nr. 12 FVG). 4

Erstmalige Anwendung. Abgesehen v. der Zuständigkeitskonzentration beim BZSt (s. Rn. 4), waren die Neuregelungen des JStG 2009 erstmals auf Vergütungen anzuwenden, die nach dem 31.12.2008 zuflossen, § 52 Abs. 58a S. 1 idF des JStG 2009. Gleiches galt für die Ausführungsregelungen in § 73a, § 73c, § 73d Abs. 1 sowie § 73e und § 73f S. 1, § 84 Abs. 3h S. 1 EStDV idF des JStG 2009. Abw. davon war § 73e S. 4 und 5 erstmals auf Vergütungen anzuwenden, die nach dem 31.12.2009 zuflossen, § 84 Abs. 3h S. 2 EStDV. Der durch das JStG 2010 neu geschaffene Abzugstatbestand für die sog. Sportlerleihe in § 50a Abs. 1 Nr. 3 (s. Rn. 16a) ist v. VZ 2010 anzuwenden. 5

B. Steuerabzug bei Vergütungen iSv. Abs. 1, Abs. 4 aF

I. Grundsätzliches. Voraussetzung für den Steuerabzug gem. § 50a Abs. 1 Nr. 1–4, § 50a Abs. 4 Nr. 1–3 aF ist allg., dass der Empfänger entweder beschränkt StPfl. ist oder der erweiterten unbeschränkten StPflicht unterliegt (§ 1 Abs. 3 S. 5). In Zweifelsfällen darf der Steuerabzug nur unterlassen werden, wenn v. zuständigen FA die unbeschränkte StPflicht bescheinigt wird (**§ 73e S. 6**, bis VZ 2009: § 73e S. 5 **EStDV**).[5] IÜ ist zw. der Regelungslage v. VZ 2009 an (Rn. 7) und bis zum VZ 2008 (Rn. 9 ff.) zu unterscheiden (s. Rn. 5). 6

II. Steuerabzug bei Ausübung und Verwertung von Darbietungen (Abs. 1 S. 1 Nr. 1 und 2). 1. Ausübung von Darbietungen (Abs. 1 S. 1 Nr. 1). Gem. Abs. 1 S. 1 Nr. 1 wird Abzugsteuer v. bestimmten Einkünften aus künstlerischen, sportlichen, artistischen, unterhaltenden oä. Darbietungen erhoben, die im Inland ausgeübt werden, und zwar unter Einschluss v. Einkünften aus anderem mit diesen Leistungen zusammenhängenden Leistungen und unabhängig davon, wem die Einnahmen zufließen (dazu § 49 Rn. 31). Es handelt sich um Betätigungen, die als gewerbliche, selbständige, nichtselbständige oder sonstige iSv. § 49 Abs. 1 Nr. 2–4 und 9 (s. im Einzelnen dort) zu qualifizieren sind. Abs. 1 S. 1 Nr. 1 erfasst damit iErg. nunmehr ohne weitere Differenzierung prinzipiell auch jene Einkünfte werkschaffender Künstler sowie der weiteren zuvor in Abs. 4 S. 1 Nr. 2 aF gesondert aufgeführten Berufsgruppen (Berufssportler, Schriftsteller, Journalist oder Bildberichterstatter) (s. dazu Rn. 11), das aber nur noch, soweit solche Tätigkeiten sich als künstlerisch, sportlich, artistisch, unterhaltend oä. iSv. qualifizieren lassen und aus Darbietungen vor einem Publikum resultieren. Zumindest bei Journalisten und Bildberichterstattern ist das gemeinhin nicht anzunehmen, ebenso wenig bei Malern, Bildhauern, Choreografen, Komponisten, Schriftstellern, Regisseuren usw.; diese Berufsgruppen fallen aus dem Anwendungsbereich des § 50a also heraus. Unbeachtlich ist es (abw. v. Abs. 4 S. 1 Nr. 1 aF), ob die betr. Tätigkeiten solche aus GewBetr. sind; Abs. 1 S. 1 Nr. 1 umschließt alle einschlägigen Betätigungen, gleichviel, ob diese zu Einkünften gem. § 49 Abs. 1 Nr. 2–4 oder 9 führen. Welcher Einkunftsart die Darbietung zuzuordnen ist, ist insoweit unbeachtlich. Das gilt indes nicht für Arbeitslöhne, die dem Steuerabzug gem. § 38 Abs. 1 S. 1 Nr. 1 (s. **§ 50a Abs. 1 Nr. 1 letzter HS**) oder Einkünfte, welche dem Steuerabzug gem. § 50a Abs. 1 Nr. 2 oder 3 unterliegen. Letzteres betrifft vor allem Vergütungsbestandteile, welche nicht auf Darbietungen, sondern auf der Nutzung v. Rechten entfallen. Bei solchen gründet der Steuerabzug prinzipiell nicht auf Abs. 1 Nr. 1, sondern (vorrangig) auf Abs. 1 Nr. 3, was insbes. bei werkschaffenden Künstlern (oftmals schwierige) Aufteilungen nach sich ziehen wird, die „als solche" mangels Darbietung idR nicht dem Quellensteuerabzug unterfallen; ausschlaggebend wird hier die Exegese der vertraglich zu erbringenden und tatsächlich erbrachten Leistungen sein.[6] S. auch § 49 Rn. 33a. 7

---

1 BT-Drucks. 16/12400, 16.
2 BGBl. I 2009, 2702.
3 VO v. 24.6.2013, BGBl. I 2013, 1679.
4 BGBl. I 2014, 1266.
5 BMF v. 25.11.2010, BStBl. I 2010, 1350, Rn. 6; v. 23.1.1996, BStBl. I 1996, 89.
6 Vgl. eingehend mit Beisp. *Holthaus*, IStR 2010, 23. S. zum Vorrang v. Abs. 1 Nr. 3 auch BMF v. 25.11.2010, BStBl. I 2010, 1350 Rn. 21.

8 **2. Verwertung von Darbietungen (Abs. 1 S. 1 Nr. 2).** Gleichermaßen wie bei der Ausübung v. Darbietungen iSv. Abs. 1 S. 1 Nr. 1 begründet auch deren Verwertung die Steuerabzugspflicht. Einbezogen werden hiervon aber allein inländ. Verwertungshandlungen v. im Inland ausgeübten Darbietungen. Es ist also insoweit ein doppelter Inlandsbezug vonnöten. Ein einfacher Inlandsbezug durch Verwertungshandlungen, die sich auf im Ausland ausgeübte Darbietungen beziehen, genügen (im Gegensatz zur früheren Rechtslage, s. Rn. 9 ff.) nicht. Ob die betr. Darbietung v. dem Darbietenden selbst oder aber einem Dritten verwertet wird, ist prinzipiell unbeachtlich; Abs. 1 S. 1 Nr. 2 schränkt den abzugsauslösenden Tatbestand nicht ein; Beschränkungen können sich insoweit nur dadurch ergeben, dass es an einschlägigen Zugriffstatbeständen iSd. § 49 fehlt, s. dazu § 49 Rn. 23 ff. Das gilt – abweichend v. § 50a Abs. 4 Nr. 1 und 2 aF – aber nicht für diejenigen „anderen" Leistungen, die mit der Verwertungsleistung zusammenhängen (s. dazu § 49 Rn. 31); der Tatbestandsverweis in § 50a Abs. 1 Nr. 2 beschränkt sich zweifelsfrei allein auf Darbietungen iSv. Nr. 1, also auf deren Qualität, nicht indessen auf den in Nr. 1 angeordneten quantitativen Abzugsumfang.

9 **3. Rechtslage bis zum VZ 2008.** Die Neuregelungen des Abs. 1 S. 1 Nrn. 1 und 2 entsprechen im Kern jenen in **Abs. 4 S. 1 Nr. 1 aF.** (s. Rn. 5). Im Einzelnen ergeben sich aber beträchtliche Unterschiede, weil die früheren Regelungen zT tatbestandlich weiter reichten, zT hinter der Neuregelung zurückblieben:

10 **Unterschiede ergeben** sich insoweit vor allem hinsichtlich der betroffenen Einkünfte: § 50a Abs. 4 S. 1 Nr. 1 aF bezog sich (nur) auf § 49 Abs. 1 Nr. 2 lit. d aF und damit allein auf Einkünfte aus GewBetr. Da solche Einkünfte iSv. § 49 Abs. 1 Nr. 2 lit. d aF indes ggü. jenen nach § 49 Abs. 1 Nrn. 3 und 4 (selbständige und nichtselbständige Arbeit) subsidiär waren und da diese Einkünfte (teilw.) dem Abzugstatbestand nach § 50a Abs. 4 S. 1 Nr. 2 aF unterfielen, gingen diese Vorschriften im Kollisionsfall vor, wegen der seinerzeit gestaffelten Steuersätze für die Ausübung künstlerischer, sportlicher, artistischer oä. Darbietungen gem. Abs. 4 S. 5 aF v. VZ 2002 an mit entspr. stl. Auswirkungen (s. Rn. 31 f.). Vorausgesetzt, die tatbestandlichen Voraussetzungen v. § 49 Abs. 1 Nr. 3 und 4 waren erfüllt, kam § 50a Abs. 4 S. 1 Nr. 1 aF dann nur noch die Aufgabe einer **Auffangvorschrift** zu, um eine möglichst lückenlose stl. Erfassung sicherzustellen. Bei Einschaltung v. Künsterverleih-Ges. oÄ konnte es dabei systemwidrig auch zu doppelten Steuerabzügen gem. Abs. 4 S. 1 Nr. 1 und 2 aF kommen, einmal der Ges., einmal des Darbietenden selbst.[1] S. dazu auch Rn. 33. – Überdies umschloss Abs. 4 S. 1 Nr. 1 aF auch Verwertungshandlungen und dabei auch solche, die sich auf ausländ. Darbietungen bezogen; s. dazu Abs. 1 S. 1 Nr. 2 (Rn. 8). Bloß unterhaltende Darbietungen blieben andererseits bis dato und abw. v. der jetzigen Regelungslage ausgespart; solche wurden v. § 49 Abs. 1 Nr. 2 lit. d aF nicht erfasst; s. § 49 Rn. 23, 28.

11 **§ 50a Abs. 4 Nr. 2 aF** unterwarf (freiberufliche, gewerbliche oder nichtselbständige) Tätigkeitsvergütungen der Abzugsteuer, die nach § 49 Abs. 1 Nr. 2 bis 4 der beschränkten StPflicht unterliegen. Erfasst wurden die Tätigkeiten v. Künstlern, Berufssportlern, Schriftstellern,[2] Journalisten oder Bildberichterstattern einschl. solcher für Rundfunk und Fernsehen.[3] Voraussetzung war, dass diese Tätigkeiten im Inland ausgeübt oder verwertet wurden. Wegen der unterschiedlichen tatbestandlichen Voraussetzungen v. Ausübung und Verwertung s. § 49 Rn. 53 f. Abw. v. § 50a Abs. 4 S. 1 Nr. 1 aF und § 49 Abs. 1 Nr. 2 lit. d aF genügte keine allg. Verwertung der beschriebenen Tätigkeiten im Inland, vielmehr musste diese **durch den StPfl. selbst** vorgenommen werden. Allerdings kam der Unterscheidung zw. Ausübung und Verwertung nur dann Bedeutung zu, wenn das im Einzelfall anzuwendende DBA entspr. differenziert, und bezogen auf die Ausübung künstlerischer und sportlicher Darbietungen (Abs. 4 S. 5 aF, s. 14. Aufl. Rn. 29), ansonsten v. VZ 1996 an nicht mehr, nachdem die insoweit unterschiedlichen Steuersätze gem. Abs. 4 S. 2–4 aF abgeschafft worden waren.

12 In den Steuerabzug einbezogen wurden jeweils **nur** die genannten Tätigkeiten, durch solche lediglich **mittelbar** ausgelöste Tätigkeiten, zB aus Werbeverträgen, Interviews, Talkshows uÄ, regelmäßig hingegen nicht; die bloße Ausnützung der Bekanntheit und Beliebtheit des Künstlers usw. reichte nicht aus.[4] **Ausnahme:** Die betr. Tätigkeit erfolgte iRd. selbständig ausgeübten Tätigkeit und war Teil derselben. Ansonsten kam es darauf an, ob solche (Neben-)Tätigkeiten zu gewerblichen Einkünften iSv. § 49 Abs. 1 Nr. 2 lit. d aF führten (mit der Folge des Steuerabzugs nach § 50a Abs. 4 S. 1 Nr. 1 aF) oder aber (ohne die Folge der beschränkten StPflicht) zu sonstigen Einkünften iSv. § 22 Nr. 3. Wurde die Leistungsvergütung nicht für die eigentliche künstlerische Leistung, sondern für die Übertragung v. **Urheberrechten** gezahlt, entfiel der Steuerabzug, es sei denn, es handelte sich um die Verwertung eines Nutzungsrechts im Inland, vgl. Abs. 4 S. 1

1 Zum Steuerabzug im Einzelnen s. BMF v. 25.11.2010, BStBl. I 2010, 1350 Rn. 96 ff.; v. 23.1.1996, BStBl. I 1996, 89.
2 Zur Abgrenzung s. BFH v. 12.11.1986 – I R 268/83, BStBl. II 1987, 372.
3 Zum Abzug bei Künstlern, Sportlern und Artisten s. BMF v. 25.11.2010, BStBl. I 2010, 1350; v. 23.1.1996, BStBl. I 1996, 89; bei Korrespondenten inländ. Rundfunk- und Fernsehanstalten sowie Zeitungen BMF v. 23.1.1996, BStBl. I 1996, 100.
4 BFH v. 21.4.1999 – I B 99/98, BStBl. II 2000, 254.

Nr. 3 aF, Rn. 14 ff. Da Vergütungen für die Übertragung v. Verwertungsrechten nach **DBA** (Art. 12 Abs. 1 OECD-MA) regelmäßig der Besteuerung im Wohnsitzstaat unterfallen, bedurfte es – aber nur bei Vorlage einer Freistellungsbescheinigung gem. § 50d Abs. 2 – ggf. der Aufteilung des Gesamtentgeltes in solches für die Tätigkeit und solches für Lizenzübertragung. S. dazu und zum Aufteilungsmaßstab § 49 Rn. 33a.

In jedem Fall mussten die Einkunftsarten strikt auseinandergehalten werden,[1] da sich hiernach richtete, ob der Steuerabzug nach § 50a Abs. 4 S. 1 Nr. 1 oder 2 aF oder nach § 38 vorzunehmen war: Bei **gewerblichen Einkünften** kam es darauf an, ob der StPfl. im Inland über eine Betriebsstätte oder einen ständigen Vertreter verfügte. War dies der Fall, war Nr. 2 aF, ansonsten nur Nr. 1 aF maßgeblich. Bei **selbständiger Tätigkeit** war Nr. 2 aF nur anzuwenden, wenn sie im Inland ausgeübt wurde. Bei **nichtselbständiger Arbeit** war die Steuer nach Nr. 2 aF abzuziehen, wenn der ArbG im Ausland ansässig war, andernfalls erfolgte der LSt-Abzug nach § 38 (vgl. Abs. 4 S. 1 Nr. 2 letzter HS aF). 13

III. Steuerabzug bei Vergütungen aus der Nutzungsüberlassung von Rechten (Abs. 1 S. 1 Nr. 3, Abs. 4 S. 1 Nr. 3 aF). 1. Überblick. Dem Steuerabzug nach Abs. 1 S. 1 Nr. 3 unterliegen Vergütungen für die Überlassung der Nutzung oder des Rechts auf Nutzung geschützter und ungeschützter Rechte sowie seit dem VZ 2010 (JStG 2010) auch solche Vergütungen, die aus der Verschaffung der Gelegenheit erzielt werden, einen Berufssportler als solchen zeitlich befristet vertraglich zu verpflichten (sog. Sportlerleihe). Im Wesentlichen handelt es sich um Einkünfte, die (auch) unter **§ 49 Abs. 1 Nr. 2 lit. a, f (S. 1 lit. aa) und g, Nrn. 3, 6 und 9** fallen. Zu Abgrenzungen zu § 49 s. auch Rn. 7 aE. Abweichend (und ohne sachl. erkennbaren Grund) fehlt (nur) für die in § 50a Abs. 1 S. 1 Nr. 3 aufgelisteten Vergütungen das Veranlagungs-Wahlrecht gem. § 50 Abs. 2 S. 1 Nr. 5. s. dort Rn. 23. Der Steuerabzug nach Abs. 3 ist bei Vorliegen seiner Voraussetzungen ggü. demjenigen gem. Nr. 1 und 2 (iVm. § 49 Abs. 1 Nr. 2, 3, 6 und 9) prinzipiell vorrangig.[2] Dass die betreff. (gewerbl.) Einkünfte des beschränkt StPfl. im Rahmen einer Betriebsstätte oder durch einen ständigen Vertreter erwirtschaftet werden, steht der Inanspruchnahme vermittels des Steuerabzugs nicht entgegen; die einschlägigen Einkünfte sind insoweit zu ‚separieren'.[3] 14

2. Überlassung der Nutzung oder des Rechts auf Nutzung geschützter Rechte (§ 49 Abs. 1 Nr. 2, 3 und 6). Von der tatbestandlich eingeforderten Überlassung der Nutzung oder des Rechts auf Nutzung geschützter Rechte werden insbes. Urheberrechte (iSd. UrhG) und gewerbliche Schutzrechte (iSd. GeschmMG, MarkenG, PatG und GebrMG) (vgl. **§ 73a Abs. 2 und 3 EStDV aF/nF)** einbezogen, also auch Patente, Geschmacks- und Gebrauchsmuster, Warenzeichen, auch das Persönlichkeitsrecht. Ob der Nutzungsüberlassung ein (Lizenz-)Vertrag zugrunde liegt oder nicht, ist unbeachtlich, tatsächliche Nutzungen (und das Zahlen eines entsprechenden Entgelts) genügen. Betroffen sind **nur zeitlich begrenzte** Nutzungen, **Veräußerungen** (Vollrechtsübertragungen, s. dazu § 49 Rn. 41, 85)[4] hingegen nicht; die insofern (Rn. 3, 17) mit Wirkung v. VZ 2007 an in § 49 Abs. 1 Nr. 2 lit. f (S. 1) lit. bb eingefügte tatbestandliche Erweiterung wurde in Abs. 1 S. 1 Nr. 3 (s. Rn. 17) nicht aufgegriffen. Die Abgrenzung zw. Veräußerung des Nutzungsrechts einerseits und bloßer (abzugspfl.) Rechteüberlassung andererseits bereitet häufig Schwierigkeiten und provoziert zur vertraglichen „Gegenwehr" der StPfl., so offenbar insbes. bei Fotomodellen, aber auch bei Journalisten, Schriftstellern usf. Die FinVerw.[5] hat sich hier so positioniert, dass sie eine bloße (abzugspfl.) Nutzungsüberlassung – und damit keine (nicht abzugspfl.) endg. Rechteüberlassung – auch dann annimmt, wenn die Überlassung der Rechte zeitlich und/oder inhaltlich uneingeschränkt vorgenommen wird; das jew. überlassene Recht (bei Fotomodellen also das Persönlichkeitsrecht) werde dadurch nicht ‚verbraucht'. Dem dürfte im Kern und Prinzip durchaus beizupflichten sein, nur verkennt diese Praxis, dass trotz unveräußerlichen „Rückbehalts" v. Urheberrechten (vgl. auch § 29 Abs. 1 und § 41 UrhRG, dort zum Rückrufrecht) gleichwohl wirtschaftliches Eigentum (§ 39 Abs. 1 Nr. 2 AO) übergehen und damit auch eine wirtschaftlich endg. Veräußerung („Total Buy Out") verbunden sein kann. Die Rspr. ist derzeit unentschieden: Das FG Münster hat eine Patentlizenzüberlassung als Veräußerung eingeschätzt,[6] das FG Köln hat das wg. der prinzipiell unentziehbaren Urheberrechtsstellung verneint.[7] Bei Computersoftware spricht 15

---

1 Einzelheiten zur (früher notwendigen) Abgrenzung BMF v. 23.1.1996, BStBl. I 1996, 89 Rn. 2; *Schauhoff*, IStR 1997, 5 (7 f.).

2 BMF v. 25.11.2010, BStBl. I 2010, 1350, Rn. 21.

3 BFH v. 7.9.2011 – I B 157/10, BStBl. II 2012, 590; BMF v. 25.11.2010, BStBl. I 2010, 1350, Rn. 21 und Rn. 3.

4 BFH v. 16.5.2001 – I R 64/99, BStBl. II 2003, 641 (zur Bandenwerbung bei Sportveranstaltungen); BFH v. 28.1.2004 – I R 73/02, BStBl. II 2005, 550; *Lüdicke*, DB 1994, 952 (954).

5 S. dazu BMF v. 9.1.2009, BStBl. I 2009, 362; OFD Karlsruhe v. 29.4.2014, StEd 2014, 347.

6 FG Münster v. 15.12.2010 – 8 K 1543/07 E, BB 2011, 623.

7 Und zwar bezogen auf individuell vereinbarte Verträge im „Medienbereich": FG Köln v. 25.8.2016 – 13 K 2205/13, EFG 2017, 311 (Rev. I R 69/16) und v. 28.9.2016 – 3 K 2206/13, EFG 2017, 298 (Rev. I R 83/16), beiderseits m. Anm. *Klomp*, EFG 2017, 303; *Boller/Gehrmann/Ebeling*, IWB 2017, 273; *Frase*, KÖSDI 2017, 20341; sa. *Schlotter/Hruschka*, StbJb. 2017/18, 667 (668 f.); *Thiele/Stelzer*, ISR 2018, 42; Nr. 16 OECD-MK zu Art. 12 OECD-MA.

die beständige wirtschaftl. Überholung eher für einen Rechteverbrauch (s. aber auch Rn. 15a).[1] Probate „Gegenwehr“ bieten uU (Quellen-)Steuerklauseln.[2] S. zu alledem und zur ggf. notwendig werdenden Aufteilung zw. persönlicher Ausübung und Rechteüberlassung auch § 49 Rn. 12 sowie 33a. – Zur Abgrenzung v. (Live-)Übertragungen v. Rundfunk- oder Fernsehübertragungen (§ 49 Rn. 24) s. BMF v. 25.11.2010.[3] Zur (str.) Abgrenzung zw. der Erbringung gewerblicher Dienstleistungen und der Nutzungsüberlassung v. Persönlichkeitsrechten v. Künstlern und Sportlern s. § 49 Rn. 29. Zur Nichterhebung der Steuer gem. § 50a auf Lizenzgebühren innerhalb der EU s. § 50g und 50h idF des EG-Amtshilfe-AnpassungsG.[4]

15a Besondere Probleme bereitet beim Quellensteuereinbehalt die **Überlassung v. Software**. Das BMF-Schr. v. 27.10.2017[5] trifft dazu die folgenden Kernaussagen:[6] Zw. Individual- und Standardsoftware[7] ist nicht zu unterscheiden, auch nicht zw. der Softwareüberlassung auf Datenträgern oder auf Internetbasis („internetbasiert“, zB Download, Nutzung auf fremdem Server)[8]. Voraussetzung ist allerdings, dass dem Nutzer **umfassende Nutzungsrechte** an der Software zur wirtschaftlichen Weiterverwertung eingeräumt werden (zB Vervielfältigungs-, Bearbeitungs-, Verbreitungs- oder Veröffentlichungsrechte), also ausschließlich nach deutschem Urheberrecht (vgl. §§ 16–23 UrhRG) geschützte Verwertungsrechte iSv. §§ 16–23 UrhG, nicht jedoch das bloße Recht zum Vertrieb einzelner Programmkopien ohne weiter gehende Nutzungs- und Verwertungsrechte an der Software selbst. Unter jenen Voraussetzungen sind auch Datenbanknutzungen einbezogen.[9] Ob die Nutzungsrechte umfassend sind, richtet sich danach, ob die Software nach Exegese des zugrunde liegenden Vertrags (§§ 133, 157 BGB) wirtschaftl. und inhaltlich (weiter-)verwertet werden und der (eigenständigen) Einkünfteerzielung dienen kann; die instrumentelle („bestimmungsgemäße“)[10] Überlassung der Software-Funktionalität genügt hingegen nicht (zB bei Nutzung erstellter Folien bei einem Vortrag, Vertrieb eines Kalenders mithilfe einer Software, die Überlassung v. Softwarekopien an Zwischenhändler zum Vertrieb,[11] bei Nutzung v. Datenbanken allein die Nutzung der Zugriffs-, Lese- und Druckfunktionen der Datenbank)[12], idR auch nicht Rechteüberlassungen, für die eine Zustimmung des Rechtsinhabers zur spezifischen Nutzung nicht erforderlich ist (§ 69c UrhRG). Es soll aber ausreichen, wenn aus den überlassenen Rechten ein finanzieller Nutzen gezogen werden kann (uU kollusiv, zum allg. Verwertungsbegriff s. § 49 Rn. 53). Bei Mischüberlassungen kommt es auf das Verhältnis der überlassenen Leistungen an; die Abzugspflicht entfällt bei einer nur untergeordneten Bedeutung der Nutzungsrechtsüberlassung, die bei 10 % fixiert wird.[13] Im Zweifel ist aufzuteilen und zu schätzen (§ 162 Abs. 1 AO). Zum Abzug v. BA/WK s. Rn. 23. – Es stellen sich in diesem Zusammenhang etliche Abgrenzungs- und Folgefragen (so zB zur internetbasierten Softwareüberlassung, wie Software-as-a-Service [SaaS], zur Überlassung v. Datenbankinhalten, Streaming, Suchmaschinenbetrieben, Social Media usf.).[14] Gleichviel, wie man diese vielen Fragen beantwortet und löst, wird auf lange Zeit viel Unsicherheit verbleiben und der Abzugsverpflichtete in manchen Fällen alleingelassen. Als grobe **Faustformel** mag ihm dabei Folgendes helfen: Die Nutzungsrechte sind unbeschadet v. der Art der Software (Standard-, Individualsoftware) und der Form der Überlassung (Datenträger, Download, Internet) umfassend, wenn sie bei „unautorisierter“ Benutzung, also ohne Zustimmung des Rechteinhabers, dessen Urheberrecht verletzen würden.[15] – Aus Sicht des Abkommensrechts bleibt zu gewärtigen, dass für die bilaterale Einkünftezuordnung oftmals nicht

---

1 *Frase*, KÖSDI 2017, 20341; *Ackermann*, ISR 2016, 258 (262).

2 *Frase*, KÖSDI 2017, 20341 (20343).

3 BMF v. 25.11.2010, BStBl. I 2010, 1350 Rn. 26 ff., 110.

4 Ausf. zu den EG-Einflüssen auf Lizenzgebühren *Cordewener/Dörr*, GRURInt. 2006, 447.

5 BStBl. I 2017, 1448; dazu zB *Backu/Bayer*, DStR 2017, 2368; *Pinkernell*, Ubg 2017, 497; *Holthaus*, IStR 2017, 729; *Holthaus*, DStZ 2018, 68; *Schnitger/Oskamp*, IStR 2017, 616; *Maßbaum/Imhof*, FR 2018, 6; *Pinkernell*, Ubg 2018, 139; *Warnke*, EStB 2018, 69; *Wehmhörner*, ISR 2018, 66; *Schewe*, IWB 2018, 98; *Kraft*, NWB 2018, 868; *Schlotter/Hruschka*, StbJb. 2017/18, 667; speziell zum Urheberrecht *Thiele*, DStR 2018, 274; speziell zum IT-Recht *Backu/Bayer*, ITRB 2018, 133; speziell zu den DBA *Thiele/Stelzer*, ISR 2018, 42; speziell aus haftungsrechtl. Sicht *Hufeld*, DStZ 2018, 755.

6 Ausf. mwN zB *Kessler/Wald*, IStR 2015, 889 (893 f.) sowie *Maßbaum/D. Müller*, BB 2015, 3031; *Strahl*, KÖSDI 2016, 19838; *Ackermann*, ISR 2016, 258; *Behnes/Nink/Rohde*, CR 2016, 281; *Petersen*, IStR 2016, 975 (jeweils konkret bezogen auf Datenbankanwendungen sowie Softwareüberlassungen).

7 Umfassend zur sog. Standardsoftware *Petersen*, IStR 2013, 896; *Hecht/Lampert*, FR 2009, 1127; *Hecht/Lampert*, FR 2010, 68; sa. zum sog. Cloud Computing *Pinkernell*, Ubg 2012, 331.

8 BMF v. 27.10.2017, BStBl. I 2017, 1448 Rn. 26 ff., mit Bsp.

9 BMF v. 27.10.2017, BStBl. I 2017, 1448 Rn. 33 ff., 38 ff.

10 BMF v. 27.10.2017, BStBl. I 2017, 1448 Rn. 12 ff., mit zahlreichen Bsp.

11 BMF v. 27.10.2017, BStBl. I 2017, 1448 Rn. 20 ff.

12 BMF v. 27.10.2017, BStBl. I 2017, 1448 Rn. 35 ff., mit Bsp.

13 BMF v. 27.10.2017, BStBl. I 2017, 1448 Rn. 23 ff.

14 Umfassend *Schlotter/Hruschka*, StbJb. 2017/18, 667 (695 ff.).

15 So zutr. und eingängig *Thiele/Stelzer*, ISR 2018, 42 (47).

Art. 12 OECD-MA einschlägig ist, sondern Art. 7 OECD-MA, und der Quellensteuereinbehalt dann ohnehin entfällt.[1] Sa. § 49 Rn. 101.

3. Überlassung der Nutzung oder des Rechts auf Nutzung ungeschützter Rechte (Know-how) (§ 49 Abs. 1 Nr. 9). Einbezogen werden zudem Vergütungen für die Überlassung der Nutzung oder des Rechts auf Nutzung v. gewerblichen, technischen, wissenschaftlichen und ähnlichen Erfahrungen. Kenntnissen und Tätigkeiten, vgl. im Einzelnen § 49 Rn. 94. Die entspr. Begriffe finden sich spiegelbildlich neuerdings in dem Aufwendungsabzugsausschluss des § 4j Abs. 1 S. 1 (s. § 4j Rn. 7); sie werden überdies für die entspr. Outbound-Situation in § 34d Nr. 8 lit. c durch einen Querverweis auf § 49 Abs. 1 Nr. 9 aufgegriffen. 16

4. Verschaffung der Gelegenheit zur kurzfristigen Vertragsverpflichtung eines Berufssportlers. Einzelheiten zu diesem durch das JStG 2010 neugeschaffenen Abzugstatbestand ergeben sich aus der korrespondierenden Vorschrift des § 49 Abs. 1 Nr. 2 lit. g, s. § 49 Rn. 49aff. Abw. v. der danach ausgelösten beschränkten StPfl. wird allerdings nur die sog. Sportlerleihe erfasst und werden Vergütungen ausgespart, welche für die Verschaffung der Gelegenheit zu einem endgültigen, zeitlich unbefristeten Sportlertransfer gezahlt werden. Ausschlaggebend wird sein, ob nach den vertraglichen Vereinbarungen eine ‚Rückgabe' des betr. Sportlers an den abgebenden Verein oder Verband vorgesehen ist; auf die tatsächliche (spätere) Rückkehr kommt es hingegen nicht an.[2] Die Freigrenze des § 49 Abs. 1 Nr. 2 lit. g 2. HS ist auch im Abzugsverfahren zu berücksichtigen. 16a

5. Rechtslage bis zum VZ 2008. Die v. Abs. 1 S. 1 Nr. 3 erfassten Einkünfte treten (trotz der tatbestandl. Erweiterung hinsichtl. der Berufssportler, Rn. 16a) deutlich hinter denjenigen zurück, die den Steuerabzug bis zum VZ 2008 (Rn. 5) auslösten: Nach Abs. 4 S. 1 Nr. 3 aF unterlagen dem Steuerabzug neben den Vergütungen die Überlassung der Nutzung oder des Rechts auf Nutzung geschützter und ungeschützter Rechte auch Vergütungen für die **Nutzung beweglicher Sachen** (einschl. Sachgesamtheiten) iSv. § 49 Abs. 1 Nr. 2, 3, 6 und 9 aF, v. VZ 2007 an überdies – gem. Abs. 4 S. 1 Nr. 3 letzter HS aF – Gewinne aus der Veräußerung (infolge „verbrauchender" Nutzung) v. Rechten iSv. § 49 Abs. 1 Nr. 2 lit. f aF (s. dazu § 49 Rn. 41f., 85 und hier Rn. 15f.): Eine Ausnahme v. dem hiernach gegebenen prinzipiellen Steuerabzug machte das G in seinem durch das JStG 2008 (rückwirkend für den VZ 2007, vgl. § 52 Abs. 58a, zuletzt idF des Kroatien-AnpG v. 25.7.2014[3]) eingefügten letzten HS aF zugunsten v. Emissionsberechtigungen iRd. europäischen und internationalen Emissionshandels (also für Berechtigungen gem. § 3 Abs. 4 TEHG sowie für Emissionsreduktionseinheiten und zertifizierte Emissionsreduktionen iSv. § 2 Nr. 20, und 21 Projekt-Mechanismen-G); Sinn und Zweck fand diese Erleichterung in dem (politischen) Ziel der Verbesserung des Klimaschutzes und in der Befürchtung, der CO_2-Preis würde verfälscht. Erfasst wurden (vom VZ 2007 an) auch **Veräußerungsvorgänge** (als „intensivste" Form der Nutzung) (Abs. 4 S. 1 Nr. 3 letzter HS aF). S. iÜ 8. Aufl., § 50a Rn. 27. 17

IV. Aufsichtsratsteuer (Abs. 1 Nr. 4, Abs. 1 aF). Abs. 1 Nr. 4 (mit Wirkung v. VZ 2008 an, s. Rn. 5) entspricht in weiten Bereichen derjenigen des Abs. 1 aF (mit Wirkung bis zum VZ 2008). Nach der nunmehrigen Regelungsfassung unterliegen dem Steuerabzug Vergütungen, die inländ. Körperschaften, Personenvereinigungen und Vermögensmassen iSd. § 1 KStG an beschränkt stpfl. Mitglieder des Aufsichtsrats, Verwaltungsrats, Grubenvorstands oder anderen mit der Überwachung der Geschäftsführung beauftragten Pers. für die (iSv. § 49 Abs. 1 Nr. 3 selbständig erbrachte) Überwachung der Geschäftsführung gewähren.[4] Betroffen sind auch andere inländ. Personenvereinigungen, bei denen die G'ter nicht als Unternehmer (MU'er) anzusehen sind. Inländ. sind solche Personenvereinigungen, die über Sitz oder Geschäftsleitung im Inland verfügen (**§ 73a Abs. 1 EStDV**). Trotz dieser Übereinstimmung mit den Voraussetzungen der unbeschränkten StPflicht nach § 1 Abs. 1 KStG ist eine persönliche StPflicht nicht erforderlich; die Körperschaft kann auch eine steuerbefreite sein. 18

Als Aufsichts- oder Verwaltungsrat iSv. § 50a werden alle einschlägigen Überwachungsgremien erfasst, wobei die **Überwachungsfunktion** nur die **wesentliche**, nicht die einzige Aufgabe sein muss.[5] Auf die Bezeichnung kommt es nicht an (zB Beirat, Ausschuss). Im Einzelnen decken sich die Begriffe mit jenen in § 10 Nr. 4 KStG. Nur die iRd. eigentlichen Überwachungsfunktion[6] ausgeübte Tätigkeit (auch die eines ArbN-Aufsichtsrats[7]) unterfällt dem Steuerabzug nach § 50a, andere Betätigungen (zB Beratungen,[8] 19

1 *G/K/G/K*, Art. 12 OECD-MA Rn. 54ff. mwN.
2 S. auch BT-Drucks. 17/2249, 63.
3 BGBl. I 2014, 1266.
4 Umfassend *Kaya/Maier*, NWB 2014, 3620.
5 RFH, RStBl. 1931, 555.
6 S. die Übersicht in BFH v. 15.11.1978 – I R 65/76, BStBl. II 1979, 193 zu § 12 Nr. 3 KStG 1975.
7 BFH v. 15.1.1970 – IV R 32/69 BStBl. II 1970, 379.
8 RFH, RStBl. 1935, 1435.

Geschäftsführungsaufgaben;[1] Prozessführungen,[2] bloße Repräsentanzen,[3] staatliche Überwachungen[4]) nicht; sie sind abzugrenzen, die dafür gezahlten Vergütungen sind aufzuteilen.[5]

C. Bemessungsgrundlage des Steuerabzugs (Abs. 2 und 3)

20 **Ausgangspunkt und Regelungsentwicklung.** Der Steuerabzug bezieht sich im Ausgangspunkt und im Prinzip auf die jeweiligen **Bruttoeinnahmen** iSv. § 8 Abs. 1 (Sach- und Geldleistungen, auch solche v. dritter Seite[6]) unter Einschluss sämtlicher geleisteten Vergütungen ohne Abzug v. WK oder BA, SA und Steuern (**Abs. 2 S. 1**, Abs. 4 S. 2 aF, bis zum VZ 2001: Abs. 4 S. 3; § 73b EStDV aF).[7] Zu unionsrechtl. bedingten Modifikationen s. aber Rn. 22. Für beschränkt StPfl., die gem. § 50 Abs. 2 S. 2, § 50 Abs. 5 S. 2 aF veranlagt werden, oder für solche StPfl., die gem. § 1 Abs. 3, § 1a Abs. 1 Nr. 2 als unbeschränkt StPfl. behandelt werden, ergeben sich daraus keine Nachteile: die Abgeltungswirkung entfällt hier. Bei beschränkt StPfl. (auch soweit es sich um gesamthänderisch erzielte Einkünfte handelt, die auf beschränkt StPfl. entfallen) kann die Abgeltungswirkung hingegen Überbesteuerungen zur Folge haben. Um dem zu begegnen (und zugleich, um den aufgrund der einschlägigen Rspr. des EuGH immer strenger werdenden unionsrechtl. Anforderungen zu genügen), ermöglicht **(1)** Abs. 3 v. VZ 2009 (s. Rn. 5) an unter bestimmten Voraussetzungen die Berücksichtigung solcher BA/WK, die mit den Einnahmen in unmittelbarem wirtschaftlichem Zusammenhang stehen (s. iE Rn. 22), und stellt § 50 Abs. 2 S. 2 Nr. 4 und 5 überdies ein Veranlagungs-Wahlrecht zur Vfg. (s. § 50 Rn. 22 ff.), beides aber nur für Staatsangehörige v. EU-/EWR-Staaten mit Ansässigkeit in einem dieser Staaten (Rn. 22). – **Regelungen bis zum VZ 2008:** Durch diese Neuregelung des Abs. 3 erübrigen sich zuvor notwendige anderweitige Wege, um der besagten Doppelbesteuerung zu entgehen: Bis zum VZ 1996 begegnete die FinVerw. dem in Einzelfällen mit Billigkeitserweisen. Vom VZ 1997 an konnten in den Fällen des Steuerabzugs gem. Abs. 4 S. 1 Nr. 1 oder 2 aF derartige Überbesteuerungen im vereinfachten Erstattungsverfahren gem. § 50 Abs. 5 S. 2 Nr. 3 aF vermieden werden (s. auch Rn. 36).[8] Jedenfalls dann, wenn die tatbestandlichen Voraussetzungen dieses Verfahrens nicht vorlagen, insbes. also beim Steuerabzug gem. Abs. 4 S. 1 Nr. 3 aF im Hinblick auf Einkünfte für die Nutzung beweglicher Sachen und für die Überlassung v. Rechten, ergaben sich allerdings Benachteiligungen gebietsfremder StPfl., die diese diskriminierten und die sich deswegen nicht mit Unionsrecht und dem hiernach zwingend gebotenen **Nettoprinzip** vereinbaren ließen[9] (s. 14. Aufl. Rn. 30; zu der vergleichbaren Rechtslage bei § 50 Abs. 3 S. 2 aF s. § 50 Rn. 2).[10]

21 **Regelfall der Brutto-Bemessungsgrundlage (Abs. 2).** Der Steuersatz (Rn. 25 f.) ist auf die Bruttoeinnahmen zu berechnen (Rn. 20). Auch **USt** ist einzubeziehen, nach Auffassung des BFH[11] auch in den Fällen der Besteuerung im Abzugsverfahren gem. §§ 51 ff. UStDV aF und hier auch bei Anwendung der Nullregelung nach § 52 Abs. 2–5 UStDV aF, es sei denn, der beschränkt StPfl. ist gem. § 19 Abs. 1 UStG als Kleinunternehmer zu behandeln.[12] Diese grds. Einbeziehung wird zum einen damit begründet, dass die Befreiung v. der USt eine Einnahme iSv. § 8 Abs. 1 darstelle, zum anderen damit, dass die Nullregelung keine Steuerbefreiung, vielmehr eine besondere Erhebungsform sei, die mit der tatsächlichen USt-Belastung gleichbehandelt werden müsse. Beides ist schwerlich tragfähig.[13] Letztlich wird ein fiktiver Zufluss angenommen und ein scheinbarer Vorteil der Besteuerung unterworfen. Das widerspricht dem Leistungsfähigkeitsprinzip[14] und vernachlässigt überdies, dass USt bei Wahl der Nullregelung nicht entstanden ist. Der BFH hat aber an seiner Rspr. – aus Kontinuitätsgründen auch zu Recht – festgehalten.[15] – Gem. **§ 13b**

1 Zu Abgrenzungen zum ArbN s. RFH, RStBl. 1934, 138.
2 RFH, RStBl. 1928, 305.
3 BFH v. 31.1.1978 – VIII R 159/73, BStBl. II 1978, 352.
4 BFH v. 13.7.1954 – I 53/54 U, BStBl. III 1954, 249.
5 BFH v. 20.9.1966 – I 265/62, BStBl. III 1966, 688; v. 15.11.1978 – I R 65/76, BStBl. II 1979, 193.
6 RFH, RStBl. 1938, 405.
7 Unter Einbeziehung v. Sachvergütungen, vgl. BMF v. 5.9.1990, DStZ 1991, 221; **aA** *Rabe*, DStR 1992, 703.
8 FG München v. 22.3.2002 – 1 V 4030/01, IStR 2002, 418, 419 f.; sa. BFH v. 25.11.2002 – I B 69/02, BStBl. II 2003, 189; v. 2.2.1994 – I B 143/93, BFH/NV 1994, 864.
9 *Schnitger*, FR 2003, 745 (747); sa. zu der vergleichbaren Situation in den Niederlanden Gerichtshof v. Amsterdam v. 25.4.2000 – P 99/1188, IStR 2002, 420 mit Anm. *Grams/Molenaar*.
10 EuGH v. 12.6.2003 – Rs. C-234/01 – Gerritse, BStBl. II 2003, 859 auf Vorabentscheidungsersuchen FG Berlin v. 28.5.2001 – 9 K 9312/99, IStR 2001, 443 mit Anm. *Grams/Molenaar*; *Schnitger*, FR 2003, 745 (747).
11 BFH v. 19.11.2003 – I R 22/02, BStBl. II 2004, 560; v. 30.5.1990 – I R 57/89, BStBl. II 1990, 967; v. 30.5.1990 – I R 6/88, BStBl. II 1991, 235; v. 25.9.1991 – I R 130/90, BStBl. II 1992, 172; v. 8.5.1991 – I R 14/90, BFH/NV 1992, 291.
12 BFH v. 25.9.1991 – I R 130/90, BStBl. II 1992, 172.
13 Ebenso BFH v. 5.5.2010 – I R 104/08, BFH/NV 2010, 1814; v. 5.5.2010 – I R 105/08 BFH/NV 2010, 2043.
14 Zutr. *Frotscher/Geurts*, § 50a Rn. 7.
15 *Maßbaum*, IWB 1991, F. 3 Gr. 3, 971 (975, 982 ff.).

Abs. 2 Nr. 1 iVm. Abs. 5 S. 1 UStG (§ 13b Abs. 1 S. 1 Nr. 1 iVm. Abs. 2 S. 1 UStG aF) ist allerdings für stpfl. Umsätze ausländ. Unternehmer (alleiniger) Steuerschuldner der inländ. Leistungsempfänger, sofern er seinerseits Unternehmer oder jur. Pers. des öffentl. Rechts ist (sog. Reverse-charge-Verfahren). Die USt gehört infolgedessen seitdem in keinem Fall mehr zu den Einnahmen iSv. § 8 Abs. 1 und kann die Bemessungsgrundlage für den Steuerabzug gem. § 50a mangels besonderer gesetzlicher Einbeziehung (s. dazu § 48 Abs. 3, dort Rn. 12) nicht erhöhen (s. auch 14. Aufl. Rn. 29).[1] Bei Vereinbarung einer Bruttovergütung ist die USt hierbei nicht nochmals aufzuschlagen.[2] – **Reisekosten**, welche v. Schuldner der Vergütungen ersetzt oder übernommen werden, gehören nach Abs. 2 S. 2 nur zT zu den Einnahmen, nämlich in jenem Umfang, in dem (1) die **Fahrt- und Übernachtungsauslagen** (wohl einschl. Reiseneben-Transportkosten) die tatsächlichen Kosten und (2) die **Vergütungen für Verpflegungsmehraufwand** die Pauschbeträge des § 4 Abs. 5 S. 1 Nr. 5 übersteigen; ansonsten – also iHd. ersetzten und übernommenen tatsächlichen Kosten und iHd. Pauschbeträge – sind sie v. der Bemessungsgrundlage abzuziehen. Das betrifft Barzuwendungen („ersetzt"), Kostenübernahme[3] („übernommen"), ausgenommen jedoch Kosten im überwiegend eigenbetrieblichen Interesse des veranstaltenden Vergütungsschuldners;[4] s. auch Rn. 20). Abzuziehen sind solche Auslagen auch dann, wenn hierin die einzige Gegenleistung für die erbrachten Darbietungen besteht.[5] Aufwendungsersatz nach Auftragsrecht (§§ 669, 670 BGB) wird nicht einbezogen,[6] auch Zinsen auf rückständige Vergütung bleiben unberücksichtigt. – **Bis zum VZ 2008** verhielt es sich insoweit für den Regelfall abw.: Reisekosten und der Ersatz v. Verpflegungsmehraufwendungen nach § 3 Nr. 13 und 16 gehörten bis dahin zur Bemessungsgrundlage (Abs. 4 S. 2 aF, bis zum VZ 2001: Abs. 4 S. 3 aF).[7] In Einzelfällen (bei Amateurdarbietungen) sah die FinVerw. aus Gründen der Billigkeit v. Steuerabzug ab.[8] Lediglich für Aufsichtsratsvergütungen bestimmte Abs. 2 aF die Einbeziehung v. Reisekosten nur in jenem Umfang, als die Vergütungen die tatsächlichen Auslagen überstiegen. – **Entlassungsabfindungen** gem. § 3 Nr. 9 waren **nicht** in die Bemessungsgrundlage einzubeziehen.

Ausnahmefall der Netto-Bemessungsgrundlage (Abs. 3). Grundsätze und Anforderungen. Als Ausnahme v. **Abs. 2 S. 1** ermöglicht Abs. 3 den Steuerabzug auf der Basis einer (begrenzten) Netto-Bemessungsgrundlage, das aber nur **begrenzt: (1) in persönlicher Hinsicht (a)** auf (insoweit in zweifelh. Weise einengend) **Staatsangehörige** eines EU-/EWR-Mitgliedstaats, die **(b)** im Hoheitsgebiet eines dieser Staaten ihren Wohnsitz oder gewöhnlichen Aufenthalt haben, also dort **ansässig** sind **(Abs. 3 S. 2)**, oder **(c)** auf Körperschaften, Personenvereinigungen oder Vermögensmassen iSd. § 32 Abs. 4 KStG mit Sitz (§ 10 AO) oder Geschäftsleitung (§ 11 AO) in einem jener Staaten **(Abs. 3 S. 3)** und **(2) in sachlicher Hinsicht (a)** nur für Einnahmen in den Fällen des Abs. 1 Nr. 1, 2 und 4, nicht aber Nr. 3 und **(b)** nur für solche BA/WK, welche mit den betr. Einnahmen in unmittelbarem wirtschaftlichem Zusammenhang stehen (s. dazu näher Rn. 23) und überdies **(c)** dem FA, frühestens für Zeiträume v. 31.12.2011 an: dem BZSt, s. Rn. 4, in einer für dieses nachprüfbaren Form nachgewiesen hat oder **(d)** die v. Schuldner der Vergütung übernommen worden sind (**Abs. 3 S. 1 letzter HS**). Der Vorteil dieser begrenzten Bruttobesteuerung muss allerdings erkauft werden, nämlich um den Preis eines höheren Steuersatzes, **Abs. 3 S. 4**, s. Rn. 26. Die Regelung findet über § 32 Abs. 4 iVm. Abs. 2 Nr. 2 KStG (und entgegen § 8 Abs. 6 KStG) auch auf Körperschaften Anwendung. – Mit dieser Neuregelung, die v. VZ 2009 an gilt (Rn. 5), will der Gesetzgeber **unionsrechtl. Notwendigkeiten** infolge der einschlägigen EuGH-Rspr. genügen (s. Rn. 2). Es ist zu bezweifeln, ob ihm das vorbehaltlos gelungen ist. Zwar trägt das in Abs. 2 geregelte begrenzte Nettoprinzip im Kern jener Rspr. Rechnung. **Problematisch** ist aber das Erfordernis eines **Nachweises**, und zwar vor dem Hintergrund, dass das Abzugsverfahren v. dem dafür in Anspr. (und ggf. in Haftung) genommenen Vergütungsschuldner durchzuführen ist. Dieser dürfte idR aber überfordert werden, wenn er **(1)** Nachweise für die geltend gemachten Aufwendungen verlangen (und zusätzlich dokumentieren, vgl. § 73d Abs. 1 S. 2 Nr. 3 und Abs. 1 S. 3 22

---

1 BMF v. 25.11.2010, BStBl. I 2010, 1350 Rn. 45; v. 1.8.2002, BStBl. I 2002, 709 unter 4.; *Kahl*, DB 2002, 13; sa. *Holthaus/Volkmann*, DStZ 2015, 550, *Maßbaum/D. Müller*, BB 2015, 3031, sowie *Strahl*, KÖSDI 2016, 19838, jeweils bezogen auf die für die Nutzung ausländ. Datenbanken gezahlten Entgelte.

2 FG Köln v. 21.2.2002 – 2 K 7912/00, EFG 2002, 1154, (nur) insoweit v. BFH v. 19.11.2003 – I R 22/02, BStBl. II 2004, 560 bestätigt.

3 BFH v. 19.11.2003 – I R 22/02, BStBl. II 2004, 560; **aA** *Rabe*, FR 1992, 646.

4 Abgrenzend BFH v. 19.11.2003 – I R 22/02, BStBl. II 2004, 560, mit Anm. *KB*, IStR 2004, 379 (entgegen FG Köln v. 21.2.2002 – 2 K 7912/00, EFG 2002, 1154 und abgrenzend zu BFH v. 27.7.1988 – I R 28/87, BStBl. II 1989, 449) zu Transport- und Unterbringungskosten; sa. OFD Münster v. 21.3.2003, IStR 2003, 646; BFH v. 25.11.2002 – I B 69/02, BStBl. II 2003, 189; *Rabe*, FR 1992, 646; *Zimmermann/Könemann*, IStR 2003, 774.

5 S. auch OFD Köln v. 8.7.1982, StEK EStG § 50a Nr. 36; bis zur gesetzlichen Ergänzung v. VZ 1992 an verhielt sich dies aufgrund der BFH-Rspr. anders, vgl. BFH v. 27.7.1988 – I R 28/87, BStBl. II 1989, 449.

6 BFH v. 30.9.1975 – I R 46/74, BStBl. II 1976, 155.

7 S. BMF v. 19.1.1983, StEK EStG § 50a Nr. 37.

8 S. dazu BMF v. 23.1.1996, BStBl. I 1996, 89.

EStDV, s. Rn. 24) muss, die **(2)** den im Abzugszeitpunkt nicht erkennbaren Bedürfnissen des FA (für den Fall einer späteren Überprüfung) genügt, und schließlich **(3)** auch noch abschätzt, ob die geltend gemachten Aufwendungen solche sind, die iSd. G in unmittelbarem wirtschaftlichem Zusammenhang mit den Einnahmen stehen. Sinnvollerweise wird er deswegen in aller Regel auf die Berücksichtigung der geltend gemachten Aufwendungen verzichten, sich ggf. dafür entscheiden, einen Teil dieser Kosten gem. Abs. 2 S. 2 zu übernehmen (oder sich beträchtlichen Ärger mit seinem Vertragspartner einhandeln). Andernfalls droht ihm die Gefahr der Inhaftungnahme (Abs. 5 S. 4, Rn. 45). Die Regelung droht nach allem weitgehend leerzulaufen; sie wird unionsrechtl. Anforderungen – jedenfalls im Stadium des Abzugsverfahrens, in dem ohnehin eine nur eingeschränkte materielle Nachprüfungstiefe durch die Gerichte ermöglicht wird (Rn. 39) – kaum gerecht. Der EuGH hatte in seinem Urteil „Scorpio"[1] denn auch noch klar und deutlich artikuliert, dass prinzipiell (nur) „mitgeteilte" Aufwendungen beim Steuerabzug zu berücksichtigen sind.[2] Zwischenzeitlich hat der Gerichtshof das aber deutlich relativiert; die Nachweisanstrengungen und die Beweislast gehen danach im Kern zulasten des StPfl.[3] Verlangt werden kann v. Vergütungsgläubiger im Abzugsstadium lediglich, dass er **(1)** die mitgeteilten Aufwendungen und zudem **(2)** deren unmittelbaren wirtschaftlichen Zusammenhang mit den in Rede stehenden Einnahmen einigermaßen substanziiert darlegt.[4] Mehr kann nicht abverlangt werden, und allein das ist effektiv und gleichheitsgerecht (s. auch Rn. 24). Dass der EuGH demgegenüber „wie selbstverständlich" v. einem strengeren Nachweiserfordernis ausgegangen sein sollte – er sich so gesehen schlicht im Begriff ‚vergriffen' hätte –, erscheint höchst spekulativ und durch nichts belegt.[5] § 90 Abs. 2 AO ist schon deswegen unbeachtlich, weil es insoweit idR nicht um Auslandsvorgänge geht und darin verlangte verschärfte Nachweispflichten überdies nicht ggü. dem Abzugsverpflichteten bestehen.[6] In die hier vertretene Richtung scheint sich denn auch die FinVerw. zu bewegen, wenn sie nunmehr neben der bloßen Mitteilung nur noch einen entspr. Nachweis „in hinlänglicher und in einer für die zuständige Finanzbehörde nachvollziehbaren Weise" einfordert.[7] Auch der höhere Steuersatz „sanktioniert" in allzu pauschaler Weise denjenigen, der seinen Erwerbsaufwand schon beim Steuerabzug geltend macht. S. Rn. 26. Der betr. Vergütungsgläubiger soll ersichtlich in die (Wahl-)Veranlagung gem. § 50 Abs. 2 S. 2 Nr. 5 (um-)gelenkt werden. Nur der Umstand, dass dieses Wahlrecht überhaupt eingeräumt wird, könnte die aufgezeigten Regelungsdefizite iErg. (uU) „retten". Ansonsten wäre ein Nachweiserfordernis allenfalls in einem nachfolgenden Erstattungsverfahren gerechtfertigt.

23 **Unmittelbarer wirtschaftlicher Zusammenhang.** Unabhängig v. den grds. Bedenken (Rn. 22) sind BA/WK, die in unmittelbarem wirtschaftlichen Zusammenhang mit beschränkt stpfl. Einnahmen stehen, (wohl lediglich) solche, die nicht nur (wirtschaftlich) durch die betr. Einnahmen veranlasst sind (§ 4 Abs. 4), sondern die darüber hinaus iS einer Kausalität eine direkten („unlösbaren").[8] Bezug speziell zu jenen Einnahmen haben und deswegen ohne dieselben nicht denkbar sind; es ist die einschlägige Rspr. zu § 3c Abs. 1[9] fruchtbar zu machen (s. auch 14. Aufl. § 50 Rn. 27).[10] **Beispiele:** konkret zuzuordnende Reisekosten, spezielle Bühnen-, Kleidungs-, Personal-, Büroaufwendungen, Hallenmieten, Technik, Beleuchtung, spezielle Versicherungen, Druckkosten für Eintrittskarten usf., ggf. auch Gebühren und Kosten für die Einräumung v. (Unter- und Weiter-)Lizenzen zur (zeitl. und/oder gegenständlich begrenzten) Nutzung (gem. § 35 UrhG, nicht aber für die Anschaffung des absoluten subj. Nutzungsrechts gem. § 34 UrhG), zB v. Verwertungs- oder Filmrechten[11] oder bei sonstiger Rechteüberlassung an den (ausländ.) Lizenz- oder Unterlizenzinhaber, Letzteres vorbehaltl. missbräuchlicher Zwischenschaltung regelmäßig auch dann, wenn der Hauptlizenzinhaber Inländer ist, vorausgesetzt jedoch, die Lizenzierung wirkt nicht ‚over all', sondern hat einen unmittelbaren Bezug zu der (territorial bezogenen) beschränkt stpfl. Inlandstätigkeit.[12] **Nicht einschlägig** sein sollten hingegen Allgemeinkosten aller Art,[13] AfA usf. (14. Aufl. § 50

1 EuGH v. 3.10.2006 – Rs. C-290/04 – Scorpio, BStBl. II 2007, 352.

2 BFH v. 5.5.2010 – I R 104/08, BFH/NV 2010, 1814, aber noch weitergehend: auch keine Mitteilung vonnöten, wenn Ausgaben infolge abgekürzten Zahlungswegs über den Vergütungsschuldner Letzterem bekannt.

3 EuGH v. 13.7.2016 – Rs. C-18/15 – Brisal und KBC Finance Ireland, ISR 2016, 364 m. Anm. *St. Müller.*

4 BFH v. 27.7.2011 – I R 32/10, BStBl. II 2014, 513 (noch zur alten Regelungslage).

5 So aber *Lademann*, § 50a Rn. 248.

6 **AA** *Lademann*, § 50a Rn. 248.

7 BMF v. 17.6.2014, BStBl. I 2014, 887 (unter 3.).

8 BMF v. 25.11.2010, BStBl. I 2010, 1350 Rn. 47.

9 Zur Unbestimmtheit der (auch) dort verwendeten Terminologie s. BFH v. 29.5.1996 – I R 167/94, BStBl. II 1997, 60.

10 S. BFH v. 24.4.2007 – I R 93/03, BStBl. II 2008, 132.

11 BFH v. 27.7.2011 – I R 32/10, BStBl. II 2014, 513 (für das Recht zur Automatenaufstellung); v. 25.4.2012 – I R 76/10, BFH/NV 2012, 1444 (für Fernseh-Filmrechte).

12 BFH v. 27.7.2011 – I R 32/10, BStBl. II 2014, 513; v. 25.4.2012 – I R 76/10, BFH/NV 2012, 1444. – Zur relativen Selbständigkeit v. Unterlizenzrechten ggü. der Hauptlizenz sa. BGH v. 19.7.2012 – I ZR 70/10, DB 2012, 1802.

13 BFH v. 27.7.2011 – I R 32/10, BStBl. II 2014, 513; v. 27.7.2011 – I R 56/10, BFH/NV 2012, 181.

Rn. 27), gleichermaßen nicht Aufwendungen betr. die Vertragsbeziehungen zu einem Veranstalter der „2. Ebene" im Hinblick auf den Steuerabzug durch den Veranstalter der „1. Ebene" (s. dazu Rn. 34).[1] Gewissheit darüber besteht indessen nicht, nachdem der EuGH in seinem Urt. v. 13.7.2016[2] Finanzierungskosten bei auf Zinszahlungen erhobenen Abzugssteuern für grds. abzugsfähig erklärt hat, sofern nur nachgewiesen werden kann (Rn. 24), dass die Kosten für die abzugsstpfl. Tätigkeit kausal und notwendig waren. Die weitere Entwicklung muss hier als offen bezeichnet werden.[3] – Derart eingeschränkt können dann aber BA/WK jeglicher Art (und unabhängig v. Ort ihres Anfallens im In- oder Ausland)[4] zu berücksichtigen sein; die allg. Grundsätze (§ 50 Rn. 4) gelten auch insoweit. Einschlägige BA/WK können deswegen auch vergebliche sowie in Aussicht genommene, wahrscheinliche Ausgaben sein; es genügt der durch das Unmittelbarkeitserfordernis qualifizierte (und verengte) Veranlassungszusammenhang (vgl. § 4 Abs. 4). Dass sie bereits tatsächlich geleistet und beim Vergütungsgläubiger abgeflossen sein müssten, verlangt das G nicht; § 11 Abs. 2 ist im Abzugsverfahren weder unmittelbar noch entspr. anzuwenden.[5] Ein abw. Verständnis bliebe nur aus administrativen (und damit als Rechtfertigung für Freiheitsverstöße durchweg unzulänglichen) Gründen des Gesetzesvollzugs hinter den v. EuGH aufgestellten Anforderungen zurück und beließ BA/WK zB bei Vorauszahlungen auf die letztlich geschuldete Vergütung gänzlich unberücksichtigt.[6]

Nachweiserbringung. Das G verlangt (s. aber Rn. 22) v. beschränkt StPfl. ggü. dem abzugsverpflichteten Vergütungsschuldner den Aufwandsnachweis „in einer für das FA nachprüfbaren Form". Die Adressierung an das FA überrascht. Sie verknüpft in fragwürdiger Weise die Bezugsebenen zw. Vergütungsschuldner (als dem Entrichtungsverpflichteten) und der FinBeh.; der (haftungsbelastete, vgl. § 50a Abs. 5 S. 5) Vergütungsschuldner kann bei Vornahme des Steuerabzugs nicht v. der (späteren) Erkenntnismöglichkeit des FA abhängen. Ausschlaggebend kann immer nur sein (nicht ‚amtlicher') Empfängerhorizont sein. Er muss nur eine grobe Plausibilitätskontrolle anstellen, nicht aber weiter nachforschen oder subsumieren; er ist kein „Ersatz-FA"[7]. – Jedenfalls und davon unabhängig erfordert die gesetzl. abverlangte Nachweiserbringung[8] idR die Vorlage v. Rechnungen und Zahlungsbelegen, Flugtickets, Lizenzverträgen uÄ., die sodann v. Vergütungsgläubiger „in einer für das FA nachprüfbaren Form zu dokumentieren", s. § 73d Abs. 1 S. 2 Nr. 3 und Abs. 1 S. 3 EStDV, also (wohl) in zusätzlicher Weise buch- oder listenmäßig, jedenfalls durch geordnete Aufzeichnung zu erstellen und vorzuhalten sind. Eine anderweitige Glaubhaftmachung ist nicht ausgeschlossen, praktisch aber schwierig und kaum vorstellbar. Sie lässt sich auch nicht durch Verträge mit dem beschränkt Stpfl im Vorwege antizipieren. Vorauszahlungen, die geleistet werden, sind einzubeziehen, vorausgesetzt, sie wurden tatsächlich erbracht. Zur Einbeziehung noch nicht abgeflossenen, zukünftigen Aufwands s. Rn. 23. Schätzungen durch den Vergütungsgläubiger oder den Vergütungsschuldner sind generell ausgeschlossen (was umso unerfreulicher ist, bezieht man auch Allgemeinkosten als Abzugspositionen mit ein, s. Rn. 23).[9] Gelingt dem StPfl. der Aufwandsnachweis erst später, sind die BA/WK ggf. im Rahmen einer berichtigten Steueranmeldung (s. Rn. 39) nachträglich zu berücksichtigen.[10] 24

D. Höhe des Steuerabzugs (Abs. 2 und 3)

In Einklang mit der Regel-Orientierung an der Brutto-Bemessungsgrundlage (Rn. 21) und der in Ausnahmefällen zugelassenen Nettobesteuerung (Rn. 22) sieht das G einen gesplitteten Steuersatz vor: 25

In den **Regelfällen der Bruttobesteuerung** gem. **Abs. 2** beträgt der **Steuersatz** für den Abzug bei Einnahmen aus Darbietungen, Verwertungen und der Überlassung v. Rechten iSv. Abs. 1 Nr. 1 bis 3 einheitlich **15 %** und bei Aufsichtsratsvergütungen iSv. Abs. 1 Nr. 4 einheitlich (und wie nach früherem Recht, s. Abs. 2 aF) 30 %; Grund für letzteres ist offenbar das hälftige Abzugsverbot der Aufsichtsratsvergütungen gem. § 10 Nr. 4 KStG. Davon abw. beträgt der Steuersatz in den **Ausnahmefällen der (begrenzten) Nettobesteuerung** gem. Abs. 3 (Rn. 22) **30 %**, wenn der Vergütungsgläubiger eine nat. Pers. ist **(Abs. 3 S. 4 Nr. 1)** und – wegen der Orientierung an dem Steuersatz gem. § 23 Abs. 1 KStG – **15 %**, wenn Vergütungsgläubiger eine Körperschaft, Personenvereinigung oder Vermögensmasse ist **(Abs. 3 S. 4 Nr. 2)**. Dieser 26

1 BFH v. 27.7.2011 – I R 32/10, BStBl. II 2014, 513; FG Hess. v. 17.12.2009 – 4 K 2970/08, EFG 2010, 1323, bestätigt durch BFH v. 9.12.2010 – I B 28/10, BFH/NV 2011, 971.
2 EuGH v. 13.7.2016 – Rs. C-18/15 – Brisal und KBC Finance Ireland, ISR 2016, 364 m. Anm. *St. Müller*.
3 ISR 2016, 364 m. Anm. *St. Müller*.
4 BMF v. 25.11.2010, BStBl. I 2010, 1350 Rn. 47.
5 **AA** BMF v. 25.11.2010, BStBl. I 2010, 1350 Rn. 48.
6 Zutr. *Schmidt*[37], § 50a Rn. 24.
7 BFH v. 27.7.2011 – I R 32/10, DB 2011, 2634; v. 25.4.2012 – I R 76/10, BFH/NV 2012, 1444.
8 S. auch BMF v. 17.6.2014, BStBl. I 2014, 887.
9 S. BFH v. 5.5.2010 – I R 104/08, BFH/NV 2010, 1814; v. 5.5.2010 – I R 105/08, BFH/NV 2010, 2043; v. 27.7.2011 – I R 56/10, BFH/NV 2012, 181.
10 BMF v. 25.11.2010, BStBl. I 2010, 1350 Rn. 48.

Differenzierung liegt das gesetzgeberische Motiv zugrunde, mittels des niedrigeren Steuersatzes bei der Bruttobesteuerung angefallene BA/WK pauschal abzugelten. Sie entspricht der Regelungslage im österreichischen EStG.[1] Ob sie zugleich unionsrechtl. Anforderungen gerecht wird, erscheint eher zweifelh.[2] Der Erwerbsaufwand lässt sich nicht schlicht pauschalieren und demzufolge ist auch die pauschale Erhöhung des Steuersatzes ungerechtfertigt. S. auch Rn. 22 (sowie auch 14. Aufl. Rn. 30, dort zur Rechtslage bis VZ 2008). – Zusätzlich zu dem Steuerabzug nach § 50a ist ein SolZ nach **§ 3 Abs. 1 Nr. 6 SolZG** zu erheben.

27 **Verschonungsgrenze (Abs. 2 S. 3).** Für Einkünfte **(1)** aus Darbietungen iSd. Abs. 1 Nr. 1 (nicht jedoch aus Verwertungen iSv. Abs. 1 Nr. 2), die **(2)** im Wege der Bruttobesteuerung gem. Abs. 2 erfasst werden, verzichtet das G (wie schon zuvor, 14. Aufl. Rn. 29) auf die hiernach zu berechnende Steuererhebung, wenn die Verschonungsgrenze v. 250 Euro je Darbietung nicht überstiegen wird. Abzustellen ist hierbei auf die einzelne Darbietung (nicht: Proben)[3], auch solche, die an einem Tag und organisiert durch denselben Veranstalter erbracht werden; vertraglich anderweitige Aufteilungen sind unbeachtlich.[4] Einer unzulässigen „Atomisierung" lässt sich angesichts des klaren Wortlauts letztlich nur mit einer wirtschaftlichen Sichtweise, hilfsweise mit § 42 AO begegnen. Wird die einzelne Darbietung v. mehreren nat. Pers., nicht aber v. jur. Pers. als Darbietenden geleistet, ist aufzuteilen, idR (wohl) nach Köpfen, es sei denn, der Empfänger legt einen anderen Aufteilungsmaßstab dar.[5] Gleiches gilt für PersGes., an denen nur die Darbietenden beteiligt sind.

28 **Zur Rechtslage bis zum VZ 2008** (Rn. 5) und zu deren unionsrechtl. Einschätzung s. 14. Aufl., dort Rn. 28 ff.

29–30 Einstweilen frei.

E. Durchführung und Verfahren des Steuerabzugs (Abs. 5 und 6)

31 **I. Entstehung der Abzugsteuer (Abs. 5 S. 1).** Die Abzugsteuer entsteht abw. v. § 38 AO mit **Zufluss** (vgl. § 11) beim Vergütungsgläubiger **(§ 50a Abs. 5 S. 1)**. Maßgebend für den Zufluss ist bei Geldleistungen abw. v. § 11 der Zeitpunkt der tatsächlichen Zahlung, der Verrechnung oder der Gutschrift **(§ 73c EStDV)**. Für Sachzuwendungen ist auf die tatsächlichen Verhältnisse abzustellen.

32 **II. Einbehaltung, Abführung und Anmeldung (Abs. 5 S. 2–3, Abs. 5 S. 2–4 aF).** In diesem Zeitpunkt der tatsächlichen Zahlung oder Zuwendung ist der Steuerabzug vorzunehmen **(§ 50a Abs. 5 S. 2)**. Die innerhalb eines Kalendervierteljahres einbehaltene Steuer ist jeweils bis zum 10. des Folgemonats an das **(zuständige)**[6] FA, frühestens für Zeiträume v. 31.12.2011 an: das BZSt (s. Rn. 4), **abzuführen (§ 50a Abs. 5 S. 3, § 73e S. 1 EStDV)**. Bis zu diesem Zeitpunkt sind auch der Vergütungsgläubiger, die Vergütungshöhe und die Steuerabzugshöhe sowie (vom VZ 2009 an, s. Rn. 5) in den Fällen des Abs. 3 auch die Höhe und Art der v. der Bemessungsgrundlage des Steuerabzugs abgezogenen BA oder WK beim FA **anzumelden (§ 73e S. 2 EStDV)**, und zwar auch dann, wenn nach DBA ein Steuerabzug nicht oder nicht in voller Höhe vorzunehmen ist **(§ 73e S. 3 EStDV)**. Lediglich in den Fällen des § 50a Abs. 1, § 50a Abs. 4 aF ermöglicht § 50d Abs. 3 die vorherige Freistellung, im Falle des § 50a Abs. 1 Nr. 3, § 50a Abs. 4 Nr. 2 und 3 aF auch iRd. Kontrollmeldeverfahrens gem. § 50d Abs. 5. Die Steueranmeldung ist – ebenso wie bei der KapESt gem. § 45a iVm. § 44 Abs. 1 und 7[7], jedoch abweichend von der LSt gem. § 41a Abs. 1 S. 1 Nr. 1 (wo explizit v. den Summen der einzubehaltenden und zu übernehmenden LSt die Rede ist, vgl. § 41a Rn. 5) – grds. **sachverhalts-** und **nicht zeitraumbezogen** ausgestaltet. Das ergibt sich unbeschadet des Anmeldungszeitraums gem. § 73e S. 1 EStDV aus der (Einzel-)Fallbezogenheit des jew. Lebenssachverhalts, der die Besteuerung auslöst. Die Steueranmeldung ist also idR – und auch als Gegenstand eines Rechtsbehelfs – eine (verdichtete) inhaltl. und formal trennbare Sammel-Anmeldung (ebenso wie ein entspr. Haftungsbescheid idR als ein Sammelbescheid fungiert). Da ausweislich des (allerdings nicht ganz eindeutigen) Regelungswortlauts in § 50a Abs. 5 S. 3 iVm. § 73e S. 1 und 2 EStDV aber die (tatsächlich) einbehaltene Steuer und – insoweit abw. v. § 41a Abs. 1 S. 1 Nr. 1 – nicht die (objektiv) ein*zu*behaltende Steuer als Sollbetrag anzumelden ist (vgl. § 73e S. 1 EStDV: „… die einbehaltene Steuer…", § 73e S. 2 EStDV: „… bis zum gleichen Zeitpunkt…"),[8] bedarf es jedoch keiner mit dem Quartal des Zuflusses (und damit der Steu-

1 § 99 Abs. 2 S. 2 öEStG idF des öBBG 2007, öBGBl. I Nr. 134/06: Steuersatz iHv. 35 % statt 25 %; krit. zu Recht *Petutschnig/Röthlin/Six*, SWI 2007, 302 (305 f.); *Migglautsch*, SWI 2007, 252; *Schauhoff/Cordewener/Schlotter*, 111 f.
2 S. auch *M. Lang*, SWI 2007, 17 (26 f.); *Kempermann*, FR 2007, 842 (843).
3 BMF v. 25.11.2010, BStBl. I 2010, 1350 Rn. 55.
4 BMF v. 25.11.2010, BStBl. I 2010, 1350 Rn. 54.
5 BMF v. 25.11.2010, BStBl. I 2010, 1350 Rn. 54.
6 S. dazu im Einzelnen (mit eingehenden Fallvarianten) BMF v. 25.11.2010, BStBl. I 2010, 1350 Rn. 59 ff.
7 BFH v. 16.11.2011 – I R 108/09, BStBl. II 2013, 328; *Schmidt*[37], § 44 Rn. 18.
8 BFH v. 25.11.2002 – I B 69/02, BStBl. II 2003, 189.

erentstehung), vielmehr einer mit dem Quartal des Einbehalts zeitkongruenten Anmeldung.[1] Zur Ahndung v. Pflichtwidrigkeiten kommt die Haftungsinanspruchnahme in Betracht (Rn. 45). Zu bemängeln ist, dass dem Schuldner damit in Zweifelsfällen Unklarheiten über die Qualifizierung der Einkünfte aufgebürdet werden und ihm die Abgabe einer Anmeldung bereits aus Gründen der Vorsicht abverlangt wird.[2] Ggf. ist beim FA beizeiten eine verbindliche Auskunft einzuholen. Bei Zahlungen v. dritter S. (zB seitens einer Mutter-Ges.) ist zur Vermeidung v. Haftungsrisiken überdies Sorge zu tragen, dass die stl. Pflichten erfüllt werden. Zu weiteren Einzelheiten s. **§ 73e S. 4 und 5 EStDV** (mit Wirkung v. VZ 2010 an, s. § 84 Abs. 3h S. 2 EStDV, Rn. 5), § 73e S. 4–6 EStDV aF. Wegen der erforderlichen Aufzeichnungen des Abzugsverpflichteten s. **§ 73d Abs. 1 EStDV** (s. auch Rn. 22). Einbehaltung, Abführung und Anmeldung der Abzugsteuer unterliegen der Außenprüfung gem. § 193 Abs. 1 Nr. 1 AO (s. auch § 73d Abs. 2 EStDV).

III. Abzugsverpflichteter (Abs. 5 S. 2, Abs. 4, Abs. 6). Grundsätze. Abzugsverpflichtet ist der **Vergütungsschuldner**, der den Steuerabzug für Rechnung des Vergütungsgläubigers (Steuerschuldners) vornimmt und (zivilrechtl.) die Vergütungen schuldet, vgl. Abs. 5 S. 2. Vergütungsschuldner ist regelmäßig der für die Veranstaltung Verantwortliche,[3] auch der ausländ. (zB Künstlerverleih) bei entspr. Inlandsbezug[4] der Darbietung.[5] Veranstalter idS ist, wer die Veranstaltung organisatorisch und finanziell verantwortet, deren Vorbereitung und Durchführung übernimmt und dabei das unternehmerische Risiko trägt.[6] Einer zivilrechtl. Rechtsfähigkeit bedarf es nicht,[7] ebenso wenig des besonderen, tatbestandlich qualifizierten Inlandsbezuges gem. § 38 Abs. 1 (s. auch § 38 Abs. 1 S. 1 Nr. 2 für den ausländ. ArbN-Verleiher), auch nicht beim ArbG; dem prinzipiell auch hier bestehenden Inlandserfordernis ist infolge der Inlandsveranstaltung genügt.[8] Abzugsverpflichteter idS kann aber auch ein Dritter sein, zB ein Sponsor, der eine Sachzuwendung auslobt.[9] – Aus Vereinfachungsgründen ist v. Steuerabzug (bei den Eintrittskartenkäufern als Vergütungsschuldner) abzusehen, wenn der beschränkt StPfl. sich im Inland als Eigenveranstalter selbst ‚vermarktet',[10] und ausnahmsweise auch dann, wenn die Vergütungen nicht unmittelbar an den Gläubiger (StPfl.) geleistet werden, sondern an die GEMA oder eine andere Verwertungsgesellschaft als Beauftragter (**§ 50a Abs. 6**). Dieser Beauftragte tritt dann an die Stelle des Vergütungsschuldners (Bemessungsgrundlage sind hier die nach Verteilungsplan zu zahlenden Beträge). Einzelheiten ergeben sich aus **§ 73f EStDV**.[11] 33

Steuerabzug auf der „2. Stufe" (§ 50a Abs. 4). Es ist wegen § 49 Abs. 1 Nr. 2 lit. d letzter HS 8 (iVm. § 50a Abs. 1 S. 1 Nr. 1, § 50a Abs. 4 S. 1 Nr. 1 aF, s. Rn. 18; § 49 Rn. 23) prinzipiell unbeachtlich, wenn (primärer) Vergütungsgläubiger nicht der Darbietende ist, sondern eine (oder auch mehrere) **zw.** diesem und dem Vergütungsschuldner **geschaltete ausländ.** (oder auch inländ.)[12] **Ges.** (die der Darbietende gemeinhin beherrschen wird; erforderlich ist das für den Quellensteuerabzug jedoch nicht[13]). Es ist für sich genommen auch unbeachtlich, dass in derartigen Fällen häufig zunächst – auf der 1. Ebene – ein (vorgeschalteter) inländ. Vergütungsschuldner abzugsverpflichtet wird und dass der ausländ. Vergütungsschuldner iRd. sog. Steuerabzugs auf der 2. Ebene zusätzlich in Anspr. genommen wird.[14] Die Verpflich- 34

1 Vgl. BFH v. 13.8.1997 – I B 30/97, BStBl. II 1997, 700 (701); v. 25.11.2002 – I B 69/02, BStBl. II 2003, 189.
2 Vgl. BFH v. 13.8.1997 – I B 30/97, BStBl. II 1997, 700 (703).
3 BMF v. 25.11.2010, BStBl. I 2010, 1350 Rn. 41; v. 23.1.1996, BStBl. I 1996, 89; *Schauhoff*, IStR 1997, 5.
4 Vgl. BFH v. 22.8.2007 – I R 46/02, BStBl. II 2008, 190; BMF v. 25.11.2010, BStBl. I 2010, 1350 Rn. 42; sa. FG München v. 29.1.2018 – 7 K 52/16, EFG 2018, 738 (Rev. I R 8/18) m. Anm. *Forchhammer*; *Blümich*, § 50a Rn. 108; **aA** *H/H/R*, § 50a Anm. 122: keine ersichtliche Rechtsgrundlage für einen Inlandsbezug.
5 **AA** *Lademann*, § 50a Rn. 273.
6 BMF v. 25.11.2010, BStBl. I 2010, 1350 Rn. 40.
7 BMF v. 25.11.2010, BStBl. I 2010, 1350 Rn. 41 (unter Hinweis auf BFH v. 17.2.1995 – VI R 41/92, BStBl. II 1995, 390, dort zur LSt).
8 Vgl. BFH v. 22.8.2007 – I R 46/02, BStBl. II 2008, 190; v. 2.2.1994 – I B 143/93, BFH/NV 1994, 864; FG München v. 3.6.1998 – 1 K 3965/94, EFG 1998, 1266; sa. BMF v. 25.11.2010, BStBl. I 2010, 1350 Rn. 41; v. 23.1.1996, BStBl. I 1996, 89 Tz. 3.1; **aA** FG Münster v. 1.4.2004 – 1 V 4857/03 E, IStR 2004, 349; *Grams*, RIW 1997, 55; *Grams*, IStR 2002, 744 und *Grams*, IStR 2004, 350; Hey, RIW 1999, 236; *H/H/R*, § 50a Anm. 122.
9 Vgl. BMF v. 25.11.2010, BStBl. I 2010, 1350 Rn. 92.
10 BMF v. 25.11.2010, BStBl. I 2010, 1350 Rn. 42.
11 S. dazu auch BFH v. 24.6.1964 – I 166/61 U, BStBl. III 1964, 544; BMF v. 25.11.2010, BStBl. I 2010, 1350.
12 Insoweit zutr. *Toifl*, in: Gassner ua., Die beschränkte StPflicht im ESt- und KSt-Recht, 211 (227 ff.); BMF v. 25.11.2010, BStBl. I 2010, 1350 Rn. 35; anders offenbar noch v. 23.1.1996, BStBl. I 1996, 89 Tz. 2.5.
13 *Wassermeyer*, Art. 17 MA Rn. 58, 71 ff.
14 BMF v. 23.1.1996, BStBl. I 1996, 89 Tz. 3.1 ff.; BFH v. 17.5.2005 – I B 108/04, BFH/NV 2005, 1778 (abgrenzend zum LSt-Abzug, s. dazu BFH v. 30.10.1973 – I R 50/71, BStBl. II 1974, 107); FG München v. 3.6.1998 – 1 K 3965/94, EFG 1998, 1266; FG Hess. v. 17.12.2009 – 4 K 2970/08, EFG 2010, 1323, bestätigt durch BFH v. 9.12.2010 – I B 28/10, BFH/NV 2011, 971; **aA** *Lademann*, § 50a Rn. 276; vgl. FG Münster v. 1.4.2004 – 1 V 4857/03, IStR 2004, 349 zur Unionsrechtskonformität, vgl. dazu EuGH v. 3.10.2006 – Rs. C-290/04 – Scorpio, BStBl. II 2007, 352.

tungsgründe unterscheiden sich hier: zum einen geht es um die beschränkte StPflicht der zwischengeschalteten (Künster-/Sportler- uÄ) Verleih-Ges. aus der im Inland erbrachten Vermittlungsleistung, zum anderen um die beschränkte StPflicht des im Inland (idR beschränkt, ggf. aber auch unbeschränkt stpfl.) Auftretenden. Dennoch droht infolge der Orientierung an der jew geschuldeten Bruttovergütung eine wirtschaftliche Doppelinanspruchnahme („Kaskadeneffekt"), die es (nicht zuletzt aus Gründen der Verhältnismäßigkeit sowie aus EG-rechtl. Gründen) im Allg. erzwingt, entweder die Abzugsverpflichtung auf der 1. Ebene v. vornherein auf den (Netto-)Differenzbetrag, der allein der Zwischen-Ges. gebührt (s. 14. Aufl. Rn. 30), zu beschränken, oder aber auf die Inanspruchnahme auf der 2. Ebene gänzlich zu verzichten.[1]

35 Diesen Anforderungen trägt nunmehr **Abs. 4** Rechnung: Der Vergütungsgläubiger als gleichzeitiger **Vergütungsschuldner der „2. Stufe"** (bzw. auf jeder ähnlich gelagerten weiteren Stufe im Rahmen einer hintereinandergeschalteten Leistungskette) kann unter den beschriebenen Umständen v. Steuerabzug absehen, falls seine Einnahmen bereits dem Steuerabzug unterlegen haben, **Abs. 4 S. 1**. Das gilt aber nur für den „Grundfall". Sobald und soweit Besonderheiten dergestalt auftreten, dass **(1)** der Schuldner der Vergütung auf der 2. Stufe (aber iRd. Abzugsverfahrens auf der 1. Stufe)[2] BA oder WK nach § 50a Abs. 3 geltend macht, **(2)** die Veranlagung nach § 50 Abs. 2 S. 2 Nr. 5 beantragt oder **(3)** die Erstattung der Abzugsteuer nach § 50d Abs. 1 oder einer anderen Vorschrift beantragt, hat er die Steuer, die sich nach Abs. 2 und 3 ergibt, „zu diesem Zeitpunkt", also in jenem Zeitpunkt, in dem besagten Besonderheiten eintreten, nach Maßgabe v. Abs. 5 (nach-)zuentrichten, **Abs. 4 S. 2**.[3] Zu dem in den Fällen des „Kettenabzugs" (auch im Hinblick auf die restituierte Abzugspflichten gem. Abs. 4 S. 2) bes. auszuübenden Haftungsermessen s. auch Rn. 45.

36 **IV. Erstattungen. 1. Erstattungsbescheinigung (Abs. 5 S. 6, Abs. 5 S. 7 aF).** Dem Steuerabzug kommt insbes. wegen der v. VZ 2009 an optional eingeräumten Steuerveranlagung gem. § 50 Abs. 2 S. 2 Nr. 5, kam ihm in eingeschränkter Weise aber auch bereits zuvor nach Maßgabe v. § 50 Abs. 5 S. 2 Nr. 3 aF (14. Aufl. § 50 Rn. 27) nur noch eingeschränkte Abgeltungswirkung zu; einbehaltene Steuer konnte danach zu erstatten sein, um **Überbesteuerungen** zu vermeiden, § 50 Abs. 5 S. 2 Nr. 3 aF (Rn. 20). Im Zusammenhang hiermit wird der Abzugsverpflichtete verpflichtet, dem beschränkt stpfl. Vergütungsgläubiger auf dessen Verlangen auf amtl. vorgeschriebenem Muster (s. dazu § 51 Abs. 4 Nr. 1)[4] Einzelheiten zum Steuerabzug (Namen, Tätigkeitsart, Zahlungszeitpunkt uÄ) zu bescheinigen (**Abs. 5 S. 6**, Abs. 5 S. 7 aF; s. ebenso § 48a Abs. 2, dort Rn. 3).

37 **2. Erstattungen nach anderen Vorschriften.** Daneben, allerdings subsidiär zu den Fällen der vorrangigen Veranlagungsfälle, bleibt dem Vergütungsgläubiger bei **ohne rechtl. Grund** (zB fehlender beschränkter StPflicht) einbehaltener Abzugsteuer der allg. Erstattungsanspruch gem. **§ 37 Abs. 2 AO** und entspr. dem Rechtsgedanken des **§ 50d Abs. 1 S. 1**.[5] **Verfahren:** Antrag bei FA innerhalb der Frist (vier Jahre) gem. § 169 Abs. 2 Nr. 2 AO. Entsch. durch Freistellungs- oder Abrechnungsbescheid (§ 157, § 218 Abs. 2 AO).[6] **Erstattungszinsen** gem. § 233a Abs. 1 S. 2 AO sind nicht zu zahlen (s. demgegenüber aber § 50d Abs. 1a und dazu § 50d Rn. 13); unionsrechtl. Einwendungen dagegen sind unbegründet, weil der StPfl. zum einen die Möglichkeit hat, dem Vergütungsschuldner seine Aufwendungen beizeiten mitzuteilen und dadurch Zinsnachteilen zu entgehen (s. 14. Aufl. Rn. 30), und zum anderen, weil das Abzugsverfahren mit der prinzipiell unverzinslichen anschließenden Erstattung v. EuGH im Grundsatz akzeptiert worden ist.[7] Anders wird es sich allerdings verhalten, wenn die ESt in unionsrechtswidriger Weise erhoben worden ist.[8] Ggf. kommt auch ein entspr. (zivilrechtl.) Entschädigungsanspruch aus Amtshaftung in Betracht.[9]

38 Zur Erstattung iZ mit DBA-Befreiungen sowie der §§ 43b und 50g s. § 50d Rn. 9 ff.

---

1 Zutr. *Toifl*, in: Gassner ua., Die beschränkte StPflicht im ESt- und KSt-Recht, 211 (218 ff.).
2 *Holthaus*, DStZ 2008, 741 (745).
3 S. auch BMF v. 25.11.2010, BStBl. I 2010, 1350 Rn. 35 ff.
4 BMF v. 19.12.1996, BStBl. I 1996, 1500.
5 BFH v. 20.6.1984 – I R 283/81, BStBl. II 1984, 828; v. 23.1.1985 – I R 64/81, BStBl. II 1985, 330; v. 16.2.1996 – I R 64/95, BFH/NV 1996, 175.
6 BFH v. 20.6.1984 – I R 283/81, aaO; v. 23.1.1985 – I R 64/81, aaO; v. 16.2.1996 – I R 64/95, aaO.
7 BFH v. 18.9.2007 – I R 15/05, BStBl. II 2008, 332 (Verfassungsbeschwerde dagegen nicht angenommen, BVerfG v. 3.9.2009 – 2 BvR 1098/08, nv.); v. 17.11.2010 – I R 68/10, BFH/NV 2011, 737; sa. BFH v. 10.1.2007 – I R 87/03, BStBl. II 2008, 22 (= Folgeurteil zu EuGH v. 12.6.2003 – Rs. C-234/01 – Gerritse, BStBl. II 2003, 859), Verfassungsbeschwerde dagegen ebenfalls nicht angenommen, s. BVerfG v. 9.2.2010 – 2 BvR 1178/07, IStR 2010, 327.
8 S. EuGH v. 18.4.2013 – Rs. C-565/11 – Mariana Irimie, HFR 2013, 659, mit Anm. *Cloer*, SteuK 2013, 323.
9 BFH v. 18.9.2007 – I R 15/05, BStBl. II 2008, 332; sa. EuGH v. 8.3.2001 – Rs. C-397/98, C-410/98 – Metallgesellschaft/Hoechst, EuGHE I-2001, 1727.

V. Rechtsbehelfe. Die Steueranmeldung (gem. § 73e EStDV) ist (abw. v. der Aufforderung, eine solche abzugeben[1]) **Steuerbescheid** unter Vorbehalt der Nachprüfung (§ 168 S. 1 AO). Als solcher kann sie (anders als eine vorangehende Aufforderung zur Abgabe[2]) v. Abzugsverpflichteten (als Entrichtungssteuerschuldner und Adressat), aber auch v. Steuerschuldner (als insoweit duldungsverpflichteten Drittbetroffenen aus eigenem Recht) angefochten (und kann ebenso ihre Änderung gem. § 164 Abs. 2 AO begehrt) werden.[3] In letzterem Fall einer Drittanfechtung tritt das Rechtsbehelfsverfahren selbständig neben das Freistellungsverfahren gem. § 50d. Ficht der Steuerschuldner die Anmeldung nicht an, soll zugleich ein Erstattungsanspruch gem. § 37 Abs. 2 AO entfallen, weil die Anmeldung als eigenständiger Rechtsgrund für das Behaltendürfen der Steuer wirkt[4] (s. auch § 50d Rn. 9); dem ist nicht beizupflichten, weil Regelungsadressat der Steueranmeldung (nur) der entrichtungssteuerverpflichtete Vergütungsschuldner ist und das „Behaltendürfen" sich deswegen auch nur ihm ggü. verwirklicht. Auch wenn der Steuerschuldner gegen die Steueranmeldung vorgeht, ist Gegenstand des v. ihm betriebenen Rechtsbehelfsverfahrens – anders als bei Anfechtung durch den Vergütungsschuldner[5] – deshalb auch immer nur die Rechtsfrage, ob Letzterer berechtigt oder verpflichtet war, die Steuer einzubehalten und abzuführen, was bereits bei greifbaren Zweifeln an der materiellen StPflicht des Vergütungsgläubigers (vor allem bei unklarer und ungeklärter Rechtslage) der Fall ist; das steht in Einklang mit der Steueranmeldung, deren Gegenstand eben lediglich die (eigene) Entrichtungssteuerschuld des Vergütungsschuldners ist, nicht dessen Haftung für die (fremde) Steuerschuld des Vergütungsgläubigers (gem. § 50a Abs. 5 S. 5 iVm. § 73g EStDV, Rn. 45), die es mittels Steueranmeldung ja gerade zu vermeiden gilt.[6] Das rechtfertigt – bezogen aber nur auf die Steueranmeldung, nicht den uU ergangenen Haftungsbescheid[7] – die insoweit nur eingeschränkte qualitative Prüfungstiefe.[8] S. auch § 49 Rn. 104 zu der (allg. wie insoweit str.) Frage, ob der Steuerschuldner mit der notwendigen Gewinnerzielungsabsicht agiert. Es bedarf (auch) deshalb im Rechtsbehelfsverfahren des Vergütungsschuldners gegen die Steueranmeldung auch keiner notwendigen Hinzuziehung (vgl. § 360 Abs. 3 AO) oder Beiladung (vgl. § 60 Abs. 3 FGO) des Vergütungsgläubigers.[9] Diesem ggü. wird durch die Anmeldung keine Steuer festgesetzt; er ist deshalb zur abschließenden materiell-rechtl. Klärung seiner (beschränkten) StPflicht (nach Grund ebenso wie nach Höhe) gehalten, ein **Erstattungs- oder Freistellungsverfahren gem. § 50d Abs. 1 oder 2** einzuleiten (bis zum VZ 2008, s. Rn. 5, ggf. auch gem. § 50 Abs. 5 S. 2 Nr. 3 aF) oder – allerdings beim FA, nicht aber beim BZSt (s. § 50d Rn. 11) – im Rahmen eines **Freistellungsverfahrens** (vgl. § 155 Abs. 1 S. 3 AO) eigener Art gem. § 50d (bzw. gem. § 50 Abs. 5 S. 2 Nr. 3 aF) analog (s. § 50d Rn. 9);[10] ein entspr. Freistellungsbescheid kann als solcher mit (selbständigem) Rechtsbehelf angegriffen werden; effektivem Rechtsschutz ist damit genügt. – Diese Regelungslage der (autonomen innerstaatlichen) Rechtsdurchsetzung und Steuererhebung ist aus Sicht des EG-Rechts v. EuGH (durch Urteil v. 3.10.2006 C-294/04 „Scorpio")[11] im Grundsatz bestätigt worden, allerdings mit der (wesentlichen) Einschränkung, dass der Vergütungsschuldner in unmittelbarem Zusammenhang mit den betr. Einnahmen stehende und ihm mitgeteilte (und de lege lata zudem nachgewiesene, s. Abs. 3 S. 1, Rn. 24) 39

---

1 FG Bdbg. v. 29.1.1996 – 5 V 997/95 E, EFG 1996, 1107; FG München v. 10.4.1995 – 1 V 2335/94, EFG 1995, 752; sa. BFH v. 12.6.1997 – I R 72/96, BStBl. II 1997, 660; v. 2.7.1997 – I R 45/96, BFH/NV 1998, 14.

2 FG München v. 10.4.1995 – 1 V 2335/94, EFG 1995, 752; FG Bdbg. v. 29.1.1996 – 5 V 997/95 E, EFG 1996, 1107; sa. BFH v. 12.6.1997 – I R 72/96, BStBl. II 1997, 660; v. 2.7.1997 – I R 45/96, BFH/NV 1998, 14.

3 BFH v. 12.10.1995 – I R 39/95, BStBl. II 1996, 87; sa. BFH v. 13.8.1997 – I B 30/97, BStBl. II 1997, 700; v. 17.11.2004 – I R 20/04, BFH/NV 2005, 892; v. 20.7.2005 – VI R 165/01, BStBl. II 2005, 890; v. 5.10.2005 – VI R 152/01, BStBl. II 2006, 94, und v. 21.10.2009 – I R 70/08, BStBl. II 2012, 493 (jew. zur LSt-Anmeldung).

4 Vgl. BFH v. 12.10.1995 – I R 39/95, BStBl. II 1996, 87; v. 17.5.1995 – I B 183/94, BStBl. II 1995, 781; *-sch*, DStR 1996, 139; **aA** *Schmidt*[37], § 41a Rn. 5.

5 BFH v. 28.1.2004 – I R 73/02, BStBl. II 2005, 550.

6 BFH v. 13.8.1997 – I B 30/97, BStBl. II 1997, 700; v. 25.11.2002 – I B 69/02, BStBl. II 2003, 189; v. 7.11.2007 – I R 19/04, BStBl. II 2008, 228; abgrenzend auch FG München v. 19.2.2004 – 1 V 4730/02, IStR 2004, 280; FG Hbg. v. 7.5.2012 – 5 K 89/09, EFG 2012, 1756 (rkr.); **aA** *Cordewener*, IStR 2006, 158 (161 f.) aus Sicht des EU-Rechts; sa. *Schauhoff*, IStR 2004, 706 (708 f.) einerseits, *Wassermeyer*, IStR 2004, 709 andererseits.

7 **AA** FG Hbg. v. 7.5.2012 – 5 K 89/08, EFG 2012, 1756 (rkr.), dem zust. *Nöcker*, jurisPR-SteuerR 45/2012 Anm. 5.

8 BFH v. 13.8.1997 – I B 30/97, BStBl. II 1997, 700; v. 25.11.2002 – I B 69/02, BStBl. II 2003, 189; v. 28.1.2004 – I R 73/02, BStBl. II 2005, 550; v. 7.11.2007 – I R 19/04, BStBl. II 2008, 228; FG Düss. v. 24.4.2013 – 15 K 1802/09 E, EFG 2013, 1132 (NZB I B 91/13). – S. aber auch einschränkend BFH v. 12.12.2012 – I R 27/12, BStBl. II 2013, 682, für den Fall einer eindeutigen Regelungslage.

9 BFH v. 10.1.2007 – I R 87/03, BStBl. II 2008, 22 (dagegen gerichtete Verfassungsbeschwerde nicht angenommen, BVerfG v. 9.2.2010 – 2 BvR 1178/07, IStR 2010, 327); sa. BFH v. 7.2.1980 – VI B 97/79, BStBl. I 1980, 210 (211); **aA** *Cordewener*, IStR 2006, 158 (159 ff.), erneut aus Sicht des EG-Rechts.

10 BMF v. 25.11.2010, BStBl. I 2010, 1350 Rn. 10 ff.; BFH v. 13.8.1997 – I B 30/97, BStBl. II 1997, 700; v. 25.11.2002 – I B 69/02, BStBl. II 2003, 189; *Wassermeyer*, IStR 2004, 709; krit. *Grams*, DStZ 1998, 24.

11 EuGH v. 3.10.2006 – Rs. C-290/04 – Scorpio, BStBl. II 2007, 352; dazu *Cordewener/Grams/Molenaar*, IStR 2006, 739 (742).

BA/WK bereits bei der (uU im Nachhinein berichtigten) Steueranmeldung und -entrichtung berücksichtigen muss. S. 14. Aufl. Rn. 30.[1] Ggf. kann vorab der Anspr. auf Erteilung einer Freistellungsbescheinigung analog § 50d Abs. 2 in Betracht kommen.[2] Sind keine Aufwendungen mitgeteilt worden, geht wiederum das (nachträgliche) Erstattungsverfahren der Anfechtung der Steueranmeldung vor; ausschlaggebend für die Anmeldung sind nur auf die Verhältnisse beim Steuerabzug. – Unabhängig v. den Einschränkungen der materiellen Prüfungstiefe muss auch der **drittanfechtende Vergütungsgläubiger** die (mit Bekanntwerden ihm ggü. anlaufende) **Anfechtungsfrist des § 355 AO** gegen die Steueranmeldung einhalten; eine Ausdehnung auf die Jahresfrist des § 356 Abs. 2 AO wegen fehlender Rechtsbehelfsbelehrung scheidet aus, weil die Anmeldung kein schriftlicher VA ist, der einer Rb-Belehrung bedürfte.[3]

40 Abzugsverpflichteter und Steuerschuldner können auch die **AdV** (§ 361 AO, § 69 FGO) der Steueranmeldung (bzw. eines anschließenden Haftungsbescheides) erreichen, Aufhebung der Vollziehung (Erstattung, vgl. § 361 Abs. 2 S. 3 AO, § 69 Abs. 2 S. 7 FGO) hingegen grds. nur der Abzugsverpflichtete als derjenige, der die Steuer abgeführt hat und gegen den die Anmeldung (allein) vollzogen werden kann. Der Vergütungsgläubiger ist dazu nur unter materiellen Einschränkungen befugt, nämlich bei entspr. Zustimmung des Schuldners oder wenn nur auf diesem Wege die Existenz des Vergütungsgläubigers gerettet werden kann.[4] Bei einer Bruttoauszahlung ist er nur beschwert, falls der Vergütungsschuldner ihn rückbelasten will und die erforderlichen Schritte auch tatsächlich bereits eingeleitet hat.[5] Ansonsten ist der Steuerschuldner erneut auf das Freistellungs- oder das Erstattungsverfahren (§ 50d Abs. 1 oder 2) zu verweisen.[6] – IÜ steht ihm kein Recht zu, die Anordnung einer Außenprüfung gem. § 193 Abs. 2 Nr. 2 AO (Rn. 32) beim Vergütungsschuldner anzufechten.[7]

F. Steuerabzug auf Anordnung (Abs. 7)

41 Zur Sicherstellung des Steueranspruchs kann bei dessen andernfalls drohender Gefährdung der Steuerabzug auf besondere Anordnung des – für den Vergütungsgläubiger (bis zum VZ 1999: Vergütungsschuldner) gem. § 19 Abs. 2 S. 2, § 20 Abs. 4 AO zuständigen (Betriebs-)FA – bei beschränkt StPfl. auch in solchen Fällen erfolgen, in denen die dafür einschlägigen tatbestandlichen Voraussetzungen an sich nicht erfüllt sind **(Abs. 7 S. 1)**. **Anwendungsfälle** sind typischerweise Grundstücksverkäufe durch Steuerausländer gem. § 49 Abs. 1 Nr. 2 lit. f[8] (s. dazu aber jetzt auch § 49 Abs. 1 Nr. 2 lit. e cc nF, § 49 Rn. 36a ff.), Gastvorträge ausländ. Dozenten gem. § 49 Abs. 1 Nr. 3, Nutzungsüberlassungen v. Sachen gem. § 49 Abs. 1 Nr. 9, Spielertransfervergütungen gem. § 49 Abs. 1 Nr. 2 lit. g, immer vorausgesetzt, das ggf. bestehende DBA ermöglicht überhaupt den Quellensteuerzugriff.[9]

41a Die Anordnung dieses sog. **Sicherungseinbehalts**[10] des § 50a Abs. 7 steht im (gebundenen) **Ermessen**[11] der Behörde („Sicherstellung" „zweckmäßig"[12]), das fehlerhaft ausgeübt wird, wenn nach DBA v. vornherein kein deutsches Besteuerungsrecht besteht. Der Einbehalt kann bei bereits erfolgten **Teilvergütungen** ggf. nur für die noch verbleibenden Teilbeträge[13] und iÜ **auch rückwirkend** angeordnet werden, dies allerdings nicht mehr nach vollständiger Auszahlung der Vergütung an den beschränkt StPfl.[14] Nach Ablauf des VZ erlischt die Anordnung, soweit das Zuflussprinzip gilt; ansonsten (Bestandsvergleich) bleibt sie ebenso wie das (dann nachträgliche) Anordnungsrecht bis zum Ablauf der Festsetzungsverjährung (§§ 169 ff. AO) erhalten.

42 Der Steuerabzug beträgt 25 %, bei beschränkt stpfl. Körperschaften iSd. § 2 KStG v. VZ 2008 an 15 % (s. 14. Aufl. Rn. 29), (nur)[15] der gesamten Einnahmen (einschl. USt) aus **dem konkreten Rechtsverhältnis**

---

1 S. auch *Schnitger*, FR 2003, 745 (749); BMF v. 3.11.2003, BStBl. I 2003, 553; **aA** *Grams/Molenaar*, IStR 2003, 460 (461).
2 *Schnitger*, FR 2003, 745 (749).
3 BFH v. 25.6.1998 – V B 104/97, BStBl. II 1998, 649.
4 S. BFH v. 24.3.1999 – I B 113/98, BFH/NV 1999, 1314; FG München v. 22.3.2002 – 1 V 4030/01, EFG 2002, 835.
5 BFH v. 1.12.1993 – I R 48/93, BFH/NV 1994, 549.
6 BFH v. 13.8.1997 – I B 30/97, BStBl. II 1997, 700; zu den dabei bestehenden verschiedenen Möglichkeiten des Vorgehens vgl. *Schauhoff*, IStR 1997, 662; *Grams*, DStZ 1998, 24; *Heuermann*, DStR 1998, 959.
7 FG München v. 4.8.1997 – 1 V 776/96, EFG 1997, 1286.
8 Eingehend *Herrler*, ZfIR 2015, 410; *Holthaus*, IStR 2015, 876 und ZStV 2014, 207; *Oreskovic-Rips/Kowalewski*, IStR 2015, 418; *Demleitner*, ISR 2015, 238.
9 *Holthaus*, ISR 2014, 329.
10 Im Einzelnen s. BMF v. 13.7.1999, BStBl. I 1999, 687.
11 *Lieven*, IStR 1996, 153.
12 Nicht aber „erforderlich", wie *Streck*, DB 1984, 846 annimmt.
13 BMF v. 13.7.1999, BStBl. I 1999, 687.
14 BFH v. 26.5.1965 – I 11/62 U, BStBl. III 1965, 634.
15 **AA** *Müller*, DB 1984, 2221.

zw. Vergütungsgläubiger und Vergütungsschuldner (**§ 50a Abs. 7 S. 2 Satzteil 1**). Allerdings kann das FA die Höhe des Abzugs abw. hiervon an die voraussichtlich geschuldete (höhere)[1] Steuer anpassen (**§ 50a Abs. 7 S. 2 Satzteil 2** idF des Kroatien-AnpG v. 25.7.2014)[2]. Letzteres hat bei objektivem Vorliegen entspr. Anhaltspunkte v. Amts wegen zu geschehen und ist bezogen auf Vergütungen, für die der Steuerabzug nach dem 31.12.2014 angeordnet worden ist (s. § 52 Abs. 47 S. 2), nicht mehr wie zuvor davon abhängig, dass der Steuerschuldner den niedrigeren Steuersatz glaubhaft macht (§ 50a Abs. 7 S. 2 Satzteil 2 aF). Der Steuerabzug soll dadurch „flexibilisiert" und dem StPfl. vermittels „der Höhe nach möglichst zutr. Abzug der geschuldeten Steuer" die Erfüllung seiner Zahlungspflichten erleichtert werden;[3] ggf. trägt man mit dem Verzicht auf die Glaubhaftmachung zugleich unionsrechtl. Anforderungen Rechnung, sa. Rn. 22, 24. Voraussichtliche Steuerschulden anderer Vergütungsgläubiger bei inländ. Einkünften aus Geschäftsbeziehungen zu mehreren Partnern sind auch dann nicht einzubeziehen, wenn ein einheitliches Vertragswerk zugrunde liegt.[4] Abzüge v. der Bemessungsgrundlage sind nicht zulässig[5] Allerdings kommt dem Steuerabzug **keine Abgeltungswirkung** gem. Abs. 5 S. 1 zu (**Abs. 7 S. 4**); der angeordnete Steuerabzug hat nur Vorauszahlungscharakter, dem eine Veranlagung mit Anrechnung der abgezogenen Steuer (§ 36 Abs. 2 Nr. 2) nachfolgt. Die Regelungen in Abs. 5 (bis VZ 1999: nur S. 1, 2, 4, 5) sind entspr. anzuwenden (**Abs. 7 S. 3**).[6] Die Steuer entsteht somit erst in dem **Zeitpunkt**, in dem die Vergütungen, für die der Steuerabzug angeordnet ist, an den beschränkt StPfl. gezahlt werden (§ 50a Abs. 7 S. 3 iVm. Abs. 5 S. 1, § 73c Nr. 1 EStDV). Bei Teilvergütungen vor diesem Zeitpunkt bemisst sich der Sicherungseinbehalt nach der Gesamtvergütung; er kann aber auf die verbleibenden Teilvergütungen angeordnet werden.[7] Der angeordnete Steuerabzug ist zu diesem Zeitpunkt vorzunehmen (Abs. 7 S. 3 iVm. Abs. 5 S. 2), (auf amtlichem Vordruck und – v. VZ 2010 an – idR elektronisch (bis zum VZ 2016 nach Maßgabe der Steuerdaten-ÜbermittlungsVO v. 28.1.2003, geändert durch VO v. 20.12.2006, v. 2017 an nach §§ 87b ff. AO idF des G zur Modernisierung des Besteuerungsverfahrens v. 18.7.2016[8]) anzumelden (§ 51 Abs. 4 Nr. 1 lit. h iVm. § 73e S. 7 [Nr. 1 nF] iVm. S. 1, 2, 4 und 5 EStDV, § 73e S. 6 iVm. S. 1, 2 und 4 EStDV aF) und (vom VZ 2000 an[9]) an das FA abzuführen. Nicht nur die Abführung der Abzugsteuer, sondern auch deren Anmeldung erfolgen (erstmals für Vergütungen, für die der Abzug nach dem 22.12.2001 angeordnet worden ist, vgl. § 52 Abs. 58b idF das StÄndG 2001) bei demjenigen FA, das den Steuerabzug angeordnet hat (§ 50a Abs. 7 S. 3 iVm. Abs. 5 S. 3, § 73e S. 7 Nr. 1 EStDV, § 73e S. 6 EStDV aF). Für Abzugsanordnungen bis 31.12.2014 gilt die quartalsbezogene Fälligkeit zum 10. Tag nach Quartalsende entspr. § 73e S. 1 EStDV. Bei Vergütungen, für die der Steuerabzug nach dem 31.12.2014 angeordnet worden ist (§ 52 Abs. 47 S. 2), ist die innerhalb eines Monats nach entspr. Anordnung einbehaltene Steuer jew. bis zum 10. des Folgemonats anzumelden und abzuführen (§ 73e S. 7 Nr. 2 iVm. § 84 Abs. 3h S. 5 EStDV idF des Kroatien-AnpG v. 25.7.2014)[10]. Auszahlung und Steuereinbehalt einerseits und Steueranmeldung und Steuerabführung andererseits brauchen nunmehr also nicht mehr zeitlich aufeinander abgestimmt zu werden;[11] zugleich verschafft sich das FA ggü. der vorherigen Regelung einen Liquiditätsvorteil. Der Vergütungsschuldner haftet (§ 50a Abs. 5 S. 4, § 50 Abs. 5 S. 5 aF), ausgenommen bei (ausnahmsweiser) Inanspruchnahme des Vergütungsgläubigers (§ 50a Abs. 5 S. 5, § 50a Abs. 5 S. 6 aF).

Die Anordnung ist ein Steuer-VA des zuständigen FA (nicht des BZSt) iSd. § 118 AO, der gem. §§ 130 f. 43
AO geändert werden kann. Im Rechtsbehelfsverfahren ist der beschränkt StPfl. hinzuzuziehen bzw. beizuladen (§ 360 Abs. 3 S. 1 AO, § 60 Abs. 3 FGO). Hinsichtlich der AdV gilt im Grunde Gleiches wie bei der Steueranmeldung gem. § 73e EStDV (s. Rn. 39); allerdings ist prinzipiell (auch ohne spezifischen Antrag) eine Sicherheitsleistung anzuordnen (§ 361 Abs. 2 S. 5 AO, § 69 Abs. 2 S. 3 FGO), es sei denn, der Vergütungsschuldner stimmt dem AdV-Begehren ausdrücklich zu, andernfalls kann die Existenz des Steuerschuldners nicht gewährleistet werden oder die Abzugsanordnung ist zweifelsfrei und ohne jede Heilungsmöglichkeit rechtswidrig.[12]

1 *Holthaus*, IStR 2015, 876 (878).
2 BGBl. I 2014, 1266.
3 BT-Drucks. 18/1529, 59 f.; sa. *Holthaus*, ISR 2014, 329.
4 *G/K/G/K*, Anh. Rn. 282.
5 BMF v. 13.7.1999, DStR 1999, 1317.
6 Zu Einzelheiten s. BMF v. 13.7.1999, DStR 1999, 1317.
7 BMF v. 2.8.2002, BStBl. I 2002, 710.
8 BGBl. I 2016, 1679.
9 **AA** BMF v. 2.8.2002, BStBl. I 2002, 710: nur für den nach dem 22.12.2001 angeordneten Steuerabzug.
10 BGBl. I 2014, 1266.
11 S. BT-Drucks. 18/1529, 61.
12 BFH v. 24.3.1999 – I B 113/98, BFH/NV 1999, 1314.

G. Durchführung der Besteuerung bei Verstößen gegen die Abzugspflichten

44 **I. Inanspruchnahme des Steuerschuldners (Abs. 5 S. 5, Abs. 5 S. 6 aF).** Unterbleibt die Einbehaltung und Abführung der Abzugsteuer, kann das (gem. **§ 73g** iVm. § 73e Abs. 1 S. 1 EStDV, § 50a Abs. 5 S. 3 zuständige) Betriebs-FA des Abzugsverpflichteten,[1] frühestens für Zeiträume v. 31.12.2011 an: das BZSt (s. Rn. 4), den Steuerschuldner – mittels Nachforderungsbescheid – in Anspr. nehmen, gem. **Abs. 5 S. 5** allerdings nur dann, wenn der Vergütungsschuldner den Steuerabzug nicht vorschriftsmäßig vorgenommen hat. Letzteres entspricht im Kern der zuvorigen Regelungslage des Abs. 5 S. 6 Nr. 1 aF; allerdings war dort v. einer pflichtwidrigen „Nichtkürzung" die Rede, während jetzt jegliche „Nichtvornahme" haftungsauslösend ist. Abs. 5 S. 6 erfasst damit auch jene Fälle, in denen die Abzugsteuer einbehalten, sie jedoch pflichtwidrig nicht an das FA abgeführt worden ist. Das entspricht der erklärten Gesetzesintention,[2] wonach das FA sich beim Vergütungsschuldner weitgehend für jegliche Ausfälle schadlos halten können soll. Dem entspricht es auch, dass die bislang in Abs. 5 S. 6 Nr. 2 aF zusätzlich bestimmte alternative Einschränkung, dass der beschränkt stpfl. Gläubiger weiß, dass der Schuldner die einbehaltene Steuer nicht vorschriftsmäßig abgeführt hat, und er dies dem FA nicht unverzüglich mitgeteilt hat, mit Wirkung v. VZ 2009 an (s. Rn. 3, 5) ersatzlos entfallen ist. Auch hier ging es dem Gesetzgeber ersichtlich darum, Steuerschuldner wie Vergütungsschuldner bei obj. gegebener pflichtwidriger Nichteinbehaltung und -abführung gleichermaßen und ohne Rücksicht auf irgendwelche individuellen Gegebenheiten in Anspr. nehmen zu können. – Auch bei der Inanspruchnahme des Steuerschuldners gelten die allg. Regelungen (§§ 155 ff. AO). Der Bescheid ist an den Vergütungsgläubiger zu richten. Ist Gläubiger eine PersGes. und tritt diese als solche nach außen hin auf, genügt deren Angabe; ihre G'ter müssen nicht benannt werden, unabhängig davon, dass regelmäßig diese Steuerschuldner sind (Rn. 33).[3] Der Nachforderungsbescheid kann (nur) v. Adressaten angefochten werden. – Auch ohne Inanspruchnahme des Steuerschuldners bleibt dieser neben dem Haftenden Gesamtschuldner. Seine Inanspruchnahme kann jederzeit nachgeholt werden, zB bei Widerruf einer erschlichenen Freistellung.[4]

45 **II. Haftung des Abzugsverpflichteten (Abs. 5 S. 4, Abs. 5 S. 5 aF).** Anstelle des Vergütungsgläubigers (= Steuerschuldners, s. ausdrücklich § 50a Abs. 5 S. 4 aF) kann sich das FA – und zwar in EG-rechtl. grds. (s. aber auch nachfolgend sowie § 50d Rn. 19) prinzipiell unbedenklicher Weise (s. Rn. 2) – an den Abzugsverpflichteten als Haftenden halten.[5] Dieser haftet für die richtige Einbehaltung und Abführung der Abzugsteuer (**§ 50a Abs. 5 S. 4**, § 50a Abs. 5 S. 5 aF, **§ 73g Abs. 1 EStDV**);[6] auf die tatsächliche Fälligkeit der Steuerzahlungen und auf den Eintritt eines Schadens auf Seiten der FinVerw. kommt es nicht (zusätzlich) an.[7] Die Haftung entspricht ihrer **Höhe** nach (uneingeschränkt und – wie bei anderen Abzugsteuern auch – nicht nach den Grds. der sog. anteiligen Tilgung gemindert)[8] der angemeldeten oder festgesetzten Abzugsteuer, nach dem Grundsatz der Haftungsakzessorietät ggf. auf der Basis der unionsrechtl. zugrunde zu legenden Nettoeinkünfte (14. Aufl. Rn. 30).[9] Die Inanspruchnahme erfolgt durch Haftungsbescheid (§ 191 AO), ggf. auch (dann aber ohne entspr. Ermessenserfordernisse) durch Steuerfestsetzung (Nachforderungsbescheid; § 167 Abs. 1 S. 1 AO; s. auch § 48a Rn. 6)[10] oder – bei schriftlichem Anerkenntnis oder bei Anmeldung – gänzlich ohne Bescheid (vgl. **§ 73g Abs. 2 EStDV**, § 42d Abs. 4, § 44 Abs. 5 S. 3; § 167 Abs. 1 S. 3 AO). UU gilt es dabei allerdings, Billigkeitsaspekte gem. § 163 AO zu berücksichtigen, zB dann, wenn im Zeitpunkt der Inanspruchnahme bereits feststeht, dass die Steuererhebung (etwa wegen Liquidation und Löschung des Vergütungsgläubigers) im Nachhinein nicht mehr korrigierbar ist.[11] Ergeht ein solcher Bescheid, so muss er allg. Bestimmtheitsanforderungen genügen (§ 119 AO), insbes. bezeichnen, für

---

1 BFH v. 18.5.1994 – I R 21/93, BStBl. II 1994, 697; *FW*, IStR 1994, 438; wegen der Abgeltungswirkung der Abzugsteuer können sich keine Zuständigkeitskollisionen ergeben.

2 BT-Drucks. 16/10189, 63.

3 Wohl **aA** BFH v. 26.7.1995 – I B 200/94, BFH/NV 1996, 311.

4 Vgl. FG München v. 13.10.1994 – 1 V 1825/94, EFG 1995, 626, dort allerdings fälschlicherweise (ebenso *Frotscher/Geurts*, § 50a Rn. 176, 186c) auch bereits vor Widerruf der (erschlichenen) Bescheinigung.

5 Allg. gibt dazu einen Überblick *Gehm*, StBp. 2017, 335.

6 *Waterkamp*, FR 1994, 345.

7 BFH v. 4.9.2002 – I B 145/01, BStBl. II 2003, 223.

8 Vgl. FG Nds. v. 30.7.1996 – XI 4/93, juris.

9 *Schnitger*, FR 2003, 745 (749); *Grams/Molenaar*, IStR 2003, 460 (461); FG Düss. v. 18.8.2003 – 18 V 2628/03 A (E), IStR 2004, 90; s. aber auch BMF v. 3.11.2003, BStBl. I 2003, 553.

10 Str.; wie hier BFH v. 13.9.2000 – I R 61/99, BStBl. II 2001, 67; v. 7.7.2004 – VI R 171/00, BStBl. II 2004, 1087; v. 20.8.2008 – I R 29/07, BStBl. II 2010, 142; v. 17.2.1010 – I R 85/08, BStBl. II 2011, 758; v. 18.3.2009 – I B 210/08, BFH/NV 2009, 1237, und v. 18.3.2009, I B 229/08, juris; *T/K*, § 167 AO Rn. 8 f.; *Gosch*, StBp. 2001, 113; OFD Stuttgart v. 1.7.2003, IStR 2003, 646; sa. BFH v. 13.12.2011 – II R 26/10, BStBl. II 2013, 596; **aA** *K/S/M*, § 41a Rn. A 17 ff., B 1; *Kempf/Schmidt*, DStR 2003, 190; *Drüen*, DB 2005, 299.

11 UU **aA** BFH v. 19.12.2012 – I R 80/11, I R 81/11, BFH/NV 2013, 698. Die dagegen gerichteten Verfassungsbeschwerden wurden v. BVerfG v. 22.1.2014 – 1 BvR 891/13, HFR 2014, 440, und v. 22.1.2014 – 1 BvR 2162/13, nv.,

welche Vergütung[1] und für welchen Vergütungsgläubiger[2] (Identifizierbarkeit genügt, namentliche Bezeichnung ist nicht vonnöten[3]) Abzugssteuer eingefordert wird; allg. Hinweise auf § 50a reichen nicht aus. Im Einzelnen gelten die für die LSt- und KapESt-Haftung entwickelten Grundsätze entspr. (vgl. § 42d; § 44 Abs. 5 Rn. 7). Da die Entsch. über die Inanspruchnahme im Ermessen (Auswahl- und Entschließungsermessen) des FA steht, bedarf es entspr. Ermessenserwägungen, die idR zu begründen sind.[4] Das betrifft ua. Fälle, in denen ein uU entschuldbarer Rechtsirrtum des Vergütungsschuldners über seine Abzugspflichten in Rede steht (zB infolge Auskunft oder anderer Sachbehandlung des FA, nicht aber bereits die unterlassene Anforderung einer Steueranmeldung).[5] Vor allem in jenen Fällen, in denen auf den Steuerschuldner keine Zugriffsmöglichkeiten im Inland bestehen (Schwierigkeiten bei Zustellung und Beitreibung), ist eine solche Begr. der Entscheidungserwägungen allerdings idR verzichtbar (vgl. § 121 Abs. 2 AO),[6] dies aber dann nicht, wenn auch der Abzugsverpflichtete im Ausland ansässig ist (s. dazu Rn. 33). Die Inanspruchnahme des Vergütungsschuldners entfällt (auch wegen der Anrechnung gem. § 36 Abs. 2 Nr. 2) nicht schon deswegen, weil der Vergütungsgläubiger (mit anderen Einkünften) im Inland veranlagt worden ist.[7] Sie entfällt indessen insbes. dann, wenn die betr. Einkünfte **stfrei** sind oder der Steueranspruch **verjährt** ist (vgl. im Einzelnen zur besonderen Haftungsverjährung § 191 Abs. 3 AO).[8] Allerdings sind **zwei Einschränkungen** zu machen: **(1)** Die (gänzliche oder teilw.) Steuerbefreiung entbindet (seit VZ 2002) in den Fällen des § 50d nur dann v. der Haftung, wenn der Vergütungsgläubiger vor der Verpflichtung zum Steuerabzug eine Freistellungsbescheinigung gem. § 50d Abs. 2 vorlegt. Solange das nicht der Fall ist, droht die Haftung. Die Freistellungsbescheinigung gilt gem. § 50d Abs. 2 S. 4 nur für die Zukunft und wirkt nicht zurück; innerhalb der EU ist diese Geltungsbeschränkung aber diskriminierend und iErg. unbeachtlich.[9] Unabhängig davon kann sie im Falle einer Haftungsinanspruchnahme des Vergütungsgläubigers nicht mehr beantragt werden, da die Vergütung bereits zugeflossen ist; der Vergütungsgläubiger bleibt insoweit auf das Erstattungsverfahren gem. § 50d Abs. 1 angewiesen.[10] **(2)** Hinsichtlich der Verjährung unterscheidet der BFH[11] insoweit zw. der Haftungsverjährung einerseits und der Anmeldungsverjährung des Entrichtungssteuerschuldners andererseits, was zu Lasten des Abzugsverpflichteten insbes. zu einer eigenen (drei-jährigen) Anlaufhemmung der Festsetzungsfristen gem. § 170 Abs. 2 S. 1 Nr. 1 AO führt.[12] Dem ist beizupflichten. Zwar ähnelt die Entrichtungssteuerschuld in materieller Hinsicht (teilw.) einem Haftungsanspruch.[13] Dennoch stellt diese Schuld eine eigene Schuld des Abzugsverpflichteten dar, die jedenfalls dann auch verjährungsrechtl. eigenen Regeln unterworfen ist, wenn die Inanspruchnahme nicht durch Haftungsbescheid,[14] sondern durch Steuerfestsetzung (§ 167 Abs. 1 S. 1 AO) erfolgt.[15] – Zur **Anfechtung** des Haftungsbescheides ist neben dem Haftungsschuldner auch der Steuerschuldner berechtigt, dem allerdings insoweit die Beschwer für einen Antrag auf Aufhebung der Vollziehung (nicht aber auf AdV)[16] fehlt[17] (s. auch Rn. 40). Zur nur eingeschränkten Überprüfbarkeit des behördlichen Ermessens s. § 102 FGO. Einer (notwendigen) Hinzuziehung (§ 360 Abs. 3 AO) oder Beiladung (§ 60 Abs. 3 FGO) des StPfl. bedarf es ebenso wie bei der Steueranmeldung (s. Rn. 39) nicht.[18]

---

zwar nicht angenommen, das aber nur aus formalen Gründen und mit krit. Bedenken ggü. der Inanspruchnahme und der dafür nötigen „Belastungsrechtfertigung".

1 S. BFH v. 22.5.1997 – I B 114/96, BFH/NV 1997, 826: „Haftung für Steuern v. Ertrag" soll genügen.
2 FG München v. 7.4.2010 – 7 V 508/10, EFG 2010, 1375; sa. BFH v. 19.3.2009 – IV R 78/06, BStBl. II 2009, 803.
3 BFH v. 3.12.1996 – I B 44/96, BStBl. II 1997, 306; v. 22.5.1997 – I B 114/96, BFH/NV 1997, 826.
4 BFH v. 20.7.1988 – I R 61/85, BStBl. II 1989, 99.
5 BFH v. 7.9.2011 – I B 157/10, BStBl. II 2012, 590; sa. (zur LSt) BFH v. 18.9.1981 – VI R 44/77, BStBl. II 1981, 801.
6 BFH v. 5.11.1992 – I R 41/92, BStBl. II 1993, 407; v. 3.12.1996 – I B 44/96, BStBl. II 1997, 306; v. 8.11.2000 – I B 59/00, BFH/NV 2001, 448.
7 BFH v. 7.9.2011 – I B 157/10, BStBl. II 2012, 590; vgl. auch BFH v. 9.10.1992 – VI R 47/91, BStBl. II 1993, 169 (zur LSt).
8 Zu Letzterem s. BFH v. 4.9.2002 – I B 145/01, BStBl. II 2003, 223.
9 EuGH v. 3.10.2006 – Rs. C-290/04 – Scorpio, BStBl. II 2007, 352; dazu *Cordewener/Grams/Molenaar*, IStR 2006, 739 (742); *Hoffmann*, EFG 2012, 1354.
10 BMF v. 25.11.2010, BStBl. I 2010, 1350 Rn. 76.
11 Zur Unterscheidung zw. der Haftungs- und Anmeldungsverjährung s. BFH v. 14.7.1999 – I B 151/98, BStBl. II 2001, 556.
12 Zutr. OFD Düss. v. 20.9.2001, FR 2001, 1189; sa. OFD München v. 18.12.2001 – S 0339 - 8 St 312, Lexinform Nr. 0576133.
13 Vgl. BFH v. 13.9.2000 – I R 61/99, BStBl. II 2001, 67 (69).
14 S. dazu BFH v. 29.1.2003 – I R 10/02, BStBl. II 2003, 687; BMF v. 8.9.2003, BStBl. I 2003, 427 unter Aufhebung v. BMF v. 24.4.1997, BStBl. I 1997, 414.
15 S. *Gosch*, DStR 2001, 2087; *Gosch*, StBp. 2001, 113 (115).
16 BFH v. 7.9.2011 – I B 157/10, BStBl. II 2012, 590.
17 S. auch BFH v. 1.12.1993 – I R 48/93, BFH/NV 1994, 549.
18 BFH v. 24.4.2007 – I R 39/04, BStBl. II 2008, 95; FG Nürnb. v. 6.3.2013 – 3 K 1469/11, juris (NZB I B 71/13); **aA** *Cordewener*, IStR 2006, 158 (159 ff.).

IX. Sonstige Vorschriften, Bußgeld-, Ermächtigungs- und Schlussvorschriften

§ 50b Prüfungsrecht

[1]Die Finanzbehörden sind berechtigt, Verhältnisse, die für die Anrechnung oder Vergütung von Körperschaftsteuer, für die Anrechnung oder Erstattung von Kapitalertragsteuer, für die Nichtvornahme des Steuerabzugs, für die Ausstellung der Jahresbescheinigung nach § 24c oder für die Mitteilungen an das Bundeszentralamt für Steuern nach § 45e von Bedeutung sind oder der Aufklärung bedürfen, bei den am Verfahren Beteiligten zu prüfen. [2]Die §§ 193 bis 203 der Abgabenordnung gelten sinngemäß.

Literatur: *Herzberg*, Zu einem neuen Verständnis des § 30a AO im Kontext von Abgeltungsteuerprüfungen? – Eine Gesamtschau der §§ 30a, 93 AO und des § 50b EStG, DStR 2014, 1535.

1 § 50b enthält eine Rechtsgrundlage für die Prüfung v. Sachverhalten und Rechtsverhältnissen, die für die Anrechnung, Vergütung oder Erstattung v. KSt oder KapESt, für die Nichtvornahme des Steuerabzugs, für die Ausstellung der bis zum VZ 2008 ausgestellten Jahresbescheinigung nach § 24c oder die Mitteilungen nach § 45e v. Bedeutung sind oder die der Aufklärung bedürfen. Nach § 52 Abs. 58c gilt das Prüfungsrecht für alle bislang ausgestellten Bescheinigungen.[1]

2 § 50b erweitert den Kreis der Prüfungsadressaten ggü. § 193 Abs. 2 AO und regelt den sachlichen Prüfungsumfang ggü. § 194 AO selbständig. Die **Prüfungsfelder und -adressaten** bestimmen sich nach dem jeweiligen Verfahren. Zu prüfen sind die tatsächlichen und rechtl. **Verhältnisse**. § 50b verlangt alternativ, dass diese v. Bedeutung sind oder der Aufklärung bedürfen. Die Finanzbehörden dürfen danach prüfen, wenn Verhältnisse nicht unklar, aber bedeutsam sind, und auch dann, wenn erst die Prüfung unklarer Verhältnisse zu der Feststellung führen soll, ob diese Bedeutung haben. Die allg. Vorschriften über Außenprüfungen der **§§ 193–203 AO** gelten gem. § 50b S. 2 sinngemäß, so zB § 195 AO mit der Folge, dass das Wohnsitz-FA nach § 19 AO, das Geschäftsleitungs-FA nach § 20 AO, aber auch das BZSt zur Prüfung berechtigt sein können.

§ 50c

(weggefallen)

§ 50d Besonderheiten im Fall von Doppelbesteuerungsabkommen und der §§ 43b und 50g

(1) [1]Können Einkünfte, die dem Steuerabzug vom Kapitalertrag oder dem Steuerabzug auf Grund des § 50a unterliegen, nach den §§ 43b, 50g oder nach einem Abkommen zur Vermeidung der Doppelbesteuerung nicht oder nur nach einem niedrigeren Steuersatz besteuert werden, so sind die Vorschriften über die Einbehaltung, Abführung und Anmeldung der Steuer ungeachtet der §§ 43b und 50g sowie des Abkommens anzuwenden. [2]Unberührt bleibt der Anspruch des Gläubigers der Kapitalerträge oder Vergütungen auf völlige oder teilweise Erstattung der einbehaltenen und abgeführten oder der auf Grund Haftungsbescheid oder Nachforderungsbescheid entrichteten Steuer. [3]Die Erstattung erfolgt auf Antrag des Gläubigers der Kapitalerträge oder Vergütungen auf der Grundlage eines Freistellungsbescheids; der Antrag ist nach amtlich vorgeschriebenem Vordruck bei dem Bundeszentralamt für Steuern zu stellen. [4]Dem Vordruck ist in den Fällen des § 43 Absatz 1 Satz 1 Nummer 1a eine Bescheinigung nach § 45a Absatz 2 beizufügen. [5]Der zu erstattende Betrag wird nach Bekanntgabe des Freistellungsbescheids ausgezahlt. [6]Hat der Gläubiger der Vergütungen im Sinne des § 50a nach § 50a Absatz 5 Steuern für Rechnung beschränkt steuerpflichtiger Gläubiger einzubehalten, kann die Auszahlung des Erstattungsanspruchs davon abhängig gemacht werden, dass er die Zahlung der von ihm einzubehaltenden Steuer nachweist, hierfür Sicherheit leistet oder

1 BR-Drucks. 622/06, 100.

unwiderruflich die Zustimmung zur Verrechnung seines Erstattungsanspruchs mit seiner Steuerzahlungsschuld erklärt. [7]Das Bundeszentralamt für Steuern kann zulassen, dass Anträge auf maschinell verwertbaren Datenträgern gestellt werden. [8]Der Antragsteller hat in den Fällen des § 43 Absatz 1 Satz 1 Nummer 1a zu versichern, dass ihm eine Bescheinigung im Sinne des § 45a Absatz 2 vorliegt oder, soweit er selbst die Kapitalerträge als auszahlende Stelle dem Steuerabzug unterworfen hat, nicht ausgestellt wurde; er hat die Bescheinigung zehn Jahre nach Antragstellung aufzubewahren. [9]Die Frist für den Antrag auf Erstattung beträgt vier Jahre nach Ablauf des Kalenderjahres, in dem die Kapitalerträge oder Vergütungen bezogen worden sind. [10]Die Frist nach Satz 9 endet nicht vor Ablauf von sechs Monaten nach dem Zeitpunkt der Entrichtung der Steuer. [11]Ist der Gläubiger der Kapitalerträge oder Vergütungen eine Person, der die Kapitalerträge oder Vergütungen nach diesem Gesetz oder nach dem Steuerrecht des anderen Vertragsstaats nicht zugerechnet werden, steht der Anspruch auf völlige oder teilweise Erstattung des Steuerabzugs vom Kapitalertrag oder nach § 50a auf Grund eines Abkommens zur Vermeidung der Doppelbesteuerung nur der Person zu, der die Kapitalerträge oder Vergütungen nach den Steuergesetzen des anderen Vertragsstaats als Einkünfte oder Gewinne einer ansässigen Person zugerechnet werden. [12]Für die Erstattung der Kapitalertragsteuer gilt § 45 entsprechend. [13]Der Schuldner der Kapitalerträge oder Vergütungen kann sich vorbehaltlich des Absatzes 2 nicht auf die Rechte des Gläubigers aus dem Abkommen berufen.

(1a) [1]Der nach Absatz 1 in Verbindung mit § 50g zu erstattende Betrag ist zu verzinsen. [2]Der Zinslauf beginnt zwölf Monate nach Ablauf des Monats, in dem der Antrag auf Erstattung und alle für die Entscheidung erforderlichen Nachweise vorliegen, frühestens am Tag der Entrichtung der Steuer durch den Schuldner der Kapitalerträge oder Vergütungen. [3]Er endet mit Ablauf des Tages, an dem der Freistellungsbescheid wirksam wird. [4]Wird der Freistellungsbescheid aufgehoben, geändert oder nach § 129 der Abgabenordnung berichtigt, ist eine bisherige Zinsfestsetzung zu ändern. [5]§ 233a Absatz 5 der Abgabenordnung gilt sinngemäß. [6]Für die Höhe und Berechnung der Zinsen gilt § 238 der Abgabenordnung. [7]Auf die Festsetzung der Zinsen ist § 239 der Abgabenordnung sinngemäß anzuwenden. [8]Die Vorschriften dieses Absatzes sind nicht anzuwenden, wenn der Steuerabzug keine abgeltende Wirkung hat (§ 50 Absatz 2).

(2) [1]In den Fällen der §§ 43b, 50a Absatz 1, § 50g kann der Schuldner der Kapitalerträge oder Vergütungen den Steuerabzug nach Maßgabe von § 43b oder § 50g oder des Abkommens unterlassen oder nach einem niedrigeren Steuersatz vornehmen, wenn das Bundeszentralamt für Steuern dem Gläubiger auf Grund eines von ihm nach amtlich vorgeschriebenem Vordruck gestellten Antrags bescheinigt, dass die Voraussetzungen dafür vorliegen (Freistellung im Steuerabzugsverfahren); dies gilt auch bei Kapitalerträgen, die einer nach einem Abkommen zur Vermeidung der Doppelbesteuerung im anderen Vertragsstaat ansässigen Kapitalgesellschaft, die am Nennkapital einer unbeschränkt steuerpflichtigen Kapitalgesellschaft im Sinne des § 1 Absatz 1 Nummer 1 des Körperschaftsteuergesetzes zu mindestens einem Zehntel unmittelbar beteiligt ist und im Staat ihrer Ansässigkeit den Steuern vom Einkommen oder Gewinn unterliegt, ohne davon befreit zu sein, von der unbeschränkt steuerpflichtigen Kapitalgesellschaft zufließen. [2]Die Freistellung kann unter dem Vorbehalt des Widerrufs erteilt und von Auflagen oder Bedingungen abhängig gemacht werden. [3]Sie kann in den Fällen des § 50a Absatz 1 von der Bedingung abhängig gemacht werden, dass die Erfüllung der Verpflichtungen nach § 50a Absatz 5 nachgewiesen werden, soweit die Vergütungen an andere beschränkt Steuerpflichtige weitergeleitet werden. [4]Die Geltungsdauer der Bescheinigung nach Satz 1 beginnt frühestens an dem Tag, an dem der Antrag beim Bundeszentralamt für Steuern eingeht; sie beträgt mindestens ein Jahr und darf drei Jahre nicht überschreiten; der Gläubiger der Kapitalerträge oder der Vergütungen ist verpflichtet, den Wegfall der Voraussetzungen für die Freistellung unverzüglich dem Bundeszentralamt für Steuern mitzuteilen. [5]Voraussetzung für die Abstandnahme vom Steuerabzug ist, dass dem Schuldner der Kapitalerträge oder Vergütungen die Bescheinigung nach Satz 1 vorliegt. [6]Über den Antrag ist innerhalb von drei Monaten zu entscheiden. [7]Die Frist beginnt mit der Vorlage aller für die Entscheidung erforderlichen Nachweise. [8]Bestehende Anmeldeverpflichtungen bleiben unberührt.

(3) [1]Eine ausländische Gesellschaft hat keinen Anspruch auf völlige oder teilweise Entlastung nach Absatz 1 oder Absatz 2, soweit Personen an ihr beteiligt sind, denen die Erstattung oder Freistellung nicht zustände, wenn sie die Einkünfte unmittelbar erzielten, und die von der ausländischen Gesellschaft im betreffenden Wirtschaftsjahr erzielten Bruttoerträge nicht aus eigener Wirtschaftstätigkeit stammen, sowie

1. in Bezug auf diese Erträge für die Einschaltung der ausländischen Gesellschaft wirtschaftliche oder sonst beachtliche Gründe fehlen oder

2. die ausländische Gesellschaft nicht mit einem für ihren Geschäftszweck angemessen eingerichteten Geschäftsbetrieb am allgemeinen wirtschaftlichen Verkehr teilnimmt.

[2]Maßgebend sind ausschließlich die Verhältnisse der ausländischen Gesellschaft; organisatorische, wirtschaftliche oder sonst beachtliche Merkmale der Unternehmen, die der ausländischen Gesellschaft nahe stehen (§ 1 Absatz 2 des Außensteuergesetzes), bleiben außer Betracht. [3]An einer eigenen Wirtschaftstätigkeit fehlt es, soweit die ausländische Gesellschaft ihre Bruttoerträge aus der Verwaltung von Wirtschaftsgütern erzielt oder ihre wesentlichen Geschäftstätigkeiten auf Dritte überträgt. [4]Die Feststellungslast für das Vorliegen wirtschaftlicher oder sonst beachtlicher Gründe im Sinne von Satz 1 Nummer 1 sowie des Geschäftsbetriebs im Sinne von Satz 1 Nummer 2 obliegt der ausländischen Gesellschaft. [5]Die Sätze 1 bis 3 sind nicht anzuwenden, wenn mit der Hauptgattung der Aktien der ausländischen Gesellschaft ein wesentlicher und regelmäßiger Handel an einer anerkannten Börse stattfindet oder für die ausländische Gesellschaft die Vorschriften des Investmentsteuergesetzes gelten.

(4) [1]Der Gläubiger der Kapitalerträge oder Vergütungen im Sinne des § 50a hat nach amtlich vorgeschriebenem Vordruck durch eine Bestätigung der für ihn zuständigen Steuerbehörde des anderen Staates nachzuweisen, dass er dort ansässig ist oder die Voraussetzungen des § 50g Absatz 3 Nummer 5 Buchstabe c erfüllt sind. [2]Das Bundesministerium der Finanzen kann im Einvernehmen mit den obersten Finanzbehörden der Länder erleichterte Verfahren oder vereinfachte Nachweise zulassen.

(5) [1]Abweichend von Absatz 2 kann das Bundeszentralamt für Steuern in den Fällen des § 50a Absatz 1 Nummer 3 den Schuldner der Vergütung auf Antrag allgemein ermächtigen, den Steuerabzug zu unterlassen oder nach einem niedrigeren Steuersatz vorzunehmen (Kontrollmeldeverfahren). [2]Die Ermächtigung kann in Fällen geringer steuerlicher Bedeutung erteilt und mit Auflagen verbunden werden. [3]Einer Bestätigung nach Absatz 4 Satz 1 bedarf es im Kontrollmeldeverfahren nicht. [4]Inhalt der Auflage kann die Angabe des Namens, des Wohnortes oder des Ortes des Sitzes oder der Geschäftsleitung des Schuldners und des Gläubigers, der Art der Vergütung, des Bruttobetrags und des Zeitpunkts der Zahlungen sowie des einbehaltenen Steuerbetrags sein. [5]Mit dem Antrag auf Teilnahme am Kontrollmeldeverfahren gilt die Zustimmung des Gläubigers und des Schuldners zur Weiterleitung der Angaben des Schuldners an den Wohnsitz- oder Sitzstaat des Gläubigers als erteilt. [6]Die Ermächtigung ist als Beleg aufzubewahren. [7]Absatz 2 Satz 8 gilt entsprechend.

(6) Soweit Absatz 2 nicht anwendbar ist, gilt Absatz 5 auch für Kapitalerträge im Sinne des § 43 Absatz 1 Satz 1 Nummer 1 und 4, wenn sich im Zeitpunkt der Zahlung des Kapitalertrags der Anspruch auf Besteuerung nach einem niedrigeren Steuersatz ohne nähere Ermittlung feststellen lässt.

(7) Werden Einkünfte im Sinne des § 49 Absatz 1 Nummer 4 aus einer Kasse einer juristischen Person des öffentlichen Rechts im Sinne der Vorschrift eines Abkommens zur Vermeidung der Doppelbesteuerung über den öffentlichen Dienst gewährt, so ist diese Vorschrift bei Bestehen eines Dienstverhältnisses mit einer anderen Person in der Weise auszulegen, dass die Vergütungen für der erstgenannten Person geleistete Dienste gezahlt werden, wenn sie ganz oder im Wesentlichen aus öffentlichen Mitteln aufgebracht werden.

(8) [1]Sind Einkünfte eines unbeschränkt Steuerpflichtigen aus nichtselbständiger Arbeit (§ 19) nach einem Abkommen zur Vermeidung der Doppelbesteuerung von der Bemessungsgrundlage der deutschen Steuer auszunehmen, wird die Freistellung bei der Veranlagung ungeachtet des Abkommens nur gewährt, soweit der Steuerpflichtige nachweist, dass der Staat, dem nach dem Abkommen das Besteuerungsrecht zusteht, auf dieses Besteuerungsrecht verzichtet hat oder dass die in diesem Staat auf die Einkünfte festgesetzten Steuern entrichtet wurden. [2]Wird ein solcher Nachweis erst geführt, nachdem die Einkünfte in eine Veranlagung zur Einkommensteuer einbezogen wurden, ist der Steuerbescheid insoweit zu ändern. [3]§ 175 Absatz 1 Satz 2 der Abgabenordnung ist entsprechend anzuwenden.

(9) [1]Sind Einkünfte eines unbeschränkt Steuerpflichtigen nach einem Abkommen zur Vermeidung der Doppelbesteuerung von der Bemessungsgrundlage der deutschen Steuer auszunehmen, so wird die Freistellung der Einkünfte ungeachtet des Abkommens nicht gewährt, soweit

1. der andere Staat die Bestimmungen des Abkommens so anwendet, dass die Einkünfte in diesem Staat von der Besteuerung auszunehmen sind oder nur zu einem durch das Abkommen begrenzten Steuersatz besteuert werden können, oder
2. die Einkünfte in dem anderen Staat nur deshalb nicht steuerpflichtig sind, weil sie von einer Person bezogen werden, die in diesem Staat nicht auf Grund ihres Wohnsitzes, ständigen Auf-

enthalts, des Ortes ihrer Geschäftsleitung, des Sitzes oder eines ähnlichen Merkmals unbeschränkt steuerpflichtig ist.

[2]Nummer 2 gilt nicht für Dividenden, die nach einem Abkommen zur Vermeidung der Doppelbesteuerung von der Bemessungsgrundlage der deutschen Steuer auszunehmen sind, es sei denn, die Dividenden sind bei der Ermittlung des Gewinns der ausschüttenden Gesellschaft abgezogen worden. [3]Bestimmungen eines Abkommens zur Vermeidung der Doppelbesteuerung sowie Absatz 8 und § 20 Absatz 2 des Außensteuergesetzes bleiben unberührt, soweit sie jeweils die Freistellung von Einkünften in einem weitergehenden Umfang einschränken. [4]Bestimmungen eines Abkommens zur Vermeidung der Doppelbesteuerung, nach denen Einkünfte aufgrund ihrer Behandlung im anderen Vertragsstaat nicht von der Bemessungsgrundlage der deutschen Steuer ausgenommen werden, sind auch auf Teile von Einkünften anzuwenden, soweit die Voraussetzungen der jeweiligen Bestimmung des Abkommens hinsichtlich dieser Einkunftsteile erfüllt sind.

(10) [1]Sind auf eine Vergütung im Sinne des § 15 Absatz 1 Satz 1 Nummer 2 Satz 1 zweiter Halbsatz und Nummer 3 zweiter Halbsatz die Vorschriften eines Abkommens zur Vermeidung der Doppelbesteuerung anzuwenden und enthält das Abkommen keine solche Vergütungen betreffende ausdrückliche Regelung, gilt die Vergütung für Zwecke der Anwendung des Abkommens zur Vermeidung der Doppelbesteuerung ausschließlich als Teil des Unternehmensgewinns des vergütungsberechtigten Gesellschafters. [2]Satz 1 gilt auch für die durch das Sonderbetriebsvermögen veranlassten Erträge und Aufwendungen. [3]Die Vergütung des Gesellschafters ist ungeachtet der Vorschriften eines Abkommens zur Vermeidung der Doppelbesteuerung über die Zuordnung von Vermögenswerten zu einer Betriebsstätte derjenigen Betriebsstätte der Gesellschaft zuzurechnen, der der Aufwand für die der Vergütung zugrunde liegende Leistung zuzuordnen ist; die in Satz 2 genannten Erträge und Aufwendungen sind der Betriebsstätte zuzurechnen, der die Vergütung zuzuordnen ist. [4]Die Sätze 1 bis 3 gelten auch in den Fällen des § 15 Absatz 1 Satz 1 Nummer 2 Satz 2 sowie in den Fällen des § 15 Absatz 1 Satz 2 entsprechend. [5]Sind Einkünfte im Sinne der Sätze 1 bis 4 einer Person zuzurechnen, die nach einem Abkommen zur Vermeidung der Doppelbesteuerung als im anderen Staat ansässig gilt, und weist der Steuerpflichtige nach, dass der andere Staat die Einkünfte besteuert, ohne die darauf entfallende deutsche Steuer anzurechnen, ist die in diesem Staat nachweislich auf diese Einkünfte festgesetzte und gezahlte und um einen entstandenen Ermäßigungsanspruch gekürzte, der deutschen Einkommensteuer entsprechende, anteilige ausländische Steuer bis zur Höhe der anteilig auf diese Einkünfte entfallenden deutschen Einkommensteuer anzurechnen. [6]Satz 5 gilt nicht, wenn das Abkommen zur Vermeidung der Doppelbesteuerung eine ausdrückliche Regelung für solche Einkünfte enthält. [7]Die Sätze 1 bis 6

1. **sind nicht auf Gesellschaften im Sinne des § 15 Absatz 3 Nummer 2 anzuwenden;**
2. **gelten entsprechend, wenn die Einkünfte zu den Einkünften aus selbständiger Arbeit im Sinne des § 18 gehören; dabei tritt der Artikel über die selbständige Arbeit an die Stelle des Artikels über die Unternehmenseinkünfte, wenn das Abkommen zur Vermeidung der Doppelbesteuerung einen solchen Artikel enthält.**

[8]Absatz 9 Satz 1 Nummer 1 bleibt unberührt.

(11) [1]Sind Dividenden beim Zahlungsempfänger nach einem Abkommen zur Vermeidung der Doppelbesteuerung von der Bemessungsgrundlage der deutschen Steuer auszunehmen, wird die Freistellung ungeachtet des Abkommens nur insoweit gewährt, als die Dividenden nach deutschem Steuerrecht nicht einer anderen Person zuzurechnen sind. [2]Soweit die Dividenden nach deutschem Steuerrecht einer anderen Person zuzurechnen sind, werden sie bei dieser Person freigestellt, wenn sie bei ihr als Zahlungsempfänger nach Maßgabe des Abkommens freigestellt würden.

(12) [1]Abfindungen, die anlässlich der Beendigung eines Dienstverhältnisses gezahlt werden, gelten für Zwecke der Anwendung eines Abkommens zur Vermeidung der Doppelbesteuerung als für frühere Tätigkeit geleistetes zusätzliches Entgelt. [2]Dies gilt nicht, soweit das Abkommen in einer gesonderten, ausdrücklich solche Abfindungen betreffenden Vorschrift eine abweichende Regelung trifft. [3]§ 50d Absatz 9 Satz 1 Nummer 1 sowie Rechtsverordnungen gemäß § 2 Absatz 2 Satz 1 der Abgabenordnung bleiben unberührt.

Verwaltung: BMF v. 21.7.2005, BStBl. I 2005, 821 (Merkblatt zu § 50d Abs. 8); v. 30.1.2006, BStBl. I 2006, 166 (Nichtanwendungserlass); v. 3.4.2007, BStBl. I 2007, 446, idF v. 21.6.2010, BStBl. I 2010, 596; v. 10.7. 2007, IStR 2007, 555 (alle zu § 50d Abs. 3); v. 12.11.2008, BStBl. I 2008, 988 (zu § 50d Abs. 9 S. 1 Nr. 2); v. 20.5.2009, BStBl. I 2009, 645 (Kontrollmeldeverfahren); v. 24.1.2012, BStBl. I 2012, 171 (zu § 50d Abs. 3; erstmals anwendbar ab 1.1.2012); v. 23.5.2012, IStR 2012, 552; v. 20.6.2013, BStBl. I 2013, 980 (Anwendung

v. DBA-Subject-to-tax-, Remittance-base- und Switch-over-Klauseln); v. 5.7.2013, BStBl. I 2013, 847 (zu § 50d Abs. 2; Besonderheiten bei girosammelverwahrten inländ. Aktien); v. 26.9.2014, BStBl. I 2014, 1258 (Anwendung der DBA auf PersGes.); v. 12.11.2014, BStBl. I 2014, 1467, aufgehoben und ersetzt (aber auf Antrag im Grundsatz weiterhin anwendbar) durch BMF v. 3.5.2018, BStBl. I 2018, 643 (beide Arbeitslohn).

Literaturauswahl: *Altrichter-Herzberg*, Die Neuregelung des § 50d Abs. 3 iRd. JStG 2007, AG 2007, 443; *Altrichter*, Gefährdung der Entlastung v. der KapESt bei Zwischenschaltung einer Auslands-Holding, GmbHR 2007, 579; *Bahns/Keuthen*, Behandlung hybrider Ges. im Entlastungsverfahren nach § 50d – Reichweite des Art. 1 Abs. 7 DBA USA, IStR 2010, 750; *Behrens*, Änderung v. § 50d Abs. 3 durch das BeitrRLUmsG, AG 2011, 863; *Benecke/Beinert*, Internat. Aspekte der Umstrukturierung v. Unternehmen, Zweiter Teil: Umwandlungen nach §§ 3 ff. und §§ 11 ff. UmwStG sowie Anwendung des § 50d Abs. 9, FR 2010, 1120; *Benz/Kroon*, Die Vermeidung einer Nicht- oder Niedrigbesteuerung nach dem DBA-Niederlande 2012, IStR 2012, 910; *Beußer*, Der neue § 50d Abs. 3 bei Nutzungsveräußerungen, IStR 2007, 316; *Biebinger/Hiller*, Nichtanwendung wesentlicher Bestandteile des § 50d Abs. 3, IWB 2018, 424; *Birker*, Die „Aufteilungsklausel" des § 50d Abs. 3 nF, BB 2012, 1961; *Blumers/Zillmer*, Das neue BMF-Schreiben zur Anwendung der DBA auf PersGes., BB 2010, 1375; *Boller/Eilinghoff/S. Schmidt*, § 50d Abs. 10 idF des JStG 2009 – ein zahnloser Tiger?, IStR 2009, 109; *Boller/Schmidt*, § 50d Abs. 10 ist doch ein zahnloser Tiger, IStR 2009, 852; *Boxberger*, Deutsche Anti-Treating-Shopping-Regelung auf den EU-Prüfstand, AG 2010, 365; *Brandenberg*, Sondervergütungen und Sonderbetriebsvermögen im Abkommensrecht, DStZ 2015, 393; *Bron*, Die Europarechtswidrigkeit des § 50d Abs. 3 unter Berücksichtigung v. Missbrauchsvorbehalten im Gemeinschaftsrecht, DB 2007, 1273; *Bron*, Die erstmalige Anwendung des § 50d Abs. 11 unter der Lupe der FinVerw., IStR 2018, 711; *Brunsbach/Endres/Lüdicke/Schnitger*, Deutsche Abkommenspolitik – Trends und Entwicklungen 2011/2012, IFSt. Nr. 480/2012, – Trends und Entwicklungen 2012/2013, IFSt. Nr. 492/2013; *Brunsbach/Mock*, Die sachliche Entlastungsberechtigung des § 50d Abs. 3 für Dividendenausschüttungen aus Deutschland in Theorie und Praxis, IStR 2013, 653; *Bublitz*, Besteuerung bei Auslandseinsätzen für private Trägerorganisationen iRd. deutschen Entwicklungszusammenarbeit, IStR 2007, 77; *Bublitz*, Zur Besteuerung von Auslandsmitarbeitern in der Entwicklungszusammenarbeit – eine Zwischenbilanz, IStR 2014, 140; *Buciek*, Die Freistellungsbescheinigung nach § 50d Abs. 3 – Anm. zum BFH-Urteil v. 11.10.2000 – I R 34/99, IStR 2001, 102; *Bünning/Mühle*, JStG 2007: Der RegEntw. zur Änderung des § 50d Abs. 3 – Rechtsentwicklung v. Hilversum I und II über den Nichtanwendungserlass zur vorgesehenen Rechtsänderung, BB 2006, 2159; *Carlé*, Treaty Shopping – Erlangung v. stl. Vorteilen durch die Einschaltung (inaktiver) ausländ. Ges., KÖSDI 1999, 12056; *Cloer/Hagemann*, Der Einkünftebegriff iSv. § 50d Abs. 9, IStR 2015, 489; *Cloer/Kudert*, Neues bei Sondervergütungen, PISTB 2010, 110; *Czakert*, Art. 3 Abs. 2 OECD-MA und die Anwendung des innerstaatlichen Rechts, IStR 2012, 703; *Dörfler/Rautenstrauch/Adrian*, Das JStG 2009 – Ausgewählte Aspekte der Unternehmensbesteuerung, BB 2009, 580; *Dorfmueller*, Die neue Anti-Treating-Shopping-Regelung des § 50d Abs. 3 idF des BeitrRLUmsG und das „schnelle" BMF-Schr., StuB 2012, 155; *Dorfmueller/Fischer*, Die geplante Neufassung der Anti-Treating-Shopping-Regelung des § 50d Abs. 3 durch das BeitrRLUmsG, IStR 2011, 857; *Dorn*, Sondervergütungen im Abkommensrecht: Führt der „neue" § 50d Abs. 10 endlich ans gewünschte Ziel?, BB 2013, 3038; *Drüen*, Die KGaA zw. Trennungs- und Transparenzprinzip – Eine steuersystematische Bestandsaufnahme, DStR 2012, 541; *Eggeling*, EU-Holdingsges. aus Sicht inländ. Konzerne – Substanzerfordernisse und ausgewählte Standorte, Ubg 2011, 676; *Eilers*, Substanzerfordernisse an ausländ. Finanzierungs-Ges., FS Wassermeyer, 2005, 323; *Eilers*, Neue Missbrauchsregeln für die Steuernachbarschaft, ISR 2012, 10; *Eilers/Schneider*, Missbrauch vs. Misstrauen. Unilaterale Sicherung des deutschen Steueraufkommens (§ 50d Abs. 3, 9), StbJb. 2007/08, 175; *Elicker*, Die Zukunft des deutschen internationalen Steuerrechts, IFSt.-Schrift Nr. 438, 2006; *Engers/Dyckmans*, Die Neuregelung des § 50d Abs. 3, Ubg 2011, 929; *Ernst/Farinato/Würstlin*, Ist § 50d Abs. 3 auch in Drittstaatsfällen am Ende?, IStR 2019, 6; *Fischer/Dorfmueller*, Entlastungsberechtigung ausländ. Ges. nach § 50d Abs. 3 – Ernüchterung nach dem raschen BMF-Schr. v. 24.1.2012, Ubg 2012, 162; *Franz*, Die Bedeutung des ATAD-GAAR für § 42 AO, DStR 2018, 2240; *Frey/Mückl*, Substanzerfordernisse bei der einseitigen KapESt-Entlastung für beschränkt stpfl. Körperschaften, Zusammenspiel v. § 44a Abs. 9 und § 50d Abs. 3, DStR 2011, 2125; *Frotscher*, Zur Zulässigkeit des „Treaty Override", FS Schaumburg, 2009, 687; *Frotscher*, Treaty Override und § 50d Abs. 10, IStR 2009, 593; *Frotscher*, Treaty Override ohne Grenzen?, StbJb. 2009/2010, 151; *Frotscher*, Entlastung v. AbzugSt bei hybriden Gesellschaftsformen nach § 50d Abs. 1 S. 11, FS Gosch, 2016, 97; *Gahl/Wangler*, Sonder-BE und -BA im Inbound-Fall – Wechselwirkungen v. Abkommensrecht, § 50d Abs. 10 sowie § 4i, IStR 2018, 817; *Gebhardt*, § 50d Abs. 9 S. 1 Nr. 1 in der europa- und verfassungsrechtl. Kritik, IStR 2011, 58; *Gebhardt*, Grundlegendes zum Phänomen Tax Treaty Overriding im deutschen IntStR, Ubg 2012, 585; *Gebhardt*, Zur Anwendung v. § 50d Abs. 10 im Hinblick auf aktives und passives SBV (II), IStR 2015, 808; *Gebhardt*, Die atomisierende Betrachtungsweise nach § 50d Abs. 9 S. 4 und die Lösung des „wenn vs. soweit"-Problems in § 50d Abs. 9 S. 1, IStR 2016, 1009; *Gebhardt*, § 50d Abs. 3: Stolperstein bei grenzüberschreitenden Gewinnausschüttungen in Inboundfällen, BB 2017, 2007; *Gebhardt/Quilitzsch*, BFH-Rspr. zu Columbus Container – Verstoß des § 50d Abs. 9 S. 1 Nr. 2 gegen Gemeinschaftsrecht, IWB 2010, 473; *Gebhardt/Moser*, Zur Anwendung v. § 50d Abs. 3 im Kontext des neuen DBA-Niederlande – Hilversum II reloaded?, IStR 2012, 607; *Goebel/Eilinghoff/Schmidt*, Grenzüberschreitend gezahlte Sondervergütungen – § 50d Abs. 10 greift im Inbound-Fall nicht, DStZ 2011, 74; *Gosch*, § 42 AO – Anwendungsbereich und Regelungsreichweite, Harzburger Steuerprotokoll 1999, 2000, 225; *Gosch*, Die Zwischenges. nach „Hilversum II", „Cadbury Schweppes" und den JStG 2007 und 2008, FS Reiß, 2008, 597; *Gosch*, Über das Treaty Overriding, IStR 2008, 413; *Gosch*, Missbrauchsabwehr im Internat. Steuerrecht, DStJG 37 (2013), 201; *Graf*, Die unendliche Geschichte des § 50d Abs. 3, BB 2018, 2391; *Grotherr*, Verfahrensrechtl. Änderungen bei der abkommensrechtl. Quellensteuerentlastung gem. § 50d auf den 1.1.2002, IWB Fach 3 Gr. 2, 1017; *Grotherr*, Keine deutsche KapESt-Entlastung bei Einschaltung einer ausstattungslosen Zwischenholding-Ges. im Ausland

– Nichtanwendungserlass zur Hilversum II-Entscheidung des BFH, IStR 2006, 361; *Grotherr*, Die Abgrenzung der eigenwirtschaftl. tätigen KapGes. v. der funktionslosen Briefkastenges. im Spiegel der neueren BFH-Rspr., IWB Gr 2, 1301; *Grotherr*, Außensteuerrechtl. Bezüge im Entw. eines JStG 2007, RIW 2006, 898; *Grotherr*, Zum Anwendungsbereich der unilateralen Rückfallklausel gem. § 50d Abs. 9, IStR 2007, 265; *Grotherr*, Sperren und Risiken für Inbound-Steuergestaltungen auf der Grundlage v. Abkommensvergünstigungen, IWB Fach 3, Gr. 1, 2331; *Günkel/Lieber*, Braucht Deutschland eine Verschärfung der Holdingregelung in § 50d Abs. 3?, DB 2006, 2197; *Günkel/Lieber*, Ausgewählte Zweifelsfragen in Zusammenhang mit der verschärften Holdingregelung in § 50d Abs. 3 idF des EStG 2007, Ubg 2008, 393; *Günkel/Lieber*, Auslegungsfragen iZ mit § 50d Abs. 10 idF des JStG 2009, Ubg 2009, 301; *Haarmann*, „Treaty Shopping" bei Einschaltung v. Finanzholding-Ges. durch ausländ. Investoren im europ. Ausland in Hinblick auf Investitionen in Deutschland, FS Djanani, 2008, 281; *Haase*, Die „ausländ. Ges." iSd. § 50d Abs. 3, IStR 2014, 329; *Häck*, Zur Auslegung des § 50d Abs. 10 durch den BFH, IStR 2011, 71; *Haendel*, Treaty Override – verfassungsrechtlich zulässig, aber im Einzelfall nicht anwendbar?, IStR 2017, 436; *Häussermann/Rengier*, Die InvStG-Ausnahme des § 50d Abs. 3: Fortgeltung des materiellen Investmentbegriffes für Immobilienfonds, IStR 2008, 679; *Hagemann*, Erfüllung der Nachweispflicht nach § 50d Abs. 8, IWB 2017, 34; *Hagemann*, BMF-Schr. zur unionsrechtskonformen Anwendung des § 50d Abs. 3, DStR 2018, 745; *Hagemann/Kahlenberg*, Abkommensrechtl. Zuordnung notwendigen SBV in sog. Dreieckssachverhalten, Ubg 2013, 770; *Hagemann/Kahlenberg*, § 50d Abs. 10 als Steuer (last)gestaltungsnorm?, IStR 2015, 734; *Hagemann/Kahlenberg/Kudert*, Sonderbetriebseinnahmen im Abkommensrecht – und wie der Wind sich dreht!, Ubg 2014, 80; *Hagena*, Hybride Gesellschaften im Verhältnis Deutschland–USA, ISR 2014, 83; *Hagena/Klein*, Ergänzungen des § 50d durch das AmtshilfeRLUmsG, ISR 2013, 267; *Hahn*, Treaty Overriding sine ira et studio, IStR 2011, 863; *Hahn*, Treaty-Override als Verfassungsverstoß?, BB 2012, 1955; *Heerdt*, Steuersubjektqualifikationskonflikte bei Einbringung in eine KapGes., IStR 2012, 866; *Heerdt*, Die Änderung von § 50d Abs. 9 durch das BEPS-I-UmsG, IWB 2017, 166; *Heinke*, Höher oder schwerer? – Ist die Vorrangrelation zw. Völkervertragsrecht und Bundesrecht eine Frage der Abwägung?, Der Staat 55 (2016), 393; *Heintzen*, Die Neufassung des § 42 AO und ihre Bedeutung für grenzüberschreitende Gestaltungen, FR 2009, 599; *Henrich*, Das BVerfG und die Verteidigung der Demokratie, NVwZ 2016, 668; *Hergeth/Ettinger*, Nichtanwendungserlass zum Urteil des BFH v. 31.5.2005 zu § 50d Abs. 3, IStR 2006, 307; *J. Hey*, Spezialgesetzl. Missbrauchsgesetzgebung, StuW 2008, 167; *J. Hey*, Spezialgesetzgebung und Typologie zum Gestaltungsmissbrauch, DStJG 33 (2009), 139; *J. Hey*, Harmonisierung der Missbrauchsabwehr durch die ATAD, StuW 2017, 248; *Hilbert*, Unilaterale Treaty-Override-Regelungen bei Einkünften aus nichtselbständiger Arbeit, IStR 2012, 405; *Hils*, Neuregelung internationaler Sondervergütungen nach § 50d Abs. 10, DStR 2009, 888; *Hofmann/Otto*, Erschwernis der Freistellung v. Arbeitslohn gem. DBA nach Einf. einer nationalen Rückfallklausel durch das StÄndG 2003, FR 2004, 826; *Holthaus*, Die Änderungen der Freistellungspraxis im StÄndG 2003 beim ausländ. Arbeitslohn in § 50d – Auswirkungen einer globalen Rückfallklausel in allen Anwendungsfällen der DBA, IStR 2004, 16; *Holthaus*, Besteuerung international tätiger Berufskraftfahrer – aktuelle Praxisprobleme bei der Umsetzung der DBA-rechtl. Vorgaben, IStR 2006, 16; *Holthaus*, Spannungsfeld der Rückfallklauseln in DBA und § 50d Abs. 8, IWB 2016, 238; *Hruschka*, Sondervergütungen und der AOA idF des AmtshilfeRLUmsG – Das Verhältnis von § 1 AStG zu § 50d Abs. 10, IStR 2013, 830; *Hruschka*, Das neue BMF-Schr. zur Anwendung v. DBA auf PersGes., IStR 2014, 785 und DStR 2014, 2421; *Hruschka*, Die Zuordnung v. Beteiligungen zu Betriebsstätten v. PersGes., IStR 2016, 437; *Jankowiak*, Doppelte Nichtbesteuerung im Internationalen Steuerrecht, 2009; *Jansen/Weidmann*, Treaty Overriding und Verfassungsrecht – Beurteilung der verfassungsrechtl. Zulässigkeit v. Treaty Overrides am Bsp. des § 50d, IStR 2010, 596; *Käshammer/Schümmer*, Gestaltungen zur Vermeidung des § 50d Abs. 3 bei Ausschüttungen, IStR 2011, 410; *Kahle/Beinert/Heinrichs*, § 50d Abs. 9 nach den Änderungen durch das BEPS 1-Gesetz: Die Erosion der Freistellungsmethode schreitet voran, Ubg 2017, 181, 247; *Kahlenberg*, Kein Besteuerungsrückfall bei teilweise besteuerten Einkünften, NWB 2015, 1695; *Kahlenberg/Hagemann*, Ausgewählte Fragestellungen um die Zuordnung v. SBV im Abkommensrecht, BB 2014, 215; *Kaiser*, Zur Anerkennung funktionsschwacher Ges. im deutschen Steuerrecht – Directive Shopping in Luxemburg, IStR 2009, 121; *Karla*, Das Treaty Overriding – Neue verfassungsrechtl. Perspektiven?, SAM 2011, 181; *Karla*, Möglichkeiten der Gesetzesauslegung am Bsp. des BFH-Urt. v. 8.9.2010 (I R 74/09), IStR 2012, 52; *B. Keller*, Zum SA-Abzug des MU'ers einer doppelstöckigen PersGes. im Inbound-Fall, StuB 2017, 462; *Kempelmann*, Hybride Ges. aus Sicht Deutschlands als Quellenstaat – § 50d Abs. 1 S. 11, IIFS Grüne Hefte 203/2015; *Kempf/Meyer*, Der neu gefasste § 50d Abs. 3 in der Praxis, DStZ 2007, 584; *Kempf/Meyer*, Doppel-Holdingstruktur als Schutz vor der Anti-Treaty-Shopping-Regelung des § 50d Abs. 3?, IStR 2007, 526; *Kempf/Meyer*, Neue Gestaltungshürden in der Anti-Treaty-Shopping-Regelung des § 50d Abs. 3, IStR 2007, 781; *Kempf/Loose/Oskamp*, Quellensteuerreduktion für hybride US-Ges. nach Inkrafttreten der Vorschrift des § 50d Abs. 1 S. 11, IStR 2017, 735; *M. Klein*, Internat. Einkünftezurechnung, DStJG 33 (2009), 243; *Kofler*, Steuergestaltung im Europäischen und Internat. Recht, DStJG 33 (2009), 213; *Kollruss*, Weiße und graue Einkünfte bei der Outbound-Finanzierung einer ausländ. EU-Tochter-KapGes. nach Europarecht und JStG 2007, BB 2007, 467; *Kollruss*, Steueroptimale Gewinnrepatriierung unter der verschärften Anti-Treaty-Shopping-Regelung des § 50d Abs. 3 idF JStG 2007 unter Berücksichtigung der Zinsschranke, IStR 2007, 870; *Kollruss*, Ungeklärte ertragstl. Fragestellungen hybrider ausländ. Ges., StuW 2010, 381; *Kollruss*, § 50d Abs. 11: Regelungsdefizite der Norm, Funktionsweise, Gestaltungsmöglichkeiten – dargestellt anhand der KGaA-Besteuerung, DStZ 2012, 702; *Kollruss*, Die KGaA im IntStR: Steuerfreie Veräußerungsgewinne aus KapGes.-Beteiligungen durch nat. Pers. iRd. § 50d Abs. 11, StBp 2012, 273; *Kollruss*, Zur beschränkten Steuerpflicht und Wirkkraft des § 50d Abs. 10 bei grenzüberschreitenden Sondervergütungen, FR 2014, 588; *Kollruss*, Doppelte Nichtbesteuerung und deutsches Sondervergütungskonzept (§ 50d Abs. 10), IStR 2018, 102; *Kollruss/Weißert/Dilg*, KGaA-Besteuerung im Lichte des § 50d Abs. 11: Funktionsweise, gewerbestl. Implikation und mögliche Regelungsdefizite, DB 2013, 423; *Kopec/Kudert*, § 50d Abs. 11 – eine Analyse der stl. Auswirkungen auf die Besteuerung von Schachteldividenden an eine deutsche GmbH & atypisch Still, IStR 2013, 498; *Kopec/Rothe*, § 50d Abs. 1 S. 11 – eine verfahrensrechtl. oder materiell-rechtl. Vorschrift?, IStR 2015, 372; *Chr. Korn*, Grenzen des Einflusses innerstaatl. Rechts auf die Anwendung v. DBA, Erläutert am Bsp. v.

§ 50d Abs. 10, IStR 2009, 641; *Kraft/Gebhardt*, Der neue Erl. zu § 50d Abs. 3 idF des BeitrRLUmsG v. 24.1.2012 – missglückter Rettungsversuch einer missratenen Vorschrift?, DStZ 2012, 398; *Kraft/Gebhardt*, Ist die Treaty Shopping-Klausel des § 50d Abs. 3 de lege ferenda unions- und abkommenskompatibel?, DB 2012, 80; *J.D. Kramer*, Nochmal: Das Darlehen des ausländ. MU'ers an seine deutsche PersGes. und § 50d Abs. 10, IStR 2010, 239; *J.D. Kramer*, An einen ausländ. MU'er v. einer inländ. PersGes. gezahlte Sondervergütung, BB 2011, 2467; *J.D. Kramer*, Grenzüberschreitende Sondervergütungen und beschränkte StPfl., IStR 2014, 21; *O. Kramer*, EU-Konformität des § 50d Abs. 3 idF des JStG 2007, 2010; *Kube*, Staatliches Steuerrecht, Internationales Steuerrecht und Verfassungsrecht, StuW 2015, 134; *Kudert/Hagemann/Kahlenberg*, Anwendung v. DBA auf PersGes., IWB 2014, 892; *Kudert/Hagemann/Kahlenberg*, Irrungen und Wirrungen im Kampf gg. Steuerverkürzung und Steuervermeidung – Ein Reformansatz zur Straffung des § 50d, IFSt.-Schrift 507 (2015), 193; *Kudert/Kahlenberg*, Die Neufassung des § 50d Abs. 10 – Die Besteuerung grenzüberschreitender MU'schaften geht in die nächste Runde, IStR 2013, 801; *Kudert/Kahlenberg*, SBV II und Abkommensschutz bei Dreieckssachverhalten, FS Frotscher, 2013, 347; *Kudert/Kahlenberg*, Abkommensschutz bei Sonderbetriebserträgen aus SBV II, PIStB 2013, 94; *Kudert/Kahlenberg*, § 50d Abs. 10 als „Entstrickungsauslöser"?, IStR 2015, 918; *Kudert/Melkonyan*, Grenzüberschreitende Sonderbetriebseinnahmen – Aktuelle Spannungsfelder bei Dreieckssachverhalten, Ubg 2013, 623; *Lampert*, Doppelbesteuerungsrecht und Lastengleichheit, 2010; *Kußmaul/Schwarz*, § 50d Abs. 9 S. 1 Nr. 2 EStG und treaty overriding – Abkommensrecht, Verfassungsrecht und Unionsrecht, StB 2017, 145, 182; *Lange*, Die abkommensrechtliche Behandlung v. Sondervergütungen, § 50d Abs. 10 S. 1 – ein provozierter Qualifikationskonflikt, GmbH-StB 2009, 128; *Lehner*, Treaty Override im Anwendungsbereich des § 50d, IStR 2012, 389; *Leisner-Egensperger*, Treaty Override bei Einschaltung ausländ. Ges. – Die Anforderungen nach § 50d Abs. 3, DStZ 2013, 745; *Linn*, Verfahrensrechtliche Aspekte der Erstattung gemeinschaftsrechtswidriger Quellensteuer auf Dividenden, IStR 2010, 275; *Linn/Pignot*, Zweifel an der Vereinbarkeit des § 50d Abs. 3 mit EU-Recht, IWB 2017, 114; *Lohbeck/Wagner*, § 50d Abs. 10 – Uneingeschränktes Besteuerungsrecht für Sondervergütungen im Inbound-Fall?, DB 2009, 423; *Loll*, Ausländ. Einkünfte und Rückfallklauseln: Das Ende der „Atomisierung" und das Erwachen der „Unschärferelation", IStR 2016, 540; *Loose/Hölscher/Althaus*, JStG 2007: Anwendungsbereich und Auswirkungen der Einschränkung der Freistellungsmethode, BB 2006, 2724; *Loose/Oskamp*, Entlastung v. deutschen Abzugsteuern nach Tz. 2.1.2 der Neufassung des BMF-Schr. zur Anwendung der DBA auf PersGes., Ubg 2014, 630; *Loukota*, Einschaltung ausländ. Basisges., SWI 2005, 205; *Jü. Lüdicke*, Entlastungsberechtigung ausländ. Ges. (§ 50d Abs. 3) bei mehrstufigen Beteiligungsstrukturen, IStR 2007, 556; *Jü. Lüdicke*, Anwendung des § 50d Abs. 3 idF des JStG 2007, IStR 2010, 539; *Jü. Lüdicke*, Der missratene § 50d Abs. 3 S. 1 idF des BeitrRLUmsG, IStR 2012, 81; *Jü. Lüdicke*; Zum BMF-Schr. v. 23.5.2012: Entlastungsberechtigung ausländ. Ges. (§ 50d Abs. 3.); Entsch. des EuGH zu Streubesitzdividenden v. 20.10.2011 (C-284/09), IStR 2012, 540; *Jü. Lüdicke*, EU-Grundfreiheiten, DBA-Diskriminierungsverbot nach der Staatsangehörigkeit und Treaty Override, IStR 2017, 289; *Maerz/Guter*, Die Neufassung des § 50d Abs. 3, IWB 2011, 923; *Melkonyan/Schade*, Kein sekundärrechtlicher Schutz für Dividendenausschüttungen an den transparenten Teilbereich von EU-Mutter-KapGes.?, FR 2018, 120; *Menhorn*, § 50d Abs. 3 und der stillschweigende Missbrauchsvorbehalt in DBA, IStR 2005, 325; *Meretzki*, Greift § 50d Abs. 9 bei nur zT steuerfreien Einkünften? Auch Sondervergütungen und Gewinnanteil bilden eine Einkünfteeinheit, IStR 2008, 23; *Meretzki*, Weshalb der neue § 50d Abs. 10 sein Ziel verfehlt und neue Probleme schafft – Mitunternehmer-Betriebsstätten, floating income und weitere Streitfragen, IStR 2009, 217; *Meretzki*, Zur Anwendung des Methodenartikels: Die Frage nach der Perspektive und dem maßgeblichen Recht, IStR 2011, 213; *Micker*, Anwendungsprobleme des Anti-Treating-Shopping nach § 50d Abs. 3, FR 2009, 409; *Mitschke*, Streitpunkt § 50d Abs. 10 – ein Tiger mit scharfen Zähnen, DB 2010, 303; *Mitschke*, Grenzüberschreitende Sondervergütungen bei PersGes. und gewerbl. geprägte PersGes. im internat. Steuerrecht nach dem AmtshilfeRLUmsG, FR 2013, 694; *Möhrle/Groschke*, Treaty Overriding und kein Ende? – Das Verhältnis v. § 50d Abs. 8 zu Abs. 9, IStR 2012, 613; *M. Müller*, Grenzüberschreitende Sondervergütungen und Sonderbetriebsausgaben im Spannungsfeld des Abkommensrechts, BB 2009, 751; *Musil*, Verhütung grenzüberschreitender Steuerumgehung, RIW 2006, 287; *Neyer*, Deutscher Steuerzugriff auf Entschädigungszahlungen an den international mobilen ArbN – Neuregelung ab 1.1.2017, DStR 2017, 1632; *Neyer*, Entlassungsentschädigung nach intern. Geschäftsführertätigkeit, DB 2018, 1362; *Niedrig*, Substanzerfordernisse bei ausländ. Ges., IStR 2003, 474; *Perwein*, Die geschäftsleitende Holding iSd. § 50d Abs. 3, ISR 2014, 231; *Piltz*, Wirtschaftl. und sonst beachtl. Gründe in § 50d Abs. 3, IStR 2007, 793; *C. Pohl*, Ausgewählte Einzelfragen zu § 50d Abs. 9, IWB 2012, 656; *Pinkernell*, Intern. Steuergestaltung im Electronic Commerce, Ubg 2014, 73; *C. Pohl*, Zur Diskussion des Einkünftebegriffs iSd. § 50d Abs. 9, DB 2012, 258; *C. Pohl*, § 50d Abs. 10 – Ein Eigentor des Gesetzgebers, IWB 2013, 379; *C. Pohl*, Besteuerung grenzüberschreitender Sondervergütungen gem. § 50d Abs. 10 idF des AmtshilfeRLUmsG, DB 2013, 1572; *Polatzky/Goldschmidt/Schuhmann*, § 50d Abs. 3 unionsrechtswidrig – das Ende der deutschen Anti-Treaty-/Directive-Shopping-Regelung?, DStR 2018, 641; *Portner*, Die BFH-Ausführungen zur Anwendung des § 50d Abs. 8 und 9, IStR 2009, 195; *Prinz*, Gesetzgeberische Wirrungen um Grundsätze der Betriebsstättenbesteuerung, BB 2008, 818; *Prinz*, Grenzüberschreitende Sondervergütungen bei MU'schaften, DB 2011, 1415; *Prinz*, § 50d Abs. 10 – Eine neue „Dauer-Großbaustelle" im Intern. Steuerrecht, GmbHR 2014, 729; *Riedel*, Neues zur Anwendung v. § 42 AO neben spezialgesetzlichen Missbrauchsvorschriften, insbes. im Umwandlungssteuerrecht, DK 2018, 245; *Ritzer/Stangl*, Aktuelle Entwicklungen bei den stl. Anforderungen an die Zwischenschaltung ausländ. KapGes. – Anm. zu BFH v. 31.5.2005 – I R 74, 88/04 (FR 2005, 1094), FR 2005, 1063; *Ritzer/Stangl*, Zwischenschaltung ausländ. KapGes. – Aktuelle Entwicklungen im Hinblick auf § 50d Abs. 3 und § 42 AO, FR 2006, 757; *Rogall/Schwan*, SBV und Sondervergütungen im Inbound-Fall und bei Inbound-Akquisitionen, DStR 2015, 2633; *Rosenberg/Placke*, Verbliebene Zweifelsfragen zu § 50d Abs. 10 nach dem BMF-Schr. zur Anwendung v. DBA auf PersGes., DB 2014, 2434; *Rosenthal*, Die steuerliche Beurteilung v. Auslandssachverhalten im Spannungsfeld zw. Abkommens- und Europarecht, IStR 2007, 610; *Rudolf*, Treaty Shopping und Gestaltungsmissbrauch, 2012; *Salzmann*, Abschied v. Verbot der „virtuellen" Doppelbesteuerung? § 50d Abs. 9 als nationale switch over-Klausel, IWB F 3 Gr 3, 1465; *Salzmann*, § 50d Abs. 10 – ein fiskalischer Blindgänger, IWB Fach 3 Gr. 3, 1539; *Salzmann*, Keine Rspr.-Durchbrechung durch

§ 50d Abs. 10, IWB 2010, 902; *Salzmann*, Brauchen wir eine weitere gesetzl. Regelung v. Qualifikationskonflikten?, IWB 2012, 359; *Salzmann*, Weitere Treaty Overrides aufgrund des AmtshilfeRLUmsG, IWB 2013, 405; *Salzmann*, Innerstaatl. GewBetr. als abkommensrechtl. Definition v. Unternehmensgewinnen?, IWB 2013, 846; *Scheuch/Schiefer*, Entlastungsberechtigung hybrider Ges. – § 50d Abs. 1 S. 11 im Anwendungsbereich des § 44a Abs. 9, Ubg 2016, 263; *Chr. Schmidt*, Anwendung der DBA auf PersGes., IStR 2010, 413; *Chr. Schmidt*, Sondervergütungen auf Abkommensebene – Was nun, FinVerw. und Gesetzgeber?, DStR 2010, 2436; *Chr. Schmidt*, Sondervergütungen im Abkommensrecht – Der neue § 50d Abs. 10, DStR 2013, 1704; *O. Schmidt*, Besteuerung von Abfindungszahlungen nach den DBA – Neuregelung durch § 50d Abs. 12, ISR 2017, 197; *Schnitger*, Fragestellungen zur stl. Behandlung doppelt ansässiger KapGes, IStR 2013, 82; *Schnitger* in Brunsbach/Endres/Lüdicke/Schnitger (Hrsg.), Deutsche Abkommenspolitik – Trends und Entwicklungen 2012/2013, IFSt. 492/2013, 78 ff.; *Schnitger*, Urt. in den Rs. Deister Holding und Juhler Holding – das Ende des § 50d Abs. 3, IStR 2018, 169; *Schnitger/Gebhardt*, Zweifelsfragen iZ mit der Auslegung der sachl. Entlastungsberechtigung gem. § 50d Abs. 3, ISR 2013, 202; *Schön*, Gestaltungsmissbrauch im europäischen Steuerrecht, IStR 1996 Beiheft Nr. 2, 1; *Schönfeld*, Anwendung des § 50d Abs. 3 idF des JStG 2007, FR 2007, 506; *Schönfeld*, Missbrauchsvermeidung und Steuervergünstigungen im Lichte des Europarechts, IStR 2012, 215; *Scholz*, Anti-Treating-Shopping-Regelungen, § 50d Abs. 3 im intern. Vergleich, 2011; *Schulz-Trieglaff*, Notwendigkeit und Auslegung v. abkommensrechtl. „subject-to-tax"-Klauseln – zum Vorlagebeschl. des BFH v. 10.1.2012, I R 66/09, und zur Pressemitteilung Nr. 30 des BFH v. 9.5.2012, IStR 2012, 577; *Schwenke*, Treaty override und kein Ende?, FR 2012, 443; *Sedemund*, Wie viel Wettbewerbsverzerrung verkraften die deutschen Luftverkehrsges.?, IStR 2012, 613; *Stark/Jasper*, Methodische Überlegungen zu aktuellen Anwendungsproblemen des § 50d Abs. 3 und einer systemgerechten Neuregelung, IStR 2013, 169; *Stoschek/Peter*, § 50d Abs. 3 – erste Rspr. zu einer verfehlten Missbrauchsvorschrift (Vereinbarkeit v. § 50d Abs. 3 mit Europarecht?), IStR 2002, 656; *Strohner/Mennen*, Zweifelsfragen zur Anwendung des § 50d Abs. 8 bei Arbeitseinkünften im Inland stpfl. ArbN mit Tätigkeit im Ausland, DStR 2005, 1713; *Terhorst*, Gesetzesauslegung im Steuerrecht – dargestellt an § 50d Abs. 3, IWB 2010, 897; *Thiel*, Besteuerung trotz Freistellung (§ 50d Abs. 9 S. 1 Nr. 1) – Klarstellung oder verbotene Rückwirkung?, FS Herzig, 2010, 1023; *Thiemann*, Anm. zum BFH-Beschl. v. 10.1.2012 (I R 66/09) – Zur verfassungsrechtl. Pflicht des Gesetzgebers, keine völkervertragswidrigen Gesetze zu erlassen mit Bezügen zum Steuerrecht, JZ 2012, 908; *Trenkwalder*, Missbrauchsreflexe bei funktionslosen Ges. gerechtfertigt?; FS Loukota, 2005, 569; *Urbahns*, Das Rangverhältnis v. § 50d Abs. 8 und 9, StuB 2011, 420; *Urbahns*, Rangverhältnis v. § 50d Abs. 8 und 9 geklärt, StuB 2012, 438; *Viebrock/Loose/Oskamp*, Neuregelung des Entlastungsverfahrens für hybride Ges. durch § 50d Abs. 1 S. 11, Ubg 2013, 485; *Viebrock/Loose/Oskamp*, Quellensteuerreduktion nach dem DBA USA im Lichte der neueren BFH-Rspr. zu Hybridges., Ubg 2013, 765; *Vogel*, Neue Gesetzgebung zur DBA-Freistellung, IStR 2007, 225; *Wacker* in Lüdicke, Aktuelle Problemfelder im Intern. Steuerrecht, Forum der Intern. Besteuerung, Bd. 45 (2016), 77; *Wagner*, Eröffnet das BFH-Urteil v. 4.6.2008 – I R 62/06 bereits vor dem VZ 2007 den Zugang zur „Rückfallklausel" des § 50d Abs. 9 S. 1 Nr. 2?, DStZ 2009, 215; *Wassermeyer*, „Treaty Shopping" aus dem Blickwinkel der deutschen Rspr., in Lang/Schuch/Staringer (Hrsg.), Die Grenzen der Gestaltungsmöglichkeiten im Intern. Steuerrecht, 2009, 155; *Wassermeyer*, Über Unternehmensgewinne iSd. Art. 7 OECD-MA, IStR 2010, 37; *Wassermeyer*, Nochmals: Das Darlehen des ausländ. MU'ers an seine deutsche PersGes. und § 50d Abs. 10, IStR 2010, 241; *Wassermeyer*, Grundfragen internationaler PersGes. im Abkommensrecht, FR 2010, 537; *Watrin/Leukefeld*, § 50d Abs. 3 idF des BeitrRLUmsG ist unionsrechtswidrig – Überarbeitungsbedarf bei der deutschen Anti-Treaty-Shopping Vorschrift, FR 2018, 813; *Weiske*, § 50d Abs. 3 – Drohende Rechtsfolgen des „Treaty Shopping", IStR 2007, 314; *Weiss/Brühl*, Die Zukunft des § 50d Abs. 3 – Zugleich Besprechung des BMF-Schr. v. 4.4.2018, ISR 2018, 238; *Wienbracke*, Auslandsbeteiligungen an Inlands-KapGes., in Strahl, Ertragsteuern, 2009; *Zacher/Stöcker*, § 50d Abs. 9 im Blickpunkt der europa- bzw. völkerrechtl. Kritik, SAM 2007, 86; *Zech/Reinhold*, Wieder nur ein irischer Pilotenfall oder eine Grundsatzentscheidung?, IWB 2014, 384; *Ziesecke/Meyen*, Mitarbeiterentsendung: Praktische Konsequenzen der potenziellen Verfassungswidrigkeit unilateraler Rückfallklauseln bei ArbN-Einkünften, DB 2014, 1953; *Ziesecke/Muscheites/Bergerhoff*, Das neue BMF-Schr. v. 3.5.2018 zur „Steuerlichen Behandlung des Arbeitslohns nach den DBA", DStR 2018, 1889.

A. Grundaussagen der Vorschrift

1 **I. Regelungsgegenstand.** § 50d enthält in mehrfacher Hinsicht ein sog. **treaty overriding** (rule, directive overriding, Rn. 24)[1]: Anliegen der Vorschrift ist es, den Steuerabzug v. Kapitalertrag gem. §§ 43 ff. und bei Vergütungen nach § 50a auch dann sicherzustellen, wenn das deutsche Besteuerungsrecht durch Abkommensrecht eingeschränkt oder ausgeschlossen ist. Der beschränkt StPfl. als Vergütungsgläubiger ist dadurch – jedenfalls im Grds. – darauf angewiesen, sein Recht auf einen niedrigeren oder entfallenden Steuerabzug im Erstattungsverfahren ggü. dem BZSt geltend zu machen. Mittels des § 50d wird die Rechtslage nach DBA sonach in gewisser Weise unilateral „überspielt". Gleichermaßen ist in den Fällen des § 43b zu verfahren.

2 **Regelungsaufbau.** Die kompliziert und vielschichtig aufgebaute Regelung wurde durch das StÄndG 2001 v. 20.12.2001[2] zwar nicht in ihrem inhaltlichen Kern, jedoch in ihrem Aufbau völlig umgestellt (zur aF s. 1. Aufl.) und wird seitdem v. Gesetzgeber beständig erweitert. In ihrer derzeitigen Fassung geht sie v. dem Grundsatz des fortbestehenden Quellensteuerabzugs aus (**Abs. 1 S. 1**), dem der Regelfall des (sehr komple-

1 Vgl. *Eckert*, RIW 1992, 386; allg. *Schaumburg*[4], Rn. 3.25 ff.
2 BGBl. I 2001, 3794.

xen) Erstattungsverfahrens zeitlich nachgelagert ist (**Abs. 1 S. 2–13, Abs. 4**). Der Erstattungsbetrag ist infolge der Umsetzung der Zinsen- und Lizenzgebühren-RL[1] (RL 2003/49/EG des Rates v. 3.6.2003) nach Maßgabe des **Abs. 1a** idF des EG-Amtshilfe-AnpassungsG v. 2.12.2004[2] zu verzinsen. Von dem Grundsatz des fortbestehenden Quellensteuerabzugs werden allerdings zwei Ausnahmen gemacht, zum einen das Freistellungs-, zum anderen das Kontrollmeldeverfahren (**Abs. 2 und 4, 5 und 6**). Beide Verfahren ermöglichen es, v. dem Steuerabzug abzusehen und damit die Liquidität des Vergütungsgläubigers zu schonen. Beide Verfahren wirken indes nicht auf eine bereits verwirklichte Abzugspflicht zurück. Diese konzeptionelle Unterscheidung zw. vergangenheits- und zukunftsbezogenen Verfahren ist neu und auf die entgegenstehende Rspr. des BFH[3] zu der früheren Regelungsfassung zurückzuführen.[4] Sowohl das Erstattungs- als auch das Freistellungsverfahren stehen ihrerseits wiederum unter dem Vorbehalt einer Rückausnahme in Missbrauchsfällen (**Abs. 3**). **Abs. 7** enthält eine Sonderregelung für mittelbare Leistungen aus öffentl. Kassen. **Abs. 8 und 9** sind unilaterale Sondervorschriften zur Vermeidung sog. weißer Einkünfte: nach Abs. 8 mittels einer Rückfallklausel für Einkünfte aus nichtselbständiger Arbeit und nach Abs. 9 mittels einer Umschaltklausel v. DBA-Freistellungs- zum Anrechnungsverfahren. Mit **Abs. 10** will der Gesetzgeber den Rechtsanwender, insbes. die Rspr. zwingen, DBA in einem bestimmten, letztlich abkommenswidrigen Sinne auszulegen, nämlich durch Qualifizierung v. Sondervergütungen iSv. § 15 Abs. 1 S. 1 Nr. 2 als Einkünfte aus GewBetr. im Abkommenssinne; diese Vorschrift stand wegen „unliebsamer" Rspr. des BFH auf dem Prüfstand und soll durch das AmtshilfeRLUmsG[5] umfassend (und rückwirkend) „wasserdicht" gemacht worden sein (s. Rn. 50f.). **Abs. 11** bezweckt – v. VZ 2012 an (s. Rn. 4) – im Effekt Ähnliches zulasten „hybrider" Ges., denen entgegen der einschlägigen Rspr. jedenfalls teilw. das ihnen „eigentlich" zustehende sog. DBA-Schachtelprivileg versagt werden soll. **Abs. 12** zielt darauf ab, Abfindungen, die anlässlich der Beendigung eines Dienstverhältnisses gezahlt werden, abkommens- und rspr.-überschreibend im Inland zu besteuern; das gilt v. VZ 2016 an (Rn. 4).

II. Anwendungsbereich. 1. Sachlicher Anwendungsbereich. § 50d betrifft im Kern alle Einkünfte, die dem Steuerabzug v. Kapitalertrag oder aufgrund v. § 50a unterliegen, jedoch nach DBA oder § 43b oder § 50g nicht oder nur beschränkt stpfl. sind. Die Vorschrift gilt auch für den SolZ (§ 3 Abs. 1 Nr. 5 SolZG). Betroffen sind beschränkt StPfl., nach Abs. 8 und 9 (in systemwidriger Weise, s. Rn. 35, 40) unbeschränkt StPfl. Abs. 3 und Abs. 9 sowie (richtiger, jedoch umstr. Ansicht nach, s. Rn. 44a) Abs. 10 und (s. aber Rn. 51) auch Abs. 11 enthalten ein sog. treaty override und gehen insofern (jedenfalls im Grds.) DBA und anderweitigem bilateralem Recht vor (Rn. 24f.), Abs. 1 S. 1 hingegen nur insoweit, als der Quellensteuerabzug ungeachtet eines DBA erhalten bleibt; infolge der in Abs. 1 S. 2 eingeräumten Erstattungsmöglichkeit wirkt sich das jedoch iErg. nicht aus, weshalb das nationale G nur einen bes. Verfahrensweg einschlägt und das DBA so gesehen und strenggenommen nicht „überspielt".[6] Zum Verhältnis v. § 50d Abs. 3 zu **§ 42 Abs. 1 S. 1 iVm. Abs. 2 AO** s. Rn. 30, zu speziellen **DBA-Missbrauchsvermeidungsvorschriften** s. Rn. 25, zum (Stufen-)Verhältnis v. § 50d Abs. 1 S. 2 und Abs. 2 zu der KapESt-Befreiung gem. **§ 43b** s. § 43b Rn. 2. – § 50d gilt nach **§ 7 Abs. 7 InvStG** entspr. (und ausdrücklich nur) für die Erstattung der v. einer inländ. Investment-Ges. und nach **§ 20 Abs. 4 S. 1 REITG** für die v. einer REIT-AG einbehaltene KapESt; eine Freistellung gem. § 50d Abs. 2 ist in beiden Fällen allerdings nicht vorgesehen.[7] – Gleichermaßen bestimmt **§ 44a Abs. 9 S. 2** die entspr. Anwendung v. § 50d Abs. 1 S. 3–12 (Abs. 1 S. 3–9 aF) sowie v. Abs. 3 und 4 auf den bes. KapESt-Erstattungsanspruch für Körperschaften als Gläubiger v. Kapitalerträgen, welche der Abgeltung gem. § 32d unterfallen (s. dazu Rn. 6).[8] Der Anspr. auf eine weitergehende Freistellung oder Erstattung v. KapESt nach § 50d Abs. 1 (iVm. § 43b, § 50g oder einem DBA) bleibt davon unberührt, § 44a Abs. 9 S. 3; Verfahren nach jenem § 44a Abs. 9 und nach § 50d Abs. 1 sollen v. BZSt miteinander verbunden werden, § 44a Abs. 9 S. 4. – Zur früheren Freistellung im LSt-Abzugsverfahren s. § 39d Abs. 3 S. 4 iVm. § 39b Abs. 6 aF. Zur vereinfachten Erstattung bei ua. Künstlern und Sportlern s. als Spezialnorm § 50 Abs. 5 S. 2 Nr. 3 aF, der bei Vorliegen seiner weitergehenden Voraussetzungen § 50d Abs. 1 jedoch nicht ausschloss (s. auch Rn. 9 aE sowie § 50 Rn. 32). Auf Fälle des § 50 Abs. 4, § 50 Abs. 7 aF findet § 50d keine Anwendung. 3

2. Zeitlicher Anwendungsbereich. Die Neuregelungen infolge des **StÄndG 2001** (Rn. 2), diese bezogen auf **Abs. 1 S. 2** infolge des StÄndG 2003 ergänzt (s. Rn. 5), sind erstmals v. 1.1.2002 an anzuwenden (§ 52 4

1 ABl EU Nr. L 157/49.
2 BGBl. I 2004, 3112.
3 BFH v. 11.10.2000 – I R 34/99, BStBl. II 2001, 291 (293).
4 BT-Drucks. 14/7341, 13.
5 V. 29.6.2013, BGBl. I 2013, 1809.
6 *Frotscher*, FS Schaumburg, 2009, 687 (688); **aA** BFH v. 22.10.1986 – I R 261/82, BStBl. II 1987, 171.
7 S. BMF v. 2.6.2005, BStBl. I 2005, 728 Tz. 161.
8 Zu Einzelheiten dieser entspr. Anwendung, insbes. v. § 50d Abs. 3, s. *Frey/Mückl*, DStR 2011, 2125.

Abs. 59a S. 2 HS 1 und S. 4 idF des StÄndG 2003). Die Neuregelungen infolge des **OGAW-IV-UmsG** v. 22.6.2011[1] in **Abs. 1 S. 4, 8 und 10** sind erstmals für Kapitalerträge anzuwenden, die nach dem 31.12.2011 zufließen (§ 52a Abs. 16b idF des OGAW-IV-UmsG). **Abs. 1 S. 11** idF des AmtshilfeRLUmsG v. 26.6. 2013[2] mit den Besonderheiten zur Entlastungsberechtigung bei hybriden Ges. ist erstmals für Zahlungen anzuwenden, die nach dem 30.6.2013 erfolgen (§ 52 Abs. 59a S. 7 idF des AmtshilfeRLUmsG). **Abs. 1, 1a, 2 und 5 idF des JStG 2009** ist erstmals auf Vergütungen anzuwenden, die nach dem 31.12.2008 zufließen, § 52 Abs. 59a S. 8 (zuletzt idF des Kroatien-AnpG v. 25.7.2014)[3], S. 7 idF des JStG 2009. Für vor dem 31.12.2001 gestellte Anträge auf Erteilung einer Freistellungsbescheinigung gem. Abs. 3 S. 1 aF findet die Einschränkung in Abs. 2 S. 4 keine Anwendung (§ 52 Abs. 59a S. 3 HS 2). **Abs. 3 in der Neufassung des JStG 2007**[4] ist erstmals im VZ 2007 anzuwenden (§ 52 Abs. 1 idF des JStG 2007), zutr. Ansicht nach wohl auch bezogen auf Freistellungsanträge gem. Abs. 1 und 2, die vor dem 1.1.2007 beim BZSt eingegangen sind (allerdings plant die FinVerw. hier offenbar die Anwendung noch der alten Regelungsfassung). Zur Fortgeltung erteilter Freistellungsbescheinigungen s. Rn. 17. **Abs. 3 idF des BeitrRLUmsG**[5] v. 7.12.2011 ist erstmals v. VZ 2012 an anzuwenden. **Abs. 8** wurde durch das StÄndG 2003 eingefügt und ist erstmals v. VZ 2004 an anzuwenden (§ 52 Abs. 1 idF des StÄndG 2003). Die in Abs. 1a bestimmte Verzinsung des Erstattungsbetrages gem. Abs. 1 ist erstmals auf Zahlungen vorzunehmen, die nach dem 31.12.2003 erfolgen (§ 52 Abs. 59a S. 5 idF des EG-Amtshilfe-AnpassungsG). **Abs. 9** wurde durch das JStG 2007 neu in das G eingefügt: 50d Abs. 9 S. 1 Nr. 1 soll rückwirkend für alle noch nicht bestandskräftigen Steuerbescheide anzuwenden sein (§ 52 Abs. 59a S. 6 idF des JStG 2007), was sich schwerlich mit dem verfassungsrechtl. Rückwirkungsverbot verträgt (s. dazu Rn. 41); Abs. 9 S. 1 Nr. 2 ist hingegen ebenso wie die weiteren Neuerungen durch das JStG 2007 erstmals v. VZ 2007 an anzuwenden (§ 52 Abs. 1 idF des StÄndG 2007). **Abs. 10** ist eine Neuschöpfung des JStG 2009, die der einschlägigen BFH-Rspr. widerspricht („Nichtanwendungsgesetz“), in der vorgenannten Fassung aber gleichwohl (ebenfalls und wiederum in verfassungswidriger Weise) rückwirkend in allen noch nicht bestandskräftigen Fällen anwendbar sein soll, § 52 Abs. 59a S. 8 idF des JStG 2009, jetzt S. 11; die nunmehrige Regelung idF des AmtshilfeRLUmsG v. 26.6.2013[6] soll nach § 52 Abs. 59a S. 10 (zuletzt idF des Kroatien-AnpG v. 25.7.2014)[7] ihrerseits und parallel zu der zuvorigen Fassung in allen noch nicht bestandskräftigen Fällen anwendbar sein. S. auch Rn. 49. Auch bei **Abs. 11** handelt es sich um ein – durch das GemFinRefG v. 8.5.2012[8] kreiertes und eingefügtes – Nichtanwendungsgesetz, das auf jegliche Zahlungen anwendbar sein soll, die nach dem 31.1. 2011 erfolgen (§ 52 Abs. 59a S. 1, zuletzt idF des Kroatien-AnpG v. 25.7.2014, S. 9 aF), s. Rn. 50f. Schließlich hat der Gesetzgeber des sog. BEPS-UmsG v. 20.12.2016[9] sich mit **Abs. 12** das Besteuerungsrecht für Abfindungszahlungen gesichert, die anlässlich der Beendigung eines Dienstverhältnisses gezahlt werden; auch das ist abkommens- und rspr.-brechend (s. Rn. 2) und gilt v. VZ 2016 an (§ 52 Abs. 1 idF des BEPS-UmsG).

B. Grundsatz des fortbestehenden Quellensteuerabzugs (Abs. 1 S. 1 und 10)

5 § 50d Abs. 1 S. 1 stellt (in letztlich systematischer Übereinstimmung zu § 43 Abs. 1 S. 3 iVm. § 3 Nr. 40 und § 8b KStG) den **Grundsatz** auf, dass der Steuerabzug v. Kapitalertrag (§§ 43ff.; § 50a iVm. § 73e EStDV) und nach § 50a (nicht jedoch in sonstigen Fällen, insbes. nicht bei der LSt, vgl. dazu §§ 38ff.,[10] s. auch § 49 Rn. 72) unabhängig davon durchzuführen ist, ob sich aus DBA ein niedrigerer Steuersatz ergibt (idR 15 % oder 5 % bei Dividenden, vgl. Art. 10 Abs. 2 OECD-MA, und 10 % bei Zinsen, vgl. Art. 11

1 BGBl. I 2011, 1126.
2 BGBl. I 2013, 1809.
3 BGBl. I 2014, 1266.
4 BGBl. I 2006, 2878.
5 BGBl. I 2011, 2592.
6 BGBl. I 2013, 1809.
7 BGBl. I 2014, 1266.
8 BGBl. I 2012, 1030.
9 BGBl. I 2016, 3000.
10 Vgl. BFH v. 10.5.1989 – I R 50/85, BStBl. II 1989, 755: der LSt-Abzug konnte hiernach prinzipiell unbeschadet des Nichtvorliegens einer LSt-Freistellungsbescheinigung gem. § 39d Abs. 3 S. 4 aF iVm. § 39b Abs. 6 aF unterbleiben; ebenso BFH v. 22.10.1986 – I R 261/82, BStBl. II 1987, 171 (zum DBA-Frankreich 1957); v. 22.10.1986 – I R 128/83, BStBl. II 1987, 253 (zum DBA-USA 1965); für § 39 Abs. 4 Nr. 5 dürfte diese Rspr. nicht mehr einschlägig sein; **aA** R 39b. 10 LStR 2008, R 123 LStR 2005. – S. aber auch die anderweitige Regelungslage bei entspr. DBA-Abzugsvorbehalt, dazu BFH v. 12.6.1997 – I R 72/96, BStBl. II 1997, 660 (zu Art. 25b Abs. 1 S. 1 DBA-Frankreich 1965); v. 22.10.1986 – I R 261/82, BStBl. II 1987, 171 (zu Art. XVIII A Abs. 4 DBA-Großbritannien 1964, jetzt Art. 29 DBA-Großbritannien 2010); BMF v. 25.6.2012, BStBl. I 2012, 692 (zu Art. 29 DBA-USA 1989/2008; insoweit wohl unzutr. BFH v. 21.10.2009 – I R 70/08, BStBl. II 2012, 493; s. dazu auch BMF v. 25.6.2012, BStBl. I 2012, 692; *Eimermann*, IStR 2010, 909).

Abs. 2 OECD-MA[1]), ob hiernach überhaupt keine KapESt erhoben wird (§ 43b, § 50g) oder ob das inländ. Besteuerungsrecht vollends (zB für Lizenzgebühren, vgl. Art. 12 iVm. Art. 7 Abs. 4 OECD-MA 2010, Abs. 7 OECD-MA 2008 [bzw. Art. 14 OECD-MA aF], oder für die Verwertung künstlerischer und sportlicher Leistungen, vgl. Art. 17 Abs. 1, 2 OECD-MA) entfällt. Vgl. auch § 50d Abs. 2 S. 8, § 50d Abs. 5 S. 7 aF. **Ausnahmen** hiervon ergeben sich nur aus Sondervorschriften, die der allg. Regel in § 50d Abs. 1 S. 1 vorgehen, zB in § 43b Abs. 1 (und Abs. 3) sowie § 50g Abs. 1 für den Fall einer entspr. Antragstellung, § 44a Abs. 5, § 73f EStDV. Ansonsten und davon unberührt ist der Vergütungsgläubiger gehalten, die (ggf. nur teilw.) Erstattung der (**1.**) einbehaltenen **und** abgeführten sowie (**2.** und insoweit durch das StÄndG 2003 ergänzt, s. Rn. 3 f.) der aufgrund Haftungs- oder Nachforderungsbescheid entrichteten Steuer (**Abs. 1 S. 2**) oder (**3.**) die Freistellung v. Steuerabzug (**Abs. 2; §§ 50g und 50h**) zu beantragen (s. auch § 43b Abs. 2 S. 3); seit dem VZ 2009 besteht in den Fällen des § 50a Abs. 1 Nr. 1, 2 und 4 optional auch noch die Möglichkeit, einen Antrag auf die Durchführung einer Veranlagung zu stellen (§ 50 Abs. 2 S. 2 Nr. 5). Diese Grundsätze bleiben aus unionsrechtl. Sicht prinzipiell unbeanstandet; der EuGH hat durch Urteil v. 3.10.2006 C-290/04 „Scorpio" entschieden, dass es genügt, dem Steuerabzug mittels der nach Abs. 2 zu erwirkenden Freistellungsbescheinigung zu entgehen.[2] Eine etwaige Unionsrechtswidrigkeit müsste also v. Vergütungsgläubiger (= StPfl.) in einem (vorangehenden) Freistellungs- oder in einem (nachfolgenden) Erstattungsverfahren verfolgt werden; dem Vergütungsschuldner ist solches nicht abzuverlangen.[3] An dieser Einschätzung hat sich infolge des Inkrafttretens der EU-Beitreibungs-RL v. 9.12.2002[4] (also für Zeiträume **ab dem 1.7.2002**) nichts geändert, s. § 50a Rn. 2. All dem kommt ohnehin keine Bedeutung für den LSt/KapESt-Abzug zu, weil insoweit In- wie Ausländer auch innerstaatl. gleichbehandelt werden.[5]

Besonderheiten im Verhältnis zu § 44a, § 32d. Vor allem gestaltungspraktische Beachtung verdient in diesem Zusammenhang der mit der (v. 1.1.2009 an geltenden, vgl. § 52a Abs. 17) Systemumstellung auf die **schedulierte Abgeltungsteuer** (**§ 32d**) in **§ 44a Abs. 5** geschaffene **Verzicht auf den KapESt-Einbehalt** bei einer (nicht gem. § 44a Abs. 4 S. 1 steuerbefreiten) unbeschränkt sowie beschränkt stpfl. Körperschaft als Gläubigerin v. Kapitalerträgen iSv. § 43 Abs. 1 S. 1 Nr. 6 und 8–12. Für § 50d Abs. 3 hat das zur Folge, dass hiervon zwar quellensteuerbelastete Kapitalerträge erfasst werden, nicht jedoch gem. **§ 20 Abs. 2 S. 1 Nr. 1** quellensteuerfreie Gewinne aus der Veräußerung entspr. Anteile an KapGes., was wiederum die Möglichkeit eröffnet, Gewinne zunächst zu thesaurieren und sodann über die Veräußerungsgewinne v. **§ 50d Abs. 3** unbehelligt zu realisieren. – Unabhängig davon sieht **§ 44a Abs. 9** einen bes Erstattungsanspruch für gem. § 2 Abs. 1 KStG beschränkt stpfl. Körperschaften vor (und damit auch für „hybride" Körperschaften, die aus deutscher Sicht als intransparent, aus ausländ. Sicht aber als transparent behandelt werden). Solchen werden gem. **§ 44a Abs. 9 S. 1** als Gläubiger v. Kapitalerträgen iSv. § 43 Abs. 1 S. 1 Nrn. 1 bis 4 zwei Fünftel der einbehaltenen und abgeführten KapESt erstattet, um die KapESt (in unionsrechtskonformer Weise) auf das inländ. KSt-Niveau v. 15 % abzusenken. § 50d Abs. 1 S. 3–11, Abs. 3 und 4 ist gem. **§ 44a Abs. 9 S. 2** entspr. anzuwenden. Weitergehende Erstattungsansprüche gem. § 50d bleiben gem. **§ 44a Abs. 9 S. 3** unberührt; etwaige „Doppelverfahren" gem. § 44a Abs. 9 und gem. § 50d Abs. 1 sind beim BZSt gem. **§ 44a Abs. 9 S. 4** zu verbinden. Nicht anwendbar soll § 50d Abs. 1 in **Treuhandfällen** bei Steuerausländern sein, s. BMF v. 9.10.2012, BStBl. I 2012, 953 Tz. 309. 6

Unterbleibt der Steuerabzug pflichtwidrig, ist die Abzugsteuer entweder beim Vergütungsgläubiger durch **Steuerbescheid** oder beim Vergütungsschuldner durch **Haftungsbescheid** (§ 191 AO) nachzufordern. Regelfall ist die Inanspruchnahme im Haftungswege (§ 44 Abs. 5 S. 1, § 50a Abs. 5 S. 5). Dabei ist dem Schuldner der Einwand, dem Gläubiger stehe eine Entlastung nach DBA zu, abgeschnitten (**Abs. 1 S. 13,** Abs. 1 S. 12/S. 10/S. 4 aF).[6] Aus dem Vorrang des Steuerabzugs nach Abs. 1 S. 1 ergibt sich zugleich, dass der Vergütungs-(= Haftungs-)Schuldner sich nicht auf das Ergebnis eines lfd. Erstattungsverfahrens berufen darf. Besonderer Ermessenserwägungen zur vorrangigen Inanspruchnahme des Schuldners anstelle des beschränkt stpfl. und im Ausland ansässigen Vergütungsgläubigers sind nicht erforderlich. Nach Erfüllung der Schuld ist der Haftungsschuldner auf zivilrechtl. Rückforderungen ggü. dem Vergütungsgläubiger zu verweisen. Dem Vergütungsgläubiger steht bei Vorliegen der Voraussetzungen auch dann das Erstattungsverfahren des Abs. 1 S. 2 zu. 7

1 Einzelheiten *Riegler/Salomon*, DB 1990, 2550; *H/H/R*, § 50d Anm. 35 ff., dort mit Übersichten zu verschiedenen Einzel-DBA.
2 EuGH v. 3.10.2006 – Rs. C-290/04 – Scorpio, IStR 2006, 743; dazu *Cordewener/Grams/Molenaar*, IStR 2006, 739.
3 **AA** *E/S* KStG[3], § 50d Rn. 91.
4 EG-RL 2001/44/EG des Rates v. 15.6.2001 zur Änderung der RL 76/308/EWG – Beitreibungsrichtlinie – (ABl. EG Nr. L 175 v. 28.6.2001, 17) iVm. dem EG-BeitrG v. 3.5.2003 (BGBl. I 2003, 654).
5 BFH v. 20.12.2006 – I R 13/06, BStBl. II 2007, 616 (dort unter II.4. b. cc).
6 Zum zeitlichen Anwendungsbereich dieser Einschränkung vgl. FG Münster v. 16.12.2005 – 11 K 1328/05 E, EFG 2006, 679.

8 Nur ausnahmsweise – in den Fällen des § 44 Abs. 5 S. 2 Nr. 1 und 3, § 50a Abs. 5 S. 6 – kann die Steuer auch **unmittelbar** beim Vergütungsgläubiger eingefordert werden. Allerdings hat die Finanzbehörde hier das Ergebnis eines Freistellungs- oder Erstattungsverfahrens zu berücksichtigen.[1]

C. Erstattung der einbehaltenen Steuer und Verzinsung des Erstattungsbetrags nach § 50g (Erstattungsverfahren, Abs. 1 S. 2–13, Abs. 1a, Abs. 4)

9 **I. Erstattung der einbehaltenen Steuer (Abs. 1 S. 2–13, Abs. 4).** Die fortbestehende Abzugspflicht belässt den Anspr. des Gläubigers der Vergütungen oder Kapitalerträge[2] auf (volle oder teilw.) Erstattung der einbehaltenen und abgeführten Steuer (nach DBA oder § 37 AO iVm. § 50d Abs. 1 S. 2[3]) – auch im Falle einer Nettovergütung[4] – unberührt, **Abs. 1 S. 2.** Die Vorschrift stellt klar, dass der Steuerabzug an sich **rechtsgrundlos** vorgenommen wird und nur infolge der anschließenden Erstattungsmöglichkeit gerechtfertigt ist.[5] Sie enthält einen allg. Rechtsgedanken (vgl. § 37 Abs. 2 AO),[6] findet indes dennoch keine Anwendung nach Durchführung einer ESt-Veranlagung, die – ebenso wie eine vorangegangene Steueranmeldung[7] – einen eigenen Rechtsgrund für die Steuerzahlung darstellt. – **Voraussetzungen** für die Erstattung gem. Abs. 1 S. 2 sind **(1)** das Vorliegen einer Steuerentlastung gem. **§ 43b,**[8] **§ 50g oder DBA; (2)** die tatsächliche Einbehaltung und Abführung[9] der Steuerbeträge (ggf. im Haftungswege, § 50a Abs. 5 S. 5, oder mittels Nachforderungsbescheides), **(3)** das Fehlen eines Anspruchsausschlusses gem. **Abs. 3** (Abs. 1a aF) (s. dazu Rn. 24 ff.) sowie – v. VZ 2017 an – eines Ausschlussgrundes nach **§ 50j; (4)** die Beantragung durch den (in dem anderen Vertragsstaat ansässigen) Vergütungsgläubiger (**Abs. 1 S. 3 HS 1**)[10] oder dessen Bevollmächtigten (dieser kann auch der Vergütungsschuldner sein) **(5)** auf amtl. vorgeschriebenem Vordruck (**Abs. 1 S. 3 HS 2**, s. auch § 51 Abs. 4 Nr. 1 lit. j)[11] oder auch auf EDV-Datenträgern (**Abs. 1 S. 7**, S. 6 aF) **(6)** unter Beifügung der Bestätigung der ausländ. Steuerbehörde, ebenfalls auf amtl. vorgeschriebenem Vordruck, über die Ansässigkeit des Erstattungsberechtigten im Ausland (**Abs. 4 S. 1**, Abs. 2 S. 1 aF). Das BMF kann hinsichtlich des Ansässigkeitsnachweises Verfahrenserleichterungen zulassen (Abs. 4 S. 2); gedacht wird offenbar zB an ein Stichprobenverfahren oder einen nachfolgenden Informationsaustausch.[12] Bei Kapitalerträgen kann grds. nur an den Inhaber des Stammrechtes erstattet werden; Ausnahmen bestehen für die Erstattung an den Erwerber v. Zins- und Dividendenscheinen gem. § 20 Abs. 2 Nr. 2 (**Abs. 1 S. 12**, S. 10/S. 9 aF, Abs. 1 S. 3 aF **iVm. § 45**). Für Kapitalerträge, die nach dem 31.12. 2011 zufließen (§ 52a Abs. 16b, s. Rn. 4), muss in den Fällen des § 43a Abs. 1 S. 1 Nr. 1a (= KapESt-Abzug bei Dividendenausschüttungen an Anteilsinhaber v. girosammel- und streifbandverwahrten Aktien) zusätzlich eine Bescheinigung des BZSt nach § 45a Abs. 2 beigefügt werden (**Abs. 1 S. 4**).[13] Wird der Antrag auf EDV-Datenträgern gestellt, hat der Antragsteller in solchen Fällen überdies zu versichern, dass ihm eine Bescheinigung iSv. § 45a Abs. 2 vorliegt oder, soweit er selbst die Kapitalerträge als auszahlende Stelle dem Steuerabzug unterworfen hat, nicht ausgestellt wurde; die Bescheinigung muss 10 Jahre v. ihm aufbewahrt werden (**Abs. 1 S. 8**). Zur Änderung eines Bescheids und zur Möglichkeit eines Wiederholungsantrags s. Rn. 20. – In **analoger Anwendung** des Abs. 1 S. 2 und entspr. dem diesem zugrunde liegenden allg. Rechtsgedanken bestand und besteht in Einzelfällen bis heute (s. aber jetzt § 50 Abs. 2 S. 2 Nr. 4 lit. b und 5 zur insoweit vorrangigen[14] Beantragung einer Veranlagung) Bedarf für eine Erstattung oder – über

1 Vgl. BFH v. 7.4.1992 – VII B 215/91, BFH/NV 1993, 27; *Wassermeyer*, IStR 1992, 25.
2 Deren Zurechnung bestimmt sich auch in DBA-Fällen nach deutschem Recht, s. BFH v. 18.12.1986 – I R 52/83, BStBl. II 1988, 521.
3 ZB BFH v. 1.12.1993 – I R 48/93, BFH/NV 1994, 549; *Grams*, IStR 1996, 509.
4 BFH v. 18.3.1982 – I R 165/78, BStBl. II 1982, 518.
5 Vgl. BFH v. 20.6.1984 – I R 283/81, BStBl. II 1984, 828; v. 13.11.1985 – II R 237/82, BStBl. II 1986, 191; v. 12.10. 1995 – I R 39/95, BStBl. II 1996, 87.
6 BFH v. 19.12.1984 – I R 31/82, BFHE 143, 416; v. 16.2.1996 – I R 64/95, BFHE 180, 104.
7 Insoweit zutr. abgrenzend BFH v. 12.10.1995 – I R 39/95, BStBl. II 1996, 87; v. 16.2.1996 – I R 64/95, DB 1996, 1217, aber str., s. § 50a Rn. 39.
8 Insoweit aber verneinend für eine v. § 43b Abs. 1 aF tatbestandlich nicht erfasste französische „societé par actions simplifiée": BFH v. 11.1.2012 – I R 25/10, BFH/NV 2012, 871 (m. Anm. *Patzner/Nagler*, GmbHR 2012, 597, 710; *Linn*, IStR 2012, 343; *Grieser/Faller*, DB 2012, 1296); v. 11.1.2012 – I R 30/10, BFH/NV 2012, 1105, mit Anm. *Patzner/Nagler*, GmbHR 2012, 710 und IStR 2012, 382; s. auch FG Köln v. 28.1.2010 – 2 K 3527/02, EFG 2010, 971; FG Köln v. 24.3.2010 – 2 K 2514/04, EFG 2010, 1297.
9 BFH v. 24.8.2011 – I R 85/10, BFH/NV 2012, 559 mwN; **aA** *H/H/R*, § 50d Anm. 17, unter Hinweis auf BFH v. 23.4. 1996 – VIII R 30/93, BFH/NV 1996, 364; *Grams*, BB 1997, 70: Einbehaltung genügt.
10 Vgl. BFH v. 29.10.1997 – I R 35/96, BStBl. II 1998, 235; **aA** *Schmidt*[37], § 50d Rn. 10, 35 ff.: Gläubiger oder Schuldner.
11 Die beim BZSt erhältlich sind; BMF v. 1.3.1994, BStBl. I 1994, 201 (203) Tz. 1.4.3.
12 Vgl. BT-Drucks. 14/7341, 13.
13 S. BMF v. 14.11.2011, BStBl. I 2011, 1098 (mit amtl. Vordruck).
14 BMF v. 25.11.2010, BStBl. I 2010, 1350 Tz. 11.

die engen tatbestandlichen Voraussetzungen hinaus – einer **Freistellung eigener Art** (vgl. § 155 Abs. 1 S. 3 iVm. § 37 Abs. 2 AO). S. § 50a Rn. 39. Der BFH (und das BMF)[1] haben dem entsprochen, so zB bei (möglicherweise) zu Unrecht angenommener unbeschränkter oder beschränkter StPfl.[2] oder bei Erhebung unionsrechtswidrig erhobener Abzugsteuern nach § 50a Abs. 4 S. 1 Nr. 3, Abs. 4 S. 3 aF[3] und damit zur Durchsetzung des objektiven Nettoprinzips, (vorbehaltlich unionsrechtl. Einwendungen)[4] aber nicht zur Gewährung der Vorteile des (früheren) sog. Halbeinkünfteprinzips gem. § 3 Nr. 40 S. 1 lit. d (s. auch § 50 Rn. 16; § 43 Rn. 14). Ein weiteres Anwendungsbeispiel ist die fehlende Einkünfteerzielungsabsicht des Vergütungsgläubigers (str., s. § 49 Rn. 104).[5] In diesen (Ausnahme-)Fällen einer Erstattungspflicht analog Abs. 1 S. 2, die nicht sondergesetzlich dem BZSt überantwortet werden (Rn. 11), verbleibt es prinzipiell allerdings bei der **Zuständigkeit** der FÄ.[6] Das gilt auch und insbes. für die unionsrechtl. einzufordernde Erstattung v. KapESt aus Portfolio-Beteiligungen in sog. Inbound-Situationen, s. dazu Rn. 11 sowie § 36 Rn. 12.[7] Das BZSt blieb (bis zum VZ 2008) jedoch in dem vereinfachten Erstattungsverfahren für (ua.) Künstler und Sportler gem. § 50 Abs. 5 S. 2 Nr. 3 aF zuständig, und zwar auch dann, wenn dessen (enge) Voraussetzungen nicht vorlagen, eine Erstattung zur Verwirklichung des Nettoprinzips aber aus unionsrechtl. Gründen einzufordern war (Rn. 3; § 50 Rn. 27) und deswegen nur eine entspr. Anwendung dieses Verfahrens in Betracht kommen konnte.[8]

Antragsbefugter Vergütungsgläubiger iSv. Abs. 1 S. 2 ist gem. Abs. 1 S. 3 an sich nur der (ausländ.) beschränkt stpfl. Steuerschuldner, für dessen Rechnung gem. § 50a Abs. 5 S. 2 und 4 der Steuerabzug oder die Abführung im Haftungs- oder Nachforderungsverfahren vorgenommen wurde.[9] Es kann dies aber in Ausnahmefällen auch der lediglich formal-zivilrechtl. Vertragspartner des Vergütungsschuldners sein, ungeachtet dessen, dass diesem die betr. Einkünfte aus stl. Sicht (zB gem. § 42 AO, § 2 Abs. 1) nicht zuzuordnen sind. Dies widerspricht zwar den systematischen Sinnzusammenhängen zw. § 50a einerseits, § 50d Abs. 1 andererseits, folgt indes auch der grds. stl. Akzeptanz der missbräuchlich eingeschalteten Ges. durch § 50d Abs. 3 (s. Rn. 30, vgl. auch die entspr. Problematik bei § 48c, dort Rn. 6).[10] Auf unbeschränkt StPfl. (auch doppelt ansässige) ist § 50d Abs. 1 hingegen nicht zugeschnitten; der KapESt-Einbehalt wirkt bei solchen StPfl. nicht gem. § 32 Abs. 1 Nr. 2 KStG abgeltend, die Steuer wird iRd Veranlagung angerechnet (§ 31 KStG iVm. § 36 Abs. 2 Nr. 2).[11] Ausnahmen dazu bestehen nur für den Fall, dass eine (Auslands- oder Inlands-)Beteiligung iSd. abkommensrechtl. Betriebsstättenvorbehalts tatsächlich-funktional einer im anderen Vertragsstaat belegenen (und aufgrund DBA-freizustellenden) Betriebsstätte zuzuordnen ist,[12] s. Rn. 11. 10

Höchst **problematisch und umstr.** wird es bei Beteiligung v. „hybriden", also in den jew. Vertragsstaaten unterschiedl. als transparent/intransparent behandelten **PersGes.** an einer entspr. steuerabzugspflichtigen Einkunftsquelle. Es gilt zu unterscheiden zw. **(1) Transparenz im Inland, Intransparenz im Ausland:** Ist eine solche PersGes. nach Maßgabe des einschlägigen DBA[13] abkommensberechtigt, könnte sie unbescha- 10a

---

1 BMF v. 22.12.2009, BStBl. I 2010, 94 Tz. 309 (zur KapESt).

2 BFH v. 16.2.1996 – I R 64/95, BFHE 180, 104; v. 22.4.2009 – I R 53/07, DStR 2009, 1469; v. 21.10.2009 – I R 70/08, BStBl. II 2012, 493 (zum LSt-Abzug; s. dazu auch einschr. BMF v. 25.6.2012, BStBl. I 2012, 692; s. auch *Eimermann*, IStR 2010, 909).

3 *Schnitger*, FR 2003, 745 (754 f.) im Hinblick auf den Einbehalt v. Abzugsteuern auf die Brutto- statt die Nettovergütung iSd. § 50a Abs. 4 S. 3 aF.

4 S. dazu aber die entspr. „Anmahnung" durch die EU-Kommission: Mitteilung KOM 03, 810 endg.; s. auch *Dautzenberg*, BB 2001, 2137.

5 BMF v. 25.11.2010, BStBl. I 2010, 1350 Tz. 14 f.

6 BFH v. 22.4.2009 – I R 53/07, DStR 2009, 1469; v. 28.6.2005 – I R 33/04, BStBl. 2006, 489; v. 19.11.2003 – I R 22/02, BStBl. II 2004, 560; v. 20.12.2006 – I R 13/06, BStBl. II 2007, 616.

7 BFH v. 11.1.2012 – I R 25/10, BFH/NV 2012, 871 (mit Anm. *Patzner/Nagler*, GmbHR 2012, 597, 710; *Linn*, IStR 2012, 343; *Grieser/Faller*, DB 2012, 1296); s. auch BFH v. 22.4.2009 – I R 53/07, DStR 2009, 1469; *Gosch*[3], § 8b Rn. 62; *Dautzenberg*, BB 2001, 2137; *Fock*, RIW 2001, 108 (113); **aA** *Eckert*, IStR 2003, 405.

8 S. ebenso Hess FG v. 17.12.2009 – 4 K 2970/08, EFG 2010, 1323, bestätigt durch BFH v. 9.12.2010 – I B 28/10, BFH/NV 2011, 971 (dort allerdings abl. für eine „vergütungsschuldnerebenenübersteigende" Erstattung v. BA/WK, s. dazu auch § 50a Rn. 23).

9 BFH v. 29.10.1997 – I R 35/96, BStBl. II 1998, 235.

10 Insoweit ist BFH v. 29.10.1997 – I R 35/96, BStBl. II 1998, 235 durch Abs. 3 teilw. überholt.

11 S. auch zur Doppelansässigkeit *Schnitger*, IStR 2013, 82 (88 f.).

12 S. zur Zugehörigkeit und zum Zugehörigkeitsmaßstab idS BFH v. 19.12.2007 – I R 66/06, BStBl. II 2008, 510; v. 29.11.2017 – I R 58/15, DStR 2018, 657; FG Münster v. 15.12.2014 – 13 K 624/11 F, EFG 2015, 704 (rkr.) und zur abkommensrechtl. Freistellung v. Dividenden, die in den Betriebsstättenvorbehalt des Art. 10 Abs. 4 OECD-MA einzubeziehen sind, s. BFH v. 24.8.2011 – I R 46/10, BStBl. II 2014, 764;. umfassend zum Problem *Pung/Schneider*, StbJb. 2015/2016, 133 (165 ff.).

13 BMF v. 26.9.2014, BStBl. I 2014, 1258; v. 16.4.2010, BStBl. I 2010, 354, jeweilige Anlage; *Weggenmann/Rödl*, FS Reiß, 697 (698).

det ihrer innerstaatl. Transparenz antragsberechtigt sein. Fehlt es an einer derartigen DBA-Vorgabe, ist kontrovers, ob Deutschland (als Quellenstaat) an die Qualifikation der PersGes. in deren Ansässigkeitsstaat gebunden ist oder nicht. Ersteres entspricht dem sog. **abkommensorientierten Verständnis** der OECD (vgl. Art. 1 Nr. 5 OECD-MK), wurde v. der FinVerw.[1] geteilt und ist zwischenzeitlich – v. VZ 2013 an – in § 50d Abs. 1 S. 11 idF des AmtshilfeRLUmsG[2] ausdrückl. angeordnet (Rn. 10b f.).[3] Abkommensrechtl. und systematisch richtig ist allerdings Letzteres,[4] und das wird – jedenfalls für die Regelungslage vor Schaffung v. § 50d Abs. 1 S. 11 – denn auch v. BFH[5] so gesehen: Es gilt ein **anwenderstaatsorientiertes Verständnis** (vgl. auch Art. 3 Abs. 2 OECD-MA),[6] und zwar – mangels Einkünftezurechnung im Inland – unabhängig davon, ob eine spezifische DBA-Regelung zur Abkommensberechtigung der PersGes. existiert oder nicht. Der Quellensteuer-Ermäßigungsanspruch steht also idR auch dann (nur) dem jew. G'ter zu, nicht der Ges., falls diese im anderen Staat als intransparent behandelt wird; eine etwaige Quellensteuer-Schachtelprivilegierung (vgl. Art. 10 Abs. 2 S. 1 lit. a OECD-MA) kommt nicht zum Zuge.[7] Ist der G'ter im Inland ansässig und ist Deutschland deswegen der Ansässigkeitsstaat, entfällt die Quellensteuerermäßigung v. vornherein und in Gänze; es handelt sich um einen reinen Inlandsfall.[8] Ist die PersGes. ebenso wie die Tochter-KapGes. im Inland ansässig, der G'ter aber im Ausland – und ist Deutschland insoweit folglich der Quellenstaat –, gilt nichts anderes;[9] dem G'ter steht der Ermäßigungsanspruch auch dann zu, wenn dessen Ansässigkeitsstaat die (von ihm als intransparent eingestufte) PersGes. und nicht den G'ter als Zahlungsempfänger ansieht.[10] Ist der G'ter weder in dem einen noch dem anderem, sondern in einem dritten Staat ansässig, ist auch dieser G'ter zur Quellensteuerermäßigung berechtigt.[11] – **(2) Intransparenz im Inland, Transparenz im Ausland:** Im umgekehrten Fall einer intransparenten Qualifikation der PersGes. im Inland und einer Behandlung als transparent im Ausland, gilt Gleiches mit spiegelbildlichen Vorzeichen: Die PersGes. ist beschränkt stpfl. Schuldner der Quellensteuer, ihr fehlt aber die notwendige Ansässigkeit im Sitzstaat, um entlastungsberechtigt zu sein, und der G'ter wiederum ist nicht entlastungsberechtigt, weil er (aus deutscher Sicht) nicht Dividendenempfänger ist. Auch das ist aber wieder höchst str.[12]; insbes. die OECD will dem G'ter die Entlastungsberechtigung zusprechen, um die Abkommensziele zu verwirklichen.[13]

10b **§ 50d Abs. 1 S. 11** will das alles aber nicht gelten lassen und bestimmt (mit erstmaliger Wirkung für Zahlungen, die nach dem 30.6.2013 zugeflossen sind, vgl. § 52 Abs. 59a S. 7 [zuletzt idF des Kroatien-AnpG v. 25.7.2014][14]) **Gegenteiliges** (s. Rn. 10). Das G ordnet nunmehr für den Fall, dass Gläubiger des Erstattungsanspruch eine Pers. ist, der die Kapitalerträge „oder"[15] Vergütungen als Gläubiger „nach diesem G" – dh. nach deutschem Recht – oder nach dem Steuerrecht des anderen Vertragsstaats nicht zugerechnet werden, also für die Situation des „Hybriden" mit zwischenstaatlich nicht einheitlicher Qualifikation als tatbestandliches Kernerfordernis der Vorschrift, unilateral eine **„echte" Qualifikationsverkettung** an: Der Erstattungsanspruch einer solchen Pers. steht bei Vorliegen dieser Tatbestandsvoraussetzung in der Rechtsfolge immer („nur") derjenigen Person (und damit wohl auch PersGes.)[16] zu, der die Kapitalerträge oder Vergütungen nach den Steuergesetzen des anderen DBA-Vertragsstaats „als Einkünfte oder Gewinne" (als was sonst?)[17] einer – vermutlich dort, mithin im anderen Vertragsstaat[18] – „ansässigen Pers." zu-

1 BMF v. 26.9.2014, BStBl. I 2014, 1258 Tz. 2.1.2; v. 16.4.2010, BStBl. I 2010, 354, Tz. 2.1.2. Ebenso zB *Vogel/Lehner*[6], Art. 1 Rn. 32 ff.
2 V. 26.6.2013, BGBl. I 2013, 1809; s. auch BT-Drucks. 17/10000, 59.
3 BMF v. 26.9.2014, BStBl. I 2014, 1258 Tz. 2.1.2.
4 *Wassermeyer* in W/R/S[2], Rn. 2.25 ff., 4.12 ff.; *Wassermeyer*, IStR 1998, 489; *Wassermeyer*, Art. 1 Rn. 27a (anders aber *Wassermeyer*, IStR 2011, 85); *Jü. Lüdicke*, IStR 2011, 91.
5 BFH v. 25.5.2011 – I R 95/10, BStBl. II 2014, 760 (dazu krit. *Chr. Schmidt*, IStR 2011, 691 und IWB 2011, 696); v. 26.6. 2013 – I R 48/12, BStBl. II 2014, 367; *Krauß*, IStR 2014, 165; *Kahlenberg*, Ubg 2014, 234; *Jacob/Klein*, IStR 2014, 125.
6 Sa. BFH v. 20.8.2008 – I R 34/08, BStBl. II 2009, 263; offen BFH v. 19.5.2010 – I B 191/09, BStBl. II 2011, 156 (AdV).
7 *Wassermeyer* in W/R/S[2], Rn. 2.29 mwN.
8 *Wassermeyer* in W/R/S[2], Rn. 2.30 f.; *Wassermeyer*, IStR 1999, 481 (483).
9 S. BFH v. 13.11.2013 – I R 67/12, BStBl. II 2014, 172 (zum DBA-Belgien); *Schönfeld/Ditz*, DBA, Art. 1 Rn. 40 ff., 56 und 61; **aA** *Wassermeyer*, IStR 2011, 85.
10 *Wassermeyer* in W/R/S[2], Rn. 2.32 ff.
11 *Wassermeyer* in W/R/S[2], Rn. 2.23 ff.
12 Zum Streit (und weiteren Fallkonstellationen und Beisp.) s. *Wassermeyer* in W/R/S[2], Rn. 2.38 ff. mwN.
13 Art. 1 Nr. 6.3f; Art. 4 Nr. 8.7 OECD-MK.
14 BGBl. I 2014, 1266.
15 Verstanden im Sinne eines „ausschließlichen" Oder, s. zutr. *Schnitger*, IFSt Nr. 492/2013, 88 ff.; *Viebrock/Loose/Oskamp*, Ubg 2013, 485 (487).
16 *Schnitger*, IFSt Nr. 492/2013, 88 (89).
17 Zutr. krit. *Hagena/Klein*, ISR 2013, 267 (268).
18 Auch dazu krit. und etwaige Missverständlichkeiten illustrierend *Hagena/Klein*, ISR 2013, 267 (268 f.).

gerechnet werden. Ein treaty override liegt darin indessen nicht, weil **(1)** Zurechnungsfragen idR (s. aber zB Art. 1 Abs. 7 DBA USA oder § 1 Abs. 2 OECD-MA-E)[1] Gegenstand des nationalen Rechts (s. Rn. 25)[2] und nicht v. DBA sind (s. aber auch Rn. 10c zu uU umgekehrten Effekten),[3] und weil **(2)** der Vorschrift ohnehin lediglich Verfahrenscharakter zukommt, die idS darauf abzielt, möglichen Doppelerstattungen vorzubeugen, sie aber nicht eine (innerstaatl. oder abkommensrechtl.) Zurechnungsverschiebung nach sich zieht;[4] dass sich das G ausweislich der Gesetzesbegründung an den OECD-MK und die dort angeordnete materielle Qualifikationsverknüpfung hat anlehnen wollen,[5] widerstreitet dem nicht, weil die normativen und systematischen Zusammenhänge das Gegenteil belegen[6] und ein etwaiger entgegenstehender Regelungswille deswegen keinen zulänglichen Niederschlag im Text gefunden hat. Allerdings ist vor allem Letzteres derzeit unklar und wird (offenbar) v. der FinVerw. nicht geteilt.[7]

Im Einzelnen. (1) Zum Tatbestand. Das G erfordert auf der Tatbestandsseite eine v. der materiellen Anspruchsberechtigung abweichende stl. Zurechnung. Das G verlangt also die **Nutzungsberechtigung** an den betr. Einkünften, also die sog. Benefial ownership. Das korrespondiert der Sache nach (aber ohne erkennbaren systematischen Bezug) mit § 50d Abs. 11, s. Rn. 51, s. zum Begriff des Nutzungsberechtigten auch § 50g Abs. 3 Nr. 1 S. 1 und dort Rn. 13. Nutzungsberechtigt idS und damit formal entlastungsberechtigt kann – nach Maßgabe des jeweiligen ausländ. Rechts – die Beteiligungs-(Kap-)Ges. sein, ebenso gut aber deren G'ter: Für den ersten Fall kommt es für die Erstattung auf die Pers. des G'ters der hybriden Konstruktion nicht (mehr) an, auch nicht darauf, wo diese Pers. ansässig ist, ob im anderen Vertragsstaat oder aber auch in einem Drittstaat. Für den zweiten Fall ist dies der G'ter, was leichthin – und das Verfahren erschwerend – zur Folge hat, dass KapESt-Bescheinigung und Entlastungsberechtigung auseinanderfallen können;[8] dass – wie aber die Gesetzesbegründung insinuiert[9] – dieser zweite Fall nicht geregelt sein mag, lässt sich dem zweifelsfreien Regelungstext nicht entnehmen.[10] Noch komplexer wird es, wenn die Entlastungsberechtigung für die Beteiligungs-KapGes. einerseits und deren G'ter andererseits infolge abkommens- oder unionrechtl. Voraussetzungen auseinanderfallen und der eine Entlastungsanspruch dem nach dem Recht des anderen Vertragsstaats nutzungsberechtigten G'ter iSv. § 50d Abs. 1 S. 11 zusteht, der andere Entlastungsanspruch jedoch der zahlungsempfangenden KapGes., welcher die Dividende nach nationalem Recht zuzurechnen ist. In derartigen Konstellationen dürften die jeweiligen Entlastungsansprüche nach § 50d Abs. 1 S. 11 und nach § 50d Abs. 1 S. 2 nebeneinanderstehen; gewiss ist das aber keineswegs.[11] Es ist zu gewärtigen und zu befürchten, dass es zukünftig zu **Verwerfungen** zw. der „nationalen" abkommensorientierten Entlastungsberechtigung – also der Behandlung **aus Verfahrenssicht** – und der bilateralen anwenderstaatsorientierten Behandlung hybrider Gebilde **in materieller Sicht** (und damit im Effekt zu einem eher ungewöhnlichen „umgekehrten" **„national tax law override"**)[12] kommen wird.[13] **Bsp.:**[14] **(1)** Der Ansässigkeitsstaat der (Pers-)Ges. behandelt die Ges. als intransparent. Deutschland und der Ansässigkeitsstaat der G'ter folgen jedoch dem Transparenzprinzip. Entlastungsberechtigt ist nach § 50d Abs. 1 S. 11 die Ges., daneben sind das aber (nach § 50d Abs. 1 S. 2) wohl auch die G'ter, falls deren Entlastungsanspr. aufgrund des einschlägigen DBA ein höherer ist. **(2)** Stimmt die stl. Behandlung der 10c

1 S. dazu allg. und zu dem Verhältnis zu § 50d Abs. 1 S. 11 speziell *Hagena*, ISR 2014, 83 (85).
2 ZB BFH v. 26.6.2013 – I R 48/12, BStBl. II 2014, 367; dazu *Viebrock/Loose/Oskamp*, Ubg 2013, 765.
3 *Schnitger*, IFSt Nr. 492/2013, 89; *Eckhardt*, ISR 2013, 412 (414 f.); **aA** *Salzmann*, IWB 2012, 359 (362).
4 Zutr. *Viebrock/Loose/Oskamp*, Ubg 2013, 485 und 765; *Loose/Oskamp*, Ubg 2014, 630; *Kempf/Loose/Oskamp*, IStR 2017, 735 (738 ff. 740 f.); *Hagemann/Kahlenberg*, BB 2014, 1623 (1630); *Kudert/Hagemann/Kahlenberg*, IWB 2014, 892 (893 f.); *Kahlenberg*, IStR 2016, 835; *Jacob/Klein*, IStR 2014, 121 (129); *Kempelmann*, IIFS Grüne Hefte 203/2015; *Scheuch/Schiefer*, Ubg 2016, 270; offen *Hagena*, ISR 2014, 83 (85); sa. *Frotscher*, FS Gosch, 2016, 97, sowie in Frotscher/Geurts, § 50d Rn. 33o ff. (aber iErg. wohl **aA**).
5 BT-Drucks. 302/12, 95.
6 Eingehend *Loose/Oskamp*, Ubg 2013, 630 (633).
7 BMF v. 26.9.2014, BStBl. I 2014, 1258 Tz. 2.1.2; ebenso *Frotscher/Geurts*, § 50d Rn. 33c; *Frotscher*, FS Gosch, 2016, 97 (105); *Jochum*, IStR 2014, 1 (4).
8 *Hagena/Klein*, ISR 2013, 267 (269 f.); *Schnitger*, IFSt Nr. 492/2013, 88 (90 f.).
9 Noch zum E-JStG 2013: BR-Drucks. 139/13, 139.
10 *Hagena/Klein*, ISR 2013, 267 (268 ff.); s. auch *Viebrock/Loose/Oskamp*, Ubg 2013, 485 (490 f.).
11 *Schnitger*, IFSt Nr. 492/2013, 88 (90 f.).
12 *Viebrock/Loose/Oskamp*, Ubg 2013, 485 (488 und 490); *Loose/Oskamp*, Ubg 2014, 630 (633): sa. *Eckhardt*, ISR 2013, 412 (414 f.).
13 Auf weitere Unabgestimmtheiten zw. Abs. 1 S. 11 sowie Abs. 10 S. 4 weist *Chr. Schmidt* (DStR 2013, 1704 [1707]) hin; *Viebrock/Loose/Oskamp*, Ubg 2013, 485 geben Hinweise im Hinblick auf die uU konträren abkommensrechtl. Vorgaben.
14 S. dazu die Stellungnahme der BStBK v. 17.9.2012 zur öffentl. Anhörung zum E-JStG 2013 im FinA des BT, abrufbar unter www.bundestag.de? Der Bundestag? Ausschüsse? Finanzen? Der Ausschuss in der 17. Wahlperiode? Öffentliche Anhörungen? 2012? Jahressteuergesetz 2013? Stellungnahmen.

(Pers-)Ges. nach deutschem Recht mit derjenigen nach dem Recht des Ansässigkeitsstaats der Ges. überein und wird die Ges. danach als transparent behandelt, läuft § 50d Abs. 1 S. 2 leer, wenn der Ansässigkeitsstaat der G'ter dem Intransparenzprinzip folgt; es verbleibt dann bei der Entlastungsberechtigung der G'ter, weil die (Pers-)Ges. keine ansässige Pers. im Staat der G'ter ist und deswegen der Tatbestand des § 50d Abs. 1 S. 11 v. vornherein nicht erfüllt wird.[1] – **(2) Einkunfts- und Gewinnermittlung.** Darüber, wie die betr. Einkünfte oder Gewinne zu ermitteln sind, gibt das G keine Auskunft; offenbar soll sich das nach ausländ. Recht richten. Relevanzen werden sich daraus namentlich in Konzernzusammenhängen ergeben, zB dann, wenn die Mutter-Ges. in Staat A eine Tochter-Ges. in Staat B zwischenschaltet, die wiederum eine Inlandsbeteiligung hält. Sieht Staat A die Tochter-Ges. als transparent an (zB nach US-Recht: als „disregarded entity"), steht die Quellensteuerentlastung nach § 50d Abs. 1 S. 11 der Mutter-Ges. zu. – **(3) Weitere Auswirkungen.** § 50d Abs. 1 S. 11 wirkt sich nicht auf das **Freistellungsverfahren** des § 50d Abs. 2 aus,[2] auch nicht auf andere unilaterale Erstattungsregeln, wie zB in § 43b oder § 44a Abs. 9.[3] Die Vorschrift ist ebenfalls nachrangig ggü. abkommensrechtl. Eigenregelungen, die in Ermangelung eines gesetzl. Gegenbefehls spezialiter vorgehen. Das gilt aber nur eingeschränkt, misst man § 50d Abs. 1 S. 11 – entgegen der hier vertretenen Ansicht (s. Rn. 10b) – materiell-rechtl. Bedeutung zu. Insbes. das in Art. 10 Abs. 2 S. 1 lit. a OECD-MA enthaltene Erfordernis einer „unmittelbaren" Verfügung der begünstigten Ges. über die Beteiligung an der (ausschüttenden) Tochter-Ges. wäre dann nicht (wie ansonsten und nach Maßgabe des inländ. Rechts)[4] zivilrechtl. aufzufassen, sondern zur Vermeidung v. Wertungswidersprüchen gleichermaßen wie die nationale Qualifikation und die daraus abzuleitende Zurechnung der Einkünfte steuerrechtl. zu überschreiben.[5]

11 **Zuständig** für die Erstattung nach § 50d Abs. 1 ist das **BZSt.** (§ 50d Abs. 1 S. 3; § 5 Abs. 1 Nr. 2 FVG),[6] das hinsichtlich der Erstattungsvoraussetzungen, insbes. der Abkommensberechtigung des Vergütungsgläubigers ohne Bindung an einen diesem ggü. ergangenen ESt-Bescheid entscheidet.[7] Die Zuständigkeit des BZSt. erstreckt sich nunmehr auch auf die unionsrechtl. bedingten Erstattungsanspr. nach § 32 Abs. 5 KStG iVm. § 5 Abs. 1 Nr. 39 FVG (s. dazu § 36 Rn. 12a), die gem. § 32 Abs. 5 S. 2 Nr. 4 KStG erklärtermaßen unter dem Vorbehalt der „Erstattungshürde" des § 50d Abs. 3 stehen. Sie erfordert überdies, dass der anspruchsberechtigte Gläubiger der Kapitalerträge eine EU-/EWR-Ges. mit Sitz oder Geschäftsleitung in der EU bzw. im EWR ist (§ 32 Abs. 5 S. 1 Nr. 1 lit. a und b KStG). Bei dieser Zuständigkeit verbleibt es, soweit und solange materiell-rechtl. um das Vorliegen der Voraussetzungen (Ausmaß bzw. Umfang; Unionsrechtskompatibilität) der in Rede stehenden StErmäßigung gem. Abs. 1 S. 2 iVm. der diese Ermäßigung auslösenden konkreten Rechtsgrundlage (DBA, § 50a, § 43b) gestritten wird.[8]

11a Anders liegt es hingegen bei Erstattungsbegehren v. Drittstaatenangehörigen[9] oder solchen Begehren, die (nur **analog § 50d Abs. 1 S. 2**, in Anbetracht seines weitaus enger gefassten Tatbestands aber **nicht analog § 32 Abs. 5 KStG**[10]) v. vornherein auf einen anderen Rechtsgrund gestützt werden; hierfür ist mangels einer anderweitigen positiv-gesetzlichen Zuständigkeitsanordnung und des für diesen Bereich gebotenen strikten Gesetzesvorbehalts allein das einschlägige **FA** zuständig[11] (s. auch Rn. 9; § 36 Rn. 12b). Die bezeichnete Analogie betrifft dabei naturgemäß stets nur den Rechtsgedanken und die Rechtsfolge – also die Zweistufigkeit v. StEinbehalt und anschließender StErstattung –, nicht jedoch die Voraussetzungen des § 50d in toto (als Rechtsgrund) und damit weder die beschränkte Antragsfrist des § 50d Abs. 1 S. 9[12] noch die StFreistellung nach § 50d Abs. 2,[13] vor allem aber nicht die Missbrauchs-Einschränkungen des § 50d Abs. 3.[14] Anträge

---

1 So auch *Frotscher*, FS Gosch, 2016, 97 (104).
2 *Viebrock/Loose/Oskamp*, Ubg 2013, 485 (492); krit. *Schnitger*, IFSt Nr. 492/2013, 88 (89 f.).
3 Diff. *Scheuch/Schiefer*, Ubg 2016, 263: nur dann, wenn man (mit der hier vertretenen Ansicht, s. Rn. 10) § 50d Abs. 1 S. 11 keine materiell-rechtl. Wirkung beimisst.
4 BFH v. 6.5.1985 – I R 108/81, BStBl. II 1985, 523; v. 15.6.1988 – II R 224/84, BStBl. II 1988, 761.
5 IErg. ähnlich *Schönfeld/Ditz*, DBA, speziell in Art. 10 Rn. 98 und allg. in Rn. 96, dort allerdings mit insoweit nicht passendem Hinweis auf BFH v. 17.5.2000 – I R 31/99, BStBl. II 2001, 685; bezogen auf die USA auch *Wassermeyer*, DBA-USA Art. 10 Rn. 73; *Jacob/Klein*, IStR 2014, 121 (124).
6 S. auch BfF v. 31.8.1998, BStBl. I 1998, 1161 (1170).
7 BFH v. 16.12.1987 – I R 350/83, BStBl. II 1988, 600.
8 BFH v. 20.12.2006 – I R 13/06, BStBl. II 2007, 616.
9 BFH v. 26.6.2013 – I R 48/12, BStBl. II 2014, 367.
10 **AA** *Linn*, IStR 2013, 235; *Lemaitre*, IWB 2013, 269; *Hechtner/Schnitger*, Ubg 2013, 269.
11 BFH v. 11.1.2012 – I R 25/10, BFH/NV 2012, 871; sa. bereits v. 22.4.2009 – I R 53/07, DStR 2009, 1469 mwN.
12 Andernfalls würde der beschränkt stpfl. ggü. dem der Veranlagung unterliegenden unbeschränkt stpfl. Anteilseigner in wiederum unionswidriger Weise schlechter gestellt, vgl. *Schnitger*, DB 2012, 305 (308 mwN).
13 So ausdrücklich BFH v. 11.1.2012 – I R 25/10, BFH/NV 2012, 871.
14 *Lüdicke*, IStR 2012, 540; *Helios/Hierstetter*, Ubg 2012, 505 (506 f., 508 ff.); *Brunotte*, RdF 2012, 358; **aA** offenbar BMF (in einem an das BZSt gerichteten Schr.) v. 23.5.2012, FR 2012, 327; s. auch *Klein/Hagena*, FR 2012, 528.

auf (idR betragsmäßig dahinter zurückbleibende) Erstattungsansprüche gem. § 50d Abs. 1 S. 2 sind daneben (und ungeachtet einer Zuständigkeitszersplitterung) beim BZSt anzubringen. – Das BZSt. ist auch für jene (seltenen) Konstellationen erstattungsverpflichtet, in denen die Erstattung v. einem unbeschränkt stpfl. Anteilseigner begehrt wird, für den eine Anrechnung/Erstattung nach § 36 Abs. 2 Nr. 2 mangels vorheriger Einkünfteerfassung aber nicht in Betracht kommt (s. dort Rn. 9); soweit sich auch solche Anteilseigner auf die Voraussetzungen v. § 50d Abs. 1 S. 2 berufen können (Rn. 10), können sie nicht auf ein (analoges) Erstattungsverfahren gem. § 37 Abs. 1 AO an das FA verwiesen werden.

Über Stattgabe wie Ablehnung des Antrags wird durch rechtsmittelfähigen **Steuerbescheid** (Freistellungsbescheid, § 50d Abs. 1 S. 3, § 155 Abs. 1 S. 3 AO) entschieden.[1] Die (aus unionsrechtl. Sicht nicht zu beanstandende)[2] Antragsfrist (und zugleich spezielle Festsetzungsfrist)[3] beträgt einheitlich und ausnahmslos vier Jahre, beginnend mit Ablauf des Zuflussjahres (**Abs. 1 S. 9**, S. 7 aF), aber nicht endend vor Ablauf v. sechs Monaten nach dem Zeitpunkt der Entrichtung (nicht aber – ggf. bestandskräftiger – Festsetzung)[4] der Steuer (**Abs. 1 S. 10**, S. 8 aF). Mit dieser letzteren Einschränkung soll sichergestellt werden, dass der Vergütungsgläubiger seine Rechte auch dann noch geltend machen kann, wenn ein v. Schuldner zunächst unterlassener Steuerabzug noch kurz vor dem Ablauf der Festsetzungsfrist nachgeholt wird. Die frühere Rechtslage, nach welcher es idR und vorbehaltlich abw. DBA-Regelungen[5] (Meistbegünstigung) auf die Festsetzungsfrist v. vier Jahren gem. § 169 Abs. 2 Nr. 2 AO ankam, ist damit hinfällig. DBA-Fristen werden nunmehr außer Kraft gesetzt. Anders als zuvor[6] löst die Steueranmeldung (§ 168 AO) durch den Vergütungsschuldner nicht mehr die Anlaufhemmung gem. § 170 Abs. 1 S. 1 Nr. 2 AO aus. – Zur ausnahmsweisen Zuständigkeit des FA bei Erstattungsanträgen außerhalb des unmittelbaren Anwendungsbereichs des § 50d s. Rn. 9 aE. 11b

Der Erstattungsbetrag wird im Grds. (erst, aber auch sobald) **ausbezahlt**, wenn der Freistellungsbescheid bekannt gegeben worden ist (**Abs. 1 S. 5**, S. 4 aF). Die Auszahlung kann indes zurückgestellt oder v. einer Sicherheitsleistung abhängig gemacht werden, wenn der Vergütungsgläubiger gem. § 50a seinerseits verpflichtet ist, Abzugsteuer einzubehalten und abzuführen. Er ist dann gehalten, die Zahlung dieser Abzugsteuer nachzuweisen, hierfür Sicherheit zu leisten oder unwiderruflich die Zustimmung zur Verrechnung des Erstattungsanspruchs mit der Zahlungsschuld zu erklären (**Abs. 1 S. 6**, S. 5 aF). 12

II. Verzinsung des Erstattungsbetrags nach § 50g (Abs. 1a). Anspr. auf Erstattung v. Abzugsteuern sind im Grundsatz unverzinslich (§ 233a Abs. 1 S. 2 AO; s. auch § 50a Rn. 37, dort auch zur unionsrechtl. Beurteilung). Abw. davon sind allerdings Erstattungsbeträge auf Lizenzgebühren nach § 50g, welche nach dem 31.12.2003 gezahlt werden (vgl. Rn. 4), gem. **Abs. 1a S. 1** idF des EG-Amtshilfe-AnpassungsG zu verzinsen. Abs. 1a trägt damit den unionsrechtl. Verpflichtungen in Art. 1 Abs. 16 der Zinsen- und Lizenzgebühren-RL[7] (RL 2003/49/EG des Rates v. 3.6.2003) Rechnung, die spätestens zum 1.1.2004 in nationales Recht umzusetzen war, seitens der FinVerw. aber in Ermangelung einer rechtzeitig ergangenen unilateralen Regelung und im Vorgriff darauf im VZ 2004 bereits unmittelbar angewandt wurde.[8] Die Zinspflicht entfällt nur für den Fall, dass der Steuerabzug gem. § 50 Abs. 2 S. 1, § 50 Abs. 5 S. 1 aF keine abgeltende Wirkung hat (vgl. **Abs. 1a S. 8**); für diesen Fall richtet sich die Zinspflicht unmittelbar nach §§ 233 ff. AO und sind die Erstattungszinsen auf die entspr. Bemessungsgrundlage nach Maßgabe der festgesetzten ESt oder KSt zu berechnen. Auch im Abgeltungsfall entsprechen die Verzinsungsmodalitäten in § 50d Abs. 1a aber jenen der §§ 233 ff. AO und sind diesen (teilw. durch Rechtsgrundverweis) nachgebildet. **Zinslauf und Zinszeitraum (Abs. 1a S. 2 und 3):** Der Zinslauf beginnt gem. **Abs. 1a S. 2** zwölf Monate (wegen der entspr. Vorgabe des Jahreszeitraums in Art. 1 Abs. 16 der EG-RL abw. v. § 233a Abs. 2 S. 1: 15 Monate) nach Ablauf des Monates, in dem der Antrag auf Erstattung und alle für die Entsch. erforderlichen Nachweise beim BZSt vorliegen und steht damit wegen des recht ungewissen Beginns iErg. mehr oder weniger im Einschätzungsbelieben des BZSt. Denn welche Nachweise einschlägig sind, richtet sich nach dem jewei- 13

1 BFH v. 11.10.2000 – I R 34/99, BStBl. II 2001, 291 (292); v. 20.3.2002 – I R 38/00, BStBl. II 2002, 819; vgl. auch BFH v. 20.6.1984 – I R 283/81, BStBl. II 1984, 828; v. 13.11.1985 – I R 275/82, BStBl. II 1986, 193; v. 16.12.1987 – I R 350/83, BStBl. II 1988, 600; v. 13.4.1994 – I B 212/93, BStBl. II 1994, 835.

2 FG Köln v. 6.5.2015 – 2 K 3712/10, EFG 2015, 2088 m. Anm. *Wagner* (noch zur insoweit aber unveränderten alten Fassung des § 50d Abs. 1 S. 7 und 8).

3 *KB*, IStR 2003, 536; **aA** *B/B*, § 50d Rn. 55: bloße Antragsfrist mit der Möglichkeit der Wiedereinsetzung in den vorigen Stand.

4 FG Köln v. 18.1.2017 – 2 K 659/15, EFG 2017, 842 m. Anm. *Bozza-Bodden*; sa. *Hagemann*, NWB 2017, 2977.

5 ZB Art. 25b DBA-Frankreich, Art. 28 DBA-Schweiz.

6 BFH v. 17.4.1996 – I R 82/95, BStBl. II 1996, 608; v. 14.7.1999 – I B 151/98, BStBl. II 2001, 556, v. 29.1.2003 – I R 10/02, BStBl. II 2003, 687; BMF v. 8.9.2003, BStBl. I 2003, 427, unter Aufhebung v. BMF v. 24.4.1997, BStBl. I 1997, 414.

7 ABl. EU 2003 Nr. L 157/49; 2004 Nr. L 168/35; 2004 Nr. L 157/106.

8 BMF v. 26.4.2004, BStBl. I 2004, 479; krit. dazu *Lausterer*, IStR 2004, 642.

ligen Einzelfall und kann nicht allgemeinverbindlich umschrieben werden, zumal nach der Regelungsbegründung[1] hierbei auch die Missbrauchsbestimmungen der § 50d Abs. 3, § 50g Abs. 4 und des § 42 AO zu beachten sein sollen, in welcher Weise, bleibt allerdings unklar. Zum Nachweisumfang werden vor allem gehören: Lizenzverträge, Ansässigkeitsbestätigung, Handelsregisterauszüge, Bilanzen, GuV, Rechnungen, Mietverträge, Telefonabrechnungen usw. Wird ein Freistellungsbescheid gem. Abs. 2 beantragt und erteilt, endet der Zinslauf gem. **Abs. 1a S. 3** mit Erteilung desselben (wirksamer Bekanntgabe, vgl. § 122 AO), unter Berücksichtigung der dafür in Abs. 2 S. 6 und 7 (und in Art. 1 Abs. 12 S. 2 der EG-RL) bestimmten maximalen Bearbeitungsdauer also spätestens innerhalb v. drei Monaten nach Beantragung unter Vorlage besagter für die Entsch. erforderlicher Nachweise. **Zinshöhe und Zinsberechnung (§ 50d Abs. 1a S. 6 iVm. § 238 AO):** Die Zinsen betragen jeden Monat 0,5 % auf den auf den nächsten durch 50 Euro teilbaren Betrag abgerundeten Erstattungsbetrag (§ 238 Abs. 1 S. 1, Abs. 2 AO). Die Abrundung erfolgt nach Zusammenrechnung gleichartiger Beträge für denselben Zinstatbestand. Sie sind v. dem Tag an, an dem der Zinslauf beginnt, nur für volle Monate zu zahlen; angefangene Monate bleiben außer Ansatz (§ 238 Abs. 1 S. 2 AO). Die §§ 187 ff. BGB sind bei der Zeitberechnung anzuwenden. Erlischt der zu verzinsende Anspr. durch Aufrechnung (§ 226 Abs. 1 AO iVm. § 389 BGB), gilt der Tag, an dem die Schuld des Aufrechnenden fällig wird, als Tag der Zahlung (§ 238 Abs. 1 S. 3 AO). **Zinsfestsetzung (§ 50d Abs. 1a S. 7 iVm. § 239 AO):** Die Zinsen sind durch (schriftlichen) Zinsbescheid (§ 155 Abs. 1 S. 1 AO) innerhalb einer Festsetzungsfrist v. einem Jahr gem. § 239 Abs. 1 S. 1 AO analog festzusetzen, **§ 50d Abs. 1a S. 7**. Die Festsetzungsfrist beginnt folglich gem. § 239 Abs. 1 Nr. 1 iVm. § 233a AO mit Ablauf des Kj., in dem die Erstattung festgesetzt, aufgehoben, geändert oder gem. § 129 AO berichtigt worden ist. IÜ sind die festgesetzten Zinsen nach Art und Betrag zu bezeichnen. Sie sind zum Vorteil auf volle Euro zu runden (§ 239 Abs. 2 S. 1 AO); ihre Festsetzung entfällt bei Beträgen unter zehn Euro (§ 239 Abs. 2 S. 2 AO). §§ 172 ff., 179 ff. AO[2] finden uneingeschränkte Anwendung. Für die Zahlungsverjährung gelten §§ 288 ff. AO (einheitlich fünf Jahre). **Änderung (§ 50d Abs. 1a S. 4 und 5 iVm. § 233a Abs. 5 AO):** Bei Aufhebung oder Änderung eines dem Vergütungsgläubiger erteilten Freistellungsbescheides (gem. § 164 Abs. 2, § 165 Abs. 2, §§ 172 ff. AO; auch im Rechtsbehelfsverfahren, vgl. § 100 Abs. 1 S. 1, Abs. 2 S. 1 FGO)[3] sowie einer Berichtigung wegen offenbarer Unrichtigkeit gem. § 129 AO ist auch die vorherige Zinsfestsetzung zu ändern (**§ 50d Abs. 1a S. 4**), und zwar nicht gem. § 175 AO, sondern analog § 233a Abs. 5 AO (**§ 50d Abs. 1a S. 5**). Letzteres bedeutet, dass die Zinsen auf dem Unterschiedsbetrag zw. dem nunmehr und dem ursprünglich festgesetzten Erstattungsbetrag zu berechnen und sodann dem sich hiernach ergebenden Zinsbetrag die zuvor festgesetzten Zinsen hinzuzurechnen sind. Zuviel festgesetzte Zinsen entfallen und sind ggf. zurückzuzahlen, zuwenig festgesetzte Zinsen sind zu erstatten. Auch im Änderungsfall ist die zwölf-monatige Karenzzeit des § 50d Abs. 1a S. 2 zu beachten. Ein etwaiges Mehrsoll zu Lasten wie ein Mehrbetrag zugunsten des StPfl. bleibt innerhalb dieser Zeit unberücksichtigt. Erstmalige Zinszahlungen können sich ergeben, wenn infolge der Änderung die Bagatellgrenze des § 239 Abs. 2 AO überschritten wird oder bis dahin gem. § 238 Abs. 1 S. 2 AO unbeachtliche nur angefangene Monate rechnerisch zu vollen Monaten „werden".[4] Wird der Freistellungsbescheid mehrfach geändert, sind entspr. Berechnungen für jede Änderung nach Maßgabe des jeweiligen Endes des Zinslaufs (Bekanntgabe des Bescheides) durchzuführen. Sind die Zinsen v. Anfang an falsch berechnet worden und war die Zinsfestsetzung deswegen unrichtig, richtet sich deren Änderung allerdings nicht nach § 50d Abs. 1a S. 5 iVm. § 233a Abs. 5 AO, sondern nach allg. Vorschriften (§§ 172 ff., 129 AO). **Rechtsbehelf:** Einspruch und Anfechtungsklage gegen den Zinsbescheid. Auf den Freistellungsbescheid (Erstattungsbescheid) bezogene Einwendungen können hierbei nicht durchgesetzt werden.

D. Ausnahmen v. Steuerabzug (Abs. 2, 4–6)

14 **I. Regelung. Abs. 2, 5 und 6** belassen **Ausnahmen v. Steuerabzug** (gem. Abs. 1 S. 1). Es sind dies die Fälle des Freistellungs- sowie Kontrollmeldeverfahrens. Die im Grds. gleichlautenden Regelungen waren bis zum VZ 2002 (Rn. 2 f.) in Abs. 3 S. 3–9 aF enthalten. Zur unionsrechtl. Unbedenklichkeit des Freistellungs- im Zusammenwirken mit dem Steuerabzugsverfahren s. Rn. 5. In beiden Ausnahmefällen ist der **Schuldner** der Kapitalerträge oder Vergütungen ermächtigt („kann"), v. dem Steuerabzug Abstand zu nehmen, entweder in Gänze („unterlassen") oder teilweise („nach einem niedrigeren Steuersatz vornehmen"). **Nicht** dazu berechtigt ist die den Verkaufsauftrag ausführende Stelle iSv. § 44 Abs. 1 S. 4 Nr. 2 und die die Kapitalerträge auszahlende Stelle iSv. § 44 Abs. 1 S. 4 Nr. 3. Um gleichwohl den Anforderungen der Mutter-Tochter-RL (s. § 43b) auch in den Fällen des § 44 Abs. 1 S. 2 iVm. § 43 Abs. 1 S. 1 Nr. 1a, 6, 7 und 8

1 BT-Drucks. 15/3679, 19.
2 BFH v. 13.7.1994 – XI R 21/93, BStBl. II 1994, 885.
3 Vgl. *Klein*, AO[14], § 233a Rn. 47: ab Rechtskraft des Urteils.
4 S. auch BFH v. 26.9.1996 – IV R 51/95, BStBl. II 1997, 263.

bis 12 sowie S. 2 gerecht zu werden, in denen der Steuerabzug auf die letzte auszahlende Stelle verlagert wird, ermöglicht die FinVerw. bei girosammelverwahrten inländ. Aktien ausnahmsweise der ausschüttenden KapGes. die Abstandnahme v. Steuerabzug gem. § 50d Abs. 2 S. 1 über sog. abgesetzte Dividendenbestände.[1]

II. Freistellung (Freistellungsverfahren, Abs. 2 und 4). 1. Anwendungsbereich und tatbestandliche Voraussetzungen. Das Freistellungsverfahren ist gem. § 50d Abs. 2 S. 1 – wahlweise und im Ausgangspunkt ebenso wie das Erstattungsverfahren gem. § 50d Abs. 1 S. 2 (Rn. 5, 9) – auf die Fälle des § 50a Abs. 1, § 50a Abs. 4 aF sowie der fehlenden bzw. reduzierten Besteuerung nach § 43b (s. dazu aber § 43b Abs. 2 S. 5, s. Rn. 16) oder nach DBA beschränkt (**Freistellung im Steuerabzugsverfahren**, vgl. § 50d Abs. 2 S. 1 HS 1 aE), auch auf die Fälle des § 50g idF des EG-Amtshilfe-AnpassungsG. Letzteres ist nur für jene schwer vorstellbaren Fälle schlüssig, in denen zwar die Voraussetzungen des § 50g gegeben sind, der StPfl. jedoch keinen rechtzeitigen Antrag gem. § 50g Abs. 1 auf Nichterhebung v. Quellensteuer, sondern stattdessen einen solchen gem. § 50d Abs. 2 gestellt hat. Andernfalls – bei Vorliegen eines Antrags gem. § 50g Abs. 1 – ist bereits bei Zahlung v. Schuldner der Kapitalerträge (s. dazu auch Rn. 14) v. der (deutschen) Quellenbesteuerung abzusehen.[2] Ansonsten bleibt es bei der (ausschließlichen) Geltung des Erstattungsverfahrens gem. § 50d Abs. 1 S. 2 bis 9, ggf. – wenn eine Freistellung wegen gänzlichen Fehlens beschränkter und unbeschränkter StPfl. geltend gemacht wird – auch des allg. Freistellungsverfahrens gem. § 155 Abs. 1 S. 1 und 3 AO (s. Rn. 9).[3] **Anwendbar** ist das Verfahren sonach auf: **(1)** Vergütungen iSv. **§ 50a Abs. 1**, § 50a Abs. 4 aF; **(2)** Kapitalerträge (= offene und vGA) iSv. § 20 Abs. 1 Nr. 1 und § 43 Abs. 1 Nr. 6 an Mutter-Ges. im EU-Ausland, wenn die Voraussetzungen des **§ 43b** erfüllt sind; für solche Erträge reduziert § 43b den Abzug der KapESt auf Null (aufgrund deutscherseits gemachten Vorbehalts bis zum 30.6.1996: auf 5 %; **(3)** Zinsen und Lizenzgebühren, die iSv. **§ 50g** v. einem inländ. Unternehmen oder einer inländ. Betriebsstätte an ein Unternehmen oder eine Betriebsstätte in einem anderen EU-Mitgliedstaat gezahlt werden (jeweils **§ 50d Abs. 2 S. 1 HS 1**); **(4)** entspr. Kapitalerträge iSv. § 20 Abs. 1 Nr. 1, die v. einer unbeschränkt stpfl. inländ. KapGes. iSv. § 1 Abs. 1 Nr. 1 KStG an eine KapGes. in einem DBA- (Nicht-EU)-Staat geleistet werden, vorausgesetzt, es handelt sich um eine unmittelbare Mindestbeteiligung v. 10 % (vgl. § 8b Abs. 5 KStG aF), die ausländ. Mutter-Ges. unterliegt in ihrem Ansässigkeitsstaat den Steuern v. Einkommen und Gewinn, ohne hiervon befreit zu sein, und die Einkünfte werden nach dem **DBA** nicht oder nur mit einem geringeren Steuersatz besteuert (**§ 50d Abs. 2 S. 1 HS 2**). Bei der zuletzt genannten Freistellung handelt es sich um einen Auffangtatbestand, der zur Wahrung der Verfahrenseinheit und aus Gründen der Gleichbehandlung in das G eingefügt worden ist. Die insoweit für Direktinvestitionen innerhalb der EU gem. § 43b gemachten Einschränkungen gelten hier allerdings nicht, insbes. besteht keine Einschränkung auf Kapitalerträge gem. § 20 Abs. 1 Nr. 1 und § 43 Abs. 1 Nr. 6, keine Mindestbesitzzeit v. zwölf Monaten, der Mutter-Ges. muss im Ansässigkeitsstaat weder ein Schachtelprivileg noch eine indirekte Steuerbefreiung gewährt werden. Quellensteuer-Höchstbeträge, welche in dem jeweiligen DBA vorbehalten sind (idR auf 5 bzw. 15 %, s. Art. 10 Abs. 2 S. 1 OECD-MA), sind (ggf. ebenso wie der in Art. 5 Abs. 3 Mutter-/Tochter-RL aF bis zum 30.6.1996 vorbehaltene 5 %ige Quellensteuervorbehalt) in Einklang mit EU-Recht zu verstehen und auszulegen; wird die Quellensteuer für Gebietsfremde abw. v. Gebietsansässigen iErg. definitiv, ist sie deswegen entgegen dem betr. Vorbehalt zu erstatten (s. dazu iE aber auch Rn. 16).[4] 15

2. Verfahren der Freistellung. Die Freistellung erfolgt (nur[5]) **auf Antrag**[6] (allein[7]) des Vergütungsgläubigers (oder seines Bevollmächtigten[8]), und zwar beim **BZSt** (**Abs. 2 S. 1 HS 1**, Abs. 3 S. 1 aF; s. zur Zuständigkeit iE. Rn. 11), regelmäßig unter Beifügung der Bestätigung der ausländ. Finanzbehörde über die Ansässigkeit im Staat oder ggf. der Existenz einer Betriebsstätte in einem anderen EU-Mitgliedstaat iSd. § 50g Abs. 3 Nr. 5c; dazu ist der andere Mitgliedstaat nach der Zins- und Lizenz-RL verpflichtet (**Abs. 4 S. 1**, Abs. 2 S. 1 aF) sowie unter Angabe und Nachweis (ggf. durch Vertragsvorlage) des Rechtsgrundes der Zahlung. Ebenso wie beim Erstattungsantrag gem. Abs. 1 S. 2 (Rn. 15) kommen als **Antragsbefugte** glei- 16

1 BMF v. 5.7.2013, BStBl. I 2013, 847.
2 S. BT-Drucks. 15/3679, 20 zu § 50g Abs. 1.
3 BFH v. 28.6.2005 – I R 33/04, BStBl. II 2006, 489.
4 Vgl. EuGH v. 14.12.2006 – Rs. C-170/05 – Denkavit, IStR 2007, 62; auch v. 12.12.2006 – Rs. C-446/04 – Test Claimants in the FII Group Litigation, BFH/NV 2007, Beil. 4, 173 (Leitsatz Nr. 4).
5 BFH v. 26.7.1972 – I R 210/70, BStBl. II 1973, 15.
6 Vgl. FG Köln v. 16.12.1998 – 2 K 7003/95, EFG 1999, 897; v. 26.2.2004 – 2 K 4388/03, EFG 2004, 1053.
7 Vgl. BFH v. 29.10.1997 – I R 35/96, BStBl. II 1998, 235; FG Köln v. 24.2.2000 – 2 K 6260/98, EFG 2000, 1189; **aA**, allerdings zur früheren Rechtslage *Schmidt*[37], § 50d Rn. 19: Gläubiger oder Schuldner; in diese Richtung tendiert offenbar auch BFH v. 11.10.2000 – I R 34/99, BStBl. II 2001, 291 (293).
8 BMF v. 1.3.1994, BStBl. I 1994, 201 (203) Tz. 1.4.1; dies kann auch der Vergütungsschuldner sein, FG Köln v. 24.2. 2000 – 2 K 6260/98, EFG 2000, 1189.

chermaßen der Steuerschuldner (vgl. § 50a Abs. 5 S. 2) wie ggf. auch der zivilrechtl. Vergütungsgläubiger (zB in Fällen des Gestaltungsmissbrauchs gem. § 42 AO) in Betracht.[1] Zur Unabgestimmtheit ggü. dem neu geschaffenen § 50d Abs. 1 S. 11 zur sondergesetzl. Erstattungsberechtigung bei sog. hybriden Ges.-Konstrukten s. Rn. 10a ff. Der Antragsteller ist auch (alleiniger) Adressat der Freistellungsbescheinigung (s. aber auch Rn. 20). **Form:** Der Antrag muss ebenso wie der Erstattungsantrag gem. Abs. 1 S. 3 (und insoweit abw. v. Abs. 3 aF[2]) auf amtl. vorgeschriebenem Vordruck gestellt werden (**Abs. 2 S. 1 HS 1;** s. auch § 51 Abs. 4 Nr. 1 lit. j). **Fristen** (auch Verjährungsfristen) bestehen keine. Da aber einerseits erst (und nur) die Freistellungsbescheinigung und nicht bereits der bloße Antrag zur Abstandnahme v. Steuerabzug berechtigt (vgl. **Abs. 2 S. 5**, Rn. 17) und andererseits die Geltungsdauer der erteilten Freistellungsbescheinigung frühestens an dem Tag beginnt, an dem der Antrag beim BZSt eingeht (**Abs. 2 S. 4 1. HS**, Rn. 19), empfiehlt sich die rechtzeitige Antragstellung vor dem Vergütungszufluss, spätestens innerhalb der gesetzlichen Bearbeitungsfrist v. drei Monaten (vgl. **Abs. 2 S. 6**, vgl. Art. 1 Abs. 12 S. 2 der EG-RL, Rn. 10), die mit der Vorlage aller für die Entsch. erforderl. Nachweise beginnt (**Abs. 2 S. 7**). Nur dann kann ein bereits getätigter Steuerabzug ggf. noch rückgängig gemacht werden; durch eine nachträgliche Antragstellung lässt sich dies – abw. v. der früheren Rechtslage (vgl. dazu 1. Aufl. Rn. 22) – nicht erreichen. Die Freistellung v. Steuerabzug ist ausschließlich zukunftsbezogen und findet auf Erträge und Vergütungen, die im Zeitpunkt der Antragstellung bereits zugeflossen sind, keine Anwendung; einer dennoch auf Freistellung gerichteten Klage fehlt das erforderliche Rechtsschutzinteresse (s. Rn. 20).[3] Das kann allerdings zur Folge haben, dass den Vergütungsschuldner infolge verzögerter Bearbeitungszeiten beim BZSt eine Zahlungspflicht trifft, obschon der Antrag beizeiten gestellt wurde. S. dazu sowie zu den Gefahren, als Vergütungsschuldner bei pflichtwidrig unterbliebenem Abzug in Haftung genommen zu werden, Rn. 19. Unabhängig davon kann die Freistellungsbescheinigung **in den Fällen des § 43b** nur erteilt werden, wenn die in § 43b Abs. 2 S. 1–3 (iVm. Art. 3 Abs. 1a Mutter-/Tochter-RL der EU) aufgeführten spezifischen Beteiligungsanforderungen innerhalb des Beteiligungszeitraums (v. ununterbrochen zwölf Mon.) gem. § 43b Abs. 2 S. 4 bei Entstehen der KapESt (vgl. § 44 Abs. 1 S. 2) vollendet ist; andernfalls ist das Freistellungsverfahren des § 50d Abs. 2 ausgeschlossen und kommt nur die Erstattung gem. § 50d Abs. 1 S. 2 in Betracht, vgl. **§ 43b Abs. 2 S. 5.** Letzteres – zunächst Hinnahme des StAbzugs mit anschließender Erstattung – gilt auch in allen anderen Fällen jenseits der freistellungsauslösenden Erfordernisse des § 50d Abs. 2 S. 1 (s. zu derartigen Fällen Rn. 15); eine **analoge Anwendung** v. Abs. 2 (ggf. mit einer Zuständigkeitsverlagerung auf das FA wie bei Abs. 1 S. 2, s. Rn. 9, 11), scheidet angesichts der Besonderheit des spezifischen Freistellungsverfahrens nach Abs. 2 aus.

17 Die (positive) Entsch. über den Antrag erfolgt (und zwar ggü. dem Vergütungsgläubiger) durch Erteilung der **Freistellungsbescheinigung**. Der inländ. Vergütungsschuldner wird – erst – durch eine Ausfertigung dieser Bescheinigung ermächtigt, v. dem Steuerabzug (sei es in Gänze oder zT durch reduzierten Steuersatz, s. Abs. 2 S. 1) Abstand zu nehmen (**Abs. 2 S. 5**), je nach Regelungsinhalt entweder für eine einzelne Zahlung (Einmalfreistellung) oder für mehrere Zahlungen an einen Gläubiger (**Dauerfreistellung**). So oder so beträgt die Geltungsdauer der erteilten Bescheinigung mindestens ein Jahr und maximal drei Jahre (**Abs. 2 S. 4 2. HS**);[4] ein etwaiger Wegfall der Freistellungsvoraussetzungen (zB wegen § 50d Abs. 3)[5] ist innerhalb dieser Geltungsdauer v. Vergütungsgläubiger dem BZSt (letztlich zur Vermeidung steuerstrafrechtl. Konsequenzen, §§ 370 ff. AO) unverzüglich (dh.: zeitnah nach Kenntniserlangung bei entspr. obj Feststellungslast des FA) mitzuteilen (**Abs. 2 S. 4 3. HS**). Umgekehrt ist das BZSt berechtigt, einen ggf. vorbehaltenen Widerruf (s. Rn. 18) infolge der Regelungsverschärfungen des Abs. 3 durch das JStG 2007 auszuüben; die Anwendungsvorschrift des § 52 Abs. 1 idF des JStG 2007 (s. Rn. 4) ist insofern eindeutig und sieht keine Übergangsbestimmung vor. Eine andere Frage ist es, ob ein Vertrauensschutz bei Ausübung des Widerrufsermessens einbezogen wird. – Die Ausfertigung der Bescheinigung ist als Beleg (für sechs Jahre[6]) aufzubewahren. IÜ bleiben anderweitig bestehende Anmeldeverpflichtungen unberührt (**Abs. 2 S. 8** idF des EG-Amtshilfe-AnpassungsG, s. auch Rn. 5).

18 Das BZSt erteilt die Freistellung (wohl ausschließlich, vgl. Abs. 2 S. 1 HS 1 aF aE) unter **Widerrufsvorbehalt**, ggf. auch unter **Auflagen** oder **Bedingungen** (**Abs. 2 S. 2**, Abs. 3 S. 4 und 6 aF, s. dazu im Einzelnen auch Abs. 5 S. 4, Rn. 22), namentlich v. besonderen Nachweiserfordernissen (**Abs. 2 S. 3**, Abs. 3 S. 2 aF) in den Fällen des Abs. 3 (Rn. 24 ff., s. auch Rn. 17) sowie in Fällen, in denen der durch die Freistellung

1 Vgl. demgegenüber noch anders zu Abs. 3 S. 1 aF BFH v. 29.10.1997 – I R 35/96, BStBl. II 1998, 235.
2 Zutr. FG Köln v. 16.12.1998 – 2 K 7003/95, EFG 1999, 897.
3 BFH v. 25.4.2018 – I R 59/15, BStBl. II 2018, 624.
4 BMF v. 1.3.1994, BStBl. I 1994, 201 Tz. 2.3.
5 S. aber auch die auch hier beachtlichen de-minimis-Regeln in BMF v. 24.1.2012, BStBl. I 2012, 171 Tz. 15 (s. dazu Rn. 29k).
6 BMF v. 1.3.1994, BStBl. I 1994, 201 Tz. 2.2.

begünstigte Vergütungsgläubiger seinerseits Vergütungsschuldner ist und die Beträge an andere (beschränkt stpfl.) Dritte weiterleitet (zB zwischengeschaltete ausländ. Veranstalter an inländ. Künstler). Diese Nachweise können idR im Zeitpunkt des Freistellungsantrags wegen des noch ausstehenden Vergütungszuflusses zumeist noch nicht erbracht werden, was das Freistellungsverfahren iErg. ausschließt. Es ist fraglich, ob eine nicht erfüllbare und damit auf eine unmögliche Leistung gerichtete Aufl. rechtens ist.

Die Freistellung kann **nachträglich** gewährt werden. Ihre Geltungsdauer (s. Rn. 16) beginnt allerdings frühestens an dem Tag, an dem der Antrag beim BZSt eingeht (**Abs. 2 S. 4 1. HS**). Zu dem deshalb und wegen der fortbestehenden Abzugspflicht bestehenden Erfordernis einer rechtzeitigen Antragstellung s. Rn. 16. Anders als nach früherer Rechtslage[1] ist eine nachträglich erteilte Bescheinigung also kein rückwirkendes Ereignis iSv. § 175 Abs. 1 S. 1 Nr. 2 AO in Hinblick auf eine vorangegangene Steueranmeldung oder (Entrichtungs-)Steuerfestsetzung.[2] Ist der Vergütungsschuldner seiner Abzugspflicht ordnungsgemäß nachgekommen, kann die nachträgliche Gewährung der Freistellung vielmehr lediglich einen auf die Geltungsdauer der Bescheinigung begrenzten Erstattungsanspruch des Gläubigers gem. Abs. 1 S. 2 auslösen; die Freistellungsbescheinigung hat sich demgegenüber durch Zeitablauf und Abführung der Quellensteuer „verbraucht".[3] Unabhängig davon wird die Rückwirkung der nachträglich vorgelegten Bescheinigung mWv. 29.10.2004 ohnehin durch die Bestimmung des § 175 Abs. 2 S. 2 AO versperrt.[4] – Aufgrund der langen Bearbeitungszeiten im BZSt[5] lässt die FinVerw. aber zur „Entlastung v. Abzugsteuern" aus Billigkeit eine Berichtigung der Anmeldung zu, eine dadurch ausgelöste Steuererstattung infolge der Gefahr v. Doppelerstattungen allerdings nur gegen Vorlage der v. Vergütungsschuldner ausgestellten und v. Vergütungsgläubiger zurückgeforderten Originalsteuerbescheinigung gem. § 50a Abs. 5 S. 6, § 50a Abs. 5 S. 7 aF, alternativ nach vorheriger Rückfrage beim BZSt.[6] Ist der Steuerabzug pflichtwidrig in einem solchen (Ausnahmefall) ohne Freistellung unterblieben, scheidet auch eine entspr. Haftung (§ 44 Abs. 5, § 50a Abs. 5 S. 5) aus; die Inanspruchnahme trotz Freistellung wäre ermessenswidrig. Ein bereits erlassener Haftungs- oder Nachforderungsbescheid ist zurückzunehmen (§ 130 Abs. 1 AO).[7] S. aber auch Rn. 20. Von solchen Ausnahmen abgesehen droht dem Vergütungsschuldner jedoch stets die Inanspruchnahme als Haftender, und zwar grds. selbst dann, wenn die Steuerbefreiung später erteilt wird oder sich das Vorliegen ihrer Voraussetzungen später herausstellt. Innerhalb der EU lässt sich dies allerdings nicht länger uneingeschränkt aufrechterhalten; der EuGH[8] macht die Haftung davon abhängig, dass (insoweit entgegen Abs. 2 S. 4) auch im Haftungsverfahren keine Freistellungsbescheinigung erwirkt und nachgereicht wird (s. § 50a Rn. 45); ggf. steht ihm mangels Rechtsgrunds für ein ‚Behaltendürfen' ggü. dem BZSt ein Erstattungsanspr. zu (s. aber auch Rn. 20). 19

Die Freistellungsbescheinigung ist VA, (in strikter Abgrenzung zu dem Freistellungsbescheid gem. Abs. 1 S. 3, Abs. 1 S. 1 aF, s. Rn. 16, und entgegen der früheren Verwaltungspraxis des BfF) aber **kein Steuerbescheid.**[9] Er ist deshalb gem. §§ 130, 131 AO, nicht aber gem. §§ 172 ff. AO[10] und auch nach Ablauf der Festsetzungsfristen gem. §§ 169 ff. AO zu ändern.[11] **Rechtsbehelf** im Falle der Antragsablehnung ist die Verpflichtungsklage (§ 40 FGO), für den vorl. Rechtsschutz die einstweilige Anordnung (§ 114 FGO), bei Änderung oder Aufhebung jedoch die Anfechtungsklage bzw. der Antrag auf AdV (§ 69 FGO).[12] Für einen vorbeugenden Rechtsschutz vor einer Gewinnausschüttung wird regelmäßig das notwendige Rechtsschutzbedürfnis fehlen.[13] **Rechtsbehelfsbefugt** ist neben dem Vergütungsgläubiger als Adressat der Bescheinigung (Rn. 17) auch der Vergütungsschuldner; er ist als potentieller Haftungsschuldner Drittbetroffener.[14] Wird 20

1 S. dazu umfassend *H/H/R*, § 50d Anm. 40; *Gosch*, BFH/PR 2001, 51; *Buciek*, IStR 2001, 102 (104).
2 Str., vgl. einerseits *Gosch*, BFH/PR 2001, 51; andererseits *Buciek*, IStR 2001, 102 (104); zum Problem sa. FG Nds. v. 30.4.2015 – 6 K 209/14, EFG 2015, 1900 m. Anm. *Bozza-Bodden*.
3 Vgl. auch BMF v. 1.3.1994, BStBl. I 1994, 201 Tz. 2.5, 3.5.
4 FG Nds. v. 30.4.2015 – 6 K 209/14, EFG 2015, 1900 m. Anm. *Bozza-Bodden*.
5 *Holthaus*, IStR 04, 199.
6 OFD Chem. v. 4.8.2004, FR 2004, 1082.
7 OFD Chem. v. 4.8.2004, FR 2004, 1082.
8 EuGH v. 3.10.2006 – Rs. C-290/04 – Scorpio, BStBl. II 2007, 352; dazu *Cordewener/Grams/Molenaar*, IStR 2006, 739 (742).
9 BFH v. 11.10.2000 – I R 34/99, BStBl. II 2001, 291; v. 28.10.1999 – I R 35/98, BFH/NV 2001, 881; vgl. BFH v. 16.10.1991 – I R 65/90, BStBl. II 1992, 322 zu § 44a Abs. 2.
10 BFH v. 28.10.1999 – I R 35/98, BFH/NV 2001, 881.
11 BFH v. 11.10.2000 – I R 34/99, BStBl. II 2001, 291; **aA** FG Köln v. 16.12.1998 – 2 K 7003/95, EFG 1999, 897.
12 BFH v. 13.4.1994 – I B 212/93, BStBl. II 1994, 835; v. 13.8.1997 – I B 30/97, BStBl. II 1997, 700; *FW*, IStR 1994, 438; **aA** *Grams*, RIW 1995, 580.
13 FG Köln v. 1.10.2014 – 2 K 2175/12, EFG 2015, 143 (NZB nach BFH v. 22.9.2015 – I B 119/14, nv., unbegründet).
14 BFH v. 4.3.2009 – I R 6/07, BStBl. II 2009, 625 (dort allerdings nur für den Widerruf einer Freistellungsbescheinigung und iÜ offen lassend); (wohl) **aA** *Schmidt*[37], § 50d Rn. 21.

v. der Bescheinigung kein Gebrauch gemacht und gleichwohl Abzugsteuer einbehalten und abgeführt, erledigt sie sich auf andere Weise. Wird die Abzugsteuer festgesetzt, entrichtet und dann nachträglich die Freistellungsbescheinigung § 50d Abs. 2 erteilt, hat der Vergütungsgläubiger bei Aufhebung der Festsetzung die Möglichkeit einer Erstattung gem. § 37 Abs. 2 S. 1 AO, für einen daneben bestehenden Erstattungsanspr. gem. § 50d Abs. 1 S. 2 analog besteht kein Grund.[1] Unabhängig davon entfällt ein Anspr. auf Erteilung der Bescheinigung und damit ein Rechtsschutzbedürfnis infolge Ablaufs des Freistellungszeitraums gem. § 50d Abs. 2 S. 4, wenn aus der Bescheinigung keinerlei Vorteil mehr gezogen werden kann,[2] etwa dann, wenn einbehaltene und abgeführte Steuern bereits im Erstattungsverfahren (§ 50d Abs. 1 S. 2) erstattet worden sind oder den einbehaltenen und abgeführten Beträgen nicht mehr änderbare Steueranmeldungen (zB nach Ablauf der Festsetzungsfrist) zugrunde liegen, oder bei Nichteinbehaltung, Nichtanmeldung und Nichtabführung Nachforderungen und Haftungsinanspruchnahmen wg. Ablaufs von Festsetzungsfristen ausgeschlossen sind (sa. Rn. 16).[3] Einem erstmaligen und bestandskräftig abgelehnten Antrag kann ein weiterer Antrag folgen, wenn die Voraussetzungen der §§ 130 f. AO erfüllt sind; die Ablehnung eines anschließenden bloßen **Wiederholungsantrags** nach Eintritt der Bestandskraft der Erstablehnung wird im Allg. unproblematisch und ermessensgerecht sein.[4]

21 **III. Kontrollmeldung (Kontrollmeldeverfahren, Abs. 5 und 6). 1. Anwendungsbereich, tatbestandliche Voraussetzungen und Wirkungen.** In Fällen **geringer stl. Bedeutung (Abs. 5 S. 2)** ermöglicht **Abs. 5 S. 1** (Abs. 3 S. 3 aF) **statt** des Freistellungsverfahrens das Kontrollmeldeverfahren, durch das der Vergütungsschuldner allg. ermächtigt wird, den Steuerabzug zu unterlassen. Allerdings ist das Kontrollmeldeverfahren auf bestimmte Vergütungsfälle beschränkt, nämlich v. VZ 2002 an für Vergütungen iSv. § 50a Abs. 4 Nr. 2 und 3 aF und blieben gewerbliche Einkünfte gem. § 50a Abs. 4 Nr. 1 aF v. VZ 2002 an ausgespart; v. VZ 2009 an findet das Kontrollmeldeverfahren nur noch auf **Vergütungen iSv. § 50a Abs. 1 Nr. 3** Anwendung (**Abs. 5 S. 1**). Die Teilnahme am Kontrollmeldeverfahren ist ausgeschlossen für Zahlungen, die für die Ausübung der Tätigkeit als Künstler oder Sportler im Inland geleistet werden, weil dafür idR nach DBA dem Tätigkeitsstaat das Besteuerungsrecht zusteht.[5] Weitergehend als nach der früheren Rechtslage können in das Kontrollmeldeverfahren gem. **§ 50d Abs. 6** jedoch auch **Kapitalerträge gem. § 43 Abs. 1 S. 1 Nr. 1** (iVm. § 20 Abs. 1 Nr. 1 S. 1 und 2 und Abs. 2) sowie – v. VZ 2007 an (§ 52 Abs. 1 idF des JStG 2007) – **Nr. 4** (iVm. § 20 Abs. 1 Nr. 6 und Abs. 2) einbezogen werden, insbes. also Dividenden (§ 43 Abs. 1 S. 1 Nr. 1) sowie auch Kapitalerträge im Ausland ansässiger Versicherungsunternehmen (§ 43 Abs. 1 S. 1 Nr. 4), vorausgesetzt, (**1**) das Freistellungsverfahren gem. § 50d Abs. 2 ist unanwendbar und (**2**) im Zeitpunkt der Zahlung des Kapitalertrags lässt sich der Anspr. auf Besteuerung nach einem niedrigeren Steuersatz ohne nähere Ermittlungen feststellen. Der Gesetzesintention nach soll diese Verfahrenserleichterung in erster Linie Dividenden auf Namensaktien zugute kommen, bei denen anders als bei Inhaberaktien die Identität des Dividendengläubigers und damit dessen Abkommensberechtigung üblicherweise bekannt ist oder sich leichthin ermitteln lässt.[6] Es wird deshalb als verzichtbar angesehen, den Gläubiger in solchen Fällen auf das (nachträgliche) Erstattungsverfahren gem. Abs. 1 S. 2 zu verweisen.

22 **Höchstbeträge als Geringfügigkeitsgrenze.** Die (ermessensregelnden) Verwaltungsrichtlinien sehen für Vergütungen iSd. § 50a Abs. 1 Nr. 3, § 50a Abs. 4 S. 1 Nr. 2 und 3 aF Einzelzahlungen bis 5 500 Euro und Gesamtzahlungen v. jährlich bis 40 000 Euro als geringfügig an. Für Kapitalerträge iSd. § 43 Abs. 1 S. 1 Nr. 1 und 4 gilt eine entspr. Höchstgrenze v. jährlich 40 000 Euro; eine Beschränkung auf eine max Einzelzahlung entfällt.[7] Es handelt sich hierbei sämtlich um **Bruttobeträge** (vgl. § 50d Abs. 5 S. 4), für Vergütungen iSd. § 50a Abs. 1 Nr. 3, § 50a Abs. 4 S. 1 Nr. 2 und 3 aF einschl. Vorschüsse, Teil-, Abschlags- und Abschlusszahlungen sowie Kostenerstattungen.[8] Für darüber hinausgehende Beträge ist bei Vergütungen iSd. § 50a Abs. 1 Nr. 3, § 50a Abs. 4 S. 1 Nr. 2 und 3 aF die Freistellung zu beantragen, andernfalls ist v. diesen Beträgen Abzugsteuer einzubehalten;[9] bei Kapitalerträgen iSd. § 43 Abs. 1 S. 1 Nr. 1 und 4 ist eine Entlastung nur iRd. Erstattungsverfahrens gem. § 50d Abs. 1 möglich.[10]

23 **2. Verfahren und Wirkung der Kontrollmeldung.** Das Kontrollmeldeverfahren erfordert die entspr. Ermächtigung des Vergütungsschuldners durch einen (auf amtl. vorgeschriebenem Vordruck [s. auch § 51

---

1 BFH v. 29.1.2015 – I R 11/13, BFH/NV 2015, 950.
2 FG Köln v. 1.10.2014 – 2 K 2175/12, EFG 2015, 143 (NZB nach BFH v. 22.9.2015 – I B 119/14, nv., unbegründet).
3 BFH v. 25.4.2018 – I R 59/15, BStBl. II 2018, 624.
4 S. dazu (recht umständlich argumentierend) FG Köln v. 14.1.2015 – 2 K 687/12, EFG 2015, 1097.
5 BMF v. 18.12.2002, BStBl. I 2002, 1386 Tz. III.4.
6 S. auch BFH v. 25.2.2004 – I R 31/03, BStBl. II 2004, 582; v. 25.2.2004 – I R 13/03, BFH/NV 2004, 1209.
7 BMF v. 18.12.2002, BStBl. I 2002, 1386 Tz. III.5.; BMF v. 20.5.2009, BStBl. I 2009, 645 Tz. III.5.
8 BMF v. 18.12.2002, BStBl. I 2002, 1386 Tz. III.7.
9 BMF v. 18.12.2002, BStBl. I 2002, 1386 Tz. III.6.
10 BMF v. 20.5.2009, BStBl. I 2009, 645 Tz. III.6 (mit Bsp.).

Abs. 4 Nr. 1 lit. j] gestellten) **Antrag** beim BZSt. Einer Freistellungs- oder Ansässigkeitsbescheinigung bedarf es nicht (**Abs. 5 S. 3**, Abs. 3 S. 5 aF). Der Antrag enthält zugleich das Einverständnis mit der Erstellung und Weitergabe v. Kontrollmitteilungen an den Wohnsitz- oder Sitzstaat des Vergütungsgläubiger (**Abs. 5 S. 5**, Abs. 3 S. 7 aF). Das BZSt tauscht iRd. Kontrollmeldeverfahrens regelmäßig Auskünfte aus.[1] Dieser Umstand ist dem Vergütungsgläubiger v. Vergütungsschuldner zeitnah mitzuteilen.[2] Die Ermächtigung zur Anwendung des Verfahrens (durch Bescheid) erfolgt regelmäßig unbefristet jedoch unter dem Vorbehalt jederzeitigen Widerrufs[3] und kann unter Auflagen erteilt werden (dazu im Einzelnen **Abs. 5 S. 4**, Abs. 3 S. 6 aF).[4] Zu den Auflagen gehört auch die Verpflichtung des Vergütungsschuldners, bei Vergütungen iSd. § 50a Abs. 1 Nr. 3, § 50a Abs. 4 S. 1 Nr. 2 und 3 aF bis zum 30.4., bei Kapitalerträgen bis zum 31.5., für jeweils jeden Gläubiger und jeweils jährlich eine **Jahreskontrollmeldung** beim BZSt einzureichen; zu den danach zu meldenden Angaben s. BMF BStBl. I 2002, 1386 Tz. IV S. 10 (für Vergütungen iSd. § 50a Abs. 1 Nr. 3, § 50a Abs. 4 S. 1 Nr. 2 und 3 aF); BStBl. I 2009, 645 Tz. 9 (für Kapitalerträge iSd. § 43 Abs. 1 S. 1 Nr. 1 und 4). Die Ermächtigung kann mit Wirkung v. **1.1. des Kj. der Antragstellung** an erteilt werden.[5] Sie ist auf den einzelnen Gläubiger aber grds. ex nunc anzuwenden, innerhalb des betr. Kalender-Vierteljahr auch rückwirkend, dies allerdings nur im Hinblick auf den Einbehalt der Steuer, nicht deren Abführung.[6] Der Ermächtigungsbescheid ist als Beleg aufzubewahren (**Abs. 5 S. 6**, Abs. 3 S. 8 aF; Rn. 17). Die Durchführung des Kontrollmeldeverfahrens unterliegt der Prüfung durch die zuständige Finanzbehörde (vgl. § 73d Abs. 2 EStDV). Wie beim Freistellungsverfahren (Rn. 15) bestehen auch hier die Anmeldepflichten gem. § 73e EStDV fort (**Abs. 5 S. 7 iVm. Abs. 2 S. 8**, Abs. 5 S. 7 aF, Abs. 3 S. 9 aF).

E. Rückausnahme von Erstattungs- und Freistellungsverfahren: Missbrauchsverhinderung (Abs. 3)

I. Zweck, Regelungsinhalt, Anwendungsbereich, Abkommens- und Unionsrechtmäßigkeit. 1. Zweck, Regelungsinhalt, Anwendungsbereich. Abs. 3 enthält eine spezialgesetzliche Vorschrift zur **Missbrauchsverhinderung** durch **ausländ. Ges.** Als solche knüpft sie im Ausgangspunkt (und auch in ihrer ursprünglichen tatbestandlichen Ausgestaltung, anders aber die jetzige Fassung des Abs. 3, s. Rn. 29) an § 42 Abs. 1 S. 1 iVm. Abs. 2 AO als allg. abgabenrechtl. Missbrauchsvermeidungsvorschrift („statutory general anti-avoidance rule") an. Ihre „Historie" erklärt sich letztlich allein aus dem Umstand, dass diese allg. Vorschrift nach der früheren – allerdings ohnehin missverstandenen – Rspr. des BFH[7] auf beschränkt StPfl. nicht anwendbar sein sollte.[8] Nachdem diese Rspr. abgrenzend klargestellt worden war,[9] erwies sich Abs. 3 eigentlich als „überflüssig", wurde dennoch nicht nur beibehalten, sondern (mit höchst problematischen Konsequenzen) in der besagten aktuellen Gesetzesfassung sogar noch ausgebaut. S. Rn. 26, 29. – Vor diesem Hintergrund ist die Vorschrift (jedenfalls in ihrer Regelungskonzeption) weitgehend identisch mit dem zuvorigen (s. dazu Rn. 2 f.), erstmals v. 1.1.1994 an wirkenden Abs. 1a aF. Abw. davon trifft die nunmehrige Regelung allerdings eine Ausnahme nicht nur zum Erstattungsverfahren gem. Abs. 1 S. 2–9 (Abs. 1 S. 2 aF), sondern zusätzlich auch zum Freistellungsverfahren gem. Abs. 2 (Abs. 3 S. 1, 2, 4–9 aF); ausgespart bleibt aber nach wie vor das Kontrollmeldeverfahren gem. Abs. 5 (Abs. 3 S. 3–9 aF): Dem StPfl. wird die hiernach ermöglichte Erstattung der im Wege des Quellenabzugs gem. § 50a einbehaltenen Steuer ebenso wie die vorherige Freistellung v. Steuerabzug ausnahmsweise versagt, wenn er die Erstattungs- oder Freistellungsvoraussetzungen nur dadurch erfüllt, dass er sich einer funktionslosen ausländ. Ges. bedient, die diesen Voraussetzungen ihrerseits (formal) gerecht wird. Vorrangiger Zweck der Zwischenschaltung einer derartigen ausländ. Ges. ist es, einen anderweitig nicht erreichbaren DBA-Vorteil (sog. **treaty** oder **rule shopping**) oder Vorteil aus der Mutter/Tochter-RL der EU v. 22.12.2003 (AblEU 2004 Nr. L 7, 41) (sog. **directive shopping**) zu sichern. Abs. 3 will derartige Gestaltungen ausschließen (sog. **treaty oder directive overriding**, Rn. 1).[10] Um diesen erwünschten Ausschluss möglichst umfassend zu erreichen (und zugleich, um entgegenstehende missliebige Rspr. des BFH zu „brechen"), wurde Abs. 3 in den an die Auslands-Ges. zu stellenden Funktionserfordernissen mit erstmaliger Wirkung v. VZ 2007 an durch das JStG 2007 beträchtlich (und in unionsrechtl. bedenklicher Weise, s. Rn. 26) verschärft, sodann aber – durch das BeitrRLUmsG v. 7.12.2011[11] – 24

1 BMF v. 21.12.1993, BStBl. I 1994, 4 Tz. 12.
2 S. auch BMF v. 18.12.2002, BStBl. I 2002, 1386 Tz. III.8.
3 BMF v. 18.12.2002, BStBl. I 2002, 1386 Tz. II.3.; v. 20.5.2009, BStBl. I 2009, 645 Tz. II.3.
4 Weitere Auflagen sehen die Ermessensrichtlinien vor, s. BMF v. 21.12.1993, BStBl. I 1994, 4; v. 20.5.2009, BStBl. I 2009, 645 Tz. III.
5 BMF v. 18.12.2002, BStBl. I 2002, 1386 Tz. II.3.; v. 20.5.2009, BStBl. I 2009, 645 Tz. II.3.
6 BMF v. 18.12.2002, BStBl. I 2002, 1386 Tz. III.9.; v. 20.5.2009, BStBl. I 2009, 645 Tz. III.9.
7 BFH v. 29.10.1981 – I R 89/80, BStBl. II 1982, 150 (sog. Monaco-Urteil).
8 Vgl. BT-Drucks. 12/5630, 65.
9 BFH v. 27.8.1997 – I R 8/97, BStBl. II 1998, 163 und v. 29.10.1997 – I R 35/96, BStBl. II 1998, 235.
10 BT-Drucks. 12/5630, 65.
11 BGBl. I 2011, 2592.

mit Wirkung v. VZ 2012 an und überaus unvollkommen (s. Rn. 29g) – wieder entschärft. Zum unabhängig davon bestehenden (problematischen) Verhältnis zw. § 50d Abs. 3 und § 42 AO (und neuerlich auch zu Art. 6 ATAD-RL v. 12.7.2016) im Einzelnen s. Rn. 30 ff. Eine vergleichbare (und gem. § 50g Abs. 4 S. 2 v. § 50d Abs. 3 ausdrücklich unabhängige) Regelung zur Missbrauchsverhinderung enthält zudem **§ 50g Abs. 4** S. 1 (in Umsetzung v. Art. 5 Abs. 2 der Zins- und Lizenz-RL der EU, Rn. 2); s. iÜ auch **§ 34c Abs. 6 S. 5**. Zu der (partiellen) **Unanwendbarkeit v. § 50d Abs. 3** auf das parallele bes. Erstattungsverfahren gem. **§ 44a Abs. 9** und auch den KapESt-Verzicht gem. **§ 44a Abs. 5** und die dadurch ausgelösten Gestaltungsmöglichkeiten s. Rn. 6. Zum Ausschlussvorbehalt des § 50d Abs. 3 bei Erstattungsanspr. gem. **§ 32 Abs. 5 S. 2 Nr. 4 KStG** s. Rn. 11 sowie § 36 Rn. 12a.

25 **2. Abkommensrechtliche Beurteilung.** Die Vorschrift ist **nach herkömmlichem und** nunmehr **v. BVerfG** (s. nachfolgend) **bestätigten Verständnis abkommensrechtl. zweifelsfrei**, weil es danach dem nationalen Gesetzgeber im Kern unbenommen ist, sich einfachgesetzlich (im Wege des sog. **treaty override**) über abkommensrechtl. Regelungen hinwegzusetzen, vorausgesetzt, dies kommt explizit[1] oder (wie im Falle des Abs. 3)[2] in (noch soeben) hinreichender Weise zum Ausdruck.[3] Soweit dagegen Einwendungen erhoben werden,[4] widersprechen diese der (herrschend vertretenen)[5] systematischen Unterscheidung („dualistische Theorie")[6] zw. einerseits der völkerrechtl. (zwischenstaatlichen) Verbindlichkeit des DBA und andererseits dem (förmlichen) unilateralen Zustimmungsgesetz (vgl. Art. 59 Abs. 2 GG) als (je nach theoretischem Ansatz) Transformations- oder Vollzugsakt („Rechtsanwendungsbefehl")[7], durch das das DBA ggü. dem StPfl. verbindlich wird; das Zustimmungsgesetz geht hiernach gem. § 2 Abs. 1 AO den übrigen innerstaatlichen Steuervorschriften vor und soll v. nationalen Gesetzgeber jederzeit und unabhängig v. der völkerrechtl. Grundlage geändert oder aufgehoben werden können. IÜ sind Fragen der (persönlichen) stl. Zurechnung (iSv. § 2 Abs. 1, § 42 AO) idR (s. aber auch zu Abs. 11 Rn. 51) ohnehin nicht Gegenstand v. DBA,[8] zumal dann nicht, wenn sie sich – wie jedenfalls im Grundsatz auch Abs. 3 – im Rahmen eines allg. völkerrechtl. Umgehungsvorbehalts halten.[9] Allerdings gilt auch zu berücksichtigen, dass Abs. 3 sich methodisch gerade nicht der Technik einer v. den tatsächlichen Gegebenheiten abw. stl. Zurechnung bedient, sondern (wie zB §§ 7 ff. AStG) die vorgegebene Zurechnung der betr. Dividendeneinkünfte zu der ausländ. (Zwischen-)Ges. zunächst akzeptiert und jener Ges. lediglich die in Rede stehenden Steuerentlastungen in der Sache versagt. So gesehen kollidiert Abs. 3 aber mit derjenigen Zurechnungsvorgabe, die abkommensrechtl. in Art. 7 Abs. 1 OECD-MA bestimmt ist, wenn dort das Besteuerungsrecht für die betr. Einkünfte als solche dem Ansässigkeitsstaat der Auslands-KapGes. zugewiesen wird (und nimmt zugleich eine dem „Geist des DBA" widersprechende stl. Doppelbelastung in Kauf).[10] – Überlegungen (und Erwartungen), welche in jüngerer Zeit unbeschadet all dessen sowohl in literarischen Äußerungen[11] als auch v. BFH[12] –

1 Sog. Melford-Doktrin; s. dazu *Gosch*, IStR 2008, 413.
2 BFH v. 28.11.2001 – I B 169/00, BFH/NV 2002, 774.
3 BFH v. 20.3.2002 – I R 38/00, BStBl. II 2002, 819 (822); v. 13.7.1994 – I R 120/93, BStBl. II 1995, 129; v. 21.5.1997 – I R 79/96, BFH/NV 1997, 760; *Wassermeyer*, MA Art. 1 Rn. 12.
4 ZB (*Vogel* in) *Vogel/Lehner*[5], Einl. Rn. 193 ff., 205 (**aA** aber nunmehr *Lehner* in *Vogel/Lehner*[6], Grundlagen Rn. 193 ff., 201); *Lüdicke*, DB 1995, 748; *Gosch*, IStR 2008, 413; *Frotscher*, FS Raupach, 2009, S. 687.
5 ZB *Bron*, IStR 2007, 431; *Musil*, RIW 2006, 287; sa. *Forsthoff*, IStR 2006, 509; *Lehner*, IStR 2012, 389; *Schwenke*, FR 2012, 443; *Thiemann*, JZ 2012, 908; *Lampert*, NVwZ 2013, 195.
6 BFH v. 15.1.1971 – III R 125/69, BStBl. II 1971, 379; *Wassermeyer*, Vor Art. 1 MA Rn. 9 ff.; s. auch im Grds. nach wie vor *Schwenke*, FR 2012, 443.
7 So BVerfG, z.B. v. 14.10.2004 – 2 BvR 1481/04, BVerfGE 111, 307 „Görgülü"; v. 3.7.2007 – 2 BvE 2/07, BVerfGE 118, 244 „ISAF-Mandat"; v. 4.5.2011 – 2 BvR 2333/08, 2 BvR 2365/09, 2 BvR 571/10, 2 BvR 740/10, 2 BvR 1152/10, BVerfGE 128, 326 „Sicherungsverwahrung I und II"; vgl. umfassend Bonner Komm. zum GG, Art. 59 Rn. 137 ff., 144 f., mwN.
8 BFH v. 21.5.1997 – I R 79/96, BStBl. II 1998, 113; *K/S/M*, § 50d Rn. A 23 ff.
9 S. dazu *Vogel/Lehner*[6], Art. 1 Rn. 117.
10 Vgl. die ähnliche Situation bei § 20 Abs. 1 HS 1 AStG, dazu *F/W/B/S*, § 20 AStG Rn. 21 ff.
11 S. dazu zB *Elicker*, IFSt.-Schrift 438/2006, 10 ff.; *Vogel*, IStR 2005, 29; *Stein*, IStR 2006, 505 (508); *Kempf/Bandl*, DB 2007, 1377; *Hummel*, IStR 2005, 35; *Frau/Trinks*, DÖV 2013, 228; jew. auf Basis v. BVerfG v. 14.10.2004 – 2 BvR 1481/04, BVerfGE 111, 307; v. 26.10.2004 – 2 BvR 1038/01, DVBl. 2005, 175 (177) „Görgülü", sowie v. 26.10.2004 – 2 BvR 955/00, 2 BvR 1038/01, NVwZ 2005, 560 „Alteigentümer".
12 *Bezogen auf § 59d Abs. 8 S. 1:* BFH v. 10.1.2012 – I R 66/09, FR 2012, 819 mit Anm. *Hagena/Wagner* (vorangehend zu BVerfG 2 BvL 1/12), dort mit umfassenden Nachweisen; sa. bereits BFH v. 19.5.2010 – I B 191/09, BStBl. II 2011, 156 (AdV); *Gosch*, IStR 2008, 413 mwN; **aA** demgegenüber („traditionell" argumentierend) FG RhPf. v. 11.10.2007 – 6 K 1611/07, EFG 2008, 385 (Rev. I R 48/08 war unzulässig); FG RhPf. v. 30.6.2009 – 6 K 1415/09, EFG 2009, 1649 (als Vorinstanz zu BFH v. 10.1.2012 – I R 66/09, FR 2012, 819); FG Köln v. 21.10.2011 – 4 K 2532/08, EFG 2012, 134 – sämtlich betr. § 50d Abs. 8; FG Bremen v. 10.2.2011 – 1 K 28/10 (5), EFG 2011, 1431, mit Anm. *Pinkernell*, IStR 2013, 47 (49) (Rev. I R 30/11 zurückgenommen); FG Bremen v. 10.2.2011 – 1 K 20/10 (3), EFG 2011, 988 (aus anderen Gründen v. BFH aufgehoben, s. BFH v. 11.1.2012 – I R 27/11, DStR 2012, 689),

in gleich drei Normenkontrollersuchen an das BVerfG – angestellt worden sind, die sich jenseits einer bloßen „Völkerrechtsfreundlichkeit"[1] des GG für eine prinzipielle Bindung an das Völkerrecht und für die Bejahung der intern. Zusammenarbeit (Art. 25 Abs. 1, Art. 59 Abs. 1 GG) ausgesprochen haben, haben sich nicht durchgesetzt. Das BVerfG[2] hat sich solchen Überlegungen schlicht widersetzt, maßgebend wg. des allgegenwärtigen Demokratieprinzips und aus methodischer Sicht in Anbetracht des Grundsatzes lex posterior derogat legi priori. Die Annahme einer materiell-rechtl. Sperrwirkung ggü. der demokratisch-gesetzgeberischen Gestaltungsfreiheit verbiete sich. – Das ist alles eher Politik als Recht, weil der Gesetzgeber selbstredend bereits bei der Transformation des bilateralen Vertrags in nationales einfaches Recht seine Rechte uneingeschränkt wahrnehmen kann (und sollte).[3] Ein „Überschreiben" des Vertrags mag deswegen legitimiert bleiben, wenn Gründe des Allgemeinwohls das erzwingen. Eine derartige, nach dem Zweck und Grund des treaty overriding diff. Lösung wurde v. BVerfG nicht einmal angedacht. Als Allgemeinplatz taugt die Argumentation des BVerfG nach allem nicht und ist allein der einsamen dissenting vote der Richterin des BVerfG *Doris König* beizupflichten.[4] Indes und „sei's drum": Die Entsch. ist gefallen und sie hat Gesetzeskraft. Folge: Der Gesetzgeber ist weitgehend darin frei, sich weiterhin dieses Instruments zu bedienen (und zwar wie schon immer auch weiterhin inflationär, s. zB § 50d Abs. 3 iVm. Abs. 1 S. 2, 8, 9, 10, 11 und zuletzt 12, § 50i, § 15 Abs. 1a, § 17 Abs. 5, § 13 Abs. 2 und § 21 Abs. 2 UmwStG, § 8b Abs. 1 S. 3 KStG, § 20 Abs. 2 AStG). Der BFH hat das in der Konsequenz sogar ggü. der vorbehaltlosen Freistellung in einem dem treaty override nachfolgenden DBA uneingeschränkt[5] (und trotz des besagten Demokratieprinzips) bejaht.[6] Derzeit unbeantwortet ist allenfalls, ob das, was für explizites treaty overriding gilt (sog. Melford-Klausel, s. Rn. 25, 52), sich auch als/für verdecktes Überschreiben[7] instrumentalisieren lässt; der BFH wird (im Kontext des § 1 Abs. 1 AStG) darüber alsbald zu befinden haben.[8] Unbeantwortet mag vielleicht auch noch sein, ob es sich abw. verhält, wenn das nationale treaty override nicht „nur eine geringe Eingriffsintensität (aufweist) und (…) durch vernünftige, einleuchtende Gründe gerechtfertigt (ist)", wie das BVerfG in Rn. 102 f. seines Beschl. einzuschränken scheint (für § 50d Abs. 8 aber verneint).

Davon abgesehen steht der Anwendungsbereich des § 50d (ebenso wie jener des § 42 AO, s. dazu Rn. 30) 25a
ohnehin unter dem **Anwendungsvorrang** ausdrücklicher **DBA-eigener Missbrauchsverhinderungsvorschriften**, zB sog. Limitation of Benefits (= LOB)-Klauseln, wie in Art. 28 DBA USA 1989/2008,[9] Art. 23

---

mit krit. Anm. *Hilbert*, IWB 2011, 438; FG BaWü. v. 27.7.2011 – 2 K 1657/07 (durch BFH v. 25.5.2016 – I B 139/11, BFH/NV 2016, 1453 bestätigt); (zT zutr.) **diff.** zB *Frotscher*, FS Schaumburg, 2009, 687 ff.; *Jansen/Weidmann*, IStR 2010, 596: Unterscheidung nach der „Intensität" des Grundrechtseingriffs (Art. 2 Abs. 1, ggf. auch Art. 14 GG); **aA** *Lehner*, IStR 2012, 389; *Schwenke*, FR 2012, 443; *Kube*, StuW 2015, 134 (und als Prozessbevollmächtigter der BReg. in dem durch BVerfG v. 15.12.2015 – 2 BvL 1/12, DStR 2016, 359, beendeten Normenkontrollverfahren I R 66/09 [nachfolgend BFH v. 29.6.2016 – I R 66/09, BFH/NV 2016, 1688]), sowie (die Angriffe gegen das treaty override in sehr „belesener" Weise in den Bereich des Außerrechtlichen, des „Ethisch-Moralischen" abschiebend) *H. Hahn*, IStR 2011, 863: „Treaty Overriding sine ira et studio". – *Bezogen auf § 50d Abs. 9 S. 1 Nr. 2:* BFH v. 20.8.2014 – I R 86/13, BStBl. II 2015, 18 (BVerfG 2 BvL 21/14), m. Anm. *Quilitzsch*, ISR 2014, 379; *Ismer/Baur*, IStR 2014, 821. – *Bezogen auf § 50d Abs. 10:* BFH v. 11.12.2013 – I R 4/13, BStBl. II 2014, 791 (BVerfG 2 BvL 15/14); *Prinz*, GmbHR 2014, 729; AdV wird seitens der FinVerw. gewährt, s. zB FinMin. Sachs. v. 4.4.2014, DStR 2014, 1339.

1 S. auch FG Hbg. v. 21.8.2013 – 1 K 87/12, EFG 2013, 1932 mit Anm. *Wagner* (ohne weitere Problematisierung aufgehoben durch BFH v. 25.5.2016 – I R 64/13, BStBl. II 2017, 1185): „völkerrechtsfreundlicher" Nachrang nationaler treaty-override-Regeln ggü. späteren (und insoweit vorbehaltlosen) DBA; s. zu einem derartigen (sachgerechten und methodisch fundierten) Lösungsansatz über eine verfassungskonforme Auslegung auch bereits *Rust*, Hinzurechnungsbesteuerung, 2007, 110 f. mwN.

2 BVerfG v. 15.12.2015 – 2 BvL 1/12, DStR 2016, 359 (nachfolgend BFH v. 29.6.2016 – I R 66/09, BFH/NV 2016, 1688).

3 Zu den diesbezüglichen demokratischen Legitimationsdefiziten s. allerdings eindringlich *Hölscheidt*, IStR 2017, 918.

4 *Henrich*, NVwZ 2016, 668; **aA** eingehend *Heinke*, Staat 55 (2016), 393.

5 S. demgegenüber zu Situationen, in welchen ein entspr. Abkommensvorbehalt vereinbart wurde, Rn. 25a.

6 BFH v. 25.5.2016 – I R 64/13, BStBl. II 2017, 1185.

7 Das BVerfG (v. 15.12.2015 – 2 BvL 1/12, DStR 2016, 359, dort bezogen auf § 50d Abs. 8 S. 1) scheint solches für möglich zu erachten; der BFH begegnet dem in seiner bisherigen Spruchpraxis hingegen mit Skepsis, s. zB BFH v. 29.8.2012 – I R 7/12, BStBl. II 2013, 89 (dort zur Schachtelstrafe des § 8b Abs. 5 KStG); offen aber BFH v. 8.9.2010 – I R 6/09, BStBl. II 2013, 186 (dort zu § 8a Abs. 1 S. 1 KStG aF); s. umfassend *Gosch*, FS Crezelius, 2018, 735; *Gosch*, ISR 2018, 289 (294 ff.); *Gebhardt*, IWB 2017, 851; *Haendel*, IStR 2017, 436.

8 FG BaWü. v. 12.1.2017 – 3 K 2647/15, EFG 2017, 635 (Rev. I R 5/17) m. Anm. *Graw*; FG Düss. v. 27.6.2017 – 6 K 896/17 K,G, EFG 2017, 1332 (Rev. I R 54/17).); *Gebhardt*, IWB 2017, 851; *Haendel*, IStR 2017, 436; demnächst *Gosch*, FS Crezelius, 2018.

9 Die Bedeutung der LOB-Klausel ist nach der Rev. des DBA-USA deutlich erweitert worden, nachdem gem. Art. 10 Abs. 3 DBA-USA 1989/2006 auf die Erhebung v. Quellensteuern auf Gewinnausschüttungen v. Tochter- an Mutter-Ges. zw. Deutschland und den USA nunmehr generell verzichtet wird; s. dazu umfassend *Wolff/Eimermann*, IStR 2006, 837; *Endres/Jacob/Gohr/Klein*, DBA Deutschland/USA, Art. 28. Zur Verdrängung des § 50d Abs. 3 auch

DBA Schweiz 1971 aF,[1] Art. 31 Abs. 1 iVm. 4 DBA-Liechtenstein,[2] Art. 23 DBA-Kuweit; s. auch Prot. Nr. XV Abs. 4 DBA-Niederlande 2012[3] und Prot. Nr. 3 DBA-Großbritannien 2010, oder auch abkommensspezifischer Klauseln zum Künstlerverleih (entspr. Art. 17 Abs. 2 OECD-MA), zu Grundstücken (entspr. Art. 13 Abs. 4 OECD-MA), zur ArbN-Überlassung, zu Aktivitäts- oder Beneficiary-Vorbehalten.[4] Der insoweit gesetzte „umgekehrte" Regelungsvorrang der spezielleren (und zT höchst komplexen) DBA-Missbrauchsregelungen ggü. § 50d Abs. 3 (und § 42 AO) wirkt absolut und ist auch unabhängig davon, ob das DBA tatbestandlich weiter geht als § 50d Abs. 3 (oder § 42 AO) oder aber dahinter zurückbleibt.[5] Die Grenzlinien werden durch das DBA so oder so abschließend markiert.[6] Abw. verhält es sich nur dann, wenn das DBA kraft entspr. Beschränkung seinerseits ggü. den nationalen Missbrauchsvermeidungsregeln nachrangig sein soll, so zB gem. Art. 31 Abs. 4 DBA Liechtenstein[7] sowie gem. Nr. 1 der „Gemeinsamen Erklärung" zum DBA Großbritannien 2010,[8] oder wenn und soweit das DBA eine entspr. Missbrauchsvermeidungsklausel (oder auch nur eine als solche iwS zu identifizierende Bestimmung, zB Mindesthalteklausel uÄ.) nicht enthält und das DBA zugleich zumindest stillschweigend erkennen lässt, dass innerstaatl. Recht anwendbar bleiben soll;[9] auch derartige Öffnungsklauseln müssen aber klar erkennen lassen, ob sie allg. gelten und „dynamisch" auch künftige nationale Regelungen umfassen sollen oder aber „statisch" nur diejenigen, die im Zeitpunkt des Vertragsschlusses bereits existent gewesen sind.[10] Ein daneben stehender **allg. abkommensrechtl. Missbrauchsvorbehalt** existiert jedenfalls **nicht** (s. auch Art. 1 Nr. 24 ff. OECD-MK);[11] er widerspräche, selbst wenn er sich aus Völkerrecht ableiten ließe, mangels tragfähig konturierter Tatbestandsmäßigkeit auch dem Gesetzesvorbehalt des Art. 20 Abs. 3 GG.

25b **3. Anwendungssuspendierung des § 50d Abs. 1 gem. § 51 Abs. 1 Nr. 1 lit. f.** Über die „abkommensübersteigenden" Vorgaben des § 50d Abs. 3 hinaus – und damit als ein weiteres, als solches allerdings nicht kenntlich gemachtes treaty override– verstärkt **§ 51 Abs. 1 Nr. 1 lit. f** idF des SteuerHBekG v. 29.7. 2009[12] und **§ 2 SteuerHBekV** v. 25.9.2009[13] die Darlegungs- und Nachweiserfordernisse für die Beteiligungsanforderungen gem. § 50d Abs. 3 und ermächtigt die FinVerw. für den Fall entspr. Darlegungs- und Nachweisdefizite zu einer noch weitergehenden Versagung der DBA- oder EU-Vorteile. Offenzulegen sind danach bei fehlender abkommensrechtl. Gegenseitigkeit der Amtshilfe und Auskunftserteilung der nicht „kooperationswilligen" Staaten Namen und Ansässigkeit jener nat. Pers., deren Anteil an der entlastungsbegehrenden ausländ. KapGes. mehr als 10 % beträgt (§ 2 S. 1 SteuerHBekV); die FinBehörde kann für diese Pers. eine Bestätigung gem. § 50d Abs. 4 verlangen (§ 2 S. 2 SteuerHBekV). Wie diesen Anforderungen bei börsennotierten KapGes. entsprochen werden soll, bleibt rätselhaft (und wirkt unverhältnismäßig); eine Börsenklausel gem. § 50d Abs. 3 S. 5 (S. 4 aF) fehlt. – Diese Einschränkungen greifen für Zah-

---

Blumenberg, Ubg 2008, 269 (274). Zur neuerlich geplanten Verschärfung der LoB-Klauseln im US-MA s. *Schnittker/Steinbiß*, IStR 2015, 686 (689 ff.); zur von der EU-Kommission im Abschlussbericht zu BEPS-Aktionspunkt 6 empfohlenen Einf. v. DBA-LOB-Klauseln s. zB *Böhmer*, ISR 2017, 24 (26); *H/H/R*, Einf. EStG Anm. 1047.

1 BFH v. 19.12.2007 – I R 21/07, BStBl. II 2008, 619; s. auch BMF v. 24.1.2012, BStBl. I 2012, 171 Tz. 12; v. 3.4.2007, BStBl. I 2007, 446 Tz. 11.

2 S. *Wenz*, IStR-LB 23/2011, 116; *Niehaves*, DStR 2012, 209 (214 f.); diff. *Kammeter* in Wassermeyer, Art. 31 DBA-Liechtenstein Rn. 30 und 45: „Ein Rückgriff auf § 50d Abs. 3 muss … ausscheiden, da andernfalls die (…) bewußte Feinjustierung in (Art. 31) Abs. 1 (DBA-Liechtenstein) bedeutungslos wäre. Ein solches Ergebnis wäre widersinnig"; ob dem beigepflichtet werden kann, erscheint angesichts des klar und eindeutig formulierten Regelungsvorbehalts allerdings zweifelhaft.

3 IFSt Nr. 480/2012, 81; *Gebhardt/Moser*, IStR 2012, 607; *Eilers*, ISR 2012, 10; *Benz/Kroon*, IStR 2012, 910 (913 f.).

4 Zu alldem umfass. *Schaumburg*[4], Rn. 19.133 ff.

5 *H/H/R*, § 50d Anm. 52; *Gosch*, FS Reiß, 2008, 597 (604 f.); s. auch *Wassermeyer*, Art. 1 OECD-MA Rn. 57 ff.; **aA** *Frotscher/Geurts*, § 50d Rn. 54a f.; *B/B*, § 50d Rn. 120; diff. *Schaumburg*[4], Rn. 19.133 ff. (insbes. 19.135); *Drüen* in *T/K*, § 42 AO Rn. 102, sowie Ubg 2008, 31; *Vogel/Lehner*[6], Art. 1 OECD-MA Rn. 113; offenlassend BFH v. 28.11. 2001 – I B 169/00, BFH/NV 2002, 774.

6 Und das gilt auch bezogen auf die verfahrensmäßigen Erleichterungen, welche in BMF v. 24.1.2012, BStBl. I 2012, 171 für die Entlastungsberechtigung iRd § 50d Abs. 3 eingeräumt werden, s. Rn. 29k; **aA** IFSt Nr. 480/2012, 76 (77, Fn. 196).

7 Nur ggü. Art. 31 Abs. 2 u. 3, nicht aber Abs. 1, s. IFSt Nr. 480/2012, 78.

8 S. eingehend IFSt Nr. 480/2012, 76 ff.

9 S. zB BFH v. 16.11.2011 – I R 65/10, IStR 2012, 374 mit krit. Anm. *Lamprecht* (s. § 49 Rn. 30). S. auch *Drüen* in T/K, § 42 AO Rn. 39; *Piltz*, BB-Beil. 14/1987, 1 (9); einschr. *Wassermeyer*, Grenzen der Gestaltungsmöglichkeiten, 2009, 155 (161).

10 Zutr. einschr. *Benz/Kroon*, IStR 2012, 910 (912 ff.), zu Nr. XI Abs. 1 des Prot. zum DBA-Niederlande 2012.

11 ZB *Gosch*, DStJG 36 (2013), 201 ff.; *Wassermeyer*, Grenzen der Gestaltungsmöglichkeiten, 155 (160 f.); **aA** *Vogel/Lehner*[6], Art. 1 Rn. 100 ff., 117; *Merthan*, RIW 1992, 927 (931); wie hier aus Schweizer Sicht: *Jung*, Steuerrevue 2011, 2 (12 ff.).

12 BGBl. I 2009, 2302.

13 BGBl. I 2009, 3046.

lungen, die nach dem 31.12.2009 erfolgen (§ 6 S. 2 SteuerHBekV). Letztlich unbekannt ist, welche Staaten idS als nicht kooperationswillig angesehen werden („schwarze Liste"). Jedenfalls solange diese fehlt oder nicht transparent publiziert wird, dürfte sich das Ganze als bloße „Drohkulisse" entpuppen.[1]

4. Unionsrechtliche Beurteilung. Abs. 3 ist – jedenfalls in seinem **Kernbereich** und in seiner grundlegenden Zielrichtung – nicht v. vornherein **unionsrechtl.** bedenklich. Das betrifft nach dem EuGH-Urt v. 6.12.2007 C-298/05 „Columbus Container"[2] zunächst das in Rn. 25 angesprochene treaty overriding, das mangels konkreter Ungleichbehandlung v. Gebietsfremden und dem derzeitigen Stand der Harmonisierung der direkten Steuern nicht diskriminierend wirken soll. Das betrifft aber auch die staatliche Missbrauchsgegenwehr als solche: Die Mutter/Tochter-RL des Rates 2003/123/EG v. 22.12.2003[3] belässt in Art. 1 Abs. 2 den Mitgliedstaaten ausdrücklich das (sekundäre) Recht zur Schaffung v. Missbrauchsregelungen.[4] Überdies handelt es sich bei Abs. 3 (jedenfalls seiner „Natur" und seinen Rechtswirkungen nach: auch, s. aber Rn. 30) um eine Regelung der (bloßen) Einkünftezurechnung und der Einkünfteerzielung (vgl. § 2 Abs. 1), die sich im Grundsatz allein nach nationalem Recht beantwortet.[5] Nicht zuletzt deswegen verfängt der Einwand nicht, der in der RL vorbehaltene Missbrauch unterliege einem autonomen unionsrechtl. Verständnis und sei einer nationalen Auslegung nicht zugänglich.[6] Solange die direkten Steuern nicht harmonisiert sind, ist der nationale Gesetzgeber prinzipiell darin frei, die Einkünftezurechnung und die Frage der Umgehung dieser Zurechnung einseitig zu bestimmen.[7] In Kollision mit EU-Recht soll der Missbrauchsbegriff insofern höchstens in Randbereiche gelangen können. Das ist in dieser Verallgemeinerung allerdings mehr als zweifelh.[8] Auch der EuGH gestattet es zwar nicht, sich in missbräuchlicher und betrügerischer Weise auf Unionsrecht zu berufen.[9] Allerdings verdienen nach dem Recht eines anderen Mitgliedstaates errichtete bloße Basis- oder Briefkasten-Ges. uU nach der zwischenzeitl. Entwicklung der **EuGH**-Rspr., vor allem durch das Urteil **„Inspire Art"** v. 30.9.2003, vollen unionsrechtl. Diskriminierungsschutz.[10] Diese Rspr. gilt zwar unmittelbar „nur" für das Gesellschaftsrecht. Es spricht einiges dafür, dass für das Steuerrecht abw. Grundsätze gelten und gänzlich funktionslose „Briefkästen" als „rein künstliche Konstruktionen" ohne reale wirtschaftl. Tätigkeit wohl nach wie vor unbeachtlich bleiben, wenn sie darauf abzielen, die DBA-rechtl. vereinbarte Besteuerungszuweisung zu unterlaufen und dadurch einen Steuervorteil zu erlangen.[11] Weder die Rspr. des BFH noch jene des EuGH erscheint in diesem Punkt abgeschlossen, die Grenzen sind fließend.[12] Zumindest eine nicht nur kurzfristig, sondern auf Dauer zwischengeschaltete ausländ. Zwischen-Ges. wird jedenfalls bei (auch nur minimaler) substantieller Ausstattung, zB Büro, (auch Teilzeit-)[13] Personal, Telefonanschluss, betriebsnotwendige Ausrüstungsgegenstände, innerhalb der EU – im Einklang mit einer vergleichbaren inländ. Ges.[14] – aus stl. Sicht kaum als rechtsmissbräuchlich angesehen werden dürfen (s. auch Rn. 33a).[15] In diesem Lichte darf die Annahme eines 26

1 S. denn auch BMF v. 5.1.2010, BStBl. I 2010, 19.

2 DStR 2007, 2308. – S. zum Problem auch *Stein*, IStR 2006, 505 (508); *Bron*, IStR 2007, 431; *Forsthoff*, IStR 2006, 509.

3 ABl EU 2004 Nr. L 7/41; s. ebenso die vorhergehende Fassung v. 23.7.1990 (ABl. EG Nr. L 225/6).

4 BFH v. 20.3.2002 – I R 38/00, BStBl. II 2002, 819. S. dazu *Kofler*, DStJG 33 (2009), 213 (226 ff., 228).

5 Im Einzelnen *K/S/M*, § 50d Rn. A 20 ff.; einschr. demgegenüber *Schön*, IStR Beihefter 2/1996, 6, jew mwN.

6 ZB *Schön*, IStR Beihefter 2/1996, 6; *Stoschek/Peter*, IStR 2002, 656 (661 ff.); *Niedrig*, IStR 2003, 474 (479).

7 Zutr. *K/S/M*, § 50d Rn. A 30 ff.

8 BFH v. 20.3.2002 – I R 38/00, BStBl. II 2002, 819 (823).

9 ZB EuGH v. 9.3.1999 – Rs. C-212/97 – Centros, Slg. 1999, I-1459 Rn. 24; v. 23.3.2000 – Rs. C-373/97 – Diamantis, Slg. 2000, I-1734 Rn. 33; v. 21.2.2006 – Rs. C-255/02 – Halifax, Slg. 2006, I-1609; BFH v. 20.3.2002 – I R 38/00, BStBl. II 2002, 819; allg. zum Problem des „europäischen" Missbrauchsbegriffs einerseits *Hahn*, ÖStZ 2006, 399; andererseits *M. Lang*, SWI 2006, 273.

10 Vgl. insoweit EuGH v. 30.9.2003 – Rs. C-167/01 – Inspire Art Ltd., BB 2003, 2195; s. auch speziell zur Frage der Nichtabzugsfähigkeit v. BA gem. § 160 AO *Sedemund*, IStR 2002, 279; BFH v. 17.10.2001 – I R 19/01, IStR 2002, 274 mit Anm. *Grams*; FG München v. 19.3.2002 – 6 K 5037/00, EFG 2002, 880; FG Münster v. 18.9.2002 – 9 K 5593/98 K, 9 K 5639/98 G, 9 K 5640/98 F, EFG 2003, 1436.

11 Eingehend *J. Hey*, StuW 2008, 167 (178 ff., 182). S. auch BFH v. 29.1.2008 – I R 26/06, BStBl. II 2008, 978 „SOPARFI" (dort allerdings zu der Situation, dass grundlegende Zweifel daran bestanden, dass die Luxemburg-Ges. nur vorgeschoben und eigentlich Agierender deren in der Schweiz ansässige „Hintermann" war.

12 Vgl. *M. Lang*, SWI 2006, 273 (284); *J. Hey*, StuW 2008, 167 (183).

13 Zutr. *Trenkwalder*, FS Loukota, 2005, 569 (583).

14 BFH v. 23.10.1996 – I R 55/95, BStBl. II 1998, 90 (91); s. auch BFH v. 15.10.1998 – III R 75/97, BStBl. II 1999, 119; *Gosch*, StBp. 1999, 79; anders demgegenüber uU BFH v. 18.3.2004 – III R 25/02, BStBl. II 2004, 787, m. Anm. *Gosch*, StBp. 2004, 241.

15 So iErg. auch BFH v. 31.5.2005 – I R 74/04, BStBl. II 2006, 118 „Hilversum II" (mit zust. Anm. *Jacob/Klein* und *Haarmann*, IStR 2005, 710) unter ausdrücklicher Aufgabe v. BFH v. 20.3.2002 – I R 38/00, BStBl. II 2002, 819 (823) „Hilversum I", sowie v. 13.10.2010 – I R 61/09, BStBl. II 2011, 249 (mit Anm. *D. Müller*, FR 2011, 389) (zu den spezifischen Aktivitätserfordernissen gem. § 8 Abs. 1 Nr. 3 AStG); s. aber auch BFH v. 29.1.2008 – I R 26/06,

Missbrauchs gem. § 50d Abs. 3 sicherlich nicht über jenes Maß hinausgehen, das nach § 42 AO für rein nationale Sachverhalte gilt:[1] Grds. darf ein Sachverhalt innerhalb der EG nicht allein aufgrund seiner „Grenzüberschreitung" pauschalierend einer Missbrauchsvermutung unterworfen werden. Das gilt um so mehr dann, wenn es um die Outbound-Inanspruchnahme v. Steuervergünstigungen geht, die seitens der EU-Kommission (und ohne irgendeine Remonstration im Vorwege durch Deutschland) in Einklang mit Art. 86 ff. AEUV als unionsrechtskonforme Beihilfeleistungen notifiziert worden sind.[2] Soweit der EuGH in seinem (zum mit der deutschen Hinzurechnungsbesteuerung nach §§ 7 ff. AStG vergleichbaren britischen CFC-Recht[3] ergangenen) Urteil v. 12.12.2006 – C-196/04 in der Sache „**Cadbury Schweppes**"[4] solche pauschalierenden und typisierenden Missbrauchsvermutungen per se nicht infrage gestellt hat, verlangt er zumindest bei „äußerlich" substanzlosen Konstruktionen doch die durchgängige (und unbeschadet v. Art. 1 Abs. 2 Mutter/Tochter-RL in dessen zuletzt „missbrauchsverschärften" Fassung v. 28.1.2015 – 2015/121/EU primärrechtl. fundierte) Möglichkeit, einen **Gegenbeweis** (den sog. Motivtest) **im Einzelfall** erbringen zu können. Im Rahmen dieses Gegenbeweises muss dem StPfl. bei sachgerechtem Verständnis und bei richtiger Lesart (wohl) auch iZ mit § 50d Abs. 3 und auch dann die Möglichkeit gegeben werden, die Zwischenschaltung der ausländ. KapGes. zu rechtfertigen, wenn dieser gewöhnlich abzuverlangende Substanzerfordernisse fehlen. Denn solche Erfordernisse hängen immer (auch) v. den Gegebenheiten des Einzelfalls ab („der Grad der notwendigen Infrastruktur [hängt] v. den zu erbringenden Leistungen ab")[5], wozu gerade die besondere Funktion der KapGes. gehören kann; bei entspr. Funktion zB als **Finanzierungs- oder Kapitalanlage-Ges.**, auch als reine Patent- oder Lizenzverwaltungs-Ges.[6] oder Holding, sind die Substanz- und Ressourcenerfordernisse deswegen spürbar gemindert.[7] Es wird im allgemeinen und aus unionsrechtl. Sicht im besonderen nicht einmal zu beanstanden sein, wenn eine solche Ges. im Rahmen ihres Unternehmenszwecks das operative Geschäft auf einen (im betreffenden Staat, ggf. aber auch in einem anderen Staat ansässigen) Geschäftsbesorger („management agreement") auslagert.[8] Ebenso erscheint es überzogen, den Konzernkontext völlig außer Acht zu belassen, wie das in § 50d Abs. 3 S. 2 geschieht. S. auch Rn. 29da f.

Das sieht der EuGH denn auch genauso; er hat – zunächst – durch Urt. v. 20.12.2017 – C-504/16, **Deister Holding** und C-613/16, **Juhler Holding**,[9] jeweils auf Vorabentscheidungsersuchen des FG Köln,[10] exakt in diesem Sinne und in § 50d Abs. 3 in den Regelungsfassungen bis zum VZ 2011 (s. Rn. 24) eine unzulängliche, weil zu grob und unverhältnismäßig typisierende Missbrauchsverhinderungsregelung erkannt, die

---

BStBl. II 2008, 978 (sog. „SOPARFI-Fall", im Schrifttum gelegentlich zu Unrecht unter „Hilversum III" bekannt geworden), s. auch *Korts*, IStR 2006, 427; *Herlinghaus*, EFG 2006, 898; *Kessler*, PIStB 2006, 898; *Ritzer*, FR 2006, 757; *Bünning/Mühle*, BB 2006, 2159; *Forst*, EStB 2006, 384 *Schön*, FS Reiß, 2008, 571; s. auch (aus gesellschaftsrechtl. Sicht) EuGH v. 30.9.2003 – Rs. C-167/01 – Inspire Art Ltd., BB 2003, 2195 und unter ausdrücklicher Bezugnahme darauf BFH v. 25.2.2004 – I R 42/02, BStBl. II 2005, 14 („Dublin Docks II"), m. Anm. *Philipowski*, IStR 2004, 531; *Wolff*, IStR 2004, 532; *Gosch*, StBp. 2004, 244; *Prinz/v. Freeden*, Der Konzern 2004, 318; dem folgend BMF v. 28.12.2004, BStBl. I 2005, 28; s. auch *Gosch*, StBp. 2003, 338; BFH v. 17.11.2004 – I R 55/03, BFH/NV 2005, 1016 in Abgrenzung zu BFH v. 27.8.1997 – I R 8/97, BStBl. II 1998, 163 (Niederländischer Stiftungs-Fall); **aA** *Fischer*, FR 2004, 1068; *Fischer*, FR 2005, 457 und *Fischer*, FR 2005, 585; s. auch österreichischer VwGH, v. 9.12.2004, 2002/14/0074, IStR 2005, 206 (dort mit krit. Anm. *N. Schmidt/Theiss*; ebenso *M. Lang*, IStR 2005, 206, *Kofler*, RdW 2005, 786; zust. *Lokouta*, SWI 2005, 205) und v. 10.8.2005, 2001/13/0018, ÖStZ 2005, 945.

1 FG Köln v. 28.4.2010 – 2 K 1564/08, EFG 2010, 2004 (= Schlussurteil zu BFH v. 29.1.2008 – I R 26/06, BStBl. II 2008, 978).

2 ZB – bezogen auf die abgesenkten Steuersätze in Irland – *Blumenberg/Kring*, IFSt Nr. 473/2011, S. 42 ff. mwN.; s. dazu auch BFH v. 25.2.2004 – I R 42/02, BStBl. II 2005, 14.

3 = Controlled Foreign Companies.

4 EuGH v. 12.9.2006 – Rs. C-196/04 – Cadbury Schweppes, FR 2006, 987 mit Anm. *Lieber*; s. auch *Schön*, FS Reiß, 2008, 571; *Gosch*, FS Reiß, 2008, 597.

5 So zutr. das (schweizerische) BVGer v. 7.3.2012 – A-6537/2010 sowie v. 23.7.2012 – A-1246/2011, beide zum abkommensrechtl. Begriff des sog. Beneficial Owner. S. dazu auch *M. Lang*, SWI 2012, 226 (229 f.).

6 S. dazu BFH v. 13.6.2018 – I R 94/15, DStR 2018, 2251.

7 Zutr. *Trenkwalder*, FS Loukota, 2005, 569 (582 ff.); s. ebenso (zu § 8 Abs. 1 Nr. 6 AStG und hierbei gegen BMF v. 8.1.2007, BStBl. I 2007, 99 [mittlerweile für nach dem 31.12.2008 verwirklichte Sachverhalte aufgehoben durch BMF v. 23.4.2010, BStBl. I 2010, 391]) FG Münster v. 20.11.2015 – 10 K 1410/12 F, EFG 2016, 453 (aus anderen Gründen durch BFH v. 13.6.2018 – I R 94/15, DStR 2018, 2251 aufgehoben).

8 Vgl. BFH v. 13.10.2010 – I R 61/09, BStBl. II 2011, 249, zu § 8 Abs. 1 Nr. 3 AStG und dem dort geforderten Unterhalten eines „in kaufmännischer Weise eingerichteten Betriebs", das allerdings – abw. v. § 50d Abs. 3 S. 1 Nr. 3 und damit insoweit wertungsunterschiedlich (**aA** *Süß/Mayer-Theobald*, IStR 2011, 114) – unter Verzicht auf eine Teilnahme am allg. wirtschaftlichen Verkehr. S. allg. zur – so der Aufsatztitel – „geliehenen Substanz" *Köhler*, ISR 2012, 1.

9 EuGH v. 20.12.2017 – C-504/16 und C-613/16 – Deister Holding und Juhler Holding, DStR 2018, 119.

10 FG Köln v. 8.7.2016 – 2 K 2995/12, EFG 2016, 1801; v. 31.8.2016 – 2 K 721/13, ISR 2017, 54 m. Anm. *Böhmer*.

sowohl gegen die Niederlassungs- als auch die Kapitalverkehrsfreiheit sowie gegen die Mutter/Tochter-RL verstieß und für die eine einzelfallbezogene Escape-Klausel fehlte. (Wichtig ist hierbei, dass die Berufung auf die Niederlassungsfreiheit nicht daran scheitert, dass ein oder mehrere der G'ter außerhalb der EU ansässig ist bzw. sind; ausschlaggebend ist allein die Ansässigkeit der zwischengeschalteten Ges. und mithin die sog. Trennungstheorie.)[1] Der EuGH hat sodann – durch Urt. v. 14.6.2018 – C-440/17, **GS**,[2] in ebendieser Weise für die gegenwärtige Regelungsfassung (idF des BeitrRLUmsG v. 7.12.2011)[3] entschieden, wiederum auf Vorabentscheidungsersuchen des FG Köln[4]. Die FinVerw. hat sich zu den Urt. in den Rs. Deister Holding und Juhler Holding durch ihr Schr. v. 4.4.2018[5] positioniert und dabei in einem „Aufwasch" beide Regelungsfassungen ins Visier genommen. Um es vorwegzunehmen: Die behördliche Reaktion ist eine in der Sache sehr magere. Ihr Wirkungsbereich reduziert sich auf die Quellensteuer-Entlastung nach § 43b innerhalb der EU. Nur hierbei entfällt danach die Anwendung **(1)** des § 50d Abs. 3 idF des JStG 2007 sowie **(2)** des § 50d Abs. 3 S. 2 idF des AmtshilfeRLUmsG v. 7.12.2011 (und soll vice versa wohl § 42 AO an ihre Stelle treten, im Rahmen „einer Gesamtwürdigung der Umstände des Einzelfalls" aus Verwaltungssicht offensichtlich mit ähnlichen Ergebnissen); nur hierfür wurde das bislang maßgebende BMF-Schr. v. 24.1.2012[6] (s. dazu Rn. 29j) modifiziert (Teilnahme am allg. wirtschaftl. Verkehr auch durch bloße Verwaltung v. WG, für diese Fälle Verzicht auf die Beschäftigung v. geschäftsleitendem und anderem Personal). Alles andere belässt das neue BMF-Schr. ausgespart und unberührt. Das betrifft die weiteren Anwendungsbereiche des § 50d Abs. 3 (§ 50a, § 44a Abs. 9, § 50g, EWR-Staaten),[7] infolge des Verstoßes gegen die Kapitalverkehrsfreiheit gleichermaßen einschlägige Drittstaatenkonstellationen, und zwar sowohl Nicht-DBA-Fälle gem. § 44a Abs. 9 als auch DBA-Fälle, da KapESt-Reduktionen nach Art. 10 OECD-MA und sog. Schachtelprivilegien nach den insoweit maßgebenden Abkommensrechtslagen gemeinhin eine bloß „unterschwellige", nicht beherrschende Beteiligungsquote v. unter 25 % verlangen.[8] Das betrifft ebenso die sonstigen Anforderungen an den sog. Substanztest (Einrichtung des Geschäftsbetriebs). Vor allem aber fehlt nach wie vor die Möglichkeit, im Einzelfall den wirtschaftl. „Gegenbeweis" führen zu können, stattdessen wird immer noch „mechanisch" typisiert und damit Unionsrecht verletzt.[9] Das genügt deshalb so sicher nicht. Nichtsdestotrotz bleibt festzuhalten: Die (sekundärrechtl.) Anforderungszügel werden ersichtlich angezogen,[10] wie sich zum einen an der zitierten geänderten Mutter/Tochter-RL, zum anderen an Art. 7 und Art. 8 Abs. 2 BEPS-RL erweist;[11] es bleibt abzuwarten, ob und wie sich das wechselseitig auf das unionsrechtl. Primärrecht (und damit auch auf die Rspr. des EuGH) auswirkt.[12]

Den (in Rn. 26 f.) aufgeworfenen Bedenken hat für die – insoweit vergleichbare – Situation bei der (deut- 27
schen) Hinzurechnungsbesteuerung gem. §§ 7 ff. AStG zunächst die FinVerw.[13] und sodann der Gesetzgeber durch **§ 8 Abs. 2 AStG** idF des JStG 2008 Rechnung getragen, indem dort (aber nur) für Ges. in EU-/EWR-Staaten (und damit nicht für Drittstaaten)[14] die Möglichkeit eines spezifischen Aktivitätsnachweises geschaffen wurde, vorausgesetzt, die Gegenseitigkeit der Amtshilfe ist gewährleistet (also nicht ggü. Liechtenstein). Soweit gem. § 8 Abs. 2 AStG Kapitalanlage- und Finanzierungs-Ges. iSv. § 7 Abs. 6 AStG v.

1 EuGH v. 20.12.2017 – C-504/16 und C-613/16 – Deister Holding und Juhler Holding, DStR 2018, 119 Rn. 84.
2 EuGH v. 14.6.2018 – C-440/17 – GS, DStR 2018, 1479.
3 BGBl. I 2011, 2592.
4 FG Köln v. 17.5.2017 – 2 K 773/16, EFG 2017, 1518 m. Anm. *Linkermann*; *Gebhardt*, BB 2017, 2007; *Linn/Pignot*, IWB 2017, 826; *Kraft*, NWB 2017, 2400; sa. den Hinweis v. *Schlücke*, ISR 2017, 441, auf EuGH v. 7.9.2017 – C-6/16 – Eqiom und Enka, BB 2017, 2340, zu einer vergleichbaren treaty-shopping-rule im französischen Steuerrecht und deren Unionsrechtswidrigkeit.
5 BStBl. I 2018, 589; dazu zB *Biebinger/Hiller*, NWB 2018, 424; *Polatzky/Goldschmidt/Schuhmann*, DStR 2018, 641; *Graf*, BB 2018, 2391; *Hagemann*, DStR 2018, 745; *Watrin/Leukefeld*, FR 2018, 813.
6 BStBl. I 2012, 171 (betroffen sind dort Tz. 5.2, 6, 7, 8).
7 Intensiv: *Biebinger/Hiller*, NWB 2018, 424.
8 Zutr. *Ernst/Farinato/Würstlin*, IStR 2019, 6 mwN.
9 *Weiss/Brühl*, ISR 2018, 238 (240 ff.); *Beutel/Oppel*, DStR 2018, 1469; *Sumalvico*, DB 2018, 1761.
10 Instruktiv *Kahlenberg*, IWB 2016, 457; *Linn/Pignot*, IWB 2016, 466, jeweils mwN.
11 Vgl. COM (2016) 26 final, 10.
12 S. neuerlich uU einschr. (aber iErg. offenlassend), was das „Primäre" des Primärrechts anbelangt: BFH v. 19.7.2017 – I R 87/15, DStR 2018, 67; sa. EuGH v. 8.3.2017 – C-14/16 – Euro Park Service, IStR 2017, 409; v. 23.11.2017 – C-292/16 – A Oy, IStR 2018, 32: Vorrang des Primärrechts nur dann, wenn im betroffenen Bereich (wie bei der Fusions-RL) keine abschließende Harmonisierung stattgefunden hat. Man sieht: Die primärrechtl. Abwehrmauer beginnt zu bröckeln.
13 BMF v. 8.1.2007, BStBl. I 2007, 99 (mittlerweile für nach dem 31.12.2008 verwirklichte Sachverhalte aufgehoben durch BMF v. 23.4.2010, BStBl. I 2010, 391).
14 Zu den dagegen bestehenden unionsrechtl. Bedenken aus Sicht der Kapitalverkehrsfreiheit s. zB BFH v. 12.10.2016 – I R 80/14, BStBl. II 2017, 615 (Vorabentscheidungsersuchen an den EuGH, dort Rs. C-135/17 – X); auch FG BaWü. v. 12.8.2015 – 3 V 4193/13, EFG 2016, 17 (AdV).

dem Motivtest ausgenommen werden, dürfte dies dem Grundsatz des EuGH-Urteils „Cadbury Schweppes", das ja gerade eine solche Finanzierungs-Ges. betraf, widersprechen[1] (s. aber auch Rn. 41e aE.). Für **§ 50d Abs. 3** fehlte eine entspr. Ausnahmeregelung. Solange der Gesetzgeber hier nicht tätig geworden war, war deswegen nach der mittlerweile ständigen Spruchpraxis des BFH[2] „geltungserhaltend" in die Norm ‚hineinzulesen'. Eine Gesetzesnachbesserung war indessen dringendst anzumahnen, nachdem ein diesbezügliches (und insbes. gegen die in Abs. 3 S. 1 Nr. 2 angeordnete Relevanzgrenze für nicht eigene Wirtschaftsaktivitäten gerichtetes, s. Rn. 29b) **Vertragsverletzungsverfahren** gegen Deutschland seitens der EU-Kommission eingeleitet worden war;[3] dem wurde zwischenzeitl. – v. VZ 2012 an – (in allerdings zT untauglicher und, wie jetzt definitiv feststeht, nach wie vor unionsrechtsunverträglicher Weise, s. Rn. 26f.) Rechnung getragen, s. Rn. 29gff. – So oder so ist **viererlei zu gewärtigen: (1)** In der Rs. „Cadbury Schweppes" ging es um eine sog. Outbound-Situation, bei Abs. 3 jedoch um einen sog. **Inbound-Fall**, also um die Beurteilung einer die EU-Grundfreiheiten ausübenden und beanspruchenden Auslands-Ges. im Inland, mithin um jene Konstellation, welche auch dem EuGH-Urteil „Inspire Art"[4] zugrunde lag.[5] **(2)** Der EuGH nimmt lediglich eine Beurteilung vor unionsrechtl. Hintergrund und zu einer speziellen Regelung vor, setzt aber **nicht** zugleich und automatisch einen **innerstaatlichen Anforderungsstandard**; es bleibt der nationalen Rechtspraxis unbenommen, nach Maßgabe des § 42 AO und hiernach im Zusammenspiel mit den Wertungen etwaiger sondergesetzlicher Missbrauchsvermeidungsvorschriften sowie einer prinzipiell gebotenen Gleichbehandlung v. in- und ausländ. Zwischen-Ges. hinter dem v. EuGH verlangten Substanzprofil des EuGH zurückzubleiben; die zT großzügigere Rspr. des BFH wird also keineswegs v. vornherein in Frage gestellt oder konterkariert.[6] S. allg. zum Verhältnis zu § 42 AO Rn. 30 ff. **(3)** Der sog. Motivtest erfordert eine **„echte" Einzelfallprüfung**, nicht aber die bloße (und ohnehin selbstverständliche) Subsumtion unter Tatbestandsmerkmale, gleichviel, ob diese durch G konstituiert oder durch die Rspr. geprägt und geschaffen wurden.[7] Und schließlich **(4):** Das Erfordernis des „Motivtests" gebietet in erster Linie die **Niederlassungsfreiheit** (Art. 49 AEUV), im Kern und parallel aber nicht minder die **Kapitalverkehrsfreiheit** (Art. 63 AEUV) und die Mutter-Tochter-RL.[8] Die Kapitalverkehrsfreiheit wird bezogen auf § 50d Abs. 3 nach der einschlägigen Rspr. des EuGH[9] allenfalls dann kollisionsrechtl. durch die (vorrangige) Niederlassungsfreiheit verdrängt, wenn die KapESt-Erstattung nach Maßgabe v. § 43b Abs. 2 S. 1, § 50g Abs. 3 Nr. 5 lit. b S. 1 oder einem DBA (vgl. Art. 10 Abs. 2 S. 1 lit. a OECD-MA) eine qualifizierte Mindestbeteiligungsquote (Schachtelprivilegierung) voraussetzt, die einen ‚sicheren Einfluss' auf die Entscheidungen des Beteiligungsunternehmens ermöglicht.[10] Ist das nicht der Fall (wie zB gem. Art. 10 Abs. 2 S. 1 lit. b und Art. 11 Abs. 2 OECD-MA), dann fehlt diejenige qualifizierte Beteiligung, welche der EuGH für die beschriebene Kollisionsauflösung verlangt.[11] § 50d findet dann normtypisch allseits und vorbehaltlos Anwendung und wirkt gegen „jedermann". Folge daraus ist (unabhängig v. dem tatsächlichen Beteiligungsumfang), dass die Kapitalverkehrsfreiheit gleichberechtigt neben der Niederlassungsfreiheit anwendbar bleibt und insoweit prinzipiell drittstaatenweit („erga omnes") greift.[12] Beschränkungen kön-

---

1 S. denn auch BFH v. 21.10.2009 – I R 114/08, BStBl. II 2010, 774 (= Schlussurt. „Columbus Container Services").

2 ZB BFH v. 25.8.2009 – I R 88, 89/07, BStBl. II 2016, 438 mwN; bezogen auf § 50d Abs. 3 s. ähnlich auch *Eggeling*, Ubg 2011, 676 (682ff.).

3 Az. 2007/4435, vgl. IP/10/298 v. 18.3.2010; s. dazu zB *Boxberger*, AG 2010, 365.

4 EuGH v. 30.9.2003 – Rs. C-167/01 – Inspire Art Ltd., BB 2003, 2195.

5 Zutr. *Lieber*, FR 2006, 993 (995).

6 **AA** offenbar *Wassermeyer*, DB 2006, 2050; s. auch *Lieber*, FR 2006, 993 (995).

7 Zutr. *M. Lang*, SWI 2006, 273 (283).

8 In diese Richtung geht das besagte Vertragsverletzungsverfahren der EU-Kommission. Az. 2007/4435, vgl. IP/10/298 v. 18.3.2010.

9 ZB EuGH v. 10.5.2007 – Rs. C-492/04 – Lasertec, IStR 2007, 439; v. 13.3.2007 – Rs. C-524/04 – Test Claimants in the Thin Cap Group Litigation, IStR 2007, 249; v. 17.9.2009 – Rs. C-182/08 – Glaxo Wellcome, IStR 2009, 691 (dort Tz. 48f.); v. 21.1.2010 – Rs. C-311/08 – SGI, IStR 2010, 144; v. 19.7.2012 – Rs. C-31/11 – Marianne Scheunemann, DStR 2012, 1508 (dort Tz. 23ff.).

10 Der BFH gesteht auch einer Mindestbeteiligungsgrenze v. (nur) 10 % im Einzelfall eine effektive Einflussnahme auf die Verwaltung und Kontrolle der Beteiligungs-Ges. zu (s. BFH v. 29.8.2012 – I R 7/12, BStBl. II 2013, 89 zur sog. Schachtelstrafe gem. § 8b Abs. 7 KStG 1999; v. 6.3.2013 – I R 10/11, BStBl. II 2013, 707 (zur DBA-Schachtelquote); s. auch EuGH v. 26.3.2009 – Rs. C-326/07 – Kommission ./. Italienische Republik, EuZW 2009, 458 (Tz. 36ff., dort zu einer 5 %igen, allerdings mit Sperrrechten versehenen Beteiligung an einer Publikums-AG). Im Grundsatz wird das aber wohl nicht ausreichen, s. EuGH v. 3.10.2013 – Rs. C-282/12 – Itelcar-Automóveis de Aluguer Lda/Fazenda Pública, ISR 2013, 376 m. Anm. *Müller*; v. 11.11.2014 – Rs. C-47/12 – Kronos International, IStR 2014, 724 m. Anm. *Spies*; *Ribbrock*, BB 2014, 2600.

11 Das ist nunmehr eindeutig, vgl. EuGH v. 13.11.2012 – Rs. C-35/11 – Test Claimants in the FII Group Litigation, IStR 2012, 924 mwN; s. dazu *Gosch*, NWB 2012, 4043; *Hindelang*, IStR 2013, 77.

12 Vgl. zB BFH v. 29.8.2012 – I R 7/12, BStBl. II 2013, 89; v. 9.8.2006 – I R 95/05, BStBl. II 2007, 279; v. 26.11.2008 – I R 7/08, IStR 2009, 244 (dagegen gerichtete Verfassungsbeschwerde des FA [!] nicht angenommen: BVerfG v.

nen sich insoweit allerdings durch höhere Rechtfertigungsanforderungen (Steueraufsicht, Steuerkontrolle) ergeben.[1] Das alles entspricht derzeit dem Stand der Spruchpraxis des BFH und dessen Verständnis der EuGH-Rspr., sah sich aber erbittertem, nunmehr – nach EuGH v. 13.11.2012 – Rs. C-35/11 – Test Claimants in the FII Group Litigation[2] – allerdings wohl erlahmendem Widerstand der FinVerw. ausgesetzt, welche nicht das Telos der nationalen Norm, sondern die tatsächlichen Beteiligungsverhältnisse über die vorrangige Geltung der Niederlassungsfreiheit entscheiden lassen will.[3] – So oder so wird die sog. Stand still-Klausel des Art. 64 Abs. 1 AEUV nicht einschlägig sein, weil § 50d am dafür maßgeblichen Stichtag, dem 31.12.1992, eine mit Abs. 3 vergleichbare Vorschrift noch nicht enthielt. – S. zum „Escape" durch triftige wirtschaftl. Gründe auch Rn. 30.

II. Voraussetzungen bis VZ 2006. Bis zum VZ 2006 verlangte **Abs. 3 aF** (bis zum VZ 2000, s. Rn. 2: Abs. 1a aF) **kumulativ** (aber str.)[4] die folgenden tatbestandlichen **Voraussetzungen:** 28

1. Beteiligung einer ausländischen Gesellschaft. „Entlastungsgesperrt" ist eine **ausländ. Ges.** Der Begriff der **Ges.** bestimmt sich nach dem einschlägigen DBA bzw. § 43b Abs. 2, § 50g Abs. 3 Nr. 5 lit. a aa. Ges. in diesem Sinne ist nach DBA jene KapGes., die nach deutschem Steuerrecht im sog. Typenvergleich als solche zu behandeln ist und der der ausländ. Staat die den Abzugsteuern zugrunde liegenden Einkünfte zuordnet. Es kann auch eine PersGes. sein, die nach ausländ. Recht (und ggf. abw. v. der deutschen Sichtweise) wie ein KapGes. behandelt wird[5], nicht aber eine nat. Pers. Zu den einschlägigen Rechtsformen bei Anträgen nach § 43b oder § 50g s. dort die Anlagen 2 bzw. 3a. **Ausländ.** ist die Ges., wenn sie weder Sitz noch Geschäftsleitung im Inland hat[6] oder aus Sicht des betr. DBA (vgl. Art. 4 Abs. 1, 3 OECD-MA, sog. Tie-breaker-rule) bei Doppelansässigkeit in anderen Vertragsstaaten ansässig ist. Maßgebend sind v. VZ 2007 an allerdings allein die Verhältnisse jener ausländ. Ges. Konzernverbundene oder sonstwie nahe stehende Unternehmen (§ 1 Abs. 2 AStG) bleiben außer Betracht, Abs. 3 S. 2 (s. Rn. 29e). Zur Situation, dass die (Auslands- oder Inlands-)Beteiligung tatsächlich-funktional einer im anderen Vertragsstaat belegenen (auch aufgrund DBA freizustellenden) Betriebsstätte zuzuordnen ist, s. Rn. 10 aE. 28a

2. Nicht qualifizierte Anteilseigner. An der so verstandenen unmittelbar abkommensberechtigten ausländ. Ges. sind – ggf. auch nur mittelbar über mehrstöckige Konstruktionen[7] (s. dazu und zu den Konsequenzen für mittelbare Konstruktionen Rn. 32f.)[8] – (nat. oder jur., unbeschränkt oder auch nur beschränkt stpfl., s. Rn. 24, 29)[9] **Pers. beteiligt**, denen die Steuerentlastung nicht zustände, wenn sie die „Einkünfte" (gemeint sind richtigerweise wohl die Einnahmen als Bruttobetrag) **unmittelbar** erzielten. Das sind regelmäßig Pers., die in einem Nicht-DBA-Staat oder in einem anderen DBA-Staat ansässig sind, der die Steuerentlastung nicht oder in einem geringeren Umfang gewährt, oder solche, die die Steuervorteile der Mutter/Tochter- sowie der Zins-RL der EG persönlich nicht beanspruchen können. Das kann aber nach dem zweifelsfreien Regelungswortlaut auch eine doppelt ansässige Pers. sein, die aufgrund der Tie-breaker-rule (Art. 4 Abs. 2 OECD-MA) als im anderen Vertragsstaat ansässig gilt (s. Rn. 28a), oder auch ein (unbeschränkt stpfl.) Inländer, der eine ausländ. Tochter-Ges. seiner Beteiligung an einer wiederum inländ. Enkel-Ges. zwischenschaltet; dass er im Inland andernfalls (gem. § 8b Abs. 1 KStG) mit den Dividendeneinkünften steuerfrei bliebe, widerspricht dem nach dem Regelungstext nicht und erzwingt 28b

11.4.2012 – 2 BvR 862/09, StE 2012, 290); v. 25.8.2009 – I R 88, 89/07, BStBl. II 2016, 438; FG Köln v. 24.2.2011 – 13 K 80/06, EFG 2011, 1651 (Rev. I R 40/11 hat das FA zurückgenommen); **aA** BMF v. 21.3.2007, BStBl. I 2007, 302; zur kontroversen Diskussion s. zB *Dörfler/Ribbrock*, BB 2009, 1515; *Gosch*, BFH/PR 2009; *Mitschke*, FR 2009, 898; *Rehm/Nagler*, IStR 2009, 247; *Völker*, IStR 2009, 705; *Tippelhofer*, IWB 2009/11 F. 3A, Gr. 1, 1115; *Intemann*, NWB 2009, 2889.

1 ZB EuGH v. 12.12.2006 – Rs. C-446/04 – Test Claimants in the FII Group Litigation, BFH/NV 2007, Beil. 2, 173; umfassend *Kube* in Kruthoffer-Röwekamp, Die Rspr. des EuGH in ihrer Bedeutung für das nationale und internationale Recht der direkten Steuern, 2010, S. 133ff., mwN.

2 IStR 2012, 924.

3 ZB *Mitschke*, FR 2009, 898; *Nawrath* in Kruthoffer-Röwekamp (Hrsg.), Die Rspr. des EuGH in ihrer Bedeutung für das nationale und internationale Recht der direkten Steuern, 2010, S. 85 (93).

4 BFH v. 31.5.2005 – I R 74/04, BStBl. II 2006, 118 „Hilversum II"; v. 29.1.2008 – I R 26/06, BStBl. II 2008, 978 „SOPARFI"; **aA** BMF v. 30.1.2006, BStBl. I 2006, 166 (Nichtanwendung contra legem und gegen die ursprüngliche Absicht, mit § 50d Abs. 3 die Rspr. des BFH zu § 42 AO auf beschränkt StPfl. auszudehnen, s. Rn. 24).

5 BMF v. 24.1.2012, BStBl. I 2012, 171 Tz. 3.

6 S. zu einem Fall mit inländ. Geschäftsleitung zB BFH v. 11.11.2004 – V R 36/02, BFH/NV 2005, 392.

7 Zutr. *Krabbe*, IStR 1995, 382 und *Krabbe*, IStR 1998, 76; *Carlé*, KÖSDI 1999, 12056 (12064); *K/S/M*, § 50d Rn. E 6; **aA** *Frotscher/Geurts*, § 50d Rn. 66ff.; *Schaumburg*[4], Rn. 19.164.

8 ZB BFH v. 28.1.1992 – VIII R 7/88, BStBl. II 1993, 84; v. 23.10.1991 – I R 52/90, BFH/NV 1992, 271; v. 10.6.1992 – I R 105/89, BStBl. II 1992, 1029.

9 S. auch BFH v. 27.8.1997 – I R 8/97, BStBl. II 1998, 163 und v. 29.10.1997 – I R 35/96, BStBl. II 1998, 235 gegen BFH v. 29.10.1981 – I R 89/80, BStBl. II 1982, 150 (sog. Monaco-Urteil).

auch kein teleologisch reduziertes Regelungsverständnis; allein ausschlaggebend ist danach vielmehr, dass ihm die Steuerentlastung nach § 50d Abs. 1 und 2 bei fiktivem unmittelbaren Bezug nicht zustände.[1] Diese Pers. treten aufgrund der gesetzl. angeordneten **Fiktionsprüfung** virtuell an die Stelle der formal zahlungsempfangenden Zwischen-Ges., welche die Substanz- und Aktivitätserfordernisse des § 50d Abs. 3 ihrerseits nicht erfüllt.[2] Erforderlich ist jedenfalls eine **kapitalmäßige Beteiligung** an der Zwischen-Ges., die gleichermaßen eine gesellschaftsrechtl. wie eine wirtschaftl. (vgl. § 39 Abs. 2 Nr. 1 AO) sein kann. Bloße schuldrechtl. Beziehungen (zB aus Darlehen, stiller Beteiligung, Genussrechten) genügen ebenso wenig wie andere (Beherrschungs-)Beziehungen (zB an den Stimmrechten); der Regelungswortlaut ist insoweit klar formuliert, auch wenn er die Bezugsgröße der Beteiligung nicht explizit festlegt.[3] Umgekehrt muss es aber nicht schaden, wenn die kapitalmäßige Beteiligung der Auslands-Ges. „über" eine inländ. vermögensverwaltende PersGes. gehalten wird. Die Anteile sind dann der Auslands-Ges. nach Maßgabe der gängigen Bruchteilsbehandlung unmittelbar zuzurechnen (§ 39 Abs. 2 Nr. 2 AO). Sa. § 17 Rn. 25.[4]

28c **3. Fehlende wirtschaftliche oder sonst beachtliche Gründe.** Für die Einschaltung der unmittelbar berechtigten Ges. **fehlen wirtschaftliche oder sonst beachtliche Gründe**. Hierzu kann im Ausgangspunkt auf die einschlägige Rspr. zu § 42 AO, insbes. zur Einschaltung ausländ. Basis-Ges.,[5] zurückgegriffen werden: Bloße Briefkastendomizile ohne Geschäftsbetrieb auf eigene Rechnung und Gefahr scheiden im Grundsatz aus. Anspruchberechtigt bleiben nach geläuterter Rspr. des BFH aber selbständige, jedoch als solche passiv tätige und auch substanzlose Ges., die nach Art eines unselbständigen Holding-Betriebsteils aus Gründen einer gesamtunternehmerischen Konzeption oder des strategischen Konzernaufbaus zwischengeschaltet werden und deswegen keinen Anlass für einen Missbrauchsvorwurf rechtfertigen[6] (s. dem entgegentretend jedoch Abs. 3 S. 2, dazu Rn. 29). Insofern kann durchaus auf jene Beweggründe abgestellt werden, die der BFH (im „Hilversum I"-Urteil)[7] seinerzeit noch als unbeachtlich angesehen hat: Gründe der Koordination, der Organisation, des Aufbaus der Kundenbeziehung, der Kosten, der örtlichen Präferenzen, der gesamtunternehmerischen Konzeption.[8] Ein tragfähiger außerstl. Beweggrund für die Zwischenschaltung der Auslands-Ges. kann ggf. auch in **Steuervorteilen** zu sehen sein, die der StPfl. mittels der Zwischenschaltung durch Ausnutzung des Steuergefälles[9] oder des ausländ. Steuerrechts erzielen will; etwaige (Missbrauchs-)Erwägungen im betr. Ausland sind innerstaatlich unbeachtlich.[10] Untauglich ist iErg. schließlich der häufige Gegeneinwand, eine vergleichbare Tätigkeit, wie die v. der ausländ. Zwischen-Ges. wahrgenommene, lasse sich ebenso gut v. der im Inland ansässigen ausüben; diesen Einwand einer **fiktiv-alternativen Sachverhaltsverwirklichung** lassen weder EuGH noch BFH gelten.[11] Andererseits kommt der zT großzügigeren Rspr. des BFH[12] iZ mit § 10 Abs. 6 AStG aF, wonach das bloße Halten und Verwalten v. Kapitalbeteiligungen durch eine letztlich funktionslose Ges. unter Zuhilfenahme externer Dienstleistungen (sog. Outsourcing) steuerunschädlich ist, iRd. § 50d Abs. 3 aF hingegen eine allenfalls tendenzielle, jedoch keine unmittelbare Bedeutung zu. Die aufgrund des § 10 Abs. 6 AStG aF vorgegebenen sondergesetzlichen Wertungszusammenhänge lassen sich mit jenen des § 50d Abs. 3 aF nicht ohne weiteres und automatisch vergleichen, andernfalls würde das strikt an den Wertungen der Sondervorschriften orientierte Rspr.-Konzept missverstanden.[13] Allerdings haben sich die Fragestellungen insoweit innerhalb der EU infolge der weitreichenden (auch stl.) Akzeptanz v. innerunionsrechtl. Basis-Ges. ohnehin entschärft (s. Rn. 26f.).

---

1 **AA** *Frotscher/Geurts*, § 50d Rn. 75; *Günkel/Lieber*, Ubg 2008, 383 (384).

2 Zu Gestaltungsstrategien und Schaffung einer steueroptimierten „Gewinnrepatriierung" durch Vermeidung der KapESt über die atypisch stille Beteiligung an einer Inlands-KapGes. s. *Kollruss* IStR 2007, 870.

3 *H/H/R*, § 50d Anm. 55; *L/B/P*, § 50d Rn. 99; *Frotscher/Geurts*, § 50d Rn. 72; *Scholz*, Anti-Treaty-Shopping-Regelungen, 38f.; **aA** *F/W/B/S*, § 50d Rn. 84.

4 FG Köln v. 13.9.2017 – 2 K 2933/15, EFG 2018, 383 (Rev. I R 77/17).

5 *Höppner*, IWB Fach 3 Gr. 3, 1153 (1158).

6 BFH v. 31.5.2005 – I R 74/04, BStBl. II 2006, 118 (mit Anm. *Jacob/Klein* und *Haarmann*, IStR 2005, 710; *Hergeth/Ettinger*, IStR 2006, 307; *Grotherr*, IStR 2006, 361; *Korts*, IStR 2006, 427; *Kessler*, PIStB 2006, 167) gegen BFH v. 20.3.2002 – I R 38/00, BStBl. II 2002, 819 (823) = IStR 2002, 597 mit Anm. *Jacob* und *Klein*; *Stoschek/Peter*, IStR 2002, 656 (659); **aA** BMF v. 30.1.2006, BStBl. I 2006, 166 (Nichtanwendung).

7 BFH v. 20.3.2002 – I R 38/00, BStBl. II 2002, 819 (823).

8 *Schnitger/Gebhardt*, ISR 2013, 202 (209).

9 Vgl. BFH v. 20.3.2002 – I R 63/99, BStBl. II 2003, 50 „Delaware".

10 BFH v. 7.9.2005 – I R 118/04, BStBl. II 2006, 537: Ausnutzung belgischer Steuervergünstigungen.

11 EuGH v. 12.9.2006 – Rs. C-196/04 – Cadbury Schweppes, FR 2006, 987; BFH v. 20.3.2002 – I R 63/99, BStBl. II 2003, 50 (sog. „Delaware-Urteil" zu einer Konzern-Finanzierungsgesellschaft), anders aber wohl noch BFH v. 5.3. 1986 – I R 201/82, BStBl. II 1986, 496 (498).

12 BFH v. 19.1.2000 – I R 94/97, BStBl. II 2001, 222; bestätigt durch BFH v. 25.2.2004 – I R 42/02, BStBl. II 2005, 14 (sog. „Dublin Docks"-Urteile) mit zust. Anm. *Philipowski*, IStR 2004, 531; krit. *Fischer*, FR 2004, 1068; abl. *Wolff*, IStR 2004, 532; zust. auch BMF v. 28.12.2004, BStBl. I 2005, 28.

13 **AA** *H/H/R*, § 50d Anm. 79; *Stoschek/Peter*, IStR 2002, 656 (658f.).

4. Fehlende eigenwirtschaftliche Tätigkeit. Die unmittelbar berechtigte Ges. entfaltet **keine eigene wirtschaftliche Tätigkeit** (iSv. § 8 AStG, § 15 Abs. 2; zur gemischten Tätigkeit s. Rn. 32). Das 2. und das 3. tatbestandliche Erfordernis verdeutlichen, dass einerseits die wirtschaftliche Aktivität als solche keinen tauglichen Rechtfertigungsgrund für die Zwischenschaltung der ausländ. Ges. darstellt, dass andererseits das Vorliegen auch wirtschaftlich oder sonst beachtlicher Gründe nichts nützt, wenn keine eigenwirtschaftliche Aktivität entfaltet wird. Beide Aspekte müssen zusammenkommen, um die unterstellte Steuerumgehung zu belegen (s. aber nunmehr ab VZ 2012 Rn. 29g ff.). Darin liegt ein (potenzieller) Unterschied zu § 42 Abs. 1 S. 1 iVm. Abs. 2 S. 2 AO, bei dem der Nachweis einer wirtschaftlichen Aktivität ggf. zur Widerlegung der Missbrauchsvermutung in Folge Fehlens wirtschaftlich beachtlicher Gründe herangezogen werden kann (s. auch Rn. 30). **Nicht** v. Abs. 3 aF erfasst werden sonach vor allem die praktisch wichtigen Fälle der Einschaltung einer **geschäftsleitenden Holding**[1] (aktive Beteiligungsverwaltung)[2] an (jedenfalls im Grundsatz und unbeschadet irgendwelcher kurzfristigen Beteiligungsabschmelzungen und -umschichtungen) mindestens zwei[3] (in- wie ausländ.)[4] Ges. sowie der Errichtung einer konzerneigenen Finanzierungs-Ges.[5] Der bloße Erwerb[6] oder das bloße Halten einer oder auch mehrerer Gesellschaftsbeteiligung(en) ohne entspr. „aktive" Tätigkeiten (passive Beteiligungsverwaltung) genügen idR nicht, und zwar grds. unabhängig v. der Höhe der Kapitalbeteiligung; eine Nominalbeteiligung über 25 % indiziert indes die Wahrnehmung einer geschäftsleitenden Funktion.[7] Die FinVerw[8] verlangt eine „wirkliche wirtschaftl. Tätigkeit" (offenbar in Abgrenzung zu einer lediglich scheinbaren). Erforderlich hierfür ist jedenfalls eine tatsächliche (strategische) Führung und Einflussnahme auf die geleitete Ges.; bloße Pro-forma- und Routine-Aktivitäten reichen nicht aus. (Gewichtige) Ausnahmen bestanden allerdings bei auf Dauer angelegter, konzernstrategischer Auslagerung v. Ges. mit Holdingfunktionen im ansonsten aktiv tätigen Konzern.[9] S. aber nunmehr Abs. 3 S. 2 (Rn. 29e). IÜ waren jegliche **passive Aktivitäten** begünstigungsschädlich, auch solche nur geringen Umfangs; die ansonsten übliche Unschädlichkeitsgrenze (der Mindestumfang) v. 10 % (zB § 7 Abs. 6 S. 2 AStG, § 2a Abs. 2 S. 1) war entgegen ursprünglicher gesetzgeberischer Absicht[10] nicht in das G aufgenommen worden (s. aber v. VZ 2007 an – Rn. 29).[11] Nicht erforderlich war, dass die Zwischen-Ges. in ihrem Ansässigkeitsstaat am dortigen Marktgeschehen im Rahmen ihrer gewöhnlichen Geschäftstätigkeit aktiv, ständig und nachhaltig teilnimmt; soweit der EuGH dies in der Rs. „Cadbury Schweppes" angenommen hat (Rn. 26), trägt er der deutschen Regelungslage nicht Rechnung. Auch eine tatsächliche **Niedrigbesteuerung** der ausländ. Ges. durch den Ansässigkeitsstaat ist für die Anwendung v. Abs. 3 aF nicht erforderlich. Sie wird zwar oftmals gegeben sein. Es genügt jedoch, dass Einkünfte durch die zwischengeschaltete Ges. „durchgeleitet" werden und dass auf diesem Wege iErg. inländ. Steuern erspart werden.[12] Das G enthält keine **zeitlichen Vorgaben**, insbes. keine Mindestfristen für die Zeiten aktiver Tätigkeiten. Erforderlich ist lediglich eine wirtschaftliche Tätigkeit im Zeitpunkt der Einkunftserzielung. Gleichermaßen fehlen gesetzliche Vorgaben dazu, **wo** eine wirtschaftliche Aktivität entfaltet werden muss; es kann folglich auch die Aktivität einer Betriebsstätte in einem Drittstaat ausreichen. 28d

5. Typisierte Missbrauchsvermeidung. § 50d Abs. 3 (aF/nF) unterstellt die Umgehungsvermutung bei Vorliegen der tatbestandlichen Voraussetzungen typisierend und allg. (s. Rn. 29). Die Vorschrift ermög- 28e

---

1 BFH v. 29.7.1976 – VIII R 41/74, BStBl. II 1977, 261 und v. 29.7.1976 – VIII R 142/73, BStBl. II 1977, 263; v. 9.12.1980 – VIII R 11/77, BStBl. II 1981, 339 (341); v. 29.7.1976 – VIII R 116/72, BStBl. II 1977, 268 (269); *Sieker*, IStR 1996, 57; *Schaumburg*[4], Rn. 19.165.

2 S. dazu eingehend *Hruschka*, DStR 2014, 2421 (2424), mit dem Hinweis darauf, dass der BMF v. 26.9.2014, BStBl. I 2014, 1258, dazu (entgegen dem ursprünglichen Entwurf) schweigt und die „Holdingsschwelle" deswegen v. den zuständigen Finanzbehörden „in eigener Verantwortung" zu entscheiden bleibe.

3 StRspr., zB BFH v. 15.4.1970 – I R 122/66, BStBl. II 1970, 554; v. 9.12.1980 – VIII R 11/77, BStBl. II 1981, 339; krit. *Fischer/Dorfmueller*, Ubg 2012, 161.

4 *Perwein*, ISR 2014, 233; (wohl) **aA** BMF v. 24.1.2012, BStBl. I 2012, 171 Tz. 5.2; v. 3.4.2007, BStBl. I 2007, 446 Tz. 6.2.

5 BFH v. 23.10.1991 – I R 40/89, BStBl. II 1992, 1026; v. 20.3.2002 – I R 63/99, BStBl. II 2003, 50.

6 BFH v. 5.3.1986 – I R 201/82, BStBl. II 1986, 496; BMF v. 24.1.2012, BStBl. I 2012, 171 Tz. 5.1.

7 Vgl. BFH v. 20.3.2002 – I R 38/00, BStBl. II 2002, 819 (823); vgl. BFH v. 29.7.1976 – VIII R 41/74, BStBl. II 1977, 261; v. 29.7.1976 – VIII R 142/73, BStBl. II 1977, 263; v. 24.2.1976 – VIII R 155/71, BStBl. II 1977, 265; v. 29.7.1976 – VIII R 116/72, BStBl. II 1977, 268; v. 9.12.1980 – VIII R 11/77, BStBl. II 1981, 339; BMF v. 24.1.2012, BStBl. I 2012, 171 Tz. 5.1.

8 BMF v. 24.1.2012, BStBl. I 2012, 171 Tz. 5.1; v. 3.4.2007, BStBl. I 2007, 446 Tz. 6.1.

9 BFH v. 31.5.2005 – I R 74/04, BStBl. II 2006, 118 unter Änderung der zuvorigen Rspr., vgl. BFH v. 20.3.2002 – I R 38/00, BStBl. II 2002, 819 für eine funktionslose Zwischenholding in den Niederlanden; zur Tätigkeitsabgrenzung nach funktionalen Maßstäben s. auch *Eilers*, FS Wassermeyer, 2005, 323 ff.

10 BT-Drucks. 14/6877, 52.

11 Vgl. BT-Drucks. 12/6078, 29, 125; für eine gleichwohl zu erfolgende Anwendung dieser Grenze demgegenüber *Schmidt*[37], § 50d Rn. 47, unter Hinweis auf BFH v. 5.3.1986 – I R 201/82, BStBl. II 1986, 496 (498).

12 BFH v. 29.10.1997 – I R 35/96, BStBl. II 1998, 235.

licht insoweit auch keinen Gegenbeweis der fehlenden **Umgehungsabsicht.**[1]. Das lässt sich nach Maßgabe des EuGH-Urteils in der Sache „Cadbury Schweppes" und der Folge-Rspr. nicht länger halten (s. Rn. 26f. und ab VZ 2012 Rn. 29gff.).

28f **6. Nachweiserbringung.** Die erforderlichen **Nachweise** sind v. der ausländ. Ges. (und zwar für jede einzelne an ihr beteiligte Pers., s. Rn. 32[2]) zu erbringen (§ 90 Abs. 2 AO); sie trifft folglich die **objektive Feststellungslast** und zwingt diese aus Gründen der **Beweisvorsorge** zu entspr., beizeiten erstellten Dokumentationen. Wird die Freistellungsbescheinigung unter Widerrufsvorbehalt erteilt (Rn. 18), ist der entspr. Nachweis uU auch nachträglich zu erbringen.

29 **III. Teilweise veränderte Voraussetzungen ab VZ 2007 (bis VZ 2011).** Vom VZ 2007 an (§ 52 Abs. 1 idF des StÄndG 2007, s. Rn. 2f.) gelten gem. **Abs. 3** die erwähnten (Rn. 24) verschärften Anforderungen, mittels derer der Gesetzgeber ersichtlich dem vorangegangenen Nichtanwendungserlass der FinVerw.[3] ein gesetzliches Fundament verschaffen wollte. Dieses Fundament ist, das lässt sich a priori festhalten, ein stark schwankendes, weil es **unionsrechtl. Anforderungen** in keinem Fall genügen dürfte (s. dazu Rn. 26f.); auch in rechtspolitischer Hinsicht schießt es weit über das Ziel der erstrebten Missbrauchsvermeidung hinaus. Infolgedessen wurde die Vorschrift v. VZ 2012 an abermals (aber in kaum überzeugender Weise) geändert, s. Rn. 29gff. – Dies vorausgeschickt sind nunmehr erforderlich:

29a **1. Nicht qualifizierte Anteilseigner, Abs. 3 S. 1 HS 1.** Wie zuvor (Rn. 28b, 32) müssen an der unmittelbar abkommensberechtigten ausländ. Ges. Pers. beteiligt sein, denen die Steuerentlastung nicht zustände, wenn sie an der inländ. KapGes. unmittelbar beteiligt wären. Das ist eine unerlässliche Grundvoraussetzung, die – falls es sich um eine Beteiligung v. mehr als 10 % handelt – nach Maßgabe der neuen Ermächtigung, welche der FinVerw. in § 51 Abs. 1 Nr. 1f zum Zwecke der „Steuerhinterziehungsbekämpfung" eingeräumt worden ist, ggf. zusätzlich dargelegt und nachgewiesen werden muss (Rn. 25a).

29b **2. Weitere alternative Erfordernisse.** Zudem muss diese Grundvoraussetzung – fortan aber (nur) **alternativ** („oder"), nicht wie zuvor kumulativ („und", s. Rn. 28) – um eines der folgenden Merkmale ergänzt werden (wobei die tatbestandl. Verknüpfung durch das in S. 1 HS 1 enthaltene umfängliche „soweit" erfolgen dürfte, nicht aber durch ein an sich zu erwartendes konditionales „wenn"; s. aber auch Rn. 29h zur abermaligen Gesetzesänderung ab VZ 2012):

29c **a) Fehlende wirtschaftliche oder sonst beachtliche Gründe (Abs. 3 S. 1 Nr. 1 aF).** Für die Einschaltung der ausländ. Ges. fehlen wirtschaftliche oder sonst beachtliche Gründe; insoweit gilt das unter Rn. 28c Gesagte fort, auch zur Beweislast, Rn. 28f. Die betreff. wirtschaftlichen oder sonst beachtlichen Gründe sind dabei aus der Sicht des G'ters zu bestimmen; Abs. 3 S. 2 HS 1 verlangt nichts Gegenteiliges, sondern schließt nur gesellschaftsexterne Abfärbungen im Konzern aus.[4] S. aber auch Rn. 29gf.

29d **b) Eigenwirtschaftliche Tätigkeit (Abs. 3 S. 1 Nr. 2 aF, Abs. 3 S. 3).** Die ausländ. Ges. erzielt nicht mehr als **10 % ihrer gesamten Bruttoerträge des betr. Wj. aus eigener Wirtschaftstätigkeit**. Dieses Merkmal griff das zuvor in Abs. 3 aF enthaltene 3. Merkmal (s. Rn. 28d) auf, quantifizierte dieses jedoch, indem es den Umfang der eigenwirtschaftlichen Betätigung auf **10 %** des Gesamten (also nicht nur eines Tätigkeitssegments)[5] festlegte und damit zum einen (und positiv gewendet) eine Geringfügigkeits- als Unschädlichkeitsgrenze bestimmte, zum anderen jedoch (und negativ gewendet) iErg. eine ins Gewicht fallende aktive Wirtschaftstätigkeit verlangte. Das G knüpfte der Sache nach an das entspr. Größenerfordernis für Kapitalanlage-Ges. in § 7 Abs. 6 S. 2 AStG sowie an das „fast ausschließlich" aktive Tun gem. § 9 AStG (s. auch § 9 Nr. 7 S. 1 und 4 GewStG) an. S. aber zum Verzicht auf dieses quantitative Erfordernis v. VZ 2012 an Rn. 29gff. Was in diesem Sinne **„Bruttoerträge"** sind, ist nicht ganz klar. Nach Tz. 9.01 des einschlägigen BMF-Schr. v. 14.5.2004[6] zu § 9 AStG, das auch für § 50d Abs. 3 einschlägig sein soll[7], sind dies **„Solleinnahmen** ohne durchlaufende Posten und ohne eine evtl. gesondert auszuweisende USt". Darauf wird zurückzugreifen sein. Einbezogen werden wohl auch Erträge, welche in „wirtschaftl.-funktionalem Zusammenhang" zu der betr. Ges. stehen, auch Zinserträge der Ges. aus der Anlage entlastungsberechtigter Gewinne.[8] Unklar ist freilich, ob die Bruttoerträge durch BV-Vergleich oder aber Überschussrechnung zu ermitteln

---

1 BFH v. 20.3.2002 – I R 38/00, BStBl. II 2002, 819; **aA** FG Köln v. 4.3.1999 – 2 K 5886/96, EFG 1999, 963; s. aber auch BFH v. 29.10.1997 – I R 35/96, BStBl. II 1998, 235 (238 aE).

2 *Schaumburg*[4], Rn. 19.164.

3 BMF v. 30.6.2006, BStBl. I 2006, 166.

4 *F/W/B/S*, § 50d Rn. 125.

5 *F/W/B/S*, § 50d Abs. 3 Rn. 133.

6 BMF v. 14.5.2004, BStBl. I 2004 Sondernummer 1 (AStG-Anwendungserlass).

7 BMF v. 24.1.2012, BStBl. I 2012, 171 Tz. 5; v. 3.4.2007, BStBl. I 2007, 446 Tz. 7.

8 BMF v. 24.1.2012, BStBl. I 2012, 171 Tz. 5; s. auch zur Situation der doppelansässigen Ges. *Schnitger*, IStR 2013, 82 (89f.).

sein sollen. Die Orientierung des Vomhundertsatzes an den Bruttoerträgen im betr. Wj. erschwert überdies jegliche Steuerplanung und kann (Zufalls-)Ergebnisse mit „wechselnder Missbräuchlichkeit" im jeweiligen Wj. nach sich ziehen; helfen könnte hier nur eine (dem G nicht zu entnehmende) Betrachtung über einen längeren „Vergleichszeitraum". Das wird v. der FinVerw. denn auch als Billigkeitserweis praktiziert, wobei sie einen Drei-Jahres-Zeitraum (aber keine Drei-Jahres-Durchschnittsbetrachtung) zugrunde legt.[1] Zudem hilft die FinVerw. hier mit einem (verfahrensrechtl.) Widerrufsvorbehalt der Freistellungsbescheinigung.[2]

Ergänzend bestimmt **Abs. 3 S. 3** zudem, dass es an einer eigenen wirtschaftlichen Tätigkeit **fehlt**, soweit die ausländ. Ges. ihre Bruttoerträge aus der **Verwaltung v.** (eigenen, aber auch fremden und ausländ.)[3] **WG** erzielt **oder** ihre **wesentlichen Geschäftstätigkeiten auf Dritte** (Mittelsmänner) **überträgt**. Eine reine Vermögensverwaltung (einschl. Holdingtätigkeit) ist danach iErg. (und insoweit wie zuvor, Rn. 28d) ebenso schädlich wie die Auslagerung (das „Outsourcing") v. (wesentlichen) Funktionen auf Management-, Beratungs- oä. Ges. (s. auch Rn. 26 aE); Letzteres betrifft in erster Linie Kapitalanlage- und Finanzierungs-Ges. Zwar verfügt das G diese Schädlichkeit nur anteilig („soweit"); in Zusammenhang mit der 10 %-Grenze des Abs. 3 S. 1 Nr. 2 aF (s. aber jetzt Abs. 3 S. 1, dazu Rn. 29gf.) musste die KapESt-Erstattung/-Freistellung wohl zumeist in toto versagt werden. Insoweit erweist sich die Unterscheidung zw. „guten" (= aktiven) und „schlechten" (= passiven) Einkünften namentlich bei einer (als solche wohl nach wie vor „aktiven") geschäftsleitenden Holding (s. Rn. 28) als misslich: Den „guten" Einkünften aus der geschäftsleitenden Tätigkeit sowie den ebenfalls „guten" Dividenden stehen ggf. die „schlechten" Zinseinkünfte gegenüber.[4] Die Holding wäre so gesehen gezwungen, ihre Tätigkeit um andere (und „artfremde") Aktivitäten anzureichern, um die (frühere) 10 %-Hürde zu nehmen; das (zusätzliche) Erfordernis eines Sachzusammenhangs zw. den jeweiligen Tätigkeiten lässt sich dem G dafür nicht entnehmen. All das ist unverhältnismäßig und hält unionsrechtl. Anforderungen – jedenfalls ohne Möglichkeit eines echten Gegenbeweises – kaum stand,[5] s. Rn. 27 und jetzt auch Rn. 29gf. 29da

Unabhängig davon ist die Ausgrenzung v. Geschäftstätigkeiten, die auf Dritte übertragen werden, aber auch in anderer Hinsicht zweifelh.: Nach neuerer Annahme des BFH[6] können fremde Räumlichkeiten auch dann eigene **Betriebsstätten** (iSv. § 12 AO, Art. 5 OECD-MA) vermitteln, wenn es sich hierbei um solche einer eingeschalteten Management-Ges. handelt und hierüber kein vertraglich eingeräumtes eigenes Nutzungsrecht des Auftraggebers besteht. Diese Entwicklung konterkariert aber die Verengung auf eine ‚puristisch' eigene Geschäftstätigkeit in § 50d Abs. 3 S. 3. Werden die Fremdaktivitäten dort steuerrelevant zugerechnet, kann es sich hier nicht anders verhalten. 29db

c) Substanzerfordernisse; Teilnahme am allgemeinen wirtschaftlichen Verkehr (Abs. 3 S. 1 Nr. 3 aF). Die begehrte Erstattung oder Freistellung scheidet schließlich aus, wenn die ausländ. Ges. nicht mit einem für ihren Geschäftszweck angemessen eingerichteten Geschäftsbetrieb am allg. wirtschaftlichen Verkehr teilnimmt. 29e

Damit wird (1) das **Erfordernis einer substantiellen Geschäftsausstattung** konstituiert (Geschäftsräume, Telekommunikation, Personal uÄ, s. Rn. 26, 29j). Hiergegen lässt sich mit einiger Gewissheit die einschlägige EuGH-Rspr. in Position bringen[7], die zwar ebenfalls ein Substanzgebot verlangt, dieses jedoch unter den Vorbehalt eines „Motivtests" im Einzelfall stellt und Ges. mit einschlägigen – genuin substanzgeminderten Geschäftszwecken nicht v. vornherein ausklammert und als missbräuchlich ansieht (Rn. 26); eine infolge fehlender Substanz ausgelöste Missbrauchsvermutung bestätigt sich danach nicht und ist nicht relevant, wenn Gestaltungen „eine andere Erklärung haben können (!) als nur die Erlangung v. Steuervorteilen".[8] Nicht unmittelbar einsichtig ist auch, dass sich das Substanzerfordernis allein aus den Verhältnissen im Ansässigkeitsstaat ergeben soll;[9] aus dem G erschließt sich das nicht.[10] Zudem steht in Frage, wie sich 29ea

1 BMF v. 3.4.2007, BStBl. I 2007, 446 Tz. 7.
2 BMF v. 3.4.2007, BStBl. I 2007, 446 Tz. 15.
3 BMF v. 24.1.2012, BStBl. I 2012, 171 Tz. 5.4; v. 3.4.2007, BStBl. I 2007, 446 Tz. 6.1; **aA** *F/W/B/S*, § 50d Abs. 3 Rn. 183: teleologische Reduktion, weil bei fremden und ausländ. WG keine Entlastung v. deutscher Abzugsteuer droht.
4 *Günkel/Lieber*, DB 2006, 2197 (2199).
5 So denn auch das gegenwärtige gegen § 50d Abs. 3 gerichtete Vertragsverletzungsverfahren der EU-Kommission: Az. 2007/4435, vgl. IP/10/298 v. 18.3.2010.
6 BFH v. 23.2.2011 – I R 52/10, BFH/NV 2011, 1354; v. 24.8.2011 – I R 46/10, BStBl. II 2014, 764; krit. *Wassermeyer*, IStR 2011, 931; sa. *Elser/Bindl*, FR 2012, 39; *Cloer/Martin*, IWB 2011, 933 (935f.); iErg. auch BFH v. 13.10.2010 – I R 61/09, BStBl. II 2011, 249 (zu einer Geschäftsleitungsbetriebsstätte).
7 Zweifelnd *F/W/B/S*, § 50d Abs. 3 Rn. 153.
8 So EuGH v. 21.2.2006 – Rs. C-255/02 – Halifax, DStR 2006, 420, dort Rn. 74, zur umsatzsteuerrechtl. Beurteilung; dazu s. aber auch BFH v. 9.11.2006 – V R 43/04, BStBl. II 2007, 344.
9 BMF v. 24.1.2012, BStBl. I 2012, 171 Tz. 7.
10 Zu den Vorteilen, die sich insoweit für Doppelansässige ergeben, s. *Schnitger*, IStR 2013, 82 (89f.).

das strikte Substanzgebot mit der stl. Behandlung vergleichbarer inländ. Ges. vertragen soll, bei denen ein solches Erfordernis bislang fremd (allerdings auch zumeist und abgesehen v. etwaigen Fällen bei der GewSt auch nicht vonnöten) ist. Immerhin bedarf die Ges. des Substanzerfordernisses (nur) „**für ihren Geschäftszweck**", dem bei gemischten Tätigkeiten die Ausstattung für einen der Geschäftszwecke genügt. Die Ausstattung muss „**angemessen**" sein, also ein (quantitatives und qualitatives) Ausmaß haben, das den übernommenen Aufgaben in hinreichender Weise zu entsprechen vermag.[1]

29eb Mit diesen personellen und sächlichen Mitteln ist **(2)** eine **Teilnahme am allg. wirtschaftlichen Verkehr** vonnöten, welche bereits dann vorliegt, wenn die ausländ. Ges. Dienstleistungen nur ggü. *einem* Auftraggeber erbringt, auch ggü. einem **Konzernzugehörigen**; es genügt also, rein konzernintern zu leisten.[2] Es sollte im Grundsatz auch unbeanstandet bleiben, wenn die Auslands-Ges. ihren Ansässigkeitsstaat bloß als „Beschaffungsmarkt" nutzt, nicht jedoch zugleich als „Absatzmarkt",[3] richtigerweise selbst dann nicht, wenn lokale Absatzmärkte und örtliche „Rahmenbedingungen" (auch oder gar nur) in Drittstaaten nachgesucht werden.[4] Zweifelhaft kann sein, ob die tatbestandlich verlangte Teilnahme am allg. wirtschaftlichen Verkehr gegeben ist, wenn die Auslands-Ges. sich für das operative Geschäfte eines ausgelagerten (Fremd- oder Konzern-)Unternehmens bedient (s. Rn. 26, 29j). Vermutlich genügt das nicht, weil § 50d Abs. 3 S. 1 Nr. 3 aF (abw. v. zB § 8 Abs. 1 Nr. 3 AStG)[5] sich nicht mit dem Unterhalten eines „kfm." Geschäftsbetriebs begnügt, vielmehr allg. einen für den betreff. Geschäftszweck angemessen eingerichteten Geschäftsbetrieb fordert. MaW: eine bloß kfm. Zwecken dienende Binnenstruktur des Unternehmens (Buchhaltung, Bilanzierung, zeichnungsberechtigter Vorstand, etwaige aufsichtsrechtl. Genehmigungen) reicht nicht aus; der Betrieb und seine substantielle Einrichtung müssen auch das operative Tätigsein am Markt einschließen und ermöglichen.[6]

29ec In einer **(3)** weiteren (ergänzenden, aber kumulativen) Voraussetzung verlangt **Abs. 3 S. 2**, dass **ausschließlich die Verhältnisse der ausländ. Ges.** maßgebend sind (**Abs. 3 S. 2 HS 1**); organisatorische, wirtschaftliche oder sonst beachtliche Merkmale der Unternehmen, die der ausländ. Ges. nahe stehen (§ 1 Abs. 2 AStG), bleiben hiernach außer Betracht (**Abs. 3 S. 2 HS 2**); das aber wohl vorbehaltlich spezieller abkommensrechtl. Regelungen, wie zB in Art. XV Abs. 4 Prot. DBA-Niederlande 2012.[7] Mit diesem (sich schon seiner systematischen Stellung nach auf alle drei Tatbestände des Abs. 3 Nrn. 1–3 beziehenden)[8] Erfordernis zielt die Regelung gegen das sog. „Hilversum II"-Urteil des BFH v. 31.5.2005 – I R 74, 88/04,[9] das die konzernstrategische Ausgliederung einer als solche (weitgehend) substanzlosen Holding-Ges. akzeptiert hat, sofern andere (und infolge ihrer Ansässigkeit innerhalb der EU oder in einem anderen DBA-Staat begünstigungsberechtigte) Konzern-Ges. (Ober-, Schwester-Ges.) aktiv tätig sind und über eigene Substanz verfügen (s. Rn. 28d). Befürchtet wird ausweislich der Gesetzesbegründung ausdrücklich eine andernfalls mangels hinreichender Überprüfungsmöglichkeiten leichthin mögliche missbräuchliche Umgehung der Missbrauchsvermeidungsvorschrift des Abs. 3 (s. dazu auch Rn. 30a). Auch dieses Verständnis verträgt sich kaum mit dem v. EuGH eingeforderten „Motivtest" im Einzelfall (s. Rn. 26 f.). Es wird überdies der genannten BFH-Rspr. nicht gerecht, der es nicht darum ging, substanzlose Zwischen-Ges. gesellschaftsübergreifend um Substanzmerkmale konzernverbundener Ges. anzureichern. Der Rspr. ging es vielmehr allein darum, einen Missbrauch auszuschließen, wenn angesichts aktiver Konzernstrukturen ein Missbrauchsvorwurf gänzlich unangebracht und durch objektive Merkmale nicht indiziert war (s. Rn. 28d).

29f **3. Positive Ausnahmen in „Sonderfällen" (Abs. 3 S. 5, S. 4 aF).** Abs. 3 S. 5 (S. 4 aF) bestimmt schließlich (abschließend und positiv) **zwei** (im Zweifelsfall v. StPfl. darzutuende und nachzuweisende) **Ausnah-**

---

1 S. auch (bezogen auf § 8 Abs. 1 Nr. 3 AStG und konkret eine in Irland agierende Zwischen-Versicherungs-Ges.) BFH v. 13.10.2010 – I R 61/09, BStBl. II 2011, 249.

2 *Schnitger/Gebhardt*, ISR 2013, 202 (209); BT-Drucks. 16/2712, 60; BMF v. 24.1.2012, BStBl. I 2012, 171 Tz. 5.1; v. 3.4.2007, BStBl. I 2007, 446 Tz. 6.1; s. aber demgegenüber zum AStG BFH v. 29.8.1984 – I R 68/81, BStBl. II 1985, 120.

3 S. zu § 8 Abs. 2 AStG: FG Münster v. 20.11.2015 – 10 K 1410/12 F, EFG 2016, 453 (aus anderen Gründen durch BFH v. 13.6.2018 – I R 94/15, DStR 2018, 2251 aufgehoben); uU auch BMF v. 8.1.2007, BStBl. I 2007, 99 (mittlerweile für nach dem 31.12.2008 verwirklichte Sachverhalte aufgehoben durch BMF v. 23.4.2010, BStBl. I 2010, 391); *F/W/B/S*, § 8 AStG Rn. 472; *Köhler*, ISR 2018, 456; *Jü. Lüdicke*, StbJb. 2017/2018, 634 ff.

4 Insoweit aber (zu § 8 Abs. 2 AStG) **aA** FG Münster v. 20.11.2015 – 10 K 1410/12 F, EFG 2016, 453; offengelassen durch BFH v. 13.6.2018 – I R 94/15, DStR 2018, 2251.

5 S. dazu BFH v. 13.10.2010 – I R 61/09, BStBl. II 2011, 249.

6 **AA** womöglich BFH v. 13.6.2018 – I R 94/15, DStR 2018, 2251, allerdings bezogen auf §§ 7 ff. AStG (vor Schaffung v. § 8 Abs. 2 AStG).

7 Vgl. dazu *Haase/Steierberg*, IStR 2015, 102, die aber (wohl zu Unrecht) noch weiter gehend eine (mittelbare) Ausdehnung der genuin abkommensrechtl. Regelung auch auf § 50d Abs. 1 S. 2 iVm. § 43b befürworten.

8 *F/W/B/S*, § 50d Abs. 3 Rn. 173; **aA** *Altrichter-Herzberg*, GmbHR 2007, 580.

9 BFH v. 31.5.2005 – I R 74/04, BStBl. II 2006, 118.

metatbestände und nimmt diese v. dem Anwendungsbereich des Abs. 3 S. 1–3 (und „eigentlich" auch S. 4) und den darin enthaltenen Einschränkungen aus: **(a)** für börsennotierte ausländ. Ges., vorausgesetzt, mit der „Hauptgattung der Aktien der ausländ. Ges. (findet) ein wesentlicher und regelmäßiger Handel an einer anerkannten Börse statt" (**Börsenklausel**). Zum Verständnis dieser Klausel kann (abermals, wie bei dem Begriff der Bruttoerträge gem. Abs. 3 S. 1 Nr. 2 aF) auf das BMF-Schr. v. 14.5.2004[1] (zu § 7 Abs. 6 S. 3 letzter HS AStG) zurückgegriffen werden, dort auf Tz. 7.6.2: **Hauptgattung der Aktien** sind ein „nicht unbedeutender Teil" der das Aktienkapital „repräsentierenden" und idR auch stimmrechtsverleihenden Aktien; **anerkannte Börse** ist eine solche, welcher die Genehmigung der zuständigen staatlichen Aufsichtsbehörde (nach Maßgabe eines organisierten Markts iSv. § 2 Abs. 5 WpHG oä. im Nicht-EU/EWR-Ausland) verliehen wurde[2]; **(b)** für ausländ. Ges., für die das **InvStG** gilt, nach Maßgabe v. § 1b und § 1c InvStG idF des AIFM-StAnpG v. 18.12.2013[3] also sowohl Investmentfonds als auch Investment-Ges. (OGAW und AIF iSv. § 1 Abs. 2 KAGB);[4] nach zuvoriger Regelungslage hingegen namentlich Fonds, die als KapGes. ausgestaltet sind (vgl. § 2 Abs. 5 InvG aF) und deren Aktivität ohnehin den Bereich reiner Vermögensverwaltung verlässt.[5] Die gesetzliche Vorgabe gem. § 3 Abs. 1 InvStG, die Erträge des Investmentvermögens nach § 4 Abs. 3 zu ermitteln, rechtfertigt nichts Gegenteiliges, ebenso wenig wie die (oftmals „strategische") Auslagerung v. Investmentvermögen auf eine eigene Verwaltungs-Ges.[6] – Diese Ausnahmevoraussetzungen können bei der entlastungsberechtigten Ges., jedoch auch bei einer an ihr mittelbar beteiligten Ges. erfüllt sein, vorausgesetzt, die mittelbar beteiligte Ges. ist persönlich erstattungsberechtigt (s. auch Rn. 32).[7] Liegen die Voraussetzungen dieser Ausnahmen vor, sind sämtliche tatbestandliche Beschränkungen des § 50d Abs. 3 exkludiert; insbes. für § 42 Abs. 1 S. 1 iVm. Abs. 2 AO ist daneben auch dann kein Raum mehr, wenn die börsennotierte KapGes. oder der Fonds „instrumentell" zwischengeschaltet wird (s. auch Rn. 30).[8]

IV. Nochmals modifizierte Voraussetzungen ab VZ 2012. 1. Veränderte Relevanzgrenze für „schädliche" Bruttoerlöse (Abs. 3 S. 1 1. HS). Durch das BeitrRLUmsG v. 7.12.2011[9] wurde § 50d Abs. 3 – mindestens in einem Punkt, vermutlich aber darüber hinausgehend (Rn. 29h ff.) – mit erstmaliger Wirkung v. VZ 2012 an abermals substantiell geändert. Auslöser und Hintergrund dafür war das gegen Deutschland eingeleitete Vertragsverletzungsverfahren der EU-Kommission, wonach vor allem die in Abs. 3 S. 1 Nr. 2 aF enthaltene Relevanzgrenze auf 10 % der „aktiven" Bruttoerträge (Rn. 29d) beanstandet wurde (s. Rn. 29, 29da): Die Grenze sei zu starr; sie typisiere ohne die Möglichkeit des Entlastungsbeweises und sei unverhältnismäßig (Rn. 29c ff.). Auf diese Relevanzgrenze wird fortan verzichtet. Die Entlastung wird (s. aber nachfolgend) nur in jenem Umfang („soweit") verweigert, in welchem die v. der ausländ. Ges. im betreff. Wj. erzielten Bruttoerträge nicht aus eigener Wirtschaftstätigkeit stammen, **Abs. 3 S. 1 1. HS.** Positiv gewendet wird die Entlastung also – wie schon bis dahin bezogen auf die Existenz nicht entlastungsberechtigter G'ter (Rn. 28b, 29a, 32) – im Umfang („soweit") der „unschädlichen" Wirtschaftstätigkeit gewährt (**„Aufteilungs- statt Umqualifikationsklausel"**).[10] Daneben verbleiben zwar die zusätzlichen Ausschlussgründe des zuvorigen Abs. 3 S. 1 Nrn. 1 und 3 aF, jetzt **Abs. 3 S. 1 Nrn. 1** (s. Rn. 29c ff.) **und 2** (s. Rn. 29e). Diese sollen auch wie zuvor (s. aber Rn. 29h) als Ausschlussalternative („oder", s. Rn. 29h)[11] unerlässlich sein („sowie" = „und"). Sie stehen jedoch nunmehr unter dem erklärten (wenn auch etwas ‚versteckten') Vorbehalt einer **Gegenbeweismöglichkeit**. Sichtbar wird das daran, dass die Feststellungslast bezogen auf diese beiden Gründe des Abs. 3 S. 1 Nrn. 1 und 2) nach **Abs. 3 S. 4** (als Ausdruck der verstärkten Mitwirkungspflicht für Auslandssachverhalte gem. § 90 Abs. 2 AO) insofern die ausländ. Ges. trifft. S. dazu auch Rn. 28 f. Das alles entspricht augenscheinlich den Absichten des Gesetzgebers. In der regulatorischen Umsetzung wirkt aber das meiste ungereimt, weil den Gesetzesverfassern die satz(bau)technischen Bezüge der deutschen Sprache missglückt sind. 29g

2. Fehlende wirtschaftliche oder sonst beachtliche Gründe (Abs. 3 S. 1 Nr. 1). Das betrifft zunächst (und vor allem) die Neuformulierung des in **Abs. 3 S. 1 Nr. 1** angeordneten Bezugs („… in Bezug auf diese 29h

1 BMF v. 14.5.2004, BStBl. I 2004 Sondernummer 1 (AStG-Anwendungserlass).
2 BMF v. 24.1.2012, BStBl. I 2012, 171 Tz. 9.1; v. 3.4.2007, BStBl. I 2007, 446 Tz. 10.
3 BGBl. I 2013, 4318.
4 *H/H/R*, § 50d Anm. 61.
5 S. auch BT-Drucks. 16/3368, 46.
6 BMF v. 24.1.2012, BStBl. I 2012, 171 Tz. 9.2; v. 3.4.2007, BStBl. I 2007, 446, Tz. 10.
7 BMF v. 24.1.2012, BStBl. I 2012, 171 Tz. 9; v. 3.4.2007, BStBl. I 2007, 446, Tz. 10, idF v. 21.6.2010, BStBl. I 2010, 596, jew. Tz. 10; uU weiter gehend *H/H/R*, § 50d Anm. 61 aE; *F/W/B/S*, § 50d Abs. 3 Rn. 94.
8 S. ebenso zu § 50c Abs. 10 aF (beim sog. Dividenden-Stripping) BFH v. 15.12.1999 – I R 29/97, BStBl. II 2000, 527; s. dazu 7. Aufl., § 50c Rn. 58 mwN.
9 BGBl. I 2011, 2592.
10 BT-Drucks. 17/7524, 17; *Dorfmueller/Fischer*, IStR. 2011, 857 (860); *Lüdicke*, IStR. 2012, 81; *Engers/Dyckmans*, Ubg 2011, 929; *Maerz/Guter*, IWB 2011, 923; *Kraft/Gebhardt*, DB 2012, 80.
11 *Lüdicke*, IStR 2012, 81 (82).

Erträge …") auf den vorherigen HS der Vorschrift. Denn dieser HS erstreckt sich allein auf die („schädlichen") Bruttoerträge, die (abermals nur: „soweit" diese) nicht aus eigener Wirtschaftstätigkeit stammen. Für andere (und damit uU auch die konkret steuerabzugsverpflichteten) Einkünfte gilt das Erfordernis wirtschaftl. oder sonst beachtlicher Gründe ersichtlich nicht. Darin liegt eine **Erleichterung** ggü. der zuvorigen Regelungslage. Der Umstand, dass für die Einschaltung der ausländ. Ges. wirtschaftl. oder sonst beachtliche Gründe fehlen, stellt für sich genommen keinen tragfähigen Ausschlussgrund mehr dar. Vielmehr wirkt der entspr. neuformulierte Ausschlussgrund infolge der tatbestandlichen Verklammerung mit den Bruttoerträgen anders als zuvor fortan nicht ‚absolut', sondern nur noch „relativ". Verfügt die idS „grundlos" eingeschaltete Ges. über einige Geschäftssubstanz (s. Rn. 29e) und nimmt sie damit am allg. wirtschaftl. Verkehr teil (**Abs. 3 S. 1 Nr. 2**), ist ihr deswegen – aber infolge des (wohl?) verunglückten Satzbezugs und der satztechnischen Verknüpfung wiederum nur: „soweit" (s. auch zur zuvorigen Regelungsfassung Rn. 29b sowie Rn. 32) – die Entlastung zu gewähren, auch soweit ihre Bruttoerträge nicht aus eigener Wirtschaftstätigkeit herrühren, für Letzteres jedoch für sich genommen gute Gründe nach Maßgabe v. Abs. 3 S. 1 Nr. 1 bestehen. Obschon dieses Ergebnis mit einiger Gewissheit dem Regelungszweck widerspricht,[1] ist es als solches unmissverständlich und deswegen zwingend.

29i Diesem Vorteil der Neuregelung steht indessen nach der aus Rn. 29h ersichtlichen Regelungslage ein handfester **Nachteil** gegenüber, welcher nach wie vor unionsrechtl. Anforderungen kaum standhalten kann. Es gibt nämlich keinen Grund, die Entlastung quotal (infolge der vielfachen „Soweit"-Einschränkungen) und pro rata temporis (infolge des Abstellens auf das betr. Wj.) zu versagen, wenn die in Rede stehenden, dem Steuerabzug unterworfenen Einkünfte an sich allen Entlastungsanforderungen genügen, jedoch v. der ausländ. Ges. im betr. Wj. daneben und ohne jeglichen Bezug zum Inland (zB aus einem Drittstaat)[2] nicht eigenwirtschaftliche, v. § 50d Abs. 3 deshalb „abstrakt" als schädlich qualifizierte Bruttoerträge vereinnahmt werden.[3] Das zielt über eine Missbrauchsvermeidung hinaus und ist unionsrechtl. kaum haltbar. Denn die besagte „Umqualifikation" führt infolge der fehlenden territorialen Inlandsanbindung regelmäßig unmittelbar in die Doppelbesteuerung; die v. EuGH bei Verletzung der Grundfreiheiten genutzte Formel v. der „ausgewogenen Aufteilung des Besteuerungssubstrats", die sich an den Vorgaben der abkommensrechtl. Besteuerungszuweisung orientiert,[4] lässt sich deshalb nicht als Rechtfertigungsgrund instrumentalisieren.[5]

29j **3. Konsequenzen; Entlastungsumfang.** In Konsequenz der vorstehenden Auslegung ist der ausländ. Ges. demnach für ihre dem Steuerabzug unterworfenen Einkünfte – **jew. insoweit** – die Steuerentlastung **zu gewähren**, als (**1**) an ihr unmittelbar oder mittelbar persönlich nicht entlastungsberechtigte Pers. beteiligt sind, (**2**) (als verneinende 1. Alt.) sie aber nachweist, dass für ihre im betr. Wj. erzielten nicht eigenwirtschaftlichen und damit schädlichen Bruttoerträge eine sachl. Entlastungsberechtigung vorliegt, *und* (als verneinende 2. Alt.) (**3**) sie mit einem für ihren Geschäftszweck angemessen eingerichteten Geschäftsbetrieb am allg. wirtschaftl. Verkehr teilnimmt, *oder* (**4**) es sich um einen der in Abs. 3 S. 5 genannten Sonderfälle handelt. Umgekehrt ist ihr die Entlastung – **ebenfalls jew. insoweit** – **zu versagen**, als (**1**) an, ihr unmittelbar oder mittelbar persönlich nicht entlastungsberechtigte Pers. beteiligt sind, *und* (**2**) (= 1. Alt.:) (2a) sie im betr. Wj. (uU neben den konkret dem Steuerabzug unterworfenen Einkünften) nicht eigenwirtschaftl. = schädliche Bruttoerträge erzielt *„sowie" = und* (**2b**) ihr nicht der Nachweis gelingt, dass diese Erträge sachl. „begründet" sind, *oder* (= 2. Alt.:) (**3**) sie nicht mit der nötigen Geschäftseinrichtung am allg. Verkehr teilnimmt, *oder* (**4**) kein Sonderfall nach Abs. 3 S. 5 vorliegt. Das vielfach angeordnete Aufteilungserfordernis verlangt auf dieser Basis hochkomplizierte (Verhältnis-)**Berechnungen** bezogen (**1**) auf die (entlastungsberechtige/nicht entlastungsberechtigte) G'ter-Zusammensetzung. (**2**) die relevanten Teilmengen der schädlichen/unschädlichen Bruttoerträge und (**3**) die „aktive" Teilnahme am allg. wirtschaftl. Verkehr sowie (**4**) – bei den schädlichen/unschädlichen Bruttoerträgen – zudem in zeitlicher Hinsicht bezogen auf das betr. Wj. sowie schließlich (**5**) auf die nur schwer zu verifizierende „quotale Substanz" gem. Abs. 3 S. 1 Nr. 2. Nach dem Erg. dieser Berechnungen bestimmt sich sodann die (quotale) **Höhe des Entlastungsanspruchs**. Die **FinVerw.** vollzieht das nach; sie ist hinsichtl. der Berechnungsbasis indes **zT** (bislang) **aA:** Sie ignoriert die positiv-rechtl. Regelungslage hinsichtl. der schädlichen Bruttoerträge und der Teilnahme am allg. wirtschaftl. Verkehr sowie der Substanzanforderungen und bestimmt den Entlastungsumfang nach Maßgabe der (vermutlichen) Regelungsintention und nicht dem Regelungstext. Das Erg. ihrer – gleichermaßen komplizierten und zT nicht haltbaren – Berechnungen ergibt sich (anhand eines Bsp.)

1 BT-Drucks. 17/7524, 13 f.

2 *Schnitger/Gebhardt*, ISR 2013, 202 (204 f.).

3 Zutreff. *Lüdicke*, IStR 2012, 81 (84 f.) sowie 148 (150 f.).

4 EuGH v. 29.11.2011 – Rs. C-371/10 – National Grid Indus, DStR 2011, 2334; v. 21.1.2010 – Rs. C-311/08 – SGI, BFH/NV 2010, 571; v. 25.2.2010 – Rs. C-337/08 – X-Holding, DStR 2010, 427; *Gosch*, IWB 2012, 779.

5 S. auch *Schnitger* in Brunsbach/Endres/Lüdicke/Schnitger (Hrsg.), Deutsche Abkommenspolitik – Trends und Entwicklungen 2012/2013, IFSt Nr. 492/2013, 78 ff.; *Birker*, BB 2012, 1961 (1964).

aus Tz. 12 des BMF-Schreiben v. 24.1.2012.[1] Es wird in der Rechtspraxis womöglich zu (früher in anderem Zusammenhang des § 8b Abs. 1 KStG iVm. § 3c geläufigen)[2] Gestaltungen des sog. Ballooning führen: Die Einkünfte werden VZ-bezogen so ‚gesteuert', dass sie nicht zu der beschriebenen quotalen Infektion gelangen, oder – eine andere Ausweichgestaltung – sie werden gruppenintern auf andere konzernabhängige Ges. umgeleitet.[3] – Zu den unionsrechtl. neuerlich gebotenen „Modifikationen" der Verwaltungspraxis und auch des BMF-Schr. v. 24.1.2012 s. aber auch Rn. 26.

Weitere Konsequenz der nicht nur deshalb schwer handhabbaren Neuregelung ist es, dass deren Umsetzung unter den tatbestandl. Gegebenheiten allenfalls ex post bei Erstattungen gem. Abs. 1 S. 2, kaum jedoch ex ante bei **Freistellungsbescheinigungen** gem. Abs. 2 gelingen kann. Es hilft hier nur eine großzügige Verwaltungspraxis oder aber ein stringent umzusetzender Widerrufsvorbehalt zu der erteilten Bescheinigung (s. auch Rn. 29d aE). Das BMF sieht in diesem Zusammenhang denn auch Erleichterungen für den praktischen Verwaltungsvollzug und die „Normbeherrschung" vor (das aber losgelöst v. Gesetz): **Zum einen** verzichtet es für das Freistellungsverfahren auf die Orientierung am betr. Wj. und begnügt sich mit dem vorangegangenen Wj., sofern der Jahresabschluss des betr. Wj. noch nicht vorliegt. Die Ergebnisse des „betr." Wj. sind hiernach nur dann rückwirkend zugrunde zu legen, wenn sie günstiger sind. Ansonsten sollen bei Neugründungen die Verhältnisse des ersten Wj. nach Gründung maßgebend sein.[4] **Zum anderen** sieht die FinVerw. sog. **„de minimis Regelungen"** vor:[5] Die ausländ. Ges. ist zwar gehalten dem BZSt „unverzüglich" mitzuteilen, dass die gesetzlich/abkommensrechtlich vorgeschriebenen Mindestbeteiligungshöhen unterschritten werden. Sie muss ebenso den teilweisen oder vollständigen Wegfall der Entlastungsberechtigung iSd. Abs. 3 für die Freistellung unverzüglich mitteilen. Sie darf davon aber absehen, wenn (**1**) sich das bei Erteilung der Freistellungsbescheinigung zugrunde gelegte Verhältnis der Bruttoerträge aus eigenwirtschaftlicher Tätigkeit zu den gesamten Bruttobeträgen um weniger als 30 % verringert oder (**2**) sich ein G'ter-Anteil (bei unmittelbarer oder mittelbarer Beteiligung) um weniger als 20 % ändert. Trifft weder das eine noch das andere zu, soll eine Neuberechnung des prozentualen Anteils der entlastungsberechtigten Erträge unterbleiben können. 29k

4. Rechtspolitische Einschätzung. Alles in allem: Ein wenig überzeugender gesetzgeberischer Handlungsversuch, der den Gesetzesexegeten weitgehend ratlos belässt, für ausländ. Beteiligungs-Ges. praktisch nicht umzusetzen ist, der deswegen dem „Standort Deutschland" schadet und jedenfalls mit dem v. der FinVerw. entwickelten Erg. kaum Bestand behalten dürfte; die angebotenen Gegenbeweismöglichkeiten stehen angesichts der Verifikationsprobleme weitgehend nur auf dem Papier. Jenseits der zuvorigen Typisierungsgrenze v. 10 % für „schädliche" Bruttoerträge (Rn. 29g) drohen infolge der Quotierung des Entlastungsanspruchs beträchtliche Nachteile; die Eigenwirtschaftlichkeit beeinflusst nur den Entlastungsschlüssel, belässt es aber hinsichtl. der betr. „schädlichen" Erträge bei der Entlastungsversagung. Das aber genügt unionsrechtl. Anforderungen nicht.[6] Es ist infolgedessen nicht zu erwarten, dass die EU-Kommission, wenn sie sich des nunmehr Angeordneten bewusst wird, v. dem eingeleiteten Vertragsverletzungsverfahren (Rn. 29g) tatsächlich absehen wird. 29l

V. Verhältnis zu § 42 AO, zu Art. 1 Mutter/Tochter-RL und zu Art. 6 ATAD. Problematisch ist das (Rang- und Konkurrenz-)Verhältnis zw. § 50d Abs. 3 und **§ 42 AO**, der General Anti-Avoidance Rule, **GAAR** (s. auch Rn. 25 f.). Die FinVerw.[7] (und früher auch der BFH)[8] wendet (wandte) nach wie vor beide Vorschriften nebeneinander an: Der abkommensrechtlich mögliche Entlastungsanspruch stehe grds. unter dem Vorbehalt der tatbestandl. Voraussetzungen v. § 50d Abs. 3; dieser sei prinzipiell solange vorrangig, wie seine Tatbestandsvoraussetzungen vorlägen, andernfalls greife der allg. Tatbestand des § 42 AO. Dem kann nicht gefolgt werden; die FinVerw. trägt weder der Gesetzeslage noch der Entwicklung der einschlägigen Rspr.[9] Rechnung: Bei § 50d Abs. 3 handelt es sich für seinen Regelungsbereich um eine die allg. Vor- 30

1 BMF v. 24.1.2012, BStBl. I 2012, 171.
2 *Gosch*[3], § 8b Rn. 280, mit Verweis auf Rn. 453 mwN (1. Aufl.).
3 *Birker*, BB 2012, 1961 (1964); *Fischer/Dorfmueller*, Ubg 2012, 162 (168).
4 BMF v. 24.1.2012, BStBl. I 2012, 171.
5 BMF v. 24.1.2012, BStBl. I 2012, 171.
6 *Rudolf*, Treaty Shopping und Gestaltungsmissbrauch, 2012, 496 ff.
7 S. BMF v. 24.1.2012, BStBl. I 2012, 171 Tz. 11 (dort nach wie vor und unbeschadet der zwischenzeitlichen Gesetzesänderung fälschlich an § 42 Abs. 2 statt an § 42 Abs. 1 S. 2 AO anknüpfend); v. 3.4.2007, BStBl. I 2007, 446 Tz. 12.
8 BFH v. 29.10.1997 – I R 35/96, BStBl. II 1998, 235 (allerdings nur beiläufig und zur Frage einer vorgreiflichen Anwendung v. § 50d Abs. 1a aF vor dessen gesetzlichem Inkrafttreten, vgl. *Gosch*, Harzburger Steuerprotokoll 1999, 225 (239 ff., 241); zust. *Höppner*, IWB Fach 3a Gr. 1, 656; *Carlé*, KÖSDI 1999, 12056 (12063 f.); *K/S/M*, § 50d Rn. E 29.
9 BFH v. 29.1.2008 – I R 26/06, BStBl. II 2008, 978 (unter ausdrücklicher Aufgabe seiner früheren Rspr. v. 29.10.1997 – I R 35/96, BStBl. II 1998, 235); das bestätigend, aber auch nach wie vor abgrenzend zu § 15 AStG: BFH v. 22.12. 2010 – I R 84/09, BStBl. II 2014, 361, mit krit. Anm. *Kirchhain*, IStR 2011, 393.

schrift des § 42 AO ausschließende **spezielle und typisierende Missbrauchsverhinderungsvorschrift:**[1] Nur ein solches Verständnis erklärt, weshalb der Gesetzgeber abw. v. § 42 AO die Zurechnung der zwischengeschalteten Ges. als solche stl. anerkennt und konkrete tatbestandliche Voraussetzungen auflistet. Dass es des § 50d Abs. 3 möglicherweise nicht bedurft hätte, nachdem der BFH[2] die Anwendbarkeit v. § 42 AO auch auf beschränkt StPfl. bejaht hat (Rn. 24), ändert daran nichts. Dennoch tritt § 50d Abs. 3 nicht hinter einen „logisch vorrangigen" § 42 AO zurück[3] und läuft § 50d Abs. 3 nicht leer; vielmehr tritt § 50d Abs. 3 vollen Umfanges – hinsichtlich seines Tatbestands, aber auch hinsichtlich seiner Rechtsfolge – an die Stelle des § 42 AO und verdrängt diesen.[4] **§ 42 Abs. 1 S. 2 AO idF des JStG 2008** (s. schon zu § 42 AO aF 11. Aufl. Rn. 30) widerspricht dem nicht, auch wenn danach der Vorrang der spezielleren Missbrauchsvermeidungsnorm offenbar nur iS eines Rechtsfolgenvorrangs und nur dann anerkannt wird, wenn der Tatbestand der Spezialnorm erfüllt ist. Tatsächlich scheitert eine fortbestehende Anwendbarkeit v. § 42 AO in Fällen wie denjenigen des § 50d Abs. 3, weil gerade die Spezialnorm einen (und zwar auch für § 42 Abs. 1 S. 1, Abs. 2 AO) abschließenden Regelungsbefehl dafür gibt, wann ein (oder eben kein) Missbrauch vorliegt. Nimmt eine Gestaltung die Hürde dieses Befehls, fehlt ein „gesetzl. nicht vorgesehener Steuervorteil" iSv. § 42 Abs. 2 S. 1 AO. Dieser Mangel am Tatbestand kann nicht über eine künstliche „Rechtsfolgenverlängerung" nach Maßgabe v. § 42 Abs. 1 S. 2 AO geheilt werden.[5]

30a Die **Folgen** dieses systematischen Regelungsverständnisses sind wechselseitig: Sind die Voraussetzungen des § 50d Abs. 3 erfüllt, bleibt die Vorschrift auch dann anwendbar, wenn § 42 AO tatbestandlich nicht zum Zuge käme. Sind die (oder nur einzelne) Voraussetzungen hingegen nicht erfüllt, entfällt im (weit verstandenen) Regelungsbereich des § 50d Abs. 3 umgekehrt jeglicher Missbrauchsvorwurf und jegliche Missbrauchsahndung. Der einschränkende Terminus „erfüllt" in § 42 Abs. 2 S. 2 AO ist als „Normeinstieg" zu begreifen und wirkt auch dann, wenn einzelne Merkmale des speziellen Tatbestands nicht einschlägig sind, daran orientiert sich dann auch der Terminus „andernfalls" in § 42 Abs. 2 S. 3 AO. Sa. § 36a Rn. 14ff. Soweit es um den Steuerabzug v. Kapitalertrag oder gem. § 50a geht, kann deshalb – allerdings entgegen der Verwaltungspraxis[6] – nicht auf § 42 AO zurückgegriffen werden.[7] Dies gilt selbst dann, wenn § 50d Abs. 3 S. 1–4 (nur) wegen der in § 50d Abs. 3 S. 5 (S. 4 aF) bestimmten Ausnahmen seinerseits unanwendbar bleibt; auch die Ausnahmen sind abschließenden Charakters (s. Rn. 29c). Dies gilt jedoch nicht für andere Fälle des sog. treaty, rule oder directive shopping, welche zwar Abkommensvorteile erwirken, welche v. § 50d Abs. 3 jedoch nicht erfasst werden.[8] Das mag im Einzelfall ausnahmsweise auch dann nicht gelten, wenn die tatbestandlichen Voraussetzungen der Missbrauchsvermeidungsnorm gezielt „instrumentalisiert" und ihrerseits in missbräuchlicher Weise „umgangen" werden.[9] S. dazu auch Rn. 29e und iÜ Rn. 51. Nachdem zwischenzeitlich klar ist, dass § 50d Abs. 3 auch nach der Neufassung des BeitrRLUmsG (Rn. 29j) nicht unionsrechtsfest ist (s. Rn. 29l), lebt die allg. Regelung des § 42 AO wieder auf. Es gibt keinen Grund und wäre widersprüchlich, § 50d Abs. 3 auch für diesen Fall eine prinzipielle Abschirmwirkung beizumessen; das unionsrechtl. Effektivitätsprinzip und das gleichermaßen EU-rechtl. Frustrationsverbot ebenso wie der unionsrechtl. Äquivalenzgrundsatz widersprechen dem nicht. Zu berücksichtigen ist allerdings, dass dem EuGH keine Verwerfungskompetenz zusteht: Solange die betr. Norm als solche nicht auf parlamentarischem Wege abgeschafft oder angepasst wird, bleibt sie uneingeschränkt existent und setzt jedenfalls zugunsten des StPfl. nach wie vor den „Wertungsstandard" auch für die Anwendung v. § 42 Abs. 1 S. 1 iVm. Abs. 2 AO. Das betrifft vor allem die sog. Börsenklausel sowie den Investmentfondsvorbehalt gem. § 50d Abs. 3 S. 5 (S. 4 aF). – Zum Verhältnis v. § 42 AO und DBA-eigenen Missbrauchsverhinderungsvorschriften s. Rn. 25a.

---

1 Vgl. grds. zum Verhältnis v. spezieller und allg. Missbrauchsverhinderung (bezogen auf § 50c Abs. 8 S. 2 aF): BFH v. 15.12.1999 – I R 29/97, BStBl. II 2000, 527 (532f.), seitdem stRspr.; *Gabel*, StuW 2011, 3; *Gosch*, DStJG 37 (2013), 201; *Riedel*, DK 2018, 245.

2 BFH v. 29.10.1997 – I R 35/96, BStBl. II 1998, 235 unter Aufgabe seiner früheren Rspr., vgl. BFH v. 29.10.1981 – I R 89/80, BStBl. II 1982, 150 (sog. Monaco-Urteil).

3 So aber (noch) im Hinblick auf das insoweit ähnliche Verhältnis zw. § 42 AO und §§ 7ff. AStG zB BFH v. 19.1.2000 – I R 94/97, BStBl. II 2001, 222; v. 20.3.2002 – I R 63/99, BStBl. II 2003, 50; s. auch *Haarmann*, IStR 2011, 565.

4 So auch grundlegend *T/K*, § 42 AO Rn. 13ff. mwN; *Musil*, RIW 2006, 287 (291).

5 Zutr. *Drüen*, Ubg 2008, 31 (32ff.); *J. Hey*, StuW 2008, 167 (173). S. zu § 42 AO aF ebenso: BFH v. 20.3.2002 – I R 63/99, BStBl. II 2003, 50, unter Berufung auf *Crezelius*, DB 2001, 2214; *Pezzer*, FR 2002, 279; s. auch *T/K*, § 42 AO Rn. 13a.

6 AEAO Nr. 1 zu § 42 AO, in BMF v. 31.1.2014, BStBl. I 2014, 290.

7 Das ist allerdings methodisch umstr.; s. wie hier *Füger/Rieger*, IStR 1998, 353; *Fischer*, SWI 1999, 196; *Vogel*, StuW 1996, 251; *Gosch*, Harzburger Steuerprotokoll 1999, 225 (239ff.); *Gosch*, IWB 2017, 876; **aA** zB *Riedel*, DK 2018, 245; *Jo. Lüdicke*, StbJb. 2017/2018, 631 (665f.).

8 Umfassend *Ernst & Young*, § 50d Abs. 3 Rn. 84ff. mwN.

9 Insoweit zutr. *Riedel*, DK 2018, 245, unter Hinweis auf FG Hbg. v. 27.6.2017 – 6 K 127/16, EFG 2017, 1718 m. Anm. *Hennigfeld* (Rev. I R 52/17), bezogen auf § 8b Abs. 4 S. 1 Nr. 1 KStG aF; abgrenzend FG Hess. v. 29.11.2017 – 4 K 127/15, EFG 2018, 486 m. Anm. *Loewens* (Rev. I R 2/18), bezogen auf § 12 Abs. 3 UmwStG und § 8c KStG.

Zu beachten sind im Zuge der intern. Bemühungen, Steuervermeidungen entgegenzutreten, insbes. Art. 1 Abs. 2 der Mutter/Tochter-RL (idF der RL EU 2015/121 des Rates v. 27.1.2015 zur Änderung der RL 2011/96/EU) sowie neuerlich Art. 6 der RL 2016/1164 des Rates v. 12.7.2016 zur „Bekämpfung v. Steuervermeidungspraktiken mit unmittelbaren Auswirkungen auf das Funktionieren des Binnenmarktes" (Anti Tax Avoidance Directive, **ATAD**).[1] Auch hiernach soll der StPfl. zwar das Recht haben, „die steuereffizienteste Struktur für seine geschäftlichen Angelegenheiten zu wählen" (s. einleitender „Erwägensgrund" 11 S. 3 ATAD). Doch soll eine unangemessene Gestaltung (und das unabhängig v. einem grenzüberschreitenden Bezug, jedoch de iure nur für die KSt) in dem Umfang vorliegen, wie sie nicht „aus triftigen wirtschaftlichen Gründen, einschl. finanzieller Tätigkeiten", vorgenommen wurde, die die wirtschaftl. Realität widerspiegeln (Art. 6 Abs. 2 ATAD, Art. 1 Abs. 3 Mutter/Tochter-RL idF der RL EU 2015/121). Es reicht aus, dass „der wesentliche Zweck" oder (nur) „einer der wesentlichen Zwecke" für die gewählte Struktur in der Erzielung eines Steuervorteils liegt, der Ziel oder Zweck des ansonsten geltenden Steuerrechts zuwiderläuft (Art. 6 Abs. 1 S. 1 ATAD, Art. 1 Abs. 2 S. 1 Mutter/Tochter-RL idF der RL EU 2015/121), wobei eine Gestaltung mehr als nur einen Schritt oder Teil umfassen kann (Art. 6 Abs. 1 S. 2 ATAD, Art. 1 Abs. 2 S. 2 Mutter/Tochter-RL idF der RL EU 2015/121; davon abw. § 8 Abs. 2 AStG: „tatsächliche" = nicht künstliche wirtschaftl. Tätigkeit, sa. Rn. 26). Eine ausdrückliche Aussage zum Verhältnis zu speziellen Missbrauchsbekämpfungsvorschriften fehlt, ließe sich aber ggf. aus dem „Erwägungsgrund" 11 S. 1 ATAD herauslesen,[2] auch aus Art. 1 Abs. 4 Mutter/Tochter-RL idF der RL EU 2015/121). Für die ATAD gilt das als „Mindestharmonisierungsstandard" (Art. 3 ATAD), der bis zum 31.12.2018 umzusetzen ist (Art. 11 Abs. 1 ATAD) und über kurz oder lang zu einer verschärfenden Anpassung v. § 42 AO führen und manche spezialgesetzliche Vermeidungsnorm überflüssig machen könnte.[3] Vorher müssen dafür aber noch die ggf. voneinander abw. „Reichweiten" der unions- und der innerstaatl. GAAR ausgelotet werden,[4] wofür jedenfalls betr. die ATAD fortan vorrangig der EuGH (vgl. Art. 267 AEUV) und nicht mehr nur der BFH verantwortlich sein wird.[5] 30b

VI. Rechtsfolgen. Bei Vorliegen der tatbestandlichen Voraussetzungen verschiebt sich zwar – abw. v. § 42 AO (s. Rn. 30) – nicht v. vornherein die stl. Zurechnung der betr. Einnahmen (s. Rn. 25). Es sind der zwischengeschalteten ausländ. Ges. aber die Steuerentlastungen gem. § 43b sowie nach DBA zu versagen, und zwar nach Ansicht der FinVerw.[6] jeglicher DBA-Vorteile über den Steuerabzugsbereich des § 50d Abs. 1 S. 1 hinaus. Dem ist **nicht zuzustimmen**. Die Vorschrift ist als Ausnahmevorschrift konzipiert und deswegen eng auszulegen.[7] Dafür spricht ungeachtet des weiten Gesetzeswortlauts auch der rechtsystematische Kontext zu Abs. 1 und 2. 31

In jedem Fall werden die nachteiligen Rechtsfolgen des Abs. 3 (Versagung der Steuerentlastung) ggf. nur **anteilig** in jenem Umfang versagt, indem die jeweiligen Tatbestandsvoraussetzungen erfüllt sind („soweit"). Das bezieht sich sowohl auf die personalen als auch auf die sachlichen Tatbestandsvoraussetzungen (s. auch Rn. 29b, 29h): **(1)** Der Ges. steht der Entlastungsanspruch gem. Abs. 1 und 2 – in Umkehrung der in § 50d Abs. 3 S. 1 verwendeten Entlastungsnegation – zu, *soweit* an ihr entlastungsberechtige G'ter beteiligt sind (**persönliche Entlastungsberechtigung**). Dabei ist die jeweilige Beteiligung idR gesell*schafter*bezogen zu ermitteln und muss eine **unmittelbare** sein („an ihr").[8] Handelt es sich bei dem/den betr. Anteilseigner(n) zT oder auch ausschließlich[9] allerdings um eine ausländ. (Zwischen-)Ges. und ist diese iSv. Abs. 3 und nach den dort genannten obj. Kumulationserfordernissen funktionslos – ist sie also ihrerseits sachlich nicht entlastungsberechtigt –, kann auch eine **mittelbare** Beteiligung an der Zwischen-Ges. genügen („Two-Tier-Approach");[10] in solchen Konstellationen ist die fiktive persönliche Entlastungsberechtigung gesell*schafts*bezogen zu prüfen.[11] So oder so ist der Durchgriff durch die Zwischen-Ges. aber immer nur dann gerechtfertigt, wenn sich die Entlastungsberechtigung des Beteiligten nach Maßgabe desjenigen 32

---

1 Abrufbar unter http://data.consilium.europa.eu/doc/document/ST-10426-2016-INIT/en/pdf; s. *Jochimsen/Zinowsky*, ISR 2016, 106; *Jochimsen/Zinowsky*, ISR 2016, 318.
2 *Oppel*, IStR 2016, 797 (802); *Hey*, StuW 2017, 248 (262); sa. *T/K*, Vor § 42 AO Rn. 41g; **aA** *Rautenstrauch/Suttner*, BB 2016, 2391 (2396).
3 Zweifelnd *Hey*, StuW 2017, 248 (263); *Eilers/Oppel*, IStR 2016, 312 (316); *Müller/Wohlhöfler*, IWB 2016, 665 (667); *Rautenstrauch/Suttner*, BB 2016, 2391 (2396); **aA** *Jochimsen/Zinowsky*, ISR 2016, 318 (322).
4 S. allg. *Franz*, FR 2017, 1117.
5 Vgl. *Hey*, StuW 2017, 248 (264); einschr. *Franz*, DStR 2018, 2240.
6 Vgl. *Höppner*, IWB Fach 3 Gr 3, 1162; *Krabbe*, IStR 1995, 382.
7 *Ernst & Young*, § 50d Abs. 3 Rn. 81 ff.; s. auch *H/H/R*, § 50d Anm. 82.
8 *Schmidt*[37], § 50d Rn. 32.
9 Zutr. *Kessler/Eicke*, IStR 2007, 526 (529).
10 S. zur Einbeziehung unmittelbarer wie mittelbarer Beteiligungen bei fehlender gesetzl. Eingrenzung auch zB BFH v. 17.5.2000 – I R 31/99, BStBl. II 2001, 685 (dort zu § 9 Nr. 7 S. 1 GewStG).
11 Vgl. BMF v. 24.1.2012, BStBl. I 2012, 171 Tz. 4; s.a. BMF v. 10.7.2007, IStR 2007, 555 mit Anm. *Lüdicke*.

DBA ergibt, das zw. Deutschland und dem Ansässigkeitsstaat der Zwischen-Ges. abgeschlossen wurde; gleichermaßen verhält es sich bezogen auf eine Entlastung aufgrund einer EU-Richtlinie. Erfüllt die sekundär zwischengeschaltete Zwischen-Ges. als Oberges. der zahlungsempfangenden Zwischen-Ges. aber die Sacherfordernisse des § 50d Abs. 3, ist auf tiefer gestaffelte Strukturen („Look Through Approach") keine Rücksicht zu nehmen.[1] Es gilt gewissermaßen das „Primat" des (vorangehenden) Erstbeteiligten mit einer entspr. Sperrwirkung bei fehlender persönlicher Entlastungsberichtigung für den nachfolgend Beteiligten in der Beteiligungskette, umgekehrt dann aber auch der Entlastungswirkung, unabhängig davon, ob die Anteilseigner-Zwischen-Ges. ihrerseits einen nicht iSv. § 50d Abs. 3 qualifizierten Anteilseigner hat. – Kommt es hiernach zur teilw. abkommensrechtl. Entlastung, steht diese der zwischengeschalteten Ges. zu, nicht dem Hintermann; die betreffende Zwischen-Ges. ist dementspr. auch antragsberechtigt. **(2)** Bezogen auf die **sachlichen Entlastungsgründe** bedarf es uU der schätzweisen Aufteilung.[2] Das gilt auch im Hinblick auf das Erfordernis einer eigenen wirtschaftlichen Tätigkeit (Rn. 28). Ist diese Tätigkeit eine gemischte passive wie aktive, kann deswegen eine Aufteilung in Betracht kommen. Eine einheitliche Betrachtung ist nur geboten, wenn zw. beiden Funktionen ein objektiver Zusammenhang existiert.[3] Kaum vorstellbar ist allerdings, dass nur für einen Teil der in Rede stehenden Aktivitäten der Zwischen-Ges. plausible wirtschaftliche Gründe vorliegen. Für die neu geschaffenen Tatbestandserfordernisse des scheidet eine anteilige Berücksichtigung deshalb per definitionem aus. – IÜ ist die Erstattung der KapESt nach Abs. 1 oder die Freistellung v. derselben nach Abs. 2 aber regelmäßig vollen Umfanges zu versagen. Insbes. erfolgt in **personaler Hinsicht** keine teilw. Erstattung oder Freistellung in jenem Maße, wie sie ein an der Zwischen-Ges. beteiligter Anteilseigner aufgrund des speziell für ihn geltenden (Drittstaaten-)DBA beanspruchen könnte.[4] Wird die Erstattung oder Freistellung v. der zwischengeschalteten Ges. beantragt, dann hat es damit grds. sein Bewenden. Es ist dann auch unbeachtlich, ob die betr. Einkünfte bei unmittelbarem Bezug durch die G'ter für diesen stfrei oder nicht steuerbar wären.[5] – Zur (praktisch kaum noch handhabbaren) quotalen Berechnung der Entlastungsanteile nach Maßgabe der Neufassung des § 50d Abs. 3 v. VZ 2012 an s.a. Rn. 29h ff. sowie Tz. 12 des BMF-Schreibens v. 24.1.2012.[6]

33 Da § 50d Abs. 3 nach umstrittener, aber richtiger Auffassung[7] entgegen der Verwaltungspraxis[8] auch **Inländer** erfasst, die eine ausländ. Ges. für Beteiligungen an Inlands-Ges. zwischenschalten (sog. Mäanderstrukturen), und auch insoweit § 42 AO vorgeht (Rn. 28b), scheidet beim Inländer die Anrechnung der KapESt gem. § 36 Abs. 2 Nr. 2 aus; es verbleibt vielmehr auch dann beim definitiven Steuerabzug.

33a Unabhängig davon gehen die **abkommensrechtl. Ansässigkeitsanforderungen** den v. § 50d Abs. 3 ausgelösten Rechtsfolgen immer vor. Selbst wenn die Auslands-Ges. als Basis-Ges. konzipiert sein sollte, ist dies dennoch unbeachtlich, wenn die Ges. im Inland über einen tatsächlichen Ort der Geschäftsleitung verfügt (Art. 4 Abs. 3 OECD-MA, § 10 AO), deswegen dort die unbeschränkte StPfl. (§ 2 Abs. 1 KStG) auslöst und damit kein „Basiseffekt"[9] erreicht wird. Ob die KapGes. im Inland stl. „hinweggedacht" werden kann und ob ihre Einkünfte dem G'ter zugerechnet werden können, steht dann auf einem anderen Blatt (wird in aller Regel bei einer auf Dauer zwischengeschalteten KapGes. aber zu verneinen sein, s. Rn. 26).[10]

F. Mittelbare Leistungen aus öffentlichen Kassen (Abs. 7)

34 Gem. § 49 Abs. 1 Nr. 4 (lit. b) gehören zu den beschränkt stpfl. Einkünften auch Zahlungen aus inländ. öffentl. Kassen mit Rücksicht auf ein gegenwärtiges oder früheres Dienstverhältnis. Fehlt unter solchen Um-

1 BFH v. 20.3.2002 – I R 38/00, BStBl. II 2002, 819 = IStR 2002, 597 (599) mit Anm. *Jacob/Klein*; *Roser*, GmbHR 2002, 869; *Gosch*, BFH-PR 2002, 365; *Lampe*, RIW 2002, 864; *K/S/M*, § 50d Rn. G 6; zT weitergehend uU die FinVerw., s. BMF v. 24.1.2012, BStBl. I 2012, 171 Tz. 4 (inbes. 4.2); v. 3.4.2007, BStBl. I 2007, 446 idF v. 21.6.2010, BStBl. I 2010, 596, jew. Tz. 4; ebenso zB *H/H/R*, § 50d Anm. 55; *F/W/B/S*, § 50d Rn. 91 f.; *Kessler/Eicke*, IStR 2007, 526 (529); enger demgegenüber zB *Korn*, § 50d Rn. 36 f.

2 *Neyer*, IStR 1996, 120; einschr. *Krabbe*, IStR 1995, 382 (383), der die „soweit"-Einschränkung nur auf die persönlichen, nicht aber die sachlichen tatbestandlichen Voraussetzungen bezieht.

3 BFH v. 28.1.1992 – VIII R 7/88, BStBl. II 1993, 84; *K/S/M*, § 50d Rn. E 18 ff.; s. aber auch BFH v. 5.3.1986 – I R 201/82, BStBl. II 1986, 496; v. 23.10.1991 – I R 52/50, BFH/NV 1992, 271 (273).

4 **AA** *Vogel/Lehner*[6], Art. 1 Rn. 133f unter Berufung auf Sinn und Zweck der Regelung sowie auf völkerrechtl. Prinzipien.

5 *Vogel/Lehner*[6], Art. 1 Rn. 124.

6 BMF v. 24.1.2012, BStBl. I 2012, 171.

7 *Schaumburg*[4], Rn. 19.164; *H/H/R*, § 50d Anm. 55; *Kempf/Meyer*, DStZ 2007, 584, 586 f.; **aA** *Frotscher/Geurts*, § 50d Rn. 149, 162.

8 BMF v. 24.1.2012, BStBl. I 2012, 171 Tz. 4.1; v. 3.4.2007, BStBl. I 2007, 446, idF v. 21.6.2010, BStBl. I 2010, 596, jew. Tz. 4.

9 FG München v. 17.12.2012 – 7 K 202/11 (zit. v. *Kopp*, ISR 2013, 274 [276]).

10 BFH v. 23.10.1996 – I R 55/95, BStBl. II 1998, 90 (91); **aA** *Kopp*, ISR 2013, 274.

ständen ein weiterer Inlandsbezug beim ArbN, weisen die in den DBA enthaltenen **Kassenstaatsklauseln** (vgl. Art. 19 OECD-MA) das Besteuerungsrecht für diese Zahlungen dem Kassenstaat zu. Abs. 7 (Abs. 4 aF) soll gewährleisten, dass dieses Besteuerungsrecht immer erhalten bleibt, wenn die Zahlungen ganz oder im Wesentlichen (=> als 75%)[1] aus öffentl. Mitteln aufgebracht werden, unabhängig davon, ob das konkrete Dienstverhältnis, für das die Zahlungen erfolgen, zu dem Kassenträger oder zu einer anderen Pers. (zB Auslandsschulen, Goethe-Institute[2], GTZ/GIZ[3]) besteht. Um dieses Ziel zu erreichen, soll „diese Vorschrift" – also augenscheinlich (nur) Art. 19 OECD-MA (nicht jedoch auch ggf. in einzelnen DBA hineinverhandelte sog. Entwicklungshelferklauseln)[4] – in entspr. Weise ausgelegt werden; andere abkommensrechtl. Zuweisungsvorschriften sind (unbeschadet der allg. tatbestandl. Inbezugnahme v. § 49 Abs. 1 Nr. 4, also ohne dessen zwischenzeitl. Ausdifferenzierung in lit. a bis lit. e aufzugreifen und dementspr. auch § 50d Abs. 7 auf § 49 Abs. 1 Nr. 4 lit. b zu verengen) nicht einbezogen.[5] Es handelt sich um eine gesetzliche Fiktion, die der Rspr. des BFH[6] widerspricht. Aus diesem Grunde enthält § 50d Abs. 7 keine „Klarstellung", wie die amtl. Gesetzesbegründung weismachen will,[7] sondern eine konstitutive (Neu-)Regelung (im Sinne eines **treaty overriding**;[8] s. auch § 49 Abs. 1 Nr. 4 lit. b, dort Rn. 65), und war die in § 52 Abs. 31a idF des JStG 1997 angeordnete benachteiligende Rückwirkung der Regelung auf VZ vor 1997 verfassungswidrig.[9]

G. Rückfall des Besteuerungsrechts für Einkünfte aus nichtselbständiger Arbeit (Abs. 8)

I. Zweck; Regelungsinhalt und Regelungswirkungen. Mit erstmaliger Wirkung v. VZ 2004 an (§ 52 Abs. 1 idF des StÄndG 2003) bestimmt **Abs. 8 S. 1** – in Gestalt eines weiteren **treaty overriding** (Rn. 1, 24, 34) – eine **Rückfallklausel** (sog. subject to tax clause)[10] des deutschen Besteuerungsrechts für die veranlagten Einkünfte eines **unbeschränkt StPfl.**, soweit (= ggf. also anteilig)[11] dessen **Einkünfte aus nichtselbständiger Arbeit** (§ 19) nach DBA (vgl. Art. 23A Abs. 1 OECD-MA iVm. Art. 15 Abs. 1, ggf. aber auch iVm. Art. 16, 18 oder 19[12] OECD-MA) aufgrund des Tätigkeitsortsprinzips (oder eines anderen Zurechnungsprinzips) im Inland v. der ESt freizustellen sind. Unbeschränkt StPfl. idS sind infolge der erkennbar abkommensrechtl. Anknüpfung der Vorschrift an die Freistellungsmethode (Art. 23A OECD-MA) und damit aus deutscher Sicht an eine sog. Outbound-Situation nur solche nach dem Grundtatbestand des § 1 Abs. 1, ggf. auch iSv. § 1 Abs. 2, jedoch nicht solche iSv. § 1 Abs. 3, weil es für diesen Fall zum einen an einer (jedoch erforderlichen) Ansässigkeit gem. Art. 4 Abs. 1 OECD-MA fehlt und im Inland keine Doppelbesteuerung im Wege der Freistellung zu vermeiden ist, zum anderen (und daraus ableitend), weil v. § 1 Abs. 3 ohnehin nur inländ. Einkünfte iSv. § 49 erfasst werden, welche im vorgenannten Sinne abkommensrechtl. nicht freigestellt werden können; s. auch § 1 Rn. 15);[13] der insoweit abw. Verwaltungspraxis[14] ist nicht beizupflichten. Unbeschränkt stpfl. ist hiernach auch der doppelt ansässige StPfl., nach richtiger, v. BFH[15] 35

1 So die gegriffene Schätzung und Deutung durch BFH v. 28.3.2018 – I R 42/16, IStR 2018, 732; *H/H/R*, § 50d Anm. 102; *Blümich*, § 50d Rn. 102.

2 BFH v. 22.2.2006 – I R 60/05, BStBl. II 2007, 106.

3 S. *Bublitz*, IStR 2007, 77.

4 Zutr. FG Hess. v. 25.4.2018 – 9 K 1757/16, EFG 2018, 1717 m. Anm. *Wackerbeck* (Rev. I R 17/18; sa. FG Hess. v. 25.4.2018 – 9 K 24/18, EFG 2018, 1200); uU anders aber BFH v. 28.3.2018 – I R 42/16, FR 2018, 968 m. Anm. *Kempermann*.

5 *H/H/R*, § 50d Anm. 100; *K/S/M*, § 50d Rn. H 4; (wohl) **aA** FG Berlin v. 2.2.2005 – 6 K 6382/03, EFG 2005, 1946.

6 BFH v. 31.7.1991 – I R 47/90, BFHE 165, 392; v. 13.8.1997 – I R 65/95, BStBl. II 1998, 21; v. 23.9.1998 – I B 53/98, BFH/NV 1999, 458; *FW*, IStR 1998, 19.

7 So aber BT-Drucks. 13/5952, 49 f.

8 *Bublitz*, IStR 2007, 77 (82) mwN; (wohl) **aA** BFH v. 13.8.1997 – I R 65/95, BStBl. II 1998, 21; FG Düss. v. 23.4.1998 – 10 K 6061/97 Kg, EFG 1998, 1069.

9 *Frotscher/Geurts*, § 50d Rn. 171; *G/K/G/K*, Art. 19 OECD-MA Rn. 61 f.

10 Vgl. allg. *Wassermeyer*, Art. 1 MA Rn. 72; s. auch *Kluge*, Das Internationale Steuerrecht, 4. Aufl. 2000, Rn. S 334 abgrenzend zur sog. switch-over-Klausel; allg. zur Anwendung abkommensrechtl. Subject-to-tax-, Remittance-base- und Switch-over-Klauseln s. BMF v. 20.6.2013, BStBl. I 2013, 980.

11 Vgl. BFH v. 11.1.2012 – I R 27/11, DStR 2012, 689; v. 25.11.2014 – I R 27/13, BStBl. II 2015, 448 (m. Anm. *Glanemann*, EStB 2015, 193); sa. BFH v. 16.8.2010 – I B 119/09, BFH/NV 2010, 2055; **aA** FG Köln v. 15.5.2013 – 14 K 584/13, juris (Vorinstanz zu BFH v. 19.12.2013 – I B 109/13, DStR 2014, 363); sa. FG Berlin-Bdbg. v. 29.4.2014 – 3 K 3227/13, IStR 2014, 529 mit zust. Anm. *Weinschütz* (Rev. durch BFH v. 28.10.2015 – I R 41/14, BFH/NV 2016, 570, aus anderen Gründen stattgegeben).

12 Zutr. *Bublitz*, IStR 2007, 77 (84).

13 BFH v. 2.9.2009 – I R 90/08, BFH/NV 2009, 2041; s. auch BFH v. 20.9.2006 – I R 13/02, IStR 2007, 148; *F/W/B/S*, § 50d Abs. 9 Rn. 53; ggf. *Frotscher/Geurts*, § 50d Rn. 174; *Jankowiak*, Doppelte Nichtbesteuerung, 2009, 220 ff., 230 ff.; **aA** *K/S/M*, § 50d Rn. J 7, K 6.

14 BMF v. 3.5.2018, BStBl. I 2018, 643 Rn. 45 f.; v. 12.11.2014, BStBl. I 2014, 1467 Rn. 39.

15 BFH v. 25.5.2016 – I B 139/11, BFH/NV 2016, 145.

und jetzt auch vom BMF[1] aber nicht geteilter Ansicht aber nur dann, wenn er infolge der sog. Tie-breaker-rule des Art. 4 Abs. 2 OECD-MA als in Deutschland ansässig zu behandeln ist, s. Rn. 28b, 41. – Als so verstandene Rückfallklausel ist Abs. 8 (ebenso wie Abs. 9, s. Rn. 40) in § 50d im G systemfremd platziert; sie gehört systematisch korrekt zu §§ 34c und 34d.

35a Die nach DBA vereinbarte Freistellung wird hiernach nur gewährt, wenn der StPfl. nachweist, **(1)** dass die betr. ESt im Ausland entrichtet wurde oder **(2)** wenn der Quellenstaat (abstrakt nach seinem nationalen Recht, auch konkret durch „bloße“ Nichtbesteuerung[2] infolge anderweitigen Abkommensverständnisses[3]) auf sein Besteuerungsrecht verzichtet hat. Letzteres versteht sich im Sinne eines **Gebots der effektiven Doppelbesteuerung** als ein Besteuerungsverzicht im anderen Vertragsstaat und damit als eine positive Verzichtsentscheidung des Besteuerungsberechtigten; die bloße tatsächliche Nichtbesteuerung als solche genügt nicht.[4] Ansonsten sind sie im Inland zu versteuern (Übergang v. Freistellungs- zum abkommensrechtl. Anrechnungsverfahren). Abs. 8 weicht damit iErg. v. dem mit der abkommensrechtl. Freistellungsmethode (Art. 23A OECD-MA) verbundenen (und aus guten Gründen[5] zwischenstaatl. und völkerrechtl. verbindlich vereinbarten) **Verbot der virtuellen Doppelbesteuerung** (s. auch Rn. 42) ab; eine (beachtliche) Besonderheit besteht allerdings darin, dass mit der zweiten rückfallauslösenden Nachweisalternative – der unterbliebenen Steuerzahlung – nicht auf die Stpfl der betr. Einkünfte im anderen Staat abgestellt wird, sondern auf die Steuerzahlungspflicht („entrichtet“).[6] Glaubt man den einschlägigen Gesetzesmaterialien,[7] dann soll es offenbar **Zweck** dieser (im Hinblick auf den Besteuerungsverzicht im anderen Vertragsstaat auf einen bestimmten Grund für die Nichtbesteuerung verengten)[8] Rückfallklausel sein, „pflichtwidrigem“ Nichtdeklarieren der betreffenden Einkünfte durch den StPfl. im anderen Vertragsstaat vorzubeugen und sich ‚fürsorglich‘ um das Besteuerungsaufkommen jenes Staats zu kümmern. Das wäre indes nur dann glaubhaft, wenn die für diesen Staat gleichsam stellvertretend eingenommenen Gelder dann auch einem bilateralen Fiskalausgleich zu- und an jenen Staat abgeführt würden, was aber nicht geschieht. Es unterbleibt in der Regelungsbegründung denn auch jedweder Hinweis auf einen etwaigen Gestaltungsmissbrauch. – „Wahrer“ Regelungszweck ist es deswegen, sog. weiße Einkünfte zu verhindern und die Einmalbesteuerung sicherzustellen, woran es fehlen kann, wenn der Quellenstaat v. den Einkünften mangels Erklärung nichts weiß und es ihm auch unmöglich ist, sie stl. zu erfassen oder durchzusetzen. Anders als bei anderen Einkunftsarten und deren abkommensrechtl. Besteuerungszuordnung (und in auch keineswegs zweifelsfreier Differenzierung, Art. 3 Abs. 1 GG, s. aber auch Rn. 41 f.)[9] werden solche Nichtbesteuerungen vor allem bei nichtselbständiger Arbeit befürchtet. Praktischer „Auslöser“ hierfür waren denn auch Piloten, welche sich in den Vereinigten Arabischen Emiraten niederließen und dort einer „Nullbesteuerung“ erfreuten.[10] Ein weiteres Bsp. bieten die Einkünfte v. Berufskraftfahrern, die im Grundsatz im jeweiligen Tätigkeitsstaat zu besteuern sind, tatsächlich zumeist jedoch nur im Wohnsitzstaat mit ihren auf diesen entfallenden Einkunftsteilen besteuert werden.[11] Ähnlich verhält es sich bei Seeleuten, die auf li-

1 BMF v. 3.5.2018, BStBl. I 2018, 643 Rn. 46.

2 FG Köln v. 30.1.2008 – 4 V 3366/07, EFG 2008, 593.

3 *Blümich*, § 50d Rn. 103; s. aber demgegenüber abgrenzend FG BaWü. v. 23.6.2016 – 3 K 3089/13, EFG 2017, 464 (Rev. I R 67/16) m. Anm. *V. Wendt*, für die Situation eines Dreiecksverhältnisses zw. drei Staaten und der Nichtausübung des Besteuerungsrechts ggü. Deutschland, die auf stl. Nichtdeklaration beruht.

4 Abgrenzend insoweit zu anders formulierten abkommensrechtl. Besteuerungsrückfällen s. zB BFH v. 5.2.1992 – I R 158/90, BStBl. II 1992, 660 zu Art. 23 Abs. 3 DBA-Kanada 1981 (und entgegen BFH v. 17.12.2003 – I R 14/02, BStBl. II 2004, 260); v. 17.10.2007 – I R 96/06, BStBl. II 2008, 953 zu Art. 24 Abs. 3 lit. a DBA-Italien 1989 und Abschn. 16 lit. d des dazu ergangenen Prot.; sa. BFH v. 24.10.2012 – I B 47/12, BFH/NV 2013, 196, und v. 13.10.2015 – I B 68/14, BFH/NV 2016, 558, beide zu Art. 16 Abs. 1 DBA-Südafrika (dazu *Schulz-Trieglaff*, IStR 2016, 423; *Hagemann/Kahlenberg*, IWB 2016, 427).

5 S. eingehend zB *Lüdicke*, Überlegungen zur deutschen DBA-Politik, 2008, S. 93 ff.; *Jankowiak*, Doppelte Nichtbesteuerung im Internationalen Steuerrecht, 2009, passim; *Lehner*, HStR, Bd. XI[3], § 251 Rn. 55; s. auch ausdrückl. BFH v. 24.8.2011 – I R 46/10, BStBl. II 2014, 764; v. 10.1.2012 – I R 66/09, FR 2012, 819 m. Anm. *Hagena/Wagner*; v. 11.12.2013 – I R 4/13, BStBl. II 2014, 791 (mit Anm. *Benecke/Staats*, IStR 2014, 217; *Prinz*, GmbHR 2014, 729); **aA** (und in der Begr. wie iErg. vollkommen inakzeptabel) *Schulz-Trieglaff*, IStR 2012, 577: keine Vermeidung der virtuellen Doppelbesteuerung aufgrund „der im StR geltenden wirtschaftl. Betrachtungsweise“, wonach nur wirtschaftl. tatsächlich belastende Besteuerung im anderen Vertragsstaat die abkommensrechtl. Freistellung auslösen soll; dem folgend *Czakert*, IStR 2012, 703 (705 f.).

6 Zutr. *Jankowiak*, Doppelte Nichtbesteuerung, 2009, 220 ff., 223 f.

7 BR-Drucks. 630/03, 66 = BT-Drucks. 15/1562, 39 f.

8 BFH v. 5.3.2008 – I R 54, 55/07, BFH/NV 2008, 1487; dazu *Portner*, IStR 2009, 195.

9 BFH v. 10.1.2012 – I R 66/09, FR 2012, 819 m. Anm. *Hagena/Wagner*; *Holthaus*, IStR 2004, 16; *Jankowiak*, Doppelte Nichtbesteuerung, 2009, 220 ff.

10 S. denn auch zu der nur bis August 2008 begrenzten kurzen Verlängerung des DBA-VAE v. 28.5.2007, BGBl. II 2007, 746.

11 ZB BFH v. 22.1.2002 – I B 79/01, BFH/NV 2002, 902; v. 16.5.2002 – I B 80/01, BFH/NV 2002, 1423.

berianischen Schiffen auf hoher See tätig sind.[1] § 50d Abs. 8 will dem entgegenwirken, gerät dabei allerdings in Kollision zu dem (unilateralen) Besteuerungsverzicht gem. § 34c Abs. 5 im sog. Auslandstätigkeitserlass[2] (s. dazu § 34c Rn. 36).[3] § 50d Abs. 8 soll auf entspr. Einkünfte nicht anzuwenden sein, ebenso wenig wie auf solche Einkünfte, für die das einschlägige DBA eine Rückfallklausel bestimmt (neben den Subject to tax-[4] auch sog. Remittance base-Klauseln[5]).[6] – Jedenfalls hat das BVerfG all das gutgeheißen und für verfassungsrechtl. unbedenklich erklärt, nicht zuletzt, weil die Vorschrift „der im Vergleich zu sonstigen Einkunftsarten erhöhten Gefahr des Missbrauchs der in einem DBA vorgesehenen Freistellung von Einkünften aus nichtselbständiger Arbeit von der deutschen Steuer" entgegenwirke, zudem „nur eine geringe Eingriffsintensität (aufweist) und (...) durch vernünftige, einleuchtende Gründe gerechtfertigt (ist)",[7] s. eingehend Rn. 25. Bemerkenswert ist: Der Missbrauchsvermeidungszweck wird v. BVerfG schlicht unterstellt, letztlich durch Gleichstellung mit der sog. Keinmalbesteuerung. Bemerkenswert ist dies, weil – folgt man dem EuGH – das nicht genügen würde, um eine entspr. Rechtfertigung annehmen zu können; der Missbrauchsvermeidungszweck muss hiernach vielmehr ein ausdrücklicher sein.[8]

Aus unionsrechtl. Sicht bleibt die Vorschrift hingegen kollisionsfrei, weil der EuGH *insofern* ein anderes Vergleichspaar als der BFH[9] (für das grundgesetzl. Gleichheitsgebot) vor Augen hat; es soll dies nicht der gebietsansässige unbeschränkt StPfl. mit DBA-befreiten und der gebietsansässige unbeschränkt StPfl. mit nur inländ. oder nicht DBA-befreiten Einkünften sein, sondern rein rechtsfolgenbezogen der Umstand, dass gerade die Rückfallklausel die Welteinkommens-Gleichheit aller unbeschränkt StPfl. bewirkt.[10] Das treaty override wirkt dadurch gewissermaßen gerade gleichheitsstiftend, es überwölbt die Ungleichheit zw. „freigestellten" und nicht „freigestellten" StPfl. Das deckt sich iErg. mit der Sichtweise, welche der EuGH (jedenfalls partiell) im „Schulterschluss" mit dem BFH, bezogen auf den „finalen" Verlustabzug bei DBA-freigestellten Betriebsstätten, zwischenzeitlich (womöglich) eingenommen hat;[11] s. dazu § 2a Rn. 5b sowie abgrenzend zur Anrechnung auch § 34c Rn. 16. – Zur Wechselwirkung zw. Abs. 8 und 9 und zur zT verdrängenden, zT parallelen Anwendung beider Vorschriften s. Rn. 41ef. 35b

II. Einkunftsermittlung. Die Einkünfte iSv. § 50d Abs. 8 sind nach Maßgabe des deutschen Steuerrechts zu ermitteln. Zuordnungs- und Qualifikationskonflikte infolge anderweitiger Ermittlungsgrundlagen, begrifflicher Unterschiede, Zuordnungs- oder Bewertungsdifferenzen im Ausland können zulasten des StPfl. gehen, sofern er diese nicht im Rahmen seiner Mitwirkungspflicht (§ 90 Abs. 2 AO) aufklärt.[12] S. Rn. 37. 36

III. Nachweise und Steuerfestsetzung. Der geforderte **Besteuerungsnachweis** (vgl. § 90 Abs. 2 AO) geht (weit und in letztlich „prohibitiver" Weise)[13] über das hinaus, was im Allg. abkommensrechtl. ver- 37

1 S. BMF v. 21.7.2005, BStBl. I 2005, 821 (unter 3.3).
2 BMF v. 31.10.1983, BStBl. I 1983, 470.
3 *Holthaus*, IStR 04, 16 (17); *Grotherr*, IWB Fach 3 Gr. 3, 1395; *Jankowiak*, Doppelte Nichtbesteuerung, 2009, 220ff., 226f.
4 ZB Art. 13 Abs. 2 DBA-Frankreich; Art. 15 Abs. 4 DBA-Österreich; Art. 15 Abs. 3, 4 DBA-Schweiz.
5 ZB Art. 24 DBA-Großbritannien 2010, Art. II S. 2 DBA-Großbritannien 1965; Art. 29 DBA-Irland 2011, Art. II S. 2 DBA-Irland 1962; Art. 2 II DBA-Israel, Art. 3 Abs. 3 DBA-Jamaika; Schlussprotokoll Nr. 2 DBA-Malaysia; Schlussprotokoll Nr. 1a DBA-Trinidad/Tobago.
6 BMF v. 3.5.2018, BStBl. I 2018, 643 Rn. 45; zuvor BMF v. 21.7.2005, BStBl. I 2005, 821 (unter 1.).
7 BVerfG v. 15.12.2015 – 2 BvL 1/12, DStR 2016, 359 Rn. 102f.
8 EuGH v. 20.9.2018 – C-685/16 – EV, DStR 2018, 2016 Rn. 95ff.
9 BFH v. 10.1.2012 – I R 66/09, FR 2012, 819 m. Anm. *Hagena/Wagner*; grds. **aA** *Lampert*, Doppelbesteuerungsrecht und Lastengleichheit, 2010, passim, der an anderer Stelle ansetzt und gerade die abkommensrechtl. Steuerfreistellung als den rechtfertigungsbedürftigen „Auslöser" für den Gleichheitsverstoß ansieht.
10 ZB EuGH v. 6.12.2007 – Rs. C-298/05 – Columbus Container Services, DStR 2007, 2308 mwN: „Die Niederlassungsfreiheit untersagt jede Diskriminierung aufgrund des Ortes des Sitzes einer Ges. ... Es steht fest, dass die streitige deutsche Steuerregelung [scil. des § 20 Abs. 2 AStG] ... nicht zwischen der Besteuerung der Einkünfte aus Gewinnen v. in Deutschland ansässigen PersGes. und derjenigen der Einkünfte aus Gewinnen v. PersGes. unterscheidet, die in einem anderen Mitgliedstaat ansässig sind, der die v. diesen Ges. in seinem Hoheitsgebiet erzielten Gewinne mit weniger als 30 % besteuert. Durch die Anwendung der Anrechnungsmethode auf diese ausländ. Ges. unterwirft die betr. Regelung die Gewinne solcher Ges. in Deutschland lediglich demselben Steuersatz wie die Gewinne v. in Deutschland ansässigen PersGes." – Aus EuGH v. 5.7.2012 – Rs. C-318/10 – Société d'investissement pour l'agriculture tropicale SA (SIAT) gegen Belgischer Staat, BFH/NV 2012, 1562, lässt sich deshalb nichts Gegenteiliges herleiten; die dortige – mit den Nachweisanforderungen des § 50d Abs. 8 vergleichbare – Ausgangslage betraf gerade nicht eine „formale" Gleichbehandlung, vielmehr eine Ungleichbehandlung des BA-Abzugs bei grenzüberschreitenden Leistungsbeziehungen.
11 Nämlich iZ mit den sog. finalen Verlusten, s. EuGH v. 17.12.2015 – Rs. C-388/14 – Timac Agro Deutschland, BStBl. II 2016, 362.
12 BMF v. 3.5.2018, BStBl. I 2018, 643 Rn. 50f.
13 *Jankowiak*, Doppelte Nichtbesteuerung, 2009, 220ff., 224; sa. *H/H/R*, § 50d Anm. 112; *B/B/B*, § 50d Rn. 289.

langt wird,[1] und auch das, was dem StPfl. oftmals überhaupt möglich und zumutbar ist.[2] Das gilt insbes. für den Besteuerungsverzicht des Tätigkeitsstaats, nicht minder aber zB bei Vereinbarung v. Nettolohn und/oder bei Lohn aus Subunternehmerstrukturen. Er ist unbeschadet dessen idR (und unter Berücksichtigung der „objektiven Umstände des Einzelfalles und des Grundsatzes der Verhältnismäßigkeit")[3] durch einen Steuerbescheid oder eine Erklärung des ausländ. Fiskus[4] sowie durch einen Einzahlungsbeleg (Überweisungsträger) zu erbringen,[5] nicht aber durch Eigenerklärungen. Im Falle der Selbstveranlagung genügt der Zahlungsbeleg. Eine bloße ArbG-Bescheinigung soll (bisher) nur in Ausnahmefällen ausreichen, wenn „der StPfl. tatsächlich nicht in der Lage ist, geeignete Nachweise zu erbringen"[6] (was vor allem bei Nettolohnvereinbarungen der Fall sein dürfte); der Nachweis durch ausländ. Gehaltsabrechnungen mit Ausweis der abgeführten Quellensteuer soll regelmäßig genügen.[7] Inhaltlich erstreckt sich der Nachweis in erster Linie auf die ausländ. Besteuerung, ggf. aber zusätzlich auf Abweichungen zur Einkunftsermittlung (Rn. 36).[8] – Trotz der aufgezeigten Schwierigkeiten (insbes. in Entwicklungsländern)[9] ist auch der **Besteuerungsverzicht** im Tätigkeitsstaat nachzuweisen und idR durch Vorlage der einschlägigen ausländ. Gesetzes- oder Verwaltungsregelung, auch (zumeist behördlichen) Bescheide oder Erklärungen, zu leisten;[10] eine bloße Plausibilitätsprüfung genügt in aller Regel nicht.[11] Vor allem für diese Nachweisalternative ist ein weiteres Tätigwerden allerdings entbehrlich, wenn der Besteuerungsverzicht des anderen Vertragsstaats ohnehin amtsbekannt ist;[12] dann genügt es nachzuweisen, dass in jenem Staat eine Tätigkeit ausgeübt wurde.[13] S. insoweit insbes. den in § 50d Abs. 9 S. 3 angeordneten Anwendungsvorrang v. Abs. 8 ggü. Abs. 9 S. 1 Nr. 2, dazu Rn. 41h ff. In Zweifelsfällen sind die erbrachten Nachweise glaubhaft zu machen und in die deutsche Sprache zu übersetzen. Bei Ortskräften diplomatischer Vertretungen mit Staatsangehörigkeit der jeweiligen Staatenvertretung soll auf Nachweise verzichtet werden können.[14]

37a Bei fehlenden oder unvollständigen Nachweisen ist die Steuer ohne Freistellung der betr. Einkünfte[15] **festzusetzen**, wobei die FinVerw. allerdings billigkeitsweise eine **Bagatellgrenze v. 10 000 Euro** im jeweiligen VZ[16] (nicht aber für jeden Tätigkeitsstaat)[17] einräumt.[18] Die entspr. Nachweise können nachgereicht werden; eine zu diesem Zeitpunkt ggf. bereits erfolgte Steuerveranlagung ist dann gem. § 175 Abs. 1 S. 1 Nr. 2 AO analog rückwirkend zugunsten des StPfl. zu ändern (**§ 50d Abs. 8 S. 2 und 3**). § 175 Abs. 2 S. 2 AO findet insoweit keine Anwendung. Die Festsetzungsfrist beginnt danach erst mit Ablauf desjenigen Kj., in welchem der Nachweis geführt wird, der Nachweiseffekt ist damit iErg. also „unendlich".[19] Die Verzinsung richtet sich nach § 233a Abs. 1 und 2 AO. Die Annahme eines rückwirkenden Ereignisses soll ausscheiden,

1 S. OFD Ffm. v. 8.7.2003, DB 2003, 1602; Ausnahmen enthalten derzeit die DBA mit Dänemark, Italien, Kanada, Neuseeland, Norwegen, Schweden, USA und neuerdings Österreich.

2 Für derartige Fälle verweist FG Köln v. 16.6.2016 – 13 K 3649/13, EFG 2016, 1711, auf einen (zumeist fruchtlosen) Billigkeitserweis; zu Recht krit. deshalb *Hagemann*, IWB 2017, 34.

3 BMF v. 3.5.2018, BStBl. I 2018, 643 Rn. 48; zuvor BMF v. 21.7.2005, BStBl. I 2005, 821 (unter 2.).

4 Zu Besonderheiten des Besteuerungsverzichts bei ArbN iRd. Entwicklungszusammenarbeit (unter Beachtung der sog. Entwicklungshilfeklauseln und des sog. Kassenstaatsprinzips) sowie bei Tätigkeit in den Vereinigten Arabischen Emiraten und in Kuwait s. BMF v. 3.5.2018, BStBl. I 2018, 643 Rn. 56 f., 58 ff.; zuvor: BMF v. 21.7.2005, BStBl. I 2005, 821 (unter 3.1. und 3.2.); zur Ausübung v. Aktienoptionen iZ mit einer nichtselbständigen Tätigkeit in China s. BayLAfSt v. 29.4.2010, IStR 2010, 588 u. 852.

5 BMF v. 3.5.2018, BStBl. I 2018, 643 Rn. 52.

6 BMF v. 3.5.2018, BStBl. I 2018, 643 Rn. 53; zuvor: BMF v. 21.7.2005, BStBl. I 2005, 821 (unter 2.1.2.).

7 BMF v. 3.5.2018, BStBl. I 2018, 643 Rn. 457, 52; v. 12.11.2014, BStBl. I 2014, 1467 Tz. 2.3.

8 BMF v. 3.5.2018, BStBl. I 2018, 643 Rn. 50 f.; zuvor: BMF v. 21.7.2005, BStBl. I 2005, 821 (unter 2.1.1.).

9 FG Düss v. 6.4.2017 – 13 K 3086/15 E, EFG 2017, 1356, m. Anm. *Hagemann*, IWB 2017, 787 (NZB unbegründet: BFH v. 21.11.2017 – I B 48/17, nv.).

10 BMF v. 3.5.2018, BStBl. I 2018, 643 Rn. 54 ff.; v. 21.7.2005, BStBl. I 2005, 821 (unter 2.2.). S. dazu BFH v. 5.3.2008 – I R 54, 55/07, BFH/NV 2008, 1487 mit Anm. *Portner*, IStR 2009, 195.

11 FG Düss v. 6.4.2017 – 13 K 3086/15 E, EFG 2017, 1356, m. Anm. *Hagemann*, IWB 2017, 787 (NZB unbegründet: BFH v. 21.11.2017 – I B 48/17, nv.).

12 BFH v. 20.8.2014 – I R 86/13, BStBl. II 2015, 18 (Vorlagebeschl. an das BVerfG [2 BvL 21/14]); FG Hbg. v. 13.4. 2017 – 6 K 195/16, ISR 2017, 288 m. Anm. *Weiss* (Rev. I R 30/17).

13 BMF v. 3.5.2018, BStBl. I 2018, 643 Rn. 55.

14 BMF v. 3.5.2018, BStBl. I 2018, 643 Rn. 63.

15 Einschränkend *Strohner/Mennen*, DStR 2005, 1713 (1715): Festsetzung gem. § 165 AO unter Freistellungsgewährung (zweifelh.).

16 BMF v. 3.5.2018, BStBl. I 2018, 643 Rn. 61 ff.; zuvor: BMF v. 21.7.2005, BStBl. I 2005, 821 (unter 4.2.).

17 **AA** *Strohner/Mennen*, DStR 2005, 1713 (1716).

18 Zum generellen Nachweisverzicht bei Ortskräften diplomatischer Vertretungen in Deutschland, deren Vergütungen gem. Art. 19 OECD-MA freigestellt sind, s. OFD Rhld. v. 22.6.2007, IStR 2007, 520.

19 *Frotscher/Geurts*, § 50d Rn. 186.

wenn der Nachweis der Besteuerung im Ausland einen vorgängigen Steuerbescheid im Ausland betrifft, der schon im inländ. Steuerbescheid hätte berücksichtigt werden können.[1]

Bei hinreichendem Nachweis will die FinVerw. regelmäßig weder Auskunftsersuchen stellen noch Spontanauskünfte (Kontrollmitteilungen) im internationalen Informationsaustausch (vgl. Art. 26 OECD-MA; EGAHG) erteilen, anders jedoch bei Zweifeln hinsichtlich Grund und Höhe der Zahlungen bzw. des Besteuerungsverzichts.[2] S. iErg. die Regelungen des Merkblatts zur zwischenstaatlichen Amtshilfe durch Informationsaustausch in Steuersachen v. 23.11.2015.[3] 38

Die Nachweispflichten gem. § 50d Abs. 8 betreffen ausschließlich das **Veranlagungsverfahren**; für den LSt-Abzug verbleibt es bei den Freistellungserfordernissen durch das Betriebsstätten-FA gem. § 39 Abs. 4 Nr. 5, § 39b Abs. 6 S. 1 aF (zur Anwendung s. § 52 Abs. 51b, 50g).[4] Ggf. ist auf § 50d Abs. 8 und die dort bestehende Nachweispflicht bes. hinzuweisen.[5] S. parallel auch zu § 50d Abs. 9 Rn. 43. 39

H. Wechsel vom Freistellungs- zum Anrechnungsverfahren (Abs. 9)

I. Zweck; Regelungsinhalt und Regelungswirkungen. Mit Abs. 9 wurde (durch das JStG 2007; zur erstmaligen Anwendung s. Rn. 42) neben Abs. 8 – und diesen (ebenso wie Abs. 3 und entspr. DBA-Regelungen) unberührt lassend (vgl. **Abs. 9 S. 3**, s. Rn. 41h f.) – eine weitere unilaterale (und im G systematisch fehlplatzierte, s. Rn. 35) **Umschaltklausel** (sog. Switch-over-Klausel) als sog. **treaty override** (Rn. 40a) in das G eingefügt (zur zT fragwürdigen erstmaligen Anwendung der Neuregelungen s. Rn. 4 und 42), durch die (jew aus Sicht Deutschlands als Ansässigkeitsstaat, s. Rn. 35) eine Nicht- oder Minderbesteuerung v. DBA-befreiten Einkünften vorgebeugt werden soll: **Unbeschränkt StPfl.** (nur iSv. § 1 Abs. 1 und 2, nicht indessen iSv. § 1 Abs. 3, s. Rn. 35) wird die ihnen an sich abkommensrechtl. zugestandene Freistellung v. Einkünften versagt und nur die Anrechnung hierauf gezahlter ausländ. Steuern (gem. § 34c) zugestanden, **(1)** gem. **Abs. 9 S. 1 Nr. 1**, wenn der andere Staat die Bestimmungen des DBA so anwendet, dass **(a)** die Einkünfte in jenem Staat v. der Besteuerung auszunehmen sind oder **(b)** nur zu einem durch das DBA begrenzten Steuersatz besteuert werden können, oder **(2)** gem. **Abs. 9 S. 1 Nr. 2**, wenn die Einkünfte in dem anderen Staat nur deshalb nicht stpfl. sind, weil sie v. einer Pers. bezogen werden, die in diesem Staat nicht aufgrund ihres Wohnsitzes, ständigen Aufenthalts, des Orts ihrer Geschäftsleitung, des Sitzes oder eines ähnlichen Merkmals unbeschränkt stpfl. sind. Zu Letzterem enthält **Abs. 9 S. 2** eine Ausnahme für abkommensrechtl. schachtelprivilegierte Dividenden; außerdem trifft **Abs. 9 S. 3** Anwendungsvorbehalte zugunsten weitergehender DBA-Freistellungen sowie v. Abs. 8 und § 20 Abs. 2 AStG, s. Rn. 41h f. IÜ stehen die Tatbestandsalternativen des Abs. 9 im Grds. unverbunden nebeneinander und können alternativ verwirklicht werden. – Abs. 9 ist rein fiskalpolitisch motiviert und trifft infolgedessen keine Regelung für den umgekehrten Fall einer qualifikationskonfliktbedingten Doppelbesteuerung; hier hilft nur ein zwischenstaatliches. Verständigungs- oder Konsultationsverfahren gem. Art. 25 Abs. 1 oder Abs. 3 OECD-MA. 40

Sowohl bei Abs. 9 S. 1 Nr. 1 als auch bei Nr. 2 handelt es sich idR um ein ‚abkommensübersteigendes' **treaty overriding**. Im Hinblick auf Abs. 9 S. 1 Nr. 1 wird dies zwar verschiedentlich und namentlich in der Gesetzesbegründung anders gesehen; es handele sich hierbei lediglich um eine klarstellende (und zutr.) unilaterale ‚Verifikation' der Abkommensauslegung in Nr. 32.6 OECD-MK (zu Art. 23A OECD-MA).[6] Richtigerweise verhält es sich so jedoch allenfalls für jene DBA, welche bereits eine dieser Auslegung entspr. ausdrückliche Bestimmung (vgl. Art. 23A Abs. 4 OECD-MA) oder aber eine abkommenseigene Switch-over-Klausel aus Gründen eines Qualifikationskonflikts und dadurch ausgelöster Keinmalbesteuerung[7] enthalten; mit Abs. 9 S. 4 (Rn. 41a) ist es aber gelungen, auch solche abkommenseigenen Rückfallklauseln ihrerseits unilateral zu überschreiben (Rn. 41aa). Ansonsten wirkt (auch) Abs. 9 S. 1 Nr. 1 konstitutiv, weil die neuerliche Auslegung v. Art. 23A Abs. 1 OECD-MA iSd. OECD-MK nicht dynamisch älteren, bereits bestehenden DBA ‚übergestülpt' und auf diese Weise das in der Freistellungsmethode angelegte Prinzip der virtuellen Doppelbesteuerung (s. Rn. 35a, 42) auf den Kopf gestellt werden kann.[8] Das scheint der Gesetzgeber letztlich selbst anzunehmen, denn die Regelung gilt explizit „ungeachtet des 40a

1 FG Sachs. v. 22.11.2016 – 3 K 450/16, EFG 2017, 712 m. Anm. *Reddig*.
2 BMF v. 3.5.2018, BStBl. I 2018, 643 Rn. 64 ff.; zuvor: BMF v. 21.7.2005, BStBl. I 2005, 821 (unter 5.).
3 BStBl. I 2015, 928.
4 Sa. BMF v. 14.3.2017, BStBl. I 2017, 473 Rz. 27.
5 BMF v. 3.5.2018, BStBl. I 2018, 643 Rn. 49; zuvor: BMF v. 21.7.2005, BStBl. I 2005, 821.
6 *Vogel*, IStR 2007, 225 (227); *Thiel*, FS Herzig, 2010, 1023 (1029 ff.).
7 ZB Art. 22 Abs. 1 lit. e aa DBA-Niederlande 2012.
8 *Wassermeyer*, Art. 23A MA Rn. 46; *Wassermeyer*, IStR 2007, 413 (414).

DBA" und ist damit als – nach neuerer, wenn auch falscher Erkenntnis verfassungsrechtl. (s. Rn. 25) ebenso wie unionsrechtl.[1] jedoch unbedenkliches – treaty override gekennzeichnet.[2]

40b Seiner **Anwendungsreichweite** nach können sich die Wirkungen des Abs. 9 als höchst vielfältig und komplex erweisen. ‚Fernwirkungen' können sich zB in der Wechselwirkung zu den zahlreichen Regelungen zur sog. Entstrickungsbesteuerung ergeben (zB § 4 Abs. 1 S. 3, 4, § 17 Abs. 5 S. 1; § 12 Abs. 1 S. 1 KStG; § 6 Abs. 1 Nr. 4 AStG; § 3 Abs. 2 S. 1 Nr. 2, § 11 Abs. 2 S. 1 Nr. 2, § 13 Abs. 2 S. 1 Nr. 1, § 20 Abs. 2 S. 2 Nr. 3, § 21 Abs. 3 S. 3 Nr. 1, § 22 Abs. 1 S. 5, § 24 Abs. 2 S. 2 UmwStG): Greift (bereits) § 50d Abs. 9, fehlt es regelmäßig an einem Ausschluss oder einer Beschränkung des deutschen Besteuerungsrechts als Voraussetzung für den Besteuerungszugriff aufgrund jener Vorschriften. Beide Regelungskomplexe neutralisieren sich dann. In der Praxis gilt es, derartige ‚Wirkungsduplizitäten' zu erkennen, etwa in Fällen des § 11 Abs. 2 S. 1 Nr. 2 UmwStG bei der sog. Hinausverschmelzung einer inländ. auf eine ausländ. KapGes.: Das Antragsrecht auf Beibehaltung der Buchwerte ist zu gewähren, wenn die Steuerverstrickung und damit das deutsche Besteuerungsrecht infolge § 50d Abs. 9 für das ins Ausland übergehende BV (partiell) ohnehin erhalten bleibt.[3] Dass die drohende Nichtbesteuerung im Ausland im Umwandlungsfall (vorerst) nur eine latente, keine tatsächliche ist, weil sie sich erst im (unbesteuert bleibenden) realen Veräußerungsfall auswirkt, sollte dabei keine Rolle spielen; § 50d stellt seinen tatbestandl. Erfordernissen nach nicht auf eine zeitkongruente stl. Andersbehandlung im Ausland infolge eines Qualifikationswiderspruchs ab (s. auch Rn. 41ab).[4]

41 **II. Tatbestandvoraussetzungen im Einzelnen. 1. Ausnehmen von Einkünften von der Bemessungsgrundlage (Abs. 9 S. 1 HS 1 und S. 4).** Ob die abkommensrechtl. Steuerfreistellung iSv. **Abs. 9 S. 1 HS 1** aus einer abkommensrechtl. Zuteilungsnorm (Art. 6–21 OECD-MA) oder aber aus dem sog. Methodenartikel (Art. 23A OECD-MA) resultiert, ist im Ausgangspunkt zwar unbeachtlich; der Regelungswortlaut des Abs. 9 trifft insoweit keine ausdrücklichen Einschränkungen. Die ausgelöste Rechtsfolge – der Übergang v. der Freistellung zur Anrechnung (vgl. § 34c Abs. 6 S. 5) – ist jedoch „Sache" (nur) des sog. Methodenartikels des Art. 23A OECD-MA, nicht aber der Verteilungsnormen in Art. 6–21 OECD-MA.[5] § 50d Abs. 9 knüpft mithin (allein) an Art. 23A OECD-MA an. An der tatbestandlichen Einbeziehung der einschlägigen Verteilungsnormen ändert das freilich nichts, auch dann nicht, wenn diese Normen das ausschließliche Besteuerungsrecht des anderen Vertragsstaats anordnen; auch derartige „absolute" Zuweisungsnormen werden v. der Freistellungsmethode des Art. 23A OECD-MA tatbestandlich umfasst. Ein verfassungskonform reduziertes Verständnis v. § 50d Abs. 9 S. 1 (Nr. 1) ist angesichts dessen ausgeschlossen.[6] – Der tatbestandlich anknüpfenden Orientierung an Art. 23A OECD-MA entspricht es des Weiteren, dass Abs. 9 S. 1 – zum einen – nur für unbeschränkt StPfl. gilt (Rn. 40) und – zum anderen – jedenfalls in seiner Nr. 1 erklärtermaßen den Gedanken des Art. 23A Abs. 4 OECD-MA aufgreift und so gesehen allein auf die Steuerfreistellung im anderen Vertragsstaat aus unterschiedlicher Vertragsqualifikation abhebt. Inländ. Einkünfte, welche der beschränkten StPfl. (§ 1 Abs. 4; s. auch § 1 Rn. 27 zu § 1 Abs. 3) unterfallen, werden aufgrund DBA hingegen nicht freigestellt, es wird lediglich der (Quellen-)Steuerzugriff ausgeschlossen. Abs. 9 hat iErg. also nur die „typische" Outbound-Konstellation vor Augen und ist entspr. eingeschränkt zu verstehen.[7] S. auch wechselwirkend zu § 50d Abs. 10 Rn. 45b. Als Quellenstaat kann Deutschland so gesehen nur in Fällen einer Doppelansässigkeit („dual resident") in Erscheinung treten, wenn der andere Vertragsstaat infolge der sog. Tie-breaker-Regelung des Art. 4 Abs. 2 OECD-MA aus abkommensrechtl. Sicht als Wohnsitzstaat angesehen wird (s. Rn. 35a). Eine telelogische Einschränkung des Abs. 9 auch in dieser Konstellation dürfte angesichts der fehlenden tatbestandlichen Anbindung an das Abkommensrecht allerdings schwerfallen.[8] **Nicht** einschlägig sind in jedem Fall Konstellationen, in denen der Qualifikationskonflikt zwar besteht, er aber an der abkommensrechtl. ausgelösten Besteuerungskonsequenz – unbeschränkte oder beschränkte StPfl. mit entspr. Inanspruchnahme des (Quellen-)Besteuerungsrechts durch den anderen Vertragsstaat – iErg. nichts ändert.[9] Ebenfalls nicht einschlägig sind Steuerfreistellungen (bereits) aus rein innerstaatlichen, standortbedingten Vorschriften (zB Subventionsregelungen, s. auch § 8b Abs. 1 KStG, dazu Rn. 41h;

1 **AA** *Gebhardt*, IStR 2011, 58 (59) im Hinblick auf einen angeblich fehlenden „Motivtest".
2 *Urbahns*, INF 2007, 336 (338); *Jankowiak*, Doppelte Nichtbesteuerung, 2009, 235 ff.
3 Instruktiv zB *Viebrock/Hagemann*, FR 2009, 737 (746).
4 *Benecke/Beinert*, FR 2010, 1120 (1131 ff.); *Haase/Kluger*, IStR 2010, 1823 (1826); **aA** *Heerdt*, IStR 2012, 866 (871).
5 *Rosenthal*, IStR 2007, 610 (612).
6 BFH v. 21.1.2016 – I R 49/14, BStBl. II 2017, 107, m. Anm. *Behrenz*, IStR 2016, 509, und *Kahlenberg*, ISR 2016, 273.
7 **AA** *F/W/B/S*, § 50d Abs. 9 Rn. 52.
8 *F/W/B/S*, § 50d Abs. 9 Rn. 53; *Frotscher/Geurts*, § 50d Rn. 199 f.
9 BFH v. 6.6.2012 – I R 6, 8/11, IStR 2012, 766 mit Anm. *Schmid* (zum DBA-Brasilien).

§ 4 Abs. 2 S. 2 UmwStG).[1] Ebenso verhält es sich, wenn die Freistellung contra legem, aber aufgrund einer v. BFH verworfenen Verwaltungspraxis (nur) auf einen durch § 176 Abs. 2 AO ausgelösten Vertrauensschutz des StPfl. zurückzuführen ist;[2] auch dann beruht sie letztlich nicht auf Art. 23A OECD-MA.[3] S. auch Rn. 41ab zur EU-Zins/Lizenz-RL und deren innerstaatlichen Umsetzung.

Dem derart bestimmten Besteuerungsrückfall unterworfen sind **Einkünfte. Einkünfte** sind solche iSd. inländ. Rechts (nach Ermittlung und Bezugszeitpunkt), also gem. § 2 Abs. 1 und 2, nicht aber „normspezifisch"[4] solche iSd. abkommensrechtl. Zuordnung (Art. 6–21 OECD-MA).[5] Allerdings kommt es hierbei nicht auf die „sieben Einkunftsarten" und die tatbestandliche Erfüllung des § 2 Abs. 1 iVm. §§ 13 ff. an, die Einkünftekategorisierung richtet sich vielmehr nach den abkommensrechtl. Maßstäben.[6] Das war bislang insbes. bezogen auf gewerbliche Einkünfte ausländ. MU'schaften (mit inländ. G'tern) bedeutsam: Sofern und solange („wenn") diese Einkünfte im Ausland als solche besteuert werden (vgl. Art. 7 Abs. 1 OECD-MA), waren hierin gem. § 15 Abs. 1 aus der allein maßgeblichen deutschen Sicht (vgl. § 2 Abs. 1) auch etwaige Sondervergütungen (§ 15 Abs. 1 S. 1 Nr. 2) einbezogen und waren diese im Falle ihrer ausländ. Nichtbesteuerung (infolge einer anderweitigen DBA-Besteuerungszuordnung, zB gem. Art. 10, 11, 12, 13 Abs. 5 OECD-MA) nicht als „Teilmenge" der gesamten gewerblichen Einkünfte dem Besteuerungsrückfall des § 50d Abs. 9 S. 1 Nr. 1 unterworfen.[7] Letzteres wurde fiskalseitig iErg. als nicht hinnehmbarer und „unbilliger" Missstand angesehen[8] (was zutrifft, allerdings „hausgemacht" ist und mit dem treaty overriding zusammenhängt) und deswegen mit Wirkung v. VZ 2017 an beseitigt (s. Rn. 41e): Durch die Neufassung der Vorschrift vermittels des sog. BEPS-UmsG v. 20.12.2016[9] wurde das Wörtchen „wenn" – also die vorherige qualitative Konditionierung – an der besagten Stelle in § 50d Abs. 9 S. 1 gegen das quantitativ-konditionale **„soweit"** ausgetauscht und werden dadurch auch nicht besteuerte **Einkunftsteile** v. dem Besteuerungsrückfall erfasst. Zu den Nachweiserfordernissen s. Rn. 43. 41a

Zudem werden durch **§ 50d Abs. 9 S. 4** auch solche abkommenseigenen Regelungen überschrieben, die zur Verhinderung der Nichtbesteuerung bestimmter Einkünfte eines in Deutschland Ansässigen die Anwendung der Freistellungsmethode auf diese Einkünfte v. deren Besteuerung im anderen Staat abhängig machen. Eine derartige Nichtwahrnehmung des dem anderen Staat zugewiesenen Besteuerungsrechts kann namentlich dann auftreten, wenn dieser Staat eine andere Abkommensbestimmung anwendet oder er aus sonstigen Gründen v. der Besteuerung absieht. Bezieht sich eine derartige abkommenseigene Rückfallklausel erklärtermaßen (nur) auf „Einkünfte", überschreibt und erweitert Abs. 9 S. 4 ihren Anwendungsbereich (wie gesagt: überschreibend, nicht bloß „auslegungshelfend")[10] auf nicht besteuerte **Einkunftsteile**. Eine vergleichbare (und bedenkliche) ‚Einkünfteatomisierung' („Einkünfte und Einkunftsteile") findet sich in der deutschen DBA-Verhandlungsgrundlage v. 22.8.2013,[11] dort in Art. 22 Abs. 1 lit. e bb.[12] Sa. Rn. 41e. 41aa

1 BFH v. 24.8.2011 – I R 46/10, BStBl. II 2014, 764 (zum englischen Recht); v. 5.3.2008 – I R 54/07, I R 55/07, BFH/NV 2008, 1487 (zum belgischen Recht); FG SachsAnh. v. 22.3.2017 – 3 K 383/16, EFG 2017, 1943 (Rev. I R 61/17); FG Münster v. 28.4.2017 – 10 K 3435/13 F, juris; v. 28.4.2017 – 10 K 106/13 F, juris; FG Düss. v. 5.9.2017 – 3 K 2745/16 E, EFG 2017, 1652 (Rev. I R 63/17) m. Anm. *Graw*; FG Düss. v. 17.10.2017 – 6 K 1141/14 G,K,F, juris (Rev. I R 74/17); v. 17.12.2018 – 2 K 3874/15 F, juris; *F/W/B/S*, § 50d Abs. 9 Rn. 61.

2 Was allerdings erfordert, dass der betreffende Änderungsbescheid zeitlich *nach* dem „Verdikt" des BFH erlassen worden ist; vgl. BFH v. 20.12.2000 – I R 50/95, BStBl. II 2001, 409.

3 BFH v. 9.12.2010 – I R 49/09, BStBl. II 2011, 482.

4 So aber *Benecke*, FR 2010, 1102 (1132); *Rosenberg* in W/R/S², Rn. 11.32.

5 *K/S/M*, § 50d Rn. K 7; *Kollruss*, StuW 2010, 381 (385); **aA** *F/W/B/S*, § 50d Abs. 9 Rn. 51; sa. die divergierende Diskussion zw. *Benecke* (= contra) und *Beinert* (= pro), FR 2010, 1102 (1132).

6 *F/W/B/S*, § 50d Rn. 51; s. zum spezifischen Besteuerungsrückfall nach Maßgabe des Art. 23 Abs. 4 lit. b DBA-USA 2008 zB *Wassermeyer*, Art. 23 DBA-USA Rn. 321a; *G/K/G/K*, DBA-USA, Art. 23 Rn. 114.

7 BFH v. 21.1.2016 – I R 49/14, BStBl. II 2017, 107, m. Anm. *Behrenz*, IStR 2016, 509, und *Kahlenberg*, ISR 2016, 273; *Meretzki*, IStR 2008, 23; *Meretzki* in W/R/S², Rn. 15.61 ff., 15.47, unter zutr. Bezugnahme auf BFH v. 27.8.1997 – I R 127/95, BStBl. II 1998, 58; **aA** BMF v. 26.9.2014, BStBl. I 2014, 1258 (zuvor BMF v. 16.4.2010, BStBl. I 2010, 354), dort Tz. 4.1.1.2.4, 4.1.3.3.2, 5.1; *C. Pohl*, DB 2012, 258 und IWB 2012, 656. – S. dazu zu Recht krit. *Lüdicke*, IStR-Beihefter 10/2013, 26 (37 ff.); offenbar ähnlich (und erkennbar entgegen BFH v. 24.8.2011 – I R 46/10, BStBl. II 2014, 764) auch BMF v. 20.6.2013, BStBl. I 2013, 980 Tz. 2.3 lit. b.

8 BT-Drucks. 18/9536, 56.

9 BGBl. I 2016, 3000.

10 *Kahlenberg/Schade*, ISR 2017, 393, erwägen, auf dieser Basis für die Wirkungsweise des § 50d Abs. 9 S. 4 die durch Art. 9 Abs. 1 OECD-MA ausgelöste „Sperrwirkung" (dazu zB BFH v. 17.12.2014 – I R 23/13, BStBl. II 2016, 261; v. 24.6.2015 – I R 29/14, BStBl. II 2016, 258) für die „Qualität" des Fremdvergleichs fruchtbar zu machen; das erscheint mangels Tatbestandsmäßigkeit nur wenig erfolgversprechend.

11 Offenbar ähnlich (und erkennbar entgegen BFH v. 24.8.2011 – I R 46/10, BStBl. II 2014, 764) auch BMF v. 20.6. 2013, BStBl. I 2013, 980 Tz. 2.3 lit. b.

12 S. dazu und dagegen zu Recht krit. *Lüdicke*, IStR-Beihefter 10/2013, 26 (37 ff.); *Kahle/Beinert/Heinrichs*, Ubg 2017, 181, 247.

Bei § 34c, § 34d hat man für den umgekehrten Outbound-Fall darauf indessen, insoweit inkonsequent, verzichtet. – Jedenfalls steht die Regelung in sichtbarem Zusammenhang wie Einklang mit der nunmehr in S. 1 angeordneten Teil-Inanspruchnahme im anderen Vertragsstaat. Allerdings wählt der Gesetzgeber dort das quantitativ-konditionale „soweit", in S. 4 jedoch den Terminus der Einkunftsteile. Es ist zweifelh., dass beide Termini dieselben Rechtsfolgen auslösen, denn was Einkunftsteile sind, qualifiziert sich (auch) nach inhaltlich-sachlichen Merkmalen, wohingegen das „soweit" allein nach dem Besteuerungsumfang fragt.[1] Problematisch wird es, wenn die DBA-eigene Rückfallklausel die zuvorige Durchführung eines Verständigungsverfahrens einfordert. Erbrachte ein solches die Freistellung, erweist sich das als Pyrrhussieg, weil § 50d Abs. 9 S. 4 den Erfolg „hinterrücks" zunichtemacht.[2]

41ab **2. Qualifikations- oder Zurechnungskonflikt (Abs. 9 S. 1 Nr. 1). (1)** Abs. 9 S. 1 Nr. 1 betrifft in seiner **1. Tatbestandsalternative** Fälle, in denen die Einkünfte in dem anderen Staat infolge Anwendung des DBA „v. der Besteuerung auszunehmen sind". Letzteres – das Ausnehmen v. der Besteuerung – kann auch **zeitversetzt** (phasenverschoben) erfolgen (s. auch Rn. 40b für Umwandlungsfälle sowie Rn. 41d für den umgekehrten Fall). Ein quantitativ-teilweises Erfassen genügte zunächst nicht; das G verknüpfte den Besteuerungsrückfall konditional („wenn"), nicht partiell („soweit"); s. auch Rn. 29. Infolge der Gesetzesänderung durch das BEPS-UmsG v. 20.12.2016[3] werden nunmehr auch Einkunftsteile erfasst. S. Rn. 41a, dort auch speziell zu den Auswirkungen, die sich für gewerbliche Einkünfte ausländ. MU'schaften (mit inländ. G'tern) ergeben. S. auch Rn. 41e. Anders liegt es aber ausdrücklich nach Maßgabe v. § 50d Abs. 10, dazu Rn. 45.[4] – Auf welcher (abkommensrechtl. oder innerstaatlichen) Rechtsgrundlage des ausländ. Steuerrechts die Einkünfte im Ausland besteuert werden, ist ebenso ohne Belang, wie dies die Pers. ist, bei welcher die betr. Einkünfte besteuert werden (= keine „strenge Steuersubjektidentität").[5] **Ursächlich** muss aber immer die (unterschiedliche) Anwendung der Bestimmungen des (mit dem betr. Vertragsstaat geschlossenen) Abkommens sein, nicht ein anderweitiger innerstaatlicher Umstand des anderen Vertragsstaats (zB Freibeträge, Gewinnermittlungsregeln usw., auch nicht innerstaatliche Regelungen zur Umsetzung der EU-Zins/Lizenz-RL, s. Rn. 41, 41ab, 45b),[6] gleichermaßen nicht ein DBA mit einem Drittstaat (= „strenge Abkommenskongruenz").[7] S. Rn. 41.

41b In diesem Sinne fußt § 50d Abs. 9 S. 1 Nr. 1 auf Art. 23A Abs. 4 OECD-MA und umfasst sog. (negative) **Qualifikations- oder Zurechnungskonflikte**, insbes. solche, die aus der unterschiedlichen steuerl. Behandlung v. (Pers)Ges. als transparent oder intransparent herrühren. IErg. soll dadurch die mit Art. 23A Abs. 4 OECD-MA (und dem sog. Partnership report, s. Rn. 44 f.) verbundene Intention umgesetzt werden, den Ansässigkeitsstaat (des G'ters) an die Qualifikation im Quellenstaat (der Ges.) zu binden.[8] Die Vorschrift geht ihrem Wortlaut nach aber deutlich darüber hinaus: Sie reagiert nicht bloß auf Fälle sog. Keinmalbesteuerung bei zwischenstaatl. Qualifikationskonflikten infolge unterschiedlichem Verständnis v. Abkommensbegriffen aufgrund der lex fori des Art. 3 Abs. 2 OECD-MA (= Qualifikationskonflikt ieS).[9] Vielmehr umfasst sie Qualifikationskonflikte jedweder Art,[10] also auch Subsumtionskonflikte[11] infolge Annahme unterschiedlicher Sachverhalte sowie Auslegungskonflikte aufgrund unterschiedlicher Abkommensauslegung.[12] Folgt man dem Musterkommentar zum OECD-MA, kann der Wohnsitzstaat jedenfalls bei Qualifikationskonflikten ieS zur Vermeidung sog. weißer Einkünfte v. der abkommensrechtl. Freistel-

---

1 *Gebhardt*, IStR 2016, 1009.
2 *Gebhardt*, IStR 2016, 1009.
3 BGBl. I 2016, 3000.
4 Insofern besteht kein Grund für die Annahme einer „Unklarheit" (so aber der Vorhalt v. *Hagemann/Kahlenberg*, IStR 2015, 54 [59 Fn. 86], die aber die unterschiedlichen Regelungsfassungen übersehen).
5 Zutr. *Kollruss*, StuW 2010, 381 (383 ff.).
6 BFH v. 24.8.2011 – I R 46/10, BStBl. II 2014, 764 (bezogen auf innerstaatl. Subventionsmaßnahmen); v. 25.11.2015 – I R 50/14, BStBl. II 2017, 247 (Teilverzicht der USA auf das ihnen nach DBA zustehende Besteuerungsrecht auf den anteiligen Gewinn hinsichtl. „Guaranteed Payments"), s. dazu *Lemaitre/Lüdemann* in W/R/S[2], Rn. 5.66 ff., 5.69; vgl. auch FG Münster v. 16.2.2009 – 9 K 463/04 K, F, EFG 2009, 1222 (bezogen auf ein innerstaatliches Vollzugsdefizit).
7 Vgl. BT-Drs. 16/2712, S. 61; *Kollruss*, StuW 2010, 381 (385); ebenso *F/W/B/S*, § 50d Abs. 9 Rn. 71; *Portner*, IStR 2009, 195; *Jankowiak*, Doppelte Nichtbesteuerung, 2009, S. 230 ff.
8 BMF v. 26.9.2014, BStBl. I 2014, 1258 Tz. 2.3.3, 4.2.1. S. dazu (die Lösung über eine Qualifikationsverkettung nach Maßgabe des Partnership reports allerdings ablehnend) auch BFH v. 25.5.2011 – I R 95/10, BStBl. II 2014, 760; *Chr. Schmidt*, IStR 2011, 691 (auch IWB 2011, 696 [699 f.]); s. dazu auch *Wassermeyer*, IStR 2011, 85; *Jü. Lüdicke*, IStR 2011, 91; *Prinz*, DB 2011, 1415.
9 BFH v. 11.7.2018 – I R 52/16, BFH/NV 2019, 153; *Hagemann/Kahlenberg/Cloer*, BB 2017, 2711.
10 BFH v. 24.8.2011 – I R 46/10, BStBl. II 2014, 764; *Jankowiak*, Doppelte Nichtbesteuerung, 2009, 30 ff.; **aA** *Vogel*, IStR 2007, 225 (228).
11 Dazu *Schaumburg*[4], Rn. 19.525 f.; *Schönfeld/Ditz*, DBA, 2013, Art. 23 Rn. 38.
12 Zu Bsp. s. BMF v. 26.9.2014, BStBl. I 2014, 1258 Tz. 4.1.3.3.2; ein weiteres Bsp. könnte der Sachverhalt des Urt des FG Hbg. v. 22.8.2006 – 7 K 139/03, EFG 2007, 101 bilden (aus anderen Gründen aufgehoben, vgl. BFH v. 18.9.2007

lungsverpflichtung unilateral entbunden werden (vgl. Tz. 32.1 bis 32.7 zu Art. 23 OECD-MA), und zwar nach (höchst kritikwürdiger)[1] Ansicht der FinVerw.[2] und wohl auch des Steuerausschusses der OECD (vgl. Tz. 33 bis 36.1 der Einl. zum OECD-MK) infolge eines dynamischen Verständnisses selbst dann, wenn der Wortlaut des konkreten DBA v. jenem in Art. 23A (Abs. 4) OECD-MA 2000 abweicht. Ein solches dynamisches Verständnis ist aus rechtsstaatlichen Gründen abzulehnen, weshalb die Neuregelung auch keineswegs, wie die Gesetzesmaterialien indes weismachen wollen[3], nur „klarstellend", sondern konstitutiv ist und infolgedessen auch nicht ohne Verstoß gegen Art. 20 Abs. 3 GG rückwirkend angewendet werden darf.[4] – Umfasst werden nach dem (weiten) Regelungswortlaut ersichtlich auch **negative Einkünfte**, die im anderen Staat infolge dessen Verständnis des DBA keine Berücksichtigung finden;[5] hier führt die Umschaltklausel zur Abzugsfähigkeit; sie greift mangels tatsächlich anzurechnender Steuer allerdings (nur) mit der Folge der Anwendung v. § 2a.

(2) Abkommensrechtl. begrenzten Steuersätzen iSd. **2. Tatbestandsalternative des § 50d Abs. 9 S. 1 Nr. 1** unterliegen in Gestalt v. Abzugsteuern in erster Linie Dividenden, Zinsen und Lizenzgebühren (Art. 10–12 OECD-MA). Maßgebend ist die abkommensrechtl. abstrakte Steuersatzbegrenzung; auf die tatsächl.-konkrete Auswirkung kommt es (insoweit abw. v. gängigen DBA-Switch over-Klauseln) nicht an.[6] – **§ 34c Abs. 6 S. 5** (s. § 34c Rn. 11) stellt sicher, dass solche Abzugsteuern in Einklang mit § 50d Abs. 9 S. 1 Nr. 1 angerechnet (§ 34c Abs. 1), alternativ – auf Antrag – auch abgezogen (§ 34c Abs. 2, 3) werden können; überdies bestimmt § 34c Abs. 6 S. 5 die Drittstaatenausdehnung des § 34c Abs. 6 S. 6 (s. § 34c Rn. 7) auf die Fälle des § 50d Abs. 9.[7] 41c

3. Fehlende Einbeziehung in die beschränkte Steuerpflicht (Abs. 9 S. 1 Nr. 2, S. 2). (1) § 50d Abs. 9 S. 1 Nr. 2 ist gewissermaßen „mystisch" verklausuliert. Nach dem Regelungstext (Rn. 40) sowie der amtl. Gesetzesbegründung will der Gesetzgeber hierdurch erreichen, dass die abkommensrechtl. Freistellung v. Einkünften aufzuheben ist, die im anderen Staat nach dessen (innerstaatlichen)[8] Regelungslage zwar v. der unbeschränkten StPfl., jedoch bei dort fehlender Ansässigkeit (aufgrund Wohnsitzes, ständigen Aufenthalts, des Ortes der Geschäftsleitung, des Sitzes oder eines ähnlichen Merkmals) nicht v. der beschränkten StPfl. erfasst werden (zB, weil der Katalog der hiernach im Ausland zu besteuernden Einkünfte jene Einkünfte nicht einbezieht,[9] oder weil infolge fehlender unbeschränkter StPfl. eines MU'ers auf die Besteuerung eines umwandlungsbedingten Veräußerungsgewinns iSv. § 16 verzichtet wird[10]). Letztlich konterkariert Deutschland damit die autonome Entsch. des anderen DBA-Vertragsstaats als Quellenstaat, auf den Steuerzugriff im Rahmen seiner beschränkten Stpfl zu verzichten.[11] Der BFH hielt denn dieses treaty override für völker- und verfassungsrechtswidrig[12] – iErg. vergeblich: Das BVerfG hat das anders gesehen (s. Rn. 25). – **Andere Gründe** der Steuerbefreiung (oder stl. Nichteinbeziehung) in dem anderen Staat sind jedenfalls unbeachtlich („nur deshalb").[13] Einkünfte, die in dem anderen Staat allg. – auch bei unbeschränkt StPfl. – nicht oder nur zT (sa. Rn. 41) besteuert werden (oder werden können, zB, weil ein Drittstaaten-DBA dem entgegensteht)[14], sind folglich ebenso wenig betroffen wie Einkünfte, die zB infolge Verlustaus- 41d

---

– I R 79/06, BFH/NV 2008, 729; v. 1.10.2008 – II R 73/06, BFH/NV 2009, 113), vgl. *Suchanek*, IStR 2007, 654 (658); allerdings beruht die doppelte Nichtbesteuerung dort nach Ansicht des FG Hbg. nicht auf einem Qualifikationskonflikt, sondern auf einem Vollzugsdefizit; BFH v. 24.8.2011 – I R 46/10, BStBl. II 2014, 764; v. 25.11.2015 – I R 50/14, BStBl. II 2017, 247; *C. Pohl*, IWB 2012, 656.

1 ZB *M. Lang*, IStR 2007, 606; *Wassermeyer*, IStR 2007, 413.

2 S. (unter Aufhebung diverser gleich gelagerter älterer BMF-Schreiben) BMF v. 26.9.2014, BStBl. I 2014, 1258 Tz. 2.3.3, zuvor BMF v. 16.4.2010, BStBl. I 2010, 354, jeweils Tz. 4.2.1.

3 BT-Drucks. 16/2712, 61 (zu § 52 Abs. 59a S. 6, zuletzt idF des Kroatien-AnpG v. 25.7.2014, BGBl. I 2014, 1266). Dem folgend zB *Thiel*, FS Herzig, 2010, S. 1023.

4 ZB *Chr. Korn*, IStR 2007, 890 (892); *Salzmann*, IWB 2007, F. 3 Gr. 3, 1465, 1477; *Jankowiak*, Doppelte Nichtbesteuerung, 2009, 236 f., mwN.

5 FG München v. 3.6.2016 – 1 K 848/13, EFG 2017, 304 m. Anm. *Kühnen* (Rev. I R 52/16); *Hagemann/Kahlenberg/Cloer*, BB 2017, 2711; *Schmidt*[37], § 50d Rn. 56; *Loose/Hölscher/Althaus*, BB 2006, 2724 (2726).

6 Zweifelnd *Meretzki* in W/R/S[2], Rn. 15.80 ff.

7 S. als Bsp. BMF v. 26.9.2014, BStBl. I 2014, 1258 Tz. 4.1.4.1.

8 *Jankowiak*, Doppelte Nichtbesteuerung, 2009, 239 mwN.

9 Zu Bsp. s. BMF v. 26.9.2014, BStBl. I 2014, 1258 Tz. 4.1.1.2.4.

10 *Benecke/Beinert*, FR 2010, 1120 (1133).

11 ZB – bei Art. 15 Abs. 3 OECD-MA – aus Gründen der (unilateralen) Förderung der Schifffahrt und der Luftfahrt, s. dazu *Schwenke* in Wassermeyer, Art. 15 OECD-MA Rn. 181.

12 BFH v. 20.8.2014 – I R 86/13, BStBl. II 2015, 18 (Vorlagebeschl. an das BVerfG [2 BvL 21/14]), m. Anm. *Quilitzsch*, ISR 2014, 379; *Ismer/Baur*, IStR 2014, 821.

13 *H/H/R*, § 50d Anm. 122.

14 FG Münster v. 13.7.2018 – 1 K 42/18 E, EFG 2018, 1663 m. Anm. *Taube* (Rev. I R 30/18), für einen sog. Dreieckssachverhalt.

gleichs oder -abzugs konkret keine Steuerlast auslösen.[1] Gleiches gilt für Fälle, in denen der StPfl. seine Einkünfte im anderen Vertragsstaat nicht vollständig erklärt und daher ein Teil dieser Einkünfte in diesem Staat unbesteuert bleiben; dann mag der andere Staat zwar v. einem anderen Sachverhalt ausgehen, was aber (nur) in der Umsetzung der ermittelten Besteuerungsgrundlagen in jenem Staat liegt, nicht an einer unterschiedlichen Sachverhaltseinschätzung.[2]

41e (2) Zum Besteuerungsrückfall konnte es **bis zur Regelungsänderung** durch das BEPS-UmsG v. 20.12. 2016[3] (mit erstmaliger Wirkung v. VZ 2017 an) so oder so immer nur dann kommen, **wenn** der andere Staat v. dem ihm zugewiesenen Besteuerungsrecht keinen Gebrauch machte (s. dazu Rn. 41d).[4] Eine Teilerfassung der betr. „Einkünfte" genügte für den angeordneten Besteuerungsrückfall nicht. Zwar wird der Begriff der Einkünfte auch iSd. § 50d Abs. 9 S. 1 Nr. 2 (wie iSv. Nr. 1 der Vorschrift, s. Rn. 41ab) im Einklang mit § 2 Abs. 1 (zunächst) nach inländ. Recht bestimmt. Doch ist der Begriff gerade deswegen umfassend und nicht „atomisiert" zu verstehen[5] und stimmte damit iErg. mit dem Gegenstand der abkommensrechtl. Freistellung überein.[6] Dass der „objektsteuerartige Charakter" der beschränkten StPfl. aus dem Besteuerungszugriff auf (zwangsläufig immer nur inlandsradizierte) Einkunftsteile resultieren kann (s. Rn. 35a), widersprach dem nicht, weil der Wortlaut v. § 50d Abs. 9 S. 1 Nr. 2 aF daran nicht anknüpfte, auch nicht dadurch, dass die Vorschrift den Besteuerungsrückfall mit der beschränkten StPfl. im anderen Staat als rückfallauslösend verbindet. Es blieb vielmehr dabei, dass sich der angeordnete Besteuerungsrückfall nach dem maßgebenden Eingangssatzteil v. § 50d Abs. 9 S. 1 ausschließlich auf DBA-befreite „Einkünfte" bezog, und das waren die betr. Einkünfte in ihrer Gesamtheit, nicht bloße Teilmengen davon. Das ist nunmehr „Historie" (s. Rn. 41a).

41f Prinzipiell keine Rolle kann es spielen, ob die betr. Einkünfte beim Vergütungsschuldner zunächst einem Quellensteuerabzug im anderen Staat unterworfen, die einbehaltenen Steuern sodann aber (von Amts wegen oder auch auf Antrag) infolge der fehlenden materiellen Zugriffsmöglichkeit erstattet werden; maßgebend ist die abstrakte materiell-rechtl. Regelungslage und die sich daraus ergebende definitive StPfl., nicht der Verfahrensweg, diese Regelungslage dann auch umzusetzen.[7] Allerdings kann es dadurch zu temporären oder sogar endgültigen Doppelerfassungen kommen, falls der StPfl. einen erforderlichen Erstattungsantrag nicht oder erst in einem nachfolgenden VZ stellt oder wenn die Erstattung erst in einem solchen nachfolgenden VZ vorgenommen wird. Strenggenommen fehlt es in derartigen Konstellationen an der Tatbestandsmäßigkeit des Abs. 9 Nr. 2 ieS (nämlich kein StPfl. allein mangels fehlender unbeschänkter StPfl.), denn die StPfl. resultiert dann aus der definitiv wirkenden Quellensteuerabführung.

41g (3) Infolge der **Rückausnahme** in **Abs. 9 S. 2 (erster Satzteil)** bleiben **Dividenden**, die nach einem DBA v. der Bemessungsgrundlage der deutschen KSt (und GewSt) auszunehmen sind, v. dieser Umschaltklausel des Abs. 9 S. 1 Nr. 2 jedoch weitgehend ausgespart. Das bezieht sich auf Dividenden, die einem DBA-Schachtelprivileg unterfallen, und trägt dem Umstand Rechnung, dass Dividenden jedenfalls auf der Ebene

---

1 BFH v. 5.3.2008 – I R 54, 55/07, BFH/NV 2008, 1487, dazu *Portner*, IStR 2009, 195; FG Hbg. v. 13.4.2017 – 6 K 195/16, ISR 2017, 288 m. Anm. *Weiss* (Rev. I R 30/17); FG Berlin-Bdbg. v. 16.3.2017 – 9 K 9015/16, EFG 2017, 927 m. Anm. *Beckmann*.

2 BFH v. 16.8.2010 – I B 119/09, BFH/NV 2010, 2055.

3 BGBl. I 2016, 3000.

4 So zB (für das DBA-Großbritannien 1964/1970) BFH v. 18.11.2015 – I B 121/15, BFH/NV 2016, 376.

5 BFH v. 20.5.2015 – I R 68/14, BStBl. II 2016, 90; v. 20.5.2015 – I R 69/14, BFH/NV 2015, 1395; v. 19.12.2013 – I B 109/13, DStR 2014, 363; FG BaWü. v. 24.11.2014 – 6 K 4033/13, EFG 2015, 410 (Rev. dagegen war unzulässig, BFH v. 9.3.2016 – I R 79/14, BFH/NV 2016, 1039) m. Anm. *Kahlenberg*, IWB 2015, 617; FG Berlin-Bdbg. v. 16.3.2017 – 9 K 9015/16, EFG 2017, 927 m. Anm. *Beckmann*; FG München v. 29.5.2017 – 7 K 1156/15, EFG 2017, 1244 (Rev. I R 45/17) m. Anm. *Ehrt* sowie (krit.) *Kahlenberg/Schade*, ISR 2017, 393; *Hagemann/Kunert*, IWB 2018, 201; auch BFH v. 21.8.2015 – I B 113/14, BFH/NV 2016, 58 (betr. Aussetzung des Klageverfahrens gem. § 74 FGO); *Hagemann/Kahlenberg*, IStR 2015, 54 (60); *Zech/Reinhold*, IWB 2014, 384; *Kempermann*, ISR 2014, 125; *K/S/M*, § 50d Rn. K 14, K 7; **aA** BMF v. 12.11.2014, BStBl. I 2014, 1467 Tz. 2.4; FG Berlin-Bdbg. v. 29.4.2014 – 3 K 3227/13, IStR 2014, 529 mit zust. Anm. *Weinschütz* (Rev. durch BFH v. 28.10.2015 – I R 41/14, BFH/NV 2016, 570, aus anderen Gründen stattgegeben); *Wiesemann*, Entstehung und Vermeidung systembedingter doppelter Nicht- und Minderbesteuerung in Outbound-Konstellationen, 2014, 448 ff.; *Cloer/Hagemann*, IStR 2015, 489; offenbar auch BMF v. 12.11. 2008, BStBl. I 2008, 988 (mit zu Recht krit. Anm. v. *Korn*, DStR 2008, 2316) zum in Deutschland ansässigen Flugpersonal britischer und irischer Fluggesellschaften; zu Letzterem im Allg. und zu der irischen Einkommen-Zuschlagsteuer „income levy" im Besonderen s. auch BayLfSt v. 8.6.2011, DStR 2011, 1714 (dieses Problem hat sich zwischenzeitlich – v. VZ 2011 an – infolge der Ausweitung der beschränkten StPfl. im irischen Steuerrecht bzw. der anderweitigen Besteuerungszuordnung im DBA-Großbritannien 2010 in Deutschland erledigt, s. BMF v. 5.12.2012, BStBl. I 2012, 1248). S. aktuell zur Verwaltungspraxis FinMin. SchlHol. v. 10.11.2014, juris.

6 Vgl. zB BFH v. 27.8.1997 – I R 127/95, BStBl. II 1998, 58 (zum DBA-Kanada).

7 S. BFH v. 11.1.2012 – I R 27/11, DStR 2012, 689; insoweit ebenso und zutr. BMF v. 3.5.2018, BStBl. I 2018, 643 Rn. 68; zuvor: BMF v. 12.11.2014, BStBl. I 2014, 1467 Tz. 2.4.

der ausschüttenden Ges. der KSt unterlegen haben; Abs. 9 S. 2 (erster Satzteil) gewährleistet iErg. (aber wohl nur deklaratorisch)[1], dass die (innerstaatlichen) Steuerbefreiungen für Dividenden gem. § 8b Abs. 1 KStG erhalten bleiben. Die Rückausnahme wird indes gem. **Abs. 9 S. 2 (letzter Satzteil)** ihrerseits für den Fall eingeschränkt (**Rück-Rück-Ausnahme**), dass die Dividenden bei der Gewinnermittlung der ausschüttenden Ges. abgezogen wurden. Es soll sich bei den Gewinnanteilen aus Sicht des Einkünfteschuldners um Einkommensverwendung, nicht aber um Gewinnermittlung handeln. Das deckt sich mit entspr. Regelungen in jüngeren DBA[2] (und gleichermaßen der parallelen, ebenfalls als treaty override geschaffenen KSt-Befreiungssperre in § 8b Abs. 1 S. 2 und 3 KStG) und soll (wohl) Sachverhalte betreffen, in denen zwar aus Sicht des DBA und nach dessen Qualifikation Dividenden vorliegen (was aufgrund entspr. Vorbehalts bei deutscherseits abgeschlossenen DBA häufig der Fall ist, um den Abzug v. KapESt gem. § 43 Abs. 1 Nr. 3 zu sichern),[3] die aber (zB als Vergütungen aus typisch stiller Beteiligung) dennoch abzugsfähig sind.[4] Diese Einschränkung verdeutlicht damit zugleich, dass sich der Dividendenbegriff in Abs. 9 S. 2 nach abkommensrechtl. und nicht nach internrechtl. Maßstäben bestimmt.[5]

4. Subsidiarität (Abs. 9 S. 3). Abs. 9 S. 3 enthält eine **Subsidiaritätsklausel**, wonach **(1) DBA**-Bestimmungen (zB durch Subject-to-tax-Klauseln), **(2)** in ihren Rechtswirkungen vergleichbare Switch-over-Klauseln wie jenen in **Abs. 8** (s. dort Rn. 35) und in dem – in unionsrechtl. Sicht als solchem hinsichtlich seiner Rechtswirkungen zwar unbedenklichen,[6] wegen seiner tatbestandl. Ausgestaltung (Aussperrung v. Kapitalanlage-Ges. in den sog. Motivtest) – bislang aber gleichwohl unionsrechtswidrigen[7] – **§ 20 Abs. 2 AStG**[8] (beim Bezug v. Zwischeneinkünften durch eine ausländ. DBA-Betriebsstätte) unberührt und damit neben Abs. 9 erhalten bleiben, soweit sie jeweils die Freistellung von Einkünften in einem weiter gehenden Umfang einschränken[9] (zB durch Aktivitätsvorbehalte[10] oder durch sog. Limitation-on-Benefits-Klauseln[11]);[12] bis zur Änderung der Vorschrift durch das AmtshilfeRLUmsG bezog sich der letztere Einschränkungsvorbehalt allein auf einschlägige DBA-Bestimmungen, nicht hingegen auf § 50d Abs. 8 sowie auf § 20 Abs. 2 AStG (s. dazu Rn. 41i und 41j). 41h

Umgekehrt kommt jenen Klauseln in den **DBA** keine irgendwie geartete Ausstrahlungs- oder Abschirmwirkung auf § 50d Abs. 9 zu: Wird zB – wie das in DBA neuerdings vielfach der Fall ist – der Besteuerungsrückfall (das Switch over) v. der vorherigen Durchführung eines Verständigungsverfahrens (Art. 25 OECD-MA) abhängig gemacht und scheitert dieses Verfahren, so wird diese Einschränkung – bei Vorliegen eines Qualifikationskonflikts – gleichwohl v. § 50d Abs. 9 ‚überschrieben' und verdrängt; denn die Abkommensklausel wirkt nicht ‚weitergehend'.[13] **Anders** konnte es sich indessen jedenfalls zuvor – bis zur Regelungsergänzung durch das AmtshilfeRLUmsG (s. Rn. 41h und 41j) – für die in Abs. 9 S. 3 angeord- 41i

1 *F/W/B/S*, § 50d Abs. 9 Rn. 123.
2 ZB Art. 23 Abs. 1a S. 3 letzter Satzteil DBA-Österreich.
3 Vgl. Art. 10 Nr. 81 OECD-MK; BMF v. 16.11.1987, BStBl. I 1987, 740; *Vogel/Lehner*[6], Art. 10 Rn. 165 ff., 208.
4 S. dazu BFH v. 4.6.2008 – I R 62/06, BStBl. II 2008, 793 (zum DBA-Luxemburg); krit. *Teufel/Hasenberg*, IStR 2008, 724; *Wagner*, DStZ 2009, 215; *Birker/Seidel*, BB 2009, 244; zum Problem auch *Suchanek/Herbst*, FR 2007, 1112 (1117); *Wagner*, Stbg. 2007, 21; s. auch *Kaeser* in Wassermeyer, Art. 10 OECD-MA Rn. 143 ff. – Allerdings ist die Anwendung v. § 50d Abs. 9 S. 1 Nr. 2 hier ohnehin zweifelh., weil die betr. Einkünfte in Luxemburg (wenn auch der Höhe nach reduziert) quellenstpfl. sind, vgl. *Siegers/Steichen* in Wassermeyer, Art. 10 Luxemburg Rn. 22; *Loose/Hölscher/Althaus*, BB 2006, 2724, 2726; *Grotherr*, IStR 2007, 265 (268); *F/W/B/S*, § 50d Abs. 9 Rn. 92.
5 BFH v. 4.6.2008 – I R 62/06, BStBl. II 2008, 793 (zum DBA-Luxemburg).
6 EuGH v. 6.12.2007 – Rs. C-298/05, DStR 2007, 2308.
7 S. BFH v. 21.10.2009 – I R 114/08, BStBl. II 2010, 774 mwN; s. auch BMF v. 8.1.2007, BStBl. I 2007, 99 (mittlerweile für nach dem 31.12.2008 verwirklichte Sachverhalte aufgehoben durch BMF v. 23.4.2010, BStBl. I 2010, 391). – Ändern könnte an jener Unionsrechtswidrigkeit nur eine Regelungsänderung etwas (s. dazu § 8 Abs. 2, § 21 Abs. 21 S. 2 AStG idF des E-JStG 2013 und BT-Drucks. 17/10000, 66; krit. *Quilitzsch*, IStR 2012, 645.
8 Dafür, dass tatsächlich das AStG gemeint ist, obschon ein Hinweis darauf im G zunächst (irrtümlich) unterblieb, schaffte das JStG 2008 Klarheit.
9 **AA** BMF v. 20.6.2013, BStBl. I 2013, 980 Tz. 1: genereller und einschränkungsloser Anwendungsvorrang einschlägiger DBA-Klauseln.
10 ZB Nr. 10 lit. d Prot. zum DBA-Australien.
11 ZB Art. 28 DBA-USA.
12 ZB Art. 24 Abs. 4 lit. b iVm. Abs. 3 lit. b DBA-USA 1989/2006, dort nicht nur bei unterschiedl. zwischenstaatl. Abkommensanwendung, sondern auch aufgrund innerstaatl. US-Steuerrechts. Allg. zu Switch-over-Klauseln in deutscherseits abgeschlossenen DBA s. zB *Vogel/Lehner*[6], Art. 1 Rn. 136 ff.
13 *Jankowiak*, Doppelte Nichtbesteuerung, 2009, S. 233 f., mwN.; *Meretzki* in W/R/S[2], Rn. 15.12; **aA** *Grotherr*, IWB 2008 F. 3 Gr. 1, 2318; s. auch *Korff*, Abkommensrechtl. Besteuerungskonflikte beim Einsatz v. Betriebsstätten in der internat. StPlanung, 2011, S. 130 ff. (133); *Haase/Dorn*, IStR 2011, 791 (796 f.), möglicherweise aber auch die FinVerw./der Gesetzgeber, vgl. zB Denkschrift zum DBA-Irland 2011, dort zu Art. 23 aE (s. BT-Drucks. 17/6258, 32 [36]), sowie desgleichen Denkschrift zum DBA-Großbritannien 2010, auch dort zu Art. 23 aE (s. BT-Drucks. 17/2254, S. 34 (38)).

nete Subsidiarität ggü. § **50d Abs. 8** verhalten, nämlich im Verhältnis zu § 50d Abs. 9 S. 1 Nr. 2: Gelingt dem nichtselbständig tätigen StPfl. der in Abs. 8 verlangte Nachweis für den Verzicht des anderen Vertragsstaats auf die Einkünfte aus nichtselbständiger Arbeit, so verbleibt es für ihn hiernach (in einer gleichheitsrechtl. – wiederum, diesmal aber mit umgekehrten Vorzeichen, s. dazu Rn. 35a – keineswegs über jeden Zweifel erhabenen Bevorzugung vor anderen StPfl.) bei dem abkommensrechtl. vereinbarten Besteuerungsrecht jenes anderen Vertragsstaats und der daraus folgenden Nichtbesteuerung. Das G akzeptiert insofern den Besteuerungsverzicht des anderen Staates, und es ist nichts dafür ersichtlich, dass er diese Akzeptanz durch Abs. 9 S. 1 Nr. 2 für die Situation der (nicht wahrgenommenen) beschränkten StPfl. wieder zurücknehmen möchte; Abs. 9 S. 1 Nr. 2, der allein auf das Fehlen einer spezifischen beschränkten StPfl. in diesem Staat abhebt, lief für diesen Fall iErg. leer.[1] Der verbleibende Anwendungsbereich v. Abs. 9 ggü. Abs. 8 reduziert sich also auf Abs. 9 S. 1 Nr. 1, bezogen auf Nr. 2 allenfalls[2] (aber angesichts der prinzipiellen Normspezialität v. Abs. 8 ggü. Abs. 9 nicht zwingend)[3] noch im Hinblick darauf, dass Abs. 8 lediglich einen partiellen („soweit"), Abs. 9 hingegen einen vollständigen („wenn") Besteuerungsrückfall vorsieht. – Das Verhältnis v. Abs. 9 zu § **20 Abs. 2 AStG** ist umstr. Teilweise wird ein Vorrang v. § 20 Abs. 2 AStG angenommen, falls jene Vorschrift mangels Tatbestandsmäßigkeit[4] oder eines unionsrechtl. Anwendungsvorrangs, zB infolge einer fehlenden sog. Escape-Möglichkeit („Motivtest"),[5] unanwendbar bleibt.[6] Richtigerweise ist das (wohl) zu verneinen: Eine gegenseitige Wechselwirkung ist nicht erkennbar, weil beide Vorschriften nur hinsichtl. ihrer Rechtswirkungen – dem Switch over – übereinstimmen, sie hinsichtl. ihrer tatbestandl. Voraussetzungen aber – anders als im Verhältnis zu § 50d Abs. 8 – aber gänzlich voneinander unabhängig sind. – Ob ein Anwendungsvorrang auch im Verhältnis zu § **8b Abs. 1 S. 3 KStG** anzunehmen ist, bleibt iErg. ohne Belang, weil die Freistellung nach § 8b Abs. 1 S. 1 KStG v. § 50d Abs. 9 so oder so nicht beschränkt wird.[7]

41j **Nach der Neufassung v. § 50d Abs. 9 S. 3 idF des AmtshilfeRLUmsG**[8] ist die zuvorige (Rn. 41i) Verhältnisbestimmung zw. Abs. 9 einerseits und Abs. 8 sowie § 20 Abs. 2 AStG andererseits Makulatur:[9] Die bis dato nur auf DBA-Bestimmungen gemünzte Verhältnisregelung („welche die Freistellung v. Einkünften in einem weiter gehenden Umfang einschränkt") wird nunmehr auf alle drei Parallelregelungen, also neben den einschlägigen DBA-Bestimmungen gleichermaßen auf § 50d Abs. 8 sowie auf § 20 Abs. 2 AStG, bezogen (s. Rn. 41h): „soweit sie jeweils die Freistellung v. Einkünften in einem weiter gehenden Umfang einschränken". MaW: Soweit das nicht der Fall ist und der jeweils spezifische Freistellungsumfang mit jenem v. § 50d Abs. 9 S. 1 parallel läuft, treten sowohl § 50d Abs. 8 als auch § 20 Abs. 2 AStG hinter § 50d Abs. 9 S. 1 zurück; deren Anwendungsbereich geht zT verloren; das betrifft namentlich § 50d Abs. 8, der es ermöglichte, die Freistellungsmethode beim Nachweis des Besteuerungsverzichts im anderen Staat zu konservieren; das ist jetzt mehr als weniger hinfällig.[10] Dass jene Vorschriften als solche – ihren materiellen

---

1 BFH v. 11.1.2012 – I R 27/11, DStR 2012, 889 (seitens der FinVerw. nicht angewandt, AdV wurde indessen gewährt, s. zB FinMin. MV v. 30.8.2012 – IV - S 1368 - 00000 - 2012/002, Tz. II.2.) m. zust. Anm. *Kempermann*; sa. BFH v. 19.12.2013 – I B 109/13, DStR 2014, 363; *Urbahns*, StuB 2011, 420; *H/H/R*, § 50d Anm. 110, 124; *Becker*, BB 2012, 1393; *Kempermann*, FR 2012, 467; *Hilbert*, IStR 2012, 313; *Möhrle/Groschke*, IStR 2012, 610; **aA** FG Berlin-Bdbg. v. 29.4.2014 – 3 K 3227/13, IStR 2014, 529 mit zust. Anm. *Weinschütz* (Rev. durch BFH v. 28.10.2015 – I R 41/14, BFH/NV 2016, 570, aus anderen Gründen stattgegeben); *Sedemund/Hegner*, IStR 2012, 315; *Sedemund*, IStR 2012, 613 (aber nicht mit normspezifischer, sondern – aus Sicht der Deutschen Lufthansa – rein wettbewerbsbezogener Argumentation); iErg. auch FG München v. 19.7.2011 – 8 V 3774/10 (AdV), sowie die FinVerw. (BMF v. 12.11.2008, BStBl. I 2008, 988), die beide aber diese Frage übersehen; sa. BayLfSt v. 8.6.2011, DStR 2011, 1714.

2 BFH v. 11.1.2012 – I R 27/11, DStR 2012, 689 (iErg. aber offen); insoweit **aA** FG Köln v. 15.5.2013 – 14 K 584/13 (als Vorinstanz zu BFH v. 19.12.2013 – I B 109/13, DStR 2014, 363, wo die Frage unbeantwortet blieb); FG Berlin-Bdbg. v. 29.4.2014 – 3 K 3227/13, IStR 2014, 529 mit zust. Anm. *Weinschütz* (Rev. durch BFH v. 28.10.2015 – I R 41/14, BFH/NV 2016, 570, aus anderen Gründen stattgegeben).

3 *Hilbert*, IStR 2012, 313; *Urbahns*, StuB 2012, 438.

4 Nach Auffassung v. *Kollruss/Waage/Hellmers*, Konzern 2011, 153, zB bei einer doppelte ansässigen KapGes., mit DBA-Ansässigkeit im anderen Vertragsstaat gem. Art. 4 Abs. 3 OECD-MA.

5 Vgl. BFH v. 21.10.2009 – I R 114/08, BStBl. II 2010, 774.

6 **AA** *Gebhardt/Quilitzsch*, IWB 2010, 473 (unter unzutr. Berufung auf BFH v. 21.10.2009 – I R 114/08, BStBl. II 2010, 774 [Schlussurt. in Sachen „Columbus Container"]).

7 *F/W/B/S*, § 50d Abs. 9 Rn. 144; s. auch *Heurung/Seidel*, FS Djanani, 2008, 313 (358); *Dallwitz/Mattern/Schnitger*, DStR 2007, 1700.

8 V. 26.6.2013, BGBl. I 2013, 1809.

9 BFH v. 20.8.2014 – I R 86/13, BStBl. II 2015, 18 (Vorlagebeschl. an das BVerfG [2 BvL 21/14]); BMF v. 12.11.2014, BStBl. I 2014, 1467 Tz. 2.4; nach wie vor zweifelnd *Salzmann*, IWB 2013, 405 (406). Krit. gewürdigt und mit einem rechtspolitischen Reformansatz versehen wird die Neujustierung des Normenverhältnisses v. *Kudert/Hagemann/Kahlenberg*, IFSt.-Schrift 507 (2015), 193 ff.

10 Zutr. *Kudert/Hagemann/Kahlenberg*, IFSt.-Schrift 507 (2015), 193 (208).

Regelungsbereichen nach – ggü. § 50d Abs. 9 S. 1 ‚spezieller' sein mögen, sollte daran nichts ändern.[1] Das alles hätte sich gesetzestechnisch zwar auch weniger ‚holprig' bewerkstelligen lassen, indem man in § 50d Abs. 8 schlicht die Parallelgeltung v. Abs. 9 S. 1 Nr. 2 platziert hätte; auch in der G gewordenen Form ist das Regelungsanliegen aber hinreichend klar. Dass die Neuregelung nach **§ 52 Abs. 59a S. 9** (idF des Kroatien-AnpG v. 25.7.2014)[2] allerdings auch rückwirkend auf alle noch nicht bestandskräftigen Fälle anwendbar sein soll, dürfte verfassungsrechtl. Anforderungen kaum standhalten.[3]

III. Erstmalige Anwendung. Die Regelung des § 50d Abs. 9 S. 1 Nr. 1 soll gem. § 52 Abs. 59a S. 6 (zuletzt idF des Kroatien-AnpG v. 25.7.2014)[4] für alle noch nicht bestandskräftigen ESt- Festsetzungen auch für VZ vor 2007 gelten (s. Rn. 4),[5] was unbedenklich sei, dass sie lediglich „klarstellenden" Charakter habe.[6] Letzteres ist falsch: DBA gem. Art. 23A OECD-MA bauen auf dem Gedanken der virtuellen Freistellung auf (Rn. 35a) und wirken in erster Linie (doppel-)besteuerungsentlastend, nicht aber besteuerungsbegründend. Darauf hat man sich völkerrechtl. ‚offenen Auges' verständigt, und das lässt sich mithin nicht mit Blick auf eine vermeintliche (Un-)Gleichbehandlung ggü. rein innerstaatl. Vorgängen mir nichts dir nichts aus dem Weg räumen. Um eine doppelte Nichtbesteuerung (sog. Keinmalbesteuerung) zu vermeiden, bedarf es deswegen eines expliziten Regelungsbefehls im DBA,[7] an dem es jedoch hier jedenfalls dann mangelt, wenn man mit dem BFH (und richtigerweise) einschlägigen und entspr. OECD-Verlautbarungen (wie vorliegend in Nr. 33 ff. OECD-MK seit dessen Novellierung im Jahre 2000) „statisch" und nicht „dynamisch" begreift (Rn. 40a, 41ab, 44). So gesehen ist die Rückwirkung aber eine „echte" und sie ist verfassungswidrig.[8] 42

IV. Einkunftsermittlung. Die Einkünfte iSv. Abs. 9 sind nach Maßgabe des deutschen Steuerrechts (ggf. aber unter abkommensrechtl. Modifikation) zu ermitteln. Abw. v. Abs. 8 erfolgt dies im Wege der ausschließlichen Amtsermittlung. Im Rahmen der bes. Mitwirkungspflichten nach § 90 Abs. 2 AO verlangt die FinVerw. allerdings namentlich im Hinblick auf den in Abs. 9 S. 1 Nr. 2 auch für ausländ. Einkunftsteile angeordneten Besteuerungsrückfall (Rn. 41a) v. StPfl. den **Nachweis**, dass sämtliche seiner ausländ. Einkünfte im ausländ. Staat besteuert und die Steuern entrichtet worden sind; der Nachweis soll nach den auch schon für Abs. 8 geforderten Pflichten v. StPfl. zu erbringen sein.[9] Gleiches soll für Abs. 9 S. 1 Nr. 2 und damit für die (Rechts-!)Frage[10] danach gelten, ob im Ausland iRd. beschränkten StPfl. nicht erfasste Einkünfte im ausländ. Staat auch nicht iRd. unbeschränkten StPfl. erfasst werden können.[11] Der BFH hat dem beigepflichtet.[12]– Im Übrigen betrifft § 50d Abs. 9 das Veranlagungsverfahren, im LSt-Verfahren kann auf die Prüfung (ebenso wie nach § 50d Abs. 8) aus Vereinfachungsgründen verzichtet werden.[13] S. ebenso Rn. 39 zu § 50d Abs. 8. 43

---

1 **AA** *Hagena/Klein*, ISR 2013, 267 (273); *Hasbargen/Kemper/Franke*, BB 2014, 407; zweifelnd auch *L/B/P*, § 50d Rn. 172; *Zech/Reinhold*, IWB 2014, 384.
2 BGBl. I 2014, 1266.
3 BFH v. 20.8.2014 – I R 86/13, BStBl. II 2015, 18 (Vorlagebeschl. an das BVerfG [2 BvL 21/14]); FG Köln v. 18.10. 2013 – 1 V 1635/13, EFG 2014, 204 (AdV; Beschwerde dagegen zugelassen, v. FA aber zurückgenommen); **aA** BR-Drucks. 632/1/12, 10 ff., 12, unter Bezugnahme auf die Verwaltungspraxis (BMF v. 12.11.2008, BStBl. I 2008, 988); FG Berlin-Bdbg. v. 29.4.2014 – 3 K 3227/13, IStR 2014, 529 mit zust. Anm. *Weinschütz* (Rev. durch BFH v. 28.10. 2015 – I R 41/14, BFH/NV 2016, 570, aus anderen Gründen stattgegeben); andeutungsweise auch FG München v. 5.7.2013 – 8 K 3773/10 (Aussetzung gem. § 74 FGO) mit Blick auf BVerfG v. 21.7.2010 – 1 BvL 11–13/06, 1 BvR 2530/05, BVerfGE 126, 369.
4 BGBl. I 2014, 1266.
5 *Kudert/Hagemann/Kahlenberg*, IWB 2014, 892 (902) vermuten allerdings einen „Billigkeitsdispens", nachdem in BMF v. 26.9.2014 in Tz. 4.1.3.3.2, BStBl. I 2014, 1258, der diesbzgl. noch im Entw. des BMF-Schr. enthaltene Anwendungshinweis entfallen ist.
6 BT-Drucks. 16/2712, 65.
7 BFH v. 20.8.2014 – I R 86/13, BStBl. II 2015, 18 (Vorlagebeschl. an das BVerfG [2 BvL 21/14]). Sa. BFH v. 17.12. 2003 – I R 14/02, BStBl. II 2004, 260; v. 4.6.2008 – I R 62/06, BStBl. II 2008, 793; v. 20.8.2008 – I R 39/07, BStBl. II 2009, 234; v. 10.1.2012 – I R 66/09, FR 2012, 819 m. Anm. *Hagena/Wagner*; v. 11.12.2013 – I R 4/13, BStBl. II 2014, 791 (mit Anm. *Benecke/Staats*, IStR 2014, 217; *Prinz*, GmbHR 2014, 729 [BVerfG 2 BvL 15/14]).
8 BFH v. 20.8.2014 – I R 86/13, BStBl. II 2015, 18 (Vorlagebeschl. an das BVerfG [2 BvL 21/14]), und bereits v. 19.5. 2010 – I B 191/09, BStBl. II 2011, 156 (AdV); *K/S/M*, § 50d Rn. K 5; *F/W/B/S*, § 50d Abs. 9 Rn. 31 ff.; *Salzmann*, IWB Gr 3 F 3, 1465 (1471); *Kleinert/Podewils*, BB 2008, 1819 (1822); *Ziesecke/Meyen*, DB 2014, 1953.
9 BMF v. 3.5.2018, BStBl. I 2018, 643 Rn. 70.
10 S. dazu allg. und im Besonderen im Hinblick auf sog. special tax regimes im Ausland *Schmitt/Meyen*, DB 2014, 1450; *Schmitt/Amedov*, DB 2018, 2141 (2143).
11 BMF v. 3.5.2018, BStBl. I 2018, 643 Rn. 70; s. dazu aber auch FG Hbg. v. 13.4.2017 – 6 K 195/16, ISR 2017, 288 m. Anm. *Weiss* (Rev. I R 30/17).
12 BFH v. 11.7.2018 – I R 52/16, BFH/NV 2019, 153.
13 Sa. BMF v. 14.3.2017, BStBl. I 2017, 473 Rz. 27.

I. Abkommensübersteigende Einkünftefiktion für Sondervergütungen gem. § 15 Abs. 1 S. 1 Nr. 2 S. 1 HS 2 (Abs. 10)

44 **I. Ziel, Zweck, Regelungsgegenstand.** Mit dem JStG 2009 und dort Abs. 10 hat sich der (einmal mehr durch die FinVerw. „ferngesteuerte") Gesetzgeber zu einer abermaligen **Rspr.-Nichtanwendungsregelung** entschlossen. Ziel der Nichtanwendung ist in diesem Fall die einschlägige und **ständige Rspr. des BFH** zur abkommensrechtl. Behandlung v. **Sondervergütungen iSv. § 15 Abs. 1 S. 1 Nr. 2 S. 1 HS 2:**[1] Sondervergütungen idS sind nach jener Rspr. unbeschadet ihrer internrechtl. stl. Qualifizierung als Einkünfte aus GewBetr. stets solche iSd. der jew spezifischen abkommensrechtl. Einkunftsart gem. Art. 10, 11, 12 OECD-MA. Anders verhält es sich nur dann, **(1)** wenn das konkret in Rede stehende DBA Sondervergütungen seinerseits explizit als Unternehmensgewinne iSv. Art. 7 OECD-MA einstuft,[2] oder **(2)** wenn die den betr. Einkünften zugrunde liegende Forderung/Verbindlichkeit unter den Betriebsstättenvorbehalt des Art. 10 Abs. 4, Art. 11 Abs. 4 und Art. 12 Abs. 3 OECD-MA fällt und deswegen tatsächlich-funktional zu einer im anderen Vertragsstaat belegenen Betriebsstätte gehört.

44a Abs. 10 konterkariert diesen Rspr.-Ansatz: Nach den Regelungsmaterialien[3] stellt die Behandlung der Sondervergütungen als gewerbl. Einkünfte einen tragenden Grundsatz der Besteuerung von MU'schaften im deutschen Steuerrecht dar, der zur Gleichbehandlung von PersGes. und nat. Pers. führt. Zur Wahrung der Einheitlichkeit in- wie ausländ. MU'er sei es daher geboten, eine Regelung zu schaffen, wonach die Sondervergütungen den Unternehmensgewinnen bzw. gewerbl. Gewinnen zuzuordnen und damit Teil auch des Gewerbeertrags seien. Der Gesetzgeber folgt damit iErg. dem sog. **OECD-Partnership Report** aus dem Jahre 1999[4] (Rn. 41b): Die betr. Einkünfte sind danach grds. Unternehmensgewinne. Für den sog. Inbound-Fall hat das zur Folge, dass das Besteuerungsrecht stets Deutschland als dem Quellenstaat zusteht; im sog. Outbound-Fall gilt im Prinzip Gleiches: Stuft der andere Vertragsstaat die Einkünfte nach ihrer spezifischen Einkunftsart ein, liegt ein Qualifikationskonflikt vor. Die OECD (und damit Abs. 10 S. 1) löst diesen Konflikt in der Weise, dass dem innerstaatlichen Recht des Ansässigkeitsstaats der Vorrang eingeräumt wird (vgl. Art. 3 Abs. 2 OECD-MA). Das soll dem Methodenartikel des Art. 23 (Abs. 1) OECD-MA (oder entspr. Switch over-Klauseln) entnommen werden können. Der BFH ist **aA**. Gleichwohl: Auch die im Partnership Report der OECD niedergelegte Rechtsauffassung mag eine mögliche und zulässige sein. Sie krankt jedoch im Regelfall daran, dass sie nicht den Absichten der Vertragsbeteiligten des konkret in Rede stehenden DBA entspricht. Letztlich wird hier eine bestimmte Verwaltungsauslegung (des OECD-Steuerausschusses und dem folgend der deutschen FinVerw.) dem einzelnen DBA nachträglich als maßgeblich oder sogar „authentisch" unterlegt. Ein derartiges **dynamisches Verständnis** wird völkerrechtl. Anforderungen und daraus abzuleitenden Auslegungsmethoden indes nicht gerecht (s. Rn. 40a, 41ab). Der Partnership Report ist als bloße „Meinungsäußerung" verschiedener Fisci kraft Mehrheitsbeschlusses innerhalb des OECD-Steuerausschusses weder maßgeblich noch verbindlich für die (als solche autonome) Abkommensauslegung durch die (nationalen) Gerichte; für diese ist prinzipiell rein statisch (nur) auf die Gegebenheiten und Vorstellungen der Vertragsbeteiligten im Zeitpunkt des jew Vertragsschlusses abzustellen.[5]

44b Es überrascht deswegen, wenn der Gesetzgeber des Abs. 10 die Regelung nicht als **treaty override**, sondern als Verifikation einer (v. der „ignoranten" Rspr. als solche nicht erkannten) „richtigen" Abkommensauslegung (= **„DBA-Anwendungsregelung"**)[6] verstanden wissen will;[7] das treaty override wäre so gesehen nicht das Gesetz, es wäre das die Rspr. Tatsächlich ist – offenbar auch aus Sicht der FinVerw.[8] – das Gegenteil der Fall[9]; Abs. 10 enthält ein ‚lupenreines' treaty override, weil mittels Abs. 10 keineswegs (wie jedoch zu-

1 Seit BFH v. 23.10.1996 – I R 10/96, BStBl. II 1997, 313; nachfolgend zB BFH v. 17.12.1997 – I R 34/97, BStBl. II 1998, 296; v. 17.10.2007 – I R 5/06, BStBl. II 2009, 356; v. 8.9.2010 – I R 74/09, BStBl. II 2014, 788; dem folgend zB FG München v. 13.6.2013 – 13 K 3679/12 F, EFG 2013, 1418 (NZB I B 142/13).

2 So zB DBA-Schweiz, Österreich, Weißrussland, Ghana, Kasachstan, Singapur, Tadschikistan, Usbekistan, Algerien, Uruguay; vgl. *Vogel/Lehner*[6], Art. 7 Rn. 61; *Kudert/Kahlenberg*, IStR 2013, 801 (807 f.).

3 BT-Drucks. 17/10604, 17.

4 OECD, The Application of the OECD Model Tax Convention to Partnerships, in Issues in intern. Taxation No 6 (1999).

5 StRspr., vgl. zB BFH v. 19.5.2010 – I B 191/09, BStBl. II 2011, 156, bestätigt durch BFH v. 11.7.2018 – I R 44/16, DStR 2018, 2681 mwN.

6 So der BR in seiner entspr. „Prüfbitte" an die BReg., s. BT-Drucks. 17/10604, 17.

7 BT-Drucks. 16/11108, 23; BT-Drucks. 17/10604, 17.

8 *Mitschke*, FR 2013, 694 (695): Treaty override zur Sicherung des deutschen Steuersubstrats.

9 Explizit BFH v. 11.12.2013 – I R 4/13, BStBl. II 2014, 791 (BVerfG 2 BvL 15/14); ebenso *K/S/M*, § 50d Rn. L 4; *Frotscher*, IStR 2009, 593 und 866 f.; *Frotscher*, FS Schaumburg, 2009, 687 (708 ff.); *Frotscher*, StbJb. 2009/2010, 151; *Prinz*, GmbHR 2014, 729; *Jansen/Weidmann*, IStR 2010, 596, die deshalb Verfassungswidrigkeit anmahnen; sa. BFH v. 21.1.2016 – I R 49/14, BStBl. II 2017, 107, m. Anm. *Behrenz*, IStR 2016, 509, und *Kahlenberg*, ISR 2016, 273.

mindest erforderlich)[1] ein (nationales) Urteil oder eine nationale Spruchpraxis korrigiert wird, welche der unbestrittenen Auslegung des DBA durch die Vertragsparteien widerspricht.[2] „Überschrieben" werden letztlich die Qualifikationen und Zuordnungen nach Maßgabe v. Art. 7 Abs. 1 OECD-MA, darüber hinaus aber auch das Abkommensprimat und der Nachrangbefehl betr. das nationale Recht in Art. 3 Abs. 2 OECD-MA. Allerdings fehlt in Abs. 10 S. 1 aF/nF (anders als in S. 3 der Vorschrift, s. dazu Rn. 51) die für ein treaty override nötige gesetzliche (formale) Kenntlichmachung, s. Rn. 25. Und so gesehen stellt sich die ganz grds. Frage danach, ob der Gesetzgeber der Rspr. ohne Verstoß gegen die Gewaltenteilung und den Gesetzesvorbehalt (Art. 20 Abs. 3 GG) sowie das Vertragsvölkerrecht überhaupt eine bestimmte Regelungsauslegung für ein G verbindlich vorgeben kann. Daran mag man zweifeln. Denn die sog. lex-fori-Klausel des Art. 3 Abs. 2 OECD-MA garantiert dem nationalen Rechtsverständnis lediglich eine auslegungssekundäre Funktion. Sie wird nämlich erst dann aktiviert, wenn bei „der Anwendung des Abkommens durch einen Vertragsstaat ... der Zusammenhang nichts anderes erfordert". Richtig[3] verstanden gebührt also der völkerrechtl.-autonomen Auslegung der Vorrang vor der landesrechtl. Auslegung.[4] Nur das entspricht der Zielsetzung v. DBA, doppelten Besteuerungszugriffen *ex ovo* durch eine möglichst einheitliche, eben den „Zusammenhang" des Abkommens betreffende Auslegung entgegenzutreten. Ein auslegungskorrigierendes nationales G, durch das letztlich der rechtsmethodische Vorrang der lex-fori-Klausel angeordnet wird, setzt sich damit über den Völkerrechtsvertrag hinweg. – Eine Rechtfertigung dafür ist nicht erkennbar; gerade das nach den Gesetzesmaterialien angestrebte Ziel, die in § 15 Abs. 1 S. 1 Nr. 2 angelegte Gleichbehandlung von Einzel- und MU'ern über Abs. 10 grenzüberschreitend zu ‚verlängern', muss scheitern, weil anders als für MU'er abkommensrechtl. durchweg keine speziellen Einkunftsarten und Zuweisungsregeln existieren; Einzel- und MU'er befinden sich insofern also von vornherein nicht in einer vergleichbaren Lage.[5]

Die Vorschrift krankte in ihrer Ursprungsfassung des JStG 2009 unbeschadet solcher prinzipieller Vorbehalte auch an „technischen" Mängeln (Rn. 45c), die ihr das für ein G nur wenig schmeichelhafte Attribut eines „zahnlosen Tigers"[6] und eines „fiskalischen Blindgängers"[7] eingebracht haben; sie gehöre abgeschafft.[8] Stattdessen hat der Gesetzgeber sie durch das **AmtshilfeRLUmsG**[9] tatbestandlich „nachgebessert" und dadurch versucht, die systemwidrige Vorschrift ungeachtet der Rspr. des BFH vermittels eines weiteren (Folge-)treaty override „sturmfest" auszugestalten.[10] Dieser Versuch dürfte „technisch" nunmehr weitgehend gelungen sein (Rn. 48 f.) und die Norm in die Lage versetzen, in einschlägigen Konstellationen – um im Bild der Tiger-Dentologie zu bleiben – „kraftvoll zu(zu)beißen".[11] An den prinzipiellen Völkerrechts- und Verfassungsbedenken ändert sich aber nichts (Rn. 44a). Überdies beschleicht einen das Gefühl, dass der Gesetzgeber zum „Kampf" bestimmter administrativer Kreise gegen die Dritte Gewalt instrumentalisiert wird. Rechtsstaatlich ist das alles kaum vertretbar. 44c

II. Tatbestandsvoraussetzungen im Einzelnen. 1. Qualifikationsfiktion. Im Einzelnen erfordert **Abs. 10 S. 1** in seinem **Grundtatbestand** für die angeordnete Qualifikationsfiktion: **(1)** Eine Vergütung iSd. § 15 Abs. 1 S. 1 Nr. 2 S. 1 HS 2 (das sind Vergütungen für Dienstleistungen, Kapitalüberlassung, Nutzungsüberlassung v. WG) oder iSd. § 15 Abs. 1 Nr. 3 HS 2 (also entspr. Vergütungen des phG'ters einer KGaA), **(2)** die Anwendung eines DBA für diese Vergütungen und **(3)** ein DBA, das keine ausdrückliche Regelung für die Vergütungen trifft,[12] wobei es dann für die Anwendung v. Abs. 10 einerlei ist, wenn das DBA entspr. Regelungen enthält, diese aber hinter der Regelungsdichte des Abs. 10 zurückbleiben,[13] zB, 45

1 Auch dazu zu Recht krit. *Vogel*, FS Höhn, 1995, 461 (466 f.).
2 Wäre es anders und enthielte die Vorschrift eine bloße nationale Auslegungsfixierung, bliebe ohnehin zu gewärtigen, ob eine solche Fixierung für DBA verbindlich wäre, die (noch) gem. Art. 3 Abs. 2 OECD-MA aF (nur und statisch) auf das im Zeitpunkt des DBA-Vertragsschlusses existente nationale Recht verweisen, nicht aber dynamisch auf das sich fortentwickelnde nationale Recht. Vgl. auch österr. VwGH v. 19.12.2006 – 2005/15/0158; *M. Lang*, IWB 2011, 283 (291).
3 Aber kontrovers, s. mwN *M. Lang*, IWB 2011, 281 (288 f.).
4 (*Vogel* in) *Vogel/Lehner*[5], Art. 3 Rn. 117 ff., (*Dürrschmidt* in) *Vogel/Lehner*[6], Art. 3 Rn. 117 ff., die selbst allerdings einen anderen Standpunkt vertreten.
5 Zutr. *Frotscher*, IStR 2009, 593 (599).
6 *Boller/Eilinghoff/S. Schmidt*, IStR 2009, 109 und 852.
7 *Salzmann*, IWB F 3 Gr 3, 1539.
8 S. auch *Spengel/Schaden/Wehrße*, StuW 2012, 105 (117).
9 V. 26.6.2013, BGBl. I 2013, 1809.
10 BT-Drucks. 17/11844, 139 ff. (zum E-JStG 2013).
11 So *Kollruss*, FR 2014, 588 (598).
12 Wie aber zB die DBA mit Algerien, Ghana, Kasachstan, Liechtenstein, Mauritius, Oman, Österreich, Schweiz, Singapur, Tadschikistan, Türkei, Uruguay, Weißrussland, Usbekistan, Zypern; s. BMF v. 26.9.2014, BStBl. I 2014, 1258 Tz. 5.2.
13 **AA** *Pohl*, DB 2013, 1572 (1573).

weil ausdrückliche Regelungen zur Behandlung v. Erträgen und Aufwendungen fehlen[1] (s. zu dem Abkommensvorbehalt auch Rn. 48). Zweifelh. kann sein, ob die DBA-Sonderregelung auch den phG'ter der KGaA einbezieht, obschon diese als solche keine PersGes. ist (vgl. § 1 KStG). Der BFH hat das für Art. 7 Abs. 7 DBA-Schweiz 1971 angenommen,[2] was sich aber jedenfalls nach Maßgabe des späteren BFH-Urt. v. 19.5.2010 – I R 62/09[3] schwerlich aufrechterhalten lässt. – Sind diese beiden Voraussetzungen erfüllt, „gilt" „eine" Sondervergütung nach Abs. 10 S. 1 für Zwecke der Anwendung eines DBA – und zwar ausschließlich (s. dazu auch Rn. 47)[4] – als **Teil des Unternehmensgewinns** (Ersteres – der „Teil" – wohl iSd. § 15 Abs. 1 S. 1 Nr. 2 infolge der nationalen Transparenzbetrachtung, Letzteres – der „Unternehmensgewinn" – wohl iSv. Art. 7 Abs. 1 OECD-MA und nicht als gewerbl. Einkünfte iSv. § 15 Abs. 1 S. 1 Nr. 2)[5]; nach Abs. 10 S. 1 aF „gelten" die Sondervergütungen demgegenüber – verkürzt – als „Unternehmensgewinne" (zu den daraus abzuleitenden Konsequenzen s. auch Rn. 44a).

45a Voraussetzung ist aber so oder so, dass überhaupt (**„originäre"**) **Unternehmensgewinne** idS (und damit zugleich iSv. Art. 3 Abs. 1 lit. c OECD-MA) vorhanden sind. Erzielt die PersGes. solche nicht (zB bei unentgeltlicher Darlehenshingabe), ist § 50d Abs. 10 v. vornherein (und vorbehaltlich einer verwaltungsseitig offenbar angedachten Regelungsverschärfung im Anschluss an das zwischenzeitlich „ausgeurteilte" „Muster"-Revisionsverfahren I R 92/12[6] gegen das Urt. des FG Düss. v. 4.7.2012 – 9 K 3955/09 F[7]) unanwendbar.[8] Stattdessen verbleibt es uneingeschränkt bei den Abkommensgrundsätzen und -zuweisungsregeln. Die FinVerw.[9] hatte sich in diesem Punkt der Rspr.[10] angeschlossen. Sie unterwirft einschlägiges SBV deswegen den abkommensrechtl. Betriebsstättenvorbehalten (in Art. 11 Abs. 4, Art. 12 Abs. 3 OECD-MA) – mit der Folge, dass etwaiger Refinanzierungsaufwand im Inland als „negativer Ertrag" nach Maßgabe v. Art. 23A Abs. 1 OECD-MA, § 3c Abs. 1 nicht zu berücksichtigen wäre.[11] Im Ausgangspunkt ist das zutr. Erforderlich ist dafür allerdings, dass **(1)** die spezifischen (tatsächlich-funktionalen) Zuordnungsmaßstäbe einschlägig sind und überdies tatbestandlich vorliegen, und **(2)** dass der betr. MU'er überhaupt über eine „zuordenbare" Betriebsstätte in seinem Ansässigkeitsstaat verfügt. Daran wird es allermeistens fehlen, denn in Ermangelung positiver Einkünfte findet nicht der tatsächlich-funktionale Zuordnungsmaßstab der Betriebsstättenvorbehalte Anwendung, sondern der allg. Zuordnungsmaßstab der Veranlassung (vgl. Art. 7 Abs. 1 S. 2, Abs. 2 OECD-MA), und danach gebührt der „negative Ertrag" regelmäßig der Inlandsbetriebsstätte (§ 49 Abs. 1 Nr. 2 lit. a iVm. § 15 Abs. 2 S. 1 Nr. 2),[12] und zwar auch in doppelstöckigen, also mittelbaren Beteiligungsstrukturen.[13] Es bedarf infolgedessen keiner Umqualifikation in Unternehmensgewinne, weil die Rechtsfolgen übereinstimmen (sa. Rn. 45b). Die neuerlichen Maßstäbe des *Authorised OECD Approach* (AOA, Art. 7 Abs. 1 und 2 OECD-MA 2010, § 1 Abs. 5 AStG, s. Rn. 46, § 49 Rn. 18, auch § 50i Rn. 10) ändern daran nichts. Das scheint v. der FinVerw. wiederum anders gesehen zu werden. „Sicher" ist das aber nicht: Offenbar will man sich zu einer anteiligen Aufteilung der Fremdfinanzierungsaufwendungen auf die Ober-Ges. und die mittelbar gehaltenen Beteiligungen an den Unter-Ges. bekennen. Maßstab der Aufteilung des SBV II auf die einzelnen MU'schaften soll das Verhältnis der AK für die anteiligen WG in der Ober-Ges. und den Unter-Ges. sein, orientiert an den Bilanzwerten,[14] nicht an den Teil-

1 **AA** aber wohl *Hagemann/Kahlenberg/Kudert*, Ubg 2014, 80 (83); *Kudert/Melkonyan*, Ubg 2013, 623 (626).
2 BFH v. 17.10.1990 – I R 16/89, BStBl. II 1991, 211.
3 DStR 2010, 1712; sa. *Hoppe*, Die Besteuerung der KGaA zw. Trennungs- und Transparenzprinzip, 2014, 153.
4 S. BMF v. 26.9.2014, BStBl. I 2014, 1258 Tz. 2.2.1.
5 Deswegen krit. *Dorn*, BB 2013, 3038 (3040).
6 BFH v. 12.10.2016 – I R 92/12, DStR 2017, 589; s. dazu auch FinMin. SchlHol. v. 20.8.2018, DB 2018, 2081: ggf. Aufteilung der Refinanzierungsdarlehen und -zinsen im Verhältnis der AK für die anteiligen WG in der Ober- und der Unter-Ges.
7 FR 2013, 657 m. Anm. *Prinz*.
8 BMF v. 26.9.2014, BStBl. I 2014, 1258 Tz. 5.1.1 aE; *Hruschka*, IStR 2014, 785 (791); *Weggenmann* in W/R/S[2], Rn. 6.76 (anders uU *Rosenberg*, ebd., Rn. 11.70); *Brandenberg*, DStZ 2015, 393 (396); **aA** zB *Rosenberg/Placke*, DB 2014, 2434 (2436); *L/B/P*, § 50d Rn. 191: Nur die Zuordnungsfiktion des § 50d Abs. 10 S. 2 erfordere die tatsächliche Existenz v. Sondervergütungen. Das aber dürfte den Normzweck (iVm. dem Normtext) verfehlen.
9 BMF v. 26.9.2014, BStBl. I 2014, 1258 Tz. 5.1.1 aE, 5.1.2; ebenso *Hruschka*, IStR 2014, 785 (791); **aA** *Gebhardt*, IStR 2015, 808.
10 BFH v. 17.10.2007 – I R 5/06, BStBl. II 2009, 356; v. 21.1.2016 – I R 49/14, BStBl. II 2017, 104; v. 12.10.2016 – I R 92/12, DStR 2017, 589.
11 BMF v. 26.9.2014, BStBl. I 2014, 1258 Tz. 5.1.2; sa. *Hruschka*, IStR 2014, 785 (791 f.); allg. BFH v. 26.2.2014 – I R 56/12, BStBl. II 2014, 703.
12 Ebenso *Blumenberg*, JbFfSt. 2016/2017, 376; *Breuninger*, JbFfSt. 2015/2016, 235; *Niedling/Rautenstrauch*, BB 2016, 1303 (1305 f.); *Prinz*, FR 2016, 589 (592); iErg. ähnlich wohl auch *Wacker*, Forum der Intern. Besteuerung, Bd. 45 (2016), 77 (112 ff., 114 f.), der uneingeschränkt das allg. Veranlassungsprinzip für einschlägig hält.
13 Vgl. *Prinz*, FR 2016, 589.
14 FinMin. SchlHol. v. 20.8.2018, GmbH-StB 2019, 15 m. Anm. *Weiss*.

werten.[1] Zu gewärtigen ist zudem das Abzugsverbot für Sonder-BA in § 4i (s. § 4i Rn. 1, 4).[2] – Nach wie vor kontrovers bleibt überdies, ob § 50d Abs. 10 nicht „bloß" Art. 7 OECD-MA überschreibt, sondern gleichermaßen Art. 13 Abs. 2 OECD-MA. Die FinVerw. nimmt Letzteres offenbar infolge einer „einheitlichen Auslegung"[3] an,[4] sie widerspricht damit aber dem Regelungswortlaut ebenso wie dem BFH,[5] was vice versa „abweichende Ergebnisse und damit Streitigkeiten vorprogrammiert".[6]

Abs. 10 S. 2 stellt (ebenfalls entgegen der Vorfassung der Regelung)[7] sicher, dass Gleiches – und wiederum fiktiv – auch für die durch das SBV veranlassten Erträge und Aufwendungen gilt. Erfasst werden hiernach Sonder-BE aller Art, also sowohl solche aus **SBV I**[8] als auch – kraft Zuordnungsfiktion, jedoch wohl entgegen der Verwaltungspraxis[9] – solche aus **SBV II** (s. insoweit auch Rn. 45c zur Betriebsstättenzuordnung); dass sich Letztere konkret keinen Sondervergütungen iSd. § 15 Abs. 1 S. 1 Nr. 2 S. 1 HS 2 und Nr. 3 HS 2 zuordnen lassen, sollte dem infolge des weiten Regelungswortlauts gerade nicht widersprechen: „S. 1 gilt auch für …", und das sollte sich auf die im letzten HS des S. 1 bestimmte Regelungsfolge beziehen, nicht aber auf das Erfordernis der Sondervergütung. Dass § 50d Abs. 10 S. 3 für die dort fingierte Betriebsstätten-Zugehörigkeit auf die „Vergütung des G'ters" abstellt, ist in diesem Kontext unbeachtlich, weil das losgelöst v. S. 2 der Vorschrift allein die v. BFH bislang vermisste Unzulänglichkeit des Normtatbestands beseitigt und dafür naturgemäß an die Vergütung als abkommensrechtl. Zuordnungskriterium anknüpft.[10] Sa. § 50i Rn. 28. Allerdings wird in derartigen Konstellationen häufig bereits der abkommensrechtliche Betriebsstättenvorbehalt (Art. 10 Abs. 4, Art. 11 Abs. 4, Art. 12 Abs. 3 OECD-MA) erfüllt sein, sodass es einer Zuordnung zu der Betriebsstätte iSv. § 50d Abs. 10 S. 2 und 3 nicht bedarf; die Rechtsfolgen wären dann ohnehin identisch.[11] S. aber auch Rn. 45c. Erfasst werden überdies alle einschlägigen WG, nicht nur solche, welche mit der „generierten" Sondervergütung in einem wirtschaftl. Zusammenhang stehen; eine solche Beschränkung mag zwar zweckgerecht erscheinen, der Normtext gibt dafür aber nichts her.[12] Maßgeblich ist die Umqualifizierung nach **Abs. 10 S. 1 HS 2** für den **vergütungsberechtigten G'ter**; das ist (nur) klarstellend, weil dieser als abkommensberechtigte Pers. iSv. Art. 4 Abs. 1 OECD-MA in Betracht kommen kann.[13] – Im **Inbound-Fall** hat das zur Konsequenz, dass eine Freistellung entfällt. Für **Outbound-Fälle** bleibt es gem. **Abs. 10 S. 8** (S. 2 aF) bei der Anwendung v. Abs. 9 Nr. 1 und dem daraus idR ebenfalls abzuleitenden deutschen Besteuerungsrecht: Trotz der durch Abs. 10 S. 1 bewirkten Umqualifikation und Zuordnung v. Sondervergütungen zu einer durch eine Auslands-PersGes. vermittelten Auslands-Betriebsstätte wird bei abkommensrechtl. bedingter Nichtbesteuerung der derart behandelten Sondervergütungen im Betriebsstättenstaat die DBA-Freistellung im Inland versagt.[14] Etwaige (und regelmäßig auftretende) Qualifikationsdivergenzen mit dem anderen Vertragsstaat werden offenen Auges und „meistbegünstigend" hingenommen und einem späteren Verständigungsverfahren überantwortet.[15] Das 45b

1 Ebenso *Wacker*, IStR 2017, 286 (287); **aA** *Behrens*, BB 2017, 753.
2 S. auch *Gah/Wangler*, IStR 2018, 817.
3 *Hruschka*, IStR 2014, 785 (789 f., 791).
4 BMF v. 26.9.2014, BStBl. I 2014, 1258 Tz. 2.2.3, 2.2.4.1.
5 S. abgrenzend insoweit BFH v. 13.2.2008 – I R 63/06, BStBl. II 2009, 414 einerseits, v. 17.10.2007 – I R 5/06, BStBl. II 2009, 356 andererseits.
6 Richtig erkannt v. *Hruschka*, IStR 2014, 785 (789 f.).
7 BFH v. 19.7.2012 – II R 5/10, BFH/NV 2012, 1942.
8 S. BMF v. 26.9.2014, BStBl. I 2014, 1258 Tz. 5.1.1, *Hruschka*, IStR 2014, 785 (791); *Kudert/Kahlenberg*, IStR 2013, 801 (803 f.); *Kudert/Melkonyan*, Ubg 2013, 623 (626 ff.).
9 Aber unklar, s. einerseits BMF v. 26.9.2014, BStBl. I 2014, 1258 Tz. 5.1.1, wo das SBV II nicht mehr besonders erwähnt wird, andererseits jedoch *Hruschka*, IStR 2014, 785 (791) sowie ausdrücklich noch BMF-E v. 5.11.2013 – IV B 5 - S 1300/09/10003, Tz. 5.1.1 aE. Sa. *Hagemann/Kahlenberg/Kudert*, Ubg 2014, 80; *Kudert/Hagemann/Kahlenberg*, IWB 2014, 892 (899 f.).
10 IErg. ebenso *Rosenberg/Placke*, DB 2014, 2434 (2435); aber insoweit **aA** – neben der FinVerw. – die hM, vgl. *Weggenmann* in W/R/S^2, Rn. 6.76; *Kempermann* in W/R/S^2, Rn. 2.79, *Schulz-Trieglaff*, IStR 2015, 155 (158); *Rogall/Schwan*, DStR 2015, 2633 (2639); *Gebhardt*, IStR 2015, 808 (809); *Hruschka*, IStR 2014, 785 (790), sowie (in st. Wiederholung und auch nur als Auswahl:) *Kudert/Kahlenberg*, IStR 2013, 801 (804); *Kudert/Kahlenberg*, FS Frotscher, 347 (355 ff.); *Kudert/Kahlenberg*, PIStB 2013, 94; *Hagemann/Kahlenberg*, Ubg 2013, 770; *Kahlenberg/Hagemann*, BB 2014, 215; *Hagemann/Kahlenberg/Kudert*, Ubg 2014, 80; *Frotscher/Geurts*, § 50d Rn. 296; *Wacker* in Lüdicke, Forum der Intern. Besteuerung, Bd. 45 (2016), 77 (111 f.); *Töben*, FR 2018, 991 (1002); iErg. offen, aber befürwortend BFH v. 12.6.2013 – I R 47/12, BStBl. II 2014, 770 (für einen Drittstaatensachverhalt).
11 BFH v. 21.1.2016 – I R 49/14, BStBl. II 2017, 107, m. Anm. *Behrenz*, IStR 2016, 509, und *Kahlenberg*, ISR 2016, 273.
12 *Cloer/Keilhoff/Leich*, PIStB 2014, 199 (204); *Pohl*, DB 2013, 1572 (1575); sa. BFH v. 12.6.2013 – I R 47/12, BStBl. II 2014, 770; **aA** *Kollruss*, FR 2015, 351 (356); *Rosenberg/Placke*, DB 2014, 2434 (2436).
13 *Kudert/Kahlenberg*, IStR 2013, 801 (802); *Wassermeyer*, IStR 2011, 85.
14 Zu Bsp. für dieses Zusammenwirken s. BMF v. 26.9.2014, BStBl. I 2014, 1258 Tz. 5.1.2; *Hruschka*, IStR 2014, 785 (791).
15 BMF v. 26.9.2014, BStBl. I 2014, 1258 Tz. 5.1.3.2.

betrifft namentlich und insbes. Outbound-Sondervergütungen bezogen auf hybride ausländ. EU-Ges., für die sowohl die Zins/Lizenz-RL als auch die Freistellungsmethode einschlägig sind, und bedingt hierfür eine wechselseitig wirkungsneutralisierende „systematische doppelte Nichtbesteuerung", einerseits durch die virtuelle „Umtopfung" der Vergütungen in Unternehmensgewinne nach Maßgabe des Abs. 10, andererseits dadurch, dass Abs. 9 nicht einschlägig ist, weil nicht ein DBA, sondern die Zins/Lizenz-RL die „causa" für die Nichtbesteuerung im anderen Staat setzt.[1] – Zur Vermeidung/Verminderung der Doppelbesteuerung durch Anrechnung gem. Abs. 10 S. 5 s. Rn. 48 ff.

45c **2. Zuordnungsfiktion.** Allerdings litt die praktische Wirkkraft der Regelung in ihrer Ursprungsfassung des JStG 2009 darunter, dass Abs. 10 aF lediglich eine unilaterale Qualifikation des abkommenseigenen Terminus des „Unternehmensgewinns" und damit zugleich die Subsumtion unter Art. 7 Abs. 1 OECD-MA anstelle der jeweils spezielleren (und vorrangigen) abkommensrechtl. Einkunftsart bestimmte, nicht jedoch zugleich v. den Erfordernissen der (abkommensrechtl.) Existenz einer Betriebsstätte (iSv. **Art. 5 OECD-MA**)[2] sowie der (ebenfalls abkommensrechtl.) Betriebsstättenzurechnung[3] suspendierte (s. dazu Rn. 45c sowie 12. Aufl., § 50d Rn. 45). Diesem Manko hat das **AmtshilfeRLUmsG** (Rn. 44b) zwischenzeitlich – angeblich nur ‚klarstellend' (obschon entgegen der Rspr. des BFH zu § 50d Abs. 10 aF)[4] und deswegen rückwirkend (Rn. 49) – mittels einer **Zuordnungsfiktion** als einer weiteren Gesetzesfiktion abgeholfen: Nach **Abs. 10 S. 3 HS 1** ist die besagte Sondervergütung ungeachtet eines DBA derjenigen Betriebsstätte der Ges. zuzuordnen, welcher der Aufwand für die der Vergütung zugrunde liegenden Leistungen zuzuordnen ist, idR (und ausgenommen Drittstaatensachverhalte) also derjenigen Inlandsbetriebsstätte, welche die PersGes. im Inland unterhält und die jedenfalls dann, wenn der MU'er über keine weitere Betriebsstätte verfügt (s. § 49 Rn. 15),[5] gem. § 49 Abs. 1 Nr. 2 lit. a iVm. § 15 Abs. 1 Nr. 2 dessen beschränkte StPfl. auslöst.[6] Missverständlich (und der Rspr.[7] ebenso wie neuerlich § 2 Abs. 1 und 2 BsGaV widersprechend) bleibt allerdings, dass die FinVerw. ein inländ. Besteuerungsrecht offenbar auch dann annehmen will, wenn der MU'er das Unternehmen „abstrakt" betreibt und es an einer Inlands-Betriebsstätte iSv. § 12 AO, ggf. auch Art. 5 OECD-MA, gänzlich fehlt, also ‚floating income' gegeben ist.[8] **Abs. 10 S. 3 HS 2** (iVm. Abs. 10 S. 2) erstreckt die Zuordnungsmaßstäbe auf SBV und die hierdurch veranlassten Erträge und Aufwendungen, also die Sonderbetriebseinnahmen und -ausgaben; diese sind derjenigen Betriebsstätte zuzurechnen, der die (betr.) Vergütung zuzuordnen ist.[9] Abw. v. Abs. 10 S. 3 HS 1 wird insoweit also keine Ertrags-/Ausgaben-Vergütungs-Korrespondenz normiert, sondern umgekehrt eine Vergütungs-Ertrags-/Ausgaben-Korrespondenz: In HS 1 folgt die Zuordnung der Sonderbetriebsvergütung der Ertrags-/Aufwands-Zuordnung, in HS 2 folgt die Ertrags-/Aufwands-Zuordnung hingegen der betr. Vergütung. Das abkommensrechtl. Erfordernis einer tatsächlich-funktionalen Zuordnung der den Vergütungen zugrunde liegenden „Stammrechte" (s. dazu aber auch Rn. 45c) wird jedenfalls so oder so unilateral überspielt, und das augenscheinlich („ungeachtet der Vorschriften eines DBA") – und abw. v. der Qualifikationsfiktion nach Abs. 1 S. 1 (Rn. 44a) – für die hier angeordnete Zuordnungsfiktion auch nach Auffassung des Gesetzgebers als ‚echtes' treaty override.

45d **Folge** ist eine **Vervielfältigung der Zuordnungsmaßstäbe**, weil für Sondervergütungen (und SBV) nun neben den – den abkommensrechtl. Betriebsstättenvorbehalten (Art. 10 Abs. 4, Art. 11 Abs. 4, Art. 12 Abs. 3, Art. 21 Abs. 2 OECD-MA) vorbehaltenen[10] – Maßstab der tatsächlich-funktionalen Zuordnung nunmehr der (intern-)rechtl. Maßstab des § 15 Abs. 1 S. 1 Nr. 2 in gleich zweifacher Hinsicht tritt: Zum einen infolge expliziter Anordnung in Abs. 10, zum anderen deshalb, weil die der Gewerblichkeitsfiktion des § 15 Abs. 1 S. 1 Nr. 2 zugrunde liegenden (wirtschaftl.) Wertungen weitgehend jenen entsprechen, die

---

1 *Kollruss*, IStR 2018, 102 (106 ff.).
2 Zutr. *Wassermeyer*, IStR 2010, 241; **aA** *Kramer*, IStR 2010, 239, DB 2011, 1882 und IStR 2014, 21, der insoweit v. der Existenz betriebsstättenlosen Einkommens (= sog. floating income) ausgeht, s. dazu zu Recht abl. BFH v. 19.12. 2007 – I R 19/06, BStBl. II 2010, 398; v. 12.6.2013 – I R 47/12, BStBl. II 2014, 770; sa. (mwN) § 49 Rn. 15.
3 BFH v. 8.9.2010 – I R 74/09, BStBl. II 2014, 788; v. 7.12.2011 – I R 5/11, BFH/NV 2012, 556; FG München v. 13.6. 2013 – 13 K 3679/12 F, EFG 2013, 1418 (NZB I B 142/13).
4 BR-Drucks. 139/13, 148.
5 **AA** wiederum *Kramer*, IStR 2014, 21; sa. *Töben*, ISR 2013, 350 (353 f.).
6 Vgl. BFH v. 11.12.2013 – I R 4/13, BStBl. II 2014, 791 (BVerfG 2 BvL 15/14); insoweit uU weiter gehend BFH v. 8.9. 2010 – I R 74/09, BStBl. II 2014, 788.
7 BFH v. 19.12.2007 – I R 19/06, BStBl. II 2010, 398; v. 12.6.2013 – I R 47/12, BStBl. II 2014, 770; sa. (mwN) § 49 Rn. 15.
8 *Hruschka*, IStR 2014, 785 (788) unter Verweis auf BMF v. 26.9.2014, BStBl. I 2014, 1258 Tz. 2.2.2.
9 Zweifelnd, ob das gelungen ist, *Dorn*, BB 2013, 3038 (3040 f.).
10 Wobei diese Maßstäbe der Betriebsstättenvorbehalte dann aber wieder „unausgesprochen" greifen sollen, selbst wenn sie tatbestandlich nicht im DBA (abw. v. OECD-MA) enthalten sein sollten; eine weitere Erschwernis, vgl. BFH v. 19.12.2007 – I R 66/06, BStBl. II 2008, 510 (dort zum DBA-Niederlande 1959).

auch der Zuordnungsmaßstab der wirtschaftl. Veranlassung iSd. Art. 7 Abs. 1 S. 1 OECD-MA einfordert (sa. § 49 Rn. 15). Auch dieser letztere Maßstab kann aber (und zwar unabhängig v. Abs. 10) auch aus Abkommenssicht bedeutsam sein, nämlich immer dann, wenn der subsumtive Einstieg in den DBA-Betriebsstättenvorbehalt fehlschlägt, zB weil die Einkünfte aus keinem der beiden Vertragsstaaten stammen, also vor allem in Drittstaaten-(= Dreiecks-)Fällen.[1] Orientiert sich die Zuordnung damit aber vielfach nicht (mehr) an der tatsächlich-funktionalen Zugehörigkeit, sondern an der wirtschaftl. Veranlassung, werden die Maßstäbe für die abkommensrechtl. Zuordnung einerseits und für die (nationale) Zugehörigkeit zum SBV andererseits weitgehend parallel laufen und übereinstimmen; die den Vergütungen zugrunde liegenden SBV werden der durch die PersGes. vermittelten Betriebsstätte idR zuzurechnen sein und die betr. Forderung/Verbindlichkeit wird dieser Betriebsstätte in wirtschaftl. Hinsicht gebühren. Das betrifft dann nicht nur Sonder-BE aus SBV I, sondern auch jene aus SBV II (s. Rn. 45b), auch dann, wenn es für Letztere an einem v. der Inlandsbetriebsstätte getragenen Aufwand (nach Maßgabe v. § 50d Abs. 10 S. 3) fehlt.[2] Eine davon abweichende Betriebsstätten-Zuordnung wird im Wesentlichen nur dann in Betracht kommen, wenn der MU'er über eine ‚eigene' Betriebsstätte verfügt.[3] Das aber setzt wiederum eine originäre gewerbl. Tätigkeit des MU'ers voraus; die bloße Verwaltung zB eines G'ter-Darlehens genügt dafür nicht,[4] und auch unabhängig davon wird sich die tatsächliche Existenz einer isolierten MU'er-Betriebsstätte nur in Ausnahmefällen annehmen lassen.[5] – Zu einem nämlichen Ergebnis gelangt man, wenn der abkommensrechtl. Zuordnungsmaßstab, sei es derjenige des Tatsächlich-Funktionalen bei Anwendung des Betriebsstättenvorbehalts (Art. 11 Abs. 4, Art. 12 Abs. 4 OECD-MA), sei es derjenige der allg. Veranlassung (Art. 7 Abs. 1 S. 2, Abs. 2 OECD-MA), erfüllt und das SBV von daher gewerblich umqualifiziert ist und infolgedessen die Sonderung der daraus generierten Einkünfte ausscheidet. Für einen weiteren „umqualifizierenden" Rückfall nach Maßgabe v. § 50d Abs. 10 besteht dann kein Raum mehr, weil sich die Rechtswirkungen ohnehin decken (s. Rn. 45b).[6]

IErg. bedarf es fortan also (noch) komplexer(er) Zuordnungsüberlegungen als schon zuvor. Insbes. werden 46
Sondervergütungen einer „Spezialbehandlung" unterworfen; „normales" BV und SBV wird unterschiedlich (und zusätzlich wohl anteilig) zugeordnet, um das zwischenstaatl. Besteuerungsrecht zu bestimmen. Indem das G die abkommensrechtl. Zuordnung zu einem rein innerstaatl. Vorgang (mit entspr. Rechtsregeln nach Maßgabe v. § 50d Abs. 10 S. 3) umformt, ist **weitere Folge**, dass die Verselbständigung der Betriebsstätte, wie sie sich mit Wirkung v. VZ 2015 an für die Leistungsverrechnung in Ausprägung des sog. *Authorised OECD Approach* (AOA) in **§ 1 Abs. 5 AStG** wiederfindet (s. Rn. 45a, § 49 Rn. 18, auch § 50i Rn. 10), v. vornherein konterkariert wird.[7] Denn § 1 Abs. 5 AStG erfasst und regelt lediglich fiktive (sog. anzunehmende) schuldrechtliche Beziehungen zw. Stammhaus und Betriebsstätte (§ 1 Abs. 4 S. 1 Nr. 2 AStG), nicht aber solche ‚realer' Natur (sa. § 1 Abs. 5 S. 7 AStG). Für solche „realen" schuldrechtl. Beziehungen zw. MU'er und PersGes. findet deswegen nicht Abs. 5, sondern allein § 1 Abs. 1 und 2 AStG Anwendung.[8] Aus Abkommenssicht gilt an sich der allg. Betriebsstättenvorbehalt der Art. 10 Abs. 4, Art. 11 Abs. 4, Art. 12 Abs. 3, Art. 21 Abs. 2 OECD-MA und damit der Maßstab des Tatsächlich-Funktionalen. Anders können sich die Dinge jedoch wiederum in der in Rn. 45c beschriebenen Situation darstellen, dass es an einer (MU'er-)Betriebsstätte fehlt, deswegen Art. 7 Abs. 1 OECD-MA und damit der innerstaatliche

1 Vgl. BFH v. 12.6.2013 – I R 47/12, BStBl. II 2014, 770 mwN, insoweit uU **aA** *Demleitner*, ISR 2013, 131, dort bezogen auf ein Darlehen im SBV II; s. dafür abgrenzend zw. tatsächlich-funktionaler und wirtschaftl. Zuordnung bei einer Minderheitsbeteiligung an einer phG'ter-KapGes. auch BFH v. 16.4.2015 – IV R 1/12, BStBl. II 2015, 705 einerseits und v. 25.11.2009 – I R 72/08, BStBl. II 2010, 471 (zu §§ 20, 24 UmwStG aF) andererseits.

2 BFH v. 12.6.2013 – I R 47/12, BStBl. II 2014, 770; v. 21.1.2016 – I R 49/14, BStBl. II 2017, 107, m. Anm. *Behrenz*, IStR 2016, 509, und *Kahlenberg*, ISR 2016, 273; *Salzmann*, IWB 2013, 846; **aA** *Gebhardt*, IStR 2015, 808, sowie (sich beständig wiederholend) *Hagemann/Kahlenberg*, Ubg 2013, 770; *Hagemann/Kahlenberg*, IStR 2015, 54 (57 ff.); sowie *Kahlenberg/Hagemann*, BB 2014, 215.

3 BFH v. 8.9.2010 – I R 74/09, BStBl. II 2014, 788; dazu *Chr. Schmidt*, DStR 2010, 2436; *K/S/M*, § 50d Rn. L 5; *Boller/Eilinghoff/Schmidt*, IStR 2009, 109; *Boller/Schmidt*, IStR 2009, 852; **aA** FG Düss. v. 7.12.2010 – 13 K 1214/06 E, EFG 2011, 878 (aufgehoben durch BFH v. 7.12.2011 – I R 5/11, BFH/NV 2012, 556 mit krit. Anm. *Prinz*, DB 2011, 1415; *Pinkerell*, IStR 2013, 47 (52); zutr. diff. zum nationalen Recht *Drüen/van Heek*, DB 2012, 2184 (2187); krit. hingegen *Pohl*, IStR 2012, 225; *Wassermeyer*, IStR 2012, 224; *Frotscher*, IStR 2009, 866; *Frotscher*, IStR 2009, 593; *Karla*, IStR 2012, 52.

4 BFH v. 12.6.2013 – I R 47/12, BStBl. II 2014, 770 (allerdings für eine Drittstaaten-Konstellation); v. 11.12.2013 – I R 4/13, BStBl. II 2014, 791 (BVerfG 2 BvL 15/14); s. auch FG München v. 13.6.2013 – 13 K 3679/12 F, EFG 2013, 1418 (NZB I B 142/13); *Rosenberg* in W/R/S^2, Rn. 11.42; *Hruschka*, DStR 2014, 2421 (2424 f.).

5 **AA** zB *Häck*, IStR 2011, 71; *Meretzki*, IStR 2009, 217; offen BFH v. 17.10.2007 – I R 5/06, BStBl. II 2009, 356; v. 13.2.2008 – I R 63/06, BStBl. II 2009, 414.

6 BFH v. 21.1.2016 – I R 49/14, BStBl. II 2017, 107, m. Anm. *Behrenz*, IStR 2016, 509, und *Kahlenberg*, ISR 2016, 273.

7 S. denn auch zutr. *Hruschka*, IStR 2013, 830.

8 BMF v. 26.9.2014, BStBl. I 2014, 1258 Tz. 2.2.3.

Zuordnungsmaßstab des § 15 Abs. 3 S. 1 Nr. 2 Anwendung findet.[1] Sa. dazu Rn. 45cf. Davon ggf. abermals abweichend[2] richtet sich die Zuordnung nach § 1 Abs. 5 AStG nach der Ausübung v. Personalfunktionen, was der (vorrangigen) Zuordnung nach dem allg. Veranlassungsprinzip entgegenstehen soll, aber nach richtiger Lesart keineswegs muss.[3] Denn § 1 Abs. 5 AStG (iVm. Abs. 1) ist als Einkünftekorrekturvorschrift auf der 2. Prüfungsstufe ausgeformt und belässt deshalb die Einkunftsabgrenzungen nach Maßgabe des § 4 Abs. 1 und damit auch den Veranlassungszusammenhang – auf der 1. (Ermittlungs-)Stufe – gänzlich unberührt. – All das schadet einmal mehr der praktischen Handhabbarkeit des ohnehin schon komplizierten Regelungswerks.[4]

47 **3. Anwendungsreichweite. Mittelbar beteiligte MU'er. Anzuwenden** ist die Regelung nach **Abs. 10 S. 4** (mangels entspr. Querverweises entgegen Abs. 10 aF)[5] auch für nur mittelbar über eine oder mehrere weitere PersGes.[6] beteiligte MU'er iSv. **§ 15 Abs. 1 S. 1 Nr. 2 S. 2.** Gleiches gilt (ebenfalls entgegen Abs. 10 aF)[7] für nachträgliche Einkünfte iSd. Anwendungsfiktion des **§ 15 Abs. 1 S. 2** iVm. § 24 Nr. 2. **Keine Anwendung** findet die Umqualifikation gem. **Abs. 10 S. 7 Nr. 1** für bloß vermögensverwaltende, aber gem. § 15 Abs. 3 Nr. 2 **„infizierte" PersGes.**

47a **Einkünfte iSv. § 13 und § 18. Abs. 10 S. 7 Nr. 2** weitet die Normanwendung auf Einkünfte aus selbständiger Arbeit aus, die gem. § 18 Abs. 4 S. 2 ebenfalls dem MU'er-Konzept unterliegen, und „überschreibt" damit sowohl Art. 7 OECD-MA als auch – soweit abw. v. aktuellen OECD-MA im konkreten DBA (noch) existent – Art. 14 OECD-MA, ebenfalls eine Zuordnung nach Art. 18 OECD-MA. So oder so gelingt die Umqualifikation aber nur, wenn das konkret anzuwendende DBA eine feste Einrichtung als Zuordnungsobjekt kennt. Anders verhält es sich bei nicht einrichtungs-, sondern ausübungsbezogen ausgestalteten DBA;[8] für die Zuordnung zum Tätigkeitsort greifen die in Abs. 10 enthaltenen Fiktionen (wiederum) zu kurz. Einbezogen werden infolge der Generalverweisung in Abs. 10 S. 7 Nr. 2 auf S. 1 bis 6 indessen auch nachträgliche freiberufliche Einkünfte gem. § 18 Abs. 1 Nr. 1 iVm. § 24 Nr. 2; dass ein solcher Verweis in § 18 Abs. 4 S. 2 fehlt, widerspricht dem nicht.[9] Eine Umqualifizierung auch v. LuF-Einkünften, für welche nach § 13 Abs. 7 § 15 Abs. 1 S. 1 Nr. 2 ebenfalls Anwendung findet, erfolgt (wohl wg. des abkommensrechtl. Vorrangs v. Art. 6 OECD-MA ggü. Art. 7 OECD-MA)[10] nicht. Zur Anwendung für die GewSt s. **§ 7 S. 6 GewStG** (wobei dort unklar ist, ob § 7 S. 6 GewStG ggü. § 50d Abs. 10 die speziellere Vorschrift ist; nur falls man das zutr. bejaht, unterfallen die Sondervergütungen der GewSt).[11]

47b **Verhältnis zu weiteren Vorschriften. Systematisch vorrangig** ist Abs. 10 ggü. der allg. Entstrickungsregel in **§ 4 Abs. 1 S. 3**, indem er den dort tatbestandlich geforderten „Ausschluss" des deutschen Besteuerungsrechts einheitlich verhindert (zu den tatbestandlichen Defiziten der Ausschlussvoraussetzung in § 4 Abs. 1 S. 3 s. § 49 Rn. 16). Ein derartiger Systemvorrang im Sinne einer Spezialität ist richtigerweise auch bezogen auf die in Abs. 10 S. 5 geschaffene Anrechnungsmöglichkeit (Rn. 48ff.) anzunehmen. Dass in einzelnen Sachverhaltskonstellationen dadurch strenggenommen (und jedenfalls im Falle einer höheren ausländ. ESt) eine „Beschränkung" des deutschen Besteuerungszugriffs nach Maßgabe der tatbestandlichen Vorgaben in § 4 Abs. 1 S. 3 ausgelöst werden könnte, wirkt sich deswegen nicht aus.[12] Gleiches dürfte für die umgekehrte Verstrickungssituation **(§ 4 Abs. 1 S. 8, § 6 Abs. 5)** gelten.[13] **Systematisch verdrängt** wird infolge der erklärtermaßen „ausschließlichen" unilateralen Umqualifikation durch Abs. 10 auch die Befugnis zum **Quellensteuerabzug** gem. **Art. 10 Abs. 2, Art. 11 Abs. 2 OECD-MA**; dieser Abzug geht in der Kon-

1 BFH v. 12.6.2013 – I R 47/12, BStBl. II 2014, 770; **uU aA** BMF v. 26.9.2014, BStBl. I 2014, 1258 Tz. 5.1.1 f.; *Hruschka*, IStR 2014, 785 (791).
2 S. zB *Schönfeld/Ditz*, DBA, 2013, Art. 7 Rn. 26; *Kaeser*, ISR 2012, 63; *Kudert/Hagemann/Kahlenberg*, IWB 2014, 892 (898f.); **aA** aber wohl BMF v. 26.9.2014, BStBl. I 2014, 1258 Tz. 2.2: „Die Grundsätze dieser Vorschrift (scil. des § 1 Abs. 5 AStG) stimmen in Grundzügen mit der Rspr. zum funktionalen Zusammenhang überein."
3 *Gosch*, IStR 2015, 709 (712f.) mwN.
4 Zutr. *Chr. Schmidt*, DStR 2013, 1704 (1706f.).
5 ZB *Hils*, DStR 2009, 888 (891).
6 Zum unabgestimmten Verhältnis dieser Ausdehnung – bezogen auf Abs. 1 S. 11 – s. *Chr. Schmidt*, DStR 2013, 1704 (1707).
7 BFH v. 8.11.2010 – I R 106/09, BStBl. II 2014, 759; **aA** FG Düss. v. 7.12.2010 – 13 K 1214/06 E, EFG 2011, 878 – ein sog. Rüttelurteil, aufgehoben durch BFH v. 7.12.2011 – I R 5/11, BFH/NV 2012, 556 (mit Anm. *Prinz*, DB 2011, 1415, und mit zutr. Differenzierung zum nationalen Recht *Drüen/van Heek*, DB 2012, 2184 [2187]; krit. hingegen *Pohl*, IStR 2012, 225; *Wassermeyer*, IStR 2012, 224); zweifelnd *Pinkernell*, IStR 2010, 785 (788).
8 ZB Art. 12 DBA-Frankreich; Art. 14 DBA-USA 1989; s. *Rosenberg* in W/R/S², Rz. 11.71.
9 *Kudert/Kahlenberg*, IStR 2013, 801 (809).
10 *Kudert/Kahlenberg*, IStR 2013, 801 (809).
11 S. *Schumacher*, JbFfSt. 2018/2019, 135f.; *Möhlenbrock*, JbFfSt. 2018/2019, 139.
12 *Kudert/Kahlenberg*, IStR 2015, 918; *Weider*, IStR 2019, 16 (20f.).
13 *Weider*, IStR 2019, 16 (20f.).

sequenz der bes. unilateralen Regelungsanordnung verloren.[1] Hingegen sind entspr. Fremdkapitalvergütungen unbeschadet v. § 15 Abs. 1 S. 1 Nr. 2 in der grenzüberschreitenden Situation nicht als solche iSv. **§ 4h Abs. 3 S. 2** anzusehen; die Umqualifikation gem. Abs. 10 wirkt nur für „Zwecke des Abkommens", nicht aber allgemein und insbes. nicht für insoweit rein innerstaatl. Regelungen.[2]

III. Anrechnungsoption zur Vermeidung v. Doppelbesteuerungen. 1. Zweck, Voraussetzungen. **Abs. 10 S. 5** bemüht sich, „iS einer verfassungskonformen Ausgestaltung"[3] (?) Abhilfe bei (doppel-)fiktionsverursachten doppelten Besteuerungen zu schaffen[4] (s. Rn. 44a): Sollten Einkünfte iSv. Abs. 10 S. 1 bis 4 einer Pers. zuzurechnen sein, die im anderen Vertragsstaat als ansässig gilt, und werden die Einkünfte bei jener Pers. dort auch besteuert, ohne dass die deutsche Steuer angerechnet wird, tritt **subsidiär** Deutschland als Anrechnungsstaat auf den Plan.[5] Die Anrechnung orientiert sich inhaltlich an den Maßgaben des **§ 34c** (und gilt seinerseits „entsprechend" iRd. Anrechnung nach Maßgabe v. § 26 KStG, s. **§ 26 Abs. 1 S. 1 Nr. 1 und 2 KStG**, § 26 Abs. 2 KStG aF): Sie beschränkt sich auf die im anderen Staat (**1**) auf die betr. Einkünfte festgesetzte und gezahlte und um einen entstandenen Ermäßigungsanspr. gekürzte, (**2**) der deutschen ESt entsprechende anteilige ausländ. Steuer (**3**) bis zur Höhe der anteilig auf diese Einkünfte entfallenden deutschen ESt. S. iErg. § 34c Rn. 24 ff. Erforderlich ist, dass der StPfl. die Nichtanrechnung im anderen Staat **nachweist**.[6] Überdies steht die Anrechnung nach **Abs. 10 S. 6** unter dem Vorbehalt, dass das einschlägige DBA keine ausdrückliche Regelung „für solche Einkünfte" enthält. Letzteres ist allenfalls klarstellend, da Abs. 10 S. 1 jedenfalls für Sondervergütungen iSv. § 15 Abs. 1 S. 1 Nr. 2 ohnehin unanwendbar bleiben soll, wenn das DBA entspr. ausdrückliche Regelungen enthält (Rn. 45). In diesem Lichte muss auch der Abkommensvorbehalt in Abs. 10 S. 6 gelesen werden: Enthält ein DBA eine Sonderregelung für Sondervergütungen, verschließt das infolge der Geltungsfiktion des Abs. 10 S. 2 zugleich den Rückgriff auf Abs. 10 auch für Sonder-BE,[7] sodass sich das Fehlen besonderer Abkommensregelungen speziell für Sonder-BE nicht auswirkt. So oder so können ausdrückliche Abkommensregelungen idS stets nur solche sein, die das Besteuerungsrecht (wie in Abs. 10) dem Betriebsstättenstaat fiktiv zuordnen. Andernfalls käme es praktisch niemals zu einer Anrechnung gem. Abs. 10 S. 6, weil der abkommensrechtl. Betriebsstättenvorbehalt in Art. 10 Abs. 5, Art. 11 Abs. 5 und Art. 11 Abs. 4 OECD-MA immer greift.[8] Zum Verhältnis v. Abs. 10 S. 5 zu **§ 4 Abs. 1 S. 3** s. Rn. 47b. 48

2. Im Einzelnen. Die Anrechnungsmöglichkeit mag aus dem ‚guten Willen' des Gesetzgebers herzuleiten sein, keine Doppelbesteuerungen auszulösen (oder aus dessen ‚schlechtem Gewissen', Gutes zu tun, nachdem die unsystematische und womöglich verfassungswidrige Belastung nun einmal geschaffen worden ist). Das kann aber bereits deswegen schon im Ansatz nicht gelingen, weil die Anrechnungsmethode anstelle der abkommensrechtl. vereinbarten Freistellung in gleichheitsrechtl. Hinsicht bedenklich ist.[9] Das unilaterale „Switch over" ist überdies nur **unzulänglich ausgestaltet** (und auch deshalb schwerlich geeignet, die konstatierte Verfassungswidrigkeit zu salvieren)[10]: (**1**) Sie greift nur bei einer Pers., die im anderen Vertragsstaat als ansässig „gilt". Erfasst wird sonach offenbar bloß eine doppelansässige Pers., für welche die Ansässigkeitsfiktion des Art. 4 Abs. 2 und 3 OECD-MA einschlägig ist, nicht aber eine solche Pers., die im anderen Vertragsstaat gem. Art. 4 Abs. 1 OECD-MA aufgrund territorialitätsbezogener Merkmale an- 48a

---

1 FG München v. 8.11.2012 – 10 K 1984/11, EFG 2013, 455 (als Vorinstanz zu dem Normenkontrollersuchen des BFH v. 11.12.2013 – I R 4/13, BStBl. II 2014, 791 (m. Anm. *Benecke/Staats*, IStR 2014, 217; *Prinz*, GmbHR 2014, 729 [BVerfG 2 BvL 15/14]) mit krit. Anm. *Pohl*, IWB 2013, 378; *Salzmann*, IWB F 3 Gr 3, 1539 (1550); *Salzmann*, IWB 2010, 902 (905); s. – bezogen auf die DBA-Polen und Österreich – auch *Kudert/Melkonyan*, Ubg 2013, 623 (626 ff.).

2 HM, s. *Schmidt*[37], § 4h Rn. 24 mwN; *Salzmann*, IStR 2008, 399; **aA** BMF v. 4.7.2008, BStBl. I 2008, 718 Tz. 19; *Dörfler*, Ubg 2008, 693 (696); *Fischer/Wagner*, BB 2008, 1872 (1873); die bis zur 12. Aufl. auch hier vertretene Gegenauffassung wird aufgegeben.

3 *Mitschke*, FR 2013, 694 (696).

4 BR-Drucks. 632/1/12, 15.

5 Wobei die dafür gegebene Begr. (in BR-Drucks. 632/1/12, 15) seltsam dünkt: Weil der andere „Staat auf die Sondervergütung die entspr. Vorschrift des DBA anwendet"(maW: sich vertragsgerecht verhält), sich „für Deutschland aufgrund des Betriebsstättenvorbehalts des DBA (aber) kein Besteuerungsrecht ergibt, wird anerkannt, dass das jeweilige DBA dem Ansässigkeitsstaat (des G'ters) keine Verpflichtung auferlegt, die Doppelbesteuerung zu beseitigen". Anders gewendet: Der Fluch der bösen Tat, nämlich der Vertragswidrigkeit Deutschlands durch § 50d Abs. 10, verlangt an sich nicht vorgesehene mildernde Konsequenzen.

6 Zu den daraus erwachsenden Problemen s. *Kudert/Kahlenberg*, IStR 2013, 801 (806 f.).

7 *Kudert/Melkonyan*, Ubg 2013, 623 (626 ff.).

8 *Hagena/Klein*, ISR 2013, 267 (272).

9 Vgl. BFH v. 11.12.2013 – I R 4/13, BStBl. II 2014, 791 (BVerfG 2 BvL 15/14); sa. den diesbezüglichen Antrag des öVwGH v. 24.10.2013 (A 2013/0010) an den öVerfGH, abrufbar unter www.vwgh.gv.at? rechtsprechung? Anfechtungsanträge an den Verfassungsgerichtshof.

10 BFH v. 11.12.2013 – I R 4/13, BStBl. II 2014, 791 (BVerfG 2 BvL 15/14).

sässig „ist".[1] **(2)** Sie perpetuiert all jene Ungereimtheiten, die bereits § 34c anhaften (s. dort Rn. 28, insbes. zur Höchstbetragsberechnung und dabei zu den [überwiegend allerdings zuvorigen und zwischenzeitlich „reparierten"] unionsrechtl. Zweifelsfragen). **(3)** Sie erweist sich als ‚technisch' problematisch und nur **schwer handhabbar:** Wie soll sich der Anrechnungsbetrag konkret berechnen? Da die Sondervergütungen als Teile der stl. Bemessungsgrundlage weder im Ausland noch im Inland spezifisch ausgewiesen oder Gegenstand einer Steuerfestsetzung oder -feststellung sind, kann die quotale ausländ. Steuer wie auch die zugrunde zu legende Bemessungsgrundlage nur im Rahmen einer Schattenveranlagung rechnerisch nachvollzogen werden. Da im G v. „Einkünften" die Rede ist, müssen dabei zuvor (wohl nach deutschem Recht) die jeweiligen Nettobeträge errechnet werden. Es ist auch ungewiss, ob die anzurechnende ausländ. Steuer nach Maßgabe eines Durchschnitts-Steuersatzes oder – bei Annahme einer Steuerprogression – als Höchststeuersatz zu ermitteln ist. Letztlich wird man in Anbetracht dieser Ungewissheiten zugunsten des StPfl. einen Meistbegünstigungsmaßstab anzusetzen haben. **(4)** Abs. 10 S. 5 erfordert in HS 2 die Nichtanrechnung der deutschen Steuer und lässt die nur partielle Anrechnung – zB der deutschen KapESt – damit augenscheinlich nicht genügen.[2] **(5)** Glaubt man den Regelungsmaterialien, zielt Abs. 10 S. 1 insbes. darauf ab, Sondervergütungen in inländ. und ausländ. Konstellationen gleichermaßen als Teil auch des Gewerbeertrags zu behandeln (s. Rn. 44). Diese Motivation kontrastiert mit dem Versuch, über die Anrechnung ‚salvierend' Doppelbesteuerungen zu vermeiden, weil gerade für die GewSt als tragende Rechtfertigungssäule keine Anrechnungsmöglichkeit vorgesehen ist.[3] Nicht zuletzt deshalb lassen sich (auch) über die Möglichkeit der Anrechnung die grds. Völkerrechts- und Verfassungsbedenken ggü. den in Abs. 10 gleich mehrfach geregelten „DBA-Überschreibungen" schwerlich ausräumen (Rn. 44b).

49 **IV. Erstmalige Anwendung.** Abs. 10 aF soll(te) gem. **§ 52 Abs. 59a S. 11** (zuletzt idF des Kroatien-AnpG v. 25.7.2014)[4] = S. 8 aF (und ebenso gem. § 36 Abs. 5 S. 2 GewStG) für alle noch nicht bestandskräftigen ESt-, KSt- und GewSt-Festsetzungen auch für VZ/EZ vor 2009 gelten. Da die Vorschrift der „bisher praktizierten Besteuerung" entspreche, diene das der „Sicherstellung der stl. Belastungsgleichheit".[5] Angesichts der diametral gegenläufigen, langjährigen Rspr. des BFH erscheint das mehr als fragwürdig. Tatsächlich handelt es sich wohl um eine sog. echte Rückwirkung, der kein Entlastungsgrund zur Seite steht und die deshalb verfassungswidrig sein dürfte.[6] Für **§ 52 Abs. 59a S. 10** (zuletzt idF des Kroatien-AnpG v. 25.7. 2014), der eine entspr. Rückwirkung für Abs. 10 anordnet, kann nichts anderes gelten.[7] Dass infolge der Neufassung der Vorschrift durch das AmtshilfeRLUmsG lediglich eine „entspr. Klarstellung des gesetzgeberischen Willens" bewirkt werde und dass sich in Ermangelung einer „gefestigten, langjährigen höchstrichterlichen Rspr." ein schutzwürdiges Vertrauen nicht habe bilden können,[8] überrascht erneut (Rn. 47; s. auch Rn. 41g), weil die Neuregelungen die zuvorigen Regelungsvorgaben schlicht auf den Kopf stellen. Beide Anwendungsregelungen in § 52 Abs. 59a S. 10 und 11 (zuletzt idF des Kroatien-AnpG v. 25.7.2014) stimmen letztlich überein und unterscheiden sich in der Wortwahl bloß in der Zeitform: § 52 Abs. 59a S. 11 (zuletzt idF des Kroatien-AnpG v. 25.7.2014) begnügt sich damit, dass die ESt/KSt noch nicht bestandskräftig festgesetzt „ist", wohingegen § 52 Abs. 59a S. 10 (zuletzt idF des Kroatien-AnpG v. 25.7.2014) verlangt, dass die besagte Steuer noch nicht bestandskräftig festgesetzt „worden ist". Ein sachlicher Grund für diese Unterscheidung erschließt sich ebenso wenig wie für die gleichzeitige Anwendbarkeit beider Vorschriftenfassungen, obschon die betr. Vorschrift des Abs. 10 unter Aufnahme des Regelungsinhalts v. Abs. 10 aF doch neu gefasst worden ist. Augenscheinlich will man hier ‚doppelt nähen' und aus Gründen einer ‚äußersten Vorsicht' einer uU nur partiell verstandenen Rückwirkung (allerdings auf technisch verwirrende und unbeholfene Weise) vorgreifen. – Da **§ 7 S. 6 GewStG** zwar die entspr. Anwendung v. Abs. 10 bestimmt, aber für sich genommen eine selbständige Regelung darstellt, bedarf es hier gleicherma-

1 BMF v. 26.9.2014, BStBl. I 2014, 1258 Tz. 5.3 ff.; *Kudert/Hagemann/Kahlenberg*, IWB 2014, 892 (900).

2 Zweifelnd *Kudert/Kahlenberg*, IStR 2013, 801 (807); *Kudert/Hagemann/Kahlenberg*, IWB 2014, 892 (900 f.), dort unter Exegese v. BMF v. 26.9.2014, BStBl. I 2014, 1258 Tz. 5.1.3.1.

3 *Schnitger*, IFSt Nr. 492/2013, 78 ff., 82; sa. *Gosch*, Außenstl. Aspekte der GewSt, Grüne Hefte Nr. 177/2011, 22.

4 BGBl. I 2014, 1266.

5 BT-Drucks. 16/11108, 23.

6 So denn auch BFH v. 11.12.2013 – I R 4/13, BStBl. II 2014, 791 (m. Anm. *Benecke/Staats*, IStR 2014, 217; *Prinz*, GmbHR 2014, 729; Az. BVerfG 2 BvL 15/14); auch bereits tendenziell BFH v. 8.9.2010 – I R 74/09, BStBl. II 2014, 788; dazu *Chr. Schmidt*, DStR 2010, 2436; BFH v. 8.11.2010 – I R 106/09, BStBl. II 2014, 759; **aA** die Vorinstanz: FG München v. 30.7.2009 – 1 K 1816/09, EFG 2009, 1954, mit krit. Anm. *Chr. Korn*, DStR 2009, 2363; insoweit aber zust. *Frotscher*, IStR 2009, 866, unter Hinweis auf BFH v. 14.3.2006 – I R 1/04, BStBl. II 2006, 546 (zu der mit § 50d Abs. 10 kaum vergleichbaren Frage nach Vertrauensschutzgewährung angesichts des Rspr.-Wandels zur sog. Mehrmütterorganschaft); FG Düss. v. 7.12.2010 – 13 K 1214/06 E, EFG 2011, 878 (aufgehoben durch BFH v. 7.12.2011 – I R 5/11, BFH/NV 2012, 556).

7 ZB *C. Pohl*, DB 2013, 1577; *Chr. Schmidt*, DStR 2013, 1710.

8 BR-Drucks. 139/13, 148; BR-Drucks. 632/1/12, 15; das eins zu eins aufgreifend *Mitschke*, FR 2013, 694 (696).

ßen einer zeitl. Anwendungsvorschrift; eine solche existiert mit **§ 36 Abs. 5 S. 2 GewStG** aber nur für § 7 S. 6 GewStG iVm. § 50d Abs. 10 aF; für die Neufassung wurde darauf verzichtet, offenbar, weil die Regelung als dynamisierter Verweis angesehen wird; das ist indessen zu bezweifeln.

J. Abkommensübersteigende Einkünftezurechnung bei „hybriden" Gesellschaften (Abs. 11)

I. Ziel, Zweck, Regelungsgegenstand. Auch (Rn. 44 zu Abs. 10) **Abs. 11** ist eine gesetzl. Reaktion auf missliebige BFH-Rspr. Der durch das GemeindefinanzreformG v. 8.5.2012[1] der Vorschrift neu angehängte Absatz will jene Lücke schließen, welche (vorgeblich) der BFH im Urt. v. 19.5.2010[2] zugunsten v. KGaA „geöffnet" hat – vorgeblich und nicht tatsächlich deswegen, weil „wahrer" Grund für diese „Öffnung" die Abkommensregelung (in casu in Art. 20 Abs. 1 lit. a S. 1 iVm. lit. b aa S. 1 DBA Frankreich aF, Art. 20 Abs. 1 lit. a S. 1 und lit. b S. 1 DBA Frankreich 2015) und nicht die Rspr. ist (ohne Begr. krit. demggü. § 15 Rn. 403): Danach ist das sog. abkommensrechtl. Schachtelprivileg einer „KapGes." als (Zufluss-)Empfängerin der begünstigten Dividenden-„Zahlungen" und damit iErg. auch einer KGaA zu gewähren, und das auch dann im vollen Umfang, wenn der phG'ter der KGaA eine nat. Pers. oder eine PersGes. ist; ein solcher phG'ter profitiert also v. dem Privileg, obgleich ihm dieses bei unmittelbarem Dividendenbezug vorenthalten bliebe.[3] Vergleichbare „hybride" Konstellationen können sich beim atypisch still Beteiligten an einer GmbH oder einer AG[4] oder auch – bei entspr. Auslands-Ges. – aufgrund des Typenvergleichs ergeben (zB bei der italien. S.a. p.a. = Società in accomandita per azioni). Nach der Neuregelung soll abw. v. BFH ausschlaggebend sein, wem die betr. Einkünfte nach nationalem Recht stl. zuzurechnen sind, nicht aber, wer sie als Zahlungsempfänger tatsächlich vereinnahmt. Dem liegen Befürchtungen massiver Steuerausfälle durch entspr. Gestaltungen nach dem sog. „KGaA-Modell"[5] zugrunde. Der Anwendungsbereich der Neuregelung wird bei der KGaA allerdings ohnehin nur ein reduzierter sein, weil dieser uU § 8b Abs. 1 KStG zugutekommt.[6] S. auch zur Korrelation mit § 50d Abs. 1 S. 11 Rn. 10a. – So oder so entscheidet die Regelung nicht über die grds. „Systementscheidung"[7] über den Charakter der KGaA und den darüber geführten Streit als (teil-)transparent oder intransparent, sie trifft nur eine Anordnung zu der spezifischen Frage nach der Gewährung abkommensrechtl. Privilegien.[8] 50

Die Regelung ist erstmals **auf Zahlungen anzuwenden**, die **nach dem 31.12.2011** erfolgen (§ 59 Abs. 59a S. 9 idF des GemeindefinanzreformG v. 8.5.2012,[9] zuletzt idF des Kroatien-AnpG v. 25.7.2014[10]). Kommt es damit auf den tatsächlichen Vorgang des „Zahlens" an, dann kann das (naturgemäß) auch Gewinnansprüche betreffen, die bereits in 2011 entstanden, jedoch in jenem Jahr noch nicht gezahlt worden sind. Dass abw. davon der Zahlungsbegriff in enger Anlehnung an Art. 10 Abs. 1 OECD-MA aufzufassen und deswegen zuvor – noch im Jahre 2011 – entstandene Dividenden anzusprechen wären, lässt sich dem Regelungswortlaut der Anwendungsvorschrift nicht entnehmen; ein jeglicher Bezug zum DBA fehlt. Letzteres mag in der Sache nichts daran ändern, dass gleichwohl ein treaty override vorliegt (Rn. 51), doch erzwingt das kein gleichlaufendes „Wording".[11] S. auch Rn. 51 zum Begriff des Zahlungsempfängers. Eine andere Rechtsfrage ist es, ob sich (auch) daraus eine verfassungsrechtl. zweifelh. Rückwirkung ergibt,[12] zudem ein möglicher Verstoß gegen die Mutter/Tochter-RL.[13] 50a

II. Tatbestand. Es handelt sich (abermals, s. zB Rn. 40a, 44a) in Einklang mit dem in der Vorschrift ausdrückl. enthaltenen Vorbehalt („unbeschadet des Abkommens", s. Rn. 25, 44) und offenbar (aber missverständlich) auch der gesetzgeberischen[14] Absicht – indessen abw. v. einschlägigen verwaltungssei- 51

1 BGBl. I 2012, 1030.
2 BFH v. 19.5.2010 – I R 62/09, IStR 2010661; dazu *Wassermeyer*, FR 2010, 813 und Ubg 2011, 47; *Schönfeld*, IStR 2010, 658; *Becker/Loose*, RIW 2011, 142; *Gosch*, BFH/PR 2010, 457.
3 Nach *Kollruss*, DStZ 2012, 650 (660) steckt darin die „Achillesferse" des stl. Zurechnungskonzepts.
4 S. *Hruschka*, DStR 2014, 2421 (2425).
5 Näher *Hageböke*, Das „KGaA-Modell", 2008. S. 120f.
6 Vgl. *Gosch*, FS Herzig, 2010, 63 (86).
7 BT-Drucks. 17/8867, 13.
8 *Hageböke/Lang*, StbJb. 2017/2018, 301 (316f.).
9 BGBl. I 2012, 1030.
10 BGBl. I 2014, 1266.
11 **AA** *Bron*, IStR 2018, 711.
12 *B/B*, § 50d Rn. 407; *Frotscher/Geurts*, § 50d Rn. 305; *Hechner*, NWB 2012, 546, nehmen solche Zweifel bereits für die unechte Rückwirkung im VZ 2012 an.
13 *Frotscher/Geurts*, § 50d Rn. 305; *K/K/B/M/H*[3], § 50d Rn. 206.
14 BT-Drucks. 17/8867, einerseits S. 13 Abs. 1. linke Sp.: „Das Abkommen setzt sich insoweit über die innerstaatl. Zurechnung der Dividenden hinweg.", S. 13 Abs. 4. linke Sp. andererseits: „Eine solche Auslegung wird durch die Neuregelung unterbunden.".

tigen[1] Bekundungen – (auch) um ein **treaty override.**[2] Zwar sind Zurechnungsfragen dem nationalen und nicht dem Abkommensrecht überantwortet (s. Rn. 25) und es finden insoweit die allg. ertragstl. Regelungen Anwendung. Für die KGaA kann das auf Basis v. § 15 Abs. 1 S. 1 Nr. 3 einerseits und § 9 Abs. 1 Nr. 1 KStG andererseits und der danach v. der Rspr. entwickelten sog. Wurzeltheorie bedeuten, dass der phG'er unmittelbar „abgespaltene" und originäre gewerbl. Einkünfte erzielt, sein Gewinnanteil mithin keine Gewinnverwendung der KGaA darstellt (s. iErg. § 15 Rn. 403 mwN).[3] Jedoch werden dadurch jedenfalls jene (und damit aus deutscher Sicht: die überwiegende Zahl aller) DBA unilateral „überschrieben", welche abkommensspezifisch KapGes. als „bloße" Zahlungsempfänger v. Dividenden „schachtelprivilegieren", nicht aber diejenigen Pers., welche die Dividenden als sog. Nutzungsberechtigte (= **„beneficial owner"**, s. dazu auch § 50d Abs. 1 S. 11 und Rn. 10a sowie § 50g Abs. 3 Nr. 1 S. 1 [s. dazu § 50g Rn. 13]) vereinnahmen; es existiert keine wortlautunabhängige DBA-inhärente Beneficiary Clause als allg. Rechtsgrundsatz.[4] § 50d Abs. 11 setzt sich darüber eigenmächtig hinweg, indem es entgegen den Auslegungsvorgaben v. Art. 3 Abs. 2 OECD-MA unilateral eine sog. landesrechtl. Auslegung anordnet, diese abkommenswidrig der gebotenen völkerrechtl. Auslegung vorzieht (s. Rn. 44a) und hiernach die Einkünftezurechnung ebenso wie die daraus abgeleitete Schachtelprivilegierung zuweist.[5] Nur für diejenigen DBA, die erklärtermaßen auf den „Nutzungsberechtigten" statt auf den „Zahlungsempfänger" abstellen,[6] verhält es sich abweichend. Dass die „Einkunftsquelle" auch in derartigen Fällen bei der KGaA als KapGes. verbleibt und lediglich die Einkünfte dem phG'ter an der „Wurzel" zugerechnet werden, widerspricht dem nicht; der Terminus des Nutzungsberechtigten ist wirtschaftl. „aufgeladen" zu verstehen[7] und blendet den Umstand, dass die betr. Einkünfte iRd. KGaA (als ihrerseits schachtelprivilegierte) KapGes. erzielt werden, auch aus Sicht des Abkommensrechts gerade aus.[8] Die bloße Gesellschafterstellung reicht nicht (mehr) aus. Zu uU steuervermeidenden Gestaltungsstrategien mittels Umformung v. Dividenden in Anteilsveräußerungsgewinne durch doppelt ansässige KGaA-Holdingstrukturen s. *Kollruss*, StBp 2012, 273.

51a Unabhängig davon, dass es sich bei § 50d Abs. 11 um ein im Kern verfassungskonformes Treaty override handelt, könnte sich die Regelung als **unionsrechtswidrig** erweisen. Denn sie überschreibt zugleich die normhierarchisch höher angesiedelte Mutter/Tochter-RL, der die halbtransparente KapGes. und damit auch die KGaA vollumfänglich unterfällt. Der Charakter als Directive overriding lässt sich § 50d Abs. 11 nicht entnehmen.[9]

K. Abkommensübersteigender Besteuerungsrückfall für Abfindungen (Abs. 12)

52 **I. Ziel, Zweck, Regelungsgegenstand.** Mit **Abs. 12** hat der Gesetzgeber des BEPS-UmsG v. 20.12.2016[10] die „Geschichte" (und Absatzfolge) des § 50d abermals „unendlich" werden lassen und dadurch einen (vorerst?) letzten abkommensübersteigenden und zugleich rechtsprechungsbrechenden Besteuerungsrückfall bestimmt (s. bereits Rn. 44 zu Abs. 10 und Rn. 50 zu Abs. 11). Gegenstand der Gesetzesübung ist nun-

---

1 S. Argumentationspapier des BMF-Referats IV B 3 an die BT-Fraktionen („Notwendigkeit der Regelung des § 50d Abs. 11"), dort unter 6.: „die Formulierung ‚ungeachtet des Abkommens' soll vorbeugend den Vorwurf eines völkerrechtlichen Verstoßes entkräften und ist – entgegen *Gosch* – kein Beleg für Treaty override. Sie ist vielmehr eine Anti-Gosch-Regelung" (sic!).

2 Ebenso *Kollruss*, DStZ 2012, 702.

3 S. BFH v. 21.6.1989 – X R 14/88, BStBl. II 1989, 881; umfassend *H/H/R*, § 9 KStG Anm. 23 ff., mwN zu Pro (= sog. dualistische Theorie) und Kontra (= sog. monistische Theorie).

4 ZB *Canete/Staringer* in Lang/Schuch/Staringer (Hrsg.), Die Grenzen der Gestaltungsmöglichkeiten im IntStR, 2008, 169 ff.; *Matteotti* in Lang/Schuch/Staringer (Hrsg.), ebd., 195 ff.; **aA** zB *Rudolf*, Treaty Shopping, 2012, 206 ff., jew. mwN.

5 S. insoweit speziell zur Regelungslage nach Art. I Abs. 2 Prot. zum DBA-Niederlande 2012: *Eilers*, ISR 2012, 10 (13).

6 ZB Art. 23 Abs. 1 Nr. 3 DBA-Belgien; s. aber auch die „tatbestandsüberhöhende" und lückenfüllende Auslegung v. DBA in diesem Punkt durch das Schweizerische Bundesgericht v. 5.5.2015 – 2 C-364/2012 und 2 C-377/2012 (beide betr. sog. total return swaps); s. dazu *Gosch*, JbFfSt. 2016/2017, 415.

7 S. wiederum das Schweizerische Bundesgericht v. 5.5.2015 – 2 C-364/2012 und 2 C-377/2012, s. dazu *Gosch*, JbFfSt. 2016/2017, 415, sowie das (Schweizerische) BVerwG v. 7.3.2012 – A-6537/2010 und v. 23.7.2012 – A-1246/2011, sämtlich zum abkommensrechtl. Begriff des sog. Beneficial Owner; s. dazu auch *M. Lang*, SWI 2012, 226 (229 f.).

8 **AA** *Kollruss*, DStZ 2012, 702; StBp. 2012, 273 und DB 2013, 423, der insoweit (und in der bei diesem Verfasser schon gewohnten Mehrfachverwertung sehr spezieller Gestaltungsmodelle) zu Unrecht die Wirkungslosigkeit der Neuregelung anprangert.

9 *Melkonyan/Schade*, FR 2018, 120 (130); vgl. auch *Lüdicke* in Brunsbach (Hrsg.), IFSt.-Schrift 480/2012, Deutsche Abkommenspolitik – Trends und Entwicklungen 2011/2012, 86; *Rödder/Herlinghaus/Neumann*, KStG, § 9 Rn. 113; *Kollruss*, FR 2016, 203 (210); zweifelh. *Breuninger*, JbFfSt. 2012/2013, 361 (372); *Frotscher/Geurts*, § 50d Rn. 313; *K/K/B/M/H*[3], § 50d Rn. 212.

10 BGBl. I 2016, 3000.

mehr die Rspr. des BFH zur Besteuerungszuordnung v. Abfindungen, welche anlässlich der Beendigung eines Dienstverhältnisses gezahlt werden. Die Neuregelung ist konstitutiv und gilt erstmals v. VZ 2017 an (Rn. 4); ggf. wäre an einen Vertrauensschutz für vor dem 1.1.2017 vereinbarte, aber erst in 2017 ausgezahlte Abfindungen zu denken.[1] Nach jener erwähnten st. Rspr. des BFH[2] werden entspr. Abfindungen nicht für die Erbringung einer unselbständigen Leistung iSv. Art. 15 Abs. 1 OECD-MA erbracht, was dem Abkommenswortlaut nach aber geboten ist, um die Besteuerungszuordnung an den Quellenstaat auszulösen („dafür"). Deutschland hat, um sich das Besteuerungsrecht zu sichern und etwaigen doppelten Nichtbesteuerungen vorzubeugen, mit etlichen Vertragsstaaten Konsultationsvereinbarungen auf Basis von Art. 14 Abs. 2 OECD-MA geschlossen.[3] Den BFH hat dieser Weg indessen nicht überzeugt, weil derartige Vereinbarungen den aus seiner Sicht eindeutigen Abkommenswortlaut nicht korrigieren können. Auch die mit § 2 Abs. 2 AO geschaffene Ermächtigung für Rechtsverordnungen, in welche die zwischenstaatlichen Konsultationsvereinbarungen gekleidet wurden, belässt diese Sichtweise unverändert, insbes. deshalb, weil sie den Ermächtigungsanforderungen des Art. 80 GG nicht genügt.

II. Tatbestand. **§ 50d Abs. 12** konterkariert die Rspr. des BFH. Die angeordnete Auslegung soll nach seinem **S. 1** „für Zwecke der Anwendung" eines DBA „gelten". Einerseits handelt es sich also um eine Gesetzesfiktion („gelten"), andererseits unterbleibt die übliche „Melford"-Klausel, wonach die Regelung „unbeschadet des Abkommens" anzuwenden ist (s. Rn. 40a, 44a, sa. Rn. 25). Möglicherweise stand dem Gesetzgeber bei Schaffung v. Abs. 12 eine Art „DBA-Anwendungsregelung" vor Augen; tatsächlich handelt es sich um ein **treaty override** (s. ähnlich zu § 50d Abs. 10 S. 1 Rn. 44b).[4] So oder so „betroffen" v. der Regelungsfiktion sind „Abfindungen, die anlässlich der Beendigung eines Dienstverhältnisses gezahlt werden". Dienstverhältnisse idS sind regelmäßig Arbeitsverhältnisse; **Abfindungen** idS sind Zahlungen, die als Ausgleich für die mit der Auflösung des Dienstverhältnisses verbundenen Nachteile erbracht werden, namentlich für den Verlust des Arbeitsplatzes, sei es zum Ausgleich „verloren gegangener" Einnahmen, als Schadensersatz, zuweilen auch, um (künftige) Wettbewerbsverbote zu „monetarisieren", oder aus anderen Gründen; die Zahlungsanlässe stimmen mit dem Arbeitsplatzverlust überein, die Zahlungsgründe sind höchst heterogen. Die Abfindungen müssen gezahlt „werden". Zu welchem **Zeitpunkt** das geschieht, ist zunächst irrelevant; maßgebend ist der Zuflusszeitpunkt (§ 11 iVm. § 38a Abs. 1 S. 3).[5] Doch erfordert das G eine Zahlung **„anlässlich"** der Beendigung des Dienstverhältnisses, also „aus Gründen" derselben. Das ist einerseits weitergehend als ein strikt-kausales „wegen". Das betr. Ausscheiden des ArbN muss nur einen „irgendwie" gearteten (Sach-)Anlass bieten. Andererseits engt das „anlässlich" ggü. einem „wegen" auch ein, nämlich in sachlicher wie auch zeitlicher Hinsicht. Auch wenn das G dadurch keinen konkreten Zeitkontext zw. dem Zufluss der Abfindung und der Beendigung des Dienstverhältnisses herstellt, so meint das „anlässlich" doch eher ein „bei" als ein „wegen", es vermittelt einen (auch) temporalen Bezug. Deshalb fehlt die nötige Anlassbezogenheit, wenn die Beendigung des Dienstverhältnisses länger zurückliegt. Es fehlt dann an jenem Sach- und Zeitzusammenhang. Das wird idR schon bei einer (Nach-)Zahlung der Fall sein, die wenige Monate gezahlt wird, nachdem das Dienstverhältnis beendet worden ist.[6] **Keine Abfindungen** idS sind allemal Zahlungen zur Abgeltung bereits erdienter Anspr. (zB Ausgleichszahlungen für Urlaube, Tantiemen); hierbei handelt es sich um nachträglichen Arbeitslohn, der „für" die erbrachte Arbeit geleistet wird und sich in Bezug dazu als nachträglich herausstellt.[7] 53

§ 50d Abs. 12 S. 2 gewährleistet, dass ein DBA dennoch Vorrang genießt, nämlich dann, wenn es ausdrücklich anderslautende Zuordnungsregelungen enthält, wie derzeit wohl allein das DBA-Liechtenstein.[8] Solche Regelungen (und auch ein solches Zuordnungsverständnis) entsprächen nicht zuletzt dem aktualisierten OECD-MK 2014 zu Art. 15 OECD-MA, s. dort Tz. 2.7 ff. zu den „severance payments" oder auch „redundancy payments".[9] 53a

1 *Neyer*, DStR 2017, 1632.
2 Zuletzt BFH v. 10.6.2015 – I R 79/13, BStBl. II 2016, 326 mwN; *Blumenberg*, JbFfSt. 2016/2017, 461; *G/K/G/K*, Art. 21 Rn. 40; **aA** *Schönfeld/Ditz*, DBA, 2013, Art. 21 Rn. 27. – S. aber auch die Besonderheiten des DBA-Frankreich, dazu BFH v. 24.7.2013 – I R 8/13, BStBl. II 2014, 929; BMF v. 3.5.2018, BStBl. I 2018, 643 Rn. 233.
3 ZB Belgien (BStBl. I 2007, 261); Großbritannien (BStBl. I 2011, 1221); Luxemburg (BStBl. I 2011, 852); Österreich (BStBl. I 2010, 645); Schweiz (BStBl. I 2010, 268); s. BMF v. 3.5.2018, BStBl. I 2018, 643 Rn. 227 ff.
4 *Neyer*, DStR 2017, 1632; *H/H/R*, § 50d Anm. J 16-4; sa. *Binnewies/Wimmer*, AG 2017, 271; *König/Teichert*, BB 2016, 3105; *O. Schmidt*, ISR 2017, 197.
5 BFH v. 24.2.1988 – I R 143/84, BStBl. II 1988, 819; v. 10.7.1996 – I R 83/95, BStBl. II 1997, 341; BMF v. 3.5.2018, BStBl. I 2018, 643 Rn. 221.
6 **AA** BMF v. 3.5.2018, BStBl. I 2018, 643 Rn. 223: ein Zeitraum von fünf Jahren soll genügen (!).
7 BMF v. 3.5.2018, BStBl. I 2018, 643 Rn. 224.
8 Dort Prot. Nr. 5 zu Art. 14 und 17.
9 Dazu *Blumenberg/Rupp*, JbFfSt. 2016/2017, 461 (467 ff.).

53b In **§ 50d Abs. 12 S. 3** treibt den Gesetzgeber die „Angst" vor sog. weißen Einkünften um. Er will sicherstellen, dass es bei dem Besteuerungsrückfall verbleibt, wenn der andere Vertragsstaat „sein" Besteuerungsrecht infolge eines anderweitigen Abkommensverständnisses nicht wahrnimmt („negativer Qualifikationskonflikt"); die einen solchen Konflikt betr. Norm des § 50d Abs. 9 S. 1 Nr. 1 soll dann „unberührt bleiben". Genauso soll es sich bei RechtsVO iSv. § 2 Abs. 2 S. 1 AO verhalten, obwohl der BFH derartigen RechtsVO die abkommenskorrigierende Wirkung gerade abgesprochen hat (s. Rn. 52); das wirkt zirkulär.[1] Offenbar soll hier Regelungsvorsorge getroffen werden, falls der BFH seine diesbzgl. Rspr. (auch unter dem Eindruck einer intern. Entwicklung) aufgibt.[2]

54 **III. Rechtsfolge.** Rechtsfolge des Abs. 12 ist die fiktive Zuordnung der Abfindungszahlungen zur früheren Tätigkeit und „als (für diese) geleistet" und damit gemeinhin die **Besteuerung der Abfindung im Quellenstaat**. Wurde die frühere Tätigkeit teils in dem einen, teils in dem anderen Vertragsstaat ausgeübt, kann eine Aufteilung in Betracht kommen, sei es nach Einkunftsanteilen während der gesamten Dienstzeit, sei es pro rata temporis.[3] Bei Tätigkeiten in mehreren Staaten ist jeweils anteilig zuzuordnen. Schwierig wird es, wenn mehrere Arbeitsverhältnisse vorlagen (zB innerhalb eines Konzerns); idR wird die Abfindung dann auf die gesamte Zeit abstellen, nicht nur auf das letzte Dienstverhältnis.[4] Tz. 2.7 OECD-MK zu Art. 15 OECD-MA stellt zudem nur auf die Verhältnisse der letzten zwölf Monate ab, was uU zu Doppelbesteuerungen führen kann.[5] Im Zweifel wird man ohnehin die individualvertragliche Zuordnung und Quantifizierung beachten müssen.[6]

§ 50e Bußgeldvorschriften; Nichtverfolgung von Steuerstraftaten bei geringfügiger Beschäftigung in Privathaushalten

(1) [1]Ordnungswidrig handelt, wer vorsätzlich oder leichtfertig entgegen § 45d Absatz 1 Satz 1, § 45d Absatz 3 Satz 1, der nach § 45e erlassenen Rechtsverordnung oder den unmittelbar geltenden Verträgen mit den in Artikel 17 der Richtlinie 2003/48/EG genannten Staaten und Gebieten eine Mitteilung nicht, nicht richtig, nicht vollständig oder nicht rechtzeitig abgibt. [2]Die Ordnungswidrigkeit kann mit einer Geldbuße bis zu fünftausend Euro geahndet werden.

(1a) Verwaltungsbehörde im Sinne des § 36 Absatz 1 Nummer 1 des Gesetzes über Ordnungswidrigkeiten ist in den Fällen des Absatzes 1 Satz 1 das Bundeszentralamt für Steuern.

(2) [1]Liegen die Voraussetzungen des § 40a Absatz 2 vor, werden Steuerstraftaten (§§ 369 bis 376 der Abgabenordnung) als solche nicht verfolgt, wenn der Arbeitgeber in den Fällen des § 8a des Vierten Buches Sozialgesetzbuch entgegen § 41a Absatz 1 Nummer 1, auch in Verbindung mit Absatz 2 und 3 und § 51a, und § 40a Absatz 6 Satz 3 dieses Gesetzes in Verbindung mit § 28a Absatz 7 Satz 1 des Vierten Buches Sozialgesetzbuch für das Arbeitsentgelt die Lohnsteuer-Anmeldung und die Anmeldung der einheitlichen Pauschsteuer nicht oder nicht rechtzeitig durchführt und dadurch Steuern verkürzt oder für sich oder einen anderen nicht gerechtfertigte Steuervorteile erlangt. [2]Die Freistellung von der Verfolgung nach Satz 1 gilt auch für den Arbeitnehmer einer in Satz 1 genannten Beschäftigung, der die Finanzbehörde pflichtwidrig über steuerlich erhebliche Tatsachen aus dieser Beschäftigung in Unkenntnis lässt. [3]Die Bußgeldvorschriften der §§ 377 bis 384 der Abgabenordnung bleiben mit der Maßgabe anwendbar, dass § 378 der Abgabenordnung auch bei vorsätzlichem Handeln anwendbar ist.

---

1 *Ziesecke/Muscheites/Bergerhoff*, DStR 2018, 1889 (1895).

2 S. insoweit bereits de lege lata abgrenzend BFH v. 11.4.2018 – I R 5/16, BStBl. II 2018, 761, dort bezogen auf den sog. signing bonus für den Antritt eines zukünftigen Dienstverhältnisses: angebliche Maßgeblichkeit des (insoweit eben nur innerstaatlichen) allg. wertenden Veranlassungsprinzips (krit. *Kahlenberg*, IWB 2018, 824, sowie *Weiss*, ISR 2019, 3; hingegen zust. *Hagemann*, IStR 2018, 960, zutr. diff. zw. „echtem" und „unechtem" signing bonus und zu Recht allenfalls für Letzteren dem BFH folgend); s. aber auch BMF v. 3.5.2018, BStBl. I 2018, 643 Rn. 217; § 49 Rn. 107a.

3 BMF v. 3.5.2018, BStBl. I 2018, 643 Rn. 222; s. dazu und auch zu weiteren Fragen des LSt-Einbehalts mit Bsp. *Neyer*, DStR 2017, 1632.

4 Einschr. *Ziesecke/Muscheites/Bergerhoff*, DStR 2018, 1889 (1894 f.).

5 Dazu *Ziesecke/Muscheites/Bergerhoff*, DStR 2018, 1889 (1894 f.).

6 Zutr. *Ziesecke/Muscheites/Bergerhoff*, DStR 2018, 1889 (1894).

Abs. 1 begründet ein Bußgeld iHv. bis zu 5 000 Euro (S. 2), wenn ein StPfl. nicht seinen Verpflichtungen zur Datenübermittlung an das BZSt nach § 45d Abs. 1 S. 1 (Steuerabzug nach InvStG oder Sammelantrag für die Erstattung v. KapESt; s. § 45d Rn. 1) vorsätzlich oder leichtfertig nicht nachkommt. Ordnungswidrig handelt er, wenn die Daten nicht richtig, nicht vollständig oder nicht rechtzeitig (bis 31.5. des Folgejahres) übermittelt werden. Die mehrfache Inanspruchnahme des Sparerfreibetrages über Freistellungsaufträge soll so verhindert werden. Erweitert wird der Tatbestand auch für Verletzung der Meldepflicht für inländ. Versicherungsvermittler nach § 45d Abs. 3, die bis zum 30.3. des Folgejahres zu erfüllen ist. 1

Sanktioniert wird auch die Verletzung der aufgrund der **Zinsinformationsverordnung (ZIV)**[1] bestehenden Pflicht zur Fertigung v. Mitteilungen über ausgezahlte Zinsen[2] und die Pflicht zur Fertigung v. Mitteilungen, die sich aus den nach Art. 17 dieser RL abgeschlossenen Verträgen mit anderen Staaten und abhängigen Gebieten ergibt.[3] 2

Abs. 2 bewirkt, dass die Strafen nach dem G zur Intensivierung der Bekämpfung der Schwarzarbeit[4] auf die Mini-Jobs im Privathaushalt (§ 40a Rn. 8 ff.) weder auf den ArbG noch auf den ArbN Anwendung finden. In Hinblick auf die sehr geringe Höhe des staatlichen Steueranspruchs, den regelmäßig geringen Unrechts- und Schuldgehalt und die Abziehbarkeit der Aufwendungen nach § 35a, bei denen der Steueranspruch des Staates durch Erhebung und Abführung eines einheitlichen Pauschsteuersatzes iHv. 2 % nach § 40a Abs. 2 befriedigt werden kann, können Verstöße hier nur als Ordnungswidrigkeit geahndet werden. Es bleibt nach **Abs. 2 S. 3** bei der Anwendbarkeit der Bußgeldvorschriften der §§ 377–384 AO, mit der Einschränkung, dass § 378 AO (leichtfertige Steuerverkürzung) nur für vorsätzliches Handeln gilt.[5] 3

§ 50f Bußgeldvorschriften

(1) Ordnungswidrig handelt, wer vorsätzlich oder leichtfertig

1. **entgegen § 22a Absatz 1 Satz 1 dort genannte Daten nicht, nicht richtig, nicht vollständig oder nicht rechtzeitig übermittelt oder eine Mitteilung nicht, nicht richtig, nicht vollständig oder nicht rechtzeitig macht oder**
2. **entgegen § 22a Absatz 2 Satz 8 die Identifikationsnummer für andere als die dort genannten Zwecke verwendet.**

(2) Die Ordnungswidrigkeit kann in den Fällen des Absatzes 1 Nummer 1 mit einer Geldbuße bis zu fünfzigtausend Euro und in den übrigen Fällen mit einer Geldbuße bis zu zehntausend Euro geahndet werden.

(3) Verwaltungsbehörde im Sinne des § 36 Absatz 1 Nummer 1 des Gesetzes über Ordnungswidrigkeiten ist die zentrale Stelle nach § 81.

§ 22a ermöglicht die verfassungsrechtl. notwendige Verifikation der Angaben des StPfl. in der Steuererklärung zu den Renteneinkünften. Zuwiderhandlung ist die zweckwidrige Verwendung jeder einzelnen ID-Nr. ohne Zustimmung des Leistungsempfängers.[6] § 50f Abs. 3 regelt zwecks Nutzung v. Synergieeffekten die Zuständigkeit für die Ahndung einer Ordnungswidrigkeit abweichend v. § 387 Abs. 1 und § 409 S. 1 AO, denn die zentrale Stelle (§ 81) ermittelt ohnehin schon nach § 22a Abs. 4 EStG, ob die mitteilungspflichtigen Stellen ihre Pflichten iRd. Mitteilungsverfahrens erfüllen. 1

1 BMF v. 26.1.2004, BStBl. I 2004, 297.
2 S. dazu BMF v. 30.1.2008, BStBl. I 2008, 320.
3 BT-Drucks. 15/3677, 34.
4 BMF v. 23.7.2004, BStBl. I 2004, 906.
5 BT-Drucks. 15/2573, 36.
6 BT-Drucks. 15/3004, 13.

§ 50g Entlastung vom Steuerabzug bei Zahlungen von Zinsen und Lizenzgebühren zwischen verbundenen Unternehmen verschiedener Mitgliedstaaten der Europäischen Union

(1) [1]Auf Antrag werden die Kapitalertragsteuer für Zinsen und die Steuer auf Grund des § 50a für Lizenzgebühren, die von einem Unternehmen der Bundesrepublik Deutschland oder einer dort gelegenen Betriebsstätte eines Unternehmens eines anderen Mitgliedstaates der Europäischen Union als Schuldner an ein Unternehmen eines anderen Mitgliedstaates der Europäischen Union oder an eine in einem anderen Mitgliedstaat der Europäischen Union gelegene Betriebsstätte eines Unternehmens eines Mitgliedstaates der Europäischen Union als Gläubiger gezahlt werden, nicht erhoben. [2]Erfolgt die Besteuerung durch Veranlagung, werden die Zinsen und Lizenzgebühren bei der Ermittlung der Einkünfte nicht erfasst. [3]Voraussetzung für die Anwendung der Sätze 1 und 2 ist, dass der Gläubiger der Zinsen oder Lizenzgebühren ein mit dem Schuldner verbundenes Unternehmen oder dessen Betriebsstätte ist. [4]Die Sätze 1 bis 3 sind nicht anzuwenden, wenn die Zinsen oder Lizenzgebühren an eine Betriebsstätte eines Unternehmens eines Mitgliedstaates der Europäischen Union als Gläubiger gezahlt werden, die in einem Staat außerhalb der Europäischen Union oder im Inland gelegen ist und in der die Tätigkeit des Unternehmens ganz oder teilweise ausgeübt wird.

(2) Absatz 1 ist nicht anzuwenden auf die Zahlung von

1. **Zinsen,**
   a) **die nach deutschem Recht als Gewinnausschüttung behandelt werden (§ 20 Absatz 1 Nummer 1 Satz 2) oder**
   b) **die auf Forderungen beruhen, die einen Anspruch auf Beteiligung am Gewinn des Schuldners begründen;**
2. **Zinsen oder Lizenzgebühren, die den Betrag übersteigen, den der Schuldner und der Gläubiger ohne besondere Beziehungen, die zwischen den beiden oder einem von ihnen und einem Dritten auf Grund von Absatz 3 Nummer 5 Buchstabe b bestehen, vereinbart hätten.**

(3) Für die Anwendung der Absätze 1 und 2 gelten die folgenden Begriffsbestimmungen und Beschränkungen:

1. **Der Gläubiger muss der Nutzungsberechtigte sein. [2]Nutzungsberechtigter ist**
   a) **ein Unternehmen, wenn es die Einkünfte im Sinne von § 2 Absatz 1 erzielt;**
   b) **eine Betriebsstätte, wenn**
      aa) **die Forderung, das Recht oder der Gebrauch von Informationen, auf Grund derer/dessen Zahlungen von Zinsen oder Lizenzgebühren geleistet werden, tatsächlich zu der Betriebsstätte gehört und**
      bb) **die Zahlungen der Zinsen oder Lizenzgebühren Einkünfte darstellen, auf Grund derer die Gewinne der Betriebsstätte in dem Mitgliedstaat der Europäischen Union, in dem sie gelegen ist, zu einer der in Nummer 5 Satz 1 Buchstabe a Doppelbuchstabe cc genannten Steuern beziehungsweise im Fall Belgiens dem „impôt des non-résidents/belasting der nietverblijfhouders" beziehungsweise im Fall Spaniens dem „Impuesto sobre la Renta de no Residentes" oder zu einer mit diesen Steuern identischen oder weitgehend ähnlichen Steuer herangezogen werden, die nach dem jeweiligen Zeitpunkt des Inkrafttretens der Richtlinie 2003/49/EG des Rates vom 3. Juni 2003 über eine gemeinsame Steuerregelung für Zahlungen von Zinsen und Lizenzgebühren zwischen verbundenen Unternehmen verschiedener Mitgliedstaaten (ABl. L 157 vom 26.6.2003, S. 49), die zuletzt durch die Richtlinie 2013/13/EU (ABl. L 141 vom 28.5.2013, S. 30) geändert worden ist, anstelle der bestehenden Steuern oder ergänzend zu ihnen eingeführt wird.**
2. **Eine Betriebsstätte gilt nur dann als Schuldner der Zinsen oder Lizenzgebühren, wenn die Zahlung bei der Ermittlung des Gewinns der Betriebsstätte eine steuerlich abzugsfähige Betriebsausgabe ist.**
3. **Gilt eine Betriebsstätte eines Unternehmens eines Mitgliedstaates der Europäischen Union als Schuldner oder Gläubiger von Zinsen oder Lizenzgebühren, so wird kein anderer Teil des Unternehmens als Schuldner oder Gläubiger der Zinsen oder Lizenzgebühren angesehen.**
4. **Im Sinne des Absatzes 1 sind**
   a) **„Zinsen" Einkünfte aus Forderungen jeder Art, auch wenn die Forderungen durch Pfandrechte an Grundstücken gesichert sind, insbesondere Einkünfte aus öffentlichen Anleihen**

und aus Obligationen einschließlich der damit verbundenen Aufgelder und der Gewinne aus Losanleihen; Zuschläge für verspätete Zahlung und die Rückzahlung von Kapital gelten nicht als Zinsen;

b) „Lizenzgebühren“ Vergütungen jeder Art, die für die Nutzung oder für das Recht auf Nutzung von Urheberrechten an literarischen, künstlerischen oder wissenschaftlichen Werken, einschließlich kinematografischer Filme und Software, von Patenten, Marken, Mustern oder Modellen, Plänen, geheimen Formeln oder Verfahren oder für die Mitteilung gewerblicher, kaufmännischer oder wissenschaftlicher Erfahrungen gezahlt werden; Zahlungen für die Nutzung oder das Recht auf Nutzung gewerblicher, kaufmännischer oder wissenschaftlicher Ausrüstungen gelten als Lizenzgebühren.

5. Die Ausdrücke „Unternehmen eines Mitgliedstaates der Europäischen Union“, „verbundenes Unternehmen“ und „Betriebsstätte“ bedeuten:

a) „Unternehmen eines Mitgliedstaates der Europäischen Union“ jedes Unternehmen, das

aa) eine der in Anlage 3 Nummer 1 zu diesem Gesetz aufgeführten Rechtsformen aufweist und

bb) nach dem Steuerrecht eines Mitgliedstaates in diesem Mitgliedstaat ansässig ist und nicht nach einem zwischen dem betreffenden Staat und einem Staat außerhalb der Europäischen Union geschlossenen Abkommen zur Vermeidung der Doppelbesteuerung von Einkünften für steuerliche Zwecke als außerhalb der Gemeinschaft ansässig gilt und

cc) einer der in Anlage 3 Nummer 2 zu diesem Gesetz aufgeführten Steuern unterliegt und nicht von ihr befreit ist. [2]Entsprechendes gilt für eine mit diesen Steuern identische oder weitgehend ähnliche Steuer, die nach dem jeweiligen Zeitpunkt des Inkrafttretens der Richtlinie 2003/49/EG des Rates vom 3. Juni 2003 (ABl. L 157 vom 26.6.2003, S. 49), zuletzt geändert durch die Richtlinie 2013/13/EU (ABl. L 141 vom 28.5.2013, S. 30), anstelle der bestehenden Steuern oder ergänzend zu ihnen eingeführt wird.

[2]Ein Unternehmen ist im Sinne von Doppelbuchstabe bb in einem Mitgliedstaat der Europäischen Union ansässig, wenn es der unbeschränkten Steuerpflicht im Inland oder einer vergleichbaren Besteuerung in einem anderen Mitgliedstaat der Europäischen Union nach dessen Rechtsvorschriften unterliegt.

b) „Verbundenes Unternehmen“ jedes Unternehmen, das dadurch mit einem zweiten Unternehmen verbunden ist, dass

aa) das erste Unternehmen unmittelbar mindestens zu 25 Prozent an dem Kapital des zweiten Unternehmens beteiligt ist oder

bb) das zweite Unternehmen unmittelbar mindestens zu 25 Prozent an dem Kapital des ersten Unternehmens beteiligt ist oder

cc) ein drittes Unternehmen unmittelbar mindestens zu 25 Prozent an dem Kapital des ersten Unternehmens und dem Kapital des zweiten Unternehmens beteiligt ist.

[2]Die Beteiligungen dürfen nur zwischen Unternehmen bestehen, die in einem Mitgliedstaat der Europäischen Union ansässig sind.

c) „Betriebsstätte“ eine feste Geschäftseinrichtung in einem Mitgliedstaat der Europäischen Union, in der die Tätigkeit eines Unternehmens eines anderen Mitgliedstaates der Europäischen Union ganz oder teilweise ausgeübt wird.

(4) [1]Die Entlastung nach Absatz 1 ist zu versagen oder zu entziehen, wenn der hauptsächliche Beweggrund oder einer der hauptsächlichen Beweggründe für Geschäftsvorfälle die Steuervermeidung oder der Missbrauch sind. [2]§ 50d Absatz 3 bleibt unberührt.

(5) Entlastungen von der Kapitalertragsteuer für Zinsen und der Steuer auf Grund des § 50a nach einem Abkommen zur Vermeidung der Doppelbesteuerung, die weiter gehen als die nach Absatz 1 gewährten, werden durch Absatz 1 nicht eingeschränkt.

(6) [1]Ist im Fall des Absatzes 1 Satz 1 eines der Unternehmen ein Unternehmen der Schweizerischen Eidgenossenschaft oder ist eine in der Schweizerischen Eidgenossenschaft gelegene Betriebsstätte eines Unternehmens eines anderen Mitgliedstaats der Europäischen Union Gläubiger der Zinsen oder Lizenzgebühren, gelten die Absätze 1 bis 5 entsprechend mit der Maßgabe, dass die Schweizerische Eidgenossenschaft insoweit einem Mitgliedstaat der Europäischen Union gleichgestellt ist. [2]Absatz 3 Nummer 5 Buchstabe a gilt entsprechend mit der Maßgabe, dass ein Unternehmen der Schweizerischen Eidgenossenschaft jedes Unternehmen ist, das

1. eine der folgenden Rechtsformen aufweist:
   - Aktiengesellschaft/société anonyme/società anonima;
   - Gesellschaft mit beschränkter Haftung/société à responsabilité limitée/società à responsabilità limitata;
   - Kommanditaktiengesellschaft/société en commandite par actions/società in accomandita per azioni, und
2. nach dem Steuerrecht der Schweizerischen Eidgenossenschaft dort ansässig ist und nicht nach einem zwischen der Schweizerischen Eidgenossenschaft und einem Staat außerhalb der Europäischen Union geschlossenen Abkommen zur Vermeidung der Doppelbesteuerung von Einkünften für steuerliche Zwecke als außerhalb der Gemeinschaft oder der Schweizerischen Eidgenossenschaft ansässig gilt, und
3. unbeschränkt der schweizerischen Körperschaftsteuer unterliegt, ohne von ihr befreit zu sein.

Anlage 3 (zu § 50g)

1. Unternehmen im Sinne von § 50g Absatz 3 Nummer 5 Buchstabe a Doppelbuchstabe aa sind:
   a) Gesellschaften belgischen Rechts mit der Bezeichnung „naamloze vennootschap"/„société anonyme", „commanditaire vennootschap op aandelen"/„société en commandite par actions" oder „besloten vennootschap met beperkte aansprakelijkheid"/„société privée à responsabilité limitée" sowie öffentlich-rechtliche Körperschaften, deren Tätigkeit unter das Privatrecht fällt;
   b) Gesellschaften dänischen Rechts mit der Bezeichnung „aktieselskab" und „anpartsselskab";
   c) Gesellschaften deutschen Rechts mit der Bezeichnung „Aktiengesellschaft", „Kommanditgesellschaft auf Aktien" oder „Gesellschaft mit beschränkter Haftung";
   d) Gesellschaften griechischen Rechts mit der Bezeichnung „ανώνυμη εταιρία";
   e) Gesellschaften spanischen Rechts mit der Bezeichnung „sociedad anónima", „sociedad comanditaria por acciones" oder „sociedad de responsabilidad limitada" sowie öffentlich-rechtliche Körperschaften, deren Tätigkeit unter das Privatrecht fällt;
   f) Gesellschaften französischen Rechts mit der Bezeichnung „société anonyme", „société en commandite par actions" oder „société a responsabilité limitée" sowie die staatlichen Industrie- und Handelsbetriebe und Unternehmen;
   g) Gesellschaften irischen Rechts mit der Bezeichnung „public companies limited by shares or by guarantee", „private companies limited by shares or by guarantee", gemäß den „Industrial and Provident Societies Acts" eingetragene Einrichtungen oder gemäß den „Building Societies Acts" eingetragene „building societies";
   h) Gesellschaften italienischen Rechts mit der Bezeichnung „società per azioni", „società in accomandita per azioni" oder „società a responsabilità limitata" sowie staatliche und private Industrie- und Handelsunternehmen;
   i) Gesellschaften luxemburgischen Rechts mit der Bezeichnung „société anonyme", „société en commandite par actions" oder „société à responsabilité limitée";
   j) Gesellschaften niederländischen Rechts mit der Bezeichnung „naamloze vennootschap" oder „besloten vennootschap met beperkte aansprakelijkheid";
   k) Gesellschaften österreichischen Rechts mit der Bezeichnung „Aktiengesellschaft" oder „Gesellschaft mit beschränkter Haftung";
   l) Gesellschaften portugiesischen Rechts in Form von Handelsgesellschaften oder zivilrechtlichen Handelsgesellschaften sowie Genossenschaften und öffentliche Unternehmen;
   m) Gesellschaften finnischen Rechts mit der Bezeichnung „osakevhtiö/aktiebolag", „osuuskunta/andelslag", „säästöpankki/sparbank" oder „vakuutusyhtiö/försäkringsbolag";
   n) Gesellschaften schwedischen Rechts mit der Bezeichnung „aktiebolag" oder „försäkringsaktiebolag";
   o) nach dem Recht des Vereinigten Königreichs gegründete Gesellschaften;
   p) Gesellschaften tschechischen Rechts mit der Bezeichnung „akciová společnost", „společnost s ručením omezeným", „veřejná obchodní společnost", „komanditní společnost" oder „družstvo";

q) Gesellschaften estnischen Rechts mit der Bezeichnung „täisühing", „usaldusühing", „osaühing", „aktsiaselts" oder „tulundusühistu";
r) Gellschaften zyprischen Rechts, die nach dem Gesellschaftsrecht als Gesellschaften bezeichnet werden, Körperschaften des öffentlichen Rechts und sonstige Körperschaften, die als Gesellschaft im Sinne der Einkommensteuergesetze gelten;
s) Gesellschaften lettischen Rechts mit der Bezeichnung „akciju sabiedrība" oder „sabiedrība ar ierobežotu atbildību";
t) nach dem Recht Litauens gegründete Gesellschaften;
u) Gesellschaften ungarischen Rechts mit der Bezeichnung „közkereseti társaság", „betéti társaság", „közös vállalat", „korlátolt felelösségü társaság", „részvénytársaság", „egyesülés", „közhasznú társaság" oder „szövetkezet";
v) Gesellschaften maltesischen Rechts mit der Bezeichnung „Kumpaniji ta' Responsabilita' Limitata" oder „Socjetajiet in akkomandita li l-kapital taghhom maqsum f'azzjonijiet";
w) Gesellschaften polnischen Rechts mit der Bezeichnung „spółka akcyjna" oder „spółka z ograniczoną odpowiedzialnością";
x) Gesellschaften slowenischen Rechts mit der Bezeichnung „delniška družba", „komanditna delniška družba", „komanditna družba", „družba z omejeno odgovornostjo" oder „družba z neomejeno odgovornostjo";
y) Gesellschaften slowakischen Rechts mit der Bezeichnung „akciová spoločnosť", „spoločnosť s ručením obmedzenym", „komanditná spoločnosť", „verejná obchodná spoločnosť" oder „drušstvo";
aa) Gesellschaften bulgarischen Rechts mit der Bezeichnung „събирателното дружество", „командитното дружество", „дружеството с ограничена отговорност", „акционерното дружество", „командитното дружество с акции", „кооперации", „кооперативни съюэи" oder „държавни предприятия", die nach bulgarischem Recht gegründet wurden und gewerbliche Tätigkeiten ausüben;
bb) „societăţi pe acţiuni", „societăţi în comandită pe acţiuni" oder „societăţi cu răspundere limitată";
cc) Gesellschaften kroatischen Rechts mit der Bezeichnung „dioničko društvo" oder „društvo s ograničenom odgovornosšću" oder „drudruštvo s ogranièenom odgovornošću" und andere nach kroatischem Recht gegründete Gesellschaften, die der kroatischen Gewinnsteuer unterliegen.

2. Steuern im Sinne von § 50g Absatz 3 Nummer 5 Buchstabe a Doppelbuchstabe cc sind:
   - impôt des sociétés/vennootschapsbelasting in Belgien,
   - selskabsskat in Dänemark,
   - Körperschaftsteuer in Deutschland,
   - Φόρος εισοδήματος νομικών προσώπων in Griechenland,
   - impuesto sobre sociedades in Spanien,
   - impôt sur les sociétés in Frankreich,
   - corporation tax in Irland,
   - imposta sul reddito delle persone giuridiche in Italien,
   - impôt sur le revenu des collectivités in Luxemburg,
   - vennootschapsbelasting in den Niederlanden,
   - Körperschaftsteuer in Österreich,
   - imposto sobre o rendimento da pessoas colectivas in Portugal,
   - yhteisöjen tulovero/inkomstskatten för samfund in Finnland,
   - statlig inkomstskatt in Schweden,
   - corporation tax im Vereinigten Königreich,
   - Daň z příjmů právnických osob in der Tschechischen Republik,
   - Tulumaks in Estland,
   - Φόρος εισοδήματος in Zypern,

- **Uzņēmumu ienākuma nodoklis in Lettland,**
- **Pelno mokestis in Litauen,**
- **Társasági adó in Ungarn,**
- **Taxxa fuq l-income in Malta,**
- **Podatek dochodowy od osób prawnych in Polen,**
- **Davek od dobièka pravnih oseb in Slowenien,**
- **Daň z príjmov právnických osôb in der Slowakei,**
- **корпоративен данък in Bulgarien,**
- **impozit pe profit, impozitul pe veniturile obţinute din România de nerezidenţi in Rumänien,**
- **porez na dobit in Kroatien.**

Literatur: *Dörr*, Praxisfragen zur Umsetzung der ZLRL in § 50g, IStR 2005, 109; *Führich*, Auswirkungen der ZLRL auf Abzugsbeschränkungen im deutschen Steuerrecht, Ubg. 2009, 30, *Goebel/Jacobs*, Unmittelbare Anwendbarkeit der ZLRL trotz Umsetzung in § 50g?, IStR 2009, 87 *Haase*, Einf. in das Europäische Sekundärrecht im Bereich der direkten Steuern, SteuerStud. 2009, 121; *Haase/Nürnberg*, Steuerliche Aspekte der Erschaffung, Ansiedlung und Verlagerung v. IP, FR 2017, 1; *Hahn*, Auslegungs- und Praxisprobleme der ZLRL: Bezugnahme auf das OECD-MA und die Autonomie des Gemeinschaftsrechts, EWS 2008, 273; *Hahn*, Nießbrauch an Gesellschaftsrechten und Steuerbefreiung nach Maßgabe der Mutter-Tochter-Richtlinie, EWS 2010, 22; *Hahn*, Zur Gemeinschaftsrechtskonformität der Mißbrauchsklausel in § 50g Abs. 4, IStR 2010, 638; *Rudolf*, Treaty Shopping und Gestaltungsmissbrauch, 2012, 499 ff.; *Schenke/Mohr*, Auswirkungen des europäischen Gemeinschaftsrechts auf das deutsche Steuerrecht, DStZ 2009, 439.

A. Grundaussagen der Vorschrift

1 Die RL „2003/49/EG des Rates v. 3.6.2003 über eine gemeinsame Steuerregelung für Zahlungen v. Zinsen und Lizenzgebühren zw. verbundenen Unternehmen verschiedener Mitgliedstaaten (ABlEU L 157 v. 26.6. 2003, 49)“ – im Folgenden „RL 2003/49/EG“ – soll den **Zinsen- und den Lizenzgebührenfluss zw. verbundenen Unternehmen** erleichtern. Mit der RL „2004/66/EG des Rates v. 26.4.2004 (ABlEU L 168 v. 1.5. 2004, 35)“ – im Folgenden „RL 2004/66/EG“ – wurde der Geltungsbereich der RL auf die am 1.5.2004 beigetretenen Staaten (Estland, Lettland, Litauen, Malta, Polen, Slowakei, Slowenien, Tschechien, Ungarn und – der griechische Teil v. – Zypern) ausgedehnt, durch die RL „2006/98/EG des Rates vom 20.11.2006 (ABlEU L 363 v. 20.12.2006, 129)“ auch auf die am 1.1.2007 beigetretenen Bulgarien und Rumänien und schließlich durch die RL „2013/13/EU des Rates v. 13.5.2013 (ABlEU L 141 v. 28.5.2013, 30)“ auch auf das zum 1.7.2013 beigetretene Kroatien.[1] Nach den RL soll im Staat des Vergütungsschuldners, der regelmäßig der Quellenstaat ist, auf die Einkünfte **keine Quellensteuer mehr** erhoben werden, so dass eine doppelte Besteuerung ausgeschlossen ist. Abw. hiervon können nach der RL 2003/49/EG Griechenland, Portugal und Spanien für eine Übergangszeit noch Quellensteuern erheben. Die materiellen Bestimmungen der RL werden durch Verfahrensregelungen begleitet. Der Verzicht auf die Quellenbesteuerung wird durch den durch das EG-Amtshilfe-AnpassungsG v. 2.12.2004[2] eingeführten § 50g umgesetzt. Die erforderlichen Verfahrensregelungen enthalten der geänderte § 50d und der neue § 50h. Die seinerzeitige Neuregelung war erstmals v. VZ 2004 an anzuwenden; die dazugehörige Anlage 3 (s. Rn. 18) wurde später geändert, zunächst für Zahlungen nach dem 31.12.2006 (§ 52 Abs. 59c) durch das JStG 2008, sodann für Zahlungen nach dem 30.6.2013 durch das Kroatien-AnpG v. 25.7.2014[3]. – Zur supplementären Anwendung der ZLRL auf Art. 15 Abs. 2 des Zinsabkommens mit der Schweiz s. § 50g Abs. 6 (Rn. 21). – Zu beachten ist, dass der Gesetzgeber die durch die RL verfügten Quellensteuerbefreiungen mittels ausdifferenzierter Aufwendungsabzugsbeschränkungen beim Zins- und Lizenzschuldner – vor allem durch die sog. Zins- und Lizenzschranke (§§ 4h, 4j) – unterläuft (s. dazu Rn. 11).

1 Sa. BMF v. 20.1.2014, BStBl. I 2014, 110.
2 BGBl. I 2004, 3112.
3 BGBl. I 2014, 1266 (1298).

B. Sachliche Freistellungsvoraussetzungen (Abs. 1)

Abs. 1 enthält die materiellen Bestimmungen zur Umsetzung der RL 2003/49/EG und 2004/66/EG: Bei Zahlungen zw. verbundenen Unternehmen (**Abs. 1 S. 3, Abs. 3 Nr. 5**) sind im jeweiligen Quellenstaat keine Steuern mehr auf die unter die RL fallenden Vergütungen zu erheben. 2

Den RL 2003/49/EG und 2004/66/EG kommt nur im Verhältnis zu den EU-Mitgliedstaaten Bedeutung zu, mit denen Deutschland DBA abgeschlossen hat, die auf Zinsen oder Lizenzgebühren noch eine **Quellensteuer** vorsehen. Soweit danach auf aus Deutschland stammende Zinsen oder Lizenzgebühren noch eine Quellensteuer erhoben werden kann, wird nach deutschem Steuerrecht (§ 49) aber v. dem insoweit bestehenden Besteuerungsrecht derzeit bei festverzinslichen Forderungen im Wesentlichen nur noch bei grundpfandrechtl. Sicherung Gebrauch gemacht. Die RL 2003/49/EG führt daher vornehmlich (s. aber auch Rn. 11) bei Lizenzgebührenzahlungen zu sachlichen Änderungen. 3

Das Entlastungsverfahren lehnt sich an die Entlastung v. Quellensteuern nach den DBA an. Die Nichtbesteuerung in Deutschland ist daher **antragsabhängig (Abs. 1 S. 1)**. Erfolgt die Antragstellung rechtzeitig, wird bereits bei Zahlung eine Freistellung v. der deutschen Quellenbesteuerung gewährt. Sieht das deutsche Recht statt eines Steuerabzugs eine **Veranlagung** vor, wie zB bei grundpfandrechtl. gesicherten Forderungen, werden die unter die RL 2003/49/EG fallenden Vergütungen nicht als Einkünfte erfasst (**Abs. 1 S. 2**). 4

Abw. v. den Anwendungsvoraussetzungen der DBA wird aufgrund der RL 2003/49/EG auch einer in einem anderen EU-Staat gelegenen **Betriebsstätte** eines Unternehmens eines anderen EU-Mitgliedstaates ein Anspr. auf eine Entlastung v. der Quellensteuer eingeräumt, **Abs. 1 S. 3 iVm. Abs. 3 Nr. 2 und 3**. Der Zahlung v. Zinsen und Lizenzgebühren durch eine in Deutschland gelegene Betriebsstätte eines Unternehmens eines anderen Mitgliedstaates kommt nur insoweit Bedeutung zu, als diese Zahlungen der beschränkten StPfl. unterliegen. Erfolgt eine Zahlung an eine Betriebsstätte in einem Staat **außerhalb der EU** oder an eine inländ. Betriebsstätte eines Unternehmens eines anderen EU-Mitgliedstaates, so ist die RL nicht anzuwenden, **Abs. 1 S. 4**. 5

Die Anwendung der RL 2003/49/EG und 2004/66/EG auf Zinsen und Lizenzgebühren, die v. einer deutschen **PersGes.** mit inländ. Betriebsstätte bezogen werden, ist nicht ausdrücklich geregelt. Da PersGes. nach deutschem Steuerrecht stl. als transparent behandelt werden, ist die Betriebsstätte der Ges. in Übereinstimmung mit den Grundsätzen des Doppelbesteuerungsrechts für Zwecke der RL anteilig den G'tern zuzurechnen; s. aber auch Rn. 18. 6

C. Ausnahmen von der Befreiung (Abs. 2)

Abs. 2 regelt die Fälle der Zahlung v. Zinsen und Lizenzgebühren, auf die die Befreiung **nicht** anzuwenden ist. Nach **Abs. 2 Nr. 1 lit. a** werden solche Zahlungen nicht erfasst, die nach dem Recht des Staates, aus dem sie stammen, als **Gewinnausschüttungen** angesehen werden. Hierzu zählen auch Zinsen, die nach § 8 Abs. 3 S. 2, § 8a KStG aF (jeweils iVm. § 20 Abs. 1 Nr. 1 S. 2) als **vGA** zu beurteilen sind. Auf derartige Gewinnausschüttungen sind die Bestimmungen der Mutter-Tochter-RL anzuwenden. S. Rn. 9. 7

Abs. 2 Nr. 1 lit. b nimmt **gewinnabhängige Zinsen** v. der Quellensteuerbefreiung aus. Namentlich Zinsen aus partiarischen Darlehen und Gewinnobligationen sowie Einnahmen aus der Beteiligung an einem Handelsgewerbe als stiller G'ter und solche aus Genussrechten bleiben damit stpfl. Gewinnabhängig sind auch Zahlungen, die anstelle eines festen Zinssatzes eine v. Gewinn des Schuldners abhängige höhere oder niedrigere Verzinsung vorsehen. Umsatzabhängig bemessene Zinsen sind nicht „gewinnabhängig". 8

Abs. 2 Nr. 2 betrifft die Zahlung **unangemessen hoher Zinsen oder Lizenzgebühren**. Es ist der Betrag der Zahlungen, der im Fall besonderer Beziehungen zw. dem Zahler und dem Nutzungsberechtigten einen sog. Fremdvergleichspreis übersteigt, nicht v. der deutschen Quellensteuer zu befreien. IdR wird hier eine vGA gegeben sein. Das gilt jedoch nicht für Zinsen oder Lizenzen, die zwar aus innerstaatl. Sicht infolge der Sonderbedingungen zw. KapGes. und beherrschendem G'ter, aus der maßgeblichen abkommensrechtl. Sicht wegen der Sperrwirkung des Art. 9 Abs. 2 OECD-MA aber keine vGA darstellen.[1] 9

Untersagt oder beschränkt ein DBA die nach den RL 2003/49/EG und 2004/66/EG mögliche Quellenbesteuerung bei gewinnabhängigen Zinszahlungen, verbleibt es bei der ausschließlichen Besteuerung im Sitzstaat des Einkünftebeziehers. 10

1 Vgl. BFH v. 11.10.2012 – I R 75/11, FR 2013, 415 m. Anm. *Pezzer* = DStR 2013, 25.

11 Die bislang hoch umstrittene[1] Frage (s. dazu auch iE 10. Aufl., Rn. 11), ob sich die in der ZLRL angeordnete Steuerbefreiung auch auf die Hinzurechnungsbeträge gem. **§ 8 Nr. 1 GewStG** bezieht, wurde v. EuGH – auf Vorabentscheidungsersuchen des BFH[2] – verneint;[3] Art. 1 Abs. 1 ZLRL sei allein darauf gerichtet, eine rechtl. Doppelbesteuerung grenzüberschreitender Zins- und Lizenzzahlungen zu verhindern, indem er eine Besteuerung der Zinsen und Lizenzgebühren im Quellenstaat zu Lasten des Nutzungsberechtigten der Zinsen und Gebühren verbietet. Das betrifft allein die steuerl. Situation des Zins- und Gebührengläubigers und nicht die Bestimmungen des innerstaatl. Rechts über die Bemessungsgrundlage für die Besteuerung des Zins- und Gebührenzahlers.[4] Diese Sichtweise des EuGH dürfte gleichermaßen für § 8 Nr. 1a und 1f GewStG sowie ebenfalls für die sog. **Zinsschranke** gem. § 4h EStG, § 8a KStG[5] und neuerlich für die sog. **Lizenzschranke** des § 4j (s. Rn. 1) bedeutsam sein.[6]

D. Begriffsdefinitionen (Abs. 3)

12 **Allgemeine Vorgaben.** Abs. 3 enthält die zur Umsetzung der RL erforderlichen normspezifischen Begriffsdefinitionen, welche an das OECD-MA angelehnt sind und welche deswegen in erster Linie (aber nicht ausnahmslos, s. Rn. 6) auch idS der DBA verstanden werden müssen. Denn der Gesetzgeber hat auf diese Weise die Teilrechtsordnung des Abkommensrechts in das EStG aufgenommen. Es findet also das als solches autonome abkommensrechtl. Auslegungsverständnis Anwendung, nicht aber unmittelbar und in erster Linie ein deutsches Begriffsverständnis (vgl. auch Art. 3 Abs. 2 OECD-MA).[7] Vor diesem Hintergrund gilt:

13 **Nutzungsberechtigter.** Der Gläubiger muss der Nutzungsberechtigte sein, **Abs. 3 Nr. 1 S. 1**. Der Richtlinienbegriff des **Nutzungsberechtigten** („beneficial owner"; „bénéficiaire effectif") ist Art. 10, 11, 12 OECD-MA entlehnt[8] und dem innerstaatlichen deutschen Steuerrecht ansonsten fremd. Er wird deshalb in Abs. 3 Nr. 1 gesondert definiert. § 50g Abs. 3 Nr. 1 trägt der Vorgabe des Art. 1 Abs. 4 der RL Rechnung, ein Unternehmen eines Mitgliedstaates nur dann als Nutzungsberechtigten der Zinsen oder Lizenzgebühren zu behandeln, wenn es (als „wahrer", nicht bloß „rechtlich-formaler" Empfänger; „wirtschaftlicher Eigentümer",) die Zahlung zu eigenen Gunsten und nicht nur als Vertreter, Treuhänder, Bevollmächtigter oder als sonstige Mittelsperson eine andere Pers. erhält, idR also in Fällen, in denen das empfangende Unternehmen an die Entscheidungen eines beherrschenden G'ters gebunden ist, die Beherrschung allein reicht indes nicht aus, es müssen weitere „willensbeeinflussende" Indizien hinzutreten. Nutzungsberechtigt idS ist derjenige, der entweder über die Hingabe des Kapitals oder WG zur Nutzung oder über die Verwendung der Nutzung, ggf. über beides entscheiden kann.[9] Insgesamt wird mittels des Erfordernisses der Nutzungsberechtigung eine (einfache) Missbrauchsregel („Strohmann") einzelfallunabhängig und zur Vermeidung eines sog. Treaty shopping typisiert.[10] Durch das G wird hiernach sondergesetzlich (und ausnahmsweise[11]) ein sog. innentheoretischer Ansatz der Missbrauchsvermeidung[12] umgesetzt; der „außentheoretischen" Instrumentalisierung des § 42 Abs. 1 AO bedarf es nicht. – S. zu ähnlichem Rückgriff auf den nutzungsberechtigten Gläubiger § 50d Abs. 1 S. 11 (s. § 50d Rn. 10aff., 10c) sowie § 50d Abs. 11 (s. § 50d Rn. 51); s. auch Rn. 19 allg. zur Missbrauchsvermeidung durch § 50g Abs. 4.

14 **Im Einzelnen:** Nutzungsberechtigter idS ist nach **Abs. 3 Nr. 1 S. 2 lit. a** ein Unternehmen, wenn es die Einkünfte iSv. § 2 Abs. 1 erzielt. Die Einkünfteerzielung wird also „substantiell" „hinterfragt" und v. der

1 ZB *Dautzenberg*, BB 2004, 17 (19); *Goebel/Jacobs*, IStR 2009, 87 (89); *Hidien*, DStZ 2008, 131; *Kraft/Bron*, EWS 2007, 487 (491); *Rainer*, IStR 2008, 375; **aA** *Blümich*, § 8 GewStG Rn. 31; *Frotscher/Drüen*, § 8 GewStG Rn. 22f., § 8a KStG Rn. 34; *Gl/Gür*, GewStG[9], § 8 Nr. 1 Rn. 3; *Führich*, Ubg. 2009, 30 (41); *Kempf/Straubinger*, IStR 2005, 773.

2 BFH v. 27.5.2009 – I R 30/08, IStR 2009, 780 (mit Anm. *Obser*).

3 EuGH v. 21.7.2011 – C-397/09, „Scheuten Solar Technology", IStR 2011, 590 mit Anm. *Sydow*; *Goebel/Küntscher*, IStR 2011, 630; *Dorfmüller/Wilmering*, StuB 2011, 631.

4 Eine andere Frage ist jene danach, ob dessen ungeachtet ein Verstoß gegen EU-Primärrecht anzunehmen ist, vgl. dazu BFH v. 7.12.2011 – I R 30/08, BStBl. II 2012, 507 = FR 2012, 536.

5 S. dazu zB einerseits *Goebel/Eilinghoff*, DStZ 2010, 550, 560; *Köhler*, DStR 2007, 604, andererseits *Frotscher/Drüen*, § 8a KStG Rn. 34; *Führich*, Ubg 2009, 38.

6 Nicht als entscheidungsrelevant sah der BFH im konkreten Streitfall hingegen (mangels tatsächlicher Anhaltspunkte) die (weitergehende) Rechtsfrage an, ob es EU-rechtswidrig ist, dass im reinen Inlandsfall die im Grds. nur Inländern mögliche Begr. eines Organschaftsverhältnisses nach § 2 Abs. 2 GewStG iVm. §§ 14ff. KStG die Hinzurechnung gem. § 8 Nr. 1 GewStG aF vermeidet. S. dazu mwN *Obser*, IStR 2009, 783f.

7 Umfassend *Hahn*, EWS 2008, 273.

8 *Vogel/Lehner*[6], Art. 1 Rn. 120af.

9 *Vogel/Lehner*[6], Vor Art. 10–12 Rn. 10ff., 18.

10 S. auch *Rudolf*, Treaty Shopping, 2012, 499ff. (500).

11 ZB *Gosch*, Harzburger Steuerprotokoll 1999, 225.

12 S. dazu zB *H/H/Sp.*, § 42 Rn. 74; *Schneider/Anzinger*, ZIP 2009, 1, jew. mwN.

äußeren Form des Empfangens gelöst. Nutzungsberechtigt kann gem. Abs. 3 Nr. 1 S. 2 lit. b auch eine Betriebsstätte (Rn. 18) sein, wenn (**§ 50g Abs. 3 Nr. 1 S. 2 lit. b aa**) die Forderung, das Recht oder der Gebrauch v. Informationen, aufgrund derer/dessen Zahlungen v. Zinsen oder Lizenzgebühren geleistet werden, **tatsächlich** zu der Betriebsstätte **gehört** und (**Abs. 3 Nr. 1 S. 2 lit. b bb**) die Zahlungen der Zinsen oder Lizenzgebühren Einkünfte darstellen, aufgrund derer die Gewinne der Betriebsstätte in dem Mitgliedstaat, in dem sie gelegen ist, zu einer der in Abs. 3 Nr. 5 lit. a cc) genannten (mit Ergänzungen für Belgien und Spanien) bzw. nach dem Inkrafttreten der ZLRL anstelle der bestehenden oder ergänzend zu ihnen eingeführten Steuer herangezogen werden. Hinsichtlich der „tatsächlichen" Zugehörigkeit der Forderung, des Rechts oder des Gebrauchs v. Informationen greift Abs. 3 Nr. 1 S. 2 lit. b aa das entspr. Erfordernis des sog. Betriebsstättenvorbehalts nach Art. 10 Abs. 4, Art. 11 Abs. 4, Art. 12 Abs. 3 (iVm. Art. 7 Abs. 1) OECD-MA auf. Eine derartige Zugehörigkeit liegt danach vor, wenn das WG „in einem funktionalen Zusammenhang zu einer in der Betriebsstätte ausgeübten Tätigkeit besteht und sich deshalb die Erträge bei funktionaler Betrachtungsweise als Nebenerträge der aktiven Betriebsstättentätigkeit darstellen".[1] Eine allg. Attraktionskraft der Betriebsstätte ist hingegen abzulehnen.

Betriebsstätte als Schuldner. Eine in Deutschland gelegene (vgl. Abs. 1 S. 1) **Betriebsstätte** (iSv. Abs. 3 Nr. 5 lit. c, Rn. 18) wird nach **Abs. 3 Nr. 2** dann und nur dann als Schuldner v. Zinsen oder Lizenzgebühren behandelt, wenn die Zahlung bei der Ermittlung des Gewinns der Betriebsstätte stl. abziehbar (vgl. § 4 Abs. 4) ist. In diesem Erfordernis spiegelt sich das allg. (abkommensrechtl.) Korrespondenzprinzip wider: Nur derjenige Staat soll auf Quellensteuer verzichten, in dem sich die Bemessungsgrundlage auch entspr. vermindert hat. 15

Keine Anspruchskonkurrenz. Abs. 3 Nr. 3 stellt klar, dass ein Unternehmen eines Mitgliedstaates, das eine Betriebsstätte in einem anderen Mitgliedstaat unterhält, die Freistellung **nicht neben der Betriebsstätte** beanspruchen kann; nur die betr. Betriebsstätte wird als Schuldner oder Gläubiger der Zinsen oder Lizenzgebühren angesehen. Entspr. gilt für die Qualifikation als Nutzungsberechtigter (Rn. 13). 16

Zinsen und Lizenzen. Sowohl der Zins- als auch der Lizenzbegriff des § 50g sind eigenständiger Natur. Beide Begriffe orientieren sich an entspr. Vorgaben der OECD-MA-Definitionen: Der in **Abs. 3 Nr. 4 lit. a** definierte **Zinsbegriff** umfasst Einkünfte aus Forderungen jeder Art. Grundpfandgesicherte Forderungen sind ebenso eingeschlossen wie insbes. Einkünfte aus öffentl. Anleihen und aus Obligationen einschl. der damit verbundenen Aufgelder und der Gewinne aus Losanleihen; Zuschläge für verspätete Zahlung und die Rückzahlung v. Kapital gelten nicht als Zinsen. Das deckt sich weitgehend, jedoch nicht vollständig mit Art. 11 Abs. 3 OECD-MA. Zinsen sind danach allg. hier wie dort Vergütungen für die Überlassung v. Kapital auf Zeit. Sie sind abzugrenzen zu v. dem kapitalmäßigen Rückzahlungsbetrag oder Forderungsverkäufen erzielten Gewinnen und Verlusten; dem entspricht die (v. Art. 11 Abs. 3 OECD-MA abw.) klarstellende Negativabgrenzung der Rückzahlung v. Kapital. Die Ausgrenzung der Zuschläge für verspätete Zahlung ist infolge deren Schadenersatzcharakters folgerichtig; soweit sie sich auch auf Verzugszinsen erstreckt, ist sie das allerdings nicht.[2] Abw. v. Art. 11 Abs. 3 OECD-MA verhindert eine Gewinnabhängigkeit v. Zinszahlungen die Annahme eines Zinses iSv. § 50g, s. Abs. 2 Nr. 1 lit. b (Rn. 8), bes Abgrenzungen zu Dividenden bedarf es v. daher v. vornherein (und anders als nach DBA-Recht) nicht. – S. iÜ Rn. 7. – **Abs. 3 Nr. 4 lit. b** bestimmt als **Lizenzgebühren** Vergütungen jeder Art, die (an den Nutzungsberechtigten, s. Rn. 13) für die Nutzung oder für das Recht auf Nutzung v. Urheberrechten (vgl. § 73a Abs. 2 EStDV iVm. UrhG)an literarischen, künstlerischen oder wissenschaftlichen Werken, einschl. kinematografischer Filme und Software, v. Patenten, Marken (vgl. § 73a EStDV iVm. MarkenG), Mustern oder Modellen (§ 73a Abs. 3 EStDV iVm. GeschmMG), Plänen, geheimen Formeln oder Verfahren oder für die Mitteilung gewerblicher, kfm. oder wissenschaftlicher Erfahrungen (= sog. Know-how) gezahlt werden. Das deckt sich mit Art. 12 Abs. 2 OECD-MA. Abw. davon, aber in Übereinstimmung mit der bis 1992 geltenden Fassung des OECD-MA und einigen deutscherseits geschlossenen DBA, gelten auch Zahlungen für die Nutzung oder das Recht auf Nutzung gewerblicher, kfm. oder wissenschaftlicher Ausrüstungen als Lizenzgebühren und werden solche Zahlungen nicht – wie im OECD-MA – als gewerbliche Einkünfte (vgl. Art. 7 Abs. 1 OECD-MA) behandelt. Abw. v. dem OECD-MA werden überdies Vergütungen für die Überlassung v. (idR urheberrechtl. geschützte, vgl. § 2 Abs. 1 Nr. i UrhG) Computersoftware erfasst; in diesem Zusammenhang stellen sich allerdings zahlreiche Qualifikationsprobleme, insbes. bei der (idR ungeschützten) Standard- und der (idR geschützten) Individual- bzw. Systemsoftware.[3] Die Definition der Lizenzgebühren ist damit denkbar weit und umfasst jegliche wirtschaftliche Gegenleistung für die betr. Nut- 17

1 BFH v. 26.2.1992 – I R 85/91, BStBl. II 1992, 937 (939); v. 30.8.1995 – I R 112/94, BStBl. II 1996, 563 = FR 1996, 151; *Vogel/Lehner*[6], Vor Art. 10–12 Rn. 30 ff., 40 ff., mwN.
2 *Haase*, AStG/DBA, Art. 11 MA Rn. 84; *G/K/G/K*, Art. 11 MA Rn. 129/1.
3 Vgl. eingehend mwN *Haase*, AStG/DBA Art. 12 Rn. 85 ff.

zungsüberlassung der aufgeführten Gegenstände. Einbezogen werden (einmalige ebenso wie lfd., ggf. auch gewinnabhängige) Geld- wie Sachleistungen, Umlagen usf., sofern sie sich nur als wirtschaftliche Gegenleistung „für" die Nutzungsüberlassung der Lizenzgegenstände qualifizieren, sei es als „echte" Gegenleistung bei befugter, sei es als Schadensersatz (wohl unter Einschluss v. Schadensersatzzinsen)[1] bei unbefugter Nutzung oder (wohl) auch als Vergütung für das Unterlassen einer Nutzung. Zahlungen für die Veräußerung, also die zeitlich unbegrenzte, endg. Überlassung der WG, sowie für Dienstleistungen sind indessen abzugrenzen.

18 **(Verbundenes) Unternehmen, Betriebsstätte.** In **Abs. 3 Nr. 5** werden die Richtlinienbegriffe **„Unternehmen eines Mitgliedstaates** der EU", **„verbundenes Unternehmen"** und **„Betriebsstätte"** definiert. Nach Abs. 3 Nr. 5 wird das Unternehmen durch die in der Anlage 3 Nr. 1 aufgeführten Rechtsformen abschließend bezeichnet (**Abs. 3 Nr. 5 lit. a S. 1 aa**). Das derart bestimmte **Unternehmen** muss überdies – und zwar kumulativ – **(1)** nach dem Steuerrecht eines Mitgliedstaates in diesem ansässig sein; **(2)** darf nicht nach einem DBA mit einem Drittstaat als außerhalb der Union ansässig gelten (**Abs. 3 Nr. 5 lit. a S. 1 bb**) und muss einer der in Anlage 3 Nr. 2 aufgeführten Steuern unterliegen, v. der es nicht befreit sein darf (**Abs. 3 Nr. 5 lit. a cc S. 1**); letzterem gleichgestellt sind nach dem Inkrafttreten der ZLRL anstelle der bestehenden oder ergänzend zu ihnen eingeführte Steuern (**Abs. 3 Nr. 5 lit. a cc S. 2**). **Ansässig** idS ist ein Unternehmen dann in einem Mitgliedstaat der EU, wenn es dort unbeschränkt stpfl. ist oder in einem anderen EU-Mitgliedstaat einer vergleichbaren Besteuerung unterliegt, **Abs. 3 S. 2.** Nach welchen Maßstäben sich die unbeschränkte Stpfl bestimmt ist irrelevant; das G greift insoweit nicht die territorialitätsbezogenen Merkmale des Art. 4 Abs. 1 OECD-MA auf, sondern umschließt auch andere Anknüpfungsmerkmale der unbeschränkten Stpfl, wie zB diejenigen gem. § 1 Abs. 3. – Die Annahme eines **„verbundenen" Unternehmens** hängt gem. **Abs. 3 Nr. 5 lit. b S. 1** v. einer **unmittelbaren** (nicht bloß mittelbaren)[2] **Mindestbeteiligung** v. 25 % ab. Erfasst werden mit diesen Beteiligungsanforderungen alternativ Upstream- (**Abs. 3 Nr. 5 lit. b S. 1 aa**) und Downstream- (**Abs. 3 Nr. 5 lit. b S. 1 bb**) -Beteiligungen zw. zwei Unternehmen oder Downstream-Beteiligungen eines dritten Unternehmens an den zwei Beteiligungs-Ges. (**Abs. 3 Nr. 5 lit. b S. 1 cc**). Erfasst werden als bes qualifizierte Nahestehenden-Beziehungen. **Abs. 3 Nr. 5 lit. a S. 2** verlangt, dass sowohl das beherrschte als auch das beherrschende Unternehmen ein Unternehmen eines Mitgliedstaats der EU ist.[3] Entspr. deutscher Praxis wird für die Festlegung der Beteiligungsgrenzen auf die Kapitalbeteiligung und nicht auf die Stimmrechte abgestellt. Bloße Nießbrauchsrechte an KapGes.-Anteilen genügen idR nicht.[4] Bei PersGes. ist für das Erfordernis der „unmittelbaren" Beteiligung die Ges. als Zivilrechtssubjekt maßgebend und ist nicht eine anteilige „Durchrechnung" gem. § 39 Abs. 2 Nr. 2 AO vorzunehmen; denn letzteres setzt ein Zurechnungserfordernis „für Zwecke der Besteuerung" voraus, woran es hier aber fehlt.[5] – **Betriebsstätte** iSd. des § 50g ist eine feste Geschäftseinrichtung in einem EU-Mitgliedstaat, in der die Tätigkeit eines Unternehmens eines anderen Mitgliedsstaats ganz oder teilw. ausgeübt wird (**Abs. 3 Nr. 5 lit. c**). Das G knüpft auch insofern (Rn. 2 ff.) an das OECD-MA, dort an Art. 5 Abs. 1, an, nicht jedoch an innerdeutsches Recht (vgl. § 12 AO). Es wird also auf den eher tätigkeitsbezogenen abkommensrechtl. Betriebsstättenbegriff abgestellt. Das gilt auch für die in Art. 5 Abs. 2 OECD-MA beispielhaft aufgeführten (Regel-)Fälle für das Vorliegen einer Betriebsstätte, welche in Abs. 3 Nr. 5 lit. c nicht explizit aufgegriffen werden. Gleichwohl sind auch sie für das Regelungsverständnis des § 50g heranzuziehen und ist insofern auf das einschlägige abkommensrechtl. (Vor-)Verständnis zu Art. 5 Abs. 1 OECD-MA zurückzugreifen, so dass die danach begrenzenden örtlichen und zeitlichen Merkmale für das Gegebensein einer Betriebsstätte zusätzlich vonnöten sind. Die Beteiligung an einer PersGes. vermittelt ihren G'tern aus deutscher Sicht infolge des sog. Transparenzprinzips (ggf. eine Vielzahl v.) Betriebsstätten, vorausgesetzt, die erforderlichen zeitlichen und räumlichen Erfordernisse sind erfüllt.

E. Missbrauchsklausel (Abs. 4)

19 **§ 50g Abs. 4** übernimmt sachlich Abs. 2 des Art. 5 der RL 2003/49/EG in das innerstaatliche Recht. Die Entlastung nach § 50g Abs. 1 ist danach nach Art einer Limitation-on-benefits-Klausel zu versagen oder zu entziehen, wenn der hauptsächliche Beweggrund oder einer der hauptsächlichen **Beweggründe** für Geschäftsvorfälle (1) die **Steuervermeidung** oder (2) der **Missbrauch** sind, **Abs. 4 S. 1.** Die Tatbestandsvoraussetzungen sind höchst unbestimmt und unpräzise. Als sog. innere Tatsachen sind die Beweggründe nur schwer und anhand äußerer Indizien zu ermitteln; die Subsumtion ist weitgehend einer tatrichterlichen

1 *Vogel/Lehner*[6], Art. 12 MA Rn. 48; zweifelnd *G/K/G/K*, Art. 12 Rn. 81.
2 Krit. dazu *Haase/Nürnberg*, FR 2017, 1 (6 f.) (aus rechtspolitischer Sicht, bezogen auf Lizenzboxen).
3 Vgl. die Klarstellung durch das StÄndG 2007: BGBl. I 2006, 1652; BT-Drucks. 16/1545, 16.
4 Vgl. (zur Mutter-Tochter-RL) EuGH v. 22.12.2008 – C-48/07 – Les Vergers du Vieux Tauves SA, BFH/NV 2009, 530; dazu *Hahn*, EWS 2010, 22.
5 *Hahn*, EWS 2008, 273; **aA** *Dörr*, IStR 2005, 109 (116); s. auch *Bullinger*, IStR 2004, 406 (409).

Überzeugungsbildung überantwortet und entzieht sich einer revisionsgerichtl. Überprüfung. Infolge der doppelten Relativierung – einerseits das Verdrängen anderer Neben-Beweggründe, andererseits die Verdrängung anderer Haupt-Beweggründe – fällt praktisch jeder Grund unter die Ausschlussklausel, der auch auf eine für sich genommen völlig unbedenkliche Steuervermeidung gerichtet ist. Lediglich dann, wenn es sich um einen Neben-Beweggrund handelt, ist er zu vernachlässigen. Das ist eindeutig zu weitgehend und schießt über das Ziel hinaus. Die Vorteile der ZLRL werden dadurch weitgehend entwertet und mehr oder weniger auf „gestaltungsfreie" Vorgänge reduziert. Es ist zu fragen, ob dieses Begrenzungen dem „Geist" europäischen Primärrechts (an denen sich auch die ZLRL messen lassen muss) gerecht wird und überdies, ob es angesichts des § 42 AO sowie des § 50d Abs. 3 überhaupt einer derartigen „Spezial"-Norm zur Missbrauchsvermeidung überhaupt bedarf.[1] – So oder so verbleibt es aber dabei: Da § 50g Abs. 4 und **§ 50d Abs. 3** unterschiedliche Tatbestandsvoraussetzungen haben, sind beide Missbrauchsvermeidungsvorschriften unabhängig voneinander anzuwenden, **§ 50g Abs. 4 S. 2**. Zugleich gehen aus nämlichem Grund der Spezialität beide Vermeidungsnormen der allg. Regelung des § 42 AO vor (worin sich uU abermals eine unionsrechtl. bedenkl. Ungleichbehandlung zum Nachteil beschränkt StPfl. ggü. unbeschränkt StPfl. offenbart).[2] Im Verhältnis zu **§ 50j** wiederum geht § 50g vor (s. § 50j Abs. 5), mangels entspr. Vorrangbestimmung jedoch nicht § 50g der Missbrauchsvermeidung nach **§ 50i**. – S. auch Rn. 13 zur Missbrauchsvermeidung durch § 50g Abs. 3 Nr. 1 S. 1. Neue Bedeutung könnte der Missbrauchsverhinderungsvorschrift auch iZ mit Einschränkungen v. Abkommensvergünstigungen durch das MLI[3] zukommen.

F. Vorrang von Doppelbesteuerungsabkommen (Abs. 5)

Abs. 5 stellt klar, dass ggü. den RL 2003/49/EG und 2004/66/EG weitergehende Entlastungen v. Quellensteuern (KapESt, § 50a) nach den DBA zw. den Mitgliedstaaten der EU auch künftig zu gewähren sind. Die Regelung hat vor allem Bedeutung für gewinnabhängige Zinszahlungen, für die – anders als nach Abs. 2 – v. einigen DBA eine Reduzierung der deutschen Steuer vorgesehen ist. 20

G. Gleichstellung der Schweiz (Abs. 6)

§ 50g Abs. 6 setzt Art. 15 Abs. 2 des Zinsabkommens der EU mit der Schweiz[4] um. Es sollen im Verhältnis zur Schweiz im Kern die gleichen Regelungen wie zw. den Mitgliedstaaten der EU gelten. Dabei betrifft die Umsetzung in § 50g Abs. 6 nur Ausnahmefälle, in denen die Regelung des Art. 15 Abs. 2 des Zinsabkommens bei Lizenzgebühren günstiger sein kann als die des DBA mit der Schweiz. Eine vollständige Umsetzung war wegen der ohnehin schon bestehenden Regelungen im DBA nicht erforderlich.[5] 21

§ 50h Bestätigung für Zwecke der Entlastung von Quellensteuern in einem anderen Mitgliedstaat der Europäischen Union oder der Schweizerischen Eidgenossenschaft

Auf Antrag hat das Finanzamt, das für die Besteuerung eines Unternehmens der Bundesrepublik Deutschland oder einer dort gelegenen Betriebsstätte eines Unternehmens eines anderen Mitgliedstaats der Europäischen Union im Sinne des § 50g Absatz 3 Nummer 5 oder eines Unternehmens der Schweizerischen Eidgenossenschaft im Sinne des § 50g Absatz 6 Satz 2 zuständig ist, für die Entlastung von der Quellensteuer dieses Staats auf Zinsen oder Lizenzgebühren im Sinne des § 50g zu bescheinigen, dass das empfangende Unternehmen steuerlich im Inland ansässig ist oder die Betriebsstätte im Inland gelegen ist.

Literatur: S. den Literaturnachweis zu § 50g.

Während § 50g die materiellen Regelungen zur Umsetzung der RL 2003/49/EG und 2004/66/EG und v. Art. 15 Abs. 2 des Zinsabkommens mit der Schweiz trifft und den Zinsen- und Lizenzgebührenfluss zw. verbundenen Unternehmen v. einer Besteuerung im Staat des Vergütungsschuldner befreit, trifft § 50h – 1

1 Zutr. krit ebenfalls *Hahn*, IStR 2010, 638.
2 *Hahn*, IStR 2010, 638 (643 f.); *Rudolf*, Treaty Shopping, 2012, 499 ff. (502 f.); **aA** *Blümich*, § 50g Rn. 77.
3 Multilaterales Instrument = Mehrseitiges Übereinkommen zur Umsetzung abkommensbezogener Maßnahmen zur Verhinderung der Gewinnverkürzung und Gewinnverlagerung, unterzeichnet am 7.6.2017, dort Art. 8 ff.; s. dazu, auch bezogen auf § 50g Abs. 4, *Grotherr*, FR 2017, 767 (774).
4 ABl. EG L 385/30 v. 29.12.2004.
5 BT-Drucks. 16/1545, 17.

neben § 50d – die in diesem Zusammenhang erforderlichen verfahrensrechtl. Regelungen. § 50h legt fest, dass das FA des Ansässigkeitsstaates oder der Betriebsstätte die Ansässigkeit bzw. Belegenheit im Inland auf Antrag bescheinigen[1] muss.[2]

§ 50i Besteuerung bestimmter Einkünfte und Anwendung von Doppelbesteuerungsabkommen

(1) [1]Sind Wirtschaftsgüter des Betriebsvermögens oder sind Anteile im Sinne des § 17

1. **vor dem 29. Juni 2013 in das Betriebsvermögen einer Personengesellschaft im Sinne des § 15 Absatz 3 übertragen oder überführt worden,**
2. **ist eine Besteuerung der stillen Reserven im Zeitpunkt der Übertragung oder Überführung unterblieben, und**
3. **ist das Recht der Bundesrepublik Deutschland hinsichtlich der Besteuerung des Gewinns aus der Veräußerung oder Entnahme dieser Wirtschaftsgüter oder Anteile ungeachtet der Anwendung dieses Absatzes vor dem 1. Januar 2017 ausgeschlossen oder beschränkt worden,**

so ist der Gewinn, den ein Steuerpflichtiger, der im Sinne eines Abkommens zur Vermeidung der Doppelbesteuerung im anderen Vertragsstaat ansässig ist, aus der späteren Veräußerung oder Entnahme dieser Wirtschaftsgüter oder Anteile erzielt, ungeachtet entgegenstehender Bestimmungen des Abkommens zur Vermeidung der Doppelbesteuerung zu versteuern. [2]Als Übertragung oder Überführung von Anteilen im Sinne des § 17 in das Betriebsvermögen einer Personengesellschaft gilt auch die Gewährung neuer Anteile an eine Personengesellschaft, die bisher auch eine Tätigkeit im Sinne des § 15 Absatz 1 Satz 1 Nummer 1 ausgeübt hat oder gewerbliche Einkünfte im Sinne des § 15 Absatz 1 Satz 1 Nummer 2 bezogen hat, im Rahmen der Einbringung eines Betriebs oder Teilbetriebs oder eines Mitunternehmeranteils dieser Personengesellschaft in eine Körperschaft nach § 20 des Umwandlungssteuergesetzes, wenn

1. **der Einbringungszeitpunkt vor dem 29. Juni 2013 liegt,**
2. **die Personengesellschaft nach der Einbringung als Personengesellschaft im Sinne des § 15 Absatz 3 fortbesteht und**
3. **das Recht der Bundesrepublik Deutschland hinsichtlich der Besteuerung des Gewinns aus der Veräußerung oder Entnahme der neuen Anteile ungeachtet der Anwendung dieses Absatzes bereits im Einbringungszeitpunkt ausgeschlossen oder beschränkt ist oder vor dem 1. Januar 2017 ausgeschlossen oder beschränkt worden ist.**

[3]Auch die laufenden Einkünfte aus der Beteiligung an der Personengesellschaft, auf die die in Satz 1 genannten Wirtschaftsgüter oder Anteile übertragen oder überführt oder der im Sinne des Satzes 2 neue Anteile gewährt wurden, sind ungeachtet entgegenstehender Bestimmungen des Abkommens zur Vermeidung der Doppelbesteuerung zu versteuern. [4]Die Sätze 1 und 3 gelten sinngemäß, wenn Wirtschaftsgüter vor dem 29. Juni 2013 Betriebsvermögen eines Einzelunternehmens oder einer Personengesellschaft geworden sind, die deswegen Einkünfte aus Gewerbebetrieb erzielen, weil der Steuerpflichtige sowohl im überlassenden Betrieb als auch im nutzenden Betrieb allein oder zusammen mit anderen Gesellschaftern einen einheitlichen geschäftlichen Betätigungswillen durchsetzen kann und dem nutzenden Betrieb eine wesentliche Betriebsgrundlage zur Nutzung überlässt.

(2) Bei Einbringung nach § 20 des Umwandlungssteuergesetzes sind die Wirtschaftsgüter und Anteile im Sinne des Absatzes 1 abweichend von § 20 Absatz 2 Satz 2 des Umwandlungssteuergesetzes stets mit dem gemeinen Wert anzusetzen, soweit das Recht der Bundesrepublik Deutschland hinsichtlich der Besteuerung des Gewinns aus der Veräußerung der erhaltenen Anteile oder hinsichtlich der mit diesen im Zusammenhang stehenden Anteile im Sinne des § 22 Absatz 7 des Umwandlungssteuergesetzes ausgeschlossen oder beschränkt ist.

Verwaltung: BMF v. 26.9.2014, BStBl. I 2014, 1258 (Anwendung der DBA auf PersGes.), dort Tz. 2.3.3.; v. 21.12.2015, BStBl. I 2016, 7.

---

1 S. dazu auch LFD Thüringen v. 9.3.2010 – S 1300 A-80-A 4.101 (Erteilung einer Apostille nach Art. 3 Abs. 1 und Art. 6 des Haager Übereinkommens vom 5.10.1961 („Haager Apostille").

2 Zur Neufassung durch das StÄndG 2007: BT-Drucks. 16/1545, 17.

Literatur: *Adrian/Franz*, Änderungen der Unternehmensbesteuerung durch das AmtshilfeRLUmsG, BB 2013, 1879; *Benecke/Blumenberg*, Aktuelle Entwicklungen im Bereich der Wegzugs- und Entstrickungsbesteuerung, StbJb. 2014/2015, 419; *Benz/Böhmer*, Das BMF-Schr. zu § 50i Abs. 2, DStR 2016, 145; *Bilitewski/Schifferdecker*, Aktuelle Entwicklungen im Bereich der Wegzugsbesteuerung nat. Pers. in Drittstaaten, Ubg 2013, 559; *Bodden*, Die Neuregelungen des § 50i durch das Kroatien-AnpG, DB 2014, 2371; *Bodden*, § 50i – Eine Bestandsaufnahme, DStR 2015, 150; *Bodden*, Familien-PersGes. im Spannungsfeld zw. § 50i und § 4 Abs. 1 S. 3 – Steuergefahren beim Wegzug v. G'tern, KÖSDI 2015, 19249; *Böhmer/Wegener*, Zum Verhältnis der Verstrickung zu sonstigen Vorschriften des nationalen Rechts, Ubg 2015, 69; *Bron*, Der neu gefasste § 50i und seine Gefahren – mit Kanonen auf Spatzen schießen, DStR 2014, 1849; *Ettinger/Beuchert*, Wegzugsbesteuerung im Lichte des § 50i, IWB 2014, 680; *Gosch*, Über Entstrickungen, IWB 2012, 779; *Haag*, Ertragsteuerliche Fragen bei Zuzug und Wegzug natürlicher Personen, DB 2018, 1303; *Häck*, Wegzugsbesteuerung bei Vererbung und Schenkung v. KapGes.-Anteilen im stl. PV und BV, IStR 2015, 267; *Heckerodt/Schulz*, Das Verhältnis von § 6 AStG zu den Entstrickungsregelungen des EStG und des KStG, ISR 2018, 229; *Heinlein/Euchner*, Das Anwendungsschr. zu § 50i Abs. 10 – zugleich das Ende der faktischen Umstrukturierungs- und Nachfolgesperre?, BB 2016, 795; *Hruschka*, Das neue BMF-Schreiben zur Anwendung v. DBA auf PersGes., IStR 2014, 785 und DStR 2014, 2421; *Hruschka*, § 50i gilt nicht nur für die übernehmende Ges. – Zugleich Duplik zu *Neumann-Tomm*, IStR 2015, 62; *Hruschka/Jo. Lüdicke*, Die Wegzugsbesteuerung und der neue § 50i, StbJb. 2013/2014, 237; *Hruschka/Jo. Lüdicke*, Das neue BMF-Schr. zur abkommensrechtl. Beurteilung v. PersGes., StbJb. 2014/2015, 399; *Jehl-Magnus*, Die gewerblich geprägte PersGes. im intern. Steuerrecht, § 50i und Entwurf eines neuen BMF-Schr., NWB 2014, 1649; *Jochimsen/Kraft*, Entstrickung und Verstrickung v. SBV außerhalb des § 50i im Outbound-Kontext – illustriert anhand v. Fallstudien, FR 2015, 629; *Köhler*, Ent- statt Verstrickungsbesteuerung: § 50i – Nach der Änderung ist vor der Änderung?!, ISR 2014, 317; *Kudert/Kahlenberg/Mroz*, Inhalt und Stellenwert des neuen § 50i, ISR 2013, 365; *Kudert/Kahlenberg/Mroz*, Umfassende Verschärfung v. § 50i iRd. „Kroatien-G", ISR 2014, 257; *F. Lang/Benz*, Der verschärfte § 50i, StbJb. 2014/2015, 183; *Levedag*, Einbringung und Einlage v. PV in vermögensverwaltende und gewerbl. PersGes., GmbHR 2013, 243; *Liekenbrock*, „Steuerfreie" Entstrickung oder § 50i?, IStR 2013, 690; *Liekenbrock*, Beseitigung des § 50i-Problems durch qualifizierten Anteilstausch, DStR 2015, 1535; *Liekenbrock*, § 50i-Schr. und seine Auswirkungen auf die Unternehmensnachfolge und Umstrukturierungen außerhalb des UmwStG, Ubg 2016, 120; *Liekenbrock*, § 50i-Schr. und seine Auswirkungen auf Einbringungs- und Umwandlungsvorgänge, DB 2016, 436; *Liekenbrock*, Entschärfung v. § 50i durch das Anti-BEPS-G?, DStR 2016, 2609; *Liekenbrock*, § 50i reloaded: Was ist nun zu tun?, DStR 2017, 177; *Liekenbrock*, Neuer § 50i Abs. 2 und Aufhebung des Billigkeitserlasses v. 21.12.2015, ISR 2017, 115; *v. Lishaut/Hannig*, Zwangsrealisation nach § 50i Abs. 2 wird durch BMF-Schr. v. 21.12.2015, FR 2016, 96, entschärft, FR 2016, 50; *Loose/Wittkowski*, Folgen der aktuellen BFH-Rspr. zu gewerblich geprägten PersGes. für Wegzugsfälle nach § 6 AStG, IStR 2011, 68; *Jü. Lüdicke*, Gedanken zu § 50i, FR 2015, 128; *Mitschke*, Grenzüberschreitende Sondervergütungen bei PersGes. und gewerbl. geprägte PersGes. im internationalen Steuerrecht nach dem AmtshilfeRLUmsG, FR 2013, 694; *Mroz*, Neufassung des § 50i als Reaktion des Gesetzgebers auf Problembereiche des BMF-Schr. zur Anwendung des § 50i Abs. 2, FR 2016, 933; *Neumann-Tomm*, Buchwertansatz iSd. UmwStG iRd. § 50i – Zugleich Replik zu *Hruschka*, IStR 2014, 785 (787), IStR 2015, 60; *v. Oertzen/Blusz*, Kautelarjuristischer Ausweg aus § 50i-Unsicherheit bei der Unternehmensnachfolge?!, BB 2015, 283; *Oppel*, Neue Entwicklungen iRd. Wegzugsbesteuerung – viele offene Fragen durch die Treaty override-Regelung des § 50i, SAM 2014, 43; *C. Pohl*, Die „vermögensverwaltende" PersGes. im Abkommensrecht – Rechtsänderungen durch den neuen § 50i, IStR 2013, 699; *U. Prinz*, PersGes. und DBA, JbFfSt. 2010/2011, 491; *U. Prinz*, Der neue § 50i: Grenzüberschreitende „Gepräge-KG" zur Verhinderung einer Wegzugsbesteuerung, DB 2013, 1378; *U. Prinz*, Hochproblematische Verschärfung der „§ 50i-Entstrickungsregelung" im Kroatien-AnpG, GmbHR 16/2014, R241; *Pung/Schneider*, Zur gebotenen Entschärfung des § 50i, StbJb. 2015/2016, 133; *Roderburg/Richter*, Offene Fragen und Probleme bei der Anwendung v. § 50i idF des Kroatien-G, IStR 2015, 227; *Rödder*, Der neue § 50i muss entschärft werden!, DB 2015, 1422; *Rödder/Kuhr/Heimig*, § 50i-Strukturen nach dem „Kroatiengesetz" – warum massive Kollateralschäden drohen, Ubg 2014, 477; *Ruoff*, § 50i – Eine krit. Analyse der Ergänzungen durch das „Kroatien-AnpG", FS Gosch, 2016, 365; *Salzmann*, Weitere Treaty overrides aufgrund des AmtshilfeRLUmsG, IWB 2013, 405; *Salzmann*, Innerstaatlicher GewBetr. als abkommensrechtl. Definition v. Unternehmensgewinnen?, IWB 2013, 846; *Salzmann*, „Nachbesserung" des § 50i, IWB 2014, 782; *Schnitger* in Brunsbach/Endres/Jü. Lüdicke/Schnitger (Hrsg.), Deutsche Abkommenspolitik – Trends und Entwicklungen 2012/2013, IFSt. Nr. 492/2013, 84 ff.; *Schönfeld*, Keine „Wegzugsbesteuerung" bei Wegzug mit einer Beteiligung an einer gewerblich geprägten PersGes., IStR 2011, 142; *Sonnleitner*, Anwendung der DBA auf PersGes. – weitere Präzisierungen sind notwendig!, BB 2014, 473; *Stein*, Konsequenzen des § 50i und der Buchwertfortführung nach § 6 Abs. 3 nach dem BMF-Schr. für (grenzüberschreitende) Erbschafts- und Schenkungssfälle, ZEV 2016, 138; *Strothenke*, Zur Anwendung v. DBA auf PersGes. und v. § 50i, StuB 2015, 181; *Töben*, § 50i – Fälle und Unfälle (Wegzugsbesteuerung nach neuen Regeln außerhalb des § 6 AStG), IStR 2013, 682; *v. Werder*, § 50i – Inhalt und Stellenwert iRd. Wegzugsbesteuerung, Hefte zur Intern. Besteuerung, Nr. 190/2014.

A. Grundaussagen der Vorschrift

1 **I. Regelungsgegenstand und Regelungszweck.** Durch das **AmtshilfeRLUmsG** v. 26.6.2013[1] wurde ein neuer § 50i kreiert. **Ziel der Neuregelung**[2] war es im Kern, einem (in Wegzugsfällen bis dato zum „Standardrepertoire" gehörenden)[3] Gestaltungsmodell – in erster Linie – zulasten v. **§ 6 AStG** und der dadurch bewirkten (allerdings nach § 6 Abs. 5 AStG idF des SEStEG aus Gründen des Unionsrechts und dessen Anforderungen gemilderten, s. § 17 Rn. 10) Entstrickungsbesteuerung Paroli zu bieten, darüber hinaus Vermeidungsstrategien bei **Umstrukturierungen** (§ 20 UmwStG) oder in den **Entstrickungssituationen** des § 4 Abs. 1 S. 3 und 4 (zu deren tatbestandlichen Defiziten s. § 49 Rn. 16; s. dazu und zum Verhältnis zu jener Norm auch Rn. 2 aE). Dieses Modell versucht(e), vor allem der sog. Wegzugsteuer des § 6 AStG dergestalt zu entgehen, dass die „wesentlichen" Kapitalbeteiligungen des Anteilseigners vor dessen Wegzug qua steuerneutraler Einlage[4] in einer gewerbl. geprägten PersGes. (typischerweise in eine Holding-GmbH & Co. KG) „geparkt" wurden. Die kraft **§ 15 Abs. 3 Nr. 2** (oder auch kraft **BetrAufsp.**) ausgelöste (und ihrerseits systemwidrige und rein GewSt-induzierte)[5] gewerblich-fiktive Prägung der an sich (nur) vermögensverwaltenden PersGes. einerseits und die dadurch dem MU'er abkommensrechtl. vermittelte Betriebsstätte andererseits sollen, das ist das angestrebte Gestaltungsziel (und das stand in Einklang mit der früheren Verwaltungspraxis)[6], sicherstellen, dass Deutschland das Besteuerungsrecht in einem späteren Veräußerungsfall uneingeschränkt verbleibt und der Entstrickungsfall beim Wegzug infolgedessen nicht ausgelöst wird.[7] In ähnlicher Weise und Zielrichtung wurden auch andere WG des BV in das BV einer gewerbl. geprägten Ges. überführt. Die FÄ haben dieses Modell in der Vergangenheit augenscheinlich auf breiter Front (vor allem in BaWü.) akzeptiert und Antragstellern entspr. verbindliche (Fortbestandsverstrickungs-)Zusagen erteilt.[8] Solche Überlegungen können allerdings angesichts der einschlägigen, mittlerweile st. (und der FinVerw. nunmehr nicht länger widersprechenden, sa. Rn. 2)[9] Spruchpraxis des **BFH** zur abkommensrechtl. Gewerblichkeit v. PersGes.[10] kaum Bestand behalten.[11] Ihnen fehlt die positiv-rechtl. Grundlegung: Nationalstaatliche Gewerblichkeitsfiktionen, wie die kapitalistische „Prägung" oder „Infektion" nach Maßgabe v. § 15 Abs. 3 oder auch die BetrAufsp, reichen danach nicht aus, um den tatbestandlichen Erfordernissen des Art. 7 Abs. 1 OECD-MA und dem danach gebotenen abkommenseigenen Regelungsverständnis zu genügen. Maß der Dinge hierfür ist vielmehr stets und allein die ‚originäre', keine bloße unilateral-fiktive Gewerblichkeit der zu beurteilenden Tätigkeit. ‚Originär' gewerblich (oder auch freiberuflich iSv. § 18 Abs. 1 Nr. 1)[12] tätig (iSv. § 15 Abs. 2) sind vermögensverwaltende Holding-PersGes.[13] indessen nicht, und deshalb scheidet es auch aus, ihnen aus Abkommenssicht eine Betriebsstätte (iSv. **Art. 5 Abs. 1 OECD-MA**) zuzumessen oder ihren „Geschäftssitz" als eine solche zu qualifizieren.[14] **Folge** dieser Sichtweise ist, dass das Besteuerungsrecht im anderen Vertragsstaat liegt. Das ergibt sich aus **Art. 13 Abs. 2 und 5 OECD-MA** und ist unabhängig davon, ob die Freistellungs- oder die Anrechnungsmethode vereinbart ist, weil das Besteuerungsrecht so oder so im anderen Vertragsstaat als dem Ansässigkeitsstaat liegt.[15]

2 Die FinVerw. wurde also gewissermaßen v. der Vergangenheit der administrativen „Falschbehandlung" der Vorgänge „eingeholt". § 50i soll dadurch bewirkten Besteuerungsausfällen „in Milliardenhöhe"[16] (abermals,

1 BGBl. I 2013, 1809.
2 Umfassend zB *F. Lang/Benz*, StbJb. 2014/2015, 183 (184 f.).
3 S. *Roser/Hamminger* in Grotherr, Handbuch der intern. Steuerplanung, 3. Aufl. 2011, 1546 f.; *Schnittker*, FR 2015, 134.
4 S. dazu BMF v. 11.7.2011, BStBl. I 2011, 713.
5 Sa. *Jü. Lüdicke*, FR 2015, 128.
6 Vgl. BMF v. 16.4.2010, BStBl. I 2010, 354 Tz. 2.2.1.
7 BR-Drucks. 632/1/12, 17 f.; s. *Schönfeld*, IStR 2011, 142; *Loose/Wittkowski*, IStR 2011, 68; *Gosch*, IWB 2012, 779 (788 f.); *Prinz*, JbFfSt. 2010/2011, 491; *W/R/S*, Rn. 12.12; *Hruschka/Jo. Lüdicke*, StbJb. 2013/2014, 237; *Haag*, DB 2018, 1303 (1307).
8 BR-Drucks. 632/1/12, 17 f.; s. zB *Bilitewski/Schifferdecker*, Ubg 2013, 559 (564 f.).
9 BMF v. 26.9.2014, BStBl. I 2014, 1258 Tz. 2.2.1, 2.3.1 und 2.3.3; *Mitschke*, FR 2013, 694 (697 f.); anders noch BMF v. 16.4.2010, BStBl. I 2010, 354 Tz. 2.2.1.
10 ZB BFH v. 28.4.2010 – I R 81/09, BStBl. II 2014, 754; v. 9.12.2010 – I R 49/09, BStBl. II 2011, 482; v. 25.5.2011 – I R 95/10, BStBl. II 2014, 760; v. 24.8.2011 – I R 46/10, FR 2012, 39 m. Anm. *Elser/Bindl*; dem folgend zB FG Hess. v. 26.3.2015 – 10 K 2347/09, EFG 2015, 1454 (rkr.) (für eine BetrAufsp.).
11 IErg. ebenso *Loose/Wittkowski*, IStR 2011, 68; *Gosch*, IWB 2012, 779 (788 f.); *Prinz*, JbFfSt. 2010/2011, 491; JbFfSt. 2013/2014, 489 ff.; *W/R/S*, Rn. 12.12; *Suchanek*, GmbHR 2011, 1008; diff. *Schönfeld*, IStR 2011, 142.
12 BMF v. 26.9.2014, BStBl. I 2014, 1258 Tz. 2.2.1.1.
13 S. dazu *Hruschka*, DStR 2014, 2421 (2424), mit dem Hinweis darauf, dass der BMF v. 26.9.2014, BStBl. I 2014, 1258, dazu (entgegen dem ursprünglichen Entw.) schweigt.
14 S. *Gosch*, IWB 2012, 779 (788 f.); *W/R/S*², Rn. 14.5.
15 *Hruschka*, StbJb. 2013/2014, 237 (247).
16 BR-Drucks. 632/1/12, 18.

s. zB § 50d Rn. 3, 8 bis 11) im Wege eines **Treaty override**[1] begegnen („ungeachtet eines …"): Ist bei Übertragung oder Überführung der Kapitalbeteiligung auf die KG (nicht jedoch bei dem Wegzug des StPfl.,[2] s. dazu Rn. 14) auf eine Besteuerung verzichtet worden (weil man seitens der FinVerw. infolge des rechtsirrigen Abkommensverständnisses guten Mutes war, diese Besteuerung im tatsächlichen Realisationszeitpunkt, zB durch Veräußerung oder Entnahme, nachholen zu können), dann soll der spätere Besteuerungszugriff gem. § 49 Abs. 1 Nr. 2 lit. a nunmehr ungeachtet entgegenstehender DBA-Regelungen (vgl. Art. 13 Abs. 2 und 5 OECD-MA, Rn. 1) aufrechterhalten werden. Gerechtfertigt sein soll der „nachgeholte" Besteuerungszugriff jedenfalls vermittels Treaty overriding, weil es um die stl. ‚Bewältigung' v. Alt-Fällen geht, bei denen FinVerw. und StPfl. in der Vergangenheit (idR) gemeinsam davon ausgegangen sind, dass mittels der Zwischenschaltung einer GmbH & Co. KG eine Realisierung der stillen Reserven vermeidbar gewesen ist.[3] S. aber auch Rn. 4f. Der Sache nach handelt es sich um den legislatorischen Widerruf eines vormaligen Billigkeitserweises (s. Rn. 4a). Ob das aus „gesetzestechnischer" Sicht rundum gelungen ist (und war), lässt (und ließ) sich allerdings füglich bezweifeln: Der erste „Regelungswurf" beließ gestalterische Auswege, der Tatbestand griff hier und da zu kurz, s. nachfolgend, zB Rn. 9 und 17.[4] Das hatte sich der eine oder der andere „Steuergestalter" zunutze gemacht (oder zunutze machen wollen)[5] und deswegen hatte der Gesetzgeber des **Kroatien-AnpG** v. 25.7.2014[6] nachgebessert und dabei – nunmehr mit deutlich überschießenden Effekten – „in die Vollen gegriffen";[7] die drohenden „Kollateralschäden"[8] waren beeindruckend, s. dazu Rn. 14f., 20 sowie 15. Aufl. Rn. 25, 28. Mit dem deshalb in die Welt gesetzten – und offenbar als „heilend" angedachten[9] – BMF-Anwendungsschr. v. 21.12.2015[10] (s. dazu 15. Aufl. Rn. 27a, 28a) sollte dem im Wege der sachlichen Billigkeit abgeholfen werden. Mit dem Anwendungsschr. war es allerdings nicht getan, um diese „Schäden" im Zaum zu halten: Angesichts der Streitanfälligkeit so vieler Fragen iZ mit der Neuregelung bestand die Gefahr, dass die Gerichte sich des einen oder des anderen Streitpunkts hätten annehmen müssen. Deswegen drohte auch dann, wenn sich die FÄ an den Erlass „hielten", Ungemach; Gerichte sind allein dem G verpflichtet, nicht aber den (wohlmeinenden) BMF-Erl.[11] Mit dem sog. **BEPS-UmsG** v. 20.12.2016[12] hat der Gesetzgeber nachgebessert, dadurch einen Gutteil der besagten Kollateralschäden rückwirkend beseitigt und die Norm zudem zu einem reinen **Zeitgesetz** für den Zeitraum v. 29.6.2013 (s. Abs. 1 S. 1 Nr. 1 nF) bis zum 31.12.2016 (s. Abs. 1 S. 1 Nr. 3 nF) umgestaltet.[13]

II. Anwendungsbereich. 1. Persönlicher Anwendungsbereich. In persönlicher Hinsicht „trifft" die Versteuerungspflicht die Gewinne oder die lfd. Einkünfte, die in dem beschriebenen Zusammenhang „ein StPfl." (= jeglicher Art, also nat. Pers., PersGes. ebenso wie jur. Pers.)[14] erzielt, der iS. eines DBA im anderen Vertragsstaat ansässig ist,[15] nach Maßgabe des jeweiligen DBA (Art. 4 Abs. 2 OECD-MA) ggf. also auch doppelansässige Pers.[16] Das soll der Zielsetzung der Regelung nach zwar erkennbar (nur) derjenige StPfl. sein, der *vor* der Übertragung v. WG und Anteilen iSd. § 17 in das BV einer (inländ.) PersGes. iSd. § 15 Abs. 3 in Deutschland ansässig gewesen ist; „gemeint" ist so gesehen der Fall des Wegzugs in den anderen DBA-Vertragsstaat. Dieser Begriff und diese (Regel-)Konstellation findet im G indessen keinen Niederschlag und beides ist als solches auch nicht besteuerungsauslösend. In der Konsequenz weitet sich der persönliche Anwendungsbereich der Regelung deswegen auf **jeden Mitgesellschafter**, auch jenen, der seit jeher im (DBA-)Ausland (iSv. Art. 4 OECD-MA) ansässig ist; für eine einschränkende Auslegung gibt die 3

1 *Hruschka*, StbJb. 2013/2014, 237 (247).
2 Das bemerkt zu Recht vor allem *Jü. Lüdicke*, FR 2015, 128, kritisch.
3 *Mitschke*, FR 2013, 694 (698); sa. *Prinz*, DB 2013, 1378.
4 S. dazu umfassend mit vielerlei Arg. und Bsp. insbes. *Liekenbrock*, IStR 2013, 690.
5 Augenscheinlich vor allem und in großem Stil hatte *Wolfgang Porsche* Solches geplant, um seinen Umzug nach Österreich „steuerlich zu veredeln", und wollte dies vermittels einer verbindlichen Auskunft des FA absichern. S. dazu *Budras*, FAZ v. 19.3.2014.
6 BGBl. I 2014, 1266.
7 So plastisch *Köhler*, ISR 2014, 317.
8 Davon sprechen *Rödder/Kuhr/Heimig*, Ubg 2014, 477; sowie *Bron*, DStR 2014, 1849.
9 Sa. *Geberth/Bartelt*, DB 2014, 2861 (2863).
10 BStBl. I 2016, 7.
11 S. zu einem derartig ‚missliebigen' Streiteffekt zB BFH v. 16.4.2014 – I R 44/13, BStBl. II 2015, 303 (dort in Abkehr v. UmwSt-Erlass). Intensiv eingefordert wird eine gesetzliche Lösung denn auch v. *Benz/Böhmer*, DStR 2016, 145, dort mit konkreten Formulierungsvorschlägen an den Gesetzgeber.
12 BGBl. I 2016, 3000.
13 Dazu *Liekenbrock*, ISR 2017, 115.
14 *Töben*, IStR 2013, 682 (684).
15 Sa. *Köhler*, ISR 2014, 317 (323).
16 *Stein*, ZEV 2016, 138 (140).

Vorschrift keinen Anhalt,[1] auch nicht dadurch, dass – wie zT gemeint wird[2] – ein tatbestandliches „Unterbleiben" der Besteuerung ein vorangehendes „Bestehen" der Besteuerung bedinge; v. einem Besteuerungsrecht ist nämlich keine Rede. Und so gesehen umfasst § 50i Abs. 1 in der Sache auch solche stillen Reserven, welche im anderen Staat entstanden sind und auf welche der andere Staat abkommensrechtl. zugreifen darf (vgl. Art. 13 Abs. 5 OECD-MA), s. Rn. 2, 13; dass Letzteres aus Gründen der unionsrechtl. Diskriminierungs- und Beschränkungsverbote nicht haltbar ist, liegt allerdings auf der Hand,[3] und deshalb ist es zu bedauern, dass dieser Effekt nach wie vor besteht, trotz der zwischenzeitlich beförderten „Nachbesserung" durch das sog. BEPS-UmsG v. 20.12.2016[4] (s. dazu Rn. 2). – Davon abgesehen unterscheidet § 50i (auch) nicht zw. solchen Personen, die zunächst in einen Nicht-DBA-Staat und sodann erst v. dort aus in einen DBA-Staat verziehen (sog. Doppelumzugsfall); ausschlaggebend ist allein die besteuerungsauslösende Veräußerung der Beteiligung durch die entspr. qualifizierte PersGes.[5] – Die Verengung auf eine im Ausland ansässige Person gilt mittlerweile (und entgegen der regulativen Vorfassung) gleichermaßen für **§ 50i Abs. 2** idF des BEPS-UmsG v. 20.12.2016[6] (s. Rn. 28).

4 **2. Zeitlicher Anwendungsbereich; erstmalige Anwendung.** **§ 50i Abs. 1 S. 1 (Nr. 1 nF) und 2** soll auf die Übertragung oder Überführung v. WG oder Anteilen (durch Veräußerung oder Entnahme, einschl. Umwandlungen und Einbringungen,[7] sei es in das Gesamthandsvermögen der PersGes., sei es in das SBV eines G'ters)[8] anzuwenden sein, die *nach* dem gesetzl. Verkündungsdatum und damit **nach** dem **29.6.2013** stattfinden, **§ 52 Abs. 48 S. 1** idF des Kroatien-AnpG v. 25.7.2014[9] (§ 52 Abs. 59d S. 1 aF). Es wird also eine rein zeitliche (und nicht eine durch Verfahrensrecht, zB die Bestandskraft vorangegangener Bescheide beschränkte, s. Rn. 4, 22) **Zäsur** für die zugrunde liegende Gestaltung und deren ‚Ingangsetzung' gesetzt. Im Umkehrschluss dürfte daraus folgen, dass das G für die stl. Gegenwart (für sog. „Neufälle") die zuvor v. der FinVerw. bekämpfte abkommensrechtl. Betrachtungsweise (Rn. 1) anerkennt.[10] Mit dem sog. BEPS-UmsG v. 20.12.2016[11] wurde § 50i zudem als **„echtes Zeitgesetz"** umgestaltet: Der Tatbestand wurde dadurch (unter enumerativer Gruppierung der bisherigen Tatbestandsmerkmale des S. 1) um einen **Abs. 1 S. 1 Nr. 3 nF** ergänzt: Erforderlich ist seitdem, dass das Recht Deutschlands hinsichtlich der Besteuerung des Gewinns aus der Veräußerung oder Entnahme der seit dem 29.6.2013 veräußerten oder entnommenen WG oder Anteile „ungeachtet der Anwendung dieses Absatzes" **vor dem 1.1.2017** ausgeschlossen (nämlich iSv. Art. 23A OECD-MA) oder beschränkt (nämlich iSv. Art. 23B OECD-MA) worden ist. MaW: Vor wie nach den beiden zeitlichen Eckmarken ist § 50i allemal nicht einschlägig; die allg. Entstrickungsregeln (s. Rn. 14) bleiben vielmehr uneingeschränkt erhalten, sie werden nicht durch § 50i Abs. 1 „suspendiert"[12] und es besteht seitdem kein „Entstrickungsschutz" mehr.[13] Gleichermaßen verhält es sich seitdem bezogen auf den „Auffangtatbestand" des **Abs. 1 S. 2 Nr. 1 und 3** idF des BEPS-UmsG v. 20.12.2016 (s. dazu Rn. 19). Eine Ausnahme davon mag angezeigt und mit dem Regelungswortlaut (noch) vereinbar sein, wenn der weggezogene StPfl. binnen des maßgebenden Zeitraums wieder ins Inland zuzieht, sodann aber außerhalb jenes Zeitraums wieder in einen DBA-Staat wegzieht.[14] Richtiger Ansicht nach greifen (auch) dann die allg. Entstrickungsregeln und werden diese nicht durch eine ad infinitum wirkende § 50i-Verhaftung (in Gestalt einer dieser zu eigenen „hypothetischen Wiederverhaftung") auf Dauer verdrängt.[15] Gestalterische „Anpassungsmöglichkeiten", um den „Entstrickungsschutz" zu bewahren, mögen sein: Formwechsel/Verschmelzung, Strukturwandel, Übertragung auf originär gewerbliche PersGes., Anteilstausch iSv. § 21 UmwStG.[16]

1 Zutr. *Liekenbrock*, IStR 2013, 690 (691); *Hruschka*, StbJb. 2013/2014, 237 (260); sa. BMF v. 26.9.2014, BStBl. I 2014, 1258 Tz. 2.3.3.1; **aA** wohl *C. Pohl*, IStR 2013, 699 (701); *Töben*, IStR 2013, 682 (684); *Frotscher/Geurts*, § 50i Rn. 33; *Jo. Lüdicke*, StbJb. 2013/2014, 237 (261); offenbar auch *Bron*, DStR 2014, 1849; sa. *Stein*, ZEV 2016, 138 (141) zur Schenkungssituation.
2 So aber *Jo. Lüdicke*, StbJb. 2013/2014, 237 (261).
3 Vgl. EuGH v. 29.11.2011 – Rs. C-371/10 – National Grid Indus, BFH/NV 2012, 364; v. 6.9.2012 – Rs. C-38/11 – Kommission ./. Portugal, BFH/NV 2012, 1757; sa. *Jo. Lüdicke*, StbJb. 2013/2014, 237 (261).
4 BGBl. I 2016, 3000.
5 *Hruschka*, StbJb. 2013/2014, 237 (255 f.); einschränkend *Jo. Lüdicke*, StbJb. 2013/2014, 237 (256 f.).
6 BGBl. I 2016, 3000.
7 BMF v. 26.9.2014, BStBl. I 2014, 1258 Tz. 2.3.3.3.
8 BMF v. 26.9.2014, BStBl. I 2014, 1258 Tz. 2.3.3.2.
9 BGBl. I 2014, 1266.
10 *Prinz*, DB 2013, 1378 (1381); *Töben*, IStR 2013, 682 (683, 686).
11 BGBl. I 2016, 3000.
12 So BT-Drucks. 18/10506, 81.
13 *Liekenbrock*, DStR 2017, 177 (179 f.).
14 *Liekenbrock*, DStR 2017, 177 (180).
15 **AA** aber *Liekenbrock*, DStR 2017, 177 (180).
16 Umfassend geprüft und vorgeschlagen v. *Liekenbrock*, DStR 2017, 177 (182 f.).

Die v. § 50i ausgelöste Regelungsfolge der „nachversteuerten Entstrickung“ ist aus Gründen des **verfassungsrechtl. gewährleisteten Vertrauensschutzes** im Prinzip hinzunehmen, weil sich FinVerw. und StPfl. über die Rechtskonsequenzen in der Vergangenheit „einig“ waren.[1] Ob das „bewusst“ mit oder ohne eine verbindliche Zusage auf Nichtbesteuerung geschah oder aber „zufällig“ als kollateraler und v. StPfl. „hingenommener“ Begünstigungseffekt (zB infolge ‚schlampiger‘ Subsumtion durch das FA oder auch ‚besserer‘, nämlich rspr.-konformer Erkenntnis eines ungeachtet anderslautender BMF-Vorgaben unbotmäßig entscheidenden Finanzbeamten), kann dabei – bei grds. anzuerkennender typisierender Betrachtung – keine Rolle spielen (s. aber auch Rn. 23). Dass die Rspr. seit geraumer Zeit einen anderen Weg eingeschlagen hat (s. Rn. 1), sollte dem deswegen nicht entgegenstehen. Und letzterer Umstand gereicht wohl auch nicht, infolge der Neuregelung des § 50i (Abs. 1) zum Anwendungsstichtag 30.6.2013 eine gesetzlich „gewillkürte“ **Verstrickung** (iSv. **§ 4 Abs. 1 S. 8**) anzunehmen, was wiederum zur Folge hätte, dass die betr. WG mit ihren gemeinen Werten anzusetzen wären und (in Anlehnung an BVerfG v. 7.7.2010,[2] s. dazu § 17 Rn. 34a) allein jene stillen Reserven erfasst würden, die nach jenem 29.6.2013 angesammelt werden: Zwar bedurfte es der Neuregelung, um bezogen auf Veräußerungs- und Übertragungsgewinne den ‚an sich‘ gegebenen Abkommensschutz vor innerstaatlichen Besteuerungszugriffen zu unterlaufen, und so gesehen statuiert sie einen gesetzlichen Verstrickungstatbestand. Doch kann das nicht isoliert, sondern muss es im Normkontext und auch vor dem Hintergrund des vorangegangenen vorübergehenden Besteuerungsverzichts gesehen werden. Und danach handelt es sich hierbei (wiederum grob, jedoch noch hinnehmbar) typisierend um die „Kehrseite“ der Verstrickung, nämlich um den nachträglichen gesetzl. Entstrickungszugriff, auf den zunächst beim Wegzug des StPfl. (aus Abkommenssicht contra legem) verzichtet worden war. Der nunmehrige Zugriff erfolgt kraft Treaty overriding, weil er Abkommensrecht widerspricht. Das ändert aber nichts daran, dass der seinerzeitige Besteuerungsverzicht objektiv-rechtl. abkommenswidersprechend war. Letztlich handelt es sich bei § 50i damit um die Rückgängigmachung des Billigkeitserweises, durch welchen die unilaterale „Alt-Verstrickung“ im Sinne einer „Weiterverstrickung“ (sa. bereits Rn. 1) perpetuiert worden war. Zuzugestehen ist allerdings, dass das alles systematisch zu § 6 AStG gehört hätte, nicht aber in das EStG.[3] – IErg. sollte – jedenfalls im Ausgangspunkt (s. aber Rn. 3, 21, 28) – zugleich auch eine Verletzung der **unionsrechtl. Niederlassungs- und Kapitalverkehrsfreiheit** ausscheiden: Es wird nur jene Besteuerung ‚nachgeholt‘, die seinerzeit – im Zeitpunkt des Wegzugs – unterblieben ist. Dass jene Besteuerung (vor Novellierung des § 6 AStG, s. Rn. 1) nach Lage der Dinge ihrerseits gegen die EU-Freiheitsrechte verstieß, bleibt unbeachtlich. Der StPfl. hat sich trotzdem auf eine Gestaltung eingelassen, um den seinerzeit (unionsrechtswidrig) drohenden Besteuerungszugriff zu ‚umgehen‘. Er kann jetzt nicht verlangen, so gestellt zu werden, als wäre er – ob erforderlich oder nicht – *nicht* gestalterisch tätig geworden, jedenfalls solange nicht, wie In- und Ausländer hierbei gleichbehandelt werden (s. jedoch nunmehr Abs. 2 idF des BEPS-UmsG v. 20.12.2016, Rn. 28).[4] Eine „nachträgliche Verschärfung“ des (ursprünglichen) Unionsrechtsverstoßes liegt darin nicht.[5] Unabhängig davon gibt es aber ohnehin keinen Vertrauensschutz in eine unionsrechtswidrige Regelungslage,[6] zumal dann nicht, wenn diese infolge des unionsrechtl. Anwendungsvorrangs nicht zu einer (hier: unmittelbaren Wegzugs-)Besteuerung hätte führen dürfen. 4a

Die in Rn. 4a getroffene Einschätzung uU fehlenden Vertrauensschutzes kann aber nicht für die in § 50i Abs. 1 S. 2 idF des Kroatien-AnpG v. 25.7.2014[7] geschaffenen neuen „Erfassungstatbestände“ (s. dazu Rn. 18 ff.) und die dafür geschaffene Rückwirkung nach § 52 Abs. 48 S. 1 idF des Kroatien-AnpG v. 25.7.2014[8] gelten. Dass auch insoweit der 29.6.2013 das besteuerungsauslösende Datum fixieren soll (§ 52 Abs. 59d aF blieb insofern in § 52 Abs. 48 unverändert)[9], kann aus Verfassungssicht in bestandskräftigen Situationen nicht akzeptiert werden, nachdem das G in seiner Ursprungsfassung die besagten „Erfassungstatbestände“ gerade ausgespart hatte (s. Rn. 16); es erschließt sich nicht, dass deren Einbeziehung bloß ‚klarstellender‘ Natur wäre.[10] Problematisch sind überdies alle Fälle, in denen es seinerzeit tatsächlich zur Entstrickungsbesteuerung (gem. § 4 Abs. 3 S. 1, s. Rn. 3) gekommen ist. Das G trifft dafür keine Vorsorge 5

1 *Hruschka*, StbJb. 2013/2014, 237 (247 f.); skeptisch aber *Jo. Lüdicke*, StbJb. 2013/2014, 237 (242 f.).
2 BVerfG v. 7.7.2010 – 2 BvR 748/05, 2 BvR 753/05, 2 BvR 1738/05, BStBl. II 2011, 86.
3 *Hruschka*, DStR 2014, 2421 (2422); **aA** vor allem *Jü. Lüdicke*, FR 2015, 128; *Neumann-Tomm*, IStR 2015, 60 (61); sa. *Strunk*, PIStB 2014, 272 (275); *F/W/B/S*, § 50i Rn. 27; *Böhmer/Wegener*, Ubg 2015, 69 (75).
4 *Hruschka*, StbJb. 2013/2014, 237 (248); zweifelnd *Liekenbrock*, IStR 2013, 690 (697); *Jo. Lüdicke*, StbJb. 2013/2014, 237 (248 ff.); *Jü. Lüdicke*, FR 2015, 128.
5 So aber *Jo. Lüdicke*, StbJb. 2013/2014, 237 (248 f.); *Jü. Lüdicke*, FR 2015, 128.
6 BFH v. 25.8.2009 – I R 88, 89/07, BStBl. II 2016, 438.
7 BGBl. I 2014, 1266.
8 BGBl. I 2014, 1266.
9 Sa. BT-Drucks. 18/1995, 107.
10 *Bron*, DStR 2014, 1849; *F. Lang/Benz*, StbJb. 2014/2015, 183 (195 f.).

und nimmt eine Doppelbesteuerung offenbar in Kauf. Ob sich dem im Wege der teleologischen Reduktion begegnen lässt, erscheint als eher zweifelhaft.[1] S. Rn. 22, dort auch zur Behandlung sog. Altfälle und dafür zu gewährendem Vertrauensschutz.

6 Für **lfd. Einkünfte** aus der Beteiligung an der PersGes. soll § 50i in allen noch nicht bestandskräftig festgesetzten Fällen angewandt werden, **§ 52 Abs. 48 S. 2** (Abs. 59d S. 2 aF). Letzteres entspricht der Verwaltungspraxis, widerspricht aber der Rspr. des BFH und der ‚richtigen' Abkommensauslegung; die Rückwirkung ist deswegen verfassungswidrig.[2] S. auch § 50d Rn. 47, 49, 41g. Dass der eine oder andere StPfl. gestaltungsvorsorgend selbst entspr. tätig geworden ist (Rn. 1), muss daran grosso modo nichts ändern, weil es auch dann in der Vergangenheit an einer Rechtsgrundlage eben gerade fehlte und der StPfl. sich insoweit allenfalls in einem Rechtsirrtum befand; in diesem Lichte ist insoweit Vertrauensschutz aber zu gewährleisten (s. Rn. 2).

7 Zur (ebenfalls problematischen) erstmaligen Anwendung v. § 50i Abs. 1 S. 4 idF des Kroatien-AnpG s. **§ 52 Abs. 48 S. 3** und dazu Rn. 12.

8 Maßgeblicher **Anwendungsstichtag für § 50i Abs. 2 idF des Kroatien-AnpG** v. 25.7.2014[3] war der **31.12. 2013:** § 50i Abs. 2 S. 1 aF fand nach **§ 52 Abs. 48 S. 4** idF des Kroatien-AnpG erstmals für Umwandlungen und Einbringungen Anwendung, bei denen der Umwandlungsbeschluss nach dem 31.12.2013 erfolgt oder der Einbringungsvertrag nach dem 31.12.2013 geschlossen worden ist. § 50i Abs. 2 S. 2 aF galt nach § 52 Abs. 48 S. 5 idF des Kroatien-AnpG für Übertragungen und Überführungen und § 50i Abs. 2 S. 3 aF für einen Strukturwandel nach dem 31.12.2013; verfassungsrechtl. Bedenken bestanden insoweit keine.[4] Zwischenzeitlich ist das aber alles schon wieder Makulatur, nachdem der Gesetzgeber **§ 50i Abs. 2** durch das sog. **BEPS-UmsG** v. 20.12.2016[5] völlig neu gefasst hat, und das nach **§ 52 Abs. 48 S. 4 und 5 idF des BEPS-UmsG** rückwirkend – zugunsten der StPfl. – erstmals für Einbringungen, bei denen der Einbringungsvertrag nach dem 31.12.2013 geschlossen worden ist.

B. Tatbestandsvoraussetzungen des Absatzes 1 im Einzelnen

9 **Zielgesellschaften.** Zielges. der steuerauslösenden Übertragung v. WG und qualifizierten Anteilen an KapGes. (s. dazu Rn. 14) ist nach **§ 50i Abs. 1 S. 1 Nr. 1** (§ 50i Abs. 1 S. 1 aF) in erster Linie eine **PersGes. iSd. § 15 Abs. 3,** also sowohl eine gewerblich geprägte als auch eine gewerblich infizierte Ges. Die Regelungsmaterialien erwähnen lediglich § 15 Abs. 3 Nr. 2;[6] die volle Inbezugnahme v. § 15 Abs. 3 kann indes keinen Zweifel daran belassen, dass Nr. 1 der Vorschrift ebenso erfasst ist wie deren Nr. 2.[7]

10 Ist Zielges. eine originär gewerbliche Ges., findet § 50i Abs. 1 S. 1 Nr. 1 (§ 50i Abs. 1 S. 1 aF) keine Anwendung, richtigerweise auch dann nicht, wenn die PersGes. ihre gewerbliche Tätigkeit einstellt und erst später zur fiktiv-gewerblichen Ges. „wird"[8] (und damit mit oder nach Einstellung der gewerblichen Betätigung eine Entstrickung möglich gewesen wäre).[9] Umgekehrt bedarf es der Abkommensüberschreibung idR nicht, wenn die ehemals fiktiv-gewerbliche Ges. später zur originär gewerblichen Ges. mutiert und damit allg. Besteuerungsregeln zu unterwerfen ist.[10] – Ob die Regelung mit diesen tatbestandlichen Erfordernissen an die Zielges. greift, kann allerdings (mehr als nur) **zweifelh.** sein, weil es dazu in Gestalt einer **Doppelfiktion** (wie zB in § 50d Abs. 10, s. dazu jetzt § 50d Rn. 48 f.) nicht nur der unilateralen „Überwindung" der fehlenden originären Gewerblichkeit, sondern auch der tatsächlich ja nicht vorhandenen **Betriebsstätte iSv. Art. 5 OECD-MA** ebenso wie einer wirtschaftl. veranlassten (sa. § 50d Rn. 45b) **Zuordnung** des BV zu einer solchen Betriebsstätte bedürfte (s. Rn. 1); eine solche weitere abkommensüberschreibende Fiktion wird indes nicht angeordnet.[11] Damit aber bleibt es dabei, dass das Besteuerungsrecht dem

1 **AA** *Bilitewski/Schifferdecker*, Ubg 2013, 559 (565).
2 *C. Pohl*, IStR 2013, 699 (703); *Jü. Lüdicke*, FR 2015, 128; **aA** *Mitschke*, FR 2013, 694 (699): „mangels gefestigter, langjähriger Rspr. kein Vertrauen in eine abw. Rechtslage".
3 BGBl. I 2014, 1266.
4 *Hechtner*, NWB 2014, 2073 (2075); *Bodden*, DB 2014, 2371 (2375); **aA** *Ortmann-Babel/Bolik/Zöller*, DB 2014, 1570 (1576).
5 BGBl. I 2016, 3000.
6 Vgl. BR-Drucks. 139/13, 141.
7 *C. Pohl*, IStR 2013, 699 (700); *Töben*, IStR 2013, 682 (685) unter zutr. Hinweis auf BFH v. 25.5.2011 – I R 95/10, BStBl. II 2014, 760; v. 28.4.2010 – I R 81/09, BStBl. II 2014, 754; v. 9.12.2010 – I R 49/09, BStBl. II 2011, 482; sa. FG München v. 29.6.2015 – 7 K 928/13, EFG 2015, 1931 (Rev. I R 62/15); *Buciek*, FR 2010, 907; *Gebert/Schmitz*, IStR 2010, 525; iErg. auch *Hruschka/Jo. Lüdicke*, StbJb. 2013/2014, 237 (261 f.).
8 *Liekenbrock*, IStR 2013, 690 (692).
9 *Bron*, DStR 2014, 1849.
10 *Liekenbrock*, IStR 2013, 690 (692).
11 Zutr. *Töben*, IStR 2013, 682 (686).

Zuzugsstaat zusteht, sei es über Art. 13 Abs. 2 oder Abs. 5, sei es über Art. 7 Abs. 1 und Art. 10 Abs. 1 OECD-MA. Letzten Endes aus gleichem Grund kann sich die Regelung im Einzelfall ohnehin als unpräzise erweisen, nämlich für den Fall, dass die Einbringung in eine originär gewerbliche PersGes. erfolgt, es bei jener aber an der abkommensrechtl. (nach Art. 7 Abs. 1 OECD-MA wirtschaftl. veranlassten oder – bei Kapitalanteilen – nach Art. 10 Abs. 4 OECD-MA tatsächlich-funktionalen) Zuordnung des eingebrachten WG zu einer Inlands-Betriebsstätte mangelt.[1] – Ob nur **inländ.**, oder aber auch **ausländ. PersGes.** einbezogen werden, ist ebenfalls ungewiss. Der Gesetzeszweck erfordert ‚eigentlich' nur eine inländ. PersGes. Der Gesetzeswortlaut schränkt hier aber nicht ein und die angeordnete Regelungsfolge schließt die Einbeziehung v. Auslands-Ges. auch nicht v. vornherein aus: Auch die Übertragung oder Überführung der WG in eine entspr. ausländ. PersGes. bedeutet nicht, dass im Übertragungs- oder Überführungszeitpunkt die Besteuerung der stillen Reserven unterblieben ist, zB deshalb, weil die übertragenen oder überführten WG aus Abkommenssicht gleichwohl einem inländ. BV zuzuordnen waren, oder auch, weil v. der Besteuerung aus anderen Gründen zu Recht oder zu Unrecht abgesehen worden ist. Das „Motiv" der Nichtbesteuerung im Übertragungszeitpunkt wird in § 50i nicht angesprochen.[2]

§ 50i Abs. 1 S. 4 will in Einklang mit Vorstehendem – durch fiktive Anwendung („gelten") der voran- 11
gehenden S. 1 und 3, nicht aber auch des neu geschaffenen § 50i Abs. 1 S. 2, also der dadurch neuerlich erfassten Situationen der Umwandlung und der Einbringung (s. dazu Rn. 18) – Selbiges für die Situation der („echten") **BetrAufsp.** gewährleisten. Das ist sinnvoll und notwendig, weil dem Ausland und damit auch den DBA eine durch eine BetrAufsp. geschaffene Gewerblichkeit unbekannt ist (s. Rn. 1).[3] Bedeutungsrelativierend kann sich lediglich auswirken, dass der Wegzug eines Besitz-G'ters allemal eine Entstrickungsbesteuerung (nach § 4 Abs. 1 S. 3) auslöst, weil die bloße VuV eines Betriebs regelmäßig keine (ausländ.) Betriebsstätte zu begründen geeignet ist[4] und deswegen das deutsche Besteuerungsrecht ohnehin ausgeschlossen wird.[5]

Der Begriff der BetrAufsp. wird gesetzlich einmal mehr ‚ausgespart'; stattdessen werden deren Vorausset- 11a
zungen umschrieben: Das Besitzunternehmen (ursprünglich nur, s. Rn. 12) in Gestalt der PersGes. erzielt deswegen Einkünfte aus GewBetr., weil der StPfl. sowohl im überlassenden als auch im nutzenden Betrieb allein oder zusammen mit anderen G'tern einen einheitlichen geschäftlichen Betätigungswillen durchsetzen kann und dem nutzenden Betrieb eine wesentliche Betriebsgrundlage zur Nutzung überlässt (sic!). Die Probleme der erforderlichen Betriebsstättenzuordnung (Rn. 10) stellen sich hierbei in besonderem Maße, weil die Tätigkeit der PersGes. idR „an sich" eine nur vermögensverwaltende ist. Im Übrigen verhält es sich iZ mit der Situation der BetrAufsp. nicht anders als nach dem Grundfall des § 50i Abs. 1 S. 1 und 2. Der hiernach maßgebende Vermögenstransfer muss ein solcher iSv. S. 1 Nr. 1 sein, bei dem in der Vergangenheit vor dem 29.6.2013 die Aufdeckung v. stillen Reserven unterblieben ist. Dieser bedingende Satzteil ist in § 50i Abs. 1 S. 4 (§ 50i S. 3 aF) zwar nicht explizit enthalten; das G vermittelt dieses Erfordernis vielmehr eher unspezifisch („... wenn WG vor dem 29.6.2013 Betriebsvermögen ... geworden sind, ..."), doch dürfte das im Sinne einer hinreichenden Rechtsgrundverweisung auf S. 1 und 2 zu verstehen sein; es genügt, dass die Vorschrift die Anwendung der S. 1 und 3 „sinngemäß" anordnet.[6] Von Bedeutung ist das besagte Erfordernis vorzugsweise für „echte" BetrAufsp., die aus Neugründungen entstanden sind; für derartige Fälle fehlt es am Tatbestand.[7] – So oder so folgt aus dem „sinngemäßen" Anwendungsbefehl auch auf S. 3 zugleich, dass etwaige Gewinnausschüttungen der Betriebs-KapGes. ebenfalls (und gem. § 3 Nr. 40 unter Beachtung des Teileinkünfteverfahrens und rückwirkend für alle offenen VZ, § 52 Abs. 48) der deutschen Besteuerung unterliegen.[8]

---

1 *Liekenbrock*, IStR 2013, 690 (692), *Kudert/Kahlenberg/Mroz*, ISR 2013, 365 (368); *Bron*, DStR 2014, 1849; die insoweit allerdings erkennbar (und verkürzend) allein auf den tatsächlich-funktionalen Zuordnungsmaßstab abstellen; ähnlich *Pung/Schneider*, StbJb. 2015/2016, 133 (160 ff.), dort mit Blick auf den Authorised OECD Approach (AOA, § 1 Abs. 5 AStG, s. dazu § 50d Rn. 46, auch § 49 Rn. 18) und in diesem Zusammenhang auf Nr. 32.1 OECD-MK zu Art. 10 OECD-MA; zu Unrecht und in seiner Reichweite missverstehend aber BFH v. 8.9.2010 – I R 74/09, BStBl. II 2014, 788, dort Rz. 19; s. aber BFH v. 12.6.2013 – I R 47/12, BStBl. II 2014, 770 (dort zu SBV II), und erläuternd dazu *Salzmann*, IWB 2013, 846.

2 **AA** *C. Pohl*, IStR 2013, 699 (701); *Töben*, IStR 2013, 682 (684).

3 BFH v. 25.5.2011 – I R 95/10, BStBl. II 2014, 760; BMF v. 26.9.2014, BStBl. I 2014, 1258 Tz. 2.3.3.4; *F. Lang/Benz*, StbJb. 2014/2015, 183 (196 ff.).

4 BFH v. 28.7.1982 – I R 196/79, BStBl. II 1983, 77; BMF v. 24.12.1999, BStBl. I 1999, 1076 Tz. 1.2.1.1; Nr. 8 OECD-MK zu Art. 5 OECD-MA.

5 *F. Lang/Benz*, StbJb. 2014/2015, 183 (197 f.); *Ruf*, IStR 2006, 232.

6 *Bodden*, DB 2014, 2371 (2373); *F. Lang/Benz*, StbJb. 2014/2015, 183 (199 ff.); **aA** *Lademann*, § 50i Rn. 32; *Hruschka*, IStR 2014, 785 (787), dem (fernab v. G) auch ein unmittelbarer Erwerb v. WG „am freien Markt" ausreicht.

7 *F. Lang/Benz*, StbJb. 2014/2015, 183 (200).

8 *F. Lang/Benz*, StbJb. 2014/2015, 183 (197 f.).

12 Von § 50i S. 3 aF wurden als Besitzunternehmen nur PersGes. erfasst (Rn. 11). Infolge der (ebenfalls sachgerechten)[1] Regelungsänderung durch das Kroatien-AnpG werden nunmehr auch **Einzelunternehmen** als Besitzunternehmen einbezogen. Ungewöhnlich ist es, dass das G den Terminus des Einzelunternehmens verwendet, der zwar fachsprachlich geläufig, andernorts in einschlägigen Regelungszusammenhängen aber unbekannt ist. Gewöhnlich ist insoweit v. nat. Pers. die Rede und das ist es wohl auch, was der Gesetzgeber auch hier hat zum Ausdruck bringen wollen.[2] Die „an sich" rein vermögensverwaltende Tätigkeit einer solchen nat. Pers. wird infolge der BetrAufsp.-Grundsätze zu einer virtuell-gewerblichen. Abermals stellen sich die (in Rn. 10f.) beschriebenen Probleme der (uU fiktiven) Betriebsstätte und Betriebsstättenzuordnung.[3] Nach wie vor ausgespart v. Anwendungsbereich blieben allerdings als Besitzunternehmen fungierende (Bruchteils-)Gemeinschaften.[4] – Die Neuregelung gilt gem. **§ 52 Abs. 48 S. 3** idF d. Kroatien-AnpG erstmals für Veräußerungs- und Entnahmevorgänge nach dem 31.12.2013 sowie v. VZ 2014 an für lfd. Einkünfte, sa. Rn. 7. Das ist nicht unproblematisch. Denn diese Anwendungsregelung nimmt auf das Kroatien-AnpG v. 25.7.2014 Bezug. Das Kroatien-AnpG trat nach dessen Art. 28 Abs. 1 aber erst am Tag nach seiner Verkündung und damit am 31.7.2014 in Kraft. Zutr. wird deswegen darauf hingewiesen, dass die Anwendungsvorschrift leerläuft; am 30.7.2014 war § 50i Abs. 1 S. 4 in seiner jetzigen Fassung noch nicht existent.[5] Die Neuregelung ist erst v. VZ 2014 an anzuwenden (vgl. § 52 Abs. 1).

13 Zum Verhältnis v. § 50i Abs. 1 S. 4 zu § 50i Abs. 2 S. 1–3 aF s. **§ 50i Abs. 2 S. 4 aF** und dazu 15. Aufl. Rn. 28.

14 **WG und Kapitalbeteiligungen als „Übertragungs- oder Überführungsobjekte". § 50i Abs. 1 S. 1** stellt nicht auf den normzweckbegründenden Wegzug des StPfl. ab. Die Vorschrift löst sich vielmehr davon, erwähnt den Wegzug nicht einmal und erfordert (nur) die Übertragung oder Überführung v. Kapitalbeteiligungen iSv. § 17 oder v. WG des BV. Das erstaunt, weil nicht die Übertragung oder die Überführung, sondern der anlassgebende Wegzug des StPfl. aus Abkommensicht das steuerauslösendes Momentum (gewesen) ist (s. Rn. 2). Von diesem „Strickfehler" einmal abgesehen, setzt eine **Übertragung** idS einen (entgeltlichen oder unentgeltlichen) Rechtsträgerwechsel voraus; **Überführung** idS (und damit iSv. § 6 Abs. 5 S. 1) lässt Vorgänge ohne Rechtsträgerwechsel genügen.[6] Sowohl die Übertragung als auch die Überführung müssen *vor* dem 29.6.2013 in das BV der Ziel-PersGes. vorgenommen worden sein; zu diesem Stichtag s. Rn. 4, ferner Rn. 23. Vor allem die Einbeziehung v. (inländ. ebenso wie ausländ.) **Kapitalbeteiligungen iSd. § 17** (in seiner jeweiligen Fassung im Übertragungs- bzw. Überführungszeitpunkt)[7] steht in Übereinstimmung mit dem Regelungszweck (Rn. 1), und zwar (nur) v. entspr. Übertragungs- bzw. Überführungsvorgängen „vor dem 29.6.2013", bei denen im betr. Zeitpunkt nicht besteuert worden ist. § 50i S. 1 erweitert die Abkommensüberschreibung darüber hinaus auf jegliche **WG des BV** (vgl. **Art. 13 Abs. 2 OECD-MA**), auch auf solche WG, die dem SBV zuzuordnen sind.[8] S. aber Rn. 4 und 16. Für WG, die nach Maßgabe der abkommensrechtl. Zuordnung ohnehin dem Quellenstaats-Besteuerungsrecht unterfallen, bewirkt § 50i iErg. eine **Doppelverstrickung**, zum einen nach Maßgabe der einschlägigen DBA-Regeln (zB Art. 6 OECD-MA), zum anderen nach nationalem Treaty override.[9] Ob der betr. Übertragungs- oder Überführungsakt auf den G'ter als den StPfl. oder auf **eine dritte Person** zurückzuführen ist, ist im Grundsatz einerlei; § 50i differenziert hier nicht (und daran erweist sich ein weiteres ‚Überschießen' der Regelungswirkung) (s. Rn. 22). **Nicht** einbezogen sind nach dem klaren Regelungstext alt-einbringungsgeborene Anteile iSv. § 21 UmwStG aF[10] sowie sog. sperrfristbehaftete Anteile nach § 22 UmwStG, ebenso wenig die Veräußerung oder die Entnahme des MU'anteils an der gewerblich geprägten oder infizierten PersGes. als solcher[11] (woran sich auch durch § 50i Abs. 2 nichts geändert haben sollte, s. Rn. 28); die FinVerw. ist insoweit allerdings beiderseits **aA.**[12] **Nicht** einbezogen sind auch sonstige (entgeltliche oder unentgeltliche) Erwerbe v. Anteilen iSv. § 17 und v. WG durch die PersGes. selbst; § 4 Abs. 1 S. 3 sowie § 6 AStG bleiben

1 *F. Lang/Benz*, StbJb. 2014/2015, 183 (199).
2 Zu Einzelheiten s. *Kudert/Kahlenberg/Mroz*, ISR 2014, 257 (260f.); sa. *Bodden*, DB 2014, 2371 (2373).
3 Zu Einzelheiten auch dazu s. *Kudert/Kahlenberg/Mroz*, ISR 2014, 257 (260ff.).
4 *F. Lang/Benz*, StbJb. 2014/2015, 183 (200f.), die aber darauf hinweisen, dass Grundstücks- und Erbengemeinschaften oftmals als GbR operieren.
5 *Bodden*, DB 2014, 2371 (2374); sa. *Hechtner*, NWB 2014, 2610 (2611).
6 *C. Pohl*, IStR 2013, 699 (700); *Liekenbrock*, IStR 2013, 690 (693f.).
7 *Liekenbrock*, IStR 2013, 690 (693).
8 *Prinz*, DB 2013, 1378 (1381); *Levedag*, GmbHR 2013, 243; *C. Pohl*, IStR 2013, 699 (700); *Töben*, IStR 2013, 682 (685); sa. *F. Lang/Benz*, StbJb. 2014/2015, 183 (193), die aber zu Recht erwähnen, dass es immer auch eines Gesamthandsvermögens bedarf, weil andernfalls die für die SBV-Zuordnung allemal erforderliche Förderung der MU'schaft ausgeschlossen ist.
9 Sa. *Liekenbrock*, IStR 2013, 690 (693).
10 *Liekenbrock*, IStR 2013, 690 (693); *H/H/R*, § 50i Anm. 16; *Bron*, DStR 2014, 1849.
11 *Liekenbrock*, IStR 2013, 690 (695f.); **aA** *C. Pohl*, IStR 2013, 699 (701) unter Hinweis auf BR-Drucks. 139/13, 141.
12 BMF v. 26.9.2014, BStBl. I 2014, 1258 Tz. 2.3.3.

insofern uneingeschränkt anwendbar. Sa. Rn. 17f. Und **nicht einbezogen** sind trotz Wegzugs infolge der verkürzten tatbestandlichen Normanknüpfung an die Übertragung oder Überführung statt an den Wegzug stille Reserven in WG, welche die gewerblich geprägte KG fremdüblich erworben hat.[1]

Einbeziehung auch laufender Einkünfte. Nach **§ 50i Abs. 1 S. 3** (§ 50i S. 2 aF) werden überdies (entgegen Art. 10 Abs. 1, Art. 21 OECD-MA und deswegen abermals abkommensüberschreibend)[2] auch „die" **lfd. Einkünfte** aus der Beteiligung an der PersGes. (als Ziel-Ges.) erfasst, also sämtliche lfd. Einkünfte, nicht bloß solche aus den Anteilen iSv. Abs. 1 S. 1;[3] auch insoweit bleibt der (inländ.) Besteuerungszugriff gem. § 49 Abs. 1 Nr. 2 lit. a (ggf. iVm. § 20 Abs. 8) aufrechterhalten („sind ... zu versteuern"). Einbezogen werden in erster Linie die auf die übertragenen oder überführten Anteile gezahlten **Dividenden**, darüber hinaus nach dem insoweit weiten Regelungstext aber auch jegliche lfd. Einkünfte (gem. § 15 Abs. 1 S. 1 Nr. 2 und damit wohl auch Sondervergütungen, vgl. § 50d Abs. 10)[4] aus der Beteiligung an der PersGes., nicht nur solcher aus den übertragenen oder überführten WG oder Anteilen.[5] Letzteres ist eindeutig überschießend, ist aber ebenso eindeutig geregelt und lässt sich deswegen nicht ohne Weiteres im Wege einer teleologischen Reduktion abfangen.[6] 15

Fehlende Besteuerung der stillen Reserven. Die Übertragung oder Überführung der Kapitalanteile oder WG in das BV (Rn. 9f.) muss im Übertragungs- oder Überführungszeitpunkt **steuerneutral**, also ohne Besteuerung der seinerzeit vorhandenen stillen Reserven erfolgt sein (Einlage, Umwandlung, § 6 Abs. 5), andernfalls bedarf es des § 50i per definitionem nicht (Rn. 1). Fehlt es an einer entsprechenden Übertragung oder Überführung, läuft § 50i (Abs. 1) leer, auch dann, wenn eine Besteuerung der stillen Reserven unterblieb, so zB beim Formwechsel einer KapGes. in eine PersGes. (vgl. § 3 Abs. 2 UmwStG),[7] bei der Schenkung eines MU'anteils (vgl. § 6 Abs. 3),[8] der Einbringung v. WG und Kapitalanteilen gegen Gewährung v. Gesellschaftsrechten in die gewerblich geprägte oder infizierte PersGes. (vgl. §§ 20, 24 UmwStG)[9] oder der Ausgliederung des GewBetr. einer vormals gewerblich tätigen PersGes. auf eine Tochter-KapGes. oder -PersGes;[10] die insoweit angenommene Veräußerungsfiktion[11] ändert daran nichts.[12] Der Gesetzgeber hat solche Gestaltungen denn auch als **Regelungsdefizit** identifiziert; § 50i erfuhr deswegen eine (tatbestandlich allerdings nur auf Einbringungsfälle eingeschränkte) gesetzgeberische Nachbesserung durch das Kroatien-AnpG v. 25.7.2014) in Gestalt der Normergänzung durch § 50i Abs. 1 S. 2.[13] S. dazu Rn. 17, zur insoweit einmal mehr verfassungswidrigen Rückwirkung s. Rn. 5. – Unabhängig davon kommt es nach dem Regelungstext (wohl) nicht darauf an, ob Deutschland an den Kapitalanteilen iSv. § 17 und den WG des BV abkommensrechtl. überhaupt ein Besteuerungsrecht zustand; § 50d (Abs. 1) nimmt – als Treaty override – darauf keine Rücksicht (s. bereits Rn. 3).[14] **Nicht** einbezogen werden indessen Einlagen v. WG aus dem PV in das SBV der PersGes.[15] Auch, aus welchen Gründen auf die Besteuerung verzichtet worden ist, ist unbeachtlich (Rn. 4a). Das kann (und wird idR) auf einem gesetzlichen Buchwertprivileg im Übertragungs- oder Überführungszeitpunkt beruhen, kann aber auch andere Ursachen haben und zB auf eine vorangegangene steuerneutrale Verstrickungseinlage gem. § 4 Abs. 1 S. 8 HS 1 (iVm. § 6 Abs. 1 Nr. 5 lit. b) zurückzuführen sein;[16] für eine teleologische Einschränkung gibt das G bei derartigen Konstellationen nichts her.[17] 16

1 *Jü. Lüdicke*, FR 2015, 128; abw. arg. *Hruschka*, IStR 2014, 785; *Hruschka*, DStR 2014, 2421.
2 Zutr. *Liekenbrock*, IStR 2013, 690 (698); sa. BMF v. 26.9.2014, BStBl. I 2014, 1258 Tz. 2.3.3.
3 Zutr. krit. dazu *Jü. Lüdicke*, FR 2015, 128.
4 *Liekenbrock*, IStR 2013, 690 (698).
5 *Töben*, IStR 2013, 682 (686); *C. Pohl*, IStR 2013, 699 (702).
6 *Schmidt*[37], § 50i Rn. 7; *Töben*, IStR 2013, 682 (686); *Pohl*, IStR 2013, 699 (702); *Kudert/Kahlenberg/Mroz*, ISR 2013, 365 (371); **aA** *Liekenbrock*, IStR 2013, 690 (697f.); *H/H/R*, § 50i Anm. 21; *Bodden*, DB 2014, 2371 unter Hinweis auf BR-Drucks. 139/13, 142.
7 *Liekenbrock*, IStR 2013, 690 (695); *F. Lang/Benz*, StbJb. 2014/2015, 183 (193); **aA** *Bodden*, DB 2014, 2371 (2372), *Jo. Lüdicke*, StbJb. 2013/2014, 237 (244ff.), die die tatbestandlichen Mängel mithilfe historischer, teleologischer und systematischer Erwägungen überwinden wollen.
8 Ausf. dazu *Stein*, ZEV 2016, 138.
9 *Salzmann*, IWB 2013, 405 (411); *Salzmann*, IWB 2014, 782 (784f.); *Liekenbrock*, IStR 2013, 690 (695); *Pohl*, IStR 2013, 699 (700).
10 *Liekenbrock*, IStR 2013, 690 (694f.).
11 Vgl. UmwSt-Erlass, BMF v. 11.11.2011, BStBl. I 2011, 1314 Tz. 00.02.
12 Zutr. *Jo. Lüdicke*, StbJb. 2013/2014, 237 (254f.); **aA** *Hruschka*, StbJb. 2013/2014, 237 (253f.).
13 BGBl. I 2014, 1266.
14 *Hruschka*, StbJb. 2013/2014, 237 (254); **aA** *Jo. Lüdicke*, StbJb. 2013/2014, 237 (261).
15 *Liekenbrock*, IStR 2013, 690 (694).
16 S. dazu auch *Hruschka*, IStR 2014, 785 (787), replizierend *Neumann-Tomm*, IStR 2015, 60 (62) sowie darauf wiederum duplizierend *Hruschka*, IStR 2015, 62 zur Verstrickungseinlage des Betriebs einer §-50i-Ges. gem. § 4 Abs. 1 S. 8 für den Zeitraum zw. dem 29.6.2013 und dem 1.1.2014 (= Zeitpunkt der Neuschaffung des § 50i Abs. 1 S. 1).
17 **AA** insoweit aber möglicherweise *Liekenbrock*, IStR 2013, 690 (694f.).

17 **Spätere Veräußerung oder Entnahme der WG oder Anteile (Abs. 1 S. 1).** Auslösend für die Rechtsfolge des § 50i Abs. 1 S. 1 ist die „spätere Veräußerung oder Entnahme" der zuvor übertragenen oder überführten WG oder Kapitalanteile. **Veräußerung** ist wie andernorts (s. zB § 17 Rn. 40 ff.) die entgeltliche Übertragung der eingebrachten WG (entgegen der Verwaltungspraxis[1] aber nicht des MU'anteils an der Ziel-PersGes., s. Rn. 14) auf einen anderen Rechtsträger. **Entnahme** ist ein Vorgang iSv. **§ 4 Abs. 1 S. 2**, aber **auch** ein solcher iSv. **§ 4 Abs. 1 S. 3.**[2] Dass die tatbestandlichen Voraussetzungen einer fiktiven Entnahme iSv. § 4 Abs. 1 S. 3 beim Wegzug des StPfl. „abstrakt" vorgelegen haben mögen, die daraus abzuleitende stl. Konsequenz – also die Aufdeckung der stillen Reserven – in der Vergangenheit tatsächlich aber nicht gezogen worden ist (s. dazu Rn. 22), ist unbeachtlich, weil es auch bei der Entnahme iSv. § 50i Abs. 1 S. 1 (Nr. 1) nur auf eine solche Entnahme ankommt, welche nach dem 29.6.2013 als dem maßgebenden Stichtag für die Übertragung oder Überführung erfolgt ist; zuvor ist die Entnahme eben keine „spätere" und sie ist damit ungeeignet, den Erfordernissen v. § 50i zu genügen.[3]

18 **Spätere Anteilsgewährung bei Einbringungsvorgängen (Abs. 1 S. 2).** Der (späteren) Veräußerung oder Entnahme der WG oder Anteile iSv. § 50i Abs. 1 S. 1 gleichgestellt ist infolge der Regelungsergänzung durch das Kroatien-AnpG v. 25.7.2014 (Rn. 6) in **§ 50i Abs. 1 S. 2** die (spätere) Gewährung neuer Anteile an eine PersGes. iRd. **Einbringung** eines Betriebs oder Teilbetriebs oder eines MU'-anteils dieser PersGes. in eine Körperschaft nach **§ 20 UmwStG.**[4] Um Letzteres – um eine Einbringung nach § 20 UmwStG – handelt es sich (wohl) auch bei einer solchen unter entspr. Anwendung v. § 20 UmwStG infolge Querverweises, wie für den Fall der doppelstöckigen PersGes.-Struktur bei formwechselnder Umwandlung der Tochter-PersGes. in eine KapGes. unter Anwendung v. **§ 25 iVm. § 20 UmwStG,**[5] oder für den Fall der Einbringung des BV oder eines MU'anteils einer gewerblich geprägten PersGes. in eine PersGes. unter Anwendung v. **§ 24 UmwStG.**[6] Einbezogen ist gleichermaßen die als Einbringung iSv. § 20 UmwStG zu qualifizierende **Anwachsung.**[7]

19 Grund für diese Erweiterung soll das andernfalls drohende Leerlaufen der Regelung sein, s. Rn. 16. **Voraussetzung** ist **zum einen**, dass die PersGes. **(1)** bisher auch eine Tätigkeit iSd. § 15 Abs. 1 S. 1 Nr. 1 ausgeübt oder **(2)** gewerbliche Einkünfte iSd. § 15 Abs. 1 S. 1 Nr. 2 bezogen hat. **Voraussetzung** ist **zum anderen** – insofern korrespondierend zu den tatbestandlichen Erfordernissen des § 50i Abs. 1 S. 1 Nr. 1 (Abs. 1 S. 1 aF) –, **(1)** dass der **Einbringungszeitpunkt vor dem 29.6.2013** liegt (**Abs. 1 S. 2 Nr. 1** idF des BEPS-UmsG, s. Rn. 4), **(2)** dass die PersGes. nach der Einbringung als PersGes. iSd. § 15 Abs. 3 fortbesteht (**Abs. 1 S. 2 Nr. 2** idF des BEPS-UmsG) sowie schließlich **(3)**, dass das Recht Deutschlands hinsichtlich der Besteuerung des Gewinns aus der Veräußerung oder Entnahme der neuen Anteile ungeachtet der Anwendung dieses Absatzes **bereits im Einbringungszeitpunkt** ausgeschlossen oder beschränkt ist oder **vor dem 1.1.2017** ausgeschlossen oder beschränkt worden ist (**Abs. 1 S. 1 Nr. 3** idF des BEPS-UmsG); die letztere (und neue) tatbestandliche Voraussetzung synchronisiert auch für Abs. 1 S. 2 die in Abs. 1 S. 1 Nr. 3 idF des BEPS-UmsG bewirkte Umgestaltung v. § 50i zu einem (vorübergehend wirkenden) Zeitgesetz (s. Rn. 4). – Gleiches gilt konsequent auch für lfd. Einkünfte; § 50i Abs. 1 S. 3 wurde bereits durch das Kroatien-AnpG v. 25.7.2014 entspr. angepasst (s. Rn. 15).

20 Andere Umwandlungsvorgänge als die in § 50i Abs. 1 S. 2 erwähnten Vorgänge (s. dazu Rn. 16) werden (nach wie vor) nicht erfasst. Dieser tatbestandlichen Verengung steht allerdings ein weiter Tatbestand im Hinblick auf die einbezogenen Einbringungsvorgänge ggü.: Das G unterscheidet nicht danach, ob in- oder ausländ. (Teil-)Betriebe steuerneutral eingebracht worden sind, ob die Ziel-Ges. eine in- oder ausländ. KapGes. ist oder ob es sich um eine in- oder ausländ. PersGes. handelt. Es unterscheidet auch nicht zw. umwandlungssteuerrechtlich begünstigten und nicht begünstigten Einbringungen. Ob sich etwaige überschießende Normtendenzen teleologisch „einfangen" lassen, erscheint in Anbetracht dessen zweifelh.[8] Verneint man solche Zweifel, liegen unionsrechtl. Bedenken nahe, jedenfalls wird die „europäisierte" Buchwertübertragung nach Maßgabe des SEStEG in § 20 UmwStG, durch welche die frühere Verdop-

---

1 BMF v. 26.9.2014, BStBl. I 2014, 1258 Tz. 2.3.3.3 aE.
2 **AA** *Rödder/Kuhr/Heimig*, Ubg 2014, 477 (480); *Adrian/Franz*, BB 2013, 1879 (1884).
3 **AA** offenbar *Liekenbrock*, IStR 2013, 690 (696), der infolgedessen konstatiert, dass § 50i uU ohne jeden Anwendungsbereich bliebe.
4 S. dazu mit Bsp. *Rödder/Kuhr/Heimig*, Ubg 2014, 477 (482 f.).
5 *Köhler*, ISR 2014, 317 (319); *Rödder/Kuhr/Heimig*, Ubg 2014, 477 (483 f.); *F. Lang/Benz*, StbJb. 2014/2015, 183 (195); zweifelnd *Bron*, DStR 2014, 1849.
6 Prinzipiell zust., aber einen Billigkeitserweis anmahnend *Rödder/Kuhr/Heimig*, Ubg 2014, 477 (483).
7 *Rödder/Kuhr/Heimig*, Ubg 2014, 477 (479).
8 Bej. *Kudert/Kahlenberg/Mroz*, ISR 2014, 257 (260); *Bodden*, DB 2014, 2371 (2372).

pelung der stillen Reserven (zum einen in den übertragenen WG, zum anderen in den dafür eingetauschten KapGes.-Anteilen) abgeschafft worden ist,[1] konterkariert.[2]

Zur **erstmaligen Anwendung** für Veräußerungs- und Entnahmetatbestände, die nach dem 29.6.2013 realisiert wurden (s. § 52 Abs. 48 S. 1 idF des Kroatien-AnpG v. 25.7.2014 sowie Rn. 4). Die rückwirkende Anwendung einschlägiger lfd. Einkünfte gem. § 52 Abs. 48 S. 2 idF des Kroatien-AnpG erscheint aus Verfassungssicht hingegen als bedenklich; die Neuregelung will ersichtlich ein zuvoriges tatbestandliches Defizit ausfüllen und wirkt deswegen konstitutiv, nicht aber bloß deklaratorisch.[3] 21

C. Rechtsfolgen

§ 50i löst bei Vorliegen **(1)** seiner Voraussetzungen (Rn. 9 ff.) und **(2)** der unbeschränkten oder (gem. § 49 Abs. 1 Nr. 2 lit. a) beschränkten StPfl. des Veräußernden oder Entnehmenden[4] bei Veräußerung oder Entnahme die nachgeholte Entstrickungsbesteuerung im **Veräußerungs- oder Entnahmezeitpunkt** aus, das aber nur bezogen auf Gewinne aus der Veräußerung oder Entnahme (s. dazu auch Rn. 3); **Verluste** bleiben unberücksichtigt. Überdies bezieht sich die nachgeholte Besteuerung nicht bloß auf diejenigen stillen Reserven, welche im Übertragungs- oder Überführungszeitpunkt unbesteuert geblieben sind, sondern auch auf solche stillen Reserven, die sich erst danach (in der PersGes. iSd. § 15 Abs. 3) gebildet haben.[5] Erfasst werden also auch solche WG und Beteiligungen, die die PersGes. (zu einem fremdüblichen Kaufpreis) v. einem Dritten erworben hat (Rn. 14). Das ist (uU allzu) weitreichend, jedoch konsequent, weil „der StPfl." (iSd. § 50i Abs. 1 S. 1) vermittels der Einbringung in die Ziel-PersGes. ja gerade für die aufgeschobene Inlands-Entstrickung ‚optiert' und damit uU eine (teilw.) doppelte Besteuerung im In- und im Ausland akzeptiert hat.[6] Allerdings widerspricht der insoweit „nachholende" Besteuerungszugriff dem Abkommensrecht und ist deswegen aus Verfassungssicht bedenklich.[7] – Unabhängig davon bleibt für etwaige abkommensrechtl. Zugriffsbeschränkungen iRd. Besteuerung nach § 50i kein Raum; sie bleiben unbeachtet.[8] 22

Gleiches gilt im Kern für eine ggf. (und der bis dato geübten Verwaltungspraxis widersprechende, mit der Spruchpraxis des BFH aber übereinstimmende) **vorangegangene Entstrickungsbesteuerung:** § 50i geht zwar (wie zB auch die ‚verwandte' Regelung des § 50d Abs. 10, s. § 50d Rn. 47) der allg. Entstrickungsregel des **§ 4 Abs. 1 S. 3** (iVm. § 6 Abs. 1 Nr. 4 HS 2) spezialgesetzl. vor, indem er den (dort allerdings in unzulänglicher Weise, s. Rn. 1) geforderten, seinerzeit aber tatsächlich unbesteuert gebliebenen „Ausschluss" des deutschen Besteuerungsrechts gerade verhindern will. Infolgedessen bedarf es des § 50i bei noch nicht bestandskräftig festgesetzten VZ nicht. Doch versteht der FinVerw. die neu geschaffene Regelung augenscheinlich als Verstrickungsregelung, die den allg. Regeln immer vorgeht und die ihr in solchen noch verfahrensoffenen Konstellationen kein „Wahlrecht" über eine nachträgliche ex-tunc-Entstrickungsbesteuerung oder eine nachgelagerte Entstrickungsbesteuerung nach § 50i zugestehen lässt.[9] Das dürfte nicht richtig sein,[10] die „Neu-Verstrickungsthese" würde – konsequent zu Ende gedacht – ein Leerlaufen v. § 50i zur Folge haben (str., s. Rn. 4a). Zumeist wird dem StPfl. für solche Fälle, auch wenn sie verfahrensrechtl. noch „offen" sind und eine Änderung ermöglichen sollten, ggf. allerdings Vertrauensschutz einzuräumen sein (vgl. § 2 Abs. 1 StAuskV, § 176 Abs. 2 AO).[11] S. dazu auch Rn. 4. Problematisch sind aber Situationen, in denen es – entgegen der (früheren) Verwaltungspraxis – im Wegzugszeitpunkt doch zu einer Entstri- 23

1 Die aber womöglich gar nicht erforderlich war, s. dazu eingehend FG Hbg. v. 15.4.2015 – 2 K 66/14, IStR 2015, 521 und anschließend BFH v. 30.9.2015 – I B 66/15, BFH/NV 2015, 1708, beide als Nachfolgeentsch. zu EuGH v. 23.1. 2014 – Rs. C-164/12 – DMC Beteiligungsges. mbH, DStR 2014, 193; **aA** *Mitschke*, IStR 2015, 527.
2 *Salzmann*, IWB 2014, 782 (785).
3 *Kudert/Kahlenberg/Mroz*, ISR 2014, 257 (260); zweifelnd *Bodden*, DB 2014, 2371 (2372 f.).
4 *C. Pohl*, IStR 2013, 699 (701 f.).
5 *Liekenbrock*, IStR 2013, 690 (697); *Bron*, DStR 2014, 1849; *Hruschka*, StbJb. 2013/2014, 237 (247, 256 f.); **aA** *Jo. Lüdicke*, StbJb. 2013/2014, 237 (258); ggf. auch *Töben*, IStR 2013, 682 (685).
6 **AA** *Liekenbrock*, IStR 2013, 690 (697).
7 *Töben*, IStR 2013, 682 (685).
8 S. *C. Pohl*, IStR 2013, 699 (702) mit Bsp.; *H/H/R*, § 50i Anm. 11.
9 BMF v. 26.9.2014, BStBl. I 2014, 1258 Tz. 2.3.3; ebenso *Liekenbrock*, IStR 2013, 690 (696 f.); *Bron*, DStR 2014, 1849 (1851); *Strunk*, PIStB 2014, 272 (274 f.); *F. Lang/Benz*, StbJb. 2014/2015, 183 (188 f.). Zur In-sich-Berücksichtigung des § 50i für die Tatbestandserfüllung des Besteuerungsausschlusses s. aber auch BMF v. 21.12.2015, BStBl. I 2016, 7, wonach „bei der Beurteilung, ob das deutsche Besteuerungsrecht ausgeschlossen oder beschränkt wird (...) § 50i [durchgängig] unberücksichtigt (bleibt)" (s. dort Tz. 2.1.2, 2.1.3, 2.2, 2.3, 2.4.). Grund dafür kann nur die (mittelbar fortbestehende) Verstrickung nach Maßgabe v. § 50i sein. Anders soll es sich aber für die Situation des § 6 Abs. 5 iVm. § 50i Abs. 2 S. 2 verhalten (s. dazu Tz. 2.3 aE), wohl deswegen, weil die stl. Verstrickung infolge Übertragung des SBV bei einer MU'schaft hier nach wie vor der Übertragung unmittelbar greift.
10 *Bilitewski/Schifferdecker*, Ubg 2013, 559 (565); *Rödder/Kuhr/Heimig*, Ubg 2014, 477 (480).
11 *Liekenbrock*, IStR 2013, 690 (696 f.).

ckungsbesteuerung gekommen ist (und diese wg. Bestandskrafteintritts oder mangels Vorbehaltsvermerks auch nicht mehr rückgängig gemacht werden kann);[1] hier drohen Doppelbesteuerungen, denen § 50i nicht entgegensteht und die sich de lege lata allenfalls im Billigkeitswege vermeiden lassen (s. Rn. 4a).[2] Doppelte Besteuerungen drohen schließlich auch bei einem Besteuerungszugriff im Ausland; § 50i trifft dagegen keine Vorsorge[3] und überantwortet solche Situationen stattdessen einem Verständigungsverfahren.[4]

24 IÜ lässt § 50i die allg. Besteuerungsregeln und -grundsätze (§ 15 Abs. 3, § 4 Abs. 1 S. 3 sowie § 6 AStG)[5] unberührt und werden diese durch § 50i nicht (ganz oder teilw.) suspendiert. Das betrifft insbes. Wegzugsfälle nach dem 29.6.2013 mit erst nach diesem Zeitpunkt erfolgter Übertragung oder Überführung v. WG oder Kapitalanteilen.[6] Erfolgte die Einbringung iSv. § 20 UmwStG zwar vor dem maßgebenden Stichtag des 29.6. 2013, der Wegzug jedoch danach, kann sich allerdings ein „umgekehrter“, positiver ‚Kollateraleffekt‘ für den StPfl. ergeben, weil § 50i fortan einen Besteuerungsausschluss iSv. § 4 Abs. 1 S. 3 versperrt; es fehlt dann an einem Entstrickungstatbestand.[7] – Unbeschadet des § 50i kommt es schließlich immer zu einer Entstrickungsbesteuerung, wenn die Veräußerung *vor* dem 29.6.2013 (Rn. 4) erfolgt ist,[8] es sei denn, es wurde im Vorwege eine gegenläufige verbindliche Auskunft erteilt; dann wird auf eine Besteuerung verzichtet.[9]

D. Versagung des Buchwertprivilegs (Abs. 2 idF des BEPS-UmsG)

25 Mit § 50i Abs. 2 hatte der Gesetzgeber des **Kroatien-AnpG** v. 25.7.2014[10] eine Vorschrift zur **Vermeidung v. Umweggestaltungen** durch ‚Perpetuierung‘ des umwandlungssteuerrechtlichen Buchwertprivilegs geschaffen. Zu deren **erstmaliger Anwendung** s. § 52 Abs. 48 S. 4 und 5 idF des Kroatien-AnpG. Gedacht war im Kern zB an den Fall, dass die gewerblich geprägte PersGes. nach dem Wegzug des G'ters in eine inländ. KapGes. nach § 20 UmwStG zum Buchwert eingebracht wird und sodann die PersGes. auf die GmbH anwächst.[11] Gleichermaßen verhält es sich, wenn die aktiv-gewerblich tätige GmbH & Co. KG ihren aktiven Geschäftsbetrieb in die GmbH einbringt; der G'ter zieht anschließend[12] in das Ausland um, anschließend verkauft er die (nach § 22 Abs. 1 UmwStG sperrfristbehafteten und deshalb einen Einbringungsgewinn I auslösenden) GmbH-Anteile. § 50i in seiner vorherigen Fassung griff in derartigen Situationen infolge des Buchwertansatzes mangels Gewinnauswirkung nicht.[13] Die Normergänzung war insoweit beanstandungsfrei. Der (hyper-)aktionistische[14] Gesetzgeber hatte auf derartige Gestaltungsüberlegungen aber „überreagiert“ und mit großer Zielungenauigkeit einmal mehr eine Vorschrift **mit überschießenden Wirkungen** geschaffen, welche auf breitester Front praktisch die Abschaffung des Buchwertprivilegs zur Folge hatte. Sie krankte außerdem daran, dass sie infolge einer einseitig grenzüberschreitenden Zwangsentstrickung ohne jegliche Verschonungsregeln gegen **die unionrechtl. verbürgten Grundfreiheiten** verstoßen haben dürfte;[15] s. aber Rn. 29. Es wurde deswegen über Auswegstrategien nachgedacht und angeraten, den misslichen Konsequenzen des § 50i Abs. 2 zB im Wege der v. der Vorschrift nach wie vor (und wohl bloß ‚versehentlich‘) nicht erfassten Realteilung[16] steuerneutral (vgl. § 16 Abs. 3 S. 2) zu entgehen.[17]

26 Solche Überlegungen und die vielfach laut gewordene Kritik an der Regelung waren erfolgreich: Durch das **BEPS-UmsG v. 20.12.2016**[18] hat der Gesetzgeber reagiert und § 50i Abs. 2 grundlegend, konstitu-

---

1 *Liekenbrock*, IStR 2013, 690 (696 f.).
2 *C. Pohl*, IStR 2013, 699 (701).
3 *Kudert/Kahlenberg/Mroz*, ISR 2013, 365 (368); *Kudert/Hagemann/Kahlenberg*, IWB 2014, 892 (895); *Bron*, DStR 2014, 1849.
4 BMF v. 26.9.2014, BStBl. I 2014, 1258 Tz. 2.3.3.6.
5 S. auch *Heckerodt/Schulz*, ISR 2018, 229 (235 f.).
6 S. dazu umfassend und mit vielen Einzelheiten *Töben*, IStR 2013, 682 (686 ff.); *Kudert/Kahlenberg/Mroz*, ISR 2013, 365 (368); *Bron*, DStR 2014, 1849.
7 *F. Lang/Benz*, StbJb. 2014/2015, 183 (195 f.).
8 *F. Lang/Benz*, StbJb. 2014/2015, 183 (189 f.).
9 BMF v. 26.9.2014, BStBl. I 2014, 1258 Tz. 2.3.3.7.
10 BGBl. I 2014, 1266.
11 FinA des BT, Prot.-Nr. 18/12, 125 ff., dort auch zu weiteren „steueroptimierenden“ Gestaltungsschritten.
12 Zieht er vor der Einbringung in einen Drittstaat um, fehlt allerdings von vornherein eine Buchwerteinbringung; § 50i bedarf es hier nicht, vgl. *F. Lang/Benz*, StbJb. 2014/2015, 183 (192 f.).
13 *Salzmann*, IWB 2013, 405 (411); *Liekenbrock*, IStR 2013, 690 (695); *Pohl*, IStR 2013, 699 (700); *Roderburg/Richter*, IStR 2015, 227 (228 f.).
14 *Prinz*, GmbHR 16/2014, R241.
15 Zutr. *Prinz*, GmbHR 16/2014, R241 (R242).
16 *F. Lang/Benz*, StbJb. 2014/2015, 183 (213).
17 *Rödder/Kuhr/Heimig*, Ubg 2014, 477 (487); *F. Lang/Benz*, StbJb. 2014/2015, 183 (201 f.).
18 BGBl. I 2016, 3000.

tiv[1] und rückwirkend (§ 52 Abs. 48 S. 4 und 5 idF des BEPS-UmsG) entschärft, nach eigener Einschätzung „in Einklang mit (der) eigentlichen Zielsetzung" der Vorschrift (s. dazu Rn. 8).[2] Zugleich wurde die in **§ 6 Abs. 3 S. 1** zugelassene Buchwertverknüpfung davon abhängig gemacht, dass die Besteuerung der stillen Reserven sichergestellt ist; es handelt sich um eine absichernde Folgeänderung zu § 50i Abs. 2 nF. – Für die nunmehr nicht mehr relevanten Erläuterungen zu jener abgeschafften Vorfassung und deren konstruktiven Mängeln wird auf die 15. Aufl. Rn. 25 ff. verwiesen.

WG und Anteile iSd. § 50i Abs. 1 sind nach **Abs. 2 nF** nunmehr **obligatorisch** – also ohne ein Bewertungswahlrecht – **nur noch in den Fällen der Einbringung nach § 20 UmwStG** abw. v. § 20 Abs. 2 S. 2 UmwStG mit dem **gemeinen Wert** anzusetzen, und auch das nur, soweit das Recht Deutschlands hinsichtlich der Besteuerung des Gewinns aus der Veräußerung der erhaltenen Anteile oder der Anteile iSv. § 22 Abs. 7 UmwStG ausgeschlossen (iSv. Art. 23A OECD-MA) oder beschränkt (iSv. Art. 23B OECD-MA) ist; dann gelten (wiederum, s. Rn. 23) die allg. Entstrickungsregeln.[3] An Letzterem – dem innerstaatlichen Besteuerungsausschluss oder der innerstaatlichen Besteuerungsbeschränkung – fehlt es zB dann, wenn eine fiktiv gewerbliche PersGes. in eine originär gewerbliche (Tochter-)PersGes. eingebracht wird, aber ein G'ter im Ausland ansässig ist, oder wenn der Auslands-G'ter über die ihm über die PersGes. unbeschadet der Einbringung vermittelte Inlands-Betriebsstätte im Inland ohnehin und nach wie vor besteuerungsverstrickt ist (s. 15. Aufl. Rn. 26). Das BMF-Schr. v. 26.9.2014[4] listete weitere einschlägige Sachverhalte auf, die in der Wirkung ähnlich gelagert sind. In solchen Konstellationen werden die StPfl. v. Zugriff auf Basis des § 50i fortan „erlöst".[5] 27

Nach wie vor nicht entstrickungsauslösend ist indes – mangels tatbestandlicher Erwähnung, aber auch mangels Notwendigkeit angesichts fortbestehenden deutschen Besteuerungsrechts – die Einbringung eines ganzen Betriebs, eines Teilbetriebs oder eine MU'anteils in die gewerblich geprägte PersGes.[6] **Nicht** entstrickungsauslösend sind auch Verschmelzungsvorgänge iSv. **§ 11 ff. UmwStG** im Rahmen einer sog. Seitwärts-, Aufwärts- oder Abwärtsverschmelzung[7] sowie Spaltungsvorgänge iSv. **§ 15 f. UmwStG**, auch nicht der Anteilstausch iSv. **§ 21 UmwStG**,[8] ggf. auch nicht die Einbringung eines 100-prozentigen Anteils an einer KapGes., den die gewerblich infizierte oder geprägte KG gem. § 24 UmwStG gegen Anteilsrechte in eine PersGes. überträgt. Grund dafür ist in all diesen Fällen der fehlende Transfer einer einschlägigen tatbestandserfüllenden Sachgesamtheit, die gewerblich geprägte KG ist lediglich aufnehmender Rechtsträger.[9] Das gilt auch für die gem. § 3 ff. UmwStG in eine PersGes. formgewechselte GmbH, deren Anteile v. einer gewerblich geprägten KG gehalten werden, des Weiteren für die einfache Anwachsung infolge Austritts des phG'ters einer derart formumgewechselten KapGes. 28

Personaler Geltungsbereich; unionsrechtl. Würdigung. Die Neufassung des Abs. 2 wirkt erklärtermaßen[10] und im Einklang mit dem Regelungstext ausschließlich für **nicht ansässige Pers.** im Sinne eines DBA, entgegen der bisherigen Regelungsfassung (15. Aufl. Rn. 27a, 28) aber nicht mehr für Pers., die im Inland ansässig sind. Befürchtungen, dass die jetzige personale Verengung unionsrechtl. Bedenken aufwerfen könnte, trägt der Gesetzgeber nicht.[11] Grund dafür gibt ihm die historische Genese des § 50i: Früher sei vielfach auf die – an sich mögliche und zulässige – Entstrickungsbesteuerung verzichtet worden. Der BFH habe dieses „Stundungskonzept" durch sein Urt. v. 28.4.2010[12] aus Abkommenssicht verworfen, und nur deshalb habe es des § 50i als Reaktion bedurft, um die „Geschäftsgrundlage" für die seinerzeit unter- 29

---

1 Für etliche einschlägige Fallgruppen wurde zuvor allerdings ein Billigkeitserweis erhofft, s. zB *Rödder/Kuhr/Heimig*, Ubg 2014, 477 (482 ff.); weiter gehend und iErg. **aA** *Bodden*, DB 2014, 2371 (2374); *Kudert/Kahlenberg/Mroz*, ISR 2014, 257 (262); *Jo. Lüdicke*, StbJb. 2013/2014, 237 (244 ff.); *Neumann-Tomm*, IStR 2015, 60 (62); *Stein*, ZEV 2016, 138 (139): teleologische Reduktion.

2 BT-Drucks. 18/10506, 82.

3 Eingehend mit Bsp. *Liekenbrock*, DStR 2017, 177 (180 f.).

4 BStBl. I 2014, 1258.

5 So *Liekenbrock*, DStR 2017, 177 (178).

6 *Köhler*, ISR 2014, 317 (322).

7 *F. Lang/Benz*, StbJb. 2014/2015, 183 (194 f., 207 f.); *Rödder/Kuhr/Heimig*, Ubg 2014, 477 (480).

8 *F. Lang/Benz*, StbJb. 2014/2015, 183 (194 f., 207 f.); *Patt*, EStB 2014, 377 (379 f.); *Rödder/Kuhr/Heimig*, Ubg 2014, 477 (480); *Liekenbrock*, DStR 2015, 1535.

9 S. iErg. mit zutr. Erwägungen *Rödder/Kuhr/Heimig*, Ubg 2014, 477 (480 ff.); *Bodden*, DB 2014, 2371 (2374); *Liekenbrock*, DStR 2015, 1535 (1538); aus guten Gründen skeptisch *Roderburg/Richter*, IStR 2015, 227 (232), weil die 100-prozentige Beteiligung iRd. § 24 UmwStG wie eine Sachgesamtheit behandelt wird (vgl. BMF v. 11.11.2011, BStBl. I 2011, 1314 Tz. 24.02); allerdings droht hier de facto auch kein Besteuerungsausfall bei der § 50i-Ges., sodass die Regelung wiederum ‚überschießt'.

10 BT-Drucks. 18/10506, 74.

11 BT-Drucks. 18/10506, 74 f.

12 BFH v. 28.4.2010 – I R 81/09, BStBl. II 2014, 754.

bliebene Besteuerung wiederherzustellen (s. iErg. Rn. 1 f.). § 50i stelle also eine „Altfallregelung“ dar. Weil diese aber ihrerseits tatbestandlich zu kurz greife und qua Einbringung des MU'anteils in eine KapGes. oder Genossenschaft „umgehbar“ sei, bedürfe es des lückenschließenden Abs. 2. – Ob diese Rechtfertigungsargumentation überzeugt, steht auf einem anderen Blatt. Denn es bleibt dabei, dass Gebietsansässige und Gebietsfremde unterschiedlich behandelt werden, nur weil man in der Vergangenheit das Abkommen falsch angewandt hat. Jene Falschbehandlung mag gereichen, um bei den Betroffenen keinen Vertrauensschutz auszulösen (s. Rn. 4a). Ob sie aber isoliert auch ausreicht, In- und Ausländer im Hinblick auf die lückenschließende Regelung des § 50i Abs. 2 unterschiedlich zu behandeln, ist zweifelh. Eine zwingende systematische Verknüpfung dieser Regelung mit dem Grundtatbestand dürfte fehlen.[1] Außerdem verlangt der EuGH, auch wenn er eine solche Ungleichbehandlung bei der Entstrickung grds. akzeptiert, in stRspr.[2] (s. § 36 Rn. 30) zumindest eine Stundungsregelung; auch daran fehlt es hier aber.

§ 50j Versagung der Entlastung von Kapitalertragsteuern in bestimmten Fällen

(1) [1]Ein Gläubiger von Kapitalerträgen im Sinne des § 43 Absatz 1 Satz 1 Nummer 1a, die nach einem Abkommen zur Vermeidung der Doppelbesteuerung nicht oder nur nach einem Steuersatz unterhalb des Steuersatzes des § 43a Absatz 1 Satz 1 Nummer 1 besteuert werden, hat ungeachtet dieses Abkommens nur dann Anspruch auf völlige oder teilweise Entlastung nach § 50d Absatz 1, wenn er

1. während der Mindesthaltedauer nach Absatz 2 hinsichtlich der diesen Kapitalerträgen zugrunde liegenden Anteile oder Genussscheine ununterbrochen wirtschaftlicher Eigentümer ist,

2. während der Mindesthaltedauer nach Absatz 2 ununterbrochen das Mindestwertänderungsrisiko nach Absatz 3 trägt und

3. nicht verpflichtet ist, die Kapitalerträge im Sinne des § 43 Absatz 1 Satz 1 Nummer 1a ganz oder überwiegend, unmittelbar oder mittelbar anderen Personen zu vergüten.

[2]Satz 1 gilt entsprechend für Anteile oder Genussscheine, die zu inländischen Kapitalerträgen im Sinne des § 43 Absatz 3 Satz 1 führen und einer Wertpapiersammelbank im Ausland zur Verwahrung anvertraut sind.

(2) [1]Die Mindesthaltedauer umfasst 45 Tage und muss innerhalb eines Zeitraums von 45 Tagen vor und 45 Tagen nach der Fälligkeit der Kapitalerträge erreicht werden. [2]Bei Anschaffungen und Veräußerungen ist zu unterstellen, dass die zuerst angeschafften Anteile oder Genussscheine zuerst veräußert wurden.

(3) [1]Der Gläubiger der Kapitalerträge muss unter Berücksichtigung von gegenläufigen Ansprüchen und Ansprüchen nahe stehender Personen das Risiko aus einem sinkenden Wert der Anteile oder Genussscheine im Umfang von mindestens 70 Prozent tragen (Mindestwertänderungsrisiko). [2]Kein hinreichendes Mindestwertänderungsrisiko liegt insbesondere dann vor, wenn der Gläubiger der Kapitalerträge oder eine ihm nahe stehende Person Kurssicherungsgeschäfte abgeschlossen hat, die das Wertänderungsrisiko der Anteile oder Genussscheine unmittelbar oder mittelbar um mehr als 30 Prozent mindern.

(4) [1]Die Absätze 1 bis 3 sind nur anzuwenden, wenn

1. die Steuer auf die dem Antrag zu Grunde liegenden Kapitalerträge nach einem Abkommen zur Vermeidung der Doppelbesteuerung 15 Prozent des Bruttobetrags der Kapitalerträge im Sinne des § 43 Absatz 1 Satz 1 Nummer 1a und des Absatzes 1 Satz 2 unterschreitet und

2. es sich nicht um Kapitalerträge handelt, die einer beschränkt steuerpflichtigen Kapitalgesellschaft, die am Nennkapital einer unbeschränkt steuerpflichtigen Kapitalgesellschaft im Sinne des § 1 Absatz 1 Nummer 1 des Körperschaftsteuergesetzes zu mindestens einem Zehntel unmittelbar beteiligt ist und im Staat ihrer Ansässigkeit den Steuern vom Einkommen oder Gewinn unterliegt, ohne davon befreit zu sein, von der unbeschränkt steuerpflichtigen Kapitalgesellschaft zufließen.

---

1 S. zB die ähnliche (und gescheiterte) Argumentation der FinVerw. bei der angeblich „systemischen“ Verzahnung v. § 8b Abs. 2 und Abs. 3 KStG in EuGH v. 22.1.2009 – Rs. C-377/07 – STEKO, BStBl. II 2011, 95, und in der nachfolgenden Rspr. (dazu § 17 Rn. 11).

2 Zuletzt EuGH v. 21.12.2016 – Rs. C-503/14 – Kommission ./. Portugal, IStR 2017, 69; dazu *Th. Müller*, DB 2017, 96.

[2]Die Absätze 1 bis 3 sind nicht anzuwenden, wenn der Gläubiger der Kapitalerträge im Sinne des § 43 Absatz 1 Satz 1 Nummer 1a und des Absatzes 1 Satz 4 bei Zufluss seit mindestens einem Jahr ununterbrochen wirtschaftlicher Eigentümer der Aktien oder Genussscheine ist; Absatz 2 Satz 2 gilt entsprechend.

(5) Bestimmungen eines Abkommens zur Vermeidung der Doppelbesteuerung, § 42 der Abgabenordnung und andere steuerliche Vorschriften bleiben unberührt, soweit sie jeweils die Entlastung in einem weitergehenden Umfang einschränken.

Literatur: S. Nachweise zu § 36a sowie: *Salzmann/Heufelder*, Ist die weitere Bekämpfung von „Cum/Cum-Geschäften" im grenzüberschreitenden Kontext durch den Gesetzgeber gerechtfertigt?, IStR 2017, 125; *Salzmann/Heufelder*, Die Versagung der Entlastung v. KapESt gem. § 50j – ein Bsp. unverhältnismäßiger Gesetzgebung, IStR 2018, 62.

A. Grundaussagen der Vorschrift

Regelungsgegenstand; Verhältnis zu anderen Vorschriften. § 50j wurde durch das **BEPS-UmsG v. 20.12.2016**[1] neu geschaffen, mit welchem der Regelungskanon im Kontext des § 50d, der seinerseits ursprünglich aus bloß drei Absätzen bestand, allmählich auf den Normenbuchstaben „z" zuläuft. Die neue Vorschrift korrespondiert mit dem im Zuge der InvSt-Reform in 2016 ebenfalls neu geschaffenen **§ 36a**. Während jene Vorschrift die Anrechnung v. KapESt bei dem veranlagten StPfl. nach Maßgabe v. § 36 Abs. 2 restringiert, sieht § 50j nun Nämliches für die umgekehrte Konstellation, also für den beschränkt stpfl. Gläubiger v. Kapitalerträgen, vor, der eine volle oder teilweise KapESt-Entlastung nach Maßgabe v. **§ 50d Abs. 1** beansprucht, hierbei aber nur für solche Quellensteuerentlastungen, welche aus einem DBA resultieren, also aus **Art. 10 Abs. 2 OECD-MA**. Es handelt sich in diesem Zusammenhang bei § 50j um ein **treaty override**. Als solches überschreibt die Norm die abkommensrechtl. an sich eingeräumte Entlastung (und belegt einmal mehr und entgegen vielfachen volltönenden Lippenbekundungen aus dem politischen Raum den inflationären Gebrauch dieses Instituts des treaty overriding). Es geht dem Gesetzgeber namentlich darum, dem bewussten „Erschleichen" v. abkommensrechtl. ermöglichter Quellensteuerentlastung vermittels sog. **treaty shopping** bei sog. Cum/Cum-Geschäften (s. dazu § 36a Rn. 1) entgegenzuwirken („Cum/Cum-treaty shopping").[2] Das beschreibt Fälle, in denen sich ein im In- oder Ausland ansässiger Empfänger einer aus Deutschland zufließenden Dividende durch „künstliche Gestaltung" einen niedrigeren DBA-Quellensteuersatz verschafft, auf den er ohne diese Gestaltung keinen Anspruch hätte.[3] Die Regelung dient sonach (iErg. vergleichbar mit § 50d Abs. 3) der Verhinderung des Missbrauchs durch ungerechtfertigte Inanspruchnahme v. Abkommensvorteilen und bedient sich dafür instrumentell einer gesetzlichen Justierung des wirtschaftlichen Eigentums, wie dieses in **§ 39 Abs. 2 Nr. 1 AO** tatbestandlich abstrakt vorgegeben ist (sa. § 36a Rn. 6 ff.). Es lag dabei in der Absicht des Gesetzgebers, sich mit der Regelung auf „die risikobehafteten und fiskalisch relevanten Fälle" zu konzentrieren.[4] Ob es gelungen ist, dieses volltönende Ziel zu erreichen, sei indessen bezweifelt: Die höchst raren Fälle, in denen der vorgebliche Missbrauch tatsächlich „geahndet wird", haben *Salzmann* und *Heufelder*[5] in ihrer Untersuchung überzeugend herausgearbeitet. Es sind dies vor allem Fälle des Anteilserwerbs v. nicht abkommensberechtigten Steuerausländern, wenn der Erwerber abkommensrechtl. einen Quellensteuersatz v. 10 % statt v. 15 % geltend machen kann. Überdies geben die regulativen Vorgaben in Gestalt der „exakt definierten Haltedauer, gepaart mit dem Zeitkorridor von 90 Tagen, (...) den gestaltungswilligen Steuerpflichtigen (...) eine immer noch hinreichende flexible Planungsgrundlage, um das von dem Gläubiger getragene konkrete Verlustrisiko so weit zu minimieren, dass das Substanzkriterium iErg. leerzulaufen droht".[6] 1

Zeitliche Anwendung. Die Neuregelung ist **erstmals v. VZ 2017** an anzuwenden. 1a

B. Entlastungsbeschränkungen (Abs. 1 bis 3)

Die in § 50j festgelegten Entlastungsbeschränkungen begnügen sich mit den einschlägigen Fällen des Erstattungsverfahrens nach § 50d Abs. 1. Das sog. Freistellungsverfahren (§ 50d Abs. 2) bleibt unangetastet, 2

1 BGBl. I 2016, 3000.
2 BT-Drucks. 18/10506, 78.
3 BT-Drucks. 18710506, 78.
4 BT-Drucks. 18/10506, 79.
5 *Salzmann/Heufelder*, IStR 2017, 125, und IStR 2018, 62.
6 Zutr. *Jo. Lüdicke*, StbJb. 2017/18, 631 (664 f.).

erklärtermaßen, weil dieses ohnehin nur bei Schachtelbeteiligungen greife.[1] Seinem Tatbestand nach orientiert sich § 50j systematisch und in weiten Bereichen wortwörtlich an den Vorgaben des § 36a und lehnt sich (lückenfüllend) an dessen Tatbestandsmerkmale an. So entspricht **§ 50j Abs. 1 S. 1 § 36a Abs. 1 S. 1.** Hier wie dort setzt der Anspr. (dort der Anrechnungs-, hier der Entlastungsanspr.) voraus, dass der StPfl. **(1)** innerhalb der Mindesthaltedauer von 45 Tagen nicht nur zivilrechtl., sondern auch (**iSv. § 39 Abs. 2 Nr. 1 AO**) wirtschaftlicher, also „voller" Eigentümer der Aktien und Genussscheine gewesen ist (**Abs. 1 S. 1 Nr. 1, § 36a Abs. 1 S. 1 Nr. 1**), **(2)** mindestens 70 % des Wertveränderungsrisikos betr. die Aktien und Genussscheine trägt (**Abs. 1 S. 1 Nr. 2, § 36a Abs. 1 S. 1 Nr. 2**) und **(3)** nicht verpflichtet ist, die Kapitalerträge ganz oder überwiegend, unmittelbar oder mittelbar anderen Pers. zu vergüten (**Abs. 1 S. 1 Nr. 3, § 36a Abs. 1 S. 1 Nr. 3**). S. § 36a Rn. 7 ff. Auch für die Anwendung v. § 50j wird also der Begriff des wirtschaftlichen Eigentümers in § 39 Abs. 2 Nr. 2 AO typisierend definiert und spezifischen Erfordernissen unterworfen. Es gilt uneingeschränkt innerstaatliches Recht; eine begriffliche Orientierung an den abkommensrechtl. Nutzungsberechtigten („beneficial owner", s. § 50d Rn. 51) findet nicht statt, und das zu Recht, weil die Erstattung davon idR nicht beeinflusst wird; s. aber auch § 50d Abs. 11, § 50d Rn. 10a. – **Abs. 1 S. 2** dehnt die Anwendung entspr. auf Anteile oder Genussscheine aus, die zu inländ. Kapitalerträgen iSd. § 43 Abs. 3 S. 1 führen und einer Wertpapiersammelbank im Ausland zur Verwahrung anvertraut werden; auch das entspricht **§ 36a, dort Abs. 1 S. 4** (s. dazu § 36a Rn. 5). – **Abs. 2** bestimmt die sog. **Mindesthaltedauer nach Abs. 1 S. 1 Nr. 1** und deckt sich eins zu eins mit **§ 36a Abs. 2 S. 1**; das gilt auch für die „first bought, first sold"-Regelung in **Abs. 2 S. 2, § 36a Abs. 2 S. 2.** S. § 36a Rn. 7. – Gleichermaßen verhält es sich mit dem sog. **Mindestwertänderungsrisiko nach Abs. 3 iVm. Abs. 1 S. 1 Nr. 2** (s. dazu **§ 36a Abs. 3**, § 36a Rn. 8).

C. Anwendungsbeschränkungen (Abs. 4)

3 **§ 50j Abs. 4** enthält Anwendungsbeschränkungen: In **Abs. 4 S. 1** sind diese Beschränkungen positiv formuliert. Die Abs. 1 bis 3 sind danach **nur anzuwenden,** wenn **(1)** die Steuer auf die dem Antrag zugrunde liegenden Kapitalerträge nach einem DBA 15 % des Bruttobetrags der Kapitalerträge iSd. § 43 Abs. 1 S. 1 Nr. 1a und des Abs. 1 S. 2 unterschreitet (**Abs. 4 S. 1 Nr. 1**), und **(2)** wenn es sich nicht um Kapitalerträge handelt, die einer beschränkt stpfl. KapGes. iSv. § 2 Abs. 1 KStG v. derjenigen unbeschränkt stpfl. KapGes. (iSv. § 1 Abs. 1 Nr. 1 KStG) zufließen, **(2a)** an deren Nennkapital die beschränkt stpfl. KapGes. zu mindestens einem Zehntel unmittelbar beteiligt ist, sowie **(2b)** diese im Staat ihrer Ansässigkeit den Steuern v. Einkommen oder Gewinn unterliegt und dort nicht davon befreit ist (**Abs. 4 S. 1 Nr. 2**). Erfasst werden also nur Gestaltungen mit Streubesitzdividenden v. unter 15 %, sog. Schachtelbeteiligungen v. mindestens 10 % bleiben ausgespart. Es handelt sich um Verschonungsregeln im Einklang mit der beschriebenen gesetzgeberischen Absicht, nur die „risikobehafteten und fiskalisch relevanten Fälle" erfassen zu wollen (Rn. 1). Zu Recht wird angemerkt, dass der Anwendungsbereich v. § 50j dadurch iErg. leerläuft, da – einerseits – beschränkt stpfl. KapGes. den KapESt-Satz nach § 44a Abs. 9 schon innerstaatlich auf 15 % absenken können und § 50j – andererseits – für Streubesitz ebenso wie für schachtelprivilegierte Kapitalerträge nicht anzuwenden ist.[2]

4 In **Abs. 4 S. 2** werden die Anwendungsbeschränkungen negativ als **Anwendungsausschlüsse** bestimmt: Die Abs. 1 bis 3 sind **nicht anzuwenden**, wenn der Gläubiger der Kapitalerträge iSd. § 43 Abs. 1 S. 1 Nr. 1a und des Abs. 1 S. 4 bei Zufluss seit mindestens einem Jahr ununterbrochen wirtschaftlicher Eigentümer der Aktien oder Genussscheine ist; Abs. 2 S. 2 gilt entspr. Diese Anwendungsbeschränkung deckt sich mit jener in **§ 36a Abs. 5 Nr. 2** (s. § 36a Rn. 12). Ebenso wie in jener Vorschrift wird auch hier typisierend unterstellt, dass der Gläubiger sich nicht im Zuge eines sog. treaty shopping nur um der Entlastung willen wirtschaftlich engagiert hat.

D. Missbrauchsvorbehalt (Abs. 5)

5 **§ 50j Abs. 5** sichert nach Art eines **Meistbelastungsprinzips** den Anwendungsvorrang v. DBA-Bestimmungen, § 42 AO „und anderen steuerlichen Vorschriften", also zB § 50d Abs. 3, § 50g Abs. 4 S. 1 („… bleiben unberührt …"), soweit diese (also nur quantitativ, nicht absolut) jeweils die Entlastung in einem weiter gehenden Umfang einschränken. Das ähnelt dem Vorbehalt zugunsten v. § 42 AO (der „general anti-avoidance rule") in **§ 36a Abs. 7** (s. § 36a Rn. 14 f.). – Hinzukommen werden in grenzüberschreitenden Zusammenhängen voraussichtlich die neuen, allg. ebenso wie spezifischen Missbrauchsverhinderungsregelungen aufgrund des Multilateralen Instruments (MLI) (special purpose test, LoB-Klauseln).[3]

---

1 BT-Drucks. 18/10506, 79.
2 *Salzmann/Heufelder*, IStR 2017, 125, und IStR 2018, 62.
3 Dazu umfassend *Fischer/Pitzer*, IStR 2017, 804.

§ 51 Ermächtigungen

(1) Die Bundesregierung wird ermächtigt, mit Zustimmung des Bundesrates

1. zur Durchführung dieses Gesetzes Rechtsverordnungen zu erlassen, soweit dies zur Wahrung der Gleichmäßigkeit bei der Besteuerung, zur Beseitigung von Unbilligkeiten in Härtefällen, zur Steuerfreistellung des Existenzminimums oder zur Vereinfachung des Besteuerungsverfahrens erforderlich ist, und zwar:
   a) über die Abgrenzung der Steuerpflicht, die Beschränkung der Steuererklärungspflicht auf die Fälle, in denen eine Veranlagung in Betracht kommt, über die den Einkommensteuererklärungen beizufügenden Unterlagen und über die Beistandspflichten Dritter;
   b) über die Ermittlung der Einkünfte und die Feststellung des Einkommens einschließlich der abzugsfähigen Beträge;
   c) über die Höhe von besonderen Betriebsausgaben-Pauschbeträgen für Gruppen von Betrieben, bei denen hinsichtlich der Besteuerungsgrundlagen annähernd gleiche Verhältnisse vorliegen, wenn der Steuerpflichtige Einkünfte aus Gewerbebetrieb (§ 15) oder selbständiger Arbeit (§ 18) erzielt, in Höhe eines Prozentsatzes der Umsätze im Sinne des § 1 Absatz 1 Nummer 1 des Umsatzsteuergesetzes; Umsätze aus der Veräußerung von Wirtschaftsgütern des Anlagevermögens sind nicht zu berücksichtigen. [2]Einen besonderen Betriebsausgaben-Pauschbetrag dürfen nur Steuerpflichtige in Anspruch nehmen, die ihren Gewinn durch Einnahme-Überschussrechnung nach § 4 Absatz 3 ermitteln. [3]Bei der Festlegung der Höhe des besonderen Betriebsausgaben-Pauschbetrags ist der Zuordnung der Betriebe entsprechend der Klassifikation der Wirtschaftszweige, Fassung für Steuerstatistiken, Rechnung zu tragen. [4]Bei der Ermittlung der besonderen Betriebsausgaben-Pauschbeträge sind alle Betriebsausgaben mit Ausnahme der an das Finanzamt gezahlten Umsatzsteuer zu berücksichtigen. [5]Bei der Veräußerung oder Entnahme von Wirtschaftsgütern des Anlagevermögens sind die Anschaffungs- oder Herstellungskosten, vermindert um die Absetzungen für Abnutzung nach § 7 Absatz 1 oder 4 sowie die Veräußerungskosten neben dem besonderen Betriebsausgaben-Pauschbetrag abzugsfähig. [6]Der Steuerpflichtige kann im folgenden Veranlagungszeitraum zur Ermittlung der tatsächlichen Betriebsausgaben übergehen. [7]Wechselt der Steuerpflichtige zur Ermittlung der tatsächlichen Betriebsausgaben, sind die abnutzbaren Wirtschaftsgüter des Anlagevermögens mit ihren Anschaffungs- oder Herstellungskosten, vermindert um die Absetzungen für Abnutzung nach § 7 Absatz 1 oder 4, in ein laufend zu führendes Verzeichnis aufzunehmen. [8]§ 4 Absatz 3 Satz 5 bleibt unberührt. [9]Nach dem Wechsel zur Ermittlung der tatsächlichen Betriebsausgaben ist eine erneute Inanspruchnahme des besonderen Betriebsausgaben-Pauschbetrags erst nach Ablauf der folgenden vier Veranlagungszeiträume zulässig; die §§ 140 und 141 der Abgabenordnung bleiben unberührt;
   d) über die Veranlagung, die Anwendung der Tarifvorschriften und die Regelung der Steuerentrichtung einschließlich der Steuerabzüge;
   e) über die Besteuerung der beschränkt Steuerpflichtigen einschließlich eines Steuerabzugs;
   f) in Fällen, in denen ein Sachverhalt zu ermitteln und steuerrechtlich zu beurteilen ist, der sich auf Vorgänge außerhalb des Geltungsbereichs dieses Gesetzes bezieht, und außerhalb des Geltungsbereichs dieses Gesetzes ansässige Beteiligte oder andere Personen nicht wie bei Vorgängen innerhalb des Geltungsbereichs dieses Gesetzes zur Mitwirkung bei der Ermittlung des Sachverhalts herangezogen werden können, zu bestimmen,
      aa) in welchem Umfang Aufwendungen im Sinne des § 4 Absatz 4 oder des § 9 den Gewinn oder den Überschuss der Einnahmen über die Werbungskosten nur unter Erfüllung besonderer Mitwirkungs- und Nachweispflichten mindern dürfen. [2]Die besonderen Mitwirkungs- und Nachweispflichten können sich erstrecken auf
         aaa) die Angemessenheit der zwischen nahestehenden Personen im Sinne des § 1 Absatz 2 des Außensteuergesetzes in ihren Geschäftsbeziehungen vereinbarten Bedingungen,
         bbb) die Angemessenheit der Gewinnabgrenzung zwischen unselbständigen Unternehmensteilen,
         ccc) die Pflicht zur Einhaltung von für nahestehende Personen geltenden Dokumentations- und Nachweispflichten auch bei Geschäftsbeziehungen zwischen nicht nahestehenden Personen,

ddd) die Bevollmächtigung der Finanzbehörde durch den Steuerpflichtigen, in seinem Namen mögliche Auskunftsansprüche gegenüber den von der Finanzbehörde benannten Kreditinstituten außergerichtlich und gerichtlich geltend zu machen;

bb) dass eine ausländische Gesellschaft ungeachtet des § 50d Absatz 3 nur dann einen Anspruch auf völlige oder teilweise Entlastung vom Steuerabzug nach § 50d Absatz 1 und 2 oder § 44a Absatz 9 hat, soweit sie die Ansässigkeit der an ihr unmittelbar oder mittelbar beteiligten natürlichen Personen, deren Anteil unmittelbar oder mittelbar 10 Prozent übersteigt, darlegt und nachweisen kann;

cc) dass § 2 Absatz 5b Satz 1, § 32d Absatz 1 und § 43 Absatz 5 in Bezug auf Einkünfte im Sinne des § 20 Absatz 1 Nummer 1 und die steuerfreien Einnahmen nach § 3 Nummer 40 Satz 1 und 2 nur dann anzuwenden sind, wenn die Finanzbehörde bevollmächtigt wird, im Namen des Steuerpflichtigen mögliche Auskunftsansprüche gegenüber den von der Finanzbehörde benannten Kreditinstituten außergerichtlich und gerichtlich geltend zu machen.

[2]Die besonderen Nachweis- und Mitwirkungspflichten auf Grund dieses Buchstabens gelten nicht, wenn die außerhalb des Geltungsbereichs dieses Gesetzes ansässigen Beteiligten oder andere Personen in einem Staat oder Gebiet ansässig sind, mit dem ein Abkommen besteht, das die Erteilung von Auskünften entsprechend Artikel 26 des Musterabkommens der OECD zur Vermeidung der Doppelbesteuerung auf dem Gebiet der Steuern vom Einkommen und vom Vermögen in der Fassung von 2005 vorsieht oder der Staat oder das Gebiet Auskünfte in einem vergleichbaren Umfang erteilt oder die Bereitschaft zu einer entsprechenden Auskunftserteilung besteht;

2. Vorschriften durch Rechtsverordnung zu erlassen

a) über die sich aus der Aufhebung oder Änderung von Vorschriften dieses Gesetzes ergebenden Rechtsfolgen, soweit dies zur Wahrung der Gleichmäßigkeit bei der Besteuerung oder zur Beseitigung von Unbilligkeiten in Härtefällen erforderlich ist;

b) (weggefallen)

c) über den Nachweis von Zuwendungen im Sinne des § 10b einschließlich erleichterter Nachweisanforderungen;

d) über Verfahren, die in den Fällen des § 38 Absatz 1 Nummer 2 den Steueranspruch der Bundesrepublik Deutschland sichern oder die sicherstellen, dass bei Befreiungen im Ausland ansässiger Leiharbeitnehmer von der Steuer der Bundesrepublik Deutschland auf Grund von Abkommen zur Vermeidung der Doppelbesteuerung die ordnungsgemäße Besteuerung im Ausland gewährleistet ist. [1]Hierzu kann nach Maßgabe zwischenstaatlicher Regelungen bestimmt werden, dass

aa) der Entleiher in dem hierzu notwendigen Umfang an derartigen Verfahren mitwirkt,

bb) er sich im Haftungsverfahren nicht auf die Freistellungsbestimmungen des Abkommens berufen kann, wenn er seine Mitwirkungspflichten verletzt;

e) bis m) (weggefallen)

n) über Sonderabschreibungen

aa) im Tiefbaubetrieb des Steinkohlen-, Pechkohlen-, Braunkohlen- und Erzbergbaues bei Wirtschaftsgütern des Anlagevermögens unter Tage und bei bestimmten mit dem Grubenbetrieb unter Tage in unmittelbarem Zusammenhang stehenden, der Förderung, Seilfahrt, Wasserhaltung und Wetterführung sowie der Aufbereitung des Minerals dienenden Wirtschaftsgütern des Anlagevermögens über Tage, soweit die Wirtschaftsgüter

für die Errichtung von neuen Förderschachtanlagen, auch in Form von Anschlussschachtanlagen,

für die Errichtung neuer Schächte sowie die Erweiterung des Grubengebäudes und den durch Wasserzuflüsse aus stillliegenden Anlagen bedingten Ausbau der Wasserhaltung bestehender Schachtanlagen,

für Rationalisierungsmaßnahmen in der Hauptschacht-, Blindschacht-, Strecken- und Abbauförderung, im Streckenvortrieb, in der Gewinnung, Versatzwirtschaft, Seilfahrt, Wetterführung und Wasserhaltung sowie in der Aufbereitung,

für die Zusammenfassung von mehreren Förderschachtanlagen zu einer einheitlichen Förderschachtanlage und

für den Wiederaufschluss stillliegender Grubenfelder und Feldesteile,

bb) im Tagebaubetrieb des Braunkohlen- und Erzbergbaues bei bestimmten Wirtschaftsgütern des beweglichen Anlagevermögens (Grubenaufschluss, Entwässerungsanlagen, Großgeräte sowie Einrichtungen des Grubenrettungswesens und der Ersten Hilfe und im Erzbergbau auch Aufbereitungsanlagen), die

für die Erschließung neuer Tagebaue, auch in Form von Anschlusstagebauen, für Rationalisierungsmaßnahmen bei lfd. Tagebauen,

beim Übergang zum Tieftagebau für die Freilegung und Gewinnung der Lagerstätte und

für die Wiederinbetriebnahme stillgelegter Tagebaue

von Steuerpflichtigen, die den Gewinn nach § 5 ermitteln, vor dem 1. Januar 1990 angeschafft oder hergestellt werden. [2]Die Sonderabschreibungen können bereits für Anzahlungen auf Anschaffungskosten und für Teilherstellungskosten zugelassen werden. [3]Hat der Steuerpflichtige vor dem 1. Januar 1990 die Wirtschaftsgüter bestellt oder mit ihrer Herstellung begonnen, so können die Sonderabschreibungen auch für nach dem 31. Dezember 1989 und vor dem 1. Januar 1991 angeschaffte oder hergestellte Wirtschaftsgüter sowie für vor dem 1. Januar 1991 geleistete Anzahlungen auf Anschaffungskosten und entstandene Teilherstellungskosten in Anspruch genommen werden. [4]Voraussetzung für die Inanspruchnahme der Sonderabschreibungen ist, dass die Förderungswürdigkeit der bezeichneten Vorhaben von der obersten Landesbehörde für Wirtschaft im Einvernehmen mit dem Bundesministerium für Wirtschaft und Energie bescheinigt worden ist. [5]Die Sonderabschreibungen können im Wirtschaftsjahr der Anschaffung oder Herstellung und in den vier folgenden Wirtschaftsjahren in Anspruch genommen werden, und zwar bei beweglichen Wirtschaftsgütern des Anlagevermögens bis zu insgesamt 50 Prozent, bei unbeweglichen Wirtschaftsgütern des Anlagevermögens bis zu insgesamt 30 Prozent der Anschaffungs- oder Herstellungskosten. [6]Bei den begünstigten Vorhaben im Tagebaubetrieb des Braunkohlen- und Erzbergbaues kann außerdem zugelassen werden, dass die vor dem 1. Januar 1991 aufgewendeten Kosten für den Vorabraum bis zu 50 Prozent als sofort abzugsfähige Betriebsausgaben behandelt werden;

o) (weggefallen)

p) über die Bemessung der Absetzungen für Abnutzung oder Substanzverringerung bei nicht zu einem Betriebsvermögen gehörenden Wirtschaftsgütern, die vor dem 21. Juni 1948 angeschafft oder hergestellt oder die unentgeltlich erworben sind. [2]Hierbei kann bestimmt werden, dass die Absetzungen für Abnutzung oder Substanzverringerung nicht nach den Anschaffungs- oder Herstellungskosten, sondern nach Hilfswerten (am 21. Juni 1948 maßgebender Einheitswert, Anschaffungs- oder Herstellungskosten des Rechtsvorgängers abzüglich der von ihm vorgenommenen Absetzungen, fiktive Anschaffungskosten an einem noch zu bestimmenden Stichtag) zu bemessen sind. [3]Zur Vermeidung von Härten kann zugelassen werden, dass anstelle der Absetzungen für Abnutzung, die nach dem am 21. Juni 1948 maßgebenden Einheitswert zu bemessen sind, der Betrag abgezogen wird, der für das Wirtschaftsgut in dem Veranlagungszeitraum 1947 als Absetzung für Abnutzung geltend gemacht werden konnte. [4]Für das Land Berlin tritt in den Sätzen 1 bis 3 an die Stelle des 21. Juni 1948 jeweils der 1. April 1949;

q) über erhöhte Absetzungen bei Herstellungskosten

aa) für Maßnahmen, die für den Anschluss eines im Inland belegenen Gebäudes an eine Fernwärmeversorgung einschließlich der Anbindung an das Heizsystem erforderlich sind, wenn die Fernwärmeversorgung überwiegend aus Anlagen der Kraft-Wärme-Kopplung, zur Verbrennung von Müll oder zur Verwertung von Abwärme gespeist wird,

bb) für den Einbau von Wärmepumpenanlagen, Solaranlagen und Anlagen zur Wärmerückgewinnung in einem im Inland belegenen Gebäude einschließlich der Anbindung an das Heizsystem,

cc) für die Errichtung von Windkraftanlagen, wenn die mit diesen Anlagen erzeugte Energie überwiegend entweder unmittelbar oder durch Verrechnung mit Elektrizitätsbezügen des Steuerpflichtigen von einem Elektrizitätsversorgungsunternehmen zur Versorgung eines im Inland belegenen Gebäudes des Steuerpflichtigen verwendet wird, einschließlich der Anbindung an das Versorgungssystem des Gebäudes,

dd) für die Errichtung von Anlagen zur Gewinnung von Gas, das aus pflanzlichen oder tierischen Abfallstoffen durch Gärung unter Sauerstoffabschluss entsteht, wenn dieses Gas zur Beheizung eines im Inland belegenen Gebäudes des Steuerpflichtigen oder zur Warmwasserbereitung in einem solchen Gebäude des Steuerpflichtigen verwendet wird, einschließlich der Anbindung an das Versorgungssystem des Gebäudes,

ee) für den Einbau einer Warmwasseranlage zur Versorgung von mehr als einer Zapfstelle und einer zentralen Heizungsanlage oder bei einer zentralen Heizungs- und Warmwasseranlage für den Einbau eines Heizkessels, eines Brenners, einer zentralen Steuerungseinrichtung, einer Wärmeabgabeeinrichtung und eine Änderung der Abgasanlage in einem im Inland belegenen Gebäude oder in einer im Inland belegenen Eigentumswohnung, wenn mit dem Einbau nicht vor Ablauf von zehn Jahren seit Fertigstellung dieses Gebäudes begonnen worden ist und der Einbau nach dem 30. Juni 1985 fertiggestellt worden ist; Entsprechendes gilt bei Anschaffungskosten für neue Einzelöfen, wenn keine Zentralheizung vorhanden ist.

[2]Voraussetzung für die Gewährung der erhöhten Absetzungen ist, dass die Maßnahmen vor dem 1. Januar 1992 fertiggestellt worden sind; in den Fällen des Satzes 1 Doppelbuchstabe aa müssen die Gebäude vor dem 1. Juli 1983 fertiggestellt worden sein, es sei denn, dass der Anschluss nicht schon im Zusammenhang mit der Errichtung des Gebäudes möglich war. [3]Die erhöhten Absetzungen dürfen jährlich 10 Prozent der Aufwendungen nicht übersteigen. [4]Sie dürfen nicht gewährt werden, wenn für dieselbe Maßnahme eine Investitionszulage in Anspruch genommen wird. [5]Sind die Aufwendungen Erhaltungsaufwand und entstehen sie bei einer zu eigenen Wohnzwecken genutzten Wohnung im eigenen Haus, für die der Nutzungswert nicht mehr besteuert wird, und liegen in den Fällen des Satzes 1 Doppelbuchstabe aa die Voraussetzungen des Satzes 2 zweiter Halbsatz vor, so kann der Abzug dieser Aufwendungen wie Sonderausgaben mit gleichmäßiger Verteilung auf das Kalenderjahr, in dem die Arbeiten abgeschlossen worden sind, und die neun folgenden Kalenderjahre zugelassen werden, wenn die Maßnahme vor dem 1. Januar 1992 abgeschlossen worden ist;

r) nach denen Steuerpflichtige größere Aufwendungen

aa) für die Erhaltung von nicht zu einem Betriebsvermögen gehörenden Gebäuden, die überwiegend Wohnzwecken dienen,

bb) zur Erhaltung eines Gebäudes in einem förmlich festgelegten Sanierungsgebiet oder städtebaulichen Entwicklungsbereich, die für Maßnahmen im Sinne des § 177 des Baugesetzbuchs sowie für bestimmte Maßnahmen, die der Erhaltung, Erneuerung und funktionsgerechten Verwendung eines Gebäudes dienen, das wegen seiner geschichtlichen, künstlerischen oder städtebaulichen Bedeutung erhalten bleiben soll, und zu deren Durchführung sich der Eigentümer neben bestimmten Modernisierungsmaßnahmen gegenüber der Gemeinde verpflichtet hat, aufgewendet worden sind,

cc) zur Erhaltung von Gebäuden, die nach den jeweiligen landesrechtlichen Vorschriften Baudenkmale sind, soweit die Aufwendungen nach Art und Umfang zur Erhaltung des Gebäudes als Baudenkmal und zu seiner sinnvollen Nutzung erforderlich sind,

auf zwei bis fünf Jahre gleichmäßig verteilen können. [2]In den Fällen der Doppelbuchstaben bb und cc ist Voraussetzung, dass der Erhaltungsaufwand vor dem 1. Januar 1990 entstanden ist. [3]In den Fällen von Doppelbuchstabe cc sind die Denkmaleigenschaft des Gebäudes und die Voraussetzung, dass die Aufwendungen nach Art und Umfang zur Erhaltung des Gebäudes als Baudenkmal und zu seiner sinnvollen Nutzung erforderlich sind, durch eine Bescheinigung der nach Landesrecht zuständigen oder von der Landesregierung bestimmten Stelle nachzuweisen;

s) nach denen bei Anschaffung oder Herstellung von abnutzbaren beweglichen und bei Herstellung von abnutzbaren unbeweglichen Wirtschaftsgütern des Anlagevermögens auf Antrag ein Abzug von der Einkommensteuer für den Veranlagungszeitraum der Anschaffung oder Herstellung bis zur Höhe von 7,5 Prozent der Anschaffungs- oder Herstellungskosten dieser Wirtschaftsgüter vorgenommen werden kann, wenn eine Störung des gesamtwirtschaftlichen Gleichgewichts eingetreten ist oder sich abzeichnet, die eine nachhaltige Verringerung der Umsätze oder der Beschäftigung zur Folge hatte oder erwarten lässt, insbesondere bei einem erheblichen Rückgang der Nachfrage nach Investitionsgütern oder Bauleistungen. [2]Bei der Bemessung des von der Einkommensteuer abzugsfähigen Betrags dürfen nur berücksichtigt werden

aa) die Anschaffungs- oder Herstellungskosten von beweglichen Wirtschaftsgütern, die innerhalb eines jeweils festzusetzenden Zeitraums, der ein Jahr nicht übersteigen darf (Begünstigungszeitraum), angeschafft oder hergestellt werden,

bb) die Anschaffungs- oder Herstellungskosten von beweglichen Wirtschaftsgütern, die innerhalb des Begünstigungszeitraums bestellt und angezahlt werden oder mit deren Herstellung innerhalb des Begünstigungszeitraums begonnen wird, wenn sie innerhalb eines Jahres, bei Schiffen innerhalb zweier Jahre nach Ablauf des Begünstigungszeitraums geliefert oder fertiggestellt werden. [2]Soweit bewegliche Wirtschaftsgüter im Sinne des Satzes 1 mit Ausnahme von Schiffen nach Ablauf eines Jahres, aber vor Ablauf zweier Jahre nach dem Ende des Begünstigungszeitraums geliefert oder fertiggestellt werden, dürfen bei Bemessung des Abzugs von der Einkommensteuer die bis zum Ablauf eines Jahres nach dem Ende des Begünstigungszeitraums aufgewendeten Anzahlungen und Teilherstellungskosten berücksichtigt werden,

cc) die Herstellungskosten von Gebäuden, bei denen innerhalb des Begünstigungszeitraums der Antrag auf Baugenehmigung gestellt wird, wenn sie bis zum Ablauf von zwei Jahren nach dem Ende des Begünstigungszeitraums fertiggestellt werden;

dabei scheiden geringwertige Wirtschaftsgüter im Sinne des § 6 Absatz 2 und Wirtschaftsgüter, die in gebrauchtem Zustand erworben werden, aus. [3]Von der Begünstigung können außerdem Wirtschaftsgüter ausgeschlossen werden, für die Sonderabschreibungen, erhöhte Absetzungen oder die Investitionszulage nach § 19 des Berlinförderungsgesetzes in Anspruch genommen werden. [4]In den Fällen des Satzes 2 Doppelbuchstabe bb und cc können bei Bemessung des von der Einkommensteuer abzugsfähigen Betrags bereits die im Begünstigungszeitraum, im Fall des Satzes 2 Doppelbuchstabe bb Satz 2 auch die bis zum Ablauf eines Jahres nach dem Ende des Begünstigungszeitraums aufgewendeten Anzahlungen und Teilherstellungskosten berücksichtigt werden; der Abzug von der Einkommensteuer kann insoweit schon für den Veranlagungszeitraum vorgenommen werden, in dem die Anzahlungen oder Teilherstellungskosten aufgewendet worden sind. [5]Übersteigt der von der Einkommensteuer abzugsfähige Betrag die für den Veranlagungszeitraum der Anschaffung oder Herstellung geschuldete Einkommensteuer, so kann der übersteigende Betrag von der Einkommensteuer für den darauf folgenden Veranlagungszeitraum abgezogen werden. [6]Entsprechendes gilt, wenn in den Fällen des Satzes 2 Doppelbuchstabe bb und cc der Abzug von der Einkommensteuer bereits für Anzahlungen oder Teilherstellungskosten geltend gemacht wird. [7]Der Abzug von der Einkommensteuer darf jedoch die für den Veranlagungszeitraum der Anschaffung oder Herstellung und den folgenden Veranlagungszeitraum insgesamt zu entrichtende Einkommensteuer nicht übersteigen. [8]In den Fällen des Satzes 2 Doppelbuchstabe bb Satz 2 gilt dies mit der Maßgabe, dass an die Stelle des Veranlagungszeitraums der Anschaffung oder Herstellung der Veranlagungszeitraum tritt, in dem zuletzt Anzahlungen oder Teilherstellungskosten aufgewendet worden sind. [9]Werden begünstigte Wirtschaftsgüter von Gesellschaften im Sinne des § 15 Absatz 1 Satz 1 Nummer 2 und 3 angeschafft oder hergestellt, so ist der abzugsfähige Betrag nach dem Verhältnis der Gewinnanteile einschließlich der Vergütungen aufzuteilen. [10]Die Anschaffungs- oder Herstellungskosten der Wirtschaftsgüter, die bei Bemessung des von der Einkommensteuer abzugsfähigen Betrags berücksichtigt worden sind, werden durch den Abzug von der Einkommensteuer nicht gemindert. [11]Rechtsverordnungen auf Grund dieser Ermächtigung bedürfen der Zustimmung des Bundestages. [12]Die Zustimmung gilt als erteilt, wenn der Bundestag nicht binnen vier Wochen nach Eingang der Vorlage der Bundesregierung die Zustimmung verweigert hat;

t) (weggefallen)

u) über Sonderabschreibungen bei abnutzbaren Wirtschaftsgütern des Anlagevermögens, die der Forschung oder Entwicklung dienen und nach dem 18. Mai 1983 und vor dem 1. Januar 1990 angeschafft oder hergestellt werden. [2]Voraussetzung für die Inanspruchnahme der Sonderabschreibungen ist, dass die beweglichen Wirtschaftsgüter ausschließlich und die unbeweglichen Wirtschaftsgüter zu mehr als 33 Prozent der Forschung oder Entwicklung dienen. [3]Die Sonderabschreibungen können auch für Ausbauten und Erweiterungen an bestehenden

Gebäuden, Gebäudeteilen, Eigentumswohnungen oder im Teileigentum stehenden Räumen zugelassen werden, wenn die ausgebauten oder neu hergestellten Gebäudeteile zu mehr als 33 Prozent der Forschung oder Entwicklung dienen. [4]Die Wirtschaftsgüter dienen der Forschung oder Entwicklung, wenn sie verwendet werden

aa) zur Gewinnung von neuen wissenschaftlichen oder technischen Erkenntnissen und Erfahrungen allgemeiner Art (Grundlagenforschung) oder

bb) zur Neuentwicklung von Erzeugnissen oder Herstellungsverfahren oder

cc) zur Weiterentwicklung von Erzeugnissen oder Herstellungsverfahren, soweit wesentliche Änderungen dieser Erzeugnisse oder Verfahren entwickelt werden.

[5]Die Sonderabschreibungen können im Wirtschaftsjahr der Anschaffung oder Herstellung und in den vier folgenden Wirtschaftsjahren in Anspruch genommen werden, und zwar

aa) bei beweglichen Wirtschaftsgütern des Anlagevermögens bis zu insgesamt 40 Prozent,

bb) bei unbeweglichen Wirtschaftsgütern des Anlagevermögens, die zu mehr als 66 ⅔ Prozent der Forschung oder Entwicklung dienen, bis zu insgesamt 15 Prozent, die nicht zu mehr als 66 ⅔ Prozent, aber zu mehr als 33 ⅓ Prozent der Forschung oder Entwicklung dienen, bis zu insgesamt 10 Prozent,

cc) bei Ausbauten und Erweiterungen an bestehenden Gebäuden, Gebäudeteilen, Eigentumswohnungen oder im Teileigentum stehenden Räumen, wenn die ausgebauten oder neu hergestellten Gebäudeteile zu mehr als 66 ⅔ Prozent der Forschung oder Entwicklung dienen, bis zu insgesamt 15 Prozent, zu nicht mehr als 66 ⅔ Prozent, aber zu mehr als 33 ⅓ Prozent der Forschung oder Entwicklung dienen, bis zu insgesamt 10 Prozent

der Anschaffungs- oder Herstellungskosten. [6]Sie können bereits für Anzahlungen auf Anschaffungskosten und für Teilherstellungskosten zugelassen werden. [7]Die Sonderabschreibungen sind nur unter der Bedingung zuzulassen, dass die Wirtschaftsgüter und die ausgebauten oder neu hergestellten Gebäudeteile mindestens drei Jahre nach ihrer Anschaffung oder Herstellung in dem erforderlichen Umfang der Forschung oder Entwicklung in einer inländischen Betriebsstätte des Steuerpflichtigen dienen;

v) (weggefallen)

w) über Sonderabschreibungen bei Handelsschiffen, die auf Grund eines vor dem 25. April 1996 abgeschlossenen Schiffbauvertrags hergestellt, in einem inländischen Seeschiffsregister eingetragen und vor dem 1. Januar 1999 von Steuerpflichtigen angeschafft oder hergestellt worden sind, die den Gewinn nach § 5 ermitteln. [2]Im Fall der Anschaffung eines Handelsschiffes ist weitere Voraussetzung, dass das Schiff vor dem 1. Januar 1996 in ungebrauchtem Zustand vom Hersteller oder nach dem 31. Dezember 1995 auf Grund eines vor dem 25. April 1996 abgeschlossenen Kaufvertrags bis zum Ablauf des vierten auf das Jahr der Fertigstellung folgenden Jahres erworben worden ist. [3]Bei Steuerpflichtigen, die in eine Gesellschaft im Sinne des § 15 Absatz 1 Satz 1 Nummer 2 und Absatz 3 nach Abschluss des Schiffbauvertrags (Unterzeichnung des Hauptvertrags) eingetreten sind, dürfen Sonderabschreibungen nur zugelassen werden, wenn sie der Gesellschaft vor dem 1. Januar 1999 beitreten. [4]Die Sonderabschreibungen können im Wirtschaftsjahr der Anschaffung oder Herstellung und in den vier folgenden Wirtschaftsjahren bis zu insgesamt 40 Prozent der Anschaffungs- oder Herstellungskosten in Anspruch genommen werden. [5]Sie können bereits für Anzahlungen auf Anschaffungskosten und für Teilherstellungskosten zugelassen werden. [6]Die Sonderabschreibungen sind nur unter der Bedingung zuzulassen, dass die Handelsschiffe innerhalb eines Zeitraums von acht Jahren nach ihrer Anschaffung oder Herstellung nicht veräußert werden; für Anteile an einem Handelsschiff gilt dies entsprechend. [7]Die Sätze 1 bis 6 gelten für Schiffe, die der Seefischerei dienen, entsprechend. [8]Für Luftfahrzeuge, die vom Steuerpflichtigen hergestellt oder in ungebrauchtem Zustand vom Hersteller erworben worden sind und die zur gewerbsmäßigen Beförderung von Personen oder Sachen im internationalen Luftverkehr oder zur Verwendung zu sonstigen gewerblichen Zwecken im Ausland bestimmt sind, gelten die Sätze 1 bis 4 und 6 mit der Maßgabe entsprechend, dass an die Stelle der Eintragung in ein inländisches Seeschiffsregister die Eintragung in die deutsche Luftfahrzeugrolle, an die Stelle des Höchstsatzes von 40 Prozent ein Höchstsatz von 30 Prozent und bei der Vorschrift des Satzes 6 an die Stelle des Zeitraums von acht Jahren ein Zeitraum von sechs Jahren treten;

x) über erhöhte Absetzungen bei Herstellungskosten für Modernisierungs- und Instandsetzungsmaßnahmen im Sinne des § 177 des Baugesetzbuchs sowie für bestimmte Maßnahmen, die der Erhaltung, Erneuerung und funktionsgerechten Verwendung eines Gebäudes dienen, das wegen seiner geschichtlichen, künstlerischen oder städtebaulichen Bedeutung erhalten bleiben soll, und zu deren Durchführung sich der Eigentümer neben bestimmten Modernisierungsmaßnahmen gegenüber der Gemeinde verpflichtet hat, die für Gebäude in einem förmlich festgelegten Sanierungsgebiet oder städtebaulichen Entwicklungsbereich aufgewendet worden sind; Voraussetzung ist, dass die Maßnahmen vor dem 1. Januar 1991 abgeschlossen worden sind. [2]Die erhöhten Absetzungen dürfen jährlich 10 Prozent der Aufwendungen nicht übersteigen;

y) über erhöhte Absetzungen für Herstellungskosten an Gebäuden, die nach den jeweiligen landesrechtlichen Vorschriften Baudenkmale sind, soweit die Aufwendungen nach Art und Umfang zur Erhaltung des Gebäudes als Baudenkmal und zu seiner sinnvollen Nutzung erforderlich sind; Voraussetzung ist, dass die Maßnahmen vor dem 1. Januar 1991 abgeschlossen worden sind. [2]Die Denkmaleigenschaft des Gebäudes und die Voraussetzung, dass die Aufwendungen nach Art und Umfang zur Erhaltung des Gebäudes als Baudenkmal und zu seiner sinnvollen Nutzung erforderlich sind, sind durch eine Bescheinigung der nach Landesrecht zuständigen oder von der Landesregierung bestimmten Stelle nachzuweisen. [3]Die erhöhten Absetzungen dürfen jährlich 10 Prozent der Aufwendungen nicht übersteigen;

3. die in § 4a Absatz 1 Satz 2 Nummer 1, § 10 Absatz 5, § 22 Nummer 1 Satz 3 Buchstabe a, § 26a Absatz 3, § 34c Absatz 7, § 46 Absatz 5 und § 50a Absatz 6 vorgesehenen Rechtsverordnungen zu erlassen.

(2) [1]Die Bundesregierung wird ermächtigt, durch Rechtsverordnung Vorschriften zu erlassen, nach denen die Inanspruchnahme von Sonderabschreibungen und erhöhten Absetzungen sowie die Bemessung der Absetzung für Abnutzung in fallenden Jahresbeträgen ganz oder teilweise ausgeschlossen werden können, wenn eine Störung des gesamtwirtschaftlichen Gleichgewichts eingetreten ist oder sich abzeichnet, die erhebliche Preissteigerungen mit sich gebracht hat oder erwarten lässt, insbesondere, wenn die Inlandsnachfrage nach Investitionsgütern oder Bauleistungen das Angebot wesentlich übersteigt. [2]Die Inanspruchnahme von Sonderabschreibungen und erhöhten Absetzungen sowie die Bemessung der Absetzung für Abnutzung in fallenden Jahresbeträgen darf nur ausgeschlossen werden

1. für bewegliche Wirtschaftsgüter, die innerhalb eines jeweils festzusetzenden Zeitraums, der frühestens mit dem Tage beginnt, an dem die Bundesregierung ihren Beschluss über die Verordnung bekannt gibt, und der ein Jahr nicht übersteigen darf, angeschafft oder hergestellt werden. [2]Für bewegliche Wirtschaftsgüter, die vor Beginn dieses Zeitraums bestellt und angezahlt worden sind oder mit deren Herstellung vor Beginn dieses Zeitraums angefangen worden ist, darf jedoch die Inanspruchnahme von Sonderabschreibungen und erhöhten Absetzungen sowie die Bemessung der Absetzung für Abnutzung in fallenden Jahresbeträgen nicht ausgeschlossen werden;
2. für bewegliche Wirtschaftsgüter und für Gebäude, die in dem in Nummer 1 bezeichneten Zeitraum bestellt werden oder mit deren Herstellung in diesem Zeitraum begonnen wird. [2]Als Beginn der Herstellung gilt bei Gebäuden der Zeitpunkt, in dem der Antrag auf Baugenehmigung gestellt wird.

[3]Rechtsverordnungen auf Grund dieser Ermächtigung bedürfen der Zustimmung des Bundestages und des Bundesrates. [4]Die Zustimmung gilt als erteilt, wenn der Bundesrat nicht binnen drei Wochen, der Bundestag nicht binnen vier Wochen nach Eingang der Vorlage der Bundesregierung die Zustimmung verweigert hat.

(3) [1]Die Bundesregierung wird ermächtigt, durch Rechtsverordnung mit Zustimmung des Bundesrates Vorschriften zu erlassen, nach denen die Einkommensteuer einschließlich des Steuerabzugs vom Arbeitslohn, des Steuerabzugs vom Kapitalertrag und des Steuerabzugs bei beschränkt Steuerpflichtigen

1. um höchstens 10 Prozent herabgesetzt werden kann. [2]Der Zeitraum, für den die Herabsetzung gilt, darf ein Jahr nicht übersteigen; er soll sich mit dem Kalenderjahr decken. [3]Voraussetzung ist, dass eine Störung des gesamtwirtschaftlichen Gleichgewichts eingetreten ist oder sich abzeichnet, die eine nachhaltige Verringerung der Umsätze oder der Beschäftigung zur Folge hatte oder erwarten lässt, insbesondere bei einem erheblichen Rückgang der Nachfrage nach Investitionsgütern und Bauleistungen oder Verbrauchsgütern;

2. um höchstens 10 Prozent erhöht werden kann. [2]Der Zeitraum, für den die Erhöhung gilt, darf ein Jahr nicht übersteigen; er soll sich mit dem Kalenderjahr decken. [3]Voraussetzung ist, dass eine Störung des gesamtwirtschaftlichen Gleichgewichts eingetreten ist oder sich abzeichnet, die erhebliche Preissteigerungen mit sich gebracht hat oder erwarten lässt, insbesondere, wenn die Nachfrage nach Investitionsgütern und Bauleistungen oder Verbrauchsgütern das Angebot wesentlich übersteigt.

[2]Rechtsverordnungen auf Grund dieser Ermächtigung bedürfen der Zustimmung des Bundestages.

(4) Das Bundesministerium der Finanzen wird ermächtigt,

1. **im Einvernehmen mit den obersten Finanzbehörden der Länder die Vordrucke für**
   a) (weggefallen)
   b) **die Erklärungen zur Einkommensbesteuerung,**
   c) **die Anträge nach § 38b Absatz 2, nach § 39a Absatz 2, in dessen Vordrucke der Antrag nach § 39f einzubeziehen ist, die Anträge nach § 39a Absatz 4 sowie die Anträge zu den elektronischen Lohnsteuerabzugsmerkmalen (§ 38b Absatz 3 und § 39e Absatz 6 Satz 7),**
   d) **die Lohnsteuer-Anmeldung (§ 41a Absatz 1),**
   e) **die Anmeldung der Kapitalertragsteuer (§ 45a Absatz 1) und den Freistellungsauftrag nach § 44a Absatz 2 Satz 1 Nummer 1,**
   f) **die Anmeldung des Abzugsbetrags (§ 48a),**
   g) **die Erteilung der Freistellungsbescheinigung (§ 48b),**
   h) **die Anmeldung der Abzugsteuer (§ 50a),**
   i) **die Entlastung von der Kapitalertragsteuer und vom Steuerabzug nach § 50a auf Grund von Abkommen zur Vermeidung der Doppelbesteuerung**

   und die Muster der Bescheinigungen für den Lohnsteuerabzug nach § 39 Absatz 3 Satz 1 und § 39e Absatz 7 Satz 5, des Ausdrucks der elektronischen Lohnsteuerbescheinigung (§ 41b Absatz 1), das Muster der Lohnsteuerbescheinigung nach § 41b Absatz 3 Satz 1, der Anträge auf Erteilung einer Bescheinigung für den Lohnsteuerabzug nach § 39 Absatz 3 Satz 1 und § 39e Absatz 7 Satz 1 sowie der in § 45a Absatz 2 und 3 und § 50a Absatz 5 Satz 6 vorgesehenen Bescheinigungen zu bestimmen;

1a. **im Einvernehmen mit den obersten Finanzbehörden der Länder auf der Basis der §§ 32a und 39b einen Programmablaufplan für die Herstellung von Lohnsteuertabellen zur manuellen Berechnung der Lohnsteuer aufzustellen und bekannt zu machen. [2]Der Lohnstufenabstand beträgt bei den Jahrestabellen 36. [3]Die in den Tabellenstufen auszuweisende Lohnsteuer ist aus der Obergrenze der Tabellenstufen zu berechnen und muss an der Obergrenze mit der maschinell berechneten Lohnsteuer übereinstimmen. [4]Die Monats-, Wochen- und Tagestabellen sind aus den Jahrestabellen abzuleiten;**

1b. **im Einvernehmen mit den obersten Finanzbehörden der Länder den Mindestumfang der nach § 5b elektronisch zu übermittelnden Bilanz und Gewinn- und Verlustrechnung zu bestimmen;**

1c. **durch Rechtsverordnung zur Durchführung dieses Gesetzes mit Zustimmung des Bundesrates Vorschriften über einen von dem vorgesehenen erstmaligen Anwendungszeitpunkt gemäß § 52 Absatz 15a in der Fassung des Artikels 1 des Gesetzes vom 20. Dezember 2008 (BGBl. I S. 2850) abweichenden späteren Anwendungszeitpunkt zu erlassen, wenn bis zum 31. Dezember 2010 erkennbar ist, dass die technischen oder organisatorischen Voraussetzungen für eine Umsetzung der in § 5b Absatz 1 in der Fassung des Artikels 1 des Gesetzes vom 20. Dezember 2008 (BGBl. I S. 2850) vorgesehenen Verpflichtung nicht ausreichen;**

2. **den Wortlaut dieses Gesetzes und der zu diesem Gesetz erlassenen Rechtsverordnungen in der jeweils geltenden Fassung satzweise nummeriert mit neuem Datum und in neuer Paragraphenfolge bekannt zu machen und dabei Unstimmigkeiten im Wortlaut zu beseitigen.**

§§ 81–82i EStDV (vom Abdruck wurde abgesehen)

Literatur: *Bundesministerium der Justiz*, Handbuch der Rechtsförmlichkeit[3], 2008; *Kirchhof*, Die Steuern, HStR V[3], 2007, § 118; *Kirchhof*, Besteuerung nach Gesetz, FS Kruse, 2001, 17; *Kirchhof*, Bundessteuergesetzbuch, ein Reformentwurf, 2011; *Ossenbühl*, Rechtsverordnung, in: Isensee/Kirchhof, HStR V[3], 2007, § 103; *M. Schmitt*, Steuervollzug im föderalen Staat, DStJG 31 (2008), 99; *Seiler*, Der einheitliche Parlamentsvorbehalt, Diss. Heidelberg 2000; *Seiler*, Parlamentarische Einflussnahmen auf den Erlass von Rechtsverordnungen im Lichte der Formenstrenge, ZG 2001, 50.

A. Grundaussagen der Vorschrift

§ 51 enthält Ermächtigungen zum Erlass v. VO iSd. Art. 80 Abs. 1 GG. Ermächtigungsadressat ist jeweils 1
die BReg., lediglich Abs. 4 Nr. 1c – zu unterscheiden von Abs. 4 Nr. 1 lit. c – ermächtigt das Bundesministerium der Finanzen. Alle diese VO unterliegen dem Zustimmungsvorbehalt des Bundesrates (Art. 80 Abs. 2 GG), die aufgrund der Abs. 2 und 3 erlassenen VO darüber hinaus auch dem des Bundestages (Abs. 2 S. 3, Abs. 3 S. 2). In der Praxis erlässt oder ändert der Gesetzgeber im Bereich des Steuerrechts die VO häufig selbst. Dabei handelt es sich zwar formal um ein Gesetzgebungsverfahren. Das Ergebnis ist dennoch kein G, sondern eine VO. Dementspr. ist der Gesetzgeber insoweit auch an den Umfang der jeweiligen Ermächtigung in § 51 gebunden und muss das Zitiergebot des Art. 80 Abs. 1 S. 3 GG beachten. Darüber hinaus enthält Abs. 4 noch einzelne Ermächtigungen an das Bundesministerium der Finanzen, die aber mit Ausnahme der Nr. 1c nicht zum Erlass einer VO berechtigen.

B. Ergänzung des EStG durch Rechtsverordnung

I. Art. 80 Abs. 1 S. 2 GG als Spezialfall des Parlamentsvorbehalts. Die Regelung des Steuerrechts ist 2
grds. Sache des Parlaments.[1] Für die ESt ist der Bundesgesetzgeber zuständig (Art. 105 Abs. 2 iVm. Art. 106 Abs. 3 S. 1 GG). Der Bundestag regelt mit Zustimmung des Bundesrates (Art. 105 Abs. 3 GG) durch G die Belastungsgründe der ESt, ihre Struktur und ihre Erhebung, kann jedoch nach Art. 80 Abs. 1 S. 1 GG die BReg., einen Bundesminister oder die Landesregierungen ermächtigen, Details und Übergangsvorschriften durch **VO** zu regeln. Dabei muss nach Art. 80 Abs. 1 S. 2 GG das Regelungsprogramm für die VO im ermächtigenden G vorgezeichnet sein. Der ESt-Gesetzgeber hat in § 51 v. dieser Ermächtigung Gebrauch gemacht. Ermächtigungsadressat ist die BReg. (Abs. 1, Abs. 2 und Abs. 3) oder das Bundesministerium der Finanzen (Abs. 4 Nr. 1c), die gem. Art. 80 Abs. 2 Alt. 4 GG und des dieser Vorgabe entspr. § 51 für den Erlass der VO der Zustimmung des Bundesrates bedürfen. Darüber hinaus kann die BReg. nach Art. 108 Abs. 7 GG allg. Verwaltungsvorschriften für den Vollzug des EStG erlassen (zur Praxis der Richtlinien und Erlasse Einl. Rn. 64).

Nach Art. 80 Abs. 1 S. 2 GG müssen „**Inhalt, Zweck und Ausmaß**“ der erteilten Verordnungsermächti- 3
gung im G bestimmt sein. In diesem Erfordernis kommt der allg. Vorbehalt des Parlamentsgesetzes zum Ausdruck, der darüber entscheidet, ob ein förmliches G erforderlich ist und wie bestimmt dieses zu sein

1 *Kirchhof*, HStR V, § 118 Rn. 104 mwN.

hat.[1] Die Bestimmtheitsanforderungen[2] an § 51 wahren die unverzichtbare parlamentarische Verantwortung für das EStG.[3] Art. 80 Abs. 1 S. 2 GG verlangt eine „hinreichende",[4] durch Auslegung des § 51 iVm. dem gesamten EStG zu ermittelnde[5] Bestimmtheit der Ermächtigungsnorm. Dabei gelten die allg. – grammatischen, systematischen, historischen, genetischen und teleologischen – Auslegungsgrundsätze. Die Bestimmung v. „Inhalt, Zweck und Ausmaß" umschreibt diese Anforderungen in einem „dreifachen Delegationsfilter"[6]: Das Kriterium „Inhalt" verbietet Blanko-Ermächtigungen, die der Exekutive einen Raum der Beliebigkeit eröffnen. Die gesetzliche Bestimmung von „Zweck" der VO umgrenzt ein Wirkungsziel, verhindert eine VO, die den Leitgedanken der gesetzlichen Ermächtigung zuwiderläuft. Das Kriterium „Ausmaß" unterbindet Global-Ermächtigungen, eine quantitativ maßstab- und damit potentiell maßlose Delegation. Die drei Tatbestände lassen sich aber nicht exakt voneinander abgrenzen, werden sich vielmehr gegenseitig „ergänzen, durchdringen und erläutern".[7]

4 Die Verantwortlichkeit des Parlaments für die Regelung der ESt bemisst sich nach dem Rechtsstaatsprinzip, dem Demokratieprinzip und vor allem den Grundrechten.[8] Auch bei der Verordnungsermächtigung hat der Gesetzgeber die wesentlichen Inhalte seiner Regelung selbst zu regeln (Wesentlichkeitstheorie).[9] Das BVerfG ermittelt die gebotene Regelungsdichte bereichsspezifisch in Abhängigkeit vom jeweiligen Regelungsbereich. Der Steuergesetzgeber muss den **stl. Belastungsgrund** – den Steuerschuldner, den Steuergegenstand, die Bemessungsgrundlage und den Steuersatz – **im Parlamentsgesetz bestimmen**[10] (Rn. 6). Die Verantwortung des Parlamentsgesetzgebers für das Wesentliche bleibt gleich, mag die Exekutive gesetzesvollziehend oder – als Verordnunggeber – selbst rechtsetzend tätig werden.[11]

5 Das Steuerrecht lebt somit aus der **Entscheidung des Gesetzgebers**,[12] der, um alle wirtschaftlich vergleichbaren Fälle erfassen und auch ggü. der steuerbewussten Sachverhaltsgestaltung Belastungsgleichheit wahren zu können, in steuereigenen Rechtsbegriffen, Typisierungen und Pauschalierungen die „wesentlichen" Fragen regelt. Er begründet insbesondere die Belastungsprinzipien des Markteinkommens, des im Einkommen verwirklichten Leistungsfähigkeitsprinzips, der erwerbs- und existenzsichernden Abzüge, der Gewinn- und Überschusseinkünfte, des Welteinkommensprinzips und des Jährlichkeitsprinzips. Diese strukturbestimmenden Prinzipien geben der näheren Ausgestaltung des EStG in der VO und seiner Auslegung den Maßstab, der in steuerjuristischer Betrachtungsweise (Einl. Rn. 77)[13] die Begriffe des EStRechts eigenständig zu deuten und insbes. die Kerntatbestände des Markteinkommens, des Aufwandes, des Wertverzehrs und des existenznotwendigen Bedarfs in ihrer estl. Eigenart zu erfassen hat.

1 *Seiler*, Der einheitliche Parlamentsvorbehalt, 2000, 185 ff.; **aA** *Papier*, Die finanzrechtl. Gesetzesvorbehalte und das grundgesetzliche Demokratieprinzip, 1973, 67 ff., der zw. einem Gebot zur parlamentarischen Sachentscheidung und einem rein formalen Bestimmtheitsgebot aus Art. 80 Abs. 1 S. 2 GG unterscheidet; vgl. dazu *Seiler*, Der einheitliche Parlamentsvorbehalt, 2000, 32 ff.

2 *Ossenbühl*, HStR V, § 103 Rn. 20 ff.

3 Zur bereichsspezifischen Bestimmung vgl. BVerfG v. 13.10.1951 – 2 BvG 1/51, BVerfGE 1, 14 (60).

4 StRspr. seit BVerfG v. 12.11.1958 – 2 BvL 4/56, 2 BvL 26/56, 2 BvL 40/56, 2 BvL 1/57, 2 BvL 7/57, BVerfGE 8, 274 (307) stRspr.; vgl. BVerfG v. 1.10.1968 – 2 BvL 6/67, BVerfGE 24, 155 (167); v. 24.6.1969 – 2 BvR 446/64, BVerfGE 26, 228 (241); v. 30.5.1973 – 2 BvL 37/71, BVerfGE 35, 179 (183); v. 11.12.1973 – 2 BvL 16/69, BVerfGE 36, 224 (228); v. 25.5.1976 – 2 BvL 1/75, BVerfGE 42, 191 (200); v. 25.11.1980 – 2 BvL 7/76, 2 BvL 8/76, 2 BvL 9/76, BVerfGE 55, 207 (226); v. 3.11.1982 – 2 BvL 28/81 BVerfGE 62, 203 (209 f.); v. 21.9.2016 – 2 BvL 1/15 (Rn. 55), nv.

5 StRspr. seit BVerfG v. 12.11.1958 – 2 BvL 4/56, 2 BvL 26/56, 2 BvL 40/56, 2 BvL 1/57, 2 BvL 7/57, BVerfGE 8, 274 (307); s. BVerfG v. 14.7.1959 – 2 BvF 1/58, BVerfGE 10, 20 (51); v. 27.11.1962 – 2 BvL 13/61, BVerfGE 15, 153 (160 f.); v. 11.1.1966 – 2 BvR 424/63, BVerfGE 19, 354 (362); v. 21.5.1968 – 2 BvL 10/66, 2 BvL 3/67, BVerfGE 24, 1 (15); v. 14.5.1969 – 1 BvR 615/67, 1 BvR 303/68, BVerfGE 26, 16 (27); hiernach in nahezu jeder Entscheidung zu Art. 80 Abs. 1 S. 2 GG bestätigt, vgl. zuletzt BVerfG v. 21.9.2016 – 2 BvL 1/15 (Rn. 55), nv.

6 Vgl. *Mann* in Sachs, GG, 7. Aufl. 2013, Art. 80 Rn. 24 ff.

7 BVerfG v. 4.2.1975 – 2 BvL 5/74, BVerfGE 38, 348 (357 f.); s. auch *Kirchhof*, Bundessteuergesetzbuch, 2011, § 9 Rn. 6.

8 BVerfG v. 21.9.2016 – 2 BvL 1/15 (Rn. 54), nv.

9 S. bereits BVerfG v. 5.3.1958 – 2 BvL 18/56, BVerfGE 7, 282 (302); v. 15.12.1959 – 2 BvL 73/58, BVerfGE 10, 251 (258); v. 2.6.1964 – 2 BvL 23/62, BVerfGE 18, 52 (61) sowie vor allem BVerfG v. 20.10.1981 – 1 BvR 640/80, BVerfGE 58, 257 (264 ff.); vgl. ferner BVerfG v. 10.10.1972 – 2 BvL 51/69, BVerfGE 34, 52 (59); v. 28.10.1975 – 2 BvR 883/73, 2 BvR 379/74, 2 BvR 497/74, 2 BvR 526/74, BVerfGE 40, 237 (249 f.); v. 21.12.1977 – 1 BvL 1/75, 1 BvR 147/75, BVerfGE 47, 46 (79); v. 8.8.1978 – 2 BvL 8/77, BVerfGE 49, 89 (126 f.); v. 3.11.1982 – 2 BvL 28/81 BVerfGE 62, 203 (210); v. 14.3.1989 – 1 BvR 1033/82, 1 BvR 174/84, BVerfGE 80, 1 (20); v. 27.11.1990 – 1 BvR 402/87, BVerfGE 83, 130 (151).

10 *Kirchhof*, HStR V, § 118 Rn. 90 ff.; *Kirchhof*, FS Kruse, 17 (18 f.).

11 *Seiler*, Der einheitliche Parlamentsvorbehalt, 2000, 185 ff.; BVerfG v. 1.4.2014 – 2 BvF 1/12, NVwZ 2014, 1219 Rn. 101.

12 BVerfG v. 24.1.1962 – 1 BvR 232/60, BVerfGE 13, 318 (328) = BStBl. I 1962, 506.

13 *K/S/M*, § 2 Rn. A 222; BVerfG v. 27.12.1991 – 2 BvR 72/90, BStBl. II 1992, 212 (213 f.) = FR 1992, 270 – GrESt.

II. Parlamentsvorbehalt im Einkommensteuerrecht. 1. Parlamentsgesetz. Der Parlamentsgesetzgeber hat demnach alle für die Besteuerung maßstabgebenden Grundentscheidungen des durch den Steuerzugriff bewirkten **Grundrechtseingriffs** selbst zu treffen. Sind der Steuergegenstand und der Steuerschuldner im G nicht bestimmt, so genügt die gesetzliche Besteuerungsgrundlage nicht den Anforderungen des Verfassungsrechts. Gleiches gilt grds. für den Steuersatz, der allerdings in einem gesetzlich begrenzten Rahmen in Sonderfällen der Entscheidung des Verordnunggebers überlassen bleiben darf (Rn. 49). Die Bemessungsgrundlage, das zu versteuernde Einkommen (§ 2 Abs. 5), muss insoweit im Parlamentsgesetz geregelt werden, als der Steuergegenstand in konstitutiven Teilelementen folgerichtig iSd. Belastungsgleichheit[1] (Markteinkommen, Zustandstatbestand, Nutzungstatbestand, Erfolgstatbestand, erwerbssichernde Abzüge, existenzsichernde Abzüge, Welteinkommen, Jährlichkeit) verdeutlicht und in Zahlen ausgedrückt wird. 6

Steuervergünstigungen – Verschonungssubventionen – unterfallen ebenfalls dem Vorbehalt des Parlamentsgesetzes.[2] Die grds. privilegienfeindliche stl. Gemeinlast[3] fordert eine gesetzliche Rechtfertigung jeder Verschonungssubvention vor dem Gleichheitssatz (Art. 3 Abs. 1 GG).[4] Sie setzt eine erkennbare Entscheidung des Einkommensteuergesetzgebers voraus, mit dem Instrument der ESt auch andere als bloße Ertragswirkungen erzielen zu wollen,[5] und verlangt eine Vergewisserung des Einkommensteuergesetzgebers (Art. 105 Abs. 2 GG) über die widerspruchsfreie Verwirklichung dieser Entscheidung durch die Verwaltung (Art. 70 ff.).[6] Ebenso veranlasst sie auch die parlamentarische Prüfung, ob statt einer voll aus dem Bundeshaushalt zu erbringenden, vom Haushaltsgesetzgeber zu verantwortenden (Art. 110 GG) Leistungssubvention eine Verschonungssubvention hälftig zu Lasten der Länderhaushalte (Art. 106 Abs. 3 S. 2 GG) gewährt werden soll.[7] 7

Die ESt baut als Veranlagungssteuer grds. auf die Steuererklärung des StPfl. auf (§ 25), der gem. §§ 370, 378 AO für eine vorsätzliche Steuerverkürzung strafbewehrt, für eine leichtfertige bußgeldbewehrt verantwortlich ist. Deshalb gebietet auch **Art. 103 Abs. 2 GG**,[8] die Erklärungspflichten in ihren materiellen Voraussetzungen im Text des Parlamentsgesetzes zu verdeutlichen. Art. 103 Abs. 2 GG enthält für die Strafgesetzgebung ein striktes Bestimmtheitsgebot und ein damit korrespondierendes, an die vollziehende Gewalt und die Rspr. gerichtetes Verbot strafbegründender Analogie.[9] Dabei erlaubt das Strafrecht zwar unbestimmte Rechtsbegriffe und Generalklauseln,[10] jedoch nicht eine Begr. des Steuertatbestandes durch VO. Der StPfl. muss zumindest aus der Verordnungsermächtigung voraussehen können, was die Voraussetzungen der Strafbarkeit sind.[11] Die Bestimmtheitsanforderungen des Art. 103 Abs. 2 GG verschärfen das allg. rechtsstaatliche Bestimmtheitsgebot, um die Entscheidung über die Strafbarkeit dem Gesetzgeber vorzubehalten und das strafbewehrte Verhalten im Gesetz vorhersehbar zu machen.[12] Das verlangt weniger eine größere Regelungsdichte, wohl aber eine Verständlichkeit und Voraussehbarkeit aus der Sicht des Erklärungspflichtigen, die vom Verstehenshorizont der FinVerw. deutlich abweichen kann. 8

Das Erfordernis der stl. Lastengleichheit fordert, dass das EStG die Gewähr seiner regelmäßigen Durchsetzbarkeit so weit wie möglich in sich selbst trägt und der Gesetzgeber **Erhebungsregeln** bereitstellt, die den tatsächlichen Belastungserfolg entspr. dem EStG sichern. Wirkt sich eine Erhebungsregelung ggü. einem Besteuerungstatbestand in der Weise strukturell gegenläufig aus, dass der Besteuerungsanspruch weitgehend nicht durchgesetzt werden kann, und ist dieses Ergebnis dem Gesetzgeber zuzurechnen, so führt die dadurch bewirkte Gleichheitswidrigkeit zur Verfassungswidrigkeit auch der materiellen Norm.[13] 9

---

1 BVerfG v. 27.6.1991 – 2 BvR 1493/89, BVerfGE 84, 239 (271) = BStBl. II 1991, 654 (665) = FR 1991, 375 m. Anm. *Felix*.

2 Vgl. BVerfG v. 22.6.1995 – 2 BvL 37/91, BVerfGE 93, 121 (147 f.) = BStBl. II 1995, 655 (664 f.).

3 BVerfG v. 27.6.1991 – 2 BvR 1493/89, BVerfGE 84, 239 (269 ff.) = BStBl. II 1991, 654 = FR 1991, 375 m. Anm. *Felix*.

4 Vgl. BVerfG v. 27.6.1991 – 2 BvR 1493/89, BVerfGE 84, 239 (268 ff.) = BStBl. II 1991, 654 (664 ff.) = FR 1991, 375 m. Anm. *Felix*.

5 BVerfG v. 22.6.1995 – 2 BvL 37/91, BVerfGE 93, 121 (147 f.) = BStBl. II 1995, 654 (664 ff.).

6 BVerfG v. 7.5.1998 – 2 BvR 1991/95, 2 BvR 2004/95, BVerfGE 98, 106 (118 ff.) = BGBl. I 1998, 1526.

7 Vgl. BVerfG v. 22.6.1995 – 2 BvL 37/91, BVerfGE 93, 121 (147) = BStBl. II 1995, 655 (664).

8 Zur Anwendung des Art. 103 Abs. 2 auch auf Bußgeldvorschriften vgl. BVerfG v. 23.10.1985 – 1 BvR 1053/82, BVerfGE 71, 108 (114); s. auch BVerfG v. 19.12.2002 – 2 BvR 666/02, wistra 2003, 255; v. 23.8.2002 – 1 BvR 1082/00, DStRE 2002, 1415.

9 BVerfG v. 21.9.2016 – 2 BvL 1/15, nv. – zu § 10 RindfleischetikettierungsG.

10 Vgl. BVerfG v. 14.5.1969 – 2 BvR 238/68, BVerfGE 26, 41 (42 ff.); v. 15.4.1970 – 2 BvR 396/69, BVerfGE 28, 175 (183 ff.); v. 11.2.1976 – 2 BvL 2/73, BVerfGE 41, 314 (319 f.); v. 21.6.1977 – 2 BvR 308/77, BVerfGE 45, 363 (370 ff.).

11 Vgl. BVerfG v. 3.7.1962 – 2 BvR 15/62, BVerfGE 14, 174 (185 ff.); v. 22.6.1988 – 2 BvR 234/87, 2 BvR 1154/86, 2 BvR 234/87, 1154/86, BVerfGE 78, 374 (382), stRspr.

12 BVerfG v. 22.6.1988 – 2 BvR 234/87, 2 BvR 1154/86, BVerfGE 78, 374 (389); v. 20.3.2002 – 2 BvR 794/95, BVerfGE 105, 135 (155).

13 BVerfG v. 27.6.1991 – 2 BvR 1493/89, BVerfGE 84, 239 (272) = BStBl. II 1991, 654 (665) = FR 1991, 375 m. Anm. *Felix*; v. 9.3.2004 – 2 BvL 17/02, BVerfGE 110, 94 = FR 2004, 470 m. Anm. *Jacob/Vieten*.

Dies gilt insbes., wenn das estl. Deklarationsprinzip nicht durch ein Verifikationsprinzip ergänzt wird.[1] Insoweit trifft den Gesetzgeber bei seinen Verordnungsermächtigungen auch eine Verantwortlichkeit für die Durchsetzung des EStG. Nach Auffassung des BVerfG dürfen jedoch durch VO die Struktur der FinVerw. verändert und Bundesaufgaben v. einer OFD auf eine andere verlagert werden.[2]

10 **2. Rechtsverordnung.** Das diesen Vorgaben entspr. Steuergesetz darf vom Verordnunggeber **im „Unwesentlichen" ergänzt** werden, sofern die Exekutive hierzu förmlich ermächtigt worden ist. Da sich Inhalt, Zweck und Ausmaß der Ermächtigung aus dem gesamten G ergeben, kann sich die Ermächtigungsnorm darauf beschränken, die im Verordnungswege zu regelnden Fragen zu bezeichnen, sofern diese in ihren wesentlichen Teilen bereits im übrigen G beantwortet sind. Unter der Voraussetzung hinreichender Deutlichkeit kann sich die Ermächtigung auch auf einen thematisch umgrenzten Kreis exekutiv zu regelnder Fragen erstrecken.[3]

11 Das **BVerfG** hatte sich bislang kaum mit den Grenzen estrechtl.[4] Verordnungsermächtigungen zu befassen (vgl. aber Rn. 16). Nicht den Anforderungen des Art. 80 Abs. 1 GG genügt eine Ermächtigung an den Verordnunggeber, die ESt auf Vergütungen für volkswirtschaftlich wertvolle Erfindungen „bis auf die Hälfte der Einkünfte" zu verringern, ohne die Exekutive „an vom Gesetzgeber festgesetzte Grundsätze" zu binden und ohne aufzuzeigen, „wie weit eine Begünstigung (vollständiger oder nur teilw. Steuernachlass) gehen kann und durch welche steuertechnischen Mittel sie erreicht werden soll (zB durch Einführung eines Sondertarifs oder durch begünstigte Absetzungsmöglichkeiten)".[5] Stillschweigend vorausgesetzt wurde die Bestimmtheit v. § 51 Abs. 1 Nr. 2 lit. c.[6] Verallgemeinernd gesprochen darf die VO noch unvollständige Gesetze ergänzen, aber keinesfalls Ausdruck „*originären* politischen Gestaltungswillens der Exekutive" sein.[7]

12 Die Rspr. des **BFH** zu Art. 80 GG[8] steht in Einklang mit jener des BVerfG. Die frühere Auffassung des Gerichts, eine Ermächtigung sei nicht erforderlich, wenn die VO eine „sinnvolle Auslegung des G" enthalte,[9] widerspricht dem Erfordernis einer ausdrücklichen, zitierfähigen Ermächtigungsnorm.

13 **3. Verwaltungsvorschrift.** Die Einkommensteuerrichtlinien richten sich als **allg. Dienstanweisungen** allein an die nachgeordneten Finanzbehörden, binden also weder den StPfl. noch die Gerichte unmittelbar.[10] Art. 108 Abs. 7 GG ermächtigt die BReg. zum Erlass dieser allg. Verwaltungsvorschriften (**Richtlinien**). Soweit die Verwaltung den Ländern oder Gemeinden obliegt, bedürfen die Vorschriften der Zustimmung des Bundesrates. Soweit der BMF und die Finanzminister der Länder[11] aufgrund ihrer Weisungskompetenz nach Art. 108 Abs. 3 iVm. Art. 85 Abs. 3 GG durch **Erlasse** allg. Weisungen erteilen, erscheint dieses außerhalb des Art. 108 Abs. 7 GG und des dortigen Zustimmungserfordernisses[12] weiterhin klärungs-

1 BVerfG v. 27.6.1991 – 2 BvR 1493/89, aaO; v. 9.3.2004 – 2 BvL 17/02, aaO.

2 BVerfG v. 27.6.2002 – 2 BvF 4/98, BVerfGE 106, 1.

3 *Kirchhof*, FS Kruse, 2001, 17 (26 ff.); Näheres bei *Seiler*, Der einheitliche Parlamentsvorbehalt, 2000, 356 ff., der einen verstärkten Gebrauch des Handlungsmittels der VO vorschlägt.

4 Außerhalb des ESt-Rechts hat das BVerfG in einigen Entscheidungen die Grenzen der Verordnungsermächtigung präzisiert: BVerfG v. 5.3.1958 – 2 BvL 18/56, BVerfGE 7, 282 (302); v. 2.6.1964 – 2 BvL 23/62, BVerfGE 18, 52 (60 ff.); v. 9.6.1971 – 2 BvR 225/69, BVerfGE 31, 145 (176); v. 30.5.1973 – 2 BvL 37/71, BVerfGE 35, 179 (183 f.); v. 11.12.1973 – 2 BvL 16/69, BVerfGE 36, 224 (228 ff.).

5 BVerfG v. 30.1.1968 – 2 BvL 15/65, BVerfGE 23, 62 (71 ff.) = BStBl. II 1968, 296 (299).

6 BVerfG v. 24.6.1958 – 2 BvF 1/57, BVerfGE 8, 51 (60 ff.).

7 BVerfG v. 8.6.1988 – 2 BvL 9/85, 2 BvL 3/86, 2 BvL 9/85, 3/86, BVerfGE 78, 249 (273) = BGBl. I 1988, 1587.

8 Vgl. BFH v. 12.12.1956 – VI 58/55 U, BStBl. III 1957, 87; v. 14.7.1959 – I 100/58 U, BStBl. III 1959, 349 (350); v. 30.11.1960 – VII 60/59 U, BStBl. III 1961, 55 (55 f.); v. 2.11.1962 – VI 284/61 S, BStBl. III 1963, 96 (97 f.); v. 9.9. 1965 – IV 294/63 U, BStBl. III 1965, 686 (689); v. 15.10.1965 – VI 122/65 U, BStBl. III 1966, 11 (12); v. 8.6.1971 – VII R 75/68, BStBl. II 1971, 726 (728); v. 1.3.1972 – I R 214/70, BStBl. II 1972, 591 (592 f.); v. 3.4.1973 – VIII R 19/ 73, BStBl. II 1973, 484 f.; v. 15.6.1973 – VI R 35/70, BStBl. II 1973, 850 (851); v. 7.6.1977 – VIII R 77/76, BStBl. II 1977, 635 (636 f.); v. 22.10.1986 – I R 180/82, BStBl. II 1987, 117 (118 ff.); v. 29.4.1988 – VI R 74/86, BStBl. II 1988, 674 (676 f.) = FR 1988, 533; v. 24.11.1993 – X R 5/91, BStBl. II 1994, 683 (685 f.); v. 16.11.2011 – X R 18/09, BStBl. II 2012, 129 = FR 2012, 226 m. Anm. *Kempermann*.

9 So BFH v. 7.7.1961 – VI 51/61 S, BStBl. III 1961, 433 (434); v. 7.12.1962 – VI 83/61 S, BStBl. III 1963, 123 (124); v. 19.3.1976 – VI R 72/73, BStBl. II 1976, 338 (339); v. 25.8.1987 – IX R 24/85, BStBl. II 1987, 850 (851) = FR 1987, 622; v. 17.5.1995 – X R 129/92, BStBl. II 1996, 183 (185) = FR 1995, 654.

10 S. *Seiler*, Der einheitliche Parlamentsvorbehalt, 2000, 202 ff., 371 ff., vgl. auch die folgenden Nachweise zur Rspr.

11 Zu dieser Form des kooperativen Föderalismus vgl. *M. Schmitt*, DStJG 31 (2008), 99 (111 ff.); *E. Schmidt*, FR 2008, 317 (318 ff.).

12 Die Zustimmungsvermutung bei fehlendem Widerspruch der Mehrheit der Länder (§ 21a FVG) ersetzt nicht die Zustimmung des Bundesrates, *Drüen*, FR 2008, 295 (299 f.); *Seer*, in: Tipke/Kruse, AO/FGO, § 21a FVG, Rn. 3.

bedürftig (Einl. Rn. 64). **Vfg.** der OFD betreffen regionale Besonderheiten. Soweit das Steuergesetz der FinVerw. durch Einräumung eines Beurteilungs- oder Ermessensraumes die Befugnis zur letztverbindlichen Entscheidung der konkreten Einzelfälle zuweist, kann die Verwaltung sich durch die RL selbst binden, damit dem StPfl. einen Gleichbehandlungsanspruch (Art. 3 Abs. 1 GG) einräumen und so dem Binnenrecht mittelbare Rechtswirkungen im Außenverhältnis zuweisen. Verwaltungsvorschriften können auch einzelne Abzugspositionen durch pauschalierende Regelsätze als „vereinheitlichte Sachverhaltsschätzung" gem. § 162 AO konkretisieren und beanspruchen dann auch Außenverbindlichkeit, sofern sie nicht „offensichtlich unzutr." sind.[1] Allerdings setzt § 162 AO voraus, dass die Besteuerungsgrundlagen nicht oder nur unter erschwerten Bedingungen festgestellt werden können. Will eine Verwaltungspraxis aus diesen Gründen generell auf eine Sachverhaltsermittlung verzichten oder in solchen Fällen sogar einen Durchschnittswert unterstellen, veranlasst sie die Frage, ob das EStG in der den Abzug begründenden Norm noch die Gewähr seiner regelmäßigen Durchsetzbarkeit in sich selbst trägt.[2] IÜ sind iRd. Gesetzestatbestände auch Typisierungen und Pauschalierungen durch Verwaltungsvorschrift zulässig. Gesetzesverlängernde Verwaltungsvorschriften sind unzulässig. Deswegen war der Versuch des BMF, die Fortgeltung des Investmentsteuergesetzes bis zum Inkrafttreten einer gesetzlichen Neuregelung durch Verwaltungsvorschrift anzuordnen,[3] selbst als Übergangsvorschrift untauglich.

III. Erlass von Rechtsverordnungen. 1. Verordnungsgeber. Gem. Art. 80 Abs. 1 S. 1 GG kann der Gesetzgeber die Bundes- oder eine Landesregierung sowie einzelne Bundesminister ermächtigen, VO zu erlassen. Andere exekutive Stellen bedürfen einer Subdelegation nach Art. 80 Abs. 1 S. 4 GG. § 51 spricht demzufolge in Abs. 1–3 die BReg., in Abs. 4 das BMF an. In Verordnungsermächtigungen des EStG behält sich der Gesetzgeber nicht selten vor, am Verordnungserlass mitzuwirken.[4] 14

In jüngerer Zeit hat sich im Steuerrecht, aber auch in anderen Rechtsgebieten immer häufiger die Praxis entwickelt, dass **der Gesetzgeber** die Exekutive nicht mehr zur Rechtsetzung ermächtigt,[5] sondern durch ein Artikelgesetz **selbst die VO** erlässt oder ändert.[6] Beispielsweise berücksichtigen die beiden letzten Neubekanntmachungen der EStDV[7] insgesamt 13 Änderungen, die mit einer Ausnahme allesamt durch G eingeführt worden sind.[8] Diese Praxis durchbricht die rechtsstaatlich gebotene Formenstrenge der Rechtsetzung[9] und begegnet deshalb prinzipiellen Bedenken. 15

Nach der jüngsten Rspr. des BVerfG ist es dem Gesetzgeber erlaubt, auch VO zu ändern oder zu ergänzen.[10] Ein Bedürfnis für die Änderung einer VO durch den parlamentarischen Gesetzgeber besteht insbes. bei Änderung komplexer Regelungsgefüge, in denen förmliches Gesetzesrecht und auf ihm beruhendes Verordnungsrecht ineinander verschränkt sind. Dem parlamentarischen Gesetzgeber steht bei der Rechtssetzung eine freie Formenwahl grds. nicht zu. Er darf jedoch iRd. gesetzlichen Verordnungsermächtigung (Art. 80 Abs. 1 S. 2 GG) eine VO ändern oder ergänzen. Dieses neue Recht **wird im Gesetzgebungsverfahren hervorgebracht, schafft aber eine VO**. Die Geltungsvoraussetzungen bestimmen sich nach dem parlamentarischen Entstehungsakt; Rang, Rechtsschutzmöglichkeiten und Verwerfungskompetenzen richten sich nach dem Produkt, der VO. Der Gesetzgeber darf die VO im Rahmen einer Änderung eines Sachbereichs anpassen (**„Begleitänderung"**);[11] eine („isolierte") Änderung unabhängig v. sonstigen gesetzgeberischen Maßnahmen ist unzulässig. Dabei ist der Gesetzgeber dem Verfahren nach Art. 76 ff. GG verpflichtet: Ein schlichter Parlamentsbeschluss genügt nicht; die Zustimmungsbedürftigkeit richtet sich nach Art. 105 Abs. 3 GG. Materiell ist die parlamentarische Änderungsbefugnis durch die Verordnungsermächtigung begrenzt.[12] Die eingefügten Teile können abermals durch die Exekutive geändert werden, die dabei 16

1 BFH v. 20.3.1980 – IV R 11/76, BStBl. II 1980, 455 (456) = FR 1980, 463; v. 14.8.1981 – VI R 115/78, BStBl. II 1982, 24 (26 f.) = FR 1982, 46 (Bindung durch Vertrauensschutz); v. 25.10.1985 – VI R 15/81, BStBl. II 1986, 200 (204 f.) = FR 1986, 158; v. 22.10.1996 – III R 203/94, BStBl. II 1997, 384 (385 f.) = FR 1997, 414.
2 BVerfG v. 27.6.1991 – 2 BvR 1493/89, BVerfGE 84, 239 (271) = BStBl. II 1991, 654 (665) = FR 1991, 375 m. Anm. *Felix*.
3 BMF v. 18.7.2013, BStBl. I 2013, 899.
4 *Kirchhof*, FS Kruse, 2001, 17 (32 ff.).
5 Krit. *Seiler*, ZG 2001, 50 ff.; *Kirchhof*, FS Kruse, 2001, 17 (30 ff.).
6 Auch räumt sich der Bundestag in der Ermächtigungsgrundlage nicht selten selbst Zustimmungs- oder Änderungsvorbehalte ein; krit. hierzu *Rupp*, NVwZ 1993, 756 ff.
7 BGBl. I 1997, 1558; BGBl. I 2000, 717.
8 Zuvor wurde die EStDV zuletzt am 23.6.1992 durch VO geändert (BGBl. I 1992, 1165).
9 Zum Verhältnis v. G und VO vgl. *Kirchhof*, BVerfG und GG, 1976, Bd. II, 51 (82 ff.).
10 BVerfG v. 13.9.2005 – 2 BvF 2/03, BVerfGE 114, 196 (234 ff., 250 ff.) mit Sondervotum *Osterloh* und *Gerhardt*; Beschlüsse v. 27.9.2005 – 2 BvL 11/02, 2 BvL 11/03, 2 BvL 11/04, BVerfGE 114, 303.
11 Vgl. auch *Schneider*, Gesetzgebung[3], 2002, Rn. 664 aE.
12 BVerfG v. 13.9.2005 – 2 BvF 2/03, BVerfGE 114, 196 (239) = DVBl. 2005, 1503 (1508).

allein an die Ermächtigungsgrundlage gebunden ist; die sog. „Entsteinerungsklausel“[1] hat insoweit nur klarstellende Bedeutung.[2] Die geänderte VO kann durch jedes damit befasste Gericht überprüft werden, Art. 100 Abs. 1 GG ist nicht anwendbar, eine Vorlage an das BVerfG unzulässig. Die VO wird als untergesetzliches Recht ausgelegt, nicht als Teil des Systems des EStG verstanden.

17 **2. Zitiergebot (Art. 80 Abs. 1 S. 3 GG).** Art. 80 Abs. 1 S. 3 GG verpflichtet den Verordnunggeber, die einschlägige Ermächtigungsgrundlage zu benennen. Sinn und Zweck dieser Formvorschrift ist es, jedermann eine Überprüfung zu ermöglichen, ob die VO auf einer sie rechtfertigenden Ermächtigungsgrundlage beruht.[3] Dabei muss die **ermächtigende Einzelvorschrift**, nicht nur das ermächtigende G als solches zitiert werden.[4] Der Verordnunggeber wird durch das Zitiergebot angehalten, sich der Reichweite seiner Rechtssetzungsbefugnis zu vergewissern.[5] Bei komplexen Rechtsmaterien genügt es, wenn hinreichend deutlich wird, auf welche der Delegationsnormen der Verordnunggeber Bezug nimmt.[6] Das Mitbenennen einer unzutr. Grundlage ist jedenfalls dann unschädlich, wenn die Prüfung der Ermächtigungsgrundlage allenfalls unwesentlich erschwert wird.[7] Nicht erforderlich sollte es deshalb sein, die jeweils einschlägige Unterermächtigung nach Nr., Buchst., Satz und Fall ausdrücklich zu bezeichnen, sofern die jeweiligen Zusammenhänge eindeutig hervortreten. Insbes. braucht nicht zu jeder Bestimmung der VO einzeln angegeben zu werden, auf welcher Ermächtigung sie beruht.[8] In einer VO ist nur das zugrunde liegende Parlamentsgesetz anzugeben, nicht aber eine gemeinschaftsrechtl. Vorschrift, die durch eine inländ. Rechtsnorm konkretisiert werden muss.[9] Sofern eine VO mehrere Einzelregelungen trifft, genügt es mithin, wenn jede einzelne v. ihnen auf eine der zitierten Rechtsgrundlagen zurückgeführt werden kann und dieser Zusammenhang hinreichend deutlich wird. Für den fast alle Ermächtigungen des EStG zusammenfassenden § 51 reicht ein bloßer Verweis auf diese äußerst umfangreiche Norm allein nicht aus.

18 Das Zitiergebot gilt auch für die **Gesetze**, die eine VO ändern oder ergänzen;[10] das G bringt eine VO hervor, die nur iRd. Art. 80 Abs. 1 S. 3 GG Bestand hat. Das Zitiergebot veranlasst insbes. die Selbstvergewisserung der Exekutive, ob sie bei ihrer Rechtsetzung noch innerhalb einer gesetzlichen Ermächtigung verbleibt, die dann den nachfolgenden exekutiven VOgeber bindet. Diese Vergewisserung sichert zudem die einheitliche formelle Behandlung aller VO. Die Mitwirkung des Bundesrats bemisst sich nach dem Gesetzestyp, nicht nach Art. 80 Abs. 2 GG (Rn. 16).

18a **3. Zustimmung des Bundesrats.** Die EStDV und die LStDV ergehen aufgrund des § 51, eines zustimmungsbedürftigen G. Deswegen bedürfen diese VO nach Art. 80 Abs. 2 Alt. 4 GG ebenfalls der Zustimmung des BR. Dieses Zustimmungserfordernis dient dem **Schutz der Mitwirkungsrechte des BR**, die nicht durch Delegation der Rechtssetzung auf die Exekutive erlöschen sollen.[11] Nach Art. 80 Abs. 2 GG kann der Bundesgesetzgeber bestimmen, dass eine VO keiner Zustimmung des BR bedarf.

---

1 Vgl. *Bundesministerium der Justiz*, Handbuch der Rechtsförmlichkeit³, 2008, Rn. 695; der Gesetzgeber ermächtigt den Verordnunggeber, wie noch vom *Bundesministerium der Justiz*, Handbuch der Rechtsförmlichkeit², 1999, Rn. 704 ff. empfohlen, unter der Überschrift „Rückkehr zum einheitlichen Verordnungsrang“, die gesetzlich eingeführten Verordnungsbestimmungen zu ändern; vgl. zur EStDV zuletzt: BGBl. I 1993, 1569 (1592 f.); BGBl. I 1993, 2310 (2351); BGBl. I 1994, 3082 (3124); BGBl. I 1995, 1250 (1412); BGBl. I 1995, 1783 (1791); BGBl. I 1995, 1959 (1967); BGBl. I 1996, 2049 (2080); BGBl. I 1998, 2860 (2867); BGBl. I 1999, 388 (395); BGBl. I 1999, 402 (496); BGBl. I 2000, 1433 (1466); BGBl. I 2001, 1046 (1138); BGBl. I 2001, 3794 (3821); BGBl. I 2002, 3651 (3653); BGBl. I 2003, 1550 (1552); BGBl. I 2003, 2645 (2674); BGBl. I 2003, 2840 (2845); BGBl. I 2003, 3076 (3091).

2 BVerfG v. 13.9.2005 – 2 BvF 2/03, BVerfGE 114, 196 (240) mwN; nunmehr auch *Bundesministerium der Justiz*, Handbuch der Rechtsförmlichkeit³, 2008, Rn. 695 (**aA** noch die zweite Auflage, vgl. dort Rn. 840).

3 Vgl. hierzu BVerfG v. 6.7.1999 – 2 BvF 3/90, BVerfGE 101, 1 (41 f.) – Hennenhaltung.

4 BVerfG v. 6.7.1999 – 2 BvF 3/90, BVerfGE 101, 1 (42) – Hennenhaltung; v. 1.4.2014 – 2 BvF 1/12, 2 BvF 3/12, NVwZ 2014, 1219 Rn. 99 – Gigaliner.

5 BVerfG v. 6.7.1999 – 2 BvF 3/90, BVerfGE 101, 1 (42) – Hennenhaltung; v. 1.4.2014 – 2 BvF 1/12, 2 BvF 3/12, NVwZ 2014, 1219 Rn. 99 – Gigaliner.

6 Großzügiger als das BVerfG deshalb *Ramsauer*, Alternativkommentar, Art. 80 GG Rn. 73: Nichtigkeit nur, falls die zweifelsfreie Erkennbarkeit ausgeschlossen ist.

7 BVerfG v. 1.4.2014 – 2 BvF 1/12, 2 BvF 3/12, NVwZ 2014, 1219 – Gigaliner.

8 BVerfG v. 18.10.1966 – 2 BvR 386/63, 2 BvR 478/63, BVerfGE 20, 283 (292); bestätigt in BVerfG v. 6.7.1999 – 2 BvF 3/90, BVerfGE 101, 1 (42) – Hennenhaltung; v. 1.4.2014 – 2 BvF 1/12, 2 BvF 3/12, NVwZ 2014, 1219 Rn. 99 – Gigaliner.

9 BFH v. 10.10.2003 – VII B 140/03, BFH/NV 2004, 102; BVerwG v. 20.3.2003 – 3 C 10/02, DVBl. 2003, 731.

10 Nicht ausdrücklich geklärt durch BVerfG v. 13.9.2005 – 2 BvF 2/03, BVerfGE 114, 196 ff.; dafür Sondervoten *Osterloh* und *Gerhardt*, BVerfGE 114, 250 ff. (unter 3.); **aA** BFH v. 16.11.2011 – X R 18/09, BStBl. II 2012, 129 = FR 2012, 226 m. Anm. *Kempermann*.

11 BVerfG v. 13.9.2005 – 2 BvF 2/03, BVerfG 114, 196 (231); v. 1.4.2014 – 2 BvF 1/12, NVwZ 2014, 1219 Rn. 74 – Gigaliner.

C. Einzelne Ermächtigungen des § 51

I. Umfang. § 51 umfasst verschiedenartige General- und Einzelermächtigungen, aufgrund derer zahlreiche VO, insbes. die **EStDV** und die **LStDV**, ergangen sind, die sich allerdings zT nur schwer einer bestimmten Rechtsgrundlage zuordnen lassen (s. Rn. 55). Neben § 51 kennt das EStG weitere Verordnungsermächtigungen.[1] Ein übersichtlicheres Regelungssystem könnte auf die heute üblichen detaillierten und wechselhaften Einzelregelungen im EStG verzichten, im G nur das Grds. und Dauerhafte regeln und die Details und Übergangsregeln der VO überlassen.[2] 19

II. Abs. 1 Nr. 1. 1. Grundsätzliches. § 51 Abs. 1 Nr. 1 ermächtigt zum Erlass v. Rechtsvorschriften zur **„Durchführung dieses G"**, soweit die dort genannten Prinzipien eine VO erforderlich machen und die in den nachfolgenden Buchst. benannten näheren Voraussetzungen gegeben sind. Gemeint ist mithin nur die ergänzende Bestimmung „unwesentlicher" Einzelheiten. Derart eng verstanden begegnen die nachfolgenden, sprachlich weit gefassten Ermächtigungen keinen grds. Bedenken aus Sicht des Wesentlichkeitsvorbehaltes,[3] der eine je nach Regelungsbereich und konkreten Auswirkungen der VO unterschiedliche Gesetzesdichte verlangt. Die „Durchführung dieses G" umfasst nicht nur den Vollzug des EStG, sondern aller dem Vollzug des EStG dienender Gesetzesregeln, insbes. die der AO. Die vor der Enumeration der Einzelermächtigung geregelte Erforderlichkeit behält ihre eigenständige Bedeutung, weil sie die gegenständlich benannten Ermächtigungen inhaltlich einengt, also eine notwendige, wenn auch keine hinreichende Ermächtigungsvoraussetzung benennt. 20

2. Abs. 1 Nr. 1 lit. a. § 51 Abs. 1 Nr. 1 lit. a erlaubt in seiner ersten Alt., Vorschriften **„über die Abgrenzung der StPfl."** zu erlassen. Der Verordnunggeber darf die persönliche StPflicht konkretisieren, also den Schuldner der ESt näher bestimmen.[4] Die Norm ist im Zusammenhang der §§ 1, 1a EStG, §§ 2, 5 AStG zu sehen, welche die persönliche StPflicht derart umfassend regeln, dass eine ergänzende untergesetzliche Rechtsetzung an sich entbehrlich wäre. Der Gesetzgeber hat jedenfalls das „Wesentliche" geregelt.[5] Soweit ersichtlich, werden derzeit keine VO auf diese Norm gestützt; § 73a Abs. 1 EStDV beruht auf dem spezielleren § 51 Abs. 1 Nr. 1 lit. e. 21

Die zweite Alt. v. § 51 Abs. 1 Nr. 1 lit. a gestattet, die **Steuererklärungspflicht** durch VO auf die Fälle zu beschränken, in denen eine Veranlagung in Betracht kommt. Da das G sowohl die Steuererklärungspflicht selbst (§ 25 Abs. 3) als auch die Einzelheiten der Veranlagung regelt (§§ 25 Abs. 1, 26, 26a, 46; vgl. auch § 32a Abs. 1 Nr. 1 sowie die gesonderte Feststellung nach § 10d Abs. 4), lässt die Ermächtigung ihr Programm hinreichend deutlich erkennen. Der zu ihrer Umsetzung erlassene § 56 EStDV beachtet diese Vorgaben.[6] 22

Des Weiteren können nach § 51 Abs. 1 Nr. 1 lit. a Alt. 3 VO „über die den Einkommensteuererklärungen beizufügenden **Unterlagen**" ergehen. Dies setzt jeweils eine gesetzliche Vorlagepflicht voraus (§ 150 Abs. 4 AO). Eine solche Verpflichtung folgt vor allem aus den zu diesem Zweck eingeführten gesetzlichen Buchführungs- und Aufzeichnungspflichten (§§ 140 ff. AO), auf die sich § 60 EStDV zulässigerweise bezieht. Den Anforderungen v. Art. 80 Abs. 1 GG ist Rechnung getragen.[7] 23

Der Regelungsgehalt des § 51 Abs. 1 Nr. 1 lit. a Alt. 4 (**„Beistandspflichten Dritter"**) wird durch deren Entstehungsgeschichte hinreichend deutlich.[8] Die Ermächtigung knüpft an die fortgefallenen §§ 29 Abs. 1 Nr. 7 KVStG, 3 KVStDV an,[9] die „Behörden, Beamte und Notare (Urkundspersonen)" verpflichteten, der FinVerw. bei bestimmten, der Gesellschaftsteuer unterworfenen Vorgängen eine beglaubigte Abschrift der Urkunde zu übersenden. Die Vorschrift stützt den auf ihrer Grundlage ergangenen § 54 EStDV, könnte 24

---

1 Beispielsweise in den §§ 33b Abs. 7, 41 Abs. 1 S. 7, 45e S. 1 und 99.

2 Vgl. den Reformvorschlag bei *Seiler*, Der einheitliche Parlamentsvorbehalt, 2000, 407 ff.; *Kirchhof*, Bundessteuergesetzbuch, § 9 Rn. 4 ff.

3 Wie hier *K/S/M*, § 51 Rn. C 2 ff.; *Seiler*, Der einheitliche Parlamentsvorbehalt, 2000, 374 ff.; anders *B/B*, § 51 Rn. 22 („nicht unproblematisch"); *Braun*, DStR 1985, 729 (730); *Casser*, Die Ermächtigungen des § 51 Abs. 1 EStG, 1990, 52 ff.; *Grams*, BB 1995, 121 ff.; krit. auch die Einkommensteuerkommission 340 („mit einem Verfassungsrisiko behaftet").

4 Anders ohne Begr. BFH v. 21.4.1972 – VI R 366/69, BStBl. II 1972, 645 (647): Nr. 1 lit. a gestatte, freiwillige Arbeitgeberbeiträge v. der LSt zu befreien. Diese nicht überprüfte Auslegung hielt BVerfG v. 16.7.1974 – 2 BvR 284/74, HFR 1974, 413 konkludent für verfassungskonform, nach hiesiger Auffassung führt lit. b zum gleichen Ergebnis.

5 Ebenso *K/S/M*, § 51 Rn. C 9 ff.; *Seiler*, Der einheitliche Parlamentsvorbehalt, 2000, 376 f.

6 Wie hier *K/S/M*, § 51 Rn. C 13 ff.; *Seiler*, Der einheitliche Parlamentsvorbehalt, 2000, 378.

7 BFH v. 16.11.2011 – X R 18/09, BStBl. II 2012, 129 = FR 2012, 226 m. Anm. *Kempermann*; *K/S/M*, § 51 Rn. C 17 ff.; *Seiler*, Der einheitliche Parlamentsvorbehalt, 2000, 378 f.

8 *K/S/M*, § 51 Rn. C 21 ff.

9 BT-Drucks. 13/1558, 31 (159).

aber auch als Ermächtigungsgrundlage für die Regelung sonstiger Verfahrenshilfen und Unterstützungshandlungen v. nicht StPfl. dienen. Dagegen enthält die Vorschrift keine Ermächtigungsgrundlage für eine von Art. 11 Abs. 1 EGBGB abw. Bestimmung des auf Formerfordernisse für privatrechtl. Rechtsgeschäfte anwendbaren Rechts. Auch wenn im Fall der Beurkundung durch einen ausländ. Notar nicht sichergestellt sein dürfte, dass die FinVerw. über das beurkundete Rechtsgeschäft informiert wird, kann der auf Grundlage des § 51 Abs. 1 Nr. 1 lit. a Alt. 4 ergangenen Vorschrift des § 54 EStDV demnach nicht entnommen werden, es bestehe in deren Anwendungsbereich – abw. vom Wirkungsstatut nach Art. 11 Abs. 1 Alt. 1 EGBGB – das Formerfordernis einer Beurkundung durch einen deutschen Notar.[1]

25 **3. Abs. 1 Nr. 1 lit. b.** Diese **Generalermächtigung zur Konkretisierung** der gesetzlichen Bestimmungen „über die Ermittlung der Einkünfte und die Feststellung des Einkommens einschl. der abzugsfähigen Beträge" knüpft an das zu versteuernde Einkommen iSv. § 2 an, das nach Maßgabe der gesetzlichen Grundentscheidung für das Leistungsfähigkeitsprinzip untergesetzlich ergänzt werden soll. Die Ermächtigung der Nr. 1 lit. b beschränkt sich auf reine Durchführungsvorschriften zur Ermittlung der Einkünfte und zur Feststellung des Einkommens, wie sie im Eingangssatz zu § 51 Abs. 1 Nr. 1 insbes. durch das Ziel der Gleichmäßigkeit der Besteuerung und zur Vereinfachung des Besteuerungsverfahrens vorgezeichnet sind.[2]

26 Die Generalermächtigung des § 51 Abs. 1 Nr. 1 lit. b wird nur für die Verordnungsbestimmungen benötigt, die sich **nicht auf eine speziellere Delegation zurückführen** lassen. In Betracht kommen insoweit die §§ 6, 8, 8b, 9a, 10, 11c, 11d Abs. 2, 15 Abs. 1, 53, 68 EStDV, die jeweils in dem v. § 51 Abs. 1 Nr. 1 lit. b gesetzten Rahmen das EStG in Details näher ausführen. Auch die verbindliche Festlegung v. Pauschalsätzen nach § 51 EStDV findet in Nr. 1 lit. b eine hinreichende Ermächtigungsgrundlage, soweit die mit ihr verbundene Abweichung vom Individualmaßstab in dem Erfordernis der „Gleichmäßigkeit bei der Besteuerung" und „zur Vereinfachung des Besteuerungsverfahrens" gerechtfertigt ist. Rechtspolitisch wünschenswert wäre es, die Ermächtigungen zu Typisierungen und Pauschalierungen in einer Norm zusammenzufassen und zu begrenzen.

27 **4. Abs. 1 Nr. 1 lit. c.** Die BReg. darf **besondere BA-PB** für jeweils vergleichbare Gruppen v. Betrieben nach Maßgabe der in § 51 Abs. 1 Nr. 1 lit. c im Einzelnen genau bestimmten Vorgaben festsetzen.[3] Diese Ermächtigung wird nur geringfügige stl. Auswirkungen auslösen, weil der StPfl. zur Ermittlung der tatsächlichen BA übergehen kann (S. 6), der PB nur bei der Gewinnermittlung durch Einnahme-Überschussrechnung (§ 4 Abs. 3) in Anspr. genommen werden darf (S. 2), für die Veräußerung oder Entnahme v. Anlagevermögen (S. 5) eine Ausnahme und iÜ das Erfordernis annähernd gleicher Verhältnisse der Besteuerungsgrundlagen gilt. Die BReg. hat v. der Ermächtigung des § 51 Abs. 1 Nr. 1 lit. c bisher keinen Gebrauch gemacht. S. 1 könnte jedoch – ohne die nachfolgenden Einschränkungen – als eine Modellnorm für Vereinfachungspauschbeträge dienen.

28 **5. Abs. 1 Nr. 1 lit. d.** Die VO darf gem. § 51 Abs. 1 Nr. 1 lit. d Alt. 1 die gesetzlichen Vorschriften „**über die Veranlagung**" (§§ 25 ff. iVm. den einschlägigen Normen der AO) ergänzen. Diese Verfahrensvorschriften sichern die Freiheitsrechte des StPfl. im Einzelnen ab. Insoweit verlangt der Gleichheitssatz, das Steuerschuldrecht in ein Umfeld formeller Vorschriften einzubetten, die nicht nur eine rechtl., sondern auch tatsächliche Gleichheit im Belastungserfolg gewährleisten.[4] Diese Grundrechtserheblichkeit des Steuerverfahrensrechts zwingt dazu, die Ermächtigung des § 51 Abs. 1 Nr. 1 lit. d jeweils eng als Grundlage detaillierender Verdeutlichung der Veranlagung auszulegen. Nicht auf diese Rechtsgrundlage gestützt werden können durch VO eingeführte Ausschlussfristen für die Stellung des Antrags auf Veranlagung.[5] Hingegen darf die VO bestimmen, dass der Bürger seine Steuererklärung eigenhändig zu unterschreiben hat.[6] So verstanden, begegnet die Ermächtigung keinen rechtsstaatlichen Bedenken.[7] Auf ihrer Grundlage erging § 61 EStDV.

29 § 51 Abs. 1 Nr. 1 lit. d Alt. 2, v. dessen Ermächtigung die Exekutive soweit ersichtlich noch keinen Gebrauch gemacht hat, erlaubt den Erlass rein technischer Detailregelungen über die „**Anwendung der Tarifvorschriften**". Umgesetzt und verdeutlicht werden dürfen die §§ 31 ff. einschl. der im G angelegten Be-

1 KG Berlin v. 26.7.2018 – 22 W 2/18, GmbHR 2018, 1202 (1203); krit. *Cramer*, DStR 2018, 746 (750); *Weber*, Mitt. BayNot. 2018, 215 (221); *Wicke*, GmbHR 2018, 380 (381).

2 *K/S/M*, § 51 Rn. C 25 ff.

3 *K/S/M*, § 51 Rn. C 31 ff.

4 Vgl. BVerfG v. 27.6.1991 – 2 BvR 1493/89, BVerfGE 84, 239 (268 ff.) = BStBl. II 1991, 654 = FR 1991, 375 m. Anm. *Felix*.

5 BFH v. 3.4.1973 – VIII R 19/73, BStBl. II 1973, 484 (484 f.); bestätigt in BFH v. 23.7.1974 – VI R 1/72, BStBl. II 1975, 11 (12); v. 22.4.1983 – VI R 141/79, BStBl. II 1983, 623; zust. *H/H/R*, § 51 Anm. 3.

6 BFH v. 29.3.2001 – III R 48/98, BStBl. II 2001, 629 (631 f.).

7 Ebenso *K/S/M*, § 51 Rn. C 36 f.; *Seiler*, Der einheitliche Parlamentsvorbehalt, 2000, 383 f.

rechnungsmethoden. Der Parlamentsvorbehalt steht dem nicht entgegen. Eine Änderung des Steuersatzes könnte allerdings auf diese Ermächtigungsgrundlage nicht gestützt werden.

Die dritte Alt. v. § 51 Abs. 1 Nr. 1 lit. d betraut die BReg. mit der „**Regelung der Steuerentrichtung einschl. der Steuerabzüge**". Das gesetzliche Programm der stl. Zahlungsabwicklung (Erhebungsverfahren nach §§ 218 ff. AO) ist jedoch bereits so ausf. geregelt, dass es dieser Ermächtigung kaum noch bedürfte. Zu normieren bleiben vor allem einzelne Fragen des Steuerabzugs an der Quelle, insbes. für den Lohn und für Erträge aus Kapital, die in §§ 38–42f und §§ 43–45d detaillierte gesetzliche Vorgaben vorfinden. Dem Parlamentsvorbehalt ist hierdurch Genüge getan. Die auf der Ermächtigung beruhenden §§ 1 und 2 LStDV[1] halten sich inhaltlich im gesetzlichen Rahmen. Für den Steuerabzug bei beschränkt StPfl. gilt § 51 Abs. 1 Nr. 1 lit. e. 30

6. Abs. 1 Nr. 1 lit. e. Die BReg. darf Vorschriften „über die **Besteuerung der beschränkt StPfl.** einschl. eines Steuerabzugs" erlassen. Der Ermächtigung liegen umfangreiche gesetzliche Entscheidungen (§§ 49 ff.) zugrunde, die nur noch im Einzelnen durch die §§ 73a–e, 73g EStDV ergänzt werden. Das Vorbehaltsprinzip wird hierdurch nicht verletzt. § 73f EStDV beruht auf § 51 Abs. 1 Nr. 3 iVm. § 50a Abs. 6. 31

7. Abs. 1 Nr. 1 lit. f. Durch das am 1.8.2009 in Kraft getretene „G zur Bekämpfung der Steuerhinterziehung"[2] wurde § 51 Abs. 1 Nr. 1 lit. f in das EStG eingefügt. § 51 Abs. 1 Nr. 1 lit. f aa) ermächtigt die BReg. durch VO zu bestimmen, in welchem Umfang Aufwendungen in Fällen mit Auslandsbezug nur unter Erfüllung besonderer Mitwirkungs- und Nachweispflichten als BA nach § 4 Abs. 4 oder WK nach § 9 abzugsfähig sind. Gem. § 51 Abs. 1 Nr. 1 lit. f bb) kann die BReg. durch VO bestimmen, dass in besagten Fällen mit Auslandsbezug eine ausländ. Ges. nur dann einen Anspr. auf die völlige oder teilw. Kapitalertragsteuerentlastung nach § 50d Abs. 1 und 2 oder § 44a Abs. 9 hat, wenn sie die Ansässigkeit der an ihr unmittelbar oder mittelbar zu mehr als 10 % beteiligten nat. Pers. darlegt und nachweisen kann. Nach § 51 Abs. 1 Nr. 1 lit. f cc) kann die BReg. schließlich durch VO bestimmen, dass in den o.g. Fällen die Abgeltungsteuer nach § 32d Abs. 1 und § 43 Abs. 5 und das Teileinkünfteverfahren nach § 3 Nr. 40 S. 1 und 2 nur dann zur Anwendung kommen, wenn die Finanzbehörde bevollmächtigt wird, im Namen des StPfl. Auskunftsansprüche gegenüber Kreditinstituten außergerichtlich und gerichtlich geltend zu machen. Die besonderen Nachweis- und Mitwirkungspflichten gelten allerdings nicht, wenn die ausländ. Beteiligten oder andere Pers. in einem Staat ansässig sind, mit dem ein Abkommen besteht, das die Erteilung v. Auskünften vorsieht oder der in vergleichbarem Umfang Auskünfte erteilt oder sich hierzu bereit erklärt (S. 2). Gegen die Verfassungsmäßigkeit des § 51 Abs. 1 Nr. 1 lit. f werden im Hinblick auf Art. 80 Abs. 1 S. 2 GG Bedenken erhoben, weil es der Gesetzgeber der BReg. überlässt zu bestimmen, welche Staaten als nicht kooperativ gelten.[3] Da Inhalt, Zweck und Ausmaß der erteilten Verordnungsermächtigung im G aber detailliert und insbes. die möglichen Sanktionen sowie deren Voraussetzungen klar umrissen werden, ist § 51 Abs. 1 Nr. 1 lit. f mit Art. 80 Abs. 1 S. 2 GG vereinbar. Die BReg. hat v. der Ermächtigung durch den Erlass der Steuerhinterziehungsbekämpfungsverordnung (SteuerHBekV) v. 18.9.2009[4] Gebrauch gemacht. 32

III. Abs. 1 Nr. 2. 1. Inhalt. Die Vorschrift verbindet bloße Konkretisierungen des bereits gesetzlich Geregelten mit neu eingeführten **Steuersubventionen** und Steuervergünstigungen. Anders als in Nr. 1 werden diese Delegationen sprachlich nicht als „Durchführungsvorschriften", sondern nur allg. als „Rechtsverordnung" gekennzeichnet, lassen also einen weitergehenden Regelungsgehalt vermuten. Dementspr. sind sie ausf. formuliert, um den Bestimmtheitsanforderungen des GG Rechnung zu tragen.[5] 33

2. Abs. 1 Nr. 2 lit. a. Der sehr knapp gehaltene § 51 Abs. 1 Nr. 2 lit. a erlaubt der BReg., Vorschriften „über die sich **aus der Aufhebung oder Änderung v. Vorschriften dieses G ergebenden Rechtsfolgen**" zu erlassen. Voraussetzung dieser Übergangsermächtigung ist, dass dies „zur Wahrung der Gleichmäßigkeit bei der Besteuerung" oder zur „Beseitigung v. Unbilligkeiten in Härtefällen" erforderlich ist. Auch diese Delegation genügt den Erfordernissen des Art. 80 Abs. 1 GG.[6] Die VO hat ausschließlich die Aufgabe, für einen begrenzten Übergangszeitraum zw. der alten und der neuen Regelung zu vermitteln, in diesen Grenzen die Belastungsgleichheit in abgestuften Übergängen zu sichern und übermäßige Härten in Einzelfällen und Fallgruppen auszuschließen. Praktische Konsequenzen hat § 51 Abs. 1 Nr. 2 lit. a nicht, da die BReg. v. dieser Ermächtigung keinen Gebrauch gemacht hat. Nicht auf ihr beruhen §§ 15 Abs. 2, 84 EStDV, die sich auf Änderungen der VO, nicht aber des G beziehen und die Rechtsgrundlage der jeweils geänderten Bestimmung teilen. 34

---

1 § 4 LStDV beruht auf dem spezielleren § 41 Abs. 1 S. 7 EStG.
2 BGBl. I 2009, 2302.
3 *Kleinert/Göres*, NJW 2009, 2713.
4 BGBl. I 2009, 3046.
5 Ebenso *K/S/M*, § 51 Rn. C 101 f.; *B/B*, § 51 Rn. 29; *Seiler*, Der einheitliche Parlamentsvorbehalt, 2000, 387.
6 Für Verfassungswidrigkeit *K/S/M*, § 51 Rn. C 103 ff.; *Seiler*, Der einheitliche Parlamentsvorbehalt, 2000, 387 ff.; Bedenken äußern auch *B/B*, § 51 Rn. 22; *Blümich/Stuhrmann*, § 51 Rn. 7.

35 **3. Abs. 1 Nr. 2 lit. c.** § 51 Abs. 1 Nr. 2 lit. c gestattet, das in § 10b geregelte Recht des **Spendenabzugs** untergesetzlich zu ergänzen. Durch die Streichung v. §§ 48, 49 und der Anl. 1 zu § 48 EStDV ist der Streit, ob die Vorschrift hinreichend bestimmt ist, vorerst entschärft.[1]

36 Auf dieser Ermächtigungsgrundlage gilt § 50 EStDV, ab VZ 2017 in der neuen Fassung (§ 84 Abs. 2c EStDV)[2]. Er verlangt einen Nachweis der zweckentsprechenden Mittelverwendung.[3] Außerdem ist der BReg. erlaubt, weitere mögliche Empfänger durch Verwaltungsvorschrift zu benennen. Das ist zulässig,[4] weil die EStDV keine abschließende Regelung trifft, insoweit eine Auslegung der gesetzlichen Regelung durch Verwaltungsvorschrift erlaubt, die sich unmittelbar auf § 10b stützt.[5]

37 **4. Abs. 1 Nr. 2 lit. d.** Die Exekutive darf nach § 51 Abs. 1 Nr. 2 lit. d Regelungen einführen, die Besteuerungslücken **bei der grenzüberschreitenden Arbeitnehmerüberlassung** vermeiden helfen.[6] Zum einen ist der inländ. Steueranspruch abzusichern, soweit ein in Deutschland tätiger, einem Inländer v. einem ausländ. Verleiher überlassener ArbN in Deutschland Lohnsteuerschuldner (§ 38 Abs. 1 S. 1 Nr. 2) und das deutsche Besteuerungsrecht nicht durch ein DBA ausgeschlossen ist. Neben die Lohnsteuerschuld tritt hier regelmäßig die Haftung des ArbG (§ 42d Abs. 1), die ihrerseits grds. durch die an sie anknüpfende Haftung des Entleihers (§ 42d Abs. 6) ergänzt wird, weil der Zugriff auf ausländ. Verleiher häufig aussichtslos bleibt. Zum anderen soll, soweit das Besteuerungsrecht bei im Ausland ansässigen ArbN deren Wohnsitzstaat zusteht, sichergestellt werden, dass sie dort zur ESt herangezogen werden können, um so Konkurrenzvorteile ausländ. ArbN zu verhindern. In beiden Fällen ist die Verantwortung des Entleihers nach Maßgabe zwischenstaatlicher Regelungen zu verstärken, sei es durch ihm auferlegte verfahrensrechtl. Mitwirkungspflichten (§ 51 Abs. 1 Nr. 2 lit. d S. 2 aa), sei es durch gesetzlich bezeichnete Sanktionen bei deren Verletzung (§ 51 Abs. 1 Nr. 2 lit. d S. 2 bb). Diese Ermächtigung lässt ihren Regelungsgehalt hinreichend bestimmt erkennen und ist mit Art. 80 Abs. 1 S. 2 GG vereinbar.[7] Die Voraussetzung „nach Maßgabe zwischenstaatlicher Regelungen" ist bisher noch gegenstandslos.

38 **5. Abs. 1 Nr. 2 lit. n.** Die BReg. wird durch den iSv. Art. 80 Abs. 1 S. 2 GG hinreichend bestimmten § 51 Abs. 1 Nr. 2 lit. n ermächtigt, genau bezeichnete Investitionen in WG des Anlagevermögens im Bergbau durch **Sonderabschreibungen** zu fördern. Hiervon wurde im weitgehend wortlautgleichen § 81 EStDV Gebrauch gemacht. Diese Normverdoppelung weist der VO lediglich die Aufgabe zu, aus der möglichen eine tatsächliche Abschreibungsregel zu machen.[8]

39 **6. Abs. 1 Nr. 2 lit. p.** Für nicht zu einem BV gehörende WG, die entweder **vor dem 21.6.1948** angeschafft oder hergestellt oder die **unentgeltlich** erworben worden sind, gilt § 51 Abs. 1 Nr. 2 lit. p. Auf ihm beruht Abs. 1 v. § 11d EStDV.[9] Er ist mit Art. 80 Abs. 1 GG vereinbar.[10]

40 **7. Abs. 1 Nr. 2 lit. q.** § 51 Abs. 1 Nr. 2 lit. g gestattet, **erhöhte Absetzungen für HK bestimmter umweltschützender Energieanlagen** einzuführen. Dem folgt § 82a EStDV. Aus der weitgehenden Wortlautidentität beider Normen ergibt sich, dass die gesetzliche Ermächtigung wiederum nicht die nähere Ausgestaltung, sondern nur das Inkraftsetzen betrifft. Inhaltlich begegnet die Förderung jedoch gleichheitsrechtl. Bedenken, da sie als Abzug v. der Bemessungsgrundlage progressionswirksam ist, also Gebäudeeigentümer mit hohem zu versteuerndem Einkommen stärker begünstigt.[11]

---

1 Für Verfassungsmäßigkeit BFH v. 15.6.1973 – VI R 35/70, BStBl. II 1973, 850 (851); v. 7.11.1990 – X R 203/87, BStBl. II 1991, 547 = FR 1991, 417; v. 24.11.1993 – X R 5/91, BStBl. II 1994, 683 (685 f.); *K/S/M*, § 51 Rn. C 110 ff.; *Seiler*, Der einheitliche Parlamentsvorbehalt, 2000, 389 ff.; BVerfG v. 24.6.1958 – 2 BvF 1/57, BVerfGE 8, 51 (61 f.) sowie BFH v. 28.4.1987 – IX R 7/83, BStBl. II 1987, 814 ff. = FR 1987, 590; einen Verstoß gegen Art. 80 GG nehmen hingegen an: *BMF*, Gutachten der Unabhängigen Sachverständigenkommission zur Prüfung des Gemeinnützigkeits- und Spendenrechts, 1988, 235 f.; *H/H/R*, § 10b Anm. 50; *Stolz*, FR 1978, 475 (477 ff.); *Casser*, Die Ermächtigungen des § 51 Abs. 1 EStG, 1990, 74 ff.; *B/B*, § 51 Rn. 22 („nicht unproblematisch").

2 Art. 5 des G zur Modernisierung des Besteuerungsverfahrens v. 18.7.2016, BGBl. I 2016, 1679.

3 Vgl. *K/S/M*, § 10b Rn. A 231 f.; iErg. ähnlich BFH v. 25.8.1987 – IX R 24/85, BStBl. II 1987, 850 (851) = FR 1987, 622: § 48 Abs. 3 Nr. 2 EStDV aF als „sinnvolle Auslegung des G".

4 Anders iErg. *BMF*, Gutachten, 1988, 238 f.; *Seiler*, Der einheitliche Parlamentsvorbehalt, 2000, 392; vergleichbar BFH v. 22.11.1957 – VI 72/56 U, BStBl. III 1958, 44 f.

5 Vgl. *K/S/M*, § 10b Rn. A 221, 228.

6 Zur Arbeitnehmerüberlassung *Reinhart*, BB 1986, 500 ff.

7 *K/S/M*, § 51 Rn. C 121 ff.

8 Vgl. *K/S/M*, § 51 Rn. C 140 ff.

9 Zu §§ 11c, 11d Abs. 2 EStDV unten C.

10 Vgl. BFH v. 4.2.2016 – IV R 46/12, BStBl. II 2016, 607 = FR 2016, 896 (Rn. 33) sowie im Einzelnen *K/S/M*, § 51 Rn. C 145 ff.

11 Vgl. im Einzelnen *K/S/M*, § 51 Rn. C 151.

8. Abs. 1 Nr. 2 lit. r. Den StPfl. darf im Verordnungswege ermöglicht werden, größere Aufwendungen zum **Erhalt verschiedener Gebäudetypen** wahlweise auf zwei bis fünf Jahre zu verteilen und so die Vorteile der Steuerprogression je nach persönlicher Einkommenssituation bestmöglich auszunutzen. Die sehr detaillierte, insbes. die drei Gruppen v. Gebäuden (Nichtbetriebsvermögen zu Wohnzwecken, Sanierungsgebiete, Denkmalschutz) betr. Vorschrift ist hinreichend bestimmt. Umgesetzt wurde sie durch § 82b[1] sowie die mittlerweile aufgehobenen §§ 82h, 82k EStDV.[2] 41

9. Abs. 1 Nr. 2 lit. s. Die 1967 durch das **Stabilitätsgesetz** eingeführte, bislang nicht ausgenutzte Ermächtigung des § 51 Abs. 1 Nr. 2 lit. s. erlaubt, im Falle einer nicht unwesentlichen Konjunkturschwäche einen Abzug v. der Steuerschuld v. bis zu 7,5 % näher bezeichneter Investitionsaufwendungen zuzulassen. Sie bezweckt, einer etwaigen Störung des gesamtwirtschaftlichen Gleichgewichts antizyklisch entgegenzuwirken. Bund und Länder tragen iRd. europarechtl. Vorgaben des Art. 126 AEUV den Erfordernissen des gesamtwirtschaftlichen Gleichgewichts Rechnung (Art. 109 Abs. 2 GG). In dieser Einschränkung ist die Norm hinreichend bestimmt iSv. Art. 80 Abs. 1 S. 2 GG. Die in ihr vorbehaltene parlamentarische Zustimmung zum Verordnungserlass (§ 51 Abs. 1 Nr. 2 lit. s. S. 11), deren Erteilung nach Ablauf v. vier Wochen fingiert werden kann (S. 12), ist zulässig, da der Gesetzgeber das nötige „legitime Interesse"[3] daran hat, eine besonders flexible Rechtsetzung zu ermöglichen und sich zugleich die Letztentscheidung vorzubehalten.[4] 42

10. Abs. 1 Nr. 2 lit. u. Investitionen in abnutzbare WG des Anlagevermögens, die der **Forschung oder Entwicklung** dienen, können gem. § 51 Abs. 1 Nr. 2 lit. u. durch Sonderabschreibungen gefördert werden, deren Voraussetzungen und Rechtsfolgen so genau benannt werden, dass an der Bestimmtheit dieser (durch den nunmehr überholten § 82d EStDV umgesetzten) Ermächtigung keine Zweifel bestehen.[5] 43

11. Abs. 1 Nr. 2 lit. w. Auch die durch §§ 51 Abs. 1 Nr. 2 lit. w EStG, 82f EStDV gewährte **Unterstützung der Anschaffung oder Herstellung v. Handelsschiffen, der Seefischerei dienenden Schiffen oder Luftfahrzeugen** ist gesetzlich hinreichend deutlich vorgezeichnet.[6] Der BFH setzte die Verfassungsmäßigkeit v. Ermächtigung und VO voraus.[7] 44

12. Abs. 1 Nr. 2 lit. x. § 82g EStDV gewährt erhöhte Absetzungen für bestimmte **Modernisierungs- und Instandsetzungsmaßnahmen** sowie für genau bezeichnete sonstige Maßnahmen und macht damit v. der hinreichend bestimmten Ermächtigung des § 51 Abs. 1 Nr. 2 lit. x Gebrauch.[8] 45

13. Abs. 1 Nr. 2 lit. y. Weiterhin erlaubt der ausreichend deutliche § 51 Abs. 1 Nr. 2 lit. y, bei **denkmalgeschützten Gebäuden** erhöhte Absetzungen v. bis zu 10 % der HK zuzulassen. Der auf dieser Grundlage ergangene § 82i EStDV gibt weitestgehend nur den Wortlaut seiner Ermächtigung wieder. Ferner fördert er in Abs. 1 S. 4 auch Aufwendungen für Gebäude, die zwar selbst kein Baudenkmal, aber Teil einer schutzwürdigen Gebäudegruppe sind. Eine an Sinn und Zweck der Ermächtigung orientierte Gesetzesauslegung lässt jedoch auch diese weite Fassung der VO als gesetzlich gewollt erscheinen.[9] 46

IV. Abs. 1 Nr. 3 zählt die **außerhalb des § 51 im EStG normierten Verordnungsermächtigungen** (mit Ausnahme v. §§ 13a Abs. 8, 33 Abs. 4, 33b Abs. 7, 34b Abs. 5, 41 Abs. 1 S. 7, 45e S. 1, 63 Abs. 2, 68 Abs. 4 S. 2 und 99, s. Rn. 50a ff.) auf und fügt ihnen, vermittelt über den Eingangssatz zu Abs. 1, eine Adressatenregelung – die BReg. mit Zustimmung des Bundesrates – hinzu. Die einzelnen dort genannten Ermächtigungen enthalten jeweils eigenständige Verordnungsgrundlagen, die durchgehend hinreichend bestimmt sind.[10] Die einschlägigen VO beruhen überwiegend auf ihren Ermächtigungen (s. Rn. 55 ff.). 47

V. Abs. 2. Zur Bekämpfung einer etwaigen Konjunkturüberhitzung darf der Verordnunggeber nach § 51 Abs. 2, dessen Verfassungsmäßigkeit der BFH[11] stillschweigend voraussetzte, kurzfristig **konjunk-** 48

---

1 Vgl. BFH v. 13.3.2018 – IX R 22/17, BFH/NV 2018, 824 = juris Rn. 19; v. 25.9.2017 – IX S 17/17, BFH/NV 2017, 1603 = juris Rn. 22.
2 Vgl. im Einzelnen *K/S/M*, § 51 Rn. C 153 ff.
3 BVerfG v. 12.11.1958 – 2 BvL 4/56, 2 BvL 26/56, 2 BvL 40/56, 2 BvL 1/57, 2 BvL 7/57, BVerfGE 8, 274 (321) = NJW 1959, 475.
4 Vgl. im Einzelnen *K/S/M*, § 51 Rn. C 159 ff.
5 Vgl. im Einzelnen *K/S/M*, § 51 Rn. C 165 ff.
6 Vgl. im Einzelnen *K/S/M*, § 51 Rn. C 170 ff.
7 BFH v. 30.7.1980 – I B 27/80, BStBl. II 1981, 55 (56) = BFHE 131, 273 (276) = FR 1981, 50; v. 29.3.2001 – IV R 49/99, BStBl. II 2001, 437 = FR 2001, 910; sa. FG Bremen v. 18.12.2003 – 1 K 643/02, EFG 2004, 504 m. Anm. *Claßen*; BFH v. 7.11.2006 – VIII R 13/04, BStBl. II 2008, 545.
8 Vgl. auch *K/S/M*, § 51 Rn. C 174 ff.
9 Vgl. *K/S/M*, § 51 Rn. C 178 ff.; s. auch *Seiler*, Der einheitliche Parlamentsvorbehalt, 2000, 236 ff. zur Auslegung v. Delegationsnormen.
10 *K/S/M*, § 51 Rn. C 200 ff.
11 BFH v. 7.6.1977 – VIII R 77/76, BStBl. II 1977, 635 ff.; v. 26.8.1986 – IX R 54/81, BStBl. II 1987, 57 ff. = FR 1987, 40; v. 4.5.1995 – VIII B 144/94, BFH/NV 1995, 1054.

turdämpfende Maßnahmen ergreifen. Er kann zu diesem Zwecke unter den im G hinreichend deutlich benannten Voraussetzungen (s. Rn. 42) die dort näher bezeichneten Sonderabschreibungen und erhöhten Absetzungen ausschließen, um so die private Investitionstätigkeit zu bremsen. Der vom Gesetzgeber gewählte Zweck einer flexiblen Anpassung an die jeweilige Konjunkturlage begründet auch das erforderliche „legitime Interesse"[1] des Parlaments an dem in S. 3 und 4 vorgesehenen Zustimmungsvorbehalt.

49 **VI. Abs. 3.** § 51 Abs. 3 dient ebenfalls der **Konjunktursteuerung** und erlaubt ausnahmsweise, den **Steuertarif** im Verordnungswege abzuändern, um kurzfristig auf das private Nachfrageverhalten einwirken zu können. Da die Voraussetzungen und Rechtsfolgen dieser Ausnahme gesetzlich eindeutig erkennbar geregelt sind, kann sie vor dem Parlamentsvorbehalt gerechtfertigt werden.[2] Auch das „legitime Interesse"[3] des Parlaments, sich jeweils die Zustimmung vorzubehalten, ist gegeben.[4]

50 **VII. Abs. 4.** Die Ermächtigung, die in § 51 Abs. 4 Nr. 1[5] genannten **Vordrucke** und **Muster** festzulegen (vgl. auch Rn. 54), nach § 51 Abs. 4 Nr. 1a Programmablaufpläne für den LSt-Abzug aufzustellen sowie nach § 51 Abs. 4 Nr. 2 den Gesetzestext mitsamt der zugehörigen VO **bekannt zu machen**, ist mangels Rechtsetzungsauftrag keine eigentliche Delegation iSv. Art. 80 GG und unbedenklich mit dem Parlamentsvorbehalt vereinbar. Die Ermächtigung, dabei Unstimmigkeiten im Wortlaut zu beseitigen, ist rechtsstaatlich vertretbar, wenn sie auf die bloße Korrektur v. Redaktionsversehen und offensichtlichen Wortlautfehlern beschränkt bleibt. Die einzige Ermächtigungsgrundlage zum Erlass einer VO iSd. Art. 80 Abs. 1 GG enthält Nr. 1c. Danach wird das BMF ermächtigt, durch VO zu bestimmen, dass abw. v. § 52 Abs. 15a Bilanzen und Gewinn- und Verlustrechnungen nicht bereits für nach dem 31.12.2010 beginnende Wj. gem. § 5b Abs. 1 elektronisch übermittelt werden müssen, wenn bis zum 31.12.2010 erkennbar ist, dass die technischen oder organisatorischen Voraussetzungen für eine Umsetzung dieser Verpflichtung nicht ausreichen. Diese Vorschrift begegnet im Hinblick auf Art. 80 Abs. 1 S. 2 GG keinen Bedenken. Das BMF hat von dieser Ermächtigung Gebrauch gemacht und die Pflicht zur Abgabe einer elektronischen Bilanz sowie einer elektronischen Gewinn- und Verlustrechnung durch VO um ein Jahr verschoben.[6] Den **Mindestumfang der elektronischen Bilanz** und der elektronischen Gewinn- und Verlustrechnung kann das BMF nach Nr. 1b im Einvernehmen mit den obersten Finanzbehörden der Länder bestimmen. Hiervon hat das BMF mit Schr. vom 28.9.2011 Gebrauch gemacht.[7] Allerdings geht die danach vorgeschriebene Gliederungstiefe der E-Bilanz vielfach über die handelsrechtlichen Vorgaben hinaus.[8]

50a **VIII. Anhang: Weitere Ermächtigungen.** **§ 13a Abs. 8** enthält eine Ermächtigung des BMF, durch VO mit Zustimmung des BR die Werte der Anlage 1a zum EStG (Ermittlung des Gewinns aus LuF nach Durchschnittssätzen) turnusgemäß an Erhebungen nach § 2 LandwirtschaftsG und an Erhebungen der FinVerw. anzupassen. Von der Ermächtigung wurde bislang kein Gebrauch gemacht.

51 Eine weitere Ermächtigungsgrundlage enthält **§ 33 Abs. 4**, welcher die BReg. ermächtigt, durch VO mit Zustimmung des BR Einzelheiten des Nachweises von ag. Belastungen zu bestimmen. Auf dieser Ermächtigung beruht § 64 EStDV (Rn. 77). Dessen rückwirkende Geltung nach § 84 Abs. 3f EStDV ist verfassungsgemäß.[9]

51a Das EStG sieht in **§ 33b Abs. 7** eine weitere, auch in § 51 Abs. 1 Nr. 3 nicht genannte Ermächtigung vor. Die BReg. darf durch VO mit Zustimmung des Bundesrates regeln, wie der Nachweis über die Voraussetzungen für den gem. § 33b den Behinderten, Hinterbliebenen und Pflegepersonen gewährten PB zu erbringen ist. Eine derartige Nachweispflicht könnte auch auf den – jüngeren – § 51 Abs. 1 Nr. 1 lit. a Alt. 3 gestützt werden.

51b **§ 34b Abs. 5** ermächtigt die BReg., durch VO mit Zustimmung des BR im Falle besonderer Schadensereignisse für ein Wj. bestimmte Billigkeitsregelungen für außerordentliche Holznutzungen einzuführen.

---

1 BVerfG v. 12.11.1958 – 2 BvL 4/56, 2 BvL 26/56, 2 BvL 40/56, 2 BvL 1/57, 2 BvL 7/57, BVerfGE 8, 274 (321).
2 Hierzu *K/S/M*, § 51 Rn. C 310 f.; *Seiler*, Der einheitliche Parlamentsvorbehalt, 2000, 405 f.
3 BVerfG v. 12.11.1958 – 2 BvL 4/56, 2 BvL 26/56, 2 BvL 40/56, 2 BvL 1/57, 2 BvL 7/57, BVerfGE 8, 274 (321).
4 *Ossenbühl*, VO, HStR V, § 103 Rn. 62 f.
5 Geändert durch StÄndG v. 15.12.2003, BGBl. I 2003, 2645 (2651).
6 BGBl. I 2010, 2135.
7 BMF v. 28.9.2011, BStBl. I 2011, 855.
8 *Reitsam/Sollinger*, CR 2012, 349 (352); *Rätke*, Beilage zu BBK 23/2011, 4 (7); *Burlein*, BBK 2012, 690 (692) zieht aus BFH v. 16.11.2011 – X R 18/09, BStBl. II 2012, 129 = FR 2012, 226 m. Anm. *Kempermann* (Pflicht zur Abgabe der Anlage EÜR) den Schluss, dass sich die Vorgabe des BMF zur Gliederungstiefe der E-Bilanz dennoch iRd. gesetzlichen Vorgaben hält.
9 BFH v. 19.4.2012 – VI R 74/10, BStBl. II 2012, 577, mit krit. Anm. *Bergkemper*, FR 2012, 1171; FG BaWü. v. 24.4. 2013 – 2 K 1962/12, EFG 2013, 1125 (rkr.).

Das EStG enthält in **§ 41 Abs. 1 S. 7** eine weitere Ermächtigungsgrundlage, die der BReg. in Einklang mit Art. 80 Abs. 1 S. 2 GG gestattet, im Einzelnen festzulegen, was der ArbG im Lohnkonto des ArbN aufzuzeichnen hat. Hierauf beruht § 4 LStDV. 52

§ 45e S. 1 ermächtigt, durch VO mit Zustimmung des Bundesrates die RL 2003/48/EG zur Besteuerung der Zinserträge umzusetzen. Adressat der RL ist der jeweils nach dem Recht des Mitgliedsstaates zuständige Rechtssetzer.[1] Von dieser Ermächtigungsgrundlage hat die BReg. durch die Zinsinformationsverordnung (ZIV)[2] Gebrauch gemacht. 53

§ 63 Abs. 2 enthält eine Ermächtigungsgrundlage, welche die BReg. ermächtigt, durch VO die Kindergeldberechtigung für im Ausland ansässige Kinder von StPfl. einzuführen, die nicht bereits von § 62 Abs. 2 erfasst sind, aber im Inland erwerbstätig sind oder ihre hauptsächlichen Einkünfte erzielen. Eine solche VO wurde bislang nicht erlassen. 53a

§ 68 Abs. 4 S. 2 ermächtigt das BMF, durch VO die Voraussetzungen festzulegen, unter denen Familienkassen den Bezüge im öffentlichen Dienst anweisenden Stellen automatisiert kindergeldrelevante Daten übermitteln können (§ 68 Rn. 4). Von der Ermächtigung hat das BMF bislang keinen Gebrauch gemacht, weshalb die FinVerw. weiterhin auf die DA-KG zurückgreift.[3] 53b

Das EStG sieht in **§ 99** weitere, mit § 51 nicht abgestimmte Ermächtigungen vor. § 99 Abs. 1 ermächtigt wie § 51 Abs. 4 zu Vordrucken, enthält also ebenfalls (Rn. 50) keinen Rechtsetzungsauftrag. § 99 Abs. 2 ermächtigt zur Durchführung des Verfahrens bei der Altersvorsorgezulage. Auf der Grundlage v. § 99 Abs. 2 erging die Altersvorsorge-Durchführungsverordnung (AltvDV).[4] 54

D. Auf der Grundlage von § 51 ergangenes Verordnungsrecht

I. Grundsätzliches. Die einzelnen Bestimmungen der auf der Grundlage v. § 51 ergangenen VO lassen sich oft kaum noch der jeweiligen Ermächtigung zuordnen.[5] Hierdurch wird die Prüfung erschwert, ob eine Verordnungsbestimmung auf ihrer Ermächtigung beruht. Zudem droht eine Umgehung des Zitiergebotes. In der Praxis des EStRechts werden diese Fragen allerdings durch das Problem überlagert, dass die „**Rechtsverordnungen**“ im EStG mittlerweile fast ausschließlich[6] durch Artikelgesetz eingeführt oder geändert werden. Auch diese parlamentarischen Änderungen und Ergänzungen müssen aber an Art. 80 GG gemessen werden.[7] Das BVerfG[8] hat gefordert, dass die VO die ermächtigende Einzelvorschrift angeben müsse, ohne dass jeder einzelne Paragraph einer VO der Einzelvorschrift des ermächtigenden G zugeordnet werden müsste. Vielfach verweisen die VO jedoch **nur generell auf § 51**. Diese Zitiertechnik ist kaum mehr hinnehmbar. Insgesamt besteht ein grundlegender **Reformbedarf**. Die Verantwortlichkeiten für die Rechtsetzung im EStG zw. Gesetzgeber und Verordnunggeber müssen strikt aufgeteilt und die VO dann in rechtsstaatlicher Prägnanz den Anforderungen des Art. 80 GG gerecht werden. 55

II. Einkommensteuer-Durchführungsverordnung (EStDV). Die zuletzt am 21.12.1955[9] komplett neu gefasste, am 10.05.2000 neu bekannt gemachte[10] **ESt-Durchführungsverordnung** (EStDV) enthält nach zahlreichen Änderungen vielfältige Ausführungsbestimmungen zum EStG. 56

§ 1 EStDV (Anwendung auf Ehegatten und Lebenspartner) regelt – in Parallele zu § 2 Abs. 8 EStG (s. § 2 Rn. 128) – die allgemeine Anwendbarkeit der Bestimmungen der VO für Ehegatten und Ehen auch für Le- 56a

---

1 EuGH v. 25.5.1982 – Rs. 96/81, Slg. 1982, 1791, Rn. 2 (Kommission/Niederlande); v. 14.1.1988 – Verb. Rs. 227–230/85, Slg. 1988, 1 (Kommission/Belgien).
2 BGBl. I 2004, 128.
3 BZSt, Leitfaden zur Durchführung der Familienkassenreform, 2017, S. 17 (abrufbar unter www.bzst.de -> Steuern national -> Kindergeld -> Familienkassenreform).
4 BGBl. I 2002, 4544.
5 Ausf. zum Folgenden *K/S/M*, § 51 Rn. D 10 ff.
6 Seit der Neubekanntmachung der EStDV am 10.5.2000, BGBl. I 2000, 717, ist die EStDV fünfundzwanzigmal durch G und nur achtmal durch VO (Siebte Zuständigkeitsanpassungs-VO v. 29.10.2001, BGBl. I 2001, 2785; Achte Zuständigkeitsanpassungs-VO v. 25.11.2003, BGBl. I 2003, 2304; VO zur Änderung der EStDV v. 29.12.2004, BGBl. I 2004, 3884; Neunte Zuständigkeitsanpassungs-VO v. 31.10.2006, BGBl. I 2006, 2407; VO zur Änderung stl. Verordnungen v. 17.11.2010, BGBl. I 2010, 1544; VO zum Erlass und zur Änderung stl. Verordnungen v. 11.12.2012, BGBl. I 2012, 2637; VO v. 24.6.2013, BGBl. I 2013, 1679 und Dritte VO zur Änderung stl. Verordnungen v. 18.7.2016, BGBl. I 2016, 1722) geändert worden.
7 Die nachfolgenden gesetzlichen Änderungen der einschlägigen „Rechtsverordnungen“ nennen ausnahmslos keine Ermächtigungsgrundlage.
8 BVerfG v. 6.7.1999 – 2 BvF 3/90, BVerfGE 101, 1 (42) – Hennenhaltung.
9 BGBl. I 1955, 756.
10 BGBl. I 2000, 717.

benspartner und Lebenspartnerschaften. Die Vorschrift beruht auf einem G[1], muss aber auch als gesetzlich erlassene VO dem Erfordernis einer gesetzlichen Ermächtigung und dem Zitiergebot genügen (Rn. 16). § 1 EStDV erweitert die für Ehegatten und Ehen in der EStDV enthaltenen Regelungen, mag sich deshalb jeweils auf die Ermächtigung für diese Bestimmungen iVm. § 2 Abs. 8 EStG stützen. Den Erfordernissen des Zitiergebots ist jedoch nicht genügt.

57 **§ 4 EStDV**[2] (stfreie Einnahmen) beruht nicht mehr auf einer gültigen Rechtsgrundlage, da § 3 Nr. 52 mit Wirkung für den VZ 1999 aufgehoben worden ist.[3] Die Vorschrift ist jedoch gegenstandslos geworden, da § 3 LStDV, auf den sie bislang verwies, ebenfalls aufgehoben ist.

58 **§§ 6,**[4] **8,**[5] **8b**[6] EStDV können inhaltlich auf § 51 Abs. 1 Nr. 1 lit. b zurückgeführt werden. Allerdings zitieren die EStDV 1955 v. 21.12.1955[7] (zu § 6 EStDV) und die Änderungsverordnung v. 13.12.1974[8] (zu § 8b EStDV) nur § 51 Abs. 1, der bereits in seiner damaligen Fassung zahlreiche Einzelermächtigungen in sich vereinigte. Da die VO die ermächtigende Einzelvorschrift nicht benennt, sind die beiden Bestimmungen nichtig.[9]

59 **§ 8c EStDV**[10] setzt die in §§ 51 Abs. 1 Nr. 3, 4a Abs. 1 S. 2 Nr. 1 erteilte Ermächtigung um. Ihre ursprüngliche Fassung zitierte ebenfalls nur § 51 Abs. 1. Die Vorschrift ist mittlerweile in Abs. 1 und 2 durch G (vgl. dazu Rn. 16) und VO und in Abs. 3 durch VO überholt.

60 **§ 9a EStDV**[11] kann auf § 51 Abs. 1 Nr. 1 lit. b gestützt werden. Auch diese, seither unveränderte VO benannte nur § 51 Abs. 1. Angesichts ihres Charakters als unwesentliche Durchführungsvorschrift sowie ihres eindeutigen Zusammenhanges zum Steuerschuldrecht kann die Zuordnung zu ihrer Rechtsgrundlage gelingen. Dies genügt nach der heutigen Rspr. des BVerfG zu Art. 80 Abs. 1 S. 3 GG[12] aber allenfalls für eine Übergangszeit.

61 Schwierigkeiten bereitet **§ 10 EStDV.**[13] Er wird nicht v. § 51 Abs. 1 Nr. 2 lit. p erfasst, der nur *nicht* zu einem BV gehörende WG betrifft. Es bleibt nur ein Rückgriff auf § 51 Abs. 1 Nr. 1 lit. b. Dieser setzt jedoch voraus, dass man § 51 Abs. 1 Nr. 2 lit. p nicht als abschließende Regelung für vergleichbare Altfälle versteht, der im Umkehrschluss Sperrwirkung für den Verordnunggeber zukommen müsste. Anhaltspunkte für einen entspr. Willen des Gesetzgebers sind nicht ersichtlich, so dass ein Rückgriff auf die Generalermächtigung zulässig erscheint. Die dem aktuellen Abs. 1 in etwa gemäße erstmalige Fassung v. § 10 EStDV durch die EStDV 1955 v. 21.12.1955[14] benannte nur § 51 Abs. 1. Ob dies dem Zitiergebot genügt, ist ebenso zu entscheiden wie bei §§ 6, 8b EStDV. Die letztmalige Änderung der Vorschrift[15] berief sich dagegen nur auf den seinem eindeutigen Wortlaut nach nicht einschlägigen § 51 Abs. 1 Nr. 2 lit. p, nicht auf dessen Nr. 1 lit. b, der im Umkehrschluss als ausgenommen gelten muss. Sie missachtete also das Zitiergebot. Der zweite Abs. v. § 10 EStDV (Spezialregelung für das Saarl.) lässt sich allenfalls auf § 51 Abs. 1 Nr. 1 lit. b zurückführen. Angesichts des undeutlichen Zusammenhangs v. VO und Ermächtigungen erweckt jedoch Bedenken, dass die Änderungsverordnung v. 6.4.1961[16] nur § 51 Abs. 1 zitierte.

62 Einstweilen frei.

1 Eingeführt durch G v. 18.7.2014, BGBl. I 2014, 1042.
2 Eingeführt durch VO, BGBl. I 1955, 756; § 51 Abs. 1 EStG zitiert.
3 BGBl. I 1999, 402 (403); § 51 Abs. 1 Nr. 3 verweist nicht mehr auf § 3 Nr. 52.
4 Eingeführt durch VO, BGBl. I 1955, 756 (757), geändert durch G, BGBl. I 1999, 710 (711); seither unverändert.
5 Eingefügt durch G, BGBl. I 1995, 1250 (1384), geändert durch G, BGBl. I 2000, 1790 (1796).
6 Eingeführt durch VO, BGBl. I 1974, 3537 (3538) (zum Zitiergebot s. sogleich); seitdem keine inhaltlichen Änderungen.
7 BGBl. I 1955, 756 (757).
8 BGBl. I 1974, 3537 (3538).
9 Vgl. zum Maßstab BVerfG v. 6.7.1999 – 2 BvF 3/90, BVerfGE 101, 1 (42 f.) – Hennenhaltung.
10 § 8c EStDV wurde eingefügt durch VO, BGBl. I 1974, 3537 (3538) (zum Zitiergebot s. sogleich) und im Verordnungswege geändert in BGBl. I 1984, 385 (Abs. 4 wurde zu Abs. 3; Zitiergebot gewahrt); Abs. 1 und 2 gesetzlich neu gefasst in BGBl. I 1993, 2310 (2324); Abs. 1 und 3 geändert durch VO, BGBl. I 2010, 1544 f.
11 Eingefügt durch VO, BGBl. I 1966, 209.
12 BVerfG v. 6.7.1999 – 2 BvF 3/90, BVerfGE 101, 1 (44 f.) – Hennenhaltung.
13 Ursprüngliche Fassung in BGBl. I 1955, 756 (758) (VO); im Verordnungswege ergänzt in BGBl. I 1961, 373 (jeweils nur § 51 Abs. 1 EStG zitiert); zuletzt geändert durch VO, BGBl. I 1992, 1165 (eingangs dieser Sammel-VO wird § 51 Abs. 1 Nr. 2 lit. p EStG zitiert).
14 BGBl. I 1955, 756 (758).
15 BGBl. I 1992, 1165.
16 BGBl. I 1961, 373.

§ 11c EStDV[1] ist nicht zuzuordnen. Abs. 1 S. 1 liefert eine allg. Definition. In Abs. 1 S. 2 Nr. 1 und in S. 3 trifft er Regelungen, die jenen des § 51 Abs. 1 Nr. 2 lit. p ähneln, ohne nach der Zugehörigkeit zu einem BV zu differenzieren. Abs. 1 S. 2 Nr. 2 und 3 werden nicht v. § 51 Abs. 1 Nr. 2 lit. p erfasst, da sie den Zeitraum nach dem 20.6.1948 regeln. Die Sonderregelung für das Saarl. (S. 4) kann ebenfalls nicht auf diese Ermächtigung gestützt werden. Abs. 2 unterscheidet weder nach der Eigenschaft als BV noch nach Zeiträumen. Damit kann die Norm nicht auf § 51 Abs. 1 Nr. 2 lit. p gestützt werden. Es bleibt allein ein Rückgriff auf die Generalklausel des § 51 Abs. 1 Nr. 1 lit. b. Die Fundstelle des § 11c, die Änderungsverordnung v. 14.4.1966,[2] verweist pauschal auf § 51 Abs. 1, lässt aber durch die gleichzeitige Einführung mit §§ 10a, 11d EStDV erahnen, dass irrtümlich § 51 Abs. 1 Nr. 2 lit. p gemeint sein könnte. Dies ist jedenfalls nicht hinreichend deutlich gemacht worden. 63

Auch **§ 11d EStDV**[3] bedarf krit. Betrachtung. Abs. 1 kann auf § 51 Abs. 1 Nr. 2 lit. p gestützt werden. Das Zitiergebot war wg. des pauschalen Verweises auf § 51 Abs. 1 allenfalls für eine Übergangszeit gewahrt. Nr. 2 lit. p (nur Absetzungen für Abnutzung und Substanzverringerung) kann dagegen die später[4] eingefügten Worte „und für erhöhte Absetzungen" in Abs. 1 S. 3 nicht rechtfertigen. Denkbar bleibt auch hier nur die Anwendung der Generalklausel der Nr. 1 lit. b. Für die Zuordnung v. Abs. 2 ist entscheidend, ob man das bloße Entdecken v. Bodenschätzen als Erwerb im Rechtssinne ansehen will. Verneint man dies, kommt höchstens die Generalermächtigung in § 51 Abs. 1 Nr. 1 lit. b in Betracht. In diesem Fall bestehen, da § 11d EStDV ebenfalls durch die Änderungsverordnung v. 14.4.1966[5] eingeführt wurde, also gleichfalls nur auf § 51 Abs. 1 Bezug nimmt, die gleichen Einwände wie bei § 11c EStDV. 64

§ 15 Abs. 1 EStDV[6] ist ebenfalls auf § 51 Abs. 1 Nr. 1 lit. b zurückzuführen (vgl. Rn. 26). Abs. 2 der Vorschrift teilt als Übergangsvorschrift die Ermächtigungsgrundlage der Vorgängernorm, also gleichfalls § 51 Abs. 1 Nr. 1 lit. b. 65

§ 29 EStDV[7] führt bei Versicherungsverträgen nach § 10 Abs. 1 Nr. 2 lit. b, Abs. 2 S. 2 Anzeigepflichten etwaiger Sicherungsnehmer (S. 1) oder des Versicherungsunternehmens (S. 2), also Dritter, ein. Als Eingriff in die Rechte dieser Dritten bedarf eine VO dieses Inhaltes einer gesetzlichen Ermächtigungsgrundlage. Eine solche kann nicht gefunden werden. Insbes. ordnen § 51 Abs. 1 Nr. 3, § 10 Abs. 5 in neuer Fassung keine Rechtspflichten Dritter an. § 51 Abs. 1 Nr. 1 lit. a Alt. 4 erlaubt nur, wie seine Entstehungsgeschichte zeigt, Urkundspersonen zu verpflichten. § 29 EStDV ist deshalb nicht v. einer Rechtsgrundlage iSv. Art. 80 Abs. 1 S. 2 GG gedeckt und kann als VO keinen Bestand haben. 66

§ 30 EStDV[8] kann indessen auf § 51 Abs. 1 Nr. 3, § 10 Abs. 5 aF zurückgeführt werden. Die EStDV 1955 v. 21.12.1955[9] zitierte nur pauschal § 51 Abs. 1, der Sachzusammenhang zu § 51 Abs. 1 Nr. 3, § 10 Abs. 2 aF[10] war jedoch nur für eine Übergangszeit ausreichend. 67

§ 50 EStDV[11] nimmt auch in seiner neuen, ab VZ 2017 geltenden Fassung den ursprünglich in § 48 Abs. 3 geregelten Zuwendungsnachweis auf und ergänzt ihn um sinnvolle Detailregelungen. Insoweit beruht er 68

1 § 11c Abs. 1 und Abs. 2 EStDV eingefügt durch VO in BGBl. I 1966, 209 (210); § 11c Abs. 2 S. 3 EStDV angefügt durch G, BGBl. I 1999, 2601 (2609).
2 BGBl. I 1966, 209 (210).
3 Ursprüngliche Fassung in BGBl. I 1966, 209 (210) (VO; nur § 51 Abs. 1 EStG zitiert); geändert durch VO in BGBl. I 1978, 1027 (§ 51 Abs. 1 Nr. 1 EStG pauschal ohne den einschlägigen Buchst. angegeben; § 51 Abs. 1 Nr. 2 lit. p EStG wird nicht zitiert); zuletzt geändert durch VO, BGBl. I 2010, 1544.
4 VO v. 12.7.1978, BGBl. I 1978, 1027 (Zitat v. § 51 Abs. 1 Nr. 1 EStG sollte genügen).
5 BGBl. I 1966, 209 (210).
6 § 15 EStDV erhielt seine heutige Gestalt durch VO (BGBl. I 1981, 526; BGBl. I 1982, 697; BGBl. I 1992, 1165; die vorherigen zahllosen Änderungen sind damit überholt); die Rechtsgrundlage wurde jeweils zitiert (BGBl. I 1981, 526, verweist allerdings nur pauschal auf § 51 Abs. 1 Nr. 1 EStG; wenn dies damals nicht genügen sollte, dürften die folgenden Änderungen den Mangel geheilt haben).
7 Eingeführt durch VO, BGBl. I 1955, 756 (762); seither zahllose Änderungen; letzte Änderung durch G v. 5.7.2004, BGBl. I 2004, 1427 (1440) – Abs. 2 und 4 aufgehoben.
8 § 30 EStDV ursprünglich eingeführt durch VO in BGBl. I 1955, 756 (762 f.) (nur § 51 Abs. 1 EStG zitiert); zuletzt geändert durch VO, BGBl. I 2016, 1722 (1722).
9 BGBl. I 1955, 756 (762 f.).
10 Bekanntmachung v. 21.12.54, BGBl. I 1954, 441 (448).
11 Neu gefasst durch G, BGBl. I 2016, 1679 (1701 f.); zuvor zusammen mit § 48 EStDV neu gefasst (s. oben); § 50 Abs. 2 Nr. 2 aF zuletzt geändert durch G, BGBl. I 2007, 2332 (2333); Abs. 2 Nr. 1 aF geändert durch G, BGBl. I 2007, 2332 (2333); Abs. 1a aF eingefügt durch G, BGBl. I 2008, 2850 (2853); Abs. 2 aF geändert durch VO, BGBl. I 2010, 1544; Abs. 2 S. 1 Nr. 1 aF geändert durch G, BGBl. I 2011, 2131; Abs. 2a aF eingeführt durch G, BGBl. I 2011, 2131 (s. auch § 10b Rn. 31); Abs. 1 S. 2 aF angefügt und Abs. 2 S. 2 aF neu gefasst durch VO v. 11.12.2012, BGBl. I 2012, 2637; Abs. 1 S. 1 aF geändert durch G v. 21.3.2013, BGBl. I 2013, 556.

grds. auf dem ordnungsgemäß zitierten § 51 Abs. 1 Nr. 2 lit. c.[1] Allerdings bezieht § 50 Abs. 1 EStDV auch Zuwendungen iSv. § 34g des G ein, obwohl die Delegationsnorm nur „Ausgaben zur Förderung steuerbegünstigter Zwecke iSd. § 10b" (heute: „Zuwendungen im Sinne des § 10b") anspricht. Die VO beruht folglich nur auf ihrer Rechtsgrundlage, wenn und soweit Zwecke iSd. § 34g gleichzeitig solche des § 10b sind. § 10b Abs. 2 regelt Zuwendungen an politische Parteien (§ 2 ParteienG) und entspricht insoweit dem § 34g S. 1 Nr. 1. Die v. § 34g S. 1 Nr. 2 erfassten unabhängigen Wählergemeinschaften werden dagegen durch § 10b nicht erfasst. Zuwendungen an sie können dennoch „Ausgaben iSd. § 10b" sein, weil das BVerfG die Wählergemeinschaften insoweit den Parteien gleichgestellt hat. Allerdings wäre eine Klarstellung in § 51 geboten.[2] IÜ wird der als Rechtsgrundlage erwägenswerte § 51 Abs. 1 Nr. 1 lit. a Alt. 3 (den Steuererklärungen beizufügende Unterlagen) nicht zitiert. IErg. gelten auch für die unabhängigen Wählergemeinschaften die in § 50 EStDV angeordneten Nachweispflichten.

69 **§ 51 EStDV**[3] führt Pauschsätze ein, die nicht im G angelegt sind. § 51 Abs. 1 Nr. 1 lit. c ist nicht einschlägig, da sich diese Ermächtigungsgrundlage nur auf Einkünfte aus Gewerbebetrieb (§ 15) oder selbständiger Arbeit (§ 18) bezieht. Auch die Generalermächtigung des § 51 Abs. 1 Nr. 1 lit. b erlaubt nicht, vom Grundsatz der Besteuerung nach der individuellen Leistungsfähigkeit abzuweichen und stattdessen Durchschnittswerte anzusetzen. § 51 EStDV ist deshalb nichtig.[4]

70 **§ 53 EStDV**[5] ist ebenfalls auf die Generalklausel in § 51 Abs. 1 Nr. 1 lit. b zu stützen. Seine erstmalige Fassung durch die EStDV 1955[6] wie auch die Änderungsverordnungen v. 6.4.1961,[7] v. 25.4.1962[8] und v. 14.4. 1966[9] benannten jeweils nur § 51 Abs. 1 als Rechtsgrundlage. Auch hier stellt sich die Frage, ob den Anforderungen v. Art. 80 Abs. 1 S. 3 GG Genüge getan ist. Mit der strengen jüngeren Rspr. des BVerfG[10] muss man dies verneinen. Allein der Charakter v. § 53 EStDV als Durchführungsvorschrift mit steuerschuldrechtl. Gehalt begründet noch keinen hinreichenden Zusammenhang zu § 51 Abs. 1 Nr. 1 lit. b.

71 **§ 54 EStDV**[11] setzt die eigens zu diesem Zwecke geschaffene Ermächtigung in § 51 Abs. 1 Nr. 1 lit. a Alt. 4 um (vgl. Rn. 24).

72 **§ 55 EStDV**[12] lässt sich auf § 51 Abs. 1 Nr. 3, § 22 Nr. 1 S. 3 lit. a bb) S. 5 zurückführen. Die ursprüngliche Fassung durch die EStDV 1955 v. 21.12.1955[13] verwies in ihrem Vorspruch nur auf § 51 Abs. 1. Allerdings nahm und nimmt der Wortlaut v. § 55 EStDV auf die ermächtigende Einzelvorschrift Bezug und erfüllt so die Funktion des Zitiergebotes.

73 **§ 56 EStDV**[14] hält sich iRd. § 51 Abs. 1 Nr. 1 lit. a Alt. 2 (vgl. Rn. 22).

74 **§ 60 EStDV**[15] beruht auf § 51 Abs. 1 Nr. 1 lit. a Alt. 3 (vgl. Rn. 23).[16]

---

1 Der BFH sah die Nachweispflicht (§ 48 Abs. 3 EStDV aF) als „sinnvolle Auslegung des G" an, für die es keiner Ermächtigung bedürfe; vgl. BFH v. 19.3.1976 – VI R 72/73, BStBl. II 1976, 338 (339); v. 25.8.1987 – IX R 24/85, BStBl. II 1987, 850 (851) = FR 1987, 622; v. 18.6.2002 – X B 192/01, BFH/NV 2002, 1302. Die Interpretation v. Nr. 2 lit. c (s. oben) ergibt aber, dass just zu dieser Regelung ermächtigt wird.

2 *K/S/M*, § 10b Rn. A 221.

3 Neu gefasst durch G, BGBl. I 2011, 2131.

4 S. *Seiler*, Der einheitliche Parlamentsvorbehalt, 2000, 368 ff., der eine generelle Ermächtigung zur Pauschalierung geringfügiger Abzugspositionen vorschlägt, um sinnvolle Vereinfachungsregeln wie diese zu ermöglichen.

5 § 53 EStDV beruht auf BGBl. I 1955, 756 (767), zuletzt geändert durch VO, BGBl. I 1966, 209 (213), jeweils nur § 51 Abs. 1 EStG zitiert.

6 BGBl. I 1955, 756 (767).

7 BGBl. I 1961, 373 (375).

8 BGBl. I 1962, 241 (242).

9 BGBl. I 1966, 209 (213).

10 BVerfG v. 6.7.1999 – 2 BvF 3/90, BVerfGE 101, 1 (41 f.) – Hennenhaltung.

11 Eingefügt durch G, BGBl. I 1995, 1250 (1384); Abs. 4 angefügt durch G, BGBl. I 2006, 2782 (2787); Abs. 1 S. 2 angefügt durch G, BGBl. I 2007, 3150 (3165).

12 Eingeführt durch VO, BGBl. I 1955, 756 (768) (nur § 51 Abs. 1 EStG zitiert); die Tabelle in Abs. 2 wurde gesetzlich neu gefasst in BGBl. I 1995, 1250 (1385); BGBl. I 2004, 1427 (1441) und geändert durch VO, BGBl. I 2010, 1544.

13 BGBl. I 1955, 756 (768).

14 Neu gefasst durch G in BGBl. I 1995, 1250 (1385); zuletzt geändert durch G, BGBl. I 2011, 2131.

15 § 60 EStDV im Verordnungswege neu gefasst in BGBl. I 1986, 1236 (1237); § 51 Abs. 1 Nr. 1 lit. a EStG wurde zitiert (konkreter 3. Fall nicht ausdrücklich benannt; dies dürfte jedoch unschädlich sein). Abs. 1 durch G ersetzt in BGBl. I 1995, 1250 (1386); gesetzliche Änderung in BGBl. I 1998, 2860 (2866); § 60 Abs. 4 neu eingeführt durch G, BGBl. I 2003, 1550; Abs. 1 S. 1 und Abs. 4 neu gefasst durch G, BGBl. I 2008, 2850 (2853); Abs. 4 S. 3 geändert durch G, BGBl. I 2016, 1679 (1702).

16 BFH v. 16.11.2011 – X R 18/09, BStBl. II 2012, 129 mit zust. Anm. *Kempermann*, FR 2012, 232.

§ 61 EStDV[1] trifft eine Regelung iSv. § 51 Abs. 1 Nr. 1 lit. d Alt. 1. Die Neufassung genügt dem Zitiergebot des Art. 80 Abs. 1 S. 3 GG nicht. 75

§ 62d EStDV[2] stützt sich auf § 51 Abs. 1 Nr. 3, § 26a Abs. 3. Nachdem die ihn einführende Änderungsverordnung sowie die ersten Änderungsverordnungen nur § 51 Abs. 1 als Rechtsgrundlage zitierten, benannte eine weitere Änderungsverordnung v. 1986[3] § 51 Abs. 1 Nr. 3, nicht aber auch den v. ihm einbezogenen § 26a Abs. 3. Da die §§ 61 ff. EStDV aber unter der amtlichen Überschrift „Zu den §§ 26a bis 26c des G" stehen, mag man dieses als ausreichend ansehen, um die Rechtsgrundlage erkennen zu können. 76

§ 64 EStDV[4] normiert in Abs. 1 Anforderungen an den Nachweis der Zwangsläufigkeit von Aufwendungen im Krankheitsfall und verpflichtet in Abs. 2 die zuständigen Gesundheitsbehörden, Nachweise über den Gesundheitszustand des StPfl. auszustellen. Abs. 1 beruht auf der Ermächtigung in § 33 Abs. 4 EStG.[5] Hingegen kann Abs. 2 nicht auf § 51 Abs. 1 Nr. 1 lit. a Alt. 3 zurückgeführt werden, der nur zur Bestimmung ermächtigt, welche Unterlagen der Steuererklärung beizufügen sind, nicht aber, wer etwaige Bescheinigungen auszustellen hat. Eine andere einschlägige Ermächtigung ist nicht ersichtlich. Diese Bestimmung könnte mithin als VO nur Bestand haben, falls man der Exekutive ein selbständiges Verordnungsrecht für unwesentliche Detailfragen zusprechen wollte.[6] Lehnt man ein solches mit der ganz überwiegenden Ansicht ab, wird man eine solche VO für nichtig halten müssen. § 64 EStDV ist durch ein Artikel*gesetz* eingeführt worden (vgl. Rn. 16). 77

§ 65 EStDV[7] ist mit § 33b Abs. 7, einer lex specialis zu § 51 Abs. 1 Nr. 1 lit. a Alt. 3, vereinbar. 78

§ 68 EStDV[8] wird wohl auf die Generalermächtigung des § 51 Abs. 1 Nr. 1 lit. b zurückzuführen sein. 79

§ 68a EStDV[9] beruht auf § 51 Abs. 1 Nr. 3, der auf § 34c Abs. 7 Nr. 1 Bezug nimmt; diese Ermächtigungsgrundlage entspricht den Bestimmtheitsanforderungen des Art. 80 Abs. 1 GG.[10] **§ 68b EStDV**[11] beruht auf § 51 Abs. 1 Nr. 3, § 34c Abs. 7 Nr. 2. Wegen dieses eindeutigen Zusammenhanges kann es als unschädlich angesehen werden, dass die ursprüngliche Fassung beider Vorschriften nur § 51 Abs. 1 als Rechtsgrundlage angab. Ebenfalls unbeachtlich dürfte sein, dass die Umbenennung des früheren § 68d in den heutigen § 68b EStDV keine Rechtsgrundlage nannte, da diese rein redaktionelle Änderung den Inhalt der VO unverändert ließ.[12] 80

§ 70 EStDV[13] stützt sich auf § 51 Abs. 1 Nr. 3, § 46 Abs. 5, soweit er die Fälle des § 46 Abs. 2 Nr. 1 anspricht. Soweit die VO die übrigen Fälle (Nr. 2–7) regelt, ist sie nicht v. ihrer Ermächtigung gedeckt, insoweit also teilnichtig, ohne dass sich hieraus besondere Konsequenzen ergäben, da Nr. 1 alle erheblichen Fälle erfassen dürfte. 81

§ 73a EStDV[14] bewegt sich iRv. § 51 Abs. 1 Nr. 1 lit. e, zitiert wurde jedoch allein § 51 Abs. 1, nicht aber die ermächtigende Einzelvorschrift. Dies genügt den Erfordernissen des Zitiergebots[15] nicht. 82

1 Neu gefasst durch G, BGBl. I 2011, 2131.
2 Ursprüngliche Fassung durch VO, BGBl. I 1958, 70 (77); Änderungen durch VO, zuletzt in BGBl. I 1992, 1165 (1166) (Zitiergebot beachtet); § 62d Abs. 2 S. 2 neu gefasst durch G, BGBl. I 2003, 2840 (2841); § 62d Abs. 1, Abs. 2 S. 1 geändert durch G, BGBl. I 2011, 2131.
3 BGBl. I 1986, 1236 (1237).
4 Heutiger Abs. 2 eingeführt durch G, BGBl. I 1996, 2049 (2072), das konsequenterweise keine Rechtsgrundlage benennt. Ergänzt um Abs. 1 durch G, BGBl. I 2011, 2131 (2138).
5 BFH v. 19.4.2012 – VI R 74/10, BStBl. II 2012, 577, wonach auch die in § 84 Abs. 3f EStDV angeordnete rückwirkende Anwendung verfassungsrechtlich zulässig ist. Ebenso *Geserich*, DStR 2012, 1490.
6 So *Seiler*, Der einheitliche Parlamentsvorbehalt, 2000, 407, auf der Grundlage der dort entwickelten Dogmatik zum Verordnungsrecht.
7 Gesetzlich eingeführt in BGBl. I 1995, 1250 (1386) und zuletzt geändert in BGBl. I 2016, 3234.
8 § 68 EStDV neu gefasst durch G, BGBl. I 2011, 2131, und zuletzt geändert durch VO, BGBl. I 2016, 1722 (1722).
9 Als § 68c EStDV eingeführt durch VO in BGBl. I 1958, 70 (79) (nur § 51 Abs. 1 EStG benannt); zu § 68a EStDV geworden und S. 1 neu gefasst durch VO in BGBl. I 1981, 526 (Zitiergebot beachtet); zuletzt geändert durch VO, BGBl. I 2010, 1544 f.
10 BFH v. 18.12.2013 – I R 71/10, BFHE 244, 331 = FR 2014, 664.
11 Ursprünglich § 68d, eingeführt durch VO, BGBl. I 1958, 70 (79) (nur § 51 Abs. 1 EStG angegeben); in § 68b EStDV umbenannt (inhaltlich unverändert) durch BGBl. I 1981, 526; VO, welche die Nr. 2 v. § 34c Abs. 7 nicht erwähnte.
12 Nähme man die Nichtigkeit der Änderung an, hieße „§ 68b" noch heute „§ 68d".
13 § 70 EStDV durch VO eingeführt in BGBl. I 1992, 1165 (1166); die Rechtsgrundlage wurde zitiert; geändert durch G (Euro-Anpassung), BGBl. I 2000, 1790 (1796); weitere Änderung durch G, BGBl. I 2014, 1266.
14 § 73a EStDV eingefügt durch VO, BGBl. I 1959, 89 (94 f.); Abs. 1 bis 3 geändert und zum Teil neu gefasst durch G, BGBl. I 2008, 2794 (2810); zuletzt geändert durch G, BGBl. I 2014, 2392.
15 BVerfG v. 6.7.1999 – 2 BvF 3/90, BVerfGE 101, 1 (41 f.) – Hennenhaltung.

83 **§§ 73c EStDV**[1] und **§ 73d EStDV**[2] gehen gleichfalls auf § 51 Abs. 1 Nr. 1 lit. e zurück. Zum Zitiergebot gilt das soeben zu § 73a EStDV Gesagte. Auch **§ 73e EStDV**[3] beruht auf § 51 Abs. 1 Nr. 1 lit. e, der jedenfalls bei der letzten Änderung durch VO als ermächtigende Einzelvorschrift zitiert wurde.

84 **§ 73f EStDV**[4] basiert auf der (überflüssigen) Spezialermächtigung in § 51 Abs. 1 Nr. 3, § 50a Abs. 6. Ausreichend und vorzugswürdig gewesen wäre eine Regelung des wesentlichen materiellen Gehalts der Vorschrift in § 50a und eine ergänzende, auf § 51 Abs. 1 Nr. 1 lit. e gestützte Verordnunggebung. Die Problematik des Zitiergebotes ist die gleiche wie bei § 73a EStDV.

85 **§ 73g EStDV**[5] setzt ebenfalls die Ermächtigung des § 51 Abs. 1 Nr. 1 lit. e um (zum Zitiergebot bei Einführung der Norm s. oben zu § 73a EStDV). Die Neufassung v. § 73g Abs. 1 EStDV durch die Änderungsverordnung v. 16.7.1980[6] zitierte die §§ 51 Abs. 1 Nr. 3, 50a Abs. 6, die ausschließlich den v. der Änderungsverordnung unberührten § 73f EStDV betreffen. Daneben verweist diese VO (offensichtlich für die übrigen Änderungen) pauschal auf § 51 Abs. 1 Nr. 1, ohne den hier einschlägigen Buchst. e zu benennen. Dem Zitiergebot wäre mithin nur Genüge getan, wenn man auch das vom Verordnunggeber in anderem Zusammenhang angegebene, objektiv jedoch einschlägige Zitat und gleichzeitig die bloße Bezugnahme auf die Durchführungsvorschriften (Nr. 1) ausreichen lassen will. Für sich betrachtet könnten beide Mängel im Hinblick auf den gegebenen Sachzusammenhang überwunden werden. Kumuliert verwirren sie jedoch und begründen dadurch Zweifel, ob die Funktion v. Art. 80 Abs. 1 S. 3 GG erfüllt ist. G- und Verordnunggeber scheinen hier selbst Opfer ihrer unübersichtlichen Regelungstechnik geworden zu sein.

86 **§ 81 EStDV**[7] (iVm. Anlagen 5 und 6 zur EStDV) hält sich im Rahmen v. § 51 Abs. 1 Nr. 2 lit. n. Der bei seiner Einführung sowie bei einigen seiner zahlreichen Änderungen zu findende pauschale Verweis auf § 51 Abs. 1 mag hier genügen, da die VO ihre Ermächtigung fast wörtlich wiederholt, mithin eindeutig zugeordnet werden kann (vgl. Rn. 38).

87 **§ 82a EStDV**[8] macht v. der Ermächtigung des § 51 Abs. 1 Nr. 2 lit. q Gebrauch. Die vielfach durch G und VO geänderte Vorschrift hat – abgesehen v. Abs. 1 – eine „Rückkehr zum einheitlichen Verordnungsrang" erfahren. Dabei wurde neben der eigentlichen Ermächtigungsgrundlage auch die „Entsteinerungsklausel" des insoweit geänderten G angegeben.[9]

88 Der neue **§ 82b EStDV** wurde durch G eingeführt.[10] Die Norm orientiert sich an § 51 Abs. 1 Nr. 2 lit. r aa), der (wie bei Änderungen durch G üblich) nicht zitiert wird.

89 **§ 82f EStDV**[11] geht auf § 51 Abs. 1 Nr. 2 lit. w zurück.[12] Die Norm wahrt das Zitiergebot. Die bloße Bezugnahme auf § 51 Abs. 1 dürfte hier ausreichen, da die inhaltliche Nähe v. Ermächtigung und VO deutlich erkennen lässt, welche Einzelbestimmung gemeint ist.

90 **§ 82g EStDV**[13] stützt sich auf § 51 Abs. 1 Nr. 2 lit. x. Ermächtigung und VO ähneln einander derart, dass eine Zuordnung möglich bleibt, obwohl sich die ursprüngliche Fassung v. § 82g EStDV nur auf § 51 Abs. 1 berief.

---

1 Eingefügt durch VO, BGBl. I 1959, 89 (95) (nur § 51 Abs. 1 EStG zitiert); geändert durch G, BGBl. I 2008, 2794 (2810).

2 BGBl. I 1959, 89 (95) (VO; nur § 51 Abs. 1 EStG zitiert; seither nahezu unverändert); zuletzt geändert durch G, BGBl. I 2009, 2702 (2710).

3 § 73e EStDV im Verordnungswege eingeführt, BGBl. I 1959, 89 (95) (nur § 51 Abs. 1 EStG zitiert); nach diversen Änderungen neu gefasst durch JStG v. 19.12.2008, BGBl. I 2008, 2794 (2811); zuletzt geändert durch VO v. 12.7. 2017, BGBl. I 2017, 2360.

4 Eingefügt durch VO, BGBl. I 1959, 89 (95) (nur § 51 Abs. 1 EStG benannt); S. 1 neu gefasst durch G, BGBl. I 1995, 1250 (1386); geändert durch G, BGBl. I 2008, 2794 (2811).

5 § 73g EStDV eingeführt in BGBl. I 1959, 89 (95 f.) (VO, die nur § 51 Abs. 1 EStG angibt); Abs. 1 neu gefasst durch VO, BGBl. I 1980, 1017 (zum Zitiergebot s. sogleich); geändert durch G, BGBl. I 2009, 2702 (2710).

6 BGBl. I 1980, 1017.

7 § 81 EStDV im Verordnungswege eingeführt durch BGBl. I 1958, 70 (81 f.); nach diversen Änderungen durch G und VO zuletzt geändert durch VO, BGBl. I 2015, 1474.

8 § 82a EStDV erstmals eingeführt durch BGBl. I 1959, 89 (96); zahlreiche Änderungen; überholt durch die Neufassung in BGBl. I 1984, 385 f. (VO; Zitiergebot gewahrt); zuletzt geändert durch VO, BGBl. I 2010, 1544 (1545).

9 Diese wird heute nicht mehr als erforderlich angesehen, vgl. *Bundesministerium der Justiz*, Handbuch der Rechtsförmlichkeit[3], 2008, Rn. 695.

10 BGBl. I 2003, 3076 (3085).

11 § 82f EStDV eingeführt durch VO, BGBl. I 1966, 209 (241 f.); hiernach Änderungen durch G und VO; zuletzt geändert durch VO, BGBl. I 2010, 1544 (1545).

12 BFH v. 29.3.2001 – IV R 49/99, BStBl. II 2001, 437 = FR 2001, 910.

13 Eingeführt durch VO, BGBl. I 1972, 45 (47) (zitiert wird allein § 51 Abs. 1 EStG); zuletzt geändert durch VO, BGBl. I 2010, 1544 (1545).

§ 82i EStDV[1] beruht auf § 51 Abs. 1 Nr. 2 lit. y. Problematisch ist, dass die Ermächtigung nur v. denkmalgeschützten „Gebäuden" spricht, die VO in S. 4 aber auch Gebäude einbezieht, die zwar für sich allein kein Baudenkmal sind, jedoch als Teil einer erhaltenswerten „Gebäudegruppe" geschützt werden sollen. Da die Ermächtigung nach ihrem Sinn und Zweck wohl auch solche Fälle meint, scheint eine weite Auslegung vertretbar, die VO mithin v. ihrer Ermächtigung gedeckt. 91

Die Schlussvorschriften des **§ 84 EStDV**[2] teilen jeweils die Rechtsgrundlage der betroffenen Verordnungsbestimmungen. 92

III. Lohnsteuer-Durchführungsverordnung (LStDV). § 1 LStDV[3] ist die älteste estrechtl. Verordnungsbestimmung. Sie wurde 1949 nach Inkrafttreten des GG, aber noch vor § 51[4] auf der Grundlage v. näher bezeichnetem Übergangsrecht geschaffen. Heute kann sie jedoch als v. § 51 aufgenommen betrachtet werden. Ihre Begriffsbestimmungen zu §§ 19, 38 ff. werden dem § 51 Abs. 1 Nr. 1 lit. d Alt. 3 gerecht. 93

§ 2 LStDV[5] liefert ebenfalls untergesetzliche Definitionen zu §§ 19, 38 ff. und kann auf § 51 Abs. 1 Nr. 1 lit. d Alt. 3 zurückgeführt werden. Fraglich ist jedoch, ob das Zitiergebot bei der Neufassung v. § 2 LStDV durch die Änderungsverordnung v. 10.10.1989[6] beachtet wurde. Die Vorschrift benannte § 51 Abs. 1 Nr. 3 iVm. § 3 Nr. 52, § 19a Abs. 9 sowie § 41 Abs. 1. Alle drei Ermächtigungen können diese Verordnungsbestimmung nicht rechtfertigen. Sie ist mithin nichtig. 94

§ 4 LStDV,[7] der die Aufzeichnungspflichten des § 41 konkretisiert, beruht auf der Spezialermächtigung in § 41 Abs. 1 S. 7, die den allgemeineren § 51 Abs. 1 Nr. 1 lit. d Alt. 3 verdrängt. 95

§ 5 LStDV[8] legt dem ArbG im Rahmen einer betrieblichen Altersversorgung näher bestimmte Aufzeichnungs- und Mitwirkungspflichten auf. Als Ermächtigungsgrundlage sind § 41 Abs. 1 oder § 51 Abs. 1 Nr. 1 lit. d Alt. 3 denkbar. Da sich aber die Ermächtigungsgrundlage der VO nicht eindeutig entnehmen lässt, verstößt die Norm gegen das Zitiergebot aus Art. 80 Abs. 1 S. 3 GG. 96

§§ 6 und **7 LStDV** wurden aufgehoben.[9] 97

Die Anwendungsregel des **§ 8 LStDV**[10] teilt die jeweiligen Rechtsgrundlagen der einzelnen Verordnungsbestimmungen. 98

IV. Steuerhinterziehungsbekämpfungsverordnung (SteuerHBekV).[11] **§ 1 SteuerHBekV beruht auf § 51 Abs. 1 Nr. 1 lit. f.** Inhaltlich lässt sich die Vorschrift nach ihrem Wortlaut dem Doppelbuchstaben aa zuordnen. In Abs. 1 macht sie in Fällen mit Auslandsbezug die Abziehbarkeit bestimmter Aufwendungen des StPfl. als BA oder WK in Übereinstimmung mit § 51 Abs. 1 Nr. 1 lit. f v. besonderen Mitwirkungs- und Aufzeichnungspflichten abhängig, soweit kein Fall des § 51 Abs. 1 Nr. 1 lit. f S. 2[12] vorliegt. Diese Mitwirkungs- und Aufzeichnungspflichten werden im Folgenden in den Abs. 2–5 ausf. konkretisiert. Die dort niedergelegten weitgehenden Eingriffe in den grundrechtserheblichen Bereich des StPfl. könnten an sich nicht ohne Verstoß gegen das Wesentlichkeitsprinzip in einer VO geregelt werden. Allerdings geben die Abs. 2–5 in weiten Teilen nur den Inhalt des ermächtigenden § 51 Abs. 1 Nr. 1 lit. f aa) wieder. Damit stellt sich die Frage, ob die „wesentlichen" Regelungen bereits im Parlamentsgesetz getroffen sind, wenn sich Eingriffsermächtigungen in Verordnungsermächtigungen verbergen. Die Vorschrift kann somit im Hinblick auf Art. 80 Abs. 1 S. 2 GG (noch) als verfassungsgemäß angesehen werden, bleibt aber grund- 99

---

1 Eingefügt durch VO, BGBl. I 1978, 1027 (1029); § 51 Abs. 1 Nr. 2 lit. y EStG wurde zitiert; geändert durch VO, BGBl. I 2010, 1544 (1545).
2 § 84 EStDV ist regelmäßig gleichzeitig mit den entspr. VO-Bestimmungen gesetzlich oder im Verordnungswege geändert worden. Inwiefern das im zweiten Fall einschlägige Zitiergebot gewahrt wurde, ist im Einklang mit den jeweiligen Änderungen zu beurteilen.
3 § 1 LStDV eingeführt durch VO v. 16.6.1949, WiGBl. 1949, 157; geändert durch VO, BGBl. I 1974, 3462 (Abs. 1 aF gestrichen).
4 BGBl. I 1951, 411 (414 f.).
5 Neu gefasst durch VO, BGBl. I 1989, 1845 f.; geringfügig geändert durch G, BGBl. I 1999, 2601 (2609).
6 BGBl. I 1989, 1845 f.
7 Neu gefasst durch VO, BGBl. I 1989, 1845 (1846) (die Rechtsgrundlage wurde zitiert); zuletzt geändert durch G, BGBl. I 2017, 3214.
8 § 5 LStDV eingefügt durch das JStG 2007 v. 13.12.2006, BGBl. I 2006, 2878; geändert durch G, BGBl. I 2017, 3214.
9 StÄndG 2001 v. 20.12.2001, BStBl. I 2001, 3794 (3801).
10 Neu gefasst durch G, BGBl. I 1999, 402 (483); BGBl. I 2000, 1790 (1796); BGBl. I 2001, 3794 (3801); zuletzt geändert durch G, BGBl. I 2016, 1679 (1703).
11 VO v. 18.9.2009, BGBl. I 2009, 3046.
12 Bislang gelten alle Staaten oder Gebiete als kooperativ iSv. § 51 Abs. 1 Nr. 1 lit. f S. 2, BMF v. 5.1.2010, BStBl. I 2010, 19.

rechtl. problematisch. Die Verschärfung materieller Normen in Abhängigkeit von der Mitwirkungsbereitschaft des StPfl. setzt die Erfüllbarkeit und Zumutbarkeit der Kooperationspflichten, grds. auch eine grundrechtsbezogene gesetzliche Ermächtigungsgrundlage voraus.

100 **§ 2 SteuerHBekV** beruht auf § 51 Abs. 1 Nr. 1 lit. f bb). Die VO nennt in ihrer Überschrift zwar lediglich § 51 Abs. 1 Nr. 1 lit. f als Ermächtigungsgrundlage, jedoch kann die Vorschrift eindeutig dem Doppelbuchstaben bb zugeordnet werden, so dass Art. 80 Abs. 1 S. 3 GG gewahrt ist. Inhaltlich entspricht die Norm weitgehend dem ermächtigenden § 51 Abs. 1 Nr. 1 lit. f bb) sowie S. 2. Demnach wird einer ausländ. Ges. nur dann die völlige oder teilw. Kapitalertragsteuerentlastung nach § 50d Abs. 1 und 2 oder § 44a Abs. 9 gewährt, wenn sie die Namen und die Ansässigkeit der an ihr unmittelbar oder mittelbar zu mehr als 10 % beteiligten nat. Pers. offen legt und auf Verlangen der Finanzbehörde eine Bestätigung nach § 50d Abs. 4 beigebracht wird.

101 **§ 3 SteuerHBekV** gibt im Wesentlichen den Inhalt des § 51 Abs. 1 Nr. 1 lit. f cc) wieder. Zwar wird auch insoweit lediglich § 51 Abs. 1 Nr. 1 lit. f als Ermächtigungsgrundlage genannt, jedoch ist die Zuordnung zu Doppelbuchstabe cc ersichtlich. Demnach können dem StPfl. die Vorteile der Abgeltungsteuer nach § 2 Abs. 5b S. 1, § 32d Abs. 1 und § 43 Abs. 5 sowie des Teileinkünfteverfahrens nach § 3 Nr. 40 S. 1 und 2 versagt werden, wenn er die Finanzbehörde nicht bevollmächtigt, in seinem Namen Auskunftsansprüche gegenüber bestimmten Kreditinstituten außergerichtlich und gerichtlich geltend zu machen. Dies gilt nicht, soweit ein Fall des § 51 Abs. 1 Nr. 1 lit. f S. 2 vorliegt.

102 **§ 4 SteuerHBekV** versagt einer Körperschaft die Steuerbefreiung nach § 8b Abs. 1 S. 1 und Abs. 2 S. 1 KStG, wenn sie den Mitwirkungs- und Aufzeichnungspflichten aus § 1 Abs. 2 oder Abs. 5 SteuerHBekV nicht nachkommt. Diese Vorschrift beruht nicht auf § 51 Abs. 1 Nr. 1 lit. f, sondern auf der Ermächtigung des § 33 Abs. 1 Nr. 2 lit. e KStG, die in der VO auch zitiert wird.

103 **§ 5 SteuerHBekV** regelt die erstmalige Anwendung bestimmter Vorschriften der AO und beruht ebenfalls nicht auf § 51 Abs. 1 Nr. 1 lit. f, sondern auf Art. 97 § 22 Abs. 2 EGAO. Das Zitiergebot ist ebenfalls gewahrt.

104 Die §§ 1, 3 und 4 SteuerHBekV sind gem. § 6 SteuerHBekV erstmals ab dem VZ 2010 anzuwenden, im Falle eines vom Kj. abw. Wj. ab dem 1.1.2010. § 2 SteuerHBekV ist erstmals auf Gewinnausschüttungen anzuwenden, die nach dem 31.12.2009 gezahlt oder gutgeschrieben werden (§ 6 S. 3 SteuerHBekV).

§ 51a Festsetzung und Erhebung von Zuschlagsteuern

(1) Auf die Festsetzung und Erhebung von Steuern, die nach der Einkommensteuer bemessen werden (Zuschlagsteuern), sind die Vorschriften dieses Gesetzes entsprechend anzuwenden.

(2) [1]Bemessungsgrundlage ist die Einkommensteuer, die abweichend von § 2 Absatz 6 unter Berücksichtigung von Freibeträgen nach § 32 Absatz 6 in allen Fällen des § 32 festzusetzen wäre. [2]Zur Ermittlung der Einkommensteuer im Sinne des Satzes 1 ist das zu versteuernde Einkommen um die nach § 3 Nummer 40 steuerfreien Beträge zu erhöhen und um die nach § 3c Absatz 2 nicht abziehbaren Beträge zu mindern. [3]§ 35 ist bei der Ermittlung der festzusetzenden Einkommensteuer nach Satz 1 nicht anzuwenden.

(2a)[1] [1]Vorbehaltlich des § 40a Absatz 2 ist beim Steuerabzug vom Arbeitslohn Bemessungsgrundlage die Lohnsteuer; beim Steuerabzug vom laufenden Arbeitslohn und beim Jahresausgleich ist die Lohnsteuer maßgebend, die sich ergibt, wenn der nach § 39b Absatz 2 Satz 5 zu versteuernde Jahresbetrag für die Steuerklassen I, II und III um den Kinderfreibetrag von 4980 Euro sowie den Freibetrag für den Betreuungs- und Erziehungs- oder Ausbildungsbedarf von 2640 Euro und für die Steuerklasse IV um den Kinderfreibetrag von 2490 Euro sowie den Freibetrag für den Betreuungs- und Erziehungs- oder Ausbildungsbedarf von 1320 Euro für jedes Kind vermindert wird, für das eine Kürzung der Freibeträge für Kinder nach § 32 Absatz 6 Satz 4 nicht in Betracht kommt. [2]Bei der Anwendung des § 39b für die Ermittlung der Zuschlagsteuern ist die als Lohnsteuerabzugsmerkmal gebildete Zahl der Kinderfreibeträge maßgebend. [3]Bei Anwendung des § 39f ist beim Steuerabzug vom laufenden Arbeitslohn die Lohnsteuer maßgebend, die sich bei Anwendung des nach § 39f Absatz 1 ermittelten Faktors auf den nach den Sätzen 1 und 2 ermittelten Betrag ergibt.

1 In 51a Abs. 2a Satz 1 wurde mWv. 1.1.2019 die Angabe „4788 Euro" durch die Angabe „4980 Euro" und die Angabe „2394 Euro" durch die Angabe „2490 Euro" ersetzt (FamEntlastG v. 29.11.2018, BGBl. I 2018, 2210).

(2b) Wird die Einkommensteuer nach § 43 Absatz 1 durch Abzug vom Kapitalertrag (Kapitalertragsteuer) erhoben, wird die darauf entfallende Kirchensteuer nach dem Kirchensteuersatz der Religionsgemeinschaft, der der Kirchensteuerpflichtige angehört, als Zuschlag zur Kapitalertragsteuer erhoben.

(2c) [1]Der zur Vornahme des Steuerabzugs vom Kapitalertrag Verpflichtete (Kirchensteuerabzugsverpflichteter) hat die auf die Kapitalertragsteuer nach Absatz 2b entfallende Kirchensteuer nach folgenden Maßgaben einzubehalten:

1. Das Bundeszentralamt für Steuern speichert unabhängig von und zusätzlich zu den in § 139b Absatz 3 der Abgabenordnung genannten und nach § 39e gespeicherten Daten des Steuerpflichtigen den Kirchensteuersatz der steuererhebenden Religionsgemeinschaft des Kirchensteuerpflichtigen sowie die ortsbezogenen Daten, mit deren Hilfe der Kirchensteuerpflichtige seiner Religionsgemeinschaft zugeordnet werden kann. [2]Die Daten werden als automatisiert abrufbares Merkmal für den Kirchensteuerabzug bereitgestellt;
2. sofern dem Kirchensteuerabzugsverpflichteten die Identifikationsnummer des Schuldners der Kapitalertragsteuer nicht bereits bekannt ist, kann er sie beim Bundeszentralamt für Steuern anfragen. [2]In der Anfrage dürfen nur die in § 139b Absatz 3 der Abgabenordnung genannten Daten des Schuldners der Kapitalertragsteuer angegeben werden, soweit sie dem Kirchensteuerabzugsverpflichteten bekannt sind. [3]Die Anfrage hat nach amtlich vorgeschriebenem Datensatz durch Datenfernübertragung zu erfolgen. [4]Das Bundeszentralamt für Steuern teilt dem Kirchensteuerabzugsverpflichteten die Identifikationsnummer mit, sofern die übermittelten Daten mit den nach § 139b Absatz 3 der Abgabenordnung beim Bundeszentralamt für Steuern gespeicherten Daten übereinstimmen;
3. der Kirchensteuerabzugsverpflichtete hat unter Angabe der Identifikationsnummer und des Geburtsdatums des Schuldners der Kapitalertragsteuer einmal jährlich im Zeitraum vom 1. September bis 31. Oktober beim Bundeszentralamt für Steuern anzufragen, ob der Schuldner der Kapitalertragsteuer am 31. August des betreffenden Jahres (Stichtag) kirchensteuerpflichtig ist (Regelabfrage). [2]Für Kapitalerträge im Sinne des § 43 Absatz 1 Nummer 4 aus Versicherungsverträgen hat der Kirchensteuerabzugsverpflichtete eine auf den Zuflusszeitpunkt der Kapitalerträge bezogene Abfrage (Anlassabfrage) an das Bundeszentralamt für Steuern zu richten. [3]Im Übrigen kann der Kirchensteuerabzugsverpflichtete eine Anlassabfrage bei Begründung einer Geschäftsbeziehung oder auf Veranlassung des Kunden an das Bundeszentralamt für Steuern richten. [4]Auf die Anfrage hin teilt das Bundeszentralamt für Steuern dem Kirchensteuerabzugsverpflichteten die rechtliche Zugehörigkeit zu einer steuererhebenden Religionsgemeinschaft und den für die Religionsgemeinschaft geltenden Kirchensteuersatz zum Zeitpunkt der Anfrage als automatisiert abrufbares Merkmal nach Nummer 1 mit. [5]Während der Dauer der rechtlichen Verbindung ist der Schuldner der Kapitalertragsteuer zumindest einmal vom Kirchensteuerabzugsverpflichteten auf die Datenabfrage sowie das gegenüber dem Bundeszentralamt für Steuern bestehende Widerspruchsrecht, das sich auf die Übermittlung von Daten zur Religionszugehörigkeit bezieht (Absatz 2e Satz 1), schriftlich oder in geeigneter Form hinzuweisen. [6]Anträge auf das Setzen der Sperrvermerke, die im aktuellen Kalenderjahr für eine Regelabfrage berücksichtigt werden sollen, müssen bis zum 30. Juni beim Bundeszentralamt für Steuern eingegangen sein. [7]Alle übrigen Sperrvermerke können nur berücksichtigt werden, wenn sie spätestens zwei Monate vor der Abfrage des Kirchensteuerabzugsverpflichteten eingegangen sind. [8]Dies gilt für den Widerruf entsprechend. [9]Der Hinweis nach Satz 5 hat rechtzeitig vor der Regel- oder Anlassabfrage zu erfolgen. [10]Gehört der Schuldner der Kapitalertragsteuer keiner steuererhebenden Religionsgemeinschaft an oder hat er dem Abruf von Daten zur Religionszugehörigkeit widersprochen (Sperrvermerk), so teilt das Bundeszentralamt für Steuern dem Kirchensteuerabzugsverpflichteten zur Religionszugehörigkeit einen neutralen Wert (Nullwert) mit. [11]Der Kirchensteuerabzugsverpflichtete hat die vorhandenen Daten zur Religionszugehörigkeit unverzüglich zu löschen, wenn ein Nullwert übermittelt wurde;
4. im Falle einer am Stichtag oder im Zuflusszeitpunkt bestehenden Kirchensteuerpflicht hat der Kirchensteuerabzugsverpflichtete den Kirchensteuerabzug für die steuererhebende Religionsgemeinschaft durchzuführen und den Kirchensteuerbetrag an das für ihn zuständige Finanzamt abzuführen. [2]§ 45a Absatz 1 gilt entsprechend; in der Steueranmeldung sind die nach Satz 1 einbehaltenen Kirchensteuerbeträge für jede steuererhebende Religionsgemeinschaft jeweils als Summe anzumelden. [3]Die auf Grund der Regelabfrage vom Bundeszentralamt für Steuern bestätigte Kirchensteuerpflicht hat der Kirchensteuerabzugsverpflichtete dem Kirchensteuerabzug

des auf den Stichtag folgenden Kalenderjahres zu Grunde zu legen. [4]Das Ergebnis einer Anlassabfrage wirkt anlassbezogen.

[2]Die Daten gemäß Nummer 3 sind nach amtlich vorgeschriebenem Datensatz durch Datenfernübertragung zu übermitteln. [3]Die Verbindung der Anfrage nach Nummer 2 mit der Anfrage nach Nummer 3 zu einer Anfrage ist zulässig. [4]Auf Antrag kann das Bundeszentralamt für Steuern zur Vermeidung unbilliger Härten auf eine elektronische Übermittlung verzichten. [5]§ 44 Absatz 5 ist mit der Maßgabe anzuwenden, dass der Haftungsbescheid von dem für den Kirchensteuerabzugsverpflichteten zuständigen Finanzamt erlassen wird. [6]§ 45a Absatz 2 ist mit der Maßgabe anzuwenden, dass die steuererhebende Religionsgemeinschaft angegeben wird. [7]Sind an den Kapitalerträgen ausschließlich Ehegatten beteiligt, wird der Anteil an der Kapitalertragsteuer hälftig ermittelt. [8]Der Kirchensteuerabzugsverpflichtete darf die von ihm für die Durchführung des Kirchensteuerabzugs erhobenen Daten ausschließlich für diesen Zweck verwenden. [9]Er hat organisatorisch dafür Sorge zu tragen, dass ein Zugriff auf diese Daten für andere Zwecke gesperrt ist. [10]Für andere Zwecke dürfen der Kirchensteuerabzugsverpflichtete und die beteiligte Finanzbehörde die Daten nur verwenden, soweit der Kirchensteuerpflichtige zustimmt oder dies gesetzlich zugelassen ist.

(2d) [1]Wird die nach Absatz 2b zu erhebende Kirchensteuer nicht nach Absatz 2c als Kirchensteuerabzug vom Kirchensteuerabzugsverpflichteten einbehalten, wird sie nach Ablauf des Kalenderjahres nach dem Kapitalertragsteuerbetrag veranlagt, der sich ergibt, wenn die Steuer auf Kapitalerträge nach § 32d Absatz 1 Satz 4 und 5 errechnet wird; wenn Kirchensteuer als Kirchensteuerabzug nach Absatz 2c erhoben wurde, wird eine Veranlagung auf Antrag des Steuerpflichtigen durchgeführt. [2]Der Abzugsverpflichtete hat dem Kirchensteuerpflichtigen auf dessen Verlangen hin eine Bescheinigung über die einbehaltene Kapitalertragsteuer zu erteilen. [3]Der Kirchensteuerpflichtige hat die erhobene Kapitalertragsteuer zu erklären und die Bescheinigung nach Satz 2 oder nach § 45a Absatz 2 oder 3 vorzulegen.

(2e) [1]Der Schuldner der Kapitalertragsteuer kann unter Angabe seiner Identifikationsnummer nach amtlich vorgeschriebenem Vordruck schriftlich beim Bundeszentralamt für Steuern beantragen, dass der automatisierte Datenabruf seiner rechtlichen Zugehörigkeit zu einer steuererhebenden Religionsgemeinschaft bis auf schriftlichen Widerruf unterbleibt (Sperrvermerk). [2]Das Bundeszentralamt für Steuern kann für die Abgabe der Erklärungen nach Satz 1 ein anderes sicheres Verfahren zur Verfügung stellen. [3]Der Sperrvermerk verpflichtet den Kirchensteuerpflichtigen für jeden Veranlagungszeitraum, in dem Kapitalertragsteuer einbehalten worden ist, zur Abgabe einer Steuererklärung zum Zwecke der Veranlagung nach Absatz 2d Satz 1. [4]Das Bundeszentralamt für Steuern übermittelt für jeden Veranlagungszeitraum, in dem der Sperrvermerk abgerufen worden ist, an das Wohnsitzfinanzamt Name und Anschrift des Kirchensteuerabzugsverpflichteten, an den im Fall des Absatzes 2c Nummer 3 auf Grund des Sperrvermerks ein Nullwert im Sinne des Absatzes 2c Satz 1 Nummer 3 Satz 6 mitgeteilt worden ist. [5]Das Wohnsitzfinanzamt fordert den Kirchensteuerpflichtigen zur Abgabe einer Steuererklärung nach § 149 Absatz 1 Satz 1 und 2 der Abgabenordnung auf.

(3) Ist die Einkommensteuer für Einkünfte, die dem Steuerabzug unterliegen, durch den Steuerabzug abgegolten oder werden solche Einkünfte bei der Veranlagung zur Einkommensteuer oder beim Lohnsteuer-Jahresausgleich nicht erfasst, gilt dies für die Zuschlagsteuer entsprechend.

(4) [1]Die Vorauszahlungen auf Zuschlagsteuern sind gleichzeitig mit den festgesetzten Vorauszahlungen auf die Einkommensteuer zu entrichten; § 37 Absatz 5 ist nicht anzuwenden. [2]Solange ein Bescheid über die Vorauszahlungen auf Zuschlagsteuern nicht erteilt worden ist, sind die Vorauszahlungen ohne besondere Aufforderung nach Maßgabe der für die Zuschlagsteuern geltenden Vorschriften zu entrichten. [3]§ 240 Absatz 1 Satz 3 der Abgabenordnung ist insoweit nicht anzuwenden; § 254 Absatz 2 der Abgabenordnung gilt insoweit sinngemäß.

(5) [1]Mit einem Rechtsbehelf gegen die Zuschlagsteuer kann weder die Bemessungsgrundlage noch die Höhe des zu versteuernden Einkommens angegriffen werden. [2]Wird die Bemessungsgrundlage geändert, ändert sich die Zuschlagsteuer entsprechend.

(6) Die Absätze 1 bis 5 gelten für die Kirchensteuern nach Maßgabe landesrechtlicher Vorschriften.

Literatur: *Anemüller*, Grundzüge der Erhebung von Kirchensteuer auf Kapitalerträge, EStB 2017, 368; *Axer*, Die Kirchensteuer als gemeinsame Angelegenheit von Staat und Kirche, FS Rüfner, 2003, 13; *Birk/Ehlers*, Aktuelle Rechtsfragen der Kirchensteuer, 2012; *Demel*, Handbuch Kirchenrecht, 2. Aufl. 2013, 365; *Hammer*, Zur Kirchlichkeit der Kirchensteuer, StuW 2009, 120; *Kämper*, Kirchensteuer, FS für P. Kirchhof, 2013, § 192; *F. Kirchhof*, Grundlagen und Legitimation der deutschen Kirchenfinanzierung, Essener Gespräche 47 (2013), 7; *Müller-Franken*, Die öffentliche Finanzierung der Religionsgemeinschaften in Deutschland – unter besonderer Berücksichtigung der Staatsleistungen, in: Uhle (Hrsg.), Kirchenfinanzen in der Diskussion, 2017, 43; *Petersen*, Die mitgliedschaftliche Finanzierung der kirchlichen Arbeit in Deutschland durch die Kirchensteuer, in: Uhle (Hrsg.), Kirchenfinanzen in der Diskussion, 2017, 81.

A. Grundaussagen der Vorschrift

Zu Beginn des 20. Jahrhunderts, vor Beginn des Ersten Weltkriegs, wurde in allen Bereichen des Deutschen Reiches die KiSt erhoben.[1] Seitdem – mit der Weimarer Reichsverfassung auf verfassungsrechtlicher Grundlage – bildet die KiSt in Deutschland gegenwärtig die Hauptquelle für die Finanzierung des kirchlichen Bedarfs. Die KiSt lehnt sich eng an die ESt an, macht sich insbes. die vom EStG entwickelte Gerechtigkeitsvorstellung einer Besteuerung nach individueller finanzieller Leistungsfähigkeit zu eigen. § 51a modifiziert die ESt als Bemessungsgrundlage für die KiSt. Die Vorschrift gilt für alle Zuschlagsteuern, die Zusatzlasten an die ESt anknüpfen (Rn. 5), hat deshalb für die ESt selbst keine Bedeutung. **Zuschlagsteuern** (Ergänzungsabgaben, Annexsteuern) sind Steuern, die nach der Einkommensteuer bemessen werden (Abs. 1). Sie werden in Form v. Hundertsätzen des geschuldeten Betrages der ESt (Maßstabsteuer) berechnet. Eine solche Zuschlagsteuer ist grundsätzlich (Rn. 2) der SolZ, der eine Ergänzungsabgabe iSd. Art. 106 Abs. 1 Nr. 6 GG darstellt.[2] Dessen Ertrag steht ausschließlich dem Bund zu, während das Aufkommen aus der ESt – nach Abzug des Gemeindeanteils (Art. 106 Abs. 5 GG) – nur hälftig dem Bund zufließt (Art. 106 Abs. 3 S. 2 GG). Die unterschiedlichen Ertragshoheiten erlauben nur die Erhebung einer Ergänzungsabgabe, die das finanzielle Ausgleichssystem nicht zulasten der Länder ändert und in ihrer Ausgestaltung – insbes. in ihrer Höhe und Geltungsdauer – nicht die ESt und KSt aushöhlt.[3] Die Gesetzgebungszuständigkeit des Bundes für den SolZ ergibt sich aus Art. 105 Abs. 2 GG. Der früher erhobene Stabilitätszuschlag[4] war ein unselbständiger Zuschlag zur ESt, war Teil des EStG. 1

§ 51a gilt unmittelbar **nur für Zuschlagsteuern des Bundes**. Das SolZG[5] regelt den SolZ allerdings eigenständig und abschließend.[6] Nach § 31 KStG sind § 51a Abs. 1, 4 und 5 auf Zuschlagsteuern zur KSt entsprechend anzuwenden. Derartige Zuschlagsteuern gibt es derzeit nicht. Deshalb findet § 51a nur noch mittelbar – das stellt Abs. 6 klar – bei der KiSt Anwendung. § 51a ist zum Korrekturmaßstab für die KiSt geworden. Die KiStG der Länder verweisen (dynamisch)[7] auf die **Mustervorschrift** des § 51a und verschaffen dieser damit mittelbar Geltung.[8] Allerdings regeln die Abs. 2c und 2e organisatorisch-technische Aufgaben des BZSt. Zwar hat der Bundesgesetzgeber keine Kompetenz für die KiSt (Art. 140 GG iVm. Art. 137 Abs. 6 WRV). Die Landes-KiStG bestimmen aber, dass die festgesetzte ESt und die Jahres-LSt für die Erhebung der KiSt um bestimmte Abzugsbeträge zu kürzen und besondere Erhebungsverfahren nach Maßgabe des § 51a zu beachten sind.[9] Diese landesrechtliche Anknüpfung an das EStG rechtfertigt im Rahmen eines gleichheitsgerechten Vollzugs einer Annexsteuer auch eine Kompetenz einer Bundesfinanzbehörde als Oberbehörde.[10] Staat und Kirche wirken so beim Entstehen des KiStRechts zusammen. Die Befugnis, KiSt zu erheben, ist ein vom Staat abgeleitetes Hoheitsrecht, bei dessen Ausübung die Kirchen verfassungsrechtlich gebunden sind.[11] Die dynamische Verweisung auf § 51a nimmt einen bundesrechtlichen Regelungsvorschlag als „unbefragte Vorgabe"[12] auf. Die gezahlte KiSt kann nach § 10 Abs. 1 Nr. 4 als SA abgezogen werden, soweit nicht die KiSt als Zuschlag zur KapESt oder als Zuschlag zur nach dem gesonderten Tarif des § 32d Abs. 1 ermittelten ESt gezahlt wurde (§ 10 Rn. 38).[13] Gleiches gilt für Beiträge von Mitgliedern einer Religionsgemeinschaft, die in mindestens einem Land als Körperschaft des öffentl. Rechts anerkannt ist, jedoch keine KiSt erhebt,[14] sowie für KiSt, die der StPfl. an Religionsgemeinschaften 2

---

1 *Haering* in Uhle, Kirchenfinanzen in der Diskussion, 2017, 19 ff.
2 Vgl. BFH v. 28.6.2006 – VII B 324/05, BStBl. II 2006, 692 = FR 2006, 888; BVerfG v. 11.2.2008 – 2 BvR 1708/06, nv.
3 BVerfG v. 9.2.1972 – 1 BvL 16/69, BVerfGE 32, 333 (338).
4 BVerfG v. 2.10.1973 – 1 BvR 345/73, BStBl. II 1973, 878.
5 SolZG v. 23.6.1993, BGBl. I 1993, 944 idF v. 15.10.2002 (BGBl. I 2002, 4130), zuletzt geändert durch G v. 16.7.2015, BGBl. I 2015, 1202.
6 Bericht der BReg., BT-Drucks. 17/2865, 5.
7 *P. Kirchhof*, DStZ 1986, 25 (26); *K/S/M*, § 51a Rn. G 5.
8 S. allg. dazu *Drüen/Rüping*, StuW 2004, 178; *Nabialek/Winzer*, BB 2004, 1305; *Marré/Jurina*, Die Kirchenfinanzierung in Kirche und Staat der Gegenwart, 2006, 62 ff.
9 *K/S/M*, § 51a Rn. A 36 ff.
10 Vgl. *K/S/M*, § 51a Rn. A 149, G 5, G 7.
11 BVerfG v. 31.3.1971 – 1 BvR 744/67, BVerfGE 30, 415 (422).
12 *F. Kirchhof*, FS Martin Heckel, 1999, S. 373 (375).
13 Vgl. FG Düss. v. 16.11.2016 – 15 K 1640/16 E, EFG 2017, 212 zur Abziehbarkeit als SA im Fall der Anwendung des persönlichen Steuertarifs wg. der Umqualifizierung in gewerbliche Einkünfte.
14 R 10.7 Abs. 1 EStR.

leistet, die in einem anderen EU-/EWR-Staat ansässig sind und im Inland als Körperschaft des öffentl. Rechts anzuerkennen wären.[1]

Mit UntStRefG 2008[2] sind **Abs. 2a–2d** eingefügt worden. Damit wurde sichergestellt, dass auch bei Einkünften aus KapVerm. iRd. Abgeltungsteuer die KiSt als Zuschlag zur KapESt erhoben werden kann.

B. Rechtfertigungsgrund der Kirchensteuer

3 Den Kirchen kommt die Aufgabe zu, die Frage nach Ursprung und Ziel menschlichen Lebens und der Welt zu beantworten, Ethos und Moral gerade in einer freiheitlichen Ges. zu festigen, soziale Dienste zu leisten und die kirchliche Lehre dort anzubieten, wo der weltanschaulich neutrale Staat sich jeder Äußerung zu enthalten hat. Damit sie diese Aufgaben erfüllen können, sind sie auf eine berechenbare, stetige Finanzierung angewiesen. Die verfassungsrechtl. Garantie der Unabhängigkeit der Kirchen (Art. 137 Abs. 1–3 WRV iVm. Art. 140 GG) erwartet auch eine finanzielle Unabhängigkeit. Deshalb sichert Art. 137 Abs. 6 WRV iVm. Art. 140 GG ein Steuererhebungsrecht der Religionsgesellschaften. Die KiSt gewährleistet eine gleichheitsgerechte, nach der jeweiligen finanziellen Leistungsfähigkeit angemessene und kostenökonomische Finanzausstattung der erhebungsberechtigten Kirchen.[3] Sie löst die Kirchen aus der Abhängigkeit v. Spenden, wird insoweit der inneren Unbefangenheit der Kirchen eher gerecht als das Spenden- und Kollektensystem. Sie wahrt auch die Neutralität des Staates. Diese wäre jedenfalls unter den Bedingungen deutscher Verfassungswirklichkeit gefährdet, wenn jeder EStPfl. eine **Kultursteuer** zu zahlen hätte, dabei aber bestimmen könnte, ob der Ertrag der Kirche oder dem Staat zusteht, beide Steuergläubiger dadurch in einen Ertragswettbewerb gerieten.[4]

4 Kistpfl. sind grds. nur die Mitglieder[5] der erhebenden Kirchen.[6] Daher ist die KiSt nicht als Steuer iSv. Art. 105 ff. GG, sondern als **öffentl.-rechtl. Mitgliedsbeitrag** zu qualifizieren.[7] Die KiSt wird von den Kirchenmitgliedern, nicht vom Staat gezahlt. Der Staat zieht die Steuer für die Kirchen zwar ein, lässt sich diese Hilfeleistung von diesen jedoch vergüten, und zwar iHv. rd. 3 % des Gesamtaufkommens – eine Summe, die die entstandenen Kosten regelmäßig übersteigt.[8] Da die Kirchen ihre Aufgaben nicht nur im kirchlichen Bereich und nicht ausschließlich ggü. ihren Mitgliedern, sondern gemeinwohlorientiert erfüllen (zB in der Unterhaltung v. Kindergärten, Krankenhäusern, sozialen Diensten) und die Wirkungen daher allen an der Ges. Beteiligten zukommen, ist auch eine **Ausdehnung der KiSt-Pflicht auf jur. Pers.** in Rechtsordnungen anderer Staaten geläufig. Der EGMR hat die Beschwerden zweier Gesellschaften mit beschränkter Haftung gegen die v. ihren jeweiligen Heimatstaaten – Schweiz und Finnland – erhobene KiSt zurückgewiesen.[9] In Deutschland entschied das BVerfG im Jahre 1965, eine Heranziehung jur. Pers. zur Kirchen(bau)steuer verletze diese in ihrem Grundrecht aus Art. 2 Abs. 1 GG.[10] Allerdings sollte Art. 137 Abs. 6 WRV weiterhin eine Besteuerung der juristischen Personen ermöglichen.[11] Anerkannt ist, dass der ArbG unabhängig v. seiner Religionszugehörigkeit die Kirchenlohnsteuer einbehalten und abführen, diese staatlich geforderte Verwaltungsleistung erbringen muss.[12] Gleiches gilt nunmehr für die Steuererhebung durch Kreditinstitute. Bei pauschalierter Erhebung der LSt hat der ArbG die Wahl, entweder nach einem länderbezogenen Schlüssel eine ermäßigte Steuer auf die evangelische oder katholische Kirche aufzuteilen oder den Nachweis zu führen, welche ArbN nicht Mitglied einer Kirche sind.[13] Die KiSt wird an das FA, nicht unmittelbar an die erhebungsberechtigte Kirche abgeführt.

---

1 H 10.7 EStH 2017.

2 G v. 14.8.2007, BGBl. I 2007, 1912; Folgeänderung durch das WachstumsbeschleunigungsG v. 22.12.2009, BGBl. I 2009, 3950 (Anpassung des Abs. 2a an die erhöhten kindbedingten Freibeträge).

3 BVerfG v. 19.12.2000 – 2 BvR 1500/97, BVerfGE 102, 370 f. – Zeugen Jehovas.

4 Zur Entwicklung der KiSt.-Systeme vgl. *Marré/Jurina*, Die Kirchenfinanzierung in Kirche und Staat der Gegenwart, 2006, 13 ff.; *Hammer*, in: Birk/Ehlers, Aktuelle Rechtsfragen der Kirchensteuer, S. 65; für Hinweise auf krit. Stimmen s. *Kämper* in FS P. Kirchhof, § 192 Rn. 1, 19 f.; für Alternativen zur KiSt. s. *Demel*, Handbuch Kirchenrecht, 372; *Uhle*, in: Müller/Rees/Krutzler, Vermögen der Kirche, 2015, 89 ff.

5 Zu glaubensverschiedenen Ehen vgl. OVG Lüneburg v. 23.8.2018 – 9 LA I 120/17; zum modifizierten Kirchenaustritt *Kämper* in FS P. Kirchhof, § 192 Rn. 7 ff.

6 *Kämper* in FS P. Kirchhof, § 192 Rn. 5 f.; zur Pflicht, die Behörde für die Erhebung der KiSt. über die Religionszugehörigkeit zu informieren, EGMR v. 17.2.2011 – B 12884/03.

7 *F. Kirchhof* in Essener Gespräche 47 (2013), 7 (23 ff.).

8 *Müller-Franken* in Uhle, Kirchenfinanzen in der Diskussion, 2017, 41 (59); *Petersen*, aaO, 81 (90 f.).

9 EuGHMR v. 27.2.1979 – Application No. 7865/77; v. 15.4.1996 – Application No. 20471/92.

10 BVerfG v. 14.12.1965 – 1 BvR 413, 416/60, BVerGE 19, 206 ff.

11 *Von Campenhausen/Unruh*, in: von Mangoldt/Klein/Starck, GG, Kommentar, Bd. 3, 6. Aufl. 2010, Art. 137 WRV, Rn. 263; *Droege*, in: Birk/Ehlers, Aktuelle Rechtsfragen der Kirchensteuer, 23 (34 f.); *Hammer*, in: Birk/Ehlers, Aktuelle Rechtsfragen der Kirchensteuer, S. 45 ff.

12 BVerfG v. 17.2.1977 – 1 BvR 33/76, BVerfGE 44, 103; **aA** *Wasmuth*, in: Birk/Ehlers, Aktuelle Rechtsfragen der Kirchensteuer, 91 ff.

13 BFH v. 7.12.1994 – I R 24/93, BStBl. II 1995, 507 = FR 1995, 348; vgl. auch OFD Ffm. v. 14.3.2018, juris Tz. 9.8.2.

Den Kirchen war es stets ein Anliegen, bei der Erhebung der KiSt **die durch den Unterhalt von Kindern bedingte Minderung der Leistungsfähigkeit** angemessen zu berücksichtigen.[1] In dem geltenden kombinierten System von Kindergeldzahlungen und Kinderfreibeträgen wird das Existenzminimum der Kinder bei Erhebung der KiSt dadurch sichergestellt, dass bei der Ermittlung der Bemessungsgrundlage stets die Kinderfreibeträge abgezogen werden, eine Gegenrechnung der Kindergeldzahlungen unterbleibt. Hier schafft § 51a Abs. 2 S. 1 für die KiSt einen vollen Familienleistungsausgleich. 4a

C. Einzelregelungen

Grds. sind auf die Festsetzung und Erhebung v. Zuschlagsteuern die Vorschriften des EStG entspr. anzuwenden **(Abs. 1)**. Diese Vorschrift spricht zwar nur von den „Vorschriften dieses Gesetzes", verweist damit aber auch auf die zur Verdeutlichung und Vervollständigung dieses Gesetzes ergangenen Rechtsverordnungen,[2] die nach Art. 80 Abs. 1 S. 2 GG dem Regelungsprogramm des EStG nähere Konturen geben. Abs. 1 hat für die KiSt nur klarstellende Bedeutung; die Landes-KiStG fordern konstitutiv die entspr. Anwendung des EStG. **Abs. 2 und 2a** stellen sicher, dass die KiSt den Kinderbedarf berücksichtigt, also an die ESt anknüpft, die sich nach Abzug v. Kinderfreibeträgen – dem Betreuungs-, Erziehungs- und Ausbildungsbedarf – ergibt. Der Kindesbedarf wird bei der KiSt auch dann berücksichtigt, wenn der StPfl. bei der ESt keine Kinderfreibeträge in Anspr. genommen hat, weil das Kindergeld nach den §§ 62ff. ihn besser stellt. Da die einheitliche Pauschsteuer nach § 40a Abs. 2 auch die Zuschlagsteuern umfasst (§ 40a Rn. 15), bedurfte es in Abs. 2a eines Vorbehalts. Im Anwendungsbereich des § 40a Abs. 2 wird keine weitere Zuschlagsteuer erhoben. 5

Durch das StSenkG[3] wurde ab dem VZ 2001 eine **pauschalierte Anrechnung der GewSt** auf die ESt-Schuld und das **Halbeinkünfteverfahren** – ab VZ 2009: **Teileinkünfteverfahren** – eingeführt, um die Gesamtsteuerlast für die nicht kstpfl. ESt-Subjekte der den Körperschaften gewährten, die GewSt kompensierenden Tarifentlastung anzugleichen und außerdem die Mehrfachbelastung ausgeschütteter Gewinne bei der Körperschaft und beim Anteilseigner aufeinander abzustimmen. Diese Kollisionsregeln für das Zusammenwirken v. GewSt und ESt sowie KSt und ESt greifen nicht für die ausschließlich an das EStG anknüpfende KiSt. Deswegen korrigiert Abs. 2 S. 2 die Bemessungsgrundlage der Maßstabsteuer. Das Teileinkünfteverfahren wirkt sich auf die Bemessungsgrundlage der KiSt nicht aus.[4] Die anteilige Steuerbefreiung des § 3 Nr. 40 rechtfertigt sich aus der Vorbelastung der betroffenen Einnahmen durch Besteuerung der KapGes.; diese Vorbelastung fehlt jedoch bei der KiSt. Deshalb ist die Korrektur durch Abs. 2 S. 2 mit dem allgemeinen Gleichheitssatz vereinbar.[5] Die gebotene (Teil-)„Neutralisierung" des Teileinkünfteverfahrens sollte einfach – typisierend – geregelt werden.[6] Eine Verrechnung der Teilhinzurechnung mit noch nicht verbrauchten Verlustvorträgen ist nicht geboten, auch wenn sich die Zuschlagsteuer dadurch v. der ESt löst.[7] Die Verluste können bei der KiSt später abgezogen werden.[8] Allerdings mag sich bei Verlusten, die periodenübergreifend endgültig sind, die Frage einer Rechtspflicht zum Billigkeitserlass stellen.[9] Die Regeln über das Teileinkünfteverfahren treten ggü. der seit dem 1.1.2009 für die meisten Einkünfte aus KapVerm. anzuwendenden Abgeltungsteuer zurück. Das Teileinkünfteverfahren gilt noch für Gewinneinkünfte (einschl. § 17). 6

Beim Steuerabzug vom Arbeitslohn ist die **Lohnsteuer** Bemessungsgrundlage der Zuschlagsteuer (Abs. 2a S. 1 HS 1). Eine Ausnahme gilt nach dem Eingangstext des Absatzes 2a S. 1 („vorbehaltlich des § 40a Abs. 2") für geringfügig Beschäftigte.[10] Lohnsteuer ist die Jahreslohnsteuer, umfasst also neben den lfd. Bezügen auch sonstige Bezüge nach § 38a Abs. 3. Wird eine Veranlagung durchgeführt, tritt die veranlagte ESt als Bemessungsgrundlage an die Stelle der LSt. Nach Abs. 2a S. 2 ist für die Bemessungsgrundlage der LSt die als Lohnsteuerabzugsmerkmal gebildete Zahl der Kinderfreibeträge maßgeblich.[11] Soweit bei Auslandskindern eine Kürzung des Kinderfreibetrags nach § 32 Abs. 6 S. 4 in Betracht kommt, bleiben sie beim Lohnsteuerabzug unberücksichtigt. Möglich ist jedoch eine Antragsveranlagung auch mit Wirkung für die Zuschlagsteuer (Abs. 2). Für den Lohnsteuerabzug bei Ehegatten[12] ist ab dem VZ 2010 das Faktor- 7

1 *Suhrbier-Hahn*, Kirchensteuerrecht 1999, 114ff.
2 *Blümich*, § 51a Rn. 40.
3 G v. 23.10.2000, BGBl. I 2000, 1433 = BStBl. I 2000, 1428.
4 Vgl. *Homburg*, FR 2008, 153ff.
5 BFH v. 1.7.2009 – I R 76/08, BStBl. II 2010, 1061 = FR 2010, 92; v. 15.9.2011 – I R 53/10, BFH/NV 2012, 23.
6 Vgl. zu den daraus resultierenden Friktionen zw. ESt und ZuschlagSt *Blümich*, § 51a Rn. 54f.
7 BFH v. 1.7.2009 – I R 76/08, BStBl. II 2010, 1061 = FR 2010, 92; v. 15.9.2011 – I R 53/10, BFH/NV 2012, 23.
8 BFH v. 1.7.2009 – I R 76/08, BStBl. II 2010, 1061 = FR 2010, 92.
9 Vgl. BFH v. 15.9.2011 – I R 53/10, BFH/NV 2012, 23 (26); *K/S/M*, § 51a Rn. C 17ff.
10 Vgl. hierzu OFD Ffm. v. 14.3.2018, juris Tz. 9.8.4.
11 Zum Verhältnis von Abs. 2a zu Abs. 2 S. 1 *K/S/M*, § 51a Rn. C 68.
12 Zu den allg. Besonderheiten der KiSt.-Erhebung bei Ehegatten s. *Kämper* in FS P. Kirchhof, § 192 Rn. 11; vgl. auch OFD Ffm. v. 14.3.2018, juris Tz. 9.4f., 10.5ff.

verfahren nach § 39f zulässig. Abs. 2a S. 3 stellt klar, dass der im Faktorverfahren ermittelte Betrag für den Lohnsteuerabzug maßgebend ist und als Bemessungsgrundlage für die Kirchensteuer dient.

8 Kapitalerträge steigern die einkommensteuerliche Leistungsfähigkeit, müssen deshalb in die Bemessungsgrundlage der KiSt einbezogen werden. Die Regelungen der Abs. 2b–2e sind aufgrund der mit §§ 32d, 43 Abs. 5 S. 1 eingeführten **Abgeltungsteuer** erforderlich geworden. Sie gelten für nach dem 31.12.2014 zufließende Kapitalerträge.[1] Wegen Art. 140 GG iVm. Art. 137 Abs. 6 WRV entfalten die bundesgesetzlichen Regelungen der Abs. 2b – 2e keine Wirkung, sofern nicht die Landeskirchensteuergesetze hierauf verweisen.[2] Die KiSt wird nach **Abs. 2c** grundsätzlich als Quellensteuer einbehalten. Das BZSt. speichert die für die KiSt-Erhebung erforderlichen Daten (Religionszugehörigkeit, Daten des Steuergläubigers einschl. Steuersatz, örtliche Zuordnung) und hält sie für das automatisierte Abrufverfahren bereit (sog. elektronisches Kirchensteuerabzugsmerkmal).[3] Dabei legt die FinVerw. grds. die Angaben der Meldebehörden zugrunde.[4] Beruht ein fehlerhaftes elektronisches Kirchensteuerabzugsmerkmal auf unzutr. Daten der Meldebehörde und erkennt der Gläubiger der Kapitalerträge diese Unrichtigkeit, kann er nach §§ 9 Nr. 2, 12 BundesmeldeG bei der Meldebehörde eine Berichtigung der Daten sowie die entspr. Information des BZSt durch die Meldebehörde veranlassen.[5] Der Kirchensteuerabzugsverpflichtete hat die erforderlichen Informationen mit Hilfe des nach Abs. 2c vorgesehenen elektronischen Informationssystems einschl. der Identifikationsnummer und des Geburtsdatums des Schuldners beim BZSt. zu erfragen.[6] Hierfür gelten nunmehr die durch das Gesetz zur Modernisierung des Besteuerungsverfahrens[7] eingefügten §§ 87a Abs. 6, 87b bis 87d AO sowie die ebenfalls neu eingefügte Haftungsvorschrift des § 72a Abs. 1 bis 3 AO.[8] Der in Abs. 2c Nr. 2 Satz 4 aF enthaltene Verweis auf die frühere StDÜV konnte deshalb entfallen. Maßgeblich für die Pflicht zum Abruf der für die KiSt-Erhebung erforderlichen Daten ist die potenzielle Pflicht zum Einbehalt von KiSt im Folgejahr.[9] Die Speicherung der Daten des KiStPfl. nach Abs. 2c S. 1 Nr. 1 ist verfassungsgemäß.[10] Das bisherige Wahlrecht – Quellenabzug oder Veranlagung – entfällt. Allerdings wird eine Veranlagung durchgeführt, wenn der StPfl. nach amtlich vorgeschriebenem Vordruck schriftlich einen Sperrvermerk nach **Abs. 2e** beantragt, das BZSt. dem KiSt-Abzugsverpflichteten nach Abs. 2c S. 1 Nr. 3 S. 6 einen Nullwert mitteilt und die KiSt nicht als Quellensteuer einbehalten wird (Abs. 2d S. 1 HS 1). Das gilt insbes., wenn die Kapitalerträge von einer Personenmehrheit – mit Ausnahme von Ehegatten oder Lebenspartnern, Abs. 2c S. 7 (iVm. § 2 Abs. 8) – erzielt werden.[11] Um eine spätere Veranlagung allein zum Abzug der KiSt (§ 10 Abs. 1 Nr. 4) zu vermeiden, ermäßigt sich die Abgeltungsteuer nach Maßgabe des § 32d Abs. 1 S. 3–4.[12]

8a Abs. 2e berechtigt den Schuldner der KapESt, den automatisierten Abruf seiner Kirchenzugehörigkeit zu unterbinden (**Sperrvermerk**). Jeder StPfl. kann entscheiden, ob er seine Religionszugehörigkeit ggü. den KiSt-Abzugsverpflichteten offenbaren will.[13] Die Freiheit der Entsch. wird durch die Pflicht zum individuellen – ab VZ 2015[14] nur noch einmaligen – Hinweis auf das Widerspruchsrecht nach Abs. 2c S. 1 Nr. 3 S. 5, 9 sichergestellt. Diesen Hinweis hat der KiSt-Abzugsverpflichtete rechtzeitig (Abs. 2c S. 1 Nr. 3 S. 9), also jedenfalls einen Monat, bevor der Sperrvermerk nach Abs. 2c S. 1 Nr. 3 S. 6–7 nicht mehr berücksichtigt würde,[15] zu erteilen. Stets rechtzeitig ist ein Hinweis im Zeitpunkt der Begründung der rechtlichen Verbindung, durch die eine Pflicht zum Einbehalt von KiSt entsteht.[16] Der Sperrvermerk ist nach amtlich vorgeschriebenem Vordruck schriftlich beim BZSt. zu beantragen und kann nur schriftlich widerrufen

1 § 52a Abs. 18 S. 2. Für Kapitalerträge, die nach dem 31.12.2008 und bis zum 31.12.2014 zugeflossen sind, gelten die Abs. 2b–2e idF des UntStRefG 2008 (s. 14. Aufl.: Rn. 8a).
2 Vgl. BT-Drucks. 16/4841, 69.
3 Vgl. zur Bildung des elektronischen Kirchensteuerabzugsmerkmals gleichlautender Erlass der Länderfinanzminister v. 1.3.2017, BStBl. I 2017, 464 (Rn. 5 ff.).
4 Gleichlautender Erlass der Länderfinanzminister v. 1.3.2017, BStBl. I 2017, 464 (Rn. 10).
5 Gleichlautender Erlass der Länderfinanzminister v. 1.3.2017, BStBl. I 2017, 464 (Rn. 9).
6 Ausf. zur Durchführung des Abrufverfahrens *Schmidt*, NWB 2014, 922 (925 f.); zu Vereinfachungen für kleine KapGes. *K/S/M*, § 51a Rn. C 87.
7 BGBl. I 2016, 1679.
8 Vgl. BR-Drucks. 631/15, 129.
9 Gleichlautender Erlass der Länderfinanzminister, BStBl. I 2016, 813 (Rn. 4).
10 BFH v. 18.1.2012 – II R 49/10, BStBl. II 2012, 168.
11 BT-Drucks. 17/7524, 15; Gleichlautender Erlass der Länderfinanzminister, BStBl. I 2016, 813 (Rn. 35 ff.); *Meyering/Serocka*, DStR 2012, 1378 (1378).
12 S. dazu *Schmidt*, NWB 2014, 922 (922).
13 Gleichlautender Erlass der Länderfinanzminister v. 1.3.2017, BStBl. I 2017, 464 (Rn. 6).
14 § 52 Abs. 1 S. 1.
15 Vgl. *H/H/R*, § 51a Anm. J 15–4.
16 Gleichlautender Erlass der Länderfinanzminister v. 1.3.2017, BStBl. I 2017, 464 (Rn. 15).

werden. Das BZSt. kann ein anderes sicheres Verfahren zur Verfügung stellen. Anträge auf einen Sperrvermerk oder ein Widerruf können für eine Regelabfrage (Abs. 2c S. 1 Nr. 3 S. 1) nur berücksichtigt werden, wenn sie bis zum 30.6. beim BZSt. eingegangen sind (Abs. 2c S. 1 Nr. 3 S. 6). Für andere Abfragen kann ein Sperrvermerk oder sein Widerruf nur berücksichtigt werden, sofern er spätestens zwei Wochen vor der Abfrage durch den KiSt.-Abzugsverpflichteten beim BZSt. eingegangen ist (Abs. 2c S. 1 Nr. 3 S. 7). Der Sperrvermerk schließt aus, dass die grundrechtssensiblen Daten der Kirchenzugehörigkeit übermittelt und die KiSt durch Quellenabzug erhoben wird. Wurde KapESt einbehalten, hat der KiStPfl. durch Steuererklärung ein Veranlagungsverfahren einzuleiten (Abs. 2e S. 3). Wird der Sperrvermerk abgerufen, übermittelt das BZSt. dem Wohnsitz-FA Name und Anschrift des KiStPfl. Dieses fordert zur Abgabe der Steuererklärung auf.[1]

Wird die ESt für Einkünfte durch Steuerabzug abgegolten (LSt, KapESt, beschränkte StPflicht), so gilt dies nach **Abs. 3** für die Zuschlagsteuer entspr. Ist zu viel Zuschlagsteuer abgezogen worden, ist der StPfl. auf eine Veranlagung verwiesen. Werden diese Einkünfte – wie die pauschale LSt nach § 40 Abs. 3 S. 2 – beim Veranlagungsverfahren nicht erfasst, gilt dies für die Zuschlagsteuer entspr.; Schuldner der Zuschlagsteuer auf die pauschale LSt ist der ArbG (Abs. 1).[2] 9

Nach **Abs. 4** sind die **Vorauszahlungen** auf Zuschlagsteuern gleichzeitig mit den ESt-Vorauszahlungen – ohne die Mindestgrenzen des § 37 Abs. 5 – zu entrichten. Die Vorauszahlungen auf die Zuschlagsteuer knüpfen an den ESt-Vorauszahlungsbescheid an, ohne dass es eines gesonderten Vorauszahlungsbescheides für die Zuschlagsteuer bedürfte. **Abs. 4 S. 3 HS 1** stellt klar, dass Säumnisfolgen ohne Ergehen eines eigenen Vorauszahlungsbescheides zur Zuschlagsteuer eintreten. **Abs. 4 S. 3 HS 2** erlaubt analog zu § 254 Abs. 2 AO eine Beitreibung der Zuschlagsteuer zusammen mit den ESt-Vorauszahlungen. Nach **Abs. 5** sind der ESt-Jahressteuerbescheid und der ESt-Vorauszahlungsbescheid **Grundlagenbescheide** für die Zuschlagsteuer[3], so dass der Bescheid über die Zuschlagsteuer ein **Folgebescheid** ist. Ein Rechtsbehelf gegen die Zuschlagsteuer kann weder die Bemessungsgrundlage noch die Höhe des zu versteuernden Einkommens angreifen. Ist der Grundlagenbescheid unanfechtbar geworden, kann der Rechtsbehelf gegen den Folgebescheid Mängel im Grundlagenbescheid nicht mehr rügen. Ändert sich die Bemessungsgrundlage, ändert sich die Zuschlagsteuer entspr. (**Abs. 5 S. 2**). Das Nacheinander v. Folge- und Grundlagenbescheid gilt aber nur für solche Besteuerungsgrundlagen, die für die Festsetzung der ESt erheblich sind und sich deshalb auf die Einkommensteuerfestsetzung auswirken können. Für die in Abs. 2 geregelten Modifikationen, die ausschließlich der Bemessung der KiSt als Zuschlagsteuer dienen, ist der Einkommensteuerbescheid nicht Grundlagenbescheid.[4] Hiergegen erhobene Einwendungen sind ggü. der zuständigen Kirchenbehörde und nicht ggü. dem FA geltend zu machen.[5] 10

Die Abs. 1–5 gelten für die KiSt entspr. Art. 137 Abs. 6 WRV iVm. Art. 140 GG nur nach Maßgabe landesrechtl. Vorschriften. Diesen Rechtsquellenbefund bestätigt **Abs. 6** deklaratorisch. Die Kirchen haben sich auf der Grundlage der Landeskirchensteuergesetze für eine Zuschlagsteuer zur ESt entschieden, besteuern aufgrund dieser dynamischen Verweisung nach den jeweiligen Maßstäben des EStG. Die Kirchen und der Landesgesetzgeber entlasten sich so v. eigener mitschreitender Gesetzgebung. 11

§ 52 Anwendungsvorschriften

(1)[6] ¹Diese Fassung des Gesetzes ist, soweit in den folgenden Absätzen nichts anderes bestimmt ist, erstmals für den Veranlagungszeitraum 2019 anzuwenden. ²Beim Steuerabzug vom Arbeitslohn gilt Satz 1 mit der Maßgabe, dass diese Fassung erstmals auf den laufenden Arbeitslohn anzuwenden ist, der für einen nach dem 31. Dezember 2018 endenden Lohnzahlungszeitraum gezahlt wird, und auf sonstige Bezüge, die nach dem 31. Dezember 2018 zufließen. ³Beim Steuerabzug vom Ka-

---

1 Vgl. gleichlautender Erlass der Länderfinanzminister v. 1.3.2017, BStBl. I 2017, 464 (Rn. 53).
2 *K/S/M*, § 51a Rn. D 2.
3 Vgl. auch BFH v. 9.11.1994 – I R 67/94, BStBl. II 1995, 305 = FR 1995, 283; v. 17.4.1996 – I R 123/95, BStBl. II 1996, 619 = FR 1996, 796; v. 28.2.2001 – I R 41/99, BStBl. II 2001, 416.
4 Vgl. BFH v. 15.11.2011 – I R 29/11, BFH/NV 2012, 921.
5 BFH v. 15.9.2011 – I R 53/10, BFH/NV 2012, 23; v. 28.11.2007 – I R 99/06, BStBl. II 2011, 40 = FR 2008, 638; v. 28.11.2007 – I R 2/07, nv.; die hiergegen erhobene Verfassungsbeschwerde wurde nicht zur Entscheidung angenommen, BVerfG v. 12.6.2008 – 1 BvR 1190/08, nv.
6 In § 52 Abs. 1 wurde mWv. 1.1.2019 in Satz 1 die Angabe „Veranlagungszeitraum 2018" durch die Angabe „Veranlagungszeitraum 2019" und in den Sätzen 2 und 3 jeweils die Angabe „31. Dezember 2017" durch die Angabe „31. Dezember 2018" ersetzt (FamEntlastG v. 29.11.2018, BGBl. I 2018, 2210).

pitalertrag gilt Satz 1 mit der Maßgabe, dass diese Fassung des Gesetzes erstmals auf Kapitalerträge anzuwenden ist, die dem Gläubiger nach dem 31. Dezember 2018 zufließen.

(2) [1]§ 2a Absatz 1 Satz 1 Nummer 6 Buchstabe b in der am 1. Januar 2000 geltenden Fassung ist erstmals auf negative Einkünfte eines Steuerpflichtigen anzuwenden, die er aus einer entgeltlichen Überlassung von Schiffen auf Grund eines nach dem 31. Dezember 1999 rechtswirksam abgeschlossenen obligatorischen Vertrags oder gleichstehenden Rechtsakts erzielt. [2]Für negative Einkünfte im Sinne des § 2a Absatz 1 und 2 in der am 24. Dezember 2008 geltenden Fassung, die vor dem 25. Dezember 2008 nach § 2a Absatz 1 Satz 5 bestandskräftig gesondert festgestellt wurden, ist § 2a Absatz 1 Satz 3 bis 5 in der am 24. Dezember 2008 geltenden Fassung weiter anzuwenden. [3]§ 2a Absatz 3 Satz 3, 5 und 6 in der am 29. April 1997 geltenden Fassung ist für Veranlagungszeiträume ab 1999 weiter anzuwenden, soweit sich ein positiver Betrag im Sinne des § 2a Absatz 3 Satz 3 in der am 29. April 1997 geltenden Fassung ergibt oder soweit eine in einem ausländischen Staat belegene Betriebsstätte im Sinne des § 2a Absatz 4 in der Fassung des § 52 Absatz 3 Satz 8 in der am 30. Juli 2014 geltenden Fassung in eine Kapitalgesellschaft umgewandelt, übertragen oder aufgegeben wird. [4]Insoweit ist in § 2a Absatz 3 Satz 5 letzter Halbsatz in der am 29. April 1997 geltenden Fassung die Angabe „§ 10d Absatz 3“ durch die Angabe „§ 10d Absatz 4“ zu ersetzen.

(3) § 2b in der Fassung der Bekanntmachung vom 19. Oktober 2002 (BGBl. I S. 4210; 2003 I S. 179) ist weiterhin für Einkünfte aus einer Einkunftsquelle im Sinne des § 2b anzuwenden, die der Steuerpflichtige nach dem 4. März 1999 und vor dem 11. November 2005 rechtswirksam erworben oder begründet hat.

(4)[1] [1]§ 3 Nummer 5 in der am 30. Juni 2013 geltenden Fassung ist vorbehaltlich des Satzes 2 erstmals für den Veranlagungszeitraum 2013 anzuwenden. [2]§ 3 Nummer 5 in der am 29. Juni 2013 geltenden Fassung ist weiterhin anzuwenden für freiwillig Wehrdienst Leistende, die das Dienstverhältnis vor dem 1. Januar 2014 begonnen haben. [3]§ 3 Nummer 10 in der am 31. Dezember 2005 geltenden Fassung ist weiter anzuwenden für ausgezahlte Übergangsbeihilfen an Soldatinnen auf Zeit und Soldaten auf Zeit, wenn das Dienstverhältnis vor dem 1. Januar 2006 begründet worden ist. [4]Auf fortlaufende Leistungen nach dem Gesetz über die Heimkehrerstiftung vom 21. Dezember 1992 (BGBl. I S. 2094, 2101), das zuletzt durch Artikel 1 des Gesetzes vom 10. Dezember 2007 (BGBl. I S. 2830) geändert worden ist, in der jeweils geltenden Fassung ist § 3 Nummer 19 in der am 31. Dezember 2010 geltenden Fassung weiter anzuwenden. [5]§ 3 Nummer 26 und 26a in der Fassung des Artikels 2 des Gesetzes vom 11. Dezember 2018 (BGBl. I S. 2338) ist in allen offenen Fällen anzuwenden. [6]Für die Anwendung des § 3 Nummer 34 in der Fassung des Artikels 3 des Gesetzes vom 11. Dezember 2018 (BGBl. I S. 2338) ist das Zertifizierungserfordernis nach § 20 Absatz 2 Satz 2 in Verbindung mit § 20 Absatz 5 des Fünften Buches Sozialgesetzbuch für bereits vor dem 1. Januar 2019 begonnene unzertifizierte Gesundheitsmaßnahmen erstmals maßgeblich für Sachbezüge, die nach dem 31. Dezember 2019 gewährt werden. [7]§ 3 Nummer 37 in der Fassung des Artikels 3 des Gesetzes vom 11. Dezember 2018 (BGBl. I S. 2338) ist letztmals für den Veranlagungszeitraum 2021 anzuwenden, sowie beim Steuerabzug vom Arbeitslohn auf Vorteile, die in einem vor dem 1. Januar 2022 endenden Lohnzahlungszeitraum oder als sonstige Bezüge vor dem 1. Januar 2022 zugewendet werden. [8]§ 3 Nummer 40 ist erstmals anzuwenden für

1. **Gewinnausschüttungen, auf die bei der ausschüttenden Körperschaft der nach Artikel 3 des Gesetzes vom 23. Oktober 2000 (BGBl. I S. 1433) aufgehobene Vierte Teil des Körperschaftsteuergesetzes nicht mehr anzuwenden ist; für die übrigen in § 3 Nummer 40 genannten Erträge im Sinne des § 20 gilt Entsprechendes;**
2. **Erträge im Sinne des § 3 Nummer 40 Satz 1 Buchstabe a, b, c und j nach Ablauf des ersten Wirtschaftsjahres der Gesellschaft, an der die Anteile bestehen, für das das Körperschaftsteuergesetz in der Fassung des Artikels 3 des Gesetzes vom 23. Oktober 2000 (BGBl. I S. 1433) erstmals anzuwenden ist.**

[9]§ 3 Nummer 40 Satz 3 und 4 in der am 12. Dezember 2006 geltenden Fassung ist für Anteile, die einbringungsgeboren im Sinne des § 21 des Umwandlungssteuergesetzes in der am 12. Dezember 2006 geltenden Fassung sind, weiter anzuwenden. [10]§ 3 Nummer 40 Satz 3 erster Halbsatz in der am 1. Januar 2017 geltenden Fassung ist erstmals für den Veranlagungszeitraum 2017 anzuwenden; der zweite Halbsatz ist anzuwenden auf Anteile, die nach dem 31. Dezember 2016 dem Betriebsver-

1 In § 52 Abs. 4 wurden mWv. 1.1.2019 die Sätze 6 und 7 eingefügt (G zur Vermeidung von Umsatzsteuerausfällen beim Handel mit Waren im Internet und zur Änderung weiterer stl. Vorschriften v. 11.12.2018, BGBl. I 2018, 2338).

mögen zugehen. [11]Bei vom Kalenderjahr abweichenden Wirtschaftsjahren ist § 3 Nummer 40 Buchstabe d Satz 2 in der am 30. Juni 2013 geltenden Fassung erstmals für den Veranlagungszeitraum anzuwenden, in dem das Wirtschaftsjahr endet, das nach dem 31. Dezember 2013 begonnen hat. [12]§ 3 Nummer 40a in der am 6. August 2004 geltenden Fassung ist auf Vergütungen im Sinne des § 18 Absatz 1 Nummer 4 anzuwenden, wenn die vermögensverwaltende Gesellschaft oder Gemeinschaft nach dem 31. März 2002 und vor dem 1. Januar 2009 gegründet worden ist oder soweit die Vergütungen in Zusammenhang mit der Veräußerung von Anteilen an Kapitalgesellschaften stehen, die nach dem 7. November 2003 und vor dem 1. Januar 2009 erworben worden sind. [13]§ 3 Nummer 40a in der am 19. August 2008 geltenden Fassung ist erstmals auf Vergütungen im Sinne des § 18 Absatz 1 Nummer 4 anzuwenden, wenn die vermögensverwaltende Gesellschaft oder Gemeinschaft nach dem 31. Dezember 2008 gegründet worden ist. [14]§ 3 Nummer 46 in der am 17. November 2016 geltenden Fassung ist erstmals anzuwenden auf Vorteile, die in einem nach dem 31. Dezember 2016 endenden Lohnzahlungszeitraum oder als sonstige Bezüge nach dem 31. Dezember 2016 zugewendet werden, und letztmals anzuwenden auf Vorteile, die in einem vor dem 1. Januar 2021 endenden Lohnzahlungszeitraum oder als sonstige Bezüge vor dem 1. Januar 2021 zugewendet werden. [15]Der Höchstbetrag nach § 3 Nummer 63 Satz 1 verringert sich um Zuwendungen, auf die § 40b Absatz 1 und 2 Satz 1 und 2 in der am 31. Dezember 2004 geltenden Fassung angewendet wird. [16]§ 3 Nummer 63 Satz 3 in der ab dem 1. Januar 2018 geltenden Fassung ist nicht anzuwenden, soweit § 40b Absatz 1 und 2 Satz 3 und 4 in der am 31. Dezember 2004 geltenden Fassung angewendet wird. [17]§ 3 Nummer 71 in der am 31. Dezember 2014 geltenden Fassung ist erstmals für den Veranlagungszeitraum 2013 anzuwenden. [18]§ 3 Nummer 71 in der Fassung des Artikels 1 des Gesetzes vom 27. Juni 2017 (BGBl. I S. 2074) ist erstmals für den Veranlagungszeitraum 2017 anzuwenden.

(4a) [1]§ 3a in der Fassung des Artikels 2 des Gesetzes vom 27. Juni 2017 (BGBl. I S. 2074) ist erstmals in den Fällen anzuwenden, in denen die Schulden ganz oder teilweise nach dem 8. Februar 2017 erlassen wurden. [2]Satz 1 gilt bei einem Schuldenerlass nach dem 8. Februar 2017 nicht, wenn dem Steuerpflichtigen auf Antrag Billigkeitsmaßnahmen aus Gründen des Vertrauensschutzes für einen Sanierungsertrag auf Grundlage von § 163 Absatz 1 Satz 2 und den §§ 222, 227 der Abgabenordnung zu gewähren sind. [3]Auf Antrag des Steuerpflichtigen ist § 3a auch in den Fällen anzuwenden, in denen die Schulden vor dem 9. Februar 2017 erlassen wurden.

(5) [1]§ 3c Absatz 2 Satz 3 und 4 in der am 12. Dezember 2006 geltenden Fassung ist für Anteile, die einbringungsgeboren im Sinne des § 21 des Umwandlungssteuergesetzes in der am 12. Dezember 2006 geltenden Fassung sind, weiter anzuwenden. [2]§ 3c Absatz 2 in der am 31. Dezember 2014 geltenden Fassung ist erstmals für Wirtschaftsjahre anzuwenden, die nach dem 31. Dezember 2014 beginnen. [3]§ 3c Absatz 4 in der Fassung des Artikels 2 des Gesetzes vom 27. Juni 2017 (BGBl. I S. 2074) ist für Betriebsvermögensminderungen oder Betriebsausgaben in unmittelbarem wirtschaftlichem Zusammenhang mit einem Schuldenerlass nach dem 8. Februar 2017 anzuwenden, für den § 3a angewendet wird. [4]§3c Absatz 4 ist auch in den Fällen anzuwenden, in denen dem Steuerpflichtigen die Steuerbefreiung des § 3a auf Grund eines Antrags nach Absatz 4a Satz 3 gewährt wird.

(6) [1]§ 4 Absatz 1 Satz 4 in der Fassung des Artikels 1 des Gesetzes vom 8. Dezember 2010 (BGBl. I S. 1768) gilt in allen Fällen, in denen § 4 Absatz 1 Satz 3 anzuwenden ist. [2]§ 4 Absatz 3 Satz 4 ist nicht anzuwenden, soweit die Anschaffungs- oder Herstellungskosten vor dem 1. Januar 1971 als Betriebsausgaben abgesetzt worden sind. [3]§ 4 Absatz 3 Satz 4 und 5 in der Fassung des Artikels 1 des Gesetzes vom 28. April 2006 (BGBl. I S. 1095) ist erstmals für Wirtschaftsgüter anzuwenden, die nach dem 5. Mai 2006 angeschafft, hergestellt oder in das Betriebsvermögen eingelegt werden. [4]Die Anschaffungs- oder Herstellungskosten für nicht abnutzbare Wirtschaftsgüter des Anlagevermögens, die vor dem 5. Mai 2006 angeschafft, hergestellt oder in das Betriebsvermögen eingelegt wurden, sind erst im Zeitpunkt des Zuflusses des Veräußerungserlöses oder im Zeitpunkt der Entnahme als Betriebsausgaben zu berücksichtigen. [5]§ 4 Absatz 4a in der Fassung des Gesetzes vom 22. Dezember 1999 (BGBl. I S. 2601) ist erstmals für das Wirtschaftsjahr anzuwenden, das nach dem 31. Dezember 1998 endet. [6]Über- und Unterentnahmen vorangegangener Wirtschaftsjahre bleiben unberücksichtigt. [7]Bei vor dem 1. Januar 1999 eröffneten Betrieben sind im Fall der Betriebsaufgabe bei der Überführung von Wirtschaftsgütern aus dem Betriebsvermögen in das Privatvermögen die Buchwerte nicht als Entnahme anzusetzen; im Fall der Betriebsveräußerung ist nur der Veräußerungsgewinn als Entnahme anzusetzen. [8]§ 4 Absatz 5 Satz 1 Nummer 5 in der Fassung des Artikels 1 des Gesetzes vom 20. Februar 2013 (BGBl. I S. 285) ist erstmals ab dem 1. Ja-

nuar 2014 anzuwenden. [9]§ 4 Absatz 5 Satz 1 Nummer 6a in der Fassung des Artikels 1 des Gesetzes vom 20. Februar 2013 (BGBl. I S. 285) ist erstmals ab dem 1. Januar 2014 anzuwenden.

(7) (weggefallen)

(8) § 4f in der Fassung des Gesetzes vom 18. Dezember 2013 (BGBl. I S. 4318) ist erstmals für Wirtschaftsjahre anzuwenden, die nach dem 28. November 2013 enden.

(8a) § 4j in der Fassung des Artikels 1 des Gesetzes vom 27. Juni 2017 (BGBl. I S. 2074) ist erstmals für Aufwendungen anzuwenden, die nach dem 31. Dezember 2017 entstehen.

(9) [1]§ 5 Absatz 7 in der Fassung des Gesetzes vom 18. Dezember 2013 (BGBl. I S. 4318) ist erstmals für Wirtschaftsjahre anzuwenden, die nach dem 28. November 2013 enden. [2]Auf Antrag kann § 5 Absatz 7 auch für frühere Wirtschaftsjahre angewendet werden. [3]Bei Schuldübertragungen, Schuldbeitritten und Erfüllungsübernahmen, die vor dem 14. Dezember 2011 vereinbart wurden, ist § 5 Absatz 7 Satz 5 mit der Maßgabe anzuwenden, dass für einen Gewinn, der sich aus der Anwendung von § 5 Absatz 7 Satz 1 bis 3 ergibt, jeweils in Höhe von 19 Zwanzigsteln eine gewinnmindernde Rücklage gebildet werden kann, die in den folgenden 19 Wirtschaftsjahren jeweils mit mindestens einem Neunzehntel gewinnerhöhend aufzulösen ist.

(10) [1]§ 5a Absatz 3 in der Fassung des Artikels 9 des Gesetzes vom 29. Dezember 2003 (BGBl. I S. 3076) ist erstmals für das Wirtschaftsjahr anzuwenden, das nach dem 31. Dezember 2005 endet. [2]§ 5a Absatz 3 Satz 1 in der am 31. Dezember 2003 geltenden Fassung ist weiterhin anzuwenden, wenn der Steuerpflichtige im Fall der Anschaffung das Handelsschiff auf Grund eines vor dem 1. Januar 2006 rechtswirksam abgeschlossenen schuldrechtlichen Vertrags oder gleichgestellten Rechtsakts angeschafft oder im Fall der Herstellung mit der Herstellung des Handelsschiffs vor dem 1. Januar 2006 begonnen hat. [3]In Fällen des Satzes 2 muss der Antrag auf Anwendung des § 5a Absatz 1 spätestens bis zum Ablauf des Wirtschaftsjahres gestellt werden, das vor dem 1. Januar 2008 endet. [4]Soweit Ansparabschreibungen im Sinne des § 7g Absatz 3 in der am 17. August 2007 geltenden Fassung zum Zeitpunkt des Übergangs zur Gewinnermittlung nach § 5a Absatz 1 noch nicht gewinnerhöhend aufgelöst worden sind, ist § 5a Absatz 5 Satz 3 in der am 17. August 2007 geltenden Fassung weiter anzuwenden.

(11) § 5b in der Fassung des Artikels 1 des Gesetzes vom 20. Dezember 2008 (BGBl. I S. 2850) ist erstmals für Wirtschaftsjahre anzuwenden, die nach dem 31. Dezember 2010 beginnen.

(12)[1] [1]§ 6 Absatz 1 Nummer 1b kann auch für Wirtschaftsjahre angewendet werden, die vor dem 23. Juli 2016 enden. [2]§ 6 Absatz 1 Nummer 4 Satz 6 ist bis zum 31. Dezember 2021 anzuwenden. [3]§ 6 Absatz 1 Nummer 5 Satz 1 Buchstabe c in der Fassung des Artikels 2 des Gesetzes vom 11. Dezember 2018 (BGBl. I S. 2338) ist erstmals bei Wirtschaftsgütern anzuwenden, die nach dem 31. Dezember 2017 in ein Betriebsvermögen eingelegt werden. [4]§ 6 Absatz 2 Satz 1 in der Fassung des Artikels 1 des Gesetzes vom 27. Juni 2017 (BGBl. I S. 2074) ist erstmals bei Wirtschaftsgütern anzuwenden, die nach dem 31. Dezember 2017 angeschafft, hergestellt oder in das Betriebsvermögen eingelegt werden. [5]§ 6 Absatz 2 Satz 4 in der Fassung des Artikels 4 des Gesetzes vom 30. Juni 2017 (BGBl. I S. 2143) ist erstmals bei Wirtschaftsgütern anzuwenden, die nach dem 31 Dezember 2017 angeschafft, hergestellt oder in das Betriebsvermögen eingelegt werden. [6]§ 6 Absatz 5 Satz 1 zweiter Halbsatz in der am 14. Dezember 2010 geltenden Fassung gilt in allen Fällen, in denen § 4 Absatz 1 Satz 3 anzuwenden ist. [7]§ 6 Absatz 2a in der Fassung des Artikels 1 des Gesetzes vom 27. Juni 2017 (BGBl. I S. 2074) ist erstmals bei Wirtschaftsgütern anzuwenden, die nach dem 31. Dezember 2017 angeschafft, hergestellt oder in das Betriebsvermögen eingelegt werden.

(13) (weggefallen)

(14) [1]§ 6b Absatz 2a in der am 6. November 2015 geltenden Fassung ist auch auf Gewinne im Sinne des § 6b Absatz 2 anzuwenden, die vor dem 6. November 2015 entstanden sind. [2]§ 6b Absatz 10 Satz 11 in der am 12. Dezember 2006 geltenden Fassung ist für Anteile, die einbringungsgeboren im Sinne des § 21 des Umwandlungssteuergesetzes in der am 12. Dezember 2006 geltenden Fassung sind, weiter anzuwenden. [3]§ 6b Absatz 2a in der Fassung des Artikels 1 des Gesetzes vom 11. Dezember 2018 (BGBl. I S. 2338) ist erstmals auf Gewinne im Sinne des § 6b Absatz 2 anzuwenden, die in nach dem 31. Dezember 2017 beginnenden Wirtschaftsjahren entstanden sind.

(15) [1]Bei Wirtschaftsgütern, die vor dem 1. Januar 2001 angeschafft oder hergestellt worden sind, ist § 7 Absatz 2 Satz 2 in der Fassung des Gesetzes vom 22. Dezember 1999 (BGBl. I S. 2601) weiter

1 In § 52 Abs. 12 wurde mWv. 1.1.2019 Satz 2 eingefügt (G zur Vermeidung von Umsatzsteuerausfällen beim Handel mit Waren im Internet und zur Änderung weiterer stl. Vorschriften v. 11.12.2018, BGBl. I 2018, 2338).

anzuwenden. [2]Bei Gebäuden, soweit sie zu einem Betriebsvermögen gehören und nicht Wohnzwecken dienen, ist § 7 Absatz 4 Satz 1 und 2 in der am 31. Dezember 2000 geltenden Fassung weiter anzuwenden, wenn der Steuerpflichtige im Fall der Herstellung vor dem 1. Januar 2001 mit der Herstellung des Gebäudes begonnen hat oder im Fall der Anschaffung das Objekt auf Grund eines vor dem 1. Januar 2001 rechtswirksam abgeschlossenen obligatorischen Vertrags oder gleichstehenden Rechtsakts angeschafft hat. [3]Als Beginn der Herstellung gilt bei Gebäuden, für die eine Baugenehmigung erforderlich ist, der Zeitpunkt, in dem der Bauantrag gestellt wird; bei baugenehmigungsfreien Gebäuden, für die Bauunterlagen einzureichen sind, der Zeitpunkt, in dem die Bauunterlagen eingereicht werden.

(16) [1]§ 7g Absatz 1 bis 4 in der am 1. Januar 2016 geltenden Fassung ist erstmals für Investitionsabzugsbeträge anzuwenden, die in nach dem 31. Dezember 2015 endenden Wirtschaftsjahren in Anspruch genommen werden. [2]Bei Investitionsabzugsbeträgen, die in vor dem 1. Januar 2016 endenden Wirtschaftsjahren in Anspruch genommen wurden, ist § 7g Absatz 1 bis 4 in der am 31. Dezember 2015 geltenden Fassung weiter anzuwenden. [3]Soweit vor dem 1. Januar 2016 beanspruchte Investitionsabzugsbeträge noch nicht hinzugerechnet oder rückgängig gemacht worden sind, vermindert sich der Höchstbetrag von 200 000 Euro nach § 7g Absatz 1 Satz 4 in der am 1. Januar 2016 geltenden Fassung entsprechend. [4]In Wirtschaftsjahren, die nach dem 31. Dezember 2008 und vor dem 1. Januar 2011 enden, ist § 7g Absatz 1 Satz 2 Nummer 1 mit der Maßgabe anzuwenden, dass bei Gewerbebetrieben oder der selbständigen Arbeit dienenden Betrieben, die ihren Gewinn nach § 4 Absatz 1 oder § 5 ermitteln, ein Betriebsvermögen von 335 000 Euro, bei Betrieben der Land- und Forstwirtschaft ein Wirtschaftswert oder Ersatzwirtschaftswert von 175 000 Euro und bei Betrieben, die ihren Gewinn nach § 4 Absatz 3 ermitteln, ohne Berücksichtigung von Investitionsabzugsbeträgen ein Gewinn von 200 000 Euro nicht überschritten wird. [5]Bei Wirtschaftsgütern, die nach dem 31. Dezember 2008 und vor dem 1. Januar 2011 angeschafft oder hergestellt worden sind, ist § 7g Absatz 6 Nummer 1 mit der Maßgabe anzuwenden, dass der Betrieb zum Schluss des Wirtschaftsjahres, das der Anschaffung oder Herstellung vorangeht, die Größenmerkmale des Satzes 1 nicht überschreitet.

(16a) § 9 Absatz 5 Satz 2 in der Fassung des Artikels 1 des Gesetzes vom 27. Juni 2017 (BGBl. I S. 2074) ist erstmals für Aufwendungen im Sinne des § 4j in der Fassung des Artikels 1 des Gesetzes vom 27. Juni 2017 (BGBl. I S. 2074) anzuwenden, die nach dem 31. Dezember 2017 entstehen.

(17) § 9b Absatz 2 in der Fassung des Artikels 11 des Gesetzes vom 18. Dezember 2013 (BGBl. I S. 4318) ist auf Mehr- und Minderbeträge infolge von Änderungen der Verhältnisse im Sinne von § 15a des Umsatzsteuergesetzes anzuwenden, die nach dem 28. November 2013 eingetreten sind.

(18) [1]§ 10 Absatz 1a Nummer 2 in der am 1. Januar 2015 geltenden Fassung ist auf alle Versorgungsleistungen anzuwenden, die auf Vermögensübertragungen beruhen, die nach dem 31. Dezember 2007 vereinbart worden sind. [2]Für Versorgungsleistungen, die auf Vermögensübertragungen beruhen, die vor dem 1. Januar 2008 vereinbart worden sind, gilt dies nur, wenn das übertragene Vermögen nur deshalb einen ausreichenden Ertrag bringt, weil ersparte Aufwendungen, mit Ausnahme des Nutzungsvorteils eines vom Vermögensübernehmer zu eigenen Zwecken genutzten Grundstücks, zu den Erträgen des Vermögens gerechnet werden. [3]§ 10 Absatz 1 Nummer 5 in der am 1. Januar 2012 geltenden Fassung gilt auch für Kinder, die wegen einer vor dem 1. Januar 2007 in der Zeit ab Vollendung des 25. Lebensjahres und vor Vollendung des 27. Lebensjahres eingetretenen körperlichen, geistigen oder seelischen Behinderung außerstande sind, sich selbst zu unterhalten. [4]§ 10 Absatz 2 Satz 1 Nummer 1 in der Fassung des Artikels 2 des Gesetzes vom 11. Dezember 2018 (BGBl. I S. 2338) ist in allen offenen Fällen anzuwenden. [5]§ 10 Absatz 4b Satz 4 bis 6 in der am 30. Juni 2013 geltenden Fassung ist erstmals für die Übermittlung der Daten des Veranlagungszeitraums 2016 anzuwenden. [6]§ 10 Absatz 5 in der am 31. Dezember 2009 geltenden Fassung ist auf Beiträge zu Versicherungen im Sinne des § 10 Absatz 1 Nummer 2 Buchstabe b Doppelbuchstabe bb bis dd in der am 31. Dezember 2004 geltenden Fassung weiterhin anzuwenden, wenn die Laufzeit dieser Versicherungen vor dem 1. Januar 2005 begonnen hat und ein Versicherungsbeitrag bis zum 31. Dezember 2004 entrichtet wurde.

(19) [1]Für nach dem 31. Dezember 1986 und vor dem 1. Januar 1991 hergestellte oder angeschaffte Wohnungen im eigenen Haus oder Eigentumswohnungen sowie in diesem Zeitraum fertiggestellte Ausbauten oder Erweiterungen ist § 10e in der am 30. Dezember 1989 geltenden Fassung weiter anzuwenden. [2]Für nach dem 31. Dezember 1990 hergestellte oder angeschaffte Wohnungen im eigenen Haus oder Eigentumswohnungen sowie in diesem Zeitraum fertiggestellte Ausbauten oder Erweiterungen ist § 10e in der am 28. Juni 1991 geltenden Fassung weiter anzuwenden. [3]Abweichend

von Satz 2 ist § 10e Absatz 1 bis 5 und 6 bis 7 in der am 28. Juni 1991 geltenden Fassung erstmals für den Veranlagungszeitraum 1991 bei Objekten im Sinne des § 10e Absatz 1 und 2 anzuwenden, wenn im Fall der Herstellung der Steuerpflichtige nach dem 30. September 1991 den Bauantrag gestellt oder mit der Herstellung des Objekts begonnen hat oder im Fall der Anschaffung der Steuerpflichtige das Objekt nach dem 30. September 1991 auf Grund eines nach diesem Zeitpunkt rechtswirksam abgeschlossenen obligatorischen Vertrags oder gleichstehenden Rechtsakts angeschafft hat oder mit der Herstellung des Objekts nach dem 30. September 1991 begonnen worden ist. [4]§ 10e Absatz 5a ist erstmals bei den in § 10e Absatz 1 und 2 bezeichneten Objekten anzuwenden, wenn im Fall der Herstellung der Steuerpflichtige den Bauantrag nach dem 31. Dezember 1991 gestellt oder, falls ein solcher nicht erforderlich ist, mit der Herstellung nach diesem Zeitpunkt begonnen hat, oder im Fall der Anschaffung der Steuerpflichtige das Objekt auf Grund eines nach dem 31. Dezember 1991 rechtswirksam abgeschlossenen obligatorischen Vertrags oder gleichstehenden Rechtsakts angeschafft hat. [5]§ 10e Absatz 1 Satz 4 in der am 27. Juni 1993 geltenden Fassung und § 10e Absatz 6 Satz 3 in der am 30. Dezember 1993 geltenden Fassung sind erstmals anzuwenden, wenn der Steuerpflichtige das Objekt auf Grund eines nach dem 31. Dezember 1993 rechtswirksam abgeschlossenen obligatorischen Vertrags oder gleichstehenden Rechtsakts angeschafft hat. [6]§ 10e ist letztmals anzuwenden, wenn der Steuerpflichtige im Fall der Herstellung vor dem 1. Januar 1996 mit der Herstellung des Objekts begonnen hat oder im Fall der Anschaffung das Objekt auf Grund eines vor dem 1. Januar 1996 rechtswirksam abgeschlossenen obligatorischen Vertrags oder gleichstehenden Rechtsakts angeschafft hat. [7]Als Beginn der Herstellung gilt bei Objekten, für die eine Baugenehmigung erforderlich ist, der Zeitpunkt, in dem der Bauantrag gestellt wird; bei baugenehmigungsfreien Objekten, für die Bauunterlagen einzureichen sind, gilt als Beginn der Herstellung der Zeitpunkt, in dem die Bauunterlagen eingereicht werden.

(20) (weggefallen)

(21) (weggefallen)

(22) Für die Anwendung des § 13 Absatz 7 in der am 31. Dezember 2005 geltenden Fassung gilt Absatz 25 entsprechend.

(22a) [1]§ 13a in der am 31. Dezember 2014 geltenden Fassung ist letztmals für das Wirtschaftsjahr anzuwenden, das vor dem 31. Dezember 2015 endet. [2]§ 13a in der am 1. Januar 2015 geltenden Fassung ist erstmals für das Wirtschaftsjahr anzuwenden, das nach dem 30. Dezember 2015 endet. [3]Die Bindungsfrist auf Grund des § 13a Absatz 2 Satz 1 in der am 31. Dezember 2014 geltenden Fassung bleibt bestehen.

(23) § 15 Absatz 4 Satz 2 und 7 in der am 30. Juni 2013 geltenden Fassung ist in allen Fällen anzuwenden, in denen am 30. Juni 2013 die Feststellungsfrist noch nicht abgelaufen ist.

(24) [1]§ 15a ist nicht auf Verluste anzuwenden, soweit sie

1. durch Sonderabschreibungen nach § 82f der Einkommensteuer-Durchführungsverordnung,
2. durch Absetzungen für Abnutzung in fallenden Jahresbeträgen nach § 7 Absatz 2 von den Herstellungskosten oder von den Anschaffungskosten von in ungebrauchtem Zustand vom Hersteller erworbenen Seeschiffen, die in einem inländischen Seeschiffsregister eingetragen sind,

entstehen; Nummer 1 gilt nur bei Schiffen, deren Anschaffungs- oder Herstellungskosten zu mindestens 30 Prozent durch Mittel finanziert werden, die weder unmittelbar noch mittelbar in wirtschaftlichem Zusammenhang mit der Aufnahme von Krediten durch den Gewerbebetrieb stehen, zu dessen Betriebsvermögen das Schiff gehört. [2]§ 15a ist in diesen Fällen erstmals anzuwenden auf Verluste, die in nach dem 31. Dezember 1999 beginnenden Wirtschaftsjahren entstehen, wenn der Schiffbauvertrag vor dem 25. April 1996 abgeschlossen worden ist und der Gesellschafter der Gesellschaft vor dem 1. Januar 1999 beigetreten ist; soweit Verluste, die in dem Betrieb der Gesellschaft entstehen und nach Satz 1 oder nach § 15a Absatz 1 Satz 1 ausgleichsfähig oder abzugsfähig sind, zusammen das Eineinviertelfache der insgesamt geleisteten Einlage übersteigen, ist § 15a auf Verluste anzuwenden, die in nach dem 31. Dezember 1994 beginnenden Wirtschaftsjahren entstehen. [3]Scheidet ein Kommanditist oder ein anderer Mitunternehmer, dessen Haftung der eines Kommanditisten vergleichbar ist und dessen Kapitalkonto in der Steuerbilanz der Gesellschaft auf Grund von ausgleichs- oder abzugsfähigen Verlusten negativ geworden ist, aus der Gesellschaft aus oder wird in einem solchen Fall die Gesellschaft aufgelöst, so gilt der Betrag, den der Mitunternehmer nicht ausgleichen muss, als Veräußerungsgewinn im Sinne des § 16. [4]In Höhe der nach Satz 3 als Gewinn zuzurechnenden Beträge sind bei den anderen Mitunternehmern unter Berücksichtigung der für die Zurechnung von Verlusten geltenden Grundsätze Verlustanteile anzusetzen. [5]Bei der Anwendung des § 15a Absatz 3 sind nur Verluste zu berücksichtigen, auf die § 15a Absatz 1 anzuwenden ist.

(25) [1]§ 15b in der Fassung des Artikels 1 des Gesetzes vom 22. Dezember 2005 (BGBl. I S. 3683) ist nur auf Verluste der dort bezeichneten Steuerstundungsmodelle anzuwenden, denen der Steuerpflichtige nach dem 10. November 2005 beigetreten ist oder für die nach dem 10. November 2005 mit dem Außenvertrieb begonnen wurde. [2]Der Außenvertrieb beginnt in dem Zeitpunkt, in dem die Voraussetzungen für die Veräußerung der konkret bestimmbaren Fondsanteile erfüllt sind und die Gesellschaft selbst oder über ein Vertriebsunternehmen mit Außenwirkung an den Markt herangetreten ist. [3]Dem Beginn des Außenvertriebs stehen der Beschluss von Kapitalerhöhungen und die Reinvestition von Erlösen in neue Projekte gleich. [4]Besteht das Steuerstundungsmodell nicht im Erwerb eines Anteils an einem geschlossenen Fonds, ist § 15b in der Fassung des Artikels 1 des Gesetzes vom 22. Dezember 2005 (BGBl. I S. 3683) anzuwenden, wenn die Investition nach dem 10. November 2005 rechtsverbindlich getätigt wurde. [5]§ 15b Absatz 3a ist erstmals auf Verluste der dort bezeichneten Steuerstundungsmodelle anzuwenden, bei denen Wirtschaftsgüter des Umlaufvermögens nach dem 28. November 2013 angeschafft, hergestellt oder in das Betriebsvermögen eingelegt werden.

(26) Für die Anwendung des § 18 Absatz 4 Satz 2 in der Fassung des Artikels 1 des Gesetzes vom 22. Dezember 2005 (BGBl. I S. 3683) gilt Absatz 25 entsprechend.

(26a) § 19 Absatz 1 Satz 1 Nummer 3 Satz 2 und 3 in der am 31. Dezember 2014 geltenden Fassung gilt für alle Zahlungen des Arbeitgebers nach dem 30. Dezember 2014.

(27) § 19a in der am 31. Dezember 2008 geltenden Fassung ist weiter anzuwenden, wenn

1. die Vermögensbeteiligung vor dem 1. April 2009 überlassen wird oder
2. auf Grund einer am 31. März 2009 bestehenden Vereinbarung ein Anspruch auf die unentgeltliche oder verbilligte Überlassung einer Vermögensbeteiligung besteht sowie die Vermögensbeteiligung vor dem 1. Januar 2016 überlassen wird

und der Arbeitgeber bei demselben Arbeitnehmer im Kalenderjahr nicht § 3 Nummer 39 anzuwenden hat.

(28) [1]Für die Anwendung des § 20 Absatz 1 Nummer 4 Satz 2 in der am 31. Dezember 2005 geltenden Fassung gilt Absatz 25 entsprechend. [2]Für die Anwendung von § 20 Absatz 1 Nummer 4 Satz 2 und Absatz 2b in der am 1. Januar 2007 geltenden Fassung gilt Absatz 25 entsprechend. [3]§ 20 Absatz 1 Nummer 6 in der Fassung des Gesetzes vom 7. September 1990 (BGBl. I S. 1898) ist erstmals auf nach dem 31. Dezember 1974 zugeflossene Zinsen aus Versicherungsverträgen anzuwenden, die nach dem 31. Dezember 1973 abgeschlossen worden sind. [4]§ 20 Absatz 1 Nummer 6 in der Fassung des Gesetzes vom 20. Dezember 1996 (BGBl. I S. 2049) ist erstmals auf Zinsen aus Versicherungsverträgen anzuwenden, bei denen die Ansprüche nach dem 31. Dezember 1996 entgeltlich erworben worden sind. [5]Für Kapitalerträge aus Versicherungsverträgen, die vor dem 1. Januar 2005 abgeschlossen worden sind, ist § 20 Absatz 1 Nummer 6 in der am 31. Dezember 2004 geltenden Fassung mit der Maßgabe weiterhin anzuwenden, dass in Satz 3 die Wörter „§ 10 Absatz 1 Nummer 2 Buchstabe b Satz 5" durch die Wörter „§ 10 Absatz 1 Nummer 2 Buchstabe b Satz 6" ersetzt werden. [6]§ 20 Absatz 1 Nummer 6 Satz 3 in der Fassung des Artikels 1 des Gesetzes vom 13. Dezember 2006 (BGBl. I S. 2878) ist erstmals anzuwenden auf Versicherungsleistungen im Erlebensfall bei Versicherungsverträgen, die nach dem 31. Dezember 2006 abgeschlossen werden, und auf Versicherungsleistungen bei Rückkauf eines Vertrages nach dem 31. Dezember 2006. [7]§ 20 Absatz 1 Nummer 6 Satz 2 ist für Vertragsabschlüsse nach dem 31. Dezember 2011 mit der Maßgabe anzuwenden, dass die Versicherungsleistung nach Vollendung des 62. Lebensjahres des Steuerpflichtigen ausgezahlt wird. [8]§ 20 Absatz 1 Nummer 6 Satz 6 in der Fassung des Artikels 1 des Gesetzes vom 19. Dezember 2008 (BGBl. I S. 2794) ist für alle Versicherungsverträge anzuwenden, die nach dem 31. März 2009 abgeschlossen werden oder bei denen die erstmalige Beitragsleistung nach dem 31. März 2009 erfolgt. [9]Wird auf Grund einer internen Teilung nach § 10 des Versorgungsausgleichsgesetzes oder einer externen Teilung nach § 14 des Versorgungsausgleichsgesetzes ein Anrecht in Form eines Versicherungsvertrags zugunsten der ausgleichsberechtigten Person begründet, so gilt dieser Vertrag insoweit zu dem gleichen Zeitpunkt als abgeschlossen wie derjenige der ausgleichspflichtigen Person. [10]§ 20 Absatz 1 Nummer 6 Satz 7 und 8 ist auf Versicherungsleistungen anzuwenden, die auf Grund eines nach dem 31. Dezember 2014 eingetretenen Versicherungsfalles ausgezahlt werden. [11]§ 20 Absatz 2 Satz 1 Nummer 1 in der am 18. August 2007 geltenden Fassung ist erstmals auf Gewinne aus der Veräußerung von Anteilen anzuwenden, die nach dem 31. Dezem-

ber 2008 erworben wurden. [12]§ 20 Absatz 2 Satz 1 Nummer 3 in der am 18. August 2007 geltenden Fassung ist erstmals auf Gewinne aus Termingeschäften anzuwenden, bei denen der Rechtserwerb nach dem 31. Dezember 2008 stattgefunden hat. [13]§ 20 Absatz 2 Satz 1 Nummer 4, 5 und 8 in der am 18. August 2007 geltenden Fassung ist erstmals auf Gewinne anzuwenden, bei denen die zugrunde liegenden Wirtschaftsgüter, Rechte oder Rechtspositionen nach dem 31. Dezember 2008 erworben oder geschaffen wurden. [14]§ 20 Absatz 2 Satz 1 Nummer 6 in der am 18. August 2007 geltenden Fassung ist erstmals auf die Veräußerung von Ansprüchen nach dem 31. Dezember 2008 anzuwenden, bei denen der Versicherungsvertrag nach dem 31. Dezember 2004 abgeschlossen wurde; dies gilt auch für Versicherungsverträge, die vor dem 1. Januar 2005 abgeschlossen wurden, sofern bei einem Rückkauf zum Veräußerungszeitpunkt die Erträge nach § 20 Absatz 1 Nummer 6 in der am 31. Dezember 2004 geltenden Fassung steuerpflichtig wären. [15]§ 20 Absatz 2 Satz 1 Nummer 7 in der Fassung des Artikels 1 des Gesetzes vom 14. August 2007 (BGBl. I S. 1912) ist erstmals auf nach dem 31. Dezember 2008 zufließende Kapitalerträge aus der Veräußerung sonstiger Kapitalforderungen anzuwenden. [16]Für Kapitalerträge aus Kapitalforderungen, die zum Zeitpunkt des vor dem 1. Januar 2009 erfolgten Erwerbs zwar Kapitalforderungen im Sinne des § 20 Absatz 1 Nummer 7 in der am 31. Dezember 2008 anzuwendenden Fassung, aber nicht Kapitalforderungen im Sinne des § 20 Absatz 2 Satz 1 Nummer 4 in der am 31. Dezember 2008 anzuwendenden Fassung sind, ist § 20 Absatz 2 Satz 1 Nummer 7 nicht anzuwenden; für die bei der Veräußerung in Rechnung gestellten Stückzinsen ist Satz 15 anzuwenden; Kapitalforderungen im Sinne des § 20 Absatz 2 Satz 1 Nummer 4 in der am 31. Dezember 2008 anzuwendenden Fassung liegen auch vor, wenn die Rückzahlung nur teilweise garantiert ist oder wenn eine Trennung zwischen Ertrags- und Vermögensebene möglich erscheint. [17]Bei Kapitalforderungen, die zwar nicht die Voraussetzungen von § 20 Absatz 1 Nummer 7 in der am 31. Dezember 2008 geltenden Fassung, aber die Voraussetzungen von § 20 Absatz 1 Nummer 7 in der am 18. August 2007 geltenden Fassung erfüllen, ist § 20 Absatz 2 Satz 1 Nummer 7 in Verbindung mit § 20 Absatz 1 Nummer 7 vorbehaltlich der Regelung in Absatz 31 Satz 2 und 3 auf alle nach dem 30. Juni 2009 zufließenden Kapitalerträge anzuwenden, es sei denn, die Kapitalforderung wurde vor dem 15. März 2007 angeschafft. [18]§ 20 Absatz 4a Satz 3 in der Fassung des Artikels 1 des Gesetzes vom 8. Dezember 2010 (BGBl. I S. 1768) ist erstmals für Wertpapiere anzuwenden, die nach dem 31. Dezember 2009 geliefert wurden, sofern für die Lieferung § 20 Absatz 4 anzuwenden ist. [19]§ 20 Absatz 2 und 4 in der am 27. Juli 2016 geltenden Fassung ist erstmals ab dem 1. Januar 2017 anzuwenden. [20]§ 20 Absatz 1 in der am 27. Juli 2016 geltenden Fassung ist erstmals ab dem 1. Januar 2018 anzuwenden. [21]Investmenterträge nach § 20 Absatz 1 Nummer 6 Satz 9 sind

1. die nach dem 31. Dezember 2017 zugeflossenen Ausschüttungen nach § 2 Absatz 11 des Investmentsteuergesetzes,
2. die realisierten oder unrealisierten Wertveränderungen aus Investmentanteilen nach § 2 Absatz 4 Satz 1 des Investmentsteuergesetzes, die das Versicherungsunternehmen nach dem 31. Dezember 2017 dem Sicherungsvermögen zur Sicherung der Ansprüche des Steuerpflichtigen zugeführt hat, und
3. die realisierten oder unrealisierten Wertveränderungen aus Investmentanteilen nach § 2 Absatz 4 Satz 1 des Investmentsteuergesetzes, die das Versicherungsunternehmen vor dem 1. Januar 2018 dem Sicherungsvermögen zur Sicherung der Ansprüche des Steuerpflichtigen zugeführt hat, soweit Wertveränderungen gegenüber dem letzten im Kalenderjahr 2017 festgesetzten Rücknahmepreis des Investmentanteils eingetreten sind.

[22]Wird kein Rücknahmepreis festgesetzt, tritt der Börsen- oder Marktpreis an die Stelle des Rücknahmepreises.

(29) Für die Anwendung des § 21 Absatz 1 Satz 2 in der am 31. Dezember 2005 geltenden Fassung gilt Absatz 25 entsprechend.

(30) Für die Anwendung des § 22 Nummer 1 Satz 1 zweiter Halbsatz in der am 31. Dezember 2005 geltenden Fassung gilt Absatz 25 entsprechend.

(30a) § 22a Absatz 2 Satz 2 in der am 1. Januar 2017 geltenden Fassung ist erstmals für die Übermittlung von Daten ab dem 1. Januar 2019 anzuwenden.

(31) [1]§ 23 Absatz 1 Satz 1 Nummer 2 in der am 18. August 2007 geltenden Fassung ist erstmals auf Veräußerungsgeschäfte anzuwenden, bei denen die Wirtschaftsgüter nach dem 31. Dezember 2008 auf Grund eines nach diesem Zeitpunkt rechtswirksam abgeschlossenen obligatorischen Vertrags oder gleichstehenden Rechtsakts angeschafft wurden; § 23 Absatz 1 Satz 1 Nummer 2 Satz 2 in der

am 14. Dezember 2010 geltenden Fassung ist erstmals auf Veräußerungsgeschäfte anzuwenden, bei denen die Gegenstände des täglichen Gebrauchs auf Grund eines nach dem 13. Dezember 2010 rechtskräftig abgeschlossenen Vertrags oder gleichstehenden Rechtsakts angeschafft wurden. [2]§ 23 Absatz 1 Satz 1 Nummer 2 in der am 1. Januar 1999 geltenden Fassung ist letztmals auf Veräußerungsgeschäfte anzuwenden, bei denen die Wirtschaftsgüter vor dem 1. Januar 2009 erworben wurden. [3]§ 23 Absatz 1 Satz 1 Nummer 3 in der Fassung des Artikels 7 des Gesetzes vom 20. Dezember 2016 (BGBl. I S. 3000) ist erstmals auf Veräußerungsgeschäfte anzuwenden, bei denen die Veräußerung auf einem nach dem 23. Dezember 2016 rechtswirksam abgeschlossenen obligatorischen Vertrag oder gleichstehenden Rechtsakt beruht. [4]§ 23 Absatz 1 Satz 1 Nummer 4 ist auf Termingeschäfte anzuwenden, bei denen der Erwerb des Rechts auf einen Differenzausgleich, Geldbetrag oder Vorteil nach dem 31. Dezember 1998 und vor dem 1. Januar 2009 erfolgt. [5]§ 23 Absatz 3 Satz 4 in der am 1. Januar 2000 geltenden Fassung ist auf Veräußerungsgeschäfte anzuwenden, bei denen der Steuerpflichtige das Wirtschaftsgut nach dem 31. Juli 1995 und vor dem 1. Januar 2009 angeschafft oder nach dem 31. Dezember 1998 und vor dem 1. Januar 2009 fertiggestellt hat; § 23 Absatz 3 Satz 4 in der am 1. Januar 2009 geltenden Fassung ist auf Veräußerungsgeschäfte anzuwenden, bei denen der Steuerpflichtige das Wirtschaftsgut nach dem 31. Dezember 2008 angeschafft oder fertiggestellt hat. [6]§ 23 Absatz 1 Satz 2 und 3 sowie Absatz 3 Satz 3 in der am 12. Dezember 2006 geltenden Fassung sind für Anteile, die einbringungsgeboren im Sinne des § 21 des Umwandlungssteuergesetzes in der am 12. Dezember 2006 geltenden Fassung sind, weiter anzuwenden.

(32) [1]§ 32 Absatz 4 Satz 1 Nummer 3 in der Fassung des Artikels 1 des Gesetzes vom 19. Juli 2006 (BGBl. I S. 1652) ist erstmals für Kinder anzuwenden, die im Veranlagungszeitraum 2007 wegen einer vor Vollendung des 25. Lebensjahres eingetretenen körperlichen, geistigen oder seelischen Behinderung außerstande sind, sich selbst zu unterhalten; für Kinder, die wegen einer vor dem 1. Januar 2007 in der Zeit ab der Vollendung des 25. Lebensjahres und vor Vollendung des 27. Lebensjahres eingetretenen körperlichen, geistigen oder seelischen Behinderung außerstande sind, sich selbst zu unterhalten, ist § 32 Absatz 4 Satz 1 Nummer 3 weiterhin in der bis zum 31. Dezember 2006 geltenden Fassung anzuwenden. [2]§ 32 Absatz 5 ist nur noch anzuwenden, wenn das Kind den Dienst oder die Tätigkeit vor dem 1. Juli 2011 angetreten hat. [3]Für die nach § 10 Absatz 1 Nummer 2 Buchstabe b und den §§ 10a, 82 begünstigten Verträge, die vor dem 1. Januar 2007 abgeschlossen wurden, gelten für das Vorliegen einer begünstigten Hinterbliebenenversorgung die Altersgrenzen des § 32 in der am 31. Dezember 2006 geltenden Fassung. [4]Dies gilt entsprechend für die Anwendung des § 93 Absatz 1 Satz 3 Buchstabe b.

(32a) [1]§ 32a Absatz 1 und § 51a Absatz 2a Satz 1 in der am 23. Juli 2015 geltenden Fassung sind beim Steuerabzug vom Arbeitslohn erstmals anzuwenden auf laufenden Arbeitslohn, der für einen nach dem 30. November 2015 endenden Lohnzahlungszeitraum gezahlt wird, und auf sonstige Bezüge, die nach dem 30. November 2015 zufließen. [2]Bei der Lohnsteuerberechnung auf laufenden Arbeitslohn, der für einen nach dem 30. November 2015, aber vor dem 1. Januar 2016 endenden täglichen, wöchentlichen und monatlichen Lohnzahlungszeitraum gezahlt wird, ist zu berücksichtigen, dass § 32a Absatz 1 und § 51a Absatz 2a Satz 1 in der am 23. Juli 2015 geltenden Fassung bis zum 30. November 2015 nicht angewandt wurden (Nachholung). [3]Das Bundesministerium der Finanzen hat im Einvernehmen mit den obersten Finanzbehörden der Länder entsprechende Programmablaufpläne aufzustellen und bekannt zu machen (§ 39b Absatz 6 und § 51 Absatz 4 Nummer 1a).

(33) [1]§ 32b Absatz 2 Satz 1 Nummer 2 Satz 2 Buchstabe c ist erstmals auf Wirtschaftsgüter des Umlaufvermögens anzuwenden, die nach dem 28. Februar 2013 angeschafft, hergestellt oder in das Betriebsvermögen eingelegt werden. [2]§ 32b Absatz 1 Satz 3 in der Fassung des Artikels 11 des Gesetzes vom 18. Dezember 2013 (BGBl. I S. 4318) ist in allen offenen Fällen anzuwenden. [3]§ 32b Absatz 3 bis 5 in der am 1. Januar 2017 geltenden Fassung ist erstmals für ab dem 1. Januar 2018 gewährte Leistungen anzuwenden.

(33a)[1] [1]§ 32c in der Fassung des Artikels 3 des Gesetzes vom 20. Dezember 2016 (BGBl. I S. 3045) ist erstmals für den Veranlagungszeitraum 2016 anzuwenden. [2]§ 32c ist im Veranlagungszeitraum 2016 mit der Maßgabe anzuwenden, dass der erste Betrachtungszeitraum die Veranlagungszeiträume 2014 bis 2016 umfasst. [3]Die weiteren Betrachtungszeiträume erfassen die Veranlagungszeiträume 2017 bis

---

1 In § 52 wird Abs. 33a eingefügt (G zum Erlass und zur Änderung marktordnungsrechtlicher Vorschriften sowie zur Änderung des EStG v. 20.12.2016, BGBl. I 2016, 3045). Die Regelung des Abs. 33a tritt an dem Tag in Kraft, an dem die Europäische Kommission durch Beschluss feststellt, dass sie entweder keine Beihilfe oder eine mit dem Binnenmarkt vereinbare Beihilfe darstellt. Zum Zeitpunkt der Drucklegung steht dieser Beschluss noch aus.

2019 und 2020 bis 2022. ⁴§ 32c ist letztmalig für den Veranlagungszeitraum 2022 anzuwenden. ⁵Hat ein land- und forstwirtschaftlicher Betrieb im gesamten Jahr 2014 noch nicht bestanden, beginnt für diesen Betrieb der erste Betrachtungszeitraum im Sinne des § 32c Absatz 1 Satz 1 abweichend von den Sätzen 1 und 2 mit dem Veranlagungszeitraum, in dem erstmals Einkünfte aus Land- und Forstwirtschaft aus diesem Betrieb der Besteuerung zugrunde gelegt werden. ⁶Satz 4 findet auch in den Fällen des Satzes 5 Anwendung. ⁷Für den letzten Betrachtungszeitraum gilt in den Fällen des Satzes 5 § 32c Absatz 5 Satz 1 entsprechend.

(33a)[1] § 32d Absatz 2 Satz 1 Nummer 3 Buchstabe b in der Fassung des Artikels 7 des Gesetzes vom 20. Dezember 2016 (BGBl. I S. 3000) ist erstmals auf Anträge für den Veranlagungszeitraum 2017 anzuwenden.

(34) ¹§ 34a in der Fassung des Artikels 1 des Gesetzes vom 19. Dezember 2008 (BGBl. I S. 2794) ist erstmals für den Veranlagungszeitraum 2008 anzuwenden. ²§ 34a Absatz 6 Satz 1 Nummer 3 und Satz 2 in der Fassung des Artikels 1 des Gesetzes vom 27. Juni 2017 (BGBl. I S. 2074) ist erstmals für unentgeltliche Übertragungen nach dem 5. Juli 2017 anzuwenden.

(34a) Für Veranlagungszeiträume bis einschließlich 2014 ist § 34c Absatz 1 Satz 2 in der bis zum 31. Dezember 2014 geltenden Fassung in allen Fällen, in denen die Einkommensteuer noch nicht bestandskräftig festgesetzt ist, mit der Maßgabe anzuwenden, dass an die Stelle der Wörter „Summe der Einkünfte" die Wörter „Summe der Einkünfte abzüglich des Altersentlastungsbetrages (§ 24a), des Entlastungsbetrages für Alleinerziehende (§ 24b), der Sonderausgaben (§§ 10, 10a, 10b, 10c), der außergewöhnlichen Belastungen (§§ 33 bis 33b), der berücksichtigten Freibeträge für Kinder (§§ 31, 32 Absatz 6) und des Grundfreibetrages (§ 32a Absatz 1 Satz 2 Nummer 1)" treten.

(34b)[2] ¹§ 34d Nummer 4 Buchstabe b Doppelbuchstabe bb in der Fassung des Artikels 3 des Gesetzes vom 11. Dezember 2018 (BGBl. I S. 2338) ist erstmals auf Gewinne aus der Veräußerung von Anteilen anzuwenden, bei denen die Veräußerung nach dem 31. Dezember 2018 erfolgt, und nur soweit den Gewinnen nach dem 31. Dezember 2018 eingetretene Wertveränderungen zugrunde liegen. ²§ 34d Nummer 7 in der Fassung des Artikels 3 des Gesetzes vom 11. Dezember 2018 (BGBl. I S. 2338) ist erstmals auf Wertveränderungen anzuwenden, die nach dem 31. Dezember 2018 eintreten.

(35) ¹§ 34f Absatz 3 und 4 Satz 2 in der Fassung des Gesetzes vom 25. Februar 1992 (BGBl. I S. 297) ist erstmals anzuwenden bei Inanspruchnahme der Steuerbegünstigung nach § 10e Absatz 1 bis 5 in der Fassung des Gesetzes vom 25. Februar 1992 (BGBl. I S. 297). ²§ 34f Absatz 4 Satz 1 ist erstmals anzuwenden bei Inanspruchnahme der Steuerbegünstigung nach § 10e Absatz 1 bis 5 oder nach § 15b des Berlinförderungsgesetzes für nach dem 31. Dezember 1991 hergestellte oder angeschaffte Objekte.

(35a)[3] § 36 Absatz 2 Nummer 3 in der Fassung des Artikels 3 des Gesetzes vom 20. Dezember 2016 (BGBl. I S. 3045) ist erstmals für den Veranlagungszeitraum 2016 und letztmalig für den Veranlagungszeitraum 2022 anzuwenden.

(35b) § 36a in der am 27. Juli 2016 geltenden Fassung ist erstmals auf Kapitalerträge anzuwenden, die ab dem 1. Januar 2016 zufließen.

(36) ¹Das Bundesministerium der Finanzen kann im Einvernehmen mit den obersten Finanzbehörden der Länder in einem Schreiben mitteilen, wann die in § 39 Absatz 4 Nummer 4 und 5 genannten Lohnsteuerabzugsmerkmale erstmals abgerufen werden können (§ 39e Absatz 3 Satz 1). ²Dieses Schreiben ist im Bundessteuerblatt zu veröffentlichen.

(37) ¹Das Bundesministerium der Finanzen kann im Einvernehmen mit den obersten Finanzbehörden der Länder in einem Schreiben mitteilen, ab wann die Regelungen in § 39a Absatz 1 Satz 3 bis 5 erstmals anzuwenden sind. ²Dieses Schreiben ist im Bundessteuerblatt[4] zu veröffentlichen.

(37a) § 39f Absatz 1 Satz 9 bis 11 und Absatz 3 Satz 1 ist erstmals für den Veranlagungszeitraum 2019 anzuwenden.

1 Die Nummerierung dieser Anwendungsvorschrift als Abs. 33a beruht vermutlich auf einem Redaktionsversehen.
2 In § 52 wurde mWv. 1.1.2019 Abs. 34b eingefügt (G zur Vermeidung von Umsatzsteuerausfällen beim Handel mit Waren im Internet und zur Änderung weiterer stl. Vorschriften v. 11.12.2018, BGBl. I 2018, 2338).
3 In § 52 wird Abs. 35a eingefügt (G zum Erlass und zur Änderung marktordnungsrechtlicher Vorschriften sowie zur Änderung des EStG v. 20.12.2016, BGBl. I 2016, 3045). Die Regelung des Abs. 35a tritt an dem Tag in Kraft, an dem die Europäische Kommission durch Beschluss feststellt, dass sie entweder keine Beihilfe oder eine mit dem Binnenmarkt vereinbare Beihilfe darstellt. Zum Zeitpunkt der Drucklegung steht dieser Beschluss noch aus.
4 S. BMF v. 21.5.2015, BStBl. I 2015, 488.

(37b) [1]§ 39b Absatz 2 Satz 5 Nummer 4 in der am 23. Juli 2015 geltenden Fassung ist erstmals anzuwenden auf laufenden Arbeitslohn, der für einen nach dem 30. November 2015 endenden Lohnzahlungszeitraum gezahlt wird, und auf sonstige Bezüge, die nach dem 30. November 2015 zufließen. [2]Bei der Lohnsteuerberechnung auf laufenden Arbeitslohn, der für einen nach dem 30. November 2015, aber vor dem 1. Januar 2016 endenden täglichen, wöchentlichen und monatlichen Lohnzahlungszeitraum gezahlt wird, ist zu berücksichtigen, dass § 39b Absatz 2 Satz 5 Nummer 4 in der am 23. Juli 2015 geltenden Fassung bis zum 30. November 2015 nicht angewandt wurde (Nachholung). [3]Das Bundesministerium der Finanzen hat dies im Einvernehmen mit den obersten Finanzbehörden der Länder bei der Aufstellung und Bekanntmachung der geänderten Programmablaufpläne für 2015 zu berücksichtigen (§ 39b Absatz 6 und § 51 Absatz 4 Nummer 1a). [4]In den Fällen des § 24b Absatz 4 ist für das Kalenderjahr 2015 eine Veranlagung durchzuführen, wenn die Nachholung nach Satz 2 durchgeführt wurde.

(37c) § 40 Absatz 2 Satz 1 Nummer 6 in der am 17. November 2016 geltenden Fassung ist erstmals anzuwenden auf Vorteile, die in einem nach dem 31. Dezember 2016 endenden Lohnzahlungszeitraum oder als sonstige Bezüge nach dem 31. Dezember 2016 zugewendet werden, und letztmals anzuwenden auf Vorteile, die in einem vor dem 1. Januar 2021 endenden Lohnzahlungszeitraum oder als sonstige Bezüge vor dem 1. Januar 2021 zugewendet werden.

(38) § 40a Absatz 2, 2a und 6 in der am 31. Juli 2014 geltenden Fassung ist erstmals ab dem Kalenderjahr 2013 anzuwenden.

(39) (weggefallen)

(40) § 40b Absatz 1 und 2 in der am 31. Dezember 2004 geltenden Fassung ist weiter anzuwenden auf Beiträge für eine Direktversicherung des Arbeitnehmers und Zuwendungen an eine Pensionskasse, wenn vor dem 1. Januar 2018 mindestens ein Beitrag nach § 40b Absatz 1 und 2 in einer vor dem 1. Januar 2005 geltenden Fassung pauschal besteuert wurde.

(40a) [1]§ 41a Absatz 4 Satz 1 in der Fassung des Artikels 1 des Gesetzes vom 24. Februar 2016 (BGBl. I S. 310) gilt für eine Dauer von 60 Monaten und ist erstmals für laufenden Arbeitslohn anzuwenden, der für den Lohnzahlungszeitraum gezahlt wird, der nach dem Kalendermonat folgt, in dem die Europäische Kommission die Genehmigung zu diesem Änderungsgesetz erteilt hat; die Regelung ist erstmals für sonstige Bezüge anzuwenden, die nach dem Monat zufließen, in dem die Europäische Kommission die Genehmigung zu diesem Änderungsgesetz erteilt hat. [2]Das Bundesministerium der Finanzen gibt den Tag der erstmaligen Anwendung im Bundesgesetzblatt[1] bekannt. [3]Nach Ablauf der 60 Monate ist wieder § 41a Absatz 4 Satz 1 in der Fassung der Bekanntmachung des Einkommensteuergesetzes vom 8. Oktober 2009 (BGBl. I S. 3366, 3862) anzuwenden.

(41) Bei der Veräußerung oder Einlösung von Wertpapieren und Kapitalforderungen, die von der das Bundesschuldbuch führenden Stelle oder einer Landesschuldenverwaltung verwahrt oder verwaltet werden können, bemisst sich der Steuerabzug nach den bis zum 31. Dezember 1993 geltenden Vorschriften, wenn die Wertpapier- und Kapitalforderungen vor dem 1. Januar 1994 emittiert worden sind; dies gilt nicht für besonders in Rechnung gestellte Stückzinsen.

(42) [1]§ 43 Absatz 1 Satz 1 Nummer 7 Buchstabe b Satz 2 in der Fassung des Artikels 1 des Gesetzes vom 13. Dezember 2006 (BGBl. I S. 2878) ist erstmals auf Verträge anzuwenden, die nach dem 31. Dezember 2006 abgeschlossen werden. [2]§ 43 Absatz 1 Satz 6 und Absatz 2 Satz 7 und 8 in der am 1. Januar 2017 geltenden Fassung ist erstmals anzuwenden auf Kapitalerträge, die dem Gläubiger nach dem 31. Dezember 2016 zufließen. [3]§ 43 in der Fassung des Artikels 3 des Gesetzes vom 19. Juli 2016 (BGBl. I S. 1730) ist erstmals ab dem 1. Januar 2018 anzuwenden.

(42a) § 43a in der Fassung des Artikels 3 des Gesetzes vom 19. Juli 2016 (BGBl. I S. 1730) ist erstmals ab dem 1. Januar 2018 anzuwenden.

(42b) § 43b und Anlage 2 (zu § 43b) in der am 1. Januar 2016 geltenden Fassung sind erstmals auf Ausschüttungen anzuwenden, die nach dem 31. Dezember 2015 zufließen.

(43) [1]Ist ein Freistellungsauftrag im Sinne des § 44a vor dem 1. Januar 2007 unter Beachtung des § 20 Absatz 4 in der bis dahin geltenden Fassung erteilt worden, darf der nach § 44 Absatz 1 zum Steuerabzug Verpflichtete den angegebenen Freistellungsbetrag nur zu 56,37 Prozent berücksichtigen. [2]Sind in dem Freistellungsauftrag der gesamte Sparer-Freibetrag nach § 20 Absatz 4 in der Fassung des Artikels 1 des Gesetzes vom 19. Juli 2006 (BGBl. I S. 1652) und der gesamte Werbungskosten-Pauschbetrag nach § 9a Satz 1 Nummer 2 in der Fassung des Artikels 1 des Gesetzes vom

1 S. die Bek. des BMF v. 18.5.2016, BGBl. I 2016, 1248.

19. Juli 2006 (BGBl. I S. 1652) angegeben, ist der Werbungskosten-Pauschbetrag in voller Höhe zu berücksichtigen.

(44) [1]§ 44 Absatz 6 Satz 2 und 5 in der am 12. Dezember 2006 geltenden Fassung ist für Anteile, die einbringungsgeboren im Sinne des § 21 des Umwandlungssteuergesetzes in der am 12. Dezember 2006 geltenden Fassung sind, weiter anzuwenden. [2]§ 44 in der Fassung des Artikels 3 des Gesetzes vom 19. Juli 2016 (BGBl. I S. 1730) ist erstmals ab dem 1. Januar 2018 anzuwenden.

(45) [1]§ 45d Absatz 1 in der am 14. Dezember 2010 geltenden Fassung ist erstmals für Kapitalerträge anzuwenden, die ab dem 1. Januar 2013 zufließen; eine Übermittlung der Identifikationsnummer hat für Kapitalerträge, die vor dem 1. Januar 2016 zufließen, nur zu erfolgen, wenn die Identifikationsnummer der Meldestelle vorliegt. [2]§ 45d Absatz 1 in der am 1. Januar 2017 geltenden Fassung ist erstmals anzuwenden auf Kapitalerträge, die dem Gläubiger nach dem 31. Dezember 2016 zufließen. [3]§ 45d Absatz 3 in der am 1. Januar 2017 geltenden Fassung ist für Versicherungsverträge anzuwenden, die nach dem 31. Dezember 2016 abgeschlossen werden.

(45a)[1] [1]§ 49 Absatz 1 Nummer 2 Buchstabe e Doppelbuchstabe cc in der Fassung des Artikels 3 des Gesetzes vom 11. Dezember 2018 (BGBl. I S. 2338) ist erstmals auf Gewinne aus der Veräußerung von Anteilen anzuwenden, bei denen die Veräußerung nach dem 31. Dezember 2018 erfolgt, und nur soweit den Gewinnen nach dem 31. Dezember 2018 eingetretene Wertveränderungen zugrunde liegen. [2]§ 49 Absatz 1 Nummer 2 Buchstabe f in der Fassung des Artikels 3 des Gesetzes vom 11. Dezember 2018 (BGBl. I S. 2338) ist erstmals auf Wertveränderungen anzuwenden, die nach dem 31. Dezember 2018 eintreten. [3]§ 49 Absatz 1 Nummer 5 in der am 27. Juli 2016 geltenden Fassung ist erstmals auf Kapitalerträge anzuwenden, die ab dem 1. Januar 2018 zufließen. [4]§ 49 Absatz 1 Nummer 5 Satz 1 Buchstabe a und b in der am 26. Juli 2016 geltenden Fassung ist letztmals anzuwenden bei Erträgen, die vor dem 1. Januar 2018 zufließen oder als zugeflossen gelten.

(46) [1]§ 50 Absatz 1 Satz 3 in der Fassung des Artikels 8 des Gesetzes vom 20. Dezember 2016 (BGBl. I S. 3000) ist erstmals für Versorgungsleistungen anzuwenden, die nach dem 31. Dezember 2016 geleistet werden. [2]Der Zeitpunkt der erstmaligen Anwendung des § 50 Absatz 2 in der am 18. August 2009 geltenden Fassung wird durch eine Rechtsverordnung der Bundesregierung bestimmt, die der Zustimmung des Bundesrates bedarf; dieser Zeitpunkt darf nicht vor dem 31. Dezember 2011 liegen. [3]§ 50 Absatz 4 in der am 1. Januar 2016 geltenden Fassung ist in allen offenen Fällen anzuwenden.

(47) [1]Der Zeitpunkt der erstmaligen Anwendung des § 50a Absatz 3 und 5 in der am 18. August 2009 geltenden Fassung wird durch eine Rechtsverordnung der Bundesregierung bestimmt, die der Zustimmung des Bundesrates bedarf; dieser Zeitpunkt darf nicht vor dem 31. Dezember 2011 liegen. [2]§ 50a Absatz 7 in der am 31. Juli 2014 geltenden Fassung ist erstmals auf Vergütungen anzuwenden, für die der Steuerabzug nach dem 31. Dezember 2014 angeordnet worden ist.

(48) [1]§ 50i Absatz 1 Satz 1 und 2 ist auf die Veräußerung oder Entnahme von Wirtschaftsgütern oder Anteilen anzuwenden, die nach dem 29. Juni 2013 stattfindet. [2]Hinsichtlich der laufenden Einkünfte aus der Beteiligung an der Personengesellschaft ist die Vorschrift in allen Fällen anzuwenden, in denen die Einkommensteuer noch nicht bestandskräftig festgesetzt worden ist. [3]§ 50i Absatz 1 Satz 4 in der am 31. Juli 2014 geltenden Fassung ist erstmals auf die Veräußerung oder Entnahme von Wirtschaftsgütern oder Anteilen anzuwenden, die nach dem 31. Dezember 2013 stattfindet. [4]§ 50i Absatz 2 in der Fassung des Artikels 7 des Gesetzes vom 20. Dezember 2016 (BGBl. I S. 3000) ist erstmals für Einbringungen anzuwenden, bei denen der Einbringungsvertrag nach dem 31. Dezember 2013 geschlossen worden ist.

(49) § 51a Absatz 2c und 2e in der am 30. Juni 2013 geltenden Fassung ist erstmals auf nach dem 31. Dezember 2014 zufließende Kapitalerträge anzuwenden.

(49a) [1]Die §§ 62, 63 und 67 in der am 9. Dezember 2014 geltenden Fassung sind für Kindergeldfestsetzungen anzuwenden, die Zeiträume betreffen, die nach dem 31. Dezember 2015 beginnen. [2]Die §§ 62, 63 und 67 in der am 9. Dezember 2014 geltenden Fassung sind auch für Kindergeldfestsetzungen anzuwenden, die Zeiträume betreffen, die vor dem 1. Januar 2016 liegen, der Antrag auf Kindergeld aber erst nach dem 31. Dezember 2015 gestellt wird. [3]§ 66 Absatz 1 in der am 23. Juli 2015 geltenden Fassung ist für Kindergeldfestsetzungen anzuwenden, die Zeiträume betreffen, die

1 Dem Wortlaut des § 52 Abs. 45a wurden mWv. 1.1.2019 die Sätze 1 und 2 vorangestellt (G zur Vermeidung von Umsatzsteuerausfällen beim Handel mit Waren im Internet und zur Änderung weiterer stl. Vorschriften v. 11.12. 2018, BGBl. I 2018, 2338).

nach dem 31. Dezember 2014 beginnen. [4]§ 66 Absatz 1 in der am 1. Januar 2016 geltenden Fassung ist für Kindergeldfestsetzungen anzuwenden, die Zeiträume betreffen, die nach dem 31. Dezember 2015 beginnen. [5]§ 66 Absatz 1 in der am 1. Januar 2017 geltenden Fassung ist für Kindergeldfestsetzungen anzuwenden, die Zeiträume betreffen, die nach dem 31. Dezember 2016 beginnen. [6]§ 66 Absatz 1 in der am 1. Januar 2018 geltenden Fassung ist für Kindergeldfestsetzungen anzuwenden, die Zeiträume betreffen, die nach dem 31. Dezember 2017 beginnen. [7]§ 66 Absatz 3 ist auf Anträge anzuwenden, die nach dem 31. Dezember 2017 eingehen. [8]§ 69 in der am 1. Januar 2018 geltenden Fassung ist erstmals am 1. November 2019 anzuwenden. [9][1]§ 66 Absatz 1 in der Fassung des Artikels 2 des Gesetzes vom 29. November 2018 (BGBl. I S. 2210) ist für Kindergeldfestsetzungen anzuwenden, die Zeiträume betreffen, die nach dem 30. Juni 2019 beginnen.

(50) § 70 Absatz 4 in der am 31. Dezember 2011 geltenden Fassung ist weiter für Kindergeldfestsetzungen anzuwenden, die Zeiträume betreffen, die vor dem 1. Januar 2012 enden.

(51) [1]§ 89 Absatz 2 Satz 1 in der am 1. Januar 2017 geltenden Fassung ist erstmals für die Übermittlung von Daten ab dem 1. Januar 2017 anzuwenden. [2][2]§ 89 Absatz 2 Satz 1 in der Fassung des Artikels 3 des Gesetzes vom 11. Dezember 2018 (BGBl. I S. 2338) ist erstmals für die Übermittlung von Daten ab dem 1. Januar 2020 anzuwenden.

Literatur: *Birk*, Der Schutz vermögenswerter Positionen bei der Änderung von Steuergesetzen, FR 2011, 1; *Desens*, Die neue Vertrauensschutzdogmatik des Bundesverfassungsgerichts für das Steuerrecht, StuW 2011, 113; *Fleischmann*, Unzulässige Rückwirkung?, FR 2011, 331; *P. Kirchhof*, Die verfassungsrechtlichen Grenzen ruückwirkender Steuergesetze, DStR 2015, 717; *Koops/Dräger*, Verfassungsrechtliche Grenzen der „unechten" Rückwirkung von Steuergesetzen, DB 2010, 2247; *Momen*, Rückwirkung von Steuergesetzen, BB 2011, 2781; *Musil/Lammers*, Die verfassungsrechtlichen Grenzen der Rückwirkung von Steuergesetzen am Beispiel der §§ 17, 23 EStG, BB 2011, 155; *Schönfeld/Bergmann*, Das Ende rückwirkend „klarstellender" Gesetze im Steuerrecht, DStR 2015, 257; *Schönfeld/Häck*, Verfassungsrechtliche Zulässigkeit „unecht" rückwirkender Steuergesetze – Dargestellt anhand der möglichen Steuerpflicht von Beteiligungserträgen aus Streubesitz durch das JStG 2013, DStR 2012, 1725; *Wiese/Berner*, Rückwirkende Gesetzesklarstellungen und ihre verfassungsrechtliche Zulässigkeit, DStR 2014, 1260.

A. Bedeutung der Vorschrift: die zeitliche Geltung des EStG

Nach Art. 82 Abs. 2 S. 1 GG soll jedes G den Tag seines Inkrafttretens bestimmen. Fehlt eine solche Bestimmung, tritt das G nach Art. 82 Abs. 2 S. 2 GG mit dem 14. Tage nach Ablauf des Tages in Kraft, an dem das BGBl. ausgegeben worden ist. § 52 Abs. 1 entspricht der Regelung des Art. 82 Abs. 2 S. 1 GG, wenn er ausdrücklich anordnet, dass diese Fassung des EStG erstmals für einen ausdrücklich benannten VZ anzuwenden ist, soweit in den folgenden Absätzen nichts anderes bestimmt ist. Damit verdeutlicht § 52 Abs. 1 die materielle Grundlage des Jährlichkeitsprinzips (§ 2 Abs. 7), erfüllt in der Realität eines ständig geänderten EStG das rechtsstaatliche Erfordernis, den Anwendungszeitraum des EStG ausdrücklich klarzustellen. Diese Grundregel stellt sicher, dass der **Anwendungszeitpunkt für das EStG in § 52 abschließend geregelt** ist, der Steuerschuldner also die Sicherheit gewinnt, dass die Frage der erstmaligen Anwendung einer Neufassung des EStG in § 52 beantwortet wird. Diese Ausschließlichkeit der Anwendungsregeln in der Urkundlichkeit des § 52 ist rechtsstaatlich vorbildlich. 1

Durch das Kroatien-AnpG[3] hat der Gesetzgeber § 52 mit Wirkung zum 31.7.2014 neu gefasst. Hierbei wurde die Vorschrift nicht unerheblich gekürzt, indem **alle durch Zeitablauf erledigten Regelungen gestrichen** worden sind.[4] Dies betrifft vor allem die erstmalige Anwendung v. Vorschriften in der Vergangenheit. Die weiterhin notwendigen Anwendungsnormen wurden in einem Absatz zusammengefasst, soweit sie sich auf denselben Paragrafen des EStG beziehen. Die Regelungen des § 52a befinden sich nun ebenfalls in § 52, sodass diese Vorschrift wieder die alleinige zeitliche Anwendungsvorschrift des EStG ist. Nach der Begr. des G sollen so Konkurrenzfragen vermieden werden.[5] Über die redaktionelle Bereinigung hinaus hat der Gesetzgeber materiell-rechtl. Regelungen in die jeweilige Stammvorschrift übernommen, 1a

1 Dem § 52 Abs. 49a wird mWv. 1.7.2019 Satz 9 angefügt (FamEntlastG v. 29.11.2018, BGBl. I 2018, 2210).
2 Dem § 52 Abs. 51 wurde mWv. 1.1.2019 Satz 2 angefügt (G zur Vermeidung von Umsatzsteuerausfällen beim Handel mit Waren im Internet und zur Änderung weiterer stl. Vorschriften v. 11.12.2018, BGBl. I 2018, 2338).
3 G v. 25.7.2014, BGBl. I 2014, 1266.
4 *Häuselmann*, SteuK 2014, 309 (311).
5 BR-Drucks. 184/14, 73.

ohne dabei inhaltliche Änderungen vorzunehmen. Waren die Bestimmungen über die zeitliche Anwendung des EStG bislang auf über 190 Absätze (einschl. Absätze mit Buchstabenbezeichnung und § 52a) verteilt, hat die Neufassung des § 52 mit 51 Absätzen einen ersten Schritt zu mehr Übersichtlichkeit vollzogen. Allerdings ist die Anzahl der Absätze seitdem wieder auf 68 gestiegen. Der Wille zur Übersichtlichkeit ist schwächer als das spezielle Anliegen einer Sonderregelung.

2 Das EStG regelt ein Dauerrechtsverhältnis, dessen Maßstäbe ständig – teilw. sogar mehrmals in einem VZ – geändert werden. Dadurch wird es notwendig, die erstmalige Anwendung, die Geltungsdauer und das Außerkrafttreten der jeweiligen Neuregelung gesondert zu bestimmen, um den in der jeweiligen Einzelvorschrift angelegten Erfordernissen von Kontinuitätsgewähr und Vertrauensschutz zu genügen. § 52 Abs. 1 S. 1 macht deswegen den Vorbehalt, „soweit in den folgenden Absätzen nichts anderes bestimmt ist". Dieser Vorbehalt **wendet das Regel-Ausnahme-Verhältnis praktisch in sein Gegenteil:** Das EStG tritt nicht, wie § 52 Abs. 1 S. 1 es erwarten lässt, in seiner jeweiligen Neufassung für den der Neufassung nachfolgenden VZ in Kraft. Die einzelnen Regelungen des EStG gelten vielmehr zu unterschiedlichen Zeitpunkten: teilw. wirkt eine Neuregelung zurück, teilw. gilt sie nach der Regel des § 52 Abs. 1 S. 1, teilw. erst zu einem späteren Zeitpunkt.

3 Das EStG gilt aufgrund des § 52. Dieser ist Teil der materiellen Regelungen des EStG.[1] Die Vermutung des Art. 82 Abs. 2 S. 2 GG bestätigt diesen Befund. Sie ersetzt eine gesetzliche Bestimmung des Inkrafttretens. § 52 enthält damit grds. **Regelungen über den Anwendungszeitpunkt**, keine Regelungen über das nach § 52 anzuwendende Recht. Allerdings beschränkt sich § 52 auch nach Neufassung durch das KroatienAnpG nicht allein auf die Bestimmung des zeitlichen Geltungsbereichs, sondern vermengt weiterhin – **zT systemwidrig – Anwendungsregeln mit Sachvorschriften**. So enthält Abs. 24 materielle Voraussetzungen v. Schiffsbausubventionen, Abs. 28 S. 21 die Definition der Investmenterträge iSd. § 20 Abs. 1 Nr. 6 und nunmehr Abs. 4 S. 13 die Höchstbeträge für die Steuerfreiheit von Arbeitgeberzuwendungen bei der bAV. Diese systematischen Fehler betreffen nicht die Verfassungsmäßigkeit der Regel.

4 Abweichend v. Art. 82 Abs. 2 S. 1 GG bestimmt § 52 Abs. 36 und 37 den Zeitpunkt der Bildung und erstmaligen Übermittlung bestimmter Lohnsteuerabzugsmerkmale nicht selbst, sondern **delegiert die Entsch.** an das BMF im Einvernehmen mit den obersten Länderfinanzbehörden. Gem. § 52 Abs. 40a richtet sich die erstmalige Anwendung des erhöhten LSt-Einbehalts in der Seeschifffahrt nach einer vom BMF bekanntzugebenden Genehmigung der EU-Kommission. Diese Verweisung dürfte den rechtsstaatlichen Anforderungen an die Bestimmtheit des G im Gesetzestext nicht genügen.[2] Eine ähnliche Problematik stellt sich bei den Abs. 4a, 5, 33a – erster (1.!) Abs. 33a – und 35a. Auch der Anwendungsbeginn v. Abgeltungsteuervorschriften für beschränkt StPfl. und des hierfür notwendigen Quellenabzugs folgt nicht aus dem G. § 52 Abs. 46 und 47 überlässt die Bestimmung der erstmaligen Anwendung einer Rechtsverordnung der BReg. und der Zustimmung des BR. Eine solche Ermächtigung der Exekutive, den Zeitpunkt des Inkrafttretens und Außerkrafttretens einer gesetzlichen Vorschrift zu bestimmen, verstößt gegen den Grundsatz der Gewaltenteilung. Das in Art. 82 Abs. 2 GG geregelte Inkrafttreten betrifft den Inhalt des G, ist deshalb ausschließlich dem Gesetzgeber vorbehalten und darf nicht der Exekutive übertragen werden (**Delegationsverbot**).[3] Damit ist für diese Vorschriften das Inkrafttreten nicht ausdrücklich bestimmt. Es gilt die Regel des Art. 82 Abs. 2 S. 2 GG.[4] Die Vorschriften treten mit dem 14. Tag nach Ablauf des Verkündungstages in Kraft.

5 Sondervorschriften des § 52 über die erstmalige Anwendung neuer Bestimmungen sollen auch dann **weitergelten, wenn sie in späteren Gesetzesfassungen nicht mehr enthalten** sind.[5] Diese Auffassung ist rechtsstaatlich bedenklich. Zwar ist die frühere Anwendungsregel durch die neue Anwendungsregel, die sie im Katalog des § 52 verdrängt, nicht aufgehoben worden, wenn die neu aufgenommene und die entfernte Regelung nicht gegenstandsgleich sind und verschiedene Gesetzesänderungen betreffen.[6] Die Entfernung der früheren Anwendungsregel aus dem Katalog des § 52 bringt jedoch die Regel des § 52 Abs. 1 – die erstmalige Anwendung für den VZ 2019 – zur Geltung, weil nunmehr in den folgenden Absätzen nichts anderes bestimmt ist. Die Regel des § 52 Abs. 1 S. 1 mit dem abschließenden Ausnahmevorbehalt für die folgenden Abs. bietet in der Unübersichtlichkeit der Anwendungsvorschriften ein Mindestmaß an

---

1 BVerfG v. 8.7.1976 – 1 BvL 19/75 ua., BVerfGE 42, 263 (283); v. 10.5.1977 – 1 BvR 514/68, BVerfGE 45, 297 (326).
2 Zu diesen Anforderungen vgl. jüngst BVerfG v. 21.9.2016 – 2 BvL 1/15, BVerfGE 143, 38 (52 ff.) – Strafbarkeit nach dem RindfleischetikettierungsG.
3 BVerfG v. 8.7.1976 – 1 BvL 19/75 ua., BVerfGE 42, 263 (283); v. 10.5.1977 – 1 BvR 514/68, BVerfGE 45, 297 (326).
4 Vgl. *Nierhaus/Mann*, in: Sachs, GG, Kommentar, 8. Aufl. 2018, Art. 82 Rn. 39.
5 BFH v. 25.7.1991 – XI R 36/89, BStBl. II 1992, 26 f. = FR 1991, 753.
6 BFH v. 25.7.1991 – XI R 36/89, BStBl. II 1992, 26 (27) = FR 1991, 753.

rechtsstaatlich gebotener Systematik und Auffindbarkeit. § 52 Abs. 1 bestimmt in der Formenstrenge der Gesetzesverkündung, mit der das Gesetz existent ist, aber noch keine Verbindlichkeitswirkungen entfaltet[1] (Art. 82 GG), dass der Gesetzesadressat sich auf die Anwendung des EStG erstmals für den VZ 2018 einrichten kann, sofern die folgenden Abs. des § 52 nichts anderes bestimmen. Soweit dadurch gesetzlich ungewollte oder auch sachfremde zeitliche Differenzierungen begründet werden, mag der Gesetzgeber diese korrigieren. Sie widerlegen jedoch nicht die ausdrückliche gesetzliche Anordnung.

Soweit Änderungen des EStG nicht zugleich eine entspr. Anpassung des § 52 vorgesehen haben, hatte das BMF den Text des § 52 teilw. redigiert.[2] Diese **Ermächtigung zur Redaktion** wird auf § 51 Abs. 4 Nr. 2 gestützt, wonach das BMF „Unstimmigkeiten im Wortlaut" des EStG beseitigen kann. Diese nur zur Korrektur v. redaktionellen Versehen und offensichtlichen Wortlautfehlern ermächtigende Vorschrift (§ 51 Rn. 50) berechtigt jedoch nicht, Entscheidungen – hier über den Zeitpunkt des Inkrafttretens – zu treffen. Diese Bestimmung ist nach Art. 82 Abs. 2 GG dem G vorbehalten. 6

B. Aufbau des § 52

Nach der **Grundregel** des § 52 Abs. 1 S. 1 ist „diese Fassung" des EStG erstmals für den VZ 2019 anzuwenden. Diese Formulierung schließt die bisherigen Regelungen des EStG einschl. der schon früher in Kraft getretenen Neuregelungen einzelner Vorschriften ein, gibt ihnen insoweit einen neuen Fortgeltungsstichtag. Der Gesetzesadressat gewinnt damit die Sicherheit, dass – vorbehaltlich der Sonderregelungen in den folgenden Absätzen – das EStG insgesamt auf den VZ 2019 anzuwenden ist. Die jährliche Bestimmung des Anwendungjahres macht das EStG allerdings **nicht zu einem Jahresgesetz**. Das Dauerschuldverhältnis des ESt-Rechts fordert eine übergreifende Kontinuität und Vertrauensgrundlage (Rn. 11 ff.). 7

Durch die dem Abs. 1 nachfolgenden Abs. **wird allerdings die Ausnahme zur Regel**. Diese enthalten Aussagen über die erstmalige Anwendung des EStG (Inkrafttreten), über die Geltungsdauer einzelner Vorschriften (zeitliche Schranken), über das Geltungsende (Außerkrafttreten) und über die Weitergeltung alten Rechts. 8

Die folgenden Abs. wählen als **Anknüpfungspunkt** für die zeitliche Geltung jeweils einen bestimmten Vorgang, in dem der StPfl. einen steuererheblichen Tatbestand erfüllt hat. Soweit § 52, wie in den Abs. 2, 4, 18, 34a und 48, danach unterscheidet, dass Steuerbescheide noch nicht bestandskräftig sind, steht das Fehlen solcher Bescheide den noch offenen Bescheiden gleich, weil anderenfalls die Finanzbehörde durch die Wahl ihres Entscheidungszeitpunkts den Geltungszeitpunkt bestimmen könnte oder der Geltungszeitpunkt dem Zufall überlassen bliebe.[3] 9

§ 52 setzt in der verwirrenden Fülle seiner zeitlichen Differenzierungen **keine Maßstäbe, die eine Gleichheit in der Zeit ersichtlich machen**. Dem § 52 fehlt ein System, das die Regelbelastung mit der ESt in einem **Dauerrechtsverhältnis** verstetigt und die Steuersubventionen befristet, insbes. den Zustandstatbestand (§ 2 Rn. 46 ff.) als Dauertatbestand aufnimmt, im Handlungstatbestand (§ 2 Rn. 54 ff.) den Nutzer in seinem Rechtsvertrauen schützt und eine gegenwartsnahe Besteuerung des am gegenwärtigen Markt erwirtschafteten Einkommens gewährleistet (§ 2 Rn. 18). Das Erfordernis, die Regeln des Inkrafttretens als Maßstab einer Gleichheit in der Zeit auszugestalten, wird umso dringlicher, als das BVerfG in seiner jüngeren Rechtsprechung[4] zur rückwirkenden Gesetzgebung das Geltungsvertrauen, die erworbene, gefestigte Rechtsposition schützt (vgl. Einl. Rn. 46 ff.). 10

C. Gleichheit in der Zeit und Vertrauensschutz

Das EStG regelt ein **Dauerschuldverhältnis**, für dessen gesetzliche Gestaltung der StPfl. **eine Gleichheit in der Zeit und eine verlässliche Voraussehbarkeit beansprucht**. Zwar ist der Gesetzgeber gehalten, das geltende Recht im Wechsel der Zeiten fortzubilden und damit auch das EStG zu ändern, dabei auch den Zeitpunkt für die Anwendung der Neuregelung (Stichtagsprinzip) zu bestimmen. Das Prinzip der parlamentarischen Demokratie ist auf eine stetige Überprüfung und Verbesserung der Gesetzeslage angelegt. Das Rechtsstaatsprinzip allerdings fordert schonende Übergänge. Dabei ist das EStG in besonderer Weise gegenwartsgebunden: Es finanziert den gegenwärtigen staatlichen Finanzbedarf durch stl. Teilhabe am Erwerbserfolg des StPfl. auf der Grundlage des Jährlichkeitsprinzips (§ 2 Rn. 120 f.). 11

1 BVerfG v. 8.7.1976 – 1 BvL 19/75 ua., BVerfGE 42, 263 (283).
2 *L/B/P*, § 52 Abs. 1 Rn. 6.
3 BFH v. 19.1.2000 – I R 30/99, BStBl. II 2000, 657 = FR 2000, 518.
4 BVerfG v. 7.7.2010 – 2 BvL 14/02 ua., BVerfGE 127, 1; v. 7.7.2010 – 2 BvR 748/05 ua., BVerfGE 127, 61; v. 7.7.2010 – 2 BvL 1/03 ua., BVerfGE 127, 31; v. 10.10.2012 – 1 BvL 6/07, BVerfGE 132, 302 (319); vgl. auch *Birk*, FR 2011, 1; *Desens*, StuW 2011, 113; *Schmidt/Renger*, DStR 2011, 693; *Gelsheimer/Meyen*, DStR 2011, 193.

12 Das Rechtsstaatsprinzip sichert die **Kontinuität** der Gesetzesentwicklung und schützt das **Vertrauen** des StPfl. in die Verlässlichkeit des geltenden EStG.[1] Der Zustandstatbestand der sieben Einkunftsarten (§ 2 Rn. 46) ist in der Regel auf Dauer angelegt, setzt eine gewisse Stetigkeit des Rechts voraus. Einzelne Aufwandstatbestände wie Abschreibungen, Rückstellungen und auch stfreie Rücklagen entfalten Dauerwirkungen über Jahre hinaus und erwarten Bestandsschutz für die anfängliche Gesetzesgrundlage, zumindest schonende Übergänge. Einzelne Gesetzestatbestände lassen Steuerrechtspositionen durch Zeitablauf entstehen.[2] Im Rahmen dieser Dispositionen und Sachverhaltsentwicklungen ist die **Verlässlichkeit der Rechtsordnung** „eine Grundbedingung freiheitlicher Verfassungen",[3] das Fundament unternehmerischer Planungen. Bei Begünstigungs- und Subventionstatbeständen hingegen schwächt die Regeldurchbrechung oft die Autorität und den Geltungsanspruch der Regelung des G.

13 Das GG erlaubt nach der **Rspr. des BVerfG zu rückwirkenden G**[4] nur ein steuerbelastendes G, dessen Rechtsfolgen für einen frühestens mit der Verkündung beginnenden Zeitraum eintreten. Der Gesetzgeber kann also grds. nicht anordnen, dass eine Rechtsfolge des EStG schon für einen vor dem Zeitpunkt der Verkündung der Neuregelung abgeschlossenen Tatbestand eintrete (Einl. Rn. 40 ff.). Bis zu diesem Zeitpunkt, zumindest aber bis zum endgültigen Gesetzesbeschluss, muss der von einem Gesetz Betroffene grds. auf seine durch das geltende Recht gegründete Rechtsposition vertrauen dürfen.[5] Ausnahmen hiervon bestehen nur, wenn der StPfl. kein Vertrauen in das geltende Recht bilden konnte, da mit einer Gesetzesänderung zu rechnen oder die bisherige Rechtslage unklar, verworren oder nichtig war, oder aber das Vertrauen des StPfl. nicht schützenswert war, weil zwingende Gründe des Allgemeinwohls höher als der Vertrauensschutz zu bewerten waren oder die Rückwirkung nur Bagatellfälle betrifft (Einl. Rn. 50).[6] Lenkungsnormen haben „exemptorischen" Charakter und können nur einen geschwächten Vertrauensschutz – einen schonenden Übergang – erwarten lassen.[7] Das BVerfG lässt insbes. eine Rückwirkung auf den Zeitpunkt des BT-Beschl. zu, um sog. **Ankündigungseffekte** zu vermeiden, die dem Gesetzeszweck zuwiderlaufen.[8] Dies soll auch gelten, wenn das G nach Art. 105 Abs. 3 GG der Zustimmung bedarf und in diesem Fall nicht selten im Vermittlungsausschuss inhaltliche Änderungen erfährt.[9] Dass hierdurch längere Zeiträume entstehen, in denen der Vertrauensgrundsatz nur eingeschränkt gilt, schwächt das Rechtsstaatsprinzip, ist aber im Hinblick auf die demokratischen Erfordernisse im Bundesstaat hinzunehmen. Die Einbringung des Gesetzesentwurfs in den BT oder BR kann das Vertrauen des Betroffenen in den Fortbestand der bisherigen Rechtslage zerstören. Ab dem Zeitpunkt der Einbringung sind mögliche zukünftige Gesetzesänderungen in konkreten Umrissen allg. absehbar. Deshalb können StPfl. regelmäßig nicht mehr darauf vertrauen, das gegenwärtig geltende Recht werde auch im Folgejahr unverändert fortbestehen. Es ist ihnen vielmehr grds. möglich, ihre wirtschaftl. Dispositionen durch entspr. Anpassungsklauseln auf mögliche zukünftige Änderungen einzustellen.[10]

14 Die Zulässigkeit rückwirkender Gesetze richtet sich nach der jüngsten Rspr. des BVerfG nicht mehr nach den Dispositionen, die der StPfl. im Vertrauen auf ein G getroffen hat, sondern nach dem **Inhalt der bisher gewährten Rechte** (Schutz gefestigter Rechtspositionen).[11] Gewährt das Recht dem Berechtigten ein

---

1 BVerfG v. 3.12.1997 – 2 BvR 882/97, BVerfGE 97, 67 = FR 1998, 377 m. Anm. *Stapperfend*; v. 7.7.2010 – 2 BvL 14/02 ua., BVerfGE 127, 1; v. 7.7.2010 – 2 BvL 1/03 ua., BVerfGE 127, 31; v. 7.7.2010 – 2 BvR 748/05 ua., BVerfGE 127, 61; v. 10.10.2012 – 1 BvL 6/07, BVerfGE 132, 302; zum Vertrauensschutz ausf. *Werder*, Dispositionsschutz bei der Änderung von Steuergesetzen zwischen Rückwirkungsverbot und Kontinuitätsgebot, 2005, 98 ff.

2 BVerfG v. 7.7.2010 – 2 BvL 14/02 ua., BVerfGE 127, 1; v. 7.7.2010 – 2 BvL 1/03 ua., BVerfGE 127, 31; v. 7.7.2010 – 2 BvR 748/05 ua., BVerfGE 127, 61; v. 10.10.2012 – 1 BvL 6/07, BVerfGE 132, 302.

3 BVerfG v. 3.12.1997 – 2 BvR 882/97, BVerfGE 97, 67 = FR 1998, 377 m. Anm. *Stapperfend*; v. 10.10.2012 – 1 BvL 6/07, BVerfGE 132, 302.

4 BVerfG v. 14.5.1986 – 2 BvL 2/83, BVerfGE 72, 200 (241); v. 3.12.1997 – 2 BvR 882/97, BVerfGE 97, 67 (78) = FR 1998, 377 m. Anm. *Stapperfend*; v. 10.10.2012 – 1 BvL 6/07, BVerfGE 132, 302 (319); *P. Kirchhof*, StuW 2000, 221 und Einl. Rn. 46 ff.

5 BVerfG v. 7.7.2010 – 2 BvL 14/02 ua., BVerfGE 127, 1; v. 7.7.2010 – 2 BvL 1/03 ua., BVerfGE 127, 31; v. 7.7.2010 – 2 BvR 748/05 ua., BVerfGE 127, 61; v. 10.10.2012 – 1 BvL 6/07, BVerfGE 132, 302.

6 Zum Ausnahmekatalog BVerfG v. 19.12.1961 – 2 BvL 6/59, BVerfGE 13, 261 (271 f.); v. 23.3.1971 – 2 BvL 2/66 ua., BVerfGE 30, 367 (387 f.); v. 25.5.1993 – 1 BvR 1509/91 ua., BVerfGE 88, 384 (404); v. 18.2.2009 – 1 BvR 3076/08, BVerfGE 122, 374 (394); v. 5.3.2018 – 1 BvR 2864/13, NVwZ 2018, 972; *P. Kirchhof*, DStR 2015, 717 (719); *Bäcker*, NVwZ 2017, 1414.

7 BVerfG v. 5.2.2002 – 2 BvR 305, 348/93, BVerfGE 105, 17 (46); *P. Kirchhof*, DStR 2015, 717 (722).

8 BVerfG v. 22.6.1971 – 2 BvL 6/70, BVerfGE 31, 222 (227); v. 15.10.1996 – 1 BvL 44/92 ua., BVerfGE 95, 64 (88); v. 7.7.2010 – 2 BvL 14/02 ua., BVerfGE 127, 1 (16 f.).

9 Vgl. BVerfG v. 7.7.2010 – 2 BvL 1/03 ua., BVerfGE 127, 31 (57).

10 BVerfG v. 3.12.1997 – 2 BvR 882/97, BVerfGE 97, 67 = FR 1998, 377 m. Anm. *Stapperfend*; v. 7.7.2010 – 2 BvL 1/03 ua., BVerfGE 127, 31 (56); v. 10.4.2018 – 1 BvR 1236/11, DStR 2018, 731 = FR 2018, 427.

11 Vgl. *P. Kirchhof*, DStR 2015, 717; *P. Kirchhof*, in: Maunz/Dürig, GG, Art. 3 Abs. 1 (2015) Rn. 346 f. mwN sowie Einl. Rn. 46.

auf Dauer gesichertes Recht – eine „auf geltendes Recht gegründete Rechtsposition",[1] einen „aus dem bisherigen Recht erwachsenen konkreten Vermögensbestand",[2] eine „konkret verfestigte Vermögensposition",[3] so ist der Berechtigte gegen eine rückwirkende Änderung dieser Rechtsposition geschützt. Dabei erwächst das Vertrauen nicht in erster Linie durch in bes. Weise schützenswerte Dispositionen des Bürgers, sondern im Wesentlichen aus der Gewährleistungsfunktion des geltenden Rechts.[4] Es gilt in diesem Fall ein Verbot rückwirkender Verschlechterung. Ist die gewährte Rechtsposition hingegen für Veränderungen offen, hat der Gesetzgeber schonende Übergänge zu schaffen (Einl. Rn. 39). IRd. Unvereinbarkeitserklärung kann das BVerfG den Gesetzgeber zu einer rückwirkenden Neuregelung verpflichten.[5]

Durch das Kroatien-AnpG wurde § 50i Abs. 2 S. 1 und 2 mit „unechter Rückwirkung" für alle Umwandlungen nach dem 31.12.2013 eingeführt. Die Bewertung v. WG, die der Besteuerung nach § 50i Abs. 1 unterliegen, erfasst nunmehr den gemeinen Wert statt des Buchwerts gem. UmwStG. Diese Rückwirkung hebt keine verfestigte Vermögensposition auf, sondern verschiebt den Besteuerungsaufschub im Rahmen eines Dauerschuldverhältnisses in vertretbarer Weise. Darüber hinaus hat der Gesetzgeber ein schutzwürdiges Interesse an der Missbrauchsbekämpfung, wenn er – wie bei der Einführung des § 50i – eine entstandene Besteuerungslücke zeitnah schließt.[6] 15

Die Auslegung der Normen des EStG ist Sache der Fachgerichte, steht in der Letztentscheidungskompetenz des BFH. Der Gesetzgeber ist nicht befugt, durch eine „klarstellende" Regelung die ihm oder der FinVerw. nicht einleuchtende Interpretation rückwirkend für unverbindlich zu erklären. Das BVerfG[7] hat klargestellt, dass der StPfl. auf die Auslegung des einfachen Rechts durch die Fachgerichte vertrauen darf (Einl. Rn. 52). Auch bei der **rückwirkenden Klarstellung** interpretationsbedürftiger Steuervorschriften muss der Gesetzgeber die Anforderungen des Vertrauensschutzes beachten, soweit die Präzisierung der Norm konstitutiv ist.[8] Das Parlament darf der höchstrichterlichen Interpretation der Vorschrift nicht rückwirkend die gesetzliche Grundlage entziehen oder nachträglich eine Auslegungsfrage entscheiden, die noch nicht abschließend v. den Fachgerichten entschieden ist.[9] Eine nicht lediglich klarstellende Gesetzesänderung mit Rückwirkung ist nur zulässig, wenn sie unter den Ausnahmekatalog der Rspr. fällt oder noch keine verfestigte Vermögensposition erworben worden ist. Die Entsch. macht deutlich, dass die Ausnahme des Rückwirkungsverbots bei verworrener Rechtslage nur Vorschriften erfasst, die v. den Fachgerichten nicht selbst durch Auslegung geklärt werden können. Der durch das Kroatien-AnpG geänderte § 20 Abs. 1 S. 1 Nr. 2 lit. a S. 2 (Einschränkung der Steuerumgehung bei der Veräußerung v. Dividendenanspr.) ist aufgrund des Rückbezugs auf den Beginn des VZ 2014 bedenklich.[10] Anders als im Gesetzesentwurf gesagt,[11] bestand für die Dividendenbesteuerung eine abweichende Interpretation der Rspr.,[12] der für Zahlungen zw. 1.1. 2014 und 30.7.2014 nunmehr die Grundlage entzogen wurde. Aufgrund des konstitutiven Charakters der Klarstellung kommt es zu einer Rückwirkung. Diese ist allenfalls zulässig, weil die Dividendenzahlung ohne Quellenabzug noch keine verfestigte Vertrauensgrundlage iSd. Entsch. v. 7.7.2010 begründet. 16

§ 52a

(weggefallen)

Benutzerhinweis: § 52a wurde durch das Kroatien-AnpG v. 25.7.2014[13] *aufgehoben. Die Regelungen der Vorschrift wurden in dem durch das Kroatien-AnpG neu gefassten § 52 übernommen (mehr dazu in* § 52 Rn. 1a*). § 52a wurde zuletzt in der 13. Aufl. kommentiert.* 1

1 BVerfG v. 7.7.2010 – 2 BvL 1/03 ua., BVerfGE 127, 31 (47).
2 BVerfG v. 7.7.2010 – 2 BvL 1/03 ua., BVerfGE 127, 31 (59).
3 BVerfG v. 7.7.2010 – 2 BvL 14/02 ua., BVerfGE 127, 1 (21); v. 10.4.2018 – 1 BvR 1236/11, DStR 2018, 731 = FR 2018, 427.
4 BVerfG v. 12.11.2015 – 1 BvR 2961/14 ua., NVwZ 2016, 300 (305).
5 Vgl. BVerfG v. 23.6.2015 – 1 BvL 13/11 ua., BVerfGE 139, 285.
6 Vgl. BVerfG v. 7.7.2010 – 2 BvR 748/05, BVerfGE 127, 61 (84).
7 BVerfG v. 17.12.2013 – 1 BvL 5/08, FR 2014, 326.
8 BVerfG v. 17.12.2013 – 1 BvL 5/08, BVerfGE 135, 1m. Sondervotum *Masing*; zur Entsch. *Hey*, NJW 2014, 1564; *Wiese/Berner*, DStR 2014, 1260; *Schönfeld/Bergmann*, DStR 2015, 257; *P. Kirchhof*, DStR 2015, 717 (723).
9 BVerfG v. 17.12.2013 – 1 BvL 5/08, BVerfGE 135, 1.
10 So auch *Wiese/Berner*, DStR 2014, 1260 (1265); *Häuselmann*, SteuK 2014, 309 (311).
11 BR-Drucks. 184/14, 64.
12 BFH v. 2.3.2010 – I R 44/09, BFH/NV 2010, 1622.
13 BGBl. I 2014, 1266.

§ 52b Übergangsregelungen bis zur Anwendung der elektronischen Lohnsteuerabzugsmerkmale

(1) [1]Die Lohnsteuerkarte 2010 und die Bescheinigung für den Lohnsteuerabzug (Absatz 3) gelten mit den eingetragenen Lohnsteuerabzugsmerkmalen auch für den Steuerabzug vom Arbeitslohn ab dem 1. Januar 2011 bis zur erstmaligen Anwendung der elektronischen Lohnsteuerabzugsmerkmale durch den Arbeitgeber (Übergangszeitraum). [2]Voraussetzung ist, dass dem Arbeitgeber entweder die Lohnsteuerkarte 2010 oder die Bescheinigung für den Lohnsteuerabzug vorliegt. [3]In diesem Übergangszeitraum hat der Arbeitgeber die Lohnsteuerkarte 2010 und die Bescheinigung für den Lohnsteuerabzug

1. während des Dienstverhältnisses aufzubewahren, er darf sie nicht vernichten;
2. dem Arbeitnehmer zur Vorlage beim Finanzamt vorübergehend zu überlassen sowie
3. nach Beendigung des Dienstverhältnisses innerhalb einer angemessenen Frist herauszugeben.

[4]Nach Ablauf des auf den Einführungszeitraum (Absatz 5 Satz 2) folgenden Kalenderjahres darf der Arbeitgeber die Lohnsteuerkarte 2010 und die Bescheinigung für den Lohnsteuerabzug vernichten. [5]Ist auf der Lohnsteuerkarte 2010 eine Lohnsteuerbescheinigung erteilt und ist die Lohnsteuerkarte an den Arbeitnehmer herausgegeben worden, kann der Arbeitgeber bei fortbestehendem Dienstverhältnis die Lohnsteuerabzugsmerkmale der Lohnsteuerkarte 2010 im Übergangszeitraum weiter anwenden, wenn der Arbeitnehmer schriftlich erklärt, dass die Lohnsteuerabzugsmerkmale der Lohnsteuerkarte 2010 weiterhin zutreffend sind.

(2) [1]Für Eintragungen auf der Lohnsteuerkarte 2010 und in der Bescheinigung für den Lohnsteuerabzug im Übergangszeitraum ist das Finanzamt zuständig. [2]Der Arbeitnehmer ist verpflichtet, die Eintragung der Steuerklasse und der Zahl der Kinderfreibeträge auf der Lohnsteuerkarte 2010 und in der Bescheinigung für den Lohnsteuerabzug umgehend durch das Finanzamt ändern zu lassen, wenn die Eintragung von den Verhältnissen zu Beginn des jeweiligen Kalenderjahres im Übergangszeitraum zu seinen Gunsten abweicht. [3]Diese Verpflichtung gilt auch in den Fällen, in denen die Steuerklasse II bescheinigt ist und die Voraussetzungen für die Berücksichtigung des Entlastungsbetrags für Alleinerziehende (§ 24b) im Laufe des Kalenderjahres entfallen. [4]Kommt der Arbeitnehmer seiner Verpflichtung nicht nach, so hat das Finanzamt die Eintragung von Amts wegen zu ändern; der Arbeitnehmer hat die Lohnsteuerkarte 2010 und die Bescheinigung für den Lohnsteuerabzug dem Finanzamt auf Verlangen vorzulegen.

(3) [1]Hat die Gemeinde für den Arbeitnehmer keine Lohnsteuerkarte für das Kalenderjahr 2010 ausgestellt oder ist die Lohnsteuerkarte 2010 verloren gegangen, unbrauchbar geworden oder zerstört worden, hat das Finanzamt im Übergangszeitraum auf Antrag des Arbeitnehmers eine Bescheinigung für den Lohnsteuerabzug nach amtlich vorgeschriebenem Muster (Bescheinigung für den Lohnsteuerabzug) auszustellen. [2]Diese Bescheinigung tritt an die Stelle der Lohnsteuerkarte 2010.

(4) [1]Beginnt ein nach § 1 Absatz 1 unbeschränkt einkommensteuerpflichtiger lediger Arbeitnehmer im Übergangszeitraum ein Ausbildungsdienstverhältnis als erstes Dienstverhältnis, kann der Arbeitgeber auf die Vorlage einer Bescheinigung für den Lohnsteuerabzug verzichten. [2]In diesem Fall hat der Arbeitgeber die Lohnsteuer nach der Steuerklasse I zu ermitteln; der Arbeitnehmer hat dem Arbeitgeber seine Identifikationsnummer sowie den Tag der Geburt und die rechtliche Zugehörigkeit zu einer steuererhebenden Religionsgemeinschaft mitzuteilen und schriftlich zu bestätigen, dass es sich um das erste Dienstverhältnis handelt. [3]Der Arbeitgeber hat die Erklärung des Arbeitnehmers bis zum Ablauf des Kalenderjahres als Beleg zum Lohnkonto aufzubewahren.

(5) [1]Das Bundesministerium der Finanzen hat im Einvernehmen mit den obersten Finanzbehörden der Länder den Zeitpunkt der erstmaligen Anwendung der ELStAM für die Durchführung des Lohnsteuerabzugs ab dem Kalenderjahr 2013 oder einem späteren Anwendungszeitpunkt sowie den Zeitpunkt des erstmaligen Abrufs der ELStAM durch den Arbeitgeber (Starttermin) in einem Schreiben zu bestimmen, das im Bundessteuerblatt zu veröffentlichen ist. [2]Darin ist für die Einführung des Verfahrens der elektronischen Lohnsteuerabzugsmerkmale ein Zeitraum zu bestimmen (Einführungszeitraum). [3]Der Arbeitgeber oder sein Vertreter (§ 39e Absatz 4 Satz 6) hat im Einführungszeitraum die nach § 39e gebildeten ELStAM abzurufen und für die auf den Abrufzeitpunkt folgende nächste Lohnabrechnung anzuwenden. [4]Für den Abruf der ELStAM hat sich der Arbeitgeber oder sein Vertreter zu authentifizieren und die Steuernummer der Betriebsstätte oder des Teils des Betriebs des Arbeitgebers, in dem der für die Durchführung des Lohnsteuerabzugs maßgebende Arbeitslohn des Arbeitnehmers ermittelt wird (§ 41 Absatz 2), die Identifikations-

nummer und den Tag der Geburt des Arbeitnehmers sowie, ob es sich um das erste oder ein weiteres Dienstverhältnis handelt, mitzuteilen. [5]Er hat ein erstes Dienstverhältnis mitzuteilen, wenn auf der Lohnsteuerkarte 2010 oder der Bescheinigung für den Lohnsteuerabzug eine der Steuerklassen I bis V (§ 38b Absatz 1 Satz 2 Nummer 1 bis 5) eingetragen ist oder wenn die Lohnsteuerabzugsmerkmale nach Absatz 4 gebildet worden sind. [6]Ein weiteres Dienstverhältnis (§ 38b Absatz 1 Satz 2 Nummer 6) ist mitzuteilen, wenn die Voraussetzungen des Satzes 5 nicht vorliegen. Der Arbeitgeber hat die ELStAM in das Lohnkonto zu übernehmen und gemäß der übermittelten zeitlichen Gültigkeitsangabe anzuwenden.

(5a) [1]Nachdem der Arbeitgeber die ELStAM für die Durchführung des Lohnsteuerabzugs angewandt hat, sind die Übergangsregelungen in Absatz 1 Satz 1 und in den Absätzen 2 bis 5 nicht mehr anzuwenden. [2]Die Lohnsteuerabzugsmerkmale der vorliegenden Lohnsteuerkarte 2010 und der Bescheinigung für den Lohnsteuerabzug gelten nicht mehr. [3]Wenn die nach § 39e Absatz 1 Satz 1 gebildeten Lohnsteuerabzugsmerkmale den tatsächlichen Verhältnissen des Arbeitnehmers nicht entsprechen, hat das Finanzamt auf dessen Antrag eine besondere Bescheinigung für den Lohnsteuerabzug (Besondere Bescheinigung für den Lohnsteuerabzug) mit den Lohnsteuerabzugsmerkmalen des Arbeitnehmers auszustellen sowie etwaige Änderungen einzutragen (§ 39 Absatz 1 Satz 2) und die Abrufberechtigung des Arbeitgebers auszusetzen. [4]Die Gültigkeit dieser Bescheinigung ist auf längstens zwei Kalenderjahre zu begrenzen. [5]§ 39e Absatz 5 Satz 1 und Absatz 7 Satz 6 gilt entsprechend. [6]Die Lohnsteuerabzugsmerkmale der Besonderen Bescheinigung für den Lohnsteuerabzug sind für die Durchführung des Lohnsteuerabzugs nur dann für den Arbeitgeber maßgebend, wenn ihm gleichzeitig die Lohnsteuerkarte 2010 vorliegt oder unter den Voraussetzungen des Absatzes 1 Satz 5 vorgelegen hat oder eine Bescheinigung für den Lohnsteuerabzug für das erste Dienstverhältnis des Arbeitnehmers vorliegt. [7]Abweichend von Absatz 5 Satz 3 und 7 kann der Arbeitgeber nach dem erstmaligen Abruf der ELStAM die Lohnsteuer im Einführungszeitraum längstens für die Dauer von sechs Kalendermonaten weiter nach den Lohnsteuerabzugsmerkmalen der Lohnsteuerkarte 2010, der Bescheinigung für den Lohnsteuerabzug oder den nach Absatz 4 maßgebenden Lohnsteuerabzugsmerkmalen erheben, wenn der Arbeitnehmer zustimmt. [8]Dies gilt auch, wenn der Arbeitgeber die ELStAM im Einführungszeitraum erstmals angewandt hat.

(6) bis (8) (weggefallen)

(9) Ist der unbeschränkt einkommensteuerpflichtige Arbeitnehmer seinen Verpflichtungen nach Absatz 2 Satz 2 und 3 nicht nachgekommen und kommt eine Veranlagung zur Einkommensteuer nach § 46 Absatz 2 Nummer 1 bis 7 nicht in Betracht, kann das Finanzamt den Arbeitnehmer zur Abgabe einer Einkommensteuererklärung auffordern und eine Veranlagung zur Einkommensteuer durchführen.

Literatur: *Heuermann*, Start in die ELStAM ohne Rechtsgrundlage und Übergang?, DStR 2013, 565.

A. Grundaussagen der Vorschrift

1 § 52b wurde notwendig, weil einerseits das Verfahren für die elektronischen LSt-Abzugsmerkmale (**ELStAM**; s. § 39e) **aus technischen Gründen** erst seit dem Jahr 2013 eingesetzt werden kann, andererseits aber für die VZ **nach 2010** von den Gemeinden **keine LSt-Karten mehr** ausgestellt werden. Der Gesetzgeber hat sich in Abs. 5 die Einführung zu einem späteren Zeitpunkt offengehalten, ging aber zunächst von einem Start des Verfahrens zum 1.1.2013 aus, da § 52b idF des BeitrRLUmsG zu diesem Zeitpunkt aufgehoben wurde.[1] § 52b wurde durch das AmtshilfeRLUmsG[2] rückwirkend[3] ab dem 1.1.2013 an die spätere Verfahrensumstellung angepasst. Der **Start des ELStAM-Verfahrens** wurde inzwischen mit dem

1 Art. 2 Nr. 36 u. Art. 25 Abs. 5 des BeitrRLUmsG v. 7.12.2011, BGBl. I 2011, 2592.
2 G v. 26.6.2013, BGBl. I 2013, 1809.
3 *Heuermann*, DStR 2013, 565: verfassungsrechtl. unbedenklich.

Startschreiben[1] iSd. Abs. 5 S. 1 bekannt gegeben. Demnach können die ELStAM **ab 1.11.2012 mit Wirkung ab dem 1.1.2013** abgerufen werden. Aufgrund anhaltender technischer Schwierigkeiten war es den ArbG im Jahr 2013 (Einführungszeitraum) freigestellt, das ELStAM-Verfahren bereits anzuwenden oder noch auf das „Papierverfahren" zurückzugreifen (Einzelheiten s. Rn. 8). Dieser Einführungszeitraum, weitere Verfahrenserleichterungen und Hinweise sind in dem durch das AmtshilfeRLUmsG neu gefassten § 52b geregelt.

Die Vorschriften des LSt-Abzugsverfahrens (§§ 38 bis 42f) wurden durch das BeitrRLUmsG[2] bereits an das geplante elektr. Verfahren angepasst und sind – vorbehaltlich § 52b – grds. ab 1.1.2012[3] anzuwenden. Die FinVerw. versandte bereits im Herbst 2011 in der fälschlichen Annahme eines funktionierenden ELStAM-Verfahrens die Mitteilungsschreiben nach Abs. 9 idF des BeitrRLUmsG und versuchte deshalb, die Unklarheiten für das LSt-Abzugsverfahren ab dem Jahr 2012 durch ein umfassendes Schreiben zu beseitigen.[4] Mit zwei weiteren BMF-Schr. regelt die FinVerw. nun die zahlreichen verfahrensrechtl. und organisatorischen Besonderheiten des Einführungszeitraums sowie der endgültigen Anwendung des ELStAM-Verfahrens.[5]

2 Die Rechtslage im Übergangszeitraum selbst regeln die Abs. 1–4. Konzeptionell geht § 52b davon aus, dass die LSt-Karte 2010 oder eine Bescheinigung für den LSt-Abzug auch für die Übergangszeit gültig bleibt. Die Abs. 3–4 versuchen die Fälle zu regeln, in denen für 2010 keine LSt-Karte erstellt oder eine bereits erstellte LSt-Karte nicht mehr vorhanden ist. Abs. 5 legt fest, wie der Starttermin des ELStAM-Verfahrens bekannt zu geben und dass ein Einführungszeitraum zu bestimmen ist. Abs. 5a betrifft die Einführung der ELStAM und gewährt den ArbG eine weitere Kulanzfrist von sechs Monaten. Abs. 9 regelt, unter welchen Voraussetzungen ein ArbN, der seine Pflichten iZ mit dem Verfahrensumstieg nicht erfüllt hat, zur Abgabe einer ESt-Erklärung aufzufordern ist.

B. Fortgeltung der Lohnsteuer-Karte 2010 und der Bescheinigung für den Lohnsteuerabzug (Abs. 1)

3 Abs. 1 verlängert in S. 1 die Gültigkeit der LSt-Karte 2010 sowie einer Bescheinigung für den LSt-Abzug – mit den darauf ggf. eingetragenen Freibeträgen – auf den gesamten Übergangszeitraum. Bis zur erstmaligen Anwendung der ELStAM kann der LSt-Abzug auf Grundlage der LSt-Karte 2010, einer Bescheinigung nach Abs. 3, des im Herbst 2011 versandten Mitteilungsschreibens, einer sonstigen Bescheinigung oder der besonderen Bescheinigung nach Abs. 5a für den LSt-Abzug vorgenommen werden. Maßgeblich ist die zuletzt ausgestellte Bescheinigung.

Der Übergangszeitraum endet erst mit der erstmaligen Anwendung der ELStAM (s. dazu Rn. 1 u. 8). S. 2 will nur sicherstellen, dass für die LSt-Karte/Bescheinigung im Übrigen die üblichen Regeln für LSt-Karten gelten. S. 3 passt die Pflichten des ArbG nach § 39b Abs. 1 S. 2 und 3 aF an. S. 4 bestätigt, dass mit endgültiger Einführung der ELStAM nach Ablauf des Einführungszeitraums iSd. Abs. 5 S. 2 und der Sechs-Monatsfrist iSd. Abs. 5a S. 7 der LSt-Abzug ausschließlich den Regeln des § 39e folgt und die LSt-Karte/Bescheinigung daher jede Rechtswirkung verlieren wird, sodass sie vernichtet werden kann, aber nicht muss. Die ArbG müssen ihre ArbN frühzeitig über den Umstieg auf das ELStAM-Verfahren informieren, damit diese evtl. notwendige Änderungen der ELStAM beantragen können.

4 Wurde die LSt-Karte dem ArbN ausgehändigt, weil der ArbG **in den Fällen des § 41b Abs. 3** die LSt-Bescheinigung auf der LSt-Karte erteilt hat (§ 41b Rn. 3), erlaubt S. 5, dass der ArbG die bisherigen **LSt-Abzugsmerkmale weiter verwenden** kann, **wenn** der **ArbN schriftlich erklärt** hat, **dass** die bisher eingetragenen **Daten auch weiter zutreffend** sind. Der verunglückte Wortlaut stellt formell nur auf die Abgabe einer Erklärung ab, nicht darauf, dass der ArbN auch tatsächlich die inhaltliche Richtigkeit versichert. Die **Gesetzesbegründung** geht davon aus, dass damit auch **eine inhaltliche Versicherung** verbunden ist und verweist bei Änderungen auf das Verfahren nach Abs. 3, obwohl dort die zu Recht ausgehändigte LSt-Karte nicht aufgeführt ist. Das Verfahren soll danach auch dann angewandt werden, wenn der ArbN ein neues Dienstverhältnis bei einem anderen ArbG beginnt.

5 Die Vorschrift lässt offen, welcher Zeitpunkt (Anfang des Jahres, Abgabe der Erklärung) für die Richtigkeit maßgeblich ist. Da der ArbN nicht schlechter stehen kann, als ArbN, deren ArbG die LSt-Bescheinigung elektronisch übermittelt hat, reduziert sich der **Inhalt der Erklärung** darauf, dass **keine Pflicht** bestehen würde, eine **LSt-Karte/Bescheinigung nach Abs. 2 ändern** zu lassen.

---

1 BMF v. 19.12.2012, BStBl. I 2012, 1258.
2 G v. 7.12.2011, BGBl. I 2011, 2592.
3 Ausnahmen s. § 52 Abs. 50g, 51b u. 52.
4 BMF v. 6.12.2011, BStBl. I 2011, 1254.
5 BMF v. 25.7.2013, BStBl. I 2013, 943 (Hinweise zum Start und zum Einführungszeitraum); v. 7.8.2013, BStBl. I 2013, 951 (ELStAM-Anwendungsschr.).

C. Änderung von Eintragungen der Lohnsteuer-Karte 2010 und der Bescheinigung für den Lohnsteuerabzug (Abs. 2)

Zuständig für die Änderungen sämtlicher Eintragungen ist das **Wohnsitzfinanzamt** gemäß § 19 AO. Die **S. 2 und 3 entsprechen den in § 39 Abs. 5 geregelten Pflichten** des ArbN zur Änderung von eingetragenen LSt-Abzugsmerkmalen (§ 39 Rn. 7). Wie bisher ist der ArbN aber nicht verpflichtet, einen nach § 39a eingetragenen Freibetrag im Übergangszeitraum ändern zu lassen (§ 39 Rn. 7). 6

D. Verfahren bei Fehlen der Lohnsteuer-Karte 2010 (Abs. 3 und 4)

Abs. 3 S. 1 beschreibt das sog. **Ersatzverfahren für ArbN, die keine LSt-Karte 2010 (mehr) haben**, egal aus welchem Grund, auch wenn der Wortlaut nur bestimmte Gründe (keine Ausstellung, Verlorengehen, unbrauchbar geworden oder Zerstörung) anführt.[1] Das FA erstellt dann **auf Antrag des ArbN** eine **(amtliche) Bescheinigung**, die gemäß S. 2 an die Stelle der LSt-Karte 2010 tritt. Der Nachweis der LSt-Abzugsmerkmale kann beim ArbG eines ersten Dienstverhältnisses alt. auch durch das Mitteilungsschreiben iSd. Abs. 9 idF des BeitrRLUmsG oder durch einen sonstigen Ausdruck der FinVerw. erfolgen. Zur Vermeidung von Missbrauch ist dies nur in Verbindung mit der LSt-Karte 2010/Ersatzbescheinigung 2011 zulässig. Maßgeblich ist immer der zuletzt ausgestellte Nachweis.[2] 7

Abs. 4 S. 1 erlaubt davon eine **Ausnahme**, wenn kumulativ drei Bedingungen erfüllt sind: **(1)** Der **ArbN** muss **unbeschränkt stpfl** sein. **(2)** Er muss **ledig** sein. **(3)** Das Arbeitsverhältnis muss ein **Ausbildungsbildungsverhältnis als erstes Dienstverhältnis** sein. In diesem Fall kann der ArbG gemäß S. 2 **auch ohne LSt-Karte** oder Bescheinigung nach Abs. 3 die LSt nach **LSt-Klasse I** ermitteln. Der ArbN muss dann seine ID-Nr., seinen Geburtstag und seine Religionszugehörigkeit mitteilen und bestätigen, dass es sich um das erste Dienstverhältnis handelt (Abs. 4 S. 2). Da die Erklärung insgesamt als Beleg aufzubewahren ist (Abs. 4 S. 3), wird sich über die Bestätigung hinaus auch für die Mitteilungen die Schriftform anbieten.

E. Einführung des ELStAM-Verfahrens (Abs. 5)

Nach Abs. 5 S. 1 soll der **Starttermin des ELStAM-Verfahrens durch** ein **BMF-Schreiben** bestimmt werden, das rein technisch den Übermittlungszeitpunkt der ELStAM-Daten regelt und nicht die materielle Anwendung des Gesetzes bestimmt. Zur **Erleichterung des Umstiegs auf die ELStAM** soll in diesem BMF-Schr. nach Abs. 5 S. 2 ein Einführungszeitraum bestimmt werden. Das inzwischen veröffentlichte BMF-Schr.[3] sieht den erstmaligen Abruf der ELStAM grundsätzlich ab dem 1.11.2012 und die Anwendung ab dem 1.1.2013 vor. Die ArbG müssen demnach die ELStAM für den ersten nach dem 31.12.2012 endenden Lohnzahlungszeitraum bzw. für nach dem 31.12.2012 zufließende sonstige Bezüge anwenden. Es steht den ArbG aber frei, zu welchem Zeitpunkt im Jahr 2013 (**Einführungszeitraum**) die ELStAM tatsächlich erstmals abgerufen und angewandt werden. Spätestens für den letzten im Jahr 2013 endenden Lohnzahlungszeitraum sind die ELStAM aber zwingend abzurufen und anzuwenden. 8

F. Besonderheiten nach erfolgtem Abruf, 6-Monatsfrist (Abs. 5a)

Abs. 5a S. 1 u. 2 stellen klar, dass nach erstmaliger Anwendung der ELStAM die LSt-Karte oder eine Bescheinigung für den LSt-Abzug ungültig wird und keinerlei Übergangsregelungen mehr anzuwenden sind. Sollten ELStAM unrichtig sein, die von den Meldebehörden zu korrigieren sind, kann nach Abs. 5a S. 3 eine „Besondere Bescheinigung für den LSt-Abzug" ausgestellt werden, die nach Abs. 5a S. 4 höchstens zwei Jahre gelten darf. Diese Möglichkeit ist wegen der zum Verfahrensbeginn zu erwartenden fehlerhaften Datenbestände zu begrüßen. 9

Abs. 5a S. 7 u. 8 gewähren den ArbG nach erfolgtem erstmaligem Abruf bzw. erstmaliger Anwendung der ELStAM eine letztmalige Übergangsfrist von sechs Monaten, die auch über den Einführungszeitraum 2013 hinausgehen kann. Innerhalb dieser Frist kann letztmals auf die LSt-Karte 2010 oder eine Bescheinigung für den LSt-Abzug zurückgegriffen werden. 10

G. Veranlagungspflicht (Abs. 9)

Abs. 9 gibt der FinVerw. das Recht, die Abgabe einer Steuererklärung von dem StPfl. zu fordern, der entgegen Abs. 2 S. 2, 3 Eintragungen auf der LSt-Karte oder auf der Bescheinigung für den LSt-Abzug nicht hat ändern lassen, auch wenn er ansonsten nicht erklärungspflichtig wäre. 11

---

1 Ausführl. BMF v. 6.12.2011, BStBl. I 2011, 1254 Tz. II.4.
2 BMF v. 6.12.2011, BStBl. I 2011, 1254 Tz. II.1.
3 BMF v. 19.12.2012, BStBl. I 2012, 1258.

§ 53

(weggefallen)

1 *Benutzerhinweis: § 53 hat wg.* ***Zeitablaufs*** *keine aktuelle Bedeutung mehr. Die Vorschrift wurde durch das Gesetz zur Modernisierung des Besteuerungsverfahrens v. 18.7.2016[1] aufgehoben. Es wird auf die Kommentierung in der 4. und 10. Aufl. verwiesen.*

§ 54

(weggefallen)

§ 55 Schlussvorschriften (Sondervorschriften für die Gewinnermittlung nach § 4 oder nach Durchschnittssätzen bei vor dem 1. Juli 1970 angeschafftem Grund und Boden)

(1) [1]Bei Steuerpflichtigen, deren Gewinn für das Wirtschaftsjahr, in das der 30. Juni 1970 fällt, nicht nach § 5 zu ermitteln ist, gilt bei Grund und Boden, der mit Ablauf des 30. Juni 1970 zu ihrem Anlagevermögen gehört hat, als Anschaffungs- oder Herstellungskosten (§ 4 Absatz 3 Satz 4 und § 6 Absatz 1 Nummer 2 Satz 1) das Zweifache des nach den Absätzen 2 bis 4 zu ermittelnden Ausgangsbetrags. [2]Zum Grund und Boden im Sinne des Satzes 1 gehören nicht die mit ihm in Zusammenhang stehenden Wirtschaftsgüter und Nutzungsbefugnisse.

(2) [1]Bei der Ermittlung des Ausgangsbetrags des zum land- und forstwirtschaftlichen Vermögen (§ 33 Absatz 1 Satz 1 des Bewertungsgesetzes in der Fassung der Bekanntmachung vom 10. Dezember 1965 – BGBl. I S. 1861 –, zuletzt geändert durch das Bewertungsänderungsgesetz 1971 vom 27. Juli 1971 – BGBl. I S. 1157) gehörenden Grund und Bodens ist seine Zuordnung zu den Nutzungen und Wirtschaftsgütern (§ 34 Absatz 2 des Bewertungsgesetzes) am 1. Juli 1970 maßgebend; dabei sind die Hof- und Gebäudeflächen sowie die Hausgärten im Sinne des § 40 Absatz 3 des Bewertungsgesetzes nicht in die einzelne Nutzung einzubeziehen. [2]Es sind anzusetzen:

1. **bei Flächen, die nach dem Bodenschätzungsgesetz vom 20. Dezember 2007 (BGBl. I S. 3150, 3176) in der jeweils geltenden Fassung zu schätzen sind, für jedes katastermäßig abgegrenzte Flurstück der Betrag in Deutsche Mark, der sich ergibt, wenn die für das Flurstück am 1. Juli 1970 im amtlichen Verzeichnis nach § 2 Absatz 2 der Grundbuchordnung (Liegenschaftskataster) ausgewiesene Ertragsmesszahl vervierfacht wird. [2]Abweichend von Satz 1 sind für Flächen der Nutzungsteile**
   a) **Hopfen, Spargel, Gemüsebau und Obstbau 2,05 Euro je Quadratmeter,**
   b) **Blumen- und Zierpflanzenbau sowie Baumschulen 2,56 Euro je Quadratmeter**

   anzusetzen, wenn der Steuerpflichtige dem Finanzamt gegenüber bis zum 30. Juni 1972 eine Erklärung über die Größe, Lage und Nutzung der betreffenden Flächen abgibt,
2. **für Flächen der forstwirtschaftlichen Nutzung je Quadratmeter 0,51 Euro,**
3. **für Flächen der weinbaulichen Nutzung der Betrag, der sich unter Berücksichtigung der maßgebenden Lagenvergleichszahl (Vergleichszahl der einzelnen Weinbaulage, § 39 Absatz 1 Satz 3 und § 57 Bewertungsgesetz), die für ausbauende Betriebsweise mit Fassweinerzeugung anzusetzen ist, aus der nachstehenden Tabelle ergibt:**

Lagenvergleichszahl	Ausgangsbetrag je Quadratmeter in Euro
bis 20	1,28
21 bis 30	1,79
31 bis 40	2,56
41 bis 50	3,58
51 bis 60	4,09
61 bis 70	4,60

1 BGBl. I 2016, 1679.

Lagenvergleichszahl	Ausgangsbetrag je Quadratmeter in Euro
71 bis 100	5,11
über 100	6,39

4. für Flächen der sonstigen land- und forstwirtschaftlichen Nutzung, auf die Nummer 1 keine Anwendung findet,
   je Quadratmeter 0,51 Euro,
5. für Hofflächen, Gebäudeflächen und Hausgärten im Sinne des § 40 Absatz 3 des Bewertungsgesetzes
   je Quadratmeter 2,56 Euro,
6. für Flächen des Geringstlandes
   je Quadratmeter 0,13 Euro,
7. für Flächen des Abbaulandes
   je Quadratmeter 0,26 Euro,
8. für Flächen des Unlandes
   je Quadratmeter 0,05 Euro.

(3) [1]Lag am 1. Juli 1970 kein Liegenschaftskataster vor, in dem Ertragsmesszahlen ausgewiesen sind, so ist der Ausgangsbetrag in sinngemäßer Anwendung des Absatzes 2 Nummer 1 Satz 1 auf der Grundlage der durchschnittlichen Ertragsmesszahl der landwirtschaftlichen Nutzung eines Betriebs zu ermitteln, die die Grundlage für die Hauptfeststellung des Einheitswerts auf den 1. Januar 1964 bildet. [2]Absatz 2 Satz 2 Nummer 1 Satz 2 bleibt unberührt.

(4) Bei nicht zum land- und forstwirtschaftlichen Vermögen gehörendem Grund und Boden ist als Ausgangsbetrag anzusetzen:

1. Für unbebaute Grundstücke der auf den 1. Januar 1964 festgestellte Einheitswert. [2]Wird auf den 1. Januar 1964 kein Einheitswert festgestellt oder hat sich der Bestand des Grundstücks nach dem 1. Januar 1964 und vor dem 1. Juli 1970 verändert, so ist der Wert maßgebend, der sich ergeben würde, wenn das Grundstück nach seinem Bestand vom 1. Juli 1970 und nach den Wertverhältnissen vom 1. Januar 1964 zu bewerten wäre;
2. für bebaute Grundstücke der Wert, der sich nach Nummer 1 ergeben würde, wenn das Grundstück unbebaut wäre.

(5) [1]Weist der Steuerpflichtige nach, dass der Teilwert für Grund und Boden im Sinne des Absatzes 1 am 1. Juli 1970 höher ist als das Zweifache des Ausgangsbetrags, so ist auf Antrag des Steuerpflichtigen der Teilwert als Anschaffungs- oder Herstellungskosten anzusetzen. [2]Der Antrag ist bis zum 31. Dezember 1975 bei dem Finanzamt zu stellen, das für die Ermittlung des Gewinns aus dem Betrieb zuständig ist. [3]Der Teilwert ist gesondert festzustellen. [4]Vor dem 1. Januar 1974 braucht diese Feststellung nur zu erfolgen, wenn ein berechtigtes Interesse des Steuerpflichtigen gegeben ist. [5]Die Vorschriften der Abgabenordnung und der Finanzgerichtsordnung über die gesonderte Feststellung von Besteuerungsgrundlagen gelten entsprechend.

(6) [1]Verluste, die bei der Veräußerung oder Entnahme von Grund und Boden im Sinne des Absatzes 1 entstehen, dürfen bei der Ermittlung des Gewinns in Höhe des Betrags nicht berücksichtigt werden, um den der ausschließlich auf den Grund und Boden entfallende Veräußerungspreis oder der an dessen Stelle tretende Wert nach Abzug der Veräußerungskosten unter dem Zweifachen des Ausgangsbetrags liegt. [2]Entsprechendes gilt bei Anwendung des § 6 Absatz 1 Nummer 2 Satz 2.

(7) Grund und Boden, der nach § 4 Absatz 1 Satz 5 des Einkommensteuergesetzes 1969 nicht anzusetzen war, ist wie eine Einlage zu behandeln; er ist dabei mit dem nach Absatz 1 oder Absatz 5 maßgebenden Wert anzusetzen.

Literatur: *Riegler*, Bewertung von mit land- und forstwirtschaftlichem Grund und Boden im Zusammenhang stehenden Milchlieferrechten, DStZ 2003, 685.

A. Grundaussagen der Vorschrift

1 § 55 regelt (anders als § 6 Abs. 1 Nr. 2 und 5) die Wertermittlung bestimmter Betriebsgrundstücke für Zwecke der **Bodengewinnbesteuerung**. In der Praxis betrifft dies wegen der regelmäßig generationenübergreifenden Zugehörigkeit vor allem Grund und Boden eines luf. Betriebes. Neben dem Recht, gem. Abs. 5 den TW zu wählen, fingiert die Bewertungsvorschrift in einem pauschalierten Verfahren (Abs. 2–4) die AK oder HK des betr. WG als Einlagewert.[1] Hierdurch werden vor 1970 eingetretene Wertsteigerungen iErg. (Rn. 13) stl. nicht erfasst. Soweit etwa Zuckerrübenlieferrechte sich bereits vor dem 1.7.1970 zu einem selbständigen immateriellen WG verfestigt hatten, entfällt bei einem späteren Verkauf eine Abspaltung eines Teilbetrages vom Buchwert.[2] Abs. 1 regelt die **Erstbewertung** zum 1.7.1970 (Bewertungsstichtag). Indem Abs. 6 jedoch die Berücksichtigung v. Verlusten sowie eine TWabschreibung auf Dauer beschränkt, gewinnt die Vorschrift bei den betr. Grundstücken auch zukünftig Bedeutung. Gem. § 52 Abs. 25 aF galt die Stichtagsregelung des § 55 bei einem Grundstück, das zum Anlagevermögen eines luf. Betriebes gehört, für alle Entnahme- und Veräußerungsfälle nach dem **30.6.1970**, bei StPfl. mit Einkünften gem. §§ 15 und 18 hingegen für solche Fälle nach dem **14.8.1971**.[3]

B. Besonderes Bewertungsverfahren (Abs. 1–4)

2 **I. Persönlicher Anwendungsbereich.** § 55 entfällt bei StPfl., die ihren Gewinn in dem Wj., in das der 30.6.1970 fiel, gem. § 5 ermittelt haben, § 55 Abs. 1 S. 1. Der in § 5 geregelte **Bestandsvergleich** erfasst nämlich stets den dem Anlagevermögen zuzurechnenden Grund und Boden. Folglich berührt § 55 grds. Einkünfte, die ein einzelner StPfl. iSv. §§ 13, 13a, 15 und 18 erzielt; dies gilt unabhängig davon, ob der Gewinn nach § 4 Abs. 1 oder 3 – ggf. durch Schätzung – ermittelt wird. Betroffen sind zB Kleingewerbetreibende, die weder verpflichtet sind, Bücher zu führen, noch dies freiwillig tun. § 55 gilt auch für StPfl., die ihren Gewinn in späteren Jahren erstmals nach § 5 ermitteln. Folglich ist der Ausgangswert des § 55 Abs. 1 beizubehalten, wenn der luf. Betrieb nach dem Stichtag in einen GewBetr. übergeht oder der StPfl. das betr. Grundstück in einen GewBetr. überführt. Vereine, Stiftungen oder Realgemeinden fallen unter § 55 ebenso wie PersGes.,[4] die allein Einkünfte gem. §§ 13 oder 18 – also nicht gem. § 15 – erzielen. Nur soweit ein estl. relevanter Betrieb nicht vorhanden ist, entfällt die Anwendung des § 55.[5] StPfl. in den neuen Ländern hatten in der DM-EB gem. **§ 9 Abs. 1 DMBilG** den Grund und Boden mit dem Verkehrswert anzusetzen, § 55 ist insoweit nicht anwendbar.

3 **II. Erfasste Vermögenswerte (Abs. 1).** Abs. 1 S. 1 betrifft **Grund und Boden**, der mit Ablauf des 30.6. 1970 zum Anlagevermögen des StPfl. gehört hat. Erfasst wird im Grundsatz nur der nackte Grund und Boden (Rn. 4 und 8), auch wenn dieser im Ausland belegen ist.[6] Teilflächen eines katastermäßig abgegrenzten Flurstücks sind als selbständige WG zu behandeln, wenn für sie unterschiedliche TW gem. § 55 festgestellt sind.[7] Im Einzelfall ist zw. dem gem. Abs. 1 bewerteten Grundstück(-steil) und weiteren Grundstücksteilen (Miteigentumsanteilen) zu trennen.[8] Die **Zugehörigkeit zum Anlagevermögen** richtet sich nach allg. Regeln; gewillkürtes BV genügt.[9] Dagegen rechtfertigt allein die vorl. Besitzeinweisung und die Bewirtschaftung v. Flächen im Rahmen eines Siedlungsverfahrens nicht, diese Grundflächen dem Anlagevermögen zuzurechnen. Insoweit fehlt es an zivilrechtl. oder auch wirtschaftlichem Eigentum des StPfl.[10] Unzutr. Bilanzierung als (notwendiges) BV begründet dagegen nicht die erforderliche Zuordnung zum Anlagevermögen. Soweit allerdings das zuständige FA einen bestandskräftigen Feststellungsbescheid iSv. Abs. 5 erlassen hat, bindet die Regelung auch dann, wenn sie das betr. Grundstück in unzutr. Weise dem Anlagevermögen zugeordnet hat.[11] Hatte ein StPfl. den Betrieb im Ganzen bei Ablauf des 30.6.1970 verpachtet und bis zu diesem Zeitpunkt die BetrAufg. erklärt, entfällt die Zugehörigkeit zum Anlagevermögen iSv. Abs. 1 S. 1. Auch ohne ausdrückliche Aufgabeerklärung kann im Einzelfall privates Grundvermögen vorliegen mit der Folge, dass eine Bodengewinnbesteuerung entfällt.[12]

---

1 Krit. auch unter verfassungsrechtl. Gesichtspunkten: *K/S/M*, § 55 Rn. A 34 und 51 ff.
2 BFH v. 31.1.2007 – IV B 140/05, BFH/NV 2007, 1105.
3 BMF v. 29.2.1972, BStBl. I 1972, 102 Nr. 1 und 9 mit weiteren Einzelheiten.
4 Ebenso: *Schmidt*[34], § 55 Rn. 2; zweifelnd dagegen BFH v. 11.3.1992 – XI R 38/89, BStBl. II 1992, 797 (798).
5 BFH v. 18.7.1985 – IV R 102/82, BFH/NV 1986, 273.
6 *K/S/M*, § 55 Rn. B 8 und B 17 f.
7 FG Bremen v. 20.8.1982 – I 165/80 K, EFG 1983, 224.
8 BFH v. 8.8.1985 – IV R 129/83, BStBl. II 1986, 6 (8) = FR 1986, 72.
9 BFH v. 30.1.1986 – IV R 270/84, BStBl. II 1986, 516 (517) = FR 1986, 438; FG Köln v. 29.8.2001 – 3 K 2293/98, EFG 2003, 1156: Aktien einer Zuckerrüben-AG als notwendiges BV.
10 FG Nds. v. 17.11.2004 – 2 K 660/01, EFG 2005, 1268 (1269).
11 BFH v. 12.7.1979 – IV R 55/74, BStBl. II 1980, 5 (6); v. 26.11.1987 – IV R 139/85, BFH/NV 1989, 225 (227).
12 BMF v. 29.2.1972, BStBl. I 1972, 102 Nr. 6 mit Einzelbeispielen.

Die mit dem Grund und Boden in Zusammenhang stehenden WG und Nutzungsbefugnisse (zB Feldinventar oder entdeckte Bodenschätze) werden durch den Ausgangsbetrag iSd. S. 1 nicht erfasst, **Abs. 1 S. 2**. Umstritten ist, inwieweit der Grund und Boden auch **Milchreferenzmengen** oder **Zuckerrübenlieferrechte** betrifft. Vor Einführung des Abs. 1 S. 1 im Jahre 1999[1] hatte der BFH entschieden, dass (im Sinne einer Einheitsbetrachtung wegen einer verdeckten Regelungslücke) der einheitliche Ausgangsbetrag gem. Abs. 1 das Grundstück einerseits und die mit dem Grund und Boden verbundenen immateriellen WG (Milchreferenzmenge, Zuckerrübenlieferrechte) andererseits umfasse.[2] Diese Sicht begrenzte iErg. die v. der FinVerw. beabsichtigte Verlustbegrenzung gem. Abs. 6; die Verwaltung hatte nämlich die Differenz zw. dem auf dem Grund und Boden entfallenden Kaufpreis(anteil) und dem betr. Buchwert als nicht ausgleichsfähigen Verlust iSv. Abs. 6 behandelt, das Entgelt für die Milchquote dagegen in vollem Umfang versteuert. Ausweislich der Gesetzesmaterialien sollte der 1999 eingefügte S. 2 (rückwirkend, vgl. § 52 Abs. 60) klarstellen, dass der Grund und Boden nicht die vorgenannten immateriellen WG umfasst.[3] Demgegenüber geht der BFH (Rn. 10) unter zutr. Berufung auf den Gesetzeswortlaut auch nach der Gesetzesänderung davon aus, dass die mit dem Grund und Boden verbundenen immateriellen WG im Pauschalwert gem. Abs. 1 ihren Niederschlag gefunden haben.[4] Lieferrechte, die zum 1.7.1970 noch nicht als eigenständige WG entstanden waren und mit der Bodennutzung zusammenhängen, sind im Pauschalwert des Abs. 1 enthalten. Hiernach bilden im Hinblick auf den Ausgangsbetrag iSd. Abs. 1 S. 1 der Grund und Boden sowie die bodengebundenen Befugnisse eine Einheit. Eine (spätere) Verselbständigung der aus der Grünflächennutzung folgenden Rechte erfordert die entspr. Zuordnung eines Teils des Ausgangsbetrags. In diesem Fall wird vom Buchwert des Bodens der auf das Lieferrecht entfallende Teil abgespalten. Die Abspaltung richtet sich nach dem Verhältnis der TW v. Grund und Boden einerseits und Lieferrecht andererseits und zwar im Zeitpunkt der Abspaltung.[5] Diese Vorgehensweise setzt allerdings voraus, dass das betr. Recht sich nicht bereits zum 1.7.1970 (Rn. 1) in einem selbständigen immateriellen WG verfestigt hatte.[6] Diese Feststellung hängt v. den Umständen des Einzelfalls ab. Im Hinblick auf die vorgenannte Rspr. hat das BMF die Grundsätze zusammengestellt, nach denen für alle offenen Fälle Milchlieferrechte v. Seiten der FinVerw. auch für die Vergangenheit zu bewerten sind.[7] In der Folgezeit erwies sich die betreffende Rechtsprechung des BFH zu den Buchwertabspaltungen zum Teil als durchaus uneinheitlich, so dass in jedem Einzelfall die höchstrichterlichen Entscheidungen[8] auf ihre Anwendbarkeit zu überprüfen sind. Insbes. die abgespaltenen Buchwerte unterliegen hiernach vielfach keiner Absetzung für Abnutzung. Im Einzelfall können dauernde Wertminderungen allenfalls TWabschreibungen rechtfertigen. Kommt es zu der angesprochenen Buchwertabspaltung, so ergibt sich, wenn der StPfl. das Lieferrecht später entnimmt oder veräußert, ein Gewinn aus der Differenz zw. (abgespaltenem) Buchwert und Entnahmewert oder Veräußerungspreis. Soweit die vorgenannten Lieferrechte im Rahmen einer EÜR später veräußert werden, können StPfl. insoweit die abgespaltenen AK – ggf. ungekürzt – als BA abziehen.[9] 4

III. Bedeutung des Ausgangsbetrags. Der in Abs. 1 genannte Ausgangswert beruht auf einer (zwingenden) pauschalen Berechnung. Vor allem die schlichte Vervielfältigung der – soweit vorhanden – unstrittigen Ertragsmesszahlen bot ein sehr einfaches, den StPfl. zumeist begünstigendes Verfahren. Der zum Bewertungsstichtag 1.7.1970 als zweifacher Ausgangsbetrag ermittelte Wert fingiert die der Bodengewinnbesteuerung zugrunde liegenden **AK und HK** unabhängig v. den tatsächlichen Wertverhältnissen. Sofern der StPfl. nach dem 30.6.1970 jedoch Maßnahmen trifft, die den Wert des Grundstücks wesentlich erhöhen (zB grundstücksbezogene Beiträge), werden die nachträglichen Kosten hinzugerechnet.[10] 5

1 StEntlG v. 24.3.1999, BGBl. I 1999, 402.
2 BFH v. 5.3.1998 – IV R 23/96, BFH/NV 1998, 1029; v. 24.8.2000 – IV R 11/00, BStBl. II 2003, 64 = FR 2001, 40.
3 Ebenso: *Schmidt*[33], § 55 Rn. 4; R 55 EStR.
4 BFH v. 24.6.1999 – IV R 33/98, BStBl. II 2003, 58 = FR 1999, 1002 m. Anm. *Wendt*; v. 24.8.2000 – IV R 11/00, BStBl. II 2003, 64 = FR 2001, 40; zum Eigenjagdrecht vgl. *v. Schönberg*, DStZ 2001, 145 (153).
5 BFH v. 18.5.2004 – VIII B 242/03, BFH/NV 2004, 1403 (1404).
6 In diesem Sinne: BFH v. 24.6.1999 – IV R 33/98, BStBl. II 2003, 58 = FR 1999, 1002 m. Anm. *Wendt*; v. 10.6.2010 – IV R 32/08, BStBl. II 2012, 551; v. 11.9.2003 – IV R 53/02, FR 2004, 170 m. Anm. *Kanzler* = BFH/NV 2004, 258 (259 f.) zu nicht an Aktien gebundenem Zuckerrübenlieferrecht; v. 15.4.2004 – IV R 51/02, BFH/NV 2004, 1393 (1394); ausf.: *Mahrenholtz*, DStZ 2002, 294; *Kanzler*, FR 2004, 172.
7 BMF v. 14.1.2003, BStBl. I 2003, 78 mit ausf. Berechnungsbeispielen; vgl. hierzu auch: *Riegler*, DStZ 2003, 685 (687 f.).
8 BFH v. 10.6.2010 – IV R 32/08, BFH/NV 2010, 2166; v. 22.7.2010 – IV R 30/08, BStBl. II 2011, 210; v. 9.9.2010 – IV R 2/10, BStBl. II 2011, 171; v. 28.11.2013 – IV R 58/10, BFH/NV 2014, 437 (438).
9 BFH v. 28.11.2013 – IV R 58/10, BFH/NV 2014, 437 (438 f.).
10 BFH v. 6.7.1989 – IV R 27/87, BStBl. II 1990, 126 (128) = FR 1989, 690; v. 12.11.1992 – IV R 59/91, BStBl. II 1993, 392 (393) = FR 1993, 360.

6 **IV. Ermittlung des Ausgangsbetrags (Abs. 2–4).** Abs. 2 regelt die Ermittlung des Ausgangsbetrags, sofern für den Grund und Boden, der iSv. § 33 Abs. 1 S. 1 BewG zum **luf. Vermögen** gehört, ein Liegenschaftskataster die entspr. Ertragsmesszahlen ausweist. Hierbei ist die tatsächliche Nutzung maßgeblich; nicht entscheidend ist demnach – auch bei verpachteten Grundstücksflächen[1] – eine fehlerhafte Katastereintragung.[2] Im Allg. wird die dem Kataster entnommene Ertragszahl vervierfacht, Abs. 2 S. 2 Nr. 1 S. 1.[3] Bei Sonderkulturen legt Abs. 2 S. 2 Nr. 1 S. 2 einzelne Euro-Beträge je qm fest, sofern der StPfl. eine entspr. Flächenmeldung zum 30.6.1972 (Ausschlussfrist) erteilt hat.

7 Bei einem **fehlenden Liegenschaftskataster** (Rn. 6) ermittelt der StPfl. gem. Abs. 3 den Ausgangsbetrag auf der Grundlage der **durchschnittlichen Ertragsmesszahl**, bezogen auf den EW des 1.1.1964, Abs. 3. Ggf. sind zwischenzeitliche Veränderungen bis zum Bewertungsstichtag im Hinblick auf die maßgebliche Nutzung zu berücksichtigen.[4] Bei Sonderkulturen gelten in jedem Falle die in Abs. 2 Nr. 1 S. 2 festgelegten Werte, Abs. 3 S. 2.

8 Der in Abs. 4 genannte Grund und Boden, der bewertungsrechtl. **nicht** iSv. Abs. 2 und 3 zum **luf. Vermögen** gehört, betrifft Grundstücke, die einem **gewerblich oder freiberuflich** genutzten BV zuzuordnen sind. Abs. 4 erfasst gleichermaßen ein landwirtschaftlich genutztes Grundstück, das bewertungsrechtl. als Grundvermögen bewertet war oder als solches hätte bewertet werden müssen.[5] Bei den in Abs. 4 Nr. 1 genannten **unbebauten Grundstücken** richtet sich der Ausgangsbetrag grds. nach dem EW zum 1.1.1964. Fehlt ein derartiger EW oder hat sich der Grundstücksbestand zw. dem 1.1.1964 und dem Bewertungsstichtag geändert, ist ein EW zu fingieren, dem der Bestand zum Stichtag und die Wertverhältnisse zum 1.1.1964 zugrunde liegen. Der solchermaßen hypothetische EW wird nicht durch ein gesondertes Feststellungsverfahren ermittelt; diesbezügliche Ermittlungsfehler können folglich ohne zeitliche Begrenzung noch in späteren Jahren berichtigt werden. Bei **bebauten Grundstücken** verweist Abs. 4 Nr. 2 auf den Ansatz des zweifachen Ausgangsbetrages entspr. den in Nr. 1 niedergelegten Grundsätzen.

C. Bewertung mit Teilwert (Abs. 5)

9 Durch fristgebundenen Antrag, der gem. Abs. 5 S. 2 bei dem zuständigen FA bis zum **31.12.1975** (Ausschlussfrist)[6] einzureichen war, konnte der insoweit darlegungs- und beweispflichtige[7] StPfl. erreichen, dass anstelle des zweifachen Ausgangsbetrages iSv. Abs. 1 der höhere TW anzusetzen war. Der TW war gesondert festzustellen, Abs. 5 S. 3; Änderungen des (bestandskräftigen) Grundlagenbescheides richten sich nach § 173 Abs. 1 Nr. 1 AO.[8] Das Feststellungsverfahren iSv. Abs. 5 regelt die Höhe des TW und die Zugehörigkeit des Grundstücks zum Anlagevermögen;[9] dies gilt aber nur unter der Voraussetzung, dass der StPfl. bei der Grundstücksverwertung tatsächlich einen luf. Betrieb unterhält.[10] Die Höhe des TW richtet sich nach § 6 Abs. 1 Nr. 1 S. 3; idR handelt es sich also um die Wiederbeschaffungskosten, die zumeist mit dem erzielbaren Veräußerungserlös übereinstimmen.[11]

D. Beschränkung der Gewinnauswirkung (Abs. 6–7)

10 Die mit Hilfe des Ausgangsbetrages fingierten AK oder HK führen zu Verlusten, falls die spätere Veräußerung einen geringeren Erlös erbringt; ein vergleichbarer **Buchverlust** kann durch Entnahme entstehen. Abs. 6 schließt die steuerwirksame Berücksichtigung dieses Buchverlustes aus.[12] Diese als Ergänzung zur pauschalen Wertermittlung des Grund und Bodens gem. § 55 Abs. 1 zu sehende **Verlustausschlussklausel** des § 55 Abs. 6 soll verhindern, dass ein StPfl. Verluste berücksichtigen kann, die sich allein deswegen ergeben, weil der TW des Grund und Bodens nicht konkret, sondern lediglich pauschal – und zwar in unzutreffender Höhe – ermittelt worden ist.[13] Umstritten ist der Umfang der Verlustbeschränkung im Hin-

1 FG SchlHol. v. 18.12.1984 – V 231/82, EFG 1985, 507; **aA** BMF v. 29.2.1972, BStBl. I 1972, 102 Nr. 10 Abs. 7.
2 *K/S/M*, § 55 Rn. C 5.
3 Berechnungsbeispiele bei: *K/S/M*, § 55 Rn. A 44 ff.
4 *K/S/M*, § 55 Rn. D 3 mN.
5 *K/S/M*, § 55 Rn. E 1.
6 Gegen diesbezügliche Billigkeitsmaßnahme: BFH v. 26.5.1994 – IV R 51/93, BStBl. II 1994, 833 (834) = FR 1994, 753.
7 BFH v. 18.7.1985 – IV R 102/82, BFH/NV 1986, 273 (274).
8 BFH v. 5.11.1987 – IV R 94/85, BFH/NV 1988, 483 (484); FG Münster v. 18.1.2000 – 12 K 792/98 E, EFG 2000, 919.
9 BFH v. 12.7.1979 – IV R 55/74, BStBl. II 1980, 5 (6); v. 26.11.1987 – IV R 139/85, BFH/NV 1989, 225 (227).
10 BFH v. 3.2.1983 – IV R 153/80, BStBl. II 1983, 324 (326) = FR 1983, 309.
11 BFH v. 25.8.1983 – IV R 218/80, BStBl. II 1984, 33 = FR 1984, 72; v. 4.12.1986 – IV R 162/85, BFH/NV 1987, 296 (297).
12 BFH v. 10.8.1978 – IV R 181/77, BStBl. II 1979, 103; v. 25.11.1999 – IV R 64/98, BStBl. II 2003, 61 = FR 2000, 277 m. Anm. *Kanzler*.
13 BFH v. 17.11.2011 – IV R 2/09, BFH/NV 2012, 1309 (1312).

blick auf die mit dem Grund und Boden verbundenen **immateriellen WG**. Auch nach Einführung v. Abs. 1 S. 2 und Einfügung der Klausel „ausschließlich auf den Grund und Boden entfallende" in Abs. 6 S. 1 geht der BFH (Rn. 4) unter zutr. Bezugnahme auf den Gesetzeswortlaut davon aus, dass ggf. ein Teil des Pauschalwerts iSv. Abs. 1 auf die mit dem Grund und Boden entfallenden immateriellen WG Zuckerrübenrecht (§ 7 Rn. 35) und Milchlieferungsquote[1] mit der Folge entfällt (sog. Buchwertabspaltung), dass bei der Veräußerung des Betriebes ein entspr. Teil des (verdoppelten) Ausgangsbetrages sich im Hinblick auf das selbständige WG verbraucht.[2]

Der Verlustausschluss betrifft auch die Abschreibung auf einen niedrigeren TW, **§ 55 Abs. 6 S. 2** iVm. § 6 Abs. 1 Nr. 2 S. 2. Innerhalb der durch Abs. 1 und 2 vorgegebenen Pauschalwertgrenzen bleiben Wertminderungen jeglicher Art unberücksichtigt; die in Abs. 6 vorgesehene Verlustausschlussklausel steht folglich einer Berücksichtigung der Wertminderung v. Grund und Boden bei den Einkünften aus VuV entgegen.[3] Str. ist hingegen, ob Abs. 6 auch die Fälle erfasst, in denen der TW gem. Abs. 5 den Ansatz des Ausgangswertes gem. Abs. 1 verdrängt hat. Jedenfalls nach dem Gesetzeswortlaut erfasst Abs. 6 nicht den auf Antrag festgestellten TW gem. Abs. 5.[4] Die in Abs. 6 geregelte Verlustbeschränkung erfasst auch Entnahmefälle. Eine derartige **Entnahme** kommt nach allg. Grundsätzen bei schlüssigem Handeln oder entspr. Rechtsvorgängen in Betracht, sofern die funktionelle Beziehung des Grundstücks zum Betrieb aufgelöst wird.[5] 11

Verluste sind für jedes einzeln zu bewertende Grundstück **gesondert zu ermitteln**. Ggf. ist der Gesamtkaufpreis (zB Grund und Boden, aufstehendes Holz) aufzuteilen.[6] 12

Um die bis 1970 teilw. unterbliebene Versteuerung der Bodenveräußerungsgewinne sicherzustellen (Rn. 1), ordnet Abs. 7 eine **Einlagefiktion** der betr. Grundstücke an. Die Behandlung als Einlage und die im HS 2 vorgesehene Fiktion des Einlagewerts haben zur Folge, dass Wertsteigerungen vor dem Bewertungsstichtag **stfrei** blieben. Die in Abs. 1 und 5 vorgesehenen Wertansätze sind zwingend. 13

§ 56 Sondervorschriften für Steuerpflichtige in dem in Artikel 3 des Einigungsvertrages genannten Gebiet

Bei Steuerpflichtigen, die am 31. Dezember 1990 einen Wohnsitz oder ihren gewöhnlichen Aufenthalt in dem in Artikel 3 des Einigungsvertrages genannten Gebiet und im Jahre 1990 keinen Wohnsitz oder gewöhnlichen Aufenthalt im bisherigen Geltungsbereich dieses Gesetzes hatten, gilt Folgendes:

§ 7 Absatz 5 ist auf Gebäude anzuwenden, die in dem in Artikel 3 des Einigungsvertrages genannten Gebiet nach dem 31. Dezember 1990 angeschafft oder hergestellt worden sind.

Nach dem EinigungsvertragsG[7] iVm. Anlage I Kap. IV Sachgebiet B Abschn. II Nr. 14 gilt das EStG ab dem 1.1.1991 in vollem Umfang auch im Beitrittsgebiet. § 56 soll sicherstellen, dass das EStG auch insoweit **erst ab dem VZ 1991 im Beitrittsgebiet** gilt, als einzelne Vorschriften an Sachverhalte vor diesem Zeitpunkt anknüpfen. Vor diesem VZ gilt das Recht der ehemaligen DDR. § 56 Nr. 1 beschränkt die Anwendung des § 7 Abs. 5 idF des G v. 25.6.1990,[8] der StPfl. aus den alten Bundesländern ermöglichte, be- 1

1 Ausf. zur Milchreferenzmenge: BFH v. 25.11.1999 - IV R 64/98, BStBl. II 2003, 61 = FR 2000, 277 m. Anm. *Kanzler*; v. 24.8.2000 - IV R 11/00, BStBl. II 2003, 64 = FR 2001, 40; v. 10.6.2010 - IV R 32/08, BStBl. II 2012, 551 (552); FG Münster v. 16.6.2016 - 8 K 2822/14 E, EFG 2016, 1266 (Rev. VI R 52/16); zur Abspaltung bei Rübenlieferrechten: FG Nds. v. 18.11.2009 - 2 K 39/04, EFG 2010, 865; *Bahrs*, Inf. 2000, 683; *Wienroth*, HLBS Report 2000, Heft 4, 6ff.; ausf. zur (Berechnung der) Buchwertabspaltung: *Riegler*, DStZ 2003, 685 (688ff.) unter Bezugnahme auf BMF v. 14.1.2003, BStBl. I 2003, 78.

2 BFH v. 24.6.1999 - IV R 33/98, BStBl. II 2003, 58 = FR 1999, 1002 m. Anm. *Wendt*; v. 25.11.1999 - IV R 64/98, BStBl. II 2003, 61 = FR 2000, 277 m. Anm. *Kanzler*; ausführlich, auch mit Blick auf die zukünftige Entwicklung: BFH v. 10.6.2010 - IV R 32/08, BStBl. II 2012, 551 (552f.).

3 BFH v. 10.8.1978 - IV R 181/77, BStBl. II 1979, 103 (105); v. 16.10.1997 - IV R 5/97, BStBl. II 1998, 185 (186) = FR 1998, 364.

4 BFH v. 10.8.1978 - IV R 181/77, BStBl. II 1979, 103 (105); *K/S/M*, § 55 Rn. G 4 mN; **aA** BMF v. 29.2.1972, BStBl. I 1972, 102 Nr. 13 I.

5 BFH v. 4.11.1982 - IV R 159/79, BStBl. II 1983, 448 (449) = FR 1983, 170; v. 26.11.1987 - IV R 139/85, BFH/NV 1989, 225 (226) mit Einzelheiten.

6 FG Hess. v. 20.10.1988 - III 172/81, EFG 1989, 99 (100); *K/S/M*, § 55 Rn. G 7 und 12.

7 G v. 23.9.1990, BGBl. I 1990, 885 = BStBl. I 1990, 654.

8 BGBl. I 1990, 294.

reits für den VZ 1990 die degressive AfA geltend zu machen, auf diesen Personenkreis.[1] § 56 Nr. 2 bestimmte, dass § 52 Abs. 2–33 im Beitrittsgebiet nicht anwendbar waren; die Regelung wurde durch das StBereinG 1999 aufgehoben.[2]

§ 57 Besondere Anwendungsregeln aus Anlass der Herstellung der Einheit Deutschlands

(1) Die §§ 7c, 7f, 7g, 7k und 10e dieses Gesetzes, die §§ 76, 78, 82a und 82f der Einkommensteuer-Durchführungsverordnung sowie die §§ 7 und 12 Absatz 3 des Schutzbaugesetzes sind auf Tatbestände anzuwenden, die in dem in Artikel 3 des Einigungsvertrages genannten Gebiet nach dem 31. Dezember 1990 verwirklicht worden sind.

(2) Die §§ 7b und 7d dieses Gesetzes sowie die §§ 81, 82d, 82g und 82i der Einkommensteuer-Durchführungsverordnung sind nicht auf Tatbestände anzuwenden, die in dem in Artikel 3 des Einigungsvertrages genannten Gebiet verwirklicht worden sind.

(3) Bei der Anwendung des § 7g Absatz 2 Nummer 1 und des § 14a Absatz 1 ist in dem in Artikel 3 des Einigungsvertrages genannten Gebiet anstatt vom maßgebenden Einheitswert des Betriebs der Land- und Forstwirtschaft und den darin ausgewiesenen Werten vom Ersatzwirtschaftswert nach § 125 des Bewertungsgesetzes auszugehen.

(4) [1]§ 10d Absatz 1 ist mit der Maßgabe anzuwenden, dass der Sonderausgabenabzug erstmals von dem für die zweite Hälfte des Veranlagungszeitraums 1990 ermittelten Gesamtbetrag der Einkünfte vorzunehmen ist. [2]§ 10d Absatz 2 und 3 ist auch für Verluste anzuwenden, die in dem in Artikel 3 des Einigungsvertrages genannten Gebiet im Veranlagungszeitraum 1990 entstanden sind.

(5) § 22 Nummer 4 ist auf vergleichbare Bezüge anzuwenden, die auf Grund des Gesetzes über Rechtsverhältnisse der Abgeordneten der Volkskammer der Deutschen Demokratischen Republik vom 31. Mai 1990 (GBl. I Nr. 30 S. 274) gezahlt worden sind.

(6) § 34f Absatz 3 Satz 3 ist erstmals auf die in dem in Artikel 3 des Einigungsvertrags genannten Gebiet für die zweite Hälfte des Veranlagungszeitraums 1990 festgesetzte Einkommensteuer anzuwenden.

1 § 57 regelt die Anwendung v. Regelungen der Eigenheimförderung und die Geltung v. Steuervergünstigungen in Form v. erhöhten Abschreibungen im Beitrittsgebiet. Die in Abs. 1 und Abs. 2 aufgeführten estrechtl. Vorschriften über Steuervergünstigungen sollen entspr. deren Investitionsanreizfunktion erst auf in der Zukunft verwirklichte Sachverhalte angewandt werden, um **unerwünschte Mitnahmeeffekte zu vermeiden.**[3] Abs. 3 regelt Besonderheiten bei der Besteuerung der Land- und Forstwirte.[4] Abs. 4–6 sehen die Anwendung einzelner Vorschriften auch vor dem 31.12.1990 vor. Die Vorschrift hat heute keine Bedeutung mehr. Hinweise zur Auslegung und Anwendung der Vorschrift finden sich in älteren Kommentaren und den Vorauflagen.

§ 58 Weitere Anwendung von Rechtsvorschriften, die vor Herstellung der Einheit Deutschlands in dem in Artikel 3 des Einigungsvertrages genannten Gebiet gegolten haben

(1) Die Vorschriften über Sonderabschreibungen nach § 3 Absatz 1 des Steueränderungsgesetzes vom 6. März 1990 (GBl. I Nr. 17 S. 136) in Verbindung mit § 7 der Durchführungsbestimmung zum Gesetz zur Änderung der Rechtsvorschriften über die Einkommen-, Körperschaft- und Vermögensteuer – Steueränderungsgesetz – vom 16. März 1990 (GBl. I Nr. 21 S. 195) sind auf Wirtschaftsgüter weiter anzuwenden, die nach dem 31. Dezember 1989 und vor dem 1. Januar 1991 in dem in Artikel 3 des Einigungsvertrages genannten Gebiet angeschafft oder hergestellt worden sind.

---

1 Ausf. *Beule*, DB 1991, 134.
2 Dazu BFH v. 21.10.1997 – IX R 29/95, BStBl. II 1998, 142.
3 BFH v. 25.8.1999 – X R 74/96, BFH/NV 2000, 416 mwN.
4 Vgl. dazu BFH v. 6.3.2014 – IV R 11/11, BFH/NV 2014, 944.

(2) [1]Rücklagen nach § 3 Absatz 2 des Steueränderungsgesetzes vom 6. März 1990 (GBl. I Nr. 17 S. 136) in Verbindung mit § 8 der Durchführungsbestimmung zum Gesetz zur Änderung der Rechtsvorschriften über die Einkommen-, Körperschaft- und Vermögensteuer – Steueränderungsgesetz – vom 16. März 1990 (GBl. I Nr. 21 S. 195) dürfen, soweit sie zum 31. Dezember 1990 zulässigerweise gebildet worden sind, auch nach diesem Zeitpunkt fortgeführt werden. [2]Sie sind spätestens im Veranlagungszeitraum 1995 gewinn- oder sonst einkünfteerhöhend aufzulösen. [3]Sind vor dieser Auflösung begünstigte Wirtschaftsgüter angeschafft oder hergestellt worden, sind die in Rücklage eingestellten Beträge von den Anschaffungs- oder Herstellungskosten abzuziehen; die Rücklage ist in Höhe des abgezogenen Betrags im Veranlagungszeitraum der Anschaffung oder Herstellung gewinn- oder sonst einkünfteerhöhend aufzulösen.

(3) Die Vorschrift über den Steuerabzugsbetrag nach § 9 Absatz 1 der Durchführungsbestimmung zum Gesetz zur Änderung der Rechtsvorschriften über die Einkommen-, Körperschaft- und Vermögensteuer – Steueränderungsgesetz – vom 16. März 1990 (GBl. I Nr. 21 S. 195) ist für Steuerpflichtige weiter anzuwenden, die vor dem 1. Januar 1991 in dem in Artikel 3 des Einigungsvertrages genannten Gebiet eine Betriebsstätte begründet haben, wenn sie von dem Tag der Begründung der Betriebsstätte an zwei Jahre lang die Tätigkeit ausüben, die Gegenstand der Betriebsstätte ist.

§ 58 regelt die weitere Anwendung v. Vorschriften der ehemaligen DDR über den 31.12.1990 hinaus und hat heute keine Bedeutung mehr. Hinweise zur Auslegung und Anwendung der Vorschrift finden sich in älteren Kommentaren. 1

§§ 59–61

(weggefallen)

X. Kindergeld

§ 62 Anspruchsberechtigte

(1) [1]Für Kinder im Sinne des § 63 hat Anspruch auf Kindergeld nach diesem Gesetz, wer

1. im Inland einen Wohnsitz oder seinen gewöhnlichen Aufenthalt hat oder

2. ohne Wohnsitz oder gewöhnlichen Aufenthalt im Inland

   a) nach § 1 Absatz 2 unbeschränkt einkommensteuerpflichtig ist oder

   b) nach § 1 Absatz 3 als unbeschränkt einkommensteuerpflichtig behandelt wird.

[2]Voraussetzung für den Anspruch nach Satz 1 ist, dass der Berechtigte durch die an ihn vergebene Identifikationsnummer (§ 139b der Abgabenordnung) identifiziert wird. [3]Die nachträgliche Vergabe der Identifikationsnummer wirkt auf Monate zurück, in denen die Voraussetzungen des Satzes 1 vorliegen.

(2) Ein nicht freizügigkeitsberechtigter Ausländer erhält Kindergeld nur, wenn er

1. eine Niederlassungserlaubnis besitzt,

2. eine Aufenthaltserlaubnis besitzt, die zur Ausübung einer Erwerbstätigkeit berechtigt oder berechtigt hat, es sei denn, die Aufenthaltserlaubnis wurde

   a) nach § 16 oder § 17 des Aufenthaltsgesetzes erteilt,

   b) nach § 18 Absatz 2 des Aufenthaltsgesetzes erteilt und die Zustimmung der Bundesagentur für Arbeit darf nach der Beschäftigungsverordnung nur für einen bestimmten Höchstzeitraum erteilt werden,

   c) nach § 23 Absatz 1 des Aufenthaltsgesetzes wegen eines Krieges in seinem Heimatland oder nach den §§ 23a, 24, 25 Absatz 3 bis 5 des Aufenthaltsgesetzes erteilt

   oder

3. **eine in Nummer 2 Buchstabe c genannte Aufenthaltserlaubnis besitzt und**
   a) **sich seit mindestens drei Jahren rechtmäßig, gestattet oder geduldet im Bundesgebiet aufhält und**
   b) **im Bundesgebiet berechtigt erwerbstätig ist, laufende Geldleistungen nach dem Dritten Buch Sozialgesetzbuch bezieht oder Elternzeit in Anspruch nimmt.**

Verwaltung: DA-KG 2018 (abrufbar unter www.bzst.de).

Literatur: *Avvento*, Kindergeldberechtigung „fiktiv“ unbeschränkt Steuerpflichtiger mit Einkünften aus Gewerbebetrieb, NWB 2018, 2994; *Avvento*, Vorrangige Kindergeldberechtigung eines im EU-Ausland lebenden Elternteils, NWB 2016, 2104; *Baldauf*, Das Mandat im Kindergeldrecht – verfahrensrechtliche Fragestellungen, ASR 2013, 2; *Bering/Friedenberger*, Änderungen beim Kindergeld im Schatten der allgemeinen Zuwanderungsdebatte, NWB 2014, 3532; *Bilsdorfer*, Nichts gewonnen und doch zerronnen – die Dissonanzen von Steuer- und Sozialrecht, NJW 2012, 3706; *Bilsdorfer*, Permanente und aktuelle Baustellen im Kindergeldrecht, NJW 2011, 2913; *Broer*, Kindergeld und Kinderfreibeträge in den Bundestagswahlprogrammen – verfassungsrechtliche und budgetäre Aspekte der Vorschläge der Reform, DStZ 2013, 675; *Gerlach*, Die Entwicklungen im Kindergeldrecht und ihre Auswirkungen auf die Transferleistungssysteme im SGB II, SGB XII und dem AsylbLG, ZfF 2016, 79 und 97; *Günther*, BFH und EuGH zum Kindergeld, EStB 2012, 262; *Heinke*, Kindergeld bei Entsendungen, AuA 2006, 478; *Kreft*, Kindergeld für Grenzpendler, entsandte Arbeitnehmer, Selbständige und Alleinerziehende, PISTB 2010, 51; *Schmehl*, Kinder im Steuerrecht, in: Das Kind im Recht, 2009, 127; *Seiler*, Verwirrung durch Vielfalt – Die Neuregelung des Kinderzuschlages iZ mit sozialer Grundsicherung, Wohngeld und Kindergeld, NZS 2008, 505; *Vießmann/Merkel*, Die europarechtliche Koordinierung von Familienleistungen nach der Verordnung (EG) Nr. 883/2004, NZS 2012, 572; *Vogel*, Europarechtliche Anforderungen an das Einkommensteuerrecht im Hinblick auf Kinder im Ausland und deren Umsetzung in ausgewählten Mitgliedstaaten, EWS 2012, 226; *Wendl*, Kindergeldanspruch von Wanderarbeitnehmern im Lichte der neueren Rechtsprechung des EuGH, DStR 2012, 1894.

A. Allgemeine Anspruchsberechtigung (Abs. 1)

1 **Unbeschränkt StPfl.** iSv. § 1 Abs. 1 (**§ 62 Abs. 1 S. 1 Nr. 1**)[1] und § 1 Abs. 2 und Abs. 3 (**§ 62 Abs. 1 S. 1 Nr. 2**)[2] erhalten seit 1.1.1996 Kindergeld nach dem EStG.[3] Unerheblich für die Kindergeldfestsetzung ist, ob das FA bei der Festsetzung der ESt von einem inländ. Wohnsitz ausgeht und deshalb eine unbeschränkte StPfl. annimmt; der ESt-Bescheid entfaltet hinsichtlich des inländ. Wohnsitzes oder gewöhnlichen Aufenthalts **keine Bindungswirkung** für die Familienkasse.[4] Das Gleiche gilt für die Behandlung als unbeschränkt ESt-Pflichtiger iSv. § 1 Abs. 2 iVm. § 62 Abs. 1 S. 1 Nr. 2 lit. a.[5] Demgegenüber macht § 62 Abs. 1 S. 1 Nr. 2 lit. b die Anspruchsberechtigung von der einkommensteuerrechtl. **Behandlung** des Antragstellers abhängig.[6] Eine „Behandlung“ iSd. § 1 Abs. 3 setzt voraus, dass das FA dem Antrag des StPfl. entsprochen und

---

1 Dazu § 1 Rn. 5 ff. und DA-KG 2018 Kap. A 2.1; zur Vereinbarkeit der Anknüpfung an Wohnsitz bzw. gewöhnlichen Aufenthalt mit EU-Recht vgl. BFH v. 14.11.2008 – III B 17/08, BFH/NV 2009, 380 und v. 22.12.2008 – III B 156/07, BFH/NV 2009, 580; zum Wohnsitz allg. vgl. BFH v. 12.1.2001 – VI R 64/98, BFH/NV 2001, 1231 und v. 8.5.2014 – III R 21/12, BFHE 246, 389; zum gewöhnlichen Aufenthalt bei Entsendung ins Ausland vgl. BFH v. 19.6.2015 – III B 143/14, BFH/NV 2015, 1386; v. 14.10.2011 – III B 202/10, BFH/NV 2012, 226; FG München v. 14.5.2018 – 7 K 846/17, EFG 2018, 1240 (rkr.); FG Nds. v. 17.1.2017 – 8 K 50/16, EFG 2017, 544 (rkr.) m. Anm. *Reddig*.

2 Dazu § 1 Rn. 9 ff., 14 ff. und DA-KG 2018 Kap. A 2.2; zu § 1 Abs. 2 und 3 vgl. zB BFH v. 22.2.2006 – I R 60/05, BFHE 212, 468 = FR 2006, 933 (Mitarbeiter v. Goethe-Institut im Ausland); v. 19.9.2013 – V R 9/12, BFHE 242, 504 = FR 2014, 620; v. 18.12.2013 – III R 20/12, BFH/NV 2014, 684 (Ortskräfte im Ausland), v. 19.9.2013 – III B 53/13, BFH/NV 2014, 38 und FG Nürnb. v. 12.7.2017 – 3 K 232/17, juris (beurlaubte Lehrkräfte im Ausland).

3 Abschn. X (§§ 62 ff.) angefügt durch Nr. 61 des JStG 1996 v. 11.10.1995, BGBl. I 1995, 1250.

4 BFH v. 5.9.2013 – XI R 26/12, BFH/NV 2014, 313; v. 18.7.2013 – III R 9/09, BFHE 243, 170; v. 20.3.2013 – XI R 37/11, BFHE 240, 394 = FR 2013, 1044; v. 24.5.2012 – III R 14/10, BFHE 237, 239 = FR 2012, 1178, m. Anm. *Selder*, jurisPR-SteuerR 35/2012 Anm. 4; v. 20.11.2008 – III R 53/05, BFH/NV 2009, 564; vgl. auch BFH v. 12.9.2013 – III R 16/11, BFH/NV 2014, 320, wonach melderechtl. Angaben für die Frage des Wohnsitzes unerheblich sind, und v. 8.8.2013 – VI R 45/12, BFHE 242, 349, wonach auch völkerrechtl. Vereinbarungen, insbes. Konsularrecht, unbeachtlich sind.

5 BFH v. 5.9.2013 – XI R 26/12, BFH/NV 2014, 313; v. 20.3.2013 – XI R 37/11, BFHE 240, 394 = FR 2013, 1044; v. 24.5.2012 – III R 14/10, BFHE 237, 239 = FR 2012, 1178, m. Anm. *Selder*, jurisPR-SteuerR 35/2012 Anm. 4.

6 BFH v. 30.9.2015 – V B 135/14, BFH/NV 2016, 51; v. 5.9.2013 – XI R 26/12, BFH/NV 2014, 313; v. 18.7.2013 – III R 59/11, BStBl. II 2014, 843 = FR 2014, 490, m. Anm. *Selder*, jurisPR-SteuerR 50/2013 Anm. 4; v. 18.7.2013 – III R 9/09, BFHE 243, 170; v. 16.5.2013 – III R 63/10, BFH/NV 2014, 12; v. 20.3.2013 – XI R 37/11, BFHE 240, 394 = FR 2013, 1044; v. 24.5.2012 – III R 14/10, BFHE 237, 239 = FR 2012, 1178, m. Anm. *Selder*, jurisPR-SteuerR 35/2012 Anm. 4.

ihn demgemäß veranlagt hat.[1] Der Kindergeldanspr. nach Abs. 1 S. 1 Nr. 1 richtet sich danach, ob die Voraussetzungen für die Kindergeldgewährung im jeweiligen Monat vorliegen (Monatsprinzip),[2] der Anspr. nach Abs. 1 S. 1 Nr. 2 lit. b besteht nur für die Kalendermonate, in denen der Kindergeldberechtigte Einkünfte iSd. § 49 erzielt, die nach § 1 Abs. 3 der ESt unterliegen.[3] Für Einkünfte aus nichtselbständiger Arbeit war insoweit bisher auf den Zufluss der Einnahmen nach § 11 abzustellen.[4] Bei einer gewerblichen Tätigkeit des nach § 1 Abs. 3 Veranlagten ist nunmehr der **Zeitpunkt** der **tatbestandlichen Verwirklichung** des **Besteuerungssachverhalts** durch die im Inland **ausgeübte Tätigkeit** maßgeblich.[5] Dies sollte (in Abkehr vom Zuflussprinzip) auch für Einkünfte aus (nicht)selbständiger Arbeit gelten.[6] Die im Inland ausgeübte Tätigkeit müsste hierbei die maßgebliche Zahlung des ArbG (auch wirtschaftlich) veranlasst oder ausgelöst haben.[7] Soweit Personen nicht in § 62 aufgenommen sind, handelt es sich um Gruppen, bei denen ein Steuerschuldverhältnis nicht möglich ist, weil sie im Inland weder einen Wohnsitz oder ihren gewöhnlichen Aufenthalt noch irgendwelche Einkünfte haben.[8] Für diese Personengruppen gilt das BKGG,[9] das den Anspr. auf Kindergeld v. nicht unbeschränkt StPfl. und v. Kindern selbst (§ 1 BKGG), den Anspr. auf den Kinderzuschlag (§ 6a BKGG)[10] sowie die Leistungen für Bildung und Teilhabe (§ 6b BKGG)[11] regelt. Jur. Pers. sind nicht anspruchsberechtigt. Beim Kindergeld handelt es sich, auch soweit es der Förderung der Familie dient (vgl. § 31 S. 2), um keine Sozialleistung, sondern eine **einkommensteuerrechtl. Förderung der Familie** durch eine Sozialzwecknorm.[12] Der sozialrechtl. Herstellungsanspruch findet deshalb keine Anwendung.[13] Auch §§ 44 ff. SGB X können nicht herangezogen werden.[14] Die Ergänzung des Abs. 1 durch die **ID-Nr.** als materielles Tatbestandsmerkmal zum 9.12.2014 (S. 2 und 3)[15] dient der Vermeidung ungerechtfertigter Doppelzahlungen (vgl. hierzu auch § 63 Rn. 1 und § 67 Rn. 3).[16] Zum **Verfahren** s. §§ 67–72.

B. Sonderregelungen für nicht freizügigkeitsberechtigte Ausländer (Abs. 2)

§ 62 Abs. 2 wurde durch G v. 13.12.2006 vollständig **neu gefasst**,[17] nachdem das BVerfG die gleich lautende Regelung des § 1 Abs. 3 BKGG für nichtig erklärt hatte.[18] Das BVerfG hielt die Unterscheidung nach den Aufenthaltstiteln für ungeeignet, um das Ziel, Familienleistungen nur für ausländ. Staatsangehörige vorzusehen, die sich voraussichtlich auf Dauer in Deutschland aufhalten, zu erreichen; die Vorschrift 2

1 BFH v. 22.2.2018 – III R 10/17, BFHE 261, 214 Rn. 15, m. Anm. *Selder*, jurisPR-SteuerR 35/2018 Anm. 2; *Wendl*, DStR 2018, 1555; *Wendl*, HFR 2018, 717; v. 18.7.2013 – III R 59/11, BStBl. II 2014, 843 Rn. 46 = FR 2014, 490, m. Anm. *Selder*, jurisPR-SteuerR 50/2013 Anm. 4.

2 BFH v. 24.7.2013 – XI R 8/12, BFH/NV 2014, 495; v. 24.10.2012 – V R 43/11, BFHE 239, 327 = FR 2013, 565.

3 BFH v. 12.3.2015 – III R 14/14, BFHE 249, 292; v. 24.7.2013 – XI R 8/12, BFH/NV 2014, 495; v. 24.10.2012 – V R 43/11, BFHE 239, 327 = FR 2013, 565. Vgl. auch BFH v. 18.4.2013 – VI R 70/11, BFH/NV 2013, 1554 und v. 14.1. 2014 – III B 89/13, BFH/NV 2014, 521, wonach das Monatsprinzip mit EU-Recht vereinbar ist.

4 BFH v. 12.3.2015 – III R 14/14, BFHE 249, 292; v. 24.7.2013 – XI R 8/12, BFH/NV 2014, 495; v. 24.10.2012 – V R 43/11, BFHE 239, 327 = FR 2013, 565.

5 BFH v. 14.3.2018 – III R 5/17, BStBl. II 2018, 482 Rn. 20 ff. = FR 2018, 759, m. Anm. *Selder*, jurisPR-SteuerR 29/ 2018 Anm. 2; *Siegers*, HFR 2018, 552; *Wendl*, DStRK 2018, 206; **aA** *Weber-Grellet*, FR 2018, 759, wonach der Kindergeldanspruch des im Inland tätigen EU-Wanderarbeitnehmers aufgrund der Wohnsitzfiktion nach Art. 67 S. 1 VO (EG) 883/2004 iVm. Art. 60 Abs. 1 S. 2 VO (EG) 987/2009 auf § 62 Abs. 1 S. 1 Nr. 1 beruhe. Dieser Standpunkt lässt unberücksichtigt, dass für eine Wohnsitzfiktion zunächst die Voraussetzungen für einen Kindergeldanspruch nach nationalem Recht dem Grunde nach in der Person des Wanderarbeitnehmers erfüllt sein müssen (vgl. dazu Rn. 5).

6 *Avvento*, NWB 2018, 2994; vgl. auch *Selder*, jurisPR-SteuerR 29/2018 Anm. 2; *Wendl*, DStRK 2018, 206.

7 *Avvento*, NWB 2018, 2994.

8 BT-Drucks. 13/1558, 160.

9 BKGG v. 28.1.2009, BGBl. I 2009, 142.

10 Zum Kinderzuschlag *Wild*, ZFSH/SGB 2005, 136; *Seiler*, NZS 2008, 505 und *Schnell*, SGb 2009, 649.

11 Hierzu *Gerlach*, ZfF 2012, 145 sowie *Gerlach*, ZfF 2013, 169.

12 BFH v. 31.1.2007 – III B 167/06, BFH/NV 2007, 865.

13 BFH v. 31.1.2007 – III B 167/06, BFH/NV 2007, 865; v. 21.4.2010 – III B 182/09, BFH/NV 2010, 1435; v. 28.2.2012 – III B 158/11, BFH/NV 2012, 943.

14 BFH v. 6.3.2013 – III B 113/12, BFH/NV 2013, 899; v. 6.5.2011 – III B 130/10, BFH/NV 2011, 1353.

15 Art. 3 Nr. 2, Art. 7 FreizügigkeitsÄndG v. 2.12.2014, BGBl. I 2014, 1922; vgl. auch DA-KG 2018 Kap. A 3 und Kap. V 14.1 Abs. 2 S. 2. § 62 in der am 9.12.2014 geltenden Fassung ist für Kindergeldfestsetzungen anzuwenden, die Zeiträume betreffen, die nach dem 31.12.2015 beginnen, sowie für Kindergeldfestsetzungen, die Zeiträume betreffen, die vor dem 1.1.2016 liegen, der Antrag auf Kindergeld aber erst nach dem 31.12.2015 gestellt wird (§ 52 Abs. 49a).

16 BT-Drucks. 18/2581, 20; vgl. auch BZSt. v. 17.2.2017 – St II 2 - S 0305-SE/17/0002-1, BStBl. I 2017, 432.

17 Art. 2 Nr. 2, Art. 6 G zur Anspruchsberechtigung v. Ausländern wegen Kindergeld, Erziehungsgeld und Unterhaltsvorschuss v. 13.12.2006, BGBl. I 2006, 2915.

18 BVerfG v. 6.7.2004 – 1 BvL 4/97, BVerfGE 111, 160 (Kindergeld für Ausländer); vgl. auch BVerfG v. 6.7.2004 – 1 BvR 2515/95, BVerfGE 111, 176 (Erziehungsgeld an Ausländer).

war insoweit mit Art. 3 Abs. 1 GG unvereinbar, als die Gewährung von Kindergeld von der Art des Aufenthaltstitels abhing.[1] Die neue Regelung ist mWv. 1.1.2006 in Kraft getreten und erfasst gem. § 52 Abs. 61a S. 2 aF alle Sachverhalte, bei denen das Kindergeld noch nicht bestandskräftig festgesetzt worden ist.[2] Der BFH hält die in § 52 Abs. 61a S. 2 aF angeordnete Rückwirkung auf noch nicht bestandskräftig entschiedene Fälle **nicht** für **verfassungswidrig.**[3] Da § 62 Abs. 2 an die Aufenthaltstitel nach dem AufenthG anknüpft, ist demnach bei vor dem 1.1.2005 verwirklichten Sachverhalten zu prüfen, inwieweit die Aufenthaltsrechte nach dem AuslG 1990 den in § 62 Abs. 2 genannten Aufenthaltstiteln entsprechen (vgl. diesbzgl. die Fortgeltungsbestimmungen in §§ 101 ff. AufenthG).[4] Der BFH hat auch **iÜ keine verfassungsrechtlichen Bedenken** bzgl. § 62 Abs. 2.[5] Allerdings hat das **BVerfG** die zu **§ 62 Abs. 2 Nr. 3 lit. b wortgleichen Regelungen des** § 1 Abs. 7 Nr. 3 lit. b **BEEG** und § 1 Abs. 6 Nr. 3 lit. b **BErzGG für nichtig erklärt**; der Ausschluss von ausländ. Staatsangehörigen, denen der Aufenthalt aus völkerrechtlichen, humanitären oder politischen Gründen erlaubt ist, die aber keines der im BErzGG bzw. BEEG genannten Merkmale der Arbeitsmarktintegration erfüllen, vom Bundeserziehungsgeld und vom Bundeselterngeld verstößt gegen Art. 3 Abs. 1 und 3 S. 1 GG.[6] Der BFH zweifelt jedoch (auch unter Berücksichtigung der vom BSG in den Vorlagebeschlüssen geäußerten Bedenken zu den Regelungen im BEEG und BErzGG)[7] nicht an der Verfassungskonformität v. **§ 62 Abs. 2 Nr. 3 lit. b.**[8] Verfassungsgemäß ist § 62 Abs. 2 auch insoweit, als ein Aufenthalt (auch über einen längeren Zeitraum) in Deutschland aufgrund einer **Duldung** (vgl. § 60a AufenthG) nicht zum Bezug von Kindergeld berechtigt.[9]

3 **Nicht freizügigkeitsberechtigte Ausländer** sind kindergeldberechtigt, wenn sie neben den Voraussetzungen des § 62 Abs. 1 auch die in § 62 Abs. 2 genannten Voraussetzungen erfüllen.[10] **Ausländer** sind Pers., die nicht Deutsche iSd. Art. 116 Abs. 1 GG sind (§ 2 Abs. 1 AufenthG).[11] Grds. gilt § 62 Abs. 2 auch für Flüchtlinge und Staatenlose (vgl. aber Rn. 5).[12] Wer **freizügigkeitsberechtigt** ist, bestimmt sich grds. nach §§ 2 ff., § 12 FreizügG/EU[13]. Staatsangehörige der Schweiz sind nach dem Freizügigkeitsabkommen EG/Schweiz freizügigkeitsberechtigt.[14] Die förmliche Feststellung der fehlenden Freizügigkeit obliegt der Ausländerbehörde und dem VG, nicht dem FG oder der Familienkasse; ohne Feststellung des Nichtbestehens/

---

1 Vgl. BFH v. 15.3.2007 – III R 93/03, BFHE 217, 443 = FR 2008, 147 m. Anm. *Greite*.

2 Art. 2 Nr. 1, Art. 6 G zur Anspruchsberechtigung v. Ausländern wegen Kindergeld, Erziehungsgeld und Unterhaltsvorschuss v. 13.12.2006, BGBl. I 2006, 2915.

3 BFH v. 22.11.2007 – III R 54/02, BFHE 220, 45 = FR 2008, 485; v. 28.5.2009 – III R 43/07, BFH/NV 2009, 1641 (**aA** die Vorinstanz FG Köln v. 9.5.2007 – 10 K 983/04, EFG 2007, 1254).

4 BFH v. 27.1.2011 – III R 45/09, BFHE 233, 38; v. 14.9.2009 – III B 54/08, BFH/NV 2010, 32; v. 18.2.2009 – III B 132/08, BFH/NV 2009, 922; v. 22.11.2007 – III R 54/02, BFHE 220, 45 = FR 2008, 485; v. 15.3.2007 – III R 93/03, BFHE 217, 443 = FR 2008, 147 m. Anm. *Greite*; vgl. auch Anm. *Grube*, HFR 2007, 675 und *Siebenhüter*, EStB 2007, 206.

5 BFH v. 2.9.2015 – V B 1/15, BFH/NV 2015, 1682; v. 7.4.2011 – III R 72/09, BFH/NV 2011, 1134; v. 28.4.2010 – III R 1/08, BFHE 229, 262 = FR 2010, 910 m. Anm. *Greite*; v. 17.3.2010 – III B 61/09, BFH/NV 2010, 1270; v. 27.11.2009 – III B 221/08, BFH/NV 2010, 636; v. 30.7.2009 – III R 47/07, BFH/NV 2009, 1984; v. 28.5.2009 – III R 43/07, BFH/NV 2009, 1641; v. 22.11.2007 – III R 54/02, BFHE 220, 45 = FR 2008, 485; v. 15.3.2007 – III R 93/03, BFHE 217, 443 = FR 2008, 147 m. Anm. *Greite*; **aA** FG Nds. v. 19.8.2013 – 7 K 9/10, EFG 2014, 932 (Vorlage BVerfG 2 BvL 9–14/14); FG Köln v. 9.5.2007 – 10 K 1690/07, EFG 2007, 1247 (Vorlage BVerfG 2 BvL 4/07 unzulässig).

6 BVerfG v. 10.7.2012 – 1 BvL 2/10 ua., BGBl. I 2012, 1898.

7 BSG v. 3.12.2009 – B 10 EG 5/08 R u.a., SGb. 2010, 86.

8 BFH v. 28.11.2017 – III B 86/17, BFH/NV 2018, 435; v. 26.3.2013 – III B 158/12, BFH/NV 2013, 968; v. 28.4.2010 – III R 1/08, BFHE 229, 262; v. 7.4.2011 – III R 72/09, BFH/NV 2011, 1134; v. 14.5.2008 – III S 22/08, BFH/NV 2008, 1330; offen noch BFH v. 21.8.2007 – III S 23/07 (PKH), BFH/NV 2007, 2290; **aA** FG Nds. v. 18.8.2013 – 7 K 9/10, EFG 2014, 932 (Vorlage BVerfG 2 BvL 9–14/14); vgl. hierzu BFH v. 21.5.2014 – XI R 7/14, BFH/NV, 2014, 1225, wonach das Verfahren im Hinblick auf die BVerfG-Vorlage des FG Nds. zum Ruhen gebracht worden ist.

9 BFH v. 14.6.2013 – III B 119/12, BFH/NV 2013, 1417; v. 23.12.2013 – III B 88/13, BFH/NV 2014, 517; v. 4.8.2011 – III R 62/09, BFHE 234, 324; v. 30.7.2009 – III R 47/07, BFH/NV 2009, 1984; v. 28.5.2009 – III R 13/07, BFH/NV 2009, 1638; v. 14.5.2008 – III S 22/08, BFH/NV 2008, 1330; v. 22.11.2007 – III R 54/02, BFHE 220, 45 = FR 2008, 485; v. 25.7.2007 – III S 10/07 (PKH), juris; v. 22.11.2007 – III R 63/04, BFH/NV 2008, 771; v. 22.11.2007 – III R 61/04, BFH/NV 2008, 769; v. 15.3.2007 – III R 93/03, BFHE 217, 443 = FR 2008, 147 m. Anm. *Greite*; v. 15.3.2007 – III R 54/05, BFH/NV 2007, 1298; teilw. krit. *Jahn*, PIStB 2007, 227 und *Jahn*, PIStB 2008, 62; vgl. auch *Reuß*, EFG 2008, 1398.

10 Zur Auslegung des Kindergeldantrags vgl. BFH v. 9.2.2012 – III R 45/10, BFHE 236, 413 = FR 2012, 646 und v. 29.3.2012 – III B 94/10, BFH/NV 2012, 1147.

11 G über den Aufenthalt, die Erwerbstätigkeit und die Integration von Ausländern im Bundesgebiet (AufenthaltsG) v. 30.7.2004, BGBl. I 2004, 1950; zu Details vgl. DA-KG 2018 Kap. A 4.

12 BFH v. 25.10.2007 – III R 90/03, BFHE 219, 540; v. 22.11.2007 – III R 60/99, BFHE 220, 39 = FR 2008, 883 m. Anm. *Greite*; vgl. auch FG Nürnb. v. 10.11.2014 – 3 K 1533/13, juris (rkr.); vgl. auch DA-KG 2018 Kap. A 4.4.

13 G über die allgemeine Freizügigkeit von Unionsbürgern (Freizügigkeitsgesetz/EU – FreizügG/EU) v. 30.7.2004, BGBl. I 2004, 1986; zu Details vgl. DA-KG 2018 Kap. A 4.5.

14 Abkommen zwischen der EG und ihren Mitgliedstaaten einerseits und der Schweizerischen Eidgenossenschaft andererseits über die Freizügigkeit v. 21.6.1999, BGBl. II 2001, 811.

Verlusts des Rechts iSd. § 2 Abs. 1 FreizügG/EU sind ausländ. Unionsbürger grds. als freizügigkeitsberechtigt anzusehen.[1] Die Kindergeldberechtigung von Freizügigkeitsberechtigten richtet sich nach § 62 Abs. 1.[2] Vertriebene und Spätaussiedler sind Deutsche (vgl. Art. 116 Abs. 1 GG, § 7 StAG),[3] heimatlose Ausländer sind deutschen Staatsbürgern gleichgestellt (vgl. §§ 12 ff. HAuslG).[4]

§ 62 Abs. 2 Nr. 1 bis 3 knüpft an den **Besitz** einer Aufenthaltserlaubnis an; dies erfordert, dass der Ausländer die gesetzlich vorgesehene Aufenthaltsgenehmigung tatsächlich in Händen hält, ihm also das Aufenthaltsrecht durch VA mit Wirkung für die Bezugszeit des Kindergeldes zugebilligt worden ist.[5] Unerheblich ist, ob ein Anspr. auf einen Titel besteht, der zum Bezug von Kindergeld berechtigt.[6] Der ausländerrechtl. Aufenthaltstitel ist **kein Grundlagenbescheid** iSd. § 171 Abs. 10 AO; die ausländerrechtl. Festsetzung erzeugt lediglich **Tatbestandswirkung** und hindert eine eigenständige Überprüfung des ausländerrechtl. Status durch die Familienkasse.[7] Die rückwirkende Erteilung eines Aufenthaltstitels, der zum Bezug von Kindergeld berechtigt, begründet keinen rückwirkenden Kindergeldanspr.[8] Ein bestandskräftiger Ablehnungsbescheid kann bei rückwirkendem Erhalt eines Aufenthaltstitels nach § 70 Abs. 2 und 3 nur für die Zukunft geändert werden.[9] 4

Gem. § 62 Abs. 2 **Nr. 1** besteht Anspr. auf Kindergeld bei Besitz einer **Niederlassungserlaubnis**, die gem. § 9 AufenthG als unbefristeter Aufenthaltstitel zur Ausübung einer Erwerbstätigkeit berechtigt und deren Voraussetzungen in § 9 Abs. 2 AufenthG normiert sind. Eine Erlaubnis zum Daueraufenthalt – EU gem. § 9a AufenthG ist der Niederlassungserlaubnis gleichgestellt. Anspruchsbegründend ist gem. § 62 Abs. 2 **Nr. 2** zudem der Besitz einer **Aufenthaltserlaubnis** (§ 7 AufenthG), die allerdings **zur Ausübung einer Erwerbstätigkeit** berechtigt oder berechtigt haben muss. Maßgeblich sind die §§ 18 ff. AufenthG. Der „gelbe Ausweis" (jetzt „Protokollausweis für Ortskräfte") des Botschaftspersonals, das im Bundesgebiet als ständig ansässig behandelt wird, ist einer zur Erwerbstätigkeit berechtigenden Aufenthaltserlaubnis iSd. § 62 Abs. 2 Nr. 2 gleichzustellen.[10] Für ausländ. Mitglieder der NATO-Truppe oder des zivilen Gefolges findet § 62 Abs. 2 ebenfalls analoge Anwendung.[11] Nicht ausreichend ist jedoch gem. § 62 Abs. 2 **Nr. 2 lit. a** eine Aufenthaltserlaubnis zum Zweck der Ausbildung (§§ 16, 17 AufenthG); weiterhin gem. § 62 Abs. 2 **Nr. 2 lit. b** der nach § 18 Abs. 2 AufenthG ausgestellte und nur für einen bestimmten Höchstzeitraum erteilte Titel (zB für Saisonarbeitskräfte) und gem. § 62 Abs. 2 **Nr. 2 lit. c** eine Aufenthaltserlaubnis, die gem. § 24 AufenthG zum vorübergehenden Schutz des Ausländers erteilt wurde. Entspr. gilt für die gem. § 23 Abs. 1 AufenthG wegen eines Krieges im Heimatland, gem. § 23a AufenthG (Aufenthaltsgewährung in Härtefällen) oder nach § 25 Abs. 3 bis 5 AufenthG (Aufenthaltsgewährung aus humanitären Gründen) erteilte Aufenthaltserlaubnis.[12] In den genannten Fällen fehlt es nach Einschätzung des Gesetzgebers am **Kriterium des dauerhaften Aufenthalts**. Zu beachten ist, dass aufgrund der **Umsetzung der RL 2011/98/EU zum 25.12.2013** ab Dezember 2013 entgegen § 62 Abs. 2 Nr. 2 lit. a und lit. b **weitere Per-**

---

1 BFH v. 15.3.2017 – III R 32/15, BStBl. II 2017, 963 Rn. 15 und v. 27.4.2015 – III B 127/14, BStBl. II 2015, 901 Rn. 14 f., m. Anm. *Selder*, jurisPR-SteuerR 39/2015 Anm. 5.

2 BFH v. 15.3.2017 – III R 32/15, BStBl. II 2017, 963 Rn. 10 f. und v. 27.4.2015 – III B 127/14, BStBl. II 2015, 901 Rn. 9, m. Anm. *Selder*, jurisPR-SteuerR 39/2015 Anm. 5 (iÜ auch zu Beitrittsfragen).

3 Vgl. FG Thür. v. 9.1.2000 – III 358/98, EFG 2000, 573, wonach der Statusentscheidung der zuständigen Behörde Tatbestandswirkung zukommt; vgl. auch BFH v. 17.4.2008 – III R 16/05, BFHE 221, 43 und v. 18.12.2008 – III R 93/06, BFH/NV 2009, 749, wonach der Besitz zu Unrecht ausgestellter deutscher Ausweisdokumente keine Kindergeldberechtigung begründet. Nach FG Nürnb. v. 12.12.2008 – 7 K 1108/2008, EFG 2009, 1655 (Urteil gegenstandslos) enthält § 62 Abs. 2 Nr. 2 eine planwidrige Regelungslücke, die in verfassungskonformer Auslegung dahin zu schließen ist, dass Aspiranten auf eine Anerkennung als Vertriebene, die aufgrund eines Aufnahmebescheids eingereist sind, für die Dauer des Anerkennungsverfahrens keines der genannten Aufenthaltstitel bedürfen.

4 Hierzu FG München v. 11.12.2002 – 9 K 5840/00, EFG 2003, 785.

5 BFH v. 5.2.2015 – III R 19/14, BStBl. II 2015, 840 Rn. 13; v. 7.12.2016 – V B 100/16, BFH/NV 2017, 465 Rn. 4; v. 1.12.1997 – VI B 147/97, BFH/NV 1998, 696. Der unrechtmäßige Besitz deutscher Ausweispapiere genügt jedoch nicht, vgl. BFH v. 17.4.2008 – III R 16/05, BFHE 221, 43 = FR 2008, 1127; vgl. zur rückwirkenden Entziehung des Aufenthaltstitels BFH v. 15.3.2012 – III R 87/03, BFH/NV 2012, 1603.

6 BFH v. 23.12.2013 – III B 88/13, BFH/NV 2014, 517; v. 28.4.2010 – III R 1/08, BFHE 229, 262 = FR 2010, 910 m. Anm. *Greite*; v. 6.5.2011 – III B 130/10, BFH/NV 2011, 1353; v. 9.11.2012 – III B 138/11, BFH/NV 2013, 372.

7 BFH v. 10.6.2015 – V B 136/14, BFH/NV 2015, 1233; v. 11.7.2008 – III B 167/07, juris.

8 BFH v. 5.2.2015 – III R 19/14, BStBl. II 2015, 840 Rn. 15 ff.; v. 7.12.2016 – V B 100/16, BFH/NV 2017, 465 Rn. 4.

9 BFH v. 30.10.2009 – III B 175/08, BFH/NV 2010, 600.

10 BFH v. 25.7.2007 – III R 55/02, BFHE 218, 356; zum „Protokollausweis für Ortskräfte" vgl. BFH v. 19.2.2013 – XI R 9/12, BFH/NV 2013, 1077, m. Anm. *Schießl*, HFR 2013, 605; v. 8.8.2013 – VI R 45/12, BFHE 242, 349 = FR 2014, 620.

11 BFH v. 8.8.2013 – III R 22/12, BFHE 242, 344 = FR 2014, 395, m. Anm. *Selder*, jurisPR-SteuerR 50/2013 Anm. 3.

12 Zu den Details DA-KG 2018 Kap. A 4.3.

sonen anspruchsberechtigt sind.[1] Abs. 2 **Nr. 3** erweitert den Kreis der Anspruchsberechtigten um Pers., die einen Aufenthaltstitel gem. Abs. 2 Nr. 2 lit. c vorweisen können und weitere Voraussetzungen erfüllen. Anspr. auf Kindergeld haben danach diejenigen Ausländer, die sich **seit mindestens drei Jahren ununterbrochen,**[2] **rechtmäßig, gestattet oder geduldet im Bundesgebiet aufhalten** und **zusätzlich** in einer bestimmten Art und Weise (berechtigte Erwerbstätigkeit, Bezug v. Geldleistungen nach dem SGB III oder Inanspruchnahme v. Elternzeit) **in den Arbeitsmarkt integriert** sind.[3] Der Begriff der **Erwerbstätigkeit** (§ 2 Abs. 2 AufenthG) umfasst die selbstständige und nicht selbstständige Tätigkeit, wobei unschädlich ist, wenn nur eine der beiden Tätigkeiten nicht gestattet ist.[4] Eine geringfügige Beschäftigung genügt.[5]

C. Koordinierungsrecht bei grenzüberschreitenden EU-Sachverhalten, zwischenstaatliche Abkommen

5 Bei Sachverhalten mit **EU-Auslandsbezug** sind die Vorschriften der **VO (EWG) Nr. 1408/71**[6] und der Durchführungs-**VO (EWG) Nr. 574/72**[7], ab dem 1.5.2010[8] die Vorschriften der **VO (EG) Nr. 883/2004**[9] und der Durchführungs-**VO (EG) Nr. 987/2009**[10] zu beachten. Dabei lässt das Unionsrecht die Zuständigkeit der Mitgliedstaaten zur Ausgestaltung ihrer Systeme der sozialen Sicherheit unberührt; es ist Sache des Rechts des Mitgliedstaats, die Voraussetzungen für die Gewährung von Leistungen der sozialen Sicherheit sowie ihre Höhe und die Dauer ihrer Gewährung zu bestimmen.[11] Die Mitgliedstaaten können für Familienleistungen in ihren nationalen Rechtsvorschriften auch das **Erfordernis eines rechtmäßigen Aufenthalts** aufnehmen, ohne dass dies gegen das Diskriminierungsverbot des Art. 4 der VO (EG) Nr. 883/2004 verstößt.[12] Für einen Kindergeldanspr. ist demnach stets erforderlich, dass die Anspruchsvoraussetzungen nach §§ 62 ff. erfüllt sind, da die VO keinen eigenständigen Anspr. auf Kindergeld begründen.[13] Sind die nationalen Voraussetzungen für einen Kindergeldanspr. erfüllt, stellt sich aufgrund des EU-Auslandsbezugs die Frage, welcher Mitgliedstaat für die Gewährung von Familienleistungen zuständig ist. Hier dienen die unionsrechtlichen Regelungen der Lösung von Konkurrenzkonflikten.[14] Erforderlich ist die Eröffnung des **persönlichen** (vgl. Art. 2 VO [EWG] Nr. 1408/71/VO [EG] Nr. 883/2004)[15] und des **sachlichen** Geltungsbereichs der VO (vgl. Art. 4 VO [EWG] Nr. 1408/71/Art. 3 VO [EG] Nr. 883/2004), wobei Kindergeld eine

1 RL 2011/98/EU des Europäischen Parlaments und des Rates v. 13.12.2011 über ein einheitliches Verfahren zur Beantragung einer kombinierten Erlaubnis für Drittstaatsangehörige, sich im Hoheitsgebiet eines Mitgliedstaats aufzuhalten und zu arbeiten, sowie über ein gemeinsames Bündel von Rechten für Drittstaatsarbeitnehmer, die sich rechtmäßig in einem Mitgliedstaat aufhalten, ABlEU 2011 Nr. L 343, 1; vgl. DA-KG 2018 Kap. A 4.3.1 Abs. 2.

2 BFH v. 24.5.2012 – III R 20/10, BFHE 238, 334 = FR 2013, 478.

3 Ausf. DA-KG 2018 Kap. A 4.3.2; zu erwerbsunfähigen Personen vgl. BFH v. 7.4.2011 – III R 72/09, BFH/NV 2011, 1134.

4 FG Nds. v. 9.7.2007 – 16 K 427/05, EFG 2007, 1787; zum Begriff der Erwerbstätigkeit vgl. auch FG Münster v. 17.11.2009 – 1 K 4329/06 Kg, EFG 2010, 505.

5 FG Düss. v. 29.5.2007 – 10 K 174/06 Kg, EFG 2007, 1452 m. Anm. *Siegers*.

6 VO (EWG) Nr. 1408/71 des Rates v. 14.6.1971 zur Anwendung der Systeme der sozialen Sicherheit auf Arbeitnehmer und deren Familien, die innerhalb der Gemeinschaft zu- und abwandern, ABlEG 1971 Nr. L 149, 2.

7 VO (EWG) Nr. 574/72 des Rates v. 21.3.1972 über die Durchführung der VO (EWG) Nr. 1408/71 zur Anwendung der Systeme der sozialen Sicherheit auf Arbeitnehmer und deren Familien, die innerhalb der Gemeinschaft zu- und abwandern, ABlEG 1972 Nr. L 74, 1.

8 Inkrafttreten gegenüber EWR-Staaten zum 1.6.2012, vgl. Beschluss des gemeinsamen EWR-Ausschusses, ABlEU 2012 Nr. C 394, 27; Inkrafttreten ggü. Schweiz zum 1.4.2012, vgl. Beschluss des gemischten Ausschusses EU und Schweiz, ABlEU 2012 Nr. L 103, 51; zur Rechtslage im Verhältnis zu der Schweiz vor und nach dem 1.6.2002, vgl. BFH v. 26.10.2006 – III B 15/06, BFH/NV 2007, 228; zur Währungsumrechnung von in der Schweiz bezogenen Familienzulagen in Euro vgl. EuGH v. 30.4.2014 – Rs. C-250/13, ABlEU 2014 Nr. C 194, 7.

9 VO (EG) Nr. 883/2004 des Europäischen Parlaments und des Rates v. 29.4.2004 zur Koordinierung der Systeme der sozialen Sicherheit, ABlEU 2004 Nr. L 166, 1.

10 VO (EG) Nr. 987/2009 des Europäischen Parlaments und des Rates v. 16.9.2009 zur Festlegung der Modalitäten für die Durchführung der VO (EG) Nr. 883/2004 über die Koordinierung der Systeme der sozialen Sicherheit, ABlEU 2009 Nr. L 284, 1.

11 EuGH v. 18.11.2010 – Rs. C-247/09 – Xhymshiti, Slg. 2010, I-11845; vgl. auch BFH v. 13.11.2014 – III R 1/13 – BFHE 248, 20, m. Anm. *Selder*, jurisPR-SteuerR 12/2015 Anm. 4.

12 EuGH v. 14.6.2016 – Rs. C-308/14 – Kommission/Vereinigtes Königreich, ABlEU 2016 Nr. C 305, 4; vgl. auch *Behrend*, jurisPR-SozR 17/2016 Anm. 1.

13 Vgl. zB BFH v. 27.7.2017 – III R 17/16, BFH/NV 2018, 186 Rn. 16 ff., zu der VO (EG) Nr. 883/2004; v. 13.11.2014 – III R 38/12, HFR 2015, 584; v. 20.3.2013 – XI R 37/11, BFHE 240, 394 = FR 2013, 1044, m. Anm. *Grube*, jurisPR-SteuerR 30/2013 Anm. 6, jeweils zu der VO (EWG) Nr. 1408/71. **AA** wohl *Weber-Grellet*, FR 2018, 761.

14 BVerfG v. 8.6.2004 – 2 BvL 5/00, BVerfGE 110, 412; vgl. auch EuGH v. 14.6.2016 – Rs. C-308/14 – Kommission/Vereinigtes Königreich, ABlEU 2016 Nr. C 305, 4.

15 Nach Art. 2 Abs. 1 VO (EWG) Nr. 1408/71 und Art. 2 Abs. 1 VO (EG) Nr. 883/2004 unterfallen auch Flüchtlinge und Staatenlose dem persönlichen Geltungsbereich.

Familienleistung iSv. Art. 4 Abs. 1 lit. h iVm. Art. 1 lit. u ii VO (EWG) Nr. 1408/71/Art. 3 Abs. 1 lit. j iVm. Art. 1 lit. z VO (EG) 883/2004 ist; zudem müsste Deutschland der **zuständige Mitgliedstaat** sein (Art. 13 ff. VO [EWG] Nr. 1408/71/Art. 11 VO [EG] 883/2004).[1] Allerdings folgt aus der EuGH-Entscheidung in der Rs. „Hudzinski" und „Wawrzyniak"[2], dass Art. 13 ff. VO (EWG) Nr. 1408/7 ggü. §§ 62 ff. **keine Sperrwirkung** entfalten, wenn nicht die deutschen Vorschriften, sondern die Vorschriften eines anderen Mitgliedstaats für anwendbar erklärt werden.[3] Für die VO (EWG) Nr. 1408/71 und deren Durchführungs-VO (EWG) Nr. 574/72 hat der BFH den Weg zur Lösung einer etwaigen Konkurrenz zu Ansprüchen in einem anderen Mitgliedstaat aufgezeigt: Ist Deutschland der zuständige Mitgliedstaat, kommen die europarechtl. Antikumulierungsvorschriften des Art. 76 VO (EWG) Nr. 1408/71 oder des Art. 10 VO (EWG) Nr. 574/72 zur Anwendung; ist Deutschland nicht der zuständige Mitgliedstaat und auch nicht der Wohnmitgliedstaat der Kinder, ist die Konkurrenz nach nationalem Recht zu lösen.[4] Ist demgegenüber der Geltungsbereich der VO (EG) Nr. 883/2004 eröffnet, wird gem. Art. 67 S. 1 der VO (EG) Nr. 883/2004 iVm. Art. 60 Abs. 1 S. 2 der VO (EG) Nr. 987/2009 die Wohnsituation des im EU-Ausland lebenden Eltern-, Großeltern- bzw. Pflegeelternteils (fiktiv) in das Inland übertragen und ein Inlandswohnsitz fingiert, sodass sich für den im EU-Ausland lebenden „Familienangehörigen" eine Anspruchsberechtigung aus § 62 Abs. 1 Nr. 1 EStG ergibt.[5] Der grds. nach §§ 62 ff. bestehende Kindergeldanspr. des in Deutschland wohnenden Elternteils kann somit durch einen vorrangigen Kindergeldanspr. des im EU-Ausland lebenden Eltern-, Großeltern- bzw. Pflegeelternteils verdrängt werden (vgl. § 64 Rn. 2). Die Lösung einer etwaigen Anspruchskonkurrenz erfolgt dann im Hinblick auf die Anspruchsberechtigung des im EU-Ausland lebenden Kindergeldberechtigten. Die vom EuGH in der Rs. „Hudzinski" und „Wawrzyniak" niedergelegten Grundsätze greifen auch für die VO (EG) Nr. 883/2004.[6] Die Anspruchskonkurrenz zw. dem deutschen Kindergeldanspr. und einer ausländ. Familienleistung richtet sich nach Art. 68 der VO (EG) Nr. 883/2004.[7] Im Anwendungsbereich des Art. 68 der VO (EG) Nr. 883/2004 bedarf es dabei regelmäßig keiner eigenen Feststellungen des FG zum Inhalt des ausländ. Rechts.[8] Vgl. iÜ § 65 Rn. 2, 5 und 8 (Differenzkindergeld).

Zwischenstaatliche **Abkommen über soziale Sicherheit** bestehen zw. Deutschland und Bosnien und Herzegowina, Kosovo, Montenegro, Serbien (das SozSichAbk. YUG ist auch nach dem Zerfall Jugoslawiens weiter anzuwenden)[9], Marokko, Tunesien und der Türkei.[10] Deutsche ArbN können sich nicht auf das Abkom- 6

1 Zu der VO (EWG) Nr. 1408/71 zB: BFH v. 4.8.2011 – III R 55/08, BFHE 234, 316 = FR 2012, 184, m. Anm. *Selder*, jurisPR-SteuerR 3/2012 Anm. 5; v. 4.8.2011 – III R 41/08, BFH/NV 2012, 190; v. 15.3.2012 – III R 52/08, BFHE 237, 412 = FR 2012, 974; v. 5.7.2012 – III R 76/10, BFHE 238, 87 = FR 2012, 1178; v. 7.11.2012 – V S 26/11 (PKH), BFH/NV 2013, 581; v. 16.5.2013 – III R 63/10, BFH/NV 2014, 12; v. 18.12.2013 – III R 50/11, BFH/NV 2014, 1191; v. 13.11.2014 – III R 18/14, BFH/NV 2015, 331; vgl. auch BFH v. 23.10.2009 – III S 72/08 (PKH), BFH/NV 2010, 203, wonach das Kindergeld keine Sozialleistung iSd. VO ist; vgl. zudem EuGH v. 15.3.2001 – Rs. C-85/99, juris; zu der VO (EG) Nr. 883/2004 zB: BFH v. 4.2.2016 – III R 17/13, BFHE 253, 134, m. Anm. *Selder*, jurisPR-SteuerR 29/2016 Anm. 5; v. 10.3.2016 – III R 62/12, BFHE 253, 236 (Großeltern); v. 28.4.2016 – III R 68/13, BFHE 254, 20; v. 15.6.2016 – III R 60/12, BFHE 254, 307 (Pflegeeltern); v. 7.7.2016 – III R 11/13, BFHE 254, 558; v. 4.8.2016 – III R 10/13, BFHE 255, 46; vgl. auch BFH v. 23.8.2016 – V R 19/15, BFHE 254, 439.

2 EuGH v. 12.6.2012 – Rs. C-611/10 u.a. – Hudzinski und Wawrzyniak, ABlEU 2012 Nr. C 227, 4, auf Vorlage des BFH v. 21.10.2010 – III R 5/09, BFHE 231, 183 = FR 2011, 293 m. Anm. *Greite*. Die vom EuGH in der Rs. Hudzinski und Wawrzyniak niedergelegten Grundsätze sind auch auf die Freizügigkeit von Selbstständigen anzuwenden, vgl. BFH v. 16.7.2015 – III R 39/13, BFHE 251, 154; v. 4.2.2016 – III R 16/14, BFH/NV 2016, 911; vgl. zudem EuGH v. 20.5.2008 – Rs. C-352/06 – Bosmann, Slg. 2008, I-3827, und zur Umsetzung BZSt. v. 6.5.2009, BStBl. I 2009, 541.

3 ZB BFH v. 16.5.2013 – III R 8/11, BFHE 241, 511 = FR 2014, 248, m. Anm. *Selder*, jurisPR-SteuerR 41/2013 Anm. 5; v. 18.7.2013 – III R 71/11, BFH/NV 2014, 24; v. 8.8.2013 – III R 17/11, BFH/NV 2014, 306; v. 5.9.2013 – XI R 52/10, BFH/NV 2014, 33; v. 18.12.2013 – III R 61/11, BFH/NV 2014, 683; v. 18.12.2013 – III R 44/12, BFHE 244, 344; v. 30.1.2014 – V R 38/11, BFH/NV 2014, 837; v. 25.9.2014 – III R 54/11, BFH/NV 2015, 477; v. 4.2.2016 – III R 16/14, BFH/NV 2016, 911.

4 ZB BFH v. 12.9.2013 – III R 16/11, BFH/NV 2014, 320 (zur VO [EWG] Nr. 1408/71); vgl. auch FG Sachs. v. 29.5. 2018 – 3 K 74/17 (Kg), juris Rn. 13 ff. (Rev. III R 39/18) (zur VO [EG] Nr. 883/2004).

5 ZB BFH v. 4.2.2016 – III R 17/13, BFHE 253, 134, m. Anm. *Selder*, jurisPR-SteuerR 29/2016 Anm. 5; v. 10.3.2016 – III R 62/12, BFHE 253, 236 (Großeltern); v. 28.4.2016 – III R 68/13, BFHE 254, 20; v. 15.6.2016 – III R 60/12, BFHE 254, 307 (Pflegeeltern); v. 7.7.2016 – III R 11/13, BFHE 254, 558; v. 4.8.2016 – III R 10/13, BFHE 255, 46; vgl. auch BFH v. 23.8.2016 – V R 19/15, BFHE 254, 439; v. 27.7.2017 – III R 17/16, BFH/NV 2018, 201 Rn. 10 ff., wonach die Fiktionswirkung für sämtliche „beteiligte Personen" gilt.

6 BFH v. 11.7.2013 – VI R 68/11, BFHE 242, 206 = FR 2014, 621.

7 BFH v. 26.7.2017 – III R 18/16, DStR 2017, 2319 Rn. 14 ff.; v. 4.2.2016 – III R 9/15, BFHE 253, 139; v. 13.4.2014 – III R 34/15, BFH/NV 2016, 1465; vgl. auch FG Münster v. 5.8.2016 – 4 K 3115/14 Kg, juris und FG Bremen v. 27.2. 2017 – 3 K 77/16 (1), juris Rn. 69 ff.

8 BFH v. 22.2.2018 – III R 10/17, BFHE 261, 214 Rn. 25, m. Anm. *Selder*, jurisPR-SteuerR 35/2018 Anm. 2 und *Wendl*, DStR 2018, 1555.

9 BFH v. 7.3.2013 – V R 61/10, BFHE 240, 361.

10 Vgl. hierzu DA-KG 2018 Kap. A 4.6 Abs. 1.

men berufen; für sie gelten, wenn sie sich in Deutschland aufhalten, die §§ 62 ff. kraft des Territorialitätsprinzips.[1] Für ArbN iSd. Abkommens[2] gilt § 62 Abs. 2 nicht.[3] Auch türkische ArbN iSd. Beschlusses 3/80 des Assoziationsrats v. 19.9.1980 müssen die Voraussetzungen des § 62 Abs. 2 nicht erfüllen.[4] Weitere Abkommen bestehen zw. der EU und der Türkei,[5] Tunesien, Marokko und Algerien. Zur Kindergeldberechtigung ausländ. Mitglieder und Beschäftigter diplomatischer Missionen und konsularischer Vertretungen im Inland s. Kap. A 5 DA-KG 2018, für Bedienstete internationaler Organisationen Kap. A 6 DA-KG 2018.

§ 63 Kinder

(1) [1]Als Kinder werden berücksichtigt

1. Kinder im Sinne des § 32 Absatz 1,

2. vom Berechtigten in seinen Haushalt aufgenommene Kinder seines Ehegatten,

3. vom Berechtigten in seinen Haushalt aufgenommene Enkel.

[2]§ 32 Absatz 3 bis 5 gilt entsprechend. [3]Voraussetzung für die Berücksichtigung ist die Identifizierung des Kindes durch die an dieses Kind vergebene Identifikationsnummer (§ 139b der Abgabenordnung). [4]Ist das Kind nicht nach einem Steuergesetz steuerpflichtig (§ 139a Absatz 2 der Abgabenordnung), ist es in anderer geeigneter Weise zu identifizieren. [5]Die nachträgliche Identifizierung oder nachträgliche Vergabe der Identifikationsnummer wirkt auf Monate zurück, in denen die Voraussetzungen der Sätze 1 bis 4 vorliegen. [6]Kinder, die weder einen Wohnsitz noch ihren gewöhnlichen Aufenthalt im Inland, in einem Mitgliedstaat der Europäischen Union oder in einem Staat, auf den das Abkommen über den Europäischen Wirtschaftsraum Anwendung findet, haben, werden nicht berücksichtigt, es sei denn, sie leben im Haushalt eines Berechtigten im Sinne des § 62 Absatz 1 Satz 1 Nummer 2 Buchstabe a. [7]Kinder im Sinne von § 2 Absatz 4 Satz 2 des Bundeskindergeldgesetzes werden nicht berücksichtigt.

(2) Die Bundesregierung wird ermächtigt, durch Rechtsverordnung, die nicht der Zustimmung des Bundesrates bedarf, zu bestimmen, dass einem Berechtigten, der im Inland erwerbstätig ist oder sonst seine hauptsächlichen Einkünfte erzielt, für seine in Absatz 1 Satz 3 erster Halbsatz bezeichneten Kinder Kindergeld ganz oder teilw. zu leisten ist, soweit dies mit Rücksicht auf die durchschnittlichen Lebenshaltungskosten für Kinder in deren Wohnsitzstaat und auf die dort gewährten dem Kindergeld vergleichbaren Leistungen geboten ist.

Verwaltung: DA-KG 2018 (abrufbar unter www.bzst.de).

1 Abs. 1 bestimmt, für welche Kinder Anspr. auf Kindergeld besteht. Dass ein Kind bei einem Berechtigten berücksichtigt wird, führt zunächst zum sog. **Zählkindschaftsverhältnis**, das eine notwendige, aber nicht hinreichende Bedingung für die tatsächliche Auszahlung des Kindergeldes ist. Nur Kinder, für die der Anspr. nicht aufgrund v. § 64 und § 65 ruht, sind zugleich **Zahlkinder** (vgl. aber auch § 66 Rn. 5 ff.). Zählkinder können den Anspr. für Zahlkinder erhöhen (sog. **Zählkindvorteil**). Abs. 1 S. 1 regelt, wer als Kind in Betracht kommt. Abs. 1 S. 2 verweist auf § 32 Abs. 3–5. Die neu eingefügten S. 3–5 zur **Identifizierung** sollen **ungerechtfertigte Doppelzahlungen** für ein Kind vermeiden.[6] Abs. 1 S. 6 macht die Berücksichti-

---

1 BFH v. 27.9.2012 – III R 55/10, BFHE 239, 109 = FR 2013, 342, m. Anm. *Selder*, jurisPR-SteuerR 9/2013 Anm. 3; vgl. auch BFH v. 17.12.2015 – V R 13/15, BFH/NV 2016, 534.

2 Zum Begriff vgl. BFH v. 12.4.2000 – VI B 142/99, BFH/NV 2000, 1193; v. 8.10.2001 – VI B 138/01, BFHE 198, 91 = FR 2002, 633; v. 9.7.2003 – VIII B 98/03, BFH/NV 2003, 1423; v. 28.6.2004 – VIII B 93/04, BFH/NV 2004, 1638; v. 15.3.2007 – III R 93/03, BFHE 217, 443 = FR 2008, 147 m. Anm. *Greite*; v. 22.11.2007 – III R 54/02, BFHE 220, 45 = FR 2008, 485; v. 21.2.2008 – III R 79/03, BFHE 220, 439 = FR 2008, 1029; v. 28.1.2009 – III B 41/08, juris; v. 23.4.2009 – III S 61/08 (PKH), juris; v. 30.7.2009 – III R 22/07, BFH/NV 2009, 1983; v. 28.4.2010 – III R 1/08, BFHE 229, 262 = FR 2010, 910 m. Anm. *Greite*; v. 27.10.2011 – III R 14/08, BFHE 236, 16 = FR 2012, 424; vgl. auch FG München v. 27.1.2000 – 16 K 3569/98, EFG 2000, 574.

3 BFH v. 7.3.2013 – V R 61/10, BFHE 240, 361.

4 BFH v. 15.7.2010 – III R 6/08, BFHE 230, 545 = FR 2011, 239 m. Anm. *Greite* und v. 23.4.2009 – III S 61/08 (PKH), juris.

5 Vgl. zum Vorläufigen Europäischen Abkommen über soziale Sicherheit 1953 (VAE) BFH v. 17.6.2010 – III R 42/09, BFHE 230, 337 und v. 15.7.2010 – III R 76/08, BFH/NV 2011, 213.

6 FreizügigkeitsÄndG v. 2.12.2014, BGBl. I 2014, 1922; vgl. BT-Drucks. 18/2581, 20 f.; vgl. auch DA-KG 2018 Kap. A 22 sowie BZSt. v. 17.2.2017 – St II 2 - S 0305-SE/17/0002-1, BStBl. I 2017, 432 und v. 9.8.2016 – St II 2 - S 2471-PB/16/00001, BStBl. I 2016, 801.

gung eines Kindes grds. v. seinem Wohnsitz bzw. gewöhnlichen Aufenthalt im Inland oder in einem EU- oder EWR-Staat abhängig (**Territorialprinzip**). Abs. 1 S. 7 regelt das Verhältnis v. sozial- und steuerrechtl. Kindergeld. Abs. 2 enthält eine Ermächtigung für eine VO.

Berücksichtigt werden – grds. unabhängig v. ihrem Familienstand[1] – gem. § 63 **Abs. 1 S. 1 Nr. 1** iVm. § 32 Abs. 1 Nr. 1 und 2 **die im ersten Grad mit dem Anspruchsberechtigten** (§ 62) **verwandten Kinder sowie** seine **Pflegekinder** (dazu § 32 Rn. 3 ff.). Zählkinder sind auch die vom Berechtigten in seinen Haushalt aufgenommenen **Kinder seines Ehegatten (Abs. 1 S. 1 Nr. 2)**,[2] die nicht gleichzeitig Kinder (iSd. BGB) des Berechtigten (Stiefvater oder -mutter) sind. Kinder des nichtehelichen Lebensgefährten sind (anders als Kinder des **Lebenspartners**)[3] nicht erfasst.[4] Zählkinder sind auch die vom Berechtigten in seinen Haushalt aufgenommenen **Enkel**, dh. im 2. Grad in absteigender Linie mit dem Berechtigten verwandte Kinder iSd. BGB **(Abs. 1 S. 1 Nr. 3)**. Nicht erfasst sind Urenkel und Stiefenkel. **Zum Begriff der Haushaltsaufnahme** (hier nur bedeutsam für Stiefkinder und Enkel sowie für Pflegekinder des Berechtigten)[5] vgl. § 64 Rn. 3. 2

Die **entspr. Anwendung v. § 32 Abs. 3–5 (§ 63 Abs. 1 S. 2)** gewährleistet einheitliche Altersgrenzen für Kindergeld und die Freibeträge für Kinder. **Bis zur Vollendung des 18. Lebensjahres** wird ein Kind allein wegen seiner Existenz berücksichtigt (§ 63 Abs. 1 S. 2 iVm. § 32 Abs. 3), **danach** nur noch unter den Voraussetzungen v. § 63 Abs. 1 S. 2 iVm. § 32 Abs. 4 und § 32 Abs. 5.[6] **Dazu im Einzelnen** § 32 Rn. 9 ff. 3

Der **Wohnsitz oder gewöhnliche Aufenthalt (§§ 8, 9 AO) eines Kindes im Inland oder in einem anderen EU- oder EWR-Staat** ist gem. **Abs. 1 S. 6** Voraussetzung seiner Berücksichtigung.[7] Die Vorschrift ist verfassungsgemäß;[8] auch europa- oder völkerrechtliche Bedenken bestehen nicht. Insoweit fallen die Regelungen v. Kindergeld und Freibeträgen für Kinder (dazu § 31 Rn. 6) auseinander.[9] Der ESt-Bescheid ist hinsichtlich des inländ. Wohnsitzes für die Kindergeldfestsetzung nicht bindend.[10] Kinder teilen zwar grds. den Wohnsitz der Eltern, solange sie sich noch nicht persönlich und wirtschaftlich vom Elternhaus getrennt haben;[11] dies ist aber selbst bei minderjährigen Kindern nicht stets der Fall.[12] Kinder v. Ausländern und Staatenlosen können einen Wohnsitz oder gewöhnlichen Aufenthalt im Inland unabhängig v. den **ausländerrechtl. Voraussetzungen** begründen.[13] Weilt eine Mutter mit Wohnsitz oder gewöhnlichem Aufenthalt im Inland zur Entbindung vorübergehend im Ausland, so hat das Kind seinen Wohnsitz bzw. gewöhnlichen Aufenthalt v. Geburt an im Inland, wenn es innerhalb angemessener Zeit dorthin gebracht wird.[14] Kinder, die sich für eine **zeitlich begrenzte Schul- oder Berufsausbildung im Ausland** aufhalten, behalten 4

---

1 Ein Kindergeldanspr. für ein verheiratetes Kind bestand unter der Geltung von § 32 Abs. 2 S. 4 aF jedoch nur in sog. Mangelfällen, vgl. zB BFH v. 19.4.2007 – III R 65/06, BFHE 218, 70 = FR 2007, 1186.

2 Es muss sich um eine wirksam geschlossene Ehe handeln, vgl. BFH v. 19.4.2007 – III R 85/03, BFH/NV 2007, 1855, zu einer nach islamischem Recht geschlossenen Ehe.

3 S. § 2 Abs. 8, mit dem der Gesetzgeber die Entsch. des BVerfG v. 7.5.2013 – 2 BvR 909/06 ua., BGBl. I 2013, 1647, umgesetzt hat; vgl. auch bereits BVerfG v. 21.7.2010 – 1 BvR 611/07, 1 BvR 2464/07, BVerfGE 126, 400. Vgl. aber auch BFH v. 30.11.2004 – VIII R 61/04, BFH/NV 2005, 695; v. 21.4.2006 – III B 153/05, BFH/NV 2006, 1644. Zur zeitlichen Anwendung von § 2 Abs. 8 vgl. BFH v. 8.8.2013 – VI R 76/12, BFHE 242, 362 = FR 2014, 348, m. Anm. *Bleschick*, HFR 2013, 1118 und *Christ*, jurisPR-FamR 2/2014 Anm. 8.

4 BFH v. 25.4.2018 – III R 24/17, BFH/NV 2018, 1033 Rn. 11 ff., m. Anm. *Selder*, jurisPR-SteuerR 36/2018 Anm. 4, *Spieker*, jurisPR-FamR 18/2018 Anm. 5 und *Wendl*, HFR 2018, 721.

5 Vgl. auch DA-KG 2018 Kap. A 11 bis A 13; hierzu schon BSG v. 18.8.1971 – 4 RJ 411/70, BSGE 33, 105.

6 Die Höhe der Einkünfte und Bezüge eines nicht behinderten Kindes spielt ab 2012 keine Rolle mehr, vgl. BFH v. 3.7.2014 – III R 37/13, BFHE 246, 347. Zur Berücksichtigung der finanziellen Mittel eines volljährigen behinderten Kindes vgl. BFH v. 13.4.2016 – III R 28/15, BFHE 253, 249. Zur Gestaltungsfreiheit des Gesetzgebers iÜ vgl. BFH v. 2.4.2014 – V R 62/10, BFH/NV 2014, 1210.

7 BFH v. 24.2.2010 – III R 73/07, BFH/NV 2010, 1429; vgl. auch BFH v. 24.8.2001 – VI B 122/01, BFH/NV 2002, 327. Nicht zu den in Abs. 1 S. 3 genannten Staaten zählen das Gebiet der Russischen Föderation (FG Köln v. 22.2.2007 – 15 K 3039/04, EFG 2007, 1174) und die Türkei (BFH v. 23.11.2000 – VI R 165/99, BFHE 193, 569 = FR 2001, 547 m. Anm. *Kanzler*; v. 17.12.2015 – V R 13/15, BFH/NV 2016, 534). Vgl. aber § 63 Rn. 6.

8 Vgl. ausf. BFH v. 23.11.2000 – VI R 165/99, BFHE 193, 569 = FR 2001, 547 m. Anm. *Kanzler*; v. 26.2.2002 – VIII R 85/98, BFH/NV 2002, 912 = FR 2002, 1084 m. Anm. *Greite*; v. 4.7.2013 – III B 24/13, BFH/NV 2013, 1568; v. 13.7. 2016 – XI R 8/15, BFHE 254, 414.

9 BFH v. 15.5.2009 – III B 209/08, BFH/NV 2009, 1630; v. 19.1.2004 – VIII B 193/03, juris.

10 BFH v. 20.11.2008 – III R 53/05, BFH/NV 2009, 564.

11 FG BaWü. v. 1.10.1998 – 12 K 113/97, EFG 1999, 179.

12 BFH v. 15.5.2009 – III B 209/08, BFH/NV 2009, 1630; v. 17.5.2013 – III B 121/12, BFH/NV 2013, 1381; vgl. aber auch BFH v. 20.11.2001 – VI B 123/00, juris.

13 FG Nds. v. 30.9.1997 – XV 380/97 Ki, EFG 1998, 377.

14 BFH v. 7.4.2011 – III R 77/09, BFH/NV 2011, 1351. Bei mehrfachem Wohnsitz eines Elternteils im In- und Drittland teilt ein im Drittland geborenes Kind iÜ nicht automatisch den Inlandswohnsitz, vgl. BFH v. 27.2.2014 – V R 15/13, BFH/NV 2014, 1030. Zur geplanten Adoption eines Kindes DA-KG 2018 Kap. A 23.1 Abs. 2 u. FG Hess. v. 27.4.2016 – 3 K 1305/13, 3 K 1354/13, juris.

idR ihren Wohnsitz im Inland.[1] Ein ausländ. Kind, das im Heimatland bei Verwandten untergebracht ist, dort die Schule besucht und sich nur während der Schulferien im Inland aufhält, hat hier grds. keinen Wohnsitz oder gewöhnlichen Aufenthalt.[2] Das Gleiche gilt für ein deutsches Kind, das seit seinem 6. Lebensjahr zum Zwecke des Schulbesuchs für die Dauer v. neun Jahren bei den Großeltern im Ausland lebt.[3] Begibt sich ein Kind für das **Studium** für mehrere Jahre ins Ausland, behält es seinen Inlandswohnsitz aber nur dann, wenn es entweder seinen Lebensmittelpunkt weiterhin am bisherigen Wohnort hat oder aber über zwei Schwerpunkte der Lebensverhältnisse verfügt, von denen einer am bisherigen Wohnort liegt (zB, wenn das Kind in den Ferien bei den Eltern wohnt).[4] Kinder, die einen mehrjährigen **Freiwilligendienst** iSv. § 32 Abs. 4 S. 1 Nr. 2 lit. d im außereuropäischen Ausland leisten, sind gleichfalls nur dann zu berücksichtigen, wenn sie die auf Wohnsitz, gewöhnlichen Aufenthalt oder Haushaltsaufnahme bezogenen Voraussetzungen iSd. Abs. 1 S. 6 erfüllen.[5] Maßgeblich sind jedoch stets die **Umstände des Einzelfalls,**[6] wobei gerade bei langjährigen Auslandsaufenthalten die Dauer des Aufenthalts in der inländ. Wohnung zu berücksichtigen ist.[7] Der Wille zur Rückkehr des Kindes allein ist nicht maßgeblich.[8] Die tatsächlichen Umstände haben Vorrang vor den melderechtl. Angaben.[9] In das Ausland **entführte Kinder**[10] verlieren den inländ. Wohnsitz, wenn eine auf den Gesamtumständen beruhende Prognose ergibt, dass das Kind nicht zurückkehren wird.[11] Die Prognoseentscheidung des FG ist vom Revisionsgericht nur eingeschränkt überprüfbar. Für vermisste Kinder besteht grds. kein Anspr.[12] Zur Haushaltszugehörigkeit entführter Kinder vgl. § 64 Rn. 2.

5 **Kinder der nach § 1 Abs. 2 unbeschränkt StPfl.**[13] sind auch dann zu berücksichtigen, wenn sie zwar keinen Wohnsitz oder gewöhnlichen Aufenthalt im Inland oder einem EU- oder EWR-Staat haben, aber im ausländ. Haushalt dieser Berechtigten leben **(Abs. 1 S. 6 HS 2)**. Keine unbeschränkte StPfl. nach § 1 Abs. 2 wird durch den Bezug einer Altersrente aus der deutschen gesetzlichen Rentenversicherung begründet.[14]

---

1 BFH v. 22.4.1994 – III R 22/92, BFHE 174, 523 = FR 1994, 647 m. Anm. *Kanzler* zum Ausbildungsfreibetrag; vgl. zu Details FG Berlin-Bdbg. v. 4.7.2018 – 3 K 3220/17, juris (Rev. III R 46/18); FG Bremen v. 8.12.2016 – 3 K 59/15 (1), juris und FG München v. 28.2.2008 – 5 K 1273/07, juris.

2 BFH v. 10.8.1998 – VI B 21/98, BFH/NV 1999, 285; vgl. auch BFH v. 8.11.2001 – VI B 115/01, juris; FG BaWü. v. 11.11.2002 – 7 K 87/01, EFG 2003, 718 sowie BFH v. 30.1.2003 – VIII B 155/02, BFH/NV 2003, 881; zu noch nicht schulpflichtigen deutschen Kindern FG Düss. v. 18.6.2004 – 18 K 5613/03 Kg, AO, EFG 2004, 1638. Vgl. auch FG Nürnb. v. 5.2.2009 – 7 K 2123/2007, EFG 2009, 844 zum Schulbesuch in der Türkei (nachfolgend BFH v. 28.1.2010 – III B 33/09, BFH/NV 2010, 829). Vgl. auch BFH v. 27.12.2011 – III B 14/10, BFH/NV 2012, 555 und v. 12.4.2012 – III B 97/11, BFH/NV 2012, 1131.

3 BFH v. 23.11.2000 – VI R 165/99, BFHE 193, 569 = FR 2001, 547 m. Anm. *Kanzler*; vgl. auch BFH v. 23.11.2000 – VI R 107/99, BFHE 193, 558 = FR 2001, 426 m. Anm. *Kanzler*; zu den prozessualen Fragen BFH v. 30.1.2003 – VIII B 155/02, BFH/NV 2003, 881; vgl. auch FG Köln v. 22.2.2007 – 15 K 3039/04, EFG 2007, 1174.

4 Insoweit sind die Unterbrechungen der Auslandsaufenthalte maßgeblich, vgl. BFH v. 28.4.2010 – III R 52/09, BFHE 229, 270. Vgl. auch BFH v. 23.11.2000 – VI R 107/99, BFHE 193, 558 = FR 2001, 426 m. Anm. *Kanzler*; v. 26.1.2001 – VI R 89/00, BFH/NV 2001, 1018; FG München v. 15.5.2007 – 9 K 331/07, juris; FG BaWü v. 16.1. 2012 – 6 K 4588/09, EFG 2012, 1361.

5 BFH v. 13.7.2016 – XI R 8/15, BFHE 254, 414.

6 BFH v. 17.3.2006 – III B 67/05, BFH/NV 2006, 1255; die Beurteilung der Begleitumstände, etwa des Innehabens einer Wohnung, liegt weitgehend auf tatsächlichem Gebiet, vgl. zB BFH v. 17.5.2017 – III B 92/16, BFH/NV 2017, 1179 Rn. 7 ff. und v. 19.8.2008 – III B 67–68/07, FamRZ 2008, 2114. Vgl. hierzu auch FG Nürnb. v. 23.1.2009 – 7 K 1714/2007, DStRE 2010, 535 (nachfolgend BFH v. 27.8.2010 – III B 30/09, BFH/NV 2010, 2272). Zur Gesamtwürdigung BFH v. 15.5.2009 – III B 209/08, BFH/NV 2009, 1630.

7 BFH v. 23.6.2015 – III R 38/14, BStBl. II 2016, 102 = BFHE 250, 381, m. Anm. *Görke*, BFH-PR 2016, 8 und *Selder*, jurisPR-SteuerR 51/2015 Anm. 4; v. 25.9.2014 – III R 10/14, BStBl. II 2015, 655 = BFHE 247, 239, m. Anm. *Dürr*, jurisPR-SteuerR 7/2015 Anm. 2; v. 28.4.2010 – III R 52/09, BFHE 229, 270; v. 23.11.2000 – VI R 107/99, BFHE 193, 558 = FR 2001, 426 m. Anm. *Kanzler*; vgl. auch FG Hess. v. 20.2.2018 – 3 K 572/15, juris (rkr.) und FG Bremen v. 27.2.2003 – 4 K 132/02, EFG 2003, 937. Zur objektiven Beweislast FG München v. 29.11.2006 – 10 K 4776/05, juris; zur Berechnung auf das Kj. FG Nds. v. 9.7.2009 – 1 K 231/08, EFG 2010, 240 (nachfolgend BFH v. 28.4.2010 – III R 52/09, BFHE 229, 270).

8 BFH v. 23.11.2000 – VI R 165/99, BFHE 193, 569 = FR 2001, 547 m. Anm. *Kanzler*; FG Köln v. 15.5.2008 – 10 K 1610/06, EFG 2008, 1896.

9 FG München v. 24.5.2007 – 5 K 1084/06, juris; FG Berlin-Bdbg. v. 10.2.2009 – 10 K 10364/05 B, EFG 2009, 1039.

10 Vgl. auch das Haager Übereinkommen über die zivilrechtlichen Aspekte internationaler Kindesentführung (HKÜ) v. 25.10.1980.

11 BFH v. 5.5.2014 – III B 156/13, BFH/NV 2014, 1208; v. 4.7.2012 – III B 174/11, BFH/NV 2012, 1599; v. 19.3.2002 – VIII R 62/00, BFH/NV 2002, 1146; v. 19.3.2002 – VIII R 52/01, BFH/NV 2002, 1148; v. 30.10.2002 – VIII R 86/00, BFH/NV 2003, 464; vgl. auch FG München v. 26.3.2008 – 10 K 1187/07, EFG 2008, 1463.

12 Hierzu aber auch BFH v. 19.5.1999 – VI B 22/99, BFHE 188, 403 = FR 1999, 915.

13 Dazu FG Düss. v. 23.4.1998 – 10 K 4965/97 Kg, EFG 1998, 1015; v. 23.4.1998 – 10 K 6061/97 Kg, EFG 1998, 1069.

14 BFH v. 12.2.2009 – III S 41/08 (PKH), BFH/NV 2009, 963.

Verfassungsrechtliche Bedenken im Hinblick auf die Differenzierung zw. § 62 Abs. 1 S. 1 Nr. 2 lit. a einerseits und Nr. 2 lit. b andererseits bestehen nicht.[1]

Kinder mit Wohnsitz oder gewöhnlichem Aufenthalt in Algerien, in Bosnien und Herzegowina, im Kosovo, in Marokko, in Montenegro, in Serbien, in der Türkei oder in Tunesien sind bei den nach § 62 Anspr.-Berechtigten (vgl. § 62 Rn. 6) zu berücksichtigen, sofern die Voraussetzungen des jeweiligen **Abkommens über soziale Sicherheit** erfüllt sind.[2] Eltern türkischer Abstammung, die die deutsche Staatsangehörigkeit erworben haben, steht für ihre in der Türkei lebenden Kinder kein Kindergeld zu; ein Anspr. ergibt sich auch nicht aus den Assoziationsratsbeschlüssen Nr. 1/80 und Nr. 3/80 oder dem Vorläufigen Europäischen Abkommen über soziale Sicherheit.[3] Für Kinder mit Wohnsitz oder gewöhnlichem Aufenthalt in der Schweiz gilt das Freizügigkeitsabkommen EG/Schweiz (Art. 8 lit. d iVm. Anhang II)[4] sowie Art. 67 der VO (EG) Nr. 883/2004 oder Art. 73 der VO (EWG) Nr. 1408/71.[5] 6

Kinder iSv. **§ 2 Abs. 4 S. 2 BKGG** werden nicht berücksichtigt (**§ 63 Abs. 1 S. 7**). Damit wird sichergestellt, dass für ein Kind auch weiterhin nur ein Anspr. auf Kindergeld **entweder nach dem BKGG oder nach dem EStG** besteht.[6] 7

Eine VO zu **Abs. 2** ist noch nicht ergangen. 8

§ 64 Zusammentreffen mehrerer Ansprüche

(1) Für jedes Kind wird nur einem Berechtigten Kindergeld gezahlt.

(2) [1]Bei mehreren Berechtigten wird das Kindergeld demjenigen gezahlt, der das Kind in seinen Haushalt aufgenommen hat. [2]Ist ein Kind in den gemeinsamen Haushalt von Eltern, einem Elternteil und dessen Ehegatten, Pflegeeltern oder Großeltern aufgenommen worden, so bestimmen diese untereinander den Berechtigten. [3]Wird eine Bestimmung nicht getroffen, so bestimmt das Familiengericht auf Antrag den Berechtigten. [4]Den Antrag kann stellen, wer ein berechtigtes Interesse an der Zahlung des Kindergeldes hat. [5]Lebt ein Kind im gemeinsamen Haushalt von Eltern und Großeltern, so wird das Kindergeld vorrangig einem Elternteil gezahlt; es wird an einen Großelternteil gezahlt, wenn der Elternteil gegenüber der zuständigen Stelle auf seinen Vorrang schriftlich verzichtet hat.

(3) [1]Ist das Kind nicht in den Haushalt eines Berechtigten aufgenommen, so erhält das Kindergeld derjenige, der dem Kind eine Unterhaltsrente zahlt. [2]Zahlen mehrere Berechtigte dem Kind Unterhaltsrenten, so erhält das Kindergeld derjenige, der dem Kind die höchste Unterhaltsrente zahlt. [3]Werden gleich hohe Unterhaltsrenten gezahlt oder zahlt keiner der Berechtigten dem Kind Unterhalt, so bestimmen die Berechtigten untereinander, wer das Kindergeld erhalten soll. [4]Wird eine Bestimmung nicht getroffen, so gilt Absatz 2 Satz 3 und 4 entsprechend.

Verwaltung: DA-KG 2018 (abrufbar unter www.bzst.de).

Literatur: *Avvento*, Vorrangige Kindergeldberechtigung eines im EU-Ausland lebenden Elternteils, NWB 2016, 2104; *Bilsdorfer*, Willkür als sachgerechte Lösung – Die Berechtigtenbestimmung im Kindergeldrecht, NJW 2013, 897; *Finke*, Die Bestimmung des Kindergeldberechtigten, FPR 2012, 155; *Kleinwegener*, Wechselmodell und Kinder-

1 BFH v. 15.5.2009 – III B 209/08, BFH/NV 2009, 1630.

2 Hierzu DA-KG 2018 Kap. A 23.2. Zum Geltungsbereich des SozSichAbk. Kroatien BFH v. 11.12.2013 – V B 36/13, BFH/NV 2014, 680.

3 BFH v. 15.7.2010 – III R 6/08, BFHE 230, 545 = FR 2011, 239 m. Anm. *Greite*. Vgl. auch BFH v. 27.9.2012 – III R 55/10, BFHE 239, 109 = FR 2013, 342 zum Anwendungsbereich des SozSichAbk. Türkei und v. 19.9.2008 – III B 113/07, BFH/NV 2009, 146 (kein Kindergeld für das in der Türkei lebende Kind eines Rentners).

4 Abkommen zw. der EG und ihren Mitgliedstaaten einerseits und der Schweizerischen Eidgenossenschaft andererseits über die Freizügigkeit, BGBl. II 2001, 811.

5 VO (EG) Nr. 883/2004 des Europäischen Parlaments und des Rates v. 29.4.2004 zur Koordinierung der Systeme der sozialen Sicherheit, ABlEU 2004 L 166, 1 und VO (EWG) 1408/71 des Rates v. 14.6.1971 zur Anwendung der Systeme der sozialen Sicherheit auf Arbeitnehmer und deren Familien, die innerhalb der Gemeinschaft zu- und abwandern, ABlEG 1991 L 149, 2.

6 Die Regelung wurde eingefügt durch Art. 1 Nr. 18 Zweites G zur Familienförderung v. 16.8.2001, BGBl. I 2001, 2074; vgl. auch BT-Drucks. 14/6160, 14.

geld – geht das?, FuR 2012, 165; *Surges*, Die Bestimmung des vorrangigen Kindergeldbezugsberechtigten durch das Familiengericht, RpflStud 2015, 65.

A. Grundsatz der Einmalgewährung (Abs. 1)

1 Gem. **Abs. 1** wird das Kindergeld für dasselbe Kind nicht mehrfach gewährt und auch nicht unter mehreren Berechtigten aufgeteilt (Grundsatz der Einmalgewährung).[1] Ein Zählkind kann nur im Verhältnis zu einer Pers. auch ein Zahlkind sein (§ 63 Rn. 1). Maßgeblich ist das **Obhutsprinzip**, wonach das Kindergeld demjenigen zustehen soll, der das Kind betreut, erzieht und versorgt.[2] Für Berechtigte in den neuen Bundesländern ist ggf. § 78 Abs. 5 zu beachten.

B. Anspruchskonkurrenz bei mehreren Berechtigten (Abs. 2)

2 Aufgrund des weiten Kindbegriffs (§ 63) können die Voraussetzungen für den Anspr. auf Kindergeld bei mehreren Pers. erfüllt sein. Für den Fall der Anspruchskonkurrenz enthalten Abs. 2 und 3 Regelungen, anhand derer sich der allein Anspruchsberechtigte bestimmen lässt.[3] Erhebt ein Elternteil Klage mit dem Ziel, ihm Kindergeld zu gewähren, ist der andere Elternteil selbst dann **nicht** notwendig zum Verfahren **beizuladen**, wenn er bei Stattgabe der Klage das bisher zu seinen Gunsten festgesetzte Kindergeld verliert.[4] Bei einer Konkurrenz v. Anspr. wird das Kindergeld grds. demjenigen ausgezahlt, der das Kind **in seinen Haushalt aufgenommen** hat (**Abs. 2 S. 1**). Unerheblich ist, wer den Kindergeldantrag stellt.[5] Bei Fällen mit **EU-Auslandsbezug** sind die VO (EG) Nr. 883/2004 und die VO (EG) Nr. 987/2009 zu beachten.[6] Nach der Entsch. des **EuGH** in Sachen **„Trapkowski"**[7] und der nachfolgenden Rspr. des BFH kann aufgrund der Fiktionswirkung von Art. 67 S. 1 der VO (EG) Nr. 883/2004 iVm. Art. 60 Abs. 1 S. 2 der VO (EG) Nr. 987/2009 (wonach die Wohnsituation im EU-Ausland in das Inland übertragen wird) für den in einem EU-Mitgliedstaat lebenden Eltern-, Großeltern- oder Pflegeelternteil, der das Kind in seinen dortigen Haushalt aufgenommen hat, unter bestimmten Voraussetzungen ein **vorrangiger Kindergeldanspruch** bestehen.[8] Vgl. iÜ § 62 Rn. 5 und § 65 Rn. 5 und 8. Die Familienkasse hat ggf. den im Inland gestellten Kindergeldantrag zugunsten des im EU-Ausland lebenden anderen Eltern-, Großeltern- oder Pflegeelternteils zu berücksichtigen.[9]

3 Der Begriff der **Haushaltsaufnahme**, der dem des § 9 Abs. 5 EigZulG[10] und des § 34f Abs. 3 S. 2[11] entspricht,[12] erfordert neben einem örtlich gebundenen Zusammenleben[13] Merkmale immaterieller (Fürsor-

1 BFH v. 19.5.1999 – VI B 259/98, BFH/NV 1999, 1331; v. 18.12.1998 – VI B 215/98, BFHE 187, 559 = FR 1999, 267.

2 BT-Drucks. 13/1558, 165 zu § 3 Abs. 2 BKGG; zur Vereinbarkeit v. § 64 mit der Verfassung und mit Unionsrecht zB BFH v. 12.5.2011 – III B 31/10, BFH/NV 2011, 1350; v. 29.11.2007 – III S 30/06 (PKH), BFH/NV 2008, 777; v. 14.12.2004 – VIII R 106/03, BFHE 208, 220; v. 19.8.2003 – VIII R 60/99, BFH/NV 2004, 320 (und FG BaWü. v. 18.12.1999 – 14 K 58/97, EFG 1999, 479 als Vorinstanz); v. 28.10.2004 – VIII B 253/04, BFH/NV 2005, 346; v. 7.10. 2004 – VIII B 76/04, BFH/NV 2005, 337; v. 10.11.1998 – VI B 125/98, BFHE 187, 477 = FR 1999, 161. Zu Kindern, die im Ausland studieren, vgl. auch BFH v. 9.12.2011 – III B 25/11, BFH/NV 2012, 571.

3 Die Bescheinigung nach § 68 Abs. 3 kann auch der nachrangig Berechtigte beanspruchen, vgl. BFH v. 27.2.2014 – III R 40/13, BFHE 244, 416 = FR 2014, 908, m. Anm. *Selder*, jurisPR-SteuerR 25/2014 Anm. 5.

4 BFH v. 2.3.2009 – III B 4/07, BFH/NV 2009, 1109; v. 16.4.2002 – VIII B 171/01, BFHE 198, 300 und v. 16.12.2003 – VIII R 67/00, BFH/NV 2004, 934. Zur Hinzuziehung im Verwaltungsverfahren vgl. DA-KG 2018 Kap. V 34 Abs. 3 und Kap. R 5.7 und FG Saarl. v. 16.5.2018 – 2 K 1020/18, juris Rn. 11 ff. (rkr.).

5 FG Bremen v. 27.1.2000 – 499127 K 1, EFG 2000, 879.

6 VO (EG) Nr. 883/2004 des Europäischen Parlaments und des Rates v. 29.4.2004 zur Koordinierung der Systeme der sozialen Sicherheit, ABlEU 2004 L 166, 1 und VO (EG) Nr. 987/2009 des Europäischen Parlaments und des Rates v. 16.9.2009 zur Festlegung der Modalitäten für die Durchführung der VO (EG) Nr. 883/2004 über die Koordinierung der Systeme der sozialen Sicherheit, ABlEU 2009 L 284, 1.

7 EuGH v. 22.10.2015 – Rs. C-378/14, ABlEU 2015 C 414, 8.

8 Vgl. zB BFH v. 4.2.2016 – III R 17/13, BFHE 253, 134, m. Anm. *Selder*, jurisPR-SteuerR 29/2016 Anm. 5; v. 10.3. 2016 – III R 62/12, BFHE 253, 236 (Großeltern); v. 28.4.2016 – III R 68/13, BFHE 254, 20; v. 15.6.2016 – III R 60/ 12, BFHE 254, 307 (Pflegeeltern); v. 7.7.2016 – III R 11/13, BFHE 254, 558; v. 4.8.2016 – III R 10/13, BFHE 255, 46. Vgl. auch BFH v. 23.8.2016 – V R 19/15, BFHE 254, 439.

9 Vgl. zB BFH v. 4.2.2016 – III R 17/13, BFHE 253, 134, m. Anm. *Selder*, jurisPR-SteuerR 29/2016 Anm. 5; v. 10.3. 2016 – III R 62/12, BFHE 253, 236 (Großeltern); v. 28.4.2016 – III R 68/13, BFHE 254, 20; v. 15.6.2016 – III R 60/ 12, BFHE 254, 307 (Pflegeeltern). Vgl. auch BFH v. 23.8.2016 – V R 19/15, BFHE 254, 439.

10 Vgl. hierzu BFH v. 23.5.2008 – IX B 32/08, BFH/NV 2008, 1458 und FG Köln v. 20.12.2007 – 14 K 1678/07, EFG 2009, 315 als Vorinstanz, m. Anm. *Lemaire*, EFG 2009, 315.

11 Vgl. hierzu zB BFH v. 14.11.2001 – X R 24/99, BStBl. II 2002, 244 = FR 2002, 353 (Haushaltszugehörigkeit eines behinderten Kindes).

12 BFH v. 18.2.2008 – III B 69/07, BFH/NV 2008, 948.

13 Das Merkmal bezieht sich auf die gemeinsame Familienwohnung, nicht auf eine Gemeinde oder Region, vgl. BFH v. 16.4.2008 – III B 36/07, BFH/NV 2008, 1326.

ge, Betreuung) und materieller (Versorgung, Unterhaltsgewährung) Art,[1] die je nach Fallgruppe unterschiedlich ausgeprägt sein können.[2] Maßgeblich sind die **tatsächlichen Verhältnisse**.[3] Das Kind muss den örtlichen Mittelpunkt seines Lebensinteresses (auch) im Haushalt des Berechtigten haben.[4] Einen **Haushalt** hat der Berechtigte dort, wo er allein oder mit anderen Personen eine Wohnung **innehat**, in der hauswirtschaftliches Leben herrscht, an dem er sich persönlich und finanziell beteiligt.[5] Die Eigentums- und Besitzverhältnisse an Wohnung und Hausrat sowie die Kostentragung[6] sind nicht entscheidend. Bei **volljährigen Studenten**, die für das Studium auswärtig untergebracht sind, ist eine dauerhafte Trennung vom elterlichen Haushalt nur aufgrund besonderer Umstände anzunehmen; eine vorübergehende räumliche Trennung beendet die Haushaltsaufnahme nicht.[7] Im Fall der **Trennung** der Eltern steht das Kindergeld – **unabhängig** vom **Sorgerecht**[8] oder einer anders lautenden **zivilrechtl. Vereinbarung** (zB gerichtlicher Vergleich)[9] – allein demjenigen Elternteil zu, der das Kind **nicht nur vorübergehend** versorgt und betreut.[10] **Besuche** in den Ferien genügen nicht für die Begründung einer Haushaltsaufnahme.[11] Formale Gesichtspunkte (Sorgerechtsregelung, Eintragung in das Melderegister) können allenfalls unterstützend herangezogen werden.[12] Die Gründe für die Haushaltsaufnahme sind unerheblich.[13] Die Haushaltsaufnahme des Kindes erfordert einen **Willensakt** des aufnehmenden Haushaltsinhabers.[14] Leben Eltern trotz Trennung im familienrechtl. Sinne (§ 1567 BGB) **weiterhin gemeinsam** mit den Kindern in der bisherigen Familienwohnung zusammen, besteht die Haushaltszugehörigkeit der Kinder zum **Haushalt beider Eltern** grds. fort, es sei denn, es liegen besondere Umstände vor, aus denen sich ergibt, dass ein Elternteil den Kindern keine Fürsorge mehr zukommen lässt.[15] In Ausnahmefällen kann auch eine **gleichzeitige Zugehörigkeit** zu den Haushalten beider Elternteile bestehen, wenn das Kind tatsächlich zeitweise beim

---

1 BFH v. 14.12.2004 – VIII R 106/03, BFHE 208, 220; v. 20.6.2001 – VI R 224/98, BFHE 195, 564 = FR 2001, 1014; v. 19.10.2000 – VI B 68/99, BFH/NV 2001, 441; vgl. auch BSG v. 18.8.1971 – 4 RJ 411/70, BSGE 33, 105 und v. 13.3. 1975 – 12 RJ 90/74, BSGE 39, 207.

2 BFH v. 18.2.2008 – III B 69/07, BFH/NV 2008, 948; zur Heimunterbringung vgl. FG Köln v. 5.6.2002 – 10 K 7322/98, EFG 2002, 1181.

3 BFH v. 24.10.2000 – VI R 21/99, BFH/NV 2001, 444. Eine Haushaltsaufnahme durch die Großeltern ist auch ohne Zustimmung oder gegen den Willen des Sorgeberechtigten möglich, vgl. FG Nds. v. 9.5.2000 – 6 K 486/97 Ki, EFG 2000, 796. Vgl. auch FG Hbg. v. 4.1.2018 – 6 K 36/17, juris Rn. 24ff., zur Abgrenzung von einer Wohngemeinschaft.

4 FG BaWü. v. 29.12.1998 – 9 K 230/97, EFG 1999, 564. Vgl. auch DA-KG 2018 Kap. A 13 Abs. 1, wonach allein die Unterhaltszahlung v. Großeltern an Enkel, die außerhalb ihres Haushalts leben, nicht ausreichend ist. Auch der Bezug von Halbwaisenrente ersetzt nicht die Haushaltsaufnahme, vgl. BFH v. 22.3.2001 – VI B 36/01, BFH/NV 2001, 907.

5 BFH v. 13.12.1985 – VI R 203/84, BStBl. II 1986, 344 = FR 1986, 352.

6 BFH v. 27.8.1998 – VI B 236/97, BFH/NV 1999, 177 (Haushaltsaufnahme von Stiefkindern).

7 BFH v. 16.4.2008 – III B 36/07, BFH/NV 2008, 1326; FG Berlin v. 9.3.2000 – 4 K 4412/97, EFG 2000, 748; FG BaWü. v. 29.12.1998 – 9 K 230/97, EFG 1999, 564; FG RhPf. v. 16.7.1998 – 4 K 2991/96, EFG 1998, 1472. Die längere Inhaftierung ist nicht mit vorübergehendem Auswärtsaufenthalt zu Studienzwecken vergleichbar, vgl. FG RhPf. v. 5.3.2013 – 6 K 2488/11, EFG 2013, 868.

8 BFH v. 19.10.2000 – VI B 68/99, BFH/NV 2001, 441; v. 8.11.2001 – VI B 167/00, juris; FG München v. 19.8.1998 – 1 K 5044/97, EFG 1998, 1656 (nachfolgend BFH v. 16.12.2003 – VIII R 67/00, BFH/NV 2004, 934).

9 BFH v. 14.5.2002 – VIII R 64/00, BFH/NV 2002, 1425; v. 26.10.2016 – III R 27/13, BFH/NV 2017, 299 Rn. 20; v. 23.8.2016 – V R 19/15, BStBl. II 2016, 958 Rn. 16; v. 19.5.1999 – VI B 259/98, BFH/NV 1999, 1331; v. 18.12.1998 – VI B 215/98, BFHE 187, 559 = FR 1999, 267; v. 10.11.1998 – VI B 125/98, BFHE 187, 477 = FR 1999, 161; FG München v. 16.1.2009 – 10 K 4313/07, juris Rn. 19.

10 BFH v. 25.6.2009 – III R 2/07, BStBl. II 2009, 968 = FR 2010, 139 und v. 20.6.2001 – VI R 224/98, BFHE 195, 564 = FR 2001, 1014 (bei noch nicht endg. Wechsel des Kindes nicht nur vorübergehender Aufenthalt, wenn Kind mehr als drei Monate bei dem Elternteil); BFH v. 7.12.2010 – III B 33/10, BFH/NV 2011, 433 (Drei-Monats-Zeitraum keine starre Grenze); vgl. auch BFH v. 14.12.2004 – VIII R 106/03, BStBl. II 2008, 762 und FG Düss. v. 17.10.2002 – 15 K 2481/01 Kg, EFG 2003, 401 (Vorinstanz); FG Köln v. 3.11.2005 – 10 K 3212/03, EFG 2006, 201 (verbotene Eigenmacht); BFH v. 5.4.2001 – VI B 175/00, BFH/NV 2001, 1253 (Wegzug v. Mutter und Kind zu den Großeltern); FG RhPf. v. 29.8.2017 – 4 K 2296/15, juris (Haushaltsaufnahme bei Großeltern).

11 BFH v. 25.6.2009 – III R 2/07, BStBl. II 2009, 968 = FR 2010, 139; FG Köln v. 17.9.2009 – 10 K 1150/07, EFG 2010, 337. Vgl. auch BFH v. 2.7.2012 – VI B 13/12, BFH/NV 2012, 1599 (Aufenthalt mit Besuchscharakter bei Großeltern); FG Bdbg. v. 26.9.2001 – 6 K 1419/00, EFG 2001, 1559 (Aufenthalt mit Besuchscharakter bei Großeltern); BFH v. 28.1.2009 – III S 69/08, BFH/NV 2009, 912 (Kind in Ausbildung).

12 BFH v. 25.6.2009 – III R 2/07, BStBl. II 2009, 968 = FR 2010, 139; FG Sachs. v. 17.9.2014 – 8 K 641/14 (Kg), juris Rn. 12.

13 BFH v. 15.11.2007 – III S 40/07 (PKH), BFH/NV 2008, 369.

14 BFH v. 21.12.2000 – VI B 93/00, juris.

15 FG SchlHol. v. 30.11.2001 – III 12/99, EFG 2002, 337; FG Köln v. 5.6.2002 – 10 K 2363/98, EFG 2002, 1183 m. Anm. *Siegers*; FG Hess. v. 4.6.2009 – 3 K 1664/06, juris (auch Alter des Kindes von Relevanz).

Vater und zeitweise bei der Mutter lebt und als in beide Haushalte **eingegliedert** anzusehen ist.[1] Da der Fall der **gleichwertigen Aufnahme in mehrere Haushalte** in Abs. 2 und 3 nicht ausdrücklich geregelt ist, ist **Abs. 2 S. 2 bis 4 analog** anzuwenden.[2] Im Fall einer **widerrechtl. Entziehung** oder **Entführung** eines Kindes durch den anderen Elternteil endet die Zugehörigkeit zum Haushalt nicht automatisch mit dem Entführungszeitpunkt;[3] maßgeblich sind vielmehr auch hier die Umstände des Einzelfalls.[4] Zum Verlust des **inländ. Wohnsitzes** vgl. § 63 Rn. 4.

4 Ein **Berechtigtenwechsel**[5] ist der Familienkasse unverzüglich mitzuteilen (§ 68 Abs. 1 S. 1).[6] Wechselt die Haushaltszugehörigkeit des Kindes während eines lfd. Monats, kann der Wechsel bei dem neuen Berechtigten grds. erst ab dem Folgemonat berücksichtigt werden.[7] Ggf. ist der Bescheid rückwirkend aufzuheben (§ 70 Abs. 2).[8] Der ehemals Berechtigte ist zur Erstattung des Kindergeldes verpflichtet (§ 37 Abs. 2 AO).[9] Auf den Wegfall der Bereicherung kann sich der Betroffene nicht berufen.[10] Macht bei einem **Berechtigtenwechsel** der bisher Berechtigte geltend, er habe das Kindergeld an den nunmehr Berechtigten **weitergeleitet**,[11] ist es nicht ermessensfehlerhaft, wenn die Familienkasse eine Erklärung des vorrangig Berechtigten entspr. der maßgeblichen Dienstanweisungen[12] verlangt, bevor sie ggü. dem nachrangig Berechtigten auf die Rückforderung des zu Unrecht gezahlten Kindergeldes verzichtet.[13] Zwar ist der Verzicht auf die Rückforderung eine **Billigkeitsmaßnahme**;[14] es ist aber dennoch nicht Sache der Familienkasse, **Unterhaltsver-**

1 BFH v. 18.4.2013 – V R 41/11, BStBl. II 2014, 34; v. 11.12.2001 – VI B 214/00, BFH/NV 2002, 484; v. 14.4.1999 – X R 11/97, BStBl. II 1999, 594 = FR 1999, 812 m. Anm. *Kanzler* (zu § 34f); v. 10.12.2004 – III B 162/03, BFH/NV 2005, 672 (zu § 9 Abs. 5 EigZulG); vgl. auch BFH v. 23.12.2013 – III B 98/13, BFH/NV 2014, 519 (zur Günstigerprüfung bei mehrfacher Haushaltsaufnahme).

2 BFH v. 18.4.2013 – V R 41/11, BStBl. II 2014, 34; v. 23.3.2005 – III R 91/03, BStBl. II 2008, 752 = FR 2005, 902 m. Anm. *Greite*; vgl. auch BFH v. 19.7.2007 – III S 31/06, juris und v. 12.4.2007 – III B 171/06, BFH/NV 2007, 1310; ebenso OLG Celle v. 14.5.2012 – 10 UF 94/11, FamRZ 2012, 1963. Zur Folgewirkung für den Entlastungsbetrag für Alleinerziehende BFH v. 28.4.2010 – III R 79/08, BFHE 229, 292 = FR 2010, 997 m. Anm. *Greite*. Zum Kindergeldausgleich bei elterlicher Sorge im echten Wechselmodell OLG SchlHol. v. 21.1.2015 – 12 UF 69/14, FamRZ 2015, 965. Zum isolierten Kindergeldausgleich beim Wechselmodell vgl. BGH v. 20.4.2016 – XII ZB 45/15, NJW 2016, 1956 und v. 11.1.2017 – XII ZB 565/15, MDR 2017, 403.

3 BFH v. 4.7.2012 – III B 174/11, BFH/NV 2012, 1599.

4 BFH v. 30.10.2002 – VIII R 86/00, BFH/NV 2003, 464 (vgl. auch Vorinstanz FG Köln v. 10.4.2000 – 2 K 214/00, EFG 2000, 747); v. 19.3.2002 – VIII R 62/00, BFH/NV 2002, 1146; v. 19.3.2002 – VIII R 52/01, BFH/NV 2002, 1148; v. 19.5.1999 – VI B 22/99, BFHE 188, 403 = FR 1999, 915; FG Berlin v. 10.8.1999 – 5 K 5254/97, EFG 1999, 1297; FG Düss. v. 9.9.1999 – 15 K 3727/98 Kg, EFG 1999, 1296; FG BaWü. v. 14.1.2003 – 4 K 239/01, EFG 2003, 787; zur widerrechtl. Heimunterbringung durch die Verwaltungsbehörde FG RhPf. v. 27.4.2005 – 3 K 2592/03, EFG 2005, 1546.

5 Hierzu ausf. DA-KG 2018 Kap. V 34; vgl. auch FG Münster v. 12.5.2004 – 1 K 4663/03 Kg, EFG 2004, 1226, m. Anm. *Siegers*, EFG 2004, 1227.

6 BFH v. 1.7.2003 – VIII R 94/01, BFH/NV 2004, 25; v. 19.5.1999 – VI B 259/98, BFH/NV 1999, 1331; hierzu auch FG RhPf. v. 8.12.1997 – 2 K 1515/97, juris (nachfolgend BFH v. 25.3.2003 – VIII R 84/98, BFH/NV 2003, 1404).

7 BFH v. 16.12.2003 – VIII R 76/99, BFH/NV 2004, 933; vgl. auch FG Münster v. 28.2.2012 – 1 K 2346/09 Kg, EFG 2012, 1561.

8 BFH v. 5.4.2001 – VI B 271/00, BFH/NV 2001, 1254; v. 28.3.2001 – VI B 256/00, BFH/NV 2001, 1117.

9 Zur Verjährung vgl. BFH v. 11.12.2013 – XI R 42/11, BFHE 244, 302 = FR 2014, 908.

10 BFH v. 9.4.2001 – VI B 271/00, BFH/NV 2001, 1254; v. 13.3.2000 – VI B 286/99, BFH/NV 2000, 1088.

11 Die Weiterleitungsbestätigung kann als außerprozessuale Verfahrenserklärung nicht widerrufen oder zurückgenommen werden, vgl. FG München v. 15.2.2006 – 9 K 1525/05, EFG 2006, 790; zur Frage, ob durch Aufrechnung (§§ 387 ff. BGB) eine Weiterleitung möglich ist, vgl. FG Berlin v. 4.5.1999 – 6 B 6065/98, EFG 1999, 850.

12 Vgl. DA-KG 2018 Kap. V 36.

13 BFH v. 16.8.2012 – III B 73/11, BFH/NV 2012, 1825; v. 22.9.2011 – III R 82/08, BFHE 235, 336 = FR 2012, 424, m. Anm. *Selder*, jurisPR-SteuerR 14/2012, Anm. 4; v. 25.3.2003 – VIII R 84/98, BFH/NV 2003, 1404; v. 9.12.2002 – VIII R 80/01, BFH/NV 2003, 606; v. 24.8.2001 – VI S 1/01, BFH/NV 2002, 184; v. 9.4.2001 – VI B 271/00, BFH/NV 2001, 1254; v. 22.7.1999 – VI B 344/98, BFH/NV 2000, 36; v. 19.5.1999 – VI B 364/98, BFH/NV 1999, 1592; vgl. auch FG Nds. v. 1.7.1998 – II 672/97 Ki, EFG 1998, 1525 und v. 17.3.1999 – VI 8/98 S, EFG 1999, 535; zum Tod des vorrangig Berechtigten vor Ergehen des Aufhebungs- und Rückforderungsbescheids vgl. BFH v. 12.1.2000 – VI B 206/99, BFH/NV 2000, 835; zum Charakter der Entsch. nach DA-FamEStG 64.4 Abs. 4 (Fassung 2004) vgl. BFH v. 11.10.2002 – VIII B 172/01, BFH/NV 2003, 306. Das FG kann die Familienkasse nicht zwingen, das Weiterleitungsverfahren auf einen Fall anzuwenden, der nach ihrer Auffassung nicht von der Verwaltungsanweisung gedeckt ist, vgl. BFH v. 13.6.2012 – III B 60/11, BFH/NV 2013, 517.

14 Vgl. BFH v. 12.4.2000 – VI B 113/99, BFH/NV 2000, 1192; v. 24.10.2000 – VI B 144/99, BFH/NV 2001, 423; v. 14.11.2000 – VI B 282/98, BFH/NV 2001, 449; v. 26.1.2001 – VI B 310/00, BFH/NV 2001, 896, wonach auch im Kindergeldrecht zw. Festsetzungs-, Erhebungs- und Billigkeitsverfahren zu unterscheiden ist; v. 30.4.2001 – VI B 217/99, BFH/NV 2001, 1364; v. 11.10.2002 – VIII B 172/01, BFH/NV 2003, 306 (offenlassend, ob es sich um eine Billigkeitsmaßnahme oder um den Abschluss eines dreiseitigen Verrechnungsvertrags handelt; vgl. dazu Anm.

einbarungen zu prüfen.[1] Dies gilt selbst dann, wenn diese gerichtlich bestätigt werden.[2] Vgl. iÜ auch § 66 Rn. 9. Wird Kindergeld per **Scheck** geleistet und reicht der Empfänger den Scheck an den vorrangig Berechtigten weiter, richtet sich der Anspr. auf Rückforderung grds. gegen den ursprünglichen Empfänger.[3] Ein Erl. des Rückforderungsanspruchs kommt nicht in Betracht, wenn die Familienkasse das dem nachrangig Berechtigten bewilligte Kindergeld auf seine Anweisung hin auf ein Konto des vorrangig Berechtigten überweist.[4] Die Rückforderung kann aber ermessensfehlerhaft sein, wenn die Familienkasse v. einer Weiterleitung weiß und das Kindergeld dennoch ein weiteres Mal an den vorrangig Berechtigten zahlt.[5] Wurde Kindergeld für den gleichen Zeitraum sowohl an den vorrangig als auch an den nachrangig Berechtigten gezahlt, kann sich Letzterer grds. nicht auf die Weiterleitung berufen.[6] Keine Weiterleitung liegt vor, wenn die Familienkasse lediglich den Zählkindvorteil (§ 63 Rn. 1) auf Anweisung des kindergeldberechtigten Elternteils auf ein Konto des anderen Elternteils zahlt;[7] keine Weiterleitung ist zudem gegeben, wenn die Ehefrau das Kindergeld eigenmächtig vom Konto des Ehemannes abhebt.[8] Zahlt die Behörde aufgrund einer Zahlungsanweisung des Verfügungsberechtigten den geschuldeten Betrag an einen Dritten aus, so ist dieser nicht Leistungsempfänger iSd. § 37 Abs. 2 AO.[9]

Bei **gemeinsamem Haushalt der Berechtigten** bestimmen diese – nicht nur bei verheirateten Eltern[10] – 5
untereinander den Zahlungsempfänger (**Abs. 2 S. 2**). Gemeinsamer Haushalt bedeutet, dass die Beteiligten, wenn auch jeder auf seine besondere Weise, zum Unterhalt der Familie beitragen und der Haushalt jedem zuzurechnen ist. Nicht allein entscheidend sind die rechtl. Beziehungen der Beteiligten zum Haushalt, etwa die Frage, wer Mieter der Wohnung ist. Der **vorrangig Berechtigte** gem. Abs. 2 S. 2 wird durch übereinstimmende Willenserklärungen der in dem gemeinsamen Haushalt lebenden Berechtigten, die der Familienkasse ggü. abzugeben sind, bestimmt.[11] Die Berechtigtenbestimmung hat grds. nur Auswirkungen für die Zukunft.[12] Sie gilt so lange, bis sie von den Beteiligten einvernehmlich geändert oder von einem Beteiligten einseitig widerrufen wird.[13] Eine einvernehmliche **Änderung der Berechtigtenbestimmung oder ihr Widerruf mit Wirkung für die Vergangenheit** ist nur möglich, wenn noch keine Kindergeldfestsetzung für das betreffende Kind erfolgt ist.[14] Der Wechsel in der Anspruchsberechtigung ist grds. nur für die Zukunft möglich[15] und wird erst mit Wirkung ab dem Folgemonat zugunsten des neuen Berechtigten berücksichtigt.[16] Etwas anderes gilt, wenn der Wechsel zu einem höheren Kindergeldanspruch führt.[17] Die Bestimmung des Kindergeldberechtigten wird gegenstandslos, wenn die Gleichrangigkeit infolge geänderter Obhutsverhältnisse entfällt (zB, wenn der vorrangig Berechtigte stirbt, der gemeinsame Haushalt iSv. Abs. 2 S. 2 aufgrund Trennung nicht mehr besteht oder das Kind den gemeinsamen Haushalt dauerhaft

---

Fumi, EFG 2002, 108); vgl. auch FG Köln v. 19.9.2002 – 10 K 1162/02, EFG 2003, 101; vgl. zudem BFH v. 1.7.2003 – VIII R 94/01, BFH/NV 2004, 25; v. 14.10.2003 – VIII R 35/02, juris; v. 16.3.2004 – VIII R 48/03, BFH/NV 2004, 1218; v. 22.9.2011 – III R 82/08, BFHE 235, 336.

1 BFH v. 12.8.2010 – III B 94/09, BFH/NV 2010, 2062; v. 14.10.2003 – VIII R 35/02, juris; v. 1.7.2003 – VIII R 80/00, BFH/NV 2004, 25; v. 11.3.2003 – VIII R 77/01, BFH/NV 2004, 14; v. 11.2.2003 – VIII R 102/01, BFH/NV 2003, 1154; v. 11.10.2002 – VIII B 172/01, BFH/NV 2003, 306; v. 30.6.2000 – VI B 93/99, BFH/NV 2001, 33; v. 30.3.2000 – VI B 53/99, BFH/NV 2000, 1190; v. 7.2.2000 – VI B 254/99, BFH/NV 2000, 948.

2 BFH v. 24.8.2001 – VI S 1/01, BFH/NV 2002, 184.

3 BFH v. 12.4.2000 – VI B 113/99, BFH/NV 2000, 1192; vgl. auch BFH v. 29.1.2003 – VIII R 64/01, BFH/NV 2003, 905 und v. 16.3.2004 – VIII R 48/03, BFH/NV 2004, 1218.

4 BFH v. 21.12.2000 – VI B 230/00, BFH/NV 2001, 799. Zur Auszahlung an das Kind BFH v. 28.12.2009 – III B 108/08, BFH/NV 2010, 641.

5 BFH v. 14.11.2000 – VI B 282/98, BFH/NV 2001, 449.

6 FG Bdbg. v. 31.5.2000 – 6 K 460/99 Kg, EFG 2000, 954.

7 BFH v. 26.4.2001 – VI B 320/00, BFH/NV 2001, 1385.

8 BFH v. 7.5.2001 – VI B 308/00, BFH/NV 2001, 1387; zur Überweisung des Kindergeldes auf das gemeinsame Konto getrennt lebender Ehegatten vgl. FG Nds. v. 30.9.2002 – 1 K 352/01, EFG 2003, 470.

9 BFH v. 23.4.2009 – III B 88/08, juris; v. 29.1.2007 – III B 169/05, BFH/NV 2007, 858.

10 Zu Lebenspartnern vgl. § 2 Abs. 8 (hierzu auch BFH v. 8.8.2013 – VI R 76/12, BFH/NV 2013, 1984 = FR 2014, 348); zu § 3 Abs. 3 S. 1 BKGG aF BVerfG v. 29.10.2002 – 1 BvL 16–17/95, 1 BvL 16/97, BVerfGE 106, 166, m. krit. Anm. *Greite*, FR 2003, 208.

11 BFH v. 11.12.2001 – VI B 214/00, BFH/NV 2002, 484; das von DA-KG 2018 Kap. A 25.1 Abs. 2 geforderte Schriftformerfordernis ist keine gesetzliche Anforderung.

12 FG Nds. v. 8.9.1998 – VI 788/97 Ki, EFG 1998, 1654.

13 BFH v. 23.5.2016 – V R 21/15, BFH/NV 2016, 1274; v. 19.4.2012 – III R 42/10, BStBl. II 2013, 21.

14 BFH v. 23.5.2016 – V R 21/15, BFH/NV 2016, 1274; v. 19.4.2012 – III R 42/10, BStBl. II 2013, 21; DA-KG 2018 Kap. V 34 Abs. 2.

15 BFH v. 23.5.2016 – V R 21/15, BFH/NV 2016, 1274.

16 BFH v. 19.4.2012 – III R 42/10, BFHE 238, 24 = FR 2013, 234, im Anschluss an BSG v. 28.2.1980 – 8b RKg 5/79, SozR 5870 § 3 Nr. 2.

17 DA-KG 2018 Kap. V 34 Abs. 2.

verlässt).[1] Die ursprüngliche Berechtigtenbestimmung lebt nicht wieder auf, wenn das Kind (zB im Rahmen eines Versöhnungsversuchs) erneut in dem gemeinsamen Haushalt der Berechtigten lebt; es bedarf in diesem Fall vielmehr einer neuen Bestimmung des Kindergeldberechtigten.[2]

6 Einer **Entsch. durch das Familiengericht (Abs. 2 S. 3, 4)**[3] nach Maßgabe des FamFG bedarf es, wenn der Antragsteller beim Antrag auf Zahlung v. Kindergeld keine Einverständniserklärung vorlegen kann oder eine Berechtigtenbestimmung widerrufen wurde.[4] Die Bestimmung des vorrangig Berechtigten fällt nicht in die Entscheidungsbefugnis der Familienkasse.[5] Diese – und im Streitfall das FG – entscheiden aber über die Voraussetzungen (zB die Berechtigten) für die Entsch. des Familiengerichts.[6] Die Tatbestandswirkung der Entsch. des Familiengerichts bezieht sich allein auf die Vorrangbestimmung, nicht hingegen auf die Berechtigtenbestimmung an sich; die Entsch. geht ins Leere, wenn sie unter Überschreitung des gesetzlichen Entscheidungsrahmens eine nach §§ 62 ff. nicht kindergeldberechtigte Person zum Berechtigten bestimmt.[7] Das Familiengericht bestimmt den Vorrang zw. mehreren, an sich gleichrangig Berechtigten[8] auf **Antrag** eines Berechtigten oder eines Dritten, der ein **berechtigtes Interesse** an der Zahlung des Kindergeldes hat.[9] Ein berechtigtes Interesse hat, wer als vorrangig Berechtigter nach Abs. 2 S. 2 bestimmt werden könnte, wer einem zu berücksichtigenden Kind ggü. unterhaltspflichtig ist oder zu wessen Gunsten die Kindergeldauszahlung erfolgen könnte (zB §§ 74, 76).[10] Bei der Berechtigtenbestimmung ist grds. darauf abzustellen, wer tatsächlich für das Kind sorgt.

7 Bei **gemeinsamem Haushalt v. Eltern und Großeltern** wird das Kindergeld gem. **Abs. 2 S. 5** vorrangig einem Elternteil gezahlt, an einen Großelternteil nur bei schriftlichem Verzicht des Elternteils ggü. der örtlich zuständigen Familienkasse. Für einen gemeinsamen Haushalt (Rn. 4) ist nicht ausreichend, dass die Familie in einem Haus, jedoch in getrennten Wohnungen lebt.

C. Nicht in den Haushalt eines Berechtigten aufgenommene Kinder (Abs. 3)

8 Für ein Kind, das nicht im Haushalt eines Berechtigten, sondern bei Dritten lebt, erhält das Kindergeld grds. derjenige, der dem Kind eine **Unterhaltsrente** (mit einer gewissen Regelmäßigkeit gezahlte Geldleistung)[11] zahlt **(Abs. 3 S. 1)**. Relevant ist nur der **Barunterhalt**, nicht eine etwaige Sach- und Betreuungsleistung.[12] Nachträglich erbrachte Unterhaltsleistungen wirken sich auf die Bestimmung des Kindergeldberechtigten nicht aus.[13] Grds. entscheidend ist die Leistung des Unterhalts sowohl für als auch in dem Zeitraum, für den das Kindergeld begehrt wird.[14] Auf die Gründe für die Nichterfüllung der Unterhaltspflicht

---

1 Vgl. zB BFH v. 12.5.2011 – III B 31/10, BFH/NV 2011, 1350; v. 16.9.2008 – III B 124/07, juris; v. 15.1.2014 – V B 31/13, BFH/NV 2014, 522, wonach ein getrennter Haushalt insoweit auch innerhalb der früher gemeinsamen Ehewohnung vorliegen kann. Vgl. auch DA-KG 2018 Kap. A 25.1 Abs. 4.

2 BFH v. 18.5.2017 – III R 11/15, BFHE 259, 78 Rn. 11 f.

3 BFH v. 26.1.2001 – VI B 310/00, BFH/NV 2001, 896.

4 Zur Mitwirkungspflicht der Familienkasse in diesem Verfahren BFH v. 8.8.2013 – III R 3/13, BFHE 243, 198 = FR 2014, 490, m. Anm. *Selder*, jurisPR-SteuerR 10/2014 Anm. 3 und *Perleberg/Kölbel*, NZFam 2014, 237; vgl. zB OLG Stuttgart v. 28.8.2008 – 8 W 310/08, FamRZ 2009, 155 und OLG Celle v. 25.5.2018 – 19 UF 24/18, MDR 2018, 1000, m. Anm. *Bömelburg*, FamRB 2018, 299.

5 FG RhPf. v. 10.4.2000 – 5 K 2268/98, DStRE 2001, 134. Das Familiengericht ist aber unzuständig, wenn zw. zwei Familienangehörigen ausschließlich streitig ist, in wessen Haushalt das Kind aufgenommen ist, vgl. OLG Celle v. 22.7.2013 – 10 WF 188/13, FamRZ 2014, 415 m. Anm. *Elden*.

6 BFH v. 16.4.2002 – VIII B 171/01, BFHE 198, 300 = FR 2002, 1189 m. Anm. *Greite*, auch zur Frage der Beiladung; vgl. auch OLG München v. 7.6.2011 – 33 UF 21/11, NJW-RR 2011, 1082.

7 BFH v. 8.8.2013 – III R 3/13, BFHE 243, 198 = FR 2014, 490.

8 Es handelt sich um eine Unterhaltssache nach § 231 Abs. 2 FamFG und zugleich um eine vermögensrechtliche Angelegenheit (OLG Thür. v. 14.2.2013 – 2 WF 642/12, FamRZ 2013, 1413). Die Beschwerde gegen diese Bestimmung ist nur eröffnet, wenn der Wert des Beschwerdegegenstands 600 Euro übersteigt, § 61 Abs. 1 FamFG (vgl. OLG Celle v. 31.5.2011 – 10 UF 297/10, FamRZ 2011, 1616); zur Erinnerung vgl. AG Bremen v. 26.4.2012 – 64 F 3060/10 UKI, FamRZ 2012, 281.

9 BFH v. 8.8.2013 – III R 3/13, BFHE 243, 198 = FR 2014, 490.

10 DA-KG 2018 Kap. V 5.3 Abs. 1.

11 BFH v. 28.4.2016 – III R 30/15, BFH/NV 2016, 1272 Rn. 14 und v. 28.10.2004 – VIII B 253/04, BFH/NV 2005, 346.

12 BFH v. 16.12.2003 – VIII R 67/00, BFH/NV 2004, 934; vgl. auch FG Köln v. 31.8.2000 – 2 K 6067/99, EFG 2001, 297: Überlassen einer Wohnung irrelevant.

13 BFH v. 28.4.2016 – III R 30/15, BFH/NV 2016, 1272 Rn. 14 und v. 28.10.2005 – III B 107/05, BFH/NV 2006, 549.

14 BFH v. 28.4.2016 – III R 30/15, BFH/NV 2016, 1272 Rn. 14 und v. 5.11.2015 – III R 57/13, BStBl. II 2016, 403 = BFHE 252, 108 Rn. 12 f., m. Anm. *Selder*, jurisPR-SteuerR 15/2016 Anm. 3, wobei der BFH ausdrücklich offenlässt, ob kontinuierliche, aber regelmäßig geringfügig verspätet geleistete Unterhaltszahlungen bei der Berechtigtenbestimmung außer Betracht bleiben.

(zB ohne eigenes Verschulden) kommt es nicht an.[1] **Zahlen beide Elternteile Unterhalt**, so steht das Kindergeld gem. **Abs. 3 S. 2** vorrangig demjenigen zu, der dem Kind lfd. den höheren Unterhalt zahlt.[2] Hat derjenige, der das Kindergeld bisher erhalten hat, den Betrag an das Kind als Unterhalt weitergeleitet, bleibt das Kindergeld für die Feststellung der höheren Unterhaltsrente außer Betracht.[3] Einmalige oder gelegentlich höhere finanzielle Zuwendungen an das Kind sind unerheblich.[4] Werden gleich hohe Unterhaltsrenten gezahlt oder zahlt keiner der Berechtigten dem Kind Unterhalt, so bestimmen die Berechtigten untereinander, wer das Kindergeld erhalten soll (**Abs. 3 S. 3**).[5] Eine Berechtigtenbestimmung wird nicht dadurch gegenstandslos, dass einer der Berechtigten einmalig oder gelegentlich Unterhalt in geringerer Höhe zahlt.[6] Wird keine Berechtigtenbestimmung getroffen, entscheidet entspr. Abs. 2 S. 3, 4 auf Antrag das Familiengericht (**Abs. 3 S. 4**).[7]

§ 65 Andere Leistungen für Kinder

(1) [1]Kindergeld wird nicht für ein Kind gezahlt, für das eine der folgenden Leistungen zu zahlen ist oder bei entsprechender Antragstellung zu zahlen wäre:

1. Kinderzulagen aus der gesetzlichen Unfallversicherung oder Kinderzuschüsse aus den gesetzlichen Rentenversicherungen,

2. Leistungen für Kinder, die im Ausland gewährt werden und dem Kindergeld oder einer der unter Nummer 1 genannten Leistungen vergleichbar sind,

3. Leistungen für Kinder, die von einer zwischen- oder überstaatlichen Einrichtung gewährt werden und dem Kindergeld vergleichbar sind.

[2]Soweit es für die Anwendung von Vorschriften dieses Gesetzes auf den Erhalt von Kindergeld ankommt, stehen die Leistungen nach Satz 1 dem Kindergeld gleich. [3]Steht ein Berechtigter in einem Versicherungspflichtverhältnis zur Bundesagentur für Arbeit nach § 24 des Dritten Buches Sozialgesetzbuch oder ist er versicherungsfrei nach § 28 Absatz 1 Nummer 1 des Dritten Buches Sozialgesetzbuch oder steht er im Inland in einem öffentlich-rechtlichen Dienst- oder Amtsverhältnis, so wird sein Anspruch auf Kindergeld für ein Kind nicht nach Satz 1 Nummer 3 mit Rücksicht darauf ausgeschlossen, dass sein Ehegatte als Beamter, Ruhestandsbeamter oder sonstiger Bediensteter der Europäischen Union für das Kind Anspruch auf Kinderzulage hat.

(2) Ist in den Fällen des Absatzes 1 Satz 1 Nummer 1 der Bruttobetrag der anderen Leistung niedriger als das Kindergeld nach § 66, wird Kindergeld in Höhe des Unterschiedsbetrags gezahlt, wenn er mindestens 5 Euro beträgt.

Verwaltung: DA-KG 2018 (abrufbar unter www.bzst.de) und DA-üzV 2015 (abrufbar unter www.arbeitsagentur.de).

Literatur: *Bokeloh*, Die soziale Sicherung der Grenzgänger, ZESAR 2014, 168; *Vießmann*, Charaktertest für das EU-Koordinierungsrecht – Der „zu viel" leistende Mitgliedstaat, NZS 2015, 687; *Weimar*, Aktuelle Entwicklungen bei der grenzüberschreitenden Familienbesteuerung, ISR 2014, 1; *Wendl*, Kindergeldanspruch von Wanderarbeitnehmern im Lichte der neueren Rechtsprechung des EuGH, DStR 2012, 1894.

A. Grundaussagen der Vorschrift

§ 65 regelt das Verhältnis des Kindergeldes zu anderen kindbedingten Leistungen. Abs. 1 S. 1 zählt abschließend die dem Kindergeld ähnlichen Leistungen auf, die den Anspr. auf Kindergeld für dasselbe Kind 1

1 BFH v. 28.4.2016 – III R 30/15, BFH/NV 2016, 1272 Rn. 17.
2 Hierzu FG Köln v. 2.2.2017 – 10 K 1851/15, juris (Rev. III R 45/17); FG Berlin v. 9.3.2000 – 4 K 4412/97, EFG 2000, 748.
3 BFH v. 2.6.2005 – III R 66/04, BFHE 210, 265 = FR 2005, 1257 m. Anm. *Greite*.
4 DA-KG 2018 Kap. A 26 Abs. 1.
5 DA-KG 2018 Kap. A 26 Abs. 2; hierzu auch BFH v. 2.6.2005 – III R 66/04, BFHE 210, 265 = FR 2005, 1257 m. Anm. *Greite*.
6 DA-KG 2018 Kap. A 26 Abs. 2.
7 So auch DA-KG 2018 Kap. A 26 Abs. 3; vgl. schon FG Münster v. 23.3.2007 – 4 K 1807/05 Kg, EFG 2007, 1177.

– abgesehen v. Abs. 1 S. 3 – ausschließen. Ein Ausscheiden des Kindes als Zählkind (vgl. § 63 Rn. 1) ist damit nicht verbunden. Abs. 1 S. 2 stellt Leistungen iSd. Abs. 1 S. 1 Nr. 1 bis 3 dem Kindergeld gleich, soweit es für die Anwendung einer Vorschrift des EStG auf den Erhalt von Kindergeld bzw. auf einen Anspr. auf Kindergeld (zB § 33 Abs. 3 S. 2) ankommt. Gem. Abs. 2 besteht ein Anspr. auf Teilkindergeld, soweit die Leistungen iSv. Abs. 1 S. 1 Nr. 1 das Kindergeld unterschreiten.

B. Ausschluss von Kindergeld (Abs. 1)

2 Für den Ausschluss der Zahlung v. Kindergeld kommt es nicht darauf an, ob die andere Leistung iSv. Abs. 1 S. 1 Nr. 1 bis 3 gerade demjenigen zusteht, der Anspr. auf Kindergeld hat; unerheblich ist grds. auch ihre tatsächliche Zahlung (vgl. auch Rn. 4).[1] Es muss **nur ein Anspr. auf die andere Leistung** bestehen, wobei die rechtzeitige Antragstellung nicht maßgeblich ist.[2] Zwar hat die Familienkasse (und das FG) im Rahmen ihrer eigenen Prüfpflicht eine Entsch. darüber zu treffen, ob für ein Kind ein Anspr. auf Gewährung der anderen Leistung besteht.[3] Aber eine – auch rechtswidrige – **Entsch. der für die kindergeldähnliche Leistung zuständigen Behörde** über das Bestehen eines Anspr. entfaltet ggü. der Familienkasse grds.[4] Tatbestandswirkung.[5] Das setzt allerdings voraus, dass die zuständige Behörde mitgeteilt hat, dass für das Kind ein anderweitiger Anspr. besteht.[6] An die **Auslegung des Unionsrechts** durch eine ausländische Behörde ist die Familienkasse dagegen nicht gebunden.[7] Auch das **FG** muss im Anwendungsbereich des Art. 68 VO (EG) Nr. 883/2004[8] (vgl. Rn. 5) keine eigenen Feststellungen zum Inhalt des ausländ. Rechts treffen; ob und in welchem Umfang in einem anderen Mitgliedstaat ein Anspr. auf Familienleistungen für Kinder besteht, ist vielmehr durch ein Auskunftsersuchen ggü. der zuständigen ausländ. Stelle zu klären.[9]

3 **Kinderzulagen (§ 65 Abs. 1 S. 1 Nr. 1)** aus der gesetzlichen Unfallversicherung nach § 217 Abs. 3 SGB VII iVm. § 583 RVO[10] sowie **Kinderzuschüsse** aus der gesetzlichen Rentenversicherung[11] nach § 270 SGB VI iVm. § 1262 Abs. 1 S. 1 RVO[12] werden weiter bezahlt, sofern sie bereits vor dem 1.1.1984 gewährt wurden. Sie müssen **für dasselbe Kind und denselben Zeitraum** zu zahlen sein. Steht die andere Leistung dem Berechtigten nicht für den vollen Monat zu, ist das Kindergeld für den betr. Monat in voller Höhe auszuzahlen (§ 66 Abs. 2). Abs. 1 Nr. 1 dürfte aktuell kaum noch Bedeutung haben.

4 Auch für **vergleichbare Leistungen im Ausland (Abs. 1 S. 1 Nr. 2)**[13] ist grds. entscheidend, dass ein Anspr. besteht, nicht jedoch, dass die Leistung tatsächlich erbracht wird.[14] Allerdings sind gerade hier die **Sonderregelungen des über- und zwischenstaatlichen Rechts** zu beachten (vgl. Rn. 5). Auf die subj. Kenntnis der Zahlung kommt es iÜ nicht an.[15] Bezieher sind insbes. Grenzgänger, die im Inland ihren Wohnsitz haben und im Ausland beschäftigt sind, aber auch Pers. mit ausländ. Unfall-, Alters- oder Inva-

1 BFH v. 13.6.2013 – III R 10/11, BFHE 241, 562; v. 27.10.2004 – VIII R 68/99, BFH/NV 2005, 535; v. 27.11.1998 – VI B 120/98, BFH/NV 1999, 614.
2 BFH v. 18.7.2013 – III R 57/09, BFHE 242, 222; v. 5.9.2013 – XI R 52/10, BFH/NV 2014, 33.
3 BFH v. 13.6.2013 – III R 10/11, BFHE 241, 562 und v. 13.6.2013 – III R 63/11, BFHE 242, 34, jeweils im Kontext von § 65 Abs. 1 S. 1 Nr. 2.
4 Vgl. aber BFH v. 14.5.2002 – VIII R 67/01, BFH/NV 2002, 1294, wonach keine Bindung bei unzutr. Angaben des Betroffenen besteht, und v. 13.8.2002 – VIII R 61/00, BFHE 200, 205 = FR 2003, 158, zu einer nach Art. 17 der VO (EWG) Nr. 1408/71 getroffenen Vereinbarung.
5 BFH v. 26.7.2017 – III R 18/16, DStR 2017, 2319 Rn. 15 ff.; vgl. auch zB FG Münster v. 18.10.2011 – 15 K 2883/08 Kg, EFG 2012, 140 m. Anm. *Bauhaus*; FG BaWü. v. 16.8.2011 – 3 V 2447/11, EFG 2012, 720; FG Nds. v. 15.12.2011 – 3 K 155/11, juris. Ausdrücklich offenlassend noch BFH v. 13.6.2013 – III R 10/11, BFHE 241, 562 und v. 13.6.2013 – III R 63/11, BFHE 242, 34; vgl. auch BFH v. 24.8.2004 – VIII R 4/04, BFH/NV 2004, 1649.
6 BFH v. 11.7.2013 – VI R 67/11, BFH/NV 2014, 20.
7 BFH v. 13.8.2002 – VIII R 54/00, BFHE 200, 204 = FR 2003, 92; v. 7.11.2012 – V S 26/11 (PKH), BFH/NV 2013, 581.
8 VO (EG) Nr. 883/2004 des Europäischen Parlaments und des Rates v. 29.4.2004 zur Koordinierung der Systeme der sozialen Sicherheit, ABlEU 2004 L 166, 1.
9 BFH v. 22.2.2018 – III R 10/17, BFHE 261, 214 Rn. 25, m. Anm. *Selder*, jurisPR-SteuerR 35/2018 Anm. 2.
10 Hierzu BFH v. 23.9.2004 – VIII B 78/04, juris.
11 Nach BFH v. 31.8.2011 – X R 11/10, BFHE 235, 207 = FR 2012, 696 sind Leistungen für Kinder aus einer berufsständischen Versorgungseinrichtung nicht erfasst.
12 § 270 SGB VI ist zum 17.11.2016 außer Kraft getreten. Die Regelung hatte wegen Zeitablaufs keine Bedeutung mehr. Ein Kinderzuschuss wurde letztmalig im Oktober 2011 gezahlt, vgl. BT-Drucks. 18/8487, 56.
13 Vgl. hierzu die Übersicht des BZSt. v. 16.1.2017, BStBl. I 2017, 151 über im Ausland gewährte vergleichbare Leistungen. Zur Ermittlung des ausländ. Rechts durch das FG bzw. die Familienkasse vgl. BFH v. 16.4.2015 – III R 6/14, BFH/NV 2015, 1237; v. 18.12.2014 – III R 4/13, BFH/NV 2015, 845.
14 BFH v. 27.11.1998 – VI B 120/98, BFH/NV 1999, 614.
15 BFH v. 19.11.2008 – III R 108/06, BFH/NV 2009, 357.

liditätsrenten. Die **Vergleichbarkeit** ausländ. Leistungen mit Kindergeld oder Kinderzulage bzw. Kinderzuschuss hängt maßgeblich davon ab, ob die Leistungen ebenfalls dem Familienleistungsausgleich zu dienen bestimmt sind.[1] Die ausländ. Leistung muss **aufgrund gesetzlicher Vorschriften** zu zahlen sein.[2] Abs. 1 S. 1 Nr. 2 erfasst zB das österreichische Kindergeld,[3] das dänische Kindergeld,[4] den niederländischen Unterhaltszuschuss nach dem TOG 2000,[5] das schwedische Kindergeld,[6] die in der Schweiz gezahlte kantonale Kinderzulage,[7] die Kinderrente nach schweizerischem Recht,[8] das luxemburgische Kindergeld[9] und die US-Kinderrente.[10]

Zu beachten ist, dass das **Unionsrecht Vorrang vor § 65 Abs. 1 S. 1 Nr. 2** hat. Die Konkurrenz v. Ansprü- 5
chen auf Leistungen für Kinder richtet sich bei grenzüberschreitenden Sachverhalten bis zum 30.4.2010 nach den Vorschriften der **VO (EWG) Nr. 1408/71**[11] und der Durchführungs-**VO (EWG) Nr. 574/72**[12], ab dem 1.5.2010[13] nach den Vorschriften der **VO (EG) Nr. 883/2004**[14] und der Durchführungs-**VO (EG) Nr. 987/2009** (zu Letzteren § 64 Rn. 2).[15] Nach der **Rspr. des EuGH** in der Rs. „**Hudzinski**" und „**Wawrzyniak**" muss die Auslegung von § 65 Abs. 1 S. 1 Nr. 2 unter Beachtung des Primärrechts der Union auf dem Gebiet der Freizügigkeit der Arbeitnehmer erfolgen.[16] Sind der persönliche und sachliche Anwendungsbereich der VO (EWG) Nr. 1408/71 eröffnet, unterliegt eine Person jedoch gem. Art. 13ff. der VO (EWG) Nr. 1408/71 nicht den deutschen Rechtsvorschriften, sondern nur den Vorschriften eines anderen Mitgliedstaates, ist Deutschland dennoch nicht gehindert, die Differenz zu der im EU-Ausland gezahlten Familienleistung zu zahlen; Art. 13 Abs. 1 S. 1 der VO (EWG) Nr. 1408/71 entfaltet **keine Sperrwirkung** ggü. nationalem Recht.[17] Gewährt ein anderer Mitgliedstaat dem Kindergeld vergleichbare Leistungen, so darf der Kindergeldanspr. nach dem EStG **nur entspr. gekürzt**, nicht gänzlich ausgeschlossen werden, wenn ande-

1 DA-KG 2018 Kap. A 28.3 Abs. 2 enthält eine Auflistung nicht vergleichbarer Leistungen iSv. Abs. 1 S. 1 Nr. 2; vgl. auch FG Münster v. 18.1.1999 – 12 K 3350/97 KG, EFG 2000, 694.
2 Vgl. BFH v. 22.5.2002 – VIII R 91/01, BFH/NV 2002, 1431, als Vorinstanz FG Köln v. 29.8.2001 – 4 K 962/00, EFG 2001, 1507; FG Münster v. 18.1.1999 – 12 K 3350/97 KG, EFG 2000, 694.
3 BFH v. 13.8.2002 – VIII R 53/01, BFHE 200, 206, m. Anm. *Greite*, FR 2003, 157.
4 BFH v. 13.8.2002 – VIII R 110/01, BFH/NV 2003, 31.
5 BFH v. 17.4.2008 – III R 36/05, BFHE 221, 50; **aA** FG Münster v. 5.8.2016 – 4 K 3544/15 Kg, juris, unter Bezugnahme auf EuGH v. 8.5.2014 – Rs. C-347/12 – Wiering, ABlEU 2014 C 202, 3.
6 FG Düss. v. 11.11.2004 – 15 K 3659/03 Kg, EFG 2005, 548.
7 BFH v. 30.6.2005 – III B 9/05, BFH/NV 2005, 2007 (Zürich); v. 27.10.2004 – VIII R 68/99, BFH/NV 2005, 535 (Zürich); vgl. auch FG BaWü. v. 21.9.2005 – 2 K 277/04, EFG 2006, 54 (Zürich); BFH v. 26.7.2012 – III R 97/08, BFHE 238, 120 (Thurgau), ebenso die Familienzulage.
8 BFH v. 17.12.2001 – VI B 230/99, BFH/NV 2002, 491; v. 26.10.2006 – III B 15/06, BFH/NV 2007, 228; v. 19.11.2008 – III R 108/06, BFH/NV 2009, 357; v. 21.2.2018 – III R 3/17, BFH/NV 2018, 726 Rn. 16, m. Anm. *Siegers*, HFR 2018, 554.
9 FG Bdbg. v. 19.6.2002 – 6 K 2219/01, EFG 2002, 1314.
10 BFH v. 27.10.2004 – VIII R 104/01, BFH/NV 2005, 341 („child benefit").
11 VO (EWG) Nr. 1408/71 des Rates v. 14.6.1971 zur Anwendung der Systeme der sozialen Sicherheit auf Arbeitnehmer und deren Familien, die innerhalb der Gemeinschaft zu- und abwandern, ABlEG 1971 L 149, 2.
12 VO (EWG) Nr. 574/72 des Rates v. 21.3.1972 über die Durchführung der VO (EWG) Nr. 1408/71 zur Anwendung der Systeme der sozialen Sicherheit auf Arbeitnehmer und deren Familien, die innerhalb der Gemeinschaft zu- und abwandern, ABlEG 1972 L 74, 1.
13 Inkrafttreten ggü. EWR-Staaten zum 1.6.2012, vgl. Beschl. des gemeinsamen EWR-Ausschusses, ABlEU 2012 Nr. 394, 27. Inkrafttreten ggü. Schweiz zum 1.4.2012, vgl. Beschl. des gemischten Ausschusses EU und Schweiz, ABlEU 2012 L 103, 51. Zur Rechtslage im Verhältnis zu der Schweiz vor und nach dem 1.6.2002 vgl. BFH v. 26.10.2006 – III B 15/06, BFH/NV 2007, 228. Zur Währungsumrechnung von in der Schweiz bezogenen Familienzulagen in Euro vgl. EuGH v. 30.4.2014 – Rs. C-250/13, ABlEU 2014 C 194, 7.
14 VO (EG) Nr. 883/2004 des Europäischen Parlaments und des Rates v. 29.4.2004 zur Koordinierung der Systeme der sozialen Sicherheit, ABlEU 2004 L 166, 1.
15 VO (EG) Nr. 987/2009 des Europäischen Parlaments und des Rates v. 16.9.2009 zur Festlegung der Modalitäten für die Durchführung der VO (EG) Nr. 883/2004 über die Koordinierung der Systeme der sozialen Sicherheit, ABlEU 2009 L 284, 1.
16 EuGH v. 12.6.2012 – Rs. C-611/10 ua. – Hudzinski und Wawrzyniak, ABlEU 2012 C 227, 4, auf Vorlage des BFH v. 21.10.2010 – III R 5/09, BFHE 231, 183 = FR 2011, 293 m. Anm. *Greite*. Die vom EuGH in der Rs. Hudzinski und Wawrzyniak niedergelegten Grundsätze sind auch auf die Freizügigkeit von Selbstständigen anzuwenden, vgl. BFH v. 16.7.2015 – III R 39/13, BFHE 251, 154; v. 4.2.2016 – III R 16/14, BFH/NV 2016, 911.
17 ZB BFH v. 16.5.2013 – III R 8/11, BFHE 241, 511 = FR 2014, 248, m. Anm. *Selder*, jurisPR-SteuerR 41/2013 Anm. 5; v. 18.7.2013 – III R 71/11, BFH/NV 2014, 24; v. 8.8.2013 – III R 17/11, BFH/NV 2014, 306; v. 5.9.2013 – XI R 52/10, BFH/NV 2014, 33; v. 18.12.2013 – III R 61/11, BFH/NV 2014, 683; v. 18.12.2013 – III R 44/12, BFHE 244, 344; v. 30.1.2014 – V R 38/11, BFH/NV 2014, 837; v. 25.9.2014 – III R 54/11, BFH/NV 2015, 477; v. 4.2.2016 – III R 16/14, BFH/NV 2016, 911.

renfalls das Freizügigkeitsrecht der „Wanderarbeitnehmer" beeinträchtigt wäre.[1] Die vom EuGH ua. in der Rs. „Hudzinski" und „Wawrzyniak" niedergelegten Grundsätze greifen auch für die VO (EG) Nr. 883/2004.[2] Ist der Anwendungsbereich der VO (EWG) Nr. 1408/71 eröffnet, greift aber **keine Antikumulierungsregelung** ein, gilt wiederum § 65 Abs. 1 S. 1 Nr. 2 mit der Maßgabe, dass der Kindergeldanspr. nur entspr. gekürzt werden darf.[3] In Ermangelung einer unionsrechtlichen Regelung erfolgt die Berechnung des **Differenzkindergeldes** nach dem EStG.[4] Zur Währungsumrechnung vgl. Art. 90 VO (EG) Nr. 987/2009.[5] Im Geltungsbereich der VO (EWG) Nr. 1408/71 und der VO (EG) Nr. 883/2004 darf der im Wohnmitgliedstaat der Kinder bestehende Anspr. auf Kindergeld nicht teilweise ausgesetzt werden, wenn zwar ein Anspr. auf Familienleistungen im Beschäftigungsmitgliedstaat besteht, Familienleistungen dort aber mangels Antragstellung nicht bezogen werden.[6] Zu einem Anspruchsausschluss iHd. im Ausland bestehenden Anspr. im Fall der fehlenden Antragstellung kann es aber im Anwendungsbereich von Art. 76 Abs. 2 der VO (EWG) Nr. 1408/71 kommen.[7] Fällt eine Person nicht unter den Geltungsbereich der VO, steht das Unionsrecht der Anwendung des § 65 Abs. 1 S. 1 Nr. 2 EStG nicht entgegen.[8] Das Unionsrecht lässt die Zuständigkeit der Mitgliedstaaten zur Ausgestaltung ihrer Systeme der sozialen Sicherheit unberührt; es ist Sache des Rechts des jeweiligen Mitgliedstaats, die Voraussetzungen für die Gewährung von Leistungen der sozialen Sicherheit sowie ihre Höhe und die Dauer ihrer Gewährung zu bestimmen.[9]

Vorrangig sind iÜ auch bestehende **Abkommen über soziale Sicherheit**.

6 **Vergleichbare Leistungen einer zw.- oder überstaatlichen Einrichtung (Abs. 1 S. 1 Nr. 3)** sind solche Leistungen, die davon abhängen, dass der Empfänger bei typisierender Betrachtung mit Unterhaltsleistungen für Kinder belastet ist, und die folglich entfallen, wenn die Kinder nicht mehr wirtschaftlich abhängig sind,[10] insbes. die an die Bediensteten v. NATO und EU gezahlten kindbezogenen Leistungen, etwa die Kinderzulagen nach Art. 67 Abs. 1b des Statuts der Beamten der EG, die Unterhaltsberechtigtenzulagen nach Art. 69 des Statuts der Beamten des Europäischen Patentamtes[11] sowie die nach Art. 29 der NATO-Sicherheits- und Personalvorschriften den zivilen NATO-Angestellten zustehenden Beihilfen für unterhaltsberechtigte Kinder.[12] Bei den Bediensteten der NATO und der EU besteht eine Vermutung für das Vorliegen des Ausschlusstatbestands des Abs. 1 S. 1 Nr. 3.[13] **Abs. 1 S. 3** schränkt die kindergeldausschließende Wirkung in den Fallgestaltungen des Abs. 1 S. 1 Nr. 3 mit Blick auf die Rspr. des EuGH ein.[14] Abs. 1

1 ZB BFH v. 16.5.2013 – III R 8/11, BFHE 241, 511 = FR 2014, 248, m. Anm. *Selder*, jurisPR-SteuerR 41/2013 Anm. 5; v. 18.7.2013 – III R 71/11, BFH/NV 2014, 24; v. 18.7.2013 – III R 28/12, BFH/NV 2014, 493; v. 8.8.2013 – III R 17/11, BFH/NV 2014, 306; v. 14.11.2013 – III R 12/11, BFH/NV 2014, 506; v. 18.12.2013 – III R 44/12, BFHE 244, 344; v. 18.12.2013 – III R 61/11, BFH/NV 2014, 683; v. 16.9.2015 – XI R 10/13, BFH/NV 2016, 543; v. 4.2.2016 – III R 16/14, BFH/NV 2016, 911.

2 BFH v. 11.7.2013 – VI R 68/11, BFHE 242, 206 = FR 2014, 621.

3 BFH v. 21.2.2018 – III R 3/17, BFH/NV 2018, 726 Rn. 16, m. Anm. *Siegers*, HFR 2018, 554.

4 BFH v. 4.2.2016 – III R 9/15, BFHE 253, 139, m. Anm. *Selder*, jurisPR-SteuerR 31/2016 Anm. 3; v. 13.4.2016 – III R 34/15, BFH/NV 2016, 1465; v. 21.9.2016 – V R 13/16, juris.

5 Zweifelh. ist insoweit der maßgebliche Bezugszeitpunkt für den von der Europäischen Zentralbank veröffentlichten Referenzwechselkurs, vgl. hierzu Vorabentscheidungsersuchen FG BaWü. v. 17.5.2018 – 3 K 3144/15, juris (EuGH C-734/18).

6 EuGH v. 14.10.2010 – Rs. C-16/09 – Schwemmer, Slg. 2010, I-9717, auf Vorlage des BFH v. 30.10.2008 – III R 92/07, BFHE 223, 358; vgl. auch BFH v. 18.7.2013 – III R 51/09, BFHE 242, 222 = FR 2014, 395, m. Anm. *Selder*, jurisPR-SteuerR 49/2013 Anm. 5; v. 5.9.2013 – XI R 52/10, BFH/NV 2014, 33 (jeweils zu VO [EWG] Nr. 1408/71); FG Düss. v. 19.6.2018 – 10 K 2995/17 Kg, juris (Rev. III R 43/18), zur VO [EG] Nr. 883/2004; will die deutsche Familienkasse nur Differenzkindergeld gewähren, muss sie den bei ihr gestellten Kindergeldantrag zur Prüfung an den nach ihrer Auffassung vorrangig zuständigen Staat weiterleiten, wenn der Anspruchsteller den Antrag nur bei ihr als nachrangig zuständigem Träger gestellt hat, vgl. BFH v. 22.2.2018 – III R 10/17, BFHE 261, 214 Rn. 34, m. Anm. *Selder*, jurisPR-SteuerR 35/2018 Anm. 2; vgl. auch FG Düss. v. 28.5.2018 – 7 K 1723/17 Kg, juris Rn. 22f. (Rev. III R 31/18): Solange der unionsrechtl. Ablauf nicht eingehalten wird, ist das volle Kindergeld zu gewähren, es sei denn, die Antragstellung wird im anderen Mitgliedstaat missbräuchlich unterlassen.

7 BFH v. 5.2.2015 – III R 40/09, BFHE 249, 138, m. Anm. *Selder*, jurisPR-SteuerR 24/2015 Anm. 4.

8 BFH v. 13.11.2014 – III R 1/13, BFHE 248, 20, m. Anm. *Selder*, jurisPR-SteuerR 12/2015 Anm. 4.

9 EuGH v. 18.11.2010 – Rs. C-247/09 – Xhymshiti, Slg. 2010, I-11845; vgl. auch BFH v. 13.11.2014 – III R 1/13, BFHE 248, 20, m. Anm. *Selder*, jurisPR-SteuerR 12/2015 Anm. 4.

10 BFH v. 22.5.2002 – VIII R 91/01, BFH/NV 2002, 1431.

11 Vgl. hierzu FG München v. 7.7.2011 – 5 K 765/10, juris.

12 Vgl. DA-KG 2018 Kap. A 28.3; vgl. auch BFH v. 22.5.2002 – VIII R 91/01, BFH/NV 2002, 1431, wonach Rentenzahlungen aus einer privaten, von der NATO abgeschlossenen Gruppenversicherung nicht hierunter fallen; FG Köln v. 8.11.2011 – 1 K 3550/09, EFG 2012, 1077, wonach das Dependent Child Allowance der UN dem deutschen Kindergeld vergleichbar ist.

13 DA-KG 2018 Kap. A 28.3 Abs. 2.

14 Vgl. EuGH v. 7.5.1987 – Rs. C-189/85, Slg. 1987, 2075; BT-Drucks. 11/4508, 6; für Lebenspartner vgl. § 2 Abs. 8.

S. 3 ist unter Beachtung der Anforderungen des Primärrechts der EU auch auf **gemeinsame Kinder nicht verheirateter Elternteile** anzuwenden.[1]

C. Teilkindergeld (Abs. 2)

Ist die Kinderzulage oder der Kinderzuschuss iSv. **§ 65 Abs. 1 S. 1 Nr. 1** niedriger als das Kindergeld gem. § 66 Abs. 1, so ist gem. **§ 65 Abs. 2** die Differenz als Teilkindergeld zu zahlen, sofern sie mehr als fünf Euro beträgt. Der Begriff Bruttobetrag ist bedeutungslos, da Kinderzulagen und -zuschüsse iSv. § 65 Abs. 1 S. 1 Nr. 1 gem. § 3 Nr. 1 lit. a und b stfrei sind. Für die Fälle des Abs. 1 S. 1 Nr. 2 und 3 ist Teilkindergeld nicht vorgesehen, ohne dass im Hinblick auf die existenzsichernde Funktion des Kindergeldes ein rechtfertigender Grund ersichtlich wäre (Art. 3 Abs. 1 GG).[2] Das **BVerfG** hat Abs. 2 allerdings für verfassungsgemäß erklärt;[3] der **BFH** lehnt eine analoge Anwendung v. Abs. 2 ab.[4] 7

Abs. 2 ist allerdings unter Beachtung der Anforderungen des **Primärrechts der EU** auszulegen; demnach darf dann, wenn in einem anderen EU-Mitgliedstaat dem Kindergeld vergleichbare Leistungen gewährt werden, der grds. bestehende Anspr. auf Kindergeld nach dem EStG (§§ 62 ff.) nach § 65 Abs. 1 S. 1 Nr. 2, Abs. 2 EStG nur in entspr. Höhe gekürzt, nicht aber völlig ausgeschlossen werden.[5] Vgl. iÜ Rn. 5. 8

§ 66 Höhe des Kindergeldes, Zahlungszeitraum

(1)[6] Das Kindergeld beträgt monatlich für erste und zweite Kinder jeweils 194 Euro *[ab 1.7.2019: 204 Euro]*, für dritte Kinder 200 Euro *[ab 1.7.2019: 210 Euro]* und für das vierte und jedes weitere Kind jeweils 225 Euro *[ab 1.7.2019: 235 Euro]*.

(2) Das Kindergeld wird monatlich vom Beginn des Monats an gezahlt, in dem die Anspruchsvoraussetzungen erfüllt sind, bis zum Ende des Monats, in dem die Anspruchsvoraussetzungen wegfallen.

(3) Das Kindergeld wird rückwirkend nur für die letzten sechs Monate vor Beginn des Monats gezahlt, in dem der Antrag auf Kindergeld eingegangen ist.

Verwaltung: DA-KG 2018 (abrufbar unter www.bzst.de).

Literatur: *Wendl*, Sechsmonatige Ausschlussfrist für die rückwirkende Gewährung von Kindergeld nach § 66 Abs. 3 EStG nF, DStR 2018, 2065.

A. Höhe des Kindergeldes; Einmalbetrag (Abs. 1)

Die Höhe des Kindergeldes ist nach Anzahl und Reihenfolge der Geburten (**Ordnungszahl**) der Kinder gestaffelt.[7] Das erstgeborene Kind, das die Voraussetzungen für den Anspr. erfüllt, ist das erste Kind iSv. **Abs. 1 S. 1**. Die danach geborenen Kinder sind zweites und drittes Kind. Das gilt auch für **Kinder aus ver-** 1

1 BFH v. 13.7.2016 – XI R 16/15, BFHE 254, 422.
2 Zu den verfassungsrechtl. Bedenken vgl. BFH v. 27.11.1998 – VI B 120/98, BFH/NV 1999, 614 und den Vorlagebeschl. des FG BaWü. v. 28.4.1998 – 11 K 194/96, juris.
3 BVerfG v. 8.6.2004 – 2 BvL 5/00, BVerfGE 110, 412.
4 BFH v. 27.10.2004 – VIII R 68/99, BFH/NV 2005, 535; v. 27.10.2004 – VIII R 104/01, BFH/NV 2005, 341.
5 BFH 16.5.2013 – III R 8/11, BFHE 241, 511; v. 11.7.2013 – VI R 68/11, BFHE 242, 2016; v. 12.9.2013 – III R 60/11, BFH/NV 2014, 674; v. 12.9.2013 – III R 32/11, BFHE 243, 204 = FR 2014, 822, m. Anm. *Selder*, jurisPR-SteuerR 6/2014 Anm. 3; v. 14.11.2013 – III R 12/11, BFH/NV 2014, 506; v. 18.12.2013 – III R 61/11, BFH/NV 2014, 683; jeweils in Anschluss an EuGH v. 12.6.2012 – Rs. C-611/10 ua. – Hudzinski und Wawrzyniak, ABlEU 2012 C 227, 4; vgl. auch DA-KG 2018 Kap. A 29 Abs. 2.
6 § 66 Abs. 1 wird mWv. 1.7.2019 neu gefasst (Art. 2, 8 Abs. 2 des FamEntlastG v. 29.11.2018, BGBl. I 2018, 2210).
7 BFH v. 25.4.2018 – III R 24/17, BFH/NV 2018, 1033 Rn. 10, m. Anm. *Selder*, jurisPR-SteuerR 36/2018 Anm. 4 und *Spieker*, jurisPR-FamR 18/2018 Anm. 5; FG München v. 5.3.2007 – 10 K 4061/06, EFG 2007, 943; zur kindbezogenen Berechnung von Differenzkindergeld vgl. BFH v. 4.2.2016 – III R 9/15, BFHE 253, 139, m. Anm. *Selder*, jurisPR-SteuerR 31/2016 Anm. 3 und v. 31.8.2016 – III R 34/15, BFH/NV 2016, 1465.

schiedenen Ehen sowie für **Adoptiv-, Pflege- und Enkelkinder desselben Kindergeldberechtigten.**[1] In der Reihenfolge der Kinder werden auch Zählkinder (vgl. § 63 Rn. 1) mitgezählt.[2] Im **VZ 2009**[3] wurden für erste und zweite Kinder je 164 Euro, für dritte Kinder 170 Euro und für das vierte und jedes weitere Kind 195 Euro gewährt.[4] Für das Jahr **2010**[5] wurden die Beträge um jeweils 20 Euro erhöht. Rückwirkend **zum 1.1.2015** wurden die Kindergeldbeträge jeweils um 4 Euro angehoben.[6] Ab dem 1.1.2016 erfolgte eine **weitere Anhebung um 2 Euro**.[7] Mit G v. 20.12.2016[8] wurden die Kindergeldsätze ab dem **1.1.2017** und ab dem **1.1.2018** für erste und zweite Kinder auf 192 Euro (2017) und 194 Euro (2018), für dritte Kinder auf 198 Euro (2017) und 200 Euro (2018) und für das vierte und jedes weitere Kind auf 223 Euro (2017) und 225 Euro (2018) erhöht. Ab dem **1.7.2019** werden für erste und zweite Kinder jeweils 204 Euro, für dritte Kinder 210 Euro und für das vierte und jedes weitere Kind jeweils 235 Euro gewährt.[9] Die **stl. Freistellung des Existenzminimums** wird durch die Freibeträge (§ 32 Abs. 6) oder durch Kindergeld (§§ 62 ff.) bewirkt (vgl. § 31 S. 1). **Verfassungsrechtl. Bedenken** gegen die Höhe des Kindergeldes bestehen auch unter Berücksichtigung des Sozialstaatsprinzips **nicht**.[10] Soweit das Kindergeld faktisch **Sozialleistung**[11] ist, besteht keine Pflicht des Gesetzgebers auf Gewährung in einer bestimmten Höhe.[12] Insbes. verpflichtet Art. 3 Abs. 1 GG den Gesetzgeber nicht, Eltern unabhängig v. ihrer Bedürftigkeit für jedes Kind staatliche Hilfen in gleicher Höhe zu gewähren.[13] In den Fällen, in denen das Kindergeld geringer ist als der Kinderfreibetrag, können Zinsnachteile für den StPfl. wegen der erst späteren Berücksichtigung der stl. Entlastung im Veranlagungsverfahren vernachlässigt werden.[14]

2 Die für das Jahr 2009 erfolgte Ergänzung des Abs. 1 um seinen S. 2 (sog. **Kinderbonus iHv. 100 Euro**)[15] wurde wegen Zeitablaufs[16] aufgehoben.[17]

3 Für **Auslandskinder** v. StPfl., die die Voraussetzungen des § 62 Abs. 2 erfüllen, gelten die Kindergeld-Sätze des Abs. 1, sofern sich nicht aus **Unionsrecht**[18] **oder Sozialabkommen**[19] etwas anderes ergibt.[20]

---

1 Vgl. BFH v. 25.4.2018 – III R 24/17, BFH/NV 2018, 1033 Rn. 13, m. Anm. *Selder*, jurisPR-SteuerR 36/2018 Anm. 4 und *Spieker*, jurisPR-FamR 18/2018 Anm. 5, zur sog. Patchwork-Familie; FG München v. 5.3.2007 – 10 K 4061/06, EFG 2007, 943.

2 DA-KG 2018 Kap. A 30; zur Rückforderungsproblematik bei „Zählkindfällen" vgl. FG Saarl. v. 14.8.2009 – 2 K 1178/09, EFG 2010, 156.

3 Art. 1 Nr. 19 G zur Förderung v. Familien und haushaltsnahen Dienstleistungen v. 22.12.2008, BGBl. I 2008, 2955.

4 Die zusätzliche Staffelung ab dem dritten Kind soll der Förderung von Mehrkindfamilien dienen sowie Familien in unteren und mittleren Einkommensbereichen zugutekommen, vgl. BT-Drucks. 16/10809, 10, 16. Für die Kindergeldsätze ab VZ 1997 vgl. die 17. Aufl. (2018). Die Staffelung dürfte noch iRd. Gestaltungsfreiheit des Gesetzgebers liegen, vgl. FG BaWü. v. 1.7.1999 – 6 K 176/98, EFG 2001, 984.

5 Art. 1 Nr. 7 WachstumsbeschleunigungsG v. 22.12.2009, BGBl. I 2009, 3950.

6 Art. 1 Nr. 10 G zur Anhebung des Grundfreibetrags, des Kinderfreibetrags, des Kindergeldes und des Kinderzuschlags v. 16.7.2015, BGBl. I 2015, 1202; s. hierzu auch BZSt. v. 24.7.2015, BStBl. I 2015, 580 und v. 14.10.2015, BStBl. I 2015, 794. Zur Nichtanrechnung dieser rückwirkend erfolgten Erhöhung des Kindergeldes auf andere Sozialleistungen vgl. Art. 8 des G v. 16.7.2015; vgl. auch *Hörster*, NWB 2015, 1240.

7 Art. 2 Nr. 8 iVm. Art. 10 Abs. 3 des G v. 16.7.2015, BGBl. I 2015, 1202.

8 Art. 8 Nr. 15, Art. 19 Abs. 2 und Art. 9 Nr. 8, Art. 19 Abs. 3 des BEPS-UmsG v. 20.12.2016, BGBl. I 2016, 3000.

9 Vgl. Art. 2, 8 Abs. 2 FamEntlastG v. 29.11.2018, BGBl. I 2018, 2210.

10 Vgl. BFH v. 24.2.2010 – III B 105/09, BFH/NV 2010, 884; v. 14.2.2007 – III B 176/06, BFH/NV 2007, 904; v. 26.2.2002 – VIII R 92/98, BFHE 198, 201 = FR 2002, 839 m. Anm. *Greite*; v. 13.8.2002 – VIII R 80/97, BFH/NV 2002, 1456; v. 11.2.2002 – VIII B 139/01, BFH/NV 2002, 908.

11 Vgl. aber BFH v. 23.11.2000 – VI R 165/99, BFHE 193, 569 = FR 2001, 547 m. Anm. *Kanzler*: Soweit Kindergeld der Familienförderung dient, ist es keine Sozialleistung, sondern eine einkommensteuerliche Familienförderung durch eine Sozialzwecknorm.

12 Vgl. BVerfG v. 29.5.1990 – 1 BvL 20/84 ua., BVerfGE 82, 60 = FR 1990, 449 und v. 6.5.2004 – 2 BvR 1375/03, HFR 2004, 692.

13 BFH v. 26.2.2002 – VIII R 92/98, BFHE 198, 201 = FR 2002, 839 m. Anm. *Greite*.

14 BFH v. 13.8.2002 – VIII R 80/97, BFH/NV 2002, 1456.

15 Art. 1 Nr. 5 G zur Sicherung v. Beschäftigung und Stabilität in Deutschland v. 2.3.2009, BGBl. I 2009, 416.

16 BT-Drucks. 18/4649, 19.

17 Art. 1 Nr. 10 G zur Anhebung des Grundfreibetrags, des Kinderfreibetrags, des Kindergeldes und des Kinderzuschlags v. 16.7.2015, BGBl. I 2015, 1202.

18 Für das EU-Ausland sind ggf. die VO (EG) Nr. 883/2004 und die VO (EG) Nr. 987/2009 zu beachten.

19 Aus den geschlossenen bilateralen Abkommen über Soziale Sicherheit ergibt sich lediglich ein Anspr. auf das in der Regel niedrigere Abkommenskindergeld, vgl. BFH v. 13.5.2014 – III B 158/13, BFH/NV 2014, 1365.

20 Zu in der Türkei wohnenden Kindern vgl. BFH v. 10.1.2013 – III B 103/12, BFH/NV 2013, 552.

B. Zahlungszeitraum und Zahlungsrhythmus (Abs. 2)

Durch Einfügung des Wortes „monatlich“ in § 66 Abs. 2 ist § 71 aF entbehrlich und daher aufgehoben worden.[1] § 66 **Abs. 2** gibt den Zahlungsrhythmus vor und enthält die Rechtsfolgen eines bestehenden Kindergeldanspr.; die Voraussetzungen für das Kindergeld sind in §§ 62f. geregelt.[2] Nach dem **Monatsprinzip** (Abs. 2) wird das Kindergeld für jeden Monat gewährt, in dem wenigstens an einem Tag die Anspruchsvoraussetzungen (§§ 62, 63) vorgelegen haben, dh. v. Beginn des Monats an, in dem die Anspruchsvoraussetzungen erfüllt sind, bis zum Ende des Monats, in dem sie wegfallen (§ 108 Abs. 1 AO iVm. § 187 Abs. 2 S. 2, § 188 Abs. 2 BGB).[3] Sind somit mindestens an einem Tag im Monat die Voraussetzungen für einen Kindergeldanspr. (§§ 62f.) dem Grunde nach erfüllt, ist der Anspr. für diesen Monat grds. der vollen Höhe nach (Abs. 1) entstanden. Für ein am Monatsersten geborenes Kind besteht am Ende des Bezugszeitraums für diesen Monat kein Kindergeldanspr. mehr, anders ist dies bei Kindern, die am Folgetag geboren sind; die Stichtagsregelung ist verfassungsgemäß.[4] Bei der iRd. **Günstigerprüfung** durchzuführenden Vergleichsrechnung (§ 31 S. 4) ist dagegen auf den **gesamten VZ** abzustellen (vgl. § 31 Rn. 8).[5] Bei Einreise eines Auslandskindes, für das vorher Kindergeld nach einem zwischenstaatlichen Sozialabkommen gezahlt worden ist, ist das uU höhere Kindergeld ab dem Einreisemonat zu zahlen.[6] Bei Überschreiten der auf das Kj. bezogenen Einkommensgrenze iSv. § 32 Abs. 4 S. 2 aF (zuletzt maßgeblich für 2011) war der Kindergeldanspr. für das ganze Kj. bzw. den Zeitraum ausgeschlossen, für den das Kind nach § 32 Abs. 4 S. 1 Nr. 1, 2 zu berücksichtigen gewesen wäre, auch wenn dem Kind anspruchsschädliche Einkünfte und Bezüge nur während einzelner Monate zugeflossen waren.[7] Die Zahlungsmodalitäten bestimmen sich nach der AO. Bei der erstmaligen oder erneuten Festsetzung wird mangels Fälligkeit nicht vor Bekanntgabe der Kindergeldfestsetzung (§ 220 Abs. 2 S. 2 AO) ausgezahlt.[8] Gem. § 224 Abs. 3 S. 1 AO ist das Kindergeld grds. **unbar** zu zahlen.[9] Es wird **ungerundet** ausgezahlt.[10] Aus dem im Kindergeldrecht geltenden Monatsprinzip des § 66 Abs. 2 EStG folgt nicht, dass jede monatliche Auszahlung eine beendete Ordnungswidrigkeit darstellt.[11] 4

C. Rückwirkende Zahlung von Kindergeld (Abs. 3)

Abs. 3 wurde mWv. 1.1.2018 angefügt.[12] Die Bestimmung ist wortlautidentisch mit § 66 Abs. 3 **aF**, die bis zum 31.12.1997 galt.[13] Abs. 3 ist nur auf Kindergeldanträge anzuwenden, die **nach dem 31.12.2017** bei der Familienkasse eingehen, und bezieht sich nur auf zukünftige Anträge.[14] Für Kindergeldanträge, die **vor dem 1.1.2018** bei der Familienkasse eingehen, kann damit weiterhin Kindergeld grds. rückwirkend bis zur Grenze der (vierjährigen) Festsetzungsverjährung nach der AO gezahlt werden (vgl. § 52 Abs. 49a S. 7). 5

Nach Abs. 3 wird Kindergeld **rückwirkend** längstens **für die letzten sechs Monate vor** Beginn des Monats gezahlt, in dem der **Antrag** auf Kindergeld eingegangen ist.[15] Antrag iSv. Abs. 3 meint den (Erst-/oder Folge)Antrag nach § 67 (vgl. dazu § 67),[16] nicht aber Korrektur-/Änderungsanträge.[17] Entscheidend ist der 6

---

1 Art. 2 Nr. 3 und 4 G zur Anspruchsberechtigung v. Ausländern wegen Kindergeld, Erziehungsgeld und Unterhaltsvorschuss v. 13.12.2006, BGBl. I 2006, 2915.

2 BFH v. 22.2.2017 – III R 20/15, BStBl. II 2017, 913, m. Anm. *Wendl*, DStRK 2017, 229 und *Selder*, jurisPR-SteuerR 33/2017 Anm. 5; v. 1.3.2000 – VI R 19/99, BFHE 191, 62 = FR 2000, 666.

3 Vgl. BFH v. 18.4.2017 – V B 147/16, BFH/NV 2017, 1052 Rn. 6f.; zur Auslegung von Kindergeldanträgen vgl. BFH v. 20.6.2012 – V R 56/10, BFH/NV 2012, 1775.

4 Vgl. dazu BFH v. 18.4.2017 – V B 147/16, BFH/NV 2017, 1052 Rn. 8ff.

5 Vgl. BT-Drucks. 16/2712, 53; anders noch zur Rechtslage bis 2007 BFH v. 16.12.2002 – VIII R 65/99, BFHE 201, 195 = FR 2003, 309 m. Anm. *Greite* und *Ruban*, HFR 2003, 373; BFH v. 15.1.2003 – VIII R 72/99, BFH/NV 2003, 898.

6 Vgl. (auch zu Ausnahmen) DA-KG 2018 Kap. A 31.

7 Vgl. DA-FamEStG 2011 Tz. 66.2 Abs. 2; vgl. auch BFH v. 26.7.2001 – VI R 102/99, BFH/NV 2002, 178.

8 DA-KG 2018 Kap. V 22.1 Abs. 1; vgl. aber FG Köln v. 28.12.2012 – 15 K 3283/11, EFG 2013, 659, wonach der Anspr. erstmals mit Bekanntgabe der Kindergeldfestsetzung fällig wird, die Anspr. für die Folgemonate aber jeweils am ersten Tag des Monats entstehen und fällig sind.

9 DA-KG 2018 Kap. V 22.3 Abs. 1, vgl. aber Abs. 2. Die Kosten einer ausnahmsweise zulässigen Barauszahlung trägt nach allgemeinen Regeln (vgl. § 270 Abs. 1 BGB) die Behörde, vgl. FG MV v. 19.1.2006 – 1 K 275/02, juris.

10 DA-KG 2018 Kap. V 22.1 Abs. 1.

11 BFH v. 26.6.2014 – III R 21/13, BFHE 247, 102, m. Anm. *Selder*, jurisPR-SteuerR Anm. 4, denn andernfalls würde mit der Beendigung auch die Verfolgungsverjährung beginnen.

12 StUmgBG v. 23.6.2017, BGBl. I 2017, 1682.

13 Art. 29 Nr. 8 1. SGB III-ÄndG v. 16.12.1997, BGBl. I 1997, 2970.

14 BT-Drucks. 18/12127, 62; vgl. auch DA-KG 2018 Kap. V 22.2.

15 DA-KG 2018 Kap. V 22.2.

16 Zu § 66 Abs. 3 **aF** vgl. BFH v. 14.5.2002 – VIII R 68/00, BFH/NV 2002, 1293; nicht eindeutig hingegen BFH v. 25.11.1998 – VI B 269/98, BFH/NV 1999, 614.

17 Vgl. BZSt. v. 25.10.2017, BStBl. I 2017, 1540; zu § 66 Abs. 3 **aF** jedenfalls abgrenzend zB BFH v. 14.5.2002 – VIII R 68/00, BFH/NV 2002, 1293; allg. zur Abgrenzung v. Neu- und Änderungsantrag vgl. zB FG München v. 18.9.2008 – 10 K 4398/07, juris.

Eingang des Kindergeldantrags bei der Behörde, mithin der **tatsächliche Eingang** bei der zuständigen Familienkasse (vgl. § 19 AO).[1] Der ordnungsgemäße Eingangsstempel der Behörde erbringt den vollen Beweis des Eingangsdatums.[2] Für **grenzüberschreitende EU-Sachverhalte** vgl. § 67 Rn. 1. Der Monat, in dem der Kindergeldantrag bei der Behörde eingegangen ist, wird bei der (Rück)Berechnung des Sechsmonatszeitraums nicht mitgerechnet („für die letzten sechs Monate vor" Antragseingang).[3] Eine Kindergeld**nachzahlung** ist nicht nach § 233a AO zu verzinsen.[4]

7 Die Sechsmonatsfrist nach Abs. 3 **aF** wurde als eine **anspruchsvernichtende materiell-rechtliche Ausschlussfrist** ausgelegt,[5] dh., der Anspruch auf Zahlung von Kindergeld für zurückliegende Monate **erlosch**, wenn er nicht spätestens innerhalb von sechs Monaten bei der zuständigen Behörde geltend gemacht wurde.[6] Die (wortlautidentische) Neuregelung in **Abs. 3** soll nunmehr den **materiell-rechtlichen Anspr. unberührt** lassen.[7] Über den Sechsmonatszeitraum hinaus soll das Kindergeld rückwirkend jedoch **nicht** mehr zur **Auszahlung** gelangen.[8] Ob Abs. 3 damit dem **Festsetzungs-** und/oder dem **Erhebungsverfahren** zuzuordnen ist, wird **uneinheitlich beurteilt**.[9] Aus der Beschlussempfehlung und dem Bericht des FinA dürfte zu folgern sein, dass nach der Vorstellung des Gesetzgebers Abs. 3 zwar das Entstehen (bei Vorliegen der tatbestandlichen Voraussetzungen iSd. §§ 62, 63) und das Bestehen (bis zur Grenze der Verjährung) des Kindergeldanspr. nicht berühren soll („Der materiell-rechtliche Anspruch wird hierdurch nicht berührt, ...")[10], der Kindergeldberechtigte die **Auszahlung** des Kindergeldes aber **nicht** über den Sechsmonatszeitraum hinaus **verlangen** und die Behörde die **Auszahlung insoweit verweigern** können soll („nur noch sechs Monate rückwirkend ausgezahlt werden kann", „nicht mehr zur Auszahlung gelangen kann")[11]. Der Kindergeldberechtigte wird mit seinem Kindergeldanspr. insoweit ausgeschlossen, als die rückwirkende Auszahlung von Kindergeld auf den Zeitraum von sechs Monaten vor der Antragstellung **beschränkt** wird, auch wenn die Anspruchsvoraussetzungen iÜ vorliegen.[12] Der Ausschluss in Abs. 3 wirkt damit **materiell-rechtlich** und ist somit bereits **im Festsetzungsverfahren** zu berücksichtigen.[13]

8 Die Familienkasse **setzt** auf einen zeitlich unbeschränkten Kindergeldantrag Kindergeld rückwirkend **grds.** nur für den **Sechsmonatszeitraum fest**, für den auch eine Auszahlung des Kindergeldes in Betracht kommt; iÜ soll der Antrag nicht beschieden werden („der Antrag ist für diesen Zeitraum noch offen").[14] Zu beachten ist, dass dann insoweit auch die Festsetzungsfrist nicht abläuft (vgl. § 171 Abs. 3 AO). **Problematisch** sind vor allem die Fallgruppen, in denen die Familienkasse, soweit die Prüfung des Vorliegens der Anspruchsvoraussetzungen **keiner weiteren Ermittlungen** bedarf **oder** bei einem **erkennbaren Interesse** des Kindergeldberechtigten (zB bei Zugehörigkeit zum öffentl. Dienst wg. des Kinderanteils beim Familienzuschlag, vgl. § 40 Abs. 2 BBesG,[15] wg. des Zählkindvorteils oder wg. der Kinderzulage. iSv § 85)[16] **über den Sechsmonatszeitraum** hinaus Kindergeld **festsetzt**, den Bescheid unter **Hinweis** auf Abs. 3 mit einer **Nichtauszahlungsverfügung** versieht und die Auszahlung verweigert.[17] Zwar soll hierdurch der Bezug

1 Vgl. zB BFH v. 25.9.2014 – III R 25/13, BStBl. II 2015, 847; FG Düss. v. 8.5.2008 – 14 K 2450/07 Kg, EFG 2008, 1685.
2 Vgl. zB BFH v. 19.5.1999 – VI B 342/98, BFH/NV 1999, 1460.
3 Vgl. auch *Heuermann* in Blümich, § 66 Abs. 3 aF Rn. 34 (Stand: April 1998).
4 BFH v. 20.4.2006 – III R 64/04, BStBl. II 2007, 240 = FR 2006, 897; zu Prozesszinsen vgl. BFH v. 25.1.2007 – III R 85/06, BStBl. II 2007, 598 = FR 2007, 662.
5 BFH v. 5.10.2004 – VIII R 69/02, BFH/NV 2005, 524; v. 14.5.2002 – VIII R 68/00, BFH/NV 2002, 1293; v. 24.10.2000 – VI R 65/99, BStBl. II 2001, 109 = FR 2001, 90 m. Anm. *Kanzler*.
6 Vgl. auch BVerfG v. 6.11.2003 – 2 BvR 1240/02, HFR 2004, 260.
7 BT-Drucks. 18/12127, 62 („Der materiell-rechtliche Anspruch wird hierdurch nicht berührt ...").
8 BT-Drucks. 18/12127, 62.
9 Vgl. einerseits *Wendl* in H/H/R, § 66 Anm. J 17-6 (Stand: Juni 2018); *Wendl*, DStR 2018, 2065; *Selder* in *Blümich*, § 66 Rn. 35a (Stand: Oktober 2018); *Pust* in L/B/P, § 66 Rn. 72 f. (Stand: Februar 2018); FG Nds. v. 25.9.2018 – 8 K 95/18, juris Rn. 17 ff. und v. 25.10.2018 – 10 K 141/18, juris Rn. 16 ff.; andererseits BZSt. v. 25.10.2017, BStBl. I 2017, 1540 und DA-KG 2018 Kap. V 22.2.
10 BT-Drucks. 18/12127, 62.
11 BT-Drucks. 18/12127, 62.
12 Zu § 66 Abs. 3 **aF** vgl. zB BFH v. 24.10.2000 – VI R 65/99, BStBl. II 2001, 109; vgl. *Wendl*, DStR 2018, 2065.
13 Vgl. *Wendl* in H/H/R, § 66 Anm. J 17-6 (Stand: Juni 2018); *Wendl*, DStR 2018, 2065; *Selder* in *Blümich*, § 66 Rn. 35a (Stand: Oktober 2018); *Pust* in L/B/P, § 66 Rn. 72 f. (Stand: Februar 2018); FG Nds. v. 25.9.2018 – 8 K 95/18, juris und v. 25.10.2018 – 10 K 141/18, juris.
14 Vgl. BZSt. v. 25.10.2017, BStBl. I 2017, 1540; DA-KG 2018 Kap. V 10 Abs. 3.
15 Nach der Rspr. des BVerwG sind rechtskräftige Urt. der FG über das Bestehen/Nichtbestehen eines Kindergeldanspr. für ein Kind gem. § 110 Abs. 1 FGO vorgreiflich für die Zuerkennung eines Anspr. auf den kinderbezogenen Anteil des Familienzuschlags für dieses Kind, weil dieser Anspr. nach § 40 Abs. 2 S. 1 BBesG von der Kindergeldberechtigung abhängt; vgl. BVerwG v. 13.2.2007 – 2 B 65/06, juris Rn. 9.
16 Vgl. dazu *Wendl*, DStR 2018, 2065.
17 Vgl. BZSt. v. 25.10.2017, BStBl. I 2017, 1540; DA-KG 2018 Kap. V 22.2; vgl. auch FG Nds. v. 25.9.2018 – 8 K 95/18, juris Rn. 4.

(außer)steuerlicher Leistungen, die an den Kindergeldanspr. und/oder dessen Festsetzung anknüpfen, (weiterhin) ermöglicht werden.[1] Die **Zahlungsverweigerung** trotz bestandskräftiger Festsetzung wird von der Rspr. aber als **rechtswidrig** angesehen und ein **Anspr.** auf **Auszahlung** des festgesetzten Kindergeldes angenommen.[2]

Erhöht sich **nachträglich** die Anzahl an Zählkindern (vgl. dazu § 63 Rn. 1) durch ein zusätzlich zu berück- 9
sichtigendes **älteres** Kind, so begrenzt Abs. 3 **nur** den Zeitraum für die rückwirkende Zahlung des Kindergeldes für dieses nachträglich zu berücksichtigende **ältere** Kind auf sechs Monate, **nicht** auch eine ggf. rückwirkende Erhöhung des Kindergeldes für die bereits berücksichtigten **jüngeren** Kinder.[3] Denn soweit der Anspr. auf Kindergeld für das nachträglich zu berücksichtigende ältere Kind nach §§ 62 f. dem Grunde nach entstanden ist, kommt dessen Berücksichtigung als (weiteres) Zählkind in Betracht; die Reihenfolge der bereits berücksichtigten jüngeren Kinder (Ordnungszahl) verändert sich insoweit.[4] Der ursprünglich gestellte Kindergeldantrag für das jeweils jüngere Kind, dem die Familienkasse bereits entsprochen hat, ist neu zu bescheiden.[5] Beim **Berechtigtenwechsel** (vgl. § 64 Rn. 3) ist die Kindergeldfestsetzung zugunsten des bisher Berechtigten ab dem Monat aufzuheben, der auf den Berechtigtenwechsel folgt (vgl. § 70 Abs. 2 S. 1); eine rückwirkende Zahlung von Kindergeld zugunsten des nunmehr Berechtigten kommt aber grds. nur noch für die letzten sechs Monate vor der Antragstellung durch den neuen Berechtigten in Betracht.[6] Im Fall der **Weiterleitung** des Kindergeldes an den nunmehr (vorrangig) Berechtigten (vgl. dazu § 64 Rn. 3) sieht die Familienkasse aber im Rahmen einer **Billigkeitsmaßnahme** grds. von einer Rückforderung des rechtsgrundlos gezahlten Kindergeldes (auch) über den für den neuen Berechtigten geltenden Sechsmonatszeitraum hinaus ab, wenn Letzterer die Weiterleitung an sich bestätigt und auf seinen Auszahlungsanspr. verzichtet hat.[7]

Abs. 3 legt keine gesetzliche Frist iSv. § 110 AO fest, womit im Fall der Fristversäumung die Gewährung 10
von **Wiedereinsetzung in den vorigen Stand nicht** in Betracht kommt.[8] Die Gründe (zB Verschulden) der verspäteten Antragstellung sind grds. unerheblich.[9] Bereits nach der **Rspr. des BFH** zu § 66 Abs. 3 **aF** konnte die Berufung der Behörde auf den Fristablauf jedoch unter bestimmten Umständen nach Treu und Glauben **unzulässig** sein (unzulässige Rechtsausübung),[10] zB bei Verletzung einer bestehenden Beratungspflicht (vgl. § 89 Abs. 1 AO).[11] Ist die verspätete Antragstellung auf die Verletzung einer behördlichen (zB Beratungs- oder Auskunfts-)Pflicht zurückzuführen, kann Kindergeld daher **uU**[12] **über** die in Abs. 3 geregelte **sechsmonatige Rückwirkung hinaus** gewährt werden.[13]

1 Vgl. auch BT-Drucks. 18/12127, 62 („an das Kindergeld anknüpfende Annexleistungen im außersteuerlichen Bereich").

2 FG Nds. v. 25.9.2018 – 8 K 95/18, juris und v. 25.10.2018 – 10 K 141/18, juris; vgl. auch *Selder* in *Blümich*, § 66 Rn. 35a (Stand: Oktober 2018), wonach ein Bescheid, der Kindergeld über den Sechsmonatszeitraum hinaus festsetzt, zwar rechtswidrig ist, aber zur Auszahlung verpflichtet.

3 Vgl. auch BZSt. v. 25.10.2017, BStBl. I 2017, 1540.

4 Vgl. auch BZSt. v. 25.10.2017, BStBl. I 2017, 1540.

5 Vgl. zB BSG v. 14.12.1982 – 10 RKg 29/81, juris (wobei § 9 Abs. 2 BKGG aF als eine anspruchsvernichtende Regelung ausgelegt wurde).

6 Vgl. BZSt. v. 25.10.2017, BStBl. I 2017, 1540.

7 Vgl. BZSt. v. 25.10.2017, BStBl. I 2017, 1540 und DA-KG 2018 Kap. V 36 Abs. 1, 4; soweit dem nunmehr Berechtigten ein ggü. dem weitergeleiteten Kindergeld geringerer Kindergeldanspr. zusteht, hat der bisher Berechtigte diesen Unterschiedsbetrag aber grds. zu erstatten.

8 Zu § 66 Abs. 3 **aF** BFH v. 14.5.2002 – VIII R 68/00, BFH/NV 2002, 1293; v. 14.5.2002 – VIII R 50/00, juris; v. 23.3.2001 – VI R 181/98, juris; v. 24.10.2000 – VI R 65/99, BStBl. II 2001, 109 = FR 2001, 90 m. Anm. *Kanzler*; vgl. auch *Wendl*, DStR 2018, 2065; *Selder* in *Blümich*, § 66 Rn. 35 (Stand: Oktober 2018).

9 Zu § 66 Abs. 3 **aF** zB FG Nds. v. 8.9.1998 – VI 788/97 Ki, EFG 1998, 1654.

10 BFH v. 5.10.2004 – VIII R 69/02, BFH/NV 2005, 524, wonach Abs. 3 aF in diesem Fall nicht anzuwenden ist; v. 14.5.2002 – VIII R 68/00, BFH/NV 2002, 1293, wonach dem Fristablauf keine ausschließende Wirkung zukommt; v. 24.10.2000 – VI R 65/99, BStBl. II 2001, 109 = FR 2001, 90 m. Anm. *Kanzler*, wonach aber keine allg. Pflicht zur Überprüfung aller Kindergeldakten besteht.

11 Vgl. zB FG RhPf. v. 6.2.2003 – 4 K 2612/99, juris; vgl. aber auch FG BaWü. 26.1.2001 – 6 K 145/99, juris (keine Pflicht, etwaige Kindergeldberechtigte zur Antragstellung aufzufordern); FG Nds. v. 19.1.1999 – I 356/98, EFG 1999, 786; FG SchlHol. v. 15.9.1998 – V 499/98, EFG 1999, 181 und FG Düss. v. 10.6.1998 – 14 K 8219/97 Kg, EFG 1998, 1341 (zur Beratungspflicht bei möglichen Rechtsänderungen).

12 Eine behördliche Pflichtverletzung könnte nicht das Wiederaufleben eines bereits erloschenen Kindergeldanspr. begründen, vgl. dazu allg. zB BFH v. 1.7.2008 – VII R 37/07, BFH/NV 2008, 2062; *Söhn* in H/H/S, § 89 AO Rn. 122a (Stand: August 2016); **aA** *Seewald/Felix*, § 66 Abs. 3 aF Rn. 49 f. (Stand: November 1999), wonach der Antrag als rechtzeitig gestellt anzusehen ist. Im Erlöschensfall müsste der Kindergeldberechtigte iRd. rechtlich Zulässigen so gestellt werden, als wäre der Verstoß nicht erfolgt; vgl. BFH v. 27.2.2007 – III B 158/06, BFH/NV 2007, 1090; *Roser* in Gosch, § 89 AO Rn. 15, 26 (Stand: August 2018); *Söhn* in H/H/S, § 89 AO Rn. 122a (Stand: August 2016). In Betracht käme ggf. ein Schadensersatzanspr. wg. Amtspflichtverletzung (Art. 34 GG iVm. § 839 BGB),

11 Die **Verfassungsmäßigkeit** von Abs. 3 ist mit Blick auf das gesamte betroffene Normengeflecht **nicht unzweifelhaft**, da der Anspr. auf Kindergeld (soweit er dem Grunde nach besteht) iRd. Günstigerprüfung gem. § 31 S. 4 einzubeziehen ist (vgl. § 31 Rn. 4). § 31 S. 4 geht zurück auf das StÄndG 2003.[1] Bis einschl. 2003 waren gem. § 31 S. 4 **aF** die Freibeträge nach § 32 Abs. 6 abzuziehen, wenn die gebotene stl. Freistellung des Kinderexistenzminimums durch das Kindergeld nicht in vollem Umfang bewirkt wurde; in diesem Fall war (nur) das **gezahlte** Kindergeld nach § 36 Abs. 2 Satz 1 **aF** zu verrechnen.[2] Da seit 1998 die Antragsfrist iSd Abs. 3 **aF** entfallen und damit die Stellung des Kindergeldantrags bis zum Ablauf der Festsetzungsfrist möglich war, wurde insbes. aus Gründen der Verwaltungsvereinfachung der Kindergeld**anspr.** in die Günstigerrechnung einbezogen.[3] Nunmehr ist der StPfl. jedoch ua. mit strukturellen (dem Gesetzgeber zuzurechnenden) Problemen bei der Durchsetzung seines Kindergeldanspr. konfrontiert, da beantragtes Kindergeld gem. Abs. 3 rückwirkend nur noch für sechs Monate ausgezahlt werden kann.[4] Zwar ist es verfassungsrechtl. nicht zu beanstanden, dass der Gesetzgeber dem StPfl. die Obliegenheit überträgt, Kindergeld (als Abschlag auf das stl. zu verschonende Existenzminimum seines Kindes) innerhalb von sechs Monaten selbst zu realisieren.[5] Versäumt der StPfl. aber diese (grds. nicht wiedereinsetzungsfähige) Frist, dürfte der nach Abs. 3 ausgeschlossene Anspr. auf Kindergeld zur Wahrung des verfassungsrechtl. Gebots der stl. Verschonung des Familien-/Kinderexistenzminimums iRd. Günstigerprüfung (§ 31) nur mit dem Wert „null“ anzusetzen sein.

§ 67 Antrag

[1]Das Kindergeld ist bei der zuständigen Familienkasse schriftlich zu beantragen. [2]Den Antrag kann außer dem Berechtigten auch stellen, wer ein berechtigtes Interesse an der Leistung des Kindergeldes hat. [3]In Fällen des Satzes 2 ist § 62 Absatz 1 Satz 2 bis 3 anzuwenden. [4]Der Berechtigte ist zu diesem Zweck verpflichtet, demjenigen, der ein berechtigtes Interesse an der Leistung des Kindergeldes hat, seine an ihn vergebene Identifikationsnummer (§ 139b der Abgabenordnung) mitzuteilen. [5]Kommt der Berechtigte dieser Verpflichtung nicht nach, teilt die zuständige Familienkasse demjenigen, der ein berechtigtes Interesse an der Leistung des Kindergeldes hat, auf seine Anfrage die Identifikationsnummer des Berechtigten mit.

Verwaltung: DA-KG 2018 (abrufbar unter www.bzst.de).

1 Verfahrensvoraussetzung für die erstmalige Zahlung v. Kindergeld ist gem. **S. 1** ein **Antrag.**[6] Das Antragserfordernis ist verfassungsrechtl. nicht zu beanstanden. Die Familienkasse muss auf das Antragserfordernis hinweisen; bei **fehlerhafter Beratung** kommt eine Wiedergutmachung im Wege des sozialrechtl. Herstellungsanspr. allerdings nicht in Betracht.[7] Wird für ein Kind kein Kindergeld beantragt, sind die Freibeträge nach § 32 Abs. 6 abzuziehen.[8] Der Antrag ist **erforderlich**, wenn die Anspruchsvoraussetzungen (§§ 62, 63) erstmalig erfüllt sind oder nach Wegfall einer Kindergeldfestsetzung – insbes., wenn die Kindergeldbewilligung nach Vollendung des 18. Lebensjahres des Kindes förmlich aufgehoben wurde. Keines neuen Antrags bedarf es bei Änderungen hinsichtlich der zahlenden Stelle oder der Berechtigtenbestim-

der vor den Zivilgerichten geltend zu machen wäre; vgl. BFH v. 1.7.2008 – VII R 37/07, BFH/NV 2008, 2062; v. 27.2.2007 – III B 158/06, BFH/NV 2007, 1090.

13 Vgl. zB BZSt. v. 25.10.2017, BStBl. I 2017, 1540, wonach die Familienkassen stets empfehlen sollten, Kindergeld unverzüglich zu beantragen, sobald ein Anspr. vorliegen könnte.

1 Zweites G zur Änderung stl. Vorschriften, BGBl. I 2003, 2645.

2 Vgl. zB BFH v. 13.9.2012 – V R 59/10, BStBl. II 2013, 228.

3 Vgl. BT-Drucks. 15/1945, 8; BT-Drucks. 15/1928, 8; BT-Drucks. 15/1798, 2, 17.

4 Vgl. dazu BFH v. 20.12.2012 – III R 29/12, BFH/NV 2013, 723; vgl. auch BFH v. 13.9.2012 – V R 59/10, BStBl. II 2013, 228, wonach die Kombination von Steuervergütung (Kindergeldanspr.) und ergänzender Berücksichtigung der Freibeträge (vgl. § 32 Abs. 6) wg. der **fehlenden** Begrenzung des Kindergeldanspr. durch eine sechsmonatige Antragsfrist keinen verfassungsrechtl. Bedenken begegnete.

5 Weniger weitgehend insoweit bislang BFH v. 20.12.2012 – III R 29/12, BFH/NV 2013, 723 („im laufenden Jahr“) und v. 13.9.2012 – V R 59/10, BStBl. II 2013, 228 („bis zum Ablauf der Festsetzungsfrist“).

6 Die Festsetzung von Kindergeld erfolgt nur auf Antrag (DA-KG 2018 Kap. V 5.1); zur Beratungspflicht (§ 89 AO) der Familienkassen vgl. DA-KG 2018 Kap. V 8 und FG Düss. v. 23.8.2007 – 14 K 5328/05 Kg, EFG 2007, 1959 (nachfolgend BFH v. 26.11.2009 – III R 85/07, BFH/NV 2010, 854); zu den Mitwirkungspflichten nach §§ 90 ff. AO vgl. DA-KG 2018 Kap. V 7.

7 Der Herstellungsanspr. ist nicht anwendbar, vgl. BFH v. 21.4.2010 – III B 182/09, BFH/NV 2010, 1435; v. 9.2.2012 – III R 68/10, BFHE 236, 421; v. 28.2.2012 – III B 158/11, BFH/NV 2012, 943.

8 BFH v. 23.11.2000 – VI R 165/99, BFHE 193, 569 = FR 2001, 547 m. Anm. *Kanzler.*

mung (§ 64 Abs. 2). Der Antrag ist **schriftlich bei der zuständigen Familienkasse** (vgl. § 19 AO) zu stellen (S. 1).[1] Eine besondere Zuständigkeitsregelung für grenzüberschreitende EU-Sachverhalte enthält Art. 81 der VO (EG) Nr. 883/2004[2]; besondere Zuständigkeitsregelungen enthalten regelmäßig auch die bestehenden Abkommen über soziale Sicherheit. Zur **Antragsweiterleitung** vgl. Art. 68 Abs. 3 der VO (EG) 883/2004.[3] Grds. ist **für jedes Kind** ein gesonderter Antrag zu stellen.[4] Anträge, die bei einer Familienkasse der Bundesagentur für Arbeit anzubringen sind, können auch bei einer Außenstelle derjenigen Agentur angebracht werden, bei der die Familienkasse eingerichtet ist.[5] Die Verwendung des amtl. Vordrucks ist nicht zwingend,[6] dient aber der Verfahrensbeschleunigung.[7] Der Kindergeldantrag kann auch durch einen **Vertreter** gestellt werden.[8] **Minderjährige** Eltern werden durch ihre gesetzlichen Vertreter vertreten.[9] Bei jeder Antragstellung kommt eine **Festsetzung mit Rückwirkung** in Betracht. Enthält der Antrag keine Vorgaben in zeitlicher Hinsicht, dann ist anzunehmen, dass eine Festsetzung v. Kindergeld für den längstmöglichen Zeitraum und damit auch für die Zeit vor der Antragstellung bis zur Grenze der Festsetzungsverjährung begehrt wird (vgl. aber § 66 Rn. 5 ff.).[10] Dies kann vor allem für nicht freizügigkeitsberechtigte Ausländer relevant werden, die zu einem bestimmten Zeitpunkt erstmalig die besonderen Voraussetzungen des § 62 Abs. 2 erfüllen (§ 62 Rn. 2 ff.).[11] Erlässt die Familienkasse auf einen zeitlich nicht konkretisierten Kindergeldantrag einen Festsetzungsbescheid, der eine **Befristung** bis zu einem **in der Zukunft** liegenden Monat enthält, so hat sie damit über den Antrag in vollem Umfang und nicht nur zum Teil entschieden.[12] Für die **rückwirkende** Festsetzung von Kindergeld iRd. Sechsmonatszeitraums des § 66 Abs. 3 vgl. § 66 Rn. 5 ff. Bei verspätetem Einspruch gegen die Aufhebung einer Kindergeldfestsetzung muss die Familienkasse prüfen, ob der Rechtsbehelf zugleich einen **Antrag auf Neufestsetzung** enthält.[13] Einem erneuten Antrag auf Kindergeld für Zeiträume, für die die Familienkasse nach sachlicher Prüfung das Bestehen eines Kindergeldanspruchs verneint hat, steht die Bestandskraft der ablehnenden Entscheidung entgegen (iÜ § 70 Rn. 1 f.).[14] Hat eine sachliche Prüfung stattgefunden, erstreckt sich die Bindungswirkung sowohl bei Ablehnungs- als auch bei Aufhebungsbescheiden in zeitlicher Hinsicht grds. bis zum Ablauf des Monats der Bekanntgabe;[15] bei erfolgloser Einspruchseinlegung bis zum Ende des Monats der Bekanntgabe der Einspruchsentscheidung.[16] Der doppelte Bezug v. Kindergeld infolge zweifacher Antragstellung bei verschiedenen Familienkassen ist eine **Steuerhinterziehung**.[17]

Antragsberechtigt sind die Kindergeldberechtigten (§ 62) und diejenigen, die ein berechtigtes Interesse an der Leistung des Kindergeldes haben **(S. 2)**. Das **berechtigte Interesse**, die Belange des Kindes oder des 2

1 Im Einzelnen DA-KG 2018 Kap. V. Zuständige Familienkasse für die Antragstellung im berechtigten Interesse ist die für den Kindergeldberechtigten zuständige Familienkasse (ungenau BT-Drucks. 18/2581, 21, wonach der berechtigt Interessierte bei der für ihn zuständigen Familienkasse die ID-Nr. des eigentlich Berechtigten erfragen kann). Zur (fehlenden) Zuständigkeit einer Familienkasse (in Auslandsfällen) vgl. BFH v. 19.1.2017 – III R 31/15, BStBl. II 2017, 642, m. Anm. *Selder*, jurisPR-SteuerR 24/2017 Anm. 4. Zur Änderung der Zuständigkeit der Familienkasse und Konsequenzen für das FG vgl. BFH v. 29.1.2014 – XI R 29/13, BFH/NV 2014, 724.

2 VO (EG) Nr. 883/2004 des Europäischen Parlaments und des Rates v. 29.4.2004 zur Koordinierung der Systeme der sozialen Sicherheit, ABlEU 2004 L 166, 1.

3 Vgl. hierzu BFH v. 22.2.2018 – III R 10/17, BFHE 261, 214 Rn. 34, m. Anm. *Selder*, jurisPR-SteuerR 35/2018 Anm. 2.

4 Zu den Mindestanforderungen an einen Antrag vgl. FG Nds. v. 13.9.2012 – 15 K 249/11, EFG 2012, 2290 und FG Nürnb. v. 8.7.2015 – 3 K 1339/14, juris.

5 BFH v. 25.9.2014 – III R 25/13, BFHE 247, 233 = HFR 2015, 136 m. Anm. *Pflaum*.

6 BFH v. 25.8.2009 – III B 136/08, juris.

7 Zur Obliegenheit der Bundesagentur für Arbeit, die Antragsformulare verständlich zu gestalten, vgl. FG BaWü. v. 12.7.2017 – 2 K 158/16, juris Rn. 46.

8 BFH v. 25.8.2009 – III B 136/08, juris; zu den Folgen einer Antragstellung durch den bevollmächtigten RA vgl. FG München v. 3.11.1999 – 1 K 1794/98, EFG 2000, 181.

9 DA-KG 2018 Kap. V 4.2; § 36 Abs. 1 SGB I ist nicht anwendbar. Denn das Kindergeld ist keine „echte" Sozialleistung, vgl. hierzu BFH v. 23.11.2000 – VI R 165/99, BFHE 193, 569 = FR 2001, 547 m. Anm. *Kanzler*.

10 BFH v. 20.6.2012 – V R 56/10, BFH/NV 2012, 1775 und v. 26.6.2014 – III R 6/13, BFHE 246, 315; zum Eingang eines Kindergeldantrags nach Ablauf der Festsetzungsfrist und zur Verjährung des Anspr. vgl. FG Düss. v. 8.5.2008 – 14 K 2450/07 Kg, EFG 2008, 1685 und FG München v. 23.2.2016 – 10 K 1379/15, juris.

11 BFH v. 29.3.2012 – III B 94/10, BFH/NV 2012, 1147.

12 BFH v. 26.6.2014 – III R 6/13, BFHE 246, 315.

13 BFH v. 19.5.1999 – VI B 342/98, BFH/NV 1999, 1460.

14 BFH v. 23.11.2001 – VI R 125/00, BFHE 197, 387.

15 ZB BFH v. 23.11.2001 – VI R 125/00, BFHE 197, 387 = FR 2002, 356; v. 15.4.2011 – III B 200/10, BFH/NV 2011, 1291 und v. 21.10.2015 – VI R 35/14, BFH/NV 2016, 178; zu einem Fall unbewusster Irreführung durch die Familienkasse infolge der Übersendung eines missverständlichen Vordrucks vgl. FG BaWü. v. 22.9.2005 – 14 K 51/05, EFG 2006, 232.

16 BFH v. 4.8.2011 – III R 71/10, BFHE 235/203.

17 FG RhPf. v. 21.1.2010 – 4 K 1507/09, EFG 2010, 612.

Anspruchsberechtigten wahrzunehmen, hat jeder, der einen verständlichen Anlass für die Inanspruchnahme staatlicher Leistungen iRd. Familienleistungsausgleichs hat, insbes. Pers., die dem zu berücksichtigenden Kind ggü. unterhaltsverpflichtet sind,[1] zu seinem Unterhalt tatsächlich wesentlich beitragen oder die Auszahlung von Kindergeld an sich anstelle der Auszahlung an einen Berechtigten verlangen können (zB §§ 74, 76).[2] Dies kann bei behinderten Kindern auch ein Sozialhilfeträger sein.[3] Auch das Kind selbst kann antragsberechtigt (und damit auch klagebefugt)[4] sein, wenn der Kindergeldberechtigte diesem ggü. seiner gesetzlichen Unterhaltspflicht nicht nachkommt (§ 74 Abs. 1 S. 1).[5] Der **Antragsberechtigte** muss nicht zwingend auch Auszahlungsberechtigter sein (vgl. §§ 64, 65, 74).[6] Durch S. 2 erlangt der Antragsberechtigte im Festsetzungsverfahren eine Beteiligtenstellung (§ 78 Nr. 1 AO).[7] Nach **Art. 60 Abs. 1 S. 3 der VO (EG) 987/2009**[8] hat die Familienkasse ggf. den im Inland gestellten Kindergeldantrag zugunsten des im EU-Ausland lebenden Eltern-, Großeltern- oder Pflegeelternteils zu berücksichtigen (vgl. § 62 Rn. 5 und § 64 Rn. 2).[9]

3 **S. 3** berücksichtigt die Neufassung des § 62 Abs. 1 iRv. § 67.[10] **S. 4** und **5** stellen sicher, dass die Auszahlung des Kindergeldes nicht an der fehlenden **Kenntnis der ID-Nr.** des Berechtigten scheitert.[11] Die Neuregelungen gelten für Kindergeldfestsetzungen, die Zeiträume betreffen, die nach dem 31.12.2015 beginnen oder vor dem 1.1.2016 liegen, wenn der Antrag auf Kindergeld erst nach dem 31.12.2015 gestellt wird (vgl. § 52 Abs. 49a).

§ 68 Besondere Mitwirkungspflichten

(1) [1]Wer Kindergeld beantragt oder erhält, hat Änderungen in den Verhältnissen, die für die Leistung erheblich sind oder über die im Zusammenhang mit der Leistung Erklärungen abgegeben worden sind, unverzüglich der zuständigen Familienkasse mitzuteilen. [2]Ein Kind, das das 18. Lebensjahr vollendet hat, ist auf Verlangen der Familienkasse verpflichtet, an der Aufklärung des für die Kindergeldzahlung maßgebenden Sachverhalts mitzuwirken; § 101 der Abgabenordnung findet insoweit keine Anwendung.

(2) (weggefallen)

(3) Auf Antrag des Berechtigten erteilt die das Kindergeld auszahlende Stelle eine Bescheinigung über das für das Kalenderjahr ausgezahlte Kindergeld.

(4) [1]Die Familienkassen dürfen den Stellen, die die Bezüge im öffentlichen Dienst anweisen, den für die jeweilige Kindergeldzahlung maßgebenden Sachverhalt durch automatisierte Abrufverfahren übermitteln oder Auskunft über diesen Sachverhalt erteilen. [2]Das Bundesministerium der Finanzen wird ermächtigt, durch Rechtsverordnung ohne Zustimmung des Bundesrates zur Durch-

1 FG Nds. v. 6.7.2000 – 14 K 349/98 Ki, EFG 2000, 1342.
2 DA-KG 2018 Kap. V 5.3; BFH v. 30.10.2008 – III R 105/07, BFH/NV 2009, 193 und v. 26.1.2001 – VI B 310/00, BFH/NV 2001, 896; zum Verhältnis von § 67 S. 2 und § 74 Abs. 1 S. 1 vgl. BFH v. 1.2.2013 – III B 222/11, BFH/NV 2013, 727.
3 BFH v. 12.1.2001 – VI R 181/97, BFHE 194, 368; v. 20.6.2001 – VI R 169/97, BFH/NV 2001, 1443; v. 26.11.2003 – VIII R 32/02, BFHE 204, 454, auch zur Klagebefugnis. Der Berechtigte ist notwendig beizuladen, vgl. BFH v. 12.1.2001 – VI R 49/98, BFHE 194, 6. Vgl. auch FG Sachs. v. 9.10.2017 – 8 K 1227/16 (Kg), juris Rn. 11 ff. (Rev. III R 28/17).
4 BFH v. 5.2.2015 – III R 31/13, BFHE 249, 144; v. 30.10.2008 – III R 105/07, BFH/NV 2009, 193, hiernach ist der unterhaltsverpflichtete Elternteil zudem nach § 60 Abs. 3 S. 1 FGO zum Klageverfahren notwendig beizuladen. Zur notwendigen Beiladung des materiell Kindergeldberechtigten vgl. auch BFH v. 17.3.2010 – III R 71/09, BFH/NV 2010, 1291.
5 ZB BFH v. 26.11.2009 – III R 67/07, BFHE 228, 42; v. 30.10.2008 – III R 105/07, BFH/NV 2009, 193 und v. 26.1.2001 – VI B 310/00, BFH/NV 2001, 896; zweifelh. demggü. FG SachsAnh. v. 24.3.2009 – 4 K 1101/05, EFG 2009, 1318, wonach jedes Interesse ausreichend sein soll.
6 Zur Unterscheidung zw. Festsetzungs- und Auszahlungsverfahren im Kindergeldrecht vgl. BFH v. 26.1.2001 – VI B 310/00, BFH/NV 2001, 896.
7 BFH v. 26.1.2001 – VI B 310/00, BFH/NV 2001, 896; vgl. aber auch FG Hbg. v. 28.6.2017 – 5 K 155/16, juris Rn. 26.
8 VO (EG) Nr. 987/2009 des Europäischen Parlaments und des Rates v. 16.9.2009 zur Festlegung der Modalitäten für die Durchführung der VO (EG) Nr. 883/2004 über die Koordinierung der Systeme der sozialen Sicherheit, ABlEU 2009 L 284, 1.
9 Vgl. zB BFH v. 4.2.2016 – III R 17/13, BFHE 253, 134, m. Anm. *Selder*, jurisPR-SteuerR 29/2016 Anm. 5; v. 10.3.2016 – III R 62/12, BFHE 253, 236 (Großeltern); v. 28.4.2016 – III R 68/13, BFHE 254, 20; v. 15.6.2016 – III R 60/12, BFHE 254, 307 (Pflegeeltern); vgl. auch BFH v. 23.8.2016 – V R 19/15, BFHE 254, 439.
10 FreizügigkeitsÄndG v. 2.12.2014, BGBl. I 2014, 1922.
11 Vgl. auch BT-Drucks. 18/2581, 21.

führung von automatisierten Abrufen nach Satz 1 die Voraussetzungen, unter denen ein Datenabruf erfolgen darf, festzulegen.

Verwaltung: DA-KG 2018 (abrufbar unter www.bzst.de).

Literatur: *Ebner*, Vollendung und Beendigung der „Kindergeldhinterziehung", PStR 2013, 231; *Elden*, Steuerhinterziehung aufgrund unberechtigten Kindergeldbezugs, FamFR 2013, 4; *Hollatz*, Mitwirkungs- und Nachweispflichten bei arbeits- und ausbildungssuchenden Kindern, NWB 2011, 1604.

§ 68 Abs. 1 regelt ergänzend zu §§ 90 ff. AO[1] **Verfahrenspflichten v. Beteiligten und Zählkindern**. Die für ArbG geltende Mitwirkungspflicht (Abs. 2 aF) wurde zum 1.1.2009 aufgehoben.[2] Abs. 3 und 4 statuieren eine **Bescheinigungspflicht der Zahlstellen** über das für das Kj. ausgezahlte Kindergeld sowie ein **Recht der Familienkassen zur Auskunftserteilung**. § 68 ist erforderlich, da die AO den VA mit Dauerwirkung nicht kennt und § 48 SGB X nicht anwendbar ist.[3] 1

Nach **Abs. 1 S. 1** ist derjenige, der Kindergeld beantragt (vgl. § 67 Rn. 2) oder erhält, verpflichtet, **Änderungen der Verhältnisse**, also die Veränderung tatsächlicher Umstände, die für den Anspr. auf Kindergeld erheblich sind oder über die iZ mit der Leistung Erklärungen abgegeben worden sind, unverzüglich, dh. ohne schuldhaftes Zögern (§ 121 BGB), **der zuständigen Familienkasse mitzuteilen**.[4] Insoweit tragen Familienkasse und Kindergeldberechtigter eine gemeinsame Verantwortung für die Aufklärung des anspruchserheblichen Sachverhalts.[5] Verhältnisse, die für die Leistung erheblich sind, sind alle sich aus den §§ 62 ff. ergebenden Voraussetzungen für die Festsetzung und Auszahlung des Kindergeldes. Die Mitteilungspflicht beginnt mit der Antragstellung und endet idR mit Ablauf des Monats, für den das Kindergeld letztmalig gezahlt worden ist. Sie erstreckt sich auch auf Veränderungen nach Beendigung des Kindergeldbezugs, die den Anspr. rückwirkend beeinflussen.[6] Abs. 1 S. 1 stellt nicht darauf ab, welche Pers. die Erklärung abgegeben hat, so dass die Mitteilungspflicht auch dann den Kindergeldberechtigten selbst trifft, wenn der Antrag v. einer Pers. mit einem berechtigten Interesse an der Leistung des Kindergeldes (§ 67 S. 2) gestellt wurde.[7] Die **Missachtung der Mitteilungspflicht** steht dem Vertrauensschutz des Betroffenen entgegen[8] und führt regelmäßig zur Rückforderung des Kindergeldes.[9] Ein Billigkeitserlass (§ 227 AO) kommt nur unter sehr engen Voraussetzungen in Betracht (vgl. dazu § 70 Rn. 2). Sie kann zudem – soweit es um Änderungen der tatsächlichen Verhältnisse zuungunsten des Antragstellers oder Zahlungsempfängers geht – eine Straftat iSv. § 370 Abs. 1 Nr. 2 AO oder eine Ordnungswidrigkeit iSv. § 378 Abs. 1 iVm. § 370 Abs. 1 Nr. 2 AO sein.[10] In Bezug auf Tatsachen, deren Berücksichtigung sich zugunsten des Antragstellers oder Zahlungsempfängers auswirken würde, bedeutet sie eine Obliegenheitsverletzung. Eine schuldhafte Verletzung der Mitwirkungspflicht steht der Erstattung entstandener Aufwendungen (§ 77 Rn. 1) entgegen.[11] Gem. **Abs. 1 S. 2 HS 1** sind **volljährige Zählkinder** (§ 63 Rn. 1) verpflichtet, auf Verlangen, dh. auf **ausdrückliche Aufforderung** der Familienkasse, die zur Feststellung des Sachverhalts notwen- 2

1 Hierzu DA-KG 2018 Kap. V 7; zur Sachaufklärungspflicht der Familienkasse (§ 88 Abs. 1 AO) vgl. FG Hess. v. 4.6.2009 – 3 K 1533/06, juris.
2 JStG 2009 v. 19.12.2008, BGBl. I 2008, 2794. Ziel war die Entlastung der ArbG (Bürokratieabbau), vgl. BT-Drucks. 16/10189, 67. Zur allg. Auskunftspflicht vgl. §§ 93, 97 AO.
3 BFH v. 23.6.2000 – VI B 82/00, BFH/NV 2000, 1447; v. 14.10.2003 – VIII R 56/01, BFHE 203, 472 = FR 2004, 293; zur Aufbewahrungspflicht v. Belegen vgl. BFH v. 21.7.2005 – III S 19/04 (PKH), BFH/NV 2005, 2207 und v. 19.6.2008 – III R 66/05, BFHE 222, 343 = FR 2009, 192; zur Verletzung v. Mitwirkungspflichten mit Blick auf § 173 Abs. 1 Nr. 2 AO vgl. BFH v. 16.11.2006 – III R 44/06, BFH/NV 2007, 643.
4 Vgl. zB BFH v. 19.5.1999 – VI B 259/98, BFH/NV 1999, 1331; v. 11.12.2013 – XI R 42/11, BFHE 244, 302 = FR 2014, 908; FG Hbg. v. 28.8.2003 – I 153/00, DStRE 2004, 323. Nach BFH v. 18.5.2006 – III R 80/04, BFHE 214, 1 = FR 2007, 154 ist die Mitteilung keine Anzeige iSd. § 170 Abs. 2 S. 1 Nr. 1 AO.
5 FG Hess. v. 4.6.2009 – 3 K 1533/06, juris; vgl. auch BFH v. 12.7.2016 – III B 33/16, BFH/NV 2016, 1750.
6 DA-KG 2018 Kap. V 7.1.4.
7 DA-KG 2018 Kap. V 7.1.4.
8 Zur Nichtanwendung v. Treu und Glauben bei Missachtung v. § 68 vgl. BFH v. 22.9.2011 – III R 82/08, BFHE 235, 336 = FR 2012, 424; v. 28.12.2009 – III B 108/08, BFH/NV 2010, 641; v. 28.3.2001 – VI B 256/00, BFH/NV 2001, 1117.
9 Zur Rückzahlung über ein Jahrzehnt doppelt gezahlten Kindergeldes FG Düss. v. 18.6.2009 – 15 K 37/09 Kg, EFG 2009, 1519.
10 Dazu DA-KG 2018 Kap. V 7.1.4 und Kap. S; zur Hemmung der Festsetzungsverjährung bei strafbarem Bezug von Kindergeld vgl. zB BFH v. 26.6.2014 – III R 21/13, BStBl. II 2015, 886, m. Anm. *Selder*, jurisPR-SteuerR 5/2015 Anm. 4 und v. 17.12.2015 – V R 13/15, BFH/NV 2016, 534; vgl. iÜ *Wegner*, PStR 2012, 225; FG Hbg. v. 18.6.2012 – 6 K 41/12, juris (rkr.); FG München v. 31.1.2013 – 10 K 1438/10, EFG 2013, 910 und v. 17.6.2014 – 10 K 56/12, EFG 2014, 1939 (rkr.); zur Bedeutung von § 68 für § 370 AO vgl. BFH v. 6.4.2017 – III R 33/15, BStBl. II 2017, 997 Rn. 20 ff., m. Anm. *Selder*, jurisPR-SteuerR 44/2017 Anm. 6.
11 FG RhPf. v. 2.6.2016 – 6 K 1816/15, juris.

digen Auskünfte zu erteilen und Nachweise vorzulegen.[1] Sie haben insoweit kein Auskunftsverweigerungsrecht nach § 101 AO (**§ 68 Abs. 1 S. 2 HS 2**).[2]

3 Gem. **Abs. 3** hat die das Kindergeld auszahlende Stelle dem Kindergeldberechtigten **auf Antrag** eine Bescheinigung über das für das Kj. ausgezahlte Kindergeld zu erteilen.[3] Zu bescheinigen sind die an den Kindergeldberechtigten wie auch die an Dritte (§§ 74, 75) gezahlten Beträge.[4] Der Anspr. auf Erteilung einer Bescheinigung hängt nicht davon ab, ob für das betreffende Jahr überhaupt Kindergeld ausgezahlt wurde.[5] Die Bescheinigung wird kostenfrei erteilt. Verlangen kann diese Bescheinigung jeder, der Anspruch auf Kindergeld hat – auch der nach § 64 nachrangig Berechtigte.[6] Das Steuergeheimnis steht dem nicht entgegen, da Abs. 3 eine Befugnisnorm iSd. § 30 Abs. 4 Nr. 2 AO ist.[7]

4 **Abs. 4** wurde mWv. 14.12.2016 neu gefasst.[8] Hintergrund der gesetzlichen Neuregelung ist die Beendigung der Sonderzuständigkeit der Familienkassen des öffentlichen Dienstes auf Bundesebene zum 1.1.2022 (§ 72 Rn. 1 f.).[9] Gem. **Abs. 4** dürfen die **Familienkassen**, die als Finanzbehörden (vgl. § 6 Abs. 2 Nr. 6 AO) an das Steuergeheimnis gebunden sind, den die Bezüge im öffentl. Dienst anweisenden Stellen **Auskunft** über den für die jeweilige Kindergeldzahlung maßgebenden Sachverhalt (dh. Angaben zur Festsetzungslage, nicht aber zB die ID-Nr. des Kindergeldberechtigten oder des Kindes) erteilen (Befugnis zur Offenbarung nach § 30 Abs. 4 Nr. 2 AO).[10] Die vorgenannte Offenbarungsbefugnis gilt nunmehr auch für die Übermittlung/Bereitstellung[11] des für die Kindergeldzahlung maßgeblichen Sachverhalts im Rahmen eines **automatisierten Abrufverfahrens.**[12]

§ 69 Datenübermittlung an die Familienkassen

Erfährt das Bundeszentralamt für Steuern, dass ein Kind, für das Kindergeld gezahlt wird, ins Ausland verzogen ist oder von Amts wegen von der Meldebehörde abgemeldet wurde, hat es der zuständigen Familienkasse unverzüglich die in § 139b Absatz 3 Nummer 1, 3, 5, 8 und 14 der Abgabenordnung genannten Daten zum Zweck der Prüfung der Rechtmäßigkeit des Bezugs von Kindergeld zu übermitteln.

Verwaltung: DA-KG 2018 (abrufbar unter www.bzst.de).

1 § 69 wurde mWv. 1.1.2018 eingefügt[13] und ist erstmals am 1.11.2019 anzuwenden.[14] Die gesetzliche Neuregelung[15] soll den Familienkassen eine frühzeitige Überprüfung des Fortbestands eines Kindergeldanspr. ermöglichen für den Fall, dass ein **Kind in das Ausland verzieht** oder **von der Meldebehörde von Amts**

---

1 BFH v. 8.3.2012 – III B 163/11, BFH/NV 2012, 1118; nach BFH v. 22.2.2007 – III B 70/05, BFH/NV 2007, 1083, ist die Familienkasse nicht an den Inhalt des ggü. dem Kind ergangenen ESt-Bescheids gebunden, da dieser kein Grundlagenbescheid iSd. § 171 Abs. 10 AO ist. Vgl. zur Mitwirkungspflicht auch BFH v. 17.12.2008 – III R 60/06, BFH/NV 2009, 908 (Eigenschaft als Arbeitsuchender); v. 8.11.2012 – V B 38/12, BFH/NV 2013, 524 und FG Hbg. v. 20.2.2018 – 6 K 135/17, juris Rn. 33 (Ausbildungswilligkeit).

2 Dazu DA-KG 2018 Kap. V 7.2; nach BFH v. 19.6.2000 – VI S 2/00, BFHE 193, 528, genügt eine pauschale Mitteilung des Kindes, dass eigene Einkünfte und Bezüge nicht über dem Grenzbetrag des § 32 Abs. 4 S. 2 aF liegen. Nach FG Münster v. 16.3.2007 – 9 K 4803/05 Kg, EFG 2007, 1180 m. Anm. *Wüllenkemper*, gilt § 68 nur für das Verwaltungsverfahren und führt nicht zum Ausschluss des Auskunftsverweigerungsrechts im finanzgerichtlichen Verfahren.

3 Geändert durch das G zur Familienförderung v. 22.12.1999, BGBl. I 1999, 2552.

4 In die Bescheinigung aufzunehmen sind: Kind, Jahr und Kindergeldzahlbetrag, nicht aber die Person des Zahlungsempfängers, vgl. BFH v. 27.2.2014 – III R 40/13, BFHE 244, 416. Da das für das Kj. gezahlte Kindergeld zu bescheinigen ist, umfasst dies auch Kindergeldzahlungen nach Ablauf eines Kj., vgl. BT-Drucks. 14/1513, 17.

5 BFH v. 16.1.2013 – III S 38/11, BFH/NV 2013, 701; vgl. auch *Bauhaus*, EFG 2013, 1867.

6 BFH v. 27.2.2014 – III R 40/13, BFHE 244, 416 = FR 2014, 908.

7 BFH v. 27.2.2014 – III R 40/13, BFHE 244, 416 = FR 2014, 908.

8 Art. 1 Nr. 1, Art. 11 Abs. 1 G zur Beendigung der Sonderzuständigkeit der Familienkassen des öffentlichen Dienstes im Bereich des Bundes v. 8.12.2016, BGBl. I 2016, 2835.

9 Vgl. BT-Drucks. 18/9441, 16.

10 DA-KG 2018 Kap. O 4.4; BT-Drucks. 13/3084, 21.

11 Nach dem Entwurf eines Zweiten Datenschutz-Anpassungs- und UmsetzungsG EU v. 1.10.2018, BT-Drucks. 19/4674, 92, soll in Abs. 4 S. 1 das Wort „übermitteln“ durch das Wort „bereitstellen“ ersetzt werden. Es handelt sich um eine redaktionelle Anpassung an die VO (EU) 2016/679, vgl. BT-Drucks. 19/4674, 297.

12 BT-Drucks. 18/9441, 16.

13 StUmgBG v. 23.6.2017, BGBl. I 2017, 1682; zu § 69 nF vgl. auch *Wendl* in H/H/R, § 69 (Stand: Juni 2018).

14 Art. 11 Abs. 2, Art. 7 Nr. 6 Buchst. c, Nr. 8 StUmgBG v. 23.6.2017, BGBl. I 2017, 1682.

15 Zu § 69 aF (gültig bis 23.7.2016) vgl. die Kommentierung von *Felix* in der 15. Aufl.

wegen abgemeldet wird.[1] Erfährt das BZSt. hiervon, ist es verpflichtet, der zuständigen Familienkasse unverzüglich, dh. ohne schuldhaftes Zögern (§ 121 BGB), die folgenden Daten des betr. Kindes zu übermitteln: ID-Nr. (§ 139b Abs. 3 Nr. 1 AO), Familienname (§ 139b Abs. 3 Nr. 3 AO), Vornamen (§ 139b Abs. 3 Nr. 5 AO), Tag und Ort der Geburt (§ 139b Abs. 3 Nr. 8 AO) sowie Tag des Ein- und Auszugs (§ 139b Abs. 3 Nr. 14 AO).

Das BZSt. wird von den Meldebehörden bereits standardisiert iRd. regelmäßigen Datenübermittlung ua. über einen Wohnsitzwechsel informiert (vgl. § 36 Abs. 1 iVm. § 56 Abs. 1 Nr. 2 BundesmeldeG iVm. § 9 Zweite BundesmeldedatenübermittlungsVO). Wegen des für die technische Umsetzung erforderlichen zeitlichen Vorlaufs gilt die Verpflichtung zur Datenübermittlung durch das BZSt. an die Familienkassen jedoch erst ab dem 1.11.2019 (vgl. § 52 Abs. 49a S. 8).[2]

§ 70 Festsetzung und Zahlung des Kindergeldes

(1) Das Kindergeld nach § 62 wird von den Familienkassen durch Bescheid festgesetzt und ausgezahlt.

(2) [1]Soweit in den Verhältnissen, die für den Anspruch auf Kindergeld erheblich sind, Änderungen eintreten, ist die Festsetzung des Kindergeldes mit Wirkung vom Zeitpunkt der Änderung der Verhältnisse aufzuheben oder zu ändern. [2]Ist die Änderung einer Kindergeldfestsetzung nur wegen einer Anhebung der in § 66 Absatz 1 genannten Kindergeldbeträge erforderlich, kann von der Erteilung eines schriftlichen Änderungsbescheides abgesehen werden.

(3) [1]Materielle Fehler der letzten Festsetzung können durch Aufhebung oder Änderung der Festsetzung mit Wirkung ab dem auf die Bekanntgabe der Aufhebung oder Änderung der Festsetzung folgenden Monat beseitigt werden. [2]Bei der Aufhebung oder Änderung der Festsetzung nach Satz 1 ist § 176 der Abgabenordnung entsprechend anzuwenden; dies gilt nicht für Monate, die nach der Verkündung der maßgeblichen Entscheidung eines obersten Bundesgerichts beginnen.

(4) (weggefallen)

Verwaltung: DA-KG 2018 (abrufbar unter www.bzst.de).

Literatur: *Baldauf*, Das Mandat im Kindergeldrecht – verfahrensrechtliche Fragestellungen, ASR 2013, 2; *Bergkemper*, Aufhebung oder Änderung einer Kindergeldfestsetzung, FR 2000, 136; *Bilsdorfer*, Der Kindergeldprozess – eine teure Angelegenheit?, FR 2012, 715; *Bohn*, Das Einspruchsverfahren im Kindergeldrecht, UBWV 2010, 464 sowie UBWV 2011, 64 und 146; *Bohn*, Einspruchsverfahren im Kindergeldrecht, 2014; *Harenberg/Eschenbach*, Können abgeschlossene Kindergeldverfahren wieder aufgerollt werden?, NWB F 3, 13551; *Tiedchen*, Die Änderung von bestandskräftigen Kindergeldbescheiden, DStZ 2000, 237.

A. Kindergeldfestsetzung

Das Kindergeld wird v. der **örtlich zuständigen Familienkasse** (dazu § 67 Rn. 1) festgesetzt[3] und ausgezahlt[4]. Die **positive Kindergeldfestsetzung** ist ein ggü. dem EStBescheid selbständiger **begünstigender VA** mit **Dauerwirkung**.[5] Sie hat **Bindungswirkung für die Zukunft**.[6] Die Festsetzung ist Rechtsgrundlage 1

1 BT-Drucks. 18/12127, 62.
2 BT-Drucks. 18/12127, 62.
3 Zur Überprüfung v. Kindergeldfestsetzungen vgl. DA-KG 2018 Kap. O 2.10; zu den Details der Festsetzung DA-KG 2018 Kap. V 10.
4 Eine Auszahlung durch den privaten ArbG ist nicht mehr vorgesehen, vgl. StEntlG 1999/2000/2002 v. 24.3.1999, BGBl. I 1999, 402.
5 BFH v. 26.7.2001 – VI R 163/00, BFHE 196, 274; v. 29.1.2003 – VIII R 60/00, BFH/NV 2003, 927; v. 18.12.1998 – VI B 215/98, BFHE 187, 559 = FR 1999, 267; erforderlich ist ein zuvor gestellter Antrag auf Kindergeld, vgl. BFH v. 31.3.2005 – III B 189/04, BFH/NV 2005, 1305. Seit der Neufassung des § 70 Abs. 1 zum 1.1.2007 sind Kindergeldfestsetzungen nicht mehr gesetzlich befristet und erledigen sich nicht mehr allein durch Zeitablauf, vgl. FG SachsAnh. v. 22.1.2013 – 4 K 1779/10, EFG 2013, 1555.
6 BFH v. 25.7.2001 – VI R 78/98, BFHE 196, 253; v. 25.7.2001 – VI R 164/98, BFHE 196, 257; v. 9.6.2011 – III R 54/09, BFH/NV 2011, 1858; unklar noch BFH v. 5.2.2001 – VI S 28/00, BFH/NV 2001, 932; vgl. auch FG Bdbg. v. 17.5.2001 – 6 K 1640/99 KG, EFG 2001, 1227.

für die lfd. monatliche Zahlung des Kindergeldes; durch diese wird deshalb nicht monatlich eine neue Festsetzung vorgenommen.[1] Die Kindergeldfestsetzung ist ein **zeitlich teilbarer VA.**[2] Erlässt die Familienkasse auf einen zeitlich nicht konkretisierten Kindergeldantrag einen Festsetzungsbescheid, der eine **Befristung** bis zu einem in der **Zukunft** liegenden Monat enthält, so hat sie damit über den Antrag in vollem Umfang und nicht nur zum Teil entschieden.[3] Setzt die Familienkasse dagegen Kindergeld **ab** einem bestimmten Zeitpunkt fest, impliziert dies grds. nicht zugleich die Ablehnung einer Kindergeldfestsetzung für die **davor** liegende Zeit.[4] Für die **rückwirkende** Festsetzung von Kindergeld iRd. Sechsmonatszeitraums des § 66 Abs. 3 vgl. § 66 Rn. 5 ff. Einem bestandskräftigen, die Gewährung v. Kindergeld **abl. Bescheid** kommt **Bindungswirkung** nur bis zum **Ende des Monats seiner Bekanntgabe** zu.[5] Es ist der Familienkasse aber unbenommen, in einem Aufhebungs- oder Ablehnungsbescheid eine abw. zeitliche Regelung zu treffen.[6] Die Bindungswirkung verlängert sich bis zum Ende des Monats der Bekanntgabe der **Einspruchsentscheidung**, auch wenn der Einspruch keine Einschränkung des zeitlichen Regelungsbereichs enthält und durch die Familienkasse als unbegründet zurückgewiesen wird.[7] Eine nachfolgende Klageerhebung ändert daran nichts.[8] Entspr. gilt auch für einen Bescheid, mit dem Kindergeld auf 0 Euro festgesetzt worden ist (sog. **Nullfestsetzung**).[9] Auf einen später erneut gestellten Antrag kann daher Kindergeld rückwirkend ab dem auf die Bekanntgabe des Bescheids folgenden Monat bewilligt werden.[10] Vgl. aber § 66 Rn. 5 ff. zu der nunmehr auf sechs Monate beschränkten rückwirkenden Zahlung von Kindergeld. Ein **Kindergeldablehnungsbescheid** entfaltet für das Besteuerungsverfahren **keine Tatbestandswirkung**, da die Familienkasse im Verhältnis zum FA keine ressortfremde Behörde und ihr VA damit auch kein ressortfremder VA ist.[11] Wird Kindergeld mit dem Hinweis auf einen bereits bestandskräftigen Bescheid abgelehnt, handelt es sich um eine **wiederholende Verfügung** ohne eigenen Regelungsgehalt, auch wenn sie in Form eines VA ergeht und mit einer Rechtsmittelbelehrung versehen ist.[12] Gem. § 155 Abs. 5 AO sind auf das Kindergeld als Steuervergütung (vgl. § 31 S. 3) die für die Steuerfestsetzung geltenden Vorschriften (§§ 155–177 AO) sinngemäß anzuwenden.[13] Kindergeld wird durch schriftlichen Bescheid festgesetzt (§ 70 Abs. 1, § 157 Abs. 1 S. 1 AO). § 70 Abs. 1 S. 2, der Ausnahmen vom Erfordernis eines schriftlichen Bescheids regelte,[14] wurde mWv. 1.1.2007 aufgehoben, weil die Bescheiderteilung das Handeln der Familienkasse für den Kindergeldberechtigten transparent macht.[15]

---

1 BFH v. 3.3.2011 – III R 11/08, BFHE 233, 41.

2 BFH v. 21.10.2015 – VI R 35/14, BFH/NV 2016, 178; v. 28.10.2005 – III B 107/05, BFH/NV 2006, 549; v. 21.1.2004 – VIII R 15/02, BFH/NV 2004, 910; v. 9.12.2002 – VIII R 80/01, BFH/NV 2003, 606; v. 26.7.2001 – VI R 163/00, BFHE 196, 274; v. 26.7.2001 – VI R 102/99, BFH/NV 2002, 178; hierzu auch FG RhPf. v. 28.8.2001 – 2 K 1557/01, EFG 2002, 208; FG Saarl. v. 12.6.2001 – 2 K 61/01, EFG 2001, 1220.

3 BFH v. 26.6.2014 – III R 6/13, BFHE 246, 315, m. Anm. *Selder*, jurisPR-SteuerR 45/2014 Anm. 4.

4 FG Düss. v. 6.3.2017 – 7 K 3673/16 Kg, juris Rn. 12.

5 BFH v. 21.10.2015 – VI R 35/14, BFH/NV 2016, 178; v. 9.6.2011 – III R 54/09, BFH/NV 2011, 1858; v. 3.3.2011 – III R 10/09, BFH/NV 2011, 985; v. 26.11.2009 – III R 85/07, BFH/NV 2010, 854; v. 19.12.2008 – III B 163/07, BFH/NV 2009, 578; v. 21.6.2007 – III R 94/06, BFH/NV 2007, 2066; v. 28.1.2004 – VIII R 12/03, BFH/NV 2004, 786; v. 9.7.2003 – VIII B 40/03, BFH/NV 2003, 1422; v. 25.2.2003 – VIII R 98/01, DStRE 2003, 949 (auch bzgl. § 173 Abs. 1 Nr. 2 AO); v. 25.7.2001 – VI R 78/98, BFHE 196, 253 = FR 2001, 1307; zur Durchbrechung der Bestandskraft eines Ablehnungsbescheids vgl. FG BaWü. v. 26.3.2003 – 2 K 453/01, EFG 2003, 906; vgl. auch *Siegers*, EFG 2001, 83; **aA** noch FG Münster v. 13.4.2000 – 2 K 2304/98 Kg, EFG 2000, 881.

6 BFH v. 26.11.2009 – III R 85/07, BFH/NV 2010, 854.

7 BFH v. 4.8.2011 – III R 71/10, BFHE 235, 203; v. 22.12.2011 – III R 41/07, BFHE 236, 144 = FR 2012, 645 m. Anm. *Greite* (in Abgrenzung zur Rspr. des BSG).

8 BFH v. 22.12.2011 – III R 41/07, BFHE 236, 144 = FR 2012, 645 m. Anm. *Greite*; v. 7.3.2013 – V R 61/10, BFHE 240, 361, wonach ein späterer Kindergeldbescheid, der einen Zeitraum nach Ergehen der Einspruchsentscheidung betrifft, nicht gem. § 68 FGO zum Verfahrensgegenstand wird.

9 BFH v. 25.7.2001 – VI R 78/98, BFHE 196, 253; vgl. auch FG Köln v. 21.3.2002 – 15 K 4877/01, EFG 2002, 846.

10 BFH v. 25.7.2001 – VI R 164/98, BFHE 196, 257; v. 25.10.2002 – VIII B 121/02, BFH/NV 2003, 168 (auch zum Gleichheitssatz); v. 21.1.2003 – VIII B 184/02, BFH/NV 2003, 754; v. 28.1.2004 – VIII R 12/03, BFH/NV 2004, 786; v. 19.2.2007 – III B 195/05, BFH/NV 2007, 1114 (auch zur Verjährung).

11 BFH v. 27.1.2011 – III R 90/07, BFHE 232, 485; v. 15.3.2012 – III R 82/09, BFHE 236, 539 = FR 2012, 932, m. Anm. *Selder*, jurisPR-SteuerR 26/2012 Anm. 2; v. 20.12.2012 – III R 29/12, BFH/NV 2013, 723. Nach *Felix* (15. Aufl.) ist die Kindergeldfestsetzung im Hinblick auf §§ 31, 36 Abs. 2 S. 1 zudem Grundlagenbescheid (§ 171 Abs. 10 AO).

12 BFH v. 12.3.2015 – III R 14/14, BFHE 249, 292; zur Abgrenzung v. wiederholender Vfg. und Zweitbescheid vgl. auch FG München v. 27.10.2011 – 5 K 1145/11, EFG 2012, 255 (vgl. aber zur ggf. vorrangigen Anspruchsberechtigung des im anderen EU-Mitgliedstaat lebenden Eltern-, Großeltern- oder Pflegeelternteils, der das Kind in seinen Haushalt aufgenommen hat, § 64 Rn. 2).

13 BFH v. 14.7.1999 – VI B 89/99, BFH/NV 1999, 1597.

14 Vgl. etwa FG RhPf. v. 10.6.2009 – 2 K 1807/08, EFG 2009, 1573 und *Siegers*, EFG 2010, 491.

15 Art. 2 Nr. 4 und Art. 6 des G zur Anspruchsberechtigung v. Ausländern wg. Kindergeld, Erziehungsgeld und Unterhaltsvorschuss v. 13.12.2006, BGBl. I 2006, 2915; vgl. auch BT-Drucks. 16/1368, 10.

Abs. 1 regelt nur die Kindergeldfestsetzung, sodass ein schriftlicher Bescheid nicht erforderlich (wenn auch aus Beweisgründen angebracht) ist, wenn das Kindergeld gem. § 74 nicht an den Kindergeldberechtigten ausgezahlt wird. Kein schriftlicher Änderungsbescheid ist iÜ gem. § 70 Abs. 2 S. 2[1] erforderlich, wenn es allein wg. der Anhebung der in § 66 Abs. 1 genannten Kindergeldbeträge zu einer Änderung der Kindergeldfestsetzung kommt.

B. Korrektur der Kindergeldfestsetzung

Die Korrektur v. Kindergeldfestsetzungen richtet sich grds. nach §§ 172 ff. AO[2] (vgl. auch Rn. 3 ff.). Die verbliebenen[3] Abs. 2 und 3 des § 70 sind sonstige gesetzliche Korrekturvorschriften iSv. § 172 Abs. 1 S. 1 Nr. 2 lit. d AO.[4] Die rechtmäßige[5] Aufhebung einer Kindergeldfestsetzung führt zum Wegfall des rechtl. Grundes für die Zahlung, so dass ggf. zu viel gezahltes **Kindergeld** zu **erstatten** ist (§ 37 Abs. 2 AO).[6] Die Aufhebung der Kindergeldfestsetzung kann mit dem Rückforderungsbescheid verbunden werden.[7] Zahlt die Behörde aufgrund einer Zahlungsanweisung[8] des Erstattungs- bzw. Vergütungsberechtigten den geschuldeten Betrag an einen Dritten, ist Leistungsempfänger der Rechtsinhaber der Forderung.[9] Auf ein Verschulden des Leistungsempfängers kommt es für § 37 Abs. 2 AO nicht an.[10] Der Einwand der Entreicherung (§ 818 Abs. 3 BGB) ist unbeachtlich.[11] Hat ein Kind nur eine **um das Kindergeld gekürzte Sozialhilfe** erhalten, steht dies der Aufhebung der Kindergeldfestsetzung und der Rückforderung des Kindergeldes nicht entgegen.[12] Ein **Billigkeitserlass** nach § 227 AO ist nur unter engen Voraussetzungen möglich.[13] Die Rechtmäßigkeit des Rückforderungsbescheids wird aber nicht dadurch berührt, dass der 2

1 Eingefügt durch Art. 1 Nr. 20 des G zur Förderung v. Familien und haushaltsnahen Dienstleistungen v. 22.12. 2008, BGBl. I 2008, 2955.

2 §§ 44 ff. SGB X sind nicht analog heranzuziehen, vgl. BFH v. 6.3.2013 – III B 113/12, BFH/NV 2013, 976.

3 Der zum 31.12.2011 durch das StVereinfG v. 1.11.2011, BGBl. I 2011, 2131 aufgehobene und letztmals für den VZ 2011 anzuwendende Abs. 4 gewährleistet, dass eine Kindergeldfestsetzung für ein volljähriges Kind während und auch nach Ablauf des Kj. korrigiert werden kann, wenn die Einkünfte und Bezüge des Kindes den Jahresgrenzbetrag nach § 32 Abs. 4 aF entgegen der früheren Prognose der Familienkasse über- oder unterschreiten; vgl. zB BFH v. 5.1.2012 – III B 59/10, BFH/NV 2012, 737; v. 30.1.2012 – III B 153/11, BFH/NV 2012, 705; v. 16.10.2012 – XI R 46/10, BFH/NV 2013, 555; v. 9.9.2015 – XI R 9/14, BFH/NV 2016, 166; zur umfangreichen Rspr. zu Abs. 4 aF wird iÜ auf die 10. Aufl. verwiesen. Die Regelung ist infolge der Neufassung des § 32 Abs. 4 S. 2 f. entbehrlich geworden.

4 BFH v. 18.12.1998 – VI B 215/98, BFHE 187, 559 = FR 1999, 267; zur Aufhebung nach § 175 Abs. 1 S. 1 Nr. 2 AO vgl. FG BaWü. v. 9.3.2009 – 6 K 254/06, EFG 2009, 1303; zum Verschulden iRv. § 173 Abs. 1 Nr. 2 AO vgl. FG Hess. v. 27.3.2013 – 3 K 339/10, juris.

5 Für die Rechtmäßigkeit kommt es nicht auf die im VA zur Begründung herangezogene Vorschrift an, maßgeblich ist, dass der Bescheid durch eine Ermächtigungsnorm gedeckt war, vgl. zB BFH v. 14.9.1993 – VIII R 9/93, BFHE 175, 391.

6 Zur Verjährung bei ungerechtfertigter Doppelzahlung vgl. BFH v. 11.12.2013 – XI R 42/11, BFHE 244, 302 = FR 2014, 908. Die Festsetzung des Kindergeldes zugunsten des nachrangig Berechtigten und der sich nach Aufhebung der Festsetzung ergebende Erstattungsanspr. (§ 37 Abs. 2 AO) einerseits und die Festsetzung des Kindergeldes für den vorrangig Berechtigten und der daraus resultierende Auszahlungsanspr. (§ 37 Abs. 1 AO) andererseits begründen eigenständige, gesetzlich nicht miteinander verbundene Steuerschuldverhältnisse, vgl. BFH v. 13.6. 2012 – III B 60/11, BFH/NV 2013, 517. Zur Aufrechnung des Berechtigten bei Rückforderung von Kindergeld vgl. BFH v. 11.12.2013 – XI B 33/13, BFH/NV 2014, 714.

7 FG Münster v. 17.7.1996 – 1 K 2111/96 Kg, EFG 1996, 1052; zur Doppelnatur des Aufhebungs- und Rückforderungsbescheids vgl. FG Hbg. v. 24.3.2005 – I 359/04, EFG 2005, 1250.

8 Zum Fall fehlender Weisung vgl. FG Münster v. 24.11.2015 – 14 K 1542/15 AO (PKH), EFG 2016, 305 m. Anm. *Bleschick*.

9 BFH v. 29.1.2007 – III B 169/05, BFH/NV 2007, 858; v. 10.3.2016 – III R 29/15, BFH/NV 2016, 1278.

10 BFH v. 10.3.2016 – III R 29/15, BFH/NV 2016, 1278.

11 BFH v. 27.4.1998 – VII B 296/97, BFHE 185, 364; v. 28.3.2001 – VI B 256/00, BFH/NV 2001, 1117; v. 9.2.2004 – VIII B 113/03, BFH/NV 2004, 763; vgl. auch FG SachsAnh. v. 27.10.2015 – 4 K 690/14, juris (auch bzgl. BAföG-Bezug).

12 FG Nds. v. 19.7.2001 – 10 K 435/98 Ki, EFG 2002, 31; vgl. auch BFH v. 28.5.2009 – III B 129/08, ZSteu 2009, R686.

13 Vgl. DA-KG 2018 Kap. V 25.2; vgl. zB FG Berlin-Bdbg. v. 12.10.2017 – 10 K 10109/13, juris (Rev. III R 48/17); FG SchlHol. v. 4.7.2017 – 1 K 34/16, juris (Rev. III R 19/17); FG Münster v. 12.12.2016 – 13 K 91/16 Kg, juris; FG Bremen v. 28.8.2014 – 3 K 9/14 (1), EFG 2014, 1944; FG Düss. v. 6.3.2014 – 16 K 3046/13 AO, EFG 2014, 977 und v. 11.1.2018 – 9 K 1625/17 AO, juris Rn. 22, wonach der jeweilige Verursachungsbeitrag v. Kindergeldberechtigten, Familienkasse und ggf. Sozialleistungsträger maßgeblich ist; vgl. auch FG Berlin-Bdbg. v. 19.6.2017 – 10 K 10104/16, juris und FG Düss. v. 7.4.2016 – 16 K 377/16 AO, juris, wonach die Verletzung von Mitwirkungspflichten regelmäßig geeignet ist, einen Billigkeitserlass zu versagen; **aA** FG Sachs. v. 7.11.2017 – 3 K 69/17 (Kg), juris Rn. 38 ff. Allg. auf die Möglichkeit eines Billigkeitserlasses hinweisend zB BFH v. 27.12.2011 – III B 35/11, BFH/NV 2012, 696; v. 30.7.2009 – III R 22/07, BFH/NV 2009, 1983; v. 19.11.2008 – III R 108/06, BFH/NV 2009, 357; zur

Rückforderungsbetrag möglicherweise zu erlassen ist.[1] Zur Problematik der **Weiterleitungsfälle** vgl. § 64 Rn. 3. Der Rückforderung kann im Einzelfall der **Grundsatz v. Treu und Glauben** bzw. die **Verwirkung** entgegenstehen.[2] Erforderlich wäre aber ein Verhalten der Behörde, das als **illoyale Rechtsausübung** anzusehen ist.[3] Maßgeblich ist, ob der Kindergeldberechtigte sich angesichts des gesamten Verhaltens der Familienkasse darauf verlassen durfte und auch verlassen hat, dass er nicht mehr in Anspr. genommen wird.[4] Die Aufhebung der Kindergeldfestsetzung erwächst in Bestandskraft, wenn die Familienkasse nach sachlicher Prüfung das Bestehen eines Anspr. auf Kindergeld mangels Vorliegens der Anspruchsvoraussetzungen verneint.[5] Einem neuen Antrag nach § 67 steht dann für diejenigen Zeiträume, für welche die Familienkasse den Anspr. verneint hat, die Bestandskraft entgegen.[6] Lehnt die Familienkasse die Kindergeldwährung mangels sachlicher Zuständigkeit bestandskräftig ab, wird die Zahlungspflicht damit schlechthin (auch für die Vergangenheit) verneint.[7] Da die Kindergeldfestsetzung ein zeitlich teilbarer VA ist (Rn. 1), kann die Familienkasse eine unrichtige oder unrichtig gewordene Festsetzung in der Weise ändern, dass sie **für verschiedene Zeitabschnitte gesonderte Änderungsbescheide** erlässt.[8] Danach enthält ein für einen oder mehrere Monate ergangener Aufhebungsbescheid nicht ohne Weiteres inzident auch die Entsch., dass die Kindergeldfestsetzung für vorausgegangene Monate bestehen bleibt.[9] Ein Bescheid, durch den eine Kindergeldfestsetzung nach dem **bis Ende 2011 geltenden Abs. 4** aufgehoben wird, betrifft nur den Zeitraum der Prognose bzgl. der Einkünfte und Bezüge des Kindes und nicht darüber hinaus auch den Zeitraum bis zum Monat der Bekanntgabe des Bescheids.[10] Beim Tod des Kindergeldberechtigten erlischt die Rechtswirkung des – personenbezogenen – Kindergeldbescheids, sodass ohne seine Aufhebung ein Rückforderungsbescheid erlassen werden kann.[11]

3 **Abs. 2, der neben den allg. Vorschriften anwendbar ist,**[12] verpflichtet zur Aufhebung/Änderung der Kindergeldfestsetzung bei **nachträglicher**[13] **Änderung** der persönlichen (tatsächlichen oder rechtl.) **Verhältnisse,**[14]

Behandlung einer mit einer Rückzahlungsverpflichtung belasteten Kindergeldzahlung im Existenzsicherungsrecht vgl. BSG v. 17.7.2014 – B 14 AS 54/13 R, juris.

1 FG Nds. v. 8.3.2001 – 9 K 437/97 Ki, EFG 2001, 829 (nachfolgend BFH v. 29.1.2003 – VIII R 64/01, BFH/NV 2003, 905).

2 BFH v. 26.7.2001 – VI R 163/00, BFHE 196, 274 = FR 2002, 223 m. Anm. *Kanzler*; v. 14.10.2003 – VIII R 56/01, BFHE 203, 472 = FR 2004, 293 m. Anm. *Greite*; v. 22.1.2004 – VIII B 289/03, BFH/NV 2004, 759; v. 28.12.2009 – III B 108/08, BFH/NV 2010, 641; vgl. auch FG Nds. v. 19.7.2001 – 10 K 435/98 KI, EFG 2002, 31; FG Bremen v. 28.7. 2016 – 3 K 1/16 (1), juris.

3 BFH v. 22.1.2004 – VIII B 289/03, BFH/NV 2004, 759; v. 15.6.2004 – VIII R 93/03, BFH/NV 2005, 153; v. 27.2.2007 – III B 1/06, BFH/NV 2007, 1120; v. 27.12.2011 – III B 35/11, BFH/NV 2012, 696.

4 BFH v. 22.11.2012 – III B 106/12, BFH/NV 2013, 374; v. 13.3.2013 – V B 133/11, BFH/NV 2013, 933 (bloße Weiterzahlung von Kindergeld trotz Kenntnis der Umstände, die zum Wegfall des Anspr. führen, steht einer Rückforderung nicht entgegen); v. 11.7.2013 – VI R 67/11, BFH/NV 2014, 20; v. 10.3.2016 – III R 29/15, BFH/NV 2016, 1278.

5 BFH v. 23.11.2001 – VI R 125/00, BFHE 197, 387 = FR 2002, 356.

6 BFH v. 23.11.2001 – VI R 125/00, BFHE 197, 387 = FR 2002, 356.

7 BFH v. 26.10.2000 – VI B 116/00, BFH/NV 2001, 445.

8 BFH v. 17.12.2001 – VI B 270/99, BFH/NV 2002, 491; v. 26.7.2001 – VI R 163/00, BFHE 196, 274, m. Anm. *Kanzler*, FR 2002, 225; vgl. aber FG BaWü. v. 29.6.2000 – 9 K 351/98, EFG 2000, 1197: Ändert die Familienkasse die Kindergeldfestsetzung nach Abs. 2 nicht bereits ab dem Zeitpunkt der Änderung der Verhältnisse, ist die Korrekturmöglichkeit für weiter zurückliegende Monate verbraucht.

9 BFH v. 19.3.2002 – VIII R 107/01, BFH/NV 2002, 1290.

10 BFH v. 26.11.2009 – III R 87/07, BFHE 227, 466; v. 26.11.2009 – III R 85/07, BFH/NV 2010, 854; v. 26.11.2009 – III R 93/07, BFH/NV 2010, 856.

11 FG Hbg. v. 28.6.2017 – 5 K 155/16, juris; FG Nds. v. 13.1.2010 – 16 K 337/09, EFG 2010, 1011 m. Anm. *Reuß*.

12 BFH v. 25.7.2001 – VI R 18/99, BFHE 196, 260 = FR 2001, 1231; v. 14.5.2002 – VIII R 67/01, BFH/NV 2002, 1294; v. 9.9.2015 – XI R 9/14, BFH/NV 2016, 166.

13 Maßgeblich ist der Zeitpunkt des Erlasses des VA, vgl. BFH v. 24.5.2000 – VI B 251/99, BFH/NV 2000, 1204. Zum maßgeblichen Zeitpunkt im Hinblick auf die Verlagerung des Kindergeldrechts in das Steuerrecht vgl. BFH v. 14.5. 2002 – VIII R 67/01, BFH/NV 2002, 1294; v. 24.5.2000 – VI B 251/99, BFH/NV 2000, 1204 und v. 12.5.2000 – VI R 100/99, BFH/NV 2001, 21.

14 BFH v. 18.12.1998 – VI B 215/98, BFHE 187, 559 = FR 1999, 267; v. 25.7.2001 – VI R 18/99, BFHE 196, 260 = FR 2001, 1231; v. 26.3.2009 – III B 255/08, BFH/NV 2009, 1258, wonach aber grds. der StPfl. seine Rechte durch Einlegung von Rechtsbehelfen bzw. Rechtsmitteln zu wahren hat. Nach BFH v. 21.10.2010 – III R 74/09, BFH/NV 2011, 250, fällt eine Änderung der Rechtsauffassung durch Rspr. oder Verwaltungsanweisungen nicht unter Abs. 2; vgl. zB BFH v. 17.12.2014 – XI R 15/12, BFHE 248, 188, zum Erreichen einer Altersgrenze; vgl. auch **aA** FG Nds. v. 17.11.1998 – VI 592/96 Ki, EFG 1999, 569, wonach Abs. 2 bei Veränderung der gesetzlichen Anspruchsvoraussetzungen nicht anwendbar sein soll.

die der idR ursprünglich rechtmäßigen[1] Kindergeldfestsetzung zugrunde lagen.[2] Ob die Änderung absehbar war, ist ohne Belang.[3] Abs. 2 ist aber **nicht anwendbar**, wenn die Familienkasse das Recht **von Anfang an fehlerhaft** angewandt hat.[4] Eine Änderung nach Abs. 2 kommt auch nicht in Betracht, wenn die Sachlage unaufgeklärt bleibt.[5] Die Änderung kann zugunsten wie zuungunsten des Berechtigten wirken.[6] Im Laufe eines Monats zugunsten des Berechtigten eingetretene Änderungen sind v. diesem Monat an (§ 66 Abs. 2), im Laufe eines Monats zuungunsten des Berechtigten eingetretene Änderungen erst vom Folgemonat an zu berücksichtigen.[7] Die **Feststellungslast** bei einem Aufhebungsbescheid trägt grds. die Behörde.[8] Es handelt sich – was verfassungsrechtlich nicht zu beanstanden ist – um eine **gebundene Entsch.**[9] Die **Aufhebung oder Änderung** der Kindergeldfestsetzung hat **vom Zeitpunkt der Änderung der Verhältnisse** an zwingend – auch rückwirkend[10] innerhalb der Grenzen der Festsetzungsverjährung[11] – zu erfolgen.[12] Auf ein Verschulden der Familienkasse oder des Berechtigten kommt es nicht an.[13] Auf **Vertrauensschutz** kann sich der Beteiligte bei Verletzung der Mitwirkungspflichten grds. nicht berufen.[14] Eine rückwirkende Aufhebung scheitert iÜ nicht daran, dass der Kindergeldbezieher seinen Mitwirkungspflichten immer zeitnah nachgekommen ist.[15] Die Änderung muss anspruchserheblich sein, dh. zu einem vollständigen oder teilw. Wegfall des Anspr. führen.[16] Der Aufhebungs- und Rückforderungsbescheid muss den aufgehobenen Kindergeldfestsetzungsbescheid grds. benennen, um dem Berechtigten die Rechtmäßigkeitsprüfung des Aufhebungsbescheids zu ermöglichen.[17] Abs. 2 findet zB Anwendung beim Haushaltswechsel des Kindes vom ursprünglich berechtigten Elternteil zum anderen Elternteil,[18] bei Beendigung der Schulausbildung[19] oder beim Wechsel der sachlichen Zuständigkeit der für die Kindergeldgewährung zu-

---

1 Hat die Familienkasse das Recht v. Beginn an falsch angewandt, ist Abs. 2 nicht anwendbar, vgl. FG Düss. v. 14.4. 1998 – 14 V 904/98 A (Kg), EFG 1998, 1072; FG Münster v. 18.1.1999 – 12 K 3350/97 KG, EFG 2000, 694; FG Köln v. 7.10.1999 – 2 K 7548/98, EFG 2000, 81 (in Abgrenzung zu Abs. 3); BFH v. 28.6.2006 – III R 13/06, BStBl. II 2007, 714; vgl. auch FG Düss. v. 23.8.2007 – 14 K 5328/05, EFG 2007, 1959 (nachfolgend BFH v. 26.11.2009 – III R 85/07, BFH/NV 2010, 854) und FG Hbg. v. 2.1.2014 – 6 K 207/13, juris.

2 Hierzu DA-KG 2018 Kap. V 14. Zur rückwirkenden Aufhebung der Kindergeldfestsetzung zum 1.1.2016 ab dem 1.1.2017, wenn der Berechtigte oder das Kind nicht anhand der ID-Nr. identifiziert ist, vgl. DA-KG 2018 Kap. V 14.1 Abs. 2.

3 FG Düss. v. 10.1.2013 – 16 K 1255/12 Kg, EFG 2013, 461 mit Anm. *Siegers;* BFH v. 17.12.2014 – XI R 15/12, BFHE 248, 188.

4 BFH v. 28.6.2006 – III R 13/06, BStBl. II 2007, 714.

5 FG Münster v. 16.3.2012 – 12 K 287/12 Kg, EFG 2012, 1371.

6 FG RhPf. v. 28.5.1998 – 5 K 1191/98, EFG 1999, 481 (nachfolgend BFH v. 25.7.2001 – VI R 18/99, BFHE 196, 260); *Bergkemper*, FR 2000, 136; DA-KG 2018 Kap. V 14.1; **aA** *Tiedchen*, DStZ 2000, 237.

7 DA-KG 2018 Kap. V 14.3.

8 FG Düss. v. 7.3.2017 – 10 K 2424/15 Kg,AO, juris Rn. 33 f.; FG Bdbg. v. 5.12.2001 – 6 K 289/98, EFG 2002, 479; FG Berlin-Bdbg. v. 12.2.2009 – 10 K 10563/06 B, EFG 2009, 941, wonach die Unerweislichkeit entscheidungserheblicher Tatsachen aber dann nicht zulasten der Familienkasse geht, wenn der Kindergeldberechtigte seiner Mitwirkungspflicht bei der Aufklärung anspruchsbegründender Umstände aus seiner persönlichen Sphäre (§ 68 Abs. 1 S. 1) nicht oder nicht ausreichend nachkommt.

9 BFH v. 18.12.1998 – VI B 215/98, BFHE 187, 559 = FR 1999, 267; v. 25.7.2001 – VI R 18/99, BFHE 196, 260 = FR 2001, 1231; v. 29.7.2009 – III B 153/08, BFH/NV 2009, 1958; vgl. auch FG Bremen v. 27.1.2000 – 499127K 1, EFG 2000, 879 (auch zu den Rechtsfolgen einer Aufhebung).

10 Das Rückwirkungsverbot des Abs. 3 S. 2 gilt nicht für Abs. 2, da die beiden Änderungsvorschriften in Voraussetzungen und Rechtsfolgen unterschiedlich ausgestaltet sind, vgl. BFH v. 14.3.2001 – VI S 3/00, BFH/NV 2001, 1112.

11 ZB BFH v. 8.12.2011 – III B 72/11, BFH/NV 2012, 379.

12 Möglich ist grds. aber auch die Aufhebung der Kindergeldfestsetzung zu einem späteren Zeitpunkt als dem der „Änderung der Verhältnisse", vgl. BFH v. 6.4.2017 – III R 33/15, BStBl. II 2017, 997 Rn. 18, m. Anm. *Selder*, jurisPR-SteuerR 44/2017 Anm. 6.

13 BFH v. 18.12.1998 – VI B 215/98, BFHE 187, 559 = FR 1999, 267.

14 BFH v. 11.3.2003 – VIII R 77/01, BFH/NV 2004, 14; v. 11.3.2003 – VIII R 108/01, BFH/NV 2004, 16; v. 1.7.2003 – VIII R 80/00, BFH/NV 2004, 23; v. 1.7.2003 – VIII R 94/01, BFH/NV 2004, 25; v. 14.5.2002 – VIII R 64/00, BFH/NV 2002, 1425; v. 19.5.1999 – VI B 259/98, BFH/NV 1999, 1331. Vgl. auch BFH v. 19.11.2008 – III R 108/06, BFH/NV 2009, 357, wonach die Vertrauensschutzregelungen des § 45 Abs. 2 SGB X weder direkt noch analog anzuwenden sind.

15 BFH v. 3.3.2011 – III R 11/08, BFHE 233, 41.

16 *Bergkemper*, FR 2000, 136 (138).

17 FG Bremen v. 16.12.1999 – 499125K 1, EFG 2000, 957 und v. 24.1.2000 – 499120K 1, EFG 2000, 955; vgl. allg. BFH v. 6.7.1994 – II R 126/91, BFH/NV 1995, 178; zum Inhalt des Aufhebungsbescheids vgl. auch BFH v. 29.7.2009 – III B 153/08, BFH/NV 2009, 1958 (auch zur Frage der Nichtigkeit) und FG Sachs. v. 29.8.2016 – 6 K 318/16 (Kg), juris.

18 BFH v. 24.10.2000 – VI R 21/99, BFH/NV 2001, 444; v. 9.4.2001 – VI B 271/00, BFH/NV 2001, 1254; v. 19.5.1999 – VI B 259/98, BFH/NV 1999, 1331; v. 18.12.1998 – VI B 215/98, BFHE 187, 559 = FR 1999, 267; FG Bremen v. 27.1. 2000 – 499127K 1, EFG 2000, 879.

19 *Tiedchen*, DStZ 2000, 237 (238).

ständigen Behörde.[1] **Nicht anwendbar ist Abs. 2**, wenn ein Kindergeldantrag abgelehnt worden ist oder die Prognoseentscheidung der Familienkasse über die Höhe der bis Ende 2011 maßgeblichen eigenen Einkünfte und Bezüge eines Kindes wg. Fehler in der rechtlichen Wertung von Tatsachen, nicht aber einer Änderung der Verhältnisse, unrichtig ist.[2] Eine Aufhebung der Kindergeldfestsetzung nach § 48 SGB X kommt nicht in Betracht.[3]

4 **Abs. 3**, der ebenfalls neben den allgemeinen Korrekturvorschriften, insbes. auch § 173 Abs. 1 Nr. 1 AO, anwendbar ist,[4] **ermächtigt zur Aufhebung und Änderung** einer **v. Anfang an** – wegen eines Rechtsfehlers (vgl. § 177 Abs. 3 AO)[5] oder Zugrundelegung eines unrichtigen oder unvollständigen Sachverhalts[6] – materiell **rechtswidrigen**[7] **Kindergeldfestsetzung** durch Aufhebung oder Änderung der Festsetzung.[8] Ein etwaiges Verschulden der Beteiligten an einer unzureichenden Sachverhaltsaufklärung ist ohne Bedeutung.[9] Wie Abs. 2 findet auch Abs. 3 **keine Anwendung** auf Bescheide, mit denen eine Kindergeldfestsetzung abgelehnt oder aufgehoben wird.[10] Dies gilt auch für Nullfestsetzungen, da (mangels Bindungswirkung für die Zukunft) auch hier nach Ergehen ein neuerlicher Kindergeldantrag zulässig ist.[11] Die Fehlerbeseitigung steht nach dem Wortlaut v. Abs. 3 im behördlichen **Ermessen („können")**. Hierbei handelt es sich jedoch um ein **„Kompetenz-Kann"**; der Begriff „können" bestimmt danach nur die beiden Änderungsmöglichkeiten Neufestsetzung (Abs. 3 S. 1 aF)/ Änderung (Abs. 3 S. 1 nF) oder Aufhebung („wie").[12] Das „ob" der Fehlerkorrektur steht dagegen **nicht im Ermessen** der Familienkasse, sondern ist vielmehr eine **gebundene Entsch.**[13] Die Korrektur ist nach Abs. 3 S. 1 nur mit Wirkung ab dem auf die Bekanntgabe der Aufhebung oder Änderung der Festsetzung folgenden Monat **für die Zukunft** möglich.[14] Dies gilt auch, wenn Kindergeld irrtümlich festgesetzt wurde, obwohl kein Anspr. bestand.[15] Eine rückwirkende Änderung ist aber ggf. nach § 172 Abs. 1 S. 1 Nr. 2 lit. c AO möglich. **Vertrauensschutz** ist nach Maßgabe v. § 176 AO zu gewähren (Abs. 3 S. 2 HS 1). Dies gilt gem. Abs. 3 S. 2 HS 2 aber nicht für die Monate, die nach der Verkündung der maßgeblichen Entsch. eines obersten Gerichtshofs des Bundes beginnen.

C. Rechtsbehelfe

5 Der **Einspruch** ist sowohl gegen die Kindergeldfestsetzung als auch ihre Aufhebung oder Änderung statthaft (§ 347 Abs. 1 S. 1 Nr. 1 AO).[16] Über den Einspruch entscheidet die Familienkasse (§ 367 Abs. 1 S. 1 AO; zur Kostenerstattung s. § 77).[17] Hiergegen ist der Rechtsweg zu den FG gegeben (§ 33 Abs. 1 Nr. 1,

---

1 BFH v. 6.4.2017 – III R 33/15, BStBl. II 2017, 997 Rn. 15, m. Anm. *Selder*, jurisPR-SteuerR 44/2017 Anm. 6.
2 FG Bdbg. v. 15.11.2000 – 6 K 1690/99 Kg, EFG 2001, 144; *Tiedchen*, DStZ 2000, 237 (238).
3 BFH v. 18.12.1998 – VI B 215/98, BFHE 187, 559 = FR 1999, 267; v. 14.7.1999 – VI B 89/99, BFH/NV 1999, 1597; v. 23.6.2000 – VI B 82/00, BFH/NV 2000, 1447.
4 BFH v. 25.7.2001 – VI R 18/99, BFHE 196, 260 = FR 2001, 1231; v. 23.11.2001 – VI R 125/00, BFHE 197, 387 = FR 2002, 356; v. 21.1.2004 – VIII R 15/02, BFH/NV 2004, 910; **aA** (noch) FG Köln v. 7.10.1999 – 2 K 7548/98, EFG 2000, 81; zu den Folgen einer beidseitigen Pflichtverletzung durch Behörde und Kindergeldempfänger iRd. § 173 Abs. 1 Nr. 1 AO vgl. FG Nds. v. 5.12.2001 – 4 K 193/00, EFG 2002, 889.
5 Vgl. dazu auch *Tiedchen*, DStZ 2000, 237 (240).
6 FG Hess. v. 4.11.1998 – 2 K 6214/97, EFG 1999, 185.
7 BFH v. 26.7.2001 – VI R 83/98, BFHE 196, 265; vgl. auch FG Köln v. 7.10.1999 – 2 K 7548/98, EFG 2000, 81.
8 Abs. 3 wurde mWv. 1.1.2015 sprachlich angepasst, vgl. Art. 5 Nr. 24, Art. 16 Abs. 2 des Zollkodex-AnpG v. 22.12. 2014, BGBl. I 2014, 2417. Die Familienkasse soll demnach bei einer materiell fehlerhaften Festsetzung die bestehende Festsetzung ändern und keine Neufestsetzung (doppelte Festsetzung) vornehmen, vgl. BT-Drucks. 18/3017, 51.
9 FG Hess. v. 4.11.1998 – 2 K 6214/97, EFG 1999, 185.
10 BFH v. 28.6.2006 – III R 13/06, BStBl. II 2007, 714; v. 5.1.2012 – III B 59/10, BFH/NV 2012, 737.
11 ZB BFH v. 25.7.2001 – VI R 78/98, BFHE 196, 253.
12 BFH v. 21.2.2018 – III R 14/17, BStBl. II 2018, 481 Rn. 13 ff., m. Anm. *Selder*, jurisPR-SteuerR 34/2018 Anm. 5 und *Wendl*, HFR 2018, 724.
13 BFH v. 21.2.2018 – III R 14/17, BStBl. II 2018, 481 Rn. 13 ff., m. Anm. *Selder*, jurisPR-SteuerR 34/2018 Anm. 5 und *Wendl*, HFR 2018, 724; vgl. auch DA-KG 2018 Kap. V 21.1 und FG Nürnb. v. 20.11.2014 – 3 K 1533/13, juris und FG München v. 25.9.2012 – 12 K 466/10, EFG 2013, 60 m. Anm. *Reuß*, wonach das „kann" als „muss" zu verstehen ist; **aA** noch bis 17. Aufl. (behördliches Ermessen, das mit Blick auf Art. 3 Abs. 1 GG regelmäßig zugunsten einer Korrektur auf null reduziert ist).
14 BFH v. 28.6.2006 – III R 13/06, BStBl. II 2007, 714; v. 5.1.2012 – III B 59/10, BFH/NV 2012, 737.
15 FG Bdbg. v. 17.11.1999 – 6 K 1286/98 Kg, EFG 2000, 138.
16 Zum Rechtsbehelfsverfahren s. DA-KG 2018 Kap. R.
17 Nach BFH v. 19.5.1999 – VI B 342/98, BFH/NV 1999, 1460, muss die Behörde bei verspäteter Einspruchseinlegung prüfen, ob damit zugleich ein Antrag auf Neufestsetzung vorliegt. Zur Jahresfrist (§ 356 Abs. 2 AO) bei unzutr. Rechtsbehelfsbelehrung im Kindergeldverfahren vgl. zB BFH v. 1.3.2000 – VI R 32/99, BFH/NV 2000, 1083.

Abs. 2 S. 1 FGO).[1] Die Klage gegen einen das Kindergeld abl. Bescheid, mit der die Festsetzung v. Kindergeld ab einem bestimmten Zeitpunkt begehrt wird, ist keine Anfechtungsklage, sondern eine **Verpflichtungsklage** (§ 101 FGO).[2] Das abzweigungsbegünstigte Kind (§ 74 Abs. 1) ist sowohl bzgl. des ihm ggü. ergangenen Rückforderungsbescheids als auch bzgl. des an den Kindergeldberechtigten adressierten Aufhebungsbescheids klagebefugt.[3] Wird während des FG-Verfahrens der Aufhebungsbescheid aufgehoben und Kindergeld bis zu dem Monat der Einspruchsentscheidung bewilligt, erledigt sich die gegen den Aufhebungsbescheid gerichtete Klage in der Hauptsache.[4]

§ 71

(weggefallen)

§ 72 Festsetzung und Zahlung des Kindergeldes an Angehörige des öffentlichen Dienstes

(1) [1]Steht Personen, die

1. **in einem öffentlich-rechtlichen Dienst-, Amts- oder Ausbildungsverhältnis stehen, mit Ausnahme der Ehrenbeamten,**
2. **Versorgungsbezüge nach beamten- oder soldatenrechtlichen Vorschriften oder Grundsätzen erhalten oder**
3. **Arbeitnehmer einer Körperschaft, einer Anstalt oder einer Stiftung des öffentlichen Rechts sind, einschließlich der zu ihrer Berufsausbildung Beschäftigten,**

Kindergeld nach Maßgabe dieses Gesetzes zu, wird es von den Körperschaften, Anstalten oder Stiftungen des öffentlichen Rechts als Familienkassen festgesetzt und ausgezahlt. [2]Das Bundeszentralamt für Steuern erteilt den Familienkassen ein Merkmal zu ihrer Identifizierung (Familienkassenschlüssel). [3]Satz 1 ist nicht anzuwenden, wenn die Körperschaften, Anstalten oder Stiftungen des öffentlichen Rechts gegenüber dem Bundeszentralamt für Steuern auf ihre Zuständigkeit zur Festsetzung und Auszahlung des Kindergeldes schriftlich oder elektronisch verzichtet haben und dieser Verzicht vom Bundeszentralamt für Steuern schriftlich oder elektronisch bestätigt worden ist. [4]Die Bestätigung des Bundeszentralamts für Steuern darf erst erfolgen, wenn die haushalterischen Voraussetzungen für die Übernahme der Festsetzung und Auszahlung des Kindergeldes durch die Bundesagentur für Arbeit vorliegen. [5]Das Bundeszentralamt für Steuern veröffentlicht die Namen und die Anschriften der Körperschaften, Anstalten oder Stiftungen des öffentlichen Rechts, die nach Satz 3 auf die Zuständigkeit verzichtet haben, sowie den jeweiligen Zeitpunkt, zu dem der Verzicht wirksam geworden ist, im Bundessteuerblatt. [6]Hat eine Körperschaft, Anstalt oder Stiftung des öffentlichen Rechts die Festsetzung des Kindergeldes auf eine Bundes- oder Landesfamilienkasse im Sinne des § 5 Absatz 1 Nummer 11 Satz 6 bis 9 des Finanzverwaltungsgesetzes übertragen, kann ein Verzicht nach Satz 3 nur durch die Bundes- oder Landesfamilienkasse im Einvernehmen mit der auftraggebenden Körperschaft, Anstalt oder Stiftung wirksam erklärt werden. [7][5]Satz 1 ist nicht anzuwenden, wenn die Körperschaften, Anstalten oder Stiftungen des öffentlichen Rechts nach dem 31. Dezember 2018 errichtet wurden; das Bundeszentralamt für Steuern kann auf Antrag eine Ausnahmegenehmigung erteilen, wenn das Kindergeld durch eine Landesfamilienkasse im Sinne des § 5 Absatz 1 Nummer 11 Satz 8 bis 10 des Finanzverwaltungsgesetzes festgesetzt und ausgezahlt wird und kein Verzicht nach Satz 3 vorliegt.

1 Ausf. hierzu FG RhPf. v. 31.7.1996 – 1 K 1449/96, EFG 1996, 1175; zum FG-Verfahren in Kindergeldsachen vgl. DA-KG 2018 Kap. R 7 ff.; zur Vertretungsberechtigung des Landesarbeitsamts vgl. BFH v. 25.8.1997 – VI B 94/97, BFHE 184, 203; zum vorl. Rechtsschutz vgl. BFH v. 31.7.2002 – VIII B 142/00, BFH/NV 2002, 1491, m. Anm. *Greite*, FR 2002, 1320; zum maßgeblichen Beurteilungszeitpunkt der Rechtswidrigkeit eines Aufhebungsbescheids vgl. FG SachsAnh. v. 25.9.2002 – 5 K 440/02 (Kg), EFG 2003, 332; zur Bedeutung des Monatsprinzips im Klageverfahren vgl. FG RhPf. v. 5.3.2013 – 6 K 1270/13, EFG 2013, 880.

2 BFH v. 2.6.2005 – III R 66/04, BFHE 210, 265 = FR 2005, 1257 m. Anm. *Greite.*

3 BFH v. 17.12.2014 – XI R 15/12, BFHE 248, 188.

4 BFH v. 19.12.2008 – III B 163/07, BFH/NV 2009, 578; v. 5.7.2012 – V R 58/10, BFH/NV 2012, 1953.

5 Dem § 72 Abs. 1 wurde mWv. 1.1.2019 Satz 7 angefügt (G zur Vermeidung von Umsatzsteuerausfällen beim Handel mit Waren im Internet und zur Änderung weiterer stl. Vorschriften v. 11.12.2018, BGBl. I 2018, 2338).

(2) Der Deutschen Post AG, der Deutschen Postbank AG und der Deutschen Telekom AG obliegt die Durchführung dieses Gesetzes für ihre jeweiligen Beamten und Versorgungsempfänger in Anwendung des Absatzes 1.

(3) Absatz 1 gilt nicht für Personen, die ihre Bezüge oder Arbeitsentgelt

1. von einem Dienstherrn oder Arbeitgeber im Bereich der Religionsgesellschaften des öffentlichen Rechts oder

2. von einem Spitzenverband der Freien Wohlfahrtspflege, einem diesem unmittelbar oder mittelbar angeschlossenen Mitgliedsverband oder einer einem solchen Verband angeschlossenen Einrichtung oder Anstalt

erhalten.

(4) Die Absätze 1 und 2 gelten nicht für Personen, die voraussichtlich nicht länger als sechs Monate in den Kreis der in Absatz 1 Satz 1 Nummer 1 bis 3 und Absatz 2 Bezeichneten eintreten.

(5) Obliegt mehreren Rechtsträgern die Zahlung von Bezügen oder Arbeitsentgelt (Absatz 1 Satz 1) gegenüber einem Berechtigten, so ist für die Durchführung dieses Gesetzes zuständig:

1. bei Zusammentreffen von Versorgungsbezügen mit anderen Bezügen oder Arbeitsentgelt der Rechtsträger, dem die Zahlung der anderen Bezüge oder des Arbeitsentgelts obliegt;

2. bei Zusammentreffen mehrerer Versorgungsbezüge der Rechtsträger, dem die Zahlung der neuen Versorgungsbezüge im Sinne der beamtenrechtlichen Ruhensvorschriften obliegt;

3. bei Zusammentreffen von Arbeitsentgelt (Absatz 1 Satz 1 Nummer 3) mit Bezügen aus einem der in Absatz 1 Satz 1 Nummer 1 bezeichneten Rechtsverhältnisse der Rechtsträger, dem die Zahlung dieser Bezüge obliegt;

4. bei Zusammentreffen mehrerer Arbeitsentgelte (Absatz 1 Satz 1 Nummer 3) der Rechtsträger, dem die Zahlung des höheren Arbeitsentgelts obliegt oder – falls die Arbeitsentgelte gleich hoch sind – der Rechtsträger, zu dem das zuerst begründete Arbeitsverhältnis besteht.

(6) [1]Scheidet ein Berechtigter im Laufe eines Monats aus dem Kreis der in Absatz 1 Satz 1 Nummer 1 bis 3 Bezeichneten aus oder tritt er im Laufe eines Monats in diesen Kreis ein, so wird das Kindergeld für diesen Monat von der Stelle gezahlt, die bis zum Ausscheiden oder Eintritt des Berechtigten zuständig war. [2]Dies gilt nicht, soweit die Zahlung von Kindergeld für ein Kind in Betracht kommt, das erst nach dem Ausscheiden oder Eintritt bei dem Berechtigten nach § 63 zu berücksichtigen ist. [3]Ist in einem Fall des Satzes 1 das Kindergeld bereits für einen folgenden Monat gezahlt worden, so muss der für diesen Monat Berechtigte die Zahlung gegen sich gelten lassen.

(7) [1]In den Abrechnungen der Bezüge und des Arbeitsentgelts ist das Kindergeld gesondert auszuweisen, wenn es zusammen mit den Bezügen oder dem Arbeitsentgelt ausgezahlt wird. [2][1]Der Rechtsträger hat die Summe des von ihm für alle Berechtigten ausgezahlten Kindergeldes dem Betrag, den er insgesamt an Lohnsteuer einzubehalten hat, zu entnehmen und unter Angabe des in Absatz 1 genannten Familienkassenschlüssels bei der nächsten Lohnsteuer-Anmeldung gesondert abzusetzen. [3]Übersteigt das insgesamt ausgezahlte Kindergeld den Betrag, der insgesamt an Lohnsteuer abzuführen ist, so wird der übersteigende Betrag dem Rechtsträger auf Antrag von dem Finanzamt, an das die Lohnsteuer abzuführen ist, aus den Einnahmen der Lohnsteuer ersetzt.

(8) [1]Abweichend von Absatz 1 Satz 1 werden Kindergeldansprüche auf Grund über- oder zwischenstaatlicher Rechtsvorschriften durch die Familienkassen der Bundesagentur für Arbeit festgesetzt und ausgezahlt. [2]Dies gilt auch für Fälle, in denen Kindergeldansprüche sowohl nach Maßgabe dieses Gesetzes als auch auf Grund über- oder zwischenstaatlicher Rechtsvorschriften bestehen.

Verwaltung: DA-KG 2018 (abrufbar unter www.bzst.de).

Literatur: *Bering/Friedenberger*, Reform der Familienkassen und Anhebung von Kindergeld und Kinderfreibetrag, NWB 2017, 331; *Bohn*, Der materiell-rechtliche Kindergeldanspruch im öffentlichen Dienst, UBWV 2012, 218; *Leisner*, Das Kindergeldverfahren im öffentlichen Dienst, ZBR 2000, 217; *Novak*, Kindergeldverfahren im öffentlichen Dienst, FPR 2003, 72.

1 In § 72 Abs. 7 Satz 2 wurden mWv. 1.1.2019 nach den Wörtern „zu entnehmen und" die Wörter „unter Angabe des in Absatz 1 genannten Familienkassenschlüssels" eingefügt (G zur Beendigung der Sonderzuständigkeit der Familienkassen des öffentlichen Dienstes im Bereich des Bundes v. 8.12.2016, BGBl. I 2016, 2835).

A. Festsetzung und Zahlung des Kindergeldes gegenüber Angehörigen des öffentlichen Dienstes (Abs. 1–4, 8)

§ 72 regelt die Durchführung des Familienleistungsausgleichs für Angehörige des öffentl. Dienstes. In Abs. 1–4, 8 wird der betroffene Personenkreis und die Familienkasse bestimmt. Abs. 1 wurde mWv. 14.12. 2016 neu gefasst.[1] Hintergrund der gesetzlichen Neuregelung ist die Beendigung der Sonderzuständigkeit der Familienkassen des öffentl. Dienstes auf Bundesebene zum 1.1.2022.[2] Bis zum Ablauf der Übergangsphase wird aber weiterhin ggü. Angehörigen des öffentl. Dienstes iSv. Abs. 1 S. 1 Nr. 1–3 das Kindergeld v. den entspr. Körperschaften, Anstalten und Stiftungen des öffentl. Rechts **als Familienkassen** festgesetzt und ausgezahlt.[3] Nach Abs. 1 S. 2 erhalten die Familienkassen des öffentl. Dienstes nunmehr einen Familienkassenschlüssel als Identifikationsmerkmal für ihre Authentifizierung und Registrierung.[4] Abs. 1 S. 3–6 ermöglicht den Körperschaften, Anstalten oder Stiftungen des öffentl. Rechts, bereits vor dem 1.1.2022 auf ihre Sonderzuständigkeit zu verzichten; es gilt dann die allg. Zuständigkeit der Familienkassen der Bundesagentur für Arbeit.[5] Ein Verzicht soll auch auf Landes- und kommunaler Ebene möglich sein.[6] Diejenigen Körperschaften, Anstalten und Stiftungen des öffentl. Rechts, deren Sonderzuständigkeit aufgrund eines Verzichts endet, und das Datum der Beendigung werden im BStBl. veröffentlicht (Abs. 1 S. 5).[7] Mit Wirkung vom 1.1.2019 wurde dem Abs. 1 der Satz 7 angefügt.[8] Die Regelung soll insbes. verhindern, dass eine nach dem 31.12.2018 zB durch Umstrukturierung neu errichtete Familienkasse des öffentlichen Dienstes, trotz bereits zuvor erklärten Verzichts und Aktenüberleitung an die Bundesagentur für Arbeit, erneut eine Verzichtserklärung nach Abs. 1 S. 3 abgeben oder die Strukturreform bei der Familienkasse in Teilen wieder rückgängig gemacht werden muss.[9] Von der Neuregelung betroffen sind vor allem Zweckverbände (zB Schulverbände, Wasser- und Abwasserverbände), die zur kommunalen Zusammenarbeit neu gegründet werden, und Sparkassen, die aus Fusionen hervorgehen.[10] Um eine Zwangsüberleitung an die Bundesagentur für Arbeit für diejenigen Familienkassen, die bislang auf ihre Sonderzuständigkeit nicht verzichtet haben, zu vermeiden, erteilt das BZSt. auf Antrag eine Ausnahmegenehmigung.[11] Die Körperschaft, Anstalt oder Stiftung des öffentlichen Rechts, die nach dem 31.12.2018 errichtet wurde, bleibt dann für die Festsetzung und Auszahlung des Kindergeldes für ihre Beschäftigten (jedenfalls bis zum Ablauf der Übergangsphase zum 1.1.2022) zuständig. Abs. 2 enthält eine ergänzende Sonderregelung für die Beamten der Post AG, Postbank AG und Telekom AG. Abs. 3, 4, 8 schränken den Anwendungsbereich v. Abs. 1 ein. 1

Für die Anwendung v. Abs. 1 S. 1 Nr. 1 und 3 kommt es weder auf den **Umfang der Beschäftigung** noch darauf an, dass Dienstbezüge oder Arbeitsentgelt gezahlt werden.[12] In einem **öffentl.-rechtl. Dienstverhältnis** iSv. **Abs. 1 S. 1 Nr. 1**[13] stehen aktive Beamte mit Ausnahme der Ehrenbeamten, Richter mit Ausnahme der ehrenamtlichen Richter und Soldaten (Berufssoldaten, Soldaten auf Zeit), in einem **öffentl.-rechtl. Amtsverhältnis** etwa Minister oder parlamentarische Staatssekretäre (§ 1 BMinG, § 1 Abs. 3 ParlStG). Beamte iSd. Vorschrift sind auch Beamte auf Zeit, auf Widerruf und auf Probe. In einem **öffentl.-rechtl. Ausbildungsverhältnis** stehen vor allem Beamte im Vorbereitungsdienst (Anwärter, Referendare). **Empfänger v. Versorgungsbezügen iSv. Abs. 1 S. 1 Nr. 2** haben in einem öffentl.-rechtl. 2

---

1 Art. 1 Nr. 2, Art. 11 Abs. 1 G zur Beendigung der Sonderzuständigkeit der Familienkassen des öffentlichen Dienstes im Bereich des Bundes v. 8.12.2016, BGBl. I 2016, 2835; vgl. auch BZSt. v. 14.12.2016, BStBl. I 2016, 1429.

2 Vgl. BT-Drucks. 18/9441, 16.

3 Zu tariflichen Ausschlussfristen vgl. LAG Hamm v. 8.2.2007 – 17 Sa 1357/06, juris; nachfolgend BAG v. 13.12.2007 – 6 AZR 222/07, BAGE 25, 216.

4 Vgl. BT-Drucks. 18/9441, 17, wonach die Maßnahme der vollständigen Erfassung aller Familienkassen dient und verhindert werden soll, dass Unbefugte Zugriff auf beim BZSt. gespeicherte Daten haben und Absetzungen beim LSt-Anmeldeverfahren vornehmen.

5 Vgl. BT-Drucks. 18/9441, 16f.

6 Vgl. BT-Drucks. 18/9441, 17.

7 Vgl. die Übersicht der Körperschaften, Anstalten und Stiftungen des öffentl. Rechts, die auf die Zuständigkeit für die Festsetzung und Zahlung des Kindergeldes nach § 72 Abs. 1 S. 3 verzichtet haben: BStBl. I 2018, 997 (II. Quartal 2018), BStBl. I 2018, 986 (I. Quartal 2018), BStBl. I 2018, 744 (IV. Quartal 2017), BStBl. I 2017, 1403 (III. Quartal 2017).

8 Vgl. Art. 3 Nr. 8, Art. 16 Abs. 3 G zur Vermeidung von Umsatzsteuerausfällen beim Handel mit Waren im Internet und zur Änderung weiterer stl. Vorschriften v. 11.12.2018, BGBl. I 2018, 2338.

9 BT-Drucks. 19/4455, 48f.

10 BT-Drucks. 19/4455, 48f.

11 BT-Drucks. 19/4455, 48f.

12 DA-KG 2018 Kap. V 1.3 Abs. 6; zur Beurlaubung FG München v. 6.10.2010 – 10 K 925/09, EFG 2011, 402.

13 DA-KG 2018 Kap. V 1.3.

Dienst- oder Amtsverhältnis iSv. Abs. 1 S. 1 Nr. 1 gestanden und erhalten deshalb lfd. Bezüge.[1] **ArbN einer jur. Pers. des öffentl. Rechts iSv. Abs. 1 S. 1 Nr. 3** sind Angestellte und Arbeiter im öffentl. Dienst.[2] Nicht hierzu zählen ArbN einer zivilrechtl. organisierten Einrichtung oder eines privaten Unternehmens der öffentl. Hand sowie ehemalige ArbN des öffentl. Dienstes, denen Vorruhestandsgeld oder Versorgungsbezüge gezahlt werden.[3] **Sonstige Körperschaften** iSv. Abs. 1 S. 1 Nr. 3 sind etwa Zweckverbände, Innungen oder Kammern, aber auch die Bundesagentur für Arbeit und die übrigen Sozialversicherungsträger nach Maßgabe v. § 29 SGB IV. **Anstalten** sind etwa die Studentenwerke. Die jur. Pers. des öffentl. Rechts iSv. Abs. 1 S. 1 sind in vollem Umfang **Familienkasse** und als solche Finanzbehörde (§ 6 AO), die der Fachaufsicht des BZSt. untersteht.[4] Gegen ihre Kindergeldfestsetzungen ist der Finanzrechtsweg gegeben. Gem. **Abs. 2**[5] führen die **Postnachfolgeunternehmen** den Familienleistungsausgleich entspr. Abs. 1 durch und sind insoweit Familienkasse.[6] Auf Pers., die Bezüge oder Arbeitsentgelt v. einem Dienstherrn oder ArbG der **öffentl.-rechtl. Religionsgesellschaften** (Körperschaften des öffentl. Rechts iSv. Art. 140 GG iVm. Art. 137 Abs. 5 WRV, dh. die Kirchen samt ihren Untergliederungen und Einrichtungen, zB kirchliche Schulen, Kindergärten und Krankenhäuser)[7] oder der freien **Wohlfahrtspflege** (etwa Arbeiterwohlfahrt, Caritas-Verband, Diakonisches Werk, Rotes Kreuz)[8], der diesen angeschlossenen Mitgliederverbände oder einem solchen Verband angeschlossenen Einrichtungen oder Anstalten erhalten, ist Abs. 1 nicht anzuwenden **(Abs. 3)**.[9] Zuständig ist hier die Familienkasse bei der Agentur für Arbeit. Auf **vorübergehend Beschäftigte**, die nach den Verhältnissen im Zeitpunkt des Beginns des Dienstverhältnisses (Prognoseentscheidung) voraussichtlich nicht länger als sechs Monate in den Kreis der in Abs. 1, 2 Bezeichneten eintreten, sind Abs. 1, 2 nicht anzuwenden **(Abs. 4)**.[10] Relevant ist dies für vorübergehend – insbes. aufgrund eines befristeten Arbeitsvertrages – beschäftigte ArbN iSv. Abs. 1 S. 1 Nr. 3. Allein der Vorbehalt einer Probezeit genügt nicht.

3 **Anspr. auf Kindergeld aufgrund über- oder zwischenstaatlicher Rechtsvorschriften (Abs. 8)**,[11] die sich nicht unmittelbar aus §§ 62, 63 ergeben, werden gem. Abs. 8 S. 1 – abw. v. Abs. 1 S. 1 – durch die Familienkasse der Agentur für Arbeit festgesetzt und ausgezahlt.[12] Nach Abs. 8 S. 2[13] ändern konkurrierende Anspr. an der Zuständigkeit der Familienkasse der Agentur für Arbeit nichts. An sie sind Kindergeldantrag (§ 67) und die Änderungsmitteilungen (§ 68 Abs. 1) zu richten.

1 Zu Einzelheiten s. DA-KG 2018 Kap. V 1.3 Abs. 2.
2 Zu Einzelheiten s. DA-KG 2018 Kap. V 1.3 Abs. 3.
3 Zu Einzelheiten s. DA-KG 2018 Kap. V 1.3 Abs. 4.
4 DA-KG 2018 Kap. O 2.1 Abs. 1, V 1.2.
5 Abs. 2 wird zum 1.1.2022 aufgehoben, vgl. Art. 3 Nr. 1, Art. 11 Abs. 4 G zur Beendigung der Sonderzuständigkeit der Familienkassen des öffentlichen Dienstes im Bereich des Bundes v. 8.12.2016, BGBl. I 2016, 2835. Die Sonderzuständigkeit der Postnachfolgeunternehmen wird damit beendet, vgl. BT-Drucks. 18/9441, 18.
6 DA-KG 2018 Kap. V 1.4.
7 DA-KG 2018 Kap. V 1.3 Abs. 7.
8 DA-KG 2018 Kap. V 1.3 Abs. 8.
9 MWv. 1.1.2022 gilt Abs. 1 auch nicht für Personen, die ihre Bezüge oder ihr Arbeitsentgelt „von einem Dienstherrn oder Arbeitgeber im Bereich des Bundes mit Ausnahme der Nachrichtendienste des Bundes, des Bundesverwaltungsamtes sowie derjenigen Behörden, Körperschaften, Anstalten und Stiftungen des öffentlichen Rechts, die die Festsetzung und Auszahlung des Kindergeldes auf das Bundesverwaltungsamt übertragen haben", vgl. Art. 3 Nr. 2 Buchst. d, Art. 11 Abs. 4 G zur Beendigung der Sonderzuständigkeit der Familienkassen des öffentlichen Dienstes im Bereich des Bundes v. 8.12.2016, BGBl. I 2016, 2835. Damit fällt die in § 72 geregelte Sonderzuständigkeit für die Kindergeldbearbeitung der Beschäftigten des öffentlichen Dienstes für den Bereich des Bundes weg. Nur noch die Bundesagentur für Arbeit übernimmt dann die Kindergeldbearbeitung für die Beschäftigten des Bundes, es sei denn, eine der beschriebenen Ausnahmen ist erfüllt. Die Regelung zielt im Bereich des Bundes auf eine weitgehende Konzentration der Aufgabe „Familienkasse" bei den Familienkassen der Bundesagentur für Arbeit und des Bundesverwaltungsamtes, vgl. BT-Drucks. 18/9441, 18.
10 MWv. 1.1.2022 wird Abs. 4 dahingehend redaktionell angepasst, dass der Verweis auf Abs. 2 gestrichen wird, da Abs. 2 zeitgleich ersatzlos entfällt, vgl. Art. 3 Nr. 3, Art. 11 Abs. 4 G zur Beendigung der Sonderzuständigkeit der Familienkassen des öffentlichen Dienstes im Bereich des Bundes v. 8.12.2016, BGBl. I 2016, 2835.
11 MWv. 1.1.2022 wird Abs. 8 dahingehend ergänzt, dass dieser keine Anwendung auf Kindergeldanspr. von Angehörigen der Nachrichtendienste des Bundes findet; vgl. Art. 3 Nr. 4, Art. 11 Abs. 4 G zur Beendigung der Sonderzuständigkeit der Familienkassen des öffentlichen Dienstes im Bereich des Bundes v. 8.12.2016, BGBl. I 2016, 2835. Die Verwaltung des Kindergeldes dieser Beschäftigtengruppe verbleibt aufgrund ihres besonderen Schutzbedürfnisses auch bei Anwendung von über- und zwischenstaatlichen Rechtsvorschriften beim Dienstherrn, vgl. BT-Drucks. 18/9441, 19.
12 DA-KG 2018 Kap. V 1.5.2; zu der Frage, ob Abs. 8 für Differenzkindergeld (§ 65) Anwendung findet, vgl. FG Nürnb. v. 9.3.2016 – 5 K 1566/13, juris.
13 Eingefügt durch Art. 1 Nr. 6 SteuerentlastungsG 1999 v. 19.12.1998, BGBl. I 1998, 3779.

B. Verfahrensfragen und Finanzierung der Kindergeldgewährung (Abs. 5–7)

Abs. 5–7 regeln verfahrensrechtl. Besonderheiten.[1] Obliegt in den Fällen v. Abs. 5 Nr. 1–4 mehreren Rechtsträgern iSv. Abs. 1 S. 1 die Zahlung v. Bezügen oder Arbeitsentgelt ggü. einem Kindergeldberechtigten, so legt **Abs. 5** die Zuständigkeit fest. Entspr. gilt für die Konkurrenz zw. Rechtsträgern iSv. Abs. 1 S. 1 und den Postnachfolgeunternehmen (Abs. 2). 4

Bei **Ausscheiden** aus dem oder **Eintritt** in den öffentl. Dienst[2] im Laufe eines Monats bleibt gem. **Abs. 6 S. 1** die ursprüngliche Zuständigkeit für die Zahlung des Kindergeldes – nicht auch die Zuständigkeit für die sonstigen Aufgaben der Familienkasse – für den Monat des Wechsels erhalten. Dies gilt gem. **Abs. 6 S. 2** nicht für die Zahlung v. Kindergeld für ein Kind, das erst nach dem Ausscheiden oder Eintritt nach § 63 zu berücksichtigen ist; dann ist der neue Leistungsträger auch für die Kindergeldzahlung zuständig. Wurde bei einem Zuständigkeitswechsel Kindergeld bereits für einen folgenden Monat gezahlt, so ist der **Anspr.** für diesen Folgemonat **erfüllt (Abs. 6 S. 3)**. Wechselt die sachliche Zuständigkeit der Familienkasse, kann die bisherige Kindergeldfestsetzung aufgehoben[3] und das Kindergeld von der zuständig gewordenen Familienkasse neu festgesetzt werden; die zuständig gewordene Behörde kann sich die bisherige Festsetzung aber auch zu eigen machen und die Kindergeldzahlung auf Grundlage des Bescheids der zuvor zuständigen Familienkasse fortführen.[4] Ein neuer Bescheid muss dann nicht zwingend ergehen; die zuständig gewordene Familienkasse sollte aber den Kindergeldberechtigten schriftlich darauf hinweisen, dass sie als nunmehr zuständige Familienkasse das Kindergeld in der bisher festgesetzten Höhe unverändert auszahlt und die ursprünglich zuständige Familienkasse sachlich unzuständig geworden ist und deshalb die Kindergeldzahlungen einstellt.[5] Gewähren sowohl zuständig gewordene als auch nicht mehr zuständige Behörde Kindergeld (sog. Doppelzahlung), kann eine Änderungsbefugnis für die (nunmehr) unzuständige Behörde aus § 70 Abs. 2[6], § 174 Abs. 2 AO[7] oder ggf. § 172 Abs. 1 Nr. 2 lit. b AO[8] folgen. 5

Der **Kindergeldantrag** ist nach § 67 stets unmittelbar **an die zuständige Familienkasse zu richten**.[9] Gleiches gilt für Rechtsbehelfe gegen die Kindergeldfestsetzung. Der öffentl. ArbG iSv. Abs. 1 und 2 hat das Kindergeld **zusammen mit den Bezügen oder dem Arbeitsentgelt** monatlich auszuzahlen. In den entspr. Abrechnungen ist das Kindergeld nach **Abs. 7 S. 1 gesondert auszuweisen**; dies gilt allerdings nur, soweit Bezüge und Kindergeld zusammen ausgezahlt werden.[10] 6

Der öffentl. ArbG entnimmt gem. **Abs. 7 S. 2** das gesamte v. ihm auszuzahlende Kindergeld der **LSt**, die er für alle ArbN insgesamt einzubehalten (§ 38 Abs. 3; § 39b Abs. 2, 3; § 41c Abs. 1) oder zu übernehmen (§ 40 Abs. 1, § 40a Abs. 1–3, § 40b Abs. 1) und abzuführen (§ 41a Abs. 1 S. 1 Nr. 2) hat. Abs. 7 S. 2 wurde **mWv. 1.1.2019** dahingehend **ergänzt**, dass eine Absetzung des Kindergeldes im LSt-Anmeldeverfahren nur noch erfolgen kann, wenn sich der ArbG durch die Verwendung des in Abs. 1 S. 2 genannten **Familienkassenschlüssels authentifiziert**.[11] Künftig sollen nur noch solche ArbG Eintragungen zum Kindergeld vornehmen und damit ihre LSt-Last mindern können, die als Familienkasse dazu berechtigt sind.[12] Der 7

---

1 Zur Zusammenarbeit der Familienkassen beim Zuständigkeitswechsel DA-KG 2018 Kap. V 3.

2 Die fehlende Feststellbarkeit eines Aufhebungsbescheids nach dem Ende der Beschäftigung geht zulasten der Familienkasse, vgl. BFH v. 25.9.2014 – III R 25/13, BFHE 247, 233.

3 Nach FG BaWü. v. 27.6.2017 – 4 K 2249/16, juris Rn. 19 f., darf nur die im jeweiligen Zeitpunkt sachlich zuständige Familienkasse die von einer anderen Familienkasse formell rechtmäßig erlassene Kindergeldfestsetzung mit Wirkung für die Vergangenheit ändern oder aufheben.

4 BFH v. 6.4.2017 – III R 33/15, BStBl. II 2017, 997 Rn. 14, m. Anm. *Selder*, jurisPR-SteuerR 44/2017 Anm. 6; v. 18.12.2014 – III R 13/14, BFH/NV 2015, 948; v. 25.9.2014 – III R 25/13, BStBl. II 2015, 847; vgl. auch FG Nds. v. 6.10.2009 – 12 K 113/09, EFG 2010, 382 m. Anm. *Reuß*.

5 BFH v. 6.4.2017 – III R 33/15, BStBl. II 2017, 997 Rn. 16, m. Anm. *Selder*, jurisPR-SteuerR 44/2017 Anm. 6; DA-KG 2018 Kap. V 3.2 Abs. 1.

6 BFH v. 6.4.2017 – III R 33/15, BStBl. II 2017, 997 Rn. 12 ff., m. Anm. *Selder*, jurisPR-SteuerR 44/2017 Anm. 6.

7 BFH v. 11.12.2013 – XI R 42/11, BStBl. II 2014, 840, m. Anm. *Bleschick*, HFR 2014, 522; FG Köln v. 17.9.2009 – 10 K 4058/08, EFG 2010, 380; FG Düss. v. 18.6.2009 – 15 K 37/09 Kg, EFG 2009, 1519.

8 BFH v. 28.12.2006 – III B 91/05, BFH/NV 2007, 864.

9 Lehnt die Familienkasse die Kindergeldgewährung bestandskräftig ab, weil sie sachlich unzuständig ist, betrifft dies nicht nur bestimmte Zahlungszeiträume, sondern die Zahlungspflicht wird damit schlechthin verneint, vgl. BFH v. 26.10.2000 – VI B 116/00, BFH/NV 2001, 445.

10 Abs. 7 S. 1 wurde durch Art. 2 Nr. 5 des G zur Anspruchsberechtigung v. Ausländern wegen Kindergeld, Erziehungsgeld und Unterhaltsvorschuss v. 13.12.2006 (BGBl. I 2006, 2915) zum 1.1.2007 angepasst. Die Anpassung dient der geplanten Konzentration der Familienkassen, vgl. BT-Drucks. 16/1368, 10.

11 Vgl. Art. 2, Art. 11 Abs. 3 G zur Beendigung der Sonderzuständigkeit der Familienkassen des öffentlichen Dienstes im Bereich des Bundes v. 8.12.2016, BGBl. I 2016, 2835.

12 Vgl. BT-Drucks. 18/9941, 18.

entnommene Betrag (dh. das ausgezahlte Kindergeld) ist in der nächsten **LSt-Anmeldung gesondert** abzusetzen **(Abs. 7 S. 2, letzter HS)**.

Kürzt der Rechtsträger die abzuführende LSt zu Unrecht, steht dem FA ein öffentl.-rechtl. Anspr. auf Rückforderung zu (§ 37 Abs. 2 AO).[1] Übersteigt der abzusetzende Kindergeldbetrag insgesamt den anzumeldenden LSt-Betrag, so wird der übersteigende Betrag dem öffentl. ArbG auf Antrag vom Betriebsstätten-FA ersetzt **(Abs. 7 S. 3)**.

§ 73

(weggefallen)

§ 74 Zahlung des Kindergeldes in Sonderfällen

(1) [1]Das für ein Kind festgesetzte Kindergeld nach § 66 Absatz 1 kann an das Kind ausgezahlt werden, wenn der Kindergeldberechtigte ihm gegenüber seiner gesetzlichen Unterhaltspflicht nicht nachkommt. [2]Kindergeld kann an Kinder, die bei der Festsetzung des Kindergeldes berücksichtigt werden, bis zur Höhe des Betrags, der sich bei entsprechender Anwendung des § 76 ergibt, ausgezahlt werden. [3]Dies gilt auch, wenn der Kindergeldberechtigte mangels Leistungsfähigkeit nicht unterhaltspflichtig ist oder nur Unterhalt in Höhe eines Betrags zu leisten braucht, der geringer ist als das für die Auszahlung in Betracht kommende Kindergeld. [4]Die Auszahlung kann auch an die Person oder Stelle erfolgen, die dem Kind Unterhalt gewährt.

(2) Für Erstattungsansprüche der Träger von Sozialleistungen gegen die Familienkasse gelten die §§ 102 bis 109 und 111 bis 113 des Zehnten Buches Sozialgesetzbuch entsprechend.

Verwaltung: DA-KG 2018 (abrufbar unter www.bzst.de).

Literatur: *Just*, Abzweigungsverlangen des Kindes (§ 74 Abs. 1 Satz 1 EStG) contra Unterhaltsbestimmungsrecht der Eltern (§ 1612 Abs. 2 Satz 1 BGB), NJ 2010, 271.

A. Abzweigung (Abs. 1)

1 Abs. 1 regelt Konstellationen, in denen das Kindergeld[2] **nicht an den Kindergeldberechtigten**, sondern an andere Pers. oder Stellen ausgezahlt wird.[3] **§ 74 Abs. 1 S. 1** ermöglicht die sog. **Abzweigung** des Kindergeldes nach § 66 Abs. 1 **an das Kind**,[4] um diesem ohne Beschreiten des Zivilrechtswegs (vgl. Rn. 3) das Kindergeld zugutekommen zu lassen. Die Volljährigkeit des Kindes ist nicht Voraussetzung.[5] Es ist auch nicht erforderlich, dass das Kind in Deutschland lebt.[6] Das festgesetzte Kindergeld nach § 66 Abs. 1 wird an das Kind ausgezahlt, wenn der Kindergeldberechtigte objektiv seinen gesetzlichen – nicht auch vertraglichen[7] – Unterhaltspflichten ggü. dem Kind (§§ 1601 ff., 1615a ff. BGB) dauerhaft nicht nur unwesentlich

1 Zur Berlinzulage vgl. BFH v. 14.3.1986 – VI R 30/82, BFHE 174, 91 = FR 1986, 543.
2 Der im Jahr 2009 gezahlte Kinderbonus nach § 66 Abs. 1 S. 2 aF konnte nicht an den Sozialleistungsträger abgezweigt werden (BFH v. 27.9.2012 – III R 2/11, BFHE 239, 114 = FR 2013, 342). Zu den Besonderheiten aufgrund der rückwirkenden Anhebung des Kindergeldes zum 1.1.2015 vgl. BZSt. v. 24.7.2015, BStBl. I 2015, 580.
3 Zum Verhältnis v. Kindergeldberechtigung und Auszahlungsanordnung gem. § 74 Abs. 1 ausf. FG Köln v. 19.9.2002 – 10 K 1162/02, EFG 2003, 101; zur Abzweigung an eine ausländ. Stelle FG Hbg. v. 20.4.2004 – III 425/02, EFG 2004, 1620.
4 Vgl. BFH v. 22.12.2005 – III S 26/05 (PKH), BFH/NV 2006, 736; FG Düss. v. 4.7.2005 – 14 K 5656/04 Kg, EFG 2005, 1787; bestandskräftige abl. Entsch. der Familienkasse ggü. den Eltern binden auch das Kind (BFH v. 26.11.2009 – III R 67/07, BFHE 228, 42). Zur Antrags- und Klagebefugnis des auszahlungsberechtigten Kindes BFH v. 5.2.2015 – III R 31/13, BFHE 249, 144.
5 FG Düss. v. 31.7.2008 – 14 K 272/08 Kg, EFG 2008, 1983; FG SchlHol. v. 15.9.2016 – 4 K 82/16, juris und v. 28.6.2017 – 2 K 217/16, juris; **aA** DA-KG 2018 Kap. V 32.3 Abs. 1 iVm. Kap. V 4.2.
6 FG RhPf. v. 14.12.2011 – 2 K 2085/10, EFG 2012, 716.
7 BFH v. 6.6.2006 – III B 202/05, BFH/NV 2006, 1653.

nicht nachkommt.[1] Eine „einvernehmliche“ Abzweigung ohne Vorliegen der gesetzlichen Voraussetzungen ist nicht möglich.[2] Auf ein Verschulden oder die Verwirklichung des § 170 StGB kommt es nicht an.[3] Eltern bleiben auch beim Erhalt von Grundsicherungsleistungen dem Grunde nach zum Unterhalt des Kindes verpflichtet.[4] Keine gesetzliche Unterhaltspflicht besteht ggü. Pflege- oder Stiefkindern.[5] Als **Auszahlungsempfänger** kommen neben dem Kind (Zahl- oder Zählkind; § 63 Rn. 1)[6] die Pers. (der andere Elternteil, Verwandte, Freunde, Nachbarn) oder Stellen (Freie Wohlfahrtsverbände, Sozialhilfeträger)[7] in Betracht, die neben dem Berechtigten oder an dessen Stelle dem Kind Unterhalt gewähren **(Abs. 1 S. 1, 4)**.[8] Jede Form der Unterhaltsgewährung durch einen Dritten kann grds. eine Auszahlungsanordnung zu seinen Gunsten rechtfertigen; der **Umfang der Unterhaltsgewährung** ist bei der Ermessensausübung (Rn. 2) sowie bei der Bestimmung der Höhe des abzuzweigenden Betrags zu berücksichtigen.[9] Zugunsten v. Zahl- und Zählkindern kann das Kindergeld bis zu dem auf diese Kinder entfallenden Anteil iSv. § 76 an den Dritten ausgezahlt werden **(Abs. 1 S. 2, 4)**.[10] Auch hier müssen die Abzweigungsvoraussetzungen erfüllt sein, dh., **S. 4** setzt die Erfüllung der S. 1 oder 3 voraus.[11] Eine Abzweigung kann auch erfolgen **(Abs. 1 S. 3)**, wenn mangels Leistungsfähigkeit des Berechtigten kein oder ein unterhalb des Kindergeldes liegender Anspr. auf Unterhalt besteht.[12] Das Kindergeld kann trotz Haushaltsaufnahme bei den Eltern an ein volljähriges Kind ausgezahlt werden, wenn die Eltern mangels Leistungsfähigkeit nicht unterhaltspflichtig sind.[13] Ist der Kindergeldberechtigte gesetzlich nicht zum Unterhalt verpflichtet (zB Zweitausbildung) und leistet er tatsächlich auch keinen Unterhalt, ist eine Auszahlung des Kindergeldes an das Kind selbst **analog** Abs. 1 S. 1 iVm. S. 3 möglich.[14] Jede potenziell abzweigungsberechtigte Pers. oder Stelle ist iÜ antragsberechtigt iSv. § 67 S. 2.

Die Abzweigung steht im **pflichtgemäßen Ermessen** der Familienkasse.[15] Bei der Entscheidung über die Abzweigung ist im Regelfall die Abzweigung des Unterschiedsbetrags zwischen den regelmäßigen Unterhaltsleistungen und dem Kindergeld ermessensgerecht.[16] Wird kein laufender Unterhalt gezahlt, ist die 2

1 Vgl. DA-KG 2018 Kap. V 32.2; BFH v. 23.2.2006 – III R 65/04, BFHE 212, 481 = FR 2006, 895 m. Anm. *Greite*; maßgeblich sind die Vorschriften des bürgerlichen Rechts, vgl. BFH v. 16.4.2002 – VIII R 50/01, BFHE 199, 105 = FR 2002, 942 m. Anm. *Greite*; FG SachsAnh. v. 22.5.2012 – 4 K 925/11, EFG 2012, 1570 u. FG SachsAnh. v. 29.3. 2012 – 4 K 916/11, EFG 2012, 470; zur fehlenden Bedürftigkeit des Kindes vgl. FG Düss v. 7.4.2016 – 16 K 1697/15 Kg, juris.

2 BFH v. 10.4.2012 – III B 131/11, BFH/NV 2012, 1129.

3 BFH v. 23.2.2006 – III R 65/04, BFHE 212, 481 = FR 2006, 895 m. Anm. *Greite*; FG BaWü. v. 11.11.2008 – 4 K 2281/07, EFG 2009, 492.

4 Hierzu BFH v. 26.2.2015 – III B 124/14, BFH/NV 2015, 837.

5 Nach FG SachsAnh. v. 5.7.2011 – 4 K 882/10, EFG 2012, 430, ist § 74 Abs. 1 auf Pflegekinder auch nicht analog anzuwenden.

6 BFH v. 26.1.2001 – VI B 310/00, BFH/NV 2001, 896.

7 BFH v. 23.2.2006 – III R 65/04, BFHE 212, 481 = FR 2006, 895 m. Anm. *Greite*; v. 17.12.2008 – III R 6/07, BFHE 224, 228 = FR 2009, 922; v. 17.2.2004 – VIII R 58/03, BFHE 206, 1; FG Nürnb. v. 8.10.2013 – 5 K 979/11, juris; FG Berlin v. 21.3.2005 – 10 K 10366/04, EFG 2005, 1219; zur Unterbringung v. Mutter und Kind gem. § 19 SGB VIII vgl. FG München v. 28.1.2003 – 12 K 1690/02, EFG 2003, 1025; zu einem in einer betreuten Wohnform lebenden Kind BFH v. 15.7.2010 – III R 89/09, BStBl. II 2013, 695.

8 Hierzu FG Nürnb. v. 1.2.2001 – IV 134/2000, juris; zur Berücksichtigung v. Betreuungsunterhalt FG Sachs. v. 20.11.2006 – 5 K 875/03 (Kg), juris; vgl. auch FG München v. 14.2.2007 – 9 K 202/06, EFG 2007, 1178 (nachfolgend BFH v. 13.8.2007 – III B 51/07, BFH/NV 2007, 2276).

9 Vgl. zur Abzweigung an den Sozialhilfeträger BFH v. 9.2.2009 – III R 38/07, BFH/NV 2009, 1107.

10 FG Thür. v. 5.6.2002 – III 1017/01, EFG 2002, 1462. Die Norm ist nicht entspr. auf die Berechnung des Differenzkindergeldes anwendbar, vgl. BFH v. 4.2.2016 – III R 9/15, BFHE 253, 139 und v. 13.4.2016 – III R 34/15, BFH/NV 2016, 1465.

11 BFH v. 25.5.2004 – VIII R 21/03, BFH/NV 2005, 171; v. 27.10.2004 – VIII R 65/04, BFH/NV 2005, 538; vgl. auch FG Münster v. 25.11.2004 – 5 K 429/02 Kg, EFG 2005, 792 und BFH v. 17.11.2004 – VIII R 30/04, BFH/NV 2005, 692.

12 Nach FG Düss v. 7.4.2016 – 16 K 1697/15 Kg, juris, ist § 74 Abs. 1 bei fehlender Bedürftigkeit des Kindes nicht entspr. anwendbar.

13 FG Münster v. 12.9.2008 – 6 K 1160/05 Kg, EFG 2009, 266 m. Anm. *Hollatz.*

14 BFH v. 16.4.2002 – VIII R 50/01, BFHE 199, 105 = FR 2002, 942 m. Anm. *Greite*; vgl. auch Anm. *Gschwendtner*, BFH-PR 2002, 328 und Anm. *Völlmeke*, HFR 2002, 808.

15 Zum Ermessen BFH v. 25.5.2004 – VIII R 21/03, BFH/NV 2005, 171; FG Bdbg. v. 19.6.2002 – 6 K 981/01, EFG 2002, 1315; FG Münster v. 30.11.2009 – 8 K 2812/09 Kg, EFG 2010, 737; zur gerichtlichen Nachprüfung der Ermessensausübung BFH v. 19.4.2012 – III R 85/09, BFHE 237, 145 = FR 2012, 1177; zum Einspruchsverfahren vgl. FG München v. 1.7.2013 – 5 K 1401/12, juris; nach FG München v. 26.6.2013 – 10 K 2450/11, juris, liegt in der Nichtbeachtung der Verwaltungsrichtlinien ein Ermessensfehler.

16 BFH v. 3.7.2014 – III R 41/12, BFHE 247, 125 = FR 2015, 386, m. Anm. *Selder*, jurisPR-SteuerR 4/2015 Anm. 3: in Ausnahmefällen kann aber auch eine abw. Bestimmung des Abzweigungsbetrags ermessensgerecht sein.

Abzweigung des Kindergeldes an das Kind bei entsprechendem Antrag in der Regel die allein ermessensgerechte Entscheidung.[1] Die Auszahlung des festgesetzten Kindergeldes an die dem Kind unterhaltsgewährende Person (zB Sozialleistungsträger) ist grds. allein ermessensgerecht, wenn der Kindergeldberechtigte keine Aufwendungen für den Unterhalt des Kindes trägt.[2] Dies gilt ggf. auch dann, wenn das Kind die Abzweigung des Kindergeldes an sich selbst begehrt.[3] Die sachgerechte Ermessensausübung erfordert insbes. bei **behinderten Kindern** eine umfassende Sachaufklärung.[4] Entstehen dem Kindergeldberechtigten für sein **behindertes volljähriges Kind**, das überwiegend auf Kosten des Sozialleistungsträgers **vollstationär** in einer Pflegeeinrichtung untergebracht ist, Aufwendungen mindestens in Höhe des Kindergeldes, ist ermessensgerecht allein die Auszahlung des vollen Kindergeldes an den Kindergeldberechtigten.[5] Auch geringe Unterhaltsleistungen der Eltern sind zu berücksichtigen.[6] Bei Vorliegen der gesetzlichen Voraussetzungen wird grds. abgezweigt. Bei unterbliebener Ermessensausübung ist der Bescheid aufzuheben.[7] Eine Abzweigung kommt **nach Auszahlung an den originär Berechtigten** grds. nicht mehr in Betracht.[8] Das gilt auch dann, wenn der Abzweigungsantrag noch vor der Zahlung gestellt worden ist.[9] Eine Abzweigung setzt weder einen ausdrücklichen Antrag noch ein eindeutig geäußertes Abzweigungsbegehren voraus.[10] Ist nicht eindeutig erkennbar, ob ein Sozialleistungsträger eine Abzweigung oder eine Erstattung geltend macht, ist das Begehren auszulegen.[11] Die Entscheidung über die Abzweigung ist ein **VA mit Doppelwirkung**.[12] Gegen die Auszahlungsanordnung der Familienkasse ist der **Einspruch** (§ 347 AO) statthaft. Der Kindergeldberechtigte ist bei der Klage auf Abzweigung notwendig zum finanzgerichtlichen Verfahren beizuladen.[13] Entsprechendes gilt für den Abzweigungsbegünstigten, wenn der Kindergeldberechtigte die Abzweigung anficht.[14] Eine Abzweigungsentscheidung wird gegenstandslos bzw. wirkungslos mit der wirksamen Aufhebung der Kindergeldfestsetzung;[15] die Abzweigung ist dann ggf. neu zu beantragen. Hebt die Familienkasse die Kindergeldfestsetzung auf, so ist der Sozialleistungsträger, an den das Kindergeld ausgezahlt wurde, klagebefugt.[16] Klagt das Kind, an das abgezweigt wurde, gegen die ggü. dem Kindergeld-

1 BFH v. 26.8.2010 – III R 16/08, BFHE 232, 12 = FR 2011, 628, wonach aber bei rückwirkend gestelltem Abzweigungsantrag der nachträglich (aufgrund gerichtlicher Verurteilung) geleistete Unterhalt zu berücksichtigen ist; vgl. auch FG München v. 15.2.2016 – 7 K 1977/15, juris.

2 BFH v. 25.9.2008 – III R 16/06, BFH/NV 2009, 164; vgl. auch BFH v. 17.2.2004 – VIII R 58/03, BFHE 206, 1 und v. 27.10.2004 – VIII R 65/04, BFH/NV 2005, 538; FG Berlin v. 21.3.2005 – 10 K 10366/04, EFG 2005, 1219; FG Köln v. 21.1.2009 – 14 K 2708/05, EFG 2010, 242 (nachgehend BFH v. 27.10.2011 – III R 16/09, BFH/NV 2012, 720); zur Berücksichtigung v. Naturalleistungen BFH v. 17.3.2006 – III B 135/05, BFH/NV 2006, 1285; zu Betreuungsleistungen BFH v. 17.12.2008 – III R 6/07, BFHE 224, 228 = FR 2009, 922.

3 BFH v. 25.9.2008 – III R 16/06, BFH/NV 2009, 164.

4 BFH v. 19.4.2012 – III R 85/09, BFHE 237, 145 = FR 2012, 1177; vgl. auch FG Sachs. v. 5.3.2012 – 8 K 1698/11 (Kg), juris; FG Thür. v. 23.11.2011 – 3 K 481/10, EFG 2012, 423 m. Anm. *Reuß*; FG SachsAnh. v. 11.11.2011 – 5 K 33/11, EFG 2012, 1483; FG Münster v. 25.3.2011 – 12 K 2057/10 Kg, EFG 2011, 1327 m. Anm. *Trossen*.

5 BFH v. 9.2.2009 – III R 37/07, BFHE 224, 290 = FR 2009, 922, m. Anm. *Reuß*, EFG 2010, 740 und *Selder*, jurisPR-SteuerR 25/2009 Anm. 4; v. 23.3.2006 – III R 65/04, BFHE 212, 481 = FR 2006, 895 m. Anm. *Greite*; v. 9.2.2009 – III R 38/07, BFH/NV 2009, 1107; vgl. auch FG BaWü. v. 11.11.2008 – 4 K 2281/07, EFG 2009, 492 m. Anm. *Reuß* und v. 29.4.2009 – 4 K 2995/07, EFG 2009, 1306; zur vollstationären Unterbringung v. Kindern vgl. auch BFH v. 3.7.2014 – III R 41/12, BFHE 247, 125 = FR 2015, 386, m. Anm. *Selder*, jurisPR-SteuerR 4/2015 Anm. 3.

6 BFH v. 18.4.2013 – V R 48/11, BFHE 241, 270, m. Anm. *Apitz*, EStB 2013, 297 (bzgl. Leistungen nach §§ 41 ff. SGB XII bei einem im Haushalt des Kindergeldberechtigten lebenden schwerbehinderten Kind). Zu einem teilstationär in einer Behindertenwerkstatt untergebrachten Kind vgl. BFH v. 17.10.2013 – III R 23/13, BFHE 243, 250 = FR 2014, 490, m. Anm. *Selder*, jurisPR-SteuerR 9/2014 Anm. 3 und v. 17.10.2013 – III R 24/13, BFH/NV 2014, 504.

7 BFH v. 25.5.2004 – VIII R 21/03, BFH/NV 2005, 171.

8 BFH v. 17.12.2015 – V R 18/15, BFHE 252, 155; v. 27.10.2011 – III R 16/09, BFH/NV 2012, 720; zur anteiligen Abzweigung BFH v. 19.6.2013 – III B 79/12, BFH/NV 2013, 1422; FG Köln v. 13.3.2008 – 10 K 3232/06, EFG 2008, 1298; krit. FG Berlin-Bdbg. v. 2.4.2009 – 10 K 10320/07, EFG 2009, 1305. Vgl. zum Verfahren auch FG MV v. 2.2.2012 – 1 K 58/11, juris (rkr.).

9 BFH v. 26.8.2010 – III R 21/08, BFHE 231, 520.

10 BFH v. 25.9.2008 – III R 16/06, BFH/NV 2009, 164 (Abzweigungsanspr. in irgendeiner Form geltend zu machen); vgl. aber DA-KG 2018 Kap. V 32.1 Abs. 3 („schriftlich geltend zu machen").

11 BFH v. 25.9.2008 – III R 16/06, BFH/NV 2009, 164.

12 BFH v. 17.12.2015 – V R 18/15, BFHE 252, 155, begünstigend für den Empfänger, belastend für den bisherigen Kindergeldberechtigten. Vgl. für die hieraus resultierenden Konsequenzen im Verwaltungsverfahren DA-KG 2018 Kap. V 32.1.

13 BFH v. 9.2.2004 – VIII R 21/03, BFH/NV 2004, 662; v. 17.11.2004 – VIII R 30/04, BFH/NV 2005, 692.

14 BFH v. 20.8.2007 – III B 194/06, BFH/NV 2007, 2314.

15 BFH v. 10.3.2016 – III R 29/15, BFH/NV 2016, 1278: ein weiterer aufhebender VA ist nicht erforderlich.

16 Hierzu BFH v. 12.1.2001 – VI R 181/97, BFHE 194, 368; vgl. auch FG Sachs. v. 9.10.2017 – 8 K 1227/16 (Kg), juris (Rev. III R 28/17), für den Fall der Ablehnung der Bewilligung von Kindergeld.

berechtigten verfügte Aufhebung der Kindergeldfestsetzung, ist Letzterer notwendig beizuladen.[1] Derjenige, zu dessen Gunsten das Kindergeld bisher festgesetzt war, ist – auch in der Revisionsinstanz – notwendig beizuladen.[2] Dies gilt auch dann, wenn sich die an das Kind zu zahlende Sozialhilfe aufgrund der Anrechnung des Kindergeldes als Einkommen des Kindes[3] gemindert hat. Soweit der Einspruch des Kindes gegen die Ablehnung der beantragten Abzweigung des Kindergelds an sich selbst erfolgreich ist, ist die Regelung über die **Erstattung von Kosten im Vorverfahren** (§ 77) analog anwendbar.[4]

Die Auszahlungsanordnung nach Abs. 1 steht als selbständige und unabhängige Maßnahme neben den **zivilrechtl. Möglichkeiten** der Durchsetzung v. Anspr. Durch die Auszahlungsanordnung wird das Rechtsschutzbedürfnis für eine Unterhaltsklage nicht ausgeschlossen. Andererseits begrenzt ein rechtskräftiges zivilgerichtliches Unterhaltsurteil die Unterhaltspflicht nach Abs. 1, so dass eine weitergehende Abzweigung nicht in Betracht kommt. Eine Auszahlungsanordnung nach Abs. 1 ist nicht mehr möglich, wenn der Kindergeldberechtigte nicht mehr Anspruchsinhaber ist, weil das Kindergeld bereits **ausgezahlt**,[5] der Anspr. wirksam **abgetreten, gepfändet oder verpfändet** oder durch Aufrechnung **erloschen** ist.[6] Dagegen kann eine Abzweigung auch noch nach Erstattung an einen Sozialhilfeträger gem. § 74 Abs. 2 erfolgen; die Leistungen sind dann von Letzterem gem. § 112 SGB X zurückzuerstatten.[7] Inhaber des Anspr. bleibt im Fall der Abzweigung der Berechtigte selbst;[8] die Abzweigung steht daher einer Aufrechnung des Kindergeldanspruchs mit einem Rückzahlungsanspruch nach § 75 nicht entgegen.[9] Zahlt die Familienkasse an einen **Dritten** aus, so ist nur dieser nach **§ 37 Abs. 2 AO zur Erstattung verpflichtet**.[10] 3

B. Erstattungsansprüche der Träger von Sozialleistungen (Abs. 2)

Gem. § 74 Abs. 2 gelten §§ 102–109, 111–113 SGB X für Erstattungsansprüche der Träger v. Sozialleistungen gegen die Familienkasse entspr.,[11] nicht jedoch für Anspr. der Familienkasse gegen Sozialleistungsträger.[12] Die Erstattungsansprüche sind nur v. der Erfüllung der in §§ 102ff. SGB X geregelten Tatbestandsvoraussetzungen abhängig.[13] Bei der Entsch. über die Erfüllung des Erstattungsanspr. des Sozialleistungsträgers hat die Familienkasse kein Ermessen, da dieser kraft Gesetzes entsteht.[14] Die Möglichkeit der Abzweigung nach § 74 Abs. 1 besteht selbständig neben den Erstattungsansprüchen nach § 74 Abs. 2 iVm. §§ 102ff. SGB X.[15] Die Auswirkungen beider Regelungen sind letztlich gleich: Das Kindergeld wird nicht an den Kindergeldberechtigten, sondern an einen Dritten ausgezahlt.[16] In einem gerichtlichen Verfahren, 4

1 BFH v. 17.3.2010 – III R 71/09, BFH/NV 2010, 1291.
2 BFH v. 12.1.2001 – VI R 49/98, BFHE 194, 6; vgl. im Kontext der Beiladung auch BFH v. 30.10.2008 – III R 105/07, BFH/NV 2009, 193 sowie BFH v. 20.8.2007 – III B 194/06, BFH/NV 2007, 2314 zum Verhältnis des örtlichen und überörtlichen Sozialleistungsträgers.
3 BFH v. 15.10.2009 – III B 57/08, BFH/NV 2010, 196 zu an das Kind gezahltem Kindergeld als Einkommen des Kindes.
4 BFH v. 26.6.2014 – III R 39/12, BFHE 246, 410, m. Anm. *Pflaum*, HFR 2014, 1087 und *Selder*, jurisPR-SteuerR 47/2014 Anm. 4; v. 18.11.2015 – XI R 24–25/14, BFH/NV 2016, 418.
5 BFH v. 19.6.2013 – III B 79/12, BFH/NV 2013, 1422; FG Sachs. v. 3.12.2013 – 6 K 364/13 (Kg), juris.
6 Vgl. DA-KG 2018 Kap. V 32.1 Abs. 2.
7 BFH v. 19.9.2013 – V R 25/12, BFH/NV 2014, 322; vgl. auch BFH v. 13.6.2013 – VS 29/12 (PKH), BFH/NV 2013, 1414 und v. 17.12.2015 – V R 18/15, BFHE 252, 155.
8 Mit Bestandskraft des Abzweigungsbescheids wechselt die Erfüllungszuständigkeit vom Kindergeldberechtigten auf den Dritten; bei erfolgreicher Anfechtung des Abzweigungsbescheids und Aufhebung im Einspruchsverfahren wird die vormalige Erfüllungszuständigkeit des Kindergeldberechtigten wiederhergestellt, vgl. BFH v. 17.12.2015 – V R 18/15, BFHE 252, 155.
9 DA-KG 2018 Kap. V 32.1 Abs. 2.
10 BFH v. 24.8.2001 – VI R 83/99, BFHE 196, 278 = FR 2002, 98 mit Hinweis auf die wirtschaftliche Bereicherung des Abzweigungsempfängers und in Abgrenzung zur Rspr. des BSG; vgl. auch FG RhPf. v. 9.1.2001 – 2 K 1312/00, EFG 2001, 837 (nachfolgend BFH v. 24.8.2001 – VI R 39/01, juris); FG SachsAnh. v. 9.3.2010 – 4 K 1254/08, StE 2010, 484 und v. 2.12.2009 – 4 K 1061/06, EFG 2010, 770.
11 Ausf. auch zu denkbaren Fallkonstellationen DA-KG 2018 Kap. V 33.
12 FG Düss. v. 12.3.1999 – 18 K 9470/97 Kg, EFG 1999, 613 (nachfolgend BFH v. 24.8.2001 – VI R 83/99, BFHE 196, 278 = FR 2002, 98); vgl. auch LSG Berlin-Bdbg. v. 7.6.2018 – L 34 AS 201/15, juris Rn. 44.
13 BFH v. 7.4.2011 – III R 88/09, BFH/NV 2011, 1326.
14 BFH v. 14.2.2013 – III B 133/12, BFH/NV 2013, 921 (zur Verzinsung von Erstattungsansprüchen § 108 Abs. 2 SGB X).
15 BFH v. 30.1.2001 – VI B 272/99, BFH/NV 2001, 898. Eine Erstattung nach § 104 SGB X muss nicht beantragt werden, da der Anspr. kraft Gesetzes entsteht; wird Erstattung ausdrücklich beantragt, schließt dies aber nicht aus, nach Abs. 1 zu verfahren, vgl. BFH v. 25.9.2008 – III R 16/06, BFH/NV 2009, 164; zur Auslegung eines Begehrens vgl. BFH v. 19.4.2012 – III R 85/09, BFHE 237, 145 = FR 2012, 1177; zum Vorrang des Erstattungsanspruchs DA-KG 2018 Kap. V 32. 1 Abs. 3.
16 Hierzu BFH v. 23.6.2015 – III R 31/14, BFHE 250, 28, m. Anm. *Selder*, jurisPR-SteuerR 43/2015 Anm. 4.

in dem über die Abzweigung nach § 74 Abs. 1 S. 4 zu entscheiden ist, kann der Sozialleistungsträger aber nicht einwenden, die Familienkasse sei wg. eines Erstattungsanspr. nach § 74 Abs. 2 iVm. § 104 Abs. 1 S. 4 SGB X ebenso zahlungsverpflichtet, wie sie es im Fall einer rechtmäßigen Abzweigung wäre.[1] Im Erstattungsverfahren kann die Familienkasse einwenden, dass die Festsetzung des Kindergeldes bestandskräftig abgelehnt worden sei.[2] Der Finanzrechtsweg ist eröffnet.[3] Die Klage, mit der der nachrangige Leistungsträger seinen (vermeintlichen) Anspr. auf Erstattung gem. § 104 SGB X geltend macht, ist eine ohne Vorverfahren zulässige allg. Leistungsklage iSv. § 40 Abs. 1 FGO.[4] Zahlt die Familienkasse das Kindergeld aufgrund eines geltend gemachten Erstattungsanspruchs an den Sozialhilfeträger aus, ist dieser im finanzgerichtlichen Verfahren des Kindergeldberechtigten gegen den Abrechnungsbescheid notwendig beizuladen.[5] Ein Erstattungsanspruch nach § 74 Abs. 2 iVm. § 104 Abs. 1 S. 1–3 und Abs. 2 SGB X verlangt die Gleichartigkeit der Leistungen des Leistungsträgers mit dem Kindergeld.[6] Andernfalls kommt nur ein Anspr. nach **§ 104 Abs. 1 S. 4 SGB X** in Betracht.[7] Dieser setzt voraus, dass der Sozialleistungsträger gegenüber dem Kindergeldberechtigten bestandskräftig Aufwendungsersatz geltend gemacht oder einen Kostenbeitrag erhoben hat und der Berechtigte diesen nicht oder nicht in vollem Umfang geleistet bzw. erbracht hat.[8] Bei Anwendung des § 104 SGB X kommt es allein auf die sozialrechtl. Zuweisung des Kindergeldes an.[9] Ein Anspr. des Sozialhilfeträgers auf Erstattung v. (rückwirkend) festgesetztem Kindergeld[10] setzt voraus, dass das Kindergeld zum Einkommen des Sozialhilfeempfängers gehört, an den der Sozialhilfeträger Sozialleistungen erbracht hat.[11] Das Kindergeld ist sozialrechtlich Einkommen dessen, an den es ausgezahlt wird; eine abw. Zuordnung kommt nur in Betracht, wenn das Kindergeld nach § 74 Abs. 1 **an ein Kind abgezweigt** wird **oder** diesem zumindest **tatsächlich zufließt**.[12] Hat ein Sozialleistungsträger bedarfsabhängige Sozialleistungen für Eltern und minderjährige Kinder erbracht, die in einem Haushalt leben und eine **Bedarfsgemeinschaft** bilden, steht ihm ein Anspruch auf Erstattung des nachträglich festgesetzten Kindergeldes zu; in diesem Fall ist es unerheblich, dass es sich beim Kindergeld sozialrechtlich betrachtet um Einkommen des kindergeldberechtigten Elternteils handelt.[13] Eine **nachrangige Leistungsverpflichtung** liegt im Übrigen nur vor, wenn das Kindergeld nicht an das volljährige Kind gem. § 74 Abs. 1 ab-

---

1 BFH v. 13.8.2007 – III B 51/07, BFH/NV 2007, 2276.

2 BFH v. 14.5.2002 – VIII R 88/01, BFH/NV 2002, 1156; vgl. ausf. auch Vorinstanz FG Düss. v. 21.8.2001 – 10 K 5611/98 Kg, EFG 2001, 1561; FG Hess. v. 27.3.2014 – 3 K 12/11, juris. Nach FG Münster v. 26.3.2002 – 15 K 5612/98 Kg, EFG 2002, 991, ist die Frage, wer von mehreren Leistungsträgern zur Leistung verpflichtet ist, schon im Kindergeldverfahren zu klären (nachfolgend aber BFH v. 26.11.2003 – VIII R 32/02, BFHE 204, 454 = FR 2004, 779).

3 BFH v. 14.5.2002 – VIII R 88/01, BFH/NV 2002, 1156 sowie FG Düss. v. 15.12.1999 – 9 K 5749/98 Kg, EFG 2000, 225 für den Fall, dass neben dem Anspr. auf Erstattung zugleich ein Anspr. auf Abzweigung nach Abs. 1 geltend gemacht wird; **aA** FG Bremen v. 14.5.1997 – 4 97022 K 1, 4 97 106 K 1, EFG 1997, 991.

4 BFH v. 14.5.2002 – VIII R 88/01, BFH/NV 2002, 1156; zur Erteilung eines Abrechnungsbescheids FG Nds. v. 13.3.2002 – 2 K 89/97 Kl, EFG 2002, 1570; vgl. auch FG Hess. v. 9.11.2009 – 13 K 1931/06, EFG 2010, 1330 (nachfolgend BFH v. 7.4.2011 – III R 88/09, BFH/NV 2011, 1326).

5 BFH v. 16.1.2007 – III R 33/05, BFH/NV 2007, 720; vgl. auch BFH v. 15.2.2007 – III R 37/05, BFH/NV 2007, 1160 bei Rückforderung v. Kindergeld wegen doppelter Zahlung. Das gilt auch dann, wenn sich der Sozialleistungsträger auf eine Verjährung des Rückforderungsanspruchs beruft (BFH v. 1.4.2014 – XI B 145/13, BFH/NV 2014, 1223). Vgl. auch BFH v. 17.4.2013 – VI R 15/12, BFH/NV 2013, 1242.

6 Die Leistungen sind gleichartig, wenn sie für die gleichen Zeiträume bestimmt sind und sich in der Leistungsart und Zweckbestimmung entsprechen, BFH v. 22.11.2012 – III R 24/11, BFHE 239, 351 = FR 2013, 772, m. Anm. *Selder*, jurisPR-SteuerR 14/2013 Anm. 5; Sachleistungen und Geldleistungen sind nicht gleichartig, vgl. BFH v. 25.5.2004 – VIII R 21/03, BFH/NV 2005, 171; keine Gleichartigkeit von Eingliederungshilfe u. Kindergeld, vgl. BFH v. 7.12.2004 – VIII R 57/04, BFH/NV 2005, 862; zur Gleichartigkeit von Hilfe zum Lebensunterhalt bzw. Grundsicherung für Arbeitsuchende BFH v. 26.7.2012 – III R 28/10, BFHE 238, 315 = FR 2013, 233. Auch Leistungen nach dem AsylbLG sind gleichartig, vgl. BFH v. 5.6.2014 – VI R 15/12, BFHE 246, 298; vgl. auch FG RhPf. v. 9.4.2018 – 6 K 2194/17, juris (rkr.).

7 DA-KG 2018 Kap. V 33.3.

8 BFH v. 14.2.2013 – III B 133/12, BFH/NV 2013, 921; v. 19.4.2012 – III R 85/09, BFHE 238, 145 = FR 2012, 1177; v. 25.5.2004 – VIII R 21/03, BFH/NV 2005, 171; v. 7.12.2004 – VIII R 57/04, BFH/NV 2005, 862.

9 BFH v. 5.6.2014 – VI R 15/12, BFHE 246, 298.

10 Zur rückwirkenden Erhöhung des Kindergeldes vgl. BZSt. v. 24.7.2015, BStBl. I 2015, 580.

11 BFH v. 17.7.2008 – III R 87/06, BFH/NV 2008, 1833; vgl. auch BFH v. 17.4.2008 – III R 33/05, BFHE 221, 47; vgl. auch BFH v. 22.11.2012 – III R 24/11, BFHE 239, 351 = FR 2013, 772, m. Anm. *Selder*, jurisPR-SteuerR 14/2013 Anm. 5.

12 BFH v. 5.6.2014 – VI R 15/12, BFHE 246, 298; v. 15.10.2009 – III B 57/08, BFH/NV 2010, 196; v. 17.4.2008 – III R 33/05, BFHE 221, 47.

13 BFH v. 26.7.2012 – III R 28/10, BFHE 238, 315 = FR 2013, 233 mit Hinweis darauf, dass das Kindergeld in diesem Fall sozialhilferechtl. vorrangig zur Bedarfsdeckung bei dem das Kindergeld beziehenden Elternteil selbst oder bei den Kindern einzusetzen ist.

zuzweigen ist; hierüber hat die Familienkasse von Amts wegen zu entscheiden, ehe sie auf der Grundlage von § 74 Abs. 2 einen Erstattungsanspruch erfüllt.[1] Kostenerstattung nach § 77 kann auch dann beansprucht werden, wenn der Einspruch nicht die Festsetzung betrifft, sondern sich gegen den Abrechnungsbescheid wegen des Erstattungsanspruchs eines Sozialleistungsträgers (Erhebungsverfahren) richtet.[2]

§ 76 ist iRv. § 74 Abs. 2 entspr. anwendbar; maßgeblich ist der Betrag, der sich bei einer **Aufteilung des gesamten Kindergeldes nach der Anzahl der Kinder** ergibt, für die Kindergeld gezahlt wird.[3] Dabei ist zu differenzieren zw. dem Kindergeld nach § 66 und dem Kindergeld, das nach internationalen Abkommen gezahlt wird: Für die Ermittlung des einzelnen Erstattungsanspruchs ist jeweils nur dasjenige Kindergeld maßgeblich, das nach den gleichen Vorschriften gezahlt wird wie das Kindergeld für das Kind, auf das sich der Erstattungsanspruch bezieht.[4] 5

§ 75 Aufrechnung

(1) Mit Ansprüchen auf Erstattung von Kindergeld kann die Familienkasse gegen Ansprüche auf Kindergeld bis zu deren Hälfte aufrechnen, wenn der Leistungsberechtigte nicht nachweist, dass er dadurch hilfebedürftig im Sinne der Vorschriften des Zwölften Buches Sozialgesetzbuch über die Hilfe zum Lebensunterhalt oder im Sinne der Vorschriften des Zweiten Buches Sozialgesetzbuch über die Leistungen zur Sicherung des Lebensunterhalts wird.

(2) Absatz 1 gilt für die Aufrechnung eines Anspruchs auf Erstattung von Kindergeld gegen einen späteren Kindergeldanspruch eines mit dem Erstattungspflichtigen in Haushaltsgemeinschaft lebenden Berechtigten entsprechend, soweit es sich um laufendes Kindergeld für ein Kind handelt, das bei beiden berücksichtigt werden kann oder konnte.

Verwaltung: DA-KG 2018 (abrufbar unter www.bzst.de).

Abs. 1 begrenzt[5] die **Aufrechnung v. Anspr. auf Erstattung v. Kindergeld gegen Anspr. auf Kindergeld** auf die Hälfte des Anspr. auf Kindergeld[6] und die ggf. vorher eintretende Hilfebedürftigkeit iSd. Sozialhilferechts.[7] Soweit § 75 nichts anderes vorgibt, sind §§ 47, 226 AO, §§ 387 ff. BGB maßgeblich.[8] Die Aufrechnung einer Erstattungsforderung gegen den Anspr. auf Kindergeld setzt voraus, dass im Zeitpunkt der Aufrechnung die aufrechnende Familienkasse Gläubigerin eines fälligen und einredefreien Anspr. auf Erstattung v. Kindergeld (Gegenforderung) ist[9] und der Schuldner dieser Erstattungsverpflichtung einen erfüllbaren Anspr. auf Kindergeld (Hauptforderung)[10] hat. Erstattungsanspr. und Anspr. auf Kindergeld müssen sich nicht auf dasselbe Kind beziehen. Die Aufrechnung steht im **Ermessen** der Familienkasse[11] und erfolgt durch formfreie einseitige empfangsbedürftige **Willenserklärung.**[12] Die Aufrechnungserklärung hat keine Steuerverwaltungsaktsqualität.[13] Über **Einwendungen** gegen die Rechtmäßigkeit der Auf- 1

1 BFH v. 13.6.2013 – V S 29/12 (PKH), BFH/NV 2013, 1414, wonach die Abzweigungsentscheidung ggf. nachzuholen und gem. § 112 SGB X Rückerstattung zu fordern ist.

2 BFH v. 23.6.2015 – III R 31/14, BFHE 250, 28; zur Bestimmtheit von Abrechnungsbescheiden iÜ BFH v. 18.3.2015 – VI B 87/14, BFH/NV 2015, 954.

3 BFH v. 28.4.2010 – III R 43/08, BFHE 230, 299; vgl. auch BFH v. 28.4.2010 – III R 44/08, BFHE 231, 39 = FR 2011, 435: Die Rechtsposition des Jugendhilfeträgers entspricht insoweit derjenigen eines Pfändungsgläubigers.

4 BFH v. 28.4.2010 – III R 44/08, BFHE 231, 39 = FR 2011, 435.

5 Zur dogmatischen Bedeutung v. § 75 vgl. auch FG Sachs. v. 19.7.2011 – 6 K 1290/06 (Kg), juris (rkr.).

6 Das gilt auch für das zum 1.1.2015 rückwirkend erhöhte Kindergeld (hierzu BZSt. v. 24.7.2015, BStBl. I 2015, 580).

7 Ob es sich um einen Anspr. auf lfd. Kindergeld handelt, ist seit der Neufassung des Abs. 1 durch das Zollkodex-AnpG v. 22.12.2014, BGBl. I 2014, 2417, unerheblich. Auch die Aufrechnung gegen Anspr. auf Nachzahlung ist damit nunmehr zulässig. Das war früher str. (dagegen zB FG Hbg. v. 24.3.2005 – I 359/04, EFG 2005, 1250; dafür FG Sachs. v. 19.7.2011 – 6 K 1290/06 [Kg], juris [rkr.]).

8 Vgl. auch FG Hess. v. 7.9.2006 – 13 K 3592/04, ZFSH/SGB 2007, 494.

9 Zum Zusammentreffen mit anderen Verfügungen DA-KG 2018 Kap. V 27.2.

10 BFH v. 7.4.2011 – III R 88/09, BFH/NV 2011, 1326.

11 Zum Ermessensausfall vgl. FG Sachs. v. 19.7.2011 – 6 K 1290/06 (Kg), juris (rkr.).

12 BFH v. 7.4.2011 – III R 88/09, BFH/NV 2011, 1326, die Aufrechnungserklärung kann mündlich, schriftlich oder durch schlüssige Handlung erfolgen, der Wille zur Tilgung und Verrechnung muss aber klar und unzweideutig sein; vgl. auch BFH v. 4.3.2011 – III B 166/10, BFH/NV 2011, 1007, wonach die Aufrechnung eine nicht anfechtbare öffentlich-rechtl. Willenserklärung ist.

13 BFH v. 2.4.1987 – VII R 148/83, BFHE 149, 482 = BStBl. II 1987, 536; ebenso BVerwG v. 27.10.1982 – 3 C 6/82, BVerwGE 66, 218; **aA** BSG v. 25.3.1982 – 10 RKg 2/81, BSGE 53, 208.

rechnung entscheidet die Familienkasse durch Abrechnungsbescheid (§ 218 Abs. 2 AO). Eine Aufrechnung ist bei Eintritt v. **Hilfebedürftigkeit** (§§ 27 ff. SGB XII sowie §§ 19 ff. SGB II) ausgeschlossen. Hilfebedürftigkeit kann als Folge der Aufrechnung erstmalig eintreten oder durch die Aufrechnung erhöht werden; die Beweislast für die Hilfebedürftigkeit trägt der Leistungsberechtigte.[1] Steht dem Anspr. auf Kindergeld eine ESt-Nachforderung ggü., die durch Wegfall eines Kinderfreibetrags oder durch eine nachträgliche Anrechnung v. Kindergeld entstanden ist, wird eine – nicht unbedenkliche – analoge Anwendung v. Abs. 1 vorgeschlagen.[2]

2 **Abs. 2**[3] enthält für die Aufrechnung durch die Familienkasse nach Abs. 1 eine **Ausnahme vom Gegenseitigkeitserfordernis**. Diese ist erforderlich, da die Eltern den Berechtigten für die Auszahlung des Kindergeldes untereinander bestimmen (§ 64 Abs. 2 S. 2) und so die Gegenseitigkeit von Haupt- und Gegenforderung beseitigen können. Die Aufrechnungsbefugnis der Familienkasse wird auf spätere Kindergeldansprüche aller in Haushaltsgemeinschaft (dazu § 64 Rn. 3) lebenden Kindergeldberechtigten erweitert, soweit es sich um lfd. Kindergeld[4] für ein Kind handelt, das beim Erstattungspflichtigen und beim anderen Berechtigten berücksichtigt werden kann oder konnte. Die Aufrechnung nach Abs. 2 ist begrenzt durch die Hilfebedürftigkeit (vgl. Rn. 1) der betroffenen Kindergeldberechtigten.

§ 76 Pfändung

[1]Der Anspruch auf Kindergeld kann nur wegen gesetzlicher Unterhaltsansprüche eines Kindes, das bei der Festsetzung des Kindergeldes berücksichtigt wird, gepfändet werden. [2]Für die Höhe des pfändbaren Betrags gilt:

1. **[1]Gehört das unterhaltsberechtigte Kind zum Kreis der Kinder, für die dem Leistungsberechtigten Kindergeld gezahlt wird, so ist eine Pfändung bis zu dem Betrag möglich, der bei gleichmäßiger Verteilung des Kindergeldes auf jedes dieser Kinder entfällt. [2]Ist das Kindergeld durch die Berücksichtigung eines weiteren Kindes erhöht, für das einer dritten Person Kindergeld oder dieser oder dem Leistungsberechtigten eine andere Geldleistung für Kinder zusteht, so bleibt der Erhöhungsbetrag bei der Bestimmung des pfändbaren Betrags des Kindergeldes nach Satz 1 außer Betracht;**
2. **der Erhöhungsbetrag nach Nummer 1 Satz 2 ist zugunsten jedes bei der Festsetzung des Kindergeldes berücksichtigten unterhaltsberechtigten Kindes zu dem Anteil pfändbar, der sich bei gleichmäßiger Verteilung auf alle Kinder, die bei der Festsetzung des Kindergeldes zugunsten des Leistungsberechtigten berücksichtigt werden, ergibt.**

Verwaltung: DA-KG 2018 (abrufbar unter www.bzst.de).

Literatur: *Harder*, Ausgewählte Fragen zur Pfändung und Abtretung von Steuererstattungs- und Steuervergütungsansprüchen unter Berücksichtigung aktueller Rechtsänderungen, DB 1996, 2409; *von Zwehl*, Pfändung von Kindergeld, ZTR 1996, 545.

1 § 76 begrenzt den **Umfang der Pfändbarkeit des Kindergeldes** als Anspr. auf eine Steuervergütung (vgl. § 31 S. 3) in Abweichung v. § 46 Abs. 1 AO, um sicherzustellen, dass das Kindergeld tatsächlich dem Kind zugutekommt.[5] Soweit der Anspr. auf Kindergeld der Pfändung unterliegt, kann er an einen Dritten abgetreten oder verpfändet werden (§ 46 AO, §§ 400, 1274 Abs. 2 BGB). Gem. **§ 76 S. 1** ist der Anspr. nach § 66 Abs. 1 ausschließlich **wegen gesetzlicher Unterhaltsansprüche eines Kindes iSv. § 63**, das bei der Festsetzung des Kindergeldes berücksichtigt wird (Zahl- und Zählkind; § 63 Rn. 1), pfändbar.[6] **S. 2** legt die

1 Durch das JStG 2007 v. 13.12.2006, BGBl. I 2006, 2878, wurde die Norm an die Rechtslage im Sozialrecht angepasst (vgl. auch BT-Drucks. 16/2712, 65).
2 FG München v. 25.6.2002 – 12 K 591/02, EFG 2002, 1351 m. Anm. *Braun*.
3 Durch das G zur Familienförderung v. 22.12.1999, BGBl. I 1999, 2552, wurde die Aufrechnungsmöglichkeit auf alle in Haushaltsgemeinschaft lebenden Kindergeldberechtigten erweitert (vgl. auch BT-Drucks. 476/99, 29).
4 Warum der Begriff „laufendes" in Abs. 2 nicht ebenso wie in Abs. 1 gestrichen wurde, erschließt sich nicht.
5 Zu den Einzelheiten der Pfändung s. DA-KG 2018 Kap. V 23; der Anspr. auf Kindergeld fällt damit nach §§ 35 f. InsO auch nicht in die Insolvenzmasse (vgl. BFH v. 28.4.2016 – III R 45/13, BFH/NV 2016, 1472); zur (nicht unbedenklichen) analogen Anwendung, wenn dem Kindergeldanspr. eine ESt-Nachforderung durch Wegfall des Kinderfreibetrags oder nachträgliche Anrechnung v. Kindergeld gegenübersteht, FG München v. 25.6.2002 – 12 K 591/02, EFG 2002, 1351 m. Anm. *Braun*.
6 Nach BGH v. 9.3.2016 – VII ZB 68/13, MDR 2016, 671, ist weder eine teleologische Erweiterung noch eine Analogie von § 76 auf Ansprüche, die mit dem Unterhalt des Kindes in einem inneren Zusammenhang stehen, möglich.

Höhe des pfändbaren Kindergeldes fest.[1] Gem. **S. 2 Nr. 1 S. 1** ist eine **Pfändung durch ein Zahlkind** bis zu dem Betrag möglich, der bei gleichmäßiger Verteilung des Kindergeldes auf jedes Zahlkind entfällt. Ist die Kindergeldzahlung an den Berechtigten durch die Berücksichtigung eines weiteren Kindes erhöht, für das ein Dritter – insbes. der andere Elternteil, dem das Kindergeld vorrangig zusteht (§ 64) – Kindergeld oder dieser bzw. der Leistungsberechtigte eine andere Leistung für Kinder erhält (§ 65), so bleibt der Erhöhungsbetrag bei der Bestimmung des pfändbaren Kindergeldbetrags außer Betracht (**S. 2 Nr. 1 S. 2**). Dieser **Erhöhungsbetrag** (sog. Zählkindervorteil) ist gem. **S. 2 Nr. 2** zugunsten eines bei der Festsetzung des Kindergeldes berücksichtigten unterhaltsberechtigten Kindes (Zahl- oder Zählkind) pfändbar, jedoch nur zu dem Anteil, der sich bei der gleichmäßigen Verteilung auf alle Kinder, die bei der Festsetzung des Kindergeldes zugunsten des Leistungsberechtigten berücksichtigt werden, ergibt.[2] § 76 S. 2 ist iRv. § 74 Abs. 2 entspr. anwendbar.[3] Das Pfändungsprivileg erlischt, wenn der Unterhaltsanspruch durch Rechtsgeschäft oder kraft Gesetzes auf andere Personen oder Stellen übergeht.

Die **Familienkasse ist Drittschuldner** (§ 46 Abs. 7 AO), auch wenn nach § 850e Nr. 2a ZPO das Arbeitseinkommen des Berechtigten nach Zusammenrechnung mit dem pfändbaren Teil des Kindergeldes gepfändet worden ist.[4] Gem. § 46 Abs. 6 AO kann der Pfändungs- und Überweisungsbeschluss wirksam erst nach **Entstehen des Anspr.** gem. §§ 62, 63 erlassen werden.[5] 2

§ 77 Erstattung von Kosten im Vorverfahren

(1) [1]Soweit der Einspruch gegen die Kindergeldfestsetzung erfolgreich ist, hat die Familienkasse demjenigen, der den Einspruch erhoben hat, die zur zweckentsprechenden Rechtsverfolgung oder Rechtsverteidigung notwendigen Aufwendungen zu erstatten. [2]Dies gilt auch, wenn der Einspruch nur deshalb keinen Erfolg hat, weil die Verletzung einer Verfahrens- oder Formvorschrift nach § 126 der Abgabenordnung unbeachtlich ist. [3]Aufwendungen, die durch das Verschulden eines Erstattungsberechtigten entstanden sind, hat dieser selbst zu tragen; das Verschulden eines Vertreters ist dem Vertretenen zuzurechnen.

(2) Die Gebühren und Auslagen eines Bevollmächtigten oder Beistandes, der nach den Vorschriften des Steuerberatungsgesetzes zur geschäftsmäßigen Hilfeleistung in Steuersachen befugt ist, sind erstattungsfähig, wenn dessen Zuziehung notwendig war.

(3) [1]Die Familienkasse setzt auf Antrag den Betrag der zu erstattenden Aufwendungen fest. [2]Die Kostenentscheidung bestimmt auch, ob die Zuziehung eines Bevollmächtigten oder Beistandes im Sinne des Absatzes 2 notwendig war.

Verwaltung: DA-KG 2018 (abrufbar unter www.bzst.de).

Abw. vom Grundsatz der Kostenfreiheit des außergerichtlichen Rechtsbehelfsverfahrens nach der AO[6] werden gem. **Abs. 1** im **Einspruchsverfahren** gegen Kindergeldfestsetzungsbescheide (§ 70) dem erfolgreichen Rechtsbehelfsführer die zur zweckentsprechenden Rechtsverfolgung oder -verteidigung **notwendigen Aufwendungen** erstattet, begrenzt durch das **Ausmaß des Obsiegens** (entspr. Antragsbegehren und endg. Erfolg). Bei teilw. Obsiegen werden die Kosten gequotelt.[7] Notwendig sind alle Kosten, die ein verständiger Beteiligter unter Berücksichtigung der Bedeutung der Streitsache für sachdienlich und erforderlich halten 1

---

1 Hierzu DA-KG 2018 Kap. V 23.2; zur Aufteilung des Kindergeldes nach Köpfen, wenn teils Kindergeld nach § 66 und teils niedrigeres Abkommenskindergeld gezahlt wird, vgl. BFH v. 28.4.2010 – III R 44/08, BFHE 231, 39 = FR 2011, 435; § 76 S. 2 Nr. 1 ist nicht auf die Berechnung von Differenzkindergeld anwendbar, vgl. BFH v. 4.2.2016 – III R 9/15, BFHE 153, 139, m. Anm. *Selder*, jurisPR-SteuerR 31/2016 Anm. 3 und v. 13.4.2016 – III R 34/15, BFH/NV 2016, 1465.

2 Berechnungsbeispiel in DA-KG 2018 Kap. V 23.2 Abs. 3.

3 BFH v. 28.4.2010 – III R 43/08, BFHE 230, 299 = BStBl. II 2010, 1014.

4 Zu den Details DA-KG 2018 Kap. V 23.1 Abs. 2.

5 Zu den Rechtsbehelfen gegen Pfändungs- und Überweisungsbeschlüsse DA-KG 2018 Kap. V 23.1.

6 Vgl. zB BFH v. 25.8.2009 – III B 245/08, BFH/NV 2009, 1989. Zur Verfassungsmäßigkeit des Grundsatzes der Kostenfreiheit und zur Bedeutung des § 77 vgl. BFH v. 23.7.1996 – VII B 42/96, BFHE 180, 529. Außerhalb der AO kommt neben § 77 als Rechtsgrundlage für eine Erstattung allenfalls ein Schadensersatzanspruch iRd. Amtshaftung in Betracht, vgl. FG BaWü. v. 30.4.2008 – 2 K 212/05, EFG 2008, 1267. § 77 ist auf andere finanzrechtl. Verfahren (zB Einspruch gegen Steuerbescheid) mangels Regelungslücke nicht entspr. anwendbar, vgl. FG München v. 30.4.2009 – 15 K 320/09, EFG 2009, 1581. Vgl. auch DA-KG 2018 Kap. R 6.5.

7 BFH v. 13.5.2015 – III R 8/14, BFHE 249, 422.

durfte (zB Reise-, Telefon-, Portokosten).[1] Aufwendungen, die durch das Verschulden eines Erstattungsberechtigten oder seines Vertreters entstanden sind, werden nicht erstattet (Abs. 1 S. 3).[2] Bei **erfolglosem Einspruch** erfolgt grds. keine Kostenerstattung.[3] Aufwendungen werden ausnahmsweise **erstattet**, wenn der Einspruch nur deshalb keinen Erfolg hat, weil die Verletzung einer Verfahrens- oder Formvorschrift nach § 126 AO unbeachtlich ist (Abs. 1 S. 2). Dabei werden die Kosten nicht gequotelt. § 77 ist auch bei erfolgreichem **Untätigkeitseinspruch**[4] sowie **Einspruch gegen die Aufhebung einer Kindergeldfestsetzung**,[5] gegen die **Ablehnung der beantragten Abzweigung**[6] und gegen den **Abrechnungsbescheid** wg. eines Erstattungsanspr. des Sozialleistungsträgers[7] anwendbar, nicht aber iRd. Überprüfung der Voraussetzungen eines Kindergeldanspr.,[8] bei nichtförmlichen außergerichtlichen Rechtsbehelfen oder bei Billigkeitsentscheidungen[9] in Kindergeldsachen. § 77 ist nicht anwendbar, soweit sich an ein erfolgloses Einspruchsverfahren ein zum Erfolg führendes Klageverfahren anschließt; die nach § 77 getroffene Kostenentscheidung wird gegenstandslos.[10] Der Kostenerstattungsanspruch nach § 77 kann formlos nach den Vorschriften des BGB abgetreten werden.[11]

2 **Gebühren** und **Auslagen** eines **Bevollmächtigten** oder **Beistandes**, der nach StBerG zur geschäftsmäßigen Hilfeleistung in Steuersachen **befugt** ist und **erkennbar** als Bevollmächtigter auftritt,[12] sind erstattungsfähig, wenn seine **Zuziehung** – aus der Sicht eines verständigen Dritten, insbes. im Hinblick auf die Schwierigkeit des Streitstoffes und den Bildungsstand der Beteiligten – **notwendig** ist **(Abs. 2)**.[13] Dies kann im Einzelfall auch zu bejahen sein, wenn der Bevollmächtigte seinen Einspruch nicht begründet, dem Rechtsbehelf gleichwohl seitens der Familienkasse stattgegeben wird.[14] Es handelt sich um einen Aufwendungsersatzanspruch.[15] Nicht notwendig ist die Hinzuziehung, wenn es um die bloße Beibringung v. Unterlagen geht und die Aufforderung der Familienkasse allg. verständlich war.[16] Ein irreführendes Verhalten der Behörde selbst kann dagegen die Hinzuziehung als notwendig erscheinen lassen.[17] Für ein Einspruchsverfahren gegen die Aufhebung eines Kindergeldbescheids dürften die Voraussetzungen des § 77 Abs. 2 angesichts der Komplexität der Rechtslage stets erfüllt sein.[18] Ob der sich selbst vertretende RA

---

1 *Wendl* in H/H/R, § 77 Anm. 3 (Stand: März 2015).

2 FG Hess. v. 24.1.2000 – 2 K 2609/99, EFG 2000, 447; BFH v. 2.4.2014 – XI B 2/14, BFH/NV 2014, 1049 (Verletzung v. Mitwirkungspflichten); vgl. auch FG RhPf. v. 2.6.2016 – 6 K 1816/15, juris.

3 Zum unzulässigen Einspruch vgl. FG Hbg. v. 26.5.2016 – 6 K 194/14, juris (nachfolgend BFH v. 21.12.2016 – III B 97/16, BFH/NV 2017, 472); zum Einspruch gegen die Kindergeldfestsetzung vgl. auch *Hartmann*, EStB 2015, 110.

4 FG München v. 25.10.2017 – 7 K 2111/17, juris Rn. 8 ff., wobei der Untätigkeitseinspruch nur dann „erfolgreich" ist, wenn zugunsten des Anspruchstellers über den Streitgegenstand entschieden wird; die bloße Entsch. über den Antrag genügt nicht; vgl. zudem FG Hbg. v. 6.6.2017 – 5 K 148/16, juris (Rev. III R 46/17); FG Köln v. 21.11.2012 – 14 K 1020/12, EFG 2013, 713 (rkr.); FG Düss. v. 8.6.2011 – 7 K 85/11 Kg, EFG 2012, 529 (rkr.); vgl. auch DA-KG 2018 Kap. R 6.5.

5 BFH v. 23.7.2002 – VIII R 73/00, BFH/NV 2003, 25; vgl. auch FG BaWü. v. 15.2.2010 – 3 K 4247/09, EFG 2010, 1138 und FG Nürnb. v. 13.1.2014 – 3 K 184/13, juris.

6 BFH v. 26.6.2014 – III R 39/12, BFHE 246, 410; v. 18.11.2015 – XI R 24–25/14, BFH/NV 2016, 418, m. Anm. *Steinhauff*, jurisPR-SteuerR 13/2016 Anm. 5.

7 BFH v. 23.6.2015 – III R 31/14, BFHE 250, 28, m. Anm. *Selder*, jurisPR-SteuerR 43/2015 Anm. 4; vgl. zum Einspruch gegen Abrechnungsbescheid iVm. AdV-Antrag BFH v. 7.2.2012 – VI B 139/11, BFH/NV 2012, 962.

8 BFH v. 25.8.2009 – III B 245/08, BFH/NV 2009, 1989; vgl. auch FG Hbg. v. 24.3.2017 – 5 K 15/17, juris.

9 BFH v. 9.12.2010 – III B 115/09, BFH/NV 2011, 434 und FG Sachs. v. 10.12.2008 – 5 K 2065/06 (Kg), juris (Weiterleitungsfälle); vgl. auch FG Münster v. 18.6.2007 – 1 K 5994/03 Kg, EFG 2007, 1533.

10 BFH v. 13.6.2003 – VIII R 13/02, BFH/NV 2003, 1432 (bei Erledigung im Klageverfahren gilt allein § 138 FGO).

11 FG Hess. v. 18.3.2015 – 12 K 1651/11, EFG 2015, 1616 m. Anm. *Lemaire*, wonach die Formvorschriften des § 46 AO nicht zu beachten sind.

12 FG München v. 25.7.2007 – 4 K 29/04, EFG 2007, 1704; **aA** FG Hbg. v. 19.2.2010 – 4 K 243/08, juris (bzgl. § 139 Abs. 3 S. 3 FGO).

13 Hierzu FG München v. 28.9.2005 – 10 K 3486/05, juris; FG Hbg. v. 20.4.2004 – III 465/03, EFG 2004, 1621; FG Bremen v. 9.11.1999 – 298266K 2, EFG 2000, 273 (nachfolgend BFH v. 23.7.2002 – VIII R 73/00, BFH/NV 2003, 25); FG Nds. v. 27.5.1999 – XII 344/98 Ki, EFG 1999, 905; zur Erledigungsgebühr vgl. BFH v. 12.2.2007 – III B 140/06, BFH/NV 2007, 1109 und FG Köln v. 6.5.2010 – 10 K 4102/09, EFG 2010, 1446; zur Geschäftsgebühr vgl. BFH v. 7.2.2012 – VI B 139/11, BFH/NV 2012, 962; FG Düss. v. 8.9.2011 – 10 K 3255/09 Kg, EFG 2012, 662 und FG Sachs. v. 26.2.2016 – 2 K 1851/15 (Kg), juris; zur Berechnung des Gegenstandswerts des Vorverfahrens vgl. FG Berlin-Bdbg. v. 14.2.2013 – 10 K 10305/08, DStRE 2013, 1077.

14 FG Nds. v. 27.5.1999 – XII 344/98 Ki, EFG 1999, 905; **aA** FG München v. 14.10.1991 – 15 K 730/91, EFG 1992, 210.

15 FG BaWü. v. 15.2.2010 – 3 K 4247/09, EFG 2010, 1138.

16 FG Bremen v. 11.8.2017 – 2 K 34/17 (1), juris Rn. 39 ff.; FG BaWü. v. 15.2.2010 – 3 K 4247/09, EFG 2010, 1138.

17 FG BaWü. v. 29.4.2009 – 4 K 5505/08, EFG 2009, 1337.

18 Vgl. FG Münster v. 16.3.2012 – 12 K 287/12 Kg, EFG 2012, 1371, wonach die Voraussetzungen einer Kindergeldaufhebung für einen stl. Laien keine einfach zu beantwortenden Fragen sind.

oder Steuerberater seine Gebühren geltend machen kann, hat der BFH offengelassen.[1] IÜ kann auf die zu § 139 Abs. 3 S. 3 FGO entwickelten Grundsätze verwiesen werden.[2]

Die Familienkasse regelt **v. Amts wegen** durch die **Kostenentscheidung**,[3] welcher Beteiligte mit welchem Anteil die Kosten des Einspruchsverfahrens dem Grunde nach zu tragen hat. Bei ganzem oder teilw. Obsiegen ist in der Kostenentscheidung auch darüber zu befinden, ob die Zuziehung eines Bevollmächtigten oder Beistandes notwendig war **(Abs. 3 S. 2)**.[4] **Auf Antrag** setzt die Familienkasse den Betrag der zu erstattenden Aufwendungen der Höhe nach fest **(Abs. 3 S. 1)**. Wendet sich der Einspruchsführer isoliert gegen die im Rahmen einer Einspruchsentscheidung ergangene Kostenentscheidung nach § 77 Abs. 1 und 2, ist statthafter Rechtsbehelf hiergegen ausschließlich die Klage, nicht (auch) der Einspruch.[5] 3

§ 78 Übergangsregelungen

(1) **bis** **(4)** (weggefallen)

(5) [1]Abweichend von § 64 Absatz 2 und 3 steht Berechtigten, die für Dezember 1990 für ihre Kinder Kindergeld in dem in Artikel 3 des Einigungsvertrages genannten Gebiet bezogen haben, das Kindergeld für diese Kinder auch für die folgende Zeit zu, solange sie ihren Wohnsitz oder gewöhnlichen Aufenthalt in diesem Gebiet beibehalten und die Kinder die Voraussetzungen ihrer Berücksichtigung weiterhin erfüllen. [2]§ 64 Absatz 2 und 3 ist insoweit erst für die Zeit vom Beginn des Monats an anzuwenden, in dem ein hierauf gerichteter Antrag bei der zuständigen Stelle eingegangen ist; der hiernach Berechtigte muss die nach Satz 1 geleisteten Zahlungen gegen sich gelten lassen.

Verwaltung: DA-KG 2018 (abrufbar unter www.bzst.de).

Literatur: *Felix*, Das neue Kindergeldrecht, ZBR 1996, 101; *Kraeusel*, Änderungen im Steuerrecht durch das Steuerentlastungsgesetz 1999/2000/2002, DStZ 1999, 431.

Abs. 1–3 wurden mWv. 1.1.1999,[6] **Abs. 4** mWv. 1.1.2007[7] aufgehoben. Die Regelungen sind durch Zeitablauf ohne Bedeutung.[8] **Abs. 5** enthält – entspr. § 44d Abs. 2 BKGG aF – **Sonderregelungen für Kindergeldberechtigte in den neuen Bundesländern** in Abweichung zu § 64 Abs. 2 und 3. Diese sind nur solange gerechtfertigt, als die Anspruchsvoraussetzungen bei diesen Kindern nach Dezember 1990 ununterbrochen erfüllt bleiben. Mit einer Änderung der tatsächlichen Verhältnisse ist die Anwendung des Abs. 5 ausgeschlossen.[9] 1

1 BFH v. 23.7.2002 – VIII R 73/00, BFH/NV 2003, 25.
2 **AA** FG Bremen v. 9.11.1999 – 298266 K 2, EFG 2000, 273 (nachfolgend BFH v. 23.7.2002 – VIII R 73/00, BFH/NV 2003, 25).
3 Zum zweistufigen Verfahren (Kostengrundentsch. und Kostenfestsetzung) vgl. FG Düss. v. 31.3.2006 – 18 K 1795/05 Kg, EFG 2006, 909.
4 Hierzu auch *Hartmann*, EStB 2015, 110.
5 BFH v. 13.5.2015 – III R 8/14, BFHE 249, 422; v. 13.4.2016 – III R 24/15, BFH/NV 2016, 1284, m. Anm. *Avvento*, HFR 2016, 915; vgl. auch FG Hbg. v. 26.5.2016 – 6 K 194/14, juris (nachfolgend BFH v. 21.12.2016 – III B 97/16, BFH/NV 2017, 472).
6 SteuerentlastungsG 1999/2000/2002 v. 24.3.1999, BGBl. I 1999, 402.
7 G zur Anspruchsberechtigung v. Ausländern wegen Kindergeld, Erziehungsgeld und Unterhaltsvorschuss v. 13.12.2006, BGBl. I 2006, 2915.
8 Zu § 78 Abs. 1–4 vgl. BMF v. 28.6.1996, BStBl. I 1996, 723; nach BFH v. 14.10.2002 – VIII R 68/01, BFH/NV 2003, 460, gilt für Bezugszeiträume vor dem 1.1.1996 stets das bis zum 31.12.1995 geltende Recht; zur Aufhebung nach BKGG gewährtem Kindergeld und der Bedeutung für § 78 Abs. 1 vgl. BFH v. 26.1.2001 – VI R 89/00, BFH/NV 2001, 1018 und v. 27.12.2000 – VI B 187/00, BFH/NV 2001, 775; zur Bedeutung von § 78 Abs. 1 für § 70 Abs. 2 vgl. BFH v. 12.5.2000 – VI R 100/99, BFH/NV 2001, 21 und v. 14.5.2002 – VIII R 67/01, BFH/NV 2002, 1294; zur Erstreckung des § 78 Abs. 3 auch auf § 2 Abs. 4 BKGG aF vgl. FG Nds. v. 15.2.2001 – 10 K 214/98 Kl, EFG 2001, 904 (rkr).
9 FG Bdbg. v. 12.2.1998 – 5 K 1367/97 Kg, EFG 1998, 751 (rkr).

XI. Altersvorsorgezulage

§ 79 Zulageberechtigte

[1]Die in § 10a Absatz 1 genannten Personen haben Anspruch auf eine Altersvorsorgezulage (Zulage). [2]Ist nur ein Ehegatte nach Satz 1 begünstigt, so ist auch der andere Ehegatte zulageberechtigt, wenn

1. **beide Ehegatten nicht dauernd getrennt leben (§ 26 Absatz 1),**
2. **beide Ehegatten ihren Wohnsitz oder gewöhnlichen Aufenthalt in einem Mitgliedstaat der Europäischen Union oder einem Staat haben, auf den das Abkommen über den Europäischen Wirtschaftsraum anwendbar ist,**
3. **ein auf den Namen des anderen Ehegatten lautender Altersvorsorgevertrag besteht,**
4. **der andere Ehegatte zugunsten des Altersvorsorgevertrags nach Nummer 3 im jeweiligen Beitragsjahr mindestens 60 Euro geleistet hat und**
5. **die Auszahlungsphase des Altersvorsorgevertrags nach Nummer 3 noch nicht begonnen hat.**

[3]Satz 1 gilt entsprechend für die in § 10a Absatz 6 Satz 1 und 2 genannten Personen, sofern sie unbeschränkt steuerpflichtig sind oder für das Beitragsjahr nach § 1 Absatz 3 als unbeschränkt steuerpflichtig behandelt werden.

Verwaltung: BMF v. 21.12.2017, BStBl. I 2018, 93 Rn. 1 ff. – Stl. Förderung der privaten Altersvorsorge und betrieblichen Altersversorgung.

Literatur: S. den Literaturnachweis zu § 10a.

1 **Alle Berechtigten** iSd. § 10a (s. § 10a Rn. 4)[1] erhalten aufgrund ihres Antrags **die Zulage**. Personen, die nicht in einem Alterssicherungssystem abgesichert sind, sind nicht zulageberechtigt; insoweit besteht Bestandsschutz nach S. 3. Der StPfl. hat entspr. seinem beitragspflichtigen Einkommen einen – v. der Kinderzahl unabhängigen – Mindesteigenbeitrag, der einheitlich mit einem Sockelbetrag iHv. 60 Euro bemessen ist, zu seiner zusätzlichen Eigenversorgung zu leisten. Der Staat erhöht diese Eigenleistung um die Zulage. Der über die Zulage hinausgehende Steuervorteil aus dem zusätzlichen SA-Abzug wird bei der Veranlagung zur ESt gewährt. Das „modifizierte Anbieterverfahren" unterstellt, dass der Berechtigte bereits seine Zulage erhalten hat.

2 Gehört nur ein **Ehegatte/Lebenspartner** zum begünstigten Personenkreis, hat der andere nach Maßgabe des § 79 S. 2 eine **mittelbare Zulagenberechtigung**.[2] Der nicht originär begünstigte Ehegatte/Lebenspartner hat den Anspr. auf die ungekürzte Zulage, wenn der andere den Mindesteigenbeitrag auf seinen Altersvorsorgevertrag geleistet hat. Die zusammen veranlagten Ehegatten werden zum begünstigten Personenkreis gerechnet, auch wenn nur einer von ihnen die Voraussetzungen des Abs. 1 S. 1 erfüllt. Denn auch der nicht pflichtversicherte Ehegatte ist von dem Absenken des Rentenniveaus des Pflichtversicherten betroffen.[3] Ein zusätzlicher Mindesteigenbeitrag des nicht originär Begünstigten ist nicht erforderlich. Wird der Mindesteigenbeitrag nicht in voller Höhe erbracht, wirkt sich der für den Pflichtversicherten ermittelte Kürzungsfaktor in gleicher Weise auf die dem nicht Rentenversicherungspflichtigen zu gewährende Zulage aus. Der nur mittelbar zulageberechtigte Ehegatte/Lebenspartner hat (nur) dann einen Anspr. auf eine Altersvorsorgezulage, wenn er einen Altersvorsorgevertrag abgeschlossen hat; das Bestehen einer entsprechenden betrieblichen Altersversorgung reicht nicht aus.[4] Die mittelbare Zulageberechtigung ist auch dann gegeben, wenn die Voraussetzungen des § 26 Abs. 1 nur deshalb nicht vorliegen, weil die Ehegatten/Lebenspartner nicht beide unbeschränkt stpfl. sind, etwa weil sie ihren Wohnsitz im EU-Ausland haben.[5] Eine mittelbare Zulagenberechtigung besteht nicht mehr, wenn sich der Altersvorsorgevertrag des mittelbar zulageberechtigten Ehegatten/Lebenspartners bereits in der Auszahlungsphase befindet.

---

1 Zum begünstigten Personenkreis BMF v. 21.12.2017, BStBl. I 2018, 93 Rn. 1 ff.; BFH v. 6.4.2016 – X R 42/14, BFH/NV 2016, 1157 – verneinend für Pflichtmitglied eines berufsständischen Versorgungswerks, m. Anm. *Fischer*, jurisPR-SteuerR 37/2016 Anm. 1 (hierzu BVerfG v. 15.11.2016 – 2 BvR 1699/16, juris); BFH v. 2.8.2016 – X R 11/15, BFH/NV 2017, 300 – keine Altersvorsorgezulage für Angehörige eines ausländ. Rentenversicherungssystems.

2 BFH v. 25.3.2015 – X R 20/14, BStBl. II 2015, 709, zu dem Fall, dass ein Ehepartner die Einwilligung in die Datenübermittlung nicht fristgemäß erteilt; Anm. *Schuster*, jurisPR-SteuerR 35/2015 Anm. 6; BFH v. 5.7.2018 – X B 24/18, juris; ausf. BMF v. 21.12.2017, BStBl. I 2018, 93 Rn. 21 ff.

3 BT-Drucks. 14/4595, 65.

4 BFH v. 21.7.2009 – X R 33/07, BStBl. II 2009, 995 = FR 2010, 190; hierzu *Schuster*, jurisPR-SteuerR 46/2009, Anm. 5; BFH v. 9.3.2016 – X R 49/14, BFH/NV 2016, 1152.

5 BR-Drucks. 4/10, 34.

Die Begr. zum Gesetzentwurf der BReg eines BeitrRLUmsG[1] führt zu S. 2 Nr. 4 aus: „Das spezifische Problem der mittelbar zulageberechtigten Kindererziehenden, die aufgrund der Geburt eines Kindes in die unmittelbare Förderung hineinwachsen, wird dadurch gelöst, dass alle Zulageberechtigten mindestens eigene Altersvorsorgebeiträge iHv. 60 Euro (Sockelbetrag) jährlich zahlen müssen. Dadurch wird vermieden, dass die vollständigen Altersvorsorgezulagen bei fehlerhafter Einschätzung des Zulagestatus zurückgefordert werden müssen …“. 3

§ 79 S. 3 übernimmt inhaltlich unverändert die Regelung des § 52 Abs. 63a S. 1. Für diejenigen, die in bestimmten **ausländ. gesetzlichen Alterssicherungssystemen** pflichtversichert sind und die die Förderung bereits in Anspr. nehmen, bleibt die Zulageberechtigung weiter bestehen, wenn der Zulageberechtigte unbeschränkt stpfl. ist oder für das Beitragsjahr nach § 1 Abs. 3 als unbeschränkt stpfl. behandelt wird. 4

§ 80 Anbieter

Anbieter im Sinne dieses Gesetzes sind Anbieter von Altersvorsorgeverträgen gemäß § 1 Absatz 2 des Altersvorsorgeverträge-Zertifizierungsgesetzes sowie die in § 82 Absatz 2 genannten Versorgungseinrichtungen.

§ 81 Zentrale Stelle

Zentrale Stelle im Sinne dieses Gesetzes ist die Deutsche Rentenversicherung Bund.

Die vom Anbieter mitgeteilten übrigen Voraussetzungen für den SA-Abzug nach § 10a Abs. 1 bis 3 – zB die Zulageberechtigung oder die Art der Zulageberechtigung – werden im Wege des automatisierten Datenabgleichs nach § 91 durch die zentrale Stelle (Zentrale Zulagenstelle für Altersvermögen – ZfA –) überprüft. Dies ist eine Abteilung der Deutschen Rentenversicherung Bund (DRV-Bund), indes eine FinBeh. (§ 6 Abs. 2 Nr. 7 AO). Ihr obliegt es, die Altersvorsorgezulage nach § 10a und Abschn. XI EStG zu ermitteln, festzusetzen und auszuzahlen. Machen die Anleger im Antrag auf Altersvorsorgezulage einen Anspr. auf Kinderzulage geltend, ist die Anspruchsberechtigung durch die ZfA zu prüfen. Die Überprüfung erfolgt durch Datenabgleich mit den Familienkassen nach § 91 Abs. 1. 1

§ 81a Zuständige Stelle

[1]Zuständige Stelle ist bei einem

1. **Empfänger von Besoldung nach dem Bundesbesoldungsgesetz oder einem Landesbesoldungsgesetz die die Besoldung anordnende Stelle,**
2. **Empfänger von Amtsbezügen im Sinne des § 10a Absatz 1 Satz 1 Nummer 2 die die Amtsbezüge anordnende Stelle,**
3. **versicherungsfrei Beschäftigten sowie bei einem von der Versicherungspflicht befreiten Beschäftigten im Sinne des § 10a Absatz 1 Satz 1 Nummer 3 der die Versorgung gewährleistende Arbeitgeber der rentenversicherungsfreien Beschäftigung,**
4. **Beamten, Richter, Berufssoldaten und Soldaten auf Zeit im Sinne des § 10a Absatz 1 Satz 1 Nummer 4 der zur Zahlung des Arbeitsentgelts verpflichtete Arbeitgeber und**
5. **Empfänger einer Versorgung im Sinne des § 10a Absatz 1 Satz 4 die die Versorgung anordnende Stelle.**

[2]Für die in § 10a Absatz 1 Satz 1 Nummer 5 genannten Steuerpflichtigen gilt Satz 1 entsprechend.

Eine Bestimmung der Stelle, die bei einem Empfänger v. Besoldung oder Amtsbezügen und bei den in § 10a Abs. 1 S. 1 Nr. 3–5 genannten Personengruppen zur Entgegennahme der Einwilligung nach § 10a Abs. 1 S. 1 HS 2 und zur Datenübermittlung mit der zentralen Stelle verpflichtet ist, ist erforderlich, da die 1

1 BR-Drucks. 253/11, 98.

die Besoldung oder die Amtsbezüge auszahlende Stelle nicht immer mit der Stelle identisch ist, die die Auszahlung der Besoldung oder der Amtsbezüge anordnet. Zur Datenübermittlung primär verpflichtet ist die Stelle, die die Zahlung der Besoldung oder der Amtsbezüge anordnet, da diese Stelle über alle erforderlichen Daten verfügt.

§ 82 Altersvorsorgebeiträge

(1) [1]Geförderte Altersvorsorgebeiträge sind im Rahmen des in § 10a Absatz 1 Satz 1 genannten Höchstbetrags

1. Beiträge,

2. Tilgungsleistungen,

die der Zulageberechtigte (§ 79) bis zum Beginn der Auszahlungsphase zugunsten eines auf seinen Namen lautenden Vertrags leistet, der nach § 5 des Altersvorsorgeverträge-Zertifizierungsgesetzes zertifiziert ist (Altersvorsorgevertrag). [2]Die Zertifizierung ist Grundlagenbescheid im Sinne des § 171 Absatz 10 der Abgabenordnung. [3]Als Tilgungsleistungen gelten auch Beiträge, die vom Zulageberechtigten zugunsten eines auf seinen Namen lautenden Altersvorsorgevertrags im Sinne des § 1 Absatz 1a Satz 1 Nummer 3 des Altersvorsorgeverträge-Zertifizierungsgesetzes erbracht wurden und die zur Tilgung eines im Rahmen des Altersvorsorgevertrags abgeschlossenen Darlehens abgetreten wurden. [4]Im Fall der Übertragung von gefördertem Altersvorsorgevermögen nach § 1 Absatz 1 Satz 1 Nummer 10 Buchstabe b des Altersvorsorgeverträge-Zertifizierungsgesetzes in einen Altersvorsorgevertrag im Sinne des § 1 Absatz 1a Satz 1 Nummer 3 des Altersvorsorgeverträge-Zertifizierungsgesetzes gelten die Beiträge nach Satz 1 Nummer 1 ab dem Zeitpunkt der Übertragung als Tilgungsleistungen nach Satz 3; eine erneute Förderung nach § 10a oder Abschnitt XI erfolgt insoweit nicht. [5]Tilgungsleistungen nach den Sätzen 1 und 3 werden nur berücksichtigt, wenn das zugrunde liegende Darlehen für eine nach dem 31. Dezember 2007 vorgenommene wohnungswirtschaftliche Verwendung im Sinne des § 92a Absatz 1 Satz 1 eingesetzt wurde. [6]Bei einer Aufgabe der Selbstnutzung nach § 92a Absatz 3 Satz 1 gelten im Beitragsjahr der Aufgabe der Selbstnutzung auch die nach der Aufgabe der Selbstnutzung geleisteten Beiträge oder Tilgungsleistungen als Altersvorsorgebeiträge nach Satz 1. [7]Bei einer Reinvestition nach § 92a Absatz 3 Satz 9 Nummer 1 gelten im Beitragsjahr der Reinvestition auch die davor geleisteten Beiträge oder Tilgungsleistungen als Altersvorsorgebeiträge nach Satz 1. [8]Bei einem beruflich bedingten Umzug nach § 92a Absatz 4 gelten

1. im Beitragsjahr des Wegzugs auch die nach dem Wegzug und

2. im Beitragsjahr des Wiedereinzugs auch die vor dem Wiedereinzug

geleisteten Beiträge und Tilgungsleistungen als Altersvorsorgebeiträge nach Satz 1.

(2) [1]Zu den Altersvorsorgebeiträgen gehören auch

a) die aus dem individuell versteuerten Arbeitslohn des Arbeitnehmers geleisteten Beiträge an einen Pensionsfonds, eine Pensionskasse oder eine Direktversicherung zum Aufbau einer kapitalgedeckten betrieblichen Altersversorgung und

b) Beiträge des Arbeitnehmers und des ausgeschiedenen Arbeitnehmers, die dieser im Fall der zunächst durch Entgeltumwandlung (§ 1a des Betriebsrentengesetzes) finanzierten und nach § 3 Nummer 63 oder § 10a und diesem Abschnitt geförderten kapitalgedeckten betrieblichen Altersversorgung nach Maßgabe des § 1a Absatz 4, des § 1b Absatz 5 Satz 1 Nummer 2 und des § 22 Absatz 3 Nummer 1 Buchstabe a des Betriebsrentengesetzes selbst erbringt.

[2]Satz 1 gilt nur, wenn

1. a) vereinbart ist, dass die zugesagten Altersversorgungsleistungen als monatliche Leistungen in Form einer lebenslangen Leibrente oder als Ratenzahlungen im Rahmen eines Auszahlungsplans mit einer anschließenden Teilkapitalverrentung ab spätestens dem 85. Lebensjahr ausgezahlt werden und die Leistungen während der gesamten Auszahlungsphase gleich bleiben oder steigen; dabei können bis zu zwölf Monatsleistungen in einer Auszahlung zusammengefasst und bis zu 30 Prozent des zu Beginn der Auszahlungsphase zur Verfügung stehenden Kapitals außerhalb der monatlichen Leistungen ausgezahlt werden, und

b) ein vereinbartes Kapitalwahlrecht nicht oder nicht außerhalb des letzten Jahres vor dem vertraglich vorgesehenen Beginn der Altersversorgungsleistung ausgeübt wurde, oder

2. bei einer reinen Beitragszusage nach § 1 Absatz 2 Nummer 2a des Betriebsrentengesetzes der Pensionsfonds, die Pensionskasse oder die Direktversicherung eine lebenslange Zahlung als Altersversorgungsleistung zu erbringen hat.

(3) Zu den Altersvorsorgebeiträgen gehören auch die Beitragsanteile, die zur Absicherung der verminderten Erwerbsfähigkeit des Zulageberechtigten und zur Hinterbliebenenversorgung verwendet werden, wenn in der Leistungsphase die Auszahlung in Form einer Rente erfolgt.

(4) Nicht zu den Altersvorsorgebeiträgen zählen

1. Aufwendungen, die vermögenswirksame Leistungen nach dem Fünften Vermögensbildungsgesetz in der jeweils geltenden Fassung darstellen,

2. prämienbegünstigte Aufwendungen nach dem Wohnungsbau-Prämiengesetz in der Fassung der Bekanntmachung vom 30. Oktober 1997 (BGBl. I S. 2678), zuletzt geändert durch Artikel 5 des Gesetzes vom 29. Juli 2008 (BGBl. I S. 1509), in der jeweils geltenden Fassung,

3. Aufwendungen, die im Rahmen des § 10 als Sonderausgaben geltend gemacht werden,

4. Zahlungen nach § 92a Absatz 2 Satz 4 Nummer 1 und Absatz 3 Satz 9 Nummer 2 oder

5. Übertragungen im Sinne des § 3 Nummer 55 bis 55c.

(5) [1]Der Zulageberechtigte kann für ein abgelaufenes Beitragsjahr bis zum Beitragsjahr 2011 Altersvorsorgebeiträge auf einen auf seinen Namen lautenden Altersvorsorgevertrag leisten, wenn

1. der Anbieter des Altersvorsorgevertrags davon Kenntnis erhält, in welcher Höhe und für welches Beitragsjahr die Altersvorsorgebeiträge berücksichtigt werden sollen,

2. in dem Beitragsjahr, für das die Altersvorsorgebeiträge berücksichtigt werden sollen, ein Altersvorsorgevertrag bestanden hat,

3. im fristgerechten Antrag auf Zulage für dieses Beitragsjahr eine Zulageberechtigung nach § 79 Satz 2 angegeben wurde, aber tatsächlich eine Zulageberechtigung nach § 79 Satz 1 vorliegt,

4. die Zahlung der Altersvorsorgebeiträge für abgelaufene Beitragsjahre bis zum Ablauf von zwei Jahren nach Erteilung der Bescheinigung nach § 92, mit der zuletzt Ermittlungsergebnisse für dieses Beitragsjahr bescheinigt wurden, längstens jedoch bis zum Beginn der Auszahlungsphase des Altersvorsorgevertrages erfolgt und

5. der Zulageberechtigte vom Anbieter in hervorgehobener Weise darüber informiert wurde oder dem Anbieter seine Kenntnis darüber versichert, dass die Leistungen aus diesen Altersvorsorgebeiträgen der vollen nachgelagerten Besteuerung nach § 22 Nummer 5 Satz 1 unterliegen.

[2]Wurden die Altersvorsorgebeiträge dem Altersvorsorgevertrag gutgeschrieben und sind die Voraussetzungen nach Satz 1 erfüllt, so hat der Anbieter der zentralen Stelle (§ 81) die entsprechenden Daten nach § 89 Absatz 2 Satz 1 für das zurückliegende Beitragsjahr nach einem mit der zentralen Stelle abgestimmten Verfahren mitzuteilen. [3]Die Beträge nach Satz 1 gelten für die Ermittlung der zu zahlenden Altersvorsorgezulage nach § 83 als Altersvorsorgebeiträge für das Beitragsjahr, für das sie gezahlt wurden. [4]Für die Anwendung des § 10a Absatz 1 Satz 1 sowie bei der Ermittlung der dem Steuerpflichtigen zustehenden Zulage im Rahmen des § 2 Absatz 6 und des § 10a sind die nach Satz 1 gezahlten Altersvorsorgebeiträge weder für das Beitragsjahr nach Satz 1 Nummer 2 noch für das Beitragsjahr der Zahlung zu berücksichtigen.

Verwaltung: BMF v. 21.12.2017, BStBl. I 2018, 93 – Stl. Förderung der privaten Altersvorsorge und betrieblichen Altersversorgung, Rn. 30 ff.

Altersvorsorgebeiträge (§ 82 Abs. 1) sind die zugunsten eines Altersvorsorgevertrags (§ 82 Abs. 1) geleisteten Beiträge und Tilgungsleistungen sowie solche Leistungen, die über den Mindesteigenbeitrag hinausgehen.[1] Die mit dem Altersvorsorgevermögen erzielten Erträge sind nicht begünstigt.[2] Die dem Vertrag gutgeschriebenen Zulagen sind keine Altersvorsorgebeiträge und gleichfalls nicht zulagefähig. Die Beiträge können auch durch Dritte mittels abgekürzten Zahlungswegs erbracht werden. Auch Beiträge, die über den Mindesteigenbeitrag hinausgehen, sind, soweit zivilrechtl. geschuldet, Altersvorsorgebeiträge. Altersvorsorgebeiträge sind ferner die zugunsten eines auf den Namen des Zulageberechtigten lautenden Altersvorsorgevertrages geleisteten Tilgungen für ein Darlehen, das der Zulageberechtigte für die Anschaffung 1

1 BMF v. 21.12.2017, BStBl. I 2018, 93 Rn. 43 f.
2 BFH v. 8.7.2015 – X R 41/13, BFH/NV 2015, 1722, mit Anm. *Nöcker*, jurisPR-SteuerR 9/2016 Anm. 4 und *Myßen*, DB 2015, 2967.

oder Herstellung einer Wohnung iSd. § 92a Abs. 1 S. 1 eingesetzt hat.[1] Wegen der zeitlichen Zuordnung gilt § 11 einschl. dessen Abs. 2 S. 2. Mit Abs. 1 S. 1 wird sichergestellt, dass sich die nachgelagerte Besteuerung an die Förderung anschließt. Abs. 1 S. 3 verdeutlicht, dass bei Vertragsgestaltung nach § 1 Abs. 1 S. 1 Nr. 3 AltZertG die Tilgungsleistungen nur dann gefördert werden, wenn die Zahlungen auf den eigenen Vertrag des Zahlungsberechtigten fließen. Der Anbieter muss die Beiträge eines Beitragsjahres grds. in solche vor der Aufgabe der Selbstnutzung und danach aufteilen; dies gilt auch für das Beitragsjahr der Reinvestition. Abs. 1 S. 6 regelt zur Vermeidung einer sonst erforderlichen aufwendigen Aufteilung, dass auch die nach der Aufgabe der Selbstnutzung oder vor der Reinvestition geleisteten Beiträge gefördert werden, solange sie im betreffenden Beitragsjahr geleistet werden. Diese Beiträge werden nach § 92a Abs. 3 S. 5 im Wohnförderkonto erfasst. Abs. 1 S. 9 regelt die Fälle der Beitragsleistung und Tilgung bei beruflich bedingtem Umzug. Wegen der zahlreichen Einzelfragen wird auf das BMF-Schr. v. 21.12.2017[2] hingewiesen.

2 Die Auszahlung eines Altersvorsorge-Eigenheimbetrags ist nur aus einem zertifizierten Altersvorsorgevertrag und die Tilgungsförderung nur bei Zahlung von Tilgungsleistungen auf einen zertifizierten Altersvorsorgevertrag möglich.[3] Die Regelung zur Zertifizierung gilt nicht für die betriebliche Altersversorgung, weil sich hier die Mindeststandards der Vertragsinhalte aus dem BetrAVG ergeben. Altersvorsorgeverträge können mit einer Hinterbliebenenversicherung sowie einer Versicherung gegen den Eintritt der verminderten Erwerbsfähigkeit verbunden werden. Will der StPfl. die Förderung nach Maßgabe des § 82 Abs. 2 – Zulage oder SA-Abzug – in Anspr. nehmen, muss er auf die Steuerfreiheit nach § 3 Nr. 63 verzichten und die volle Beitragspflicht in der SozVers. in Kauf nehmen. Die Zertifizierung bindet die FinVerw.

3 Zahlungen iRd. **betrieblichen Altersversorgung** an einen Pensionsfonds, eine Pensionskasse oder eine DirektVers. können als Altersvorsorgebeiträge durch SA-Abzug nach § 10a und Zulage nach Abschn. XI EStG gefördert werden (**§ 82 Abs. 2**). Die zeitliche Zuordnung der Altersvorsorgebeiträge iSd. § 82 Abs. 2 richtet sich grds. nach den für die Zuordnung des Arbeitslohns geltenden Vorschriften. Abs. 2 S. 1 lit. b regelt zur Behebung eines Redaktionsversehens, dass Beiträge des ArbN und des ausgeschiedenen ArbN, die dieser im Fall der zunächst durch Entgeltumwandlung finanzierten und stl. geförderten kapitalgedeckten bAV nach Maßgabe des § 1a Abs. 4 und § 1b Abs. 5 S. 1 Nr. 2 des Betriebsrentengesetzes selbst erbringt, zu den Altersvorsorgebeiträgen iRd. sog. Riester-Rente gehören.

4 **§ 82 Abs. 4** regelt die Fälle, in denen eine stliche Förderung nach § 10a und Abschnitt XI des EStG ausgeschlossen ist. Werden Übertragungen v. Altersvorsorgevermögen nach § 3 Nr. 55 bis 55c stfrei gestellt, ist die Einzahlung des Übertragungswerts nicht als Altersvorsorgebeitrag steuerlich zu berücksichtigen.

§ 83 Altersvorsorgezulage

In Abhängigkeit von den geleisteten Altersvorsorgebeiträgen wird eine Zulage gezahlt, die sich aus einer Grundzulage (§ 84) und einer Kinderzulage (§ 85) zusammensetzt.

Ausf. zur Altersvorsorgezulage s. BMF v. 21.12.2017, BStBl. I 2018, 93 Rn. 46 ff.

§ 84 Grundzulage

[1][4]Jeder Zulageberechtigte erhält eine Grundzulage; diese beträgt ab dem Beitragsjahr 2018 jährlich 175 Euro. [2]Für Zulageberechtigte nach § 79 Satz 1, die zu Beginn des Beitragsjahres (§ 88) das 25. Lebensjahr noch nicht vollendet haben, erhöht sich die Grundzulage nach Satz 1 um einmalig 200 Euro. [3]Die Erhöhung nach Satz 2 ist für das erste nach dem 31. Dezember 2007 beginnende Beitragsjahr zu gewähren, für das eine Altersvorsorgezulage beantragt wird.

Literatur: S. den Literaturnachweis zu § 10a.

1 BMF v. 21.12.2017, BStBl. I 2018, 93 Rn. 31 ff.
2 BMF v. 21.12.2017, BStBl. I 2018, 93.
3 BFH v. 21.7.2009 – X R 33/07, FR 2010, 190 = BStBl. II 2009, 995; *Schuster*, jurisPR-SteuerR 46/2009 Anm. 5; s. auch BMF v. 24.7.2013, BStBl. I 2013, 1022 Rn. 232.
4 In § 84 Satz 1 Halbs. 2 wurden mWv. 1.1.2018 die Wörter „jährlich 154 Euro" durch die Wörter „ab dem Beitragsjahr 2018 jährlich 175 Euro" ersetzt (BetriebsrentenstärkungsG v. 17.8.2017, BGBl. I 2017, 3214).

Jeder unmittelbar Zulageberechtigte erhält auf Antrag für seine im abgelaufenen Beitragsjahr gezahlten Altersvorsorgebeiträge (§ 82) eine Grundzulage iHv. jährlich 175 Euro. § 84 S. 2f. normiert den sog. Berufseinsteiger-Bonus.[1] Für die Berechnung des Mindesteigenbeitrags ist in dem ersten Beitragsjahr, in dem die Voraussetzungen des Erhöhungsbetrags vorliegen, die erhöhte Grundzulage zu berücksichtigen. S. auch BMF v. 21.12.2017, BStBl. I 2018, 93 Rn. 46f. 1

§ 85 Kinderzulage

(1) [1]Die Kinderzulage beträgt für jedes Kind, für das gegenüber dem Zulageberechtigten Kindergeld festgesetzt wird, jährlich 185 Euro. [2]Für ein nach dem 31. Dezember 2007 geborenes Kind erhöht sich die Kinderzulage nach Satz 1 auf 300 Euro. [3]Der Anspruch auf Kinderzulage entfällt für den Veranlagungszeitraum, für den das Kindergeld insgesamt zurückgefordert wird. [4]Erhalten mehrere Zulageberechtigte für dasselbe Kind Kindergeld, steht die Kinderzulage demjenigen zu, dem gegenüber für den ersten Anspruchszeitraum (§ 66 Absatz 2) im Kalenderjahr Kindergeld festgesetzt worden ist.

(2) [1]Bei Eltern verschiedenen Geschlechts, die miteinander verheiratet sind, nicht dauernd getrennt leben (§ 26 Absatz 1) und ihren Wohnsitz oder gewöhnlichen Aufenthalt in einem Mitgliedstaat der Europäischen Union oder einem Staat haben, auf den das Abkommen über den Europäischen Wirtschaftsraum (EWR-Abkommen) anwendbar ist, wird die Kinderzulage der Mutter zugeordnet, auf Antrag beider Eltern dem Vater. [2]Bei Eltern gleichen Geschlechts, die miteinander verheiratet sind oder die miteinander eine Lebenspartnerschaft führen, nicht dauernd getrennt leben (§ 26 Absatz 1) und ihren Wohnsitz oder gewöhnlichen Aufenthalt in einem Mitgliedstaat der Europäischen Union oder einem Staat haben, auf den das EWR-Abkommen anwendbar ist, ist die Kinderzulage dem Elternteil zuzuordnen, dem gegenüber das Kindergeld festgesetzt wird, auf Antrag beider Eltern dem anderen Elternteil. [3]Der Antrag kann für ein abgelaufenes Beitragsjahr nicht zurückgenommen werden.

Verwaltung: BZSt. v. 8.7.2013, BStBl. I 2013, 848 – Familienleistungsausgleich; Datenabgleich zw. den Familienkassen und der Zentralen Zulagenstelle für Altersvermögen; BZSt. v. 1.7.2014, BStBl. I 2014, 922 – Familienleistungsausgleich; Änderung der Dienstanweisung zum Kindergeld nach dem EStG (DA-KG), BStBl. I 2015, 584; BMF v. 21.12.2017, BStBl. I 2018, 93 – Stl. Förderung der privaten Altersvorsorge und betrieblichen Altersversorgung (Rn. 48ff. – Kinderzulage).

Literatur: S. den Literaturnachweis zu § 10a.

Die Altersvorsorgezulage setzt sich zusammen aus einer **Grund- und einer Kinderzulage**. Erfüllen Eltern die Voraussetzungen des § 26 Abs. 1, erhält grds. die Mutter die Kinderzulage. Die Eltern können gemeinsam für das jeweilige Beitragsjahr beantragen, dass der Vater die Zulage erhält; in beiden Fällen kommt es nicht darauf an, welchem Elternteil das Kindergeld ausgezahlt wurde.[2] Anderenfalls erhält der Elternteil die Kinderzulage, dem das Kindergeld für das Kind ausgezahlt wird; die für verheiratete Eltern unter bestimmten weiteren Voraussetzungen in § 85 Abs. 2 geschaffene Möglichkeit einer abweichenden Zuordnung der Kinderzulage gilt für Unverheiratete nicht.[3] Die Berechtigung knüpft an den tatsächlichen Bezug v. Kindergeld – ggf. auch v. Großelternteilen (§ 62 Abs. 2) – an. Abs. 2 S. 1 will durch die grds. Zuordnung der Kinderzulage zur Mutter dem Umstand Rechnung tragen, dass die Kindererziehung hauptsächlich v. der Mutter geleistet wird. Wird einem anderen als dem Kindergeldberechtigten das Kindergeld ausgezahlt (§ 74), ist der Inhalt dieser Festsetzung maßgebend. Dem Kindergeld stehen gleich andere Leistungen für Kinder (§ 65 Abs. 1 S. 1).[4] Sind nicht beide Ehegatten Eltern des Kindes, ist eine Übertragung der Kinderzulage nach § 85 Abs. 2 nicht zulässig. Zu im Ausland gewährten Leistungen, welche die Zahlung von Kindergeld nach dem EStG ausschließen oder zur Zahlung von Kindergeld in Höhe eines Unterschiedsbetrags (vgl. Kap. A 29 Abs. 2 S. 2 und 4 DA-KG) führen, s. BZSt. v. 16.1.2017, BStBl. I 2017, 151. Ist § 26 Abs. 1 nicht anwendbar, erhält der Elternteil die Kinderzulage, dem das Kindergeld ausgezahlt wird (Abs. 1 S. 1). Bei einem Wechsel des Kindergeldempfängers im Laufe des Beitragsjahres gilt § 81 Abs. 1 S. 4. Maßgebend ist, wem ggü. das Kindergeld festgesetzt wird. Dies ermöglicht den Abgleich mit bereits vorhandenen Daten anderer Verwaltungsträger. 1

1 Näheres BMF v. 21.12.2017, BStBl. I 2018, 93 Rn. 47.
2 Zum Begriff der „Auszahlung" des Kindergeldes iSd. § 85 Abs. 1 S. 1 aF s. BFH v. 12.12.2017 – X R 25/16, juris.
3 FG Berlin-Bdbg. v. 3.7.2014 – 10 K 10238/13, EFG 2014, 1893.
4 Hierzu BZSt. v. 1.7.2014, BStBl. I 2014, 918 – Erlass der DA-KG.

2 Für den Anspr. auf Kinderzulage reicht es aus, dass in dem Beitragsjahr, für das Kindergeld beansprucht wird, pro Kind mindestens **für einen Monat Kindergeld** an den Zulageberechtigten gezahlt worden ist. Auf den Zeitpunkt der Auszahlung kommt es nicht an. Dies gilt auch, wenn sich zu einem späteren Zeitpunkt herausstellt, dass das Kindergeld teilw. zu Unrecht gezahlt worden ist und für die übrigen Monate zurückgefordert wird. Wird das Kindergeld insgesamt zurückgefordert, entfällt der Anspr. auf die Zulage (Abs. 1 S. 3). Maßgeblich ist der tatsächliche Bezug. Darf das zu Unrecht ausgezahlte Kindergeld aus verfahrensrechtl. Gründen nicht zurückgefordert werden, bleibt der Anspr. auf die Zulage für das entspr. Beitragsjahr bestehen.[1]

3 Bei der Regelung für zusammenveranlagte Eltern (Abs. 2) handelt es sich um eine **Verfahrensvereinfachung**. Für den StPfl. entfällt die Verpflichtung, jährlich einen Antrag auf Zuordnung der Kinderzulage zu stellen. Bei Eltern, die die Voraussetzungen des § 26 Abs. 1 erfüllen, wird die Kinderzulage der Mutter zugeordnet, auf Antrag beider Eltern dem Vater. Mit § 85 Abs. 2 S. 1 wird sichergestellt, dass diese Zuordnungsregelung auch dann gilt, wenn die Voraussetzungen des § 26 Abs. 1 EStG nur deshalb nicht vorliegen, weil die Eltern nicht beide unbeschränkt stpfl. sind, bspw. weil sie ihren Wohnsitz im EU-Ausland haben. § 85 Abs. 2 S. 2, eingefügt mWv. 24.7.2014, enthält eine Zuordnungsregelung für die Kinderzulage auch bei Lebenspartnerschaften. Die für verheiratete Eltern in § 85 Abs. 2 gegebene Möglichkeit einer abweichenden Zuordnung der Kinderzulage gilt nicht für Unverheiratete.[2]

§ 86 Mindesteigenbeitrag

(1) [1]Die Zulage nach den §§ 84 und 85 wird gekürzt, wenn der Zulageberechtigte nicht den Mindesteigenbeitrag leistet. [2]Dieser beträgt jährlich 4 Prozent der Summe der in dem dem Kalenderjahr vorangegangenen Kalenderjahr

1. **erzielten beitragspflichtigen Einnahmen im Sinne des Sechsten Buches Sozialgesetzbuch,**
2. **bezogenen Besoldung und Amtsbezüge,**
3. **in den Fällen des § 10a Absatz 1 Satz 1 Nummer 3 und Nummer 4 erzielten Einnahmen, die beitragspflichtig wären, wenn die Versicherungsfreiheit in der gesetzlichen Rentenversicherung nicht bestehen würde und**
4. **bezogenen Rente wegen voller Erwerbsminderung oder Erwerbsunfähigkeit oder bezogenen Versorgungsbezüge wegen Dienstunfähigkeit in den Fällen des § 10a Absatz 1 Satz 4,**

jedoch nicht mehr als der in § 10a Absatz 1 Satz 1 genannte Höchstbetrag, vermindert um die Zulage nach den §§ 84 und 85; gehört der Ehegatte zum Personenkreis nach § 79 Satz 2, berechnet sich der Mindesteigenbeitrag des nach § 79 Satz 1 Begünstigten unter Berücksichtigung der den Ehegatten insgesamt zustehenden Zulagen. [3]Auslandsbezogene Bestandteile nach den §§ 52 ff. des Bundesbesoldungsgesetzes oder entsprechender Regelungen eines Landesbesoldungsgesetzes bleiben unberücksichtigt. [4]Als Sockelbetrag sind ab dem Jahr 2005 jährlich 60 Euro zu leisten. [5]Ist der Sockelbetrag höher als der Mindesteigenbeitrag nach Satz 2, so ist der Sockelbetrag als Mindesteigenbeitrag zu leisten. [6]Die Kürzung der Zulage ermittelt sich nach dem Verhältnis der Altersvorsorgebeiträge zum Mindesteigenbeitrag.

(2) [1]Ein nach § 79 Satz 2 begünstigter Ehegatte hat Anspruch auf eine ungekürzte Zulage, wenn der zum begünstigten Personenkreis nach § 79 Satz 1 gehörende Ehegatte seinen geförderten Mindesteigenbeitrag unter Berücksichtigung der den Ehegatten insgesamt zustehenden Zulagen erbracht hat. [2]Werden bei einer in der gesetzlichen Rentenversicherung pflichtversicherten Person beitragspflichtige Einnahmen zu Grunde gelegt, die höher sind als das tatsächlich erzielte Entgelt oder die Entgeltersatzleistung, ist das tatsächlich erzielte Entgelt oder der Zahlbetrag der Entgeltersatzleistung für die Berechnung des Mindesteigenbeitrags zu berücksichtigen. [3]Für die nicht erwerbsmäßig ausgeübte Pflegetätigkeit einer nach § 3 Satz 1 Nummer 1a des Sechsten Buches Sozialgesetzbuch rentenversicherungspflichtigen Person ist für die Berechnung des Mindesteigenbeitrags ein tatsächlich erzieltes Entgelt von 0 Euro zu berücksichtigen.

(3) [1]Für Versicherungspflichtige nach dem Gesetz über die Alterssicherung der Landwirte ist Absatz 1 mit der Maßgabe anzuwenden, dass auch die Einkünfte aus Land- und Forstwirtschaft im Sinne des § 13 des zweiten dem Beitragsjahr vorangegangenen Veranlagungszeitraums als beitrags-

1 BMF v. 21.12.2017, BStBl. I 2018, 93 Rn. 62 – Kindergeldrückforderung.
2 FG Berlin-Bdbg. v. 3.7.2014 – 10 K 10238/13, EFG 2014, 1893.

pflichtige Einnahmen des vorangegangenen Kalenderjahres gelten. [2]Negative Einkünfte im Sinne des Satzes 1 bleiben unberücksichtigt, wenn weitere nach Absatz 1 oder Absatz 2 zu berücksichtigende Einnahmen erzielt werden.

(4) Wird nach Ablauf des Beitragsjahres festgestellt, dass die Voraussetzungen für die Gewährung einer Kinderzulage nicht vorgelegen haben, ändert sich dadurch die Berechnung des Mindesteigenbeitrags für dieses Beitragsjahr nicht.

(5) Bei den in § 10a Absatz 6 Satz 1 und 2 genannten Personen ist der Summe nach Absatz 1 Satz 2 die Summe folgender Einnahmen und Leistungen aus dem dem Kalenderjahr vorangegangenen Kalenderjahr hinzuzurechnen:

1. **die erzielten Einnahmen aus der Tätigkeit, die die Zugehörigkeit zum Personenkreis des § 10a Absatz 6 Satz 1 begründet, und**
2. **die bezogenen Leistungen im Sinne des § 10a Absatz 6 Satz 2 Nummer 1.**

Verwaltung: BMF v. 21.12.2017, BStBl. I 2018, 93 – Stl. Förderung der privaten Altersvorsorge und betrieblichen Altersversorgung (Rn. 63 ff. – Mindesteigenbeitrag).

Literatur: S. den Literaturnachweis zu § 10a.

A. Grundaussagen der Vorschrift

1 **Zweck des Mindesteigenbeitrags.** Die private Altersvorsorge soll gefördert, nicht aber eine staatliche Grundrente gewährt werden.[1] Die Sparleistung setzt sich zusammen aus den Eigenbeiträgen des Zulageberechtigten auf maximal zwei Verträge (§ 87) und aus den staatlichen Zulagen. Für die Bemessung des Mindesteigenbeitrags wird aus Gründen der Planungssicherheit abgestellt auf alle (ggf. Addition) nach § 162 S. 1 Nr. 1 SGB VI iVm. § 14 SGB IV (unselbständig Beschäftigte), § 162 S. 1 Nr. 5 SGB VI (Scheinselbständige), § 165 SGB VI (selbständig Tätige) **beitragspflichtigen**, die jeweils gültige Beitragsbemessungsgrundlage nicht übersteigenden (= „maßgebenden") **Einnahmen** iSd. SGB VI (iRd. Beitragsbemessungsgrenze und daher iRd. sozialrechtl. Meldeverfahrens gemeldet; ohne WK) des dem Beitragsjahr vorangehenden Kj. bzw. auf die in § 86 Abs. 1 S. 2 Nr. 2 genannten Bezüge und Einnahmen.[2] Der Mindesteigenbetrag ist auch dann in der angegebenen Weise zu ermitteln, wenn die Einnahmen im Sparjahr unter denen des Vorjahres liegen. Waren im Vorjahr keine beitragspflichtigen Einnahmen erzielt worden, sind für die Mindesteigenleistung zumindest die beitragspflichtigen Einnahmen iHd. Mindestbeitragsbemessungsgrenze bei einer geringfügigen Beschäftigung zugrunde zu legen (Abs. 2 S. 2, 3), zurzeit 155 Euro monatlich = 1 869 Euro jährlich (§ 163 VIII SGB VI). Dies bedeutet iErg., dass v. diesen Zulageberechtigten der **Sockelbetrag nach Abs. 1 S. 4** als Mindesteigenbeitrag zu entrichten ist.[3] Wird der individuell ermittelte Eigenbeitrag – mindestens der Euro-Sockelbetrag – nicht erbracht, werden **Grund- und Kinderzulage** nach dem Verhältnis der tatsächlichen Altersvorsorgebeiträge zum Mindesteigenbeitrag **gekürzt (Abs. 1 S. 5)**.[4] IÜ wird Bezug genommen auf das BMF in BStBl. I 2018, 93 Rn. 63 ff. (mit instruktiven Beispielen; dort insbes. zu den Berechnungsgrundlagen). § 86 hat für die Prüfung der Frage, ob dem Grunde nach eine Zulageberechtigung besteht, keine Bedeutung.[5]

B. Sonderregelungen für bestimmte Personengruppen

2 Unter die **Sonderregelung des Abs. 2 S. 2** fallen bestimmte Behinderte (§ 1 S. 1 Nr. 2 lit. a, b SGB IV), Bezieher v. Lohnersatzleistungen (§ 166 Abs. 1 SGB VI), Wehr- und Ersatzdienstleistende, die keine Verdienstausfallentschädigung nach dem USG erhalten sowie Kindererziehende. In den durch Abs. 1 S. 2 Nr. 3 geregelten Sonderfällen ist das tatsächlich erzielte Entgelt oder die Entgeltersatzleistung (zB das

1 Zum Grundgedanken des Mindesteigenbeitrags s. BFH v. 8.7.2015 – X R 41/13, BStBl. II 2016, 525.
2 Ausf. BMF v. 21.12.2017, BStBl. I 2018, 93 Rn. 75 ff. – Besoldung und Amtsbezüge; Rn. 78 – Land- und Forstwirte; Rn. 79 ff. – Renten wegen voller Erwerbsminderung/Erwerbsunfähigkeit oder einer Versorgung wegen Dienstunfähigkeit; Rn. 83 f. – Sonderfälle, insbes. Elterngeld, Entgeltersatzleistungen, Altersteilzeit. Zum Begriff „Besoldung" s. FG Berlin-Bdbg. v. 9.1.2014 – 10 K 14360/10, EFG 2014, 765.
3 Bsp. hierzu in BMF v. 12.12.2017, BStBl. I 2018, 93 Rn. 63 ff.
4 Berechnungsbeispiel in BMF v. 21.12.2017, BStBl. I 2018, 93 Rn. 90 f.
5 BFH v. 24.8.2016 – X R 3/15, BFH/NV 2017, 270.

Krankengeld) zugrunde zu legen. In Abs. 2 S. 3 wird klargestellt, dass eine nicht erwerbsmäßig tätige Pflegeperson, sofern sie nicht noch weitere, für die Bemessungsgrundlage relevante Einnahmen hat, nur den Sockelbetrag von 60 Euro pro Jahr als Mindesteigenbeitrag zu leisten hat.

3 **Abs. 3** trägt den Besonderheiten bei Versicherungspflichtigen nach dem Gesetz über die Alterssicherung der Landwirte Rechnung. Mit **Abs. 3 S. 2** wird klargestellt, dass bei negativen Einkünften aus LuF und weiteren nach Abs. 1 oder 2 zu berücksichtigenden Einnahmen bei der Berechnung des Mindesteigenbeitrags keine Saldierung vorzunehmen ist. Bei den anderen StPfl., deren Einnahmen nach Abs. 1 oder 2 zu berücksichtigen sind, ist eine Verrechnung mit negativen Einkünften ebenfalls nicht möglich. Die Sonderregelung des **Abs. 3** ist erforderlich, weil es bei den Pflichtversicherten im Alterssicherungssystem der Landwirte keine den beitragspflichtigen Einnahmen entspr. Größe gibt; bei Zugehörigkeit zu mehreren Alterssicherungssystemen ist die Summe der Einkünfte aus § 13 und der entspr. beitragspflichtigen Einnahmen des Vorjahres anzusetzen.

C. Ehegatten/Lebenspartner

4 S. zunächst § 10a Rn. 10. Gehören beide Ehegatten/Lebenspartner zum unmittelbar begünstigten Personenkreis, ist für jeden anhand seiner maßgebenden Einnahmen ein eigener Mindesteigenbeitrag zu berechnen.[1] Bei Ehegatten/Lebenspartnern kommt es darauf an, ob beide oder nur einer v. ihnen – der andere hat dann einen abgeleiteten Anspr. – pflichtversichert ist. Im ersten Fall ist für jeden der Ehegatten/Lebenspartner anhand seiner jeweils maßgebenden Einnahmen der Mindesteigenbeitrag zu errechnen. Ein nicht ausgeschöpfter Höchstbetrag eines Ehegatten/Lebenspartners kann dabei nicht auf den anderen übertragen werden. Bei der Berechnung der Mindesteigenbeiträge sind die beiden Ehegatten/Lebenspartnern zustehenden Zulagen in Abzug zu bringen; hier berücksichtigt das G die zw. ihnen bestehende Wirtschaftsgemeinschaft. Zur abgeleiteten – mittelbaren – Zulagenberechtigung s. § 79 Rn. 3. Hat der unmittelbar begünstigte Ehegatte/Lebenspartner den erforderlichen Mindesteigenbeitrag zugunsten seines Altersvorsorgevertrags oder einer förderbaren Versorgung iSd. § 82 Abs. 2 erbracht, erhält auch der Partner mit dem mittelbaren Zulageanspruch die Altersvorsorgezulage ungekürzt.[2] Die Grundsätze zur Zuordnung der Kinderzulage gelten auch für die Ermittlung des Mindesteigenbeitrags. Dem mittelbar zulageberechtigten Ehegatten steht die ungekürzte Altersvorsorgezulage auch dann zu, wenn der unmittelbar zulageberechtigte Ehegatte den Mindesteigenbeitrag zwar geleistet hat, dieser aber nicht gefördert worden ist.[3]

D. Abgeleitete Zulagenberechtigung

5 Besteht für einen Ehegatten/Lebenspartner eine abgeleitete Zulagenberechtigung (§ 79 Rn. 2 f.), wird nur für den nach § 10a Abs. 1 Begünstigten ein Mindesteigenbeitrag berechnet. Dabei sind die beiden Ehegatten/Lebenspartnern zustehenden Zulagen zu berücksichtigen. Der nach § 79 S. 2 begünstigte Ehegatte/Lebenspartner erhält dann eine ungekürzte Zulage, wenn der andere den v. ihm geforderten Mindesteigenbeitrag erbracht hat; andernfalls werden sowohl seine als auch die Zulage des nach § 79 S. 2 Begünstigten gekürzt. Ein sog. Sockelbeitrag (Jahresbetrag) muss entrichtet werden, wenn bereits der Betrag der staatlichen Zulage der geforderten Sparleistung entspricht oder sie übersteigt (Abs. 1 S. 3–4); auch Bezieher geringer Einkommen sollen wenigstens einen kleinen Eigenbeitrag leisten.

E. Berücksichtigung von Kindern

6 **Abs. 4** ist insbes. anwendbar, wenn ein Kind aufgrund v. eigenen Einkünften/Bezügen nicht mehr iRd. Kinderzulage berücksichtigt werden kann. Die Bestimmung trägt dem Umstand Rechnung, dass der StPfl. oft nicht in der Lage sein wird, seinen Mindesteigenbeitrag für das zurückliegende Jahr anzupassen.

§ 87 Zusammentreffen mehrerer Verträge

(1) [1]Zahlt der nach § 79 Satz 1 Zulageberechtigte Altersvorsorgebeiträge zugunsten mehrerer Verträge, so wird die Zulage nur für zwei dieser Verträge gewährt. [2]Der insgesamt nach § 86 zu leistende Mindesteigenbeitrag muss zugunsten dieser Verträge geleistet worden sein. [3]Die Zulage ist entsprechend dem Verhältnis der auf diese Verträge geleisteten Beiträge zu verteilen.

1 Ausf. BMF v. 21.12.2017, BStBl. I 2018, 93 Rn. 85 ff.
2 BMF v. 21.12.2017, BStBl. I 2018, 93 Rn. 85 ff. zum „Mindesteigenbeitrag – Besonderheiten bei Ehegatten/Lebenspartnern“; zur mittelbaren Zulagenberechtigung ebenda Rn. 26 ff.
3 BFH v. 9.3.2016 – X R 49/14, BFH/NV 2016, 1152.

(2) [1]Der nach § 79 Satz 2 Zulageberechtigte kann die Zulage für das jeweilige Beitragsjahr nicht auf mehrere Altersvorsorgeverträge verteilen. [2]Es ist nur der Altersvorsorgevertrag begünstigt, für den zuerst die Zulage beantragt wird.

Verwaltung: BMF v. 21.12.2017, BStBl. I 2018, 93 – Stl. Förderung der privaten Altersvorsorge und betrieblichen Altersversorgung (Rn. 119ff.).

Literatur: S. den Literaturnachweis zu § 10a.

Der Zulageberechtigte kann Beiträge sowohl auf mehrere Produkte der betrieblichen Altersversorgung als auch auf mehrere zertifizierte Altersvorsorgeverträge einzahlen. Aus Gründen der Praktikabilität sind nur zwei dieser Verträge zulagenbegünstigt (anders als beim SA-Abzug, s. § 10a).[1] Zum diesbezüglichen Antragserfordernis s. § 89 Abs. 1 S. 2, 3. Der Berechtigte kann bzw. muss sich jedes Jahr neu entscheiden, welche Verträge gefördert werden sollen; er muss den Mindesteigenbeitrag (§ 86) auf die jeweils zu begünstigenden Verträge leisten. Wurde nicht der gesamte nach § 86 erforderliche Mindesteigenbeitrag zugunsten dieser Verträge geleistet, wird die Zulage entspr. gekürzt (§ 86 Abs. 1 S. 6). Eine anteilige Verteilung der Zulage ist nur bei dem in § 79 S. 1 genannten Personenkreis (Begünstigter nach § 10a Abs. 1), nicht dagegen für den nach § 79 S. 2 mittelbar begünstigten Ehegatten zulässig (§ 87 Abs. 2), da dieser keine eigenen Altersvorsorgebeiträge leisten muss, um die Zulage zu erhalten. Wird die Zulage dennoch für mehrere Altersvorsorgebeiträge beantragt, ist aus Gründen der Praktikabilität der Altersvorsorgevertrag begünstigt, für den die Zulage zuerst beantragt wird. Erfolgt bei mehreren Verträgen keine Bestimmung, wird die Zulage nur für die zwei Verträge gewährt, für die im Beitragsjahr die höchsten Altersvorsorgebeiträge geleistet wurden (§ 89 Abs. 1 S. 3).[2] 1

§ 88 Entstehung des Anspruchs auf Zulage

Der Anspruch auf die Zulage entsteht mit Ablauf des Kalenderjahres, in dem die Altersvorsorgebeiträge geleistet worden sind (Beitragsjahr).

Die reguläre Frist für die Berechnung bzw. Festsetzung der Altersvorsorgezulage beträgt vier Jahre (§ 169 Abs. 2 S. 1 Nr. 2 AO) und beginnt mit Ablauf des Jahres, in dem sie entstanden ist, dh. mit Ablauf des Beitragsjahres (§ 88 EStG iVm. § 170 Abs. 1 AO). Die Festsetzungsfrist endet frühestens in dem Zeitpunkt, in dem über den Zulageantrag unanfechtbar entschieden worden ist (§ 171 Abs. 3 AO). Maßgebend ist der Zeitpunkt, in dem die Bescheinigung des Anbieters nach § 92 dem Zulageberechtigten zugegangen ist. Die Festsetzungsfrist für die Rückforderung der Zulage nach § 90 Abs. 3 sowie für die Aufhebung, Änderung oder Berichtigung der Zulagefestsetzung nach einer Festsetzung iSd. § 90 Abs. 4 beginnt nach § 170 Abs. 3 AO nicht vor Ablauf des Jahres, in dem der Antrag nach § 89 gestellt worden ist.[3] 1

§ 89 Antrag

(1) [1]Der Zulageberechtigte hat den Antrag auf Zulage nach amtlich vorgeschriebenem Vordruck bis zum Ablauf des zweiten Kalenderjahres, das auf das Beitragsjahr (§ 88) folgt, bei dem Anbieter seines Vertrages einzureichen. [2]Hat der Zulageberechtigte im Beitragsjahr Altersvorsorgebeiträge für mehrere Verträge gezahlt, so hat er mit dem Zulageantrag zu bestimmen, auf welche Verträge die Zulage überwiesen werden soll. [3]Beantragt der Zulageberechtigte die Zulage für mehr als zwei Verträge, so wird die Zulage nur für die zwei Verträge mit den höchsten Altersvorsorgebeiträgen gewährt. [4]Sofern eine Zulagenummer (§ 90 Absatz 1 Satz 2) durch die zentrale Stelle (§ 81) oder eine Versicherungsnummer nach § 147 des Sechsten Buches Sozialgesetzbuch für den nach § 79 Satz 2 berechtigten Ehegatten noch nicht vergeben ist, hat dieser über seinen Anbieter eine Zulagenummer bei der zentralen Stelle zu beantragen. [5]Der Antragsteller ist verpflichtet, dem Anbieter unverzüglich eine Änderung der Verhältnisse mitzuteilen, die zu einer Minderung oder zum Wegfall des Zulageanspruchs führt.

1 BMF v. 21.12.2017, BStBl. I 2018, 93 Rn. 124f.
2 BMF v. 21.12.2017, BStBl. I 2018, 93 Rn. 120ff. mit Bsp.
3 S. hierzu die Bsp. in BMF v. 21.12.2017, BStBl. I 2018, 83 Rn. 297f.

(1a) [1]Der Zulageberechtigte kann den Anbieter seines Vertrages schriftlich bevollmächtigen, für ihn abweichend von Absatz 1 die Zulage für jedes Beitragsjahr zu beantragen. [2]Absatz 1 Satz 5 gilt mit Ausnahme der Mitteilung geänderter beitragspflichtiger Einnahmen entsprechend. [3]Ein Widerruf der Vollmacht ist bis zum Ablauf des Beitragsjahres, für das der Anbieter keinen Antrag auf Zulage stellen soll, gegenüber dem Anbieter zu erklären.

(2) [1]Der Anbieter ist verpflichtet,

a) die Vertragsdaten,

b) die Identifikationsnummer, die Versicherungsnummer nach § 147 des Sechsten Buches Sozialgesetzbuch, die Zulagenummer des Zulageberechtigten und dessen Ehegatten oder einen Antrag auf Vergabe einer Zulagenummer eines nach § 79 Satz 2 berechtigten Ehegatten,

c) die vom Zulageberechtigten mitgeteilten Angaben zur Ermittlung des Mindesteigenbeitrags (§ 86),

d)[1] die Identifikationsnummer des Kindes sowie die weiteren für die Gewährung der Kinderzulage erforderlichen Daten,

e) die Höhe der geleisteten Altersvorsorgebeiträge und

f) das Vorliegen einer nach Absatz 1a erteilten Vollmacht

als die für die Ermittlung und Überprüfung des Zulageanspruchs und Durchführung des Zulageverfahrens erforderlichen Daten zu erfassen. [2]Er hat die Daten der bei ihm im Laufe eines Kalendervierteljahres eingegangenen Anträge bis zum Ende des folgenden Monats nach amtlich vorgeschriebenem Datensatz durch amtlich bestimmte Datenfernübertragung an die zentrale Stelle zu übermitteln. [3]Dies gilt auch im Fall des Absatzes 1 Satz 5. [4][2]§ 22a Absatz 2 gilt entsprechend.

(3) [1]Ist der Anbieter nach Absatz 1a Satz 1 bevollmächtigt worden, hat er der zentralen Stelle die nach Absatz 2 Satz 1 erforderlichen Angaben für jedes Kalenderjahr bis zum Ablauf des auf das Beitragsjahr folgenden Kalenderjahres zu übermitteln. [2]Liegt die Bevollmächtigung erst nach dem im Satz 1 genannten Meldetermin vor, hat der Anbieter die Angaben bis zum Ende des folgenden Kalendervierteljahres nach der Bevollmächtigung, spätestens jedoch bis zum Ablauf der in Absatz 1 Satz 1 genannten Antragsfrist, zu übermitteln. [3]Absatz 2 Satz 2 und 3 gilt sinngemäß.

Verwaltung: BMF v. 11.9.2017, BStBl. I 2017, 1285 – Bekanntmachung der Vordruckmuster für den Antrag auf Altersvorsorgezulage für 2017; BMF v. 21.12.2017, BStBl. I 2018, 93 – Stl. Förderung der privaten Altersvorsorge und betrieblichen Altersversorgung (Rn. 285 ff. – Verfahrensfragen, Zulageantrag).

Literatur: S. den Literaturnachweis zu § 10a.

1 Die Zulage wird nur auf Antrag gewährt (Abs. 1). Der Zulageantrag nach § 89 Abs. 1 und der Festsetzungsantrag nach § 90 Abs. 4 Satz 1 sind zwei verschiedene Anträge; der Zulageantrag umfasst oder ersetzt den Festsetzungsantrag nicht.[3] Der Zulageberechtigte hat die Möglichkeit, dem jeweiligen Anbieter eine schriftliche Vollmacht zu erteilen, für ihn den Antrag – bis auf Widerruf – zu stellen. Die Zulage wird iRd. sog. **modifizierten Anbieterverfahrens** gewährt. Der Zentralen Stelle (§ 81) oder dem Anbieter obliegt die Ermittlung, Festsetzung und Auszahlung der Zulage (§ 90 Abs. 2 Satz 1). Die ZfA teilt dem Anbieter nach § 12 Abs. 1 S. 1 AltvDV das Ermittlungsergebnis mit (§ 90 Abs. 1 S. 1). Diese Mitteilung steht nach § 12 Abs. 1 S. 2 AltvDV unter dem Vorbehalt der Nachprüfung, der nach § 12 Abs. 2 Satz 2 AltvDV mit Zugang der weiteren Mitteilung über die Auszahlung der Zulage entfällt. Der Anbieter seinerseits erteilt dem Zulageberechtigten eine Bescheinigung nach § 92 EStG, aus der sich einzelne Informationen über die Zulage ergeben. Nach § 90 Abs. 4 S. 1 erfolgt erst auf besonderen Antrag des Zulageberechtigten eine Festsetzung der Zulage. Dieser Antrag wiederum ist nach § 90 Abs. 4 S. 2 innerhalb eines Jahres seit Erteilung der Bescheinigung nach § 92 zu stellen.[4] Der Anbieter hat die Möglichkeit, die ID-Nr. (§ 139b AO) iRd. bestehenden maschinellen Anfrageverfahrens zur Abfrage der ID-Nr. zu erheben. Damit ist sichergestellt, dass der Anbieter die ID-Nr. kennt (§ 89 Abs. 2 S. 4).

---

1 In § 89 Abs. 2 Satz 1 Buchst. d wurden mWv. 1.1.2019 die Wörter „die für" durch die Wörter „die Identifikationsnummer des Kindes sowie die weiteren für" ersetzt (G zur Vermeidung von Umsatzsteuerausfällen beim Handel mit Waren im Internet und zur Änderung weiterer stl. Vorschriften v. 11.12.2018, BGBl. I 2018, 2338).

2 In § 89 Abs. 2 wurde mWv. 1.1.2019 Satz 4 angefügt (G zur Vermeidung von Umsatzsteuerausfällen beim Handel mit Waren im Internet und zur Änderung weiterer stl. Vorschriften v. 11.12.2018, BGBl. I 2018, 2338).

3 BFH v. 18.6.2015 – X B 30/15, BFH/NV 2015, 1438.

4 S. hierzu BFH v. 22.10.2014 – X R 18/14, BStBl. II 2015, 371 = FR 2015, 514, Anm. *Nöcker*, jurisPR-SteuerR 23/2015 Anm. 4; v. 18.6.2015 – X B 30/15, BFH/NV 2015, 1438.

Das **FA** führt das **Veranlagungsverfahren** mit dem SA-Abzug und der Günstigerprüfung durch. Durch eine Datenerhebung beim zuständigen Träger der gesetzlichen Rentenversicherung kann die zentrale Stelle die beitragspflichtigen Einnahmen selbst ermitteln, so dass idR entspr. Angaben im Zulageantrag entfallen können. Liegt eine schriftliche Bevollmächtigung vor, entfällt beim Anbieter die jährliche Übersendung eines Antragsformulars an den Zulageberechtigten sowie nach Rücksendung des Zulageantrags dessen datenmäßige Verarbeitung. Die Bevollmächtigung kann auch im Rahmen eines v. Anleger gestellten Antrags auf Zulage erfolgen. Mit der Bevollmächtigung sind dem Anleger die Antragshandlungen des Anbieters zuzurechnen. IdR erhält der Zulagenberechtigte seine Zulage automatisch. Er ist nur verpflichtet, Änderungen, die sich auf den Zulageanspruch auswirken (zB Beendigung der Zugehörigkeit zum berechtigten Personenkreis, Familienstand, Anzahl der Kinder, Zuordnung der Kinder, Zuordnung bei mehreren Verträgen), dem Anbieter unverzüglich mitzuteilen (Abs. 1 S. 5). 2

Mit **Abs. 2 S. 1 lit. b** wird sichergestellt, dass der Anbieter der zentralen Stelle, sofern ein nach § 79 S. 2 zulageberechtigter Ehegatte mit seinem Antrag auf Zulage auch den Antrag auf Vergabe einer Zulagennummer stellt, die entspr. Daten zu übermitteln hat. In dem für die Übermittlung des Zulageantrages bestimmten Datensatz (S. 2) sind Felder vorgesehen, so dass hiermit für den Anbieter kein zusätzlicher Aufwand verbunden ist, da kein zusätzlicher Datensatz zu übermitteln ist. **Abs. 2 S. 1 lit. c** steht iZ mit den Änderungen im § 90 Abs. 1, § 91. Die beitragspflichtigen Einnahmen werden bei einem Zulageberechtigten, der in der gesetzlichen Rentenversicherung pflichtversichert ist, grds. v. der zentralen Stelle bei dem zuständigen Träger der gesetzlichen Rentenversicherung abgefragt, so dass eine entspr. Angabe zur Bemessungsgrundlage nach § 86 Abs. 1 S. 2 im Antrag auf Zulage entfällt. Gibt der Zulageberechtigte ggü. seinem Anbieter die beitragspflichtigen Einnahmen an, so sind diese v. Anbieter zu übermitteln und werden für die Berechnung der Zulage zugrunde gelegt. Dies kann in Einzelfällen sinnvoll oder erforderlich sein, wenn die Berechnung der Zulage nach § 86 Abs. 2 S. 2 oder § 86 Abs. 3 erfolgt. Die ab dem 1.1.2020 verpflichtende Angabe der stl. ID-Nr. des Kindes bei der Beantragung der Kinderzulage (**Abs. 2 S. 1 lit. d**) soll den Datenabgleich zwischen den FinBeh. optimieren. 3

§ 90 Verfahren

(1) [1]Die zentrale Stelle ermittelt auf Grund der von ihr erhobenen oder der ihr übermittelten Daten, ob und in welcher Höhe ein Zulageanspruch besteht. [2]Soweit der zuständige Träger der Rentenversicherung keine Versicherungsnummer vergeben hat, vergibt die zentrale Stelle zur Erfüllung der ihr nach diesem Abschnitt zugewiesenen Aufgaben eine Zulagenummer. [3]Die zentrale Stelle teilt im Fall eines Antrags nach § 10a Absatz 1a der zuständigen Stelle, im Fall eines Antrags nach § 89 Absatz 1 Satz 4 dem Anbieter die Zulagenummer mit; von dort wird sie an den Antragsteller weitergeleitet.

(2) [1]Die zentrale Stelle veranlasst die Auszahlung an den Anbieter zugunsten der Zulageberechtigten durch die zuständige Kasse. [2]Ein gesonderter Zulagenbescheid ergeht vorbehaltlich des Absatzes 4 nicht. [3]Der Anbieter hat die erhaltenen Zulagen unverzüglich den begünstigten Verträgen gutzuschreiben. [4]Zulagen, die nach Beginn der Auszahlungsphase für das Altersvorsorgevermögen von der zentralen Stelle an den Anbieter überwiesen werden, können vom Anbieter an den Anleger ausgezahlt werden. [5]Besteht kein Zulageanspruch, so teilt die zentrale Stelle dies dem Anbieter durch Datensatz mit. [6]Die zentrale Stelle teilt dem Anbieter die Altersvorsorgebeiträge im Sinne des § 82, auf die § 10a oder dieser Abschnitt angewendet wurde, durch Datensatz mit.

(3) [1]Erkennt die zentrale Stelle nachträglich, dass der Zulageanspruch ganz oder teilweise nicht besteht oder weggefallen ist, so hat sie zu Unrecht gutgeschriebene oder ausgezahlte Zulagen zurückzufordern und dies dem Anbieter durch Datensatz mitzuteilen. [2]Bei bestehendem Vertragsverhältnis hat der Anbieter das Konto zu belasten. [3]Die ihm im Kalendervierteljahr mitgeteilten Rückforderungsbeträge hat er bis zum zehnten Tag des dem Kalendervierteljahr folgenden Monats in einem Betrag bei der zentralen Stelle anzumelden und an diese abzuführen. [4]Die Anmeldung nach Satz 3 ist nach amtlich vorgeschriebenem Vordruck abzugeben. [5]Sie gilt als Steueranmeldung im Sinne der Abgabenordnung.

(3a) [1]Erfolgt nach der Durchführung einer versorgungsrechtlichen Teilung eine Rückforderung von zu Unrecht gezahlten Zulagen, setzt die zentrale Stelle den Rückforderungsbetrag nach Absatz 3 unter Anrechnung bereits vom Anbieter einbehaltener und abgeführter Beträge gegenüber dem Zulageberechtigten fest, soweit

1. das Guthaben auf dem Vertrag des Zulageberechtigten zur Zahlung des Rückforderungsbetrags nach § 90 Absatz 3 Satz 1 nicht ausreicht und

2. im Rückforderungsbetrag ein Zulagebetrag enthalten ist, der in der Ehe- oder Lebenspartnerschaftszeit ausgezahlt wurde.

[2]Erfolgt nach einer Inanspruchnahme eines Altersvorsorge-Eigenheimbetrags im Sinne des § 92a Absatz 1 oder während einer Darlehenstilgung bei Altersvorsorgeverträgen nach § 1 Absatz 1a des Altersvorsorgeverträge-Zertifizierungsgesetzes eine Rückforderung zu Unrecht gezahlter Zulagen, setzt die zentrale Stelle den Rückforderungsbetrag nach Absatz 3 unter Anrechnung bereits vom Anbieter einbehaltener und abgeführter Beträge gegenüber dem Zulageberechtigten fest, soweit das Guthaben auf dem Altersvorsorgevertrag des Zulageberechtigten zur Zahlung des Rückforderungsbetrags nicht ausreicht. [3]Der Anbieter hat in diesen Fällen der zentralen Stelle die nach Absatz 3 einbehaltenen und abgeführten Beträge nach amtlich vorgeschriebenem Datensatz durch amtlich bestimmte Datenfernübertragung mitzuteilen.

(4) [1]Eine Festsetzung der Zulage erfolgt nur auf besonderen Antrag des Zulageberechtigten. [2]Der Antrag ist schriftlich innerhalb eines Jahres vom Antragsteller an den Anbieter zu richten; die Frist beginnt mit der Erteilung der Bescheinigung nach § 92, die die Ermittlungsergebnisse für das Beitragsjahr enthält, für das eine Festsetzung der Zulage erfolgen soll. [3]Der Anbieter leitet den Antrag der zentralen Stelle zur Festsetzung zu. [4]Er hat dem Antrag eine Stellungnahme und die zur Festsetzung erforderlichen Unterlagen beizufügen. [5]Die zentrale Stelle teilt die Festsetzung auch dem Anbieter mit. [6]Im Übrigen gilt Absatz 3 entsprechend.

(5)[1] [1]Im Rahmen des Festsetzungsverfahrens kann der Zulageberechtigte bis zum rechtskräftigen Abschluss des Festsetzungsverfahrens eine nicht fristgerecht abgegebene Einwilligung nach § 10a Absatz 1 Satz 1 Halbsatz 2 gegenüber der zuständigen Stelle nachholen. [2]Über die Nachholung hat er die zentrale Stelle unter Angabe des Datums der Erteilung der Einwilligung unmittelbar zu informieren. [3]Hat der Zulageberechtigte im Rahmen des Festsetzungsverfahrens eine wirksame Einwilligung gegenüber der zuständigen Stelle erteilt, wird er so gestellt, als hätte er die Einwilligung innerhalb der Frist nach § 10a Absatz 1 Satz 1 Halbsatz 2 wirksam gestellt.

Verwaltung: BMF v. 18.3.2010, BStBl. I 2010, 242 – Bekanntmachung der Vordruckmuster für die Anmeldung nach § 90 Abs. 3; BMF v. 21.12.2017, BStBl. I 2018, 93 – Stl. Förderung der privaten Altersvorsorge und betrieblichen Altersversorgung (Rn. 285 ff. – Verfahrensfragen; Rn. 295 ff. – Festsetzungsfrist).

1 Die Zulage wird nur auf Antrag (§ 89) gewährt.[2] Wird in dem Antrag auf Zulage keine maßgebende Bemessungsgrundlage zur Ermittlung des Mindesteigenbeitrags angegeben (§ 89 Abs. 2 S. 1 lit. c), werden die diesbezüglichen Daten v. der zentralen Stelle bei dem zuständigen Träger der gesetzlichen Rentenversicherung erhoben und der Berechnung des Mindesteigenbeitrags zugrunde gelegt (§ 91 Abs. 1 S. 1). Die Änderung in § 90 ist insoweit eine Folgeänderung zu § 91 Abs. 1 S. 1.

2 Die Festsetzungsfrist für die Rückforderung der Zulage nach § 90 Abs. 3 sowie für die Aufhebung, Änderung oder Berichtigung der Zulagefestsetzung nach einer Festsetzung iSd. § 90 Abs. 4 beginnt nach § 170 Abs. 3 AO nicht vor Ablauf des Jahres, in dem der Antrag nach § 89 gestellt worden ist.[3] Der Zulageantrag nach § 89 Abs. 1 und der Festsetzungsantrag nach § 90 Abs. 4 S. 1 sind zwei verschiedene Anträge.[4]

3 Abs. 3a ist durch das BetriebsrentenstärkungsG[5] mWv 1.1.2018 eingefügt worden. Nach einer Teilung der Riester-Anwartschaften iRd. Versorgungsausgleichs bei einer Ehescheidung, nach einer Inanspruchnahme des Altersvorsorge-Eigenheimbetrags oder nach einer unmittelbaren Darlehenstilgung kann es bei einer Rückforderung von Zulagen, die sich nachträglich als zu Unrecht gezahlt herausstellen, dazu kommen, dass das auf dem Riester-Vertrag vorhandene Altersvorsorgevermögen nicht ausreicht, um den von der ZfA ggü. dem Anbieter mitgeteilten Rückforderungsbetrag in voller Höhe zu befriedigen. In diesen Fällen soll die ZfA die Möglichkeit haben, die noch offenen Rückforderungsbeträge direkt vom Zulageberechtigten zurückzufordern.

4 Durch den mWv. 1.1.2019 angefügten[6] Abs. 5 wird die Möglichkeit der Nachholung für die Abgabe der Einwilligungserklärung eingeführt. Eine vergessene oder aus anderen Gründen nicht fristgerecht abge-

---

1 In § 90 wurde mWv. 1.1.2019 Abs. 5 angefügt (BetriebsrentenstärkungsG v. 17.8.2017, BGBl. I 2017, 3214).
2 Zur Verfahrensstruktur s. BFH v. 22.10.2014 – X R 18/14, BStBl. II 2015, 371 = FR 2015, 514.
3 BMF v. 21.12.2017, BStBl. I 2018, 93 Rn. 296 f.
4 BFH v. 18.6.2015 – X B 30/15, BFH/NV 2015, 1438, auch zum Verfahren der Entsch. über den Zulageanspruch.
5 G v. 17.8.2017, BGBl. I 2017, 3214.
6 G v. 17.8.2017, BGBl. I 2017, 3214.

gebene Einwilligungserklärung kann der Zulageberechtigte iRd. Festsetzungsverfahrens bis zum rechtskräftigen Abschluss des Festsetzungsverfahrens nachholen. Über diese Nachholung hat er die zentrale Stelle unmittelbar zu informieren, damit sie dies im weiteren Festsetzungsverfahren berücksichtigen kann.[1]

§ 91 Datenerhebung und Datenabgleich

(1) [1]Für die Berechnung und Überprüfung der Zulage sowie die Überprüfung des Vorliegens der Voraussetzungen des Sonderausgabenabzugs nach § 10a übermitteln die Träger der gesetzlichen Rentenversicherung, die landwirtschaftliche Alterskasse, die Bundesagentur für Arbeit, die Meldebehörden, die Familienkassen und die Finanzämter der zentralen Stelle auf Anforderung die bei ihnen vorhandenen Daten nach § 89 Absatz 2 durch Datenfernübertragung; für Zwecke der Berechnung des Mindesteigenbeitrags für ein Beitragsjahr darf die zentrale Stelle bei den Trägern der gesetzlichen Rentenversicherung und der landwirtschaftlichen Alterskasse die bei ihnen vorhandenen Daten zu den beitragspflichtigen Einnahmen sowie in den Fällen des § 10a Absatz 1 Satz 4 zur Höhe der bezogenen Rente wegen voller Erwerbsminderung oder Erwerbsunfähigkeit erheben, sofern diese nicht vom Anbieter nach § 89 übermittelt worden sind. [2]Für Zwecke der Überprüfung nach Satz 1 darf die zentrale Stelle die ihr übermittelten Daten mit den ihr nach § 89 Absatz 2 übermittelten Daten automatisiert abgleichen. [3]Führt die Überprüfung zu einer Änderung der ermittelten oder festgesetzten Zulage, ist dies dem Anbieter mitzuteilen. [4]Ergibt die Überprüfung eine Abweichung von dem in der Steuerfestsetzung berücksichtigten Sonderausgabenabzug nach § 10a oder der gesonderten Feststellung nach § 10a Absatz 4, ist dies dem Finanzamt mitzuteilen; die Steuerfestsetzung oder die gesonderte Feststellung ist insoweit zu ändern.

(2) [1]Die zuständige Stelle hat der zentralen Stelle die Daten nach § 10a Absatz 1 Satz 1 zweiter Halbsatz bis zum 31. März des dem Beitragsjahr folgenden Kalenderjahres durch Datenfernübertragung zu übermitteln. [2]Liegt die Einwilligung nach § 10a Absatz 1 Satz 1 zweiter Halbsatz erst nach dem im Satz 1 genannten Meldetermin vor, hat die zuständige Stelle die Daten spätestens bis zum Ende des folgenden Kalendervierteljahres nach Erteilung der Einwilligung nach Maßgabe von Satz 1 zu übermitteln.

Verwaltung: BZSt. v. 8.7.2013, BStBl. I 2013, 848 – Familienleistungsausgleich; Datenabgleich zw. den Familienkassen und der zentralen Zulagenstelle für Altersvermögen; BayLfSt v. 20.7.2017, juris – Datenabgleich (Riester-Rente) nach § 91 EStG; BMF v. 21.12.2017, BStBl. I 2018, 93 Rn. 306 f. – Datenabgleich.

§ 91 Abs. 1 S. 1 ist Voraussetzung für die Umsetzung des vereinfachten Zulageverfahrens nach § 89 Abs. 1a. Im Rahmen dieses Verfahrens wird dem Zulageberechtigten die Möglichkeit eingeräumt, auf einen jährlich zu stellenden gesonderten Zulageantrag zu verzichten. Der Zulageberechtigte beauftragt insoweit seinen Anbieter, für ihn per Datensatz die Zulage zu beantragen. Für die Ermittlung der zutr. Zulage ist grds. erforderlich, dass die zentrale Stelle Kenntnis v. der Höhe der v. Zulageberechtigten im Vorjahr erzielten beitragspflichtigen Einnahmen hat. Entscheidet sich der Zulageberechtigte für das vereinfachte Zulageverfahren, entfällt die Abgabe eines gesonderten Zulageantrags und damit auch die Ergänzung des Zulageantrags um die Höhe der jeweiligen beitragspflichtigen Einnahmen. Ein Abruf der entspr. Daten durch die zentrale Stelle (ZfA) bei den Trägern der gesetzlichen Rentenversicherung erfolgt nur, wenn der v. Anbieter übermittelte „Zulageantrag“ keine Angaben zur Höhe der beitragspflichtigen Einnahmen enthält. Will der Zulageberechtigte, dass das geltende Zulageverfahren für ihn weiter zur Anwendung kommt, so braucht er lediglich einen entspr. Zulageantrag auszufüllen und seinem Anbieter zu übersenden oder auf andere Weise seinem Anbieter die Höhe der v. ihm erzielten beitragspflichtigen Einnahmen mitzuteilen. Die Inanspruchnahme des vereinfachten Zulageverfahrens steht dem Berechtigen somit fakultativ offen. 1

Mit der Formulierung in **Abs. 1 S. 4** wird nicht nur eine Mitteilungspflicht begründet, sondern auch klargestellt, dass die Bestimmung eine spezialgesetzliche Änderungsnorm iSd. § 172 Abs. 1 S. 1 Nr. 2 lit. d AO darstellt.[2] 2

In Abs. 2 S. 1 wird eine praxisgerechtere Meldefrist festgelegt. Mit S. 2 wird sichergestellt, dass auch in diesen Fällen eine zeitnahe Datenübermittlung v. der zuständigen Stelle vorgenommen wird. 3

1 BR-Drucks. 18/12612, 35.
2 FG München v. 29.10.2014 - 9 K 1277/14, EFG 2015, 228, m. Anm. *Hoffsümmer*.

§ 92 Bescheinigung

[1]Der Anbieter hat dem Zulageberechtigten jährlich bis zum Ablauf des auf das Beitragsjahr folgenden Jahres eine Bescheinigung nach amtlich vorgeschriebenem Muster zu erteilen über

1. die Höhe der im abgelaufenen Beitragsjahr geleisteten Altersvorsorgebeiträge (Beiträge und Tilgungsleistungen),
2. die im abgelaufenen Beitragsjahr getroffenen, aufgehobenen oder geänderten Ermittlungsergebnisse (§ 90),
3. die Summe der bis zum Ende des abgelaufenen Beitragsjahres dem Vertrag gutgeschriebenen Zulagen,
4. die Summe der bis zum Ende des abgelaufenen Beitragsjahres geleisteten Altersvorsorgebeiträge (Beiträge und Tilgungsleistungen),
5. den Stand des Altersvorsorgevermögens,
6. den Stand des Wohnförderkontos (§ 92a Absatz 2 Satz 1), sofern er diesen von der zentralen Stelle mitgeteilt bekommen hat, und
7. die Bestätigung der durch den Anbieter erfolgten Datenübermittlung an die zentrale Stelle im Fall des § 10a Absatz 5 Satz 1.

[2]Einer jährlichen Bescheinigung bedarf es nicht, wenn zu Satz 1 Nummer 1, 2, 6 und 7 keine Angaben erforderlich sind und sich zu Satz 1 Nummer 3 bis 5 keine Änderungen gegenüber der zuletzt erteilten Bescheinigung ergeben. [3]Liegen die Voraussetzungen des Satzes 2 nur hinsichtlich der Angabe nach Satz 1 Nummer 6 nicht vor und wurde die Geschäftsbeziehung im Hinblick auf den jeweiligen Altersvorsorgevertrag zwischen Zulageberechtigtem und Anbieter beendet, weil

1. das angesparte Kapital vollständig aus dem Altersvorsorgevertrag entnommen wurde oder
2. das gewährte Darlehen vollständig getilgt wurde,

bedarf es keiner jährlichen Bescheinigung, wenn der Anbieter dem Zulageberechtigten in einer Bescheinigung im Sinne dieser Vorschrift Folgendes mitteilt: „Das Wohnförderkonto erhöht sich bis zum Beginn der Auszahlungsphase jährlich um 2 Prozent, solange Sie keine Zahlungen zur Minderung des Wohnförderkontos leisten." [4]Der Anbieter kann dem Zulageberechtigten mit dessen Einverständnis die Bescheinigung auch elektronisch bereitstellen.

Verwaltung: BMF v. 6.12.2013, BStBl. I 2013, 1507 – Bekanntmachung zum Muster für die Bescheinigung nach § 92; zur Bescheinungs- und Informationspflicht des Anbieters BMF v. 21.12.2017, BStBl. I 2018, 93 Rz. 188f. (Rz. 193f.).

§ 92a Verwendung für eine selbst genutzte Wohnung

(1) [1]Der Zulageberechtigte kann das in einem Altersvorsorgevertrag gebildete und nach § 10a oder nach diesem Abschnitt geförderte Kapital in vollem Umfang oder, wenn das verbleibende geförderte Restkapital mindestens 3 000 Euro beträgt, teilweise wie folgt verwenden (Altersvorsorge-Eigenheimbetrag):

1. bis zum Beginn der Auszahlungsphase unmittelbar für die Anschaffung oder Herstellung einer Wohnung oder zur Tilgung eines zu diesem Zweck aufgenommenen Darlehens, wenn das dafür entnommene Kapital mindestens 3 000 Euro beträgt, oder
2. bis zum Beginn der Auszahlungsphase unmittelbar für den Erwerb von Pflicht-Geschäftsanteilen an einer eingetragenen Genossenschaft für die Selbstnutzung einer Genossenschaftswohnung oder zur Tilgung eines zu diesem Zweck aufgenommenen Darlehens, wenn das dafür entnommene Kapital mindestens 3 000 Euro beträgt, oder
3. bis zum Beginn der Auszahlungsphase unmittelbar für die Finanzierung eines Umbaus einer Wohnung, wenn
   a) das dafür entnommene Kapital
      aa) mindestens 6 000 Euro beträgt und für einen innerhalb eines Zeitraums von drei Jahren nach der Anschaffung oder Herstellung der Wohnung vorgenommenen Umbau verwendet wird oder
      bb) mindestens 20 000 Euro beträgt,

b) das dafür entnommene Kapital zu mindestens 50 Prozent auf Maßnahmen entfällt, die die Vorgaben der DIN 18040 Teil 2, Ausgabe September 2011, soweit baustrukturell möglich, erfüllen, und der verbleibende Teil der Kosten der Reduzierung von Barrieren in oder an der Wohnung dient; die zweckgerechte Verwendung ist durch einen Sachverständigen zu bestätigen; und

c) der Zulageberechtigte oder ein Mitnutzer der Wohnung für die Umbaukosten weder eine Förderung durch Zuschüsse noch eine Steuerermäßigung nach § 35a in Anspruch nimmt oder nehmen wird noch die Berücksichtigung als außergewöhnliche Belastung nach § 33 beantragt hat oder beantragen wird und dies schriftlich bestätigt. [2]Diese Bestätigung ist bei der Antragstellung nach § 92b Absatz 1 Satz 1 gegenüber der zentralen Stelle abzugeben. [3]Bei der Inanspruchnahme eines Darlehens im Rahmen eines Altersvorsorgevertrags nach § 1 Absatz 1a des Altersvorsorgeverträge-Zertifizierungsgesetzes hat der Zulageberechtigte die Bestätigung gegenüber seinem Anbieter abzugeben.

[2]Die DIN 18040 ist im Beuth-Verlag GmbH, Berlin und Köln, erschienen und beim Deutschen Patent- und Markenamt in München archivmäßig gesichert niedergelegt. [3]Die technischen Mindestanforderungen für die Reduzierung von Barrieren in oder an der Wohnung nach Satz 1 Nummer 3 Buchstabe b werden durch das Bundesministerium für Umwelt, Naturschutz, Bau und Reaktorsicherheit im Einvernehmen mit dem Bundesministerium der Finanzen festgelegt und im Bundesbaublatt veröffentlicht. [4]Sachverständige im Sinne dieser Vorschrift sind nach Landesrecht Bauvorlageberechtigte sowie nach § 91 Absatz 1 Nummer 8 der Handwerksordnung öffentlich bestellte und vereidigte Sachverständige, die für ein Sachgebiet bestellt sind, das die Barrierefreiheit und Barrierereduzierung in Wohngebäuden umfasst, und die eine besondere Sachkunde oder ergänzende Fortbildung auf diesem Gebiet nachweisen. [5]Eine nach Satz 1 begünstigte Wohnung ist

1. eine Wohnung in einem eigenen Haus oder
2. eine eigene Eigentumswohnung oder
3. eine Genossenschaftswohnung einer eingetragenen Genossenschaft,

wenn diese Wohnung in einem Mitgliedstaat der Europäischen Union oder in einem Staat, auf den das Abkommen über den Europäischen Wirtschaftsraum (EWR-Abkommen) anwendbar ist, belegen ist und die Hauptwohnung oder den Mittelpunkt der Lebensinteressen des Zulageberechtigten darstellt. [6]Einer Wohnung im Sinne des Satzes 5 steht ein eigentumsähnliches oder lebenslanges Dauerwohnrecht nach § 33 des Wohnungseigentumsgesetzes gleich, soweit Vereinbarungen nach § 39 des Wohnungseigentumsgesetzes getroffen werden. [7]Bei der Ermittlung des Restkapitals nach Satz 1 ist auf den Stand des geförderten Altersvorsorgevermögens zum Ablauf des Tages abzustellen, an dem die zentrale Stelle den Bescheid nach § 92b ausgestellt hat. [8]Der Altersvorsorge-Eigenheimbetrag gilt nicht als Leistung aus einem Altersvorsorgevertrag, die dem Zulageberechtigten im Zeitpunkt der Auszahlung zufließt.

(2) [1]Der Altersvorsorge-Eigenheimbetrag, die Tilgungsleistungen im Sinne des § 82 Absatz 1 Satz 1 Nummer 2 und die hierfür gewährten Zulagen sind durch die zentrale Stelle in Bezug auf den zugrunde liegenden Altersvorsorgevertrag gesondert zu erfassen (Wohnförderkonto); die zentrale Stelle teilt für jeden Altersvorsorgevertrag, für den sie ein Wohnförderkonto (Altersvorsorgevertrag mit Wohnförderkonto) führt, dem Anbieter jährlich den Stand des Wohnförderkontos nach amtlich vorgeschriebenem Datensatz durch Datenfernübertragung mit. [2]Beiträge, die nach § 82 Absatz 1 Satz 3 wie Tilgungsleistungen behandelt wurden, sind im Zeitpunkt der unmittelbaren Darlehenstilgung einschließlich der zur Tilgung eingesetzten Zulagen und Erträge in das Wohnförderkonto aufzunehmen; zur Tilgung eingesetzte ungeförderte Beiträge einschließlich der darauf entfallenden Erträge fließen dem Zulageberechtigten in diesem Zeitpunkt zu. [3]Nach Ablauf eines Beitragsjahres, letztmals für das Beitragsjahr des Beginns der Auszahlungsphase, ist der sich aus dem Wohnförderkonto ergebende Gesamtbetrag um 2 Prozent zu erhöhen. [4]Das Wohnförderkonto ist zu vermindern um

1. Zahlungen des Zulageberechtigten auf einen auf seinen Namen lautenden zertifizierten Altersvorsorgevertrag nach § 1 Absatz 1 des Altersvorsorgeverträge-Zertifizierungsgesetzes bis zum Beginn der Auszahlungsphase zur Minderung der in das Wohnförderkonto eingestellten Beträge; der Anbieter, bei dem die Einzahlung erfolgt, hat die Einzahlung der zentralen Stelle nach amtlich vorgeschriebenem Datensatz durch Datenfernübertragung mitzuteilen; erfolgt die Einzahlung nicht auf den Altersvorsorgevertrag mit Wohnförderkonto, hat der Zulageberechtigte dem Anbieter, bei dem die Einzahlung erfolgt, die Vertragsdaten des Altersvorsorgevertrags

mit Wohnförderkonto mitzuteilen; diese hat der Anbieter der zentralen Stelle zusätzlich mitzuteilen;

2. den Verminderungsbetrag nach Satz 5.

[5]Verminderungsbetrag ist der sich mit Ablauf des Kalenderjahres des Beginns der Auszahlungsphase ergebende Stand des Wohnförderkontos dividiert durch die Anzahl der Jahre bis zur Vollendung des 85. Lebensjahres des Zulageberechtigten; als Beginn der Auszahlungsphase gilt der vom Zulageberechtigten und Anbieter vereinbarte Zeitpunkt, der zwischen der Vollendung des 60. Lebensjahres und des 68. Lebensjahres des Zulageberechtigten liegen muss; ist ein Auszahlungszeitpunkt nicht vereinbart, so gilt die Vollendung des 67. Lebensjahres als Beginn der Auszahlungsphase; die Verschiebung des Beginns der Auszahlungsphase über das 68. Lebensjahr des Zulageberechtigten hinaus ist unschädlich, sofern es sich um eine Verschiebung im Zusammenhang mit der Abfindung einer Kleinbetragsrente auf Grund des § 1 Absatz 1 Satz 1 Nummer 4 Buchstabe a des Altersvorsorgeverträge-Zertifizierungsgesetzes handelt. [6]Anstelle einer Verminderung nach Satz 5 kann der Zulageberechtigte jederzeit in der Auszahlungsphase von der zentralen Stelle die Auflösung des Wohnförderkontos verlangen (Auflösungsbetrag). [7]Der Anbieter hat im Zeitpunkt der unmittelbaren Darlehenstilgung die Beträge nach Satz 2 erster Halbsatz und der Anbieter eines Altersvorsorgevertrags mit Wohnförderkonto hat zu Beginn der Auszahlungsphase den Zeitpunkt des Beginns der Auszahlungsphase der zentralen Stelle nach amtlich vorgeschriebenem Datensatz durch Datenfernübertragung spätestens bis zum Ablauf des zweiten Monats, der auf den Monat der unmittelbaren Darlehenstilgung oder des Beginns der Auszahlungsphase folgt, mitzuteilen. [8]Wird gefördertes Altersvorsorgevermögen nach § 93 Absatz 2 Satz 1 von einem Anbieter auf einen anderen auf den Namen des Zulageberechtigten lautenden Altersvorsorgevertrag vollständig übertragen und hat die zentrale Stelle für den bisherigen Altersvorsorgevertrag ein Wohnförderkonto geführt, so schließt sie das Wohnförderkonto des bisherigen Vertrags und führt es zu dem neuen Altersvorsorgevertrag fort. [9]Erfolgt eine Zahlung nach Satz 4 Nummer 1 oder nach Absatz 3 Satz 9 Nummer 2 auf einen anderen Altersvorsorgevertrag als auf den Altersvorsorgevertrag mit Wohnförderkonto, schließt die zentrale Stelle das Wohnförderkonto des bisherigen Vertrags und führt es ab dem Zeitpunkt der Einzahlung für den Altersvorsorgevertrag fort, auf den die Einzahlung erfolgt ist. [10]Die zentrale Stelle teilt die Schließung des Wohnförderkontos dem Anbieter des bisherigen Altersvorsorgevertrags mit Wohnförderkonto mit.

(2a) [1]Geht im Rahmen der Regelung von Scheidungsfolgen der Eigentumsanteil des Zulageberechtigten an der Wohnung im Sinne des Absatzes 1 Satz 5 ganz oder teilweise auf den anderen Ehegatten über, geht das Wohnförderkonto in Höhe des Anteils, der dem Verhältnis des übergegangenen Eigentumsanteils zum ursprünglichen Eigentumsanteil entspricht, mit allen Rechten und Pflichten auf den anderen Ehegatten über; dabei ist auf das Lebensalter des anderen Ehegatten abzustellen. [2]Hat der andere Ehegatte das Lebensalter für den vertraglich vereinbarten Beginn der Auszahlungsphase oder, soweit kein Beginn der Auszahlungsphase vereinbart wurde, das 67. Lebensjahr im Zeitpunkt des Übergangs des Wohnförderkontos bereits überschritten, so gilt als Beginn der Auszahlungsphase der Zeitpunkt des Übergangs des Wohnförderkontos. [3]Der Zulageberechtigte hat den Übergang des Eigentumsanteils der zentralen Stelle nachzuweisen. [4]Dazu hat er die für die Anlage eines Wohnförderkontos erforderlichen Daten des anderen Ehegatten mitzuteilen. [5]Die Sätze 1 bis 4 gelten entsprechend für Ehegatten, die im Zeitpunkt des Todes des Zulageberechtigten

1. nicht dauernd getrennt gelebt haben (§ 26 Absatz 1) und

2. ihren Wohnsitz oder gewöhnlichen Aufenthalt in einem Mitgliedstaat der Europäischen Union oder einem Staat hatten, auf den das Abkommen über den Europäischen Wirtschaftsraum anwendbar ist.

(3) [1]Nutzt der Zulageberechtigte die Wohnung im Sinne des Absatzes 1 Satz 5, für die ein Altersvorsorge-Eigenheimbetrag verwendet oder für die eine Tilgungsförderung im Sinne des § 82 Absatz 1 in Anspruch genommen worden ist, nicht nur vorübergehend nicht mehr zu eigenen Wohnzwecken, hat er dies dem Anbieter, in der Auszahlungsphase der zentralen Stelle, unter Angabe des Zeitpunkts der Aufgabe der Selbstnutzung anzuzeigen. [2]Eine Aufgabe der Selbstnutzung liegt auch vor, soweit der Zulageberechtigte das Eigentum an der Wohnung aufgibt. [3]Die Anzeigepflicht gilt entsprechend für den Rechtsnachfolger der begünstigten Wohnung, wenn der Zulageberechtigte stirbt. [4]Die Anzeigepflicht entfällt, wenn das Wohnförderkonto vollständig zurückgeführt worden ist, es sei denn, es liegt ein Fall des § 22 Nummer 5 Satz 6 vor. [5]Im Fall des Satzes 1 gelten die im Wohnförderkonto erfassten Beträge als Leistungen aus einem Altersvorsorgevertrag, die dem Zula-

geberechtigten nach letztmaliger Erhöhung des Wohnförderkontos nach Absatz 2 Satz 3 zum Ende des Veranlagungszeitraums, in dem die Selbstnutzung aufgegeben wurde, zufließen; das Wohnförderkonto ist aufzulösen (Auflösungsbetrag). [6]Verstirbt der Zulageberechtigte, ist der Auflösungsbetrag ihm noch zuzurechnen. [7]Der Anbieter hat der zentralen Stelle den Zeitpunkt der Aufgabe nach amtlich vorgeschriebenem Datensatz durch Datenfernübertragung spätestens bis zum Ablauf des zweiten Monats, der auf den Monat der Anzeige des Zulageberechtigten folgt, mitzuteilen. [8]Wurde im Fall des Satzes 1 eine Tilgungsförderung nach § 82 Absatz 1 Satz 3 in Anspruch genommen und erfolgte keine Einstellung in das Wohnförderkonto nach Absatz 2 Satz 2, sind die Beiträge, die nach § 82 Absatz 1 Satz 3 wie Tilgungsleistungen behandelt wurden, sowie die darauf entfallenden Zulagen und Erträge in ein Wohnförderkonto aufzunehmen und anschließend die weiteren Regelungen dieses Absatzes anzuwenden; Absatz 2 Satz 2 zweiter Halbsatz und Satz 7 gilt entsprechend. [9]Die Sätze 5 bis 7 sowie § 20 sind nicht anzuwenden, wenn

1. der Zulageberechtigte einen Betrag in Höhe des noch nicht zurückgeführten Betrags im Wohnförderkonto innerhalb von zwei Jahren vor dem Veranlagungszeitraum und von fünf Jahren nach Ablauf des Veranlagungszeitraums, in dem er die Wohnung letztmals zu eigenen Wohnzwecken genutzt hat, für eine weitere Wohnung im Sinne des Absatzes 1 Satz 5 verwendet,
2. der Zulageberechtigte einen Betrag in Höhe des noch nicht zurückgeführten Betrags im Wohnförderkonto innerhalb eines Jahres nach Ablauf des Veranlagungszeitraums, in dem er die Wohnung letztmals zu eigenen Wohnzwecken genutzt hat, auf einen auf seinen Namen lautenden zertifizierten Altersvorsorgevertrag zahlt; Absatz 2 Satz 4 Nummer 1 ist entsprechend anzuwenden,
3. die Ehewohnung auf Grund einer richterlichen Entscheidung nach § 1361b des Bürgerlichen Gesetzbuchs oder nach der Verordnung über die Behandlung der Ehewohnung und des Hausrats dem anderen Ehegatten zugewiesen wird,
4. der Zulageberechtigte krankheits- oder pflegebedingt die Wohnung nicht mehr bewohnt, sofern er Eigentümer dieser Wohnung bleibt, sie ihm weiterhin zur Selbstnutzung zur Verfügung steht und sie nicht von Dritten, mit Ausnahme seines Ehegatten, genutzt wird oder
5. der Zulageberechtigte innerhalb von fünf Jahren nach Ablauf des Veranlagungszeitraums, in dem er die Wohnung letztmals zu eigenen Wohnzwecken genutzt hat, die Selbstnutzung dieser Wohnung wieder aufnimmt.

[10]Satz 9 Nummer 1 und 2 setzt voraus, dass der Zulageberechtigte dem Anbieter, in der Auszahlungsphase der zentralen Stelle, die fristgemäße Reinvestitionsabsicht im Rahmen der Anzeige nach Satz 1 und den Zeitpunkt der Reinvestition oder die Aufgabe der Reinvestitionsabsicht anzeigt; in den Fällen des Absatzes 2a und des Satzes 9 Nummer 3 gelten die Sätze 1 bis 9 entsprechend für den anderen, geschiedenen oder überlebenden Ehegatten, wenn er die Wohnung nicht nur vorübergehend nicht mehr zu eigenen Wohnzwecken nutzt. [11]Satz 5 ist mit der Maßgabe anzuwenden, dass der Eingang der Anzeige der aufgegebenen Reinvestitionsabsicht, spätestens jedoch der 1. Januar

1. des sechsten Jahres nach dem Jahr der Aufgabe der Selbstnutzung bei einer Reinvestitionsabsicht nach Satz 9 Nummer 1 oder
2. des zweiten Jahres nach dem Jahr der Aufgabe der Selbstnutzung bei einer Reinvestitionsabsicht nach Satz 9 Nummer 2

als Zeitpunkt der Aufgabe gilt. [12]Satz 9 Nummer 5 setzt voraus, dass bei einer beabsichtigten Wiederaufnahme der Selbstnutzung der Zulageberechtigte dem Anbieter, in der Auszahlungsphase der zentralen Stelle, die Absicht der fristgemäßen Wiederaufnahme der Selbstnutzung im Rahmen der Anzeige nach Satz 1 und den Zeitpunkt oder die Aufgabe der Reinvestitionsabsicht nach Satz 10 anzeigt. [13]Satz 10 zweiter Halbsatz und Satz 11 gelten für die Anzeige der Absicht der fristgemäßen Wiederaufnahme der Selbstnutzung entsprechend.

(4) [1]Absatz 3 sowie § 20 sind auf Antrag des Steuerpflichtigen nicht anzuwenden, wenn er

1. die Wohnung im Sinne des Absatzes 1 Satz 5 auf Grund eines beruflich bedingten Umzugs für die Dauer der beruflich bedingten Abwesenheit nicht selbst nutzt; wird während dieser Zeit mit einer anderen Person ein Nutzungsrecht für diese Wohnung vereinbart, ist diese Vereinbarung von vorneherein entsprechend zu befristen,
2. beabsichtigt, die Selbstnutzung wieder aufzunehmen und
3. die Selbstnutzung spätestens mit der Vollendung seines 67. Lebensjahres aufnimmt.

[2]Der Steuerpflichtige hat den Antrag bei der zentralen Stelle zu stellen und dabei die notwendigen Nachweise zu erbringen. [3]Die zentrale Stelle erteilt dem Steuerpflichtigen einen Bescheid über die Bewilligung des Antrags und informiert den Anbieter des Altersvorsorgevertrags mit Wohnförderkonto des Zulageberechtigten über die Bewilligung, eine Wiederaufnahme der Selbstnutzung nach einem beruflich bedingten Umzug und den Wegfall der Voraussetzungen nach diesem Absatz; die Information hat nach amtlich vorgeschriebenem Datensatz durch Datenfernübertragung zu erfolgen. [4]Entfällt eine der in Satz 1 genannten Voraussetzungen, ist Absatz 3 mit der Maßgabe anzuwenden, dass bei einem Wegfall der Voraussetzung nach Satz 1 Nummer 1 als Zeitpunkt der Aufgabe der Zeitpunkt des Wegfalls der Voraussetzung und bei einem Wegfall der Voraussetzung nach Satz 1 Nummer 2 oder Nummer 3 der Eingang der Mitteilung des Steuerpflichtigen nach Absatz 3 als Zeitpunkt der Aufgabe gilt, spätestens jedoch die Vollendung des 67. Lebensjahres des Steuerpflichtigen.

Verwaltung: Zum Altersvorsorge-Eigenheimbetrag und zur Tilgungsförderung für eine wohnungswirtschaftliche Verwendung BMF v. 21.12.2017, BStBl. I 2018, 93 Rz. 240 ff.

Literatur: *Dommermuth*, Die Eigenheimrente – Potenzial und wünschenswerte Änderungen, DStR 2010, 1816; *Emser/N. Roth*, Steuerliche Förderung der privaten Altersvorsorge, NWB 2017, 2490; *Myßen/M. Fischer*, AltvVerbG – Basisvorsorge im Alter und Wohn-Riester, NWB 2013, 1977; *Myßen/M. Fischer*, Steuerliche Förderung der privaten Altersvorsorge, DB 2014, 617. S. iÜ den Literaturnachweis zu § 10a.

1 **Grundsätze.** Nach § 92a wird die sog. Riester-Förderung der selbst genutzten Wohnung in zweierlei Hinsicht gefördert: Aufwendungen zur Tilgung eines Darlehens für eine nach dem 31.12.2007 erfolgte wohnungswirtschaftliche Verwendung werden wie Beiträge zu einem Riester-Sparvertrag gefördert. Das angesparte geförderte Altersvorsorgevermögen kann aber auch für eine wohnungswirtschaftliche Verwendung förderungsunschädlich entnommen werden. Man spricht vom **„Wohn-Riester"** oder von der **Eigenheimrente.** Jeder Altersvorsorgevertrag muss diese Möglichkeit einer Entnahme vorsehen. Ist dieses Recht nicht auf den Fall einer vollständigen Entnahme beschränkt worden, kann der Anleger wählen, ob er eine vollständige oder nur eine teilweise Entnahme vornimmt. Möglich ist die jederzeitige förderungsunschädliche Entnahme für die AK/HK einer selbst genutzten Wohnung schon in der Ansparphase. Das Verfahren einer Inanspruchnahme des Altersvorsorge-Eigenheimbetrags ist in § 92b geregelt. Die Entnahme des Kapitals ist spätestens zehn Monate vor Beginn der Auszahlungsphase bei der Zentralen Stelle zu beantragen. Nicht gefördertes Kapital kann unbegrenzt ausgezahlt werden, wenn der Vertrag dies zulässt; in diesem Fall können die in der Auszahlung enthaltenen Erträge nach § 22 Nr. 5 S. 3 zu besteuern sein. – Die in § 92a geregelte Materie ist hochkomplex und überbürokratisch. Es wird empfohlen, Details dem BMF-Schr. in BStBl. I 2018, 92 Rz. 240 ff. – Altersvorsorge-Eigenheimbetrag und Tilgungsförderung für eine wohnungswirtschaftliche Verwendung, zu entnehmen.

2 **Verwendungsmöglichkeiten (Abs. 1).** Der Zulageberechtigte kann bei einem Altersvorsorgevertrag zur privaten – nicht zur betrieblichen – Vorsorge das nach § 10a oder Abschn. XI EStG geförderte Kapital einschl. der erwirtschafteten Erträge, Wertsteigerungen und Zulagen in betragsmäßig bestimmtem Umfang für wohnungswirtschaftliche Zwecke verwenden. Die Begünstigung[1] umfasst den Erwerb einer Wohnung in einem eigenen Haus, einer eigenen Eigentumswohnung oder einer Genossenschaftswohnung einer eingetragenen Genossenschaft, wenn sie die Hauptwohnung oder den Mittelpunkt der Lebensinteressen des Zulageberechtigten darstellt (Abs. 1 S. 5), bzw. eines gleichgestellten Dauerwohnrechts iSd. § 33 WEG (Abs. 1 S. 6) und wird erweitert auf die – zu einem beliebigen Zeitpunkt in der Ansparphase mögliche – Entschuldung einer Wohnung[2] und auf den Erwerb bestimmter Genossenschaftsanteile für die Selbstnutzung einer Genossenschaftswohnung. Der Entnahmevorgang, die Anschaffung[3] bzw. Herstellung der Wohnung und der barrierereduzierende Umbau einer begünstigten Wohnung müssen in einem unmittelbaren zeitlichen Zusammenhang erfolgen.[4] Bei einer teilweisen Entnahme zu wohnungswirtschaftlichen Zwecken muss mindestens ein gefördertes Altersvorsorgevermögen iHv. 3 000 Euro auf dem Vertrag verbleiben. Die Festlegung eines Mindestentnahmebetrags soll den Anbieter und die Zentrale Stelle entlasten.[5] Die Förderung kann auch für die Aufwendungen für Umbaumaßnahmen zur Reduzierung von Barrieren in oder

1 Zur begünstigten Wohnung s. BMF v. 21.12.2017, BStBl. I 2018, 93 Rz. 251 ff.
2 BMF v. 21.12.2017, BStBl. I. 2018, 93 Rz. 255.
3 Anschaffung iSd. § 255 Abs. 1 S. 1 HGB; hierzu BFH v. 6.4.2016 – X R 29/14, BFH/NV 2016, 1541: kein Eigenheimbetrag für den nachträglichen Anschluss eines Grundstücks an das öffentliche Abwassernetz.
4 S. FG Berlin-Bdbg. v. 17.10.2013 – 10 K 14034/11, EFG 2014, 206: Das Tatbestandsmerkmal „unmittelbar" meint einen engen zeitlichen Zusammenhang zw. dem Zeitpunkt der Entstehung der begünstigten Aufwendungen und der Antragstellung nach § 92b Abs. 1 S. 1.
5 BT-Drucks. 17/10818, 18 f.; *Myßen/M. Fischer*, NWB 2013, 1987.

an der Wohnung in Anspruch genommen werden, wobei das Mindestentnahmevolumen für den **barrierereduzierenden Umbau** der selbst genutzten Wohnung auf 20 000 Euro festgelegt ist. Die technischen Mindestanforderungen werden im Bundesbaublatt veröffentlicht. Das G erfordert diesbezüglich die Bestätigung durch einen Sachverständigen. Der Zulageberechtigte muss bei seinem Antrag auf Entnahme des Altersvorsorge-Eigenheimbetrags gegenüber dem Anbieter schriftlich bestätigen, dass er für die Umbaukosten keine Begünstigung nach §§ 33, 35a oder eine sonstige Förderung in Anspruch genommen hat. Für den Entnahmebetrag gibt es die in Abs. 1 S. 1 Nr. 1–3 aufgeführten drei Verwendungsarten.

Das aus einem oder mehreren Altersvorsorgeverträgen (nicht: aus Pensionsfonds, Pensionskasse oder nicht zertifizierter DirektVers.) entnommene Altersvorsorgekapital, für das der StPfl. die staatliche Förderung erhalten hat, muss unmittelbar (Rn. 1) zur nach allg. einkommensteuerrechtl. Grundsätzen zu beurteilenden[1] **Anschaffung oder Herstellung eines begünstigten Objekts** verwendet werden. Mit der Verwendung des Tatbestandsmerkmals „eigen" verweist das G auf das Erfordernis zivilrechtl. oder wirtschaftlichen Eigentums (§ 39 Abs. 1 und Abs. 2 Nr. 1 AO). Die Wohnung darf nicht in vollem Umfang betrieblich oder beruflich genutzt oder unentgeltlich überlassen werden. Die unentgeltliche Überlassung der Wohnung an Angehörige iSd. § 15 AO ist nicht erwähnt. Gleichwohl ist mE die Wohnnutzung durch ein estrechtl. zu berücksichtigendes Kind dem Eigentümer zuzurechnen.[2] Durch das StEUVUmsG ist die Voraussetzung über die Belegenheit des Wohneigentums auf die EU-/EWR-Mitgliedstaaten erweitert worden. Die Wohnung muss die Hauptwohnung oder der Mittelpunkt der Lebensinteressen des Zulageberechtigten sein. Die Verschiebung des Beginns der Auszahlungsphase über das 68. Lebensjahr hinaus führt nicht zu einer schädlichen Verwendung (Abs. 2 S. 5). 3

Wohnförderkonto (Abs. 2). Das geförderte Kapital einschl. der Zulagen wird in einem Wohnförderkonto erfasst, das nunmehr von der Zentralen Stelle (gem. § 81 die Deutsche Rentenversicherung Bund) geführt wird. In der „Auszahlungsphase" werden die sich aus den Beiträgen, Zulagen und Erträgen ergebenden Leistungen nachgelagert besteuert. Dieses führt grds. der Anbieter, der auch die für die Besteuerung maßgebliche Leistungsmittelung nach § 22 Nr. 5 S. 7 ausstellen und die Daten an die Zentrale Stelle nach § 22a übermitteln muss. Der Altersvorsorge-Eigenheimbetrag, die Tilgungsleistungen iSd. § 82 Abs. 1 S. 1 Nr. 2 und die hierfür gewährten Zulagen sind v. jeweiligen Anbieter im Wohnförderkonto addiert zu erfassen (Abs. 2). Das Wohnförderkonto ist jährlich um einen gesetzlich bestimmten Betrag zu vermindern; der Verminderungsbetrag ist zu versteuern. Dieser Wert ist die Grundlage für die spätere nachgelagerte Besteuerung. Als Ausgleich für die vorzeitige Nutzung des Altersvorsorgekapitals und zur Gleichstellung mit anderen Altersvorsorgeanlagen werden die im Wohnförderkonto eingestellten Beträge bis zum Beginn der Auszahlungsphase jährlich um 2 % erhöht (fiktive Verzinsung; Abs. 2 S. 3).[3] Der StPfl. hat kann jederzeit den Stand des Wohnförderkontos reduzieren, indem er einen entspr. Betrag in einen „klassischen" Riester-Sparvertrag einzahlt. 4

Für die **nachgelagerte Besteuerung** des Wohnförderkontos besteht ein **Wahlrecht:** Der Betrag des Wohnförderkontos kann entweder auf die Jahre v. Beginn der (fiktiven) Auszahlungsphase bis zum 85. Lebensjahr gleichmäßig verteilt und der Besteuerung nach § 22 Nr. 5 S. 4 1. Alt. iVm. § 92a Abs. 2 S. 4 Nr. 2 und S. 5 unterworfen werden (**Besteuerung der Verminderungsbeträge**) oder es kann die begünstigte Einmalbesteuerung zu Beginn der Auszahlungsphase gewählt werden (**Besteuerung des Auflösungsbetrags**). Es besteht die Möglichkeit der Besteuerung des gesamten noch vorhandenen Wohnförderkontos unter Inanspruchnahme des „Rabatts" in der gesamten Auszahlungsphase. IÜ regelt Abs. 2 technische Fragen der Handhabung des Wohnförderkontos, wie etwa dessen Übertragung auf einen neuen Anbieter. Ob insoweit eine tatsächliche Steuerbelastung für den StPfl eintritt, hängt v. seinem Einkommen in der Auszahlungsphase ab. Der Zeitraum der Besteuerung ist abhängig v. dem „Beginn der Auszahlungsphase", die der Anleger mit seinem Anbieter vereinbart hat. Die nachgelagerte Besteuerung ist im Falle der Verteilung mit Vollendung des 85. Lebensjahres des Anlegers abgeschlossen. 5

Zu Abs. 2a: Soweit das Eigentum an der geförderten Wohnung oder an dem geförderten Dauerwohnrecht iRd. **Regelung v. Scheidungsfolgen** auf den anderen Ehegatten/Lebenspartner übergeht, ist es interessengerecht, auch die damit verbundene nachgelagerte Besteuerung und alle Rechte und Pflichten auf den anderen Partner übergehen zu lassen. Letzterer wird damit nach der Übertragung im Verfahren wie ein Zulageberechtigter behandelt. Mit der Regelung wird vermieden, dass es beim abgebenden Ehegatten/Lebenspartner zu einer schädlichen Verwendung und der Notwendigkeit der Besteuerung des dem Eigentumsanteils entsprechenden Stands des Wohnförderkontos im Zeitpunkt der Abgabe des Eigentumsanteils kommt. 6

---

1 BFH v. 27.1.2016 – X R 23/14, HFR 2016, 714.

2 Vgl. – zu § 10e aF – BFH v. 26.1.1994 – X R 94/91, BStBl. II 1994, 544 = FR 1994, 294; **aA** BMF v. 21.12.2017, BStBl. I 2018, 93 Rz. 270 ff. – Selbstnutzung.

3 BMF v. 21.12.2017, BStBl. I 2018, 93 Rz. 167 ff. – Wohnförderkonto, mit instruktivem Bsp.

7 **Schädliche Verwendung – Aufgabe der Selbstnutzung (Abs. 3).**[1] Gefördertes Altersvorsorgevermögen darf nur unter bestimmten Voraussetzungen ausgezahlt werden.[2] Beendet der Zulageberechtigte vor der vollständigen Rückzahlung des Altersvorsorge-Eigenheimbetrags die Nutzung zu eigenen Wohnzwecken nicht nur vorübergehend oder gibt er das Eigentum an der geförderten Wohnung vollständig auf, liegt grds. eine schädliche Verwendung vor (**Aufgabe der Selbstnutzung der eigenen Wohnung**).[3] Der Zulageberechtigte hat die Aufgabe der Selbstnutzung demjenigen anzuzeigen, der das Wohnförderkonto führt (Abs. 3 S. 1, 2); das ist idR der Anbieter (§ 80). Verkauft der Stpfl die Immobilie im Alter, ist das geförderte Kapital für ein Folgeobjekt oder eine lebenslange Geldzahlung einzusetzen. Wird das geförderte Kapital innerhalb eines Zeitraums v. 20 Jahren der Altersversorgung entzogen, handelt es sich um eine schädliche Verwendung. Die Übertragung des Wohnförderkontos auf eine andere begünstigte Altersvorsorgeform – zB Einzahlung in einen zertifizierten Altersvorsorgevertrag (Sparvertrag) – ist möglich; diese Einzahlung wird allerdings nicht nochmals stl. gefördert. Bei einer schädlichen Verwendung in der **Ansparphase** ist das Wohnförderkonto aufzulösen und der sich ergebende Auflösungsbetrag nach § 22 Nr. 5 S. 4 Alt. 2 iVm. § 92a Abs. 3 S. 5 in einem Betrag unvermindert zu versteuern. Tritt der Fall der schädlichen Verwendung erst während der Auszahlungsphase ein, kommt es für die weitere stl. Behandlung darauf an, welche Form der Besteuerung des Wohnförderkontos zu Beginn der Auszahlungsphase gewählt wurde. Zum Verfahren bei schädlicher Verwendung s. § 94. Beim **Tod des Zulageberechtigten** ist grds. der Teil der staatlichen Förderung zurückzuzahlen, der auf den noch offenen Rückzahlungsbetrag entfällt. Diese Verpflichtung des Zulageberechtigten geht auf den Erben über. Aus Abs. 3 S. 9 folgt, dass der Zulageberechtigte bei einer Aufgabe der Selbstnutzung den Stand des Wohnförderkontos reinvestieren kann, um die Besteuerung nach § 22 Nr. 5 zu vermeiden. Im Reinvestitionszeitraum ist auch die Besteuerung der Einkünfte aus KapVerm. nach § 20 auszusetzen, da die Einkünfte grds. nachgelagert besteuert werden.

8 **Ausnahmen v. der Auflösung des Wohnförderkontos** regelt Abs. 3 S. 9 ff.[4] Von Bedeutung ist insbes. im Falle eines Wohnortwechsels die Reinvestition in eine andere selbst genutzte Immobilie. Aufgrund der Ergänzung durch das BetriebsrentenstärkungsG[5] soll auch die Wiederaufnahme der Selbstnutzung der stl. geförderten Wohnung innerhalb von fünf Jahren, unabhängig von einer beruflich bedingten Abwesenheit, eine Auflösung des Wohnförderkontos vermeiden. Voraussetzung ist (genau wie bei den Nummern 1 und 2 des Satzes 9 bisher auch) die Anzeige der Absicht und des Zeitpunkts der Wiederaufnahme der Selbstnutzung ggü. dem Anbieter oder in der Auszahlungsphase ggü. der zentralen Stelle. Wird die Absicht der Wiederaufnahme der Selbstnutzung aufgegeben, ist dies ebenfalls anzuzeigen. Dann erfolgt zu diesem Zeitpunkt die Auflösung und Besteuerung des Wohnförderkontos.[6] Die **Übertragung** v. gefördertem Altersvorsorgevermögen auf einen anderen auf den Namen des Zulageberechtigten lautenden Altersvorsorgevertrag oder im Falle des Todes des Zulageberechtigten auf einen auf den Namen des Ehegatten lautenden Altersvorsorgevertrag führt nicht zu stpfl. Einnahmen. Dies gilt auch für das gleichzeitig übertragene nicht geförderte Altersvorsorgevermögen. Wie im Falle der Vererbung eines Teils des Altersvorsorgekapitals unterbleiben Rückzahlung und Versteuerung, wenn der **überlebende Ehegatte** Eigentümer der v. selbst genutzten Verstorbenen Wohnung wird, die Wohnung auch v. diesem zu eigenen Wohnzwecken genutzt wird, im Zeitpunkt des Todes die Voraussetzungen des § 26 Abs. 1 vorgelegen haben und der überlebende Ehegatte den Altersvorsorge-Eigenheimbetrag weiter in einen Altersvorsorgevertrag zurückzahlt (im Einzelnen Abs. 3 S. 9 Nr. 3). Der Ehegatte des verstorbenen Zulageberechtigten muss nicht Alleineigentümer der Wohnung werden.

9 Die Besteuerung nach § 22 Nr. 5 und die Besteuerung der Einkünfte nach § 20 unterbleiben auch dann auf Antrag des Zulageberechtigten bei der ZfA, wenn er die eigene Wohnung aufgrund eines **beruflich bedingten Umzugs** für die Dauer der beruflich bedingten Abwesenheit nicht mehr selbst nutzt und beabsichtigt, die Selbstnutzung wieder aufzunehmen (**Abs. 4**). Nach § 92a Abs. 4 S. 3 iVm. Abs. 3 S. 7 und 10 hat der Anbieter den Wegfall der Voraussetzungen für einen beruflich bedingten Umzug zu melden und anschließend die Reinvestitionsabsicht des Zulageberechtigten zu überwachen. Die zentrale Stelle hat den Anbieter des Altersvorsorgevertrags mit Wohnförderkonto über den Erlass der Bewilligung zu informieren. Ferner hat sie diesen Anbieter – ungeachtet der Mitteilungs- und Überwachungspflichten – auch über die Wiederaufnahme der Selbstnutzung oder den Wegfall der Voraussetzungen nach § 92a Abs. 4 zu informieren, weil sie hiervon auch auf anderen Wegen als durch die Mitteilung des Anbieters Kenntnis erlangen kann.[7]

1 BMF v. 21.12.2017, BStBl. I 2018, 93 Rz. 276 ff. – Aufgabe der Selbstnutzung.
2 Ausf. BMF v. 21.12.2017, BStBl. I 2018, 93 Rz. 195 ff.
3 BMF v. 21.12.2017, BStBl. I 2018, 93 Rz. 276 ff.
4 BMF v. 21.12.2017, BStBl. I 2018, 93 Rz. 279.
5 G v. 17.8.2017, BGBl. I 2017, 3214.
6 BR-Drucks. 780/16, 64.
7 So die Begründung zum G v. 25.7.2014, BGBl. I 2014, 1266; BT-Drucks. 18/1529, 63.

§ 92b Verfahren bei Verwendung für eine selbst genutzte Wohnung

(1) [1]Der Zulageberechtigte hat die Verwendung des Kapitals nach § 92a Absatz 1 Satz 1 spätestens zehn Monate vor dem Beginn der Auszahlungsphase des Altersvorsorgevertrags im Sinne des § 1 Absatz 1 Nummer 2 des Altersvorsorgeverträge-Zertifizierungsgesetzes bei der zentralen Stelle zu beantragen und dabei die notwendigen Nachweise zu erbringen. [2]Er hat zu bestimmen, aus welchen Altersvorsorgeverträgen der Altersvorsorge-Eigenheimbetrag ausgezahlt werden soll. [3]Die zentrale Stelle teilt dem Zulageberechtigten durch Bescheid und den Anbietern der in Satz 2 genannten Altersvorsorgeverträge nach amtlich vorgeschriebenem Datensatz durch Datenfernübertragung mit, bis zu welcher Höhe eine wohnungswirtschaftliche Verwendung im Sinne des § 92a Absatz 1 Satz 1 vorliegen kann.

(2) [1]Die Anbieter der in Absatz 1 Satz 2 genannten Altersvorsorgeverträge dürfen den Altersvorsorge-Eigenheimbetrag auszahlen, sobald sie die Mitteilung nach Absatz 1 Satz 3 erhalten haben. [2]Sie haben der zentralen Stelle nach amtlich vorgeschriebenem Datensatz durch Datenfernübertragung Folgendes spätestens bis zum Ablauf des zweiten Monats, der auf den Monat der Auszahlung folgt, anzuzeigen:

1. **den Auszahlungszeitpunkt und den Auszahlungsbetrag,**
2. **die Summe der bis zum Auszahlungszeitpunkt dem Altersvorsorgevertrag gutgeschriebenen Zulagen,**
3. **die Summe der bis zum Auszahlungszeitpunkt geleisteten Altersvorsorgebeiträge und**
4. **den Stand des geförderten Altersvorsorgevermögens im Zeitpunkt der Auszahlung.**

(3) [1]Die zentrale Stelle stellt zu Beginn der Auszahlungsphase und in den Fällen des § 92a Absatz 2a und 3 Satz 5 den Stand des Wohnförderkontos, soweit für die Besteuerung erforderlich, den Verminderungsbetrag und den Auflösungsbetrag von Amts wegen gesondert fest. [2]Die zentrale Stelle teilt die Feststellung dem Zulageberechtigten, in den Fällen des § 92a Absatz 2a Satz 1 auch dem anderen Ehegatten, durch Bescheid und dem Anbieter nach amtlich vorgeschriebenem Datensatz durch Datenfernübertragung mit. [3]Der Anbieter hat auf Anforderung der zentralen Stelle die zur Feststellung erforderlichen Unterlagen vorzulegen. [4]Auf Antrag des Zulageberechtigten stellt die zentrale Stelle den Stand des Wohnförderkontos gesondert fest. [5]§ 90 Absatz 4 Satz 2 bis 5 gilt entsprechend.

Die Bestimmung regelt das Verfahren der Antragstellung bei Verwendung für eine selbst genutzte Wohnung. Der Zulageberechtigte kann das angesparte geförderte Altersvorsorgevermögen für die Anschaffung, Herstellung oder zur Entschuldung einer selbst genutzten Wohnung verwenden. Der Antrag nach § 92b Abs. 1 ist unter Vorlage der notwendigen Nachweise vom Zulageberechtigten spätestens zehn Monate vor dem Beginn der Auszahlungsphase bei der ZfA zu stellen. Der Zulageberechtigte kann den Anbieter hierzu bevollmächtigen. Die Fristsetzung in Abs. 2 S. 2 hat den Zweck, Steuerausfälle wg. eintretender Festsetzungsverjährung zu vermeiden. 1

§ 93 Schädliche Verwendung

(1) [1]Wird gefördertes Altersvorsorgevermögen nicht unter den in § 1 Absatz 1 Satz 1 Nummer 4 und 10 Buchstabe c des Altersvorsorgeverträge-Zertifizierungsgesetzes oder § 1 Absatz 1 Satz 1 Nummer 4, 5 und 10 Buchstabe c des Altersvorsorgeverträge-Zertifizierungsgesetzes in der bis zum 31. Dezember 2004 geltenden Fassung genannten Voraussetzungen an den Zulageberechtigten ausgezahlt (schädliche Verwendung), sind die auf das ausgezahlte geförderte Altersvorsorgevermögen entfallenden Zulagen und die nach § 10a Absatz 4 gesondert festgestellten Beträge (Rückzahlungsbetrag) zurückzuzahlen. [2]Dies gilt auch bei einer Auszahlung nach Beginn der Auszahlungsphase (§ 1 Absatz 1 Satz 1 Nummer 2 des Altersvorsorgeverträge-Zertifizierungsgesetzes) und bei Auszahlungen im Fall des Todes des Zulageberechtigten. [3]Hat der Zulageberechtigte Zahlungen im Sinne des § 92a Absatz 2 Satz 4 Nummer 1 oder § 92a Absatz 3 Satz 9 Nummer 2 geleistet, dann handelt es sich bei dem hierauf beruhenden Altersvorsorgevermögen um gefördertes Altersvorsorgevermögen im Sinne des Satzes 1; der Rückzahlungsbetrag bestimmt sich insoweit nach der für die in das Wohnförderkonto eingestellten Beträge gewährten Förderung. [4]Eine Rückzahlungsverpflichtung besteht nicht für den Teil der Zulagen und der Steuerermäßigung,

a) der auf nach § 1 Absatz 1 Satz 1 Nummer 2 des Altersvorsorgeverträge-Zertifizierungsgesetzes angespartes gefördertes Altersvorsorgevermögen entfällt, wenn es in Form einer Hinterbliebenenrente an die dort genannten Hinterbliebenen ausgezahlt wird; dies gilt auch für Leistungen im Sinne des § 82 Absatz 3 an Hinterbliebene des Steuerpflichtigen;
b) der den Beitragsanteilen zuzuordnen ist, die für die zusätzliche Absicherung der verminderten Erwerbsfähigkeit und eine zusätzliche Hinterbliebenenabsicherung ohne Kapitalbildung verwendet worden sind;
c) der auf gefördertes Altersvorsorgevermögen entfällt, das im Fall des Todes des Zulageberechtigten auf einen auf den Namen des Ehegatten lautenden Altersvorsorgevertrag übertragen wird, wenn die Ehegatten im Zeitpunkt des Todes des Zulageberechtigten nicht dauernd getrennt gelebt haben (§ 26 Absatz 1) und ihren Wohnsitz oder gewöhnlichen Aufenthalt in einem Mitgliedstaat der Europäischen Union oder einem Staat hatten, auf den das Abkommen über den Europäischen Wirtschaftsraum (EWR-Abkommen) anwendbar ist;
d) der auf den Altersvorsorge-Eigenheimbetrag entfällt.

(1a) [1]Eine schädliche Verwendung liegt nicht vor, wenn gefördertes Altersvorsorgevermögen auf Grund einer internen Teilung nach § 10 des Versorgungsausgleichsgesetzes oder auf Grund einer externen Teilung nach § 14 des Versorgungsausgleichsgesetzes auf einen zertifizierten Altersvorsorgevertrag oder eine nach § 82 Absatz 2 begünstigte betriebliche Altersversorgung übertragen wird; die auf das übertragene Anrecht entfallende steuerliche Förderung geht mit allen Rechten und Pflichten auf die ausgleichsberechtigte Person über. [2]Eine schädliche Verwendung liegt ebenfalls nicht vor, wenn gefördertes Altersvorsorgevermögen auf Grund einer externen Teilung nach § 14 des Versorgungsausgleichsgesetzes auf die Versorgungsausgleichskasse oder die gesetzliche Rentenversicherung übertragen wird; die Rechte und Pflichten der ausgleichspflichtigen Person aus der steuerlichen Förderung des übertragenen Anteils entfallen. [3]In den Fällen des Satzes 1 und 2 teilt die zentrale Stelle der ausgleichspflichtigen Person die Höhe der auf die Ehezeit im Sinne des § 3 Absatz 1 des Versorgungsausgleichsgesetzes oder die Lebenspartnerschaftszeit im Sinne des § 20 Absatz 2 des Lebenspartnerschaftsgesetzes entfallenden gesondert festgestellten Beträge nach § 10a Absatz 4 und die ermittelten Zulagen mit. [4]Die entsprechenden Beträge sind monatsweise zuzuordnen. [5]Die zentrale Stelle teilt die geänderte Zuordnung der gesondert festgestellten Beträge nach § 10a Absatz 4 sowie der ermittelten Zulagen der ausgleichspflichtigen und in den Fällen des Satzes 1 auch der ausgleichsberechtigten Person durch Feststellungsbescheid mit. [6]Nach Eintritt der Unanfechtbarkeit dieses Feststellungsbescheids informiert die zentrale Stelle den Anbieter durch einen Datensatz über die geänderte Zuordnung.

(2) [1]Die Übertragung von gefördertem Altersvorsorgevermögen auf einen anderen auf den Namen des Zulageberechtigten lautenden Altersvorsorgevertrag (§ 1 Absatz 1 Satz 1 Nummer 10 Buchstabe b des Altersvorsorgeverträge-Zertifizierungsgesetzes) stellt keine schädliche Verwendung dar. [2]Dies gilt sinngemäß in den Fällen des § 4 Absatz 2 und 3 des Betriebsrentengesetzes, wenn das geförderte Altersvorsorgevermögen auf eine der in § 82 Absatz 2 Buchstabe a genannten Einrichtungen der betrieblichen Altersversorgung zum Aufbau einer kapitalgedeckten betrieblichen Altersversorgung übertragen und eine lebenslange Altersversorgung entsprechend § 82 Absatz 2 Satz 2 vorgesehen ist, wie auch in den Fällen einer Übertragung nach § 3 Nummer 55c Satz 2 Buchstabe a. [3]In den übrigen Fällen der Abfindung von Anwartschaften der betrieblichen Altersversorgung gilt dies, soweit das geförderte Altersvorsorgevermögen zugunsten eines auf den Namen des Zulageberechtigten lautenden Altersvorsorgevertrages geleistet wird. [4]Auch keine schädliche Verwendung sind der gesetzliche Forderungs- und Vermögensübergang nach § 9 des Betriebsrentengesetzes und die gesetzlich vorgesehene schuldbefreiende Übertragung nach § 8 Absatz 1 des Betriebsrentengesetzes.

(3) [1]Auszahlungen zur Abfindung einer Kleinbetragsrente zu Beginn der Auszahlungsphase oder im darauffolgenden Jahr gelten nicht als schädliche Verwendung. [2]Eine Kleinbetragsrente ist eine Rente, die bei gleichmäßiger Verrentung des gesamten zu Beginn der Auszahlungsphase zur Verfügung stehenden Kapitals eine monatliche Rente ergibt, die 1 Prozent der monatlichen Bezugsgröße nach § 18 des Vierten Buches Sozialgesetzbuch nicht übersteigt. [3]Bei der Berechnung dieses Betrags sind alle bei einem Anbieter bestehenden Verträge des Zulageberechtigten insgesamt zu berücksichtigen, auf die nach diesem Abschnitt geförderte Altersvorsorgebeiträge geleistet wurden. [4]Die Sätze 1 bis 3 gelten entsprechend, wenn

1. nach dem Beginn der Auszahlungsphase ein Versorgungsausgleich durchgeführt wird und
2. sich dadurch die Rente verringert.

(4) [1]Wird bei einem einheitlichen Vertrag nach § 1 Absatz 1a Satz 1 Nummer 2 zweiter Halbsatz des Altersvorsorgeverträge-Zertifizierungsgesetzes das Darlehen nicht wohnungswirtschaftlich im Sinne des § 92a Absatz 1 Satz 1 verwendet, liegt zum Zeitpunkt der Darlehensauszahlung eine schädliche Verwendung des geförderten Altersvorsorgevermögens vor, es sei denn, das geförderte Altersvorsorgevermögen wird innerhalb eines Jahres nach Ablauf des Veranlagungszeitraums, in dem das Darlehen ausgezahlt wurde, auf einen anderen zertifizierten Altersvorsorgevertrag übertragen, der auf den Namen des Zulageberechtigten lautet. [2]Der Zulageberechtigte hat dem Anbieter die Absicht zur Kapitalübertragung, den Zeitpunkt der Kapitalübertragung bis zum Zeitpunkt der Darlehensauszahlung und die Aufgabe der Absicht zur Kapitalübertragung mitzuteilen. [3]Wird die Absicht zur Kapitalübertragung aufgegeben, tritt die schädliche Verwendung zu dem Zeitpunkt ein, zu dem die Mitteilung des Zulageberechtigten hierzu beim Anbieter eingeht, spätestens aber am 1. Januar des zweiten Jahres nach dem Jahr, in dem das Darlehen ausgezahlt wurde.

Verwaltung: BMF v. 21.12.2017, BStBl. I 2018, 93 – Stl. Förderung der privaten Altersvorsorge und betrieblichen Altersversorgung (Rn. 195 ff. – Schädliche Verwendung v. Altersvorsorgevermögen; Rn. 330 ff. – Steuerunschädliche Übertragung iSd. § 93 Abs. 1a EStG).

1 Wegen der Einzelheiten wird auf das BMF-Schr. in BStBl. I 2018, 93 verwiesen. Altersvorsorgevermögen aus geförderten Beiträgen darf nur wie gesetzlich vorgesehen ausgezahlt werden.[1] Jede andere Vfg. während der Anspar- und Auszahlungsphase (Abs. 1 S. 2) ist grds. eine **schädliche Verwendung** (§ 93), die zu einer Rückzahlung der Förderung (Zulagen, SA-Abzug) und zur Versteuerung der Zuwächse des Altersvorsorgevermögens (Zinserträge, Kursgewinne usw.) nach § 22 Nr. 5 führt.[2] Bei einem bestehenden Wohnförderkonto gelten die erfassten Beiträge als Leistungen aus einem Altersvorsorgevertrag; das Wohnförderkonto ist aufzulösen (Auflösungsbetrag; § 92a Abs. 3 S. 5). Anderes gilt nur bei Verwendung des Altersvorsorgevermögens iRd. § 92a (Verwendung für eine selbst genutzte Wohnung) oder bei einer nach § 93 unschädlichen Übertragung auf einen anderen sowie bei einer Scheidungsfolgenregelung nach näherer Maßgabe des Abs. 1a. Die Übertragung ist gem. § 93 Abs. 2 S. 2 dann keine schädliche Verwendung, wenn auch nach der Übertragung eine lebenslange Altersversorgung des ArbN iSd. § 1 Abs. 1 S. 1 Nr. 4 lit. a AltZertG gewährleistet wird. Die rückwirkend zum 1.1.2018 in Kraft getretene Ergänzung durch Verweisung auf § 3 Nr. 55c lit. a betr. die Übertragungen von Anwartschaften aus einer bAV stellt sicher, dass solche Übertragungen keine schädliche Verwendung des geförderten Vermögens darstellen. Durch das JStG 2018 ist der Bezug auf Vorschriften des AltZertG durch eine Verweisung auf § 82 Abs. 2 S. 2 ersetzt worden. § 22 Nr. 5 S. 3 regelt die Besteuerung in den Fällen, in denen das ausgezahlte geförderte Altersvorsorgevermögen steuerschädlich verwendet wird (§ 93). Auch in den Fällen des gesetzlichen Forderungs- und Vermögensübergangs nach § 9 BetrAVG auf den PSV und der gesetzlich vorgesehenen schuldbefreienden Übertragung nach § 8 Abs. 1 BetrAVG auf das Lebensversicherungs-Konsortium liegt keine schädliche Verwendung vor (Abs. 2 S. 4).[3] Zu den Möglichkeiten und den Folgen der schädlichen Verwendung s. BMF v. 21.12.2017, BStBl. I 2018, 93 Rn. 215 ff. §§ 93 und 94 regeln nicht die Rückforderung von Steuerermäßigungen, die zu Unrecht aus Gründen gewährt worden sind, die nichts mit einer schädlichen Verwendung des Altersvorsorgevermögens zu tun haben; insoweit gelten die allgemeinen Grundsätze zur Korrektur von Steuerbescheiden.[4]

2 **Abs. 1a** befasst sich mit der Übertragung des geförderten Altersvorsorgevermögens iRd. Regelung v. **Scheidungsfolgen**.[5] Da die auf die gesetzliche Rentenversicherung oder die Versorgungsausgleichskasse übertragenen Anrechte nicht ausgezahlt werden können, kommt es somit immer zu einer nachgelagerten Besteuerung der daraus entstehenden Leistungen. Es ist daher nicht erforderlich, dass – wie in den in S. 1 genannten steuerunschädlichen Übertragungsmöglichkeiten mit den entsprechenden verfahrensrechtlichen Folgen – alle Rechte und Pflichten aus der steuerlichen Förderung auf die ausgleichsberechtigte Pers. übergehen. Um jedoch eine Gleichberechtigung ggü. den anderen unschädlichen Übertragungsmöglichkeiten herzustellen, bestehen die Rechte und Pflichten der steuerlichen Förderung, die auf den übertragenen Anteil entfallen, für die ausgleichspflichtige Pers. nicht mehr fort.[6]

3 Wird beim **Tod des Zulageberechtigten** vertragsgemäß das noch vorhandene Kapital an die Erben ausgezahlt, ist dies grds. eine schädliche Verwendung. Indes kann der **überlebende Ehegatte/Lebenspartner**

1 Ausf. BMF v. 21.12.2017, BStBl. I 2018, 93 Rn. 195 ff.
2 Zu den Folgen der schädlichen Verwendung einschl. der Besteuerung nach § 22 Nr. 5 S. 3 BMF v. 21.12.2017, BStBl. I 2018, 93 Rn. 216 ff. – Rückzahlung der Förderung.
3 Hierzu BR-Drucks. 780/16, 64.
4 FG Berlin-Bdbg. v. 17.10.2013 – 10 K 14167/10, EFG 2014, 208.
5 Ausf. BMF v. 21.12.2017, BStBl. I 2018, 93 Rn. 308 ff., 330 ff.
6 BT-Drucks. 17/2249, 69.

(wohl auch miterbende Kinder, str.; nicht aber andere Erben) das Altersvorsorgekapital auf einen auf seinen Namen lautenden Altersvorsorgevertrag übertragen (Abs. 1 S. 4 lit. c).[1] Keine schädliche Verwendung ist die Auszahlung einer v. Zulageberechtigten abgeschlossenen Hinterbliebenenversicherung.

4 Keine schädliche Verwendung liegt nach näherer Maßgabe des **§ 93 Abs. 3** (vgl. § 3 Abs. 2 BetrAVG) vor, wenn eine sog. **Kleinbetragsrente** zu Beginn der Auszahlungsphase in einem Betrag abgefunden wird. Diese Vorschrift trägt dem Umstand Rechnung, dass die lebenslange Auszahlung kleiner Beträge mit einem unverhältnismäßigen Aufwand für die Anbieter verbunden ist. Abs. 3 S. 3 soll Missbrauch verhindern. Durch die Neuregelung in Abs. 3 S. 4 wird für die ausgleichspflichtige Person die steuerunschädliche Abfindung auch während der Auszahlungsphase möglich, wenn die bisherige Rente aufgrund der Durchführung des Versorgungsausgleichs den Wert einer Kleinbetragsrente erreicht oder diesen Wert unterschreitet.[2]

5 Mit **Abs. 4** wird klargestellt, dass es im **Fall der nicht zweckgemäßen Verwendung** des Darlehens zu einem Zufluss und damit zu einer schädlichen Verwendung kommt. Dem Zulageberechtigten wird ein Zeitraum v. mindestens einem Jahr für die Heilung der schädlichen Verwendung durch eine Übertragung des geförderten Altersvorsorgevermögens oder für die Einzahlung eines dem geförderten Altersvorsorgevermögens entsprechenden Betrages auf einen anderen zertifizierten Altersvorsorgevertrag eingeräumt. Die bisherige Regelung zur Vermeidung einer Rückforderung ist durch das AltvVerbG auf die nicht wohnungswirtschaftliche Verwendung des Darlehens bei Altersvorsorgeverträgen bestehend aus einer Spar- und Darlehenskomponente – zB einem Bausparvertrag – begrenzt. Der Zulageberechtigte muss die Absicht zur Kapitalübertragung zum Zeitpunkt der Darlehensauszahlung mitteilen.

§ 94 Verfahren bei schädlicher Verwendung

(1) [1]In den Fällen des § 93 Absatz 1 hat der Anbieter der zentralen Stelle vor der Auszahlung des geförderten Altersvorsorgevermögens die schädliche Verwendung nach amtlich vorgeschriebenem Datensatz durch amtlich bestimmte Datenfernübertragung anzuzeigen. [2]Die zentrale Stelle ermittelt den Rückzahlungsbetrag und teilt diesen dem Anbieter durch Datensatz mit. [3]Der Anbieter hat den Rückzahlungsbetrag einzubehalten, mit der nächsten Anmeldung nach § 90 Absatz 3 anzumelden und an die zentrale Stelle abzuführen. [4]Der Anbieter hat die einbehaltenen und abgeführten Beträge der zentralen Stelle nach amtlich vorgeschriebenem Datensatz durch amtlich bestimmte Datenfernübertragung mitzuteilen und diese Beträge dem Zulageberechtigten zu bescheinigen. [5]In den Fällen des § 93 Absatz 3 gilt Satz 1 entsprechend.

(2) [1]Eine Festsetzung des Rückzahlungsbetrags erfolgt durch die zentrale Stelle auf besonderen Antrag des Zulageberechtigten oder sofern die Rückzahlung nach Absatz 1 ganz oder teilweise nicht möglich oder nicht erfolgt ist. [2]§ 90 Absatz 4 Satz 2 bis 6 gilt entsprechend; § 90 Abs. 4 Satz 5 gilt nicht, wenn die Geschäftsbeziehung im Hinblick auf den jeweiligen Altersvorsorgevertrag zwischen dem Zulageberechtigten und dem Anbieter beendet wurde. [3]Im Rückforderungsbescheid sind auf den Rückzahlungsbetrag die vom Anbieter bereits einbehaltenen und abgeführten Beträge nach Maßgabe der Bescheinigung nach Absatz 1 Satz 4 anzurechnen. [4]Der Zulageberechtigte hat den verbleibenden Rückzahlungsbetrag innerhalb eines Monats nach Bekanntgabe des Rückforderungsbescheids an die zuständige Kasse zu entrichten. [5]Die Frist für die Festsetzung des Rückzahlungsbetrags beträgt vier Jahre und beginnt mit Ablauf des Kalenderjahres, in dem die Auszahlung im Sinne des § 93 Absatz 1 erfolgt ist.

(3)[3] [1]Sofern der zentralen Stelle für den Zulageberechtigten im Zeitpunkt der schädlichen Verwendung eine Meldung nach § 118 Absatz 1a des Zwölften Buches Sozialgesetzbuch zum erstmaligen Bezug von Hilfe zum Lebensunterhalt und von Grundsicherung im Alter und bei Erwerbsminderung vorliegt, teilt die zentrale Stelle zum Zeitpunkt der Mitteilung nach Absatz 1 Satz 2 der Datenstelle der Rentenversicherungsträger als Vermittlungsstelle die schädliche Verwendung durch Datenfernübertragung mit. [2]Dies gilt nicht, wenn das Ausscheiden aus diesem Hilfebezug nach § 118 Absatz 1a des Zwölften Buches Sozialgesetzbuch angezeigt wurde.

Verwaltung: BMF v. 8.5.2014, BStBl. I 2014, 810 – Bekanntmachung des Vordruckmusters für die Bescheinigung nach § 94 Abs. 1 S. 4 und § 95 Abs. 1; BMF v. 21.12.2017, BStBl. I 2018, 93 – Stl. Förderung

1 S. BMF v. 21.12.2017, BStBl. I 2018, 93 Rn. 230ff.
2 BR-Drucks. 780/16, 65.
3 In § 94 wurde mWv. 1.1.2019 Abs. 3 angefügt (BetriebsrentenstärkungsG v. 17.8.2017, BGBl. I 2017, 3214).

der privaten Altersvorsorge und betrieblichen Altersversorgung (Rz. 195 ff. – Schädliche Verwendung v. Altersvorsorgevermögen).

Literatur: S. den Literaturnachweis zu § 10a.

Liegt eine schädliche Verwendung v. gefördertem Altersvorsorgevermögen vor, sind die darauf entfallenden, während der Ansparphase gewährten Altersvorsorgezulagen und die nach § 10a Abs. 4 gesondert festgestellten Steuerermäßigungen zurückzuzahlen (Rückzahlungsbetrag, **§ 94 Abs. 1**). **§ 22 Nr. 5 S. 3** regelt die Besteuerung in den Fällen, in denen das ausgezahlte geförderte Altersvorsorgevermögen steuerschädlich verwendet wird (§ 93). Als ausgezahlte Leistung iSd. § 22 Nr. 5 S. 2 gilt das geförderte Altersvorsorgevermögen nach Abzug der Zulagen iSd. Abschn. XI. Die Auszahlung v. Altersvorsorgevermögen, das aus nicht geförderten Beiträgen stammt, stellt keine schädliche Verwendung iSv. § 93 dar. 1

Korrespondierend zu § 118 Abs. 1a SGB XII nF wird durch den mit dem BetriebsrentenstärkungsG[1] zum 1.1.2019 eingeführten **§ 94 Abs. 3** sichergestellt, dass der Sozialhilfeträger Kenntnis davon erlangt, wenn der Leistungsbezieher während des Leistungsbezugs eine förderschädliche Auszahlung des ursprünglich nach § 90 Abs. 2 Nr. 2 geschützten Vermögens verlangt. Bezieht ein Zulageberechtigter bestimmte Leistungen nach dem SGB XII und verwendet er sein stl. gefördertes Altersvermögen nach § 93 schädlich, so wird dies dem Sozialleistungsträger über die Datenstelle der Rentenversicherungsträger mitgeteilt.[2] 2

§ 95 Sonderfälle der Rückzahlung

(1) Die §§ 93 und 94 gelten entsprechend, wenn

1. sich der Wohnsitz oder gewöhnliche Aufenthalt des Zulageberechtigten außerhalb der Mitgliedstaaten der Europäischen Union und der Staaten befindet, auf die das Abkommen über den Europäischen Wirtschaftsraum (EWR-Abkommen) anwendbar ist, oder wenn der Zulageberechtigte ungeachtet eines Wohnsitzes oder gewöhnlichen Aufenthaltes in einem dieser Staaten nach einem Abkommen zur Vermeidung der Doppelbesteuerung mit einem dritten Staat als außerhalb des Hoheitsgebiets dieser Staaten ansässig gilt und

2. entweder keine Zulageberechtigung besteht oder der Vertrag in der Auszahlungsphase ist.

(2) [1]Auf Antrag des Zulageberechtigten ist der Rückzahlungsbetrag im Sinne des § 93 Absatz 1 Satz 1 zunächst bis zum Beginn der Auszahlung zu stunden. [2]Die Stundung ist zu verlängern, wenn der Rückzahlungsbetrag mit mindestens 15 Prozent der Leistungen aus dem Vertrag getilgt wird. [3]Die Stundung endet, wenn das geförderte Altersvorsorgevermögen nicht unter den in § 1 Absatz 1 Satz 1 Nummer 4 des Altersvorsorgeverträge-Zertifizierungsgesetzes genannten Voraussetzungen an den Zulageberechtigten ausgezahlt wird. [4]Der Stundungsantrag ist über den Anbieter an die zentrale Stelle zu richten. [5]Die zentrale Stelle teilt ihre Entscheidung auch dem Anbieter mit.

(3) Wurde der Rückzahlungsbetrag nach Absatz 2 gestundet und

1. verlegt der ehemals Zulageberechtigte seinen ausschließlichen Wohnsitz oder gewöhnlichen Aufenthalt in einen Mitgliedstaat der Europäischen Union oder einen Staat, auf den das Abkommen über den Europäischen Wirtschaftsraum (EWR-Abkommen) anwendbar ist, oder

2. wird der ehemals Zulageberechtigte erneut zulageberechtigt,

sind der Rückzahlungsbetrag und die bereits entstandenen Stundungszinsen von der zentralen Stelle zu erlassen.

Verwaltung: BMF v. 21.12.2017, BStBl. I 2018, 93 – Stl. Förderung der privaten Altersvorsorge und betrieblichen Altersversorgung (Rn. 236 ff. – Sonderfälle der Rückzahlung).

Literatur: S. den Literaturnachweis zu § 10a.

Die Vorschrift hat auf das Urt. des EuGH v. 10.9.2009[3] reagiert. In den Fällen, in denen zwar eine Rückzahlung eintritt, aber der Rückzahlungsbetrag gestundet wird, sollen Stundungszinsen erhoben werden. Durch Abs. 1 Nr. 2 idF des AltvVerbG[4] wird klargestellt, dass die Riester-Förderung auch dann zurück- 1

1 G v. 17.8.2017, BGBl. I 2017, 3214.

2 BR-Drucks. 780/16, 65.

3 EuGH v. 10.9.2009 – Rs. C-269/07 – Kommission ./. Deutschland, BFH/NV 2009, 1930 = FR 2009, 964 m. Anm. *Mitschke* = DStR 2009, 1954; hierzu *Hahn*, jurisPR-SteuerR 51/2009 Anm. 4.

4 G v. 24.6.2013, BGBl. I 2013, 1667.

gezahlt werden muss, wenn bei einem Umzug in das außereuropäische Ausland die Zulageberechtigung bereits geendet oder die Auszahlungsphase des Riester-Vertrags bereits begonnen hat.

2 Die Vorschrift regelt Fälle der schädlichen Verwendung bei der Wohnsitzverlegung. Liegen die Voraussetzungen für eine Rückzahlung vor, kann der Rückzahlungsbetrag bis zum Beginn der Auszahlungsphase gestundet werden. Eine Verlängerung der Stundung ist möglich, wenn die ehemals zulageberechtigte Pers. den Rückzahlungsbetrag jedes Jahr mit 15 % der jährlichen Leistungen aus dem Vertrag tilgt. Haben die Voraussetzungen für eine Rückzahlung vorgelegen und wurde der Rückzahlungsbetrag gestundet, dann ist dieser v. der zentralen Stelle zu erlassen, wenn eine Zulageberechtigung erneut begründet wird oder die ehemals zulageberechtigte Pers. ihren ausschließlichen Wohnsitz oder gewöhnlichen Aufenthalt in den EU-/EWR-Raum verlegt. Damit wird der Zustand hergestellt, der bestehen würde, wenn die ehemals zulageberechtigte Pers. unmittelbar in einen EU-/EWR-Staat verzogen wäre. Neben dem Rückzahlungsbetrag sind auch die bereits entstandenen Stundungszinsen in diesen Fällen zu erlassen. § 95 Abs. 3 Nr. 2 setzt voraus, dass ein ehemals Zulageberechtigter erneut zulageberechtigt wird.[1]

§ 96 Anwendung der Abgabenordnung, allgemeine Vorschriften

(1) [1]Auf die Zulagen und die Rückzahlungsbeträge sind die für Steuervergütungen geltenden Vorschriften der Abgabenordnung entsprechend anzuwenden. [2]Dies gilt nicht für § 163 der Abgabenordnung.

(2) [1]Hat der Anbieter vorsätzlich oder grob fahrlässig

1. unrichtige oder unvollständige Daten übermittelt oder

2. Daten pflichtwidrig nicht übermittelt,

obwohl der Zulageberechtigte seiner Informationspflicht gegenüber dem Anbieter zutreffend und rechtzeitig nachgekommen ist, haftet der Anbieter für die entgangene Steuer und die zu Unrecht gewährte Steuervergünstigung. [2]Dies gilt auch, wenn im Verhältnis zum Zulageberechtigten Festsetzungsverjährung eingetreten ist. [3]Der Zulageberechtigte haftet als Gesamtschuldner neben dem Anbieter, wenn er weiß, dass der Anbieter unrichtige oder unvollständige Daten übermittelt oder Daten pflichtwidrig nicht übermittelt hat. [4]Für die Inanspruchnahme des Anbieters ist die zentrale Stelle zuständig.

(3) Die zentrale Stelle hat auf Anfrage des Anbieters Auskunft über die Anwendung des Abschnitts XI zu geben.

(4) [1]Die zentrale Stelle kann beim Anbieter ermitteln, ob er seine Pflichten erfüllt hat. [2]Die §§ 193 bis 203 der Abgabenordnung gelten sinngemäß. [3]Auf Verlangen der zentralen Stelle hat der Anbieter ihr Unterlagen, soweit sie im Ausland geführt und aufbewahrt werden, verfügbar zu machen.

(5) Der Anbieter erhält vom Bund oder den Ländern keinen Ersatz für die ihm aus diesem Verfahren entstehenden Kosten.

(6) [1]Der Anbieter darf die im Zulageverfahren bekannt gewordenen Verhältnisse der Beteiligten nur für das Verfahren verwerten. [2]Er darf sie ohne Zustimmung der Beteiligten nur offenbaren, soweit dies gesetzlich zugelassen ist.

(7) [1]Für die Zulage gelten die Strafvorschriften des § 370 Absatz 1 bis 4, der §§ 371, 375 Absatz 1 und des § 376 sowie die Bußgeldvorschriften der §§ 378, 379 Absatz 1 und 4 und der §§ 383 und 384 der Abgabenordnung entsprechend. [2]Für das Strafverfahren wegen einer Straftat nach Satz 1 sowie der Begünstigung einer Person, die eine solche Tat begangen hat, gelten die §§ 385 bis 408, für das Bußgeldverfahren wegen einer Ordnungswidrigkeit nach Satz 1 die §§ 409 bis 412 der Abgabenordnung entsprechend.

1 Die amtliche Überschrift kennzeichnet die Vorschrift als **Verweisungs- und Generalnorm**. Die allg. Vorschriften der AO über Steuervergütungen (§§ 37, 155 Abs. 6 AO) werden für „entsprechend" anwendbar erklärt. Da die AO auch für Steuervergütungen gilt, finden **sämtliche Bestimmungen der AO** Anwendung, insbes. die Vorschriften über die örtliche Zuständigkeit, die Rückforderung (§ 37 Abs. 2 AO),[2] das Steuerschuldrecht (§§ 38ff. AO),[3] die Mitwirkungspflichten (§§ 150ff. AO), das Festsetzungs- und Fest-

1 BFH v. 25.3.2015 – X R 20/14, BStBl. II 2015, 709; Anm. *Schuster*, jurisPR-SteuerR 35/2015 Anm. 6.
2 FG Berlin-Bdbg. v. 6.7.2017 – 10 K 10033/14, EFG 2018, 647 (Rev. X R 35/17).
3 Zu § 39 Abs. 2 Nr. 2 AO BFH v. 27.1.2016 – X R 23/14, BFH/NV 2016, 1018.

stellungsverfahren (§§ 155 ff. AO), die Festsetzungsfrist[1] und das außergerichtliche Rechtsbehelfsverfahren. Für die Vollstreckung v. Rückforderungsansprüchen gelten §§ 249 ff. AO. Die Zulagen können nicht aus Billigkeitsgründen gewährt werden (Ausschluss der Anwendung des § 163 AO). Dies schließt freilich die Stundung oder den Erl. eines Rückforderungsanspruchs aus Gründen persönlicher Unbilligkeit nicht aus. Abs. 3–6 regeln die verfahrensrechtl. Stellung des Anbieters. Abs. 2 ist durch das BetriebsrentenstärkungsG[2] mWv 1.1.2018 eingeführt worden. Nunmehr wird der Anbieter in Haftung genommen, um die Qualität der in den Datensätzen übermittelten Daten zu verbessern.[3] Abs. 7 verweist zwecks Strafbewehrung auf das materielle **Steuerstrafrecht** und das diesbezügliche Verfahrensrecht der AO. Den Steuerstraftaten gleichgestellte Straftaten sind die ungerechtfertigte Erlangung v. Altersvorsorgezulagen und der Versuch dazu.[4] Steuerordnungswidrigkeiten sind auch Ordnungswidrigkeiten nach Abs. 7.

§ 97 Übertragbarkeit

[1]Das nach § 10a oder Abschnitt XI geförderte Altersvorsorgevermögen einschließlich seiner Erträge, die geförderten laufenden Altersvorsorgebeiträge und der Anspruch auf die Zulage sind nicht übertragbar. [2]§ 93 Absatz 1a und § 4 des Betriebsrentengesetzes bleiben unberührt.

Verwaltung: BMF v. 21.12.2017, BStBl. I 2018, 93 – Stl. Förderung der privaten Altersvorsorge und betrieblichen Altersversorgung (Rn. 282 ff. – Pfändungsschutz).

Nach Maßgabe des § 97 sind das geförderte Altersvorsorgevermögen und der Anspr. auf Zulage nicht übertragbar. Dieses Vermögen ist daher unpfändbar (§ 851 Abs. 1 ZPO).[5] Eine Abtretung ist ausgeschlossen (§ 400 BGB). S. 2 hat der Gesetzgeber des AltEinkG für notwendig erachtet, um für die in § 4 BetrAVG vorgesehenen Übertragungsmöglichkeiten klarzustellen, dass eine Übertragung v. Altersvorsorgevermögen in diesen Fällen gesetzlich zulässig ist. Diese Ausnahmen betreffen die Übertragung auf den Ehegatten im Rahmen eines Versorgungsausgleichs (§ 93 Abs. 1a) und die Übertragung nach § 4 BetrAVG. Auch das angesparte Kapital, das aus gefördertem Altersvorsorgevermögen, geförderten lfd. Altersvorsorgebeiträgen oder gezahlten Zulagen stammt, ist unpfändbar,[6] nicht das Kapital, das auf nicht geförderten Beiträgen einschl. der hierauf entfallenden Erträge und Wertzuwächse beruht. 1

Die in der Auszahlungsphase an den Vertragsinhaber zu leistenden Beträge unterliegen nicht dem Pfändungsschutz nach § 97.[7] Insoweit sind ausschließlich die zivilrechtl. Regelungen (zB §§ 850 ff. ZPO) maßgebend. 2

§ 98 Rechtsweg

In öffentlich-rechtlichen Streitigkeiten über die auf Grund des Abschnitts XI ergehenden Verwaltungsakte ist der Finanzrechtsweg gegeben.

§ 99 Ermächtigung

(1) Das Bundesministerium der Finanzen wird ermächtigt, die Vordrucke für die Anträge nach § 89, für die Anmeldung nach § 90 Absatz 3 und für die in den §§ 92 und 94 Absatz 1 Satz 4 vorgesehenen Bescheinigungen und im Einvernehmen mit den obersten Finanzbehörden der Länder den Vordruck für die nach § 22 Nummer 5 Satz 7 vorgesehene Bescheinigung und den Inhalt und Aufbau der für die Durchführung des Zulageverfahrens zu übermittelnden Datensätze zu bestimmen.

---

1 BMF v. 21.12.2017, BStBl. I 2018, 93 Rn. 295 ff.
2 G v. 17.8.2017, BGBl. I 2017, 3214.
3 Gesetzes-E eines BetriebsrentenstärkungsG, BR-Drucks. 780/16, 65.
4 Nr. 19 Nr. 1 AStBV (St) 2014: Den Steuerstraftaten gleichgestellt ist „die ungerechtfertigte Erlangung v. Altersvorsorgezulagen".
5 BMF v. 21.12.2017, BStBl. I 2018, 93 Rn. 282 ff.; LG Aachen v. 8.4.2014 – 3 S 76/13, ZInsO 2014, 1451; s. auch *S. Rupprecht*, Zwangsvollstreckung in Altersvorsorgeansprüche, Diss. 2014; *Dietzel*, Der Pfändungsschutz der privaten Altersvorsorge nach den §§ 851c und 851d ZPO, Diss., 2014.
6 BGH v. 16.11.2017 – IX ZR 21/17, NJW 2018, 1166, Anm. *Cranshaw*, EWiR 2018, 81.
7 Zur Pfändbarkeit des Anspruchs des ArbN auf Auszahlung der Versicherungssumme aus einer Firmendirektversicherung BGH v. 11.11.2010 – VII ZB 87/09, DB 2010, 2799.

(2) [1]Das Bundesministerium der Finanzen wird ermächtigt, im Einvernehmen mit dem Bundesministerium für Arbeit und Soziales und dem Bundesministerium des Innern durch Rechtsverordnung mit Zustimmung des Bundesrates Vorschriften zur Durchführung dieses Gesetzes über das Verfahren für die Ermittlung, Festsetzung, Auszahlung, Rückzahlung und Rückforderung der Zulage sowie die Rückzahlung und Rückforderung der nach § 10a Absatz 4 festgestellten Beträge zu erlassen. [2]Hierzu gehören insbesondere

1. **Vorschriften über Aufzeichnungs-, Aufbewahrungs-, Bescheinigungs- und Anzeigepflichten des Anbieters,**
2. **Grundsätze des vorgesehenen Datenaustausches zwischen den Anbietern, der zentralen Stelle, den Trägern der gesetzlichen Rentenversicherung, der Bundesagentur für Arbeit, den Meldebehörden, den Familienkassen, den zuständigen Stellen und den Finanzämtern und**
3. **Vorschriften über Mitteilungspflichten, die für die Erteilung der Bescheinigungen nach § 22 Nummer 5 Satz 7 und § 92 erforderlich sind.**

1 § 99 Abs. 1 ermächtigt das BMF zur Bestimmung der dort genannten Vordrucke.[1] Gem. Abs. 2 ist der amtliche Vordruck für den Antrag auf Altersvorsorgezulage bekannt gemacht worden und die VO zur Durchführung der stl. Vorschriften des EStG zur Altersvorsorge[2] ergangen. Diese richtet sich schwerpunktmäßig an die mit der praktischen Umsetzung der „Riester-Rente" befassten Institutionen wie die ZfA, die Anbieter v. stl. geförderten Altersvorsorgeprodukten, bestimmte Verwaltungsbehörden (Besoldungsstelle/Familienkasse) und in eingeschränktem Umfang auch an die ArbG.[3] Sie regelt die Grundsätze der Datenübermittlung[4], Mitteilungs- und Anzeigepflichten, Einzelheiten über die Ermittlung, Festsetzung, Auszahlung, Rückforderung und Rückzahlung v. Zulagen sowie Bescheinigungs-, Aufzeichnungs- und Aufbewahrungspflichten.

XII. Förderbetrag zur betrieblichen Altersversorgung

§ 100 Förderbetrag zur betrieblichen Altersversorgung

(1) [1]Arbeitgeber im Sinne des § 38 Absatz 1 dürfen vom Gesamtbetrag der einzubehaltenden Lohnsteuer für jeden Arbeitnehmer mit einem ersten Dienstverhältnis einen Teilbetrag des Arbeitgeberbeitrags zur kapitalgedeckten betrieblichen Altersversorgung (Förderbetrag) entnehmen und bei der nächsten Lohnsteuer-Anmeldung gesondert absetzen. [2]Übersteigt der insgesamt zu gewährende Förderbetrag den Betrag, der insgesamt an Lohnsteuer abzuführen ist, so wird der übersteigende Betrag dem Arbeitgeber auf Antrag von dem Finanzamt, an das die Lohnsteuer abzuführen ist, aus den Einnahmen der Lohnsteuer ersetzt.

(2) [1]Der Förderbetrag beträgt im Kalenderjahr 30 Prozent des zusätzlichen Arbeitgeberbeitrags nach Absatz 3, höchstens 144 Euro. [2]In Fällen, in denen der Arbeitgeber bereits im Jahr 2016 einen zusätzlichen Arbeitgeberbeitrag an einen Pensionsfonds, eine Pensionskasse oder für eine Direktversicherung geleistet hat, ist der jeweilige Förderbetrag auf den Betrag beschränkt, den der Arbeitgeber darüber hinaus leistet.

(3) Voraussetzung für die Inanspruchnahme des Förderbetrags nach den Absätzen 1 und 2 ist, dass

1. **der Arbeitslohn des Arbeitnehmers im Lohnzahlungszeitraum, für den der Förderbetrag geltend gemacht wird, im Inland dem Lohnsteuerabzug unterliegt;**
2. **der Arbeitgeber für den Arbeitnehmer zusätzlich zum ohnehin geschuldeten Arbeitslohn im Kalenderjahr mindestens einen Betrag in Höhe von 240 Euro an einen Pensionsfonds, eine Pensionskasse oder für eine Direktversicherung zahlt;**
3. **im Zeitpunkt der Beitragsleistung der laufende Arbeitslohn (§ 39b Absatz 2 Satz 1 und 2), der pauschal besteuerte Arbeitslohn (§ 40a Absatz 1 und 3) oder das pauschal besteuerte Arbeitsentgelt (§ 40a Absatz 2 und 2a) nicht mehr beträgt als**

---

1 Zum Antrag nach § 89 Abs. 1 für 2017 s. BMF v. 11.9.2017, BStBl. I 2017, 1285.
2 AltvDV, neu gefasst durch Bekanntmachung v. 28.2.2005, BGBl. I 2005, 487; geändert durch G v. 18.7.2016, BGBl. I 2016, 1679; G v. 12.7.2017, BGBl. I 2017, 2360, mWv. 25.5.2018; G v. 17.8.2017, BGBl. I 2017, 3214, mWv. 1.1.2018.
3 *Myßen/Pieper*, NWB Fach 3, 12473.
4 Zu den zu übermittelnden Datensätzen BMF v. 13.9.2007, BStBl. I 2007, 700.

a) 73,34 Euro bei einem täglichen Lohnzahlungszeitraum,

b) 513,34 Euro bei einem wöchentlichen Lohnzahlungszeitraum,

c) 2 200 Euro bei einem monatlichen Lohnzahlungszeitraum oder

d) 26 400 Euro bei einem jährlichen Lohnzahlungszeitraum;

4. eine Auszahlung der zugesagten Alters-, Invaliditäts- oder Hinterbliebenenversorgungsleistungen entsprechend § 82 Absatz 2 Satz 2 vorgesehen ist;

5. sichergestellt ist, dass von den Beiträgen jeweils derselbe prozentuale Anteil zur Deckung der Vertriebskosten herangezogen wird; der Prozentsatz kann angepasst werden, wenn die Kalkulationsgrundlagen geändert werden, darf die ursprüngliche Höhe aber nicht überschreiten.

(4) [1]Für die Inanspruchnahme des Förderbetrags sind die Verhältnisse im Zeitpunkt der Beitragsleistung maßgeblich; spätere Änderungen der Verhältnisse sind unbeachtlich. [2]Abweichend davon sind die für den Arbeitnehmer nach Absatz 1 geltend gemachten Förderbeträge zurückzugewähren, wenn eine Anwartschaft auf Leistungen aus einer nach Absatz 1 geförderten betrieblichen Altersversorgung später verfällt und sich daraus eine Rückzahlung an den Arbeitgeber ergibt. [3]Der Förderbetrag ist nur zurückzugewähren, soweit er auf den Rückzahlungsbetrag entfällt. [4]Der Förderbetrag ist in der Lohnsteuer-Anmeldung für den Lohnzahlungszeitraum, in dem die Rückzahlung zufließt, der an das Betriebsstättenfinanzamt abzuführenden Lohnsteuer hinzuzurechnen.

(5) Für den Förderbetrag gelten entsprechend:

1. die §§ 41, 41a, 42e, 42f und 42g,

2. die für Steuervergütungen geltenden Vorschriften der Abgabenordnung mit Ausnahme des § 163 der Abgabenordnung und

3. die §§ 195 bis 203 der Abgabenordnung, die Strafvorschriften des § 370 Absatz 1 bis 4, der §§ 371, 375 Absatz 1 und des § 376, die Bußgeldvorschriften der §§ 378, 379 Absatz 1 und 4 und der §§ 383 und 384 der Abgabenordnung, die §§ 385 bis 408 für das Strafverfahren und die §§ 409 bis 412 der Abgabenordnung für das Bußgeldverfahren.

(6) [1]Der Arbeitgeberbeitrag im Sinne des Absatzes 3 Nummer 2 ist steuerfrei, soweit er im Kalenderjahr 480 Euro nicht übersteigt. [2]Die Steuerfreistellung des § 3 Nummer 63 bleibt hiervon unberührt.

Literatur: *Dommermuth*, Kritische Analyse der Reform der betrieblichen Altersversorgung durch das BetriebsrentenstärkungsG, FR 2017, 745; *Harder-Buschner*, Steuerliche Förderung der betrieblichen Altersversorgung, NWB 2017, 2417; *Plenker*, Steuerliche Neuregelungen bei der betrieblichen Altersversorgung durch das sog. BetriebsrentenstärkungsG ab 1.1.2018, DB 2017, 1545; *Rößler*, New Deal in der betrieblichen Altersversorgung, DB 2017, 367.

A. Grundaussagen der Vorschrift

I. Regelungsgegenstand und Zweck. Der zum 1.1.2018 durch das Betriebsrentenstärkungsgesetz[1] eingefügte neue § 100 **fördert Beiträge des ArbG zugunsten einer kapitalgedeckten bAV seiner ArbN.** Der Staat gewährt dem ArbG hierfür einen Zuschuss iHv. 30 % der gezahlten Beiträge. Der Zuschuss wird technisch durch eine entspr. Minderung der vom ArbG iÜ abzuführenden LSt gewährt. Die Förderung nach § 100 soll ArbG dazu motivieren, für ArbN mit niedrigen Löhnen Beiträge zur bAV zu leisten, da diese Form der Alterssicherung bei diesem Beschäftigtenkreis zu wenig verbreitet ist.[2] Grund hierfür ist, dass diesen Personen regelmäßig die finanziellen Mittel fehlen, um selbst Beiträge zu zahlen oder diese durch eine Gehaltsumwandlung zu finanzieren. Eine Gehaltsumwandlung würde zudem bei Geringverdienern keine nennenswerte LSt-Entlastung nach sich ziehen.[3] 1

1 G v. 17.8.2017, BGBl. I 2017, 3214.
2 BR-Drucks. 780/16, 66.
3 BR-Drucks. 780/16, 66.

Der Förderzweck ist zu begrüßen und das erwartete staatliche Fördervolumen in Form niedrigerer Einnahmen an LSt iHv. 145 Mio. Euro jährlich[1] ist durchaus beachtlich. Bezogen auf den einzelnen ArbN ist die Förderung jedoch relativ niedrig. Selbst bei unterstellt längerfristigen Einzahlungen des ArbG bis zum zulässigen jährlichen Höchstbetrag iHv. 480 Euro dürften sich alleine aus den nach § 100 geförderten Beiträgen nur niedrige Rentenanwartschaften ergeben. Die Anwendung des § 100 allein führt folglich noch nicht zu einer substanziell besseren Altersversorgung. Weitere Maßnahmen zur Altersvorsorge durch den ArbG oder ArbN sind notwendig, zB durch Einzahlungen in eine Riesterrente (vgl. §§ 79ff.) oder durch Zahlungen iRd. § 3 Nr. 56 (vgl. § 3 Rn. 153ff.) oder § 3 Nr. 63 (vgl. § 3 Rn. 164ff.). Spätere Leistungen aus der nach § 100 geförderten bAV werden nach § 22 Nr. 5 S. 1 nachgelagert in voller Höhe besteuert.

2 **II. Begünstigte Personen.** Begünstigt sind ArbG, die zugunsten bestimmter ArbN (vgl. Rn. 5) Beiträge in der bAV anlegen. Nach Abs. 3 Nr. 3 können nur Altersvorsorgebeiträge für **ArbN mit niedrigen Löhnen** gefördert werden. Bei einem monatlichen Lohnzahlungszeitraum wird eine Förderung nur bei **Löhnen bis zu 2200 Euro** gewährt. Die Begünstigung wird dergestalt geleistet, dass ArbG iSd. § 38 Abs. 1 nur mit 70 % der in die bAV eingezahlten Beiträge wirtschaftl. belastet werden. Der Förderzweck ist die Verbesserung der Altersversorgung niedrig entlohnter ArbN.

B. Förderweg (Abs. 1)

3 In einem ersten Schritt zahlt der ArbG 100 % der Beiträge. In einem zweiten Schritt erhält der ArbG iRd. nächstmöglichen LSt-Anmeldung vom Staat 30 % der geleisteten Beiträge (höchstens 144 Euro) als Förderbetrag zurückerstattet. Die **Auszahlung des Förderbetrags durch Verrechnung mit der ansonsten zu zahlenden LSt** dürfte in der Abwicklung einfach sein.[2] Kritisch anzumerken ist jedoch, dass durch die Einf. des § 100 neben der stl. geförderten Riesterrente und den Steuerbefreiungen des § 3 Nr. 56 und Nr. 63 ein weiterer stl. Förderweg geschaffen wird, was zu einer zusätzlichen Verkomplizierung der ohnehin bereits komplexen Materie der bAV[3] sowie zu zusätzlichem Verwaltungsaufwand für die ArbG führt.

C. Höhe des Förderbetrags (Abs. 2)

4 Nach Abs. 2 S. 1 beträgt der Förderbetrag je ArbN und je Kj. 30 % des gezahlten Beitrags, mindestens 72 Euro (vgl. Abs. 3 Nr. 2, die Mindesthöhe des Förderbetrags berechnet sich indirekt aus der Mindesthöhe des Beitrags iHv. 240 Euro) und höchstens 144 Euro. Der zulässige Beitrag des ArbG beträgt mindestens 240 Euro und höchstens 480 Euro jährlich (der maximal zulässige Beitrag errechnet sich indirekt aus dem gesetzlichen Förderhöchstbetrag iHv. 144 Euro).

Abs. 2 S. 2 beschränkt den Förderbetrag in Fällen, in denen bereits im Jahr 2016 arbeitgeberfinanzierte Zahlungen in eine bAV erfolgten, auf die über die bisherigen Zahlungen hinausgehenden Beiträge. Bei geschickter Wahl der Beitragshöhe kann der vollständige Aufstockungsbetrag durch die Förderung nach § 100 finanziert werden.[4]

D. Voraussetzungen für die Gewährung des Förderbetrags (Abs. 1 und 3)

5 Die Inanspruchnahme des Förderbetrags hängt nach Abs. 1 und Abs. 3 von mehreren Voraussetzungen ab, die sich entweder auf den ArbN, den ArbG, die Beitragsleistungen sowie auf den Durchführungsweg der bAV beziehen.

Der **ArbN** muss in einem ersten Dienstverhältnis zum ArbG stehen und der Arbeitslohn des ArbN muss im Lohnzahlungszeitraum, für den der Förderbetrag geltend gemacht wird, im Inland dem LSt-Abzug unterliegen. Unbeachtlich ist, ob der ArbN unbeschränkt oder beschränkt estpfl. ist.[5] Auch wenn der ArbN nur in Teilzeit arbeitet oder er sich in Mutterschutzurlaub oder Elternzeit befindet, können Beiträge gefördert werden.[6] Der Förderbetrag wird nur dann gewährt, wenn der lfd. Arbeitslohn des ArbN iSd. § 39b Abs. 2 S. 1 und 2[7] die in Abs. 3 Nr. 3 genannten Grenzen nicht überschreitet. In den Fällen des § 40a kommt es bei der Prüfung der Lohngrenze auf die Höhe des pauschal besteuerten Lohns an. Sonstige Bezüge, wie zB das Weihnachtsgeld, stfreie oder nach §§ 37a, 37b, 40 oder 40b pauschal versteuerte Lohnbestandteile bleiben dafür unbeachtlich.[8]

1 BR-Drucks. 780/16, 32.
2 BR-Drucks. 780/16, 66.
3 Vgl. hierzu *Dommermuth*, FR 2017, 745 Tz. II.2.
4 *Harder-Buschner*, NWB 2017, 2417, mit Berechnungsbeispielen.
5 BR-Drucks. 780/16, 68.
6 BR-Drucks. 780/16, 67.
7 Zur Abgrenzung lfd. Arbeitslohn – sonstiger Bezug, vgl. R 39b.2 LStR.
8 BR-Drucks. 780/16, 69.

Der **ArbG** muss gem. § 38 Abs. 1 im Inland zum LSt-Abzug verpflichtet sein.

Die **Beiträge** des ArbG zur bAV müssen zusätzlich zum ohnehin geschuldeten Arbeitslohn geleistet werden. Eine Finanzierung der Beiträge durch Gehaltsumwandlungen ist nicht zulässig. Diese Voraussetzung hat wesentliche Bedeutung für das Erreichen des Zwecks dieser Norm.

Bei der bAV muss es sich um eine kapitalgedeckte Altersversorgung in den **Durchführungswegen** Pensionsfonds, Pensionskasse oder Direktversicherung handeln. Die Auszahlung der zugesagten Alters-, Invaliditäts- oder Hinterbliebenenversorgungsleistungen ist in Form einer Rente oder eines Auszahlungsplans vorgesehen. Die für den Abschluss des Vertrags für die bAV zu zahlenden Vertriebskosten müssen in gleichen Teilen auf die Laufzeit der Anlage verteilt werden. Sie dürfen gem. Abs. 3 Nr. 5 HS 1 hingegen nicht „gezillmert" werden.[1] Dadurch soll offenbar vermieden werden, dass sich für ArbN, zu deren Gunsten nur für einen kurzen Zeitraum Altersvorsorgebeiträge geleistet werden, keine oder nur niedrige Versorgungsanwartschaften ergeben.[2] Zudem ist problematisch, dass Verträge, die bereits vor dem 1.1.2018 mit einem „gezillmerten" Tarif abgeschlossen wurden, von der Förderung nach § 100 ausgeschlossen sind.

E. Maßgeblicher Zeitpunkt und Verfahren bei der Rückzahlung von Beiträgen (Abs. 4)

Durch Abs. 4 S. 1 wird sichergestellt, dass der ArbG bei der Inanspruchnahme des Förderbetrags das Vorliegen der Voraussetzungen nur im Zeitpunkt der jeweiligen Beitragsleistung prüfen muss. Spätere Änderungen der Verhältnisse, zB durch Lohnerhöhungen, die zu einem Überschreiten der Lohngrenzen führen, sind unbeachtlich. Zu einer Rückzahlung des Förderbeitrags kommt es nach Abs. 4 S. 2 und 3 nur dann, wenn und soweit eine Anwartschaft auf Leistungen aus einer nach Abs. 1 geförderten bAV später verfällt und sich daraus eine tatsächliche Rückzahlung an den ArbG ergibt. 6

F. Verhältnis zu anderen Vorschriften (Abs. 5)

§ 100 wurde dem neuen Abschnitt XII. des EStG und damit nicht den Paragrafen des LSt-Abzugsverfahrens (§§ 38 bis 42g) zugeordnet. Abs. 5 legt deshalb fest, welche **Vorschriften des LSt-Abzugsverfahrens** dennoch zu beachten sind. Insbes. ist die Einhaltung der Voraussetzungen des Förderbetrags im Lohnkonto aufzuzeichnen (vgl. § 41 und § 4 Abs. 2 Nr. 7 LStDV). Zweifelsfragen zum Förderbetrag kann der ArbG zum Gegenstand einer Anrufungsauskunft iSd. § 42e machen. Die zutr. Gewährung der Förderbeträge kann jedoch auch im Rahmen einer LSt-Außenprüfung nach § 42f oder einer LSt-Nachschau nach § 42g überprüft werden. 7

Darüber hinaus gelten die für Steuervergütungen geltenden **Vorschriften der AO**, mit Ausnahme des § 163 AO, sowie die üblichen steuerlichen Straf- und Bußgeldvorschriften

G. Steuerfreiheit des Arbeitgeberbeitrags (Abs. 6)

Beiträge des ArbG zu einer bAV eines ArbN sind gem. § 19 Abs. 1 S. 1 Nr. 3 S. 1 (vgl. hierzu auch § 2 Abs. 2 Nr. 3 LStDV) grds. zu versteuernder Arbeitslohn. Abs. 6 S. 1 stellt die ArbG-Beiträge iSd. Abs. 3 Nr. 2 **bis zum Förderhöchstbetrag iHv. 480 Euro je Kj. stfrei**. Abs. 6 S. 2 gewährleistet, dass das nach § 3 Nr. 63 zur Verfügung stehende stfreie Volumen durch die Gewährung eines Förderbetrags nach § 100 nicht geschmälert wird. 8

1 Vertriebskosten müssen gleichmäßig verteilt erhoben werden, sie dürfen nicht vorab aus den ersten Beiträgen bestritten werden.

2 Krit. dazu *Dommermuth*, FR 2017, 645 Tz. III.2.d.

Glossar

Abgeltungssteuer	Die Abgeltungsteuer ist eine Quellensteuer, die Kapitalerträge in einem für Massenverfahren geeigneten Pauschalsatz besteuert. Einkünfte aus Kapitalvermögen werden mit einer proportionalen Steuer von 25 % belastet. Werbungskosten werden allenfalls pauschaliert abgezogen, Verluste nur begrenzt verrechnet. § 20 Rn. 4, 10, 12
Absetzung für Abnutzung und Substanzverringerung	Die Absetzungen verteilen in einem typisierenden Verfahren Aufwendungen für bestimmte langlebige Wirtschaftsgüter nach dem Wertverzehr, den ein abnutzbares Wirtschaftsgut durch den Einsatz zur Einnahmeerzielung erfährt. § 7 Rn. 1. Die vom BMF herausgegebenen AfA-Tabellen bieten typisierte Daten, um die Nutzungsdauer eines Wirtschaftsgutes zu schätzen. Diese Tabellen beanspruchen eine (widerlegbare) Vermutung der inhaltlichen Richtigkeit. § 7 Rn. 54. Zu den Abschreibungsmethoden vgl. § 7 Rn. 47, 71, 80, 94, 111; § 7a; § 7g; § 7h; § 7i
Additive Gewinnermittlung	Mitunternehmerschaften ermitteln ihren Gewinn additiv. Der für die Gewerbesteuer bedeutsame Gewinn der Mitunternehmerschaft ergibt sich aus einer Zusammenfassung (Addition) des Gesellschaftsgewinns und der Sondergewinne der einzelnen Mitunternehmer. Die aus der Beteiligung resultierenden gewerblichen Einkünfte des Mitunternehmers setzen sich aus seinem Gewinnanteil und seinem Sondergewinn zusammen. § 15 Rn. 238
Aktivierung	Eine Bilanz (siehe dort) hat sämtliche Vermögensgegenstände und Schulden zu enthalten. Ein Posten wird auf der Aktivseite der Bilanz ausgewiesen, wenn am Bilanzstichtag ein aktivierungsfähiges Wirtschaftsgut vorhanden ist, das dem StPfl. persönlich zuzurechnen und sachlich als BV zu qualifizieren ist. Bei bilanzierungspflichtigen StPfl. ist zu entscheiden, ob Ausgaben und Einlagen zu einem aktivierungspflichtigen Wirtschafsgut führen. Bei Ausgaben kommt es bei Aktivierung zu einer zunächst erfolgsneutralen Vermögensumschichtung, die durch nachfolgende Abschreibungen erfolgswirksam werden kann. § 5 Rn. 72 ff.
Andere Wirtschaftsgüter	Andere Wirtschaftsgüter iSd. § 23 Abs. 1 S. 1 Nr. 2 sind grds. sämtliche vermögenswerten Vorteile des PV, die selbstständig bewertbar, längerfristig nutzbar und keine Gegenstände des täglichen Gebrauchs (§ 23 Abs. 1 S. 1 Nr. 2 S. 2) sind. § 23 Rn. 7
Anrufungsauskunft	Wissenserklärung des Betriebsstättenfinanzamts, ob und inwieweit im einzelnen Fall die Vorschriften über die Lohnsteuer anzuwenden sind. § 42e Rn. 1
Anschaffung	Anschaffung ist der entgeltliche Erwerb der wirtschaftlichen Verfügungsmacht über ein bestehendes Wirtschaftsgut. § 6b Rn. 12
Anschaffungskosten	Anschaffungskosten sind Aufwendungen, die geleistet werden, um ein Wirtschaftsgut zu erwerben und es in einen betriebsbereiten Zustand zu versetzen. Sie werden nur anerkannt, soweit sie dem einzelnen Wirtschaftsgut zugeordnet werden können (Legaldefinition in § 255 Abs. 1 S. 1 HGB). § 6 Rn. 26
Arbeitgeber	Arbeitgeber ist eine natürliche oder juristische Person des privaten oder öffentlichen Rechts, dem ein Arbeitnehmer die Arbeitsleistung schuldet und unter dessen Leitung und Weisungsbefugnis der Arbeitnehmer handelt. § 19 Rn. 47
Arbeitnehmer	Arbeitnehmer ist eine Person, die in einem öffentlichen oder privaten Arbeitsverhältnis unter der Weisung eines Arbeitgebers (s. dort) beschäftigt ist, die deshalb Einkünfte aus nicht selbstständiger Arbeit erzielt. § 19 Rn. 13
Arbeitslohn	Arbeitslohn sind alle Erwerbseinnahmen, die ein Arbeitnehmer aus einem bestehenden oder früheren Arbeitsverhältnis bezieht. § 19 Rn. 11, 13
Aufgabegewinn	Gewinn, der bei der Aufgabe eines Betriebs, Teilbetriebs oder von Mitunternehmeranteilen entsteht. Dieser Gewinn ist in die (gewerblichen) Einkünfte einzubeziehen, wird aber begünstigt besteuert. § 16 Rn. 2, 7 und 10

Aufgedrängte Bereicherung	Die Entgegennahme eines wirtschaftlich nicht nützlichen Guts in Geldeswert führt nicht zu einer Einnahme, da sie die Leistungsfähigkeit des StPfl. nicht erhöht. § 8 Rn. 9
Aufwand, erwerbssichernder	Nach § 2 Abs. 2 sind nur die Einkünfte, also die Erwerbseinnahmen abzgl. der Erwerbsaufwendungen steuerbar. Die Erwerbsaufwendungen werden bei den Überschusseinkünften als WK von den Erwerbseinnahmen abgezogen, beim Gewinn wird der erwerbssichernde Aufwand als Minderung des BV berücksichtigt.
Aufwand, existenzsichernder	Der existenzsichernde Aufwand bezeichnet die dem StPfl. zwangsläufig erwachsenen, unvermeidbaren Privatausgaben, die SA und ag. Belastungen, um die der Gesamtbetrag der Einkünfte zu vermindern ist. Die ESt belastet grds. nicht das indisponible Einkommen. §§ 2 Rn. 12f.; 10 Rn. 1
Aufwandzuwendung	Aufwandzuwendungen sind gemeinnützige Zuwendungen durch Verzicht auf einen Aufwendungsersatz-, Vergütungs- oder Nutzungsentgeltanspruch, der durch (schriftlichen) Vertrag, Satzung oder rechtsgültigen Vorstandsbeschluss unbedingt und ausdrücklich vor Beginn der aufwandsbegründenden Tätigkeit eingeräumt worden ist. § 10b Rn. 72
Ausgaben	Ausgaben sind WK, BA, SA sowie ag. Belastungen. § 11 Rn. 7
Außergewöhnliche Belastungen	Außergewöhnliche Belastungen entstehen, wenn einem StPfl. zwangsläufig größere Aufwendungen erwachsen als der überwiegenden Mehrzahl der StPfl. gleicher Einkommensverhältnisse, gleicher Vermögensverhältnisse und gleichen Familienstands. Ag. Belastungen mindern das Einkommen. § 33 Rn. 5ff.
Außerordentliche Einkünfte	Außerordentliche Einkünfte gem. § 34 Abs. 1 S. 1 sind ungewöhnliche und unregelmäßige Einkünfte, die sich im Rahmen einer progressiven Besteuerung in einem VZ zusammenballen, sich aber bei normalem Ablauf auf mehrere Jahre verteilt hätten und deswegen die v. § 34 bezweckte Milderung der tariflichen Spitzenbelastung rechtfertigen. § 34 Rn. 6ff.
Außerordentliche Holznutzungen	Außerordentliche Holznutzungen aus volks- oder staatswirtschaftlichen Gründen (§ 34b Abs. 1 Nr. 1) sind durch gesetzlichen oder behördlichen Zwang veranlasst, insbes. durch eine Enteignung, eine den Umständen nach drohende Enteignung (zB beim Bau von Verkehrswegen) und behördlich angeordnete Überhiebe (§ 34b Rn. 3). Außerordentliche Holznutzungen infolge höherer Gewalt (§ 34b Abs. 1 Nr. 2; Kalamitätsnutzungen) sind durch ein Naturereignis verursacht. § 34b Rn. 4
Ausstellerhaftung	Ausstellerhaftung ist die Haftung des Zuwendungsempfängers, der durch seinen vorsätzlich oder grob fahrlässig handelnden Repräsentanten eine unrichtige, dh. eine in steuererheblichen Aussagen der objektiven Sach- und Rechtslage nicht entspr. oder unvollständige Zuwendungsbestätigung ausstellt und damit den Vertrauensschutz einer Urkunde begründet. Die Haftung bemisst sich nach dem Steuerbetrag, der dem Staat aufgrund der unrichtigen Zuwendungsbestätigung entgangen ist; die entgangene Steuer ist pauschal mit 30 % des zugewendeten Betrags anzusetzen. § 10b Rn. 72
Auswärtige Unterbringung	Der Ausbildungsfreibetrag bei auswärtiger Unterbringung setzt voraus, dass ein Kind sowohl räumlich als auch hauswirtschaftlich aus dem Haushalt der Eltern ausgegliedert ist. Bei dauernd getrennt lebenden oder geschiedenen Ehegatten oder früheren Lebenspartnern ist eine auswärtige Unterbringung nur gegeben, wenn das Kind aus dem Haushalt beider Elternteile ausgegliedert ist. § 33a Rn. 30
Bauabzugsteuer	Erbringt jemand im Inland eine Bauleistung an einen Unternehmer iSd. § 2 UStG oder an eine jur. Pers. des öffentl. Rechts, ist der Leistungsempfänger verpflichtet, v. der Gegenleistung eine Steuer iHv. 15 % für Rechnung des Leistenden abzuziehen. Die sog. Bauabzugsteuer zielt darauf ab, deutsche Baustellen v. illegaler Beschäftigung („Schwarzarbeit") und Dumpinglöhnen im Baugewerbe zu befreien und dadurch zugleich Wettbewerbsverzerrungen sowie Störungen des Sozialversicherungssystems zu begegnen. §§ 48 bis 48d

Beiträge	Beiträge sind Abgaben, die der Pflichtige zur Finanzierung einer Einrichtung (zB SozVers.) zahlt, die ihm Leistungen anbietet. Im Rahmen der nachgelagerten Besteuerung der Alterseinkünfte begründen Beitragszahlungen Anwartschaften. §§ 2; 10; 12; 22
Besitzunternehmen	Besitzunternehmen ist bei der Betriebsaufspaltung das Unternehmen, das dem Betriebsunternehmen von diesem benötigte Wirtschaftsgüter zur Nutzung überlässt. Die Nutzungsüberlassung stellt einen Gewerbebetrieb dar. § 15 Rn. 75, 87
Betrieb	Siehe Gewerbebetrieb.
Betriebsaufgabe	Eine Betriebsaufgabe liegt vor, wenn der StPfl. die betriebliche Tätigkeit einstellt und in einem einheitlichen Vorgang die wesentlichen Grundlagen – Wirtschaftsgüter – seines Betriebs in sein PV überführt oder an verschiedene Erwerber veräußert. Der Betrieb wird zerschlagen. § 16 Rn. 175
Betriebsaufspaltung	Die Betriebsaufspaltung schafft zwei getrennte Gewerbebetriebe – das Besitz- und das Betriebsunternehmen – mit jeweils eigenem Rechtsträger. Diese sind aber personell und sachlich eng miteinander verbunden. Ohne rechtliche Auswirkung wird zw. echter und unechter Betriebsaufspaltung unterschieden. § 15 Rn. 76
Betriebsausgaben	BA (§ 4 Abs. 4) bezeichnen einen Wertabgang aus einem Betrieb im Laufe des Wj., der betrieblich veranlasst ist. § 4 Rn. 16
Betriebseinnahmen	BE sind alle Zugänge in Geld oder Geldeswert, die durch den Betrieb veranlasst (und keine Einlage) sind. § 4 Rn. 153
Betriebsstätte	Betriebsstätte ist jede feste Geschäftseinrichtung oder Anlage mit nicht nur vorübergehendem räumlichem Bezug zum Inland, die der Erwerbstätigkeit eines Unternehmens unmittelbar dient. § 49 Rn. 13
Betriebsstätte, lohnsteuerliche	Betrieb oder Teil des Betriebs des Arbeitgebers, in dem der für die Durchführung des Lohnsteuerabzugs maßgebende Arbeitslohn ermittelt wird. § 41 Rn. 2
Betriebsstätten-FA	Als Betriebsstättenfinanzamt wird das FA bezeichnet, in dessen Bezirk sich die Betriebsstätte eines Unternehmens befindet. Beim Betriebsstättenfinanzamt ist die Lohnsteueranmeldung einzureichen und die Lohnsteuer abzuführen. § 37b Rn. 24
Betriebsunterbrechung	Eine Betriebsunterbrechung liegt bei lediglich vorübergehender Einstellung der werbenden Tätigkeit vor. Sie führt nicht zur Betriebsaufgabe. § 16 Rn. 232
Betriebsunternehmen	Betriebsunternehmen ist bei der Betriebsaufspaltung das Unternehmen, das die originäre gewerbliche werbende Tätigkeit entfaltet. Es genügt aber auch eine gewerbliche Tätigkeit kraft Rechtsform oder Abfärbung. § 15 Rn. 80 ff.
Betriebsveräußerung	Durch die Betriebsveräußerung wird der Betrieb als organisatorische Einheit gegen Entgelt auf einen anderen StPfl. übertragen. Der Betrieb geht als solcher auf den Erwerber über. § 16 Rn. 31 ff., 55 ff.
Betriebsvermögen	BV iSv. § 4 Abs. 1 S. 1 ist die Summe aller betrieblichen (aktiven und passiven) WG des Betriebsreinvermögens (Eigenkapital); es wird als Differenz von Aktiva und Passiva zum Bilanzstichtag erfasst. § 4 Rn. 32
Betriebsverpachtung	Bei der Betriebsverpachtung wird der Betrieb als geschlossener Organismus verpachtet und nicht lediglich einzelne WG. Für den Verpächter besteht ein Wahlrecht, die Betriebsverpachtung als Betriebsaufgabe zu behandeln. § 15 Rn. 74; § 16 Rn. 232 ff.
Bewertung	Ermittlung des steuerbilanziellen Wertansatzes für WG des BV, die Wertschätzung eines Gutes in seiner Knappheit und Verfügbarkeit am Markt. § 6 Rn. 1 f.
Bewirtungsaufwendungen	Bewirtungsaufwendungen sind Aufwendungen für den Verzehr von Speisen, Getränken und sonstigen Genussmitteln inkl. Trinkgeldern. Sie sind nicht einfach als geschäftlich oder privat veranlasst abzugrenzen. Sie werden in steuerlich

	zu berücksichtigende Aufwendungen und einen nicht abziehbaren privat veranlassten Anteil aufgeteilt (§ 4 Abs. 5 Nr. 2 EStG, § 8 Abs. 1 KStG iVm. § 4 EStG). § 37b Rn. 9
Bilanz	Bilanz ist eine Vermögensübersicht, die das Betriebsreinvermögen (Eigenkapital) durch Vergleich des BV am Anfang und Schluss des Gewinnermittlungszeitraums feststellt. Sie unterrichtet über die Vermögenslage zum Bilanzstichtag, das Jahresergebnis und die vermutete Entwicklung eines Unternehmens in Abhängigkeit von den ihr zugrunde gelegten Bilanzierungs- und Bewertungsgrundsätzen. § 4 Rn. 4a
Buchwert	Wert, mit dem ein WG des BV unter Berücksichtigung der Bewertungsvorschriften in der Steuerbilanz erfasst wird, § 6 Rn. 25; er bezeichnet den Wert, mit welchem ein WG in einer im Zeitpunkt seiner Veräußerung aufgestellten Bilanz auszuweisen wäre, § 6b Rn. 10; er weicht häufig vom gemeinen Wert oder Teilwert als steuerrechtlichem Ausdruck des tatsächlichen Werts ab.
Dienstverhältnis	Ein Arbeitnehmer steht zu seinem Arbeitgeber in einem Dienstverhältnis, wenn er ihm seine Arbeitskraft schuldet. Der Arbeitnehmer ist idR in den Betrieb des Arbeitgebers organisatorisch eingegliedert und weisungsgebunden. § 19 Rn. 14
Dienstwagen	Der Nutzungsvorteil eines betrieblichen Kfz., das der ArbG dem ArbN auch zu privaten Fahrten überlässt (Dienstwagen), ist unabhängig von der tatsächlichen Verwendung pauschal mit monatlich 1 % des Bruttolistenkaufpreises zu versteuern, wenn der StPfl. nicht mithilfe eines Fahrtenbuchs (s. dort) einen geringeren geldwerten Vorteil nachweist. § 8 Rn. 38 f.
Direktversicherung	Die Direktversicherung ist eine Lebensversicherung durch den StPfl. – idR den ArbG – auf das Leben des ArbN und seiner Hinterbliebenen. Diese Versicherung wird nach § 4b steuerlich subventioniert. § 4b Rn. 1
Doppelbesteuerung, Freistellungsmethode	DBA bezwecken in erster Linie, den Besteuerungszugriff des (→) unbeschränkt StPfl. nach dem (→) sog. Welteinkommensprinzip durch zwei Steuerrechtsordnungen zu vermeiden, entweder im Wege der Steueranrechnung (Art. 23B OECD-MA, § 34c, § 34d) oder im Wege der Steuerfreistellung (Art. 23A OECD-MA). Für den Fall der Steuerfreistellung droht in Einzelfällen eine sog. Keinmal- oder doppelte Nichtbesteuerung („Treaty shopping"). § 50d Rn. 24. Um dem entgegenzutreten, hat der (deutsche) Gesetzgeber unilateral eine Reihe spezieller Missbrauchsvermeidungsregeln (§ 50d Abs. 3, § 50g Abs. 4) sowie hochkomplexer Steuerrückfallregelungen geschaffen (§ 50d Abs. 1, 8 bis 11, § 50i, § 17 Abs. 5 S. 3). Insbesondere die unilateralen Rückfallregelungen (sog. Treaty overriding) sind wegen Verstoßes gegen das Völkervertragsrecht verfassungsrechtlich umstritten („pacta sunt servanda"). § 50d Rn. 25; § 17 Rn. 143
Doppelstöckige Mitunternehmerschaft	Eine doppelstöckige Mitunternehmerschaft entsteht bei Beteiligung einer Personengesellschaft (Obergesellschaft) als Gesellschafter an einer anderen Personengesellschaft (Untergesellschaft). Es liegen dann zwei Mitunternehmerschaften vor. Auch der nur mittelbar über die Obergesellschaft an der Untergesellschaft beteiligte Gesellschafter kann bei der Untergesellschaft über Sonderbetriebsvermögen verfügen und Sonderbetriebsvergütungen erzielen. § 15 Rn. 344 ff.
Doppelte Haushaltsführung	Eine doppelte Haushaltsführung liegt vor, wenn der StPfl. außerhalb des Orts seiner ersten Tätigkeitsstätte einen eigenen Hausstand unterhält und auch am Ort der ersten Tätigkeitsstätte wohnt. Die dadurch veranlassten Mehraufwendungen sind begrenzt abziehbar. § 9 Rn. 98 ff.
Drittaufwand	Durch die Erwerbshandlung des StPfl. verursachter Aufwand, den ein Dritter trägt. § 4 Rn. 100, 171 ff.
Dualismus der Einkünfteermittlung	Der Dualismus der Einkünfteermittlung bezeichnet die Ermittlung der Einkünfte je nach Einkunftsart entweder als Betriebsvermögensmehrung (Gewinn) oder als Einnahmen, die die WK übersteigen (Überschuss). Trotz dieser unterschiedlichen Methoden zur Einkünfteermittlung sind die Einkünfte realitätsgerecht gleich zu ermitteln. § 2 Rn. 90 ff.

Durchschnitts-steuersatz	Prozentualer Anteil der festgesetzten Einkommensteuer am zu versteuernden Einkommen. § 38a Rn. 4
Ehe	Die Ehe bildet steuerlich eine Gemeinschaft des Erwerbs und des Verbrauchs, in der typischerweise eine wirtschaftliche Leistungsfähigkeit gemeinsam erworben und genutzt wird. Auf den zivilrechtlichen Güterstand kommt es dabei nicht an. § 26 Rn. 1 ff.
Eigenbetriebliches Interesse	Ein überwiegend eigenbetriebliches Interesse des ArbG bestimmt Annehmlichkeiten und Veranstaltungen für den ArbN, die lediglich Begleiterscheinung der betrieblichen Zielsetzung, nicht Entlohnung, also kein stpfl. Arbeitslohn sind. Vgl. § 8 Rn. 19
Einkommen	Einkommen ist der Gesamtbetrag der Einkünfte, vermindert um die SA und die ag. Belastungen (§ 2 Abs. 4); das Einkommen bezeichnet eine Zwischengröße bei der Einkommensermittlung, gibt aber dennoch der ESt ihren Namen.
Einkommen, zu versteuerndes	Bemessungsgrundlage der tariflichen ESt ist das „zu versteuernde Einkommen", also das Einkommen, vermindert um den Kinderfreibetrag und „sonstige vom Einkommen abzuziehende Beträge". § 2 Abs. 5 S. 1, § 2 Rn. 37
Einkommensteuer-Durchführungs-verordnung (EStDV)	Die Einkommensteuer-Durchführungsverordnung ist eine RVO zur Durchführung des EStG (§ 51 Rn. 20), die iRd. gesetzlichen Ermächtigung (§ 51 Rn. 56 ff.) Details der Einkommensbesteuerung regelt.
Einkünfte	Einkünfte sind der Saldo aus den Erwerbseinnahmen abzgl. der Erwerbsaufwendungen. Sie bezeichnen im Gewinn und im Überschuss einheitlich eine Zwischengröße zur Ermittlung des steuerbaren Einkommens. § 2 Rn. 39, 90 ff.
Einkünfte, ausländische	Einkünfte sind nach § 34d ausländisch, wenn sie zu Steuerquellen im Ausland gehören, also in einem Hoheitsgebiet erzielt werden, das nicht zum deutschen Hoheitsgebiet gehört. Für diese Einkünfte gelten die Steuerermäßigungen des § 34c, die eine Kollision mehrerer Steueransprüche unterschiedlicher Staaten durch die Anrechnung der im Ausland gezahlten Steuer, durch Abzug der ausländ. Steuer von der inländischen Bemessungsgrundlage, auch durch Pauschalierung oder Erlass der auf die ausländ. Einkünfte entfallenden deutschen ESt ausgleichen. § 34d Rn. 1, § 34c Rn. 1
Einkünfte, inländische	Inländische Einkünfte sind Einkünfte aus inländischem Erwerbshandeln. Inländisches Erwerbshandeln ist die Nutzung von in Deutschland belegenen Erwerbsgrundlagen, um Einkünfte am Markt zu erzielen. Als inländische Einkünfte gelten auch Erwerbseinnahmen, die ein Auslandsbediensteter von einer inländischen juristischen Person des öffentlichen Rechts bezieht. § 1 Rn. 6 ff.
Einkunftsquelle	Einkunftsquelle ist die Erwerbsgrundlage, die der Einkommensbezieher iRd. Erwerbshandelns nutzt (Zustandstatbestand). Sie ist Ursprung des Erwerbs. Der StPfl. erzielt aus ihr seine Erwerbseinnahmen und verwendet für sie seine Erwerbsaufwendungen. § 2 Rn. 46 ff.
Einlageminderung	Einlageminderung ist das Entstehen oder Erhöhen eines negativen Kapitalkontos zum Bilanzstichtag gegenüber dem Bilanzstichtag des vorangegangenen Wj. § 15a Rn. 55
Einlagen	Einlagen sind alle WG, die der StPfl. dem Betrieb im Laufe des Wj. privat zugeführt hat. Die Einlage ist durch das Beteiligungsverhältnis veranlasst und erhöht das Kapitalkonto oder mehrt die Leistungseinlagen. Sie mindert bei der Gewinnermittlung durch Betriebsvermögensvergleich den Unterschiedsbetrag. §§ 4 Rn. 100; 6 Rn. 172 ff.
Einnahmen	Einnahmen sind Güter, die in Geld oder Geldeswert bestehen und dem StPfl. iRd. Einkunftsarten des § 2 Abs. 1 S. 1 Nr. 4–7 zufließen (§ 8 Abs. 1). Der StPfl. erzielt diese Einnahmen iRd. von der Rechtsgemeinschaft bereitgestellten ökonomischen und rechtlichen Erwerbsbedingungen. Dieser Entstehensgrund der Markteinnahmen rechtfertigt die Besteuerung. Einl. Rn. 5

Einnahmen, steuerfreie	Steuerfreie Einnahmen sind Einnahmen, die aufgrund eines Ausnahmetatbestands von der Besteuerung ausgenommen sind. § 3 Rn. 1 ff.
Ein-Prozent-Regelung	Pauschale Bemessung des Werts der privaten Nutzung eines Kfz des BV und des Werts der unentgeltlichen Überlassung eines Kfz an den ArbN mit 1 % des Bruttolistenneuwagenpreises (§ 6 Abs. 1 Nr. 4 S. 2); §§ 6 Rn. 166–168; 8 Rn. 38 ff.; 19 Rn. 78 „Kraftfahrzeuggestellung".
Elektronische Übermittlung	§ 5b enthält eine Verfahrensregelung, die bilanzierende StPfl. verpflichtet, die Inhalte von Bilanzen sowie der GuV-Rechnung an die FÄ elektronisch zu übermitteln. Form und Inhalt der Datenübermittlung sind durch die Steuerdaten-Übermittlungsverordnung geregelt. Inwieweit diese Technik das Besteuerungsverfahren vereinfacht, der Gleichheit der Besteuerung dient, die Entscheidung über die Handhabung des EStG vom Rechtsetzer auf Absprachen zw. FinVerw. und Privatorganisationen verlagert, dem Datenschutz genügt und die persönliche Verantwortung für eine Steuererklärung schwächt, ist für dieses Recht in der Entwicklung noch nicht abschließend geklärt. § 5b Rn. 1, 7
ELStAM	Elektronische Lohnsteuerabzugsmerkmale, die beim Bundeszentralamt für Steuern digital vorgehalten werden. Der Arbeitgeber kann sie dort für den Lohnsteuerabzug abrufen. Die Lohnsteuerdaten werden in der ELStAM-Datenbank auf Grundlage § 39e EStG und § 139b AO übermittelt und gespeichert. ELStAM ersetzen (seit 1.1.2013) die Lohnsteuerkarte aus Papier. § 38 Rn. 20
Entgelt	Entgelt ist alles, was der Leistungsempfänger für den Erhalt der Leistung aufwendet, abzüglich der Umsatzsteuer. § 6 Rn. 2 ff.
Entnahmen	Entnahmen sind alle WG eines Betriebs, die der StPfl. im Laufe des Wj. für betriebsfremde Zwecke verwendet hat. Sie sind Zuwendungen an den StPfl. (Substanz, Nutzungen oder Leistungen), die ihren Grund im Beteiligungsverhältnis haben. Sie erhöhen bei der Gewinnermittlung durch Betriebsvermögensvergleich den Unterschiedsbetrag. § 4 Rn. 85 ff.; zur Bewertung § 6 Rn. 161 ff.
Entschädigung	Entschädigungen sind Zahlungen, die eine finanzielle Einbuße ausgleichen, die ein StPfl. durch eine Beeinträchtigung seiner Rechtsgüter erlitten oder zu erwarten hat. § 24 Rn. 2
Entstehen der Einkommensteuer	Nach § 36 Abs. 1 entsteht die nach § 2 Abs. 6 festzusetzende ESt mit Ablauf des VZ. § 36 Rn. 1
Erfolgstatbestand	Der Erfolgstatbestand ist neben dem Handlungstatbestand (s. dort) und dem Zustandstatbestand (s. dort) das dritte Element des einkommensteuerlichen Grundtatbestands. Er bezeichnet den durch die Nutzung einer Erwerbsgrundlage erzielten Vermögenszuwachs, folgt also aus der auf einen Zustandstatbestand gerichteten Verwirklichung des Handlungstatbestands. Der Erfolgstatbestand bringt zugleich zum Ausdruck, dass nur die positiven Einkünfte zu einer StPfl. führen, die negativen Einkünfte hingegen keine Steuererstattung auslösen, sondern allenfalls in anderen Besteuerungszeiträumen die positiven Einkünfte mindern können. § 2 Rn. 85
Ergänzungsbilanz	Die Ergänzungsbilanz ist eine für den einzelnen Mitunternehmer bei einer Mitunternehmerschaft zu erstellende Korrekturbilanz, in der Mehr- und Minderaufwendungen des Mitunternehmers erfasst werden, die in der Gesellschaftsbilanz nicht erfasst sind. Sie kommen namentlich bei der entgeltlichen Veräußerung von Mitunternehmeranteilen, der Übertragung von Wirtschaftsgütern auf die Mitunternehmerschaft und der Einbringung von Betrieben in eine Mitunternehmerschaft zur Anwendung. § 15 Rn. 244 ff.
Erhaltungsaufwendungen	Erhaltungsaufwendungen erneuern bereits vorhandene Teile, Einrichtungen oder Anlagen. Zu diesen Aufwendungen gehören sämtliche Instandhaltungs- und Modernisierungsaufwendungen, die dazu dienen, die Verwendungs- und Nutzungsmöglichkeit eines zur Einkünfteerzielung verwendeten Objekts zu erhalten oder wiederherzustellen, auch einzelne Bestandteile durch zeitgemäße neue zu ersetzen. §§ 6 Rn. 52 ff.; 21 Rn. 52

Ersparte Ausgaben	Durch eigene Leistung des StPfl. ersparte Ausgaben begründen mangels Zufluss von außen keine Einnahmen. § 8 Rn. 7
Erstattungsansprüche von Sozialleistungsträgern	Zugriff auf das Kindergeld haben auch bestimmte Träger von Sozialleistungen, wenn die in § 74 Abs. 2 genannten Voraussetzungen erfüllt sind. § 74 Rn. 4
Erste Tätigkeitsstätte	Die ortsfeste betriebliche Einrichtung des ArbG, eines verbundenen Unternehmens (§ 15 AktG) oder eines vom ArbG bestimmten Dritten, der der ArbN dauerhaft zugeordnet ist. § 9 Rn. 52 ff.
Erwerbsaufwendungen	Erwerbsaufwendungen sind alle Vermögensminderungen, die der StPfl. durch sein Erwerbshandeln veranlasst. Sie mindern den Gewinn und den Überschuss, können auch zu negativen Einkünften führen. § 2 Rn. 10 ff.
Erwerbseinnahmen	Erwerbseinnahmen sind die Vermögensmehrungen, die der StPfl. durch sein Erwerbshandeln erzielt. Sie bilden die Ausgangsgröße bei Ermittlung der Einkünfte. § 2 Rn. 10 ff.
Erwerbsgrundlage	Erwerbsgrundlage ist eine zur Vermögensmehrung angelegte und geeignete Einkunftsquelle. Die Erwerbsgrundlage ist durch objektive Vorkehrungen auf den Erwerb ausgerichtet. Sie bildet den einkommensteuerlichen Zustandstatbestand. § 2 Rn. 46
Erwerbshandeln	Erwerbshandeln ist das Nutzen der Erwerbsgrundlage, um Einkünfte am Markt zu erzielen. § 2 Rn. 54
Existenzminimum, steuerliches	Das steuerliche Existenzminimum einer natürlichen Person wird durch den Grundfreibetrag von der ESt freigestellt. Die Unterhaltslast für ein Kind wird ebenfalls in Höhe eines Existenzminimums (§ 31 S. 1) entweder durch die Freibeträge nach § 32 Abs. 6 oder durch das Kindergeld (§§ 62 ff.) berücksichtigt. Im laufenden Kj. erhalten alle Eltern Kindergeld als monatliche Steuervergütung. Kinderfreibeträge werden nur gewährt, wenn das Kindergeld nicht ausreicht, um die kinderbedingte Minderung der Leistungsfähigkeit auszugleichen. § 32 Rn. 3
Fahrtenbuchmethode	Verfahren zur Ermittlung des Werts der privaten Nutzung eines Kraftfahrzeugs des Betriebsvermögens durch Aufzeichnungen (§ 6 Abs. 1 Nr. 4 S. 3). § 6 Rn. 173 f. Mit einem zeitnah und in geschlossener Form geführten Fahrtenbuch, durch dessen Inhalt der stpfl. Anteil der Privatfahrten an der Gesamtfahrleistung des Kfz. mit vertretbarem Aufwand ermittelbar ist, kann der ArbN eine pauschale Bewertung der privaten Dienstwagennutzung (sog. 1-%-Regelung) vermeiden. § 8 Rn. 41
Faktorverfahren	Besonderes Verfahren zur Berechnung der Lohnsteuer von Ehegatten. Die Lohnsteuer kommt der tatsächlichen Einkommensteuerschuld der Ehegatten durch den Einsatz des Faktors sehr nahe. § 39f Rn. 4 ff.
Familienkasse	Für die Festsetzung und Auszahlung des Kindergeldes ist die Familienkasse zuständig, d.h. die örtlich zuständige Agentur für Arbeit oder der öffentlich-rechtliche Arbeitgeber gem. § 72.
Familienpersonengesellschaft	Familienpersonengesellschaften sind Gesellschaften, bei denen die Gesellschafter nahe Familienangehörige sind, namentlich Eltern und Kinder sowie Großeltern und Enkelkinder. Sie sind grds. unter den allgemeinen Voraussetzungen als Mitunternehmerschaften anzuerkennen. Die Mitunternehmerschaft eines Gesellschafters (minderjähriges Kind) kann zu versagen sein, wenn das Gesellschaftsverhältnis nicht zivilrechtlich wirksam begründet wurde oder wenn die Rechtsstellung zugunsten anderer Familienangehöriger erheblich eingeschränkt wurde. Auch bei Anerkennung der Mitunternehmerschaft kann bei einer unangemessenen Gewinnverteilung eine unbeachtliche Einkommensverwendung vorliegen. § 15 Rn. 217 ff.
Feststellungsbescheid	Gesonderter Bescheid des FA über Feststellung von Besteuerungsgrundlagen (§§ 179 ff. AO). § 39a Rn. 2

Fifo-Methode	Verbrauchs- oder Veräußerungsfolgeunterstellung; s. § 6 Rn. 111. Nach § 23 Abs. 1 S. 1 Nr. 2 S. 3 gilt bei Anschaffung und Veräußerung mehrerer gleichartiger Fremdwährungsbeträge mit Wirkung ab 2014 erneut die Fifo-Methode (first in, first out); dabei ist – zur Vereinfachung – zu unterstellen, dass die zuerst angeschafften Beträge zuerst veräußert wurden. § 23 Rn. 7
Folgerichtigkeitsprinzip	Das Folgerichtigkeitsprinzip verlangt, dass staatliches Handeln widerspruchsfrei ist. Es folgt aus dem Gleichheitssatz (Art. 3 I GG), macht die Unterscheidung zwischen Regel und Ausnahme deutlich und gewährleistet die ordnende Kraft von Leitgedanken einer gesetzlichen Ordnung für die Dauer ihrer Geltung, sodann die widerspruchsfreie Anwendung der gesetzlichen Vorgaben. Für die Bestimmung der Besteuerungsprinzipien ist der Gesetzgeber verantwortlich. Hat er die Belastungsgründe definiert, unterscheidet das Folgerichtigkeitsprinzip zwischen normdirigierenden Ausgangstatbeständen und dieser befolgenden Ausführungsvorschriften. Die gesetzesdirigierende Norm des EStG ist § 2. § 2 Rn. 21
Forstwirtschaft	Forstwirtschaft ist Bodenbewirtschaftung zur Gewinnung von Walderzeugnissen, insbesondere Holz, soweit sie nicht einem landwirtschaftlichen oder gewerblichen Betrieb zuzurechnen ist. § 13 Rn. 12
Freiberufliche Tätigkeit	Siehe selbstständige Arbeit.
Freistellungsauftrag	Liegt dem Gläubiger der KapESt ein Freistellungsauftrag nach amtl. vorgeschriebenem Muster vor, so ist der bei KapESt übliche KapESt-Abzug nicht vorzunehmen, § 44a Abs. 2 Satz 1 Nr. 1, (weitere Voraussetzungen: § 44a Abs. 1 und Abs. 2a).
Fremdvergleich	Ein Fremdvergleich wird bei Verträgen zwischen nahestehenden Personen durchgeführt, weil bei derartigen Verträgen der bei fremden Dritten bestehende Interessengegensatz fehlt und die Verträge oft abgeschlossen werden, um sich steuerliche Vorteile zu verschaffen. Verträge zwischen nahestehenden Personen sind nur dann anzuerkennen, wenn sie der Erzielung v. Einkünften dienen, bürgerlich-rechtl. wirksam vereinbart sind und sowohl die Gestaltung als auch die Durchführung des Vereinbarten dem zw. Fremden Üblichen entsprechen. §§ 2 Rn. 78; 12 Rn. 1; 21 Rn. 20ff.
Gebäude	Gebäude ist ein fest mit dem Grund und Boden verbundenes Bauwerk auf eigenem oder fremdem Grund und Boden von einiger Beständigkeit und ausreichender Standfestigkeit, das Menschen oder Sachen Schutz gegen äußere Einflüsse gewährt und den Aufenthalt von Menschen gestattet. § 6b Rn. 5
Gegenstände des täglichen Gebrauchs	Veräußerungen von Gegenständen des täglichen Gebrauchs, die kein objektives Wertsteigerungspotential enthalten und bei denen der Wertverzehr typischerweise der privaten Lebensführung zuzurechnen ist, sind gem. § 23 Abs. 1 S. 1 Nr. 2 S. 2 von der Besteuerung der Einkünfte aus privaten Veräußerungsgeschäften ausgenommen. § 23 Rn. 1
Gegenwertlehre	Die Gegenwertlehre verneint eine ag. Belastung iSd. § 33, wenn der StPfl. für seine Aufwendungen einen Gegenwert oder einen nicht nur vorübergehenden Vorteil erhält. Diese Theorie beruht auf dem Grundgedanken, dass nur ein „verlorener Aufwand" eine ag. Belastung iSd. § 33 darstellt. § 33 Rn. 15ff.
Gehaltsumwandlung	IdR Umwandlung von regulär zu versteuerndem Arbeitslohn in steuerbegünstigte Lohnbestandteile. §§ 4b Rn. 2; 4c Rn. 2f.; 6a Rn. 5
Geldwerter Vorteil	Erhält ein StPfl. von einer anderen Person (zB Arbeitgeber, Auftraggeber) im Rahmen einer Erwerbstätigkeit Sachen oder Dienstleistungen, die einen gewissen Wert haben, so muss er diesen Vorteil versteuern. § 8 Rn. 18
Gemeiner Wert	Preis, der im gewöhnlichen Geschäftsverkehr unter Berücksichtigung aller Umstände für ein WG bei einer Veräußerung zu erzielen wäre. Ungewöhnliche oder persönliche Verhältnisse sind nicht zu berücksichtigen (Legaldefinition in § 9 Abs. 2 BewG). Der gemeine Wert entspricht damit dem Verkehrswert; § 6 Rn. 5
Gemeinnützige Zuwendungen	Gemeinnützige Zuwendungen sind Mitgliedsbeiträge und Spenden, die ein StPfl. unentgeltlich und freiwillig zur Förderung mildtätiger, kirchlicher oder

gemeinnütziger Zwecke leistet und die vom Zuwendungsempfänger tatsächlich für steuerbegünstigte Zwecke verwendet werden. Zuwendungsempfänger kann jede gemeinnützige, mildtätige oder kirchliche Organisation aus einem Mitgliedstaat der EU oder des EWR sein. Unter der Voraussetzung einer dem amtlich vorgeschriebenen Vordruck entsprechenden Zuwendungsbestätigung gemäß § 50 EStDV sind solche gemeinnützigen Zuwendungen in gewissen Grenzen als SA abziehbar. § 10b Rn. 5 ff.

Gemischte Aufwendungen – Gemischte Aufwendungen sind teils betrieblich, beruflich, teils privat veranlasst. Sie können, soweit sich objektivierbare Kriterien der Aufteilung finden lassen, grds. in abziehbare Erwerbsaufwendungen und nicht abziehbare Privataufwendungen aufgeteilt werden. § 12 Rn. 3 ff.

Geringwertiges Wirtschaftsgut – Abnutzbares bewegliches WG des AV, das einer selbstständigen Nutzung fähig ist und einen Nettowert von bis zu 410 Euro nicht übersteigt (§ 6 Abs. 2 S. 1). Für solche WG besteht das Wahlrecht einer sofortigen Abschreibung in voller Höhe oder einer Einstellung in einen Sammelposten zur Poolabschreibung (§ 6 Abs. 2 S. 1, Abs. 2a). § 6 Rn. 187–192

Gesamtrechtsnachfolge – Bei einer Gesamtrechtsnachfolge, insbesondere beim Erbfall, tritt der Nachfolger in die materielle und in die verfahrensrechtliche Stellung des Erblassers ein. Der Übergang der Forderungen und Schulden aus dem Einkommensteuerschuldverhältnis auf den Rechtsnachfolger gilt aber nicht für höchstpersönliche Verhältnisse und unlösbar mit der Person des Rechtsvorgängers verknüpfte Umstände. Steuerrechtliche Verluste des Erblassers sind nicht vererblich. § 2 Rn. 83

Gesetz – Ein Gesetz regelt im steuerlichen Eingriffsrecht die wesentlichen Besteuerungsgrundlagen (Steuergegenstand, Steuerbemessungsgrundlage, Steuersubjekt, Steuertarif). Die Entscheidung über diese Belastungsgründe ist dem Parlamentsgesetzgeber vorbehalten. Das EStG regelt diese Voraussetzungen des Einkommens, aber auch weitere Details des Einkommensteuerrechts, bestimmt damit zugleich über die Höhe des Ertrags aus dieser Gemeinschaftssteuer (Art. 106 Abs. 3 GG) und wird so zu einer wesentlichen Grundlage auch des parlament. Budgetrechts (Art. 110 GG) und der Haushaltskontrolle (Art. 114 GG). Einl. Rn. 26

Gewerbebetrieb – Der einkommensteuerliche Begriff des Gewerbebetriebs wird positiv durch die Merkmale der (1) Selbstständigkeit, (2) Nachhaltigkeit, (3) Teilnahme am wirtschaftlichen Verkehr und (4) die Gewinnerzielungsabsicht konstituiert. Gewerbebetrieb als Handlungstatbestand einer Einkunftsart ist die ausgeübte Tätigkeit. § 15 Rn. 11. Ausgenommen werden die Tätigkeiten, die als Ausübung der Land- und Forstwirtschaft (siehe dort) oder der selbstständigen Arbeit (siehe dort) anzusehen sind. § 15 Rn. 52. Gewerbebetrieb als Objekt einer begünstigten Veräußerung nach § 16 und § 34 Abs. 2 bezeichnet den aus Wirtschaftsgütern, Personal und Kundenbeziehungen bestehenden Organismus des Wirtschaftslebens, der auf einen Erwerber übertragen wird. § 16 Rn. 31 ff.

Gewerbebetrieb kraft Rechtsform – Bei einem Gewerbebetrieb kraft Rechtsform wird die von diesem entfaltete Tätigkeit wegen der Rechtsform des Unternehmens als Gewerbebetrieb qualifiziert, obwohl sie sich an sich nicht als gewerbliche Tätigkeit darstellt, sondern als unter §§ 13, 18, 20, 21 fallende Betätigung. Das betrifft vornehmlich die Kapitalgesellschaften und die gewerblich geprägten Personengesellschaften. § 15 Rn. 133, 135

Gewerbesteueranrechnung – § 35 ermöglicht in pauschalierter und typisierter Form die Anrechnung der festgesetzten GewSt auf die tarifliche ESt. Zweck der Vorschrift ist es, Einzelunternehmen und PersGes. iErg. v. der GewSt zu entlasten und gewerbliche Einkünfte mit solchen aus selbstständiger Arbeit gleichzustellen. Die Vorschrift ist vor allem in systematischer Hinsicht nicht zweifelsfrei. § 35 Rn. 1 f.

Gewerblich geprägte Personengesellschaft – Eine gewerblich geprägte Personengesellschaft liegt vor, wenn bei einer Personengesellschaft Kapitalgesellschaften als persönlich haftende Gesellschafter beteiligt sind und neben diesen keine natürliche Person als Gesellschafter zur Geschäftsführung berufen ist. Die erzielten Einkünfte sind immer als Einkünfte aus Gewerbebetrieb zu qualifizieren. § 15 Rn. 135, 136

Gewinn	Gewinn ist der Unterschiedsbetrag zwischen dem BV am Schluss des Wj. (Endvermögen) und dem BV am Schluss des vorausgegangenen Wj. (Anfangsvermögen), korrigiert um den Wert von Entnahmen und Einlagen. So die Legaldefinition in § 4 Abs. 1.
Gewinnermittlung nach Durchschnittssätzen	Bei Land- und Forstwirten kann der Gewinn typisiert auf der Basis gesetzlich festgelegter Durchschnittssätze ermittelt werden. § 13a Rn. 1
Grenzsteuersatz	Gibt an, mit welchem Prozentsatz ein zusätzliches Einkommen besteuert wird oder ein Einkommensrückgang steuerlich entlastend wirkt. § 38a Rn. 5
Grundfreibetrag	Grundfreibetrag ist die Pauschale, die typisierend den notwendigen Existenzbedarf der natürlichen Person von der Besteuerung freistellt. Er ist gegenwärtig in den Einkommensteuertarif eingearbeitet, der ein zu versteuerndes Einkommen bis zu 8 004 Euro pro Jahr mit null Einkommensteuer belastet. § 32a Rn. 8
Güter in Geld	Zahlungen, die in Euro oder einer ausländ. Währung geleistet werden. Vgl. § 8 Rn. 15
Güter in Geldeswert	Vorteile, denen v. Markt ein in Geld ausdrückbarer Wert beigemessen wird. § 8 Rn. 18
Handlungstatbestand	Der Handlungstatbestand ist das zweite Element des einkommensteuerlichen Grundtatbestands. Er bezeichnet die Nutzung der Erwerbsgrundlage, verbindet die Erwerbsgrundlage (Zustandstatbestand, siehe dort) mit dem Erfolgstatbestand (Einkommen, siehe dort), bezeichnet idR im Nutzenden den Steuerschuldner, im Nutzungsvorgang die steuererheblichen Vermögensbewegungen und rechnet dem Nutzenden Güter zu. § 2 Rn. 54
Herstellung	Wertschöpfende Produktion eines bisher nicht existenten WG durch Bündelung von Produktionsfaktoren; § 6 Rn. 51.
Herstellungskosten	Herstellungskosten sind Aufwendungen, die für das Entstehen eines WG, seine Erweiterung oder eine (über seinen ursprünglichen Zustand hinausgehende) wesentliche Verbesserung gemacht werden. (Legaldefinition in § 255 Abs. 2 S. 1 HGB). § 6 Rn. 49 ff.
Hinzurechnungsbetrag	Ein als Lohnsteuerabzugsmerkmal festgelegter Betrag wird bei der Berechnung der Lohnsteuer dem Arbeitslohn hinzugerechnet. § 39a Rn. 1
Hoferbfolge	Eine Hoferbfolge nach der HöfeO sucht den Hof in der Hand eines Hoferbes zu erhalten. Sie begründet für den Hof keine Erbengemeinschaft oder MU'schaft zw. dem Hoferben und den weichenden Miterben. Diese erhalten nur schuldrechtliche Abfindungsansprüche. § 14 Rn. 9
Hofübergabe	Bei der Hofübergabe geht der Hof an den Erben unentgeltlich (Erbfall oder vorweggenommene Erbfolge) und im Ganzen über. Als vorweggenommene Erbfolge kann die Hofübergabe eine Vermögensübergabe oder Unternehmensnachfolge gegen Versorgungsleistungen sein. §§ 10 Rn. 13; 13 Rn. 42
Holznutzungen	Holznutzungen iSv. § 34b sind die Nutzungen des Holzes infolge der Trennung vom Grund und Boden und des Übergangs ins UV, bei Kalamitätsholz erst nach Aufarbeitung. Die Veräußerung des Grund und Bodens einschließlich des Aufwuchses ist keine Holznutzung in diesem Sinne. § 34b Rn. 2
Jahreseinkommen	Jahreseinkommen ist das jeweils für ein Kalenderjahr ermittelte Einkommen des Steuerpflichtigen, das er in diesem Jahr unter Nutzung der für die Markt- und Rechtsgemeinschaft verfügbaren Erwerbsbedingungen erzielt hat, das deshalb zur Finanzierung des dieses Jahr betreffenden Staatshaushalts herangezogen wird. § 2 Rn. 120
Jahressteuerprinzip	Nach dem Jahressteuerprinzip ist die ESt eine Jahressteuer. Sie erfasst nicht den einzelnen Geschäftsvorfall in seinem Einkommenserfolg, sondern das aus der Erwerbstätigkeit erzielte Gesamtergebnis pro Jahr. Ermöglicht wird allerdings ein periodenübergreifender Verlustausgleich, um den Anforderungen des Leistungsfähigkeitsprinzips gerecht zu werden. Das Jahressteuerprinzip ist kein rein tech-

nisches, sondern ein materielles Besteuerungsprinzip; ihm entspricht die ebenfalls am Kalenderjahr ausgerichtete Haushaltsplanung des Staates. § 2 Rn. 120 ff.

Kapitalertragsteuer	Die KapESt ist eine besondere Erhebungsform der ESt durch Steuerabzug an der Quelle, § 43 Abs. 1 Satz 1. Sie hat grds. Abgeltungswirkung, § 43 Abs. 5. Die KapESt entsteht in dem Zeitpunkt, in dem die Kapitalerträge dem Gläubiger zufließen. § 44 Abs. 1 Satz 2
Kapitalvermögen	Die Erwerbsgrundlage des Kapitalvermögens bezeichnet die in § 20 im Einzelnen benannten Kapitalanlageformen im PV, aus der stpfl. Erträge erwachsen, die allerdings zunehmend auch Gewinne aus der Veräußerung des Erwerbsvermögens der Besteuerung unterwerfen. Erwerbsgrundlagen sind insbes. Beteiligungserträge, die Beteiligung als stiller Gesellschafter oder durch ein partiarisches Darlehen, die Erträge aus Grundpfandrechten, Lebensversicherungen, Wechseln und sonstigen Kapitalforderungen, die Stillhalterprämien. § 20 Rn. 1, 16. Diese Einkunftsart wird meist durch Steuerabzug an der Quelle besteuert (s. „Kapitalertragsteuer").
Kinder	Kinder iSd. EStG sind alle leiblichen und Adoptivkinder, unter bestimmten Voraussetzungen auch Pflegekinder. Die durch den Kindesunterhalt geminderte Leistungsfähigkeit wird grds. bis zur Vollendung des 18. Lebensjahres, bei Vorliegen weiterer Voraussetzungen auch darüber hinaus durch zwei Freibeträge und Sonderbedarfe berücksichtigt. § 32 Rn. 1 ff.; zu Betreuungskosten § 10 Rn. 38a ff.
Kinderfreibeträge	Ein vom Einkommen abzuziehender Freibetrag, der für jedes zu berücksichtigende Kind des StPfl. gewährt wird, wenn nicht die Inanspruchnahme von Kindergeld günstiger ist. Der Kinderfreibetrag berücksichtigt iRd. Familienleistungsausgleichs die Aufwendungen für den Unterhalt und die Berufsausbildung von Kindern (zusammen mit dem Freibetrag für den Betreuungs- und Erziehungs- oder Ausbildungsbedarf). Bei der Veranlagung wird geprüft, ob der Kinderfreibetrag für den StPfl. günstiger ist als das Kindergeld (§§ 62–78 EStG). § 38b Rn. 4
Kirchensteuer	Die Kirchensteuer beruht auf dem durch Art. 137 Abs. 6 WRV iVm. Art. 140 GG gesicherten Steuererhebungsrecht der Religionsgesellschaften. Sie ist eine Zuschlagsteuer und wird als solche in Form v. Hundertsätzen des geschuldeten Betrags der ESt (Maßstabsteuer) berechnet. Die Kirchensteuer ist jedoch keine Steuer iSv. Art. 105 ff. GG, da kistpfl. nur die Mitglieder der jeweils die Steuer erhebenden Kirche sind. Maßgeblich sind die KiStG der Länder, die dynamisch auf § 51 verweisen. § 51 Rn. 2 ff.
Krankheit	Eine Krankheit setzt einen anormalen Zustand eines Menschen voraus, der ihn in der Ausübung normaler psychischer oder körperlicher Funktionen so behindert, dass er einer medizinischen Behandlung bedarf. Dies kann uU v. der persönlichen Lage des Betroffenen, z.B. seinem Alter oder seinem Beruf, abhängen. Krankheitskosten sind idR als ag. Belastung zu berücksichtigen. § 33 Rn. 54 „Krankheitskosten"
Land- und Forstwirtschaft	Land- und Forstwirtschaft ist die planmäßige Nutzung der Naturkräfte, vor allem des Bodens, zur Erlangung ersetzbarer Stoffe, die sich mithilfe der Naturkräfte erneuern (Urproduktion), und die Verwertung der gewonnenen pflanzlichen und tierischen Erzeugnisse durch Verkauf oder als Futtermittel für die Tierhaltung. § 13 Rn. 2
Landwirtschaft	Landwirtschaft ist die planmäßige Nutzung der natürlichen Kräfte des Bodens zur Erzeugung und Verwertung von lebenden Pflanzen und Tieren. Sie bewirtschaftet im Wesentlichen Acker und Dauergrünland. § 13 Rn. 11
Leitsätze	Der Bundesfinanzhof kann die tragenden Gründe eines Urteils als allgemeinverbindliche höchstrichterliche Leitsätze in der sprachlichen Form eines Rechtssatzes veröffentlichen. Diese gesetzesähnlich publizierten Kerngedanken einer Entscheidung beanspruchen die Autorität, von allen StPfl., Steuerberatern und auch der FinVerw. beachtet zu werden. Ihre Nichtberücksichtigung kann haftungsrechtliche Folgen haben. Bei Auffassungsunterschieden zw. Rspr. und FinVerw. ist das Klärungsverfahren noch nicht geregelt. Einl. Rn. 38

Lohnsteuerabzugs-merkmale	Besondere Merkmale eines einzelnen Arbeitnehmers – Lohnsteuerklassen, Kinderfreibeträge, sonstige Freibeträge oder Hinzurechnungsbeträge. Sie wirken sich bei der Berechnung der Lohnsteuer durch den Arbeitgeber auf deren Höhe aus. § 39 Rn. 2 ff.
Lohnsteuerabzugs-verfahren	Die Einkommensteuer bei Einkünften aus nichtselbständiger Arbeit wird in einem besonderen Verfahren erhoben. Der Arbeitgeber behält vom gezahlten Arbeitslohn die Lohnsteuer ein und führt diese an das zuständige Betriebsstättenfinanzamt ab. § 38 Rn. 5 ff.
Lohnsteueranmeldung	Der Arbeitgeber gibt eine Steuererklärung ab, mit der die von ihm einbehaltene und übernommene Lohnsteuer angemeldet wird. § 41a Rn. 1
Lohnsteuer-Durchführungsverordnung (LStDV)	Die Lohnsteuer-Durchführungsverordnung ist eine RVO, die im Rahmen einer fortwirkenden Ermächtigung (§ 51 Rn. 39) vielfältige Durchführungsbestimmungen für den Steuerabzug vom Arbeitslohn enthält. § 51
Mahlzeiten	Anlässlich auswärtiger Tätigkeiten gewährte Mahlzeiten für den ArbN sind bis 60 Euro mit dem Sachbezugswert, darüber hinaus mit dem üblichen Endpreis am Abgabeort zu bewerten (vgl. § 8 Rn. 42a). Sie sind iRv. Mehraufwendungen für Verpflegung erheblich. § 4 Rn. 211, § 9 Rn. 87 ff.
Markt	Markt ist die Rechtsgemeinschaft, in der Leistungen gegen Entgelt getauscht werden, ein Leistungsanbieter einen Nachfrager findet und deshalb Einkommen erzielt. Die Mitwirkung des Marktes am Entstehen individuellen Einkommens rechtfertigt – neben der Gewährleistung von Frieden, Recht, Währung, gewerblichem Rechtsschutz, der Ausbildung der Arbeitnehmer und Kunden – den Zugriff auf das Einkommen. § 2 Rn. 7
Maßgeblichkeitsprinzip	Das Steuerrecht kennt keine eigenständige Steuerbilanz (arg. § 60 EStDV). Für die Gewinnermittlung von StPfl., die handelsrechtlich bilanzierungspflichtig sind (§§ 238 ff. HGB), ist nach § 5 Abs. 1 S. 1 EStG prinzipiell das handelsrechtliche Ergebnis Ausgangsgröße für die steuerrechtliche Bemessungsgrundlage. Das Maßgeblichkeitsprinzip wird aber durch zahlreiche Regelungen in §§ 5 ff. EStG durchbrochen und ins Gegenteil verkehrt. § 5 Rn. 4 ff.
Mitunternehmer	Mitunternehmer sind solche Gesellschafter einer Personengesellschaft, die als (Mit-)Unternehmer des (Gewerbe-)Betriebs der Gesellschaft (= des gemeinsamen Betriebes der Mitunternehmer) anzusehen sind. Mitunternehmer sind nur solche Gesellschafter, die (Mit-)Unternehmerrisiko tragen und (Mit-)Unternehmerinitiative entfalten können. § 15 Rn. 205, 206
Mitunternehmeranteil	Mitunternehmeranteil ist der Gesellschaftsanteil des als Mitunternehmer beteiligten Gesellschafters. Er umfasst auch das SBV dieses Gesellschafters. Der (ganze) Mitunternehmeranteil ist Gegenstand einer begünstigten (Betriebs-)Veräußerung. § 16 Rn. 115 ff.
Mitunternehmer-initiative	Mitunternehmerinitiative bedeutet Teilhabe an den gemeinsam zu treffenden unternehmerischen Entscheidungen. Diese Teilhabe kann für die Mitunternehmer unterschiedlich abgestuft sein. Mindestens erforderlich sind Kontroll- und Widerspruchsbefugnisse im Umfang der einem Kommanditisten nach dem Regelstatut des HGB zustehenden Befugnisse. § 15 Rn. 212
Mitunternehmerrisiko	Das Mitunternehmerrisiko besteht in der Teilhabe am Erfolg oder Misserfolg des Gewerbebetriebs in Form der Vermögensmehrung oder Minderung des Gesellschaftsvermögens. Erforderlich sind jedenfalls eine Gewinn- und Verlustbeteiligung. § 15 Rn. 208, 209, 210
Mitunternehmerschaft	Eine Personengesellschaft oder Gemeinschaft, die einen (Gewerbe-)Betrieb betreibt und bei der die Gesellschafter oder Gemeinschafter als Mitunternehmer des (gemeinsamen) Betriebes anzusehen sind. Als Gesellschaften kommen die Personengesellschaften als Außengesellschaften (OHG, KG, GbR), aber auch Innengesellschaften (stille Gesellschaft, GbR) und bestimmte Gesamthandsgemeinschaften (Erbengemeinschaft, Gütergemeinschaft) in Betracht. § 15 Rn. 173 f.

Mitunternehmerschaft, faktische – Die Mitunternehmerschaft verlangt das Vorliegen eines Gesellschafts- oder Gemeinschaftverhältnisses. Eine auf bloßen Austauschverträgen beruhende „faktische Mitunternehmerschaft" ist nicht anzuerkennen. § 15 Rn. 214

Nachträgliche Einkünfte – Nachträgliche Einkünfte liegen vor, wenn Einkünfte aus einer ehemaligen Tätigkeit und aus einem früheren Rechtsverhältnis – nach dessen Beendigung – zufließen. Sie sind steuerbare Einkünfte, wenn ein wirtschaftlicher Zusammenhang der Vermögensveränderung mit der ehemaligen Tätigkeit oder dem ehemaligen Rechtsverhältnis besteht. Diese Einkünfte sind nicht tarifbegünstigt. § 24 Rn. 26 ff.

Negatives Kapitalkonto – Ein negatives Kapitalkonto ist die auf der Aktivseite der Bilanz ausgewiesene Differenz zwischen den Passiva und den sonstigen Aktiva. § 15a Rn. 12 ff.

Nettoprinzip – Das EStG besteuert die Erwerbseinnahmen abzgl. der erwerbssichernden und der existenzsichernden Aufwendungen. § 2 Abs. 2 verankert das objektive – erwerbsbezogene – Nettoprinzip, besteuert nur die Einkünfte als Nettogrößen (Gewinn oder Überschuss der Einnahmen über die WK). Der Grundfreibetrag, der Familienleistungsausgleich, viele SA und die ag. Belastungen stellen den existenzsichernden Aufwand steuerfrei, verwirklichen damit das subjektive – erwerbsbezogene – Nettoprinzip. Der Erwerbsaufwand wird in der tatsächlichen Höhe, der Existenzaufwand in einem typisierten Minimum berücksichtigt. § 2 Rn. 11

Nominalwertprinzip – Nach dem Nominalwertprinzip gilt der Grundsatz der nominellen Geld- und Kapitalwerterhaltung. Eine Währungseinheit (Euro) bestimmt die steuerliche Bemessungsgrundlage und die Steuerschuld in dem Wert, den sie nominal ausweist. Eine Geldentwertung oder eine Geldwertsteigerung werden bei der steuerrechtlichen Gewinnermittlung nicht berücksichtigt. § 6 Rn. 11

Nutzungstatbestand – Die Nutzung der eigenen Erwerbsgrundlage ist das wesentliche Merkmal des einkommensteuerlichen Handlungstatbestands. Sie bestimmt in der Regel das stpfl. Subjekt, den Erwerbsaufwand und die Zurechnung der erwerbserheblichen Güter. § 2 Rn. 54

Objektives Nettoprinzip – Nach dem objektiven, erwerbssichernden Nettoprinzip sind nur die Nettogrößen der Einkünfte (Gewinn oder Überschuss der Einnahmen über die WK) zu besteuern. Erwerbssichernde Aufwendungen stehen dem StPfl. nicht zur Verfügung, sind daher von der Besteuerung auszunehmen. Damit verwirklicht das geltende Einkommensteuerrecht das sachliche, objektive Leistungsfähigkeitsprinzip. § 2 Rn. 11

Opfergrenze – Die sog. Opfergrenze regelt, dass Unterhaltsleistungen nur insoweit als ag. Belastungen anerkannt werden, als sie in einem angemessenen Verhältnis zum Nettoeinkommen des Leistenden stehen und diesem nach Abzug der Unterhaltsleistungen noch die angemessenen Mittel zur Bestreitung des Lebensbedarfs für sich sowie für seinen Ehepartner und seine Kinder verbleiben. § 33a Rn. 24

Organschaft – Die Organschaft fasst rechtlich selbstständige Unternehmen zu einer Besteuerungseinheit zusammen. Eine rechtlich selbstständige Person (die Organgesellschaft) wird in eine andere rechtlich selbstständige Person (den Organträger) eingebracht. Steuerliche Vorgänge der Organgesellschaft werden grds. dem Organträger als eigene zugerechnet. Beide Personen erscheinen als einheitlicher StPfl. §§ 37b Rn. 26; 49 Rn. 66

Parteizuwendungen – Mitgliedsbeiträge und Spenden an politische Parteien sowie an kommunale Wählervereinigungen mindern in Grenzen einer Normalspende die tarifliche Einkommensteuer. Darüber hinausgehende Zuwendungen an Parteien oder kommunale Wählervereinigungen können in den Grenzen des § 10b als SA abgezogen werden. §§ 10b Rn. 50 ff.; 34g Rn. 3

Passivierung – Eine Bilanz (siehe dort) hat sämtliche Vermögensgegenstände (WG) und Schulden zu enthalten. Ein Ansatz auf der Passivseite der Bilanz ist vorzunehmen für

	Verbindlichkeiten und Rückstellungen, die betrieblich veranlasst sind, sowie für passive Rechnungsabgrenzungsposten. Daneben sind auch steuerfreie Rücklagen auf der Passivseite anzusetzen. § 4 Rn. 4a
Passivierungsbeschränkung	Einschränkungen in der Steuerbilanz für den Ansatz von Verbindlichkeiten oder Rückstellungen in Form von Ansatzverboten, Ansatzbeschränkungen und Bewertungsvorbehalten; § 4f Rn. 11
Pensionsfonds	Ein Pensionsfonds ist eine rechtsfähige Einrichtung, die gegen Zahlung von Beiträgen eine kapitalgedeckte betriebliche Altersversorgung für ArbG als leistendes Unternehmen (Trägerunternehmen) durchführt. Die Pensionsfonds werden als Firmen- oder Konzern-, Gruppen- oder Branchenpensionsfonds ausgestaltet. Diese Fonds leisten lebenslange Altersrente. Der Pensionsfonds ist zur Leistung verpflichtet, ist jedoch in der Gestaltung insbes. des Anlagenmanagements im Vergleich zur Pensionskasse erheblich freier. § 4e regelt die Rahmenbedingungen für die Abzugsfähigkeit der Zuwendungen, die an den Fonds zu erbringen sind. § 4e Rn. 1, 4 ff.
Pensionskasse	Eine Pensionskasse ist ein rechtlich selbständiges Lebensversicherungsunternehmen, das ein wegfallendes Erwerbseinkommen wegen Alters, Invalidität und Tod absichert, auf das Kapitaldeckungsverfahren aufbaut, Leistungen grds. erst ab dem Zeitpunkt des Wegfalls des Erwerbseinkommens vorsieht und der versicherten Person grds. einen eigenen Rechtsanspruch auf Leistung gegen die Kasse einräumt. § 4c schränkt die betriebliche Abziehbarkeit von Zuwendungen an die betriebliche Pensionskasse ein (Einschränkung des Nettoprinzips). Die Leistungen an den begünstigten ArbN unterliegen grds. der LSt. § 4c Rn. 1 f.
Pensionsrückstellungen	Pensionsrückstellungen bildet der steuerpflichtige ArbN für Pensionsverpflichtungen (Altersruhegeld, Invalidenrenten, Hinterbliebenenversorgung), die er seinen ArbN gegenüber unmittelbar übernommen hat. Die Verpflichtung wird allein über die Pensionsrückstellung erfasst; im Gegensatz zur mittelbaren Versorgungszusage (Direktversicherung, Pensions- und Unterstützungskasse, Pensionsfonds) werden keine Prämien oder Zuwendungen an Dritte geleistet. Für diese Rückstellung gelten der Grundsatz der Einzelbewertung und Einschränkungen des Nettoprinzips. Der StPfl. gewinnt erhebliche Wahlrechte. § 6a Rn. 1, 2
Personalrabatte	Erhält der StPfl. v. seinem ArbG unentgeltliche oder verbilligte Zuwendungen, die dieser als eigene Waren oder Dienstleistungen herstellt, liefert oder erbringt, ist der geldwerte Vorteil mit dem um 4 % geminderten Endpreis am Abgabeort zu bewerten und bis 1 080 Euro jährlich stfrei. § 8 Rn. 47 ff.
Personengesellschaft	Siehe Mitunternehmerschaft.
Preise	Geldwerte Auszeichnungen, die dem StPfl. in erster Linie für seine Erwerbstätigkeit gewährt werden, sind stpfl., nicht aber Auszeichnungen, die den Preisträger als Person würdigen und von denen kein wirtschaftlicher Anreiz zum Erwerb ausgehen soll. § 10b Rn. 15
Private Veräußerungsgeschäfte	Private Veräußerungsgeschäfte iSd. § 23 Abs. 1 sind Veräußerungsgeschäfte, bei denen der Zeitraum zwischen Anschaffung und Veräußerung eines WG des PV nicht mehr als die gesetzliche Veräußerungsfrist beträgt. Realisierte Werterhöhungen oder Wertminderungen aus kurzfristigen Wertdurchgängen eines bestimmten WG im PV sollen so besteuert werden. § 23 Rn. 1
Quellenabzug	Die ESt ist grds. eine Veranlagungssteuer (siehe dort). In einigen Fällen wird die Steuer aber nicht veranlagt, sondern direkt an der Quelle ihres Entstehens einbehalten und abgeführt (zB Lohnsteuer durch den ArbG, KapESt durch den Schuldner, Bauabzugsteuer durch den Auftraggeber). § 38 Rn. 1
Quellenbesteuerung	Quellenbesteuerung ist das Verfahren, in dem an der Einkunftsquelle die Steuer abgezogen wird. Entrichtungspflichtig sind beim Lohn der ArbG, bei Kapitalerträgen die Banken, bei beschränkt StPfl. – in einer in der Regel abgeltenden Objektsteuer – der inländische Schuldner. § 50 Rn. 1

Quellenstaat	Quellenstaat ist der Staat, aus dem die jeweiligen ausländischen Einkünfte stammen. Diesem Staat werden die Erwerbsgrundlagen zugerechnet. § 50 Rn. 1
Realisationsprinzip	Wertzuwächse oder Wertverluste steuerverstrickter WG sind nach dem Realisationsprinzip erst dann steuererheblich, wenn die Wertsteigerung durch einen Umsatz am Markt verwirklicht wird. Bei der Gewinnermittlung durch Vermögensvergleich (§§ 4 Abs. 1, 5) wird nicht schon die Wertsteigerung ruhender Vermögensgegenstände erfasst, sondern die Realisation v. Wertsteigerung oder Wertverlust, wenn der Unternehmer seine Leistung erbracht hat und deshalb seine Forderung geltend machen kann. Ein Aufwand ist erst realisiert, wenn er sich nicht in einem WG wiederfindet (§ 5 Rn. 49, 206). Das G kennt zahlreiche Ausnahmen von diesem Grundsatz (zB §§ 4 Abs. 1 S. 2, 16 Abs. 3 S. 1). Bei gegenseitigen Rechtsgeschäften sind die Grundsätze sog. schwebender Geschäfte zu beachten (§ 5 Rn. 208 ff.). Außerhalb gegenseitiger Rechtsgeschäfte sind Forderungen erst dann (gewinnrealisierend) zu aktivieren, wenn sie unbestritten oder rechtskräftig festgestellt sind. § 5 Rn. 215
Realteilung	Die Realteilung besteht in der Verteilung des gesamten Betriebsvermögens auf die Mitunternehmer im Wege der Naturalteilung und der damit verbundenen Auflösung und Beendigung der bisherigen Mitunternehmerschaft. § 16 Rn. 198 ff.
Rechtsquellen	Rechtsquellen sind die Erkenntnisquellen des (Steuer-)Rechts. Zu ihnen zählen die Steuergesetze (Parlamentsgesetz, Rechtsverordnung, Satzung), das EU-Recht, das Völkerrecht, auch die Verwaltungsvorschrift und die Rechtsprechung. Einl. Rn. 25
Rechtsverordnung	Rechtsnorm, die durch die Exekutive erlassen wird und iRd. gesetzlichen Ermächtigungsgrundlage nähere Regelung zu einem formellen G trifft, für das EStG insbes. die EStDV, die LStDV und die Steuer HBeKVO. Vgl. Einl. Rn. 28
Regelbesteuerung	Regelbesteuerung ist die Besteuerung, die allgemein und abstrakt für jedermann gilt, die eine privilegienfeindliche Steuerbelastung verwirklicht. Die Regelbesteuerung wird gegenwärtig vielfach durch Ausnahme- und Lenkungstatbestände durchbrochen. Einl. Rn. 16 ff.
Reisekosten	Reisekosten eines ArbN sind Aufwendungen für beruflich veranlasste Fahrten, die keine Fahrten zw. Wohnung und erster Tätigkeitsstätte sowie keine Familienheimfahrten sind. § 3 Rn. 37
Rente	Wiederkehrende Leistungen grds. auf unbestimmte Zeit, auch auf Lebenszeit (Leibrente). Gegenleistungsrenten sind in eine Kapitalumschichtung und einen Zinsanteil aufzuteilen. Die nicht abziehbare Unterhaltsrente ist von der Versorgungsrente abzugrenzen. Sozialversicherungsrenten werden als Alterseinkünfte nachgelagert besteuert. S. § 22 Rn. 3 ff., 11 ff., 36 ff.
Rückwirkung	Steuergesetze dürfen nicht rückwirkend bereits erworbene Rechte entziehen. Der Einkommensteuerpflichtige gewinnt eine konkret verfestigte Rechtsposition, wenn seine Schuld durch Ablauf des VZ bereits entstanden ist oder wenn eine gesetzliche Steuerrechtsposition rechtlich verfestigt, insbes. in den Schutz seiner Eigentumsgarantie (Art. 14 GG) hineingewachsen ist. Sind alle steuererheblichen Tatbestandsmerkmale einer solchen verfestigten Rechtsposition verwirklicht, darf ihm diese nicht rückwirkend genommen werden (Rückwirkungsverbot, „echte" Rückwirkung). Andernfalls hat er nach dem Verhältnismäßigkeitsprinzip einen Anspruch auf schonende Übergänge („unechte" Rückwirkung), nicht auf Fortbestand der alten Rechtslage. Einl. Rn. 50
Sachinbegriffe	Unter Sachinbegriffen iSd. § 21 Abs. 1 S. 1 Nr. 2 ist eine Vielzahl v. beweglichen Sachen zu verstehen, die nach ihrer wirtschaftlichen oder technischen Zweckbestimmung eine Einheit bilden. § 21 Rn. 44
Sachzuwendungen	Sachzuwendungen sind Einnahmen, die nicht in Geld bestehen (Wohnung, Kost, Waren, Dienstleistungen usf.). Sie sind als Einnahmen zu erfassen und dabei mit den um übliche Preisnachlässe geminderten üblichen Endpreisen am Abgabeort anzusetzen (§ 8 Abs. 2 S. 1). Besondere pauschale Bewertungsregeln

	bestehen vor allem auf die private Nutzung eines betrieblichen Kfz und dabei die Fahrten zw. Wohnung und Arbeitsstätte (§ 8 Abs. 2 S. 2 ff.) sowie Sachzuwendungen an ArbN (§ 8 Abs. 3). Sachprämien iSv. § 3 Nr. 38, die von Dritten gewährt werden, sowie bestimmte zusätzlich gewährte betriebliche Sachzuwendungen können nach § 37a und § 37b pauschal besteuert werden. § 37a Rn. 1 ff.
Schwestergesellschaften	Personengesellschaften mit demselben Gesellschafterbestand. Bei Leistungen zw. Schwestergesellschaften ist danach zu differenzieren, ob beide Schwestergesellschaften selbst gewerbliche Mitunternehmerschaften sind oder nur die empfangende. § 15 Rn. 351
Selbstständige Arbeit	Die Einkunftsart der selbstständigen Arbeit erfasst Tätigkeiten, die idR nach wissenschaftlicher oder hochschulmäßiger Ausbildung durch die eigene Verantwortung sowie den wirtschaftlichen Erfolg auf eigene Rechnung geprägt sind. Freiberufliche Tätigkeit setzt voraus, dass der StPfl. dank eigener Fachkenntnisse leitend und eigenverantwortlich wirkt. Der Einsatz der persönlichen Arbeitskraft überwiegt die Nutzung sachlicher Hilfsmittel. § 18 Rn. 1, 36
Sonderausgaben	SA sind abschließend aufgezählte private Aufwendungen, die nicht als BA oder WK abziehbar sind und die mit Vorrang gegenüber § 12 vor allem aus Gründen des subjektiven Nettoprinzips abziehbar sind. § 10 Rn. 1 ff.
Sonderbetriebsaufwand	Sonderbetriebsaufwand entsteht für den Mitunternehmer iZ mit seinem SBV, seinen Sondervergütungen und sonstigen Sondererträgen. Er gehört zu seinen gewerblichen Einkünften als Mitunternehmer und zum Gewerbeertrag der Mitunternehmerschaft. § 15 Rn. 342
Sonderbetriebserträge	Sonderbetriebserträge ergeben sich für den Mitunternehmer iZ mit seinem SBV, namentlich aus dessen Veräußerung. Sie gehören zu den gewerblichen Einkünften des Mitunternehmers und gehen als Teil des Gesamtgewinnes der Mitunternehmerschaft in den Gewerbeertag ein. § 15 Rn. 340
Sonderbetriebsvermögen	SBV sind die einem Mitunternehmer gehörenden WG, die diesem zur Erzielung von Sondervergütungen oder seines Gewinnanteils dienen. Es wird differenziert zwischen SBV I – WG des Gesellschafters, die der Gesellschaft zur Nutzung überlassen sind – und SBV II – WG, die dem Gesellschafter zur Stärkung seiner Beteiligung dienen oder anderweitig der Erzielung seines Gewinnanteils zugutekommen. § 15 Rn. 327
Sondervergütungen	Sondervergütungen erhält der Mitunternehmer von seiner Gesellschaft als Vergütung für Dienstleistungen, Nutzungsüberlassungen und Darlehensgewährungen, die er der Gesellschaft erbracht hat. Die Sondervergütungen gehören für den Mitunternehmer zu den Einkünften aus Gewerbebetrieb und für die Mitunternehmerschaft zum – der GewSt unterliegenden – Gesamtgewinn der Mitunternehmerschaft. § 15 Rn. 309, 314
Sonstige Einkünfte	Die Erwerbsgrundlage „sonstige Einkünfte" begründet nicht einen Auffangtatbestand, der jeden Vermögenszuwachs steuerbar, die EStG damit zu einer Bereicherungssteuer machte. Nach ausdrücklicher Bestimmung des § 2 Abs. 1 S. 1 Nr. 7 sind steuerbar lediglich die in § 22 genannten wiederkehrenden Leistungen, private Veräußerungsgeschäfte des § 23, bestimmte marktoffenbare Leistungen durch Nutzung des allgemeinen Marktes sowie Abgeordnetenbezüge. §§ 2 Rn. 53; 22 Rn. 2, 66, 75
Splittingverfahren	Bezeichnung für Methoden zur Ermittlung der Einkommensteuer von Unterhaltsgemeinschaften. Dabei wird das Individualeinkommen von Personen, die überdurchschnittlich verdienen, steuerlich ganz oder teilweise anderen Personen der Unterhaltsgemeinschaft zugerechnet, die davon leben. § 38b Rn. 3
Steuer	Steuern sind Abgaben zur Finanzierung öffentlicher Aufgaben ohne besondere Gegenleistung. Eine Steuer belastet die finanzielle Leistungsfähigkeit des Betroffenen. Sie wird erhoben, wenn der Steuerpflichtige die Erwerbsbedingungen genutzt hat, die ihm die Rechtsgemeinschaft bietet. Einl. Rn. 1

Steueraufkommen
Das Steueraufkommen ist die Geldsumme, die der Steuergläubiger durch Erhebung der Steuer zur parlamentarischen Verwendung im Haushaltsgesetz erzielt. Das Steueraufkommen wird regelmäßig pro Jahr festgestellt. Es muss vollständig und grds. ungebunden – ohne Zweckbindung – in den Staatshaushalt eingebracht werden. Einl. Rn. 4

Steuerbilanzgewinn
Steuerbilanzgewinn ist der sich aufgrund eines Betriebsvermögensvergleichs anhand zweier Steuerbilanzen gem. § 4 Abs. 1 EStG ergebende Differenzbetrag (Mehrung oder Minderung) zzgl. von Entnahmen und abzüglich von Einlagen. Nicht abziehbare BA und steuerfreie BE hingegen berühren den Steuerbilanzgewinn nicht, sondern sind erst außerhalb desselben zu berücksichtigen. § 34a Rn. 32, 40 und 41

Steuerentstrickung
Die Steuerentstrickung besteht im Ausschluss oder der Beschränkung des staatlichen Besteuerungsrechtes für ein WG oder einen Betrieb, insbes. durch Verlegung ins Ausland. §§ 4 Rn. 31, 105; 16 Rn. 207

Steuererklärung
Die Steuererklärung ist die höchstpersönliche, nach einer früheren Formel „nach bestem Wissen und Gewissen" abzugebende Erklärung über die für die jährliche Einkommensbesteuerung erheblichen Tatsachen. Die Erklärung ist eine Wissenserklärung, bedarf einer Wahrheitsbekräftigung durch eigenhändige Unterschrift, stützt sich auf ein amtlich vorgegebenes Muster. Der Erklärungspflichtige verantwortet die Richtigkeit seiner Erklärung verwaltungs- und strafrechtlich. Die Steuererklärung bietet die Grundlagen für die Steuererhebung, muss deshalb einer förmlichen Kontrolle unterliegen (Deklaration und Verifikation). Die elektronische Steuererklärung vereinfacht das Verfahren, schwächt aber die höchstpersönliche Verantwortlichkeit. § 25 Rn. 2

Steuergestaltung
Der StPfl. kann den Sachverhalt vertraglich so gestalten, dass seine Steuerlast möglichst gemindert wird. Dabei folgt das Steuerrecht der rechtlich veränderten Realität, nicht aber einer verfremdenden Darstellung einer gleichbleibenden Realität. Das BVerfG beanstandet neuerdings Gesetze, die steuerliche Gestaltungen zulassen, die zu nicht zu rechtfertigenden Ungleichbehandlungen führen. Wirkt ein Steuergesetz übermäßig oder ungleichmäßig, so kann der StPfl. dieser Benachteiligung durch Steuergestaltung ausweichen. Diese Ausweichoption gleicht den Gesetzesmangel jedoch nur aus, wenn sie zweifelsfrei legal ist, keinen unzumutbaren Aufwand erfordert und kein nennenswertes finanzielles und rechtliches Risiko enthält. FG und FinVerw. sind gehalten, Gestaltungspraktiken entgegenzuwirken, die sonst zur Verfassungswidrigkeit einer Norm führen. Einl. Rn. 44

Steuerpflicht, beschränkte
Natürliche Personen, die im Inland weder Wohnsitz noch gewöhnlichen Aufenthalt haben, aber inländische Einkünfte beziehen, unterliegen der ESt mit den Einkünften, die einen Inlandsbezug haben (Belegenheits-, Betriebsstätten-, Arbeitsort- und Verwertungsprinzip). Bei dieser Besteuerung werden die persönlichen Verhältnisse des StPfl. grds. nicht berücksichtigt und wird die ESt grds. im Wege des Steuerabzugs erhoben. § 1 Rn. 29, § 49 Rn. 1, § 50 Rn. 1, § 50a Rn. 1. Allerdings werden sowohl die prinzipiellen Abzugsausschlüsse als auch der obligatorische Steuerabzug infolge des unionsrechtlichen Primärrechts (Beschränkungs- und Diskriminierungsverbote, § 50 Rn. 17, 24, 27, § 50a Rn. 2) sowie Sekundärrechts (Mutter/Tochter-RL, Zins/Lizenz-RL, §§ 43b, 50g, 50h) zwischenzeitlich in beträchtlichem Maße durchbrochen.

Steuerpflicht, erweiterte unbeschränkte
Natürliche Personen mit deutscher Staatsangehörigkeit, die nicht im Inland ansässig sind, aber zu einer inländischen Person des öffentlichen Rechts in einem Dienstverhältnis stehen und dafür Arbeitslohn aus einer inländischen öffentlichen Kasse beziehen (Kassenstaatsprinzip), werden wie unbeschränkt StPfl. behandelt. Diese Sonderreglung soll einerseits bestimmten Personen die mit der beschränkten StPfl. verbundenen Nachteile (Nichtberücksichtigung persönlicher Besteuerungsmerkmale) nehmen, andererseits nicht besteuerte („weiße") Einkünfte vermeiden. § 1 Rn. 9

Steuerpflicht, fingierte unbeschränkte	Natürliche Personen, die im Inland weder einen Wohnsitz noch ihren gewöhnlichen Aufenthalt haben, aber ihre wesentlichen Einkünfte im Inland erzielen, werden wie unbeschränkt StPfl. behandelt. Diese Fiktion soll diesen Personen die Nachteile der beschränkten StPfl. (insbes. die Nichtberücksichtigung persönlicher Besteuerungsmerkmale) nehmen und dem unionsrechtlichen Diskriminierungsverbot genügen. § 1 Rn. 14
Steuerpflicht, unbeschränkte	Personen sind unbeschränkt stpfl., wenn sie im Inland einen Wohnsitz oder ihren gewöhnlichen Aufenthalt haben, deshalb grds. mit ihrem Welteinkommen zur ESt herangezogen werden. Dieser Steueranspruch kollidiert insbes. mit dem Anspruch anderer Staaten, die das in ihrem Gebiet erzielte Einkommen besteuern wollen. Die unbeschränkte Steuerpflicht muss deshalb durch Ausnahmeregelungen, insbes. auch durch (→) DBA, eingeschränkt werden, um Mehrfachbelastungen zu vermeiden. § 1 Rn. 1
Steuerpflichtiger	Steuerpflichtiger ist, wer steuerliche Rechte und Pflichten hat. Steuerpflichtig sind insbes. der Steuerschuldner, der Gesamtschuldner, der Erklärungspflichtige, Entrichtungspflichtige und der Vermögensverwalter. Die Rechte und Pflichten kann ein Vertreter wahrnehmen. Begründet das Vertretungsverhältnis für ihn eigene steuerliche Rechte und Pflichten, wird er Steuerpflichtiger. § 1 Rn. 5
Steuerschuldner	Steuerschuldner ist der Steuerpflichtige, dessen steuerliche Pflicht in der Erfüllung eines Zahlungsanspruchs besteht. Diese Pflicht trifft denjenigen, der einen steuerlichen Belastungsgrund des EStG erfüllt. Steuerschuldner der ESt ist die Person, die Einkommen erzielt. § 2 Rn. 5, 81
Steuerstundungsmodell	Ein Steuerstundungsmodell besteht in einer auf einem vorgefertigten Konzept beruhenden modellhaften Gestaltung, die dem an einer bestimmten Ges. beteiligten StPfl. die Möglichkeit bietet, ansonsten zu besteuernde Gewinne zunächst mit Verlusten zu verrechnen. § 15b Rn. 36 ff.
Steuertarif	Im Rahmen der Individualbesteuerung wird der Steuerschuldner nicht mit einem einheitlichen Steuersatz, sondern durch einen gestuften progressiven Steuertarif belastet. Ein Grundfreibetrag stellt den notwendigen Existenzbedarf von der Besteuerung frei. Es folgt eine Progressionszone mit einem Eingangssteuersatz von 14 % bis zu einem Höchststeuersatz von 45 %. Der Solidaritätszuschlag wirkt wie eine weitere Erhöhung des Steuersatzes, sein Ertrag kommt allerdings allein dem Bund zugute. § 32a Rn. 1, 7 ff.
Stille Last	Gewinnminderungspotenzial in der Steuerbilanz, das sich aus steuerrechtlichen Passivierungsbeschränkungen ergibt. § 4f Rn. 1
Subjektives Nettoprinzip	Nach dem subjektiven, existenzsichernden Nettoprinzip ist nur das disponible Einkommen mit ESt belastet, das jenseits der „unvermeidbaren oder zwangsläufigen" Aufwendungen dem StPfl. zur Verfügung steht. Ausdruck des subjektiven Nettoprinzips sind insbes. der Grundfreibetrag, der Abzug von SA und ag. Belastungen sowie die Freibeträge für Kinder. § 2 Rn. 100; zu SA § 10 Rn. 1
Tatbestandlichkeit	Die Steuer greift in grundrechtlich geschützte Rechtspositionen ein, darf deshalb nur aufgrund eines Gesetzes erhoben werden. Das Gesetz muss den steuerlichen Belastungsgrund in der Bestimmtheit eines Tatbestands benennen, der dem besteuernden Staat klare Grenzen setzt, die Verantwortlichkeit des Parlaments für die Steuerbelastung begründet und dem Steuerpflichtigen Rechtssicherheit über Art und Intensität der Besteuerung gibt.
Tätigkeitsstätte, erste	Siehe erste Tätigkeitsstätte.
Teilbetrieb	Ein mit einer gewissen Selbstständigkeit ausgestatteter, organisatorisch in sich geschlossener und für sich lebensfähiger Teil eines Gesamtbetriebs, von dem eine eigenständige betriebliche Tätigkeit ausgeübt werden kann. Die Veräußerung des Teilbetriebs ist begünstigt. §§ 14 Rn. 3 f.; 16 Rn. 53 ff.
Teilwert	(Fiktiver) Betrag, den ein Erwerber eines ganzen Betriebs iRd. Gesamtkaufpreises für das einzelne WG ansetzen würde, wenn er den Betrieb fortführt (Legaldefinition in § 6 Abs. 1 Nr. 1 S. 3). § 6 Rn. 86

Teilwertvermutung	Für alle Arten von WG wird – widerlegbar – vermutet, dass im Zeitpunkt der Anschaffung oder Herstellung eines WG sein Teilwert den Anschaffungs- oder Herstellungskosten entspricht. § 6 Rn. 98
Territorialitätsprinzip	Die ESt belastet grds. die im Einkommen ausgedrückte finanzielle Leistungsfähigkeit, die im jeweiligen Staatsgebiet erwirtschaftet worden ist. Die unbeschränkte Steuerpflicht knüpft an einen inländischen Wohnsitz oder gewöhnlichen Aufenthalt an. Sie erstreckt sich aber auf sämtliche in- und ausländischen Einkünfte des Steuerinländers (Welteinkommensprinzip, Universalitätsprinzip). §§ 1 Rn. 1; 49 Rn. 1
Thesaurierungs-steuersatz	Besonderer Steuersatz für thesaurierte – nicht ausgeschüttete – Gewinne bei Personenunternehmen zur Herstellung von Rechtsformneutralität und Stärkung der internationalen Wettbewerbsfähigkeit. § 34a Rn. 3
Tonnage-Besteuerung	Unbeschränkt – und wohl auch beschränkt – stpfl. Schifffahrtsunternehmen, die gewerblich tätig sind, beanspruchen nach § 5a eine eigene (pauschale) Gewinnermittlungsart, die diese Gewerbebetriebe subventioniert. Die Vorschrift ist verfassungsrechtlich und unionsrechtlich fragwürdig. § 5a Rn. 1, 9
Transparenzprinzip	Das Transparenzprinzip gilt für die in Personengesellschaften oder Mitunternehmerschaften gemeinsam erzielten Gewinne der Mitunternehmer. Es bezeichnet die unmittelbare Zurechnung des in der Personengesellschaft oder Mitunternehmerschaft gemeinsam erzielten Gewinnes an die Gesellschafter oder Mitunternehmer, indem ihnen ihr Gewinnanteil als von ihnen als Gesellschafter oder Mitunternehmer zu versteuernde eigene Einkünfte zugerechnet wird. Hingegen werden der Gesellschaft die Einkünfte (jedenfalls) nicht als Einkommen zugerechnet. Denn die Gesellschaft ist kein Einkommensteuersubjekt. Im Gegensatz zum Transparenzprinzip steht das Trennungsprinzip, das bei Kapitalgesellschaften gilt. § 15 Rn. 162, 163
Trennungsprinzip	Das Trennungsprinzip unterscheidet zwischen dem von der Kapitalgesellschaft (Körperschaft) erzielten Gewinn, der von dieser selbst zu versteuern ist, und den Gewinnausschüttungen an die Gesellschafter. Bei der Körperschaft thesaurierte Gewinne unterliegen bis zur Ausschüttung nur bei dieser und nicht bei den Gesellschaftern der Einkommensbesteuerung. Die Körperschaft ist selbst das Einkommensteuersubjekt. Den Gegensatz zum Trennungsprinzip bildet das Transparenzprinzip bei den Personengesellschaften und Mitunternehmerschaften. § 15 Rn. 162, 163
Trennungstheorie	Die Trennungstheorie betrifft die Behandlung teilentgeltlicher Übertragungen von WG und ganzen betrieblichen Einheiten. Nach der strengen Trennungstheorie ist der Vorgang in eine unentgeltliche und eine entgeltliche Übertragung aufzuteilen. Nach der modifizierten Trennungstheorie und der Einheitstheorie kommt es nur insoweit zu einer Gewinnrealisierung, als und wenn das (Teil-)Entgelt höher als der Buchwert liegt. §§ 15 Rn. 376a; 16 Rn. 123
Trinkgelder	Die Zahlung von Trinkgeld an Arbeitnehmer oder Unternehmer wird steuerlich unterschiedlich behandelt. Beim ArbN ist das Trinkgeld unter gewissen Voraussetzungen stfrei (§ 3 Nr. 51). Erhält der Unternehmer selbst Trinkgeld, wird die Zahlung als BE berücksichtigt. § 38 Rn. 13
Überschusseinkünfte	Die Überschusseinkünfte ermitteln den Überschuss der Einnahmen über die WK und bilden eine der beiden Einkunftsarten. § 2 Rn. 91
Unterbeteiligung	Die Unterbeteiligung besteht in der Beteiligung am Gesellschaftsanteil eines Gesellschafters. Die atypische Unterbeteiligung am Gesellschaftsanteil eines Mitunternehmers führt zu einer doppelstöckigen Mitunternehmerschaft und gewerblichen Einkünften auch des Unterbeteiligten. § 15 Rn. 196
Unterstützungskasse	Unterstützungskassen sind rechtsfähige Versorgungseinrichtungen, die satzungsmäßig keinen Rechtsanspruch auf ihre Leistungen gewähren. Diese mittelbare („ausgelagerte") betriebliche Versorgungszusage unterliegt erheblichen Einschränkungen oder Verboten beim BA-Abzug. Es soll verhindert werden,

	dass der ArbG, der (formal) keinen Rechtsanspruch auf Leistungen einräumt, in der Kasse ein bedeutsames Steuergestaltungsinstrument gewinnt. § 4d Rn. 1, 4
Veranlagung	Veranlagung ist die Erhebung der ESt durch die Finanzbehörde. § 25 Rn. 1
Veranlasserhaftung	Der Begriff der Veranlasserhaftung benennt die Haftung desjenigen, der vorsätzlich oder grob fahrlässig veranlasst, dass Zuwendungen nicht zu den in der Bestätigung angegebenen steuerbegünstigten Zwecken verwendet werden. Die Haftung bemisst sich nach dem Steuerbetrag, der dem Staat aufgrund der zweckwidrigen Mittelverwendung entgangen ist. Die entgangene Steuer ist pauschal mit 30 % des zugewendeten Betrags anzusetzen. § 10b Rn. 75
Veräußerungsgeschäft	Ein Veräußerungsgeschäft liegt vor, wenn ein Vermögensgegenstand gegen Entgelt auf einen Dritten übertragen wird. § 6b Rn. 7 ff.
Veräußerungsgewinn	Gewinn, der bei der (entgeltlichen) Veräußerung eines Betriebs, eines Teilbetriebs sowie von Mitunternehmeranteilen entsteht. Dieser Gewinn ist in die (gewerblichen) Einkünfte einzubeziehen, wird aber begünstigt besteuert. §§ 6b Rn. 10; 6c Rn. 2; 16 Rn. 1, 5, 8, 16; 18 Rn. 104
Veräußerungsgewinne aus Privatvermögen	Während realisierte Gewinne aus der Veräußerung von WG im BV der ESt unterliegen, gilt dies grds. nicht für Veräußerungsgewinne des PV. Eine Ausnahme regelt § 17 – neben § 23 – für die Veräußerung bestimmter, im PV gehaltener Beteiligungen an Kapitalgesellschaften, wenn der Anteilseigner ein qualifiziertes Maß der Beteiligung gewonnen hat, das ihm einen beachtlichen Einfluss auf die Ausschüttungspolitik des Unternehmens sichert. Für diesen Fall werden die Veräußerungsgewinne und Veräußerungsverluste in gewerbliche Einkünfte umqualifiziert. Wenn die Beteiligungsgrenze nun auf ein Prozent gesenkt worden ist, auch die Entwicklung der §§ 20, 22 und 23 die Veräußerung von PV zunehmend stpfl. macht, scheint sich ein grundsätzlicher Perspektivenwechsel zumindest für das ertragsfähige PV anzudeuten. §§ 17 Rn. 1 f.; 23 Rn. 1 f.
Verbrauchsfolgeverfahren (last in – first out: lifo)	Verfahren der Bewertungsvereinfachung, mit dem für den Wertansatz gleichwertiger WG des Vorratsvermögens unterstellt werden kann (Wahlrecht), dass zuletzt angeschaffte oder hergestellte WG zuerst verbraucht oder veräußert worden sind (§ 6 Abs. 1 Nr. 2a). § 6 Rn. 113 f.
Verlust	Verluste sind negative Einkünfte, Überschüsse der Erwerbsaufwendungen über die Erwerbseinnahmen. Sie entstehen, wenn die BA die BE übersteigen, die WK höher sind als die Überschüsse. Verluste können innerhalb der Steuerperiode mit positiven Einkünften ausgeglichen werden (Verlustausgleich), regelmäßig innerhalb einer Einkunftsart (horizontaler Verlustausgleich), aber auch zwischen verschiedenen Einkunftsarten (vertikaler Verlustausgleich). Die Verlustverrechnung kann auch die Besteuerungsperiode übergreifen (Verlustabzug), zunächst durch einen Verlustrücktrag, sodann durch einen (unbegrenzten) Verlustvortrag in die folgenden Veranlagungszeiträume. § 10d Rn. 1
Vermietung und Verpachtung	Einkünfte aus VuV erzielt ein StPfl. aus der zeitlich begrenzten entgeltlichen Überlassung zum Gebrauch oder zur Nutzung von unbeweglichen Gegenständen des PV oder damit zusammenhängender Rechte. § 21 Rn. 1
Vermögensstock einer Stiftung	Der Vermögensstock einer Stiftung ist ihr zu erhaltendes Vermögen. Für den SA-Abzug gilt bei Spenden in den Vermögensstock einer Stiftung des öffentlichen Rechts oder einer steuerbefreiten Stiftung des Privatrechts ein deutlich erhöhter und neben den allgemeinen Höchstbeträgen anzuwendender Höchstbetrag. § 10b Rn. 45
Verwaltungsvorschrift	Dienstliche Anweisung, wie Richtlinie oder Erlass, für nachgeordnete Behörden und Bedienstete, die bei ständiger Verwaltungspraxis iRd. Gleichheitssatzes auch den StPfl. berechtigt. Einl. Rn. 29
Verpflegungsmehraufwendungen	Vom Gesetzgeber typisierend festgelegte Beträge, die aufgrund einer beruflich bedingten Auswärtstätigkeit als BA oder WK abzugsfähig sind, weil der StPfl. für seine – im Grundsatz der privaten Lebensführung zuzurechnende – notwen-

dige Verpflegung außerhalb seiner gewohnten häuslichen Sphäre höhere Ausgaben tätigen muss. § 9 Rn. 87 ff.

Vorauszahlungen – StPfl. haben vierteljährlich Vorauszahlungen auf die ESt zu entrichten, die sie für den laufenden VZ voraussichtlich schulden. Die Vorauszahlung sichert dem Staat den stetigen Ertragszufluss, gewährleistet, dass die Nutzung der Erwerbsgrundlagen der Gegenwart auch den gegenwärtigen Staatshaushalt finanziert. Die Vorauszahlungen mäßigen auch eine Ungleichbehandlung von ESt-Pflichtigen und LSt-Pflichtigen, die ihre LSt in monatlichen Abzügen bezahlen. Da sich die für den laufenden VZ zu erwartende ESt oft nur schwer schätzen lässt, orientiert sich die Vorauszahlung der Höhe nach an den Ergebnissen der letzten ESt-Veranlagung. § 37 Rn. 1 f.

Vorsorgeaufwendungen – Sie sind Beiträge zu den gesetzlichen Rentenversicherungen, zur landwirtschaftlichen Alterskasse sowie zu berufsständischen Einrichtungen, zu Krankenversicherungen und den gesetzlichen Pflegeversicherungen und anderen Versicherungen, Legaldefinition in § 10 Abs. 2 S. 1 iVm. Abs. 1 Nr. 2, 3 und 3a. § 10 Rn. 15 ff.

Vorsteuerabzug – Der Vorsteuerabzug berechtigt den Unternehmer, die gesetzlich geschuldete USt für unternehmerische Leistungen als abziehbare Vorsteuer abzuziehen. Die abziehbare Vorsteuer gehört bei der ESt nicht zu den AK oder HK. § 9b Rn. 5 ff.

Welteinkommensprinzip – Nach dem Welteinkommensprinzip ist der StPfl. grds. mit sämtlichen inländ. und ausländ. – positiven und negativen – Einkünften unbeschränkt stpfl. Dieses Prinzip wird in erster Linie durch die DBA eingeschränkt, aber auch durch Sonderregelungen des EStG, so durch die Anrechnung ausländ. Steuern (§ 34c, § 34d) und durch Verlustabzugsbeschränkungen, wonach die positiven Einkünfte immer erfasst, negative Einkünfte (Verluste) indes lediglich mit ausländ. Einkünften der jeweils selben Art aus demselben Staat ausgeglichen werden. Nur in diesem Umfang sind sie auch rück- und vortragsfähig. § 2a Rn. 1

Werbungskosten – WK sind Aufwendungen zur Erwerbung, Sicherung und Erhaltung der Einnahmen (§ 9 Abs. 1 S. 1). Bei den Überschusseinkünften wird der erwerbsmindernde Aufwand dadurch berücksichtigt, dass von den Einnahmen diese WK abgezogen werden (§ 2 Abs. 2 S. 2). Überschuss ist also der Nettobetrag nach Kürzung der Einnahmen um die WK. § 9 Rn. 1

Wertaufholungsgebot – Verpflichtung zur steuerbilanziellen Korrektur des Wertansatzes eines WG auf den höheren Teilwert, wenn dieser nach einer Teilwertabschreibung wieder gestiegen ist. § 6 Rn. 107

Wirtschaftsgut – WG sind alle als Vermögenswerte realisierbaren Gegenstände und andere vermögenswerte Vorteile. Sie sind durch Aufwendungen erworben, nach der Verkehrsauffassung selbstständig bewertbar und erfahrungsgemäß von wesentlichem Nutzen für das Unternehmen. §§ 4 Rn. 66; 5 Rn. 57

Wirtschaftsjahr – Das Wj. bestimmt den Zeitraum, in dem die Einkünfte ermittelt werden. Es stimmt in der Regel mit dem Kj. überein. Für Land- und Forstwirte umfasst das Wj. idR die Zeit vom 1.7. bis 30.6. Bei im Handelsregister eingetragenen Gewerbetreibenden richtet sich das Wj. nach dem Zeitraum des regelmäßigen Abschlusses nach §§ 4 Abs. 1 und 5 Abs. 1. § 4a Rn. 1, 2, 4

Wirtschaftsüberlassungsvertrag – Beim Wirtschaftsüberlassungsvertrag überlässt der Hofeigentümer dem Nutzungsberechtigten (typischerweise Kind oder anderer Angehöriger) die Nutzung des land- und forstwirtschaftlichen Vermögens gegen Gewährung verschiedener altenteilsähnlicher Leistungen (zB freier Umgang auf dem Hof, Übernahme von Kosten für Strom, Heizung etc., auch ein Geldbetrag zur Bestreitung des Lebensunterhalts). § 13 Rn. 39

Zebragesellschaft – Von einer Zebragesellschaft wird gesprochen, wenn die Gesellschaft selbst lediglich eine unter §§ 20, 21 fallende vermögensverwaltende Tätigkeit ausübt, aber einzelne Gesellschafter aus nur in ihrer Person liegenden Gründen aus der Beteiligung gewerbliche Einkünfte beziehen. § 15 Rn. 393

Zuflussprinzip	Das Zuflussprinzip ordnet die Bemessungsgrundlage der ESt dem VZ anhand des Zahlungsvorgangs zu. Einnahmen sind zugeflossen, wenn der StPfl. nach der steuerjuristischen Betrachtungsweise über das Gut verfügen kann. Das Zuflussprinzip gilt bei den Überschusseinkünften sowie – jedenfalls im Ansatz – bei der Gewinnermittlung nach § 4 Abs. 3. §§ 11 Rn. 9; 8 Rn. 20
Zukunftssicherungsleistungen	Ausgaben, die ein ArbG leistet, um einen ArbN oder diesem nahestehende Personen für den Fall der Krankheit, des Unfalls, der Invalidität, des Alters oder des Todes abzusichern. §§ 10 Rn. 5; 11 Rn. 47; 40b Rn. 2 f.
Zuschlagsteuer	Zuschlagsteuern sind solche Steuern, die nach der ESt bemessen werden. Sie werden in Form v. Hundertsätzen des geschuldeten Betrags der ESt (Maßstabsteuer) berechnet. Eine Zuschlagsteuer ist der SolZ, der jedoch nicht von der Regelung des § 51a erfasst wird, sondern im SolZG eigenständig geregelt ist. Die KiSt ist eine Zuschlagsteuer; das EStG und inbes. § 51a sind allerdings nur iRd. Verweise durch die jeweiligen Landes-KiStG anwendbar. § 51a Rn. 1 ff.
Zustandstatbestand	Der Zustandstatbestand bezeichnet das erste Merkmal des steuerlichen Belastungsgrundes, die Erwerbsgrundlage, deren Nutzung zu dem steuererheblichen Erfolg (Gewinn, Überschuss) führt. Der Zustandstatbestand erschließt dem StPfl. den Erwerb in der jeweiligen Rechts- und Wirtschaftsordnung. Er ermöglicht ihm, die Erwerbsbedingung zu nutzen, die ihm die Rechts- und Wirtschaftsgemeinschaft bieten. Der Zustandstatbestand erfasst – neben dem Handlungs- und Erfolgstatbestand (s. jeweils dort) – den Belastungsgrund, der die jeweilige Steuer rechtfertigt. § 2 Rn. 46

Stichwortverzeichnis